Werner/Pastor
Der Bauprozess
16. Auflage

DER BAUPROZESS

Prozessuale und materielle
Probleme des zivilen Bauprozesses

von

Prof. Dr. Ulrich Werner
Fachanwalt für Bau- und Architektenrecht, Köln

und

Dr. Walter Pastor
Vorsitzender Richter am Oberlandesgericht a.D., Köln

unter Mitarbeit von

Ulrich Dölle
Rechtsanwalt, Köln

und

Fabian Frechen
Fachanwalt für Bau- und Architektenrecht, Köln

16., neu bearbeitete und erweiterte Auflage 2018

Werner Verlag 2018

1. Auflage 1976
2. Auflage 1977
3. Auflage 1978
4. Auflage 1983
5. Auflage 1986
6. Auflage 1990
7. Auflage 1993
8. Auflage 1996
9. Auflage 1999
10. Auflage 2002
11. Auflage 2005
12. Auflage 2008
13. Auflage 2011
14. Auflage 2013
15. Auflage 2015
16. Auflage 2018

Zitiervorschlag: Bearbeiter, in: Werner/Pastor, Rdn. 1

Bibliografische Information der Deutschen Nationalbibliothek

Die Deutsche Nationalbibliothek verzeichnet diese Publikation in der Deutschen Nationalbibliografie; detaillierte bibliografische Daten sind im Internet über http://dnb.d-nb.de abrufbar.

ISBN 978-3-8041-5142-0

www.wolterskluwer.de
www.werner-verlag.de

Alle Rechte vorbehalten.
© 2018 Wolters Kluwer Deutschland GmbH, Luxemburger Str. 449, 50939 Köln.

Das Werk einschließlich aller seiner Teile ist urheberrechtlich geschützt. Jede Verwertung außerhalb der engen Grenzen des Urheberrechtsgesetzes ist ohne Zustimmung des Verlages unzulässig und strafbar. Das gilt insbesondere für Vervielfältigungen, Übersetzungen, Mikroverfilmungen und die Einspeicherung und Verarbeitung in elektronischen Systemen.

Verlag und Autoren übernehmen keine Haftung für inhaltliche oder drucktechnische Fehler.

Umschlagkonzeption: Typo Schlick, Neuwied
Satz: WMTP Wendt-Media Text-Processing GmbH, Birkenau
Druck und Weiterverarbeitung: Williams Lea & tag GmbH, München

Gedruckt auf säurefreiem, alterungsbeständigem und chlorfreiem Papier.

Vorwort zur 16. Auflage

Mit dem Gesetz zur Reform des zivilen Bauvertragsrechts 2018 sind viele neue und spezielle Vorschriften für den Bauvertrag, den Architekten- und Ingenieurvertrag, den Verbraucherbauvertrag sowie den Bauträgervertrag in das BGB aufgenommen worden. Hintergrund der neuen gesetzlichen Vorschriften im Werkvertragsrecht ist der Umstand, dass das bislang geltende Werkvertragsrecht sehr allgemein gehalten war und damit den speziellen Fragen des Bauvertragsrechts nicht mehr gerecht wurde, um – so die Begründung – „eine interessengerechte und ökonomisch sinnvolle Gestaltung und Abwicklung von Bauverträgen" zu gewährleisten. Es tritt zum 01.01.2018 in Kraft.

Wir haben die umfangreichen Neuerungen in den speziellen Kapiteln des jeweiligen Vertragsrechts ausführlich und – wie stets – praxisnah dargestellt und kommentiert. Das ist auch notwendig, weil mit Fug und Recht bezweifelt werden kann, ob dieses Reformpaket wirklich der große Wurf im Hinblick auf einen transparenten und übersichtlichen Aufbau ist. In einzelnen Gesetzeskapiteln zu den verschiedenen Verträgen gibt es zahlreiche Rückverweisungen auf den vorangestellten Bauvertrag. Das erschwert das Verständnis und fordert jeweils ein lästiges „Gesetzesblättern". Viele Fragen, mit denen die Baupraxis konfrontiert wird, bleiben ferner auch durch die Reform ungeklärt. Stattdessen gibt es neue Problemstellungen, die Rechtsprechung und Literatur in den nächsten Jahren wohl hinreichend beschäftigen werden.

Hinzu kommt, dass gleichsam parallel dazu das bisherige Werkvertragsrecht bei Altfällen angewendet werden muss. Mit der vorliegenden Neuauflage ist deshalb auch das „alte" Werkvertragsrecht auf den neuesten Stand gebracht worden, zumal seit der letzten Auflage erneut viel Bewegung in Literatur und Rechtsprechung zum zivilen Baurecht zu verzeichnen war.

Wir haben im Anhang die durch die gesetzliche Neuregelung geänderten Vorschriften des BGB, des EGBGB und des GVG im „Änderungen-verfolgen-Modus" wiedergegeben, um die Orientierung im neuen Recht und den Vergleich zum alten Recht zu erleichtern.

Köln, im September 2017   Die Autoren

Inhaltsübersicht

	Seite	Rdn.
Abkürzungsverzeichnis	XXVII	
Literaturverzeichnis	XXXI	

	Seite	Rdn.
Kapitel 1 Die Sicherung bauvertraglicher Ansprüche	1	1–395
I. Das selbstständige Beweisverfahren (Beweissicherung)	1	1–147
1. Bedeutung und Gegenstand des selbstständigen Beweisverfahrens	3	1–5
2. Allgemeine Verfahrensgrundsätze	5	6
3. Besondere Zulässigkeitsvoraussetzungen	6	7–35
a) § 485 Abs. 1, 1. Alternative: Zustimmung des Gegners	8	11–14
b) § 485 Abs. 1, 2. Alternative: Veränderungsgefahr	9	15–26
c) § 485 Abs. 2: Der selbstständige Sachverständigenbeweis	13	27–35
aa) Zur Feststellung des Zustandes einer Sache	14	28–33
bb) Der Begriff des rechtlichen Interesses	17	34–35
4. Der Antrag	20	36–70
a) Die Parteien	21	39–53
aa) Der Antragsteller	21	40–42
bb) Der Antragsgegner	22	43–45
cc) Die Einbeziehung Dritter (Streitverkündung)	23	46–53
b) Die Bezeichnung der Tatsachen	27	54–57
c) Die Bezeichnung der Beweismittel	29	58–67
aa) Die Auswahl des Sachverständigen	29	59
bb) Die Ablehnung des Sachverständigen	30	60–67
d) Die Glaubhaftmachung	34	68–69
e) Muster	35	70
5. Die Zuständigkeit	36	71–75
6. Die Beweisaufnahme	39	76–97
a) Der Beschluss	39	76–82
b) Die Durchführung der Beweisaufnahme	42	83–91
c) Die Rechte des Antragsgegners und des Streithelfers	48	92–94
d) Rechtsbehelfe	51	95–97
7. Die rechtlichen Wirkungen	54	98–122
8. Die Kosten	67	123–143
a) Grundsätze	67	123–127
b) Zum Anwendungsbereich des § 494a ZPO	72	128–133
c) Die „isolierte" Kostenentscheidung	75	134–135
d) Der materiell-rechtliche Kostenerstattungsanspruch	77	136–137
e) Kosten des Streithelfers	78	138–139
f) Gerichts- und Anwaltskosten	79	140–143
9. Der Streitwert	80	144–147

Inhaltsübersicht

	Seite	Rdn.
II. Das Privatgutachten	84	148–181
1. Die Stellung des Sachverständigen	90	152–153
2. Die Vergütung	92	154–157
3. Die Kostenerstattung	94	158–181
a) Der materiell-rechtliche Anspruch auf Kostenerstattung	94	159–165
b) Kostenerstattung im Kostenfestsetzungsverfahren	98	166–181
III. Die Bauhandwerkersicherungshypothek (§ 650e [früher: § 648 BGB])	107	182–313
1. Die Bedeutung der Sicherungshypothek	108	182–191
2. Der Ausschluss der Rechte des § 650e (früher: § 648) BGB	112	192–193
3. Die Voraussetzungen für die Einräumung einer Sicherungshypothek	113	194–260
a) Der anspruchsberechtigte Bauwerkunternehmer	113	195–221
aa) Der Bauunternehmer	114	196–210
bb) Der Architekt	124	211–215
cc) Der Sonderfachmann	128	216–218
dd) Baubetreuer und Bauträger	129	219–221
b) Die Forderung aus Bauvertrag	130	222–242
aa) Die werkvertragliche Forderung	131	222–232
bb) Verjährte Forderung	134	233
cc) Mangelhafte Werkleistung	135	234–236
dd) Beginn der Sicherbarkeit	138	237–242
c) Der Sicherungsgegenstand	141	243–260
aa) Das Baugrundstück	141	243–248
bb) Der Eigentümer	145	249–252
cc) Identität von Besteller und Grundstückseigentümer	146	253–260
4. Verfahrensfragen	152	261–296
a) Einstweilige Verfügung auf Eintragung einer Vormerkung	154	268–290
aa) Voraussetzungen	155	271–280
bb) Verfahren	162	281–285
cc) Aufhebung und Rücknahme	165	286–290
b) Die Klage auf Eintragung einer Bauhandwerkersicherungshypothek	167	291–296
5. Rechtsbehelfe	169	297–301
6. Kostenentscheidung	171	302–311
7. Der Streitwert	176	312–313
IV. Die Bauhandwerkersicherung (§ 650f [früher: § 648a] BGB)	178	314–338
1. Die Regelung	180	314–316
2. Das Verhältnis zu 650e (früher: § 648) BGB	182	317–319
3. Der Berechtigte	184	320–323

Inhaltsübersicht

	Seite	Rdn.
4. Der Verpflichtete	185	324–325
5. Zum Begriff der „Vorleistung"	187	326–331
6. Der Streit um die Sicherheit und die Rechtsfolgen	191	332–338
V. Die Schutzschrift	195	339–348
1. Die Bedeutung der Schutzschrift	195	339–340
2. Form und Inhalt der Schutzschrift	196	341–343
3. Verfahren	198	344–345
4. Kostenerstattung	198	346–348
VI. Die einstweilige Verfügung in Bausachen	201	349–387
1. Fallgestaltungen	203	350–376
a) Einstweilige Verfügung eines Baubeteiligten	203	351–354
b) Einstweilige Verfügung eines Dritten	205	355–358
c) Zum Regelbedürfnis in Bausachen	210	359–366
d) Einstweiliger Rechtsschutz bei Bankgarantie und Bürgschaft auf erstes Anfordern	212	367–376
2. Zuständigkeit	219	377
3. Antrag	219	378–382
4. Beweiswürdigung und Beweislast	221	383
5. Das Urteil	221	384–387
VII. Der Arrest in Bausachen	223	388–395
Kapitel 2 Zulässigkeitsfragen im Bauprozess	227	396–567
I. Die Zuständigkeit des Gerichts in Bausachen	227	396–424
1. Abgrenzung von bürgerlich-rechtlichen und öffentlich-rechtlichen Baustreitigkeiten	228	396–403
2. Funktionelle Zuständigkeit	232	404
3. Baukammern	233	405–408
4. Kammer für Handelssachen	236	412–413
5. Örtliche Zuständigkeit	237	414–424
a) Gerichtsstandsvereinbarungen	238	414–416
b) Die gesetzliche Regelung	240	417
c) Der Gerichtsstand des Erfüllungsortes (§ 29 ZPO)	241	418–423
d) Internationale Zuständigkeit	244	424
II. Die Feststellungsklage in Bausachen	249	425–463
1. Die Feststellungsklage in Bausachen	250	426–432
2. Das Feststellungsinteresse in Bausachen	254	433–448
3. Die unbezifferte Leistungsklage	260	449–450
4. Verjährung und Feststellungsklage	262	451–456
5. Negative Feststellungsklage	263	457–459
6. Rechtskraft von Feststellungsurteilen	264	460–463

Inhaltsübersicht

	Seite	Rdn.
III. Aktivlegitimation und Prozessführungsbefugnis bei Mängeln am Gemeinschaftseigentum	266	464–518
1. Allgemeines	268	464–465
2. Begriff des Wohnungseigentums	274	466–470
3. Aktivlegitimation	278	471–472
4. Prozessführungsbefugnis	280	473–502
a) Erfüllungs- und Nacherfüllungsansprüche	282	476–485
b) Rücktritt (§§ 634 Nr. 3, 636, 323, 326 Abs. 5 BGB)	287	486
c) Minderung (§§ 634 Nr. 3, 638 BGB) und „kleiner" Schadensersatz (§ 281 BGB)	288	487–490
d) „großer" Schadensersatz	291	491
e) Gesamtgläubigerschaft?	292	492
f) Die zeitliche Grenze für das gemeinschaftliche Vorgehen	292	493–494
g) Der Mehrheitsbeschluss	293	495
h) Die Auswirkung des Mehrheitsbeschlusses auf die Sachbefugnis der Wohnungseigentümer	294	496–502
5. Rechtslage bei Dritthaftungs(Subsidiaritäts)klauseln	296	503
6. Die Abnahme	297	504–509
7. Die gerichtliche Geltendmachung	302	510–518
IV. Der Einfluss des Schiedsvertrages und des Schiedsgutachtenvertrages auf den Bauprozess	307	519–546
1. Allgemeines	307	519–524
2. Rechtsfolgen für den Bauprozess	309	525–546
a) Bauschlichtung, Mediation und Adjudikation	310	526–528
b) Schiedsgericht	313	529–537
c) Schiedsgutachtenvertrag	320	538–546
V. Die Streitverkündung im Bauprozess	328	547–567
1. Die Zulässigkeit der Streitverkündung	330	551–559
2. Die Form der Streitverkündung	332	560
3. Die Wirkungen der Streitverkündung	333	561–567
Kapitel 3 Der Bauprozess in erster und zweiter Instanz	339	568–599
I. Vorbereitung durch die Parteien	342	571–576
II. Die richterlichen Maßnahmen	347	577–587
III. Verspätetes Vorbringen	353	588–592
IV. Zur Berufung in Bausachen	357	593–599

Inhaltsübersicht

	Seite	Rdn.
Kapitel 4 Die Honorarklage des Architekten	363	600–1218
I. Grundlagen der Vergütung	363	600–729
1. Anwendungsbereich der HOAI	366	603–623
a) Sachlicher Anwendungsbereich der HOAI	368	606–611a
b) Persönlicher Anwendungsbereich der HOAI	371	612–619
c) Örtlicher Anwendungsbereich der HOAI	375	620–623
2. Vertragliche Bindung und honorarfreie Akquisitionstätigkeit	377	624–671
a) Vorarbeiten	394	652–654
b) Vorvertrag	395	655–660
c) Ansprüche aus Architektenwettbewerb	397	661–671
3. Rechtsnatur des Architektenvertrages	404	672–677
4. Wirksamkeit des Architektenvertrages	406	681–729
a) Die Architektenbindung	417	696–726
b) Verstoß gegen Höchst- und Mindestsätze	429	727–729
II. Die vereinbarte Vergütung	431	730–819
1. Grundsätze der Honorarvereinbarung nach der HOAI	431	731–818
a) Honorarvereinbarung innerhalb der Mindest- und Höchstsätze	435	739–750
b) Unterschreitung der Mindestsätze	439	751–774
c) Überschreitung der Höchstsätze	454	775–786
d) Schriftformerfordernis	458	787–794
e) Honorarvereinbarung bei Auftragserteilung	461	795–818
2. Zeithonorar	470	819
III. Die „übliche" Vergütung	471	820–830
1. Im Anwendungsbereich der HOAI	471	821–828
2. Außerhalb der HOAI	473	829–830
IV. Der Umfang des Honoraranspruchs	474	831–1162
1. Allgemeine Grundsätze	475	832–904
a) Auftragsumfang	477	834–860
b) Unvollständig erbrachte Teilleistungen	490	861–879
aa) 1. Alternative: Vertragliche Festlegung des Leistungsumfangs nach § 34 HOAI i.V.m. Anlage 10	496	868–870
bb) 2. Alternative: Globale Umschreibung des Leistungsumfangs	498	871–879
c) Zeitliche Abstimmung der Leistungsphasen	507	880–884
d) Die Bindung an die Schlussrechnung	509	885–904
2. Abrechnungssystem der HOAI	518	905–1086
a) Honorarzone	518	906–914
b) Anrechenbare Kosten	522	915–983
aa) Kostenberechnung als Maßstab	523	974–976

Inhaltsübersicht

	Seite	Rdn.
bb) DIN 276–1: 2008–12 als Grundlage für die Ermittlung der anrechenbaren Kosten	525	977–978
cc) Grundsätze der Ermittlung der anrechenbaren Kosten	526	979–982
dd) Nicht geregelte Fallgestaltungen	532	982a
ee) Fallgestaltungen des § 4 Abs. 2 HOAI	533	982b
ff) Sonstige Grundsätze der Ermittlung der anrechenbaren Kosten	534	982c–983
c) Bauen im Bestand	536	984–990
aa) Grundsätzliches	537	984
bb) Umbauzuschlag	538	985–987
(1) Kein Mindestumbauzuschlag	539	986
(2) Vereinbarung des Zuschlags bei Auftragserteilung?	540	987
cc) Berücksichtigung der vorhandenen Bausubstanz bei den anrechenbaren Kosten	541	988–990
(1) Zeitpunkt der Vereinbarung	544	989
(2) Berücksichtigung der vorhandenen Bausubstanz ohne Vereinbarung	544	990
(3) Keine Berücksichtigung der vorhandenen Bausubstanz laut Vertrag	546	990a
d) Modell Baukostenvereinbarung	546	991–999
e) Architektenleistungen	548	1000–1072
aa) Grundsätzliches	548	1000–1011a
bb) Änderungsleistungen	556	1012–1029b
(1) Grundsätzliches	557	1012–1025
(2) Änderungsleistungen unter Geltung der HOAI 2009 (bis 16.7.2013)	562	1026–1029
(3) Änderungsleistungen unter Geltung der HOAI 2013 (ab 17.7.2013)	564	1029a–1029b
cc) Mehrleistungen durch verlängerte Bauzeit	566	1030–1043
dd) Teilleistungen	574	1044–1052
ee) Besondere Leistungen	576	1070–1072
f) Zeithonorar	577	1081–1086
3. Pauschalhonorar	579	1087–1105
4. Nebenansprüche des Architekten	585	1106–1118
a) Nebenkosten	585	1106–1109
b) Umsatzsteuer	587	1110–1111
c) Zinsen	588	1112–1118
5. Honorar bei Kündigung und vorzeitiger Vertragsbeendigung	590	1119–1162
a) Das Kündigungsrecht des Auftraggebers gemäß § 648 BGB n.F. (vor 1.1.2018: 649 BGB)	592	1120–1141
b) Kündigung des Architektenvertrages aus wichtigem Grund	600	1142–1159
c) Das Sonderkündigungsrecht nach § 650r BGB n.F.	609	1159a–1159f

Inhaltsübersicht

	Seite	Rdn.
d) Einvernehmliche Beendigung des Architektenvertrages	613	1160
e) Fälligkeit des Honorars	613	1161–1162
V. Fälligkeit	614	1163–1218
1. Fälligkeit des Honorars	615	1164–1207
a) Vertragsgemäße Leistungserbringung (Vertragsschluss bis 16.7.2013)	615	1165–1172
b) Abnahme der Architektenleistungen (Vertragsschluss ab 17.7.2013)	619	1172a–1172f
c) Prüffähige Honorarschlussrechnung	623	1173–1206
d) Überreichung der Rechnung	640	1207
2. Abschlagszahlung	641	1208–1217
3. Nebenkosten	645	1218

Kapitel 5 Die Werklohnklage des Bauunternehmers

	Seite	Rdn.
	647	1219–1889
I. Grundlage der Vergütung	647	1219–1224
II. Der Bauvertrag	650	1225–1376
1. Vereinbarung der VOB	660	1234–1277
a) VOB Teil A (VOB/A)	661	1235–1238
b) VOB Teil B (VOB/B)	662	1239–1274
c) VOB Teil C (VOB/C)	677	1275–1277
2. Widersprüche im Bauvertrag	679	1278–1286
3. Aktiv- und Passivlegitimation	682	1287–1295
4. Wirksamkeit des Bauvertrages	687	1296–1307
5. Insolvenzeintritt	696	1308–1314
6. Unternehmereinsatzformen	699	1314a–1331
7. Die Auftragsvergabe durch den Architekten	708	1332–1359
a) Originäre Vollmacht des Architekten	712	1341–1347
b) Ausdrückliche Vollmacht des Architekten	718	1348–1352
c) Duldungsvollmacht des Architekten	719	1353
d) Anscheinsvollmacht des Architekten	720	1354–1359
8. Die Auftragsvergabe durch Bauträger-/Baubetreuungsgesellschaft	723	1360–1373
9. Public Private Partnerships (PPP)	730	1374–1376
III. Der vertraglich vereinbarte Werklohn	732	1377–1438
1. Vorarbeiten	733	1381–1390
2. Vereinbarte Vergütung	737	1391–1430
a) Grundsätzliches	738	1391–1399
b) Preisklauseln	742	1400–1414
c) Kalkulationsgrundsätze	747	1415–1430
3. „Übliche" Vergütung	758	1431–1438

Inhaltsübersicht

	Seite	Rdn.
IV. Umfang des Werklohnanspruchs	762	1439–1712
1. Allgemeine Grundsätze	762	1439–1491
a) Nebenleistungen	765	1444–1449
b) Mehrleistungen/Minderleistungen	768	1450–1453
c) Leistungsänderungen	771	1453a–1473
aa) Anordnungsrecht des Auftraggebers nach BGB	772	1453a–1453e
bb) Anordnungsrecht des Auftraggebers nach VOB/B	774	1454–1473
d) Zusätzliche Leistungen	787	1474–1488
e) Leistungen ohne Auftrag	796	1489–1491
2. Der Einheitspreisvertrag	798	1492–1513
3. Der Pauschalpreisvertrag	812	1514–1561
a) Allgemeine Grundsätze	812	1514–1524
b) Formen des Pauschalvertrages	816	1525–1535
c) Komplettheitsklauseln	824	1536–1539
d) Anpassung des Pauschalpreises	826	1540–1552
e) Abrechnung bei Kündigung	833	1553–1561
4. Der GMP-Vertrag	838	1562–1569
5. Stundenlohnvertrag	842	1570–1583
6. Der Selbstkostenerstattungsvertrag	849	1584
7. Abschlagszahlungen	849	1585–1623
a) Abschlagszahlungen beim BGB-Bauvertrag	850	1585–1595
aa) Rechtslage bis zum 31.12.1017	851	1586–1589
aaa) Vertragsgemäße Leistung	851	1587–1588
bbb) Erlangter Wertzuwachs	852	1589
bb) Rechtslage ab 1.1.2018	853	1589a
cc) Nachweis der Leistung	854	1590
dd) Zeitlicher Abstand	855	1591
ee) Verbrauchervertrag	855	1592
ff) Sonstiges	856	1593–1595
b) Abschlagszahlungen beim VOB-Bauvertrag	858	1596–1597
c) Allgemeine Grundsätze	858	1598–1610
d) Abschlagszahlungen bei Bauträgerverträgen	864	1611–1619
e) AGB-Regelungen	869	1620–1623
8. Sicherheitsleistungen	871	1624–1677
a) Zweck der Sicherheitsleistung	879	1639
b) Art und Umfang der Sicherheitsleistung	880	1640–1656
c) Bürgschaft auf erstes Anfordern	889	1657–1666
d) Höhe der Sicherheitsleistung	895	1667–1669
e) Zeitraum der Sicherheitsleistung	897	1670–1677
9. Umsatzsteuer	899	1678–1684
10. Skontoabzug	902	1685–1694
11. Zinsen	907	1695–1712

Inhaltsübersicht

	Seite	Rdn.
V. Werklohnanspruch bei Kündigung und einvernehmlicher Vertragsaufhebung	913	1713–1782
1. Kündigung des Auftraggebers/Bauherrn	917	1720–1768
a) Freies Kündigungsrecht	917	1720–1742
b) Besonderes Kündigungsrecht aus § 649 BGB n.F. (= § 650 BGB a.F.)	931	1743–1751
c) Außerordentliches Kündigungsrecht	935	1752–1768
aa) Grundsätzliches	935	1752–1760
bb) Die 3 Kündigungstatbestände beim VOB-Bauvertrag	943	1761–1768
2. Kündigung des Auftragnehmers/Unternehmers	948	1769–1780
3. Einvernehmliche Vertragsauflösung	954	1781–1782
VI. Fälligkeit des Werklohns	956	1783–1889
1. BGB-Bauvertrag	957	1787–1844a
a) Grundsätzliches	957	1787–1788
b) Die Durchgriffsfälligkeit (§ 641 Abs. 2 BGB)	959	1789–1797
c) Abnahme	963	1798–1835a
aa) Grundsätzliches	964	1798–1809
bb) Die Wirkungen der Abnahme	972	1810–1814
cc) Die Arten der Abnahme	974	1815–1832
(1) Die ausdrücklich erklärte Abnahme	975	1816–1817
(2) Die förmliche Abnahme	975	1818–1822
(3) Die schlüssige Abnahme	984	1823–1829
(4) Abnahme durch Fristablauf (fiktive Abnahme)	988	1830–1831a
(5) Teilabnahme	990	1832
dd) Die verweigerte Abnahme	990	1833–1835a
d) Erteilung der Rechnung	994	1836–1844a
aa) Rechtslage bis 31.12.2017	995	1836–1844
bb) Rechtslage ab 01.01.2018	999	1844a
2. VOB-Bauvertrag	1000	1845–1889
a) Abnahme	1002	1846–1860
b) Prüfbare Abrechnung	1008	1861–1889
Kapitel 6 Die Honorarklage des Sonderfachmannes	1021	1890–1923
I. Grundlagen	1021	1891–1903
II. Umfang des Honorars	1026	1904–1922
1. Städtebauliche Leistungen und landschaftsplanerische Leistungen	1026	1905–1906
2. Leistungen bei Ingenieurbauwerken und Verkehrsanlagen	1029	1907–1908
3. Tragwerksplanung	1030	1909–1912

Inhaltsübersicht

	Seite	Rdn.
4. Leistungen bei der Technischen Ausrüstung	1035	1913–1914
5. Thermische Bauphysik	1039	1915–1916
6. Schallschutz und Raumakustik	1039	1917–1918
7. Bodenmechanik, Erd- und Grundbau	1040	1919–1920
8. Vermessungstechnik	1040	1921–1922
III. Fälligkeit	1041	1923
Kapitel 7 Die Honorarklage des Projektsteuerers	1043	1924–1939
1. Die Leistungen des Projektsteuerers	1044	1925–1928
2. Rechtsnatur des Projektsteuerungsvertrages	1049	1929–1934
3. Das Honorar des Projektsteuerers	1052	1935–1939
Kapitel 8 Die Klage auf Mängelbeseitigung (Nacherfüllung)	1057	1940–2174
I. Einleitung	1057	1940–1959
II. Der Baumangel	1071	1960–2064
1. Der Sachmangel	1071	1960–1965
2. Der Begriff der allgemein anerkannten Regeln der Baukunst/Technik	1077	1966–1978
3. Zur Substantiierung des Mangels	1086	1979–1982
4. Mängel des Architektenwerks	1088	1983–2029b
a) Planungsfehler	1093	1985–2007
b) Koordinierungsmängel	1117	2008–2010
c) Mangelhafte Objektüberwachung/Bauüberwachung	1119	2011–2029
d) Aufklärungs-, Hinweis-, Beratungs- und Auskunftspflichten des Architekten	1139	2029a–2029b
e) Deckungseinschränkungen und Deckungsausschlusstatbestände in der Architektenhaftpflichtversicherung	1143	2029c–2029h
aa) Erfüllung und Erfüllungssurrogate gemäß Ziffer 1 (1.2) der AHB	1146	2029d
bb) Überschreitung der Bauzeit sowie eigener Fristen und eigener Termine gemäß A 4 (4.1) BBR	1147	2029e
cc) Überschreitung von Kostenschätzungen, Kostenberechnungen oder Kostenanschlägen gemäß A 4 (4.2) BBR	1147	2029f

Inhaltsübersicht

	Seite	Rdn.
dd) Bewusst gesetz-, vorschrifts- oder sonst pflichtwidriges Verhalten (Tun oder Unterlassen)	1148	2029g
ee) Rechtsprechung zu weiteren möglichen Einschränkungen/Ausschlüssen	1151	2029h
5. Mängel des Unternehmerwerks	1153	2030–2054
a) Mangelbegriff	1155	2030–2036
b) Prüfungs- und Anzeigepflicht des Auftragnehmers	1170	2037–2054
6. Mängel der Werkleistung von Sonderfachleuten	1184	2055–2059
7. Mängel des Treuhänderwerks	1189	2060–2061
8. Mängel des Projektsteuerers	1191	2062–2064
III. Die Mängelbeseitigungsklage	**1193**	**2065–2174**
1. Begriffsbestimmungen	1194	2066–2076
2. Die Klage des Auftraggebers auf Nacherfüllung nach dem BGB	1202	2077–2087
3. Mitverschulden des Auftraggebers und seine Zuschusspflicht (Sowiesokosten)	1208	2088–2090
4. Umfang der Nacherfüllung	1211	2091–2094
5. Die Kosten der Nacherfüllung	1212	2095–2099
6. Die verweigerte Nacherfüllung („unverhältnismäßige Kosten")	1214	2100–2105
7. Die Selbstvornahme (§ 637 Abs. 1 BGB)	1218	2106–2113
8. Der Kostenvorschussanspruch (§ 637 Abs. 3 BGB)	1223	2114–2136
a) Voraussetzung und Umfang	1223	2114–2124
b) Vorschuss und Verjährung	1228	2125–2131
c) Die Abrechnung des Vorschusses	1232	2132–2136
9. Die Klage des Auftraggebers auf Nacherfüllung nach der VOB	1234	2137–2161
a) Die Klage gegen den Unternehmer vor Abnahme der Bauleistung	1234	2137–2149
b) Die Klage des Auftraggebers nach Abnahme	1239	2150–2161
10. Die Klage auf Nacherfüllung gegen den Architekten	1243	2162–2174
a) Der Neuherstellungsanspruch des Auftraggebers gegen den Architekten	1245	2165
b) Der Anspruch auf Nacherfüllung (§ 635 BGB)	1245	2166–2168
c) Zum Nacherfüllungsrecht des Architekten	1247	2169–2171
d) Fristsetzung	1249	2172
e) Die Mitwirkungspflicht des Architekten bei der Nacherfüllung durch den Unternehmer	1249	2173–2174

Inhaltsübersicht

	Seite	Rdn.
Kapitel 9 Die Gewährleistungsklage (Mängelrechte) des Bauherrn	1251	2175–2261
I. Die Mängelrechte des Bauherrn nach BGB	1251	2175–2224
1. Das Verhältnis der Mängelrechte zueinander	1253	2177–2180
2. Notwendiger Vortrag bei allen Gewährleistungsklagen	1254	2181–2184
3. Der Rücktritt (§§ 634 Nr. 3, 323 BGB)	1258	2185–2191
4. Die Minderung	1262	2192–2200
5. Schadensersatz (§§ 634 Nr. 4, 636, 280, 281 BGB)	1268	2215–2224
II. Die Mängelrechte des Bauherrn nach der VOB	1277	2225–2261
1. Das Verhältnis der Mängelrechte zueinander	1279	2227–2232
2. Die Minderung (§ 13 Abs. 6 VOB/B)	1280	2233–2241
3. Der Schadensersatzanspruch aus § 13 Abs. 7 bzw. § 4 Abs. 7 Satz 2 VOB/B	1286	2242–2261
a) Der Anspruch aus § 13 Abs. 7 VOB/B	1286	2242–2259
aa) Der kleine Schadensersatzanspruch nach § 13 Abs. 7 Nr. 3 Satz 1 VOB/B	1288	2247–2254
bb) Der große Schadensersatzanspruch nach § 13 Abs. 7 Nr. 3 Satz 2 VOB/B	1291	2255–2259
b) Der Schadensersatzanspruch aus § 4 Abs. 7 Nr. 2 VOB/B	1292	2260–2261
Kapitel 10 Besondere Fallgestaltungen außerhalb der Gewährleistung	1295	2262–2434
I. Die Einbeziehung Dritter (§ 328 BGB)	1295	2262–2272
1. Vertrag zu Gunsten Dritter	1296	2262
2. Vertrag mit Schutzwirkung zu Gunsten Dritter	1296	2263–2272
II. (Neben)Pflichtverletzung im Sinne von §§ 280 Abs. 1, 241 Abs. 2 BGB	1303	2273–2277
III. Die Baukostenüberschreitung durch den Architekten	1306	2278–2316
1. Baukostengarantie	1310	2281–2283
2. Baukostenüberschreitung	1312	2284–2316
a) Vorgabe eines bestimmten Baukostenbetrages	1313	2285–2288
b) Pflichtverletzung des Architekten	1318	2289–2300
c) Das Recht des Architekten auf Nachbesserung/Nacherfüllung	1330	2301–2302
d) Verschulden des Architekten	1331	2303–2304
e) Der Schaden des Bauherrn/Auftraggebers	1332	2305–2316
IV. Verzögerte Bauausführung/Behinderungen	1338	2317–2349
1. Ansprüche des Bauherrn/Auftraggebers	1338	2318–2328

Inhaltsübersicht

	Seite	Rdn.
a) BGB-Bauvertrag	1342	2319–2324
b) VOB-Bauvertrag	1346	2325–2328
2. Ansprüche des Unternehmers/Auftragnehmers	1349	2329–2349
a) Bauzeitverlängerung	1356	2331
b) Schadensersatz	1358	2332–2348
c) Vergütungsanpassung	1375	2349

V. Zum Anwendungsbereich deliktsrechtlicher Vorschriften (§§ 823 ff. BGB) — 1378 — 2350–2390

1. Mangelhafte Werkleistung als Eigentumsverletzung — 1378 — 2350–2351
2. Verletzung der Verkehrssicherungspflicht — 1381 — 2352–2374
   a) Die Verkehrssicherungspflicht des Bauunternehmers — 1384 — 2355–2361
   b) Die Verkehrssicherungspflicht des Bauherrn — 1393 — 2362–2367
   c) Die Verkehrssicherungspflicht des Architekten — 1397 — 2368–2374
3. Bauforderungssicherungsgesetz (BauFordSiG) — 1401 — 2375–2384
4. Produkthaftung — 1410 — 2385–2390

VI. Verschulden bei Vertragsschluss (§ 311 Abs. 2 BGB) und Dritthaftung (§ 311 Abs. 3 BGB) — 1415 — 2391–2408

1. Verschulden bei Vertragsschluss (§§ 311 Abs. 2, 241 Abs. 2, 280 BGB) — 1415 — 2391–2394
2. Fallgestaltungen — 1417 — 2395–2405
3. Dritthaftung (§ 311 Abs. 3 BGB) — 1425 — 2406
4. Die Rechtsfolgen — 1426 — 2407–2408

VII. Geschäftsführung ohne Auftrag — 1427 — 2409–2414

VIII. Ungerechtfertigte Bereicherung — 1432 — 2415–2434

1. Fallgestaltungen/Übersicht — 1433 — 2415–2416
2. Zu den bereicherungsrechtlichen Voraussetzungen — 1437 — 2417–2431
   a) Bereicherungsausgleich bei unwirksamem Architektenvertrag — 1440 — 2420–2426
   b) Ausgleich von Überzahlungen — 1443 — 2427–2428
   c) Rückzahlungsanspruch des öffentlichen Auftraggebers — 1445 — 2429
   d) Bereicherungsausgleich bei „Schwarzarbeit" — 1446 — 2430–2431
3. Schaffung eines Familienwohnheims und Vermögensausgleich nach einer Scheidung — 1447 — 2432–2434

Kapitel 11 Besondere Klagearten — 1451 — 2435–2650

I. Die Klage aus Urheberrecht des Architekten — 1451 — 2435–2473

1. Urheberrechtsschutz des Architekten — 1455 — 2437–2445
2. Verwertungsrecht des Bauherrn — 1464 — 2446–2456

Inhaltsübersicht

		Seite	Rdn.
3.	Änderung der Planung und des Bauwerkes	1471	2457–2470
4.	Umfang des Anspruchs bei Urheberrechtsverletzungen	1483	2471–2473

II. Die Ausgleichsklage der Baubeteiligten nach § 426 BGB — 1487 — 2474–2522

1. Grundsatz der gleichrangigen Haftung der verantwortlichen Baubeteiligten — 1488 — 2474–2476
2. Das Gesamtschuldverhältnis als Voraussetzung für den Ausgleichsanspruch — 1491 — 2477–2506
   - a) Gesamtschuld mehrerer Unternehmen — 1492 — 2478–2480
   - b) Gesamtschuld von Architekt und Unternehmer — 1494 — 2481–2496
     - aa) Planender Architekt und Unternehmer — 1494 — 2481–2491
     - bb) Objektüberwachender Architekt und Unternehmer — 1502 — 2492
     - cc) Quotierung — 1504 — 2493–2496
   - c) Gesamtschuld von Architekt, Sonderfachmann und Unternehmer — 1507 — 2497
   - d) Gesamtschuld von planendem und objektüberwachendem Architekten — 1508 — 2498–2499
   - e) Gesamtschuld von Architekt und Sonderfachmann — 1511 — 2500–2504
   - f) Gesamtschuld mehrerer Sonderfachleute — 1519 — 2505
   - g) Weitere Gesamtschuldverhältnisse — 1519 — 2506
3. Der Ausgleichsanspruch — 1519 — 2507–2512
4. Haftungsbegünstigung eines gesamtschuldnerisch haftenden Baubeteiligten und Gesamtschuldnerausgleich — 1526 — 2513–2522

III. Anerkenntnisse im Baurecht — 1533 — 2523–2553

1. Allgemeines — 1533 — 2523
2. Rechtliche Formen des Anerkenntnisses — 1533 — 2524–2529
3. Einzelfälle — 1536 — 2530–2551
   - a) Das Anerkenntnis zur Mängelbeseitigung — 1536 — 2531
   - b) Die Anerkennung von Stundenlohnarbeiten — 1536 — 2532–2536
   - c) Der Anerkenntnisvermerk des Bauherrn unter der Honorarrechnung des Architekten — 1539 — 2537–2538
   - d) Der Prüfvermerk unter der Schlussrechnung des Bauunternehmers — 1539 — 2539–2541
   - e) Das gemeinsame Aufmaß als Anerkenntnis — 1541 — 2542–2548
   - f) Sonstige Fälle — 1544 — 2549–2551
4. Rechtsprechungsübersicht — 1545 — 2552–2553

IV. Die Klage auf Vertragsstrafe — 1548 — 2554–2596

1. Vertragsstrafe für nicht erfüllte Bauleistung — 1554 — 2565–2566
2. Vertragsstrafe für nicht ordnungsgemäße Bauleistung — 1554 — 2567–2569

Inhaltsübersicht

	Seite	Rdn.
3. Der Vorbehalt der Vertragsstrafe	1556	2570–2577
4. Die Höhe der Vertragsstrafe	1561	2578–2594
5. Prozessuales	1572	2595
6. Weitere Rechtsprechung	1572	2596
V. Die Nachbarklage	**1574**	**2597–2641**
1. Zum zivilrechtlichen Nachbarschutz	1575	2597–2601
2. § 906 BGB – Bau- und immissionsschutzrechtliche Probleme	1581	2602–2612
3. § 909 BGB – Vertiefung und Baugrundrisiko	1589	2613–2631
4. §§ 912 ff. BGB – Überbau	1600	2632–2641
VI. Die Duldungsklage des Bauherrn gegen den Mieter	**1605**	**2642–2650**

Kapitel 12 Die Einwendungen der Baubeteiligten im Bauprozess   1609   2651–3060

	Seite	Rdn.
I. Vertragliche Haftungsfreizeichnungen	**1609**	**2651–2735**
1. Einleitung	1611	2651–2653
2. Haftungsfreizeichnungen in AGB/Formularverträgen	1612	2654–2692
a) Abgrenzung der Individualverträge von AGB/Formularverträgen in der Baupraxis	1612	2655–2684
b) Beweislast	1623	2685–2688
c) Kollision von AGB	1625	2689
d) Anwendung der §§ 305 ff. BGB auf Unternehmer/öffentlich-rechtliche Kunden in der Baupraxis	1625	2690–2692
3. Einzelfälle	1627	2693–2735
a) Vollständiger Haftungsausschluss	1627	2694–2704
b) Haftungsausschluss bei gleichzeitiger Abtretung der Mängelansprüche	1632	2705–2710
c) Beschränkung auf Nacherfüllung	1635	2711–2720
d) Beschränkung der Höhe nach	1638	2721–2726
e) Zeitliche Begrenzung	1642	2727–2728
f) Haftung nur bei Verschulden	1643	2729
g) Abänderung der Beweislast	1644	2730–2731
h) Beschränkung auf unmittelbaren Schaden	1644	2732
i) Subsidiaritätsklausel	1645	2733–2735
II. Der unterlassene Vorbehalt	**1647**	**2736–2783**
1. Der unterlassene Vorbehalt bei der Abnahme trotz Mängelkenntnis	1647	2737–2742
2. Der unterlassene Vorbehalt einer Vertragsstrafe bei der Abnahme	1649	2743–2749
3. Der unterlassene Vorbehalt bei der Schlusszahlung	1652	2750–2783
a) Bedeutung der Schlusszahlungseinrede	1653	2751–2758

Inhaltsübersicht

	Seite	Rdn.
b) Voraussetzungen der Ausschlusswirkung	1656	2759–2783
aa) Schlussrechnung	1656	2760–2762
bb) Schlusszahlung	1657	2763–2769
cc) Schriftlicher Hinweis	1660	2770–2771
dd) Vorbehalt	1661	2772–2776
ee) Frist	1663	2777–2779
ff) Adressat	1664	2780–2783
III. Die Verwirkung	1665	2784–2790
1. Grundsätze	1665	2785–2789
2. Beweislast	1669	2790
IV. Anfechtung und Organisationsverschulden	1671	2791–2814
1. Arglistige Täuschung/widerrechtliche Drohung eines Baubeteiligten	1671	2791–2799
2. Das Organisationsverschulden	1676	2800–2809
3. Anfechtung nach § 119 BGB	1683	2810–2814
V. Die Verjährung	1686	2815–2921
1. Allgemeine Grundsätze im Verjährungsrecht	1687	2815–2831
a) Die regelmäßige Verjährungsfrist	1687	2816
b) Einrede der Verjährung	1692	2817–2820
c) Vereinbarungen über die Verjährung	1695	2821–2831
aa) Verzicht auf die Einrede der Verjährung	1696	2822
bb) Abkürzung der Verjährungsfristen	1699	2823–2826
cc) Verlängerung der Verjährungsfristen	1701	2827–2831
2. Die Verjährung von Vergütungsansprüchen	1704	2832–2846
a) Werklohnansprüche des Bauunternehmers	1704	2832–2840
aa) Beim BGB-Bauvertrag	1708	2834–2835
bb) Beim VOB-Bauvertrag	1709	2836–2840
b) Honoraransprüche des Architekten, des Ingenieurs und des Sonderfachmannes	1713	2841–2845
c) Vergütungsanspruch des Bauträgers	1718	2846
3. Die Verjährung von Gewährleistungsansprüchen des Bauherrn (Auftraggeber)	1719	2847–2879
a) Grundsätze	1720	2847
b) Ansprüche des Bauherrn (Auftraggeber) gegen den Bauunternehmer beim BGB-Bauvertrag	1724	2848–2855
c) Ansprüche des Bauherrn (Auftraggeber) gegen den Bauunternehmer beim VOB-Bauvertrag	1734	2856–2864
d) Ansprüche des Bauherrn (Auftraggeber) gegen den Architekten und Sonderfachmann	1739	2865–2875
e) Ansprüche des Bauherrn (Auftraggeber) gegen den Bauträger	1752	2876–2879
4. Die Verjährung sonstiger Ansprüche	1758	2880–2886
a) Anspruch aus Bürgschaftsvertrag	1759	2880–2883
b) Ausgleichsanspruch unter Gesamtschuldnern	1764	2884

Inhaltsübersicht

	Seite	Rdn.
c) weitere sonstige Ansprüche	1766	2885–2886
5. Hemmung und Neubeginn der Verjährung	1777	2887–2921
a) Hemmung der Verjährung	1778	2888–2907
b) Neubeginn der Verjährung	1802	2908–2913
c) Mängelanzeige nach § 13 Abs. 5 VOB/B	1807	2914–2921
VI. Einwand des mitwirkenden Verschuldens (§ 254 BGB)	1811	2922–2945b
1. Maß der Mitverantwortung	1814	2931–2932
2. Mitverschulden Dritter	1815	2933–2944
3. Einzelfälle aus der Rechtsprechung	1822	2945–2945b
a) Mitverschulden des Bauherrn/Auftraggebers bejaht	1822	2945
b) Mitverschulden des Bauherrn/Auftraggebers verneint	1829	2945a
c) Sonstige Fallkonstellationen	1834	2945b
VII. Die Vorteilsausgleichung	1836	2946–2955
VIII. Störung (Wegfall) der Geschäftsgrundlage (§ 313 BGB)	1843	2956–2977
1. Rechtliche Grundlagen	1844	2957–2963
2. Anwendungsfälle	1847	2964–2977
a) Mengenabweichungen und Mehraufwand bei einem Pauschalpreis-(Festpreis-)Vertrag	1848	2964–2974
b) Preis- und Lohnsteigerungen bei einem Pauschalpreis-(Festpreis-)Vertrag	1852	2975
c) Mengenabweichung beim Einheitspreisvertrag	1853	2976
d) Einzelfälle (Fallübersicht)	1853	2977
IX. Das Zurückbehaltungs- und Leistungsverweigerungsrecht	1855	2978–3021
1. Zurückbehaltungsrecht (§ 273 BGB)	1856	2978–2998
2. Leistungsverweigerungsrecht (§ 320 BGB)	1862	2999–3017
3. Das Leistungsverweigerungsrecht bei abgetretenen Mängelrechten	1870	3018–3020
4. Die Unsicherheitseinrede (§ 321 BGB)	1871	3021
X. Die Aufrechnung	1873	3022–3051
1. Die Prozesssituation	1873	3022–3033
2. Die Eventualaufrechnung	1878	3034–3035
3. Die materiellen Voraussetzungen (§§ 387 ff. BGB)	1879	3036–3043
4. Aufrechnungsverbote	1881	3044–3051
XI. Der Einwand der aufgedrängten Bereicherung	1885	3052–3060

Inhaltsübersicht

	Seite	Rdn.
Kapitel 13 Der Beweis	1889	3061–3162
I. Beweisaufnahme in Bausachen	1889	3061–3066
II. Beweiserleichterungen in Bausachen	1892	3067–3091
1. Der Anscheinsbeweis	1892	3067–3077
2. Die Umkehr der Beweislast	1898	3078–3091
a) § 363 BGB	1898	3079
b) § 280 Abs. 1 Satz 2 BGB	1899	3080–3081
c) Die Verletzung von Aufklärungs- und Beratungspflichten	1900	3082
d) Beweiserleichterung durch sekundäre Darlegungslast	1901	3083
e) § 830 Abs. 1 Satz 2 BGB	1902	3084–3089
f) Beweisvereitelung	1903	3090–3091
III. Der Beweisantrag	1905	3092–3093
IV. Die Beweismittel des Bauprozesses	1907	3094–3133
1. Der sachverständige Zeuge	1907	3095–3097
2. Der Augenscheinsbeweis und die Ortsbesichtigung durch Sachverständige	1909	3098–3101
3. Der Urkundenbeweis	1911	3102–3105
4. Der Sachverständige	1912	3106–3133
a) Begriff	1915	3106–3107
b) Die Auswahl des Sachverständigen	1917	3108–3111
c) Aufgabe des Sachverständigen	1919	3112–3115
d) Das Gutachten	1921	3116–3117
e) Die Ablehnung des Sachverständigen (Besorgnis der Befangenheit)	1924	3118–3122
f) Die Verwertung des Gutachtens	1930	3123–3133
V. Der Beweisbeschluss	1935	3134–3143
VI. Die Durchführung der Beweisaufnahme	1940	3144–3145
VII. Die Beweiswürdigung	1942	3146–3157
VIII. Die Beweislast	1947	3158–3162
Kapitel 14 Kosten und Streitwerte	1955	3163–3176
I. Zeugen- und Sachverständigenentschädigung	1955	3163–3174
II. Streitwerte (Fallübersicht)	1964	3175–3176

Inhaltsübersicht

	Seite	Rdn.
Kapitel 15 Die Zwangsvollstreckung in Bausachen	1969	3177–3252
I. Einleitung/Fallgruppen	1969	3177–3181
II. Die Zwangsvollstreckung wegen einer Geldforderung aus einem Werkvertrag	1974	3182–3214
1. „Einfache" Bauforderungen	1974	3182
2. Die Vollstreckung aus Zug-um-Zug-Urteilen	1974	3183–3208
a) Gesetzliche Regelung	1975	3183–3187
b) Tenorierungsprobleme	1976	3188–3197
aa) Die Klauselerteilung (§ 726 ZPO)	1977	3189–3191
bb) Die Bezeichnung der Gegenleistung	1978	3192–3197
c) Die Vollstreckung durch den Gerichtsvollzieher	1980	3198–3204
d) Die Überprüfung der Gegenleistung durch den Gerichtsvollzieher	1982	3205–3208
3. Die doppelte Zug-um-Zug-Verurteilung	1985	3209–3213
4. Die Vollstreckung auf Leistung nach Empfang der Gegenleistung	1986	3214
III. Die Vollstreckung zur Erwirkung von Baumaßnahmen	1988	3215–3252
1. Tenorierungsprobleme	1988	3216–3220
2. Das Verfahren nach § 887 Abs. 1 ZPO	1990	3221–3245
a) Vertretbare Handlungen	1991	3222–3224
b) Die Verweigerung der Handlung	1992	3225–3228
c) Die Mitwirkungspflicht des Bauherrn nach § 887 Abs. 1 ZPO	1994	3229–3237
d) Der Erfüllungseinwand des Unternehmers	1995	3238–3245
3. Der Ermächtigungsbeschluss	1999	3246
4. Der Kostenvorschussanspruch (§ 887 Abs. 2 ZPO)	1999	3247–3251
5. Kosten der Zwangsvollstreckung (§ 788 ZPO)	2001	3252
Anhang: Synopse Werk- und Bauvertragsrecht alt/neu	2003	
Stichwortverzeichnis	2035	

Abkürzungsverzeichnis

a.A.	anderer Ansicht
a.a.O.	am angegebenen Ort
Abs.	Absatz
AcP	Archiv für civilistische Praxis
a.F.	alte Fassung
AfP	Archiv für Presserecht
AG	Amtsgericht
AGB	Allgemeine Geschäftsbedingungen
AGBE	*Bunte*, Hermann-Josef, Entscheidungssammlung zum AGB-Gesetz
AGB-Gesetz	Gesetz zur Regelung des Rechts der Allgemeinen Geschäftsbedingungen
AnwBl.	Anwaltsblatt
Arge	Arbeitsgemeinschaft
AuA	Arbeit und Arbeitsrecht
AVA	Allgemeine Vertragsbedingungen zum Einheits-Architektenvertrag
BAG	Bundesarbeitsgericht
BAnz.	Bundesanzeiger
BauR	Baurecht, Zeitschrift für das gesamte öffentliche und zivile Baurecht
BauRB	Der Bau-Rechts-Berater
BayObLG	Bayerisches Oberstes Landesgericht
BayVBL.	Bayerische Verwaltungsblätter
BB	Der Betriebsberater
bestr.	bestritten
BGH	Bundesgerichtshof
BGHZ	Entscheidungen des Bundesgerichtshofs in Zivilsachen
BLAH	*Baumbach/Lauterbach/Albers/Hartmann*, Zivilprozessordnung, Kommentar
BlGBW	Blätter für Grundstücks-, Bau- und Wohnungsrecht
BQÜ	Baubegleitende Qualitätsüberwachung
BrBp	Baurecht und Baupraxis, Zeitschrift
BT-Drucksache	Bundestags-Drucksache
BTR	Der Bauträger, Zeitschrift für Recht und Praxis im Bauträgerwesen
BVerfG	Bundesverfassungsgericht
BVerwG	Bundesverwaltungsgericht
DAB	Deutsches Architektenblatt
DB	Der Betrieb
d.h.	das heißt
DIN	Deutsches Institut für Normung e.V.
DNotZ	Deutsche Notarzeitung
DÖV	Die Öffentliche Verwaltung
DR	Deutsches Recht
DRiZ	Deutsche Richterzeitung
DS	Der Sachverständige
DtZ	Deutsch-Deutsche Rechts-Zeitschrift
DVBl.	Deutsches Verwaltungsblatt
DWE	Der Wohnungseigentümer
DWW	Deutsche Wohnungswirtschaft
EAV	Einheits-Architektenvertrag
ErbVO	Erbbauverordnung

Abkürzungsverzeichnis

EuGVO (EuGVVO)	Verordnung (EG) Nr. 44/2001 vom 22. 12. 2000 des Rates über die gerichtliche Zuständigkeit und die Anerkennung und Vollstreckung von Entscheidungen in Zivil- und Handelssachen
e.V.	einstweilige Verfügung
ff.	folgende
GBO	Grundbuchordnung
GIA	Gesetz zur Regelung von Ingenieur- und Architektenleistungen
GoA	Geschäftsführung ohne Auftrag
GOA	Gebührenordnung für Architekten
GOI	Gebührenordnung für Ingenieure
GRUR	Gewerblicher Rechtsschutz und Urheberrecht
GSB	Gesetz zur Sicherung von Bauforderungen
GVG	Gerichtsverfassungsgesetz
h.A.	herrschende Ansicht
Halbs.	Halbsatz
HGB	Handelsgesetzbuch
h.M.	herrschende Meinung
HOAI	Honorarordnung für Architekten und Ingenieure
HRR	Höchstrichterliche Rechtsprechung
HWiG	Gesetz über den Widerruf von Haustürgeschäften und ähnlichen Geschäften
IBR	Immobilien- und Baurecht, Zeitschrift
IMR	Immobilien- und Mietrecht, Zeitschrift
i.R.	im Rahmen
i.S.	im Sinne
JA	Juristische Arbeitsblätter
JFG	Jahrbuch für Rechtsprechung in der freiwilligen Gerichtsbarkeit
JMBl. NW	Justizministerialblatt für Nordrhein-Westfalen
JR	Juristische Rundschau
JurA	Juristische Analysen
JurBüro	Das juristische Büro
JuS	Juristische Schulung
Justiz	Die Justiz
JVEG	Justizvergütungs- und -entschädigungsgesetz
JW	Juristische Wochenschrift
JZ	Juristenzeitung
KG	Kammergericht
KGJ	Jahrbuch für Entscheidungen des Kammergerichts
KGR	Kammergericht-Report
KO	Konkursordnung
LAG	Landesarbeitsgericht
LG	Landgericht
LHO	Leistungs- und Honorarordnung der Ingenieure
Lit.	Literatur
LM	*Lindenmaier/Möhring*, Nachschlagewerk des Bundesgerichtshofs
LS	Leitsatz
LZ	Leipziger Zeitschrift
MaBV	Makler- und Bauträgerverordnung
MDR	Monatsschrift für Deutsches Recht

Abkürzungsverzeichnis

MittRhNotK	Mitteilungen der Rheinischen Notarkammer
MRVG	Gesetz zur Verbesserung des Mietrechts und zur Begrenzung des Mietanstiegs sowie zur Regelung von Ingenieur- und Architektenleistungen
MünchKomm	Münchener Kommentar zum BGB
MünchKommZPO	Münchener Kommentar zur ZPO
m.w.Nachw.	mit weiteren Nachweisen
NdsRpfleger	Niedersächsischer Rechtspfleger
n.F.	neue Fassung
NJW	Neue Juristische Wochenschrift
NJW-RR	NJW-Rechtsprechungs-Report, Zivilrecht
Nr.	Nummer
NVwZ	Neue Zeitschrift für Verwaltungsrecht
NZBau	Neu Zeitschrift für Baurecht und Vergaberecht
NZM	Neue Zeitschrift für Mietrecht
OLG	Oberlandesgericht
OLG-NL	OLG-Rechtsprechung Neue Länder
OLGR	OLG-Report
OLGZ	Rechtsprechung der Oberlandesgerichte
OVG	Oberverwaltungsgericht
PiG	Partner im Gespräch (Schriftenreihe des Evangelischen Bundesverbandes für Immobilienwesen in Wirtschaft und Praxis)
RDG	Rechtsdienstleistungsgesetz
Rdn.	Randnummer
Recht	Das Recht
RGRK	Kommentar zum BGB, herausgegeben von Reichsgerichtsräten und Bundesrichtern
RGZ	Entscheidungen des Reichsgerichts in Zivilsachen
Rpfleger	Der Deutsche Rechtspfleger
Rspr.	Rechtsprechung
RVO	Reichsversicherungsordnung
Sächs. Arch.	Sächsisches Archiv
SchlHA	Schleswig-Holsteinische Anzeigen
SchRModG	Schuldrechtsmodernisierungsgesetz
SeuffArch.	Seufferts Archiv für Entscheidungen oberster Gerichte
SF	Sonderfachmann
str.	streitig
st. Rspr.	ständige Rechtsprechung
SV	Sachverständiger
u.	und
UrhG	Urheberrechtsgesetz
UStG	Umsatzsteuergesetz
u.U.	unter Umständen
VersR	Versicherungsrecht
VerwGO	Verwaltungsgerichtsordnung
VO	Verordnung
VOB	Vergabe- und Vertragsordnung für Bauleistungen
VRS	Verkehrsrechtssammlung
WEG	Wohnungseigentumsgesetz
WERS	Wohnungseigentumsrechtssammlung

Abkürzungsverzeichnis

WM	Wertpapiermitteilungen
WRP	Wettbewerb in Recht und Praxis
WuM	Wohnungswirtschaft und Mietrecht
WuV	Wirtschaft und Verwaltung
WuW	Wirtschaft und Wettbewerb
ZBB	Zeitschrift für Bankrecht und Bankwirtschaft
ZfBR	Zeitschrift für deutsches und internationales Baurecht
ZfIR	Zeitschrift für Immobilienrecht
ZGS	Zeitschrift für das gesamte Schuldrecht
ZIP	Zeitschrift für Wirtschaftsrecht
ZMR	Zeitschrift für Miet- und Raumrecht
ZPO	Zivilprozessordnung
ZPR	Zivilprozessrecht
ZRP	Zeitschrift für Rechtspolitik
ZS	Zivilsenat
ZSW	Zeitschrift für das Sachverständigenwesen
ZUM	Zeitschrift für Urheber- und Medienrecht
ZuSEG	Gesetz über die Entschädigung von Zeugen und Sachverständigen
zust.	zustimmend
ZZP	Zeitschrift für Zivilprozess

Literaturverzeichnis

Achilles-Baumgärtel	Der Anspruch auf Kostenvorschuss im Gewährleistungsrecht, Baurechtl. Schriften, Band 40, 1998
Ahlers	Die Auswirkungen der Schuldrechtsmodernisierung auf die Freistellung der VOB/B von der Inhaltskontrolle unter Mitberücksichtigung der Richtlinie 93/13 EWG, Baurechtl. Schriften, Band 62, 2006
Althaus/Heindl	Der öffentliche Bauvertrag, 2. Auflage 2013 und ibr-online
Appel	Der Bauvertrag der öffentlichen Hand, 2016
Aschenbrenner/Drasdo/Metzger/ Sterns	Baumängel und Bauschäden erkennen und erfolgreich reklamieren, 2. Auflage 2005
Bamberger/Roth	(Hrsg.) Kommentar zum Bürgerlichen Gesetzbuch, 3. Auflage 2012
Basty	Der Bauträgervertrag, 8. Auflage 2014
Baumbach/Lauterbach/Albers/ Hartmann	Zivilprozessordnung, Kommentar, 73. Auflage 2015
Baumgärtel/Hagenröder/ Houben	RVG (Rechtsanwaltsvergütungsgesetz), Kommentar, 16. Auflage 2014
Baumgärtel/Laumen/Prütting	(Hrsg.) Handbuch der Beweislast 3. Auflage 2016
Bayerlein	Praxishandbuch Sachverständigenrecht, 5. Auflage 2015
Berchem, Freifrau von	Die neue Baustellenverordnung, 2000
v. Berg/Vogelheim/Wittler	(Hrsg.) Entwickeln · Planen · Bauen, 2010
Berger/Fuchs	Einführung in die HOAI, 4. Auflage 2013
Binder/Messer	Urheberrecht für Architekten und Ingenieure, 2. Auflage 2014
Bindhardt/Jagenburg	Die Haftung des Architekten, 8. Auflage 1981
Bischof/Jungbauer/Bräuer/ Curkovic/Klipstein/Klüsener/Uher	RVG Kommentar, 7. Auflage 2016
Blank	Bauträgervertrag, 5. Auflage 2015
Bohl/Döbereiner/Keyserlingk	Die Haftung der Ingenieure im Bauwesen, 1980
Boisserée	Die Haftung der Baubeteiligten für Schäden an Nachbargebäuden, Baurechtl. Schriften, Band 56, 2002
Boisserée/Fuchs	(Hrsg.) Handbuch Baunachbarrecht, 2006
Boldt	Der neue Bauvertrag, 2. Auflage 2004
Boysen/Plett	Bauschlichtung in der Praxis, 2000
Braun/Haentjens/Nemuth	Schnittstellen im Bauablauf, 2010
Brügmann	Prozessleitung Die Prozessleitung im Bauprozess, 1969
Bschorr/Zanner	Die Vertragsstrafe im Bauwesen, 2003
Budnick	Architektenhaftung für Vergabe-, Koordinierungs- und Baukostenplanungsfehler, Baurechtl. Schriften, Band 45, 1998
Burchardt/Pfülb	ARGE-Kommentar, 4. Auflage 2006
Cuypers	Instandhaltung und Änderung baulicher Anlagen, Baurechtl. Schriften, Band 23, 1993
Cuypers	Das neue Bauvertragsrecht, 2. Auflage 2002
Cuypers	Der Werklohn des Bauunternehmers, 2000
Dahmen	Schnittstellen zwischen privatem und öffentlichem Baurecht, 2013

Literaturverzeichnis

Daub/Piel/Soergel/Steffani	Kommentar zur VOB, Teil B, 1976
Dauner-Lieb/Heidel/Lepa/Ring	(Hrsg.) Anwaltkommentar Schuldrecht, 2002
Dauner-Lieb/Heidel/Lepa/Ring	(Hrsg.) Das Neue Schuldrecht, Ein Lehrbuch, 2002
Dauner-Lieb/Heidel/Lepa/Ring	(Hrsg.) Das neue Schuldrecht in der anwaltlichen Praxis, 2002
Dauner-Lieb (Hgg.)	AnwaltKommentar BGB Band 2 (§§ 241–853), 2005
Deckers	Die neue HOAI in der Praxis, 2009
Deckers	Das neue Forderungssicherungsgesetz, 2009
Deckert	Baumangel am Gemeinschaftseigentum der Eigentumswohnung, 2. Auflage 1980
Diercks-Oppler	Wettbewerbe für Architekten und Ingenieure, 2013
Donus	Der Fertighausvertrag, Baurechtl. Schriften, Band 13, 1988
Dreier/Schulze	UrhG (Urheberrechtsgesetz), Kommentar, 5. Auflage 2015
Drittler	Nachträge und Nachtragsprüfung (beim Bau- und Anlagenbauvertrag), 3. Auflage 2017
Duve	Streitregulierung im Bauwesen, 2007
Duve/Cichos	Bauleiter-Handbuch Auftragnehmer, 2. Auflage 2010
Duve/Maffini	Bautechnik für Juristen, 2008
Englert/Bauer	Rechtsfragen zum Baugrund, Baurechtl. Schriften, Band 5, 2. Auflage 1991
Englert/Grauvogl/Maurer	(Hrsg.) Handbuch des Baugrund- und Tiefbaurechts, 5. Auflage 2016
Englert/Katzenbach/Motzke	(Hrsg.) Beck'scher VOB-Kommentar, Teil C, 2003
Englert/Motzke/Wirth	(Hrsg.) Kommentar zum BGB-Bauvertragsrecht, 2. Auflage 2009
Enseleit/Osenbrück	HOAI-Praxis, Anrechenbare Kosten, 2. Auflage 1991
Erman	Handkommentar zum Bürgerlichen Gesetzbuch, 11. Auflage 2008
Eschenbruch	Projektmanagement und Projektsteuerung, 4. Auflage 2015
Eschenbruch/Leupertz	BIM und Recht, 2016
Fahrenschon/Burchardt	ARGE-Kommentar, Ergänzungsband, 1990
Feuerabend	Bauleiter-Handbuch Auftraggeber, 2. Auflage 2010
Fischer	Die Regeln der Technik im Bauvertragsrecht, 1985
Flach	Die VOB/B und das Leitbild des gesetzlichen Werkvertragsrechts, 1984
Franke/Englert/Halstenberg/ Kuffer/Meyer-Postelt/Miernik	Kommentar zur SL Bau, 2011
Franke/Kemper/Zanner/ Grünhagen/Mertens	(Hrsg.) VOB-Kommentar, 6. Auflage 2017
Fritz	Haftungsfreizeichnung im Bauträger- und Architektenvertrag nach dem AGB, 1979
Fromm/Nordemann	Urheberrecht, 10. Auflage 2008
Früh	Die „Sowieso-Kosten", Baurechtl. Schriften, Band 20, 1991
Fuchs	Kooperationspflichten der Bauvertragsparteien, Baurechtl. Schriften, Band 58, 2004
Fuchs/Berger/Seifert	(Hrsg.) Beck'scher HOAI- und Architektenrechtskommentar HOAI, 2016
Ganten	Pflichtverletzung Pflichtverletzung und Schadensrisiko im privaten Baurecht, 1974
Ganten/Jansen/Voit	Beck'scher VOB-Kommentar, Teil B, 3. Auflage 2013
Ganten/Kindereit	(Hrsg.) Typische Baumängel, 2. Auflage 2014

Literaturverzeichnis

Genschow/Stelter	Störungen im Bauablauf, 3. Auflage 2013
Glatzel/Hofmann/Frikell	Unwirksame Bauvertragsklauseln, 12. Auflage 2015
Glöckner	Gesamtschuldvorschriften und Schuldnermehrheiten bei unterschiedlichen Leistungsinhalten, 1997
Glöckner/v. Berg	(Hrsg.) Bau- und Architektenrecht, 2. Auflage 2015
Göttlich/Mümmler	(Begründer) RVG (Rechtsanwaltsvergütungsgesetz), Kommentar, 4. Auflage 2012
Greeve/Leipold	Handbuch des Baustrafrechts, 2004
Grziwotz/Koeble	(Hrsg.) Handbuch Bauträgerrecht, 2. Auflage 2013
Grziwotz/Lüke/Saller	Praxishandbuch Nachbarrecht, 2005
Hänsel	Die Vergabe von Architekten- und Ingenieurleistungen, 2005
Haerendel	Sowieso-Kosten und weitere zusätzliche Kosten infolge Fehlplanung, Baurechtl. Schriften, Band 47, 1999
Hagenloch	Handbuch zum Gesetz über die Sicherung der Bauforderungen (GSB), 1991
Hammacher	Prüf- und Hinweispflichten, 2013
Heidland	Der Bauvertrag in der Insolvenz, 2. Auflage 2003
Heiermann/Linke	AGB im Bauwesen, 1978
Heiermann/Riedl/Rusam	Handkommentar zur VOB, Teil A und B, 13. Auflage 2013
Heinrich, Martin	Der Baucontrollingvertrag, Baurechtl. Schriften, Band 10, 2. Auflage 1998
Heinlein/Hilka	HOAI Kommentar, 2014
Henssler/Graf v. Westphalen	Praxis der Schuldrechtsreform, 2001
Herding/Schmalzl	Vertragsgestaltung und Haftung im Bauwesen, 2. Auflage 1967
Herig	Praxiskommentar VOB Teile A, B, C, 5. Auflage 2013
Hildebrandt	Die Abnahme von Bauleistungen, 2. Auflage 2012
Hilgers/Buscher	Der Anlagenbauvertrag, 2005
Hilgers/Kaminsky	Anlagenbau im In- und Ausland, 2013
Höckmayer	Die Bedeutung des Baugrunds im Tunnelbau nach österreichischem, schweizerischem und deutschem Recht, Berliner Schriften zum Deutschen und Internationalen Baurecht, Band 7, 2016
Hofmann/Koppmann	Die neue Bauhandwerkersicherung, 5. Auflage 2009
Hök	Internationales Baurecht, 2001
Huhn	Der Bauvertrag, in Vahlens Rechtsbücher, Reihe Zivilrecht, Band 3, 1974
Ingenstau/Korbion	hrsgg. von Leupertz/v. Wietersheim, Kommentar zur VOB, Teile von A und B, 20. Auflage 2017
Inhuber	Das Skonto im Endverbrauchergeschäft, Baurechtl. Schriften, Band 25, 1993
Jagenburg/Schröder/Baldringer	(Hrsg.) Der ARGE-Vertrag, Kommentar, 3. Auflage 2012
Jakob/Ring/Wolf	(Hrsg.) Freiberger Handbuch zum Baurecht, 3. Auflage 2008
Jasper	Die Kardinalpflichten im Bauwerkvertrag, Baurechtl. Schriften, Band 48, 1999
Jebe/Vygen	Der Bauingenieur in seiner rechtlichen Verantwortung, 1981
Jessnitzer/Frieling	Der gerichtliche Sachverständige, 11. Auflage 2000
Jochem/Kaufhold	HOAI, Gesamtkommentar, 5. Auflage 2012
Joussen/Vygen	Der Subunternehmervertrag, 2011

Literaturverzeichnis

Kaiser	Mängelhaftungsrecht Das Mängelhaftungsrecht in Baupraxis und Bauprozess, 7. Auflage 1992
Kaiser/Leesmeister	Einführung in die VOB/C, 2014
Kapellmann	Schlüsselfertiges Bauen, 3. Auflage 2013
Kapellmann/Langen	Einführung in die VOB/B, 25. Auflage 2016
Kapellmann/Messerschmidt	(Hrsg.) VOB Teile A und B, Kommentar, 5. Auflage 2015
Kapellmann/Schiffers	Vergütung, Nachträge und Behinderungsfolgen beim Bauvertrag, Band 1: Einheitspreisvertrag, 6. Auflage 2011; Band 2: Pauschalvertrag einschließlich Schlüsselfertigbau, 5. Auflage 2011
Keldungs/Arbeiter	Leitfaden für Bausachverständige, 3. Auflage 2011
Keldungs/Brück	Der VOB-Vertrag, 9. Auflage 2008
Kemper/Nitschke/Haas	Fehlervermeidung bei der Abwicklung von Bauvorhaben, 2005
Kemper/Nitschke/Hochstadt	Baurecht für Bauunternehmer, 2. Auflage 2010
Kenter	Der Vergütungsanspruch des Werkunternehmers gemäß § 649 S. 2 BGB, Baurechtl. Schriften, Band 54, 2000
Kesselring	Verkehrssicherungspflichten am Bau, 2002
Kimmich/Bach	VOB für Bauleiter, 5. Auflage 2014
Klaft	Die Bauhandwerkersicherung nach § 648a BGB, Baurechtl. Schriften, Band 41, 1998
Kleine-Möller/Merl/Glöckner	Handbuch des privaten Baurechts, 5. Auflage 2014
Kling	Rationelle Mandatsbearbeitung im privaten Baurecht, 2000
Kniffka	(Hrsg.) Bauvertragsrecht, 2. Auflage 2016
Kniffka/Koeble	Kompendium des Baurechts, 4. Auflage 2014
Knychalla	Inhaltskontrolle von Architektenformularverträgen, Baurechtl. Schriften, Band 8, 1987
Koeble	(Hrsg.) Münchener Prozessformularbuch, Privates Baurecht, 4. Auflage 2013
Koeble/Zahn	Die neue HOAI 2009, 2009
Koenen	Sachverständigenbeweis im Bauprozess, 2012
Kollmer	Baustellenverordnung, 2000
Koppmann/Hölzlwimmer	VOB/B; Formularhandbuch für den Auftragnehmer, 2003
Korbion	(Hrsg.) Baurecht, 2005
Korbion/Locher/Sienz	AGB und Bauerrichtungsverträge, 4. Auflage 2006
Korbion/Mantscheff/Vygen	HOAI, 9. Auflage 2016
Kratzenberg/Ettinger-Brinckmann/Knapschinsky	Die neuen Regelungen für Architekten- und Ingenieurwettbewerbe, 2009
Kraus	Planungsverantwortung bei partnerschaftlichen Bauvertrags-modellen, Baurechtl. Schriften, Band 63, 2007
Krause-Allenstein	Handbuch Bauversicherungsrecht, 2013
Krause-Allenstein	Die Haftung des Architekten für Bausummenüberschreitung und sein Versicherungsschutz, Baurechtl. Schriften, Band 55, 2001
Kreißl	Die Honorarvereinbarung zwischen Auftraggeber und Auftragnehmer nach § 4 HOAI, Baurechtl. Schriften, Band 50, 1999
Kretschmann	Der Vergütungsanspruch des Unternehmers für im Vertrag nicht vorgesehene Werkleistung und dessen Ankündigung gegenüber dem Besteller, Baurechtl. Schriften, Band 60, 2005
Kromik/Schwager/Noss	Das Recht der Bauunternehmung, 1987

Literaturverzeichnis

Kuffer/Wirth	(Hrsg.) Handbuch des Fachanwalts Bau- und Architektenrecht, 5. Auflage 2017
Kulartz/Kus/Portz	(Hrsg.) Kommentar zum GWB-Vergaberecht, 3. Auflage 2014
Kulartz/Marx/Portz/Prieß	(Hrsg.) Kommentar zur VOL/A, 3. Auflage 2014
Kutschker	Die Gesamtabwägung der VOB/B nach AGB-Gesetz und EG-Verbraucherschutzrichtlinie, Baurechtl. Schriften, Band 42, 1998
Kulartz/Kus/Marx/Portz/Prieß	Kommentar zur VgV, 2017
Lachmann/Nieberding	Insolvenz am Bau, 2006
Lange	Baugrundhaftung und Baugrundrisiko, Baurechtl. Schriften, Band 34, 1997
Langen/Schiffers	Bauplanung und Bauausführung, 2005
Langenecker/Maurer	Handbuch des Bauarbeitsrechts, 2004
Lauer	Die Haftung des Architekten bei Bausummenüberschreitung, Baurechtl. Schriften, Band 28, 1993
Lauer/Klein/Frik	Die Auswirkungen des neuen Schuldrechts auf das private Baurecht, 2003
Lauer/Wurm	Haftung des Architekten und Bauunternehmers, 6. Auflage 2012
Lederer/Heymann	HOAI-Honorarmanagement bei Architekten- und Ingenieurverträgen, 3. Auflage 2011
Leidig/Hürter	(Hrsg.) Handbuch Kauf- und Lieferverträge am Bau, 2014
Leinemann	(Hrsg.) Kommentar zur VOB/B, 6. Auflage 2016
Leinemann	Die Vergabe öffentlicher Aufträge, 6. Auflage 2016
Leinemann/Jacob/Franz	Die Bezahlung der Bauleistung, 5. Auflage 2013
Leineweber	Handbuch des Bauvertragsrechts, 2000
Lembcke	Handbuch Baukonfliktmanagement, 2013
Leupertz	(Hrsg.) Jahrbuch Entscheidungs-Analysen, 2012
Leupertz/Halfmeier	Kommentierung der §§ 631 ff. BGB, in: Prütting/Wegen/Weinreich, BGB, Kommentar, 9. Auflage 2014
Lewenton/Schnitzer	Verträge im Ingenieurbüro, 1974
Liebheit	Pflichten eines Bausachverständigen, 2009
Locher, U.	Die Rechnung im Werkvertragsrecht, Baurechtl. Schriften, Band 19, 1990
Locher/Locher	Das private Baurecht, Kurzlehrbuch, 8. Auflage 2012
Locher/Koeble	Bauherrenmodelle in zivil- und steuerrechtlicher Sicht, Baurechtl. Schriften, Band 1, 1982
Locher/Koeble/Frik	Kommentar zur HOAI, 13. Auflage 2017
Locher-Weiß	Rechtliche Probleme des Schallschutzes, Baurechtl. Schriften, Band 3, 4. Auflage 2004
Loewenheim	Handbuch des Urheberrechts, 2. Auflage 2010
Löffelmann/Fleischmann	Architektenrecht, 6. Auflage 2012
Mandelkow	Chancen und Probleme des Schiedsgerichtsverfahrens in Bausachen, Baurechtl. Schriften, Band 30, 1995
Mansel/Budzikiewicz	Das neue Verjährungsrecht in der anwaltlichen Praxis, 2002
Marcks	Makler- und Bauträgerverordnung, Erläuterte Ausgabe, 9. Auflage 2014
Markus/Kaiser/Kapellmann	AGB-Handbuch Bauvertragsklauseln, 4. Auflage 2014
Matthies	Bauinsolvenzrecht, 2015
Messerschmidt/Niemöller/Preussner	HOAI, 2015

Literaturverzeichnis

Messerschmidt/Voit	Privates Baurecht, 2. Auflage 2012
Meyer/Höver/Bach/Oberlack	JVEG – Die Vergütung und Entschädigung von Sachverständigen, Zeugen, Dritten und von ehrenamtlichen Richtern nach dem JVEG, 26. Auflage 2014
Miegel	Die Haftung des Architekten für höhere Baukosten sowie für fehlerhafte und unterlassene Kostenermittlungen, Baurechtl. Schriften, Band 29, 1995
Mintgens	Baurecht kompakt, 2009
Mitschein	Die baubetriebliche Bewertung gestörter Bauabläufe aus Sicht des Auftragnehmers, 1999
Morlock/Meurer	Die HOAI in der Praxis, 9. Auflage 2014
Motzke/Bauer/Seewald	(Hrsg.) Prozesse in Bausachen, 2. Auflage 2014
Motzke/Pietzcker/Prieß	Beck'scher VOB-Kommentar, Teil A, 2001
Motzke/Preussner/Kehrberg/Kesselring	(Hrsg.) Die Haftung des Architekten, 10. Auflage 2015
Motzke/Wolff	Praxis der HOAI, 3. Auflage 2004
Müller	Vertragsmanagement für Architekten und Ingenieure, 2012
Müller	Der Werkerfolg im Spannungsfeld zwischen Mängelhaftung, Hinweispflichten und Vergütung beim Bauwerkvertrag, 2014
Müller-Wrede	Kommentar zur VOF, 5. Auflage 2014
Müller-Wrede	Der Architektenwettbewerb, 2012
Münchener Kommentar zum Bürgerlichen Gesetzbuch: BGB	Band 1: Allgemeiner Teil §§ 1–240, 7. Auflage 2015
Münchener Kommentar zum Bürgerlichen Gesetzbuch: BGB	Band 5: Schuldrecht, Besonderer Teil III §§ 705–853, 6. Auflage 2013
Münchener Kommentar zum Handelsgesetzbuch: HGB	Band 1: Erstes Buch Handelsstand, §§ 1–104a, 4. Auflage 2016
Neuenfeld/Baden/Dohna/Groscurth/Schmitz	Honorarordnung für Architekten und Ingenieure, 3. Auflage 2010
Niebuhr	Vertragsstrafe, Schadensersatz und Entschädigung bei Bauverzögerungen, 2006
Niemöller	Die Beschleunigung fälliger Zahlungen, 2000
Niestrate	Die Architektenhaftung, 3. Auflage 2006
Nicklisch/Weick/Jansen/Seibel	Kommentar zur VOB, Teil B, 4. Auflage 2016
Noch	Vergaberecht kompakt, 7. Auflage 2016
Oberhauser	Bauvertragsrecht im Umbruch, Baurechtl. Schriften, Band 52, 1999
Oberhauser/Manteufel	VOB Teil B, 2013
Oberheim	Erfolgreiche Taktik im Zivilprozess, 6. Auflage 2014
von Olenhusen	Verbraucherschutz im privaten Baurecht, 2012
Osenbrück	Die RBBau, Baurechtl. Schriften, Band 12, 4. Auflage 2004
Otto	Der Nachunternehmervertrag als Gesellschaftsvertrag, 2014
Palandt	Bürgerliches Gesetzbuch, Kommentar, 76. Auflage 2017
Pause	Bauträgerkauf und Baumodelle, 5. Auflage 2011
Plum	Sachgerechter und prozessorientierter Nachweis von Behinderungen und Behinderungsfolgen beim VOB-Vertrag, Baurechtl. Schriften, Band 37, 1997
Pöhner	Die Bedeutung der Baugenehmigung für den Bauvertrag, Baurechtl. Schriften, Band 35, 1997

Literaturverzeichnis

Pott/Dahlhoff/Kniffka/Rath	Honorarordnung für Architekten und Ingenieure, 9. Auflage 2011
Prechtel/Oberheim	Erfolgreiche Taktik im Zivilprozess, 4. Auflage 2009
Preussner	HOAI 2009, Leitfaden, 2009
Preussner	Der fachkundige Bauherr, Baurechtl. Schriften, Band 46, 1998
Preussner	Architektenrecht 2013
Prinz	Urheberrecht für Ingenieure und Architekten, 2001
Prütting/Gehrlein	(Hrsg.) ZPO, Kommentar, 8. Auflage 2017
Prütting/Wegen/Weinreich	(Hrsg.) BGB, Kommentar, 12. Auflage 2017
Putzier	Der unvermutete Mehraufwand für die Herstellung des Bauwerks, Baurechtl. Schriften, Band 33, 1997
Putzier	Der Pauschalpreisvertrag, 2. Auflage 2005
Rauh	Kostenermittlung im Schlüsselfertigbau, 2009
Rehbein	Auftraggeberanordnung und Risikoverteilung beim Bauwerkvertrag von VOB-Vertrag, Baurechtl. Schriften, Band 64, 2007
Reichert/Reuber/Siegburg	Handbuch VOF, 2014
Reister	Nachträge beim Bauvertrag, 3. Auflage 2014
Reithmann/Meichssner/ von Heymann	Kauf vom Bauträger, 7. Auflage 1995
Reuter	Vertragsstrafen im privaten Baurecht, Baurechtl. Schriften, Band 65, 2009
Riecke/Schmid	(Hrsg.) WEG – Wohnungseigentumsgesetz, Kommentar, 4. Auflage 2015
Roquette/Otto	Vertragsbuch Privates Baurecht, 2. Auflage 2011
Roquette/Viering/Leupertz	(Hrsg.) Handbuch Bauzeit, 3. Auflage 2016
Roth/Gaber	Kommentar zur GOA, 10. Auflage 1970
Samson-Himmelstjerna	Gewährleistungsprobleme bei der Sanierung und Renovierung von Altbauten, Baurechtl. Schriften, Band 44, 1998
Sangenstedt	(Hrsg.) Rechtshandbuch für Ingenieure und Architekten, 1999
Schäfer/Finnern	Rechtsprechung der Bauausführung, Loseblattsammlung, ab 1. 1. 1978 *Schäfer/Finnern/Hochstein*
Schalk	Handbuch Nebenangebote, 2009
Schaub	Haftung und Konkurrenzfragen bei mangelhaften Produkten und Bauwerken im deutschen und englischen Recht, Baurechtl. Schriften, Band 53, 1999
Schill	Der Projektsteuerungsvertrag, 2000
Schimmel/Buhlmann	Frankfurter Handbuch zum neuen Schuldrecht, 2002
Schliemann	Mängelansprüche im Bauvertrag, 2003
Schliemann (Hrsg.)	Die Abrechnung der Architekten- und Ingenieurleistungen, 2004
Schliemann (Hrsg.)	Architekten- und Ingenieurrecht, 2005
Schlosser/Coester-Waltjen/Graba	Kommentar zum AGB-Gesetz, 1977
Schmalzl/Krause-Allenstein	Berufshaftpflichtversicherung des Architekten und des Bauunternehmers, 2. Auflage 2006
Schmid	Die Natur des Bauvertrags, 2010
Schmidt/Winzen	Handbuch der Sicherheiten am Bau, 2000
Schmidt-Räntsch	Das neue Schuldrecht, 2002
Schmitz	Sicherheiten für die Bauvertragsparteien, 5. Auflage 2016

Literaturverzeichnis

Schneider/Herget	Streitwertkommentar, 11. Auflage 1996
Scholtissek	HOAI, Kommentar, 2. Auflage 2014
Schoofs/Hafkesbrink	Bauvertrag und Bauprozess, 2007
Schramm/Schwenker	Störungen der Architekten- und Ingenieurleistungen, 2008
Schrammel/Kaiser/Nusser	(Hrsg.) Facility Management – Recht und Organisation, 2013
Schricker/Loewenheim	Urheberrecht, 5. Auflage 2016
Schuschke/Walker	(Hrsg.) Vollstreckung und Vorläufiger Rechtsschutz, Kommentar, 6. Auflage 2016
Schütze	Institutionelle Schiedsgerichtsbarkeit, 2. Auflage 2011
Schütze	Schiedsgericht und Schiedsverfahren, 4. Auflage 2007
Schwärzel-Peters	Die Bürgschaft im Bauvertrag, Baurechtl. Schriften, Band 22, 1992
Schwenker/Kleineke/Rodemann	Die Vergütung von Bauleistungen, 2009
Seibel	Baumängel und anerkannte Regeln der Technik, 2009
Seibel	Selbständiges Beweisverfahren (§§ 485 bis 494a ZPO), 2013
Seifert/Preussner	Baukostenplanung, 4. Auflage 2013
Siebert/Eichberger	(Hrsg.) AnwaltFormulare Bau- und Architektenrecht, 2010
Siegburg	Dreißigjährige Haftung des Bauunternehmers aufgrund Organisationsverschuldens, Baurechtl. Schriften, Band 32, 1995
Siegburg	Verjährung im Baurecht, Baurechtl. Schriften, Band 24, 1993
Simmendinger	Praxisbeispiele zur HOAI, 2010
Simmendinger	HOAI 2009, Praxisleitfaden, 2009
Soergel/Siebert	Kommentar zum Bürgerlichen Gesetzbuch, 13. Auflage 2002
Stammbach	Verstoß gegen die anerkannten Regeln der Technik, Baurechtl. Schriften, Band 36, 1997
Stammkötter	Bauforderungssicherungsgesetz, 3. Auflage 2009
Staudinger	Kommentar zum Bürgerlichen Gesetzbuch, §§ 631–651 BGB, 2013 (bearbeitet von *Florian Jakoby* u. *Frank Peters*)
Staudinger	(Jakoby/Peters) Privates Baurecht (Sonderedition), 2014
Steeger	Praxiskommentar HOAI 2009
Stickler/Fehrenbach	Die Kündigung von Bauverträgen, 2001
Sturmberg	Die Beweissicherung, 2004
Sturmberg/Steinbrecher	Der gestörte Bauablauf und seine Folgen, 2. Auflage 2007
Tepasse	(Hrsg.) Handbuch Sicherheits- und Gesundheitsschutz-Koordination auf Baustellen, 3. Auflage 2001
Thode/Wenner	Internationales Architekten- und Bauvertragsrecht, 1998
Thode/Wirth/Kuffer	(Hrsg.) Praxishandbuch Architektenrecht, 2004
Thomas/Putzo	(Hrsg.) Kommentar zur Zivilprozessordnung, 35. Auflage 2014
Tonner/Willingmann/Tamm	(Hrsg.) Vertragsrecht, Kommentar, 2010
Trautner/Turner	VOB kompakt, 2009
Ulbrich	Formularbuch des Fachanwalts Bau- und Architektenrecht, 3. Auflage 2015
Ulmer/Brandner/Hensen	AGB-Gesetz, 10. Auflage 2006
Ulrich	Selbstständiges Beweisverfahren mit Sachverständigen, 2. Auflage 2008
Ulrich	Der gerichtliche Sachverständige, 12. Auflage 2007

Literaturverzeichnis

Vogel	Arglistiges Verschweigen des Bauunternehmers aufgrund Organisationsverschuldens, Baurechtl. Schriften, Band 43, 1998
Völkel	Die Bedeutung der VOB/C bei der Bestimmung bauvertraglicher Leistungspflichten, Baurechtl. Schriften, Band 61, 2005
Vygen/Joussen	Bauvertragsrecht nach VOB und BGB, 5. Auflage 2013
Vygen/Joussen/Lang/Rasch	Bauverzögerung und Leistungsänderung, 7. Auflage 2015
Wandtke/Bullinger	UrhR, Praxiskommentar zum Urheberrecht, 3. Auflage 2009
Weinbrenner/Jochem/Neusüß	Der Architektenwettbewerb, 2. Auflage 1998
Wellmann/Schneider/ Hüttemann/Weidhaas	Der Sachverständige in der Praxis, 7. Auflage 2004
Werner/Pastor/Müller	Baurecht von A–Z, 7. Auflage 2000
Willenbruch/Wieddekind	Vergaberecht-Kompaktkommentar, 3. Auflage 2014
Wingsch	Leistungsbeschreibungen und Leistungsbewertungen zur HOAI, 2. Auflage 2007
Wirth	Darmstädter Baurechtshandbuch, Band 1: Privates Baurecht, 2. Auflage 2005
Wirth	Controlling in der Baupraxis, 3. Auflage 2012
Wirth/Sienz/Englert	(Hrsg.) Verträge am Bau nach der Schuldrechtsreform, 2001
Wirth/Theis	Architekt und Bauherr, 1997
Wittchen	Der Baubetreuungsvertrag, 1969
Wolff/Horn/Lindacher	AGB-Gesetz, 5. Auflage 2009
Würfele/Gralla	Nachtragsmanagement, 2006
Zielemann	Vergütung, Zahlung und Sicherheitsleistung nach VOB, 3. Auflage 2007
Zöller	Kommentar zur Zivilprozessordnung, 31. Auflage 2016

KAPITEL 1
Die Sicherung bauvertraglicher Ansprüche

Übersicht

		Rdn.			Rdn.
I.	Das selbstständige Beweisverfahren (Beweissicherung)	1	V.	Die Schutzschrift	339
II.	Das Privatgutachten	148	VI.	Die einstweilige Verfügung in Bausachen	349
III.	Die Bauhandwerkersicherungshypothek	182	VII.	Der Arrest in Bausachen	388
IV.	Die Bauhandwerkersicherung (§ 650f [früher: § 648a] BGB)	314			

I. Das selbstständige Beweisverfahren (Beweissicherung)

Übersicht

	Rdn.		Rdn.
1. Bedeutung und Gegenstand des selbstständigen Beweisverfahrens	1	bb) Die Ablehnung des Sachverständigen	60
2. Allgemeine Verfahrensgrundsätze	6	d) Die Glaubhaftmachung	68
3. Besondere Zulässigkeitsvoraussetzungen	7	e) Muster	70
a) § 485 Abs. 1, 1. Alternative: Zustimmung des Gegners	11	5. Die Zuständigkeit	71
		6. Die Beweisaufnahme	76
b) § 485 Abs. 1, 2. Alternative: Veränderungsgefahr	15	a) Der Beschluss	76
		b) Die Durchführung der Beweisaufnahme	83
c) § 485 Abs. 2: Der selbstständige Sachverständigenbeweis	27	c) Die Rechte des Antragsgegners und des Streithelfers	92
aa) Zur Feststellung des Zustandes einer Sache	28	d) Rechtsbehelfe	95
		7. Die rechtlichen Wirkungen	98
bb) Der Begriff des rechtlichen Interesses	34	8. Die Kosten	123
4. Der Antrag	36	a) Grundsätze	123
a) Die Parteien	39	b) Zum Anwendungsbereich des § 494a ZPO	128
aa) Der Antragsteller	40	c) Die „isolierte" Kostenentscheidung	134
bb) Der Antragsgegner	43		
cc) Die Einbeziehung Dritter (Streitverkündung)	46	d) Der materiell-rechtliche Kostenerstattungsanspruch	136
b) Die Bezeichnung der Tatsachen	54	e) Kosten des Streithelfers	138
c) Die Bezeichnung der Beweismittel	58	f) Gerichts- und Anwaltskosten	140
aa) Die Auswahl des Sachverständigen	59	9. Der Streitwert	144

Literatur

Koeble, Gewährleistung und selbstständiges Beweisverfahren bei Bausachen, 2. Aufl. 1993; *Duve*, Streitregulierung im Bauwesen, 2007; *Ulrich*, Selbstständiches Beweisverfahren mit Sachverständigen, 2. Auflage 2008; *Koenen*, Sachverständigenbeweis im Bauprozess, 2012; *Fairlie*, Die Beweissicherung im Bauverfahren, 2009; *Seibel*, Selbständiges Beweisverfahren (§§ 485 bis 494a ZPO), 2013; *Seibel/Zöller* (Hrsg.), Bauteiluntersuchung, 2016; *Sturmberg*, Die Beweissicherung in der anwaltlichen Praxis, 2016.

Wussow, Problem der gerichtlichen Beweissicherung in Baumängelsachen, NJW 1969, 1401; *Locher*, Die Problematik des Beweissicherungsverfahrens im Baurecht, BauR 1979, 23; *Schilken*, Grundlagen des Beweissicherungsverfahrens, ZZP 92, 238; *Postelt*, Die Beteiligung des Nachunternehmers am vorprozessualen Beweissicherungsverfahren des Bauherrn gegen den Generalunternehmer, BauR 1980, 33; *Werner*, Der Privatgutachter – der Sachverständige im Beweissicherungsverfahren, DAB 1980, 1328; *Schulz*, Beweissicherungsverfahren: Mehrere am Verfahren Beteiligte; Berücksichtigung des Datenschutzes, BauR 1987, 278; *Kamphausen*, Bausachverständige im Beweissicherungsverfahren, BauR 1989, 676; *Rudolph*, Schiedsgutachten und Beweissicherungsgutachten als Wege zur Beilegung von Baustreitigkeiten, Festschrift für Locher (1990), 215; *Schreiber*, Das selbstständige Beweisverfahren, NJW 1991, 2600; *Geffert*, Der Einzelrichter im selbstständigen Beweisverfahren, NJW 1995, 506; *Pauly*, Das selbstständige Beweisverfahren in Bausachen, JR 1996, 269; *Zanner*, Selbstständiges Beweisverfahren trotz Schiedsgutachterabrede, BauR 1998, 1154; *Enaux*, Das selbstständige Beweisverfahren als Instrument der Schlichtung von Baustreitigkeiten: Möglichkeiten und Hemmnisse aus anwaltlicher Sicht, Jahrbuch Baurecht 1999, 162; *Hök*, Zum Anspruch auf Beweissicherung auf fremdem Grund und Boden insbesondere in Baustreitigkeiten, BauR 1999, 221; *Voit*, Die Auswirkungen der Eröffnung eines Insolvenzverfahrens auf das selbstständige Beweisverfahren, Festschrift für Thode (2005), 337; *Ulrich*, Anwaltsstrategien im selbstständigen Beweisverfahren, BauR 2007, 1634; *Leupertz*, Privatgutachten kontra Selbstständiges Beweisverfahren, BauR 2007, 1790; *Seibel*, Die Verjährungshemmung im selbstständigen Beweisverfahren nach § 204 Abs. 1 Nr. 7 BGB, ZfBR 2008, 9; *Hammacher*, Der Sachverständige im Beweisverfahren, im Schiedsverfahren und in der Mediation, Der Bausachverständige, 3/2008, 46; *Schöwer*, Die außergerichtliche Beweissicherung, Der Bausachverständige, 5/2008, 46; *Ulrich*, Selbstständiges Beweisverfahren in Bausachen – Was die Beteiligten wissen sollten, Der Bausachverständige, 5/2008, 49; *Fritzsche-Brandt*, Das Sachverständigengutachten im Urkundenprozess, DS 2008, 87; *Seibel*, Das Unterlassen von Einwendungen im selbstständigen Beweisverfahren und die Konsequenzen für den anschließenden Hauptprozess, ZfBR 2008, 126; *Weyer*, Keine Verjährungshemmung ohne förmliche Zustellung des Beweissicherungsantrags, NZBau 2008, 228; *Thierau/Leidig*, Anwaltszwang bei Streitbeitrittserklärung im selbstständigen Beweisverfahren, BauR 2008, 1527; *Klaft/Nossek*, Hemmung von Vergütungsansprüchen des Werkunternehmers durch selbstständiges Beweisverfahren?, BauR 2008, 1980; *Sohn*, Bindungswirkung des Gutachtens im selbstständigen Beweisverfahren, BauR 2009, 1213.

Literatur ab 2010

Seibel, Selbstständiges Beweisverfahren kontra Privatgutachten, BauR 2010, 1668; *Gartz*, Verjährungsprobleme bei selbstständigen Beweisverfahren, NZBau 2010, 676; *Reimann*, Verjährungsfallen im Baurecht, BauR 2011, 14; *Helm*, Anforderungen an die Formulierung des selbstständigen Beweisantrags zur Hemmung der Verjährung, NZBau 2011, 328; *Gartz*, Präklusion verfristeter Einwendungen aus einem selbstständigen Beweisverfahren für das nachfolgende Hauptprozess, BauR 2011, 906; *Seibel*, Zur Präklusion von Einwendungen zwischen selbstständigem Beweisverfahren und nachfolgendem Hauptsacheprozess, BauR 2011, 1410; *Klein*, Die relative Präklusion von nicht im selbstständigen Beweisverfahren geltend gemachten Einwendungen, NZBau 2012, 8; *Klose*, Die Hemmung der Verjährung: Ein Sammelbecken von Chancen und Fallen im Bauprozess, NZBau 2012, 80; *Schlösser/Köbler*, Der Eintritt der Verjährungshemmung beim selbstständigen Beweisverfahren, NZBau 2012, 669; *Ulrich*, Besichtigungssachverständiger im Verfahren der einstweiligen Verfügung: Von wem bekommt er sein Geld?, DS 2012, 271; *ders.*, Selbstständiges Beweisverfahren, BauR 2013, 299; *Praun*; Präklusion von Einwendungen im selbstständigen Beweisverfahren und Hauptsacheverfahren, BauR 2013, 1041; *Trost/Plücker*, Die Rechtsprechung des VII. Zivilsenats zum Bau- und Architektenrecht, BauR 2014, 1071; *Weingart*, Zur Bindungswirkung des im selbständigen Beweisverfahren eingeholten Sachverständigengutachtens im nachfolgenden Hauptsacheprozess nach § 493 Abs. 1 ZPO im Falle unterbliebener Einwendungen – Doppelpräklusion im Tarngewand?, BauR 2015, 189; *Wintermeier*, Die Präklusion nicht vorgetragener Einwendungen gegen Gutachten aus selbständigen Beweisverfahren, NZBau 2015, 409; *Kantor/Schmidt*, Vorsorgliche Beweissicherung an fremdem Eigentum – Fehlentwicklungen in der Praxis und mögliche Korrekturen, Der Bausachverständige 2016, 49; *Koenen*, Ist das Selbständige Beweisverfahren am Ende? Der Bausachverständige 2016, 69; *Mally*, Beweissicherung von Baumängeln, NJW 2017, 1081 – beck-online.

Selbstständige Beweisverfahren

1. Bedeutung und Gegenstand des selbstständigen Beweisverfahrens

1 Mit jedem Baufortschritt verändert sich eine Baustelle; dadurch werden spätere Feststellungen, insbesondere von Mängeln und deren Verursacher, erschwert oder unmöglich gemacht. Gleichwohl: Mit dem selbstständigen Beweisverfahren (§ 485 ff. ZPO) ist den Baubeteiligten ein schlagkräftiges **prozessuales Beweisverfahren** an die Hand gegeben, um Baumängel festzustellen und damit einen denkbaren **Hauptsacheprozess** beweismäßig abzusichern.[1] Das selbstständige Beweisverfahren ist somit eine **vorweggenommene** („**vorsorgliche**") **Tatsachenfeststellung** durch **gerichtliche** Beweiserhebung[2] und dient in seiner gegenwärtigen Ausgestaltung auch der **Entlastung** der Gerichte von vermeidbaren Prozessen und einer **Erleichterung** bzw. **Beschleunigung** der Prozessführung.[3] Letzteres ist zunehmend bestritten worden. Koenen[4] weist indes zutreffend darauf hin, dass nach dem Reformentwurf des § 470a Abs. 1 Satz 1 ZPO vor allem die obligatorische Fristsetzung durch das Gericht den bisher vermissten Beschleunigungseffekt haben wird. Dem **Antrag** einer Partei auf **Ladung** des Sachverständigen zur **Erläuterung** seines schriftlichen Gutachtens ist grundsätzlich stattzugeben.[5] Insgesamt ist im Ergebnis das selbstständige Beweisverfahren dem Hauptsacheprozess angenähert und die Zweiseitigkeit des Verfahrens fortgebildet.[6] Keine Erleichterung bringt das selbstständige Beweisverfahren als Beweismittel im **Urkundenprozess**; denn ein in diesem Verfahren eingeholtes Sachverständigengutachten stellt kein zulässiges Beweismittel dar, soweit dadurch der Beweis durch Sachverständige ersetzt werden soll.[7]

2 „Beweise" können bei einem Bauvorhaben natürlich auch ohne ein selbstständiges Beweisverfahren gesammelt werden; so ist neben der **Fertigung von Fotografien** oder der **Führung eines Bautagebuches** vor allem an die private Beauftragung eines Bausachverständigen („**Privatgutachters**", vgl. Rdn. 148 ff.) oder an die Einschaltung eines **Schiedsgutachters** (vgl. Rdn. 538 ff.) zu denken.[8]

---

1) Zur **Verwertung** der Ergebnisse eines **ausländischen** Beweissicherungsverfahrens und zur Kostenerstattung: HansOLG Hamburg, OLGR 2000, 39. Zur Bedeutung des selbstständigen Beweisverfahrens für die Fälligkeit des **Architektenhaftpflichtanspruchs**: BGH, NZBau 2004, 558; zur **internationalen** gerichtlichen **Zuständigkeit** siehe: die **Verordnung** (EU) Nr. 1215/2012 des Europäischen Parlaments und des Rates vom 12.12.2012 über die **gerichtliche Zuständigkeit** und die **Anerkennung** und **Vollstreckung** von Entscheidungen in Zivil- und Handelssachen (**Brüssel Ia-VO**); abgedruckt und kommentiert von *Pfeiffer*, in: Prütting/Gehrlein, 8. Auflage 2016, S. 2893 ff.
2) BGH, BauR 2004, 531 = NZBau 2004, 156; zum **Umfang** der Beweiserhebung instruktiv: OLG Hamm, BauR 2014, 734.
3) Kritische Einschätzung bei *Zöller-Herget*, Vor § 485 ZPO, Rn. 2 m.w.Nachw.; siehe hierzu *Ulrich*, BauR 2007, 1634 ff.
4) Siehe hierzu *Koenen*, Der Bausachverständige 2016, 69, 70.
5) BGH (VI. ZS), BauR 2007, 1610.
6) OLG München, NJW-RR 1997, 318, 319; OLG Düsseldorf, NJW-RR 1997, 1086.
7) BGH, NJW 2008, 523 m.Anm. *Fritzsche-Brandt* = BauR 2008, 392 = NZBau 2008, 52 = ZfBR 2008, 154 = IBR 2008, 121 – *Vogel*; *Lembcke*, BauR 2009, 19, 22 m.w.Nachw.
8) Zur vorsorglichen Beweissicherung instruktiv: *Schöwer*, Der Bausachverständige 5/2008, 46 ff.

3 Die **VOB** sieht in § 3 Abs. 4 VOB/B eine Art von vertraglich vereinbarter Beweissicherung vor.[9] Danach sind die Parteien bei entsprechender Vereinbarung verpflichtet, vor Beginn der Arbeiten, soweit notwendig, den „**Zustand**" der Straßen und der Geländeoberfläche, der Vorfluter und Vorflutleitungen, ferner der baulichen Anlagen im Baubereich in einer Niederschrift festzuhalten, die von ihnen anzuerkennen ist.[10] Die Niederschrift selbst ist daher auch ein **Beweismittel**.[11] § 3 Abs. 4 VOB/B schließt nicht das Recht aus, statt einer Sicherung nach dieser Bestimmung ein selbstständiges Beweisverfahren einzuleiten.[12] Das bietet sich vor allem an, wenn eine Partei beharrlich die Mitwirkung an der vertraglichen Feststellungspflicht nach § 3 Abs. 4 VOB/B verweigert.[13] In diesem Fall sind die entstandenen Kosten nach §§ 241 Abs. 2, 280 Abs. 1 BGB von der Partei zu tragen, die ihre vereinbarte Mitwirkungspflicht verletzt hat.[14]

4 Eine **rechtliche Verbindung** zu einem **bestimmten** Rechtsstreit ist für ein selbstständiges Beweisverfahren nicht notwendig; allerdings muss das Gericht prüfen, ob aus den Tatsachen, die durch die Beweiserhebung festgestellt werden sollen, überhaupt ein bürgerlicher Rechtsstreit entstehen kann (vgl. § 485 Abs. 2 Satz 2 ZPO). Ein Rechtsstreit muss auch nicht anhängig gemacht werden; das Beweisverfahren dient erklärendermaßen gerade dazu, **Bauprozesse** schon im **Vorfeld zu vermeiden**.[15] Mit dem Antrag auf Beweissicherung wird der Anspruch, um dessentwillen die Beweissicherung vorgenommen wird, noch **nicht rechtshängig**.

5 Das **Ziel** eines selbstständigen Beweisverfahrens kann vielfältiger Natur sein; im Vordergrund stehen in aller Regel: die **Feststellung** von **Baumängeln**, deren **Ursachen**, die **Sanierungsmaßnahmen** und **Mängelbeseitigungskosten**, die Feststellung der **Verantwortlichkeit** für Mängel, die **Richtigkeit von Massen** („**Mengen**") sowie die Feststellung des **Bautenstandes** im Hinblick auf **Akontozahlungen**.[16] Große Bedeutung kommt dem selbstständigen Beweisverfahren zu, wenn es darum geht, nach der **Kündigung** durch einen Baubeteiligten den **Umfang** der **erbrachten** Werkleistungen sowie deren **Mangelfreiheit** festzustellen: Der zulässige Rah-

---

9) *Schoofs*, in: Leinemann, VOB/B, § 3 Abs. 4 VOB/B, Rn. 43 ff.; *Daub/Piel/Soergel/Steffani*, ErlZ 3.26; *Döring*, in: Ingenstau/Korbion, § 3 Abs. 4 VOB/B, Rn. 3; *Kapellmann/Messerschmidt/Havers*, § 3 Abs. 4 VOB/B, Rn. 44 ff.

10) Vgl. im Einzelnen: *Mansfeld*, in: Heiermann/Riedl/Rusam, § 3 VOB/B, Rn. 17 ff.; *Weick*, in: Nicklisch/Weick, § 3/B, Rn. 18.

11) *Döring*, in: Ingenstau/Korbion, § 3 Abs. 4 VOB/B, Rn. 3.

12) **Herrschende Meinung**; vgl. *Daub/Piel/Soergel/Steffani*, ErlZ 3.26; *Döring*, in: Ingenstau/Korbion, § 3 Abs. 4 VOB/B, Rn. 5; *Weise*, Rn. 58; *Ulrich*, Rn. 8.

13) Zu den Rechtsfolgen einer **vertragswidrigen Weigerung** s. *Döring*, in: Ingenstau/Korbion, a.a.O., Rn. 5; Beck'scher VOB-Kommentar/*Hartung*, § 3 Abs. 4 VOB/B, Rn. 12 f. **Streitig** ist, ob im Einzelfall die **Verweigerung** der Mitwirkung **Kündigungsrechte** nach §§ 8 Abs. 3, 9 VOB/B auslösen; s. hierzu: *Kapellmann/Messerschmidt/Havers*, § 3 Abs. 4 VOB/B, Rn. 48; *Schoofs*, in: Leinemann, VOB/B, § 3 Abs. 4, Rn. 47, der zutreffend davon abrät, das Risiko einer unberechtigten Kündigung mit den entsprechenden Konsequenzen einzugehen.

14) *Schoofs*, a.a.O., Rn. 46.

15) Deshalb sieht § 492 Abs. 3 ZPO einen **Erörterungs-/Vergleichstermin** vor; *Enaux*, Jahrbuch Baurecht 1999, 162, 169 ff.; *Rudolph*, Festschrift für Locher, S. 215, 219 ff.; *Thieme*, MDR 1991, 938; *Booz*, BauR 1989, 30, 31; *Weise*, Rn. 5 ff.

16) Die Überprüfung der **Umsetzbarkeit** eines **Bauzeitenplans** fällt nicht unter den Anwendungsbereich des § 485 Abs. 2 ZPO (LG Darmstadt, IBR 2016, 500 – *Dietrich*).

men des selbstständigen Beweisverfahrens richtet sich immer nach der jeweiligen Alternative des § 485 ZPO, nach der der Antragsteller vorgeht.

2. Allgemeine Verfahrensgrundsätze

Literatur

Wussow, Zur Sachverständigentätigkeit im Ausland bei anhängigen (deutschen) Beweissicherungsverfahren, Festschrift für Korbion (1986), 493; *Lenzen*, Unterbrechung von Beweisverfahren und/oder Schiedsverfahren durch Insolvenzeröffnung, NZBau 2003, 428; *Hildebrandt*, Zur Eröffnung des Insolvenzverfahrens während eines anhängigen selbstständigen Beweisverfahrens, ZfIR 2004, 92.

Aus der Natur des selbstständigen Beweisverfahrens als vorweggenommene **6** (vorsorgliche) Beweisaufnahme folgt zugleich, dass es weitgehend den **allgemeinen Vorschriften** der ZPO unterliegt; dies gilt vor allem für diejenigen über die Termine, Ladungen sowie die Beweisaufnahme, sofern diese nicht im Einzelfall dem besonderen Zweck des selbstständigen Beweisverfahrens widersprechen.[17] So ist z.B. die Beweisaufnahme auf die in den §§ 485 ff. ZPO genannten Beweismittel beschränkt.[18]

Umstritten ist, ob die Vorschriften über die **Aussetzung** (§ 148 ZPO) oder **Unterbrechung** (§ 240 ZPO) auf das selbstständige Beweisverfahren anwendbar sind. Eine **Aussetzung** des **Hauptsacheprozesses** kam nach bisher überwiegender Ansicht nicht in Betracht.[19] Nach dem Beschluss des BGH vom 26.10.2006[20] ist die Streitfrage entschieden; danach ist vor allem aus prozessökonomischen Gründen eine Aussetzung grundsätzlich **zulässig**. Sie setzt allerdings eine sorgfältige **Ermessensentscheidung** des Hauptsachegerichts voraus. Eine Aussetzung dürfte untunlich sein, wenn Parteien des Hauptsacheverfahrens nicht an dem selbstständigen Beweisverfahren beteiligt sind. Im Übrigen können aber alle Beteiligte erklären, dass die Ergebnisse des noch nicht abgeschlossenen Beweisverfahrens im Hauptverfahren abgewartet werden sollen; dann sind sie daran gebunden.[21] Demgegenüber hat der BGH durch den Beschluss vom 11.12.2003[22] klargestellt, dass das **beweismäßig** noch **nicht** abgeschlossene selbstständige Beweisverfahren **nicht durch**

---

[17] Vgl. *Weise*, Rn. 10, 11.
[18] OLG Hamm, MDR 1994, 307.
[19] OLG Düsseldorf, BauR 2004, 1033 = MDR 2004, 292 = NJW-RR 2004, 527; OLG Dresden, BauR 1998, 595, 596 = NJW-RR 1998, 1101; OLG Köln, MDR 2009, 516; *Weise*, Rn. 523.
[20] NZBau 2007, 98 = ZfBR 2007, 144 = IBR 2007, 107 – *Ulrich*; BGH, NZBau 2007, 172 = MDR 2007, 600 = IBR 2008, 125 – *Heiland* (**Teilaussetzung** für einen selbstständigen Teil des Streitstoffes); s. auch BGH, BauR 2003, 1607 = NJW 2003, 3057 = ZfBR 2003, 765; KG, OLGR 2000, 266 = BauR 2000, 1232; *Zöller/Herget*, Vor § 485 ZPO, Rn. 6; *Seibel*, § 486 ZPO, Rn. 89 f.
[21] BGH, BauR 2004, 1484, 1485 = NJW 2004, 2597 = ZfBR 2004, 677 = IBR 2004, 473 – *Boldt*; BGH, BauR 2005, 133, 134.
[22] BauR 2004, 531 = NZBau 2004, 156 = ZfBR 2004, 268 = MDR 2004, 404 = NJW 2004, 1388 = IBR 2004, 111 – *Vogel*; s. hierzu auch *Hildebrandt*, ZfIR 2004, 92 ff.; *Voit*, Festschrift für Thode, S. 337 ff. Ist die Beweisaufnahme **beendet** und das Verfahren sachlich abgeschlossen, wird allerdings das selbstständige Beweisverfahren **unterbrochen**; ein Antrag nach § 494a ZPO scheidet dann aus (BGH, NZBau 2011, 421 = BauR 2011, 1199 = IBR 2011, 383 – *Schwenker*).

die **Eröffnung des Insolvenzverfahrens** über das Vermögen einer der Parteien **unterbrochen** wird; § 240 ZPO ist also insoweit nicht anwendbar. Demgegenüber sind die Vorschriften über die **Aussetzung** des Verfahrens bei Tod eines Beteiligten (§ 246 ZPO) anwendbar;[23] die Aussetzung kann sich jedoch bei mehreren Beteiligten nur auf den verstorbenen Verfahrensbeteiligten bzw. auf dessen Erben beziehen.

Schließlich sind auch die Vorschriften über die **Prozesskostenhilfe** anwendbar, wobei hinsichtlich der Erfolgsaussicht darauf abzustellen ist, ob dem Antrag auf Durchführung des Verfahrens stattzugeben ist.[24] Die **Ablehnung** des Sachverständigen wegen der Besorgnis der Befangenheit unterliegt **besonderen Grundsätzen** (vgl. näher Rdn. 60 ff.). Dagegen wird ein **Ruhen** entsprechend § 251 Abs. 1 Satz 1 ZPO in Betracht kommen können, weil dies dem Verfahrenszweck nicht unbedingt widersprechen muss.[25] Zeichnen sich erfolgreiche Vergleichsgespräche ab und droht kein Beweismittelverlust, wird das Ruhen des Beweisverfahrens, jedenfalls auf Antrag beider Parteien, uneingeschränkt zulässig sein.[26] Beantragt nur der Antragsteller das „Ruhen" des Verfahrens oder erklärt er, über den Beweisermittlungsantrag brauche „nicht mehr entschieden zu werden", wird allerdings immer zu prüfen sein, ob hierin nicht eine (verdeckte) **Antragsrücknahme** zu sehen ist.[27] Im Übrigen ist im Hinblick auf § 204 Abs. 2 Satz 2 BGB anwaltliche Vorsicht geboten, weil die **Beendigung** der Hemmung nach der Rechtsprechung des BGH nur dann **nicht** eintritt, wenn ein „**triftiger Grund**" für das Nichtbetreiben besteht.[28]

3. Besondere Zulässigkeitsvoraussetzungen

Literatur

Scholtissek, Sind im selbstständigen Beweisverfahren Fragen bezüglich erforderlicher Maßnahmen zur Beseitigung der festgestellten Mängel und hierfür aufzuwendende Kosten zulässig?, BauR 2000, 1118; *Leineweber*, Zur Feststellung einer „technischen Verursachungsquote" durch den Sachverständigen, Festschrift für Mantscheff (2000), 249; *Moufang/Kupjetz*, Der Ausforschungsbeweis im selbstständigen Beweisverfahren bei vermuteten Mängeln, NZBau 2003, 646; *Berger*, Die besonderen Zulässigkeitsvoraussetzungen des selbstständigen Beweisverfahrens, BauRB 2004, 281.

---

23) Zutreffend: OLG München, BauR 2004, 533 = MDR 2004, 170; *Zöller/Herget*, Vor § 485 ZPO, Rn. 6.
24) OLG Hamm, BauR 2005, 1360; OLG Koblenz, OLGR 2001, 214; LG Dortmund, NJW-RR 2000, 516; anders LG Hamburg, BauR 2003, 1080, für Antrag des Streitverkündeten; s. ferner Rdn. **140**.
25) Zutreffend: KG, NJW-RR 1996, 1086.
26) OLG Düsseldorf, NZBau 2009, 40 = BauR 2008, 2088 = NJW-RR 2009, 496 = OLGR 2009, 60 = IBR 2008, 619 – *Dawirs*; *Joussen*, in: Ingenstau/Korbion, Anhang 3, Rn. 88; *Zöller/Herget*, Vor § 485 ZPO, Rn. 6.
27) Diese Frage wird spätestens **aktuell**, wenn der Antragsgegner einen **Kostenantrag** stellt; vgl. dazu: Thüringer OLG, BauR 2002, 667; OLG Düsseldorf, BauR 2002, 350; OLG Köln, BauR 2000, 1777; KG, BauR 2000, 1903 m.Anm. *Knütel*; LG München I, BauR 2009, 1190 LS (einseitige Erledigungserklärung); LG Chemnitz, BauR 2009, 1931, 1932; LG Frankfurt, BauR 1995, 585, 586; OLG Frankfurt, OLGR 1995, 95 u. BauR 1996, 587, 588; LG Schwerin, BauR 1996, 756 sowie Rdn. **135**.
28) Siehe hierzu BGH, NJW 2009, 1598, 1600; *Zöller/Greger*, § 251 ZPO, Rn. 1, sowie den Fall des LG Karlsruhe, IBR 2009, 304 – *Illies*.

Besondere Zulässigkeitsvoraussetzungen   Rdn. 7–9

Nach § 485 Abs. 1 ZPO ist **während** oder **außerhalb** eines Streitverfahrens **7** („Hauptsacheprozesses") das selbstständige Beweisverfahren zulässig, wenn
* der **Gegner zustimmt (1. Alternative)** oder
* zu besorgen ist, dass das **Beweismaterial verloren** oder seine **Benutzung erschwert** wird **(2. Alternative)**

Ist ein **Rechtsstreit noch nicht anhängig**, kann die schriftliche **Begutachtung durch einen Sachverständigen** beantragt werden, wenn ein rechtliches Interesse daran besteht, dass
* der **Zustand** einer Person oder der Zustand oder Wert einer Sache,
* die **Ursachen** eines Personenschadens, Sachschadens oder Sachmangels,
* der **Aufwand** für die Beseitigung eines Personenschadens, Sachschadens oder Sachmangels

festgestellt wird **(§ 485 Abs. 2 ZPO)**. Ein rechtliches Interesse ist anzunehmen, wenn die Feststellung der Vermeidung eines Rechtsstreits dienen kann (§ 485 Abs. 2 Satz 2 ZPO).

Für alle drei Arten des selbstständigen Beweisverfahrens gilt: Das Gericht hat kein Ermessen; es ist an den Tatsachenvortrag des Antragstellers gebunden und muss einem Antrag stattgeben, wenn das selbstständige Beweisverfahren nach einer der vorgenannten Alternativen des § 485 ZPO zulässig ist.

Die **Erheblichkeit der Beweistatsachen** oder etwaige Erfolgsaussichten einer **8** Klage sind **nicht zu prüfen**.[29] **Das sind keine Zulässigkeitsvoraussetzungen**.[30] Es kommt auch nicht darauf an, ob die begehrte Beweissicherung überhaupt durchführbar ist;[31] das ist vielmehr eine Frage, die sich erst bei der Durchsetzung des Beweisbeschlusses stellt und hier gegebenenfalls einer weiteren Klärung bedarf. Ist z.B. die Beteiligung eines Dritten bei der Durchführung der Beweisaufnahme – etwa Zustimmung zum Betreten eines Grundstücks oder zum Öffnen von Bauteilen – erforderlich, macht die fehlende Zustimmung des Dritten den Beweissicherungsantrag noch nicht unzulässig; die Beteiligung des Dritten muss vielmehr einvernehmlich herbeigeführt oder gegebenenfalls durch eine einstweilige Verfügung erzwungen werden (vgl. Rdn. 353).

Ein Beweissicherungsantrag ist (im Rahmen des § 485 Abs. 1 ZPO) jedoch **un- 9 zulässig**, wenn über dasselbe Thema bereits im **Hauptsacheprozess** Beweis angeordnet worden ist (§ 485 Abs. 3 ZPO)[32] oder wenn das Verfahren, auf das sich

---

29) BGH (III. ZS), BauR 2005, 364, 365 = ZfBR 2005, 54, 55 = NJW-RR 2004, 3488; BGH, BauR 2000, 599 = NJW 2000, 960 = NZBau 2000, 246 = ZfBR 2000, 171; OLG Karlsruhe, IBR 2013, 584 – *Sturmberg*; OLG Celle, BauR 2003, 1076 = OLGR 2003, 241 u. OLGR 2004, 281; OLG Frankfurt, BauR 1999, 434; OLG Hamm, NJW-RR 1998, 68; OLG Köln, NJW-RR 1996, 573. Eine **Ausnahme** ist nur denkbar, wenn die Entscheidungserheblichkeit oder Beweisbedürftigkeit durch ein Gericht der letzten Tatsacheninstanz (bereits) **verneint** worden ist (OLG München, OLGZ 1975, 52).
30) OLG Düsseldorf, BauR 2001, 128 = MDR 2001, 50.
31) Wie hier: *Koeble*, S. 104.
32) Eine bloße „Ankündigung" einer Beweiserhebung reicht nicht (OLG Hamm, NZBau 2010, 702 = BauR 2010, 943; es muss immer „die doppelte Anhängigkeit" von Beweisverfahren mit den gleichen Beweisthemen und die mehrfache Begutachtung durch verschiedene Sach-

der Antrag beziehen könnte, rechtskräftig abgeschlossen ist.[33] Wird von dem Hauptsachegericht eine Beweisaufnahme wegen fehlender Beweisbedürftigkeit abgelehnt, so macht dies einen Beweisermittlungsantrag nur dann unzulässig, wenn es sich bei dem Hauptsacheprozess um ein letztinstanzliches Verfahren handelt.[34] Ein Rechtsschutzinteresse fehlt im Übrigen, wenn der Antragsteller in einem Hauptsacheprozess eine wirksame Streitverkündung gegenüber dem Antragsgegner vorgenommen und das Gericht bereits eine Beweisanordnung getroffen hat.[35]

10 Ist die Einleitung eines selbstständigen Beweisverfahrens möglich, kommt eine **einstweilige Verfügung** gemäß § 935 ff. ZPO nicht in Betracht.[36] Es ist jedoch zulässig, durch eine einstweilige Verfügung die **Durchsetzung** des ergangenen (Beweis-)Beschlusses im Rahmen des selbstständigen Beweisverfahrens zu ermöglichen (s. auch Rdn. 353). Ebenso ist eine **Feststellungsklage** unzulässig, wenn dasselbe Ziel mit einem selbstständigen Beweisverfahren verfolgt werden kann.[37]

a) § 485 Abs. 1, 1. Alternative: Zustimmung des Gegners

11 Die **Zustimmung** des Gegners war in Bausachen immer schon **selten** zu erreichen; diese Alternative hat für Baumängelsachen daher trotz der Neuregelung des § 493 ZPO auch weiterhin nur **geringe Bedeutung**; denn das für die **Anwaltschaft** bestehende Risiko, mit der Zustimmung etwas „aus der Hand zu geben", mag unterschwellig ein wesentlicher Grund für die mangelnde Bereitschaft für eine „Zustimmung" zum selbstständigen Beweisverfahren sein.

Kann ausnahmsweise die Zustimmung des Gegners doch erreicht werden, bedarf sie keiner besonderen Form, muss aber gegenüber dem Gericht erklärt werden. Sie ist als Prozesshandlung **unwiderruflich** und **nicht anfechtbar**.[38]

Behauptet der Antragsteller die Zustimmung des Gegners in seinem Antrag, ohne sie vorzulegen, hat das Gericht den Beweisantrag dem Gegner mit Fristsetzung zuzuleiten, damit dieser gegebenenfalls seine Zustimmung gegenüber dem Gericht erklären kann. Der Antragsteller kann seinem Antrag aber auch unmittelbar die Zustimmungserklärung seines Gegners beifügen; dann muss sich aus der Zustimmungserklärung eindeutig ergeben, dass der Antragsgegner gerade mit diesem Beweisermittlungsantrag und seinem Inhalt einverstanden ist. Der Antragsgegner kann allerdings auch **später** noch seine Zustimmung erteilen und somit ein zunächst unzulässiges Beweisverfahren heilen.

---

verständige verhindert werden (BGH, BauR 2012, 292, 294, NZBau 2010, 36 = ZfBR 2012, 145 = IBR 2012, 56 – *Illies*).

33) Vgl. OLG Düsseldorf, MDR 1981, 324; *Motzke*, Beweissicherungsverfahren, Rn. 137.
34) So *Motzke*, Beweissicherungsverfahren, Rn. 137.
35) OLG Bremen, OLGR 1996, 348, 349.
36) Vgl. OLG Köln, OLGR 1995, 229; OLG Nürnberg, NJW 1972, 2138; *Habscheid*, NJW 1973, 375; *Schilken*, ZZP 92, 238, 243.
37) BGHZ 34, 159, 167; LG Arnsberg, NJW 1961, 1822; OLG Stuttgart, VersR 1958, 475.
38) **Herrschende Meinung;** *Cuypers*, NJW 1994, 1985; *Fink*, Rn. 74; *Keldungs/Tilly*, S. 13; *Schilken*, ZZP 92, 238, 260; *Th. Schmitz*, BauR 1981, 40; **a.A.:** *Wieczorek*, § 485 ZPO, B III b, der die Widerruflichkeit unter den Voraussetzungen des § 290 ZPO bejaht; siehe ferner: *Weise*, Rn. 171; *Pauly*, JR 1996, 269, 271.

12 Kann der Antragsteller einen **Gegner nicht benennen** („bezeichnen"; § 494 Abs. 1 ZPO), kann der Antrag auch nicht auf die 1. Alternative des § 485 Abs. 1 ZPO gestützt werden: § 494 Abs. 2 ZPO sieht die Bestellung eines Vertreters für den unbekannten Antragsgegner nur für die Wahrnehmung der Rechte des Gegners bei der **Beweisaufnahme** vor, nicht jedoch für den Fall der **Einleitung** des Verfahrens;[39] für eine extensive Anwendung des § 494 Abs. 2 besteht kein Anlass, weil dem Antragsteller ein Vorgehen nach den übrigen Alternativen des § 485 Abs. 1 ZPO möglich bleibt.

13 Wird das selbstständige Beweisverfahren im **Einvernehmen** mit dem Gegner beantragt, sind dem Verfahren **keine Schranken** bezüglich des **Rahmens** gesetzt;[40] auch Fragen nach den Sanierungsmaßnahmen und Mängelbeseitigungskosten können in das selbstständige Beweisverfahren einbezogen werden. Die Zustimmung des Gegners und der Grundsatz der Parteiherrschaft über den Streitgegenstand decken diese Feststellungen.

14 Für Nachweis der Zustimmung des Gegners reicht nach herrschender Ansicht eine **Glaubhaftmachung** (§ 294 ZPO) aus.[41]

b) § 485 Abs. 1, 2. Alternative: Veränderungsgefahr

15 Ohne Zustimmung des Gegners ist ein selbstständiges Beweisverfahren während oder außerhalb eines Streitverfahrens zulässig, wenn die **Besorgnis des Verlustes** oder der **erschwerten Benutzung des Beweismittels** besteht. Grund persönlicher Natur hierfür ist z.B. die schwere Erkrankung oder längerer Auslandsaufenthalt eines Zeugen.[42] Als sachlicher Grund kommt vor allem bei **Baumängeln** die Gefahr in Betracht, dass eine **Veränderung des gegenwärtigen Zustandes** des Bauwerks kurz bevorsteht. Bei einem zügig durchgeführten Bauvorhaben kann es leicht zu Veränderungen kommen, die die Besorgnis begründen, dass später eine Augenscheinseinnahme oder eine Begutachtung des Baumangels durch einen Sachverständigen unmöglich ist oder zumindest erschwert wird, wenn nicht unverzüglich die Beweise gesichert werden. Das kommt insbesondere in Betracht, wenn **Mängel an Vorgewerken** durch die Ausführung von Nachfolgearbeiten nicht oder nur noch schwer feststellbar sind (**Veränderung durch Baufortschritt**; z.B.: Putzarbeiten auf mangelhaft ausgeführten Elektroarbeiten, Verlegung des Oberbodens auf mangelhaftem Estrich, Verfüllung der Baugrube nach mangelhaft verlegter Dränage).

16 Keine Veränderungsgefahr besteht auch bei einer **Bauruine**. Hier ruht der Bau, sodass Mängel auch in einem anhängigen Prozess noch festgestellt werden können. Etwas anderes muss aber dann gelten, wenn durch Witterungseinflüsse Veränderungen zu erwarten sind, die eine zukünftige Beweisführung erschweren können; auch hier ist eine Beweissicherung zulässig.

---

[39] **Bestr.**; wie hier: *Weise*, Rn. 173; *MünchKommZPO-Schreiber*, § 485 ZPO, Rn. 6; a.A.: *Schmitz*, BauR 1981, 40; *Wussow*, Beweissicherungsverfahren, S. 26, der eine extensive Anwendung des § 494 Abs. 2 vorschlägt.
[40] *Schmitz*, BauR 1981, 40, 41; *Berger*, BauRB 2004, 281, 282.
[41] Vgl. *Wussow*, Beweissicherungsverfahren, S. 25; *Th. Schmitz*, BauR 1981, 40; *Zöller/Herget*, § 485 ZPO, Rn. 2; BLAH, § 485, ZPO, Rn. 3; **a.A.:** *Schilken*, ZZP 92, 238, 266.
[42] OLG Nürnberg, NJW-RR 1998, 575 (hohes Alter des Zeugen).

17 Ist das Bauwerk oder ein Teil fertiggestellt – wenn auch **mangelhaft** – und soll zumindest für eine gewisse Zeit keine Veränderung vorgenommen werden, besteht kein Anlass für ein selbstständiges Beweisverfahren nach § 485 Abs. 1 ZPO. Hier können die Mängel noch in einem Hauptprozess durch Augenscheinseinnahme oder Sachverständigengutachten überprüft und der Unternehmer kann zur Nachbesserung herangezogen werden.

18 Hat der Unternehmer die Mängelbeseitigung bereits **abgelehnt**, und beabsichtigt der Bauherr nunmehr, die Mängel von einem **Drittunternehmer** beheben zu lassen, ist fraglich, ob mit diesem Vorbringen allein eine Veränderungsgefahr glaubhaft gemacht werden kann; denn in diesen Fällen liegt es ja in der freien Entscheidung des Bauherrn, ob eine Veränderung des gegenwärtigen Zustandes eintritt oder nicht.

19 Die Tatsache, dass der Antragsteller das Beweismittel durch geeignete Maßnahmen oder durch ein Unterlassen von Veränderungen erhalten **kann,** macht einen Antrag auf gerichtliche Beweissicherung noch nicht unzulässig. Vielmehr kommt es insoweit allein auf die Frage der **Zumutbarkeit der Beweismittelerhaltung** an.[43] Allerdings müssen hier die Grenzen weit gezogen werden,[44] weil das Gesetz vom Antragsteller nicht mehr verlangt, für die Erhaltung der Beweismittel im Hinblick auf den Hauptprozess zu sorgen, um ein selbstständiges Beweisverfahren unnötig zu machen.

20 Wussow[45] hielt einen Beweissicherungsantrag für unzulässig, wenn „die Belassung des gegenwärtigen Zustandes auf eine gewisse Zeit dem Antragsteller weder Kosten noch weitere Schäden, noch erhebliche Behinderungen verursacht". In solchen Fällen sei dem Antragsteller die Erhaltung des Beweismittels vielmehr zuzumuten.

Diese Auslegung ist nach der Neugestaltung des Beweissicherungsverfahrens nicht mehr möglich: Fällt Putz von den Außenwänden eines Bauwerks, ohne dass weitere Folgeschäden drohen, liegt zwar noch keine „Behinderung" vor; das Haus kann auch ohne Mängelbeseitigung voll genutzt werden. Dasselbe gilt z.B. bei Rissen im Holzwerk von Fenster und Türen, die trotz ihrer Mangelhaftigkeit ihre Funktionstüchtigkeit behalten. Dennoch wird man dem Bauherrn in diesen Fällen einen Anspruch auf schnelle Mängelbeseitigung geben müssen. Dies kann aber nur nach einer Sicherung der erforderlichen Beweise geschehen.

Wäre der Bauherr gezwungen, einen Bauprozess abzuwarten, ohne zuvor schon die Beweise sichern zu können und alsdann die Mängel beheben zu lassen, müsste er für einen längeren Zeitraum, mindestens aber bis zur Beendigung einer Beweisaufnahme im Mängelprozess, einen vertragswidrigen Zustand in Kauf nehmen. Das ist nicht zumutbar und widerspräche auch den Zielvorstellungen des Gesetzes (§§ 492 Abs. 3, 493 Abs. 1 ZPO).[46]

---

43) **Herrschende Meinung;** OLG Hamm, BauR 2010, 943 = NZBau 2010, 702; OLG Köln, MDR 1994, 94 = JMBl. NW 1994, 53 = JurBüro 1994, 629; LG Heilbronn, BauR 1980, 93; s. auch *Ulrich,* Rn. 37; *Heyers,* BauR 1986, 268 ff.
44) OLG Düsseldorf, BauR 1978, 506; *Pauly,* JR 1996, 269, 272; *Hesse,* BauR 1984, 23, 27; *Th. Schmitz,* BauR 1981, 40, 41; *Heyers,* ZfBR 1979, 46, 48; *MünchKommZPO-Schreiber,* § 485 ZPO, Rn. 10.
45) NJW 1969, 1401, 1402; s. auch *Schilken,* ZZP 92, 238, 262 ff.
46) Ebenso: OLG Hamm, NZBau 2010, 702 = BauR 2010, 943.

Besondere Zulässigkeitsvoraussetzungen

Ein Antrag nach § 485 Abs. 1 ZPO ist deshalb nur **unzulässig,** wenn ein deutlicher **Rechtsmissbrauch** vorliegt.[47] **21**

Stimmt der Antragsgegner zu oder droht der Verlust eines Beweismittels bzw. **22** die Erschwernis seiner Benutzung (§ 485 Abs. 1 BGB), so beschränkt sich das selbstständige Beweisverfahren nach § 485 Abs. 1 ZPO nicht auf die reine **Mängelfeststellung** der Bausache, vielmehr können auch

* die Mängelursachen
* die (technische) Verantwortlichkeit eines Baubeteiligten[48]
* die notwendigen Mängelbeseitigungsmaßnahmen und die Feststellung der Restarbeiten sowie
* die Mängelbeseitigungskosten

durch Sachverständigengutachten ermittelt werden.

Das war allerdings für das **(alte) Beweissicherungsverfahren** schon **heftig umstritten.**[49] **23**

War man sich noch weitgehend einig, dass die „Beweissicherung" die Ermittlung der Mängelursachen sowie die Verantwortlichkeit der Baubeteiligten umfassen konnte,[50] lehnte eine Mindermeinung[51] die Erstreckung des Verfahrens auf die notwendigen **Mängelbeseitigungsmaßnahmen** und deren **Kosten** grundsätzlich ab. Das OLG Düsseldorf[52] und ein Teil der Literatur[53] bejahte die Zulässigkeit der Ermittlung der Sanierungsmaßnahmen, nicht jedoch der sich dabei ergebenden Kosten, da diese in einem Hauptprozess „zeitnäher" und damit günstiger ermittelt werden könnten. Dem ist z.B. das OLG Karlsruhe[54] nicht gefolgt.

Es wird nunmehr die Auffassung vertreten,[55] aus der Neufassung des § 485 **24** Abs. 2 ZPO ergebe sich, dass die notwendigen Schadensbeseitigungsmaßnahmen und die dabei anfallenden Kosten nur Gegenstand eines selbstständigen Beweisverfahrens nach § 485 Abs. 2 ZPO sein könnten.

Dem kann jedoch **nicht gefolgt** werden:

Der Gesetzgeber hat das alte „Sicherungsverfahren herkömmlicher Art", nämlich Beweis durch Augenschein, Zeugen und Sachverständige, in § 485 Abs. 1 ZPO unverändert „erhalten".[56] **Daneben** hat er für den prozessualen Bereich den selbstständigen Sachverständigenbeweis (§ 485 **Abs. 2** ZPO) geschaffen und hierfür die Streitfrage gesetzlich entschieden. Es ist weder nach der Begründung noch nach der Zielsetzung des Gesetzgebers gerechtfertigt an-

---

47) OLG Köln, MDR 1994, 94; *Hesse,* BauR 1984, 23, 28; *Weise,* Rn. 190, 191; *Ulrich,* Rn. 41; *Schilken,* ZZP 92, 238, 262, der mehr auf den Gesichtspunkt der **Zumutbarkeit** abstellt.
48) Vgl. OLG Bamberg, JurBüro 1992, 629.
49) Vgl. *Locher,* BauR 1979, 23, 25; *Wussow,* Beweissicherungsverfahren, S. 27, 28; s. *Kamphausen,* BlGBW 1981, 184.
50) *Hesse,* BauR 1984, 23; *Heyers,* BauR 1986, 268, 270 ff.; ablehnend: LG Tübingen, BauR 1985, 359, für die Frage der Verantwortlichkeit mehrerer Baubeteiligter.
51) LG Stuttgart, BauR 1988, 250; LG Hamburg, BauR 1986, 491; *P. Schmitz,* BauR 1980, 96.
52) BauR 1978, 506.
53) *Th. Schmitz,* BauR 1981, 40, 41; *Heyers,* ZfBR 1979, 46, 48.
54) MDR 1989, 1110 = NJW-RR 1989, 1465.
55) *Schreiber,* NJW 1991, 2601 (unter Hinweis auf die Begründung des RegE, BT-Drucks. 11/3621, S. 23); *Weise,* Rn. 195.
56) Begr. RegE, BT-Drucks. 11/3621, S. 23; *Quack,* BauR 1991, 278, 281; *Weyer,* BauR 1992, 313, 317.

zunehmen, dass der (bisherige) Rahmen des § 485 ZPO, soweit er in § 485 Abs. 1 ZPO „erhalten" geblieben ist, eingeschränkt werden sollte.

Es ist unbestreitbar, dass in der Praxis ein sehr **großes Bedürfnis** besteht, auch Fragen nach den (notwendigen) Mängelbeseitigungsmaßnahmen und/oder den Kosten durch Gutachten zu klären.[57]

Zeigen sich während eines Hauptsacheprozesses wesentliche Veränderungen in dem baulichen Zustand eines Gebäudes, wird einem Gesuchsteller das berechtigte Interesse an einer „vorzeitigen Beweissicherung auch zur Kosten-, Umfang- und Ursachenermittlung"[58] nicht abzusprechen sein; denn in der Tat zwingen schon Gründe der Verfahrensökonomie (§ 493 Abs. 1 ZPO) zu diesem Ergebnis:

Stellt ein Sachverständiger Baumängel fest, überprüft er deren Ursachen und damit die Verantwortlichkeit sowie die Sanierungsmaßnahmen, so ist der Schritt zur Ermittlung der voraussichtlichen Mängelbeseitigungskosten nicht weit. Würde sich erst ein weiterer Gutachter (im Hauptprozess) mit den Kosten beschäftigen, müsste er sich in aller Regel wieder in die Gesamtmaterie einarbeiten. Das wäre nicht nur mit erheblichen Kosten verbunden, sondern führte u.U. zu erheblichen Verzögerungen in der Prozesserledigung.

Bei einer „Veränderungsgefahr" auf der Baustelle beabsichtigt der Antragsteller in der Regel **kurzfristige** Sanierungsmaßnahmen. Wäre dem Antragsteller die Möglichkeit verbaut, die erforderlichen Kosten ermitteln zu lassen, sähe er sich u.U. im Hauptprozess der Gefahr ausgesetzt, dass die Notwendigkeit der **aufgebrachten** Sanierungskosten von seinem Prozessgegner angezweifelt wird, wie dies auch in der Regel geschieht. Dann kann der Antragsteller aber in erhebliche Beweisschwierigkeiten geraten, wenn die Sanierungsmaßnahmen bereits abgeschlossen, die Kosten von dem Gutachter aber nicht abgeschätzt wurden. Das gilt insbesondere für die nicht seltenen Fälle, in denen die Sanierungsmaßnahmen schnellstens durchgeführt werden müssen, dadurch aber erhöhte oder sogar überhöhte Kosten entstehen: zum Beispiel, weil nicht die günstigsten Anbieter aufgrund des Zeitdrucks die Arbeiten ausführen konnten oder besonderer Personalaufwand – Nachtarbeit – erforderlich wurde. Hier kann nur der Sachverständige des Beweisverfahrens die Notwendigkeit der Kosten angemessen feststellen; der Gutachter im Hauptprozess wird vielfach auf Mutmaßungen angewiesen sein.

Schließlich ist das Argument, der Antragsgegner habe keine ausreichenden Mitwirkungsmöglichkeiten bei der Kostenermittlung, nicht überzeugend: Der Antragsgegner kann durch Einholung eigener Kostenvoranschläge bei der Feststellung der erforderlichen Sanierungskosten „mitwirken" und das Gutachten beeinflussen.

25 **Unzulässig** ist ein selbstständiger Beweisantrag nach § 485 Abs. 1 ZPO, wenn er auf eine **reine Ausforschung** hinausläuft;[59] hiervon kann noch **nicht** gesprochen werden, wenn in dem Beweissicherungsantrag konkret nach dem bautechnischen

---

57) Ebenso: *Scholtissek*, BauR 2000, 1118 ff.; *Booz*, BauR 1989, 30, 33 Anm. 14.
58) *Booz*, a.a.O. Zum Umfang der **Darlegungslast:** KG, BauR 1992, 407 = NJW-RR 1992, 575.
59) OLG Köln, BauR 2002, 1120 u. OLGR 2000, 264, 265; KG, NJW-RR 1992, 575 = BauR 1992, 407; LG Frankenthal, MDR 1984, 854; LG Heilbronn, BauR 1980, 93; OLG Frankfurt, BauR 1995, 275 = NJW-RR 1995, 831; *Moufang/Kupjetz*, NZBau 2003, 646; *P. Schmitz*, BauR 1980, 95; *Siegburg*, BauR 2001, 875, 884; siehe auch Rdn. 54 ff.

„Zustand" eines Bauwerks, den „Ursachen" eines Mangels und/oder den „Mängelbeseitigungsmaßnahmen" sowie den hierfür erforderlichen „Kosten" gefragt wird.[60]

Eine Feststellung hinsichtlich des **verbliebenen Wertminderungsbetrages** 26 kommt ebenfalls in Betracht, wenn nicht ausgeschlossen werden kann, dass eine Mängelbeseitigung unmöglich ist oder wegen unverhältnismäßig hoher Kosten unterbleibt;[61] kann die Wertminderung allerdings erst nach einer **durchgeführten Mängelbeseitigung** abschließend beurteilt werden, wird einem entsprechenden Beweisantrag im Ergebnis keine praktische Bedeutung zukommen.

c) § 485 Abs. 2: Der selbstständige Sachverständigenbeweis

Literatur

Weyer, Die Feststellung des gegenwärtigen Zustandes einer Sache i.S. des § 485 Satz 2 ZPO, NJW 1969, 2233; *Kamphausen*, Die Tat- und die Rechtsfrage in der Praxis der Bausachverständigen, Jahrbuch Baurecht 2009, 191; *Seibel*, Müssen Sachverständige die Aktualität technischer Regelwerke bei der Gutachtenerstattung im (Bau-)Prozess von Amts wegen beachten?, BauR 2016, 1085.

In der Praxis basieren die meisten Beweissicherungsanträge auf der Vorschrift 27 des § 485 **Abs. 2 Satz 1 ZPO**: Danach kann **im Falle eines noch nicht anhängigen Rechtsstreits**[62] eine Partei die schriftliche Begutachtung durch einen Sachverständigen beantragen, sofern sie hierfür ein rechtliches Interesse hat. Die schriftliche Begutachtung kann sich nach § 485 Abs. 2 Satz 1 u.a. auf

* den **„Zustand"** oder den **„Wert"** einer Sache (Nr. 1)
* die **„Ursachen"** eines Sachschadens oder Sachmangels (Nr. 2)[63]
* den **„Aufwand für die Beseitigung"** eines Sachschadens oder Sachmangels (Nr. 3)[64]

erstrecken; sie ist nicht von einem „drohenden Beweismittelverlust" abhängig.[65] Die Beweisermittlung kann sich auch auf die Feststellung eines **früheren** Zustan-

---

60) Zutreffend: OLG Hamburg, BauR 2006, 1788 (Schallschutzmängel); LG Mönchengladbach, BauR 2008, 1666 (zur Frage, ob an einem bestimmten Objekt Außenputzschäden vorhanden sind); *Scholtissek*, BauR 2000, 1118.
61) OLG Hamm, NZBau 2003, 37 (**Minderwert**); SchlHOLG, OLGR 2000, 61 (**merkantiler Minderwert**); *Soergel*, arch + ing 3/1970, B 2; zitiert nach *Kamphausen*, BlGBW 1981, 184, 185 Anm. 9; *Ulrich*, Rn. 52.
62) Ist eine „Hauptsache" **anhängig**, scheidet ein selbstständiges Beweisverfahren nach § 485 Abs. 2 ZPO aus (vgl. OLG Düsseldorf, NJW-RR 1996, 510 für [nicht bezifferten] Minderungsanspruch bezüglich eines Hausgrundstücks). Dies gilt jedoch nur, wenn der **„Streitgegenstand"** von selbstständigem Beweisverfahren und Hauptverfahren „gleich" ist (OLG Düsseldorf, BauR 1995, 878; SchlHOLG, OLGR 2003, 351, 352).
63) Hierzu zählt nach OLG Frankfurt (BauR 2000, 1370) auch die Frage, ob und inwieweit es sich bei den festgestellten Mängeln um **Planungs-** oder **Überwachungsfehler** handelt. Gegenstand kann auch sein, ob eine fehlerhafte **Ausschreibung** den Mangel verursacht haben kann (Thüringer OLG, BauR 2001, 1945).
64) Bei einem Personenschaden kann auch ein **entgangener Gewinn** i.R. des § 485 Abs. 2 Satz 1 Nr. 3 ZPO ermittelt werden (BGH, BeckRS 2009, 86041 = NJW-Spezial 2010, 10).
65) OLG Frankfurt, BauR 1993, 637, 638.

des beschränken.⁶⁶⁾ Im Rahmen des „isolierten" selbstständigen Beweisverfahrens ist eine über den allein vorgesehenen Sachverständigenbeweis hinausgehende Beweiserhebung, etwa durch Einnahme eines gerichtlichen Augenscheins oder Vernehmung von Zeugen, nicht zulässig.⁶⁷⁾

aa) Zur Feststellung des Zustandes einer Sache

28 Was unter Feststellung des **Zustandes** einer Sache (§ 485 Abs. 2 Satz 1 Nr. 1 ZPO) zu verstehen ist, war schon zu Zeiten des alten Beweissicherungsverfahrens **umstritten**.

Nach richtiger Ansicht ist der „**Zustand**" einer Sache **nicht nur** auf das dem Sachverständigen **äußerlich Erkennbare beschränkt**;⁶⁸⁾ der „Zustand" einer werkvertraglichen Leistung kann vielmehr notfalls auch durch eine **eingehende Untersuchung** des Sachverständigen ermittelt werden, selbst wenn das Beweisthema nicht ausdrücklich auf die „Ursache" des Werkmangels erstreckt worden ist. Deshalb gehört z.B. die Demontage von Installationsrohren, wenn diese Defekte aufweisen, oder das Entfernen von Estrich, wenn eine Fußbodenheizung Mängel aufweist, oder das Freilegen der Kellerisolierung, wenn Feuchtigkeitsschäden in den Kellerwänden erkennbar werden, hierzu. Ein Riss in einer Wand kann in seinen tatsächlichen Auswirkungen erst dann begutachtet werden, wenn die Wand teilweise aufgestemmt wird, um die Länge und Tiefe des Risses zu verfolgen.

Dem Sachverständigen muss deshalb ein **Eingriff in das Bauwerk** gestattet sein, wenn nur dadurch der Zustand einer Sache umfassend festgestellt werden kann.⁶⁹⁾ Die Ermittlung der bauchemischen oder bauphysikalischen Zusammenhänge gehört ebenso zu der „Zustands"feststellung wie die **fachtechnische Bewertung** des Sachverständigen, ob ein bestimmter „Zustand bestimmten technischen Anforderungen genügt oder dahinter zurückbleibt".⁷⁰⁾ Allerdings hat sich der Sachverständige auf die **Beschreibung** des Zustandes der Sache zu beschränken; er hat sich jeglicher Schlussfolgerungen, die über eine Zustandsfeststellung hinausgehen, zu enthalten. Eine hypothetische Begutachtung von Mängeln – z.B. aufgrund streitiger Parteigutachten und/oder Fotografien – kann es im selbstständigen Beweisverfahren ebenfalls nicht geben.⁷¹⁾

---

66) BGH (V. ZS), BauR 2010, 248 = NZBau 2010, 108 = ZfBR 2010, 129 = IBR 2010, 64 – *Illies* (Beweisfragen zur **Erkennbarkeit** von Schäden und Mängeln an Gebäuden **zum Zeitpunkt des Vertragsabschlusses**); OLG Oldenburg, BauR 1995, 132 (für Voraussetzungen einer **arglistigen Täuschung**); anders: LG Cottbus, BauR 1995, 284 (LS).
67) OLG München, OLGR 2000, 346 = BauR 2001, 447.
68) Deshalb kann auch die Einwirkung von **Geruchsbelästigungen** auf ein Anliegergrundstück Gegenstand der Beweiserhebung nach § 485 Abs. 2 ZPO sein (OLG Jena, BauR 2008, 1355 LS = IBR 2009, 62 – *Ulrich*); ebenso für die Feststellung der Intensität von **Geräuschübertragungen** von einem Gebäude zu einem anderen: OLG Hamburg, DS 2007, 234; einschränkend: OLG Frankfurt, IBR 2016, 200 – *Sturmberg* (bei veränderlichen Immissionsbelastungen eines Grundstücks).
69) Ebenso: OLG Düsseldorf, BauR 1997, 697 = NJW-RR 1997, 1360 (Entnahme einer Probe aus Parkettboden); zu der **umstrittenen** Frage, ob dem Sachverständigen gemäß § 404a Abs. 4 ZPO eine **Anweisung** zur **Bauteilöffnung** erteilt werden kann, siehe Rdn. 91.
70) Zutreffend: OLG München, BauR 1994, 275, 276.
71) Siehe hierzu: OLG Dresden, IBR 2013, 509 – *Fahrenbruch*.

Besondere Zulässigkeitsvoraussetzungen

Wussow[72] hat die Auffassung vertreten, dass die Feststellung des gegenwärtigen **29** Zustandes „alles das ist, was sich bei einer Ortsbesichtigung dem Richter oder Sachverständigen erkennbar darbietet". Damit wird die Feststellung auf den äußerlich erkennbaren Zustand der Sache beschränkt. Diese Auffassung ist auch für das selbstständige Beweisverfahren abzulehnen:

Mit Recht weist *Weyer*[73] darauf hin, dass der Zustand einer Sache nicht nur durch die Merkmale, die sich äußerlich erkennbar darbieten, bestimmt wird, sondern auch durch die Einzelheiten, die erst bei einer **Untersuchung** der Sache durch einen Sachverständigen ermittelt werden können. Ohne eine umfassende Untersuchung des Zustandes einer Sache (und eines evtl. notwendigen Eingriffs) ist gerade bei Baumängeln in aller Regel den Beteiligten nicht geholfen. Darüber hinaus ist der Sachverständige gehalten, bei seiner Begutachtung stets die **Aktualität** der in Rede stehenden technischen Regelwerke von Amts wegen darzustellen.[74] Ist danach der Zustand einer Sache im Rahmen einer intensiven Untersuchung eingehend und abschließend festgestellt, kann hierauf später aufgebaut und im eigentlichen Streitverfahren notfalls durch ein weiteres Sachverständigengutachten auf die Mängelursachen, die Möglichkeiten der Mängelbeseitigung usw. geschlossen werden, sofern dies nicht bereits im Rahmen einer Beweisanordnung nach § 485 Abs. 2 Satz 1 Nr. 2 ZPO geschehen ist.

Nimmt der Sachverständige im Rahmen des selbstständigen Beweisverfahrens **Eingriffe** in den Baukörper vor, soll das **Gericht** nach Auffassung des OLG Düsseldorf[75] dem **Sachverständigen** nach § 404a Abs. 1 ZPO gegebenenfalls **Anweisung** erteilen, „**für die Beseitigung** der anlässlich seiner Untersuchungen **angerichteten Schäden**" – notfalls unter Hinzuziehung geeigneter Hilfskräfte – **Sorge zu tragen** (s. Rdn. 91, 3143).

Zum „**Wert**" einer Sache i.S. des § 485 Abs. 2 Satz 1 Nr. 1 ZPO gehört auch die **30** Ermittlung der eingetretenen **Wertminderung**; die Frage, welche Wertminderung für einen nur mit unverhältnismäßigem Aufwand zu beseitigenden Baumangel anzusetzen ist, kann deshalb ein zulässiges Beweisthema sein.[76] Unzulässig sind dagegen Fragen nach einem **entgangenen Gewinn**.[77]

Die Ermittlung der „**Ursachen**" eines Sachschadens oder Sachmangels bezieht **31** sich **nicht** auf die (rechtliche) Verantwortlichkeit eines Baubeteiligten, **sondern immer nur** auf den **technisch-wissenschaftlichen Kausalzusammenhang i.S.** der Conditio sine qua non (Äquivalenztheorie).[78] Das schließt von der Sache her die –

---

72) NJW 1969, 1401, 1403; Beweissicherungsverfahren, S. 28, allerdings mit Differenzierung; *Th. Schmitz*, BauR 1981, 40, 42.
73) NJW 1969, 2233; *Schilken*, ZZP 92, 238, 263; *Motzke*, Beweissicherungsverfahren, Rn. 218; s. auch OLG Hamm, BauR 2014, 734, 735; OLG Düsseldorf, MDR 1981, 324 = JurBüro 1981, 616; *Kroppen/Schmitz*, Rn. 160 ff.; 616 ff.
74) *Seibel*, BauR 2016, 1085, 1088.
75) NJW-RR 1997, 1360 = BauR 1997, 697; OLG Celle, OLGR 1998, 71; siehe ferner: *Soergel*, Festschrift für Geiß, S. 179 ff.
76) OLG Hamm, NZBau 2003, 37; OLG Frankfurt, OLGR 1993, 106; *Weise*, Rn. 218.
77) BGH, IBR 2014, 316 – *Seibel*.
78) So zutreffend: OLG München, BauR 1998, 363 = OLGR 1997, 281; OLG Frankfurt, BauR 2011, 723, 724 = IBR 2011, 500 – *Schwenker*; s. auch OLG Düsseldorf, IBR 2014, 184 – *Heiliger*; OLG Naumburg, DS 2012, 396 = IBR 2012, 750 – *Sturmberg* (Ergänzung des Be-

aus sachverständiger Sicht – notwendige **Zuordnung** des Schadens/Mangels auf die am selbstständigen Beweisverfahren beteiligten Personen ein,[79] wobei nach richtiger Ansicht der Sachverständige jeweils auch den Umfang der **(technischen) Verantwortlichkeit** im Rahmen einer „**Verursachungsquote**" festhalten kann. Es obliegt dem **Richter,** diese (technische) Zuordnung des Schadens/Mangels **rechtlich** zu bewerten.[80]

32 Die Feststellung des „**Aufwandes** für die Beseitigung des Sachschadens oder Sachmangels" ist nicht auf die Ermittlung der reinen Schadens- bzw. Mängelbeseitigungskosten beschränkt, sondern **umfasst,** soweit dies zur Erläuterung der Zusammenhänge erforderlich ist, auch stets **die Darstellung der erforderlichen (bautechnischen) Maßnahmen;** Fragen nach der **Dauer** der Sanierungsarbeiten sind ebenso zulässig wie solche nach den Kosten anfallender Nebenarbeiten (wie z.B. Entsorgung).[81] Das ist unabhängig davon, ob die Schadens- oder Mängelbeseitigung bereits eingeleitet oder abgeschlossen worden ist.[82] Die Feststellung eines **merkantilen Minderwertes** wird ebenfalls durch § 485 Abs. 2 Satz 1 Nr. 3 ZPO erfasst.[83]

33 Der Antragsteller hat im Rahmen des § 485 Abs. 2 ZPO ein **Auswahlrecht;** er kann frei wählen, auf welche Alternativen er sein Gesuch erstreckt. Es wird für die **Verjährungshemmung** auch nicht erforderlich sein, alle Alternativen des § 485 Abs. 2 (gleichzeitig) zu wählen.[84] In der Praxis wird es jedoch darauf hinauslaufen. In jedem Falle sollte die Frage nach dem „Zustand des Bauwerks" in eine Beweiserhebung eingebunden sein, weil sie am besten geeignet ist, eine umfassende Unterbrechung bzw. Hemmung der Verjährung zu gewährleisten (vgl. Rdn. 99 ff.).

---

weisantrags zu den Schadensursachen); *Weise,* Rn. 219; Thüringisches OLG, BauR 2001, 1945; *Leineweber,* Festschrift für Mantscheff, S. 251.
79) Vgl. OLG Brandenburg, BauR 2004, 698 m.Anm. *Welte* (Beweisverfahren gegen mehrere denkbare Verursacher); OLG Hamburg, BauR 2006, 1788, 1789; OLG Köln, BauR 2005, 752.
80) Siehe hierzu: OLG Düsseldorf, IBR 2014, 183 – *Renz;* OLG Frankfurt, BauR 2011, 723, 724 (Zuordnung eines Mangels zu einer bestimmten **Leistungsphase** des § 15 HOAI a.F.) u. BauR 2000, 1370; LG Köln, IBR 2012, 306 – *Sturmberg* (Fragen zu den **Prüfungspflichten** des Unternehmers aufgrund maßgeblicher DIN-Normen); BGH, NZBau 2010, 108 = BauR 2010, 248 u. OLG München, OLGZ 1992, 470 für die Frage der „Vorhersehbarkeit" oder „Erkennbarkeit"; OLG Düsseldorf, NJW-RR 1997, 1312 für die (Mit-)Verantwortlichkeit eines Statikers (Risse im Mauerwerk); OLG Düsseldorf, BauR 1996, 896, 897; OLG München, BauR 1998, 363; *Ulrich,* AnwBl. 2003, 26, 29; **a.A.:** *Leineweber,* Festschrift für Mantscheff, S. 249.
81) OLG Koblenz, OLGR 2004, 77 = BauRB 2004, 136 – *Moehren;* s. auch OLG Hamm, BauR 2014, 734, 735. Eine nur **grobe Schätzung** des Kostenaufwands durch den Sachverständigen ist unzulässig: OLG Koblenz, IBR 2014, 385 – *Schuller.*
82) **Herrschende Ansicht;** vgl. OLG Koblenz, OLGR 2004, 77; OLG München, BauR 1998, 363 = OLGR 1997, 281; *Scholtissek,* BauR 2000, 1118, 1122; *Koeble,* S. 110; *Knacke,* Festschrift für Soergel, S. 115, 120; **a.A.:** *Weise,* Rn. 223.
83) SchlHOLG, OLGR 2000, 61.
84) So wohl auch *Quack,* BauR 1991, 278, 281.

bb) Der Begriff des rechtlichen Interesses

34 Probleme gab es nach der Neugestaltung des selbstständigen Beweisverfahrens zunächst mit der Auslegung des Begriffs des „**rechtlichen Interesses**" i.S. des § 485 Abs. 2 Satz 2 ZPO. Die von Schreiber[85] geforderte Zurückhaltung entspricht nicht der nunmehr gängigen Gerichtspraxis, die den Begriff weit auslegt.[86] Bei dem geforderten „rechtlichen Interesse" handelt es sich – dem Feststellungsinteresse vergleichbar – um eine **Zulässigkeitsvoraussetzung** (§ 487 Nr. 4 ZPO), die (bereits) gegeben ist, wenn die – ggf. glaubhaft zu machenden – Behauptungen des Antragstellers erkennen lassen, dass aufgrund der begehrten Feststellung Ansprüche gegen den Antragsgegner in Betracht kommen oder aber auch Ansprüche des Antragsgegners gegen den Antragsteller abgewehrt werden können. An die Darlegung des rechtlichen Interesses i.S. des § 485 Abs. 2 Satz 2 ZPO sind auch keine besonderen Anforderungen zu stellen.[87]

Nach § 485 Abs. 2 Satz 2 ZPO ist ein „rechtliches Interesse" (bereits) gegeben, „wenn die Feststellung der Vermeidung eines Rechtsstreits dienen kann". Mit dieser Formulierung wird nicht nur die notwendige Brücke zu § 492 Abs. 3 ZPO geschlagen, der dem Gericht die „Pflicht" zum Vergleichsgespräch auferlegt, sondern es wird vor allem die bisherige Rechtslage bestätigt. Das rechtliche Feststellungsinteresse war für das bisherige Beweissicherungsverfahren zu bejahen, wenn der **Zustand** der Sache für die Rechtsbeziehung der Parteien maßgeblich war oder werden konnte.

Nichts anderes gilt für das selbstständige Beweisverfahren.[88] Kommen **Gewährleistungsansprüche** oder überhaupt **materiell-rechtliche Ansprüche** des Gesuchstellers in Betracht, ist das Feststellungsinteresse auch dann zu **bejahen,** wenn der Antragsgegner vorprozessual schon jede **Vergleichsbereitschaft** hat vermissen lassen und sich sogar auf Verjährung beruft. Die vage Hoffnung, dass dies im Rahmen eines **gerichtlichen** Vergleichsgesprächs – vor allem nach einem eindeutigen Beweisergebnis – anders sein könnte, reicht aus, um ein berechtigtes Interesse an der Beweissicherung anzunehmen. Jede andere Betrachtungsweise würde der Zielvorstellung des Gesetzgebers widersprechen.[89]

---

85) NJW 1991, 2600, 2601.
86) BGH, BauR 2007, 82 = NZBau 2006, 711; BauR 2005, 364, 365 = ZfBR 2005, 54, 55 = NJW 2004, 3488; BauR 2004, 1975 = ZfBR 2005, 54, 55 = IBR 2004, 733; OLG Stuttgart, OLGR 2000, 57 = BauR 2000, 923; KG, KGR 1999, 33 u. 219; OLG Koblenz, OLGR 1998, 431; *Ulrich*, Rn. 57.
87) OLG Düsseldorf, BauR 2001, 1290. Zum rechtlichen Interesse des **Streithelfers** entsprechend § 66 Abs. 1 ZPO: OLG München, IBR 2017, 235 – *Irl*.
88) Zutreffend daher: OLG Schleswig, OLGR 2007, 158, 159; OLG Köln, NJW-RR 1996, 573 = OLGR 1996, 23; OLG Hamm, OLGR 1993, 2; KG, MDR 1992, 179, 180; BauR 1992, 403 = NJW-RR 1992, 574; OLG Celle, BauR 1992, 405, 406; OLG München, BauR 1993, 117, 119; OLG Frankfurt, MDR 1991, 989; *Koeble*, S. 107; *Enaux*, Jahrbuch Baurecht 1999, 162, 168; *Weise*, Rn. 206; *Cuypers*, NJW 1994, 1985, 1986; *Thiele*, MDR 1991, 938.
89) Ebenso: OLG Celle, BauR 2004, 1659, 1660 u. BauR 2003, 1076, 1077; OLG Hamm, MDR 1999, 184 u. OLGR 1993, 2, 3; OLG Oldenburg, BauR 1995, 132, 133 = OLGR 1995, 155; OLG Zweibrücken, OLGZ 1993, 218; LG Passau, NJW-RR 1992, 767; KG, BauR 1992, 403, 404 = NJW-RR 1992, 574; **a.A.:** LG Hannover, JurBüro 1992, 496 u. OLG Celle, JurBüro 1992, 496 m.Anm. *Mümmler*.

Das rechtliche Interesse im Sinne des § 485 Abs. 2 Satz 2 ZPO setzt nicht voraus, dass das „Beweisthema", also der Beweisermittlungsantrag, in einem späteren Prozess „erheblich" sein muss;[90] die „Erfolgsaussichten" des (späteren) Hauptprozesses sind auch hier nicht zu prüfen.[91] Ein rechtliches Interesse kann daher allenfalls zu **verneinen** sein, wenn **es an jeglichem rechtlichen Bezug (zum Antragsgegner) fehlt**; es muss mit anderen Worten ganz offensichtlich sein, dass Ansprüche, insbesondere Gewährleistungsrechte, aus der begehrten Feststellung nicht hergeleitet werden können. In diesen Fällen ist ein Beweissicherungsantrag mutwillig. Es ist deshalb zutreffend, dass das Rechtsschutzbedürfnis nur in „völlig eindeutigen" Fällen verneint werden kann. Es muss **evident** sein, dass die nachgesuchte Beweiserhebung unter keinem denkbaren (rechtlichen) Gesichtspunkt einem (möglichen) Rechtsstreit zugeordnet werden kann.[92] Auf der anderen Seite kann aber die Erklärung des Antragsgegners, nicht er, sondern ein Dritter sei Schadensverursacher oder habe die behaupteten Mängel zu vertreten, allein das rechtliche Interesse an einer Beweissicherung nicht ausschließen.[93] Ebenso ist es bedenklich, wenn das LG Deggendorf[94] das rechtliche Interesse i.S. des § 485 Abs. 2 Satz 2 ZPO verneint, weil sich der Antragsgegner auf einen **Vergleich** beruft, der den Streit über die behaupteten Mängel beilegt; da sich ein Streit über die Auslegung oder sogar Wirksamkeit des Vergleichs nie vermeiden lässt, wird ein rechtliches Interesse an einer Beweissicherung bereits dann zu bejahen sein, wenn sich Anhaltspunkte aufdrängen, dass es zu Meinungsverschiedenheiten über Auslegung und/oder Wirksamkeit (§ 779 BGB) kommt.[95]

---

90) BGH, ZfBR 2005, 54, 55 = IBR 2004, 733; BauR 2000, 599 = NJW 2000, 960; OLG Brandenburg, IBR 2009, 544 – *Seibel*; OLG Celle, BauR 2003, 1076, 1077 u. BauR 2000, 601; OLG Köln, OLGR 2000, 264, 265. So ist z.B. nicht zu prüfen, ob ein wirksamer **Verzicht** auf Gewährleistungsansprüche vorliegt (OLG Düsseldorf, JurBüro 1992, 26; OLG Hamm, OLGR 1993, 203 [LS]) oder **Verjährung** eingetreten ist (vgl. OLG Köln, OLGR 2000, 264, 265).
91) BGH, a.a.O.; OLG Celle, BauR 2004, 1659, 1660; OLG Köln, NJW-RR 1996, 573 = JurBüro 1996, 371 = OLGR 1996, 23; OLG Hamm, NJW-RR 1998, 68 u. NJW-RR 1998, 933 = BauR 1998, 828.
92) BGH, BauR 2007, 82 = NZBau 2006, 711; BauR 2005, 364, 365 = ZfBR 2005, 54, 55; BauR 2004, 1975 = ZfBR 2005, 54, 55 = IBR 2004, 733 (Abänderung von SchlHOLG, OLGR 2004, 435 = BauRB 2004, 270 = IBR 2004, 478); OLG Köln, BauR 2009, 1942 (LS); OLG Düsseldorf, BauR 2001, 1290, 1291 = NJW-RR 2001, 1725; OLG Bamberg, NJW-RR 1995, 893, 894; KG, MDR 1992, 179, 180; OLG Köln (16. Senat), OLGR 2000, 264, 265; (13. Senat) OLGR 1995, 110, 111 u. (22. Senat), NJW-RR 1996, 573; OLG Celle, BauR 2000, 601 (Bauträgervertrag); OLG Oldenburg, OLGR 2006, 337; VGH Mannheim, NVwZ-RR 1996, 125, 126.
93) Im Ergebnis ebenso: OLG Celle, OLGR 1996, 130.
94) NJW-RR 2000, 514.
95) Die Frage, ob **nach** Einholung eines vertraglich vorgesehenen **Schiedsgutachtens** ein rechtliches Interesse für ein selbstständiges Beweisverfahren gegeben ist, mit dem die **Unrichtigkeit** des Schiedsgutachtens nachgewiesen werden soll, ist streitig; **bejahend**: OLG Köln, MittBl. ARGE Baurecht, 1999, S. 8 m.Anm. *Werner*; LG Hanau, MDR 1991, 989; LG München I, NJW-RR 1994, 355; *Bernuth*, ZIP 1998, 2081, 2084; **verneinend**: OLG Düsseldorf, BauR 1998, 1111; *Zanner*, BauR 1998, 1154; s. ferner Rdn. **71**.

Besondere Zulässigkeitsvoraussetzungen Rdn. 35

Das Rechtsschutzinteresse ist deshalb zu **bejahen**, wenn 35
* nach einer **Neuherstellung** der Auftraggeber **neue** Mängel rügt[96]
* es gerade auf die Begutachtung durch einen Sachverständigen („**Spezialisten**") entscheidend ankommt[97]
* ein Haftpflichtversicherer nach § 823 Abs. 2 BGB, § 27 Abs. 1 NachbG NW in Anspruch genommen werden kann[98]
* ein **Bürge** in Anspruch genommen werden soll[99]
* die **Rückgriffshaftung** (gegenüber einem Dritten) droht[100]
* ein Streitverkündeter, der in einem selbstständigen Beweisverfahren dem Streitverkündenden (dort: Antragsgegner) beigetreten ist, gegen diesen ein neues Beweisverfahren anstrengt, selbst dann, wenn noch keine konkreten Rückgriffsansprüche angedroht sind[101]
* **Verjährung** droht[102] oder möglicherweise bereits eingetreten ist.[103]

Es ist zu **verneinen**, wenn
* der Antragsteller (unstreitig) auf seine Gewährleistungsansprüche **verzichtet** hat.[104] Das Einverständnis in eine **bestimmte** Nachbesserung/Nacherfüllung bedeutet jedoch noch nicht einen „Verzicht" auf (sonstige) bestehende Gewährleistungsansprüche.[105]
* bereits ein selbstständiges Beweisverfahren stattgefunden hat, an dem der (nunmehrige) Antragsteller als Antragsgegner **beteiligt** war. Das Rechtsschutzinteresse für ein **neues** selbstständiges Beweisverfahren (mit umgekehrtem Rubrum) kann nur unter Beachtung der **Sperre** der §§ 485 Abs. 3, 412 Abs. 1 ZPO (analog) bejaht werden.[106]
* es lediglich um die Klärung von **Rechtsfragen** geht.[107] Ein Sachverständiger soll grundsätzlich nicht mit Vertrags- und Rechtsfragen befasst werden;[108] in Zwei-

---

96) LG Stuttgart, BauR 2000, 924.
97) Zutreffend: *Cuypers*, NJW 1994, 1985, 1987.
98) OLG Düsseldorf, BauR 2001, 1290.
99) OLG Frankfurt, MDR 1991, 989.
100) BLAH, § 485 ZPO, Rn. 8.
101) OLG Stuttgart, BauR 2000, 923 = OLGR 2000, 57.
102) *Enaux*, Jahrbuch Baurecht 1999, 162, 169; *Berger*, BauRB 2004, 281, 282; *Schreiber*, NJW 1991, 2600, 2601; *Weise*, Rn. 207; *Koeble*, S. 107; **a.A.:** LG Amberg, BauR 1984, 93.
103) Vgl. auch OLG Celle, BauR 2003, 1076, 1077; OLG Düsseldorf, BauR 2001, 128 = MDR 2001, 50.
104) Vgl. OLG Karlsruhe NJW-RR 1996, 1343 = BauR 1997, 356 (LS) = JurBüro 1996, 375. Zum „Verzicht" des Bauherrn siehe im Übrigen: OLG Köln, BauR 1997, 314.
105) BGH, BauR 1997, 131.
106) Zutreffend: OLG Düsseldorf, BauR 1997, 515, 517 = NJW-RR 1997, 1086 = OLGR 1997, 168.
107) OLG München, BauR 1993, 117 = OLGR 1993, 14 („Sind von den vertraglich vereinbarten und zugesagten 12 Stellplätzen nur 7 vorhanden?"); OLG Frankfurt, BauR 2011, 723 = IBR 2011, 500 – *Schwenker*; LG Gera, BauR 1996, 752; *Ulrich*, AnwBl. 2003, 26, 30. Zur **Abgrenzung** von Tat- und Rechtsfragen s. auch *Kamphausen*, Jahrbuch 2009, 191, 199 f.
108) Dies ist **nicht** der Fall, wenn der Sachverständige zur **Erkennbarkeit** von behaupteten Mängeln/Schäden befragt werden soll und dabei die Umstände dargestellt werden müssen, auf Grund derer die Mängel/Schäden bemerkt werden konnten oder sogar mussten (BGH, BauR 2010, 248 = NZBau 2010, 108 = ZfBR 2010, 129 = IBR 2010, 64 – *Illies*).

felsfällen muss das Gericht daher dem Sachverständigen eine Anweisung (z.B. in Form einer Vertragsauslegung) an die Hand geben.
* die streitigen Tatsachen („Beweisthemen") ausschließlich zwischen dem Antragsteller und seinem Streitverkündeten oder Streithelfer relevant werden.[109]
* ein Leistungsverzeichnis für die Mängelbeseitigung erstellt werden soll.[110]
* wenn das Beweisverfahren einem Sachverständigenhaftpflichtprozess dienen soll, der Vorprozess aber noch nicht abgeschlossen ist.[111]
* wenn ein (zweites) Ergänzungsgutachten nur dazu dienen soll, die im Hauptsacheverfahren notwendige Beweiswürdigung zu beeinflussen.[112]

4. Der Antrag

Literatur

Helm, Anforderungen an die Formulierung des selbstständigen Beweisantrags zur Hemmung der Verjährung, NZBau 2011, 328.

36 Um ein selbstständiges Beweisverfahren in Gang zu bringen, ist ein schriftlicher **Antrag** bei dem zuständigen Gericht erforderlich, der auch zu Protokoll der Geschäftsstelle erklärt werden kann (§ 486 Abs. 4 ZPO). Die einzelnen Voraussetzungen des Antrages nennt § 487 ZPO. Es besteht grundsätzlich **kein Anwaltszwang** (§§ 78 Abs. 3, 486 Abs. 4 ZPO);[113] etwas anderes gilt nur, wenn eine mündliche Verhandlung über den Antrag stattfindet und hier eine Vertretung durch Anwälte geboten ist (Landgericht).[114] Soweit eine Glaubhaftmachung erforderlich ist, sind die Unterlagen dem Antrag beizufügen.

37 Der selbstständige Beweisantrag kann **jederzeit zurückgenommen** oder – aus Kostengründen – **eingeschränkt**[115] werden; jedoch liegt z.B. in dem Wunsch nach „**Kostenabrechnung** und Rückerstattung nichtverbrauchter Kostenvorschüsse" allein noch keine (konkludente) Antragsrücknahme;[116] während in der Änderung des **Aktivrubrums** (stets) eine solche zu sehen ist.[117] Eine Rücknahme kann schließlich auch nicht in einer bloßen **Erledigungserklärung** des Antragstellers gesehen werden.[118] Hat die Einvernahme des Augenscheins, die Vernehmung des Zeugen oder Sachverständigen (bzw. dessen schriftliche Begutachtung) bereits begonnen, kann die Rücknahme des Antrages ebenfalls ohne Einverständnis des Gegners erfolgen.[119]

---

109) KG, KGR 1999, 396.
110) OLG Düsseldorf, Beschl. v. 22.11.1991 – 22 W 60/91; zitiert bei *Weyer*, BauR 1992, 313, 315/316.
111) BGH, BauR 2007, 82 = NZBau 2006, 711.
112) OLG Hamm, NZBau 2010, 250, 251.
113) Zum **Anwaltszwang** siehe im Einzelnen: *Seibel*, § 486, Rn. 34 f.; *Ulrich*, in: Prütting/Gehrlein, § 487 ZPO, Rn. 13 m.w.Nachw.
114) OLG Nürnberg, NJW 2011, 1613 = IBR 2011, 446 – *Ludgen*.
115) OLG Köln, *SFH*, Nr. 16 zu § 485 ZPO.
116) OLG Frankfurt, OLGR 1995, 95 gegen LG Frankfurt, BauR 1995, 585, 586.
117) OLG Frankfurt, BauR 1995, 426, 427.
118) OLG Frankfurt, BauR 1996, 587 = OLGR 1996, 83.
119) *Wussow*, Beweissicherungsverfahren, S. 40.

Antrag

Nach § 487 ZPO **muss** der Beweisantrag Folgendes enthalten: **38**

* die Bezeichnung des **Gegners**
* die Bezeichnung der **Tatsachen**, über die Beweis erhoben werden soll
* die Bezeichnung der Zeugen[120] oder die Bezeichnung der übrigen nach § 485 zulässigen **Beweismittel**
* die **Glaubhaftmachung** der Tatsachen, die die Zulässigkeit des selbstständigen Beweisverfahrens und die Zuständigkeit des Gerichts begründen sollen.

a) Die Parteien

Die **Verwertbarkeit** der Beweisergebnisse im Hauptprozess (§ 493 ZPO) setzt **39** voraus, dass das selbstständige Beweisverfahren zwischen den **Parteien** des Hauptprozesses durchgeführt worden ist; deshalb muss den Parteistellungen jeweils besonderes Augenmerk gewidmet werden.

aa) Der Antragsteller

Antragsteller kann jeder sein, der die gesetzlichen Voraussetzungen zur Einleitung **40** eines selbstständigen Beweisverfahrens erfüllt.

Zur Einleitung und Durchführung eines die **gemeinschaftliche Wohnanlage** betreffenden selbstständigen Beweisverfahrens ist somit auch der **Verwalter** der Wohnungseigentümer befugt.[121] Wer im Einzelnen Partei/Antragsteller des selbstständigen Beweisverfahrens ist, ergibt sich aus der in der Antragsschrift enthaltenen **Parteibezeichnung**, die als Prozesshandlung grundsätzlich einer **Auslegung** zugänglich ist.[122]

Ohne besondere Ermächtigung durch die Gemeinschaft der Wohnungseigentü- **41** mer ist der **einzelne Wohnungseigentümer** berechtigt, zur Feststellung am gemeinschaftlichen Eigentum aufgetretener Mängel ein selbstständiges Beweisverfahren zu beantragen und dadurch die Verjährung von Gewährleistungsansprüchen zu hemmen. Da die einzelnen Wohnungseigentümer ohne einen besonders hierzu ermächtigenden Beschluss der Gemeinschaft befugt sind, Nacherfüllung zu verlangen, sind sie auch berechtigt, ein diesen Anspruch vorbereitendes Beweisverfahren einzuleiten;[123] dies gilt auch, wenn die Mängelansprüche von dem Bauträger an sämtliche Miteigentümer gemeinschaftlich abgetreten worden sind (vgl. auch Rdn. 106).

Einem Beweissicherungsantrag kommt verjährungshemmende Wirkung jedoch **42** **nur** zu, wenn der **Antragsteller** auch **anspruchsberechtigt** ist. Das wird oftmals

---

[120] Zur Notwendigkeit einer Zeugenvernehmung nach Einholung eines Sachverständigengutachtens: OLG Köln, IBR 2014, 776 – *Schmidt*.
[121] Siehe Rdn. 107, 480. Zur Erteilung einer Prozessvollmacht durch Mehrheitsbeschluss der Eigentümer s. LG Köln, BauR 1976, 443 mit Anm. *Rosenberger*.
[122] BGH, BauR 2013, 1437, 1438 = NZBau 2013, 629 = ZfBR 2013, 660 = IBR 2013, 583 – *Dötsch*.
[123] BGH, BauR 2013, 1437, 1438; BGH, BauR 1991, 606 = NJW 1991, 2480; BauR 1980, 69 = ZfBR 1980, 36. Zur **Hemmung** nach neuem Recht: OLG Oldenburg, BauR 2007, 1428, 1429.

bei der Geltendmachung von Mängelansprüchen durch Wohnungseigentümer übersehen. Es reicht allerdings aus, wenn der Antragsteller im Laufe des selbstständigen Beweisverfahrens „Berechtigter" durch eine entsprechende Ermächtigung oder auch durch Abtretung geworden ist.[124] Allerdings muss dabei im Einzelfall beachtet werden, dass eine „nachträgliche Genehmigung des Antrags auf Durchführung des selbstständigen Beweisverfahrens durch den Berechtigten die Hemmung der Verjährung nur mit Wirkung **ex nunc** herbeiführen kann".[125]

bb) Der Antragsgegner

43 **Antragsgegner** ist grundsätzlich die Partei, die vom Antragsteller als solche **bezeichnet** wird.[126] Der Gegner muss auch grundsätzlich im Antrag bezeichnet werden; das ist in Baumängelsachen nicht immer leicht, aber sorgfältig zu prüfen, um keine Rechtsnachteile zu erleiden.[127] Häufig kommen **mehrere Schadensverursacher** in Betracht, wie z.B. der Architekt, der Sonderfachmann, der Rohbauunternehmer oder andere Handwerker. Dann muss sich der Antragsteller entweder für einen Antragsgegner entscheiden oder – was für einen anschließenden Bauprozess sinnvoller ist – **alle** denkbaren Schadensverursacher als Antragsgegner benennen, um die rechtlichen Wirkungen des selbstständigen Beweisverfahrens – insbesondere eine Verjährungshemmung – gegenüber allen möglichen Schadensverursachern eintreten zu lassen.[128] Zu beachten ist, dass das selbstständige Beweisverfahren bis zu seiner Beendigung auf weitere Antragsgegner ausgedehnt werden kann.[129]

44 Ohne Bezeichnung des Gegners ist ein Antrag nach §§ 485 Abs. 1 und 2, 494 ZPO[130] nur zulässig (vgl. auch Rdn. 12), wenn der Antragsteller glaubhaft macht, dass er ohne sein Verschulden außerstande ist, den Gegner zu bezeichnen, was in einer Bausache aber kaum denkbar ist. **Unbekannt** ist ein **Antragsgegner** nicht schon dann, wenn der Antragsteller Zweifel hat, wer unter mehreren möglichen der richtige Antragsgegner ist. § 494 ZPO geht davon aus, dass dem Antragsteller überhaupt kein denkbarer Verursacher bekannt ist. Ein gutes Beispiel nennt Wussow.[131] Ein Bauträger, der seine Gewährleistungsansprüche gegenüber seinen Subunternehmern an den Bauherrn abgetreten hat, wird insolvent: die Bauhandwerker selbst, an die sich der Bauherr wegen Baumängel wenden müsste, sind aber dem Bauherrn nicht bekannt.

---

124) BGH, BauR 1993, 473, 474.
125) BGH, BauR 2013, 1437, 1438, Rn. 12 m.w.Nachw.
126) Zur ordnungsgemäßen Ladung (§ 493 Abs. 2 ZPO): *Wita*, MDR 2000, 1363.
127) Wird das Verfahren gegen den **falschen** Antragsgegner durchgeführt, tritt keine verjährungshemmende Wirkung ein (OLG Nürnberg, BauR 2008, 107, 110).
128) Zutreffend: OLG Brandenburg, BauR 2004, 698; OLG München, BauR 1998, 363; OLG Düsseldorf, NJW-RR 1997, 1312; OLG Frankfurt, BauR 1995, 275 = NJW-RR 1995, 831 = MDR 1994, 1244; BGH, BauR 1980, 364, 365; *Daub/Piel/Soergel/Steffani*, VOB, ErlZ B 13.339; *Wussow*, NJW 1969, 1401, 1407. Zum **Streitwert**: OLG Düsseldorf, BauR 1995, 586.
129) OLG Hamm, OLGR 1999, 401, 402.
130) Vgl. *Zöller/Herget*, § 494 ZPO, Rn. 1; BLAH, § 494 ZPO, Rn. 1.
131) Beweissicherungsverfahren, S. 31.

Bei einem selbstständigen Beweisantrag nach § 485 Abs. 1 ZPO gegen **Unbekannt** ist zu berücksichtigen, dass ein solcher Antrag die Verjährung von Gewährleistungsansprüchen nicht hemmt,[132] weil alle hierfür nach dem Gesetz geeigneten Handlungen voraussetzen, dass der Berechtigte gegen einen bestimmten Verpflichteten einen bestimmten Anspruch erhebt und dadurch die Feststellung oder Durchsetzung dieses Anspruches aktiv betreibt.[133]

cc) Die Einbeziehung Dritter (Streitverkündung)

Literatur

Kunze, Streitverkündung im selbstständigen Beweisverfahren, NJW 1996, 102; *Kunze*, Praktische Justizentlastung durch den BGH: Bestätigung der Zulässigkeit der Streitverkündung im selbstständigen Beweisverfahren, NJW 1997, 1290; *Eibner*, Das Ende des Streits um die Streitverkündung im selbstständigen Beweisverfahren?, BauR 1998, 497; *Cuypers*, Die Streitverkündung im Bauprozess und selbstständigen Beweisverfahren, ZfBR 1998, 163; *Schilling*, Die beschränkte Streitverkündung, ein Mittel zur effizienteren und kostengünstigeren Führung von Bauprozessen?, BauR 2001, 147; *Knacke*, Der Streithelfer im selbstständigen Beweisverfahren, Jahrbuch Baurecht 2002, 329; *Enaux*, Rechtliche Probleme bei der Streitverkündung im selbstständigen Beweisverfahren in Bausachen, Festschrift für Jagenburg (2002), 147; *Cuypers*, Die Beteiligung Mehrerer in selbstständigen Beweisverfahren in Bausachen – eine Bilanz nach 10 Jahren, MDR 2004, 314; *Göbel*, Streitverkündung und Aussetzung in Baumängelprozessen, BauR 2004, 1533; *Locher*, Die Interventionswirkung der Streitverkündung im selbstständigen Beweisverfahren, Festschrift für Kapellmann (2007), 269; *Thierau/Leidig*, Anwaltszwang bei Streitbeitrittserklärung im selbstständigen Beweisverfahren, BauR 2008, 1527; *Klein/Moufang/Koos*, Ausgewählte Fragen zur Verjährung, BauR 2009, 333; *Freund*, Zur Streitverkündung: Zulässigkeit, Zwischenstreit und Gegenstandswert, NZBau 2010, 83; *Lauer*, Praxisprobleme mit der Nebenintervention, Festschrift für Michael Loschelder (2010), 179; *Ulrich*, Zur Reichweite der Streitverkündung, BauR 2013, 9; *Boldt*, Streitverkündung: Rechte des Nebenintervenienten, BauR 2013, 287; *Seibel*, Müssen einer Streitverkündungsschrift zur Angabe der „Lage des Rechtsstreits" Ablichtungen aus den Gerichtsakten beigefügt werden?, BauR 2014, 456; *Schwenker*, Das rechtliche Interesse am Beitritt zum selbstständigen Beweisverfahren, NJW 2016, 989; *Meier*, Zwischenstreit über Nebenintervention und Interventionswirkung, NZBau 2016, 270.

Problematisch, aber für die Vorbereitung des Bauprozesses sehr wichtig, ist die Frage, in welcher Weise **Dritte** von dem Antragsteller und/oder Antragsgegner in das Verfahren **einbezogen** werden können.[134] Dies gilt vor allem bei mehreren Gesamtschuldnern und für den häufigen Fall des Dreiecksverhältnisses **Bauherr – Generalunternehmer** (Bauträger) **– Nachunternehmer.** In allen Fällen ist auf ein kostengünstiges Agieren zu achten.[135]

* Beantragt der Auftraggeber/Bauherr wegen Baumängel ein selbstständiges Beweisverfahren gegen seinen Vertragspartner, den Generalunternehmer, ist dieser wiederum daran interessiert, seinerseits seinen Nachunternehmer wegen **Rückgriffsansprüche** an dem Beweisverfahren zu beteiligen, um die rechtlichen Wir-

---

132) BGH, NJW 1980, 1458 = BauR 1980, 364 = BB 1980, 703 (für Verjährungsunterbrechung).
133) BGHZ 72, 23 = NJW 1978, 1975 = BauR 1978, 488; *Palandt/Ellenberger*, § 204 BGB, Rn. 22.
134) „Dritter" ist nicht der gerichtlich bestellte Sachverständige (§ 72 Abs. 2 ZPO); s. auch BGH, BauR 2006, 1780 = NZBau 2006, 711 = IBR 2006, 654 – *Ulrich*.
135) *Schilling*, BauR 2001, 147 ff.

kungen nicht nur in seinem Verhältnis zum Bauherrn, sondern auch zu seinem bauausführenden Vertragspartner (Nachunternehmer) eintreten zu lassen.
* Kommen mehrere **Gesamtschuldner** (z.B. Architekt, Statiker oder mehrere Bauhandwerker) als Schadensverursacher in Betracht, entscheidet sich der Auftraggeber/Bauherr aber nur für einen von ihnen als Gegner des selbstständigen Beweisverfahrens, wird dieser ebenfalls aus den genannten Gründen interessiert sein, die übrigen möglichen Haftpflichtigen in das Verfahren einzubeziehen.

47 Für die Einbeziehung Dritter in das Verfahren bietet sich vor allem die **Streitverkündung** mit Nebeninterventionswirkung (§§ 72, 74, 68 ZPO) an. Wird ein selbstständiges Beweisverfahren innerhalb eines Hauptsacheprozesses beantragt, ist die Streitverkündung unproblematisch; ob diese aber auch im Rahmen des selbstständigen Beweisverfahrens **außerhalb** eines Hauptprozesses zulässig ist, war für das alte Beweissicherungsverfahren heftig umstritten.[136] Zu Recht wies Schilken[137] aber schon zutreffend darauf hin, dass auch das (alte) Beweissicherungsverfahren bereits kontradiktorisch angelegt war, sodass sich die Streitverkündigung anbot.

48 Für das selbstständige Beweisverfahren, das ohne Zweifel kontradiktorischen Charakter hat, ist der **Meinungsstreit** durch die Entscheidung des BGH vom 5. Dezember 1996[138] **erledigt:**

„Die Streitverkündung im selbstständigen Beweisverfahren ist zulässig. Das seit 1991 geltende Recht will Prozesse vermeiden, mindestens aber den Gang des Verfahrens erleichtern und beschleunigen. Insbesondere sollen nicht mehrfache Beweisaufnahmen wegen des gleichen Gegenstandes mit möglicherweise unterschiedlichen Ergebnissen durchgeführt werden. Diese Grundgedanken der neuen gesetzlichen Regelung legen es nahe, die Streitverkündung im selbstständigen Beweisverfahren zuzulassen, obwohl eine ausdrückliche gesetzliche Regelung fehlt.

Die Gegenmeinung stützt sich vor allem darauf, dass das selbstständige Beweisverfahren kein Rechtsstreit im Sinne von § 72 Abs. 1 ZPO sei. Eine Interventionswirkung könne zudem gar nicht eintreten, da sich das selbstständige Beweisverfahren in der bloßen Feststellung von Tatsachen durch Beweisaufnahme erschöpfe. Das steht einer analogen Anwendung der Vorschriften über die Streitverkündung indessen nicht entgegen. Zweck der Streitverkündung ist es, einem Dritten die Einflussnahme auf einen zwischen anderen Parteien anhängigen Prozess durch Unterstützung einer Partei zu ermöglichen, wenn sich die Entscheidung des Verfahrens auf seine Rechtsstellung auswirken kann. Die Regelungen der §§ 66 ff. ZPO gewährleisten zunächst das rechtliche Gehör, dienen aber auch wie die Neuregelungen der §§ 485 ff. ZPO der Vermeidung widersprüchlicher Prozessergebnisse und der Verringerung der Zahl der Prozesse. Außer-

---

136) **Für** Zulässigkeit: KG, MDR 1988, 680 = BauR 1989, 241; *Mickel*, BB 1984, 438; *Baden*, BauR 1984, 306. **Gegen** Zulässigkeit: LG Köln, BauR 1980, 97; LG Bremen, MDR 1984, 237.
137) ZZP 92, 238, 240, 241 m.w.Nachw.; *Mickel*, BB 1984, 438, 439.
138) BGHZ 134, 190 = NJW 1997, 859 = BauR 1997, 347; BGH, BauR 2016, 705 = ZfBR 2016, 249 (zum **Begriff** des rechtlichen Interesses); BGH, NZBau 2015, 283 u. Anmerkung von *Schröder*, S. 285 (zum Umfang der Bindungswirkung des § 68 ZPO); ferner: OLG Düsseldorf, BauR 2004, 1657, 378; KG, NJW-RR 2000, 513; LG Karlsruhe, BauR 2000, 441 u. MDR 1998, 238; *Knacke*, Jahrbuch Baurecht 2002, 329; *Kunze*, NJW 1996, 102; *Hoeren*, ZZP 95, Bd. 108, 343. **Gegen** Zulässigkeit: OLG Hamm, OLGR 1992, 113, 114 u. OLGR 1993, 204; LG Stuttgart, BauR 1992, 267 m. abl. Anm. *Vygen; Cuypers*, NJW 1994, 1985, 1991; (kritisch) *Bohnen*, BB 1995, 2333.

dem kann die Beteiligung des Dritten die Aufklärung des Sachverhalts wesentlich fördern. Diese Gesichtspunkte sind für das selbstständige Beweisverfahren genauso von Bedeutung wie für den Hauptprozess. Dass § 72 Abs. 1 ZPO von einem Rechtsstreit spricht, steht der entsprechenden Anwendung der Vorschrift auf das selbstständige Beweisverfahren nicht entgegen. Abgesehen davon, dass das selbstständige Beweisverfahren in der Regel ein kontradiktorisches Verfahren zwischen Antragsteller und Antragsgegner ist, entspricht die analoge Anwendung der Vorschriften über die Streitverkündung auch dem Willen des Gesetzgebers."

Mit dieser Entscheidung des BGH ist die Rechtsunsicherheit beendet und das selbstständige Beweisverfahren im Ergebnis auch für den Hauptsacheprozess deutlich aufgewertet worden; denn nunmehr können, wenn sorgfältig gearbeitet wird, bereits in einem selbstständigen Beweisverfahren z.B. die von dem Auftraggeber geltend gemachten Mängel unter Einbeziehung aller denkbaren (Mit-)Verursacher festgestellt und damit letztlich bereits die **Haftungsquoten** der Beteiligten abschließend ermittelt werden. Verjährungsprobleme werden sich darüber hinaus in Zukunft weniger stellen, zumal bis zur endgültigen Beendigung des selbstständigen Beweisverfahrens eine Streitverkündung von allen Beteiligten ausgesprochen werden kann.[139]

Nach der herrschenden Auffassung ist deshalb auch eine Streitverkündungsschrift – ohne Prüfung ihrer Zulässigkeit – dem Streitverkündeten zuzustellen;[140] danach ist gegebenenfalls über die Zulässigkeit erst im Hauptsacheprozess zu befinden.[141] Verweigert das Gericht die Zustellung der Streitverkündungsschrift, ist dies mit der (sofortigen) Beschwerde anfechtbar.[142]

Die Zulassung der **Streitverkündung** im selbstständigen Beweisverfahren bewirkt, dass diese nicht nur nach § 204 Abs. 1 Nr. 6 BGB die **Verjährung hemmt,**[143] sondern dem Streitverkündeten gemäß §§ 68, 493 Abs. 1 ZPO das Ergebnis der Beweiserhebung in einem nachfolgenden (Regress-)Prozess entgegengehalten werden kann.[144] Der Streitverkündete kann u.U. in dem späteren Hauptprozess wegen Rückgriffsansprüchen nicht mehr mit seiner Ansicht gehört werden, die Parteien des selbstständigen Beweisverfahrens hätten die Beweiserhebung unzureichend durchgeführt (vgl. dazu auch Rdn. 561 ff.).[145] Zu beachten ist, dass die Hemmung der Streitverkündung immer voraussetzt, dass sie von dem **Berechtigten** ausgeht.[146] Der **Beitritt** des Streitverkündungsempfängers zu einem bei dem Landgericht an-

---

139) OLG Frankfurt, IBR 2009, 491 – *Schilling*; OLG Bamberg, BauR 2010, 1626/2153 (zeitliche Grenze für die **Beitrittserklärung**).
140) *Klein/Moufang/Koos*, BauR 2009, 333, 349; *Parmentier*, BauR 2001, 888; *Schulz*, BauR 2001, 327 ff.; *Kniffka/Koeble*, 2. Teil, Rn. 104; *Joussen*, in: Ingenstau/Korbion, Anhang 3, Rn. 40.
141) OLG Hamburg, OLGR 1998, 130; OLG Köln, BauR 2010, 250 (zur analogen Anwendung des § 71 Abs. 1 u. 2 ZPO bei einem **Zwischenstreit** über eine Nebenintervention).
142) Vgl. auch OLG Frankfurt, BauR 2001, 677 gegen LG Frankfurt, BauR 2001, 677.
143) Zur früheren **Unterbrechung**: BGH, BauR 2012, 675; BGHZ 134, 190 = BauR 1997, 347; OLG München, NJW-RR 1998, 576; OLG Hamm, OLGR 1997, 62, 64.
144) BGH, ZfBR 1998, 26 = BauR 1998, 172; OLG Köln, NJW 1993, 2757 = OLGR 1993, 78 = BauR 1993, 249; *Knacke*, Jahrbuch Baurecht 2002, 329, 334 ff.; *Thomas*, BauR 1992, 299, 300; *Weise*, Rn. 335; *Joussen*, in: Ingenstau/Korbion, Anhang 3, Rn. 34.
145) Zu den Grenzen einer Einbeziehung: BGH, NJW-RR 2006, 1312, 1313; KG, OLGR 1999, 396, 397.
146) KG, OLGR 2009, 263 m.w.Nachw.

hängigen Beweisverfahren unterliegt im Übrigen **nicht** dem Anwaltszwang, solange keine mündliche Verhandlung in dem Verfahren stattfindet.[147]

52 Stellt das Gericht dem **Dritten** eine Streitverkündungsschrift zu, so ist es diesem nicht ohne weiteres gestattet, dem **Gegner** des Streitverkündenden beizutreten.[148] Ein Beitritt auf der anderen Seite wäre unzulässig, wenn der Streitverkündete sich damit in **Widerspruch** zu dem Vorbringen des Streitverkünders setzen würde (§ 67 2. Halbsatz a.E. ZPO).[149] Ein **Streit** über die **Zulässigkeit** des Beitritt kann von dem Streitverkünder durch **Zwischenurteil** gemäß §§ 71 Abs. 1, 303 ZPO geklärt werden. Im Übrigen ist es dem Streitverkündeten aber unbenommen, erst nach anfänglichem Zuwarten im Verlauf des selbstständigen Beweisverfahrens (etwa nach dem Eingang des Gutachtens) den Beitritt zu erklären. Ein Beitritt des Streitverkündeten ist aber immer nur **bis zur Verfahrensbeendigung** möglich.[150]

In der Praxis erfolgen mit dem Beitritt in der Regel **ergänzende Beweisantritte** durch den Streitgehilfen. Geschieht der Beitritt auf Seiten des Antragsgegners, so handelt es sich rechtlich um einen **Gegenantrag** des Streithelfers (vgl. Rdn. 94).[151] Das Thüringer Oberlandesgericht[152] hält es für „zweifelhaft", ob der Streithelfer einen solchen Gegenantrag stellen darf, weil er „im Hauptsacheverfahren jedenfalls mangels Parteistellung keine Widerklage erheben" könne. Dem ist nicht zu folgen, wenn sich der Streithelfer analog §§ 68, 74 ZPO an den Rahmen des ursprünglichen Beweisthemas hält und dies noch in einem ausreichenden zeitlichen Zusammenhang geschieht, die weitere Beweiserhebung also nicht unangemessen verzögert oder behindert wird.[153] Zu beachten ist, dass der (beitretende) Streitverkündete keinen Einfluss mehr auf das selbstständige Beweisverfahren nehmen kann, wenn dieses bereits **beendet** ist; ein Antrag auf Ergänzung des Gutachtens oder Anhörung des Sachverständigen scheidet dann aus.[154]

Tritt der Streitverkündete auf Seiten des **Antragstellers** bei, sind seine ergänzenden Beweisantritte als eigener Beweisermittlungsantrag zu werten, der folglich den allgemeinen Regeln des selbstständigen Beweisverfahrens (§ 485 ff. ZPO) unterliegt. Zu beachten ist, dass sich der Beitritt auch ohne eine ausdrückliche Erklärung über den Beitrittsumfang stets nur auf die vermeintlichen **Rückgriffsansprüche** bezieht, denen sich der Streithelfer nach dem Inhalt der Streitverkündungsschrift und dem ihr zugrundeliegenden Prozessstoff – im Falle des Unterliegens des Streitverkünders – ausgesetzt sieht.[155] Der **Dritte** (Streitverkündungsempfänger/Streit-

---

147) BGH, BauR 2012, 1676 = NZBau 2012, 563 = NJW 2012, 2810 = IBR 2012, 555 – *Seibel*; OLG Stuttgart, IBR 2012, 240 – *Schwenker*.
148) **Anderer Ansicht**: LG Köln, IBR 2010, 601 – *Spirk*.
149) Siehe hierzu: LG Hannover, BauR 2009, 687, 689.
150) OLG Düsseldorf, BauR 2001, 675; OLG Bamberg, BauR 2010, 1626, 1627.
151) Zur Zulässigkeit eines Gegenantrages durch den **Antragsgegner** siehe Rdn. **94**; zur **Kostenverteilung** bei **Rücknahme** von Beweissicherungsantrag und Gegenantrag des Streithelfers: Thüringer OLG, OLGR 1996, 69.
152) OLGR 1996, 69, 70.
153) Im Ergebnis ebenso: OLG Koblenz, IBR 2011, 557 – *Schulz*; OLG Düsseldorf, OLGR 1996, 244, 245.
154) Zutreffend: OLG Karlsruhe, BauR 1998, 589 = MDR 1998, 238; OLG Köln, BauR 1998, 591; s. ferner: OLG Hamm, OLGR 1999, 401, 402.
155) OLG Düsseldorf, OLGR 1997, 35 (LS).

gehilfe) kann **seinerseits** wegen möglicher Ersatzansprüche – z.B. gegen **seinen Nachunternehmer** – eine weitere **Streitverkündung** veranlassen; „Praktikabilitätsüberlegungen" stehen dem nicht entgegen.[156]

Anwaltliche Vorsicht ist geboten, wenn die Streitverkündung im selbstständigen Beweisverfahren (auch) aus verjährungshemmenden Gesichtspunkten erfolgt (vgl. Rdn. 99). Zum einen wird bei einem **VOB-Vertrag** zu bedenken sein, dass die Rechtsfolge des § 13 Abs. 5 Nr. 1 Satz 2 VOB/B[157] zwar auch im Rahmen einer Streitverkündung im selbstständigen Beweisverfahren erreicht werden kann, dazu reicht aber die bloße Mitteilung der von dem Antragsteller gerügten Mängel durch Übersendung der Antragsschrift und die Aufforderung, dem selbstständigen Beweisverfahren aufgrund der erfolgten Streitverkündung beizutreten, nicht aus. Vielmehr ist mit der Streitverkündung **zugleich das schriftliche Mängelbeseitigungsverlangen** im Sinne des § 13 Abs. 5 Abs. 1 VOB/B **zu verbinden,** um die Regelfrist des § 13 Abs. 4 VOB/B zu verlängern.[158] 53

b) Die Bezeichnung der Tatsachen

Literatur

Siegburg, Zum Beweisthema des Beweisbeschlusses beim Sachverständigenbeweis über Baumängel, BauR 2001, 875; *Moufang/Kupjetz*, Der Ausforschungsbeweis im selbstständigen Beweisverfahren bei vermuteten Mängeln, NZBau 2003, 646; *Seibel*, Warum der Begriff „Mangel" im gerichtlichen Beweisbeschluss grundsätzlich zu vermeiden ist, ZfBR 2011, 731; *Seibel*, Die Leitung des Sachverständigen durch das Gericht, BauR 2013, 536.

Der Antrag muss die Bezeichnung der Tatsachen[159] enthalten, über die eine Beweiserhebung erfolgen soll. Dieser Antragsvoraussetzung kommt in Bausachen besonderes Gewicht zu. 54

Grundsätzlich genügt die **Angabe der Beweistatsachen in groben Zügen;**[160] es ist für den Antragsteller nicht zumutbar, sich zur Substantiierung der Mängel erst eines Fachmannes bedienen zu müssen. Der notwendige Tatsachenvortrag kann sich auch aus dem Zusammenhang des Antrages und seiner Begründung er-

---

156) Zutreffend: LG Karlsruhe, BauR 2000, 441; **a.A.:** LG Berlin, BauR 1996, 435.
157) Zur Bedeutung der Vorschrift s. grundlegend: *Weyer*, Jahrbuch Baurecht 2007, 177, 195 ff. m. Nachw.
158) Zutreffend: OLG Hamm, OLGR 1997, 62, 63; *Joussen*, in: Ingenstau/Korbion, Anhang 3, Rn. 44.
159) Zum Begriff der „Tatsache" siehe *Weise*, Rn. 119 ff.; *Praun*, in: Kleine-Möller/Merl, § 19, Rn. 70 ff.
160) Ebenso: KG, BauR 1992, 407 = NJW-RR 1992, 575; OLG Celle, BauR 2011, 145 (kein Vortrag zu den Ursachen eines Mangels notwendig); OLG München, *SFH*, Nr. 4 zu § 487 ZPO mit zust. Anm. *Hochstein;* OLG Köln (12. ZS), *SFH*, Nr. 13 zu § 640 BGB; OLG Köln (22. ZS), BauR 1988, 241; OLG Düsseldorf, MDR 1981, 324 = JurBüro 1981, 616; *Hesse*, BauR 1984, 23, 28; *Wussow*, NJW 1969, 1401, 1407; *Ulrich*, BauR 2007, 1634, 1635; zu weitgehend allerdings OLG Hamburg, MDR 1978, 845, wonach ein Antrag, der lediglich „schwere Mängel" einer Architektenleistung rügt, zulässig sein soll. Differenzierend: *Kroppen/Heyers/Schmitz*, Rn. 549 ff.; *Heyers*, BauR 1986, 268, 270 ff.; *Praun*, in: Kleine-Möller/Merl, § 19, Rn. 80.

geben.[161] Es wird im Interesse des Antragstellers selbst liegen, die zu beweisenden Tatsachen so **genau wie möglich** zu bezeichnen. Nur dann ist auch eine intensive Beweisaufnahme und insbesondere eine umfassende Begutachtung durch einen Sachverständigen gewährleistet. Soweit es um die Feststellung von Baumängeln geht, sollten daher im Antrag neben der Lage des Bauwerks die **Baumängel** zumindest **ihrem äußeren Erscheinungsbild** („Symptome") nach oder der festzustellende Zustand des Bauvorhabens genauestens angegeben werden;[162] dazu gehört auch die Bezeichnung des Bauwerkteils, an dem die Mängel festgestellt werden sollen.[163] Die (vermutete) **Ursache** des Baumangels braucht dagegen **nicht vorgetragen** zu werden.[164]

55 Ferner sollte aufgeführt werden, worin der Antragsteller den Mangel sieht. Dies ist insbesondere sinnvoll, damit das Gericht bei der Beauftragung eines Sachverständigen erkennen kann, zu welchem Fachbereich die Überprüfung der Baumängel gehört. Viele Bauhandwerksbereiche überschneiden sich oder sind schwer abgrenzbar. Aus einer Mängelbeschreibung wird jedoch für den Richter erkennbar, welcher Sachverständigenkreis in Betracht kommt. Ein ordnungsgemäßer Antrag soll zudem enthalten, dass nicht nur der Mangel als solcher festgestellt werden soll, sondern auch Art und Umfang desselben.

56 Die **reine Ausforschung** ist dagegen unzulässig.[165] Um eine **typische Ausforschung** handelt es sich beispielsweise, wenn keine konkreten Tatsachen vorgetragen werden, sondern lediglich Fragen an einen Gutachter in der Hoffnung gestellt werden sollen, dadurch **anspruchsbegründende Tatsachen zu erfahren**. Beweisanträge, die ausschließlich dem Zweck dienen, das (äußere) Erscheinungsbild eines Baumangels und damit die notwendigen anspruchsbegründenden Tatsachen ausfindig zu machen, stellen unzulässige Ausforschung dar, wie zum Beispiel:

* Weist die Außenfassade erhebliche Mängel auf?
* Sind die Arbeiten entgegen den Regeln der Technik ausgeführt, und hat dies zu Mängeln geführt?
* Ist der Bau abweichend von der Planung ausgeführt worden, und hat dies zu schwerwiegenden Mängeln geführt?

In diesen Fällen wird nicht ein **bestimmter Mangel** im Rahmen eines konkreten Tatsachenvortrages behauptet oder ein festzustellender Zustand bezeichnet, sondern durch den Beweisermittlungsantrag sollen erst die Grundlagen für einen beweiserheblichen Tatsachenvortrag gewonnen werden.

---

161) OLG Köln, BauR 2002, 1120 = OLGR 2002, 264; OLG Celle, BauR 1994, 800; OLG Karlsruhe, BauR 1983, 188; LG Mönchengladbach, BauR 2008, 1666; LG Heilbronn, BauR 1980, 93; deshalb zu eng: *P. Schmitz*, BauR 1980, 95.
162) Zutreffend: OLG Celle, BauR 2011, 145 = BeckRS 2010, 23523 = NJW-Spezial 2010, 653; OLG Brandenburg, BauR 2004, 698, 699 m.Anm. *Welte*.
163) LG Köln, BauR 1992, 118; *Moufang/Kupjetz*, NZBau 2003, 646, 647.
164) Siehe BGH, ZfBR 1998, 25 = BauR 1997, 1065; BGH, BauR 1997, 1029; BGH, ZfBR 1992, 206 = BauR 1992, 503.
165) Siehe hierzu: BGH, IBR 2016, 123 - *Ulrich*; KG, NJW-RR 1999, 1369; OLG Köln, BauR 2002, 1120 u. OLGR 2000, 264, 265; HansOLG Hamburg, OLGR 1999, 144; OLG Düsseldorf, JurBüro 1992, 426 u. MDR 1981, 324; AG Halle, NZBau 2010, 113; *Siegburg*, BauR 2001, 875, 884; *Weise*, Rn. 134 ff.; *MünchKommZPO-Schreiber*, § 487 ZPO, Rn. 2.

Dasselbe gilt für eine Beweisfrage wie: „Sind die vom Antragsgegner am Hause des Antragstellers ... ausgeführten Arbeiten entsprechend dem Angebot des Antraggegners durchgeführt worden?" Demgegenüber hält das OLG Frankfurt[166] die Frage, ob es sich bei den festgestellten Mängeln um einen **Planungs-** oder **Überwachungsfehler** handelt, für zulässig, da es sich um eine **technische Wertung** handele.

57 Stellt der Antragsteller nach einem substantiierten Mängelvortrag am Schluss seines Antrages die Frage: „Welche Mängel weist das Bauvorhaben im Übrigen auf?", so ist auch dieser Antragsteil unzulässig, weil die zu untersuchenden Tatsachen oder Zustände nicht angegeben sind und der Antrag daher ebenfalls nur auf eine Ausforschung abzielt.[167]

c) Die Bezeichnung der Beweismittel

58 Zu einem ordnungsgemäßen Antrag gehört jeweils die genaue Bezeichnung des **Beweismittels** (§ 487 Nr. 3 ZPO). Als Beweismittel kommen die Einnahme des Augenscheins, (ausnahmsweise) die Vernehmung von Zeugen[168] sowie die Einholung eines Sachverständigengutachtens in Betracht, nicht dagegen die Parteivernehmung und der Urkundenbeweis.

aa) Die Auswahl des Sachverständigen

59 Nach altem Recht hatte der Antragsteller auch den Sachverständigen zu „bezeichnen"; § 487 Nr. 3 ZPO erwähnt die Person des Sachverständigen aber nicht mehr. Ein **Auswahlrecht** steht dem Antragsteller deshalb auch nicht mehr zu; denn nach dem Willen des Gesetzgebers soll „die Auswahl des Sachverständigen dem **Gericht** vorbehalten sein".[169] **Auswahl** und **Ernennung** erfolgen nur noch durch das Gericht, es sei denn, die Parteien **einigen** sich auf einen bestimmten Sachverständigen.[170] Die in der Praxis auch weiterhin festzustellende Übung, den Sachverständigen in der Antragsschrift zu „benennen", kann nur **als Anregung** aufgefasst werden. Wird ein Gericht den von dem Antragsteller „benannten" Sachverständigen einfach bestellen, ist abzusehen, dass die Zahl der Ablehnungsver-

---

166) BauR 2000, 1370; zustimmend: OLG Düsseldorf, BauR 2013, 489, 497; **a.A.:** LG Gera, BauR 1996, 752.
167) AG Köln, unveröffentlichter Beschluss vom 16.2.1981 – Az. 117 H 37/80; ebenso: LG Köln, BauR 1992, 118.
168) Im Rahmen des § 485 Abs. 1 2. Alt. ZPO muss sich die Glaubhaftmachung auch auf die Tatsachen für die Verlust- bzw. Erschwerungsgefahr (§ 485 Abs. 1) erstrecken; es bedarf deshalb in diesen Fällen der Darlegung der Besorgnis, warum die **Zeugenaussagen** demnächst nicht mehr eingeholt werden können. Gründe hierfür sind sehr hohes Alter oder längerer Auslandsaufenthalt (OLG Nürnberg, NJW-RR 1998, 575; *Fink*, Rn. 82, 83).
169) Vgl. Begr. RegE, BT-Drucksache 11/3621, S. 24. Ebenso: LG Schwerin, BauR 2001, 849 (LS); OLG Celle, BauR 1996, 144, 145 u. OLGR 1994, 288; OLG Düsseldorf, OLGZ 1994, 95; OLG Köln, BauR 1992, 408; OLG Frankfurt, OLGR 1992, 51; *Schreiber*, NJW 1991, 2600, 2602; *Weyer*, BauR 1992, 313, 319; *Booz*, BauR 1989, 30, 37; *Enaux*, Jahrbuch Baurecht 1999, 162, 177.
170) OLG Brandenburg, OLGR 1995, 34.

suche gegenüber Gericht und bestelltem Sachverständigen steigen wird. Das Gericht sollte daher einen vom Gesuchsteller vorgeschlagenen Sachverständigen nur dann berufen, wenn der Antragsteller ausdrücklich zustimmt.[171] Bestellt das Gericht einen anderen als den vom Antragsteller benannten Sachverständigen zum Gerichtsgutachter, ist dieser Beschluss **unanfechtbar**.[172]

bb) Die Ablehnung des Sachverständigen

Literatur

Heinrich, Die Ablehnung des Sachverständigen wegen Befangenheit im Beweisverfahren; BrBp 2004, 268; *Böckermann*, Pflichten der Partei bei Verdacht der Befangenheit eines Sachverständigen, BauRB 2005, 177; *Pleines*, Ablehnung des gerichtlich bestellten Sachverständigen wegen Befangenheit und dessen Folgen, DS 2006, 298; *Lehmann*, Ablehnung des Gerichtssachverständigen wegen Besorgnis der Befangenheit, Der Bausachverständige 2015, 64.

60 Für das (alte) **Beweissicherungsverfahren** wurde ganz überwiegend die Ansicht vertreten, dass der Sachverständige im Beweis(sicherungs)verfahren wegen Besorgnis der Befangenheit **abgelehnt** werden konnte.[173] Zum Teil wurde allerdings das Ablehnungsrecht insoweit **eingeschränkt**, als es nur gelten sollte, wenn eine Vereitelung des Zwecks der Beweissicherung nicht zu befürchten war oder es sich um einen offenkundig ungeeigneten Sachverständigen handelte.[174]

Für das **selbstständige Beweisverfahren** ist der Meinungsstreit erledigt; es ist heute unbestritten,[175] dass der Gesetzgeber bei der **Neufassung** des Beweissicherungsverfahrens ersichtlich **von der Zulässigkeit der Ablehnung** des Sachverständigen in diesem Verfahren ausgegangen ist.[176]

61 Eine Ablehnung des Sachverständigen kommt in Betracht, wenn ein **Grund** vorliegt, der geeignet ist, **Misstrauen** gegen seine Unparteilichkeit zu rechtfertigen (§§ 406 Abs. 1, 42 Abs. 2 ZPO), so etwa, wenn er sich in seinem Gutachten gegen-

---

171) Der **Antragsgegner** ist im Übrigen zur Person des Sachverständigen anzuhören; die Nichtbeachtung des **rechtlichen Gehörs** muss bei einer **Gegenvorstellung** korrigiert werden (OLG Koblenz, BauR 2013, 513 LS).
172) OLG München, MDR 1992, 520; OLG Frankfurt, NJW-RR 1993, 1341.
173) OLG Bamberg, BauR 1991, 656; OLG Karlsruhe, NJW-RR 1989, 1465; NJW 1958, 188; KG, BauR 1985, 722; OLG Düsseldorf, NJW-RR 1986, 63 = BauR 1985, 725; OLG München, BauR 1985, 241; OLG Frankfurt, BB 1987, 26; LG Bonn, BauR 1988, 632; OLG Köln, OLGZ 1972, 474; *Fricke*, BauR 1977, 231, 232/233; *Schneider*, MDR 1975, 353; *Motzke*, BauR 1983, 500; *Schulze*, NJW 1984, 1019; *Müller*, NJW 1982, 1961.
174) Vgl. vor allem OLG Frankfurt, BauR 1978, 416; LG Köln, MDR 1977, 57; *Th. Schmitz*, BauR 1981, 40, 43; ähnlich OLG Köln, OLGZ 1972, 474 (bei Offenkundigkeit des Ablehnungsgrundes).
175) BGH, BauR 2006, 1500, 1501; OLG Frankfurt, BauR 2001, 991 u. OLGR 1999, 11; KG, BauR 1998, 364; OLG Düsseldorf, NJW-RR 1997, 1428; OLG München, BauR 1993, 636; OLG Köln, BauR 1992, 408; *Heinrich*, BrBp 2004, 268 ff.; *Booz*, BauR 1989, 30, 38; *Weise*, Rn. 438.
176) Zu beachten ist: Die **Unverwertbarkeit** eines Gutachtens infolge einer Befangenheit bedeutet nicht das Vorliegen eines „unrichtigen Gutachtens" i.S. des § 839a BGB (OLG Hamm, BauR 2014, 1330).

Sachverständiger

über einer Partei zu einer „sprachlichen Entgleisung" hinreißen lässt[177]) oder wenn er in gleicher Sache für eine Partei bereits als Privatgutachter entgeltlich tätig war,[178]) er bei seinen Ermittlungen (Ortstermin) nur eine Partei hinzugezogen hat[179]) oder wenn er ohne Verständigung der anderen Partei bei einer Partei Bauteile besichtigt[180]) oder er sich nicht an die Vorgaben des Gerichts hält.[181]) (vgl. im Einzelnen Rdn. 3119 ff.) Kennt eine Partei den Ablehnungsgrund und erklärt sie, sie habe (gleichwohl) keine Einwände gegen die Beauftragung des Sachverständigen, so liegt in der Regel ein **Verzicht** auf eine Ablehnung vor.[182]) Eine Ablehnung wegen der Besorgnis der Befangenheit scheidet auch aus, wenn sich die Parteien auf einen Sachverständigen geeinigt haben (§ 404 Abs. 4 ZPO); sie verzichten damit jedenfalls auf die bis zur Einigung bekannten Ablehnungsgründe.[183])

---

177) OLG Köln, IBR 2013, 187 – *Meyer-Postelt* (Vorwurf mangelnder Baupraxis gegenüber einer Anwältin); OLG Hamm, BauR 2006, 1934; OLG Hamm, DS 2006, 323. Der **Hinweis** des Sachverständigen auf eine beleidigende **Kritik** durch einen Verfahrensbeteiligten allein begründet keinen Ablehnungsgrund (OLG Frankfurt, IBR 2008, 547 – *Bleutge*; s. aber OLG Düsseldorf, BauR 2011, 2009 bei „verbalaggressiven Reaktionen").

178) OLG Frankfurt, BauR 2006, 147 = IBR 2005, 435 – *Parbs-Neumann* u. BauR 2001, 991, 992; OLG Düsseldorf, BauR 1998, 365; OLG Oldenburg, OLGR 1996, 273; OLG Celle, BauR 1996, 144; vgl. auch OLG Celle, ZMR 1996, 211 (Ausführung eines umfangreichen Bauauftrags für die Gegenpartei); OLG Celle, NJWRR 1996, 1086 (Architektenleistungen); OLG Hamm, BauR 1989, 366 (für den Fall der **Beratung** des Bauherrn bei der Ausgestaltung der Ausschreibungsunterlagen); LG Bonn, BauR 1988, 632 (für Schiedsgutachten); bedenklich: OLG Düsseldorf, OLGR 1996, 53 (LS) – kein Ablehnungsgrund, wenn der Sachverständige ein Bauvorhaben des Prozessbevollmächtigten „mit seiner Sachkunde begleitend betreut". Kein Ablehnungsgrund, wenn der Sachverständige die Sanierungsmaßnahmen überprüft (OLG Düsseldorf, BauR 2001, 835); keine Ablehnung bei einem Verstoß gegen die Pflicht aus § 407a Abs. 2 ZPO (OLG Jena, OLGR 2006, 190 = BauR 2006, 1177 m. kritischer Anm. *Luz*). **Unzulänglichkeiten** der Begutachtung rechtfertigen ebenfalls keine Ablehnung (BGH, BauR 2012, 132; OLG Saarbrücken, IBR 2008, 55 – *Bolz*).

179) OLG Saarbrücken, IBR 2011, 674 – *Käseberg*; OLG Stuttgart, BauR 2013, 271 = DS 2012, 397 u. OLG Karlsruhe, DS 2011, 39 (unterbliebene **Ladung**); OLG München, AnwBl. 1999, 356; KG, KGR 1996, 191; OLG Hamburg, MDR 1969, 489; OLG Frankfurt, FamRZ 1986, 1021; BGH, NJW 1975, 1363; OLG Koblenz, MDR 1978, 148 (**einseitige Materialbeschaffung**); LG Mainz, BauR 1991, 510 mit Anm. *Wirth* u. OLG Frankfurt, OLGR 1992, 51 (**einseitige Informationsbeschaffung**); LG Darmstadt, BauR 1997, 703 (LS); OLG Celle, BauR 2009, 1007 (einschränkend für **Probeentnahme** i.R. eines dritten Ortstermins). Zur Zulässigkeit der Einholung von **Auskünften**: OLG Celle, BauR 2008, 1187; zur Vornahme von „**eigenen**" Ermittlungen: OLG Naumburg, DS 2011, 40 m.w.Nachw.

180) BGH, *Schäfer/Finnern*, Z 8.1 Bl. 26; OLG Frankfurt, IBR 2009, 359 – *Bleutge* (**Ortsbesichtigung** unter Beteiligung eines Verfahrensbeteiligten, obwohl Parteien und Anwälte nicht geladen wurden); LG Konstanz, BauR 1995, 887 (Ortstermin ohne Hinzuziehung der Parteien). Zum **Verlust** des Vergütungsanspruchs: OLG Koblenz, IBR 2010, 117 – *Glaser-Lüß*.

181) BGH, BauR 2013, 1308 = NZBau 2013, 569 = ZfBR 2013, 470 = IBR 2013, 381 – *Sturmberg*; OLG Rostock, IBR 2011, 179 – *Rohrmüller* (**Überschreiten** des Gutachtenauftrags); OLG Naumburg, IBR 2012, 368 – *Bolz* (unzulässige rechtliche Bewertungen); OLG Nürnberg, DS 2006, 321; OLG Celle, BauR 2008, 559 = DS 2007, 389 (Einwirken des Sachverständigen auf den Antragsteller, die Mängelbeseitigung durch die streitverkündeten Unternehmer zuzulassen); s. ferner: OLG Saarbrücken, DS 2007, 353 m.w.Nachw.

182) OLG Köln, VersR 1993, 1502 (für Privatgutachter).

183) BGH, BauR 2006, 1500, 1501 = NZBau 2006, 648 m. Nachw.

62 Für die Rechtzeitigkeit des Ablehnungsgesuchs kommt es immer auf den Zeitpunkt des **Bekanntwerdens** des Ablehnungsgrundes an; allerdings sind die Verfahrensbeteiligten nicht gehalten, **konkrete Nachforschungen** über die Person des Sachverständigen anzustellen.[184] Dies mag anders sein, wenn sie einen **begründeten Verdacht** hegen, der Gutachter könne aus einem bestimmten Grund „befangen" sein. Werden demgegenüber einem Verfahrensbeteiligten Ablehnungsgründe bekannt, hat er sie sogleich in dem selbstständigen Beweisverfahren vorzutragen; andernfalls wird er sein Rügerecht verlieren.[185] Es reicht also nicht aus, dass der Antragsgegner die Ablehnungsgründe im selbstständigen Beweisverfahren lediglich „bekannt gibt". Er hat die Bekanntgabe vielmehr mit einem **Ablehnungsantrag** zu verbinden. Der Antragsteller hat nämlich nicht nur ein berechtigtes Interesse daran, frühzeitig zu erfahren, welche Ablehnungsgründe vorhanden sind, sondern auch, ob der Antragsgegner rechtliche Konsequenzen hieraus ziehen will. Über das Ablehnungsgesuch ist dann im selbstständigen Beweisverfahren zu entscheiden.

63 Nach § 406 Abs. 2 ZPO ist der Ablehnungsantrag bei dem Gericht oder Richter, von dem der Sachverständige ernannt worden ist, „**vor** seiner Vernehmung", **spätestens** jedoch „binnen zwei Wochen nach Verkündung oder Zustellung des Beschlusses über die Ernennung" zu stellen.[186] Zu einem späteren Zeitpunkt soll die Ablehnung nur noch zulässig sein, wenn der Antragsteller glaubhaft macht, dass er ohne sein Verschulden verhindert war, den Ablehnungsgrund früher geltend zu machen.[187]

64 Daraus ergibt sich für die Praxis: Ablehnungsgründe sind so frühzeitig wie möglich glaubhaft zu machen.

Erfährt der Antragsgegner Ablehnungsgründe **vor** der Beauftragung des Gutachters oder vor der Erstattung des Gutachtens, muss er sofort handeln. Er darf nicht etwa aus taktischen Gründen zuwarten, ob das Gutachten vielleicht günstig für ihn ausfällt, um davon seine Entscheidung abhängig zu machen.[188]

65 Werden die Ablehnungsgründe erst nach der Erstattung des Gutachtens, aber noch **vor der Beendigung** des selbstständigen Beweisverfahrens bekannt, muss der Antragsgegner sie auch **vor dem Abschluss** des Verfahrens anbringen;[189] denn hält der Antragsteller die Ablehnungsgründe für stichhaltig, wird er noch ein weiteres Gutachten durch einen anderen Sachverständigen verlangen, was ihm sonst aus tatsächlichen Gründen versagt oder nur noch erschwert möglich wäre, z.B., wenn er

---

184) OLG Frankfurt, IBR 2003, 3 – *Hickl*.
185) OLG Düsseldorf, OLGR 1995, 203, 204; KG, OLGR 2005, 880 (Ablehnungsgrund ergibt sich aus dem Gutachten); siehe für das **Beweissicherungsverfahren**: OLG München (9. ZS), NJW 1984, 1048; BauR 1985, 241 (24. ZS); OLG Düsseldorf, BauR 1985, 725; 1982, 306, 307 = MDR 1982, 313; OLG Köln, OLGR Köln 1992, 247 u. MDR 1983, 412; *Kamphausen*, BauR 1984, 31; *Schulze*, NJW 1984, 1019, 1020; *Schneider*, JurBüro 1979, 491; **a.A.**: OLG München (25. ZS), BauR 1982, 299, 301 m.Anm. *Kamphausen* = ZSW 1982, 19 m.Anm. *Müller*, S. 21.
186) Siehe hierzu OLG München, BauR 2004, 534; OLG Karlsruhe, IBR 2002, 292 – *Schill*.
187) Vgl. hierzu OLG Koblenz, NJW-RR 1992, 1471.
188) OLG München, NJW 1984, 1048.
189) OLG Koblenz, NJW-RR 1999, 72, 73; OLG Köln, MDR 1983, 412.

im Vertrauen auf die bedenkenfreie Verwertbarkeit des Gutachtens bereits Nachbesserungsarbeiten hat vornehmen lassen.[190]

Das bedeutet, dass Gründe für die Ablehnung eines Sachverständigen, die sich aus dessen schriftlichen Gutachten ergeben sollen, ohne schuldhaftes Zögern, d.h. innerhalb einer den Umständen des Einzelfalls angepassten **Prüfungs- und Überlegungsfrist,** anzubringen sind.[191] Die Rechtsprechung bemisst diesen Zeitraum auf gut **einen Monat.**[192] Es ist auch nicht möglich, diese Frist zu unterlaufen; denn Ablehnungsgründe sind nach zutreffender Ansicht unabhängig von der Prozesslage und dem Erfolg anderer Anträge geltend zu machen.[193] Muss sich deshalb eine Partei für die Begründung des Ablehnungsantrags mit dem Inhalt eines eingeholten Gutachtens oder Ergänzungsgutachtens auseinandersetzen, läuft die Frist zur Ablehnung zugleich mit der vom Gericht zur Stellungnahme nach § 411 Abs. 4 ZPO gesetzten Frist ab.[194]

Im **Hauptprozess** ist für einen Ablehnungsantrag deshalb in der Regel nur dann **66** noch Raum, wenn der Antragsteller erst **nach** der **Beendigung** des selbstständigen Beweisverfahrens (vgl. Rdn. 110 ff.) von dem Ablehnungsgrund Kenntnis erlangt hat oder die Gründe der Ablehnung überhaupt erst später entstanden sind.[195] Weiterhin sind alle diejenigen Ablehnungsgründe im Hauptprozess zu bescheiden, an deren rechtzeitiger Geltendmachung der Ablehnungsberechtigte ohne sein Verschulden verhindert war (§ 406 Abs. 2 Satz 2 ZPO).[196] Dem steht es gleich, wenn über das Ablehnungsgesuch in dem selbstständigen Beweisverfahren noch nicht entschieden wurde, der **Hauptprozess** jedoch **zwischenzeitlich anhängig gemacht** ist. Das besondere Rechtsschutzinteresse des Ablehnungsberechtigten an der Entscheidung im Hauptprozess ergibt sich insoweit aus dem Anspruch auf rechtliches Gehör sowie der präkludierenden Wirkung einer Beweiserhebung im selbstständigen Beweisverfahren (§§ 493 Abs. 1, 412 ZPO). Zu beachten ist, dass das Ablehnungsgesuch in der **Klage** bzw. **Klageerwiderung** angebracht werden muss.[197]

Ist ein Ablehnungsgesuch im selbstständigen Beweisverfahren als unbegründet **67** zurückgewiesen worden, ist diese Entscheidung für das Prozessgericht bindend; in

---

190) Ebenso: *Hesse*, ZfBR 1983, 247, 252; siehe ferner: OLG München, BauR 1993, 636, 637; OLG Bamberg, BauR 1991, 656 ff.
191) OLG München, OLGR 2000, 211 = IBR 2000, 572 – *Taphorn;* Thüringer OLG, OLGR 2000, 113, 114; BayObLG, MDR 1995, 412, 413; LG München I, MDR 1998, 1434, 1435.
192) OLG Düsseldorf, BauR 1998, 366 = NJW-RR 1998, 933; OLG Koblenz, NJW-RR 1999, 72, 73; OLG Schleswig, SchlHA 1997, 91; OLG Nürnberg, IBR 2000, 47 – *Taphorn;* OLG München, OLGR 2000, 211 (**sieben** Wochen zu **spät**).
193) OLG München, BauR 2004, 534, 535; Thüringer OLG, OLGR 2000, 113, 115; OLG Koblenz, NJW-RR 1999, 72, 73; OLG Nürnberg, MDR 1970, 150; **a.A.:** OLG Düsseldorf, OLGR 2001, 469, 470.
194) BGH, NJW 2005, 1869; *Katzenmeier*, in: Prütting/Gehrlein, § 406 ZPO, Rn. 21 m.w. Nachw.; siehe auch (differenzierend): OLG Köln, BauR 2013, 498 = IBR 2013, 115 – *Sturmberg.*
195) *Schulze*, NJW 1984, 1019, 1020; *Müller*, NJW 1982, 1966; vgl. auch OLG Bamberg, BauR 1991, 656; OLG Karlsruhe, OLGZ 1983, 326; OLG Nürnberg, NJW 1989, 235; *Jagenburg*, NJW 1989, 2859, 2868.
196) BGH, BauR 2006, 1500 = NZBau 2006, 648 (für das Ablehnungsrecht eines **Streithelfers**).
197) OLG München, ZIP 1983, 1515 (für Klageerwiderung).

dem Hauptsacheprozess kann deshalb bei **Identität** der Parteien ein weiteres Ablehnungsgesuch nur auf **neue** Tatsachen gestützt werden, für die die Sperre des § 406 Abs. 2 ZPO nicht gilt.[198] Dem **Streithelfer** steht kein weitergehendes Recht zu.[199] Im Übrigen besteht aber die Möglichkeit, den (erfolgreich abgelehnten) Sachverständigen in dem Hauptprozess als **sachverständigen Zeugen** zu benennen.[200]

Eine **Kostenentscheidung** ist in dem Verfahren betreffend die Ablehnung des Sachverständigen wegen der Besorgnis der Befangenheit nicht veranlasst. Der Befangenheitsantrag und die Entscheidungen hierzu sind nur ein Bestandteil des Beweisverfahrens und von der Partei zu tragen, die letztendlich die Kosten dieses Verfahrens zu tragen hat.[201]

d) Die Glaubhaftmachung

Literatur

Breyer, Eine heute „weit verbreitete Sitte"? Zum notwendigen Inhalt einer eidesstattlichen Versicherung im Rahmen des selbstständigen Beweisverfahrens, BauR 1999, 320.

68 Nach § 487 Nr. 4 ZPO sind die Tatsachen, die die Zulässigkeit des selbstständigen Beweisverfahrens und die Zuständigkeit des Gerichts begründen sollen, **glaubhaft** zu machen, insbesondere also die Zustimmung des Gegners, das rechtliche Interesse,[202] die Anhängigkeit der Hauptsache im Falle des § 485 Abs. 1 ZPO, die örtliche und sachliche Zuständigkeit des Gerichts sowie die dringende Gefahr im Falle des § 486 Abs. 3 ZPO. Die Pflicht zur Glaubhaftmachung bezieht sich nicht auf Tatsachen, die durch das selbstständige Beweisverfahren erst noch festgestellt werden müssen.[203]

Zur Glaubhaftmachung kann sich der Antragsteller **aller Beweismittel,** vor allem der Versicherung an Eides Statt bedienen (§ 294 ZPO); sie müssen jedoch von ihm bis zum Zeitpunkt der Entscheidung beigebracht werden.[204]

69 Ob die zu beweisenden Tatsachen für den späteren Rechtsstreit von Bedeutung sind oder nicht, ist unerheblich. Ein Vortrag über die Erheblichkeit einer Beweistatsache erübrigt sich also.[205] Über diese Frage und die Frage der Verwertbarkeit des Sachverständigengutachtens zu entscheiden bleibt dem Gericht der Hauptsache vorbehalten. Reicht dem **Gericht** der Tatsachenvortrag für eine Glaubhaftmachung

---

[198] OLG Frankfurt, MDR 1985, 853 u. NJW-RR 1990, 768; *Praun*, in: Kleine-Möller/Merl, § 19, Rn. 286; *Joussen*, in: Ingenstau/Korbion, Anhang 3, Rn. 64.
[199] BGH, BauR 2006, 1500; OLG Koblenz, MDR 1990, 161 m. Nachw.
[200] OLG Celle, BauR 1996, 144, 145.
[201] OLG Celle, BauR 2008, 1187, 1188.
[202] *Zöller/Herget*, § 487 ZPO, Rn. 6 (und zwar „in jedem Fall die das rechtliche Interesse am selbstständigen Beweisverfahren begründenden Umstände"); **a.A.:** *Ulrich*, in: Prütting/Gehrlein, § 487 ZPO, Rn. 5.
[203] OLG Oldenburg, IBR 2008, 622 – *Ulrich* = BeckRS 2008, 11409.
[204] *Kroppen/Heyers/Schmitz*, Rn. 205.
[205] Siehe auch OLG Oldenburg, BeckRS 2008, 11409 = OLGR 2008, 756 = IBR 2008, 622 – *Ulrich*.

nicht aus, so muss es den Antragsteller nach § 139 ZPO darauf **hinweisen,** bevor es den Antrag nach § 485 ZPO zurückweist.[206)]

e) Muster

Soweit es um die Beweissicherung von **Baumängeln** geht, empfiehlt es sich, im Antrag nach der Bezeichnung des Mangels alle weiteren zu überprüfenden Komplexe in eine **Frageform** zu fassen, um dem Richter und dem Sachverständigen die Bearbeitung zu erleichtern, aber auch, um gleichzeitig sicherzustellen, dass die Beweisermittlung mit der gewünschten Zielrichtung erfolgt. **70**

Der umfassende Beweisantrag nach § 485 Abs. 2 ZPO kann wie folgt aussehen, wobei unterstellt wird, dass im Keller eines Hauses **Feuchtigkeitserscheinungen** festgestellt worden sind und das Verfahren sowohl gegen den Planer wie auch gegen den entsprechenden Handwerker eingeleitet wird:

Antrag auf Einleitung eines
selbstständigen Beweisverfahrens

des Herrn A

– Antragstellers –

Verfahrensbevollmächtigter: Rechtsanwalt ...

gegen

1. die Firma B

2. den Architekten C

– Antragsgegner –

Namens und im Auftrage unserer Mandantschaft beantragen wir, zur Sicherung des Beweises gem. § 485 Abs. 2 ZPO anzuordnen, dass Beweis über die **Feuchtigkeitsmängel** im Keller des Gebäudes Lindenallee ..., 50676 Köln, durch Einholung eines schriftlichen Sachverständigengutachtens erhoben werden soll.

Die Beweiserhebung soll sich vor allem auf folgende Fragen erstrecken:
1. Welcher Art sind die Feuchtigkeitseinwirkungen? Welchen Umfang haben sie?
2. Worauf sind die Feuchtigkeitsschäden zurückzuführen?
   Liegt ein Verstoß gegen die anerkannten Regeln der Baukunst vor? Inwiefern?
3. Handelt es sich um einen planerischen oder einen handwerklichen Fehler?
   Gegebenenfalls: Welcher handwerkliche Mangel liegt vor?
4. Welche Maßnahmen sind erforderlich, um die Mängel zu beheben?
   Wieviel Zeit werden die erforderlichen Sanierungsmaßnahmen in Anspruch nehmen?
   Ist während deren Durchführung eine Nutzung der Räumlichkeiten möglich?
5. Welche Kosten sind für eine fachgerechte Mängelbeseitigung erforderlich?
6. Welche Kosten fallen bei einer für erforderlich gehaltenen Räumung an?
7. Verbleibt nach vollständiger Beseitigung der Mängel ein Minderwert?
   Gegebenenfalls: Welcher Minderwert ist anzusetzen, sofern die Mängel nicht mit einem wirtschaftlich vertretbaren Aufwand beseitigt werden können?

Wir regen an,

Herrn Architekten Walter Schmitz, öffentlich bestellter und vereidigter Sachverständiger, Hohenzollernring, 50676 Köln, als Sachverständigen zu beauftragen.

---

206) Zutreffend: *Zöller/Herget*, § 487 ZPO, Rn. 6.

Begründung
1. Der Antragsgegner zu 1 errichtet für den Antragsteller auftragsgemäß den Rohbau des o.g. Gebäudes. Der Antragsgegner zu 2 war der planende und bauaufsichtsführende Architekt des Antragstellers.
Nach Bezug des Gebäudes zeigen sich wiederholt erhebliche Feuchtigkeitsschäden im Keller des Gebäudes. Der Antragsgegner zu 1 hat die Beseitigung der Feuchtigkeitsmängel bisher abgelehnt. Der Antragsgegner zu 2 verneint seine Verantwortlichkeit ebenfalls. Der Baumangel wird jedoch sowohl im Verantwortungsbereich des Antragsgegners zu 1 als ausführende Firma wie auch in dem des Antragsgegners zu 2 wegen Planungs- und Bauaufsichtsfehlern liegen, sodass das selbstständige Beweisverfahren gegen beide Antragsgegner eingeleitet werden muss. Ein Rechtsstreit ist nicht anhängig.
2. Um das Gebäude vor weiteren Feuchtigkeitsschäden zu bewahren, müssen unverzüglich Mängelbeseitigungsmaßnahmen durchgeführt werden. Der Antragsteller beabsichtigt deshalb auch, in Kürze mit der Schadensbeseitigung zu beginnen. Es steht zu befürchten, dass das Haus während der Sanierungsphase nicht bewohnt werden kann, vielmehr sogar erhebliche Teile geräumt werden müssen (Keller). Trotz der bisher ablehnenden Haltung der Antragsgegner steht zu erwarten, dass sie sich den gutachterlichen Feststellungen eines kompetenten Sachverständigen nicht verschließen werden. Das Beweissicherungsgutachten wird daher in hohem Maße geeignet sein, zu einer einvernehmlichen Lösung der Meinungsverschiedenheiten beizutragen.

Zur Glaubhaftmachung des Grundes, der die vorerwähnte Besorgnis rechtfertigt, überreichen wir:
1. Bauvertrag mit dem Antragsgegner zu 1 vom Tage X
2. Architektenvertrag mit dem Antragsgegner zu 2 vom Tage X
3. Eidesstattliche Versicherung des Antragstellers vom Tage X

Das Landgericht Köln ist gemäß § 486 Abs. 2 ZPO als Gericht der Hauptsache zuständig.

Rechtsanwalt

5. Die Zuständigkeit

Literatur

Schütze, Einstweiliger Rechtsschutz im Schiedsverfahren, BB 1998, 1650; *Zanner*, Selbstständiges Beweisverfahren trotz Schiedsgutachterabrede?, BauR 1998, 1154; *Maier/Falk*, Selbstständiges Beweisverfahren und Gerichtsstandswahl, BauR 2000, 1123; *Fischer*, Selbstständiges Beweisverfahren – Zuständigkeits- und Verweisungsfragen, MDR 2001, 608; *Bietz*, Baustreitigkeiten vor dem Schiedsgericht, NZBau 2003, 177.

71 Die Zuständigkeit für ein selbstständiges Beweisverfahren richtet sich nach § 486 ZPO.[207] Ist ein Rechtsstreit **schon anhängig,**[208] ist das Gesuch nach § 485 Abs. 1 ZPO bei dem Prozessgericht zu stellen. Gleichzeitige Einreichung von Klage und Antrag auf Einleitung eines selbstständigen Beweisverfahrens reicht aus; eine Hauptsache ist „anhängig", wenn mit einem Prozesskostenhilfegesuch zugleich die Klage bei Gericht eingereicht wird.[209] Die Einleitung eines Arrest- oder einstweiligen Verfügungsverfahrens genügt demgegenüber nicht.[210] Eine Gerichtsstands-

---

207) Maßgebender Zeitpunkt ist der des **Antragseingangs** bei Gericht; OLG München, BauR 1993, 502. Die einmal begründete Zuständigkeit wird nicht durch eine nachträgliche anderweitige **Gerichtsstandsvereinbarung** berührt (BGH, BauR 2010, 934, 935 = NZBau 2010, 313 Rn. 9).
208) Rechtshängigkeit ist also nicht erforderlich; OLG Braunschweig, NdsRpfl. 1983, 141.
209) *Seibel*, § 486, Rn. 3; *Weise*, Rn. 43 m. Nachw. in Anm. 2.
210) OLG Frankfurt, NJW 1985, 811; *Weise*, Rn. 43.

Zuständigkeit

vereinbarung i.S. von § 38 ZPO ist unwirksam, sofern sie nur isoliert für ein selbstständiges Beweisverfahren getroffen worden ist.[211] Schwebt der Prozess vor dem Landgericht oder dem Oberlandesgericht, kann auch der **Einzelrichter**, der mit der Bausache befasst ist, über das Gesuch entscheiden (§§ 348a, 526, 527 ZPO).[212] In der **Revisionsinstanz** ist das Berufungsgericht für einen selbstständigen Beweisantrag zuständig.[213]

Besteht zwischen den Parteien eine **Schiedsgerichts-** oder **Schiedsgutachterabrede**, ist zweifelhaft, ob das selbstständige Beweisverfahren in der Zuständigkeit der ordentlichen Gerichte verbleibt. Nach § 1033 ZPO schließt eine **Schiedsvereinbarung** nicht aus, dass ein **Gericht vor** oder **nach** Beginn des schiedsrichterlichen Verfahrens auf Antrag einer Partei eine vorläufige oder sichernde Maßnahme in Bezug auf den Streitgegenstand des schiedsrichterlichen Verfahrens anordnet. Als „**sichernde Maßnahme**" ist das selbstständige Beweisverfahren anzusehen.[214] Durch die **Neuregelung** in § 1041 Abs. 1 ZPO kann aber auch ein **Schiedsgericht** auf Antrag einer Partei „sichernde Maßnahmen" anordnen, womit ebenfalls das selbstständige Beweisverfahren gemeint ist. Es besteht, wenn nichts anderes ausdrücklich vereinbart worden ist, für die Parteien somit ein **Wahlrecht**, ob sie das Schiedsgericht oder das staatliche Gericht anrufen wollen.[215] Solange sich ein **Schiedsgericht** nicht konstituiert, bleibt daher in jedem Fall die Anrufung des staatlichen Gerichts zur Durchführung des selbstständigen Beweisverfahrens zulässig.[216]

Haben die Parteien die Einholung eines **Schiedsgutachtens** vereinbart, das die Feststellung von Tatsachen umfasst, die auch den Gegenstand eines selbstständigen Beweisverfahrens bilden können, ist die Durchführung eines selbstständigen Beweisverfahrens **unzulässig**.[217] Hierfür spricht vor allem, dass dem Schiedsgutachtenverfahren nunmehr eine die Verjährung hemmende Wirkung zukommt (§ 204 Nr. 8 BGB). Liegt eine **Schlichtungsvereinbarung** vor, bestehen vor Einleitung

---

[211] Thüringer OLG, OLGR 2000, 59. Eine nachträgliche Gerichtsstandsvereinbarung kann im Übrigen die Zuständigkeit des angerufenen Gerichts nicht mehr ändern (BGH, ZfBR 2010, 456 = NZBau 2010, 313).
[212] SchlHOLG, OLGR 2003, 351.
[213] *Schilken*, ZZP 92, 238, 251; *Zöller/Herget*, § 486 ZPO, Rn. 3.
[214] *Zöller/Geimer*, § 1033 ZPO, Rn. 3; OLG Brandenburg, BauR 2011, 1533, 1534; *Joussen*, in: Ingenstau/Korbion, Anhang 3, Rn. 62; *Bietz*, NZBau 2003, 177, 181.
[215] *Bietz*, NZBau 2003, 177, 181.
[216] OLG Brandenburg, BauR 2002, 1737; OLG Koblenz, BauR 1999, 1055 = OLGR 1999, 163 = MDR 1999, 502; OLG Frankfurt, BauR 1993, 504; *Joussen*, in: Ingenstau/Korbion, Anhang 3, Rn. 61; *Ulrich*, Rn. 30; *Sturmberg*, Rn. 110.
[217] **Streitig**; unzulässig: OLG Bremen, NZBau 2009, 599 = IBR 2009, 431 – *Lembke*; LG Berlin, IBR 2011, 497 – *Fuchs*; LG München I, IBR 2008, 486 – *Vogel* (nach Einholung des Schiedsgutachtens); OLG Düsseldorf, BauR 1998, 1111; *Zanner*, BauR 1998, 1154, 1159; *Weise*, Rn. 249; *Joussen*, in: Ingenstau/Korbion, Anhang 3, Rn. 58, 62; **a.A.**: OLG Köln, BauR 2008, 1488 = NZBau 2009, 252 = NJW-RR 2009, 159; OLG Koblenz, BauR 1999, 1055; OLG München, IBR 1999, 289; LG Hanau, MDR 1991, 989; *Fink*, Rn. 198 ff.; *Altschwager*, BauR 1991, 157, 161, 162. **Differenzierend**: OLG Karlsruhe, BauR 2016, 1962 = NZBau 2015, 775; OLG Brandenburg, NZBau 2003, 383 = NJW-RR 2002, 1537 = BauR 2002, 1737 = OLGR 2002, 467 (selbstständiges Beweisverfahren möglich, wenn die Parteien über die Wirksamkeit oder den Umfang der Schiedsgutachterabrede streiten; ebenso OLG Bremen, a.a.O.).

dieses Verfahrens keine durchgreifenden Bedenken gegen ein selbstständiges Beweisverfahren.[218)]

Wird eine Hauptsache durch **Klagerücknahme** erledigt, bleibt die Zuständigkeit des Hauptsachegerichts für das selbstständige Beweisverfahren bestehen.[219)]

72 Ist ein Rechtsstreit noch **nicht** anhängig, ist das Gericht zuständig, das nach der **Behauptung** des Antragstellers **für die Entscheidung in der Hauptsache zuständig wäre** (§ 486 Abs. 2 Satz 1 ZPO);[220)] in dem nachfolgenden Rechtsstreit könnte sich der Antragsteller als Beklagter deshalb auch nicht mehr auf die Unzuständigkeit des von ihm benannten Gerichts berufen (§ 486 Abs. 2 Satz 2 ZPO).[221)] Standen **mehrere** Gerichtsstände zur Verfügung, ist der Antragsteller deshalb auch an seine **Wahl gebunden.**[222)] Dies muss das vom Antragsteller angerufene Amts- oder Landgericht beachten; es darf deshalb den Beweisermittlungsantrag nicht ohne weiteres (auf Antrag) an ein anderes Gericht verweisen (§ 281 ZPO). Eine **Bindungswirkung** analog § 281 Abs. 2 Satz 5 ZPO tritt **nicht** ein, sodass eine Korrektur der Verweisung durch § 36 Nr. 6 ZPO analog durch das übergeordnete Gericht erfolgen kann.[223)]

Die Vorschrift des § 486 Abs. 2 ZPO dient dazu, die Unmittelbarkeit der Beweisaufnahme (§ 355 ZPO) zu gewährleisten;[224)] sie führt in der Praxis (wegen des Streitwerts der Hauptsache) zu einer deutlichen Verlagerung der selbstständigen Beweisverfahren vom Amtsgericht auf das Landgericht.[225)] Richtet sich der Beweissicherungsantrag gegen **mehrere** Personen, für die ein **gemeinschaftlicher** besonderer Gerichtsstand **nicht begründet** ist, so kann das zuständige Gericht (für einen möglichen Hauptsacheprozess) entsprechend § 36 Abs. 1 Nr. 3 ZPO auf Antrag bestimmt werden;[226)] zu beachten ist, dass in der Regel jedoch der besondere Gerichtsstand des **Erfüllungsortes** (§ 29 ZPO) zur Verfügung steht (vgl. Rdn. 418). Dann scheidet die Bestimmung des zuständigen Gerichts nach § 36 Nr. 3 ZPO analog aus.[227)] Bei der Zuständigkeitsbestimmung nach § 36 Abs. 1 Nr. 3 ZPO ist die

---

218) OLG Köln, BauR 2002, 1120, 1121 = OLGR 2002, 264; *Joussen*, in: Ingenstau/Korbion, Anhang 3, Rn. 62; **a.A.:** LG Bielefeld, BauR 2005, 910/1221 (LS) = IBR 2005, 355 – *Wiesel*.
219) *Zöller/Herget*, a.a.O., die jedoch zutreffend darauf hinweisen, dass das **Rechtsschutzinteresse** im Einzelfall **entfallen** kann; siehe ferner *Weise*, Rn. 51.
220) Siehe hierzu OLG Schleswig, NZBau 2010, 315 (keine analoge Anwendung von § 506 ZPO); *Thomas/Putzo/Reichold*, § 486 ZPO, Rn. 5.
221) Vgl. OLG Celle, NJW-RR 2000, 1737; LG Köln, BauR 2000, 143, 144.
222) OLG Zweibrücken, BauR 1997, 885.
223) OLG Zweibrücken, a.a.O.; s. ferner: OLG Dresden, BauR 2004, 1338 (bei „willkürlicher" Verweisung); *Zöller/Herget*, § 486 ZPO, Rn. 4.
224) *Schreiber*, NJW 1991, 2600, 2602.
225) So zutreffend: *Hansens*, NJW 1991, 953.
226) Vgl. KG, BauR 2000, 1092; BayObLG, NJW-RR 1999, 1010 = BauR 1999, 1332 (LS) u. NJW-RR 1998, 814; OLG Celle, OLGR 2001, 97. Zur Anwendung der Vorschrift bei Vorliegen einer **Gerichtsstandsvereinbarung**: OLG Naumburg, BauR 2014, 1038.
227) Vgl. OLG Nürnberg, OLGR 2007, 147, 148; OLG Frankfurt, MDR 1993, 683 = OLGR 1993, 225; OLG Naumburg, BauR 2007, 1623 LS (mehrere Nachunternehmer; mehrere Bauten); s. auch BayObLG, NJW-RR 1998, 814. Wählt der Antragsteller einen möglichen Gerichtsstand aus (§ 35 ZPO), ist er hieran gebunden (OLG Schleswig, OLGR 2007, 158, 159).

Zulässigkeit des Beweissicherungsantrages nach § 485 ZPO selbst nicht zu prüfen.[228]

In Fällen **dringender Gefahr** kann ein Beweissicherungsgesuch nach § 485 Abs. 1 Nr. 2 ZPO – wie bisher – bei dem **Amtsgericht** eingereicht werden, in dessen Bezirk das Bauwerk liegt. Das Bestehen einer **dringenden Gefahr** („Eilzuständigkeit") wird allerdings in der Baupraxis kaum glaubhaft zu machen sein. Die Besorgnis eines Beweismittelverlustes allein reicht jedenfalls nicht; vielmehr ist zu verlangen, dass die sofortige Beweisermittlung (durch das Amtsgericht) notwendig ist, weil sie von dem an sich zuständigen Gericht nicht mehr rechtzeitig durchgeführt werden kann.

Zu beachten ist, dass sich die Eilzuständigkeit des Amtsgerichts zukünftig nicht mehr wie bisher, nach dem Aufenthaltsort des Sachverständigen richten kann, weil die Auswahl des Sachverständigen (vgl. Rdn. 59) nicht mehr dem Antragsteller obliegt.[229]

Im Übrigen ist zu beachten: Aus dem Gesetz kann nicht entnommen werden, ob und wann gegebenenfalls ein selbstständiges Beweisverfahren der Beteiligten auf ein später angerufenes Prozessgericht übergeht; die umstrittene Frage hat der BGH durch Beschluss vom 22. Juli 2004[230] entschieden: Maßgebend ist der **Zeitpunkt** der Beiziehung der Akten zu Beweiszwecken durch das Prozessgericht; dann „geht die Zuständigkeit jedenfalls im Umfang der vom Gericht der Hauptsache für erforderlich gehaltenen Beweisaufnahme auf dieses über" (BGH).

Mit dem Beweisermittlungsantrag wird der **Hauptanspruch** selbst **nicht rechtshängig**; entsprechend § 261 Abs. 3 Nr. 1 ZPO kann er auch nicht mehr anderweitig anhängig gemacht werden.[231]

Da ein deutsches Gericht im **Ausland** nur mit Genehmigung der deutschen und der ausländischen Regierung tätig werden darf, ist zweifelhaft, ob ein Sachverständiger im Rahmen eines deutschen Beweissicherungsverfahrens auch ohne eine solche Genehmigung mit der Erstattung eines Sachverständigengutachtens, das ein Tätigwerden des Sachverständigen im Ausland voraussetzt, beauftragt werden darf. Wussow[232] bejaht dies.

6. Die Beweisaufnahme

a) Der Beschluss

Literatur

Siegburg, Zum Beweisthema des Beweisbeschlusses beim Sachverständigenbeweis über Baumängel, BauR 2001, 875; *Moll*, Formulierung bauakustischer Sachverhalte in Beweisbeschlüssen, BauR 2005, 470.

---

228) BayObLG, NJW-RR 1999, 1010.
229) *Schreiber*, NJW 1991, 2600, 2602.
230) ZfBR 2005, 52 = BauRB 2004, 364 = BauR 2004, 1656 = NZBau 2004, 550; s. ferner SchlHOLG, BauRB 2005, 17 (das selbstständige Beweisverfahren wird unzulässig, wenn der Antragsteller vor seiner Beendigung Klage zur Hauptsache erhebt).
231) BGHZ 17, 117.
232) Festschrift für Korbion, S. 493 ff.

76 Geht ein Antrag auf Beweissicherung bei Gericht ein, ist wegen der grundsätzlichen Eilbedürftigkeit eine **schnelle Entscheidung** des Gerichts erforderlich. Das Gericht kann nach § 490 Abs. 1 ZPO ohne mündliche Verhandlung über den Antrag entscheiden. Das geschieht in aller Regel. Die Entscheidung des Gerichts erfolgt durch **Beschluss**. Es steht im Ermessen des Gerichts, ob es **vor** Erlass des Beschlusses dem Antragsgegner **rechtliches Gehör** gewährt. Dies ist in der Praxis im Allgemeinen wegen der Eilbedürftigkeit nicht üblich. Durch die **nachträgliche** Gewährung des rechtlichen Gehörs sind die Interessen des Antragsgegners ausreichend gewahrt,[233] da er dann noch genügend Möglichkeiten hat, Einfluss auf das Verfahren zu nehmen (vgl. Rdn. 92 ff.).

Das Gesuch ist abzulehnen, wenn es an einer Zuständigkeitsvoraussetzung fehlt oder der Beweisantrag unzulässig ist.

77 Der stattgebende Beschluss stellt inhaltlich einen **Beweisbeschluss** dar;[234] in ihm sind **entsprechend dem Antrag** (§ 308 ZPO) alle Tatsachen, über die Beweis erhoben werden soll, und die Beweismittel unter Benennung der Zeugen und Sachverständigen zu bezeichnen (§ 490 Abs. 2 Satz 1 ZPO).[235] Ferner muss der Beschluss die Bestimmung eines etwaigen Termins enthalten; er ist beiden Parteien mitzuteilen. Im Falle einer Terminbestimmung muss er förmlich zugestellt werden.[236]

78 Bei Feuchtigkeitsschäden durch möglicherweise mangelhafte Klinkersteine kann der Beschluss gem. § 485 Abs. 2 ZPO z.B. wie folgt aussehen:

Landgericht Köln

BESCHLUSS

In dem selbstständigen Beweisverfahren

der Eheleute Margot und Heinrich Möller, Lindenallee ..., 50676 Köln

– Antragsteller –

Verfahrensbevollmächtigter: Rechtsanwalt ...

gegen

die Bauunternehmung Paul Richter, Heinestr. 7, 50676 Köln

– Antragsgegnerin –

wird zur Sicherung des Beweises gem. § 485 ff. ZPO angeordnet:
I. Es soll Beweis erhoben werden über folgende Fragen:
   1. Sind die bereits verarbeiteten bzw. auf dem Bau liegenden Klinkersteine mangelhaft? Weisen die Steine Risse auf? Sind die Stirn- bzw. die Läuferseiten mangelhaft?
   2. Besteht aufgrund der Mangelhaftigkeit der Klinkersteine (insbesondere Risse) die Gefahr, dass Feuchtigkeitsschäden später auftreten?
   3. Müssen die bereits verarbeiteten Klinker aufgrund ihrer Mangelhaftigkeit und aufgrund ihrer Beschädigungen wieder entfernt und durch einwandfreie Klinker ersetzt werden?

---

233) OLG Karlsruhe, BauR 1983, 188 = MDR 1982, 1026. Zum Erfordernis des rechtlichen Gehörs bei Bestimmung des zuständigen Gerichts analog § 36 Nr. 6 ZPO: OLG München, NJW-RR 1986, 1189.
234) BLAH, § 490 ZPO, Rn. 2; *Thomas/Putzo/Reichold*, § 490 ZPO, Rn. 2.
235) Siehe hierzu: *Siegburg*, BauR 2001, 875, 883 ff.
236) BGH, NJW 1970, 1919.

4. Gegebenenfalls: Welche Kosten sind mit einer Auswechslung der mangelhaften Klinker verbunden?

durch ein schriftliches Gutachten des Sachverständigen
Herrn Walter Schmitz, Hohenzollernring 38, 50676 Köln.
Der Sachverständige wird durch ein besonderes Schreiben beauftragt.

II. Dem Sachverständigen wird aufgegeben:
   a) sich die Kenntnis der für die Erstattung des Gutachtens erforderlichen Tatsachen durch Augenschein zu verschaffen,
   b) die Parteien – Antragsteller und Antragsgegner, ggf. ihre Prozessbevollmächtigten – zu dem von ihm festgesetzten Termin zur Augenscheinseinnahme (Ortsbesichtigung) rechtzeitig und nachweisbar unter Einschreiben gegen Rückschein einzuladen.

III. Die Parteien können innerhalb von 4 Wochen nach Erstattung des Gutachtens einen gerichtlichen Termin beantragen, zu dem der Sachverständige zur Erläuterung seines Gutachtens geladen wird. Die dem Sachverständigen vorzulegenden Fragen müssen gleichzeitig mit dem Terminsantrag schriftlich dem Gericht mitgeteilt werden.

IV. Der Auftrag zur Erstattung des Gutachtens wird dem Sachverständigen nur erteilt, wenn der Antragsteller vorher einen Auslagenvorschuss in Höhe von … EURO bei der Gerichtskasse … einzahlt.

…, den …

Landgericht Köln

79 Der Beschluss, der einem Beweissicherungsantrag **stattgibt**, ist nach § 490 Abs. 2 Satz 2 ZPO **unanfechtbar**, selbst dann, wenn das Gesuch unzulässig war[237] (vgl. Rdn. 95 ff.); wird ein (bereits vorliegender) Beschluss auf Antrag **erweitert** und/oder **ergänzt** (z.B. Einholung eines Ergänzungsgutachtens), ist dies nicht anfechtbar.[238] Dies gilt auch, wenn der Antrag (des Antragsgegners), den Beschluss ganz oder teilweise **aufzuheben**, zurückgewiesen wird.[239]

80 Geht der Beschluss über den Antrag des Gesuchstellers hinaus (**§ 308 ZPO**), ist der Beschluss **anfechtbar** und muss auch insoweit aufgehoben werden.[240] Ein Beschluss ist zu begründen, wenn er vom gestellten Antrag abweicht oder das Gesuch insgesamt abgelehnt wird.[241]

81 Der Beweisbeschluss ist nur unter den Voraussetzungen des § 360 ZPO abänderbar.[242] Er kann aufgehoben werden, wenn das Gericht später die Beweiserhebung doch noch für unzulässig hält, allerdings nur, wenn die Beweise noch nicht erhoben sind.[243] Gegen eine **Aufhebung** ist die (sofortige) Beschwerde gegeben (siehe im Übrigen Rdn. 95 ff.).

82 Die Beweisaufnahme selbst wird vom Gericht in der Regel erst nach Einzahlung eines kostendeckenden **Auslagenvorschusses** (§ 17 Abs. 1 Satz 1 GKG) angeordnet. Der Auslagenvorschuss, der vom Gericht anzufordern ist, muss ausreichen, um die volle Entschädigung von Zeugen bzw. Sachverständigen zu gewährleisten.

---

237) KG, BauR 2007, 149, 150 (nur Gegenvorstellung zulässig). Das gilt auch im Fall einer nachträglichen **Erweiterung** der Beweisfragen (OLG Frankfurt, IBR 2011, 558 – *Schwenker*).
238) *Weise*, Rn. 279. Dies gilt auch für eine **Vorschussanforderung** nach § 379 Satz 2 ZPO: OLG Hamm, BauR 2007, 1452.
239) § 490 Abs. 2 Satz 2 ZPO darf nämlich nicht „unterlaufen" werden; BLAH, § 490 ZPO, Rn. 3 m. Nachw.
240) Vgl. OLG Frankfurt, NJW-RR 1990, 1023.
241) *Zöller/Herget*, § 490 ZPO, Rn. 2; LG Frankfurt, JR 1966, 182.
242) *Zöller/Herget*, § 490 ZPO, Rn. 4.
243) *Wieczorek*, § 490 ZPO, A I; *Kroppen/Heyers/Schmitz*, Rn. 238.

Reicht der angeforderte und gezahlte Vorschuss nicht aus, ist eine Nachforderung zulässig, aber auch erforderlich. Die im selbstständigen Beweisverfahren entstehenden Gerichtsgebühren (vgl. Rdn. 141) brauchen dagegen nicht vorschussweise eingezahlt zu werden. Wird dem Antragsteller für das selbstständige Beweisverfahren **Prozesskostenhilfe** bewilligt (vgl. Rdn. 140), so ist er von der Zahlung eines Vorschusses für die Entschädigung von Zeugen und Sachverständigen einstweilen befreit. Hat es eine Partei in dem selbstständigen Beweisverfahren versäumt, den ihr auferlegten Auslagenvorschuss für ein **Ergänzungsgutachten** einzuzahlen, dessen Einholung wegen der von ihr erhobenen Einwände angeordnet war, kann sie im Hauptverfahren nach § 296 Abs. 2 ZPO mit diesem Vorbringen wegen **Verspätung** ausgeschlossen sein.[244]

b) Die Durchführung der Beweisaufnahme

Literatur

Bleutge, Die Ortsbesichtigung durch Sachverständige, 8. Auflage 2016; *Patitz/von Wietersheim/Zöller*, Bauteiluntersuchung – Notwendigkeit und Grenzen, 2016; *Keldungs/Arbeiter*, Leitfaden für Bausachverständige, 3. Auflage 2011; *Liebheit*, Pflichten eines Bausachverständigen, 2009.

Hök, Zum Anspruch auf Beweissicherung auf fremdem Grund und Boden insbesondere in Baustreitigkeiten, BauR 1999, 221; *Soergel*, Die Grenzen gerichtlicher Weisungsbefugnis dem Sachverständigen gegenüber, Festschrift für Karlmann Geiß (2000), 179; *Wita*, Ordnungsgemäße Ladung im selbstständigen Beweisverfahren – Wer ist Gegner im Sinne des § 493 Abs. 2 ZPO?, MDR 2000, 1363; *Schikora*, Einsichtnahme in die Handakten von Sachverständigen durch Gericht und Parteien, MDR 2002, 1033; *E. Schneider*, Die Zumutbarkeit der Urkundenvorlage durch Dritte, MDR 2004, 1; *Böckermann*, Die Öffnung von Bauteilen im Beweisverfahren, BauRB 2005, 373; *Dageförde/Fastabend*, Sachverständige und Eingriffe in die Bausubstanz, BauR 2006, 1202; *Kamphausen*, Zur mündlichen Gutachtenerläuterung in Bausachen, BauR 2007, 807; *Ulrich/Zielbauer*, Tatsachenfeststellung durch den gerichtlichen Sachverständigen – Ortstermin des Sachverständigen – Substanzeingriffe, DS 2008, 12; *Dötsch*, Richterliche Weisungen an Sachverständige zur Vornahme von Bauteilöffnungen?, DS 2008, 20; *Volze*, Der fehlende Versicherungsschutz bei Bauteilöffnungen, DS 2008, 24; *Staudt*, Aktuelles zum Thema Bauteilöffnung, Der Bausachverständige 2/2008, 57; *Dötsch*, Bauteilöffnung durch gerichtliche Sachverständige, NZBau 2008, 217; *Liebheit*, Bauteilöffnungen – Teil 1: Die Haftung des gerichtlichen Sachverständigen, BauR 2008, 1510; Teil 2: Befugnis des Gerichts zur Anweisung des Sachverständigen gemäß § 404a ZPO eine Bauteilöffnung zu veranlassen, BauR 2008, 1790; *Keldungs*, Darf das Gericht den Sachverständigen anweisen, eine Bauteilöffnung vorzunehmen?, Festschrift für Horst Franke (2009), 175; *Keldungs*, Probleme im Zusammenhang mit Bauteilöffnungen durch den Sachverständigen, Jahrbuch Baurecht 2009, 217; *Greger*, Substanzverletzende Eingriffe des gerichtlichen Sachverständigen, Festschrift für Dieter Leipold (2009), 47; *Jagenburg/Baldringer*, Haftungsprobleme und Haftungsausschluss bei der Bauteilöffnung durch Sachverständige, ZfBR 2009, 413; *Ulrich*, Gerichtliche Anforderung weiteren Vorschusses für zusätzliche Tätigkeit – anfechtbar?, BauR 2009, 1217; *Lehmann*, Bauteilöffnungen durch gerichtliche Sachverständige aus anwaltlicher und richterlicher Perspektive, Der Bausachverständige 2010, 57; *Walter*, Verzögerung durch Sachverständigengutachten, DS 2012, 385; *Motzke*, Sachverständigenbeweis: Bauteilöffnung – Befugnis des Sachverständigen und anschließende Rechtsprobleme, BauR 2013, 304 (hierzu *Dötsch*, IBR 2013, 134); *Seibel*, Die Leitung der Tätigkeit des Bausachverständigen durch das Gericht, BauR 2013, 526; *Praun*, Bauteilöffnung durch gerichtlichen Sachverständigen: Befugnis, Anweisung und Haftung, BauR 2013, 1938 (hierzu *Dötsch*, IBR 2014, 7); *Kern*, Vorbereitende Bauteilöffnung: Das Gericht darf den Sachverständigen nach § 404a Abs. 1 ZPO anweisen, BauR 2014, 603; *Kramarz*, Der gerichtliche Sachverständige: Gehilfe oder Berater? Wie eng sollte sich der Sachverständige an Wei-

---

244) LG Berlin, BauR 2007, 920, 921.

sungen halten?, DS 2014, 170; *Seibel*, Der Sachverständige und die gerichtliche Leitung seiner Tätigkeit nach der ZPO, NJW 2014, 1628; *Fuchs/Nagy*, Der souveräne Sachverständige im Beweisverfahren, Der Bausachverständige 2015, 46; *Bruns*, Pflicht des Sachverständigen, (auch) Bauteilöffnungen vorzunehmen? – Eine überzeugende Begründung ist nicht in Sicht, BauR 2015, 183; *Pauly*, Verpflichtung des gerichtlich bestellten Sachverständigen zur Vornahme von Bauteilöffnungen?, ZfIR 2015, 558; *Hummel*, Aktuelles zur Bauteilöffnung, Der Bausachverständige 2016, 58; *Volze*, Schon wieder: Bauteilöffnung – Neue Gedanken zu einem alten Thema, DS 2016, 90; *Zimmermann*, Beweisführung aus rechtlicher Sicht, Der Bausachverständige 2016, 48; *Hunold*, Anspruch auf Zutritt und Duldung von Bauteilöffnungen gegen Dritte? Anwendungsbereich des § 144 ZPO, BauR 2016, 911.

Für die Durchführung der Beweisaufnahme gelten keine besonderen Vorschriften. Die Beweisaufnahme erfolgt gemäß § 492 ZPO nach den für die Aufnahme des betreffenden Beweismittels geltenden zivilprozessualen Vorschriften der §§ 355 ff. ZPO.[245] **83**

Der Antragsgegner ist grundsätzlich bei der Anberaumung eines Termins zur Beweisaufnahme so **rechtzeitig** (unter Zustellung des Beschlusses und einer Abschrift des Gesuchs) zu **laden,** dass er in diesem Termin seine Rechte wahrnehmen kann, § 491 Abs. 1 ZPO; dies gilt insbesondere für eine **Ortsbesichtigung** durch den Bausachverständigen.[246] Geschieht dies nicht, steht das einer Beweisaufnahme nicht entgegen, kann aber für den Antragsteller zu nachteiligen Folgen führen (vgl. Rdn. 119).

In Bausachen ist es regelmäßig sinnvoll, den Sachverständigen nicht nur mündlich anzuhören, sondern ihm Gelegenheit zu geben, die Beantwortung der Beweisfragen **schriftlich** in einem Gutachten **vorzunehmen;** nur auf diesem Weg ist in Bausachen gewährleistet, dass die Begutachtung mit der notwendigen Genauigkeit erfolgt. Deshalb sollte bei einem Beweisantrag nach **§ 485 Abs. 1 ZPO** stets auf eine **schriftliche** Begutachtung gedrungen werden; nach § 485 Abs. 2 ZPO ist nur noch die Einholung eines schriftlichen Sachverständigengutachtens möglich. **84**

Hat der Sachverständige in seinem schriftlichen Gutachten Beweisfragen nur lückenhaft oder unklar beantwortet, haben Antragsteller und Antragsgegner das Recht, die **mündliche Vernehmung** des Sachverständigen durch das Gericht **zu beantragen** (vgl. Rdn. 112). Von dieser Möglichkeit wurde in der Baupraxis bisher allerdings nur selten Gebrauch gemacht. In Baumängelsachen empfiehlt sich jedoch oftmals eine Rückfrage bei dem Sachverständigen, um für das Hauptverfahren ein in jeder Hinsicht **abschließendes Gutachten** zu erlangen. Ergänzungsfragen können selbstverständlich auch schriftlich gestellt werden. Beantragt eine Partei zur Klärung offener Fragen eine mündliche Vernehmung, **verstirbt** der Sachverständige jedoch vor seiner Befragung, muss ein **neues** Gutachten eingeholt werden.[247] **85**

Gegenstand der mündlichen Vernehmung des Sachverständigen können nur **seine Ausführungen** im Gutachten sein; dagegen kann es nicht Aufgabe des Sachver-

---

245) Die Verwertung eines Parteigutachtens stellt deshalb einen Verstoß gegen den Grundsatz der Unmittelbarkeit der Beweisaufnahme dar (OLG Hamm, OLGR 1993, 127 [LS]).
246) *E. Schneider*, MDR 1975, 538, 540; LG Düsseldorf, ZSW 1981, 22 (**keine Entschädigung** für den Sachverständigen, wenn er dem Antragsgegner keine Gelegenheit zur Teilnahme an der Ortsbesichtigung gibt).
247) BGH, MDR 1978, 829 = NJW 1978, 1633.

ständigen und Zweck des selbstständigen Beweisverfahrens sein, dass sich der Sachverständige mit einem **anderen** Gutachten auseinander setzen soll.[248]

86 In Bausachen ist eine Überprüfung der beanstandeten Mängel in der Regel nur durch das **Betreten des Baugrundstücks** oder durch Eingriffe in den Baukörper (z.B. Aufstemmen von Wänden, Demontage von Installationen, Aufgrabungen pp.) möglich.[249] Es stellt sich deshalb häufig die Frage, ob ein **Antragsgegner** (z.B. der Bauherr und Grundstückseigentümer) gewissen **Duldungspflichten** (Betreten des Grundstücks) oder gar **Mitwirkungspflichten** (Stellung von Material, Herausgabe von Plänen pp.) unterliegt. Wussow[250] hat sich mit diesem Problem eingehend beschäftigt. Seinen Ausführungen kann zugestimmt werden: Es besteht grundsätzlich keine prozessuale Möglichkeit, den Antragsgegner zur Duldung oder Mitwirkung bei der Beweiserhebung zu zwingen.[251] Eine grundlose Verweigerung der Duldung oder Mitwirkung kann aber für den Antragsgegner im Hauptprozess unter dem **Gesichtspunkt der Beweisvereitelung** nachteilige Folgen haben (§ 371 Abs. 3 ZPO; s. auch Rdn. 3090). So kann das Gericht u.U. im **Hauptsacheprozess** den Beweis bereits als geführt ansehen. Dasselbe gilt, wenn der Antragsgegner z.B. dem Gericht und dem Sachverständigen, nicht aber dem Antragsteller das Betreten des Baugrundstücks gestatten will.[252] Zu beachten ist, dass das Betreten einer Wohnung oder eines Hauses durch einen Sachverständigen, der vom Gericht im Rahmen eines zwischen dritten Personen schwebenden Zivilprozesses bestellt worden ist, grundsätzlich nur nach vorheriger Anhörung des Wohnungsinhabers oder Eigentümers angeordnet werden darf.[253]

Von einer **Beweisvereitelung** kann schließlich auch gesprochen werden, wenn der Antragsgegner trotz Kenntnis der Einleitung eines selbstständigen Beweisverfahrens **Mängel** vor einer Begutachtung **beseitigen** lässt.[254]

87 Der Antragsgegner kann stets verlangen, dass eine Sicherstellung hinsichtlich der bei der Beweiserhebung entstehenden Kosten und Schäden durch den Antragsteller erfolgt; andererseits kann er aber auch **Aufwendungen** (z.B. Aufbau eines Gerüstes), die der Erstellung des Sachverständigengutachtens dienten, zur Kostenausgleichung bringen.[255]

88 Kann ein Antragsgegner prozessrechtlich nicht zur Mitwirkung gezwungen werden, ist dies nach **materiellem Recht** durchaus möglich. Unabhängig von der jeweiligen Rechtsnatur des Vertrages ist ein Baubeteiligter bei dem Verdacht von Baumängeln vertraglich verpflichtet, die Durchführung einer Beweisaufnahme zu dulden und daran mitzuwirken, sofern ihm dies zumutbar ist. So besteht gem. § 809 BGB in Verbindung mit § 811 Abs. 2 BGB die Möglichkeit, einen Antrags-

---

248) So LG Bonn, BauR 1987, 240.
249) OLG Stuttgart, BauR 2011, 1531 = NZBau 2011, 427 = DS 2011, 216; hierzu: *Stadler*, NJW 2011, 1746 (zur Duldungspflicht eines **Dritten**; 55 Bohrungen an einer Hausfassade); s. auch Rdn. 90.
250) NJW 1969, 1401, 1406; *Hök*, BauR 1999, 221 ff.
251) LG Aurich, NZBau 2012, 369 = DS 2012, 364, 365; OLG Karlsruhe, BauR 2002, 1437; OLG Stuttgart, NJW-RR 1986, 1448; OLG Düsseldorf, GRUR 1983, 741, 743.
252) *Wussow*, NJW 1969, 1401, 1407; OLG Koblenz, IBR 2013, 448 – *Heiliger*.
253) Vgl. BVerfG, NJW 1987, 2500.
254) Vgl. OLG Düsseldorf, BauR 1980, 289.
255) Vgl. SchlHOLG, SchlHA 1980, 221; KG, JurBüro 1981, 1388.

gegner zu zwingen, das Grundstück zum Zwecke der Besichtigung von Baumängeln zur Verfügung zu stellen und zumutbare Eingriffe zuzulassen.[256] Diese Ansprüche müssen ggf. im **Klagewege** erzwungen werden; bei entsprechender Eilbedürftigkeit kann eine **einstweilige Verfügung** angebracht sein[257] (vgl. Rdn. 353).

89 Die vorstehenden Grundsätze gelten entsprechend, wenn der Sachverständige für eine Begutachtung – was häufig der Fall ist – **Unterlagen** (Pläne, Aufmaße usw.) **benötigt,** diese sich aber beim Antragsgegner befinden. Auch hier gab es zunächst keine prozessuale Möglichkeit zur Erzwingung der Vorlage durch den Antragsgegner oder durch einen Dritten innerhalb des selbstständigen Beweisverfahrens. Nunmehr sehen die §§ 142, 144 ZPO Vorlagepflichten auch für einen **Dritten** vor.[258] Gleichwohl ist umstritten, ob die Vorschriften der §§ 142, 144 ZPO im selbstständigen Beweisverfahren überhaupt anwendbar sind.[259] Darüber hinaus lässt sich eine **materielle Anspruchsgrundlage** zur Vorlage durch den Antragsgegner auch aus § 810 BGB oder einer vertraglichen Nebenverpflichtung herleiten.[260]

90 Ist bei der Beweisaufnahme die **Mitwirkung Dritter** notwendig, z.B., weil das Grundstück oder die zu besichtigende Sache sich im Besitz oder Eigentum weder des Antragstellers noch des Antragsgegners befindet, ist die entsprechende **Zustimmung** dieses Dritten vom Antragsteller einzuholen. Gelingt ihm dies nicht, wird versucht, über die Vorschrift des § 144 ZPO einem **Dritten** die Duldung einer Ortsbesichtigung durch das Gericht und/oder durch den Sachverständigen zum Zweck der Begutachtung aufzugeben. Problematisch wird es, wenn über eine Ortsbesichtigung hinaus **Bauteilöffnungen** erforderlich sind. In der Praxis sind **Dritte** nicht ohne weiteres geneigt, solche Bauteilöffnungen zu dulden, selbst dann nicht, wenn für eventuelle Schäden und Beeinträchtigungen durch Untersuchungsmaßnahmen erhebliche **Sicherheitsleistungen** angeboten werden. Die Prüfung, ob der Dritte zur Duldung einer Bauteilöffnung verpflichtet ist, hat dann gegebenenfalls in einem **Zwischenverfahren** mit förmlicher Beteiligung des Dritten zu erfolgen.[261] Es ist nicht die Aufgabe des **Sachverständigen**, eine Zustimmung des Dritten herbeizuführen. Dies obliegt vielmehr dem Beweisführer; dieser wird im Streitfall auch den Nachweis führen müssen, dass eine Bauteilöffnung zwingend geboten ist. Das wiederum wird ihm ohne sachverständige Beratung nicht gelingen kön-

---

256) Vgl. OLG Karlsruhe, BauR 2002, 1437; *Wussow*, Beweissicherungsverfahren, S. 76; einschränkend: OLG Stuttgart, NJW-RR 1986, 1448; s. auch *Hök*, BauR 1999, 221, 224.
257) Wie hier: LG Aurich, NZBau 2012, 369 = DS 2012, 364; s. ferner: AG Köln, Beschluss vom 22.10.1979 – Az.: 113 C 3518/79. Bedenken äußert *Wussow*, Beweissicherungsverfahren, S. 76, der eine einstweilige Verfügung nur dahin gehend zulassen will, dass der Antragsgegner am Bauwerk so lange nichts verändern darf, bis über den Duldungsanspruch gerichtlich entschieden ist; vgl. auch OLG Stuttgart, a.a.O.
258) Siehe hierzu grundlegend: BGH (III. ZS), BauR 2007, 749, der ausdrücklich betont, dass die Vorlagepflicht vor allem der **Bereitstellung** von **Beweismitteln** dienen kann; OLG Düsseldorf, BauR 2014, 1182.
259) Siehe hierzu: KG, BauR 2013, 1485, 1486 = IBR 2013, 447 – *Schwenker*, das die Anordnung einer Vorlage von Urkunden für zulässig hält, sofern diese für die Begutachtung durch den Sachverständigen erforderlich sind; **a.A.:** OLG Frankfurt, IBR 2014, 586 – *Ulrich*.
260) *Wussow*, Beweissicherungsverfahren, S. 80.
261) OLG Stuttgart, BauR 2011, 1531 = NZBau 2011, 427 = DS 2011, 216 = IBR 2011, 384 – *Ulrich* (s. hierzu auch die Besprechung von *Stadler*, NJW 2011, 1746).

nen.²⁶²⁾ Hinzu kommt, dass eine Bauteilöffnung – jedenfalls für Dritte – unzumutbar ist, wenn mit einer solchen Maßnahme erhebliche Schäden verbunden sind und ungewiss ist, ob deren nachhaltige Beseitigung gelingt.²⁶³⁾ Große Bedeutung hat darüber hinaus § 144 Abs. 1 Satz 3 für das **Bauträgerrecht.** Nach der Entscheidung des BGH vom 16. Mai 2013²⁶⁴⁾ kann einem an dem selbstständigen Beweisverfahren nicht beteiligten Dritten (Wohnungseigentümer/Verband) gerichtlich nicht aufgegeben werden, eine Bauteilöffnung in seiner Wohnung zum Zwecke der Beweissicherung zu dulden. Der Begriff der **„Wohnung"** ist umfassend und erfasst damit das gesamte Gemeinschaftseigentum.

91 Sind **Arbeiten** im Rahmen der Begutachtung durch den **Sachverständigen** erforderlich (z.B. Ausgrabungen, Durchbrüche, Aufbau eines Gerüstes, Entnahme von Materialproben²⁶⁵⁾ usw.), ist es zunächst allein Sache des **Antragstellers,** die Durchführung dieser Arbeiten zu gewährleisten und notwendige **Genehmigungen/Zustimmungen** einzuholen.²⁶⁶⁾ Er hat – falls notwendig – die entsprechenden Arbeiten entweder selbst durchzuführen oder Dritten bzw. dem Antragsgegner in Auftrag zu geben.²⁶⁷⁾ Der Sachverständige wird in aller Regel nicht bereit sein, insoweit als Auftraggeber aufzutreten und damit auch die Verantwortung (z.B. für Schäden bei Durchführung der Arbeiten) zu übernehmen. Beauftragt der **Sachverständige** allerdings einen Dritten, so kann er den hierfür gezahlten Werklohn gemäß § 12 Abs. 1 Nr. 1 JVEG als Aufwendungen für Hilfskräfte in Ansatz bringen.²⁶⁸⁾ Beseitigt eine **Partei** des selbstständigen Beweisverfahrens die Folgen eines gutachterlichen „Eingriffs" im Wege der Ersatzvornahme selbst, sind diese Kosten bei der **Kostenausgleichung** im **Hauptprozess** (§§ 91 ff. ZPO) oder – wenn eine Kostenentscheidung im selbstständigen Beweisverfahren ergeht (vgl. Rdn. 134 ff.) – dort anzumelden.

Streitig ist, ob das **Gericht** einen Sachverständigen auch gegen dessen Willen gemäß **§ 404a Abs. 4 ZPO anweisen** kann, zur Ermittlung der Ursachen eines Baumangels (zerstörende) Konstruktionsuntersuchungen (**„Bauteilöffnung"**) auf eigene Verantwortung durchzuführen.²⁶⁹⁾ Wäre dies der Fall, muss der Sachverständige in eigener Verantwortung alle Maßnahmen ergreifen, die ihm die Möglichkeit zur

---

262) Zu den vielfältigen Fragen einer zerstörenden Bauteil- und/oder Konstruktionsöffnung siehe die **Checkliste** bei *Bleutge*, S. 77 f.
263) Siehe hierzu: BGH, DS 2011, 216; OLG Stuttgart, DS 2011, 216 und *Stadler*, NJW 2011, 1746; *Hunold*, BauR 2016, 911.
264) BauR 2013, 1307, 1308 = NZBau 2013, 634 = NJW 2013, 2687 = IBR 2013, 508 – *Dötsch*.
265) Vgl. z.B. OLG Rostock, BauR 2003, 757 mit Anm. *Kamphausen* [Freilegung des Kelleraußenmauerwerks]; OLG Frankfurt, OLGR 2004, 145 = IBR 2004, 442 – *Vogel* [Kernbohrungen im Bereich der Wände]; OLG Düsseldorf, BauR 1997, 697 = NJW-RR 1997, 1360 [Parkettboden].
266) OLG Celle, BauR 2009 1476, 1477.
267) Zur **Erstattungsfähigkeit** der insoweit entstandenen Unkosten im Rahmen des **Kostenfestsetzungsverfahrens** s. SchlHOLG, SchlHA 1980, 221 **(Gerüstkosten)**; KG, JurBüro 1981, 1388 (Kosten der **Freilegung eines Kellermauerwerks**); OLG Koblenz, BauR 2002, 828 (Beauftragung eines Klempners durch den Sachverständigen).
268) OLG Hamm, BauR 2012, 679, 681; s. hierzu *Meyer/Höver/Bach/Oberlack*, JVEG, 26. Aufl., § 12 JVEG, Rn. 10; *Bleutge*, Gebühren für Gutachter, 6. Aufl. 2013, S. 51 ff.
269) **Beispiele** für Bauteilöffnungen: Feststellung der Ursachen von Feuchtigkeit im „Gäste-WC"; Öffnen der Bade- und/oder Duschwanne (OLG Celle, BauR 2005, 1358 = OLGR 2005, 154). Die Kosten der Bauteilöffnung sind im Rahmen eines Rechtsstreits **Gerichtskosten** (OLG Celle, BauR 2011, 1015, 1016).

Beweisaufnahme

eigentlichen Sachverständigenprüfung ermöglichen. Aus **technischer** Sicht wird in der Regel nicht die Bauteilöffnung als solche das Problem sein, sondern das nachträgliche **Wiederverschließen** von Öffnungen bzw. die Wiederherstellung des ursprünglichen Zustandes vor der Bauteilöffnung.[270] Bei technisch schwierigen Bauteilöffnungen[271] wird der Sachverständige daher in aller Regel nicht selbst tätig werden können, sondern auf die Einschaltung von Fachfirmen angewiesen sein. Nimmt der Sachverständige eine Bauteilöffnung **selbst** vor, besteht infolge seiner nur bedingten Kenntnis von der Bausubstanz die Gefahr, dass bei einer Öffnung erhebliche Schäden an anderen Bauteilen entstehen. Der Sachverständige geht damit ein hohes Risiko ein und setzt sich erheblichen Haftungsrisiken aus,[272] zumal wenn eine versicherungsrechtliche Absicherung nicht vorhanden ist.[273]

Die **Streitfrage**, ob der gerichtlich bestellte Sachverständige gemäß § 404a Abs. 4 ZPO angehalten werden kann, notwendige Bauteilöffnungen selbst oder durch Fremdfirmen durchzuführen, ist höchstrichterlich bisher noch nicht entschieden.[274] Das OLG Düsseldorf hat z.B. eine solche Verpflichtung bejaht.[275] In der Literatur wird munter über das Für und Wider eines gerichtlichen Anweisungsrechts aus § 404a ZPO diskutiert. Nach zutreffender Ansicht[276] ist der Sachver-

---

270) *Staudt*, Der Bausachverständige 2008, 57 (mit dem Merksatz: „Der Sachverständige ist zuerst ‚Geistwerker' und in zweiter Linie ist er bedingt auch ‚Handwerker')"; ebenso: *Volze*, NZBau 2009, S. VIII: „Handwerkliche Arbeiten, wie die Bauteilöffnung, entsprechen nicht dem versicherten Bild einer Bausachverständigentätigkeit." Zur **Wiederinstandsetzung** durch den Sachverständigen als Teilleistung der Begutachtung: OLG Stuttgart, DS 2014, 189, 190.
271) *Staudt* (a.a.O.) nennt als **schwierig**: die „Überprüfung der vertikalen Abdichtung eines Bauwerkes, d.h. Freilegung der Arbeitsräume, Entfernung des Erdreiches um Einblick in die ausgeführte Leistung zu bekommen. In dem Zusammenhang u.a. auch Zerstörung einer Teilfläche der Abdichtungsmaßnahme.".
272) Siehe hierzu: *Liebheit*, S. 22 ff. u. BauR 2008, 1510 ff.; *Keldungs/Arbeiter*, S. 54 f.; *Jagenburg/Baldringer*, ZfBR 2009, 413, 416 m.w.Nachw. Zur Verpflichtung des **Sachverständigen** zur Beseitigung von **Schadensfolgen** siehe: OLG Düsseldorf, BauR 1997, 697 = NJW-RR 1997, 1360; OLG Celle, OLGR 1998, 71 = BauR 1998, 1281 m. abl. Anm. *Kamphausen*, BauR 1999, 436 ff.; OLG Frankfurt, NJW 1998, 2834 = BauR 1998, 1052 mit Anm. *Nittner*.
273) Siehe hierzu *Volze*, DS 2008, 24.
274) Zum Meinungsstand siehe u.a.: *Hummel*, Der Bausachverständige 2016, 58 ff.; *Braun*, BauR 2013, 1938 ff.; *Kern*, BauR 2014, 603 ff.; *Katzenmeier*, in: Prütting/Gehrlein, § 404a ZPO, Rn. 9, 10; *Keldungs*, in: Kuffer/Wirth, Kap. 13 B, Rn. 62; *Keldungs*, Festschrift für Franke, S. 175 ff.; *Liebheit*, BauR 2008, 1510; 1790; *Dötsch*, NZBau 2008, 217 ff.; *Ulrich*, BauR 2007, 1654, 1658; *Dageförde/Fastabend/Kindereit*, BauR 2006, 1202 ff.; *Koenen*, Rn. 533 ff.; *Kramarz*, DS 2014, 170, 174 f.
275) Beschluss vom 16.1.1997 (23 W 47/96), BauR 1997, 697, 698 = NJW-RR 1997, 1369; ebenso: OLG Stuttgart, DS 2007, 112 (Motor); OLG Celle, BauR 2005, 1358 u. OLGR 1998, 71, 72 = BauR 1998, 1281; OLG Frankfurt, BauR 1998, 1052 m.Anm. *Nittner* = NJW 1998, 2834 = IBR 1998, 361 – *Vogel*; *Keldungs*, Festschrift für Franke, S. 175 ff.; *Liebheit*, BauR 2008, 1790 ff.
276) OLG Düsseldorf, Urteil v. 13.02.2014 – I-22 U 82/13, BauR 2016, 299, 302; LG Kiel, IBR 2009, 358 – *Lehmann*; OLG Hamm, IBR 2007, 160 – *Ulrich*; OLG Frankfurt, OLGR 2004, 145; LG Limburg, BauR 2007, 1779; OLG Rostock, BauR 2003, 757 m.Anm. *Kamphausen*; OLG Frankfurt, OLGR 2004, 145, 147; OLG Bamberg, BauR 2002, 829; OLG Brandenburg, ZfBR 1996, 98, 100 = BauR 1996, 432; *Fuchs/Nagy*, Der Bausachverständige 2015, 46, 47; *Volze*, DS 2016, 90, 91; *Braun*, BauR 2013, 1938, 1942; *Soergel*, Festschrift für Geiß, S. 179, 184; *Dötsch*, BauR 2008, 207; *Greger*, Festschrift für Leipoldt, S. 47 ff.

ständige jedoch **nicht** verpflichtet, notwendige Bauteilöffnungen selbst oder durch Dritte zu veranlassen, insbesondere ist er nicht gehalten, die hierfür notwendigen Werkverträge im **eigenen** Namen abzuschließen. Vielmehr können und müssen sich das Gericht und/oder der Sachverständige nach derzeitiger Rechtslage darauf beschränken, den **Beweispflichtigen**, in der Regel also den **Antragsteller** des selbstständigen Beweisverfahrens, zur Vornahme der erforderlichen Vorbereitungsarbeiten unter Fristsetzung anzuhalten. Nur das entspricht auch dem **Beibringungsgrundsatz**, dem die Parteien nachzukommen haben. Bei Zugrundelegung der Gegenansicht wäre ein die Bauteileöffnung anweisender Beschluss von den Parteien noch nicht einmal **selbstständig** anfechtbar.[277] Weigert sich eine **Partei** (z.B. Antragsgegner), einen notwendigen Eingriff selbst oder durch eine Fachfirma vorzunehmen oder durch den bestellten Sachverständigen zuzulassen, ist dies im Hauptsacheprozess gemäß § 286 ZPO zu würdigen.[278]

c) Die Rechte des Antragsgegners und des Streithelfers

Literatur

Weinkamm, Die Zulässigkeit des Gegenantrages im Beweissicherungsverfahren, BauR 1984, 29; *Enaux*, Umfang und Grenzen von Gegenanträgen im selbstständigen Beweisverfahren, Festschrift für v. Craushaar (1997), 375; *Lenzen*, Der Anspruchsgegner als Antragsteller des Beweisverfahrens und § 494a ZPO, BauR 2005, 303; *Ulrich*, Gerichtliche Anforderung weiterer Vorschusses für zusätzliche Tätigkeit des Sachverständigen – anfechtbar?, BauR 2009, 1217; *Lauer*, Praxisprobleme mit der Nebenintervention, Festschrift für Michael Loschelder (2010), 179; *Boldt*, Streitverkündung: Rechte des Nebenintervenienten, BauR 2013, 287.

92 Gegen die **Zulässigkeit** des selbstständigen Beweisverfahrens können der Antragsgegner und sein Streitgehilfe jederzeit **Einwendungen** erheben. Da die Anhörung vor Erlass des Beweisbeschlusses nicht vorgeschrieben und wegen der Eilbedürftigkeit auch nicht geboten ist, werden sie von dem selbstständigen Beweisverfahren in aller Regel erst mit der Zustellung des Beweisbeschlusses (Streitverkündungsschrift) erfahren. Dann werden sie jedoch z.B. das Fehlen der Voraussetzungen des § 487 ZPO zur Einleitung des Verfahrens, die Zuständigkeit des Gerichts, eine fehlende Glaubhaftmachung oder die angebotenen Beweismittel rügen können. Mögliche und zumutbare Einwendungen sollten immer schon in dem selbstständigen Beweisverfahren vorgetragen werden, um dem Vorwurf zu begegnen, diese zurückgehalten zu haben. Wer mögliche Einwendungen unterlässt, trägt im Hauptprozess die volle Beweislast dafür, dass das im selbstständigen Beweisverfahren erzielte Beweisergebnis unzutreffend ist.[279]

93 **Antragsgegner** und **Streitgehilfe**[280] haben darüber hinaus **eigene Rechte**.[281] So haben sie das Recht **auf Anwesenheit** während der Beweisaufnahme. Sie müs-

---

277) BGH, (I. ZS) IBR 2009, 356 – *Lehmann*; OLG Köln, IBR 2010, 426 – *Lehmann*.
278) Eine Ausschlussfrist gemäß § 356 ZPO kommt im selbstständigen Beweisverfahren nicht in Betracht (*Ulrich/Zielbauer*, DS 2007, 12, 19; LG Schwerin, BauR 2005, 592).
279) Vgl. OLG Düsseldorf, BB 1988, 721 = ZMR 1988, 174 (Anwendung von § 444 ZPO).
280) Zum rechtlichen Interesse des **Nebenintervenienten** am Beitritt im selbstständigen Beweisverfahren: BGH, ZfBR 2016, 251 = IBR 2016, 125 – *Seibel*; BGH, ZfBR 2016, 249.
281) Siehe für den **Streithelfer**: BGH, BauR 2014, 584 = ZfBR 2014, 249 (zur Entscheidung über die Kosten des **Streithelfers** im Hauptsacheverfahren); BGH, BauR 2009, 1619 (zum An-

sen deshalb zu allen Terminen, insbesondere zu einem **Ortstermin,** ordnungsgemäß geladen werden;[282] sie können dem Sachverständigen in einer mündlichen Verhandlung Fragen stellen. Auf ihren Antrag hin **ist** Termin zur mündlichen Verhandlung anzuberaumen, um ihnen Gelegenheit zu geben, entsprechende Fragen an den Sachverständigen zu stellen (§ 411 Abs. 3 ZPO).[283] Dem rechtzeitig gestellten Anhörungsantrag muss das Gericht auch dann **stattgeben,** wenn es die (bisherige) schriftliche Begutachtung aus seiner Sicht für ausreichend und überzeugend hält. Dieser für das Hauptsacheverfahren entwickelte Grundsatz[284] gilt erst recht für das selbstständige Beweisverfahren, weil hier grundsätzlich eine „Beweiswürdigung" unterbleibt.[285] Der Antrag, den Sachverständigen mündlich anzuhören, kann deshalb **nur bei offensichtlichem Rechtsmissbrauch** oder wegen **Verspätung** zurückgewiesen werden.[286] Setzt das Gericht den am Verfahren Beteiligten eine **Frist** gemäß § 411 Abs. 4 Satz 2 ZPO, so ist der Antrag auf Anhörung des Sachverständigen innerhalb dieser Frist zu stellen.[287] Unterbleibt eine Fristsetzung zur Stellungnahme, steht den Beteiligten eine **angemessene Zeit** zur Prüfung zu. Hierbei kommt es entscheidend auf den **Einzelfall** an; in der Regel ist eine Frist bis zu **4 Monaten** ausreichend, um eine Anhörung **vorzubereiten** und dementsprechend zu **beantragen.**[288]

Antragsgegner und Streithelfer können das selbstständige Beweisverfahren darüber hinaus durch **eigene Sachanträge** ergänzen oder ausweiten.[289] Das Rechts- **94**

---

tragsrecht nach § 494a Abs. 1 ZPO); OLG Frankfurt, BauR 2004, 536 u. BauR 1999, 434 (**Beschwerdebefugnis**); OLG Hamburg, MDR 2001, 1012 (**Gegenanträge**); BGH, NJW-RR 2008, 261; BGH NJW 2009, 3240 (zur **Kostenerstattung** über den Weg des § 494a Abs. 2 ZPO); OLG Köln, IBR 2009, 368 (zur **Kostenvorschlusspflicht** für Ergänzungsfragen).

282) Vgl. hierzu: *Wita* (MDR 2000, 1363), der zutreffend annimmt, dass auch der **Prozessbevollmächtigte** jeweils geladen werden muss.
283) BGHZ 6, 398, 401; OLG Köln, BauR 1996, 754; OLG Düsseldorf, NZBau 2000, 385 = NJW 2000, 3364; BauR 1993, 637; OLG Saarbrücken, NJW-RR 1994, 787; OLG München, BauR 1994, 663.
284) Vgl. BGH, NJW 1997, 802 = MDR 1997, 286; BGH, NJW 1998, 162 = MDR 1998, 58; OLG Köln (11. Senat), OLGR 1996, 111.
285) OLG Hamm, BauR 2003, 1763, 1764; OLG Karlsruhe, OLGR 1999, 330; OLG Köln, BauR 1996, 754 = OLGR 1997, 69.
286) OLG Stuttgart, OLGR 2002, 418, 419; OLG Düsseldorf, NZBau 2000, 385 = NJW 2000, 3364 u. BauR 2000, 1775; OLG Karlsruhe, OLGR 1999, 330; OLG Köln, OLGR 1997, 69, 70; vgl. dazu auch Rdn. **3129**.
287) OLG Düsseldorf, NZBau 2000, 385, 386; OLG Stuttgart, OLGR 1998, 384, 385. Zu den Anforderungen an eine ordnungsgemäße Fristsetzung: OLG Celle, BauR 2005, 1961.
288) Vgl. OLG Köln, BauR 1997, 886; OLG Düsseldorf, NZBau 2000, 385 (3 Monate bei Hinzuziehung eines Privatgutachters); BauR 2000, 1775 (51/2 Monate bei Vergleichsverhandlungen); OLG München, BauR 2001, 837 (4 Monate bei umfangreichem Gutachten); OLG Düsseldorf, NJW-RR 1996, 1527 (**10 Wochen**); OLG Köln, NJW-RR 1997, 1220 (**6 Wochen**).
289) **Herrschende Meinung;** vgl. OLG Nürnberg, BauR 2010, 1271; OLG Koblenz, BauR 2008, 570 (LS) = IBR 2008, 127 – *Stritter* (Ergänzungsfragen zu Alternativen einer Mängelbeseitigung); OLG Köln, BauR 2005, 752; OLG Hamm, BauR 2003, 1763, 1764; OLG Rostock, BauR 2001, 1141; OLG Nürnberg, NJW-RR 2001, 859 = BauR 2001, 1303 (LS); OLG Hamburg, OLGR 2001, 256; OLG Düsseldorf, BauR 2004, 1567 = OLGR 2004, 378; BauR 1997, 515, 516 = NJW-RR 1997, 1086; OLG Köln, BauR 1996, 896 u. BauR 1995, 430; OLG Frankfurt, ZfBR 1996, 160 = BauR 1996, 585 u. OLGR 1998, 34, 45; OLG München, BauR 1996, 589 =

schutzinteresse hierfür ist grundsätzlich zu bejahen.[290] Ein Gegenantrag ist – wie die Anhörung – **unzulässig,** sobald die Beweissicherung **„beendet"** ist[291] oder der Gegenantrag nur dazu dienen soll, die Verantwortlichkeit des Antraggegners zu einem Dritten abzuklären.[292]

Im Übrigen gilt die **Sperre** der §§ 485 Abs. 3, 412 ZPO: Ein Gegenantrag ist **unzulässig,** wenn – **bei Identität der Beweisthemen** – die Begutachtung bereits erfolgt ist.[293] Es kann sich dann nur **nach** einer Begutachtung die Frage stellen, ob durch einen **erneuten** Gegenantrag ein anderes Gutachten eingeholt werden kann, was nach § 412 ZPO zu beurteilen ist. Diese Prüfung unterliegt regelmäßig strengen Maßstäben; denn die „Wiederholung" der Beweisaufnahme ist die **Ausnahme.**[294] Ist eine Begutachtung in dem selbstständigen Beweisverfahren bereits **erfolgt,** ist gegen die Ablehnung eines Sachverständigengutachtens zu einem **Gegenantrag** kein Rechtsmittel gegeben.[295]

Weicht der Gegenantrag von dem Beweisermittlungsantrag des Antragstellers ab, so ist er zulässig, sofern die Erweiterung der Beweisfragen **in einem unmittelbaren sachlichen Zusammenhang** mit dem **Beweisthema** des Antragstellers steht und hierdurch allein keine weiteren Beteiligten in das Verfahren einbezogen werden.[296] Außerdem wird zutreffend vorausgesetzt, dass das zusätzliche Beweisthema (Gegenantrag) von dem gleichen Sachverständigen beurteilt werden kann[297] und zu keiner wesentlichen Verzögerung führt. Nichts anderes gilt, wenn der

---

NJW-RR 1996, 1277; LG Köln, BauR 1994, 407, 408; LG Bonn, BauR 1984, 306; OLG Oldenburg, MDR 1977, 499; *Enaux,* Festschrift für v. Craushaar, 375, 382 ff.; *Kroppen/Heyers/Schmitz,* Rn. 351 ff.; *Weinkamm,* BauR 1984, 29, 30; **a.A.:** *Motzke,* BauR 1983, 500; *Hesse,* ZfBR 1983, 247; OLG Köln, BauR 1996, 754, 755; OLG München, BauR 1993, 365; OLG Hamm, ZfBR 1987, 202 = BauR 1988, 762.

290) OLG Hamm, BauR 2003, 1763, 1764; s. aber SchlHOLG, IBR 2004, 174 – *Ulrich* u. OLG Stuttgart, IBR 2004, 475 – *Miernik;* ferner: *Weinkamm,* BauR 1984, 29; *Wussow,* Beweissicherungsverfahren, S. 53; *Th. Schmitz,* BauR 1981, 40, 44; **a.A.:** *Hesse,* ZfBR 1983, 247, 251; *Motzke,* BauR 1983, 500, 513.

291) OLG Hamm, BauR 2005, 752; SchlHOLG, OLGR 2003, 470; OLG Koblenz, OLGR 2003, 162; OLG Düsseldorf, BauR 2000, 1775, 1776 u. BauR 2001, 675; LG Köln, MDR 1994, 902. Zur Zurückweisung eines Ergänzungsantrages nach § 296 Abs. 2 ZPO wegen **verspäteter Vorschusszahlung:** OLG Koblenz, BauRB 2004, 135 = IBR 2004, 231 – *Ulrich;* ferner: LG Essen, IBR 2004, 476 – *Wiesel.*

292) OLG Hamm, BauR 2009, 685 = NJW 2009, 1009 = OLGR 2009, 150 = IBR 2009, 2009, 185 – *Mayr.*

293) BGH, BauR 2012, 292 = NZBau 2012, 36; OLG Hamm, BauR 2003, 1763, 1764. Zur Zulässigkeit von **Gegenanträgen** s. auch: *Seibel,* § 486, Rn. 24 f.m.w.Nachw.

294) OLG Düsseldorf, BauR 1997, 515, 517 = NJW-RR 1997, 1086 u. OLGR 1998, 160; OLG München, NJW-RR 1997, 318 (unzulässig, wenn der Antrag nur auf die **Erschütterung** des Beweisergebnisses gerichtet ist; OLG Rostock, BauR 2001, 1141, 1142; s. auch *Knacke,* Jahrbuch Baurecht 2002, 329, 336 und Rdn. **3131.**

295) OLG Stuttgart, IBR 2011, 122 – *Bolz.*

296) OLG Hamm, BauR 2009, 685; OLG Hamm, BauR 2003, 1763, 1764; LG Konstanz, NZBau 2003, 617, 618 = NJW-RR 2003, 1379; OLG Frankfurt, OLGR 1998, 34; OLG Düsseldorf, BauR 2004, 1656 = OLGR 2004, 378, 379 = BauRB 2004, 365; BauR 1996, 896, 897; *Enaux,* Festschrift für v. Craushaar, S. 384.

297) OLG Nürnberg, MDR 2001, 51, 52; s. aber: OLG Düsseldorf, OLGR 2004, 378, 379.

Streithelfer einen Gegenantrag stellt.[298] Der notwendige sachliche Zusammenhang ist schon gegeben, wenn der Gegenantrag – bezogen auf die Beweisfragen – allein darauf abzielt, die (Allein-)Verantwortlichkeit des **Streitverkündenden** abzuklären.[299]

Stellt der Antragsgegner in dem anhängigen (selbstständigen) Beweisverfahren eigene Anträge, ist er insoweit auch als **Antragsteller** anzusehen; er hat dann alle Rechte und Pflichten eines Antragstellers, wie z.B. das Beschwerderecht und die Kostenvorschusspflicht.[300] Ihm können auch **Kosten** des selbstständigen Beweisverfahrens auferlegt werden[301] und er haftet als Veranlassungsschuldner der Staatskasse für die durch seinen Gegenantrag veranlassten Kosten.[302] Die Anforderung des Kostenvorschusses ist im Übrigen **nicht** selbstständig anfechtbar.[303] Für den Streithelfer/Nebenintervenienten gilt demgegenüber folgendes: Stammt ein Beweisantritt vom **Streithelfer**, so bleibt die von ihm unterstützte **Partei** Beweisführerin; sie und nicht der Streithelfer hat den Vorschuss zu leisten.[304] Vor allem ist eine Entscheidung über die durch eine Nebenintervention auf Seiten des Antragsgegners verursachten Kosten in dem selbstständigen Beweisverfahren nicht möglich, wenn der Antragsteller Hauptsacheklage gegen Antragsgegner erhebt.[305] Der Streitwert der Nebenintervention bestimmt sich nach deren Interesse am Obsiegen der unterstützten Partei.[306]

d) Rechtsbehelfe

Der einem selbstständigen Beweisantrag **stattgebende** Beschluss ist grundsätzlich **unanfechtbar** (§ 490 Abs. 2 Satz 2 ZPO; vgl. Rdn. 79 ff.);[307] dasselbe gilt für die gerichtliche **Ablehnung** der Aufhebung eines angeordneten Beschlusses[308] sowie für eine Beschwerdeentscheidung, durch die die Aufhebung eines Beweisanordnungsbeschlusses **rückgängig** gemacht und damit die Anordnung der Beweiserhebung wieder in Kraft gesetzt wird. Gegen eine solche Entscheidung kann

---

298) OLG Koblenz, IBR 2011, 557 – *Schulz*; OLG München, BauR 1996, 589, 590 = NJW-RR 1996, 1277.
299) Einschränkend: OLG Düsseldorf, OLGR 2004, 378, 379.
300) OLG Köln, BauR 2009, 1335 = NZBau 2009, 656 (**Vorschusspflicht** bei ergänzender Befragung durch den Antragsgegner).
301) Vgl. OLG Koblenz, JurBüro 1998, 547; Thüringer OLG, OLGR 1996, 69; *Enaux*, a.a.O., S. 385.
302) OLG Celle, BauR 2009, 283. Zur **Kostenverteilung** auf Antragsteller und Antragsgegner: OLG Nürnberg, BauR 2010, 1271, 1272.
303) **Streitig**; wie hier: OLG Köln (15. Senat), BauR 2009, 1336; OLG Hamm, BauR 2007, 1452; *Ulrich*, BauR 2009, 1217, 1219; **a.A.:** OLG Köln (22. Senat), BauR 2009, 540 = IBR 2009, 367 – *Ulrich*.
304) OLG Köln, BauR 2009, 540 = IBR 2009, 367 – *Ulrich*.
305) BGH, NJW 2009, 3240 (Entscheidung im Hauptsacheverfahren analog § 101 Abs. 1 ZPO).
306) OLG München, BauR 2012, 681, 682.
307) BGH, BauR 2012, 133; OLG Frankfurt, IBR 2011, 558 – *Schwenker*; KG, BauR 2007, 149, 150; OLG Brandenburg, BauR 2001, 1143; OLG Frankfurt, BauR 1999, 1206; zur Beschwerde bei Antragsüberschreitung (§ 308 ZPO): OLG Frankfurt, NJW-RR 1990, 1023, 1024.
308) OLG Frankfurt, OLGR 1996, 83; LG Mannheim, MDR 1978, 323; **a.A.:** OLG Frankfurt, NJW-RR 1993, 1342.

der Antragsgegner ebenso wenig im Wege der sofortigen Beschwerde einwenden, die Beweiserhebung sei unzulässig, wie gegen den Beschluss, durch den die Beweiserhebung angeordnet wird.[309] Wird der Beweisbeschluss im selbstständigen Verfahren aufgehoben, ist die sofortige Beschwerde gemäß § 567 Abs. 1 Nr. 2 ZPO zulässig.[310]

Der **Antragsteller** kann (sofortige) Beschwerde einlegen, wenn sein Antrag teilweise oder vollständig zurückgewiesen wird.[311] Dasselbe gilt bei der Zurückweisung eines **Gegenantrages**[312] oder der Nichtzustellung einer **Streitverkündungsschrift** des Antragsgegners oder dessen Streithelfers.[313] Wird das Ruhen des Verfahrens angeordnet, können beide Parteien (sofortige) Beschwerde einlegen.[314]

96   Im Übrigen ist die sofortige Beschwerde **zulässig**, wenn der Antrag auf **mündliche Erläuterung des Gutachtens (§ 411 Abs. 3 ZPO) zurückgewiesen** wird.[315] Die sofortige Beschwerde kann allerdings nur begründet sein, sofern das selbstständige Beweisverfahren noch **nicht** beendet ist.[316]

Der Beschwerdeweg ist weiterhin ausgeschlossen, wenn es um die **Zurückweisung** des **Gesuchs**, um eine **erneute** Begutachtung (§ 412 ZPO)[317] oder eine **wiederholte Anhörung** des Sachverständigen geht und in dem Antrag **keine Erweiterung** des (bisherigen) Beweisthemas liegt.[318] In diesen Fällen handelt es sich nämlich vornehmlich um **im Ermessen** des Gerichts stehende Entscheidungen, die einen Antrag nicht erfordern. Gegen solche Entscheidungen ist, sofern im Gesetz nichts anderes ausdrücklich vorgesehen ist, eine sofortige Beschwerde nicht gegeben. Anders sind die Dinge zu beurteilen, wenn die beantragte Ergänzung zu einer über das ursprüngliche Beweisthema hinausgehende Frage verweigert wird, weil

---

309) OLG Köln, Beschluss vom 18.12.1981 – 15 W 65/81; OLG Brandenburg, BauR 2001, 1143 (auch zur außerordentlichen Beschwerde wegen einer „greifbaren Gesetzwidrigkeit").
310) OLG Frankfurt, IBR 2013, 585 – *Boldt*.
311) Vgl. die Beispiele bei *Wussow*, Beweissicherungsverfahren, S. 37; OLG Frankfurt, OLGR 2000, 18, 19; LG Mannheim, MDR 1969, 931; *Zöller/Herget*, § 490 ZPO, Rn. 4.
312) OLG Hamm, BauR 2003, 1763, 1764; OLG Düsseldorf, BauR 1996, 896; OLG München, NJW-RR 1996, 1277 (für Streithelfer); LG Köln, BauR 1994, 407.
313) Vgl. für das alte Recht: OLG München, BauR 1993, 769.
314) *Zöller/Herget*, § 490 ZPO, Rn. 4.
315) Vgl. OLG Stuttgart, OLGR 2002, 418; OLG Köln, BauR 1998, 591; OLG Saarbrücken, NJW-RR 1994, 787; OLG München, BauR 1994, 663; OLG Düsseldorf (23. Senat), BauR 1993, 637; **a.A.:** OLG Düsseldorf (21. Senat), OLGR 1992, 344; OLG Frankfurt, OLGR 1996, 82 (Antrag auf erneute mündliche Anhörung des Sachverständigen).
316) OLG Hamm, BauR 2005, 752; OLG Brandenburg, BauR 2002, 1734; OLG Köln, OLGR 1998, 54, 55 = BauR 1998, 591.
317) BGH, BauR 2010, 932 = ZfBR 2010, 449 = DS 2010, 397 = IBR 2010, 729 – *Schwenker*; BGH, IBR 2012, 118 – *Elzer*; BGH, BauR 2011, 1366 = NZBau 2011, 420 = DS 2011, 250 = IBR 2011, 443 – *Ulrich*; OLG Celle, NJW-Spezial 2010, 652 = BeckRS 2010, 23500 = BauR 2011, 143; OLG Hamm, BauR 2010, 657 = IBR 2010, 247 – *Vogel* u. NUBau 2010, 250, 251; s. ferner KG, BauR 2010, 502, 504; BauR 2010, 657 u. *Keldungs*, BauR 2010, 1494, 1503 m.w.Nachw.
318) **Streitig;** wie hier: SchlHOLG, OLGR 2003, 308; OLG Frankfurt, OLGR 1996, 82, 83; OLG Köln, OLGR 2002, 128, 129 u. NJW-RR 2000, 729; OLG Hamm, OLGR 2001, 251; OLG Düsseldorf, NJW-RR 1998, 933 = BauR 1998, 366; OLG Hamm, OLGR 1996, 203; s. auch OLG Jena, OLGR 2006, 147; **a.A.:** OLG Köln, BauR 1988, 591 = OLGR 1998, 54 (für **Ergänzung** des Gutachtens).

das selbstständige Beweisverfahren „beendet" sei. Dann ist die sofortige Beschwerde gegeben, weil sich das Rechtsmittel nicht gegen die Ausübung des Ermessens, sondern gegen dessen Nichtausübung richtet.[319]

Lehnt das Gericht es ab, den von dem Antragsteller **benannten** Sachverständigen zu bestellen, steht dem **Antragsteller** ein Beschwerderecht nicht zu.[320] Wird der Anregung des Antragstellers gefolgt, so ist diese Entscheidung für den **Antragsgegner** (wegen § 490 Abs. 2 Satz 2 ZPO) nicht anfechtbar. Lehnt der Antragsgegner den vom Gericht bestellten Sachverständigen **erfolgreich** wegen der Besorgnis der Befangenheit ab, ist dieser Beschluss für den Antragsteller unanfechtbar;[321] demgegenüber ist die sofortige Beschwerde gegeben, wenn die Ablehnung des Sachverständigen wegen Besorgnis der Befangenheit zurückgewiesen wird.[322]

Gegen die gerichtliche Anforderung eines **Kostenvorschusses** ist kein Rechtsmittel gegeben.[323] Der Beschluss, durch den dem Antragsteller eine **Frist** zur **Klageerhebung** gesetzt wird (§ 494a Abs. 1 ZPO), ist ebenfalls nicht anfechtbar.[324]

Der **Antragsgegner kann schließlich jederzeit die** Zulässigkeit des selbstständigen Beweisverfahrens und des Beweisbeschlusses rügen.[325] Wird eine mündliche Verhandlung anberaumt, kann er seine Bedenken dort vortragen. In aller Regel wird aber über den Antrag ohne mündliche Verhandlung entschieden, sodass dem Antragsgegner nach Erlass des Beweisbeschlusses, der nicht anfechtbar ist, nur noch die Möglichkeit bleibt, ebenfalls **auf schriftlichem Wege Einwendungen** gegen die Zulässigkeit des selbstständigen Beweisantrages vorzubringen. Sein Vortrag stellt dann eine Anregung („**Gegenvorstellung**") zur Änderung oder Aufhebung des Beschlusses dar; ein solches Vorgehen ist jederzeit möglich. Das Gericht kann nach erneuter Prüfung die Bedenken zurückweisen, ohne dass dem Antragsgegner weitere Angriffsmittel zur Seite stehen, oder aber den Beweisbeschluss entsprechend abändern oder aufheben, was dem Antragsteller wiederum ein Beschwerderecht gibt.

Zu beachten ist, dass eine **weitere Beschwerde** schon nach altem Recht nicht gegeben war (§§ 567 Abs. 3 Satz 1, 568 Abs. 2 ZPO a.F.); nur in **Ausnahmefällen** bestand deshalb die Möglichkeit einer außerordentlichen (sofortigen) Beschwerde, sofern eine „**greifbare Gesetzeswidrigkeit**" dargetan wurde. Eine nur rechtliche **Fehlbeurteilung** allein reichte **nicht** aus, um eine außerordentliche Beschwerde zu eröffnen. Nach der ZPO-Reform 2001 ist eine **außerordentliche Beschwerde** wegen greifbarer Gesetzwidrigkeit nicht mehr möglich.[326]

---

[319] OLG Köln, OLGR 2004, 303.
[320] OLG Frankfurt, NJW-RR 1993, 1341; OLG München, MDR 1992, 520 = JurBüro 1992, 261.
[321] LG Göttingen, NJW-RR 1988, 694.
[322] OLG Frankfurt, NJW-RR 1993, 1341.
[323] BGH, NZBau 2009, 444.
[324] BGH, BauR 2010, 1791, 1792 = IBR 2010, 600 – *Seibel*; OLG Köln, BauR 1998, 591.
[325] Vgl. OLG Frankfurt, NJW-RR 1990, 1023 („ne ultra petita").
[326] BGH, NJW 2002, 1577; KG, BauR 2007, 149, 150; OLG Celle, BauR 2003, 138; *Lipp*, NJW 2002, 1700 ff. Zur „**Untätigkeitsbeschwerde**" s. OLG Frankfurt, NJW 2007, 852.

Hat eine Beschwerde Erfolg, weil ein Antrag zu Unrecht als unzulässig verworfen worden ist, kann das Beschwerdegericht den angefochtenen Beschluss aufheben und die Sache zur anderweitigen Entscheidung an die Vorinstanz zurückverweisen (§§ 572 Abs. 3, 538 Abs. 2 Nr. 3 ZPO analog).[327]

Wird ein selbstständiger Beweisantrag von dem Antragsteller zurückgenommen und ergeht daraufhin Kostenentscheidung nach Maßgabe des § 269 Abs. 3 ZPO, so ist das hierfür maßgebende Rechtsmittel gegeben, also die **sofortige Beschwerde**.

7. Die rechtlichen Wirkungen

Literatur

Müller, Wechselseitige Verwertung der Beweissicherung, NJW 1966, 721; *Meilicke*, Beweissicherungsverfahren bei Auslandssachen, NJW 1984, 2017; *Wussow*, Zur Sachverständigentätigkeit im Ausland bei anhängigen (deutschen) Beweissicherungsverfahren, Festschrift für Korbion (1986), 493; *Hickl*, Die Verjährungsunterbrechungswirkung beim gerichtlichen Beweissicherungsverfahren, BauR 1986, 282; *Koppmann*, Verjährungsunterbrechung durch selbstständiges Beweisverfahren trotz mangelfreier Leistung, BauR 2001, 1342; *Böckermann*, Beendigung des Selbstständigen Beweisverfahrens und Gutachtenergänzung, BauRB 2004, 337; *Seibel*, Die Verjährungshemmung im selbstständigen Beweisverfahren nach § 204 Abs. 1 Nr. 7 BGB, ZfBR 2008, 9; *Seibel*, Das Unterlassen von Einwendungen im selbstständigen Beweisverfahren und die Konsequenzen für den anschließenden Hauptsacheprozess, ZfBR 2008, 126; *Weyer*, Keine Verjährungshemmung ohne förmliche Zustellung des Beweissicherungsantrags, NZBau 2008, 217; *Klaft/Nossek*, Hemmung von Vergütungsansprüchen des Werkunternehmers durch selbstständiges Beweisverfahren?, BauR 2008, 1980; *Sohn*, Bindungswirkung des Gutachtens im selbstständigen Beweisverfahren, BauR 2009, 1213; *Kainz* Klärungsbedarf zur Verjährungshemmung im selbstständigen Beweisverfahren, Festschrift für Koeble (2010), 625; *Schmitz/Vogel*, Verjährungsfragen des auf eine Vielzahl von Mängelsymptomen gerichteten selbstständigen Beweisverfahrens, ebenda, 635; *Gartz*, Verjährungsprobleme bei selbstständigen Beweisverfahren, NZBau 2010, 676; *Reimann*, Verjährungsfallen im Baurecht, BauR 2011, 14; *Helm*, Anforderungen an die Formulierung des selbstständigen Beweisantrags zur Hemmung der Verjährung, NZBau 2011, 328; *Gartz*, Präklusion verfristeter Einwendungen aus einem selbstständigen Beweisverfahren für den nachfolgenden Hauptprozess, BauR 2011, 906; *Seibel*, Zur Präklusion von Einwendungen zwischen selbstständigem Beweisverfahren und nachfolgendem Hauptsacheprozess, BauR 2011, 1410; *Klein*, Die relative Präklusion von nicht im selbstständigen Beweisverfahren geltend gemachten Einwendungen, NZBau 2012, 8; *Klose*, Die Hemmung der Verjährung: Ein Sammelbecken von Chancen und Fallen im Bauprozess, NZBau 2012, 80; *Schlösser/Köbler*, Der Eintritt der Verjährungshemmung beim selbstständigen Beweisverfahren, NZBau 2012, 669; *Praun*, Präklusion von Einwendungen im selbstständigen Beweisverfahren und Hauptsacheverfahren, BauR 2013, 1041 (hierzu: *Rodemann*, IBR 2013, 456); *Weingart*, Zur Bindungswirkung des im selbstständigen Beweisverfahren eingeholten Sachverständigengutachtens im nachfolgenden Hauptsacheprozess nach § 493 Abs. 1 ZPO im Falle unterbliebener Einwendungen – Doppelpräklusion im Tarngewand?, BauR 2015, 189; *Wintermeier*, Die Präklusion nicht vorgetragener Einwendungen gegen Gutachten aus selbstständigen Beweisverfahren, NZBau 2015, 409.

98 Mit der Einleitung des selbstständigen Beweisverfahrens wird der Anspruch, der den Grund für das Verfahren darstellt, nicht rechtshängig. Grundsätzlich treten daher auch nicht die materiell-rechtlichen Wirkungen der Rechtshängigkeit ein (§ 267 ZPO).

---

327) OLG München, BauR 1996, 589, 590 = NJW-RR 1996, 1277.

99 Neben dem eigentlichen Effekt – der „Beweissicherung" – hatte das selbstständige Beweisverfahren bis zum 31.12.2001 vor allem eine die Verjährung unterbrechende Wirkung.[328] Dies galt aber nur für die im Gesetz ausdrücklich genannten Fälle der Gewährleistung gemäß §§ 477, 478, 480, 490, 493, 524 und 639 BGB. Das SchRModG hat dann eine, allgemein begrüßte, wesentliche Änderung gebracht, die zukünftig besondere anwaltliche Vorsicht erfordert: Nach § 204 Abs. 1 Nr. 7 BGB tritt mit der **Zustellung** des Antrags auf Durchführung eines selbstständigen Beweisverfahrens eine **Verjährungshemmung** ein;[329] darüber hinaus wird die Verjährung allerdings auch dann gehemmt, wenn das Gericht dem Antragsgegner den Beweisermittlungsantrag lediglich formlos übersendet (§§ 204 Abs. 1 Nr. 7 in Verbindung mit § 189 ZPO). Die Hemmung **endet** nach § 204 Abs. 2 Satz 1 BGB „sechs Monate nach der rechtskräftigen Entscheidung oder anderweitigen Beendigung des eingeleiteten Verfahrens". Da ein Beweisverfahren nur durch eine **sachliche Erledigung endet** und nicht durch einen Beschluss des Gerichts[330], kommt es im Einzelfall sehr darauf an, wann nach der Rechtsprechung von einer sachlichen Erledigung ausgegangen werden kann (Rdn. 110 ff.). Diese bestimmt im Weiteren dann den Hemmungszeitraum von sechs Monaten. **Eingang** und **Zustellung** des Beweissicherungsantrags bzw. das **Ende** des Verfahrens sollte von dem **Anwalt** des Antragstellers daher tunlichst kontrolliert werden.[331] Dies gilt um so mehr, als die Dauer der Verjährungshemmung für die im Beweisverfahren untersuchten Mängel immer eigenständig zu untersuchen ist.[332]

100 Die **Hemmungswirkung** des selbstständigen Beweisverfahrens erstreckt sich in der Regel auf Mängelansprüche einschließlich Schadensersatzansprüche; sie erfasst jedoch jeweils nur diejenigen Baumängel, die **Gegenstand** des selbstständigen Beweisverfahrens waren,[333] auf die sich das Beweisverfahren also „**bezogen**" hat.[334] Der Gegenstand des selbstständigen Beweisverfahrens muss daher in Zweifelsfällen aus dem Gesamtinhalt der „Beweissicherungsakte", also aus dem Antrag, seiner Begründung, dem Beweisbeschluss und dem Sachverständigengutachten, heraus-

---

328) BGHZ 134, 190 = NJW 1997, 859 = ZfBR 1997, 148 = BauR 1997, 347 u. BauR 1998, 172 = ZfBR 1998, 26 (für **Streitverkündung**).
329) BGHZ 188, 128 = BauR 2011, 669 = ZfBR 2011, 354 = NJW 2011, 1965 m.Anm. *Grothe* = NZBau 2011, 303 m.Anm. *Schwenker*; s. hierzu ausführlich *Schlösser/Köbler*, NZBau 2012, 669, 670 f.m.w.Nachw.
330) BGHZ 150, 55 = NJW 2002, 1640 = BauR 2002, 1115, 1117; BGH, NZBau 2009, 598; OLG Celle, BauR 2009, 1476; OLG Hamm, BauR 2007, 1097.
331) Zutreffend: *Ulrich*, BauR 2007, 1634, 1636; *Weyer*, BauR 2001, 1807, 1810; *Reimann*, BauR 2011, 14, 17; *Klose*, NZBau 2012, 80, 84; s. auch *Schmitz*, ZfBR 2007, 314, 315.
332) OLG Hamm, BauR 2009, 1477, 1478 = IBR 2009, 188 – *Knipp*; OLG Dresden, IBR 2009, 61 – *Alfes*.
333) So schon für die **Unterbrechung**: BGHZ 66, 138 = BauR 1976, 205 = NJW 1976, 956 = *Schäfer/Finnern*, Z 2.415.2 Bl. 11; BGH, *Schäfer/Finnern*, Z 2.331 Bl. 45; OLG Köln, VersR 1971, 378. Für die **Hemmung**: OLG München, NZBau 2007, 375.
334) BGHZ 66, 138 = BauR 1976, 205; OLG München, BauR 2010, 1102, 1104; LG München II, NZBau 2012, 707; OLG Koblenz, IBR 2014, 249 – *Dötsch*; OLG Frankfurt, BauR 1984, 67; LG Marburg, BauR 1991, 738; *Nicklisch/Weick*, § 13/B, Rn. 102; *Kaiser*, Mängelhaftungsrecht, Rn. 185, Anm. 53.

gelesen werden.³³⁵⁾ Zu beachten ist, dass ein von dem Bauherrn eingeleitetes Beweisverfahren zur Feststellung von Baumängeln auch Auswirkungen auf die Verjährung der Vergütungsansprüche des Unternehmers bzw. der Honoraransprüche des Architekten haben kann.³³⁶⁾ **Hemmende** Wirkung hat ein selbstständiges Beweisverfahren allerdings nur, wenn der **Berechtigte** es **beantragt** hat.³³⁷⁾ Die „Berechtigung" muss nicht, wie der BGH formuliert, „durch eine besondere Prozesshandlung in das (laufende) Verfahren" eingeführt werden. Die **Streitverkündung** durch einen Antragsgegner hat daher auch hinsichtlich derjenigen Ansprüche hemmende Wirkung, die diesem (zusätzlich) **abgetreten** waren, aber in der Streitverkündungsschrift nicht (besonders) erwähnt werden.³³⁸⁾ Werden Mängelansprüche **abgetreten** und hat der **Zedent** vor der Abtretung ein selbstständiges Beweisverfahren eingeleitet, so wirkt die dadurch eingetretene **Hemmung** auch **zugunsten des Zessionars**.³³⁹⁾

101 Der BGH hatte durch Urteil vom 6.10.1988³⁴⁰⁾ für das (alte) Beweissicherungsverfahren klargestellt, welche Anforderungen an einen **Beweissicherungsantrag** zu stellen sind, wenn er die Verjährung unterbrechen soll; dabei hat er sich der Auffassung angeschlossen, dass „die Mängelrüge nach § 13 Nr. 5 VOB/B und die Unterbrechung der Verjährung durch ein Beweissicherungsverfahren nach gleichen Grundsätzen" zu behandeln sind.³⁴¹⁾ Nach dem Zweck der Regelungen, den Vertragspartner ausreichend zu warnen, und nach der Interessenlage beider Parteien,

---

335) BGHZ 66, 138 = BauR 1976, 205 = MDR 1976, 655; OLG Frankfurt, BauR 1984, 67; LG Marburg, BauR 1990, 738.
336) Nach h.A. hat das selbstständige Beweisverfahren über die Mangelfreiheit **vor** Abnahme der Werkleistung hinaus **verjährungshemmende** Wirkung auch in Bezug auf die **Werklohnforderung**; OLG Hamm, BauR 2011, 2010 = IBR 2011, 498 – *Ulrich* (die Nichtzulassungsbeschwerde hat der BGH, BauR 2012, 803 = NZBau 2012, 228 = IBR 2012, 237 – *Seibel* zurückgewiesen); s. aber OLG Saarbrücken, BauR 2006, 561, 562 = NZBau 2006, 714 = IBR 2005, 677 – *Miernik*, wenn der Unternehmer die Feststellung der Mangelfreiheit der **abgenommenen** Werkleistung ermitteln will; siehe hierzu kritisch: *Schulze-Hagen*, in: Kniffka, § 634a BGB, Rn. 126; ferner: *Erman/Schmidt-Ränsch*, § 204 BGB, Rn. 20; *Joussen*, in: Ingenstau/Korbion, Anhang 3, Rn. 41.
337) BGH, BauR 2013, 1437 (Beweisverfahren durch Wohnungseigentümergemeinschaft); BGH, BauR 1993, 473 = ZfBR 1993, 182 = NJW 1993, 1916; BGH, NJW-RR 2001, 385; OLG München, BauR 2010, 1102; OLG Naumburg, BauR 2009, 133 (Beweisverfahren durch GmbH als Nachfolgerin des Einzelunternehmens); KG, OLGR 2009, 263 (für § 204 Abs. 1 Nr. 6 BGB); OLG Schleswig, BauR 1995, 101, 103 m.Anm. *Haß*; OLG Düsseldorf, BauR 1994, 769, 771; OLG Köln, BauR 1995, 702; OLG Hamm, BauR 1992, 107, 108; *Weyer*, BauR 2001, 1807, 1810.
338) Dies ist bei einer Streitverkündung **außerhalb** eines selbstständigen Beweisverfahrens **anders** (OLG Düsseldorf, BauR 1996, 869, 870).
339) Siehe BGH, BauR 2012, 292, 294 = ZfBR 2012, 145 = NZBau 2012, 36 = IBR 2012, 56 – *Illies*; OLG Köln, BauR 1999, 259 m. zust. Anm. *Haß*.
340) ZfBR 1989, 27 = BauR 1989, 79 = NJW-RR 1989, 148; s. auch BGH, BauR 1998, 632; NJW-RR 1989, 667 = ZfBR 1989, 161 = BauR 1989, 470; BGH, NJW-RR 1989, 579 = BauR 1989, 603 = ZfBR 1989, 202 sowie BGH, BauR 1992, 503 = ZfBR 1992, 206 = NJW-RR 1992, 913 = MDR 1992, 780.
341) Vgl. *Jagenburg*, NJW 1983, 558; *Hickl*, BauR 1986, 286; siehe ferner: OLG Köln, *SFH* Nr. 13 zu § 640 BGB.

hinsichtlich des Umfangs der Verjährung klare Verhältnisse zu schaffen, müssten bei der Auslegung dieser Vorschriften, was die **Anforderungen an die Bezeichnung des Mangels** angeht (vgl. dazu Rdn. 1979 ff.), **gleiche Maßstäbe angelegt werden**. Für das **selbstständige Beweisverfahren** gilt nichts anderes;[342] hieran änderte sich auch nichts durch das SchRModG.

Die Frage der „**Mangelidentität**" ist deshalb **großzügig** zu betrachten: Sind die Mängel ausreichend beschrieben und halten sich die sachverständigen Feststellungen eines Gutachters im Rahmen des selbstständigen Beweisantrages und des Beweisbeschlusses (§ 490 Abs. 2 ZPO), wird die Verjährung in eben diesem Ausmaß gehemmt (§ 204 Abs. 1 Nr. 7 BGB). Eine **Beschränkung** auf die vom Antragsteller angegebenen **Mängelstellen** oder die von ihm bezeichneten oder vermuteten **Ursachen** ist damit also nicht verbunden (**Symptomtheorie**):[343]

Der BGH (BauR 1989, 79, 80/81) umschreibt dies z.B. so:

„Diese Ursachen sind vielmehr vollständig erfasst, mögen sie in der Ausführung der Arbeiten an einzelnen Stellen, in der Wahl und Überwachung von Material und handwerklicher Verarbeitung allgemein, in der Konstruktion oder den bautechnischen Verfahren sowie bei Planung, Statik, Grundstückseigenschaften usw. liegen.

Die Angabe etwa einer Stelle, an der Wasser in einer Wohnung auftritt, oder die Bezeichnung von Rissen im Außenputz ist deshalb nur als Hinweis auf festgestellte Schäden, nicht als Begrenzung des Mängelbeseitigungsverlangens zu verstehen (BGH, NJW 1987, 381, 382 = BauR 1987, 84; BauR 1987, 207, 208 u. BauR 1987, 443, 444). Sie kann z.B. konstruktive Mängel bei der Dachdeckung und Belüftung (BGH, BauR 1987, 443, 444), bei der Dach- und Terrassenabdeckung (BGH, NJW 1987, 381 = BauR 1987, 84), bei dem gewählten Putzuntergrund (BGH, BauR 1987, 207, 208) betreffen, die auch an anderen Stellen als den bezeichneten vorhanden, aber noch nicht zutage getreten sind. Festgestellte Schäden an Fensterrahmen genügen als Hinweise auf Montagefehler bei Jalousien (BGHZ 62, 293, 295 sowie NJW 1974, 1188, 1189 = BauR 1974, 280). Das Verkalken einer Heizungsanlage ist ein zureichender Hinweis auf fehlende konstruktive Vorsorge gegen Verkalkung (BGH, BauR 1982, 66). Mit der Beschreibung einer Mangelerscheinung können somit Mängel des Bauwerks sehr unterschiedlicher Art und unterschiedlichen Ausmaßes angesprochen sein. Ist die Ursache ein Ausführungsfehler, so wird sich häufig der Mangel nur an der beschriebenen Stelle finden; andere Mängel können dagegen je nach der Ursache der Mangelhaftigkeit bestimmten Bauteilen anhaften oder auch das ganze Gebäude betreffen, ohne dass dem eine Verteilung der beanstandeten Erscheinungen auf die betreffenden Bauteile oder das Gebäude insgesamt entsprechen müsste. Ob und in welcher Weise eine Werkleistung mangelhaft ist, hängt nämlich nicht davon ab, dass der Mangel sich – schon – in bestimmten Erscheinungen bemerkbar gemacht hat. Die Mangelhaftigkeit muss auch nicht auf die Stellen beschränkt sein, an denen Mangelerscheinungen aufgetreten sind. Mit der Bezeichnung der Erscheinungen macht der Besteller (Auftraggeber) vielmehr nicht nur diese, sondern **den Mangel selbst** in vollem Umfang zum Gegenstand seiner Erklärungen."

Treten Baumängel dagegen **erstmals** durch das im selbstständigen Beweisverfahren eingeholte Sachverständigengutachten zutage, tritt eine verjährungshemmende

---

342) Vgl. OLG Köln, NJW-RR 1993, 533; *Quack*, BauR 1991, 278, 281, der empfiehlt, nach Möglichkeit auch den Zustand des Bauwerks zum Gegenstand des selbstständigen Beweisverfahrens zu machen.
343) Vgl. BGH, BauR 1997, 1065 = ZfBR 1998, 25; BGH, BauR 1997, 1029 = ZfBR 1997, 297; OLG Brandenburg, ZMR 2016, 87, 88; OLG Düsseldorf, NJW-RR 1997, 976 u. NJW-RR 1996, 1527, 1528; OLG Köln, NJW-RR 1993, 553; *Weise*, BauR 1991, 19 ff.; *Quack*, BauR 1991, 278, 280/281; zur Reichweite **eines** Beweisverfahrens bei einem **Systemfehler**: OLG München, IBR 2001, 478 – *Kamphausen*; zur **Begrenzung** s. vor allem LG Marburg, BauR 1990, 738 ff.

Wirkung **bei fehlender Identität** mit den **im selbstständigen Beweisantrag genannten Mängeln nicht** ein.[344)] Insoweit müsste der Auftraggeber, wenn dies noch möglich ist, neue verjährungshemmende Maßnahmen einleiten. Überhaupt ist in jedem Einzelfall zu überprüfen, ob **mehrere** voneinander unabhängige Mängel vorhanden sind, die gfs. durch mehrere separate Sachverständigengutachten beurteilt werden müssen; in diesem Fall beurteilt sich der Eintritt der Verjährung nach jedem selbstständigen Mangel.[345)]

103 Die Hemmungswirkung des selbstständigen Beweisantrages tritt auch dann ein, wenn der Sachverständige in dem Beweisverfahren den Mangel **nicht** feststellt;[346)] dem Anspruchsteller obliegt im Hauptsacheprozess die Darlegungs- und Beweislast, dass sich der Gutachter zu seinen Lasten „geirrt" hat. Nichts anderes gilt für **„Anlageschäden"**, die erst weit nach Abschluss eines selbstständigen Beweisverfahrens zutage treten.

104 Ein **unzulässiger** Beweisermittlungsantrag, dem von dem zuständigen Gericht entsprochen wird, unterbrach nach altem Recht ebenfalls die Verjährung; erachtete z.B. ein Amtsgericht einen Beweisermittlungsantrag für ausreichend und ordnete es die Beweiserhebung an, konnte im Hauptprozess nicht mehr nachgeprüft werden, ob der Beweisantrag richtigerweise hätte abgelehnt werden müssen. Das ergab sich für das alte Recht aus der in §§ 639 Abs. 1, 477 Abs. 2 Satz 3 BGB angeordneten entsprechenden Anwendung des § 212 BGB.[347)] Das SchRModG verzichtet demgegenüber bewusst auf eine dem § 212 BGB a.F. entsprechende Regelung. Ab 1.1.2002 tritt die Beendigung des selbstständigen Beweisverfahrens i.S. des § 204 Abs. 2 Satz 1 BGB deshalb mit der Rücknahme des Beweissicherungsantrages ein, sodass die Hemmung sechs Monate später endet. Die **Wirkungen** der **Hemmung** bleiben demnach im Gegensatz zur Unterbrechung **erhalten**.[348)]

Die Einleitung eines gegen einen Unternehmer gerichteten Beweisverfahrens des **Bauherrn**, der **nicht** zugleich **Auftraggeber** ist, hemmt die Verjährung von Gewährleistungsansprüchen nicht; erwirbt er allerdings die Gewährleistungsrechte **während** des Beweisverfahrens, so muss er eine dem Beweissicherungsantrag vergleichbare Prozesshandlung nicht vornehmen, um die Hemmung zu erreichen.[349)] Im Übrigen kommt eine Hemmung nur dann in Betracht, wenn – bei der Verfolgung von Mängelansprüchen – der Auftraggeber das Verfahren selbst **aktiv betreibt** oder **mitbetreibt** (z.B. bei einem selbstständigen Beweisverfahren des

---

344) OLG Köln, *SFH*, Nr. 13 zu § 640 BGB.
345) OLG Koblenz, IBR 2013, 724 – *Sturmberg*; LG Nürnberg-Fürth, IBR 2012, 623 – *Sturmberg*.
346) BGH, BauR 1998, 826 = ZfBR 1998, 246; *Weyer*, BauR 2001, 1807, 1812; *Weise*, Rn. 597; a.A.: *Jagenburg*, NJW 1983, 558.
347) BGH, NJW 1983, 1901 = BauR 1983, 255 = ZfBR 1983, 121; BGH, BauR 1998, 390 = ZfBR 1998, 153; OLG Köln, BauR 1988, 241, 242; OLG Hamburg, MDR 1978, 845 = VersR 1978, 1146; *Wussow*, Beweissicherungsverfahren, S. 103.
348) Zutreffend: *Weyer*, BauR 2001, 1807, 1812; *Joussen*, in: Ingenstau/Korbion, Anhang 3, Rn. 42; *Enaux*, Festschrift für Jagenburg, S. 147, 153.
349) BGH, BauR 1993, 473 = ZfBR 1993, 182; unzutreffend: OLG Düsseldorf, BauR 1992, 678 (LS).

Auftragnehmers mit dem Ziel, sich den mangelfreien Zustand seiner Leistung bestätigen zu lassen).350) Auch daran hat sich durch das SchRModG nichts geändert.

Die **Hemmungswirkung** kommt jedoch nur in Betracht, wenn sich der Beweisermittlungsantrag gegen den auf Gewährleistung in Anspruch genommenen **Schuldner** richtet;351) die nur aus der Begründung des Beweisermittlungsantrages erkennbar werdende **Mithaftung** eines **Dritten** reicht für eine Hemmung nicht aus.352) **105**

Das ist für die Fälle von besonderer Bedeutung, in denen bei der Abwicklung eines Bauvorhabens **Ansprüche** eines Vertragspartners, insbesondere Mängelansprüche, **vor Einleitung** eines selbstständigen Beweisverfahrens an **Dritte abgetreten** wurden. Beantragt z.B. ein **Bauträger** wegen Baumängel ein selbstständiges Beweisverfahren gegen die bauausführenden Unternehmer, hat der Bauträger als Veräußerer aber bereits seine Mängelansprüche an den Erwerber des Bauvorhabens oder eines Teils davon (z.B. Eigentumswohnung) wirksam **abgetreten,** bewirkt das selbstständige Beweisverfahren keine Verjährungshemmung im Verhältnis Erwerber – Bauunternehmer. Diese Wirkung kann auch nicht durch eine spätere Genehmigung des Erwerbers bezüglich der Durchführung des selbstständigen Beweisverfahrens erreicht werden.353) Wussow354) hat deshalb schon mit Recht darauf hingewiesen, dass bei dem Auftreten von Baumängeln jeweils sorgfältig in einem solchen Fall geprüft werden muss, „wer zweckmäßigerweise im Hinblick auf die spätere prozessuale Geltendmachung von Gewährleistungsansprüchen ein Beweissicherungsverfahren als Antragsteller durchführt und ob ggf. der Antragsteller im Zeitpunkt der Einleitung des Beweissicherungsverfahrens noch oder schon Inhaber der Forderung ist". Darüber hinaus ist bei einer Abtretung die **Sperre** des § 485 Abs. 3 ZPO zu beachten; hat der **Zedent vor** der Abtretung bereits ein selbstständiges Beweisverfahren eingeleitet, ist der **Zessionar** der Forderung nicht mehr berechtigt, zu dem gleichen Tatsachenvortrag ein weiteres Beweisverfahren gegen denselben Antragsgegner einzuleiten.355) Der Zedent muss daher nach der Abtretung das Beweisverfahren weiterführen, „falls der Zessionar dieses nicht mit Zustimmung des Gegners übernimmt" (BGH). Der Zessionar kann das Ergebnis eines von dem Zedenten durchgeführten Beweisverfahrens deshalb in einem **Hauptsacheverfahren** als Kläger gegen den Antragsgegner als Beklagten **verwerten**, wenn die Abtretung nach Anhängigkeit erfolgte.356) **106**

Die rechtlichen Wirkungen des selbstständigen Beweisverfahrens, insbesondere also die Hemmung der Verjährung, treten in vollem Umfang ein, wenn **Wohnungseigentümer** einer Wohnanlage **nach** Abtretung der Gewährleistungsansprüche durch den Bauträger ein selbstständiges Beweisverfahren gegen die Unternehmer oder den Architekten einleiten und nach Abschluss des Verfahrens dann den **107**

---

350) BGHZ 72, 23, 28 = NJW 1978, 1975; BGH, NJW 1980, 1458; OLG Düsseldorf, BauR 1992, 767.
351) BGH, NJW 1980, 1458 = BB 1980, 703 = BauR 1980, 364; LG Marburg, BauR 1990, 738, 739; *Pauly*, MDR 1997, 1087.
352) Zutreffend: *Pauly*, MDR 1997, 1087, 1088.
353) BGH, NJW 1958, 338 = MDR 1958, 231.
354) Beweissicherungsverfahren, S. 103.
355) BGH, BauR 2012, 292, 294 = NZBau 2012, 36 = ZfBR 2012, 145 (Rdn. 14 f.).
356) BGH, a.a.O., Rdn. 21 m.w.Nachw.

Verwalter oder einen **Dritten** mit der Geltendmachung der Gewährleistungsansprüche im eigenen Namen ermächtigen.[357] Die hemmende Wirkung des selbstständigen Beweisverfahrens scheitert also nicht deshalb, weil sich Kläger (= Verwalter) und Unternehmer/Architekt nicht als „Gegner" im selbstständigen Beweisverfahren gegenüberstehen. Nichts anderes gilt, wenn nur **ein** Eigentümer ein selbstständiges Beweisverfahren hinsichtlich des Gemeinschaftseigentums einleitet.[358] Ein besonderer Ermächtigungsbeschluss der Eigentümer ist dafür nicht einmal erforderlich. Empfehlenswert dürfte es jedoch sein, in dem Beweisermittlungsantrag vorsorglich auch immer die nähere Sachbefugnis des Antragstellers darzutun,[359] damit der in Anspruch genommene Bauschuldner weiß, dass z.B. aus **abgetretenem** Recht gegen ihn vorgegangen wird. Dadurch wird der Gefahr vorgebeugt, dass das Gericht den Antrag etwa als „unzulässig" zurückweist, weil es an einer Darlegung der Sachbefugnis mangelt. In gleicher Weise wirkt das von dem **Verwalter** für die Eigentümergemeinschaft eingeleitete selbstständige Beweisverfahren:[360] Das in Prozessstandschaft von dem Verwalter gegen den Veräußerer eingeleitete selbstständige Beweisverfahren hemmt die Verjährung der Mängelansprüche der Erwerber, sofern diese den Verwalter dazu ermächtigt haben. Wenn deshalb nach Abschluss des Verfahrens nicht der Verwalter, sondern die Eigentümer selbst oder als Verband klagen, kann eine solche Klage im Zweifel nicht an der Verjährung scheitern.

108 Eine Hemmung findet nicht statt, wenn ein „**gegnerloses**" Beweisverfahren stattgefunden hat und für den unbekannten Antragsgegner ein Vertreter gemäß § 494 ZPO bestellt worden war.[361]

109 Da die VOB/B keine besonderen Bestimmungen über die Verjährungshemmung durch ein selbstständiges Beweisverfahren vorsieht, gelten die vorerwähnten Ausführungen nicht nur für den BGB-Werkvertrag, sondern auch für den **VOB-Bauvertrag**.[362]

110 Nach § 204 Abs. 2 Satz 1 BGB **endet** die Hemmung sechs Monate nach der rechtskräftigen Entscheidung oder anderweitigen Beendigung des eingeleiteten Verfahrens. Es kommt deshalb im Einzelfall sehr darauf an, wann die sachliche Erledigung („anderweitige Beendigung") des selbstständigen Beweisverfahrens eintritt. Diese Frage war umstritten und sie bleibt auch für die Auslegung des § 204 Abs. 1 Nr. 7 BGB weiterhin aktuell.[363]

---

357) Vgl. dazu BGH, BauR 1991, 606 = ZfBR 1991, 212 = NJW 1991, 2480; BGH, NJW 1983, 1901 = BauR 1983, 255; BGH, BauR 2009, 1298, 1300 (auch zur interessengerechten **Auslegung** eines Ermächtigungsbeschlusses). Zur Kostenverteilung im **Hauptverfahren** bei einem gemeinschaftlich betriebenem Beweisverfahren: LG München I, NZBau 2009, 445.
358) Vgl. BGH, BauR 1980, 69 = ZfBR 1980, 36; *Deckert*, ZfBR 1984, 161, 162.
359) Vgl. hierzu auch BGH, NJW 1983, 1901.
360) BGH, BauR 2003, 1759 = NZBau 2003, 613 = NJW 2003, 3196 = ZfBR 2003, 768.
361) BGH, BauR 1980, 364 = NJW 1980, 1458 = ZfBR 1980, 189; s. auch OLG Karlsruhe, OLGR 1999, 158.
362) Vgl. BGH, BauR 1991, 460.
363) Missverständlich: *Lenkeit*, in: Wirth/Sienz/Englert, § 204 BGB, Rn. 20 u. BauR 2002, 196, 216; siehe für das **alte Recht:** OLG Köln, NJW-RR 1997, 1220; OLG Düsseldorf, NJW-RR 1996, 1527; SchlHOLG, OLGR 1996, 113; OLG Nürnberg, NJW-RR 1989, 235; zum **neuen** Recht siehe: OLG Hamm, NZBau 2007, 376; OLG Karlsruhe, IBR 2005, 354 – *Wellensiek*; *Joussen*, in: Ingenstau/Korbion, Anhang 3, Rn. 89 ff.

111 Als Regel kann gelten, dass die **Beendigung** des selbstständigen Beweisverfahrens mit dem Zugang der Feststellung der Beweiserhebung eintritt.[364] Bei der **Vernehmung** von Zeugen oder **Sachverständigen** ist das selbstständige Beweisverfahren daher mit dem Verlesen des Protokolls oder dessen Vorlage zur Durchsicht in diesem Termin beendet.[365] Die Übermittlung der Protokollabschrift an die Parteien gehört nicht mehr zur Beweisaufnahme und liegt daher außerhalb des selbstständigen Beweisverfahrens.[366]

Für die Einnahme des **Augenscheins** gilt sinngemäß dasselbe. Bei einer **schriftlichen Begutachtung** durch einen Sachverständigen hat der Sachverständige gemäß §§ 492, 411 Abs. 1 ZPO sein Gutachten auf der Geschäftsstelle niederzulegen. In diesem Fall endet das selbstständige Beweisverfahren erst mit der Mitteilung („Zugang") des schriftlichen Sachverständigengutachtens an die **Parteien**.[367] Werden **mehrere** Gutachten wegen **desselben** Mangels eingeholt, kommt es auf den Zugang und gegebenenfalls auf die Erläuterung des letzten Gutachtens an.[368] Wird das von dem Auftraggeber eingeleitete selbstständige Beweisverfahren auf den **Gegenantrag** des Auftragnehmers unter demselben Aktenzeichen **fortgeführt**, dauert die Hemmung der Verjährung bis zur **endgültigen Verfahrensbeendigung** fort.[369]

Werden verschiedene Gutachten wegen **mehrerer voneinander unabhängiger Mängel** desselben Bauvorhabens eingeholt, so **endet** die Beweissicherung hinsichtlich **eines jeden** dieser Mängel mit der Übermittlung oder Erläuterung des auf ihn **bezogenen** Gutachtens. Die Unterbrechung/Hemmung endet auch dann jeweils mit dem Abschluss der **einzelnen** Beweissicherung; dadurch kann sich ein „unterschiedlicher Lauf der Verjährung hinsichtlich verschiedener Mängel eines Bauvorhabens ergeben".[370]

112 Nach **Mitteilung** des schriftlichen **Sachverständigengutachtens** haben **beide Parteien** allerdings **das Recht**, dem Sachverständigen in einer mündlichen Verhandlung **Fragen zu stellen** („Anhörungsrecht")[371] oder eine **Ergänzung** des

---

364) BGH, BauR 2002, 1115; OLG Köln, IBR 2016, 262 – *Ulrich*; OLG Hamm, OLGR 1999, 401, 402; *Pauly*, MDR 1997, 1087, 1089.
365) Vgl. BGH, NZBau 2009, 598 = IBR 2009, 363 – *Hildebrandt*; OLG Düsseldorf, BauR 2009, 1776; *Weise*, Rn. 615.
366) BGHZ 60, 212 = NJW 1973, 698; BGH, BauR 1993, 221 = NJW 1993, 851.
367) BGHZ 53, 43, 47 (offen gelassen von BGH, NJW 1973, 698, 699); siehe ferner: OLG Nürnberg, IBR 2015, 54 – *Helm*; OLG München, BauR 2010, 1102; Saarländisches OLG, OLGR 2000, 26, 27; OLG Köln, BauR 1998, 591; LG Mönchengladbach, MDR 1984, 843 (Mitteilung an den **Antragsteller**); LG Köln, BauR 1985, 481 (mit der Vernehmung des Sachverständigen); OLG Nürnberg, NJW 1989, 235 („sobald der angeordnete Beweis erhoben und keine weitere Beweisaufnahme beantragt ist") sowie *Weise*, Rn. 616; *Fricke*, BauR 1977, 231, 233; *Hickl*, BauR 1986, 282, 283.
368) BGHZ 53, 43 = BauR 1970, 45, 46.
369) BGH, NJW-RR 2001, 385 = NZBau 2001, 201 = BauR 2001, 674. Zum Rechtsmittel gegen eine **Beendigungsverfügung**: OLG Bamberg, BauR 2015, 2038.
370) BGHZ 120, 329 = BauR 1993, 221 = NJW 1993, 851; KG, BauR 2014, 115, 123; OLG Hamm, BauR 2009, 1477, 1478; OLG München, NZBau 2007, 375 = NJW-RR 2007, 675; OLG Düsseldorf, BauR 1985, 326, 327; **a.A.:** OLG Hamm, BauR 1990, 104, 108.
371) BGH, NZBau 2005, 688 = IBR 2005, 718 – *Wolff*; BGH, NZBau 2000, 249; OLG Düsseldorf, NZBau 2000, 385 = NJW-RR 2001, 141; OLG Köln, BauR 1996, 754 u. NJW-RR 1997, 1220; OLG Hamm, IBR 2012, 110 – *Schönlau* u. OLGR 1999, 401, 402; OLG Saarbrücken, NJW-RR 1994, 787; LG Hanau, BauR 1985, 482; LG Frankfurt, BauR 1985, 603

Gutachtens zu beantragen (§ 411 Abs. 4 Satz 1 ZPO).[372] Das Anhörungsrecht setzt nicht voraus, dass die Partei konkrete Beweisfragen im Voraus mitteilt; es genügt die allgemeine Angabe, welche weitere Aufklärung bezweckt wird.[373] Ein solcher Antrag hindert das Gericht allerdings nicht, statt der beantragten Anhörung zunächst ein schriftliches Ergänzungsgutachten einzuholen.[374] Sind bereits Gutachten und ergänzende Stellungnahme eingeholt worden, ist nach OLG Frankfurt[375] die mündliche Anhörung des Sachverständigen gegenüber der Einholung eines weiteren (neuen) Gutachtens vorrangig. Der Antrag auf Anhörung oder Ergänzung des Gutachtens kann im Ausnahmefall als **rechtsmissbräuchlich** zurückgewiesen werden, wenn die Beweisfrage bereits umfassend und eindeutig beantwortet ist.[376] Im Übrigen ist auch die Einholung eines **weiteren Gutachtens** in dem selbstständigen Beweisverfahren nur in den engen Grenzen der §§ 485 Abs. 3, 412 ZPO möglich. Da eine Beweiswürdigung im Beweisverfahren nicht stattfindet, können nur grobe Mängel ein weiteres Gutachten rechtfertigen.[377] Setzt das Gericht gemäß § 411 Abs. 4 Satz 2 ZPO den Parteien eine **Frist**,[378] sind Einwendungen gegen das Gutachten, Anträge auf Anhörung oder Ergänzungsfragen **innerhalb** der vom Gericht gesetzten Frist anzubringen; andernfalls ist das selbstständige Beweisverfahren **beendet**.[379] Das fruchtlose Verstreichenlassen der gesetzten Frist bewirkt keine Umkehr der Beweislast.[380] Es muss deshalb auch darauf geachtet werden, dass rechtzeitig **vor** Ablauf der den Parteien gesetzten Frist gegebenenfalls eine **Fristverlängerung** beantragt wird; und das muss hinreichend

---

= MDR 1985, 149, 150; LG Köln, BauR 1985, 481. Den **Antragsteller** trifft weiterhin die **Kostenvorschusspflicht**, wenn der Antragsgegner (nur) Ergänzungsfragen stellt oder die Anhörung des Sachverständigen beantragt; LG Hamburg, IBR 2006, 240 – *Grosse* (enge Auslegung von § 17 GKG).

372) Zum angemessenen Zeitraum: OLG Köln, IBR 2010, 252 – *Busch*. Zu den Folgen einer verspäteten Zahlung des **Auslagenvorschusses** (§§ 402, 379): OLG Koblenz, IBR 2004, 231 – *Ulrich*.
373) OLG Hamm, IBR 2012, 119 – *Schönlau*. Zum **Anwaltszwang** BGH, NJW 2012, 2810 (Beitrittserklärung eines Nebenintervenienten); OLG Köln, IBR 2014, 522 – *Ulrich* (Stellungnahme zum Gutachten u. Antrag auf Anhörung des Sachverständigen).
374) Zutreffend: OLG München, IBR 2009, 366 – *Ulrich*.
375) OLG Frankfurt, IBR 2010, 246 – *Cordes*.
376) KG, BauR 2010, 502, 504; SchlHOLG, OLGR 2004, 41 = BauRB 2004, 71. Nach OLG München (BauR 2008, 561) soll die Beendigung des Verfahrens nicht durch „unzulässige" Fragen hinausgeschoben werden.
377) Siehe OLG Hamm, IBR 2010, 124 – *Müller-Stoye*; OLG Frankfurt, NZBau 2007, 250 = IBR 2006, 478 – *Ulrich*; OLG Jena, OLGR 2006, 147, 148 (nur bei unvollständigem oder unverständlich erscheinendem Gutachten).
378) Die Beendigung des selbstständigen Beweisverfahrens setzt eine **formgerechte** Fristsetzung, deren Zustellung und den Hinweis auf die Folgen einer Nichtbeachtung der Frist voraus (§ 329 Abs. 2 Satz 2 ZPO; BGH, NZBau 2006, 119 = NJW-RR 2006, 428; OLG Celle, NZBau 2009, 385 = IBR 2009, 302 – *Schwenker*).
379) Siehe hierzu: BGH, NZBau 2011, 156 = ZfBR 2011, 134 = BauR 2011, 287, Rn. 11 ff. = IBR 2011, 58 – *Zarth*; OLG Hamm, BauR 2010, 658, 659; OLG Koblenz, OLGR 2003, 162, 163 u. 2000, 178; OLG Düsseldorf, OLGR 2003, 303 u. 2000, 26; SchlHOLG, OLGR 2003, 470; OLG Düsseldorf, BauR 2000, 1775; OLG Celle, NZBau 2001, 331; OLG Koblenz, OLGR 2000, 178; Saarländisches OLG, OLGR 2000, 26; OLG Karlsruhe, BauR 1998, 589, 590.
380) BGH (V. ZS), BauR 2010, 1585 = NZBau 2010, 679 = NJW 2010, 2873.

klar und mit ausreichenden Gründen geschehen.³⁸¹⁾ Wird die Fristverlängerung **abgelehnt**, kann der Anspruch der Partei auf **rechtliches Gehör verletzt** sein, sofern sie sich mangels eigener Sachkenntnis nicht innerhalb der vorgegebenen Frist äußern kann und deshalb auf sachverständige Beratung angewiesen ist.³⁸²⁾

Unterbleibt eine Fristsetzung nach § 411 Abs. 4 Satz 2 ZPO, sind Einwendungen und/oder Anhörungsanträge innerhalb eines **angemessenen Zeitraums** („Prüfungsfrist") nach Erledigung der Beweisaufnahme mitzuteilen.³⁸³⁾ Dies gilt auch für den **Streithelfer** (Rdn. 93). Bei der Bestimmung des „angemessenen Zeitraumes" (§§ 411 Abs. 4, 492 Abs. 1 ZPO) ist nicht auf den Zeitpunkt der Zustellung des ersten Gutachtens abzustellen, sondern stets nach der Zustellung des letzten (Ergänzungs-)gutachtens.³⁸⁴⁾ Im Einzelfall kann zweifelhaft sein, ob ein **Übergang** des Beweisverfahrens auf das Gericht der **Hauptsache** stattfinden muss. Der BGH³⁸⁵⁾ hat hierzu klargestellt, dass ein Übergang des Beweisverfahrens auf das Gericht der **Hauptsache** erst dann stattfindet, wenn dieses eine Beweisaufnahme für erforderlich hält und deshalb die Akten des selbstständigen Beweisverfahrens beizieht.³⁸⁶⁾

> Die Auffassung von Wussow,³⁸⁷⁾ wonach ein Beweisverfahren so lange noch nicht als beendet angesehen werden kann, wie die Möglichkeit eines Antrags auf Befragung des Sachverständigen besteht, hat sich nicht durchgesetzt; dies würde nämlich im Ergebnis bedeuten, dass ein selbstständiges Beweisverfahren u.U. über Jahre hinweg als nicht beendet anzusehen wäre. Dass dies nicht richtig sein kann, liegt auf der Hand.

Vielmehr ist nach der Zustellung eines schriftlichen Sachverständigengutachtens an die Parteien das selbstständige Beweisverfahren beendet, wenn der Antrag auf Anhörung des Sachverständigen nicht in einem **engen zeitlichen Zusammenhang mit der Zustellung des Gutachtens** erfolgt; dabei sind bei der Bemessung der Frist immer der Umfang und Gehalt des Sachverständigengutachtens angemessen zu berücksichtigen.³⁸⁸⁾

---

381) Siehe OLG Koblenz, OLGR 2003, 162, 163; OLG München, MDR 2001, 531.
382) OLG Stuttgart, NZBau 2010, 317.
383) BGH, BauR 2009, 979; BGH, NJW 2002, 1640, 1641; OLG Hamm, BauR 2009, 1477, 1478 = IBR 2009, 188 – *Knipp*; OLG Frankfurt, IBR 2010, 482 – *Lehmann*.
384) OLG Köln, OLGR 2004, 303, 304; OLG Bamberg, BauR 2006, 560.
385) BauR 2004, 1656, 1657.
386) Zur Erläuterung: **Einleitung** des selbstständigen Beweisverfahrens bei dem Landgericht M., **Klageverfahren** umgekehrten Rubrums vor dem Landgericht D. Das Landgericht M. erklärt das selbstständige Beweisverfahren „für beendet" und übersendet die Akten an das Landgericht D.
387) Beweissicherungsverfahren, S. 104.
388) Thüringer OLG, BauR 2003, 581; OLG Koblenz, OLGR 2003, 162, 163 u. 2000, 178, 179; OLG Brandenburg, BauR 2002, 1734; OLG Celle, OLGR 2000, 258; OLG Koblenz, OLGR 2000, 178, 179; KG, BauR 2000, 1371; SchlHOLG, OLGR 1999, 141; OLG Karlsruhe, BauR 1998, 589, 590; OLG Köln (11. ZS), OLGR 2002, 128; OLG Köln (2. ZS), NJW-RR 1997, 1220; OLG Köln (1. ZS), NJW-RR 1998, 210 u. BauR 1997, 886; OLG Düsseldorf, NJW-RR 1996, 1527, 1528; SchlHOLG, OLGR 1996, 113; OLG München, OLGR 1995, 140, 141; OLG Frankfurt, BauR 1994, 139, 140; OLG Braunschweig, BauR 1993, 251; LG Frankfurt, BauR 1985, 603 = MDR 1985, 149, 150; *Hickl*, BauR 1986, 282, 284; siehe ferner: LG Köln, BauR 1985, 481; LG Hanau, BauR 1985, 482; LG Kaiserslautern, *SFH*, Nr. 1 zu § 411 ZPO (einschränkend); vgl. auch BGH, BauR 1993, 221 = BB 1993, 391 = NJW 1993, 851 u. OLG Köln, BauR 1998, 591 („in angemessener Zeit").

114 Wann die Grenze der Angemessenheit überschritten ist, muss jeweils im **Einzelfall** entschieden werden. Nach ständiger Rechtsprechung ist jedoch ein Zeitraum von vielen Monaten regelmäßig nicht als angemessen anzusehen; dies gilt vor allem, wenn es sich um einen einfach gelagerten Fall handelt.[389] Bei **umfangreichen** und/oder **schwierigen** Gutachten wird in der Regel eine Frist von **4 Monaten** ausreichend und angemessen sein.[390] Es ist nämlich auch zu berücksichtigen, dass (eventuelle) Einwendungen gegen das Gutachten nicht ausgeschlossen werden, sondern diese gegebenenfalls im Hauptsacheprozess nachgeholt werden können.[391]

115 Der BGH[392] hat klargestellt, dass das selbstständige Beweisverfahren mit dem Zugang des Sachverständigengutachtens **beendet** ist, sofern die Parteien nicht innerhalb der ihnen einzuräumenden **Prüfungsfrist** einen Antrag auf Anhörung stellen oder Einwendungen vortragen; ob die Beendigung eines selbstständigen Beweisverfahrens durch derartige Schritte hinausgeschoben worden ist, lässt sich dadurch „naturgemäß erst **bei rückschauender Betrachtung** beurteilen" (BGH). Es ist deshalb immer Sache des Anspruchstellers, den Ablauf der Verjährungsfrist sorgfältig im Auge zu behalten.

116 Eine Streitverkündung im Hauptsachverfahren beendet ein selbstständiges Beweisverfahren nicht.[393] Auch die **Festsetzung des Streitwertes** markiert nicht das Ende eines selbstständigen Beweisverfahrens;[394] sie liegt außerhalb der Beweisaufnahme und damit auch außerhalb des selbstständigen Beweisverfahrens.

117 Von erheblicher Bedeutung ist die Wirkung des selbstständigen Beweisverfahrens auf den **späteren Bauprozess.** Nach § 493 Abs. 1 ZPO ist das **Ergebnis** eines selbstständigen Beweisverfahrens bei bestrittenem Tatsachenvortrag **wie eine vor dem Prozessgericht durchgeführte Beweisaufnahme zu behandeln**.[395] Konnten die Parteien nach früherem Recht den Hauptprozess durch weitere **(neue)** Beweismittel verzögern, besteht diese Möglichkeit für das selbstständige Beweisverfahren nur noch in den engen **Grenzen** der § 412 ZPO.[396] Die Verwertung des Beweis-

---

389) OLG Köln, OLGR 1998, 54; SchlHOLG, OLGR 1999, 141 (6–8 Wochen).
390) Vgl. aus der **Rechtsprechung:** OLG Saarbrücken, IBR 2010, 371 (in der Regel 3 Monate); OLG Bamberg, BauR 2006, 560, 561 (**2 Monate** nach Zusendung des **Ergänzungsgutachtens**); OLG Hamm, BauR 2005, 752 (**1 Monat** für Ergänzungsfragen nach mündlicher Anhörung des Gutachters); OLG Köln, OLGR 2002, 128 (8 Monate); OLG München, MDR 2001, 531; BauR 2000, 1775 (51/2 Monate bei ernsthaften Vergleichsverhandlungen nach Anhörung des Gutachters); OLG Düsseldorf, NZBau 2004, 555 = BauR 2004, 1978 (nur in Ausnahmefällen mehr als 3 Monate); OLG Hamburg, OLGR 2003, 583 (3 1/2 Monate); OLG Celle, OLGR 2000, 288 (**3 Monate** angemessen; Gutachten von 31 Seiten nebst Anlagen; s. auch OLG Celle, IBR 2008, 246); KG, BauR 2000, 1370 (**10 Wochen**); OLG Köln, NJW-RR 1997, 1200 (**6 Wochen** angemessen); OLG Düsseldorf, NJW-RR 1996, 1527, 1528 (**10 Wochen** angemessen); LG Dortmund, NJW-RR 2001, 714 = NZBau 2000, 342; OLG Köln, BauR 1997, 886 (nach **4 Monaten** verspätet); Thüringer OLG, BauR 2003, 581 u. OLG Köln, OLGR 1998, 54, 55 (**mehr** als **6 Monate**: verspätet).
391) OLG Celle, OLGR 2000, 258, 259; LG Hanau, NZBau 2000, 341, 342.
392) BGH, BauR 2002, 1115, 1117 = NJW 2002, 1640; BGH, BauR 2009, 979 = NZBau 2009, 598.
393) OLG Karlsruhe, IBR 2005, 354 – *Wellensiek*.
394) OLG Hamburg, IBR 2003, 583 – *Ulrich;* OLG Breslau, OLG 43, 47; BGH, NJW 1973, 598, 699.
395) Begr. RegE, BT-Drucksache 11/3621, S. 24.
396) *Schreiber*, 1991, 2600, 2602; *Zöller/Herget*, § 493 ZPO, Rn. 2.

ergebnisses setzt immer voraus, dass zwischen den Parteien des selbstständigen Beweisverfahrens und des Hauptsacheprozesses **Identität** besteht (vgl. auch Rdn. 123).³⁹⁷⁾ Die Beweisverwertung setzt eine **Verhandlung** der Parteien über das „Ergebnis" des selbstständigen Beweisergebnisses voraus (§ 285 Abs. 1 ZPO).³⁹⁸⁾

Das Ergebnis eines im **Ausland abgewickelten** Beweisverfahrens kann im späteren (deutschen) Hauptprozess nicht gemäß § 493 Abs. 1 ZPO verwertet werden.³⁹⁹⁾

118 Allerdings bleibt den Parteien im Prozess vorbehalten, **Einwendungen** gegen die Art und Weise, insbesondere die **Ordnungsmäßigkeit** der Beweisaufnahme und die Zulässigkeit der Beweismittel, zu erheben. Dabei ist jedoch zu beachten, dass die **Zulässigkeit des Beweisverfahrens selbst** nicht Voraussetzung der späteren Verwendung der Beweise ist, weil die Unzulässigkeit der Beweiserhebung die Richtigkeit, Objektivität und Verwendbarkeit des Beweisergebnisses nicht zu berühren braucht.⁴⁰⁰⁾ Überhaupt führen Verstöße nur dann zu einem Verwertungsverbot im Hauptverfahren, wenn es sich um **gravierende** handelt. Gegen die Verwertung der Beweisverhandlung aus dem Beweisverfahren muss im Übrigen immer **rechtzeitig** vor der mündlichen Verhandlung oder in der mündlichen Verhandlung widersprochen werden. Im anderen Falle droht Rügeverlust gemäß § 295 ZPO.

119 In dem Hauptverfahren können sich die Parteien nicht auf eine **Unzuständigkeit** des Gerichts (des selbstständigen Beweisverfahrens) berufen (§ 486 Abs. 2 Satz 2 ZPO). Dies muss auch für den Fall eines (an sich gegebenen) **besonderen** oder **ausschließlichen** Gerichtsstands gelten.⁴⁰¹⁾ Der Antragsgegner eines selbstständigen Beweisverfahrens kann in dem Hauptprozess auch nicht mehr einwenden, der Beweisantrag sei „unzulässig" gewesen, wenn ihm entsprochen worden ist.⁴⁰²⁾

Zu beachten ist die Einschränkung des § 493 Abs. 2 ZPO: War der Gegner in einem Termin im selbstständigen Beweisverfahren nicht erschienen, kann das Ergebnis nur benutzt werden, wenn der Gegner **rechtzeitig** geladen war.⁴⁰³⁾ Ermittelt der Sachverständige die erforderlichen Tatsachen allerdings **nicht** aufgrund einer Ortsbesichtigung, sondern durch die **Heranziehung** von Feststellungen aus einem **früheren** selbstständigen Beweisverfahren, steht dies der Verwertung des Gutachtens nicht entgegen, wenn die ermittelten Tatsachen unstreitig sind.⁴⁰⁴⁾ § 493 Abs. 2 enthält darüber hinaus **kein absolutes Beweisverwertungsverbot**; dem Antragstel-

---

397) OLG Düsseldorf, NVwZ-RR 1993, 339.
398) *Zöller/Herget*, § 493 ZPO, Rn. 1.
399) OLG Köln, NJW 1983, 2779 = IPRax. 1984, 315, 299 (m.Anm. *Stürner*); dazu auch *Meilicke*, NJW 1984, 2017.
400) *Thomas/Putzo/Reichold*, § 493 ZPO, Rn. 1; *Zöller/Herget*, Rn. 3; *Wussow*, NJW 1969, 1401, 1403.
401) Vgl. *Weise*, Rn. 572 (für § 32 ZPO); BLAH, § 486 ZPO, Rn. 6 („weitere Auslegung"); a.A.: *Zöller/Herget*, § 486 ZPO, Rn. 4.
402) *Weise*, Rn. 573.
403) Vgl. hierzu: OLG Hamm, BauR 2003, 930; *Wita*, MDR 2000, 1363.
404) OLG Düsseldorf, NJW-RR 1994, 283.

ler bleibt es unbenommen, das Ergebnis des selbstständigen Beweisverfahrens im Wege des **Urkundenbeweises** in den Hauptprozess einzuführen.[405]

120 „Termin" im Sinne des § 493 Abs. 2 ZPO ist jeder Termin im selbstständigen Beweisverfahren, also vor allem auch der von dem Sachverständigen anberaumte **Ortstermin**.[406] Deshalb scheidet eine Verwertung nach § 493 Abs. 1 ZPO aus, wenn nicht nachweisbar ist, dass die beklagte Partei von einem zuvor durchgeführten Ortstermin des Sachverständigen benachrichtigt worden ist.

121 Die **Beweisverhandlungen aus dem Beweisverfahren** haben für das **Prozessgericht keine Bindungswirkung** im Hinblick auf **weitere** oder **ergänzende** Beweiserhebungen. Ergänzungen oder Wiederholungen der Zeugen- oder Sachverständigenvernehmungen sind zulässig (§§ 398, 412 ZPO).[407] Bei Sachverständigengutachten, die in Bausachen meist umfangreich und kostspielig sind, sollte aus prozessökonomischen Überlegungen ein weiteres Sachverständigengutachten jedoch nur eingeholt werden, wenn hierzu **berechtigter Anlass** besteht. Das ist der Fall, wenn die Parteien gegen das Gutachten erhebliche sachliche Einwendungen vortragen, die ohne eine sachverständige Beratung durch das Gericht nicht beschieden werden könnten. Raum für ergänzende Beweiserhebungen ist immer, wenn die **„entscheidungserheblichen"** Fragen von dem Beweissicherungsgutachten nicht ausreichend beantwortet werden; in diesem Falle ist ein Gericht gehalten, erheblichen Beweisangeboten durch Einholung eines **(weiteren)** Sachverständigengutachtens nachzugehen.[408]

122 Es ist demnach nicht erforderlich, dass alle Einwendungen bereits im selbstständigen Beweisverfahren vorgetragen sein müssen, um im Hauptsacheprozess berücksichtigt zu werden.[409] Allerdings darf auch in dem selbstständigen Beweisverfahren nicht gegen die **Prozessförderungspflicht** verstoßen werden; § 492 Abs. 1 ZPO verweist nämlich auf die für die Beweisaufnahme vor dem Prozessgericht geltenden Normen und damit auch auf die Regelungen der §§ 411 Abs. 4, 296 Abs. 1 und 4 ZPO.[410] Damit obliegt es den Verfahrensbeteiligten, ihnen bekannte Einwendungen innerhalb der ihnen gesetzten Fristen **vorsorglich** vorzutragen, um eine sonst denkbare Präklusion im Hauptsacheverfahren auszuschließen.[411] Eine Partei ist nach OLG Brandenburg[412] allerdings nur dann gehindert, im Hauptsacheverfahren Einwendungen gegen ein im selbstständigen Beweisverfahren ein-

---

[405] Vgl. *Zöller/Herget*, § 493 ZPO, Rn. 6 mit Hinw. auf OLG Frankfurt, MDR 1985, 853; siehe auch BGH, BauR 1990, 773 für den Antrag auf Vernehmung des Sachverständigen als sachverständiger Zeuge.
[406] OLG Hamm, BauR 2003, 930, 931; OLG Köln, JMBl. NRW 1974, 137 = MDR 1974, 589.
[407] OLG München, IBR 2008, 59 – *Schmitz*.
[408] Zutreffend: OLG Hamm, BauR 2000, 1372; OLG Köln, OLGR 1994, 169, 171.
[409] **Streitig**; zum Meinungsstand siehe: *Praun*, BauR 2013, 1041 ff.; *Seibel*, § 493 ZPO, Rn. 15 ff.; *Seibel*, BauR 2010, 1668, 1670 m.w.Nachw.
[410] BGH, BauR 2010, 1585, 1590 = NZBau 2010, 697 = NJW 2010, 2873 = IBR 2010, 310 – *Schwenker*; s. ferner *Klein*, NZBau 2012, 8 ff.; *Seibel*, BauR 2011, 1410 ff. Die Entscheidung des BGH (IX. ZS) vom 12.5.2011 – IX 155/10, die auf BGH (VI. ZS), NJW-RR 2007, 1294, Bezug nimmt, steht dem nicht entgegen; **a.A.**: *Ulrich*, in: Prütting/Gehrlein, § 493 ZPO, Rn. 5.
[411] *Gartz*, BauR 2011, 906, 909; *Seibel*, BauR 2011, 1410, 1416.
[412] IBR 2009, 554 – *Orthmann*; s. hierzu auch ausführlich *Klein*, NZBau 2012, 8 ff. m.w.Nachw.

geholtes Gutachten zu erheben, wenn in dem Beweisverfahren ausdrücklich auf die **Folgen** einer Fristversäumung i.S. des § 296 ZPO **hingewiesen** wurde. Im Übrigen gilt: Eine Begutachtung ist als **ungenügend** anzusehen, wenn sie **grobe Mängel** aufweist, von **unzutreffenden Tatsachenfeststellungen** ausgeht oder **unlösbare Widersprüche** enthält. Ebenso können (nachträgliche) **Zweifel an der Sachkunde** des Sachverständigen Anlass bieten, ein weiteres Gutachten eines anderen Sachverständigen einzuholen.[413] Konnten Einwendungen gegen das Ergebnis der selbstständigen Beweiserhebung nicht schon im Beweisverfahren vorgetragen werden, muss dies nach der Entscheidung des OLG Frankfurt vom 4.10.2011[414] zügig im Hauptsacheverfahren erfolgen (§ 411 Abs. 4 ZPO).

8. Die Kosten

Literatur

Altenmüller, Die Entscheidung über die Kosten des Beweissicherungsverfahrens, NJW 1976, 92; *Schneider*, Der materielle Kostenerstattungsanspruch, MDR 1981, 353; *Bank*, Ersatz der Kosten eines Beweissicherungsverfahrens ohne Hauptprozess, JurBüro 1982, 978; *Herget*, Kostenentscheidung im „Selbstständigen Beweisverfahren", MDR 1991, 314; *Bandemer*, Die Grundlagen der materiell-rechtlichen Kostenerstattung im Beweissicherungsverfahren nach neuem Recht, JurBüro 1991, 1017; *Brosette/Mertes*, Die Zuordnung der Gerichtskosten des selbstständigen Beweisverfahrens im Hauptverfahren, AnwBl. 1992, 418; *Ulbrich*, Selbstständiges Beweisverfahren – Gebührenreduzierung durch die Hintertür, BauR 1993, 671; *Notthoff/Buchholz*, Kostenlastentscheidungen im selbstständigen Beweisverfahren, JurBüro 1996, 5; *Ende*, Kostentragungspflicht im selbstständigen Beweisverfahren bei nachträglicher Erfüllung des Hauptsacheanspruchs, MDR 1997, 123; *Siegburg*, Zur Kostengrundentscheidung im selbstständigen Beweisverfahren, Festschrift für Mantscheff (2000), 405; *Kießling*, Die Kosten der Nebenintervention im selbstständigen Beweisverfahren der §§ 485 ff. ZPO außerhalb des Hauptsacheverfahrens, NJW 2001, 3668; *Luz*, Kosten im selbstständigen Beweisverfahren – Eine Übersicht über die Rechtsprechung seit 1991, Jahrbuch Baurecht 2003, 251; *Schneider*, Die Gebühren des in Bausachen tätigen Anwalts nach dem Rechtsanwaltsvergütungsgesetz (RVG), BrBp 2004, 10; *Cuypers*, Feststellungen in selbstständigen Beweisverfahren in Bausachen – eine Bilanz nach 10 Jahren, MDR 2004, 244; *Cuypers*, Die Beteiligung Mehrerer in selbstständigen Beweisverfahren in Bausachen – eine Bilanz nach 10 Jahren, MDR 2004, 314; *Moehren/Frommhold*, Kostenentscheidungen im selbstständigen Beweisverfahren abseits des § 494a Abs. 2 ZPO, BauRB 2005, 250; *Lenzen*, Der Anspruchsgegner als Antragsteller des Beweisverfahrens und § 494a ZPO, BauR 2005, 303; *Looff*, Kostenentscheidung nach Erledigung des selbstständigen Beweisverfahrens, NJOZ 2007, 5595; *Ulrich*, Besichtigungssachverständiger im Verfahren der einstweiligen Verfügung: Von wem bekommt er sein Geld?, DS 2012, 271; *Fritsch*, Beteiligung des Bauträgers an den Kosten des gegen ihn gerichteten Baumängelprozesses, ZMR 2014, 253.

a) Grundsätze

Die **kostenrechtliche** Behandlung des selbstständigen Beweisverfahrens war **123** schon wegen der nur lückenhaften Regelung des § 494a ZPO von Anbeginn schwierig und in den Einzelheiten umstritten. Inzwischen hat der **BGH** durch mehrere Grundsatzentscheidungen in vielen Teilbereichen für Klarheit gesorgt.

---

413) Vgl. insoweit auch OLG Düsseldorf, BauR 1997, 515, 517.
414) BauR 2012, 507 – IBR 2012, 57 – *Manteufel*.

Ausgangspunkt jeder kostenrechtlichen Überlegung ist der **Grundsatz**, dass die Kosten des selbstständigen Beweisverfahrens **„zu den Kosten des Hauptverfahrens"** gehören und von der dort getroffenen Kostenentscheidung mitumfasst werden.[415] Kommt es demnach während oder im Anschluss an ein Beweisverfahren nach §§ 485 ff. BGB zu einem **Hauptsacheprozess**, ist dort über die Kosten des Beweisverfahrens zu befinden. Bei diesem Grundsatz bleibt es auch, wenn die Hauptsache durch **Klagerücknahme** erledigt wird.[416] Über die Erstattungsfähigkeit der im Beweisverfahren angefallenen Kosten ist deshalb im **Kostenfestsetzungsverfahren** zu entscheiden (§ 104 ZPO). Dies gilt auch für Fälle, in denen im Einzelfall **zweifelhaft** ist, ob sich die Parteien in dem Beweisverfahren als **„Gegner"** gegenübergestanden haben oder der Streitgegenstand von selbstständigem Beweisverfahren und Hauptverfahren **„identisch"** ist; denn auch insoweit hat der BGH[417] klargestellt:

> „Ob die Kosten notwendig waren (§ 91 ZPO), die Parteien des Beweisverfahrens und des Hauptsacheprozesses identisch sind und sich im Beweisverfahren als Gegner gegenübergestanden haben und ob der Streitgegenstand der Verfahren identisch war, ist nicht Bestandteil der der Kostengrundentscheidung zugrundeliegenden Prüfung im Erkenntnisverfahren, sondern der Prüfung der Erstattungsfähigkeit der Kosten im Kostenfestsetzungsverfahren nach § 104 ZPO. Dort ist auch zu prüfen, ob und unter welchen Voraussetzungen die Kosten dann nicht erstattungsfähig sind, wenn das Ergebnis der Beweiserhebung für die Entscheidung in der Hauptsache ganz oder teilweise nicht verwertet wurde."

124 In dem **Kostenfestsetzungsverfahren** des Hauptprozesses ist deshalb Folgendes zu beachten:

Die Kosten des selbstständigen Beweisverfahrens sind bei der Kostenerstattung zu berücksichtigen („festzusetzen"), wenn die **Parteien** des Beweisverfahrens mit denen der Hauptsache **identisch** sind[418] und sich im selbstständigen Beweisverfah-

---

[415] BGH, BauR 2006, 865 = NZBau 2006, 374 = ZfBR 2006, 348 = IBR 2006, 237 – *Ulrich*; BGH, BauR 1989, 601, 603 = NJW-RR 1989, 980; OLG Köln, NZBau 2015, 168; OLG Celle, NZBau 2003, 618 = OLGR 2003, 354 = BauRB 2004, 43 (Kosten des **Streithelfers**); KG, IBR 2006, 533 – *Beuermann* (für Kosten des **Beschwerdeverfahrens**); BGH, BauR 2013, 990, 992 = IBR 2013, 252 – *Seibel* (Erstattung eines das selbstständige Beweisverfahren begleitenden **Privatgutachtens** gemäß § 494a Abs. 2 ZPO); OLG Jena, OLGR 2006, 775, 776; OLG Stuttgart, BauR 1994, 141; LG Berlin, JurBüro 1985, 922 für Kosten eines Gutachtens im Beweissicherungsverfahren, das erst **nach Erlass** der Entscheidung im Hauptprozess erstattet wird. Nach OLG München, NJW-RR 1999, 655, ist dagegen die Kostenentscheidung in einem einstw. Verfügungsverfahren keine Grundlage für eine Kostenerstattung.
[416] BGH, BauR 2007, 1094, 1095 = IBR 2007, 288 – *Hildebrandt*; BauR 2007, 587 = NJW 2007, 246 = IBR 2007, 166; BGH, BauR 2005, 133 = NZBau 2005, 42 = ZfBR 2005, 174 = IBR 2005, 64; BauR 2005, 1056 = NZBau 2005, 396 = IBR 2005, 353.
[417] BGH, NJW 1996, 1749 = BauR 1996, 386.
[418] BGH, ZfBR 2014, 760, 761; BGH, BauR 2007, 747 = NJW 2007, 1282 (**Teilidentität**); BGH, BauR 2007, 587 = NZBau 2007, 246; BGH, ZfBR 2005, 53, 54 = BauR 2004, 1809; BauR 1989, 601, 603; OLG Celle, BauR 2009, 1180, 1181 (**Teilidentität**; keine anteilige Kostenerstattung); OLG Düsseldorf, BauR 2006, 1179; OLG München, NJW-RR 2001, 719; OLG Koblenz, BauRB 2004, 301 – *Böckermann*; OLG Köln, OLGR 1993, 265; OLG Karlsruhe, JurBüro 1986, 1087; OLG Hamm, JurBüro 1983, 1101; OLG Hamburg, MDR 1983, 409; KG, Rpfleger 1985, 251 (für Beweisantrag durch den Architekten und Klage durch den **Bauherrn**); LG Frankenthal, SFH, Nr. 6 zu § 91 ZPO (**Verwalter** einer

ren als **Gegner** gegenübergestanden haben;[419] es reicht nicht aus, wenn sie nur gemeinsame Antragsteller oder Antragsgegner waren[420] oder im Hauptsacheprozess der Gewährleistungsbürge verklagt wird.[421] Die Parteien eines Beweisverfahrens und einer nachfolgenden Hauptsache sind als miteinander identisch anzusehen, wenn z.B. an die Stelle der Partei des selbstständigen Beweisverfahrens im Hauptprozess der **Insolvenzverwalter** über das Vermögen dieser Partei getreten ist.[422] Wird eine Forderung **nach** Durchführung des selbstständigen Beweisverfahrens **abgetreten,** so können die Kosten des Beweisverfahrens im Rechtsstreit des Zessionars gegen den Schuldner festgesetzt werden.[423] Schließlich ist Parteiidentität gegeben, wenn eine Partei in gewillkürter Prozessstandschaft kraft Ermächtigung des am Beweisverfahren beteiligten Rechtsinhabers den Rechtsstreit führt oder der Antragsteller des Beweisverfahrens Streithelfer im Rechtsstreit ist.[424]

Darüber hinaus muss der **Streitgegenstand**[425] von beiden Verfahren **identisch** sein. Nach der neueren Rechtsprechung des BGH[426] ist von einer „Identität in diesem Sinne" auch auszugehen, wenn **nur Teile des Gegenstandes** eines selbstständigen Beweisverfahrens zum Gegenstand der (anschließenden) Hauptsacheklage werden. In diesen Fällen darf deshalb ebenfalls **keine Teilkostenentscheidung** nach § 494a Abs. 2 Satz 1 ZPO ergehen, sondern in den anhängigen Klageverfahren müssen im Einzelfall die **nicht** weiterverfolgten Teile des vorangegangenen Beweisverfahrens herausgerechnet und **analog § 96 ZPO** quotenmäßig bei der Verteilung der Kosten des selbstständigen Beweisverfahrens berücksichtigt werden.[427] Die Vorschrift des § 96 ZPO wird zukünftig in der Praxis erheblich an Bedeutung gewinnen; ihr **Übersehen** kann jedenfalls in dem Kostenfestsetzungsverfahren nicht mehr korrigiert werden (reformatio in peius).[428] Die Parteien müssen daher

125

Eigentümergemeinschaft). Zur Anrechnung der Verfahrensgebühr des selbstständigen Beweisverfahrens im Hauptverfahren: OLG Celle, BauR 2016, 546.

419) **Identität** ist auch gegeben, wenn sich das selbstständige Beweisverfahren gegen mehrere Antragsgegner richtete, im Hauptsacheprozess jedoch nur gegen einen geklagt wird (BGH, MDR 2005, 87 = NJW-RR 2004, 1651; s. auch OLG Celle, OLGR 2009, 402).
420) OLG Düsseldorf, BauR 1997, 349, 350; OLG Köln, JurBüro 1978, 1820; SchlHOLG, SchlHA 1980, 202; s. auch OLG Koblenz, BauRB 2004, 301 (für Beitritt des Antragsgegners im Hauptsacheprozess).
421) OLG Hamm, IBR 2009, 556 – *Ulrich*.
422) OLG Köln, JurBüro 1987, 433.
423) OLG Düsseldorf, MDR 1985, 1032 = JurBüro 1985, 1863; OLG Köln, OLGR 1993, 265, 266.
424) BGH, BauR 2014, 143, 145; *Keldungs/Tilly*, S. 83 m. Nachw.
425) Der **Streitgegenstand** eines selbstständigen Beweisverfahrens umfasst alle denkbaren Ansprüche, die sich nach dem Vortrag des Antragstellers mit Hilfe des zu sichernden Beweises durchsetzen lassen können (zutr. LG Kiel, NJW-RR 1986, 357; s. auch OLG Hamm, NZBau 2008, 321, 322 f.). **Identisch** ist auch der Streitstoff, der sich auf die **Rechtsverteidigung** bezieht (Thüringer OLG, OLGR 2001, 252).
426) BauR 2007, 1094, 1095 = NJW 2007, 1282; BGH, BauR 2006, 865, 866 = NZBau 2006, 374 = ZfBR 2006, 348 = IBR 2006, 237 – *Ulrich*; BauR 2004, 1485, 1486 = NZBau 2004, 507; BauR 2005, 429, 430 = NZBau 2005, 43, 44; OLG Hamm, NZBau 2008, 321, 322 = NJW-RR 2008, 950 = NZM 2008, 262.
427) BGH, BauR 2005, 429, 430 = NZBau 2005, 43, 44 = NJW-Spezial 2005, 121; OLG Düsseldorf, BauR 2010, 1628 = IBR 2010, 308 – *Schönlau*.
428) Siehe dazu: BGH, BauR 2006, 865, 867 = NZBau 2006, 374 = ZfBR 2006, 348 = NJW-Spezial 2006, 312; *Bormann/Flury/Graßnack*, BauR 2007, 463, 467.

im Einzelfall darauf achten, dass das Gericht gegebenenfalls in entsprechender Anwendung des § 96 ZPO **gesondert** über die Kosten des Beweisverfahrens befindet; andernfalls gehen diese in die Kostenquotelung des Hauptverfahrens ein.

Nach der Rechtsprechung des BGH[429] ist **nicht** entscheidend, ob das Beweisergebnis des selbstständigen Beweisverfahrens im Hauptsacheprozess **verwertet** worden ist. Es kommt nur darauf an, ob das Beweisverfahren „inhaltlich" dem Klageverfahren zugeordnet werden kann.[430] Das Gericht im Hauptsacheverfahren muss sich mit **derselben** Angelegenheit befasst und hierüber entschieden haben, die zuvor Gegenstand des selbstständigen Beweisverfahrens war.[431] In diesem Sinne besteht aber eine (volle) Identität, wenn in dem Hauptprozess ein **geringerer Kostenvorschuss** verlangt wird, als er im Beweisverfahren von dem Antragsteller veranschlagt und als Wert des Gegenstandes dort festgesetzt worden ist.[432] Darüber hinaus sind die Kosten des Beweisverfahrens auch dann in vollem Umfang nach der Kostenentscheidung des Hauptsacheprozesses zu erstatten, wenn zwar beide Verfahren dieselben Mängel betreffen, der Streitwert der Hauptsache aber niedriger ist, weil der Kläger mit dem auf die Mängel bezogenen Schadensersatzanspruch gegen eine unbestrittene Forderung des Beklagten aufgerechnet hat.[433] Bei voller „Identität" des in beiden Verfahren verfolgten „Anspruchs" sind deshalb die gesamten im selbstständigen Beweisverfahren angefallenen Kosten im Kostenfestsetzungsverfahren zu berücksichtigen, auch wenn der Streitwert des Beweisverfahrens **höher** bewertet wurde. Nichts anderes gilt, wenn von zwei Antragsgegnern nur einer Partei des Hauptprozesses wird.[434] Demgegenüber ist der Streitgegenstand nicht mehr „identisch", wenn das das Verfahren abschließende Urteil wegen einer zulässigen Klageänderung nicht mehr über den Gegenstand des selbstständigen Beweisverfahrens entscheidet, der ursprünglich Gegenstand des Rechtsstreits war.[435] Wird das selbstständige Beweisverfahren Gegenstand **mehrerer** „Hauptsache"-Prozesse, gehören die Kosten des Beweisverfahrens zu den einzelnen Hauptsachen im Verhältnis ihrer Streitwerte.[436]

---

429) BGH, BauR 2004, 1487, 1488 = NZBau 2005, 44; BauR 2003, 1255 = NZBau 2003, 566; *Joussen*, in: Ingenstau/Korbion, Anhang 3, Rn. 101.
430) Zutreffend: OLG Frankfurt, BauR 2000, 296 (Streitwert nicht maßgebend); OLG Hamm, BauR 2000, 1090, 1091; OLG München, OLGR 1996, 60.
431) OLG Koblenz, BauR 2002, 1889, 1890; OLG Hamm, OLGR 2003, 59.
432) BGH, BauR 2006, 865, 867 (Anwendung von § 96 ZPO); KG, JurBüro 1997, 319 = NJW-RR 1997, 960; SchlHOLG, JurBüro 1995, 216; OLG Köln, JurBüro 1996, 1265.
433) OLG München, NJW-RR 2000, 1237 = JurBüro 2000, 39; *Joussen*, in: Ingenstau/Korbion, Anhang 3, Rn. 101.
434) BGH, BauR 2004, 1809, 1810 = NZBau 2004, 674 = ZfBR 2004, 53, 54; OLG München, OLGR 2005, 444, 445; *Joussen*, in: Ingenstau/Korbion, Anhang 3, Rn. 105.
435) OLG Köln, BauR 2005, 900, 901; OLG München, NJW-RR 2001, 719; siehe auch KG, OLGR 2006, 148, 149 (keine Identität, wenn der Antragsteller seine Forderung vor Anhängigkeit des Beweisverfahrens an einen Dritten abgetreten hat).
436) OLG München, MDR 1989, 548 = JurBüro 1989, 1121; OLG Köln, NJW 1972, 953; OLG Düsseldorf, NJW 1976, 115 sowie ausführlich zur Kostenfestsetzung: LG München, NZBau 2009, 445 ff.

126 Im **Ergebnis** ist somit festzustellen, dass das selbstständige Beweisverfahren – im Grundsatz – keine **Kostenentscheidung** kennt,[437] was seinen Grund darin findet, dass im selbstständigen Beweisverfahren nicht festgestellt werden kann und darf, wer letztlich obsiegt oder unterliegt.[438] In der Praxis wird ein Antragsteller bei günstigem Ausgang des selbstständigen Beweisverfahrens immer den Hauptprozess anstrengen und bei **obsiegendem** Urteil über § 91 ZPO zu einem Kostenerstattungsanspruch bezüglich der Beweissicherungskosten kommen;[439] **unterliegt** er allerdings, so trägt er die Kosten des selbstständigen Beweisverfahrens auch dann, wenn dieses Beweisverfahren in der Sache für ihn „positiv" ausgegangen war.

Wurde ein selbstständiges Beweisverfahren durchgeführt, dessen Ergebnisse für die Entscheidung der Hauptsache **völlig nutzlos** waren, so muss das Prozessgericht die Kosten des selbstständigen Beweisverfahrens gemäß **§ 96 ZPO (analog)** in jedem Falle dem Antragsteller auferlegen.[440] Die Vorschrift des § 96 ZPO ist das **Korrektiv** in allen Fällen, in denen nach einem selbstständigen Beweisverfahren – gemessen an dem Verfahrensgegenstand – nur eine **eingeschränkte** Hauptsacheklage von dem Antragsteller erhoben wird.[441]

127 Der BGH hat darüber hinaus entschieden, dass die im selbstständigen Beweisverfahren entstandenen gerichtlichen Kosten, also die Gebühren, aber auch die Auslagen (wie z.B. diejenigen für einen gerichtlich bestellten Sachverständigen) **gerichtliche Kosten** des (nachfolgenden) **Hauptsacheverfahrens** darstellen.[442] Wird das Hauptsacheverfahren übereinstimmend für **erledigt** erklärt oder schließen die Parteien einen **Vergleich**, ist den Parteien im Hinblick auf §§ 91a, 98 ZPO anzuraten, sich zu angefallenen Kosten eines Beweisverfahrens zu äußern und gegebenenfalls eine **einvernehmliche Kostenregelung** zu treffen.[443] Wird nach einem selbstständigen Beweisverfahren ein **außergerichtlicher Vergleich** geschlossen, der auch den Gegenstand des Beweisverfahrens erledigt, kommt eine Kostenbelastung des Antragstellers auf dem Weg des § 494a ZPO nicht in Betracht; vielmehr sind die Kosten des Beweisverfahrens bei unterbliebener Kostenregelung im Vergleich als gegeneinander aufgehoben anzusehen.[444]

---

437) BGH, NJW 1996, 1749 = BauR 1996, 386; BGHZ 20, 4, 15; LG Potsdam, BauR 1998, 883 (für teilweise Antragsrücknahme).
438) Vgl. OLG Hamm, OLGR 1993, 2, 3; OLG Frankfurt, NZBau 2009, 36, 37.
439) Zur Zulässigkeit einer **Feststellungsklage**: BGH, BauR 2014, 141.
440) In diesem Sinne bereits: OLG Köln, *SFH*, Nr. 2 zu § 91 ZPO; OLG Nürnberg, BauR 1995, 275; OLG Düsseldorf, OLGR 1997, 324 = NJW-RR 1998, 358 = BauR 1998, 367; OLG Köln, BauR 2000, 1777, 1779.
441) BGH, NZBau 2005, 43, 44 = BauR 2005, 429; BauR 2004, 1485, 1486 = NZBau 2004, 507 = NJW 2004, 3121.
442) BGH, BauR 2007, 747, 748; BauR 2006, 865 = NZBau 2006, 374 = ZfBR 2006, 348; BauR 2005, 429 = NZBau 2005, 43 = NJW 2005, 294; BauR 2004, 1487 = NZBau 2005, 44.
443) Zustimmend: *Virneburg*, Jahrbuch Baurecht 2011, 211, 236. Zur Anwendung des § 93 ZPO i.R. einer Kostenentscheidung nach § 91a ZPO: OLG Düsseldorf, BauR 2014, 309.
444) OLG Koblenz, Beschluss vom 17.8.2004 – 5 W 517/04.

b) Zum Anwendungsbereich des § 494a ZPO

128 Kommt es im Anschluss an ein Beweisverfahren **nicht** zu einem Hauptprozess, besteht für den Antragsgegner die Möglichkeit, über § 494a ZPO zu einem vollstreckbaren Kostentitel zu gelangen.[445] Die Vorschrift des § 494a ZPO soll die Lücke schließen, die entsteht, wenn der Antragsteller des selbstständigen Beweisverfahrens nach der Beendigung des Verfahrens auf eine Hauptsacheklage verzichtet.[446] Die gesetzliche Regelung ist jedoch unvollkommen und durch die neuere Rechtsprechung in ihrer Bedeutung auch deutlich gemindert worden.

Voraussetzung einer Anwendung des § 494a ZPO ist zunächst, dass das selbstständige Beweisverfahren **beendet** wurde; erst die Beendigung eröffnet überhaupt den Weg zu § 494a ZPO.[447] Wird nach der Beendigung der Beweisaufnahme das **Insolvenzverfahren** über das Vermögen einer Partei des selbstständigen Beweisverfahrens eröffnet, ist eine Entscheidung nach § 494a ZPO allerdings nicht zulässig, weil das Verfahren **unterbrochen** ist.[448] Wird ein Antrag auf Durchführung des Beweisverfahrens **zurückgenommen** oder für **erledigt erklärt**, besteht für den Antragsgegner nur der Weg, über eine **isolierte** Kostenentscheidung zu einem Kostenerstattungsanspruch zu gelangen (Rdn. 134). Nichts anderes gilt, wenn der Antrag auf Durchführung des Beweisverfahrens als **unzulässig** abgewiesen oder in dem Beweisverfahren ein **Vergleich** geschlossen wird (§ 492 Abs. 3 ZPO).[449]

129 Eine Kostenentscheidung nach § 494a Abs. 2 ZPO unterbleibt (zugunsten des Antragsgegners) auch dann, wenn dieser die „Hauptsacheforderung" (z.B. die Mängelansprüche) **vor Klageerhebung erfüllt** oder vorbehaltlos **erklärt**, seinen vertraglichen Verpflichtungen (nunmehr) nachkommen zu wollen.[450] **Beseitigt** also z.B. der Unternehmer die im selbstständigen Beweisverfahren durch Sachverständigengutachten festgestellten Mängel **vor** Erhebung der Hauptsacheklage, ist für eine Kostenentscheidung nach § 494a Abs. 2 ZPO kein Raum.[451] Nichts ande-

---

445) OLG Nürnberg, BauR 2010, 1271, 1272 (zur **Quotenverteilung** bei Stellung eines **Gegenantrags**). Zum Antragsrecht des **Streithelfers**: BGH, BauR 2009, 1619; BGH, NJW-RR 2008, 261; OLG Frankfurt, NZBau 2009, 36 u. BauR 2004, 536; LG Regensburg, NZBau 2004, 392, 393; OLG Karlsruhe, NJW-RR 2001, 214 u. BauR 1999, 1210. Das Antragsrecht kann sachlich nur dahin gehen, den **Antragsgegner** zu verklagen (BGH, BauR 2009, 1619, 1620, Rn. 8 m.w.Nachw.).

446) BGH, NZBau 2007, 248 = NJW 2007, 1282 = BauR 2007, 1933. Eine Hauptsacheklage setzt eine **Identität** zwischen dem Beklagten und dem Antraggegner voraus (LG Regensburg, IBR 2008, 305 – *Strangl*).

447) Zu den Folgen des Ausbleibens des Kostenvorschusses: OLG Köln, NZBau 2015, 168, 169 (Anwendung von § 494a ZPO).

448) BGH, BauR 2011, 1199 = NZBau 2011, 421 = IBR 2011, 383 – *Schwenker*.

449) Vgl. OLG Frankfurt, BauR 2004, 536 u. KG, MDR 1998, 70 für einen außergerichtlichen Vergleich; LG Stuttgart, NJW-RR 2001, 720 für einen gerichtlichen Vergleich.

450) Vgl. OLG Celle, BauR 2002, 1888; LG Osnabrück, BauR 1995, 281, 282; siehe ferner: OLG Düsseldorf, BauR 1995, 279, 280 u. BauR 1994, 278; OLG München, BauR 1997, 167; OLG Frankfurt, BauR 1999, 435 (**Erfüllung**; s. auch *Ende*, MDR 1997, 123 ff.); OLG Hamm, BauR 2000, 1090 (Fortsetzung der Beweisaufnahme im anhängigen Hauptsacheprozess); OLG München, OLGR 1999, 67 (Beseitigung des Mangels durch einen Mithaftenden); OLG München, IBR 2001, 466 (Beseitigung vermeintlich „anderer" Mängel).

451) BGH, NZBau 2003, 216 = ZfBR 2003, 257 = NJW-RR 2003, 454 = BauR 2003, 575; BGH, BauR 2010, 651, 652 Rn. 9; siehe aber OLG Frankfurt, IBR 2009, 555 (für den Fall, dass le-

res gilt, wenn und solange im Werklohnprozess des Antragsgegners ein Mängelanspruch des Antragstellers zur **Aufrechnung** gestellt ist, der sich auf Mängel bezieht, die Gegenstand des Beweisverfahrens waren.[452] Folgerichtig muss dies auch für ein von dem Antragsteller in einem anhängigen Hauptprozess einredeweise geltend gemachte Leistungsverweigerungsrecht gelten, das Mängel aus dem Beweisverfahren betrifft.[453] Ist der Antragsgegner – nach für ihn ungünstigem Ausgang des Beweisverfahrens – **vermögenslos** geworden und verzichtet deshalb der Antragsteller auf ein Klageverfahren, soll nach OLG Rostock[454] ein Kostenbeschluss zugunsten des Antragsgegners nach § 494a ZPO ebenfalls nicht in Betracht kommen. Im Übrigen kann ein Antrag gemäß § 494a ZPO im Einzelfall rechtsmissbräuchlich sein.[455]

Voraussetzung für die Anwendung des § 494a ZPO ist, dass eine **Hauptsacheklage** trotz entsprechender Anordnung **unterbleibt.** Die Klageerhebungsfrist muss stets **angemessen** sein.[456] Das OLG Köln[457] verlangt für eine wirksame **Fristsetzung**[458] nach § 494a Abs. 1 ZPO, dass in dem Beschluss über die Anordnung auch auf die Folgen der Säumnis hingewiesen wird. Wird die **Frist** zur Klageerhebung von dem Antragsteller **versäumt**, dann aber gleichwohl Klage erhoben, bevor der Kostenantrag nach § 494a Abs. 2 ZPO beschieden wird, kommt eine Entscheidung nach § 494a ZPO nicht mehr in Betracht;[459] denn die isolierte Kostenentscheidung knüpft an das Unterlassen der Klageerhebung, nicht an die Einhaltung der für diese bestimmten Frist an.[460] Dies gilt auch, wenn der Schuldner des dem Beweisverfahren zugrundeliegenden Hauptanspruchs das streitbefangene Grundstück veräußert.[461] **130**

---

diglich **wenige** Mängel festgestellt und alsbald beseitigt werden); siehe auch OLG Hamm, BauR 2007, 751 (fruchtlose Klageanordnung nach § 494a ZPO trotz erfolgter Mängelbeseitigung).
452) BGH, BauR 2005, 1799 = NZBau 2005, 687.
453) OLG Stuttgart, BauR 2007, 1098, 1099.
454) BauR 1997, 169; s. ferner: OLG Schleswig, NZBau 2014, 361, 362; OLG Karlsruhe, BauR 2003, 1931 = OLGR 2004, 170 = IBR 2004, 112 (keine Anordnung nach § 494a Abs. 1 ZPO) u. KG, BauR 2004, 1037 = NZBau 2004, 157 = KGR 2003, 324 (**Insolvenz** des Antragsgegners); a.A.: OLG Frankfurt, NZBau 2009, 36, 37 u. OLG Hamm, IBR 2008, 60 – *Meinert* (für einen Antrag des Streithelfers).
455) Siehe hierzu auch BGH BauR 2010, 651 = ZfBR 2010, 357 = NZBau 2010, 368 = IBR 2010, 188 – *Ulrich*, der zutreffend der Ansicht ist, dass entgegen dem BGH das **längere Zuwarten** des Antragsgegners auf den Eintritt der Verjährung nicht missbräuchlich sein kann.
456) OLG Schleswig, OLGR 2001, 400.
457) OLGR 1997, 116 = JMBl. NW 1997, 79; LG Bonn, BauR 2012, 1828, 1829.
458) Nach OLG Köln (OLGR 1998, 54) ist die **Fristsetzung** selbst für den Antragsteller des selbstständigen Beweisverfahrens nicht **anfechtbar**.
459) BGH, BauR 2007, 1606, 1607 = NZBau 2007, 642 = IBR 2007, 532 – *Ulrich*; BGH, BauR 2007, 1933; OLG Karlsruhe, BauR 2008, 1350, 1351 = IBR 2008, 488 – *Ulrich*; OLG Düsseldorf, BauR 2001, 1292; NJW-RR 1998, 359; a.A.: OLG Frankfurt, NJW-RR 2001, 842.
460) Es kommt insoweit nicht auf das Datum des Beschlusses an, sondern darauf, wann der Beschluss das Gericht verlassen hat (OLG Karlsruhe, BauR 2008, 1350, 1351 = NZBau 2009, 38; OLG Düsseldorf, NJW-RR 2002, 427).
461) OLG Hamm, OLGR 1996, 166 (LS).

131 Die Hauptsacheklage muss **erhoben** werden.[462] Dabei steht einer Klageerhebung i.S. von § 494a Abs. 1 ZPO die Erhebung einer **Widerklage** gleich;[463] streitig war, ob es ausreicht, wenn der Antragsteller im Rahmen eines anhängigen Rechtsstreits (mit umgekehrtem Rubrum) eine **Aufrechnung** erklärt oder ein **Zurückbehaltungsrecht** geltend macht.[464] Für die **Aufrechnung** ist dies durch den Beschluss vom 25.8.2005[465] höchstrichterlich entschieden. Die Absicht allein, die im selbstständigen Beweisverfahren erhobenen Ansprüche gerichtlich geltend zu machen, steht einer Kostenentscheidung nicht entgegen.[466]

132 Im Übrigen muss sich die Klageerhebung immer auf den im Beweisverfahren „geprüften" Sachverhalt beziehen;[467] es reicht nicht aus, wenn z.B. der Antragsteller in dem Hauptsacheprozess einen ganz anderen Mangel behauptet als im Beweisverfahren. Identität i.S. des § 494a ZPO ist allerdings gegeben, wenn er den vom Sachverständigen **tatsächlich festgestellten** Mangel zum Gegenstand der Hauptsacheklage macht. Schließlich ist die rechtzeitige Erhebung einer **Teilklage**[468] oder **Widerklage** in einem anhängigen Rechtsstreit umgekehrten Rubrums als ausreichend anzusehen.[469]

133 **Umstritten** war, ob eine Kostenentscheidung nach § 494a ZPO erfolgen kann, sofern der Antragsteller nach einer Fristsetzung (§ 494a Abs. 1 ZPO) nur wegen eines **Teiles des Streitgegenstandes** des selbstständigen Beweisverfahrens **Klage erhebt.** Auch dies ist zwischenzeitlich höchstrichterlich geklärt. Der BGH[470] geht von der alleinigen Zuständigkeit des Hauptsacheverfahrens aus; eine **Teil**kostenentscheidung nach § 494a ZPO ist deshalb ausgeschlossen; gegen diese sprechen der Grundsatz der Einheitlichkeit der Kostenentscheidung (im Hauptsacheverfahren) sowie Sinn und Zweck des § 494a Abs. 2 ZPO. Demnach ist über die Kosten des Beweisverfahrens ausschließlich im **Hauptsacheverfahren** zu entscheiden. Bleibt die Hauptsacheklage hinter dem Verfahrensgegenstand des selbstständigen Beweisverfahrens zurück, ist eine entsprechende Anwendung von § 96 ZPO zu Lasten des Anstellers geboten.[471]

---

462) Ein **Mahnbescheidsantrag** reicht insoweit aus (vgl. OLG Karlsruhe, NZBau 2009, 38 = BauR 2008, 1350 = IBR 2008, 488 – *Ulrich*; anders: OLG Hamm, BauR 2009, 1774, 1775, wenn das Mahnverfahren **nicht betrieben** wird).
463) BGH, BauR 2003, 1255 = NZBau 2003, 500 = NJW-RR 2003, 1240 = BauRB 2003, 140 = ZfBR 2003, 566; OLG Frankfurt, OLGR 2002, 295.
464) Auf Grund der neueren Rechtsprechung des BGH zutreffend: OLG Stuttgart, BauR 2007, 1098, 1099; OLG Köln, OLGR 1999, 323, 324; OLG Nürnberg, BauR 2000, 442; a.A.: OLG Zweibrücken, BauR 2004, 1490 = OLGR 2004, 384; OLG Köln, BauR 1997, 517; LG Aachen, BauR 2002, 351, 352.
465) BauR 2005, 1799 = NZBau 2005, 687 = IBR 2005, 649 – *Wolff*. Zur **Hilfsaufrechnung** siehe auch OLG Karlsruhe, BauR 2008, 1350, 1351 = IBR 2008, 621 – *Ulrich*.
466) OLG Celle, BauR 2008, 1350.
467) OLG Zweibrücken, OLGR 2002, 17; OLG Köln, BauR 1997, 517 (885); OLG Hamm, JurBüro 1996, 376; OLG Zweibrücken, MDR 2002, 476.
468) OLG Düsseldorf, OLGR 1997, 324 (Anwendung von § 96 ZPO); **a.A.**: OLG Düsseldorf, OLGR 1997, 279 (Teilkostenentscheidung nach § 494a Abs. 2 ZPO möglich und geboten).
469) Zur Zulässigkeit einer **Feststellungsklage**: LG Bad Kreuznach, NZBau 2014, 437.
470) BauR 2005, 429; BauR 2004, 1485 = NZBau 2004, 507 = BauRB 2004, 299; OLG Frankfurt, OLGR 2004, 14; OLG Schleswig, OLGR 2001, 338; OLG Düsseldorf, BauR 2001, 1950.
471) BGH, BauR 2005, 429, 430; BGH, NZBau 2003, 276, 278.

Im Ergebnis kann deshalb nur der Antragsgegner, der in dem Hauptprozess nicht verklagt wird, über § 494a ZPO zu einem Kostentitel gelangen; wird z.B. nicht der Antragsgegner, sondern nur gegen den **Streitverkündeten** des Beweisverfahrens Klage erhoben, sind dem Antragsteller nach § 494a Abs. 2 Satz 1 ZPO die dem Antragsgegner entstandenen Kosten aufzuerlegen.[472] Im Übrigen wird es nicht zu beanstanden sein, wenn in dem **Kostenfestsetzungsverfahren** bei **Teilidentität** der Streitgegenstände eine entsprechende **Kostenquote** ausgeworfen wird.[473] Zu beachten ist, dass der Antrag auf Klageerhebung auch noch nach Jahren von dem Antragsgegner erhoben werden kann.[474]

c) Die „isolierte" Kostenentscheidung

134 Da die **Sonderregelung** des § 494a ZPO keine abschließende Regelung der Frage, ob und wann eine Kostenentscheidung im selbstständigen Beweisverfahren zu ergehen hat, enthält, entspricht es zwingendem Gebot, dass für bestimmte Fallgruppen eine „isolierte" Kostenentscheidung zu treffen ist.[475] Allerdings ist auch insoweit vieles umstritten, wenngleich der BGH bereits einige Streitfragen geklärt hat. Im Grundsatz kann angenommen werden, dass eine **isolierte** Kostenentscheidung in entsprechender Anwendung der allgemeinen Kostenvorschriften begrenzt möglich ist, sofern ein **Beweisverfahren** tatsächlich nicht durchgeführt wird und ein **Hauptsacheprozess** nicht folgt oder eine **vergleichsweise Regelung** über die Kosten nicht zu erzielen ist. Unter Berücksichtigung der neueren BGH-Rechtsprechung sind die nachfolgenden Fallgestaltungen wie folgt zu beurteilen:

135
* Wird ein selbstständiger Beweisantrag wegen Fehlens der Voraussetzungen des § 485 Satz 2 ZPO als **unzulässig** zurückgewiesen, so hat eine Kostenentscheidung in entsprechender Anwendung des **§ 91 ZPO** zu erfolgen.[476] Ist dies **unterblieben**, kann analog § 321 Abs. 1 ZPO binnen 2 Wochen nach Zustellung (§ 321 Abs. 2 ZPO) ein Antrag auf Ergänzung des Kostenausspruchs erfolgen.[477]
* Nimmt der Antragsteller den selbstständigen Beweisantrag **zurück**, muss er sich so behandeln lassen[478] oder wird das Verfahren nicht weiter betrie-

---

472) OLG Köln, OLGR 2002, 158.
473) Vgl. dazu überzeugend: OLG Karlsruhe, JurBüro 1996, 36 mit Nachw.; SchlHOLG, AnwBl. 1995, 269.
474) OLG Köln, BauR 2003, 598 (LS).
475) OLG München, BauR 2001, 1947 u. 2001, 993; OLG Brandenburg, OLGR 1996, 115 = BauR 1996, 584 = JurBüro 1996, 372; *Notthoff/Buchholz*, JurBüro 1996, 5, 6; OLG Stuttgart, BauR 1995, 278.
476) BGH, NJW 1983, 284; OLG Köln, BauR 2009, 1623; OLG München, OLGR 2005, 735; OLG Karlsruhe, BauR 2000, 1529; OLG Brandenburg, JurBüro 1996, 372 = OLGR 1996, 115; OLG Stuttgart, BauR 1995, 278, 279; OLG Braunschweig, BauR 1993, 122; OLG München, NJW-RR 1986, 1442; OLG Frankfurt, MDR 1998, 128.
477) OLG Celle, NZBau 2011, 40 = BauR 2011, 145.
478) OLG Koblenz, IBR 2015, 230 – *Seibel* (**einseitige** Erledigungserklärung ist Antragsrücknahme; s. auch OLG München, IBR 2015, 55 – *Sturmberg*); BGH, BauR 2005, 133, 134 = NZBau 2005, 42 = ZfBR 2005, 174; OLG Frankfurt, NJW-RR 1995, 1150 = MDR 1995, 751 u. OLG Celle, NJW-RR 1998, 1079 (**Nichtzahlung** des Auslagenvorschusses durch Antragsteller) u. BauR 1995, 426, 427 (die Antragsänderung im Bereich des Aktivrubrums steht einer Antragsrücknahme gleich); LG Schwerin, BauR 1996, 756 (für Erklärung, eine

ben,⁴⁷⁹⁾ sind ihm die Kosten **entsprechend § 269 Abs. 3 Satz 2 ZPO** aufzuerlegen.⁴⁸⁰⁾ Mit der Antragsrücknahme hat sich der Antragsteller freiwillig in die Rolle des Unterlegenen begeben. Hat der Antragsgegner einen Kostenerstattungsanspruch nach § 269 Abs. 3, so kann auch sein Streithelfer einen solchen gegen den Antragsteller geltend machen (§ 101 ZPO analog).⁴⁸¹⁾

* Erklärt der Antragsteller den Antrag auf Durchführung des Beweisverfahrens **einseitig** für **erledigt**, ist dies als Antragsrücknahme mit der Kostenfolge des § 269 Abs. 3 Satz 2 ZPO zu werten.⁴⁸²⁾ Von der einseitigen Erledigungserklärung ist daher dringend abzuraten; sinnvoll ist es in diesen Fällen, gegebenenfalls Feststellungsklage zu erheben.⁴⁸³⁾

* Erklären Antragsteller und Antragsgegner das selbstständige Beweisverfahren in der Hauptsache **übereinstimmend für erledigt,** kann über die Kosten des Verfahrens **nicht gemäß § 91a ZPO analog** entschieden werden.⁴⁸⁴⁾ Die am selbstständigen Beweisverfahren Beteiligten (Antragsteller, Antragsgegner, Streithelfer) werden deshalb insoweit auf die Geltendmachung eines **materiell-rechtlichen Kostenerstattungsanspruchs** angewiesen sein.

* Demgegenüber ermöglicht die **einseitige Erklärung** des Antragstellers, das selbstständige Beweisverfahren sei in der Hauptsache erledigt, **keine** Kostenentscheidung gegen den **Antragsgegner**.⁴⁸⁵⁾ Der Ansteller muss vielmehr auf **Feststellung** klagen, „dass der Antragsgegner zu der vorgenommenen Handlung ver-

---

Entscheidung über den Beweissicherungsantrag sei „nicht mehr erforderlich"; ebenso: LG Chemnitz, BauR 2009, 1931, 1932); s. ferner: *Joussen*, in: Ingenstau/Korbion, Anhang 3, Rn. 124.

479) BGH, DS 2017, 130 (**Nichtzahlung** des Auslagenvorschusses); OLG Dresden, IBR 2004, 173 (**unvollständige** Zahlung des Auslagenvorschusses; s. ferner: OLG Frankfurt, IBR 2005, 66 für nicht fristgerechte Zahlung); KG, OLGR 2004, 70; OLG München, NJW-RR 2001, 1439; OLG Hamm, BauR 2000, 1090; OLG Celle, NJW-RR 1998, 1079; OLG Stuttgart, OLGR 1999, 419; **a.A.:** OLG Köln, BauR 2000, 1777; NJW-RR 2001, 1650; OLG München, BauR 1999, 784.

480) BGH, NZBau 2015, 555; BGH, BauR 2005, 133, 134 = NZBau 2005, 42 = ZfBR 2005, 174; OLG Stuttgart, IBR 2012, 58 – *Ulrich* (Antragsrücknahme vor Beweiserhebung); OLG Hamm, NZBau 2005, 696; OLG Zweibrücken, BauR 2004, 541; OLG Saarbrücken, OLGR 2003, 181; KG, OLGR 2004, 70; OLG Braunschweig, BauR 2001, 994. Nach OLG Koblenz (IBR 2006, 534) ist § 269 Abs. 3 Satz 2 ZPO bei einer **Teilrücknahme** nicht entsprechend anwendbar; bei einem **Parteiwechsel** kann nach OLG Dresden (BauR 2006, 1513, 1514) der **ausgeschiedene** Antragsgegner einen Kostenbeschluss nach § 269 Abs. 3 Satz 2 ZPO erwirken.

481) BGH, BauR 2005, 133; *Weise*, Rn. 346.

482) BGH, BauR 2011, 1045 = NZBau 2011, 355 = ZfBR 2011, 464 = IBR 2011, 312 – *Ulrich*; BGH, BauR 2011, 1046 = IBR 2011, 313 – *Ulrich* (keine Anwendung von § 91a); BGH (VIII. ZS), BauR 2011, 714 = ZfBR 2011, 239; BGH, BauR 2005, 133 = ZfBR 2005, 174; LG München I, BauR 2009, 1190 (LS) = IBR 2009, 438 – *Dingler*; s. auch OLG Stuttgart, IBR 2010, 545 – *Seibel*.

483) Siehe OLG Düsseldorf, IBR 2009, 124 – *Kirschner* (für den Fall, dass der Antragsgegner gerügte Mängel beseitigt).

484) BGH, BauR 2011, 1046 = NZBau 2011, 356 = ZfBR 2011, 313 = IBR 2011, 313 – *Ulrich*; BGH, BauR 2007, 1446 = ZfBR 2007, 562 = NZBau 2007, 516 = NJW 2007, 3721 m.w.Nachw.

485) BGH, BauR 2004, 1181 = MDR 2004, 715 = BauRB 2004, 230 – *Schwenker*; BGH, BauR 2005, 133, 134 = NZBau 2005, 42, 43 = IBR 2005, 64 – *Schmitz*.

pflichtet war" (BGH). Ein obsiegendes Urteil würde dann die Kostengrundlage für die Erstattung der Kosten des selbstständigen Beweisverfahrens bilden.

* Schließen die Parteien einen **außergerichtlichen Vergleich**, ohne dabei eine Kostenregelung hinsichtlich eines anhängigen selbstständigen Beweisverfahrens zu treffen, ist **zunächst** im Wege einer **Auslegung (§§ 133, 157, 242 BGB)** festzustellen, ob sich die Kostenregelung des Vergleichs **auch** auf das Beweisverfahren bezieht.[486] Ist dies zu **verneinen**, kommt eine analoge Anwendung von § 98 ZPO nicht in Betracht.[487] Nichts anderes gilt, wenn der Antragsteller aufgrund des außergerichtlichen Vergleichs den Beweissicherungsantrag **zurücknimmt**;[488] hat sich der Antragsteller allerdings in dem außergerichtlichen Vergleich zu einer **Rücknahme** des Beweissicherungsantrages **verpflichtet**, sind ihm im Zweifel die Kosten nach **§ 269 Abs. 3 ZPO analog** aufzuerlegen, weil in diesem Falle die entsprechende Anwendung des § 98 ZPO nicht geboten ist.[489]

* Ruft der Antragsteller ein **unzuständiges** Gericht an, und wird der Antrag deshalb zurückgewiesen, sind die Kosten des selbstständigen Beweisverfahrens nach **§ 281 Abs. 3 Satz 2 ZPO analog** dem Antragsteller aufzuerlegen.[490]

d) Der materiell-rechtliche Kostenerstattungsanspruch

Der BGH[491] hat bereits für das Beweissicherungsverfahren anerkannt, dass dessen Kosten unter Umständen „**im Wege der Leistungsklage**" geltend gemacht werden können. Für das selbstständige Beweisverfahren kann dies jedoch nur noch mit erheblichen Einschränkungen der Fall sein: Besteht für den Antragsgegner eines Beweisverfahrens z.B. die Möglichkeit, über **§ 494a Abs. 2 ZPO** (Rdn. 129 ff.) oder die Grundsätze der „**isolierten**" Kostenentscheidung (Rdn. 134 ff.) zu einem Kostentitel zu gelangen, fehlt einer **Feststellungs-** oder **Leistungsklage** auf Ersatz von Beweissicherungskosten das notwendige **Rechtsschutzinteresse**.[492] Kommt es im Anschluss an das Beweisverfahren zu einem **Hauptsacheprozess**, gehören die Kosten des selbstständigen Beweisverfahrens zu den Kosten des Hauptverfahrens und werden von der dort getroffenen Kostenentscheidung „**mitumfasst**". Anders ist es jedoch, wenn ein Kostentitel auf diesem Wege – gleich aus welchem Grund – nicht erlangt wird;[493] dann mag zwar ein materiell-rechtlicher Erstattungsanspruch in Erwägung gezogen werden (z.B. **Schadensersatzanspruch** aus **Gewährleistung, Verzug, Verschulden bei Vertragsschluss, positive Vertrags-**

136

---

486) Vgl. OLG Nürnberg, MDR 1998, 861 für den **gerichtlichen** Vergleich.
487) Vgl. OLG Koblenz, BauRB 2005, 16 – *Quadbeck;* OLG Dresden, BauR 2000, 605.
488) Vgl. dazu auch OLG Köln, JurBüro 1992, 632 Nr. 484.
489) Vgl. OLG Köln, MDR 1986, 503; BGH, MDR 1988, 1053 = WM 1988, 1460 = NJW 1989, 39; ebenso: OLG Stuttgart, IBR 2010, 545 – *Seibel* (Mitteilung des Antragstellers, dass das Verfahren durch außergerichtlichen Vergleich beendet sei.
490) Zutreffend: OLG Hamm, NJW-RR 1997, 959.
491) NJW 1983, 284, 285.
492) Im Ergebnis ebenso: KG, NJW-RR 1996, 846, 847; OLG Düsseldorf, BauR 1995, 854 = NJW-RR 1995, 1108, 1109; **a.A.:** OLG Düsseldorf, NZBau 2006, 521; OLG Dresden, BauR 2003, 1268 (LS) für Aufrechnung.
493) Vgl. z.B. BGH, BauR 1991, 745; AG Saarbrücken, BauR 2003, 1930; OLG Dresden, BauR 2003, 761 = NJW-RR 2003, 305; OLG Koblenz, BauR 2002, 1767.

verletzung oder wegen **Nichterfüllung**).494) In vielen Fällen liegen jedoch die Voraussetzungen für einen solchen Kostenerstattungsanspruch aufgrund materiell-rechtlicher Vorschriften nicht vor.495)

137 Zu beachten ist, dass ein materiell-rechtlicher Kostenerstattungsanspruch vorprozessual aufgerechnet werden kann, auch wenn sich abzeichnet, dass noch eine Hauptsacheklage folgen wird.496)

e) Kosten des Streithelfers

Literatur

Kießling, Die Kosten der Nebenintervention im selbstständigen Beweisverfahren der §§ 485 ff. ZPO außerhalb des Hauptsacheverfahrens, NJW 2001, 3668; *Otto/Hollands*, Kostenrisiken des Streithelfers im Bauprozess bei Vergleich durch die Hauptparteien, BauR 2004, 1528.

138 Es fragt sich, ob auch der Streithelfer im selbstständigen Beweisverfahren einen **eigenen Kostentitel** gegen den **Antragsteller** über § 494a ZPO erlangen kann.497) Das ist zu **bejahen**:

Da die Streitverkündung im selbstständigen Beweisverfahren zulässig ist, der Streitgehilfe sogar eigene Sachanträge stellen kann, ist es folgerichtig, die Grundsätze, die zwischen Antragsteller und Antragsgegner gelten, entsprechend auf den Streithelfer anzuwenden.498) Das bedeutet: Der Streithelfer kann den **Antragsteller** gemäß § 494a Abs. 1 ZPO analog zwingen, Hauptklage gegen den **Antragsgegner**499) zu erheben, weil auch er ein berechtigtes Interesse daran hat, dass das Rechtsverhältnis zwischen Antragsteller und Antragsgegner in einem Hauptprozess geklärt wird.500) Erhebt der Antragsteller allerdings Klage gegen den Antragsgegner, scheidet die Anwendung des § 494a ZPO zugunsten des Streithelfers

---

494) Vgl. BGH, NJW 1983, 284 = ZfBR 1983, 28; OLG Düsseldorf, NZBau 2006, 521, 522; OLG Karlsruhe, BauR 2000, 775 (auch zur Höhe eines Ersatzanspruchs); OLG Köln, BauR 2000, 1777, 1778; AG Mönchengladbach, NJW 1972, 1055; OLG Düsseldorf, BauR 1996, 129 u. JurBüro 1983, 137; OLG Köln, VersR 1971, 425; LG Hannover, JurBüro 1987, 1250; *Wussow*, NJW 1969, 1401, 1408; *Schneider*, MDR 1981, 353, 361.
495) Vgl. z.B. OLG Hamm, NJW-RR 1997, 959; LG Essen, NJW-RR 1986, 487 u. OLG Düsseldorf, MDR 1991, 259; siehe aber AG Saarbrücken, BauR 2003, 1930; OLG Dresden, BauR 2003, 761 (§ 13 Nr. 5 Abs. 2 VOB/B); OLG Köln, BauR 1998, 585.
496) BGH, BauR 2010, 778, 779 = NZBau 2010, 312. Zur Beschränkung der Revision auf die Frage der Zulässigkeit einer Aufrechnung: BGH, NZBau 2010, 105, Rn. 15. Zum **Streitwert** des Kostenerstattungsanspruchs siehe *Schneider*, NJW 2008, 3317 ff.
497) Siehe hierzu: *Seibel*, § 494a ZPO, Rn. 85 ff. m.w.Nachw. Zum Anspruch des Streithelfers auf eine Kostengrundentscheidung im **Hauptsacheverfahren** s. OLG Celle, NZBau 2003, 618 = NJW-RR 2003, 1509; OLG Köln, BauR 2010, 1643 (LS) = NJW-RR 2010, 1679.
498) BGH, NZBau 2005, 42, 43; OLG Frankfurt, BauR 2004, 536; OLG Düsseldorf, BauR 1998, 592; LG Regensburg, BauR 2004, 1039 = NZBau 2004, 392; LG Rottweil, BauR 2003, 135, 136.
499) **Nicht** gegen den **Streithelfer** selbst: OLG Koblenz, NZBau 2003, 385 = NJW-RR 2003, 880 = OLGR 2003, 178 = IBR 2003, 230.
500) Der Antrag ist allerdings **unzulässig**, wenn Antragsgegner diesem **widerspricht**; OLG Koblenz, IBR 2010, 484 – *Gallois*).

aus;[501] über die Kosten des Streithilfe wird im **Hauptsacheverfahren** analog § 101 Abs. 1 ZPO zu entscheiden sein.[502] Kommt der Antragsteller dem nicht nach, besteht für ihn gemäß §§ **494a Abs. 2, 101 Abs. 1 ZPO** analog die Möglichkeit, zu einem eigenen Kostentitel gegen den Antragsteller zu kommen.[503]

139 Nimmt der Antragsteller den Beweisermittlungsantrag **zurück**, hat der Streithelfer entsprechend § **269 Abs. 3 ZPO** einen eigenen Kostenerstattungsanspruch gegen den Antragsteller;[504] insoweit sind also die Grundsätze der „isolierten" Kostenentscheidung auf den Streitgehilfen in vollem Umfang entsprechend anzuwenden. Schließen die Hauptparteien einen **Vergleich** und erklären sie das selbstständige Beweisverfahren für beendet, ist für eine Anwendung des § 494a Abs. 2 ZPO zugunsten des Streithelfers kein Raum.[505] Schließen die Parteien über die Kosten eines selbstständigen Beweisverfahrens einen **Vergleich**, kann der Streithelfer keinen hiervon abweichenden Kostenantrag mehr stellen.[506]

f) Gerichts- und Anwaltskosten

Literatur

Enders, Das selbstständige Beweisverfahren – Anwaltsgebühren nach BRAGO und nach RVG, JurBüro 2004, 113; *Schneider*, Die Gebühren des in Bausachen tätigen Anwalts nach dem Rechtsanwaltsvergütungsgesetz (RVG), BrBp 2004, 10.

140 Nach überwiegender Ansicht[507] kann auch für ein selbstständiges Beweisverfahren außerhalb eines anhängigen Rechtsstreits **Prozesskostenhilfe** bewilligt werden. Die Erfolgsaussicht der beabsichtigten Rechtsverfolgung soll sich dabei allein danach richten, ob ausreichend Aussicht besteht, dass dem Antrag stattgegeben wird;[508] auf die Erfolgsaussicht der beabsichtigten Hauptsacheklage kann es nicht

---

501) BGH, NZBau 2010, 106. Der Antrag eines Streithelfers ist unwirksam, wenn die von ihm unterstützte Partei diesem Antrag widerspricht (BGH, NJW-RR 2008, 261).
502) BGHZ 182, 150, 153 f. = NZBau 2010, 106 = NJW 2009, 3240 = IBR 2009, 749 – *Schwenker*; BGH, NZBau 2014, 285, 286; BGH, BauR 2014, 581 u. BauR 2014, 584; a.A.: OLG Nürnberg, BauR 2012, 1280; OLG München, BeckRS 2014, 02577.
503) Zutreffend: KG, NZBau 2004, 157, 158; OLG Celle, NZBau 2003, 618, 619; OLG Oldenburg, NJW-RR 1995, 829, 830; BayObLG, NJW-RR 1996, 528; LG Göttingen, BauR 1998, 590.
504) Im Ergebnis ebenso: LG Chemnitz, BauR 2009, 1931, 1932; OLG Thüringen, OLGR 1996, 69 (im konkreten Fall kam es deshalb nicht zu einem Kostenbeschluss, weil der Streithelfer seinen eigenen Beweisantrag zurückgenommen hatte); OLG München, BauR 1998, 592.
505) OLG Frankfurt, BauR 2004, 536, 537.
506) BGH, BauR 2012, 130 = ZfBR 2012, 29 = NJW 2011, 3721.
507) OLG Naumburg, BauR 2010, 1113 (LS) = IBR 2010, 251 – *Schwenker* (für **Antragsgegner**); OLG Celle, BauR 2004, 1659; OLG Saarbrücken, OLGR 2003, 309; OLG Oldenburg, BauR 2002, 825; OLG Koblenz, OLGR 2001, 214; OLG Köln, OLGR 1995, 110; LG Dortmund, NJW-RR 2000, 516; LG Bielefeld, BauR 1999, 1209; LG Freiburg, BauR 1998, 400; LG Bayreuth, JurBüro 1991, 398; LG Köln, NJW-RR 1987, 319; LG Köln, MDR 1985, 1033; LG Aurich, MDR 1986, 504; LG Düsseldorf, MDR 1986, 857; *Sturmberg*, Rn. 114 ff.; **a.A.:** LG Bonn, MDR 1985, 415; LG Hannover, JurBüro 1986, 765; LG Karlsruhe, MDR 1993, 914, wenn das Gericht bereits über den Beweissicherungsantrag entschieden hat. Zum **fehlenden Rechtsschutzinteresse:** OLG Stuttgart, IBR 2010, 483 – *Junk*.
508) OLG Hamm, BauR 2005, 1360 = IBR 2005, 182 – *Ulrich*; zur Prozesskostenhilfe für den **Antragsgegner:** OLG Saarbrücken, MDR 2003, 1436; OLG Celle, OLGR 2001, 248;

ankommen. Prozesskostenhilfe kann verweigert werden, wenn der Antrag „mutwillig" ist.[509)]

141 Hinsichtlich der Prozesskostenhilfe für einen **Streitverkündeten** bedarf es nach Auffassung des LG Hamburg[510)] allerdings einer Darlegung von Umständen, die gegenüber einer etwaigen nachfolgenden Hauptsacheklage als **Einwände geeignet** sind und die in dem selbstständigen Beweisverfahren auch **geklärt** werden sollen. Im konkreten Fall bestritt der Streitverkündete nicht die behaupteten Mängel, sondern behauptete, er habe den Architekten „auf die Möglichkeit von Winddichtigkeitsmängeln ebenso wie auf Abhilfemöglichkeiten hingewiesen".

142 Auf der Grundlage der Wertgebühren des § 34 GKG fällt für ein selbstständiges Beweisverfahren eine **1,0-Gerichtsgebühr** an (KV Anlage 1 zu § 3 Abs. 2 GKG; Nr. 1610). Diese Gebühr wird in jedem Fall gesondert berechnet.[511)] Sie wird nicht vorschussweise erhoben. Im Gegensatz hierzu sind die Auslagen (insbesondere Vorschüsse für Sachverständige und Zeugen) im Rahmen von Vorschüssen zu zahlen.

143 Nach **neuem** Gebührenrecht ist das Beweisverfahren eine selbstständige Angelegenheit; es gehört gebührenrechtlich nicht zu einem bereits anhängigen oder nach Beendigung des selbstständigen Beweisverfahrens anhängig werdenden Hauptsacheverfahren. Der **Anwalt** erhält deshalb zunächst einmal die **1,3-Verfahrensgebühr**;[512)] zusätzlich kommt eine **Terminsgebühr** (Nr. 3104) in Betracht, wenn er an den örtlichen Erhebungen des Sachverständigen oder an einem richterlichen Termin zur Anhörung oder zum Zwecke einer gütlichen Einigung (§ 492 Abs. 3 ZPO) teilnimmt. Kommt es im Anschluss an das Beweisverfahren zu einem **Hauptprozess**, wird die Verfahrensgebühr (bei gleichem Anwalt) auf die Verfahrensgebühr des Hauptverfahrens angerechnet.[513)] Dies kann ein Anwalt allerdings durch eine schriftliche Gebührenvereinbarung gegenüber seiner eigenen Partei ausschließen.[514)] Schließlich sieht das neue Gebührenrecht auch das Entstehen einer **Einigungsgebühr** in Höhe von 1,5 vor.

9. Der Streitwert

Literatur

Heintzmann, Der Streitwert des Beweissicherungsverfahrens, NJW 1970, 2097; *Knacke*, Der Streitwert im Beweissicherungsverfahren, NJW 1986, 36; *Wirth*, Entspricht der Gegenstandswert im selbstständigen Beweisverfahren endgültig dem Wert der Hauptsache?, BauR 1993, 281; *Kumme*, Streitwertfestsetzung im selbstständigen Beweissicherungsverfahren, JurBüro 1993, 583;

LG Bielefeld, BauR 1999, 1209; LG Freiburg, BauR 1998, 400; LG Augsburg, WuM 1996, 233.
509) Zutreffend: LG Stade, MDR 2004, 470.
510) BauR 2003, 1080, 1081.
511) *Keldungs/Tilly*, S. 74; *Fink*, Rn. 500 ff.
512) *Bischof*, in: Bischoff u.a., § 19, Rn. 4; *Ulrich*, Rn. 383; *Schneider*, BrBp 2004, 10, 14.
513) Siehe hierzu: OLG Zweibrücken, OLGR 2008, 280; OLGR 2007, 150, 151; s. auch OLG Hamm, IBR 2006, 106 – *Schneider* (mit **Berechnungsbeispiel**). Zur Anrechnung der **Geschäftsgebühr** auf die im selbstständigen Beweisverfahren entfallene Verfahrensgebühr: BGH, IBR 2008, 543 – *Ulrich*.
514) *Bischof*, a.a.O., Rn. 7.

E. *Schneider*, Die Streitwert-Änderungsfrist im selbstständigen Beweisverfahren, MDR 2000, 1230; *Cuypers*, Feststellungen in selbstständigen Beweisverfahren in Bausachen – eine Bilanz nach 10 Jahren, MDR 2004, 244; *Möller*, Der Streitwert des selbstständigen Beweisverfahrens, NJW-Spezial 2009, 636.

Die Bemessung des **Streitwerts** eines **selbstständigen Beweisverfahrens** ist – neben dem „Kostenproblem" (Rdn. 123 ff.) – nach wie vor umstritten;[515] zwar ist festzustellen, dass die Auffassung,[516] wonach der Streitwert (ausschließlich) nach dem Interesse des Antragstellers an der Sicherung der Beweismittel zu bewerten sei, angesichts der durch die gesetzliche Neuregelung bewirkten Aufwertung des Beweisverfahrens überholt ist; gleichwohl gibt es auch für das Beweisverfahren eine starke Gegenmeinung, die jeweils nur einen Bruchteil des Wertes der Hauptsache ansetzt.[517] **144**

Zutreffend ist jedoch, den Streitwert nur noch nach dem materiellen Interesse des Antragstellers, das gemäß § 3 ZPO zu schätzen ist, zu bestimmen.[518] Demnach kommt es entscheidend auf die Bewertung des zu sichernden Anspruchs (in der Regel also der Mängelansprüche) an. Dies führt in der Praxis dazu, dass in aller Regel **der Hauptsachewert** im Zeitpunkt der Einreichung des Beweisermittlungsantrages (§ 4 Abs. 1 ZPO) für die Streitwertbemessung maßgebend ist.[519] Ist ein Hauptsacheprozess noch nicht anhängig, ist das **Interesse** des Antragstellers somit nach dem Umfang der **von ihm behaupteten Mängelansprüche** zu bewerten.[520] Bei der Einschätzung des Wertes wird deshalb grundsätzlich zunächst auch von **145**

---

515) Zur Streitwertfestsetzung siehe *Ulrich*, in: Prütting/Gehrlein, § 485 ZPO, Rn. 33, 34 m.w.Nachw.
516) Vgl. *Knacke*, NJW 1986, 36; LG Aachen, JurBüro 1990, 1038; LG Heilbronn, MDR 1989, 999; LG Düsseldorf, JurBüro 1987, 749; LG Darmstadt, JurBüro 1985, 1702; LG Braunschweig, JurBüro 1986, 560.
517) SchlHOLG, BauR 2003, 1078 m. abl. Anm. *Frank* u. abgeändert durch BGH, BauR 2005, 364, 366; BezG Frankfurt (Oder), JurBüro 1994, 240; OLG Frankfurt, OLGR 1992, 228; OLG Celle, NdsRpfleger 1993, 325; LG Bonn, BauR 1995, 427, 429 (50 %); OLG Hamm, BauR 1995, 430; LG Krefeld, JurBüro 1992, 418 (2/3 der voraussichtlichen Mängelbeseitigungskosten); OLG Karlsruhe, JurBüro 1992, 559 (Abschlag von 20 %); OLG Köln, OLGR 1992, 283 (50 %); OLG Köln (5. Senat), VersR 1995, 360 (75 %).
518) OLG Düsseldorf, BauR 2016, 882; OLG München, BauR 2010, 2167 (LS) = IBR 2011, 124 – *Hunold*; OLG Karlsruhe, NZBau 2010, 703, 704; OLG Düsseldorf, NZBau 2010, 705; OLG Stuttgart, NZBau 2011, 706, 761.
519) BGH, NJW 2004, 3488; OLG Düsseldorf, BauR 2016, 882; LG Köln, NZBau 2013, 384, 385. Zum Streitwert der **Streithilfe**, insbesondere wenn sich dessen wirtschaftliches Interesse nicht eindeutig quantifizieren lässt: OLG Karlsruhe, NZBau 2013, 384.
520) Vgl. hierzu aus der umfänglichen Rechtsprechung: OLG Stuttgart, NZBau 2011, 706, 761 (**Zuschlag** zu den ermittelten und fiktiven Mangelbeseitigungskosten, wenn auch der Zweck verfolgt wird zu klären, ob ein **Rücktritt** vom Vertrag möglich ist) u. BauR 2009, 282; IBR 2006, 309 – *Ulrich* (Kosten der Totalsanierung); OLG Frankfurt, NZBau 2011, 41 (**Kostenvoranschlag**); OLG Celle, BauR 2004, 705 u. OLGR 2003, 136; OLG Düsseldorf, NZBau 2003, 385; OLG Nürnberg, IBR 2003, 709; OLG Braunschweig, OLGR 2003, 115; OLG Bamberg, BauR 2002, 1593; OLG München, BauR 2004, 707 u. BauR 2002, 1595; OLG Schleswig, OLGR 2002, 355; KG, BauR 2000, 1905 m.Anm. *Welte;* OLG Brandenburg, BauR 2001, 292, 293 = NJW-RR 2001, 311, 312 (Berücksichtigung eines Druckzuschlags).

den **Angaben** des Antragstellers auszugehen sein, es sei denn, es ergeben sich in dem Beweisverfahren neue greifbare und nachvollziehbare Mängelbeseitigungskosten.521) Dem folgt auch der **BGH**.522) Zulässige **Gegenanträge** des Antragsgegners werden den Streitwert des selbstständigen Beweisverfahrens nur dann erhöhen, wenn sie über den Antrag des Antragstellers sachlich hinausgehen und eigene Ansprüche vorbereiten.523) Ist das Hauptsacheverfahren bereits anhängig, entspricht der Verfahrenswert dem des Hauptsacheverfahrens.524) Wie im Hauptsacheverfahren ist der Streitwert im selbstständigen Beweisverfahren gegenüber (unechten) **Streitgenossen** (z.B. Architekten, Sonderfachleuten und Bauunternehmen) entsprechend den jeweils gegen sie geltend gemachten Ansprüche (unterschiedlich) festzusetzen;525) dabei kann auch gegen einen Antragsgegner die niedrigste Gebührenstufe festgesetzt werden, wenn gegen diesen eine Insolvenzfeststellungsklage in Betracht kommt und mit einer Insolvenzquote nicht zu rechnen ist.526)

146 Im Einzelfall treten jedoch **Probleme** auf: Behauptet z.B. der Antragsteller einen ganz anderen Mangel in seinem Antrag, als der Sachverständige dann später feststellt,527) so fragt sich, ob sich der Streitwert nach dem Interesse des Antragstellers an der Beweiserhebung wegen des von ihm **behaupteten** Mangels bemisst oder nach den Kosten, die der Sachverständige für die Beseitigung des tatsächlich festgestellten Mangels im Gutachten ausweist.528) Des Weiteren ist zweifelhaft, ob ein auf der Grundlage der Angaben des Antragstellers vom Gericht festgesetzter Streitwert **nach** der Beweiserhebung (Gutachtenerstattung) von Amts wegen oder auf Antrag einer Partei **herauf-** oder **herabgesetzt** werden kann, etwa mit dem Argument, der Antragsteller habe sich erkennbar „verschätzt". Eine **Korrektur** des Streitwertes wird zunehmend zugelassen, weil es – trotz der Einschätzung des An-

---

521) OLG Celle, IBR 2014, 777 – *Sturmberg*; OLG Frankfurt, BauR 2007, 921, 922. Zur Berücksichtigung von **Sowiesokosten** s. OLG Karlsruhe, IBR 2015, 232 – *Eix* u. *Pfuhl*; OLG Köln, BauR 2005, 1806; zur Reduzierung des Streitwertes bei einer **Wertverbesserung**: OLG Frankfurt, NJW 2010, 1822, 1823; zur Streitwertbestimmung bei Vorlage mehrerer **Kostenvoranschläge**: OLG Frankfurt, NZBau 2011, 41; zur Berücksichtigung von **Mangelfolgeschäden** bei der Wertfestsetzung: OLG Stuttgart, NZBau 2011, 40.
522) ZfBR 2005, 54, 56 = BauR 2004, 1975, 1976 = NJW 2004, 3488, 3489; s. ferner: OLG Karlsruhe, NZBau 2011, 703, 704; OLG Stuttgart, BauR 2009, 282.
523) Vgl. auch LG Osnabrück, JurBüro 1998, 548.
524) OLG Düsseldorf, BauR 2001, 1785.
525) OLG Koblenz, IBR 2005, 409 – *Baur*; OLG Celle, NZBau 2010, 112 = NJW-RR 2009, 1678 = OLGR 2009, 752. Demgegenüber kommt eine einheitliche Streitwertfestsetzung in Betracht, wenn der Antragsteller nicht hinreichend klargestellt hat, wer für welche Beweisbehauptung in welchem Umfang verantwortlich ist (OLG Rostock, BauR 2008, 559 = IBR 2008, 249 – *Schmidt*). Zur Differenzierung des Streitwertes bei mehreren Antragsgegnern: *Seibel*, § 486, Rn. 60 f.
526) KG, NJW-RR 2000, 1622; OLG Koblenz, OLGR 1998, 374; s. aber OLG Nürnberg, OLGR 2000, 58 (einheitlicher Streitwert, wenn alle Antragsgegner als möglicher Verursacher der Mängel genannt werden; ebenso: OLG Köln, Beschl. v. 29.5.2002 – 17 W 69/02).
527) Siehe z.B. LG Freiburg, MDR 1980, 852; auch OLG Oldenburg, OLGR 1995, 64.
528) Letzteres verneinend: OLG Oldenburg, OLGR 1995, 64; OLG Düsseldorf, BauR 1995, 879; OLG München, BauR 1994, 408, 409 u. OLGR 1996, 266; anders: OLG Köln, MDR 1992, 192 u. OLGR 1994, 27 (**Mittelwert**); OLG Hamm, BauR 2005, 142 (Schätzung nach § 3 ZPO).

Streitwert   **Rdn. 147**

tragstellers – immer nur auf den „**objektiven**" Wert ankomme und die Wertangabe des Antragstellers nicht bindend sei.[529] Dem folgt auch der BGH.[530]

Der Streitwert ist von dem Gericht festzusetzen, das im Einzelfall für das Beweisverfahren zuständig ist (Rdn. 71 ff.). Hinsichtlich der **Streitwert-Änderungsfrist** (§ 68 Abs. 1 Satz 3 GKG) ist Folgendes zu beachten: Die Streitwertänderung kann nur innerhalb von sechs Monaten erfolgen, nachdem die Entscheidung in der Hauptsache Rechtskraft erlangt oder das Verfahren sich anderweitig erledigt hat.[531]   **147**

---

529) OLG Stuttgart, NZBau 2011, 760, 761; OLG Düsseldorf, BauR 2005, 142 u. NZBau 2010, 705; OLG Celle, BauR 2008, 1188; OLG Naumburg, BauR 2008, 873 = IBR 2008, 61; OLG Stuttgart, BauR 2009, 282 u. OLG Hamm, BauR 2005, 142 (nicht bestätigte Mängel sind nach § 3 ZPO zu schätzen); ebenso: OLG Celle, BauR 2008, 1188; siehe ferner: OLG Frankfurt, BauR 2010, 1629 = NJW 2010, 1822 (Vorlage eines **Kostenvoranschlages**); OLG Rostock, OLGR 2009, 799; LG Deggendorf, BauR 2005, 901, 902; OLG Karlsruhe, OLGR 2005, 216); OLG Köln, BauR 2005, 756; OLG Celle, BauR 2005, 430, 431 (Korrektur nach oben); OLG München, IBR 2003, 518; Thüringer OLG, BauR 2000, 1529; KG, BauR 2000, 1905 m. abl. Anm. *Welte;* OLG Köln (16. ZS), NJW 1997, 1292 = OLGR 1997, 135 (Herabsetzung von 70.000 DM auf 28.353,82 DM); OLG Frankfurt, OLGR 1997, 88 = BauR 1997, 518 (von 25.000 DM auf 5000 DM, weil nur der **objektive** Anspruchswert maßgebend sei, nicht die subjektive Einschätzung des Antragstellers); OLG Frankfurt, OLGR 1997, 104 (Herabsetzung wegen besserer fachkundiger Erkenntnismöglichkeit durch Gutachter); **a.A.:** OLG Braunschweig, BauR 2000, 1907; OLG Hamm, IBR 2008, 250 – *Saerbeck* (nur in engen Ausnahmefällen) u. OLGR 1997, 154 (Korrektur **nur** bei „erkennbar willkürlich gegriffenen Zahlenangaben") u. AnwBl. 1996, 411; OLG Celle, OLGR 1996, 142 (keine Herabsetzung, wenn Gutachter Mängel nicht bestätigt); siehe auch OLG Düsseldorf, IBR 2010, 372; OLG Koblenz, BauR 1998, 593; *Bischof*, in: Bischof u.a., RVG, § 2, Rn. 33.
530) ZfBR 2005, 54, 56 = BauR 2005, 364, 366 m. Nachw.
531) Siehe hierzu: OLG Stuttgart, BauR 2016, 146, 147; OLG Brandenburg, BauR 2005, 1513, 1514; OLG Düsseldorf, BauR 2006, 1179, 1181; LG Köln, BauR 2013, 819, 820 (str.).

II. Das Privatgutachten

Übersicht

	Rdn.		Rdn.
1. Die Stellung des Sachverständigen	152	a) Der materiell-rechtliche Anspruch auf Kostenerstattung	159
2. Die Vergütung	154	b) Kostenerstattung im Kostenfestsetzungsverfahren	166
3. Die Kostenerstattung	158		

Literatur

Keldungs/Arbeiter, Leitfaden für Bausachverständige, 3. Auflage 2011; *Koenen*, Sachverständigenbeweis im Bauprozess, 2012; *Leupertz/Hettler*, Der Bausachverständige vor Gericht, 2. Auflage 2013; *Bayerlein*, Praxishandbuch Sachverständigenrecht, 5. Auflage 2015; *Sturmberg*, Die Beweissicherung in der anwaltlichen Praxis, 2016.

Klocke, Erstattung von Gutachten, BauR 1986, 294; *Keilholz*, Zur Haftung des Sachverständigen in (schieds-)gerichtlichen Bausachen, insbesondere bei von ihm veranlassten Sanierungsmaßnahmen gelegentlich einer (schieds-)gerichtlichen Begutachtung, BauR 1986, 377; *Bayerlein*, Der Sachverständige im Bauprozess, BauR 1989, 397; *Krüger*, Das Privatgutachten im Verfahren der einstweiligen Verfügung, WRP 1991, 68; *Kamphausen*, Auswirkungen der neueren Rechtsprechung auf die Tätigkeit des Bausachverständigen, Festschrift für Soergel (1993), 327; *Grün*, Die Abnahme von Wohn- und Gewerbeimmobilien unter Mitwirkung von Sachverständigen, Festschrift für Vygen (1999), 303; *Schaub*, Gutachterhaftung in Zwei- und Mehrpersonenverhältnissen, Jura 2001, 8; *Brückner/Neumann*, Die Haftung des Sachverständigen nach neuem Delikts- und Werkvertragsrecht, MDR 2003, 906; *Vogel/Turner*, Zur Haftung des Sachverständigen bei einer Grundstückswertermittlung, BTR 2003, 150; *Schlapka*, Die Tätigkeitsbereiche des Sachverständigen – Baubegleitende Qualitätskontrolle, BTR 2003, 158; *Volze*, Die Grundlagen der Haftung des Sachverständigen, DS 2004, 48; *Motzke*, Die Haftung des Bodengutachters, BTR 2004, 50; *Pause*, Baucontrolling – Baubegleitende Qualitätsüberwachung, BTR 2004, 72; *Röhrich*, Die Honorierung der baubegleitenden Qualitätskontrolle aus der Sicht des Sachverständigen, BauR 2004, 413; *Finn*, Zur Haftung des Sachverständigen für fehlerhafte Wertgutachten gegenüber Dritten, NJW 2004, 3752; *Schwab*, Zur Haftung des vom Schiedsgericht hinzugezogenen Sachverständigen, DS 2006, 66; *Jankowski*, Das Rechtsverhältnis zwischen den Prozessbevollmächtigten, dem Gericht und dem gerichtlich bestellten Sachverständigen, NZBau 2006, 96; *Weise*, Typische Architektenleistungen stellen keine Rechtsberatung dar, NJW-Spezial 2007, 165; *Zimmermann*, Sachverständigenhaftung für Mangelfolgeschäden einer falsch durchgeführten Begutachtung, DS 2007, 286 (1. Teil); 328 (2. Teil); *Leupertz*, Privatgutachten kontra Beweisverfahren, BauR 2007, 1790; *Ulrich*, Das neue Rechtsdienstleistungsgesetz und seine Konsequenzen für den Sachverständigen, DS 2008, 91; *Bleutge*, Das neue Rechtsdienstleistungsgesetz, Der Bausachverständige 2/2008, 48; *Bleutge*, Werbung ist erlaubt, bei Irreführung droht Abmahnung, Der Bausachverständige 5/2008, 64; *Bleutge*, Werbung des Sachverständigen, Der Bausachverständige, 6/2008, 54; *Hattig*, Sachverständige und öffentliche Aufträge, Der Bausachverständige 2/2008, 61; *Falk*, Jherings Kampf um die Festungsbollwerke – Eine Rechtsgeschichte zur Praxis der Parteigutachten, NJW 2008, 719; *Ottofülling*, Der „Bausachverständige", und die wettbewerblichen Implikationen, DS 2008, 53; *Klute*, Das Werberecht bestellter Bausachverständiger, NZBau 2008, 556; *Enaux*, Mitwirkung von Sachverständigen bei der gerichtsinternen Mediation in Bausachen, Festschrift für Horst Franke (2009), 47; *Bleutge*, Achtung Auftrag – Was schuldet ein Sachverständiger?, NJW-aktuell 12/2010, 43; *Seibel*, Selbständiges Beweisverfahren kontra Privatgutachten, BauR 2010, 1668; *Bahlmann*, Die Verletzung von Urheberrechten an Lichtbildern aus Schadensgutachten, DS 2011, 92; *Ulrich*, Urheberrecht für Sachverständige, Teil 1, DS 2011, 308; Teil 2, DS 2011, 352; *Imhof/Wortmann*, Die Erforderlichkeit von Sachverständigenkosten i.S. des § 249 BGB und die Beweislastverteilung, DS 2011, 149; *Krämer*, Baubegleitende Qualitätsüberwachung (BQÜ) aus Sicht des Sachverständigen, DS 2011, 270; *Schlehe*, Erfolgreiches Baucontrolling durch baubegleitende Qualitätsüberwachung, DS 2011, 268; *Volze*, Neue Entwicklungen im Sachverständigenwesen, DS 2012, 96; ders., Neue Rechtsprechung aus dem Sachverständigenrecht, DS 2012, 226; *Imhof/Wortmann*, Die Sachverständigenkosten im Lichte der BGH-Rechtsprechung, DS 2012, 305; *Schneider*, Der

Sachverständige im Kreuzfeuer des Steuerrechts, DS 2012, 340; *Wortmann*, Urheberrechte des Sachverständigen an den Lichtbildern im Gutachten, DS 2013, 46; *Jansen*, Die Bedeutung baubetrieblicher Gutachten im Vergütungsprozess, DS 2013, 91; *Schmidbauer*, Der Sachverständige in der Gesellschaft, DS 2013, 172; *Vuia*, Die Höhe der gem. § 249 II 1 BGB erstattungsfähigen Sachverständigenkosten, DS 2013, 182; *Volze*, Briefbogenhaftung des Sachverständigen, DS 2013, 334; *Schlehe*, Die Rolle des Sachverständigen in der Gesellschaft – Perspektiven des öffentlich bestellten Sachverständigen, DS 2013, 337; *Motzke*, Begutachtung von Bodenproben – Bodengutachten – Laborleistungen – Verjährungsfragen bei Mängeln sog. „feststellender Gutachten", BauR 2014, 25; *Zöller*, Kostenangaben im Bauschadensgutachten, IBR 2014, 523; *Schärtl*, Verbraucherschutz bei Gutachteraufträgen – Die Neuregelung des Verbraucherwiderrufsrechts auf Grund der Verbraucherrechte-Richtlinie und mögliche Stolpersteine für die Gutachterpraxis, DS 2015, 140; *Schlehe*, Der Sachverständigenvertrag mit Verbrauchern: Trau schau wem!, DS 2015, 146; *Regenfus*, Rechtliche Voraussetzungen für den Einsatz von Kameradrohnen bei Sachverständigengutachten, DS 2016, 14; *Staudt*, Anforderungen an ein Gutachten, Der Bausachverständige/Sonderheft 2016, 16; *Ehrhardt*, Privatgutachten rechssicher per E-Mail versenden – Und Gerichtsgutachten?, DS 2016, 254; *Koenen*, Die BIM-Methode – ein Thema für Bausachverändige?, Der Bausachverständige 2016, 66; *Gnassemi-Tabar/Nober*, Der Privatgutachter im Zivilprozess, NJW 2016, 552; *Volze*, Neues aus der Sachverständigenrechtsprechung, DS 2017, 123; *Mally*, Beweissicherung von Baumängeln, NJW 2017, 1081 – beck-online.

148 Der Bauprozess kommt ohne das Privat-(**Partei**-)Gutachten nicht aus.[1] Die technischen Geschehensabläufe werden immer komplizierter, und dem einzelnen – auch technisch vorgebildeten – Baubeteiligten wird das Erkennen der Zusammenhänge zunehmend schwerer. Es ist deshalb eine natürliche Folge, dass zu der **ordnungsgemäßen Vorbereitung** eines Bauprozesses – neben der Einleitung eines selbstständigen Beweisverfahrens (vgl. Rdn. 1 ff.) – häufig die private Beauftragung sachverständiger Personen (Gutachter) gehört. Die Praxis zeigt, dass die **Bedeutung** des Privatgutachtens – gerade auch als Beweismittel – außerordentlich gestiegen ist;[2] dies belegt vor allem auch die jüngste Rechtsprechung des BGH[3], wonach das Übergehen eines im Prozess vorgelegten Privatgutachtens einen Verstoß gegen **Art. 103 Abs. 1 GG** darstellen kann (s. auch Rdn. 150). Die Einschaltung eines **Privatgutachters** im Vorfeld kann deshalb besonders effektiv sein, weil der Auftraggeber Zweck und Umfang der Begutachtung bestimmen kann; im Einzelfall können auch die Kosten eines Privatgutachtens für die Vorbereitung eines **selbstständigen Beweisverfahrens** erstattungsfähig sein.[4] Zu beachten ist, dass

---

1) Der 4. Deutsche **Baugerichtstag** vom 11./12. Mai 2012 hat sich deshalb auch mit dem Thema beschäftigt, ob es im Baurecht gesetzlicher Neuregelungen zu Gerichts- und/oder Privatgutachen bedarf; siehe dazu die **Thesen** des Arbeitskreises, Beilage BauR, 2012, S. 27 ff. sowie DS 2012, 94. Zur **Stellung** des von einem **Schiedsgericht** beauftragten Sachverständigen (§ 1049 ZPO): *Schwab*, DS 2006, 66; *Schütze*, Rn. 184. Zur Einholung eines Privatgutachtens als **Rechtsmittel** i.S. des § 839a BGB: OLG Celle, DS 2012, 82.
2) Siehe hierzu auch: *Keldungs/Arbeiter*, S. 23 ff.; *Koenen*, Rn. 83 ff.; *Bleutge*, Rn. 43 ff. (zur Ortsbesichtigung).
3) BGH, BauR 2016, 1209 zur Zulässigkeit eines Privatgutachtens in der Berufung; BGH, BauR 2015, 1522 = NZBau 2015, 553 = BeckRS 2015, 10105 zur fehlerhaften Anwendung des § 531 Abs. 2 Satz 1 Nr. 3 ZPO; BGH, DS 2011, 211 zur Verletzung des rechtlichen Gehörs; BGH, BauR 2010, 931 = ZfBR 2010, 367 unter Hinweis auf BVerfG, NJW-RR 1995, 1033.
4) OLG Düsseldorf, IBR 2010, 602 – *Kirchhof*. Wird ein Privatgutachten aus einem selbstständigen Beweisverfahren im Einverständnis der Parteien von dem gerichtlich bestellten Sachverständigen verwertet, sind die Gutachtenkosten im **Hauptverfahren** festsetzungsfähig (OLG Köln, DS 2014, 224 LS = BeckRS 2014, 04922).

Aufwendungen für ein Gutachten **vor Abschluss** eines **Vertrages** dann nicht gemäß § 284 BGB erstattungsfähig sind, wenn sie nur eine Entscheidungsgrundlage für den Antragsteller sind, ob er den Vertrag zu den angebotenen Konditionen abschließen soll oder nicht.[5]

Zwar ist ein **Architekt** als bausachverständiger Betreuer in der Lage und auch **verpflichtet,** die für den Bauherrn wesentlichen und aufklärungsbedürftigen Fragen zu beantworten, vorhandene Baumängel zu erkennen und bei deren Beseitigung zu helfen;[6] Architekten sind jedoch keine Juristen, sodass von ihnen nicht die Kenntnis schwieriger oder zweifelhafter **Rechtsfragen** erwartet werden kann.[7] Mit dem Gesetz zur Neuregelung des Rechtsberatungsgesetzes vom 12. Dezember 2007[8], das am 1. Juli 2008 in Kraft trat, wurden die **Grenzen,** aber auch die **Chancen,** für die berufliche Tätigkeit von Sachverständigen sowie von Architekten und Bauingenieuren neu definiert. Abzuwarten bleibt, inwieweit zukünftig der **Verbraucherschutz** bei Gutachteraufträgen zu beachten sein wird.[9] Es gehört deshalb zur Berufspflicht der Sachverständigen und der betroffenen Berufstätigen, sich hinreichend mit den neuen Rechtslagen vertraut zu machen, um Haftungsrisiken auszuschließen.[10] Hinreichend klar ist jedoch, dass die **gutachterliche Tätigkeit der Bausachverständigen** nach der Definition des § 2 Abs. 1 RDG keine Rechtsdienstleistungen darstellen.[11]

---

5) OLG Hamm, DS 2016, 260 = IBR 2016, 669 – *Dötsch*.
6) Zu den **Leistungspflichten** des Architekten aus § 33 Nr. 8 u. 9 HOAI (§ 15 Abs. 2 Nr. 8 u. 9 HOAI a.F.) siehe BGH, BauR 2007, 423 = ZfBR 2007, 250 = NZBau 2007, 108; LG Göttingen, IBR 2008, 463 – *Heiliger* und Rdn. **1507 ff.**; zur **Schadensersatzpflicht** des Architekten wegen einer **(falschen)** Mangelbehauptung: OLG Celle, BauR 2004, 1350 = IBR 2004, 260 – *Schwenker* u. *Knacke*, BauR 2004, 1852 ff. Zu der **Verpflichtung** des Architekten, auf die Vereinbarung einer **fünfjährigen Verjährungsfrist** durch den Bauherrn mit dem Unternehmen hinzuwirken: OLG Düsseldorf, BauR 2010, 649.
7) OLG Stuttgart, IBR 2006, 682 – *Throm*. Zu den **Grenzen** der **Rechtsberatung** durch einen **Architekten: Keine** unzulässige Rechtsberatung stellt z.B. die Hilfe bei der Geltendmachung von Gewährleistungsrechten dar (OLG Düsseldorf, NZBau 2007, 517 = IBR 2006, 357 – *Schwenker*) oder die fachtechnische Überprüfung von Architektenleistungen durch einen hierfür beauftragten Architekten (BGH, NZBau 2007, 182 = NJW 2007, 842; dazu *Weise*, NJW-Spezial 2007, 165).
8) BGBl. I S. 2840 („**Rechtsdienstleistungsgesetz**").
9) Siehe hierzu *Schärtl*, DS 2015, 140 ff.; *Schlehe*, DS 2015, 146, 148.
10) Siehe OLG Düsseldorf, IBR 2010, 722 – *Bleutge* (zur unzulässigen Rechtsdienstleistung eines **Sachverständigenbüros**; Beurteilung einer Verletzung von Verkehrssicherungspflichten); OLG Bremen, IBR 2011, 734 – *Schwenker* (unzulässige Rechtsberatung durch **Wirtschaftsprüfer-GmbH**). Zur **Zertifizierung** eines Bausachverständigen nach der **DIN EN ISO/IEC 17024** siehe OLG Köln, DS 2016, 54.
11) Siehe OLG Düsseldorf, IBR 2010, 722 – *Bleutge*. Zu den Auswirkungen des ab dem 1. Juli 2008 geltenden Rechtsdienstleistungsgesetzes auf die Betätigungsfelder von Sachverständigen siehe umfassend: *Bleutge*, DS 2/2008, 48 ff., dort (S. 50 f.) insbesondere zu den **zulässigen „Nebenleistungen"** (§ 5 Abs. 1 RDG) und den **Haftungsrisiken**; siehe ferner: *Locher/Koeble/Frik*, Einl., Rn. 123 zur Rechtsberatung und zum Rechtsdienstleistungsgesetz; *Ulrich*, DS 2008, 91 ff.

Darüber hinaus berühren aber Baumängel vielfach gerade das vom Architekten zu vertretende Architektenwerk. Der Architekt wird dann als möglicher Schadensverursacher und als Ersatzpflichtiger in Betracht kommen; damit besteht aber oftmals eine Art **Interessenkollision:** Der am Bau beteiligte Architekt oder Sonderfachmann wird deshalb kaum bereit oder objektiv genug sein, dem Auftraggeber (Bauherrn) die erforderlichen Kenntnisse zu vermitteln, die dieser benötigt, um seine Ansprüche sachgerecht durchsetzen zu können. **Begleitet** ein Architekt allerdings als bauleitender Architekt die Beseitigung von Mängeln, für die er (mit)verantwortlich ist, steht ihm natürlich kein Anspruch auf eine Mehrvergütung zu.[12] Nur ein unbeteiligter **Dritter** – eben ein Gutachter –, der über ausreichendes Fachwissen verfügt, wird daher in den meisten Fällen die bessere Lösung sein;[13] allerdings muss auch er dem Auftraggeber des Gutachtens eine bestehende **Interessenkollision offenlegen.** Andernfalls können Erstattungsansprüche (u.a. Erstattung des Sachverständigenhonorars) bestehen.[14]

Privatgutachter sind Personen, die nicht im Auftrag des Gerichts, sondern aufgrund eines mit einer Partei abgeschlossenen **Werkvertrags** tätig werden.[15] Sinnvoll und notwendig kann die Hinzuziehung im vorprozessualen Bereich – insbesondere **während der Bauausführung** – vor allem für folgende Tatbestände sein:

* **Abnahme** von Bauleistungen;[16] insbesondere Aufnahme von Übergabeprotokollen[17]
* Kontrolle der durchgeführten Mängelbeseitigung[18]
* **Fertigstellungsbescheinigungen** zur Vorlage an Bauträgerkunden[19]
* **Abrechnung** von Bauleistungen aller Art[20]

---

12) OLG Hamburg, IBR 2007, 33 – *Hufer*.
13) Siehe OLG Karlsruhe, IBR 2005, 315 – *Englert*.
14) OLG Stuttgart, OLGR 2000, 283.
15) BGHZ 149, 57 = NZBau 2002, 150 = BauR 2002, 315; BGHZ 67, 1, 4 = BauR 1976, 354; BGH, NJW 1979, 214 = BauR 1979, 76; OLG Düsseldorf, DS 2012, 321 = IBR 2012, 299 – *Schilling*; LG Hamburg, DS 2013, 199, 200 (Baubegleitung durch den **TÜV**); *Vogel/Turner*, BTR 2003, 150; *Döbereiner*, BauR 1979, 282, 284; *Vogel*, in: Thode/Wirth/Kuffer, § 18, Rn. 38 ff.
16) OLG Celle, BauR 2008, 1925 (**technische** Abnahme).
17) OLG Brandenburg, BauR 2008, 1922 (Baubegehung und Protokollierung der „erkennbaren Mängel"); OLG Stuttgart, IBR 2017, 256 – *Karczewski* (Geltendmachung von Privatgutachterkosten durch eine Wohnungseigentümergemeinschaft).
18) OLG Köln, NZBau 2013, 308 = DS 2013, 152 (keine Kostenerstattung nach materiellem Recht, wenn das Gutachten die **Mangelfreiheit** bestätigt).
19) KG, IBR 2010, 364 – *Schulze-Hagen* u. LG Berlin, IBR 2010, 304 – *Bröker* (**Fertigstellungsbescheinigung** nach Maßgabe des § 3 MaBV) sowie LG Köln, BauR 2010, 107.
20) Siehe OLG Hamm, NZBau 2008, 323 = IBR 2008, 564 – *Völkel* (Prüfung der Schlussrechnung); OLG Brandenburg, BauR 2002, 1128 = IBR 2002, 290 (Überprüfung einer Architektenrechnung). Zur **Kostenerstattung** eines Privatgutachtens: OLG Koblenz, DS 2013, 77 = IBR 2013, 323 (verneinend, wenn nur zur Information des Verfahrensbevollmächtigten; Rechnungsprüfung).

* Baubegleitende **Qualitätskontrolle**,[21] insbesondere frühzeitige Ermittlung und Dokumentation von **Baumängeln**[22]

Bei der Beauftragung eines **Architekten** oder **Sonderfachmanns** muss im Einzelfall immer beachtet werden, ob es sich bei den beauftragten Leistungen tatsächlich um solche eines „Bausachverständigen" oder vielmehr um reine Architekten- oder Ingenieurleistungen handelt, die nach der HOAI abzurechnen sind.[23]

150 Die Einholung eines Privatgutachtens kann aber auch noch **während eines streitigen Verfahrens** notwendig werden, so, wenn es um die **Ergänzung** des eigenen (vor allem erstinstanzlichen) Sachvortrags,[24] um die **Widerlegung** eines vom Prozessgegner beigebrachten Gutachtens oder eines gerichtlichen Sachverständigengutachtens geht.[25] Das von einer Partei eingeholte und zum Gegenstand des Verfahrens gemachte Privatgutachten eines Sachverständigen stellt substanziierten Parteivortrag dar.[26] Der BGH[27] hat deshalb wiederholt hervorgehoben, dass sich das Gericht hiermit „ebenso sorgfältig auseinander zu setzen hat, als wenn es sich um die abweichende Stellungnahme eines von ihm bestellten weiteren Gutachters handeln würde. Je nach den Umständen des Einzelfalles hat das Gericht daher – wenn die vorgetragenen Einwendungen gegen das von ihm eingeholte Gutachten von vornherein nicht unbeachtlich erscheinen – die Pflicht, den Sachverhalt weiter aufzuklären; andernfalls verletzt es die Vorschriften der §§ 412, 286 ZPO." Die Vorschrift des § 412 Abs. 1 ZPO räumt allerdings dem Gericht durchaus einen Ermessensspielraum ein; so wird die Einholung eines **Obergutachtens** nur dann geboten erscheinen, wenn begründete Zweifel an der Sachkunde des zunächst ein-

---

21) *Krämer*, DS 2011, 270; *Schlehe*, DS 2011, 268; *Schlapka*, BTR 2003, 158 ff.; *Pause*, BTR 2004, 72 ff.; LG Hamburg, DS 2013, 199, 200 (zur **Verjährung** von Mängelansprüchen); OLG Frankfurt, BauR 2008, 1919 = IBR 2008, 300 – *Bleutge* (Frischbetonprüfung gemäß DIN 1045). Es gilt: Vor jedem **Hausbau** oder -kauf sollte ein Sachverständiger zur Qualitätsüberwachung (**BQÜ**) eingeschaltet werden (s. hierzu auch DS 2012, 95). Allerdings: Keine **Erstattung** der Kosten für eine umfassende **prozessbegleitende** Sachverständigentätigkeit i.R. des § 91 ZPO: OLG Köln, DS 2011, 77 = NZBau 2011, 36 = IBR 2010, 312 – *Wenkebach* sowie OLG Hamm, NJW-RR 1996, 830; ebenso: OLG Düsseldorf, BauR 2011, 1183 (kein materiell-rechtlicher Erstattungsanspruch); OLG Naumburg, IBR 2012, 241 – *Rodemann* (Aufarbeitung des Prozessstoffes).
22) Zum Umfang der **Überprüfung** einer noch nicht abgenommenen Bauleistung: OLG Düsseldorf, BauR 2012, 1113 = IBR 2012, 299 – *Schilling* = DS 2012, 321 (Berufung zu LG Düsseldorf, BeckRS 2012, 09915). Es besteht allerdings keine Verpflichtung, etwa die **Sanierungskosten** eines Bauwerks vorprozessual durch ein Privatgutachten zu ermitteln (BGH, NZBau 2003, 152 = ZfBR 2003, 249 = NJW 2003, 1038).
23) Siehe hierzu: OLG Düsseldorf, BauR 2012, 1113, 1116 = DS 2012, 321, 322 unter Hinweis auf KG, MDR 2010, 983; BGH, BauR 2005, 139 = NZBau 2005, 465 = IBR 2005, 429 – *Knipp*; OLG Celle, BauR 2007, 728 (Bauingenieur).
24) BGH, BauR 2007, 585 = NZBau 2007, 245 = ZfBR 2007, 331.
25) Vgl. OLG Hamburg, OLGR 2002, 481. Eine Partei ist **nicht** verpflichtet, bereits in **erster** Instanz Einwendungen gegen ein Gerichtsgutachten unter Beifügung eines Privatgutachtens vorzubringen (BGHZ 164, 330, 335 = NJW 2006, 152 = IBR 2006, 60 – *Schwenker*; BGH, BauR 2016, 1209; BGH, NZBau 2007, 245).
26) OLG Hamm, IBR 2014, 709 – *Elzer*.
27) BGH, BauR 1993, 500 = NJW-RR 1993, 1022; BGH, NJW 1992, 2291; BGH, NJW 1993, 269; BGH, NJW 1990, 759; BGH, NJW-RR 1988, 763; OLG Hamm, BauR 2000, 1372; OLG Zweibrücken, NJW-RR 1999, 1156 = OLGR 1998, 471; OLG München, NJW-RR 1988, 1534.

geschalteten Sachverständigen bestehen.[28] Hält das Gericht ein im Prozess von einer Partei vorgelegtes Privatgutachten gemäß § 286 ZPO bereits für „ausreichend",[29] muss es die Gegenpartei hierauf hinweisen.[30] Ein Privatgutachten wird in aller Regel jedoch nicht ausreichen, um dem Gericht die erforderliche Überzeugung i.S. des § 286 ZPO von der Richtigkeit der behaupteten Tatsachen zu vermitteln. Nichts anderes gilt für eine Schadensschätzung (§ 287 ZPO).[31] Werden z.B. **umfängliche Einwendungen** gegen das Privatgutachten erhoben, kann das Gericht das Gutachten als qualifizierten Parteivortrag nur dann gemäß § 286 ZPO einer Entscheidung zugrunde legen, wenn es eigene Sachkunde besitzt und darlegen kann, „dass es deswegen in der Lage war, die streitigen Fragen abschließend zu beantworten."[32]

Das von einer Partei **vorgelegte** Privatgutachten ist als (substantiierter) **Sachvortrag** zu behandeln und deshalb vom Gericht in jedem Falle zu beachten;[33] zudem besteht für eine Partei immer die Möglichkeit, den Privatgutachter als „**sachverständigen Zeugen**" in den Prozess einzuführen.[34] Mit seinem Zeugnis ist dem Bauherrn oftmals schon ausreichend gedient, zumal der sachverständige Zeuge nicht abgelehnt werden kann. Vernimmt das Gericht den Privatgutachter (nicht nur als „sachverständigen Zeugen", sondern) als „**Sachverständigen**", ist dieser auch **zum „gerichtlichen Sachverständigen bestellt**",[35] über seine Aussagen darf sich das Gericht „daher nicht einfach hinwegsetzen"; er kann aber von der Gegenpartei mit Erfolg wegen Besorgnis der Befangenheit abgelehnt werden.[36] Daneben hat das Privatgutachten nach richtiger Ansicht durchaus urkundlichen Beweis, sodass das Gericht in jedem Fall veranlasst und gezwungen ist, sich mit dem Pri-

---

28) OLG Düsseldorf, IBR 2013, 253 – *Pleines*.
29) Vgl. dazu OLG Hamburg, OLGR 2003, 235; OLG Hamm, NJW-RR 1993, 1441 für ärztliches Gutachten.
30) OLG Karlsruhe, NJW 1990, 192 = MDR 1989, 1109.
31) Vgl. aber OLG Hamburg, BauRB 2004, 10 – *Deckers*.
32) BGH, BauR 2008, 1661, 1662.
33) BGH, NJW-RR 2014, 545 Rn. 8; BGH, NZBau 2015, 553 (zur Anwendung des § 531 Abs. 2 Satz 1 Nr. 3 ZPO); BGH, DS 2011, 211 = IBR 2011, 248 – *Ulrich*; BGH, BauR 2005, 735, 737 = ZfBR 2005, 355, 357; BauR 2005, 861 = NZBau 2005, 335 = ZfBR 2005, 454; BGH, NJW-RR 2003, 69; BauR 1998, 123, 124 = NJW-RR 1998, 233; ZSW 1980, 164; BGH, BauR 2008, 1661, 1662; IBR 2009, 178 – *Müller-Stoy*; BGH, IBR 2009, 489 – *Ulrich* u. BGH, NZBau 2007, 245 = BauR 2007, 585 = NJW 2007, 1531 (für das **Berufungsverfahren**); OLG Hamm, BeckRS 2014, 08985 = DS 2014, 224 (LS); OLG Celle, DS 2011, 401; OLG Oldenburg, OLGR 2003, 443 = BauRB 2004, 11; OLG Naumburg, OLGR 1999, 249; OLG Oldenburg, OLGR 1997, 134.
34) Vgl. BGH, BauR 1993, 500, 501 u. WM 1974, 239; BGH, IBR 2010, 308; OLG Oldenburg, OLGR 2003, 443 = BauRB 2004, 11; *Ghassemi-Tabar/Nober*, NJW 2016, 553; *Soergel*, BlGBW 1970, 14, 15. **Zum Vergütungs(Entschädigungs)anspruch:** OVG Lüneburg, DS 2012, 88 = IBR 2012, 363 – *Schwenker*; OLG Koblenz, DS 2005, 110; OLG Düsseldorf, IBR 2005, 126 – *Ulrich*; OLGR 2001, 374 = BauR 2001, 1631 (LS); OLG München, JurBüro 1988, 1242; OLG Bamberg, JurBüro 1984, 260; 1980, 1221; OLG Stuttgart, JurBüro 1983, 1355; OLG Hamm, ZfS 1980, 271 sowie Rdn. **3174**.
35) BGH, BauR 1994, 524, 525; OLG Düsseldorf, OLGR 2000, 271 (LS); s. ferner: OLG Hamm, BauR 2002, 1736 (zur Anwendung von § 8 Abs. 1 GKG); zu **Abgrenzungsfragen**: BGH, NJW 2013, 3570; *Motzke*, DS 2014, 142, 146.
36) OLG Düsseldorf, OLGR 2000, 271 (LS).

vatgutachten eingehend auseinander zu setzen;[37] die Verwertung als „**Sachverständigengutachten**" ist allerdings nur mit der **Zustimmung beider Parteien** möglich.[38] Legen die Parteien **widerstreitende** Privatgutachten vor, muss das Gericht bei **fehlender eigener Sachkunde** grundsätzlich ein gerichtliches Sachverständigengutachten einholen.[39] Nichts anderes gilt, wenn der Gegner das vorgelegte Privatgutachten nach § 138 Abs. 4 ZPO mit Nichtwissen bestreiten kann.[40] Im Ergebnis ist festzustellen, dass sich nach der Rechtsprechung des **BGH** ein Gericht in aller Regel sorgfältig mit einem Privatgutachten auseinandersetzen muss; unterlässt es dies und folgt ohne „einleuchtende und logisch nachvollziehbare Begründung" einem gerichtlichen Gutachten, kann ein **Verstoß** gegen den Anspruch auf rechtliches Gehör gegeben sein.[41]

1. Die Stellung des Sachverständigen

152 Während den **Architekten** keine Pflicht zur Erstattung eines Privatgutachtens trifft,[42] sind die **öffentlich bestellten** und vereidigten **Sachverständigen** zur Übernahme von Privatgutachten verpflichtet; in der Ableistung des Sachverständigeneides ist im Großen und Ganzen auch ihre Bereitschaft zu sehen, sich allgemein als Gutachter, also auch für Privatgutachten, zur Verfügung zu stellen.[43] Die große Bedeutung, die ein Privatgutachten im Prozess gewinnen kann, sollte in jedem Einzelfall Anlass sein, die **Qualifikation** der zur Auswahl stehenden Personen sorgfältig zu prüfen. Das **Lebensalter** eines Sachverständigen darf dabei keineswegs eine entscheidende Rolle spielen.[44]

Rechtsbeziehungen entstehen bei der Beauftragung eines Privatgutachters zwischen diesem und seinem Auftraggeber. Das ist in der Regel der Bauherr, auch wenn der Auftrag von einem Architekten oder Rechtsanwalt erteilt wird, weil dies stets im Namen des Bauherrn geschieht. Eine andere Beurteilung kann gerechtfertigt sein, wenn z.B. ein Ingenieurbüro einen Gutachter mit Bauwerksuntersuchun-

---

37) Vgl. OLG Köln, VersR 1990, 311 für Arzthaftungsprozess; OLG Düsseldorf, OLGR 1992, 186, 187; *Jessnitzer/Frieling*, Rn. 36; *Kniffka/Koeble*, 20. Teil, Rn. 33; *Zöller/Greger*, § 402 ZPO, Rn. 3; BGH, ZfBR 1993, 188. Das **Privatgutachten** ist aber kein zulässiges Beweismittel im **Urkundenprozess** (*Lembcke*, BauR 2009, 19, 23 m.w.Nachw.).
38) BGH, NJW-RR 1994, 255; BGH, BauR 1994, 524, 525; siehe auch OLG Naumburg, OLGR 1999, 249, 250; OLG Rostock, OLGR 1998, 218, 219.
39) BGH, BauR 2008, 1661, 1662. Zu den **Grenzen** der Sachkunde bei Verwertung eines so genannten „geborgten Gutachtens" s. BVerwG, IBR 2009, 618 – *Ulrich*.
40) Vgl. BGH, IBR 2009, 617 – *Lehmann*.
41) BGH, BauR 2010, 931 = ZfBR 2010, 367 = IBR 2010, 210 – *Deitschun*.
42) Vgl. OLG Düsseldorf, BauR 1972, 385; OLG Nürnberg, BauR 1974, 69 sowie *Bindhardt*, BauR 1972, 202. Zur **Erstattungsfähigkeit** der prozessunterstützenden Tätigkeit eines **Architekten**: KG, IBR 2004, 114 = BauRB 2004, 11 = BauR 2004, 1943.
43) Zur (wettbewerbsrechtlichen) Beurteilung der **Bezeichnung** als „Bausachverständiger" oder „Bausachverständigen-Büro" siehe *Jacobs*, Sachverständige, Gutachter, Experten – wo ist der Unterschied?, NJW 12/2008, S. LXVIII; *Ottofülling*, DS 2008, 53 ff.; und zum **Werberecht der öffentlich bestellten und vereidigten Sachverständigen** grundlegend: *Klute*, NZBau 2008, 566 ff.
44) Zur verfassungsrechtlichen Zulässigkeit einer **Höchstaltersgrenze** für Sachverständige siehe Rdn. **3106** Fn. 40 m.w.Nachw. Zum **Nachweis** der besonderen Sachkunde vor den zuständigen Fachgremien: VG Schleswig, DS 2011, 54 = IBR 2011, 440 – *Bleutge*.

gen und Empfehlungen zu den für die Bauausführung notwendigen Materialien beauftragt.[45] Nach gefestigter Rechtsprechung sind Aufträge zur Erstellung eines Privatgutachtens grundsätzlich als **Werkverträge** einzuordnen,[46] sodass dem Auftraggeber bei einer schuldhaft unrichtigen Beurteilung Schadensersatzansprüche aus §§ 280, 281, 634 Nr. 4 BGB zustehen können.[47]

153 Das Privatgutachten sollte daher allen Anforderungen genügen, die an ein gerichtliches Gutachten zu stellen sind, damit es im Prozess verwertbar ist. Privatgutachten haben „je nach dem Ansehen des Gutachters und dem ihnen innewohnenden sachlichen Gehalt einen mehr oder minder großen Einfluss auf die gerichtliche Entscheidung".[48] Ein Privatgutachten muss daher dem gerichtlichen Gutachten vergleichbar, **objektiv** und **fachlich richtig** sein[49] und darf nicht einseitig die Interessen des Auftraggebers wiedergeben. Dies ist indes nur gewährleistet, wenn sich **der Gutachter selbst ein objektives Bild** vom **Sachverhalt macht**, indem er **Vertragsunterlagen, Zeichnungen, Korrespondenz** und **Lichtbilder sorgfältig verwertet**.[50] Gutachten, die nur „Ergebnisse" mitteilen, ohne es zu ermöglichen, Gedankengänge nachzuvollziehen und zu überprüfen, helfen dem Auftraggeber des Privatgutachters wenig. Dass ein Gutachten allerdings häufig nur die dem Unternehmer oder Architekten nachteiligen Momente aufführt, spricht nicht von vornherein gegen die Qualität eines Privatgutachtens. Es ist Aufgabe des Privatgutachters – und dies gilt eigentlich noch mehr als für den gerichtlichen Sachverständigen –, die für den Bauherrn oder einen anderen Baubeteiligten wichtigen Fragen herauszustellen. Das wird bei der Verwertung von Privatgutachten zuweilen übersehen (vgl. Rdn. 158 ff.). Reine **„Gefälligkeitsgutachten"** dagegen, die sich als solche auch schnell herausstellen, schaden nicht nur dem Ansehen eines Gutachters, sie können den Gutachter bei von ihm zu vertretenden Mängeln des Gutachtens im Einzelfall auch zum **Schadensersatz** verpflichten. Dabei besteht die Haftung des Gutachters nicht nur gegenüber seinem Auftraggeber, im Einzelfall erstreckt sie sich auf den Ersatz von Mangelfolgeschäden gegenüber Dritten.[51]

---

45) Siehe OLG Naumburg, IBR 2008, 340 – *Weyer*.
46) BGHZ 127, 378 = NJW 1995, 392; BGH, NJW 1979, 214 = BauR 1979, 76; siehe ferner: BGH, ZfBR 2016, 468 (zu: OLG Frankfurt, BauR 2014, 1503); OLG Celle, BauR 2000, 1898; OLG Stuttgart, OLGR 2000, 283, 284; *Zimmermann*, DS 2007, 286, 287; *Döbereiner*, BauR 1979, 282, 284 Anm. 21 m. Nachw.
47) *Kniffka/Koeble*, 2. Teil, Rn. 5; *Voit*, in: Bamberger/Roth, § 636 BGB, Rn. 64 m.w.Nachw.
48) So *Jessnitzer*, 9. Aufl. 1989, S. 106.
49) Das gilt insbesondere, wenn der Gutachter **für die Prozessführung** eingeschaltet wird (OLG Karlsruhe, OLGR 2005, 657).
50) Es unterliegt daher dem Privatgutachter, immer selbst hinreichend auf eine **klare Aufgabenstellung** hinzuwirken (OLG Düsseldorf, IBR 2014, 114 – *Renz*).
51) Zur **Haftung** des Privatgutachters siehe u.a.: BGH, IBR 2012, 52 – *Ulrich* (Dritthaftung, § 328 BGB analog); BGH NJW 2004, 3035 (hierzu: *Finn*, NJW 2004, 3752 ff.); BGH, ZIP 2001, 574; OLG Düsseldorf, BauR 2012, 1113 (zur Verjährung); OLG Brandenburg, IBR 2010, 540 – *Weyer* (Haftung des Gutachters wegen mangelhafter Baugrunduntersuchung); OLG Schleswig, DS 2011, 74; OLG Düsseldorf, IBR 2012, 299 – *Schilling*; OLG Karlsruhe, OLGR 2005, 657; OLG Stuttgart, BauR 2006, 712 m.Anm. *Klöters*; OLG Rostock, IBR 2006, 406 – *Schmidt*; OLG Hamm, BauR 2007, 732 (Haftung des TÜV); OLG Köln, NZBau 2003, 101 (Gutachter-GmbH); OLGR 2002, 403 (Subgutachter) u. BauR 1994, 390 ff.; OLG Celle, BauR 1995, 715 m.Anm. *Meyer-Reim* u. BauR 2007, 568 (zur Haftung des Gutachters und verantwortlichen Unternehmers; Innenausgleich). OLG Celle, BauR 2000, 1898 (Gutachten

Dem Privatgutachter muss daher vor allem auch aus Haftungsgründen anempfohlen werden, sich stets eine **klare Aufgabenstellung** von seinem Auftraggeber übertragen zu lassen und diese auch in dem Gutachten mitzuteilen.[52] **Befundtatsachen**, die Teilaspekte und/oder das Ergebnis des Gutachtens belegen können, müssen von dem Gutachter eindeutig **hinterfragt** und **dokumentiert** werden; dies gilt vor allem, wenn die zum Zeitpunkt der Begutachtung vorhandenen Möglichkeiten eines (späteren) **Nachweises** sich erkennbar mit der Zeit erheblich **verschlechtern** können.[53] Legt eine Partei **zur Stützung** ihres Sachvortrages ein Privatgutachten vor, so wird ihr der Vorwurf, sie habe „ins Blaue hinein" oder „aus der Luft gegriffen" vorgetragen, nur in Ausnahmefällen zu machen sein; denn auf die Überzeugungskraft des Privatgutachtens kommt es nicht an, weil „für die Erfüllung der Darlegungslast die Wahrscheinlichkeit der Sachverhaltschilderung einer Partei ohne Belang ist".[54]

2. Die Vergütung

Literatur

Meyer/Höver/Bach, JVEG, 25. Auflage 2011; *Weglage/Pawliczek*, Die Vergütung des Sachverständigen, 2005.

Schmidt, Abrechnung von Sachverständigenleistungen der Architekten und Ingenieure, BauR 1999, 462; *Röhrich*, Die Honorierung der baubegleitenden Qualitätskontrolle aus der Sicht des Sachverständigen, BauR 2004, 413; *Trinks/Trinks*, Sachverständigenvergütung und Umsatzsteuer, DS 2016, 287.

154 Die **Vergütung** des Privatgutachters richtet sich zunächst nach den **vertraglichen Vereinbarungen.** Wird eine besondere Vereinbarung nicht getroffen, bestimmt sich die Vergütung gemäß § 632 Abs. 2 BGB im Zweifel nach der **„üblichen Vergütung".** Dabei gilt die Vergütung als üblich, die im Allgemeinen an dem betreffenden Ort für die gutachterlichen Leistungen der vom Sachverständigen erbrachten Art als Entgelt bezahlt zu werden pflegt.[55] Eine Differenzierung zwischen einem **„Grundhonorar"** und sog. **Nebenkosten** ist nicht angezeigt, soweit sich die geltend gemachten Positionen im Rahmen des Erforderlichen halten.[56]

---

zur Prozessvorbereitung); *Zimmermann*, DS 2007, 286; 328; *Motzke*, in: Motzke/Bauer/Seewald, § 8, Rn. 86 ff.; *Thiele*, in: Messerschmidt/Voit, C, Rn. 122 ff.; *Voit*, in: Bamberger/Roth, § 631 BGB, Rn. 17. Zur (auch analogen) Anwendung des § 839a BGB auf den vom **Schiedsgericht** hinzugezogenen Sachverständigen: BGHZ 42, 313 = NJW 1965, 298; *Schwab*, DS 2006, 66, 67; *Steinert*, in: Bamberger/Roth, § 839a BGB, Rn. 6 m.w.Nachw. Zur **Beihilfe** zum versuchten Prozeßbetrug durch ein **falsches Gutachten** siehe OLG Düsseldorf, IBR 2009, 299 – *Lehmann*.

52) Im Streitfall obliegt dem **Auftraggeber** darzulegen und zu beweisen, welche Aufgabenstellung dem Gutachten vertraglich zugrunde lag; vgl. OLG Brandenburg, BauR 2008, 1922; OLG Celle, BauR 2008, 1925; OLG Düsseldorf, BauR 2007, 908 (Bodengutachten).
53) Vgl. OLG Celle, BauR 2000, 1898.
54) BGH, NJW-RR 2003, 69, 71.
55) Zur Angemessenheit einer zeitabhängigen Vergütung eines Bausachverständigen: OLG Düsseldorf, BauR 2003, 1418 = NJW-RR 2003, 1241 = BauRB 2003, 148 – *Böckermann*.
56) LG Regensburg, DS 2011, 335, 336 m.Anm. *Wortmann*.

155 **Öffentlich bestellte und vereidigte Sachverständige** werden bei der Erstattung von **Privatgutachten** die Gebührensätze des **JVEG**[57] heranziehen wollen (vgl. im Einzelnen Rdn. 3163 ff.); eine entsprechende **Vereinbarung** mit dem **Auftraggeber** ist zulässig und wirksam. Fehlt es an einer solchen Vergütungsabrede, sind Privatgutachter hinsichtlich ihrer Gebühren jedoch grundsätzlich nicht an die Sätze des JVEG gebunden, weil dieses Gesetz bei der Erstattung von Privatgutachten auch dann **nicht gilt**, wenn es zur Vorlage bei Gericht bestimmt ist.[58]

156 Verlangt der Gutachter deshalb eine **höhere Entschädigung**, als nach dem JVEG bei entsprechenden Gerichtsgutachten möglich ist, muss der Auftraggeber des Gutachters damit rechnen, dass ihm im Rahmen der Kostenerstattung die **Unangemessenheit** der Sachverständigengebühren entgegengehalten wird. Allerdings gilt: Ob Gutachterkosten zur zweckentsprechenden Rechtsverfolgung bzw. -verteidigung „notwendig" waren, richtet sich auch danach, ob eine verständige und wirtschaftlich vernünftig denkende Partei die Kosten auslösende Maßnahme (ex ante) als sachdienlich ansehen durfte.[59] Weichen die Stundensätze „ganz erheblich" von denjenigen des JVEG ab, wird es immer einer „besonderen Darlegung ihrer Notwendigkeit" bedürfen.[60] Es besteht für den Auftraggeber eines Privatgutachtens keine Verpflichtung, vorab die voraussichtlich entstehenden Gutachterkosten mitzuteilen.[61]

157 Wird ein **Architekt** oder **Ingenieur** mit der Erstattung eines **Privatgutachtens** beauftragt, richtete sich sein Honorar zunächst u.a. nach § 33 HOAI. § 33 bezog sich jedoch nur auf Gutachten für Leistungen, die in der HOAI erfasst waren.[62] Gutachten, die ein Architekt über **Bauleistungen** von **Werkunternehmen** erstattete, bei denen eine Architekten- oder Tragwerksingenieurhaftung nicht in Frage standen, fielen demnach nicht unter § 33 HOAI. Gutachten über solche Fragen mussten entsprechend § 632 Abs. 2 BGB nach der „üblichen Vergütung" bezahlt werden, die über den Mindest- oder auch Höchstsätzen liegen konnte. Die HOAI 2009 hat die Vorschrift des § 33 HOAI ersatzlos gestrichen.[63] Dabei ist es geblieben, sodass die Vergütung für die Gutachtenerstattung nunmehr frei verhandelbar ist; gleichwohl gilt auch hier der Grundsatz, dass z.B. der eingesetzte Stundensatz nicht zu hoch sein darf.

---

57) Justizvergütungs- und -entschädigungsgesetz vom 5. Mai 2004 (BGBl. I S. 718); zuletzt **geändert** durch Gesetz vom 23. Juli 2013 (BGBl. I Seite 2586). Das Gesetz ist am **1.8.2013** in Kraft getreten.
58) BGH, NJW 2007, 1450 = BauR 2007, 744, 746; LG Regensburg, DS 2011, 335 m.Anm. *Wortmann*; OLG Schleswig, IBR 2009, 549 – *Seifert*; OLG Zweibrücken, IBR 2008, 119 – *Bleutge*; OLG Köln, BauR 1989, 372; *Meyer/Höver/Bach*, § 1 JVEG, Rn. 1.24 (S. 93/94).
59) OLG Celle, BauR 2009, 285, 286; OLG Bamberg, IBR 2009, 328 – *Schalk* (für ein „nutzloses" Gutachten).
60) BGH, BauR 2007, 744, 746 = ZfBR 2007, 342, 343 = NZBau 2007, 308, 309; OLG Brandenburg, OLGR 2009, 594, 595.
61) BGH, NJW 2007, 1532; *Zöller/Herget*, § 91 ZPO, Rn. 13 „Privatgutachten".
62) AG St. Blasien, BauR 1979, 73; *Koeble*, in: *Locher/Koeble/Frik*, 9. Aufl., § 33 HOAI, Rn. 10; *Korbion/Mantscheff/Vygen*, 6. Aufl., § 33 HOAI, Rn. 2.
63) Die Vorschrift galt, wie andere gestrichene, in preisrechtlicher Hinsicht als bedeutungslos; zudem war das Leistungsbild nicht hinreichend klar bestimmt.

3. Die Kostenerstattung

Literatur

Schneider, Zur Behandlung eingeklagter Gutachterkosten, ZZP 76 (1963), 445; *Schneider*, Die Erstattungsfähigkeit der Kosten für Privatgutachten, MDR 1965, 963; *Mümmler*, Zur Erstattungsfähigkeit der Kosten von Privatgutachten, JurBüro 1974, 15; *Hansens*, Privatgutachtenkosten in Eilverfahren, JurBüro 1983, 64; *Schneider*, Die Kostenerstattung für Privatgutachter in Bausachen, OLGReport Kommentar, 2/2000 K 1; *Pauly*, Zur Frage der Erstattungsfähigkeit von Privatgutachten im Bauprozess, BauR 2001, 559; *Mankowski*, Privatgutachten über ausländisches Recht – Erstattungsfähigkeit der Kosten, MDR 2001, 194; *Frank*, Die Erstattung von Privatgutachterkosten, BauRB 2004, 55.

158 Privatgutachten verursachen in der Regel **erhebliche Kosten,** insbesondere wenn sie für Bauprozesse eine Vielzahl schwieriger und verwickelter technischer Fragen behandeln. Diese Kosten werden von dem Auftraggeber meist nach Eingang des Gutachtens bezahlt; dieser wird darum versuchen, diese Kosten auf den **Verantwortlichen** abzuwälzen. Hierbei ergeben sich in der Praxis erhebliche Unsicherheiten, ob und in welchem Umfang der Auftraggeber berechtigt ist, vorprozessuale Privatgutachterkosten erstattet zu verlangen. Umstritten ist auch, auf welchem Wege er seine Kosten geltend machen muss. Lehnt ein Gericht (z.B. in einer Beschwerdeentscheidung) die Erstattungsfähigkeit von Privatgutachterkosten grundsätzlich ab, so muss es die **Rechtsbeschwerde** zulassen.[64]

a) Der materiell-rechtliche Anspruch auf Kostenerstattung

159 Gutachterkosten, die z.B. von einem Bauträger, einem Erwerber oder dem Bauherrn aufgewandt worden sind, um evtl. Schäden **festzustellen** oder um **abzuklären,** welche Maßnahmen zur Schadensbeseitigung erforderlich sind, sind **Mangelfolgeschäden.** Das ist in der Rspr. wiederholt ausgesprochen worden.[65] Hiervon sind indes die Fälle zu unterscheiden, bei denen nur **vorbeugend** die Vollständigkeit und Mangelfreiheit der Bauleistungen **überwacht** werden soll.[66] Dies sind in aller Regel Leistungen, die den **Architekten** und/oder **Fachingenieuren** im Rahmen ihrer Leistungspflichten obliegen und von ihnen demnach unabhängig von möglichen Mängeln **vertraglich** erbracht werden müssen. Ein materiell-rechtlicher Kostenerstattungsanspruch ist für diesen Tätigkeitsbereich daher von vornherein ausgeschlossen. Nichts anderes gilt, wenn ein Gutachter einzig zu dem Zweck tätig wird, den Auftraggeber/Bauherrn ganz allgemein über die Qualität der Bauleistungen in Kenntnis zu setzen und/oder ihm die notwendigen Erkenntnisgrundlagen für seine Entscheidung zu einem gerichtlichen Vorgehen zu liefern.[67]

---

64) BVerfG, IBR 2011, 177 – *Ulrich*.
65) Vgl. BGH, BauR 2002, 86, 87; BGH, NJW-RR 1998, 1027; BGH, NJW 1985, 381 = BauR 1985, 83; BGH, BauR 1970, 244, 245; BGH, BauR 1971, 131 = NJW 1971, 1130 m. Hinw. auf BGH, BauR 1971, 51, 52 = NJW 1971, 99, 100; OLG Düsseldorf, BauR 2011, 1183 u. NUBau 2010, 501; OLG Stuttgart, NZBau 2011, 617, 618 = DS 2011, 333 u. BauR 2008, 2056; OLG Nürnberg, BauR 2006, 148; OLG Hamm, NJW-RR 1992, 1049; OLG Koblenz, NJW-RR 1990, 30; LG Hamburg, BauR 1999, 684.
66) OLG Düsseldorf, BauR 2011, 1183; *Schneider*, OLGReport Kommentar, 2/2000, K 1.
67) OLG Köln, NZBau 2013, 308 = DS 2013, 152 m.w.Nachw.; OLG Köln, OLGR 1998, 119; *Schneider*, a.a.O., K 2.

Kostenerstattung **Rdn. 160**

Im Übrigen ist der materiell-rechtliche Erstattungsanspruch bei Bestehen eines Bauvertrages eindeutig ein **Schadensersatzanspruch** (z.B. nach §§ 634, 280 BGB oder § 13 Abs. 7 Nr. 3 Satz 1, 2 VOB/B),[68] denn nach der Rechtsprechung des BGH[69] sind die Kosten für ein Gutachten über Ursache und Ausmaß der eingetretenen oder vielleicht noch zu erwartenden Mängel **Mangelfolgeschäden**. Dieser Schaden entsteht von vornherein **neben** dem Nacherfüllungsanspruch, sodass es auch **keiner** Fristsetzung mit Ablehnungsandrohung bedarf.[70] Damit waren schon nach altem Recht die Privatgutachterkosten zu ersetzen, wenn die Beauftragung im Einzelfall **erforderlich** war.[71] Nichts anderes gilt nach neuem Recht: Der Ersatz sonstiger durch einen Mangel verursachter Schäden – und hierunter fallen die Gutachterkosten – ergibt sich in aller Regel aus §§ 634 Nr. 4, 280 Abs. 1 BGB, weil eine Fristsetzung nicht erforderlich ist.[72] Aus diesem Grund **verjährt** auch der Anspruch auf Ersatz vorgerichtlicher Gutachterkosten wie die übrigen Mängelansprüche.[73]

Daneben kann aber der materiell-rechtliche Kostenerstattungsanspruch durchaus auch aus § 4 Abs. 7 Satz 2 VOB/B[74] oder § 13 Abs. 5 Nr. 1 und 2 VOB/B sowie aus **Verzug** (§§ 634 Nr. 4, 280 Abs. 2, 286 BGB bzw. § 6 Abs. 6 Satz 1 VOB/B), aus der Verletzung vertraglicher Rücksichtnahmepflichten (§§ 280 Abs. 1, 241 Abs. 2 BGB)[75] oder aus **unerlaubter Handlung** (§§ 823 ff. BGB)[76] begründet werden.

Die von dem Baubeteiligten aufgewandten Kosten für ein Privatgutachten können demnach, wenn es **nicht** zu einem Bauprozess wegen Baumängel kommt, im Rahmen einer normalen **Leistungsklage** oder durch eine (Hilfs-)**Aufrechnung** in einem Prozess geltend gemacht werden.[77] Dies gilt auch für **Erstattungsansprüche** eines **Werkunternehmers**, der aufgrund einer **unzutreffenden** Mängelrüge

160

---

68) OLG Stuttgart, BauR 2008, 2056, 2057 = IBR 2008, 265 – *Schrammel*; KG, BauR 2008, 521, 524.
69) BGH, BauR 2002, 86, 87 = NZBau 2002, 31 = NJW 2002, 141; BGHZ 54, 352 = BauR 1971, 51; OLG Frankfurt, BauR 1991, 777; OLG Naumburg, OLGR 1998, 144 (LS); *Kapellmann/Messerschmidt/Wirth*, § 13 VOB/B, Rn. 359; *Wirth*, in: Ingenstau/Korbion, § 13 Abs. 7 VOB/B, Rn. 105; *Riedl/Mansfeld*, in: Heiermann/Riedl/Rusam, § 13 VOB/B, Rn. 203.
70) Vgl. BGH, BauR 2003, 693, 695; BauR 2002, 86, 87; BGH, BauR 1985, 83 = NJW 1985, 381, 382; a.A.: OLG Koblenz, NJW-RR 1990, 30.
71) Zur Notwendigkeit eines Privatgutachtens in einem immissionsschutzrechtlichen Nachbarstreit: OVG Nordrhein-Westfalen, BauR 2008, 966, 967.
72) *Kannowski*, BauR 2003, 170, 180; *Palandt/Sprau*, § 634 BGB, Rn. 8; OLG Stuttgart, BauR 2008, 2056, 2057 = IBR 2008, 265 (für § 13 Abs. 7 VOB/B); OLG Naumburg, NZBau 2008, 62, 64; s. aber *Voit*, in: Bamberger/Roth, § 636 BGB, Rn. 64, der für Mängel im Gutachten, die unmittelbar in das Bauwerk einfließen, etwa bei einem Sanierungsgutachten, die Vorschriften der §§ 634 Nr. 4, 281 BGB heranzieht.
73) OLG Düsseldorf, NZBau 2010, 501 = IBR 2010, 330 – *Schönlau*. Zur **Erstattungsfähigkeit** eines prozessbegleitenden Privatgutachtens trotz **verjährter Klageforderung**: OLG Koblenz, NZBau 2010, 503.
74) Wie hier; OLG Düsseldorf, BauR 2010, 232, 234.
75) Siehe: OLG Köln, NZBau 2013, 308 = DS 2013, 152; OLG Hamm, NZBau 2008, 323, 324 (für Kosten einer **Rechnungsprüfung**).
76) OLG Hamm, BB 1994, 1524 = BauR 1994, 668 (LS).
77) OLG Naumburg, NZBau 2008, 62, 64 (**Widerklage**).

Kosten aufwendet, um seine Verantwortlichkeit zu überprüfen.[78] Soweit bei den Landgerichten geschäftsplanmäßig Baukammern eingerichtet sind, besteht eine Sonderzuständigkeit der Baukammern allerdings nicht. Insoweit handelt es sich bei der Klage auf Zahlung des Honorars für ein Privatgutachten nicht um eine Bausache (vgl. Rdn. 405 ff.).

161 In der Regel kommt es zu einem **Hauptprozess,** in dem auf Beseitigung von Mängeln bzw. Schadensersatz geklagt wird; die Erstattung von Kosten für ein eingeholtes Privatgutachten ist dann in der Regel nur eine **Nebenforderung.** Die Einwendungen des Prozessgegners können hier mehrere Zielrichtungen haben: So wird meist der Baumangel und damit die Ersatzpflicht selbst bestritten, oder es wird gerügt, eine Partei habe aus Schadensminderungsgründen auf die Einholung eines Privatgutachtens vollständig verzichten müssen, weil voraussehbar gewesen sei, dass es zu einem Bauprozess und damit zur Einholung eines gerichtlichen Sachverständigengutachtens kommen werde. Der BGH[79] hat klargestellt, dass eine Kostenerstattung für ein „**prozessbegleitendes**" Privatgutachten ausscheidet, wenn die beauftragende Partei auf Grund eigener Sachkunde in der Lage ist, zu dem gerichtlichen Gutachten Stellung zu nehmen.

162 Schließlich wird oftmals der Einwand erhoben, anstelle des Privatgutachtens habe ein **selbstständiges Beweisverfahren** eingeleitet werden müssen.

Die Schadensminderungspflicht aus § 254 BGB gebietet hier sicherlich zu prüfen, ob für die Fälle eines voraussehbaren Bauprozesses nicht ein selbstständiges Beweisverfahren nach §§ 485 ff. ZPO durchgeführt werden muss, weil dessen Ergebnisse im späteren Hauptprozess verwertet werden können oder müssen (§ 493 Abs. 1 ZPO).[80] Wenn auch dem selbstständigen Beweisverfahren in Bausachen eine besondere Bedeutung zukommt (vgl. Rdn. 1 ff.), so vermag ein solcher Einwand dennoch nicht durchzugreifen: Der Unterschied zwischen den beiden Sicherungsmaßnahmen ist beweismäßig nicht so erheblich, dass eine Partei verpflichtet sein kann, anstelle eines Privatgutachtens ein Beweissicherungsverfahren in Gang zu setzen,[81] das Gericht der Hauptsache muss sich immer mit dem Ergebnis eines Privatgutachtens sorgfältig auseinander setzen (vgl. Rdn. 150). Im Übrigen differieren die Kosten der beiden Sicherungsmaßnahmen in der Regel nicht entscheidend.

163 Gegen die **Höhe** der Privatgutachterkosten kann allerdings geltend gemacht werden, dass mit dem Privatgutachter nicht die hierfür als üblich anzusehenden Kosten vereinbart worden sind. Dies folgt aus § 254 BGB.[82] Dagegen ist der materiell-rechtliche Kostenerstattungsanspruch nicht durch § 91 Abs. 1 Satz 1 ZPO begrenzt.[83] Im Übrigen sind immer nur diejenigen Gutachterkosten zu ersetzen, die **erforderlich** sind, um dem Auftraggeber (Bauherrn) „**über Ursache und Ausmaß**

---

78) Vgl. LG Hamburg, NJW-RR 1992, 1301.
79) BGH, DS 2017, 132, 133; hierzu auch *Hille*, NJW 2017, 1398.
80) Siehe hierzu: OLG Koblenz, DS 2016, 261; BGH, NJW 1970, 1919 ff.
81) OLG Karlsruhe, BauR 2007, 1450, 1452; OLG Düsseldorf, BauR 2015, 842, 847 u. NJW-RR 2010, 232 = BeckRS 2009, 27110; OLG Stuttgart, Justiz 1980, 328; siehe ferner: *Frank*, BauRB 2004, 55, 56; *Schneider*, OLGReport Kommentar, 2/2000, K 3; *Pauly*, BauR 2001, 559, 560.
82) Siehe auch OLG Köln, OLGR 2001, 309 für „unnötige Kosten".
83) **Bestr.**; so *Thomas/Putzo/Hüßtege*, vor § 91 ZPO, Rn. 14; **a.A.:** *Mümmler*, JurBüro 1974, 15, 24.

der eingetretenen und noch zu erwartenden Mängel ein zuverlässiges Bild zu verschaffen".[84]

Es ist in der Vergangenheit bestritten worden, dass die Privatgutachterkosten überhaupt im Bauprozess als **selbstständiger Schadensposten** geltend gemacht werden können; einer solchen Klage solle, soweit es um die Kosten für die Privatgutachten geht, **das Rechtsschutzbedürfnis** fehlen, weil der Kläger sein Ziel auf einem einfacheren und billigeren Weg erreichen könne, nämlich über das Kostenfestsetzungsverfahren (§§ 103 ff. ZPO), insbesondere, wenn der geltend gemachte Anspruch sich mit dem prozessualen Kostenerstattungsanspruch decke.[85] Da nach richtiger Ansicht die Privatgutachterkosten aber zu den sog. Vorbereitungskosten gehören, müsste dies dazu führen, dass ein Bauherr grundsätzlich hinsichtlich der Kostenerstattung auf das Kostenfestsetzungsverfahren zu verweisen wäre. Hier wollte das OLG Celle[86] allerdings eine Ausnahme für den Fall machen, dass das Gutachten nicht nur der reinen Prozessvorbereitung diente.[87]

164

Wenn das OLG Celle[88] unter Hinweis auf die Entscheidung des BGH vom 11.2.2010 – VII ZR 153/08[89] für die klageweise Geltendmachung des materiell-rechtlichen Kostenerstattungsanspruchs das Rechtsschutzbedürfnis verneint, weil dieser „auf dem einfacheren Weg der Kostenfestsetzung" geltend gemacht werden könne, so ist dies schon deshalb unzutreffend, weil sich die angezogene Entscheidung nicht mit der Erstattung von Privatgutachterkosten befasst, sondern um einen Kostenerstattungsanspruch aus einem selbstständigen Beweisverfahren. Eine Verweisung des Klägers auf das Kostenfestsetzungsverfahren unter dem Gesichtspunkt eines fehlenden Rechtsschutzbedürfnisses ist nicht möglich. Eine solche Verweisung geschieht in der Praxis auch nicht mehr.[90] Ein Bauherr kann daher in einem Hauptprozess (**„Mängelprozess"**) zugleich die aufgewandten Privatgutachterkosten als **selbstständigen Schadensposten** in Ansatz bringen. Tut er dies, sind rein materiell-rechtliche Gesichtspunkte dafür maßgebend, ob er die Gutachterkosten verlangen kann oder nicht.[91] Gutachterkosten sind zu ersetzen, wenn sie erforderlich waren, dem Bauherrn (Auftraggeber) ein zuverlässiges Bild über Ursache und Ausmaß der eingetretenen und/oder noch zu erwartenden Mängel zu verschaffen.[92]

165

Wird seine Klage auf Kostenerstattung abgewiesen, ist er gehindert, mit gleicher Anspruchsbegründung die Festsetzung der Privatgutachterkosten im **Kostenfest-**

---

84) BGH, NJW 1971, 99, 100 = BauR 1971, 51; OLG Düsseldorf, BauR 2010, 232, 234 u. NJW-RR 1996, 572 = BauR 1995, 883; OLG Koblenz, IBR 2011, 311 – *Ehrich* (**Symptomrechtsprechung** ist bei Prüfung der Erforderlichkeit von Privatgutachterkosten zu beachten); OLG Frankfurt, BauR 1991, 777, 778.
85) Vgl. RGZ 130, 217; LG Karlsruhe, AnwBl. 1994, 94; OLG München, NJW 1971, 518; vgl. auch BGH, *Schäfer/Finnern*, Z 2.311 Bl. 17.
86) NJW 1962, 1778, 1779.
87) Vgl. auch BGH, *Schäfer/Finnern*, Z 2.331 Bl. 56.
88) BauR 2010, 2121, 2123 = IBR 2011, 120 – *Bröker*.
89) BauR 2010, 778, 779 (Rdn. 13 ff.).
90) Vgl. z.B. BGH, BauR 1971, 51; BauR 1971, 131, 134; OLG Koblenz, OLGZ 1991, 127; KG, BauR 2004, 140 (LS).
91) Zur **Verjährung** des Ersatzanspruchs: OLG Düsseldorf, NZBau 2010, 501 = IBR 2010, 330 – *Schönlau*.
92) So BGH, NJW 1971, 99, 100 = BauR 1971, 51; OLG Frankfurt, BauR 1991, 777, 778. Zum Erfordernis der Fristsetzung nach § 634 Abs. 1 BGB a.F.: OLG Koblenz, NJW-RR 1990, 30, 31 m. Nachw.

setzungsverfahren zu beantragen.[93] Nach Auffassung des BGH spricht aber viel dafür, dass „ein prozessualer Kostenerstattungsanspruch dann begründet sein kann, wenn er auf Gründe gestützt wird, die für die Abweisung des materiell-rechtlichen Anspruchs nicht tragend waren."

b) Kostenerstattung im Kostenfestsetzungsverfahren

166 Wählt eine Partei im Mängelprozess das **Kostenfestsetzungsverfahren** (§§ 103 ff. ZPO), so sind materiell-rechtliche Gesichtspunkte für die Kostenerstattung nicht maßgebend.[94] Vielmehr kommt es hier nur darauf an, ob die aufgewandten Kosten für Privatgutachten als **„notwendige Kosten"** i.S. des § 91 ZPO anzusehen sind.[95] Einer Geltendmachung von Privatgutachterkosten steht im Kostenfestsetzungsverfahren nicht entgegen, dass die entstandenen Kosten nicht von der Partei, sondern von einer hinter ihr stehenden **Haftpflichtversicherung** getragen wurden.[96]

Befriedigende und einheitliche Beurteilungsmaßstäbe sind insoweit gerade für den bauprozessualen Bereich bisher nicht immer festzustellen gewesen. Im Einzelfall gilt Folgendes:

167 **Vor Prozessbeginn** eingeholte Gutachten sind zunächst nur erstattungsfähig, soweit die angefallenen Kosten mit einem **konkreten**, bevorstehenden **Rechtsstreit** in einer sachlichen Beziehung stehen, also unmittelbar **prozessbezogen** waren;[97] das eingeholte Privatgutachten muss damit den Streitgegenstand des Bauprozesses betreffen.[98] Es reicht noch nicht aus, wenn das Gutachten zur Verwertung in einem **anderen** Prozess eingeholt worden war[99] oder dazu diente, den Versuch einer

---

93) BGH, BauR 2012, 834, 835 = NZBau 2012, 290 m.Anm. *Schwenker* = Jahrbuch Entscheidungsanalysen 2012, 112 – *Jansen*.
94) Vgl. OLG Koblenz, MDR 1974, 1028.
95) S. hierzu: BGH, BauR 2017, 913; OLG Koblenz, IBR 2016, 202 – *Wessel* (zum Anlass eines Architekten, sich **vorsorglich** im Vorfeld einer abzusehenden Schadensersatzklage durch einen Privatgutachter **beraten** zu lassen); BGH, BauR 2007, 744, 745 = ZfBR 2007, 342, 343 (Aufhebungsbeschluss zu OLG Jena, IBR 2006, 528 – *Irl*); OLG Karlsruhe, BauR 2007, 1450.
96) BGH, IBR 2017, 296 – *Illies*.
97) BGH, BauR 2008, 1180 = NJW 2008, 1597; BGH, IBR 2009, 181 – *Mayr*; BGH, BauR 2006, 1505 = NZBau 2006, 647; BGHZ 153, 235 = NJW 2003, 1398; LG Köln, DS 2012, 131, 132; OLG Karlsruhe, IBR 2010, 310 – *Waldmann*; OLG Koblenz, DS 2015, 254; OLG Köln, IBR 2016, 128 – *Eimler*; OLG Koblenz, NZBau 2015, 706; OLG Bamberg, BauR 2010, 1269; OLG Celle, IBR 2007, 169 – *Wagner*; OLG Karlsruhe, BauR 2007, 1450 = IBR 2008, 62 – *Mayr*; OLG Dresden, DS 2007, 316, 317 (**einstweiliges Verfügungsverfahren**); OVG Lüneburg, DS 2013, 39 (**Lärmgutachten** zur Vorbereitung eines Antrags auf vorläufigen Rechtsschutz); OLG Koblenz, BauR 2002, 1131, 1132 u. BauR 1996, 583; OLG Düsseldorf, NJW-RR 1997, 1431 = OLGR 1997 246; OLG Bamberg, IBR 2011, 61 – *Schwenker* (**einstw. Verfügungsverfahren**); OLG Zweibrücken, BauR 2004, 1491 = BauRB 2004, 269 (für Gutachten über Baumängel); OLG Frankfurt, OLGR 2000, 11. Zur Erstattungsfähigkeit eines teils prozessvorbereitenden, teils prozessbegleitenden Privatgutachtens: OLG München, DS 2013, 280.
98) OLG München, JurBüro 1980, 609.
99) OLG Koblenz, JurBüro 1981, 1070; *Mümmler*, JurBüro 1980, 133. Hat z.B. eine Haftpflichtversicherung eines Baubeteiligten das Privatgutachten eingeholt, um die Frage ihrer Deckungspflicht und die der Prozessvorbereitung zu klären, wird der Zusammenhang mit dem

außergerichtlichen Einigung der Parteien vorzubereiten.¹⁰⁰⁾ Die Frage, ob ein Privatgutachten in diesem Sinne mit dem eigentlichen Prozess in Zusammenhang steht, ist auf den tatsächlichen und nicht auf einen hypothetischen Verfahrensverlauf abzustellen,¹⁰¹⁾ und zwar immer aus der Sicht des Auftraggebers.¹⁰²⁾

Im Übrigen sind die Kosten eines **vorprozessualen** Privatgutachtens nach § 91 ZPO erstattungsfähig, soweit das Gutachten für den Rechtsstreit „**erforderlich**" war. Das ist stets der Fall, wenn eine Partei ohne Mitwirkung des Privatgutachters zu einer entsprechenden **Rechtsverfolgung** – oder im Vorgriff: für eine **Rechtsverteidigung**¹⁰³⁾ – nicht hinreichend in der Lage oder eine nachweisliche Förderung des Bauprozesses erfolgt ist.¹⁰⁴⁾

168 Es ist nicht zu verkennen, dass die Rechtsprechung jetzt **zunehmend die Erstattungsfähigkeit** eines **vor** einem Bauprozess eingeholten Gutachtens **bejaht**, weil die Erkenntnis gewachsen ist, dass ein Bauprozess mit seinen vielfältigen technischen und juristischen Problemen ohne Privatgutachter nicht mehr zu meistern ist. Das gilt vornehmlich für die Streitfälle, in denen eine **fachunkundige Prozesspartei** einen Prozess führen muss, der **Gegner** aber **sachverständig** oder doch **fachkundig** ist.¹⁰⁵⁾

169 Verklagt z.B. ein Bauherr seinen Architekten, Bauunternehmer oder Sonderfachmann (Statiker, Vermessungsingenieur), so wird er als Laie selten oder überhaupt nicht aus eigenem Wissen in der Lage sein, einen **technisch schwierigen Prozessstoff** mit seinem Anwalt so ausreichend aufzubereiten, dass die durch einen unzulänglichen Prozessvortrag bedingten Risikofaktoren für den Prozess ausgeschal-

---

bevorstehenden Prozess als nicht gegeben angesehen (LG Tübingen, JurBüro 1986, 439; a.A.: LG München, ZfS 1986, 14).
100) OLG Celle, IBR 2007, 169 – *Wagner*.
101) OLG Köln, JurBüro 1980, 943; OLG Hamm, JurBüro 1976, 94.
102) OLG Karlsruhe, BauR 2007, 1450, 1451; OLG Saarbrücken, IBR 2012, 183 – *Bleutge*; OLG Koblenz, JurBüro 1976, 95.
103) Vgl. OLG München, NZBau 2013, 642; OLG Düsseldorf, NJW-RR 1996, 572 = BauR 1995, 883 (**Baumängel**); OLG Bamberg, JurBüro 1987, 602; OLG München, Rpfleger 1972, 415; OLG Frankfurt, BB 1980, 602; **keine** Erstattung, wenn der Bauherr die **Abrechnungen** des Unternehmers statt von seinem Architekten durch einen Privatgutachter überprüfen lässt, weil es zwischen ihm und dem Architekten zu einem Zerwürfnis gekommen ist (zur Erstattungsfähigkeit von Gutachterkosten zur Überprüfung von **Abrechnungen** s. auch OLG Brandenburg, BauR 2002, 1128 = IBR 2002, 290; KG, IBR 2004, 114 = BauRB 2004, 11; OLG Köln, JurBüro 1991, 384; OLG Bamberg, BauR 1994, 138). Zur **Erstattungsfähigkeit** der Leistungen des **Architekten** bei der Prozessführung s. OLG Düsseldorf, IBR 2009, 180 – *Wittmann* (Kostenschätzung für eine Sanierungsplanung); OLG Koblenz, JurBüro 1980, 448 u. OLG Schleswig, BauR 1992, 118 (Teilnahme des Architekten am **Ortstermin** eines gerichtlichen Sachverständigen); zur Kostenerstattung einer **prozessbegleitenden Fachbetreuung** durch ein Ingenieurbüro: OLG Nürnberg, MDR 2001, 1439.
104) Zur Erstattungsfähigkeit eines teils prozessvorbereitenden, teils prozessbegleitenden Privatgutachtens s. OLG München, DS 2013, 280 = NJW-RR 2013, 1820. Siehe ferner: OLG Köln, BauR 2016, 1213; OLG Jena, IBR 2014, 710 – *Peters*.
105) OLG Stuttgart, NZBau 2011, 617, 618 = DS 2011, 333, 335; OLG Düsseldorf, BauR 2010, 2155 u. NJW-RR 1996, 572 = BauR 1995, 883; OLG Bamberg, JurBüro 1987, 602; OLG Hamm, JurBüro 1964, 895; OLG München, Rpfleger 1972, 415; *Zöller/Herget*, § 91 ZPO, Rn. 13 „Privatgutachten". Sind die Prozessparteien **Baufachleute**, schließt dies im Einzelfall die Erstattung vorgerichtlicher Privatgutachten nicht aus (LG Berlin, IBR 2010, 546 – *Siegel* – für gutachterliche Untersuchungen: **Schallmessungen**).

tet werden können.¹⁰⁶⁾ Bei einer **fachunkundigen Partei** – in der Regel also dem Bauherrn – wird man daher die Erstattungsfähigkeit **vorprozessualer** Gutachten immer schon dann bejahen können, wenn der Bauherr gehalten ist, **erhebliche Baumängel oder Abrechnungsfehler** darzustellen. Ist der Prozessstoff ungewöhnlich umfangreich, betrifft er z.B. zahlreiche Baumängel, deren Umfang und Auswirkung von einem Laien nicht eindeutig oder nur unzulänglich abgeschätzt werden können, sind die Kosten erstattungsfähig.¹⁰⁷⁾ Die Dinge sind anders zu beurteilen, wenn es z.B. nur darum geht, die **Schlussrechnung** eines Unternehmers zu überprüfen; hat der Bauherr einen **Architekten** mit der Bauüberwachung **beauftragt**, so wird dieser in der Regel im Rahmen seiner Grundleistung („Rechnungsprüfung") die Schlussrechnung überprüfen können. Die Einholung eines (zusätzlichen) Privatgutachtens wird nicht erforderlich sein.¹⁰⁸⁾

170 Im Ergebnis ist deshalb denjenigen Entscheidungen beizutreten, die die Erstattbarkeit eines **vor** Prozessbeginn eingeholten Gutachtens bereits bejahen, wenn das Gutachten in Erwartung eines zukünftigen Rechtsstreits eingeholt und zur Beeinflussung des Rechtsstreits zugunsten des Erstattungsberechtigten **erforderlich** und **geeignet** war.¹⁰⁹⁾

Es ist nicht erforderlich, dass das Gutachten für den Prozess einen bestimmenden Einfluss gehabt, sich als „prozessfördernd" ausgewirkt hat.¹¹⁰⁾ Es kommt allein auf die objektive Erforderlichkeit und Geeignetheit aus der **Sicht** der **Partei** an.¹¹¹⁾ Im Übrigen ist die Notwendigkeit einer Maßnahme stets nach dem Zeitpunkt ihrer Vornahme zu beurteilen;¹¹²⁾ es muss also stets die Frage gestellt werden, ob es eine Partei für geboten erachten durfte, ein Privatgutachten einzuholen. Das kann beispielsweise zu bejahen sein, wenn sich eine beklagte Partei gegen den Werklohnanspruch eines Unternehmers in erster Linie mit dem Schlusszahlungseinwand gemäß § 16 Abs. 3 VOB/B wehrt und hilfsweise Baumängel vorträgt, die nur mit Hilfe eines Privatgutachtens ausreichend dargelegt und unter Beweis gestellt werden können. In aller Regel ist für die Partei hier nicht vorhersehbar, ob das Gericht den Schlusszahlungseinwand als rechtserheblich ansehen wird oder nicht, sodass

---

106) Darauf weist zutreffend *Soergel*, DAB 1981, 909, hin; zur Erstattungsfähigkeit von **juristischen** Privatgutachten: OLG Frankfurt, NJW-RR 1987, 380 = WRP 1987, 40; OLG Koblenz, Rpfleger 1986, 107; *Mankowski*, MDR 2001, 194 ff. (Privatgutachten über **ausländisches Recht**).
107) OLG Brandenburg, BauR 2002, 1128 = IBR 2002, 290 für Privatgutachten eines **Honorarsachverständigen**.
108) Vgl. KG, IBR 2004, 114 = BauRB 2004, 11 für prozessunterstützende Tätigkeit eines Architekten bei fachkundiger Partei; OLG Bamberg, BauR 1994, 138.
109) OLG Köln, BauR 2016, 1213, 1214; OLG Saarbrücken, JurBüro 1990, 623; OLG Düsseldorf, JurBüro 1977, 1452; OLG Hamm, JurBüro 1972, 1102; OLG Düsseldorf, VersR 1973, 863 für Kfz-Fall; vgl. auch *MünchKommZPO-Belz*, § 91 ZPO, Rn. 54.
110) **Bestr.**; wie hier: OLG Düsseldorf, NJW-RR 1996, 572, 573; OLG Bamberg, OLGR 2001, 204, 205 u. JurBüro 1987, 602; OLG Frankfurt, JurBüro 1987, 896 u. Rpfleger 1977, 327; OLG Köln, JurBüro 1978, 1075; JurBüro 1980, 943; OLG München, JurBüro 1980, 609; OLG Bremen, JurBüro 1979, 1711; **a.A.:** LG Mannheim, MDR 1973, 236; OLG Bamberg, AnwBl. 1985, 387 u. JurBüro 1977, 1003; OLG Düsseldorf, NJW-RR 1995, 1470 = JurBüro 1995, 372 (keine Erstattung, wenn das Gutachten im Rechtsstreit nicht vorgelegt wird).
111) OLG Hamm, OLGR 1999, 111; OLG Karlsruhe, JurBüro 2005, 544; *Zöller/Herget*, § 91 ZPO, Rn. 13 „Privatgutachten".
112) OLG Düsseldorf, NJW-RR 1996, 572, 573; OLG Bamberg, JurBüro 1987, 602.

der Hilfsvortrag, der durch ein Privatgutachten gestützt wird, geboten erscheint. Vorprozessuale Gutachterkosten sind demgegenüber nicht erstattungsfähig, wenn die Partei den Sachverständigen nur beauftragt hat, um ihre **Prozessaussichten** besser beurteilen zu können.[113]

Im Übrigen ist eine Partei nicht daran gehindert, die Kosten eines Privatgutachtens als Prozessvorbereitungskosten im **Kostenfestsetzungsverfahren** anzumelden, wenn das Prozessgericht zuvor den auf eine materielle Anspruchsgrundlage gestützten Kostenerstattungsanspruch hinsichtlich eines Privatgutachtens abweist.[114] Die Kosten für ein privates Beweissicherungsgutachten über Werkmängel sind in einem Rechtsstreit über die Werklohnforderung des Unternehmers nicht erstattungsfähig, wenn über die **hilfsweise zur Aufrechnung gestellten Kosten der Mängelbeseitigung** in der Sache nicht entschieden wurde.[115] Werden die Privatgutachterkosten als materiell-rechtliche Schadensersatzansprüche im Prozess geltend gemacht und in einem **Prozessvergleich** (z.B. durch die Abgeltungsklausel) **einbezogen,** können diese Kosten nicht mehr im Kostenfestsetzungsverfahren berücksichtigt werden.[116]

171

Zusammenfassend kann die Erstattungsfähigkeit **prozessualer** Gutachten bejaht werden, wenn

172

* ein Privatgutachten im Einverständnis **beider Parteien** von einem gerichtlich bestellten Sachverständigen **verwertet** und **benutzt** worden ist (OLG Köln, BeckRS 2014, 04922 = DS 2014, 224 LS);
* **schwierige technische Fragen zu erläutern sind** (OLG Frankfurt, JurBüro 1990, 1010; OLG Koblenz, JurBüro 1976, 1686; OLG Stuttgart, Justiz 1971, 103);
* nur durch die Einholung eines Privatgutachtens eine Partei in der Lage ist, ihrer **Darlegungslast** zu genügen („**Substantiierungsgutachten**") und/oder die **erforderlichen Beweise anzutreten** (OLG Stuttgart, NZBau 2011, 617, 618; OLG Koblenz, BauR 2002, 1131; OLG Düsseldorf, NJW-RR 1996, 572; Hans OLG Hamburg, OLGR 1997, 235; OLG Hamm, OLGR 1996, 105; OLG Frankfurt, JurBüro 1977, 1445; OLG Bamberg, JurBüro 1987, 602; OLG München, JurBüro 1980, 609; KG, JurBüro 1981, 1382);
* das Privatgutachten mit einem konkreten, bevorstehenden Rechtsstreit in einem **engen sachlichen Zusammenhang** steht, also **prozessbezogen** ist;[117]
* eine **fachunkundige Partei** einer **sachverständigen** gegenübersteht und sie keine hinreichende Erkenntnisquellen hat, um die relevanten bautechnischen Fragen beantworten zu können – „**Waffengleichheit**" – (OLG Düsseldorf, BauR

---

113) OLG Koblenz, BauR 1996, 583 (Gutachten zur Beurteilung eines Nachbesserungsanspruchs); OLG Hamburg, JurBüro 1988, 1021; anders: OLG Koblenz, JurBüro 1988, 878 für die Hinzuziehung des Gutachters zur Berufungsbegründung.
114) OLG Koblenz, AnwBl. 1986, 251.
115) SchlHOLG, OLGR 1996, 64.
116) KG, BauR 2004, 140 (LS); OLG München, NJW-RR 1997, 1294.
117) OLG Frankfurt, OLGR 2009, 215; OLG Karlsruhe, BauR 2007, 1450 = IBR 2008, 62 – *Mayr* u. IBR 2009, 493 – *Penzkofer*; OLG Düsseldorf, BauR 2007, 2097, 2100; OLG Hamburg, JurBüro 1991, 1516; MDR 1992, 194 (Gutachten durch späteren Beklagten); OLG Köln, Rpfleger 1990, 526; OLG Koblenz, JurBüro 1990, 365 (einstw. Verfügungsverfahren).

2011, 1183, 1184 u. BauR 2007, 2097, 2100; OLG Karlsruhe, IBR 2010, 310 – *Waldmann* [**Widerlegung** eines gerichtlichen Sachverständigengutachtens]; OLG Naumburg, DS 2007, 315, 316; OLG München, NJW 1972, 2273; OLG Koblenz, JurBüro 1991, 247; OLG München, Rpfleger 1972, 415, 416; OLG Hamm, JurBüro 1964, 895; OLG Bamberg, JurBüro 1991, 838; OLG Hamburg, JurBüro 1982, 287; OLG Koblenz, ZSW 1982, 177 m.Anm. Müller).

* Privatgutachterkosten können im Einzelfall auch **ohne Vorlage** des Gutachtens erstattungsfähig sein (BGH, NJW 2013, 1823 = DS 2013, 231 = IBR 2013, 319 – *Seibel*; OLG München, NZBau 2013, 642, 643; BGH, IBR 2012, 431 – *Mayr*).

173 Sind diese Voraussetzungen gegeben, hängt die Erstattungsfähigkeit nicht davon ab, ob das – in den Prozess **eingeführte**[118] – Privatgutachten Einfluss auf die Entscheidung des Gerichts hatte, also „**verwertet**" wurde; wird das Gutachten nicht verwertet, weil das Gericht den im Gutachten angeschnittenen Punkt **für nicht entscheidungserheblich** hält, so kann die Erstattungsfähigkeit aus dem Gesichtspunkt der Vorbereitungskosten in Betracht kommen, wenn die Parteien nur mit Hilfe dieses Gutachtens ihre Rechtsverfolgung oder Rechtsverteidigung sachgerecht und ausreichend begründen konnten.[119] Hierfür genügt es allerdings nicht, wenn sich die Partei bei einem relativ leichten technischen Problem selbst durch Auskünfte die Kenntnisse verschaffen kann, die zur Substantiierung ihres Vorbringens ausreichen und als Grundlage für die Einholung eines gerichtlichen Sachverständigengutachtens genügen. In aller Regel ist auch eine **komplette beratende Tätigkeit** des Privatgutachters **nicht erforderlich**, zumal jede Partei gehalten ist, „sich bei der Rechtsverfolgung oder Rechtsverteidigung im Interesse der Geringhaltung von Kosten auf die insoweit unabweisbar notwendigen Maßnahmen zu beschränken".[120] Gleichwohl kann der nicht sachkundige Auftraggeber im Einzelfall auch überhöhte Kosten der Untersuchungen durch einen Privatgutachter, die objektiv nicht geboten waren, erstattet verlangen; denn er kann und muss sich darauf verlassen können, „dass der Sachverständige nur solche Untersuchungen durchführt, die zur zuverlässigen Beantwortung der anstehenden Fragen erforderlich sind."[121] Dies gilt vor allem auch für **Kosten** einer **Bauteilöffnung**, die auf Veranlassung eines Privatguters erfolgt ist.[122]

174 Die Kosten eines **während des Rechtsstreits** eingeholten („**prozessbegleitendes**") Gutachtens sollen nach ganz herrschender Ansicht **nur selten** i.R. des § 91

---

118) Str.; für die Notwendigkeit der Einführung: OLG Hamm, OLGR 1996, 105, 106; OLG Düsseldorf, OLGR 1997, 246 u. OLGR 1994, 251; dagegen: OLG Saarbrücken, OLGR 1990, 623.
119) Ebenso: OLG Bamberg, NZBau 2000, 29; OLG Naumburg, OLGR 1998, 144 (LS); *Schneider*, OLGReport Kommentar, 2/2000, K 4. Bedenklich daher OLG Schleswig, OLGR 1996, 64 = BauR 1996, 296 m. abl. Anm. *E. Groß*, das bei einer Werklohnklage die hilfsweise zur Aufrechnung gestellten Privatgutachterkosten i.R. des § 91 ZPO nicht berücksichtigen will, wenn die Klage mangels prüffähiger Schlussrechnung als zur Zeit unbegründet abgewiesen wird.
120) OLG Hamm, NJW-RR 1996, 830 = OLGR 1996, 105.
121) OLG Stuttgart, BauR 2008, 2056, 2058.
122) Siehe hierzu auch OLG Düsseldorf, BauR 2007, 2097, 2100 = OLGR 2007, 643, 644.

Kostenerstattung

ZPO erstattungsfähig sein,[123] „weil es Sache des Gerichts ist, streitige Sachverhalte durch Beweisaufnahme, ggf. auch durch einen gerichtlichen Sachverständigen zu klären und weil den Parteien zuzumuten ist, das Ergebnis der Beweisaufnahme abzuwarten".[124] Aus diesem Grunde kann es für eine Prozesspartei nur **ausnahmsweise** notwendig sein, **während** des Prozessverfahrens ein Privatgutachten einzuholen. Dabei spielt der Gesichtspunkt der prozessualen **„Waffengleichheit"** wieder eine wichtige Rolle: Die **fachunkundige** Partei kann gehalten sein, einen Privatgutachter zu bestellen, um die bei der Gegenseite bestehende Sachkenntnis in etwa ausgleichen zu können. Das ist z.B. wichtig, wenn ein vom Gegner benannter Privatgutachter als „sachverständiger Zeuge" (s. Rdn. 3095 ff.) gehört wird. Das OLG Stuttgart[125] hat deshalb zu Recht die Aufwendungen für die Zuziehung eines Sachverständigen (Privatgutachters) zum Beweistermin als erstattungsfähig angesehen, weil nicht abgesehen werden konnte, ob das Gericht aufgrund dieser Beweisaufnahme den Rechtsstreit als entscheidungsreif betrachten würde. Der Gegner durfte deshalb seinen „Gutachter mitbringen, um alsbald sachgemäße Fragen und Einwände vorbringen zu können" (OLG Stuttgart).

175 Die Kosten für ein **während** des laufenden Rechtsstreits eingeholtes Privatgutachten sind deshalb erstattungsfähig, wenn die darlegungspflichtige Partei ohne eine sachverständige Hilfe ihrer **prozessualen Darlegungslast** nicht (mehr) genügen kann.[126] Dabei ist vor allem an diejenigen Fälle zu denken, in denen einer Prozesspartei durch **prozessleitende Verfügung** oder durch einen vergleichbaren **Hinweis- oder Auflagenbeschluss** aufgegeben wird, „die Mängel genau zu bezeichnen

---

123) Vgl. dazu grundlegend: BGH (VI. ZS), BauR 2012, 985 = DS 2012, 291 m.Anm. *Wortmann* S. 294; OLG Köln, BauR 2016, 1213, 1214; OLG Bamberg, NZBau 2011, 35; OLG Zweibrücken, MDR 2009, 415 = IBR 2009, 183 – *Wähner*; OLG Koblenz, JurBüro 2007, 652; OLG Brandenburg, OLGR 2009, 595 u. OLG Bamberg, BauR 2006, 327; OLG Bamberg, BauR 2008, 1033, 1034 = IBR 2009, 184 – *Heiliger*; OLG Stuttgart, BauR 2002, 665; OLG Düsseldorf, BauR 1998, 1282 = OLGR 1999, 38; NJW-RR 1997, 1431 = OLGR 1997, 245; HansOLG Hamburg, OLGR 1997, 235, 236; OLG Hamm, JurBüro 1976, 1370; OLG Koblenz, JurBüro 1994, 627; OLG Bamberg, JurBüro 1987, 755; 1977, 1003; SchlHOLG, JurBüro 1978, 920; OLG Frankfurt, OLGR 1992, 148 u. JurBüro 1984, 1083 m.Anm. *Mümmler*; Zöller/Herget, § 91 ZPO, Rn. 13 „Privatgutachten".
124) So richtig OLG Bamberg, JurBüro 1987, 1554 m.w.Nachw.
125) JurBüro 1980, 1417; ebenso: OLG Hamm, NJW-RR 1996, 830 = OLGR 1996, 105; OLG Köln, JurBüro 1979, 900 u. OLG Düsseldorf, OLGR 1994, 155 (LS). Siehe aber OLG Celle, BauR 2003, 588, für die Teilnahme eines Privatgutachters an einem Ortstermin im selbstständigen Beweisverfahren.
126) OLG Köln, BauR 2016, 1213, 1214; OLG Koblenz; BauR 2010, 1625 = IBR 2010, 739 – *Fuchs*; OLGR 2006, 224; KG, IBR 2014, 122 – *Buscher* (Kosten für ein **Bauzeitgutachten** zur Substanziierung der Klage); OLG Schleswig, IBR 2009, 549 – *Seifert*; OLG Bamberg, IBR 2006, 529 – *Irl*; OLG Koblenz, BauR 2003, 539 = OLGR 2003, 367 (Erfordernis einer fundierten fachlichen **Gegendarstellung**); OLG Frankfurt, IBR 2003, 177 – *Roskosny*; OLG Düsseldorf, NJW-RR 1997, 1431 = OLGR 1997, 245 (**Bezifferung** einer Schadensersatzklage); OLG Koblenz, JurBüro 1994, 627 (Substantiierung des **Klageabweisungsvorbringens**; anders: OLG Frankfurt, OLGR 1993, 154 für den Fall, dass der Beklagte in der Klageerwiderung bereits die behaupteten Mängel dargelegt hat); OLG Hamm, OLGR 1996, 105 (Auseinandersetzung mit einem im **Beweissicherungsverfahren** erstatteten **Gutachten**); LG Mannheim, MDR 1973, 236; OLG Bamberg, JurBüro 1980, 132; OLG Düsseldorf, DB 1981, 785 (für einstw. Verfügungsverfahren); OLG Frankfurt, OLGR 1992, 148.

und substantiiert darzulegen"[127] oder im Betragsverfahren das Gericht „eine detaillierte Schilderung und Substantiierung" des eingetretenen Schadens verlangt, was nur mit Hilfe eines Sachverständigen gelingen kann.[128] Ferner kommt eine Erstattung in Betracht, wenn eine Partei auf andere Weise die Auffassung des gerichtlich bestellten Sachverständigen nicht zu erschüttern vermag[129] oder wenn auch die Gegenpartei ein entsprechendes Privatgutachten vorlegt und das Gericht beide Gutachten in seiner Entscheidung beweismäßig verwertet hat. Schließlich werden die Kosten eines privat zugezogenen Gutachters erstattungsfähig sein, wenn in einem Baumängelprozess der Bauherr in erster Instanz unterlegen ist und er sich nicht darauf verlassen kann, dass es für eine erfolgreiche Berufung genügen wird, den erstinstanzlichen Sachvortrag zu wiederholen.[130]

176 Soweit für die Erstattungsfähigkeit allerdings weiter verlangt wird, dass das Gutachten jeweils die gerichtliche Entscheidung beeinflusst („entscheidend gefördert") hat,[131] was verneint wird, wenn die Einholung eines Gerichtsgutachtens nicht erspart wurde, kann dem nicht gefolgt werden.[132] Insoweit wird man vielmehr als ausreichend ansehen müssen, dass eine Partei nur mit Hilfe eines Privatgutachters den **Versuch unternehmen kann**, etwa die Auffassung eines gerichtlich bestellten Sachverständigen oder eines Sachverständigen im Beweissicherungsverfahren zu erschüttern oder zu widerlegen.[133] Ausreichend ist z.B., wenn die Arbeit des gerichtlichen Sachverständigen schon „erleichtert" wird und dadurch Kosten gespart werden. Das Gutachten muss aber stets in das Erkenntnisverfahren eingeführt worden sein.[134]

177 Zusammenfassend ist die Erstattungsmöglichkeit von Privatgutachten **während** eines Prozesses zu bejahen, wenn

* die **Chancengleichheit** der Prozessparteien zu sichern ist – „**Waffengleichheit**" – (OLG Köln, BauR 2016, 1213, 1215 u. NZBau 2011, 36 = DS 2011, 77 = IBR 2010, 312 – *Wenkebach*; OLG Karlsruhe, BauR 2007, 1450, 1451; HansOLG Hamburg, JurBüro 1981, 439; anders OLG Stuttgart [JurBüro 1980, 1417, 1418] mit der Begründung, einem solchen Gutachten komme „in aller Regel nur ein untergeordneter Beweis" zu);

---

127) Vgl. OLG Brandenburg, OLGR 2009, 594; OLG Koblenz, BauR 2002, 1131; JurBüro 1981, 1394 u. NZBau 2000, 29.
128) OLG Stuttgart, NJW-RR 1996, 255; OLG Bamberg, OLGR 2000, 268.
129) OLG Köln, NZBau 2011, 36, 37; OLG Koblenz, OLGR 2006, 224; OLG Hamm, NJW-RR 1996, 830 = OLGR 1996, 105; OLG Oldenburg, VersR 1959, 1012; OLG Bamberg, JurBüro 1987, 755; 1554; JurBüro 1983, 1097 sowie OVG Nordrhein-Westfalen, JurBüro 1988, 1558.
130) Siehe auch BGH, BauR 2007, 585 = NBau 2007, 245 u. IBR 2009, 489 – *Ulrich* zur Bedeutung des Privatgutachtens im **Berufungsverfahren**; OLG Koblenz, JurBüro 1988, 878.
131) OLG Hamm, NJW-RR 1996, 830; OLG Bamberg, JurBüro 1984, 445 u. 1987, 1554; OLG Frankfurt, JurBüro 1984, 1083. Das OLG Bamberg (BauR 2008, 1033, 1034 = IBR 2009, 184 – *Heiliger*) spricht von „im Prozess zugunsten der Klägerin ausgewirkt" hat.
132) BGH (VI. ZS.), BauR 2012, 985, 986 (Rn. 11 f.); vgl. auch OLG Nürnberg, MDR 1975, 936; KG, JurBüro 1981, 1382; OLG Saarbrücken, JurBüro 1988, 1360.
133) Siehe BGH, BauR 2013, 990, 992 = ZfBR 2013, 351 (zur Erstattung im Rahmen des **§ 494a Abs. 2 ZPO**); OLG Stuttgart, BauR 2002, 665, 666; OLG Oldenburg, VersR 1959, 1012.
134) OLG Bamberg, JurBüro 1987, 755; OLG München, OLGR 1995, 192.

Kostenerstattung

* das Verfahren entscheidend **gefördert** oder **verbilligt** wird (OLG Bamberg, Jur-Büro 1980, 1583; OLG Hamm, JurBüro 1972, 1102; OLG Düsseldorf, JurBüro 1966, 428);
* es erforderlich wird, weil eine Partei ihrer **Darlegungslast** anders nicht nachkommen oder die erforderlichen **Beweise** nicht antreten kann (OLG Celle, IBR 2009, 182 – *Schwenker*; OLG Köln, BauR 1995, 881; OLG Bamberg, OLGR 2000, 268 u. JurBüro 1980, 132; OLG Koblenz, JurBüro 1994, 627);
* nur mit Hilfe des Privatgutachtens die **Bedenken gegen ein gerichtliches Gutachten** vorgebracht werden können (KG, KGR 2008, 487; OLG Düsseldorf, BauR 1998, 1282; OLG Bamberg, JurBüro 1987, 1554; anders OLG Bamberg, OLGR 2000, 268, wenn es nur dazu dient, Angriffe gegen ein Sachverständigengutachten abzuwehren);
* das Gutachten **beweismäßig verwertet wird** (vgl. dazu OLG Bamberg, JurBüro 1973, 61; JurBüro 1976, 1688; OLG Frankfurt, JurBüro 1987, 896; OLG Hamm, JurBüro 1976, 1370); eine Verwertung soll nach OLG Bamberg (JurBüro 1980, 132 m. zust. Anm. von Mümmler) noch nicht vorliegen, wenn lediglich die Bekundungen, die der Privatgutachter als sachverständiger Zeuge im Prozess gemacht hat, von dem Gericht verwertet werden.

178 Im Verfahren der **einstweiligen Verfügung** werden von der Rechtsprechung hinsichtlich der Notwendigkeit der Einholung von Privatgutachten **weniger strenge Anforderungen** gestellt als im ordentlichen Klageverfahren.[135]

179 Schließen die Parteien einen **Prozessvergleich** und werden dabei „die Kosten gegeneinander aufgehoben", so stellt sich die Frage, ob eine Partei die Kosten für ein Privatgutachten im Kostenfestsetzungsverfahren zur Ausgleichung bringen kann. Das wird von dem LG Braunschweig[136] bejaht, von dem OLG München[137] jedoch verneint. Den Anwälten muss daher der mahnende Hinweis gegeben werden, bei dem Abschluss eines Vergleiches die Kosten des Privatgutachtens vorsorglich in die Vergleichsklausel miteinzubeziehen.

180 Ob **Aufwendungen** einer Partei für die Entschädigung eines (sachverständigen) **Zeugen**, der gegenüber der Staatskasse auf Entschädigung verzichtet hat, unter den Voraussetzungen des § 91 ZPO gegen die erstattungspflichtige Partei festsetzbar sind, ist umstritten; die überwiegende Meinung verneint dies.[138]

181 Demgegenüber sind notwendige **Aufwendungen** einer Partei, die sie zur **Vorbereitung** eines **Gutachtens** hatte, erstattungsfähig.[139] Dazu zählen vor allem Arbeiten einer Partei zur Vorbereitung der Begutachtung durch einen gerichtlichen

---

135) Vgl. Thüringer OLG, OLGR 1998, 167; OLG Hamm, MDR 1979, 234 – Kosten einer Meinungsumfrage; OLG Düsseldorf, JurBüro 1981, 1071 = DB 1981, 785; s. auch *Schneider*, OLGReport Kommentar, 2/2000, K 5; *Pauly*, BauR 2001, 559, 563; *Hansens*, JurBüro 1983, 641 ff.
136) MDR 1979, 320; siehe ferner: OLG Karlsruhe, IBR 2008, 626 – *Steiger* (nur, wenn das Gutachten zur zweckentsprechenden Rechtsverfolgung notwendig war); HansOLG Hamburg, JurBüro 1981, 439.
137) OLGR 1997, 132; ebenso: OLG Koblenz, ZSW 1981, 100 mit zust. Anm. *Müller*.
138) OLG Frankfurt, JurBüro 1983, 1253; OLG Hamburg, MDR 1972, 247; **a.A.:** OLG Hamm, MDR 1972, 959.
139) OLG Frankfurt, IBR 2009, 513 – *Waldmann*. Zur Erstattungsfähigkeit der Kosten für die Hinzuziehung einer **Hilfskraft** bei einer **Bauteilöffnung**: OLG Hamm, NZBau 2012, 239.

Sachverständigen; beauftragt der Gutachter, was er könnte, einen Dritten nicht mit notwendigen Vorbereitungsarbeiten (z.B. Freilegung eines Kellermauerwerks),[140] so sind die insoweit von dem Anspruchsteller (Kläger) selbst aufgewandten Kosten jedenfalls notwendige i.S. des § 91 ZPO. Der Umstand, dass eine Partei prozessual nicht gehalten ist, solche Vorbereitungsarbeiten selbst ausführen zu lassen, ändert an der objektiven Notwendigkeit des Kostenaufwands nichts.[141]

---

140) Vgl. KG, Rpfleger 1981, 202; OLG Düsseldorf, BauR 2007, 2097, 2100 = OLGR 2007, 643, 645 (Kosten einer **Bauteilöffnung** im Rahmen der Gutachtenerstattung).
141) Zum erstattungsfähigen Aufwand für die im eigenen Betrieb ausgeführten Arbeiten: OLG Köln, JurBüro 1983, 1088.

III. Die Bauhandwerkersicherungshypothek (§ 650e [früher: § 648 BGB])

Übersicht

	Rdn.		Rdn.
1. Die Bedeutung der Sicherungshypothek	182	c) Der Sicherungsgegenstand	243
2. Der Ausschluss der Rechte des § 650e (früher: § 648) BGB	192	aa) Das Baugrundstück	243
		bb) Der Eigentümer	249
3. Die Voraussetzungen für die Einräumung einer Sicherungshypothek	194	cc) Identität von Besteller und Grundstückseigentümer	253
a) Der anspruchsberechtigte Bauwerkunternehmer	195	4. Verfahrensfragen	261
		a) Einstweilige Verfügung auf Eintragung einer Vormerkung	268
aa) Der Bauunternehmer	196	aa) Voraussetzungen	271
bb) Der Architekt	211	bb) Verfahren	281
cc) Der Sonderfachmann	216	cc) Aufhebung und Rücknahme	286
dd) Baubetreuer und Bauträger	219	b) Die Klage auf Eintragung einer Bauhandwerkersicherungshypothek	291
b) Die Forderung aus Bauvertrag	222		
aa) Die werkvertragliche Forderung	222	5. Rechtsbehelfe	297
bb) Verjährte Forderung	233	6. Kostenentscheidung	302
cc) Mangelhafte Werkleistung	234	7. Der Streitwert	312
dd) Beginn der Sicherbarkeit	237		

Literatur

Groß, Die Bauhandwerkersicherungshypothek, 1978; *Motzke*, Die Bauhandwerkersicherungshypothek, 1981; *Schumacher*, Das Bauhandwerkerpfandrecht, 2. Auflage 1982; *Mergel*, Die Sicherung der Bauforderungen in Recht und Praxis, 1989; *Siegburg*, Bauwerksicherungshypothek, 1989.

Lüdtke-Handjery, Die Sicherung von Geldforderungen des Bauunternehmers, DB 1972, 2193; *Weimar*, Ansprüche der Handwerker bei Insolvenz des Bauträgers, BauR 1975, 308; *Kapellmann*, Einzelprobleme der Handwerkersicherungshypothek, BauR 1976, 323; *Leineweber*, Die Rechte des Bauunternehmers im Konkurs des Auftraggebers, BauR 1980, 510; *Rixecker*, Die Sicherungshypothek des zur Sicherheitsleistung verpflichteten Bauunternehmers, MDR 1982, 718; *Ernst*, Ein neuer Vorstoß in Sachen Bauhandwerkersicherungshypothek, ZRP 1985, 276; *Mickel*, Die Sicherung der Bauhandwerkersicherungshypothek, JuS 1985, 531; *Ernst*, Wirksame Sicherung der Bauhandwerkerforderung, BB 1988, 785; *Siegburg*, Ausgewählte Fragen zur Bauwerksicherungshypothek, BauR 1990, 32; *Siegburg*, Einstweilige Verfügung auf Eintragung einer Vormerkung zur Sicherung des Anspruchs aus § 648 Abs. 1 BGB, BauR 1990, 290; *Nettesheim*, Bauhandwerkerhypothek: Schadensersatzpflicht wegen Eintragung einer Vormerkung trotz vorrangiger Auflassungsvormerkung eines Dritten, BB 1994, 301; *Linnemann*, Bauhandwerkersicherungshypothek – im Gesamtvollstreckungsverfahren ein stumpfes Schwert?, BauR 1996, 664; *Hogenschutz*, Besteht ein Anspruch des Werkunternehmers auf Einräumung einer Bauhandwerkersicherungshypothek (§ 648 BGB) gegen juristische Personen des öffentlichen Rechts?, NJW 1999, 2576; *Rath*, Sicherungsmöglichkeiten für das Architektenhonorar, Festschrift für Jagenburg (2002), 763; *Brauns*, Zur Anfechtbarkeit der Werklohnzahlung oder der Besicherung von Vergütungsansprüchen des Auftragnehmers durch den Insolvenzverwalter über das Vermögen des Auftraggebers – unter besonderer Berücksichtigung der Direktzahlung nach § 16 Nr. 6 VOB/B durch den Hauptauftraggeber, BauR 2003, 301; *Munz*, Der verlängerte Eigentumsvorbehalt – ein geeignetes Sicherungsmittel in der Insolvenz des Bauunternehmers?, BauR 2003, 621; *Scheef*, Risiken bei der zwangsweisen Durchsetzung der Eintragung einer Bauhandwerkersicherungshypothek, BauRB 2004, 186; *Birkenkämper*, Die Absicherbarkeit von Vergütungsansprüchen im Falle einer auftraggeberseitigen Kündigung gemäß § 648 BGB, Jahrbuch Baurecht 2006, 1; *Merkens*, Sicherung der Werklohnforderung bei Erbbaurecht?, NZBau 2009, 349; *Krause-Allenstein*, Zum Anspruch des nur planenden Architekten aus § 648 BGB, BauR 2010, 857; *v. Hayn-Habermann*, Sicherungshypothek für Vergleichsforderungen?, NJW-Spezial 2010, 364; *Kohler*, Wiederaufladung stehengebliebener Hypothekenvormerkungen?, BauR 2012, 1164; *Roquette/Fußy*, Vertrauen ist gut,

Sicherheit ist besser – Sicherheiten im Bauvertrag, NZBau 2013, 65; *Joussen*, Der Architekt/Ingenieur im Anwendungsbereich der gesetzlichen Bauhandwerkersicherung, Festschrift für Jochem, 2014, 235; *Peters*, Die Bauhandwerkersicherungshypothek und die Veräußerung des Grundstücks, NZBau 2015, 474; *Langen*, Änderung des Werkvertragsrechts und Einführung eines Bauvertragsrechts, NZBau 2015, 658; *Orlowski*, Das gesetzliche Bauvertragsrecht – Übersicht und Stellungnahme zum Gesetzentwurf der Bundesregierung, ZfBR 2016, 419; *Vowinkel*, Die vorläufige Sicherung der Sicherung – Die Bauhandwerker-Sicherungshypothek gem. § 648 BGB im einstweiligen Rechtsschutz, NZBau 2017, 14.

1. Die Bedeutung der Sicherungshypothek

182 Der „Unternehmer eines Bauwerks" oder eines einzelnen Teiles eines Bauwerks kann nach dem bisherigen Recht (§ 648 BGB) für seine Forderungen aus dem Vertrag die Einräumung einer **Sicherungshypothek** an dem Baugrundstück des „**Bestellers**" (Bauherrn) verlangen; ein Anspruch gegen einen **Erwerber** des Baugrundstücks besteht nur in **Ausnahmefällen**.[1] Der BGH erwähnt insoweit ein „doloses Zusammenwirken" zwischen Erwerber und bisherigem Besteller der erfolgten Werkleistungen.

Ist das Bauwerk noch nicht vollendet, ist der Unternehmer berechtigt, die Einräumung der Sicherungshypothek für einen der geleisteten Arbeit entsprechenden Teil der Vergütung und für die in der Vergütung nicht inbegriffenen Auslagen zu verlangen. § 650e (früher: § 648) BGB gilt sowohl für den BGB- wie für den VOB-Bauvertrag.[2] Auf **juristische Personen des öffentlichen Rechts** – z.B. Landkreis – ist § 650e (früher: § 648) BGB nicht anwendbar, sofern diese **solvenzunfähig** sind. Dies folgt aus dem § 650f Abs. 6 Nr. 1 (früher: § 648a Abs. 6 Nr. 1) BGB zum Ausdruck gekommenen Rechtsgedanken.[3]

183 Die **Vorschrift** des § 650e (früher: § 648) BGB wurde allgemein als wenig gelungen angesehen. Gleichwohl hatte die Sicherungshypothek in Zeiten wirtschaftlicher Engpässe durchaus Bedeutung als Sicherungsmittel, weil sie in vielen Fällen ein geeignetes **Druckmittel** ist, um schleppenden Zahlungsweisen des Bestellers beizukommen; indes kann ein Unternehmer aber auch mit seinem Anspruch auf die Hypothek letztlich die Quellen verstopfen, aus denen noch am ehesten Geld fließen könnte: aus einer Nachfinanzierung über das Grundstück. Mit der Sicherungshypothek (Vormerkung) wird praktisch in den meisten Fällen eine **Grundbuchsperre** errichtet, die es dem Besteller unmöglich macht, Nachfinanzierungen durch weitere **Belastung des Grundstücks** vorzunehmen.[4] Ein **Anwalt** musste deshalb schon immer bei Vergütungs- oder Honoraransprüchen seinen Mandanten auf die Möglichkeit und die Grenzen dieser Absicherung nach § 650e (früher:

---

1) BGH, BauR 2015, 659 = NZBau 2015, 159 = ZfBR 2015, 248 = IBR 2015, 134 – *Schmitz*.
2) OLG Brandenburg, BauR 2003, 578, 579.
3) OLG Koblenz, BauR 2011, 135, 136 = NZBau 2011, 34, 35 = IBR 2010, 623 – *Meurer*; OLG Zweibrücken, NJW-RR 2008, 469 = IBR 2007, 677 – *Sprajcar*; Palandt/Sprau, § 648 BGB, Rn. 1; **a.A.**: LG Ravensburg, BauR 2004, 1793 = IBR 2005, 17 –. *Steiger*; *Joussen*, in: Ingenstau/Korbion, Anhang 1, Rn. 45; *Kniffka/Schmitz*, § 648, Rn. 41; *Schwarz*, in: Franke/Kemper/Zanner/Grünhagen, Anhang zu § 17 VOB/B, Rn. 143.
4) So zutr. auch *Peters*, NJW 1981, 2550; *Staudinger/Peters/Jacoby*, § 648 BGB, Rn. 6; *Bügler*, Schriftenreihe der Dt. Gesellschaft für Baurecht, Bd. 6, S. 14 ff.

§ 648) BGB **hinweisen** und gegebenenfalls sodann ein einstweiliges Verfügungsverfahren einleiten.[5]

Hieran wird sich auch nach der **Reform** des Bauvertragsrechts nichts ändern: Die Vorschrift des § 648 BGB a.F. wird zwar aufgehoben, die bisherigen Regelungen sind aber bis auf **redaktionelle Änderungen** in dem § 650e **BGB** übernommen. Dies bedeutet, dass auf die bisherige Rechtsprechung und Literatur zurückgegriffen werden kann.[6] Einschneidend wird indes die **Reduzierung** des Sicherungsanspruchs des **Unternehmers** gemäß § 650m Abs. 4 BGB sein: Verlangt der Unternehmer nämlich **Abschlagszahlungen** nach § 632a BGB oder sind solche vereinbart, kann nur eine Sicherheit von **höchstens 20 %** der vereinbarten Vergütung verlangt werden. Die hierdurch erreichte Kürzung des Sicherungsanspruchs auf 20 % des Werklohns wird u.a. als „praxisgerechter als bisher" bezeichnet.[7]

Die Bedeutung der Sicherungshypothek darf allerdings bei einer **Insolvenz** des Auftraggebers nicht überbewertet werden, vor allem, wenn hohe Vorleistungen erbracht worden sind.[8] Kommt es zur Insolvenz, und hatte der Auftragnehmer eine **Sicherungshypothek** eintragen lassen, so hat er gemäß §§ 49, 50, 51 Nr. 1 InsO ein Recht auf abgesonderte Befriedigung, es sei denn, es greift die sog. **Rückschlagsperre** des § 88 InsO oder die Sicherheit wird von dem Insolvenzverwalter wirksam **angefochten**.[9] Eine innerhalb des letzten Monats vor Eröffnung des Insolvenzverfahrens im Grundbuch eingetragene Vormerkung wird mit der Verfahrenseröffnung absolut **unwirksam**.[10] War dagegen bei Insolvenzeröffnung eine Sicherungshypothek nicht eingetragen, sondern nur eine **Vormerkung** zur Sicherung des Anspruchs auf Eintragung einer solchen Hypothek, richtet sich die Durchsetzbarkeit der Unternehmeransprüche nach § 106 InsO: Der Insolvenzverwalter ist gemäß § 106 zur Bewilligung der Eintragung der Sicherungshypothek verpflichtet, sofern die Vormerkung bereits **vor** Insolvenzeröffnung im Grundbuch **eingetragen** war.[11] Nach überwiegender Ansicht reicht der Eingang des Antrages auf Eintragung der Vormerkung bei dem Grundbuchamt aus.[12] Der Erlass eines allgemeinen Veräußerungsverbots steht im Übrigen der Insolvenzeröffnung gleich. Die Forderung (gegen den Bauherrn) aus einem noch nicht erfüllten Werkvertrag wird mit der Eröffnung des Insolvenzverfahrens Insolvenzforderung; eine nach Stellung des Ver-

---

[5] OLG Düsseldorf, BauR 2004, 1646, 1648 (Anwaltshaftung).
[6] *Orlowski*, ZfBR 2016, 419, 422.
[7] *Langen*, NZBau 2015, 658, 665.
[8] Vgl. dazu *Leineweber*, BauR 1980, 510, 514 ff.; *Joussen*, in: Ingenstau/Korbion, Anhang 1, Rn. 124.
[9] Ist die Vormerkung aufgrund einer **Zwangsvollstreckung** erlangt, kann sie gfs. unter den erleichterten Voraussetzungen des § 131 InsO angefochten werden (*Kniffka/Schmitz*, § 648 BGB, Rn. 8).
[10] LG Meiningen, ZfIR 2000, 373 = ZIP 2000, 416 = IBR 2000, 323 – *Schmitz;* zur Rückschlagssperre bei einem **fehlerhaften Antrag** s. BayObLG, NZI 2000, 427 = BauR 2000, 1788 (LS).
[11] In einer **Gesamtvollstreckung** verlieren allerdings **Vormerkungen,** die in Vollziehung einer einstweiligen Verfügung eingetragen worden sind, ihre Wirksamkeit: BGHZ 142, 208 = NJW 1999, 3122 = BauR 1999, 1326; siehe ferner: *Linnemann*, BauR 1996, 664 ff.; *Joussen*, in: Ingenstau/Korbion, Anhang 1, Rn. 124.
[12] Analoge Anwendung des § 140 Abs. 2 Satz 2 InsO; siehe *Heidland*, Rn. 281, 287 m.w.Nachw.

gleichsantrages erfolgte Eintragung einer Sicherungshypothek für diese Forderung unterliegt der **Insolvenzanfechtung**.[13]

185 **Verweigert** der Insolvenzverwalter die Eintragungsbewilligung für die Sicherungshypothek, so kann ihn der Unternehmer im Wege der Klage hierzu zwingen und die Hypothek über die Zwangsvollstreckung (§ 894 ZPO) eintragen lassen.[14] Ein Recht, die Bewilligung zu verweigern, ist dem Insolvenzverwalter nur eingeräumt, wenn die zu sichernde Unternehmerforderung nicht oder nicht in dieser Höhe besteht.[15] Das ist z.B. der Fall, wenn das Bauwerk **Mängel** aufweist. Ist die Werklohnforderung noch nicht beglichen, und weist das Werk Mängel auf, ist der Bauvertrag beiderseits noch nicht vollständig erfüllt.[16]

186 Zu beachten bleibt, dass die Sicherungshypothek in der Insolvenz des **Bauträgers** versagen kann; da nach § 106 InsO, wie auch schon nach § 24 KO, die Auflassungsvormerkung eines Erwerbers auch für den Fall „konkursfest" geworden ist, dass der Bauträger noch weitere Verpflichtungen übernommen und nicht erfüllt hat,[17] ist das Sicherungsmittel für den Unternehmer **wertlos**, wenn die Auflassungsvormerkung im Rang vorgeht.

187 Einen echten **Sicherungswert** hat die Sicherungshypothek nach § 650e (früher: § 648) BGB folglich nur dann, wenn sie an **erster** oder zumindest günstiger **Rangstelle** eingetragen wird.[18] Nur in diesem Fall hat auch der Berechtigte ein **Druckmittel** zur schnelleren Durchsetzung seiner Werklohnforderung.[19] Bei ranggünstiger Eintragung der Sicherungshypothek hat der Bauherr in aller Regel ein vordringliches Interesse an der alsbaldigen Löschung der Hypothek, um sein Grundstück zur Absicherung weiterer notwendiger Baukredite belasten zu können. Daher wird nach Eintragung der Hypothek häufig **eine gütliche Einigung** mit dem Bauherrn über die Löschung der Hypothek und Zahlung des abgesicherten Werklohns (oder eines Teilbetrages) erzielt werden können.

188 **Andere Sicherungsmittel**[20] spielen im Bauwesen dagegen kaum eine Rolle[21] oder scheiden sogar vollkommen aus.[22] Gerade deshalb werden oder sollten jeden-

---

13) Vgl. BGH, WM 1984, 265; zur Anfechtbarkeit der Besicherung nach §§ 648, 648a BGB s. ferner: *Brauns*, BauR 2003, 301 ff.
14) *Leineweber*, a.a.O.
15) BGH, WM 1979, 839; *Leineweber*, BauR 1980, 510, 516.
16) BGH, WM 1979, 839.
17) BGH, WM 1981, 242 = DNotZ 1981, 556 = MDR 1981, 395; *Leineweber*, BauR 1980, 510, 520.
18) Durch eine **Grundbucheinsichtnahme** können wichtige Erkenntnisse gewonnen werden; zur Zulässigkeit: OLG München, NZBau 2015, 424 = IBR 2015, 191 – *Ripke*.
19) Das betont besonders OLG Köln, *SFH*, Nr. 1 zu § 93 ZPO.
20) Zum Beispiel: **Eigentumsvorbehalte, Abtretungsverbote**; s. dazu KG Berlin, BauR 2005, 388; OLG Stuttgart, BauR 1980, 580 ff. u. *Munz*, BauR 2003, 621 ff. (verlängerter Eigentumsvorbehalt).
21) Siehe *Hahn*, BauR 1980, 310; *Leineweber*, BauR 1980, 510, 514 ff. **Dinglicher Arrest** (Rdn. 363 ff.) wird als Konfliktfall zwischen Auftraggeber und Auftragnehmer gemieden; für die Vereinbarung von **Vorauszahlungen** fehlt es meistens an Finanzierungsmitteln, für Auftraggeberbürgschaften mangelt es in der Regel an einer entsprechenden Bereitschaft und ausreichendem Avalkredit.
22) Vgl. OLG Frankfurt, ZIP 1980, 274 mit abl. Anm. *Graf Lambsdorff*; OLG Köln, KTS 1979, 114; *Leineweber*, BauR 1980, 510, 514.

falls zusätzliche vertragliche Absicherungen, wie z.B. **Erfüllungs-** oder **Insolvenzbürgschaften,** zwischen den Parteien vereinbart werden (vgl. Rdn. 1647); eine solche Insolvenzbürgschaft – gegebenenfalls im Zusammenhang mit Sicherheiten gemäß § 2 Abs. 2 und 3 der MaBV – kann in der Insolvenz das einzig brauchbare Sicherungsmittel sein, wenn es wegen der Auflassungsvormerkung des Erwerbers zu einem Ausfall kommt.[23]

Mit dem am 1. Mai 1993 in Kraft getretenen **Bauhandwerkersicherungsgesetz** wurde dem Unternehmer eines Bauwerks – und dazu zählen auch Architekten und Sonderfachleute – ein **zusätzliches Sicherungsmittel** an die Hand gegeben worden (vgl. Rdn. 314 ff.). Zu beachten ist, dass der Anspruch auf Einräumung einer **Sicherungshypothek** nach § 650e (früher: § 648) BGB **ausscheidet,** soweit der Unternehmer für seinen Vergütungsanspruch bereits eine Sicherheit nach § **650f Abs. 1 oder 2** (früher: § 648a Abs. 1 oder 2) BGB „erlangt" hat (§ 650f Abs. 4 [früher: § 648a Abs. 4] BGB).[24] Die **Finanzierungszusage** einer Bank ist insoweit noch keine anderweitige Sicherheit.[25]

189

Kommt es nicht zu einer Einigung zwischen den Vertragspartnern, muss der „Bauwerkunternehmer" versuchen, seine Werklohnforderung gemäß § 650c (früher: § 648) BGB absichern zu lassen, um auf diesem Wege wenigstens zu einer rascheren Zahlung zu kommen. Die Sicherungshypothek stellt – dem Unternehmerpfandrecht vergleichbar – für den Bauwerkunternehmer einen Ausgleich dafür dar, dass er zur Vorleistung verpflichtet ist und durch seine Leistung in der Regel eine **Wertsteigerung** des Grundstücks bewirkt hat.[26] Der von dem Unternehmer in das Bauwerk gelieferte „**Mehrwert**" soll ihm als Sicherheit für seinen Vergütungsanspruch erhalten bleiben.[27] Hieraus folgt zwingend, dass der Anspruch auf Absicherung nur nach der Erbringung von Werkleistungen entstehen kann.

190

§ 650e (früher: § 648) BGB gibt dem Unternehmer nur einen **persönlichen schuldrechtlichen Anspruch** auf Bestellung einer Sicherungshypothek; die Vorschrift hat keinen dinglichen Charakter.[28] Die Eintragung muss im Klagewege oder durch Eintragungsbewilligung (§§ 17, 19, 29 GBO) des Schuldners erreicht werden; der Anspruch kann durch eine Vormerkung gesichert werden (vgl. Rdn. 261 ff.). Der Anspruch aus § 650e (früher: § 648) BGB geht nicht auf Einräumung einer Verkehrshypothek, sondern einer reinen Sicherungshypothek i.S. der §§ 1184 ff. BGB; diese ist keine Zwangshypothek im Sinne des § 867 ZPO.[29] Ihr

191

---

23) Siehe *Daub/Piel/Soergel/Steffani*, ErlZ B 17.4–8; *Leineweber*, BauR 1980, 510, 514; zu einer Bürgschaft auf Zeit: BGH, ZfBR 1984, 272.
24) Zum Verhältnis der beiden Sicherheiten zueinander siehe auch: OLG Dresden, BauR 2008, 1161, 1162 m.Anm. *Handschumacher*; OLG Düsseldorf, NJW-RR 2004, 18; OLG Celle, NJW-RR 2000, 387, 388 sowie Rdn. **317**.
25) OLG Naumburg, NZBau 2004, 447 = NJW-RR 2004, 743.
26) BGHZ 91, 139 = NJW 1984, 2100 = BauR 1984, 413; NJW 1977, 947 = BauR 1977, 208 = WM 1977, 481; BGH, NJW 1973, 1792.
27) Vgl. BGH, NJW 1969, 418 u. BGHZ 144, 138 = BauR 2000, 1083 = NJW 2000, 1861 = ZfBR 2000, 329; *Tempel*, JuS 1973, 416; LG Nürnberg-Fürth, NJW 1972, 453 = BlGBW 1972, 139. Entgegen *Lotz* (BauR 2000, 1806, 1811) bedeutet BGHZ 144, 138 noch kein Ende der Mehrwerttheorie, sondern deren Weiterentwicklung (so *Motzke*, in: Englert/Motzke/Wirth, § 648 BGB, Rn. 2, 16).
28) *Palandt/Sprau*, § 648 BGB, Rn. 1.
29) OLG Frankfurt, NJW-RR 1995, 1359 m. Nachw.

Umfang richtet sich damit stets nach der tatsächlichen Höhe der bestehenden Forderung.

2. Der Ausschluss der Rechte des § 650e (früher: § 648) BGB

192 Da es sich bei § 650e (früher: § 648) BGB um **dispositives** Recht handelt, kann auf den Anspruch auf eine Sicherungshypothek durch **individualvertragliche Absprache verzichtet** oder der Anspruch sonst vertraglich **ausgeschlossen** werden.[30] Das ist im Einzelfall gegebenenfalls durch Auslegung (§§ 133, 157, 242 BGB) des Parteiwillens festzustellen.[31] Allerdings ist der vereinbarte Ausschluss des § 650e BGB bei **arglistigem Verhalten** oder einer **wesentlichen Vermögensverschlechterung** des Bauherrn (Bestellers) unwirksam.[32] Arglist soll dabei nach OLG Köln[33] schon gegeben sein, „wenn an der Fälligkeit und dem Bestand der zu sichernden Werklohnforderung kein Zweifel bestände". Zweifelhaft erscheint es allerdings, das Verhalten des Bauherrn (Bestellers) schon dann als treuwidrig zu bezeichnen, wenn er sich auf den vereinbarten Ausschluss beruft, gleichzeitig aber ohne stichhaltige Einwendungen fällige Zahlungen nicht leistet.[34]

193 Seit **Inkrafttreten des AGB-Gesetzes** wird für das **alte Recht** angenommen, dass der **Ausschluss** des Anspruchs auf Einräumung einer Sicherungshypothek in **Allgemeinen Geschäftsbedingungen** oder Formular-Bauverträgen gegen § 9 AGB-Gesetz (**§ 307 BGB**) verstößt und damit unwirksam ist.[35] Zur Begründung wird darauf verwiesen, dass der Ausschluss vom gesetzlichen Leitbild des Werkvertragsrechts und insbesondere von dem § 650e (früher: § 648) BGB innewohnenden Gerechtigkeitsprinzip abweicht: Der Bauunternehmer verliert mit dem Ausschluss ein im Einzelfall durchaus angemessenes **Druckmittel** für seinen Werklohnanspruch, das ihm der Gesetzgeber als Ausgleich für seine Vorleistungspflicht und für den Mehrwert, den das Grundstück durch seine Leistung erfahren hat, gewährt. Er wäre daher entgegen dem wesentlichen Grundgedanken des § 650e (früher: § 648) BGB durch den Ausschluss **unangemessen** benachteiligt (§ 307 Abs. 2 Nr. 2 BGB). Dies gilt nach herrschender Ansicht[36] nicht, wenn dem Unternehmer eine **anderweitige angemessene Sicherheit** (z.B. Bankbürgschaft) in ausreichender Höhe zur Verfügung gestellt wird. Hierzu zählt sicherlich auch eine

---

30) KG, BauR 2010, 1099, 1100 (Ausschluss durch „abschließende Vereinbarung"); OLG Jena, IBR 2008, 14 – *Schmitz*; OLG Schleswig, NJW-RR 1998, 532; OLG Köln, BauR 1974, 282; LG Köln, *Schäfer/Finnern*, Z 2.321 Bl. 25, 26; OLG München, BB 1976, 1001; OLG Karlsruhe, IBR 1996, 368 – *Weinhardt*.
31) Ein wirksamer **Ausschluss** liegt z.B. in der Vereinbarung, eine Bauhandwerkersicherungshypothek könne nur verlangt werden, „wenn der Auftraggeber mit vom Architekten anerkannten Zahlungen in Rückstand" gerate (OLG Köln, Beschl. vom 12.5.1981 – 15 U 244/80). Die Vereinbarung einer **Sicherheitsleistung (§ 17 VOB/B)** bedeutet noch keinen Verzicht auf die Rechte aus § 648 BGB (*Rixecker*, MDR 1982, 718). Zum Ausschluss auf Forderungen aus einem **Prozessvergleich**: OLG Dresden, MDR 2010, 1377 = BeckRS 2010, 13102 = IBR 2010, 334 – *Pfisterer* sowie *v. Hayn-Habermann*, NJW-Spezial 2010, 364.
32) OLG Köln, BauR 1974, 282; *Groß*, S. 10, 11; *Palandt/Sprau*, § 648 BGB, Rn. 1; offen gelassen von BGH, BauR 1984, 413 = NJW 1984, 2100; zum Meinungsstand: *Joussen*, in: Ingenstau/Korbion, Anhang 1, Rn. 127.
33) BauR 1974, 282.
34) So aber LG Köln, *Schäfer/Finnern*, Z 2.321 Bl. 25 u. 26; *Kapellmann*, BauR 1976, 323, 329.
35) BGHZ 91, 139 = BauR 1984, 413 = NJW 1984, 2100 = ZfBR 1984, 188 = BB 1984, 1257; OLG Celle, BauR 2001, 834; Saarländisches OLG, OLGR 2001, 251; OLG Schleswig, NJW-RR 1998, 532; OLG Karlsruhe, BauR 1997, 486 (für Vergabeprotokoll); *Kaiser*, in: Markus/Kaiser/Kapellmann, Rn. 924, 925; *Joussen*, in: Ingenstau/Korbion, Anhang 1, Rn. 128 u. 129; *Palandt/Grüneberg*, § 307 BGB, Rn. 150.
36) BGH, BauR 1984, 413 = NJW 1984, 2100; OLG Celle, BauR 2001, 834, 835; *Groß*, S. 11, 12.

Bauhandwerkersicherung gemäß § 650f (früher: § 648a) BGB; doch bedeutet die Regelung des § 650f BGB nicht, dass damit der vertragliche Ausschluss des § 650e (früher: § 648) BGB in Allgemeinen Geschäftsbedingungen von vornherein möglich ist. Äußerungen, die in diese Richtung gehen,[37] überzeugen nicht;[38] denn dem Unternehmer steht ein gesetzliches **Wahlrecht** zwischen den beiden Sicherungsmitteln zu, das ihm durch einen (formularmäßigen) Ausschluss des § 650e (früher: § 648) BGB genommen wird, was unangemessen ist.

3. Die Voraussetzungen für die Einräumung einer Sicherungshypothek

Die Einräumung einer Sicherungshypothek ist nach § 650e (früher: § 648) BGB **194** an folgende **Voraussetzungen** geknüpft:

* Anspruchsberechtigt ist nur der **Unternehmer eines Bauwerks.**
* Es muss eine Forderung aus einem **wirksamen**[39] **Bauwerksvertrag** bestehen.
* Pfandgegenstand ist nur das im **Eigentum des Bauherrn stehende Baugrundstück.**
* Mit den Bauarbeiten muss **begonnen** worden sein.

Außerdem darf der Unternehmer nicht bereits eine ausreichende (anderweitige) Sicherheit in Händen haben.[40]

a) Der anspruchsberechtigte Bauwerkunternehmer

Literatur

Johlen, Gehört die Ausschachtung zu den Arbeiten am Bauwerk i.S. der §§ 648, 648 BGB?, NJW 1974, 732; *Locher*, Der Gerüstvertrag, Festschrift für Konrad Gelzer (1991), 347; *Medicus*, Kaufvertrag und Werkvertrag, JuS 1992, 273; *Lotz*, Der Gerüstbauvertrag und die gesetzlichen Sicherheiten, BauR 2000, 1806; *Hammacher*, Schuldrechtsmodernisierung: Warum keine Absicherung für Baulieferanten?, BauR 2001, 1625; *Vorwerk*, Kaufrecht und Werklieferungsvertrag, BauR 2002, 165; *Lenzen*, „Bauvertrag verkehrt" – Besonderheiten des Abbruchvertrages, Festschrift für Jagenburg (2002), 491; *Mankowski*, Werkvertragsrecht – Die Neuerungen durch § 651 BGB und der Abschied vom Werklieferungsvertrag, MDR 2003, 854; *Konopka/Acker*, Schuldrechtsmodernisierung: Anwendungsbereich des § 651 BGB im Bau- und Anlagenbauvertrag, BauR 2004, 251; *Locher*, Rechtsfragen des Gerüstvertrags, Festschrift für Werner (2005), 321; *Birkenkämper*, Die Absicherbarkeit von Vergütungsansprüchen im Falle einer auftraggeberseitigen Kündigung gemäß § 648 BGB, Jahrbuch Baurecht 2006, 1; *Leupertz*, Baustofflieferung und Baustoffhandel: Im juris-

---

37) OLG Köln, OLGR 1996, 13 = JMBl. NW 1995, 282 = BauR 1996, 272; ebenso: *Hofmann/Koppmann*, S. 171 (3.2.2).
38) Zutreffend: OLG Karlsruhe, NJW-RR 1997, 658 = BauR 1997, 486; OLG Celle, BauR 2001, 834, 835; *Kniffka/Schmitz*, § 648 BGB, Rn. 40.
39) Für Ansprüche aus **ungerechtfertigter Bereicherung** (§ 812 ff. BGB) kann eine Sicherungshypothek nicht verlangt werden (OLG Hamburg, Recht 1914, Nr. 477; *Siegburg*, BauR 1990, 32, 43). Ist bei sog. **Schwarzarbeit** die zivilrechtliche Wirksamkeit des Vertrages zu verneinen (BGH, BauR 2013, 1852 = NZBau 2013, 627 = ZfBR 2013, 778; BGH, BauR 2014, 1141 = NZBau 2014, 425; hierzu: *Jerger*, NZBau 2013, 608 ff. u. NZBau 2014, 415; *Stamm*, NZBau 2014, 131 ff.), kann auch der Schwarzarbeiter keine Sicherungshypothek beanspruchen. Dem nur **einseitig verstoßenden Unternehmer** (vgl. dazu BGH, BauR 2001, 632 u. BauR 1985, 197 = ZfBR 1985, 116 BGHZ 89, 369 = ZfBR 1984, 70 = NJW 1984, 1175 OLG Düsseldorf, IBR 2009, 254 – *Böhme*; OLG Nürnberg, BauR 2000, 1494) wird allenfalls über § 242 BGB der Anspruch zu versagen sein.
40) Vgl. § 650f (früher: § 648a) BGB sowie Rdn. **318 ff.**; siehe ferner OLG Hamburg, NJW-RR 1986, 1467 für den Fall der **Zahlung** des Werklohns **unter Vorbehalt** („zur Abwendung der Zwangsvollstreckung").

tischen Niemandsland, BauR 2006, 1648; *Merkens*, Sicherung der Werklohnforderung bei Erbbaurechten?, NZBau 2009, 349; *Rudolph*, Zur Abgrenzung zwischen Kauf- und Werkvertragsrecht bei baubezogenen Lieferverträgen zwischen Nichtverbrauchern – oder: zur Abgrenzung zwischen Rechtsanwendung und Rechtspolitik, BauR 2009, 1806; *Popescu*, Der Anwendungsbereich des § 651 BGB im Lichte der BGH- und EuGH-Rechtsprechung, BauR 2010, 1485; *Wagner*, Überlegungen zu §§ 651 Satz 1 BGB, 377, 381 Abs. 2 HGB, ZfBR 2010, 627; *Weglage/Sitz*, Kaufrecht am Bau – Teil I: Die Rechtsfolgen des § 651 BGB, NZBau 2011, 457; *dies.*, Kaufrecht am Bau – Teil II: Die Rechtsfolgen des § 651 BGB für Architekten, ihre neuen Haftungsrisiken und die möglichen haftungsabwehrenden Vertragsgestaltungen, NZBau 2011, 523; *Engbers*, Die Haftung für Pflichtverstöße des Bedienungspersonals bei der Anmietung von Baumaschinen nebst Personalüberlassung, NZBau 2011, 199; *Lotz*, Die Rechtsnatur des Anlagenvertrages und seine Besonderheiten, BauR 2011, 746; *Rudolph*, Der Lieferungsvertrag mit Montageverpflichtung – ein „Klassiker" in (teilweise) neuem Licht, BauR 2012, 557 (s. hierzu: *Leidig*, IBR 2012, 245); *Lakkis*, Das unerkannte Damoklesschwert über der Baustelle – Teil I: Anwendungsgebiet der § 651 BGB, §§ 381 II, 377 HGB), NZBau 2012, 665; Teil II: Die Anwendbarkeit der §§ 381 II, 377 HGB auf eine Bau-ARGE und die Besonderheiten einer ordnungsgemäßen Untersuchung am Bau, NZBau 2012, 737; *Busch/Ruthemeyer*, Mängelhaftung und Garantien bei Photovoltaik-Anlagen im Lichte der AGB-Kontrolle, NZBau 2012, 743; *Jerger*, Von der Nichtigkeit zur Wirksamkeit zurück zur Nichtigkeit des gesamten Vertrags bei Schwarzarbeit, NZBau 2013, 608; *Stamm*, Die Rechtsvereinheitlichung der Schwarzarbeiterproblematik im Lichte der neuesten Rechtsprechung des BGH zum reformierten Schwarzarbeitsbekämpfungsgesetz, NZBau 2014, 131; *Pauly*, Der Gerüstbauvertrag im Spiegel der Rechtsprechung, ZMR 2014, 858; *Hille*, Die Vereinbarung von Werkvertragsrecht für die Lieferung von Bauelementen, BauR 2014, 1985; *Grabe*, Zur Bauwerkeigenschaft von Photovoltaik- und Windenergieanlagen, BauR 2015, 1; *Taplan/Baumgartner*, Der Begriff der Inbetriebnahme bei Photovoltaikanlagen, NZBau 2015, 405; *Kleefisch*, Die Gewährleistungsfrist bei Aufdach-Photovoltaikanlagen als Gebäude oder Gebäudeteil, NZBau 2016, 340; *Jacoby*, Der Begriff des Bauwerks am Beispiel einer Photovoltaikanlage, NJW 2016, 2848.

195 Einen Anspruch auf Einräumung einer Sicherungshypothek hat nur der **„Unternehmer eines Bauwerks"**. Damit schränkt das Gesetz den Kreis derjenigen, die einen Anspruch auf eine dingliche Sicherung ihrer Forderung haben, erheblich ein. Als Berechtigte i.S. des § 650e (früher: § 648) BGB kommen alle Bauunternehmer (einschließlich Arbeitsgemeinschaften – ARGE[41]), Architekten, Sonderfachleute, aber auch möglicherweise Baubetreuer in Betracht.

aa) Der Bauunternehmer

196 Rechtsprechung und Literatur haben sich in der Vergangenheit wiederholt bemüht, den Kreis der nach § 648 BGB anspruchsberechtigten Personen rechtlich klar abzugrenzen. Dies ist nicht befriedigend gelungen; vielmehr wurde der Kreis der Berechtigten im Einzelfall nur durch immer wieder neue Abgrenzungskriterien eingeengt oder ausgeweitet worden.

197 Nur eine **werkvertragliche Bindung** zwischen Unternehmer und Bauherr i.S. des § 631 BGB kann zu einem Anspruch führen.[42] Die technische oder wirtschaftliche Beteiligung am Bauwerk ist unbeachtlich.[43] Der Leistung des Unternehmers darf also **kein Dienst-, Kauf- oder Werklieferungsvertrag** zugrunde liegen.[44]

---

41) KG, NJW-RR 2010, 1602; *Palandt/Sprau*, § 648 BGB, Rn. 2.
42) Zur **Abgrenzung** des Kauf- vom Werkvertrag: OLG Oldenburg, BauR 2004, 1324.
43) BGH, LM Nr. 1 zu § 648 BGB = MDR 1951, 728; OLG Düsseldorf, *Schäfer/Finnern*, Z 3.01 Bl. 211; *Siegburg*, S. 68.
44) Zur **Abgrenzung** Werklieferungs-/Werkvertrag: *Joussen*, BauR 2014, 195, 196 ff.

Danach scheiden **Lieferanten** von fertigen oder erst herzustellenden Baumaterialien, Geräten oder sonstigen Teilen eines Hauses als Anspruchsberechtigte aus.[45] Werden dagegen bewegliche Sachen von einem Unternehmer **für den Bau hergestellt, geliefert und von ihm eingebaut und zu wesentlichen Bestandteilen des Gebäudes** gemacht, so kann die Eintragung einer Hypothek in Betracht kommen.[46] Unzweifelhaft ist: Das reine Einfügen (Einstellen) von **fabrikmäßig hergestellten Gerätschaften** (z.B. Waschkessel, Küchenabsauger, Kochherd usw.) fällt demnach nicht unter § 650e (früher: § 648) BGB. In diesen Fällen liegt ein reiner **Kaufvertrag** nach § 433 BGB oder ein „**Werklieferungsvertrag**" gemäß § 650 (früher: § 651) BGB vor.[47]

In diesem Zusammenhang ist zu beachten, dass es den **Typus** des alten **Werklieferungsvertrages** nicht mehr gibt.[48] Gerade für den Anwendungsbereich des § 650e (früher: § 648) BGB ist die bisherige **Abgrenzung** zwischen Kauf-, Werk- und Werklieferungsvertrag nicht mehr nach den alten Kriterien vorzunehmen, sondern anhand der Begriffe „Herstellung/Erzeugung" und „bewegliche Sache" zu bestimmen.[49] **Problematisch** sind damit vor allem Verträge, die die Herstellung, Lieferung und den Einbau als Vertragsleistung („**Montageverpflichtung**") vorsehen.[50] Der

---

45) *Joussen*, in: Ingenstau/Korbion, Anhang 1, Rn. 9; *Halfmeier/Leupertz*, § 648 BGB, Rn. 2.
46) Für **Fenster:** OLG Köln, OLGE 1, 433; für **Dachdeckerarbeiten:** BGHZ 19, 319; für Jalousien: OLG Dresden, Sächs. Arch. 1910, 47; vgl. aber OLG Köln, JMBl. NRW 1990, 57; für Warenaufzug: RG, Recht 1915, 1064; für Kühlanlage: RG, HRR 1927, Nr. 1518. Als weitere Beispiele sind zu nennen: Einbau einer **Alarmanlage** (BGH, BauR 1991, 741 = ZfBR 1991, 259 = MDR 1992, 54); Einbau von **Isolierglasfenstern** (LG Düsseldorf, BauR 1991, 732); Einbau eines **Kachelofens** (OLG Koblenz, NJW-RR 1995, 655 = BauR 1995, 395 u. OLG Düsseldorf, NJW-RR 1999, 814); Erneuerung eines Terrassenbelags (OLG Hamburg, BauR 1995, 242). Zum Vertrag über die Lieferung von Fließestrich: OLG Celle, BauR 2002, 97 (Werkvertrag).
47) **Beispiele** für einen **Werklieferungsvertrag** nach **altem** Recht: BGH, NZBau 2011, 130 (**Maßfenster**); OLG Braunschweig, IBR 2011, 407 – *Leidig* (Herstellung und Lieferung von Glaspaneelen); OLG Naumburg, IBR 2010, 204 – *Leidig* (Lieferung und Montage von Anlagenteilen durch ein Maschinenbauunternehmen); OLG Hamm, BauR 1986, 578 = NJW-RR 1986, 477 (Wärmepumpe); OLG Frankfurt, NZBau 2000, 330 = NJW-RR 2001, 55 = BauR 2001, 682 [LS] (Einbau einer „hochpreisigen" Küche); AG Ludwigsburg, DGVZ 1991, 95 (in Rasterbauweise errichtete Saunaanlage); OLG Köln, BauR 1991, 759 (Einbau von Schrankwänden); OLG Hamm, NJW-RR 1990, 789 (Neonleuchtreklame); LG Arnsberg, NJW-RR 1993, 341 (Entwurf und Lieferung von Leuchten für eine Ladenpassage); OLG Düsseldorf, BauR 2000, 1876 (elektronische Steuerungsanlage für einen Aufzug).
48) *Lakkis*, NZBau 2012, 665 ff.; 737 ff.; *Popescu*, BauR 2010, 1485; *Rudolph*, BauR 2012, 557 u. BauR 2009, 1806; *Schwenker*, ZfBR 2009, 735; *Voit*, BauR 2009, 369; *Leupertz*, BauR 2006, 1648 ff.; *Mankowski*, MDR, 2003, 854 ff.; *Voit*, BauR 2002, 145 ff.; *Thode*, NZBau 2002, 360 ff.; *Teichmann*, ZfBR 2002, 13 ff.; *Vorwerk*, BauR 2002, 165, 180 ff.
49) *Leupertz/Halfmeier*, in: Prütting/Wegen/Weinreich, § 651 BGB, Rn. 1; *Voit*, BauR 2009, 369, 370; *Cebulla*, in: Tonner/Willingmann/Tamm, § 651 BGB, Rn. 3 ff.
50) Siehe hierzu: BGH (VIII. ZS), IBR 2013, 593 – *Schwenker* (Verlegung eines **Parkettbodens**); BGH, BauR 2013, 946 = NZBau 2013, 297 = ZfBR 2013, 447 (Lieferung und Einbau einer **Küche**; „Teileliste" und vier „Installationspläne" sprechen für Anwendung des Werkvertragsrechts); OLG Koblenz, NZBau 2012, 780, 781 = IBR 2012, 646 – *Waldmann* (Lieferung und Einbau eines **Specksteinofens**); *Rudolph*, BauR 2012, 557 ff. m.w.Nachw. sowie hierzu: *Leidig*, IBR 2012, 245.

BGH[51] hat jedoch **Abgrenzungskriterien** herausgearbeitet. Danach sind Verträge, die allein die **Lieferung** von herzustellenden beweglichen Bau- oder Anlagenteilen zum Gegenstand haben, nach Maßgabe des § 650 (früher: § 651) BGB nach **Kaufrecht** zu beurteilen.[52] Die Entscheidung des BGH betrifft indes den Fall, dass die Montage durch den **Käufer/Besteller** (der gelieferten Silozellen) zu erfolgen hatte. Übernimmt der **Veräußerer/Auftragnehmer** selbst die **Einbauverpflichtung** und schafft er eine feste Verbindung mit dem Bauwerk, wird auch zukünftig für die Anwendung des Kaufrechts kein Raum sein.[53] Dies muss jedenfalls für die Fälle gelten, in denen die werkvertragliche **Herstellungskomponente** den Vertrag **prägt**.[54] Verträge mit einer Montageverpflichtung, die sich nur als eine werkvertragliche Nebenverpflichtung von **untergeordneter Bedeutung** darstellt, unterliegen damit nicht dem Werk-, sondern dem **Kaufrecht**.[55] Damit kommt vor allem die **kaufmännische** Untersuchungs- und Rügepflicht nach §§ 377, 378, 381 Abs. 2 HGB zum Tragen, die nicht durch Einbeziehung der VOB/B abbedungen werden kann.[56] Handelt es sich um die Einrichtung (größerer) technischer Anlagen, wird bei bestehender Einbauverpflichtung durch den Auftragnehmer eine Absicherung nach § 650e (früher: § 648) BGB zu vertreten sein, sofern die Anlage in das Bauwerk integriert wird und damit dessen Herstellung dient.[57] Umstritten ist, ob sich die Vertragsparteien durch

---

51) BGH (X. ZS), BeckRS 2010, 05468 (s. hierzu auch *Weglage/Sitz*, NZBau 2011, 457, 461) = IBR 2010, 261 – *Schwenker* (Herstellung und Lieferung eines Tiefladesattelauflieger); BGHZ 182, 140 = NJW 2009, 2877 = BauR 2009, 1581 = NZBau 2009, 644 = ZfBR 2009, 778 = IBR 2009, 575 – *Leidig* = BeckRS 2009, 23140 = NJW 2009, 2877 („Silo"-Entscheidung); OLG Rostock, BauR 2010, 1223. Zur Haftung des **Verkäufers** gegenüber dem Käufer von **Bauteilen** für eine Klimaanlage: LG Köln, IBR 2008, 387 – *Frerick*.
52) OLG Düsseldorf, BauR 2013, 259 (Lieferung herzustellender **Anlagenteile**).
53) *Langenecker*, in: Englert/Motzke/Wirth, § 651 BGB, Rn. 16; *Voit*, BauR 2009, 369, 370; BGH, IBR 2013, 593 – *Schwenker*.
54) Ebenso: *Kniffka/Jansen*, § 651, Rn. 7; s. ferner: *Weglage/Sitz*, NZBau 2011, 457, 462, 463 unter Hinweis auf OLG Bremen, BauR 2011, 1378 (LS) = IBR 2011, 405 – *Leidig* (Einbau von Kühlzellen und -räumen, zustimmend: *Rudolph*, BauR 2012, 557, 570); *Kniffka/Koeble*, 6. Teil, Rn. 8.
55) *Leupertz/Halfmeier*, in: Prütting/Wegen/Weinreich, § 651 BGB, Rn. 6; OLG Koblenz, IBR 2009, 210 – *Leidig* (Anfertigung u. Lieferung einer Holztreppe sowie Einsatz eines gestellten „Montagehelfers"); AG Minden, NZBau 2013, 385 (Lieferung/Montage einer Standard-Einbauküche).
56) OLG Brandenburg, BauR 2012, 1416 = NZBau 2012, 434 m.Anm. *Virneburg* (Lieferung hergestellter Betonfertigteile); OLG Rostock, BauR 2010, 1223, 1224 = IBR 2010, 624 – *Leidig*; OLG Naumburg, IBR 2010, 204 – *Leidig* (Rügepflicht **beginnt** mit der Inbetriebnahme der Gesamtanlage); zur Anwendung der §§ 377, 381 Abs. 2 HGB s. *Lakkis*, NZBau 2012, 737 ff.; *Wagner*, ZfBR 2010, 627, 628 f.; *Günther*, NZBau 2010, 465 ff. (Rügepflicht im Rahmen von **Anlagenbauprojekten**).
57) BGH, BauR 2001, 621 (Schutzrohr für Feuerlöschringleitung); BGH, NJW-RR 1998, 89 = BauR 1997, 1018 (Abwasser-Aufbereitungsanlage); BGH, BauR 1987, 205 = NJW 1987, 837 (Ballenpresse); BGH, BauR 1974, 57 = NJW 1974, 136 (Klimaanlage); ferner: BGH, BauR 2002, 1260, 1261; BauR 1999, 670 = ZfBR 1999, 187 (Förderanlage für eine Automobilproduktion); OLG Düsseldorf, NJW-RR 2001, 1531 (Spritzkabinen als Bauwerksarbeiten); s. hierzu auch *Weglage/Sitz*, NZBau 2011, 457, 462.

eine **Individualvereinbarung** in jedem Fall dem Werkvertragsrecht unterwerfen können.[58]

Nicht selten werden für das Bauvorhaben **Verträge** abgeschlossen, die sich aus **verschiedenen rechtlichen Elementen** zusammensetzen. Ein Beispiel:[59] Der Bauunternehmer hatte es übernommen, für ein Wohnhaus **Zwischendecken** als Fertigbauteile zu liefern. Diese hatte er nach dem ihm vorgelegten **Bauplan** und aufgrund einer von ihm anzufertigenden **statischen Berechnung herzustellen;** ferner hatte er für den Einbau der Decken, der nicht von ihm selbst vorgenommen wurde, den Verlegungsplan zu liefern. Hier handelte es sich nach altem Recht einerseits um einen **Werklieferungsvertrag** über nicht vertretbare Sachen (Zwischendecken als Fertigbauteile), andererseits um **rein werkvertragliche Leistungen** (Statik und Verlegungsplan). Nach der Rechtsprechung des BGH kam es insoweit entscheidend darauf an, wie der **Vertrag in seiner Gesamtheit** im Hinblick auf die Bedeutung der einzelnen Leistungen **zu sehen** ist. Da im Beispielsfall die rein werkvertraglichen Leistungen (Statik und Verlegungsplan) dem Bauvertrag das eigentliche **Gepräge** gaben, hat der BGH hier auch die Tätigkeit des Unternehmers als eine **Bauwerksleistung** bewertet. Eine andere Beurteilung ist auch nach dem neuen Recht nicht angezeigt. **198**

In der Beurteilung offen waren schon immer diejenigen Fälle, bei denen das **Einfügen** der beweglichen Gegenstände selbst **einen wesentlichen Beitrag zur Herstellung** (Fertigstellung) **des Bauwerks** darstellt.[60] Hierbei ist vor allem an die Lieferanten von **Einbauküchen** zu denken: Einbauküchen können dem Innenraum eines Gebäudes „eine besondere Eigenart, ein bestimmtes Gepräge" geben.[61] Dies trifft natürlich nur für (teure) „maßgeschneiderte" **Einbauküchen** zu, die wesentlicher Bestandteil des Gebäudes werden.[62] Bei ihnen werden in der Regel die bauspezifischen Handwerksleistungen (Küchenplanung; Herstellen und Einpassen der Küchenmöbel) im Vordergrund stehen und den Gesamtpreis der Küche bestimmen. Sieht man sie deshalb als Arbeiten „bei einem Bauwerk" an[63], wäre eine Absicherung nach § 650e (früher: § 648) BGB naheliegend. **199**

---

58) Vgl. *Palandt/Sprau*, § 651 BGB, Rn. 1 (durchaus bejahend); *Kniffka/Jansen*, § 651 BGB, Rn. 20 (zweifelnd); *Voit*, BauR 2009, 369, 378 u. *Weglage/Sitz*, NZBau 2011, 457, 463 unter Hinweis auf OLG Rostok, BauR 2010, 1223 (verneinend).
59) BGH, NJW 1968, 1087.
60) Vgl. BGH, NJW-RR 2003, 1320, 1321, nach dem „aus der Rechtsprechung des BGH zu entnehmen (ist), dass die geschuldeten Arbeiten sich derart auf ein bestimmtes Bauwerk (Gebäude) beziehen müssen, dass bei wertender Betrachtung die Feststellung gerechtfertigt ist, der Unternehmer habe bei dessen Errichtung (oder grundlegenden Erneuerung) jedenfalls mitgewirkt".
61) BGH (IX. ZS), BauR 1990, 369; BGH (VI. ZS), BauR 1990, 241, 243; BGH, NJW-RR 2003, 1320, 1321; KG, NJW-RR 1996, 1010 = KGR 1996, 1.
62) Vgl. zu dieser Streitfrage vor allem: BGH, BauR 1990, 241, 243; BGH, BauR 1990, 369 = NJW-RR 1990, 586; BGH, NJW 1990, 914; OLG Köln, NJW-RR 1995, 818; KG, BauR 1991, 484; OLG Düsseldorf, OLGR 1992, 54 u. NJW-RR 1994, 1039 (hierzu: *Jaeger*, NJW 1995, 432) sowie OLG Frankfurt, OLGR 1992, 117 (eine Küche aus standardisierten Einzelteilen, die „**millimetergenau eingepasst**" wird, stellt keinen wesentlichen Bestandteil des Grundstücks dar; siehe auch AG Göttingen, NJW-RR 2000, 1722).
63) So BGH (VII. ZS), BauR 1990, 351 = BauR 1990, 182 = NJW-RR 1990, 787 = MDR 1990, 1101; KG, BauR 2006, 1029 = IBR 2006, 391 – *Kimmich*; OLG Braunschweig, OLGR 1996, 133, 134; ebenso *Rudolph*, BauR 2012, 557, 568 m.w.Nachw. in Anm. 88; *Joussen*, in: Ingens-

200 Bauleistungen in diesem Sinne sind auch nach **neuem Recht** ferner der Einbau einer Beschallungsanlage in einem Hotelballsaal,[64] die Errichtung einer Solaranlage zur Warmwasser- und Heizungsunterstützung,[65] die Aufstellung einer Förderanlage für eine Automobilproduktion,[66] der Einbau einer elf Tonnen schweren Müllpresse in eine Müllumschlagstation,[67] das Anfertigen und Einbauen einer Hoftoranlage,[68] das in die Erde eingebrachte Schutzrohr (Länge 80 m, Durchmesser 1 m), durch das eine Feuerlöschringleitung geführt wird,[69] der Einbau einer Klimaanlage,[70] der Einbau einer Alarmanlage durch den Eigentümer eines Hauses,[71] die Anbringung einer Leuchtreklame,[72] der Einbau eines Tiroler Warmluftofens,[73] die Erneuerung des Belages einer Terrasse,[74] die Herstellung eines Maschendrahtzaunes, dessen Metallpfosten in den Erdboden einbetoniert werden,[75] Hofpflasterungen,[76] die Errichtung eines objektbezogenen Löschwasserteichs,[77] die Pflasterung der Terrasse, der Garagenzufahrt und des Weges zwischen Haus und Garage, die Herstellung einer Hofentwässerung und die aufgrund eines **einheitlichen** Vertrages übernommene Anlage des Gartens.[78] Schließlich ist auch der Streit, ob die **Montage** einer **Photovoltaikanlage** dem Kauf- oder Werkvertragsrecht zuzuordnen ist, nach der Entscheidung des VII. Zivilsenats des **BGH** vom 2. Juni 2016[79] als geklärt anzusehen. Danach findet die (lange) Verjährungsfrist des § 634a Abs. 1 Nr. 2 BGB von fünf Jahren auch auf die nachträgliche Errichtung ei-

---

  tau/Korbion, Anhang 1, Rn. 9; *Voit*, in: Bamberger/Roth, § 651 BGB, Rn. 12. Das OLG Frankfurt (IBR 2008, 573 – *Leidig*), das LG Kassel (NJW-RR 1991, 790), OLG Düsseldorf (NJW-RR 2001, 1346), KG Berlin (BauR 2006, 1029 LS) u. OLG Köln (OLGR 2002, 135) gehen von einem **Werkvertrag** i.S. des § 631 BGB aus (ablehnend: *Siegburg*, Rn. 21). Von einem **Werklieferungsvertrag** über **eine nicht vertretbare Sache** (§ 651 Satz 3 BGB/§ 650 Satz 3 BGB) gehen aus: KG, NJW-RR 1996, 1010 = KGR 1996, 1; OLG Braunschweig, OLGR 1996, 133; OLG Hamm, NJW-RR 1992, 889; OLG Köln, Urt. vom 20.9.1994 – 9 U 82/93; s. ferner: *Palandt/Sprau*, § 651 BGB, Rn. 8; *Kniffka/Jansen*, § 651 BGB, Rn. 33 ff.
- [64] OLG Hamburg, NJW-RR 1988, 1106.
- [65] OLG Koblenz, BauR 2014, 1316 (LS).
- [66] BGH, NJW 1999, 2434.
- [67] BGH, NZBau 2002, 387 = NJW-RR 2002, 664; s. ferner: BGH, NZBau 2003, 559 = NJW-RR 2003, 1320 (Einbau einer softwaregestützten Steuerungsanlage in eine Futtermühle).
- [68] OLG Koblenz, NJW-RR 1989, 336.
- [69] BGH, BauR 2001, 621.
- [70] OLG Hamm, OLGR 1995, 148.
- [71] Siehe OLG Hamm, NJW 1976, 1269. Erfolgt der Einbau **nachträglich,** handelt es sich im Zweifel nur um Arbeiten an einem Grundstück; vgl. OLG Düsseldorf, BauR 2000, 732; BGH, *SFH*, Nr. 48 zu § 638 BGB = BauR 1971, 741; OLG Düsseldorf, OLGR 1994, 32 (LS) für den Einbau einer Funkalarmanlage mit Sirenen, Infrarotsendern und Magnetkontakten.
- [72] OLG Hamm, NJW-RR 1995, 213 = OLGR 1994, 217.
- [73] OLG Frankfurt, NJW-RR 1994, 530.
- [74] OLG Hamburg, BauR 1995, 242.
- [75] LG Weiden, NJW-RR 1997, 1108.
- [76] Vgl. BGH, ZfBR 1992, 161 = BauR 1992, 502; BGH, BauR 1993, 217; OLG Köln (11. Senat), BauR 1993, 218.
- [77] OLG Oldenburg, BauR 2000, 731 = NZBau 2000, 337.
- [78] OLG Düsseldorf, BauR 2001, 648. Zur Erneuerung eines Trainingsplatzes als Werkleistung: BGH, BauR 2013, 596 = NZBau 2013, 161 = ZfBR 2013, 243 = IBR 2013, 141 – *Stein*.
- [79] BGH, ZfBR 2016, 673 = BauR 2016, 1478 = NZBau 2016, 558 = IBR 2016, 447 – *Manteufel* = NJW 2016, 2876; siehe hierzu (zustimmend): *Jacoby*, NJW 2016, 2848.

ner Photovoltaikanlage jedenfalls dann Anwendung, wenn sie zur Nutzung fest eingebaut wird und damit einer **Funktionserweiterung** für das Bauwerk dient. Keine „Bauleistung" ist: der Einbau einer Einbauküche aus **serienmäßig** hergestellten Einzelteilen, die im Bauwerk „zusammengesetzt" werden, oder das Anlegen eines Dachgartens, weil insoweit kein erheblicher Eingriff in das Gebäude notwendig ist.[80]

Wie der Unternehmer seine werkvertragliche Leistung erfüllt, ist unerheblich; **201** die **werkvertraglichen Beziehungen** müssen nur **zwischen ihm** und dem **Besteller** (Bauherrn) bestehen. Er kann sie aber durch eigene Arbeitskräfte oder durch Dritte (**Subunternehmer**) erbringen lassen;[81] deshalb hat der **Generalunternehmer** den Anspruch aus § 650e (früher: § 648) BGB. Unter den Schutz des § 650e (früher: § 648) BGB fallen jedoch nicht **Sub- oder Zwischenunternehmer:** Sie stehen in keinem Vertragsverhältnis zum Bauherrn. Ansprüche aus Geschäftsführung ohne Auftrag reichen nicht.[82] Etwaige Ansprüche können sie nur gegenüber ihrem Haupt- oder Generalunternehmer geltend machen.

Nicht entscheidend ist, ob der Unternehmer das ganze Bauwerk errichtet oder **202** nur **einzelne Teilleistungen** erbracht hat.[83] Als Unternehmer i.S. des § 650c (früher: § 648) BGB gelten danach auch der Verputzer, Schreiner, Maler, Fliesenleger, Installateur, Schlosser, Glaser, Landschaftsbauer nach altem Recht[84] usw.[85] Die einzelne Handwerksarbeit braucht nicht notwendig ein in sich abgeschlossener, selbstständiger Teil[86] oder eine äußerlich hervortretende, körperlich abgesetzte Bauleistung zu sein.[87]

Stets muss es sich um ein **Bauwerk** handeln, das errichtet wird oder an dem Teil- **203** leistungen ausgeführt werden. Unter dem Begriff „**Bauwerk**" wird eine unbewegliche, durch Verwendung von Arbeit und Material in Verbindung mit dem Erdboden hergestellte Sache verstanden.[88] Der in § 650e (früher: § 648) BGB enthaltene Bauwerksbegriff ist **identisch** mit demjenigen des § 634a Abs. 1 Nr. 2 BGB[89] bzw. dem der baulichen Anlage i.S. der VOB/B[90] und er ist damit auch weiter als der in §§ 93 ff. BGB verwendete Begriff des „Gebäudes".[91] Die **Aus-**

---

80) Vgl. OLG München, MDR 1990, 629; **a.A.:** OLG Hamm, OLGR 1992, 43.
81) BGH, ZfBR 2013, 657 = IBR 2013, 646 – *Waschk* (Winterdienstvertrag); BGH, MDR 1951, 728; *Groß*, S. 15; *MünchKomm-Busche*, § 648 BGB, Rn. 10; *Joussen*, in: Ingenstau/Korbion, Anhang 1, Rn. 12; *Siegburg*, S. 74, 197 ff.
82) *Groß*, S. 14.
83) BGHZ 19, 319 = NJW 1956, 1195; BGH, NJW 1977, 1146 = BauR 1977, 203.
84) Vgl. OLG Düsseldorf, BauR 2001, 648.
85) BGH, NJW 1970, 419 = BauR 1970, 45 (Verlegung und Versiegelung eines Bodens).
86) RGZ 57, 377, 380.
87) BGH, NJW 1977, 1146 = BauR 1977, 203 = *Schäfer/Finnern*, Z 1.1 Bl. 4 = MDR 1977, 658.
88) BGHZ 57, 60 = NJW 1971, 2219; BGH, BauR 2003, 1391 = NZBau 2003, 559 = NJW-RR 2003, 1320; BGH, NJW 1977, 2361; OLG Köln, OLGR 2000, 288; *Hahn*, BauR 1980, 310 ff. Zum **Bauwerksbegriff** s. auch *Fischer*, BauR 2005, 1073, 1074; *Schwarz*, in: Franke/Kemper/Zanner/Grünhagen, Anhang zu § 17 VOB/B, Rn. 118 ff. m. Nachw.
89) BGHZ 19, 319, 321; KG, NJW 1963, 813, 814; *Motzke*, in: Englert/Motzke/Wirth, § 648 BGB, Rn. 28.
90) Vgl. auch *Staudinger/Peters/Jacoby*, § 648 BGB, Rn. 11; **a.A.:** *Motzke*, S. 95, 96.
91) Siehe BGH, BauR 1999, 670 = ZfBR 1999, 187 = NJW 1999, 2434; BGH, NJW-RR 2003, 1320.

legung des Begriffes „Bauwerk" muss sich auch i.R. des § 650e (früher: § 648) BGB stets am Sprachgebrauch des Lebens sowie am Gesetzeszweck orientieren.[92] Die Werkleistung muss in eine enge Beziehung zu dem Grundstück gelangt sein. Der Begriff „Bauwerk" beschränkt sich damit nicht nur auf Gebäude oder einzelne Teile eines Gebäudes (Neu-, Um- und Anbauten), sondern auf alle Hoch- und Tiefbauten.[93] Bei **Neubauten** fallen sämtliche Einzelgewerke unter den Bauwerksbegriff.[94]

204 Mit Recht weist das OLG Celle[95] darauf hin, dass eine kleinliche Abgrenzung insoweit nicht am Platze ist. Daher hat es auch einen Anspruch auf Einräumung einer Sicherungshypothek für **Baureinigungsarbeiten** bejaht, weil „die Befreiung des Bauvorhabens von Bauschutt und anderen Rückständen der auf die Herstellung des Bauwerks gerichteten Arbeit ebenso wie diese Arbeiten selbst auf die Herstellung des Bauwerks gerichtet sind"; damit dienen sie auch der Errichtung und Schaffung eines mangelfreien Bauwerks, zumal das Beseitigen aller Verunreinigungen (Abfälle, Bauschutt usw.) zu den Nebenleistungen eines jeden Auftragnehmers gehört, der bei der Herstellung des Bauwerks beteiligt ist. Entsprechendes gilt für die **Zerkleinerung** von Betonbruchmaterial eines gewerblichen Auftraggebers[96] oder die **Bauaustrocknung**.[97]

Zweifelhaft ist dagegen, ob auch das Aufstellen von **Baugerüsten**[98] als eine Leistung anzusehen ist, die auf die Herstellung des Bauwerks gerichtet ist und deshalb einen Anspruch aus § 650e (früher: § 648) BGB rechtfertigen kann.[99] Sieht man in dem Aufstellen des Baugerüsts nur eine **vorbereitende Maßnahme,** scheidet ein Anspruch aus.[100] Zudem wird bei einem **„selbstständigen"** Gerüstvertrag[101] das **mietvertragliche Element überwiegen** und dem Vertrag das Gepräge

---

92) OLG Düsseldorf, BauR 2001, 648, 649.
93) BGHZ 32, 206; OLG Hamm, IBR 2008, 23 – *Metzger* (Zirkuszelt/Reithalle) als Bauwerk.
94) *Fischer,* BauR 2005, 1073, 1074; *MünchKomm-Jansen,* B Vor § 2, Rn. 246; *Motzke,* a.a.O., Rn. 23; OLG Oldenburg, NJW-RR 2000, 545 für Löschwasserteich.
95) OLG Celle, BauR 1976, 365; *Hahn,* BauR 1980, 310, 314.
96) OLG Naumburg, BauR 2008, 1142 = IBR 2008, 137 – *Müller-Stoy* (Betonbruchmaterial einer Bundesautobahndecke).
97) Zutreffend: *Siegburg,* S. 114.
98) Zur Qualifikation als „Neben"- oder „Zusatz"leistung beim Detail-Pauschalvertrag: OLG Düsseldorf, BauR 1997, 1051. Zum Ersatz längerer **Vorhaltekosten** bei Vereinbarung der VOB/C (DIN 18451): OLG Düsseldorf, BauR 2008, 2043.
99) Siehe hierzu: *Pauly,* ZMR 2014, 858 ff.; *Locher,* Festschrift für Gelzer, S. 347 ff.; *Lotz,* BauR 2000, 1806 ff.; *Cramer,* in: Messerschmidt/Voit, C S. 36 ff.
100) Zutreffend: OLG Zweibrücken, BauR 1981, 294; KG, *Schäfer/Finnern,* Z 3.01 Bl. 282; *Joussen,* in: Ingenstau/Korbion, Anhang 1, Rn. 9; Beck'scher VOB-Komm/*Funke,* B Vor § 2, Rn. 264; *Keldungs/Brück,* Rn. 880; *Zielemann,* Rn. 664; **a.A.:** OLG Köln, BauR 2000, 1874 = IBR 2001, 62 u. LG Duisburg, BauR 2001, 1265 (Anwendung des Werkvertragsrechts). Siehe ferner: OLG Hamburg, BauR 1994, 123, 124; **für** einen Anspruch: *Locher,* Festschrift für Werner, S. 321, 325; *Siegburg,* S. 126–128; *Jagenburg,* NJW 1995, 91, 103; *Staudinger/Peters/Jacoby,* § 648 BGB Rn. 13; *Merkens,* NZBau 2009, 349, 350; *Lotz,* BauR 2000, 1806, 1808, die ebenfalls die Erfolgsbezogenheit des Gerüstvertrages betonen.
101) Bei diesem schuldet der Gerüstbauer nur das Aufstellen und den Abbau seines Gerüstes. Nichts anderes gilt für eine **Verlängerung** der Vorhaltung eines Gerüstes (OLG Hamm, IBR 2014, 197 – *Schmidt*).

geben.[102] Die Entscheidung des BGH vom 11. April 2013[103] bringt demgegenüber nur zum Ausdruck, dass ein Gerüstbauer die Vorhaltung des Gerüstes so lange schuldet, wie es für die Ausführung der Bauarbeiten notwendig sei, sofern nicht etwas anderes vereinbart ist; die rechtliche Zuordnung der Vereinbarung ist hierbei „unerheblich" (BGH). Nichts anderes gilt für einen Vertrag über die Gestellung von **Behelfsbrücken**[104] oder eines **Autokrans** einschließlich des Kranführers.[105] Wird ein Kran bei gleichzeitiger Gestellung des Bedienungspersonals als Subunternehmer bei den Bauarbeiten tätig, liegt nach dem KG Berlin[106] ein **Werkvertrag** vor.

Transportable Holzhäuser, Baracken, Buden oder mobile Baustellencontainer[107] **205** stellen keine Bauwerke dar, da sie nicht mit dem Erdboden verbunden sind. Etwas anderes gilt für **Fertighäuser**, da diese fast ausnahmslos durch eine enge Verzahnung mit dem errichteten Keller als wesentliche Bestandteile des Grundstücks anzusehen sind.

Bei der Aufstellung von **Fertighäusern** auf einem Grundstück fehlt es oftmals an der werkvertraglichen Verbindung zwischen dem Fertighauslieferanten einerseits sowie dem Besteller und Eigentümer des Grundstücks andererseits. Die Rechtsnatur des Fertighausvertrages richtet sich wesentlich danach, welche vertraglichen Verpflichtungen die Parteien übernehmen. Liefert der Fertighaushersteller nur die einzelnen Bauteile an die Baustelle, **ohne** auch die **Montage** des Hauses selbst vorzunehmen, was allerdings selten der Fall sein wird, liegt ein reiner **Kaufvertrag** i.S. des § 433 BGB vor. Übernimmt er daneben auch die **Errichtungsverpflichtung**, handelt es sich regelmäßig um einen **reinen Werkvertrag**, auf den schon nach altem Recht das AbzG und das VerbrKrG nicht anzuwenden waren.[108] Da der Unternehmer dann auch das abnahmefähige **Gesamtwerk** (Fertighaus) nach Maßgabe des vereinbarten Bauvolumens und unter Verwendung der von ihm vorgefertigten Bauteile schuldet, kann er für den **gesamten Erwerbspreis** die Ein-

---

102) So auch OLG Hamm, NJW-RR 1994, 1297; LG Dessau-Roßlau, IBR 2009, 581 – *Käseberg* = BauR 2009, 1787 (LS); LG Frankenthal, BauR 1975, 739 (LS); s. auch OLG Celle, BauR 2007, 1583; **a.A.:** *Locher*, Festschrift für Gelzer, S. 349; *Lotz*, a.a.O.; siehe auch LG Mannheim, BauR 2008, 380, das auf die **Gerüstbauerhaftung** für Schäden durch sturmbedingtes Umkippen Werkvertragsrecht anwendet.
103) NZBau 2013, 431 = ZfBR 2013, 468 = IBR 2013, 339 – *Schmidt*.
104) OLG Düsseldorf, BauR 2010, 467.
105) OLG Celle, IBR 2013, 183 – *Koeleman*; OLG Naumburg, BauR 2010, 468; OLG Koblenz, IBR 2008, 11 – *Bolz*; s. zur Problematik auch ausführlich: *Engbers*, NZBau 2011, 199 ff.
106) BauR 2010, 470.
107) Vgl. hierzu auch BFH, DB 1986, 2417 sowie BGH, BauR 1992, 369 = NJW 1992, 1445 = ZfBR 1992, 159 = MDR 1992, 486; s. ferner: BGH, BauR 2004, 1152 = ZfBR 2004, 555 (Die Verpflichtung, ein standardisiertes und serienmäßig ausgestattetes **Mobilheim** zu liefern und auf vom **Erwerber** errichtete Fundamente zu stellen, unterliegt **Kaufvertragsrecht**).
108) BGHZ 87, 112 = BauR 1983, 266 = ZfBR 1983, 128; BGH, NZBau 2006, 435 = BauR 2006, 1131 m.Anm. *Wellensiek*; OLG Frankfurt, OLGR 2006, 49, 50; OLG Düsseldorf, BauR 2005, 1636, 1640; BGH, NZBau 2006, 237 = ZfBR 2006, 240 = BauR 2006, 510 (**Ausbauhaus**); BGH, BauR 1983, 261 = ZfBR 1983, 125; OLG Düsseldorf, NJOZ 2005, 2658 = BauRB 2005, 253; ferner: *Graba*, MDR 1974, 975, 977. Zur Lieferung und Montage einer Fertigteilgarage s. OLG Düsseldorf, BauR 1982, 164 (Werkvertrag).

räumung einer Sicherungshypothek beanspruchen.[109] Das LG Fulda[110] gewährt dem Fertighaushersteller die Sicherungshypothek jedoch erst, „wenn die Fertighausteile mit dem Grundstück verbunden werden".

206 Den Arbeiten an einem „Bauwerk" oder eines Teils davon stehen die „**Arbeiten an einem Grundstück**" gegenüber, die zu **keinem Anspruch** auf Einräumung einer Sicherungshypothek führen. Darunter fallen beispielsweise **reine Erdarbeiten** (Ausschachtung, Aufschüttung)[111] oder **reine Dränagearbeiten, die in keinem Zusammenhang mit einer Bauwerkserrichtung** durch einen Unternehmer stehen.[112] Gleiches gilt für die isoliert in Auftrag gegebenen **Abbrucharbeiten**[113] sowie Abbrucharbeiten durch einen Dritten.[114] Nichts anderes kann für isoliert in Auftrag gegebene **Rodungsarbeiten** gelten, die lediglich dazu dienen, ein Grundstück zur Bebauung frei zu machen.[115]

207 Dagegen gehört die **Ausschachtung der Baugrube** zu den Arbeiten an einem „Bauwerk" im Sinne des § 650e (früher: § 648) BGB.[116] Die mangelfreie Leistung des Ausschachtungsunternehmers verkörpert sich nämlich später in dem fertigen Bauwerk, während sich Fehler in der Ausschachtung jedenfalls dann, wenn sie zu spät entdeckt werden, am ganzen Bauwerk auswirken können. Der Ausschachtungsunternehmer hat daher auch einen Anspruch auf Einräumung einer Sicherungshypothek.[117] In gleicher Weise sind **Dränagearbeiten im Rahmen der Errichtung eines Bauwerks** als Arbeiten an einem „Bauwerk" anzusehen.[118] Dasselbe gilt für **Erd- und Entwässerungsarbeiten im Rahmen eines Bauvorhabens**.[119]

208 Die Bauwerksarbeiten müssen nicht an einem Neubau ausgeführt worden sein. Auch Arbeiten im Rahmen einer **Altbaumodernisierung** können zu einem Anspruch aus § 650e (früher: § 648) BGB führen. Die Rechtsprechung war aber bisher nicht immer einheitlich; im **Einzelfall** konnte zweifelhaft sein, inwieweit **Ausbesserungs-, Erneuerungs-** und **Umbauarbeiten** einen Anspruch aus § 650e (früher: § 648) BGB begründen:

---

109) Ebenso: *Groß*, S. 17.
110) NJW-RR 1991, 790, 791 = BauR 1992, 110.
111) Vgl. auch OLG Köln, OLGR 2000, 288 = ZfBR 2000, 554 für Schotterung von Waldwegen.
112) RG JW 1908, 657; BGH, ZfBR 2004, 549; OLG Düsseldorf, *Schäfer/Finnern*, Z 2.321 Bl. 54; **a.A.:** *Siegburg*, S. 116 ff.
113) OLG Bremen, BauR 1995, 862; LG Rostock, IBR 2010, 665 – *Schmidt* (Gerichtsstand); LG Köln, BauR 1997, 672; *Groß*, S. 16; *Motzke*, in: Englert/Motzke/Wirth, § 648 BGB, Rn. 33; *Joussen*, in: Ingenstau/Korbion, Anhang 1, Rn. 7; **a.A.:** *Siegburg*, S. 116–121; weitergehender: *Lenzen*, Festschrift für Jagenburg, S. 491, 502 ff. sowie OLG Naumburg, BauR 2008, 1142 = IBR 2008, 137 – *Müller-Stoy* (Zerkleinerung von Betonbruchmaterial bei konkreter Vereinbarung der Qualität des Endprodukts).
114) BGH, BauR 2004, 1798 = NZBau 2004, 434 = IBR 2004, 562 (Abbrucharbeiten durch Vermieter; Neubau durch Mieter).
115) Vgl. BGH, NZBau 2005, 281, 282 = BauR 2005, 1019, 1020 = ZfBR 2005, 453.
116) BGH, NJW 1984, 168; *Johlen*, NJW 1974, 732; vgl. hierzu auch die Nachweise bei *Siegburg*, BauR 1990, 32, 40.
117) BGH, NJW 1984, 168; BGHZ 68, 208 = NJW 1977, 1146 = BauR 1977, 203; *Motzke*, S. 97, 98.
118) BGH, a.a.O.; *Groß*, S. 18.
119) OLG Düsseldorf, *Schäfer/Finnern*, Z 2.321 Bl. 54.

Das RG[120] hat **für Umbauarbeiten** an vorhandenen Gebäuden einen Anspruch insoweit bejaht, wenn diese aufgrund ihres bestimmungsgemäßen Inhalts und Umfangs für die Konstruktion des Gebäudes oder eines Teils von **wesentlicher Bedeutung** sind. Dies gilt auch, wenn die Umbauarbeiten dem bisherigen Bau einen neuen Bestimmungszweck verleihen (gewerbliche Räume werden zu Wohnräumen umgebaut). Bei Umbauarbeiten größeren Umfangs, bei dem das Bauwerk seinen bisherigen Zwecken weiterhin dienen soll, wird es unter den vorgenannten Gesichtspunkten **stets Tatfrage im Einzelfall sein,** ob man hier von Arbeiten an einem Bauwerk i.S. des § 650e (früher: § 648) BGB sprechen kann.

Der BGH macht die Anwendbarkeit des § 650e (früher: § 648) BGB davon abhängig, dass es sich bei den **Werkleistungen** an dem Bauwerk um **wesentliche Veränderungen** des bestehenden Bauwerks oder seiner Erneuerung einzelner, nicht unerheblicher Bauwerksteile handelt.[121] Dasselbe gilt, wenn die Arbeiten von wesentlicher Bedeutung sind und dem **Bestand, der Benutzbarkeit oder Erhaltung des Gebäudes** dienen.[122] Kleinere **Reparaturen,** die den Wert des Bauwerks nicht erhöhen, fallen danach nicht unter § 650e (früher: § 648) BGB. Entscheidend werden stets der Umfang und die Bedeutung der Reparatur- oder Instandsetzungsarbeiten sein.[123]

209

So wurde die Frage, ob **umfängliche Malerarbeiten** (Innen- und Außenanstrich) „Arbeiten bei einem Bauwerk" sein können, unterschiedlich beantwortet.[124] Der BGH[125] hat sich der herrschenden Auffassung angeschlossen; er wendet die fünfjährige Verjährungsfrist an. Wird auf dem **Außenputz** eines fertigen Hauses eine **Beschichtung** aufgetragen, die Risse im Putz schließen und das Eindringen von Feuchtigkeit verhindern soll, so handelt es sich ebenfalls um eine Bauwerksleistung im Sinne des § 650e (früher: § 648) BGB;[126] dasselbe gilt für die teilweise erneuerte Schieferlage eines Daches,[127] den Einbau von Spannbeton-Fertigdecken[128] oder

---

120) JW 1913, 133 Nr. 10.
121) BGHZ 164, 225 = BauR 2006, 99, 100 = NZBau 2006, 113, 114 = ZfIR 2006, 50 m.Anm. *Thode*; BGH, NZBau 2005, 216 = ZfBR 2005, 263 = BauR 2005, 542, 544; BauR 1994, 101 = ZfBR 1994, 14 = NJW 1993, 3195; BGHZ 19, 319 = NJW 1956, 1195; OLG Düsseldorf, NJW-RR 2001, 1530; OLG Hamm, NJW-RR 1999, 462; *Fischer*, BauR 2005, 1973, 1075; *Joussen*, in: Ingenstau/Korbion, Anhang 1, Rn. 4; *Groß*, S. 20 ff., nennt weitere Beispiele.
122) BGH, BauR 1990, 351 = ZfBR 1990, 182; BGH, NJW 1984, 168; NJW 1970, 419 = BauR 1970, 45; OLG Düsseldorf, BauR 1976, 283; OLG Hamm, BauR 1992, 630 (verneinend für Überholung einer **Markisenanlage;** ebenso: OLG München, BauR 1992, 631 für **Reklameschilder**); LG Düsseldorf, NJW-RR 1999, 383 (verneinend für die Verlegung von Teppichböden); OLG Hamm, NJW-RR 1995, 213 (bejahend für Anbringung einer Leuchtreklame).
123) BGH, BauR 1970, 47 = MDR 1970, 407.
124) **Fünf Jahre:** OLG Nürnberg, BauR 2008, 107 (Fassadenrenovierung/Malerarbeiten); OLG Hamburg, OLG 43, 76; OLG Stuttgart, NJW 1957, 1679; ebenso: LG Bielefeld, MDR 1954, 99 = *Schäfer/Finnern*, Z 2.414 Bl. 1; **ein Jahr:** LG Berlin, BauR 2008, 1640, 1641 = IBR 2008, 385 – *Leitzke* (**Innenanstrich**); OLG Celle, NJW 1954, 1607; OLG Düsseldorf, *Schäfer/Finnern*, Z 2.414 Bl. 3 = JMBl. NW 1953, 224; OLG Naumburg, JW 1933, 2017.
125) BGH, BauR 1994, 101, 102 = ZfBR 1994, 14 = NJW 1993, 3195 (§ 638 Abs. 1 BGB a.F.).
126) BGH, BauR 1970, 47 = MDR 1970, 407.
127) BGH, NJW 1956, 1195.
128) BGH, *Schäfer/Finnern*, Z 2.331 Bl. 56.

einer Steuerungsanlage in einer Fabrikhalle,[129] die Verlegung und Versiegelung von Fußbodenbelag,[130] die Neuverlegung eines Steinholzfußbodens,[131] den Einbau einer Klimaanlage[132] sowie einer Alarmanlage.[133] Der reine Umbau einer vorhandenen Beleuchtungsanlage,[134] der Umbau bzw. die Fertigstellung einer bereits teilweise vorhandenen Elektroanlage[135] und ein im Rahmen gärtnerischer Arbeiten zur Umgestaltung eines Hausgartens für dessen Bewässerung angelegter (einfacher) Gartenbrunnen[136] stellen dagegen **keine** Bauwerke dar.

Weitere Beispiele zur Abgrenzung finden sich unter Rdn. 198–200.

210 Festzuhalten ist somit, dass der Anspruch auf eine Sicherungshypothek nicht auf Neubauten beschränkt ist, sondern vor allem bei **Umbau-, Erweiterungs-** und **Instandsetzungsarbeiten** in Betracht kommen kann. Für Umbau- und Erneuerungsarbeiten ist das am wenigsten problematisch;[137] fraglich kann aber im Einzelfall sein, ob **Instandsetzungs-**(„Ausbesserungs"-)Arbeiten bei **Altbauten** einen Anspruch aus § 650e (früher: § 648) BGB zu begründen vermögen. Hier gab es schon nach dem alten Recht noch wenig gesicherte Abgrenzungsmerkmale. Allein auf Umfang und Wert der Arbeiten abzustellen kann zu Ungerechtigkeiten führen. Jeder Bauhandwerker wird seine Leistungen, insbesondere wenn sie einen höheren Material- und Arbeitswert darstellen, als für das Bauwerk „bedeutend" ansehen; es wird deshalb für ihn wenig einsichtig sein, dass er seine Arbeiten mittels einer Sicherungshypothek absichern kann, wenn es sich um einen Neubau handelt, dagegen nicht, wenn es sich nur um „unbedeutende" Instandsetzungsarbeiten bei einem Altbau handeln soll. Maßgebend wird deshalb auch für das neue Recht im Einzelfall sein, ob die entsprechenden Leistungen bei einer Neuerrichtung zu den Arbeiten bei Bauwerken zählen würden und ob sie nach Art, Umfang und Bedeutung solchen Neubauarbeiten vergleichbar sind.[138] Ist das zu bejahen, besteht auch bei reinen Instandsetzungsarbeiten ein Anspruch aus § 650e (früher: § 648) BGB.

bb) Der Architekt

Literatur

Barnikel, Architektenhonorar und Bauhandwerkersicherungshypothek, DRiZ 1965, 191; *Schmalzl*, Bauwerkshypothek für den Architekten, MDR 1968, 14; *Locher*, Rechtsfragen des Innenarchitektenvertrages, BauR 1971, 69; *Tempel*, Bauhandwerker-Sicherungshypothek für den

---

129) OLG Köln, OLGR 1998, 127.
130) BGH, BauR 1970, 45.
131) BGH, *Schäfer/Finnern*, Z 2.42 Bl. 1.
132) BGH, BauR 1974, 57.
133) Vgl. hierzu BGH, BauR 1991, 741 = NJW-RR 1991, 1367 = OLG Hamm, MDR 1976, 578; **a.A.**: OLG Frankfurt, NJW 1988, 2546 für Alarmanlage eines Wohnhauses.
134) BGH, BauR 1971, 128.
135) OLG Düsseldorf, BauR 1976, 283; anders: BGH, NJW 1978, 1522 = BB 1978, 683 für die Erneuerung der Elektroinstallation „in wesentlichen Teilen".
136) OLG Düsseldorf, NJW-RR 1999, 1182 = BauR 2000, 734.
137) Vgl. BGH, NJW 1993, 3195 = BauR 1994, 101.
138) BGH, NJW 1984, 168 u. BauR 1978, 303 = BB 1978, 683; OLG Düsseldorf, OLGR 1993, 17 (für Malerarbeiten); LG Berlin, BauR 2008, 1640 (Malerarbeiten im Innenbereich); OLG Köln, NJW-RR 1995, 337 (Reparaturarbeiten an der Wärmepumpe); s. ferner *Fuchs*, BauR 2007, 264 ff.; *Hahn*, BauR 1980, 310, 313; ablehnend: *Siegburg*, S. 115.

Architekten, JuS 1973, 414; *Maser*, Bauwerksicherungshypothek des Architekten, BauR 1975, 91; *Barnikel*, Sicherungshypothek für den Architekten bei Nichterrichtung des Bauwerks, DB 1977, 1084; *Durchlaub*, Bauwerksicherungshypothek für Architektenleistungen, BB 1982, 1392; *Rath*, Sicherungsmöglichkeiten für das Architektenhonorar, Festschrift für Jagenburg (2002), 763; *Jochem*, Architektenhaftung für Planungs- und Überwachungsfehler beim Bauen im Bestand, BauR 2007, 281; *Krause-Allenstein*, Zum Anspruch des nur planenden Architekten aus § 648 BGB, BauR 2010, 857; *Werner/Siegburg*, Die neue HOAI 2013 – Unter besonderer Berücksichtigung der Gebäudeplanung, BauR 2013, 1499; *Weber*, HOAI 2013 – ein Überblick, BauR 2013, 1747; *Joussen*, Der Architekt im Anwendungsbereich der gesetzlichen Bauhandwerkersicherung, Festschrift für Jochem, 2014, 235.

211 Um dem Architekten eine Sicherungshypothek für seine Honorarforderungen gegen den Bauherrn zusprechen zu können, müssen zwei Voraussetzungen gegeben sein: Einmal muss es sich bei dem Architektenvertrag um einen **Werkvertrag** handeln (vgl. Rdn. 672 ff.), zum anderen muss der Architekt als „**Unternehmer eines Bauwerks**" i.S. des § 650e (früher: § 648) BGB angesehen werden.[139] Bei **dienstvertraglichen** Leistungen[140] steht dem Architekten ein Sicherungsanspruch aus § 650e (früher: § 648) BGB nicht zu. Da der Architektenvertrag heute ausnahmslos nur noch nach **werkvertraglichen** Vorschriften beurteilt wird, bejahen Rechtsprechung und Schrifttum fast einmütig die Sicherheit des Honoraranspruchs des Architekten.[141] Die nachstehend aufgeführten Grundsätze, insbesondere zur **Höhe** (Rdn. 222 ff.), zum **Sicherungsgegenstand** (Rdn. 243 ff.) und zum **Verfahren** (Rdn. 261 ff.) gelten daher auch für den Architekten, der die Voraussetzungen erfüllt.

212 Im Einzelnen gilt:

* **planender Architekt**

Dem nur **planenden** Architekten wird nach herrschender Ansicht das Recht auf eine Sicherungshypothek eingeräumt, weil bereits die in dem Entwurf enthaltene geistige Arbeit für sich allein ein nicht wegzudenkender Teil der Gesamtleistung ist und sich unmittelbar auf die Herstellung des Bauwerks bezieht.[142] Der auf die **Planung** beschränkte Architektenvertrag ist **Werkvertrag**.[143] Allerdings wird bisher nach richtiger Ansicht eine **Einschränkung** gemacht: Wird das (geplante) Bauwerk **nicht,** auch nicht teilweise, **errichtet,** so hat der Architekt auch dann keinen Anspruch auf Einräumung einer Sicherungshypothek, wenn seine Planung zur Erteilung einer Baugenehmigung führte, der Auftraggeber dann aber von der Bauausführung Abstand nimmt.[144] Hat der (planende) Architekt

---

139) Zu den Leistungsphasen nach HOAI **2013** siehe *Werner/Siegburg*, BauR 2013, 1499, 1519 f.; *Werner*, Festschrift für Jochem, 2014, 147, 151 f.
140) Vgl. z.B.: OLG Hamm, BauR 1999, 1323 (Hinzuziehung eines Architekten bei Hausbesichtigung durch Kaufinteressenten).
141) *Locher/Koeble/Frik*, Einleitung, Rn. 269 ff.
142) OLG Koblenz, NZBau 2006, 188 = IBR, 2005, 264 – *Schill*; OLG Düsseldorf, NJW-RR 2000, 166; OLG Hamm, NJW 1962, 1399; OLG Düsseldorf, NJW 1963, 1459; LG Traunstein, NJW 1971, 1460; **a.A.:** *Tempel*, JuS 1973, 414 u. LG Hamburg, MDR 1963, 411.
143) BGHZ 31, 224 = NJW 1960, 431; BGHZ 37, 341 = NJW 1962, 1764; NJW 1964, 1022; *Koeble*, in: *Locher/Koeble/Frik*, Einl., Rn. 41; *Joussen*, Festschrift für Jochem, S. 239.
144) OLG Hamburg, NZBau 2010, 182 = BauR 2009, 1452 = IBR 2009, 654 – *Krause-Allenstein*; OLG Hamm, BauR 2000, 900 = ZfBR 2000, 338 = OLGR 2000, 198; OLG Düsseldorf, NJWRR 2000, 166 = BauR 1999, 1482; OLG Dresden, NJW-RR 1996, 920 = OLGR 1996,

vor diesem Entschluss des Bauherrn bereits eine **Vormerkung** im Grundbuch erlangt, so ist er zu deren **Löschung** verpflichtet.[145] Zur Frage, was als Beginn der Errichtung des Bauwerks anzusehen ist, siehe Rdn. 237 ff.

* **Planung mit Objektüberwachung**
Es liegt **Werkvertrag** vor, sodass dem Architekten bei einer Bauwerkserrichtung der Sicherungsanspruch aus § 650e (früher: § 648) BGB erwachsen kann.

* **Objektüberwachung**
Es ist von einer werkvertraglichen Bindung des Architekten auszugehen, sodass ein Sicherungsanspruch aus § 650e (früher: § 648) BGB in Betracht kommt.[146]

* **Vollarchitektur**
Der Architekt, der sämtliche Leistungen von der Planung bis zur örtlichen Bauaufsicht übernommen hat, wird von Rechtsprechung[147] und Literatur[148] ausnahmslos als Bauwerkunternehmer i.S. des § 650e (früher: § 648) BGB angesehen, sodass ihm auch der Anspruch auf Einräumung einer Sicherungshypothek zugestanden werden wird.

213 * **kein Anspruch bei Dienstvertrag**
Dem Architekten erwächst kein Anspruch aus § 650e (früher: § 648) BGB, wenn er lediglich **Dienstleistungen** erbringt. Von solchen dienstvertraglichen Tätigkeiten kann heute nur noch in **Ausnahmefällen** gesprochen werden, so, wenn der Architekt z.B. ein **bloßes Tätigwerden** schuldet:[149] Übernimmt ein Architekt z.B. **nur** die Finanzberatung und/oder Hypothekenbeschaffung, ohne dass dies mit einer Architektentätigkeit im (notwendigen) Zusammenhang steht, scheidet eine Sicherungshypothek nach § 650e (früher: § 648) BGB aus.[150]

* Für die **isoliert übernommene Objektbetreuung** und **Dokumentation** wird man demgegenüber ebenso wie bei der Fertigung von Ausführungszeichnungen **Werkvertragsrecht** anzuwenden haben, sodass ein Anspruch aus § 650e (früher: § 648) BGB in Betracht kommen kann.

245; OLG Celle, NJW-RR 1996, 854 = OLGR 1996, 42; KG, BauR 1996, 892; OLG Frankfurt, OLGR 1995, 97; OLG Düsseldorf, BauR 1972, 254 = NJW 1972, 1863; LG Fulda, NJW-RR 1991, 790 = BauR 1992, 110; LG Bielefeld, MDR 1971, 393; LG Nürnberg-Fürth, NJW 1972, 453; LG Frankfurt, MDR 1974, 578; *Schmalzl*, MDR 1968, 14; *Jagenburg*, NJW 1972, 1299; *Locher*, in: Locher/Koeble/Frik, Einleitung, Rn. 269; *Joussen*, a.a.O., S. 240 m.w.Nachw. in Anm. 18; *Erman/Schwenker*, § 648 BGB, Rn. 10; *Motzke*, in: Englert/Motzke/Wirth, § 648 BGB, Rn. 42; **a.A.:** OLG Düsseldorf, BauR 2007, 1601 für Anspruch aus § 649 S. 2 BGB; LG Traunstein, NJW 1971, 1460, das auch in diesem Fall eine Sicherungshypothek gewähren will; *Krause-Allenstein*, BauR 2010, 857 ff., der eine „Wertsteigerung" bereits in dem Erlangen eines Bauvorbescheids oder einer Baugenehmigung sieht.

145) Siehe OLG Celle, NJW-RR 1996, 854 für eine entsprechende Löschungsklage des Konkursverwalters.
146) BGH, ZfBR 1982, 15 = BauR 1982, 79 = MDR 1982, 313; OLG Naumburg, OLGR 2006, 937 (LS).
147) BGHZ 51, 190 = NJW 1969, 419 = MDR 1969, 212 = WM 1969, 122; LG Köln, BauR 1995, 421, 422; s. auch Rdn. 652.
148) Für viele: *Schmalzl*, MDR 1968, 14; *Preussner*, in: Motzke/Preussner/Kehrberg/Kesselring, J Rn. 9 ff.
149) OLG Hamm, BauR 1995, 579, 580.
150) OLG München, NJW 1973, 289.

Innenarchitektur 214

Innenarchitekten sind an der gestaltenden, technischen und wirtschaftlichen Planung von Innenräumen beteiligt. Die Aufgabe des Innenarchitekten muss sich jedoch nicht auf die **Planung von Innenräumen** beschränken, vielmehr kann er vertraglich auch die **örtliche Bauaufsicht/Objektüberwachung** sowie die **Anschaffung** von **Einrichtungsgegenständen** im Namen des Bauherrn oder im eigenen Namen übernehmen.[151] Deshalb richtet sich der Anspruch des Innenarchitekten auf Einräumung einer Sicherungshypothek wesentlich nach dem **übernommenen** Leistungsbild.[152] Beschränkt sich die Tätigkeit auf die Planung der Innenräume, ohne dass sie in die Bausubstanz eingreift, entfällt ein Anspruch aus § 650e (früher: § 648) BGB. In gleicher Weise scheidet eine Sicherungshypothek aus, wenn der Innenarchitekt lediglich mit der Herstellung von Einrichtungsgegenständen betraut wird.[153] Werden dem Innenarchitekten dagegen Aufgaben übertragen, die einen Eingriff in den Bestand oder die Baukonstruktion erfordern, hat er einen Anspruch auf eine Sicherungshypothek für die von ihm erbrachten Leistungen.[154]

Freianlagen 215

Werden dem Architekten die Grundleistungen **für Gebäude und Freianlagen**[155] übertragen, steht ihm für die Gesamtvergütung auch eine entsprechende Sicherung nach § 650e (früher: § 648) BGB zu.[156] Beschränkt sich die Tätigkeit des Architekten dagegen lediglich auf die Herstellung oder Änderung von Freianlagen, so wird ihm eine Sicherungshypothek nicht zustehen können; es fehlt der unmittelbare Bezug zur „Bauwerkserrichtung".[157]

Baucontroller

Ein **Baucontroller** hat ein Sicherungsrecht aus § 650e (früher: § 648) BGB, wenn ihm im Einzelfall die **Bauleitung/Objektüberwachung** übertragen worden ist.[158]

Projektsteuerung

Ob der Projektsteuerungsvertrag dem Dienst- oder Werkvertragsrecht zuzuordnen ist, ergibt die **Auslegung** der vertraglichen Vereinbarung (vgl. Rdn. 1429).[159]

---

151) Vgl. *Siegburg*, S. 149 m. Nachw.; *Löffelmann/Fleischmann*, Rn. 1180 ff.
152) Für eine differenzierte Betrachtung tritt vor allem *Siegburg*, S. 149 ff., ein.
153) *Siegburg*, S. 150; zustimmend: *Joussen*, in: Ingenstau/Korbion, Anhang 1, Rn. 24 u. Festschrift für Jochem, S. 242; *Locher/Koeble/Frik*, Einl., Rn. 276.
154) Vgl. *Locher*, BauR 1971, 69 ff.; *Siegburg*, S. 152, dort auch für den Fall des § 25 II HOAI a.F.
155) § 39 Abs. 1 HOAI 2013 definiert „**Freianlagen**" als „planerisch gestaltete Freiflächen und Freiräume sowie entsprechend gestaltete Anlagen in Verbindung mit Bauwerken oder in Bauwerken und landschaftspflegerische Freianlagenplanungen in Verbindung mit Objekten".
156) Zutreffend: *Siegburg*, S. 153, 154.
157) Zustimmend: *Joussen*, in: Ingenstau/Korbion, Anhang 1, Rn. 18 u. Festschrift für Jochem, S. 239; **a.A.:** *Siegburg*, S. 154.
158) *Siegburg*, S. 160; siehe ferner *Böggering*, BauR 1983, 402, 411; *Eschenbruch*, Projektmanagment und Projektsteuerung, Rn. 1475 ff.; *Heinrich*, Der Baucontrollingvertrag, 2. Aufl. 1998, S. 152 ff.
159) Zur **Rechtsnatur** des Vertrags siehe: BGH, BauR 2007, 724 = NJW-RR 2007, 596; BauR 1999, 1317 = ZfBR 1999, 336 = NJW 1999, 3118; BGH, NJW 2002, 3329; BGH, BauR 1995,

Da Projektsteuerungsverträge inhaltlich durchaus unterschiedlich gestaltet sind, ist im **Einzelfall** festzustellen, welche Leistungen von dem Projektsteuerer übernommen werden. Zu beachten ist, dass vielfach die Projektsteuerungsleistungen isoliert, aber auch in Verbindung mit (reinen) Architektenleistungen vereinbart werden können; nur soweit die übernommenen Vertragsleistungen **erfolgsbezogen** und damit dem **Werkvertragsrecht** zuzuordnen sind, kommt eine Bauhandwerkersicherungshypothek nach § 650e (früher: § 648) BGB in Betracht, dann aber auch nur für diesen Bereich.[160] Bei der rechtlichen Einordnung eines Projektsteuerungsvertrages kommt es deshalb im Einzelfall wesentlich darauf an, wo der **Schwerpunkt** der vom Projektsteuerer übernommenen Tätigkeitsfelder liegt.[161]

cc) Der Sonderfachmann

216 Der Sonderfachmann, der am Bauvorhaben beteiligt ist, kann die Einräumung einer Sicherungshypothek für sein Honorar ebenfalls nur verlangen, wenn ein werkvertragliches Verhältnis zum Bauherrn vorliegt und er aufgrund seiner Leistung als Bauwerkunternehmer i.S. des § 650e (früher: § 648) BGB anzusehen ist.

Der Vertrag des Bauherrn mit dem **Tragwerksplaner** (Statiker) ist Werkvertrag.[162] Ist der Statiker jedoch nicht vom Bauherrn oder vom Architekten im Namen des Bauherrn beauftragt worden, liegt überhaupt keine werkvertragliche Beziehung zwischen Bauherr und Statiker vor, sodass auch ein Anspruch aus § 650e (früher: § 648) BGB ausscheidet. Übernimmt der Architekt auch die Statik oder gibt er diese Leistungen im eigenen Namen an einen Statiker weiter, kann aber der Architekt für die Übernahme der Statik selbst eine Sicherungshypothek verlangen.

217 Das OLG München[163] hat den Anspruch auf eine dingliche Sicherung mit der Begründung verneint, dass die statische Berechnung sich nicht unmittelbar auf die Herstellung des Bauwerks beziehe, sodass der Statiker nicht als Unternehmer eines Bauwerks oder eines Teils davon anzusehen sei. Dieser Auffassung kann nicht gefolgt werden. Zwischen dem Werk des Statikers und des Architekten besteht kein grundlegender Unterschied. Dies hat auch der BGH zum Ausdruck gebracht, soweit es die Anwendung der §§ 635, 638 BGB a.F. anging.[164] Dasselbe hat auch für § 650e (früher: § 648) BGB zu gelten. Wie die Leistung des Architekten, so reali-

---

572 = NJW-RR 1995, 855; OLG Naumburg, BauR 2009, 1171, 1172; OLG Düsseldorf, BauR 2009,1483 (LS); OLG Düsseldorf, BauR 1999, 508; OLG Düsseldorf, MDR 2000, 28 = NJW 1999, 3129; OLG Nürnberg, MDR 2001, 152; ferner: *Eschenbruch*, NZBau 2000, 409 u. Projektmanagement und Projektsteuerung, Rn. 892 ff.; *Stemmer/Wierer*, BauR 1997, 935; *Stapelfeld*, BauR 1994, 693, 696; *Locher/Koeble/Frik*, Einl., Rn. 420 ff.

160) Siehe aber *Eschenbruch*, Projektmangement und Projektsteuerung, Rn. 1476 a.E.; *Motzke*, in: Englert/Motzke/Wirth, § 648 BGB, Rn. 43. Eine Sicherungsmöglichkeit scheidet aus, wenn die konkret bezogene Werkleistung des Projektsteuerers nicht realisiert wird (*Eschenbruch*, a.a.O.).
161) OLG Naumburg, BauR 2009, 1171, 1172 m.w.Nachw.
162) BGH, NJW 1967, 2259; BGH, NJW 1974, 95; OLG Frankfurt, OLGZ 1979, 437.
163) OLGZ 1965, 143.
164) BGH, NJW 1967, 2259.

siert sich auch die Tätigkeit des Statikers im Bauwerk, wenn nach seiner Statik der Bau errichtet wird. Der Sicherungsanspruch des Statikers gemäß § 650e (früher: § 648) BGB ist demnach grundsätzlich zu bejahen.[165]

Dasselbe gilt auch für die werkvertragliche Leistung **anderer Sonderfachleute** **218** nach HOAI (z.B. Schallschutz, Heizung, Lüftung, Klima, Elektrotechnik, Bodenmechanik usw.), soweit es um die Errichtung eines Bauwerks geht. Auch sie sind als Bauwerkunternehmer i.S. des § 650e (früher: § 648) BGB anzusehen. Auch dem **Vermessungsingenieur** steht insbesondere eine Sicherungshypothek zu, wenn er damit betraut ist, auf einem Baugrundstück den Standort des darauf zu errichtenden Hauses einzumessen und abzustecken. Seine Tätigkeit steht in einem engen und unmittelbaren Zusammenhang mit dem zu erstellenden Bauwerk.[166]

Der BGH hat entschieden, dass der **Grundstücksvermesser** – wie der Architekt und der Statiker – eine geistige Teilleistung zur Errichtung eines Bauwerks erbringt, wenn er ein Grundstück zum Zwecke der Bebauung vermisst; seine Tätigkeit stellt in diesem Fall keine Arbeit an einem Grundstück, sondern an einem Bauwerk dar.[167] Dann aber muss auch der Vermessungsingenieur als Bauwerkunternehmer i.S. § 650e (früher: § 648) BGB angesehen werden, sodass er Anspruch auf eine dingliche Sicherung hat. Etwas anderes gilt jedoch, wenn ein Vermessungsingenieur ohne unmittelbaren zeitlichen und sachlichen Zusammenhang mit der Errichtung eines konkreten Bauwerks Vermessungsarbeiten vornimmt.

dd) Baubetreuer und Bauträger

Bei der **Baubetreuung im engeren Sinne ("Baubetreuung")**[168] baut der Be- **219** treuer auf einem dem Betreuten gehörenden Grundstück, und er schließt die Bauverträge im Namen des Betreuten ab; nach richtiger Ansicht hat ein solcher Vertrag **werkvertragliche** Elemente (vgl. Rdn. 1952), sodass die erste Voraussetzung des § 650e (früher: § 648) BGB – werkvertragliche Verbindung zwischen Bauherr und Unternehmer – gegeben ist. Für den **technischen** Betreuungsbereich wird man daher auch den Betreuer als Bauwerkunternehmer ansehen und ihm einen Anspruch auf Einräumung einer Sicherungshypothek zubilligen müssen, da seine Tätigkeit insoweit der des Architekten entspricht.[169]

---

165) **Herrschende Meinung;** OLG Frankfurt, OLGZ 1979, 437; *Bohl/Döbereiner/v. Keyserlingk,* Rn. 19; *Palandt/Sprau,* § 648 BGB, Rn. 2; *Joussen,* in: Ingenstau/Korbion, Anhang 1, Rn. 26.
166) BGHZ 58, 225, 230 = NJW 1972, 901; *Joussen,* in: Ingenstau/Korbion, Anhang 1, Rn. 26 u. Festschrift für Jochem, S. 242/243 m.w.Nachw.
167) BGH, BauR 1972, 255 = NJW 1972, 901; *Groß,* S. 30; kritisch: *Motzke,* S. 184 ff.; vgl. auch BGH, BauR 1979, 76 = DB 1979, 983 (Geologe).
168) Zur Abgrenzung zwischen Baubetreuer und Bauträger siehe BGH, NJW 1981, 757 = *SFH,* Nr. 2 zu § 34c GewO; *Doerry,* ZfBR 1980, 166 ff.; *Reithmann/Meichssner/von Heymann,* D, Rn. 14 ff.
169) Ebenso: OLG Frankfurt, BauR 1988, 343, 344; *Wittchen,* S. 48, 143; Beck'scher VOB-Komm/*Jansen,* B Vor § 2, Rn. 272; *Joussen,* in: Ingenstau/Korbion, Anhang 1, Rn. 16; *Hoffmann/Koppmann,* S. 189 (8.3.3); *Palandt/Sprau,* § 648 BGB, Rn. 2; *Locher/Koeble,* Rn. 452; *Groß,* S. 33; *Siegburg,* S. 224 u. BauR 1990, 32, 36; weitergehender: *MünchKomm-Busche,* § 648 BGB, Rn. 15; a.A.: *Pause,* Rn. 1310.

220 Dagegen wird man eine Sicherungshypothek für den **wirtschaftlichen** Betreuungsbereich („finanzwirtschaftliche Baubetreuung", z.B. Finanzierungsberatung, Kreditvermittlung, Wirtschaftlichkeitsberechnung, Beratung im Falle einer Weiterveräußerung usw.) ablehnen müssen, weil schon aufgrund der Rechtsnatur der Verträge[170] keine unmittelbare Beziehung zum Bauwerk besteht und die Leistung des Baubetreuers somit auch nicht wertsteigernd im Bauwerk wirksam wird.[171] Andernfalls würde sich der Baubetreuer bei einer wirtschaftlichen Betreuung besserstehen als der Architekt; hierfür besteht kein Anlass.[172]

> Hiergegen wird man nicht einwenden können, dass bei einer Vollbetreuung die wirtschaftliche nicht von der technischen Betreuung getrennt werden kann.[173] Funktion und Wortlaut des § 648 BGB setzen klare Grenzen für die Einräumung einer Hypothek: Die Tätigkeit des Unternehmers muss unmittelbaren Bezug zur Errichtung des Bauwerks haben. Dies ist aber bei der wirtschaftlichen Betreuung nicht der Fall. Ähnlich wie bei dem Architekten die Betreuungsleistungen von den übrigen Leistungen getrennt werden, muss es beim Baubetreuer zulässig sein, seine Aufgabengebiete zu trennen. Dies ist im Hinblick auf eine weitere, nicht vertretbare Ausuferung des § 648 BGB geboten.

221 Bei der **Baubetreuung im weiteren Sinne (Bauträgerschaft)** scheidet ein Anspruch auf eine Sicherungshypothek für den Bauträger aus, solange er selbst noch Eigentümer des Grundstücks ist; im Übrigen steht aber einem Anspruch grundsätzlich nichts entgegen.[174] Eine Sicherung kann aber nur für Leistungen erfolgen, die der eigentlichen Bauwerkserrichtung dienen und auch bereits zu einer entsprechenden Realisierung des Bauvorhabens beigetragen haben; dies gilt vor allem auch für **Planungsleistungen** eines Bauträgers.[175] Nicht sicherungsfähig ist z.B. eine Gebühr des Bauträgers für eine Finanzierungs- oder Hypothekenbeschaffung.

b) Die Forderung aus Bauvertrag

Literatur

Groß, Bauhandwerker-Sicherungshypothek und Mehrwertsteuer, BauR 1971, 177; *Lüdtke-Handjery*, Die Sicherung von Geldforderungen des Bauunternehmers, DB 1972, 2193; *Rixecker*, Die Sicherung der Kosten der Bauhandwerkersicherung, BlGBW 1984, 107; *Kleefisch/Herchen*, Berücksichtigung des Sicherungseinbehalts nach § 17 Nr. 6 VOB/B bei §§ 648a, 648 BGB oder doppelte Absicherung des Unternehmers?, NZBau 2006, 201; *v. Hayn-Habermann*, Sicherungshypothek für Vergleichsforderungen?, NJW-Sprezial 2010, 364.

---

170) Der BGH, BauR 2005, 1772, 1773 = NZBau 2005, 509, 510, spricht von einem **Dienstvertrag**, der eine **Geschäftsbesorgung** zum Gegenstand habe (§ 675 Abs. 1 i.V. mit § 611 BGB); s. ferner: OLG Saarbrücken, BauR 2005, 890, 892 sowie unten Rdn. **1952**.
171) Vgl. OLG München, NJW 1973, 289.
172) Wie hier: *Groß*, S. 33; *MünchKomm-Busche*, § 648 BGB, Rn. 15; OLG Frankfurt, BauR 1988, 343, 344; **a.A.:** *Locher/Koeble*, Rn. 454; *Motzke*, S. 187; Beck'scher VOB-Komm/*Funke*, B Vor § 2, Rn. 273.
173) So aber *Locher/Koeble*, Rn. 454; Beck'scher VOB-Komm/*Funke*, B Vor § 2, Rn. 273.
174) Vgl. OLG Hamm, BauR 2000, 900 = ZfBR 2000, 338 = OLGR 2000, 198; OLG Naumburg, BauR 1998, 1105; *Groß*, S. 34; *Koeble*, NJW 1974, 724; Beck'scher VOB-Komm/*Funke*, B Vor § 2, Rn. 274; *Locher/Koeble*, Rn. 455; *Joussen*, in: Ingenstau/Korbion, Anhang 1, Rn. 15.
175) OLG Hamm, BauR 2000, 900; OLG Naumburg, BauR 1998, 1105.

aa) Die werkvertragliche Forderung

222 Von § 650e (früher: § 648) BGB werden **alle wertvertraglichen** Forderungen umfasst.[176)] Hierzu gehören zunächst der Vergütungsanspruch des Bauunternehmers sowie die Honoraransprüche der Architekten und Ingenieure. Die Honoraransprüche müssen jedoch bereits – zumindest teilweise – entstanden sein.[177)] Das Werk braucht noch nicht vollendet, mit der eigentlichen Werkleistung muss aber schon **begonnen** sein (vgl. Rdn. 237 ff.). Vor Inangriffnahme besteht also kein Anspruch.[178)] Künftige Ansprüche[179)] oder eventuelle **Durchgriffsansprüche** aus unerlaubter Handlung oder Verschulden bei Vertragsschluss (§ 311 BGB)[180)] werden dagegen nicht gesichert; ebenso wenig reicht ein bloßer **Schuldbeitritt** des Bauherrn/Grundstückseigentümers gegenüber dem Subunternehmer aus.[181)] Ein Pfändungs- und Überweisungsbeschluss hindert den Werkunternehmer ebenfalls, in dieser Höhe eine Sicherungshypothek zu verlangen.[182)] Auch **vorbereitende** Arbeiten (z.B. das Heranschaffen von Bausand und Steinen, die Herstellung von Türen vor dem Einbau usw.) können noch nicht zu einer dinglichen Sicherung führen.[183)]

223 Stets muss es sich um Arbeiten handeln, die die Herstellung des Bauwerks oder eines Teils davon unmittelbar zum Gegenstand haben; die Werkleistung muss also schon in irgendeiner Weise auf dem Grundstück in Erscheinung getreten sein und zu einer **Werterhöhung** geführt haben.[184)] Macht der Bauwerkunternehmer von seinem ihm zustehenden **Zurückbehaltungsrecht** bezüglich bestimmter Arbeiten wegen Zahlungsverzuges des Bauherrn Gebrauch, so hat er für die diesen Arbeiten entsprechende Vergütung keinen Sicherungsanspruch.[185)]

224 Ist die Werkleistung noch **nicht vollendet**, so kann der Berechtigte nur für einen der geleisteten Arbeit entsprechenden **Teil der Vergütung** die dingliche Sicherung verlangen, § 650e (früher: § 648) Abs. 1 Satz 2 BGB. Die Höhe der vom Unternehmer für seinen Werklohn zu beanspruchenden Sicherungshypothek richtet sich daher nach dem **jeweiligen Baufortschritt**.[186)] Auch der **Architekt** kann nach dieser

---

176) Nach OLG Dresden (IBR 2010, 334 = BeckRS 2010, 13102) sind auch Werklohnansprüche, die aus einem **Prozessvergleich** stammen, absicherbar.
177) KG, BauR 1971, 265; LG Köln, *Schäfer/Finnern*, Z 2.321 Bl. 26; *Joussen*, in: Ingenstau/Korbion, Anhang 1, Rn. 49; *Vygen/Joussen*, Rn. 3134.
178) BGH, NJW 1977, 947 = BauR 1977, 208 = WM 1977, 481; KG, MDR 1978, 755; LG Fulda, NJW-RR 1991, 790 = BauR 1992, 110 (für den **Fertighaushersteller**); OLG Hamm, BauR 2000, 900 (u.S. 1087) = ZfBR 2000, 338 = NJW-RR 2000, 971 = OLGR 2000, 198 (für den **Bauträgervertrag**); siehe aber *Joussen*, in: Ingenstau/Korbion, Anhang 1, Rn. 51; OLG Düsseldorf, NZBau 2007, 1601 und Rdn. **228** für den **gekündigten** Werkvertrag.
179) OLG Frankfurt, OLGR 2000, 145, 146.
180) OLG Celle, NJW-RR 2000, 387.
181) OLG Dresden, BauR 2000, 1526 = NJW-RR 2000, 1412; **a.A.:** wohl OLG Hamm, NJW-RR 1999, 383, 384 = BauR 1999, 407; *Motzke*, in: Englert/Motzke/Wirth, § 648 BGB, Rn. 55.
182) BGH, BauR 2001, 1421.
183) OLG Düsseldorf, NJW 1972, 1863 = BauR 1972, 254; RGZ 58, 301.
184) OLG Düsseldorf, NJW 1972, 1863 = BauR 1972, 254; *Vygen/Joussen*, Rn. 3134 sowie Festschrift für Jochem, 2014, 237 m.w.Nachw.
185) RGZ 58, 301; BGH, BauR 1977, 947 = BauR 1977, 208 = WM 1977, 481.
186) BGH, a.a.O.; OLG Köln, BauR 1998, 794 = OLGR 1998, 380; OLG Hamm, NJW-RR 1999, 528, 529 = BauR 1999, 776, 778.

Vorschrift bis zur Vollendung seiner Leistung eine Sicherungshypothek nur für einen der geleisteten Arbeit entsprechenden Teil der Vergütung verlangen.[187] Ein solcher Anspruch besteht nicht für diejenigen Teile seiner Vergütung, die dem nicht ausgeführten Teil seiner Leistung entsprechen, weil insoweit das Grundstück keine Werterhöhungen durch Leistungen des Architekten erfahren hat.

225 Die vertragliche Forderung muss noch **nicht fällig** sein.[188] Die Absicherung einer noch nicht fälligen Bauforderung verstößt weder gegen Treu und Glauben gemäß § 242 BGB, noch kann sie als Rechtsmissbrauch oder Schikanehandlung nach § 226 BGB bezeichnet werden.[189] Die Bauleistung braucht daher auch noch **nicht abgenommen** zu sein.[190] Eine Abschlagsrechnung kann Grundlage der Absicherung sein; dem steht nicht entgegen, dass zwischenzeitlich Schlussrechnungsreife eingetreten ist.[191]

226 Da die zu sichernde Forderung noch nicht fällig sein muss, ist sie auch nicht um den zwischen den Vertragspartnern vereinbarten **Sicherheitseinbehalt** zu kürzen.[192] Die Vereinbarung über den Sicherheitseinbehalt stellt lediglich eine teilweise Stundung der Forderung des Unternehmers dar. Gerade im Falle des teilweisen Hinausschiebens der Fälligkeit ist das Bedürfnis des Unternehmers auf Sicherung anzuerkennen.[193]

227 Ist das Werk vor der Abnahme untergegangen, so besteht ein Anspruch nach § 650e (früher: § 648) BGB nur dann, wenn der Bauherr als Vertragspartner den Untergang zu vertreten hat, §§ 644, 645 BGB.[194]

228 Nach **h.M.** können im Übrigen durch § 650e (früher: § 648) BGB unter den vorgenannten Gesichtspunkten **alle vertraglichen Forderungen** des Unternehmers gegen den Bauherrn gesichert werden. Neben dem Vergütungsanspruch aus § 631 BGB gilt dies auch für den **Entschädigungsanspruch** nach § 642 BGB, den Anspruch aus § 6 Nr. 6 VOB/B[195], einen **Aufwendungsersatzanspruch** gemäß § 645 Abs. 1 BGB sowie den **Schadensersatzanspruch** aus § 645 Abs. 2 BGB wegen **Verzugs** und aus dem Gesichtspunkt einer **Nebenpflichtverletzung** (positiven Vertragsverletzung).[196] **Umstritten** ist, ob auch Vergütungsansprüche für die

---

187) LG Fulda, NJW-RR 1991, 790, 792; LG Dortmund, BlGBW 1974, 52.
188) OLG Hamm, BauR 1999, 407, 408 = NJW-RR 1999, 383.
189) OLG Koblenz, NJW-RR 1994, 786; OLG Stuttgart, *Schäfer/Finnern*, Z 2.321 Bl. 16.
190) BGH, NJW 1977, 947 = BauR 1977, 208 = WM 1977, 481; OLG Köln, BauR 1998, 794, 795.
191) OLG München, BauR 2005, 1960.
192) BGH, BauR 2000, 919 = NJW-RR 2000, 387 = NZBau 2000, 198; OLG Hamm, BauR 1999, 407, 408; OLG Hamm, BauR 1998, 885, 886; OLG Köln, BauR 1998, 794, 796 = OLGR 1998, 380, 381; KG, BauR 1971, 265; *Groß*, BauR 1971, 177, 178; *Joussen*, in: Ingenstau/Korbion, Anhang 1, Rn. 72; **a.A.:** *Kleefisch/Herchen*, NZBau 2006, 201, 204; *Rixecker*, MDR 1982, 718.
193) KG, BauR 1971, 265.
194) Vgl. *Groß*, S. 43; OLG Hamburg, OLG 22, 312.
195) Siehe aber OLG Jena, BauR 1999, 179 = OLGR 1999, 384.
196) *Joussen*, in: Ingenstau/Korbion, Anhang 1, Rn. 58; für die **positive Vertragsverletzung**: BGHZ 51, 190 = NJW 1969, 419; OLG Hamm, OLGR 2000, 198, 199 = BauR 2000, 900 (u.S. 1087) = NZBau 2000, 338 = ZfBR 2000, 338 = NJW-RR 2000, 971; LG Nürnberg-Fürth, BlGBW 1972, 139; für **Verzug**: BGH NJW 1974, 1761 = BauR 1974, 419 = MDR 1974, 1007; *Hildebrandt*, in: Messerschmidt/Voit, § 648 BGB, Rn. 50; *Kniffka/Koeble*,

nicht erbrachten Leistungen nach § 650e (früher: § 648) BGB absicherbar sind, wenn der Auftraggeber den Bauvertrag **kündigt** § 648 S. 1 (früher: § 649 S. 1) BGB, § 8 Nr. 1 Abs. 1 VOB/B).[197] Die gleiche Problematik stellt sich für **Architekten** und **Sonderfachleute** (Rdn. 241, 242). Eine höchstrichterliche Entscheidung liegt bisher nicht vor.

Eine Sicherung der nicht erbrachten Leistung i.S. des § 648 S. 2 (früher: § 649 S. 2) BGB verneinen z.B. im Ergebnis das Thüringer OLG[198] und OLG Brandenburg[199], während nach überwiegender Auffassung der Unternehmer eine entsprechende Sicherheit verlangen kann.[200] Dem ist zu folgen, weil der BGH von der sog. **Mehrwerttheorie** abrückt[201] und bereits seine Entscheidung vom 5.12.1968[202] dafür spricht, die Absicherung auch auf den nicht erbrachten Leistungsteil zu erstrecken. Ob die Absicherung im Falle der freien Kündigung nach §§ 9 VOB/B § 648 (früher: § 649) BGB unter der zusätzlichen Voraussetzung steht, dass mit den Arbeiten am Bauwerk **begonnen** sein muss, ist streitig.[203]

Allerdings muss aus einer Eintragung stets hervorgehen, dass über den Werklohn hinaus (auch) **andere** Ansprüche abgesichert werden sollen;[204] denn ist die Bauhandwerkersicherungshypothek oder die entsprechende Vormerkung (vgl. näher Rdn. 268 ff.) nur zur Sicherung der „Werklohnforderung" bestellt, so werden dadurch Verzugsansprüche, Schadensersatzansprüche usw. nicht erfasst. Für den Auftragnehmer bedeutet dies, dass er bei einem entsprechenden gerichtlichen Antrag seine zu sichernden Ansprüche **genau bezeichnen** muss, wenn er nicht später durch eine falsche Formulierung Nachteile erleiden will.[205]

Zu den sicherungsfähigen Ansprüchen des Unternehmers gehören auch **andere** **229** Forderungen, sofern sie nur in dem Werkvertrag eine Rechtsgrundlage finden;[206] deshalb zählen nach h.M. zu den sicherungsfähigen Ansprüchen des Unternehmers

---

13. Teil, Rn. 23; a.A.: OLG Jena, BauR 1999, 179 = NJW-RR 1999, 384 = OLGR 1999, 384 für Anspruch aus § **6 Abs. 6 VOB/B** u. *Siegburg*, BauR 1990, 32, 46.
197) Siehe hierzu: *Birkenkämper*, Jahrbuch Baurecht 2006, 1, 5 ff.; OLG Düsseldorf, IBR 2007, 624 = BauR 2007, 1601 m.w.Nachw.
198) BauR 1999, 179 = NJW-RR 1999, 384 = OLGR 1999, 384, 385.
199) BauR 2003, 578.
200) OLG Düsseldorf, NJW-RR 2004, 18 = NZBau 2003, 615; *Birkenkämper*, Jahrbuch Baurecht 2006, 1, 8 ff.; Beck'scher VOB-Komm/*Funke*, B Vor § 2, Rn. 279; *Leupertz/Halfmeier*, in: Prütting/Wegen/Weinreich, § 648 BGB, Rn. 7; *Motzke*, in: Englert/Motzke/Wirth, § 648 BGB, Rn. 62; *Bamberger/Roth/Voit*, § 648 BGB, Rn. 19; *Palandt/Sprau*, § 648 BGB, Rn. 4.
201) *Kniffka/Koeble*, 13. Teil, Rn. 16 unter Hinweis auf BGH, NJW 2000, 1861 = BauR 2000, 1861 = ZfBR 2000, 329.
202) BGHZ 51, 190 = NJW 1969, 419.
203) **Verneinend**: OLG Düsseldorf, BauR 2007, 1601; LG Hamburg, BauR 2010, 667 (LS); **bejahend**: *Joussen*, in: Ingenstau/Korbion, Anhang 1, Rn. 51 m.w.Nachw.
204) BGH, NJW 1974, 1761 = BauR 1974, 419.
205) Vgl. OLG Frankfurt, BauR 2000, 1375 = OLGR 2000, 145 u. BGH, BauR 2001, 1783 (Revisionsentscheidung): Die Vormerkung sichert nur die **zur Begründung herangezogene** (Teil-)Forderung, nicht den Gesamtanspruch.
206) *MünchKomm-Soergel*, § 648 BGB, Rn. 16; Beck'scher VOB-Komm/*Funke*, B Vor § 2, Rn. 279; *Joussen*, in: Ingenstau/Korbion, Anhang 1, Rn. 57; *Kleine-Möller/Merl/Siebert*, § 22, Rn. 213. Zum Anwendungsbereich des § 648 BGB auf Ansprüche aus einem **Vergleich**: OLG Dresden, IBR 2010, 334 – *Pfisterer*.

diejenigen auf **Auszahlung eines Einbehalts** (z.B. **Garantieeinbehalts**),[207)] einer **Beschleunigungsvergütung** oder einer **Vertragsstrafe**.[208)] Die Kosten der Eintragung der Sicherungshypothek und des Vormerkungsverfahrens – u.U. auch im Rahmen eines Kostenpauschalquantums – sowie **Verzugszinsen** können als Nebenkosten abgesichert werden.[209)]

230 Ebenso gehört der Anspruch auf Vergütung der **Umsatzsteuer** zu den gesicherten Forderungen. Die Umsatzsteueransprüche sind mit ihrer Entstehung absicherbar.[210)] Allerdings hat sich die Frage der Sicherbarkeit der Umsatzsteuer mit der Neufassung des Umsatzsteuergesetzes weitgehend erledigt. Auf **Abschlagszahlungen** ist bei einem VOB-Bauvertrag in jedem Fall die Umsatzsteuer abzuführen (§ 16 Nr. 1 Abs. 1 Satz 1 VOB/B). Darüber hinaus ist mit der Erstellung und Zuleitung der **Schlussrechnung** die Umsatzsteuer i.S. des § 650e (früher: § 648) BGB angefallen ("entstanden"), sodass sie zur Grundlage des Anspruchs nach § 650e (früher: § 648) BGB gemacht werden kann.[211)]

231 **Keine Forderungen** aus einem Bauvertrag im Sinne des § 650e (früher: § 648) BGB – und damit auch nicht absicherbar – sind die Ansprüche auf **Naturalvergütung** und auf die **Kosten der Rechtsverfolgung**, soweit es den Vergütungsanspruch selbst betrifft.[212)]

232 Wird die Forderung aus dem Bauvertrag wirksam **abgetreten** oder **gepfändet**, so geht auch der Anspruch aus § 650e (früher: § 648) BGB damit über (§ 401 BGB analog).[213)] Dies gilt auch für die bezüglich des Anspruchs aus § 650e (früher: § 648) BGB eingetragene Vormerkung. Wird eine Werklohnforderung **sicherungshalber** abgetreten, so kann als Vormerkungsgläubiger oder als Hypothekar nur der **Zessionar** eingetragen werden, selbst wenn die Abtretung nicht offengelegt wurde.[214)]

bb) Verjährte Forderung

233 **Beruft** sich der Bauherr gegenüber der vom Unternehmer geltend gemachten Werklohnforderung zu Recht **auf den Eintritt der Verjährung**, besteht ein Sicherungsanspruch aus § 650e (früher: § 648) BGB nicht mehr.[215)] War (vor Verjäh-

---

207) KG, BauR 1971, 265; *Siegburg*, BauR 1990, 32, 46.
208) *MünchKomm-Busche*, § 648 BGB, Rn. 20; *Groß*, S. 44; *Motzke*, S. 107.
209) OLG Hamm, BauR 2000, 1527, 1528; OLG Köln, BauR 1998, 794 = OLGR 1998, 380; OLG Hamm, BauR 1990, 365, 366; LG Tübingen, BauR 1984, 309; **a.A.:** LG Lübeck, SchlHA 1982, 150 für die Kosten der einstweiligen Verfügung; *Rixecker*, BlGBW 1984, 107.
210) *Groß*, BauR 1971, 177; *Groß*, S. 43; *Motzke*, S. 105, 106; *Siegburg*, S. 216.
211) OLG Köln, U.v. 18.3.1980 – 15 U 210/79.
212) **Bestr.**; wie hier: *Joussen*, in: Ingenstau/Korbion, Anhang 1, Rn. 53; *Siegburg*, S. 218 u. BauR 1990, 32, 47; *Bohl/Döbereiner/v. Keyserlingk*, Rn. 25; *Motzke*, S. 107; *Rixecker*, BlGBW 1984, 107; **a.A.:** *MünchKomm-Busche*, § 648 BGB, Rn. 20; *Staudinger/Peters/Jacoby*, § 648 BGB, Rn. 27 (Erstattungsanspruch aus § 91 ZPO bzw. aus Verzug); BGH, BauR 1974, 419; LG Tübingen, BauR 1984, 309.
213) BGH, *Schäfer/Finnern*, Z 2.332 Bl. 25; OLG Köln, OLG 17, 426; *Groß*, S. 35; OLG Düsseldorf, BauR 1985, 334, jedoch nur für den Fall des § 835 ZPO.
214) OLG Dresden, NJW-RR 2000, 96, 97 = OLGR 2000, 168, 169 = NZBau 2000, 340 (LS).
215) Zutreffend: OLG Dresden, BauR 2005, 1500, 1502; LG Aurich, NJW-RR 1991, 1240.

rungseintritt) eine **Vormerkung** eingetragen, jedoch noch nicht die Sicherungshypothek, kann der Bauherr (Eigentümer) nach § 886 BGB die **Beseitigung** der Vormerkung verlangen. Die Vorschrift des § 216 Abs. 1 BGB gilt nämlich nicht für die Vormerkung.[216] Eine ähnliche Lage tritt ein, wenn sich der Grundstückseigentümer auf den **Schlusszahlungseinwand** (§ 16 Abs. 3 Nr. 2 VOB/B) berufen kann; auch hier kann Beseitigung der Vormerkung verlangt werden.

Anders ist dies jedoch, wenn zu Gunsten des Unternehmers bereits die **Sicherungshypothek** eingetragen ist. Dann kann die Beseitigung der Hypothek nicht verlangt werden; vielmehr kann sich der jeweilige Gläubiger aus dieser auch nach Verjährungseintritt befriedigen. Im Übrigen hat der BGH[217] klargestellt, dass sich der Unternehmer aus einer ihm eingeräumten Sicherungshypothek auch dann noch befriedigen kann, wenn der Schlusszahlungseinwand des Grundstückseigentümers/Bestellers durchgreift. § 223 Abs. 1 BGB/§ 216 Abs. 1 BGB n.F. ist in diesem Fall entsprechend anzuwenden.

cc) Mangelhafte Werkleistung

Literatur

Barnikel, Keine Sicherungshypothek für Unternehmer bei mangelhafter Leistung?, BlGBW 1977, 195; *Peters*, Die Bauhandwerkersicherungshypothek bei Mängeln der Werkleistung, NJW 1981, 2550.

Ist die **Werkleistung mangelhaft,** so erhebt sich die Frage, welchen Einfluss die Mängel auf die Einräumung einer Sicherungshypothek haben. Dies ist **umstritten**.[218] **234**

Aus der Funktion des § 650e (früher: § 648) BGB folgt, dass der Anspruch auf dingliche Sicherung in voller Höhe des Vergütungsanspruchs nur dann besteht, wenn die Werkleistung mangelfrei ist; bei **Mängeln** der Werkleistung entsteht er nur insoweit, als ein sicherungsgeeigneter **Wertzuwachs** des Grundstücks bereits vorhanden ist.[219] Hieran ändert sich nichts, wenn der Auftraggeber eine von dem Unternehmer verlangte Sicherheit nach § 650f (früher: § 648a) BGB nicht erbracht

---

216) *Palandt/Grüneberg*, § 216 BGB, Rn. 6.
217) NJW 1981, 1784 = WM 1981, 774 = ZfBR 1981, 181 = MDR 1981, 1005.
218) Zum Meinungsstand: BGH, NJW 1977, 947 = BauR 1977, 208 = WM 1977, 481; OLG Koblenz, NJW-RR 1994, 786, 787; *Siegburg*, S. 226 ff. Zur Behandlung des Mangeleinwands bei einer **Zwangsvollstreckungsunterwerfung** durch den Bauherrn: OLG Bremen, NJW-RR 1999, 963.
219) **Herrschende Meinung;** BGH, NJW 1977, 947 = BauR 1977, 208 = WM 1977, 481; OLG Celle, BauR 2003, 133, 134; OLG Brandenburg, BauR 2003, 578, 579; OLG Köln, BauR 1998, 794, 796 = OLGR 1998, 380, 381; OLG Koblenz, NJW-RR 1994, 786; OLG Hamm, BauR 2000, 900 (u.S. 1087) = NJW-RR 2000, 971 = OLGR 2000, 198, 200; BauR 1999, 407, 408; BauR 1999, 776, 778 = NJW-RR 1999, 528, 529; BauR 1998, 885, 886; OLG Rostock, BauR 1995, 262; OLG Celle, BauR 2001, 1623 = IBR 2001, 665 – *Weise;* OLG Köln, BauR 1975, 213 mit abl. Anm. *Jagenburg;* **a.A.:** OLG Düsseldorf, BauR 1976, 211; LG Koblenz, *Schäfer/Finnern,* Z 2.321 Bl. 45; *Jagenburg*, BauR 1975, 216; NJW 1976, 2327; *Kapellmann*, BauR 1976, 323.

hat und deshalb der Unternehmer berechtigt ist, die Mängelbeseitigung zu verweigern.[220]

Macht der Bauherr also zu Recht **Vorschussansprüche, Minderungsansprüche** oder **Schadensersatzansprüche** gegenüber dem Vergütungsanspruch des Bauunternehmers geltend, besteht ein Anspruch auf eine Sicherungshypothek nur bezüglich des **um die Gegenansprüche des Bauherrn verminderten Vergütungsbetrages.** Dasselbe gilt für den Fall, dass der Bauherr berechtigt **Nachbesserung/Nacherfüllung** verlangt; in diesem Fall vermindert sich die Höhe der nach § 650e (früher: § 648) BGB dem Unternehmer zustehenden Sicherungshypothek um die **Kosten der Nachbesserung/Nacherfüllung.**[221] Die Eintragung der Hypothek **Zug um Zug** gegen eine ordnungsgemäße Nachbesserung durch den Werkunternehmer (aufgrund des dem Bauherrn zustehenden Zurückbehaltungsrechtes) stößt auf **erhebliche praktische Schwierigkeiten** bei der Eintragung, da dieser bei einer entsprechenden Verurteilung für die Eintragung den Nachweis durch eine öffentlich beglaubigte Urkunde erbringen müsste, dass er ordnungsgemäß nachgebessert hat;[222] eine entsprechende Verurteilung scheidet daher aus Praktikabilitätserwägungen (insbesondere für das einstweilige Verfügungsverfahren) aus.[223] Die Bewertung der Mängel und damit auch der Nachbesserungskosten wird insbesondere im Verfahren der einstweiligen Verfügung (vgl. Rdn. 281 ff.) nicht immer einfach sein. Dies ist jedoch eine Frage der Glaubhaftmachung (vgl. Rdn. 271 ff.) und der Beweiswürdigung im Einzelfall; dabei können im einstweiligen Verfügungsverfahren die Mängel jeweils nur summarisch und überschlägig bewertet werden.[224] Der Umfang der Mängel, die Kosten einer Mängelbeseitigung oder auch der mangelbedingte **Minderwert** sind notfalls gemäß **§§ 638 Abs. 3 Satz 2 BGB, 287 ZPO** zu schätzen.[225] Zu beachten ist stets, dass immer nur der **einfache Betrag** der voraussichtlichen Mängelbeseitigungskosten zu berücksichtigen ist und nicht etwa der dreifache (gemäß § 641 Abs. 3 BGB).[226]

235 Der **BGH**[227] hat zu der Problematik der Einräumung einer Sicherungshypothek bei **Baumängeln** Folgendes ausgeführt:

„Der übergreifende Gedanke, auf dem die Regelung des § 648 BGB beruht und der ihr den ihr eigentümlichen Sinn und Zweck gibt, ist daher, dass der Unternehmer eines Bauwerks Anspruch auf hypothekarische Sicherung für seinen Werklohn nur in dem Umfang erhalten soll, in dem jeweils die von ihm geleistete Arbeit dem Werk nach der vereinbarten Vergütung entspricht, mag diese fällig sein oder nicht.

Unter diesem Blickwinkel ist auch die mangelhafte Leistung des Unternehmers eines Bauwerks zu betrachten. Sie ist nicht die vollwertige geschuldete Leistung und steht damit der Teilleis-

---

220) Zutreffend: OLG Celle, BauR 2003, 133, 134.
221) BGHZ 68, 180 = NJW 1977, 947 = BauR 1977, 208 = MDR 1977, 659 = JZ 1977, 401.
222) So zu Recht: OLG Düsseldorf, BauR 1976, 363 und *Kapellmann*, BauR 1976, 323, 326, denen sich der BGH, a.a.O., insoweit angeschlossen hat.
223) **Anderer Ansicht:** OLG Frankfurt, *Schäfer/Finnern*, Z 2.321 Bl. 20.
224) *Locher*, Rn. 697.
225) OLG Celle, BauR 2001, 1623 (für **Minderwert**); LG Chemnitz, BauR 1994, 413 (LS); *Joussen*, in: Ingenstau/Korbion, Anhang 1, Rn. 64.
226) OLG Stuttgart, BauR 2005, 1047, 1049; OLG Hamm, OLGR 2000, 198, 201; im Ergebnis ebenso: OLG Brandenburg, BauR 2003, 578, 580.
227) BGHZ 68, 180 = BauR 1977, 208 = WM 1977, 481; kritisch: *Groß*, S. 50 ff.; *Peters*, NJW 1981, 2550 ff.

tung vor Vollendung des Werks gleich. Dabei spielt keine entscheidende Rolle, inwieweit die Mängelbeseitigung (noch) zur Vertragserfüllung oder (bereits) zur Gewährleistung zu rechnen ist (vgl. dazu BGH, NJW 1958, 706; 1969, 653; 1971, 838; 1973, 1792; 1963, 805; 1970, 383 [386]; 1976 143; *Glanzmann*, RGRK, 12. Aufl., § 633 Rn. 1, 39, 44). Es ist ferner **unerheblich, ob das Werk abgenommen ist oder nicht.** Denn auch und gerade nach der Abnahme steht dem Besteller die Einrede des nichterfüllten Vertrags (§ 320 I BGB) zu, solange er die Beseitigung eines Mangels verlangen kann (BGH, NJW 1958, 706; 1971, 838; 1973, 1792; *Glanzmann*, § 633 Rn. 46, Anh. §§ 633 bis 635 Rn. 45). Darauf kommt es aber nicht an. Denn das ändert nichts daran, dass der Unternehmer bis zur Mängelbeseitigung nicht die volle von ihm geschuldete, d.h. keine vollwertige Leistung erbracht hat, die deshalb auch nur zu einem entsprechend den Mängeln geringeren Wertzuwachs am Grundstück geführt hat. Allein in diesem Umfang will § 648 BGB den Unternehmer eines Bauwerks durch den Anspruch auf Eintragung der Sicherungshypothek schützen.

Wenn *Kapellmann* (BauR 1976, 324 ff.) meint, solange der Handwerker Mängel noch beseitigen darf und kann, könne das Werk noch mangelfrei und dann uneingeschränkt ‚wertvoll' werden, so übersieht er, dass das auch bei einer mangelfreien Teilleistung so ist. Auch dann ist es möglich, durch die spätere Erbringung der vollen Leistung einen der Gesamtvergütung entsprechenden Wertzuwachs des Grundstücks zu erreichen, und trotzdem kann die Eintragung einer Sicherungshypothek gemäß § 648 I 2 BGB nur nach dem jeweiligen Baufortschritt für einen der geleisteten Arbeiten entsprechenden Teil der Vergütung verlangt werden. Es ist kein Grund erkennbar, der es rechtfertigen könnte, die beiden Fälle verschieden zu behandeln.

Die **Eintragung einer Vormerkung Zug um Zug gegen ordnungsgemäße Nachbesserung,** die ohnehin nur nach der Abnahme in Betracht kommt (BGH, NJW 1973, 1792) ist **nicht praktikabel,** wie *Kapellmann* (BauR 1976, 326) eindrucksvoll dargelegt hat. Abgesehen von den dann bei der Vollziehung der erwirkten einstweiligen Verfügung gem. § 765 ZPO auftretenden Schwierigkeiten (vgl. ähnlich BGH, NJW 1973, 1792; Senat, BauR 1976, 430), welche die mit einer einstweiligen Verfügung erstrebte schnelle Sicherung verhindern und damit dieses Verfahren bei notwendiger Mängelbeseitigung in Frage stellen würden, wäre dem Bauhandwerker mit einer solchen einstweiligen Verfügung schwerlich gedient, weil dann auch die Sicherung seines Vergütungsanspruchs, soweit er von den Mängeln nicht erfasst wird, in der Schwebe bliebe.

Dieses Ergebnis ist auch interessengerecht. Der Bauherr hat ein schutzwertes Interesse daran, dass sein Grundstück nicht mit Sicherungshypotheken gem. § 648 BGB belastet wird, mit denen kein entsprechender Wertzuwachs des Grundstücks verbunden ist, wie das bei mangelhaften Bauleistungen der Fall ist. Der Unternehmer eines Bauwerks hat zwar auch insoweit ein Interesse an der Sicherung seiner Werklohnforderung, als er mangelhaft geleistet hat, wenn und solange er zur Mängelbeseitigung bereit und in der Lage ist. Dieses Interesse muss aber zurücktreten gegenüber dem schutzwürdigen Interesse des Bauherrn. Denn solange der Mangel nicht beseitigt ist, hat der Bauhandwerker nicht voll, d.h. vollwertig, geleistet, er hat wirtschaftlich betrachtet den auf den Mangel entfallenden Wertanteil des Werklohns noch nicht verdient.

Es schlägt auch nicht der im Schrifttum öfter, insbesondere von *Jagenburg* und *Kapellmann*, ins Feld geführte Gesichtspunkt durch, auf diese Weise würde böswilligen oder zahlungsschwachen Bauherren Tür und Tor geöffnet, die Mängel nur vorspiegeln, um sich ihrer Zahlungspflicht zu entziehen. Das ist im Verfahren der einstweiligen Verfügung eine Frage der Glaubhaftmachung und unterliegt damit maßgeblich der Beurteilung der jeweiligen Umstände des Einzelfalles, wobei für die Pflicht zur Glaubhaftmachung dasselbe gilt wie für die Beweislast (vgl. *Glanzmann*, § 633 Rn. 51, 52): Vor der Abnahme muss der Unternehmer die Mängelfreiheit, nach der Abnahme muss der Besteller das Vorhandensein von Mängeln glaubhaft machen."

Das **Schrifttum**[228] hat sich der Entscheidung des BGH überwiegend angeschlossen.

236 Ist eine Sicherungshypothek **eingetragen,** und zeigen sich **nach der Eintragung** erstmals **Mängel,** entsteht dem Bauherrn gemäß § 812 Abs. 1 Satz 2 ein Anspruch auf Löschung der Vormerkung (Sicherungshypothek), soweit die Nachbesserungskosten, die Minderung oder der aufgerechnete Schadensersatzanspruch des Bauherrn reichen; dies bedeutet, dass im Nachhinein die Mängelkosten von dem eingetragenen Sicherungsbetrag abgezogen werden müssen.[229]

War die Eintragung einer Vormerkung aufgrund einer einstweiligen Verfügung erfolgt, gegen die sich der Bauherr nicht gewehrt hatte, kann er eine „Reduzierung" der Sicherungshypothek auch über einen einzulegenden **Widerspruch** erreichen. Ist die Eintragung der Vormerkung aufgrund eines rechtskräftigen Urteils erfolgt, kommt eine Aufhebung gemäß §§ 936, 927 ZPO wegen veränderter Umstände in Betracht; eine Vollstreckungsklage nach § 767 ZPO scheidet dagegen aus. Ist über die Sicherungshypothek nach § 650e (früher: § 648) BGB im normalen, ordentlichen Klageverfahren entschieden worden, kommt eine Berichtigung des Grundbuchs im Zweifel nur nach einer entsprechenden Klage des Bauherrn in Betracht.

dd) Beginn der Sicherbarkeit

237 Sinn und Zweck des § 650e (früher: § 648) BGB ist es, dem vorleistungspflichtigen Unternehmer einen erhöhten Schutz zu geben. Der **Mehrwert,** der durch seine Arbeit dem Grundbesitz des Bestellers zuteil geworden ist, soll dem Unternehmer vorzugsweise für seine Vergütung haften.[230] Deshalb hängt die Sicherbarkeit des Vergütungsanspruchs im Einzelfall davon ab, dass mit den **Bauarbeiten begonnen** worden ist.[231] Nach herrschender Ansicht besteht somit kein Anspruch auf eine Sicherungshypothek, wenn es nicht zu einer Bauwerkserrichtung kommt, etwa, weil der Bauherr seine Bauabsicht aufgibt[232] oder aber der Baukörper vernichtet wird.[233] Weitere Fälle: Eine Baugenehmigung wird nicht erteilt, oder der Besteller fällt vor Beginn in Konkurs.

---

228) *MünchKomm-Busche,* § 648 BGB, Rn. 22; *Joussen,* in: Ingenstau/Korbion, Anhang 1, Rn. 62 ff.; *Motzke,* S. 12 ff.; *Peters,* NJW 1981, 2550, jedoch abweichend für das Nachbesserungsstadium.
229) So zutr. *Motzke,* S. 121, 122; zustimmend *Joussen,* in: Ingenstau/Korbion, Anhang 1, Rn. 68.
230) Protokoll der Kommission für die zweite Lesung des Entwurfs des BGB, Bd. II, S. 326; *Mugdan,* Materialien zum BGB, Bd. II, S. 927. Dem steht auch nicht die Entscheidung des BGHZ 144, 138 = BauR 2000, 1083 = NZBau 2000, 286 entgegen; s. insoweit auch *Motzke,* in: Englert/Motzke/Wirth, § 648 BGB, Rn. 15 ff.
231) OLG Hamburg, NZBau 2010, 182 = BauR 2009, 1452; OLG Koblenz, NZBau 2006, 188 = IBR 2005, 264 – *Schill* = NJW-Spezial 2006, 217; *Joussen,* in: Ingenstau/Korbion, Anhang 1, Rn. 50; **a.A.:** LG Hamburg, Beschl. vom 13.9.2009 – 313 O 71/09, BauR 2010, 667 (LS).
232) Vgl. OLG Hamm, BauR 2000, 900 = OLGR 2000, 198; OLG Dresden, NJW-RR 1996, 920 (**Verkauf** des Grundstücks samt Planung); OLG Celle, NJW-RR 1996, 854 (**Insolvenz**).
233) So bei Naturereignissen wie Brand und Sturm.

Was als „**Beginn der Bauarbeiten**" zu gelten hat, ist im Einzelfall umstritten; **238** teilweise wird dieses Tatbestandsmerkmal sehr eng gesehen. Eine einheitliche Beurteilung ist nicht festzustellen. Einig ist man sich jedoch darin, dass **vorbereitende Maßnahmen** noch nicht ausreichen. Liefert deshalb z.B. ein Bauhandwerker seine Baumaterialien (Sand, Kies, Fertigteile) an die Baustelle, so besteht ein Anspruch aus § 650e (früher: § 648) BGB erst, wenn die Teile durch bauwerkliche Arbeiten zu einem wesentlichen Bestandteil des Grundstücks geworden sind; die bloße Anlieferung bedeutet demnach noch keinen Beginn der Bauarbeiten.

Im Übrigen zählen zu den **vorbereitenden** Maßnahmen:
* das Abtragen von **Mutterboden** (OLG Hamm, BauR 2000, 900 [u.S. 1087] = ZfBR 2000, 338 = OLGR 2000, 198)
* der **Abbruch** eines Gebäudes (LG Nürnberg-Fürth, NJW 1972, 453)
* das **Anlegen** einer **Baustraße** (vgl. Siegburg, S. 116)
* das **Aufstellen** eines Bauzaunes oder Baugerüstes (KG, Schäfer/Finnern, Z 3.01 Bl. 282; OLG Zweibrücken, BauR 1981, 294)
* das **Baugesuch** (OLG Düsseldorf, BauR 1972, 254 = NJW 1972, 1863)
* die **Baugenehmigung** (OLG Hamm, BauR 2000, 900 [u.S. 1087] = NJW-RR 2000, 971 = OLGR 2000, 198; OLG Düsseldorf, NJW-RR 2000, 166, 167 = NZBau 2000, 577 = BauR 1999, 1482; Bohl/Döbereiner/v. Keyserlingk, Rn. 22; a.A. Maser, BauR 1975, 91; Groß, S. 40 bei nachhaltiger Verkehrswerterhöhung)
* das Erstellen von **Plänen** und **Zeichnungen** (h.M.; KG, Schäfer/Finnern, Z 3.01 Bl. 203; MünchKomm-Soergel, § 648 BGB, Rn. 13, Anm. 28 m.w.Nachw.)[234]
* Planungs- und Vorbereitungsarbeiten des **Fertighausherstellers** (LG Fulda, NJW-RR 1991, 790, 791 = BauR 1992, 110)

Ansonsten ist darauf abzustellen, ob der von dem **Anspruchsteller** zu erbringen- **239** de Leistungsteil, der der Bauwerkserrichtung selbst dient, in Angriff genommen wird. Für den nur **planenden Architekten** bedeutet dies, dass zumindest mit den **Ausschachtungsarbeiten** begonnen sein muss.[235] Folgerichtig ist der Anspruch des planenden Architekten auf Einräumung einer Hypothek insoweit zu verneinen, als im Gesamtanspruch des Architekten ein Honorar für einen zweiten Entwurf enthalten ist, der zwar von dem Bauherrn zu vergüten ist, jedoch nicht zur Durchführung gelangt.[236] Dasselbe gilt hinsichtlich besonderer wirtschaftlicher

---

234) Die **Gegenmeinung** – vgl. u.a. *Maser*, BauR 1975, 92; *Groß*, S. 40 –, die eine Ausnahme zulassen will, wenn es zu einer „deutlichen Wertsteigerung des Grundstücks" gekommen ist, übersieht, dass sich der Wert der Pläne eigentlich nur bei einem Verkauf des Grundstücks zeigen kann, dann aber in aller Regel eine unzulässige **Architektenbindung** (vgl. Rdn. 668 ff.) vorliegt; im Übrigen ist die Geltungsdauer einer Baugenehmigung begrenzt, sodass eine Werterhöhung nicht angenommen werden kann (ebenso: OLG Hamm, BauR 2000, 900 [u.S. 1087] = NJW-RR 2000, 971 = OLGR 2000, 198; LG Fulda, NJW-RR 1991, 790, 791 = BauR 1992, 110; siehe auch OLG Dresden, NJW-RR 1996, 920).
235) Ebenso: OLG Hamburg, NZBau 2010, 182 = BauR 2009, 1452 = IBR 2009, 654 – *Krause-Allenstein*; OLG Koblenz, NZBau 2006, 188 = IBR 2005, 264 – *Schill*; OLG Düsseldorf, BauR 2007, 1601, das aber nach einer **Kündigung** gemäß § 649 BGB eine **uneingeschränkte** Absicherung nach § 648 Abs. 1 BGB gewährt; a.A.: LG Nürnberg-Fürth, BlGBW 1972, 139 = NJW 1972, 453.
236) OLG München, NJW 1973, 289 (LS). **a.A.:** *Motzke*, in: Englert/Motzke/Wirth, § 648 BGB, Rn. 42.

Betreuungsleistungen des Architekten, wie Finanzierungsberatung, Hypothekenbeschaffung usw., weil auch hier die Leistung des Architekten dem Bauwerk nicht unmittelbar wertsteigernd zugute gekommen ist.[237] Beschränkt sich der Architektenvertrag auf die Leistungsbilder des § 3 Abs. 4 Nr. 8 und 9 HOAI 2009, muss mit den Überwachungs- bzw. Dokumentationsarbeiten ebenfalls schon begonnen worden sein.[238]

240 Bei **Sonderfachleuten** kann von einem Beginn der Bauarbeiten in Bezug auf deren eigene Leistungen gesprochen werden, wenn mit der Ausführung des Gewerks begonnen wird, für das der betreffende Sonderfachmann seine geistigen Leistungen erbracht hat. Daraus folgt, dass dem **Statiker** jedenfalls in gleichem Umfang wie dem Architekten ein Anspruch erwächst; seine Leistungen kommen – dem Architekten vergleichbar – von vornherein dem gesamten Bauwerk zugute. Demgegenüber ist für den **Heizungs-** oder **Sanitärprojektanten** ein Anspruch aus § 650e (früher: § 648) BGB erst in dem Augenblick gegeben, in dem mit der Ausführung des Gewerks begonnen wird, für das der betreffende Sonderfachmann seine geistigen Leistungen erbracht hat.[239]

241 Zweifelhaft ist, ob einem Architekten/Unternehmer oder Sonderfachmann ein Anspruch aus § 650e (früher: § 648) BGB zusteht, wenn das Bauwerk **noch nicht errichtet** ist, der Bauherr den Architekten- oder Bauvertrag **grundlos kündigt** und dadurch im Einzelfall eine Vertragsverletzung begeht.[240] Das KG hat hierzu ausgeführt, dem Architekten könne ein Anspruch auf Einräumung der Sicherungshypothek auch nicht aus dem Gesichtspunkt einer (positiven) Vertragsverletzung gewährt werden; denn selbst wenn der Bauherr seine Kündigung zu vertreten habe, sei dem Architekten kein Schaden entstanden, solange das Bauwerk noch nicht errichtet worden sei. Nur wenn sich der Bauherr **während** der Bauausführung von dem Vertrag löse, könne dem Unternehmer/Architekten wegen seiner Vergütung ein Anspruch aus (positiver) Vertragsverletzung auf Einräumung der Sicherungshypothek erwachsen.[241]

242 Nach der Rechtsprechung des BGH[242] hat der Architekt für seine bis zur Kündigung erbrachten Leistungen den darauf entfallenden Teil seiner vertraglichen Vergütung zu beanspruchen. Für Leistungen, die er infolge der **unberechtigten (vertragswidrigen)** Kündigung des Bauherrn nicht erbringen kann, steht ihm **Schadensersatz** in Höhe der im Vertrag vorgesehenen Vergütung zu; die Voraus-

---

237) LG Dortmund, BlGBW 1974, 52; auch OLG Frankfurt, BauR 1986, 343, 344.
238) Zutreffend: *Neuenfeld*, § 4 HOAI, Rn. 76.
239) Zutreffend: *Groß*, S. 41, 42.
240) Vgl. den Fall des KG, BauR 1979, 354 = OLG 1978, 449 = NJW 1978, 1259 (LS) = MDR 1978, 755.
241) Das KG, a.a.O.: „(Der Bauherr) kann jederzeit – aus welchen persönlichen oder sachlichen Gründen auch immer – sein Bauvorhaben verschieben oder ganz aufgeben und den Architektenvertrag kündigen ... Die Aufgabe des geplanten Bauvorhabens wäre jedenfalls ein wichtiger Grund zur Kündigung. Dem Architekten verbleiben dann zwar – ganz oder teilweise – seine Honoraransprüche. Er kann aber nicht im Wege des Schadensersatzes darüber hinausgehende Ansprüche geltend machen, die ihm nur im Falle der Durchführung des Bauvorhabens erwachsen wären, wie hier die Sicherungshypothek aus § 648 BGB.".
242) BGH, NJW 1969, 419 = MDR 1969, 212. Im Ergebnis ebenso: LG Nürnberg-Fürth, NJW 1972, 453.

setzungen des Schadensersatzanspruchs muss der **Architekt schlüssig** darlegen und **glaubhaft** machen.[243] Der zu Unrecht kündigende Bauherr kann, wenn er aus Vertragsverletzung haftet, deshalb keinen Vorteil daraus herleiten, dass er mit der Bauausführung zuwartet oder die Bauwerkserrichtung sogar aus anderen Gründen (z.B. Baufinanzierung) überhaupt unterbleibt. Die Möglichkeit, seinen Schadensersatzanspruch bei unberechtigter Kündigung abzusichern, ist dem Architekten/Unternehmer deshalb so lange einzuräumen, wie der Vergütungs-/Schadensersatzanspruch selbst noch nicht verjährt ist. Auf die Bauwerkserrichtung bzw. den Baufortschritt im Zeitpunkt der Kündigung kann daher nach der Rechtsprechung des BGH nicht abgestellt werden.

Nach Auffassung des BGH folgt dies daraus, dass die Vertragsverletzung des Bauherrn diesen zum Schadensersatz wegen Nichterfüllung verpflichtet. Nach § 249 BGB ist der Architekt daher so zu stellen, als ob er seine Arbeiten vertragsgemäß beendet hätte. Er hat also nicht nur einen Anspruch auf die volle Vergütung, sondern auch auf Einräumung einer Sicherungshypothek, und zwar auch für diejenigen Teile seiner Vergütung, die dem nicht ausgeführten Teil seiner Leistung entspricht.

Der Auffassung des BGH ist zuzustimmen, weil der Architekt oder Sonderfachmann in der Tat bei einer **grundlosen Kündigung** in Bezug auf die Sicherbarkeit seines Honorars so zu stellen ist, als hätte er den Vertrag ausgeführt.[244] Im Übrigen stellt sich aber auch bei einer **freien** Kündigung nach § 649 Satz 1 BGB die bereits unter Rdn. 228 behandelte Frage, ob sich die **Absicherung** aus § 650e (früher: § 648) BGB auch auf die **nicht** erbrachten Leistungen des Architekten/Sonderfachmannes erstreckt.[245] Das ist zu bejahen.[246]

c) Der Sicherungsgegenstand

Literatur

Mezger, Bauhandwerkersicherungshypothek an Erbbaurechten, NJW 1953, 1009; *Brych*, Bauhandwerker-Sicherungshypothek bei der Errichtung von Eigentumswohnungen, NJW 1974, 483; *Hogenschurz*, Besteht ein Anspruch des Werkunternehmers auf Einräumung einer Bauhandwerkersicherungshypothek (§ 648 BGB) gegen juristische Personen des öffentlichen Rechts?, NJW 1999, 2576; *Merkens*, Sicherung der Werklohnforderung bei Erbbaurecht?, NZBau 2009, 349.

aa) Das Baugrundstück

Die Sicherungshypothek kann nach § 650e (früher: § 648) nur auf dem **Baugrundstück** des Bauherrn („Bestellers") eingetragen werden, nicht dagegen auf an-

---

243) OLG Hamm, BauR 2000, 900 (u.S. 1087) = NJW-RR 2000, 971.
244) *Joussen*, in: Ingenstau/Korbion, Anhang 1, Rn. 21; OLG Hamm, NJW-RR 2000, 971.
245) S. hierzu: *Birkenkämper*, Jahrbuch Baurecht 2006, 1, 11 ff., die aufgrund BGHZ 144, 138 = BauR 2000, 1083 davon ausgeht, dass das Erfordernis einer „Realisierung" der Leistung nicht gerechtfertigt ist.
246) **Herrschende Auffassung**; s. OLG Düsseldorf, BauR 2007, 1601; *Motzke*, in: Englert/Motzke/Wirth, § 648 BGB, Rn. 62; *Joussen*, in: Ingenstau/Korbion Anhang 1, Rn. 51; *Schliemann/Franz*, Rn. 203.

deren Grundstücken, die dem Bauherrn gehören und vom eigentlichen Baugrundstück grundbuchlich getrennt sind. Baugrundstück ist damit zunächst nur das Grundstück, für das die Bauleistungen erbracht werden.[247] Baugrundstück im Sinne des § 650e (früher: § 648) BGB ist allerdings das **gesamte** Baugrundstück des Auftraggebers **einschließlich der unbebauten Flächen,** soweit es sich dem Werkunternehmer als rechtliche Einheit darbietet. Letzteres beurteilt sich nach dem Inhalt des Grundbuchs im Zeitpunkt des Beginns der Auftragsarbeiten, weil damit dem Auftragnehmer das Recht auf Sicherung des jeweils der geleisteten Arbeiten entsprechenden Teils der Vergütung zusteht.[248] Der Auftraggeber kann diesen Sicherungsanspruch auch nicht zum Nachteil des Auftragnehmers dadurch schmälern, dass er nach Aufnahme der Auftragsarbeiten das Baugrundstück **teilt.** Das OLG Köln[249] hat dies zu Recht hervorgehoben: Macht der Unternehmer seinen Anspruch nach § 650e (früher: § 648) BGB erst im Rahmen einer nach Beginn der Auftragsarbeit wirksam werdenden Teilung geltend, so ist eine **Gesamtsicherungshypothek** (§ 1132 BGB) oder eine entsprechende Vormerkung jeweils dann in voller Höhe auf alle aus der Teilung hervorgegangenen Grundstücke einzutragen, wenn diese im Eigentum des Bauherrn verblieben sind; aus Sinn und Zweck des § 650e (früher: § 648) BGB ist herzuleiten, dass einem Unternehmer die Durchsetzung seines Anspruchs auf Einräumung einer Sicherungshypothek nicht durch die Grundstücksteilung unzumutbar erschwert werden darf.[250] Unerheblich ist auch, ob die Teilung willkürlich[251] oder bewusst in Schädigungsabsicht gegenüber dem Werkunternehmer vorgenommen worden ist. Ist eine Sicherungshypothek (oder eine entsprechende Vormerkung eingetragen, bevor die Grundstücksteilung wirksam geworden ist, setzt sich die Hypothek nach der Teilung in voller Höhe an jedem Grundstücksteil fort.[252]

244 Werden **mehrere Grundstücke** des Bauherrn/Auftraggebers **gleichzeitig** bebaut, so ist zu **differenzieren**:[253] Liegen den Arbeiten jeweils ein **gesonderter** Werkvertrag zu Grunde, der sich nur auf die **einzelnen** (selbstständigen) Baugrundstücke bezieht, steht dem Werkunternehmer auch nur jeweils das betreffende Baugrundstück als Sicherheit zur Verfügung. Der Unternehmer kann in diesem Fall somit zwar an allen Grundstücken jeweils eine Sicherungshypothek beanspruchen, deren Höhe richtet sich aber immer nur nach der für **dieses** Grundstück vereinbarten/entstandenen Forderung.

Wird ein auf das einzelne Baugrundstück bezogener Werkvertrag **nicht** geschlossen, vielmehr aufgrund **eines** Werkvertrages ein **einheitlicher Werkerfolg** geschul-

---

247) Ein **Überbau** ist nicht Baugrundstück, da der Wille des Bestellers maßgebend ist; vgl. *Groß*, S. 71.
248) OLG Hamm, BauR 2000, 1527, 1528; OLG Köln, JMBl. NW 1976, 211.
249) OLG Köln, a.a.O.
250) So auch OLG Hamm, a.a.O.; OLG Frankfurt, OLGZ 1985, 193 = *SFH*, Nr. 7 zu § 648 BGB.
251) So noch KG, OLGZ 36, 82.
252) OLG Hamm, BauR 2000, 1527, 1528; OLG Köln, JMBl. NW 1976, 211; *Palandt/Sprau*, § 648 BGB, Rn. 3; **a.A.**: *Siegburg*, S. 237, 238.
253) Siehe grundlegend: BGH, BauR 2000, 1083 = NZBau 2000, 286 = NJW 2000, 1861 = ZfBR 2000, 329 = ZfIR 2000, 366 m. zust. Anm. *Schmitz*; LG Köln, IBR 2009, 653 – *Schulze-Hagen* = BauR 2009, 1940 (LS); *Korbion*, in: Ingenstau/Korbion, Anhang 2, Rn. 40.

Der Sicherungsgegenstand

det, der sich auf mehreren, rechtlich selbstständigen Grundstücken verwirklicht, so stehen dem Werkunternehmer auch diese Grundstücke als Sicherungsmasse zur Verfügung, soweit sie sich (noch) im Eigentum des Bestellers befinden; diese sind „Baugrundstücke" i.S. des § 650e (früher: § 648) Abs. 1 BGB. Das bedeutet: Der Unternehmer kann bei dieser Fallgestaltung grundsätzlich an allen rechtlich selbstständigen Grundstücken in Höhe seiner Forderungen **jeweils eine Sicherungshypothek in Form einer Gesamthypothek** eintragen lassen. Maßgebend ist für den BGH insoweit also auch nicht der Wert der dem einzelnen Baugrundstück zugeflossenen Werkleistung, sondern die **Höhe der Vergütung**.[254] Der BGH schließt nicht aus, dass es in der Praxis Fälle geben wird, in denen eine Gesamthypothek zur Sicherung der vollen Werklohnforderung zu einer Belastung der wirtschaftlichen Interessen des Bauherrn/Bestellers führen kann; dann wird jedoch der Unternehmer verpflichtet sein, über § 242 BGB seine Haftung auf einzelne Grundstücke zu beschränken.

Zu beachten ist, dass eine auf Eintragung einer Gesamthypothek lautende Vormerkung, die zu Unrecht erfolgt, ihre Wirksamkeit als Einzelhypothek behält. Steht das Bauwerk teilweise auf dem Grundstück des Bauherrn, teilweise auf dem Grundstück eines **Dritten** (z.B. Überbau), so kann der Unternehmer Einräumung der Hypothek auf dem Grundstück des Bauherrn für die **gesamte Forderung** verlangen.[255]

Wird das Baugrundstück nach Auftragsvergabe durch Abtretung **verkleinert**, kann die Eintragung der Sicherungshypothek „auch auf dem unbebauten, nachträglich abgeteilten und zwischenzeitlich selbstständigen (ursprünglichen) Baugrundstück so lange verlangt werden, als es noch im Eigentum des Bestellers steht".[256] Bei einer **Vergrößerung** des ursprünglichen Grundstücks (etwa durch nachträglichen Zukauf von Grundstücken) erstreckt sich eine bereits eingetragene Hypothek bzw. Vormerkung nicht ohne weiteres auf den vereinigten Teil.[257]

245

An **Erbbaurechten** des Bauherrn kann auch eine Sicherungshypothek beansprucht werden.[258] Allerdings setzt dies die Zustimmung des Grundstückseigentümers voraus, soweit mit diesem eine **Belastungsbeschränkung** nach § 5 Abs. 2 ErbbauVO vereinbart ist.[259] Wird die Zustimmung ohne hinreichenden Grund verweigert, kann sie durch gerichtliche Entscheidung ersetzt werden (§ 7 Abs. 3 ErbbauVO).[260]

246

---

254) BGH, a.a.O., in **Abweichung** von der bisher überwiegend vertretenen Ansicht (vgl. u.a. OLG Frankfurt, OLGZ 1985, 193, 199; OLG Köln, BauR 1995, 110 = NJW 1994, 531).
255) BGH, a.a.O.; OLG Frankfurt, BauR 1994, 253 = NJW-RR 1994, 1432 = OLGR 1993, 338 für Klima- und Belüftungsanlage; OLG Nürnberg, NJW 1951, 155.
256) So zutr. *Groß*, S. 74 mit Hinweis auf OLG Köln, JMBl. NW 1976, 211, 213; KG, OLGE 36, 82.
257) Siehe im Einzelnen *Groß*, S. 75 m.w.Nachw.
258) BGH, BauR 1984, 413 = NJW 1984, 2100; s. im Einzelnen *Merkens*, NZBau 2009, 349, 351; *Mezger*, NJW 1953, 1009.
259) **Bestr.**; wie hier: LG Tübingen, NJW 1956, 874; OLG Karlsruhe, Rpfleger 1958, 221; *MünchKomm-Busche*, § 648 BGB, Rn. 33; *Korbion*, in: Ingenstau/Korbion, Anhang 2, Rn. 42; **a.A.**: OLG Köln, NJW 1968, 505; OLG Nürnberg, OLGZ 1967, 22; *Groß*, S. 77.
260) *Merkens*, a.a.O., S. 351; m.w.Nachw.

247 Bei der Bildung von **Wohnungseigentum** nach Durchführung von Bauarbeiten gilt Folgendes:[261]

Sind die Eigentumswohnungen schon ins **Eigentum Dritter übergegangen,** so entfällt ein Anspruch des Unternehmers aus § 650e (früher: § 648) BGB, da es an einer vertraglichen Verbindung zwischen dem Unternehmer und den Käufern der Eigentumswohnung fehlt. Stehen die Eigentumswohnungen, zumindest teilweise, im Eigentum des Bauträgers/Auftraggebers, so ist die Bestellung einer Sicherungshypothek möglich. Bildet der Bauträger allerdings **nach** Durchführung von Bauarbeiten **Wohnungseigentum,** so steht dem Unternehmer hinsichtlich der im Eigentum des bisherigen Eigentümers/Bauträgers verbliebenen Wohnungen ein Anspruch auf Eintragung einer **Gesamthypothek** in Höhe seiner noch offenen Werklohnforderung zu.[262] Der Erwerber des Miteigentumsanteils kann sich also nur durch eine **sofortige** Eintragung einer **Auflassungsvormerkung** gegen mögliche Ansprüche des Werkunternehmers aufgrund einer (künftig) einzutragenden Bauhandwerkersicherungshypothek oder einer diesbezüglichen Vormerkung sichern (vgl. Rdn. 252); versäumt er dies, muss er gegebenenfalls die Eintragung der Sicherungshypothek/Vormerkung für die **gesamte** Werklohnforderung des Unternehmers und die Vollstreckung aus der Sicherheit dulden (vgl. Rdn. 250).[263] Das OLG Celle[264] schränkt diesen von der h.M. getragenen Grundsatz dahin ein, dass überhaupt auf die noch im Eigentum des Auftraggebers befindlichen Wohnungs- und Teileigentumseinheiten Werkleistungen erbracht worden sind.

Wird **nach** Eintragung der Sicherungshypothek Wohnungseigentum gebildet, setzt sich auch die Sicherungshypothek, die am Gesamtobjekt eingetragen ist, in voller Höhe an den einzelnen Wohnungen fort.[265]

248 Werden **nach Erstellung** und Aufteilung der Wohnanlage Bauarbeiten durchgeführt (z.B. ein Dach wird erneuert), so kommt es wesentlich darauf an, wie die vertragliche Ausgestaltung ist: Vergibt die **Wohnungseigentümergemeinschaft** als (teil)rechtsfähiger Auftraggeber den Auftrag, scheidet eine Bauhandwerkersicherungshypothek gegen den einzelnen **Sondereigentümer** aus; denn es fehlt an der erforderlichen **Identität;**[266] werden die Wohnungseigentümer als Vertragspartner verpflichtet, kann der Unternehmer wegen seines gesamten Werklohns zwar von dem einzelnen Wohnungseigentümer die Bewilligung einer Sicherungshypothek verlangen, diese ist jedoch durch den jeweiligen Miteigentumsanteil begrenzt.[267] Insoweit ist also eine erhebliche Änderung durch die WEG-Reform eingetreten.[268]

---

261) Vgl. näher *Brych*, NJW 1974, 483; *Groß*, S. 78.
262) OLG Hamm, BauR 1999, 407, 408 = NJW-RR 1999, 383; OLG Frankfurt (17. ZS), OLGZ 1985, 193 = SFH, Nr. 7 zu § 648 BGB; NJW 1975, 785 (7. ZS); WERS I Nr. 4 (22. ZS); OLG München, NJW 1975, 220; LG Frankfurt, MDR 1974, 579 u. MDR 1975, 315; OLG Köln, OLGZ 1975, 20; s. auch OLG Düsseldorf, BauR 1983, 376 u. 1975, 62; *Brych*, NJW 1974, 483; **a.A.:** LG Köln, *Schäfer/Finnern*, Z 2.321 Bl. 34; OLG Frankfurt (3. ZS), NJW 1974, 62 m.Anm. *Schmalzl; Siegburg*, S. 244.
263) OLG Düsseldorf, BauR 1983, 376.
264) BauR 1976, 365, 366; ebenso: *Groß*, S. 79.
265) *Lüdtke-Handjery*, DB 1972, 2197; *Groß*, S. 78.
266) *Korbion*, in: Ingenstau/Korbion, Anhang 2, Rn. 44.
267) *Motzke*, in: Englert/Motzke/Wirth, § 648 BGB, Rn. 60.
268) Zur alten Rechtslage siehe *Groß*, S. 82; OLG Frankfurt, ZfBR 1995, 206 = NJW-RR 1995, 1359.

bb) Der Eigentümer

Der Bauherr („Besteller") muss grundsätzlich **Eigentümer** des Baugrundstücks 249
sein. Hat der Besteller ein dingliches Anwartschaftsrecht an dem Baugrundstück,[269)] so erwächst dem Unternehmer kein Anspruch gegen den Erwerber, solange dieser noch nicht eingetragen ist; der Unternehmer erwirbt aber den Anspruch mit der Eintragung des Erwerbers als Eigentümer.[270)] Ist eine **BGB-Gesellschaft** Auftraggeberin, so kann eine Vormerkung bzw. Sicherungshypothek nur bewilligt werden, wenn die BGB-Gesellschaft im Grundbuch als Eigentümer eingetragen ist.[271)]

Steht somit das Baugrundstück im **Eigentum eines Dritten**, entfällt der dingliche Sicherungsanspruch. So kann der Unternehmer keine Hypothek verlangen, 250
wenn Bauherr der Ehemann, Eigentümerin des Grundstücks aber die Ehefrau ist.[272)] Fällt das Baugrundstück in die Gütergemeinschaft der **Eheleute**, so kann eine Sicherungshypothek nur eingeräumt werden, wenn **beide Eheleute** Vertragspartner des Unternehmers sind. Das Sicherungsbedürfnis des Unternehmers erfordert stets eine **sorgfältige Prüfung, wer** im Einzelfall tatsächlich als der **Vertragspartner** des Unternehmers anzusehen ist;[273)] als Beispiel sei insoweit auf das Urteil des BGH vom 27. März 1972 verwiesen.[274)]

Veräußert der Bauherr/Besteller **das Grundstück**, erlischt der Anspruch des 251
Auftragnehmers auf eine dingliche Sicherung an diesem Grundstück und damit auch der Anspruch auf Eintragung einer Vormerkung zur Sicherung des vorgenannten Anspruchs selbst dann, wenn die Veräußerung erfolgte, um das Grundstück dem Zugriff der Gläubiger zu entziehen;[275)] der Unternehmer wird in der Regel grundsätzlich nicht davor geschützt, dass der Bauherr/Besteller das Grundstück veräußert.[276)] Etwas anderes kann nur dann gelten, wenn der **Erwerber** des Grundstücks für die Forderung des Auftragnehmers **persönlich** haftet.[277)] Ist dagegen **vor** der Veräußerung zu Gunsten des Auftragnehmers eine **Vormerkung** des Sicherungsanspruchs auf die Hypothekenbestellung **eingetragen** worden, ist die in der Eigentumsübertragung liegende Verfügung des Bauherrn dem Auftrag-

---

269) **Beispiel:** Der Erwerber hat eine Auflassungsvormerkung, die Baugesellschaft vergibt die Bauaufträge in seinem Namen (vgl. BGH, NJW 1980, 992 = ZfBR 1980, 73).
270) *Groß*, S. 56; *Lüdtke-Handjery*, DB 1972, 2196; dies soll nach *Groß*, a.a.O., auch gelten, sofern der Unternehmer im Zeitpunkt des Eigentumserwerbs bereits alle Leistungen erbracht hatte.
271) LG Frankfurt, BauR 2007, 1780(LS). Zur **Grundbuchfähigkeit** der Gesellschaft bürgerlichen Rechts (GbR): BGH, BauR 2009, 535.
272) OLG München, HRR 1941, Nr. 3; *Groß*, S. 61; *Erman/Schwenker*, § 648 BGB, Rn. 8.
273) Siehe ferner: BGH, *SFH*, Nr. 3 zu § 164 BGB betr. minderj. **Kinder;** BGH, BauR 1980, 353 = ZfBR 1980, 187 für **unternehmensbezogenes** Geschäft; BGH, BauR 1984, 413 = NJW 1984, 2100 für **Gesellschafter** einer BGB-Gesellschaft; LG Kassel, NJW 1983, 827 für **Bauherrenmodell;** KG, Urt. v. 12.12.1985 – 7 U 5280/95, IBR 1997, 10 (*Dieckert*) für Bauaufträge durch **Hausverwaltung**.
274) *Schäfer/Finnern*, Z 2.12 Bl. 5 m. abl. Anm. *Finnern* betr. **Ehefrau**.
275) OLG Oldenburg, OLGR 2000, 83 (nur Ansprüche aus §§ 823, 826 BGB oder Klage nach dem Anfechtungsgesetz); OLG Düsseldorf, BauR 1977, 361, 362; *Groß*, S. 57.
276) BGH, BauR 2015, 152 = ZfBR 2015, 248 = NZBau 2015, 152 = IBR 2015, 134 – *Schmitz*.
277) *Ingenstau/Korbion*, 13. Aufl., § 16/B, Rn. 374 mit Hinweis auf eine nicht veröffentlichte Entscheidung des BGH.

nehmer gegenüber insoweit unwirksam, als sie der Verwirklichung des vorgemerkten Rechtes entgegensteht (§ 883 Abs. 2 BGB). Da in diesem Fall der Bauherr gegenüber dem Auftragnehmer noch als Eigentümer gilt, kann der Auftragnehmer seinen Sicherungsanspruch durchsetzen und von dem **Erwerber** des Grundstücks nach § 888 Abs. 1 BGB die zur Eintragung des Rechtes nach § 19 GBO erforderliche Bewilligung beanspruchen.[278] Dem Auftragnehmer ist es bei dieser Konstellation aber auch weiterhin möglich, seinen Schuldner und den Erwerber **gleichzeitig** oder **einzeln** in beliebiger Reihenfolge in Anspruch zu nehmen. Der Schuldner hat dabei die Erklärung abzugeben, „die die vorgemerkte Rechtsänderung herbeiführt"[279]. Der neue Eigentümer kann jedoch die persönlichen Einreden aus dem Bauvertrag dem Unternehmer entgegenhalten,[280] z.B., dass der Anspruch auf Eintragung einer Sicherungshypothek vertraglich ausgeschlossen ist oder sich nur auf den reinen Vergütungsanspruch beschränkt.[281]

252 Ist allerdings für den Erwerber des Grundstücks eine Vormerkung zur Sicherung des Anspruchs auf den lastenfreien Eigentumsübergang im Grundbuch eingetragen (Auflassungsvormerkung), kann zwar noch bis zum Eigentumsübergang eine Sicherungshypothek oder Vormerkung eingetragen werden. Im Hinblick auf die §§ 883, 888 BGB ist dies jedoch nicht sinnvoll, da mit dem **Eigentumsübergang** der Erwerber die Löschung der Sicherungshypothek oder einer entsprechenden Vormerkung verlangen kann.[282]

cc) Identität von Besteller und Grundstückseigentümer

Literatur

Wilhelm, Bauunternehmersicherungshypothek und wirtschaftliche Identität von Besteller und Eigentümer, NJW 1975, 2322; *Rathjen*, Sicherungshypothek des Bauunternehmers bei enger Verflechtung zwischen Besteller und Grundstückseigentümer, DB 1977, 987; *Fehl*, Zur Identität von Besteller und Grundstückseigentümer als Voraussetzung für die Bestellung der Bauhandwerkersicherungshypothek i.S. von § 648 BGB, BB 1977, 69; *Lenzen*, Bauhandwerker-Sicherungshypothek bei „wirtschaftlicher Identität" von Besteller und Grundstückseigentümer, BauR 1981, 434; *Schlechtriem*, Der Zugriff des Unternehmers auf das bestellerfremde Grundstück – Zur Anwendung und Weiterentwicklung des § 648 BGB, JA 1984, 453; *Clemm*, Haftung des mit dem Besteller nicht identischen Grundstückseigentümers auf Einräumung einer Bauhandwerkersicherungshypothek, DB 1985, 1777; *Schlechtriem*, Der rechtsgebundene Richter und die wirtschaftliche Betrachtungsweise, Festschrift für Korbion (1986), 359; *Fehl*, Identität von Besteller und Grundstückseigentümer als Voraussetzung für die Bestellung der Bauhandwerkersicherungshypothek i.S. von § 648 BGB, BB 1987, 2039; *Clemm*, Dingliche Durchgriffshaftung im Rahmen des § 648 BGB?, BauR 1988, 558; *Slapnicar*, Die unzulässige Fiktion des Grundstückseigentümers als Besteller einer Bauhandwerker-Sicherungshypothek, BB 1993, 230; *Raabe*, Bauhandwerkersicherungshypothek an schuldnerfremden Grundstücken trotz § 648 BGB?, BauR 1997, 757.

253 § 650e (früher: § 648) BGB geht in seinem Wortlaut von dem Regelfall aus, dass **Auftraggeber („Besteller") und Grundstückseigentümer identisch** sind. Das ist aber heute oftmals nicht der Fall; aufgrund der in den letzten Jahrzehnten ent-

---

278) OLG Düsseldorf, BauR 1977, 361.
279) OLG Hamm, NZBau 2006, 576 m. Nachw.
280) Vgl. RGZ 53, 29, 34.
281) BGH, DB 1974, 1719; zum zweckmäßigen Vorgehen: *Groß*, S. 58, 59.
282) OLG Dresden, NZM 1999, 632.

Der Sicherungsgegenstand

wickelten Unternehmensformen[283] kommt es nicht selten vor, dass Besteller (Bauherr) und Grundstückseigentümer zwar einerseits **rechtlich verschiedene**, andererseits aber **wirtschaftlich eng miteinander verbundene** juristische (oder quasijuristische) Personen sind. Im Übrigen ist diese Situation bei **Subunternehmerverträgen** alltäglich; Generalunternehmer **(Hauptunternehmer)** sind üblicherweise nicht Eigentümer der zu bebauenden Grundstücke. Befindet sich das Baugrundstück des Hauptunternehmers im Eigentum des **Geschäftsführers** oder eines **Gesellschafters** des Hauptunternehmers, versuchen Subunternehmer zuweilen, trotz mangelnder „Identität" eine Sicherheit nach § 650e (früher: § 648) BGB zu erreichen.[284]

Es ist umstritten, welche Anforderungen an den Begriff der „**Identität**" i.S. von § 650e (früher: § 648) BGB zu stellen sind und ob im Einzelfall von dem Erfordernis der Übereinstimmung von Besteller und Grundstückseigentümer überhaupt abgesehen werden kann.

Bei der Lösung dieser Frage sind zunächst die Fälle auszuscheiden, die sich nach **254** **allgemeinen Rechtsgrundsätzen** lösen lassen: So kommen als Haftungstatbestände gegenüber dem Grundstückseigentümer vor allem **culpa in contrahendo** (§ 280 Abs. 1 in Verbindung mit §§ 311 Abs. 2, 241 Abs. 2 BGB), **Schuldübernahme, Bürgschaft** sowie §§ 128, 164 Abs. 2 HGB in Betracht.[285] Daneben bieten das **Vertretungs-** und **Ermächtigungsrecht** durchaus akzeptable Lösungsmöglichkeiten;[286] und auch die Grundsätze der **Durchgriffshandlung** werden im Einzelfall zu prüfen sein.[287]

Es kann in der Regel nicht unbeachtet bleiben, dass ein Bauunternehmer meist von der Identität des Auftraggebers und Eigentümers ausgeht und auch ausgehen kann; denn dies entspricht dem Regelfall. Er will den Bauvertrag nur mit einem Auftraggeber abschließen, der auch Grundstückseigentümer ist, um sein Sicherungsrecht nicht aufzugeben. Ist dies nicht der Fall, haben aber der Auftraggeber (Bauherr) und der Grundstückseigentümer die irrtümliche Vorstellung des Unternehmers mitverursacht – u.U. durch eine unterlassene Aufklärung –, so hat im Einzelfall das Interesse des Grundstückseigentümers hinter dem berechtigten Schutzbedürfnis des Unternehmers zurückzutreten.[288]

---

283) Hier sind an erster Stelle die **Bauträgermodelle** zu nennen; vgl. *Clemm*, BauR 1988, 558; *Siegburg*, S. 248.
284) Beispielsfälle: OLG Hamm, BauR 2007, 721; OLG Celle, NZBau 2000, 198 = BauR 2000, 101 = NJW-RR 2000, 387; siehe auch OLG Düsseldorf, BauR 2012, 1240; OLG Hannover, BauR 2008, 1038 (LS).
285) Vgl. OLG Frankfurt, BauR 2008, 1158 = IBR 2008, 151 – *Parbs-Neumann* = NZBau 2008, 771 (LS) (zur analogen Anwendung von § 128 HGB bei einer **nicht eingetragenen GbR**); OLG Hamm, BauR 1978, 58 (Haftung des Gesellschafters einer OHG gemäß § 128 HGB); *Siegburg*, EWiR § 648 BGB 1/88, S. 43, 44 u. Bauwerksicherungshypothek, S. 248, 273; *Joussen*, in: Ingenstau/Korbion, Anhang 1, Rn. 38.
286) § 185 BGB (analog); vgl. dazu vor allem *Fehl*, BB 1977, 69 ff.; BB 1987, 2039 ff. u. BB 1988, 1000, 1001; **a.A.:** z.B. OLG Braunschweig, BB 1974, 624; OLG Hamm, NJW-RR 1986, 570, 571; KG, MDR 1987, 55; *Groß*, S. 65 ff. Bedenken auch bei OLG Köln, NJW-RR 1986, 960 u. *Siegburg*, S. 248, 249.
287) Siehe OLG Frankfurt, NZBau 2008, 118 = IBR 2008, 154 – *Heisiep* = BauR 2008, 141 (LS); OLG Hamm, BauR 2007, 721, 722.
288) Vgl. hierzu *Rathjen*, DB 1977, 987, 990.

255 In gleicher Weise sind auch die **Grundsätze des Rechtsscheins** zu berücksichtigen: Im Einzelfall wird zu prüfen sein, **wie** sich der Grundstückseigentümer bei Vertragsabschluss dem Unternehmer gegenüber verhalten hat. Das Problem tritt in der Praxis häufig auf, wenn ein **Ehegatte** Eigentümer des Baugrundstücks ist, der andere aber als Vertragspartner auftritt.[289] Erweckt ein Grundstückseigentümer bei dem Unternehmer z.B. die Vorstellung, er sei der „eigentliche" Auftraggeber, und der Dritte, mit dem der Bauvertrag abgeschlossen wurde, sei nur als „Betreuer" eingeschaltet oder aber sogar mit dem Grundstückseigentümer identisch, so gebietet es der von dem Grundstückseigentümer erweckte falsche Rechtsschein, dass er den Unternehmer auf die tatsächlichen Umstände hinweist, weil dieser sonst aufgrund des Verhaltens des Grundstückseigentümers davon ausgehen konnte, dass der Grundstückseigentümer für die Werkforderungen mit **seinem** Grundstück einstehen werde.[290]

256 Schließlich kann bei der Abwägung der beiderseitigen Interessen von Grundstückseigentümer und Unternehmer berücksichtigt werden, dass der **Grundstückseigentümer** in aller Regel den **Dritten** auch **ermächtigt** hat, den **Bauvertrag** mit dem Unternehmer **abzuschließen** und er daher aufgrund dieser Ermächtigung Kenntnis davon hat, dass auf seinem Grundstück gebaut wird. Dann muss er aber auch das berechtigte Sicherungsbedürfnis des Unternehmers anerkennen, **es sei denn**, dieser ist **vor** der Auftragserteilung hinreichend über die fehlende Identität von Auftraggeber und Grundstückseigentümer aufgeklärt worden. Dem steht es gleich, wenn dem Unternehmer nach dem **Inhalt des Bauvertrages** bekannt ist oder es ihm nach den Umständen bekannt sein muss, dass Auftraggeber und Grundstückseigentümer nicht identisch sind.[291] Allerdings kann von dem Unternehmer nicht verlangt werden, dass er vor einem Vertragsschluss die Eigentumsverhältnisse an dem Grundstück ermittelt, indem er das Grundbuch einsieht.[292] Das Schutzbedürfnis des Unternehmers ist also nicht schon deshalb geringer, weil er sich bei der Auftragserteilung nicht über die Identität von Besteller und Grundstückseigentümer informiert hat;[293] ein „Mitverschulden" des Unternehmers an dem für ihn meist überraschenden Auseinanderklaffen von Auftraggeber und Grundstückseigentümer ist daher im Hinblick auf sein Sicherungsbedürfnis unerheblich.[294]

257 Es bleibt die Frage, ob auch die bloße **wirtschaftliche Identität** zwischen Bauherr und Grundstückseigentümer im Einzelfall ausreicht, um dem Unternehmer

---

289) Siehe hierzu: OLG Dresden, IBR 2008, 152 – *Niesel/Morgenroth* = BauR 2008, 722 (LS); OLG Celle, BauR 2005, 1050 = IBR 2005, 87 = NJW-RR 2005, 460 = NJW-Spezial 2005, 216; OLG Frankfurt, BauR 2001, 129; *Joussen*, in: Ingenstau/Korbion, Anhang 1, Rn. 35.
290) Vgl. hierzu vor allem OLG Düsseldorf, *Schäfer/Finnern*, Z 2.321 Bl. 54; BauR 1985, 337, 338; OLG Koblenz, BauR 1993, 750, 751; *Fehl*, BB 1977, 69; ablehnend: *Clemm*, DB 1985, 1777, 1779.
291) Siehe OLG Hamm, BauR 2007, 721, 722; OLG Köln, BauR 1986, 703 = NJW-RR 1986, 960.
292) Zutr. *Siegburg*, S. 254, 255; **a.A.:** OLG Hamm, BauR 1982, 285, 287; KG, BauR 1986, 705, 706.
293) Das OLG Celle, BauR 2005, 1050, 1052, hält es für **zumutbar**, „durch Nachfrage bei den Vertragsverhandlungen eine Klarstellung der Verhältnisse herbeizuführen, wenn er den Werkvertrag nur mit einem der Ehegatten schließt".
294) So mit Recht *Rathjen*, DB 1977, 987, 988; **a.A.:** OLG Bremen, BB 1976, 624, das verlangt, der Unternehmer müsse sich durch eine entsprechende Vertragsgestaltung selbst schützen.

Der Sicherungsgegenstand

den dinglichen Zugriff aus § 650e (früher: § 648) BGB zu ermöglichen. Das ist von einer verbreiteten Meinung bejaht worden.[295] Dem ist der **BGH** durch Urteil vom 22. Oktober 1987[296] jedoch entgegengetreten. Er geht von dem Erfordernis „rechtlicher Übereinstimmung von Eigentümer und Besteller" aus, fordert also eine **formaljuristische Identität.** Das OLG Celle[297] und das KG[298] meinen, dies gelte erst recht nach der Einfügung des **§ 650f (früher: § 648a) BGB,** da der Auftragnehmer nunmehr in jedem Falle die Möglichkeit habe, seine Forderung auf diesem Wege „abzusichern". Es sei daher „fraglich", ob im Hinblick auf die Neuregelung des § 650f (früher: § 648a) BGB „noch auf § 242 BGB zurückgegriffen" werden könne (KG).

258 Gleichwohl ist mit dem BGH weiterhin davon auszugehen, dass sich der Grundstückseigentümer je nach Lage des **Einzelfalles wie ein Besteller behandeln lassen muss,** soweit der Unternehmer wegen des ihm zustehenden Werklohns Befriedigung aus dem Grundstück sucht. Die Anwendung von **§ 242 BGB** wird durch § 650f (früher: § 648a) BGB keinesfalls ausgeschlossen;[299] das ist nach zutreffender Ansicht nur der Fall, wenn der Unternehmer für seinen Vergütungsanspruch tatsächlich eine Sicherheit nach § 650f (früher: § 648a) BGB **erlangt** hat.[300] Ist das nicht der Fall, sind die Grundsätze des BGH weiterhin zu beachten, die lauten:

„Auch im Verhältnis zwischen dem Bauunternehmer und dem Grundstückseigentümer, der nicht Auftraggeber ist, gelten die allgemeinen Grundsätze von Treu und Glauben (§ 242 BGB). Die Auffassung von *Clemm* (DB 1985, S. 1778), der hier Anwendung der Begründung verneint, es fehle insoweit an der ‚rechtlichen Sonderverbindung', ist abzulehnen. Dabei kann hier offenbleiben, inwieweit eine solche besondere Tatbestandsvoraussetzung überhaupt verlangt werden kann (so u.a. Soergel/Teichmann, BGB, 11. Aufl., § 242 Rn. 30 ff.; Palandt/Heinrichs, BGB, 46. Aufl., § 242, 1c; a.A. Staudinger/Schmidt, BGB, 12. Aufl., § 242 Rn. 113 f.). Selbst wenn man als Tatbestandsmerkmal des § 242 BGB etwa mit dem Reichsgericht (RGZ 160,

---

295) Vgl. u.a. KG, OLGR 1996, 49 (Gesellschaft bürgerlichen Rechts; Auftrag durch **einen** der Gesellschafter) u. NJW 1978, 325; OLG München, NJW 1975, 220; LG Köln BB 1973, 1375, 1376; LG Düsseldorf, BB 1975, 901; OLG Düsseldorf, *Schäfer/Finnern,* Z 2.321 Bl. 54; *Lenzen,* DB 1987, 987 ff.; *Lenzen,* BauR 1981, 434 ff.
296) BGHZ 102, 95 = BauR 1988, 88 = ZfBR 1988, 72 = NJW 1988, 255 = BB 1988, 998 m.Anm. *Fehl;* dazu *Siegburg,* EWiR § 648 BGB 1/88, S. 43 u. *Clemm,* BauR 1988, 558 ff.; *Grunewald,* JR 1988, 462. **Wie** der **BGH** haben entschieden: OLG Hamm, BauR 2007, 721; OLG Celle, BauR 2006, 543 = IBR 2005, 483; OLG Naumburg, NJW-RR 2000, 311 = NZBau 2000, 79; KG, BauR 1999, 921 = NJW-RR 1999, 1247; LG Aschaffenburg, NJW 1997, 783 („Briefkastenfirma"); OLG Celle, OLGR 1997, 211, 212; OLG Dresden, BauR 1998, 136; OLG Koblenz, BauR 1993, 750; OLG Hamm (26. ZS), BauR 1990, 365 = NJW-RR 1989, 1105; KG (6. ZS), BauR 1986, 705; KG (24. ZS), NJW-RR 1987, 1230; OLG Hamm, NJW-RR 1986, 570 u. OLG Köln, BauR 1986, 703 = NJW-RR 1986, 960.
297) Urteil vom 24.1.1996 – 6 U 134/95, IBR 1996, 506 (*Siebert*); BauR 2000, 101 = NZBau 2000, 198 = NJW-RR 2000, 387 u. BauR 2005, 1050, 1051; *Raabe,* BauR 1997, 757 ff.; s. auch OLG Düsseldorf, BauR 2012, 1240, 1242 = IBR 2013, 538 – *Schmitz.*
298) OLGR 1996, 157, 158.
299) OLG Düsseldorf, BauR 2012, 1240, 1241; OLG Bremen, OLGR 2003, 133; OLG Naumburg, NJW-RR 2000, 311; OLG Frankfurt, BauR 2001, 129; KG, BauR 1999, 921 = NJW-RR 1999, 1247 = OLGR 1999, 123; OLG Dresden, BauR 1998, 136, 137; *Schulze-Hagen,* BauR 2000, 28, 34; Beck'scher VOB-Komm/*Funke,* B Vor § 2, Rn. 276; siehe aber *Joussen,* in: Ingenstau/Korbion, Anhang 1, Rn. 31, die allerdings bei der Abwägung, ob im Einzelfall § 242 BGB zur Anwendung kommt, die Sicherungsmöglichkeit nach § 648a BGB einbeziehen wollen.
300) OLG Celle, BauR 2006, 543, 546.

S. 349, 357) ‚irgendwelche Rechtsbeziehungen' fordert, können keine Zweifel darüber bestehen, dass solche Beziehungen zwischen dem Unternehmer und dem Eigentümer durch die Arbeiten auf dem Grundstück jedenfalls dann entstanden sind, wenn die Arbeiten – wie hier – in Ausübung einer Berechtigung gegenüber dem Eigentümer, auf keinen Fall aber ohne sein Einverständnis vorgenommen wurden.

Wenn jedoch § 242 BGB grundsätzlich anwendbar ist, so muss, wie in den Fällen gesellschaftsrechtlicher Durchgriffshaftung, das Identitätserfordernis nach Treu und Glauben jedenfalls dann zurücktreten, wenn ‚die Wirklichkeit des Lebens und die Macht der Tatsachen' es dem Richter gebieten (BGHZ 54, S. 574, 575), die personen- und vermögensrechtliche Selbstständigkeit von Besteller und Eigentümer hintanzusetzen. Die förmliche Verschiedenheit darf nicht dazu führen, dem Bauhandwerker die ihm redlicherweise zustehende Sicherheit vorzuenthalten. Alsdann muss sich der Grundstückseigentümer gemäß § 242 BGB zumindest im Bereich der dinglichen Haftung wie ein Besteller behandeln lassen (*Blaesing*, ZfBR 1983, S. 271)."

Maßgebende Umstände, nach denen sich „die Berufung auf die Personenverschiedenheit von Besteller und Grundstückseigentümer als Verstoß gegen Treu und Glauben darstellt", sind nach Ansicht des BGH[301)] z.B. die **wirtschaftliche Beherrschung** des Bestellers durch den Grundstückseigentümer **und das tatsächliche Ausnutzen** der von dem Unternehmer erbrachten Werkleistung. Werde der Grundstückseigentümer gerade durch die von dem Unternehmer durchgeführten Arbeiten **„erst in die Lage versetzt, das ihm gehörende Grundstück in erhöhtem Maße zu nutzen"**, dann müsse er sich wie der Besteller dieser **Werkleistung behandeln lassen**.

259 Der BGH kommt damit im Ergebnis der von ihm abgelehnten Ansicht von einer wirtschaftlichen Betrachtungsweise „sehr nahe".[302)] Clemm[303)] tritt dem rechtlichen Ansatzpunkt des BGH entgegen und meint, die Rechtfertigung für eine Haftung des Grundstückseigentümers sei nicht im dinglichen Bereich, sondern

---

301) Im Ergebnis ebenso: OLG Frankfurt, BauR 2008, 1158 = IBR 2008, 151; OLG Hamm, NZBau 2008, 118, 119 (**wirtschaftliche Beherrschung**; Grundstückseigentümer als Alleingesellschafter der auftraggebenden GmbH; OLG Düsseldorf, BauR 2007, 1590; OLG Celle, BauR 2006, 543 = IBR 2005, 483 – *Hildebrandt* (GmbH ist Auftraggeber; alleiniger Gesellschafter u. Geschäftsführer ist Eigentümer des Baugrundstücks); OLG Bremen, OLGR 2003, 133; OLG Celle, BauR 2003, 576 = NZBau 2003, 332 u. BauR 2001, 834; OLG Naumburg, NJW-RR 2000, 311 = ZfBR 2000, 553 = NZBau 2000, 79 (bei **enger persönlicher Beziehung**); OLG Frankfurt, BauR 2001, 129 (**Eheleute**; siehe auch OLG Celle, OLGR 1997, 211, 212 für **Ehefrau**; s. aber OLG Celle, BauR 2005, 1050 = IBR 2005, 87 – *Schwenker*); LG Hamburg, NJW-RR 2003, 594 = NZBau 2003, 334 = ZMR 2003, 336 (Alleingesellschafter einer GmbH; Übertragung des Eigentums auf diesen); LG Augsburg, BauR 2002, 331; LG Hildesheim, BauR 2000, 902 (wirtschaftliche Verflechtung); LG Essen, BauR 2000, 903 („Eigentumshülle"); LG Aschaffenburg, NJW-RR 1997, 783 (**„Briefkastenfirma"**); OLG Dresden, BauR 1998, 136, 137 (**Alleingesellschafterin**); OLG Koblenz, BauR 1993, 750, 751; OLG Hamm, BauR 1990, 365, 366 = NJW-RR 1990, 1105. Zur **Abwägung** im Einzelfall siehe: OLG Hamm, BauR 2007, 721 (Generalunternehmerproblematik); OLG Celle, BauR 2003, 576 = NZBau 2003, 332 = NJW-RR 2003, 236 = OLGR 2003, 17 u. BauR 2000, 101 = NJW-RR 2000, 387 = NZBau 2000, 198; OLG Frankfurt, BauR 2001, 129 = MDR 2001, 1405 u. OLG Schleswig, BauR 2000, 1377 = OLGR 2000, 158, wenn sich dem Unternehmer aufdrängen muss, dass die GmbH nicht Grundstückseigentümerin ist; OLG Oldenburg, OLGR 2000, 83 für Veräußerung des Grundstücks nach Ausführung der Bauarbeiten (bedenklich; s. zutreffend: OLG Bremen, OLGR 2003, 133, 134).

302) So zutreffend *Siegburg*, EWiR § 648 BGB 1/88, S. 43, 44; Beck'scher VOB-Komm/*Funke*, B Vor § 2, Rn. 277.

303) BauR 1988, 558 ff.; ablehnend auch *Slapnicar*, BB 1993, 230 ff.

"vorrangig schuldrechtlich zu suchen"; der BGH habe also prüfen müssen, ob der Grundstückseigentümer nicht über § 242 BGB zur Zahlung des Werklohns verpflichtet gewesen sei. Handele er nämlich nicht rechtsmissbräuchlich, wenn er sich weigere, den Werklohn zu zahlen, so sei nicht einzusehen, "weshalb es rechtsmissbräuchlich sein soll, wenn er es ablehnt, mit seinem Grundstück für die Werklohnforderung zu haften" (Clemm). Nach dieser Ansicht soll § 242 BGB also nur durchgreifen, wenn der Grundstückseigentümer auch für den Werklohn haften muss.[304]

Dem ist entgegenzuhalten: § 650e (früher: § 648) BGB legt eine **dingliche Haftung** des Grundstückseigentümers fest, und auch für diesen Bereich gilt der Grundsatz von Treu und Glauben (§ 242 BGB). Der BGH hat in der Entscheidung vom 22. Oktober 1987 die Anwendung von § 242 BGB auf den Bereich der **(rein) dinglichen Haftung** für möglich gehalten, was im Einzelfall dazu führt, dass – insoweit in Abweichung von dem Grundprinzip des § 650e (früher: § 648) BGB – der Auftraggeber (= Vertragspartner des Unternehmers) für den Werklohn und der Grundstückseigentümer (nur) für die Einräumung einer Sicherungshypothek gemäß § 650e (früher: § 648) BGB haften kann.[305]

Anwaltliche Vorsicht ist aber besonders geboten, wenn es darum geht, neben der Sicherungshypothek den **fälligen Werklohn** einzuklagen; **den Grundstückseigentümer** wird er bei fehlender Identität nur dann auf **Zahlung** des Werklohns in Anspruch nehmen, wenn er ausreichende Anhaltspunkte dafür hat, dass sich der Eigentümer **auch im schuldrechtlichen Bereich** "wie ein Besteller" behandeln lassen muss;[306] daran ist vor allem zu denken, wenn die Grundsätze der **Anscheins-** oder **Duldungsvollmacht** zum Tragen kommen.[307] Sind hierfür keine ausreichenden Anhaltspunkte vorhanden, wird er (nur) den Auftraggeber (seinen Vertragspartner) auf Zahlung in Anspruch nehmen. Die Tatsache allein, dass der Eigentümer nach Treu und Glauben (§ 242 BGB) auf Einräumung einer Sicherungshypothek nach § 650e (früher: § 648) BGB haftet, besagt nach der BGH-Entscheidung vom 22. Oktober 1987 jedenfalls noch nicht, dass auch der Werklohn (immer) von ihm beansprucht werden kann.[308] Ein **Zahlungsanspruch** wird allerdings in Betracht kommen, wenn eine **Durchgriffshaftung** über § 826 BGB oder § 242 BGB im Einzelfall begründet werden kann.[309] Ein solcher Durchgriffsanspruch kann nicht durch eine Bauhandwerkersicherungshypothek abgesichert werden, wohl aber vor Erlangen eines rechtskräftigen Zahlungstitels durch einen dinglichen Arrest.[310]

---

304) So auch *Siegburg*, EWiR § 648 BGB 1/88, S. 43, 44 u. BauR 1990, 32, 54.
305) Siehe auch OLG Düsseldorf, BauR 2012, 1240, 1242.
306) Vgl. OLG Düsseldorf, NJW-RR 1993, 851 (ein **zahlungsunfähiger Mieter** erteilt den Auftrag zur Durchführung umfangreicher Dacharbeiten).
307) Vgl. z.B. OLG Dresden, NJW-RR 1999, 897 (Haftung der Ehefrau aus Anscheinsvollmacht).
308) **Anderer Ansicht** wohl Beck'scher VOB-Komm/*Funke*, B Vor § 2, Rn. 277.
309) Siehe hierzu instruktiv: LG Berlin, NZBau 2000, 199 (Durchgriffshaftung gegen Alleingesellschafter einer GmbH). Zur **Konzernhaftung** des Alleingesellschafters einer GmbH aus deren Bauaufträgen: LG Berlin, NZBau 2000, 201 ff.
310) OLG Celle, BauR 2000, 101 = NZBau 2000, 198 = NJW-RR 2000, 387.

4. Verfahrensfragen

Literatur

Siegburg, Einstweilige Verfügung auf Eintragung einer Vormerkung zur Sicherung des Anspruchs aus § 648 Abs. 1 BGB, BauR 1990, 290; *Quambusch*, Vormerkung der Bauwerksicherungshypothek ohne Anhörung des Bauherrn?, BauR 2000, 184; *Kohler*, Wiederaufladung stehengebliebener Hypothekenvormerkungen?, BauR 2012, 1164.

261 Da § 650e (früher: § 648) BGB nur einen persönlichen Anspruch auf Eintragung einer Bauhandwerkersicherungshypothek gewährt, tritt die dingliche Sicherung erst mit der Bestellung und Eintragung der Sicherungshypothek im Grundbuch ein.[311] Die Hypothek erfordert somit stets die **Bewilligung des Verpflichteten**, die in aller Regel durch Urteil erkämpft werden muss.

Der billigste und schnellste Weg für den Berechtigten ist die **gütliche Einigung** mit dem Bauherrn. Das geschieht häufig im Rahmen einer Stundungsabrede, die den Bauherrn veranlasst, dem Bauwerkunternehmer (Unternehmer oder Architekt) eine Sicherheit in Form einer Sicherungshypothek zu gewähren, wenn eine andere Sicherstellung nicht erfolgen soll oder kann. Willigt der Bauherr in einem solchen Fall in die Bestellung der Sicherungshypothek ein, kann aufgrund dieser Bewilligung und einem entsprechenden Antrag ohne weiteres die Eintragung im Grundbuch erfolgen. Die Eintragungsbewilligung muss allerdings dem § 29 GBO entsprechen; nach der Antragstellung wird der Berechtigte durch § 17 GBO geschützt. Materiell-rechtlich setzt die Bestellung der Sicherungshypothek die Einigung und Eintragung voraus (§ 873 BGB).

262 In gleicher Weise ist die Eintragung einer **Vormerkung** auf Einräumung der Sicherungshypothek unproblematisch, wenn dies aufgrund einer gütlichen Einigung zwischen den Baubeteiligten geschieht. Durch eine Vormerkung wird der für den Unternehmer noch bestehende Zustand der Ungewissheit über die endgültige Verwirklichung seines gesetzlichen Anspruchs aus § 650e (früher: § 648) BGB durch eine vorläufige Sicherung überbrückt.[312] Die Vormerkung wirkt für den Berechtigten rangsichernd. Sie verhindert, dass die erst später einzutragende Sicherungshypothek durch zwischenzeitliche weitere Eintragungen eine wertlose Rangstelle erhält, die keine Sicherheit bietet. Der Rang der Sicherungshypothek selbst richtet sich stets nach dem Rang der Vormerkung.

263 Die Eintragung der von dem Bauherrn bewilligten Vormerkung richtet sich materiell nach § 885 Abs. 1 Satz 1 BGB. Es genügt damit auch die einseitige Erklärung des Bauherrn, die sich an den Berechtigten oder auch an das Grundbuchamt richten kann.[313] Die Eintragung im Grundbuch erfolgt wie die Eintragung des Vollrechts, setzt also im Einzelfall immer die Bewilligung in der Form des § 29 GBO voraus.[314] In der Bewilligung der Eintragung einer Sicherungshypothek liegt im Zweifel noch nicht die Bewilligung einer entsprechenden Vormerkung.[315]

---

311) Vgl. *Lüdtke-Handjery*, DB 1972, 2193, 2197.
312) OLG Köln, NJW 1968, 505, 507.
313) *Kössinger*, in: Bamberger/Roth, § 885 BGB, Rn. 6.
314) *Erman/Lorenz*, a.a.O., Rn. 2.
315) Vgl. insoweit *Erman/Lorenz*, a.a.O., Rn. 5; BayObLG, Rpfleger 1979, 134 für **Auflassungserklärung** des Eigentümers.

Verfahrensfragen

264 Wird das Grundstück **nach der Eintragung der Vormerkung veräußert**, muss der **Erwerber** der Umschreibung in eine Sicherungshypothek zustimmen, ohne dass der persönlich Verpflichtete vorher die Umschreibung bewilligt hat.[316] Der neue Eigentümer kann allerdings die persönlichen Einreden aus dem Bauvertrag dem Bauwerkunternehmer entgegenhalten,[317] z.B., dass der Anspruch auf Eintragung einer Sicherungshypothek vertraglich ausgeschlossen ist oder sich nur auf den reinen Vergütungsanspruch beschränkt.[318] Die Umschreibung erfolgt nur aufgrund der Bewilligung des Eigentümers.

265 Hat der Bauherr sein Grundstück veräußert und ist für den **Erwerber** eine Auflassungsvormerkung **eingetragen,** scheitert ein (später geltend gemachter) Anspruch des Unternehmers auf Einräumung einer Sicherungshypothek immer an § 883 Abs. 2 Satz 1 BGB; denn der Erwerber könnte stets die Löschung der Vormerkung zur Sicherung des Anspruchs auf Eintragung einer Sicherungshypothek verlangen, selbst dann, wenn er im Zeitpunkt des Kaufs von den Bauleistungen des Unternehmers wusste und sogar dessen Verlangen nach einer Absicherung (§ 650e [früher: § 648] BGB) kannte.[319] Ein **Löschungsanspruch** steht dem Erwerber aber erst nach seiner Eintragung als Eigentümer zu; die Eintragung als Eigentümer bedarf nicht der Zustimmung des nachrangig vormerkungsberechtigten Unternehmers.[320]

266 Kann eine **Einigung zwischen den Baubeteiligten** über die Eintragung einer Sicherungshypothek oder einer Vormerkung nicht erreicht werden, muss der Bauwerkunternehmer seinen Anspruch, soweit er aus § 650e (früher: § 648) BGB begründet ist, **im Klageweg** durchsetzen. Er muss zunächst ein vorläufig vollstreckbares Urteil erwirken.[321] In der Baupraxis bieten sich verschiedene Wege an. So könnte der Unternehmer unmittelbar eine Klage auf Eintragung einer Bauhandwerkersicherungshypothek erheben.

Lüdtke-Handjery[322] weist mit Recht darauf hin, dass dieser direkte Klageweg in der Baupraxis zu zeitraubend ist und die Gefahr in sich birgt, dass das Grundstück während eines längeren Prozesses zwischenzeitlich weiter belastet wird. Die Hoffnung, durch Tilgung vorrangiger Grundpfandrechte an eine günstige Rangstelle aufzurücken, wird selten erfüllt.

267 Um eine rasche Realisierung des Sicherungsanspruches zu erreichen, ist es daher angebracht, die Bauhandwerkersicherungshypothek durch Eintragung einer **Vormerkung** im Rahmen einer **einstweiligen Verfügung** abzusichern und sodann die **Klage auf Eintragung einer Bauhandwerkersicherungshypothek,** verbunden mit der **Zahlungsklage,** zu erheben.

---

316) Vgl. RGZ 53, 28, 31.
317) Vgl. RGZ 53, 28, 34.
318) BGH, DB 1974, 1719.
319) OLG Düsseldorf, MDR 1991, 440.
320) OLG Dresden, NZM 1999, 632; zur **Löschung einer Vormerkung** nach Abschluss eines gerichtlichen **Vergleichs** siehe OLG Frankfurt, ZfBR 1996, 44.
321) OLG Posen, Recht 1904, Nr. 897.
322) DB 1972, 2193, 2197.

Die Stationen der Eintragung einer Sicherungshypothek im Klageweg sehen daher wie folgt aus:

* Antrag auf Erlass einer einstweiligen Verfügung auf Eintragung einer Vormerkung zur Sicherung des Anspruches auf eine Bauhandwerkersicherungshypothek **oder**
* Klage auf Eintragung einer Bauhandwerkersicherungshypothek (gegebenenfalls jeweils verbunden mit einer Zahlungsklage) **oder** auch nur
* Zahlungsklage mit der Möglichkeit, eine Sicherungshypothek gemäß § 720a Abs. 1b ZPO zu erwirken

a) Einstweilige Verfügung auf Eintragung einer Vormerkung

268 Im Bauwesen wird der Anspruch des Bauwerkunternehmers auf Eintragung einer Sicherungshypothek in aller Regel zunächst durch Eintragung einer **Vormerkung** abgesichert.[323] Durch die Vormerkung wird verhindert, dass die erst später einzutragende Sicherungshypothek infolge zwischenzeitlich erfolgter weiterer Eintragungen eine wertlose Rangstelle erhält. Die Eintragung der Vormerkung erfolgt fast immer aufgrund einer **einstweiligen Verfügung** (§ 885 Abs. 1 Satz 1 BGB); sie ersetzt die Bewilligung des Bauherrn.[324] Gegenüber einer drohenden einstweiligen Verfügung kann sich der Gegner mit einer **Schutzschrift** wehren bzw. Gehör verschaffen (vgl. näher Rdn. 339 ff.).

> Die Vormerkung ist nicht der Vollzug des dem Gläubiger in § 650e (früher: § 648) BGB eingeräumten Anspruchs, sondern der Vollzug einer zum Schutz dieses Anspruchs nach freiem Ermessen angeordneten prozessualen Maßregel.[325] Daher finden alle Vorschriften der ZPO Anwendung, wenn auch der Erlass einer entsprechenden einstweiligen Verfügung gegenüber sonstigen einstweiligen Verfügungen (s. Rdn. 349 ff.) besonders begünstigt ist (vgl. §§ 883, 885 BGB, § 942 Abs. 2 ZPO).

269 Die Sicherung des Anspruchs aus § 650e (früher: § 648) BGB durch Vormerkung aufgrund einer einstweiligen Verfügung ist grundsätzlich zulässig.[326] Eine **Gefährdung** des durch die Vormerkung zu sichernden Anspruchs aus § 650e (früher: § 648) BGB wird **nicht vorausgesetzt** (§ 885 Abs. 1 Satz 2 BGB; s. Rdn. 277). Das **Rechtsschutzinteresse** für die einstweilige Verfügung besteht, solange nicht die dingliche Rechtsänderung im Grundbuch eingetragen ist.[327]

---

323) Der Erlass einer einstweiligen Verfügung auf Einräumung einer **Bauhandwerker-Sicherungshypothek** (BSH) gemäß § 648 BGB ist unzulässig (anders wohl: OLG Stettin, JW 1929, 211). Die Verurteilung zur Einräumung einer BSH wäre bereits eine endgültige Regelung, die i.R. einer einstweiligen Verfügung nicht erfolgen darf, sofern dies zwingende Gründe nicht ausnahmsweise erlauben. Eine solche Ausnahme ist aber für § 648 BGB nicht denkbar, weil hier der Arrest (vgl. Rdn. 388 ff.) ein zusätzliches geeignetes Sicherungsmittel in Form der **Arresthypothek** (vgl. § 932 ZPO) gibt; die insoweit gegebenen Nachteile (§§ 932 Abs. 2, 866 Abs. 3 Satz 1 ZPO) müssen in Kauf genommen werden; ebenso: *Boehmke*, in: Berger, Kap. 5, Rn. 85; *Joussen*, in: Ingenstau/Korbion, Anhang 1, Rn. 76.
324) Nach Fristsetzung zur Klageerhebung (§ 926 ZPO) reicht eine Zahlungsklage nicht aus (OLG Brandenburg, IBR 2014, 707 – *Dötsch*).
325) RGZ 55, 140, 143.
326) OLG Dresden, OLG 4, 237; OLG München, JW 1950, 845.
327) OLG Hamm, MDR 1966, 236; *Siegburg*, BauR 1990, 290, 293; zur „Eilbedürftigkeit" siehe OLG Celle, OLGR 1995, 293.

Das **Rechtsschutzinteresse** für eine Klage auf Bewilligung der Eintragung einer **270** Sicherungshypothek entfällt nicht dadurch, dass der Unternehmer zwischenzeitlich einen vollstreckungsfähigen **Titel** auf **Zahlung** des Werklohns erstritten hat. Erwirkt der Unternehmer ein vorläufig vollstreckbares Urteil gegen den Bauherrn (**„Zahlungstitel"**), so hat er über § 720a Abs. 1b ZPO die Möglichkeit, im Wege der Zwangsvollstreckung eine Sicherungshypothek eintragen zu lassen. Ob durch eine solche Sicherungsvollstreckung nach § 720a ZPO[328] das Rechtsschutzbedürfnis für die (weitere) Verfolgung des Rechts aus § 650e (früher: § 648) BGB fehlt oder entfällt, ist **streitig.**[329] Dem OLG Düsseldorf ist jedenfalls darin beizutreten, dass ein Rechtsschutzbedürfnis vorhanden ist, wenn der Unternehmer bereits eine rangwahrende Vormerkung erlangt hat und von dem Bauherrn in eine Hauptklage (vgl. Rdn. 292) gedrängt wird.[330] Der Anspruch auf Bewilligung einer Vormerkung soll nach OLG Hamburg[331] nicht mehr bestehen, wenn der Bauherr den Werklohn aufgrund eines vorläufig vollstreckbaren Urteils – **zur Abwendung der Zwangsvollstreckung** – zahlt.

Ist eine einstweilige Verfügung auf der Grundlage des § 650e (früher: § 648) BGB bereits einmal „wegen unschlüssigen Vorbringens" zurückgewiesen worden, kann einem erneuten Gesuch, das auf die gleichen Tatsachen gestützt wird, die (beschränkte) **Rechtskraftwirkung** der Erstentscheidung entgegen stehen.[332]

aa) Voraussetzungen

Die Voraussetzungen des Anspruchs aus § 650c (früher: § 648) BGB muss der **271** Antragsteller **glaubhaft machen,** sofern nicht im Einzelfall entsprechend §§ 936, 921 Abs. 2 Satz 1 ZPO Sicherheit geleistet wird.

Der Unternehmer hat daher zunächst **glaubhaft zu machen,** dass er **Unternehmer eines Bauwerks** (vgl. Rdn. 195 ff.) ist und **werkvertragliche Beziehungen zum Bauherrn** (vgl. Rdn. 222 ff.) hat. Darüber hinaus hat er den **Umfang seines Anspruchs** glaubhaft zu machen.[333] In aller Regel geschieht dies durch Vorlage entsprechender **Unterlagen,** z.B. des Bauvertrages, der Abschlags- oder Schlussrechnung, der Stundenlohnzettel sowie entsprechender **eidesstattlicher Versicherungen.** Handelt es sich um einen **gekündigten Pauschalvertrag,** wird ein Hinweis auf einen Zahlungsplan nicht ausreichend sein; vielmehr müssen die erbrachten und die nicht erbrachten Leistungen nachvollziehbar abgerechnet/ glaubhaft gemacht werden, sofern die Ansprüche auf § 649 BGB bzw. § 8 Nr. 1

---

328) Zur Rechtslage vor Einführung des § 720a ZPO: OLG Breslau, Recht 1906, Nr. 670, S. 298.
329) Verneinend: OLG Hamm, BauR 1990, 365; OLG Düsseldorf, BauR 1985, 334, 336; bejahend: *Groß*, S. 85, 86; OLG Köln, Beschl. v. 12.5.1981 – 15 U 244/80; *Siegburg*, S. 292; BauR 1990, 290, 293.
330) Ob die Stellung einer **Bankbürgschaft** den Anspruch aus § 648 BGB grundsätzlich ausschließen kann, ist streitig; vgl. OLG Düsseldorf, BauR 1985, 580.
331) WM 1986, 497 = NJW-RR 1986, 1467 = MDR 1986, 756.
332) OLG Frankfurt, BauR 2003, 287.
333) Siehe OLG Karlsruhe, IBR 2010, 567 – *Schmitz* (Glaubhaftmachung durch **Prüfvermerk des Architekten**); siehe ferner: OLG Brandenburg, BauR 2003, 578, 580; OLG Köln, BauR 1998, 794, 795 = OLGR 1998, 380.

VOB/B gestützt werden.[334] Das LG Fulda[335] verlangt für den **Architekten** die **Vorlage einer** den Vorschriften des § 8 HOAI genügenden **Schlussrechnung**. Für die Glaubhaftmachung reicht eine „überwiegende, nicht eine überzeugende Wahrscheinlichkeit für das Vorliegen der behaupteten Tatsachen".[336]

272 Fraglich ist, ob der Bauherr dann seinerseits die Glaubhaftmachung einer Bauhandwerkerforderung dadurch entkräften kann, dass er eidesstattliche Versicherungen (z.B. seines Architekten oder anderer Dritter) vorlegt, aus denen hervorgeht, dass der Bauherr die Forderung des Bauwerkunternehmers zu Recht ganz oder teilweise bestreitet, weil z.B. bestimmte Leistungen nicht oder nur in geringerem Umfang als vom Unternehmer angegeben erbracht worden sind.

Das OLG Köln (15. Senat)[337] ist der Auffassung, dass **der Unternehmer** durch Vorlage entsprechender Urkunden und eidesstattlicher Versicherungen seiner Pflicht zur Glaubhaftmachung seiner Werklohnforderung hinreichend nachkommt; dagegen könne es „dem Bauherrn in der Regel nicht gestattet werden, die Glaubhaftmachung einer Bauhandwerkerforderung durch Vorlage gegensätzlicher eidesstattlicher Versicherungen" zu entwerten: „Damit geschieht ihm kein Unrecht, denn die umstrittene Forderung des Bauhandwerkers wird ja nicht festgestellt, sondern zum Zwecke ihrer Sicherung lediglich als glaubhaft bezeichnet. Der Streit über ihren Bestand wird im Verfahren zur Hauptsache ausgetragen. Das Verfügungsverfahren präjudiziert ihn nicht."

In gleicher Weise hat der 9. Senat des OLG Köln[338] angenommen, dass gegenüber der eidesstattlichen Versicherung des Werkunternehmers, wonach seine Leistungen im Wesentlichen mängelfrei erbracht seien, der Auftraggeber keine Mängel gerügt und sich mit den ausgeführten Arbeiten ausdrücklich zufriedengegeben habe, „die anderslautende Sachdarstellung des Auftraggebers demgegenüber in den Hintergrund treten" (müsse), solle „dem Sicherungsbedürfnis des Bauunternehmers noch eine reale Bedeutung zukommen, nicht zuletzt deshalb, weil im summarischen einstweiligen Verfügungsverfahren mit seinen naturgemäß nur beschränkten Erkenntnismöglichkeiten die Frage des Vorhandenseins und Umfangs von Baumängeln und der Verantwortlichkeit hier ohnehin nicht abschließend geklärt werden kann".

273 Dieser Auffassung kann nicht gefolgt werden. Selbstverständlich kann der **Bauherr** den Umfang der Werklohnforderung des Bauhandwerkers durch eidesstattliche Versicherung und durch Vorlage anderer Urkunden (Privatgutachten) erschüttern.[339] Entscheidend ist allein, ob der Bauhandwerker oder der Bauherr es durch eine entsprechende Glaubhaftmachung erreicht, das Gericht von dem einen oder anderen Tatbestand zu **überzeugen**. Dabei sind für die Pflicht der Glaubhaft-

---

334) Siehe hierzu: OLG Stuttgart, BauR 2005, 1047 = IBR 2005, 150 – *Moufang* (**Global-Pauschalvertrag**); LG Frankfurt, IBR 2001, 537 – *Turner*, OLG Brandenburg, a.a.O.
335) NJW-RR 1991, 790, 791 = BauR 1992, 110.
336) So OLG Koblenz, NJW-RR 1994, 786, 787; OLG Hamm, OLGR 1997, 11, 12; siehe auch OLG Frankfurt, NJW-RR 1993, 473 (der durch Eintragung einer Vormerkung zu sichernde Anspruch muss „nicht rechtsbeständig sein in dem Sinne, dass die Anspruchsberechtigung bereits feststeht").
337) OLG Köln, *Schäfer/Finnern*, Z 2.321 Bl. 42 m. krit. Anm. von *Hochstein*.
338) *SFH*, Nr. 1 zu § 648 BGB.
339) Ebenso: *Hochstein*, Anm. zu OLG Köln, *Schäfer/Finnern*, Z 2.321 Bl. 42; s. ferner: *Jagenburg*, NJW 1976, 2321, 2327.

machung auch die **Grundsätze über die Beweislast** heranzuziehen.[340] Der Bauhandwerker hat grundsätzlich den Umfang seiner Werklohnforderung glaubhaft zu machen. Gelingt ihm dies aufgrund von eidesstattlichen Versicherungen seines Gegners, des Bauherrn, nicht, muss dies zur Abweisung des Antrages auf Erlass der einstweiligen Verfügung führen. Eine Glaubhaftmachung erster oder zweiter Klasse gibt es nicht, sondern nur die „schwierige und verantwortungsvolle Aufgabe des Richters, die tatsächlichen Angaben in den vorgelegten Versicherungen an Eides Statt zu würdigen, eine Aufgabe, der der Richter nicht dadurch entsprechen kann, dass er Darlegung und Glaubhaftmachung einer Partei im Hinblick auf das Sicherungsbedürfnis der anderen Partei hintanstellt. Gesetzliche Beweislastregeln dürfen auf diese Weise nicht unterlaufen werden."[341]

274 Der Bauwerkunternehmer kann die Einräumung einer Sicherungshypothek an dem Baugrundstück des Bestellers und damit eine entsprechende Vormerkung durch eine einstweilige Verfügung nicht verlangen, soweit und solange sein **Werk mangelhaft ist**[342] (vgl. näher Rdn. 234 ff.). Für die Frage der Glaubhaftmachung gilt dabei: **Vor** der Abnahme muss der Unternehmer die Mängelfreiheit, **nach** der Abnahme muss der Besteller das Vorhandensein von Mängeln glaubhaft machen.[343] Kann vor der Abnahme der Bauleistung der Unternehmer das Gericht von der Mängelfreiheit seiner Leistung nicht überzeugen, ist auf der Werklohnseite der Betrag abzuziehen, der den Kosten zur Mängelbeseitigung entsprechen würde, sodass in aller Regel die entsprechende, mit Mängeln behaftete Leistung insoweit nur wie eine teilweise nicht erbrachte Bauleistung zu behandeln ist.[344] Ein Wertzuwachs wird in diesen Fällen also nicht glaubhaft gemacht sein.[345]

275 Wenn der Antragsteller alle anspruchsbegründenden Tatsachen seines Anspruchs aus § 650e (früher: § 648) BGB glaubhaft machen muss, bedeutet dies, dass insoweit die allgemeinen Beweislastregeln gelten. Dabei ist vor allem zu beachten, dass eine Abnahme zwar für den Anspruch auf Einräumung einer Sicherungshypothek nicht erfolgen muss, weil Fälligkeit nicht vorausgesetzt wird; eine Abnahme ist indes insoweit wichtig, als der Antragsteller bis zur Abnahme seiner Werkleistung die Mangelfreiheit seines Werkes beweisen und dementsprechend auch im einstweiligen Verfügungsverfahren glaubhaft machen muss.[346] Dies führt in der Praxis, wie Jagenburg zutreffend hervorgehoben hat, dazu, dass diejenigen Schuldner, die nicht zahlen können oder wollen, „nicht nur schnell mit Mängeln bei der Hand

---

340) Vgl. hierzu BGH, NJW 1977, 947 = BauR 1977, 208 = WM 1977, 481; OLG Brandenburg, IBR 2005, 372 – *Kimmich* u. BauR 2003, 578, 580; OLG Koblenz, NJW-RR 1994, 786, 787; OLG Hamm, OLGR 1997, 11, 12; *Joussen*, in: Ingenstau/Korbion, Anhang 1, Rn. 81 u. 84.
341) So zutr. *Hochstein*, Anm. zu OLG Köln, *SFH*, Nr. 1 zu § 648 BGB.
342) BGH, NJW 1977, 947 = BauR 1977, 208 = WM 1977, 481; OLG Hamm, BauR 1998, 885; OLG Rostock, BauR 1995, 262; OLG Koblenz, NJW-RR 1994, 786, 787.
343) BGH, a.a.O.; OLG Brandenburg, IBR 2005, 372 – *Kimmich* u. BauR 2003, 578, 580; OLG Celle, BauR 2001, 1623; OLG Köln, BauR 1998, 794, 798; OLG Köln, *Schäfer/Finnern*, Z 2.321 Bl. 42; *Hochstein*, Anm. zu OLG Köln, *SFH*, Nr. 1 zu § 648 BGB; OLG Koblenz, a.a.O.; OLG Hamm, OLGR 1997, 11, 12.
344) OLG Düsseldorf, BauR 1976, 363, 365.
345) OLG Rostock, BauR 1995, 262, 263.
346) Zutreffend: *Jagenburg*, BauR 1975, 216; OLG Hamm, BauR 1998, 885, 886; OLG Koblenz, a.a.O.

sind und diese auch ohne große Skrupel glaubhaft machen",[347] sondern darüber hinaus schon oftmals auch die Abnahme selbst bestreiten[348] und dadurch dem Unternehmer zusätzliche Schwierigkeiten in den Weg legen, seinen Anspruch aus § 650e (früher: § 648) BGB zu verwirklichen. Jagenburg versucht in diesen Fällen, über die materiell-rechtliche Seite zu einer angemessenen Lösung des Problems zu kommen, indem er Schuldner, die sich vor einer Abnahme auf Mängel berufen, nur dann zum Zuge kommen lassen will, „wenn ihr Anspruch auf Mängelbeseitigung in natura (nach Abnahme: Nachbesserung) in einen aufrechenbaren Anspruch auf Vorschuss, Ersatz von Ersatzvornahmekosten, Schadensersatz oder Minderung übergegangen" sei. Damit könne verhindert werden, dass der Auftraggeber erstmals im einstweiligen Verfügungsverfahren mit vorgeschobenen Mängeln komme, um mit ihrer Hilfe den Anspruch des Auftragnehmers auf Vormerkung zunichte zu machen. Für die Höhe der Mängelansprüche sei dann in jedem Falle der Auftraggeber (Bauherr) als beweispflichtig anzusehen.[349]

Entgegen Jagenburg[350] kann die Lösung nur in prozessrechtlichen Erwägungen, nämlich über die **Glaubhaftmachung**, gefunden werden: Vor einer Abnahme ist der Unternehmer infolge der Beweislastverteilung in einer schlechteren Situation; schafft er es nicht durch eine entsprechende Glaubhaftmachung, das Gericht zu „überzeugen", muss dies, auch wenn es zu unbilligen Ergebnissen im Einzelfall führen mag, zur Abweisung des Antrages nach § 650e (früher: § 648) BGB führen.[351] Wenn, wie im Falle des OLG Köln,[352] durch eine detaillierte eidesstattliche Versicherung eines Architekten glaubhaft gemacht wird, dass Werkmängel vorhanden sind, obliegt es dem Unternehmer, die Mängelfreiheit (vor Abnahme) glaubhaft zu machen, und hieran sind, wie im Falle nach der Abnahme der Werkleistung, in gleicher Weise **strenge** Anforderungen zu stellen. Dem Unternehmer wird es auch nichts nützen, wenn er zur Glaubhaftmachung seines Anspruchs aus § 650e (früher: § 648) BGB **mehrere** Gutachten vorlegt. Es ist nicht Aufgabe des Gerichts, sich mit allen Einzelheiten des Sachverständigengutachtens und des Gegengutachtens auseinanderzusetzen; dies muss vielmehr dem Hauptverfahren vorbehalten sein.[353] Eine Glaubhaftmachung wird dem Unternehmer auf diesem Wege nicht gelingen können.

276 Im Übrigen muss der Antragsteller auch die **Eigentumsverhältnisse** glaubhaft machen. Dies geschieht in der Regel durch Vorlage eines Grundbuchauszuges oder durch eine eidesstattliche Versicherung.

---

347) *Jagenburg*, a.a.O., S. 217.
348) Vgl. den Fall des OLG Köln, BauR 1975, 213.
349) *Jagenburg*, a.a.O., S. 218.
350) BauR 1975, 216 (ihm zustimmend: *Siegburg*, BauR 1990, 290, 298, 299); wie hier auch BGH, NJW 1977, 947 = BauR 1977, 208; OLG Düsseldorf, BauR 2013, 805, 808 = IBR 2013, 414 – *Turner*; LG Köln, BauR 1995, 421, 422; *Groß*, S. 91.
351) Zutreffend: OLG Brandenburg, IBR 2005, 372 – *Kimmich*; zu weitgehend: LG Flensburg, MDR 1975, 841; OLG Düsseldorf, BauR 1976, 211, 212 u. *Siegburg*, a.a.O.
352) OLG Köln, BauR 1975, 213.
353) OLG Düsseldorf, *Schäfer/Finnern*, Z 2.510 Bl. 8; ebenso: *Joussen*, in: Ingenstau/Korbion, Anhang 1, Rn. 85; **a.A.:** *Motzke*, in: Englert/Motzke/Wirth, § 648 BGB, Rn. 76.

Verfahrensfragen

Eine **Gefährdung** des Anspruchs aus § 650e (früher: § 648) BGB muss nicht **277** glaubhaft gemacht werden; dies wird gesetzlich vermutet.[354] Daraus soll sich zugleich ergeben, dass es für den Erlass der einstweiligen Verfügung auch keiner besonderen Darlegung der **Dringlichkeit** (Sicherungsbedürfnis) bedarf.[355] Dies kann im Einzelfall anders sein;[356] vor allem kann die „Dringlichkeitsvermutung" im Einzelfall durchaus **widerlegt** werden.[357] Wird die **Vergütungsklage** des Unternehmers abgewiesen, wird in aller Regel anzunehmen sein, dass der Anspruch auf die Bestellung der Sicherungshypothek nicht mehr als hinreichend glaubhaft gemacht anzusehen ist.[358]

Der Antragsteller hat somit folgende Tatbestände glaubhaft zu machen:
* dass er Unternehmer eines Bauwerks ist
* dass er eine Forderung aus einem Bauwerkvertrag hat[359]
* dass der Antragsgegner Eigentümer des Baugrundstücks und damit des Pfandgegenstandes ist[360]
* dass mit den Arbeiten begonnen worden ist oder diese bereits durchgeführt worden sind[361]

---

354) OLG Koblenz, OLGR 2007, 739 = IBR 2007, 554 – *Hildebrandt*; OLG Celle, BauR 2003, 1439; OLG Frankfurt, BauR 2003, 145; OLG Düsseldorf, BauR 2000, 921 = NJW-RR 2000, 825, 826; OLG Köln, BauR 1998, 794 = OLGR 1998, 380; OLG Hamm, *Schäfer/Finnern*, Z 2.321 Bl. 10.
355) So *Groß*, S. 88; *Leineweber*, BauR 1980, 510, 515 unter Hinweis auf OLG Hamm, MDR 1966, 236. *Joussen*, in: Ingenstau/Korbion, Anhang 1, Rn. 87 m.w.Nachw.
356) Vgl. LG Bayreuth (BauR 2003, 422), das zutreffend „das besondere Sicherungsbedürfnis" verneint, wenn der Unternehmer eine ihm übersandte (ordnungsgemäße) Bürgschaft gemäß § 648a BGB wieder zurückschickt.
357) OLG Celle, BauR 2015, 1195 = IBR 2015, 309 – *Moufang* (**Untätigkeit** des Unternehmers); OLG Düsseldorf, BauR 2015, 140; OLG Celle, BauR 2013, 128 = IBR 2012, 690 – *Krause-Allenstein* (keine Eilbedürftigkeit, wenn der Gläubiger die **Vollziehungsfrist** einer ergangenen einstweiligen Verfügung verstreichen lässt); OLG Koblenz, IBR 2013, 414 – *Söhnlein* (keine Eilbedürftigkeit nach 3,5 Jahren seit Erstellung der Schlussrechnung); OLG Düsseldorf, BauR 2013, 805, 807 f. = NZBau 2013, 507 = IBR 2013, 415 – *Turner*; OLG Frankfurt, BauR 2008, 1158, 1160; OLG Düsseldorf, BauR 2000, 921 = NZBau 2000, 293 = NJW-RR 2000, 825, 826; OLG Celle, BauR 2003, 1439 = BauRB 2003, 107 = OLGR 2003, 224 u. OLG Brandenburg, IBR 2005, 372 – *Kimmich* (**langes Zuwarten** nach Erteilung der Schlussrechnung); OLG Hamm, BauR 2004, 872 = NZBau 2004, 330 = OLGR 2004, 203 = IBR 2004, 71 – *Turner*; KG, OLGR 1994, 105 = MDR 1994, 1011 (für den Fall, dass der Prozessbevollmächtigte des Unternehmers im Verfahren erklärt, es sei „mit der einstweiligen Verfügungssache nicht so eilig", und im Berufungsverfahren moniert, das Landgericht habe „die Entscheidungsreife der Hauptsache" nicht abgewartet; ferner: OLG Köln, BB 1973, 1375; LG München I, Urt. vom 26.1.1982 – 31 S 395/81 – für den Fall, dass die Berufung erst nach zweimaliger Verlängerung am letzten Tag begründet wird; bedenklich, weil eine Verzögerung, etwa auch durch Säumnis, allein nicht ausreichend ist; OLG Celle, OLGR 1995, 293). **Zuwarten** schadet nicht, wenn ein **ernsthaftes Zahlungsversprechen** des Bauherrn gegeben wird (OLG Koblenz, OLGR 2007, 739).
358) Offengelassen vom OLG Düsseldorf, BauR 1977, 361, 362.
359) *Schuschke*, in: Schuschke/Walker, Vor § 935 ZPO, Rn. 59. Eine „**Wiederaufladung**" einer stehengebliebenen Vormerkung kommt nicht in Betracht (zutreffend: *Kohler*, BauR 2012, 1164 ff.).
360) Vgl. OLG Koblenz, BauR 1993, 750.
361) RGZ 58, 301, 303; BGHZ 68, 180, 183; **a.A.:** *Siegburg*, S. 296 u. BauR 1990, 290, 296 mit w. Nachw. in Anm. 61.

* dass seine Werkleistungen mangelfrei erbracht sind **oder** der Besteller diese bereits abgenommen hat[362]

278 Wird der Anspruch aus § 650e (früher: § 648) BGB in einem Bauvertrag **wirksam ausgeschlossen** (vgl. Rdn. 192 ff.), ist der Antrag auf Erlass einer einstweiligen Verfügung als unbegründet zurückzuweisen. Beruft sich der Antragsteller in diesen Fällen auf eine nachträgliche wesentliche Verschlechterung in den Vermögensverhältnissen des Bauherrn oder auf einen Arglisteinwand, muss er jedenfalls substantiiert darlegen und glaubhaft machen, dass der Ausnahmefall vorliegt. Wenn ein Bauherr insoweit versprochene Leistungen (Zahlungen) nicht erbracht hat, reicht dies noch nicht aus, entgegen dem vertraglichen Ausschluss dem Antrag auf Erlass einer einstweiligen Verfügung zu entsprechen.[363] Verschlechtert der Bauherr in unzulässiger und treuwidriger Weise seine Vermögensstellung, so ist allerdings der vertragliche Verzicht auf den Anspruch aus § 650e (früher: § 648) BGB unwirksam.

279 Bei seinem **Antrag** auf Eintragung einer Vormerkung zur Sicherung des Anspruchs auf Einräumung einer Bauhandwerkersicherungshypothek muss der Auftragnehmer die zu sichernden vertraglichen Ansprüche angeben und begründen. Dabei hat er auch die Art der vertraglichen Ansprüche (Werklohnforderung, Verzugsanspruch, Entschädigungsanspruch usw., vgl. näher Rdn. 228) zu erläutern. Ist die Vormerkung bzw. die Hypothek nur zur Sicherung der „Werklohnforderung" bestellt, so werden dadurch andere Ansprüche, wie z.B. Schadensersatzansprüche, nicht erfasst.[364] Stützt der Antragsteller seinen Anspruch aus § 650e (früher: § 648) BGB auf eine **bestimmte** Abschlagsrechnung, sichert die Vormerkung auch nur diese zur Begründung herangezogene (Teil-)Forderung, nicht aber den Gesamtanspruch; wird diese Abschlagsforderung von dem Auftraggeber bezahlt, vermag die eingetragene Vormerkung daher nicht ohne weiteres den Schlussrechnungsbetrag abzusichern.[365] Zu beachten ist, dass die auf Eintragung einer Vormerkung gerichtete einstweilige Verfügung nicht nur Art und Umfang des zu sichernden Anspruchs und den Berechtigten ausreichend ausweisen muss, sondern sie muss auch den durch die Vormerkung betroffenen **Gegenstand** hinreichend bezeichnen. Das Grundstück, bei dem die Vormerkung zur Sicherung des Anspruchs einer Sicherungshypothek nach § 650e (früher: § 648) BGB eingetragen werden soll, muss immer genau angegeben werden; das ist wichtig, wenn mehrere Grundstücke (Miteigentumsanteile) von der beantragten Eintragung betroffen sein können.[366]

280 Der entsprechende Antrag des Unternehmers auf Erlass einer einstweiligen Verfügung ist daher wie folgt zu stellen:[367]

---

362) OLG Koblenz, NJW-RR 1994, 786, 787; OLG Rostock, BauR 1995, 262.
363) Unrichtig ist es, wenn das LG Köln, *Schäfer/Finnern*, Z 2.321 Bl. 26 meint, der Bauherr müsse darlegen, warum er nicht gezahlt habe; die Nichtzahlung bewirkt noch keine Beweislastumkehr.
364) BGH, DB 1974, 1719 = NJW 1974, 1761.
365) OLG Frankfurt, BauR 2000, 1375 = OLGR 2000, 145; BGH, BauR 2001, 1783 = IBR 2001, 538 (*Schmitz*) = ZfBR 2001, 538 = NZBau 2001, 549 (Revisionsurteil).
366) BayObLG, JurBüro 1981, 427; JurBüro 1983, 1385 (zur Bestimmbarkeit einer Grundstücksteilfläche).
367) Vgl. zu **Muster** und Fallbearbeitung siehe auch *Schotten*, in: Münchener Prozessformularbuch (Hrsg. Koeble), C II 1 u.C. II 2 sowie *Mickel*, JuS 1985, 531 ff.

An das

Amtsgericht/Landgericht

Köln

Antrag auf Erlass einer einstweiligen Verfügung

(Vormerkung zur Sicherung des Anspruchs auf Einräumung einer Bauhandwerkersicherungshypothek)

In Sachen

des Stukkateurmeisters Reinhold X, Meister-Johann-Str. 8, 50676 Köln,

– Antragsteller –

vertreten durch die RA X, Y, Z

gegen

Herrn Heinrich Z, Brauweilerweg 1, 50698 Köln

– Antragsgegner –

Namens und im Auftrage des Antragstellers – Vollmacht überreichend – beantragen wir, im Wege der einstweiligen Verfügung, und zwar wegen der Dringlichkeit des Falles ohne vorherige mündliche Verhandlung, gem. §§ 648, 885 BGB, 935, 941 ZPO zu erkennen:

1. Dem Antragsteller ist auf dem Grundstück, eingetragen im Grundbuch von Longerich, beim Amtsgericht Köln, Band … …, Blatt … …, Flur … …, Parzelle … …, Brauweilerweg 1, eine Vormerkung zur Sicherung des Anspruchs auf Einräumung einer Sicherungshypothek wegen einer Werklohnforderung in Höhe von … … € nebst Verzugszinsen in Höhe von … … € sowie eines Kostenpauschquantums in Höhe von … … € einzutragen.
2. Das Gericht wird ersucht, die Eintragung bei dem zuständigen Grundbuchamt zu veranlassen (§ 941 ZPO).*
3. Die Kosten des Verfahrens trägt der Antragsgegner.

Gründe:

Der Antragsgegner ist Eigentümer des im Antrag genannten Grundstücks. Dies ist durch Einsicht in das Grundbuch festgestellt worden.

Der Antragsteller wurde gemäß Bauvertrag vom … … beauftragt, auf dem genannten Grundstück des Antragsgegners Putzarbeiten durchzuführen. Als Anlage überreichen wir den entsprechenden Bauvertrag.

Über diese Putzarbeiten hat der Antragsteller zwischenzeitlich unter dem … … Schlussrechnung (Akontorechnung) erteilt. Die Rechnung wird ebenfalls als Anlage beigefügt.

Die in der vorgenannten Rechnung enthaltenen Leistungen sind von dem Antragsteller ordnungsgemäß erbracht worden. Trotz verschiedener Mahnungen zahlt der Antragsgegner die ausstehende Rechnung nicht. Die Verzugszinsen setzen sich wie folgt zusammen: … … Das Kostenpauschquantum ergibt sich aus folgenden Beträgen: … …

Zur Glaubhaftmachung überreichen wir als Anlage eine eidesstattliche Versicherung des Antragstellers.

(Rechtsanwalt)

Anlagen

Bauvertrag

Schlussrechnung (Akontorechnung)

Eidesstattliche Versicherung des Antragstellers

* Dies wird oftmals beantragt; dem wird in der Praxis selten von den Gerichten gefolgt.

bb) Verfahren

Literatur

Treffer, Zur Vollziehungsfrist gemäß § 929 II ZPO, MDR 1998, 951; *Hintzen*, Wahrung der Vollziehungsfrist bei Eintragung einer Arresthypothek – neue Rechtsprechung des BGH, OLGR-Kommentar 2001, K 29; *Heistermann*, Die Vollziehungsfrist des § 929 II ZPO – Eine Regressfalle für den Anwalt im Einstweiligen Verfügungsverfahren?, MDR 2001, 792.

281 Aufgrund der einstweiligen Verfügung wird die Vormerkung auf **Antrag** (§ 13 GBO) oder auf **Ersuchen** des Prozessgerichts der einstweiligen Verfügung (§§ 38 GBO, 941 ZPO) eingetragen.[368]

Von der Vorschrift des § 941 ZPO sollte in der Praxis möglichst abgesehen werden; die Vollstreckung soll also dem Antragsteller überlassen bleiben.

Die Vormerkung zur Sicherung des Anspruchs aus § 650e (früher: § 648) BGB kann auf mehrere Grundstücke eines Schuldners (Bauherrn) oder mehrere Gesamtschuldner ohne Verteilung des Betrages zur Gesamthaft eingetragen und erst später eine Verteilung der Beträge vorgenommen werden.[369] Hinsichtlich der Bildung von Wohnungseigentum nach Durchführung der Bauarbeiten vgl. Rdn. 247 ff.

Die stufenweise Verwirklichung der Vormerkung in Fällen der Abtretung oder Pfändung des Anspruchs aus § 650e (früher: § 648) BGB ist zulässig; denn mit der Abtretung geht auch die Vormerkung auf den Zessionar über, sodass sie, wenn zwischen den Berechtigten keine Rechtsgemeinschaft besteht, nicht mehr in einem Recht, sondern in mehrere selbstständige Rechte (Sicherungshypotheken) umgeschrieben werden muss.

282 Die **Umschreibung** der Vormerkung selbst in eine Sicherungshypothek (das Ziel des § 650e [früher: § 648] BGB) kann nur aufgrund einer Bewilligung des Schuldners (Bauherrn) oder wiederum nur aufgrund eines sie ersetzenden rechtskräftigen Urteils erfolgen[370] (vgl. näher Rdn. 291 ff.).

283 Die Eintragung der Vormerkung darf nur erfolgen, wenn der Antrag oder das gerichtliche Ersuchen innerhalb der **Vollziehungsfristen** des § 929 ZPO eingegangen ist. Nach §§ 929 Abs. 2, 936 ZPO hat die Vollziehung innerhalb eines Monats zu erfolgen; die Zustellung nach § 929 Abs. 3 ZPO muss **innerhalb einer Woche** nach der Vollziehung oder doch jedenfalls binnen der Monatsfrist des § 929 Abs. 2 ZPO geschehen. **Beide Fristen** des § 929 Abs. 2, 3 ZPO **müssen gewahrt sein**, sonst ist die Vormerkung unwirksam und die Umschreibung in eine Sicherungshypothek unzulässig.[371] Die Vollziehung i.S. des § 929 Abs. 2, 3 ZPO ist mit dem **Eingang** des Antrages (Ersuchens) auf Eintragung beim Grundbuchamt eingetre-

---

[368] Zur Vollziehung einer aufgrund einer **Anordnung** nach § 941 ZPO von Amts wegen zugestellten einstweiligen Verfügung: OLG Celle, BauR 2000, 1901 = OLGR 2000, 332 sowie OLG Frankfurt, OLGR 2000, 173. Zum **Ersatz** eines Vollziehungsschadens auf Grund einer unberechtigten einstweiligen Verfügung: OLG Stuttgart, OLGR 2003, 347.
[369] KG, JFG 5, 328.
[370] KGJ 36, A 253.
[371] RGZ 151, 156; OLG Köln, BauR 1987, 361 (LS); OLG Düsseldorf, BauR 1995, 424.

Verfahrensfragen

ten (§ 932 Abs. 3 ZPO).[372] Es reicht nach der Rechtsprechung des BGH[373] für die Fristwahrung aus, wenn der Eintragungsantrag fristgerecht (auch durch **Telefax**) beim zuständigen Amtsgericht, zu dem das für die Eintragung zuständige Grundbuchamt gehört, eingeht; entgegen einer weitverbreiteten Ansicht ist es nach der Entscheidung des BGH nicht erforderlich, dass der Antrag innerhalb der Vollziehungsfrist dem zuständigen Mitarbeiter des Grundbuchamts vorgelegt wird.

Zu beachten ist, dass die **Monatsfrist** des § 929 Abs. 2 ZPO mit der Amtszustellung der **Beschlussverfügung** an den Antragsteller (§ 929 Abs. 2 2. Alt. ZPO) – sonst mit der Aushändigung an ihn – **beginnt.**[374] Ergeht ein **Urteil**, beginnt die Vollziehungsfrist von einem Monat mit der **Verkündung** des Urteils (§ 929 Abs. 2 1. Alt. ZPO); auf die spätere (Amts-)Zustellung des Urteils kommt es insoweit nicht an.[375] Bei einer auf Eintragung im Grundbuch gerichteten einstweiligen Verfügung wird die Vollziehungsfrist nur durch Parteizustellung oder durch den Eintragungsantrag des Gläubigers (§ 932 Abs. 3 ZPO) gewahrt.[376]

Wird die einstweilige Verfügung ohne mündliche Verhandlung antragsgemäß erlassen, dann durch das erstinstanzliche Gericht aufgehoben, durch das **Berufungsgericht** jedoch wieder bestätigt, beginnt für den Gläubiger (Unternehmer) die Frist des § 929 Abs. 2 ZPO mit der Verkündung des Berufungsurteils neu zu laufen.[377] Dagegen ist eine erneute Vollziehung **entbehrlich,** wenn die einstweilige Verfügung in der Fassung des angefochtenen Urteils lediglich als **Minus** gegenüber der ursprünglichen einstweiligen Verfügung anzusehen ist.[378] Wird die zu sichernde Werklohnforderung lediglich reduziert, liegt eine **wesentliche Änderung** der ursprünglichen einstweiligen Verfügung nicht vor.[379] Ist demgegenüber von einer wesentlichen Änderung auszugehen, so muss innerhalb der neuen Vollziehungsfrist sowohl der Eintragungsantrag an das Grundbuch gestellt als auch etwaige Sicherheiten geleistet werden.

---

372) BGH, BauR 1997, 301, 302.
373) BGH, ZfIR 2001, 241 = NJW 2001, 1134 = Rpfleger 2001, 294 m.Anm. *Alff*; *Hintzen*, OLGR-Kommentar 2001, K 29 ff.
374) Vgl. *Siegburg*, BauR 1990, 290, 308; LG Kassel, WuM 1993, 418.
375) LAG Bremen, Rpfleger 1982, 481; *Siegburg*, a.a.O.
376) OLG Oldenburg, BauR 2008, 1932, 1934; *Zöller/Vollkommer*, § 929 Abs. 3 ZPO, Rn. 26.
377) Vgl. OLG Zweibrücken, OLGR 2003, 35, 36; OLG Hamm, OLGR 2000, 198, 199 = BauR 2000, 900 u. 1087 = ZfBR 2000, 238 = NZBau 2000, 338; *Joussen*, in: Ingenstau/Korbion, Anhang 1, Rn. 102 sowie OLG Celle, NJW-RR 1987, 64, das eine erneute Zustellung des Berufungsurteils im Parteibetrieb zwar für empfehlenswert, aber nicht für erforderlich hält, wenn bereits der Beschluss, mit dem die einstweilige Verfügung erstmals erlassen worden war, rechtzeitig und ordnungsgemäß dem Schuldner (Bauherrn) **im Parteibetrieb** zugestellt wurde.
378) OLG Hamm, a.a.O.; OLG Frankfurt, WRP 1991, 405; s. hierzu auch *Joussen*, in: Ingenstau/Korbion, Anhang 1, Rn. 102.
379) OLG Hamm, a.a.O. gegen OLG Hamm (21. Senat), Rpfleger 1995, 468: Wesentliche Änderung, wenn der Werklohnanspruch um rund 40 % ermäßigt wird. Zur wesentlichen Änderung siehe auch OLG Oldenburg, BauR 2009, 1932 = BeckRS 2008, 13989 (erstmalige Anordnung einer **Sicherheitsleistung** im Widerspruchsverfahren); *Zöller/Vollkommer*, § 939 ZPO, Rn. 7.

284 Wird die Vollziehungsfrist der einstweiligen Verfügung **versäumt**, ist die Vormerkung von Anbeginn an unwirksam.[380] Der Mangel ist nicht heilbar.[381] Allerdings hat der Antragsteller bei Versäumung der Zustellungsfrist einen Anspruch auf eine **zweite** Vormerkung. Dazu muss er eine einstweilige Verfügung erwirken;[382] dies kann aber nach herrschender Ansicht nicht in dem Berufungsverfahren geschehen.[383] Die zweite Vormerkung kann dann aber nur an rangbereiter Stelle eingetragen werden.[384] Sie wird nicht gleichwertig mit dem Rang der ersten Vormerkung, die wegen Versäumung der Zustellungsfrist unwirksam und daher zu löschen ist, eingetragen. Eine wegen Versäumung der Zustellungsfrist des § 929 Abs. 3 ZPO für die zu Grunde liegende einstweilige Verfügung unwirksame Vormerkung kann nicht dadurch Wirksamkeit erlangen, dass aufgrund einer neuen einstweiligen Verfügung in Spalte „Veränderungen" eine Umdatierung der bisherigen Eintragung erfolgt.[385] In diesen Fällen kann der Berechtigte (Bauherr) daher die Berichtigung des Grundbuchs verlangen.[386] Der Bauherr kann aber auch auf Bewilligung zur Löschung der Vormerkung bzw. der Sicherungshypothek klagen.[387] Ist zwischenzeitlich zu Gunsten des Unternehmers/Architekten über die Bauforderung/Architektenforderung entschieden, wird dadurch die Klage auf Bewilligung der Löschung nicht unbegründet. Vielmehr kann der Antragsteller (z.B. Unternehmer oder Architekt) seinen Anspruch aus § 650e (früher: § 648) BGB in diesen Fällen nur einredeweise geltend machen (§ 273 BGB), sodass er nur Zug um Zug gegen Erfüllung seines Zahlungsanspruchs zur Abgabe einer Löschungsbewilligung verurteilt werden kann.[388]

Nicht anders ist zu entscheiden, wenn die Vormerkung eingetragen ist und der Antragsteller nunmehr Zahlung seiner Forderung begehrt. In diesem Falle muss der Eigentümer (Bauherr) nur Zug um Zug gegen Löschung der Vormerkung zahlen, sofern er die entsprechende Einrede erhebt.[389]

285 Wird die einstweilige Verfügung durch eine vollstreckbare Entscheidung[390] beseitigt, so erlischt die Vormerkung; die Löschung hat daher auch nur einen berich-

---

380) Zum Recht des Grundstückseigentümers auf **Eintragung** eines **Widerspruchs** gegen die Richtigkeit des Grundbuchs: LG Köln, NJW-RR 2001, 306 = BauR 2001, 844 (LS) gegen BayObLG, NJW-RR 1987, 334.
381) BGHZ 112, 356, 359 = NJW 1991, 496, 497; LG Köln, *Schäfer/Finnern*, Z 2.321 Bl. 50; OLG Köln, NJW-RR 1987, 575; Siegburg, BauR 1990, 290, 307/308; *Joussen*, in: Ingenstau/Korbion, Anhang 1, Rn. 104; s. auch OLG Frankfurt, Rpfleger 1982, 32: Auf die Einhaltung der Frist des § 929 Abs. 3 Satz 2 ZPO kann der Schuldner nicht wirksam verzichten.
382) OLG Frankfurt, IBR 2009, 492 – *Parbs-Neumann*.
383) *Zöller/Vollkommer*, § 929 ZPO, Rn. 23; OLG Oldenburg, BauR 2008, 1932, 1934 m.w. Nachw.
384) LG Köln, *Schäfer/Finnern*, Z 2.321 Bl. 50 u. 51; zur Frage der **Zuständigkeit** des Erstgerichts: *Hegmanns*, WRP 1984, 120; OLG Frankfurt, JurBüro 1983, 784 u. NJW 1987, 764.
385) KG, HRR 1929, Nr. 1823.
386) Vgl. auch *Siegburg*, BauR 1990, 290, 310.
387) Vgl. RGZ 81, 288; **a.A.:** *Siegburg*, a.a.O.
388) Im Ergebnis wohl auch RGZ 81, 288, 291.
389) RG, JW 1904, 91.
390) „**Aufhebungsurteil**", vgl. dazu OLG Köln, NJW 1975, 454; zur Löschung einer Vormerkung aufgrund eines **Vergleichs:** OLG Frankfurt, BauR 1995, 872.

tigenden Charakter.[391] Wird die Vormerkung zu Unrecht gelöscht, dauert doch die durch die Eintragung der Vormerkung begründete relative Unwirksamkeit der widersprechenden Verfügung – auch für die Zukunft – fort, wenngleich zwischenzeitlich ein gutgläubiger Erwerb der Buchposition möglich ist. Ein Widerspruch gegen die unrechtmäßige Löschung ist zulässig.[392]

Die aufgrund einer einstweiligen Verfügung eingetragene Vormerkung gibt kein direktes Klagerecht auf Einräumung der Sicherungshypothek gegen den Erwerber des Baugrundstücks. Der Erwerber kann aber bereits zu der ihm nach § 888 BGB obliegenden Zustimmung verurteilt werden, bevor der Gläubiger seinen persönlichen Schuldner in Anspruch genommen und ein dessen Einwilligung ersetzendes rechtskräftiges Urteil erstritten hat.[393]

cc) Aufhebung und Rücknahme

Literatur

Bronsch, Abwendung der Vormerkung auf Eintragung einer Bauhandwerkersicherungshypothek durch Bürgschaft?, BauR 1973, 517.

286 Nach § 927 ZPO kann das **Aufhebungsverfahren** betrieben werden, wenn „veränderte Umstände" vorliegen.[394] Nach LG Mainz[395] ist dieses Verfahren aber unstatthaft, wenn und soweit die dem Verfügungsanspruch zu Grunde liegende Bauforderung nach dem Erlass der einstweiligen Verfügung von dem Bauherrn bezahlt worden ist. Eine insoweit von dem Rechtspfleger in Unkenntnis der Zahlung gesetzte Frist zur Erhebung der Hauptklage soll hieran nichts ändern, weil diese Fristsetzung ebenfalls unstatthaft sei.

Veränderte Umstände im Sinne des § 927 ZPO können vielfältiger Natur sein. So ist die einstweilige Verfügung wegen Versäumung der Vollziehungsfrist (vgl. Rdn. 283) aufzuheben,[396] ferner, wenn der Unternehmer entgegen der auf Antrag des Bauherrn ergangenen Anordnung des Gerichts, Klage zur Hauptsache innerhalb einer bestimmten Frist zu erheben, diese nicht erhoben hat. Auch ist die einstweilige Verfügung aufzuheben, wenn die Voraussetzungen des § 650c (früher: § 648) BGB nicht mehr als glaubhaft anzusehen sind, weil z.B. die Klage zur Hauptsache durch Urteil abgewiesen worden ist. Der Aufhebungsantrag kann durch den Bauherrn auch noch im Berufungsverfahren gestellt werden, wenn die einstweilige Verfügung noch nicht rechtskräftig ist.[397]

287 Hat der Schuldner (Bauherr) **vor Erlass einer** einstweiligen Verfügung bereits die streitige Bauforderung hinterlegt, also **Sicherheit** geleistet, entfällt der An-

---

391) BGHZ 39, 21 ff. Zum Erfordernis einer erneuten Eintragung: OLG Hamm, MDR 1983, 1031 = Rpfleger 1983, 435 (gegen LG Dortmund, Rpfleger 1982, 276).
392) §§ 899 BGB, 53 GBO; vgl. RGZ 129, 184, 186; 132, 419, 423; a.A.: KG, JFG 5, 328 ff.
393) RGZ 53, 28, 35 gegen OLG Dresden, OLG 4, 237.
394) Vgl. OLG Köln, NJW 1975, 454.
395) NJW 1973, 2294.
396) LG Köln, *Schäfer/Finnern*, Z 2.321 Bl. 51; s. aber OLG Celle, BauR 2000, 1901 = OLGR 2000, 332 sowie OLG Frankfurt, OLGR 2000, 173 für den Fall einer Amtszustellung aufgrund einer Anordnung nach § 941 ZPO.
397) OLG Düsseldorf, *Schäfer/Finnern*, Z 2.31 Bl. 54.

spruch auf eine Sicherungshypothek.[398] Fraglich ist, ob die Aufhebung der Verfügung gestattet werden kann, wenn **nach deren Erlass** der Schuldner der Bauforderung zwischenzeitlich die streitige Summe hinterlegt oder hierfür eine Bürgschaft gestellt oder eine solche Sicherheitsleistung jedenfalls angeboten hat. Diese Fälle sind in der Praxis häufiger; insbesondere in Fällen, in denen ohne vorherige Abmahnung des Schuldners das einstweilige Verfügungsverfahren eingeleitet worden ist (vgl. Rdn. 303 ff.), beantragen die Schuldner (Bauherren) oftmals, die Aufhebung der einstweiligen Verfügung gegen eine Sicherheitsleistung, die auch durch Bankbürgschaft geleistet werden kann, anzuordnen.[399] Die Möglichkeit zu einer solchen Anordnung bietet § 939 ZPO.

288 Nach RG[400] und OLG Köln[401] kann durch die **Hinterlegung** bzw. Stellung einer (selbstschuldnerischen) **Bankbürgschaft** entsprechend § 939 ZPO die Aufhebung der einstweiligen Verfügung angeordnet werden.[402] Es versteht sich von selbst, dass die angebotene Sicherheit eine **hinreichende „Werthaltigkeit"** haben muss. Wird durch eine (selbstschuldnerische) Bankbürgschaft „der Anspruch auf Erfüllung der Werklohnforderung unmittelbar gesichert",[403] bestehen im Zweifel keine durchgreifenden Bedenken gegen einen Austausch der Sicherheiten.

289 Ist die gleichwertige Absicherung des Vergütungsanspruchs gewährleistet, wird es im Rahmen des Aufhebungsverfahrens nicht erforderlich sein, dass der Schuldner (Besteller) die Sicherheit bereits geleistet, also die erforderliche Schuldsumme hinterlegt oder die Bürgschaftsurkunde im Original dem Gläubiger überreicht hat. Vielmehr ist nur die Gestattung der Aufhebung einer einstweiligen Verfügung auszusprechen. Solange die Sicherheit dann nicht geleistet wird, bleibt die einstweilige Verfügung aufrechterhalten; leistet der Schuldner, tritt sie automatisch außer Kraft.[404]

290 Durch den Antrag auf Erlass einer einstweiligen Verfügung (Eingang bei Gericht) wird die Rechtshängigkeit des Verfügungsbegehrens begründet.[405] Der Antrag kann auch nach einer mündlichen Verhandlung ohne Einwilligung des Gegners zurückgenommen werden. Mit der Rücknahme wird eine ergangene einstweilige Verfügung nachträglich wieder wirkungslos.[406]

---

398) OLG Düsseldorf, NJW 1972, 1676, 1677 m. Nachw.; vgl. auch BauR 1985, 580.
399) Vgl. dazu KG, IBR 2010, 335 – *Schulze-Hagen*; OLG Köln, NJW 1975, 454; *Bronsch*, BauR 1983, 517 ff.
400) RGZ 55, 140; dazu auch OLG Düsseldorf, BauR 1985, 334, 335.
401) NJW 1975, 454; OLG Saarbrücken, BauR 1993, 348; siehe ferner: LG Hamburg, IBR 2010, 454; LG Koblenz, *Schäfer/Finnern*, Z 2.321 Bl. 45 u. *Kapellmann*, BauR 1976, 323, 327; *Groß*, S. 97; *Joussen*, in: Ingenstau/Korbion, Anhang 1, Rn. 113 m.w.Nachw.
402) **Anderer Ansicht:** KG, BeckRS 2008, 17911 = NJW-Spezial 2008, 589; LG München I, IBR 2002, 545 – *Maier;* LG Hamburg, MDR 1971, 851 sowie *Bronsch*, a.a.O.
403) OLG Saarbrücken, BauR 1993, 348; KG, IBR 2010, 335 – *Schulze-Hagen*; in diesem Sinne wohl auch OLG Hamm, BauR 1993, 115, 117, das „eine gleich sichere und vollständige Absicherung der Vergütungsforderung durch die Prozessbürgschaft" verlangt. Bedenklich dagegen LG Hamburg, IBR 2010, 454 – *Schliemann*, das eine Austauschsicherheit in Höhe von **150 %** des Nennbetrags der Vormerkung verlangt.
404) OLG Köln, NJW 1975, 454, 455.
405) Vgl. OLG Hamburg, MDR 1965, 755; LG Hamburg, MDR 1966, 931; OLG Köln, NJW 1973, 2071.
406) **Anderer Ansicht:** *Fürst*, BB 1974, 890.

b) Die Klage auf Eintragung einer Bauhandwerkersicherungshypothek

Literatur

Leue, Sicherungsansprüche nach materiellem Recht und einstweiliger Rechtsschutz, JuS 1985, 176; *Ruland*, Werklohnklage – Hauptsache bei Anordnung der Klageerhebung nach Beschluss entsprechend §§ 648, 883 BGB, § 935 ZPO?, BauR 1999, 316.

Mit der **Vormerkung** auf Eintragung einer Sicherungshypothek ist der Anspruch gemäß § 648 BGB noch nicht endgültig gesichert. Der Bauwerkunternehmer muss vielmehr nun **auf Einwilligung** zur Eintragung der Handwerkersicherungshypothek **klagen**.[407] Hierzu kann das Gericht, das die einstweilige Verfügung erlassen hat, dem Unternehmer auf Antrag des Bauherrn auch eine **bestimmte Frist** setzen, innerhalb der die Klage zu erheben ist (§§ 926, 936 ZPO).[408] Lässt der Unternehmer die ihm gesetzte Frist verstreichen, ohne Klage zu erheben, ist auf Antrag des Bauherrn die Aufhebung der einstweiligen Verfügung durch Endurteil auszusprechen (§ 926 Abs. 2 ZPO). Dieser Antrag kann auch im Berufungsverfahren gestellt werden, wenn die einstweilige Verfügung noch nicht rechtskräftig ist und der Rechtsstreit im Berufungsrechtszug schwebt.[409]

291

Hauptsacheklage im Sinne der §§ 926, 936 Abs. 1 ZPO ist nach herrschender Auffassung nur die **Hypothekenklage,** die auf **Bewilligung** der Eintragung der Hypothek gerichtet sein muss; eine Zahlungsklage reicht daher für die Umschreibung der Vormerkung in die Handwerkersicherungshypothek nicht aus.[410] Anderer Auffassung ist das OLG Frankfurt,[411] das neben der Klage auf Einräumung einer Sicherungshypothek auch die Zahlungsklage als Hauptsacheklage im Sinne der §§ 919, 926 ZPO ansieht, sofern die Parteien darüber streiten, ob der geltend gemachte Anspruch (z.B. des Architekten) besteht. Die gleichwohl aufgrund eines Zahlungsurteils in eine Sicherungshypothek umgeschriebene Vormerkung ist als wirksame Zwangshypothek anzusehen, die an bereitester Stelle zur Entstehung gelangt.[412]

292

Bei der Klage auf Einwilligung in die Bauhandwerkersicherungshypothek ist im **Antrag** darauf zu achten, dass die **Rangstelle der Vormerkung** auch für die Sicherungshypothek **gewahrt** wird. Nach einer Entscheidung des LG Berlin[413] genügt dafür die Verurteilung des Eigentümers, „die Eintragung der Hypothek unter Ausnutzung der durch die Vormerkung gesicherten Rangstelle zu bewilligen". Das

293

---

407) Dieser Anspruch kann auch gegen den Rechtsnachfolger des Auftraggebers/Bestellers gerichtet werden (OLG Frankfurt, IBR 2007, 250 – *Lichtenberg*).
408) Zur Anwendung des § 167 ZPO auf die Fristberechnung zur Klageerhebung nach § 926 ZPO: KG, BauR 2004, 122.
409) OLG Düsseldorf, *Schäfer/Finnern*, Z 2.321 Bl. 54.
410) Vgl. OLG Celle, BauR 2004, 696 = MDR 2004, 111 = NJW-RR 2003, 1529 = BauRB 2003, 171 = IBR 2003, 519 – *Throm;* OLG Frankfurt, NJW 1983, 1129 = BauR 1984, 535 = *SFH,* Nr. 1 zu § 926 ZPO; OLG Düsseldorf, NJW-RR 1986, 322; *Fischer*, in: Prütting/Gehrlein, § 926 ZPO, Rn. 10; *Heiermann/Mansfeld,* in: Heiermann/Riedl/Rusam § 17/B, Rn. 107; *Ruland*, BauR 1999, 316 ff.; *Musielak/Huber*, § 926 ZPO; Rn. 14.
411) BauR 2002, 1435 = NZBau 2002, 456 = OLGR 2002, 221 = MDR 2003, 23 = IBR 2002, 456 – *Brandt;* LG München I, Urt. v. 25.7.1973 – 35 O 209/73; *Leue,* JuS 1985, 176 ff.; Zöller/Vollkommer, § 926 ZPO, Rn. 30.
412) Vgl. KG, JW 1931, 1202.
413) BauR 1987, 358, 359; bestätigt durch KG, BauR 1987, 359.

LG Frankfurt[414)] fordert in diesem Zusammenhang, dass der **Tenor** der Verurteilung alle Angaben enthalten muss, die Inhalt einer entsprechenden **freiwilligen** Eintragungsbewilligung auf Umschreibung der Vormerkung sein müssen; es bedürfe also eines **Hinweises auf die Vormerkung**, deren Rang ausgenutzt werden soll.

294 Ziel der Klage auf Eintragung einer Sicherungshypothek ist die Ersetzung der für die Eintragung erforderlichen Eintragungsbewilligung des Verpflichteten. Mit der Rechtskraft des Urteils gilt die Eintragungsbewilligung als erteilt (§ 894 ZPO). Die Eintragung der Sicherungshypothek erfolgt dann auf Antrag des Gläubigers nach Maßgabe des Urteils.[415)] Es handelt sich bei dieser Klage um eine Leistungsklage, deren Streitwert nach § 6 ZPO zu bestimmen ist. Maßgebend ist also die Höhe der Bauwerkforderung.[416)] Die Klage auf Einräumung einer Sicherungshypothek kann im dinglichen Gerichtsstand des § 26 ZPO erhoben werden.[417)]

295 Aus prozessökonomischen Gründen empfiehlt sich, neben Einräumung einer Sicherungshypothek auch auf Zahlung der Bauforderung selbst zu klagen, zumal die Bauforderung bei der Klage auf Einräumung einer Sicherungshypothek in der Regel inzidenter geprüft werden muss; denn nur, soweit eine Bauforderung besteht, kann der Anspruch auf Einräumung der Sicherungshypothek begründet sein (vgl. Rdn. 262 ff.). Allerdings setzt eine solche Klage voraus, dass die Bauforderung bereits fällig ist, weil sie sonst der Abweisung unterliegen müsste, was für den Anspruch aus § 650e (früher: § 648) BGB nicht der Fall sein muss (vgl. Rdn. 225).

296 Die entsprechende Klage des Unternehmers auf Eintragung einer Bauhandwerkersicherungshypothek nebst Zahlungsklage nach Erlass einer einstweiligen Verfügung und nach Eintragung der Vormerkung kann daher z.B. folgenden Wortlaut haben:

An das

Amtsgericht/Landgericht

Köln

Klage

des Stukkateurmeisters Reinhold X, Meister-Johann-Str. 8, 50676 Köln,

– Klägers –

vertreten durch die RA X, Y, Z

gegen

Herrn Heinrich Z, Brauweilerweg 1, 50698 Köln,

– Beklagten –

Namens und im Auftrag des Klägers erheben wir Klage mit dem Antrag,
1. den Beklagten zu verurteilen, die Eintragung einer Sicherungshypothek in Höhe von … … € (Werklohn) zuzüglich … …% Zinsen seit dem … … für den Kläger auf dem im Grundbuch von Longerich, beim Amtsgericht Köln, Bd. … …, Bl. … …, Flur … …, Parzelle … …, Brauweilerweg 1, eingetragenen Grundstück zu bewilligen, und zwar unter

---

414) Rpfleger 1977, 301.
415) *Lüdtke-Handjery*, DB 1972, 2197.
416) Vgl. OLG Stettin, JW 1929, 211; OLG Köln, BlGBW 1974, 115 = DB 1974, 429.
417) OLG Braunschweig, OLGZ 1974, 210 = BB 1974, 624; *Joussen*, in: Ingenstau/Korbion, Anhang 1, Rn. 122.

rangwahrender Ausnutzung der aufgrund der einstweiligen Verfügung des Amtsgerichts/ Landgerichts K. vom … … (Az.: … …) eingetragenen Vormerkung;
2. den Beklagten zu verurteilen, an den Kläger … … € zuzüglich 10 % Zinsen seit dem … … zu zahlen Zug um Zug gegen Abgabe der Löschungsbewilligung bezüglich der unter Ziffer 1 erwähnten Bauhandwerkersicherungshypothek;
3. dem Beklagten die Kosten des Rechtsstreits aufzuerlegen;
4. das Urteil für vorläufig vollstreckbar zu erklären.

Gründe:

Der Beklagte ist Eigentümer des im Antrag genannten Grundstücks. Der Kläger wurde gemäß Bauvertrag vom … … von dem Beklagten beauftragt, auf dem genannten Grundstück des Beklagten Putzarbeiten durchzuführen.

Beweis: Vorlage des Bauvertrages vom … …

Über diese Putzarbeiten hat der Kläger zwischenzeitlich unter dem … … Schlussrechnung erteilt.

Beweis: Vorlage der Schlussrechnung vom … …

Die in der vorgenannten Rechnung enthaltenen Leistungen sind von dem Kläger ordnungsgemäß erbracht und abgenommen worden. Trotz verschiedener Mahnungen zahlt der Beklagte die ausstehende Rechnung nicht.

Das Amtsgericht/Landgericht Köln hat aufgrund unseres Antrages vom … … im Wege des einstweiligen Verfügungsverfahrens entschieden, dass zu Gunsten des Klägers eine Vormerkung zur Sicherung des Anspruchs auf Einräumung einer Sicherungshypothek auf dem oben genannten Grundstück einzutragen ist. Auf das einstweilige Verfügungsverfahren des Amtsgerichts/Landgerichts Köln (Az.: … …) wird Bezug genommen.

Der Kläger nimmt Bankkredit in Höhe von 10 % in Anspruch.

Zwischen den Parteien ist, wie aus dem Bauvertrag hervorgeht, die VOB vereinbart. Der Schlussrechnungsbetrag in Höhe von € … … war am … … fällig. Mit Schreiben vom … … ist der Beklagte aufgefordert worden, Zahlung zu leisten. Dies ist bisher nicht geschehen.

(Gegebenenfalls weitere Ausführungen zur Substantiierung der Ansprüche.)

5. Rechtsbehelfe

Hat der Bauwerkunternehmer (Architekt/Unternehmer/Sonderfachmann usw.) den Anspruch auf eine Sicherungshypothek glaubhaft gemacht, wird das Gericht (in der Regel das Landgericht) durch einstweilige Verfügung – Beschluss – dem Antragsbegehren entsprechen. Der Eigentümer/Besteller kann sich dann gegen die erlassene einstweilige Verfügung auf Eintragung einer Vormerkung durch **Widerspruch** (§§ 936, 924 Abs. 1 ZPO – „Rechtfertigungsverfahren") oder **Aufhebungsantrag** (§§ 936, 927 ZPO) zur Wehr setzen. Zugleich kann der Eigentümer (Besteller) den Antrag stellen, dem Unternehmer eine Frist zur Erhebung der Hauptklage zu setzen. **297**

Der Antrag auf Erlass einer einstweiligen Verfügung kann auch durch **Beschluss** zurückgewiesen werden (§ 937 Abs. 2 ZPO).

Will der Antragsgegner (Eigentümer) gegen eine erlassene einstweilige Verfügung mittels des **Widerspruchs** vorgehen, so kann er **beantragen,** den Beschluss des Gerichts aufzuheben. Er kann aber auch in Anlehnung an § 942 ZPO beantragen, eine Frist zu bestimmen, innerhalb der die Ladung des Antragsgegners (Eigentümers) zur mündlichen Verhandlung über die Rechtmäßigkeit der einstweiligen **298**

Verfügung bei dem **Gericht der Hauptsache**[418] zu beantragen ist. Der Widerspruch ist ein zeitlich unbefristeter Rechtsbehelf.[419] Ist die einstweilige Verfügung noch nicht vollzogen, also die Vormerkung noch nicht im Grundbuch eingetragen, kann der Antrag gemäß § 707 Abs. 1 ZPO gestellt werden, dass die Vollziehung des Beschlusses notfalls gegen Sicherheitsleistung ausgesetzt wird.

299 Über den Widerspruch ist durch **Urteil** zu befinden; dagegen kann nach den allgemeinen Vorschriften **Berufung** eingelegt werden.[420] Beschwert ist der Bauherr, der zur Bewilligung der Vormerkung verurteilt wird, beschwert ist aber auch der Bauwerkunternehmer, dessen Anspruch aus § 650e (früher: § 648) BGB teilweise (z.B. wegen Mängel der Werkleistung) aberkannt wird. Eine **Revision** gegen Urteile des Berufungsgerichts, durch die Anordnung, Abänderung oder Aufhebung einer einstweiligen Verfügung entschieden worden ist, findet die Revision nicht statt (§ 542 Abs. 2 ZPO); ebenso ist eine **Rechtsbeschwerde** gegen Entscheidungen, die durch Beschluss ergangen sind, nicht zulässig.[421]

300 Wird nach einem Widerspruch der Anspruch des Unternehmers aus § 650e (früher: § 648) BGB im Termin zur mündlichen Verhandlung „unter Verwahrung gegen die Kostenlast **anerkannt**", so ist ein **Anerkenntnisurteil** zu erlassen (§ 307 ZPO). Gegen das Anerkenntnisurteil kann, soweit die Kostenentscheidung angegriffen werden soll, die sofortige Beschwerde eingelegt werden.[422] Erklären die Parteien den Rechtsstreit in der Hauptsache für **erledigt**, z.B., weil der Bauherr zwischenzeitlich eine Bankbürgschaft gestellt hat, so ist gemäß § 91a ZPO zu entscheiden;[423] gegen den Kostenbeschluss ist der Rechtsbehelf der sofortigen Beschwerde zulässig (§ 91a Abs. 2 ZPO); dies gilt ab 1.1.2002 nicht, wenn der Streitwert der Hauptsache den in § 511 ZPO genannten Betrag (600 Euro) nicht übersteigt.

301 Wird über ein Gesuch aus § 650e (früher: § 648) BGB durch Beschluss entschieden, kann der betroffene Eigentümer (Besteller) sich auch damit begnügen, nur einen **Kostenwiderspruch** einzulegen; damit wendet er sich nicht dagegen, dass dem Unternehmer der Sicherungsanspruch aus § 650e (früher: § 648) BGB im Wege der einstweiligen Verfügung zugesprochen worden ist, sondern er will nur verhindern, dass er auch mit den Kosten des einstweiligen Verfügungsverfahrens belastet wird (Argument: § 93 ZPO; s. Rdn. 303). In der Praxis sind solche Kostenwidersprüche,

---

418) Für den Erlass der einstweiligen Verfügung ist das Gericht der Hauptsache zuständig (§ 937 Abs. 1 ZPO), außerdem das Amtsgericht, in dessen Bezirk das Grundstück liegt (§ 942 Abs. 2 ZPO). Die örtliche Zuständigkeit richtet sich nach den §§ 12 ff. bzw. § 21 ZPO. Ob eine Klage aus § 648 BGB auch im dinglichen Gerichtsstand des § 26 ZPO erhoben werden kann, ist streitig (s. Rdn. 294). **Hauptsache** ist im Übrigen nur der Bewilligungsanspruch, nicht der Zahlungsanspruch (s. Rdn. 292).
419) KG, NJW 1962, 816; OLG Düsseldorf, 1972, 1955. Zum Rechtsmissbrauch: *Thomas/Putzo/Reichold*, § 924 ZPO, Rn. 1 m. Nachw.
420) Zum **Vollstreckungsschutz** in der Berufungsinstanz siehe Rdn. 384 ff.
421) Siehe BGH, NJW 2003, 1531.
422) OLG Düsseldorf, BauR 1980, 92.
423) Beispielsfall: OLG Düsseldorf, BauR 1979, 358. Der Unternehmer muss stets sorgfältig prüfen, ob er einem Aufhebungsbegehren des Bestellers (§ 939 ZPO) widersprechen oder besser einen (begründeten) Anspruch anerkennen soll, um Kostennachteile auszuschließen (vgl. OLG Saarbrücken, BauR 1993, 348).

gegen deren Zulässigkeit keine Bedenken bestehen,[424)] durchaus nicht selten. In einem solchen Falle hat das Gericht über den Kostenwiderspruch durch **Urteil** zu befinden. Gegen das Urteil findet jedoch nur wiederum die **sofortige Beschwerde** gemäß § 99 Abs. 2 ZPO n.F. (analog) statt.[425)]

6. Kostenentscheidung

Literatur

Rathjen, Zur Kostenfrage bei einstweiligen Verfügungen auf Vormerkungen zu Bauhandwerkersicherungshypotheken, BlGBW 1976, 186; *Heyers*, Die Veranlassung zur einstweiligen Verfügung nach §§ 648, 885 BGB im Rahmen des § 93 ZPO, BauR 1980, 20.

Die **Kostenentscheidung** folgt bei einer streitigen Verhandlung aus §§ 91, 92 **302** ZPO. Wird deshalb einem Antrag auf Erlass einer einstweiligen Verfügung zur Sicherung des Anspruchs aus § 650e (früher: § 648) BGB wegen vorhandener Mängel der Werkleistung nur teilweise entsprochen, ist § 92 ZPO anzuwenden. Wird das einstweilige Verfügungsverfahren übereinstimmend für erledigt erklärt, etwa nach Stellung von ausreichenden Sicherheiten durch den Bauherrn, ist über die Kosten gemäß § 91a ZPO zu befinden.[426)] Wird der Antrag auf Erlass der einstweiligen Verfügung aufgrund einer nach der Rechtshängigkeit eingetretenen Erledigung zurückgenommen, kommt eine Kostenentscheidung zugunsten des Antragsteller/Verfügungsklägers nach § 269 Abs. 3 Satz 3 ZPO nicht in Betracht.[427)] Bei **Aufhebung** der einstweiligen Verfügung auf Eintragung einer Vormerkung **wegen Versäumung der Vollziehungsfrist** hat der Antragsteller (Bauunternehmer) die Kosten nicht nur des Aufhebungsverfahrens, sondern auch die Kosten des gesamten Verfahrens auf Erlass der einstweiligen Verfügung zu tragen. In dem entsprechenden Aufhebungsverfahren ist daher über die Kosten des Anordnungsverfahrens mit zu entscheiden.[428)]

Sehr **umstritten** ist, ob der Bauwerkunternehmer entsprechend § 93 ZPO die **303** Verfahrenskosten tragen muss, wenn der **Bauherr** nach Erlass der einstweiligen Verfügung Widerspruch einlegt und den Anspruch aus § 650e (früher: § 648) BGB **sofort anerkennt**. Die **überwiegende** Ansicht bejahte dies für den Fall, dass der Antragsteller (Unternehmer) den Antragsgegner (Bauherrn) **nicht** vorprozessual zur freiwilligen Einräumung der Sicherungshypothek aufgefordert hatte.[429)] Inzwi-

---

424) Vgl. OLG Düsseldorf, JurBüro 1986, 1718; *Lemke*, DRiZ 1992, 339.
425) Vgl. hierzu: OLG Brandenburg, NJW-RR 2000, 1668, 1669; OLG Frankfurt, OLGR 1992, 150; OLG Düsseldorf, MDR 1961, 515; NJW 1972, 1955; WRP 1976, 127; WRP 1979, 793; **a.A.:** OLG München, NJW 1972, 954.
426) Vgl. OLG Braunschweig, NdsRpfl. 1950, 172; OLG Frankfurt, NJW 1960, 251.
427) **Str.;** wie hier: KG, OLGR 2009, 514 gegen OLG Stuttgart, NJW-RR 2007, 527.
428) OLG Hamburg, NJW 1964, 600; OLG Frankfurt, Rpfleger 1963, 251; LG Köln, *Schäfer/Finnern*, Z 2.321 Bl. 50 u. 51.
429) Vgl. OLG Frankfurt, OLGR 1992, 150, 151; OLG Karlsruhe, Recht 1927, 1647; LG Berlin, BauR 1999, 946, 947; LG München, MDR 1963, 418; OLG Düsseldorf, NJW 1972, 1676 u. 1955; OLG Köln, *SFH*, Nr. 1 zu § 93 ZPO; *Joost*, NJW 1975, 1172; LG Köln, *Schäfer/Finnern*, Z 2.321 Bl. 39; OLG Köln, *SFH*, Nr. 1 zu § 93 ZPO; LG Osnabrück, NdsRpfl. 1983, 145; OLG Oldenburg, NdsRpfl. 1983, 148; *Kapellmann*, BauR 1976, 323, 327; vgl. ferner: OLG Hamm, NJW 1976, 1459; *Rathjen*, BlGBW 1976, 186 ff.

schen hat sich jedoch die **Gegenansicht durchgesetzt**, wonach eine **vorherige Abmahnung** des Auftraggebers (Bauherrn) zur Bewilligung einer Vormerkung bzw. einer Sicherungshypothek **nicht erforderlich** ist, um Kostennachteile zu vermeiden.[430]

Die Gegenmeinung[431] verneint zu Recht die Anwendbarkeit des § 93 ZPO in diesen Fällen vor allem aus dem Zweck des § 650e (früher: § 648) BGB als raschem Sicherungsmittel sowie wegen der Gefahr, die mit einer solchen vorprozessualen Abmahnung für den Baugläubiger verbunden sein könnte. Es kann nämlich nicht geleugnet werden, dass nach einer vorprozessualen Abmahnung durch den Baugläubiger das Grundstück des Schuldners so belastet werden kann, dass eine Hypothek als Sicherungsmittel für den Baugläubiger nunmehr sinnlos wird (**Ranginteresse!**).[432]

304 Die Streitfrage hinsichtlich der Kostenlast bei unterbliebener Abmahnung kann aus dem Gesetz allerdings nicht befriedigend beantwortet werden. Es lässt sich – entgegen dem Wettbewerbsrecht – nicht sagen, dass grundsätzlich ein Abmahngebot im Rahmen des § 650e (früher: § 648) BGB besteht; Äußerungen, die in diese Richtung gehen, sind zurückzuweisen.[433] Es darauf abzustellen, ob der Gläubiger „objektive Anhaltspunkte dafür hat, dass der Schuldner die Bewilligungserklärung nicht freiwillig abgeben wird" (Joost)[434] – dann Entbehrlichkeit der Abmahnung –, dürfte wegen der Rechtsnatur des Anspruchs aus § 650e (früher: § 648) BGB und wegen § 885 Abs. 1 Satz 2 BGB kaum gerechtfertigt sein. Gerade in Fällen, in denen die Bauforderung noch nicht fällig ist, würde die in den §§ 650e (früher: § 648), 885 Abs. 1 Satz 2 BGB zum Ausdruck gekommene Risikoverteilung einseitig zu Lasten des Baugläubigers verschoben.

Man sollte daher entgegen Joost anders fragen: Hatte der **Gläubiger** konkrete Anhaltspunkte dafür, dass der Schuldner einer vorprozessualen Aufforderung zur

Bewilligung einer Sicherungshypothek nachkommen werde?[435] Ist dies zu bejahen, hat auch eine vorprozessuale Abmahnung zu erfolgen; nur dann ist eine solche Aufforderung an den Schuldner nicht sinnlos, und auch der von dem LG Dortmund[436] herausgestellte Gedanke trifft zu, es müsse im Interesse des **lauteren** Schuldners verlangt werden, dass dieser wegen der anfallenden Gerichts- und Anwaltskosten zuvor zur Bewilligung der Vormerkung (Hypothek) aufgefordert

---

430) So zutr. Beck'scher VOB-Komm/*Jagenburg*, Vor § 2 VOB/B, Rn. 304; *Hofmann/Koppmann*, S. 203 (18); ebenso: OLG Dresden, BauR 2000, 1378; OLG Köln, NJW-RR 1997, 1242; *Joussen*, in: Ingenstau/Korbion, Anhang 1, Rn. 118.
431) Vgl. OLG Dresden, BauR 2000, 1378; OLG Stuttgart, BauR 1995, 116; OLG Karlsruhe, IBR 2003, 29; LG Ulm, BauR 1986, 489; LG Hannover, MDR 1969, 935; OLG Köln, NJW 1975, 454, 455; OLG Köln, JMBl. NW 1975, 175; *Jagenburg*, NJW 1973, 1721, 1726; OLG Düsseldorf, BauR 1976, 285; OLG Celle, BauR 1976, 365, 367.
432) Vgl. OLG Celle, BauR 1976, 365, 367 = NJW 1977, 1731 (LS); OLG Frankfurt, BauR 1989, 644.
433) OLG Frankfurt, BauR 2008, 1158, 1161; *Heyers*, BauR 1980, 20 ff.
434) NJW 1975, 1172.
435) So auch OLG Dresden, BauR 2000, 1378; OLG Celle, BauR 1976, 365, 367 u. OLG Stuttgart, BauR 1995, 116, 117 (für den Fall, dass der Besteller vorprozessual bereits die Bereitschaft zur Bestellung einer Sicherungshypothek erklärt); s. ferner: OLG Rostock, IBR 2002, 652 – *Knipp*; OLG Frankfurt, OLGR 1996, 255.
436) BlGBW 1974, 52.

Kostenentscheidung

wird. Solche **objektiven Anhaltspunkte** für den Gläubiger wären etwa die bisherigen **pünktlichen** Abschlagszahlungen des Bauschuldners und erkennbar **vorhandenes Vermögen** oder Sicherungsmittel, ferner der Umstand, dass der Bauherr schon früher **von sich aus** die Sicherung durch eine Handwerkerhypothek angeboten hatte.[437]

Mit Recht weist das OLG Celle[438] darauf hin, Grundsatz müsse es stets sein, dass der **Gläubiger Veranlassung zu einer Inanspruchnahme des Gerichts** hatte, wenn nicht besondere Umstände des konkreten Falles das Vorliegen einer Gefährdung ausschließen oder zumindest unwahrscheinlich machen; bei der Prüfung, ob der Gläubiger Veranlassung hatte, im Wege der einstweiligen Verfügung die Eintragung einer Vormerkung zu erwirken, sei auch darauf abzustellen, ob der Schuldner seiner Zahlungspflicht nachgekommen oder nur aus einen Verzug ausschließenden Gründen – etwa dem Vorliegen eines Leistungsverweigerungsrechts wegen **mangelnder Werkleistung** des Gläubigers – nicht nachgekommen sei. **Bestreitet** der Bauherr den Anspruch oder gerät er mit der Erfüllung der Zahlungsverpflichtung in **Verzug**, ist nicht nur der Zahlungsanspruch des Unternehmers gefährdet, sondern auch sein Eintragungsanspruch gemäß § 650e (früher: § 648) BGB.[439] Einer Aufforderung zur Bewilligung der Eintragung einer Sicherungshypothek oder Vormerkung bedarf es hier nicht mehr.[440] Vielmehr hat der Bauherr durch sein Verhalten Anlass zum Antrag des Unternehmers auf Erlass der einstweiligen Verfügung gegeben. Dasselbe gilt, wenn es für den Unternehmer aus anderen Gründen **unzumutbar** ist, den Bauherrn abzumahnen,[441] so z.B. bei **Verkaufsabsichten** des Bauherrn oder wenn dieser sich weigert, eine bereits eingetragene Vormerkung in ein Vollrecht (Sicherungshypothek) umzuwandeln, obwohl er den Anspruch auf Einräumung der Vormerkung bereits dem Grunde nach anerkannt hat. Eine Aufforderung ist auch unzumutbar, wenn bereits klageweise **weitere Vormerkungen** zur Sicherung des Anspruchs auf Einräumung einer Sicherungshypothek durch **andere** Unternehmer (in erheblichem Umfang) **eingetragen** worden sind.[442] In diesen Fällen ist das Sicherungsmittel der Hypothek nur dann effektiv, wenn es schnell durchgesetzt und nicht gefährdet werden kann.

Für die Kostenentscheidung ist grundsätzlich nur das **vorprozessuale Verhalten** des Bauherrn maßgebend; diesem obliegt auch nach der hier vertretenen Ansicht die **Darlegungs-** und **Beweislast,** wenn er sich im Rahmen der Kostenentscheidung erfolgreich darauf berufen will, er habe durch sein Verhalten jedenfalls „keinen Anlass" zur Beantragung einer einstweiligen Verfügung gegeben.[443]

---

437) OLG Köln, *SFH*, Nr. 1 zu § 93 ZPO; OLG Stuttgart, a.a.O.
438) BauR 1976, 365, 367; ihm folgend: OLG Dresden, BauR 2000, 1378; OLG Frankfurt, BauR 1989, 644 u. OLGR 1992, 150; **a.A.:** OLG Hamm, NJW 1976, 1459; *Joost*, NJW 1975, 1172 m.w.Nachw.
439) *Rathjen*, BlGBW 1976, 186, 187; **a.A.:** LG Osnabrück, NdsRpfl. 1983, 145, 147.
440) LG Ulm, BauR 1986, 489, 490.
441) *Rathjen*, a.a.O.
442) OLG Köln, NJW-RR 1997, 1242.
443) Zutreffend: OLG Dresden, BauR 2000, 1378.

Der zunächst fehlende Anlass zur Klageerhebung kann auch noch nach Klageerhebung **„nachwachsen"**, wenn der Bauherr sich so verhält, dass der Unternehmer nunmehr – rückschauend – Anlass gehabt hat, Klage zu erheben;[444] denn nach Sinn und Zweck des § 93 ZPO sollen aus Billigkeitsgründen den Kläger nur dann die Kosten treffen, wenn dieser ohne Prozess sein Prozessziel erreicht hätte. Ergibt sich aber aus dem Verhalten des Beklagten nach Prozessbeginn, dass dieser den gegen ihn geltend gemachten Anspruch aus § 650e (früher: § 648) BGB auch ohne eine Klage nicht erfüllt hätte, so wäre es in der Tat unbillig, wenn der Kläger die Kosten des Prozesses tragen müsste.[445] Alle Voraussetzungen des § 93 ZPO müssen somit noch im Zeitpunkt der letzten mündlichen Verhandlung vorliegen.

307 Ein früheres Bestreiten in vorbereitenden Schriftsätzen steht einem sofortigen Anerkenntnis i.S. des § 93 ZPO nicht entgegen, wenn nicht ihr Inhalt – etwa im schriftlichen Verfahren oder bei einer Entscheidung nach Lage der Akten – dem mündlich Vorgetragenen gleichsteht.[446]

308 Zu beachten ist schließlich, dass dem Bauherrn durch Einreichung einer **Schutzschrift** (Rdn. 339 ff.) Kostennachteile erwachsen können. Das Amtsgericht Euskirchen[447] hat insoweit bemerkt:

> „Es kann dahingestellt bleiben, ob auch bei einem Anspruch auf Eintragung einer Vormerkung zur Sicherung des Anspruchs auf Eintragung einer Bauhandwerkersicherungshypothek eine Abmahnung oder Aufforderung zur Sicherheitsleistung vorausgehen muss oder ob eine vorherige Abmahnung verzichtbar ist. Hierauf käme es nur dann an, wenn im Verfahren auf Erlass einer einstweiligen Verfügung der Antragsgegner den Anspruch auf Eintragung einer Bauhandwerkersicherungshypothek sofort anerkannt hätte. Ein sofortiges Anerkenntnis ist im vorliegenden Falle jedoch nicht gegeben. Mit der Schutzschrift hat die Antragsgegnerin vielmehr unmissverständlich zu erkennen gegeben, dass – da die Antragstellerin gegen die Antragsgegnerin keine Forderung mehr habe – ihr ein Sicherungsanspruch nicht zustehe. Bei dieser von der Antragsgegnerin vertretenen Auffassung ist bei nachträglicher Beurteilung davon auszugehen, dass die Aufforderung zur Leistung einer Sicherheit vor Einleitung des einstweiligen Verfügungsverfahrens, selbst wenn man der erstgenannten Absicht folgt, nicht zum Erfolg geführt hätte. Vielmehr zeigt das Bestreiten des Vorliegens eines zu sichernden Anspruchs in der Schutzschrift mit aller Deutlichkeit, dass die Antragsgegnerin zunächst, selbst noch nach Anhängigkeit des Verfahrens, einen zu sichernden Anspruch nicht anerkennen wollte. Es kann daher dahingestellt bleiben, aus welchen Gründen sie dann dennoch schließlich den Hauptsacheanspruch anerkannt hat. Jedenfalls ist darin nicht mehr ein sofortiges Anerkenntnis im Sinne des § 93 ZPO zu sehen."

309 Dem Bauherrn (Antragsgegner) obliegt auch die **Darlegungs-** und **Beweislast** hinsichtlich der Frage, ob er Veranlassung zur Klage gemäß § 93 ZPO gegeben hat.[448] Dies gilt auch dann, wenn die Veranlassung zur Klageerhebung von materiell-rechtlichen Voraussetzungen abhing, für die bei einer Sachentscheidung der

---

444) Vgl. KG, NJW 1957, 796; anders: OLG München, MDR 1984, 409.
445) OLG Düsseldorf, VersR 1971, 1126; OLG Düsseldorf, BauR 1980, 92, 93; OLG Köln, MDR 1973, 593.
446) OLG Düsseldorf, BauR 1980, 92.
447) Urteil vom 3. August 1981 – 12 C 255/81; s. auch OLG Frankfurt, ZIP 1983, 1389 für die Begründung des Widerspruchs gegen Mahnbescheid.
448) So zutr. *Heyers*, BauR 1980, 20, 29; OLG Stuttgart, BauR 1995, 116; LG Ulm, BauR 1986, 489, 490; OLG München, Beschl. v. 17.12.1984 – 27 W 290/84; **a.A.:** LG Osnabrück, NdsRpfl. 1983, 145, 146.

Kläger (Unternehmer) die Darlegungs- und Beweislast trägt.[449] Das wird von der herrschenden Ansicht immer wieder übersehen.[450] Der Bauherr muss daher im Einzelnen darlegen und glaubhaft machen, dass er z.B. trotz der gegen ihn sprechenden Umstände[451] gleichwohl bereit gewesen wäre, den Sicherungsanspruch aus § 650e (früher: § 648) BGB zu erfüllen und auch auf eine entsprechende Aufforderung hin die Eintragung einer Sicherungshypothek (Vormerkung) gebilligt hätte.[452] Macht der Bauherr das nicht glaubhaft, wird dies dazu führen müssen, dass ihm die Kosten des Verfahrens aufzuerlegen sind. In der **Praxis** hat die hier vertretene Ansicht zur Folge, dass in der Regel den **Bauherrn** die Kostenlast treffen wird; demgegenüber trägt nach der **Rechtsprechung,** die eine Abmahnung verlangt, der **Bauunternehmer** in der Regel die Kosten, wenn er den Bauherrn nicht vorher zur Bewilligung der Vormerkung aufgefordert hat und der Bauherr den Anspruch aus § 650e (früher: § 648) BGB sofort anerkennt.

Das sofortige Anerkenntnis kann im vorprozessualen Raum oder im Verfahren selbst erfolgen. Für die Frage der Kostenlast ist dabei **unerheblich,** dass der Schuldner (Bauherr) gegen eine erlassene einstweilige Verfügung zur Sicherung des Anspruchs aus § 650e (früher: § 648) BGB **Widerspruch** eingelegt hat. Denn nachdem über den Antrag des Gläubigers (Unternehmers) auf Erlass der einstweiligen Verfügung ohne mündliche Verhandlung entschieden worden ist, bietet die Einlegung des Widerspruchs und das dadurch eingeleitete Verfahren für den Schuldner die einzige Möglichkeit, den Verfügungsanspruch anzuerkennen und seine Rechte in kostenmäßiger Hinsicht zu wahren.[453] **310**

Der Bauherr, der mit einer einstweiligen Verfügung überzogen wird, kann sich schon dann einer anwaltlichen Hilfe bedienen, wenn er vor der Zustellung der einstweiligen Verfügung auf Einräumung einer Vormerkung von der einstweiligen Verfügung Kenntnis erlangt, sei es durch Zufall oder durch eigene Ermittlungen (z.B. Grundbucheinsicht). In diesen Fällen kann sich der Bauherr sofort Gehör verschaffen, indem er z.B. einen Anwalt mit einer schriftsätzlichen Stellungnahme beauftragt, um dem gegen ihn gerichteten Antrag oder der bereits getroffenen Entscheidung entgegentreten zu können. Die dadurch entstehenden Kosten sind dem Bauherrn im Rahmen der Notwendigkeit von dem Antragsteller zu erstatten, wenn es zu einer Antragsrücknahme durch den Antragsteller kommt. In diesen Fällen ist über die Kosten nach § 269 Abs. 3 ZPO zu entscheiden.[454] **311**

---

449) OLG Frankfurt, NJW-RR 1996, 62 (für den Einwand, die Schlussrechnung sei nicht zugegangen, § 16 Nr. 3 Abs. 1 VOB/B).
450) Beispiel: OLG Köln, *SFH*, Nr. 1 zu § 93 ZPO.
451) Zum Beispiel: Bestreiten der Werklohnforderung; Zurückweisung einer Zahlungsaufforderung des Unternehmers.
452) OLG Frankfurt, BauR 2008, 1158, 1161.
453) Vgl. OLG Hamm, NJW 1976, 1459; **a.A.:** LG Köln, BauR 1997, 672, jedoch ohne Begründung.
454) **Bestr.;** so OLG Frankfurt, NJW 1955, 1194; OLG Köln, NJW 1973, 2071; OLG Hamburg, NJW 1977, 813; OLG Köln, Beschl. v. 18.7.1973 – 17 W 164/73; **a.A.:** *Lent* in Anm. zu OLG Frankfurt, a.a.O.; OLG München, NJW 1955, 1803, 1804.

7. Der Streitwert

312 Der **Streitwert** für das einstweilige Verfügungsverfahren auf Eintragung einer Vormerkung ist nicht nach § 6 ZPO zu bestimmen,[455] sondern nach § 3 ZPO.[456] In welcher Höhe der Streitwert regelmäßig festzusetzen ist, ist **umstritten**. Die Wertfestsetzungen schwanken zwischen 1/10 bis zu dem vollen Wert der zu sichernden Forderung.

Die Wertfestsetzung hat sich an dem **Einzelfall** auszurichten. Dabei ist das besondere Interesse des Antragstellers an der erstrebten Sicherungsmaßnahme zu berücksichtigen. Fehlt es an besonderen Anhaltspunkten, ist mit dem OLG Koblenz[457] **das Interesse des Antragstellers** an der Sicherung seiner Forderung **in der Regel mit 1/3 der Bauforderung** zu veranschlagen. Bei der Streitwertermittlung ist insoweit ein Kostenpauschquantum nicht zu berücksichtigen.

313 Klagt der Bauwerkunternehmer auf Einräumung einer Sicherungshypothek **und** auf Zahlung der Werklohnforderung, liegt eine Klagehäufung (§ 260 ZPO) vor.[458] In diesem Fall soll nach OLG Köln[459] der Streitwert nur nach der Höhe der **Bauforderung** zu bemessen sein. Der Anspruch auf Einräumung der Sicherungshypothek wird also wertmäßig nicht berücksichtigt. Das entspricht der h.A. Indes: Es ist stets ein selbstständiges Interesse an der Sicherstellung durch Einräumung der Sicherungshypothek anzuerkennen.[460] Das Sicherungsinteresse ist besonders in Zeiten von Geldverknappung und Liquiditätsengen groß; bereits wirtschaftlich gesehen betrifft das Klageziel daher nicht denselben Gegenstand. Erst recht trifft dies für die rechtliche Beurteilung beider Ansprüche zu; diese können in einer verbundenen Klage unterschiedlichen Erfolg haben.[461] Es spricht daher eher für eine **Er-**

---

455) So aber LG Wuppertal, *Schäfer/Finnern*, Z 2.321 Bl. 18; RGZ 35, 394; OLG Köln, JW 1928, 1833; KG, NJW 1954, 1687; OLG Bremen, NJW 1956, 1245; LG Tübingen, BauR 1984, 309.
456) OLG Dresden, BauR 2014, 1352; OLG Düsseldorf, NJW 1953, 424; KG, Recht 1931, Nr. 652; OLG Frankfurt, JurBüro 1977, 19; LG Frankfurt, AnwBl. 1983, 556.
457) AnwBl. 1974, 27; ebenso: KG, BauR 1972, 259; LG Leipzig, JurBüro 1995, 26 (1/3 bis 1/4 der zu sichernden Forderung); LG Frankenthal, AnwBl. 1983, 556; *Joussen*, in: Ingenstau/Korbion, Anhang 1, Rn. 121; ähnlich: OLG Frankfurt, JurBüro 1977, 719 (1/4 der Forderungshöhe); anders: LG Saarbrücken, AnwBl. 1981, 70 (9/10 des Forderungsbetrages); vgl. auch OLG Celle, JurBüro 1982, 1228 (1/2 des Forderungsbetrages).
458) Zum **Grundurteil** über den Restwerklohn und den Anspruch auf Bestellung der Sicherungshypothek: OLG Celle, NZBau 2004, 557 = BauR 2004, 1980.
459) BlGBW 1974, 115 = DB 1974, 429; ebenso: OLG Dresden, BauR 2014, 1352; KG, BauR 2011, 144 u. BauR 1998, 829; OLG Jena, IBR 2010, 370 – *Schwenker*; OLG Koblenz, BeckRS 2008, 13354; OLG Nürnberg, MDR 2003, 1382 = IBR 2003, 586 – *Hänsel*; OLG Stuttgart, BauR 2003, 131, 132; OLG Koblenz, OLGR 2003, 256; KG, BauR 1998, 829, 830; OLG Frankfurt, JurBüro 1977, 1136; *Siegburg*, BauR 1990, 290, 291; *Zöller/Herget*, § 3 ZPO, Rn. 16 – „Bauhandwerkersicherungshypothek"; *Musielak/Heinrich*, § 3 ZPO, Rn. 24 – „Bauhandwerkersicherungshypothek"; *Frank*, Anspruchsmehrheiten im Streitwertrecht, S. 187.
460) Wie hier: OLG Düsseldorf, BauR 2009, 1009 = IBR 2009, 248 – *Müller-Stoy* u. NZBau 2005, 697 = NJW-Spezial 2006, 25; OLGR 1997, 136; OLG München, BauR 2000, 927 = IBR 2000, 296 = OLGR 1999, 347; s. ferner: OLG Hamburg, OLGR 2001, 217 sowie *Joussen*, in: Ingenstau/Korbion, Anhang 1, Rn. 121 (unter Aufgabe der früheren Meinung).
461) OLG Düsseldorf, NZBau 2005, 697, 698; OLG München, BauR 2000, 927 = OLGR 1999, 347.

höhung des Streitwertes. Der Höhe nach bemisst sich dieses streitwerterhöhende eigenständige wirtschaftliche Interesse entsprechend § 6 ZPO ausschließlich an dem ungekürzten Wert der zu sichernden Forderung, allenfalls begrenzt durch den Wert des Grundstücks, zu dessen Lasten die Sicherungshypothek eingetragen wird.[462] Bei einer übereinstimmenden **Teil**erledigungserklärung ist das Kosteninteresse nicht nach dem Mehrkostenanteil, sondern verhältnismäßig zu bestimmen.[463]

---

462) So OLG München, a.a.O.; OLG Düsseldorf, BauR 2009, 1009, 1010 (**voller Wert**); **a.A.:** OLG Düsseldorf, OLGR 1997, 136, das das zusätzliche Interesse an der Sicherstellung mit 1/3 der Bauforderung ansetzt.
463) OLG Düsseldorf, OLGR 1997, 136.

IV. Die Bauhandwerkersicherung (§ 650f [früher: § 648a] BGB)

Übersicht

	Rdn.		Rdn.
1. Die Regelung	314	4. Der Verpflichtete	324
2. Das Verhältnis zu 650e (früher: § 648) BGB	317	5. Zum Begriff der „Vorleistung"	326
3. Der Berechtigte	320	6. Der Streit um die Sicherheit und die Rechtsfolgen	332

Literatur

Leinemann, Die Bezahlung der Bauleistung, 5. Auflage 2013; *Hofmann/Koppmann*, Die neue Bauhandwerkersicherung, 5. Auflage 2009; *Klaft*, Die Bauhandwerkersicherung nach § 648a BGB, 1998;

Literatur ab 1988

Sternberg, Neuregelung der Bauhandwerkersicherung, BauR 1988, 33; *Ernst*, Wirksame Sicherung der Bauhandwerkersicherung, BB 1988, 785; *Börstinghaus*, Die Sicherung der Bauhandwerkerforderungen auf neuen Wegen, ZRP 1990, 421; *Scholtissek*, Mehr Sicherheit für Bauhandwerker, MDR 1992, 43; *Weber*, Neugestaltung der Bauhandwerkersicherung, ZRP 1992, 292; *Gutbrod*, Bauhandwerkersicherung: Der neue § 648a BGB – Schutz oder Hemmnis?, DB 1993, 1559; *Breier*, Die neue Bauhandwerkersicherung nach § 648a BGB, DAB 1993, 1950; *Slapnicar/Wiegelmann*, Neue Sicherheiten für den Bauhandwerker, NJW 1993, 2903; *Sturmberg*, § 648a BGB – über das Ziel hinaus? Entspricht die neue Vergütungssicherung den Anforderungen der Vertragspraxis?, BauR 1994, 57; *Hofmann/Koppmann*, Erste Streitfragen bei Anwendung des neuen § 648a BGB, BauR 1994, 305; *Weber*, Das Bauhandwerkersicherungsgesetz, WM 1994, 725; *Sturmberg*, Noch einmal: § 648a BGB – Streitfragen, BauR 1995, 169; *Wagner/Sommer*, Zur Entschärfung des § 648a BGB, ZfBR 1995, 168; *Leinemann/Klaft*, Erfordert die Neuregelung des § 648a BGB eine restrikte Auslegung zum Schutz des Bestellers?, NJW 1995, 2521; *Liepe*, Problemlösungen bei der Bauhandwerkersicherung § 648a BGB aus dem Gesetz selbst, BauR 1996, 336; *Leins*, Wirksamkeit der Nr. 32 der EVM (B) ZVB/E unter Berücksichtigung der Bestimmung des § 648a Abs. 6 BGB, BauR 1996, 662; *Siegburg*, Erfasst § 648a BGB auch die Vergütung für erbrachte Teilleistungen?, BauR 1997, 40; *Moeser/Kocher*, Begrenzung des Sicherungsverlangens des Werkunternehmers nach § 648a BGB, BauR 1997, 425; *Hammacher*, § 648a BGB: Bedarf es bei einem VOB/B-Vertrag einer besonderen schriftlichen Kündigungserklärung?, BauR 1997, 429; *Raabe*, Bauhandwerkersicherungshypothek an schuldnerfremden Grundstücken trotz § 648a BGB?, BauR 1997, 757; *Reinelt*, Ist § 648a BGB extensiv oder restriktiv auszulegen?, BauR 1997, 766; *Zimdars*, Bauhandwerkersicherheit gemäß § 648a BGB: Zulässigkeit der Garantie auf erstes Anfordern und der Befristung der Garantie, DB 1997, 614; *Liepe*, Mängelbeseitigung durch Auftragnehmer erst nach Sicherheit gemäß § 648a BGB?, BauR 1998, 860; *Stammkötter*, Die Fälligkeit des Erstattungsanspruchs gemäß § 648a Abs. 3 BGB, ZfBR 1998, 225; *Schulze-Hagen*, § 648a BGB: Auch nach Abnahme anwendbar?, BauR 1999, 210; *Ullrich*, Uneingeschränkter Werklohnanspruch trotz Mängeln?, MDR 1999, 1233; *Brechtelsbauer*, Leistungsverweigerungs- und Kündigungsrechte nach § 648a BGB auch bei eigener Vertragsuntreue des Unternehmers?, BauR 1999, 1371; *Schilling*, Probleme zum Umfang und zur Höhe einer Sicherheitsleistung nach § 648a BGB, insbesondere auch zu den Bürgschaften eines zugleich objektfinanzierenden Kreditinstituts, Festschrift für Vygen (1999), 260; *Thierau*, § 648a BGB nach Abnahme – „Rückschlagsicherung" gegen Mängeleinreden?, NZBau 2000, 14; *Leineweber*, § 648a BGB – Alternative Sicherungsformen anstelle der Bürgschaft, BauR 2000, 159; *Schmitz*, Richtiger Umgang mit Sicherheitsverlangen von Bauunternehmern gemäß § 648a BGB, ZfIR 2000, 489; *Zanner*, Zum Umfang der Sicherheit nach § 648a BGB bei Vereinbarung der VOB/B, BauR 2000, 485; *Warner*, § 648a BGB – Voraussetzungen der Bestellerpflicht zur Sicherheitsleistung und Folgen der Nichtleistung der Sicherheit im Werklohnprozess, BauR 2000, 1261; *Leinemann/Sterner*, § 648a BGB: Zu Art und Höhe der Sicherheit sowie zum Zeitpunkt des Sicherungsbegehrens, BauR 2000, 1414; *Boecken*, Die Sicherheit nach § 648a BGB, DAB 2000, 1427; *Buscher*, Möglichkeit der Befristung der Bürgschaft nach § 648a BGB?, BauR 2001, 159; *Bschorr/Putterer*, Zur Frage der Anwendbarkeit des § 648a BGB nach der Abnahme oder Kündigung, BauR 2001, 1497; *Frank*, Zur Anwendbarkeit des § 648a BGB nach erfolgter Abnahme, Jahrbuch Baurecht 2002, 143; *Weber*, § 648a BGB nach Abnahme: Anspruch und Wirklichkeit, Festschrift für Jagenburg (2002), 1001; *Rathjen*, Abnahme und Sicherheitsleistung beim Bauvertrag, BauR 2002, 242; *Jacob*, Kündigung des Werkvertrags gemäß §§ 643, 645 Abs. 1 und § 648a Abs. 5 BGB nach Abnahme, BauR 2002, 386; *Buscher*, Recht auf Sicherheit gemäß § 648a BGB gegenüber treuhänderischem Sanierungs- bzw. Entwicklungsträger i.S. der §§ 157, 167 BBauG?, BauR 2002, 1288; *Graupeter*, Recht auf Sicherheit gem. § 648a BGB gegenüber treuhänderischem Sanierungs- bzw. Entwicklungsträger i.S.v. §§ 157, 167 BBauG?, ZfBR 2002, 750; *Groth/Rosendahl*, Der nach §§ 157, 167 BBauG eingesetzte treuhänderische Sanierungsträger/Entwicklungsträger als privilegierter Besteller gemäß § 648a Abs. 6 Nr. 1 BGB, BauR 2003, 29; *Mundt*, Die Insolvenzanfechtung bei Stellung einer Bürgschaft nach § 648a BGB, NZBau 2003, 527; *Brauns*, Zur Anfechtbarkeit der Werklohnzahlung oder der Besicherung von Vergütungsansprüchen des Auftragnehmers durch den Insolvenzverwalter über das Vermögen des Auftraggebers – unter besonderer Berücksichtigung der Direktzahlung nach § 16 Nr. 6 VOB/B durch den Hauptauftraggeber, BauR 2003, 301; *Horsch/Hänsel*, Konzernbürgschaften – taugliche Sicherungsmittel nach § 648a BGB?, BauR 2003, 462; *Sohn/Kandel*, § 648a BGB und Gewährleistungsansprüche des Auftraggebers im Vergütungsprozess des Werkunternehmers, BauR 2003, 1633; *Diehr*, Sicherheit gemäß § 648a BGB zugunsten des Gesellschafters gegen seine Bau-ARGE – Die Auflösung einer Kollision von Gesellschafter- und Werkunternehmerinteressen, ZfBR 2004, 3; *Busz*, Die Ansprüche des Werkunternehmers bei nicht fristgemäßer Sicherheitsleistung des Auftraggebers, NZBau 2004, 10; *Schliemann/Hildebrandt*, Sicherungsverlangen nach § 648a BGB nach Abnahme und Auflösung des entstehenden Schwebezustandes beim Gegenüberstehen von zwei Leistungsverweigerungsrechten, ZfIR 2004, 278; *Thierau*, Das Sicherungsverlangen nach Abnahme, NZBau 2004, 311; *Steingröver*, Bauhandwerkersicherung nach Abnahme – das stumpfe Schwert, NJW 2004, 2490; *Heiland*, Neue Wege im Kampf gegen den „Justizkredit" nach den BGH-Entscheidungen zu § 648a BGB, BauR 2004, 1209; *Litzka*, § 648a BGB: Ein zahnloser Tiger gegenüber Lebensversicherungsunternehmen?, BauR 2004, 1214; *Oberhauser*, Inwieweit kann § 648a BGB durch vertragliche Regelungen modifiziert werden?, BauR 2004, 1864; *von Wietersheim*, Der Auftraggeber zahlt nicht: Handlungsmöglichkeiten des Auftragnehmers, BauRB 2004, 309; *Valerius*, Die Auswirkungen einer Kündigung des Werkvertrages gemäß § 648a Abs. 5 Satz 1, § 643 Satz 1 BGB auf Rechte wegen neuer Mängel, BauR 2005, 23; *Stickler*, Die Berechnungsgrundlage für den pauschalierten Schadensersatz nach § 648a V 4 BGB, NZBau 2005, 322; *Nettesheim*, Nochmals: Bauhandwerkersicherung nach Abnahme, NZBau 2005, 323; *Buscher/Theurer*, Anlagenbau: Sicherung von Zahlungsansprüchen des Unternehmers gemäß § 648a BGB?, BauR 2005, 902; *Rothfuchs*, Bemessungsgrundlage für den pauschalierten Schadensersatzanspruch nach § 648a Abs. 5 Satz 4 BGB, BauR 2005, 1672; *Hildebrandt*, Der vom Schutzzweck des § 648a BGB erfasste und berechtigte Unternehmerkreis, BauR 2006, 2; *Herchen/Kleefisch*, Anrechnung streitiger Gegenforderungen auf die Höhe des Sicherungsverlangens nach § 648a BGB, Jahrbuch Baurecht 2006, 17; *Kleefisch/Herchen*, Berücksichtigung des Sicherungseinbehalts nach § 17 Nr. 6 VOB/B bei §§ 648a, 648 BGB oder doppelte Absicherung des Unternehmers?, NZBau 2006, 201; *Schmitz*, Abwicklungsprobleme mit § 648a-Bürgschaften, BauR 2006, 430; *Armgardt*, Die Anwendung des § 648a BGB bei vom Werkunternehmer zu vertretenden Leistungsstörungen, NZBau 2006, 673; *Eusani*, Selbstvornahme des Bestellers trotz Leistungsverweigerungsrechts des Unternehmers bei verweigerter Sicherheitsleistung gem. § 648a BGB nach Abnahme, NZBau 2006, 676; *Hofmann*, Allgemeine Geschäftsbedingungen zu § 648a BGB und Abwicklungsfragen in der Insolvenz, BauR 2006, 763; *Kniffka*, Offene Fragen zu § 648a BGB, BauR 2007, 246; *Heiland*, Forderungssicherungsgesetz: Als Anspruch ist § 648a BGB ein scharfes Schwert!, IBR 2008, 493; *Knoche/Liepe*, § 648a BGB beim Abrechnungsverhältnis: (Zwangs-)minderung bis null?, BauR 2008, 587; *v. Gehlen*, Das Gesetz zur Sicherung von Werkunternehmeransprüchen und zur verbesserten Durchsetzung von Forderungen, NZBau 2008, 612; *Weyer*, FoSiG: Wie wird der Anspruch auf Sicherheitsleistung aus § 648a BGB gerichtlich durchgesetzt?, IBR 2008, 702; *Hildebrandt*, Das neue Forderungssicherungsgesetz, BauR 2009, 4; *Schmitz*, Der neue § 648a BGB, BauR 2009, 714.

Literatur ab 2010

Joussen, § 648a BGB: Künftig doppelte Klage auf Zahlung und auf Sicherheitsleistung!, IBR 2010, 3; *Joussen*, Stolpersteine des neuen § 648a BGB, Jahrbuch BauR 2010, 39; *Lembcke*, Keine Haftung des § 648a BGB-Bürgen für Nachträge nach § 1 Nrn. 3, 4 S. 1, 2 VOB/B?, NZBau 2010, 158; *Schulze-Hagen*, Das Forderungssicherungsgesetzt – Ausgewählte Probleme (1), BauR 2010, 354;

Joussen, Zahlungssicherheiten neben § 648a BGB, BauR 2010, 1665; *Peters*, § 648a BGB und das anfängliche Sicherungsbegehren des Unternehmers, ZfBR 2011, 129; *Hildebrandt*, Ausgewählte Rechtsfragen zu § 648a BGB in seiner praktischen Anwendung seit dem 1.1.2009, Jahrbuch Baurecht 2012, 35; *Fuchs*, Der „neue" § 648a BGB – Verbesserung der Zahlungsmoral oder viel Lärm um Nichts?, BauR 2012, 326; *Thaetner*, Muss eine Bauherrengemeinschaft Sicherheit nach § 648a BGB stellen?, IBR 2012, 494; *Kainz*, Zur Problematik des Verjährungsbeginns bei Ansprüchen aus Bauhandwerkversicherung, Bürgschaft und Gesamtschuldnerausgleich, BauR 2012, 420; *Oberhauser*, Der Umgang mit Mängeln nach Kündigung des Bauvertrages nach § 648a BGB, BauR 2012, 1543 (s. hierzu: *Fuchs*, IBR 2012, 627); *Hildebrandt*, Ausgewählte Rechtsfragen zu § 648a BGB in seiner praktischen Anwendung seit dem 1.1.2009, Jahrbuch Baurecht 2012, 35; *Koenen*, § 648a BGB bei insolvenzbedingten Kündigungen, Jahrbuch BauR 2013, 67; *Rodemann/ Bschorr*, Bauhandwerkersicherung und Nachträge, BauR 2013, 845 (hierzu: *Fuchs*, IBR 2013, 395); *Retzlaff*, Die Klage auf Sicherheitsleistung gemäß § 648a BGB, BauR 2013, 1184 (hierzu: *Rodemann*, IBR 2013, 516); *Primozic/Brugugnone*, Bauhandwerkersicherung (§ 648a BGB) als Insolvenzgrund?, BauR 2013, 1934 (hierzu: *Rodemann*, IBR 2014, 5); *Joussen*, Der Architekt/Ingenieur im Anwendungsbereich der gesetzlichen Bauhandwerkersicherung, Festschrift für Jochem, 2014, 235; *Wagner*, Folgen des § 648a BGB und BGH-Urteil vom 06.03.2014 – VII ZR 349/12, dargestellt am Beispiel des Bauträgervertrages, ZfBR 2014, 425; *Schmitz*, Sicherungsanspruch des Unternehmers gem. § 648a BGB auch nach Bauvertragskündigung?, NZBau 2014, 484; *Oberhauser*, Klare Abgrenzung der Sicherungszwecke der Vertragserfüllungssicherheit und der Sicherheit für Mängelansprüche vermeidet eine Übersicherung des Auftraggebers, BauR 2015, 553; *Kimmich/ Friedrich*, Handlungsmöglichkeiten für Auftragnehmer nach § 648a BGB – zugleich Anmerkungen zur BGB-Entscheidung vom 06.03.2014, BauR 2015, 565; *Petry*, Bürgschaften von Kreditinstituten aus anderen EU-Mitgliedschaften als taugliche Sicherheiten gemäß § 648a Abs. 2 Satz 1 BGB?, BauR 2015, 575; *Skrobek*, Anwendbarkeit des § 648a BGB auf die Wohnungseigentümergemeinschaft, ZMR 2015, 919; *Hilgers*, Zur Reichweite von Vertragserfüllungsbürgschaft und Bauhandwerkersicherung bei zusätzlichen und geänderten Leistungen, BauR 2016, 315; *Orlowski*, Das gesetzliche Bauvertragsrecht – Übersicht und Stellungnahme zum Gesetzentwurf der Bundesregierung, ZfBR 2016, 419; *Schulze-Hagen*, Zur Regelverjährung baurechtlicher Ansprüche, BauR 2016, 384; *Schlie*, § 648a BGB und die Flucht des Unternehmers aus dem Werkvertrag, BauR 2016, 1076; *Valerius*, Die Zurückweisung einer Bürgschaft gemäß § 648a BGB nach § 174 BGB, BauR 2016, 1228; *Tschäpe*, Bauzeitenverlängerungsanspruch und § 648a BGB, ZfBR 2016, 532; *Valerius*, Die Zurückweisung einer Bürgschaft gem. § 648a BGB nach § 174 BGB, BauR 2016, 1228; *Schwarz*, Sicherheit nach § 648a BGB auch für streitige Nachtragsforderungen?, BauR 2017, 1.

1. Die Regelung

314 Da die Bauhandwerkersicherungshypothek (§ 650e [früher: § 648] BGB) nach allgemeiner Meinung nur einen unzureichenden Schutz gewährt, hat der Gesetzgeber dem (vorleistungspflichtigen) Bauwerkunternehmer mit der Regelung des **§ 650f (früher: § 648a) BGB** ein weiteres Sicherungsmittel an die Hand gegeben, das wahlweise zur Verfügung steht;[1] die Vorschrift ist **zwingend** und kann deshalb auch nicht durch Allgemeine Geschäftsbedingungen oder eine Individualvereinbarung abbedungen werden.[2] Beschließen die Parteien nach einem Sicherungsverlangen des Unternehmers, zunächst eine kooperative Lösung zu finden, muss nach einem Scheitern dieses Versuchs die Sicherheit erneut unter angemessener Fristsetzung angefordert werden.[3]

---

1) Gesetz vom 27.4.1993, BGBl. I S. 509.
2) BGH, NZBau 2006, 569 = NJW 2006, 2475; *Roquette/Fußy*, NZBau 2013, 65, 69.
3) OLG Düsseldorf, IBR 2014, 147 – *Schmitz*.

Die Regelung

Durch das **Forderungssicherungsgesetz**[4] – am 1. Januar 2009 in Kraft getreten – ist u.a. eine **Änderung** der bisherigen Vorschrift erfolgt. Das Gesetz sah seitdem vor, dass der **Unternehmer** eines Bauwerks, einer Außenanlage oder eines Teils davon „vom Besteller **Sicherheit** für die auch in Zusatzaufträgen vereinbarte und **noch nicht gezahlte Vergütung** einschließlich dazugehöriger Nebenforderungen, die mit 10 vom Hundert des zu sichernden Vergütungsanspruchs anzusetzen sind, verlangen" kann. Dieser Anspruch des Unternehmers auf Sicherheit „wird **nicht** dadurch **ausgeschlossen**, dass der Besteller Erfüllung verlangen kann oder das Werk abgenommen hat. Ansprüche, mit denen der **Besteller** gegen den Anspruch des Unternehmers auf Vergütung **aufrechnen** kann, bleiben bei der Berechnung unberücksichtigt, es sei denn, sie sind **unstreitig** oder **rechtskräftig festgestellt**." Hat der Unternehmer „dem Besteller **erfolglos eine angemessene Frist** zur Leistung der Sicherheit nach Abs. 1 bestimmt, so kann der **Unternehmer** die Leistung **verweigern** oder den Vertrag **kündigen**." Die Regelung des § 650f (früher: § 648a) BGB gilt auch, wenn die Vertragsparteien die Einbeziehung der **VOB/B** vereinbart haben.[5]

Zu beachten ist, dass die Vorschrift des § 650f (früher: § 648a)BGB nicht auf eine im Bauvertrag **vereinbarte** Sicherungsheitsleistung Anwendung findet; denn der Regelungsgehalt des § 650f (früher: § 648a)BGB unterscheidet sich in der rechtlichen Funktion deutlich von der vertraglich getroffenen Sicherungsvereinbarung.[6]

Die **Grundidee** des Gesetzgebers zielte auf eine wesentliche **Verbesserung** des Sicherungsbedürfnisses des Bauwerkunternehmers, weil „von der Sicherungsmöglichkeit nach 650e (früher: § 648) BGB in der Praxis wenig Gebrauch gemacht" wurde und die nach der VOB/B „gegebene Möglichkeit, Abschlagszahlungen zu verlangen und bei Nichtleistung durch den Auftraggeber die Arbeiten einzustellen, ebenfalls keine ausreichende Sicherheit" biete.[7] Deshalb sollte mit der Vorschrift des § 650f (früher: § 648a)BGB a.F. „eine möglichst einfache und flexible Lösung" angestrebt werden, „bei der im Einzelfall nicht das Baugrundstück, sondern die zum Bauen bestimmten Finanzierungsmittel als Grundlage der Sicherung dienen können".

315

Die Neuregelung hatte vor dem Inkrafttreten bei dem deutschen **Bauhandwerk** durchaus **Euphorie** hervorgerufen.[8] Die Erwartungen waren aber nicht berechtigt.[9] Bereits frühzeitig wurde das Bauhandwerkersicherungsgesetz als „gesetzespolitisch und gesetzestechnisch verfehlt" bezeichnet.[10] Es ist – wie andere Siche-

---

4) Gesetz zur Sicherung von Werkunternehmeransprüchen und zur verbesserten Durchsetzung von Forderungen vom 28.10.2008 (BGBl. I 2008, S. 2022).
5) BGH, BauR 2009, 1152, 1154 = NZBau 2009, 439, 440.
6) BGH, BauR 2006, 1294, 1295 = NZBau 2006, 569 = ZfBR 2006, 561 = IBR 2006, 440 – *Schmitz*; OLG Frankfurt, OLGR 2004, 260 = IBR 2004, 501 – *Kemper*.
7) BT-Drucksache 12/1836, S. 5.
8) Vgl. *Prudent/Scholtissek*, Wie Baufirmen garantiert an ihr Geld kommen, *impulse* 11/1991, S. 96 ff.
9) Siehe hierzu ausführlich: *Fuchs*, BauR 2012, 326 ff., insbesondere S. 331 f. zu den (noch) offenen **Auslegungsfragen**.
10) Siehe *Gutbrod*, DB 1993, 1559, 1562; *Quack*, BauR 1995, 319; *Reinelt*, BauR 2003, 932; s. aber die abweichenden Stellungnahmen von *Müller, Heiland, Klein, Klaft, Usselmann, Staudt, Biebelheimer* u. *Steingröver* in BauR 2003, 1770–1776.

rungsmittel auch – kaum geeignet, vor wirtschaftlichen Pleiten zu schützen.[11] Dies gilt vor allem bei der Errichtung von Großanlagen, bei denen die Unternehmer oftmals ein erhebliches Vorfinanzierungsrisiko eingehen.[12] Die schwache Baukonjunktur und auch die schlechte Zahlungsmoral haben in der Vergangenheit zudem wesentlich dazu beigetragen, das Klima zwischen Auftragnehmer und Auftraggeber zu verschlechtern; und damit einher ist die Bereitschaft der Beteiligten gestiegen, Streitfragen konsequent auszutragen. So fällt auf, dass eine Sicherheit nach § 650f (früher: § 648a)BGB zunehmend verlangt wird, wenn **Streit** über vorhandene **Mängel** oder **Nachträge** entstehen.[13]

316 Nunmehr ist zukünftig zu beachten, dass mit § 650f BGB eine wesentliche inhaltliche **Änderung** vorliegt: Diese betrifft den **Verbraucherschutz**. Während bisher von der Regelung des § 648a Verträge über die Herstellung und Instandsetzung eines Einfamilienhauses mit oder ohne Einliegerwohnung ausgenommen waren, gilt nunmehr, dass die Bestimmungen der Abs. 1–5 keine Anwendung finden, wenn der Besteller **Verbraucher** ist und es sich um einen **Verbraucherbauvertrag** nach § 650i oder um einen Bauträgervertrag nach § 650u handelt. Im Ergebnis gilt damit der Schutz des Verbrauchers unabhängig von der Art des Gebäudes, er umfasst indes nicht mehr die sog. **Instandhaltung**. Dies kann im Ergebnis bedeuten, dass bei einer „Einzelgewerkevergabe" durch den Besteller/Auftraggeber der Verbraucherschutz **entfällt**.

2. Das Verhältnis zu 650e (früher: § 648) BGB

317 Nach § 650f Abs. 4 (früher: § 648a Abs. 4) BGB ist der Anspruch auf Einräumung einer **Sicherungshypothek** nach § 650e Abs. 1 (früher: § 648 Abs. 1) BGB **„ausgeschlossen", soweit** der Unternehmer für seinen Vergütungsanspruch eine Sicherheit nach den Absätzen 1 oder 2 **„erlangt"** hat. Dies bedeutet zunächst, dass für einen noch ungesicherten Restvergütungsanspruch jederzeit eine Sicherungshypothek nach § 650e (früher: § 648) BGB verlangt werden kann;[14] zum anderen ergibt sich, dass immer **erst das erfolgreiche Vorgehen** nach § 650f (früher: § 648a) BGB den Unternehmer in seinem Wahlrecht bindet. Er kann deshalb (vorsorglich) „zunächst beide Wege nebeneinander her" beschreiten.[15]

---

11) Zum **Bestand** der Sicherheit in der **Insolvenz** des **Auftraggebers/Bestellers**: BGH, BauR 2005, 1028; *Mundt*, NZBau 2003, 527 ff.; *Schmitz*, BauR 2005, 169 ff.; *Hofmann*, BauR 2006, 763, 767. Zu den **Abwicklungsproblemen** mit § 648a-Bürgschaften: *Schmitz*, BauR 2006, 430 ff.
12) Zur Sicherung von Zahlungsansprüchen beim Anlagenbau: *Buscher/Theurer*, BauR 2005, 902 ff.
13) Vgl. BGH, BauR 2005, 375, 376; *Kniffka*, BauR 2007, 246, 248; *Armgardt*, NZBau 2006, 673; *Bormann/Graßnack/Kessen*, BauR 2006, 286, 295.
14) OLG Düsseldorf, NZBau 2004, 615 = NJW-RR 2004, 18; *Palandt/Sprau*, § 648a BGB, Rn. 3.
15) Zutreffend: *Staudinger/Peters/Jacoby* (2014), § 648a BGB, Rn. 31: *Joussen*, in: Ingenstau/Korbion, Anhang 1, Rn. 46; *Erman/Schwenker*, § 648a BGB, Rn. 16; **a.A.**: *Siegburg*, BauR 1997, 40, 48.

Das Verhältnis zu § 648 BGB

Wählt der Unternehmer (zunächst) den Weg des **§ 650e Abs. 1 (früher: § 648 Abs. 1) BGB** und erlangt er eine **Vormerkung**[16] bzw. (bereits) eine Sicherungshypothek, soll sein Anspruch auf eine Sicherheitsleistung nach § 650f (früher: § 648a) BGB jedoch nur entfallen, wenn die Sicherungshypothek „**mündelsicher**"[17] oder jedenfalls auch von der Rangstelle her **gleichwertig** oder „**annähernd** gleichwertig" ist.[18]

Wählt der Unternehmer den Weg über **§ 650f (früher: § 648a) BGB**, ist eine Sicherung nach § 650 Abs. 1 (früher: § 648 Abs. 1) BGB ausgeschlossen, „soweit" der Unternehmer eine Sicherheit nach § 650f Abs. 1 oder 2 (früher: § 648a Abs. 1 oder 2) BGB „**erlangt**".[19] Ist dem Unternehmer z.B. eine (unwiderrufliche selbstschuldnerische) Bankbürgschaft **übergeben** worden, die für die Zahlungen des Bestellers – etwa nach einem vereinbarten Zahlungsplan – bis zu einer bestimmten Höhe haftet, so ist die Sicherheit „**erlangt**", auch wenn die Fälligkeit nach dem Zahlungsplan noch nicht eingetreten ist. Überhaupt ist zu beachten, dass ein **beschränkter** Haftungsumfang (des Bürgen) dem Ausschluss nach § 650f Abs. 4 (früher: § 648a Abs. 4) BGB nicht entgegensteht. Nach § 650f Abs. 1 (früher: § 648a Abs. 1) BGB kann der Unternehmer für die insgesamt vereinbarte Vergütung einschließlich der dazugehörigen Nebenleistungen die Sicherheit verlangen. Für die Ausschlussklausel des § 650f Abs. 4 (früher: § 648a Abs. 4) BGB ist damit in jedem Falle klargestellt, dass die Höhe der vertraglich vereinbarten Vergütung für den Anspruch nach § 650f Abs. 1 (früher: § 648a Abs. 1) BGB eine nicht zu überschreitende **Obergrenze** darstellt. Zu beachten ist, dass das Sicherungsbedürfnis des Unternehmers aber immer nur entfällt, wenn der Unternehmer Leistungen **erhalten** hat; dies betrifft vor allem auch **Abschlagszahlungen** aufgrund einer Ratenzahlungsvereinbarung.[20] Der Ausschluss nach § 650f Abs. 4 (früher: § 648a Abs. 4) BGB betrifft immer nur die nach dieser Vorschrift geforderte Sicherheit.[21]

Das Verlangen einer Sicherheit nach § 650f (früher: § 648a) BGB ist nur bei einem **groben Rechtsmissbrauch** ausgeschlossen (§ 242 BGB).[22] Eine mit dem Sicherheitsverlangen einhergehende Kreditgefährdung des Auftraggebers reicht hierzu nicht aus; und auch eine eigene Vertragsuntreue des Unternehmers, wie etwa eine verzögerliche Bauweise, vermag den Vorwurf eines Rechtsmissbrauchs allein noch nicht zu begründen.[23]

---

16) Dies reicht aus (zutreffend: *Joussen*, in: Ingenstau/Korbion, Anhang 1, Rn. 194; *Slapnicar/Wiegelmann*, NJW 1993, 2903, 2908; **a.A.:** *Sturmberg*, BauR 1994, 57, 66).
17) *Palandt/Sprau*, a.a.O.; *Slapnicar/Wiegelmann*, a.a.O.; siehe auch BT-Drucksache 12/1836, S. 10.
18) Ebenso: OLG Dresden, BauR 2008, 1161, 1162 m.Anm. *Handschumacher*: *Scholtissek*, MDR 1992, 443.
19) OLG Düsseldorf, NZBau 2004, 615 = NJW-RR 2004, 18.
20) BGH, BauR 2001, 386 = NJW 2001, 822 = NZBau 2001, 129.
21) OLG Frankfurt, OLGR 2004, 260, 261 = IBR 2004, 501 – *Kemper*.
22) Siehe hierzu auch: OLG Hamm, BauR 2009, 833.
23) OLG Frankfurt, IBR 2007, 248 – *Schrammel*; s. hierzu auch *Armgardt*, NZBau 2006, 673 ff. sowie *Joussen*, in: Ingenstau/Korbion, Anhang 1, Rn. 233 m.w.Nachw.

3. Der Berechtigte

320 Nach § 650f Abs. 1 (früher: § 648a Abs. 1) BGB steht die Sicherheit dem „Unternehmer" eines **Bauwerks**, einer Außenanlage oder eines einzelnen Teils davon zu. Es entspricht dem gesetzgeberischen Willen und herrschender Auffassung, dass der „Unternehmer"begriff demjenigen der §§ 650e (früher: § 648), 634a BGB entspricht;[24] gleichwohl wird der Begriff intensiver auszulegen sein.[25] Das bedeutet: Es kommen nur diejenigen als „Unternehmer" i.S. des § 650f Abs. 1 BGB in Betracht, die aufgrund eines **Werkvertrages** (für das Bauwerk werterhöhend) tätig werden; **Kauf-, Dienst-** und/oder **Werklieferungsverträge** reichen also nicht aus, um ein Sicherungsbedürfnis aus § 650f Abs. 1 BGB zu begründen.[26] Dies gilt auch für reine **Vorbereitungsleistungen**;[27] der Beschluss des BGH vom 24.2.2005[28] legt es nahe, den Gerüstbauer nicht dem Schutzbereich des § 650f BGB zuzuordnen.[29] Nichts anderes gilt für den Abbruchunternehmer.[30] Auf der anderen Seite umfasst der Begriff des Bauwerks auch die Errichtung **technischer Anlagen**[31] sowie grundlegende Sanierungsarbeiten an **Altbauten**.[32]

321 Darüber hinaus geht das Bauhandwerkersicherungsgesetz insoweit über den Anwendungsbereich des § 650e Abs. 1 (früher: § 648 Abs. 1) BGB hinaus, als **jeder,** der eine **Bauwerksleistung** i.S. des § 650f Abs. 1 BGB erbringt, Anspruchsberechtigter sein kann. Deshalb fallen namentlich **Subunternehmer** unter den Schutzbereich des Gesetzes, wenn sie unternehmerische Leistungen für ihren Auftraggeber, in der Regel den **Haupt-** oder **Generalunternehmer,** erbringen.[33] Schließlich ist § 650f BGB auch im Verhältnis zwischen einer **Dach-Arge** und ihren Subunternehmern anwendbar. Voraussetzung ist nur, dass es sich insoweit um einen „normalen" Nachunternehmervertrag handelt.[34]

322 Kraft ausdrücklicher Erwähnung werden von § 650f BGB auch Unternehmer einer **Außenanlage** erfasst. Das stellt einerseits eine Erweiterung gegenüber § 650

---

24) OLG Frankfurt, NZBau 2014, 42 (Schleifarbeiten an dem vorhandenen Boden einer Industriehalle); *Joussen*, in: Ingenstau/Korbion, Anhang 1, Rn. 142; *Soergel*, Festschrift für v. Craushaar, S. 179, 181; *Zielemann*, Rn. 739; *Slapnicar/Wiegelmann*, NJW 1993, 2903, 2907; *Klaft*, S. 33 ff.; einschränkend: *Schulze-Hagen*, BauR 2000, 28, 29 u. *Schmitz*, ZfIR 2000, 489; **a.A.:** OLG Düsseldorf, BauR 2005, 416, 417 (für planenden Architekten); *Leupertz/Halfmeier*, in: Prütting/Wegen/Weinrich, § 648a BGB, Rn. 7.
25) Siehe *Hildebrandt*, BauR 2006, 2, 5 ff.; *Erman/Schwenker*, § 648a BGB, Rn. 5.
26) Vgl. *Leinemann*, Rn. 300; *Joussen*, in: Ingenstau/Korbion, Anhang 1, Rn. 147; *Weber*, WM 1994, 725; *Klaft*, S. 36 ff.; **a.A.:** *Soergel*, a.a.O., S. 182.
27) *Kniffka/Koeble*, 10. Teil, Rn. 49 a.E.; *Joussen*, in: Ingenstau/Korbion, Anhang 1, Rn. 146.
28) BGH, BauR 2005, 1019 = NZBau 2005, 281 = ZfBR 2005, 453.
29) *Schmitz*, IBR 2005, 253; *Kniffka/Koeble*, 10. Teil, Rn. 49; für Einbeziehung: *Locher*, Festschrift für Werner, S. 321, 325; OLG Köln, BauR 2000, 1874, 1875.
30) BGH, BauR 2005, 1019, 1020; *Leinemann*, VOB/B, § 648a BGB, Rn. 7.
31) *Buscher/Theurer*, BauR 2005, 902 ff.
32) BGHZ 164, 225 = BauR 2006, 99; *Joussen*, in: Ingenstau/Korbion, Anhang 1, Rn. 146; s. oben Rdn. 209 m.w.Nachw.
33) *Bamberger/Roth/Voit*, § 648a BGB, Rn. 3; *Schwarz*, in: Franke/Kemper/Zanner/Grünhagen, Anhang zu § 17 VOB/B, Rn. 183; *Weber*, WM 1994, 725; *Klaft*, S. 34.
34) Zutreffend: KG, BauR 2005, 1035, 1036 = OLGR 2005, 410, 411 = IBR 2005, 89; s. auch *Messerschmidt/Thierau*, NZBau 2007, 205, 210.

(früher: § 648) BGB dar.[35] Gleichwohl müssen nach dem Sinngehalt der Vorschrift insoweit ebenfalls **werkvertragliche** Leistungen erbracht werden, um zu einer Sicherheit zu gelangen. Das dürfte bei **Garten- und Landschaftsbauer** zutreffen.[36] Derjenige, der z.B. nur Samen und/oder Pflanzen – auch in größerem Umfang – für die Außenanlagen liefert, kann dagegen keine Sicherheit verlangen. Unternehmer einer **Außenanlage** ist nicht, wer (isoliert) beauftragt wird, Rodungsarbeiten vorzunehmen, um ein Baugrundstück für die Bebauung frei zu machen;[37] insoweit erfolgt eine Gleichstellung mit den (isoliert) beauftragten Abbrucharbeiten oder Arbeiten zur Beseitigung von Altlasten (Rdn. 206).

Unter den „Unternehmer"begriff i.S. des § 650f Abs. 1 BGB fallen auch **Architekten, Tragwerkplaner** und (sonstige) **Sonderfachleute,** die aufgrund eines Werkvertrages für den Besteller tätig werden.[38] Zweifelhaft ist allerdings, ob für **planerische Leistungen,** die sich noch nicht im Bauwerk verwirklicht haben, eine Sicherheit verlangt werden kann.[39] Zutreffend erscheint es, dem nur planenden Architekten einen Sicherungsanspruch zu gewähren, weil die werterhöhende Erbringung der Leistung für das Grundstück des Auftraggebers kein Anknüpfungskriterium für § 650f (früher: § 648a) BGB darstellt.[40] Nichts anderes gilt für den Tragwerkplaner oder sonstige Sonderfachleute;[41] und auch der **Generalübernehmer** zählt zu den sicherungsberechtigten Unternehmern, selbst wenn er sämtliche Leistungen an Subunternehmer vergibt.[42]

4. Der Verpflichtete

Anspruchsgegner ist der „**Besteller**", d.i. derjenige, der den **Auftrag erteilt**[43] oder sich zivilrechtlich als Auftraggeber behandeln lassen muss (§ 242 BGB). Der Auftraggeber bleibt auch nach einer Abtretung seiner Gewährleistungsansprüche Adressat für ein Sicherungsverlangen des Unternehmers.[44] Eine Haftung nach § 179 BGB reicht ebenso wenig aus wie das Vorliegen einer Schuldmitübernahme.

---

35) *Funke,* in: Beck'scher VOB/B-Kommentar, Vor § 2, Rn. 329.
36) Zu den Außenanlagen gehört die Anlage von Teichen, Straßen und Wegen (*Staudinger/Peters,* § 648a BGB, Rn. 4). Zum Begriff der Außenanlage s. auch *Palandt/Sprau,* § 648a BGB, Rn. 6; *Schwarz,* a.a.O., Rn. 185; *Joussen,* Festschrift für Jochem, 2014, S. 235, 245.
37) BGH, BauR 2005, 1019, 1020 = NZBau 2005, 281, 282 = ZfBR 2005, 453 = IBR 2005, 253 – *Schmitz;* kritisch: *Hildebrandt,* BauR 2006, 2, 6.
38) *Joussen,* a.a.O., S. 245, 246 m.w.Nachw.; *Slapnicar/Wiegelmann,* NJW 1993, 2903, 2907; *Weber,* WM 1994, 725; *Sturmberg,* BauR 1994, 57, 58; *Kniffka/Koeble,* 10. Teil, Rn. 45.
39) Bejahend: OLG Düsseldorf, BauR 2005, 585 = NZBau 2005, 164 = OLGR 2005, 304 = NJW-Spezial 2005, 168 = IBR 2005, 28 – *Bolz; Locher/Koeble/Frik,* Einl., Rn. 278; *Kniffka/Koeble,* 10. Teil, Rn. 45; *Kniffka,* BauR 2007, 246, 250; **a.A.:** *Joussen,* in: Ingenstau/Korbion, Anhang 1, Rn. 146; *Joussen,* a.a.O., S. 246 m.w.Nachw.
40) OLG Naumburg, IBR 2014, 283 – *Illies; Scholtissek,* NZBau 2009, 91, 93 m.w.Nachw.
41) *Motzke,* in: Englert/Motzke/Wirth, § 648a BGB, Rn. 13.
42) OLG Dresden, BauR 2006, 1318.
43) *Zielemann,* Rn. 740; *Schwarz,* in: Franke/Kemper/Zanner/Grünhagen, Anh. zu § 17 VOB/B, Rn. 187.
44) BGH, BauR 2009, 1152 = NZBau 2009, 439 = IBR 2009, 381 – *Parbs-Neumann;* BGH, BauR 2007, 2052 = NZBau 2008, 55 = ZfBR 2008, 39 = IBR 2008, 27 – *Depold.*

Im Verhältnis zum **Subunternehmer** ist der **Haupt-** oder **Generalunternehmer** ohne Rücksicht auf das Eigentum am Baugrundstück als Besteller anzusehen.[45]

325 § 650f (früher: § 648a) BGB findet **keine** Anwendung, wenn der Besteller „eine juristische Person des öffentlichen Rechts oder ein öffentlich-rechtliches Sondervermögen" ist (§ 650f Abs. 6 Nr. 1 BGB). Damit werden „**öffentliche Auftraggeber**" mangels eines Insolvenzrisikos ausgenommen. Häufig bedienen sich aber z.B. Gemeinden für die von ihnen zu erbringenden (Bau-)Aufgaben **privatrechtlich** organisierter Unternehmen.[46] Für privatrechtlich organisierte (treuhänderische) **Sanierungs-** und **Entwicklungsträger** ist § 650f BGB anwendbar.[47] Eine (analoge) Anwendung des § 650f Abs. 6 Nr. 1 BGB auf juristische Personen des Privatrechts kommt nicht in Betracht, wenn deren Anteile mehrheitlich oder sogar vollständig einer juristischen Person des öffentlichen Rechts zuzuordnen sind.[48] Eine Sicherheit nach § 650f BGB scheidet ferner aus, wenn „**eine natürliche Person**", also ein „Privatmann, die Bauarbeiten zur Herstellung oder Instandsetzung eines Einfamilienhauses mit oder ohne Einliegerwohnung ausführen" lässt;[49] die Vorschrift des § 650f BGB ist auch bei Errichtung einer **Eigentumswohnung** nicht anwendbar.[50] Der Gesetzgeber hat insoweit das Vorleistungsrisiko des Unternehmers als gering angesehen und den Unternehmer auf die Sicherungsmöglichkeit nach § 650e Abs. 1 (früher: § 648 Abs. 1) BGB verwiesen, weil eine Privatperson persönlich und auch lebenslänglich hafte. Allerdings gilt die Regelung bei natürlichen Personen „**nicht** bei Betreuung des Bauvorhabens durch einen zur Verfügung über die Finanzierungsmittel des Bestellers ermächtigten **Baubetreuer**". Gegen diese Regelung, die einen gesetzgeberischen Kompromiss darstellt, sind erhebliche Einwände erhoben worden.[51]

---

45) *Palandt/Sprau*, § 648a BGB, Rn. 8.
46) Siehe hierzu: *Buscher*, BauR 2002, 1288 ff.; *Graupeter*, ZfBR 2002, 750.
47) *Kniffka/Koeble*, 10. Teil, Rn. 52; *Buscher*, BauR 2002, 1288; **a.A.:** *Graupeter*, ZfBR 2002, 750.
48) Thüringer OLG, BauR 2008, 536 = OLGR 2007, 476; LG Leipzig, 2003, 301 – *Maas*; *Koppmann/Hofmann*, S. 102, Ziff. 6.1.3. Die Vorschrift findet auch auf § 648 BGB keine entsprechende Anwendung (LG Ravensburg, IBR 2005, 17 – *Steiger*).
49) Siehe hierzu: BGH, NZBau 2016, 356 = BauR 2016, 1022 = IBR 2016, 343 – *Schmitz* (Wohngebäude mit Kanzleiräumen ist **Einfamilienhaus**); OLG Stuttgart, IBR 2016 – *Koos* (Gebäude mit drei separaten Wohnungen: **nicht**); keine Anwendung des § 650f (früher: § 648a) BGB bei Bau einer Doppelhaushälfte (OLG Oldenburg, BauR 2016, 532); LG Bonn, BauR 1997, 857 = NJW-RR 1998, 530 (nicht mehrere); OLG Düsseldorf, BauR 2000, 919, 920; **a.A.:** *Bamberger/Roth/Voit*, § 648a BGB, Rn. 5.
50) OLG München, BauR 2008, 1163, 1164 = IBR 2008, 576 – *Karczewski*; *Cebulla*, in: Tonner/Willingmann/Tamm, § 648a BGB, Rn. 12 u. OLG Celle, IBR 2004, 146 – *Schmitz* sowie *Pause*, NZBau 2002, 648, 650 (§ 648a BGB bei Verträgen über **Eigentumswohnungen** nicht anwendbar); siehe aber *Kniffka/Koeble* (10. Teil, Rn. 53), die eine analoge Anwendung des § 648a Abs. 6 BGB befürworten, wenn der Auftraggeber die Wohnung selbst nutzt. Zur **Privilegierung** von § 648a Abs. 6 Nr. 2 BGB auf Bauherrengemeinschaften: *Thaetner*, IBR 2012, 494 (verneinend).
51) *Sturmberg*, BauR 1994, 57, 59; *Slapnicar/Wiegelmann*, NJW 1993, 2903, 2907; *MünchKomm-Soergel*, § 648a BGB, Rn. 17.

5. Zum Begriff der „Vorleistung"

326 Mit dem wirksamen Abschluss des Werkvertrages konnte der Unternehmer bei Verträgen vor dem 1.1.2009 Sicherheit „für die von ihm zu erbringenden **Vorleistungen** einschließlich dazugehöriger Nebenleistungen" verlangen, und zwar „bis zur Höhe des voraussichtlichen Vergütungsanspruchs, wie er sich aus dem Vertrag oder einem nachträglichen Zusatzauftrag ergibt"[52] sowie wegen **Nebenforderungen**. Diese betreffen vor allem (Verzugs-)Zinsen, die pauschal mit 10 % des zu sichernden Anspruchs pauschaliert werden. Der Begriff der „Vorleistung" ist unscharf und erschließt sich nur aus der Systematik der Vorschrift;[53] er ist nicht im rechtlichen, sondern ausschließlich im **wirtschaftlichen Sinn** zu verstehen.[54] Daher kann von einer Vorleistung auch gesprochen werden, wenn nach Abnahme der Werkleistung nur noch eine **Nacherfüllung** des Unternehmers in Rede steht.

327 Nach der Neuregelung kann der Unternehmer die Sicherheit „für die auch in **Zusatzaufträgen vereinbarte und noch nicht gezahlte Vergütung** einschließlich dazugehöriger Nebenforderungen" verlangen; und nach § 650f Abs. 1 S. 2 (früher: § 648a Abs. 1 S. 2) BGB gilt der Sicherungsanspruch „auch für **Ansprüche, die an die Stelle der Vergütung** treten". Eine davon abweichende Vereinbarung ist unwirksam (§ 650f Abs. 7 [früher: § 648a Abs.7] BGB). In der Praxis wird, wie bisher, das konkrete Sicherungsbedürfnis des Unternehmers im **Einzelfall** darüber entscheiden, wann und in welcher Höhe dieser eine Sicherheit von dem Besteller verlangt.[55] Er ist befugt, sofort eine **volle** Sicherheit zu verlangen; er kann sich aber auch zunächst mit einer **Teil**sicherheit begnügen und später die volle Sicherheit beanspruchen.[56] Ein vertraglicher **Verzicht** auf dieses Recht ist ebenfalls **unwirksam**.[57] In der Praxis wird es vielfach zu Klagen auf **Zahlung** restlichen Werklohns und zugleich auf Gewährung einer **Bauhandwerkersicherheit** kommen; dies ist relativ unproblematisch. Indes kann es, was im Einzelfall bedacht werden muss, zunächst nur zu einem **Teilurteil** über den Sicherungsanspruch kommen, wenn die Entscheidung über den Werklohnanspruch noch nicht entscheidungsreif ist.[58] Der Anspruch auf eine Sicherheit entfällt nicht, wenn der Auftraggeber infolge einer **Insolvenz** des Unternehmers den Bauvertrag **aufkündigt**.[59]

328 Der Unternehmer kann nach neuem Recht im Ergebnis den berechtigten (aber nicht erfüllten) Vergütungsanspruch zur Grundlage seines **Sicherungsverlangens**

---

52) Sinn und Zweck der Vorschrift rechtfertigen es, diese auf den Fall einer einseitigen Anordnung des Auftraggebers entsprechend anzuwenden (vgl. *Virneburg*, ZfBR 2004, 419, 421; s. auch *Kniffka*, BauR 2007, 246, 250).
53) *Kniffka*, BauR 2007, 246 ff.
54) BGH, BauR 2004, 826 = NZBau 2004, 259.
55) Zu den Voraussetzungen der Geltendmachung: OLG Frankfurt, NZBau 2014, 42; OLG Düsseldorf, BauR 2014, 841; LG Duisburg, NZBau 2012, 705; *Palandt/Sprau*, § 648a BGB, Rn. 13 m.w.Nachw.
56) BGH, BauR 2001, 386, 388 = NZBau 2001, 129 = NJW 2001, 822.
57) Siehe hierzu *Koppmann/Hofmann*, S. 105 f., Ziffer 8.
58) OLG Frankfurt, NZBau 2013, 48.
59) OLG Celle, BauR 2012, 1808 = NZBau 2012, 702 = IBR 2012, 391 – *Schmitz*.

machen. Dies gilt vor und nach einer Abnahme.[60] Nichts anderes gilt für die sog. **Ersatzansprüche,** die an die Stelle der Vergütung treten (§ 650f Abs. 1 Satz 2 [früher: § 648a Abs. 1 Satz 2] BGB).[61] Damit sind **absicherbar**: Ansprüche aus § 648 BGB (früher: § 649 BGB)[62] bzw. § 8 Abs. 1 VOB/B[63], Ansprüche aus § 2 Abs. 5 und 6 VOB[64], Ansprüche aus nicht gesicherten Nachtragsforderungen,[65] Schadensersatzansprüche statt der Leistung[66] oder solche aus §§ 643, 645 Abs. 2[67], Ansprüche aus culpa in contrahendo[68], Schadensersatzansprüche aus § 6 Abs. 6 VOB/B sowie Ansprüche auf der Grundlage des § 2 Abs. 8 Nr. 2 Satz 1 und Nr. 2 Satz 2 VOB/B.[69] Schließlich wird von dem Regelungsgehalt her auch der Anspruch auf eine angemessene Entschädigung nach § 642 BGB absicherungsfähig sein.[70]

Demgegenüber sollen einer Absicherung nicht zugänglich sein: Ansprüche aus ungerechtfertigter Bereicherung (§§ 812 ff. BGB) und aus Geschäftsführung ohne Auftrag. Dies erscheint nicht überzeugend, weil beide Anspruchsgrundlagen im Einzelfall eine Vergütungsvereinbarung ersetzen.[71]

Zu beachten ist, dass eine Beschränkung für den Fall, dass die Parteien **Raten-** oder **Abschlagszahlungen** vereinbart haben, nur insoweit eintritt, als der Unternehmer Abschlagszahlungen **erhalten** hat.[72] Nichts anderes gilt, wenn – in der Regel bei größeren Bauvorhaben – von dem Auftraggeber **Vorauszahlungen** erbracht werden.[73] Auch in diesem Fall besteht – wie bei jeder anderen Erfüllung (etwa durch Aufrechnung) – ein Anspruch aus § 650f BGB für den Unternehmer nicht. Allerdings werden solche **Vorauszahlungen** wiederum (in aller Regel durch Bank-

---

60) Zu beachten ist, dass die Werklohnforderung nach einer Kündigung des Unternehmers (§ 648a Abs. 5 BGB) auch ohne Abnahme fällig wird (OLG München, IBR 2013, 207 – *Mundt*).
61) Zum Umfang einer „**Bürgschaft** gemäß § 648a BGB" bei **Beschränkung** auf Vergütungsansprüche für **erbrachte** Leistungen: OLG Frankfurt, IBR 2008, 325 – *Wronna*; zur **Haftung** des Bürgen für **Zinsen** und **Kosten** des Werklohnprozesses: OLG Frankfurt, IBR 2008, 214 – *Schmitz*.
62) OLG Frankfurt, BauR 2014, 562, 565 = NZBau 2014, 42, 43 f. = IBR 2013, 683 – *Söhnlein*.
63) LG Stuttgart, IBR 2011, 85 – *Scheel; Joussen*, in: Ingenstau/Korbion, Anhang 1, Rn. 161.
64) *Kniffka*, a.a.O.; *Kemper*, in: Franke/Kemper/Zanner/Grünhagen, Anhang zu § 17 VOB/B, Rn. 169; *Joussen*, in: Ingenstau/Korbion, Anhang 1, Rn. 166; *Schmitz*, BauR 2009, 714, 723; **a.A.:** OLG Düsseldorf, BauR 2006, 531, 532.
65) BGH, NZBau 2010, 167 = BauR 2010, 508 = NJW 2010, 1668. Zur Absicherung über streitige **Nachträge**: OLG München, IBR 2017, 250 – *Overbuschmann*; LG Berlin, IBR 2017, 251 – *Pfisterer*.
66) § 281 BGB; *Koppmann/Hofmann*, S. 121, Ziffer 18.1; *Leupertz/Halfmeier*, in: Prütting/Wegen/Weinreich, § 648a BGB, Rn. 12 unter Hinweis auf die amtliche Begründung (BTDrs. 16/511, S. 17).
67) *Leupertz/Halfmeier*, a.a.O.
68) *Koppmann/Hofmann*, S. 122.
69) *Kniffka*, a.a.O.; *Joussen*, in: Ingenstau/Korbion, Anhang 1, Rn. 168; **a.A.:** für den Anspruch aus § 6 Abs. 6 VOB/B: *Schmitz*, a.a.O., S. 723.
70) **Str.**; wie hier: *Funke*, in: Beck'scher VOB-Kommentar, B Vor § 2, Rn. 338 f.; *Joussen*, in: Ingenstau/Korbion, Anhang 1, Rn. 168 m.w.Nachw.
71) Siehe auch *Koppmann/Hofmann*, S. 124, Ziffer 18. 5.
72) BGH, a.a.O., S. 388/389.
73) Zum Einfluss von Vorauszahlungen s. auch *Klaft*, S. 103 ff.; LG Mannheim, IBR 2001, 367 – *Schulze-Hagen*.

Begriff der Vorleistung

bürgschaft auf erstes Anfordern) von dem Unternehmer **abgesichert**. Kommt es dann während der Bauausführung zwischen Unternehmer und Besteller zu Meinungsverschiedenheiten (etwa über das Vorhandensein von **Mängeln**), läuft der Unternehmer **Gefahr**, seine durch die Vorauszahlung erworbene „Sicherheit" zu **verlieren**; zieht nämlich der Auftraggeber seinerseits die Bürgschaft, ist der Vorauszahlungseffekt weg. Dem Unternehmer wird es meist nämlich nicht gelingen, die Inanspruchnahme aus der Bürgschaft zu verhindern (vgl. Rdn. 367 ff.). Damit stellt sich aber für den Unternehmer die Frage, ob er nunmehr nach Inanspruchnahme der Bürgschaft durch den Besteller von diesem eine Sicherheitsleistung nach § 650f BGB verlangen kann. Das wird man ihm unabhängig davon zubilligen müssen, ob die Verwertung der Bürgschaft rechtsmissbräuchlich war oder nicht; denn das Sicherungsinteresse des Unternehmers, das nach der Rechtsprechung des BGH „Vorrang" hat, bleibt **schutzwürdig**; es sind allerdings die berechtigten Mängelansprüche des Bestellers zu berücksichtigen (Rdn. 330).

Hat der Unternehmer bereits Arbeiten **erbracht**, die noch **nicht vergütet** wurden, können diese in die Sicherheitsleistung eingerechnet werden.[74] In diesem Falle wird sich also die Sicherheitsleistung mit dem **vollen vertraglichen** Vergütungsanspruch, wie er sich aus den vertraglichen Vereinbarungen ergibt, decken. **Zusätzliche** oder **geänderte** Leistungen sind in die Sicherheitsleistung einzubeziehen.[75] Sind die erbrachten (Teil-)Leistungen jedoch bereits **vergütet** worden (durch **Vorschuss-** oder **Abschlagszahlungen**), besteht insoweit ein Sicherungsbedürfnis des Unternehmers nicht mehr; Sicherheit kann in diesem Falle nur noch in Höhe des **ausstehenden** Restvergütungsanspruchs verlangt werden.[76] **329**

Im Übrigen ist zu **beachten**: Der Unternehmer trägt die Darlegungs- und Beweislast, soweit es um die **Höhe** seines Vergütungsanspruchs geht.[77] Auch wenn im Einzelfall dabei auf Schätzungen zurückgegriffen werden kann, muss das Sicherheitsverlangen plausibel und nachvollziehbar dargestellt werden. Ist das nicht der Fall und fordert der Unternehmer eine im Einzelfall zu hohe Sicherheit von dem Besteller, so kann dieser „den Rechtsfolgen des § 650f Abs. 1 und Abs. 5 (früher: § 648a Abs. 1 und Abs. 5) nicht ohne weiteres dadurch entgehen, dass er auf eine Zuvielforderung überhaupt nicht reagiert. Ist der Unternehmer bereit, die geringere Sicherheit zu akzeptieren, die er nach § 650f BGB fordern darf, so muss der Besteller diese Sicherheit jedenfalls dann leisten, wenn deren Höhe für ihn **feststellbar** ist. Der Besteller muss eine solche Sicherheit anbieten" (BGH).[78] Ein **überhöhtes** Sicherheitsverlangen des Unternehmers ist somit weder von vornherein un-

---

74) BGHZ 146, 24, 31 = BauR 2001, 386, 389 = NZBau 2001, 129, 131; OLG Dresden, BauR 1999, 1314; OLG Hamm, OLGR 2003, 149; OLG Karlsruhe, NJW 1997, 263 = BauR 1996, 556; a.A.: OLG Schleswig, NJW-RR 1998, 532; *Weber*, WM 1994, 725, 726; *Siegburg*, BauR 1997, 40; *Reinelt*, BauR 1997, 766, 770.
75) *Leinemann*, NJW 1997, 238, 239; OLG Karlsruhe, NJW 1997, 263, 264 = BauR 1996, 556.
76) OLG Karlsruhe, NJW 1997, 263, 264 = BauR 1996, 556; *Soergel*, a.a.O., S. 188; *Klaft*, S. 105.
77) OLG Koblenz, BauR 2017, 893; zur Berücksichtigung von sog. „**Nebenforderungen**": OLG Hamm, IBR 2016, 519 – *Schmitz*.
78) BGH, BauR 2001, 386, 391; ebenso: LG Duisburg, BauR 2001, 1924; OLG Düsseldorf, BauR 1999, 47, 48; OLG Karlsruhe, BauR 1996, 556, 557.

wirksam[79] noch eine Vertragsverletzung i.S. des § 280 Abs. 1 BGB.[80] Es ist vielmehr Sache des **Auftraggebers,** innerhalb der ihm gesetzten Fristen zu reagieren und eine Sicherheit in **angemessener,** jedenfalls in der selbst als zutreffend erkannten Höhe anzubieten.[81] Sicherheit kann nach § 650f BGB n.F. nunmehr auch für die vereinbarte Vergütung von **Zusatzaufträgen** verlangt werden. Nichts anderes muss nach dem Schutzzweck des § 650f BGB auch für **angeordnete Leistungsänderungen** gelten, für die eine Vergütungsvereinbarung fehlt.[82]

330 **Mängel** der erbrachten Werkleistung berühren das Sicherungsverlangen des Unternehmers allein noch nicht, solange der Unternehmer nur tatsächlich und rechtlich **in der Lage** und vor allem **bereit** ist, die vorhandenen Mängel zu **beseitigen.**[83] Das Sicherungsbedürfnis ist solange schutzwürdig, wie durch **Nacherfüllung** ein unverminderter Vergütungsanspruch verdient werden kann; deshalb ist es auch zunächst unerheblich, ob der Besteller wegen der Mängel ein Leistungsverweigerungsrecht gegenüber einer Raten- oder Abschlagszahlungsforderung haben kann.[84] Nichts anderes gilt, wenn dem **Unternehmer** eine von dem Besteller erbrachte Vorauszahlungsleistung durch Verwertung der hierfür gestellten Bürgschaft auf erstes Anfordern **wirtschaftlich entzogen** wird und dieser nunmehr die Sicherheitsleistung nach § 650f BGB beansprucht (s. Rdn. 328).

Dies ist anders, sofern der Auftraggeber **unstreitig** oder (z.B. aufgrund eines Beweissicherungsgutachtens) **nachweisbar einen** in Geld ausdrückbaren **Vorschuss-, Minderungs-** oder **Schadensersatzanspruch hat.**[85] **Streitige** Ansprüche, auch solche wegen angefallener Vertragsstrafe, aus Bauverzögerung oder einer Pflichtverletzung nach §§ 280 ff. BGB, können wegen des Sicherungsbedürfnisses des Unternehmers nicht berücksichtigt werden,[86] es sei denn, sie werden während der Bauphase **rechtskräftig** festgestellt oder vom Unternehmer anerkannt. Dann kann und muss gegebenenfalls eine **Anpassung** – etwa durch Austausch der Sicherheit –

---

79) Dies ist anders, wenn die Ermittlung des Umfangs der berechtigten Sicherheit nur mit einem **unzumutbaren Aufwand** verbunden ist (OLG Hamm, NZBau 2004, 445 = OLGR 2004, 77).
80) **Bestr.;** vgl. *Bamberger/Roth/Voit*, § 648a BGB, Rn. 24; *Staudinger/Peters/Jacoby*, § 648a BGB, Rn. 28.
81) OLG Dresden, BauR 2006, 1318, 1319; OLG Düsseldorf, IBR 2010, 25 – *Schliemann* u. OLGR 1999, 47; *Leinemann/Klaft*, NJW 1995, 2523; *Herchen/Kleefisch*, Jahrbuch Baurecht 2006, 17, 20, die zutreffend darauf hinweisen, dass eine **fehlerhafte Berechnung** für den Auftraggeber riskant sein kann.
82) *Koppmann/Hofmann*, S. 119, Ziffer 17.2; *Leupertz/Halfmeier*, in: Prütting/Wegen/Weinreich, § 648a BGB, Rn. 11; **a.A.:** *Joussen*, in: Ingenstau/Korbion, Anhang 1, Rn. 166.
83) BGHZ 146, 24 = BauR 2001, 386, 389 = NZBau 2001, 129; BGHZ 154, 119 = BauR 2003, 693 = NZBau 2003, 267; OLG Oldenburg, OLGR 2003, 19; OLG Karlsruhe, BauR 1996, 556, 557; LG Bonn, BauR 1997, 857 = NJW-RR 1998, 530, 531; *Schmitz*, ZfIR 2000, 489, 495; *Liepe*, BauR 1998, 860; *Leinemann*, NJW 1997, 238, 239.
84) BGH, BauR 2001, 386, 389 (gegen KG, BauR 2000, 738; *Brechtelsbauer*, BauR 1999, 1371, 1374); s. auch: OLG Frankfurt, BauR 2014, 562 = NZBau 2014, 42 u. NZBau 2013, 48 (streitige Mängelansprüche reduzieren den Sicherungsanspruch nicht).
85) BGH, BauR 2001, 386, 389; OLG Karlsruhe, NJW 1997, 263, 264 = BauR 1996, 556, 557.
86) **Streitig;** wie hier: OLG Frankfurt, NZBau 2014, 42; OLG Düsseldorf, BauR 1999, 47, 48; OLG Hamm, BauR 2003, 520, 521; *Joussen*, in: Ingenstau/Korbion, Anhang 1, Rn. 175; *Leinemann*, VOB/B, § 648a, Rn. 33; **a.A.:** *Schmitz*, ZfIR 2000, 489, 495; *Herchen/Kleefisch*, Jahrbuch Baurecht 2006, 17, 26 ff.

vorgenommen werden.⁸⁷⁾ Im Übrigen kann ein Unternehmer auch nach einer **Kündigung** des Bauvertrags eine Sicherheit nach § 650f Abs. 1 (früher: § 648a Abs. 1) BGB verlangen, sofern er sie **vor** der Kündigung des Bestellers verlangt hat.⁸⁸⁾ Die Vollstreckung des Anspruchs auf eine Sicherheit gemäß § 650f BGB stellt eine vertretbare Handlung im Sinne des § 887 ZPO dar und kann demnach zur Ausübung des **Wahlrechts** in entsprechender Anwendung der §§ 262, 264 Abs. 1 BGB auf den **Unternehmer** führen.⁸⁹⁾.

331 Ein Sicherungsverlangen ist ausgeschlossen, wenn der Unternehmer nicht bereit oder nicht mehr in der Lage ist, die von ihm geschuldete Leistung zu erbringen.⁹⁰⁾ Das muss im Einzelfall festgestellt werden; so reicht nicht aus, dass über das Vermögen des Unternehmers das Insolvenzverfahren eröffnet worden ist.⁹¹⁾

6. Der Streit um die Sicherheit und die Rechtsfolgen

332 Der Bauwerkunternehmer i.S. des § 650f Abs. 1 (früher: § 648a Abs. 1) BGB kann die Sicherheit **formlos** von dem Besteller verlangen, ihm ist jedoch stets **Schriftform** zu empfehlen.⁹²⁾ Leistet der Besteller die Sicherheit nicht fristgemäß,⁹³⁾ so kann der Unternehmer sie **einklagen**,⁹⁴⁾ dieser Anspruch unterliegt damit aber auch der **Verjährung**.⁹⁵⁾ Der Unternehmer kann aber vor allem seine Leistungen zunächst einmal **verweigern**: Er braucht demnach seine Arbeiten nicht aufzunehmen oder fortzusetzen.⁹⁶⁾ Dieses Recht kann nicht vertraglich aus-

---

87) *Zielemann*, Rn. 746.
88) BGHZ 200, 274 = NZBau 2014, 343 = NJW 2014, 2186; KG, NZBau 2016, 568.
89) LG Osnabrück, NZBau 2016, 641; OLG Saarbrücken, NJW-RR 2015, 1206.
90) BGH, BauR 2007, 2052 = NZBau 2008, 55 = ZfBR 2008, 39 = IBR 2008, 27 – *Depold*.
91) OLG Düsseldorf, BauR 2005, 572, 573 = IBR 2005, 255 – *Kimmich*.
92) *Zielemann*, Rn. 733. Nach OLG Hamm (IBR 2009, 202 – *Vogel*) ist die Verbindung von Fristsetzung und Nachfristsetzung zulässig.
93) Die **Dauer** der Frist hängt wesentlich vom Einzelfall und der konkreten Rechtslage ab; s. hierzu BGH, BauR 2011, 514 = NZBau 2011, 93 = ZfBR 2011, 251 = IBR 2011, 462 – *Schmitz*; BGH, BauR 2005, 1009 = NZBau 2005, 393 = ZfBR 2005, 462 = NJW-Spezial 2005, 360; OLG Dresden, BauR 2006, 1318, 1319 = IBR 2006, 617 – *Schmitz*; *Leinemann*, VOB/B, § 648a BGB, Rn. 34); die in der BT-Drucksache 12/1836, S. 9 genannte Frist von **7 bis 10** Tagen kann daher nur eine **Mindestfrist** sein. Zur angemessenen Frist **vor** Baubeginn: OLG Naumburg, BauR 2003, 556 m.Anm. *Schmitz*. Zur Arbeitseinstellung bereits **vor** dem Fristablauf: OLG Hamm, IBR 2010, 140 – *Schliemann*.
94) Zur **Vollstreckung** eines Urteils auf Stellung einer Sicherheit (Anwendung des § 887 ZPO): LG/OLG Hamm, IBR 2011, 141 – *Mayr*. Zur Zulässigkeit eines **Teilurteils** bei einer Klage auf Zahlung der Vergütung und Stellung einer Sicherheit: *Fuchs*, BauR 2012, 326, 332 m.w.Nachw.
95) Der Anspruch unterliegt der allgemeinen Verjährung von **drei** Jahren (§§ 195, 199 Abs. 1 BGB; *Fuchs*, BauR 2012, 326, 335; s. ferner: *Schulze-Hagen*, BauR 2010, 354, 364; *Kainz*, BauR 2012, 420, 423 f.). *Schmitz*, BauR 2009, 714, 715 u. *Halfmeier/Leupertz*, in: Prütting/Wegen/Weinreich, § 648a BGB, Rn. 5 gehen von einem sog. **verhaltenen Anspruch** aus, sodass die Verjährung erst mit der Ausübung des Verlangens nach einer Sicherheit zu laufen beginnt (siehe hierzu auch *Joussen*, Jahrbuch Baurecht 2010, 39, 65; **a.A.:** *Koppmann/Hofmann* S. 153, Ziffer 49: Die Verjährung beginnt mit dem Abschluss des Bauvertrags).
96) BGH, BauR 2009, 1152, 1154; BGHZ 157, 335, 342 = BauR 2004, 826 – ständig; OLG Düsseldorf, BauR 2014, 841, 842; OLG Jena, IBR 2014, 146 – *Rodemann*; OLG Karlsruhe, NJW 1997, 263, 264 = BauR 1996, 556, 557; *Leinemann*, VOB/B, § 648a BGB, Rn. 41.

geschlossen werden;[97] und der **Besteller** hat in dieser Situation auch keine Möglichkeit, etwa vorhandene Mängel der (bisher) erbrachten Leistung im Wege der Ersatzvornahme beseitigen zu lassen.[98] Er kann allerdings den Vertrag aufkündigen;[99] dann stehen dem Unternehmer die Ansprüche aus § 648 (früher: § 649) BGB sowie das Recht zu, vorhandene Mängel zu beseitigen. **Klagt** der Unternehmer seinen Vergütungsanspruch oder eine fällige **Abschlagszahlung** ein, kann der Besteller allerdings sein Leistungsverweigerungsrecht wegen Mängeln geltend machen. Das hat der BGH ebenfalls klargestellt[100] und führt im Ergebnis zu einer **Pattsituation**: Der Unternehmer stellt seine Tätigkeit ein, weil er die geforderte Sicherheitsleistung nicht erhält; der Besteller zahlt einen geforderten Abschlag nicht, weil Mängel vorhanden sind. Die gegenseitige Blockade ist indes auflösbar, wie der BGH in mehreren Entscheidungen aufzeigt (Rdn. 334).

333 Umstritten war, ob der Unternehmer **nach Abnahme** seiner Leistungen oder nach einer **Kündigung** noch eine Sicherheit gemäß § 650f Abs. 1 (früher: § 648a Abs. 1) BGB **verlangen** kann. Diese Streitfrage hat der **BGH**[101] für den Zeitraum vor dem 1.1.2009 entschieden; und auch das Forderungssicherungsgesetz hat dies aufgegriffen und im neuen Gesetzestext klargestellt. Danach ist der Auftragnehmer **berechtigt**, auch **nach Abnahme** seiner Leistungen oder **nach Kündigung** des Bauvertrags eine Sicherheit nach § 650f BGB von dem Besteller zu verlangen, wenn dieser noch Mängelbeseitigung fordert und der Werklohn nicht bezahlt ist.[102] Nichts anderes gilt im Verhältnis zu Architekten oder Sonderfachleuten.

Zur Begründung verweist der BGH für den Zeitraum vor dem 1.1.2009 darauf, dass § 648a Abs. 1 (jetzt § 650f Abs. 1) BGB nicht zwischen dem Verlangen nach Sicherheit **vor** und **nach** der Abnahme differenziert; die Regelung gelte „auch für die Zeit nach der Abnahme, wenn der Besteller noch Erfüllung verlangt. Denn auch insoweit hat der Unternehmer noch eine Vorleistung im Sinne des Gesetzes zu erbringen." Dem steht auch nicht entgegen, „dass die Vorleistungspflicht des Unternehmers mit der Abnahme endet und er dann grundsätzlich Zahlung der Vergütung Zug um Zug gegen Mängelbeseitigung verlangen kann (BGH, BauR 1973, 313). Denn § 648a Abs. 1 (jetzt § 650f Abs. 1) BGB stellt nicht auf die Vorleis-

---

97) BGH, BauR 2001, 386, 388.
98) OLG Düsseldorf, BauR 2005, 572 = IBR 2005, 255 – *Kimmich*; unzutreffend: OLG Köln, IBR 2005, 480 – *Heisiep*.
99) Zu beachten ist in der Praxis, dass die Voraussetzungen, die an eine **Kündigungsandrohung** i.S. des § 648a BGB a.F. zu stellen sind, erfüllt wurden (OLG Bamberg, BauR 2010, 93, 95).
100) BGH, BauR 2005, 548 = NZBau 2005, 221 = ZfBR 2005, 261 = NJW-Spezial 2005, 215; ferner: BGH, BauR 2005, 749 = NZBau 2005, 280 = ZfBR 2005, 360 = IBR 2005, 198 – *Thierau*.
101) BGH, BauR 2005, 555 = NZBau 2005, 146 = ZfBR 2005, 257 = IBR 2005, 85 – *Hildebrandt*; BGHZ 157, 335 = BauR 2004, 826 = NZBau 2004, 259; BGH, BauR 2004, 830 = NZBau 2004, 261; BGH, BauR 2004, 1453; siehe ferner: BGH, BauR 2004, 834 (Sicherheitsleistung nach Kündigung); KG, IBR 2016, 284 – *Schmitz* (zur Darlegungslast des Unternehmers).
102) BGH, BauR 2014, 992 = NZBau 2014, 343; s. hierzu: *Kimmich/Friedrich*, BauR 2015, 565; *Schmitz*, NZBau 2014, 484; *Wagner*, ZfBR 2014, 425; OLG Celle, NZBau 2012, 702 = IBR 2012, 391 – *Schmitz*. Zu den Auswirkungen der Kündigung auf mögliche Leistungsverweigerungsrechte des Bestellers wegen vorhandener Mängel siehe *Leupertz/Halfmeier*, in: Prütting/Wegen/Weinreich, § 648a BGB, Rn. 21.

tungspflicht in diesem Sinne ab, sondern auf vertraglich geschuldete Vorleistungen im wirtschaftlichen Sinne."

Entsteht ein Schwebezustand bzw. eine Pattsituation, so kann der Unternehmer **334** dies durch Eigeninitiative beenden; der BGH[103]) räumt ihm nämlich die Möglichkeit ein, durch eine **Nachfrist**[104]) zu einer **endgültigen Abrechnung** der Vergütungsansprüche zu gelangen:

> „Dem Unternehmer steht in sinngemäßer Anwendung des § 648a Abs. 5 BGB i.V. mit § 643 Satz 1 BGB das Recht zu, sich von seiner Mängelbeseitigungspflicht nach der Abnahme dadurch **zu befreien,** dass er eine **Nachfrist** zur Sicherheitsleistung setzt, verbunden mit der **Ankündigung,** die Vertragserfüllung (Mängelbeseitigung) danach zu **verweigern.** Mit fruchtlosem Fristablauf ist er von der **Pflicht,** den Vertrag zu erfüllen, **befreit.** Er kann auf diese Weise die **endgültige Abrechnung herbeiführen,** auch soweit die Leistung mangelhaft ist. In weiterer sinngemäßer Anwendung des § 645 Abs. 1 Satz 1 BGB steht ihm nach **fruchtlosem Fristablauf** nicht die volle vertraglich vereinbarte Vergütung zu. Vielmehr hat er lediglich **Anspruch** auf Vergütung, **soweit** die Leistung erfüllt, das heißt **mangelfrei erbracht** ist, und Anspruch auf Ersatz des Vertrauensschadens nach Maßgabe des § 648a Abs. 5 Satz 2 BGB. Das bedeutet, dass der Vergütungsanspruch des Unternehmers um den infolge eines Mangels entstandenen **Minderwert** zu kürzen ist" (BGH).

Daraus folgt: Ist eine Mängelbeseitigung noch möglich und kann sie nicht wegen **335** unverhältnismäßig hoher Kosten verweigert werden, sind die notwendigen **Mängelbeseitigungskosten rechnerisch abzuziehen**; andernfalls ist der **Minderwert** des Bauwerks maßgebend.[105]) Auf diesem Weg kommt der Unternehmer auch bei mangelhafter Werkleistung zu einer endgültigen Abrechnung seiner Vergütungsansprüche.

Der Unternehmer wird nach dem **fruchtlosen Ablauf** der Nachfrist von jeglicher Pflicht frei, den Vertrag zu erfüllen;[106]) ihm steht jedoch, wie erwähnt, nicht **336** die volle Vergütung zu. Anspruch hat er auf Vergütung, soweit die Leistungen mangelfrei erbracht sind.[107]) Im Übrigen kann er den Ersatz des Vertrauensschadens nach Maßgabe des § 650f Abs. 5 Satz 2 (früher: § 648a Abs. 5 Satz 2) BGB verlangen. Die dem Unternehmer nach dem fruchtlosen Ablauf der Nachfrist berechtigterweise zustehende Vergütung ist ohne Abnahme fällig.[108]) Die Vorschrift des § 650f Abs. 5 BGB schließt nicht Ansprüche aus, die der Unternehmer aus an-

---

103) BGH, BauR 2005, 555 = NZBau 2005, 555, 556 = NZBau 2005, 146, 147; BGHZ 157, 335 = BauR 2004, 826 u. 1453; KG, BauR 2007, 1746, 1747.
104) Zu den Anforderungen an eine präzise **Nachfristsetzung**: OLG Naumburg, IBR 2006, 396 – *Schmitz*; zu den Anforderungen an eine **Kündigungsandrohung**: OLG Bamberg, IBR 2010, 93, 95; zum Problem einer **Abnahme** nach Kündigung durch den Unternehmer: OLG Brandenburg, IBR 2010, 621 – *Schmitz*.
105) BGH, BauR 2007, 113, 114 = NZBau 2007, 38 = ZfBR 2007, 142 = ZfIR 2007, 492 m.Anm. *Pause* = IBR 2007, 26 – *Schulze-Hagen*; BGHZ 157, 335, 342 = BauR 2004, 826 u. 1453; BauR 2003, 533 = NZBau 2003, 214 = ZfBR 2003, 356; LG Nürnberg-Fürth, NZBau 2012, 577, 579. Zur Berücksichtigung **neuer** Mängel s. *Valerius*, BauR 2005, 23 ff.
106) BGH, BauR 2007, 113 = NZBau 2007, 38; OLG Düsseldorf, BauR 2014, 841, 842. Zur Angemessenheit einer Nachfrist siehe OLG Hamm, IBR 2010, 83 – *Joussen* (drei bis vier Werktage sind ausreichend).
107) OLG Brandenburg, IBR 2009, 583 – *Maas*.
108) KG, BauR 2007, 1746, 1747 = IBR 2007, 247 – *Hickl*; OLG Hamm, IBR 2010, 83 – *Joussen*.

deren Gründen hat als den, dass die Sicherheit nicht gestellt wird.[109] § 650f Abs. 5 regelt damit nicht die Ansprüche, die dem Unternehmer zustehen, wenn der Besteller die Erfüllung des Vertrages verweigert.

337 Kommt es über §§ 650f Abs. 5, 643 Satz 1 und 2 BGB zur Vertragsauflösung, kann der Unternehmer neben der Vergütung für die erbrachten (mangelfreien) Leistungen auch die Erstattung seiner **Auslagen** sowie den Ersatz seines **Vertrauensschadens** beanspruchen;[110] er ist deshalb so zu stellen, wie er gestanden hätte, wenn er nicht auf die Wirksamkeit des Vertrages vertraut hätte. Deshalb ist u.U. auch ein **Gewinn** des Unternehmers zu erstatten, der ihm infolge der Absage eines anderweitigen Auftrages entgangen ist.[111] In der Praxis lässt sich dieser **Vertrauensschaden** selten überzeugend darlegen und beweisen. Allerdings wird der Schaden für die ab 1.5.2000 geschlossenen Bauverträge mit **5 %** der Vergütung **vermutet** (§ 650f Abs. 5 Satz 4 BGB). Der Ersatzanspruch ist aus dem Nettobetrag der Restvergütung zu ermitteln.[112] Dasselbe gilt, wenn der Besteller „in zeitlichem Zusammenhang mit dem Sicherheitsverlangen gemäß § 650f Abs. 1 BGB kündigt, es sei denn, die Kündigung ist nicht erfolgt, um der Stellung der Sicherheit zu entgehen" (§ 650f Abs. 5 Satz 3 BGB).[113] Die Regelung soll dem Unternehmer die Darlegungs- und Beweislast erleichtern.[114] Der Unternehmer kann deshalb einen höheren Gewinn nachweisen; insoweit obliegt ihm allerdings die volle Darlegungs- und Beweislast. Auf der anderen Seite ist es Sache des Bestellers, die Vermutung des § 650f Abs. 5 Satz 4 BGB zu widerlegen. Gegenüber einem berechtigten Schadensersatzanspruch des Unternehmers kann der Besteller nicht mit einem eigenen wegen Mängel aufrechnen.[115]

338 Diese gesetzlichen Regelungen können nicht durch abweichende Vereinbarungen außer Kraft gesetzt werden (§ 650f Abs. 7 BGB).[116] Hieraus folgt, dass die Vorschrift des § 650f Abs. 7 BGB nicht auf **vertraglich** vereinbarte Sicherungsabreden Anwendung findet.[117] Möglich bleiben aber Abreden im Bereich des § 650f Abs. 6 BGB,[118] sodass z.B. ein privater Bauherr durchaus eine Regelung entsprechend § 650f Abs. 1 BGB vertraglich eingehen könnte.[119]

---

109) BGH, BauR 2005, 861, 863 = IBR 2005, 254 – *Schmitz*.
110) OLG Dresden, BauR 2006, 1318, 1320. Zu den Ansprüchen eines **Nachunternehmers** im Falle der Vertragsauflösung: *Leinemann/Klaft*, NJW 1995, 2521, 2525.
111) Ebenso: *MünchKomm-Soergel*, § 648a BGB, Rn. 29; *Palandt/Sprau*, § 648a BGB, Rn. 18.
112) *Str.*; siehe hierzu: OLG Frankfurt, NZBau 2014, 42, 44; OLG Dresden, BauR 2006, 1318, 1320; LG Leipzig, BauR 2002, 973; *Kniffka/Koeble*, 10. Teil, Rn. 105; *Busz*, NJW 2004, 10; *Stickler*, NZBau 2005, 332; *Schmitz*, IBR 2005, 488; *Rotfuchs*, BauR 2005, 1672.
113) Siehe hierzu auch *Heinze*, NZBau 2001, 301, 304.
114) BT-Drucksache 14/1246, S. 10; *Palandt/Sprau*, § 648a BGB, Rn. 18; *Siegburg*, Rn. 607 ff.; *Schmitz*, ZfIR 2000, 489, 491.
115) *Gött*, BauR 2001, 1114.
116) Siehe zum Ausschluss des § 648a BGB durch AGB des Auftraggebers: *Hofmann*, BauR 2006, 763, 764; ferner: OLG Celle, BauR 2001, 101 m. krit. Anm. *Schmitz*, BauR 2001, 818 ff.
117) BGH, BauR 2010, 1219 = NZBau 2010, 495 = ZfBR 2010, 661 = NJW 2010, 2948 = IBR 2010, 499 – *Schmitz*; BGH BauR 2006, 1294, 1295 = NZBau 2006, 569 = ZfBR 2006, 561 = IBR 2006, 440 – *Schmitz*; zur Unwirksamkeit eines wechselseitigen **Verzichts** auf Sicherheiten: OLG Hamm, IBR 2011, 211 – *Schmitz*.
118) *Staudinger/Peters*, § 648a BGB, Rn. 27.
119) *Hofmann/Koppmann*, Bauhandwerkersicherung, Abschnitt B, Nr. 8.5.

V. Die Schutzschrift

Übersicht	Rdn.		Rdn.
1. Die Bedeutung der Schutzschrift	339	3. Verfahren	344
2. Form und Inhalt der Schutzschrift	341	4. Kostenerstattung	346

Literatur

Ulbrich, Formularbuch des Fachanwalts – Bau- und Architektenrecht, 3. Auflage 2015; *Wehlau*, Die Schutzschrift, 2011; *May*, Die Schutzschrift im Arrest und einstweiligen Verfügungsverfahren, 1983; *Spernath*, Die Schutzschrift im zivilrechtlichen Verfahren, 2009.

Pastor, Die Schutzschrift gegen wettbewerbliche einstweilige Verfügungen, WRP 1972, 229; *Teplitzky*, Die „Schutzschrift" als vorbeugendes Verteidigungsmittel gegen einstweilige Verfügungen, NJW 1980, 1667; *Teplitzky*, Schutzschrift, Glaubhaftmachung und „besondere" Dringlichkeit bei § 937 Abs. 2 ZPO – drei Beispiele für Diskrepanzen zwischen Theorie und Praxis, WRP 1980, 373; *Leipold*, Die Schutzschrift zur Abwehr einstweiliger Verfügungen gegen Streiks, RdA 1983, 164; *Deutsch*, Die Schutzschrift in Theorie und Praxis, GRUR 1990, 327; *Vogel*, Schutzschriften auch im Zwangsvollstreckungsverfahren?, NJW 1997, 554; *Schulz*, Die Rechte des Hinterlegers einer Schutzschrift, WRP 2009, 1472.

1. Die Bedeutung der Schutzschrift

339 Die **Schutzschrift** ist ein von der Praxis entwickeltes – **vorbeugendes** – Verteidigungsmittel gegen einen **erwarteten** (einstweiligen) Verfügungsantrag; ihren Ursprung hatte sie zunächst im Wettbewerbsprozess, inzwischen hat sie jedoch auch im Bauprozess ihren Platz gefunden.[1]

Die Schutzschrift ist der bei Gericht eingereichte Schriftsatz mit der Anregung[2], den Inhalt des Schriftsatzes bei Eingang des erwarteten Verfügungsantrags zu berücksichtigen und aus den in der Schutzschrift dargelegten und glaubhaft gemachten Gründen den Verfügungsantrag zurückzuweisen, mindestens aber dem Verfügungsantrag nicht ohne mündliche Verhandlung zu entsprechen.[3] Mit der Schutzschrift wird also bezweckt, dass der Betroffene mit dem im Eilverfahren ergangenen Erlass einer (einstweiligen) Verfügung nicht „überfallen" wird; die Schutzschrift dient damit vor allem der **Erzwingung rechtlichen Gehörs**.[4] Da auch in Bausachen bei mehreren Baubeteiligten mit **unterschiedlichen Gerichtstände** gerechnet werden kann, wird es im Einzelfall sinnvoll sein, sich an der Vorschrift des § 36 Abs. 1 Nr. 3 ZPO zu orientieren und **Exemplare** der Schutzschrift an den möglichen Gerichtsorten zu hinterlegen. Das um eine Gerichtsstandsbestimmung nach § 36 Nr. 3 ZPO angegangene Gericht wird eine bei ihm ein-

---

1) Siehe hierzu *Praun*, in: Kleine-Möller/Merl/Glöckner, § 21, Rn. 191 ff.; *Lichtenberg*, in: Ulbrich, Formularbuch des Fachanwalts, S. 786 ff.; *Luz*, in: Kuffer/Wirth, Handbuch des Fachanwalts, S. 1602 ff.
2) Ein **Zurückweisungsantrag** in der Schutzschrift stellt keinen Sachantrag dar (BGH, NJW 2003, 1257 = GRUR 2003, 456 = WRP 2003, 515; kritisch hierzu: *Teplitzky*, Wettbewerbliche Ansprüche, 9. Auflage 2007, Rn. 57 m.w.Nachw.
3) *Deutsch*, GRUR 1990, 327 ff.; *Teplitzky*, NJW 1989, 1667.
4) BGH, NJW 2003, 1257 = MDR 2003, 655 = Rpfleger 2003, 322; *Zöller/Vollkommer*, § 921 ZPO, Rn. 1 m.w.Nachw.; *Walker*, in: Schuschke/Walker, § 937 ZPO, Rn. 15.

gegangene Schutzschrift zweckmäßigerweise immer an das von ihm als **zuständig** bestimmte Gericht weiterleiten.

340 In **Bausachen** bietet sich die Einrichtung einer Schutzschrift vor allem in Fällen an, in denen der Gegner ein **selbstständiges Beweisverfahren** oder **einstweiliges Verfügungsverfahren** (außergerichtlich) androht oder die Einleitung eines solchen Verfahrens wahrscheinlich ist.

Dabei ist besonders daran zu denken, dass ein Unternehmer oder Architekt die Absicht hat, im Wege der einstweiligen Verfügung die Eintragung einer **Vormerkung** auf Einräumung einer **Bauhandwerkersicherungshypothek** nach § 648 BGB zu erreichen. In aller Regel wird solchen Anträgen auch ohne mündliche Verhandlung und ohne vorherige schriftliche Anhörung des Bauherrn stattgegeben, wenn der Anspruch glaubhaft gemacht wird. Ist eine entsprechende Vormerkung im Grundbuch dann eingetragen, kann dies für den Bauherrn weitreichende Folgen haben; bis zur Aufhebung des Beschlusses (oder erstinstanzlichen Urteils) ist das Grundbuch für eine ranggerechte Eintragung von Grundschulden zur Absicherung der geplanten Fremdfinanzierungsmittel blockiert. Aus diesem Grunde muss der Auftraggeber möglichst verhindern, dass es überhaupt zu einer Eintragung einer Vormerkung kommt, vor allem, wenn **erhebliche Mängel** vorliegen, die den Wert der Werk- oder Architektenleistung beeinträchtigen. Eine Möglichkeit hierzu bietet die Schutzschrift.

Auf die damit verbundenen Kostennachteile muss jedoch hingewiesen werden: Nach der Rechtsprechung soll dem Auftraggeber durch die Einreichung der Schutzschrift die Möglichkeit verbaut sein, den Anspruch aus § 648 BGB mit der günstigen Kostenfolge des § 93 ZPO anzuerkennen (vgl. Rdn. 308).

2. Form und Inhalt der Schutzschrift

341 **Form und Inhalt** einer Schutzschrift sind grundsätzlich **frei;** sie unterliegen keinen Einschränkungen und auch **keinem** Anwaltszwang. Ein nur **mündliches** Schutzgesuch ist jedoch **unbeachtlich.**

Die Schutzschrift sollte jedoch bei Einreichung als solche unter Angabe der Parteien gekennzeichnet werden, um eine rasche Bearbeitung durch die Geschäftsstelle und den Richter zu ermöglichen. Dabei sollte der voraussichtliche Antragsteller an erster Stelle und der Absender der Schutzschrift an zweiter Stelle angegeben werden, um eine **Rubrumsidentität** mit einem etwaigen späteren Verfahren zu gewährleisten.

342 Aus Sinn und Zweck der Schutzschrift folgt, dass in ihr vorzutragen ist, was das Gericht z.B. im Falle eines einstweiligen Verfügungsverfahrens veranlassen könnte, den Betroffenen vor Erlass der einstweiligen Verfügung zu hören. Hierzu sollte der jeweilige **Standpunkt** des Gesuchstellers in tatsächlicher und rechtlicher Hinsicht (umfassend) dargelegt werden. Um sein berechtigtes Interesse an einer mündlichen Verhandlung oder an einer schriftlichen Anhörung darzutun, wird der Betroffene daher vortragen, aus welchen Gründen ein **einseitiges** Beschlussverfahren ihm **besondere Nachteile** zufügen kann. Darüber hinaus wird es angezeigt sein, über den materiell-rechtlichen Streit Ausführungen zu machen, soweit hierzu bereits Erkenntnisse vorliegen. Die Beifügung **eidesstattlicher Erklärungen** zum Sachverhalt wird das Gericht im Einzelfall von der Notwendigkeit überzeugen können, nicht einseitig durch Beschluss, sondern aufgrund mündlicher Verhandlung zu entscheiden.

Zu beachten bleibt, dass der Inhalt der Schutzschrift u.U. auch **zu Lasten** des Einreichers gewertet werden kann; so können z.B. von dem Unternehmer behauptete Tatsachen, die bisher nicht hinreichend glaubhaft gemacht waren, durch die Ausführungen des Bauherrn in einer Schutzschrift als „zugestanden" anzusehen sein.[5]   **343**

Es wird daher besser sein, eine einstweilige Verfügung ohne mündliche Verhandlung gegen sich ergehen zu lassen, als eine schlecht vorbereitete Schutzschrift bei Gericht einzureichen.

Muster für eine **Schutzschrift:**

An das

Amtsgericht/Landgericht ......

Schutzschrift

betreffend einen evtl. Antrag auf Erlass einer einstweiligen Verfügung auf Einräumung einer Vormerkung für eine Bauhandwerkersicherungshypothek (§ 648 BGB)

des Architekten Ferdi Schmitz, pp.,

voraussichtlichen Antragstellers,

Namens der Eheleute Leo Müller, pp.;

beantragen wir,

über ein von dem Antragsteller evtl. eingehendes Verfügungsgesuch auf Eintragung einer Vormerkung zur Sicherung des Anspruchs auf eine Bauhandwerkersicherungshypothek (§ 648 BGB) nicht ohne mündliche Verhandlung zu entscheiden.

Gründe

Die Parteien sind Eigentümer des im Grundbuch von ... ... Bl. Nr. ... ... eingetragenen Grundstücks, auf dem sie ein Haus errichtet haben. Dem Antragsteller sind durch Architektenvertrag vom ... ... sämtliche Architektenleistungen übertragen worden. Als Anlage überreichen wir den Architektenvertrag.

Der Antragsteller hat mit Schreiben vom ... ... seine Schlussrechnung überreicht, mit der er noch einen Restbetrag von 15.888 Euro geltend macht. Diese Schlussrechnung des Antragstellers ist unrichtig; dem Antragsteller stehen gegen die Bauherren keine Forderungen mehr zu. Vielmehr liegt sogar eine Überzahlung von seiten der Bauherren vor (wird ausgeführt).

Mit Schreiben vom ... ... hat der Antragsteller gedroht, er werde eine einstweilige Verfügung auf Einräumung einer Vormerkung zur Sicherung des Anspruchs auf eine Bauhandwerkersicherungshypothek beantragen, wenn seine Schlussrechnung nicht ausgeglichen werde.

Der Antragsteller kann bei der dargelegten Sachlage nicht glaubhaft machen, dass ihm noch eine Forderung gegen den Antragsgegner zusteht. Die von mir vertretenen Bauherren können demgegenüber durch Vorlage von eidesstattlichen Versicherungen und umfangreichem Urkundenmaterial glaubhaft machen, dass die Honoraransprüche des Architekten Schmitz bezahlt sind.

Wir bitten daher, nicht ohne mündliche Verhandlung über einen eingehenden Antrag des Herrn Schmitz zu entscheiden.

gez. Rechtsanwalt*

---

[5] Ebenso: *Deutsch*, GRUR 1990, 327, 328.

* Anm.: Eine Schutzschrift unterliegt weder beim LG noch beim OLG dem Anwaltszwang (§§ 78 Abs. 3, 920 Abs. 3 ZPO analog; vgl. Zöller/Vollkommer, § 937 ZPO, Rn. 4 m. Nachw.).

3. Verfahren

344 Die Schutzschrift hat (zunächst) keine unmittelbaren rechtlichen Wirkungen; sie ist als ein besonderes, **vorbeugendes** Verteidigungsmittel mit dem Ziel anzusehen, nicht ohne mündliche Verhandlung zu entscheiden. Der „Antrag" in einer vorsorglich eingereichten Schutzschrift leitet daher kein Verfahren ein;[6] er ist deshalb auch kein Sachantrag. Es kann deshalb auch nicht von einem „unzulässigen" oder „zulässigen" Inhalt einer Schutzschrift gesprochen werden. Daraus folgt, dass es einem Verfasser der Schutzschrift freisteht, wie er sein rechtliches Interesse an einer Anhörung in einer mündlichen Verhandlung auf schriftlichem Wege begründet. Welche Teile der Schutzschrift schließlich das Gericht bei einer Ermessensentscheidung für beachtlich oder unbeachtlich hält, ist seiner Überprüfung vorbehalten.

345 Zur **geschäftsmäßigen Behandlung** einer Schutzschrift ist Folgendes zu sagen:[7]

Die Schutzschrift ist in das AR-Register (allgemeines Register) einzutragen, wenn die Schutzschrift bei Gericht eingeht, bevor das zugehörige Verfahren anhängig geworden ist. Eine Zustellung der Schutzschrift an den Gegner erfolgt nicht, weil seine Interessen durch die Schutzschrift erst mit dem Eingang des Verfügungsantrages berührt werden; um dessen Eingang feststellen zu können, muss zusätzlich ein Namensverzeichnis für Schutzschriften geführt werden.

Wird nach Eingang einer Schutzschrift tatsächlich ein streitiges Verfahren anhängig, ist die Schutzschrift zu der entsprechenden Hauptakte zu nehmen. Dies gilt auch, wenn ein Verfahren bereits bei Einreichung der Schutzschrift anhängig war.

Die **Bedeutung** einer Schutzschrift erschöpft sich indes **nicht** in einer bloßen **Anregung** an das Gericht, auch die Belange des Antragsgegners bei einer Entscheidung angemessen zu berücksichtigen;[8] nach heute herrschender Ansicht hat das **Gericht** vielmehr eine **Schutzschrift** immer, sofern es von ihr Kenntnis erlangt, **inhaltlich zu beachten** und in seine Entscheidung **einzubinden**.[9] Will das Gericht einen Antrag auf Grund der Schutzschrift zurückweisen, so kann dies erst geschehen, wenn dem Antragsteller **Gelegenheit** zur **Stellungnahme** gegeben worden ist; das kann mit der Anberaumung einer mündlichen Verhandlung oder durch die Zuleitung der Schutzschrift mit Fristsetzung zur Stellungnahme geschehen.

4. Kostenerstattung

346 Durch die Einreichung einer Schutzschrift entstehen keine Gerichtskosten. Ob und in welchem Umfang die durch die Beauftragung eines **Anwalts** entstandenen

---

6) BGH, NJW 2003, 1257, 1258 = MDR 2003, 655.
7) Vgl. auch *Deutsch*, GRUR 1990, 327, 328.
8) Vgl. in diesem Sinne: OLG Frankfurt, NJW-RR 1987, 254 = WRP 1987, 114 m.Anm. *Zeller*, S. 477.
9) BGH, NJW 2003, 1257 = MDR 2003, 655; OLG Hamburg, WRP 1987, 495; OLG Düsseldorf, WRP 1981, 652; *Schuschke/Walker*, § 937, Rn. 15 m.w.Nachw.

Kostenerstattung

Kosten erstattungsfähig sind, war in der Vergangenheit in Einzelheiten **umstritten**.[10]

Wird ein gerichtliches Verfahren **nicht** eingeleitet, ist für den Schutzschriftverfasser nur ein **materiell-rechtlicher Kostenerstattungsanspruch** nach § 823 Abs. 1 BGB,[11] § 826 BGB oder § 683 BGB[12] in Erwägung zu ziehen. Ein solcher Erstattungsanspruch wird sich allerdings in aller Regel nicht begründen lassen, weil ein rechtswidriger Eingriff in den eingerichteten und ausgeübten Gewerbebetrieb (z.B. durch ein einstweiliges Verfügungsverfahren zur Durchsetzung eines Anspruchs nach § 648 BGB) nicht vorliegt. Die bloße Geltendmachung von im Gesetz vorgesehener Sicherungsrechte ist nicht ohne weiteres rechtswidrig.

Kommt es zur **Einreichung** eines Antrages auf Erlass einer einstweiligen Verfügung, ist fraglich, ob hierdurch bereits ein „Prozeßrechtsverhältnis" entsteht. **Unbestritten** ist jedoch, dass die Kosten der Einreichung einer Schutzschrift grundsätzlich **erstattungsfähig** sind, wenn ein **Verfügungsantrag** bei dem Gericht eingeht, dem die Schutzschrift zugerechnet werden kann, und der Antrag sodann zurückgewiesen oder zurückgenommen wird, ohne dass eine mündliche Verhandlung stattgefunden hat.[13] **347**

Das gilt nicht, wenn die Schutzschrift erst **nach** Rücknahme des Verfügungsantrages bei Gericht eingeht[14] oder nachdem das Gericht den Verfügungsantrag bereits „beschlossen und schriftlich niedergelegt" hat.[15] Wird das einstweilige Verfügungsverfahren durch Urteil abgeschlossen, sind die durch die Schutzschrift angefallenen Kosten im Rahmen des § 91 ZPO erstattungsfähig.[16]

Der Anwalt erhielt nach altem Recht für das Einreichen der Schutzschrift, wenn es nicht zu einem Verfügungsverfahren kam, eine 5/10-Prozessgebühr (§ 32 Abs. 1 BRAGO).[17] Seit dem 1. Juli 2004 gilt das **RVG**, das auf Schutzschriftverfahren anzuwenden ist. Nunmehr löst eine bei Gericht eingereichte Schutzschrift in der Regel eine volle Verfahrensgebühr (1,3 Gebühr gemäß VV 3100) aus, wenn der Geg- **348**

---

10) Vgl. vor allem *Deutsch*, a.a.O., S. 331; *Teplitzky*, Wettbewerbsrechtliche Ansprüche, 9. Auflage 2007, § 55, Rn. 54 ff., jeweils mit w. Nachw.
11) Jedoch nur, wenn in der unberechtigten Abmahnung ein schuldhafter und rechtswidriger Eingriff in den eingerichteten und ausgeübten Gewerbebetrieb gesehen wird. Zur **Kostenerstattung** s. *Kessen*, in: Schuschke/Walker, Anhang zu § 935 ZPO, Rn. 8 ff.; *Zöller/Herget*, § 91 ZPO, Rn. 13 – Stichwort „Schutzschrift"; *Hellstab*, in: Göttlich/Mümmler, S. 828 ff. – Stichwort „Schutzschrift"; *Bräuer/Bischof*, in: Bischof/Jungbauer/Bräuer/Corkovic/Klipstein/Klüsener/Uher, § 16 RVG, Rn. 17a; *Bischof*, ebenda, Nr. 31 VV Rn. 41 ff. m.w.Nachw.; *Hergenröder*, in: Baumgärtel/Hergenröder/Houben, § 17 RVG, Rn. 10; 3100 VV, Rn. 2 u. 3403 VV, Rn. 2.
12) So OLG Frankfurt, GRUR 1989, 858; **a.A.:** OLG Hamm, NJW-RR 1986, 1303.
13) BGH, JurBüro 2007, 430 u. NJW 2003, 1257, 1258; KG, WRP 1999, 547; OLG Bamberg, OLGR 2000, 436; OLG Frankfurt, NJW-RR 1996, 1215 = OLGR 1996, 58 = GRUR 1996, 229.
14) BGH NJW-RR 2007, 1575; **a.A.:** OLG Frankfurt, OLGR 2006, 793 (als Vorinstanz).
15) OLG Karlsruhe, OLGR 2000, 436; OLG Hamburg, JurBüro 1990, 732.
16) OLG Bremen, JurBüro 1991, 940; KG, MDR 1980, 942; OLG Rostock, OLGR 1995, 213 (LS); *Teplitzky*, GRUR 1988, 405; **a.A.:** z.B. OLG Düsseldorf, MDR 1989, 549.
17) BGH, NJW 2003, 1257, 1258; OLG Karlsruhe, OLGR 2000, 436, 437; KG, OLGR 1999, 353.

ner später einen Antrag auf Erlass einer einstweiligen Verfügung stellt.[18] Etwas anderes gilt nur, wenn die Einreichung der Schutzschrift eine **Einzeltätigkeit** im Sinne der Nr. 3403 VV RVG darstellt.[19] In diesem Fall fällt lediglich die 0,8 Verfahrensgebühr nach Nr. 3403 VV RGV an.[20] Wird eine Schutzschrift (vorsorglich) bei **mehreren** Gerichten eingereicht, entsteht die Gebühr nur einmal.[21]

---

[18] BGH, NJW-RR 2008, 1093 = WRP 2008, 951; OLG Frankfurt, NJW-Spezial 2008, 700; OLG Nürnberg, NJW-RR 2005, 941 = OLGR 2005, 397; s. ferner: *Bischof* u.a., RVG, Nr. 3100 VV, Rn. 41 ff.; OLG Düsseldorf, OLGR 2007, 128; OLG Hamburg, MDR 2007, 493.
[19] *Zöller/Vollkommer*, § 91 ZPO, Rn. 13 „Schutzschrift"; *Praun*, in: Kleine-Möller/Merl, § 21, Rn. 198.
[20] OLG Nürnberg, NJW-RR 2005, 941; *Hellstab*, in: Göttlich/Müller, RVG, S. 829.
[21] OLG Frankfurt, NJW-RR 1996, 1215; *Praun*, a.a.O., Rn. 198.

VI. Die einstweilige Verfügung in Bausachen

Übersicht

	Rdn.		Rdn.
1. Fallgestaltungen	350	d) Einstweiliger Rechtsschutz bei Bankgarantie und Bürgschaft auf erstes Anfordern	367
a) Einstweilige Verfügung eines Baubeteiligten	351		
b) Einstweilige Verfügung eines Dritten	355	2. Zuständigkeit	377
c) Zum Regelbedürfnis in Bausachen	359	3. Antrag	378
		4. Beweiswürdigung und Beweislast	383
		5. Das Urteil	384

Literatur

Schuler, Die auf Leistung lautende einstweilige Verfügung, NJW 1959, 1801; *Aderhold*, Erledigung der Hauptsache nach Erlass der einstweiligen Verfügung, NJW 1961, 1804; *Winkler*, Das Schicksal der einstweiligen Verfügung bis zur Rechtskraft des sie aufhebenden Urteils, MDR 1962, 88; *Kerst*, Welche Rechte bestehen bei Störungen und Belästigungen durch Baumaßnahmen?, NJW 1964, 181; *Jauernig*, Der zulässige Inhalt einstweiliger Verfügungen, ZZP 79, 321; *Schmidt-von Rhein*, Die Vollziehung der auf Unterlassung gerichteten einstweiligen Verfügungen, NJW 1976, 792; *Leipold*, Strukturfragen des einstweiligen Rechtsschutzes, ZZP 90, 258; *Borck*, Über die Vollziehung von Unterlassungsverfügungen, WRP 1977, 556; *Teplitzky*, Streitfragen beim Arrest und bei der einstweiligen Verfügung, DRiZ 1982, 41; *Krüger*, Das Privatgutachten im Verfahren der einstweiligen Verfügung, WRP 1991, 68; *Locher*, Unlauterer Wettbewerb von Architekten und Ingenieuren durch Verstöße gegen Bestimmungen der HOAI und des Standesrechts, BauR 1995, 146; *Klepsch*, Das Honorarrecht der HOAI und das Berufsrecht der Architekten – Besprechung des Urteils des Hessischen VGH vom 7. Februar 1995 (11 UE 1659/92), ZfBR 1996, 1; *Hartmann*, Zur Vergütung von Wettbewerbsleistungen im Rahmen der HOAI, BauR 1996, 623; *Schütze*, Einstweiliger Rechtsschutz im Schiedsverfahren, BB 1998, 1650; *Lauer*, Herausgabe der für den Weiterbau erforderlichen Plänen und Zurückbehaltungsrecht des Architekten, BauR 2000, 812; *Putzier*, Vorleistungslast und Vorleistungsrisiko bei streitigen Nachträgen – die Lösung mit Hilfe der einstweiligen Verfügung, Jahrbuch Baurecht 2000, 89; *Sterner*, Rechtsschutz gegen Auftragssperren, NZBau 2001, 423; *Rester*, Kann der Unternehmer die Inbesitznahme der Werkleistung durch den die Abnahme verweigernden Besteller verhindern?, BauR 2001, 1819; *Seidel/Fries*, Nachbarrecht – Untersagung der Kranaufstellung durch den Grundstücksnachbarn im Wege der einstweiligen Verfügung, BauRB 2004, 217; *Ottofülling*, Der „Bausachverständige" und die wettbewerbsrechtlichen Implikationen, DS 2008, 53; *Bleutge*, Werbung ist erlaubt, bei Irreführung droht Abmahnung, Der Bausachverständige 5/2008, 64; *Sturmberg/Schmitz*, Baukran und Nachbar – der Baufortschritt am „seidenen Faden" (Untersuchungen zur „Überschwenkgenehmigung"), Jahrbuch Baurecht, 2008, 157; *Klute*, Das Werberecht bestellter Bausachverständiger, NZBau 2008, 556; *Schmid*, Baustopp durch einstweilige Verfügung im Wohnungseigentumsverfahren, NZBau 2010, 290; *Jennewein*, Wettbewerbsrecht – Dumpingangebote unterhalb der HOAI-Mindestsätze sind wettbewerbswidrig – auch auf der Plattform My-Hammer.de, DS 2011, 48; *Kirchhof*, Durchsetzung und Abwehr nachbarrechtlicher Ansprüche und Duldung von Baumaßnahmen am fremden Grundstück, NZBau 2012, 206; *Kirchhof*, Durchsetzung und Abwehr nachbarrechtlicher Ansprüche auf Duldung von Baumaßnahmen am fremden Grundstück, NZBau 2012, 206; *Lotz*, Bauunterlagen und Dokumentation, BauR 2012, 157; *Ulrich*, Besichtigungssachverständiger im Verfahren der einstweiligen Verfügung: Von wem bekommt er sein Geld?, DS 2012, 271; *Matuschak*, Architektenwettbewerbe und die ihnen zugrunde liegenden Regeln, Festschrift für Jochem, 2014, 405; *Vowinkel*, Die vorläufige Sicherung der Sicherung – Die Bauhandwerker-Sicherungshypothek gemäß § 648 BGB im einstweiligen Rechtsschutz, NZBau 2017, 14; *Feldmann*, Schadensersatz und Mietausfallschaden nach unberechtigtem Baustopp – Herausforderungsfälle im Immobilienrecht, NZBau 2017, 79; *Orlowski*, Das neue Anordnungsrecht des Bestellers, BauR 2017, 1427.

Von einstweiligen Verfügungen wird in der Baupraxis zunehmend Gebrauch gemacht. Das einstweilige Verfügungsverfahren sollte auch gerade in Bausachen besonders beachtet werden; wegen der bekannten Schwerfälligkeit der Bauprozesse wird das beschleunigte und verbilligte einstweilige Verfügungsverfahren oftmals die einzige Möglichkeit für einen Baubeteiligten sein, **erhebliche Vermögensinteressen** sachgerecht zu wahren.[1] So kann z.B. die Einrede des **Schiedsvertrages** ein einstweiliges Verfügungs- oder Arrestverfahren vor den staatlichen Gerichten nicht hindern (§ 1033 ZPO).[2] § 1041 ZPO, der gleichrangig neben § 1033 ZPO steht, ermöglicht aber auch die Anordnung von vorläufigen und sichernden Maßnahmen durch das Schiedsgericht. Da Maßnahmen des einstweiligen Rechtsschutzes durch das Schiedsgericht jedoch einer staatlichen **Vollstreckbarerklärung**[3] nach § 1041 Abs. 2 ZPO bedürfen, wird das Wahlrecht in der Praxis keine große Rolle spielen. Demgegenüber wird der einstweilige Rechtsschutz gegenüber dem (neuen) **Anordnungsrecht** des Bestellers größere Bedeutung gewinnen. Nunmehr sieht § 650d BGB n.F. bei Streitigkeiten zum gesetzlichen Anordnungsrecht und zur Vergütungsanpassung die Möglichkeit einer einstweiligen Verfügung der Bauvertragspartner nach §§ 935, 940 ZPO vor.[4]

Vor Einleitung des einstweiligen Verfügungsverfahrens muss sich der **Anwalt** – und im Weiteren auch das Gericht – jedoch stets über die Vor- und Nachteile des **Anspruchsbegehrens** hinreichend klar werden. Dabei ist vor allem der **Antragstellung** besondere Beachtung zu schenken, weil hiervon nämlich bereits entscheidend abhängen kann, ob die begehrte einstweilige Verfügung überhaupt zulässig ist

---

1) **Beispiele:** OLG München, BauR 1987, 598 = ZfBR 1986, 285 = BB 1986, 2296 = DB 1986, 2595 (**vertragswidrige Bauausführung** durch Unternehmer als Verfügungsgrund); OLG Stuttgart, BauR 2012, 669 (Anspruch des Auftraggebers auf Überlassung von Baumaterialien; § 8 Abs. 3 Nr. 3 VOB/B; OLG Stuttgart, NZBau 2012, 161 u. KG, NZBau 2003, 616 (Herausgabe von **Baumaterial** nach vorzeitigem Vertragsende); OLG Köln, IBR 2004, 310 – *Metzger* (Herausgabe von Werkzeug an den Bauhandwerker); OLG Köln, ZfBR 2001, 551 (einstweiliges **Erwerbsverbot** als Sicherungsmaßnahme); LG Stuttgart, BauR 1991, 509 m.Anm. *Wirth* (einstw. Vfg. gegen **Rufschädigung** des Bauherrn durch Bauunternehmer); KG, DtZ 1991, 191 (**Unterlassung** von Baumaßnahmen auf **Restitutionsgrundstück** in einem neuen Bundesland); AG Hamm, NJW-RR 1997, 1104 (Grenzwandverschließung); OLG Brandenburg, OLGR 1997, 383 (**verbotene Eigenmacht** des Werkunternehmers; **Rückgabeanspruch** des Bestellers); OLG Celle, BauR 2001, 1465 (verbotene Eigenmacht durch Einzug des Erwerbers); OLG Köln, MDR 2000, 152 (**verbotene Eigenmacht** des Bauherrn; Wegnahme von Werkzeugen); OLG Köln, BauR 1999, 189 = ZfBR 1999, 38 = OLGR 1998, 138 = NJW-RR 1998, 1097 u. OLG Hamm, BauR 2000, 295 = NJW-RR 2000, 867 (einstw. Vfg. auf **Herausgabe von Bauunterlagen;** dazu auch *Bruns*, BauR 1999, 529; *Lauer*, BauR 2000, 812; OLG Düsseldorf, *Schäfer/Finnern*, Z 3.00 Bl. 115, betr. die Herausgabe von **Bauunterlagen** durch einen Architekten an den Rechtsanwalt eines Bauherrn zu getreuen Händen für eine gewisse Zeitspanne; LG Krefeld, IBR 2009, 276 – Herausgabe von Plänen und Unterlagen durch einen **Bauträger**); LG München I, ZMR 2014, 396; OLG Oldenburg, OLGR 2001, 49 (**Baustopp**); BGH, BauR 2017, 547 = NZBau 2017, 40; hierzu: *Feldmann*, NZBau 2017, 79 ff. (einstweilige Verfügung auf Baustopp; zu den **Risiken** des antragstellenden Mieters); AG Calw, ZMR 2012, 824 (**Baustopp**; einstw. Vfg. gegen den **WEG-Verwalter**; BGH, BauR 2009, 1468 (zum Anspruch auf Unterlassung einer **Vertiefung** des Nachbargrundstücks, § 909 BGB).
2) Es ist **streitig**, ob ein **Rechtsschutzbedürfnis** besteht, wenn zunächst bei dem staatlichen und dann bei dem Schiedsgericht ein einstweiliger Verfügungsantrag gestellt wird (s. *Otte*, in Berger, Einstweiliger Rechtsschutz, S. 885 m.w.Nachw. in Anm. 22).
3) Zur Vollziehbarkeitserklärung siehe: *Otte*, a.a.O., S. 889 ff. m.w.Nachw.
4) Siehe hierzu instruktiv *Orlowski*, BauR 2017, 1427, 1437; *Langen*, NZBau 2015, 658, 664 m.w.Nachw.; kritisch: *Koeble*, Editorial BauR 2017, I, II.

oder ob sie, was in der Regel noch wichtiger sein wird, dem Antragsteller in der begehrten Form etwas nützt, insbesondere wenn **Zwangsvollstreckungsmaßnahmen** abzusehen sind. Die Frage nach der praktischen Nützlichkeit (**Zweckmäßigkeit**) der Maßnahmen hat deshalb hier ein großes Gewicht. Die Chance, eine schnelle gerichtliche Entscheidung zu erwirken, die jedenfalls bis zu einer gegenteiligen Entscheidung Bestand hat, sollte aber überall dort gewahrt werden, wo auf einfache und sinnvolle Weise eine sachgerechte praktische Lösung im Eilverfahren erreicht werden kann.

Nach neuem Recht kommt einem Antrag auf Erlass einer einstweiligen Verfügung oder eines Arrestes nunmehr für den zu sichernden Anspruch eine die **Verjährung hemmende** Wirkung zu (§ 204 Abs. 1 Nr. 9 BGB).[5] In Bausachen ist vor allem an **Unterlassungsansprüche** aus Wettbewerbs- oder **Nachbarrechtsverhältnissen** (§§ 1004, 823, 909 BGB) zu denken, denen in der Regel **Schadensersatzklagen** nachfolgen.

1. Fallgestaltungen

Einstweilige Verfügungen sind im gesamten privatrechtlichen Baubereich denkbar; der Anwendungsbereich des einstweiligen Verfügungsverfahrens erstreckt sich jedoch vornehmlich auf folgende **Fallgestaltungen**: **350**

a) Einstweilige Verfügung eines Baubeteiligten

Erste Fallgruppe: **351**

Der **Bauwerkunternehmer** (z.B. Architekt oder Bauunternehmer) beantragt eine einstweilige Verfügung zur Sicherung seines Anspruchs auf Eintragung einer **Bauhandwerkersicherungshypothek** gemäß § 648 BGB (vgl. dazu im Einzelnen Rdn. 182 ff.). Das ist zahlenmäßig **der Hauptanwendungsbereich** des einstweiligen Verfügungsverfahrens in Bausachen.

Zweite Fallgruppe: **352**

Ein **Baubeteiligter** (Architekt, Bauunternehmer, Sonderfachmann oder ein Bauträger) beantragt den Erlass einer einstweiligen Verfügung gegen den **Bauherrn/ Auftraggeber** wegen **Vornahme** oder **Unterlassung** gewisser Handlungen, die für die **Bauausführung** von unerlässlicher Wichtigkeit sind (z.B. Anlieferung von Baumaterialien; Herausgabe von Urkunden oder Geräten;[6] Verbot, Änderungen des Bauwerks aus Urheberrechtsgründen vorzunehmen).[7] In diesem Zusammenhang ist u.a. auf § 642, 643 BGB oder § 3 Abs. 1, § 4 Abs. 1 Nr. 1 Satz 1 VOB/B

---

5) Siehe hierzu: *Schabenberger*, WRP 2002, 293 ff.; *Baronikians*, WRP 2001, 121 ff.; AnwKom-BGB/*Mansel*, § 204 BGB, Rn. 23 ff.; *Lenkeit*, BauR 2002, 196, 217.
6) OLG Düsseldorf, BauR 2008, 998 [Herausgabe von Geräten und Materialien; Inbesitznahme durch den Auftraggeber als **verbotene Eigenmacht**]; ebenso: OLG Köln, MDR 2000, 152; KG, NZBau 2003, 616 [**Baumaterial**]. Zum Anspruch des Architekten auf **Einsicht** in die Baukostenzusammenstellungen: OLG München, BauR 2013, 267.
7) LG Leipzig, BauR 2005, 1502 (Streit um Urheberschutz; **Fußboden** in einem Saal eines Museums); OLG Hamm, BauR 1984, 298 (**Änderungsverbot**); OLG Köln, BauR 1995, 874 = ZfBR 1995, 313 (Unterlassung einer **Mängelbeseitigung** durch Auftraggeber).

hinzuweisen, die **Mitwirkungs-** und **Koordinierungspflichten** des Bauherrn vorsehen; ferner ergeben sich bei Geltung der VOB aus § 4 Abs. 1 VOB/B Bereitstellungs- und Überwachungspflichten des Bauherrn, die ebenfalls für den Ablauf der **Bauausführung** von großer Bedeutung werden können. In diesen Fällen wird bei Eintritt einer **Bauverzögerung** zu fragen sein, ob der Bauherr durch eine einstweilige Verfügung zur „Mitwirkung" angehalten werden muss. Die Mitwirkungs- und/oder Koordinierungspflichten des Bauherrn, die im weiteren Sinne Vertragspflichten sind,[8] können im Einzelfall den Erlass einer einstweiligen Verfügung rechtfertigen.

353 Eine weitere Mitwirkungspflicht des Auftraggebers kann im Rahmen eines **selbstständigen Beweisverfahrens** begründet sein; dieser ist – wie die übrigen Baubeteiligten auch – verpflichtet, die Durchführung einer Beweissicherung seitens eines Vertragspartners zu dulden und daran mitzuwirken. Diese Pflicht des Bauherrn muss, da eine prozessrechtliche Möglichkeit zur Mitwirkung im selbstständigen Beweisverfahren selbst nicht besteht (vgl. Rdn. 86), gegebenenfalls mittels einer einstweiligen Verfügung erzwungen werden: Dem Bauherrn kann bei Weigerung aufgegeben werden, das Betreten seines Grundstücks durch den gerichtlich bestellten Sachverständigen zum Zwecke der Durchführung der gerichtlichen Beweissicherung zu dulden.[9] Der von einem Baubeteiligten (z.B. Architekten oder Unternehmer) erwirkte Titel ist dann gemäß § 890 ZPO vollstreckbar.[10]

354 Dritte Fallgruppe:

Der Auftraggeber/Bauherr selbst beantragt eine einstweilige Verfügung gegen einen **Baubeteiligten** oder einen **Baunachbarn**.

Solche einstweiligen Verfügungen sind vor allem für folgende Sachverhalte denkbar:

* **Verfügung,** nach Kündigung die von dem Antragsteller auf die Baustelle verbrachten Baumaterialien **herauszugeben** (§ 861 BGB);[11]
* **Verbot,** Baugeräte, Gerüste oder sonst auf der Baustelle vorhandene Einrichtungen sowie angelieferte Baustoffe zu **entfernen**;[12]
* Vornahme von **Nachbesserungsarbeiten** durch den Unternehmer oder Architekten, wenn der Eintritt eines **größeren Schadens** droht;[13]

---

8) Zu den **Mitwirkungspflichten** des Bauherrn allgemein: *Meurer*, MDR 2001, 848; *Hofmann*, Festschrift v. Craushaar, S. 219 ff.; *Nicklisch/Weick*, § 4 VOB/B, Rn. 8 ff.; § 9 VOB/B, Rn. 4 ff.
9) Zum Besichtigungsanspruch bei einer **Grundstücksvertiefung**: OLG Karlsruhe, BauR 2002, 1437. In jedem Fall muss dargetan werden, dass der **Zutritt** zur Baustelle verwehrt wird (OLG Düsseldorf, BauR 2001, 1270; *Kniffka/Koeble*, 13. Teil, Rn. 1).
10) Siehe *Wussow*, NJW 1969, 1401, 1407; *ders.*, Das gerichtliche Beweissicherungsverfahren in Bausachen, S. 212; einschränkend: OLG Stuttgart, NJW-RR 1986, 1448.
11) OLG Stuttart, BauR 2012, 665, 666 = NZBau 2012, 161, 162 f. m.Anm. *Engbers*; OLG Stuttgart, BauR 2012, 669 = BeckRS 2011, 29827 = IBR 2012, 120 – *Laumann*; s. auch OLG Düsseldorf, BauR 2008, 998 = IBR 2008, 429 – *Sprajcar/Wilhelm*.
12) Vgl. LG Frankfurt, IBR 2010, 385 – *Geheeb* (Abbau von Gerüstteilen); LG Kleve, *Schäfer/Finnern*, Z 2.510 Bl. 1; OLG Köln, Urt. vom 19.11.1999 – 3 U 93/99 (BauR 2000, 1096 LS).
13) Zur **Inanspruchnahme** des Nachbargrundstücks zur **Gebäudedämmung** siehe *Schroer*, NZBau 2008, 706 ff.; zu den **Ersatzansprüchen** s. im Einzelnen *Elshorst*, NJW 2001, 3222.

Fallgestaltungen

* Zahlung von **Vorschüssen** für erforderlich werdende Mängelbeseitigungsarbeiten;[14]
* **Herausgabe** von **Bauunterlagen** für die Bauausführung oder für die Abrechnung;[15]
* Herausgabe eines **Generalschlüssels**;[16]
* Verbot, **vertragswidrige Bauarbeiten** auszuführen;[17]
* **Verbot** der Inanspruchnahme einer **Bankbürgschaft** bei streitiger Hauptforderung (vgl. dazu Rdn. 367 ff.);
* Duldung von Baumaßnahmen[18] oder Augenscheinseinnahme.[19]

Die einstweiligen Verfügungen können sich auch gegen einen **Dritten** richten, der mit dem Bauvorhaben nur mittelbar zu tun hat: z.B., ein Bauherr will in den vermieteten Räumen Bauarbeiten (z.B. Heizungsinstallationsarbeiten) ausführen lassen, was der Mieter nicht zulässt;[20] oder der Bauherr will auf dem **Nachbargrundstück** entlang der gemeinsamen Grundstücksgrenze einen Arbeitsraum für eine Grenzbebauung einrichten[21] oder ein Baugerüst aufstellen lassen (z.B. für Verputzarbeiten), was der Nachbar ablehnt.[22] Dieser ergreift sogar Maßnahmen, die den Bauherrn behindern.[23] Hier kann der Bauherr nicht erst auf einen langwierigen Prozess verwiesen werden, sondern er muss versuchen, über eine einstweilige Verfügung eine schnelle Regelung zu erzielen.

b) Einstweilige Verfügung eines Dritten

Eine weitere Fallgruppe betrifft einstweilige Verfügungen, die ein **Dritter** gegen einen **Baubeteiligten** (Bauherrn, Architekten, Unternehmer, Sonderfachmann, Versicherung[24]) beantragt.

355

---

14) Siehe § 13 Abs. 5 Nr. 2 VOB/B; **keine** einstweilige Verfügung möglich nach OLG Düsseldorf, BauR 1972, 323.
15) Siehe dazu u.a.: OLG Frankfurt, BauR 2007, 895 (**Herausgabeanspruch** des Bauherrn bezüglich **Planungsunterlagen** und Statik für Natursteinfassade); OLG Hamm, BauR 2000, 295 = NJW-RR 2000, 867; OLG Köln, BauR 1999, 189 = ZfBR 1999, 39 = OLGR 1998, 138 (Herausgabe von **Mutterpausen**); OLG Frankfurt, BauR 1980, 193 sowie *Bruns*, BauR 1999, 529; *Lauer*, BauR 2000, 812.
16) LG Mönchengladbach, BauR 2006, 1147.
17) OLG München, BauR 1987, 598 = ZfBR 1986, 285; vgl. aber OLG Köln, ZfBR 1995, 313, wenn nur eine **Beweisvereitelung** im Vordergrund steht (hier: Nachbesserungsarbeiten durch Bauherrn); dann steht nur das **selbstständige Beweisverfahren** zur Verfügung.
18) Zur **Durchsetzung** von Duldungsansprüchen s. *Kirchhof*, NZBau 2012, 206, 207.
19) Kein materiell-rechtlicher Anspruch auf Duldung einer Augenscheinseinnahme aus dem Prozessrechtsverhältnis, der im Wege einer einstweiligen Verfügung geltend gemacht werden kann (OLG Stuttgart, NJW-RR 1986, 1448).
20) Vgl. AG Wuppertal, MDR 1973, 409 u. *Müller*, MDR 1971, 253, 258; AG Köln, Urt. v. 27.5.1975 – 152 C 3328/75 für Baumaßnahmen, die der Ersteigerer eines Hauses vornehmen lassen will.
21) OLG Düsseldorf, MDR 1992, 53 (Duldungsanspruch nach § 24 NachbG NW verneint).
22) Vgl. OLG Schleswig, BauR 1984, 83 ff.
23) Vgl. z.B. LG Aachen, NJW 1966, 204 u. OLG Hamm, NJW 1966, 599.
24) In der Praxis spielt oftmals das **Urheberrecht** an **Schadensbildern** in den **Gutachten** einen Streitpunkt; siehe: *Bahlmann*, DS 2011, 92; *Ulrich*, DS 2011, 308, 313 f.; AG Saarlouis, DS 2011, 127 m.Anm. *Wortmann*. Zur Zulässigkeit eines Hinweises durch den Haftpflicht-

In der Regel wird hier ganz allgemein das **Verbot** angestrebt, irgendwelche **Baumaßnahmen durchzuführen**.[25] Solche einstweiligen Verfügungen sind vor allem von **Architekten**[26] und von dem **Baunachbarn** zu erwarten.[27] Sie wollen häufig durch die einstweilige Verfügung den **Baubeginn** oder doch den weiteren **Baufortschritt stoppen**. Eine Parallele hierzu bildet im **öffentlichen Baurecht** der vorläufige Rechtsschutz des Nachbarn, der sich gegen ein Bauvorhaben zur Wehr setzen will.

Dass jedenfalls u.U. ein privatrechtlicher Beseitigungsanspruch des Baunachbarn gegen den Bauherrn begründet sein kann, der eine einstweilige Verfügung rechtfertigt, ist allgemein anerkannt.[28] Ein Beseitigungsanspruch ist gegeben, wenn der Bauherr unter Verstoß gegen ein **Bauverbot** und **ohne eine Baugenehmigung** ein Bauwerk errichtet hat;[29] in diesen Fällen wird der Baunachbar bemüht sein, den Bauherrn durch eine einstweilige Verfügung an weiteren Baumaßnahmen zu hindern.

356 Misslich sind für einen **Baunachbarn** schließlich auch die Bauvorhaben, bei denen von dem Bauherrn, seinem Architekten und vor allem von dem Unternehmer bei der Bauausführung nicht die zumutbaren **Sorgfalts- und Rücksichtspflichten** gewahrt werden, die im Rahmen des nachbarlichen Gemeinschaftsverhältnisses erwartet werden können: So werden z.B. nicht die erforderlichen Schutzmaßnahmen (wie **Schutzgerüste, Abdeckungen, Abstützfundamente**) vorgenommen, sodass neben unzumutbaren Belästigungen[30] vor allem **größere Beschädigungen** auf dem Nachbargrundstück drohen;[31] oder ein Unternehmer lagert angefahrene Bau-

---

versicherer, das Gutachten enthalte ein „**Prüfverbot**": LG Düsseldorf, DS 2012, 132; 135; 136 m.w.Nachw.
25) Vgl. z.B. OLG Hamm, BauR 2002, 669; HansOLG Hamburg, MDR 1960, 849, 850.
26) BGH, BauR 2012, 283 u. OLG Stuttgart, NZBau 2010, 639 = IBR 2010, 571 – *Bolz* (einstweiliger Rechtsschutz auf Unterlassung des **Teilabrisses** eines Bahnhofs; **Stuttgart 21**); zur **urheberrechtlichen Beurteilung** ausführlich: *Meier*, BauR 2012, 867 ff.; *Pauly*, NZBau 2011, 645 ff.; *Neuenfeld*, BauR 2011, 180, 181 f. Zur Darlegungslast in Bezug auf eine Urheberrechtsverletzung: OLG Hamm, BauR 2012, 524, 526.
27) Vgl. z.B. OLG München, *Schäfer/Finnern*, Z 4.141 Bl. 2; LG Aachen, BauR 1981, 501 (Verstoß gegen nachbarrechtliche Vorschriften); OLG Düsseldorf, OLGR 2002, 90 (Unterlassung des Betriebs einer **Mobilfunksendeanlage**).
28) Zur Abgrenzung vgl. BVerwG, BauR 1974, 44; OLG München, BayVBl. 1976, 157.
29) BGH, DB 1970, 1126; LG Aachen, BauR 1981, 501; siehe auch *Uechtritz*, BauR 1992, 1, 10, Anm. 70 mit dem Hinweis auf die Möglichkeit einer Störungsbeseitigungsklage gemäß § 823 Abs. 2 BGB in Verbindung mit der verletzten nachbarschützenden Vorschrift des öffentlichen Baurechts.
30) Zweifelhaft ist, ob und unter welchen Voraussetzungen das Eindringen des **Schwenkarms** eines **Baukrans** in den Luftraum des Nachbargrundstücks eine Besitzstörung darstellt (siehe hierzu umfassend: *Sturmberg/Schmitz*, Jahrbuch BauR 2008, 157 ff.); bejahend: AG Arnsberg, MDR 1980, 579 [Anspruch gegen den Grundstückseigentümer als mittelbarer Störer]; LG Lüneburg, BauR 1999, 425 = IBR 1999, 271 – *Marian;* OLG Zweibrücken, IBR 1998, 207 – *Horschitz;* OLG Karlsruhe, NJW-RR 1993, 91; **a.A.**: OLG Düsseldorf, IBR 2007, 251 – *Klepper;* LG Kiel, BauR 1991, 380). Zum Anspruch des Nachbarn aus § 906 BGB auf Beschränkung der **Arbeitszeiten** bei der Bauausführung: LG Konstanz, BauR 1990, 754 = IBR 1991, 77; zur Reichweite des Unterlassungsanspruchs aus § 1004 BGB bei **Geräuschemissionen:** Saarländisches OLG, MDR 2000, 152.
31) Siehe hierzu: BGH, BauR 2009, 1468 (Klage auf Unterlassung einer **Vertiefung** des Nachbargrundstücks); LG Kiel, BauR 1991, 380 (**Stabilität** eines Baukrans); OLG Celle, BauR 1990,

materialien sowie Baugeräte vor dem Grundstück des Baunachbarn[32)] oder kippt Bauschutt auf das angrenzende Nachbargrundstück. In diesen Fällen kann der Nachbar kaum gezwungen werden, erst durch einen langwierigen Hauptprozess klären zu lassen, ob die Belästigungen hinzunehmen sind.

Schließlich sind einstweilige Verfügungen auch bei einem **wettbewerbswidrigen** **357** **Verhalten** eines Baubeteiligten denkbar.[33)] Bieten z.B. **Architekten** oder **Sonderfachleute** ihre Leistungen (für ein bestimmtes Bauvorhaben) zu einem derart niedrigen Honorar an, dass von einer angemessenen und den Bestimmungen der HOAI entsprechenden Vergütung nicht mehr gesprochen werden kann, wird ein **Mitbewerber**, die **Architektenkammer** oder **Fachverbände** auf Unterlassung klagen wollen (§ 8 Abs. 3 Nr. 2 UWG);[34)] Ziel eines einstweiligen Verfügungsverfahrens wird es in diesen Fällen sein, den **Abschluss** eines Architekten- oder Ingenieurvertrags zu den wettbewerbs- und/oder „standesunwürdigen" Bedingungen zu unterbinden. Das bewusste („vorsätzliche") Hinwegsetzen über die **Mindestsatzregelung der HOAI** kann **im Einzelfall standes-** und **wettbewerbswidrig** sein.[35)] So hat z.B. der Hess. VGH[36)] einen Architekten mit einem **Verweis** und einer **Geldbuße** in Höhe von 3.000 DM belegt, weil er sich in einem „Gutachtenverfahren" einer Großbank „**beteiligt**" hatte. Dies ist allerdings auch Voraussetzung;[37)] nur wenn bereits ein **Vertragsabschluss vorliegt** oder es zu einem solchen „**gekommen wäre**" (BGH), ist die HOAI mit ihren zwingenden Bestimmungen anwendbar und deshalb an ein „wettbewerbswidriges" bzw. standesunwürdiges Verhalten des Architekten zu denken. Zudem hat das **BVerfG**[38)] klargestellt, dass die Vorschrift des § 4 Abs. 2 HOAI (§ 7 Abs. 3 HOAI 2013) in den Fällen von **Architektenwettbewerben**[39)] ihren Zweck verfehlt; das Verbot der Unterschreitung der Mindestsätze könne deshalb auch nicht für die Vergütung von Wettbewerbsbeiträgen gelten. Erst mit der **Weiterführung** und **Umsetzung** der mit dem Wettbewerb geforderten Planung greifen die Bestimmungen der HOAI. Erhält ein Architekt deshalb die **Aufforderung** (z.B. durch die Architektenkammer), sich an einem sol-

---

626 (**Schweißarbeiten** bei starkem Wind); OLG Nürnberg, BauR 1991, 781 (unzureichende Absicherung eines **Fassadengerüsts**).
32) Zum Ausgleichsanspruch in diesen Fällen vgl. BGH, NJW 1974, 1869.
33) Grundlegend hierzu: *Locher*, BauR 1995, 146 ff. Zu der wettbewerbswidrigen Bemühung um Vermittlungsaufträge von Bauhandwerkern durch **Telefonanrufe**: BGH, BauR 2007, 1414; zur **irreführenden Werbung** mit einer **DIN-Norm** (Wärmedämmwerten): KG, DS 2011, 75.
34) BGH, NJW 1997, 2180 = BauR 1997, 490 = DB 1997, 725 = WM 1997, 930 = GRUR 1997, 313 = WRP 1997, 325; BGH, NZBau 2003, 622 u. OLG Köln, OLGR 2005, 367 (Berufsverband der **Vermessungsingenieure**); OLG München, IBR 2006, 503 (Berufsverband der **Bauingenieure**).
35) Vgl. hierzu BGH, NJW 1997, 2180 = BauR 1997, 490; BauR 1991, 640, 641; OLG Hamburg, NZBau 2011, 311; LG Hamburg, IBR 2009, 523 – *Eich*; OLG München, IBR 2006, 503 – *Moufang*; OLG Hamm, BauR 1988, 366 = NJW-RR 1988, 466; *Jennewein*, DS 2011, 48, 49; *Locher/Koeble/Frik*. Einl., Rn. 306 ff. und § 7 HOAI, Rn. 122 ff.; *Locher*, BauR 1995, 146, 147; *Hartmann*, BauR 1996, 623.
36) NJW-RR 1995, 1299; s. auch Hess. VGH, BauR 1998, 1037.
37) BGH, BauR 1997, 490 = NJW 1997, 2180.
38) NZBau 2006, 121 = NJW 2006, 495 = IBR 2005, 688 – *Schabel*.
39) Zu Architektenwettbewerben und die ihnen zugrunde liegenden Regeln s. ausführlich: *Matuschak*, Festschrift für Jochem, 2014, 405 ff. m.w.Nachw.

chen „Gutachtenverfahren" **nicht** zu beteiligen oder überhaupt bestimmte (geforderte) Architektenleistungen zu einem Pauschalpreis zu erbringen, kann er deshalb nur dann erfolgreich im Wege einer einstweiligen Verfügung auf Unterlassung in Anspruch genommen werden, wenn er bereits dem Anbieter (Bauherrn) „**zugesagt**" hat oder der Architektenkammer antwortet, er wolle sich nicht nach der Kammer „richten". Reagiert er auf das Anschreiben überhaupt nicht, wird man der Architektenkammer einen **vorbeugenden Rechtsschutz**, der auf das Verhindern eines HOAI-widrigen Vertrages abzielt, nicht versagen können.[40]

Im Hinblick auf die Entscheidung des BVerfG werden Wettbewerbsverstöße durch den **Auftraggeber (Bauherrn)** oder Planungsbüros[41] kaum noch begründet werden können; vor allem „**Gutachtenverfahren**",[42] **Honoraranfragen**,[43] **Preisausschreiben**,[44] **Pauschalangebote**,[45] und **Ausschreibungen** werden unter dem Aspekt einer HOAI-widrigen Mindestsatzunterschreitung nicht mehr unter wettbewerbsrechtlichen Gesichtspunkten (§ 1004 BGB i.V. mit §§ 3, 4 Nr. 11 UWG) zu beurteilen sein.[46] Da die Beachtung des zwingenden Preisrechts der HOAI **in erster Linie** den **Architekten**, **Ingenieuren** und den öffentlich bestellten Vermessungsingenieuren, **nicht** aber deren **Auftraggebern** obliegt,[47] wird eine „**Störerhaftung**" des Auftraggebers nur dann in Betracht kommen, wenn er gezielt auf den Abschluss eines HOAI-widrigen Vertrages hinwirkt.[48] Darüber hinaus wird eine Störerhaftung von vornherein ausscheiden, wenn schon eine Rechtsgutverletzung der in Betracht kommenden „Täter" nicht in Rede steht.[49]

Schließlich kann die **unterbliebene Eintragung** in die **Liste** der **Architektenkammer**[50] Gegenstand von (wettbewerbsrechtlichen) Unterlassungsverfügungen

---

40) Zur **Darlegungs-** und **Beweislast:** OLG München, IBR 2004, 207 – *Schabel*.
41) OLG Köln, OLGR 2005, 367.
42) Vgl. z.B. BVerwG, NZBau 2000, 30 = NJW-RR 1999, 1542; Hess. VGH, BauR 1998, 1037 u. NJW-RR 1995, 1299; dazu *Klepsch*, ZfBR 1996, 1 ff. u. *Hartmann*, BauR 1996, 623 ff.
43) BGH, BauR 1991, 639; LG Offenburg, IBR 2003, 610 – *Sangenstedt;* OLG Düsseldorf, BauR 2001, 274 = NZBau 2000, 578; OLG München, BauR 1996, 283; OLG Bremen, BauR 1997, 499; LG Marburg, BauR 1994, 271.
44) OLG Koblenz, ZfBR 1994, 229 (im Ergebnis bestätigt durch die Revisionsentscheidung, BGH, BauR 1997, 490 = NJW 1997, 2180).
45) LG Nürnberg-Fürth, BauR 1993, 105; *Locher*, BauR 1995, 146, 148.
46) Grundlegend: BGH, BauR 2005, 580 = NZBau 2005, 161 = GRUR 2005, 171 (Ausschreibung von Ingenieurleistungen); BGH, NJW-RR 2003, 1685 = NZBau 2003, 622; NJW 1997, 2180 = BauR 1997, 490; OLG Köln, OLGR 2005, 367; OLG Düsseldorf, BauR 2001, 274 = NZBau 2000, 578.
47) Vgl. BGH, BauR 2005, 580, 581 = NZBau 2005, 161, 162; NZBau 2003, 622 = NJW-RR 2003, 1685.
48) Vgl. auch BGH, NZBau 2003, 622, 623; OLG München, IBR 2004, 75 – *Sangenstedt*.
49) OLG Köln, OLGR 2005, 367, 368.
50) Zum Wettbewerbsverstoß eines nicht in die **Handwerksrolle** eingetragenen **Unternehmens** („Dachsanierung"): OLG Dresden, WRP 1995, 731 = GewA 1996, 74; OLG Hamm, IBR 2005, 211 – *Scholz* (zur Verwendung des Begriffs „**Architektur**" auf einem Briefbogen); AG Düsseldorf, IBR 2005, 427 (Berufsbezeichnung „**Beratender Ingenieur**" nur für Personen, die in die Liste der Beratenden Ingenieure eingetragen sind; s. auch OVG NRW, IBR 2005, 260 u. OVG Niedersachsen, IBR 2007, 562); VG Ansberg, IBR 2005, 212 – *Schwentek* („**Master of Science**", USA, berechtigt nicht die Berufsbezeichnung „Ingenieur"; s. ferner: VG Regensburg, IBR 2014, 158 – *Fahrenbruch*; VG Koblenz, IBR 2012, 718 – *Fahrenbruch* u. OVG Rheinland-Pfalz, IBR 2013, 360 – *Fahrenbruch*: keine Gleichstellung von **Diplom**

Fallgestaltungen

sein: Da sich die Führung der **Berufsbezeichnung** „Architekt" jeweils nach den Architektengesetzen der Bundesländer richtet, müssen Architekten, die nicht „eingetragen" sind, mit Unterlassungsansprüchen der Architektenkammern rechnen, sofern sie den Titel „Architekt" im Geschäftsverkehr verwenden.[51] Das BVerfG[52] hält es dementsprechend nicht für verfassungswidrig, wenn z.B. das Bayerische Architektengesetz die Eintragung in die Bayerische Architektenliste zur Voraussetzung für eine Verwendung des Titels „Architekt" im Geschäftsverkehr in Bayern macht. Ist eine **GmbH** nicht selbst in die Architektenliste eingetragen, so darf sie dennoch ihre Tätigkeit – werbend – als „Architektenleistungen" bezeichnen, sofern die Geschäftsführer sämtlich in die Architektenliste eingetragen sind.[53] Der Bestandteil „Ingenieurgesellschaft" in einer ausschließlich als Sachfirma gebildeten Firma einer GmbH ist nach OLG Hamm[54] nicht „täuschungsgeeignet".

Architekten, die zugleich als öffentlich bestellte Sachverständige zugelassen sind, **358** müssen in ihrer **Werbung** als „**Bausachverständige**" erhebliche Zurückhaltung wahren, um nicht dem Vorwurf einer irreführenden Werbung zu unterliegen.[55] Auch der Schutz der **Bezeichnung** als „Bausachverständiger" ist im Einzelfall umstritten und kontrovers diskutiert.[56]

---

und **Bachelor** im Fachbereich Architektur; zur Berufsbezeichnung „**Architekt**" nach dreijährigem Bachelor-Studium: VG Stuttgart, IBR 2009, 716 – *Schwentek*; OLG Köln, BauR 2001, 1004 (LS) u. BauR 2000, 288 (Straßenbauer-Handwerk) sowie **EuGH**, NJW 2004, 435 = IBR 2004, 83 u. ZfBR 2001, 30 zur Zulässigkeit der Tätigkeit von Handwerkern aus **EU-Ländern**, die **nicht** in die Handwerksrolle eingetragen sind. Zu irreführenden Angaben in der **Werbung** („umweltfreundliches Bauen"): BGH, NJW 1996, 1135 = ZfBR 1996, 137.

51) Zur wettbewerbswidrigen Verwendung des Begriffs „**Architektur**": BVerfG, NZBau 2008, 449 = IBR 2008, 456 – *Schwentek*; OLG Karlsruhe, BauR 2004, 553 = IBR 2004, 76 – *Meurer*; s. ferner: BGH (I. ZS), BauR 2011, 136 = NZBau 2011, 45 = IBR 2010, 693 – *Schwentek* (Bezeichnung als „freier Architekt"); LG Duisburg, BauR 2010, 1811, LS („**Architektur-Atelier**" u. „**Architekturbüro**"); OVG NRW, IBR 2010, 1135 – *Hunger* (nur online); OLG Düsseldorf, IBR 2004, 77 – *Meurer* (zur Abkürzung „Dipl. Ing. Archt."); OLG München, GRUR 1992, 458 („**Architekturhaus**"). Zur wettbewerbswidrigen Verwendung der Bezeichnung als „**Bausachverständiger**" bzw. als „**Sachverständiger**": LG Augsburg, DS 2012, 403 = IBR 2013, 117 – *Bleutge* m.w.Nachw. Zur **Darlegungs-** und **Beweislast** bei der Verfolgung von Wettbewerbsverstößen: OLG München, BauR 2004, 724 Nr. 2 (LS) = IBR 2004, 207 – *Schabel*.
52) UPR 1996, 303 = IBR 1996, 516 – *Morlock;* vgl. auch OLG Koblenz, ZfBR 1995, 204 für die Architektenliste von Rheinland-Pfalz; VG Regensburg, IBR 2012, 719 – *Stemmer* für die Bayerische Architektenliste.
53) Siehe hierzu: BVerfG, NZBau 2008, 449 (Werbung einer GmbH mit der Berufsbezeichnung „Architektur"); ferner: OLG Düsseldorf, BauR 1996, 571 = NJW-RR 1996, 1322 = OLGR 1996, 81 in Abweichung von OLG Nürnberg, GRUR 1983, 453; s. ferner: LG Frankenthal, IBR 2004, 208 – *Meurer*.
54) OLGR 1997, 206.
55) Siehe hierzu: *Bleutge*, Der Bausachverständige, 5/2008, 64 ff.; *Klute*, NZBau 2008, 556 ff. mit zahlreichen Fallbeispielen. Zur Werbung des Architekten mit **Referenzobjekten** im Internet: OLG Karlsruhe, IBR 2011, 348 – *Schwentek*; s. ferner: LG Bonn, IBR 2012, 404 – *Bleutge* (Bezeichnung als „Bau-Sachverständiger" ist kein Verstoß gegen das UWG).
56) Siehe hierzu umfänglich: *Ottofülling*, DS 2008, 53 ff. m.w.Nachw.

c) Zum Regelbedürfnis in Bausachen

359 Es ist jeweils eine Frage des **Einzelfalles**, ob ein Anspruchsteller den Weg des einstweiligen Verfügungsverfahrens beschreiten soll. Geht es nach dem Rechtsschutzziel lediglich um eine **Sicherung** von Beweisen, kann nur ein **selbstständiges Beweisverfahren** eingeleitet werden; einem Antrag auf Erlass einer einstweiligen Verfügung würde insoweit das notwendige Rechtsschutzbedürfnis fehlen.[57] Das einstweilige Verfügungsverfahren kann deshalb in Bausachen nur dort seine Berechtigung haben, wo es gilt, **Lücken im Rechtsschutz** auszufüllen, die dadurch entstehen, dass ein Hauptprozess zwar möglich und auch erfolgversprechend ist, dem Rechtsuchenden aber nicht zu einer schnellen und damit befriedigenden Lösung verhelfen kann. Einstweilige Verfügungen haben deshalb im Bauwesen stets dort ihren Platz, wo eine Entscheidung (Regelung eines Konfliktes) **unumgänglich** ist. Da aber die durch die einstweilige Verfügung getroffenen Entscheidungen in der Regel mit erheblichen wirtschaftlichen Folgen für die Betroffenen verbunden sind (ein durch einstweilige Verfügung verfügter Baustopp kann für den Bauherrn infolge steigender Baukosten eine erhebliche Verteuerung des Bauvorhabens bedeuten und sogar den Bau unmöglich machen), wird die einstweilige Verfügung in Bausachen nur in echten Konflikten und nach sorgfältiger Abwägung der Interessenlage zu rechtfertigen sein.

Im Einzelnen ist in Bausachen Folgendes zu beachten:

360 Die ZPO geht bei den einstweiligen Verfügungen von zwei Grundtypen aus: der **Sicherungsverfügung** (§ 935 ZPO) und der **Regelungsverfügung** (§ 940 ZPO); daneben kennt die Rechtsprechung die sog. **Leistungsverfügung**, die ihren Rechtsgrund ebenfalls in § 940 ZPO findet und auf eine vorläufige Befriedigung des Gläubigers gerichtet ist.[58]

Die Abgrenzung zwischen § 935 ZPO und § 940 ZPO ist im Baurecht als fließend anzusehen, im Grunde aber auch ohne jede Bedeutung. Während Verfügungsanspruch i.S. des § 935 ZPO ein nicht auf eine Geldleistung gerichtetes subjektives Recht ist, dient die Regelungsverfügung des § 940 ZPO der Sicherung des Rechtsfriedens durch vorläufige Regelung eines einstweiligen Zustandes in Bezug auf ein streitiges Rechtsverhältnis;[59] sie hat also vor allem die Funktion der Wahrung des Rechtsfriedens, ein Gedanke, dem im Bauwesen eine überragende Bedeutung beizumessen ist.

Damit werden aber einstweilige Verfügungen in Bausachen ihre Rechtsgrundlage in aller Regel in **§ 940 ZPO** finden, sodass vor allem der Satz Bedeutung gewinnt, dass die einstweilige Verfügung nur als **vorläufige Regelung** verstanden werden darf, die einem möglichen Hauptprozess nicht vorgreifen soll.[60] Grundsätzlich darf die einstweilige Verfügung damit noch **nicht** zu einer **endgültigen Befriedigung** des Gläubigers führen, weil das einstweilige Verfügungsverfahren als summa-

---

[57] Zutreffend: OLG Nürnberg, MDR 1973, 58.
[58] Vgl. im Einzelnen Zöller/Vollkommer, § 935 ZPO, Rn. 2; Teplitzky, JuS 1980, 882, m. Nachw.
[59] Die Regelungsverfügung setzt voraus, dass ein materiell-rechtlicher Anspruch des Antragstellers nicht gänzlich ausgeschlossen ist (OLG Koblenz, NJW-RR 1986, 1039).
[60] Vgl. z.B. OLG Frankfurt, OLGR 1996, 12 (für **Auskunftsanspruch**).

Fallgestaltungen

risches Verfahren i.d.R. ungeeignet ist, die in Widerstreit stehenden Interessen zur vollen Zufriedenheit der Beteiligten auszuloten. Von Ausnahmefällen abgesehen, wird deshalb der Gesichtspunkt der **Verhältnismäßigkeit** der Maßnahmen im Rahmen einer Regelungsverfügung bei Bausachen von entscheidender Bedeutung sein.

361 Dies hat das OLG Hamburg[61)] zutreffend betont, indem es darauf hinweist, dass die Verhältnismäßigkeit nicht gewahrt ist, wenn ein **Baustopp** ohne weiteres verfügt wird; denn durch eine solche Maßnahme würden die tatsächlichen Schwierigkeiten für den Bauherrn vergrößert, er werde nach einer Entscheidung im Hauptprozess kaum noch baubereite Handwerker finden. Zudem werde die Gefahr begründet, dass durch eine wochenlange Stilllegung des Baues eine Verteuerung eintrete und damit der ursprüngliche Finanzierungsplan von Seiten des Bauherrn nicht mehr eingehalten werden könne.

362 Dem ist zuzustimmen, weil auch § 945 ZPO insoweit dem Bauherrn keinen ausreichenden Schutz bietet. Eine einstweilige Verfügung, die einen **Baustopp** anordnet, ist nur dann als zulässig anzusehen, wenn der Antragsteller glaubhaft machen kann, dass der Bauherr **ohne Baugenehmigung** und unter **Verstoß gegen ein Bauverbot** das Bauwerk errichtet. Der Umstand, dass einem Bauherrn bisher noch nicht die erforderliche Baugenehmigung erteilt worden ist, reicht allein für den Erlass einer einstweiligen Verfügung auf Stilllegung des Bauwerks nicht aus, weil durch die fehlende Baugenehmigung noch nicht ohne weiteres in den Rechtskreis des **Nachbarn** eingegriffen wird. Vielmehr ist in diesen Fällen zusätzlich zu verlangen, dass ein Verstoß gegen das materielle öffentliche Baurecht (etwa das Abweichen von zwingenden Bauwichvorschriften) dargelegt wird.

363 Hat ein Bauherr dagegen eine Baugenehmigung, kann ein weiterer Baufortgang nur dann mittels einer einstweiligen Verfügung untersagt werden, wenn die durch die Errichtung der baulichen Anlagen befürchteten Auswirkungen, insbesondere Immissionen, jetzt schon nachweisbar sind. Kann eine Schädigung im Einzelfall nicht glaubhaft gemacht werden, woran strenge Anforderungen zu stellen sind, kommt ein Baustopp oder auch die Untersagung einzelner Baumaßnahmen mittels einer einstweiligen Verfügung nicht in Betracht. Der Bauherr kann dann zwar die Baumaßnahmen vornehmen; er muss jedoch damit rechnen, dass er später von dem Baunachbarn haftbar gemacht werden kann.

364 Im Übrigen können aber an den Erlass einer einstweiligen Verfügung in anderen Bausachen nicht die gleichen strengen Anforderungen wie bei einem **Baustopp** gestellt werden:

Geht es nur um relativ **geringfügige Baumaßnahmen** (z.B., ein Bauherr errichtet eine Grenzmauer; der Nachbar bestreitet die Ortsüblichkeit der Baumaßnahmen), wird dem Antrag auf Erlass eines Verfügungsverbotes bei entsprechender Glaubhaftmachung der Gefährdung stattzugeben sein. Deshalb sind einstweilige

---

61) MDR 1960, 849 ff.; vgl. auch OLG Düsseldorf, OLGR 2001, 334 = BauR 2001, 1270 (**kein Baustopp**, wenn gekündigter Unternehmer seine erbrachten Leistungen **aufmessen** will); zum **Baustopp** durch einstweilige Verfügung i.R. eines **WEG**-Verfahrens: AG Calw, ZMR 2012, 824, 825; zur Untersagung des **Einbaus** einer neuen Heizungsanlage: LG Köln, ZMR 2012, 992, 993.

Verfügungen, die dem Zweck dienen, unerträglichen Immissionen, wie **Baulärm**[62] oder **Verschmutzungen** (insbesondere bei unsachgemäßem Bauabriss), entgegenzuwirken, ohne weiteres möglich.

365 Das Gleiche gilt, wenn der Bauherr seiner **Verkehrssicherungspflicht** nicht hinreichend nachkommt und dadurch erhebliche Schäden eintreten können.[63]

In diesem Zusammenhang werden vor allem **unzulässige Bodenvertiefungen**[64] dem Baunachbarn die Möglichkeit eröffnen, einstweilige Verfügungen zu erwirken, die dem Bauherrn geeignete Absicherungsmaßnahmen aufgeben. Diese einstweiligen Verfügungen können auch gegen den Architekten und den Bauunternehmer selbst gerichtet werden, weil sie ebenfalls als Störer i.S. des § 1004 BGB anzusehen sind. Ein Schaden muss hier noch nicht eingetreten sein, denn es genügt ausnahmsweise auch ein erst **drohender Eingriff,** wenn anders den berechtigten Belangen des Bedrohten kein wirksamer Schutz zuteil würde.[65]

366 Dabei wird aber einer **sachgerechten Antragstellung** und Verfügungsfassung große Bedeutung zukommen, weil das Urteil (einstweilige Verfügung) andernfalls nicht vollstreckbar ist.[66] Gegebenenfalls muss das Gericht über § 938 ZPO im Einzelnen anordnen, welche Baumaßnahmen unterlassen bzw. vorgenommen werden müssen, um eine drohende Schädigung des Antragstellers auszuschließen.[67]

d) Einstweiliger Rechtsschutz bei Bankgarantie und Bürgschaft auf erstes Anfordern

Literatur

Lieseke, Rechtsfragen der Bankgarantie, WM 1968, 22; *Schütze*, Einstweilige Verfügungen und Arreste im internationalen Rechtsverkehr, insbesondere im Zusammenhang mit der Inanspruchnahme von Bankgarantien, WM 1980, 1438; *Horn*, Die neuere Rechtsprechung zum Missbrauch von Bankgarantien im Außenhandel, IPRax 1981, 149; *Nielsen*, Rechtsmissbrauch bei der Inanspruchnahme von Bankgarantien als typisches Problem der Liquiditätsfunktion abstrakter Zahlungsversprechen, ZIP 1982, 253; *Clemm*, Die Stellung des Gewährleistungsbürgen, insbesondere bei der Bürgschaft „auf erstes Anfordern", BauR 1987, 123; *Blau*, Blockierung der Auszahlung ei-

---

[62] Vgl. LG Konstanz, BauR 1990, 754 = NJW-RR 1991, 916; BGH, LM Nr. 14 zu § 906 BGB; OLG Karlsruhe, ZMR 1966, 36; *Wiethaup*, BB 1969, 333; *Kerst*, NJW 1964, 181; zum Anspruch auf Beseitigung einer Telefonzelle wegen Lärmbelästigung: VGH Mannheim, NJW 1985, 2352.

[63] Vgl. z.B. OLG Düsseldorf, *Schäfer/Finnern*, Z 5.0 Bl. 34; OLG Hamm, NJW-RR 1987, 1315 (zur Verkehrssicherungspflicht des Eigentümers eines leerstehenden Hauses gegen Brandstiftung); LG Schweinfurt, NJW-RR 1986, 1143 (Unterlassungsanspruch zur Verhinderung von Schäden durch Dachlawinen).

[64] § 909 BGB; s. Rdn. 2613 ff.; ferner: *Lange*, BauRB 2005, 92; auch BGH, MDR 1968, 651; BGH, BauR 1997, 1058 = ZfBR 1997, 299; OLG Düsseldorf, NJW-RR 1997, 146; OLG Köln, IBR 1996, 512 – *Englert* (Unterfangungsmaßnahme nach DIN 4023; über deren Art und Notwendigkeit ist der Nachbar vorher aufzuklären).

[65] Vgl. BGH, NJW 1951, 843; OLG Hamburg, MDR 1975, 578; AG Hamm, NJW-RR 1997, 1104 (Grenzwandverschließung durch Nachbarn).

[66] Vgl. insoweit OLG Zweibrücken, MDR 1974, 409, 410; „geeignete Maßnahmen zur Absicherung des Steilhangs zu treffen" ist in dieser allgemein gehaltenen Form nicht vollstreckbar.

[67] Spricht die erste Instanz erheblich weniger oder sogar etwas anderes als beantragt zu, so bedarf diese einstweilige Verfügung keiner Vollziehung in der Frist des § 929 Abs. 2 ZPO, wenn der Verfügungskläger Berufung einlegt (OLG Koblenz, NJW-RR 1988, 142).

ner Bankgarantie auf erstes Anfordern durch Arrest und Hinterlegung?, WM 1988, 1474; *Bydlinski*, Die Bürgschaft auf erstes Anfordern: Darlegungs- und Beweislast bei Rückforderung durch den Bürgen, WM 1990, 1401; *Schmidt*, Die Bürgschaft auf erstes Anfordern im einstweiligen Verfügungsverfahren, BauR 1998, 1159; *Schnauder*, Einstweiliger Rechtsschutz bei ungerechtfertigter Inanspruchnahme einer Bankgarantie auf erstes Anfordern, OLGRKommentar 2000, K 25; *Schmidt*, Die Vertragserfüllungsbürgschaft auf erstes Anfordern in Allgemeinen Geschäftsbedingungen, BauR 2002, 21; *Thode*, Aktuelle höchstrichterliche Rechtsprechung zur Sicherungsabrede in Bauverträgen, ZfBR 2002, 4; *Brauns*, Die Bürgschaft auf erstes Anfordern als Sicherungsmittel gemäß § 17 VOB/B, BauR 2002, 704; *Kleine-Möller*, Die Sicherung bauvertraglicher Ansprüche durch Bankbürgschaft und Bankgarantie, NZBau 2002, 585; *Moufang/Kupjetz*, Zum formularvertraglichen Verzicht des Bürgen auf die Einrede aus § 768 BGB in bauvertraglichen Sicherungsabreden, BauR 2002, 1314; *Krakowsky*, Formularmäßige Bürgschaftsklauseln auf erstes Anfordern – „Freibrief" für Auftraggeber?, BauR 2002, 1620; *Joussen*, Zukunft der Vertragserfüllungsbürgschaft auf erstes Anfordern, BauR 2003, 13; *Lauer*, Wem ist die Bürgschaftsurkunde zurückzugeben? NZBau 2003, 318; *Sohn*, Die Rechtsprechung des Bundesgerichtshofes in Bausachen zum Problemkreis der Bürgschaft auf erstes Anfordern und die sich daraus ergebenden Konsequenzen für die beteiligten Verkehrskreise, ZfBR 2003, 110; *Moufang/Bischofberger*, AGB-Klauseln über Gewährleistungssicherheiten im Bauvertrag, BauRB 2005, 341; *Maxem*, Herausgabe und Verwertung von Bürgschaften nach Verjährung der Hauptschuld, NZBau 2007, 72; *Hildebrandt*, Zur Unwirksamkeit vertraglicher Sicherungsabreden und zu den Möglichkeiten einer Verwertung der Sicherheit trotz unwirksamer Sicherungsabrede, BauR 2007, 203; *Trapp/Werner*, Herausgabe von Vertragserfüllungs- und Gewährleistungsbürgschaften, BauR 2008, 1209; *Leitmeier*, Rechtsgründe der Bürgschaft, NZBau 2009, 676; *Oepen*, Auf erstes Anfordern versprochene Bürgschaften und Garantien, NJW 2009, 1110; *Banzhaf/Buchinger*, Offene Fragen bei der „Freigabe" von Gewährleistungsbürgschaften, NZBau 2010, 539; *Kopp*, Offensichtlichkeit des Rechtsmissbrauchs und „liquide Beweisbarkeit" bei der Bürgschaft auf erstes Anfordern, WM 2010, 640.

Siehe auch die **Literatur** vor Rdn. 1657.

Eine in der Praxis besonders **wichtige Fallgruppe** betrifft schließlich **einstweilige Verfügungsverfahren,** in denen sich **Baubeteiligte** oder eine **Bank** gegen die **Inanspruchnahme** aus einer **Bankgarantie** oder **Bürgschaft auf erstes Anfordern** zur Wehr setzen. **367**

Jeder **Auftraggeber** (Bauherr) hat ein besonderes Interesse daran, eine ordnungsgemäße Bauleistung zu erhalten, während die **Unternehmer** und **Architekten** Risiken hinsichtlich der **Bonität** ihrer Auftraggeber möglichst ausschließen wollen.[68] Um dies sicherzustellen, werden heute allgemein **Sicherheiten** vereinbart (Rdn. 1624 ff.). **368**

In der Baupraxis nehmen die **Bankgarantien**[69] und **Bürgschaften „auf erstes Anfordern"** heute deshalb eine besondere Rolle ein:[70] Die Klausel „auf erstes Anfordern" stellt klar, dass dem Zahlungsgläubiger **im Bürgschafts- oder Garan-**

---

68) Siehe hierzu auch *Leinemann*, Rn. 251 ff.; zur Anfechtbarkeit von Sicherheiten in der **Insolvenz:** *Heidland*, Rn. 526 ff.
69) In Form einer **Zahlungsgarantie** (z.B. „Finanzierungs- und Zahlungsbestätigung"; siehe hierzu: BGH, NJW 1999, 570; OLG Stuttgart, BauR 2015, 1531 u. WM 2011, 691; OLG Saarbrücken, ZIP 2001, 1318; OLG Frankfurt, OLGR 2001, 119 – Garantie auf erstes Anfordern; OLG Köln, BauR 1997, 322; OLG Karlsruhe, OLGR 1998, 200; *Schnauder*, OLGR-Kommentar 2000, K 25).
70) Zur **Gewährleistungsbürgschaft** auf erstes Anfordern: OLG Hamburg, IBR 2011, 701 – *Ripke* (AGB-widrig); OLG Hamm, BauR 2007, 1061; zur Fälligkeit: BGH, BauR 2008, 1885; zur **Vorauszahlungsbürgschaft** auf erstes Anfordern: OLG Frankfurt, IBR 2008, 438 – *Mayr*; zur **Rückbürgschaft**: KG, BauR 2009, 674 = IBR 2009, 332 – *Vogel*.

tiefall innerhalb kürzester Zeit liquide Mittel zur Verfügung stehen.[71] Die Bank ist z.B. grundsätzlich berechtigt, ohne Rücksprache mit dem Unternehmer (= Schuldner) an den Auftraggeber/Bauherrn (= Bürgschaftsgläubiger) die Bürgschaft auszuzahlen; zu einer vorherigen Unterrichtung des Unternehmers ist die Bank nur verpflichtet, wenn ihr bekannt ist, dass gegenüber der Hauptforderung ein **liquider Einwand** besteht.[72] Die Bürgschaft „auf erstes Anfordern" ist **Bürgschaft**, kein Garantievertrag.[73] Wer aufgrund einer Bürgschaft auf erste Anforderung Zahlung begehrt, muss nur schlüssig erklären, „was als Voraussetzung der Zahlung auf erstes Anfordern in der Bürgschaft niedergelegt ist"; er muss nicht die Schlüssigkeit der Hauptforderung dartun.[74] Nur in Bezug auf die vertragsgemäße **Anforderung,** nicht in Bezug auf die verbürgte Hauptforderung, hat der Zahlungspflichtige die Schlüssigkeit zu prüfen.[75] Die Zahlungspflicht wird damit allein durch den **Abruf** der Zahlung nach Maßgabe der formalen Bürgschaftsbedingungen ausgelöst.[76] Die **formalen** Merkmale dienen bei der Bürgschaft auf erstes Anfordern vor allem auch der **inhaltlichen Begrenzung.**[77] Wird deshalb z.B. in einer Bürgschaft auf erstes Anfordern die **Vorlage** einer **schriftlichen Bestätigung** über die erbrachten Leistungen vorgesehen, braucht der Bürge nur zu zahlen, wenn diese Urkunde vorgelegt wird. Treffen die Parteien keine Vereinbarungen über den Sicherungsfall, tritt dieser mit der Entstehung und Fälligkeit einer Geldforderung ein.[78]

Entsprechend ist die Situation bei der **Garantie** auf erstes Anfordern: Aufgrund einer solchen Garantie muss die Garantiebank auf Verlangen des Garantiebegünstigten die Garantiesumme bezahlen, ohne geltend machen zu können, die Hauptschuld im Valutaverhältnis sei nicht entstanden oder erloschen. Auch hier besteht der Sinn und Zweck der Sicherung in einer schnellen und unproblematischen Befriedigung der Ansprüche des Begünstigten.[79]

369 Gleichwohl unterliegt der **Einwendungsausschluss** den Maßstäben von Treu und Glauben (§ 242 BGB) und dem Verbot der sittenwidrigen Schädigung anderer (§§ 138, 826 BGB); der Zahlungsanspruch des durch die Garantie/Bürgschaft auf

---

71) BGH, NJW 2002, 2388 = BauR 2002, 1239 m.Anm. *Sienz*; BGH, BauR 2001, 1426 = NZBau 2001, 680 = ZfBR 2001, 406; BGH, NJW 1994, 380, 381 = ZfBR 1994, 70, 71; BGH, BauR 1997, 134 = ZfBR 1997, 38 = NJW 1997, 255; BGH, ZfBR 1994, 70, 71; BauR 1989, 342, 343; BauR 1998, 634. Zur Bürgschaft auf erstes Anfordern siehe auch Rdn. **1657** ff.
72) Vgl. OLG München, NJW-RR 1988, 950; siehe auch KG, NJW 1987, 1774; BGH, NJW 1989, 1480 = BauR 1989, 339.
73) BGHZ 74, 244 = BauR 1979, 442; BGH, NJW 1984, 923; NJW 1985, 1964; *Clemm*, BauR 1987, 123, 125 m.w.Nachw. in Anm. 9; zur Abgrenzung siehe auch *Heiermann*, a.a.O., S. 78 ff.
74) BGH, BauR 1997, 134 = ZfBR 1997, 38; BGH, ZfBR 1996, 139 = BauR 1996, 251 = ZIP 1996, 172; BGH, ZfBR 1994, 70, 71; OLG Frankfurt, OLGR 2001, 119, 121; BGH, BauR 1998, 555 = NJW-RR 1998, 1393 (für Gewährleistungsbürgschaft); OLG Düsseldorf, NJW-RR 1998, 776, 777; OLG München, ZIP 1994, 1393 = BauR 1995, 139 (LS); OLG Köln, *SFH*, Nr. 15 zu § 765 BGB.
75) OLG Düsseldorf, NJW-RR 1998, 776, 777.
76) *Schnauder*, OLGRKommentar 2000, K 25.
77) BGH, BauR 2001, 1426, 1427; BGH, BauR 1996, 251.
78) BGH, BauR 2001, 1893 = ZfBR 2002, 48; *Thode*, ZfBR 2002, 4.
79) BGHZ 140, 49, 53 = MDR 1999, 241; BGH, NJW 1989, 1480 = BauR 1989, 339 = DB 1989, 1061; BGH, MDR 1988, 857; *Schnauder*, a.a.O.

Rechtsschutz bei Bankbürgschaft

erstes Anfordern begünstigten Gläubigers soll daher nach ständiger Rechtsprechung des BGH[80] am **Rechtsmissbrauch** scheitern, wenn **offensichtlich** oder **liquide beweisbar** ist, dass trotz Vorliegens der formellen Voraussetzungen („formeller Garantiefall") der Garantie- oder Bürgschaftsfall im Valutaverhältnis („materieller Garantiefall") **nicht** eingetreten ist. Wendet der Bürge (Bank) z.B. ein, der Hauptschuldner (Unternehmer) habe die Bauleistungen **erbracht**, so muss er dies darlegen und beweisen.[81]

Es ist zweifelhaft, ob und wer (in welchem Umfang) **auf dem Wege einer einstweiligen Verfügung**[82] – bei Rechtsmissbrauch – die Auszahlung der Garantie- oder Bürgschaftssumme verhindert werden kann. Solche einstweilige Verfügungsverfahren werden vor allem die **Bauunternehmer (Hauptschuldner** und Auftraggeber der Bank) einleiten; sie werden nämlich nach einer Auszahlung des Garantie-/Bürgschaftsbetrages von dem Bürgen **(Bank) rückbelastet.** Kann die Auszahlung nicht durch eine einstweilige Verfügung verhindert werden, können sie nur noch in einem Prozess gegen ihren Auftraggeber **(Bauherrn)** versuchen, ihre vermeintliche Rückzahlungsansprüche durchzusetzen. Denkbar sind aber auch einstweilige Verfügungen der **Bank** gegen den **Gläubiger,** mit der sie sich selbst gegen eine Inanspruchnahme aus der Bankgarantie/Bürgschaft auf erstes Anfordern wehrt.

Soweit in der Rechtsprechung und Literatur die Ansicht vertreten wird,[83] der (garantierenden/bürgenden) **Bank** könne von dem **Hauptschuldner** (Unternehmer) **die Auszahlung** der Garantie- oder Bürgschaftssumme auch in Fällen **untersagt** werden, in denen das rechtsmissbräuchliche Ausnutzen der Garantie oder Bürgschaft auf der Hand liege oder mit „liquiden Beweismitteln" belegbar sei, ist dem **nicht** zu folgen.[84] Das Sicherungsmittel der Bankgarantie/Bankbürgschaft

370

371

---

80) Vgl. BGHZ 90, 287 = NJW 1984, 2030; BGH, BauR 1987, 98; BauR 1997, 134 = NJW 1997, 255 = ZfBR 1997, 38; BGHZ 140, 49 = MDR 1999, 241; BGH, BauR 2000, 887 = ZfBR 2000, 260; BGH, NZBau 2002, 270 = IBR 2002, 248 – *Schmitz;* BGH, NZBau 2001, 311; OLG Köln, BauR 1998, 555 = NJW-RR 1998, 1393; KG, OLGR 1999, 203, 204; OLG Düsseldorf, MDR 2000, 328; OLG Hamburg, BauR 2000, 445; BGH, ZfBR 1994, 70, 71; BauR 1988, 594 = NJW 1988, 2610; BGH, BauR 1987, 98; BGH, BauR 1989, 339 = NJW 1989, 1480 = DB 1989, 1081; OLG Stuttgart, BauR 1994, 376.
81) BGH, NJW 1988, 906 = ZIP 1988, 224; BGH, BauR 1989, 342, 343.
82) Zu den Möglichkeiten, bei Rechtsmissbrauch mittels eines **Arrestbefehls** die Auszahlung zu blockieren, vgl. vor allem *Canaris,* Bankrecht, 3. Aufl., Rn. 1152; *Schnauder,* OLGR-Kommentar 2000, K 28; *Blau,* WM 1988, 1474 ff. sowie OLG Hamburg, IBR 2011, 269 – *Schmeel;* OLG Stuttgart, MDR 1998, 435; LG Duisburg, WM 1988, 1483 m. Nachw. Zur einstw. Vfg. bei Inanspruchnahme einer Bürgschaft auf erstes Anfordern entgegen § 648a BGB s. OLG Düsseldorf, BauR 2000, 919.
83) Vgl. zur **Problematik** vor allem: OLG Brandenburg, BauR 2001, 1115; OLG München, BauR 2001, 1618; OLG Frankfurt (12. Senat), BauR 1988, 732 mit Anm. *Werner;* OLG Frankfurt (5. Senat), BauR 1991, 506 = ZIP 1991, 1393; OLG Celle, *SFH,* Nr. 4 zu § 17 VOB/B; OLG Saarbrücken, WM 1981, 275; LG Frankfurt, WM 1981, 284 = NJW 1981, 58 m.Anm. *Hein;* OLG Frankfurt, WM 1983, 575; *Schuschke/Walker,* Vor § 935 ZPO, Rn. 82; *Heiermann,* Festschrift für Soergel, S. 84 ff.; *Horn,* NJW 1980, 2152 ff.; *Graf von Westphalen,* Die Bankgarantie im internationalen Handelsverkehr, S. 269 ff.; *Heintze,* Der einstweilige Rechtsschutz im Zahlungsverkehr der Banken, S. 156 ff.
84) Vgl. OLG Düsseldorf, ZIP 1999, 1518, 1520 = EWiR § 765 BGB 9/99 m.Anm. *Wissmann; Werner,* BauR 1988, 733, 734; *Jedzig,* WM 1988, 1469, 1471; *Lieseke,* WM 1968, 22, 27; *Zöller/Vollkommer,* § 940 ZPO, Rn. 8 „Bankrecht"; a.A.: *Schnauder,* a.a.O., K 26; *Koppmann,* BauR 1992, 235, 240 für **formularmäßig** eingegangene Bürgschaftserklärungen.

auf erstes Anfordern behält – insbesondere im internationalen Handelsverkehr – nur dann seine wesentliche Bedeutung, wenn die **Auszahlung** des garantierten Betrages **durch die Bank nicht** im Rahmen eines einstweiligen Rechtsschutzes von dem Hauptschuldner **unterlaufen** werden kann.[85] Der **Rechtsmissbrauch** beurteilt sich zudem nach der der Bürgschaft zugrunde liegenden **Sicherungsabrede**; ließe man deshalb eine einstweilige Verfügung des Schuldners gegen die Bank (Bürge) zu, würde in unzulässiger Weise in das **Rechtsverhältnis** zwischen der Bank und dem Gläubiger **eingegriffen.** Mit Recht wird darauf verwiesen, dass sich der Hauptschuldner (Unternehmer) **gegen die Belastungsbuchung** der Garantie-/Bürgschaftsbank **widersetzen** kann.[86]

Im Ergebnis ist es deshalb (allein) der **Bank zu überlassen,** ob sie **ihrerseits** den Einwand des Rechtsmittelmissbrauchs gegenüber dem **Gläubiger** erheben will. Nach der Rechtsprechung des BGH[87] kann die **Bank** (Bürge) geltend machen, der Gläubiger sei im Verhältnis zum Hauptschuldner (Unternehmer) verpflichtet, „von der Bürgschaft keinen Gebrauch zu machen". Von daher bestehen auch keine durchgreifenden Bedenken, dass sich die Bank (Bürge) **selbst** gegenüber dem Gläubiger im Wege einer einstweiligen Verfügung gegen die Inanspruchnahme aus der Bürgschaft/Garantie auf erstes Anfordern zur Wehr setzt. **Unterlässt** sie dies und **zahlt,** obwohl die Geltendmachung des Garantie- oder Bürgschaftsanspruchs offensichtlich rechtsmissbräuchlich ist, so hat sie gegenüber dem Hauptschuldner (ihrem Auftraggeber) keinen Rückgriffsanspruch.[88]

372 Da der Rechtsmissbrauch von dem **Gläubiger** begangen wird, liegt es nahe, dass der **Hauptschuldner** (ausschließlich) ihn als **Störer** an der Einziehung durch einstweilige Verfügung hindert.[89] Gegen die Zulässigkeit solcher einstweiligen Verfügungen bestehen nach herrschender Meinung keine Bedenken;[90] gleichwohl gilt auch hier, dass ein **Unterlassungsantrag** des Schuldners nur dann Aussicht auf Erfolg hat, wenn ein **Rechtsmissbrauch liquide beweisbar** ist.[91]

373 Die Möglichkeit, die Inanspruchnahme einer Bankgarantie oder Bürgschaft auf erstes Anfordern durch einstweilige Verfügung zu verbieten, muss immer auf den Fall einer **offenkundig rechtsmissbräuchlichen Inanspruchnahme** beschränkt

---

85) OLG Frankfurt, BauR 1988, 732; WM 1988, 1480; OLG Köln, WM 1991, 1751; OLG Stuttgart, NJW 1981, 1931; *Joussen*, in: Ingenstau/Korbion, § 17 Abs. 4 VOB/B, Rn. 122; *Kniffka/Koeble*, 13. Teil, Rn. 6.
86) OLG Köln, WM 1991, 1751, 1752; OLG Frankfurt, WM 1988, 1480, 1482; OLG Düsseldorf, ZIP 1999, 1518, 1520; siehe ferner: OLG München, NJW-RR 1988, 950 (zur Anspruchsgrundlage).
87) BGH, NZBau 2002, 270 = ZfBR 2002, 483 = NJW 2002, 1493 = IBR 2002, 248; BGH, NZBau 2002, 216 = NJW 2002, 1198; OLG Brandenburg, IBR 2002, 75.
88) OLG Frankfurt, WM 1988, 1480.
89) *Joussen*, in: Ingenstau/Korbion, § 17 Abs. 4 VOB/B, Rn. 121; *Schnauder*, a.a.O., K 27 ff.
90) Vgl. OLG Braunschweig, OLGR 2004, 287; OLG Rostock, BauR 2003, 928 u. IBR 2002, 665; OLG Köln, OLGR 2002, 267; OLG Düsseldorf, NZBau 2002, 223; OLG Celle, BauR 2002, 1596 = OLGR 2002, 243 = IBR 2002, 310; LG Erfurt, BauR 2001, 652; OLG München, ZfIR 2001, 465 = IBR 2001, 421 – *Schmitz;* Thüringer OLG, NZBau 2001, 687 = BauR 2001, 654 (für Vertragserfüllungsbürgschaft auf erstes Anfordern); OLG Düsseldorf, BauR 2000, 919 für Bürgschaft gemäß § 648a BGB.
91) OLG Stuttgart, BauR 2015, 1531, 1533; KG, BauR 1997, 665, 666; OLG Jena, BauR 2001, 654, 656; *Joussen*, in: Ingenstau/Korbion, § 17 Abs. 4 VOB/B, Rn. 80 m.w.Nachw.

bleiben: Eine einstweilige Verfügung kann daher nur dann erlassen werden, wenn dem Gläubiger unter keinem vernünftigerweise in Betracht kommenden rechtlichen Gesichtspunkt ein Anspruch auf Zahlung aus der Bankgarantie oder Bürgschaft zusteht.[92] Für die rechtsmissbräuchliche Ausnutzung muss es zudem handfeste Anhangspunkte geben, **Zweifel** (insbesondere zur Höhe des verbürgten Hauptanspruchs) reichen niemals.

Ein **offenkundiger Rechtsmissbrauch liegt** allerdings **vor,** wenn z.B. die Bürgschaft auf erstes Anfordern nicht die dem konkreten Zahlungsbegehren des Gläubigers zu Grunde liegende Hauptforderung betrifft.[93] Hierauf wird in der Praxis nicht immer ausreichend geachtet.[94] Der Gläubiger darf den Garantie/Bürgschaftsbetrag grundsätzlich nur anfordern, wenn die gesicherte Hauptforderung besteht und der von den Werkvertragsparteien **vereinbarte** oder **vorausgesetzte Sicherungsfall eingetreten** ist.[95] Wird deshalb die Bürgschaft auf erstes Anfordern aus einem **Grund geltend gemacht,** der von dem **vereinbarten Sicherungszweck** („Sicherungsvertrag") **nach Wortlaut und Sinngehalt** (§§ 133, 157, 252 BGB) **nicht gedeckt** ist, stellt sich die Inanspruchnahme der Bürgschaft oder der Zahlungsgarantie ohne weiteres als rechtsmissbräuchlich dar, und sie ist durch eine Unterlassungsverfügung zu unterbinden. In gleicher Weise ist zu verfahren, wenn die Inanspruchnahme der Bürgschaft auf erstes Anfordern zu einem Zeitpunkt erfolgt, zu dem dem Unternehmer **noch Nachbesserungsrechte** zustehen, der Bauherr (Auftraggeber) also noch keine Geldforderung (Vorschuss oder Schadensersatzanspruch) besitzt; denn dies würde letztlich auf ein **Unterlaufen von** (berechtigten) **Gewährleistungsrechten** des Unternehmers hinauslaufen, was nicht Sinn des Sicherungsrechts ist.[96] **374**

Abwehrmöglichkeiten gegen eine Inanspruchnahme der Bürgschaft auf erstes Anfordern bestehen auch, wenn sich aus den Vertragsunterlagen und/oder nach dem **unstreitigen** Sachverhalt die **Unwirksamkeit** der Sicherungsabrede ergibt; es bestehen keine grundlegenden Bedenken, insoweit den Einwand des offensichtlichen Rechtsmissbrauchs im Rahmen eines einstweiligen Verfügungsverfahrens zuzulassen.[97] Das OLG Düsseldorf[98] hat daher zu Recht den Rechtsmissbrauch **375**

---

92) OLG Braunschweig, OLGR 2004, 297; OLG Celle, BauR 2002, 1596; OLG Düsseldorf, IBR 2014, 83 – *Schmitz* (**Unwirksamkeit** der Bürgschaftsverpflichtung); KG (15. Senat), BauR 1997, 665; KG (21. Senat), OLGR 1997, 78; OLG Hamburg, IBR 2011, 269; OLG Düsseldorf, OLGR 1995, 29; OLG Oldenburg, ZfBR 1997, 90; OLG Hamm, MDR 1991, 636; *Jedzig*, a.a.O., S. 1473.
93) BGH, NJW 1996, 717 = BauR 1996, 251 = ZfBR 1996, 199 = WM 1996, 193, 194 = *SFH*, Nr. 14 zu § 765 BGB; BGH, *SFH*, Nr. 17 zu § 765 BGB; BGH, BauR 1998, 634; SchlHOLG, OLGR 1997, 275, 276; OLG Köln, OLGR 1998, 145; OLG Düsseldorf, BauR 1998, 553.
94) *Quack*, BauR 1997, 754 ff.
95) BGH, NJW 2002, 1493 = NZBau 2002, 270; BauR 2001, 109 (ständig).
96) Zutreffend: *Quack*, BauR 1997, 754, 756; s. ferner: OLG München, BauR 2001, 1618, 1622; KG, BauR 1997, 665 u. KG, OLGR 1997, 78 (für rechtsgrundlos erlangte Bürgschaft auf erstes Anfordern); OLG Köln, OLGR 1998, 145; OLG Düsseldorf, NJW-RR 1998, 776 (rechtsmissbräuchliche Inanspruchnahme durch Generalunternehmer gegenüber seinem Subunternehmer).
97) BGH, BauR 2001, 1093 = ZfIR 2001, 452 = IBR 2001, 306 – *Schmitz*; LG Frankfurt, BauR 2004, 1039; LG Magdeburg, BauR 2000, 581 m.Anm. *Völlink*; OLG Rostock, BauR 2003, 928 = IBR 2003, 359 – *Schmidt*; OLG Celle, BauR 2002, 1596 = OLGR 2002, 243; OLG Köln, OLGR 2002, 267, 268.
98) BauR 2000, 919; s. auch OLG Celle, BauR 2002, 1596 = IBR 2002, 310 – *van Dyck*.

bejaht, wenn die Bürgschaft auf erstes Anfordern unter Verstoß gegen das zwingende Recht des § 650f (früher § 648a) BGB erlangt worden war. Ist allerdings **streitig**, ob die Sicherungsabrede unwirksam ist,[99)] wird in der Praxis nicht von einem offenkundigen Missbrauch auszugehen sein; denn der Verfügungskläger wird ihn im Zweifel nicht hinreichend belegen können.[100)] Das gilt auch für andere materiellrechtliche Einwendungen, wie z.B. **Erfüllung** oder Eintritt der **Verjährung**.[101)]

376 Der „offensichtliche" Missbrauch muss im Rahmen des einstweiligen Verfügungsverfahrens immer durch **„liquide Beweismittel"** belegt werden, was in der Praxis sehr oft nicht gelingt. Liquide Beweismittel sind solche, die die Rechtsmissbräuchlichkeit der Inanspruchnahme der Bank durch den Bauherrn endgültig und zweifelsfrei feststellen; Glaubhaftmachung im Sinne von § 294 ZPO – etwa durch eidesstattliche Versicherungen – reicht allein nicht aus.[102)] Liquide Beweismittel sind z.B. gemeinsame Aufmaß- und Abnahmeprotokolle, Sachverständigengutachten oder andere **Urkunden**, die z.B. das Erlöschen des Gewährleistungsanspruchs belegen.

Alle Streitfragen tatsächlicher, aber auch rechtlicher Art, deren Beantwortung sich nicht von selbst ergibt, sind daher – nach der Zahlung – in einem etwaigen **Rückforderungsprozess** auszutragen.[103)] Eine **Beweiserhebung** hat also zu unterbleiben.[104)] Dem Verpflichteten (Bürgen, Garanten) kommt bei Einwendungen gegen eine Bürgschaft oder Garantie auf erstes Anfordern auch kein Anscheinsbeweis zugute.[105)] Die **Darlegungs-** und **Beweislast** unterscheidet sich im Übrigen nicht von dem gewöhnlichen Bürgschaftsrechtsstreit; der Bürge muss nicht den Bereicherungsanspruch darlegen und beweisen, sondern den Gläubiger trifft „diese Last für das Entstehen und die Fälligkeit der verbürgten Hauptforderung".[106)]

---

99) Es bestehen z.B. begründete **Zweifel**, ob es sich bei den Bürgschaftsklauseln um **AGB** handelt (vgl. OLG Hamm, NZBau 2000, 472 u. BauR 2000, 1350; OLG Köln, OLGR 2002, 267, 268; OLG Rostock, BauR 2003, 582).
100) Auf die Darlegungs- und Beweislast kommt es insoweit nicht entscheidend an (BGH, NZBau 2002, 270, 271).
101) Siehe ferner: OLG Brandenburg, ZfBR 2002, 150 = IBR 2002, 75 (unterbliebener **Vorbehalt** der Vertragsstrafe).
102) Vgl. Thüringer OLG, BauR 2001, 654 = NZBau 2001, 687; OLG Frankfurt, OLGR 2001, 119; OLG Stuttgart, OLGR 1997, 103, 104; OLG Düsseldorf, NJW-RR 1998, 776, 777 u. OLGR 1995, 29, 30; *Jedzig*, a.a.O.
103) Vgl. BGH, BauR 2002, 796; NJW 2002, 1493 = NZBau 2002, 270 (für den Urkundsprozess); BauR 2000, 887 = ZfBR 2000, 260; BGH, NJW 1997, 1435 = ZIP 1997, 582; BGH, BauR 1996, 251 = NJW 1996, 717 = ZfBR 1996, 139 = ZIP 1996, 172; BGH, NZBau 2007, 635 = BauR 2007, 1722 u. ZfBR 1994, 70, 72 (für **Fälligkeit** der Hauptforderung); BGH, BauR 1988, 594; OLG Koblenz, OLGR 2005, 203, 204; OLG Brandenburg, BauR 2002, 127; OLG München, BauR 2001, 1618, 1619; OLG Köln, BauR 1998, 555, 558; OLG Hamm, BauR 1994, 775 = ZfBR 1994, 223 (für **Verjährung** der gesicherten Forderung); SchlHOLG, OLGR 1997, 275, 277 (**Höhe** der gesicherten Forderung). Bei einer Bürgschaft auf erstes Anfordern ist das **Urkundenverfahren** für den **Rückforderungsprozess** in der Regel unstatthaft (dazu: BGH, BauR 2002, 123 = ZIP 2001, 1921 u. *Vogel*, BauR 2002, 131 ff.).
104) BGH, NZBau 2002, 270 = ZfBR 2002, 483 = NJW 2002, 1493; OLG Brandenburg, BauR 2002, 127, 128; OLG Köln, BauR 1998, 555, 558. Eine rechtsfehlerhaft durchgeführte Beweisaufnahme, durch die ein Einwand bewiesen wird, kann jedoch im Berufungsverfahren berücksichtigt werden (OLG Hamburg, IBR 2006, 257 – *Schmitz*).
105) Zutreffend: OLG Düsseldorf, NZBau 2002, 223 = BauR 2001, 1940 = WM 2001, 2294.
106) BGH, NJW 1997, 1435, 1437 m.w.Nachw.

Es entspricht im Übrigen überwiegender Ansicht, dass eine einstweilige Verfügung nur erlassen werden kann, sofern ein **Verfügungsgrund glaubhaft gemacht** ist.[107] Hieran können aber keine überhöhten Anforderungen gestellt werden, weil der Bürgschaftsgläubiger bei einem offensichtlichen Rechtsmissbrauch keinen besonderen Schutz verdient. Ist die finanzielle Situation des **Gläubigers** erkennbar „angeschlagen", der Rückforderungsanspruch also gefährdet, ist ein Verfügungsgrund ohne weiteres gegeben. Darüber hinaus muss es ausreichen, wenn der Hauptschuldner (**Unternehmer**) mit eigenen schweren **finanziellen Nachteilen rechnen** muss, die für ihn nicht tragbar sind.

2. Zuständigkeit

Für den Erlass der einstweiligen Verfügung ist nach § 937 ZPO regelmäßig das Gericht der **Hauptsache** zuständig. Ist die Hauptsache noch nicht anhängig, ist das Gericht zuständig, das in der Hauptsache endgültig zu entscheiden haben würde. Dies ist bei den Landgerichten, soweit vorhanden, die zuständige **Baukammer.** Wird das einstweilige Verfügungsverfahren im Rahmen mehrerer Gerichtsstände bei einem Gericht anhängig, ist damit zugleich noch nicht das Gericht der Hauptsache festgelegt; es kann deshalb das Hauptverfahren auch dann noch bei einem anderen Gericht anhängig gemacht werden.[108] **377**

3. Antrag

Literatur

Jauernig, Der zulässige Inhalt einstweiliger Verfügungen, ZZP 79 (1966), 321.

Auf die Notwendigkeit einer sachgerechten Antragstellung ist bereits hingewiesen worden. Es ist aber zu betonen, dass nach verbreiteter Rechtsansicht[109] ein **bestimmter Antrag** i.S. des § 253 Abs. 2 Nr. 2 ZPO im Hinblick auf § 938 ZPO **nicht** gestellt zu werden braucht; es soll vielmehr genügen, dass sich das von dem Antragsteller erstrebte **Rechtsschutzziel** aus seinem Vorbringen ergibt. Verdichtet der Antragsteller dieses Rechtsschutzziel zu einem „Antrag", so soll dies lediglich die Bedeutung haben, dass das Gericht mit seinen Maßnahmen nicht über diesen Antrag hinausgehen darf. § 308 ZPO gilt also insoweit uneingeschränkt.[110] Innerhalb dieser und der durch die materielle Rechtsfolge gesetzten Grenze ist das Gericht aber in der Wahl der Maßnahmen frei, also nicht an den „Antrag" gebunden.[111] Antragsänderungen beurteilen sich nach den Grundsätzen, die im Haupt- **378**

---

107) OLG Celle, BauR 2002, 1596, 1598; OLG Frankfurt, BauR 1998, 1280, 1281; OLG Rostock, BauR 2003, 582, 583; *Joussen*, in: Ingenstau/Korbion, § 17 Abs. 4 VOB/B, Rn. 121; *Kniffka/Koeble*, 13. Teil, Rn. 11.
108) Vgl. OLG Karlsruhe, NJW 1973, 1509.
109) Vgl. z.B. *Ostler*, MDR 1968, 713, 715; OLG Stuttgart, NJW 1969, 1721; *Zöller/Vollkommer*, § 938 ZPO, Rn. 2; *Fischer*, in: Prütting/Gehrlein, § 938 ZPO, Rn. 3 m.w.Nachw.
110) Vgl. RG, Gruchot 48, 398, 402; *Zöller/Vollkommer*, § 938 ZPO, Rn. 2; *Haberscheid*, NJW 1973, 375, 376.
111) OLG Stuttgart, NJW 1969, 1721.

verfahren bei Klageänderungen Anwendung finden. Mit dem Eingang des Verfügungsgesuchs tritt die Rechtshängigkeit ein.[112]

379 Nach §§ 936, 920 Abs. 2 ZPO hat der Antragsteller den **Verfügungsanspruch** und den **Verfügungsgrund glaubhaft** zu machen, sofern nicht die Ausnahme des § 921 Abs. 2 Satz 1 ZPO vorliegt.[113] Glaubhaftmachung bedeutet weder Offensichtlichkeit noch eine an Gewissheit grenzende Wahrscheinlichkeit, sondern eine überwiegende Wahrscheinlichkeit.[114] Dies hindert den Antragsteller freilich nicht, vollen Beweis zu erbringen, etwa aufgrund von Urkunden, Beiakten oder Zeugenaussagen. Hat sich bei dem Gericht eine sichere Überzeugung gebildet, muss es in seinen Entscheidungsgründen von einem Beweis ausgehen und darf nicht mehr nur auf eine „Glaubhaftmachung" abstellen.

Die Glaubhaftmachung muss sofort erfolgen (§ 294 Abs. 2 ZPO). Dazu kann man sich aller Beweismittel bedienen; diese müssen aber von der Partei auf der Stelle beigebracht werden.[115] In **Bausachen** wird sich die Vorlage von **eidesstattlichen Versicherungen**,[116] von **Urkunden** (z.B. Verträge, Leistungsbeschreibungen, Baupläne, Baugenehmigungen; Grundbuchauszüge und Privatgutachten)[117] sowie die Stellung von Zeugen im Termin anempfehlen. Der Umfang der Darlegungs- und Glaubhaftmachungslast hängt dabei wesentlich auch von dem Vorbringen des Antragsgegners in einer eingereichten Erwiderungsschrift ab.

380 Es ist darauf zu achten, dass die eidesstattlichen Versicherungen sowie die Urkunden in der mündlichen Verhandlung vorliegen, weil eine Nachreichung durch einen nachgelassenen Schriftsatz nicht möglich ist.[118] In einem Termin zur mündlichen Verhandlung (§§ 936, 922, 924 ZPO) wird der Antragsteller vorsorglich die Zeugen stellen, wenn nicht das Gericht vorher bereits die im vorbereitenden Schriftsatz benannten Zeugen gemäß § 273 ZPO zum Termin geladen hat. Das Gericht wird von dieser Möglichkeit vornehmlich Gebrauch machen müssen, wenn sich eine Partei auf das Zeugnis eines Sachverständigen (Privatgutachters) beruft.

381 Es ist an anderer Stelle (vgl. Rdn. 148 ff.) bereits betont worden, dass den **Privatgutachten** in Bausachen nicht immer die notwendige Beachtung geschenkt wird. Bedenken gegen eine Glaubhaftmachung durch Vorlage von **Privatgutachten** bestehen in einem einstweiligen Verfügungsverfahren vor allem deshalb, weil die Privatgutachter, wenn sie das Gutachten speziell für ein einstweiliges Verfügungsverfahren erstatten, möglicherweise alles das weglassen, was die durch die einstweilige Verfügung erstrebte Maßnahme gefährden könnte. Das sollte aber eine Partei nicht hindern, sondern im Gegenteil sogar veranlassen, bei einer mündlichen Verhand-

---

112) OLG Frankfurt, NJW 1954, 1195 m.Anm. *Lent*.
113) Zur Glaubhaftmachung des Verfügungsgrundes beim Streit über das **Anordnungsrecht** des Bestellers siehe *Orlowski*, BauR 2017, 1427, 1438 m.w.Nachw.
114) Vgl. BGHZ 156, 139, 142; NJW 1996, 1682; kritisch: *Zöller/Greger*, § 294 ZPO, Rn. 6.
115) Vgl. BGH, NJW 1958, 712. Eine **Vertagung** der mündlichen Verhandlung zum Zwecke einer Beweisaufnahme oder nachträglichen Glaubhaftmachung ist unzulässig (OLG Koblenz, NJW-RR 1987, 510; *Fischer*, in: Prütting/Gehrlein, § 920 ZPO, Rn. 5; *Zöller/Vollkommer*, § 920 ZPO, Rn. 9).
116) Eine eidesstattliche Versicherung ohne eine eigene Sachdarstellung reicht im Zweifel nicht aus (vgl. BGH, NJW 1988, 2045 u. OLG Stuttgart, OLGR 1997, 103).
117) Vgl. hierzu im Einzelnen *Krüger*, WRP 1991, 68 ff.
118) Vgl. OLG München, WRP 1971, 533.

lung den Sachverständigen als präsenten (sachverständigen) Zeugen zu stellen, damit sich das Gericht gegebenenfalls ein eigenes unmittelbares Bild von der Aussagekraft der gutachterlichen Feststellungen machen kann; allerdings besteht für die gegnerische Partei die Möglichkeit, den Privatgutachter ggf. wegen Befangenheit abzulehnen.[119]

Legt ein Baubeteiligter (z.B. der Bauherr) im Rahmen eines einstweiligen Verfügungsverfahrens zur Glaubhaftmachung eines Verfügungsanspruchs mehrere Gutachten vor, so ist es allerdings nicht Aufgabe des Gerichts, sich mit allen Einzelheiten der Sachverständigengutachten auseinander zu setzen; das muss vielmehr dem Hauptverfahren vorbehalten bleiben.[120] **382**

4. Beweiswürdigung und Beweislast

Literatur

Ulrich, Die Beweislast in Verfahren des Arrestes und der einstweiligen Verfügung, GRUR 1985, 201.

§ 920 Abs. 2 enthält für die Glaubhaftmachung eine abschließende Sonderregelung, wonach der Verfügungsgrund von dem Antragsteller glaubhaft zu machen ist. Daraus ist z.T. der Schluss gezogen worden, dass im einstweiligen Verfügungsverfahren die für den Hauptprozess geltende Beweislast keine Rolle spiele.[121] Dieser Auffassung kann jedoch nicht zugestimmt werden. Nach h.M.[122] gelten die allgemeinen Beweislastregeln auch für das einstweilige Verfügungsverfahren; auch die Prozessvoraussetzungen sind deshalb von dem Antragsteller glaubhaft zu machen.[123] Ferner muss er glaubhaft machen, dass seinem Begehren keine Einreden entgegenstehen.[124] Die Grundsätze des **Beweises auf erste Sicht** kommen dem Antragsteller jedoch auch hier zustatten (vgl. Rdn. 3068 ff.).[125] **383**

Bei der **Würdigung** des glaubhaft gemachten Tatsachenstoffes sind die allgemeinen Grundsätze zu beachten (vgl. Rdn. 3146 ff.). Sieht sich das Gericht außer Stande, der einen oder anderen Partei mehr Glauben zu schenken, ist die Glaubhaftmachung misslungen; die endgültige, erst nach einer umfassenden Sachaufklärung und – falls erforderlich – Beweisaufnahme zu treffende Entscheidung ist stets dem Hauptverfahren vorzubehalten.[126]

5. Das Urteil

Das Urteil, das eine einstweilige Verfügung bestätigt, wirft keine besonderen Probleme auf; es entspricht dem Urteil in einem Hauptverfahren. Wird die einst- **384**

---

119) Vgl. dazu OLG Nürnberg, NJW 1978, 954.
120) OLG Düsseldorf, *Schäfer/Finnern*, Z 2.510 Bl. 8.
121) Vgl. LAG Tübingen, NJW 1961, 2178, 2179.
122) RG, SeuffArch. 60, 20; OLG Düsseldorf, GRUR 1959, 550; s. *Teplitzky*, JuS 1981, 122, 124, Anm. 39; auch OLG Köln, JMBl. NW 1985, 18.
123) OLG Koblenz, GRUR 1979, 387, 389 m. Nachw.
124) Vgl. *Teplitzky*, a.a.O.
125) *Baur*, BB 1964, 612; *Ostler*, MDR 1968, 713, 715.
126) Vgl. OLG Frankfurt, NJW 1960, 1064.

weilige Verfügung dagegen gemäß §§ 936, 925 Abs. 2 ZPO aufgehoben, besteht Meinungsstreit über die Frage, ob dieses vorläufig vollstreckbare Urteil (§ 708 Nr. 6 ZPO) die Wirkungen der einstweiligen Verfügung sofort beseitigt.

385 Die überwiegende Meinung in Rechtsprechung und Literatur geht davon aus, dass die gemäß § 708 Nr. 6 ZPO für vorläufig vollstreckbar erklärten Aufhebungsurteile, soweit sie nicht einer besonderen Vollstreckung bedürfen, ohne Rücksicht auf ein mögliches Rechtsmittel bereits mit ihrer Verkündung voll wirksam werden.[127] Für den wichtigen Anwendungsbereich der **Bauhandwerkersicherungshypothek** (§ 650d; früher § 658 BGB) würde dies z.B. bedeuten, dass die aufgrund einer einstweiligen Verfügung eingetragene Vormerkung schon dann **erlischt**, wenn die einstweilige Verfügung durch eine vollstreckbare Entscheidung aufgehoben wird.[128] Nach § 25 Satz 1 GBO bedürfte es dann zur Löschung der Vormerkung die aufgrund der einstweiligen Verfügung eingetragen worden war (§ 885 BGB), nicht der Bewilligung des Berechtigten; die Löschung der Vormerkung wäre vielmehr nur eine Grundbuchberichtigung.[129]

Demgegenüber geht die Gegenmeinung davon aus, dass das vorläufig vollstreckbare Urteil bis zur Rechtskraft des Aufhebungsurteils den aufgehobenen Titel entgegen seinem Wortlaut noch bestehen lässt.[130]

386 In jedem Falle sollte der Gläubiger (Antragsteller) versuchen, bei Einlegung einer **Berufung** gegen das Aufhebungsurteil die einstweilige **Einstellung** der Zwangsvollstreckung aus dem angefochtenen Urteil zu erwirken.[131] Ob dies allerdings dem obsiegenden Antragsteller (in der Berufung) etwas nützen wird oder ob der Rang der Vormerkung durch das landgerichtliche Aufhebungsurteil verlorengegangen ist, hängt entscheidend davon ab, welcher Auffassung das Gericht folgen wird. Die herrschende Ansicht lehnt allerdings eine (analoge) Anwendung der §§ 719, 707 ZPO ab.

387 In gleicher Weise tritt eine einstweilige Verfügung außer Kraft, wenn die nach § 939 ZPO angeordnete **Sicherheitsleistung** erbracht wird.[132] Solange der Schuldner die Sicherheit nicht leistet, bleibt die einstweilige Verfügung aufrechterhalten. Leistet der Schuldner, tritt sie gleichsam „automatisch" außer Kraft,[133] es bedarf dann keiner erneuten Entscheidung.[134]

---

127) Vgl. LG Bonn, NJW 1962, 161; BGH, NJW 1963, 813; *Zöller/Vollkommer*, § 925 ZPO, Rn. 11 m.w.Nachw.
128) So z.B. SchlHOLG, OLGR 1996, 227.
129) BGH, NJW 1963, 813; SchlHOLG, a.a.O.
130) Vgl. RGZ 56, 145; OLG Celle, NJW-RR 1987, 64; OLG Düsseldorf, NJW 1950, 113; OLG Düsseldorf, MDR 1963, 853; AG Medebach, JMBl. NW 1968, 164; OLG Hamburg, MDR 1977, 148.
131) Zum **Meinungsstreit** siehe vor allem KG, NJW-RR 1996, 1088; *Schuschke/Walker*, § 925 ZPO, Rn. 13; *Zöller/Vollkommer*, § 925 ZPO, Rn. 11 m.w.Nachw.
132) OLG Köln, NJW 1975, 454; LG Koblenz, *Schäfer/Finnern*, Z 2.321 Bl. 45; vgl. oben Rdn. 288.
133) OLG Köln, a.a.O.
134) OLG München, BayJMBl. 1953, 39; OLG Köln, NJW 1975, 454.

VII. Der Arrest in Bausachen

Literatur

Baur, Arrest und einstweilige Verfügung in ihrem heutigen Anwendungsbereich, BB 1964, 607 und 639; *Schwerdtner*, Zur Dogmatik des Arrestprozesses, NJW 1970, 222; *Schwerdtner*, Bindungswirkungen im Arrestprozess, NJW 1970, 597; *Lüdtke-Handjery*, Die Sicherung von Geldforderungen des Bauunternehmers, DB 1972, 2193; *Grunsky*, Konkurrenz anderer Gläubiger als Arrestgrund, NJW 1976, 553; *Bernaerts*, Zulässigkeit der Verweisung von Arrestverfahren, MDR 1979, 97; *Schütze*, Einstweilige Verfügungen und Arreste im internationalen Rechtsverkehr, insbesondere im Zusammenhang mit der Inanspruchnahme von Bankgarantien, WM 1980, 1438; *Teplitzky*, Arrest und einstweilige Verfügung, JuS 1980, 882; JuS 1981, 122, 352, 435; *Ulrich*, Die Beweislast in Verfahren des Arrestes und der einstweiligen Verfügung, GRUR 1985, 201; *Kohler*, Der Wettlauf der Gläubiger, Jura 1986, 44; *Buciek*, Gläubigerkonkurrenz als Arrestgrund?, NJW 1987, 1063; *Blau*, Blockierung der Auszahlung einer Bankgarantie auf erstes Anfordern durch Arrest und Hinterlegung, WM 1988, 1474; *Renaud/Bongen*, Zur materiellen Rechtskraft antragsabweisender Beschlüsse und Urteile im Arrestverfahren, NJW 1991, 2286; *Foerste*, Vollstreckungsvorsprung durch einstweiligen Rechtsschutz, ZZP 1993, 143; *Thümer*, Arrest wegen Grundstücksveräußerung durch Auftraggeber vor Eintragung einer **Bauhandwerkersicherungs-hypothek?**, MDR 1996, 334; *Thümmel*, Einstweiliger Rechtsschutz im Auslandsrechtsverkehr, NJW 1996, 1930; *Schnauder*, Einstweiliger Rechtsschutz bei ungerechtfertigter Inanspruchnahme einer Bankgarantie auf erstes Anfordern, OLGR-Kommentar 2000, K 25; *Hintzen*, Wahrung der Vollziehungsfrist bei Eintragung einer Arresthypothek – neue Rechtsprechung des BGH, OLGR-Kommentar 2001, K 29; *Hannich*, Die Sicherung der Zwangsvollstreckung durch Arrest wegen künftiger Forderungen, ZZP 115 (2002), 161.

Neben dem Anspruch **auf Einräumung** einer Sicherungshypothek (vgl. Rdn. 182 ff.) ist der Arrest **ein wichtiges Sicherungsmittel** eines Baubeteiligten.

388 Das Arrestverfahren dient der Sicherung des Baugläubigers wegen einer Geldforderung oder eines Anspruchs, der in eine solche übergehen kann; es hat nur einen **vorläufigen** Charakter. In der Baupraxis spielt nur der **dingliche Arrest** eine Rolle;[1] er bietet gegenüber § 648 BGB Vorteile: So muss es sich bei dem Baugläubiger nicht um einen Bauwerkunternehmer i.S. des § 648 BGB handeln, Sicherungsgegenstand ist auch nicht nur, wie bei § 648 BGB, das Baugrundstück (vgl. Rdn. 243 ff.). Anerkannt ist, dass der Bauwerkunternehmer anstelle des Anspruchs auf Einräumung einer Sicherungshypothek nach § 648 BGB wegen seiner werkvertraglichen Zahlungsansprüche einen Arrest gegen den Bauherrn („Schuldner") ausbringen kann.[2] Der Bauwerkunternehmer kann demnach seine Werklohnforderung durch einen Arrest absichern und aufgrund des Arrestes die Eintragung einer **Arrest(Sicherungs)hypothek** herbeiführen.[3] Der Arrest kann jedoch nur wegen einer **Geldforderung** erlassen werden; dementsprechend kommen vor allem die Honorar- und Werklohnforderungen des **Architekten** oder **Unternehmers**, die

---

[1] Zur Zulässigkeit eines dinglichen Arrestes gegen eine **missbräuchliche Inanspruchnahme** einer **Bankgarantie auf erstes Anfordern**: OLG Stuttgart, OLGR 1997, 103 = MDR 1998, 425; *Schnauder*, OLGR-Kommentar 2000, K 25, 28; *Blau*, WM 1988, 1474. Zum Arrest wegen Verstoßes gegen das Gesetz über die Sicherung von Bauforderungen (GSB; umbenannt in Bauforderungssicherungsgesetz, **BauFordSiG**): OLG Celle, BauR 2002, 1869. Zum dinglichen Arrest bei **insolvenzgefährdeten** Bauvertragspartnern: *Luz*, in: Kuffer/Wirth, Handbuch des Fachanwalts, S. 1612.
[2] Vgl. *Lüdtke-Handjery*, DB 1972, 2193, 2197.
[3] Vgl. § 932 ZPO; zur Wahrung der **Vollziehungsfrist**: *Hintzen*, OLGR-Kommentar 2001, K 29 ff.

Kaufpreisforderungen von **Baustofflieferanten** sowie die **Vorschuss-** und **Schadensersatzansprüche** des Bauherrn für das Arrestverfahren in Betracht. Die dem Arrestgesuch zu Grunde liegende Forderung ist genau zu bezeichnen und kann nicht durch eine andere ersetzt werden.[4)]

389 Der Arrest scheitert nicht daran, dass der Baugläubiger die ihm obliegenden Verpflichtungen noch nicht vollständig erfüllt hat; ist z.B. die Werklohnforderung des Unternehmers wegen **fehlender Abnahme** noch nicht fällig, hindert dies nicht, dem Arrestgesuch des Unternehmers zu entsprechen.[5)]

390 Da der Arrest die Sicherung der Zwangsvollstreckung wegen der Bauforderung bezweckt, ist eine **Glaubhaftmachung** der Gefährdung des zu sichernden Geldanspruchs notwendig.[6)] Hat der Unternehmer bereits eine einstweilige Verfügung auf Einräumung einer Vormerkung für eine Bauhandwerkersicherungshypothek erwirkt, aber die Zustellfrist versäumt, kann er anstelle einer wiederholten Erwirkung der einstweiligen Verfügung bei entsprechender Glaubhaftmachung der Verlustgefahr auch einen Arrestbefehl beantragen. Der Arrest wird sich, wie das RG[7)] betont, gerade in den Fällen empfehlen, in denen der Bauherr inzwischen durch Eintragung von Hypotheken oder Grundschulden das Grundstück weiter belastet hat, sodass die Gefahr besteht, dass der Unternehmer mit seiner Bauforderung bei einer Zwangsvollstreckung ausfällt. Allerdings wird es nicht möglich sein, einen unbegründeten Antrag auf Erlass einer einstweiligen Verfügung betreffend die Eintragung einer Vormerkung zur Sicherung des Anspruchs aus § 648 BGB in einen solchen auf Erlass eines dinglichen Arrestes umzudeuten.[8)]

391 Zweifelhaft ist in diesen wie in den meisten Fällen eines Arrestgesuchs aber, ob überhaupt ein **Arrestgrund** glaubhaft vorgetragen ist.

Veräußert der Eigentümer sein von dem Unternehmen bebautes Grundstück vor der Eintragung einer Bauhandwerkersicherungshypothek oder einer entsprechenden Vormerkung, soll dies nach LG Berlin[9)] allerdings schon ein ausreichender Grund für einen dinglichen Arrest in das übrige Vermögen des Grundstückseigentümers sein. Dieser Auffassung kann jedoch nicht gefolgt werden. Bereits das RG[10)] hatte betont, dass die Bestellung einer Grundschuld seitens eines im Übrigen „wohlsituierten Mannes" noch kein Arrestgrund sei, selbst wenn die Bestellung gegen die Verwirklichung der Sicherungshypothek des Unternehmers gerichtet sei. Es kommt daher vielmehr stets auf die **Umstände** des Einzelfalles an, die der Antragsteller glaubhaft machen muss. Der Unternehmer oder Architekt ist grundsätzlich nur gegen die **allgemeine Gefährdung** der zukünftigen Zwangsvollstreckung geschützt;[11)] es soll also (nur) die Verschlechterung der Lage im Verhältnis zwi-

---

4) *Walker*, in: Schuschke/Walker, § 916 ZPO, Rn. 2.
5) Vgl. RGZ 54, 162. Zur Sicherung eines **künftigen** Anspruchs siehe *Hannich*, ZZP 115 (2002), 161 ff.; *Walker*, in: Schuschke/Walker, § 920 ZPO, Rn. 7 m.w.Nachw.
6) Vgl. RG, Recht 1908, Nr. 2466 = WarnRspr. 1908, 509; OLG Celle, BauR 2002, 1869, 1870 (vorsätzlich zweckwidrige Verwendung von Baugeld; Gefahr einer „**stillen Liquidation**").
7) RG Recht 1908, Nr. 2466.
8) OLG Frankfurt, BauR 1979, 354, 355.
9) NJW 1955, 799; ebenso: OLG Karlsruhe, NJW 1997, 1017, 1018 u. *Lüdtke-Handjery*, DB 1972, 2193, 2198.
10) RG, Recht 1908, Nr. 2466.
11) Vgl. *Schwerdtner*, NJW 1970, 222, 224.

schen Gläubiger und Schuldner verhindert werden.[12] Es müssen daher im Einzelfall immer noch besondere Umstände hinzutreten, um in der **Belastung** oder **Teilveräußerung des Baugrundstückes** bereits einen hinreichenden Arrestgrund zu sehen.[13] Dies gilt namentlich dann, wenn **Bauträgergesellschaften,** die auf einen schnellen Verkauf des Eigentums angewiesen sind, eine Verfügung über das Grundstück vornehmen. im Einzelfall wird zu erwägen sein, ob ein hinreichender Schutz über § 648a BGB gewährleistet ist.[14] Die **schlechte Vermögenslage** der Gesellschaft oder der **drohende Ansturm** von anderen Baugläubigern kann für sich allein noch **keinen** Arrestgrund geben.[15]

392 Streitig ist dagegen, ob das **bewusst vertragswidrige Verhalten** des Schuldners bereits als Arrestgrund ausreicht. Das wird zu Recht von der überwiegenden Meinung **verneint**.[16] Veräußert der Besteller allerdings das Grundstück vor der Fertigstellung der Arbeiten, und kann der Unternehmer aufgrund der Veräußerung die Bauarbeiten nicht mehr beenden, liegt darin eine wesentliche Vermögensverschlechterung, die einen Arrest rechtfertigen kann. Behauptet der Gläubiger, der Schuldner habe durch eine **Straftat** oder **unerlaubte Handlung** sein Vermögen geschädigt, stellt dies in der Regel noch keinen Arrestgrund dar.[17] Im **Ausnahmefall** kann aber aufgrund der Art und den Umständen der Straftat eine andere Beurteilung gerechtfertigt sein; gegen das **Gläubigervermögen** gerichtete kriminelle Handlungen/Straftaten können einen Arrestgrund geben, sofern die Annahme besteht, der Schuldner werde seine unredliche Verhaltensweise gegenüber dem Gläubiger **fortsetzen** und den rechtswidrig erlangten Vermögensvorteil bzw. sein Vermögen dem Zugriff des Gläubigers zu entziehen suchen.[18]

393 Hat der Unternehmer wegen seiner Bauforderung bereits eine Bauhandwerkersicherungshypothek (§ 648 BGB) **erlangt,** kann nur bei Vorliegen **besonderer Umstände** noch zusätzlich ein Arrest beantragt werden. Ist nämlich der Baugläubiger bereits hinreichend gesichert[19] oder verfügt er schon über einen ohne Sicherheits-

---

12) Ebenso: OLG Celle, BauR 1994, 274, 275.
13) Zutreffend: *Schwerdtner,* NJW 1970, 222, 226; KG, KGR 2003, 242; OLG Celle, BauR 1994, 274; KG, BauR 1979, 354; OLG Hamm, MDR 1975, 857 = BauR 1975, 436; OLG Frankfurt, BauR 1979, 354, 355; *Joussen,* in: Ingenstau/Korbion, Anhang 1, Rn. 130.
14) Siehe insoweit *Zöller/Vollkommer,* § 917 ZPO, Rn. 8 a.E.
15) Vgl. BGHZ 131, 106 = NJW 1996, 324; OLG Köln, OLGR 2002, 402; OLG Celle, BauR 1994, 274, 275; vgl. auch *Schwerdtner,* NJW 1970, 222, Anm. 1 u. 2; *Buciek,* NJW 1987, 1063; *Foerste,* ZZP 106, 143 ff.; *Zöller/Vollkommer,* § 917 ZPO, Rn. 9 m.w.Nachw.
16) BGH, WM 1975, 641; OLG Saarbrücken, NJW-RR 1999, 143; *Zöller/Vollkommer,* § 917 ZPO, Rn. 6.
17) **Streitig;** vgl. für unerlaubte Handlung: OLG Düsseldorf, NJW-RR 1999, 1592; für **Straftat**: OLG Karlsruhe, NJW 2008, 162 (die Vermutung, dass es sich um strafrechtlich erlangtes Vermögen handelt, genügt nicht); siehe ferner: OLG Köln, MDR 2000, 49 = NJW-RR 2000, 69; MDR 1986, 595 u. 1959, 933; OLG Schleswig, MDR 1983, 141; OLG Düsseldorf, NJW-RR 1986, 1192; OLG Saarbrücken, NJW-RR 1999, 143; „unbedenklich" bejahend: OLG München, MDR 1970, 934; LAG, NJW 1965, 989. Ein **Arrestgrund** ist zu bejahen, wenn die strafbare Handlung auf eine Vollstreckungsbeeinträchtigung hinweist (*Walker,* in: Schuschke/Walker, § 917 ZPO, Rn. 3 m.w.Nachw.
18) Zutreffend: OLG Köln, NJW-RR 2000, 69; OLG Dresden, NJW-RR 1998, 1769 = MDR 1998, 795; a.A.: *Fischer,* MDR 1995, 988; *Schwerdtner,* NJW 1970, 222, 225.
19) Zum Beispiel durch eine Hypothek oder ein Pfandrecht; vgl. auch LG Augsburg, NJW 1975, 2350.

leistung vollstreckbaren Titel, ist in der Regel ein Arrestgrund nicht mehr gegeben. Umstritten ist in diesem Zusammenhang, ob der Erlass eines Arrestes noch zulässig ist, wenn ein gegen Sicherheitsleistung für vorläufig vollstreckbar erklärtes Urteil vorliegt und der Gläubiger zur Leistung der Sicherheit nicht in der Lage ist.[20] Der Gläubiger ist allerdings wegen der Möglichkeit der **Sicherungsvollstreckung** nach § 720a ZPO in aller Regel nicht schutzbedürftig.[21]

394 Eine **Sicherheitsleistung** vermag die Glaubhaftmachung des Arrestgrundes und/oder des Arrestanspruchs zu ersetzen (vgl. § 921 Abs. 2 ZPO). Ist das Gericht jedoch davon überzeugt, dass der Arrestgrund oder -anspruch nicht gegeben ist, darf es den beantragten Arrest auch nicht gegen eine Sicherheitsleistung erlassen; denn es fehlen bereits die Voraussetzungen für den Erlass des Arrestes.[22]

395 Wird ein Arrest nach einem **Widerspruch** rechtskräftig bestätigt, ist der Arrestgrund bindend festgestellt,[23] nicht dagegen der zu sichernde Anspruch.[24] Wird ein Arrest mit der Maßgabe bestätigt, dass der Arrestkläger **Sicherheit** zu leisten hat, so wird damit ein **neuer** Arrest erlassen, der eine neue Vollziehungsfrist in Lauf setzt, innerhalb derer die Sicherheit erbracht werden muss.[25] Wird die Sicherheit nicht geleistet, ist der Arrest nach § 927 ZPO aufzuheben, wobei das Aufhebungsbegehren des Arrestbeklagten noch im Widerspruchsverfahren nach § 925 ZPO gestellt werden kann.[26] Anwaltliche Vorsicht ist auch geboten, wenn das Berufungsgericht, nachdem das erstinstanzliche Gericht einen von ihm erlassenen Arrest durch vorläufig vollstreckbares Urteil aufgehoben hat, den Arrest durch Berufungsurteil erneut anordnet; denn dies löst eine **neue Vollziehungsfrist** aus.[27] Zur Vollziehung des neuen Arrestes muss der Gläubiger darüber hinaus auch **neue Vollstreckungsmaßnahmen** treffen.[28]

Zu beachten ist, dass auch in der ab 1. Januar 2002 geltenden Fassung der Zivilprozessordnung eine **Rechtsbeschwerde** nach § 574 Abs. 1 ZPO an den **Bundesgerichtshof** nicht statthaft ist; dies folgt zwingend aus der Regelung des § 542 Abs. 2 ZPO.[29]

---

20) Vgl. dazu *Göppinger*, NJW 1967, 177; *Baur*, BB 1964, 607, 614; OLG Neustadt, MDR 1961, 62; *Zöller/Vollkommer*, § 917 ZPO, Rn. 13 m.w.Nachw.
21) OLG Frankfurt, OLGR 1999, 74, 75; *Zöller/Vollkommer*, a.a.O.
22) Vgl. OLG Köln, MDR 1959, 933 m. Nachw.; OLG Düsseldorf, VersR 1980, 50.
23) Vgl. OLG Hamburg, MDR 1956, 304, 305; KG, MDR 1979, 64 (zur materiellen Rechtskraft des Urteils).
24) RGZ 67, 365.
25) OLG Schleswig, NJW 1972, 1056; OLG Frankfurt, WRP 1980, 423.
26) OLG Frankfurt, WRP 1980, 423.
27) OLG Düsseldorf, NJW-RR 2000, 68.
28) OLG Düsseldorf, NJW-RR 2000, 68.
29) BGH, BauR 2003, 130, 131.

KAPITEL 2
Zulässigkeitsfragen im Bauprozess

Übersicht

		Rdn.			Rdn.
I.	Die Zuständigkeit des Gerichts in Bausachen	396	IV.	Der Einfluss des Schiedsvertrages und des Schiedsgutachtenvertrages auf den Bauprozess	519
II.	Die Feststellungsklage in Bausachen	425	V.	Die Streitverkündung im Bauprozess	547
III.	Aktivlegitimation und Prozessführungsbefugnis bei Mängeln am Gemeinschaftseigentum	464			

I. Die Zuständigkeit des Gerichts in Bausachen

Übersicht

		Rdn.			Rdn.
1.	Abgrenzung von bürgerlich-rechtlichen und öffentlich-rechtlichen Baustreitigkeiten	396	5.	Örtliche Zuständigkeit	414
				a) Gerichtsstandsvereinbarungen	414
				b) Die gesetzliche Regelung	417
2.	Funktionelle Zuständigkeit	404		c) Der Gerichtsstand des Erfüllungsortes (§ 29 ZPO)	418
3.	Baukammern	405			
4.	Kammer für Handelssachen	412		d) Internationale Zuständigkeit	424

Literatur

Englert/Grauvogel/Maurer, Handbuch des Bau- und Tiefbaurechts, 5. Auflage 2016; *Dahmen*, Schnittstellen zwischen privatem und öffentlichem Baurecht, 2013; *Grziwotz/Lüke/Saller*, Praxishandbuch Nachbarrecht, 2. Auflage 2013; *Boisserée/Fuchs*, Handbuch Baunachbarrecht, 2006.

Mühl, Baurecht und Privatrechtsordnung, NJW 1958, 769; *Kaiser*, „Privatautonomie" der auftragvergebenden und -abwickelnden Bauverwaltung?, BauR 1980, 99; *Gelzer*, Zivilrechtliche und öffentlich-rechtliche Probleme bei der Nutzung von Spiel- und Sportanlagen in Wohngebieten, Festschrift für Korbion (1986), 117; *Vieweg*, Sportanlagen und Nachbarrecht, JZ 1987, 1104; *Pechstein*, Der einstweilige Rechtsschutz des Nachbarn im Baurechtsstreit, JuS 1989, 194; *Di Fabio*, Freiwillige Baulastübernahme und hoheitliche Durchsetzung, BauR 1990, 25; *Kluth*, Der Vergleich im Baunachbarrechtsstreit, BauR 1990, 678; *Trapp/Trapp*, Der Vergütungsanspruch des Prüfingenieurs für Baustatik im Spannungsfeld zwischen Bauherrn und Bauaufsichtsbehörde, BauR 1995, 50; *Grziwotz*, Städtebauliche Verträge vor den Zivilgerichten, NJW 1997, 237; *Dürr*, Der baurechtliche Nachbarschutz gegenüber Stellplätzen und Garagen, BauR 1997, 7; *Schulte*, Schlanker Staat: Privatisierung der Bauaufsicht durch Indienstnahme von Bauingenieuren und Architekten als staatlich anerkannte Sachverständige, BauR 1998, 249; *Uechtritz*, Vorläufiger Rechtsschutz eines Nachbarn bei genehmigungsfreigestellten Bauvorhaben – Konkurrenz zwischen Zivil- und Verwaltungsprozess?, BauR 1998, 719; *Wirth*, Das Zusammenspiel zwischen öffentlichem und privatem Baurecht, dargestellt an der Haftung des Architekten im Bereich der öffentlich-rechtlichen Baufreigabe, Jahrbuch Baurecht 1998, 87; *Hagen*, Immissionsrechtlicher Nachbarschutz vor den Zivilgerichten, ZfIR 1999, 413; *Köster*, Primärrechtsschutzschwellen und Rechtswegwirrwarr, NZBau 2006, 540; *Hänsel*, Rechtsschutz im Unterschwellenbereich und Tariftreue: Endlich Klarheit oder doch nicht?, NJW-Spezial 2007, 69; *Krohn*, Ende des Rechtswegwirrwarrs: Kein Verwaltungsrechtsschutz unterhalb der Schwellenwerte, NZBau 2007, 493; *Nestler/Graf*, Einfluss des öffentlichen Rechts auf das Bauvertragsrecht, Festschrift für Koeble, 2010, 49.

1. Abgrenzung von bürgerlich-rechtlichen und öffentlich-rechtlichen Baustreitigkeiten

396 Die Zuständigkeit der **Zivilgerichte** ist in Einzelfällen wegen der Abgrenzung von privatem und öffentlichem Baurecht zweifelhaft.[1] Vor die Amts- und Landgerichte gehören nach § 13 GVG die „bürgerlich-rechtlichen Streitigkeiten", also der **zivile Bauprozess.** Ob ein Bauprozess eine bürgerlich-rechtliche Streitigkeit betrifft, der Streitgegenstand also eine unmittelbare Rechtsfolge des Zivilrechts ist, richtet sich allein nach dem Tatsachenvortrag des Klägers;[2] die Einwendungen des Beklagten sind insoweit unbeachtlich.[3]

397 Von **privatem Baurecht** ist immer auszugehen, wenn es um rechtliche Beziehungen von Baubeteiligten geht, die sich **gleichrangig** bei einem Bauvorhaben gegenüberstehen.[4] Damit sind namentlich Streitigkeiten zwischen Bauherren, Architekten, Sonderfachleuten, Bauunternehmern und Baugesellschaften als bürgerlich-rechtliche Streitigkeiten zu qualifizieren. Hat das **erstinstanzliche Gericht** die **Zulässigkeit** des Zivilrechtswegs **bejaht,** so ist das für die Berufungsinstanz **bindend,** es sei denn, es liegt z.B. ein **Verstoß** gegen § 17a Abs. 3 Satz 2 GVG vor.[5]

Problematisch sind in der Praxis vor allem Fälle, in denen **Rechtssubjekte des öffentlichen Rechts** als **Prozesspartei erscheinen.** Hier können sich im Einzelfall erhebliche Abgrenzungsschwierigkeiten ergeben. Die Frage, ob ein Rechtsstreit dem Zivilrecht oder dem öffentlichen Recht zuzuordnen ist, richtet sich stets nach der **Natur** des Rechtsverhältnisses, aus dem der Klageanspruch hergeleitet wird;[6] entscheidend ist dabei aber immer die **wirkliche** Natur des Anspruchs, nicht aber der Umstand, ob sich der Kläger auf eine zivilrechtliche oder eine öffentlich-rechtliche Anspruchsgrundlage beruft.[7] Ob ein **Vertrag** zwischen einer **Körperschaft/ juristische Person des öffentlichen Rechts** (z.B. Gemeinde) und einem **privaten Bauherrn,** Architekten oder einer Bauträgergesellschaft dem öffentlichen oder bürgerlichen Recht zuzuordnen ist, kann im Einzelfall durchaus problematisch sein,[8] denn eine mit dem Vertrag verfolgte öffentlich-rechtliche Zielsetzung allein

---

1) Zur Abgrenzung unter Beachtung der **EuGVO:** *Zöller/Geimer,* Art. 1 EuGVVO, Rn. 21 m.w.Nachw.
2) BGHZ 29, 187; BGHZ 56, 365, 367; BGH, NJW 1972, 585; NJW 1978, 1860; VGH München, BayVerwBl. 1994, 600.
3) BGH, NJW 1985, 2820; OLG Nürnberg, OLGR 2009, 473; *Zöller/Lückemann,* § 13 GVG, Rn. 54.
4) Siehe auch BGH, NJW 2000, 1042 (Abgrenzung zwischen privatrechtlicher und öffentlich-rechtlicher Streitigkeit, wenn ausschließlich Privatrechtssubjekte an einem streitigen Rechtsverhältnis beteiligt sind).
5) BGH, NJW 1994, 387; OLG Zweibrücken, NZM 2002, 391; *Bitz/Steinfatt,* in: Prütting/Gehrlein, § 17a GVG, Rn. 14; *Zöller/Lückemann,* § 17a GVG, Rn. 17 m.w.Nachw.
6) *Zöller/Lückemann,* § 13 GVG, Rn. 4 m.w.Nachw.
7) BVerwG, NZBau 2007, 389; BGHZ 97, 312 = NJW 1986, 2359; BGHZ 102, 280 = MDR 1988, 554 – Rollstühle; BGHZ 108, 284 = MDR 1990, 508 – öffentlich-rechtliche Krankenkasse; Thüringer OVG, BauR 2002, 757 – Ansprüche aus **culpa in contrahendo** (Verwaltungsrechtsweg); OLG Köln, BauR 2003, 516 m.Anm. *Kirsch* für Unterlassungsanspruch aus § 1004 BGB.
8) Vgl. die Rechtsprechung zum Rechtsweg für Klagen auf Auftragsvergütung oder auf Haftung eines **öffentlich bestellten Vermessungsingenieurs:** OLG Dresden, OLGR 2000, 64 = NZBau 2000, 88 = NJW-RR 2000, 1404 = IBR 2000, 468 – *Köppen;* KG Berlin, BauR 2001,

Abgrenzung

bedingt nicht schlechthin, dass Mittel, die die Verwaltung zur Erreichung dieses Zieles einsetzt, auch stets öffentlich-rechtlicher Natur sind. In der Rechtsprechung wird daher bei der Beurteilung überwiegend nicht auf den geltend gemachten Anspruch, sondern auf den Schwerpunkt der Vereinbarung („das Gepräge") abgestellt;[9] liegt dieser auf dem Gebiet des Zivilrechts, wird die Zulässigkeit des ordentlichen Rechtswegs zu bejahen sein.[10]

398 Die **Abgrenzung** der öffentlich-rechtlichen **Verträge** von den privatrechtlichen muss von der Sache, vom **Gegenstand** des Vertrages her im Einzelfall getroffen werden. Der **BGH**[11] hat insoweit grundsätzlich festgestellt:

> „Wenn sonach für die Frage, ob ein Vertrag dem öffentlichen oder dem privaten Recht zuzuordnen ist, entscheidend auf den Gegenstand der vertraglichen Regelung abzustellen ist, dann muss den Ausgangspunkt der Untersuchung die Frage bilden, ob sich die Vereinbarung auf von der gesetzlichen Ordnung öffentlich-rechtlich oder privatrechtlich geregelte Sachverhalte bezieht. Zwar ist mit der Entscheidung dieser Frage in dem einen oder anderen Sinne noch nicht endgültig und in allen Fällen die Frage, ob der Vertrag selbst als öffentlich-rechtlicher oder privatrechtlicher zu beurteilen ist, beantwortet. Denn es ist möglich, dass im Rahmen eines Vertrages, der einen dem öffentlichen Recht unterfallenden Sachverhalt betrifft, einer der Vertragspartner, insbesondere auch eine private Vertragspartei, unbeschadet der öffentlich-rechtlichen Ordnung und ohne Abweichung von der durch sie geregelten Aufgaben- und Lastenverteilung zusätzlich eine Verpflichtung als privatrechtliche Pflicht übernimmt. So kann z.B. der Anlieger privatrechtlich die Reinigung des Bürgersteigs dem – nach wie vor öffentlich-rechtlich verpflichteten – Wegebaulastträger gegenüber übernehmen. Ist eine derartige Pflicht, durch deren Übernahme an der vom Gesetz vorgesehenen Aufgaben- und Lastenverteilung als solcher nichts geändert werden soll, Gegenstand eines Vertrages, dann handelt es sich um einen dem bürgerlichen Recht zuzurechnenden Vertragsgegenstand; der Vertrag ist privatrechtlich; für Streitigkeiten aus diesem Vertrag steht der Rechtsweg zu den Zivilgerichten offen."

399 **Beispiele** aus der Rechtsprechung:

* Rückzahlungsbegehren des Insolvenzverwalters hinsichtlich nach Insolvenzeröffnung gezahlter **Bauabzugssteuer** (Zivilrechtsweg; OLG Frankfurt, NZBau 2004, 391);
* Notarieller **Grundstückskaufvertrag** mit **Bau-** bzw. Rückbauverpflichtung (privatrechtlicher Vertrag; BGH, NJW-RR 2004, 142 = NVwZ 2004, 253);
* Abkommen über **Verpflichtungen,** die sich aus der **RGarO** für den Bauherrn ergeben (öffentlich-rechtlicher Vertrag; BGHZ 32, 214 = MDR 1960, 652 =

441; OLG Braunschweig, BauR 2000, 1891; zur **Abgrenzung** der Amtshaftung von der **werkvertraglichen Mängelhaftung** (Haftung für **Vermessungsfehler**): BGH (III. ZS), ZfBR 2013, 281 = DS 2013, 68 = IBR 2013, 85 – *Thiel*. Siehe ferner: OLG Nürnberg, BauR 2003, 732 zur Störer- und Zustandshaftung eines **Hoheitsträgers** bei Bau eines Mischwasserkanals sowie unten Rdn. 403.

9) *Zöller/Lückemann*, § 13 GVG, Rn. 27 m.w.Nachw.
10) BGH, NJW-RR 2004, 142, 143 = NVwZ 2004, 253 für Streitigkeiten über vertraglich übernommene **Bau-** bzw. **Rückbauverpflichtung**; OLG Schleswig, NJW 2004, 1052 = OLGR 2003, 540 = BauR 2004, 139 (LS); siehe ferner die umfänglichen Nachweise bei *Zöller/Lückemann*, § 13 GVG, Rn. 27.
11) BGHZ 32, 214 = NJW 1960, 1457 = MDR 1960, 652; s. ferner: BGHZ 50, 284, 287 = NJW 1968, 1925; BGH, LM Art. 14 (Bb) GG Nr. 41 = WM 1969, 635; BGH, NJW 1981, 976; BGH, NJW 1985, 1892; Gemeinsamer Senat der Obersten Gerichtshöfe des Bundes, NJW 1986, 2359 = JZ 1986, 1008; OLG Hamm, BauR 1991, 653 = NJW-RR 1991, 639 (Vertrag über die Unterhaltung einer Stützwand); BGH, ZfBR 1997, 84 (Rückzahlungsansprüche aus einer Hermes-Bürgschaft).

NJW 1960, 1457 m. krit. Anm. von Weis, NJW 1960, 1762; BVerfG, BauR 79, 495 u. 498; BGH, NJW 1979, 642 = WM 1979, 336; BGH, MDR 1981, 388; s. aber BGH, MDR 1961, 580 sowie VGH Kassel, NJW 1983, 2831 – öffentlich-rechtlicher Erstattungsanspruch auf Rückzahlung eines Ablösungsbetrages für einen Stellplatz; vgl. dazu auch Gloria, NVwZ 1990, 305);
* Vertrag über die Anlegung einer **Unternehmerstraße** (privatrechtlicher Vertrag; BGH, NJW 1961, 73);
* Vertrag zwischen einer juristischen Person des Zivilrechts und der Kommune über die **Errichtung** und den Betrieb eines **Krankenhauses,** Schwesternheimes und Altenheimes (privatrechtlicher Vertrag; OVG Münster, NJW 1991, 61);
* **Baudispensverträge** (in der Regel öffentlich-rechtlich; vgl. BGH, DVBl. 1967, 36);
* Errichtung einer **Breitbandverteileranlage** (Zivilrechtsweg; OVG Saarlouis, NVwZ 1994, 1228);
* Grunderwerbsverträge mit **Bauplanungsabreden** (öffentlich-rechtlicher Vertrag: BVerfG, NJW 1980, 2538; dazu grundlegend Papier, JuS 1981, 498 ff.; privatrechtlicher Vertrag; BGHZ 76, 16 ff.; BGH, NJW 1985, 1892);
* Der Streit darüber, ob in einem öffentlichen **Ausschreibungsverfahren** einem Bewerber der Zuschlag zu erteilen ist, ist privatrechtlicher Natur (BVerwG, MDR 1962, 681; Unger, BauR 1984, 465, 467);
* Ist ein öffentlich-rechtlicher Vertrag (z.B. Anbauvertrag) unwirksam, ist für den Anspruch auf Rückgewähr einer Leistung ebenfalls der Verwaltungsrechtsweg gegeben (BGHZ 56, 365; BVerwG, NJW 1980, 2538; Papier, JuS 1981, 498); ebenso für einen Regressanspruch aus einem öffentlich-rechtlichen Vertrag (LG Hannover, MDR 1981, 942);
* **Baulast** bewirkt öffentlich-rechtliche Verpflichtungen (BGH, SFH, Nr. 3 zu § 1004 BGB; siehe auch Ziegler, BauR 1988, 18 ff.);
* Zur **Asbestsanierung** siehe Büge/Tünnesen-Harmes, BauR 1997, 373 ff.;
* **Grundstückstauschvertrag** (Zivilrechtsweg: BGH, SFH, Nr. 1 zu § 13 GVG);
* Zum Rechtsweg bei Ablehnung der Übernahme eines Baudenkmals durch die Gemeinde: BGH, BauR 1991, 67 (Zivilrechtsweg, wenn das behördliche Verfahren noch nach den Vorschriften des Preußischen Enteignungsgesetzes durchgeführt wurde).

400 **Abgrenzungsschwierigkeiten** gibt es auch bei **anderen Klagen.**[12] Wird z.B. auf die **Beseitigung von Bauwerken** geklagt, handelt es sich in der Regel um Klagen eines **Baunachbarn.** Klagt dieser gegen den **Bauherrn** mit der Behauptung, es sei unter Verstoß gegen ein Bauverbot und ohne Baugenehmigung ein Bauwerk errichtet worden, geht es um einen privatrechtlich ausgestalteten Beseitigungsanspruch des Nachbarn auf Abriss des Bauwerks, für den die **ordentlichen Gerichte zuständig sind.**[13] Der Zivilrechtsweg ist auch gegeben, wenn die Unterlassung von

---

[12] Zur Zuständigkeit des Arbeitsgerichts (**Arbeitnehmereigenschaft** eines Architekten): OLG Oldenburg, OLGR 2000, 263.
[13] Vgl. z.B. BGH, DB 1970, 1126 = NJW 1970, 1180; BGH, DB 1974, 673; BGH, MDR 1977, 568; ferner: BGH, WM 1974, 1226 (**Beseitigung** einer Abstützung) u. OLG Hamm, DB 1975, 834 (**Beseitigung** eines Nachbarzaunes); LG Aachen, BauR 1981, 501 (**Unterlassungsanspruch** auf einen vorläufigen Baustopp).

Baumaßnahmen auf einem **Restitutionsgrundstück** in einem **neuen Bundesland** von dem Berechtigten geltend gemacht wird.[14]

Daneben gibt es aber auch den **öffentlich-rechtlichen Abwehr- oder Beseitigungsanspruch,** der von den Bauaufsichtsbehörden, einem Grundstückseigentümer[15] oder dem Baunachbarn geltend gemacht wird. Hier spricht man von **öffentlich-rechtlicher Nachbarklage.** Diese und ihr Verhältnis zur zivilrechtlichen Nachbarklage beschäftigen seit langem Rechtsprechung und Lehre.[16] **401**

Die öffentlich-rechtlichen Abwehr- und Beseitigungsansprüche sind von dem Baunachbarn über den **Widerspruch** und im Wege der **Klage** vor den Verwaltungsgerichten durchzusetzen. In der Regel ist dabei die **Anfechtungsklage** die richtige Klageform; **Verpflichtungsklage** ist von dem Baunachbarn zu erheben, wenn der Bauherr ohne Baugenehmigung ein Gebäude unter Verletzung nachbarschützender Normen errichtet hat. In diesem Falle richtet sich der Anspruch des Nachbarn gegen die Behörde darauf, dass diese gegen den Bauherrn des ungenehmigten Bauvorhabens einschreitet. Dies geschieht in der Praxis durch den Erlass einer **Beseitigungsverfügung.**[17] **402**

Rechtsprechungsübersicht **403**

* Zulässigkeit der **öffentlich-rechtlichen Nachbarklage** (BVerwG, MDR 1966, 174; dazu auch Gelzer, NJW 1959, 1905; Sellmann, DVBl. 1963, 273; Schlichter, ZfBR 1978, 12);
* Verwaltungsrechtsweg bei **Herausgabeklage** des Grundstückseigentümers bezüglich eines rechtswidrig gewidmeten Wegestücks (BGH, NJW 1967, 2309);
* Haftung für **Verschulden bei Vertragsschluss** anlässlich eines zur Abwendung eines Enteignungsverfahrens abgeschlossenen Kaufvertrages (BGH, NJW 1986, 1109; BGH, ZfBR 1981, 67 = NJW 1981, 976; vgl. auch BGH, NJW 1978, 1802 = ZfBR 1979, 32 betreffend einen Folgelastvertrag);
* Klage aus § 945 ZPO, wenn im Ausgangsverfahren ein Verwaltungsgericht gemäß § 123 VwGO entschieden hatte (BGH, BauR 1981, 93 = NJW 1981, 439 = DVBl. 1981, 28; Kirchberg, VBlBW 1981, 169 – ordentlicher Rechtsweg);
* Rechtsweg bei Streit über **Benutzung** eines gemeindlichen **Weges** (OLG Koblenz, MDR 1981, 671 – Verwaltungsrechtsweg);
* Schadensersatz des Versorgungsunternehmers wegen Beschädigung von **Hausanschlussleitungen** (BayVGH, BayVBl. 1981, 117 – öffentlich-rechtlicher Anspruch **gegen** den Grundstückseigentümer auf Ersatz der entstandenen Aufwendungen);

---

14) Vgl. KG, DtZ 1991, 191 ff.
15) Vgl. z.B. BGH, MDR 1965, 196 für Klage auf Herstellung von **Schutzeinrichtungen** gegen Störungen aus einer Kanalisationsanlage einer Gemeinde (dazu auch BGH, MDR 1969, 737 = DVBl. 1970, 273; OLG Nürnberg, BauR 2003, 732); BGH, DÖV 1969, 434 für Klage auf Duldung eines **Notweges** über ein städtisches Grundstück, das für den Feuerwehrdienst gewidmet ist, s. auch OLG Koblenz, MDR 1981, 671; OLG München, BayVerwBl. 1976, 157 für einstweilige Verfügung gegen **Straßenbaumaßnahmen**; BGH, NJW 1976, 570 für Abwehrklage gegen **Kinderspielplatz**.
16) Vgl. dazu u.a. *Mühl*, Festschrift für Fritz Baur, 1981, S. 83 ff.; *Widhofer/Mohnen*, ZfBR 1982, 104 ff. sowie *Kluth*, BauR 1990, 678 ff. (zum Vergleich im Baunachbarrechtsstreit).
17) Zur sog. Abbruchsanordnung s. *Rasch*, BauR 1975, 94; BVerwG, BauR 1986, 195; OVG Lüneburg, BauR 1986, 692; *Werner/Pastor/Müller*, Stichwort: Abbruchanordnung, S. 2 ff.

* Rechtsweg für Klagen aus **Wohnungsfürsorgedarlehen** des Bundes (BGH, WM 1979, 866);
* **Verwaltungsrechtsweg** gegeben für **Honoraransprüche** des **Prüfingenieurs für Baustatik** gegen die **Bauaufsichtsbehörde** (LG Mainz, BauR 1982, 89; OLG Braunschweig, BauR 2000, 1891; vgl. auch Trapp/Trapp, BauR 1995, 57 ff.);
* Klagt ein öffentlich bestellter Vermessungsingenieur gegen einen **(privaten) Auftraggeber** auf **Zahlung** seiner Auftragsvergütung, ist, wenn **nicht in dem betreffenden Bundesland eine andere Regelung gilt** (KG, IBR 1998, 227 – Dieckert; OLG Braunschweig, BauR 2000, 1891; LG Saarbrücken, BauR 2002, 343), der **ordentliche Rechtsweg** eröffnet, „weil die Aufgabenerfüllung hinsichtlich der Erlangung, Durchführung und Vergütung eines Auftrags des öffentlich bestellten Vermessungsingenieurs **privatrechtlich ausgestaltet ist**" (OLG Dresden, OLGR 2000, 64 = NZBau 2000, 88 = NJW-RR 2000, 1442 = IBR 2000, 468 – Köppen; OLG Braunschweig, BauR 2000, 1891; KG, BauR 2001, 441; s. auch Holthausen, NZBau 2004, 479; **abweichend** u.a.: LG Kiel, BauR 1991, 372; OLG Hamm, BauR 1984, 670 [LS] = MDR 1984, 677; OLG Düsseldorf, OLGR 1995, 131 = NJW-RR 1996, 269). Zur **Verjährung** des Vergütungsanspruchs s. Trapp, BauR 2002, 38 ff. zu OVG NRW, BauR 2002, 76 u. OVG NRW, BauR 2000, 1322. Zur **Haftung** wegen Vermessungsfehler (Abgrenzung der Amtshaftung zur werkvertraglichen Mängelhaftung): BGH, ZfBR 2013, 281 = DS 2013, 68 = IBR 2013, 85 – *Thiel*; s. ferner: BGHZ 58, 225, 226 = NJW 1972, 901.
* **Grundstückstauschvertrag** (Zivilrechtsweg: BGH, SFH, Nr. 1 zu § 13 GVG);
* Verwaltungsrechtsweg gegeben für Antrag auf Erlass einer einstweiligen Anordnung wegen Benachteiligung durch eine unzulässige **Architektenbindung** bei der **Vergabe der Baubetreuung** im Rahmen einer **Entwicklungsmaßnahme** nach dem StBauFG (VGH Kassel, NJW 1985, 1356);
* Verwaltungsrechtsweg gegeben für **Unterlassungsanspruch gegen den Staat** bei Lärmeinwirkungen durch einen **Sportplatz** (BVerwG, BauR 1989, 1782; OVG Hamburg, BauR 1986, 73; OVG Koblenz, NVwZ 1987, 1021; VGH München, NVwZ 1987, 986 – **Bolzplatz;** dagegen privatrechtlicher Unterlassungsanspruch, wenn eine Stadt einen Schulsportplatz den ortsansässigen Sportvereinen zur Verfügung stellt: LG Aachen, NVwZ 1988, 189);
* öffentlich-rechtlicher Beseitigungsanspruch wegen der von einer **Straßenlaterne** ausgehenden Einwirkungen (OVG Koblenz, NJW 1986, 953); zum (privatrechtlichen) **Unterlassungsanspruch** bei Errichtung einer gemeindlichen Kanalisation: OLG Nürnberg, BauR 2003, 732;
* Zum (öffentlich-rechtlichen) **Unterlassungsanspruch** bei Arbeiten im **Gehwegbereich** (§ 9a StrWG NRW): OLG Köln, BauR 2003, 516 mit Anm. Kirsch.

2. Funktionelle Zuständigkeit

Literatur

Niedenführ, Die WEG-Novelle 2007, NJW 2007, 1841.

404 Zuständigkeitsprobleme konnten in der Vergangenheit entstehen, soweit die Anwendung des WEG in Betracht zu ziehen war; soweit nämlich die Vorschriften des §§ 43 ff. WEG eingriffen (bis zum 1.7.2007), lag eine ausschließliche Zuständigkeit vor.[18] Die WEG-Novelle hat eine Neuordnung des Verfahrens gebracht. Die Zuordnung eines Rechtsstreits zum Katalog des § 43 WEG hat nur noch für die örtliche und sachliche Zuständigkeit der **Zivilprozessgerichte** Bedeutung.[19] Diese entscheiden unter Beachtung der **Sonderregelungen** in §§ 44–50 WEG unter Anwendung der **ZPO**. Dies bedeutet, dass zukünftig auch durch ein Versäumnisurteil entschieden werden kann. Die Sonderregelungen der §§ 44–50 WEG betreffen die Durchführung der **Anfechtungsklagen**.[20]

3. Baukammern

Literatur

Meyer, Spezialisierung (Spezialabteilungen und -kammern) in der Justiz, DRiZ 1987, 417; *Kniffka*, Anspruch und Wirklichkeit des Bauprozesses, NZBau 2000, 2; *Krüger-Doyé*, Neue Entwicklungen im Baurecht, DRiZ 2002, 383; *Kranz*, Die Einzelrichter- und Kollegialzuständigkeit der Zivilkammer nach § 348 Abs. 1 Satz 2 Nr. 1 ZPO, DRiZ 2003, 370; *Leupertz*, Das Baurecht und die Justiz – Weiterbildung als Hobby, BauR 5/2012, I.

405 Ist die funktionelle Zuständigkeit des Amts- oder Landgerichts gegeben, handelt es sich also um einen zivilen Bauprozess, so bleibt die Frage, ob im Einzelfall die „normale" Zivilkammer zuständig oder ob insoweit eine **geschäftsplanmäßige Sonderzuständigkeit** begründet ist. Den Parteien war es zwar verwehrt, eine Prorogation auf eine bestimmte Kammer oder einen bestimmten Richter vorzunehmen,[21] den Präsidien des Landgerichts war es jedoch möglich, im Rahmen der **Geschäftsplanverteilung** eine bestimmte Kammer geschäftsplanmäßig ausschließlich oder doch überwiegend mit Bausachen zu beschäftigen. Hiervon haben die Gerichte zunehmend Gebrauch gemacht und sog. **Baukammern/Senate** eingerichtet. Bei den meisten Landgerichten wurden die Bausachen bisher jedoch überwiegend von den „normalen" Kammern (Zivilkammer, Kammer für Handelssachen) im Rahmen der allgemeinen Zuständigkeit bearbeitet.

406 Dagegen haben u.a. die LG Köln, Koblenz, München, Nürnberg sowie das OLG Celle seit geraumer Zeit eine spezielle Zuständigkeit für Bausachen geschäftsplanmäßig vorgesehen. Andere Land- bzw. Oberlandesgerichte haben sich mit der Frage der Einrichtung von Baukammern oder Bausenaten beschäftigt. Zum Teil ist dabei die Notwendigkeit der Einrichtung von Baukammern als Spezialkammern mit der Begründung verneint worden, dass in dem betreffenden Landgerichtsbezirk keine besonders rege Bautätigkeit herrsche, die eine Spezialzuständigkeit für Bausachen erfordere. Zum anderen wurde die Schaffung von Baukammern mit der Begründung abgelehnt, es müsse dann eine so große Anzahl von Spezialkammern für Bausachen geschaffen werden, dass hierdurch der allgemeine Geschäftsbetrieb des Landgerichts negativ beeinflusst werde. Da es sich im Übrigen bei den Bausachen in der Regel um Punktesachen handele, müssten die

---

18) Zur **Verfahrenszuständigkeit** siehe u.a. *Merle/Trautmann*, NJW 1975, 118 sowie die **Fallbeispiele** in der **12.** Auflage unter Rn. **404**.
19) Siehe hierzu: *Niederführ*, NJW 2007, 1841, 1843; *Abramenko*, in: Riecke/Schmid, § 43 WEG, Rn. 2 m.w.Nachw.
20) *Niederführ*, a.a.O., § 1844 m.w.Nachw.
21) Vgl. BGHZ 6, 178, 181.

lediglich mit Bausachen befassten Kammern/Senate zahlenmäßig geringer belastet werden als die normalen O-Kammern. Dieser zuletzt genannte Einwand war sicherlich berechtigt; denn Bausachen sind nun mal in der Regel umfangreicher als normale O-Sachen, was zum Teil auch in der Weise berücksichtigt wurde, indem man „Bausachen" geschäftsplanmäßig höher bewertete.

407 Soweit spezielle Baukammern und Bausenate bisher existieren, hatten sie zum Beispiel folgenden Wortlaut:

* **LG Augsburg**
  - Bausachen sind Rechtsstreitigkeiten (O und OH) über Ansprüche aus der Planung, technischen Baubetreuung, Herstellung oder Veränderung von Bauwerken – Hoch- oder Tiefbauten –, die aus Kauf-, Dienst-, Werk-, Geschäftsbesorgungs-, Baubetreuungs-, Werklieferungsverträgen über unvertretbare Sachen oder aus entsprechenden Bürgschaften geltend gemacht werden, Gewährleistungsansprüche jedoch nur, sofern sich die Sachmängelhaftung nach Werkvertragsrecht richtet.
  - Bausachen sind auch Rechtsstreitigkeiten, bei denen der Kläger Ansprüche aus der Haftung von Rechtsanwälten im Zusammenhang mit der Bearbeitung von Bausachen nach Satz 1 geltend macht.

* **LG Bonn**
  Es bearbeiten die bürgerlichen Rechtsstreitigkeiten des ersten Rechtszuges aus Bau- und Architektenverträgen sowie aus Ingenieurverträgen, soweit sie im Zusammenhang mit Bauleistungen stehen (einschließlich Baubetreuungen, Bauträgerverträge, Garten- und Landschaftsbauverträge sowie Vertragserfüllungs- und Gewährleistungsbürgschaften) und soweit öffentlich-rechtliche Gebietskörperschaften, rechtsfähige Anstalten des öffentlichen Rechts, der Bau- und Liegenschaftsbetrieb NRW, die Deutsche Post AG oder die Deutsche Telekom AG (einschließlich ihrer jeweiligen Tochtergesellschaften) (als Parteien) beteiligt sind.

* **LG Dortmund**
  Bausachen Erstinstanzliche bürgerliche Rechtsstreitigkeiten sowie Berufungen in Zivilsachen und Beschwerden der streitigen Gerichtsbarkeit betreffend Ansprüche aus Dienst-, Werk-, Werklieferungs- und entgeltlichen Geschäftsbesorgungsverträgen, sowie insbesondere auch aus Architekten-, Baubetreuungs-, Bauträger- und Baubewerber-Verträgen, wenn diese Grundstücke, Gebäude oder Gebäudeteile betreffen, und Ansprüche aufgrund unerlaubter Handlungen wegen eines Verstoßes gegen das Gesetz zur Sicherung von Bauforderungen, sowie aus Bürgschaften für Ansprüche aus solchen Verträgen, einschließlich der dieses Sachgebiet betreffenden Anwaltshaftungsprozesse

* **OLG München**
  Bausachen sind Rechtsstreitigkeiten über Ansprüche aus der Planung, technischen Baubetreuung, Herstellung oder Veränderung von Bauwerken – Hoch- oder Tiefbauten –, die aus Kauf-, Dienst-, Werk-, Geschäftsbesorgungs-, Baubetreuungs-, Werklieferungsverträgen über unvertretbare Sachen oder aus Bürgschaften im Zusammenhang mit den genannten Geschäften geltend gemacht werden, Gewährleistungsansprüche jedoch nur, sofern sich die Sachmängelhaftung nach Werkvertragsrecht richtet. Bausachen sind auch Rechtsstreitigkeiten, bei denen sei es im Klagewege oder als Einwendung Ansprüche aus der Haftung

von Rechtsanwälten im Zusammenhang mit der Bearbeitung von Bausachen nach Satz 1 geltend macht.

Mit der **Reform** des **Bauvertragsrechts** ist nunmehr auch das **Gerichtsverfassungsgesetz** u.a. wie folgt geändert worden:

§ 71

(1) Vor die Zivilkammern, einschließlich der Kammern für Handelssachen, gehören alle bürgerlichen Rechtsstreitigkeiten, die nicht den Amtsgerichten zugewiesen sind.

(2) Die Landgerichte sind ohne Rücksicht auf den Wert des Streitgegenstandes ausschließlich zuständig

[…]

1. in Streitigkeiten

a) über das Anordnungsrecht des Bestellers gemäß § 650b des Bürgerlichen Gesetzbuchs,

b) über die Höhe des Vergütungsanspruchs infolge einer Anordnung des Bestellers (§ 650c des Bürgerlichen Gesetzbuchs)

§ 72

(1) Die Zivilkammern, einschließlich der Kammern für Handelssachen und der in § 72a genannten Kammern, sind die Berufungs- und Beschwerdegerichte in den vor den Amtsgerichten verhandelten bürgerlichen Rechtsstreitigkeiten, soweit nicht die Zuständigkeit der Oberlandesgerichte begründet ist. […]

§ 72a

Bei den Landgerichten werden eine Zivilkammer oder mehrere Zivilkammern für folgende Sachgebiete gebildet:

1. Streitigkeiten aus Bank- und Finanzgeschäften,

2. Streitigkeiten aus Bau- und Architektenverträgen sowie aus Ingenieurverträgen, soweit sie im Zusammenhang mit Bauleistungen stehen,

3. Streitigkeiten über Ansprüche aus Heilbehandlungen und

4. Streitigkeiten aus Versicherungsverhältnissen.

Den Zivilkammern nach Satz 1 können neben den Streitigkeiten aus den in Satz 1 Nummer 1 bis 4 genannten Sachgebieten auch Streitigkeiten nach den §§ 71 und 72 zugewiesen werden.

Achter Titel: Oberlandesgerichte [Auszug]

§ 119a

Bei den Oberlandesgerichten werden ein Zivilsenat oder mehrere Zivilsenate für die folgenden Streitigkeiten gebildet:

1. Streitigkeiten aus Bank- und Finanzgeschäften,

2. Streitigkeiten aus Bau- und Architektenverträgen sowie aus Ingenieurverträgen, soweit sie im Zusammenhang mit Bauleistungen stehen,

3. Streitigkeiten über Ansprüche aus Heilbehandlungen und

4. Streitigkeiten aus Versicherungsverhältnissen.

Den Zivilsenaten nach Satz 1 können neben den Streitigkeiten aus den in Satz 1 Nummer 1 bis 4 genannten Sachgebieten auch Streitigkeiten nach § 119 Absatz 1 zugewiesen werden.

409–411 (unbesetzt)

4. Kammer für Handelssachen

Literatur

Joussen, Das Ende der Arge als BGB-Gesellschaft?, BauR 1999, 1063; *Joussen*, Die Anerkennung der ARGE als offene Handelsgesellschaft, Festschrift für Kraus (2003), 73; *Hertwig/Nelskamp*, Teilrechtsfähigkeit der GbR, BauR 2004, 183; *Ewers/Scheef*, Risiken bei der Abfassung von ARGE-Verträgen, BauRB 2005, 24; *Kunze*, Zuständigkeit der Kammer für Handelssachen bei einer nicht eingetragenen BGB-Gesellschaft aus Vollkaufleuten und der negativen Feststellungsklage?, BauR 2005, 473; *Wagner*, Bau-Gesellschaftsrecht – Rechtsfolgen nach Vollbeendigung einer ARGE, ZfBR 2006, 209; *Feldmann*, Die Bau-ARGE ist kein Kaufmann, sondern eine GbR!, Jahrbuch Baurecht 2007, 241; *Hirsch*, Die ARGE im Rechtsstreit: Zur Anwendbarkeit der Regelungen der Prorogation und zur funktionellen Zuständigkeit der Kammern für Handelssachen, Jahrbuch Baurecht 2011, 135.

412 Viele Bauprozesse werden (auch zukünftig) bei den Landgerichten von den Kammern für **Handelssachen** entschieden. Vor die Kammer für Handelssachen gehören bei entsprechendem Antrag des Klägers (§ 96 GVG) die „**Handelssachen**", also diejenigen bürgerlich-rechtlichen Streitigkeiten, in denen durch die Klage ein Anspruch geltend gemacht wird „gegen einen Kaufmann im Sinne des Handelsgesetzbuches, sofern er in das Handelsregister oder Genossenschaftsregister eingetragen ist oder aufgrund einer gesetzlichen Sonderregelung für juristische Personen des öffentlichen Rechts nicht eingetragen zu werden braucht, aus Geschäften, die für beide Teile Handelsgeschäfte sind" (§ 95 Abs. 1 Nr. 1 GVG).

413 Baurechtliche Streitigkeiten können deshalb vor die Kammer für Handelssachen nur gebracht werden, wenn sich die Klage gegen einen **eingetragenen Kaufmann** richtet und es sich bei den Ansprüchen um solche aus einem beiderseitigen Handelsgeschäft handelt. Für die Zuständigkeit der Kammer für Handelssachen ist die **Eintragung** als Kaufmann entscheidend; es genügt nicht, dass der Beklagte materiell die Voraussetzungen des § 1 Abs. 2 HGB erfüllt.[22] Gegenstand des Rechtsstreits muss für die Vertragsschließenden ein beiderseitiges Handelsgeschäft sein (§§ 343, 344 HGB), wobei es ausreichend ist, wenn die Voraussetzungen des beiderseitigen Handelsgeschäfts in der Person des Rechtsvorgängers des Klägers erfüllt waren.[23] Nachdem der BGH[24] der **Bau-ARGE** als (Außen-)Gesellschaft die Rechtsfähigkeit und damit die **aktive** und **passive Parteifähigkeit** im Zivilprozess zugesprochen hat, könnte man auch an eine Zuständigkeit der Kammern für Han-

---

[22] Zöller/Lückemann, § 95 GVG, Rn. 3 mit Hinweis auf KG, NJW-RR 2008, 1023; Kotzian-Marggraf, in: Prütting/Gehrlein, § 95 GVG, Rn. 4 ff.
[23] Nach LG Bonn, BauR 2005, 138, fällt eine negative Feststellungsklage nicht in die Zuständigkeit der Kammer für Handelssachen; **a.A.**: Kunze, BauR 2005, 473 ff.
[24] BGHZ 146, 341 = BauR 2001, 755 = ZfBR 2001, 392 = NJW 2001, 1056 = ZIP 2001, 330; s. hierzu: Hirsch, Jahrbuch Baurecht 2011, 135, 138 f.; Schmidt, NJW 2001, 993; Wiedemann, JZ 2001, 661; ferner: BGH, NJW 2003, 1043 u. 1445; NJW 2002, 1707.

delssachen nach § 95 Abs. 1 Nr. 4a GVG denken.[25] Die herrschende Ansicht geht aber zu Recht davon aus, dass die Bau-Argen als typische **Gelegenheitsgesellschaft** keine OHG sind.[26]

Ist im Einzelfall die Zuständigkeit der Kammer für Handelssachen nur für einen (von mehreren) Beklagten gegeben, so kann die bestehende **Konkurrenz** zwischen Kammer für Handelssachen und Zivilkammer **desselben** Landgerichts durch eine entsprechende Anwendung des § 36 Abs. 1 Nr. 1 ZPO gelöst werden; in einem solchen Fall kann (nur) die Zivilkammer für die Klage gegen die Streitgenossen zum zuständigen Gericht bestimmt werden, weil eine Zuständigkeit der Kammer für Handelssachen gemäß § 94 GVG nur für Handelssachen begründet werden kann.[27]

5. Örtliche Zuständigkeit

Literatur

Löwe, Das neue Recht der Gerichtsstandsvereinbarungen, NJW 1974, 473; *Marburger*, Gerichtsstandsvereinbarungen im Mahnverfahren, NJW 1974, 1921; *Reinelt*, Darlegung und Nachweisung bei der Prorogation im Säumnisverfahren nach § 331 Abs. 1 Satz 2 ZPO, NJW 1974, 2310; *Kaiser*, Die vertragsrechtliche Bedeutung des § 18 Nr. 2 Satz 3 VOB/B, BB 1978, 1548; *Schiller*, Gerichtsstandsklauseln in AGB zwischen Vollkaufleuten und das AGB-Gesetz, NJW 1979, 636; *Duffek*, Gerichtsstand bei Bauverträgen, BauR 1980, 316; *Völker*, Nochmals: Gerichtsstand bei Bauverträgen, BauR 1981, 522; *Englert*, Die „Zuständigkeitsfalle" des § 18 Nr. 3 VOB/B, BauR 1995, 774; *Koeble*, Probleme des Gerichtsstands sowie der Darlegungs- und Beweislast im Architektenhonorarprozess, BauR 1997, 191; *Fischer*, Gerichtsstandsvereinbarungen in AGB – Gerichtliche Zuständigkeit und Verweisungen, MDR 2000, 682; *Breyer/Zwecker*, Auswirkung der neuen BGH-Rechtsprechung zur Parteifähigkeit der Gesellschaft des bürgerlichen Rechts auf den besonderen Gerichtsstand bei Werkverträgen, BauR 2001, 705; *Einsiedler*, Der besondere Gerichtsstand des Erfüllungsorts nach § 29 ZPO: Ein Klägergerichtsstand?, NJW 2001, 1549; *Deckers*, Prozessuale Probleme der Architektenhonorarklage, BauR 2001, 1832; *Preussner*, Die Gerichtsstandsvereinbarung in Architektenverträgen mit Auslandsbezug, Jahrbuch Baurecht 2002, 205; *Rutsatz/Englert*, Gerichtsstandsregelung des § 18 Nr. 1 VOB/B auch für private Auftraggeber?, NZBau 2002, 22; *Englert*, „Wahlgerichtsstand Erfüllungsort", „Justizentlastung" und Verweisungspraxis in Bausachen: DVA und Gesetzgeber gefordert, NZBau 2004, 360; *Balthasar*, Der besondere Gerichtsstand am Erfüllungsort gem. § 29 I ZPO – BGH, NJW 2004, 54, JuS 2004, 571; *Hahn*, Der einheitliche Erfüllungsort beim Bauvertrag – ein Trugbild, NZBau 2006, 555; *Merkens*, Außer-

---

25) Bejahend für Klagen gegen eine ARGE, deren Gesellschafter eingetragene Kaufleute sind: KG, IBR 2008, 487 – *Weihrauch*; *Hirsch*, Jahrbuch Baurecht 2011, 135, 153.
26) Zur Rechtsnatur der ARGE als **Offene Handelsgesellschaft**: *Baldringer*, in: Jagenburg/Schröder, Einl. 21 ff.; *Korbion*, in: Ingenstau/Korbion, Anhang 2, Rn. 39 ff.; KG, NJW-RR 2010, 1602. Der **BGH** (Beschl. vom 21.1.2009 – Xa 273/08, NJW-Spezial 2009, 173 = IBR 2009, 211 – *Schonebeck*) verlangt die **sichere Einordnung** als Gesellschaft bürgerlichen Rechts oder als OHG. Siehe im Übrigen (**verneinend**): OLG Karlsruhe, IBR 2006, 322 – *Dinale*; *Buchardt*, in: Freiburger Handbuch, § 11, Rn. 155 ff.; *Wölfing-Hamm*, BauR 2005, 228, 229; *Messerschmidt/Thierau*, in: Kapellmann/Messerschmidt, Anhang, Rn. 124; *Feldmann*, Jahrbuch Baurecht 2007, 241, 254 ff.; (**bejahend**): OLG Dresden, BauR 2002, 1414; KG, BauR 2001, 1790; *Hirsch*, Jahrbuch Baurecht 2011, 135, 150; *Ewers/Scheef*, BauRB 2005, 24 ff.; *Scheef*, BauR 2004, 1079 ff. Zur ARGE als **Gewerbebetrieb** i.S. des Verjährungsrechts: *Hahn*, NZBau 2004, 309 ff. Zur notwendigen Streitgenossenschaft der Mitglieder einer ARGE: BGH, BauR 2003, 1758. Zur Anwendung des § 36 Abs. 1 Nr. 3 ZPO: BGH, IBR 2009, 211 – *Schonebeck*; BayObLG, IBR 2005, 455 – *Binner*.
27) OLG Schleswig, OLGR 2003, 216, 217 = BauR 2004, 388 (LS).

gerichtliche Streiterledigung nach § 18 VOB/B, NZBau 2008,150; *Fuchs*, Obiter dictum zu § 18 Nr. 1 VOB/B: Zeit zum Handeln für den DVA!, BauR 2009, 1029; *Hirsch*, Die ARGE im Rechtsstreit: Zur Anwendbarkeit der Regelungen der Prorogation und zur funktionellen Zuständigkeit der Kammern für Handelssachen, Jahrbuch Baurecht 2011, 135.

a) Gerichtsstandsvereinbarungen

414 In den Architektenformular- sowie in fast allen Bauverträgen waren früher Gerichtsstandsvereinbarungen üblich; seit 1974[28] sind Gerichtsstandsvereinbarungen bzw. gerichtsstandsbegründende Erfüllungsortvereinbarungen **unwirksam,** sofern nicht beide Vertragspartner **Kaufleute** sind (§§ 29 Abs. 2, 38 Abs. 1 ZPO).[29] Durch das Handelsrechtsreformgesetz[30] ist der Katalog der Grundhandelsgewerbe abgeschafft worden. Nunmehr ist gemäß § 1 Abs. 1 HGB Kaufmann, wer ein Handelsgewerbe i.S. des § 1 Abs. 2 HGB betreibt. Das Betreiben eines Handelsgewerbes ist an zwei Voraussetzungen geknüpft; es muss ein Gewerbebetrieb im handelsrechtlichen Sinne vorliegen, darüber hinaus muss dieser einen in kaufmännischer Weise eingerichteten Geschäftsbetrieb erfordern.[31] Damit besteht aber auch für Unternehmer oder Handwerker durchaus eine (widerlegbare) Vermutung, dass sie Kaufleute sind.[32] Das ist indes für **Architekten** oder **Sonderfachleute** auch nach der Reform des HGB nicht anzusetzen.[33] Hat man es dagegen bei den Vertragspartnern mit Kaufleuten zu tun, so sind Gerichtsstandsvereinbarungen in Formularverträgen oder AGB zulässig;[34] ob solche Gerichtsstandsklauseln zwischen Kaufleuten gleichwohl einer **Inhaltskontrolle** unterliegen (§§ 305c Abs. 1, 307 BGB), ist streitig, jedoch zu bejahen.[35]

---

28) Gerichtsstandsnovelle; Gesetz vom 21.3.1974, BGBl. 753.
29) Zu Gerichtsstandvereinbarungen s. auch *Joussen*, in: Ingenstau/Korbion, § 18 Abs. 1 VOB/B, Rn. 43 ff.; *Kapellmann*, in: Markus/Kaiser/Kapellmann, AGB-Handbuch Bauvertragsklauseln, Rn. 948 ff.; *Kölbl*, in: Beck'scher VOB-Komm., § 18 Abs. 1 VOB/B, Rn. 53; *Merkens*, in: Kapellmann/Messerschmidt, § 18 VOB/B, Rn. 2 ff. Zu den **Grenzen** der Bindungswirkung einer Gerichtsstandsbestimmung: OLG München, NJW-RR 2013, 1016.
30) Vom 22.6.1998, BGBl. I 1474, in Kraft getreten am 1.7.1998.
31) Zur rechtlichen Qualifizierung der **Arge** siehe Rdn. 413 m. Nachw. über den Meinungsstand.
32) *Mansfeld*, in: Heiermann/Riedl/Rusam, § 18/B, Rn. 5; zur Kaufmannseigenschaft eines Handwerksbetriebes mit Warenhandel nach altem Recht: BGH, BauR 1999, 1298.
33) *Zöller/Vollkommer*, § 38 ZPO, Rn. 18; *Thomas/Putzo/Hüßtege*, § 38 ZPO, Rn. 10 zum Meinungsstand. *Gnad*, Schriftr. d. Dt. Gesellschaft für BauR, Bd. 11, S. 36, weist zutreffend darauf hin, dass der Architekt Kaufmann sein kann, wenn er baugewerblich tätig wird oder wenn er dem freien Beruf des Architekten im Gewand einer **GmbH** nachgeht (s. auch *Zöller/Vollkommer*, § 38 ZPO, Rn. 18). Zur Prorogation der **ARGE**, die **nicht** als Kaufmann anzusehen ist, siehe BGH, NJW-RR 2009, 173 (**Gerichtsstandsvereinbarung** unwirksam); s. zur Problematik ferner: *Hirsch*, Jahrbuch Baurecht 2011, 135, 154 f.
34) Zur **örtlichen** Zuständigkeit bei einer sog. **Sitzverlegung** („Gerichtsstand der Hauptsitz des Auftraggebers"): OLG Bremen, IBR 2012, 369 – *Joussen*.
35) Siehe dazu: OLG Düsseldorf, BauR 2002, 1601 (gegen LG Wuppertal, BauR 2002, 1286); OLG Oldenburg, NJW-RR 1996, 1486 = OLGR 1996, 169 = ZfBR 1996, 324; LG Karlsruhe, NJW-RR 1997, 56; LG Karlsruhe, NJW 1996, 1417 = BB 1995, 2444; OLG Karlsruhe, NJW 1996, 2041; OLG Frankfurt, MDR 1998, 664; NJW 1979, 636; *Vygen/Joussen*, Rn. 749 ff.; *Joussen*, in: Ingenstau/Korbion, § 18 Abs. 1, Rn. 47 m. Nachw.

Örtliche Zuständigkeit

Eine Gerichtsstandsvereinbarung unter **Nichtkaufleuten** ist nur noch unter den engen Voraussetzungen des § 38 Abs. 3 ZPO zulässig: Sie muss ausdrücklich und schriftlich nach dem Entstehen der Streitigkeit oder für den Fall geschlossen werden, dass entweder die im Klageweg in Anspruch zu nehmende Partei nach Vertragsschluss ihren Wohnsitz oder gewöhnlichen Aufenthaltsort aus dem Geltungsbereich der ZPO verlegt oder ihr Wohnsitz oder gewöhnlicher Aufenthaltsort im Zeitpunkt der Klageerhebung nicht bekannt ist. Eine Streitigkeit ist erst dann entstanden, wenn sich die Parteien über einen bestimmten Punkt des Vertrages nicht einigen können und damit ein gerichtliches Verfahren droht.[36] Eine Gerichtsstandsvereinbarung kann von einem Bevollmächtigten (z.B. dem **Architekten**) nur getroffen werden, wenn sich eine Vollmacht ausdrücklich darauf bezieht.[37] **415**

Zu beachten ist, dass Gerichtsstandsvereinbarungen unwirksam sind, wenn für die Klage ein **ausschließlicher Gerichtsstand** begründet ist (**§ 40 Abs. 2 ZPO**); hier ist in Bausachen vor allem auch an **§ 29c ZPO** zu denken. Die Vorschriften des früheren **Haustürwiderrufsgesetzes** sind nunmehr in den §§ 312 ff. BGB integriert worden. § 312 Abs. 1 BGB bezieht sich dabei auf einen Vertrag zwischen einem Verbraucher und einem Unternehmer i.S. der §§ 13, 14 BGB, der eine entgeltliche Leistung zum Gegenstand hat. Damit sind neben Kaufverträgen vor allem **Werk- bzw. Werklieferungsverträge** gemeint.[38]

Bei **VOB-Bauverträgen** sind Gerichtsstandsvereinbarungen ebenfalls nur noch im gesetzlich zulässigen Rahmen möglich (§ 18 Abs. 1 VOB/B); der jeweilige Kläger trägt die **Beweislast** für die Voraussetzungen des § 18 Abs. 1. Die Vorschrift des § 18 Abs. 1 Satz 1 VOB/B, die dem Auftraggeber die Prozessführung erleichtern soll,[39] gilt nur für die **örtliche, nicht** auch für die **internationale Zuständigkeit**;[40] sie ist nach ihrer Entstehungsgeschichte und nach ihrem Sinn und Zweck ausschließlich auf Verträge mit **öffentlichen Auftraggebern**[41] zugeschnitten und damit **nicht** auf private Auftraggeber anwendbar. Dies hat der BGH in einem obiter dictum festgestellt.[42] Das muss zukünftig in der Baupraxis beachtet werden. Die Entscheidung des BGH hindert die (privaten) Vertragsparteien nicht, durch eine **416**

---

36) Vgl. *Zöller/Vollkommer*, § 38 ZPO, Rn. 33 m. Nachw.
37) *Vollkommer*, NJW 1974, 196.
38) Siehe hierzu u.a.: BGHZ 110, 308 = BauR 1990, 347 = ZfBR 1990, 187 (Lieferung und Einbau von **Kunststofffenstern**); OLG Bamberg, IBR 2006, 321 – *Stern* u. KG, OLGR 1996, 157 (**Werklieferungsvertrag** über einen Wintergarten); OLG Stuttgart, NJW-RR 1990, 1014 (**Fassadensanierungsarbeiten**); BGH, BauR 1994, 758 (Lieferung und Montage von **Sanitärzellen**); OLG Zweibrücken, NJW 1995, 140 = WM 1994, 1688 (Bestellung von **Baumaterialien** im Ausstellungsfahrzeug des Verkäufers); OLG Köln, NJW-RR 1994, 1538 (**Bürgschaftserklärungen**; siehe hierzu *Medicus*, in: Prütting/Wegen/Weinreich, § 312 BGB, Rn. 16 m.w.Nachw.).
39) OLG Stuttgart, BauR 1999, 683, 384; BGHZ 94, 156 = BauR 1985, 475.
40) BGHZ 94, 156 = NJW 1985, 2090 = ZfBR 1985, 180 = BauR 1985, 475; *Mansfeld*, in: Heiermann/Riedl/Rusam, § 18 VOB/B, Rn. 3.
41) Zum Begriff des öffentlichen Auftraggebers: LG Stuttgart, NZBau 2011, 621.
42) Beschluss vom 29.1.2009, BauR 2009, 1001 = ZfBR 2009, 353 = NJW 2009, 1974 = NZBau 2009, 309 = IBR 2009, 244 – *Heiliger* = NJW-Spezial 2009, 172 unter Verweis auf BGHZ 94, 156 = NJW 1985, 2090 = ZfBR 1985, 180 = BauR 1985, 475; OLG Brandenburg, BauR 1997, 1071 = ZfBR 1997, 307 = NJW-RR 1997, 1518; *Mansfeld*, in: Heiermann/Riedl/Rusam, § 18 VOB/B, Rn. 2; *Fuchs*, BauR 2009, 1029; *Kölbl*, in: Kapellmann/Messerschmidt, § 18 Abs. 1 VOB/B, Rn. 4 ff. (zustimmend); *Joussen*, in: Ingenstau/Korbion, § 18 Abs. 1, Rn. 19 u. 43 (ablehnend).

Individualvereinbarung eine dem § 18 Abs. 1 VOB/B entsprechende Zuständigkeitsregelung vorzusehen.

Im Übrigen gilt: Nach § 18 Abs. 1 VOB/B richtet sich die örtliche Zuständigkeit nach dem Sitz der für die Prozessvertretung des öffentlichen Auftraggebers zuständigen Stelle. Die Vorschrift begründet einen **ausschließlichen** Gerichtsstand. Wird die VOB/B ohne ins Gewicht fallende Einschränkungen in einem Vertragswerk übernommen, ist die Regelung des § 18 Abs. 1 VOB/B nicht als „unangemessen" im Sinne des § 307 BGB anzusehen; bei nur unvollständiger Übernahme der VOB/B wird die Unangemessenheit darüber hinaus zu verneinen sein, wenn es sich um einen öffentlichen Auftraggeber handelt und ihm ein vollkaufmännisches (Bau-)Unternehmen gegenübersteht. Allerdings muss eine Gerichtsstandsvereinbarung scheitern, wenn der vorgesehene Gerichtsstand in keiner Beziehung zu einer Vertragspartei oder dem Bauvorhaben steht.[43] Zu beachten ist, dass § 18 Abs. 1 VOB/B alle „Streitigkeiten aus dem Vertrag" betrifft; damit sind solche gemeint, die bei **wirtschaftlicher Betrachtungsweise** „ihre Grundlage oder ihren Ausgangspunkt" in dem konkreten **(streitgegenständlichen) Bauvertrag** haben. Daher fallen auch z.B. Ansprüche aus §§ 812 ff. BGB oder culpa in contrahendo (§§ 280 Abs. 1, 241 Abs. 2, 311 Abs. 2 BGB) bei zustande gekommenem Vertrag unter § 18 VOB/B:[44]

In Bauverträgen, in denen auf beiden Seiten **Vollkaufleute** beteiligt sind, wird mit der Geltung der VOB/B auch deren Gerichtsstandsregelung des § 18 Abs. 1 vereinbart;[45] durch sie wird deshalb auch der Gerichtsstand des Erfüllungsortes ausgeschlossen.[46]

Im Streitfall über die örtliche Zuständigkeit kann das **Berufungsgericht**, sofern die Unzuständigkeit der ersten Instanz noch geltend gemacht werden kann, auf **Antrag** die Verweisung an das örtlich zuständige Gericht aussprechen.[47]

b) Die gesetzliche Regelung

417 Nach § 12 ZPO ist zunächst das Gericht, bei dem eine Person ihren **allgemeinen Gerichtsstand** hat, für alle Klagen, die gegen sie gerichtet sind, zuständig, sofern nicht für eine Klage ein ausschließlicher Gerichtsstand begründet ist; grundsätzlich ist damit der Gerichtsstand des Beklagten maßgebend, wobei es regelmäßig auf den Wohnsitz des Beklagten ankommt (§ 13 ZPO). In der Praxis bedeutet dies, dass der **Bauherr**, der in dem von ihm errichteten Haus wohnt, schon über den allgemeinen Gerichtsstand des § 12 ZPO am Ort der Bauausführung auf Zahlung von

---

43) OLG Oldenburg, ZfBR 1996, 324 = NJW-RR 1996, 1486 = OLGR 1996, 169; *Joussen*, in: Ingenstau/Korbion, § 18 Abs. 1 VOB/B, Rn. 47 m.w.Nachw.
44) OLG Stuttgart, BauR 1996, 148 m. Nachw.; zur **Konkurrenz** von **Deliktsansprüchen** mit bauvertraglichen Schadensersatzansprüchen siehe OLG Stuttgart, OLGR 2008, 305, 307; *Joussen*, in: Ingenstau/Korbion, § 18 Abs. 1 VOB/B, Rn. 39.
45) Siehe hierzu: *Joussen*, in: Ingenstau/Korbion, § 18 Abs. 1 VOB/B, Rn. 20 ff.; LG Dortmund, BauR 2014, 307; LG Kaiserslautern, BauR 2014, 308 (jeweils auch zum Begriff des **Kaufmanns** i.S. der §§ 38 ZPO, 1 Abs. 2 HGB).
46) LG Dessau-Roßlau, IBR 2008, 131 – *Bolz*; OLG Frankfurt, NJW-RR 1999, 604 = BauR 1999, 789 (LS); *Joussen*, in: Ingenstau/Korbion, § 18 Abs. 1 VOB/B, Rn. 42 m.w.Nachw.
47) OLG München, BauR 2013, 1907 = NZBau 2013, 640.

Örtliche Zuständigkeit

Werklohn oder Honorar verklagt werden kann (vgl. § 35 ZPO). Den allgemeinen Gerichtsstand der juristischen Personen bestimmt § 17 ZPO. Diese Vorschrift hat Bedeutung für alle Passivprozesse, die sich nicht gegen natürliche Personen richten. Erfasst von § 17 ZPO werden somit alle juristischen Personen des privaten und öffentlichen Rechts, darüber hinaus aber auch alle lokalisierten **parteifähigen Personenvereinigungen ohne eigene Rechtspersönlichkeit**.[48] Neben den Personenhandelsgesellschaften (OHG und KG) sind für das Bauwesen vor allem die **ARGEn** in Form einer **BGB**-Außengesellschaft sowie die **Wohnungseigentümergemeinschaften** zu nennen.[49]

c) Der Gerichtsstand des Erfüllungsortes (§ 29 ZPO)

Es war lange **umstritten**, ob nicht grundsätzlich **Zahlungs-** oder **Gewährleistungsansprüche**, gleich welcher Art, am **Ort der Bauausführung** – im besonderen Gerichtsstand des **Erfüllungsortes** (§ 29 ZPO) – geltend gemacht werden können. Diese Frage ist von spezieller praktischer Bedeutung, wenn **mehrere** Personen auf der Beklagtenseite mit unterschiedlichem allgemeinem Gerichtsstand vorhanden sind, aber bei einem Gericht verklagt werden sollen.[50] **418**

Ein **Beispiel:**

Ein Bauträger aus Düsseldorf erstellt eine Wohnanlage mit zehn Eigentumswohnungen in **Köln**; die Erwerber wohnen in fünf verschiedenen Städten, während die Bauhandwerker z.T. aus Köln, z.T. aus Bonn kommen.

Es fragt sich dann: Können alle Bewerber in Köln auf Zahlung des Erwerbspreises verklagt werden?[51] Können sie wegen eines Planungsfehlers des Bauträgers nur in Düsseldorf oder auch in Köln klagen? Können schließlich die in Bonn ansässigen Unternehmer in Köln auf Nachbesserung oder aus Gewährleistung in Anspruch genommen werden? Kann der Bauträger den Schwierigkeiten durch eine **Gerichtsstandsbestimmung** nach § 36 Abs. 1 Nr. 3 ZPO begegnen?[52]

Eine **Gerichtsstandsbestimmung** nach § 36 Abs. 1 Nr. 3 ZPO **scheidet aus**, wenn ein „gemeinschaftlicher besonderer Gerichtsstand" begründet ist.[53] Damit **419**

---

48) Siehe im Einzelnen: *Zöller/Vollkommer*, § 17 ZPO, Rn. 5.
49) *Zöller/Vollkommer*, a.a.O.; *Joussen*, in: Ingenstau/Korbion, § 18 Abs. 1 VOB/B, Rn. 9.
50) Zur Klage des Auftraggebers gegen den Unternehmer und Bürgen s. OLG Frankfurt, IBR 2012, 184 – *Jochem*.
51) Zu beachten ist, dass § 29b ZPO (Besonderer Gerichtsstand bei Wohnungseigentum) seit dem 1.7.2007 in § **43 Nr. 5 WEG 2007** übernommen worden ist.
52) Zu § **36 Abs. 1 Nr. 3 ZPO** s. BGH, NJW 1984, 1624; NJW 1987, 439; BGH, MDR 1990, 987; BGH, NJW-RR 1991, 767; OLG Frankfurt, IBR 2012, 184 – *Jochem*; OLG Köln, OLGR 2002, 187; NJW-RR 2000, 589; OLGR 2001, 388; BayObLG, MDR 1998, 736 (Bauträger- u. Maklervertrag); BayObLG, NJW-RR 1998, 814 (planender u. bauüberwachender Architekt); *Bornkamm*, NJW 1989, 2713 ff.
53) BGH, BauR 1986, 241 = NJW 1986, 935; BayObLG, BauR 1983, 390, 391 = MDR 1983, 583; OLG Stuttgart, OLGR 2000, 191 (für Verhältnis unter Wohnungseigentümern); OLG Celle, BauR 2002, 1286, 1287. Zur **Gerichtsstandbestimmung** bei einer Klage gegen den Unternehmer und den Gewährleistungsbürgen: OLG Frankfurt, IBR 2012, 184 – *Jochem*.

kommt es wesentlich darauf an, ob etwa der **Ort des Bauwerks als Erfüllungsort** (§ 29 ZPO) für **alle Baubeteiligten** anzusehen ist.[54]

420 Der BGH[55] hat durch Beschluss vom 5. Dezember 1985 klargestellt, dass **Erfüllungsort** für die **beiderseitigen** Verpflichtungen aus einem Bauwerksvertrag[56] regelmäßig **der Ort des Bauwerkes** ist. Dem ist zuzustimmen, da die Baubeteiligten in der Tat die Absicht und Vorstellung haben, ihre gesamten Rechtsbeziehungen an dem Ort des Baugeschehens zu erledigen. Hier liegt der **Schwerpunkt** des Vertrages; es kommt dabei nicht darauf an, ob es sich um größere oder kleinere Bauleistungen handelt und ob Arbeiten an einem Neu- oder für einen Altbau erbracht werden.[57]

Es ist deshalb für das Unternehmerrecht uneingeschränkt der Ansicht zu folgen, dass **alle bauvertraglichen Ansprüche** – gleich welcher Art – wechselseitig **an dem Ort des Bauwerkes gerichtlich geltend gemacht** werden können; dementsprechend können alle **Erfüllungs-, Nachbesserungs- (Nacherfüllungs-)** oder **Gewährleistungsrechte,** insbesondere also auch **Ansprüche auf Kostenerstattung** und **Schadensersatz** einschließlich des Ersatzes von **Mängelfolgekosten,** im Gerichtsstand des Erfüllungsortes (§ 29 ZPO) eingeklagt werden.[58] Dies gilt auch für Ansprüche **von** einer oder **gegen** eine **ARGE;**[59] zwar ist zu erwägen, für Klagen gegen eine ARGE den allgemeinen Gerichtsstand des § 17 ZPO heranzuzie-

---

54) Siehe zum Meinungsstand umfassend: *Schneidenbach*, ZfBR 2007, 634; *Hahn*, NZBau 2006, 555 ff.; *Joussen*, in: Ingenstau/Korbion, § 18 Abs. 1 VOB/B, Rn. 10; *Zöller/Vollkommer*, § 29 ZPO, Rn. 25 – Stichwort: „Bauwerkvertrag".
55) BauR 1986, 241 = ZfBR 1986, 80 = NJW 1986, 935 = BB 1986, 350; BGH, IBR 2012, 302 – *Schwenker*; BGH, BauR 2001, 979, 981 = NZBau 2001, 333, 334 = ZfBR 2001, 309, 310 (bei vertraglicher Übernahme der **Planung u. Bauaufsicht**); s. ferner: OLG Celle, OLGR 2009, 242 = MDR 2009, 625 = IBR 2009, 177 – *Schwenker*; LG Hamburg, IBR 2004, 735 – *Hufer* (**Honorarklage/Ingenieur**); LG Berlin, IBR 2010, 367 – Seibel (**Instandsetzung** einer Klimaanlage); OLG Dresden, IBR 2004, 606 – *Fuchs*; SchlHOLG, OLGR 2003, 216, 217 u. NZBau 2001, 331; BayObLG, MDR 2004, 273 (LS) u. BauR 1983, 390, 391; OLG u. LG Düsseldorf, BauR 1982, 297, 298; LG Heilbronn, BauR 1997, 1073; LG Konstanz (5. Kammer), BauR 1984, 87; OLG Stuttgart, BauR 1977, 72 m.Anm. *Locher*; OLG Koblenz, NJW-RR 1988, 1401; **a.A.**: LG Saarbrücken, BauR 2000, 144 = IBR 2001, 99 – *Breyer*; LG Tübingen, BauR 1983, 590; LG Konstanz (4. Kammer), BauR 1984, 86; LG Wiesbaden, BauR 1984, 88; LG Braunschweig, BauR 1985, 721; LG Karlsruhe, MDR 1990, 1010. Zum Erfüllungsort des **Projektsteuerers**: LG Heidelberg, IBR 2013, 126 – *Schäfer*.
56) Erd- und **Abbrucharbeiten** sind nach LG Rostock (IBR 2011, 665 – *Schmidt*) keine Bauwerksarbeiten; Gerichtsstand sei daher der Wohnsitz des Auftraggebers. Zum Erfüllungsort der Nacherfüllung bei einem **Kaufvertrag**: BGH, IBR 2011, 731 – *Schwenker*. Siehe auch LG Krefeld, NZBau 2013, 644, 645 (für einen **nicht** baubezogenen Werkvertrag; Bearbeitung von Werkstücken des Bestellers im Betrieb des Unternehmers).
57) Ebenso: OLG Schleswig, NZBau 2001, 331.
58) Vgl. BGH, BauR 2001, 979, 981 = ZfBR 2001, 309 = NZBau 2001, 333; BGH, NJW 1986, 935 = BauR 1986, 241 = ZfBR 1986, 80; BGH (X. ZS), BauR 2008, 829 (für Nachbesserung); OLG Schleswig, IBR 2010, 245 – *Schwenker*; OLG Düsseldorf, DB 1969, 923; BauR 1982, 297 m.Anm. *Brandt;* LG Heilbronn, BauR 1997, 1073; LG Düsseldorf, BauR 1982, 298; *Bindhardt/Jagenburg*, Rn. 166 m. Nachw. Für Ansprüche aus **culpa in contrahendo** (verneinend): LG Kiel, NJW 1989, 841; LG Arnsberg, NJW 1985, 1172; (bejahend): *Küpper*, DRiZ 1990, 445; für Ansprüche wegen fehlerhafter Kostenermittlung aus **Bausummenüberschreitung** (verneinend): *Koeble*, in: Locher/Koeble/Frik, § 1 HOAI, Rn. 38.
59) Zur **Rechts-** und **Parteifähigkeit** der Bau-ARGE: BGH, BauR 2001, 775 = ZfBR 2001, 392.

Örtliche Zuständigkeit

hen.⁶⁰⁾ Gleichwohl bleibt der besondere Gerichtsstand des § 29 ZPO nach der Änderung der Rechtsprechung des BGH „erhalten". Die ARGE erfüllt – wie der Einzelunternehmer – auch in der Rechtsform der Gesellschaft bürgerlichen Rechts die ihr obliegenden Leistungen aus dem Arge-Vertrag am Ort des Bauwerkes. Eine Gerichtsstandsbestimmung nach § 36 Abs. 1 Nr. 3 ZPO erübrigt sich insoweit zukünftig. Dies gilt nach LG Heilbronn⁶¹⁾ auch für Klagen über einen Innenausgleich zwischen Gesamtschuldner (§ 426 BGB).

Umstritten und noch nicht höchstrichterlich abgeklärt ist, inwieweit die vorstehenden Grundsätze uneingeschränkt auf einen **Architektenvertrag** zu übertragen sind, weil es insoweit einen gemeinsamen Erfüllungsort nicht gebe.⁶²⁾ Es komme daher entscheidend auf den **Schwerpunkt** der von dem Architekten zu erbringenden Leistungen an. Bei einem **reinen Planungsauftrag** würden die Architektenleistungen jedoch schwerpunktmäßig im Büro erbracht.⁶³⁾ Folgt man dem, ist für die **Honorarklage** der Wohnsitz (Sitz) des Auftraggebers maßgebend.⁶⁴⁾ **Ersatzansprüche** des Auftraggebers müssten am Sitz des Architekturbüros geltend gemacht werden.⁶⁵⁾

Nach zutreffender Ansicht ist schon eine andere Beurteilung angezeigt, wenn **421** der Architekt über den Planungsbereich hinaus **weitere Architektenleistungen** übernimmt.⁶⁶⁾ Allerdings ist eine Einschränkung zu machen, wenn das Bauwerk **nicht errichtet** wird: Hier muss am Ort des Wohnsitzes des **Auftraggebers** geklagt werden.⁶⁷⁾ Ist einem **Architekten** (oder Sonderfachmann) z.B. **nur** die **Planung** übertragen worden, so kann nach zutreffender Ansicht am Ort des Bauvorhabens geklagt werden, wenn sich die Planungsleistungen **im Bauwerk realisiert** haben.⁶⁸⁾ Es reicht aus, wenn ein anderer Architekt Teile der Planungen bei der

---

60) Vgl. dazu *Breyer/Zwecker*, BauR 2001, 705 ff.
61) BauR 1997, 1073; zustimmend: *Klein/Moufang*, Jahrbuch Baurecht 2006, 165, 191.
62) LG Heidelberg, NZBau 2007, 727 = NJW-RR 2007, 1030; KG BauR 1999, 940, 941; LG Tübingen, BauR 1991,795 u. MDR 1995, 1208; OLG Zweibrücken, BauR 1990, 513. Zum Gerichtsstand im Falle eines **Projektsteuerungs-** und **Baubetreuungsvertrags** s. OLG Köln, IBR 2010, 427 – *Wittmann*.
63) LG Heidelberg, a.a.O.; LG Ellwangen, IBR 2010, 428 – *Seibel* (**Honorarklage** des Architekten); OLG Köln, IBR 2010, 427 – *Wittmann*; BayObLG, NJW-RR 1998, 209 u. 815; Zöller/Vollkommer, § 29 ZPO, Rn. 25 – „Architektenvertrag".
64) OLG Hamm, IBR 2012, 303 – *Wessel*; OLG Köln, MDR 1994, 729; OLG Oldenburg, NJW-RR 1999, 865; LG Ellwangen, NZBau 2010, 255; LG Leipzig, IBR 1996, 224 – *Köppen* (Honorarklage für die Leistungsphasen des § 15 Abs. 2 Nr. 5 u. 6 HOAI a.F.: Wohnsitz des Schuldners); OLG Köln, NJW-RR 1994, 986 = OLGR 1994, 128 = MDR 1994, 729 (Wohnsitz des Schuldners, wenn nur die Leistungsphase 5 in Auftrag gegeben wurde); ferner: LG Karlsruhe BauR 1997, 519 (Planung und Leitung einer Bodensanierung); LG Kaiserslautern, NJW 1988, 652; LG Tübingen, MDR 1995, 1208; *Deckers*, BauR 2001, 1832, 1835; *Weller*, in: Motzke/Bauer/Seewald, § 6, Rn. 45.
65) OLG Köln, IBR 2010, 427 – *Wittmann* (für Projektsteuerungs- und Baubetreuungsvertrag).
66) BGH, BauR 2001, 979 = NZBau 2001, 333 = ZfBR 2001, 309; OLG Hamm, IBR 2012, 303 – *Wessel*; LG Ellwangen, NZBau 2010, 255; *Schneidenbach*, ZfBR 2007, 634, 635.
67) *Kniffka/Koeble*, 12. Teil, Rn. 349; *Koeble*, in: Münchener Prozessformularbuch, A. 1.1; *Koeble*, BauR 1997, 191; LG Mainz, NJW-RR 1999, 670; LG Tübingen, MDR 1995, 1208.
68) OLG Celle, OLGR 2009, 242 = MDR 2009, 625; LG München, BauR 1996, 421; LG Heilbronn, BauR 1997, 1073; **a.A.:** LG Flensburg, BauR 1998, 1047; LG Tübingen, BauR 1991, 793 mit Anm. *Bühler* (für landschaftsplanerische Leistungen) sowie BauR 1991, 795 (für **Pla-**

Verwirklichung des Bauvorhabens zugrunde gelegt hat. Wird ein Architekt oder Sonderfachmann als **Subplaner** tätig, gelten die gleichen Grundsätze.[69]

Nichts anderes gilt, wenn der Architektenvertrag durch **Kündigung** endet, die vereinbarten Architektenleistungen aber bereits in dem Bauvorhaben realisiert wurden.[70] Betrifft der Vergütungsanspruch **mehrere** Bauvorhaben (aus verschiedenen Gerichtsbezirken), ist nur der allgemeine Gerichtsstand des § 12 ZPO begründet.[71]

422 Ist in Bausachen im Allgemeinen von einem gemeinschaftlichen besonderen Gerichtsstand (§ 29 ZPO) auszugehen, scheidet eine **Gerichtsstandsbestimmung** nach § 36 Abs. 1 Nr. 3 ZPO aus.[72] An eine **Bestimmung** des zuständigen Gerichts nach § 36 Abs. 1 Nr. 3 ZPO ist z.B. zu denken, wenn ein Rechtsstreit über die Hauptsache noch nicht anhängig ist und für ein **selbstständiges Beweisverfahren** mehrere Gerichte in Betracht kommen; in diesem Falle kann das „zuständige Gericht" in entsprechender Anwendung von § 36 Abs. 1 Nr. 3 ZPO bestimmt werden.[73] Einen entsprechenden Antrag kann jedoch nur der **Antragsteller** des selbstständigen Beweisverfahrens stellen.[74]

423 Eine Gerichtsstandsbestimmung nach § 36 Abs. 1 Nr. 3 ZPO scheidet aus, wenn der besondere Gerichtsstand des § 43 Nr. 5 WEG gegeben ist. Die Vorschrift des § 29b ZPO ist mit Wirkung vom 1.7.2007 in **§ 43 Nr. 5 WEG** übernommen worden; danach ist das Gericht, in dessen Bezirk das Grundstück liegt ausschließlich zuständig für Klagen Dritter, „die sich gegen die **Gemeinschaft** der Wohnungseigentümer oder gegen **Wohnungseigentümer** richten und sich auf das **gemeinschaftliche Eigentum**, seine Verwaltung oder das Sondereigentum beziehen". Dies gilt auch für bereits ausgeschiedene Wohnungseigentümer.[75]

d) Internationale Zuständigkeit

Literatur

Hök, Handbuch des internationalen und ausländischen Baurechts, 2004; *Hök*, Internationales Baurecht, 2001; *Thode/Wenner*, Internationales Architekten- und Bauvertragsrecht, 1998; *Wipping*, Der europäische Gerichtsstand des Erfüllungsortes, 2008; *Hausmann*, in: Glöckner/v. Berg, Bau- und Architektenrecht (2011), S. 1561 ff. („Internationale Zuständigkeit").

Kürschner, Zur Bedeutung des Erfüllungsortes bei Streitigkeiten aus Bauverträgen für die internationale Zuständigkeit und das nach IPR anzuwendende materielle Recht, ZfBR 1986, 259; *Thode*, Die Bedeutung des neuen internationalen Schuldvertragsrechts für grenzüberschreitende Bauverträge, ZfBR 1989, 43; *Wenner*, Internationale Architektenverträge, insbesondere das Verhältnis Schuldstatut – HOAI, BauR 1993, 257; *Kartzke*, Internationaler Erfüllungsortsgerichtsstand bei

---

nungsfehler eines Architekten; ebenso: OLG Zweibrücken, BauR 1990, 513 u. BayObLG, NJW-RR 1998, 814).
69) *Koeble*, BauR 1997, 191.
70) OLG Celle, OLGR 2009, 242, 243.
71) LG Tübingen, BauR 1988, 630 – auch zu dem Problem, ob der Abschluss eines **Vergleichs** Auswirkungen auf den Gerichtsstand des § 29 ZPO hat (bejahend).
72) BGH, BauR 1986, 241 = NJW 1986, 935. Zur Zulässigkeit eines verspäteten Antrags: OLG Celle, BauR 2005, 1801.
73) BayObLG, MDR 1992, 183 u. 1988, 60; OLG München, NJW-RR 1986, 1189; siehe aber LG Frankfurt, MDR 1989, 828; *Joussen*, in: Ingenstau/Korbion, Anhang 3, Rn. 95.
74) BGH, NJW-RR 1991, 767 u. 1987, 439 für das Klageverfahren.
75) *Bärmann/Pick*, § 43 WEG, Rn. 15.

Bau- und Architektenverträgen, ZfBR 1994, 1; *Hök*, Neues zum Internationalen Privatrecht des Bauvertrages, ZfBR 2000, 7; *Wenner*, Die objektive Anknüpfung grenzüberschreitender Verträge im deutschen Internationalen Anlagen- und Bauvertragsrecht, Festschrift für Mantscheff (2000), 205; *Hök*, Neues zum öffentlichen Auftragsrecht in Frankreich – Marktöffnung für kleine und mittelständische Unternehmen und neue Vergabekriterien, ZfBR 2001, 518; *Busse*, Aufrechnung bei internationalen Prozessen vor deutschen Gerichten, MDR 2001, 729; *Finger*, EuGVVO – Eine erste Übersicht über die neue Regelung, MDR 2001, 1394; *Ehlers*, Welches nationale Recht gilt bei binationalen Bauaufträgen?, NZBau 2002, 19; *Hök* Internationales und Europäisches Baurecht – Bericht 2000 bis 2002, ZfBR 2002, 430; *Wenner*, Grundstückseigentum im Ausland – Gerichtsstand im Inland?, Festschrift für Jagenburg (2002), 1013; *Preussner*, Die Gerichtstandsvereinbarung in Architektenverträgen mit Auslandsbezug, Jahrbuch Baurecht 2002, 205; *Höck*, Nachforderungsmanagement im französischen Werkvertragsrecht, ZfBR 2003, 3; *Quack*, Europarecht und HOAI, ZfBR 2003, 419; *Wenner*, Internationales Kollisionsrecht der HOAI und EG-rechtliche Folgen, ZfBR 2003, 421; *Hartung*, Die Geltung der HOAI für internationale Architektenverträge und die Abweichung von einem nach § 4 IV HOAI fingierten Mindestsatz, NZBau 2003, 553; *Scheidler*, Baumaßnahmen der in Deutschland stationierten NATO-Truppen, ZfBR 2005, 27; *Hök*, Zur Sprachregelung in den FIDIC Verträgen, ZfBR 2005, 332; *Fischer*, Grenzüberschreitende Architektenverträge, Festschrift für Werner (2005), 23; *Thode*, Windhunde und Torpedos (Anderweitige Rechtshängigkeit im europäischen Zivilprozess), BauR 2005, 1533; *Hauschka/Schramke*, Bauprojekte im Ausland – Durchsetzung der Ansprüche des Bauunternehmers gegen den Staat vor ICSID-Schiedsgerichten, BauR 2005, 1550; *Hök*, Zum Sitz des Rechtsverhältnisses beim internationalen Bau- und Architektenvertrag, ZfBR 2006, 741; *Hök*, Zur international privat- und verfahrensrechtlichen Behandlung des Schiedsgutachtens und DAB-Spruches, ZfBR 2008, 323; *Hök*, Neues europäisches Internationales Baurecht, ZfBR 2008, 741; *Paal*, Grenzüberschreitende Bauverträge und Internationales Zivilprozessrecht, BauR 2008, 228; *Hök*, FIDIC Design, Build & Operate Form, the Gold Book, ZfBR 2009, 213; *Lehmann*, Anti-suit injunctions zum Schutz internationaler Schiedsvereinbarungen und EuGVVO, NJW 2009, 1645; *Thode*, Die Rom I-Verordnung – Das europäische Internationale Vertragsrecht, NZBau 2011, 449; *Stickler*, Die Anwendbarkeit des BauFordSiG auf Bauverträge mit Auslandsbezug, BauR 2012, 1716; *Hök*, FIDIC Verträge im (inter)nationalen Anlagenbau – eine Rundschau, ZfBR 2012, 731; *Fuchs*, Grenzüberschreitendes Bauen: Das Internationale Baurecht – bislang ein wenig beachteter Bereich (Außerdem: Einige Anmerkungen zu jüngeren Entscheidungen), Jahrbuch BauR 2013, 97; *Hök*, FIDIC Verträge im deutschen Umfeld – Theorie und Praxis, ZfBR 2014, 627.

Infolge der wachsenden **grenzüberschreitenden Bautätigkeit**[76] wird sich zunehmend die Frage stellen, welches – gegebenenfalls: **ausländische** – Gericht zuständig ist. Grenzüberschreitende Bautätigkeit leisten nicht nur (internationale) Baufirmen; zunehmend werden auch **Architekten und Ingenieure** grenzüber- **424**

---

[76] Zum **internationalen Baurecht** siehe *Pfeiffer*, Europäische Perspektiven des Bauvertragsrechts, BauR 2010, 1294; s. *Hök*, Handbuch des internationalen und ausländischen Baurechts, 2. Auflage 2012; *ders.*, NZBau 2011, 261 (Risikoverteilung bei Bau- u. Anlagebauverträgen im türkischen Recht); *ders.*, ZfBR 2001, 220 (zur Vergabe u. Abwicklung öffentlicher Bauaufträge in Frankreich); ZfBR 2000, 90 (zum französischen Individualbaurecht) u. ZfBR 2006, 107 (Bauzeitüberschreitung im englischen Recht); *Meppen*, Das polnische Vergaberecht, NZBau 2016, 413; *Mückl*, Haftungsrisiken für Architekten nach englischem Recht, Jahrbuch 2007, 269; *Hofmann*, Der Abschluss von Werkverträgen mit ausländischen Subunternehmern, BauR 2007, 812 und 1146; *Glöckner*, Grenzüberschreitend bauen – Chancen und Risiken, BauR 2008, 211; *Martiny*, Anwendbares Recht für internationale Bauverträge, BauR 2008, 241; *Pick/Mundt*, Die Vergütungsansprüche des Bauunternehmers nach österreichischem Recht, BauR 2011, 989; *Kalouta/Tepasse*, Wohnungsbau auf Griechisch aus deutscher Sicht. BauR 2012, 431.

schreitend tätig.[77] Damit werden sich zunehmend schwierige Fragen stellen, z.B., ob und inwieweit eine Gesellschaft ausländischen Rechts in der Bundesrepublik Deutschland rechts- und parteifähig ist.[78] Liegen **Gerichtsstandsvereinbarungen** vor, ist fraglich, ob sie den besonderen Anforderungen des Art. 23 EuGVVO standhalten.[79] Für die gerichtliche Austragung solcher Rechtsstreitigkeiten waren bisher u.a. das nicht abdingbare „Übereinkommen über die gerichtliche Zuständigkeit und die Vollstreckung gerichtlicher Entscheidungen in Zivil- und Handelssachen" vom 27. September 1968 **(EuGVÜ)**[80] sowie das **Luganer Übereinkommen** vom 16. Oktober 1988[81] zu beachten. Seit dem 1. März 2002 ist das **EuGVÜ** durch die **Verordnung** (EG) Nr. 44/2001 vom 22.12.2000 des Rates über die gerichtliche Zuständigkeit und die Anerkennung und Vollstreckung von Entscheidungen in Zivil- und Handelssachen **(EuGVOO)**[82] **abgelöst** worden. Die internationale Zuständigkeit ist stets **von Amts wegen** zu prüfen.[83]

---

77) Zum **internationalen** Gerichtsstand siehe u.a.: BGH, BauR 2016, 708 (für Ansprüche wegen Mängeln und Aufklärungspflichtverletzung); BGH, BauR 2011, 260 (zur internationalen Zuständigkeit bei behaupteter **Schuldübernahme**); OLG München, BauR 2012, 134 (Der in Deutschland ansässige Kläger beauftragt eine niederländische Firma mit der Errichtung diverser Glashäuser in München); OLG Saarbrücken, IBR 2012, 60 – *Schwenker* = Jahrbuch Baurecht 2013, 297 – *Schwenker/Wessel* (**Subunternehmervertrag** über Werkleistungen im Ausland; Voraussetzungen einer Derogation nach Art. 23 EuGVVO); BGH, NZBau 2006, 381 = BauR 2006, 1169 = NJW 2006, 1672 (zur Wirksamkeit einer **Gerichtsstandsvereinbarung** bei grenzüberschreitender Tätigkeit des Architekten); NZBau 2001, 333 – Klage gegen eine norwegische Bauunternehmung und einen norwegischen Architekten; OLG Brandenburg, IBR 2012, 277 – *Wronna* (zur Anwendung der HOAI; deutsche Ingenieurgesellschaft erbringt Planungsleistungen für ein norwegisches Bauvorhaben); OLG Saarbrücken, Jahrbuch Baurecht 2013, 297 (**Schwenker/Wessel**) zur **Gerichtsstandsvereinbarung**; Voraussetzungen des Art. 23 Abs. 1 Satz 3 EuGVVO bei einem **Subunternehmervertrag**); OLG Brandenburg, NZBau 2002, 35 = BauR 2001, 820 m.Anm. *Ehlers* – Werklohnklage eines österreichischen Unternehmers gegen deutschen Bauherrn sowie OLG Brandenburg, BauR 2002, 119 = OLGR 2002, 12 (für Honoraranspruch eines Architekten); OLG München, BauR 1986, 242 – Klage eines deutschen Architekten gegen ein italienisches Unternehmen; LG Kaiserslautern, NJW 1988, 652 – Klage eines deutschen Architekten gegen einen in den Niederlanden wohnenden Auftraggeber; OLG Koblenz, NJW-RR 1988, 1402 – Bau einer Abwasseraufbereitungsanlage durch ein österreichisches Unternehmen in Deutschland.
78) Vgl. BGH, BauR 2003, 1072 = ZfBR 2003, 455 = BauRB 2004, 51 – *Hök* (zur Partei- und Rechtsfähigkeit einer niederländischen Gesellschaft [BV] mit Verwaltungssitz in Deutschland) – Anwendung der **Gründungstheorie**; s. ferner: *Horn*, NJW 2004, 893 ff.
79) Zu den Anforderungen siehe BGH, BauR 2011, 260, 261; OLG Saarbrücken IBR 2012, 60 – *Schwenker*; s. ferner: OLG Hamm, ZfBR 2012, 222 (Lieferung und Fertigung eines Zylinders nach Vorgaben einer in England ansässigen Bestellerin); BGH, BauR 2006, 1169 = NJW 2006, 1672; *Zöller/Geimer*, Art. 23 EuGVO Rn. 13 ff.; Beck'scher VOB-Kommentar/*Kölbl*, § 18 Abs. 1 VOB/B, Rn. 25 f.; *Joussen*, in: Ingenstau/Korbion, § 18 Abs. 1, Rn. 25; *Paal*, BauR 2008, 228, 235.
80) BGBl. 1972 II, 774; vgl. hierzu ausführlich *Hök*, Internationales Baurecht, S. 185 ff.; *Fischer*, in: Thode/Wirth/Kuffer, S. 311 ff.; *Wirth/Preussner*, XI, Rn. 120 ff.; *Kürschner*, ZfBR 1986, 259; *Kartzke*, ZfBR 1994, 1.
81) Vgl. BGBl. 1994 II, S. 2660; *Hök*, a.a.O., S. 191 ff.; BGH, NZBau 2001, 333.
82) ABl. EG Nr. L 12 vom 16.1.2001, S. 1; abgedruckt bei *Zöller/Geimer*, Anhang I, S. 2974 ff.; *Thode/Wenner*, § 255 ff.
83) BGH, BauR 2006, 1169, 1170; BauR 1999, 677; OLG München, BauR 2012, 134; *Kniffka/Koeble*, 14. Teil, Rn. 8.

Örtliche Zuständigkeit

Die praktisch wichtigste **besondere Zuständigkeit,** die das frühere EuGVÜ und nunmehr die **EuGVOO** (jeweils) in Art. 5 Nr. 1 vorsieht, ist diejenige des **Erfüllungsortes**.[84]

Welches der Erfüllungsort im Sinne des Artikels 5 Nr. 1 EuGVÜ ist, bestimmte sich für die Vergangenheit nach dem Recht, das nach den Kollisionsnormen des angerufenen Gerichts für die streitige Verpflichtung maßgebend ist.[85] Nach deutschem internationalem Privatrecht war als Anknüpfung für das anzuwendende Recht bei Schuldverträgen in erster Linie der **Parteiwille** maßgebend (Art. 27 Abs. 1 Satz 1 EGBGB: "gewähltes Recht"). Daneben hatte die **konkludente Rechtswahl** nach Art. 27 Abs. 1 Satz 2 für das internationale Baurecht eine große Bedeutung. Indizien dafür, dass die Parteien den Bau- oder Architektenvertrag dem deutschen Recht unterstellen wollen,[86] war z.B. die Vereinbarung der deutschen technischen Regeln[87] oder die Vereinbarung der VOB/B.[88] Dagegen reichte die Vereinbarung der HOAI oder, dass die Zahlung in DM erfolgen sollte, für die Annahme einer konkludenten Rechtswahl nicht aus.[89] Letzteres galt erst recht nach Einführung des Euro.[90] Hatten die Parteien eine (ausdrückliche oder konkludente) Rechtswahl nicht getroffen, war die Regelvermutung des Art. 28 EGBGB heranzuziehen. Nach Auffassung des BGH[91] und der herrschenden Meinung wird der **Werkvertrag** aber durch die Leistung des **Werkunternehmers** "charakterisiert". Dies führte "regelmäßig zum Recht des Ortes der Niederlassung des Werkunternehmers". Nach herrschender Auffassung war somit die **"Baustelle"** für sich genommen kein hinreichender Umstand, der "abweichend von der Vermutung des Art. 28 Abs. 2 EGBGB eine engere Verbindung i.S. des Art. 28 Abs. 5 EGBGB begründen" konnte.[92] Daraus folgte: Lag der Hauptsitz des Unternehmers im Ausland, ist dessen (ausländisches) Recht maßgebend. Die Regelvermutung des Art. 28 Abs. 2 EGBGB konnte jedoch dann zu Gunsten des nationalen Rechts eingreifen, wenn der Unternehmer eine **Niederlassung** unterhielt, die das Bauvorhaben (in Deutschland) betreute.[93] Nichts anderes galt bei einem **Architektenvertrag** mit einem ausländischen Architekten.[94]

---

84) Artikel 5 Nr. 1 EuGVOO lautet: "Eine Person, die ihren Wohnsitz im Hoheitsgebiet eines Mitgliedstaats hat, kann in einem anderen Mitgliedstaat verklagt werden: 1. a) wenn ein Vertrag oder Ansprüche aus einem Vertrag den Gegenstand des Verfahrens bilden, vor dem Gericht des Ortes, an dem die Verpflichtung erfüllt worden ist oder zu erfüllen wäre …".
85) BGH, NJW 1982, 2733; OLG München, BauR 1986, 242; *Kartzke*, ZfBR 1994, 1, 3; *Kniffka/ Koeble*, 14. Teil, Rn. 10; *Paal*, BauR 2008, 228, 233 m.w.Nachw.
86) Hierfür kann bereits eine **Gerichtsstandsvereinbarung** sprechen (OLG Saarbrücken, BauR 2000, 1332). Zur schlüssigen Begründung der Zuständigkeit aus einer Gerichtsstandsvereinbarung: BGH, Urt. vom 30.10.2003 – I ZR 59/00, BauR 2004, 560 (LS).
87) BGH, NZBau 2001, 333, 334 = BauR 2001, 979 = ZfBR 2001, 309.
88) BGH, BauR 1999, 631 = ZfBR 1999, 193 = NJW-RR 1999, 813; *Ehlers*, BauR 2001, 822.
89) OLG Brandenburg, BauR 2001, 820, 821 = NZBau 2002, 35, 36. Zur Geltung der **HOAI** für internationale Architektenverträge s. BGH, BauR 2003, 748 = NJW 2003, 2020 = NZBau 2003, 386 u. *Hartung*, NZBau 2002, 553 ff.
90) Zutreffend: *Ehlers*, NZBau 2002, 19.
91) BGH, BauR 1999, 677 = NJW 1999, 244 = ZfBR 1999, 208.
92) BGH, a.a.O.; kritisch: *Hök*, ZfBR 2000, 7, 8. Zu der Frage, ob durch die **Verordnung Rom I** eine Änderung eintritt, siehe *Hök*, ZfBR 2008, 741, 749.
93) OLG Brandenburg, a.a.O.; *Ehlers*, BauR 2001, 822, 823.
94) OLG Brandenburg, BauR 2002, 119.

Zu beachten ist, dass das Internationale Schuldrecht im Umbruch ist; mit dem Stichtag **18.12.2009** gilt für alle abgeschlossenen Verträge anstelle der nationalen Regelungen in Art. 27 ff. EGBGB die gemeinschaftsrechtliche Verordnung (EG) Nr. 593/2008 über das auf vertragliche Schuldverhältnisse anzuwendende Recht (**Rom I-VO**).[95] Darüber hinaus wird durch die **Rom II-VO**[96] ein großer Teil des Kollisionsrechts der außervertraglichen Schuldverhältnisse (Deliktsrechts) angeglichen (Ablösung der Art. 38 ff. EGBGB). Besondere **Bedeutung** werden zukünftig die **Art. 3** Rom I-VO („Der Vertrag unterliegt dem von den Parteien gewählten Recht") und **Art. 4,** Rom I-VO (über das mangels Rechtswahl anzuwendende Recht) haben.[97]

Im Übrigen wird mit Inkrafttreten des **EuGVOO** abweichend von der bisherigen Praxis des EuGVÜ der Erfüllungsort grundsätzlich (Ausnahme Buchstabe c) nicht mehr mit Hilfe des IPR des angerufenen Gerichts bestimmt, sondern mit Art. 5 Nr. 1b) wird ein **selbstständiger Erfüllungsortbegriff** geschaffen. Mit der Neuregelung in Art. 5 Nr. 1b EuGVOO sollen nunmehr die durch die Anwendung des Internationalen Privatrechts drohenden Nachteile vermieden werden; der **prozessuale Erfüllungsort** soll unmittelbar aus dem abgeschlossenen Vertrag hergeleitet werden können.[98] Für den baurechtlichen Bereich wird damit der Begriff der „Erbringung von Dienstleistungen" bedeutsam. Für diese Tätigkeiten bestimmt Art. 5 Nr. 1b), dass – sofern nichts anderes vereinbart ist – **Erfüllungsort** der Ort in einem Mitgliedstaat ist, **„an dem sie nach dem Vertrag erbracht worden sind oder hätten erbracht werden müssen."** Da der Begriff der **„Dienstleistungen"** weit auszulegen ist, umfasst er auch die **Werk-** und **Werklieferungsverträge.**[99] Ist an diesen ein **Verbraucher** beteiligt, sind zudem die besonderen Zuständigkeitsregelungen der Art. 15–17 EuGVOO zu beachten.[100]

---

95) Abgedruckt und kommentiert von *Brödermann/Wegen*, in: Prütting/Wegen/Weinreich, S. 3205 ff.; siehe ferner *Palandt/Thorn*, 73. Aufl. 2014; S. 2735 ff.; siehe ausführlich: *Thode*, NZBau 2011, 449 ff.; *Hök*, ZfBR 2008, 741 ff.

96) Abgedruckt und kommentiert von *Brödermann/Wegen*, in: Prütting/Wegen/Weinreich, S. 3286 ff.; siehe ferner *Palandt/Thorn*, S. 2773 ff. Zur Anwendung auf das Deliktsrecht,

97) OLG Stuttgart, BauR 2015, 1531; *Hök*, ZfBR 2008, 741, 743 und 748 f. (zu den **Auswirkungen** auf das Bauvertragsrecht).

98) *Paal.*, a.a.O., S. 233.

99) OLG München, BauR 2012, 134 = NZBau 2011, 560, 561; *Paal*, a.a.O.m.w.Nachw. in Anm. 37.

100) Zum Verbraucherschutz nach Art. 6 Abs. 1 Rom I: *Hök*, ZfBR 2008, 741, 751.

II. Die Feststellungsklage in Bausachen

Übersicht

	Rdn.		Rdn.
1. Die Feststellungsklage in Bausachen.	426	4. Verjährung und Feststellungsklage.	451
2. Das Feststellungsinteresse in Bausachen	433	5. Negative Feststellungsklage	457
3. Die unbezifferte Leistungsklage	449	6. Rechtskraft von Feststellungsurteilen	460

Literatur

Wussow, Feststellungs- oder Leistungsklage in Baumängelprozessen?, NJW 1969, 481; *Weiss*, Das Feststellungsinteresse als unqualifizierte Prozessvoraussetzung, NJW 1971, 1596; *Michaelis*, Der materielle Gehalt des rechtlichen Interesses bei der Feststellungsklage und bei der gewillkürten Prozessstandschaft, Festschrift für Larenz, 1983, 443; *Leineweber*, Die isolierte Klage auf Abnahme oder Feststellung des Eintritts der Abnahmewirkungen, Festschrift für Werner (2005), 177; *Zahn*, Freistellungsklage und Klage auf Feststellung der Freistellungsverpflichtung, ZfBR 2007, 627; *Glaser*, Die nachträgliche Feststellungsklage, NJW 2009, 1043; *Thode*, Die Zwischenfeststellungsklage im Bauprozess, BauR 2012, 1178; *Schweer/Todorow*, Freistellungsansprüche bei streitiger Hauptforderung, NJW 2013, 2071; *Schweer/Todorow*, Prozessuale Durchsetzung von Freistellungsansprüchen, NJW 2013, 3004.

Im Bauprozess steht die Leistungsklage im Vordergrund. Dennoch kann vor allem in nicht oder noch nicht überschaubaren Baumängelsachen vielfach die Notwendigkeit bestehen, eine **Feststellungs-** oder **Feststellungswiderklage** zu erheben, vor allem, wenn **Verjährungseintritt** droht[1] oder der Beklagte seine Gegenansprüche noch nicht beziffern kann.[2] Indes ist der wiederholt vom BGH[3] hervorgehobene Grundsatz zu beachten, dass das **Rechtsschutzinteresse** für eine Feststellungsklage **fehlt**, wenn dasselbe Ziel durch eine **Leistungsklage** erreicht werden kann und die Feststellungsklage weder zu einer abschließenden noch zu einer prozessökonomisch sinnvollen Entscheidung der Streitigkeiten der Parteien führt.

425

---

1) BGH, BauR 2010, 812 = NZBau 2010, 365 = ZfBR 2010, 460 = IBR 2010, 305 – *Wellensiek* (Feststellungsklage wegen **Mängeln** der Werkleistung); BGH, BauR 2003, 689, 691 = NZBau 2003, 265 = ZfBR 2003, 352; NJW-RR 1986, 28, 29; BGH, NJW 1976, 960 = BauR 1976, 202; OLG Hamm, NZBau 2014, 34 (Feststellungsklage zur Schadensersatzpflicht des Unternehmers wegen **Verzugs**); OLG Celle, BauR 2010, 1613/1617/1620 (Klage auf **Kostenvorschuss** und **Schadensersatz**; Zulässigkeit eines Feststellungsantrags); OLG Düsseldorf, BauR 2000, 1074 = OLGR 2000, 369 = NJW-RR 2000, 973 = NZBau 2000, 384 (Feststellungsklage wegen Baumängeln bei **Verjährungsverzicht** des Unternehmers); OLG Köln, BauR 2006, 719 (Verjährung einer **Gewährleistungsbürgschaft**).

2) Vgl. z.B. OLG Bremen, OLGR 1999, 101, 103 = IBR 1999, 210 – *Weyer* u. OLG Düsseldorf, BauR 2013, 776, 792 u. OLGR 1999, 305 für eine **Feststellungswiderklage** des Bauherrn, der seine **Gewährleistungsansprüche** der Höhe nach nicht abschließend beziffern kann. Zum **Streitwert**: OLG Saarbrücken, OLGR 2005, 603; OLG Düsseldorf, BauR 2003, 1760 (Bauträgervertrag) u. *Klaft*, BauR 2003, 1820 ff.; zur Beschwer: BGH, NZBau 2012, 566.

3) BGH, NJW 2006, 2548; BGH, NJW 1996, 2097 = DB 1996, 1279 = BB 1996, 1188 für **Stufenklage**; OLG München, BauR 2009, 994 = NZBau 2009, 517 für Klage auf „Feststellung der Einstandspflicht" aus einer **Gewährleistungsbürgschaft**; s. auch OLG Stuttgart, IBR 2012, 557 – *Elzer* (kein Rechtsschutzinteresse, wenn entscheidende Fragen, wie Schadenshöhe oder Unverhältnismäßigkeit, nicht in einem Prozess geklärt werden können). Siehe aber BGH, BauR 2013, 1722 = NZBau 2013, 588 = ZfBR 2013, 669 = IBR 2013, 581 – *Schwenker* zum **Prozesshindernis** des § 261 Abs. 3 Nr. 1 ZPO.

1. Die Feststellungsklage in Bausachen

426 In Bauprozessen ist **Gegenstand** einer Feststellungsklage vorwiegend ein oder mehrere Ansprüche sowie ein Rechtsverhältnis, das entweder behauptet **(positive)** oder bestritten **(negative Feststellungsklage)** wird. Hierzu gehört in Bausachen die begehrte Feststellung:

* von Ansprüchen, wie z.B. die **Honorarforderung** des Architekten oder des Sonderfachmannes, die **Werklohnforderung** des Unternehmers,[4]
* von absoluten Rechten jeder Art, wie das **Urheberrecht** des Architekten,
* des **Bestehens**[5] eines **Bau-, Architekten-** oder **Bauträgervertrages** unter dem Gesichtspunkt der Wirksamkeit[6] oder seiner Auslegung,
* über **Bestand** und **Umfang** einer **Architektenvollmacht,**
* eines **Abrechnungsverhältnisses** im Rahmen einer **Zwischenfeststellungsklage,**[7]
* über Inhalt und Umfang einer vertraglichen **Freistellungsverpflichtung,**[8]
* des **Inhalts/Umfangs** eines **Urteils,**[9] z.B., weil die Forderung für die Vollstreckung zu unbestimmt ist[10] oder der **Vollstreckungsgläubiger** bei einer Zug-um-Zug-Verurteilung Zweifel hat, ob eine bestimmte Bauleistung zu seiner Mängelbeseitigungsverpflichtung gehört oder nicht;[11] ferner die Feststellungsklage des **Vollstreckungsschuldners,** dass die von dem Vollstreckungsgläubiger zu erbringende (titulierte Zug-um-Zug-)Gegenleistung nicht ordnungsgemäß erbracht ist,[12]
* der Antrag eines **Streitverkündeten** mit dem Ziel zu klären, ob ihn die Bindungswirkung der Streitverkündung trifft oder nicht,[13]
* eines geschädigten Dritten (Bauherrn) gegen den Betriebshaftpflichtversicherer eines Unternehmers, dass **Versicherungsschutz** besteht und durch Untätigkeit des Unternehmers und/oder des Insolvenzverwalters ein Rechtsverlust durch Verjährung droht,[14]

---

[4] Vgl. BGH, BauR 1979, 62 für den Fall, dass der **Unternehmer** seinen Werklohnanspruch noch **nicht beziffern** kann; BGH, BauR 1999, 635 = ZfBR 1999, 196 für den Fall, dass der Auftragnehmer nach Kündigung des Bauvertrages noch nicht beurteilen kann, ob und inwieweit er seinen Subunternehmern eine Vergütung zahlen muss.

[5] Das Rechtsschutzinteresse fehlt, wenn die Feststellungsklage letztlich nur auf eine Bestrafung des Beklagten abzielt: OLG Frankfurt, MDR 1984, 59.

[6] Zum Beispiel im Hinblick auf ein gesetzliches **Koppelungsverbot** (BGH, NJW 1975, 259), eine ausgesprochene **fristlose Kündigung** (BGH, BauR 1989, 626, 629 = ZfBR 1989, 248 = NJW-RR 1989, 1248) oder **Anfechtung** des Vertrages (*MünchKommZPO-Lüke*, § 256 ZPO, Rn. 11).

[7] OLG Celle, *Schäfer/Finnern*, Z 2.510 Bl. 15 ff.; zur **Zwischenfeststellungsklage** s. Rdn. **428**.

[8] OLG Hamm, BauR 2004, 124.

[9] BGHZ 5, 189; BGH, BauR 1976, 430 = DB 1976, 2103; BGH, NJW 1997, 2320 (Vollstreckungstitel); OLG Düsseldorf, BauR 1981, 307 – Feststellungsurteil betr. die **Verpflichtung zur Mängelbeseitigung.**

[10] BGH, NJW 1972, 2268.

[11] BGH, BauR 1976, 430 = *Warneyer*, 1976, Nr. 179 = DB 1976, 2103.

[12] OLG Köln, JMBl. NRW 1999, 110, 111 = BauR 1999, 1332 (LS).

[13] OLG Stuttgart, BauR 2000, 923; *Boldt*, BauR 2013, 287, 291 m.w.Nachw.

[14] OLG Celle, BauR 2012, 1824.

- über den Umfang der Pflicht des **Bauherrn** zur **Zuschusszahlung** bei der Nachbesserung durch den Unternehmer[15] oder
- des **Unternehmers**, dass der Bauherr zu einer Zuschusszahlung grundsätzlich verpflichtet ist,[16]
- von **Gewährleistungsrechten**, sofern der Beklagte den Baumangel oder seine Verantwortlichkeit **bestreitet** und die Erhebung einer Leistungsklage nicht möglich oder untunlich/unzumutbar ist,[17]
- dass eine **Abnahme** zu einem bestimmten Zeitpunkt erfolgt ist, jedoch nur, wenn daraus auch unmittelbare Rechte abgeleitet werden,[18]
- dass ein **Amtshaftungsanspruch** (§ 839 BGB i.V. mit Art. 34 GG) wegen einer Falschauskunft besteht.[19]

427 Dagegen ist eine Feststellungsklage in aller Regel **unzulässig**, wenn damit geklärt werden soll, ob eine **Schiedsvereinbarung** im Rahmen eines Bauvertrags wirksam abgeschlossen worden ist, da hierüber grundsätzlich nach dem Willen der Vertragsparteien auch das Schiedsgericht entscheiden soll.[20] Unzulässig ist auch ein Feststellungsurteil, das unter dem Vorbehalt eines erst später zu bestimmenden Mitverschuldens ergeht.[21]

428 Der sog. **Freistellungsanspruch**,[22] der in Bauprozessen eine besondere Bedeutung hat (z.B. zwischen Generalunternehmer und Subunternehmer gegenüber Bauherren; zwischen Unternehmer und Baustofflieferant gegenüber Bauherren; zwischen Bauträger und einem von ihm beauftragten Architekten),[23] ist nicht auf eine Feststellung gerichtet, sondern stellt ein **Leistungsbegehren** dar, da er seiner Natur nach ein Schadensersatzanspruch ist[24] (Beispielsfall: Der Unternehmer klagt gegen den Baustofflieferanten, ihn von der Verpflichtung zum Schadensersatz gegenüber dem Bauherrn freizustellen für Schäden, die dadurch entstanden sind, dass er die von dem Baustofflieferanten gelieferten mangelhaften Porenbetonblöcke verwandt

---

15) BGH, ZfBR 1984, 173, 175 = BauR 1984, 395, 400.
16) BGH, ZfBR 1984, 176 = BauR 1984, 401.
17) Siehe u.a.: BGH, ZfBR 2010, 460 = BauR 2010, 812 = NZBau 2010, 365 = BeckRS 2010, 06577; BGH, 1997, 129, 130 = NJW-RR 1997, 339 für **Planungs-** und **Ausführungsfehler**; OLG Celle, OLGR 2007, 81 (i.d.R. unzulässig, weil Leistungsklage nicht unvermeidbar werde) u. BauR 1984, 647 – für **Planungsfehler** eines Architekten; OLG Koblenz, OLGR 2004, 233 für **Nebenpflichtverletzung** des Heizungsbauers; OLG Celle, OLGR 1999, 101 = IBR 1999, 210 – *Weyer* (für Ausführungsmängel); s. ferner: OLG Düsseldorf, BauR 1981, 502 (auch zu den **Anträgen**) u. BauR 1984, 91; OLG Köln, BauR 1988, 241; OLG Hamm, ZfBR 1990, 141 = NJW-RR 1990, 158.
18) Siehe BGH, BauR 1996, 386 = NJW-RR 1996, 1749 = MDR 1996, 893; OLG Hamm, BauR 1984, 92, 93; *Leineweber*, Festschrift für Werner, S. 177, 183; *Siegburg*, ZfBR 2000, 507, 511.
19) BGH, BauR 2001, 1404.
20) BGH, NJW 1970, 1046; vgl. auch OLG Frankfurt, BauR 1987, 595, 596.
21) BGH, BauR 2010, 1967 = NZBau 2010, 749 = ZfBR 2011, 28.
22) Siehe hierzu instruktiv: *Schweer/Todorow*, NJW 2013, 2072 ff. und NJW 2013, 3004 ff. (zur prozessualen Durchsetzung).
23) Siehe BGH, ZfBR 1995, 202 = BauR 1995, 542 (zur **Unterbrechungswirkung** einer solchen Freistellungsklage); *Zahn*, ZfBR 2007, 627 ff. m.w.Nachw.
24) OLG Hamm, BauR 2004, 124, 127.

hat).²⁵⁾ Der Freistellungsanspruch kann im Einzelfall durchaus wirksam sein; denn ein **umfassender Freistellungsanspruch** beinhaltet nach der Rechtsprechung des BGH²⁶⁾ „nicht nur die Verpflichtung, begründete Ansprüche zu erfüllen, sondern auch die Verpflichtung, **unbegründete** von dem Freistellungsgläubiger abzuwehren." Es kann allerdings auch auf die **Feststellung** geklagt werden, dass der Beklagte „verpflichtet ist, den Kläger von allen Ansprüchen eines (näher bezeichneten) Dritten aufgrund des zwischen diesem (Dritten) und dem Kläger geschlossenen Vertrags freizustellen"; **unzulässig** ist die Feststellungsklage, wenn nicht mehr die ernsthafte Befürchtung einer Inanspruchnahme durch den Dritten besteht.²⁷⁾

Schließlich kann in Einzelfällen die Erhebung einer **Zwischenfeststellungsklage** (§ 256 Abs. 2 ZPO) zu erwägen sein.²⁸⁾ Die Zwischenfeststellungsklage setzt allerdings eine „Vorgreiflichkeit" voraus; deshalb muss sich die begehrte Feststellung auf einen Gegenstand beziehen, der über den der Rechtskraft fähigen Gegenstand des Rechtsstreits hinausgeht.²⁹⁾ Hieran fehlt es, wenn die Klage zur Hauptsache unabhängig davon abweisungsreif ist, ob das zwischen den Parteien bestehende Rechtsverhältnis besteht.³⁰⁾

429 Da es für die Zulässigkeit der **Feststellungsklage** nicht erforderlich ist, dass das betreffende Rechtsverhältnis zwischen den Parteien besteht und hieraus dem Kläger gegen den Beklagten ein Leistungsanspruch zusteht, kann auch ein **Dritter** die Feststellung verlangen, wobei allerdings das rechtliche Interesse des Klägers an der Feststellung hier besonders zu prüfen ist. Für eine solche Klage besteht ein Feststellungsinteresse nur dann, wenn die Klärung der Drittbeziehung für ein Rechtsverhältnis zwischen dem Feststellungskläger und dem Dritten von Bedeutung ist oder wenn der Feststellungskläger als Dritter von der Klärung dieser Rechtsbeziehung wenigstens mittelbar betroffen wird.³¹⁾ Unter diesen Gesichtspunkten wird man die Klage des **Bauträgers,** der seine Gewährleistungsansprüche gegen den Unternehmer an den Eigenheimerwerber (wirksam) abgetreten hat, auf **Feststellung** des Bestehens von Gewährleistungsansprüchen gegen den Unternehmer als

---

25) OLG Düsseldorf, *Schäfer/Finnern,* Z 3.13 Bl. 57. Sind Schadensersatzansprüche, von deren Geltendmachung freizustellen ist, **nicht bezifferbar,** wirkt die Freistellungsklage im Ergebnis wie eine Feststellungsklage (BGH, NZBau 2010, 365, 366 = BauR 2010, 812, Rn. 16).
26) BGH, BauR 2008, 381, 384 = NZBau 2008, 121 = BB 2007, 2702.
27) Vgl. OLG Hamm, BauR 2004, 124, 126.
28) Siehe: *Thode,* BauR 2012, 1178 ff.; BGH, NZBau 2011, 410 = ZfBR 2011, 555 = NJW 2011, 2195 (hierzu auch *Schwenker/Wessel,* Jahrbuch Baurecht 2013, 291 [Zwischenfeststellungsklage des Sicherungsnehmers gegen den Bürgen über Wirksamkeit der Sicherungsabrede]); BGH, BauR 2008, 396 = NZBau 2008, 175 (Zwischenfeststellungsklage zur **Mängelbeseitigungspflicht**). Die Zwischenfeststellungsklage zur **Heilung** eines unzulässigen Teilurteils behandelt BGH, NZBau 2012, 440 = BauR 2012, 1391. Siehe ferner: BGH, BauR 2005, 588 = NZBau 2005, 163 = ZfBR 2005, 260.
29) BGH, BauR 2013, 987 = NZBau 2013, 300 = ZfBR 2013, 353 = IBR 2013, 320 – *Schwenker*; BGH, BauR 2011, 1324 = NZBau 2011, 410 = NJW 2011, 2195; BGH, BauR 2007, 143, 144 = NZBau 2007, 39, 40 – insoweit Abänderung von OLG Jena, OLGR 2006, 293 = NZBau 2006, 510; siehe ferner: OLG Düsseldorf, OLGR 1999, 443, 444. Zur Zulässigkeit einer (Zwischen-)Feststellungsklage bei einer **Schiedsgutachtenvereinbarung**: BGH, MDR 1985, 37; BGH, WM 1982, 543 = NJW 1982, 1878.
30) BGH, NJW-RR 2010, 640; *Geisler*, in: Prütting/Gehrlein, § 256 ZPO, Rn. 23.
31) BGH, NJW 1969, 136; BGH, LM Nr. 59 zu § 256 ZPO; BGH, NJW 1994, 459; OLG Hamm, VersR 1972, 730, 731.

zulässig ansehen können; das rechtliche Interesse des Bauträgers an dieser Feststellung ist vorhanden, da er nur dann gegenüber dem Erwerber von seiner eigenen Gewährleistung befreit ist, wenn dieser die abgetretenen Gewährleistungsansprüche gegenüber dem Unternehmer erfolgreich durchsetzen kann (vgl. Rdn. 2705 ff.).

Der Kläger kann aber auch Interesse am Bestehen oder Nichtbestehen eines Rechtsverhältnisses zwischen dem Beklagten und einem Dritten haben, wenn das für die vertraglichen Rechtsbeziehungen zwischen dem Kläger und dem Beklagten oder zwischen dem Kläger und dem Dritten von Bedeutung ist.[32]

430 Bloße **Tatfragen** können nicht der Feststellung in einem Bauprozess unterliegen. So kann nicht die Feststellung der Beschaffenheit eines Baumaterials, das möglicherweise zu einem Baumangel geführt hat, begehrt werden. Auch die Tatsache des Abschlusses eines Bau- oder Architektenvertrags kann nicht Ziel der Feststellungsklage sein; vielmehr ist die Feststellung auf das Bestehen oder Nichtbestehen des Vertragsverhältnisses zu richten.

431 **Vorfragen** (z.B. der Beweislast, des Verzugs des Schuldners[33] oder Gläubigers[34], der Verjährung[35]) oder Einzelelemente eines Rechtsverhältnisses sowie gedachte Rechtsfragen oder reine Berechnungsgrundlagen können ebenfalls nicht Gegenstand der Feststellungsklage sein.[36] Zu beachten ist aber: Ein rechtliches Interesse für eine Feststellungsklage ist immer dann gegeben, „wenn dem Recht oder der Rechtslage des Klägers eine gegenwärtige **Gefahr** oder **Unsicherheit** droht und wenn das erstrebte Urteil geeignet ist, die Gefahr zu beseitigen" (BGH[37]). **Drohende** Verjährung begründet daher ein Feststellungsinteresse.

Als reine **Vorfrage** ist z.B. die Frage des **Verschuldens** eines Baubeteiligten im Hinblick auf einen Baumangel anzusehen; zudem ist über den **Einwand** eines etwaigen Mitverschuldens eines Baubeteiligten von Amts wegen zu entscheiden. Ein Feststellungsurteil, das „unter dem **Vorbehalt** eines später zu bestimmenden Mitverschuldens ausgesprochen wird", ist deshalb unzulässig.[38] Nicht zulässig ist auch die Feststellung der Rechtsfolgen, die sich ergäben, wenn der Bauherr einen Architekten- oder Bauvertrag kündigen würde, da es sich insoweit nur um gedachte Rechtsfragen handelt. Dagegen ist die Feststellungsklage zulässig, wenn es um die Frage geht, zu welchem Zeitpunkt die Kündigung des Bau- oder Architektenvertrags wirksam ist. Nicht zulässig ist z.B. die begehrte Feststellung, dass der Architekt oder Sonderfachmann nach der HOAI abrechnen kann, da es sich insoweit

---

32) Vgl. BGH, MDR 1988, 27.
33) BGH, NJW 2000, 2280.
34) BGH, NJW 2000, 2663.
35) OLG Köln, Urteil vom 13.11.1996 – 11 U 75/96: Der Antrag „**festzustellen**", dass der Schadensersatzanspruch „**nicht verjährt**" ist, ist unzulässig, weil es sich bei der Frage der Verjährung insoweit nur um einen einzelnen Gesichtspunkt bei der Beurteilung des Schadensersatzanspruchs des Klägers gegen den Beklagten handelt.
36) BGH, NJW 1982, 1878, 1879; NJW 1984, 1556; MDR 1985, 37; OLG Hamm, NZBau 2014, 34, 36 u. BauR 2004, 124; OLG Karlsruhe, NJW-RR 1990, 137; *Zöller/Greger*, § 256 ZPO, Rn. 3.
37) BGH, BauR 2010, 812 = NZBau 2010, 365 [Rn. 13] unter Hinweis auf BGH, NJW-RR 2008, 1495).
38) BGH, BauR 2010, 1967, 1968 = NZBau 2010, 749 = ZfBR 2011, 28 (Rn. 11).

nur um eine Modalität der Berechnungsgrundlage handelt, die innerhalb einer Leistungsklage als Vorfrage geklärt werden kann.

432 Da sich die Feststellung auf das gegenwärtige Bestehen oder Nichtbestehen eines Rechtsverhältnisses bezieht, muss das festzustellende Rechtsverhältnis bereits **bestehen,** es kann jedoch bedingt oder betagt sein. **Zukünftige** Ansprüche können nur festgestellt werden, wenn sie sich als Folgen eines bereits bestehenden Rechtsverhältnisses ergeben.[39] Hierunter zählt die Feststellung der Ansprüche wegen der **künftigen Folgen** eines bereits **vorhandenen** Baumangels. Eine Feststellungsklage ist deshalb unzulässig, wenn z.B. Mängel überhaupt noch nicht in Erscheinung getreten sind.[40] In der Entscheidung vom 25.2.2010[41] hat der BGH **offengelassen**, ob für einen Feststellungsantrag „die **Möglichkeit** eines Schadenseintritts ausreicht (BGH, NJW-RR 2007, 601; NJW 2001, 3414; NJW 2001, 1431) oder eine gewisse **Wahrscheinlichkeit** gegeben sein muss (BGHZ 166, 84 = NJW 2006, 830)"; im konkreten Fall lagen indes in bestimmten Bereichen Mängel vor, sodass die Wahrscheinlichkeit eines weiteren Schadenseintritts nicht von der Hand zu weisen war (s. dazu auch Rdn. 440). Demgegenüber kann die Feststellung **vergangener** Rechtsverhältnisse nicht begehrt werden, es sei denn, dass sie noch Auswirkungen auf die Gegenwart oder Zukunft haben: Verjährte Gewährleistungsansprüche können daher grundsätzlich nicht festgestellt werden, es sei denn, dass Rechtsfolgen hieraus noch abgeleitet werden können.

2. Das Feststellungsinteresse in Bausachen

433 Das **Feststellungsinteresse** ist Prozessvoraussetzung der Feststellungsklage; fehlt es, ist die Klage unzulässig. Das rechtliche Interesse an der alsbaldigen Feststellung von **Gewährleistungsansprüchen** ist gegeben, wenn der Schädiger – was in baurechtlichen Streitigkeiten in aller Regel der Fall ist – den Baumangel oder seine Verantwortlichkeit bestreitet **(positive Feststellungsklage)** oder der Geschädigte sich Ansprüche gegen den Schädiger zu Unrecht berühmt **(negative Feststellungsklage).** Allerdings stellt die Streitverkündung, die in Bauprozessen vielfach üblich ist (vgl. Rdn. 551 ff.), noch keine Berühmung eines Rechts dar.[42] Da der Leistungsklage die positive Feststellungsklage gleichgesetzt werden muss, ist diese anstelle einer noch nicht möglichen Leistungsklage zu erheben, wenn etwa eine Verjährungshemmung herbeigeführt werden soll.[43]

434 Für den Bauprozess ist von besonderer Bedeutung, dass nach h.M. das Feststellungsinteresse grundsätzlich zu **verneinen** ist, wenn die Erhebung einer **Leistungsklage** zulässig und möglich ist.[44] Dies ist jedoch stets unter besonderer Berücksichtigung der Umstände des Einzelfalles und unter dem Gesichtspunkt der

---

39) BGH, LM Nr. 58 zu § 256 ZPO.
40) BGH, BauR 1992, 115 = ZfBR 1992, 21 = NJW 1992, 697; BGH, ZfBR 1994, 180.
41) BGH, BauR 2010, 812 = NZBau 2010, 365 (Rn. 12).
42) *Stein/Jonas*, § 256 ZPO, III 1a m.w.Nachw.
43) KG, NJW 1961, 33; OLG Köln, BauR 2006, 719 u. BauR 1988, 241; **a.A.:** OLG Frankfurt, BauR 1987, 595, soweit Leistungsklage in Form der Vorschussklage erhoben werden könne.
44) OLG Hamm, NZBau 2014, 34, 39; OLG Köln, OLGR 1993, 234, 235.

Prozesswirtschaftlichkeit zu prüfen. Dabei ist für den Bauprozess – insbesondere Baumangelprozess – von folgenden **Grundsätzen** auszugehen:

Die Feststellungsklage ist in Baustreitigkeiten **unzulässig,** wenn allein die **Beweissicherung** im Vordergrund des Klagebegehrens steht,[45] denn dem Kläger steht das selbstständige Beweisverfahren zur Verfügung, in dem grundsätzlich nicht nur Umfang und Ausmaß des Schadens, sondern auch die Mängelursachen, die Verantwortlichkeit der Baubeteiligten sowie die notwendigen Mängelbeseitigungsmaßnahmen und -kosten festgestellt werden können (vgl. Rdn. 15 ff.). Allerdings kann das Interesse an der Beweissicherung bei der Prüfung des Feststellungsinteresses unterstützend herangezogen werden.[46]

Die Feststellungsklage ist ferner in Baumängelprozessen **unzulässig,** wenn der Schädiger seine Schadensersatzpflicht eindeutig **anerkannt** hat.[47] Dabei ist zu beachten, dass nicht jedes Anerkenntnis das Rechtsschutzinteresse entfallen lässt; kommt nach einer Hemmung z.B. nur eine kurze (weitere) Verjährungsfrist in Betracht (z.B. bei einem befristeten Verzicht des Schuldners), ist die für die Zukunft bestehende Unsicherheit noch nicht hinreichend beseitigt.[48] Ein Feststellungsinteresse ist aber zu **verneinen,** wenn der **Schaden,** der sich aus dem Baumangel ergibt, **der Höhe nach feststeht** und ohne Schwierigkeiten **beziffert** werden kann. Das ist der Fall, wenn der Bauherr den Baumangel zwischenzeitlich durch ein **Drittunternehmen behoben** hat, weil der Schädiger die Nachbesserung abgelehnt hatte. Sind dann weitere Schäden nicht mehr zu befürchten, kann der Bauherr nur Leistungsklage erheben und den aufgewandten Betrag geltend machen. Auch der merkantile Minderwert eines Baues oder eines Teils davon steht nach dem Eintritt des Schadensereignisses bereits fest, sodass kein Feststellungsinteresse mehr gegeben ist.

In Baumängelstreitigkeiten wird es für den Kläger vielfach – nicht nur bei **Mängeln** größeren Umfangs oder größerer Zahl – schwierig sein, die Mängelbeseitigungskosten auch nur annähernd genau zu schätzen: die **Kostenvoranschläge** gehen häufig dem Ergebnis nach weit auseinander und decken sich nur selten mit den später tatsächlich anfallenden Mängelbeseitigungskosten. Dasselbe gilt für gutachterlich festgestellte Mängelbeseitigungskosten; auch insoweit werden dem Bauherrn meist nur ungefähre Kostenbeträge an die Hand gegeben. Eine andere Beurteilung ist möglich, wenn z.B. aufgrund eines Sachverständigengutachtens aus einem selbstständigen Beweisverfahren die Mängelbeseitigungskosten **detailliert** und überzeugend beschrieben werden können.[49]

In anderen Fällen können abschließende Kosten überhaupt nicht genannt werden, weil sich die **Mängelfolgen** noch in der **Entwicklung befinden,**[50] vom Ausgang eines anderen Prozesses (z.B. mit dem Lieferanten eines mangelhaften Mate-

---

45) Vgl. OLG Frankfurt, BauR 1987, 595, 597; OLG Düsseldorf, BauR 1981, 502, 504.
46) BGHZ 18, 22, 41 = NJW 1955, 1437.
47) Vgl. BGH, *Schäfer/Finnern,* Z 3.01 Bl. 146; OLG München, NJW 1968, 2013; OLG Düsseldorf, NZBau 2000, 384 = BauR 2000, 1074 = OLGR 2000, 369.
48) Zutreffend: OLG Düsseldorf, NZBau 2000, 384, 385 = BauR 2000, 1074.
49) Vgl. OLG Saarbrücken, IBR 2003, 708 – *Rübartsch* = BauRB 2004, 42 – *Moehren.*
50) Vgl. BGHZ 163, 351, 361; BGH, BauR 2008, 867, 868; OLG Koblenz, OLGR 2004, 233; OLG Köln, BauR 1988, 241; OLG Koblenz, NJW-RR 1988, 532; OLG Rostock, NJW-RR 1998, 526; OLG Frankfurt, BauR 1987, 595, 597.

rials)⁵¹⁾ oder vom Verhalten des Gegners abhängen. Wäre der Bauherr in diesen Fällen stets zur Leistungsklage gezwungen, so würde ihm ein unzumutbares Prozessrisiko aufgebürdet. Ein zu hoch angesetzter Klagebetrag müsste zur teilweisen Klageabweichung führen; bei einem zu niedrig eingeklagten Betrag, mit dem später die Mängel tatsächlich nicht beseitigt werden könnten, würde die Verjährung bezüglich der Mehrkosten drohen (vgl. unten Rdn. 451 ff.). In diesen Fällen wird sich deshalb vor allem eine **(Teil-)Leistungsklage und** eine **Feststellungsklage** anbieten,⁵²⁾ denn „der entstandene oder noch entstehende Schaden (wird) nicht bereits in vollem Umfang durch den Antrag auf Zahlung erfasst".⁵³⁾

438 Die in der Materie der Bausachen liegenden Schwierigkeiten rechtfertigen deshalb, der **Feststellungsklage** in Baumängelprozessen einen **größeren Spielraum einzuräumen.** Mit Recht hat daher Wussow⁵⁴⁾ eine Feststellungsklage überall dort als zulässig angesehen, wo es sich nicht um in ihren Ursachen und Auswirkungen offen zu Tage liegende Schäden mit einfach und schnellst zu ermittelnden Beseitigungskosten handelt, sondern eine Umgrenzung des Anspruchs tatsächlich noch nicht oder nur mit erheblichen Schwierigkeiten möglich ist. Dabei wird ein weitherziger Standpunkt einzunehmen sein, denn auch der BGH ist der Auffassung, dass bei der Auslegung des Feststellungsinteresses „eine weite und freie Auslegung geboten" ist.⁵⁵⁾ Können die Mängelbeseitigungskosten nur durch **kostspielige Kostenvoranschläge** verschiedener Fremdfirmen oder durch **Sachverständigengutachten** ermittelt werden,⁵⁶⁾ ist dem Kläger eine Bezifferung des Schadens nicht zumutbar und die Feststellungsklage daher zulässig. Die Meinung, dass nur eine Leistungsklage in Betracht kommt, selbst wenn die Schadenshöhe erst in schwieriger Beweisaufnahme feststellbar ist,⁵⁷⁾ ist abzulehnen.⁵⁸⁾ Allerdings muss **von dem Bauherrn erwartet** werden, dass er sich wenigstens **darum bemüht,** die erforderlichen Mängelbeseitigungskosten zu ermitteln, wenn die Bauarbeiten seit langem beendet sind und ein Verjährungseintritt – etwa wegen 5-jähriger Gewährleistungsfrist – noch nicht unmittelbar droht.⁵⁹⁾

439 Handelt es sich bei einem Baumangelprozess – wie häufig – um einen Streit über zahlreiche einzelne Mängel (sog. **Punktesache**), kann es dem Kläger zuweilen nur möglich sein, einzelne Schadensbeträge zu beziffern, andere dagegen nicht. Eine

---

51) BGHZ 17, 336, 339; 36, 38 ff.
52) Vgl. BGH, BauR 1994, 620 = NJW-RR 1994, 1173; BGH, BauR 1987, 702 = NJW 1988, 142 = ZfBR 1988, 33; BGH, BauR 1991, 460 u. 606, 611; OLG Hamm, BauR 2003, 273; OLG Köln, OLGR 1993, 234, 235.
53) So BGH, BauR 1991, 460.
54) NJW 1969, 481; ebenso: OLG Düsseldorf (23. ZS), BauR 1981, 502, 504; einschränkend: OLG Düsseldorf (21. Senat), BauR 1984, 91.
55) BGH, LM Nr. 34 zu § 256 ZPO.
56) Hierzu besteht vorprozessual keine Verpflichtung (BGH, NZBau 2003, 152 für die Einholung eines Privatgutachtens); **unzutreffend** daher auch OLG Celle, OLGR 2007, 81 = NJW-RR 2007, 676 (ablehnend auch *Kniffka/Koeble*, 15. Teil, Rn. 5, Anm. 8).
57) Vgl. z.B. OLG Düsseldorf, MDR 1987, 1032; auch *Locher*, Rn. 500; OLG Frankfurt, BauR 1987, 595 (Erhebung einer **Vorschussklage** erforderlich).
58) Siehe BGH, (VI. ZS), BauR 2008, 867 = IBR 2008, 244 – *Schwenker*; ferner: OLG Bremen, OLGR 1999, 101, 104.
59) OLG Düsseldorf, BauR 1984, 91, 92; OLG Köln, OLGR 1993, 234, 235.

Feststellungsklage ist in diesem Fall zulässig, weil es dem Kläger nicht zumutbar ist, gleichzeitig eine **Feststellungs- und Teilleistungsklage** zu erheben.[60]

440 Eine Feststellungsklage ist auch zuzulassen, wenn der **Schaden** aufgrund des Baumangels **nicht abschließend feststellbar** ist, weil der Mangel noch weitere schädigende Wirkung zeigt und auch in Zukunft in noch nicht abgrenzbarem Rahmen fortwirken wird.[61] Dasselbe gilt, wenn eine künftige Schadensfolge möglich, ihr Eintritt sowie die Art und der Umfang aber noch ungewiss sind[62] Allerdings muss eine **weitere Schadensentstehung** aus dem Mangel **zumindest wahrscheinlich** sein, wobei jedoch die Wahrscheinlichkeit der Schadensentstehung zur materiellen Klagebegründung gehört.[63] Ist z.B. eine Reihe von **Planungs- und Ausführungsfehlern** unterlaufen, so legen diese bereits die Möglichkeit nahe, dass die Gebrauchstauglichkeit eingeschränkt ist; die „Wahrscheinlichkeit", dass mit einem (weiteren) Schadenseintritt zu rechnen ist, ist also gegeben.[64] Ist im Einzelfall allerdings noch ungewiss, ob eine Pflichtverletzung überhaupt einen Schaden auslösen wird, so muss der Anspruchsteller die Wahrscheinlichkeit für den Eintritt irgendeines Schadens „für jeden einzelnen künftigen Anspruch substantiiert dartun, ehe er eine Feststellungsklage anhängig machen kann".[65] Im Übrigen ist nach der Rspr. des BGH zu beachten: Macht der Kläger nur die Kosten einer erfolgreichen **Teilnachbesserung** geltend, kann und muss er daneben eine Feststellungsklage über die evtl. weitere Mängelbeseitigungs- oder Kostentragungspflicht des Unternehmers erheben, wenn er nicht Rechtsverluste durch Verjährungseintritt erleiden will.[66]

441 Anders ist dies, wenn er einen **Kostenvorschuss** für die von ihm beabsichtigte, **umfassende** Mängelbeseitigung einklagt. Dann ist neben der von dem Besteller erhobenen Vorschussklage eine Feststellungsklage **zum Zwecke der Verjährungsunterbrechung** bzw. -hemmung nach neuem Recht **in der Regel entbehrlich**;[67] das gilt im Grundsatz auch für eine Feststellungsklage des Bauherrn, dass der Unternehmer zum Ersatz auch der **weiteren** Nachbesserungskosten verpflichtet ist. Der Bauherr, der den Umfang der notwendigen Mängelbeseitigungsmaßnahmen nicht ausreichend überblicken kann, weil offen ist, ob noch andersartige Mängel

---

60) OLG Hamm, NZBau 2014, 34, 39; OLG Düsseldorf, BauR 2013, 776, 792; LG Itzehoe, *Schäfer/Finnern*, Z 4.142 Bl. 28; BGH, MDR 1994, 916; BGH, *Schäfer/Finnern*, Z 2.414 Bl. 66; NJW 1984, 1552, 1554; *Wussow*, NJW 1969, 483; *Zöller/Greger*, § 256 ZPO, Rn. 7a.
61) BGH, BauR 2008, 867, 868; OLG Koblenz, OLGR 2004, 233; LG Itzehoe, *Schäfer/Finnern*, Z 4.142 Bl. 28; OLG Düsseldorf, BauR 1984, 91, 92; *Wussow*, NJW 1969, 481, 483; *Wieczorek*, § 256 ZPO, C II a 1.
62) BGH, BauR 2000, 1190, 1191 = ZfBR 2000, 329 = NZBau 2000, 403 (Mietausfall); BGH, ZfBR 2003, 462 = BauR 2003, 1211 (Hotelkosten); BGH, BauR 1997, 129 = NJW-RR 1997, 339; BGH, BauR 1991, 606, 611; NJW-RR 1988, 445; BauR 1987, 702 = ZfBR 1988, 33; VersR 1972, 459; 1967, 256; siehe dagegen: KG, BauR 2010, 634, 636, das ein Rechtsschutzinteresse nur bejaht, wenn mit einer **Schadensfeststellung** in der Zukunft gerechnet werden kann.
63) BGH (VII. ZS), ZfBR 1992, 21 = BauR 1992, 115; BGH (VI. ZS), NJW-RR 1991, 917; BGH (X. ZS), NJW 1991, 2707; BGH, NJW 1978, 544; NJW 1972, 198.
64) Vgl. BGH, BauR 2010, 812 = ZfBR 2010, 460 = NZBau 2010, 365; BGH, BauR 1997, 129, 131 = NJW-RR 1997, 339, 340.
65) OLG Koblenz, OLGR 2004, 233 m. Nachw.
66) BGH, *Schäfer/Finnern*, Z 2.415.2 Bl. 8; s. auch OLG München, SFH, Nr. 4 zu § 209 BGB m. abl. Anm. von *Hochstein*.
67) BGHZ 66, 138, 142 = BauR 1976, 205; OLG Koblenz, OLGR 2004, 174, 176.

vorliegen, die von dem geltend gemachten Kostenvorschussanspruch möglicherweise nicht abgedeckt werden, sollte vorsorglich aber einen Feststellungsantrag stellen.[68]

442 Bei der Prüfung der Zulässigkeit einer Baumangel-Feststellungsklage ist von dem **Klagevortrag** auszugehen. Die Feststellungsklage ist zulässig, wenn der Kläger substantiiert und schlüssig vortragen kann, dass die Mängelbeseitigungskosten jedenfalls im Zeitpunkt der Klageerhebung nicht oder nur unter großen Schwierigkeiten umgrenzt werden können.

443 Wenn damit in Baumängelprozessen bei der Frage der Zulässigkeit einer Feststellungsklage aufgrund der Schwierigkeiten in der Baupraxis ein großzügiger Standpunkt eingenommen wird, so kann dem nicht entgegengehalten werden, dass dies die Zahl der Bauprozesse vergrößern kann, weil der Feststellungsklage eine Leistungsklage regelmäßig folgen wird, also eine **Verdoppelung** der **Prozesse** droht. Zunächst zeigt die Erfahrung, dass sich nach Feststellung der Verantwortlichkeit bezüglich eines Baumangels die Parteien über die Frage der Höhe des Schadensersatzes vielfach außergerichtlich einigen, zumal der Streit zwischen den Baubeteiligten meist nur um den Grund, nicht auch um die Höhe des Anspruchs geht. Zum anderen wird in vielen Bauprozessen nach der aufgrund der Beweisaufnahme festgestellten Verantwortlichkeit die Feststellungsklage auf eine Leistungsklage umgestellt, weil durch die gutachterliche Stellungnahme zum Baumangel nunmehr auch die Mängelbeseitigung von dem Kläger in Angriff genommen und damit die Bezifferung der Schadenshöhe möglich oder zumindest erleichtert wird. Schließlich würde – wenn keine Einigung oder keine Umstellung auf eine Leistungsklage erfolgt – eine spätere Leistungsklage, die nach rechtskräftigem Feststellungsurteil anhängig gemacht wird, auf diesem und den Erkenntnissen des Vorprozesses aufbauen, sodass der Prozess nur hinsichtlich der Höhe des Schadens fortgesetzt wird. Daher kann auch hier nicht von einem unwirtschaftlichen Prozessverhalten gesprochen werden.

444 Klärt sich innerhalb eines Baumangelprozesses der Umfang oder die Höhe des Schadens, ist der Kläger nach ständiger Rspr.[69] **nicht verpflichtet,** von der **Feststellungsklage zur Leistungsklage** überzugehen, weil es nach h.M. lediglich darauf ankommt, dass das Feststellungsinteresse zu irgendeinem Zeitpunkt seit Klageerhebung vorgelegen hat.[70] Von diesem Grundsatz hat der BGH erkennbar nur eine Ausnahme gemacht: Ist die Schadensentwicklung während des ersten Rechtszuges voll abgeschlossen, und regt der Beklagte den Übergang daher an, so hat dieser dann zu erfolgen, wenn damit weder eine Verzögerung noch ein Instanzenverlust verbunden ist.[71] Die Frage des **notwendigen Übergangs** wird man besonders unter dem Gesichtspunkt der Prozessökonomie zu betrachten haben. Erhebt der

---

68) Siehe aber z.B. OLG Frankfurt, BauR 1987, 595, das von dem Bauherrn verlangt, im selbstständigen Beweisverfahren ggf. auf eine **schriftliche Gutachtenergänzung** zu drängen.
69) BGH, NJW 1984, 1552, 1554; BGH, LM Nr. 92 zu § 256 ZPO; RGZ 108, 201, 202; OLG Brandenburg, ZfBR 2001, 111, 115; *Kniffka/Koeble*, 15. Teil, Rn. 8; *Lauer/Wurm*, Rn. 1114.
70) Vgl. BGH, NZBau 2004, 48, 49 m. Nachw.; OLG Koblenz, NJW-RR 1988, 532 für noch nicht abgeschlossenes Beweissicherungsverfahren; im Ergebnis anders: OLG Frankfurt, BauR 1987, 595.
71) BGH, LM Nr. 5 zu § 256 ZPO.

Beklagte **Leistungswiderklage,** muss der Kläger die negative Feststellungsklage in jedem Fall für erledigt erklären.[72] Nichts anderes gilt, wenn in einem (Vor)prozess eine positive Feststellungsklage erhoben wird, dann aber in einem weiteren Prozess eine Leistungsklage folgt, mit der ein aus demselben streitigen Rechtsverhältnis abgeleiteter Anspruch geltend gemacht wird. In diesem Fall wird wegen des Vorrangs der Leistungsklage die Feststellung unzulässig.[73]

Einem Baubeteiligten ist es unbenommen, **neben** einem Feststellungsantrag einen **Hilfsantrag** auf Leistung (Zahlung eines bestimmten Betrages) zu stellen[74] oder auch von der Feststellungs- **zur Leistungsklage zu wechseln;** ein solcher Übergang bietet sich vor allem für den Bauherrn an, wenn er im Rahmen eines Baumängelprozesses – nach der Einholung von Kostenvoranschlägen – seinen Feststellungsantrag auf Zahlung eines angemessenen Kostenvorschusses umstellt. Darin liegt im Zweifel keine unzulässige Klageänderung, weil sich der Antrag auf dasselbe Rechtsverhältnis bezieht, d.h. bei gleichbleibendem Klagegrund nur weitergehende Rechtsfolgen aus diesem hergeleitet werden.[75]

445

Das Erfordernis eines **bestimmten Antrages** (§ 253 Abs. 2 Nr. 2 ZPO) gilt auch für die Feststellungsklage nach § 256 ZPO. Der Kläger muss deshalb in seinem Klageantrag das Rechtsverhältnis, dessen Bestehen oder Nichtbestehen festgestellt werden soll, so **genau bezeichnen,** dass über dessen Identität und damit über den Umfang der Rechtskraft[76] des begehrten Feststellungsausspruchs keinerlei Ungewissheit herrschen kann.[77] Ein **Klageantrag** ist genügend bestimmt, wenn der Kläger z.B. **Art** und **Anzahl** der Mängel sowie deren **Lage** genau beschreibt;[78] Maßstab sind auch hier die Grundsätze der **Symptomtheorie.**[79] Für die Individualisierung reicht es aus, wenn der Unternehmer die Mängel ohne Schwierigkeit finden kann. Es ist aber darauf zu achten, dass nicht nur bestimmte Tatbestandsmerkmale verlangt werden („es wird festgestellt, dass die Werkleistungen des Beklagten mangelhaft sind und der Beklagte dies zu vertreten hat").

446

Mit dem Feststellungsantrag muss ferner gesagt werden, **was** von dem Beklagten **verlangt** wird. So kann ein Antrag z.B. dahin lauten, der Beklagte sei (hinsichtlich der Mängel) „nachbesserungs(nacherfüllungs)pflichtig, hilfsweise minderungspflichtig, hilfsweise schadensersatzpflichtig".[80]

---

72) RG, JW 1936, 3185, 3186 m.Anm. *Roquette;* BGH, NJW 1984, 1556, 1557; BGH, NJW-RR 1990, 1532.
73) BGH, BauR 2913, 1722 = NZBau 2013, 588 = ZfBR 2013, 669 = IBR 2013, 581 – *Schwenker* (im Anschluss an die vorstehend zitierte Entscheidung BGH, NJW-RR 1990, 1532).
74) OLG Saarbrücken, NZBau 2000, 429.
75) BGH, BauR 1985, 112 = ZfBR 1985, 43 = DB 1985, 808 = NJW 1985, 1784; OLG Oldenburg, BauR 1991, 465, 466.
76) Zur **Rechtskraftwirkung** eines Feststellungsurteils: BGH, BauR 1982, 604 = VersR 1982, 877; BauR 1988, 468 = ZfBR 1988, 233 (hinsichtlich der **Sowiesokosten**).
77) BGH, BauR 2002, 471 = ZfBR 2002, 253; BGH, NJW 2001, 445; ZfBR 1992, 21 = BauR 1992, 115; OLG Hamm, NZBau 2014, 34, 41; OLG Düsseldorf, BauR 2013, 776, 92; OLG Dresden, BauR 2010, 1096, 1097; OLG Düsseldorf, NJW-RR 1999, 1400, 1401 = IBR 1999, 603 – *Enaux;* OLG Celle, OLGR 1999, 101 = IBR 1999, 210 – *Weyer.*
78) BGH, BauR 2002, 471 = ZfBR 2002, 253; OLG Düsseldorf, BauR 1981, 502, 503 u. NJW-RR 1999, 1400 = OLGR 1999, 442 = BauR 1999, 1058 (LS) = IBR 1999, 603 – *Enaux.*
79) Vgl. BGH, BauR 1999, 391 = ZfBR 1999, 135 = IBR 1999, 115 – *Weyer.*
80) Vgl. OLG Düsseldorf, BauR 1981, 502, 503.

447 Erweist sich eine erhobene **Leistungsklage** als **unbegründet,** entspricht aber der Erlass eines Feststellungsurteils dem Interesse der klagenden Partei, so kann das Gericht dem in dem Leistungsantrag enthaltenen Antrag auf Feststellung des Rechtsverhältnisses auch dann stattgeben, wenn dieser Antrag nicht ausdrücklich hilfsweise gestellt ist.[81] Dies wird vor allem für Baumängel/Schäden in Betracht kommen, die erkennbar noch in der Entwicklung oder deren weitere Auswirkungen überhaupt noch nicht absehbar sind; es muss nur die **gewisse Wahrscheinlichkeit bestehen,** dass Ansprüche deswegen in Zukunft noch entstehen können; die Besorgnis allein, es könnten bislang noch nicht entdeckte Mängel vorhanden sein, reicht nicht.[82]

448 Beim Erlass eines Feststellungsurteils über den Grund des Anspruchs darf nicht offen bleiben, ob den Kläger ein **Mitverschulden** trifft.[83] Erhebt der Kläger Zahlungs- und Feststellungsklage und besteht zwischen ihnen ein rechtlicher Zusammenhang, so ist ein **Teilurteil** unzulässig, sofern die Gefahr einer widerstreitenden Schlussentscheidung besteht.[84] Bei Verbindung einer Zahlungs- mit einer Feststellungsklage kann eine Zurückverweisung nach § 538 Abs. 2 Nr. 4 ZPO nicht auf die Feststellungsklage erstreckt werden.[85]

3. Die unbezifferte Leistungsklage

Literatur

Dunz, Zur Praxis des unbezifferten Leistungsantrages, NJW 1957, 1661; *Pawlowski,* Die Problematik des unbezifferten Klageantrages, NJW 1969, 481; *Röhl,* Der unbezifferte Klageantrag, ZZP 85 (1972), 52; *Zenner,* Unbezifferter Klageantrag und Beschwer, Festschrift für Fritz Baur, 1981, 741; *Dunz,* Der unbezifferte Leistungsantrag nach der heutigen Rechtsprechung des Bundesgerichtshofs, NJW 1984, 1734; *Mümmler,* Streitwert der unbezifferten Leistungsklage, JurBüro 1985, 649; *Gerstenberg,* Der unbefristete Klageantrag und der Dornröschenschlaf des § 92 II ZPO, NJW 1988, 1352; *Husmann,* Der unbezifferte Klageantrag als Abwehrrecht gegen unbillige Kostenlast und die Kostenvorschrift des § 92 II ZPO, NJW 1989, 3126; *Fuchs,* Die Kostenentscheidung beim unbezifferten Klageantrag, JurBüro 1990, 559; *Butzer,* Prozessuale und kostenrechtliche Probleme beim unbezifferten Klageantrag, MDR 1992, 539; *Röttger,* Die Bindung des Gerichts an den unbezifferten Zahlungsantrag, NJW 1994, 368; *Elzer,* Rechtskraft von Teilklagen, JuS 2001, 224.

449 In den vorgenannten Fallgestaltungen ist neben der Feststellungsklage – aber nicht vorrangig – im Rahmen eines Bauprozesses auch die **Leistungsklage mit unbeziffertem Klageantrag zulässig.**[86]

Zwar setzt die Leistungsklage grundsätzlich nach § 253 Abs. 2 Nr. 2 ZPO einen bestimmten Klageantrag voraus, sodass der Kläger eine Bezifferung vornehmen

---

81) BGH, NJW 1984, 2295 m.Anm. *Dunz* = VersR 1984, 389.
82) BGH, ZfBR 1992, 21 = BauR 1992, 115; OLG Koblenz, OLGR 2004, 233.
83) BGH, WM 1978, 66; OLG Hamm, NZBau 2014, 32, 34 m.w.Nachw.; s. auch Rdn. **431**.
84) BGH, NZBau 2001, 631, 632; BauR 1999, 680 = ZfBR 1999, 212; BGH, NJW 1997, 1709, 1710.
85) BGH, NZBau 2001, 631 m.w.Nachw. (gegen die Vorinstanz: OLG Köln, NJW-RR 2000, 1264 = NZBau 2000, 568).
86) Zum Verhältnis beider Klagearten: OLG Hamm, OLGR 1995, 201; zum Klageantrag s. auch OLG Koblenz, OLGR 2004, 233.

Die unbezifferte Leistungsklage

muss (auch dort, wo nur eine „angemessene Vergütung" nach § 632 Abs. 2 BGB verlangt wird).[87] Dieser Grundsatz gilt jedoch besonders in Bausachen nicht uneingeschränkt. In Rspr. und Lit. ist allgemein anerkannt, dass nicht stets eine ziffernmäßige Angabe des geforderten Geldbetrages notwendig ist.[88] So wird eine unbezifferte Geldforderung in den Fällen zugelassen, in denen eine **Bezifferung überhaupt nicht möglich oder** doch aus besonderen Gründen dem Kläger **nicht zumutbar** ist. Dementsprechend soll ein unbezifferter Klageantrag zulässig sein, wenn die ziffernmäßige Festlegung einer Forderung entscheidend von der Ausübung des richterlichen Ermessens abhängig ist (§ 287 ZPO).[89] Auch dort, wo die Bestimmung des Betrages von einer Ermittlung der Schadenshöhe durch Beweisaufnahme, durch gerichtliche Schätzung oder nur vom billigen Ermessen des Gerichts abhängt, wird es für ausreichend erachtet, wenn die zahlenmäßige Feststellung der Klageforderung dem Gericht überlassen wird. Auch Wussow[90] will in diesen Fällen zu Recht die unbezifferte Leistungsklage neben der Feststellungsklage zulassen.

450 Wenn auch die neue Rspr. zunehmend dazu neigt, die dem Kläger zugebilligten Möglichkeiten, einen unbezifferten Klageantrag zu stellen, einzugrenzen,[91] so wird man die **unbezifferte Leistungsklage** in Bausachen überall dort neben der Feststellungsklage zulassen müssen, wo es etwa um die **Herabsetzung einer Vertragsstrafe** (§ 343 BGB), um die **gerichtliche Schätzung** des Schadens gem. § 287 ZPO, um eine **hypothetische Schadensberechnung** (§ 252 BGB) wie auch um die Schadensfeststellung durch einen **(gerichtlichen) Sachverständigen** geht. Allerdings bedarf der Klageantrag, wenn er in diesen Fällen nicht auf einen bestimmten Geldbetrag lautet, sondern unbeziffert bleibt, zu seiner Zulässigkeit der hinreichenden Darlegung der **Schätzungs- und Berechnungsgrundlagen**.[92] Der Kläger muss also die Tatsachen vortragen, die es dem Gericht ermöglichen, die Höhe der gerechtfertigten Klageforderung festzustellen.[93] In diesen Fällen empfiehlt es sich allerdings, im Rahmen des Klageantrages oder der Klagebegründung eine **Mindestforderung** anzumelden; andernfalls kann insoweit bei einem Rechtsmittel eine Beschwer des Klägers nicht festgestellt werden, da er seine Vorstellungen zur Höhe nicht deutlich gemacht hat.[94]

---

87) RG, JW 1937, 3184.
88) Vgl. RGZ 140, 211; BGH, LM Nr. 39 zu § 253 ZPO = VersR 1964, 850; NJW 1967, 1420; NJW 1969, 1427 für Versäumnisverfahren; VersR 1970, 127; kritisch: *Pawlowski*, NJW 1961, 341; *Bull*, JR 1958, 95 u. JR 1975, 449; *Röhl*, ZZP 85, 52; *Dunz*, NJW 1984, 1734.
89) Vgl. BGH, BauR 1988, 111, 112.
90) NJW 1969, 481.
91) Vgl. BGHZ 45, 91 = NJW 1966, 780; NJW 1967, 1420; NJW 1982, 340.
92) St. Rspr.; vgl. BGHZ 4, 138, 142 = NJW 1952, 382; BGH, VersR 1959, 694; NJW 1964, 1797 LS = VersR 1964, 850; VersR 1967, 684, 685; JZ 1975, 448.
93) BGH, NJW 1970, 281, 282; JZ 1975, 448 = JR 1976, 22 mit zust. Anm. *Berg*; BGH, VersR 1982, 96: Der unbezifferte Leistungsantrag muss wenigstens die ungefähre Größenordnung des Anspruchs erkennen lassen; vgl. ferner: *Dunz*, NJW 1984, 1734, 1736 u. *Butzer*, MDR 1992, 539, 540 m.w.Nachw.
94) OLG Oldenburg, NdsRpfleger 1975, 46; BGH, WM 1979, 203.

4. Verjährung und Feststellungsklage

451 Erhebt der Kläger zur **Vermeidung der Verjährung** (z.B. von Mängelrechten) die Feststellungsklage, so ist das Feststellungsinteresse in der Regel zu bejahen.[95] Dient eine Klageerhebung ausdrücklich dem Ziel, die Verjährung des Klageanspruchs zu hemmen (§ 204 Abs. 1 Nr. 1 BGB), ist der Klageantrag möglichst so auszulegen, dass das Ziel der Verjährungshemmung erreicht wird.[96]

452 Zu beachten bleibt, dass nach der Entscheidung des BGH vom 18. März 1976[97] „die Klage auf **Zahlung eines Vorschusses** zur Behebung von Mängeln eine Besonderheit des Werkvertragsrechts (ist), die eine Feststellungsklage zum Zwecke der Verjährungsunterbrechung entbehrlich macht". Der BGH betont, dass sie „in ihrer Wirkung einer unbezifferten Leistungsklage (ähnelt)". Entscheidet er sich für diese Klage, ist ein Feststellungsantrag, dass der Unternehmer zum Ersatz der **weiteren** Nachbesserungskosten verpflichtet ist, in aller Regel entbehrlich.

453 Erhebt der Bauherr eine **Vorschussklage,** so wird die Verjährung von Ansprüchen aus den der Werkleistung anhaftenden Mängeln **in vollem Umfang** gehemmt, soweit sie **Ursache** der angeführten Mangelerscheinungen sind. Die Vorschussklage deckt daher, ähnlich einem unbezifferten Leistungsantrag hinsichtlich der Hemmungswirkung, auch **spätere Erhöhungen,** gleichviel worauf sie zurückzuführen sind, sofern sie nur **denselben Mangel** betreffen.[98]

454 Dies ist anders, wenn der Bauherr eine Klage auf Ersatz von Kosten für eine **Teilnachbesserung** erhebt; eine solche Klage hemmt nicht – über den eingeklagten Betrag hinaus – die Verjährung eines Anspruchs für weitere Maßnahmen zur Beseitigung desselben Mangels.[99] Es wird eine Frage der richtigen Ausdeutung des Klagezieles sein, welchen Anspruch der Bauherr im Einzelfalle (zuerst) geltend gemacht hat.[100]

455 Da **Kostenerstattungsansprüche** verjähren können, bevor die tatsächliche Höhe der erforderlichen Mängelbeseitigungskosten feststeht, ist der Bauherr gehalten, entweder durch eine unbezifferte Leistungsklage oder aber durch eine Feststellungsklage die Verjährungsfrist zu hemmen.

456 Wird im Verlaufe eines Rechtsstreits der Feststellungsantrag in einen **Leistungsantrag umgewandelt,** konnte nach altem Recht dadurch nach § 212 Abs. 1 BGB a.F. die unterbrechende Wirkung zum Titel beseitigt werden, wenn nicht innerhalb von sechs Monaten erneut geklagt wurde (§ 212 Abs. 2 BGB a.F.). § 212 BGB a.F. ist durch das SchRModG entfallen; die Hemmung der Verjährung ist nunmehr unabhängig von dem Ausgang des Verfahrens.

---

95) Siehe: BGH, BauR 2010, 1967 = NZBau 2010, 365; BGH, BauR 1979, 62; OLG Köln, BauR 2006, 719 (betreffend Rechte aus einer Gewährleistungsbürgschaft).
96) BGH, BauR 1981, 208, 209 = *SFH*, Nr. 5 zu § 209 BGB; OLG Düsseldorf, BauR 2013, 776, 793.
97) BauR 1976, 205 = NJW 1976, 956.
98) Vgl. BGH, BauR 1989, 603; BauR 1989, 81 = ZfBR 1989, 54; BGH, BauR 1989, 79 = ZfBR 1989, 27; BGH, BauR 1986, 576; BGHZ 66, 138, 141, 142 = BauR 1976, 205; OLG Koblenz, OLGR 2004, 174, 176; OLG München, MDR 1994, 585 = OLGR 1994, 98; *Lauer/Wurm*, Rn. 1116; *Kaiser*, Festschrift für Locher, S. 109, 112 ff. m. Nachw.
99) BGH, NJW-RR 1988, 692; BGHZ 66, 142, 147 = NJW 1976, 960; OLG Frankfurt, OLGR 2001, 85; OLG Celle, BauR 1988, 226, 227.
100) Unzutreffend z.B. OLG München, *SFH*, Nr. 4 zu § 209 BGB m. abl. Anm. *Hochstein*.

5. Negative Feststellungsklage

Literatur

Macke, Aufeinandertreffen von negativer und positiver Feststellungsklage im Schadensersatzprozess, NJW 1990, 1651; *Vossler*, Angriff ist die beste Verteidigung, ProzRB 2003, 307; *Kunze*, Zuständigkeit der Kammer für Handelssachen bei einer nicht eingetragenen BGB-Gesellschaft aus Vollkaufleuten und der negativen Feststellungsklage?, BauR 2005, 473.

457 Die Einrede des Zurückbehaltungsrechts gegenüber einer Leistungsklage macht eine Feststellungsklage nicht unzulässig.[101] Die Möglichkeit, in einem anhängigen Verfahren eine **negative Feststellungs-Widerklage** zu erheben, schließt nicht das Rechtsschutzinteresse für eine selbstständige negative Feststellungsklage aus.[102] Macht der Bauherr seinen durch einen Baumangel verursachten Schaden **teilweise** geltend, und erhebt der Beklagte demgegenüber negative Feststellungsklage, so bezieht sich diese nur auf den Teil des Schadens, der **nicht Gegenstand** der Klage ist. Das rechtliche Interesse einer negativen Feststellungsklage kann auch nicht mit der Begründung verneint werden, die Entscheidung über die Leistungsklage führe zur Aufklärung des Schadensereignisses, sodass bei ihrer Abweisung nicht mit einer weiteren Klage wegen des noch nicht geltend gemachten Schadens zu rechnen sei.[103]

458 Das **Feststellungsinteresse** bei einer leugnenden Feststellungsklage kann nur ausgeräumt sein, wenn die **Leistungsklage** in einer prozesswirtschaftlich ebenso geeigneten Weise wie die leugnende Feststellungsklage das streitige Rechtsverhältnis klärt, es also zur Beseitigung der Unsicherheit nicht mehr des Feststellungsurteils bedarf.[104] Das rechtliche Interesse an einer negativen Feststellungsklage entfällt daher, „sobald eine **auf die Durchsetzung desselben Anspruchs gerichtete Leistungsklage** erhoben wird und nicht mehr einseitig zurückgenommen werden kann".[105]

459 Eine negative Feststellungsklage darf nur abgewiesen werden, wenn der Anspruch, dessen sich der Feststellungsbeklagte berühmt, feststeht;[106] erweist sich **der geleugnete Anspruch zu einem Teil** als zu Recht bestehend, so darf die Fest-

---

101) *Wieczorek*, § 256 ZPO, C II a 5.
102) OLG Hamm, WM 1971, 1379. Zur negativen Feststellungsklage als **Handelssache** i.S. von § 95 Abs. 1 GVG s. *Kunze*, BauR 2005, 473, 478.
103) OLG Köln, JMBl. NW 1973, 92. Zum **Umfang** der materiellen Rechtskraft einer Klage auf Feststellung der Mangelfreiheit: OLG Düsseldorf, IBR 2013, 191 – *Elzer*; zum Verhältnis von Leistungs- und anhängiger negativer Feststellungsklage: OLG Hamm, MDR 1991, 546 m. Nachw.
104) BGH, NJW-RR 1990, 1532; BGHZ 99, 340 = NJW 1987, 2680; BGH, NJW 1973, 1500; auch *Schäfer/Finnern*, Z 1 Bl. 3; OLG Nürnberg, MDR 1985, 417; VGH Mannheim, NJW 1996, 1298.
105) BGH, NJW-RR 1991, 1532; OLG Hamm, NJW-RR 1986, 923. **Ausnahme:** Der Feststellungsrechtsstreit ist **entscheidungsreif**, die Leistungsklage noch nicht (vgl. BGH, NJW-RR 1990, 1532, 1533; *MünchKommZPO-Lüke*, § 256 ZPO, Rn. 61).
106) BGH, NJW 1993, 1716 (auch zum **non-liquet**).

stellungsklage nicht ohne weiteres ganz abgewiesen werden, sondern es ist dann zu entscheiden, zu welchem **Betrag** der Anspruch besteht.[107]

Zu beachten bleibt, dass die **Verteidigung** gegen eine negative Feststellungsklage nicht die Verjährung des mit dieser Klage geleugneten Anspruchs hemmt.[108]

6. Rechtskraft von Feststellungsurteilen

Literatur

Tiedtke, Rechtskraftwirkungen eines die negative Feststellungsklage abweisenden Urteils, JZ 1986, 1031; *Lepp*, Zwang zum Fehlurteil?, NJW 1988, 808; *Künzl*, Zur Rechtskraft von Urteilen über negative Feststellungsklagen, JR 1987, 57; *Habscheid*, Die materielle Rechtskraft des die negative Feststellungsklage aus Beweisgründen abweisenden Urteils, NJW 1988, 2641; *Kapp*, Kaninchen aus dem Zylinder? – Zum Scheinproblem der materiellen Rechtskraft des abweisenden Urteils bei der negativen Feststellungsklage, MDR 1988, 710; *Tiedtke*, Zur Rechtskraft eines die negative Feststellungsklage abweisenden Urteils, NJW 1990, 1697.

460 Erstreitet der Bauherr ein Feststellungsurteil, so kann im Einzelfall zweifelhaft sein, wie weit die **Rechtskraft** des Urteils reicht.[109] Wird durch das Feststellungsurteil die Ersatzpflicht hinsichtlich des Mängelbeseitigungsaufwandes festgelegt, gleichzeitig aber bestimmt, dass zu Gunsten des Bauunternehmers **Sowiesokosten** zu berücksichtigen sind, so treten Rechtskraftprobleme auf, wenn sich im Nachhinein erweist, dass sowohl die Mängelbeseitigungskosten wie auch die Sowiesokosten erheblich von der ursprünglichen Vorstellung abweichen. Bauherr und Unternehmer werden sich in diesen Fällen fragen, ob die in dem (rechtskräftigen) Feststellungsurteil ausgeworfenen Beträge für **Sowiesokosten** abschließend sind oder ob sich der Unternehmer gleichwohl noch auf „höhere Kosten" berufen kann.

Der BGH hat im Urteil vom 19. Mai 1988[110] im letzteren Sinne entschieden. Da das Feststellungsinteresse des Klägers (Bauherr) darauf gerichtet gewesen sei, „sich gegen alle denkbaren Mängelerscheinungen und Schäden abzusichern, auch soweit sie noch nicht voll zu überblicken (seien), (könne) die Frage der ‚Sowiesokosten', also des Eigenbeitrages des Bestellers an den Nachbesserungs- oder Schadensbehebungskosten, schon von der Natur der Sache her erst endgültig beurteilt werden, wenn das mit der Feststellung verfolgte Ziel wirklich erreicht" sei. Ein Kläger, der mit einer Feststellungsklage umfassenden Rechtsschutz anstrebe, müsse deshalb auch die damit zwangsläufig verbundenen Unsicherheiten bei der Berechnung der Sowiesokosten im Feststellungsprozess hinnehmen.

---

107) RG, HRR 1932, 2199; RG, HRR 1933, 340; RG, JW 1936, 511; BGHZ 31, 358, 362; BGH, MDR 1969, 749; BGH, BauR 1990, 358, 360 (negative Feststellungsklage gegenüber Vorschussklage eines Hauptunternehmers).
108) BGH, NJW 2012, 2157 Rn. 27; BGH, NJW 1978, 1975; *Palandt/Ellenberger*, § 204 BGB, Rn. 3; *Kesseler*, in: Prütting/Wegen/Weinreich, § 204 BGB, Rn. 2.
109) Zur **Reichweite** eines Feststellungsurteils s. BGH, ZfBR 1996, 201; BGH, BauR 1994, 621 = NJW-RR 1994, 1173 (**höhere** Kosten einer **Teil**sanierung); OLG Düsseldorf, BauR 2010, 1795.
110) BauR 1988, 468 = ZfBR 1988, 223 = NJW-RR 1988, 1044 = NJW 1986, 2508.

461 Im Feststellungsprozess sind im Übrigen grundsätzlich alle klagebegründenden Tatsachen sowie **mögliche Einwendungen** (gegen die Klageforderung) geltend zu machen; ist deshalb ein bereits entstandener oder feststellbarer Schaden Gegenstand einer Feststellungsklage, ist eine **Aufrechnung** hiergegen im Feststellungsprozess notwendig, um eine Präklusion im späteren Rechtsstreit über die bezifferte Leistungsklage zu vermeiden. Dies gilt auch dann, wenn der Vergangenheits- und Gegenwartsschaden in der Höhe noch streitig sind.[111]

462 Erforderlich ist aber stets, dass sich die Forderungen zum Zeitpunkt der letzten mündlichen Verhandlung des Erstprozesses (Feststellungsklage) **aufrechenbar** gegenüberstanden, also eine **Aufrechnungslage gegeben** war.[112] In diesem Falle ist auch ein Vorbehalt der Aufrechnung notwendig. Ein Beklagter (z.B. Bauunternehmer oder Architekt) braucht sich im Feststellungsprozess deshalb eine Aufrechnung mit Gegenforderungen nicht vorzubehalten, wenn sie ihm mangels Aufrechnungslage auch nicht möglich ist.

463 Zum Umfang der Rechtskraft eines Urteils, das eine **negative Feststellungsklage** aus sachlichen Gründen abweist, wenn dabei die Darlegungs- und Beweislast verkannt worden ist, siehe BGH, NJW 1986, 2508 = BauR 1986, 488 und die oben genannte (meist ablehnende) Literatur.

---

111) RGZ 158, 204, 209; BGHZ 103, 362 = BauR 1988, 374 = BGH, ZfBR 1988, 187; siehe auch BGH, ZfBR 1996, 201 = NJW-RR 1996, 826 = WM 1996, 1101.
112) BGH, a.a.O.

III. Aktivlegitimation und Prozessführungsbefugnis bei Mängeln am Gemeinschaftseigentum

Übersicht

	Rdn.		Rdn.
1. Allgemeines	464	e) Gesamtgläubigerschaft?	492
2. Begriff des Wohnungseigentums	466	f) Die zeitliche Grenze für das gemeinschaftliche Vorgehen	493
3. Aktivlegitimation	471	g) Der Mehrheitsbeschluss	495
4. Prozessführungsbefugnis	473	h) Die Auswirkung des Mehrheitsbeschlusses auf die Sachbefugnis der Wohnungseigentümer	496
a) Erfüllungs- und Nacherfüllungsansprüche	476		
b) Rücktritt (§§ 634 Nr. 3, 636, 323, 326 Abs. 5 BGB)	486	5. Rechtslage bei Drittshaftungs(Subsidiaritäts)klauseln	503
c) Minderung (§§ 634 Nr. 3, 638 BGB) und „kleiner" Schadensersatz (§ 281 BGB)	487	6. Die Abnahme	504
		7. Die gerichtliche Geltendmachung	510
d) „großer" Schadensersatz	491		

Literatur

Hügel/Elzer, Wohnungseigentumsgesetz, 2015; *Müller*, Praktische Fragen des Wohnungseigentums, 6. Auflage 2015; *Basty*, Der Bauträgervertrag, 8. Auflage 2014, *Pause*, Bauträgerkauf und Baumodelle, 5. Auflage 2011; *Blank*, Bauträgervertrag, 4. Auflage 2010; *Riecke/Schmidt*, Wohnungseigentumsrecht, Fachanwaltskommentar, 4. Auflage 2014; *Partner im Gespräch* (PiG), Von der Planung zum Bauträgervertrag (Band 94), 2013.

Deckert, Baumangel am Gemeinschaftseigentum, NJW 1973, 1073; *Stoll*, Durchsetzung von Gewährleistungsansprüchen am gemeinsamen Eigentum durch den Verwalter, SchlHA 1977, 17; *Rosenberger*, Klagen von Wohnungseigentümergemeinschaften zur Geltendmachung von Gewährleistungsansprüchen, BauR 1978, 241; *Kellmann*, Die Durchsetzung von Ansprüchen der Wohnungseigentümer bei Mängeln am Gemeinschaftseigentum, DB 1979, 2261; *Deckert*, Die Stellung des Verwalters von Wohnungseigentum bei der Verfolgung und Durchsetzung von Baumängelgewährleistungsansprüchen bezüglich des Gemeinschaftseigentums und dessen Sanierung, BauR 1981, 99; *Weitnauer*, Mängelgewährleistung und Instandhaltungspflichten am gemeinschaftlichen Eigentum, ZfBR 1981, 109; *Röll*, Die Rechtsprechung des BGH zur faktischen Gemeinschaft und ihre Auswirkungen auf die Praxis des Wohnungseigentums, NJW 1989, 1070; *Coester*, Die „werdende Eigentümergemeinschaft" im Wohnungseigentumsgesetz, NJW 1990, 3184; *Seuß*, Faktische Wohnungseigentümer, Festschrift für Bärmann und Weitnauer (1990), 599; *Pause*, Die Geltendmachung von Gewährleistungsansprüchen der Wohnungseigentümer gegen den Bauträger, NJW 1993, 553; *Koeble*, Gewährleistungsansprüche der Wohnungseigentümer beim Gemeinschaftseigentum, Festschrift für Soergel (1993), 125; *Schulze-Hagen*, Der Wohnungsbauvertrag und die VOB/B-Vereinbarung, Festschrift für v. Craushaar (1997), 170; *Hauger*, Fischen 1998: Die Rechte des Wohnungseigentümers auf Wandlung, Minderung und Schadensersatz bei Baumängel, NZM 1999, 536; *Vogelheim*, Die Behandlung von Sonderwünschen beim Bauträgervertrag, BauR 1999, 117; *Baden*, Nochmals: Sonderwunschverträge, BauR 1999, 712.

Literatur ab 2000

Habscheid, Die Verfügung über Sachmängelansprüche bezüglich des Gemeinschaftseigentums der Wohnungseigentümergemeinschaft unter besonderer Berücksichtigung des Insolvenzverfahrens, NZI 2000, 568; *Greiner*, Mängel am Gemeinschaftseigentum und Aufrechnung einzelner Erwerber gegen Restforderungen des Bauträgers, ZfBR 2001, 439; *Fink-Plücker*, Die „werdende Eigentümergemeinschaft", eine rechtlich zulässige Analogie?, ZfIR 2001, 862; *Wagner*, Die europarechtliche Seite des Bauträgervertrages, ZNotP 2002, Beilage 1; *Fritsch*, Der Bauprozess für Wohnungseigentümergemeinschaften, BauRB 2003, 27; *Rumler*, Die Geltendmachung gemeinschaftlicher Ansprüche in der Wohnungseigentümergemeinschaft, OLGR-Kommentar 2003, K 43; *Pause/Miehler*, Die Leistungsbeschreibung im Bauträger- und im Bauvertrag, BTR 2003, 162; *Wagner*, Bauträgervertrag und Geschosswohnungsbau – kann die Wohnungseigentümergemeinschaft Abnahme und Gewährleistungsrechte gegenüber dem Bauträger geltend machen?, ZNotP

2004, 4; *Derleder*, Der Bauträgervertrag nach der Schuldrechtsmodernisierung, NZBau 2004, 237; *Greiner*, Mängelansprüche gegen den Bauträger, BTR 2004, 242; *Drasdo*, Rechtsfähigkeit der Wohnungseigentümergemeinschaft, NJW 2004, 1988; *Pause*, Bauträgervertrag: Teilrechtsfähigkeit der Wohnungseigentümergemeinschaft und die Geltendmachung von Mängeln am Gemeinschaftseigentum, BTR 2005, 205; *Blank*, Die rechtliche Einordnung des Veräußerungsvertrages über ein bereits hergestelltes Gebäude, Festschrift für Thode (2005), 233; *Drasdo*, Mit Bauträgern vereinbarte Sonderwünsche bei Wohnungseigentum, NJW-Spezial 2005, 241; *Vogel*, Die Rechtsfähigkeit der Wohnungseigentümergemeinschaft, BTR 2005, 226; *Hügel*, Die Teilrechtsfähigkeit der Wohnungseigentümergemeinschaft und deren Auswirkungen auf die Gestaltung von Gemeinschaftsordnung und Bauträgervertrag, BTR 2005, 229; *Baer*, Gemeinschaftsbezogenheit von Mängelrechten beim Erwerb vom Bauträger, BTR 2006, 113; *Drasdo*, Die Entstehung der Wohnungseigentümergemeinschaft, NJW-Spezial 2006, 481; *Köster/Sankol*, Die Insolvenzfähigkeit der Wohnungseigentümergemeinschaft, ZfIR 2006, 741; *Graßnack*, Die Abtretung von Gewährleistungsansprüchen gegen die am Bau beteiligten Unternehmer im Vertrag des Bauträgers mit dem Erwerber von Wohnungseigentum, BauR 2006, 1394; *Pause*, Bauträgererwerb: Minderung und Schadensersatz bei Mängeln am Gemeinschaftseigentum, Festschrift für Motzke (2006), 323; *Pause/Vogel*, Auswirkungen der Teilrechtsfähigkeit der Wohnungseigentümergemeinschaft auf die Verfolgung von Mängeln am Gemeinschaftseigentum gegenüber dem Bauträger, NJW 2006, 2670; *Feser*, Ist der Bauträger zur Herausgabe der Baupläne verpflichtet?, BTR 2007, 127; *Grams*, Das Aufrechnungsverbot als Folge der „immanenten Verfügungsbeschränkung" bei vergemeinschafteten Mängelansprüchen gegen den Bauträger?, BTR 2007, 153; *Drasdo*, Rechtsfolgen des Verstoßes gegen MaBV-Normen, NJW 2007, 2741; *Briesemeister*, Das Haftungssystem der Wohnungseigentümergemeinschaft nach der WEG-Reform, NZM 2007, 225; *Weise*, Der riskante Sonderwunsch, NJW-Spezial 2007, 21; *Basty*, Die Kündigung des Bauträgervertrages, Jahrbuch Baurecht 2007, 91; *Fuchs*, Die Mängelhaftung des Bauträgers bei der Altbausanierung, BauR 2007, 264; *Schulze-Hagen*, Die Ansprüche des Erwerbers gegen den Bauträger wegen Mängel am Gemeinschaftseigentum, ZWE 2007, 113; *Niedenführ*, Die WEG-Novelle 2007, NJW 2007, 1841; *Wenzel*, Die Zuständigkeit der Wohnungseigentümergemeinschaft bei der Durchsetzung von Mängelrechten der Ersterwerber, NJW 2007, 1095; *Pause/Vogel*, Auswirkungen der WEG-Reform auf die Geltendmachung von Mängeln am Gemeinschaftseigentum, BauR 2007, 1298; *Basty*, Anspruch auf Eigentumsumschreibung vor vollständiger Zahlung beim Bauträgervertrag, BTR 2008, 14; *Lotz*, Die Abnahme und das WEG – Die Besonderheiten, BauR 2008, 740; *Drasdo*, Die Streitwerthöhe in WEG-Sachen, NJW-Spezial 2009, 753.

Literatur ab 2010

Blank, Bedarf es der Stärkung der Rechte des Verbrauchers im Bauträgervertrag, BauR 2010, 4; *Drasdo*, Wohnungseigentümerhaftung für öffentlich-rechtliche Verpflichtungen, NJW-Spezial 2010, 33; *Sturmberg*, Gefahr für Bauträger: Die Abnahme des Gemeinschaftseigentums durch Sachverständige ist unwirksam, BauR 2010, 163; *Gröhn/Hellmann-Sieg*, Der Wohnungseigentümer als Nachbar im Sinne des öffentlichen Baurechts, BauR 2010, 400; *Schmid*, Verzögerte Reparatur des Gemeinschaftseigentums: Haftung der Eigentümer oder der WEG?, IMR 2010, 262; *Sienz/Vogel*, Inanspruchnahme des Bürgen im Falle der Wandelung eines Bauträgervertrags, NJW 2010, 2703; *Lucenti*, Der Bauträgervertrag in der Wirtschaftskrise – Ein Minenfeld aus Verbrauchersicht, NZBau 2010, 469; *Vogel*, Verkauf von Wohnungseigentum nach Abnahme des Gemeinschaftseigentums – Nachzügler, BauR 2010, 1992; *ders.*, Kostensicherheit für den Auftraggeber – ein Märchen!, PiG Bd. 89 (2011), 25; *Müller*, Beraterhaftung – Zur Haftung von Rechtsanwälten, Steuerberatern und Notaren auf dem Gebiet des Bau- und Bauträgerrechts, PiG Bd. 89, 49; *Schmid*, Schulden der Wohnungseigentümergemeinschaft und persönliche Haftung der Wohnungseigentümer, ZMR 2012, 85; *Pause*, Unbegrenzte Vergemeinschaftung der Erwerberrechte aus dem Bauträgervertrag?, BauR 2012, 305; *Basty*, Die Nachzüglerproblematik bei Bauträgervertrag, BauR 2012, 316; *Popescu*, Sekundäransprüche des Bestellers beim Verzug des Bauträgers mit der Fertigstellung des Bauvorhabens, BauR 2012, 1314; *Klimesch*, Verjährte bauliche Veränderungen – ein praxisrelevantes Sonderproblem, ZMR 2012, 428; *Kolbig/Puls*, Kein „gewisser Zeitraum" – das Zeitfenster für haftungsbegründenden Erwerb in der werdenden Wohnungseigentümergemeinschaft, ZMR 2012, 518; *Dötsch*, Darlegungs- und Beweislast im Rahmen der „typisierenden Betrachtungsweise" bei zweckbestimmungswidrigen Nutzungen, ZMR 2013, 18; *Vogel*, Regelung von Erschließungsfragen im Bauträgervertrag, PiG Bd. 94 (2013), 39; *Basty*, Abschluss des Bauträgervertrags vor der Baugenehmigung – Vertragsregelungen, Risikobegrenzung, ebends, 61; *Abramenko*, Die Zustimmung der Verwalters zu baulichen Veränderungen, ZMR 2013, 241; *Moosheimer*, Die Begründung von Leistungs- und Unterlassungspflichten im Wohnungseigentum durch Mehrheitsbeschluss, ZMR 2013, 590; *Elzer*, Die rechtsfähige Gemeinschaft der Wohnungseigentümer im Lichte des Verbandsrechts – Die Rechtslage in Deutschland, ZMR 2013,769; *Elzer*, Die zu erreichenden Mehrheiten bei der Bestellung des Verwalters und der Bestellung eines Verwaltungsbeiratsmitglieds, ZMR 2014, 104; *Dötsch*, Gebäudeversicherung der Wohnungseigentümer – Versicherungs- und wohnungseigentumsrechtliche Probleme unter besonderer Beachtung des Selbstbehalts, ZMR 2014, 169; *Fritsch*, Beteiligung des Bauträgers an den Kosten des gegen ihn gerichteten Baumängelprozesses, ZMR 2014, 253; *Kern*, Fallstricke im Bauträgervertrag, Der Bausachverständige 2015, 54; *Müller*, Gewillkürte Prozessstandschaft eines Wohnungseigentümers für den Verband, ZMR 2015, 665; *Pause/Vogel*, Vorschläge zum Verbraucherbau- und zum Bauträgervertrag, NZBau 2015, 667; *Aschenbrenner*, Sicherheit nach § 632a Abs. 3 BGB und deren Verwertung beim Bauträgererwerb, BauR 2015, 1905; *Abramenko*, Pflichten des Verwalters bei der versicherungsrechtlichen Abwicklung von Schäden im Sondereigentum, ZMR 2015, 827; *Skrobek*, Anwendbarkeit des § 648a BGB auf die Wohnungseigentümergemeinschaft, ZMR 2015, 919; *Selle*, Die rechtliche Behandlung nachträglicher Vereinbarungen zur Bauausführung in Bauträgerverträgen, BauR 2016, 1369; *Pauly*, Zur Problematik unklarer Baubeschreibungen in Bauträgerverträgen, ZMR 2016, 513.

1. Allgemeines

464 Die Geltendmachung von **Gewährleistungsansprüchen** beim Wohnungseigentum war schon immer ein problematisches Unterfangen; vieles wurde in Rechtsprechung und Literatur kontrovers behandelt. Der BGH hat jedoch zum alten Recht durch mehrere Grundsatzentscheidungen wichtige Streitfragen entschieden,[1] sodass der **Theoriestreit**[2] praktisch **erledigt** war. Eine Vielzahl von Einzelfragen war jedoch noch nicht abschließend geklärt; und am 1.7.2007 trat die WEG-Novelle 2007 in Kraft, die die bisher umfangreichsten Änderungen des WEG vom 15.3.1951 bewirkte.[3] Doch es waren bereits Korrekturen durch den Gesetzgeber notwendig; und die ganze WEG-Reform war durchaus massiver Kritik ausgesetzt.[4] Daneben stand vor allem das gesamte **Bauträgerrecht** zunehmend im Blickpunkt; es wurde „die Lückenhaftigkeit des geltenden Rechts" beklagt und über neue gesetzgeberische Maßnahmen nachgedacht.[5] Mit schnellen Lösungen war nicht zu rechnen, auch wenn das Forderungssicherungsgesetz, das am 1. Januar

---

1) BGHZ 68, 372 = BauR 1977, 271; BGHZ 74, 258 = BauR 1979, 420; BGH, BauR 1980, 69 = ZfBR 1980, 36; BGH, BauR 1985, 314; BGHZ 163, 154 = BauR 2005, 1462; BGH, BauR 2007, 1221 = ZfIR 2007, 454 m.Anm. *Baer*; BGH, BauR 2007, 1227 = NZBau 2007, 441.
2) Vgl. dazu: BGH, MDR 1979, 837; *Deckert*, S. 116 ff.; *Scheuvens*, MittRhNotK 1985, 85, 86.
3) Gesetz vom 26.3.2007 (BGBl. I S. 370). Zu den materiell-rechtlichen **Auswirkungen** auf die Mängelrechte am Gemeinschaftseigentum ausführlich *Pause*, NZBau 2009, 425; *Wenzel*, NJW 2007, 1095 ff.; *Pause/Vogel*, BauR 2007, 1298 ff.; *Kniffka*, Festschrift für Ganten, S. 125 ff.
4) *Schmid*, ZRP 2009, 169; *Drasdo*, NJW-Editorial 8/2010, zieht folgendes **Fazit**: „Insgesamt erweist sich die Reform mit ihren zahlreichen vor allem verfahrensrechtlichen Problemen als nicht geglückte Lösung. Kaum ein Bereich, der nicht bereits für Streitigkeiten gesorgt hat. Mangelnde Sachkunde und politischer Wille haben wohl die entscheidende Rolle gespielt. Der BGH (NZM 2009, 909) hat es letztlich deutlich ausgesprochen: Es fehlte bei der Reform an einer fundierten Analyse der Rechtslage durch den Gesetzgeber.".
5) Siehe hierzu u.a. *Thode/Wagner*, BTR 2006, 2 ff. (dazu: Bundesnotarkammer, BTR 2006, 58 ff.); ferner: *Lucenti*, NZBau 2010, 469 ff. (Der Bauträgervertrag – ein Minenfeld aus Ver-

Allgemeines

2009 in Kraft trat[6], mit seinen Regelungen zum (alten) § 632a BGB und zur Verordnung über Abschlagszahlungen bei Bauträgerverträgen unmittelbare Auswirkungen auf die zukünftige Vertragsgestaltung hatte.[7] Das gesamte Bauträgerrecht war somit „in Bewegung" (Basty). Es wurde davon berichtet, dass die **Wirtschaftskrise** zunehmend Auswirkungen auf die **Rahmenbedingungen** des Bauträgerrechts hatte. Die Gefahr **risikoreicher Vertragsgestaltungen** durch Bauträgergesellschaften war und ist nicht von der Hand zu weisen.[8] Die Hauptproblematik lag bisher in den **unzureichenden Baubeschreibungen**.[9] Es bleibt abzuwarten, ob mit der in § 650i BGB vorgeschriebenen **Verpflichtung** zur Erstellung einer Baubeschreibung **vor** Vertragsschluss die bekannten Probleme gelöst werden können. Zweifel daran sind mehr als angebracht. Unklare Baubeschreibungen des Bauträgers sollten daher von einem potenziellen Erwerber immer zuvor an den Maßstäben der §§ 370 Abs. 3 Satz 2/307 Abs. 1 Satz 2 BGB überdacht werden.

Die **Reform** des Bauvertragsrechts von **2017** bringt nunmehr mit den neuen §§ 650u („**Bauträgervertrag; anwendbare Vorschriften**") und 650v („**Abschlagszahlungen**") sowie der redaktionell geänderten **Verordnung** über Abschlagszahlungen bei Bauträgerverträgen die gesetzlichen Grundlagen für die Zukunft. Von den vielen Fragen des Bauträgerrechts können an dieser Stelle nur einige beantwortet werden:

Welche **Rechtsnatur** hat der Bauträgervertrag?[10] Kann die **VOB/B** wirksam vereinbart werden?[11] Wann ist ein **Gewährleistungsausschluss** in einem **Individual**-Bauträgervertrag unwirksam?[12] Welche Rechtsfolgen hat ein Verstoß gegen die **MaBV**?[13] Welche Stellung hat der „**werdende**" (faktische) Wohnungseigentü-

---

brauchersicht); *Vogel*, BauR 2007, 224 ff. (zu Problemen der Sicherungen beim Bauträgervertrag). *Weise*, NJW-Spezial 2005, 453 (Ein neues Bauträgergesetz?).

6) BGBl. I 2008, S. 2022.
7) Zu den Abschlagszahlungen beim Bauträgererwerb (**§ 632a Abs. 2 und 3 BGB**): *Basty*, Rn. 32 ff.; *Blank*, BauR 2010, 4 ff.; *Pause*, BauR 2009, 898, 902 f.; *Wagner*, ZfBR 2009, 312, 313 f. m.w.Nachw.
8) Siehe hierzu ausführlich *Lucenti*, NZBau 2010, 469 ff.
9) *Kern*, Der Bausachverständige 2015, 54, 57 ff.; *Pauly*, ZMR 2016, 513, 515 ff.
10) Aus der **Rechtsprechung**: BGH, BauR 1997, 488 = ZfBR 1997, 185; BGHZ 74, 258 = NJW 1979, 2207; BGH, BauR 1981, 571; BGH, BauR 1982, 58 = ZfBR 1982, 18; BGH, BauR 1985, 314 = ZfBR 1985, 132; BGH, BauR 1988, 464 = NJW 1988, 1972 sowie BGH, BauR 2007, 1407; BauR 2007, 111, 112; BauR 2005, 542 u. OLG Frankfurt, BauR 1985, 323 = NJW 1984, 2586 bei **Altbausanierung**; hierzu siehe *Ott*, NZBau 2003, 233, 235; *v. Samson*, BauR 1996, 58 ff.; *Koeble*, BauR 1992, 569 ff.; OLG Karlsruhe, BauR 2008, 1147 (Minderwohnfläche); KG, BauR 2008, 1149 (Abgrenzung Kauf- und Werkvertragsrecht); OLG Düsseldorf, BauR 2003, 1911; OLG Hamburg, BauR 1997, 835 mit abl. Anm. *Karczewski*. Zum **Verbraucherschutz**: BGH, NZBau 2007, 437; zur Unwirksamkeit einer **Bindungsfrist**: BGH, ZfBR 2014, 130.
11) Die VOB/B kann auch im Ganzen gegenüber **Verbrauchern** nicht mehr vereinbart werden; *Basty*, Rn. 1114; *Pause*, Rn. 163 ff.
12) OLG Köln, IBR 2011, 525 – *Vogel*; OLG Oldenburg, IBR 2008, 519 – *Vogel*. Zum Bauträgervertrag zwischen **Kaufleuten**: OLG Hamm, IBR 2009, 275 – *Leidig*; *Pause*, Rn. 151 m.w.Nachw.
13) Eine zulasten des **Erwerbers** gegen § 3 Abs. 2 MaBV verstoßende Vereinbarung ist **unwirksam** (§ 134 BGB; BGHZ 146, 250; *Basty*, Rn. 89; zum bereicherungsrechtlichen **Rückforderungsanspruch**: *Pause*, Rn. 374). Zur Erstattungspflicht des Bauträgers bei **verfrühter Annahme** von Abschlagszahlungen: OLG Karlsruhe, IBR 2010, 392 – *Röder*.

mer?[14)] Wie sind **Sonderwünsche** der Erwerber in Bezug auf das Gemeinschafts- oder Sondereigentum zu behandeln?[15)] Wann hat die **Auflassung** zu erfolgen?[16)] Kann eine Wohnungseigentümergemeinschaft als Eigentümerin im Grundbuch eingetragen werden?[17)] Kann die Wohnungseigentümergemeinschaft im Interesse des Verbraucherschutzes einem „Verbraucher gemäß § 13 BGB" gleichgestellt wer-

---

14) Dieser hat eine **Auflassungsvormerkung,** die Umschreibung des Eigentums ist aber noch nicht erfolgt; der Erwerber gehört bereits zur **werdenden** Wohnungseigentümergemeinschaft, auch wenn er den Besitz an der Wohnung erst nach dem Entstehen der Wohnungseigentümergemeinschaft erlangt; siehe im Einzelnen: BGH, BauR 2016, 828 = ZfBR 2016, 253; BGH, ZMR 2012, 711 – Fortführung von BGHZ 177, 53 = BauR 2008, 1614 = NJW 2008, 2639); BGH, NJW 1989, 1087; OLG Köln, WuM 2006, 217; OLG Stuttgart, BauR 2003, 1394, 1395; OLG Hamm, BauR 2008, 377 (zum **Teilnahmerecht** des Erwerbers an der Eigentümerversammlung) BGH, NJW 1983, 1615 m.Anm. *Röll;* OLG Frankfurt, OLGR 1992, 182 = NJW-RR 1993, 339 (zum **Vorschussanspruch**); LG Nürnberg-Fürth, ZMR 1985, 347; KG, NJW-RR 1986, 1274; *Finger,* BauR 1984, 108 ff.; *Deckert,* ZfBR 1983, 163 ff.; NJW 1974, 1140; BayObLGZ 1974, 217, 275; OLG Karlsruhe, OLGZ 1978, 177; OLG Stuttgart, OLGZ 1979, 34; OLG Köln, MDR 1981, 408; BayObLG, MDR 1981, 675 (zum **Anfechtungsrecht**); OLG Hamm, NJW 1984, 2708 (zum **Zurückbehaltungsrecht** beim „steckengebliebenen" Bau); OLG Karlsruhe, IBR 2009, 32 – *Schmitz* (zum Anspruch des Erwerbers auf **Löschung** einer Grundschuld); s. ferner: *Korff,* DWE 1980, 13; *Pause,* NJW 1993, 553, 555. Zu den Voraussetzungen einer **werdenden Wohnungseigentümergemeinschaft**: BGH, BauR 2015, 1834 = ZfBR 2015, 775 (Rechtsstellung kann nicht durch **Abtretung** des vorgemerkten Übereignungsanspruchs übertragen werden); OLG Köln, ZMR 2012, 982, 983 m.Anm. *Schneider;* zur Frage, ab wann der **Erwerber** als Mitglied der werdenden Gemeinschaft **Beiträge** zur Gemeinschaft erbringen muss: *Kolbig/Puls,* ZMR 2012, 518 m.w.Nachw.
15) Zur **Vereinbarung** von Sonderwünschen und den Rechtsfolgen: *Basty,* Rn. 925 ff.; *Pause,* Rn. 511 ff.; *Kniffka/Koeble,* 5. Teil, Rn. 11; *Vogelheim,* BauR 1999, 117; *Virneburg,* BauR 2004, 1681; *Drasdo,* NJW-Spezial 2005, 241; *Weise,* NJW-Spezial 2007, 21. Zu den **Koordinierungspflichten** des Bauträgers: OLG Hamm, NZBau 2007, 41 = BauR 2006, 1916 = NJW-RR 2006, 1680 = OLGR 2006, 827. Zur Beweislast: OLG München, IBR 2007, 491 – *Sienz.*
16) Siehe: BGH, ZfIR 2006, 670 m.Anm. *Blank* = BauR 2006, 1464 = NZBau 2006, 645 = IBR 2006, 447 (Abänderung von OLG Frankfurt, BauR 2005, 1491 = IBR 2005, 595 – *Basty*) zum **verjährten** Zahlungsanspruch; der Bauträger ist erst **nach Zahlung** zur Auflassung verpflichtet. Zum **Auflassungsanspruch** des Erwerbers bei **vollständiger** Zahlung (aber fehlender Abnahme des Gemeinschaftseigentums): OLG Nürnberg, BauR 2002, 106 u. LG Heilbronn, BauR 2002, 107. Zum **Auflassungsanspruch** des Erwerbers bei nachrangigen **Grundbuchlasten** (KG Berlin, BauR 2012, 103); zum **Auflassungsanspruch** trotz ausstehender Restzahlung wegen Mängel: LG/OLG München, BauR 2008, 1011 = IBR 2008, 157 – *Vogel*; bei **Insolvenz** des Bauträgers: OLG Koblenz BTR 2007, 131 = IBR 2007, 320 – *Schmitz*; bei **Verzug** mit der Mängelbeseitigung: LG Hagen, IBR 2007, 138 – *Hesse.* Zur **Aufrechnung** des Erwerbers mit Mängelansprüchen am Gemeinschaftseigentum: BGH, BauR 2007, 1227, 1235 = IBR 2007, 372 – *Schmitz*; s. ferner: Basty, BTR 2008, 14, 15 und (unzutreffend): OLG München, BTR 2007, 174 = IBR 2007, 488 – *Thode* u. BauR 2008, 373. Zur Anfechtungsklage eines bloßen **Bucheigentümers**: BGH, ZMR 2012, 972. Zum **Streitwert** einer Klage auf Eigentumsumschreibung: BGH BauR 2008, 400; OLG Stuttgart, IBR 2010, 31 – *Vogel.*
17) OLG Hamm, NJW 2010, 1464 (bejahend für Wohnungseigentumserwerb in eigener Anlage durch Wohnungseigentümerverband). Zu der am **1.10.2009** in Kraft getretenen **Neuregelung** der §§ 47 Abs. 2 GBO, 899a BGB siehe *Scherer,* NJW 2009, 3063 ff.

Allgemeines

den?[18] Welche Leistungen hat der Bauträger im **Einzelfall** zu erbringen?[19] Muss ein Erwerber sich an den Kosten einer Nacherfüllung durch den Bauträger durch Sowieso-Kosten beteiligen?[20] Sind **Änderungsvorbehalte** im Vertrag wirksam?[21] Welche Ansprüche können von „draußen" geltend gemacht werden?[22] Können die Wohnungseigentümer immer noch als **Gesamtschuldner** in Anspruch genommen werden?[23] Muss der Bauträger **Bauunterlagen** an die Wohnungseigentümer he-

---

18) Siehe hierzu umfassend: BGH, ZMR 2015, 563.
19) Siehe hierzu: *Lucenti*, NZBau 2010, 469, 470; *Pause*, Rn. 432 ff.; *Basty*, Rn. 852 ff.; *Vogel*, BauR 2008, 273 ff.; *ders.*, PiG Bd. 94, 39, 42 f.; aus der **Rechtsprechung**: OLG Brandenburg, BauR 2014, 2005 (zur Bedeutung des **Werbematerials**); BGH, BauR 2007, 1570 = NZBau 2007, 574 u. *Locher/Weiß*, BauR 2010, 368; *Boldt*, NJW 2007, 2960; OLG Düsseldorf, IBR 2012, 519 – *Vogel* (Streit über die Leitungsführung der Abwasserleitung); OLG München, BauR 2014, 113 („reine" Wohnnutzung) sowie BauR 2011, 1505 = IBR 2011, 338 – *Reichert* (Auslegung der Baubeschreibung über ein „exklusives Einfamilienhaus"; großzügiger Privatgarten); BGH, BauR 2012, 1641 u. 2009, 1288 (jeweils zum **Schallschutz**; s. hierzu ferner: OLG München, BauR 2010, 1609 [**üblicher Standard**]; OLG Düsseldorf, BauR 2010, 1594 [Begriff „Senioren-Residenz"]; OLG Frankfurt, BauR 2008, 90 – **Luft-** und **Trittschallmängel**; OLG München, NJW 2008, 592, 593; OLG Stuttgart, NZBau 2007, 717 – **Trittschallschutz** bei einer „exklusiven" Eigentumswohnung; OLG Brandenburg, BauR 2006, 1323 – fehlerhafte **Dachentwässerung**); OLG Hamm, BauR 2008, 1152 = NZBau 2007, 715 (Gestaltung der **Außenanlage**); OLG Koblenz, IBR 2006, 98 – *Frank*; LG Karlsruhe, BauR 2006, 1003 (**Trittschallschutz**); OLG Frankfurt, BauR 2005, 1327. Zu den Anforderungen an die **Kellerisolierung** eines **Altbaus**: OLG Nürnberg, BauR 2007, 413; OLG Düsseldorf, BTR 2005, 132 (LS). Zur Bedeutung des **Prospekts** für die Leistungsverpflichtung des Bauträgers: BGH, BauR 2008, 351 = IBR 2008, 30 – *Müller-Stoy*; zur interessengerechten **Auslegung** der dem Vertrag zu Grunde liegenden **Baubeschreibung**: OLG Schleswig, IBR 2009, 273 – *Reinhard*; zu **Widersprüchen** zwischen einem Modell und einem Bild im **Verkaufsprospekt**: OLG Frankfurt, U.v. 30.11.2011 – 12 U 136/10. Zur Haftung des Notars wegen unterbliebener Mitbeurkundung der Baubeschreibung: BGH, BauR 2008, 1881.
20) OLG Hamburg, IBR 2015, 311 – *Karczewski* (verneinend unter Hinweis auf BGH, NJW 1984, 2457, 2458).
21) BGH, NZBau 2005, 511 = BauR 2005, 1473 = IBR 2005, 491 (unwirksam); OLG Hamm, BauR 2007, 1422, 1423 u. 2005, 1324, 1326 (unwirksam); OLG Karlsruhe, IBR 2012, 265 – *Bröker*; s. ferner: *Lucenti*, NZBau 2010, 469, 470 m.w.Nachw.
22) Siehe z.B. BGH (VIII. ZS), BauR 2005, 1924 = IBR 2006, 54 – *Schmid* (**Mieter** verlangt vom Vermieter/Eigentümer die Beseitigung von Mängeln am Gemeinschaftseigentum; Anspruch bejaht, wenn nicht im Einzelfall die Aufwendungen die sog. Opfergrenze überschreiten); BGH (V. ZS), BauR 2007, 876 = NJW 2007, 432 (Anspruch **gegen** den **Mieter** des Eigentümers auf Duldung des Rückbaus eines „Wintergartens auf dem Balkon").
23) Siehe BGH, NJW 2007, 2987 u. BGH, NJW 2007, 518 = NZM 2007, 164 (**Vollstreckung** aus „alten" Titeln möglich); BGH, BauR 2007, 1041 (**kein Vertrauensschutz** für Gläubiger nach Änderung der BGH-Rechtsprechung); s. ferner: OLG Stuttgart, ZMR 2011, 548; OLG München, NJW 2007, 2862 = BauR 2007, 1442 (Vertrauensschutz bejaht) u. IBR 2005, 715 (nur Wohnungseigentümerschaft haftet für Verletzung der Verkehrssicherungspflicht); OLG Düsseldorf, BauR 2006, 1153 u. LG Würzburg, WuM 2006, 531 (Haftung verneint). Zum **Haftungssystem** nach der WEG-Reform: *Briesenmeister*, NZM 2007, 225 ff. Zur **gesamtschuldnerischen** persönlichen Haftung der Wohnungseigentümer aus Verträgen ihrer Gemeinschaft: BGH, ZfBR 2010, 364 = NJW 2010, 932 = NJW-Spezial 2010, 321 = BeckRS 2010, 04624; s. auch *Schmid*, ZMR 2012, 85 ff.; zur Haftung auf Grund einer landesgesetzlichen Regelung siehe BGH, ZfBR 2009, 673 = BeckRS 2009, 20180 = NJW-Spezial 2009, 593. Zur Haftung für öffentlich-rechtliche Verpflichtungen: *Drasdo*, NJW-Spezial 2010, 33.

rausgeben?²⁴⁾ Trifft den Bauträger eine **Sekundärhaftung**?²⁵⁾ Welche Bedeutung haben der **Vergleich,** Verzicht oder ein Gewährleistungsausschluss eines einzelnen Erwerbers auf die Ansprüche/Klagebefugnis der übrigen?²⁶⁾ Schließlich: Welche Stellung hat der **Verwalter**;²⁷⁾ besteht eine Pflicht des Verwalters, die Eigentümergemeinschaft auf den Ablauf von Gewährleistungsfristen hinzuweisen, und muss er gegebenenfalls selbst auch Mängelrechte verfolgen und ordnungsgemäß durchsetzen?²⁸⁾ In welchem Umfang haftet der Verwalter den Wohnungseigentümern aus einer Pflichtverletzung?²⁹⁾

---

24) Siehe hierzu: OLG Köln, ZMR 2016, 66 (bejahend); LG München, BauR 2007, 1431 = IBR 2007, 323 – *Klimesch* (Herausgabe von **Bauplänen;** siehe hierzu auch *Feser*, BTR 2007, 127 ff.); LG Krefeld, IBR 2009, 276 – *Heiliger*; BayObLG, IBR 2001, 424 – *Schmidt* m.w.Nachw.

25) Verneinend: OLG Schleswig, BauR 2010, 245 = IBR 2009, 656 – *Karczewski* = BeckRS 2010, 02789; LG Siegen, NZBau 2005, 703 = IBR 2006, 96 – *Moufang*. Übernimmt ein Bauträger die erste Verwaltung der Eigentumsanlage, muss er diese auf Baumängel untersuchen und die Eigentümer auf mögliche Mängel hinweisen (OLG München, NZBau 2009, 317.

26) Vgl. OLG Hamm, BauR 2001, 1765 [**Sondervereinbarungen** Einzelner über Mängel am **Gemeinschaftseigentum** sind **unwirksam**]; KG, IBR 2004, 511 [zur **Auskehrung** des Vergleichserlöses]. Zur Wirkung eines Vergleichs durch die **Eigentümergemeinschaft** auf Ansprüche des einzelnen Erwerbers: KG, IBR 2014, 214 – *Röder* [**Anfechtung**]; OLG Brandenburg, IBR 2005, 20 – *Vogel* sowie OLG München, NJW 2007, 2418 [für **Sonderregelung** durch die Teilungserklärung; hier **Wohnungseingangstüren**; fehlende Beschlusskompetenz der Gemeinschaft].

27) *Gottschalg*, NZM 2007, 194, 198: eine „Zwitterstellung"; zur Rechtsstellung s. auch *Bub*, NZM 2006, 841, 846 ff.; zur **Zustimmung** des Verwalters zu **baulichen Veränderungen**: *Abramenko*, ZMR 2013, 241.

28) Vgl. dazu: *Greiner*, BTR 2004, 242, 248; *Pause*, NZBau 2006, 342, 349; OLG München, NZBau 2009, 317, 318 [**Baumängelüberprüfung** bei Verdacht auf einen Serienfehler]; LG München, ZMR 2013, 657 [Verwalter muss einem **Hinweis** auf mögliche Mängel am Gemeinschaftseigentum nachgehen]; LG Hamburg, ZMR 2013, 988, 989 [Schwammsanierung; zum **Schadensersatzanspruch** wegen einer verzögerten Beschlussfassung über notwendige Instandsetzungsmaßnahmen s. BGH, ZMR 2012, 974]; LG Köln, ZMR 2011, 502 [der Verwalter haftet nicht für mangelhafte Arbeiten eines Fachunternehmens]; OLG Saarbrücken, OLGR 2004, 210, 216; BayObLG, OLG 2004, 124; OLG Düsseldorf, ZWE 2002, 537 = BauR 2002, 1899 [LS]; BGH, NJW 1998, 680 [**Hinweispflicht** des Verwalters auf **Planungs-** und **Ausführungsfehler** des errichteten Bauwerks]; BayObLG, NZBau 2001, 320 = NZM 2001, 388 [zur Pflicht, auf den drohenden **Ablauf** von **Gewährleistungspflichten** hinzuweisen]; LG Köln, NJW 2009, 1825 [zum Nachweis eines Sanierungsbedarfs; Unzulässigkeit einer **Fotodokumentation** des Verwalters über Dachterrasse einer Penthousewohnung]; OLG Hamm, MDR 1989, 456; OLG Schleswig, *SFH*, Nr. 2 zu § 27 WEG; *Deckert*, BauR 1981, 99 ff. Macht der **Verwalter** Ansprüche der Wohnungseigentümer **ohne Hinzuziehung eines Rechtsanwaltes** gerichtlich geltend, liegt darin **kein Verstoß** gegen das **RBerG** [BayObLG, NJW-RR 1992, 81; BGH, BauR 1993, 640 [LS]]. Zur Anwendung des **RBerG** auf Gewerbebetriebe, die zur Aufteilung und Bildung von Wohnungseigentum herangezogen werden: OLG Dresden, BauR 2000, 743.

29) AG Hannover, ZMR 2012, 738 m.Anm. *Brinkmann* [Delegierung der Verkehrssicherungspflicht auf Hauswartfirma; keine Haftung des Verwalters aus § 278 BGB]; LG München I, ZMR 2014, 145 [Haftung für eigenmächtige Zahlungen an sanierungsbetroffene Wohnungseigentümer]; AG München, ZMR 2011, 760 [eigenmächtige Fassaden- und Dachsanierung]; OLG Saarbrücken, OLGR 2004, 210, 216; BayObLG, OLGR 2004, 124; NZM 2000, 501 u. IBR 2003, 81 – *Vogel* [zur Schadensersatzpflicht des Verwalters; **Verjährung** von Mängelansprüchen]; BayObLG, ZMR 2002, 529 [zur Kostentragungspflicht der Wohnungseigentümer für ein vom Verwalter eingeleitetes selbstständiges Beweisverfahren]; ferner: *Bärmann/Pick/Merle*, § 27 WEG, Rn. 200 ff.

Allgemeines

Zu beachten ist, dass nach der Rechtsprechung des BGH[30] unter allen Wohnungseigentümern ein gesetzliches Schuldverhältnis (**Gemeinschaftsverhältnis**) besteht, sofern nicht eine anderweitige Vereinbarung i.S. des § 10 WEG getroffen worden ist. Aus diesem gesetzlichen Verhältnis erwächst für **jeden** Wohnungseigentümer die **Pflicht**, an einer ordnungsgemäßen **Verwaltung** und **Instandsetzung** des gemeinschaftlichen Eigentums zusammenzuwirken.[31] Das bedeutet: Treten Schäden/Mängel auf, muss für eine ordnungsgemäße Beseitigung durch Beauftragung von **Fachunternehmen** Sorge getragen werden.[32] Lässt deshalb zum Beispiel ein Wohnungseigentümer Reparaturarbeiten – zu Recht oder zu Unrecht – durch einen von ihm (allein) beauftragten Unternehmer durchführen, haftet er für das Verschulden des Unternehmers im Verhältnis zu den geschädigten Wohnungseigentümern nach § 278 Satz 1 BGB.[33] Diese müssen sich jedoch das Verschulden des Unternehmers in Höhe des jeweiligen Miteigentumsanteils als Mitverschulden anrechnen lassen. Misslich ist, wenn sich die Wohnungseigentümer nicht über eine sachgerechte Sanierung gravierender Mängel einigen können. Es bleibt dann im Einzelfall nur die Möglichkeit, nach § 21 Abs. 8 WEG durch ein Gestaltungsurteil eine **Beschlussersetzung** vorzunehmen. Der BGH hat hierzu im Urteil vom 24.5.2013[34] wegweisende Hinweise gegeben (Rdn. 31):

„Da die Beschlussfassung nach § 21 Abs. 8 in die Privatautonomie der Wohnungseigentümer eingreift, dürfen Maßnahmen nur insoweit angeordnet werden, als dies zur Gewährleistung eines effektiven Rechtsschutzes unbedingt notwendig ist (*Merle*, in: Bärmann, WEG, 12. Aufl., § 21, Rn. 214). Es ist daher stets zu prüfen, ob und ggf. auf welche Weise es den Wohnungseigentümern ermöglicht werden kann, noch selbst in eigener Regie eine Entscheidung zu treffen (*Suilmann*, in: Jennißen, WEG, 3. Aufl., § 21 Rn. 1 m.w.Nachw.). Vorliegend ist Dreh- und Angelpunkt des Streits die Frage, ob nur eine DIN-gerechte Sanierung den Grundsätzen einer ordnungsgemäßen Verwaltung entspricht. Die Klägerin verweist jedenfalls im Revisionsverfahren auf kein tatsächliches Vorbringen, wonach die ernstliche Gefahr besteht, dass die Woh-

---

30) BGH, BauR 1999, 1032 = ZfBR 1999, 317 = NJW 1999, 2108 = MDR 1999, 924; *Palandt/Bassenge*, Einl. vor § 1 WEG, Rn. 5.
31) BGH, BauR 2013, 1443 = ZfBR 2013, 561 = NZBau 2013, 697 = ZMR 2014, 219 (Erfordernis einer **DIN**-gerechten Sanierung); BGH (VIII. ZS), BauR 2005, 1924, 1926. Zur **Haftung** bei verzögerter Reparatur siehe *Schmid*, IMR 2010, 262 ff. Zu den Ansprüchen gegen einen **umbauenden** (Mit-)Wohnungseigentümer: BGH, ZfBR 2014, 360 (eigenmächtig errichtete Terrassenüberdachung); AG München, ZMR 2012, 146 – Einbau einer Wendeltreppe; **Trittschallschutz**).
32) Zum Bereicherungsanspruch eines Wohnungseigentümers für eine **eigenmächtige** Instandsetzung des Gemeinschaftseigentums: BGH, ZfBR 2016, 245, 246.
33) BGHZ 62, 243, 247; BGH, BauR 1999, 1032, 1034; LG Hamburg, ZMR 2013, 466; BayObLG, ZMR 2001, 47 u. NJW-RR 1992, 1102, 1103; OLG Düsseldorf, NJW-RR 1995, 1165, 1166; AG Oberhausen, ZMR 2012, 58, 59 (Haftung für **Planungsfehler**; Wanddurchbruch durch eine tragende Wand); KG, NZM 2002, 869 = BauR 2002, 1899 (LS) – Haftung des Teileigentümers für Pflichtverletzungen des **Mieters**. Für Schäden am **Sondereigentum** eines Wohnungseigentümers, die ihre Ursache im Gemeinschaftseigentum haben, haften **Wohnungseigentümer** nur im Falle eines **Verschuldens** (BayObLG, NJW 1986, 3145; KG, NJW-RR 1986, 1078; siehe auch OLG Hamm, OLGR 1998, 8 u. *Jagenburg*, NJW 1995, 2196, 2203). Zur Anwendung der §§ 286, 287 ZPO: OLG Frankfurt, OLGZ 1987, 23. Zur Inanspruchnahme des **Sondereigentümers** aufgrund **bauordnungsrechtlicher** Vorschriften für Mängel, die auch das Gemeinschaftseigentum betreffen: OVG Berlin, NJW-RR 1991, 597. Zur **Klagebefugnis** des Wohnungseigentümers aus einer **Gebäudeversicherung** bei Schäden am **Sondereigentum**: OLG Hamm, VersR 1996, 1234.
34) BauR 2013, 1443 = NZBau 2013, 697 = ZfBR 2013, 561 = ZMR 2014, 219.

nungseigentümer nach rechtskräftiger Klärung dieser Frage nicht die auf dieser Grundlage erforderlichen Maßnahmen beschließen werden. Bei einer solchen Sachlage genügt es in der Regel, wenn das Gericht nach § 21 Abs. 8 WEG die entscheidende Richtung – hier die Art der Sanierung – vorgibt. Ist dagegen zudem die Konkretisierung im Streit, ist der Ersetzungsbeschluss – gegebenenfalls nach Einholung eines Sachverständigengutachtens (*Suilmann*, in: Jennißen, a.a.O., § 21 Rn. 151) – so detailliert zu fassen, dass insoweit insbesondere für den zur Umsetzung berufenen Verwalter klar ist, welche konkreten Maßnahmen zu veranlassen sind. Dabei sind allerdings Verallgemeinerungen nicht von vornherein ausgeschlossen, weil sich im Zuge der Bauausführung noch gewisse Änderungen und weiterer Konkretisierungsbedarf ergeben können. Es müssen jedoch auch dann die durchzuführenden Arbeiten in ihren wesentlichen Umrissen und Schritten in dem Beschluss umschrieben werden (ähnlich zur Bestimmtheit von Duldungsanträgen BGH, Urteil vom 28.9.2011 – VIII ZR 241/10 –, NJW 2012, 63 f.; vgl. auch *Merle*, in: Bärmann, a.a.O., § 23 Rn. 56; strenger wohl *Elzer*, in: Jennißen, a.a.O., vor §§ 23 ff. Rn. 146, 148 a.E.)."

Demgegenüber bestehen **innerhalb** der Einheiten von Wohnungseigentümergemeinschaften **keine öffentlich-rechtlichen** Ansprüche.[35] Gleichwohl sind nach dem BayVGH (München)[36] die jeweiligen **Wertungen** der öffentlich-rechtlichen Normen, insbesondere also auch solche des öffentlichen Baurechts, über §§ 14, 15 Abs. 3 WEG heranzuziehen und vor den **Wohnungseigentumsgerichten** geltend zu machen.

2. Begriff des Wohnungseigentums

Literatur

Karstadt, Zur Abgrenzung von Sonder- und Gemeinschaftseigentum, MDR 1963, 190; *Hurst*, Das Eigentum an der Heizungsanlage, DNotZ 1984, 66, 140; *Bielefeld*, Kein Sondereigentum bei Fensterglas und Rahmen, DWE 1986, 21; *Röll*, Sondereigentum an Heizungsraum und deren Zugangsflächen, DNotZ 1986, 706; *Bielefeld*, Verbrauchszähler im Wohnungseigentum: Sonder- oder Gemeinschaftseigentum?, NZM 1998, 249; *Demharter*, Isolierter Miteigentumsanteil beim Wohnungseigentum, NZM 2000, 1196; *Riecke*, Die Abgrenzung von Gemeinschafts- und Sondereigentum im Wohnungseigentumsrecht, BTR 2003, 11; *Schlüter*, Gehören Thermostatventile zum Sondereigentum?, ZMR 2011, 935; *Greupner*, Rauchwarnmelder: Die Verpflichtung zur Nachrüstung in Wohnungseigentumsanlagen, ZMR 2012, 497; *Dötsch*, Darlegungs- und Beweislast im Rahmen der „typisierenden Betrachtungsweise" bei zweckbestimmungswidrigen Nutzungen, ZMR 2013, 18; *Hogenschurz*, Sondernutzungsrecht als Sonderbaurecht?, ZMR 2013, 250; *Deckert*, Garagen- und Stellplatzeigentum im Wohnungseigentumsrecht (Sachenrechtliche Zuordnung und korrekte Kostenverteilung in Sanierungsfällen), ZMR 2013, 849.

466 Das Wohnungseigentum ist ein Gebilde, das sich aus zwei verschiedenen Eigentumssphären zusammensetzt: dem **Sondereigentum** und dem Anteil am **gemeinschaftlichen Eigentum.** Zur Verschiedenheit der Rechtsgrundlage etwaiger Mängelansprüche tritt also der Unterschied zweier Rechtssphären, deren eine ohne weiteres **individualrechtlich** erfasst werden kann,[37] während hinsichtlich der

---

35) BVerwG, NVwZ 1998, 954.
36) ZMR 2011, 1001.
37) Das heißt, die Ansprüche stehen jeweils nur dem **einzelnen Erwerber** aus dem Erwerbsvertrag gegen seinen Vertragspartner oder bei Abtretung gegen den Unternehmer, Architekten usw. zu. Zu dem **Sonderproblem** der Beeinträchtigung des **Sondereigentums durch Mängel am Gemeinschaftseigentum** s. *Brych*, NJW 1976, 1072, 1073; *Deckert*, S. 185 ff.; BGH, BauR 1990, 353 = NJW 1990, 1663 **(Geruchsbelästigung)**; BGH, BauR 1991, 606 = ZfBR 1999, 212 **(Trittschallschutz)**; BGH, NJW 1993, 727 = BauR 1993, 253 (LS); OLG Köln,

zweiten die aus dem Miteigentum folgenden **Gemeinschaftsbindungen** berücksichtigt werden müssen.[38]

Nach der neueren Rechtsprechung des BGH[39] ist die **Gemeinschaft** der Wohnungseigentümer „ein rechtsfähiger **Verband sui generis**"; dessen Rechtsfähigkeit ist aber auf die Teilbereiche des Rechtslebens beschränkt, bei denen die Wohnungseigentümer im Rahmen der Verwaltung des gemeinschaftlichen Eigentums als **Gemeinschaft im Rechtsverkehr** teilnehmen. Zu diesem Bereich gehört systemimmanent auch die Geltendmachung der Rechte der Erwerber wegen Baumängeln an der Bausubstanz des Gemeinschaftseigentums.[40] Das WEG bestimmt in § 10 Abs. 6, dass die Gemeinschaft der Wohnungseigentümer im Rahmen der gesamten Verwaltung des gemeinschaftlichen Eigentums gegenüber Dritten und Wohnungseigentümern selbst Rechte erwerben und Pflichten eingehen kann und Inhaberin der als Gemeinschaft gesetzlich begründeten und rechtsgeschäftlich erworbenen Rechte und Pflichten ist. Und: Die Gemeinschaft muss die Bezeichnung „**Wohnungseigentümergemeinschaft**" führen und kann vor Gericht klagen und verklagt werden. Damit wird nahtlos an die Rechtsprechung des BGH zur (Teil)Rechtsfähigkeit angeknüpft. Des Weiteren bestimmt § 10 Abs. 6 Satz 3 WEG folgerichtig, dass die Eigentümergemeinschaft als Verband auch „die gemeinschaftsbezogenen Rechte der Wohnungseigentümer (**ausübt**) und die gemeinschaftsbezogenen Pflichten der Wohnungseigentümer (**wahrnimmt**), ebenso sonstige Rechte und Pflichten der Wohnungseigentümer, soweit diese gemeinschaftlich geltend gemacht werden können oder zu erfüllen sind". Damit wird erkennbar formuliert, was nach der Rechtsprechung des BGH bereits lange rechtens ist.[41] Treten **Baumängel** auf, so wird deshalb auch in Zukunft wie bisher **am Anfang** aller Überlegungen immer die Frage stehen müssen, ob es sich bei dem betroffenen Baukörper um „**Gemeinschaftseigentum**" oder um „reines" Sondereigentum handelt.[42]

467 Nach § 1 Abs. 5 WEG sind **gemeinschaftliches Eigentum** das Grundstück sowie die Teile, Anlagen und Einrichtungen des Gebäudes, die nicht im Sondereigentum oder im Eigentum eines Dritten stehen. Nach § 5 Abs. 1 WEG sind Gegenstand des **Sondereigentums** die gemäß § 3 Abs. 1 bestimmten Räume sowie die zu diesen Räumen gehörenden Bestandteile des Gebäudes, die verändert, beseitigt oder eingefügt werden können, ohne dass dadurch das gemeinschaftliche Eigentum oder ein auf Sondereigentum beruhendes Recht eines anderen Wohnungseigentü-

---

NJW-RR 1994, 470 (**Schallschutzmängel**); LG Berlin, ZMR 2001, 567 (Dachgeschossausbau); BGH, BauR 1986, 447; BauR 1987, 439 und OLG Köln, WERS, Bd. 2, Nr. 131. Eine **Ermächtigung** der Wohnungseigentümergemeinschaft zur Geltendmachung von **Minderungsansprüchen** betreffend das **Sondereigentum** ist zulässig, wenn die Schadensursache sich sowohl auf das Gemeinschaftseigentum wie auf das Sondereigentum auswirkt.

38) *Weitnauer*, ZfBR 1979, 84, 85. Zur Zulässigkeit einer **Feststellungsklage** über die **sachenrechtliche** Zuordnung als Sonder- oder Gemeinschaftseigentum: OLG Frankfurt, ZMR 2013, 819.
39) BGHZ 163, 154, 172, 177 = BauR 2005, 1462 = NJW 2005, 2061 = ZMR 2005, 547 = IBR 2005, 517; BGH, BauR 2007, 1407, 1408.
40) BGH, BauR 2007, 1407, 1408.
41) Die **Formulierung** in § 10 Abs. 6 Satz 3 WEG 2007 wird allerdings **kritisiert** (*Wenzel*, NJW 2007, 1905, 1907; *Pause/Vogel*, BauR 2007, 1298, 1301 ff.). Die Richtigkeit der BGH-Rechtsprechung zieht *Schmid* (BauR 2009, 727 ff.) in Zweifel.
42) Beispielsfall: BGH, BauR 1985, 314 = ZfBR 1985, 132 = NJW 1985, 1551.

mers über das nach § 14 zulässige Maß hinaus beeinträchtigt oder die äußere Gestaltung des Gebäudes verändert wird.

Teile des Gebäudes, die für dessen Bestand oder Sicherheit erforderlich sind, sowie Anlagen und Einrichtungen, die dem gemeinschaftlichen Gebrauch der Wohnungseigentümer dienen, sind nicht Gegenstand des Sondereigentums, selbst wenn sie sich im Bereich der im Sondereigentum stehenden Räumen befinden (§ 5 Abs. 2 WEG). Die **Abgrenzung** nach § 5 Abs. 2 WEG kann im Einzelfall **schwierig** sein.[43] Vereinbarungen der Wohnungseigentümer können nicht alleinige Entscheidungsgrundlage sein; oftmals wird sich deshalb eine differenzierte Betrachtung nicht umgehen lassen, um ein für alle Beteiligten gerechtes Ergebnis zu erzielen.[44] Zu beachten ist, dass Mängel der Teilungserklärung die Entstehung gemeinschaftlichen Eigentums zur Folge hat.[45]

468 Rechtsprechungsübersicht (Auswahl)

Gebäudeteile, die für den **Bestand** oder die **Sicherheit** des Gebäudes **notwendig** („**Gemeinschaftseigentum**") sind:

* **Abdichtungsanschluss** zwischen Dachterrasse und Gebäude (BayObLG, NJW-RR 2001, 305)
* **Außenfenster** einschließlich Innenseite (OLG Bremen, DWE 1987, 59; vgl. auch OLG Hamm, NJW-RR 1992, 148 = MDR 1992, 258)
* **Außenjalousien** (KG, WM 1985, 353 = DWE 1985, 126)
* **Außenputz** (OLG Düsseldorf, BauR 1975, 61)
* **Außenwände, Fundamente, tragende Konstruktionen, Dach, Kamin** (BGH, NJW 1985, 1551)
* **Äußere Fensterbänke** (OLG Frankfurt, NJW 1975, 2297)
* **Balkonbrüstungen** (BayObLG, NJW-RR 1990, 784; OLG Düsseldorf, NJW-RR 1993, 89, 90 für Balkondecke; OLG Hamm, ZfBR 2001, 475, 476 = BauR 2001, 1765 für Geländer)
* **Bodenplatten** der Balkone (BGH, NZBau 2001, 265 = BauR 2001, 798) und Terrassen (Abschlussgitter; BayObLG, MDR 1974, 936)
* **Brandmauer** (BayObLG 71, 279; *Palandt/Bassenge*, § 5 WEG, Rn. 6)
* **Dachboden** (OLG Düsseldorf, Rpfleger 1975, 308)
* **Estrich** (BayObLG, NJW-RR 1994, 598)
* **Dachunterspannbahn** (OLG Hamm, ZMR 1989, 98)
* **Fensterbank** (OLG Frankfurt, NJW 1975, 2297)
* **Fensterscheiben** (LG Lübeck, Rpfleger 1985, 490 = NJW 1986, 2514; OLG Bremen, DWE 1987, 62 = WE 1987, 162)
* **Geschossdecken** und tragende Innenwände (BayObLG, NJW 1995, 649)

---

43) Vgl. BGH, NZBau 2001, 265 = BauR 2001, 798 für Wohnungseigentumsanlage, die sich aus mehreren Häusern zusammensetzt.
44) Instruktiv: KG, OLGR 2006, 418 (zur Auslegung des Begriffs „Dachgeschossräume"); OLG München, NZM 2007, 369 (Sondereigentumsfähigkeit von Balkonteilen). Zur zeitlichen Begrenzung der **Ermächtigung** des Bauträgers, Sondernutzungsrechte zuzuweisen: OLG München, NZBau 2013, 708.
45) BayObLG, NJW 1974, 152; s. auch OLG Frankfurt, IBR 2006, 263 – *Harder* (zur Pflichtverletzung des Notars).

Wohnungseigentum Rdn. 469

* **Heizungsanlage** (BGH, WM 1979, 697; BayObLG, Rpfleger 1980, 230; LG Landau, Rpfleger 1985, 360; anders: LG Frankfurt, NJW-RR 1989, 1166 für Heizungsgeräte, die nur einer einzigen Eigentumswohnung zugeordnet sind)
* **Heizkörper, Thermostatventile** und **Verbrauchsmessgeräte** (siehe BGH, ZMR 2011, 971 – Heizkörper als Sondereigentum?; *Schlüter*, ZMR 2011, 935 – Thermostatventile als Sondereigentum?; *Riecke*, BTR 2003, 11, 13 m. Nachw.; Heizkörper und Zuleitungen von der Steigleitung stehen im Sondereigentum: LG Bautzen, ZMR 2012, 802)
* **Lüftungsrohr** (HansOLG Hamburg, ZMR 2003, 527)
* **Isolierschichten,** die vor Feuchtigkeit schützen (z.B. von Balkonen, Loggien/Dachterrassen; Fußböden; OLG München, NZM 2007, 369; OLG Köln, ZMR 2002, 377; BayObLG, WuM 1994, 152; NJW-RR 1989, 1293 u. NJW-RR 1987, 331 = ZfBR 1987, 98; BGH, BauR 1985, 314 = NJW 1985, 1551; BGH, BauR 1987, 235, 237; OLG Frankfurt, OLGZ 1984, 148)
* **Obere Schicht des Flachdaches** (OLG Frankfurt, OLGZ 1987, 23)
* **Rauchwarnmelder,** die aufgrund eines Beschlusses der Wohnungseigentümer angebracht werden (BGH, ZMR 2013, 642 m.Anm. *Abramenko*)
* **Rollladenkästen** (LG Memmingen, Rpfleger 1978, 101)
* **Schallschutz** (OLG München, Rpfleger 1985, 437)
* **Schwimmender Estrich** (als Trittschallschutz; OLG München, Rpfleger 1985, 437 mit Anm. Sauren; BGH, BauR 1991, 606 = ZfBR 1991, 212 = NJW 1991, 2480)
* **Steigleitungen** („Hauptstränge") (BGHZ 78, 225 = NJW 1981, 455; OVG Berlin, NJWRR 1991, 597)
* **Tiefgarageneinfahrt** (OLG Nürnberg, BauR 1999, 1464 – Zufahrtsradius zu klein; s. ferner: OLG Stuttgart, IBR 2000, 538 – *Kamphausen* u. OLG Frankfurt, OLGR 2000, 147)
* **Tragende Wände** (BGH, BauR 2001, 795, 798; BGH, NJW-RR 1995, 649 – Innenwand)
* **Wärmeisolierschicht** (*Palandt/Bassenge*, § 5 WEG, Rn. 6)
* **Wohnungseingangstüren** (BGH, ZfBR 2014, 139 = ZMR 2014, 223 m.w. Nachw. in Rn. 8)

Anlagen oder Einrichtungen, die dem **„gemeinschaftlichen Gebrauch dienen"** **469** (§ 5 Abs. 2 WEG):

Die Frage, ob eine Anlage oder Einrichtung, die in einem der Gemeinschaft der Wohnungseigentümer gehörenden Gebäude untergebracht ist, diesen Wohnungseigentümern i.S. von § 5 Abs. 2 WEG zum **„gemeinschaftlichen Gebrauch dienen"** und deshalb nicht durch Teilungserklärung (§ 8 WEG) zum Gegenstand des Sondereigentums gemacht werden kann, beurteilt sich nach der Art der betreffenden Anlage oder Einrichtung, nach ihrer Funktion und Bedeutung für die Gemeinschaft der Wohnungseigentümer. Die Anlage oder Einrichtung muss nach ihrer Zweckbestimmung so auf die gemeinsamen Bedürfnisse der Wohnungseigentümer zugeschnitten sein, dass eine Vorenthaltung der gemeinschaftlichen Verfügungsbefugnis durch Bildung von Sondereigentum ihren schutzwürdigen Belangen zuwiderlaufen würde. Dafür genügt nicht schon, dass sich eine Anlage zur gemeinsamen Nutzung eignet oder anbietet; ihr Zweck muss vielmehr darauf gerichtet sein, der Gesamtheit der Wohnungseigentümer einen ungestörten Gebrauch ihrer Wohnungen und der Gemeinschaftsräume zu ermöglichen und zu erhalten. Das trifft vornehmlich auf Anlagen und Einrichtungen zu, die als Zugang zu den Wohnungen und Gemeinschaftsräumen bestimmt sind, wie etwa in der Regel **Fahrstühle, Treppenaufgänge** und dergleichen, oder die zur Bewirtschaftung und Versorgung der Wohnungen und des Gemeinschaftseigentums dienen, wie z.B. **Wasserleitungen, Gas- und Hei-**

zungsanlagen.[46] § 5 Abs. 2 WEG stellt somit eine unabdingbare Grenze für die Bildung von Sondereigentum dar;[47] die Grenzen des § 5 Abs. 2 WEG für die Begründung von Sondereigentum gelten dabei auch bei Wohnungseigentumsanlagen, die sich aus **mehreren** Häusern zusammensetzen.[48]

470 Im Übrigen entsteht **Sondereigentum** nur, soweit sich dies aus dem Grundbuch in Verbindung mit der Eintragungsbewilligung und dem Aufteilungsplan eindeutig ergibt.[49] Fehlt es hieran, so hat dies zur Folge, dass alle Grundstücksbestandteile, die nicht oder nicht zweifelsfrei als Sondereigentum ausgewiesen sind, gemeinschaftliches Eigentum werden (vgl. BGHZ 109, 179, 184; BGH, ZfIR 2004, 108 = IBR 2004, 105 – *Vogel;* BGH, ZfBR 1995, 300, 302; OLG Stuttgart, OLGZ 1981, 180, 163; OLG Karlsruhe, NJW-RR 1993, 1294, 1295). An einer **Schwimmhalle mit Sauna** ist Sondereigentum möglich (BGH, WM 1981, 64 = NJW 1981, 455); ebenso an **getrennten Heizungsgeräten** (LG Frankfurt, NJW-RR 1989, 1166) oder einer **Abwasserhebeanlage** (OLG Düsseldorf, ZMR 2001, 216). **Treppenhaus** und **Flur** sind dagegen Gemeinschaftseigentum (BayObLG, MDR 1986, 590; OLG Oldenburg, Rpfleger 1989, 365 für Zugangsflächen), ebenso die Wohnungseingangstür (OLG Stuttgart, IBR 2005, 546 – *Schmid*) oder **Kellerraum** (BayObLG, Rpfleger 1980, 477). Noch **zu bauende Garagen** und **nicht bebaute Grundstücksflächen** sind sondereigentums-fähig („Anwartschaft" vgl. OLG Frankfurt, Rpfleger 1978, 380, 381; s. aber auch OLG Hamm, Rpfleger 1975, 27). **Kraftfahrzeugstellplätze** auf einem **nicht überdachten Oberdeck** können Gegenstand von Sondereigentum sein (LG Braunschweig, Rpfleger 1981, 298; OLG Köln, Rpfleger 1984, 464; **a.A.**: LG Aachen, Rpfleger 1984, 184; Frankfurt, MDR 1984, 147; BayObLG, Rpfleger 1986, 217). Zum Sondereigentum an **Balkonen** oder **Fenstern** und zur Instandsetzungsverpflichtung: OLG Düsseldorf, NJW-RR 1998, 515 = NZM 1998, 269.

Weitere Beispiele für **Sondereigentum:** Erker/Überbau: LG Bautzen, NZM 2001, 201; Sprechstelle einer gemeinschaftlichen Sprechanlage: OLG Köln, OLGR 2003, 457 = ZMR 2003, 378; Balkonbelag: OLG Köln, ZMR 2001, 568; OLG Düsseldorf, ZMR 2002, 613; s. auch *Riecke*, BTR 2003, 11, 12.

3. Aktivlegitimation

471 Zunächst ist bei dem Fragenkomplex „Mängel am Gemeinschaftseigentum" zwischen der **Aktivlegitimation** einerseits und dem **Prozessführungsrecht** andererseits zu trennen.[50] Das wurde häufig schon nicht beachtet, vom BGH jedoch ausdrücklich klargestellt.[51]

Anspruchsberechtigter (Rechtsträger) ist hinsichtlich der Nacherfüllungs- und Mängelansprüche stets der **einzelne Erwerber;** denn Grundlage der Ansprüche ist der (sein) jeweilige Erwerbsvertrag.[52] Ansprüche oder Rechte „gehören" deshalb

---

46) BGH, WM 1981, 64; LG Bonn, Rpfleger 1984, 14.
47) BayObLGZ 1966, 20 = Rpfleger 1966, 149 = MDR 1966, 413 u. MDR 1981, 145.
48) BGH, BauR 2001, 798, 799.
49) Zur **Bildung** von Sondereigentum (**vor** vollständiger Bauausführung): OLG Frankfurt, ZMR 2012, 30.
50) BGHZ 74, 258 = BauR 1979, 420 = NJW 1979, 2207; *Groß,* BauR 1975, 12, 17; OLG Köln, NJW 1968, 2063; *Staudinger/Peters/Jacoby* (2014), Anh. III zu § 638, Rn. 22 f.
51) BGH, BauR 2007, 1221 = ZfBR 2007, 548 = NJW 2007, 1952; *Wenzel,* NJW 2007, 1905.
52) BGH, BauR 2007, 1221 = NJW 2007, 1952; BGH, BauR 1227 = ZfBR 2007, 553; BauR 2004, 1148 = NZBau 2004, 130; BGH, BauR 1997, 488, 489 = ZfBR 1997, 185; BauR 1991, 606 = NJW 1991, 2480; BGH, BauR 1985, 314 = ZfBR 1985, 132; BGHZ 106, 222 = NJW 1989, 1091; OLG Brandenburg, BauR 2006, 1323 = IBR 2006, 205 – *Elzer;* OLG Hamm, IBR 2012, 151 – *Vogel;* OLG Dresden, BauR 2001, 1276, 1277; OLG Köln, NJW 1968, 2063; OLG München, NJW 1973, 2027; *Groß,* BauR 1975, 12, 17; *Mattern,* WM 1973, 664; *Deckert,* NJW 1973, 1073 u. NJW 1975, 854, 857.

Aktivlegitimation

nicht zum Verbandsvermögen der Eigentümergemeinschaft[53] und sie werden es auch nicht, wenn die Gemeinschaft sie „an sich zieht" (z.B. den Kostenvorschussanspruch).[54] Daran ändert sich auch nichts durch einen **Eigentümerwechsel**; ohne eine Abtretung kann er deshalb eigene Rechte nicht geltend machen.[55] Gleichwohl hat der Erwerber keine Befugnis, aus seinem Erwerbsvertrag heraus Einfluss auf die Rechte der anderen Wohnungseigentümer zu nehmen.[56] Dem steht im Einzelfall das schutzwürdige Interesse des Veräußerers entgegen, nicht mit unterschiedlichen und unvereinbarten Mängelrechten verschiedener Erwerber konfrontiert zu werden.[57] Nichts anderes gilt in Bezug auf den **Verwalter**; auch dem Verwalter stehen selbst keine Nacherfüllungs- oder Mängelansprüche gegen den Veräußerer oder gegen den einzelnen Unternehmer, Architekten oder Sonderfachmann zu; denn zwischen ihm und dem Veräußerer oder Werkunternehmer bestehen keine schuldrechtlichen Beziehungen, auch später entwickeln sich solche nicht.[58] Keine Bedenken bestehen gegen die **Abtretung** von Ansprüchen durch **Miteigentümer** oder die **Eigentümergemeinschaft**: in diesem Fall umfasst die Abtretungserklärung nach ihrem Sinn und Zweck die **Ermächtigung** des Klägers, die Ansprüche im eigenen Namen klageweise durchzusetzen und Leistung an sich zu fordern.[59]

472 Ist der „Erwerber" noch nicht im Grundbuch als Eigentümer eingetragen, sondern **nur Vormerkungsberechtigter**, so sollen ihm die Rechte aus dem Erwerbsvertrag, also auch ein **Vorschussanspruch** zur Beseitigung baulicher Mängel am gemeinschaftlichen Eigentum, jedenfalls dann zustehen, „wenn dieser den Eigentumserwerb weiterhin anstrebt und dessen Vorgehen nicht in Widerspruch zum Willen der Eigentümergemeinschaft steht".[60]

Ein werdender Eigentümer wird versuchen, über eine **Aufrechnung** mit einem Anspruch auf Kostenvorschuss den „Restkaufpreisanspruch" des Bauträgers zu til-

---

53) BGH, BauR 2007, 1221 = ZfBR 2007, 548; BGH, NJW 1994, 443 = BauR 1994, 105; *Hügel*, BTR 2005, 229, 231.
54) Zutreffend: *Greiner*, ZfBR 2001, 439, 441.
55) Zur stillschweigenden **Ermächtigung** des Zweiterwerbers: BGH, BauR 1997, 488; OLG Köln NZBau 2000, 569, 570; OLG Frankfurt, NJW-RR 1993, 339; OLG Düsseldorf, IBR 2004, 206 – *Groß* (stillschweigende Abtretung von Schadensersatzansprüchen).
56) BGH, BauR 1998, 783 = ZfBR 1998, 245; zur Klagebefugnis des Wohnungseigentümers in Bezug auf baurechtliche **Nachbarrechte**: Bay. VGH, BauR 2006, 501 = IBR 2005, 637 – *Poetzsch-Heffter*. Ein Wohnungseigentümer kann deshalb allein auch keinen **Vergleich** mit dem Bauträger schließen, der Mängel am **Gemeinschaftseigentum** betrifft (vgl. OLG Hamm, ZfBR 2001, 475 = MDR 2001, 1110 = IBR 2001, 547 – *Kieserling*; Balkongeländer). Zu den Auswirkungen eines **Vergleichs** der Wohnungseigentümergemeinschaft: BGH, BauR 2006, 1747 = NZBau 2006, 706 = ZfBR 2006, 770; OLG Brandenburg, BauR 2005, 561 = IBR 2005, 20 – *Vogel*. Zur **Beschlusskompetenz** der Wohnungseigentümergemeinschaft (Vergleich über Mängelbeseitigung): OLG München, NZBau 2007, 516; s. ferner; *Kniffka*, Festschrift für Ganten, S. 125, 133; *Wenzel*, ZWE 2006, 109, 119. Zur **Bindung** über eine Stundungsvereinbarung (Vorlage eines Sanierungskonzepts): BGH, BauR 2006, 979 = IBR 2006, 266 – *Thode*.
57) BGH, BauR 2006, 979 = NJW 2006, 2254, 2256; OLG Hamm, BauR 2007, 1422, 1423; *Kniffka*, Festschrift für Ganten, S. 125, 126 ff.
58) OLG Köln, NJW 1968, 2063.
59) OLG Düsseldorf, BauR 2007, 1890 = IBR 2008, 159 – *Vogel*.
60) OLG Frankfurt, OLGR 1992, 182 = NJW-RR 1993, 339; OLG Stuttgart, BauR 2003, 1394, 1396; *Jagenburg*, NJW 1995, 2196, 2206.

gen und/oder mittels einer **Vorschussklage** die Interessen der Gemeinschaft durchzusetzen. Das OLG Stuttgart[61] schließt eine **Aufrechnung** aus, weil es insoweit an der für eine Aufrechnung erforderlichen Gegenseitigkeit fehle;[62] die unwirksame Aufrechnungserklärung sei als Geltendmachung eines **Leistungsverweigerungsrechts** (§ 320 BGB) anzusehen, die zur Zug-um-Zug-Verurteilung führe. Indes dürfte die **Aufrechnungsklage** bestanden haben; in den Entscheidungsgründen heißt es:

> „Die **Beklagten** sind auch nicht durch den Beschluss der Wohnungseigentümerversammlung vom 26.7.2011 Inhaber einer aufrechenbaren Gegenforderung geworden. Die mit diesem Beschluss verbundene Abtretung der Gewährleistungsrechte an die Beklagten geht in Leere. Mit der Beschlussfassung wurde die Wohnungseigentümergemeinschaft nicht Inhaber dieser Rechte, sondern zog nur die Durchsetzung der Gewährleistungsansprüche der einzelnen Erwerber aus deren Kaufverträge an sich. Da sie nicht Eigentümer dieser Gewährleistungsrechte wurde, konnte sie diese **nicht** an die Beklagte abtreten."

In der vom OLG Stuttgart herangezogenen Entscheidung des BGH hat dieser aber eine **unwirksame Abtretung** nach § 140 BGB in eine (wirksame) **Ermächtigung** umgedeutet. Das lag auch hier nahe; denn mit einer entsprechenden Ermächtigung konnte die Beklagte nicht nur ihren restlichen Kaufpreisanteil durch Aufrechnung tilgen, sondern den überschießenden Betrag zugunsten der Gemeinschaft einklagen.[63] Es liegt also in der Macht der Wohnungseigentümergemeinschaft, dem einzelnen Erwerber in Höhe seiner Restkaufpreisrate die Aufrechnung mit einem Kostenvorschussanspruch durch eine entsprechende Ermächtigung zu ermöglichen.

4. Prozessführungsbefugnis

473 Während sich Rechtsprechung und Literatur bezüglich der Aktivlegitimation einig sind, gingen die Meinungen hinsichtlich der Prozessführungsbefugnis z.T. sehr weit auseinander, wobei bei der Beantwortung der Frage nach der Klagebefugnis nicht immer genügend das **Gemeinschaftsverhältnis** berücksichtigt wurde, in das die einzelnen Wohnungseigentümer mit dem Erwerb des Eigentums getreten sind. Erst durch die **BGH**-Rechtsprechung ist eine **gesicherte Rechtssituation** entstanden.

474 Deckert[64] hatte schon frühzeitig (zutreffend) darauf hingewiesen, dass der **Leitgedanke** eines Lösungsversuchs stets der Gedanke des bewussten Eintritts eines Wohnungskäufers in eine Gemeinschaft mit den damit notgedrungen verbundenen Beschränkungen eigener Einzelrechte sein müsse. Allerdings dürfe dies nicht dazu führen, dass die Einzelrechte dem Wohnungseigentümer völlig abgeschnitten werden. Es müsse der Grundsatz gelten, dass keiner mehr Rechte aus dem Erwerber-

---

61) BauR 2012, 1961 = NZBau 2012, 771 m.kritischer Anm. Weyer S. 775 = IBR 2012, 648 – *Karczewski*.
62) Das OLG Stuttgart bezieht sich auf BGHZ 172, 63 = NZBau 2007, 441.
63) Siehe hierzu: BGH, BauR 1983, 84. Zur **Aufrechnung** des Erwerbers mit einem **verjährten Schadensersatzanspruch** wegen vorhandener Mängel: OLG München, IBR 2012, 520 – *Rodemann*; zum **Leistungsverweigerungsrecht** (§ 320 BGB): OLG Düsseldorf, BauR 2010, 1236; *Staudinger/Peters/Jacoby*, Anh. III zu § 638, Rn. 26.
64) NJW 1975, 854; ebenso: *Stoll*, SchlHA 1977, 17, 18.

vertrag aufgeben will und soll, als er gesetzlich muss, und dass die **Gemeinschaftsbezogenheit** für die Mitglieder der Gemeinschaft nicht stärker ausgestattet werden dürfe, als es zur Funktionsfähigkeit der gesetzlichen Einrichtung des Sondereigentums unerlässlich sei.[65] Daraus folgt: Soweit und solange die Gemeinschaft nicht berührt wird, kann und muss das **Individualrecht des einzelnen Wohnungseigentümers** im Vordergrund stehen. Damit ist aber die „Gemeinschaftsbezogenheit" das **Schlüsselwort** der **Kompetenzverteilung**.[66] Die WEG-Novelle nahm den Begriff nunmehr erstmals in den Gesetzestext auf, ohne ihn inhaltlich näher zu bestimmen.[67] Dies ist letztlich jedoch ohne Bedeutung, weil der Gesetzgeber erklärtermaßen an den vom BGH entwickelten Grundsätzen anschließt. Die Rechte des einzelnen Erwerbers werden diesem also nicht entzogen; er bleibt Inhaber seiner Rechte und Pflichten, jedoch ist/wird ihm die Ausübungsbefugnis bei gemeinschaftsbezogenen Ansprüchen aus der Hand genommen und der Gemeinschaft als Verband sui generis übertragen.[68] Damit liegt im Ergebnis eine **gesetzlich normierte Prozessstandschaft** für gemeinschaftsbezogene Rechte der Wohnungseigentümer im Klageverfahren vor.[69]

Dementsprechend kann dem **Erwerber** von Wohnungseigentum die Sachbefugnis nicht fehlen, sofern er sich von dem Vertrag mit dem Veräußerer wegen eines Mangels am Gemeinschaftseigentum **lösen**, also nach altem Recht **wandeln** bzw. nach § 634 Nr. 3 BGB den **Rücktritt** erklären oder den sog. großen Schadensersatz geltend machen will.[70] Hierdurch erfolgt kein Eingriff in das gemeinschaftsbezogene Eigentum, sodass die Gemeinschaft als „Verband" von dem einseitigen Vorgehen eines einzelnen Wohnungseigentümers nicht berührt wird: An die Stelle des Erwerbers tritt nämlich wieder der Veräußerer der Wohnung (also i.d.R. Bauträger). Indes schließt dies im Einzelfall nicht aus, dass die Geltendmachung eben dieser Möglichkeit dem Erwerber aus § 242 BGB versagt sein kann. Zu beachten ist aber, dass die Rechte auf großen Schadensersatz oder Rücktritt nicht der Beschlusskompetenz der Wohnungseigentümergemeinschaft unterliegen. Diese Rechte können nicht entzogen, aber z.B. durch Erfüllung untergehen.[71]

---

65) OLG Stuttgart, BauR 2003, 1394, 1396; *Heyers*, ZfBR 1979, 46; *Weitnauer*, ZfBR 1981, 109, 111: soviel Individualrechte wie möglich, soviel Gemeinschaftsbindung wie nötig.
66) Zum Begriff und zur Bedeutung der „Gemeinschaftsbezogenheit": *Vogel*, NZBau 2009, 425 ff.; *Baer*, BTR 2006, 113 ff.; *Pause/Vogel*, BauR 2007, 1298 ff.
67) § 10 Abs. 6 Satz 3 WEG n.F. lautet: „Sie (d.i. die Gemeinschaft) übt die gemeinschaftsbezogenen Rechte der Wohnungseigentümer aus und nimmt die gemeinschaftsbezogenen Pflichten der Wohnungseigentümer wahr, ebenso sonstige Rechte und Pflichten der Wohnungseigentümer, soweit diese gemeinschaftlich geltend gemacht werden können oder zu erfüllen sind.".
68) *Gottschalg*, NZM 2007, 194, 197.
69) *Pause/Vogel*, BauR 2007, 1298, 1299, die zutreffend darauf hinweisen, dass der BGH (BauR 2007, 1221 = ZfBR 2007, 548 = NJW 2007, 1952) dies „für das bis zum 1.7. geltende Recht bewusst vorweg genommen" habe; s. auch OLG Hamm, IBR 2012, 151 – *Vogel*.
70) BGH, BauR 2006, 979 = NZBau 2006, 371 = NJW 2006, 2254 (für den großen Schadensersatzanspruch).
71) Vgl. *Kniffka*, Festschrift für Ganten, S. 125, 130/131 m.w.Nachw.

a) Erfüllungs- und Nacherfüllungsansprüche

476 Nach ständiger Rechtsprechung des BGH[72] ist der einzelne Wohnungseigentümer zur selbstständigen, also auch gerichtlichen Verfolgung der aus dem Vertragsverhältnis mit dem Veräußerer (Bauträger) herrührenden, auf die mangelfreie Herstellung des Sonder- und/oder Gemeinschaftseigentums gerichteten Ansprüche befugt.[73] Er kann also – auch **ohne** Ermächtigungsbeschluss durch die Gemeinschaft – von dem Veräußerer **Nacherfüllung** – damit aber auch **Erfüllung**[74] – und unter den Voraussetzungen des § 637 Abs. 1, 3 BGB bzw. des § 13 Nr. 5 Abs. 2 VOB/B Ersatz seiner Aufwendungen für die Mängelbeseitigung[75] sowie einen **Vorschuss** auf die voraussichtlichen Mängelbeseitigungskosten in voller Höhe verlangen.[76] Die Klagebefugnis des einzelnen Eigentümers erstreckt sich dabei auch auf solche Mängel am Gemeinschaftseigentum, die außerhalb des räumlichen Bereichs seines Sondereigentums liegen;[77] es kommt nicht darauf an, ob der Einzelne durch die Mängel am Gemeinschaftseigentum wirtschaftlich tangiert wird.[78] Allerdings wird das Sondereigentum in der Regel durch den Mangel am Gemeinschaftseigentum negativ beeinflusst. Unbestritten ist, dass der einzelne Wohnungseigentümer von sich aus den Veräußerer/Unternehmer hinsichtlich der Nachbesserung **mahnen,** also in Verzug setzen kann, um Mängelansprüche geltend machen zu können.[79]

477 Nichts anderes gilt nach neuem Recht: Der Erwerber kann nach §§ 634 Nr. 1, 635 BGB unabhängig von einem Verschulden des Veräußerers (Unternehmers) **Erfüllung** und/oder **Nacherfüllung** verlangen, wobei diesem das **Wahlrecht** zwischen Beseitigung des Mangels und einer Neuherstellung der Werkleistung zusteht (§§ 634 Nr. 1, 635 Abs. 1 BGB).[80] Der Erwerber ist auch zur **Selbstvornahme** berechtigt (§§ 634 Nr. 1, 635 BGB), wobei hierfür nur noch der fruchtlose Ablauf „einer von ihm zur Nacherfüllung bestimmten angemessenen Frist" erforderlich ist (§ 637 Abs. 1 BGB); und der Anspruch auf Zahlung eines kostendeckenden

---

72) BGHZ 74, 258 = BauR 1979, 420 = ZfBR 1979, 163; BGH, BauR 2007, 1221, 1223 = ZfBR 2007, 548, 549 – ständig.

73) Demgegenüber scheiden Ansprüche gegen den vom Veräußerer/Bauträger beauftragten **Unternehmer** in der Regel aus (OLG Hamm, OLGR 2004, 78).

74) BGH, NJW 1990, 1663 = BauR 1990, 353 = ZfBR 1990, 180 = DNotZ 1991, 131 mit Anm. *Reithmann.*

75) BGH, BauR 2005, 1623 = NZBau 2005, 585; BauR 2004, 1148; *Kniffka*, Festschrift für Ganten, S. 125, 128.

76) BGHZ 62, 388, 393; 68, 372, 377/378 = BauR 1977, 271; BGH, BauR 2007, 1221, 1223; BGH, BauR 1988, 336 = NJW 1988, 1718; BGHZ 74, 258 = BauR 1979, 420; OLG Dresden, ZMR 2011, 312 u. BauR 2001, 1276, 1277; OLG München, BauR 2007, 1890, 1891 = IBR 2008, 159 – *Vogel*; OLG Stuttgart, BauR 2005, 1490; OLG Frankfurt, NJW-RR 1991, 665 u. OLGR 1992, 182 = NJW-RR 1993, 339 (zum **Vorschussanspruch** des „faktischen" Wohnungseigentümers); OLG Köln, NZBau 2000, 569 (zum Anspruch auf Zahlung aus einer Gewährleistungsbürgschaft); *Lauer/Wurm*, Rn. 1124, 1125; *Staudinger/Peters/Jacoby* (2014), Anh. III zu § 638, Rn. 31.

77) OLG Stuttgart, BauR 2005, 1490 u. BauR 2003, 1394, 1396; OLG Frankfurt, *SFH*, Nr. 38 zu § 633 BGB u. NJW-RR 1991, 665.

78) OLG Stuttgart, BauR 2003, 1394, 1397.

79) BGH, BauR 1988, 336 = NJW 1988, 1718; OLG Stuttgart, BauR 2005, 1490 m.w.Nachw.

80) Da dieses „Wahlrecht" gegenüber allen Erwerbern gleichmäßig besteht, kann von einer gemeinschaftsbezogenen Angelegenheit nicht ausgegangen werden.

Vorschusses folgt aus § 637 Abs. 3 BGB. Allerdings kann dieser von dem einzelnen Erwerber nur mit der Maßgabe verlangt werden, dass die Zahlung an die Wohnungseigentümergemeinschaft erfolgt.[81] Nichts anderes gilt für eine auf § 887 Abs. 2 ZPO basierende Vorschusszahlung.[82] Haben einzelne Erwerber dagegen den Veräußerer in Verzug mit der Mängelbeseitigung in Verzug gesetzt und danach die Mängel beseitigt, können sie Ersatz und Zahlung an sich verlangen.[83]

478 Nach der Rechtsprechung des BGH waren zunächst die Wohnungseigentümer, nach der Entscheidung zur (Teil)Rechtsfähigkeit der Wohnungseigentümergemeinschaft dann ausschließlich diese, **auch befugt,** die sog. primären Gewährleistungsansprüche aufgrund eines Gemeinschaftsbeschlusses in der Weise „einheitlich und gemeinschaftlich zu verfolgen", dass z.B. der **Verwalter** die Ansprüche in gewillkürter Prozessstandschaft im eigenen Namen geltend macht[84] oder ein oder mehrere (ausgewählte) Erwerber mit Billigung der Gemeinschaft die Zahlung eines Kostenvorschusses an sich bzw. an den Verwalter verlangen.[85] Der Anspruch geht auch in diesem Fall auf den Ersatz des gesamten Kostenaufwandes (z.B. einer Mängelbeseitigung), selbst dann, wenn die Ansprüche anderer Erwerber zwischenzeitlich verjährt sind (vgl. Rdn. 515).[86] Zu beachten ist allerdings, dass das **einzelne Mitglied** der Wohnungseigentümergemeinschaft nur dann befugt ist, Erfüllung an alle Mitglieder der Gemeinschaft zu verlangen, „wenn es **Inhaber** des geltend gemachten Gewährleistungsanspruchs ist **oder** wenn es von dem Anspruchsinhaber **ermächtigt** worden ist, den Anspruch geltend zu machen".[87] Der BGH vermutet für den „Regelfall", dass ein **Zweiterwerber** vom Ersterwerber „dazu **stillschweigend ermächtigt** worden ist".[88]

479 Darüber hinaus besteht aber auch die Möglichkeit, die Wohnungseigentümergemeinschaft **als Verband** mit der Geltendmachung von Ansprüchen der **einzelnen Erwerber** zu betrauen. Der BGH[89] hat insoweit klargestellt, dass die Wohnungseigentümergemeinschaft „durch die einzelnen Wohnungseigentümer rechtsgeschäftlich ermächtigt werden (können), die Ansprüche wegen Mängeln des **Sondereigentums** geltend zu machen und unter den Voraussetzungen einer **gewill-**

---

81) BGH, BauR 2007, 1221, 1223 m.w.Nachw.; unzutreffend daher OLG München, BauR 2008, 373 = IBR 2007, 488 – *Thode* (zur Aufrechnung des Erwerbers mit Vorschussanspruch und zur Verpflichtung zur Auskehrung des Aufrechnungsbetrages) u. KG, IBR 2006, 267 – *Karczewski*.
82) BGH, a.a.O. (in Abweichung von BGHZ 68, 372, 374 = BauR 1977, 271).
83) BGH, BauR 2005, 1623, 1624 = NZBau 2005, 585 = ZfIR 2005, 734 m.Anm. *Schwenker* = IBR 2005, 543 – *Thode*.
84) BGH, BauR 1997, 488, 489 = ZfBR 1997, 185; BGH, BauR 1981, 467; OLG Celle, BauR 2001, 1753.
85) BGH, BauR 1992, 88 = ZfBR 1992, 30; OLG Dresden, IBR 2005, 157 – *Vogel*.
86) Vgl. BGH, BauR 1991, 606, 609 = NJW 1991, 2480 = ZfBR 1991, 212; **a.A.:** BGHZ 108, 156, 160 = BauR 1990, 221; *Weitnauer*, JZ 1991, 145, 146; ZfBR 1979, 84 u. OLG Frankfurt, NJW-RR 1991, 665, 666. Gegen die Argumentation des BGHZ 108, 156 ff. vor allem *Ehmann*, Festschrift für Bärmann und Weitnauer, S. 145, 181, 182.
87) BGH, BauR 1997, 488, 489 = ZfBR 1997, 185 = NJW 1997, 2173; OLG Düsseldorf, ZfIR 2004, 293.
88) Ebenso: OLG Köln, NZBau 2000, 569, 579; OLG Frankfurt, NJW-RR 1993, 339.
89) BGH, BauR 2007, 1221, 1224 = IBR 2007, 373 – *Schulze-Hagen*; BGHZ 100, 391, 393 = BauR 1987, 439 u. BauR 1986, 447; OLG Oldenburg, BauR 2007, 1428.

kürten Prozessstandschaft gerichtlich durchzusetzen." Dies gilt jedenfalls für solche Ansprüche, „die in einem engen rechtlichen und wirtschaftlichen Zusammenhang mit der Verwaltung des gemeinschaftlichen Eigentums stehen und für die ein eigenes schutzwürdiges Interesse besteht, sie durchzusetzen" (BGH). Gegen die **Ermächtigung**, neben den Ansprüchen aus Mängeln des Gemeinschaftseigentums auch solche wegen Mängeln des Sondereigentums zu verfolgen, können aber grundsätzlich keine Bedenken bestehen.[90] Ebenso können Ansprüche der Erwerber aus Bürgschaften nach § 7 MaBV durch die Wohnungseigentümergemeinschaft in gewillkürter Prozessstandschaft geltend gemacht werden.[91]

480 Der einzelne Wohnungseigentümer ist schließlich ohne besondere Ermächtigung durch die Gemeinschaft befugt, zur Feststellung von Mängeln am Gemeinschaftseigentum ein **selbstständiges Beweisverfahren** einzuleiten (s. Rdn. 107);[92] das gilt auch, wenn von vornherein nur ein Mängelrecht in Betracht kommt, das gemeinschaftlich durchgesetzt werden muss.[93] In gleicher Weise ist der Verwalter der Wohnungseigentümer im Rahmen des § 27 Abs. 2 Nr. 2 WEG berechtigt und verpflichtet.[94] Durch eine hinreichend genaue Beschreibung der beanstandeten Mangelerscheinungen im Beweisermittlungsantrag werden **alle** Mängel des Bauwerks, auf die die Mangelerscheinungen zurückzuführen sind und ohne Beschränkung auf die Stellen, wo sie sich gezeigt haben, zum Gegenstand des Verfahrens und damit von der Hemmung umfasst.

481 Der Wohnungseigentümer kann ferner von einem **Leistungsverweigerungsrecht** nach § 320 BGB gegenüber dem Veräußerer Gebrauch machen.[95] Allerdings ist dabei zu **differenzieren**:

Wie jeder Bauherr darf der Erwerber der Eigentumswohnung die Zahlung des Erwerbspreises – auch wenn dieser nach Baufortschritt zu zahlen ist – wegen der am **Sondereigentum** aufgetretenen Baumängel in angemessenem Verhältnis zum voraussichtlichen Mängelbeseitigungsaufwand verweigern.[96]

482 Ein Leistungsverweigerungsrecht steht dem Erwerber darüber hinaus zu, wenn **Mängel am Gemeinschaftseigentum** vorhanden sind, die beseitigt werden müs-

---

90) Zur interessengerechten **Auslegung** eines WEG-Eigentümerbeschlusses zur Verfolgung von Gewährleistungsansprüchen siehe BGH, NZBau 2009, 508 = ZfBR 2009, 664 = BauR 2008, 1298.
91) BGH, BauR 2007, 1227 = ZfBR 2007, 553 = NZBau 2007, 441 = NJW-Spezial 2007, 359.
92) BGH, BauR 1980, 69 = ZfBR 1980, 36; BauR 1991, 606 = ZfBR 1991, 212; BGH, BauR 2013, 1437, 1438 = NZBau 2013, 629 = ZfBR 2013, 660. Zur **Reichweite** eines selbstständigen Beweisverfahrens für **eine** Wohnung bei Vorliegen eines **Systemfehlers:** OLG München, IBR 2001, 478 – *Kamphausen*.
93) BGH, BauR 2003, 1759; BGH, BauR 1991, 606, 610 = NJW 1991, 2480.
94) BGH, ZfBR 1983, 121 = NJW 1983, 1901 = BauR 1983, 255; BGHZ 81, 35 = BauR 1981, 467; ZfBR 1980, 36, 37 = BauR 1980, 69, 71; *Deckert*, ZfBR 1984, 161, 162. Zu den **Verwalterpflichten** i.R. des § 27 WEG s. LG Hamburg, ZMR 2013, 988, zu der Verpflichtung, **verjährungshemmende** Maßnahmen wegen Mängelbeseitigungsansprüchen herbeizuführen, s. AG Kassel, ZMR 2013, 490.
95) BGH, BauR 1998, 783 = NJW 1998, 2967. Zum Leistungsverweigerungsrecht bei **Dritthaftungsklauseln** s. Rdn. **3018 ff.**
96) BGH, NZBau 2012, 34; BauR 1996, 401, 402 = ZfBR 1996, 144, 145; BGH, ZfBR 1984, 35 = BauR 1984, 166 = NJW 1984, 725.

sen.⁹⁷⁾ Fraglich ist allerdings, ob und inwieweit dieses Leistungsverweigerungsrecht **Einschränkungen** unterliegen muss; in der Tat besteht, worauf der BGH⁹⁸⁾ und Groß⁹⁹⁾ zutreffend hinweisen, bei **unbeschränkter** Leistungsverweigerung durch den einzelnen Erwerber die Gefahr, dass wegen nur geringfügiger Mängel am gemeinschaftlichen Eigentum möglicherweise **insgesamt** ungerechtfertigt hohe Beträge zurückbehalten werden.

Beispiel:

Der Veräußerer verlangt von 10 Wohnungseigentümern die ausstehende letzte Rate in Höhe von jeweils 5000 €. Jeder Eigentümer beruft sich auf ein unbeschränktes Leistungsverweigerungsrecht, weil die Beseitigung eines Mangels am Gemeinschaftseigentum 3000 € erfordere. Könnte nun jeder Wohnungseigentümer tatsächlich die letzte Rate von 5000 € zurückbehalten mit der Begründung, das Leistungsverweigerungsrecht rechtfertige ja eine Zurückbehaltung des dreifachen Betrages, so sähe sich der Veräußerer trotz des verhältnismäßig geringfügigen Mangels wertmäßig einem Leistungsverweigerungsrecht von mindestens 50.000 € ausgesetzt.

Der Meinung,¹⁰⁰⁾ jeder Wohnungseigentümer könne wegen Mängel am Gemeinschaftseigentum ein unbeschränktes Leistungsverweigerungsrecht geltend machen, kann angesichts der BGH-Rechtsprechung¹⁰¹⁾ nicht gefolgt werden; so kommt denn auch Deckert¹⁰²⁾ zu dem Ergebnis, dass sich das Leistungsverweigerungsrecht des **einzelnen** Erwerbers wegen Mängel am Gemeinschaftseigentum nach dem Grundsatz der Verhältnismäßigkeit und Angemessenheit (§ 242 BGB) zu richten habe. Deshalb sei „rechnerisch im Regelfall von der jeweiligen **Mithaftungsquote**" auszugehen.

Dem ist zuzustimmen;¹⁰³⁾ auch das die **Miteigentumsquote** berücksichtigende, nur **anteilige Leistungsverweigerungsrecht** des **einzelnen** Erwerbers kann jedenfalls dann seinen Zweck ausreichend erfüllen, wenn **mehrere** Eigentümer von dem Veräußerer in Anspruch genommen werden, diese aber wegen Mängel nicht zu zahlen brauchen. In der Praxis wird dies eine **Übersicherung** der Wohnungseigentümergemeinschaft verhindern.

Wird nur **ein** Erwerber von dem Veräußerer in Anspruch genommen, so ist dieser allerdings berechtigt, seine Leistung entsprechend § 641 Abs. 3 BGB („mindestens in Höhe des Dreifachen" der notwendigen Beseitigungskosten) zu verweigern;¹⁰⁴⁾ er darf nicht schlechter stehen als ein Bauherr gegenüber einem Bauunternehmer.¹⁰⁵⁾

483

---

97) BGH, BauR 1984, 166; BGH, BauR 1998, 783, 784; OLG Düsseldorf, BauR 2010, 1236 = IMR 2010, 295 – *Schwenker*; *Pause*, NJW 1993, 553, 559.
98) A.a.O.
99) BauR 1975, 12, 22.
100) Vgl. vor allem *Groß*, BauR 1975, 12, 22.
101) Vgl. BGH, BauR 1996, 401 = ZfBR 1996, 144; BGH, 1984, 166 = NJW 1984, 725; BGH, NJW 1983, 453.
102) ZfBR 1984, 161, 166; s. auch OLG Düsseldorf, BauR 2010, 1236, 1237.
103) So auch: BGH, BauR 1998, 783, 785 = ZfBR 1998, 245 = NJW 1998, 2967; OLG Düsseldorf, a.a.O.; *Kleine-Möller/Merl*, § 12, Rn. 1000; *Koeble*, Festschrift für Soergel, S. 125, 126; **a.A.:** *Pause*, Rn. 931 f.
104) BGH, BauR 1998, 783, 785 = ZfBR 1998, 245 = NJW 1998, 2967.
105) Siehe BGH, BauR 1998, 783, 785.

484 Macht ein Erwerber Nacherfüllungsansprüche geltend, so erlischt er, wenn der Mangel beseitigt wird;[106] die **Erfüllung** gegenüber einem Berechtigten führt zur Befriedigung aller Gläubiger.[107] Anhängige Mängelbeseitigungsklagen anderer Erwerber müssen also in der Hauptsache für erledigt erklärt oder im anderen Fall als unbegründet abgewiesen werden.

485 Der BGH hat aber frühzeitig ausgesprochen, dass die Durchsetzung der auf eine ordnungsgemäße Herstellung des Gemeinschaftseigentums gerichteten Rechte von der **Wohnungseigentümergemeinschaft** an sich gezogen werden kann;[108] denn wenn schon der einzelne Wohnungseigentümer aufgrund seines mit dem Bauträger geschlossenen Vertrages befugt ist, eine vertragsgemäße Erfüllung zu verlangen und die damit zusammenhängenden Ansprüche auf Vorschuss und Erstattung zu stellen, so muss dies erst recht für die Gemeinschaft der Wohnungseigentümer gelten, die ihre Interessen wahren will. Schreitet demnach die Wohnungseigentümergemeinschaft ein, indem sie erklärt, die Rechte selbst geltend machen zu wollen, verliert der einzelne Erwerber die Befugnis, seine Rechte noch selbstständig durchzusetzen;[109] denn ein solches Vorgehen der Wohnungseigentümergemeinschaft wird in aller Regel einer ordnungsgemäßen Verwaltung (§ 21 Abs. 1 WEG) entsprechen. Durch Mehrheitsbeschluss kann auch bestimmt werden, dass der **Verwalter** oder die amtierenden Mitglieder des **Verwaltungsbeirats**[110] die Ansprüche **im eigenen Namen** klageweise als **gewillkürter Prozessstandschafter** geltend machen.[111] Das gilt auch, wenn Mängel am Gemeinschafts- und am Sondereigentum ineinander greifen oder es **nur** um Mängel am **Sondereigentum** geht.[112] Verlangt die Gemeinschaft oder mehrere Wohnungseigentümer (zu Händen des Verwalters) die Zahlung eines Vorschusses, kann der beklagte Bauträger nicht mit restlichen Vergütungsansprüchen aufrechnen, die ihm gegen einzelne Eigentümer zustehen.[113] Umgekehrt kann aber auch ein Erwerber nicht mit einem auf Leistung an die Wohnungseigentümergemeinschaft gerichteten Anspruch wegen Mängeln am Gemeinschaftseigentum gegen eine von ihm geschuldete Restvergütung aufrechnen, weil es an der Gegenseitigkeit fehlt.[114]

---

106) BGHZ 68, 372 = NJW 1977, 1336.
107) *Weitnauer*, ZfBR 1979, 84, 87.
108) BGH, NJW 1981, 1841 = ZfBR 1981, 230 = BauR 1981, 467.
109) Siehe BGH, BauR 2007, 1221, 1224; OLG Brandenburg, ZMR 2016, 87, 88; *Kniffka*, Festschrift für Ganten, S. 125, 129 m.w.Nachw. in Anm. 18.
110) BGH, BauR 2004, 1148 = NZBau 2004, 435 = IBR 2004, 371 – *Groß*.
111) Vgl. *Deckert*, ZfBR 1984, 161, 163 sowie BGH, BauR 1986, 447 = NJW-RR 1986, 755 = *SFH*, Nr. 9 zu § 21 WEG. Zur (fristwahrenden) Inanspruchnahme eines **Gewährleistungsbürgen** durch den Verwalter siehe OLG Düsseldorf, BauR 1992, 812 (LS).
112) Vgl. BGH, BauR 1987, 439, 440; OLG München, BauR 2007, 1890, 1891.
113) BGH, BauR 1992, 88 = NJW 1992, 435; ebenso: OLG Nürnberg, BauR 1999, 1464 = MDR 2000, 695 = NZBau 2000, 252 (LS) u. OLG Karlsruhe, BauR 1990, 622 für einen Schadensersatzanspruch der Wohnungseigentümer; zu den **Aufrechnungsmöglichkeiten** im Einzelnen: *Greiner*, ZfBR 2001, 439 ff.
114) BGH, BauR 2007, 1227 = NZBau 2007, 441 = ZfBR 2007, 553 = IBR 2007, 372 – *Schmitz*.

b) Rücktritt (§§ 634 Nr. 3, 636, 323, 326 Abs. 5 BGB)

Literatur

Kohler, Das Rücktrittsrecht in der Reform, JZ 2001, 2519; Arnold, Das neue Recht der Rücktrittsfolgen, Jura 2002, 154; Gieseler, Die Strukturen des Leistungsstörungsrechts beim Schadensersatz und Rücktritt, JR 2004, 133; Basty, Die Kündigung des Bauträgervertrags, Jahrbuch Baurecht 2007, 91; Basty, Abschluss des Bauträgervertrags vor der Baugenehmigung – Vertragsregelungen, Risikobegrenzung, PiG Bd. 94, 61.

Es entsprach einheilliger Ansicht, dass dem einzelnen Erwerber/Eigentümer nach altem Recht die **Wandelung** des Erwerbervertrages ohne einen Ermächtigungsbeschluss der Gemeinschaft gestattet war.[115] Und dieses Recht konnte auch nicht durch einen formularmäßigen Ausschluss im Erwerbervertrag verhindert werden.[116] Nichts anderes gilt für das **Rücktrittsrecht** nach neuem Recht.[117] Demnach kann der Erwerber gemäß §§ 634 Nr. 3, 636, 323, 326 Abs. 5 BGB nach fruchtlosem Ablauf einer dem Unternehmer zur Nacherfüllung gesetzten Frist von dem Vertrag **zurücktreten.** Die Entscheidung über die Geltendmachung und die prozessuale Durchsetzung des Rechts auf Rücktritt verbleibt also stets bei dem **einzelnen** Miteigentümer. Die Wohnungseigentümergemeinschaft hat keine Beschlusskompetenz;[118] denn die Auflösung des Erwerbsvertrages berührt das Gemeinschaftseigentum nicht: Anstelle des Wohnungseigentümers, der aus der Wohnungseigentümergemeinschaft ausscheidet, tritt wieder der Veräußerer. Diesen trifft, wenn er der Fristsetzung zur Nacherfüllung nicht nachkommt, „als Veräußerer zu Recht das erneute Verwendungsrisiko."[119] Darüber hinaus schließt der Rücktritt die Geltendmachung eines Schadensersatzanspruchs statt der Leistung

486

---

115) BGHZ 74, 258 = BauR 1979, 420 = NJW 1979, 2207; BGH, WM 1971, 1251; OLG Saarbrücken, OLGR 2006, 666, 667. Zur **Vollstreckung** eines Urteils auf Rückzahlung Zug um Zug gegen Rückübertragung des Erwerbsobjekts: BGH, IBR 2010, 149 – *Vogel*.
116) BGH, BauR 2007, 111, 113 = NZBau 2006, 781, 782; BGH, BauR 2006, 1747 = NZBau 2006, 706; OLG Celle, OLGR 2007, 503, 504. Zum Rücktritt des **Veräußerers** einer Eigentumswohnung: BGH (V.ZS), NJW 2010, 146 (**Teilrücktritt** ausgeschlossen).
117) BGH, BauR 2007, 111, 113; KG, IBR 2012, 27 – *Karczewski*; Otto, NZBau 2003, 233, 240. Zum **Rücktritt**: OLG Hamm, BauR 2014, 149 (LS) = IBR 2013, 748 – *Weyer*. Zur **Rückabwicklung** eines Bauträgervertrages (Anforderungen an die Lastenfreiheit): OLG Dresden, IBR 2006, 33 – *Blank*; zum Rücktritt des Erwerbers bei **Widersprüchen** zwischen dem Modell der Bauausführung und der tatsächlichen Bauausführung: OLG Frankfurt, IBR 2012, 150 – *Karczewski*; zum Rücktrittsrecht bei einer Wohnungseigentumsanlage, die sich aus mehreren Häusern zusammensetzt: KG, IBR 2012, 26 – *Pause*; zur Rückabwicklung des Bauträgervertrages wegen nicht erreichter **Sanierungsabschreibung** (§ 7i EStG): LG Berlin, IBR 2010, 692 – *Maas*; zur Ermittlung und Anrechnung der **Nutzungsvorteile**: BGH, IBR 2006, 32 – *Saam*; OLG Karlsruhe, IBR 2011, 411 – *Schulze-Hagen* u. 2005, 686 – *Schill*. Zum **Erlöschen** des Rücktrittsrechts: BGH (V. ZS), BauR 2010, 1074. Zum Rücktrittsrecht des **Bauträgers** wegen erklärter Abnahme „unter Vorbehalt von Mängeln": LG München, IBR 2010, 691 – *Vogel*.
118) BGH, BauR 2006, 1747; BGH, NZBau 2006, 371 = BauR 2006, 979 = ZfBR 2006, 457; BGH, BauR 2007, 1221.
119) BGH, BauR 2007, 111, 113 = NZBau 2007, 781, 782. Nach OLG Brandenburg (IBR 2005, 20 – *Vogel*) wird der Erwerber auch nicht durch einen Beschluss der Eigentümergemeinschaft, Mängelansprüche zu vergleichen, an einem Rücktritt gehindert.

nicht aus (§ 325 BGB).[120] Und dieses Recht geht auch nicht dadurch unter, dass der Gläubiger zunächst einmal weiterhin eine Erfüllung des Vertrages verlangt.[121] Ein Rücktritt sollte im Einzelfall stets sorgfältig geprüft und vorbereitet werden, da Fehler erhebliche finanzielle Nachteile bringen können.[122] Vor allem muss auch der **Rückgewährsschuldner** eigene Ersatzansprüche mittels Einrede geltend machen, um eine Zug um Zug-Verurteilung sicherzustellen.[123]

Denkbar ist im Einzelfall auch eine **Teilkündigung**, und zwar des bauvertraglichen Teils des Bauträgervertrags aus wichtigem Grund; nach der Entscheidung des OLG Frankfurt vom 11.9.2009[124] besteht der Schutz der MaBV für bereicherungsrechtliche Rückzahlungsansprüche dann fort.

c) Minderung (§§ 634 Nr. 3, 638 BGB) und „kleiner" Schadensersatz (§ 281 BGB)

Literatur

Gaier, Die Minderungsberechnung im Schuldrechtsmodernisierungsgesetz, ZRP 2001, 336; *Merl*, Schuldrechtsmodernisierungsgesetz und werkvertragliche Gewährleistung, Festschrift für Jagenburg (2002), 596; *Pause*, Bauträgererwerb: Minderung und Schadensersatz bei Mängeln am Gemeinschaftseigentum, Festschrift für Motzke (2006), 323; *Pause*, Unbegrenzte Vergemeinschaftung der Erwerberrechte aus dem Bauträgervertrag? – Trotz WEG-Novelle 2007 offene Fragen bei der Haftung wegen Baumängeln am Gemeinschaftseigentum, BauR 2012, 305; *Popescu*, Sekundäransprüche des Bestellers beim Verzug des Bauträgers mit der Fertigstellung des Bauvorhabens, BauR 2012, 1314.

487 Wird die Erfüllung bzw. Nacherfüllung (§§ 634 Nr. 1, 635 BGB) von dem Veräußerer des Wohnungseigentums abgelehnt oder scheitert sie, so kommen das Gestaltungsrecht der „Minderung" (§§ 634 Nr. 3, 638 BGB), der „Schadensersatz" (§ 634 Nr. 4) oder der „Ersatz vergeblicher Aufwendungen" (§ 634 Nr. 4 i.V.m. § 284 BGB) in Betracht.

488 Mit dem **BGH**[125] war für das alte Recht davon auszugehen, dass nur die **Wohnungseigentümergemeinschaft** die **Wahl** zwischen Minderung und Schadensersatz treffen konnte. Nur der Gemeinschaft sollte daher die Befugnis zustehen, diese Wahl zu treffen, nicht dem einzelnen Erwerber; es konnte bei den Gewährleistungsrechten der Minderung und des „kleinen" Schadensersatzes also nur ein-

---

120) Zum **Schadensersatzanspruch** des Erwerbers nach **Wandelung** des Vertrages: OLG Düsseldorf, BauR 2001, 1605 = ZfBR 2001, 547 = NJW-RR 2001, 1462; zum Anspruch des Erwerbers auf Zahlung von **Nutzungsentschädigung** für die infolge eines Mangels nicht nutzbare Wohnung: OLG Brandenburg, IBR 2012, 205 – *Bröker*.
121) BGH, BauR 2006, 1134 = IBR 2006, 230 – *Schwenker*.
122) Siehe z.B.: BGH, IBR 2009, 387 – *Vogel* (Der **Rücktritt** vor Eröffnung eines Insolvenzverfahrens führte im konkreten Fall dazu, dass der Insolvenzverwalter die **Löschung** der Vormerkung erreichte, ohne den **Kaufpreis** aus der Masse erstatten zu müssen: Fehler des Notars); s. ferner: BGH (V.ZS), BauR 2009, 1147 = NZBau 2009, 237 zu den Anforderungen an einen Schadensersatzanspruch nach einen **unberechtigten** Rücktritt.
123) Siehe hierzu BGH, NJW 2010, 146, 148 Rn. 20 m.w.Nachw.
124) IBR 2010, 457 – *Vogel*, der die Begründung für zweifelhaft hält.
125) BGHZ 74, 258 = NJW 1979, 2207 = WM 1979, 839; BGH, BauR 2002, 81 = NZBau 2002, 26; BGH, BauR 2000, 285 = ZfBR 2000, 117 = ZfIR 2000, 44.

heitlich und damit gemeinschaftlich vorgegangen werden.[126] Hieran hat sich für das neue Recht nichts geändert; vielmehr ist dies in § 10 Abs. 6 Satz 3 WEG 2007 gesetzlich sanktioniert. Minderung und „kleiner" Schadensersatzanspruch sind unzweifelhaft gemeinschaftsbezogen. Nur die Wohnungseigentümergemeinschaft als Verband kann die Voraussetzungen für diese Rechte schaffen.[127] Sie muss zudem darüber befinden, welches der Rechte durch wen und in welcher Höhe verfolgt werden soll.[128] Will die Wohnungseigentümergemeinschaft selbst klagen, wird sie im Prozess durch den Verwalter vertreten; dieser muss jedoch durch Beschluss zur gerichtlichen Geltendmachung ermächtigt werden (§ 27 Abs. 2 Nr. 3).[129]

Zu beachten ist, dass nach der Rechtsprechung des VII. Zivilsenats des BGH[130] **489** der **Schadensersatzanspruch,** der dem einzelnen Bauherrn einer Bauherrengemeinschaft wegen eines behebbaren Mangels am Gemeinschaftseigentum zusteht, auf den Ersatz der **gesamten Kosten** gerichtet ist, die **zur Mängelbeseitigung** erforderlich sind. Dies gilt auch für die Haftung eines Architekten wegen fehlerhafter Planung und/oder Bauaufsicht. Es kommt nach der neueren Rechtsprechung des BGH nicht mehr darauf an, ob sich die Mängel auch auf das **Sondereigentum** des Klägers ausgewirkt haben.[131]

Nun sieht § 638 Abs. 2 BGB die **Unteilbarkeit** des Minderungsrechts vor, soweit mehrere auf der Seite des Bestellers oder des Unternehmers beteiligt sind; die Vorschrift betrifft nach wohl richtiger Ansicht **nicht** den Bauträgervertrag, bei dem mehrere Personen getrennte Verträge über den Erwerb des Wohnungseigentums abschließen.[132] Indes kann dies aber dahinstehen, weil für das Wohnungseigentum aufgrund der höchstrichterlichen Rechtsprechung im Ergebnis zunächst nichts anderes gilt: Die Minderung ist – wie der kleine Schadensersatz – **gemeinschaftsbezogen**, weil nur so die **Mittelverwendung** im Sinne der Gemeinschaft **gewährleistet** ist.[133] Gleichwohl lässt der **BGH** gerade auch für die **Minderung** die Möglichkeit einer „quotalen"[134] Aufteilung zu. Dies folgt eindeutig aus der Entscheidung des BGH vom 4.11.1982:[135]

> „Aus der Gemeinschaftsbezogenheit dieser ‚sekundären' Gewährleistungsrechte folgt jedoch nicht, dass der einzelne Wohnungseigentümer schon aus Rechtsgründen nicht ermächtigt werden könne, den seinem Anteil am gemeinschaftlichen Eigentum entsprechenden Minderungs- oder ‚kleinen' Schadensersatzanspruch selbstständig einzuklagen …
>
> Die Wohnungseigentümergemeinschaft muss zwar beschließen können, wie der Minderungsbetrag bzw. der Schadensersatz zu verwenden ist …

---

126) BGH, BauR 2007, 1221, 1223; OLG Frankfurt, IBR 2008, 517 – Wenzel.
127) *Pause,* BauR 2012, 305, 312; *Wenzel,* NJW 2007, 1905, 1907; *Pause/Vogel,* BauR 2007, 1298, 1303; *Kniffka,* Festschrift für Ganten, S. 125, 132 ff.
128) *Wenzel,* a.a.O.
129) OLG München, IBR 2008, 518 – *Vogel.* Zu den Folgen des **Erlöschens** eines Ermächtigungsbeschlusses durch die **Abberufung** des Verwalters: BGH, ZfBR 2012, 349, 351 m.w.Nachw.
130) BGH, BauR 2002, 81 = NZBau 2002, 26 = ZfBR 2002, 147; BGHZ 141, 63, 65 = BauR 1999, 657 = ZfBR 1999, 207 = NJW 1999, 1705.
131) Vgl. hierzu BGHZ 114, 383 = BauR 1991, 606.
132) *Palandt/Sprau,* § 638 BGB, Rn. 3.
133) *Pause,* BauR 2012, 305, 312.
134) So *Pause,* a.a.O., S. 313.
135) BauR 1983, 84 = ZfBR 1983, 17 (im Anschluss an BGHZ 74, 258; BGHZ 81, 35).

Hat sie sich aber entschieden, dann kann sie sich auch mit dem derzeitigen Zustand abfinden – und zum Beispiel – es den einzelnen Wohnungseigentümern überlassen, ob und in welchem Umfang sie das von der Gemeinschaft gewählte Recht zur Minderung entsprechend ihrem Anteil am gemeinschaftlichen Eigentum gerichtlich geltend machen und das damit verbundene Risiko tragen wollen ...

Der vorher von der Gemeinschaft gewählte Minderungsanspruch ist gleichsam dem einzelnen Wohnungseigentümer entsprechend dessen Anteil am gemeinschaftlichen Eigentum ‚freigegeben' worden."

Wichtig ist, dass die „quotale" Aufteilung des Minderungsbetrages durch einen **Ermächtigungsbeschluss** der Wohnungseigentümergemeinschaft als Verband erfolgt; eine Abtretung von Minderungsansprüchen an die einzelnen Wohnungseigentümer wäre unwirksam, könnte im Streitfall allerdings nach § 140 BGB als eine Ermächtigung zur Geltendmachung ausgelegt werden. Gegen die Geltendmachung des **gesamten** Minderungsbetrages durch einen einzelnen Miteigentümer auf Grund gewillkürter Prozessstandschaft bestehen ebenfalls keine Bedenken.

Weigert sich die Eigentümergemeinschaft, Minderungs- oder Schadensersatzansprüche einzuklagen, z.B., weil nur das **Sondereigentum** eines Miteigentümers durch den Mangel betroffen ist, so muss der einzelne Wohnungseigentümer den Anspruch auf Ermächtigung zur Geltendmachung der Ansprüche gerichtlich gegen die Gemeinschaft erwirken.[136] Ist ein Mangel am Sondereigentum nicht behebbar oder verweigert der Veräußerer eine Nacherfüllung wegen eines unverhältnismäßigen Kostenaufwandes, kann der einzelne Erwerber auch ohne einen Gemeinschaftsbeschluss berechtigt sein, Schadensersatz oder Minderung von dem Veräußerer zu verlangen.[137] Ist der **Gemeinschaft** allerdings – daneben – ein Schaden entstanden (z.B. durch Einholung eines Sachverständigengutachtens), können diese Ansprüche nur gemeinschaftlich oder mittels Gemeinschaftsbeschluss durch den Einzelnen geltend gemacht werden.[138]

490 Wird einem in gewillkürter Prozessstandschaft klagenden **Verwalter** ein **Minderungsbetrag** zugesprochen, so steht dessen **Aufteilung** im Innenverhältnis der Wohnungseigentümergemeinschaft zu.[139] Verlangt die **Gemeinschaft** der Wohnungseigentümer wegen Mängeln am Gemeinschaftseigentum Schadensersatz oder Minderung, so kann der **Veräußerer** diesem Anspruch nicht restliche Vergütungsforderungen gegen **einzelne** Wohnungseigentümer im Wege der Aufrechnung entgegenhalten.[140]

---

136) *Kniffka*, ZfBR 1990, 159, 160 mit Hinw. auf BGH, NJW 1983, 453 = ZfBR 1983, 17.
137) Vgl. BGH, BauR 2002, 81, 82 = NZBau 2002, 26, 27; BGHZ 110, 258, 259 = BauR 1990, 353; OLG Koblenz, OLGR 2006, 6; *Wenzel*, NJW 2007, 1905, 1907.
138) **Anderer Ansicht** wohl *Kniffka*, ZfBR 1990, 159, 162, der in diesem Falle „gleichartige Ansprüche" des Einzelnen und der Gemeinschaft („nebeneinander") für denkbar hält.
139) So BGH, BauR 1986, 447, 448.
140) Vgl. OLG Stuttgart, ZMR 2011, 149, 151; OLG Karlsruhe, BauR 1990, 622; OLG Nürnberg, BauR 1999, 1464, 1465; OLG Köln, Urt. v. 3.3.2000 – 11 U 95/96; Revision nicht angenommen (BGH, Beschl. v. 16.8.2001 – VII ZR 146/00).

d) „großer" Schadensersatz

Literatur

Klaft/Maxem, Die gegenseitigen Ansprüche der Vertragsparteien nach vollzogener Wandlung von Bauträgerverträgen, BauR 2000, 477; *Schmid*, Die vorrangige Grundschuld und die sich daraus ergebenden Probleme des Bauträgerkäufers, BauR 2000, 971.

Zu beachten ist, dass sich die Ausführungen des BGH zur Gemeinschaftsbezogenheit nur auf den sog. „kleinen" Schadensersatzanspruch (§ 281 BGB) beziehen; bei diesem behält der Erwerber das Empfangene und macht ausschließlich den **Differenzschaden** geltend. Demgegenüber wird bei dem „großen" Schadensersatzanspruch das Empfangene zurückgegeben und der Schaden so berechnet, als habe der Erwerber überhaupt nichts erhalten.[141] Der große Schadensersatzanspruch ist somit im Ergebnis wie die Wandelung und Rücktritt auf eine komplette **Rückgängigmachung** des Erwerbsvertrages ausgerichtet. Das rechtfertigt es, den Anspruch auf „großen" Schadensersatz ebenfalls individualrechtlich und nicht gemeinschaftsbezogen einzuordnen mit der Folge, dass ein Eigentümer ohne zuvor ergangenen Mehrheitsbeschluss diesen Weg der Rückgängigmachung des Erwerbsvertrages wählen kann.[142] **491**

Nach neuem Recht und WEG-Reform hat sich hieran nichts geändert;[143] dem Erwerber steht weiterhin der „große" Schadensersatzanspruch zu. Im Einzelfall kann er über §§ 634 Nr. 4, 280 Abs. 1, 3, 281 BGB das mangelhafte Werk zurückgeben und stattdessen Schadensersatz verlangen. Entscheidend ist aber, dass die Pflichtverletzung erheblich ist (§ 281 Abs. 1 Satz 3 BGB).[144] Zu beachten ist, dass der Anspruch auf großen Schadensersatz durchaus untergehen kann, z.B. wenn eine Nacherfüllung erfolgt oder eine Selbstvornahme durchgeführt wird.[145] Demgegenüber kann ein Vergleich bereits entstandene Ansprüche auf Rückabwicklung nicht mehr berühren.[146] Der BGH[147] hat zu der **Berechnung** des großen Schadensersatzanspruches klargestellt, dass der Erwerber auf der einen Seite zwar die Kosten für die **Finanzierung** des Objekts in die Schadensberechnung einstellen kann, gleichzeitig muss er jedoch im Gegenzug die ihm durch **Vermietung** zu-

---

141) Siehe BGH, BauR 2012, 648, 650 = ZfBR 2012, 356, 357 (Rn. 16); BGH, NJW 2009, 1870; KG, IBR 2012, 26 – *Pause*; OLG Saarbrücken, OLGR 2006, 666, 670; OLG Köln, OLGR 2002, 37; s. auch BGHZ 25, 215; *Hauger*, NZM 1999, 536, 538; *Weitnauer*, ZfBR 1981, 109, 112 u. DB-Beilage Nr. 4/1981, S. 7. Zu den wirtschaftlichen **Risiken**: *Schmid*, BauR 2000, 971, 979.
142) BGH, BauR 2006, 979, 981 = NZBau 2006, 371 = ZfIR 2006, 411 m.Anm. *Blank* = IBR 2006, 265 – *Thode*; BGHZ 74, 259 = NJW 1979, 2207 = DB 1979, 2271; LG Tübingen, *SFH*, Nr. 6 zu § 634 BGB; *Pause*, Rn. 942.
143) *Pause/Vogel*, BauR 2007, 1298, 1304.
144) Vgl. *Ott*, NZBau 2003, 233, 237.
145) *Kniffka*, Festschrift für Ganten, S. 125, 130.
146) BGH, BauR 2006, 1747 = NZBau 2006, 706 = IBR 2006, 560 – *Thode*; *Kniffka*, a.a.O.
147) BauR 2009, 1140, 1142 = ZfBR 2009, 453, 454 = NJW 2009, 1870 m.Anm. *Wittler* = IBR 2009, 272 – *Weyer*; BGH, BauR 2006, 828 = NZBau 2006, 312 = ZfBR 2006, 456 (für **Mieteinnahmen**); BGH, NJW 1999, 2269 u. NJW 1995, 2159, 2160 (für **Finanzierungskosten**); BGH, BauR 2010, 225, 227 = ZfBR 2010, 131, 312 (für die inzwischen abgeschaffte **Eigenheimzulage**). Zu der Verpflichtung zur **Beseitigung** einer Grundstücksbelastung siehe BGH, BauR 2009, 246.

geflossenen Mieteinnahmen in Abzug bringen. Darüber hinaus muss sich der Erwerber bei der Schadensberechnung **steuerliche Vorteile**, die er durch Absetzung für Abnutzung (AfA) erzielt hat, im Wege der Vorteilsausgleichung anrechnen lassen.[148] Das OLG Karlsruhe[149] erkennt bei der Ermittlung des Schadens sogar den **entgangenen Zinsgewinn** aus dem für den Erwerb eingesetzten Eigenkapital als Schaden an.

e) Gesamtgläubigerschaft?

492 Wenn der **BGH**[150] die Gemeinschaftsbezogenheit der Gewährleistungsansprüche „Minderung/(kleiner) Schadensersatz" u.a. mit der „grundsätzlichen Stellung (der Erwerber) als **Gesamtgläubiger**" begründet hat, sollte diese Aussage noch nicht überbewertet werden; denn schon in der Entscheidung vom 11. Oktober 1979[151] hat er seine frühere Feststellung wieder infrage gestellt. Gesamtgläubigerschaft liegt in der Tat auch nicht vor; der gleiche Bezugspunkt des Forderungsgegenstandes allein führt noch nicht zu einer Gesamtgläubigerschaft (§ 428 BGB),[152] sondern zwingend zu einer Gesamtberechtigung („Mitgläubiger") nach § 432 BGB.[153]

f) Die zeitliche Grenze für das gemeinschaftliche Vorgehen

493 Die Frage, ab wann die Verfolgung der Mängelansprüche zu einer gemeinschaftlichen Sache wird, ist aufgrund der neueren BGH-Rechtsprechung weitgehend geklärt: Der BGH[154] geht davon aus, dass die Wohnungseigentümer, „wenn sie den Nachbesserungsanspruch (§ 633 Abs. 2 Satz 1 BGB) und das Recht, die Mängel selbst zu beseitigen (§ 633 Abs. 3 BGB), verloren haben, nur noch als Wohnungseigentümergemeinschaft bestimmen können, ob wegen der Mängel Minderung oder sog. ‚kleiner' Schadensersatz gefordert werden" soll. Die Befugnis, diese Wahl zu treffen, hat nur noch die Gemeinschaft. Zu beachten ist: Eine ohne einen Er-

---

148) BGH, BauR 2008, 1450 = IBR 2008, 516 – *Schulze-Hagen*; BGH, BauR 2012, 648 = ZfBR 2012, 356 (Anrechnung von Steuervorteilen). Eine mit dem Erwerb empfangene **Eigenheimzulage** ist nicht im Wege der Vorteilsausgleichung anzurechnen (BGH, BauR 2010, 225 = NZBau 2010, 165 = ZfBR 2010, 131).
149) IBR 2010, 89 – *Weyer*, der zutreffende Bedenken anmeldet, weil es sich bei der Anlage des Geldes um eine **Investitionsentscheidung** handele.
150) BGHZ 74, 258 = BauR 1979, 420 = NJW 1979, 2207; ebenso vor allem *Weitnauer*, ZfBR 1981, 109, 111; anders: *Kellmann*, DB 1979, 2261 – „Nebengläubigerschaft".
151) BauR 1980, 69 = DB 1980, 204; offengelassen in BauR 1985, 314 = NJW 1985, 1551 u. BauR 1992, 88.
152) Siehe aber OLG Dresden, BauR 2001, 1276, 1278 für Mangelfolgeschäden (Gutachterkosten); OLG München, DB 1978, 2360.
153) OLG Stuttgart, BauR 2003, 1394, 1397; OLG Karlsruhe, BauR 1990, 622, 623; BayObLG, NJW 1973, 1086, 1087; *Koeble*, Festschrift für Soergel, S. 125, 126; BGH, ZfBR 1985, 169 = BauR 1985, 445; *Ganten*, Festschrift für Bärmann und Weitnauer, S. 269, 270; *Pause*, NJW 1993, 553, 555, jedoch a.A. für Minderung; s. Bauträgerkauf, Rn. 921.
154) Vgl. BGH, NJW 1981, 1841 = ZfBR 1981, 230 = BauR 1981, 467; BGH, BauR 1988, 336 = NJW 1988, 1718.

mächtigungsbeschluss erhobene Klage der Wohnungseigentümergemeinschaft wegen Baumängeln wäre unzulässig.[155]

Der BGH hat durch Urteil vom 30. April 1998[156] klargestellt, dass der einzelne Erwerber deshalb „keine Befugnis (hat), aus seinem Erwerbervertrag heraus Einfluss auf die Rechte der anderen Wohnungseigentümer zu nehmen." Deshalb beginne „die Gemeinschaftsbezogenheit der Gewährleistungsrechte und damit die Zuständigkeit der Gemeinschaft bereits mit der Entscheidung über die Fristsetzung mit Ablehnungsandrohung, wenn Minderung oder kleiner Schadensersatz geltend gemacht werden soll. Nichts anderes gilt, wenn der Mangel an der im Sondereigentum eines Miteigentümers stehenden Schwimmhalle sich störend im Bereich des Sondereigentums der Klägerin auswirkt. Die Klägerin konnte nicht allein auf die Rechte dieses Miteigentümers Einfluss nehmen."

Nach neuem Recht ist eine Ablehnungsandrohung allerdings nicht mehr Voraussetzung für die sekundären Mängelrechte. Es genügt ausschließlich der **Ablauf** einer angemessenen Frist zur Nacherfüllung. Mit dem Ablauf der Frist ist auch noch kein Verlust des Nacherfüllungsanspruchs verbunden; der Unternehmer kann aber nicht mehr gegen den Willen des Auftraggebers die Mängel nachbessern.[157] Daraus folgt, dass der Erwerber in jedem Fall eine Frist zur Nacherfüllung (wie bisher) dem Bauträger setzen darf.[158] Nach Ablauf der Frist kann der **Erwerber** dann Erfüllung bzw. Nacherfüllung oder Kostenvorschuss geltend machen. Die (erfolglose) Fristsetzung kann von ihm aber auch dazu benutzt werden, um einen **Rücktritt** vom Vertrag zu erklären oder einen großen Schadensersatz (unter Rückgabe des Objekts) zu verlangen.[159] **494**

Der Erwerber ist indes nicht befugt, die Fristsetzung zur Grundlage von sekundären Mängelrechten durch die Eigentümergemeinschaft zu machen. Vielmehr bleibt dies Sache der Gemeinschaft, die über **die Wahl** der Mängelrechte zu befinden hat;[160] Die Gemeinschaft kann sich nach **Ablauf** einer berechtigt durch den einzelnen Erwerber gesetzten Frist auf diese stützen; eine erneute, gleichsam vorsorgliche Fristsetzung durch die **Gemeinschaft** wäre unschädlich.[161]

g) Der Mehrheitsbeschluss

Literatur

Wenderoth, Die Beschlussfassung der WEG über Instandsetzungsmaßnahmen, ZMR 2011, 851.

Die Entscheidung, ob statt Nacherfüllung Minderung oder Schadensersatz verlangt wird, hat die Wohnungseigentümergemeinschaft als **Verwaltungshandlung** gemäß § 21 Abs. 3 WEG mit **Stimmenmehrheit** zu treffen. Dieser Beschluss hat **495**

---

155) OLG München, BauR 2010, 1609.
156) BauR 1998, 783, 784 = ZfBR 1998, 245; BGH, BauR 2010, 2100 = NZBau 2010, 691 = NJW 2010, 3089 m.w.Nachw.
157) BGH, BauR 2003, 693, 694.
158) *Pause*, Rn. 933; *Merl*, Festschrift für Jagenburg, S. 597, 606.
159) BGH, BauR 2010, 2100 = NZBau 2010, 691 (Rdn. 20).
160) *Kniffka/Koeble*, 11. Teil, Rn. 260; *Merl*, a.a.O.; *Ott*, NZBau 2003, 233, 240.
161) OLG Hamm, BauR 2011, 1977, 1979.

rechtsgestaltenden Charakter, an den die überstimmten Mitglieder gebunden sind.[162] Der Mehrheitsbeschluss kann jedoch gemäß §§ 23 Abs. 4, 43 Abs. 1 Nr. 4 WEG angefochten werden, und zwar ab dem 1.7.2007 nicht mehr im Verfahren der freiwilligen Gerichtsbarkeit, sondern die Gerichte verhandeln und entscheiden in Wohnungseigentumssachen unter Beachtung der §§ 44 bis 50 WEG nach den Vorschriften der ZPO.[163] Die Wohnungseigentümergemeinschaft ist befugt, wenn die schutzwürdigen Interessen des einzelnen Eigentümers beachtet werden, über eine schon geregelte Sanierung neu zu beschließen.[164]

Der Meinungsstreit, ob und inwieweit die Wohnungseigentümergemeinschaft überhaupt eine Beschlusskompetenz hat, über Individualansprüche der Erwerber verbindlich zu entscheiden, hat sich auf Grund der BGH-Rechtsprechung[165] und der WEG-Reform erledigt.[166] Diese ergibt sich aus § 21 Abs. 5 Nr. 2 WEG bzw. § 10 Abs. 6 Satz 3 WEG. Im Übrigen ist zu beachten: Die **Befugnis** der Wohnungseigentümer, Erfüllungs- und Nacherfüllungsansprüche auf die Wohnungseigentümergemeinschaft zur Ausübung zu übertragen, wird nicht ausgeschlossen, wenn solche Ansprüche nur **einem** Mitglied der Eigentümergemeinschaft zustehen.[167]

h) Die Auswirkung des Mehrheitsbeschlusses auf die Sachbefugnis der Wohnungseigentümer

496 Die Auswirkungen eines Mehrheitsbeschlusses der Wohnungseigentümergemeinschaft auf die Sachbefugnis der Einzelnen können im Einzelfall zweifelhaft sein; vor allem fragt sich, welchen Einfluss ein Gemeinschaftsbeschluss auf laufende **Klageverfahren** einzelner Erwerber hat. Diese Frage ist nicht nur bedeutsam, wenn nach einer Klageerhebung durch einen Erwerber oder Zweiterwerber die Wohnungseigentümergemeinschaft mit Mehrheitsbeschluss ein anderes Klageziel verfolgen will,[168] sondern auch dann, wenn es im Grunde bei beiden Klagen um gleichgeschaltete Ansprüche geht. Denn auch bei diesen kann die **Gemeinschaftsbezogenheit** berührt werden, sofern es um die Art und Weise einer Mängelbeseitigung geht.

497 Der BGH hat bereits frühzeitig darauf hingewiesen, dass das **Schutzbedürfnis** des Schuldners in keinem Fall unbeachtet bleiben dürfe. Dieses gebiete vielmehr, dass sich ein Schuldner nach einem Mehrheitsbeschluss nur noch auf **eine** Klage einzurichten brauche, in der dann abschließend über die Mängel am Gemeinschaftseigentum entschieden werde. Der BGH hat darüber hinaus aber auch klargestellt, dass die gerichtliche Verfolgung schuldrechtlicher Ansprüche, die aus dem

---

162) BGHZ 74, 258 = NJW 1979, 2007 = WM 1979, 839.
163) *Niedenführ*, NJW 2007, 1841, 1843.
164) Vgl. BGH, BB 1991, 937 = WM 1991, 463 = Rpfleger 1991, 151.
165) BGH, BauR 2010, 2100 = NZBau 2010, 691; BauR 2007, 1221, 1223 = ZfBR 2007, 548, 550; BGH, BauR 2010, 774, 775 = ZfBR 2010, 363 = NZBau 2010, 432.
166) *Pause/Vogel*, BauR 2007, 1298, 1305; *Kniffka*, Festschrift für Ganten, S. 125, 131.
167) BGH, BauR 2010, 774; OLG Brandenburg, IBR 2014, 452 – *Dötsch* (nur ein Erwerber hat noch **unverjährte** Mängelrechte).
168) Beispiel: Der Wohnungseigentümer hat bereits auf Vorschuss geklagt, nunmehr beschließt die Gemeinschaft die Geltendmachung einer Minderung.

Gemeinschaftsbezogenheit

Vertragsverhältnis der Streitparteien hervorgegangen sind, mit Rücksicht auf die Verwaltungsbefugnis der Wohnungseigentümer nicht grundsätzlich ausgeschlossen sei. Die Gefahr jedoch, dass es im Ergebnis zu widerstreitenden Entscheidungen über eine Mängelhaftung des Schuldners/Bauträgers kommen konnte, war nach der Rechtsprechung des BGH bereits gegeben, wenn die Mehrheit z.B. beschloss, Nachbesserung und **hilfsweise** Schadensersatz oder Minderung zu verlangen. Wurde so beschlossen und geklagt, musste eine auf Nachbesserung gerichtete Klage eines einzelnen Eigentümers deshalb für erledigt erklärt werden; denn die Gemeinschaftsklage konnte zu „unvermeidbaren Überschneidungen bei der Prüfung der Mängel führen" (BGH).

Daraus folgt: Die Bindungswirkung des einzelnen Eigentümers nach einem entsprechenden Mehrheitsbeschluss folgt aus der Umwandlung des Einzelanspruchs in einen solchen der „Gemeinschaft"; sie folgt aus dem vom BGH anerkannten **Schutz des Schuldners** und hat ihre Rechtfertigung letztlich auch in dem bewussten Eintritt des Einzelnen in eine **Risikogemeinschaft**, der sich der Einzelne im Interesse der Gesamtheit unterzuordnen hat. Wollte man in Fällen der nachträglichen Umgestaltung der Ansprüche/Rechte durch einen Gemeinschaftsbeschluss die Bindungswirkung des Mehrheitsbeschlusses tatsächlich auf das Innenverhältnis beschränken, so ergäbe sich die dem Wesen des Gemeinschaftsverhältnisses widersprechende Konsequenz, dass die Mehrheit ein gegen ihren Beschluss verstoßendes eigenmächtiges Handeln eines einzelnen Eigentümers nicht verhindern und der Prozessgegner (Schuldner) sich nicht auf den entgegenstehenden Willen der Mehrheit der Eigentümer berufen könnte.

498

Damit besaß schon nach bisherigem Recht der Mehrheitsbeschluss eine einschneidende **Außenwirkung**.[169] Im Ergebnis war die Rechtsprechung dahin zu verstehen, dass jedenfalls von dem Zeitpunkt, an dem die Gemeinschaft auch nur **hilfsweise** über die Geltendmachung von Gewährleistungsansprüchen (Minderung/kleiner Schadensersatz) befand, jede Klage eines Erwerbers, soweit sie auf Erfüllung oder Nachbesserung abzielt, unbegründet war bzw. wurde.[170] Dem klagenden Erwerber war die **Sachbefugnis** entzogen worden.

499

Nichts anderes gilt nach der Entscheidung des BGH über die (Teil)Rechtsfähigkeit der Wohnungseigentümergemeinschaft; erst recht muss dies für die ab 1.7.2007 geltende **WEG** angenommen werden. Der BGH[171] hat (noch für das alte Recht, aber im Vorgriff auf die WEG-Reform) entschieden, dass die Wohnungseigentümergemeinschaft „im Rahmen der ordnungsgemäßen Verwaltung des Gemeinschaftseigentums die Ausübung der auf die ordnungsgemäße Herstellung des Gemeinschaftseigentums gerichteten Rechte der einzelnen Erwerber aus den

500

---

169) OLG München, BauR 2010, 1609; OLG Düsseldorf, NJW-RR 2002, 1454 u. 1993, 89 = BauR 1993, 229; *Deckert*, ZfBR 1980, 59, 63.

170) Ebenso für eine **Wandelungsklage** des Erwerbers: OLG Zweibrücken, Urt. v. 16.5.2002 – 4 U 257/99 = BTR 2003, 44 (LS). Es handelt sich, soweit z.B. eine Nachbesserungsklage im Zeitpunkt des Mehrheitsbeschlusses rechtshängig ist, um einen Fall der Erledigung i.S. von § 91a ZPO; zustimmend: *Pause*, Rn. 969, der jedoch (Anm. 2503a) auf die (abweichende) Entscheidung des OLG Hamm (ZWE 2010, 44) verweist, wonach §§ 265, 325 ZPO einschlägig seien.

171) BauR 2007, 1221 = ZfBR 2007, 548 = NJW 2007, 1952 = ZfIR 2007, 454 = IBR 2007, 318 – *Schulze-Hagen*.

Verträgen mit dem Veräußerer durch Mehrheitsbeschluss an sich ziehen" kann. Damit wird der Einzelne „von der Verfolgung seiner Rechte insoweit **ausgeschlossen**". Und: „Eine gemeinschaftliche, allein verbindliche Willensbildung verhindert zudem, dass der Veräußerer inhaltlich verschiedenartigen Ansprüchen ausgesetzt wird, die letztlich doch nicht durchsetzbar wären" (BGH).

501 Für die **Außenwirkung** bedeutet dies im Ergebnis, dass die im Rahmen der Beschlusskompetenz ergangenen Beschlüsse der Wohnungseigentümergemeinschaft über gemeinschaftsbezogene Rechte der Wohnungseigentümer grundsätzlich, vorbehaltlich einer erfolgreichen Anfechtung, alle Eigentümer und Zweiterwerber binden. Durch den bestandskräftigen Beschluss, mit dem einem Anwalt die Prozessvollmacht zur Erhebung einer Klage wegen Mängel am Gemeinschaftseigentum erteilt wird, sind sämtliche Eigentümer außen vor.[172]

502 Gleichwohl bleibt bei der starken Außenwirkung der Gemeinschaftsbeschlüsse Folgendes unangetastet: **Ansprüche/Rechte**, die der einzelne Erwerber bereits **erfolgreich erstritten** hat, können ihm durch die Wohnungseigentümergemeinschaft nicht wieder „genommen" werden. Das gilt auch für das „Schaffen der Voraussetzungen" für eine **Rückabwicklung** des Erwerbervertrages im Wege der **Wandelung**, des **Rücktritts** oder des **großen Schadensersatzanspruchs**.[173] Und auch ein **Vergleich** auf Grund eines Beschlusses der Wohnungseigentümergemeinschaft kann bereits entstandene Ansprüche des einzelnen Erwerbers nicht tangieren.[174] Deshalb muss der einzelne Erwerber seinen Erwerbervertrag auch dann noch rückabwickeln können, wenn der Bauträger Vorschuss gezahlt, aber die Mängelbeseitigung noch nicht erfolgt ist.[175] Es ist zu vermuten, dass der geringe Spielraum, der dem einzelnen Erwerber nach dem WEG-Reform für die Durchsetzung seiner Vorstellungen verbleibt, diesen verstärkt zu Einzelaktionen veranlassen wird.[176]

5. Rechtslage bei Dritthaftungs(Subsidiaritäts)klauseln

503 Die Geltendmachung von Gewährleistungsansprüchen bei **Dritthaftungs(Subsidiaritäts)klauseln** weist, sofern im Einzelfall von der Wirksamkeit der subsidiären Haftung ausgegangen werden kann, keine Besonderheiten auf: Hat der Veräußerer von Wohnungseigentum seine Gewährleistungsansprüche gegenüber Dritten (Unternehmer/Architekten/Sonderfachleute) an die Wohnungseigentümergemeinschaft im Einzelfall wirksam **abgetreten,** so kann diese als Rechtsträgerin von dem (drittbeteiligten) Unternehmer die Beseitigung der am gemeinschaftlichen Eigentum aufgetretenen Mängel oder einen zur Mängelbeseitigung erforderlichen

---

172) *Pause*, NZBau 2006, 342, 350.
173) *Wenzel*, NJW 2007, 1905, 1907; BGH, BauR 2010, 2100 = NZBau 2010, 691 (Rn. 25 f.); BauR 2006, 1747 = NZBau 2006, 706 = ZfBR 2006, 770 = NJW 2006, 3275; BGH, NZBau 2006, 371 = BauR 2006, 979 = ZfIR 2006, 411 m.Anm. *Blank* = IBR 2006, 265 – *Thode*.
174) BGH, a.a.O.; OLG Brandenburg, BauR 2005, 561; s. ferner: OLG München, NZBau 2007, 516; *Kniffka*, Festschrift für Ganten, S. 125, 130; *Wenzel*, NJW 2007, 1905, 1906.
175) *Kniffka*, a.a.O., S. 130; anders: OLG Hamm, IBR 2007, 209 – *Wenzel*.
176) Siehe BGH, BauR 2014, 997 = NZBau 2014, 346 = ZfBR 2014, 367 = ZMR 2014, 564 = IBR 2014, 274 – *Vogel* (zur Mängelrüge eines Erwerbers, wenn ein Gemeinschaftsbeschluss von einer sofortigen Mängelbeseitigung Abstand nimmt).

Kostenvorschuss bzw. **Kostenerstattung** verlangen.[177] Die Wohnungseigentümergemeinschaft muss dann (intern) nur darüber befinden, welches Mängelrecht im Einzelnen auf Grund der Abtretung gegen den bauausführenden Unternehmer geltend gemacht werden soll. Es kommt auf den Einzelfall an, ob in der erfolgten Abtretung durch den Bauträger zugleich schon eine **Ermächtigung** an die Wohnungseigentümergemeinschaft als Verband gesehen werden kann, die einem einzelnen Erwerber in Ansehung seines **Sondereigentums** zustehenden Mängelrechte gerichtlich zu verfolgen.

Im Übrigen ist zu beachten: Ist eine Dritthaftungsklausel (ausnahmsweise) **wirksam** in dem notariellen Erwerbervertrag vereinbart worden, müssen die Eigentümer bzw. die Wohnungseigentümergemeinschaft zunächst versuchen, ihre vermeintlichen Mängelrechte gegen den Drittunternehmer (Bauunternehmer/Architekt/Sonderfachmann) durchzusetzen; vorher besteht eine subsidiäre Haftung des Veräußerers (Bauträgers) nicht. Allerdings ist auch dann im Einzelfall zu prüfen, ob die Subsidiaritätsklausel (einvernehmlich) **aufgehoben/abbedungen** worden ist.[178] Nach OLG Celle[179] ist dies der Fall, wenn der Bauträger auf schriftliche Mängelrügen der Erwerber schriftlich zum Ausdruck bringt, „dass berechtigte Beanstandungen beseitigt werden".

6. Die Abnahme

Literatur

Häublein, Die Gestaltung der Abnahme gemeinschaftlichen Eigentums beim Erwerb neu errichteter Eigentumswohnungen, DNotZ 2002, 608; *Schmidt*, Bauträgervertrag und Abnahme nach der Schuldrechtsmodernisierung, Festschrift für Deckert, 2002, 443; *Bühl*, Die Abnahme der Bauleistungen bei der Errichtung einer Eigentumswohnanlage, BauR 1984, 237; *Basty*, Die Abnahme beim Bauträgervertrag, BTR 2002, 12; *Hildebrandt*, Die Abnahme des Gemeinschaftseigentums vom Bauträger nach der Schuldrechtsreform, BTR 2003, 211; *Ott*, Die Auswirkungen der Schuldrechtsreform auf Bauträgerverträge und andere Fragen des Bauträgerrechts, NZBau 2003, 233; *Fritsch*, Die Abnahme des Gemeinschaftseigentums vom Bauträger durch den Verwalter und sonstige Dritte, BauRB 2004, 28; *Schmid*, Die „Abnahme des Gemeinschaftseigentums" oder: Der Einzelne und die anderen Erwerber, BTR 2004, 150 u. 217; *Wagner*, Bauträgervertrag und Geschosswohnungsbau – kann die Wohnungseigentümergemeinschaft Abnahme und Gewährleistungsrechte gegenüber dem Bauträger geltend machen?, ZNotP 2004, 4; *Basty*, Regelungen zur Abnahme des Gemeinschaftseigentums im Bauträgervertrag, BTR 2006, 150; *Pause*, Bauträgervertrag: Gesetzliche Defizite bei der Abnahme und der Mängelhaftung?, ZfIR 2006, 356; *Heuer*, Die Entbehrlichkeit der Abnahme beim Nachunternehmervertrag des Bauträgers, BTR 2007, 153; *Lotz*, Die Abnahme und das WEG – Die Besonderheiten, BauR 2008, 740; *Sturmberg*, Gefahr für Bauträger: Die Abnahme des Gemeinschaftseigentums durch Sachverständige ist unwirksam, BauR 2010, 163; *Vogel*, Verkauf von Wohnungseigentum nach Abnahme des Gemeinschaftseigentums – Nachzügler, BauR 2010, 1992; *Basty*, Die Nachzüglerproblematik beim Bauträgervertrag, BauR 2012, 316 (hierzu: *Röder*, IBR 2012, 127); *Sterner*, Teilabnahmen von Sonder- und Gemeinschaftseigentum im Bauträgervertrag, BauR 2012, 1160 (hierzu: *Vogel*, IBR 2012, 496); *Pauly*, Zur „Vergemeinschaftung der Abnahme" von Wohnungseigentum – Neue Rechtsentwicklung in der Schnittmenge zwischen Bau- und Wohnungseigentum?, ZfBR 2013, 3 (hierzu: *Vogel*, IBR 2013, 131); *Ott*, Die Abnahme des Gemeinschaftseigentums vom Bauträger, PiG Band 94, 2013, 81;

---

177) Zur Wirksamkeit von **Abtretungsklauseln**: OLG Düsseldorf, BauR 2014, 271 = IBR 2014, 215 – *Karczewski*.
178) Zur Anwendung des § 242 BGB: OLG Köln, NJW-RR 2003, 596 = OLGR 2003, 97.
179) BauR 2000, 1212.

Werner, Rechtsfolgen einer unwirksamen förmlichen Abnahme des Gemeinschaftseigentums im Rahmen eines Bauträgervertrags, NZBau 2014, 80; *Messerschmidt/Leidig*, Rechtsfolgen unwirksamer Abnahmeklauseln zum Gemeinschaftseigentum in notariellen Bauträgerverträgen, BauR 2014, 1; *Scheffelt*, Wirksame Abnahmevollmachten in Bauträgerverträgen, BauR 2014, 163; *Pause/Vogel*, Die Folgen einer unwirksamen Abnahmeklausel im Bauträgervertrag, BauR 2014, 764 (s. hierzu: *Karczewski*, IBR 2014, 322); *Wagner*, Abnahmeklauseln zum Gemeinschaftseigentum in notariellen Bauverträgen – Die andere Sicht der Dinge, ZfBR 2014, 328; *Pauly*, Die Abnahme gemeinschaftlichen Eigentums und die anschließende Rechtsverfolgung von Mängelansprüchen im Spiegel der Rechtsprechung, ZfBR 2014, 523.

504 Die **Abnahme** von Eigentumswohnanlagen wirft vielfältige Probleme auf (siehe hierzu: Rdn. 1821a).[180] Hinsichtlich der Abnahme von **Sonder-** und **Gemeinschaftseigentum durch den Erwerber** ist Folgendes zu beachten:

Sonder- und **Gemeinschaftseigentum** müssen von dem **Erwerber** abgenommen werden.[181] Die Abnahme beurteilt sich, je nach **Vertragsgestaltung**,[182] nach §§ 640, 641a BGB oder, was bestritten wird, nach § 12 Abs. 5 VOB/B.[183] Sonder- und Gemeinschaftseigentum können von dem Erwerber in einem Zug, also gleichzeitig, abgenommen werden; beide können aber auch in Teilen – getrennt voneinander – abgenommen werden.[184] Ohne eine **tatsächliche Prüfung** durch den Erwerber kann allerdings von einer Abnahme nicht ausgegangen werden.[185] Nimmt der Erwerber seine Wohnung, also das **Sondereigentum**, ab, liegt darin nicht ohne weiteres eine Abnahme des Gemeinschaftseigentums; sie kann es, muss es aber nicht sein: Es hängt wesentlich von den **Umständen** des **Einzelfalles** ab, ob in der Abnahme des Sondereigentums zugleich auch eine Abnahme des Gemeinschaftseigentums gesehen werden muss.[186] Vor allem ist zu prüfen, ob sich eine solche Abnahme auf das gesamte Gemeinschaftseigentum erstreckt oder nur auf diejenigen Teile des Gemeinschaftseigentums, die sich unmittelbar und sogar nur

---

180) Ferner: *Ott*, PiG Bd. 94, 81 ff.; *Werner*, NZBau 2014, 80 ff.; *Sturmberg*, BauR 2010, 163 ff.; *Lotz*, BauR 2008, 740; *Basty*, Rn. 981 ff. u. BTR 2006, 150; *Schmid*, BTR 2004, 150 u. 250; *Pause*, Rn. 575 ff.; *Lauer/Wurm*, Rn. 66 ff.; *Ott*, NZBau 2003, 233, 241; *Hildebrandt*, BTR 2003, 211; *Bühl*, BauR 1984, 237 ff.; *Pause*, NJW 1993, 553, 556; *Kleine-Möller/Merl*, § 14, Rn. 220 ff. Zum **Auflassungsanspruch** des Erwerbers nach vollständiger Bezahlung, aber fehlender Abnahme des Gemeinschaftseigentums: OLG Nürnberg, BauR 2002, 106; s. auch LG Heilbronn, BauR 2002, 107.
181) BGH, NJW 1985, 1551, 1552 = BauR 1985, 314; *Basty*, BTR 2006, 150; *Hildebrandt*, BTR 2003, 211; *Ott*, NZBau 2003, 233, 241. Zur Haftung eines **Architekten**, der für die Erwerber das **Sonder-** und **Gemeinschaftseigentum** abnimmt: OLG Celle, BauR 2008, 1925; zur Haftung des vom Bauträger beauftragten **Sachverständigen**: LG Berlin, BauR 2010, 107 (Vertrag mit Schutzwirkung zugunsten Dritter).
182) Zu den Möglichkeiten von **Abnahmeregelungen** grundlegend: *Ott*, PiG Bd. 94, 81, 84; *Lotz*, BauR 2008, 740 ff.; *Basty*, BTR 2006, 150 ff.; *Hildebrandt*, BTR 2003, 211 ff.
183) Zur Anwendung von **§ 12 Nr. 5 VOB/B** s. *Pause*, Rn. 588; *Kleine-Möller/Merl*, § 14, Rn. 227. Zur „**vollständigen Fertigstellung**" bzw. „**Bezugsfertigkeit**" einer Eigentumswohnung: *Basty*, BTR 2004, 213; *Wagner*, BauR 2004, 569; OLG Hamm, OLGR 2004, 58 u. Rdn. **1619**.
184) BGH, BauR 1983, 573 = WM 1983, 1104; *Basty*, BTR 2006, 150; *Sterner*, BauR 2012, 1160 m.w.Nachw. in Anm. 15.
185) OLG Karlsruhe, BauR 2012, 138 (LS) = IBR 2011, 642 – *Basty*. Zur **konkludenten** Abnahme des Gemeinschaftseigentums: LG Schweinfurt, ZMR 2016, 309, 310.
186) OLG Schleswig, IBR 2011, 410 – *Vogel*; OLG Hamm, NJW-RR 1996, 1301 = BauR 1996, 722; OLG Stuttgart, MDR 1980, 495.

ausschließlich auf das Sondereigentum beziehen, wie z.B. die die Eigentumswohnung umschließenden Außenwände, Fußböden, Decken und dergleichen.[187] Ist das Gemeinschaftseigentum noch **nicht abnahmefähig,** kann die Abnahme des Sondereigentums nicht zu einer Abnahme des Gemeinschaftseigentums führen.[188] Erst mit der Abnahme des Gemeinschaftseigentums beginnt die **Verjährung** der Mängelrechte am Gemeinschaftseigentum.[189]

Im Übrigen gelten bei der Abnahme des **Sonder-** und **Gemeinschaftseigentums** **505** die **allgemeinen Abnahmeregeln:** Es kann vereinbart werden, dass die Abnahme nur „**förmlich**" erfolgen soll, auch wenn die VOB/B nicht vereinbart ist.[190] Wird sich entsprechend verhalten, so stellt die schriftliche Niederlegung des Abnahmebefundes („Übergabeprotokoll") regelmäßig eine echte Wirksamkeitsvoraussetzung der förmlichen Abnahme dar.[191] Nicht die Begehung der Wohnung allein, sondern erst die Abfassung der Niederschrift und deren – möglicherweise vertraglich vorgesehene – Unterzeichnung durch die Beteiligten beendet die förmliche Abnahme. Dementsprechend hat der BGH[192] auch angenommen, dass die **Unterschriftsleistung** ein Teil der Abnahme ist. Bis zur Unterzeichnung des Übergabeprotokolls können und dürfen dann auch noch notwendige Vorbehalte aufgenommen werden.

Bezieht der Erwerber die Wohnung, ohne auf die vereinbarte förmliche Abnahme zurückzukommen, kann im Einzelfall eine konkludente Abnahme angesetzt werden (vgl. Rdn. 1857).

Wird in dem Erwerbsvertrag die Geltung der VOB/B vereinbart,[193] scheidet bei **506** förmlicher Abnahme eine Abnahmefiktion aus (Rdn. 1856). Im Übrigen dürfte die Anwendung in Bezug auf das **Sondereigentum** unbedenklich sein: Die **Eigentumswohnung** gilt als durch den Erwerber abgenommen, wenn er nicht innerhalb von 12 Werktagen nach schriftlicher Mitteilung über die Fertigstellung die Abnahme verlangt.[194] Diese fiktive Abnahme kann sich dann aber auch nach richtiger Ansicht[195] zugleich auch auf das Gemeinschaftseigentum beziehen, sofern es abnahmefähig ist. Nichts anderes wird für die Abnahmefiktionen des § 640 Abs. 1 Satz 3 BGB n.F. gelten, wenngleich dem Erwerber eine angemessene Erklärungsfrist eingeräumt sein muss.[196]

---

[187] Siehe hierzu: *Basty*, BTR 2006, 150, 151; *Bühl*, BauR 1984, 237, 243; *MünchKomm-Soergel*, § 640 BGB, Rn. 45 ff.
[188] Zutreffend: *Bühl*, a.a.O., S. 244.
[189] BGH, BauR 2004, 1148, 1150.
[190] *Bühl*, a.a.O., S. 239; *Pause*, Rn. 585; *Basty*, Rn. 991 ff.
[191] *Nicklisch/Weick*, § 12/B, Rn. 66.
[192] BGH, BauR 1974, 206, 207.
[193] Beispielsfall: BGH, BauR 1996, 401 = ZfBR 1996, 144. Es wird allerdings die Ansicht vertreten, dass die Bestimmungen der VOB/B auf den Bauträgervertrag nicht zugeschnitten sind; s. Rdn. 1017.
[194] *Bühl*, a.a.O., S. 241; **a.A.:** *Merl*, in: Kleine-Möller/Merl/Glöckner, § 14, Rn. 227; *Pause*, Rn. 589.
[195] *Bühl*, a.a.O., S. 244; auch *Locher/Koeble*, Rn. 372; **a.A.:** *Merl*, in: Kleine-Möller/Merl/Glöckner, § 14, Rn. 227; *Pause*, Rn. 588.
[196] *Hildebrandt*, BTR 2003, 211, 212; *Basty*, BTR 2002, 12, 13.

507 Bei der Abnahme des **Gemeinschaftseigentums** kann im Einzelfall zweifelhaft sein, wann – bei einer großen Eigentumsanlage – das Gemeinschaftseigentum **insgesamt** abgenommen ist und vor allem, **wer** es abzunehmen hat.[197] Die Abnahme hat auch hier nicht nur für die Rechtsnatur der Ansprüche der Erwerber gegen den Veräußerer große Bedeutung, sondern vor allem für die Frage der **Verjährung** der Ansprüche. Nach der Rechtsprechung des BGH[198] ist die Abnahme des Gemeinschaftseigentums jedenfalls nur von dem **einzelnen Erwerber** – für sich – vorzunehmen; die Abnahme hat nur für ihn Folgen und wirkt grundsätzlich nicht für die übrigen Erwerber, auch nicht für diejenigen, die zeitlich nachfolgen.

Das ist bedeutsam:

Der Veräußerer des Eigentums – oder bei einer (wirksamen) Dritthaftungsklausel der Unternehmer – bleibt dem Anspruch auf mangelfreie Herstellung des gemeinschaftlichen Eigentums ausgesetzt, solange auch nur **ein** Erwerber einen solchen (Erfüllungs-)Anspruch hat. Haben die Erwerber das gemeinschaftliche Eigentum **zu verschiedenen Zeiten abgenommen,** was die Praxis ist, sind Mängelansprüche auch nach neuem Recht erst verjährt, wenn für den letzten Erwerber/**„Nachzügler"**[199] Verjährungseintritt erfolgt ist. Mängelansprüche können allerdings von denjenigen Erwerbern, deren Vertragsanspruch verjährt ist, nicht mehr selbst gerichtlich geltend gemacht werden; wohl kann die Eigentümergemeinschaft die unverjährten Ansprüche des **Nachzüglers** an sich ziehen, was eines entsprechenden Beschlusses bedarf und im Streitfall nachzuweisen ist.[200] Die Zulässigkeit gründet sich auch auf dem Umstand, dass der Nachzügler nicht an eine bereits erklärte Abnahme des Gemeinschaftseigentums gebunden ist.[201]

508 Klagt ein Erwerber aus unverjährtem Recht auf mangelfreie Herstellung des gemeinschaftlichen Eigentums, kann er die **ganze Leistung** verlangen; sein Anspruch wird in seinem Umfang nicht etwa davon berührt, inwieweit andere Wohnungseigentümer ihre entsprechenden Ansprüche noch durchsetzen können. Der **Verjährungseinrede** kommt keine irgendwie geartete Gesamtwirkung zu.[202]

---

197) Vgl. dazu auch OLG Stuttgart, MDR 1980, 495; *Hildebrandt*, BTR 2003, 211, 212; *Deckert*, NJW 1973, 1073 u. NJW 1975, 854; Baumängel, S. 97 ff.; *Stoll*, SchlHA 1977, 17 ff.; *Weitnauer*, ZfBR 1979, 84, 89; *Bühl*, BauR 1984, 237 ff.; *Fritsch*, BauRB 2004, 28, 29.
198) BGH, ZMR 2016, 790, 791; BGH, BauR 2013, 2020; BGH, BauR 1985, 314 = ZfBR 1985, 132; OLG Hamm, BauR 2004, 690, 691 = OLGR 2004, 58; *Kleine-Möller/Merl*, § 14, Rn. 222.
199) OLG München, ZMR 2013, 53; LG Hamburg, BauR 2010, 1953; OLG Frankfurt, IBR 1991, 368 – *Schulze-Hagen*. Zu der sog. **Nachzügler**-Problematik siehe umfänglich *Basty*, BauR 2012, 316, 322 f.; *Vogel*, BauR 1992, 1992, der eine **AGB-rechtliche Bindung** des Nachzüglers an eine bereits erfolgte Abnahme des Gemeinschaftseigentums zutreffend für unzulässig hält (ebenso: OLG Frankfurt, IBR 2013, 746 – *Vogel*); s. auch *Röder*, IBR 2012, 127); *Pause*, Rn. 608 f.; OLG Schleswig, IBR 2009, 655 – *Groß* (zur Notwendigkeit einer hinreichenden **Belehrung** durch den Notar); siehe hierzu auch Rdn. 1821a.
200) OLG München, ZMR 2013, 53, 54.
201) BGH, BauR 2016, 351 = NZBau 2016, 351; OLG Frankfurt, IBR 2013, 746 – *Vogel*; zur Geltendmachung kaufvertraglicher Nacherfüllungsansprüche durch den WEG-Verband: BGH, NZBau 2016, 353.
202) BGH, BauR 1985, 314 = ZfBR 1985, 132 = NJW 1985, 1551; **a.A.:** *Doerry*, EWiR § 634 BGB 1/90, 459 für den Fall, dass sich Mängel des Gemeinschaftseigentums nur auf das Sondereigentum auswirken. Zum Umfang einer **Verjährungshemmung** auf individuelle An-

Abnahme **Rdn. 509**

Da der Erwerber durch den Erwerbsvertrag einen eigenen Anspruch auf mangelfreie Herstellung hat, liegt es grundsätzlich bei ihm, zu entscheiden, ob er das Gemeinschaftseigentum („das Werk") als in der Hauptsache dem Vertrag entsprechende Erfüllung gelten lassen will. **Abnahmeklauseln,** die insoweit von dem gesetzlichen Leitbild abweichen, sind deshalb mit großer Zurückhaltung zu beurteilen.[203] So ist z.B. eine **Abnahmefiktion** („das Kaufobjekt gilt spätestens mit dem Einzug des Käufers in die Wohnung als abgenommen") in einem (Formular-)Bauträgervertrag wegen Verstoßes gegen § 309 Nr. 8b BGB **unwirksam.**[204] Zu beachten ist, dass es bei der Anwendung des § 310 Abs. 1 BGB stets auf die Person des Vertragspartners abzustellen ist; klagt eine **Verwalterin** aufgrund eines Gemeinschaftsbeschlusses der Wohnungseigentümergemeinschaft, so ist nicht etwa auf die Kaufmannseigenschaft der Verwalterin (vgl. §§ 6 Abs. 1 HGB, 13 Abs. 3 GmbHG) abzustellen, sondern auf die durch sie vertretene Gemeinschaft der Wohnungseigentümer, die in der Regel aber nicht als Kaufleute tätig geworden sind.[205]

Eine in **AGB** vorgesehene „gemeinschaftliche Abnahme" durch die Eigentümergemeinschaft oder den **Verwalter/Verwaltungsbeirat** kann nur dort in Betracht kommen, wenn aufgrund der besonderen Interessenlage die Abnahme des Gemeinschaftseigentums auch nur gemeinschaftlich erfolgen kann.[206] Ohne eine besondere Ermächtigung ist ein **Verwalter** zur Abnahme des Gemeinschaftseigen-

---

sprüche des Erwerbers, wenn der **Verwalter** in Bezug auf gemeinschaftsbezogene Rechte Verhandlungen mit dem Bauträger führt: KG, IBR 2011, 208 – *Schulze-Hagen*.

203) Zu den **Abnahmeklauseln** in Bauträgerverträgen: *Ott*, PiG Bd. 94, 81, 84 f.; *Messerschmidt/Leidig*, BauR 2014, 1 f.; zu den Risiken von **Abnahmevollmachten** siehe *Scheffelt*, BauR 2014, 163 ff.; *Hildebrandt*, BTR 2003, 211, 213; *Fritsch*, BauRB 2004, 28 ff. Zur **Ermächtigung** des Verwalters/Verwaltungsbeirats mit der Abnahme des Gemeinschaftseigentums s. *Ott*, NZBau 2003, 233, 241; zur Beauftragung von **drei Erwerbern** mit der Abnahme: OLG Nürnberg, IBR 2009, 505 – *Vogel* (vorformulierte Klausel ist wirksam); zur Abnahme durch einen vom **Bauträger** bestimmten **Sachverständigen**: OLG Frankfurt, BauR 2014, 1009; OLG Karlsruhe, IBR 2011, 641 – *Basty*; OLG München, BauR 2009, 1444; OLG Koblenz, IBR 2003, 25 – *Vogel* u. *Sturmberg*, BauR 2010, 163 ff.

204) OLG Hamm, OLGR 1994, 74, 75; *Basty*, Rn. 998 m.w.Nachw. **Unzulässig** sind weiterhin Klauseln, die eine Abnahme der **Unternehmerleistungen** bis zu dem unbestimmten Zeitpunkt hinausschieben, zu dem der Bauträger selbst etwa die Abnahme von dem Erwerber verlangen kann (vgl. OLG Nürnberg, DB 1980, 1393; LG München I, SFH, Nr. 1 zu § 9 AGB-Gesetz; OLG Karlsruhe, BB 1983, 725; *Bühl*, BauR 1984, 237, 238; LG Köln, zit. bei *Jagenburg*, NJW 1977, 2147, Fußn. 21 für **Mängelfreiheitsbescheinigungen**). **Unwirksam** sind weiterhin Abnahmeklauseln in sog. **Nachzüglerverträgen** („Die Gewährleistungsfrist für das gemeinschaftliche Eigentum hat mit dem Tag X [Zeitpunkt einer früheren Abnahme durch die Erwerber] begonnen"; BGH, BauR 2016, 351 = NZBau 2016, 351; LG Hamburg, IBR 2010, 458 – *Karczewski*). **Unzulässig** sind weiterhin Klauseln, bei denen die Abnahme des Gemeinschaftseigentums durch einen vom Bauträger bestimmten **Erstverwalter** erfolgen kann (BGH, BauR 2013, 2020 = ZfBR 2014, 39 = NJW 2013, 3360 = IBR 2013, 686 – *Vogel*; Vorinstanz: OLG Düsseldorf, BauR 2013, 470 = IBR 2013, 280 – *Karczewski*; siehe auch OLG Brandenburg, IBR 2013, 622, 623 – *Rodemann*, wonach der Verwalter der WEG das Gemeinschaftseigentum abnehmen darf, dieser aber der Bauträger selbst ist). Die Frage, ob individualvertragliche „Anrechnungsklauseln" zu Lasten **späterer** Erwerber möglich sind, behandelt *Jagenburg*, NJW 1992, 282, 290/291.

205) OLG Köln, BauR 1986, 441, 442; OLG Hamm, OLGR 1994, 74, 75.

206) Zustimmend: *Kleine-Möller/Merl*, § 14, Rn. 222.

tums zudem nicht befugt.²⁰⁷⁾ Die oftmals von dem Bauträger in seinen Allgemeinen Geschäftsbedingungen verwendete Klausel, nach der die **Abnahme** des Gemeinschaftseigentums durch den **Erstverwalter** erklärt wird, ist unwirksam.²⁰⁸⁾ Gleichwohl: Ist eine Bevollmächtigung des Verwalters zur Abnahme des Gemeinschaftseigentums unwirksam, kann eine stillschweigende Abnahme des Gemeinschaftseigentums durch jeden einzelnen Wohnungseigentümer in Betracht kommen.²⁰⁹⁾ Die Verjährungsfrist läuft dann auch für jeden Erwerber individuell.²¹⁰⁾

7. Die gerichtliche Geltendmachung

Literatur

Raiser, Rechtsfähigkeit der Wohnungseigentümergemeinschaft, ZWE 2001, 173; *Brock*, Bauprozess: Richtige Vorbereitung und Führung durch den Verwalter auf Grundlage des neuen Schuldrechts, WuM 2002, 198; *Maroldt*, Zur Rechtsfähigkeit der Wohnungseigentümergemeinschaft, ZWE 2002, 387; *Schwörer*, Parteifähigkeit der Wohnungseigentümergemeinschaft, NZM 2002, 421; *Drasdo*, Rechtsfähigkeit der Wohnungseigentümergemeinschaft, NJW 2004, 1988; *Pause*, Bauträgervertrag: Teilrechtsfähigkeit der Wohnungseigentümergemeinschaft und die Geltendmachung von Mängeln am Gemeinschaftseigentum, BTR 2005, 205; *Vogel*, Die Rechtsfähigkeit der Wohnungseigentümergemeinschaft, BTR 2005, 226; *Hügel*, Die Teilrechtsfähigkeit der Wohnungseigentümergemeinschaft und deren Auswirkungen auf die Gestaltung von Gemeinschaftsordnung und Bauträgervertrag, BTR 2005, 229; *Jungjohann*, Teilrechtsfähigkeit der Wohnungseigentümergemeinschaft, BTR 2005, 233; *Gröhn/Hellmann-Sieg*, Der Wohnungseigentümer als Nachbar im Sinne des öffentlichen Baurechts, BauR 2010, 400; *Bergerhoff*, Gerichtliche Anordnung der Vorlage einer Eigentümerliste durch den Verwalter – Zugleich eine Besprechung von BGH, Urteil vom 14.12.2012 – VII 162/11 – ZMR 2012, 291, ZMR 2013, 331; *Drasdo*, Tod oder Insolvenz eines Sondereigentümers – Verfahrensfortführung bei Beschlussanfechtungsklagen, ZMR 2014, 426; *Greiner*, Die Änderung der Gemeinschaftsordnung mit prozessualen Tricks, ZMR 2014, 430; *Müller*, Gewillkürte Prozessstandschaft eines Wohnungseigentümers für den Verband, ZMR 2015, 665.

510 Bei der gerichtlichen Verfolgung von Ansprüchen/Rechten ist zu unterscheiden: Solange der Erwerber/Eigentümer als Rechtsträger eigene Ansprüche in Bezug auf das **Sondereigentum** verfolgt, handelt es sich um eine normale **Leistungs-** oder Feststellungsklage. Das schließt allerdings nicht aus, dass der einzelnen Wohnungseigentümer die Wohneigentümergemeinschaft (auch) mit der Geltendmachung seiner Ansprüche betraut. Der BGH²¹¹⁾ hat betont, dass die **Wohnungseigentümergemeinschaft** durch den Einzelnen **rechtsgeschäftlich ermächtigt** werden kann, „die Ansprüche wegen Mängeln des Sondereigentums geltend zu machen und un-

---

207) Vgl. *Ott*, NZBau 2003, 233, 241; OLG München, DB 1978, 2360, 2361.
208) BGH, BauR 2016, 1771 = IBR 2016, 521 – *Langjahr*; OLG München, IBR 2017, 81 – *Wenkebach*.
209) BayObLG, NJW 2002, 1506; IBR 2001, 425 – *Karczewski*. Zur (zulässigen) Klausel für die Abnahme von Gemeinschaftseigentum, das dem ausschließlichen Sondernutzungsrecht eines Erwerbers unterliegt: OLG Stuttgart, BauR 2016, 511.
210) Die **Rechtsfolgen**, die an eine unwirksame Abnahme zu knüpfen sind, werden derzeit **kontrovers** diskutiert; siehe hierzu im Einzelnen: *Werner*, NZBau 2014, 80, 83 f.; *Pause/Vogel*, BauR 2014, 764, 765; *Scheffelt*, BauR 2014, 163, 168 f.; *Messerschmidt/Leidig*, BauR 2014, 1, 3 f.
211) BauR 2001, 1221, 1224; *Kniffka*, Festschrift für Ganten, S. 125, 138. Dies gilt auch, soweit es um Bürgschaftsansprüche der Erwerber wegen Mängeln am Gemeinschaftseigentum geht (BGH, BauR 2007, 1227 = ZfBR 2007, 553 = NZBau 2007, 441).

ter den Voraussetzungen einer gewillkürten Prozessstandschaft gerichtlich durchzusetzen." Dies gilt jedenfalls für solche Ansprüche, die in einem engen rechtlichen und wirtschaftlichen Zusammenhang mit der Verwaltung des gemeinschaftlichen Eigentums stehen. Für Ansprüche wegen Mängeln am Gemeinschafts- und am Sondereigentum kann dieser innere Zusammenhang nicht verneint werden, sodass auch keine Bedenken gegen eine **gewillkürte Prozessstandschaft** bestehen können.[212]

Geht es um Mängel am **Gemeinschaftseigentum**, so kann der Erwerber die ihm aus dem Erwerbervertrag zustehenden Ansprüche/Rechte eigenständig geltend machen und einklagen, soweit sie im Ergebnis auf eine Wandelung, auf einen Rücktritt oder den großen Schadensersatz hinauslaufen. Auch insoweit handelt es sich um normale Leistungsklagen. **511**

Macht die **Wohnungseigentümergemeinschaft** von ihrer Beschlusskompetenz Gebrauch, so ist sie befugt, die beschlossenen Rechte gerichtlich geltend zu machen.[213] Es handelt sich dabei um eine **gesetzliche Prozessstandschaft**.[214] **512**

In der Praxis hat die Wohnungseigentümergemeinschaft oftmals nicht selbst geklagt, sondern einen qualifizierten **Verwalter** mit der gerichtlichen Durchsetzung betraut.[215] In diesem Fall war eine besondere Ermächtigung durch Mehrheitsbeschluss erforderlich (§ 27 Abs. 2 Nr. 5 WEG a.F.). Damit handelte der Verwalter in **gewillkürter Prozessstandschaft**. Nichts anderes galt, wenn die Wohnungseigentümergemeinschaft den **Verwaltungsbeirat**[216] oder auch einen einzelnen Wohnungseigentümer[217] die Befugnis einräumte, die der Gemeinschaft zustehenden Ansprüche im eigenen Namen geltend zu machen.[218] Haben – statt der Wohnungseigentümergemeinschaft – die Gesamtheit der Wohnungseigentümer geklagt, so ist (nur) das Rubrum zu berichtigen.[219] Nach der WEG-Reform handelt die Wohnungseigentümergemeinschaft **in gesetzlicher Prozessstandschaft** für die Erwerber/Eigentümer; sie wird dabei vertreten durch den **Verwalter**. Die für seine Prozessführung nach § 27 Abs. 2 Nr. 3 WEG erforderliche Ermächtigung muss (gesondert) erfolgen.[220] Die Wohnungseigentümergemeinschaft ist als Partei zu benennen und durch die Angabe des Bauobjekts nach Ort, Straße, Nummer zu **513**

---

212) Zu dem „**Ansichziehen**" kaufvertraglicher Nacherfüllungsansprüche durch die Wohnungseigentümergemeinschaft: BGH, ZMR 2016, 474.
213) Zum **Nachweis**, dass Ansprüche eines sog. Nachzüglers wirksam von der Eigentümergemeinschaft an sich gezogen wurden: OLG München, ZMR 2013, 53, 54.
214) BGH, BauR 2007, 1221, 1223 m.w.Nachw. Zur **Mehrvertretungsgebühr** für die Vertretung von Wohnungseigentümern: BGH, BauR 2010, 497.
215) Zur **Haftung** des Verwalters bei der Durchführung von Sanierungsarbeiten: OLG Düsseldorf, OLGR 1997, 265; LG Hamburg, ZMR 2014, 664; AG Kassel, ZMR 2013, 490 (unterlassener Hinweis auf drohenden Verjährungseintritt); LG München I, ZMR 2013, 657 (Verwalterpflichten bei Verdacht auf Mängel am Gemeinschaftseigentum); zur Aufklärungspflicht: BGH, ZfBR 1996, 148, 154 = NJW 1996, 1216.
216) Vgl. hierzu: BGH, BauR 2004, 1148; OLG Frankfurt, NJW 1975, 2297 = MDR 1976, 224.
217) Vgl. BGH, BauR 2000, 285 = ZfBR 2000, 117 = IBR 2005, 75 – *Lauer*.
218) OLG Köln, NJW-RR 1994, 470; BGH, MDR 1971, 739; OLG Frankfurt, MDR 1976, 224, 225.
219) BGH, BauR 2007, 1221, 1225; *Briesemeister*, ZWE 2006, 15, 19; *Wenzel*, NJW 2007, 1905, 1909; zur Änderung des **Passivrubrums**: OLG Düsseldorf, BauR 2006, 1153.
220) OLG München, IBR 2008, 518 – *Vogel*.

kennzeichnen.[221] Erhebt ein Wohnungseigentümer eine Beschlussanfechtungsklage, ohne die beklagte Partei zu nennen, ist durch **Auslegung** zu ermitteln, gegen wen sich die Klage richten soll.[222]

514 Für die prozessuale Durchsetzung von Erfüllungs- bzw. Mängelansprüchen durch die Wohnungseigentümergemeinschaft reicht es nach Auffassung des BGH aus, dass die Mehrheit der Wohnungseigentümer den **Mangel** am Gemeinschaftseigentum **rechtzeitig gerügt** hat; auch die Miteigentümer, die bei der Übergabe ihrer Wohnung keine Mängel am Gemeinschaftseigentum gerügt haben, können danach Mängel am gemeinschaftlichen Eigentum noch mit den übrigen Miteigentümern zusammen geltend machen.[223] Groß weist mit Recht darauf hin, dass es genügt, wenn auch nur ein Wohnungseigentümer rechtzeitig gerügt hat und damit noch Inhaber der Erfüllungs- und Gewährleistungsansprüche ist. Etwas anderes muss jedoch gelten, wenn der Miteigentümer keine eigenen Ansprüche mehr hat, so etwa, wenn er auf Gewährleistungsansprüche wirksam verzichtet hat; dann kann er selbst nicht mehr aus eigenem Recht klagen.[224]

515 Hat ein Miteigentümer seine Mängelansprüche verloren, hat dies auf die Höhe der von den übrigen Miteigentümern geltend gemachten Mängelrechte allerdings keinen Einfluss. Der Anspruch der übrigen Miteigentümer wird nicht etwa um den Anteil des Miteigentümers, der solche Ansprüche nicht mehr besitzt, gemindert.

Dies ist für den Nacherfüllungsanspruch (etwa auch den Vorschussanspruch) selbstverständlich, weil dieser nicht teilbar ist. Durch den Wechsel vom primären zum sekundären Mängelrecht (Schadensersatz, Minderung) ändert sich daran nichts. Auch diese Mängelrechte beziehen sich auf das Miteigentum, das allen Miteigentümern gemeinsam zusteht. Aufgrund dieser Gemeinschaftsbezogenheit kann von jedem einzelnen Miteigentümer, der Mehrheit der Miteigentümer oder allen – nach einer entsprechenden Entscheidung im Innenverhältnis – stets der volle Schadensersatz- oder Minderungsanspruch geltend gemacht werden.[225] Es kommt also keine Quotelung des Minderungs- oder Schadensersatzanspruches in dem Sinne in Betracht, dass der Anspruch um die Anteile der Miteigentümer gemindert wird, die keine Mängelansprüche mehr haben.[226] Durch die Entscheidung der Wohnungseigentümergemeinschaft, Minderungs- oder Schadensersatzansprüche geltend zu machen, wird die vom Veräußerer erlangte Mängelgewähr nicht zu einer teilbaren Leistung im Sinne des § 420 BGB;[227] andernfalls würde der Veräußerer bei der Wahl der Wohnungseigentümergemeinschaft auf Schadensersatz oder Minderung wesentlich bessergestellt werden, als wenn die Gemeinschaft sich für Nachbesserung oder Kostenvorschuss entscheiden würde.[228]

---

221) *Kniffka*, Festschrift für Ganten, S. 125, 137.
222) BGH, ZMR 2013, 453, 454.
223) BGH, WM 1971, 958 = MDR 1971, 739; BauR 1988, 336, 337; OLG Frankfurt, *SFH*, Nr. 50 zu § 635 BGB; s. auch *Stoll*, SchlHA 1977, 17, 18; *Weitnauer*, ZfBR 1979, 84, 90 u. *Rosenberger*, BauR 1978, 244.
224) Vgl. BGH, WM 1971, 958 = DB 1971, 1350 = MDR 1971, 739.
225) BGH, BauR 1999, 657 = ZfBR 1999, 207 = NJW 1999, 1705 = NJW-RR 1999, 2442.
226) So aber wohl *Weitnauer*, NJW 1980, 400, 401 u. *Kellmann*, DB 1979, 2261.
227) BGH, NJW 1979, 2207, 2208.
228) Zustimmend: *Scheuvens*, MittRhNotK 1985, 85, 91.

Im **Insolvenzfall** kann im Ergebnis nichts anderes gelten; der VII. Zivilsenat des BGH[229] hat insoweit in Abweichung und im Widerspruch zum V. Zivilsenat[230] das Insolvenzrisiko jedenfalls nicht den Erwerbern zugewiesen. Lehnt der Insolvenzverwalter die Nacherfüllung von Mängeln ab, so tritt an deren Stelle der Ersatzanspruch aus § 103 Abs. 2 InsO. Die Höhe dieses an die Stelle des Nacherfüllungsanspruchs getretenen Anspruchs auf Schadensersatz wird nach der Rechtsprechung des V. Zivilsenats „durch die Differenz des Wertes der gekauften Wohnung bei mangelfreiem Zustand des Gemeinschaftseigentums zu dem aufgrund von dessen Mängeln geminderten Wert bestimmt".[231] Die Anwendung des Grundsatzes würde bedeuten, dass der Erwerber nur mit einer – nach seinem Miteigentumsanteil bestimmten – Quote aufrechnen kann, die nach dem insgesamt bestehenden Minderwert, der seinerseits dem Nachbesserungsaufwand entspricht, berechnet wird. Dem folgt der VII. Zivilsenat für das Werkvertragsrecht nicht.[232]

516 Eine weitere Frage ist, ob dem Veräußerer (z.B. Bauträger) ein Ausgleichsanspruch gegenüber den Erwerbern zusteht, die ihre Mängelansprüche (zwischenzeitlich) verloren hatten. Bei verjährten Ansprüchen besteht eine solche Ausgleichspflicht in keinem Falle, weil der Bauträger auch solchen Erwerbern gegenüber mit Rechtsgrund leistet.[233] Bei einem **Vergleich, Verzicht** oder Rechtsverlust durch rügelose Abnahme (§ 640 Abs. 2 BGB) wollen Locher/Koeble[234] und Riedler[235] einen Ausgleichsanspruch gegen die „ausgeschlossenen Erwerber" zubilligen.

517 Ob die Gemeinschaft durch Mehrheitsbeschluss in den Bestand von materiellrechtlichen Ansprüchen der einzelnen Eigentümer eingreifen, insbesondere auch einen Prozessvergleich abschließen kann, ist zu bejahen, wenngleich erworbene Rechte des Einzelnen durch den Vergleich nicht mehr tangiert werden.[236]

518 Die Wohnungseigentümergemeinschaft ist partei- und rechtsfähig.[237] Sie kann dementsprechend verklagt werden.[238] Insoweit richtet sich die **Bezeichnung** der Prozesspartei im Aktiv- oder Passivprozess ab 1.7.2007 ausschließlich nach § 44 WEG. Zu beachten ist, dass in **Passivprozessen** der Verwalter und gegebenenfalls (§ 45 Abs. 2 Satz 1 WEG) der Ersatzzustellungsvertreter zu bezeichnen ist. Die Benennung der einzelnen Wohnungseigentümer kann in Form einer aktuellen **Liste**

---

229) BGH, BauR 1999, 657 = ZfBR 1999, 207 = NJW 1999, 1705.
230) BGH (V. ZS), BauR 1996, 401, 402 = ZfBR 1996, 144, 145; siehe ferner: BGH, BauR 1990, 221, 224 = NJW 1989, 2534 = WM 1989, 1390.
231) BGH, BauR 1996, 401, 402.
232) BGH, BauR 1991, 606 = ZfBR 1991, 212; BGH, BauR 1999, 657 = ZfBR 1999, 207; zustimmend: *Greiner*, ZfBR 2001, 439, 444.
233) BGH, NJW 1985, 1551 = BauR 1985, 314; *Locher/Koeble*, Rn. 235; **a.A.:** *Riedler*, DB 1976, 853, 856.
234) Rn. 235.
235) DB 1976, 853, 856.
236) BGH, BauR 2006, 1747 = NZBau 2006, 706.
237) Dies gilt nicht für **Untergemeinschaften** der Sondereigentümer von Sonderobjekten (OLG Koblenz, ZMR 2011, 225). **Aufgelöste** Wohnungseigentümergemeinschaften sind nicht mehr parteifähig und können daher nicht mehr klagen bzw. verklagt werden (AG Bremerhaven, BeckRS 2010, 13598 = NJW-Spezial 2010, 482).
238) Zur passiven Prozessstandschaft des Verbands „Wohnungseigentümergemeinschaft": LG Nürnberg-Fürth, NJW 2009, 3442, 3444.

erfolgen.[239] Die Vorschrift des § 29b ZPO über den Besonderen Gerichtsstand bei Wohnungseigentum ist aufgehoben und mit Wirkung vom 1.7.2007 in § 43 Nr. 5 WEG übernommen worden.

Im Falle des Ablebens eines beklagten Wohnungseigentümers ist auch ein Beschlussanfechtungsverfahren auszusetzen.[240]

---

239) *Bärmann/Pick*, § 44 WEG, Rn. 3.
240) LG München I, ZMR 2013, 561; s. auch LG Düsseldorf, ZMR 2011, 671.

IV. Der Einfluss des Schiedsvertrages und des Schiedsgutachtenvertrages auf den Bauprozess

Übersicht

	Rdn.		Rdn.
1. Allgemeines	519	b) Schiedsgericht	529
2. Rechtsfolgen für den Bauprozess	525	c) Schiedsgutachtenvertrag	538
a) Bauschlichtung, Mediation und Adjudikation	526		

1. Allgemeines

Literatur

Gaier, Schlichtung, Schiedsgericht, staatliche Justiz – Drei Akteure in einem System institutioneller Rechtsverwirklichung, NJW 2016, 1367; *Kröll*, Die Entwicklung des Schiedsrechts 2016, NJW 2017, 864.

Vertragspartner größerer Bauvorhaben einigen sich bei Abschluss des Bauvertrages sehr häufig auf ein **Schiedsgerichtsverfahren**.[1] Streitigkeiten aus dem **Bauvertrag** sollen in diesem Fall nicht durch die ordentlichen Gerichte, sondern ausschließlich durch ein Schiedsgericht, das die Parteien auswählen, entschieden werden.[2] Schiedsklauseln sehen auch zunehmend **grenzüberschreitende** Bau- oder Architektenverträge vor.[3] **519**

Das Verfahren vor einem Schiedsgericht hat durchaus **Vorteile:**[4] So werden zu Recht der **Beschleunigungseffekt** durch intensivere und schnellere Bearbeitung der Streitfälle seitens der sachkundigen Schiedsrichter, die in aller Regel erreichbare **Kostenersparnis**, die **Abkürzung** des Instanzenzuges, der **Einfluss** der Parteien auf die fachkundige Auswahl des oder der Schiedsrichter und schließlich der **Befriedungseffekt** genannt. In der Tat sind in Schiedsverfahren häufiger als in Zivilprozessen Vergleiche zwischen den Parteien zu erzielen.[5]

---

1) Der **Dach-Arge-Vertrag** sieht in § 27 eine **Wahlmöglichkeit** für die Gesellschafter einer Arge vor, statt durch das staatliche Gericht ein von ihnen bestimmtes privates Schiedsgericht entscheiden zu lassen; hierzu ausführlich *Burchardt/Pfülb*, § 22, Rn. 31 ff.; *Jordans*, in: Jagenburg/Schröder, § 27, Rn. 594 ff.; zum schiedsrichterlichen Verfahren nach §§ **1025 ff. ZPO:** *Franke*, in: Franke/Kemper/Zanner/Grünhagen/Mertens, § 18 VOB/B, Rn. 101 ff.; *Joussen*, in: Ingenstau/Korbion, Anhang 3, Rn. 62; *Gessner*, in: Münchener Prozessformularbuch, S. 758 ff. Zum **Verhältnis** einer **Gerichtsstandsklausel** zu einer Schiedsvereinbarung: BGH, BauR 2007, 741, 743; zum **Internationalen Privatrecht**: *Brödermann/Wegen*, in: Prütting/Wegen/Weinreich, IPR-Anhang I/ROM I, Rn. 20.
2) Zum **Wegfall** einer Schiedsabrede durch Auflösung des „institutionellen" Schiedsgerichts: BGH, NJW 1994, 1008; zur Benennung eines Schiedsrichters nach Ablauf der **Monatsfrist** des § 1035 Abs. 3 Satz 3 ZPO: KG, BauR 2013, 2060.
3) Siehe hierzu aus der Rechtsprechung: OLG Düsseldorf, IBR 2006, 367 – *Hök*. Zum Anwendungsbereich des § 1025 ZPO bei inländischen oder ausländischen **Schiedsorten**: *Prütting*, in: Prütting/Gehrlein, § 1025, Rn. 24 ff.
4) Siehe hierzu: *Lögering*, ZfBR 2010, 14 ff.; *Roquette/Kunkel*, Jahrbuch Baurecht 2004, 271 ff.; *Hochstein/Jagenburg*, Arge, S. 306 ff.; *Jordans*, a.a.O., Rn. 595; *Heiermann*, Schriftenreihe der Dt. Gesell. für BauR, Bd. 7, S. 51 ff.; *Mandelkow*, S. 43 ff. u. BauR 1997, 785 ff.; kritisch: *Garbe-Emden*, BauR 2012, 1035 ff.
5) Vgl. *Breetzke*, DB 1973, 365.

520 Baustreitigkeiten eignen sich auch in **besonderem Maße** für ein Schiedsverfahren. Sie setzen eine nicht unerhebliche **Sachkunde** auf **technischem** und **rechtlichem Gebiet** voraus, bedürfen meist einer zeitraubenden, weil intensiven Bearbeitung und sind vielfach mit einem hohen Kostenaufwand verbunden. Die **staatlichen Gerichte** werden den insoweit gestellten Anforderungen oftmals nur unzureichend gerecht. An einigen Gerichten sind zwar **spezielle Baukammern** und **-senate** eingerichtet worden, um den Richtern die Möglichkeit zu geben, sich auf dem Gebiet des Baurechts zu spezialisieren (vgl. Rdn. 405 ff.). Dennoch wird in aller Regel auch hier auf Sachverständige zurückgegriffen, um den Sachverhalt aufzuklären und ihn in technischer Hinsicht zu begutachten. Dann liegt es aber für Baubeteiligte nahe, sich gleich dem Spruch **sachkundiger Schiedsrichter** zu unterwerfen. In der Praxis werden sehr häufig die „**Schiedsgerichtsordnung für das Bauwesen** einschließlich Anlagenbau" (**SGO Bau**) oder die Schiedsgerichtsordnung der **Deutschen Institution für Schiedsgerichtsbarkeit** e.V. Baubeteiligten als Grundlage einer Schiedsgerichtsvereinbarung herangezogen.[6] Wird irrtümlich die Zuständigkeit eines nicht existierenden institutionellen Schiedsgerichts vereinbart, ist durch ergänzende Vertragsauslegung zu ermitteln, ob ein bestimmtes anderes Schiedsgericht zur Entscheidung berufen sein kann.[7]

521 Allerdings dürfen die **Nachteile** eines Schiedsgerichtsverfahrens nicht übersehen werden: So gibt es im Schiedsgerichtsverfahren kein Instrument, Dritte in das Verfahren einzubeziehen, wie dies im Rahmen einer **Streitverkündung** im ordentlichen Gerichtsverfahren der Fall ist.[8] Das Schiedsgerichtsverfahren hat auch keine Bindungswirkung gegenüber Dritten, wenn diese nicht verpflichtet oder einverstanden sind, dem Verfahren beizutreten oder das Ergebnis anzuerkennen.[9] Dieselben Probleme ergeben sich bei einer **Gesamtschuldnerschaft,** wenn nicht alle Gesamtschuldner in das Schiedsverfahren einbezogen werden können.

522 Das für den Bauprozess so wichtige selbstständige **Beweisverfahren** bleibt in der Zuständigkeit der ordentlichen Gerichte, auch wenn ein Schiedsvertrag abgeschlossen wurde.[10] Dies ergab sich bereits aus dem Wortlaut des § 1025 ZPO a.F., wonach sich ein Schiedsvertrag grundsätzlich auf die Entscheidung von Rechtsstreitigkeiten zwischen den Parteien aus einem bestimmten Vertragsverhältnis bezieht. § 1033 ZPO sieht nunmehr ausdrücklich vor, „dass ein Gericht **vor** oder

---

6) Vgl. hierzu: ZfBR 2001, 357 ff. (Text der Fassung November 2000); *Quack,* ZfBR 2003, 211 ff.; *Moehren,* BrBp 2004, 274, 277; *Kullack/Royé,* ZfBR 2001, 299 ff.; *Heiermann,* BB 1974, 1507; Schriftenreihe, a.a.O., S. 53 ff. Zur „Schlichtungs- und Schiedsordnung für Baustreitigkeiten (SOBau)" siehe Jahrbuch Baurecht 1998, S. 177 ff.; NZBau 2001, 191 ff.; *Roquette/Kunkel,* Jahrbuch Baurecht 2004, 269, 299 ff.; *Zerhusen,* BauR 2004, 216 u. 1998, 849; *Vygen/Joussen,* Rn. 3470. Zur „Schiedsgerichtsordnung der Deutschen Institution für Schiedsgerichtsbarkeit e.V. (DIS SchGO)" siehe *Roquette/Kunkel,* a.a.O., S. 310 ff.; *Schütze/Theune,* Institutionelle Schiedsgerichtsbarkeit, S. 147 ff.
7) BGH, IBR 2011, 675 – *Heiliger.*
8) Siehe hierzu: *Zerhusen,* Festschrift für Thode (2005), S. 355, 362 ff.; *Roquette/Kunkel,* Jahrbuch Baurecht 2004, 269, 277 ff. Das ist nur anders, wenn sich der Dritte dem Schiedsverfahren und damit den Wirkungen des Schiedsspruchs (i.S. der §§ 74, 68 ZPO) unterworfen hat; vgl. BGH, MDR 1965, 124 sowie Rn. 555.
9) BGH, a.a.O.
10) *Zöller/Herget,* § 486 ZPO, Rn. 3; *Joussen,* in: Ingenstau/Korbion, Anhang 3, Rn. 61 m.w.Nachw.; s. ferner oben Rdn. 71.

nach** Beginn des schiedsrichterlichen Verfahrens auf Antrag einer Partei eine **vorläufige** oder **sichernde Maßnahme** in Bezug auf den Streitgegenstand des Schiedsverfahrens" anordnen kann.[11] Das selbstständige Beweisverfahren hat im Hinblick auf die Entscheidung von Rechtsstreitigkeiten dann nur sichernden und vorbereitenden Charakter.[12]

523 Soweit ein **selbstständiges Beweisverfahren** vor den staatlichen Gerichten abgewickelt wird, kann das **Beweisergebnis** im Schiedsverfahren verwertet werden. Eine unmittelbare Bindungswirkung an das Beweisergebnis tritt jedoch nicht ein.[13] Vielmehr steht die Verwertung im Ermessen des Schiedsgerichts; dieses kann also die Beweisaufnahme ergänzen oder wiederholen lassen, wenn berechtigte Bedenken gegen die Verwertung bestehen.

524 Heiermann[14] weist schließlich auf die besonderen Probleme hin, die bei einer **notwendigen Streitgenossenschaft** auftreten, wenn ein Streitgenosse einen Schiedsvertrag abgeschlossen hat und der andere nicht. Nach seiner Ansicht soll dann die Schiedsvereinbarung zurücktreten.

Ferner ergeben sich sachliche **Zuständigkeitsbeschränkungen** für das Schiedsgericht: So hat das private Schiedsgericht z.B. keine Entscheidungskompetenz für eine **Vollstreckungsabwehrklage**.[15] Ob das Schiedsgericht über eine nicht schiedsgebundene Forderung, die zur **Aufrechnung** gestellt wird, mitentscheiden kann, ist streitig.[16]

2. Rechtsfolgen für den Bauprozess

525 Mit dem Abschluss eines **Schiedsvertrages** entziehen sich die Parteien für die Entscheidung des Rechtsstreits der staatlichen Rechtspflege; anstelle des ordentlichen Gerichts soll eine endgültige Entscheidung durch das Schiedsgericht getroffen werden.[17] Aus diesem Grund ist es auch nicht ohne weiteres treuwidrig (§ 242 BGB), wenn sich ein Vertragspartner nach der Durchführung eines **selbstständigen Beweisverfahrens** im nachfolgenden **Hauptsacheverfahren** auf eine wirksam vereinbarte Schiedsgerichtsklausel beruft.[18]

---

11) § 1029 Abs. 1 ZPO spricht von einem „bestimmte(n) Rechtsverhältnis vertraglicher oder nicht vertraglicher Art".
12) Ebenso: *Joussen*, in: Ingenstau/Korbion, Anhang 3, Rn. 61.
13) Im Ergebnis ebenso: *Wussow*, Beweissicherungsverfahren, S. 99.
14) *Heiermann*, Schriftenreihe, Bd. 7, S. 60.
15) OLG München, BB 1977, 674; vgl. aber auch BGH, NJW 1987, 651 = DB 1987, 1533: Die Einrede des Schiedsvertrages greift auch gegenüber einer Vollstreckungsgegenklage durch, wenn die mit ihr geltend gemachte Einwendung der Schiedsabrede unterliegt. Zur Behandlung einer **wechselrechtlichen** Schiedsabrede siehe BGH, NJW 1994, 136.
16) Vgl. dazu *Banse*, BauR 1977, 86.
17) Vgl. hierzu grundlegend BGHZ 6, 335 = NJW 1952, 1296; OLG Zweibrücken, NJW 1971, 943; OLG Düsseldorf, MDR 1977, 762.
18) OLG Brandenburg, BauR 2011, 1533, 1534.

Von dem Schiedsvertrag ist der **Schiedsgutachtenvertrag** streng zu **trennen**;[19] mit diesem wollen sich die Parteien grundsätzlich den ordentlichen Rechtsweg offen halten. Der Schiedsgutachtenvertrag ist lediglich auf die Feststellung von **Tatbestandselementen** durch den Schiedsgutachter gerichtet; an diese ist das Prozessgericht dann gebunden; es kann keine eigene Tatsachenfeststellung treffen.

a) Bauschlichtung, Mediation und Adjudikation

Literatur

Lembcke (Hrsg.), Handbuch Baukonfliktmanagement, 2013; *Haft/Schlieffen*, Handbuch Mediation, 2. Auflage 2009; *Weiler/Schlickum*, Praxishandbuch Mediation, 2008; *Lembcke*, Konfliktbewältigung und Bauprozess in Deutschland und England, 2007; *Boysen/Plett*, Bauschlichtung in der Praxis, 2000; *Wolfram-Korn/Schmarsli*, Außergerichtliche Streitschlichtung in Deutschland, 2001; *Zerhusen*, Alternative Streitbeilegung im Bauwesen 2005; *Englert/Franke/Grieger*, Streitlösung ohne Gericht, 2006.

Gottwald/Plett/Schmidt-v. Rhein, Streitbeilegung in Bausachen: Die Bauschlichtungsstelle, NJW 1983, 665; *Prütting*, Schlichten statt Richten?, JZ 1985, 261; *Neumann*, Zur außergerichtlichen Schlichtung, ZRP 1986, 286; *Böckstiegel*, Schlichten statt Richten, DRiZ 1996, 267; *Stadler*, Außergerichtliche obligatorische Streitschlichtung – Chance oder Illusion?, NJW 1998, 2479; *Schmidt-Gayk/Jamin*, Zwangsschlichtung am Bau?, BauR 1999, 811; *Wagner*, Schiedsgerichtsbarkeit, Schiedsgutachten, Schlichtung, Dispute Adjudication, Mediation – Möglichkeiten der alternativen Konfliktlösung im Baurecht, NZBau 2001, 169; *Eberl/Friedrich*, Alternative Streitbeilegung im zivilen Baurecht, BauR 2002, 250; *Schlapka*, Schlichtungsmodell – Ein Weg aus der Krise laufender Bauvorhaben, BauR 2002, 694; *Friedrich*, Regelungsgegenstände der Mediationsvereinbarung, MDR 2004, 481; *Garbuio*, Baumediation – Chance zur alternativen Streitbeilegung, BauRB 2004, 379; *Vygen*, Streitvermeidung, Streitschlichtung und Streitentscheidung – Mögliche Vereinbarungen in Bau-, Architekten- und Ingenieurverträgen, Festschrift für Werner (2005), 1; *Pause*, Zur international privat- und verfahrensrechtlichen Behandlung des Schiedsgutachtens und DAB-Spruches, ZfBR 2008, 323; *Gralla/Sundermeier*, Außergerichtliche Streitlösung im Expertenverfahren, Der Bausachverständige 3/2008, 59; 4/2008, 50; *Englert/Schalk*, Mediation als unverzichtbarer Teil des Streitlösungssystems in Bausachen, BauR 2009, 874; *Kröll*, Die Entwicklung des Schiedsrechts 2007–2008, NJW 2009, 1183; *Wagner*, Mediation und Adjudikation – zwei mögliche Wege aus dem Dilemma des Bauprozesses, BauR 2009, 1491; *Huhn*, Die europäische Mediationsrichtlinie – keine Hilfe für die Beteiligten an Baukonflikten, BauR 2009, 1648 (Teil 1); 1817 (Teil 2); *Reichling*, Mediation als eine gerichtliche Betätigung eigener Art, DRiZ 2010, 44; *Engel*, Kostenanreize für eine Streitbeteiligung durch Mediation, ZRP 2010, 126; *Bubert*, Mediation – Ein Zukunftsmodell zur Konfliktbewältigung?, DS 2011, 87; *Lembcke*, Haftung des Schiedsgutachters und des Adjudikators, DS 2011, 96; *Engel/Schriker-Heinke*, Adjudication aus ökonomischer Perspektive, Jahrbuch Baurecht, 2012, 111; *Lehmann*, Mediation – Aktuelle DVDs für Sachverständige, DS 2012, 385; *Gaier*, Die Rolle des Sachverständigen in einem antezedierten Verfahren, DS 2013, 175; *Leupertz*, (Außergerichtliche) Streitbeilegung und Streitentscheidung in der Verantwortung des Bausachverständigen, DS 2013, 296; *Papier/Schröder*, Verfassungskonformität der Adjudikation in Bausachen, ZfBR 2013, 731; *May*, Der Mediationsanwalt – Plädoyer für eine neue Rolle des Anwalts als Mediationsberater, NZBau 2014, 334; *Fischer*, Zurückhaltende Anwendung außergerichtlicher Streitbeilegungsverfahren in der Bauwirtschaft – Versuch einer Erklärung, BauR 2016, 20; *Gaier*, Schlichtung, Schiedsgericht, staatliche Justiz – Drei Akteure in einem System institutioneller Rechtsverwirklichung, NJW 2016, 1367.

---

19) BGH, *Schäfer/Finnern*, Z 8.3 Bl. 1. Wollen die Parteien durch eine Vertragsklausel den ordentlichen Rechtsweg **ausschließen**, liegt sachlich eine Schiedsgerichtsvereinbarung vor (OLG Hamm, BauR 2009, 540, 541 = IBR 2009, 55 – *Schulze-Hagen*); zur **Auslegung** einer „Schiedsgerichtsvereinbarung" als Schiedsgutachtenvereinbarung: OLG Brandenburg, NZBau 2014, 230, 231.

526 Auch durch die verstärkte Einrichtung von (privaten) **Bauschlichtungsstellen**[20] konnte bisher der ansteigenden Flut von (Bau-)Prozessen nicht begegnet werden, vor allem, weil dieses „Verfahren" ausschließlich auf eine **gütliche Verständigung** zwischen den Beteiligten ausgerichtet ist. Die Vollstreckung aus einem **Vergleich** ist zudem davon abhängig, dass die Bauschlichtungsstelle von der jeweiligen Landesjustizverwaltung als **„Gütestelle"** i.S. von § 794 Abs. 1 Nr. 1 ZPO anerkannt ist. Ist eine solche Gütestelle eingerichtet, hat die Anbringung des „Güteantrags" **verjährungshemmende** Wirkung nach § 204 Abs. 1 Nr. 4 BGB.[21]

Zu beachten bleibt, dass das Güteverfahren vor einer **Bauschlichtungsstelle** in der Regel ein gerichtliches Streitverfahren **nicht verhindern** kann.[22] Der Schlichtungsversuch ist vielmehr einzustellen, sobald ein gerichtliches Verfahren von einem der Baubeteiligten in Gang gesetzt wird. Ist ein **selbstständiges Beweisverfahren** anhängig, wird die Bauschlichtungsstelle im Zweifel erst nach dessen Abschluss tätig werden können.[23] Soll durch die **Schlichtungsklausel** im Vertrag allerdings der **sofortige Zugang** zu den **Gerichten ausgeschlossen** werden, was durch Vertragsauslegung (§§ 133, 157 BGB) zu ermitteln ist, so muss zunächst die Schlichtungsstelle angerufen werden; andernfalls ist die verfrüht erhobene Klage als **„derzeit unzulässig"** abzuweisen.[24] Die Schlichtungsvereinbarung ist **einredeweise** geltend zu machen und nicht von Amts wegen zu berücksichtigen; sie muss vor der Verhandlung zur Hauptsache erhoben werden.[25] Die Berufung auf die Einrede ist treuwidrig, wenn der Beklagte sich geweigert hat, seinen Anteil an den Gebühren für das Schlichtungsverfahren zu bezahlen.[26]

527 Es ist immer eine Frage des Einzelfalles und der **Vertragsauslegung**, ob eine „Schlichtungsklausel" vorliegt. Von einer Schlichtungsklausel ist im Zweifel auszugehen, wenn bei Streitigkeiten vor Klageerhebung ein Gutachter eingeschaltet werden soll, der den Parteien (nur) einen **Vergleichsvorschlag** unterbreitet.[27] Zu beachten ist, dass eine inhaltlich unklare Schlichtungsvereinbarung **unwirksam**

---

20) Siehe hierzu: *Kniffka/Koeble*, 1. Teil, Rn. 79 ff. Zur Verankerung der „Schlichtung" in der SOBau (§ 8 ff.) siehe *Wagner*, NZBau 2001, 170, 171.
21) Vgl. BGH, NJW-RR 1993, 1495; siehe ferner: BGH, NZBau 2002, 269 = BauR 2002, 979 = ZfBR 2002, 480 (Die Vereinbarung der Parteien über die Anrufung einer **VOB-Schiedsstelle** beim Innenministerium eines Landes ist ein **Stillhalteabkommen**). Die Übermittlung eines Antrags per **E-Mail** reicht zur Verjährungshemmung nach § 204 Abs. 1 Nr. 4 BGB nicht aus: BGH, IBR 2008, 194 – *Schwenker*; zur rechtzeitigen Einreichung eines Güteantrags bei Verzögerung der Bekanntgabe: BGH, NJW 2010, 222 = IBR 2010, 22 – *Schwenker* (Anwendung der zu § 167 ZPO entwickelten Grundsätze).
22) Zur Einrede der Arglist und unzulässigen Rechtsausübung gegen die Schiedsklauseln s. OLG Jena, IBR 2011, 309 – *Heiliger*.
23) Zutreffend: *Gottwald/Plett/Schmidt-v. Rhein*, NJW 1983, 665, 666; s. ferner: OLG Köln, BauR 2002, 1120.
24) Vgl. BGH, NJW 1999, 647 = VersR 2000, 116 = IBR 2000, 195 – *Zerhusen*; BGH, NJW 1984, 669 = MDR 1984, 485 = DB 1984, 874; vgl. auch OLG Celle, NJW 1971, 288; OLG Frankfurt, VersR 1982, 759.
25) OLG Oldenburg, MDR 1987, 414; s. auch OLG Frankfurt, NJW-RR 1998, 778.
26) BGH, NJW 1999, 647.
27) Eine Schlichtungsklausel liegt z.B. in folgender Vertragsbestimmung (OLG Köln, Urt. v. 31.5.1983 – 15 U 188/87): „Bei Streitigkeiten ist vor Beschreitung des Rechtsweges ein unabhängiger Sachverständiger, zugelassen beim Landgericht, zu bestellen. Die Kosten hierzu werden gemessen am Entscheid interpoliert.".

sein kann.²⁸⁾ Der **Schlichtungsversuch** kann dadurch geschehen, dass der Anspruchsteller dem Gegner einen Sachverständigen benennt; kommt es dann zu keiner Einigung über die Person des Gutachters, ist eine gütliche Beilegung des Streits nicht möglich. Eine Verpflichtung zu weiteren Aktivitäten besteht für den Anspruchsteller nicht; er kann nunmehr sofort klagen. Wird durch eine Schlichtungsstelle eine Begutachtung (z.B. über Mängel) vorgenommen, kann diese im ordentlichen Klageverfahren im Wege des **Urkundenbeweises** gewürdigt werden.²⁹⁾

Keine praktische Bedeutung für den Bauprozess wird das durch die Neuregelung des § 15a EGZPO vorgesehene **obligatorische Schlichtungsverfahren,** das mittlerweile durch **Landesgesetze** in Baden-Württemberg, Bayern, Brandenburg, Hessen, Mecklenburg-Vorpommern, Niedersachsen, Nordrhein-Westfalen, Saarland, Sachsen-Anhalt und Schleswig-Holstein eingeführt worden ist.³⁰⁾ Die bisherige Erfahrung mit der Vorschrift des § 15a EGZPO ist ernüchternd; sie bringt in der Praxis „keine Erledigungszahlen".³¹⁾ Wenn überhaupt, so wird man allenfalls § 15a Nr. 2 EGZPO, der bestimmte nachbarrechtliche Streitigkeiten erfasst, eine größere Bedeutung zusprechen können, weil eine gütliche Streitbeilegung im Rahmen eines Schlichtungsverfahrens hier besser geeignet ist als ein gerichtliches Verfahren.³²⁾

Ob die zunehmend propagierte **Mediation** entscheidenden Einfluss auf die Verhinderung von Bauprozessen haben kann, ist zweifelhaft;³³⁾ als außergerichtliches Konfliktlösungsverfahren, bei dem die Konfliktparteien mit Unterstützung eines neutralen, allparteilichen „Mediators" freiwillig, eigenverantwortlich und gemeinsam eine Lösung erarbeiten, erscheint dieses Konzept zwar auf den ersten Blick erfolgversprechend. Die Praxis spricht jedoch bisher dagegen; denn gerade Bausachen sind in aller Regel wenig geeignet, ohne einen bestimmenden Einfluss von außen allein durch „Gespräche" gelöst zu werden. Nicht zu Unrecht wird daher

---

28) OLG Frankfurt, OLGR 2004, 9.
29) Vgl. BGH, VersR 1987, 1091 (für Arzthaftungsprozess). Zur **Erstattungsfähigkeit** von Anwaltskosten im nachfolgenden Rechtsstreit: OLG München, OLGR 1999, 68.
30) Zur Umsetzung und den einzelnen Landesgesetzen s. die Beilage zur NJW, Heft 51/2001, mit Erläuterungen von *Zietsch/Roschmann*; hierzu auch *Hartmann*, Das neue Gesetz zur Förderung der außergerichtlichen Streitbeilegung – Kuckucksei 2000, NJW 1999, 3745 ff.; *Zerhusen*, Rn. 175 ff.; aus der Rechtsprechung: BGH, ZMR 2012, 745.
31) Siehe DRiZ 2001, 184; *Lauer*, NJW 2004, 1280 u. *Ernst*, NJW-Editorial, Heft 9/2002: „Die Schlichtung, Ende oder Neuanfang?". Zum **Kostenerstattungsanspruch** siehe OLG Hamm, OLGR 2007, 672; LG Nürnberg-Fürth, NJW-RR 2003, 1508. Ein **Anwalt** erhält im Schlichtungsverfahren eine Geschäftsgebühr nach RVG Nr. 23003 mit einem festen Gebührensatz von **1,5** (*Bischof/Jungbauer/Bräuer/Curkovic/Klipstein/Klüsener/Uher*, Nr. 2303 VV, Rn. 15 ff.); diese wird grundsätzlich zur Häfte, höchstens mit einem Gebührensatz von **0,75** auf die Verfahrensgebühr des nachfolgenden Rechtsstreits angerechnet (*Hergenröder*, in: Baumgärtel/Hergenröder/Houben, § 17 RVG, Rn. 15).
32) *Wegen/Barth*, in: Prütting/Gehrlein, § 15a EGZPO, Rn. 4 m.w.Nachw.; zur **obligatorischen Streitschlichtung** in Nordrhein-Westfalen „wegen der in § 906 BGB geregelten Einwirkungen" siehe BGH, ZMR 2012, 745.
33) Siehe hierzu aus der mittlerweile umfänglichen **Literatur** u.a.: *Englert/Franke/Grieger*, Rn. 201 ff.; *Wagner*, in: Roquette/Otto, S. 533 ff. (**Mediationsklauseln**); *Zerhusen*, Rn. 266 ff.; *Silger*, DAB 2001, 40, 41 ff.; *Kraus*, Festschrift für Vygen (1999), S. 404 ff.; *Riemann*, in: Freiberger Handbuch, § 8, Rn. 79 ff. sowie die Quellenangaben vor Rdn. **526**.

der Anwendungsbereich, wenn überhaupt, nur für Konfliktsfälle während der Bauphase gesehen.[34]

Ob und inwieweit das **Mediationsgesetz**[35] eine Stärkung der außergerichtlichen Konfliktbeilegung bringt, wird die Praxis zeigen.

Literatur zur Adjudikation

Lembcke (Hrsg.), Handbuch Baukonfliktmanagement, 2013.

Baur, „Adjudication" (Schlichtungsverfahren) in England – Vorbild für Deutschland? (Interview), IBR 2004, 113; *Schulze-Hagen*, Plädoyer für Adjudication in Deutschland, BauR 2007, 1950; *Harbst/Winter*, Adjudication in England – Das erste Jahrzehnt, BauR 2007, 1983; *Mahnken*, Adjudication, Dispute Boards und die Rolle des Gesetzgebers – aus der Sicht des Anlagebauers, BauR 2007, 1994; *Gralla/Sundermeier*, Streitbewältigung im Adjudikationsverfahren, Der Bausachverständige 4/2008, 54; *Sundermeier*, Streitbewältigung im Adjudikations-Verfahren, 4/2009, 54; *Boldt*, Adjudication-Verfahren: Regelungen für das Verfahren zur vorläufigen außergerichtlichen Streitentscheidung, Jahrbuch Baurecht 2009, 115; *Lembcke/Sundermeier*, Adjudikations-Ordnung für Baustreitigkeiten (AO-Bau), BauR 2009, 741; *Wagner*, Mediation und Adjudikation – Zwei mögliche Wege aus dem Dilemma des Bauprozesses, BauR, 2009, 1491; *Quack*, Adjudication als Problemlösung für den Bauprozess, ZfBR 2010, 211; *Hök*, FIDIC Dispute Adjudication in Deutschland, IBR 2010, 378; *ders.*, Dispute Adjudication: Modethema oder ernsthafte Alternative?, ZfBR 2010, 736; *Gessner*, Adjudication – Geeignete Medizin für den kränkelnden Bauprozess?, Festschrift für Koeble (2010), 613; *Lembcke*, Adjudikation verfassungswidrig?, BauR 2010, 1122; *Teubner-Oberheim/Schröder*, Construction adjudication in England – ein Vorbild für die baurechtliche Konfliktlösung in Deutschland?, NZBau 2011, 257; *Lembcke*, Adjudikation: Vollendete Tatsachen und Justizgewährleistung im materiellen Prozessrecht, BauR 2011, 1897; *Stubbe/Schramke*, Adjudikation – Wesen und Reichweite der vorläufigen Bindungswirkung, BauR 2011, 1715; *Kuffer*, Adjudikation – ein Auslaufmodell, Editorial 2014, 257.

528 Als weiteres erfolgversprechendes Mittel für eine **außergerichtliche** Bewältigung von Bauvertragsstreitigkeiten wird das aus dem englischen Recht entliehene „**Adjudication**"-Modell gepriesen, bei dem die Prüfung und Entscheidung von Streitfällen an einen **bausachverständigen** oder **baujuristischen Experten** übertragen wird.[36] Es bleibt abzuwarten, ob die Diskussionen wie in England zu einer gesetzlichen Ausgestaltung führen, die eine nachhaltige Entlastung der Justiz bewirken kann. Nach derzeitigem Stand ist dies noch nicht zu erwarten.

b) Schiedsgericht

Literatur

Heiermann/Kroppen, Kommentar zur Schiedsgerichtsordnung für das Bauwesen, 1975; *Mandelkow*, Chancen und Probleme des Schiedsgerichtsverfahrens in Bausachen, Baurechtliche Schriften,

---

[34] Zur Zulässigkeit der **Richtermediation**: *Zöller/Greger*, § 278 ZPO, Rn. 26 u. 33; *Wimmer/Wimmer*, NJW 2007, 3243 ff.; *Reichling*, DRiZ 2010, 44. Zum **Vergütungsanspruch** des Rechtsanwalts für die Teilnahme an einer vom Gericht angeregten Mediation: KG, OLGR 2009, 481; zur **Hemmung** der Berufungsbegründungsfrist durch gerichtliche Mediation: BGH, BauR 2009, 847 = ZfBR 2009, 449; zur Mediationsvereinbarung als (vorläufigen) **Klageverzicht**: LG Heilbronn, IBR 2010, 666 – *Junk*.
[35] Das Gesetz ist am 26. Juli 2012 in Kraft getreten.
[36] Zum Adjudikationsverfahren (**Gestaltungsmöglichkeiten**): *Boldt*, Jahrbuch Baurecht 2009, 115 ff.; *Sundermeier*, Der Bausachverständige 4/2009, 54 ff.; *Lembcke/Sundermeier*, BauR 2009, 741 ff.; **kritisch**: *Quack*, ZfBR 2010, 211 ff.

Rdn. 528 Schiedsvertrag, Schiedsgutachtenvertrag

Bd. 30, 1995; *Lachmann*, Handbuch für die Schiedsgerichtspraxis, 3. Auflage 2008; *Böckstiegel/ Berger/Bredow*, Die Beteiligung Dritter am Schiedsverfahren, 2005; *Duve*, Streitregulierung im Bauwesen, 2007; *Schütze*, Institutionelle Schiedsgerichtsbarkeit, 2. Auflage 2011; *Schütze*, Schiedsgericht und Schiedsverfahren, 6. Auflage 2016.

Habscheid, Schiedsvertrag und Schiedsgutachtenvereinbarung, KTS 1957, 129; *Lichtenstein*, Fälle der Unzulässigkeit der Schiedseinrede nach deutschem Recht, NJW 1957, 570; *v. Brunn*, Zur Nachprüfbarkeit von Schiedssprüchen, NJW 1969, 823; *Nicklisch*, Schiedsgerichtsklausel und Gerichtsstandsvereinbarungen in Verbandssatzungen und Allgemeinen Geschäftsbedingungen, BB 1972, 1285; *Heiermann*, Das Schiedsgerichtsverfahren bei Baustreitigkeiten – Vorteile und Risiken, Schriftenreihe der Deutschen Gesellschaft für Baurecht, Band 7, S. 51 ff.; *Banse*, Zuständigkeitsfragen bei schiedsgerichtlichen Verfahren, BauR 1977, 86; *Habscheid*, Zur Frage der Kompetenz – Kompetenz der Schiedsgerichte, Festschrift für Fritz Baur, 1981; *Kornmeier*, Schiedsfähigkeit und materielle Vergleichsbefugnis, ZZP 1981, Bd. 94, 27; *Swoboda*, Die Form des Schiedsvertrages, BB 1984, 504; *Wiegand*, Internationales Bauschiedswesen, ZfBR 1985, 5; *Lau*, Probleme der Niederlegung von Schiedssprüchen und Schiedsvergleichen, MDR 1986, 545; *Nicklisch*, Die Ausfüllung von Vertragslücken durch das Schiedsgericht, RIW 1989, 15; *Kurth*, Zur Kompetenz von Schiedsrichtern und Schiedsgutachten, NJW 1990, 2038; *Schütze*, Zur notariellen Beurkundung von Schiedsvereinbarungen, BB 1992, 1877; *Henn*, Die Unparteilichkeit des Schiedsrichteramtes, BB Beil. 17/1993, 13; *Aden*, Gewährung rechtlichen Gehörs im Schiedsgerichtsverfahren, NJW 1993, 1964; *Böckstiegel*, Schlichten statt Richten, DRiZ 1996, 267; *Mandelkow*, Schiedsgerichtsverfahren in Bausachen, BauR 1997, 785; *Zerhusen*, Schlichtungs- und Schiedsordnung für Baustreitigkeiten (SOBau) der ARGE-Baurecht im Deutschen AnwaltVerein, BauR 1998, 849; *Schütze*, Einstweiliger Rechtsschutz im Schiedsverfahren, BB 1998, 1650; *Weigel*, Befangenheit im Schiedsgerichtsverfahren, MDR 1999, 1360; *Thierau*, Der befangene Schiedsrichter, Festschrift für Vygen (1999), 431; *Kraus*, Das neue Schiedsverfahrensrecht – Änderungen und deren Auswirkung auf Bauschiedsgerichte, Jahrbuch Baurecht 1999, 190; *Sandrock*, „Gewöhnliche" Fehler in Schiedssprüchen: Wann können sie zur Aufhebung des Schiedsspruchs führen?, BB 2001, 2173; *Peters*, Materielle Einwendungen gegen den Schiedsspruch, JZ 2001, 598 (Stellungnahme zu Gerhard Wagner, JZ 2000, 1171); *Roquette/Kunkel*, Schiedsgerichtsbarkeit – ein Glaubensbekenntnis?, Jahrbuch Baurecht 2003, 269; *Bietz*, Baustreitigkeiten vor dem Schiedsgericht, NZBau 2003, 177; *Lenzen*, Unterbrechung von Beweisverfahren und/oder Schiedsverfahren durch Insolvenzeröffnung?, NZBau 2003, 428; *Wagner*, Schiedsgutachterregelungen in Bauträgerverträgen?, BTR 2004, 69; *Moehren*, Schiedsgerichtsbarkeit in Bausachen, BrBp 2004, 274; *Kremer/Weimann*, Die Einrede der verarmten Partei – ein Ausweg aus der Schiedsvereinbarung oder bloße Verzögerungstaktik?, MDR 2004, 181; *Zerhusen*, Die SOBau der ARGE Baurecht im DeutschenAnwaltsVerein – praktische Erfahrungen, BauR 2004, 216; *Scheef*, Ablauf von Schiedsverfahren nach der SGO Bau, BauRB 2004, 350; *Zerhusen*, Der „Dritte" im baurechtlichen Schiedsverfahren, Festschrift für Thode (2005), 355; *Hauschka/Schramke*, Bauprojekte im Ausland – Durchsetzung der Ansprüche des Bauunternehmers gegen den Staat vor ICSID-Schiedsgerichten, BauR 2005, 1550; *Koeble*, Das Schiedsgutachten als alternativer Weg der Streiterledigung in Bausachen, BauR 2007, 1116; *Kröll*, Die Entwicklung des Rechts der Schiedsgerichtsbarkeit 2005/2006, NJW 2007, 743; *Thode*, Europarecht und Schiedsvereinbarung in Verbraucherverträgen, ZfBR 2007, 430; *Lembcke*, Urkundenprozess in Bausachen, BauR 2009, 19; *Kröll*, Die Entwicklung des Rechts der Schiedsrechts 2007–2008, NJW 2009, 1183; *Lehmann*, Anti-suit injunctions zum Schutz internationaler Schiedsvereinbarungen und EuGVVO, NJW 2009, 1645; *Lögering*, Die Eignung schiedsgerichtlicher Verfahren zur Lösung baurechtlicher Konflikte, ZfBR 2010, 14; *Hildebrandt/Kaestner*, Richter- und Schiedsrichterhaftung wegen überlanger Verfahrensdauer, BauR 2010, 2017; *Hök*, Zum internationalen baurechtlichen Schiedsgerichtsverfahren im Allgemeinen und nach FIDIC, ZfBR 2010, 107; *Hök*, Die UNCITRAL Schiedsgerichtsregelungen 2010 in baurechtlichen Schiedsverfahren, NZBau 2011, 385; *Lembcke*, Haftung des Schiedsgutachters und des Adjudikators, DS 2011, 96; *Bornheim*, Möglichkeiten zu außergerichtlichen Streitbeilegungsverfahren, BauR 2011, 596; *Lotz*, Der Sachverständige im Schiedsverfahren, SchiedsVZ 2011, 203; *Lembcke*, Kernprobleme des Schiedsgutachtens in Bausachen, NZBau 2012, 85; *Pfeiffer*, Die Abwahl des deutschen AGB-Rechts in Inlandsfällen bei Vereinbarung eines Schiedsverfahrens, NJW 2012, 1169 (s. hierzu: *Wronna*, IBR 2012, 312); *Garbe-Emden*, Nachteile von Schiedsverfahren, BauR 2012, 1035 (s. hierzu: *Gross*, IBR 2012, 438); *Volze*, Der Sachverständige als Schiedsrichter, DS 2012, 379; *Illies*, Haftungsfalle Bauversicherungsrecht, BauR 2015,

1253; *Schramke/Keilmann*, „Document Production" in Bau-Schiedsverfahren, BauR 2015, 1739; *Volze*, Der Sachverständige und das schiedsgerichtliche Verfahren, DS 2016, 226; *Kapellmann*, Bauprozesse als unabänderliches Ärgernis? NZBau, 2016, 67; *Gaier*, Schlichtung, Schiedsgericht, staatliche Justiz – Drei Akteure in einem System institutioneller Rechtsverwirklichung, NJW 2016, 1367.

Wird zwischen den Baubeteiligten ein **Schiedsvertrag** wirksam abgeschlossen[37] so gelten die §§ 1025 ff. ZPO,[38] wobei die in den Vorschriften enthaltenen Regelungen zwingende **Mindestvoraussetzungen** darstellen; im Übrigen beruht das Schiedsverfahren aber auf dem Grundsatz der **Vertragsfreiheit** (§ 1029 Abs. 1 ZPO).[39] Ganz anders sind **internationale Schiedsverfahren** gelagert. In der Regel handelt es sich um **Großprojekte** im Bau- und Anlagenbau, an denen sehr oft unterschiedliche Länder beteiligt werden. Schramke/Keilmann haben zu den Besonderheiten dieser Schiedsverfahren umfänglich Stellung genommen.[40]

529

In Bauprozessen gibt der Schiedsvertrag den Parteien eine **prozesshindernde Einrede** (§ 1032 Abs. 1 ZPO). Sie ist nicht von Amts wegen zu prüfen. Führt der Kläger nicht die Entscheidung des Schiedsgerichts herbei, sondern erhebt er unmit-

---

37) Zur **Abgrenzung** zwischen Schiedsvereinbarung und Vereinbarung eines Schiedsgutachtens: OLG München, NZBau 2016, 569 = IBR 2016, 254 – *Weyer*; zur **Wirksamkeit** einer Schiedsgerichtsvereinbarung in **AGB**: BGH, BauR 2007, 741, 743 = ZfBR 2007, 336, 337 = NZBau 2007, 301; BGH, NZBau 2007, 298 = ZfBR 2007, 459 = ZfIR 2007, 364 m.Anm. *Vogel* = IBR 2007, 285 – *Thode* (**Schiedsrichterernennungsklausel**); OLG Hamm, IBR 2013, 784 – *Weyer*; OLG Koblenz, IBR 2011, 116 – *Miernik*; OLG Frankfurt, NZBau 2010, 380 (**Nachunternehmervertrag**); OLG München, BauR 2000, 1779 ff.; BGH, IBR 2005, 578 – *Wiesel* (formularmäßige Schiedsabrede); zu den Folgen einer fehlenden **Nebentätigkeitsgenehmigung** (§ 40 DRiG): OLG Bremen, IBR 2015, 49 – *Weyer*; zur Unwirksamkeit eines **Wahlrechts** zwischen Schieds- und ordentlicher Gerichtsbarkeit in **AGB**: BGH, NJW 1999, 282 = ZfBR 1999, 88. Zum **Umfang** und zur **Auslegung** einer **Schiedsabrede** im Bauvertrag s. vor allem OLG Hamm, IBR 2009, 55 – *Schulze-Hagen*; OLG Brandenburg, NZBau 2014, 230 = NJW-RR 2014, 405 (**Abgrenzung** Schiedsgerichts- von Schiedsgutachtenvereinbarung; zur Abgrenzung von sonstigen Verfahren: *Kröll*, NJW 2007, 743, 744 u. NJW 2009, 1183 m.w.Nachw.); OLG Düsseldorf, NJW-RR 1991, 602; OLG München, BauR 1991, 496 = ZfBR 1991, 204 (Geltendmachung eines Bereicherungsanspruchs); OLG München, NJW-RR 1998, 198 (Erstreckung der Schiedsabrede auch auf die **gesetzlichen Vertreter** einer juristischen Person). Zur Einrede der **Insolvenzanfechtung** im Vollstreckbarkeitsverfahren: BGH, IBR 2008, 479 – *Heiliger*; zur Behandlung eines **nach Eröffnung** des Insolvenzverfahrens ergangenen Schiedsspruchs: BGH, NJW 2009, 1747 (der Schiedsspruch kann „als bloße Feststellung zur Insolvenztabelle auszulegen" sein). Zur Zulässigkeit einer **Vollstreckungsgegenklage** vor dem ordentlichen Gericht: LG Köln, BauR 1995, 425. Zur **Zuständigkeit** für die Vollstreckungsklage: KG, OLGR 2007, 157; zur **Aufrechnung** im Verfahren auf Vollstreckbarerklärung des Schiedsspruchs: OLG Düsseldorf, OLGR 2005, 254; zur **Aufrechnung** mit einer Forderung, für die eine Schiedsgerichtsvereinbarung besteht: OLG Zweibrücken, IBR 2004, 54 – *Schwenker*. Zum Rechtswegvorbehalt: BGH, NZBau 2007, 299; zur **Einrede** der Schiedsvereinbarung im **Urkundenprozess**: *Lembcke*, BauR 2009, 19, 20 m.w.Nachw.; zu den **versicherungsrechtlichen** Auswirkungen eines Schiedsspruchs: *Illies*, BauR 2015, 1253, 1256; zur **Befangenheit** eines Schiedsrichters: OLG München, IBR 2008, 126 – *Heiliger*.
38) Neugefasst durch SchiedsVfG vom 22.12.1997 (BGBl. I, S. 3224).
39) BGH, IBR 2007, 284 – *Heiliger*. Zur Schiedsvereinbarung als **Prozessvertrag** siehe *Prütting*, in: Prütting/Gehrlein, § 1029 ZPO, Rn. 7; zur Zulässigkeit einer **Streitwertfestsetzung** durch das Schiedsgericht: KG, IBR 2011, 442 – *Heiliger*.
40) *Schramke/Keilmann*, BauR 2015, 1739.

telbar Klage vor dem ordentlichen Gericht, ist auf eine entsprechende Einrede des Beklagten die Klage als **unzulässig** abzuweisen,[41] sofern nicht die Schiedsvereinbarung **unwirksam**[42] oder **undurchführbar**[43] ist, was das Gericht festzustellen hat. Eine Klage vor den ordentlichen Gerichten ist trotz einer Schiedsgerichtsvereinbarung zulässig, wenn der Gegner durch sein Verhalten hinreichenden Ablass für eine **Kündigung** aus wichtigem Grund gegeben hat.[44]

Eine Rüge muss **rechtzeitig** erhoben werden; sie ist nicht an eine Form gebunden.[45] Vor allem braucht der Beklagte die Einrede der Schiedsvereinbarung nicht innerhalb der Klageerwiderungsfrist vorzubringen; er kann sie vielmehr noch bis zum Beginn der mündlichen Verhandlung zur Hauptsache geltend machen.[46] Die erst mit dem **Einspruch** gegen ein Versäumnisurteil erhobene Einrede ist dagegen verspätet.[47] Jedoch kann die Einrede erhoben werden, wenn die vor dem ordentlichen Gericht eingeklagte Forderung unstreitig ist und der Beklagte sich nur auf die Einrede des Schiedsvertrages stützt.[48]

530 Die prozesshindernde Einrede des § 1032 ZPO greift durch, wenn der Schiedsvertrag **wirksam** zwischen den baubeteiligten Vertragspartnern zu Stande gekommen ist.[49] Der Schiedsvertrag bindet die Parteien, die ihn abgeschlossen haben, und diejenigen Dritten, gegen die ein Vergleich wirken würde, also z.B. die Rechtsnachfolger.[50] Die Schiedsvereinbarung bindet **nicht** den Bürgen, den Schuldübernehmer oder einen Garanten, weil deren Schuld selbstständig neben der Hauptschuld steht und ein eigenes rechtliches Schicksal hat.[51]

* Die **Schiedsvereinbarung** muss entweder in einem von den Parteien unterzeichneten Schriftstück oder in zwischen ihnen gewechselten Schreiben, Fernkopien, Telegrammen oder anderen Formen der Nachrichtenübermittlung, die einen Nachweis der Vereinbarung sicherstellen, enthalten sein (§ 1031 Abs. 1

---

41) Hat das (erstinstanzliche) **Prozessgericht** die von dem Beklagten erhobene **Einrede** des Schiedsvertrages verworfen (und ihn dementsprechend in der Sache verurteilt), kann die Berufung zulässig auf die Frage beschränkt werden, ob die Einrede zu Unrecht verworfen worden ist (vgl. BGH, NJW 1994, 1008 m. Nachw.). Zur Erhebung der Einrede im **Urkundenprozess:** BGH, IBR 2007, 529 – *Schulze-Hagen*; BGH, BauR 2006, 1020 = IBR 2006, 236 – *Wolf*; OLG Köln, OLGR 2001, 227; OLG Düsseldorf, OLGR 1998, 225.
42) Eine Vereinbarung, wonach das Schiedsgericht seine Zuständigkeit mit bindender Wirkung für die staatlichen Gerichte feststellen kann, ist unwirksam (siehe BGH, IBR 2014, 638 – *Schwenker*; BGH, IBR 2005, 454; **Kompetenz-Kompetenz-Klausel**; s. hierzu auch *Schütze*, Rn. 135 ff.).
43) Zur Undurchführbarkeit wegen **Mittellosigkeit:** BGH, ZZP 114 (2001), 97 m.Anm. *Walter* = JZ 2001, 258 m.Anm. *Schlosser* = BauR 2001, 849 = NJW 2000, 3720, 3721; OLG Naumburg, BauR 2005, 1509, 1510 sowie *Kremer/Weimann*, MDR 2004, 181 ff.
44) OLG Hamm, IBR 2009, 56 – *Schulze-Hagen*.
45) *Zöller/Geimer*, § 1032 ZPO, Rn. 1 m.w.Nachw.
46) BGHZ 147, 394, 395 = BauR 2002, 142 = NJW 2001, 2176 = ZIP 2001, 1694.
47) OLG München, NJW-RR 1995, 127 = MDR 1994, 1244 = BB 1995, 799.
48) OLG Düsseldorf, MDR 1977, 762 = BB 1977, 1523.
49) Zur **Auslegung** einer „Schiedsgerichtsvereinbarung" als **Schiedsgutachtenabrede:** OLG Brandenburg, NZBau 2014, 230 = IBR 2014, 117; zur Auslegung des Begriffs „vorgeschaltetes Schiedsgericht": OVG Rheinland-Pfalz, IBR 2014, 245 – *Weyer*.
50) Siehe hierzu: BGH, NJW-RR 1991, 423; OLG München, NJW-RR 1998, 198.
51) OLG Hamburg, OLGR 2002, 305, 306 sowie OLG Düsseldorf, IBR 2008, 483 – *Schmitz* u. *Lembcke*, NZBau 2007, 421 m.w.Nachw. für die **Bürgenhaftung**.

ZPO).⁵²⁾ Da im Bauwesen in aller Regel ein „**Verbraucher**", nämlich der private Bauherr, beteiligt ist, müssen solche Schiedsvereinbarungen „in einer von den Parteien unterzeichneten Urkunde enthalten" sein, die keine „anderen" Vereinbarungen enthält.⁵³⁾ Dies gilt **nicht** bei einer **notariellen** Beurkundung (§ 1031 Abs. 5 Satz 3 ZPO).⁵⁴⁾ Zu beachten ist, dass die schriftliche Form „durch die elektronische Form nach § 126a BGB" ersetzt werden kann (§ 1031 Abs. 5 Satz 2 ZPO). Wird z.B. der auf der Rückseite eines Bauvertrages vorgedruckte „Nachtrag" der Formulierung eines Schiedsgerichtsvertrages nur vom Architekten des Bauherrn, nicht aber vom Unternehmer unterzeichnet, ist der Schiedsvertrag wegen eines Formfehlers nichtig.⁵⁵⁾ Ein Bezug im von beiden Vertragsparteien unterschiebenen Bauvertrag auf die Schiedsgerichtsklausel reicht nicht aus.

- Allerdings wird der **Mangel** der Form durch die Einlassung auf die schiedsgerichtliche Verhandlung zur Hauptsache geheilt (§ 1031 Abs. 6 ZPO). Dies gilt auch für den Fall, dass sich die Parteien dieser Wirkung im Zeitpunkt der Einlassung nicht bewusst sind.⁵⁶⁾
- Gemäß § 1029 Abs. 1 ZPO muss der Schiedsvertrag das **bestimmte Rechtsverhältnis bezeichnen,** dessen Streitigkeiten durch das Schiedsgericht entschieden werden sollen. Dabei reicht nach der Neufassung (§ 1029 Abs. 1 ZPO) die Vereinbarung „für alle Streitigkeiten aus der Geschäftsverbindung" aus.⁵⁷⁾
- Ein Schiedsvertrag ist mangels genügender Bestimmtheit nichtig, wenn das darin zur Entscheidung berufene Schiedsgericht weder eindeutig bestimmt noch bestimmbar ist, weil danach zwei ständige Schiedsgerichte in Betracht kommen.⁵⁸⁾

Häufig findet sich in Bauverträgen, insbesondere **Allgemeinen Geschäftsbedingungen,** der Hinweis, dass die Parteien zur Regelung von Streitigkeiten ein Schiedsgericht zu vereinbaren haben. Ist jedoch noch kein besonderer Schiedsvertrag abgeschlossen, ist dieser Hinweis wirkungslos; diese Abrede stellt noch keinen

---

52) Zur Wirksamkeit einer Schiedsabrede durch **kaufmännisches Bestätigungsschreiben**, OLG Hamburg, IBR 2009, 486 – *Heiliger*. Eine **wirksame** Schiedsvereinbarung **fehlt**, wenn die Parteien zwar für Streitigkeiten ein Schiedsgericht vereinbaren, die Schiedsvereinbarung aber noch in einer **gesonderten** Urkunde festlegen wollen, diese aber nicht erstellt wird (OLG Köln, OLGR 2006, 28). Zur Schiedsabrede in einem **Sozietätsvertrag** s. KG, IBR 2012, 115 – *Miernik*. Zur Schiedsvereinbarung und sog. „pathologischen" Schiedsklauseln siehe *Kröll*, NJW 2009, 1183, 1184 m.w.Nachw.
53) OLG Hamm, BauR 2006, 1787, 1788; werden diese Voraussetzungen erfüllt, ist auch eine formularmäßige Schiedsabrede gültig (BGH, IBR 2005, 578 – *Wiesel*); zur **Richtlinie 93/13/EWG** über missbräuchliche Klauseln und zur Prüfung der Nichtigkeit bei einem Verbrauchervertrag s. EuGH, NJW 2007, 135 = BauR 2007, 766 (LS); OLG Hamm, IBR 2013, 120 – *Vogel* (Schiedsvereinbarung in **Bauträgerverträgen**) sowie *Thode*, IBR 2007, 285 u. ZfBR 2007, 430 ff.
54) Vgl. hierzu auch BGH, NJW 1994, 2300 (notariell **ergänzte** Schiedsvertragsurkunde); zum Erfordernis der **notariellen Beurkundung**: BGH, DB 1978, 89 (**Kaufanwärtervertrag**).
55) LG Köln, *Schäfer/Finnern*, Z 8.0 Bl. 17; s. ferner OLG Hamm, BauR 1993, 86.
56) BGH VersR 1967, 780. Zur **Heilung** der Formunwirksamkeit durch **wechselseitige Schiedsrichterbenennung:** OLG Hamburg, NJW-RR 1999, 1738.
57) Siehe aber BGH, NJW 1965, 300 für das alte Recht.
58) BGH, MDR 1983, 471 = WM 1983, 240 = NJW 1983, 1267; OLG Köln, OLGR 2006, 28, 29.

Vorvertrag auf Abschluss eines Schiedsvertrages dar.[59)] Im Übrigen ist die Wirksamkeit der Schiedsvereinbarung nach den allgemeinen Grundsätzen, insbesondere § 138 BGB, zu beurteilen.[60)]

532 Zu beachten ist, dass der **Anspruch** auf **rechtliches Gehör** einer der **Grundpfeiler** des heutigen Schiedsverfahrens darstellt (§ 1042 Abs. 1 Satz 2 ZPO).[61)] Wer die Verletzung seines rechtlichen Gehörs nach § 1059 Abs. 2 Nr. 1 lit. b) ZPO rügt, kann sich immer auch auf eine Verletzung des § 1059 Abs. 2 Nr. 2 lit. b) ZPO (Verstoß gegen den **ordre public**) berufen.[62)] Die Schiedsgerichte müssen deshalb rechtliches Gehör in wesentlich gleichem Umfang wie staatliche Gerichte gewähren;[63)] das erschöpft sich nicht nur darin, dass den Parteien Gelegenheit zu geben ist, alles ihnen erforderlich Erscheinende vortragen zu können. Sie müssen auch zu allen Tatsachen und Beweismitteln Stellung nehmen können, die das Gericht seiner Entscheidung zu Grunde zu legen gedenkt. Verstöße können deshalb die **Aufhebungsklage** rechtfertigen, wenn das Schiedsgericht den Tatsachenvortrag einer Partei nicht zur Kenntnis genommen und in seine Erwägungen ausreichend einbezogen hat.[64)]

533 Im Übrigen erlischt der **Schiedsvertrag** nach den allgemeinen bürgerlich-rechtlichen Grundsätzen, wie z.B. bei berechtigtem **Rücktritt**, erfolgreicher **Anfechtung**, vertraglicher Aufhebung oder durch **Kündigung aus wichtigem Grund**.[65)] Zu beachten ist, dass die Kündigung einer Schiedsvereinbarung sogar (noch) **während** eines anhängigen Prozesses (vor dem Prozessgericht) erfolgen kann.[66)] Ist eine Partei **mittellos** und deshalb die Schiedsvereinbarung „undurchführbar" (§ 1032 Abs. 1 ZPO), bedarf es – im Gegensatz zum früheren Schiedsverfahrensrecht – keiner Kündigung mehr.[67)]

---

59) BGH, DB 1973, 1447 = MDR 1973, 1001 = BB 1973, 957. Zur **Unwirksamkeit** einer Schiedsklausel in **AGB** siehe BGH, NJW 1992, 575 = WM 1992, 100 = BB 1992, 229; s. hierzu in Abgrenzung: OLG Koblenz, IBR 2011, 116 – *Miernik*; s. ferner OLG Düsseldorf, IBR 2006, 367 – *Hök* (**internationale Zuständigkeit**); OLG München, BauR 2000, 1779 sowie oben Anm. **31**.
60) Zur Unwirksamkeit gemäß § 138 BGB: BGH, NJW 1989, 1477 = WM 1989, 697; OLG Düsseldorf, NJW 1996, 400; *Lachmann*, Rn. 219 ff.
61) BGHZ 96, 40, 47 = NJW 1986, 1436, 1438; OLG München, IBR 2009, 430 – *Heiliger*; OLG Hamburg, OLGR 2004, 244; *Kröll*, NJW 2009, 1183, 1188 u. NJW 2007, 743, 748; *Sandrock*, BB 2001, 2173, 2176. Zur Nichtbeachtung von Anträgen: OLG Koblenz, IBR 2006, 652 – *Heiliger*.
62) *Sandrock*, BB 2001, 2173, 2174. Zum Verstoß gegen den **ordre public**: OLG München, IBR 2007, 348 – *Schulze-Hagen*; *Kröll*, NJW 2009, 1183, 1189.
63) OLG Frankfurt, IBR 2014, 639 – *Weyer*.
64) BGH, NJW-RR 1993, 444; BGH, BauR 1983, 190 = NJW 1983, 867; BGH, NJW 1992, 2299 (kritisch hierzu: *Aden*, NJW 1993, 1964); OLG Hamburg, OLGR 2004, 244; OLG Celle, OLGR 2004, 396; OLG Stuttgart, KuT 1962, 119; BGH WM 1983, 1207 (keine Verpflichtung zur Mitteilung von Rechtsansichten); *Hök*, BauR 1998, 835, 848; *Sandrock*, BB 2001, 2173, 2176.
65) BGH, NJW 1986, 2765 = DB 1986, 113; NJW 1988, 1215; NJW 1980, 2136 = BB 1980, 1181 = WM 1980, 1041; BGH, MDR 1964, 410; BGH, IBR 1995, 140 (Nichtzahlung eines notwendigen Kostenvorschusses); s. auch: OLG Hamm, BauR 2009, 540, 541.
66) Vgl. BGH, NJW-RR 1994, 1214, 1215.
67) BGH, JZ 2001, 258 m.Anm. *Schlosser* = ZZP 114 (2001), 97 m.Anm. *Walter*; OLG Naumburg, BauR 2005, 1509, 1510.

534 Ist der **Schiedsvertrag,** aus welchen Gründen auch immer, **wirksam erloschen,** so ist die vorgebrachte Einrede gegenstandslos.[68] Hierfür trägt der Kläger die **Beweislast.**[69] Gegenüber dem Antrag auf Erlass einer einstweiligen Verfügung oder eines Arrestes kann die schiedsgerichtliche Einrede nicht erhoben werden, da insoweit stets die Prozessgerichte zuständig sind.[70] Schiedsverträge, die erst nach der Verhandlung zur Hauptsache geschlossen werden, sind für das Prozessgericht unbeachtlich.[71] Die Einrede des Schiedsvertrages kann nach § 242 BGB **unzulässig** sein, wenn der Beklagte zuvor im Schiedsgerichtsverfahren die Zuständigkeit der ordentlichen Gerichte behauptet hatte.[72]

535 Ist der **Bauvertrag unwirksam,** kann dennoch die Einrede erhoben werden, wenn nach dem Willen der Parteien das Schiedsgericht auch über die Wirksamkeit und etwaige Folgen der Unwirksamkeit entscheiden soll. Im Zweifel sind die allgemein üblichen Schiedsgerichtsklauseln dahin auszulegen, dass das Schiedsgericht auch für die Entscheidung über die Frage der **Gültigkeit** des Vertrages und die bei Nichtigkeit gegebenen Ansprüche zuständig ist. Der BGH[73] hat dies ausdrücklich für eine Schiedsgerichtsklausel bejaht, nach der „ein Schiedsgericht über Meinungsverschiedenheiten oder Streitigkeiten aus dem Vertrag" entscheiden sollte, da die Parteien in der Regel eine umfassende Zuständigkeit des Schiedsgerichts wünschen: „Es spricht viel dafür, dass verständige Parteien die durch ihren Vertrag angeknüpften Beziehungen und die sich daraus ergebenden Ansprüche, gleichviel ob der Vertrag wirksam ist oder nicht, demselben Gericht und nicht zwei verschiedenen Gerichten zur Entscheidung unterbreiten wollen – dem Schiedsgericht den Streit über Ansprüche aus gültigem Vertrag und dem staatlichen Gericht den Streit über die Wirksamkeit des Vertrages und die Folgen der Unwirksamkeit."[74] Erhebt ein Unternehmer gegen seinen Auftraggeber eine Klage mit der Behauptung, dieser habe eine Gewährleistungsbürgschaft zu Unrecht in Anspruch genommen, ist ein Schiedsgericht auch für diesen (auf § 812 BGB gestützten) Bereicherungsanspruch sachlich zuständig.[75]

Die **Unwirksamkeit** des Hauptvertrages hat daher nicht – wie nach § 139 BGB – im Zweifel die Unwirksamkeit der Schiedsabrede zur Folge; vielmehr ist durch deren **Auslegung** zu ermitteln, ob die Vertragschließenden dem Schiedsgericht die Entscheidung auch über die Wirksamkeit des Hauptvertrages übertragen haben.[76]

---

68) BGHZ 51, 79.
69) Zur Beweislast bei Behauptung eines **Scheingeschäfts:** OLG München, IBR 2011, 554 – *Schmeel.*
70) Vgl. LG Frankfurt, NJW 1983, 761, 762, 763.
71) *Wieczorek,* § 274 ZPO, C IV b 3.
72) BGH, NJW 1968, 1928; OLG Düsseldorf, MDR 1981, 766 bei **Aufrechnung;** siehe auch BGH, NJW-RR 1987, 1194; NJW 1988, 1215.
73) BGHZ 53, 315 = NJW 1970, 1046.
74) So BGH, a.a.O.; ebenso: BGH, NJW 1979, 2567 = DB 1979, 1550 = BB 1979, 1578; anders: OLG Düsseldorf, NJW 1996, 400 = WM 1995, 1798, wenn nach den Bestimmungen des Schiedsvertrages ein „faires Verfahren" nicht zu erwarten ist.
75) OLG München, NJW-RR 1991, 602.
76) BGH, NJW 1979, 2567 = DB 1979, 1550 = BB 1979, 1578; BGH, DB 1970, 873; OLG München, IBR 2008, 481 – *Lembcke.*

536 Etwas anderes gilt nach der Auffassung des BGH[77] im Hinblick auf die Prüfung der Gültigkeit des Schiedsvertrages: Nach der zwingenden Vorschrift des § 1032 Abs. 1 ZPO hat das **ordentliche Gericht** die Gültigkeit des Schiedsvertrages zu prüfen, ohne an die Entscheidung des Schiedsgerichts gebunden zu sein; da das Schiedsgericht seine Zuständigkeit allein durch den Schiedsvertrag erhält, kann es über dessen rechtlichen Bestand selbst nicht **bindend** entscheiden.[78] Im Übrigen gilt: Ist ein Klageverfahren vor dem staatlichen Gericht rechtshängig, in dem die Schiedseinrede nach § 1032 Abs. 1 ZPO erhoben ist, kann ein **Antrag** an das zuständige OLG auf Feststellung der Zu- oder Unzulässigkeit des Schiedsverfahrens nach § 1032 Abs. 2, 1062 Abs. 1 Nr. 2 ZPO nicht mehr gestellt werden.[79]

537 * Rechtsprechung

Keine **Zurückverweisung** an das Schiedsgericht im gerichtlichen Verfahren nach § 1040 Abs. 3 Satz 2 ZPO: OLG München, IBR 2015, 172 – *Weyer*; unzweckmäßige Vereinbarungen begründen keine Unwirksamkeit einer Schiedsklausel (OLG München, IBR 2014, 770 – *Weyer*); zur **Ablehnung** eines Schiedsrichters wegen der **Besorgnis der Befangenheit**, zum **Verfahren** (§§ 1036, 1037 ZPO) und den **Auswirkungen:** OLG München, IBR 2014, 640 – *Weyer* (angebliche Verfahrensverstöße); KG, IBR 2010, 726 – *Heiliger* (Rücktrittsrecht eines Schiedsrichters; Ablehnungsrecht ist vor dem Schiedsgericht zu verfolgen); OLG Frankfurt, IBR 2012, 116 – *Knodel/Eix* (frühere Mandatsbeziehung als Befangenheitsgrund); OLG München, IBR 2010, 664 – *Heiliger* (keine Befangenheit bei fehlender Unabhängigkeitserklärung); OLG München, IBR 2008, 482 – *Lembcke* (Schiedsrichter und Anwalt des Schiedsbeklagten u.a. Mitautoren eines von dem Prozessbevollmächtigten herausgegebenen Werks); OLG Düsseldorf, IBR 2006, 365 – *Thierau*; OLG Karlsruhe, IBR 2006, 648 – *Mandelkow* (zur Offenlegung von Mandatsbeziehungen) u. IBR 2006, 650 – *Günther* (Sachverständiger des selbstständigen Beweisverfahrens kann kein Schiedsrichter sein; Zweifel an der Unvoreingenommenheit); BGH, NJW 1964, 593; OLG Naumburg, NZBau 2002, 448 = IBR 2002, 452 – *Thierau*; LG Mannheim, BauR 1998, 403; OLG München, BB 1976, 1047; OLG Düsseldorf, SFH, Nr. 1 zu § 1045 ZPO. Zur Ablehnung bzw. Ausschluss von Schiedsrichtern nach der SGOBau und der DIS-SchGO siehe Zerhusen, Rdn. 384 ff.

Zur Vollstreckbarkeitserklärung eines **ausländischen Schiedsspruchs** und zum **Aufrechnungseinwand** (§ 767 Abs. 2 ZPO analog): BGH, IBR 2010, 725 – *Weyer*.

c) Schiedsgutachtenvertrag

Literatur

Sturmberg, Die Beweissicherung in der anwaltlichen Praxis, 2016; *Wittmann*, Struktur und Grundprobleme des Schiedsgutachtenvertrages, 1978; *Meyer*, Der Schiedsgutachtervertrag, 1995.

Bulla, Gerichtliche Nachprüfbarkeit von Schiedsgutachten, NJW 1978, 397; *Bleutge*, Der Sachverständige als Schiedsgutachter, GewArch 1978, 145; *Döbereiner*, Anfechtung und Geltendmachung der Unwirksamkeit eines Schiedsgutachtens durch den/die Schiedsgutachter, VersR 1983, 712;

---

[77] BGH, NJW 1977, 1397 = MDR 1977, 735 = Anm. *Leipold*, ZZP 1978, 479.
[78] BGH, IBR 2005, 454 – *Müller-Stoy*.
[79] OLG München, OLGR 2007, 188. Zum **Zeitpunkt** der Antragstellung nach § 1032 Abs. 2 ZPO: BGH, IBR 2011, 676 – *Illies*.

Volmer, Das Schiedsgutachtenrecht – Bestandsaufnahme und Fragen der Praxis, BB 1984, 1010; *Kurth*, Zur Kompetenz von Schiedsrichtern und Schiedsgutachten, NJW 1990, 2038; *Rudolph*, Schiedsgutachten und Beweissicherungsgutachten als Wege zur Beilegung von Baustreitigkeiten, Festschrift für Locher (1990), 215; *Altschwager*, Das Schiedsgutachtenverfahren nach § 18 Nr. 3 VOB/B – ein vergessenes Verfahren?, BauR 1991, 157; *Sturmberg*, Gehört das Schiedsgutachten der Vergangenheit an?, BauR 1992, 693; *Zanner*, Selbstständiges Beweisverfahren trotz Schiedsgutachterabrede?, BauR 1998, 1154; *Wagner*, Schiedsgutachterregelungen in Bauträgerverträgen?, BTR 2004, 69; *Kraus*, Gestaltung von Schiedsgutachtenabreden bei Nachträgen, ZfBR 2004, 118; *Bolz*, Muster einer Schiedsgutachtervereinbarung, BauR 2004, 151; *Koeble*, Das Schiedsgutachten als alternativer Weg der Streiterledigung in Bausachen, BauR 2007, 1116; *Hök*, Zur international privat- und verfahrensrechtlichen Behandlung des Schiedsgutachtens und DAB-Spruches, ZfBR 2008, 323; *Hök*, Schiedsgutachten: Urkunde im Urkundenprozess?, IBR 2008, 308; *Lembcke*, Urkundenprozess in Bausachen, BauR 2009, 19; *Lembcke*, Bürgenhaftung im Kontext von Schiedsgutachten, NZBau 2009, 421; *Joussen*, Schiedsgutachtenvereinbarung zu Nachträgen – eine kostengünstige Lösung von Streitfällen, BauR 2010, 518; *Lembcke*, Kernprobleme des Schiedsgutachtens in Bausachen, NZBau 2012, 85.

Das Schiedsgutachtenrecht hat in Bausachen zunehmend an **Bedeutung gewonnen**; nach neuem Recht kommt zudem ab „**Beginn** des vereinbarten Begutachtungsverfahrens" der Einholung eines Schiedsgutachtens (z.B. über das Vorliegen eines Mangels oder die Richtigkeit einer Schlussrechnung/Honorarrechnung) eine die Verjährung **hemmende** Wirkung zu (§ 204 Abs. 1 Nr. 8 BGB).[80] Eine **Schiedsgutachtervereinbarung**[81] schließt die Durchführung eines selbstständigen Beweisverfahrens vor den staatlichen Gerichten aus.[82] Zu beachten ist: Zahlt eine Partei den vereinbarten **Kostenvorschuss** für das einzuholende Schiedsgutachten nicht ein, bleibt sie – unabhängig von der materiellen Beweislast – **beweisfällig**.[83] **538**

Dem **Schiedsgutachter** können im Einzelfall vor allem folgende **Aufgaben** obliegen:

* In Ergänzung des Vertrages die Leistungspflichten der Parteien nach billigem Ermessen festzulegen (sog. **vertragsergänzendes Schiedsgutachten**).
Hierunter fällt z.B. die Festlegung des angemessenen („üblichen") **Werklohns** (§ 632 Abs. 2 BGB), die Herabsetzung einer unverhältnismäßig hohen Vertragsstrafe, die Anpassung der beiderseitigen Vertragspflichten aufgrund veränderter Umstände (§ 242 BGB),[84] die einer Vertragspartei obliegende Leistung (als Dritter) zu bestimmen (§ 317 BGB),[85] die Berechtigung von Nachträgen zu beurteilen und über die Kostenermittlung verbindliche Feststellungen zu treffen.[86]

---

[80] In dem **Abschluss** des Schiedsgutachtervertrages allein liegt nach OLG Dresden (IBR 2008, 484 – *Heiliger*) noch kein Verzicht auf die Einrede der Verjährung, sondern nur bei **Kenntnis** des Verjährungseintritts.
[81] Keine Schiedsgutachtervereinbarung durch Schweigen: OLG Celle, OLGR 2008, 1679. Ein **einseitiges** Schiedsgutachten entfaltet keine Wirkung (BGH, IBR 2013, 578 – *Hök*).
[82] OLG Bremen, NZBau 2009, 599; LG Berlin, IBR 2011, 497 – *Fuchs*; **a.A.**: LG Hanau, BauR 1992, 121 = MDR 1991, 989; s. auch *Kölbl*, in: Beck'scher VOB-Kommentar, § 18 Abs. 3 VOB/B, Rn. 181 m.w.Nachw. Differenzierend: OLG Karlsruhe, BauR 2016, 1962 = NZBau 2015, 775 = IBR 2015, 696. OLG Brandenburg, BauR 2002, 1737 = OLGR 2002, 467.
[83] OLG Koblenz, IBR 2012, 682 – *Illies*.
[84] Vgl. *Palandt/Grüneberg*, § 317 BGB, Rn. 5.
[85] OLG Frankfurt, BauR 2006, 1325; OLG Rostock, OLGR 2006, 2 (Bestimmung des Verkehrswertes, von dem der **Kaufpreis** abhängig ist).
[86] OLG Brandenburg, IBR 2005, 76 – *Oberhauser*.

* Für die Bestimmung des Inhalts einer Vertragsleistung und damit für die Entscheidung des Streits der Parteien gewisse dafür erhebliche Unterlagen und **Tatsachen** aufgrund seiner **Sachkunde** zu **beschaffen** und diese für die Vertragsparteien **verbindlich festzulegen**.[87] Das sind die Regelfälle. Es steht den Parteien im Rahmen der Schiedsgutachtervereinbarung frei, den **Auftragsgegenstand** nach bestimmten Kriterien zu umschreiben, an die der Schiedsgutachter **gebunden** ist.[88] Hierzu gehören u.a. die Feststellung von **Werkmängeln**, deren Ursachen, der Umfang und die Kosten einer Mängelbeseitigung, die Höhe eines geltend gemachten Schadens[89] oder einer Minderung.[90] Auf die Beurteilung reiner **Rechtsfragen** erstreckt sich ein solcher Schiedsgutachtenvertrag allerdings nicht.[91]
* Über die bloße Tatsachenfeststellung hinaus kann dem Schiedsgutachter aber auch die Aufgabe übertragen werden, die festgestellten Tatsachen rechtlich zu bewerten und einzuordnen.[92] Als Beispiel ist die Feststellung eines (wichtigen) Kündigungsgrundes zu nennen[93] oder die Bestimmung des Inhalts einer technischen Norm.[94]
* Da das Schiedsgutachten in der Regel auf einer konkreten vertraglichen Vereinbarung beruht, kommt diesem Verfahren auch nach § 204 Abs. 1 Nr. 8 BGB eine **die Verjährung hemmende Bedeutung** zu.[95] Erfolgt die Einholung des Schiedsgutachtens vorprozessual, ist die „Kenntnis" des Schuldners unproblematisch, weil sie aufgrund Vereinbarung und damit unter dessen Mitwirkung erfolgt.[96]
* Das auf Grund einer Schiedsgutachtervereinbarung erstellte Schiedsgutachten ist keine **Urkunde** im Sinne des § 592 ZPO und daher auch nicht geeignet, einen entsprechenden Anspruch im **Urkundenprozess** zu belegen.[97]

---

87) BGH, NZBau 2006, 173, 174 = BauR 2006, 555; BGH, BauR 1990, 86 = NJW 1990, 1231 = ZfBR 1990, 64 (**„Abrechnungsdifferenzen"**); OLG Düsseldorf, BauR 1998, 195 = OLGR 1998, 131 (**Mängel** und Restarbeiten); RGZ 96, 57, 60; *Volmer*, BB 1984, 1010, 1011.
88) Siehe OLG Düsseldorf, BauR 2012, 106 u. BauR 2010, 919.
89) BGH, NJW 1971, 1455 (Feststellung eines Schadens).
90) Vgl. OLG Düsseldorf, NZBau 2001, 207 = BauR 2000, 1771 = OLGR 2000, 465.
91) OLG Braunschweig, OLGR 1994, 208 (LS); OLG Düsseldorf, BauR 1998, 195 = OLGR 1998, 131.
92) BGH, NJW 1975, 1556 = BB 1975, 899; *Volmer*, a.a.O.; *MünchKomm-Söllner*, § 317 BGB, Rn. 11.
93) BGHZ 9, 144; *Palandt/Grüneberg*, a.a.O., Rn. 7.
94) KG, OLGR 1998, 409 (Abrechnung erbrachter Malerarbeiten).
95) *Lenkeit*, BauR 2002, 196, 217; s. aber OLG Saarbrücken, NZBau 2002, 452, 453: **Verhandlungen** über den Abschluss einer Schiedsgutachtervereinbarung hemmen nicht die Verjährung. Zur Auswirkung der Schiedsgutachtenabrede auf die **Verjährung** nach altem Recht: OLG Hamm, BauR 1983, 374 u. BGH, BauR 1990, 86 = NJW 1990, 1231 (pactum de non petendo).
96) *Schmidt-Räntsch*, Rn. 155.
97) Dies folgt aus BGH, BauR 2008, 392 = NZBau 2008, 52 = IBR 2008, 121 (Gutachten aus selbstständigem Beweisverfahren ist kein zulässiges Beweismittel im Urkundenprozess); so zutreffend: *Hök*, IBR 208, 308; **a.A.**: noch: OLG Brandenburg, BauR 2005, 605 = IBR 2005, 76 – *Oberhauser* sowie *Lembcke*, BauR 2009, 19, 23 m.w.Nachw. in Anm. 55.

Schiedsgutachten

539 Die Schiedsgutachtenabrede im Bauvertrag hat gegenüber der **Schiedsgerichtsklausel**[98] im Prozess andere Wirkungen: Eine prozesshindernde Einrede gemäß § 1032 Abs. 1 ZPO kann nicht erhoben werden. Vielmehr erschöpft sich die Wirkung einer solchen Klausel zunächst darin, dass das angerufene **Prozessgericht** gehindert ist, die vom Schiedsgutachter nach dem Willen der Parteien getroffenen oder zu treffenden **Tatsachenfeststellungen** selbst vorzunehmen;[99] das Gericht ist insoweit **gebunden,** es sei denn, die Parteien sind einvernehmlich von der Schiedsgutachtenabrede „abgerückt".[100] Auf eine Schiedsgutachterabrede kann sich nur berufen, wer an der Vereinbarung beteiligt war.[101]

540 Auf den Schiedsgutachtenvertrag finden die §§ 1025 ff. ZPO keine entsprechende Anwendung. Ein Schiedsgutachter kann daher nach h.M. **nicht** wegen der **Besorgnis der Befangenheit abgelehnt** werden.[102] Das kann anders sein, wenn die Parteien in dem Schiedsgutachtenvertrag das Ablehnungsrecht **vertraglich** regeln; in diesem Falle kann sich eine Partei bei Befangenheit darauf berufen[103] und den Schiedsgutachtenvertrag sogar aus wichtigem Grunde kündigen.[104] In allen anderen Fällen kann die Frage der Ablehnung des Schiedsgutachters wegen Befangenheit nur im ordentlichen Verfahren ausgetragen werden. Wird aufgrund des Schiedsgutachtens auf eine Leistung geklagt, so kann seine fehlende Verbindlichkeit wegen Befangenheit des Schiedsgutachters eingewendet werden; das ordentliche Gericht muss dann die **Befangenheitsfrage als Vorfrage** prüfen.[105]

541 In der Regel haben beide Vertragspartner nach dem Schiedsgutachtenvertrag das Recht, das Schiedsgutachten einzuholen; so heißt es meistens, dass „der Sachverständige auf Antrag einer (oder beider) Parteien durch die zuständige Industrie- und Handelskammer (oder: Handwerkskammer) **benannt**" oder „ernannt/bestellt" wird.[106] Gerade bei Bausachen ist jedoch oftmals festzustellen, dass sich eine **Vertragspartei weigert,** bei der Beauftragung des Schiedsgutachters mitzuwirken. Nach einhelliger Ansicht[107] ist der andere Vertragspartner berechtigt, **allein**

---

98) Zur **Abgrenzung** von Schieds- und Schiedsgutachtervertrag s. BGHZ 6, 335 = NJW 1952, 1296; BGH, KTS 1977, 42; BGH, ZfBR 1982, 27 = WM 1981, 1056; OLG Hamm, BauR 2009, 540 = IBR 2009, 55 – *Schulze-Hagen*; OLG München, OLGR 2006, 872; OLG Zweibrücken, NJW 1971, 943; *Vollmer*, BB 1984, 1010, 1013; *Hök*, BauR 1998, 835, 836.
99) Die Parteien selbst können für die Dauer der Erstattung des Gutachtens keine fälligen Ansprüche durchsetzen (pactum de non petendo); KG, BauR 2005, 1782, 1783; s. auch: OLG Brandenburg, NZBau 2014, 230, 231 m.w.Nachw.
100) BGH, BauR 1998, 123, 124.
101) OLG Düsseldorf, BauR 2004, 874.
102) Vgl. BGH, VersR 1957, 122; OLG Hamburg, IBR 2015, 697 – *Krause-Allenstein*; OLG München, IBR 2008, 301 – *Lembcke*.
103) BGH, NJW 1972, 827; OLG Düsseldorf, IBR 2008, 550 – *Lembcke*; *Rudolph*, Festschrift für Locher, S. 215, 218; *Englert/Franke/Grieger*, Rn. 81; **a.A.**: OLG Hamburg, IBR 2015, 697 – *Krause-Allenstein*.
104) BGH, DB 1980, 967.
105) OLG München, BB 1976, 1047; es kann auf **Feststellung geklagt** werden, dass das Schiedsgutachten infolge der Ablehnung wegen Befangenheit nicht verbindlich ist.
106) Siehe hierzu: BGH, IBR 2005, 351 – *Moufang*; OLG Brandenburg, IBR 2009, 429 – *Lembcke* (zu der Klausel: „durch die IHK bestellter Gutachter"); OLG Koblenz, NZBau 2000, 562, 563; *Volmer*, BB 1984, 1010, 1013.
107) Siehe RGZ 87, 190, 194; BGH, VersR 1962, 804 = BB 1962, 856; OLG Frankfurt, IBR 2002, 458 – *Weyer*; OLG Köln, ZfBR 2000, 105, 111; *Habscheid*, KTS 1962, 1, 12.

den Schiedsgutachter zu beauftragen; in diesem Fall soll der Schiedsgutachtenvertrag mit beiden Parteien zu Stande kommen. Allerdings ist es der vertragstreuen Partei auch unbenommen, unmittelbar Klage vor dem ordentlichen Gericht zu erheben.[108]

Kommt es zur Bestellung des Schiedsgutachters, **hindert** eine Vertragspartei den Schiedsgutachter aber an der ordnungsgemäßen Begutachtung, etwa weil sie notwendige Unterlagen oder Baupläne nicht zur Verfügung stellt und/oder das Bauwerk nicht besichtigen lässt, so kann der Schiedsgutachter selbst nicht auf Vorlage von Unterlagen oder das Betreten des Baugrundstücks klagen. Diese Möglichkeit hat nur die vertragstreue Partei.

542 Wird eine Klage erhoben, ohne zuvor das vorgesehene Schiedsgutachten einzuholen, so ist diese **als zur Zeit unbegründet abzuweisen;** die klagende Partei ist beweisfällig, weil das Prozessgericht keinen Beweis über Tatsachen erheben kann, deren Feststellung dem Sachverständigen (Schiedsgutachter) übertragen ist.[109] Allerdings kann die Geltendmachung der Schiedsgutachterabrede nach rügeloser Verhandlung zur Sache selber der beklagten Partei als **treuwidrige** Zuwiderhandlung gegenüber ihrem früheren Verhalten[110] oder als Verzicht[111] ausgelegt werden. Die Parteien eines Schiedsgutachtenvertrages sind nicht gehindert, im Wege der **Feststellungsklage** den Inhalt eines für die Leistungsbestimmung durch den Schiedsgutachter maßgeblichen Rechtsverhältnisses klären zu lassen.[112] Zu beachten ist, dass ein **Dritter** (z.B. Bürge) nur dann an eine Schiedsgutachterklausel in einem Bauvertrag gebunden ist, wenn er sich ebenfalls durch Einbindung in den Vertrag der Schiedsgutachterklausel unterworfen hat.[113]

543 Die Praxis beweist, dass die Baubeteiligten sehr oft mit dem Schiedsgutachten sachlich nicht einverstanden sind. Sie übersehen dann vielfach, dass die **Einwendungen** gegen die Richtigkeit des Gutachtens **beschränkt** sind; die Verkürzung des Rechtsschutzes ist aber gerade im Bauwesen gefährlich. Aus diesem Grunde hält der BGH[114] eine **formularmäßige** Vereinbarung einer **obligatorischen** Schiedsgutachterklausel in **Fertighausverträgen** wegen Verstoß gegen § 307 BGB für **unwirksam**. Nichts anderes gilt für die formularmäßige Vereinbarung in einem notariellen **Bauträgervertrag**[115] oder in einem Vertrag über eine Doppelhaushälf-

---

108) BGH, NJW 1979, 1543, 1544.
109) **Herrschende Meinung:** BGH, WM 1971, 39, 41; OLG Köln, ZfBR 2000, 105, 113 (für Kostenentscheidung); OLG Zweibrücken, NJW 1971, 943 u. BauR 1980, 482; OLG Düsseldorf, NJW-RR 1986, 1061; **a.A.:** KG, IBR 2005, 719 – Bolz („als derzeit unzulässig"); *Dahlen*, NJW 1971, 1756; *Habscheid*, KTS 1957, 129.
110) OLG Düsseldorf, VersR 1956, 587; VersR 1962, 705.
111) OLG Frankfurt, VersR 1966, 179.
112) BGH, NJW 1982, 1878 = WM 1982, 543 = DB 1982, 1270.
113) OLG Düsseldorf, IBR 2004, 13 – *Sienz*.
114) BGH, BauR 1992, 223 = NW 1992, 433 = ZfBR 1992, 61; BGH, ZfBR 1981, 232 (Architektenvergütung; Schätzung der Herstellungskosten durch Baubetreuerin).
115) OLG Köln, BauR 2008, 1488; OLG Düsseldorf, BauR 1995, 559 u. BauR 1994, 128; OLG Köln, OLGR 1992, 131 (für Vertrag über die schlüsselfertige Errichtung eines Einfamilienhauses zu einem Festpreis); *Koeble*, BauR 2007, 1116, 1118; **a.A.:** *Wagner*, BTR 2004, 69 ff.; *Wiesel*, IBR 2004, 427.

te.[116] Demgegenüber ist eine Schiedsgutachterklausel in den Allgemeinen Geschäftsbedingungen eines **Bauträgers** über die Errichtung eines **Geschäftshauses** wirksam.[117]

Klagt eine Partei nach Einholung des Schiedsgutachtens auf Leistung,[118] können die tatsächlichen Feststellungen des Schiedsgutachtens prozessual nur erfolgreich mit der Behauptung **bekämpft** werden, das Schiedsgutachten sei „offenbar unrichtig". Da nach h.M. die §§ 317 ff. BGB entsprechend anzuwenden sind, ist das Schiedsgutachten in der Tat nach § 319 BGB **unverbindlich**, wenn es offenbar unrichtig ist. **544**

Die Behandlung dieses sachlichen Einwandes führt in Bauprozessen immer wieder zu misslichen Verfahrensfehlern:

Offenbar unrichtig ist eine schiedsgutachterliche Feststellung, wenn sich der **Fehler** dem **sachkundigen** und **unbefangenen Betrachter** (nicht dem Gericht) – wenn auch möglicherweise erst nach eingehender Prüfung – aufdrängt.[119] Hierbei soll es grundsätzlich auf das **Ergebnis** ankommen, nicht aber auf die Art und Weise seines Zustandekommens.[120] Bloße Zweifel oder kleinere Fehler der Leistungsbestimmung müssen die Parteien hinnehmen.[121] Schwerwiegende **Begründungsmängel** können allerdings **unabhängig** vom Ergebnis eine offenbare Unrichtigkeit begründen;[122] nichts anderes gilt für schwerwiegende Verfahrensmängel bei dem Zustandekommen des Schiedsgutachtens, etwa bei Versagung des rechtlichen Gehörs.[123] Schließlich stellt die Besorgnis der Befangenheit eines Sachverständigen, der das Schiedsgutachten erstattet hat, einen wesentlichen Verfahrensmangel dar, der ebenso wie die offenbare Unrichtigkeit des Gutachtens zu dessen Unverbindlichkeit führt.[124] Ein Fehler des Sachverständigen bei der Durchführung des Besichtigungstermins ist dagegen noch nicht geeignet, eine offenbare Unrichtigkeit darzutun.[125] An das Vorliegen einer offenbaren Unrichtigkeit sind im Übrigen **strenge Anforderungen** zu stellen; andernfalls würde der mit der Bestellung eines Schiedsgutachters von den Parteien verfolgte Zweck, nämlich ein möglicherweise langwieriges

---

116) OLG Jena, IBR 2011, 379 – *Heiliger*.
117) BGH, NZBau 2004, 146 = IBR 2004, 239 – *Schulze-Hagen*.
118) Zum Beispiel: Der Bauherr macht Nacherfüllungs- oder Mängelansprüche gegen den Unternehmer geltend, weil nach den tatsächlichen Feststellungen des Schiedsgutachters Werkmängel vorliegen.
119) BGH, VersR 1963, 390; BB 1968, 316; DB 1970, 827; NJW 1979, 1885; WM 1984, 64; NJWRR 1988, 506; siehe ferner: BGH, NJW 1991, 2698 (für **lückenhafte** Ausführungen eines Sachverständigen); BGH, NJWRR 1993, 1034; OLG Düsseldorf, IBR 2008, 550 – *Lembcke*; OLG Köln, BauR 2005, 1199; ZfBR 2000, 105, 112 u. BauR 1996, 582; OLG Rostock, OLGR 2006, 2, 3; OLG Dresden, IBR 2002, 457 – *Schulze-Hagen*.
120) OLG Düsseldorf, BauR 2000, 1229; *Palandt/Grüneberg*, § 319 BGB, Rn. 5 m.w.Nachw.
121) OLG Hamm, BauR 2003, 1400 = OLGR 2003, 263; s. auch OLG Dresden, IBR 2002, 457 – *Schulze-Hagen*.
122) BGH, NJW-RR 1988, 506; OLG Frankfurt, BauR 2006, 1325, 1326 = IBR 2006, 366 – *Bolz*; OLG Düsseldorf, NJW-RR 2000, 279; KG, OLGR 1998, 409; *Palandt/Grüneberg*, § 319 BGB, Rn. 5a.
123) SchlHOLG, SchlHA 1999, 236.
124) OLG Köln, OLGR 2001, 388.
125) Vgl. OLG Düsseldorf, NZBau 2001, 207.

und kostspieliges Prozessverfahren zu vermeiden, infrage gestellt.[126] Bei der Beurteilung der Frage, ob ein Schiedsgutachten offenbar unrichtig und damit unverbindlich ist, ist der **Sach- und Streitstand zu Grunde zu legen, der dem Schiedsgutachter unterbreitet** worden ist.[127]

545 Eine Partei, die das Schiedsgutachten zu Fall bringen will, muss daher **Tatsachen vortragen,** aus denen sich dem Sachkundigen die Erkenntnis offenbarer Unrichtigkeit aufdrängt. Es muss im Einzelnen dargetan und zu Beweis gestellt werden, dass dem **Schiedsgutachter** ein **Fehler unterlaufen** ist.[128] Da es sich bei dem „Gebrauch" eines Schiedsgutachtens prozessual nicht um einen Beweis durch Sachverständige (§§ 402 ff. ZPO) handelt, kommt eine **mündliche Anhörung** nach § 411 Abs. 3 ZPO **nicht** in Betracht, wenngleich in **Ausnahmefällen** der Schiedsgutachter (anschließend) zum gerichtlichen Gutachter bestellt werden kann, um auf diese Weise Klarheit über eine Unrichtigkeit des Schiedsgutachtens zu gewinnen.[129] Ist das Schiedsgutachten infolge offenbarer Unrichtigkeit **unverbindlich**, hat das Gericht die im Schiedsgutachten getroffenen **Feststellungen** durch **gerichtliches Urteil** zu ersetzen; insoweit ist § 319 Abs. 1 Satz 2 BGB entsprechend anzuwenden.[130]

Für die Tatsacheninstanz bedeutet dies:

Handelt es sich um **tatsächlich einfach gelagerte Probleme,** die das Schiedsgutachten behandelt, oder besitzt der Richter – über sein berufliches und allgemeines Wissen hinaus – spezielle Kenntnisse auf dem betreffenden Sachgebiet, so kann er im Einzelfall in der Lage sein, dasjenige, was sich einem sachkundigen Beobachter aufdrängt, selbst zu beurteilen. Doch dürfte dies in Bausachen die **Ausnahme** sein:

„... bei **schwierigen** und **entlegenen Gebieten der Technik** aber kann von dem Richter nicht erwartet werden, dass er die in dem Schiedsgutachten behandelten Probleme sicher überblickt, dass er aus eigener Kenntnis ein objektives Urteil darüber fällen kann, ob das Schiedsgutachten unrichtig und ob diese Unrichtigkeit offenbar ist. Die Entscheidung darüber, ob ein Schiedsgutachten offenbar unrichtig ist, darf deshalb nicht davon abhängig gemacht werden, ob es gelingt, dem Richter die offenbare Unrichtigkeit auch in tatsächlich schwierig gelagerten Sachen so klar darzulegen, dass er sie jedenfalls auch ohne Hinzuziehung eines Sachverständigen beurteilen kann. Vielmehr liegt eine offenbare Unrichtigkeit dann vor, wenn sie sich einem sachkundigen Beobachter sofort aufdrängt (BGH, LM § 317 BGB Nr. 8; § 319 BGB Nr. 13; BGH, BB 1963, 281; Betr. 1970, 827). Im Einzelfall mag der Richter selbst über genügend Sachkunde verfügen, sodass er ohne Unterstützung durch einen Sachverständigen entscheiden kann, ob ein Schiedsgutachten offenbar unrichtig ist oder nicht; **sofern ihm aber die nötige Sachkunde nicht zu Gebote steht,** muss er, sofern das Vorbringen der Partei, die die Unverbindlichkeit geltend macht, dazu Veranlassung gibt, **Beweis erheben** (RGZ 69, 158; 96, 92)."[131]

---

126) BGH, BauR 1973, 60.
127) BGH, NJW 1979, 1885 = DB 1979, 1743 = BB 1979, 495; BGH, NJWRR 1987, 21 sowie NJWRR 1988, 275 (Auslegung eines Schiedsgutachtens über Unternehmer- und Architektenmängel); OLG Hamm, OLGR 2003, 263; OLG Köln, ZfBR 2000, 105, 112; OLG Düsseldorf, BauR 2000, 1229 = OLGR 2000, 304.
128) Vgl. BGH, NJW-RR 1993, 1034; BGH, NJW 1984, 43, 45 = MDR 1984, 224 = WM 1983, 1206; Beispiel: OLG Düsseldorf, BauR 1984, 179 (**Trittschallschutz**); OLG Düsseldorf, BauR 2000, 1229 (**Standsicherheit** des Gebäudes); OLG Köln, BauR 2006, 1199, 1200 (Erfordernis einer „**weißen Wanne**").
129) OLG Düsseldorf, OLGR 1995, 12.
130) BGH, WM 1984, 64; BGH, LM BGB § 317 Nr. 8.
131) BGH, NJW 1979, 1885; OLG Köln, BauR 2005, 1199 m.w.Nachw.

Schiedsgutachten

Die **Kosten** eines vorprozessual eingeholten Schiedsgutachtens zählen nicht zu den Kosten des Rechtsstreits i.S. des § 91 ZPO.[132] Die Beträge, die der Beklagte aufgrund eines im Rechtsstreit geschlossenen „Zwischenvergleichs" zur Einholung eines Schiedsgutachtens aufgewandt hat und bei Rechtswirksamkeit dieser Parteivereinbarung endgültig zu tragen hätte, gehören auch im Falle späterer Klagerücknahme nicht zu den gegen den Kläger festsetzbaren Prozesskosten.[133]

546

---

[132] BGH, BauR 2006, 555 = NZBau 2006, 173 = NJW-Spezial 2006, 120 = IBR 2006, 118 – *Knoche*; OLG Karlsruhe, MDR 2005, 248, 249; OLG Düsseldorf, NJWRR 1999, 1667; OLG Frankfurt, Rpfleger 1975, 30; OLG München, MDR 1977, 848; OLG Düsseldorf, MDR 1982, 674 u. OLG München, JurBüro 1989, 1123 für ein Schiedsgutachten, das erst **während** des Rechtsstreits eingeholt wird.
[133] KG, NJW 1974, 912.

V. Die Streitverkündung im Bauprozess

Übersicht

	Rdn.		Rdn.
1. Die Zulässigkeit der Streitverkündung	551	3. Die Wirkungen der Streitverkündung	561
2. Die Form der Streitverkündung	560		

Literatur

Eibner, Möglichkeiten und Grenzen der Streitverkündung, Diss. Erlangen-Nürnberg 1986; *Sturmberg*, Die Beweissicherung in der anwaltlichen Praxis, 2016.

Fricke, Die Zulässigkeit von Nebenintervention und Streitverkündung im Arrestverfahren und Verfahren der einstweiligen Verfügung, BauR 1978, 257; *Postelt*, Die Beteiligung des Nachunternehmers am vorprozessualen Beweissicherungsverfahren des Bauherrn gegen den Generalunternehmer, BauR 1980, 33; *Bischof*, Die Streitverkündung, JurBüro 1984, 969, 1141, 1309, 1462; *Mickel*, Beweissicherung und Streitverkündung, BB 1984, 438; *Eibner*, Aktuelle Probleme des Streitverkündungsrechts, JurBüro 1988, 149, 281; *Windel*, Zur prozessualen Stellung des einfachen Streithelfers (§§ 67, 71 Abs. 3 ZPO), ZZP 91, 321; *Thomas*, Streitverkündung und Nebenintervention im selbstständigen Beweisverfahren, BauR 1992, 299; *Wirth*, Streitverkündung im selbstständigen Beweisverfahren, BauR 1992, 300; *Quack*, Streitverkündung im selbstständigen Beweisverfahren und kein Ende?, BauR 1994, 153; *Ulbrich*, Streitverkündung und Streitwert im selbstständigen Beweisverfahren, BauR 1994, 691; *Wilke*, Zur Streitverkündung und Nebenintervention im Bauprozess, BauR 1995, 465; *Eibner*, Das Ende des Streits um die Streitverkündung im selbstständigen Beweisverfahren?, BauR 1998, 497; *Cuypers*, Die Streitverkündung im Bauprozess und selbstständigen Beweisverfahren, ZfBR 1998, 163; *Bischof*, Praxisprobleme der Streitverkündung, MDR 1999, 1152; *Wieser*, Notwendige Streitgenossenschaft, NJW 2000, 1163; *Schilling*, Die Streitverkündung, ein Mittel zur effizienteren und kostengünstigeren Führung von Bauprozessen?, BauR 2001, 147; *Kießling*, Die Kosten der Nebenintervention im selbstständigen Beweisverfahren der §§ 485 ff. ZPO außerhalb des Hauptsacheverfahrens, NJW 2001, 3668; *Knacke*, Der Streithelfer im selbstständigen Beweisverfahren, Jahrbuch 2002, 329; *Otto/Hollands*, Kostenrisiken des Streithelfers im Bauprozess bei Vergleich durch die Hauptparteien, BauR 2004, 1528; *Göbel*, Streitverkündung und Aussetzung in Baumängelprozessen, BauR 2004, 1533; *Zerhusen*, Der „Dritte" im baurechtlichen Schiedsverfahren, Festschrift für Thode (2005), 355; *Ulrich*, Die Streitverkündung an den gerichtlichen Sachverständigen – Bilanz und Versuch einer Klärung, BauR 2006, 724; *Kaiser*, Das Ende der Streitverkündung gegen den gerichtlichen Sachverständigen, NJW 2007, 123; *Schwanitz/Aengenvoort*, Kostenvorschuss durch den Streitverkündeten?, NZBau 2007, 212; *Berding/Deckenbrock*, Der Streithelfer als Kosten- und Vorschussschuldner, NZBau 2007, 337; *Sohn*, Haftungsfalle Streitverkündung, BauR 2007, 1308; *Schröder*, Folgen der Streitverkündung – eine Zwischenbilanz, BauR 2007, 1324; *Althammer/Würdinger*, Die verjährungsrechtlichen Auswirkungen der Streitverkündung, NJW 2008, 2620; *Freund*, Zur Streitverkündung: Zulässigkeit, Zwischenstreit und Gegenstandswert, NZBau 2010, 83; *Lauer*, Praxisprobleme mit der Nebenintervention, Festschrift für Michael Loschelder (2010), 179; *Ulrich*, Zur Reichweite der Streitverkündung, BauR 2013, 9 (hierzu: *Rodemann*, IBR 2013, 64); *Boldt*, Streitverkündung: Rechte des Nebenintervenienten, BauR 2013, 287; *Meier*, Zwischenstreit über Nebenintervention und Interventionswirkung, NZBau 2016, 270.

547 Mit der Durchführung eines Baumängelprozesses ist der Streit um den „Schadensverursacher" nicht immer beendet; häufig folgen im Anschluss an das abgeschlossene Verfahren weitere Rechtsstreitigkeiten um denselben Baumangel. In der Praxis sind zwei Fallgruppen zu unterscheiden:

548 ※ **Alternative Schuldnerschaft**

Für einen Bauherrn ist es oftmals schwierig zu erkennen, ob ein **Baumangel** auf den Planungsfehler seines Architekten **und/oder** einen Herstellungsfehler seines Bauunternehmers zurückzuführen ist. Handelt es sich um einen **Planungsmangel,** kommen als Schadensverursacher nicht nur der Architekt, sondern auch der Statiker oder andere Sonderfachleute als Verantwortliche in Betracht. Liegt demgegenüber erkennbar ein **Ausführungsfehler** vor, ist damit noch nicht immer notwendig die Frage beantwortet, **welcher** Handwerker für den Schaden verantwortlich zu machen ist und ob auch der planende Architekt haftet.[1)] Vielfach kann diese Frage erst im Verlauf des Prozesses (nach einer Beweisaufnahme) beantwortet werden. In all diesen Fällen, in denen **alternativ** statt des Beklagten **Dritte** als **Verursacher** desselben Baumangels (Schaden) in Betracht kommen, besteht die Gefahr, dass der von dem Bauherrn verklagte Baubeteiligte nicht oder nur anteilig haftet, der Baumangel also (auch) in den Verantwortungsbereich eines Dritten fällt, an den sich der Bauherr möglicherweise erst in einem weiteren Prozess wenden muss. Hier bietet sich die **Streitverkündung** an;[2)] diese ist in Bausachen auch dort denkbar, wo **alternativ** die **Vertragspartnerschaft** des wirksam Vertretenen (§ 164 Abs. 1 BGB) oder dessen in Betracht kommt, der den Vertrag ohne erkennbaren Willen abschießt, in fremdem Namen zu handeln (§ 164 Abs. 2 BGB).[3)]

∗ Regresshaftung

549

Daneben haben die von einem Bauherrn im Rahmen einer Gewährleistungsklage zur Verantwortung gezogenen Baubeteiligten vielfach **Rückgriffsansprüche** gegen **Dritte:** So kann der von dem Bauherrn verklagte Generalunternehmer (z.B. Wohnungsbaugesellschaft) Regressansprüche gegen einen Architekten oder seine Subunternehmer,[4)] der Subunternehmer wiederum Ersatzansprüche gegen seinen Baustofflieferanten oder gegen seine Versicherungsgesellschaft haben; der Architekt hat möglicherweise Ansprüche gegen seinen Statiker oder Sonderfachmann, wenn diese vertraglich **für ihn** und nicht für den Bauherrn unmittelbar tätig geworden sind; der Bauunternehmer kann ferner Ausgleichsansprüche gegen den Architekten nach § 426 BGB und umgekehrt geltend machen.

In beiden Fallgestaltungen ist es meist sinnvoll, bei einer Klage den Dritten von **550** dem Rechtsstreit zu **unterrichten**, um ihm die Möglichkeit der Prozessbeteiligung oder Prozessübernahme zu geben und einen nachfolgenden zweiten Prozess zu verhindern oder zu erleichtern. Das Rechtsinstitut der Streitverkündung stellt also sowohl für die Fälle der **alternativen** Schuldnerschaft wie auch möglicher **Regressansprüche** ein geeignetes zivilprozessuales Mittel dar, um eigene Rechtspositionen zu wahren. Daher obliegt es vor allem auch einem **Anwalt**, Rechte seines Mandanten durch (gfs. sogar weitere) Streitverkündungen zu sichern und vor allem den Eintritt der **Verjährung** zu verhindern.[5)]

---

1) Vgl. LG Landau/Pfalz, NZBau 2001, 450 = NJW-RR 2001, 1026; s. auch OLG Hamburg, BauR 2001, 1749 m.Anm. *Wirth;* kritisch: *Leitzke*, BauR 2002, 394 ff.
2) LG Landau/Pfalz, a.a.O. für den Fall, dass im **Vorprozess** gegen den Unternehmer ein **50 %iges Mitverschulden** des planenden **Architekten** festgestellt wird; s. auch OLG Brandenburg, IBR 2006, 370 – *Knipp.*
3) Beispielsfall: BGH, NJW 1982, 281 = ZfBR 1982, 30 = WM 1982, 47 = MDR 1982, 314; BGHZ 85, 252 = NJW 1983, 820 = ZfBR 1983, 26 = MDR 1983, 220; auch OLG Hamm, OLGR 1996, 74, 76; OLG Koblenz, OLGZ 1979, 209; OLG Köln, NJW-RR 1992, 119.
4) Siehe BGH (IX. ZS), BauR 2012, 675; OLG Frankfurt, MDR 1976, 937; auch OLG München, NJW 1986, 263 m.Anm. *Vollkommer;* OLG Köln, *SFH,* Nr. 17 zu § 13 Nr. 4 VOB/B (zur Bindungswirkung).
5) BGH, BauR 2012, 675, 676 (Rn. 7) m.w.Nachw.

1. Die Zulässigkeit der Streitverkündung

551 Die Streitverkündung ist in den §§ 72 ff. ZPO geregelt; nach § 72 ZPO kann eine Partei bis zur rechtskräftigen Entscheidung des Rechtsstreits[6] einem Dritten den Streit verkünden, wenn sie – für den Fall des **ihr ungünstigen Ausgangs des Rechtsstreits** – einen Anspruch auf Gewährleistung oder „Schadloshaltung" gegen den Dritten erheben zu können glaubt. Gerade in Bauprozessen ist die Streitverkündung eine häufig vorkommende Prozesshandlung einer der Parteien des Rechtsstreits oder des selbstständigen Beweisverfahrens.[7]

552 Unerheblich für die Zulässigkeit der Streitverkündung, die im Übrigen erst im Folgeprozess geprüft wird,[8] ist der Ausgang des Rechtsstreits: Die Streitverkündung bleibt wirksam, gleich ob der Streitverkünder den Vorprozess gewinnt oder verliert.[9]

553 Unzulässig ist die Streitverkündung, wenn eine **gesamtschuldnerische Haftung** des Prozessgegners und des Dritten in Betracht kommt, also der **betreffende Anspruch von vornherein in vollem Umfang gegenüber dem Prozessgegner wie auch dem Dritten geltend gemacht werden** konnte.[10] Im Einzelfall ist daher stets vor einer Streitverkündung zu prüfen, ob eine **gesamtschuldnerische** oder **alternative** Schuldnerschaft des Prozessgegners und des Dritten gegeben ist. Dies muss ein Anwalt sorgfältig prüfen.[11]

Dabei ist jedoch zu berücksichtigen, dass es sich – nach der Rechtsprechung des BGH[12] – um eine die Zulässigkeit der Streitverkündung begründende **alternative** Haftung auch dort handelt, „wo zwar die Haftung des einen von mehreren Gesamtschuldnern begrenzt ist, weil dieser dem Berechtigten dessen **Mitverschulden** nach § 254 BGB entgegenhalten kann, wo aber in Höhe des Ausfalls die unbeschränkte Haftung des anderen Gesamtschuldners zum Zuge kommt". Beruht also beispielsweise ein Bauschaden möglicherweise auf einem Mangel sowohl in der Bauausführung wie auch in der Planung, so ist – in dem Prozess des Bauherrn gegen den Unternehmer – eine Streitverkündung des Bauherrn gegenüber dem planenden Architekten zulässig, weil sich der Bauherr das Planungsverschulden des

---

6) Deshalb kann eine Streitverkündung auch noch im **Beschwerdeverfahren** gegen die Nichtzulassung der Revision erklärt werden (BGH, BauR 2010, 460, 463; anders die Vorinstanz: OLG Düsseldorf, BauR 2008, 2082, 2087).
7) Der nicht an einem Verfahren beteiligte **Dritte** kann seine vermeintlichen Regressansprüche nicht durch eine Streitverkündung absichern (OLG München, BauR 2012, 1682).
8) *Zöller/Vollkommer*, § 72 ZPO, Rn. 1a m.w.Nachw.
9) BGHZ 65, 127, 131 = NJW 1976, 39 = DB 1975, 2369.
10) BGH, BauR 1982, 514 = ZfBR 1982, 170; BGHZ 8, 72, 80; BGH, NJW 1976, 39 = WM 1975, 1210; BGH (IX.ZS), BauR 2008, 711 = NJW 2008, 519 = IBR 2008, 87 u. 88 – *Schwenker* (Im Prozess gegen einen **subsidiär** haftenden Notar ist die Streitverkündung gegen einen **vorrangig** haftenden Schädiger unzulässig); OLG Celle, BauR 2011, 1855, 1856 (Streitverkündung gegenüber Architekten); s. ferner: *Althammer/Würdinger*, NJW 2008, 2620 ff. (Bespr. zu BGH, BauR 2008, 711); OLG Hamm, NJW-RR 1986, 1505; OLG Köln, NJW-RR 1991, 1535.
11) Zur Entwicklung der gesamtschuldnerischen Haftung: *Soergel*, BauR 2005, 239 ff.; *Glöckner*, BauR 2005, 251 ff. u *Kniffka*, BauR 2005, 274 ff.
12) BauR 1978, 149 = NJW 1978, 643 m. abl. Anm. *Häsemeyer*, S. 1165; ferner: BGHZ 65, 127 = NJW 1976, 39 = WM 1975, 1210; BGH, BauR 1987, 473 = NJW 1987, 1894.

Zulässigkeit der Streitverkündung

Architekten nach § 254 BGB u.U. ganz oder teilweise anrechnen lassen muss (vgl. Rdn. 2936) und damit der Anspruch gegen den Unternehmer nicht in vollem Umfang durchgesetzt werden kann.[13] Demgegenüber ist z.B. eine Streitverkündung **unzulässig**, wenn Bauaufsichtsfehler eines Architekten und Ausführungsfehler eines Unternehmers zusammentreffen, weil hier eine gesamtschuldnerische Haftung beider Verantwortlicher in vollem Umfang gegeben ist; das folgt aus dem inzwischen gefestigten Rechtsgrundsatz, dass ein Unternehmer dem Bauherrn bei mangelhafter Bauausführung nicht den Einwand entgegenhalten kann, der Architekt habe seine Bauaufsichtspflicht verletzt.

554 Die Möglichkeit, in den Fällen der **alternativen** Schadensersatzpflicht gegen den Prozessgegner und den Dritten die Klage gleichzeitig zu erheben, macht die Streitverkündung nicht unzulässig;[14] im Übrigen brauchen die alternativ in Betracht kommenden Ansprüche weder auf derselben Rechtsgrundlage zu beruhen noch ihrem sonstigen Inhalt und Umfang nach identisch zu sein. Es genügt, dass sie im Ergebnis auf dasselbe Ziel, z.B. die Beseitigung desselben Schadens, gerichtet sind.[15]

555 Die Streitverkündung setzt gemäß §§ 64 ff. ZPO einen **Rechtsstreit** voraus. Daher war es lange umstritten, ob in einem anhängigen **selbstständigen Beweisverfahren** eine Streitverkündung zulässig ist. Dieses Problem ist durch die neuere Rechtsprechung des BGH erledigt.[16]

Es besteht keine einheitliche Meinung darüber, ob eine Streitverkündung in einem **Schiedsverfahren möglich** bzw. **sinnvoll** ist.[17] Nach herrschender Ansicht gibt es im Schiedsverfahren das Institut der Streitverkündung nicht.[18] Das schließt nicht aus, dass aufgrund einer **vertraglichen Vereinbarung** zwischen allen am Schiedsverfahren Beteiligten ein Dritter einvernehmlich in das Verfahren sachlich einbezogen werden kann.[19] Im Übrigen hat aber eine ohne solche Absprache vorgenommene Streitverkündung an einen Dritten keine Streithilfewirkung nach §§ 74, 68 ZPO.[20] Es bleibt allenfalls zu erwägen, ob derjenige, dem der Streit in einem Schiedsgerichtsverfahren verkündet wurde, die Wirkungen aufgrund sachlich-rechtlicher Vorschriften anzuerkennen hat.[21]

556 Nach h.M. ist die Streitverkündung sowohl im **Arrestverfahren** wie auch im **einstweiligen Verfügungsverfahren** zulässig. Fricke[22] ist dem entgegengetreten; er hält insoweit die Streitverkündung für unzulässig, „da in diesen Verfahren nicht

---

13) Wie hier: LG Landau/Pfalz, NZBau 2001, 450, 451 = NJW-RR 2001, 1026, 1027.
14) BGH, ZfBR 1982, 30 = NJW 1982, 281 m.w.Nachw.
15) BGH, DB 1975, 2369; BGH, NJW 1982, 281.
16) Siehe BGH, IBR 2015, 174 – *Seibel* (zum Umfang der **Bindungswirkung** einer Streitverkündung); BGH, BauR 1998, 1172 = ZfBR 1998, 26; KG, NJW-RR 2000, 513 = NZM 2000, 780.
17) Siehe hierzu: *Zerhusen*, Festschrift für Thode, S. 355, 362 ff. sowie Rdn. **521**.
18) *Joussen*, in: Ingenstau/Korbion, Anhang 3, Rn. 140.
19) Zu den Voraussetzungen siehe *Zerhusen*, a.a.O., S. 359 ff.; BGH, LM § 68 Nr. 2.
20) *Wirth/Enaux/Koenen*, XII. Teil, Rn. 17; *Mandelkow*, S. 134; *Zerhusen*, a.a.O., S. 355, 362 ff. Zur Interventionswirkung **staatlicher** Vorprozesse auf das Schiedsverfahren: OLG Hamburg, IBR 2002, 453 – *Schulze-Hagen*.
21) Vgl. hierzu RGZ 55, 14; BGH, *Schäfer/Finnern*, Z 3.01 Bl. 290.
22) BauR 1978, 257, 259.

über den materiell-rechtlichen Anspruch entschieden wird, aus dem allein eine Partei möglicherweise Rechte gegen Dritte herleiten kann".

557 Zu den in § 72 ZPO genannten Ansprüchen „auf Gewährleistung oder Schadloshaltung gegen den Dritten" zählen vor allem die **Mängelansprüche** nach BGB bzw. VOB, die Ansprüche aus **Nebenpflichtverletzungen, Verschulden bei Vertragsabschluss** usw. sowie alle Ansprüche aus nicht vertraglichen Anspruchsgrundlagen (z.B. §§ 823 ff., 909 ff. BGB) oder sonstige Rückgriffsansprüche auf Schadensersatz im Falle des ungünstigen Ausgangs des Prozesses. Ferner fallen unter die in § 72 ZPO genannten Ansprüche die möglichen Ausgleichsansprüche aus § 426 oder § 840 BGB bei mehreren Schadensverursachern (h.M.). Da nach § 73 Satz 1 ZPO die Partei zum Zwecke der Streitverkündung einen Schriftsatz einzureichen hat, in dem der **Grund** der Streitverkündung und die Lage des Rechtsstreits anzugeben ist, muss auch das **Rechtsverhältnis** unter Angaben der tatsächlichen Grundlagen so **genau bezeichnet** werden, dass der Streitverkündungsempfänger (auch durch Akteneinsicht) prüfen kann, ob es „für ihn angebracht ist, dem Rechtsstreit beizutreten" (BGH).[23]

558 Im **Baumangelprozess** ist die Streitverkündung unabhängig davon zulässig, ob der Baumangel gegen den Streitverkünder angriffs- oder verteidigungsweise geltend gemacht wird; zu beachten ist, dass die Streitverkündung auch an einen mitverklagten Streitgenossen zulässig ist.[24]

559 Der Streitverkündungsempfänger hat das Recht zur **weiteren Streitverkündung** (§ 72 Abs. 2 ZPO). Dies ist z.B. in den Fällen des **mehrfachen Subunternehmerverhältnisses** denkbar. Die weitere Streitverkündung ist auch möglich, wenn der Dritte, dem zuerst der Streit verkündet worden ist, dem Prozess nicht beitritt (h.M.).

2. Die Form der Streitverkündung

Literatur

Schulz, Förmliche Zustellung der Streitverkündungsschrift, BauR 2001, 327; *Parmentier*, Förmliche Zustellung der Streitverkündungsschrift – Anmerkung zu dem Beitrag von Schulz, BauR 2001, 327 ff., BauR 2001, 888; *Seibel*, Müssen einer Streitverkündungsschrift zur Angabe der „Lage des Rechtsstreits" Ablichtungen aus den Gerichtsakten beigefügt werden?, BauR 2014, 456.

560 Da die Streitverkündung die **Benachrichtigung** eines am Verfahren nicht beteiligten Dritten (Streitverkündungsempfänger) darstellt, erfolgt sie im Partei- und Anwaltsprozess durch Einreichung eines Schriftsatzes bei Gericht oder durch Erklärung zu Protokoll des Urkundsbeamten; es handelt sich um einen bestimmenden Schriftsatz, der nicht dem Anwaltszwang unterliegt.[25] Dabei ist Folgendes zu beachten:

---

[23] BGH, BauR 2010, 460, 461 u. BauR 2008, 711, 714 = NJW 2008, 519; LG Düsseldorf, BauR 2007, 1776, 1777.
[24] Zutreffend: OLG Hamm, OLGR 1996, 21, 22.
[25] BGHZ 92, 254 = NJW 1985, 328; *Zöller/Vollkommer*, § 73 ZPO, Rn. 2. Demgegenüber muss in einem **Anwaltsprozess** und im **Rechtsmittelverfahren** der **Beitrittschriftsatz** des Streitverkündungsempfängers von einem Rechtsanwalt unterzeichnet sein (*Zöller/Vollkommer*,

* Der Rechtsstreit muss bereits und noch **anhängig** sein (§ 72 ZPO).[26] Die Streitverkündung ist also noch bis zur rechtskräftigen Entscheidung zulässig.[27] Im Bauprozess mit meist langwierigen Beweisaufnahmen erscheint es zweckmäßig – auch im Hinblick auf die prozessrechtlichen und materiell-rechtlichen Wirkungen der Streitverkündung –, dem Dritten möglichst in einem frühzeitigen Prozessstadium den Streit zu verkünden; nur dadurch wird auch dem Dritten die Möglichkeit gegeben, wirksam auf den Vorprozess Einfluss zu nehmen.
* Die Zustellung des Streitverkündungsschriftsatzes[28] erfolgt von Amts wegen an den Dritten, §§ 73, 270 ZPO.
* Eine Abschrift des Streitverkündungsschriftsatzes ist der Gegenpartei des Streitverkünders formlos zu übersenden (§ 73 Satz 2 ZPO). Erhält dieser keine Mitteilung, so macht dies die Streitverkündung nicht ungültig.
* Die Verweigerung der Zustellung der Streitverkündungsschrift ist mit der (sofortigen) Beschwerde anfechtbar.[29]

3. Die Wirkungen der Streitverkündung

Literatur

Werres, Die Wirkungen der Streitverkündung und ihre Grenzen, NJW 1984, 208.

Tritt der **Dritte** dem **Prozess bei**, erkennt er damit noch keine Haftung gegenüber einer der Prozessparteien an.[30] Der Dritte kann jeder Prozesspartei als Streithelfer beitreten, also nicht nur der Partei, die ihm den Streit verkündet hat.[31] Zulässig ist auch, dass der Streitverkündungsempfänger zunächst dem Streitverkünder und später dessen Prozessgegner beitritt.[32] Allerdings muss er, wenn er der Gegenpartei des Streitverkünders beitritt, bei einem Widerspruch des Streitverkünders sein rechtliches Interesse am Beitritt auf der Gegenseite dartun; das Prozessgericht hat dann auch hier über die Zulässigkeit des Beitritts nach § 71 ZPO zu entscheiden.[33] Ein Beitritt auf beiden Seiten ist einem Streitverkündungsempfänger versagt.[34]

---

§ 70 ZPO, Rn. 1; zum selbstständigen Beweisverfahren: BGH, BauR 2012, 1676 = NZBau 2012, 563).
26) Vgl. dazu BGH, NJW 1985, 328, 329 = BauR 1985, 97.
27) Es sollte davon abgesehen werden, eine Streitverkündung bereits im **Mahnverfahren** vorzunehmen (*Kniffka/Koeble*, 17. Teil, Rn. 4; zur Zulässigkeit siehe *Seggewiße*, NJW 2006, 3037; *Zöller/Vollkommer*, § 72 ZPO, Rn. 3; § 66 ZPO, Rn. 2).
28) Zu den Anforderungen an den **Inhalt** der Streitverkündungsschrift s. *Ulrich*, BauR 2013, 9, 13 m.w.Nachw.
29) OLG Frankfurt, BauR 2001, 677 gegen LG Frankfurt, BauR 2001, 677.
30) *Zöller/Vollkommer*, § 74 ZPO, Rn. 1.
31) OLG Stuttgart, MDR 1970, 148. Im Einzelfall kann allerdings die **Rechtsmissbräuchlichkeit** eines Beitritts zu prüfen sein, insbesondere wenn der Beitritt aus Kostenerstattungsgründen erfolgt; siehe hierzu auch OLG München, IBR 2009, 121 – *Weyer*.
32) BGHZ 18, 110, 112.
33) OLG Stuttgart, MDR 1970, 148.
34) OLG München, IBR 2011, 679 – *Schwenker* (zu der Erklärung, dass er „je zu einem Anteil von 1/2 auf Kläger- und Beklagtenseite beitritt").

562 Die Streitverkündung hat unter der Voraussetzung, dass der Prozess für die Streitverkünder ungünstig ausgeht, erhebliche **materiell-rechtliche** und **prozessuale Wirkungen:**

* Als **materiell-rechtliche Folgen** waren nach altem Recht vor allem die **Unterbrechung** der Verjährung (§ 209 Abs. 2 Nr. 4 BGB a.F.) und die Erhaltung der Gewährleistungsansprüche (§§ 478, 479, 485, 639 BGB a.F.) zu nennen.[35] Nach dem SchRModG hat die Streitverkündung nunmehr eine die Verjährung **hemmende** Wirkung (§ 204 Abs. 1 Nr. 6 BGB). Die Verjährung wird allerdings nur durch eine **zulässige** Streitverkündung gehemmt, was trotz Beitritts des Streitverkündungsempfängers stets im Folgeprozess zu prüfen sein wird.[36] Voraussetzung der Hemmung ist, dass die Streitverkündung vom Berechtigten ausgeht.[37]

* Die **prozessualen Folgen** der Streitverkündung sind wesentlich weitreichender: Dabei steht die **Interventionswirkung** des § 68 ZPO, die sowohl im Falle des Beitritts wie auch des Nichtbeitritts des Dritten erfolgt, im Vordergrund. Allerdings tritt nach § 74 Abs. 3 ZPO die Interventionswirkung schon zu dem Zeitpunkt ein, in dem der Beitritt des Dritten infolge der Streitverkündung möglich war. Zu beachten ist, dass die Interventionswirkung der Streitverkündung auf den Dritten, dem der Streit verkündet wurde, und die Hauptpartei (den Streitverkündenden) beschränkt ist; sie erstreckt sich demnach z.B. nicht auf den früheren Prozessgegner der streitverkündenden Partei.[38]

563 Gerade in **Baumängelprozessen** darf die Interventionswirkung der Streitverkündung nicht unterschätzt werden. Die Streitverkündungswirkung entfällt nicht etwa wegen einer Berufungsrücknahme.[39] Der Dritte kann später – z.B. im Regressprozess – gegenüber dem Streitverkünder nicht mehr den Einwand der unrichtigen Entscheidung durch das Gericht erheben, wobei die **Interventionswirkung alle notwendigen tatsächlichen und rechtlichen Grundlagen des Urteils („tragende Urteilsgründe") ergreift, also sehr weitreichend ist.**[40] Wird im Vorprozess entschieden, welche Maßnahmen zur Mängelbeseitigung geboten und wel-

---

35) Siehe hierzu: BGH, BauR 2012, 675, 676 = NZBau 2012, 159 (Rn. 9). Die Streitverkündung ersetzt aber nicht den Vorbehalt bei der Schlusszahlungsannahme; BGH, BauR 1977, 287.
36) BGH, BauR 2010, 460 (Revisionsurteil zu OLG Düsseldorf, BauR 2008, 2082); BGH (XII.ZS), NJW 2009, 1488, 1489 Rn. 18 ff.; BGH (IX.ZS), BauR 2008, 711, 713 = NJW 2008, 519 = IBR 2008, 87 u. 88 – *Schwenker*; siehe hierzu (ablehnend): *Althammer/Würdinger*, NJW 2008, 2620 ff.
37) KG, IBR 2009, 437 – *Heiliger*.
38) Vgl. BGH, NJW-RR 1990, 121. Zum (unzulässigen) **Wechsel** der unterstützten Partei im Berufungsverfahren: OLG Köln, BauR 2000, 447; zum Kostenerstattungsanspruch bei einem Wechsel: OLG Hamm, BauR 2000, 448.
39) OLG Hamm, OLGR 1996, 74, 76; BGH, NJW 1969, 1480.
40) BGHZ 8, 72; LG Dresden, BauR 2006, 1335; OLG Düsseldorf, BauR 1996, 396 = NJW-RR 1996, 532, 533; OLG Köln, NJW-RR 1992, 119 (Fehlen der Vollmacht; Haftung gemäß § 179 Abs. 3 BGB); OLG Frankfurt, MDR 1976, 937 (**Bestreiten** der Mängel und Erhebung der **Verjährungseinrede**); OLG Hamm, NJW-RR 1988, 155 (**Teilforderung;** dazu auch *Wilke*, BauR 1995, 465, 471); OLG München, NJW 1986, 263 (gesamtschuldnerische Haftung und **Quote**); OLG Braunschweig, BauR 1991, 355 (Haftung des Architekten). Zu den **Grenzen** der Streithilfewirkung s. BGH, NJW 1987, 1894 m.Anm. *Fenn*, JZ 1987, 1036; OLG Brandenburg, IBR 2007, 109 – *Orthmann* (Mehrfachbegründung); OLG Karlsruhe, BauRB 2005, 262.

che nicht erforderlich sind und welche Aufwendungen die Mängelbeseitigungsmaßnahmen verlangen, so erstreckt sich auch darauf die **Interventionswirkung**.

Wird z.B. in einem Rechtsstreit zwischen dem Bauträger und einem Erwerber in den Urteilsgründen festgestellt, dass auf der Unterseite des Dämmmaterials die Aluminiumdampfbremse fehlt und auf der Oberseite die Papierkaschierung, sodass von außen kommende Kaltluft ungehindert in die Wärmeschicht eindringen kann und die Wärmedämmung verhindert, wodurch es insbesondere zu einer starken Abkühlung an der Deckenoberfläche kommt, so kann sich die Dachdeckerfirma, die dem Rechtsstreit beigetreten war und ihre (eigene) Berufung zurückgenommen hatte, in einem **Regressprozess** des Bauträgers gegen sie und den planenden Architekten nicht mehr darauf berufen, nach dem Beweisergebnis des Regressprozesses beruhe der eingetretene Schaden ausschließlich auf dem Verschulden des Architekten; vielmehr ist der Unternehmer **an die tragenden Urteilselemente** des Erstprozesses (Bauträger – Erwerber) gebunden, wenn das Gericht **hieraus die Haftung des Unternehmers ableitet**.

Die Interventionswirkung bezieht sich allerdings immer nur auf **wirkliche Feststellungen** und nicht auch „auf solche, die das Gericht im Ausgangsprozess bei Erschöpfung des Prozessvortrages und zutreffender rechtlicher Beurteilung hätte treffen müssen, um zu seiner Entscheidung zu kommen".[41] Darüber hinaus kommt es immer entscheidend darauf an, **welche Ansprüche** (in der Streitverkündungsschrift) angeführt sind; diese müssen **hinreichend genau bezeichnet** werden.[42] Erwähnt die Streitverkündungsschrift nur die eigenen Ansprüche der Streitverkündenden (z.B. aus dem Subunternehmervertrag) und bezieht sie sich nicht auch auf (weitere) abgetretene Ansprüche eines Dritten, so erstreckt sich die unterbrechende Wirkung der Streitverkündung nicht auf die abgetretenen Ansprüche.[43] Ein „**Non liquet**" im **Vorprozess** belastet den Streitverkündeten im Folgeprozess nur, wenn er im Folgeprozess insoweit beweispflichtig ist. Dem **Anwalt** kann damit eine besondere **Sorgfaltspflicht** obliegen, wenn er bei **Vertretungsfällen** (Unternehmer ← Architekt ← Bauherr oder Lieferant ← Bauherr ← Architekt) zu überlegen hat, wen er zweckmäßigerweise zuerst in Anspruch nimmt, um nicht einen **doppelten Prozessverlust** zu riskieren.[44] Im Übrigen ist es im Einzelfall Sache des **Tatrichters**, den **Inhalt** einer Streitverkündungsschrift und des Prozessstoffs eines Vorprozesses, aus dem sich das Ausmaß der Hemmungswirkung ergibt, sorgfältig zu beurteilen.[45]

Tritt der Dritte dem Prozess bei, so gelten neben der Interventionswirkung des § 68 ZPO auch die übrigen Grundsätze über die Nebenintervention (§§ 66 ff. ZPO).

564 Die **materiell-rechtlichen Wirkungen** der Streitverkündung, also insbesondere die (frühere) **Unterbrechung** bzw. nunmehr die **Hemmung** der Verjährung, treten unabhängig von den prozessualen Folgen der Streitverkündung ein. Sie werden durch jede **zulässige Streitverkündung bewirkt**,[46] soweit sie zu diesem Zeitpunkt überhaupt noch eintreten können, die Forderung also z.B. noch nicht bereits ver-

---

41) BGH, NJW 1983, 820 = ZfBR 1983, 26 = MDR 1983, 220; OLG Hamm, NJW-RR 1996, 1506 („objektiv nach zutreffender Rechtsauffassung beruht").
42) BGH, BauR 2012, 675, 677 (Rn. 14) BGH, WM 2000, 1764, 1765.
43) OLG Düsseldorf, BauR 1996, 869, 870.
44) BGH, a.a.O.; *Baumgärtel*, ZfBR 1983, 121.
45) BGH, BauR 2012, 675, 677 = ZfBR 2012, 235 (Rn. 15).
46) BGH, BauR 2010, 460 = IBR 2010, 119 – *Schwenker* (Streitverkündung im Verfahren der Beschwerde gegen die Nichtzulassung der Revision). BGH, BauR 2008, 711 = NJW 2008, 519.

jährt ist. Der BGH[47] hat in diesem Zusammenhang auch darauf hingewiesen, dass es deshalb nicht darauf ankommen kann, „in welchem Stadium sich der Prozess befindet, in welchem die Streitverkündung erfolgt, ob er etwa gerade begonnen hat oder ob dies erst kurz vor der Urteilsverkündung geschieht, nach Erlass eines Teilurteils oder während des Streits über die Höhe des Anspruchs (nach Erlass eines Grundurteils) oder sogar erst in einem zweiten, nach Einwirkung eines Feststellungsurteils anhängig gemachten Rechtsstreit über die Höhe des Anspruchs". Zu beachten ist, dass sich die verjährungshemmende Wirkung der Streitverkündung auf den in der Streitverkündungsschrift beschriebenen Streitgegenstand beschränkt.[48]

565 Das Eintreten der **Nebeninterventionswirkung** ist die wichtigste **prozessuale** Folge der Streitverkündung. Dieser Zeitpunkt kann von Bedeutung sein, wenn der Streitverkündete durch die Lage des Rechtsstreits (§ 68 ZPO) zur Zeit seines Beitritts gehindert war, eigene Angriffs- oder Verteidigungsmittel geltend zu machen.[49]

566 Die materiell- und prozessrechtlichen **Wirkungen** treten nur bei einer **zulässigen** Streitverkündung ein; dies wird jeweils erst in dem späteren Folgeprozess geprüft.[50]

Der Streithelfer muss den Streit in der Lage aufnehmen, in der er sich z.Z. seines Beitritts befindet (§ 67, 1. Halbsatz ZPO). Seine Prozesshandlungen und Erklärungen dürfen nicht in Widerspruch zu denen der unterstützten Partei stehen.[51] Soweit dies zutrifft, ist natürlich auch die Bindungswirkung des Vorprozesses eingeschränkt.[52]

567 Der Streithelfer kann sich in Bausachen vor allem dadurch in Widerspruch zu der von ihm unterstützten Partei setzen, wenn seine Prozesshandlungen zugleich auch materiell-rechtliche Wirkungen haben, wie z.B. bei einer **Aufrechnung** oder der **Geltendmachung von Mängelrechten,** die ausschließlich der unterstützten Partei zustehen. Die Rechtslage ist anders, wenn die unterstützte Partei die Minderungs-, Aufrechnungs- oder Zurückbehaltungsrechte bereits – z.B. in erster Instanz – ausgeübt hat; dann kann der Streithelfer diese bereits ausgeübten Rechte – in dem Berufungsrechtszug – weiter geltend machen und dazu ggf. neue Behauptungen aufstellen und Beweise antreten.[53] Reine Prozesshandlungen, wie die **Ablehnung des**

---

47) NJW 1979, 264 = BauR 1979, 255 = MDR 1979, 215 – VersR 1979, 155.
48) OLG München, IBR 2015, 463 – *Koppmann.*
49) Siehe hierzu umfassend: *Schröder,* BauR 2007, 1324 ff.
50) BGH, BauR 1978, 149, 150; BGH, NJW 1982, 281 = ZfBR 1982, 30. Die Zulässigkeit ist nicht mehr zu prüfen, wenn der Streitverkündete dem Vorprozess aufseiten des Streitverkünders beigetreten ist (OLG Hamm, NJW-RR 1988, 155).
51) Siehe hierzu: OLG Düsseldorf, IBR 2013, 31 – *Wronna = Leupertz,* Jahrbuch Entscheidungsanalysen 2012, 16 – *Christiansen-Geiss* (Berufungsantrag geht über das Rechtsmittel der Hauptpartei hinaus); OLG Karlsruhe, BauR 2003, 98, 99 (für das Bestreiten von Messungen durch einen Sachverständigen); Saarländisches OLG, OLGR 2002, 109 und OLG Karlsruhe, IBR 2002, 454 – *Hänsel*. Das gilt auch für die Rechtsmitteleinlegung und für die Weiterführung eines Rechtsmittels (BGH, BauR 1989, 114, 115 = ZfBR 1989, 57 = NJW 1989, 1357).
52) Vgl. BGH, NJW 1982, 281, 282; *Werres,* NJW 1984, 208, 209. Zulässig: Verjährungseinrede (BGH, VersR 1985, 80).
53) Vgl. OLG Düsseldorf, MDR 1974, 406.

Sachverständigen wegen Besorgnis der Befangenheit oder die Stellung eines **Anhörungsantrages** nach § 411 Abs. 3 ZPO, können von dem Streithelfer ebenfalls vorgenommen werden, was insbesondere in einem selbstständigen Beweisverfahren von Bedeutung ist. Im Übrigen gilt: Ein Rechtsmittel kann von dem einfachen Streithelfer (§ 66 ZPO) nur solange eingelegt werden, wie die **Rechtsmittelfrist** für die **Hauptpartei** läuft.[54] Nichts anderes gilt im Ergebnis für das Verfahren der **Beschwerde** gegen die Nichtzulassung der Revision.[55]

---

54) BGH (IX. ZS), IBR 2013, 721 – *Schwenker*.
55) BGH, NZBau 2012, 566, 567.

KAPITEL 3
Der Bauprozess in erster und zweiter Instanz

Übersicht

	Rdn.			Rdn.
I.	Vorbereitung durch die Parteien	571	III. Verspätetes Vorbringen	588
II.	Die richterlichen Maßnahmen	577	IV. Zur Berufung in Bausachen	593

Literatur

Heyers, Der Bauprozess – ein besonderes Risiko?, ZfBR 1979, 46; *Soergel*, Die Prozessrisiken im Bauprozess, DAB 1981, 909; *Kraus*, Rational-kooperatives Verhandeln – Eine geeignete Alternative zum Bauprozess, Jahrbuch Baurecht 1998, 137; *Griem*, Strukturierung eines baurechtlichen Großprozesses, Jahrbuch Baurecht 2002, 303; *Gaier*, Verfassung und Bauprozess, BauR 2006, 1539; *Leupertz*, Zwischen Scylla und Charybdis: Die Rechtsfindung in Bausachen – Aus dem Innenleben der Justiz, Festschrift für Motzke (2006), 201; *Schröder*, Die statistische Realität des Bauprozesses, NZBau 2008, 1; *Thierau/Leidig*, Hoffnung bei langen Bauprozessen?, BauR 2010, 993; *Hildebrandt/Kaestner*, Richter und Schiedsrichterhaftung wegen überlanger Verfahrensdauer, BauR 2010, 2017; *Virneburg*, Der Vergleich in Bausachen – Haftungsfalle für den Anwalt, Jahrbuch Baurecht 2011, 211; *Englert*, Baurechtliche Aus- und Weiterbildung durch die Deutsche Gesellschaft für Baurecht e.V.: Institut und Streitlöserkurse, BauR 2012, 1347; *Auweiler/Lauer*, Die Beschleunigung im Bauprozess, BauR 2013, 1021; *Walter*, Verzögerung durch Sachverständigengutachten – Ursachen, Bedeutung und Möglichkeiten der Abhilfe im Zivilverfahren, DS 2013, 385; *Keders/Walter*, Langdauernde Zivilverfahren – Ursachen überlanger Verfahrensdauern und Abhilfemöglichkeiten, NJW 2013, 1697; *Kuffer*, Außergerichtliche Streitbeilegung im Bauwesen – Ein Vorzugsmodell, NZBau 7/2014 Editorial; *Kapellmann*, Bauprozesse als unabänderliches Ärgernis?, NZBau 2016, 67; *Reinelt*, Instanzübergreifend vorgehen – Warum es sinnvoll ist, schon im Berufungsverfahren an die dritte Instanz zu denken, BauR 2016, 2000.

Bauprozesse fordern von allen Prozessbeteiligten (Richter, Rechtsanwälte, Sachverständige und Parteien) **ein besonderes Maß an konstruktiver Mitarbeit.** Nur dadurch kann verhindert werden, dass ein sachlich und rechtlich schwieriger Bauprozess den Beteiligten „aus der Hand gleitet", indem sich letztlich nur die Akten füllen, der Prozess aber in keiner Weise gefördert wird. Die Statistik beweist, dass Bauprozesse nach wie vor zu den **kostspieligsten, schwerfälligsten** und dementsprechend auch zu den **längsten Prozessen** zählen. Dies muss jedoch nicht sein: Eine gründliche **Vorbereitung** der mündlichen Verhandlung durch die Prozessparteien und das Gericht sowie eine straffe richterliche Prozessleitung können bereits bewirken, dass der größere Teil der Bauprozesse zügig abgewickelt wird. Die Prozesspraxis zeigt indes, dass hierfür nicht immer der Wille oder die Fähigkeit vorhanden ist. Grund mag sein, dass besonders **Baukammern** oftmals in Arbeit zu ersticken drohen und deshalb manchmal der Anreiz für eine beschleunigte Verfahrenshandlung fehlt.[1] Indes: Das Bestreben, unangenehme Bauprozesse – und dafür haben die Baurichter einen geschulten Blick – möglichst schnell vom Tisch zu bekommen, hat schon immer eine gewisse „Beschleunigung" bewirkt, gegen die

568

---

[1] Zur Ablehnung eines Richters wegen **Befangenheit** bei fehlender Förderung des Bauprozesses: OLG Dresden, IBR 2010, 432 – *Lehmann*; zur Ablehnung wegen Nichtbescheidung einer **Gegenvorstellung**: OLG Düsseldorf, IBR 2010, 431 – *Orlowski*. Zur „berechtigten Kritik" am Bauprozess: *Kapellmann*, NZBau 2016, 67, 68.

nichts einzuwenden war, solange die „Schnelligkeit" nicht auf Kosten der Richtigkeit ging.[2] Das Ziel, die Bauprozesse zu straffen, übersichtlicher und kürzer zu machen, kann aber nur erreicht werden, wenn alle Beteiligten an einem Strang ziehen.[3] Solange dies nicht geschieht, wird der Ruf nach **Alternativen** zum Bauprozess nicht verstummen.[4]

569 Die **Zivilprozessreform**[5] und auch das **Justizmodernisierungsgesetz 2004**[6] haben mit sinnvollen Änderungen durchaus einen Beitrag zur Bewältigung der Bauprozesse geleistet. Die Bedeutung der Bausachen hat der Gesetzgeber bei der Reform berücksichtigt: So fallen nach § 348 Abs. 1 Nr. 2c ZPO „Streitigkeiten aus Bau- und Architektenverträgen sowie aus Ingenieurverträgen, soweit sie im Zusammenhang mit Bauleistungen stehen", **nicht** in den Zuständigkeitsbereich des „originären" Einzelrichters, wenn das Präsidium diese **Spezialmaterie im Geschäftsverteilungsplan** einer Kammer aus Spezialitätsgründen **zugewiesen** hat.[7] Hat die „Bausache" im Sinne des Geschäftsverteilungsplans weder besondere rechtliche oder tatsächliche Schwierigkeiten, noch eine grundsätzliche Bedeutung, ist die Kammer allerdings **ohne jeden Ermessensspielraum** verpflichtet, die Sache auf den („obligatorischen") Einzelrichter zu übertragen.[8] Indes muss es dabei nicht bleiben: Der **Einzelrichter** kann die Bausache der **Kammer** vorlegen, wenn sich aus einer **wesentlichen Änderung** der Prozesslage besondere tatsächliche oder rechtliche Schwierigkeiten der Sache oder ihre grundsätzliche Bedeutung ergeben. Ist allerdings die besondere Schwierigkeit der Bausache **zum Zeitpunkt** der **Übertragung** auf den Einzelrichter gegeben gewesen, aber nicht erkannt worden, kommt eine **Übernahme** der Kammer **nicht** in Betracht.

570 Im Übrigen sind die **Ziele** der Zivilprozessreform (u.a. **Förderung** der gütlichen Streitbeilegung, umfassende und möglichst abschließende Streiterledigung in der **ersten** Instanz, **Beschleunigung** der Berufungsverfahren durch Beschränkung) der Abwicklung der Bauprozesse weitgehend zugute gekommen. Hinzukommt, dass durch einen **strukturierten EDV-Einsatz** eine wesentlich effektivere Bauprozessführung und damit eine deutliche **Beschleunigung** erreicht werden kann.[9] Dies muss auch in Zukunft so sein, setzt aber voraus, dass **die Baurichter** verantwortungsvoll die prozessualen Möglichkeiten und Vorgaben nutzen. Die **mündliche Verhandlung** muss so in den Mittelpunkt gerückt und ausgestaltet bleiben, dass der Rechtsstreit mit den Parteien umfassend erörtert und möglichst in einem Termin, dem **Haupttermin** (§§ 279, 278 ZPO), abgeschlossen werden kann. Der entscheidungserhebliche Streitstoff sollte daher entweder in einem **frühen ersten Verhandlungstermin** (§ 275 ZPO) oder in einem **schriftlichen Vorverfahren** (§ 276 ZPO) gesammelt werden. Der frühe erste Termin ist vor allem für **einfach gelagerte Bausachen** zu empfehlen, während dem schriftlichen Vorverfahren bei schwierigeren Bausachen der Vorzug zu geben ist. In Bausachen sollte im Übrigen immer

---

2) Zur Frage, wie ein „Überraschungsurteil" angegriffen werden muss, siehe § 520 Abs. 3 Nr. 2 ZPO (*Lemke*, in: Prütting/Gehrlein, Rn. 35 ff.; BGH, IBR 2014, 705 – *Schwenker*).
3) Zum **verfassungsrechtlichen Gebot** einer angemessenen Verfahrensdauer: *Auweiler/Lauer*, BauR 2013, 1021, 1023 f. m.w.Nachw.
4) Zur **Mediation**: *Wimmer/Wimmer*, NJW 2007, 3245: *Reichling*, DRiZ 2010, 44; **zur Adjudikation**: *Quack*, ZfBR 2010, 211 sowie die umfängliche Literatur vor Rdn. 526.
5) Gesetz zur Reform des Zivilprozesses vom 27. Juli 2001 (BGBl. I S. 1887).
6) Erstes Gesetz zur Modernisierung der Justiz (1. Justizmodernisierungsgesetz) vom 24. August 2004 (BGBl. I S. 2198).
7) BT-Drucks. 14/6036, S. 153. Kritisch hierzu: *Schneider*, NJW 2000, 3756, 3757.
8) BT-Drucks. 14/4722, S. 90.
9) Siehe hierzu: *Meyer-Laucke*, Effektive Bauprozessführung durch strukturierten EDV-Einsatz, Baurechtstagung **arge baurecht** vom November 2014.

von der Vorschrift des § 358a ZPO über den **vorterminlichen Beweisbeschluss** Gebrauch gemacht werden. Durch diese Vorschrift ist das Gericht – vor allem auch noch in der Berufungsinstanz – in der Lage, auch größere Bausachen von vornherein in die richtigen Bahnen zu lenken.

Es ist keine Frage, dass die Bewältigung größerer Bausachen **Spezialwissen** erfordert, das in den sog. **Baukammer** bzw. **Bausenaten** erworben wird. Solche Baukammern und Bausenate sind auch eingerichtet worden (Rdn. 405 ff.). Indes berichtet Prof. Leupertz[10] über „eine Tendenz, Bausenate abzuschaffen". Sollte dies eintreten, werden die in der Vergangenheit erzielten Verbesserungen schnell vergessen sein.

Ob das Gesetz über den Rechtsschutz bei überlangen Verfahren (BGBl. I 2011, 2302 ff.), das mit den **§§ 198–201 GVG** eine Gesetzeslücke schließt,[11] in der Praxis größere Bedeutung hat, erscheint fraglich, denn bereits die erste Entscheidung des BGH[12] machte bereits deutlich, dass es im Einzelfall schwierig sein wird, die **Unangemessenheit** der Verfahrensdauer nachvollziehbar zu begründen.[13]

---

10) BauR 5/2012, I, II.
11) *Neff*, in: Prütting/Gehrlein, § 198 GVG, Rn. 1.
12) Urt. v. 5.12.2013 – III ZR 73/13 (BauR 2014, 687 = ZfBR 2014, 236 = NZBau 2014, 352, Rn. 37; Vorinstanz: OLG Frankfurt, IBR 2013, 511, 512 – *Schwenker*). Zum Recht auf effektiven Rechtsschutz s. auch BVerfG, Beschl. v. 23. Mai 2012 – 1 BvR 359/09, www.ibr-online.de u. IBR 2012, 621 – *Schmidt*.
13) Siehe auch: *Thierau/Leidig*, BauR 2010, 993, 994. Zur **Amtshaftung** für eine Prozessverzögerung: BGH, BauR 2011, 544 = IBR 2011, 118 – *Schwenker*.

I. Vorbereitung durch die Parteien

Literatur

Hansen, Die Substantiierungslast, JuS 1991, 588; *Baumgärtel*, Die Darlegungslast in Bau- und Werkvertragsprozessen, Festschrift für Heiermann, 1995, 1; *Frohn*, Substantiierungspflicht der Parteien und die richterliche Hinweispflicht nach § 139 ZPO, JuS 1996, 243; *Heinrich*, Einseitige Erledigungserklärung des Klägers und gerichtlicher Prüfungsumfang im Zivilprozess, Festschrift für v. Craushaar (1997), 375; *Pastor*, Bauprozess und Anwaltshaftung, Festschrift für v. Craushaar, 403; *Meurer*, Baumängelprozess – Verfahrensvorbereitung und Auswahl der „richtigen Klageart", MDR 2000, 1041; *Reck*, Die Erläuterung der Schlussrechnung in Schriftsätzen im Bauprozess, NZBau 2004, 128; *v.d.Hövel*, Die Bauklage im Urkundenprozess, NZBau 2005, 6; *Sonntag*, Zulässigkeit von Teilklagen aus werkvertraglichen Schlussrechnungen, NZBau 2008, 361; *Stackmann*, Fehlervermeidung im Berufungsverfahren, NJW 2008, 3665; *Lembcke*, Urkundenprozess in Bausachen, BauR 2009, 19; *Digel/Knickenberg*, Die Darlegungs- und Beweislast beim Stundenlohn, BauR 2010, 21; *Müller*, Beraterhaftung – Zur Haftung von Rechtsanwälten, Steuerberatern und Notaren auf dem Gebiet des Bau- und Bauträgerrechts, PiG Bd. 89 (2011), 49.

571 Die den **Parteien** verstärkt obliegende Pflicht zur sorgfältigen und auf Förderung des Verfahrens bedachten Prozessführung hat vor allem auch **Auswirkungen für die Vorbereitung des Prozesses**. Es müssen nicht nur frühzeitig Rücksprachen zwischen dem Anwalt und seinem Mandanten stattfinden;[1] auch die Schriftsätze müssen im Hinblick auf **mögliche Präklusionen** vor allem im Berufungsverfahren (§ 531 ZPO) umfassend und sorgfältig den Prozessstoff herausarbeiten. Auf eine verkürzte Sachverhaltsaufklärung darf sich ein Bauanwalt niemals einlassen; zu schnell kann er gegen seine Pflicht verstoßen, die Interessen seines Auftraggebers in den Grenzen des erteilten Mandats nach jeder Richtung und umfassend wahrzunehmen. Das belegen zahlreiche Urteile zur **Anwaltshaftung**.[2]

---

[1] Zur Vorbereitung eines Bauprozesses durch den Anwalt: *Kniffka/Koeble*, 18. Teil, Rn. 2 ff.; *Bauer*, in: Motzke/Bauer/Seewald, 1, Rn. 2 ff.; *Englert/Fuchs/Schalk/Schwartz*, in: Kuffer/Wirth, Kap. 1, Rn. 103 ff.

[2] BGH, ZfBR 2013, 556 = IBR 2013, 442 – *Schwenker* (zur Haftung wegen **Rücknahme** einer Berufung: keine vorherige Aufklärung der Partei „über die wägbaren Prozessaussichten"); BGH, BauR 2012, 675 (zu den Erfordernissen einer **Streitverkündung**); BGH, BauR 2006, 2045 (Anwaltspflichten bei **Verzug** des Bauträgers). Zur **Haftung** des Anwalts wegen unzureichender **Aufklärung** über Mängelansprüche: OLG Saarbrücken, BauRB 2005, 318 – *Moufang*; zu den Pflichten des Anwalts bei verjährten Mängelansprüchen („**Abraten**" vom Prozess): OLG Celle, BauR 2006, 684, 685 = IBR 2006, 50 – *Schwenker*; zu den Pflichten bei **baubegleitender** Rechtsberatung s. BGH, BauR 1999, 56 = *SFH*, Nr. 30 zu § 675 BGB = NJW-RR 1999, 19; zu den Pflichten des **Rechtsanwalts** bei der Vorbereitung eines **Schadensersatzprozesses** s. BGH, NJW 1993, 2676; zu den Pflichten bei Fertigung einer **Klageerwiderung** in Bausachen s. vor allem OLG Oldenburg, VersR 1981, 340; OLG Hamm, MDR 1986, 847, 848 (Hinweis auf die prozessualen Folgen **verspäteten Verteidigungsvorbringens**); zur **anwaltlichen** Sorgfaltspflicht bei Substantiierung eines Bauverzögerungsschadens s. OLG Koblenz, BauR 1997, 872 = NJW-RR 1997, 954; zu den Anforderungen an den Inhalt einer **Berufungsbegründung** (§ 519 Abs. 3 Nr. 2 ZPO a.F.) im Bauprozess: BGH, BauR 1984, 209 = ZfBR 1984, 87 = *SFH*, Nr. 1 zu § 519 ZPO; BGH, BauR 1994, 538; BGH, IBR 2002, 429 – *Leitzke* (zur anwaltlichen Pflicht der **Sachverhaltsaufklärung**); zur Haftung der **Kreishandwerkerschaft** aus Rechtsberatung s. OLG Düsseldorf, BauR 2002, 95. Der **Anwalt** verletzt die ihm aus dem Anwaltsvertrag erwachsenden Verpflichtungen, wenn er z.B. einen Architekten, dessen Honoraranspruch er durchsetzen will, nicht bei gegebenem Anlass über die Voraussetzungen der **Verjährung** belehrt und deshalb nicht zu einer umfassenden Informations-

572 Auf der Klägerseite beginnt die Vorbereitung des Bauprozesses deshalb damit, dass die **Klage im Aufbau gestrafft und gut geordnet abgefasst** wird. Der für die Schlüssigkeit der jeweiligen Klagearten notwendige **Vortrag** sollte dabei für alle Beteiligten klar und **transparent geordnet** sein.[3] Ein innerhalb der Klage schon mangelhaft geordneter Prozessstoff kann nämlich den Keim eines schwerfälligen und unübersichtlichen Prozesses in sich tragen.

Wie umfangreich die **Klage** gestaltet werden muss, wird vom **Einzelfall** abhängen. Eine ordnungsgemäße Klageschrift i.S. des § 253 Abs. 2 ZPO liegt vor, wenn sie den Beklagten z.B. über Grund und Höhe der **Werklohnforderung**[4], über die

---

erteilung und **Herausgabe aller Unterlagen** veranlasst (OLG Düsseldorf, NJW 1986, 1938; siehe ferner: BGH, VersR 1994, 94, 96; OLG Köln, AnwBl. 1994, 522). Zum Haftungsrisiko des Anwalts bei einer **Architektenhonorarklage:** OLG Düsseldorf, BauR 2004, 1646 = IBR 2004, 526 – *Waldmann;* zur Beweislast im **Regressprozess:** BGH, IBR 2004, 525 – *Dieckert;* zur **Kausalität** einer Pflichtverletzung: BGH, IBR 2008, 616 – *Schwenker* u. IBR 2005, 503 – *Schwenker;* zur Verjährung der Anwaltshaftung: BGH, IBR 2006, 105 – *Fuchs.*

3) Es ist niemals die Aufgabe des Gerichts, sich den entscheidungserheblichen Sachverhalt u.a. aus einem umfänglichen Anlagenkonvolut zusammenzusuchen (BGH, IBR 2014, 188 – *Elzer*); s. auch: OLG Zweibrücken, IBR 2013, 321 – *Elzer* (pauschale Bezugnahme auf Anlagen).

4) Zum **Umfang** der **Darlegungslast** des Unternehmers bei der **Werklohnklage:** BGH, BauR 1998, 121 = ZfBR 1998, 78; BGH, BauR 1998, 125 = ZfBR 1998, 32; BGH, NJW 1997, 733 = BauR 1997, 304; BGH, BauR 1996, 846 (zur Abrechnung der **ersparten Aufwendungen** i.S. des § 649 BGB beim **Pauschalvertrag**); BGH, BauR 2005, 385 = ZfBR 2005, 147 = ZfBR 2005, 252 u. OLG Celle, OLGR 2006, 233 = IBR 2006, 194 – *Schwenker* (Prüfbarkeit der Abrechnung eines gekündigten **Pauschalpreisvertrages**); OLG Düsseldorf, NZBau 2010, 369 (Abrechnung eines **gekündigten Pauschalpreisvertrags**); BGH, BauR 2002, 1403 = NZBau 2002, 507 = ZfBR 2002, 667 (zur getrennten Abrechnung von erbrachten und nicht erbrachten Leistungen nach Kündigung); BGH, BauR 2009, 1291; KG, NZBau 2001, 26 (**Stundenlohnarbeiten**); OLG Frankfurt, NZBau 2001, 27 (zur Prüfbarkeit einer **Stundenlohnabrechnung**; s. auch BGH, NZBau 2001, 85); KG, OLGR 1998, 41 (Rückzahlung einer **Anzahlung** nach vorzeitiger Beendigung eines **Pauschalvertrages**); BGH, ZfBR 1996, 143 = BauR 1996, 382 = NJW 1996, 1282 (**ersparte Aufwendungen** beim **Einheitspreisvertrag**); BGH, NZBau 2007, 510 = BauR 2007, 1416 (**Rechnungsvorlage** als ausreichender Sachvortrag); OLG Köln, BauR 1997, 1039 (ersparte Aufwendungen des **Fertighausherstellers**); BGH, BauR 1995, 691 = NJW 1995, 2712 (**Pauschalvertrag** und **Teilvergütung**); BGH, BauR 1995, 237 (Pauschalvertrag und **Zusatzaufträge**); OLG Düsseldorf, BauR 2001, 406 (**Einheits- oder Pauschalpreisvertrag**); OLG Düsseldorf, BauR 2000, 269 (**Pauschalpreisvertrag**); OLG Nürnberg, BauR 1999, 409 (**Nachtragsforderungen** wegen Planänderungen und Behinderungen); OLG Hamm, IBR 2005, 581 – *Vogel* u. KG, NJW-RR 2000, 1690 (**Stundenlohnarbeiten**); BGH, ZfBR 2002, 562 = NZBau 2002, 381; BauR 1995, 91; OLG Celle, OLGR 2001, 28; OLG Karlsruhe, BauR 1995, 113 (**Behinderungsschaden**); BGH, ZfBR 1992, 173; BauR 1984, 667 = NJW 1984, 2888; BauR 1988, 121; AG Gießen, NJW-RR 1987, 1052 (Aufwendungsersparnis); LG Trier, NJW-RR 1992, 604 (**entgangener Gewinn**); vgl. ferner *Stürner,* JZ 1985, 185 und *Lange,* DRiZ 1985, 247; BGH, BauR 1999, 635 = ZfBR 1999, 196 = NJW 1999, 1867 (**Prüffähigkeit** der Schlussrechnung und Hinweispflicht). Zu den Anforderungen an das **Bestreiten** eines Pauschalvertrages: BGH, BauR 2007, 2106 = NZBau 2008, 57 = ZfBR 2008, 157; zur Darlegungslast eines **Teilvergütungsanspruchs** nach §§ 649, 651 BGB: OLG Hamm, BauR 2010, 785, 787.

geltend gemachte **Honorarforderung**[5] oder die **Mängelansprüche**[6] so weit in Kenntnis setzt, dass er hierauf seine Verteidigung einrichten kann.[7] Geht bereits aus der Vorkorrespondenz hervor, in welche Richtung der Gegner operiert, sollte der Kläger allerdings die zu erwartenden **Einwendungen** bereits in der Klage so umfassend wie möglich behandeln, um den eigentlichen Streitstoff schon in der Klage erkennbar herauszuarbeiten. In anderen Fällen kann dagegen ein **Abwarten** auf den gegnerischen Vortrag sinnvoller sein, um den Prozess nicht schon von vornherein unnötig aufzublähen. Damit sind vor allem diejenigen Fälle angesprochen, in denen sich das gegnerische Vorbringen nur auf (wenige) bestimmte Einwendungen konzentrieren wird. In jedem Falle sollte aber der für die Schlüssigkeit erforderliche Tatsachenstoff straff geordnet vorgetragen werden.

---

5) Zur **Darlegungslast** des **Architekten**: OLG Düsseldorf, IBR 2014, 611 – *Wessel* (Defizite der **Schlussrechnung** des Architekten können zur endgültigen Klageabweisung führen); OLG Oldenburg, BauR 2013, 119 = IBR 2013, 124 – *Schwenker* (Schlüssigkeit einer Honorarklage aufgrund eines Planervertrags); BGH, IBR 2010, 396 – *v. Rintelen* (bei der Prüfung der Schlüssigkeit ist der gesamte Prozessstoff zu berücksichtigen); BauR 2005, 739 = NZBau 2005, 349 = ZfBR 2005, 359 (Berechnung der **erbrachten** Leistung nach Kündigung; s. auch KG, IBR 2007, 495 – *Eich*); BGH, ZfBR 2002, 59 (Darlegungslast für Verstoß gegen das Preisrecht der HOAI); BGH, NZBau 2000, 82 = ZfBR 2000, 118 = BauR 2000, 430 u. BauR 1996, 412 = ZfBR 1996, 200 = NJW 1996, 1751 (**Abrechnung** der ersparten Aufwendungen nach § 649 Satz 2 BGB; 40 %-Klausel; BGH, NJW-RR 1991, 981; BGH, BauR 2002, 1421 = ZfBR 2002, 674; BGH, NJW-RR 1992, 278 = BauR 1992, 265; OLG Düsseldorf, NZBau 2010, 54 u. OLG Celle, NZBau 2010, 58 (**anrechenbare Kosten**); OLG Koblenz, IBR 2009, 88 – *Zerwell* (HOAI-Abrechnung statt des vereinbarten Pauschalhonorars; Darlegung der **Mindestsatzunterschreitung**); OLG Düsseldorf, BauR 2010, 482 (**Beweislast** bei behaupteter **Pauschalpreisabrede**); OLG Hamm, NJW-RR 1992, 979; OLG Frankfurt, *SFH*, Nr. 1 zu § 287 ZPO u. OLG Düsseldorf, *SFH*, Nr. 4 zu § 4 HOAI; OLG Koblenz, BauR 2001, 664 u. OLG Köln, ZfBR 2001, 549 (Prüffähigkeit der **Schlussrechnung**); BGH, BauR 2007, 724 = NZBau 2007, 315 = ZfBR 2007, 338 (Abrechnung eines gekündigten **Projektsteuerungsvertrages**; keine Anwendung von § 8 HOAI); s. ferner: OLG Frankfurt, IBR 2007, 317 – *Eschenbruch*.

6) Zur Darlegung von **Mängelrügen** durch den **Auftraggeber**: OLG Oldenburg, BauR 2013, 1712 (Darlegungs- und Beweislast bei Ansprüchen wegen **fehlerhafter Kostenermittlung** des Architekten); BGH, BauR 2008, 510 (Darlegungslast zur **Höhe** des Leistungsverweigerungsrechts wegen Mängeln; s. auch BGH [VIII. ZS], IBR 2013, 718 – *Berding*); BGH, NJW-RR 2001, 739 (Kostenvorschussanspruch); BGH, NJW-RR 2000, 1547 (Koordinierungspflichtverletzung eines Baubetreuers); BGH, BauR 1998, 632; BGH, ZfBR 1997, 31 = BauR 1997, 133 u. OLG Düsseldorf, NJW-RR 1998, 1549 (Leistungsverweigerungsrecht; kein Vortrag zur **Höhe** der Mängelbeseitigungskosten erforderlich, aber verbale Umschreibung); BGH, BauR 2003, 1247 u. BauR 1997, 1065 = ZfBR 1998, 25 (Architektenwerk; vom Bauherrn sind nur Mangelerscheinungen vorzutragen); BGH, BauR 1985, 355, 357 = ZfBR 1985, 171; BGH, BauR 1987, 207 = NJW-RR 1987, 336; NJW-RR 1987, 798 = BauR 1987, 443; BGH, BauR 1988, 474 = NJW-RR 1988, 1043; BGH, BauR 1989, 361 (**Aufsichts**pflichtverletzung eines Architekten); BGH, BauR 1990, 488 = ZfBR 1990, 112 (Darlegung eines **Schadens** mit Hilfe eines Sachverständigen); OLG Köln, BauR 1999, 259 (Darlegung eines Mangels anhand eines Gutachtens); BGH, BauR 1992, 500 = ZfBR 1992, 168 (zu den Anforderungen an die Darlegungslast bei **arglistigem Verschweigen** eines Mangels); zur Darlegung des Mehrkostenerstattungsanspruchs s. BGH, BauR 2000, 571 = ZfBR 2000, 174; OLG Celle, OLGR 2006, 48 (Erstattung der durch die **Ersatzvornahme** entstandenen **Mehrkosten**).

7) Vgl. BGH, BauR 2000, 1762 = ZfBR 2000, 548 (für Schadensersatzanspruch aus § 635 BGB); OLG Düsseldorf, OLGR 1996, 184 (auch zum **Verweis** auf ein bereits anhängiges **Parallelverfahren**); OLG Hamm, OLGR 1996, 113 (Bezugnahme auf **Rechnung**).

Vorbereitung durch die Parteien

573 Bei umfangreichen Klagen – insbesondere Punktesachen – sollte der Prozessstoff durch **Ziffern und Überschriften** gegliedert werden. Bauprozesse sind häufig deshalb so unbeliebt, weil sie schnell ihre Übersichtlichkeit verlieren, wenn sich nicht alle Prozessbeteiligten hierum bemühen. Die Ziffern und Überschriften sind in der Klageschrift so zu wählen, dass sie im Verlauf des Prozesses auch vom Gegner und von dem Gericht übernommen werden können.

574 Auf der **Beklagtenseite** sollte man sich dann an die vom Kläger gewählte Reihenfolge im Vortrag und die entsprechenden Ziffern und Überschriften halten. Ein gleicher Aufbau der Parteien ist deshalb wünschenswert, weil wechselnde Reihenfolgen es den Parteien und vor allem dem Gericht schwer machen, das Verfahren in geordneten Bahnen zu halten.

Immer wieder ist in Bauprozessen zu beobachten, dass die **Einwendungen des Beklagten** in verschiedenen Schriftsätzen erfolgen; entweder wird die einzelne, zunächst nur angedeutete Einwendung später substantiierter vorgetragen, oder es werden immer neue Einwendungen nachgeschoben. Meist geschieht dies nicht aus prozesstaktischen Gründen, sondern aufgrund einer zunächst nur oberflächlichen Bearbeitung der Sache. Sämtliche Einwendungen des Beklagten müssen aber im Interesse eines geordneten und zügigen Verfahrens bereits in der **Klageerwiderung** umfassend vorgetragen werden. Dies gilt insbesondere für Baumängelsachen. Ein Prozess kann förmlich aus den Fugen geraten und zu ständigen Doppelarbeiten zwingen, wenn in endlosen Schriftsätzen Baumängel oder andere Einwendungen in den Prozess eingeführt werden, zumal dann häufig auch noch der Vortrag in rechtlicher Hinsicht gewechselt wird. Das Gericht wird gerade hier mit den notwendigen zivilprozessualen Mitteln dafür zu sorgen haben, dass die Parteien ihren Vortrag konzentriert und umfassend in wenigen Schriftsätzen mitteilen (vgl. § 277 ZPO).

575 Dem ersten Schriftsatz der Parteien sollten bereits alle bezogenen **Urkunden** (Auftragsschreiben, Leistungsverzeichnisse, Vertragsurkunden, Zeichnungen, Rechnungen, Vorkorrespondenz, Privatgutachten usw.) zeitlich geordnet beiliegen, soweit sie für die Entscheidung notwendig erscheinen. Das spätere Nachreichen von Urkunden sollte die Ausnahme sein. Befinden sich wichtige Urkunden im Besitz eines **Dritten,** so wird hierauf frühzeitig hinzuweisen sein, damit das Gericht gegebenenfalls im Rahmen der Terminvorbereitung dem Dritten unter Fristsetzung aufgeben kann, die Urkunde und/oder „sonstige Unterlagen" vorzulegen (§§ 273 Abs. 2 Nr. 5, 142 ZPO). Im Übrigen sollten die Zeugen schon in der Klageerwiderung mit vollem Namen und Anschrift angegeben werden, um eine spätere Nachfrage des Gerichts zu vermeiden.

In Baumängelsachen kann ein Prozess dadurch „plastischer" gestaltet werden, dass von dem einen oder anderen Mangel **Fotos vorgelegt** werden. Mit wenig Aufwand kann hier erreicht werden, dass alle Prozessbeteiligten ein besseres Verständnis für den entsprechenden Vortrag einer Partei erhalten. Durch die Vorlage von Fotos kann möglicherweise auf umfassende technische Erläuterungen verzichtet werden, wenn auch der einzelne Baumangel nach Art und Umfang genau bezeichnet werden muss.

576 Bei vielen, besonders von der Sache her schwierigen Baumängeln wird es angebracht sein, dass der **Prozessbevollmächtigte** der Partei, die Mängel geltend macht, sich **selbst das Bauvorhaben ansieht.** Dies erleichtert nicht nur dem Prozessbevollmächtigten die Arbeit im Rahmen seines Vortrags; es ermöglicht ihm, dem Gericht die einzelnen Mängel besser, weil direkter, vortragen zu können. Darüber hinaus kann er den Vortrag seiner Partei selbst stets auf seine Erheblichkeit hin überprüfen. Nicht selten muss man nämlich in Bauprozessen bei einer Ortsbesichtigung erleben, dass die Baumängel von der Partei unnötig aufgebauscht worden sind. Eine Überprüfung durch den Anwalt an Ort und Stelle vor Einreichung der Klage hätte hier vielleicht schon helfen und zur Vermeidung eines nicht unerheblichen Kostenrisikos beitragen können. Erscheint eine Besichtigung durch den Anwalt nicht möglich oder sinnvoll, kommt die Beauftragung eines **Privatgutachters** (vgl. Rdn. 148 ff.) oder die Einleitung eines **selbstständigen Beweisverfahrens** (vgl. Rdn. 1 ff.) vor Einreichung einer Klage in Betracht, um den Prozess von vornherein in die richtige Richtung zu führen und die Übernahme eines überhöhten Kostenrisikos zu vermeiden.[8]

---

[8] Der Anwalt ist im Einzelfall **verpflichtet,** zur **Vorbereitung** des Bauprozesses ein selbstständiges Beweisverfahren einzuleiten (BGH, NJW 1993, 2676).

II. Die richterlichen Maßnahmen

Literatur

Lange, Der frühe erste Termin als Vorbereitungstermin, NJW 1986, 1728; *Liepe*, Das Aus für die Güteverhandlung nach § 278 ZPO n.F.?, BauR 2002, 985; *Schaefer*, Was ist denn neu an der neuen Hinweispflicht?, NJW 2002, 849; *Rensen*, Richterliche Hinweispflicht – Neutralitätspflicht und anwaltliche Vertretung als Grenzen, MDR 2002, 1175; *Siegburg*, Zur neuen Erörterungs- und Hinweispflicht des Gerichts nach § 279 Abs. 3 ZPO n.F., BauR 2003, 968; *Fellner*, Richterliche Hinweispflichten – Die Bedeutung des § 139 ZPO für die erste und zweite Instanz, MDR 2004, 728; *Kauffmann*, Obligatorische Güteverhandlung – Kritik eines Praxissegments, MDR 2004, 1035; *Knauss*, Der „Zwang" zur gütlichen Einigung – Für eine Reform des § 278 ZPO, ZRP 2009, 206; *Seibel*, Die richterliche Hinweispflicht in der Berufungsinstanz, ZfBR 2009, 533; *Wagner*, Zur neueren Rechtsprechung des Bundesverfassungsgerichts und Bundesgerichtshofs betreffend Art. 103 Abs. 1 GG, BauR 2009, 1375; *ders.*, Update 2011: Zur neueren Rechtsprechung des BVerfG und BGH betreffend Art. 103 Abs. 1 GG, BauR 2011, 1904; *Ziegler*, Wahrheit oder Methode – Zum rechtlichen Gehör in Bausachen – Anmerkung zu BGH, Urteil v. 26. Januar 2012 – VII ZR 128/11 – ZfBR 4/2012, S. 358, ZfBR 2012, 646; *Wagner*, Zur neueren Rechtsprechung des BVerfG und BGH betreffend Art. 103 Abs. 1 GG bis Ende 2013, BauR 2014, 461; *Zepp*, Neues zum Erlass eines Teil- oder Grundurteils im Bauprozess?, NZBau 2017, 141.

577 Der **Richter** trägt in allen Instanzen die Verantwortung für die ordnungsgemäße Abwicklung des Prozesses; das gilt in besonderem Maße für den erstinstanzlichen Richter in Bausachen. Er muss gezielt darauf hinwirken, dass der Prozessstoff von Anbeginn an gestrafft und auf das Wesentliche beschränkt vorgetragen wird. Dazu gehört, dass der Richter durch geeignete **Hinweise** den Prozess in die richtigen Bahnen lenkt. Das setzt allerdings in der Vorbereitung voraus, dass von dem Eingang der Klage und der Klageerwiderung an alle dem Gericht geeignet erscheinenden Maßnahmen ergriffen werden, um bereits in der **Güteverhandlung** (§ 278 ZPO) oder in einem ersten Termin zur mündlichen Verhandlung (**früher erster Termin** oder **Haupttermin**) eine sachliche Erledigung zu ermöglichen. Hierzu ist das erstinstanzliche Gericht gemäß §§ 272, 273, 275 Abs. 2 ZPO verpflichtet.

578 Es ist die Aufgabe des Vorsitzenden (§§ 273 Abs. 2, 349 Abs. 1 ZPO) oder des Einzelrichters (§ 348, 348a ZPO), schon bei der **Terminierung** die Klageschrift durchzugehen, um erforderliche **richterliche Anordnungen** zu treffen, die eine Förderung der Sache bedeuten.[1] Es ist nicht damit getan, wenn den Parteien mit der Ladung zum Termin nur Fristen gesetzt werden. Beiakten (z.B. Beweissicherungsakten, einstweilige Verfügungsverfahren, Parallelprozesse) müssen sofort beigezogen werden. Hat der Kläger sich auf Beiakten bezogen, die Aktenzeichen aber nicht genannt, ist er sofort darauf hinzuweisen, nicht erst in der mündlichen Verhandlung. Des Weiteren muss bereits bei der Terminierung darauf geachtet werden, ob alle **Urkunden,** die der Kläger erwähnt hat, bei den Akten sind. Wie oft müssen Bauprozesse **nur** deshalb vertagt werden, weil die in Bezug genommenen Urkunden nicht rechtzeitig zu den Akten gelangt sind. Die Vorschrift des § 142 ZPO gibt dem Gericht die Möglichkeit, nicht nur einer Partei, sondern auch einem **Dritten** aufzugeben, die in seinem Besitz befindlichen Urkunden „und sonstige Unterlagen", auf die sich eine Partei bezogen hat, vorzulegen. Unvollständige Beweisanträge („Zeuge N.N.") müssen vervollständigt werden; auf die Unvollständigkeit

---

[1] Zur Prozessförderungspflicht: BGH, BauR 1999, 198.

des Beweisantritts ist hinzuweisen (§ 139 Abs. 1 ZPO). Will das Gericht ein gerichtlich eingeholtes Sachverständigengutachten aus einem **anderen Verfahren** verwerten (§ 411a ZPO), muss es das Gutachten zu den Akten beiziehen und die Parteien verständigen; unter Umständen wird es den Sachverständigen sogar zum Termin laden müssen.

579 Die entsprechenden **Verfügungsformulare der Gerichte** können wie folgt aussehen:

* „Unterlagen, auf die Bezug genommen wird, sind den Schriftsätzen beizufügen. Soweit Zeugenbeweis angetreten wird, müssen Name und Anschrift des Zeugen vollständig angegeben werden."
* „Der klagenden Partei wird aufgegeben, folgende Unterlagen zu den Akten zu reichen:
Angebot
Leistungsverzeichnis
Auftragsbestätigung
Vertrag vom … Schlussrechnung vom …
Rechnung vom … Schreiben vom …
Kostenschätzung vom … Pläne, Zeichnungen …
Abnahme (Protokoll/Niederschrift vom …)"

Mit der **Terminierung** müssen – auch dies kann formularmäßig geschehen – typische, im Bauprozess immer wiederkehrende Problemkreise angesprochen werden: So ist für die rechtliche Einordnung des beiderseitigen Parteivorbringens meist von ausschlaggebender Bedeutung, ob die VOB vereinbart wurde oder ob ausschließlich das BGB gilt. Bei Baumängelprozessen spielt die Frage, ob eine Abnahme der Bauleistung erfolgt ist, ebenso eine Rolle wie deren Zeitpunkt. Wurde ein Abnahmeprotokoll gefertigt, kann dessen Inhalt für die rechtliche Beurteilung von allgemeinem Interesse sein.

Das **Verfügungsformular** kann insoweit wie folgt aussehen:

* „Es möge zu folgenden Fragen Stellung genommen werden:
  a) Ist die Anwendung der VOB vereinbart worden?
  b) Hat eine Abnahme stattgefunden? Wenn ja, wann und mit welchem Ergebnis? Liegt ein Abnahmeprotokoll vor?
* Wer sich auf das Vorliegen von Sach- oder Rechtsmängeln beruft, muss diese nach Art und Umfang genau beschreiben sowie angeben, welche Rechte nach BGB (vgl. § 634 BGB) bzw. nach der VOB/B (z.B. § 4 Abs. 7, § 13 Abs. 5–7 VOB/B) geltend gemacht werden."

580 Eine optimale Prozessführung kann erreicht werden, wenn den Parteien, soweit dies der Einzelfall erfordert, schon **vor dem frühen ersten Termin** ein **detaillierter richterlicher Hinweis** mit entsprechenden Auflagen zugeht. Das setzt indes voraus, dass das Gericht die Sache frühzeitig durcharbeitet. Da der Richter die Sache in aller Regel zum ersten Termin votiert, könnte den Parteien **nach Vorliegen des Votums** ein notwendiger **Hinweis** zugehen, das Vorbringen in bestimmten Punkten noch zu ergänzen, ohne dass dies für den Richter eine Mehrarbeit darstellt, da entsprechende Hinweise nur Ergebnisse seines Votums sind. Zudem eröffnet die frühzeitige und sorgfältige Bearbeitung dem Gericht die Möglichkeit, den Parteien bereits einen **schriftlichen Vergleichsvorschlag** zuzuleiten, den die Parteien (durch Schriftsatz gegenüber dem Gericht) annehmen können (§ 278 Abs. 6 ZPO).

Zur Ergänzung ihres Vortrags können den Parteien auch gemäß § 273 Abs. 2 Nr. 1 ZPO **bestimmte Fristen gesetzt** werden, deren Nichtbeachtung bereits im frühen ersten Termin zu erheblichen Nachteilen (**Nichtberücksichtigung wegen Verspätung**) führen kann.[2] Die Zurückweisung des verspäteten Vorbringens setzt aber eine **ordnungsgemäße Belehrung** voraus;[3] außerdem dürfen die gesetzten Fristen nicht unangemessen kurz sein.[4]

581 Neben der erwähnten Aufforderung, das Vorbringen zu ergänzen, zu erläutern sowie Urkunden vorzulegen (§ 273 Abs. 2 Nr. 1 ZPO), bieten sich in Bauprozessen vor allem auch die **weiteren vorbereitenden Maßnahmen** des § 273 Abs. 2 Nr. 2–5 im Rahmen einer sinnvollen Prozessleitung an: Es können **amtliche Auskünfte** eingeholt werden; das **persönliche Erscheinen der Parteien** zum Termin kann angeordnet werden; **Zeugen,** auf die die Parteien sich bezogen haben, und **Sachverständige** (z.B. aus einem selbstständigen Beweisverfahren oder einem anderen Verfahren, § 411a ZPO[5]) können zur mündlichen Verhandlung vorsorglich geladen werden. Schließlich kommen die Einnahme des Augenscheins, die Einholung von **Sachverständigengutachten** sowie die Anordnung zur Vorlegung eines im Besitz der Partei oder eines Dritten befindlichen Gegenstandes in Betracht (§§ 273 Abs. 2 Nr. 5, 144 ZPO) bereitende Maßnahmen in Betracht.

582 Die **Ladung von Zeugen und Sachverständigen** gemäß § 273 Abs. 2 Nr. 4 ZPO soll nur erfolgen, wenn der Beklagte dem Klageanspruch bereits widersprochen hat (§ 273 Abs. 3 Satz 1 ZPO). Im Übrigen ist die Anordnung nur dort tunlich, wo eine baldige Entscheidung möglich erscheint oder zunächst eine Vorfrage geklärt werden muss, die für den weiteren Ablauf des Prozesses von Bedeutung ist. Bestehen von vornherein Bedenken gegen die Möglichkeit einer Verfahrensbeschleunigung durch diese prozessleitenden Maßnahmen oder steht gar von Anfang an fest, dass auch derartige Maßnahmen nicht die alsbaldige Endentscheidung ermöglichen können, ist von einer Anwendung des § 273 ZPO abzusehen.[6] Im Zweifel wird deshalb die Ladung des **Sachverständigen** zum ersten Termin sinnvoll sein, wenn bereits ein Gutachten vorliegt und eine Ergänzung angezeigt ist (§ 412 ZPO) oder der Richter der Mithilfe des Gutachters bedarf, um die entscheidungserheblichen bautechnischen Fragen herauszuarbeiten.

583 Die **mündliche Verhandlung** selbst steht gerade nach der Zivilprozessreform unter dem Gebot der **größtmöglichen Förderung** des Verfahrens (§§ 272 Abs. 1, 279 Abs. 2 ZPO). Aus diesem Grund sieht das Gesetz für jede erstmalige mündliche Verhandlung zunächst auch eine

---

2) § 296 Abs. 1 ZPO; str.; bejahend: BGHZ 86, 31 = BauR 1983, 183 = NJW 1983, 575 = ZfBR 1983, 135 = WM 1983, 243; BGH, BauR 1983, 588 = ZfBR 1983, 274; BVerfG, NJW 1985, 1149 (**keine** Zurückweisung gemäß § 296 Abs. 2 ZPO, wenn es sich erkennbar um einen **Durchlauftermin** handelt; dazu auch BayVerfGH, NJW 1990, 502; OLG Hamm, MDR 1992, 186 u. NJW-RR 1995, 958; OLG Frankfurt, NJW-RR 1993, 62 sowie *Zöller/Greger*, § 296 ZPO, Rn. 5 m.w.Nachw.).
3) BGH, BauR 1983, 588; BGH, ZfBR 1983, 137 = NJW 1983, 822; vgl. auch BGH, NJW 1991, 493 u. OLG Düsseldorf, NJW 1984, 1567.
4) Vgl. BGH, NJW 1994, 736 = BauR 1994, 273 = ZfBR 1993, 117 für **Klageerwiderungsfrist**.
5) Siehe hierzu *Fölsch*, MDR 2004, 1029, 1030; *Huber*, ZRP 2003, 268, 270.
6) Vgl. auch OLG Köln, NJW-RR 1997, 150 u. MDR 1975, 147 = JMBl. NW 1974, 235.

Güteverhandlung vor, es sei denn, es hat bereits ein Einigungsversuch vor einer außergerichtlichen Gütestelle stattgefunden oder eine gütliche Beilegung erscheint „aussichtslos". Werden alle Möglichkeiten einer sachgerechten Prozessleitung genutzt, wird es nur noch ganz selten zu Vertagungen kommen, die die Terminsrolle belasten.

Zur mündlichen Verhandlung gehört nunmehr, dass das Gericht in einem **Rechtsgespräch** mit den Parteien alle streiterheblichen Gesichtspunkte herausstellt. Die **Parteien** müssen **vor Überraschungsentscheidungen geschützt** werden.[7] Aus diesem Grunde obliegt dem Gericht eine „**materielle**" Prozessleitung (§ 139 ZPO). Die Parteien sind nicht nur auf übersehene (oder abweichende) **rechtliche** Beurteilungen hinzuweisen, sondern vor allem auch auf **tatsächliche** Gesichtspunkte.[8] Richterliche Hinweise sind ferner **aktenkundig** zu machen (§ 139 Abs. 4 Satz 1 ZPO), was häufig nicht hinreichend geschieht.[9] Die fehlende **Dokumentation** des richterlichen Hinweises hat im Einzelfall gravierende Folgen; lässt sich ein Hinweis weder aus dem Sitzungsprotokoll noch aus dem sonstigen Akteninhalt entnehmen, gilt er mangels Dokumentation als nicht erteilt.[10] Stellt das Gericht daher im Verlauf des Verfahrens selbst eine Verletzung seiner Hinweis- und Aufklärungspflicht fest, **muss** es die mündliche Verhandlung wiedereröffnen (§ 156 Abs. 2 Nr. 1 ZPO).[11]

584 Ungeklärte Fragen müssen notfalls in einem **Hinweis- und Auflagenbeschluss** dargelegt werden, damit den Parteien ein **Fahrplan** an die Hand gegeben ist, an den sie sich halten können und müssen. Der Hinweisbeschluss hat demnach gerade in schwierigen Bauprozessen seinen besonderen Platz. Der Umstand, dass eine Partei durch einen **Anwalt** vertreten ist, führt nicht ohne weiteres zu einer Einschränkung der Hinweispflicht. Das gilt vor allem, wenn ein Prozessbevollmächtigter die Rechtslage **ersichtlich falsch beurteilt**.[12] Der Umstand, dass der **gegnerische** Anwalt bereits **frühzeitig** sachliche Hinweise gegeben hat, lässt die Hinweispflicht des Gerichts nicht ohne weiteres entfallen; dies ist anders, wenn die Partei durch umfassenden und auch von ihr erfassten Sachvortrag des Gegners über die Sach- und Rechtslage zutreffend unterrichtet worden ist.[13] Eine Partei soll vor allen

---

7) BGH, BauR 2006, 2096.
8) BR-Drucks. 14/4722, S. 77.
9) OLG Hamm, BauR 2005, 130. **Wie** die Dokumentation zu erfolgen hat, ist **streitig**; s. hierzu: BGH, BauR 2005, 1918, 1920 = NZBau 2006, 171, 172 = BGHReport 2006, 121, 123 m.Anm. *Drossart* = NJW 2006, 60, 62 („in der Regel in das Verhandlungsprotokoll"); s. aber hiergegen: OLG Karlsruhe, OLGR 2006, 490, 491 sowie (kritisch) *Rensen*, MDR 2006, 1201.
10) BGH, IBR 2005, 648 – *Moufang*; OLG Düsseldorf, BauR 2007, 1902, 1903.
11) Vgl. BGH, BauR 2001, 1577 = NZBau 2001, 623 u. BauR 1999, 635, 638 = ZfBR 1999, 196; BGH, ZfBR 2005, 56 = BauR 2004, 1937; BGH, NJW-RR 1997, 441.
12) BGH, BauR 2007, 110, 111 = NZBau 2006, 782, 783; NZBau 2006, 240 = BauR 2006, 558; BauR 1999, 510 = ZfBR 1999, 151; s. ferner: OLG Zweibrücken, BauRB 2005, 234 (Prüfbarkeit der Honorarschlussrechnung); BGH, NJW 1998, 155 = VersR 1997, 1422 (**Beweisantrag im Berufungsverfahren**); BGH, NJW-RR 1990, 340 = BauR 1990, 228 = ZfBR 1990, 81; OLG Celle, NJW-RR 1998, 493 (**unsubstantiiertes Vorbringen**); OLG Schleswig, MDR 1987, 149 u. OLG Celle, MDR 1998, 306 (**fehlende Schlüssigkeit**); OLG Köln, OLGR 2001, 173 (Aktivlegitimation des Klägers).
13) *Zöller/Greger*, § 139 ZPO, Rn. 6a m. Hinw. auf BGH, NJW-RR 2008, 581; s. auch: KG, IBR 2003, 582 – *Knickenberg*.

Die richterlichen Maßnahmen

Dingen nicht „überrumpelt" werden.[14] Hat das Gericht die Partei eindeutig und unmissverständlich zur Rechtslage hingewiesen, besteht keine erneute Hinweispflicht; es ist dann Sache der Partei bzw. ihres Anwalts, sich mit den Hinweisen zu befassen und den eigenen Sachvortrag darauf einzustellen.[15]

Richterliche **Hinweise** müssen stets **konkret** und **eindeutig** sein;[16] werden durch vage und unklare Formulierungen bei den Parteien oder ihren Anwälten **Missverständnisse** hervorgerufen, so sind **die richterlichen Hinweise** jederzeit zu **ergänzen.**[17] Richterliche Aufklärungs- und Hinweispflichten orientieren sich aber immer an dem materiell-rechtlichen Standpunkt des Tatrichters „ohne Rücksicht auf seine Richtigkeit".[18] Richterliche Hinweise müssen **rechtzeitig** erteilt werden (§ 139 Abs. 4, 5 ZPO). Kann eine fundierte Stellungnahme nicht sofort (z.B. in der mündlichen Verhandlung) erfolgen, ist eine **angemessene Frist** einzuräumen oder zu vertagen; unterlässt das Gericht eine derart gebotene prozessuale Reaktion, kann dies den **Anspruch** der Partei auf **Gewährung des rechtlichen Gehörs** aus Art. 103 Abs. 1 GG verletzen.[19] Der BGH[20] betont, dass das Gericht die Parteien auf die nach seiner Auffassung ergänzungsbedürftigen Punkte **unmissverständlich** hinweisen und ihnen Gelegenheit geben muss, diese nachzuholen. Erfolgt eine Stellungnahme auf Grund des richterlichen Hinweises, muss bei erheblichem neuen Vorbringen im Einzelfall die mündliche Verhandlung wiedereröffnet werden.[21] Verfahrensverstöße auf Grund unterbliebener oder unzureichender Hinweise rechtfertigen vielfach die Niederschlagung der Gerichtskosten des Berufungsverfahrens.[22]

Die frühzeitige und gründliche Vorbereitung der Sache wird es dem Gericht **585** auch ermöglichen, von der Vorschrift des § 278 Abs. 6 ZPO Gebrauch zu machen: Danach kann (zur Ersparnis einer mündlichen Verhandlung bzw. Güteverhandlung) ein schriftlicher **Vergleichsvorschlag** unterbreitet werden, den die Parteien durch Schriftsatz gegenüber dem Gericht annehmen können. Den Inhalt des auf

---

14) BGH, NZBau 2011, 486 = IBR 2011, 444 – *Briesemeister*; BGH, IBR 2009, 179 – *Schwenker* (kurzfristige Vorlage eines Ergänzungsgutachten im Verhandlungstermin); s. ferner: BGH, NZBau 2004, 97; OLG Saarbrücken, OLGR 2003, 330, 331; OLG Hamm, BauR 2004, 693.
15) BGH (XII.ZS), BauR 2008, 1345, 1346 Rn. 19.
16) BGH, BauR 2011, 1850; BGH, NZBau 2009, 177 (zur Hinweispflicht in der **Berufungsinstanz**; s. auch *Seibel*, ZfBR 2009, 533 ff. m.w.Nachw.); BGH, BauR 2006, 1753, 1755 = NZBau 2006, 637, 638; OLG Düsseldorf, BauR 2013, 123, 124 f. u. BauR 2011, 554; OLG Zweibrücken, NZBau 2005, 643 = NJW-Spezial 2005, 552 = IBR 2005, 381 – *Locher* (fehlende Prüfbarkeit einer Schlussrechnung).
17) Siehe BGH, BauR 2013, 1146, 1147 = NZBau 2013, 433 = IBR 2013, 386 – *Manteufel*; BGH, BauR 1999, 510; BauR 1999, 167, 171; BauR 1990, 488, 491 = ZfBR 1990, 192; OLG Hamm, NZBau 2004, 560 = BauRB 2004, 334.
18) BGH, BauR 1990, 228 = ZfBR 1990, 81 = NJW-RR 1990, 340.
19) BGH, BauR 2011, 1200 = IBR 2011, 380 – *Schwenker*; BGH, BauR 2010, 246, 248 = ZfBR 2010, 130; BGH, BauR 2009, 681 = NZBau 2009, 244 = ZfBR 2009, 349; SchlHOLG, BauR 2003, 1602; *Wagner*, BauR 2011, 1904, 1906 m.w.Nachw.
20) BGH, BauR 2011, 1850, 1851 (Rn. 8) = IBR 2011, 615 – *Schwenker*; s. ferner: BGH, BauR 2011, 1848 = ZfBR 2011, 760 = NZBau 2011, 672 (zum Anspruch auf rechtliches Gehör nach einer umfangreichen **Beweisaufnahme**).
21) BGH, IBR 2011, 735 – *Elzer*; BGH, NZBau 2004, 97; OLG Bamberg, BauR 2004, 1188 = NZBau 2004, 272; OLG Düsseldorf, BauR 2004, 1811, 1812.
22) OLG München, BauR 2004, 1190 m.Anm. *Ceelen*.

diese Weise geschlossenen Vergleichs stellt das Gericht dann durch Beschluss fest (§ 278 Abs. 6 ZPO). Es versteht sich, dass die umfangreiche **Kenntnis des Prozessstoffs** unabdingbare Voraussetzung für einen erfolgreichen Vergleichsabschluss ist. Im Übrigen gilt auch für die **Güteverhandlung:** Nur der Richter, der den Prozessstoff beherrscht, kann ein gezieltes Vergleichsgespräch mit den Parteien führen. Der Hinweis des Gerichts zu Beginn der Verhandlung, „ob man sich nicht vergleichen kann", wird ohne konstruktive Hilfestellung nichts einbringen. Durch die erste intensive Einarbeitung in den Prozessstoff kennt das Gericht die jeweiligen Schwachstellen im Angriff und in der Verteidigung. Nur die Abwägung der verschiedenen Prozesssituationen unter Berücksichtigung des Kostenrisikos kann dazu führen, den Parteien einen konkreten Vergleichsvorschlag zu machen, über den die Parteien verhandeln können. Das Gericht darf nicht davor zurückschrecken, **klare Hinweise zur Rechtslage** zu geben. Die Parteien müssen im Einzelfalle wissen, woran sie sind.

586 Ein intensives Vergleichsgespräch erfordert allerdings viel Zeit. Es wird sich daher anbieten, gegebenenfalls einen (zusätzlichen) **Erörterungstermin** mit den Parteien anzuberaumen oder eine außergerichtliche Streitschlichtung (etwa durch eine **Mediation** oder einen **Schlichter**) anzuregen. Im letzteren Fall ist das Ruhen des Verfahrens anzuordnen (§ 278 Abs. 5 Satz 3 ZPO).

587 In umfangreichen Punktesachen empfiehlt sich der Versuch, wenigstens eine **Teileinigung** der Parteien herbeizuführen, wenn ein umfassender Vergleich zunächst nicht erzielt werden kann. Dadurch kann der Prozess auf die wesentlichen Probleme konzentriert und durch die sachliche Beschränkung übersichtlich gehalten werden. Bei kleineren Baumängeln sollte das Gericht auch die Anregung geben, dass sich die Parteien insoweit einem Schiedsgutachten (vgl. näher Rdn. 538 ff.) unterwerfen sollten.

III. Verspätetes Vorbringen

Literatur (Auswahl)

Leipold, Prozessförderungspflicht der Parteien und richterliche Verantwortung, ZZP 80, Bd. 93, 327; *Wolf*, Die Berücksichtigung verspäteten Vorbringens in der Berufungsinstanz, ZZP 81, Bd. 94, 310; *Schulze*, Verspätetes Vorbringen durch den Streithelfer, NJW 1981, 2663; *Lange*, Zurückweisung verspäteten Vorbringens im Vorbereitungstermin, NJW 1986, 3043; *Schneider*, Präklusionsrecht – Gefahrenstellen und Abwehrstrategien im Überblick, MDR 2002, 684; *Sohn*, Einrede der Verjährung erstmals in der Berufungsinstanz, BauR 2003, 1933.

Der **Bauprozess** unterscheidet sich von anderen zivilen Rechtsstreitigkeiten in der Regel dadurch, dass er die Parteien mit der oftmals schwierigen Aufgabe betraut, einen weitgehend von der **Bautechnik geprägten Sachverhalt** rechtlich richtig zu erfassen. Die mit dem Bauprozess verbundenen (erhöhten) **Risiken,** die in der Regel durch unzureichende Prozessvorbereitung einer Partei oder eines Anwalts, durch schlechte Prozessaufbereitung von Seiten des Gerichts oder durch erhebliche Beweisschwierigkeiten spürbar werden, erfordern in besonderem Maße von allen Beteiligten ein **faires** Verhalten. Deshalb kommt den **Instanzgerichten** eine **Schutzfunktion** zu: Sie dürfen das Parteivorbringen nicht in bestimmter Richtung beeinflussen, vor allem müssen sie sich stets in die Lage der Parteien und Anwälte hineindenken und sich mit den Gegebenheiten im Bauwesen eingehend vertraut machen.[1] Nur die **Gerichte,** die selbst alles Erforderliche getan haben, um durch eine sachgerechte Prozessleitung eine „Beschleunigung" zu erreichen, haben die Möglichkeit, Vorbringen „als verspätet" zurückzuweisen.[2] **Verfahrensverstöße** führten deshalb in der Vergangenheit regelmäßig zur **Aufhebung** und **Zurückverweisung**.[3] 588

Überhastungen dürfen deshalb niemals stattfinden; gerade in Bausachen ist nicht zu verkennen, dass die umfangreichen und wegen der oftmals unbekannten Rechtsfragen schwierigen Bauprozesse erhebliche Anforderungen an die Parteien und ihre Prozessbevollmächtigten stellen. Viele Anwälte stehen unter Zeitdruck, manchen fehlt es an der erforderlichen Erfahrung in Bausachen; die Zeit, die das Gericht für die sachgerechte Vorbereitung der Verhandlung benötigt, muss daher auch den Parteien eingeräumt werden.[4] Nur die Partei, die die Ladung zum ersten Verhandlungstermin schon frühzeitig vor dem Termin erhielt, gleichwohl aber einen Prozessbevollmächtigten ohne ausreichenden Grund so spät bestellt, dass dieser erst am Tage vor dem Termin oder im Termin selbst eine Stellungnahme einreichen konnte, verletzte die prozessuale **Mitwirkungspflicht.**

---

1) *Heyers*, ZfBR 1979, 46, 52.
2) Vgl. (vor der ZPO-Reform): BVerfG, NJW-RR 1996, 253 = ZIP 1995, 1850; BVerfG, NJW 1989, 706; NJW 1992, 680; BGH, BauR 1990, 488 = ZfBR 1990, 182 **(Verletzung der richterlichen Hinweispflicht)**; BGH, BauR 1989, 361 = NJW 1989, 717 **(Verfahrensfehler** durch LG); BGH, ZfBR 2005, 56, 57; OLG München, OLGR 1997, 119 u. OLG Düsseldorf, NJW-RR 1993, 1341 **(Verletzung der Hinweispflicht)**; KG, BauR 1997, 171 m.Anm. *Haß*; *Schneider*, MDR 1997, 904; *Zöller/Greger*, § 296 ZPO, Rn. 3.
3) OLG Celle, NJW-RR 1996, 343 **(fehlende Prüfbarkeit der Abrechnung)**; OLG Düsseldorf, NJW-RR 1996, 1021; OLG München, NJW-RR 1997, 944; OLG Hamm, NJW-RR 1995, 1151; OLG Köln, OLGR 2001, 71 (keine Präklusion durch Teilurteil).
4) BGH, BauR 1999, 198 = NJW 1999, 585; BGH, NJW 1994, 736 = BauR 1994, 273.

Das **Setzen von kurzen Fristen** ist in Bausachen **fehl am Platze**.[5] Die Gerichte müssen die Fristen vielmehr so bemessen, dass den Anwälten und den Parteien ausreichende Zeit verbleibt, die schriftsätzlichen Stellungnahmen so umfassend wie möglich vorbereiten zu können.[6]

Nach der Rechtsprechung des für Bausachen zuständigen **VII. Zivilsenats des BGH**[7] ist Folgendes besonders zu beachten:

589 * **§ 296 Abs. 1 ZPO**

§ 296 Abs. 1 besagt, dass Angriffs- und **Verteidigungsmittel**, die erst nach Ablauf einer hierfür **gesetzten Frist** (§ 273 Abs. 2 Nr. 1 und, soweit die Fristsetzung gegenüber einer Partei ergeht, 5, § 275 Abs. 1 Satz 1, Abs. 3, 4; § 276 Abs. 1 Satz 2, Abs. 3; § 277) vorgebracht werden, nur zuzulassen sind, „wenn nach der freien Überzeugung des Gerichts ihre Zulassung die Erledigung des Rechtsstreits nicht verzögern würde oder wenn die Partei die Verspätung genügend entschuldigt".

590 Der BGH behandelt die genannten Fristen wie Notfristen,[8] der Partei muss daher eine beglaubigte Abschrift der fristsetzenden richterlichen Verfügung **zugestellt** werden (§ 329 Abs. 2 Satz 2 ZPO). Hinsichtlich der Verzögerung der Rechtsstreiterledigung stellt der VII. Zivilsenat darauf ab, „ob die Zulassung eines verspäteten Angriffs- oder Verteidigungsmittels in dem Zeitpunkt, in dem über sie zu entscheiden ist, die Erledigung des Rechtsstreits verzögern würde, nicht aber darauf, ob der Rechtsstreit bei fristgerechtem Vorbringen sich auch nicht schneller erledigt hätte". Eine hypothetische Prüfung würde der gesetzlichen Absicht der Prozessbeschleunigung widersprechen. Die Verzögerung in der Erledigung des Rechtsstreits ist somit allein nach dem Stand des Rechtsstreits im Zeitpunkt des verspäteten Vorbringens zu beurteilen.[9] Neuer Vortrag kann die Erledigung des Rechtsstreits nicht verzögern, wenn dieser weder bei Zulassung noch bei Nichtzulassung des Vorbringens im Ganzen entscheidungsreif ist.[10] Angriffs- und Verteidigungsmittel dürfen **nicht** durch ein **Teilurteil** als verspätet zurückgewiesen werden,[11] dieser Fehler wird in Bausachen öfter begangen.

* Ein Vorbringen kann in einem **frühen ersten Termin** nicht als verspätet zurückgewiesen werden, „wenn nach der Sach- und Rechtslage eine Streitbeendigung in diesem Termin von vornherein ausscheidet".[12]

---

5) Zur **Befangenheitsablehnung** eines Richters wegen „Überbeschleunigung": Thüringer OLG, BauR 2004, 1815.
6) Vgl. BGH, NJW 1994, 736 = BauR 1994, 273 = ZfBR 1994, 117 für Klageerwiderungsfrist.
7) Vgl. BGHZ 75, 138 = NJW 1979, 1988 m.Anm. *Wachshöfer*, ZZP 80, Bd. 93, 184; Anm. *Schneider*, NJW 1979, 2614; BGH, NJW 1980, 1167 = ZfBR 1980, 143; BGH, NJW 1980, 1960 = ZfBR 1980, 198; BGH, NJW 1980, 2355 m.Anm. *Deubner* = JurBüro 1980, 1502; BGH, ZfBR 1981, 31, 185, 238; BGH, NJW 1983, 575 = BauR 1983, 183; BGH, BauR 1983, 588 = ZfBR 1983, 274; BGH, BauR 1985, 358; BGH, NJW 1989, 717.
8) BGH, NJW 1980, 1167; *Lüke*, JuS 1981, 503, 504.
9) BGHZ 75, 138; BGH, NJW 1980, 945; **str.**
10) BGH, BauR 1998, 632 unter Hinweis auf BGH, BauR 1992, 503 u. BauR 1989, 79 = ZfBR 1989, 27.
11) BGH, ZfBR 1993, 129 = ZIP 1993, 622; OLG Düsseldorf, NJW 1993, 2543.
12) BGH, BauR 2005, 1508, 1509 = NZBau 2005, 516 = IBR 2005, 647.

* Drohenden Verfahrensverzögerungen muss das Gericht durch zumutbare **vorbereitende Maßnahmen** nach § 273 ZPO begegnen.[13] Wird das verspätete Angriffs- oder Verteidigungsmittel dem Gericht so rechtzeitig vorgetragen, dass es bei der Vorbereitung der mündlichen Verhandlung noch berücksichtigt werden kann, so hat der Vorsitzende oder ein von ihm bestimmtes Mitglied des Prozessgerichts zu prüfen, ob nicht zur Vermeidung einer Verzögerung in der Erledigung des Rechtsstreits vorbereitende Maßnahmen gemäß § 273 Abs. 2 ZPO möglich und geboten sind. Nach einer Entscheidung des VIII. Zivilsenats[14] ist eine umfangreiche Beweisaufnahme in der Regel **unzumutbar;** das ist gegeben, wenn zahlreiche Zeugen gehört werden sollen oder ein Streitstoff von erheblichem Ausmaß geklärt werden muss.[15] Die Rechtslage ist nicht anders, wenn eine Partei die „**Flucht in die Säumnis**" ergreift.[16] Auch hier hat das Gericht bei der Vorbereitung der gemäß § 341a ZPO anzuberaumenden mündlichen Verhandlung alles Zumutbare zu tun, um die Folgen der Fristversäumnis auszugleichen.[17]

* **§ 296 Abs. 2 ZPO**

591

§ 296 Abs. 2 ZPO stellt die Zurückweisung des Vorbringens wegen Verletzung der **Prozessförderungspflicht** in das Ermessen des Gerichts. Grobe Nachlässigkeit, auf der die Verspätung des Vorbringens beruhen muss, liegt vor, wenn der Partei das rechtzeitige Vorbringen möglich war und sie die Möglichkeit und Notwendigkeit des rechtzeitigen Vorbringens ohne weiteres erkennen konnte.[18] Ist in erster Instanz Parteivorbringen nach § 296 Abs. 1 ZPO zu Unrecht zurückgewiesen worden, so kann das Berufungsgericht die Zurückweisung nicht auf § 296 Abs. 2 ZPO gestützt nachholen.[19]

Die mit der ZPO-Reform bezweckte Stärkung der **ersten Instanz** unter gleichzeitiger Einschränkung der Tatsachenfeststellungen in einem Berufungsverfahren birgt die Gefahr einer wesentlichen Rechtsschutzverkürzung (auch) in Bausachen.

592

---

13) BGHZ 75, 138, 142/143 = NJW 1979, 1988; BauR 2002, 518; BVerfG, NJW 1990, 2373 u. NJW-RR 1995, 1469.
14) BGH, NJW 1980, 1102; s. ferner: BGH, BauR 1985, 358 zur Einholung eines Ergänzungsgutachtens.
15) BGH, NJW 1971, 1564; OLG Köln, NJW-RR 1997, 150, 151 = BauR 1996, 725. Nach BVerfG, NJW 1990, 2373 stellt es „**keine** nennenswerte Verzögerung des Verfahrens dar, wenn **vier** (oder sogar **sechs**) statt eines **Zeugen** zu vernehmen sind".
16) Der Anwalt, dessen Schriftsatz verspätet bei Gericht eingegangen ist, tritt im Termin nicht auf und lässt **Versäumnisurteil** ergehen; mit dem fristgerecht eingelegten Einspruch bringt er dann den alten bzw. noch nicht vorgetragenen Tatsachenstoff nebst Beweisantritten vor. Vgl. zu diesem Problem auch *Fastrich,* NJW 1979, 2598; *Gounalakis,* DRiZ 1997, 294 u. MDR 1997, 216 sowie *Zöller/Greger,* § 296 ZPO, Rn. 40; *Deppenkemper,* in: Prütting/Gehrlein, § 296 ZPO, Rn. 56 m.w.Nachw.
17) BGH (VIII. ZS), NJW 1980, 1105 m.Anm. *Hoyer,* JZ 1980, 615 = BB 1980, 601; zust. *Lüke,* JuS 1981, 503, 505; s. ferner: BGH, ZfBR 1981, 31; BGH, WM 1981, 323 (zu Unrecht berücksichtigtes verspätetes Vorbringen) und OLG Düsseldorf, NJW 1981, 2264 m.Anm. *Deubner.*
18) KG, MDR 2010, 345; *Keldungs,* BauR 2010, 1494, 1503 (bewusstes Zurückhalten von erstinstanzlichem Vorbringen); OLG Brandenburg, NZBau 2011, 690 = IBR 2011, 499 – *Rodemann* (Bauherr muss **Wissen** des Architekten **nutzen;** daher § 531 Abs. 1 Nr. 3 ZPO).
19) BGH, MDR 1981, 752 = ZfBR 1981, 184; anders: KG, MDR 1981, 853.

Die Annahme, die erste Instanz werde es „schon richten", geht, wie die Praxis zeigt, deutlich an der Wirklichkeit vorbei. Der Umstand, dass eine Aufhebung und Zurückweisung durch das Berufungsgericht nur noch nach einem entsprechenden **Antrag** einer Partei möglich ist, verleitet manche Baukammer zum nachlässigen und fehlerhaften Arbeiten.[20] Nur eine sorgfältige und verantwortungsvolle Prozessführung kann aber helfen, **Fehlurteile** zu verhindern.

---

[20] Der BGH schränkt aber die Möglichkeit, die Sache an das erstinstanzliche Gericht zurückzuweisen, erheblich ein (BGH, NZBau 2005, 224 = BauR 2005, 590 = IBR 2005, 294 – *Schwenker*; BGH, NZBau 2006, 783 für unterbliebene Augenscheinseinahme; zu weitgehend daher: OLG Frankfurt, NZBau 2006, 784, 785 für unkritische Bewertung eines Sachverständigengutachtens).

IV. Zur Berufung in Bausachen

Literatur

Crückberg, Unstreitige neue Tatsachen in zweiter Instanz, MDR 2003, 10; *Fellner*, Tatsachenfeststellung in der ersten Instanz – Bedeutung für das Berufungsverfahren und die Korrekturmöglichkeiten, MDR 2003, 721; *Würfel*, Verspätetes aber unstreitiges Vorbringen in der Berufungsinstanz, MDR 2003, 1212; *Drossart*, Zum Prüfungsumfang des Berufungsgerichtes gemäß §§ 529, 531 ZPO – Neues Vorbringen in der Berufungsinstanz, BrBp 2004, 4; *Reck*, Die Erläuterung der Schlussrechnung in Schriftsätzen im Bauprozess, NZBau 2004, 128; *Gaier*, Der Prozessstoff des Berufungsverfahrens, NJW 2004, 110; *Schenkel*, Neues Vorbringen in der Berufungsinstanz, MDR 2004, 121; *Münch*, Die Klageänderung im Berufungsverfahren, MDR 2004, 781; *Gaier*, Das neue Berufungsverfahren in der Rechtsprechung des BGH, NJW 2004, 2041; *Lechner*, Die Rechtsprechung des BGH zum neuen Berufungsrecht im Lichte der Intentionen des Gesetzgebers, NJW 2004, 3593; *Stöber*, Neues Vorbringen nach erstinstanzlicher Verletzung der richterlichen Hinweispflicht, NJW 2005, 3601; *Fölsch*, Berufungszurückweisung durch Beschluss im Blickpunkt aktueller Rechtsprechung, NJW 2006, 3521; *Werner/Christiansen-Geiss/Hausmann*, Zulassungsgründe für die Revision und zur Bedeutung von Beschlüssen über die Nichtzulassung, BauR 2006, 1962; *Stackmann*, Fünf Jahre reformiertes Rechtsmittelverfahren im Zivilprozess, NJW 2007, 9; *Schmidt*, Verfahrensfehlerhafte erneute Tatsachenfeststellung und Zulassung neuen Vortrags in der Berufungsinstanz, NJW 2007, 1172; *Schenkel*, Die Vorlage einer neuen Schlussrechnung in der Berufungsinstanz, NZBau 2007, 6; *Deckers*, Nochmals: Die Vorlage einer neuen Schlussrechnung in der zweiten Instanz, NZBau 2007, 550; *Schmidt*, Verfahrensfehlerhafte erneute Tatsachenfeststellung und Zulassung neuen Vortrags in der Berufungsinstanz, NJW 2007, 1172; *Jansen*, Vorlage einer neuen Schlussrechnung in der Berufungsinstanz, NZBau 2008, 689; *Stackmann*, Fehlervermeidung im Berufungsverfahren, NJW 2008, 3665; *Nassall*, Verfassungsgerichtliche Lawinensprengung? – Das BVerfG und die Berufungs-Beschlusszurückweisung, NJW 2008, 3390; *Seibel*, Einwendungsmöglichkeiten gegen Sachverständigengutachten im Berufungsverfahren, BauR 2009, 574; *Kroppenberg*, Verjährungseinrede in der Berufungsinstanz bei unstreitiger Tatsachengrundlage, NJW 2009, 642; *Skamel*, Nacherfüllungsverlangen in der Berufungsinstanz, NJW 2010, 271; *Rohlfing*, Präklusion des erstmals im Berufungsrechtszug ausgeübten Widerrufsrecht?, NJW 2010, 1787; *Ziegler*, Wahrheit oder Methode – Zum rechtlichen Gehör in Bausachen – Anmerkung zu BGH, Urteil v. 26. Januar 2012 – VII ZR 128/11 – ZfBR 4/2012, S. 358, ZfBR 2012, 646; *Wagner*, Zur neueren Rechtsprechung des BVerfG und BGH betreffend Art. 103 Abs. 1 GG bis Ende 2013, BauR 2014, 461; *Winter*, Die Nichtzulassungsbeschwerde – ein Scheinrechtsmittel, NJW 2016, 922; *Gaier*, Schlichtung, Schiedsgericht, staatliche Justiz – Drei Akteure in einem System institutioneller Rechtsverwirklichung, NJW 2016, 1367; *Waclawik*, Aufruhr im Auenland: Was wird aus der Nichtzulassungbeschwerde?, NJW 2016, 1639; *Zepp*, Neues zum Erlass eines Teil- oder Grundurteils im Bauprozess?, NZBau 2017, 141.

593 Eine **Berufung** kann auch in Bausachen nur darauf gestützt werden, dass die Entscheidung auf einer Rechtsverletzung beruht (§ 546 ZPO) oder die nach § 529 ZPO zu Grunde zu legenden Tatsachen eine andere Entscheidung rechtfertigen (§ 513 ZPO). Das Berufungsgericht ist daher an die Tatsachenfeststellung des Erstrichters gebunden, wobei das Gewicht jedoch eindeutig auf „**fehlerfrei** getroffene Feststellungen" liegt.[1] Bei dieser Grundkonzeption des Berufungsverfahrens liegt es auf der Hand, dass das Berufungsgericht sogar noch verstärkt mit **neuem** Sachvortrag und Beweisantritten konfrontiert wird. Nach der ZPO-Reform ist dies aber gerade nicht angestrebt.

594 Das Berufungsgericht ist nur dazu berufen, das angefochtene Urteil dahin zu überprüfen, ob eine **Rechtsnorm** nicht oder nicht richtig angewendet worden ist;

---

[1] *Gehrlein*, § 14, Rn. 58, unter Hinweis auf die BT-Drucks. 14/6036, S. 157 ff.

dies muss, wie auch sonst, durch eine auf den konkreten Streitfall zugeschnittene **Berufungsbegründung** dargetan werden.[2] Dieser **(erste)** Berufungsgrund betrifft damit vor allem die Heranziehung und **Auslegung** des Gesetzes sowie die **Subsumtion** des Sachverhalts.[3] Es liegt in der Natur der Bausachen, dass der **(zweite)** Berufungsgrund der erfolgversprechendste ist. Mit ihm kann nämlich geltend gemacht werden, dass auf Grund von **Zweifeln** an der Richtigkeit und Vollständigkeit der in der Vorinstanz festgestellten **Tatsachen** neue Feststellungen veranlasst sind,[4] die zu einer anderen Entscheidung führen (§ 521 Abs. 1 Nr. 1 ZPO), oder dass eine andere Entscheidung auf der Grundlage **neuer,** ausnahmsweise in der Berufungsinstanz zugelassener **Angriffs-** und **Verteidigungsmittel** zu erfolgen hat (§ 529 Abs. 1 Nr. 2 ZPO). Beweisaufnahme und Zulassung **neuer** Angriffs- und Verteidigungsmittel sind also möglich und im Einzelfall geboten;[5] indes wird beides nicht nur durch eine anderweitige Beweiswürdigung des Berufungsführers[6] oder durch neues Vorbringen ohne die Beachtung der Zulassungsschranke des § 531 Abs. 2 ZPO zu erreichen sein. Es kann aber z.B. ausreichen, wenn sich **Zweifel** an der Richtigkeit und Vollständigkeit eines **Gutachtens** aufdrängen, insbesondere also wenn das Gutachten in sich widersprüchlich oder unvollständig ist, wenn der Sachverständige erkennbar nicht sachkundig war, sich die Tatsachengrundlage belegbar durch einen zulässigen neuen Sachvortrag geändert hat oder wenn es neue wissenschaftliche Erkenntnismöglichkeiten zur Beantwortung der maßgeblichen Sachverständigenfrage gibt.[7]

595 Für den **Berufungsanwalt** in Bausachen kommt es daher vor allem darauf an, sorgfältig zu ermitteln, welcher **Prozessstoff** Gegenstand des erstinstanzlichen Verfahrens war und was sich insoweit aus dem Tatbestand des angefochtenen Urteils ergibt.[8] Sachvortrag, der in erster Instanz infolge Unkenntnis unterblieben ist, kann im Berufungsverfahren nicht „verspätet" sein.[9] Neuer **unstreitiger** Vortrag ist ebenfalls zu berücksichtigen, selbst wenn hierdurch eine Beweisaufnahme erforderlich wird.[10] Im Übrigen muss die Möglichkeit, dass der Tatbestand des angefochtenen Urteils infolge eines **„Widerspruchs"** zum erstinstanzlichen Sachvortrags unrichtig ist, aber ausgeschlossen oder im Hinblick auf die Beweiskraft des

---

[2] Zum notwendigen **Inhalt** einer Berufungsbegründung: BGH, BauR 2016, 711 = IBR 2016, 195 – *Seibel*; BGH NZBau 2013, 34.

[3] *Gaier*, NJW 2004, 110 m. Nachw.

[4] **Zweifel** an der Richtigkeit und Vollständigkeit der Feststellungen können sich in Bausachen oftmals aus mehreren **konkreten Anhaltspunkten** ergeben: **Fehler** im Verfahren, bei der Beweisaufnahme oder Beweiswürdigung; *Oberheim*, in: Prütting/Gehrlein, § 529 ZPO, Rn. 11 ff.; *Zöller*, ZPO, Rn. 5 ff.; *Seibel*, BauR 2009, 574 ff.

[5] BVerfG, NJW 2003, 2524 = IBR 2003, 706 – *Schwenker*.

[6] OLG Bremen, BauR 2005, 157 (LS); OLG Saarbrücken, OLGR 2004, 18, 19; KG, KGR 2004, 38, 39.

[7] BGH, IBR 2004, 169; *Gehrlein*, MDR 2004, 661, 664.

[8] *Gaier*, NJW 2004, 110 ff. mit Überblick über den Meinungsstand; BGH, BauR 2010, 817 (Gehörsverstoß wegen einer Nichtberücksichtigung von **klarstellendem** Sachvortrag); OLG Naumburg, IBR 2014, 774 – *Peters* (zu § 520 Abs. 3 Nr. 3 ZPO).

[9] BGH, BauR 2005, 1798 = IBR 2005, 646 – *Schwenker* (für **neu entdeckte** Mängel; Unkenntnis beruht nicht auf Nachlässigkeit; im Ergebnis ebenso OLG Celle, IBR 2005, 518).

[10] BGH, IBR 2005, 180 – *Schwenker* (für **Verzicht** auf die Einrede der Verjährung); OLG Brandenburg, IBR 2007, 460 – *Schwenker*.

Tatbestandes (§ 314 ZPO) über den Weg einer **Tatbestandsberichtigung korrigiert** werden.

Der BGH hat darüber hinaus zum Umfang der Bindungswirkung sowie zum Prüfungsmaßstab des Berufungsgerichts die für die Praxis wichtigen Fragen bereits beantwortet.[11] Für den **Bauanwalt** ist wichtig und beruhigend, dass jedenfalls die **Kontrolle** der im erstinstanzlichen Urteil festgestellten Tatsachen auf konkrete Anhaltspunkte, die Zweifel an der Richtigkeit oder Vollständigkeit der entscheidungserheblichen Feststellungen begründen, **von Amts wegen** zu erfolgen hat. Damit werden vor allem – wie bisher – **Verfahrensfehler bei der Tatsachenfeststellung** der Berufung zu einem Erfolg verhelfen können;[12] und auch aus **neuen Angriffs-** und **Verteidigungsmitteln,** die in der Berufungsinstanz gemäß §§ 529 Abs. 1 Nr. 2, 531 Abs. 2 zu berücksichtigen sind, können solche konkrete Anhaltspunkte und Zweifel an der Richtigkeit oder Vollständigkeit der erstinstanzlichen Feststellungen folgen.[13] Solange das Berufungsgericht diese notwendige (tatsächliche) Inhaltskontrolle nicht vornimmt, wird es dies bei einer **Aufhebung** des Urteils durch den BGH nachzuholen haben.[14] Im Übrigen kommt der **bauprozessualen Hinweispflicht** des **Berufungsgerichts** eine zentrale Bedeutung zu; so muss vor allem der in erster Instanz siegreichen Partei ein rechtzeitiger Hinweis nach § 139 ZPO erteilt werden, wenn das Berufungsgericht der Vorinstanz nicht folgen will und insbesondere auf Grund seiner abweichenden Ansicht eine Ergänzung des Vorbringens oder einen Beweisantritt für erforderlich hält.[15]

596 Liegt ein erheblicher Hinweisverstoß vor, muss ein (insoweit ergänzter) Sachvortrag gemäß § 531 Abs. 2 Nr. 2 ZPO im Berufungsverfahren berücksichtigt werden.[16] Nach Auffassung des VII. Zivilsenats[17] wird ein „neues" Angriffsmittel **nicht** in den Prozess eingeführt, wenn sich der Anspruch bereits aus dem erstinstanzlichen Vortrag ergibt und durch den neuen Vortrag im Berufungsverfahren (nur) **verdeutlicht** oder **erläutert** wird.

597 Häufig anzutreffende Prozesssituationen werden auch zukünftig sein:

* das erstmalige Bestreiten der **Abnahme.**
  Da die Abnahme als Rechtsbegriff einen Tatsachenkern beinhaltet, kann das erstmalige Bestreiten in der Berufungsinstanz verspätet sein.[18]

---

11) BGHZ 158, 269 = BauR 2004, 1175 = NJW 2004, 1876; BGH, NJW 2004, 2531; BGH (X. ZS), BauR 2005, 96, 98; *Gaier*, NJW 2004, 2041, 2043; *Lechner*, NJW 2004, 2593, 3595.
12) BGH, BauR 2010, 1935 (Gehörsverstoß durch fehlende Sinnerfassung des Parteivortrags); OLG Hamm, BauR 2014, 585 (Verfahrensfehler infolge einer **unterlassenen Beweiswürdigung**).
13) *Gaier*, NJW 2004, 2041, 2044; BGHZ 158, 295 = NJW 2004, 2152.
14) BGH, BauR 2005, 96, 98.
15) BGH, BauR 2007, 110, 111 = NZBau 2006, 782, 783; BauR 2006, 1753, 1755 = NZBau 2006, 637, 638 m.w.Nachw.
16) BGH, BauR 2005, 135, 136 = NZBau 2005, 104 = IBR 2005, 62 – *Horschitz*; OLG Zweibrücken, NZBau 2005, 643.
17) BGHZ 164, 330, 333 = NJW 2006, 152; BGHZ 159, 245, 251 = NJW 2004, 2825; BGH, NZBau 2003, 560 = BauR 2003, 1559; BGH, NZBau 2007, 245 = BauR 2007, 585 = ZfBR 2007, 331 (**Untermauerung** des erstinstanzlichen Vorbringens durch ein **Privatgutachten**).
18) OLG Hamm, IBR 2004, 113 – *Waldmann*.

* die Vorlage einer **neuen** Schlussrechnung.[19]
* die erstmalige Benennung von **Zeugen**.[20]
  Hat sich eine Partei auf Zeugenaussagen in **Beiakten** bezogen und ist sie dabei von einer vertretbaren Würdigung dieser Aussagen ausgegangen, so verletzt sie ihre Prozessförderungspflicht nicht, wenn sie zunächst von der Benennung absieht, diese aber nachholt, sobald sie erkennt, dass das Gericht ihrer Würdigung der Zeugenaussagen nicht folgt.[21]
* die erstmalige **Beanstandung** eines **Sachverständigengutachtens**.[22]
  Die Zulassung von neuem Sachvortrag scheidet aus, wenn eine Partei unschwer in erster Instanz in der Lage war, sich durch **Ermittlungen** (z.B. bei einem Gutachter) über eine für die Entscheidung des Rechtsstreits wesentliche Frage Gewissheit zu verschaffen.[23] Es gilt auch insoweit das **Gebot**, den entscheidungserheblichen Sach- und Streitstoff vollständig in erster Instanz zu unterbreiten.

598
* Nichts anderes kann für einen **Anhörungsantrag** (§ 411 Abs. 4 ZPO) gelten.
  Die h.M. ist sich darin einig, dass der Antrag **rechtzeitig** gestellt sein muss; der Antrag muss in einem die Verhandlung vorbereitenden Schriftsatz enthalten sein.[24] Wird er nicht so rechtzeitig vorgebracht, dass das Gericht den Sachverständigen zu dem Termin noch laden oder mit ihm einen geeigneten Termin vereinbaren kann, ist der Anhörungsantrag zurückzuweisen. Ein **verspäteter** Antrag entbindet das Gericht aber nicht von der Prüfung, ob die Ladung des Sachverständigen **von Amts wegen** geboten ist (z.B., weil das Gutachten der mündlichen Erläuterung bedarf).[25] Die **erste Instanz** sollte zukünftig in allen Sachen, in denen sich das anbietet, den **Parteien aufgeben,** innerhalb einer **bestimmten Frist** zu dem Gutachten Stellung zu nehmen. Wird die gesetzte Frist ohne ausreichende Entschuldigung versäumt und würde die Ladung des Sachverständigen die Erledigung des Rechtsstreits (nunmehr) verzögern, so ist der Erläuterungsantrag wegen Verspätung unberücksichtigt zu lassen (§ 411 Abs. 4 ZPO). Einer Partei muss aber **ausreichend Zeit** gegeben werden, sich mit dem Gutachten zu befassen.

---

19) Kein neues Angriffs- und Verteidigungsmittel; vgl. BGH, NZBau 2005, 692 = IBR 2005, 717 – *Schwenker*; BGH, BauR 2004, 115 = NZBau 2005, 98 = ZfBR 2005, 58; **a.A.:** *Schenkel*, NZBau 2007, 6 ff. (Zulassung nur unter den Voraussetzungen des § 531 Abs. 2 ZPO vertretbar).
20) Beispielsfall: OLG Köln, MDR 1972, 332 (Zeuge „N.N."; vgl. dazu auch BGH, BauR 1989, 116); s. ferner: OLG Stuttgart, BauR 2011, 555, 559 (zur sog. **Nachforschungspflicht**); BGH, NJW-RR 2007, 774 (erstmalige Zeugenvernehmung nach Verzicht der Anhörung in erster Instanz durch den Beklagten); LG Koblenz, NJW 1982, 289; OLG Hamm, MDR 1986, 766 sowie *Rixecker*, NJW 1984, 2135.
21) BGH, BauR 1983, 186 = NJW 1983, 999 m.Anm. *Deubner*.
22) OLG Hamburg, MDR 1982, 60. Zu Einwendungsmöglichkeiten siehe: *Seibel*, BauR 2009, 574 ff.
23) Vgl. BGH, NJW 1988, 60. Zur Berücksichtigung eines **Privatgutachtens** in der Berufungsinstanz: BGH, BauR 2007, 585 = NZBau 2007, 245 = ZfBR 2007, 331.
24) BGH, NJW 1998, 162; OLG Celle, MDR 1969, 930; OLG Koblenz, OLGZ 1975, 379.
25) BGH, NJW-RR 1997, 1487.

* die **erstmalige** Erhebung der **Verjährungseinrede.**
  Hierbei war streitig, ob es sich um ein neues Angriffs- und Verteidigungsmittel handelt, das nicht nach § 531 Abs. 2 Satz 1–3 ZPO zuzulassen ist.[26] Nach BGH[27] konnte die Einrede auch im Berufungsverfahren erhoben werden, wenn die ihr zu Grunde liegenden Tatsachen **unstreitig** sind. Dem folgt der **Große Senat** für Zivilsachen.[28]
* die erstmals in der Berufung erfolgte unstreitige **Fristsetzung** zur Nacherfüllung ist unabhängig von § 531 Abs. 2 Satz 1 Nr. 1–3 ZPO zuzulassen.[29]
* **§ 533 ZPO (Klageänderung; Aufrechnungserklärung; Widerklage)**
  Klageänderung[30], Aufrechnung[31] und Widerklage[32] sind nach der ZPO-Reform im Berufungsverfahren zulässig, sofern der Gegner einwilligt oder das Gericht dies für sachdienlich hält (§ 533 Nr. 1); als **weitere** Voraussetzung kommt hinzu, dass Klageänderung, Aufrechnung und Widerklage auf Tatsachen gestützt werden können, die das Berufungsgericht seiner Verhandlung und Entscheidung über die Berufung ohnehin nach § 529 ZPO zu Grunde zu legen hat (Nr. 2). Für die in Bauprozessen häufig anzutreffende Aufrechnung bedeutet dies: In dem Berufungsverfahren kann kein über §§ 529, 531 hinausgehender Tatsachenvortrag unterbreitet werden.[33] Hat sich der Beklagte bereits in **erster** Instanz mit dieser Aufrechnung (hilfsweise oder sogar unschlüssig) verteidigt, ist sein neues Vorbringen zu dieser (alten) Aufrechnung nach §§ 530, 531 ZPO zu beurteilen.[34]

599 Eine große Bedeutung hat in der Praxis, vor allem aber in Bauprozessen die **Nichtzulassungsbeschwerde** einer Partei gewonnen, mit der sie die Zulassung der Revision begehrt, soweit zu ihrem Nachteil erkannt worden ist. Es war unverkennbar, dass der BGH gerade in **Bausachen** von der Vorschrift des § 544 Abs. 7 ZPO verstärkt Gebrauch machte: Jedes **Übergehen** von zentralem und entscheidungserheblichem Sachvortrag **verstieß** nach der ständigen Rechtsprechung des BGH

---

26) Siehe u.a.: OLG Naumburg, IBR 2005, 650 – *Moufang*; OLG Karlsruhe, OLGR 2005, 42; OLG München, BauR 2004, 1982; OLG Frankfurt, OLGR 2004, 249 = IBR 2004, 230 – *Waldmann*; OLG Brandenburg, BauR 2003, 1256, 1257 = IBR 2003, 170 – *Lenkeit* = BrBp 2004, 35 m.Anm. *Müller*; *Drossart*, BrBp 2004, 4, 7.
27) (XI. ZS), IBR 2007, 589 – *Vogel*; ebenso: OLG Celle, NJW-RR 2006, 1530.
28) Beschluss vom 23. Juni 2008, NJW 2008, 3434 = BauR 2009, 131; s. hierzu auch *Kroppenberg*, NJW 2009, 642 ff. u. BGH (IX.ZS), BauR 2009, 281.
29) BGH, IBR 2009, 487 – *Schwenker* (entschieden für das Kaufrecht, jedoch auf das Werkvertragsrecht übertragbar).
30) **Keine** Klageänderung ist die Vorlage einer neuen Schlussrechnung (BGH, BauR 2004, 695 = NZBau 2004, 272; s. dazu auch *Schenkel*, MDR 2004, 790) oder der **Übergang** von einer Abschlags- zu einer Schlussrechnungsforderung (BGH, BauR 2006, 414 = NZBau 2006, 175 = IBR 2006, 119 – *Vogel*). Zur **Unzulässigkeit** einer Berufung mangels Beschwer: OLG Düsseldorf, BauR 2004, 1813. Zur Umstellung der Klage von Vorschuss auf Kostenerstattung in der Berufung: BGH, BauR 2006, 717.
31) BGH, IBR 2011, 381 – *Schwenker*; BGH, IBR 2004, 469 – *Hildebrandt*. Nach BGH (IBR, 2009, 246 – *Schwenker*) kann eine Prozessaufrechnung jederzeit zurückgenommen und erneut erklärt werden.
32) Zur **rechtsmissbräuchlichen** Parteierweiterung durch Widerklage: BGH, IBR 2007, 590 – *Schwenker*.
33) *Gehrlein*, § 14, Rn. 65.
34) *Schellhammer*, MDR 2001, 1141, 1145.

gegen den **Anspruch auf rechtliches Gehör** (Art. 103 Abs. 1 GG) und führte zur Aufhebung des Berufungsurteils im Beschlusswege.[35] Nunmehr steht die Nichtzulassungsbeschwerde in der Kritik; **Reformbedarf** wird geltend gemacht. Es bleibt abzuwarten, ob es zu einer Anhebung der in § 26 Nr. 8 S. 1 EGZPO geregelten **Wertgrenze** kommen wird.[36]

---

35) Siehe aus der **neueren** Rechtsprechung u.a.: BGH, IBR 2014, 450 – *Schwenker* (unterbliebener rechtliche Hinweis, wenn von einem vorherigen rechtlichen Hinweis abgewichen wird); OLG Hamm, IBR 2014, 317 – *Schönlau* (Nichtgewährung einer Schriftsatzfrist nach einer komplexen Beweisaufnahme); BGH, BauR 2014, 141, 142 (unterlassene **Zeugenvernehmung** in der Berufungsinstanz); BGH, BauR 2013, 1729, 1730 = IBR 2013, 528 – *Manteufel* (unterlassene Anhörung eines **Sachverständigen** zur Abklärung von Missverständnissen); BGH, BauR 2013, 1441, 1442 = IBR 2013, 505 – *Manteufel* (Präklusion wegen Verspätung; fehlende Feststellungen zur Verzögerung); BGH, BauR 2012, 1822 = IBR 2012, 684 – *Elzer* (**Nichtberücksichtigung** eines erheblichen Beweisangebots; Anforderungen an eine **Schadensschätzung** nach § 287 ZPO); BGH, ZfBR 2012, 228 = IBR 2012, 181 – *Elzer* (Nichterfassen des technischen Sachvortrags); BGH, NZBau 2012, 434 (unzulässige Bewertung eines Vergleichsangebots); BGH, NZBau 2011, 671 (unzulässige Annahme einer Beweisvereitelung); BGH, NZBau 2011, 672 (Ablehnung einer Schriftsatznachlassfrist nach mündlich ergänztem Gutachten); BGH, NZBau 2010, 557 = ZfBR 2010, 658 (unterbliebene Beweisaufnahme); BauR 2011, 719 = NZBau 2011, 161 = ZfBR 2011, 348 = IBR 2011, 311 – *Weyer* (unterbliebener Hinweis gemäß § 139 Abs. 2 ZPO; **Überraschungsentscheidung**); BGH, IBR 2011, 677 – *Schwenker* (Übergehen eines Beweisantrags bei pauschaler Bezugnahme auf erstinstanzlichen Sachvortrag); BGH, BauR 2010, 1794 (**Übergehen** von Sachvortrag); BGH, ZfBR 2012, 228 u. BauR 2010, 1792 (**keine** hinreichende Erfassung des Sachvortrags); BGH, BauR 2010, 817 (**Nichtberücksichtigung** von klarstellendem Vortrag); BGH, BauR 2009, 1773 (**Übergehen** eines Antrags auf **Anhörung** des Sachverständigen); BGH (II. ZS), BauR 2009, 1003 (fehlende Auseinandersetzung mit **zentral bedeutsamem** Vortrag); BGH, BauR 2009, 681 (**vorschnelle** Übernahme eines Gutachtens); BGH, NZBau 2008, 644 (unterlassene **Zeugenvernehmung**).
36) Siehe hierzu: *Waclawik*, NJW 2016, 1639 ff.; *Winter*, NJW 2016, 922, 925.

KAPITEL 4
Die Honorarklage des Architekten

Übersicht

	Rdn.		Rdn.
I. Grundlagen der Vergütung	600	IV. Der Umfang des Honoraranspruchs	831
II. Die vereinbarte Vergütung	730	V. Fälligkeit	1163
III. Die „übliche" Vergütung	820		

I. Grundlagen der Vergütung

Übersicht

	Rdn.		Rdn.
1. Anwendungsbereich der HOAI	603	b) Vorvertrag	655
a) Sachlicher Anwendungsbereich der HOAI	606	c) Ansprüche aus Architektenwettbewerb	661
b) Persönlicher Anwendungsbereich der HOAI	612	3. Rechtsnatur des Architektenvertrages	672
c) Örtlicher Anwendungsbereich der HOAI	620	4. Wirksamkeit des Architektenvertrages	681
2. Vertragliche Bindung und honorarfreie Akquisitionstätigkeit	624	a) Die Architektenbindung	696
a) Vorarbeiten	652	b) Verstoß gegen Höchst- und Mindestsätze	727

Literatur ab 2000[1]

Fischer, Architektenrecht beim Bauen im Bestand. Ein Leitfaden für Innenarchitekten, 2004; *Korbion/Mantscheff/Vygen*, 6. Auflage, HOAI, 6. Aufl. 2004; *Motzke/Wolf*, Praxis der HOAI, 3. Aufl. 2004; *Schliemann*, Die Abrechnung der Architekten- und Ingenieurleistungen, 2004; *Locher/Koeble/Frik*, Kommentar zur HOAI, 11. Aufl. 2012; *Morlock/Meurer*, Die HOAI in der Praxis, 7. Aufl. 2010; *Neuenfeld/Baden/Dohna/Groscurth*, 3. Aufl. 2005; *Pott/Dahlhoff/Kniffka/Rath* HOAI, Honorarordnung für Architekten und Ingenieure, 9. Aufl. 2011; *Löffelmann/Fleischmann*, Architektenrecht, 6. Aufl. 2012; *Theis/Fischer*, Architekten- und Ingenieurverträge, 2007; *Steeger*, Praxiskommentar HOAI 2009; *Preussner*, HOAI 2009, Leitfaden 2009; *Simmendinger*, HOAI 2009, Praxisleitfaden für Ingenieure und Architekten, 2009; *Deckers*, Die neue HOAI in der Praxis, 2009; *Koeble/Zahn*, Die neue HOAI, 2009.

Ganten, Das Systemrisiko im Baurecht, BauR 2000, 643; *Rädler*, Die HOAI als zwingendes Preisrecht für Architekten und Landschaftsarchitekten in Deutschland im internationalen Vergleich, BauR 2001, 1082; *Quack*, Fällt der Sicherheits- und Gesundheits-Koordinator nach der Baustellenverordnung unter die HOAI?, BauR 2002, 541; *Rath*, Probleme des Honorarprozesses, BauR 2002, 557; *Portz*, Die Honorierung des Sicherheits- und Gesundheitsschutzkoordinators nach der Baustellenverordnung, BauR 2002, 1160; *Wingsch*, Die §§ 2 und 3 der Baustellenverordnung als Ohnehinleistung nach HOAI – oder können bewährte und gefestigte Leistungsgrundlagen, -pflichten und -inhalte der Architekten und Ingenieure durch branchenfremde Theorien unterlaufen werden?, BauR 2002, 1168; *Kesselring*, Die Bauabzugssteuer – Kein Problem für Architekten, BauR 2002, 1173; *Jochem*, 4. Auflage, Über die Notwendigkeit einer zeitgemäßen HOAI, Festschrift für Jagenburg (2002), 299; *Sangenstedt*, Der Architekten-/Ingenieurvertrag mit Nichtarchitekten und Nichtingenieuren, Festschrift für Jagenburg (2002), 793; *Hök*, Zur Preisautonomie bei Architekten- und Ingenieurleistungen mit und ohne Auslandsberührung, BauR 2002, 1471; *Schramm/Steeger*, Vorschläge HOAI 2000+, BauR 2003, 445; *Neuenfeld*, Die Reform der HOAI

---
[1] Vor 2000 siehe 15. Auflage.

– Zum Statusbericht 2000+ Architekten/Ingenieure, BauR 2003, 605; *Wirth/Broocks*, Das Architekten-/Ingenieurrecht und die HOAI vor neuen Herausforderungen, Festschrift für Kraus (2003), 417; *Koeble*, Einzelfragen des Architekten- und Ingenieurrechts nach dem Schuldrechtsmodernisierungsgesetz, Festschrift für Kraus (2003), 389; *Quack*, Europarecht und HOAI, ZfBR 2003, 419; *Wenner*, Internationales Kollisionsrecht der HOAI und EG-rechtliche Folgen, ZfBR 2003, 421; *Diederichs*, Die Vermeidbarkeit gerichtlicher Streitigkeiten über das Honorar nach der HOAI, NZBau 2003, 353; *Wirth*, Architektenvertragsmuster – ein neuer Weg?, BauR 2003, 1121; *Kehrberg*, Notwendige Inhalte des Architektenvertrages, BTR 2003, 54; *Braun*, Möglichkeiten und Grenzen von Honorarvereinbarungen im Architektenvertrag, BTR 2003, 61; *Blecken/Sundermeier/Nister*, Gestaltungsvorschläge einer Vertragsordnung für Architekten und Ingenieure, BauR 2004, 916; *Fischer*, Grenzüberschreitende Architektenverträge, BrBp 2005, 15; *Fetsch*, Die Vereinbarkeit der HOAI mit der EG-Dienstleistungsfreiheit, NZBau 2005, 71; *Hettich*, Die Honorarregelungen der HOAI im EU-Binnenmarkt, NZBau 2005, 190; *Forkert*, Die HOAI – im Spannungsfeld des Europarechts, BauR 2006, 586; *Braun*, Möglichkeiten und Grenzen von Honorarvereinbarungen im Architektenrecht, Teil 1 BTR 2003, 107, Teil 2 BTR 2003, 61; *Schmidt*, Die Möglichkeit vertraglicher Regelungen in Architektenverträgen, Festschrift für Thode (2005), 497; *Fischer*, Grenzüberschreitende Architektenverträge, Festschrift für Werner (2005), 23; *Wenner*, Rechtswahlblüten, Festschrift für Werner (2005), 39; *Wenner*, Das Internationale Schuldvertragsrecht in der Praxis des VII. Zivilsenats des BGH, Festschrift für Thode (2005), 661; *Deckers*, HOAI und Inländerdiskriminierung, BauR 2007, 1128; *Vorwerk*, HOAI – Ade?, Festschrift für Ganten (2007), 89; *Vygen*, Gedanken zur Novellierung der HOAI, BauR 2008, 730; *Koeble*, Referentenentwurf zur HOAI 2009, BauR 2008, 894; *Seifert*, Zum Referentenentwurf für eine Neufassung der HOAI aus sachverständiger Sicht, BauR 2008, 904;

Literatur ab 2009

Averhaus, Die neue HOAI 2009, NZBau 2009, 473; *Messerschmidt*, Neue HOAI – Neue Probleme, NZBau 2009, 568; *Scholtissek*, HOAI 2009 – Neue Vergütungsregelungen für Architekten und Ingenieure, NJW 2009, 3057; *Jochem*, HOAI 2009 – Eine Zusammenfassung der Neuregelung mit kurzen Erläuterungen; *Motzke*, HOAI 2009 – Anmerkungen, Anfragen, Rätsel, Aussichten, werner-baurecht.jurion.de; *Deckers*, Der zeitliche Geltungsbereich der HOAI 2009, werner-baurecht.jurion.de (2011); *Motzke*, HOAI 2009 – Anmerkungen, Anfragen, Rätsel, Aussichten, werner-baurecht.jurion.de (2010); *Preussner*, Die Ermittlung des Architektenhonorars: Leistungsbezogen oder preisdämpfend?, NJW 2011, 1713; *Werner*, Baustelle HOAI, die Schwachstellen der HOAI, werner-baurecht.jurion.de (2011); *Simmendinger*, Ein Erfahrungsbericht aus der Sicht eines Honorarsachverständigen nach über einem Jahr intensiver Auseinandersetzung mit der HOAI 2009, Jahrbuch Baurecht 2011, 269.

Literatur ab 2013

Fuchs, Grenzüberschreitendes Bauen: Das internationale Baurecht – bislang ein wenig beachteter Bereich, Jahrbuch Baurecht 2013, 97; *De Pascalis*, Ist der Mindesteinsatz im Keller …?, Jahrbuch Baurecht 2013, 125; *Scholtissek*, Wirtschaftlichkeits- und Erörterungspostulat in der HOAI – Preisrecht oder Leistungsinhaltsbestimmung?, Jahrbuch Baurecht 2013, 159; *Fuchs*, Planungssoll und Honorarnachträge, Jahrbuch Baurecht 2013, 177; *Orlowski*, Das Ende der Bewährung? – Der Referentenentwurf zur HOAI 2013, ZfBR 2013, 315; *Weber*, HOAI 2013 – ein Überblick, BauR 2013, 1747; *Fuchs/Berger/Seifert*, HOAI 2013 – Eine Annährung, NZBau 2013, 729 und 2014, 9; *Motzke*, Die Überleitungsregelung in § 57 HOAI 2013, NZBau 2013, 742; *Fischer/Krüger*, Was sind Objekte, BauR 2013, 1176; *Messerschmidt*, Von der 6. zur 7. HOAI-Novelle 2013, BauR 2014, 359; *Werner/Wagner*, Die Schriftformklauseln in der neuen HOAI 2013, BauR 2014, 1386; *Werner*, Der BGH und die HOAI, Festschrift für Neuenfeld (2016), 19; *Siegburg*, HOAI 2013. Die mißlungene Novelle, ebenda, S. 103; *Kemper*, BIM und HOAI, BauR 2016, 426; *Fuchs*, Der Gesamtvergleich – wie hält es die HOAI mit der Privatautonomie?, NZBau 2017, 123; *Motzke*, Der Reformgesetzgeber am Webstuhl des Architekten- und Ingenieurrechts, NZBau 2017, 251, 253; *Rast*, Geltung der HOAI in allen Schuldverhältnissen? NZBau 2017, 451.

600 Klagt ein Architekt auf Zahlung von Honorar, gehört zum schlüssigen Klagevorbringen die Behauptung des Architekten, dass

Grundlagen der Vergütung

* ein **wirksamer Architektenvertrag** geschlossen wurde, der Grundlage der erbrachten Architektenleistung ist,
* das **Architektenwerk** (ganz oder teilweise) **fertig gestellt** und im Übrigen
* die **Fälligkeit** der vereinbarten oder üblichen Vergütung **eingetreten** ist.

Da sich der Honoraranspruch wesentlich nach der rechtlichen Qualifikation des abgeschlossenen Vertrages richtet, reicht es nicht aus, wenn der Kläger lediglich einen mündlichen oder schriftlichen Vertragsabschluss mit dem Beklagten (Bauherrn) behauptet. Er muss vielmehr auch den **Inhalt des Vertrages** bekannt geben, da nur dann eine sichere Einordnung des Vertrages z.B. nach Werk- oder Dienstvertragsrecht möglich ist. Deshalb sollte ggf. mit der **Klageschrift** der schriftliche Vertrag zu den Akten gereicht werden; nur so kann auch die Wirksamkeit des Architektenvertrages (z.B. bei einer Architektenbindung, vgl. Rdn. 696 ff.) oder das Vorhandensein vertraglicher Bedingungen (z.B. das Zustandekommen des Kaufvertrages für das Baugrundstück, (vgl. Rdn. 684) sicher beurteilt werden.

Zum **Verhältnis** von bürgerlichem Recht (BGB) und **HOAI** hat der **BGH**[2] klargestellt: **Ob** ein Architekt dem **Grunde** nach einen Honoraranspruch hat, richtet sich ausschließlich nach den Bestimmungen des **BGB**; die Vertragsfreiheit der Parteien ist nur insoweit durch die Vorschriften der HOAI eingeschränkt, als für die Berechnung eines nach den Vorschriften des bürgerlichen Rechts begründeten Anspruchs die HOAI maßgeblich ist: „Die Vorschriften der HOAI als öffentlich-rechtliche Preisvorschriften für die Berechnung des Entgeltes setzen den Bestand eines nach den Vorschriften des bürgerlichen Rechts begründeten Anspruchs voraus; sie regeln nicht die Frage, unter welchen Voraussetzungen ein derartiger Anspruch vertraglich begründet oder wieder aufgehoben werden kann" (BGH). Aus diesem Grunde ist z.B. eine **nachträgliche Verzichtsvereinbarung** über die Honorarforderung eines Architekten wirksam (Rdn. 812); ebenso ist nicht zu beanstanden, wenn die Parteien eine **bedingte Honorarvereinbarung** treffen.[3] In gleicher Weise richtet sich die Frage, ob eine (honorarfreie) **Akquisitionstätigkeit** des Architekten oder bereits eine **vertragliche Bindung** vorliegt, nach dem **BGB** (Rdn. 624 ff.). **601**

Architekten stehen häufig bei der Durchsetzung ihres Honorars vor **Beweisschwierigkeiten**, weil sie keinen Zeugen für eine Abrede im Rahmen eines 4-Augen-Gesprächs (Auftraggeber/Architekt) aufbieten können. Deshalb wird vielfach von der Möglichkeit der **Abtretung des Honorars** an einen **Dritten** oder an eine **Honorareinzugsstelle** Gebrauch gemacht, um auf diese Weise den **Architekten zum Zeugen** zu machen. Dies ist rechtlich unbedenklich, weil zulässig. Trotzdem wird in diesen Fällen von der Gegenseite meist vorgetragen, dass es sich bei der Abtretung um ein „**Scheingeschäft**" handele oder die Abtretung „**sittenwidrig**" sei. Beide Einwendungen sind unerheblich. Selbst wenn die Abtretung nur mit **602**

---

[2] BauR 1997, 154 = NJW 1997, 586; vgl. hierzu auch *Motzke*, Festschrift für v. Craushaar, S. 43 ff. u. *Neuenfeld* (§ 1 HOAI, Rn. 9a), der darauf verweist, dass die Entscheidung des BGH mehr „Fragen aufgeworfen als beantwortet" hat. Nach seiner Meinung kann im „mündlichen Vertragsfall", bei dem die Architektenleistungen ganz pauschal vereinbart worden sind, zum Zwecke der Vertragsauslegung auf die zurückgegriffen werden.

[3] BGH, BauR 1998, 579 = NJW-RR 1998, 952 = MDR 1998, 711; BauR 1996, 414 = NJW-RR 1996, 728.

dem Ziel erfolgt, den Architekten als Zeugen im Rechtsstreit auftreten zu lassen, kann von einem Scheingeschäft keine Rede sein, weil die Vertragsparteien die mit der Abtretung verbundenen Rechtsfolgen gerade eintreten lassen wollen. Nach h.M. ist ein solches Rechtsgeschäft auch nicht sittenwidrig oder in sonstiger Weise unzulässig.[4] Alles weitere ist allein eine Frage der **Beweiswürdigung**. Das große Interesse des Architekten am Ausgang des Rechtsstreits ist daher im Rahmen der Beweiswürdigung angemessen zu berücksichtigen. Kann die Gegenseite (Auftraggeber) Gegenforderungen aus Schadensersatz etc. gegen den Architekten geltend machen, besteht für diese die Möglichkeit einer **Drittwiderklage** – mit der Folge, dass der Architekt nunmehr seine Zeugenstellung verliert. Darüber hinaus hat der BGH[5] klargestellt, dass auch eine **isolierte Drittwiderklage** gegen den Zedenten (Architekt) der Klageforderung, mit der die Feststellung beantragt wird, dass ihm keine Ansprüche zustehen, zulässig ist. Schließlich ist bei alledem die wichtige Entscheidung des BGH[6] für den Fall der Beweisnot nach einem 4-Augen-Gespräch zu berücksichtigen:

„Allerdings kann im Fall der Beweisnot einer Partei eine Parteivernehmung nach § 448 ZPO oder eine Anhörung der Partei nach § 141 ZPO aus dem Gesichtspunkt der prozessualen Waffengleichheit notwendig sein. Der Grundsatz der prozessualen Waffengleichheit, der Anspruch auf rechtliches Gehör sowie das Recht auf Gewährleistung eines fairen Prozesses und eines wirkungsvollen Rechtsschutzes (Art. 103 I GG, Art. 2 I i.V. mit Art. 20 III GG und Art. 6 I EMRK) erfordern, dass einer Partei, die für ein Vier-Augen-Gespräch – anders als die Gegenpartei – keinen Zeugen hat, Gelegenheit gegeben wird, ihre Darstellung des Gesprächs in den Prozess persönlich einzubringen; zu diesem Zweck ist die Partei gem. § 448 ZPO zu vernehmen oder gem. § 141 ZPO persönlich anzuhören."

Diese Rechtsprechung hilft allerdings dem Architekten nur dann, wenn er jedenfalls zunächst für die anspruchsbegründenden Tatsachen Beweis antreten kann. Hilfreich ist die Rechtsprechung aber vor allem dann, wenn etwa der Beklagte (Auftraggeber) Einwendungen mit einem Beweisantritt (Zeugen) vorbringt und der Architekt diese bestreitet, ohne einen eigenen Zeugen nennen zu können.

1. Anwendungsbereich der HOAI

603 Die HOAI, die seit 1977 in Kraft ist, ist in der Vergangenheit mehrfach novelliert worden, zuletzt durch die 7. Novelle, die am 17.7.2013 in Kraft getreten ist. Mit der letzten Novellierung wurde die HOAI in wesentlichen Bereichen geändert. Die maßgeblichen Eckpunkte dieser Novellierung sind:

* Nachdem bereits mit der 6. Novelle zur HOAI 2009 die Honorare um 10 % angehoben worden waren, erfolgte mit der Novelle 2013 eine erneute Anhebung aller Tafelwerte: Bei fast allen Leistungsbildern wurden die Honorare um durchschnittlich 17 % angehoben. Im unteren Bereich der anrechenbaren Kosten er-

---

4) BGH, WM 1976, 424; NJW 1980, 919; WM 1980, 342 und WM 1985, 613; OLG Karlsruhe, NJW-RR 1990, 753; OLG Bamberg, WM 1997, 1282.
5) NJW 2008, 2852 = MDR 2008, 1296 = IBR 2009, 119 – *Schwenker*.
6) NJW 2010, 3292 m.w.Nachw. Ferner EuGHMR, NJW 1995, 1413; BVerfG, NJW 2001, 2531.

folgte eine deutlich höhere, im oberen Bereich der anrechenbaren Kosten eine geringere Anhebung. Für das Leistungsbild „Gebäude und Innenräume" erhöhen sich beispielsweise die Honorare gegenüber der HOAI 2009 um 0,7 % bis 45,83 % für das Leistungsbild „Ingenieurbauwerke" um 4,13 % bis 34,06 %. Begründet wird die erneute Erhöhung der Honorare im Wesentlichen mit den allgemeinen Preissteigerungen der letzten Jahre und mit dem teilweise geänderten, aber vor allem erweiterten Leistungsinhalt der jeweiligen Leistungsbilder.

* Mit der HOAI-Novelle 2009 wurde überraschend § 10 Abs. 3a HOAI ersatzlos gestrichen. Das hatte zur Folge, dass sich beim Bauen im Bestand die anrechenbaren Kosten insgesamt erheblich verringerten, weil die anrechenbaren Kosten der vorhandenen Bausubstanz, die technisch oder gestalterisch mitverarbeitet wird, keine Berücksichtigung mehr fanden. Als Ersatz für den Wegfall des § 10 Abs. 3a HOAI wurde der Umbauzuschlag von 20 % bis 33 % auf einen Zuschlag bis 80 % erhöht.
Mit der erneuten Novellierung der HOAI 2013 hat der Verordnungsgeber dies rückgängig gemacht. Nunmehr ist wieder der Umfang der mitzuverarbeitenden Bausubstanz bei den anrechenbaren Kosten angemessen zu berücksichtigen – § 4 Abs. 3 HAOI. Der Umbauzuschlag ist wiederum auf das alte Niveau vor 2009 zurückgeführt worden (vgl. näher Rdn. 985 ff.).
* Die Grundleistungen innerhalb der einzelnen Leistungsbilder – insbesondere im Rahmen der Objektplanung Gebäude, Innenräume und Freianlagen – wurden stark erweitert. Ferner hat in Teilbereichen eine Verschiebung von Grundleistungen in andere Leistungsphasen stattgefunden. Auch der Katalog der Besonderen Leistungen ist im Rahmen der einzelnen Leistungsbilder erheblich ausgeweitet worden.
* Die prozentuale Bewertung der einzelnen Leistungsphasen bei den jeweiligen Leistungsbildern erfolgte zum Teil neu.
* In der Flächenplanung erfolgte insbesondere die Umstellung von Verrechnungseinheiten auf Flächen für die Bauleitplanung zum Leistungsbild Flächennutzungsplan und für die Landschaftsplanung zu den Leistungsbildern Grünordnungsplan und landschaftspflegerischer Begleitplan.
* Erstmalig gibt es eine Honorarregelung für alle planerischen Änderungsleistungen – § 10 HOAI (vgl. näher Rdn. 1012 ff.).
* Die Fälligkeit des Honorars ist nunmehr von der Abnahme der Leistungen des Architekten/Ingenieurs abhängig – § 15 HOAI (vgl. näher Rdn. 1172a).

Aufgrund der in jüngster Zeit wiederholt erfolgten Novellierung der HOAI ist im Einzelfall stets zu prüfen, wann der Architektenvertrag jeweils abgeschlossen worden ist. Danach richtet sich sodann, welche Fassung der HOAI heranzuziehen ist. Insoweit gilt: **604**

Abschluss des Architektenvertrages
* vor 18.8.2009: HOAI 1996 (5. Novelle)
* ab 18.8.2009: HOAI 2009 (6. Novelle)
* ab 17.7.2013: HOAI 2013 (7. Novelle)

Die HOAI regelt nunmehr nur noch die **Kernbereiche der Planung**. Neben **605** den Architektenleistungen (Gebäudeplanung als auch raumbildender Ausbau und Freianlagenplanung sowie den Flächenplanungen) sind im Bereich der Fachplanungen nur die Tragwerksplanung und die technische Ausrüstung (TGA) übrig geblieben.

Alle übrigen, so genannten **Beratungsleistungen** (wie Umweltverträglichkeitsstudie, thermische Bauphysik, Schall- und Raumakustik, Bodenmechanik, Erd- und Grundbau, vermessungstechnische Leitungen) sind nicht mehr in der HOAI enthalten. Gemäß § 3 Abs. 1 sind die Honorare für Beratungsleistungen gemäß Anlage 1 zu der HOAI nicht verbindlich geregelt. Das Honorar kann hier frei, also ohne jegliche Beschränkung, vereinbart werden. Dies ist einer der Punkte, der von Seiten des Bundesrates ausdrücklich beanstandet worden ist.

a) Sachlicher Anwendungsbereich der HOAI

606 Die HOAI gilt nach § 1 hinsichtlich der Berechnung der Entgelte für die Grundleistungen der Architekten mit Sitz im Inland, soweit sie durch die Verordnung erfasst und vom Inland aus erbracht werden.

Damit ist der **sachliche Anwendungsbereich** der HOAI abgegrenzt: Werden Architektenleistungen erbracht, die die HOAI behandelt, sind diese automatisch an den Vorschriften der HOAI zu messen; die HOAI ist nämlich nach richtiger Ansicht **nicht abdingbar**.[7] Eine Partei muss sich deshalb in einem Prozess auch nicht ausdrücklich auf die Bestimmungen der HOAI berufen, selbst dann nicht, wenn es um die Wirksamkeit der Honorarvereinbarung geht.

607 Soweit andere in der HOAI **nicht genannte** Leistungen von einem Architekten erbracht werden, gelten die zum Teil erheblich einschränkenden Bestimmungen der HOAI nicht, sodass die Vertragsparteien hinsichtlich der Vereinbarung einer Vergütung frei sind; sie sind insbesondere nicht an die Mindest- und Höchstsätze der HOAI gebunden.

608 Nicht in der HOAI genannte Leistungen – mit der Folge einer freien Honorarvereinbarung – sind z.B.

* die Tätigkeit eines Architekten bei der **Umwandlung von Mietobjekten** in Wohnungseigentum,[8]
* die Erstellung einer Bedarfsplanung gemäß DIN 18205,[9]
* **reine Beratungstätigkeiten**[10] des Architekten und Ingenieurs **außerhalb** der in der HOAI genannten Leistungsbereiche, z.B. fachliche **Unterstützung** in einem **selbstständigen Beweisverfahren**, typische **Designertätigkeiten**[11] (wie die Anfertigung von Schautafeln für Einweihungen/Eröffnungen),
* die weitere Verwendung einer **Tragwerksplanung** der für bestimmte Gebäude gefertigten statischen Berechnung bei anderen baugleichen Bauten,[12]

---

7) *Koeble*, in: Locher/Koeble/Frik, § 1 HOAI, Rn. 12.
8) BGH, BauR 1998, 193 = ZfBR 1998, 94 = NJW 1998, 1228.
9) *Scholtissek*, NJW 2009, 3057, 3060, der zu Recht darauf hinweist, dass es sich nach dem Vorwort zu dieser DIN grundsätzlich um eine Aufgabe des Bauherrn handelt.
10) Vgl. OLG Nürnberg, NZBau 2003, 502 = OLGR 2003, 156 = NJW-RR 2003, 961.
11) Vgl. OLG Frankfurt, NJW-RR 1993, 1305 (Entwurf einer Toranlage).
12) OLG Düsseldorf, NJW-RR 1999, 1694.

- die Beratung bei der **Beschaffung eines Telekommunikationssystems**,[13]
- **Planungsleistungen eines Einrichtungsunternehmens** im Zusammenhang mit dem Verkauf oder der Beschaffung von Möbeln, Tapeten, Teppichen und Gardinen,[14]
- die **Erstellung einer Teilungserklärung** und Erlangung einer **Abgeschlossenheitsbescheinigung**,[15]
- die Beratung über das von einem Unternehmen ausgearbeitete **Baukonzept** im Vorfeld eines noch abzuschließenden Architektenvertrages,[16]
- die Planung von Ausstattungen und Nebenanlagen von **Verkehrsanlagen**,[17]
- Leistungen beim **Abbruch von Gebäuden**
- oder die **Sicherung der Baustelle** (z.B. gegen herabstürzende Fassadenplatten), wenn der Architekt noch keinen Auftrag zur Objektüberwachung hat.[18]
- Die Tätigkeit des von der **Bauaufsichtsbehörde** beauftragten Prüfingenieurs[19]
- Die Tätigkeit des **Sicherheits- und Gesundheitsschutz-Koordinators** (vgl. Rdn. 853)
- Architektenleistungen als **Gesellschaftereinlage**[20]
- Die **Übernahme einer Baukostengarantie** durch den Architekten und gleichzeitiger Abrede, dass er bei einer Kostenunterschreitung die Minderkosten als Prämie erhält.[21]
- Leistungen im Rahmen eines **Bauregievertrages** (Vollarchitektur im Rahmen eines Komplettpakets mit Leistung zu Erstellung und Verwaltung eines Hauses)[22] Nicht gemäß dem HOAI-Mindestsatz sind Ausarbeitungen von Lösungsvorschlägen für gestellte Planungsaufgaben zu vergüten, die im Rahmen einer Angebotserstellung in einem **Vergabeverfahren (VOF a.F. bzw. §§ 73 ff. VgV n.F.)** von Architekten oder Ingenieuren erbracht werden, wenn der Auftraggeber in den Vergabeunterlagen eine pauschale Vergütung als abschließende Zahlung vorgesehen hat und der Bieter es versäumt hat, dagegen mittels der vergaberechtlichen Rechtsbehelfe vorzugehen.[23] Der Bieter kann die Bindung an die von ihm als zu niedrig erachtete Vergütung nur durch eine Rüge gegenüber dem Auftraggeber und Einleitung eines Nachprüfungsverfahrens vor der Vergabekammer angreifen. Grundlage der vergaberechtlichen Nachprüfung sind die Regelungen der §§ 13 Abs. 3 und 20 Abs. 3 VOF a.F., die nunmehr durch § 77 Abs. 2 VgV n.F. ersetzt worden sind.

609 Im Einzelfall ist also stets festzustellen, ob ein Architekt oder Ingenieur eine Leistung erbracht hat, die von einem in der HOAI erwähnten **Leistungsbild** oder

---

13) OLG Köln, NZBau 2000, 298; zur Beratung eines Projektentwicklers: OLG Nürnberg, IBR 2002, 81.
14) OLG Celle, BauR 2003, 1603 = OLGR 2003, 119. Vgl. hierzu *Plankemann*, DAB 2003, 37; ferner *Fischer*, IBR 2003, 311, der zu Recht darauf verweist, dass die entsprechenden Leistungen des Einrichtungsunternehmens Leistungen des raumbildenden Ausbaus, die ein Innenarchitekt erbringt, darstellen und daher grundsätzlich der HOAI unterfallen; weil hier aber der Verkauf der Einrichtungsgegenstände im Vordergrund steht, werden sie nach h.M. nicht von der HOAI erfasst.
15) OLG Koblenz, IBR 2013, 548.
16) Vgl. OLG Nürnberg, NZBau 2003, 502 = OLGR 2003, 156 = NJW-RR 2003, 961.
17) KG, IBR 2005, 26 – *Seifert*.
18) KG, IBR 2006, 564 – *Seifert*.
19) VG Saarlouis, IBR 2009, 718.
20) OLG Stuttgart, IBR 2017, 27 – *Berger*.
21) BGH, BauR 2013, 485 = NZBau 2013, 172 = IBR 2013, 84 – *Preussner*.
22) OLG Hamm, BauR 2015, 693.
23) BGH, NZBau 2016, 368.

Leistungsbereich erfasst wird und damit der entsprechenden Gebührenregelung unterworfen ist.[24] Dabei ist unerheblich, welchem Vertragstyp der jeweilige Architektenvertrag zuzuordnen ist, der den Vergütungsanspruch begründet.[25] Nach Auffassung des OLG Koblenz[26] unterliegt z.B. die Mitwirkung eines Architekten an einem Preisausschreiben oder einem beschränkten Wettbewerb, soweit sie – allgemein – den Entwurf eines Gebäudes zum Gegenstand haben, nicht dem Preisrecht der HOAI (vgl. hierzu Rdn. 661 und 759).

610 Auch die Leistungen, die einem Architekten nach der **Baustellenverordnung** übertragen werden können – insbesondere die Aufgaben des **Sicherheits- und Gesundheitsschutz-Koordinators** –, entsprechen keinem Leistungsbild der HOAI. Die Vertragsparteien sind deshalb bezüglich des entsprechenden Honorars den Einschränkungen der HOAI nicht unterworfen (vgl. näher Rdn. 852 ff.).[27]

Bestritten ist, ob die Leistungen für den konstruktiven baulichen **Brandschutz** zu den von der HOAI erfassten Leistungen des Architekten gehören. Das ist aber zu bejahen.[28] Allerdings sind insoweit von dem Architekten nur Leistungen gefordert, die sich aus den grundlegenden Kenntnissen des Architekten aus dem Bereich der Bauphysik ergeben.[29] Bei schwierigen Brandschutzfragen muss der Architekt seinem Auftraggeber zumindest empfehlen, einen entsprechenden Sonderfachmann hinzuzuziehen. Ob die **Fassadenplanung** von den Preisvorschriften der HOAI erfasst wird, ist ebenfalls problematisch[30], aber zu bejahen.

611 **Die HOAI 2013 gilt nach § 57 nicht für Grundleistungen, die vor ihrem Inkrafttreten (17.7.2013) vertraglich vereinbart wurden**; insoweit bleiben die bisherigen Vorschriften der HOAI a.F. anwendbar. Das hat z.B. Konsequenzen für den in der Praxis häufig vorkommenden **Stufenvertrag**, also die stufenweise Beauftragung des Architekten (vgl. näher Rdn. 694, 802).[31] Das kann dazu führen, dass innerhalb eines Vertragsverhältnisses die Geltung **unterschiedlicher Fassungen der HOAI Anwendung** finden[32]: Ist z.B. die erste Stufe vor dem 17.7.2013 beauftragt worden, gelten für diesen Auftrag die alten Vorschriften der HOAI

---

24) BGH, BauR 1997, 677.
25) BGH, BauR 2000, 1512 = NJW-RR 2000, 1333 = NZBau 2000, 473 = ZfBR 2000, 481 = MDR 2000, 1127.
26) ZfBR 1994, 229 = MDR 1994, 790.
27) Ebenso: OLG Celle, BauR 2004, 1649 = OLGR 2004, 479 = IBR 2004, 431 – *Schwenker; Kesselring*, BTR 2005, 99, 102; *Quack*, BauR 2002, 541; *Moog*, BauR 1999, 795, 800; *Kleinhenz*, ZfBR 1999, 179, 182; a.A.: *Osenbrück*, Festschrift für Mantscheff, S. 349, 357, der insoweit eine Besondere Leistung gemäß § 5 Abs. 4 HOAI annimmt. *Wingsch*, BauR 2001, 314, ist entgegen der hier vertretenen Auffassung der Meinung, dass es sich bei den Leistungen nach der Baustellenverordnung um „Ohnehinleistungen der HOAI" handelt, also vom Architekten ohne zusätzliche Vergütung zu erbringen sind; dem hat *Quack*, (a.a.O.) mit Vehemenz widersprochen. Zu den Pflichten des Sicherheits- und Gesundheitskoordinators vgl. OLG Köln, BauR 2017, 1068.
28) *Rohrmüller*, BauR 2011, 1078; *Koeble*, in: Locher/Koeble/Frik, § 1, Rn. 3. Vgl. hierzu BGH, BauR 2012, 979 = NZBau 2012, 243 sowie *Budiner/Blomeyer*, NZBau 2012, 278.
29) Vgl. hierzu im Einzelnen *Koeble*, in: Locher/Koeble/Frik, a.a.O.
30) Vgl. hierzu *Koeble*, in: Locher/Koeble/Frik, § 1, Rn. 5.
31) Vgl. zur Überleitungsregelung des § 57 HOAI im Rahmen von Stufenverträgen *Motzke*, NZBau 2013, 742.
32) BGH, BauR 2015, 689 = NZBau 2015, 170 = IBR 2015, 144 – *Fuchs*. So schon *Werner*, BauR 1992, 695, 698 zur HOAI 1991.

2009, während für die weiteren Stufen die HOAI 2013 gilt, wenn diese Stufen nach dem 16.7.2013 in Auftrag gegeben wurden.

Das gilt jedoch nur für das (mit der HOAI 2013 angehobene) **Honorar**.[33] Bezüglich des **Leistungsinhalts** haben sich die Vertragsparteien in der Regel im Rahmen der Beauftragung der 1. Stufe auch schon für die nächsten Stufen geeinigt, wenn – wie üblich – im Architektenvertrag auf die betreffenden (weiteren) Leistungsphasen des jeweiligen Leistungsbildes Bezug genommen wird. Dabei ist aber zu berücksichtigen: Der Leistungsinhalt der einzelnen Leistungsphasen z.B. des § 34 HOAI (Leistungsbild Gebäude und Innenräume) ist mit der Novellierung der HOAI 2013 deutlich verändert und insbesondere hinsichtlich der zu erbringenden Grundleistungen erheblich ausgeweitet worden. Belässt man es z.B. für die 2. und eventuell weiteren Stufen bei dem alten vereinbarten Leistungsbild der HOAI 2009, bringt man aber andererseits hierfür die angehobenen Honorare der HOAI in 2013 in Ansatz, gibt es eine **Konfliktsituation zu Lasten des Auftraggebers** im Hinblick auf die in fast allen Leistungsphasen erweiterten Grundleistungen. Dieser Konflikt kann nur in der Weise gelöst werden, dass die zusätzlichen neuen Grundleistungen, die im Leistungsbild der HOAI 2009 nicht enthalten waren und daher auch nicht zum beauftragten Leistungsinhalt gehörten, honorarmindernd unter Berücksichtigung des Honorars der HOAI 2013 (z.B. anhand der üblichen Splittingtabellen, vgl. Rdn. 878), zu berücksichtigen sind (vgl. hierzu auch Rdn. 695).[34] **611a**

In der Regel werden die Vertragsparteien – unter diesem Gesichtspunkt – nicht umhin kommen, im Rahmen der Beauftragung der 2. Stufe nach Inkrafttreten der HOAI 2013 eine neue Regelung hinsichtlich der vom Architekten zu erbringenden Vertragsinhalte zu treffen, um so ein Gleichgewicht zwischen zunächst vereinbartem Leistungsinhalt und der entsprechenden Honorierung auf Basis der HOAI 2013 herzustellen.

Etwas anders gilt bei einem **Abrufvertrag** (vgl. Rdn. 802), bei dem sämtliche Leistungen mit Abschluss des Architektenvertrages bereits beauftragt werden und lediglich die Fälligkeit der einzelnen Leistungsphasen von einem Abruf abhängig gemacht werden. Hier ist insgesamt die HOAI heranzuziehen, die bei Abschluss des Architektenvertrages gilt und zwar sowohl hinsichtlich des Leistungsinhalts als auch der entsprechenden Honorierung.

Bei **Rahmenverträgen** (vgl. Rdn. 649, 801), die vor dem 17.7.2013 abgeschlossen wurden, gilt die HOAI 2013 für die jeweils abgeschlossenen Einzelverträge, wenn diese nach dem 16.7.2013 zustande gekommen sind und zwar sowohl hinsichtlich des Leistungsinhalts als auch der entsprechenden Honorierung.

b) Persönlicher Anwendungsbereich der HOAI

Obwohl § 1 HOAI von der „Berechnung der Entgelte für die Grundleistungen der Architekten" spricht, ist der **persönliche Anwendungsbereich** dieser Verordnung umstritten. Die HOAI erläutert den Begriff des „Architekten" nicht. **612**

---

33) So auch *Motzke*, NZBau 2013, 742, 743.
34) So auch *Eschenbruch/Legat*, BauR 2014, 772. Diese Problematik übersieht das OLG Koblenz, BauR 2013, 862 mit Anm. *Voppel* BauR 2014, 1349.

Nach h.M.[35)] gelten die Bestimmungen der HOAI nicht nur für Architekten, die nach den verschiedenen Architektengesetzen der Länder[36)] zur Führung der Berufsbezeichnung „Architekt" berechtigt sind.[37)] Vielmehr ist sie auch auf **Berufsfremde** (Nichtarchitekten, wie z.B. Bauunternehmer, Handwerker) anwendbar, soweit sie Leistungen erbringen, die den Leistungsbildern oder anderen Bestimmungen der HOAI entsprechen. Danach sind die Bestimmungen der HOAI **nicht berufs-, sondern allein leistungsbezogen**. Dabei wird als gewichtigstes Argument vorgetragen, es sei notwendig, auch Berufsfremde den einschränkenden Bestimmungen der HOAI zu unterwerfen, um sie nicht besser als diejenigen zu stellen,

---

35) Vgl. BGH, NJW 1997, 2329 = BauR 1997, 677 m.Anm. *Fey,* BauR 1998, 815; OLG Stuttgart, NZBau 2012, 582; OLG Frankfurt, BauR 1992, 798 = NJW-RR 1992, 1321; NJW-RR 1993, 1305; OLG Köln, NJW-RR 2009, 1617 = NZBau 2009, 790; BauR 1986, 467 u. BauR 1985, 338; OLG Düsseldorf, BauR 1993, 630 = NJW-RR 1993, 1173; BauR 1987, 348; BauR 1979, 352; BauR 1980, 490; BauR 1982, 86; OLG Stuttgart, BauR 1981, 404, 405; siehe ferner *Korbion/Mantscheff/Vygen,* 6. Auflage, § 1 HOAI Rn. 23 ff.; *Neuenfeld,* § 1 HOAI, Rn. 13.

36) **Baden-Württemberg:** Architektengesetz in der Fassung vom 23. Februar 2017
Bayern: Gesetz über die Bayerische Architektenkammer und die Bayerische Ingenieurkammer-Bau (Baukammerngesetz – BauKaG) vom 9. Mai 2007 (GVGl. S. 308), zuletzt geändert am 24. Juli 2015 (GVBl. S. 296)
Berlin: Berliner Architekten- und Baukammergesetz (ABKG) vom 6. Juli 2006 (GVBl. S. 720), zuletzt geändert am 7. Juli 2016 (GVBl. S. 425)
Brandenburg: Brandenburgisches Architektengesetz (BbgArchG) vom 11. Januar 2016 (GVBl. I Nr. 2, S. 1)
Bremen: Bremisches Architektengesetz (BremArchG) vom 25. Februar 2003 (Brem. GBl. S. 53), zuletzt geändert am 1. März 2016 (Brem. GBl. S. 96)
Hamburg: Hamburgisches Architektengesetz (HmbArchtG) vom 11. April 2006 (HmbGVBl.
S. 157), zuletzt geändert am 15. Dezember 2015 (HmbGVBl. S. 366)
Hessen: Hessisches Architekten- und Stadtplanergesetz (HASG) vom 30. November 2015 (GVBl. S. 457, 478 ff.)
Mecklenburg-Vorpommern: Architekten- und Ingenieurgesetz – ArchIngG M-V vom 18.11.2009 (GVOBl. M-V 2009, S. 646), geändert am 21. Juli 2016 (GVOBl. M-V, S. 630)
Niedersachsen: Niedersächsisches Architektengesetz (NArchtG) in der Fassung vom 26. März 2003 (Nds. GVBl. S. 177), zuletzt geändert am 16. Dezember 2014 (GVBl. S. 475)
Nordrhein-Westfalen: Baukammergesetz (BauKaG NRW) vom 9. Dezember 2008 (GV. NRW. S. 744), zuletzt geändert am 17. Dezember 2014 (GV NRW. S. 876)
Rheinland-Pfalz: Architektengesetz (ArachG) vom 16. Dezember 2005 (GVBl. 2005, S. 505), zuletzt geändert am 8. März 2016 (GVBl. S. 181)
Saarland: Saarländisches Architekten- und Ingenieurkammergesetz (SAIG) (Art. 2 des Gesetzes Nr. 1544) vom 18. Februar 2004, zuletzt geändert am 13. Juli 2016 (Amtsbl. I. S. 714)
Sachsen: Sächsisches Architektengesetz (SächsArchG) vom 7. März 2017 (SächsGVBl. S. 102, 237)
Sachsen-Anhalt: Architektengesetz des Landes Sachsen-Anhalt (ArchG-LSA) vom 28. April 1998 (GVBl. LSA S. 243), zuletzt geändert am 24. Juni 2014 (GVBl. LSA S. 350)
Schleswig-Holstein: Architekten- und Ingenieurkammergesetz Schleswig-Holstein (ArchIngKG) vom 9. August 2001, zuletzt geändert am 14. Juni 2016 (GVBl. Schl.-H. S. 386)
Thüringen: Thüringer Architekten- und Ingenieurkammergesetz (ThürAIKG) vom 14. Dezember 2016 (GVBl. 2016, 529).

37) Vgl. OLG Koblenz, ZfBR 1995, 204. Zur Löschung einer Eintragung in der Architektenliste wegen Berufsunwürdigkeit: OVG Saarlouis, NJW-RR 1995, 505 (Konkurs einer GmbH; Architekt ist geschäftsführender Gesellschafter); VGH Kassel, NJW-RR 1995, 507 und OVG Lüneburg, NVwZ-RR 1996, 261 (Abgabe der eidesstattlichen Versicherung).

die sich nach dem jeweiligen Berufs- und Standesrecht[38] als „Architekt" bezeichnen dürfen und grundsätzlich auch die bessere Qualifikation besitzen.

Der BGH[39] hat sich nur „mit gewissen Einschränkungen" der herrschenden Ansicht angeschlossen. Er meint zwar, „ein leistungsbezogenes Verständnis der HOAI (werde) dem Zweck der Norm besser gerecht als ein berufsstandsbezogenes". Allerdings wendet er die HOAI auf Anbieter, die „neben oder zusammen" mit Bauleistungen auch Architekten- oder Ingenieurleistungen erbringen, zu Recht nicht an: Anbieter kompletter Bauleistungen (wie z.B. Generalunternehmer, Generalübernehmer, Bauträger usw.), die die hierfür erforderlichen Ingenieur- und/oder Architektenleistungen einschließen, weichen mit dem vereinbarten Leistungsbild erheblich von dem eines Architektenvertrages ab; **nicht** der den Architektenvertrag **prägende Werkerfolg** wird geschuldet, sondern die (weiter gehenden) Leistungen stehen im Vordergrund und bestimmen den **Gesamtcharakter**. In diesen Fällen reicht es auch nicht aus, wenn der Vertrag „eine Aufzählung einzelner Leistungselemente von Leistungsbildern der HOAI" enthält.[40] Die vorangegangenen Ausführungen gelten auch für den Fall, dass ein entsprechendes Bauvorhaben (Schlüsselfertigbau) im Planungsstadium **„stecken bleibt"**.[41]

613

Die Amtliche Begründung[42] spricht zu § 1 a.F. von **einer „Berufsgruppe"**, und § 1 HOAI nennt als Auftragnehmer nur den „Architekten" (und den „Ingenieur"). Der in der Verordnung überall verwendete Begriff „Honorar" ist entsprechend anderen Honorar- und Gebührenordnungen nach dem allgemeinen Sprachgebrauch nur einer bestimmten Berufsgruppe zugeordnet; vor allem Locher/Koeble/Frik,[43] haben sich deshalb gegen die herrschende Ansicht ausgesprochen.

614

Geht man mit der **herrschenden Meinung** von der Anwendbarkeit der HOAI auf Auftragnehmer aus, die das Berufsbild des Architekten nicht erfüllen, so ist es folgerichtig, diesen Auftragnehmern auch **einen vollen Anspruch** auf das jeweils preisrechtlich zulässige Honorar nach der HOAI zuzubilligen; nach der **Mindermeinung** sind Berufsfremde demgegenüber bei der Vereinbarung einer Vergütung keinen Bindungen unterworfen: Insoweit sind die Sätze der HOAI auch nicht als die übliche Vergütung anzusehen. Eine weitere Konsequenz der herrschenden Meinung ist, dass dem Architekten ein Honorar nach der HOAI zusteht, wenn er **außerhalb seines Leistungsbereiches** tätig wird (z.B. die Tragwerksplanung wird vom Archi-

615

---

38) Allerdings finden – auch bei gleicher Leistung – standesrechtliche Werbeverbote für Architekten keine Anwendung auf Personen, die nicht in die Architektenliste eingetragen sind (BGH, NJW 1983, 45 = MDR 1983, 27).
39) BGH, BauR 1997, 677 = NJW 1997, 2329 m.Anm. *Frey*, BauR 1998, 815; BGH, BauR 1998, 193 = NJW 1998, 1228 = ZfBR 1998, 94; ebenso: OLG Düsseldorf, BauR 1999, 1477; OLG Stuttgart, NJW-RR 1989, 917; *Koeble*, in: Locher/Koeble/Frik, § 1 HOAI, Rn. 18; *Thierau*, Festschrift für Werner, S. 131.
40) BGH, BauR 1998, 193 = NJW 1998, 1228 = ZfBR 1998, 94 (Projektentwicklungsvertrag).
41) OLG Köln, BauR 2000, 910 = NJW-RR 2000, 611 = NZBau 2000, 205; **a.A.:** OLG Jena, BauR 2002, 1725; OLG Oldenburg, NZBau 2002, 283 = BauR 2002, 332 = OLGR 2002, 14. Allerdings können sich die Vertragsparteien in diesen Fällen dem „Regelungsregime der HOAI" unterwerfen, vgl. hierzu *Motzke*, in: Graf von Westphalen, Klauselwerke/Architektenvertrag, Rn. 174.
42) BT-Drucksache 270/76.
43) § 1 HOAI, Rn. 20; sie weisen zutreffend darauf hin, dass das Koppelungsverbot des Art. 10 § 3 MRVG nicht leistungs-, sondern personenbezogen ist; es gebe deshalb auch keinen einleuchtenden Grund, die HOAI, die auf dem MRVG basiere, anders auszulegen; ebenso in der 10. Aufl., § 1 HOAI, Rn. 18. Vgl. auch OLG Oldenburg, BauR 1984, 541 u. LG Köln, BauR 1990, 634, 635.

tekt ausgeführt); das Honorar errechnet sich in diesem Fall aus dem vom Architekten übernommenen anderen Leistungsbereich.[44]

Bei einem **zweistufigen GMP-Vertrag** (vgl. Rdn. 1562) ist das Preisrecht der HOAI für etwaige Planungs- und Beratungsleistungen des Auftragnehmers im Rahmen der ersten Vertragsstufe bindend, während in der zweiten Vertragsstufe, nämlich der Ausführungsphase, die vorgenannten Ausführungen gelten.

616 Ob die HOAI nur auf freiberuflich tätige Architekten anzuwenden ist oder auch für **angestellte** oder **beamtete Architekten** gilt, soweit sie für einen Bauherrn tätig werden, ist ebenfalls streitig.[45] Erbringt ein Architekt/Ingenieur im **Anstellungs- oder Beamten-Verhältnis** für seinen Arbeitgeber **Architektenleistungen**, so unterfällt diese Tätigkeit nicht der HOAI; dasselbe gilt, soweit ein freier Mitarbeiter in einem arbeitnehmerähnlichen Verhältnis tätig wird und insoweit Architekten- oder Ingenieurleistungen ausführt.[46]

617 Die HOAI ist aber auf einen Werkvertrag über Architekten- oder Ingenieurleistungen anzuwenden, die ein selbstständig tätig werdender Architekt/Ingenieur für einen anderen Architekten/Ingenieur (als **„Subunternehmer"**) zu erbringen hat.[47]

618 Die Mindest- und Höchstsätze der HOAI sind nicht anwendbar auf Anbieter, die neben oder zusammen mit Bauleistungen auch Architektenleistungen erbringen (sog. **„Paketanbieter"**).[48] Allerdings ist stets im Einzelfall zu klären, ob es sich wirklich um ein „Vertragspaket" insoweit handelt (vgl. hierzu Rdn. 635)[49] oder ob die Bauleistungen einerseits und die Architektenleistungen andererseits als getrennte Vertragsleistungen anzusehen sind.[50] Nach Auffassung des OLG Hamm[51] findet die HOAI auf **Bauregieleistungen** keine Anwendung, die neben der Vollarchitektur ein Komplettpaket weiterer Leistungen zur Erstellung und Verwaltung eines Hauses beinhaltet.

Nach Auffassung des OLG Hamm[52] greifen die Bestimmungen der HOAI im Hinblick auf das Schutzbedürfnis des selbstständig tätig werdenden Architekten/Ingenieurs auch dann ein, wenn Architekten oder Ingenieure aufgrund einer **„Kompensationsabrede"** Architekten- oder Ingenieurleistungen wechselseitig für-

---

44) *Beigel*, DAB 1980, 217.
45) Vgl. *Koeble*, in: Locher/Koeble/Frik, § 1 HOAI, Rn. 16 m.w.Nachw.; OLG Düsseldorf, NJW 1982, 1541 = BauR 1982, 390 (HOAI gilt auch für nicht freiberuflich tätige Architekten); OLG Düsseldorf, BauR 1984, 671 (LS) (keine Geltung der HOAI für die freie Mitarbeit eines an sich freiberuflich tätigen Architekten in einem Architekturbüro); vgl. auch OLG Oldenburg, BauR 1984, 541; OLG Oldenburg, OLGR 1996, 88 (Abgrenzung zwischen Architektenvertrag und arbeitnehmerähnlichem Dienstvertrag).
46) Vgl. BGH, BauR 1985, 582, 583; OLG Frankfurt, BauR 2002, 1874; *Konrad*, BauR 1989, 653, 654; vgl. hierzu *Jochem*, § 1 HOAI, Rn. 40; ferner BGH, BauR 1995, 731.
47) BGH, NJW-RR 1994, 1295; BauR 1985, 582; OLG Hamm, BauR 1987, 467; *Motzke/Wolff*, S. 112; vgl. auch OLG Hamm, BauR 1985, 592; **a.A.:** OLG Nürnberg, IBR 2001, 495.
48) BGH, BauR 1997, 677 = NJW 1997, 2329; OLG München, IBR 2016, 333 – *Bolz*; OLG Köln, IBR 2017, 179 – *Berger*; OLG Hamm, IBR 2014, 547 – *Karczewski*; *Koeble*, in: Locher/Koeble/Frik, § 1 HOAI, Rn. 9 ff.;–OLG Koblenz, IBR 2008, 459 – *Oest*.
49) Vgl. hierzu *Kniffka/Koeble*, 12. Teil, Rn. 154.
50) OLG Düsseldorf, BauR 2012, 119 (Anwendbarkeit der HOAI bei reinen Planungsleistungen eines Generalunternehmers, der auch Architekt ist).
51) BauR 2015, 693.
52) BauR 1987, 467; **a.A.:** *Koeble*, in: Locher/Koeble/Frik, § 1 HOAI, Rn. 20.

einander erbringen. Dasselbe gilt für Kompensationsabreden zwischen Auftraggeber und Architekt.

Fraglich ist, welche Rechtsfolgen die **fehlende Architekteneigenschaft** für den **619** abgeschlossenen Architektenvertrag hat: Es ist grundsätzlich von der **Wirksamkeit** des Vertrages auszugehen;[53] der Auftraggeber des „Architekten" kann aber u.U. den Vertrag **anfechten** (§§ 119, 123 BGB) oder **Schadensersatz** (aus culpa in contrahendo, § 311 BGB oder Verletzung einer Nebenpflicht, § 241 Abs. 2 BGB) verlangen, wenn der „Architekt" seinen Vertragspartner vor Vertragsabschluss nicht darauf hinweist, dass er nicht berechtigt ist, die Berufsbezeichnung „Architekt" zu führen.[54] Eine solche Aufklärungspflicht entfällt, wenn die Interessen des Auftraggebers im Einzelfall nicht berührt werden.[55] Dies gilt z.B., wenn der Auftragnehmer („Architekt") zu einer Bauvorlage berechtigt ist und es zur Durchführung des Auftrages keiner besonderen künstlerischen Fähigkeit bedarf.[56]

c) Örtlicher Anwendungsbereich der HOAI

Literatur

Preussner, Inländerdiskriminierung in der HOAI 2009, Festschrift für Quack (2009), 183, *Fuchs*, Grenzüberschreitendes Bauen: Das internationale Baurecht – bislang ein wenig beachteter Bereich, Jahrbuch Baurecht 2013, 97.

Der räumliche Anwendungsbereich war in der **alten HOAI** nicht ausdrücklich geregelt.[57] **620** Nach allgemeiner Meinung war der Anwendungsbereich auf die Bundesrepublik Deutschland beschränkt. Danach waren die Preisvorschriften der HOAI auf deutsche und ausländische Architekten und Ingenieure bei Bauvorhaben in der Bundesrepublik Deutschland anwendbar. Bei einem ausländischen Architekten und Ingenieur war es jedoch nach überwiegender Meinung (schon vor der letzten Novellierung der HOAI 2009) zusätzlich erforderlich, dass dieser eine

---

53) OLG Köln, BauR 1986, 467 m.w.Nachw.; vgl. ferner BGH, NJW 1984, 230 = BauR 1984, 58 = DB 1984, 767 für den vergleichbaren Fall eines Unternehmers (keine Eintragung in die Handwerksrolle).
54) Vgl. OLG Nürnberg, BauR 1998, 1273 = NJW-RR 1998, 1713; OLGR 1998, 268; OLG Düsseldorf, BauR 1997, 681; BauR 1996, 574; BauR 1993, 630 = NJW-RR 1993, 1173; BauR 1982, 86; BauR 1973, 329; BauR 1970, 119, 120; OLG Köln, BauR 1986, 467 u. 1980, 372 (einschränkend BauR 1985, 338 für den Fall, dass die Eintragung nach Baubeginn erfolgt); OLG Stuttgart, BauR 1979, 259; OLG Düsseldorf, BauR 1996, 574 (verneinend, wenn ein Architekt in Diensten der beauftragten GmbH steht); vgl. auch LG Köln, BauR 1990, 634, 635 und insbesondere *Sangenstedt*, Festschrift für Jagenburg, 793; ferner *Weyer*, BauR 1984, 324, 328. Zu Ansprüchen nach §§ 1, 3 UWG wegen unberechtigter Berufsbezeichnung „Architekt" vgl. LG Düsseldorf, BauR 1992, 796, und OLG Düsseldorf, OLGR 1996, 81 (wettbewerbsrechtliche Zulässigkeit einer „Architekten-GmbH").
55) OLG Naumburg, IBR 2006, 457.
56) OLG Hamburg, OLGR 1996, 306.
57) Zu den damit verbundenen Rechtsfragen vgl. vor allem *Wenner*, BauR 1993, 257 ff. u. RIW 1998, 173 sowie *Wenner*, Festschrift für Werner, S. 39 ff.; DAB 1994, 1107; *Fischer*, in: Thode/Wirth/Kuffer, Rn. 19 ff. sowie *Fischer*, Festschrift für Werner, S. 23 ff.; *Kartzke*, ZfBR 1994, 1 ff.; ferner: *Thode*, ZfBR 1989, 43 ff.; *Thode/Wenner*, Internationales Architekten- und Bauvertragsrecht, 1998; *Rädler*, BauR 2001, 1032. Zu den maßgeblichen Umständen einer konkludenten Rechtswahl für einen Architektenvertrag zu Gunsten des deutschen Rechts vgl. BGH, BauR 2001, 979 = NZBau 2001, 333 = ZfBR 2001, 309; vgl. auch *Hök*, ZfBR 2000, 7 u. BauR 2002, 1471.

Niederlassung in der Bundesrepublik Deutschland unterhält.[58] Ist dies nicht der Fall, gibt es in der Literatur unterschiedliche Auffassungen darüber, ob die HOAI a.F. Anwendung findet.[59]

621 In der **neuen HOAI 2013** ist der räumliche Anwendungsbereich in § 1 geregelt. Die Vorschrift ist aufgrund der EU-Dienstleistungsrichtlinie vom 12.12.2006 geschaffen worden und stellt (nur) eine zulässige „Inländerdiskriminierung" dar, die der Dienstleistungsrichtlinie nicht entgegensteht.[60] Danach **gelten die Bestimmungen der HOAI** „für die Berechnung der Entgelte für die Leistungen der Architekten und der Architektinnen und der Ingenieure und Ingenieurinnen (Auftragnehmer oder Auftragnehmerin) **mit Sitz im Inland**".

§ 1 HOAI fordert damit, dass die **Leistungen** der Architekten/Ingenieure **vom Inland aus erbracht werden** und die Architekten/Ingenieure **ihren Sitz im Inland** haben. Bei Letzterem wird eine auf **Dauer angelegte Niederlassung** gefordert; nicht ausreichend ist, wenn der Architekt/Ingenieure lediglich projektbezogen, also vorübergehend Büroräume anmietet.[61]

Fraglich ist, ob die HOAI für **ausländische Architekten** Anwendung findet, wenn die **Planungsleistung** – bei beauftragter Vollarchitektur – im **Ausland**, die **Objektüberwachung** aber im **Inland** von einem Büro erfolgt, das dort auf unbestimmte Zeit eingerichtet ist. Das wird man nicht annehmen können, weil das **Schwergewicht der Architektenleistungen**, nämlich die Planung, insoweit vom Ausland her bearbeitet wird.[62] Koeble[63] ist allerdings der Auffassung, dass auch dann „deutsches Recht und damit die HOAI anwendbar" ist, wenn die Parteien nicht deutsches Recht vereinbart haben oder sich auf einen deutschen Gerichtsstand geeinigt haben, weil hier die Regelung des Art. 28 Abs. 2 S. 2 EGBGB eingreift, es sei denn, dass der deutsche Architekt sein Büro im Ausland hat. Haben die Vertragsparteien allerdings deutsches Recht vereinbart, ist die HOAI unbeschränkt heranzuziehen.

622 Davon zu unterscheiden ist der Fall, dass ein **deutscher Architekt** ein **Bauvorhaben im Ausland plant** und/oder überwacht. Insoweit kommt es zunächst darauf an, welches Recht vereinbart wurde. Das ist ggf. durch Auslegung zu ermitteln. Ist insoweit nichts Entsprechendes zu ermitteln, gilt die Vermutung des Art. 28 Abs. 2 S. 1 EGBGB: es ist also das Recht des Staates anzuwenden, zu dem die engste Verbindung besteht. Kommt man danach zu dem Ergebnis, dass **deutsches Recht** gilt, ist auch die **HOAI maßgebliche Berechnungsgrundlage** für das Honorar, es sei

---

58) Vgl. Art. 28 Abs. 2 EGBGB; allg. Meinung, vgl. hierzu *Fischer*, Festschrift für Werner, S. 23, 29 sowie *Fischer*, BrBp 2005, 15; *Koeble*, in: Locher/Koeble/Frik, § 1 HOAI, Rn. 26; *Motzke/Wolff*, S. 119.
59) Bejahend: *Koeble*, in: Locher/Koeble/Frik, 9. Auflage, § 1 HOAI, Rn. 19; *Korbion/Mantscheff/Vygen*, 6. Auflage, § 1 HOAI, Rn. 47 a.E.; *Motzke/Wolff*, S. 120; *Wenner*, BauR 1993, 257, 264 ff.; *Neuenfeld*, § 1 HOAI, Rn. 17; *Fischer*, Festschrift für Werner, S. 23, 30; verneinend: *Löffelmann/Fleischmann*, Rn. 10.
60) BR-Drucksache 395/09, S. 145. Vgl. hierzu *Messerschmidt*, NZBau 2009, 568; *Weise*, NJW-Spezial 2009, 444; *Scholtissek*, NJW 2009, 3057, 3058; *Vorwerk*, BauR 2008, 1734; *Oppler*, BauR 2008, 1732; *Koeble*, BauR 2008, 1739.
61) Vgl. hierzu *Messerschmidt*, NZBau 2009, 568, 569, der auf weitere Fallgestaltungen insoweit hinweist, die einer Klärung bedürfen, sowie *Averhaus*, NZBau 2009, 473, 474.
62) So auch *Scholtissek*, § 1 HOAI, Rn. 11.
63) In: Locher/Koeble/Frik, § 1 HOAI, Rn. 30.

denn der deutsche Architekt hat sein Büro im Ausland. Allerdings bleibt dann immer noch die Frage offen, wie die anrechenbaren Kosten (ortsübliche Preise im Inhalt oder Ausland) berechnet werden, da sich die DIN 276 nur auf Bauvorhaben im Inland bezieht. Es wird insoweit die Auffassung vertreten, dass die ortsüblichen Preise des Inlands und nicht des auswärtigen Landes maßgeblich sind.[64]

Ob die HOAI auch auf Leistungen **deutscher Architekten** und Ingenieure **im Ausland** anzuwenden ist, ist für den Fall, dass deutsches Recht nicht vereinbart wurde, im Einzelnen **umstritten**.[65] Daran hat sich im Rahmen der Novellierung der HOAI 2013 nichts geändert. Daher empfiehlt es sich bei diesen Fallgestaltungen, im Architektenvertrag stets von der Möglichkeit der **Rechtswahl** im Sinne des Artikels 27 Abs. 1 EGBGB ausdrücklich Gebrauch zu machen.[66] Das kann auch durch schlüssiges Verhalten erfolgen.[67] Allerdings hat der BGH[68] entschieden, dass die Wahl des deutschen materiellen Schuldvertragsrechts die Regelungen der HOAI nicht ohne weiteres erfasst, weil die HOAI als öffentlich-rechtliche Verordnung kein Vertragsrecht regelt, sondern zwingendes Preisrecht darstellt. Insbesondere die Mindestsatzregelung der HOAI ist danach eine zwingende Bestimmung im Sinne des Art. 34 EGBGB.

Ergeben sich durch **Novellierungen** Änderungen der HOAI, gelten diese grundsätzlich nur für Verträge, die **nach** Inkrafttreten der novellierten Fassung abgeschlossen werden. **623**

2. Vertragliche Bindung und honorarfreie Akquisitionstätigkeit

Literatur

Neuenfeld, Der mündliche Architektenvertrag, DAB 1981, 725; *Knacke*, Aufklärungspflicht des Architekten über die Vergütungspflicht und das Honorar seiner Leistungen, BauR 1990, 395; *Loritz*, Die Reichweite des Schriftformerfordernisses^ der Honorarforderung für Architekten und Ingenieure (HOAI) bei der Vereinbarung unentgeltlicher Tätigkeiten, BauR 1994, 38; *Dörr*, Die HOAI und das EG-Vergaberecht, EuZW 1997, 37; *Boesen*, Die Vereinbarkeit der VOF und der HOAI mit den EG-Vergaberichtlinien, EuZW 1997, 41; *Koeble*, Probleme des Gerichtsstands sowie der Darlegungs- und Beweislast im Architektenhonorarprozess, BauR 1997, 191; *Quack*, Probleme beim Anwendungsbereich der VOF „Was heißt eindeutig und erschöpfend beschreibbar?", BauR 1997, 899; *Jochem*, 4. Auflage VOF – Verdingungsordnung für freiberufliche Leistungen,

---

64) *Koeble*, in: Locher/Koeble/Frik, § 1 HOAI, Rn. 30 a.E.
65) Bejahend: *Koeble*, in: Locher/Koeble/Frik, § 1 HOAI, Rn. 30; verneinend: *Wenner*, BauR 1993, 257, 268; *Pott/Dahlhoff/Kniffka/Rath*, § 1, Rn. 31.
66) Vgl. hierzu im Einzelnen: *Fischer*, Festschrift für Werner, S. 23 ff.; *Thode/Wenner*, Internationales Architekten- und Bauvertragsrecht 1998, Rn. 239 ff. u. 272 ff.; *Wirth/Schmidt*, X. Teil, Rn. 103 (Anhaltspunkt/Indiz für eine konkludente Rechtswahl: Gerichtsstandsvereinbarung, Schiedsgerichtsklauseln, Inbezugnahme einzelner Vorschriften des Landes im Vertrag, wie z.B. VOB/B, VOL/DIN-Vorschriften usw., Erfüllungsort); OLG Brandenburg, IBR 2012, 277 – Wronna = NZBau 2012, 302; OLG München, BauR 1986, 242; *Wenner*, BauR 1993, 257, 260 u. Festschrift für Mantscheff, S. 205.
67) Vgl. hierzu OLG Brandenburg, IBR 2012, 277; vgl. zu dieser Entscheidung *Averhaus*, NZBau 2014, 601, 602; *Fischer*, Festschrift für Werner, S. 23, 26 sowie BGH, BauR 2001, 979 = NJW 2001, 1936.
68) BauR 2003, 748 = NJW 2003, 2020 = NZBau 2003, 386 = IBR 2003, 253 – *Koeble*. Vgl. hierzu näher *Wenner*, ZfBR 2003, 421 sowie Festschrift für Thode, S. 661, 668 ff. u. *Quack*, ZfBR 2003, 419.

DAB 1998, 49; *Pauly*, Architektenrecht – Aufklärungspflichten des Architekten bezüglich der Vergütungspflicht seiner Leistungen, BauR 2000, 808; *Jochem*, 4. Auflage Architektenleistung als unentgeltliche Akquisition, Festschrift für Vygen (1999), 10; *Keldungs*, Die Grenzen der Akquisition, Festschrift für Kapellmann (2009), 179; *Orlowski*, Es gibt sie doch: Vergütung von Akquisitionsleistungen, BauR 2012, 1550.

624 Grundsätzlich setzt der Vergütungsanspruch des Architekten gegen den Bauherrn den Abschluss eines **Architektenvertrages** voraus; dieser bedarf in aller Regel **keiner Form**: Er kann mündlich oder schriftlich, ausdrücklich oder nur schlüssig abgeschlossen werden. Die in der HOAI angeordnete Schriftform für die Honorarvereinbarung außerhalb der Mindestsätze ist keine Wirksamkeitsvoraussetzung für den Abschluss eines Architektenvertrages. Das Schriftformerfordernis dient hier auf Seiten des Auftragnehmers allein der Beweiserleichterung bezüglich des Abschlusses und des Inhalts der Gebührenvereinbarung und auf Seiten des Auftraggebers dem Schutz vor unkalkulierbaren Forderungen des Auftragnehmers.[69]

Eine **längere Zusammenarbeit** zwischen Architekt und Auftraggeber ist ein wichtiges Indiz für den Willen der Parteien, ungeachtet einer ggf. gewünschten schriftlichen Vereinbarung ein **Vertragsverhältnis zu begründen**.[70] Allerdings kann die Einhaltung der Schriftform aus gesetzlichen oder vertraglich vereinbarten Gründen erforderlich sein (vgl. näher Rdn. 681). Haben die Vertragsparteien Schriftform für den Vertrag vereinbart, kann im Übrigen von diesem Erfordernis von den Vertragsparteien – auch mündlich oder konkludent – wieder Abstand genommen werden.[71]

An die Darlegungs- und Beweislast für den konkludenten Abschluss eines Architektenvertrages sind allerdings insbesondere dann strenge Anforderungen zu stellen, wenn mehrere Auftraggeber in Betracht kommen.[72]

Häufig verwenden Architekten **Formularverträge**. Diese Formularverträge enthalten durchweg haftungseinschränkende Bestimmungen und unterliegen den §§ 305 ff. BGB. Diese einschränkenden Vorschriften kommen allerdings dann nicht zur Anwendung, wenn **beide Vertragsparteien** die Einbeziehung der Bestimmungen eines Formularvertrages einvernehmlich gewollt haben, weil es in einem solchen (Ausnahme-)fall einen „Verwender" im Sinne des § 305 BGB nicht gibt.[73] Für **bestimmte** Honorarvereinbarungen verlangt allerdings die **HOAI** die **Schriftform** bei Auftragserteilung (vgl. Rdn. 787 ff.), wie z.B. für Honorare über und unter den **Mindestsätzen**, für **pauschale Nebenkostenabreden** sowie für die **Erhöhungsfaktoren** bei Umbauten und Modernisierungen.

625 **Problematisch** sind in aller Regel Fallgestaltungen, in denen es **nicht** zu einem **schriftlichen** Architektenvertrag kommt, die Rechtsbeziehungen der Parteien je-

---

[69] Thür.OLG, BauR 2009, 1465.
[70] OLG Koblenz, IBR 2008, 275; vgl. hierzu auch BGH, NJW 1997, 2671.
[71] OLG München, IBR 2005, 185 – *Kimmich*; vgl. hierzu im Einzelnen *Palandt/Ellenberger*, § 125 BGB, Rn. 14.
[72] OLG Frankfurt, BauR 2004, 112.
[73] So zutreffend LG Bayreuth, IBR 2006, 629.

Vertragliche Bindung u. honorarfreie Akquisitionstätigkeit   Rdn. 626–627

doch in einem frühen Stadium beendet oder abgebrochen werden, nachdem der Architekt Leistungen erbracht hat. Im Einzelfall stellt sich hier die Frage,[74] ob:

* die Parteien (Architekt und Auftraggeber) schon einen **beiderseitigen schuldrechtlichen Bindungswillen**[75] zum Abschluss eines Architektenvertrages hatten und deshalb die bereits vom Architekten erbrachten Leistungen einer **Vergütungspflicht** des Auftraggebers unterliegen oder
* die Tätigkeit des Architekten (noch) im **honorarfreien Akquisitionsbereich**[76] erfolgte.

626 Die vertragliche Bindung hat der Architekt vorzutragen und ggf. zu beweisen;[77] die Rechtsprechung hat aber hierzu Grundsätze erarbeitet, die dem Architekten seine **Darlegungslast** für einen Vertragsabschluss **erleichtern:**[78] Nach h.M. schließt jeder, der die Dienste eines Architekten in Anspruch nimmt, regelmäßig – zumindest stillschweigend – einen Architektenvertrag ab und muss demgemäß mit der Verpflichtung zur Zahlung einer Vergütung rechnen.[79] Dies gilt umso mehr, wenn die Leistung (**Vorschläge, Skizzen, Vorplanungen** usw.) mit einem **Arbeitsaufwand oder Kosten** verbunden ist. Solche Leistungen werden in der Regel, was jeder weiß, nicht unentgeltlich erbracht.[80] Eine enge Bindung oder Freundschaft zwischen Bauherr und Architekt ändert an diesen Grundsätzen noch nichts.[81] Gleichwohl gibt es **Ausnahmen**.

627 Im Einzelfall ist zwischen der **vertraglosen** – und damit honorarfreien – **Werbung** des Architekten um den Erhalt des Auftrages („**Akquisition**") und der vertraglichen – demnach vergütungspflichtigen – Tätigkeit des Architekten zu unterscheiden. Die **Grenze**, an der eine Akquisitionstätigkeit des Architekten endet und damit die Honorar auslösende Tätigkeit des Architekten beginnt, ist **fließend;** sie

---

74) Vgl. hierzu BGH, BauR 1997, 1060 = NJW 1997, 3017; OLG Düsseldorf, OLGR 2002, 119; OLG Dresden, NZBau 2001, 505.
75) BGH, BauR 1996, 570 = NJW 1996, 1889; OLG Düsseldorf, BauR 2002,1726 = NZBau 2002, 279 = OLGR 2002, 119.
76) Vgl. hierzu *Keldungs*, Festschrift für *Kapellmann*, 179, der sich kritisch mit der Akquisitionstätigkeit des Architekten auseinandersetzt.
77) BGH, BauR 1997, 1060 = NJW 1997, 3017; OLG Celle, BauR 2011, 1190; OLG Düsseldorf IBR 2013, 155 – *Wellensiek*; BauR 2002, 1726 = NZBau 2002, 279 = OLGR 2002, 119; BauR 2003, 1251 = NZBau 2003, 442 = MDR 2003, 926; OLG Köln, OLGR 1998, 63; OLG Hamm, NZBau 2001, 508; OLG Koblenz, NZBau 2001, 510.
78) Vgl. hierzu *Koeble*, in: Locher/Koeble/Frik, Einl., HOAI, Rn. 46 ff.; *Neuenfeld*, § 4 HOAI, Rn. 20 ff.
79) Vgl. BGH, BauR 1987, 454 = NJW 1987, 2742; OLG Hamburg, IBR 2009, 719 – *Steiger*; OLG Frankfurt, BauR 2006, 1922 = IBR 2006, 453 – *Schwenker*; OLG Düsseldorf, IBR 2006, 504 – *Schill*; OLG Bremen, OLGR 2004, 423, 425; OLG Hamm, NJW-RR 1996, 83; OLG München, NJW-RR 1996, 341 = OLGR 1996, 41; OLG Koblenz, BauR 1996, 888 = NJW-RR 1996, 1045; KG, BauR 1988, 624 = NJW-RR 1988, 21; OLG Oldenburg, BauR 1988, 620; BauR 1984, 541; OLG Stuttgart, BauR 1997, 681, 683; BauR 1973, 63; BauR 1998, 407 (LS).
80) OLG Frankfurt, IBR 2013, 216 – *Bröker*; OLG Düsseldorf, BauR 2012, 119; BauR 1997, 681, 683; BauR 1996, 893, 894; OLG Koblenz, BauR 1996, 888 = NJW-RR 1996, 1045; KG, BauR 1988, 624 = NJW-RR 1988, 21; OLG Saarbrücken, NJW 1967, 2359; ferner OLG Celle, BauR 2004, 1969 = OLGR 2004, 233; *Wussow*, BauR 1970, 65.
81) OLG Hamm, NJW-RR 1996, 83; OLGR 1993, 236; OLG Köln, OLGR 1992, 147, 148; OLG Oldenburg, BauR 1984, 541.

ist häufig schwer zu bestimmen, weil jeder Architekt grundsätzlich nur bereit sein wird, für eine gewisse Zeit unentgeltliche „Vorleistungen" – im vertragslosen Zustand – zu erbringen.[82] Lässt er sich darauf ein, läuft er Gefahr, „umsonst" zu arbeiten. Die Rechtsprechung belegt aber, dass es immer wesentlich auf die Umstände des **Einzelfalles** ankommt.[83]

628 So kann z.B. die **Akquisitionstätigkeit** eines Architekten umfangreicher sein, wenn er gegen einen oder mehrere **Mitbewerber** anzukämpfen hat.[84] Der Umfang der Akquisitionstätigkeit kann auch von der **Konjunktur** der Baubranche abhängen. In einer Bauflaute wird ein Architekt eher als in Zeiten einer Hochkonjunktur bereit sein, auch umfangreiche Architektenleistungen „aus Werbegründen" zu erbringen. Unentgeltliche Tätigkeiten können z.B. vorliegen, wenn der Architekt **sich anbietet**, im Rahmen einer Bauvoranfrage die Genehmigungsfähigkeit **zu überprüfen**, oder wenn er nur eine **„Grobschätzung"** der Baukosten nach Kubikmeter umbauten Raum vornimmt. Wird der Architekt von sich aus initiativ und bietet er – seine möglicherweise sogar schon erbrachten – Leistungen dem Bauherrn an, spricht die **Vermutung** für eine (reine) Akquisitionstätigkeit: Der Architekt arbeitet in diesem Fall im Zweifel **„auf eigenes Risiko"**, also unentgeltlich.[85]

Das OLG Oldenburg[86] geht sogar – zu Recht – noch einen Schritt weiter, wenn es feststellt, dass ein Architektenvertrag nicht bereits dadurch zustande kommt, dass ein Architekt **„von sich aus"** einem Bauherrn einen Entwurf unterbreitet und dieser Entwurf dann auf Wunsch des Architekten im Hinblick auf seine Realisierung mit dem Bauherrn besprochen wird. Aus dem **bloßen „Tätigwerden"** allein kann also noch **nicht ein Vertragsabschluss** hergeleitet werden.[87] Etwas anderes gilt, wenn die Leistung des Architekten auch **verwertet** wird (vgl. Rdn. 630), **Änderungen** des Bauherrn gegenüber dem Architekten vorgetragen werden[88] oder der Bauherr sogar **Abschlagszahlungen** leistet.[89] Unterschreibt der Bauherr Pläne, die ihm vom Architekten vorgelegt werden, wird man ebenfalls von einem Bin-

---

82) Wie hier: OLG Hamm, NJW-RR 1992, 468, 469 u. OLG Köln, OLGR 1992, 147.
83) BGH, BauR 1985, 467 = NJW 1985, 2830; vgl. auch OLG Köln, OLGR 1998, 63 (Ermittlung des anfallenden Architektenhonorars); OLG Hamm, BauR 2001, 1466 = ZfBR 2001, 329 = NZBau 2001, 508; BauR 1987, 582 = NJW-RR 1986, 1280 u. NJW-RR 1992, 468 = MDR 1992, 378; KG, BauR 1988, 621.
84) So auch Saarländisches OLG, OLGR 1999, 193.
85) Vgl. hierzu: BGH, BauR 1999, 1319 (für den Fall der Entgegennahme von Architektenleistungen, die per **Fax** übermittelt worden sind) = ZfBR 1999, 291 = NJW 1999, 3554 = MDR 1999, 1438; ferner: OLG Dresden, BauR 2001, 1769 = NZBau 2001, 505 (wenn der Architekt weiß, dass sein Auftraggeber nach den geltenden Verwaltungsvorschriften einen Auftrag schriftlich erteilen muss); KG, IBR 1997, 201; BauR 1988, 624, 625; OLG Karlsruhe, BauR 1985, 236.
86) BauR 1988, 620 = NJW-RR 1987, 1166; vgl. hierzu auch BGH, BauR 1992, 531 = NJW-RR 1992, 977 = ZfBR 1992, 215; OLG Frankfurt, BauR 1992, 798.
87) BGH, BauR 1997, 1060 = NJW 1997, 3017; OLG Düsseldorf, BauR 2015, 2003; OLG Celle, BauR 2010, 926 = IBR 2010, 214 – vgl. hierzu Analyse von *Koeble* vom 16.4.2010 in Werner Baurecht Online; OLG Düsseldorf, IBR 2008, 31 – *Götte*; BauR 2003, 1251 = NZBau 2003, 442 = MDR 2003, 926; OLG Dresden, BauR 2001, 1769; OLG Düsseldorf, BauR 2002, 117 = NJW-RR 2002, 163.
88) Vgl. aber OLG Naumburg, IBR 2011, 528 – *A. Eich*.
89) OLG Hamm, BauR 2010, 1782.

dungswillen ausgehen können. Entsprechendes gilt bei einer Vollmachtserteilung (vgl. Rdn. 658).

Insbesondere bei **großen Bauvorhaben** (z.B. Investoren-Modellen) sind Architekten häufig bereit, umfangreiche Architektenleistungen zu erbringen, um eine möglicherweise noch nicht gesicherte Realisierung zu fördern.[90] Investor oder Projektentwickler und Architekt bilden in dieser Entwicklungsphase in der Regel eine **Projektentwicklungsgemeinschaft**.[91] Sie sitzen dann mit dem Initiator „**in einem Boot**" – in der Hoffnung, bei einer Verwirklichung des Bauvorhabens einen interessanten Auftrag zu erhalten.[92] Das OLG Düsseldorf[93] weist in diesem Zusammenhang zu Recht darauf hin, dass zahlreiche Architektenleistungen häufig „Hoffnungsinvestitionen in einer Vertragsanbahnungssituation" sind. Von einer **akquisitorischen** Tätigkeit ist selbst auch dann auszugehen, wenn der **Auftraggeber** sich – für den Architekten erkennbar – **selbst noch um einen Auftrag für ein Bauvorhaben** (z.B. Großauftrag) **bemüht**.[94] Dasselbe Gericht weist in einer anderen Entscheidung[95] zutreffend darauf hin, dass einer rechtsgeschäftlichen Bindung die Kenntnis des Architekten entgegensteht, dass die Finanzierung eines Großprojektes noch nicht gesichert ist und dass seine Bemühungen bei der Vorstellung des Großprojektes bei der öffentlichen Hand, bei der Presse und bei Banken erst dazu dienen sollen, die finanzielle und sonstige Realisierbarkeit – eventuell – erreichen zu können. Das OLG Celle[96] geht insbesondere von einer Akquisitionstätigkeit des Architekten auch dann aus, wenn dieser zwar mit Mitarbeitern eines (potenziellen) Auftraggebers verhandelt, der Vertretungsberechtigte oder das vertretungsberechtigte Organ des Auftraggebers aber zu keinem Zeitpunkt an den Verhandlungen mitwirkt. Ist sich der Bauherr erklärtermaßen noch nicht schlüssig, ob er überhaupt und in welchem Umfang er bauen will, spricht das dafür, dass Teilleistungen des Architekten nicht auf Grundlage eines Werkvertrages erbracht werden sollen[97].

629

Bei alledem ist die Rechtsprechung des BGH[98] zu berücksichtigen, dass auch bei größeren Bauvorhaben keine grundsätzliche Vermutung besteht, dass bei Durchführung der Architekten- oder Ingenieurleistungen der Architekten- oder Ingenieurvertrag konkludent geschlossen wurde: „Dies gilt auch, wenn der Vortrag der

---

90) OLG Jena, IBR 2016, 153 – *Hebel*; OLG Frankfurt, IBR 2013, 216 – *Bröker* = NZBau 2013, 311.
91) Vgl. hierzu OLG Düsseldorf, BauR 2014, 569 (kein Architektenvertrag, wenn Architekt für Projektentwickler nur Informationen oder Auskünften einholen soll) = IBR 2014, 93 – *Bolz*; Kehrberg, BTR 2002, 16, 17. Vgl. auch OLG München, OLGR 2004, 970 (Architektenhonorar nach HOAI-Mindestsätzen für Leistungen im Rahmen eines Investorenwettbewerbs).
92) Vgl. hierzu OLG Düsseldorf, OLGR 2003, 180; ferner NJW-RR 2000, 19 = OLGR 1999, 395 = NZBau 2000, 253 (hierzu kritisch *Neuenfeld*, NZBau 2002, 13, 14); OLG Hamm, BauR 2001, 1466 = NZBau 2001, 508 = ZfBR 2001, 329. Bedenklich daher OLG Frankfurt, IBR 2103, 216 – *Bröker* = NZBau 2013, 311; BauR 2006, 1922 = IBR 2006, 453 – *Schwenker*.
93) BauR 2003, 1251 = MDR 2003, 926 = NZBau 2003, 442 = OLGR 2003, 180 („Es besteht keine Vermutung, dass der Architekt nur aufgrund eines erteilten Auftrags plant").
94) Vgl. hierzu OLG Hamm, a.a.O. Ferner OLG Hamm, BauR 2010, 1782.
95) OLG Düsseldorf, OLGR, 2008, 372 = IBR 2008, 333 – *Preussner*.
96) BauR 2004, 361.
97) OLG Jena, IBR 2016, 153 – *Hebel*.
98) BauR 2016, 721. Vgl. auch OLG Düsseldorf, IBR 2017, 323 – *Fuchs*.

Parteien die Vermutung zulässt, dass umfangreiche Architekten-/Ingenieurleistungen im Rahmen eines Vertrages erbracht werden, also ein Vertrag zu unterstellen ist. Auch bei größeren Bauvorhaben besteht keine Vermutung, dass Architektenleistungen auch ohne vertragliche Vereinbarung allgemein üblich sind, auch wenn sich der Auftraggeber noch nicht darüber im Klaren ist, welche Leistung er beauftragt oder welche Leistungen für ihn notwendig sind. Selbst Teilleistungen des Architekten/Ingenieurs gelten dann nicht auf Grundlage eines Werkvertrages als erbracht. Ob Honoraransprüche über ungerechtfertigte Bereicherung zu realisieren sind, hängt vom Einzelfall ab."

630 Wird ein Architekt dagegen **ausdrücklich aufgefordert**, Architektenleistungen zu erbringen, ist von einer **vertraglichen** Bindung und damit von einer nach der HOAI zu vergütenden Tätigkeit auszugehen.[99] Die **Grenze** liegt deshalb meistens dort, „wo der Architekt absprachegemäß in die konkrete Planung übergeht".[100] Ob in diesem Zusammenhang über ein Honorar gesprochen wurde, ist unerheblich (§ 632 Abs. 1 BGB). Von einer **stillschweigenden** (konkludenten) Vertragsannahme wird insbesondere ausgegangen werden können, wenn die angebotene Architektenleistung entgegengenommen **und verwertet** wird[101], z.B. im Rahmen einer eigenen **Bauvoranfrage**[102] bzw. eines eigenen Bauantrages[103] des Bauherrn oder durch die **Weiterleitung der Vorplanung an den Grundstücksnachbarn**, um dessen Zustimmung zum Bauvorhaben herbeizuführen[104], im Rahmen von **Verhandlungen mit Behörden oder Mietinteressenten**[105], oder durch **Übergabe z.B. von Ausführungsplänen an am Bau Beteiligte**[106] oder die Unterschrift des Bauherrn

---

99) OLG Düsseldorf, BauR 2002, 1726 = NZBau 2002, 279 = OLGR 2002, 119, 120; s. aber OLG Köln, NJW-RR 1998, 309 (Akquisitionstätigkeit, wenn umfangreiche Leistungen der Abgabe eines Honorarangebots dienen); OLG Braunschweig, OLGR 2003, 58 (auch bei ausdrücklichem Bestreiten des Auftraggebers hinsichtlich einer Vergütungspflicht).
100) OLG Hamm, NJW-RR 1992, 468, 469 u. NJW-RR 1990, 91 = MDR 1990, 244.
101) BGH, NJW-RR 2008, 110 = NZBau 2008, 66 = IBR 2008, 191 – *Weyer* = ZfIR 2008, 13 m.Anm. *Schwenker*; BauR 1999, 1319; OLG Brandenburg, IBR 2014, 422 – *Rodemann*; KG, IBR 2013, 688 – *Stein*; OLG Hamm, BauR 2010, 1782 und NZBau 2010, 569 sowie BauR 2008, 2062, 2063 (Einreichung des Bauantrages); OLG Karlsruhe, BauR 2009, 1170; OLG Stuttgart, BauR 2005, 1202 = NZBau 2005, 350 (im Rahmen einer Bauvoranfrage); OLG Braunschweig, OLGR 2003, 58 (Anforderung und Verwertung von Ingenieurleistungen durch Generalunternehmer); OLG Celle, BauR 2001, 1135 (Verwertung einer vom Generalunternehmer zu Akquisitionszwecken erstellten Entwurfsplanung); OLG Düsseldorf, BauR 2014, 2003; BauR 2012, 119; OLGR 2001, 109, 112; OLG Koblenz, NZBau 2001, 510 (unverbindliches „nettes" Gespräch zum Kennenlernen und zum Informationsaustausch – kein Vertragsbindungswille). OLG München, NJW-RR 1996, 341 (reine Entgegennahme ohne Verwertung reicht nicht); vgl. auch LG Hamburg, BauR 1996, 298 (LS) und LG Amberg, *SFH*, Nr. 14 zu § 632 BGB. Vgl. hierzu auch OLG Frankfurt, BauR 2004, 112 (Verwertung allein reicht nicht aus, wenn mehrere Auftraggeber in Betracht kommen) sowie OLG Celle, IBR 2011, 376 (Verwendung von Architektenplänen nach Abbruch von Vertragsverhandlungen).
102) KG, IBR 2013, 688 – *Stein*; Saarländisches OLG BauR 2000, 753 = NJW-RR 1999, 1035 = OLGR 1999, 193.
103) KG, IBR 2013, 688 – *Stein*.
104) OLG Frankfurt, NJW-RR 1987, 535.
105) KG, IBR 2013, 688 – *Stein*; OLG Düsseldorf, BauR 2002, 1726.
106) Vgl. BGH, BauR 1985, 582 = NJW-RR 1986, 18.

Vertragliche Bindung u. honorarfreie Akquisitionstätigkeit   Rdn. 631

unter Pläne[107] oder die **Nutzung der Pläne bei der Vermarktung eines Objektes**[108] (vgl. zu Letzterem aber Rdn. 629 a.E.). Im Einzelfall kann nach Auffassung des BGH[109] ein konkludenter Abschluss eines Architektenvertrages auch dann möglich sein, wenn der Bauherr die Leistungen des Architekten entgegennimmt. Die Vorlage des Entwurfs und die sich daran anschließende Erörterung allein reichen aber noch nicht aus. Es müssen also stets Umstände vorliegen, aus denen ein rechtsgeschäftlicher Bindungswille erkennbar wird.[110] Ein solcher Bindungswille auf Seiten des Auftraggebers ist dann nicht anzunehmen, wenn der Architekt neben Architektenleistungen Leistungen einer Firma, an der er beteiligt ist (z.B. die schlüsselfertige Errichtung eines Bauvorhabens), anbietet, mit der Maßgabe, dass bei Auftragserteilung keine Architektenhonorare entstehen; insoweit ist von einer Akquisitionsmaßnahme hinsichtlich etwaiger erbrachter Planungsleistungen auszugehen.[111]

Die Entgegennahme und Verwertung von Planungsleistungen führt allerdings auch dann nicht zum Abschluss eines Architektenvertrages, wenn der Planer zunächst ausschließlich im eigenen Interesse tätig wird und der potentielle Auftraggeber zu erkennen gibt, dass er sich nicht vertraglich binden will.[112] Verwertet der Auftraggeber dann die Planungsleistungen des Architekten dennoch, kann ggf. ein Anspruch des Architekten wegen ungerechtfertigter Bereicherung des Bauherrn bestehen.[113]

Häufig überreicht ein Architekt dem Bauherrn einen schriftlichen Architektenvertrag mit der „Bitte um Gegenzeichnung"; in aller Regel ist der Architekt in diesen Fällen bereits tätig geworden. Unterzeichnet der Bauherr nicht, kann hieraus noch nicht das Fehlen eines Architektenvertrages hergeleitet werden, insbesondere dann nicht, wenn der vorgelegte Architektenvertrag die Vollarchitektur betrifft. Vielmehr ist auch in diesen Fällen immer nach den allgemeinen Grundsätzen zu fragen, ob die bereits erbrachten Leistungen Akquisition darstellen oder bereits vergütungspflichtig sind.[114] Dabei ist jedoch § 154 Abs. 2 BGB zu berücksichtigen: Sollte nach dem Willen der Parteien der beabsichtigte **Vertrag beurkundet** werden, so **gilt er im Zweifel als nicht geschlossen, bis die Beurkundung erfolgt**.[115] Allein aus der **Zusendung** eines Vertragsmusters oder eines im Einzelnen abgefassten Architektenvertrags-Entwurfes durch den Auftraggeber kann daher in der Regel (noch) **nicht** dessen Wille zu einer entgeltlichen Beauftragung gefolgert werden.[116] Das gilt insbesondere für vertragliche Verhandlungen mit einem **öffentlichen Auftraggeber**, weil Verträge mit der öffentlichen Hand grundsätzlich

631

---

107) KG, IBR 2013, 688 – *Stein*.
108) KG, NZBau 2005, 522.
109) Vgl. hierzu BGH, ZfIR 2008, 13.
110) BGH, ZfIR 2008, 13 m.Anm. *Schwenker*; BauR 1999, 1319; OLG Hamm, NZBau 2010, 569 (Leistung von Abschlagszahlungen).
111) OLG Schleswig, BauR 2009, 996.
112) OLG Nürnberg, BauR 2013, 1694 = IBR 2013, 156 – *Bolz*.
113) OLG Düsseldorf, IBR 2013, 155 – *Wellensiek*.
114) OLG Koblenz, BauR 1996, 888 = NJW-RR 1996, 1045; siehe ferner OLG Düsseldorf, BauR 1996, 893, 894.
115) Vgl. OLG Schleswig, BauR 2009, 996.
116) OLG Dresden, BauR 2001, 1769 = NZBau 2001, 505.

der **Schriftform** bedürfen und dies auch in der Regel ihrem Vertragspartner bekannt ist.[117]

632 Dem Bauherrn fehlt ein Bindungswille, wenn er sich zunächst (erkennbar) nur von der **Stilrichtung** und den **gestalterischen Fähigkeiten** des Architekten überzeugen, diese also zu seiner Entscheidungsgrundlage machen will und deshalb den Architekten um kleinere Vorarbeiten („Skizzen") bittet.[118] In diesen Fällen wird der Umfang der von dem Bauherrn veranlassten Tätigkeit des Architekten jedoch bedeutsam sein. Andererseits ist die bei einem Auftraggeber noch vorhandene **Ungewissheit über die spätere Realisierung des Bauvorhabens** nach zutreffender Auffassung des OLG Düsseldorf[119] kein Umstand, der zur Annahme einer Unentgeltlichkeit der Leistungen des Architekten führt.

633 *Koeble*[120] stellt bei der Frage, ob der Architektenvertrag konkludent zustande gekommen ist, entscheidend darauf ab, ob der Bauherr durch die Entgegennahme oder Verwertung der erbrachten Architektenleistungen „schlüssig zu erkennen gibt, dass diese Architektenleistungen seinem Willen entsprechen".[121] Das kann geschehen durch die Unterschrift des Bauherrn auf Plänen, auf dem Baugesuch,[122] durch Kostenermittlungen oder durch Erteilen einer Vollmacht zur Verhandlung mit Behörden oder Nachbarn (vgl. hierzu Rdn. 658), durch Abschlagszahlungen, ferner durch das Vorbringen von Änderungswünschen, die Verwendung einer Kostenermittlung zu Finanzierungszwecken, die Weiterleitung einer Vorplanung durch den Bauherrn an einen Nachbarn, um dessen Zustimmung zum Bauvorhaben zu erhalten,[123] und schließlich durch Verwendung der Architektenleistungen als Entscheidungshilfe bei der Frage, ob und wie gebaut werden soll. Das OLG Dresden[124] lässt es zu Recht für die Annahme einer vertraglichen Bindung nicht ausreichen, dass der Architekt auf Veranlassung des Bauherrn an Grundstücksbesichtigungen oder Besprechungen teilnimmt oder ihm ein Vertragsmuster zugesandt wird. Gegen das Zustandekommen eines Architektenvertrages spricht es nach Auffassung des OLG Celle,[125] wenn der Architekt, der allenfalls einfache Strichskizzen gefertigt hat, zunächst keine Rechnung stellt, nachdem ihm mitgeteilt worden ist, dass das Bauvorhaben nicht verwirklicht werden soll, sondern dies erst drei Jahre später nachholt, nachdem er erfahren hat, dass das Projekt nun doch – ohne seine Mitwirkung – zur Ausführung kommen soll.

634 Unterbreitet ein Architekt mehrfach Angebote zur Erstellung eines schlüsselfertigen Baus, steht dies der Annahme entgegen, dass konkludent ein Architektenvertrag geschlossen wurde.[126] Ein **Bindungswille** des Bauherrn ist nach der Auffassung des KG[127] auch nicht anzunehmen, wenn er den Architekten um eine **Bauvoranfrage** bittet und gleichzeitig für den Fall der Erteilung der Voranfrage den Abschluss eines „endgültigen Architektenauftrages" zusichert: Hier soll der Architekt seine Vorleistungen im Zusammenhang mit der Erstellung der Voranfra-

---

117) BGH, BauR 1994, 363; OLG Dresden, a.a.O. Vgl. hierzu aber OLG Frankfurt, IBR 2012, 397 – *Stein*.
118) OLG Hamm, BauR 1987, 583 = NJW-RR 1986, 1280; KG, BauR 1988, 621; auch HansOLG Hamburg, MDR 1985, 321.
119) BauR 2012,119.
120) In: Locher/Koeble/Frik, Einl., HOAI, Rn. 47; ebenso: LG Amberg, a.a.O.; vgl. auch *Neuenfeld*, § 4 HOAI, Rn. 20.
121) So schon OLG Celle, OLG 20 (1910), 205.
122) OLG Hamm, BauR 1991, 385 (LS).
123) Vgl. hierzu OLG Frankfurt, NJW-RR 1987, 535.
124) BauR 2001, 1769 = NZBau 2001, 505.
125) OLGR 2004, 85.
126) LG Dresden, BauR 2007, 902.
127) BauR 1999, 431 = NJW-RR 1999, 242 = KGR 1999, 5.

ge „in Erwartung eines lukrativen Auftrages zur Vollarchitektur" nicht an ein nach der HOAI zu bemessendes Honorar geknüpft haben. Das erscheint **bedenklich**, weil der Architekt im Rahmen der Erstellung der Bauvoranfrage – jedenfalls teilweise – mit den Leistungsphasen Grundlagenermittlung und Vorplanung beauftragt war und sich der Hinweis auf den „endgültigen Architektenauftrag" auch nur auf die weiteren Leistungsphasen (3 bis 9) beziehen kann.

Jochem,[128)] setzt sich mit der vielfach aufgestellten Behauptung auseinander, dass der Architekt häufig – insbesondere bei vom Bauherrn veranlassten Grundlagenermittlungen und Vorplanungsideen – nur die Absicht hat, einen umfassenden Architektenauftrag zu akquirieren, also zunächst ohne vertraglichen Bindungswillen bereit ist, unentgeltlich tätig zu werden. Er widerspricht zu Recht dieser Aussage, jedenfalls soweit diese zum Grundsatz erhoben wird. *Jochem* weist dabei darauf hin, dass der Architekt mit den vorerwähnten Leistungen bereits „in ein ganz wesentliches Kapitel der Leistungserfüllung" einsteigt, wobei gleichzeitig dem Bauherrn „Erkenntnisquellen für seine eigene Entscheidungsfindung" zu der Frage geschaffen werden, wie und in welcher Form das eigene Bauprojekt realisiert werden kann. Er kommt dabei zu dem Ergebnis, dass in einem solchen Fall grundsätzlich von einem beiderseitigen vertraglichen Bindungswillen auszugehen ist: Der Bauherr fragt einerseits beim Architekten die entsprechende konkrete Werkleistung (Lösung des Bauproblems) ab, der Architekt erfüllt diesen Auftrag in der Erwartung, dass seine Leistung vergütet wird, wenn auch verbunden mit der Hoffnung, über die abgefragten Leistungen hinaus beauftragt zu werden.

Von einem **konkludenten Abschluss** eines Architektenvertrages kann nicht gesprochen werden, wenn **Mitarbeiter von Baugesellschaften** – ggf. sogar angestellte Architekten – Architektenleistungen (insbesondere Planungsleistungen) mit dem Ziel erbringen, einen Baubetreuungs-, Bauträger-, Fertighaus- oder Unternehmervertrag abzuschließen;[129)] insoweit werden die Planungsleistungen in aller Regel nur zur Abgabe eines Angebotes, also zur Vorbereitung des eigentlichen Bauvertrages, erbracht und haben keinen eigenständigen Charakter. Es stellt sich in diesem Zusammenhang lediglich die Frage, ob diese das Angebot vorbereitende Tätigkeit Gegenstand einer gesonderten vertraglich begründeten Verpflichtung und damit vergütungspflichtig war (vgl. insoweit Rdn. 652 ff.)[130)] Zu dieser Problemstellung hat sich auch das OLG Düsseldorf[131)] geäußert. Danach führt der Umstand, dass der **Architekt zugleich auch als Bauunternehmer** tätig ist und damit auch ein eigenes Interesse an der Erteilung der Baugenehmigung zugunsten seines Auftraggebers hatte, weil er hoffte, anschließend den Bauauftrag zu erhalten, nicht zu der Annahme, dass sämtliche Architektenleistungen unentgeltlich erfolgen sollten. Wird ein **Generalunternehmer**, der **auch Architekt** ist, nur mit **Planungsleistungen und nicht mit Bauleistungen** beauftragt, ist von einem Planungsvertrag auszugehen, sodass für die Berechnung der Vergütung der Planungsleistungen die Bestimmungen der HOAI anzuwenden sind; etwas anderes gilt nur dann, wenn aufgrund eines einheitlichen Vertrages neben Architektenleistungen auch Bauleis-

635

---

128) Festschrift für Vygen, S. 10, 13.
129) OLG Frankfurt, IBR 2013, 218 – *Heiliger*; OLG Hamm, NJW-RR 1993, 1368 = ZfBR 1993, 279; *Koeble*, in: Locher/Koeble/Frik, HOAI, Einl. Rn. 53; *Korbion/Mantscheff/Vygen*, 6. Auflage, § 1 HOAI, Rn. 9; vgl. hierzu OLG Stuttgart, NJWRR 1989, 917.
130) BGH, BauR 1980, 172.
131) BauR 2012, 119.

tungen erbracht werden sollten und die Leistungserbringung in einem „Paket" erfolgen sollte.[132]

636 Ist der dem Architekten übertragene Auftrag mit dem Zusatz im Vertrag „**in Verbindung mit der Übernahme des Grundstückes** (Ort, Straße) **als Voraussetzung**" erteilt, bedeutet dies eine Einschränkung des Auftrages derart, dass dieser erst mit dem Erwerb des Baugrundstückes durch den Bauherrn zustande kommt (aufschiebende Bedingung); ist der Nichterwerb des Grundstücks dann dem Verhalten des Bauherrn nicht zuzurechnen, der Eintritt der Bedingungen wider Treu und Glauben nicht verhindert (§ 162 Abs. 1 BGB), so steht dem Architekten für seine bisher erbrachten Leistungen mangels wirksamen Architektenvertrages kein Vergütungsanspruch zu (vgl. auch Rdn. 684).[133] Ist das zu bebauende Grundstück vom Bauherrn noch nicht erworben und/oder ist der Erwerb noch ungewiss, kann daraus allein noch nicht auf einen fehlenden Bindungswillen des Bauherrn geschlossen werden.[134] Allerdings hat dieser Umstand sicherlich Einfluss auf den Umfang der übertragenen Architektenleistungen (vgl. im Einzelnen Rdn. 840 ff.).

637 Behauptet der Auftraggeber, es seien bestimmte (meist aufschiebende) „**Bedingungen**" (z.B. Grundstückserwerb, Finanzierungszusagen, Finden eines „Ankermieters"[135], „wenn gebaut wird"[136]) für den Abschluss des Architektenvertrages vereinbart worden (vgl. näher Rdn. 684), trägt der **Architekt** die **Darlegungs- und Beweislast**, dass dies nicht so ist.[137] Insoweit bedarf es allerdings zunächst eines konkreten Vortrages des Auftraggebers,[138] bei dem sämtliche Umstände zu würdigen sind, während an die Beweisführung des Architekten keine zu hohen Anforderungen zu stellen sind.[139] Erklärt der Auftraggeber, es sei mündlich eine Bedingung vereinbart, die der schriftlich abgeschlossene Architektenvertrag nicht enthält, tritt eine Beweislastumkehr zu Lasten des Auftraggebers ein.[140]

638 Ist von einem **Vertragsabschluss** zwischen Architekt und Bauherr **auszugehen**, richtet sich die Vergütungspflicht des Bauherrn gegenüber dem Architekten nach **§ 632 Abs. 1 BGB**, weil der Architektenvertrag grundsätzlich als Werkvertrag anzusehen ist (vgl. näher Rdn. 672 ff.). Gemäß § 632 Abs. 1 BGB gilt bei Werkverträ-

---

132) OLG Düsseldorf, BauR 2012, 119.
133) BGH, *Schäfer/Finnern*, Z 3.01 Bl. 300; BGH, *Schäfer/Finnern*, Z 3.00 Bl. 113; vgl. BGH, WM 1972, 1457; BGH, BauR 1985, 467 = ZfBR 1985, 181 = NJW 1985, 2830 = WM 1985, 922.
134) Vgl. hierzu aber OLG Celle, OLGR 2003, 201, das einen Bindungswillen des Bauherrn zum Abschluss eines Architektenvertrages in der Fallgestaltung abgelehnt hat, bei der das Bauvorhaben sich nur dann verwirklichen ließ, wenn der Bauherr noch weitere kleinere Grundstücksparzellen hinzuerwerben konnte.
135) OLG Hamm, BauR 2008, 2062, 2063.
136) OLG Braunschweig, IBR 2013, 217 – *Hebel*.
137) BGH, NJW 1985, 497; OLG München, BauR 2009, 1461; OLG Düsseldorf, BauR 2002, 1762 = NZBau 2002, 279 = OLGR 2002, 119; Thüringer OLG, MDR 1999, 1381; *Koeble*, BauR 1997, 191, 193 m.w.Nachw.
138) OLG Düsseldorf, IBR 2006, 504 – *Schill*.
139) *Koeble*, a.a.O. (Vortrag des Auftraggebers erforderlich, „in wessen Beisein, an welchem Ort und mit welchen Argumenten eine Bedingung vereinbart" worden ist); ebenso Thüringer OLG, a.a.O.
140) BGH, NJW 1980, 1680; BGH, NJW 1982, 874; *Koeble*, a.a.O.

gen eine Vergütung als stillschweigend vereinbart, wenn die Herstellung des Werks den Umständen nach nur gegen eine Vergütung zu erwarten ist. Diese „Vermutungsregelung" des § 632 Abs. 1 BGB erstreckt sich nur auf die Entgeltlichkeit eines erteilten Auftrages, nicht aber auf die Auftragserteilung selbst.[141]

Aufgrund ständiger Rechtsprechung des **BGH**[142] ist davon auszugehen,

* dass die **Umstände**, nach denen Architektenleistungen nur gegen **Vergütung** zu erwarten sind, der **Architekt darzulegen und zu beweisen hat**,
* während den **Auftraggeber** die **Darlegungs- und Beweislast** dafür trifft, dass die Leistungen **gleichwohl unentgeltlich** erbracht werden sollten.[143]

Der BGH geht deshalb von dem Erfahrungssatz aus, dass Architekten im Regelfall entgeltlich tätig werden.[144]

639 Haben die von einem Architekten erbrachten Leistungen zunächst nur den Zweck, eine Vorfrage, wie z.B. die Wirtschaftlichkeit eines geplanten Bauvorhabens, zu beurteilen, spricht dies keineswegs schon dafür, dass der Architekt auf eigenes Risiko und damit unentgeltlich arbeiten will, da auch solche begrenzten Architektenleistungen in der Regel nur gegen Vergütung erbracht werden.[145]

Wird ein Architekt auf Veranlassung des Auftraggebers vor Abschluss eines von ihm verlangten schriftlichen Architektenvertrages tätig, kommt es auf die Umstände des jeweiligen Falles an, ob es sich bereits um einen vergütungspflichtigen Auftrag oder eine nicht zu vergütende akquisitorische Leistung handelt.[146] Dasselbe gilt für den umgekehrten Fall, dass der Auftraggeber einen schriftlichen Architektenvertrag fordert.

640 Nur bei **geringfügigen Arbeiten** ist davon auszugehen, dass diese **unentgeltlich** erbracht werden;[147] dies wird allgemein auch so erwartet. Als „geringfügig" kann eine Leistung eines Architekten nur eingestuft werden, wenn kleinere Bereiche aus den Leistungsphasen 1 oder/und 2 des § 34 HOAI in Betracht kommen und/oder

---

141) OLG Frankfurt, IBR 2013, 216 – *Bröker* = NZBau 2013, 311; OLG Düsseldorf, BauR 2002, 1726, 1727 = NZBau 2002, 279 = OLGR 2002, 119; OLGR 2003, 180 = NZBau 2003, 442.
142) BGH, BauR 1987, 454 = NJW 1987, 2742 = ZfBR 1987, 187; BauR 1997, 1060 = NJW 1997, 3017; vgl. ferner BGH, BauR 1985, 467 = ZfBR 1985, 181 = NJW 1985, 2830; OLG München, BauR 2009, 1461; OLG Köln, IBR 2007, 141 – *Schill*; OLG Düsseldorf, BauR 2011, 1708 (LS) = IBR 2011, 529 – *Bolz* und BauR 2002, 1726 = NZBau 2002, 279 = OLGR 2002, 119, 121; OLG Stuttgart, NJW-RR 1987, 106; OLG Karlsruhe, BauR 1985, 236; OLG Hamm, NJW-RR 1996, 83; OLG Dresden, BauR 2001, 1769. Vgl. auch OLG Bremen, IBR 2005, 24 (Zusatzauftrag) – *Leupertz*.
143) Ebenso: OLG München, BauR 2009, 1461; OLG Köln, IBR 2007, 141 – *Schill*; OLG Düsseldorf, IBR 2006, 504 – *Schill*; OLG Saarbrücken, OLGR 2002, 167 = NZBau 2002, 576; BauR 2000, 753 = NJW-RR 1999, 1035 = OLGR 1999, 193; OLG Koblenz, BauR 1996, 888 = NJW-RR 1996, 1045; OLG Hamm, NJW-RR 1990, 91 = BauR 1990, 636; OLG Stuttgart, BauR 1989, 630 = NJW 1989, 2402; LG Amberg, *SFH*, Nr. 14 zu § 632 BGB.
144) Ebenso: KG, NJW-RR 1988, 21 = BauR 1988, 624.
145) BGH, BauR 1987, 454 = NJW 1987, 2742 = ZfBR 1987, 187; OLG Düsseldorf, BauR 2002, 1726 = NZBau 2002, 279 = OLGR 2002, 119; **a.A.:** offensichtlich KG, BauR 1988, 621, 623, 624; vgl. hierzu auch BGH, *Schäfer/Finnern*, Z 3.00 Bl. 113.
146) Vgl. OLG Schleswig, OLGR 2009, 166.
147) OLG Frankfurt, IBR 2012, 397 – *Stein*; OLG Düsseldorf, NZBau 2009, 457 = IBR 2008, 333 – *Preussner* (nur erster persönlicher Gesprächskontakt bei einem Großprojekt); IBR 2006, 504 – *Schill*.

die Realisierung des Bauvorhabens noch unsicher ist.[148] Das gilt aber nach Auffassung des KG[149] nicht, wenn eine öffentliche Zusage der Förderung einer geplanten Modernisierung aufgrund von Verhandlungen des Architekten erreicht wird und zu diesem Zweck eine Kostenschätzung nach DIN 276 erstellt wurde. Der BGH[150] hat die Tätigkeit eines Architekten in einem Fall als nicht geringfügig bezeichnet, in dem dieser ein Aufmaß des alten Gebäudes, Bestandszeichnungen, Vorplanungsleistungen, eine Baukostenermittlung und eine Wirtschaftlichkeitsberechnung erstellt hatte. Erbringt ein Architekt mit dem Willen des Bauherrn Planungsleistungen, die denen der **Leistungsphasen 1 bis 3** des § 34 HOAI entsprechen, liegt **im Zweifel** spätestens dann ein entgeltlicher Architektenvertrag vor.[151]

Das OLG Karlsruhe ist sogar – zu Recht – der Auffassung, dass die Grenze zum noch unentgeltlichen „Freundschaftsdienst" in der Erbringung der Vorplanung gemäß Leistungsphase 2 liegt.[152] Zutreffend merkt auch das OLG Celle[153] an, dass das Erbringen von Leistungen seitens des Architekten bis hin zur Leistungsphase 4 des § 15 HOAI 2009 (jetzt § 34 HOAI) nur im Einzelfall als unentgeltliche Akquisition einzustufen ist, wenn sich ein entsprechender Parteiwille aus den besonderen Umständen des Einzelfalles ergibt. Mit einer deutlichen Sprache hat auch das OLG München[154] entsprechend entschieden: Danach ist die Annahme, dass ein Architekt umfangreiche Leistungen, z.B. die Leistungsphasen 1–4 HOAI, kostenlos erbringen möchte, für sich genommen „bereits lebensfremd". Das LG Lübeck[155] weist zu Recht darauf hin, dass durch Unterzeichnung eines vom Architekten erstellten **Bauantrages** und Abgabe weiterer Erklärungen zum Bauantrag ein Architektenvertrag stillschweigend zustande kommt. Hat ein Architekt die Leistungsphasen 1 bis 6 der HOAI erbracht, kann nicht ernsthaft von einem Auftraggeber behauptet werden, dass diese Leistungen akquisitorisch waren, worauf das OLG Brandenburg[156] zu Recht verweist.

---

148) Vgl. hierzu OLG Karlsruhe, IBR 2010, 275 – *Eix* („Grenze zum noch unentgeltlichen Freundschaftsdienst" ist Leistungsphase 2); KG, BauR 1988, 621; OLG Düsseldorf, BauR 2002, 1726 = NZBau 2002, 279 = OLGR 2002, 119; *Koeble*, in: Locher/Koeble/Frik, HOAI, Einl. 61.
149) NJW-RR 1988, 21 = BauR 1988, 251 (LS).
150) BauR 1987, 454 = NJW 1987, 2742 = ZfBR 1987, 187.
151) OLG Koblenz, BauR 1996, 888 = NJW-RR 1996, 888 = NJW-RR 1996, 1045; OLG Hamm, BauR 2010, 1782; NJW-RR 1990, 91 = BauR 1990, 630; OLG Dresden, IBR 2013, 86 – *Berger* (Akquise endet mit Leistungsphase?); *Koeble*, in: Locher/Koeble/Frik, HOAI, Einl. 61; anders wohl: OLG Dresden, BauR 2001, 1769, 1770 = NZBau 2001, 505 für den Fall, dass Leistungen sogar „bis hinein in die Leistungsphase 5" erbracht wurden. Bedenklich daher OLG Celle, IBR 2011, 276 – *Schwenker* (bis Entwurfsplanung erbracht) sowie OLG Celle, BauR 2010, 926 = IBR 2010, 214 (bis Leistungsphase 4 erbrachte Leistung). Vgl. ferner OLG Düsseldorf, IBR 2011, 529 – *Bolz* (Akquisition endet [spätestens] mit Leistungsphase 4).
152) BauR 2010, 1279 (LS); ebenso OLG Dresden, IBR 2012, 86 – *Berger*.
153) BauR 2012, 527 (Umsetzung des gesamten Bauvorhabens steht noch „in den Sternen") = NZBau 2012, 118 = NJW-RR 2012, 21.
154) IBR 2016, 704 – *Fuchs*.
155) BauR 2012, 1837 (LS).
156) NZBau 2011, 627.

Vertragliche Bindung u. honorarfreie Akquisitionstätigkeit Rdn. 641–642

Auch das OLG Düsseldorf[157] geht von einer Vertragsbindung aus, wenn ein Architekt auf Wunsch des Bauherrn sukzessive **drei umfangreiche Entwurfspläne** erarbeitet, in die **mehrfache Änderungswünsche** des Bauherrn einfließen, und der Architekt den Bauherrn zu einer Besprechung mit der Bauverwaltung auf der Basis dieser Entwurfspläne begleitet. Deshalb ist die Auffassung des OLG Hamm[158] bedenklich, keinen vertraglichen Bindungswillen anzunehmen, obwohl der Architekt bereits eine Bauvoranfrage gefertigt hatte, Verhandlungen mit den Nachbarn und der Bezirksvertretung im Namen des Auftraggebers geführt hatte und sogar schon einen Bauantrag gestellt hatte, weil zwischen den Parteien Einigkeit bestand, später noch einen schriftlichen Vertrag abzuschließen. Das OLG Frankfurt[159] weist allerdings zutreffend darauf hin, dass es eine gesetzliche oder tatsächliche Vermutung (im Sinne eines so genannten Anscheinsbeweises) dahin, dass umfangreiche Architektenleistungen nur im Rahmen eines Vertrages erbracht werden, nicht gibt.

Eine beim Bauherrn bestehende **Ungewissheit über die Realisierbarkeit** eines **641** Bau- bzw. Umbauvorhabens und die Tatsache, dass die vom Bauherrn gewünschte **Architektenleistung** lediglich als **Entscheidungsgrundlage** dienen soll, ob sich das Bauvorhaben auf eine baurechtlich zulässige und wirtschaftlich rentable Weise durchführen lässt, sind nach Auffassung des OLG Düsseldorf[160] nicht ohne weiteres Umstände, die die Annahme einer Unentgeltlichkeit der Architektenleistung begründen können. Allerdings hat das OLG Düsseldorf[161] in einer weiteren Entscheidung darauf hingewiesen, dass eine rechtsgeschäftliche Bindung zwischen einem Architekten und einem einzelnen Beteiligten eines mit der **Konzeption eines Großprojekts** beschäftigten Projektteams sich nicht bereits daraus herleiten lässt, dass das Projektteam in einem ersten persönlichen Gesprächskontakt bei der Präsentation von eher skizzenhaften Ideen des Architekten daran Gefallen findet bzw. Änderungs-/Verbesserungsvorschläge äußert. Einer rechtsgeschäftlichen Bindung steht – so das OLG Düsseldorf – insbesondere die Kenntnis des Architekten entgegen, dass die Finanzierung des Großprojekts noch nicht gesichert ist und dass seine Bemühungen bei der Vorstellung des Großprojekts bei der öffentlichen Hand, bei der Presse und bei Banken erst dann dazu dienen soll, die finanzielle und sonstige Realisierbarkeit – eventuell – erreichen zu können.

Die für eine Architektenleistung danach üblicherweise zu zahlende **Vergütung** **642** kann der Auftraggeber nur **abbedingen**, wenn zwischen ihm und dem Architekten eine **eindeutige Vereinbarung** besteht, dass die gewünschte Tätigkeit des Architekten für den Bauherrn **kostenfrei**[162] erbracht werden soll, wofür der Auftrag-

---

[157] IBR 2008, 334 – *Büchner*. Vgl. hierzu auch OLG Frankfurt, IBR 2012, 397 – *Stein* (Auftraggeber trägt immer neue Anregungen und Planungswünsche an den Architekten heran).
[158] BauR 2010, 239 (17. Zivilsenat); anders BauR 2010, 1782 (19. Zivilsenat): Entwurfsplanung mit Willen des Auftraggebers spricht für Auftragserteilung.
[159] IBR 2013, 216 – *Bröker*; NZBau 2013, 311 unter Hinweis auf BGH, NJW 1997, 3017 = BauR 1997, 1060; OLG Düsseldorf, NZBau 2003, 442 = BauR 2003, 1251.
[160] IBR 2008, 334 – *Büchner*.
[161] NZBau 2009, 457 = IBR 2008, 333, – *Preussner*. Vgl. auch OLG Frankfurt, IBR 2009, 215 – *Schill*.
[162] BGH, *Schäfer/Finnern*, Z 3.01 Bl. 405u Z 3.00 Bl. 113; OLG Koblenz, a.a.O.; OLG Hamm, NJW-RR 1990, 91 = BauR 1990, 636; OLG Stuttgart, BauR 1989, 630 = NJW 1989, 2402; OLG Stuttgart, *Schäfer/Finnern*, Z 3.01 Bl. 460; vgl. auch BGH, *Schäfer/Finnern*, Z 3.00 Bl. 144.

geber die Beweislast trägt (vgl. Rdn. 638). Mit dem Inkrafttreten der HOAI hat sich hieran nichts geändert, da sich die Frage, ob der Architekt überhaupt Honorar beanspruchen kann, nach den allgemeinen Vorschriften des bürgerlichen Rechts richtet; erst wenn diese Frage bejaht wird, sind die Vorschriften der HOAI für die Berechnung der Vergütung anzuwenden.[163] Daraus folgt, dass eine Vereinbarung, wonach der Architekt zunächst kostenlos arbeitet und damit das Risiko einer späteren honorarpflichtigen Beauftragung übernimmt, nicht der Schriftform bedarf und somit auch mündlich getroffen werden kann.[164]

Die Abgrenzung zwischen unentgeltlicher und honorarpflichtiger Tätigkeit eines Architekten ist stets auch dann schwierig und kann nur unter Berücksichtigung aller Umstände beantwortet werden, wenn der Architekt für **Freunde, Verwandte** oder Gesellschaften bzw. Vereine, deren Mitglied er ist, Leistungen erbringt.[165]

643 Wie der Architekt zu den von ihm erbrachten Leistungen vom Bauherrn aufgefordert wird, ist unbeachtlich. Es reicht grundsätzlich aus, wenn er vom Bauherrn um **„Vorschläge"** oder **„Informationen"** über die Bebauung eines bestimmten Grundstückes,[166] um **„Entwürfe für eine mögliche Bebauung"**[167] oder **„unverbindlich"** um Anfertigung einer **Skizze** für ein Bauvorhaben[168] bzw. um eine **„grobe" Kostenschätzung**[169] oder die **„planerische Untersuchung"**, **wie** ein Grundstück zum Zweck der Wohnbebauung **ausgenutzt** werden kann,[170] gebeten wird.

„Unverbindlich" bedeutet im Übrigen grundsätzlich auch **nicht kostenlos**. Nur bei Vorliegen besonderer Umstände kann dies angenommen werden,[171] für die der Bauherr aber beweispflichtig ist.[172] Mit der Aufforderung des Bauherrn gegenüber dem Architekten, z.B. unverbindlich Skizzen für ein Bauvorhaben zu fertigen, ist allerdings eine **Begrenzung des Auftrages** auf Teile der Leistungsphasen 1 und 2 (Grundlagenermittlung und Vorplanung) verbunden.

Unter den vorerwähnten Gesichtspunkten ist deshalb auch die Auffassung des OLG Hamm[173] bedenklich, „das einverständliche **Einreichen** einer **isolierten Bauvoranfrage**" lasse noch nicht den Schluss zu, es werde eine entgeltpflichtige Architektentätigkeit entfaltet, „wenn der Verhandlungspartner das Grundstück selbst nicht bebauen, sondern nur vorteilhaft verkaufen" wolle; denn auch in diesem Fall wird der Architekt auf Veranlassung des Auftraggebers tätig,

---

163) BGH, BauR 1997, 154 = NJW 1997, 586; BGH, BauR 1985, 467 = ZfBR 1985, 181 = NJW 1985, 2830 = WM 1985, 922; OLG Koblenz, BauR 1996, 888 = NJW-RR 1996, 1045; OLG Stuttgart, NJW-RR 1987, 106.
164) BGH, BauR 1985, 467; OLG Karlsruhe, BauR 1985, 236.
165) OLG Köln, OLGR 1992, 147, 148; OLG Oldenburg, BauR 1984, 541.
166) Vgl. OLG Saarbrücken, NJW 1967, 2359.
167) OLG München, BauR 1996, 417 = NJW-RR 1996, 341 = OLGR 1996, 41.
168) OLG Düsseldorf, NJW-RR 1992, 1172 = BauR 1993, 108; OLG Schleswig, *Schäfer/Finnern*, Z 3.01 Bl. 197.
169) OLG Köln, BauR 1993, 375 (LS).
170) OLG Düsseldorf, NJW-RR 1995, 276.
171) BGH, *Schäfer/Finnern*, Z 3.01 Bl. 380; OLG Koblenz, BauR 1996, 888 = NJW-RR 1996, 1045; OLG Karlsruhe, BauR 1985, 236; ferner: *Neuenfeld*, § 4 HOAI, Rn. 18; **a.A.:** wohl LG Stendal, NJW-RR 2000, 230.
172) OLG Celle, Der Architekt 1955, 518; zur Wirksamkeit einer mündlichen Vereinbarung („kostenlos") im Hinblick auf § 4 Abs. 4 HOAI: *Koeble*, in: Locher/Koeble/Frik, HOAI, Einl., Rn. 61.
173) NJW-RR 1992, 468; ebenso: OLG Hamm, NJW-RR 1996, 83.

und er erbringt zumindest Grundleistungen der Leistungsphasen 1 und 2. Überdies will der Auftraggeber die Leistungen des Architekten gerade im Rahmen der Verkaufsverhandlungen nutzen, sodass unter diesem Gesichtspunkt von einer vergütungspflichtigen Tätigkeit des Architekten auszugehen ist.

Bei derartigen Aufträgen ist der Umfang der übertragenen Architektenleistungen **644** stets besonders zu prüfen (vgl. hierzu näher Rdn. 840 ff.); in aller Regel ist der Architekt in diesen Fällen nur mit der „Vorplanung", also den Leistungsphasen 1 und 2 beauftragt.[174] Bei einer Absprache, der Architekt solle einmal unverbindlich „Bebauungsvorschläge vorlegen", und der gleichzeitigen Weigerung des Bauherrn, einen Architektenvertrag zu unterschreiben, hat der Architekt allerdings keinen Gebührenanspruch, da der Vertrag nicht zustande gekommen ist; hier gilt ausnahmsweise „unverbindlich" als kostenlos.[175] Erklärt sich allerdings der Architekt bereit, zunächst unentgeltlich – z.B. im Hinblick auf die Ermittlung von Bebauungs- und Finanzierungsmöglichkeiten – tätig zu werden, so ist es seine Aufgabe, den Bauherrn **rechtzeitig** darauf **hinzuweisen**, wenn er von einem **bestimmten Zeitpunkt** an seine Leistungen vergütet haben will. Erfolgt ein solcher Hinweis nicht, kann der Architekt für seine erbrachten Leistungen kein Honorar beanspruchen, es sei denn, der Bauherr konnte und musste erkennen, dass der Architekt seine (unentgeltlichen) Arbeiten abgeschlossen hatte und nunmehr – im Einvernehmen mit dem Bauherrn – weitere (vergütungspflichtige) Tätigkeiten entwickelte.[176]

Es entspricht allerdings **überwiegender Ansicht**,[177] dass dem Architekten **in** **645** **der Regel** eine **Aufklärungspflicht** über die Höhe seines Honorars und damit über die Entgeltlichkeit seiner Tätigkeit nicht obliegt (vgl. auch Rdn. 821). **Ausnahmen** sind denkbar, so wenn der Architekt im Einzelfall erkennen muss, dass der Bauherr offensichtlich nur „kostenlose" Leistungen erwartet[178] und bei einer Aufklärung die Zusammenarbeit beenden würde. In diesen Fällen wird der Architekt, um **Missverständnisse** auszuschließen, nach Treu und Glauben zu klaren Hinweisen auf die Entgeltlichkeit seiner Arbeit und die Höhe seines Honorars verpflichtet sein (vgl. auch Rdn. 821).

Unterbleibt im Einzelfall eine gebotene Aufklärung durch den Architekten, so **646** hat der Bauherr einen Schadensersatzanspruch aus dem Gesichtspunkt des Ver-

---

174) BGH, *Schäfer/Finnern*, Z 3.01 Bl. 111 u. 405; OLG München, BauR 1996, 417 = NJW-RR 1996, 341 = OLGR 1996, 41; OLG Düsseldorf, NJW-RR 1996, 269; OLG Saarbrücken, NJW 1967, 2359; LG Essen, MDR 1969, 220; *Koeble*, in: Locher/Koeble/Frik, HOAI, Einl. Rn. 69 ff.
175) BGH, *Schäfer/Finnern*, Z 3.01 Bl. 380; BGH, BauR 1985, 467 = ZfBR 1985, 181 (Arbeit auf „eigenes Risiko").
176) BGH, *Schäfer/Finnern*, Z 3.00 Bl. 144; vgl. hierzu auch OLG Stuttgart, NJW 1989, 2402 = BauR 1989, 630.
177) Vgl. *Koeble*, in: Locher/Koeble/Frik, HOAI, Einl. 119; *Wirth/Hebel/Engelmann*, X. Teil, Rn. 207; *Knacke*, BauR 1990, 395 ff. u. *Pauly*, BauR 2000, 808, beide mit umfassendem Überblick über den Meinungsstand; **a.A.:** OLG Saarbrücken, BauR 2000, 753 = NJW-RR 1999, 1035 = OLGR 1999, 193; OLG Stuttgart, BauR 1989, 630 = NJW 1989, 2402.
178) Vgl. OLG Düsseldorf, OLGR 1999, 217 (Aufforderung des Bauausschusses einer Kirchengemeinde an einen diesem Ausschuss angehörenden Architekten zu einer Planüberarbeitung).

schuldens bei **Vertragsschluss** (§ 280 i.V.m. § 311 Abs. 2 BGB).[179)] Die dadurch bedingte Honorarminderung bedeutet keine unzulässige Aushöhlung des Mindestpreischarakters der HOAI.[180)]

647 Die von der Rechtsprechung entwickelten Grundsätze über die Rechtswirkungen von **Bestätigungsschreiben** unter Kaufleuten[181)] gelten auch für Architekten. Der Architekt gehört zu den Personen, die in großem Umfang am Wirtschaftsleben teilnehmen und sich deshalb rechtlich wie ein Kaufmann behandeln lassen müssen.[182)]

648 Ist zwischen Architekt und Bauherr eine vertragliche Bindung zu bejahen, erhebt sich die weitere Frage nach dem **Umfang** seiner Beauftragung. Dies ist stets eine Sache des **Einzelfalles. Umstritten** ist, ob es grundsätzlich eine **Vermutung** für einen **bestimmten Auftragsumfang** gibt (vgl. hierzu Rdn. 834 ff.).

Soll ein Architektenvertrag erst später abgeschlossen werden, steht es den Parteien frei, für die als Akquisitionstätigkeiten erbrachten Planungsleistungen ein Entgelt (im Sinne einer Entschädigung) zu vereinbaren, das sich unterhalb der Mindestsätze der HOAI bewegt.[183)] Allerdings ist dabei die neue Rechtsprechung des BGH[184)] zu berücksichtigen, wonach eine etwaige vergütungsfreie akquisitorische Phase endet, sobald eine Vergütungsvereinbarung getroffen wird. Ab diesem Zeitpunkt ist insoweit die HOAI anwendbar. In diesem Zusammenhang verweist der BGH auch darauf, dass es einen Vertrag über eine „entgeltliche Akquise", auf den die HOAI keine Anwendung findet, mit dem Vergütungssystem der HOAI nicht zu vereinbaren ist. Vielmehr ist nach der HOAI abzurechnen, wenn zwischen den Parteien ein Honorar vereinbart wird.

Bei einem **Architektenwettbewerb** kann eine Verpflichtung bestehen, mit dem Preisträger einen Architektenvertrag abzuschließen[185)] (vgl. Rdn. 661 ff.).

649 Schließen die Parteien einen sogenannten **Rahmenvertrag** ab, in dem zwar bestimmte Bauvorhaben nicht genannt, aber andererseits Einzelheiten etwaiger zukünftiger Einzelverträge geregelt werden, besteht in der Regel kein Anspruch auf Abschluss eines **konkreten** Architektenvertrages (im Gegensatz zum Vorvertrag, Rdn. 655), weil die Parteien hier zunächst nur Absichtserklärungen abgeben;[186)] allerdings kann im Einzelfall eine Haftung aus einer Vertragsverletzung in Betracht kommen, wenn eine Partei grundlos den Abschluss der betreffenden Einzelverträge verweigert,[187)] wobei ein etwaiger Schadensersatzanspruch nach den für § 649

---

179) OLG Stuttgart, BauR 1989, 630 = NJW 1989, 2402; OLG Saarbrücken, a.a.O.
180) Unzutreffend: *Knacke*, BauR 1990, 395 ff.
181) Vgl. näher *Palandt/Ellenberger*, § 148 BGB, Rn. 8. Vgl. hierzu auch BGH, BauR 2007, 375.
182) BGH, BauR 1975, 67; OLG Köln, BlGBW 1974, 139; OLG Düsseldorf, Architekt 1953, 131.
183) OLG Jena, IBR 2014, 278 – *Berger* = BauR 2014, 1962.
184) BauR 2017, 1059 = IBR 2017, 260 – *Fuchs* = NZBau 2017, 482.
185) Vgl. BGH, NJW 1984, 1533 = BauR 1984, 196 = DB 1984, 1393.
186) Vgl. hierzu OLG Celle IBR 2004, 259 – *Schill*; vgl. zum Rahmenvertrag auch *Wirth*, in: Korbion/Mantscheff/Vygen, Einf., Rn. 165 f.
187) BGH, NJW-RR 1992, 977 = BauR 1992, 531 = ZfBR 1992, 215; vgl. hierzu auch *Schmidt*, BauR 1999, 538, 542 sowie *Motzke*, in: Graf von Westphalen, Klauselwerke/Architektenvertrag, Rn. 92 (Rahmenvertrag „entfaltet jedenfalls die Nebenverpflichtung, bei Realisierung

Vertragliche Bindung u. honorarfreie Akquisitionstätigkeit   Rdn. 650–651

BGB geltenden Grundsätzen zu ermitteln ist[188] (vgl. hierzu Rdn. 1120 ff.). Zum **Beitritt** eines Dritten zum Architektenvertrag vgl. die Ausführungen zur Werklohnklage Rdn. 1291.

Optionsverträge werden in der Baupraxis selten abgeschlossen; bei einer solchen Abrede verpflichtet sich der Architekt in der Regel zur Übernahme von (ggf. weiteren) Planungsleistungen, wenn der Auftraggeber von seinem Übertragungsrecht (meist mit dem Begriff „Abrufrecht" verbunden) Gebrauch macht. Bei Abschluss eines Optionsvertrages tritt damit nur eine **einseitige Bindung** des Architekten ein (Vertragsangebot des Architekten),[189] während es im freien Belieben des Auftraggebers steht, dem Architekten die entsprechenden Leistungen zu beauftragen. Die Auffassung von Motzke,[190] wonach bei einem Optionsvertrag eine vertragliche Bindung beider Parteien „voll wirksam über das gesamte Leistungsbild zu Stande gekommen ist", kann deshalb, weil sie mit dem Begriff der Option unvereinbar ist, nicht gefolgt werden.[191]   650

Bei der **Vergabe von öffentlichen Aufträgen** im Sinne der §§ 97 ff. GWB, deren Auftragsumfang den nach § 106 GWB maßgeblichen Schwellenwert erreicht oder überschreitet, ist die Vergabeordnung (VgV)[192] bzw. die Sektorenverordnung (SektVO)[193] zu beachten, mit denen die EU-Vergaberechtsrichtlinien[194] umgesetzt wurden, zu beachten. Öffentliche Auftraggeber, die Architektenaufträge unterhalb des Schwellenwertes erteilen, müssen ihr Vergabeverfahren nach der Unterschwellenvergabeverordnung (UVgO) gestalten, wenn und soweit deren Anwendung durch das einschlägige Haushaltsrecht angeordnet ist. Die VgV (§ 76 Abs. 1 Satz 2) gewährleistet die Einhaltung der HOAI und damit den Ausschluss eines dem Honorarrecht widersprechenden Preiswettbewerbs[195] (vgl. hierzu auch Rdn. 671).   651

Zur **stufenweisen Beauftragung** vgl. Rdn. 694; zum **Vorvertrag** vgl. Rdn. 655.

---

eines Projekts mit dem Planer über den Abschluss eines Einzelvertrages in Verhandlungen einzutreten").
188) Motzke/Wolff, S. 17.
189) Zutreffend: OLG Düsseldorf, BauR 1997, 340; Palandt/Ellenberger, Einf., Vor § 145 BGB, Rn. 23 (Optionsrecht ist das Recht, durch einseitige Erklärung einen Vertrag zu Stande zu bringen); MünchKomm-Krämer, Vor § 145 BGB, Rn. 50.
190) In: Graf von Westphalen, Klauselwerke/Architektenvertrag, Rn. 94; anders aber Rn. 95, wonach der Architektenvertrag zwar geschlossen wird, seine Rechtswirksamkeit aber von einer Option des Begünstigten abhängt.
191) Zur jeweiligen Ausgestaltung eines Optionsvertrages vgl. Wirth, in: Korbion/Mantscheff/Vygen, Einf., Rn. 167 f.
192) „Vergaberecht", Beck-Texte 5595.
193) „Vergaberecht", Beck-Texte 5595.
194) 2014/24/EU (EU-Vergaberichtlinie) und 2014/25/EU (EU-Sektorenrichtlinie).
195) Vgl. hierzu Wellensiek/Scharfenberg, NZBau 2016, 739; ferner Summa, „Die HOAI im VOF-Verfahren", IBR 2014, 2001 – nur online; LG Mainz, IBR 2011, 1046 (nur online) Hörn; Orlowski, BauR 2012, 1550 ff.; BauR 1995, 20, 26; Quack, BauR 1997, 899 u. Jochem, DAB 1998, 49.

a) Vorarbeiten

652 Inwieweit bei Vorarbeiten eines Architekten, also Tätigkeiten vor Ausführung der eigentlichen Planungsleistungen, **vertragliche Bindungen** zwischen Architekt und Bauherr bereits eingetreten sind, ist ebenfalls unter den vorgenannten Gesichtspunkten zu prüfen. Dabei ist zu berücksichtigen, dass auch Architekten wie andere Werkunternehmer zunächst bereit sind, unentgeltliche Vorarbeiten zu leisten, um dadurch den Abschluss eines Architektenvertrages zu fördern.[196]

653 **Die Rechtsprechung** hat sich in der Vergangenheit wiederholt mit der Vergütung von Vorarbeiten beschäftigt, die von Unternehmern im Rahmen der Angebotsabgabe durchgeführt wurden (vgl. Rdn. 1381 ff.). In diesem Zusammenhang ist es h.M., dass insoweit nur **ausnahmsweise** eine **vertragliche Bindung** zwischen den Parteien gewollt ist und daher in aller Regel eine Vergütungspflicht entfällt.[197]

654 Etwas **anderes** muss **für Vorarbeiten von Architekten gelten:** Auch schon reine Planungsüberlegungen, Beratung usw. bringen den Bauherrn bei der Verwirklichung seines Bauvorhabens weiter und stellen Leistungen eines Architekten dar, die dieser im Rahmen seiner freiberuflichen Tätigkeit ausführt und für die er grundsätzlich auch eine Vergütung erwartet.[198] Dies gilt nicht, wenn eine **Abrede** über die **Unentgeltlichkeit** der Tätigkeit des Architekten getroffen wurde.[199]

Für Vorarbeiten des Architekten, bei denen die HOAI keine besonderen Gebührensätze vorsieht (z.B. Anfertigung einer **reinen Skizze**, Erteilung einer **Beratung, Vermittlung der Finanzierung** usw.), formuliert das OLG Stuttgart[200] dies bei Geltung der früheren GOA wie folgt:

> „Für Vorarbeiten, die ein Architekt im Hinblick auf die künftige Übertragung der üblichen Architektenleistungen nach § 19 GOA erbracht hat, ist gem. den §§ 631, 632 BGB bei Unterbleiben des vorgesehenen Auftrages eine Vergütung zu zahlen, wenn die Vorarbeiten ausdrücklich als vergütungspflichtige Einzelleistungen in Auftrag gegeben wurden oder wenn nach den Umständen des Einzelfalles die Vorarbeiten bei Unterbleiben des Auftrages nur gegen eine Vergütung zu erwarten waren. Wer die Dienste eines Gewerbetreibenden oder eines freiberuflich Tätigen in Anspruch nimmt, muss regelmäßig damit rechnen, dafür eine angemessene Vergütung bezahlen zu müssen. Diese Ausnahme ist umso näher liegend, wenn die verlangte oder in Anspruch genommene Leistung mit einem nicht unerheblichen Arbeitsaufwand verbunden ist oder Kosten verursacht hat."

Ein Vergütungsanspruch des Architekten besteht jedoch nur, wenn die **Vorarbeiten** zum Gegenstand einer **vertraglichen Bindung** der Parteien gemacht werden;[201] insoweit kommt es auf die besonderen Umstände des Einzelfalles an (vgl. Rdn. 624 ff.). Außerdem ist zu prüfen, ob die Vorarbeit des Architekten den Umständen nach nur gegen eine Vergütung zu erwarten ist (§ 632 Abs. 1 BGB; siehe Rdn. 638).

---

[196] *MünchKomm-Busche*, § 632 BGB, Rn. 9.
[197] Zuletzt: BGH, BauR 1979, 509 = DB 1979, 2058 = NJW 1979, 2202 u. BGH, BauR 1980, 172; ferner: OLG Köln, NJW-RR 1998, 309.
[198] OLG Karlsruhe, BauR 1985, 236; vgl. hierzu auch BGH, BauR 1987, 454 = NJW 1987, 2742 = ZfBR 1987, 187 und Rn. 620.
[199] Ebenso: *MünchKomm-Busche*, § 632 BGB, Rn. 10.
[200] BauR 1973, 63; vgl. auch OLG Düsseldorf, BauR 1973, 62.
[201] OLG Stuttgart, NJW-RR 1987, 106.

b) Vorvertrag

Literatur

Schmidt, Besondere Gestaltungsmöglichkeiten für Architekten- und Ingenieurverträge, BauR 1999, 538.

655 Wollen sich Architekt und Bauherr schon frühzeitig binden, bevor alle vertraglichen Einzelheiten abschließend geregelt sind, kann dies im Rahmen eines **Vorvertrages** geschehen. Das kommt in der Praxis häufig und insbesondere dann vor, wenn der Abschluss des endgültigen Architektenvertrages wegen **rechtlicher** oder **tatsächlicher Hindernisse** noch nicht gesichert ist.[202] Nach der Rechtsprechung des BGH[203] sind „Vorverträge schuldrechtliche Vereinbarungen, durch die für beide Teile oder auch nur einen von ihnen die Verpflichtung begründet wird, demnächst einen anderen schuldrechtlichen Vertrag, den Hauptvertrag, zu schließen." Eine **Bindungswirkung** tritt durch den Vorvertrag allerdings grundsätzlich nur ein, wenn die Werkleistung, das Honorar und alle von den Vertragsparteien für wesentlich angesehenen Nebenabreden bestimmt oder zumindest bestimmbar sind.[204] Unter diesem Vorzeichen ist jeweils zu prüfen, ob der Architekt aufgrund des Vorvertrages einen Rechtsanspruch auf Abschluss des Hauptvertrages hat.

Häufig lassen sich Architekten formularmäßige **„Verpflichtungserklärungen"** unterschreiben, die z.T. folgenden Wortlaut haben:

„Verpflichtungserklärung

Wir verpflichten uns, dem Architekten die Architektenleistungen (Planung, Ausführungs- und Überwachungsleistung) für das oben bezeichnete Bauvorhaben auf der Grundlage des noch abzuschließenden Architektenvertrages zu übertragen.

Bauherr: Architekt:

Ort, Datum, Unterschrift"

656 Eine solche Verpflichtungserklärung stellt einen wirksamen **Vorvertrag** dar, mit dem sich die Vertragsparteien verpflichten, den eigentlichen Architektenvertrag als Hauptvertrag für den Fall abzuschließen, dass es zur Durchführung des Bauvorhabens kommt.[205] Da der Verpflichtungserklärung in aller Regel auch Allgemeine Vertragsbedingungen zum Architektenvertrag beigefügt sind, ist davon auszugehen, dass sich die Vertragsparteien über alle wesentlichen Punkte des späteren Hauptvertrages geeinigt haben, ein **Bindungswille** der Parteien also **gegeben** ist. Der Vertrag ist damit ausreichend bestimmt.[206] Die zu übertragenden Architektenleistungen sind in der Erklärung genannt. Soweit das Honorar in der Verpflichtungserklärung noch nicht erwähnt ist, wird diese Lücke durch die HOAI geschlossen. Können sich die Parteien später auf ein bestimmtes Honorar nicht einigen, kann der Architekt nach § 7 Abs. 5 HOAI die Mindestsätze berechnen.

---

202) Vgl. hierzu *Schmidt*, BauR 1999, 538.
203) BGH, BauR 1992, 531 = NJW-RR 1992, 977 = ZfBR 1992, 215; NJW 1990, 1234, 1235; BauR 1988, 234; OLG Koblenz, NZBau 2006, 184.
204) BGH, a.a.O.
205) BGH, BauR 1988, 234 = NJW 1988, 1261 = DB 1988, 1385; vgl. zur Annahme einer rechtsgeschäftlichen Bindung im Rahmen eines Architekten-Vorvertrages auch BGH, NJW-RR 1992, 977 = BauR 1992, 531 = ZfBR 1992, 215.
206) *Schmidt*, BauR 1999, 538.

657 Verweigert der Bauherr später den **Abschluss des Hauptvertrages** ohne triftigen Grund, obwohl er das Bauvorhaben durchführt, ist er dem Architekten wegen Pflichtverletzung, (§§ 280, 281 BGB) zum **Schadensersatz verpflichtet**. Der Architekt ist dann so zu stellen, als habe der Bauherr mit ihm den Architektenvertrag abgeschlossen und ihm anschließend gekündigt; in diesem Fall kann der Architekt „entgangenen Gewinn" gemäß § 649 BGB fordern (vgl. Rdn. 1120 ff.). Wird dagegen das Bauvorhaben z.B. aus finanziellen Gründen nicht durchgeführt, stehen dem Architekten weder Erfüllungs- noch Schadensersatzansprüche zu.[207]

658 Häufig ist mit diesen „Verpflichtungserklärungen" eine formularmäßig erteilte **„Vollmacht"** verbunden, die folgenden Wortlaut hat:

„Vollmacht

Wir bevollmächtigen den Architekten ...

bezüglich unseres Bauvorhabens ...

die erforderlichen Verhandlungen mit den zuständigen Behörden und Stellen sowie den Nachbarn zu führen und insbesondere auch Rückfragen im Baugenehmigungsverfahren für uns zu erledigen.

Ort, Datum, Unterschrift"

Aufgrund dieser Vollmacht tritt ebenfalls eine vertragliche Bindung der Parteien ein. Nach der richtigen Auffassung des OLG Köln[208] stellt diese Vollmacht sogar einen Architektenauftrag bezüglich der Phasen 1–4 des § 33 HOAI dar, „weil zur Verhandlung mit den Behörden die Architektenleistungen bis zur Phase 4 (Genehmigungsplanung) erbracht werden" müssen. Diese Auffassung wird durch den Hinweis in der Vollmacht auf das „Baugenehmigungsverfahren" gestützt.

659 Der BGH[209] hat sich dem für einen Vorvertrag angeschlossen, der sowohl die vorgenannte Verpflichtungserklärung wie auch eine Vollmacht enthielt. Der BGH weist zutreffend darauf hin, dass bei einer solchen Fallgestaltung ein Vorvertrag des Inhalts zustande kommt, „dass der Abschluss des eigentlichen Architektenvertrages – jedenfalls ab Leistungsphase 5 des § 33 HOAI (2009 – jetzt § 34 HOAI 2013) – von der tatsächlichen, der freien Entscheidung des Bauherrn unterliegenden Durchführung des Bauvorhabens abhängig sein soll". Eine umfassende Bindung zum Abschluss des Hauptvertrages kann aus einer solchen vorvertraglichen Vereinbarung jedoch noch nicht geschlossen werden; eine Bindungswirkung ist vielmehr erst bei einer **Verwirklichung des Bauvorhabens** in Erwägung zu ziehen.

660 Die Bundesarchitektenkammer hat einen sog. **Architekten-Vorplanungsvertrag** herausgegeben.[210] In der empfohlenen Fassung dieses Vorvertrages werden dem Architekten die Leistungsphase 1 (Grundlagenermittlung) und Leistungsphase 2 (Vorplanung) des § 34 HOAI übertragen. Gleichzeitig werden die Honorarzone und der Honorarsatz festgelegt.

---

207) BGH, BauR 1988, 234 = NJW 1988, 1261 = DB 1988, 1385.
208) Urteil vom 3.6.1980 – 15 U 263/79; ebenso OLG Naumburg, IBR 2006, 207 – *Schill*; vgl. auch KG, NJW-RR 1988, 21 = BauR 1988, 251 (LS) sowie *Motzke*, in: Graf von Westphalen, Klauselwerke/Architektenvertrag, Rn. 70 (Leistungsphasen 1–3 des § 15 HOAI).
209) BauR 1988, 234 = NJW 1988, 1261 = DB 1988, 1385.
210) DAB 1992, 733.

Vertragliche Bindung und Architektenwettbewerb   Rdn. 661

Von dem Vorvertrag ist der sog. **Rahmenvertrag**, mit dem die Vertragsparteien eine auf die Zukunft angelegte Geschäftsverbindung eröffnen wollen, zu unterscheiden (vgl. hierzu Rdn. 649).

c) Ansprüche aus Architektenwettbewerb

Literatur

Weinbrenner/Jochem/Neusüß, Der Architektenwettbewerb, 2. Aufl. 1998; *Kratzenberg/Ettinger-Brinckmann/Knapschinsky*, Die neuen Regelungen für Architekten- und Ingenieurwettbewerbe, 2009; *Diercks/Oppler*, Wettbewerb für Architekten und Ingenieure, 2013.

Köttgen, Probleme zum Schadensersatzanspruch von Architekten aus Wettbewerben gemäß den Grundsätzen und Richtlinien für Wettbewerbe (GRW 1952), ZfBR 1979, 219; *Meyer/Reimer*, Architektenwettbewerb und Urheberrecht, BauR 1980, 291; *Lehmann*, Die grundsätzliche Bedeutung der HOAI für die Sicherung des Leistungswettbewerbs der Architekten und Ingenieure, BauR 1986, 512; *Ettinger/Brinckmann*, Das Wettbewerbswesen in Deutschland und die EG-Dienstleistungsrichtlinie, DAB 1995, 1840, 2106 u. 2360; *Neusüß*, Kräftiger Impuls für das Wettbewerbswesen: Die neugefassten Grundsätze und Richtlinien für Wettbewerbe – GRW 1995 –, DAB 1996, 842; *Hartmann*, Zur Vergütung von Wettbewerbsleistungen im Rahmen der HOAI, BauR 1996, 623; *Rodegra*, Architektenwettbewerbe: GRW 1995 noch nicht von allen Ländern für verbindlich erklärt, NZBau 2000, 124; *Portz*, Bundesverwaltungsgericht: Grundsatzentscheidung zur Honorierung der Architektenleistungen im Rahmen von „Gutachterverfahren", DAB 1999, 1064; *Müller-Wrede*, Der Architektenwettbewerb in *Thode/Wirth/Kuffer* (Hrsg.), Praxishandbuch Architektenrecht, S. 124 ff.; *Schudnagies*, Realisierungswettbewerbe ohne nachfolgende Beauftragung, BauR 2005, 1244; *Schweer*, Architektenwettbewerb und Weiterbeauftragungszusage, Festschrift für Peter Raue (2006) S. 319; *Matuschak*, Architektenwettbewerbe und die ihnen zugrunde liegenden Regeln. In: Festschrift für Jochem (2014) S. 405; *Diercks-Oppler*, Die RPW und Architektenwettbewerbe der öffentlichen Auftraggeber, Festschrift für Quack (2009), 25.

Bei großen und – vor allem aus **städtebaulicher Sicht** – wichtigen Bauprojekten **661** (z.B. Museum, Kirche) entspricht es **alter Tradition**, einen **Architektenwettbewerb** (z.B. Ideen- oder Realisierungswettbewerb in der Form eines offenen oder beschränkten Wettbewerbs) durchzuführen. Rechtlich handelt es sich insoweit in der Regel um **Preisausschreiben** im Sinne von § 661 BGB, also einseitige Auslobungen.[211]

Beteiligt sich ein Architekt an einem ausgeschriebenen Wettbewerb, erfolgt dadurch noch keine werkvertragliche Bindung mit der Folge, dass er auch eine Vergütung nach den Bestimmungen der HOAI, insbesondere nach den Mindestsätzen der HOAI,[212] nicht verlangen kann.[213] Er hat lediglich Anspruch – bei entspre-

---

[211] BGH, NJW 1983, 442 (auch zur Frage der Nachprüfung der Entscheidung des Preisgerichts) sowie OLG Nürnberg, BauR 1998, 360; vgl. hierzu auch *Hartmann*, BauR 1996, 623, 626, *Müller-Wrede*, in: Thode/Wirth/Kuffer, Rn. 80 sowie *Schudnagies*, BauR 2005, 1444.
[212] So zutreffend BVerfG, BauR 2005, 1946 = NZBau 2006, 121, das eine Unterschreitung der Mindestsätze der HOAI in keiner Weise beanstandet, da die Norm des § 4 Abs. 2 HOAI in den Fällen von Architektenwettbewerben „von vornherein nicht anwendbar ist", weil „die Gefahr der Qualitätsminderung durch Preiswettbewerb, der der Mindesthonorarregelung entgegenwirken will, bei einem Architektenwettbewerb vernachlässigt werden kann". Das gelte für jede Form des Architektenwettbewerbs.
[213] **Herrschende Meinung:** für viele *Koeble*, in: Locher/Koeble/Frik, § 7 HOAI, Rn. 136; *Kreißl*, S. 46 m.w.Nachw.

chender Prämierung – auf den ausgelobten Preis bzw. auf die in der Auslobung angebotenen **„Aufwandsentschädigungen"** oder **„Beratungshonorare"**, die in der Regel unter den Mindestsätzen der HOAI liegen. Eine unzulässige Mindestsatzunterschreitung gemäß § 7 Abs. 3 HOAI ist hierin noch nicht zu sehen; etwas anderes kann bei den so genannten Gutachtenverfahren gelten (vgl. hierzu Rdn. 759 ff., 762).

Den üblichen **„Ausschreibungen"** liegen – insbesondere bei **Realisierungswettbewerben** – in der Regel „Wettbewerbsbedingungen" zugrunde, die in der Vergangenheit häufig auf die „Grundsätze und Richtlinien" für „Wettbewerbe auf den Gebieten der Raumplanung, des Städtebaus und des Bauwesens" (im Folgenden: **GRW**)[214] verwiesen haben.

662 Probleme hat es bei Wettbewerben, die unter diesen Grundsätzen und Richtlinien abgewickelt wurden, häufig gegeben, wenn ein Architekt oder alle Architekten, die einen Preis errungen hatten, nicht berücksichtigt wurden, sondern der Architektenauftrag einem (nicht ausgezeichneten) Architekten, der vielleicht nicht einmal am Wettbewerb teilgenommen hatte, erteilt wurde. Dann stellte sich stets die Frage, ob mit dem Wettbewerb der Auslober an die Preisträger ein **Auftragsversprechen** („Weiterbeauftragungszusage") abgegeben hatte. Insbesondere war dies bei der GRW aus dem Jahre 1977 zweifelhaft.[215] In der nachfolgenden GRW 1995/2004 wurde dann das Auftragsversprechen gegenüber einem oder mehreren Preisträgern in Ziffer 7.1 (Weitere Bearbeitung) aufgenommen.[216] Die so genannten **Richtlinien für Planungswettbewerbe von 2008 (RPW in der Fassung von 2013)** haben zwischenzeitlich die GRW 1995/2004 abgelöst.[217] In § 8 RPW (Abschluss des Wettbewerbs) heißt es nun:

> „Bei der Umsetzung des Projekts ist einer der Preisträger, in der Regel der Gewinner, unter Berücksichtigung der Empfehlung des Preisgerichts mit den weiteren Planungsleistungen zu beauftragen, sofern kein wichtiger Grund der Beauftragung entgegen steht. Bei Bewerbergemeinschaften, z.B. interdisziplinären Wettbewerben, sind die Mitglieder der Bewerbergemeinschaft zu beauftragen. Im Falle einer weiteren Bearbeitung werden durch den Wettbewerb bereits erbrachte Leistungen des Preisträgers bis zur Höhe des zuerkannten Preises nicht erneut vergütet, wenn und soweit der Wettbewerbsentwurf in seinen wesentlichen Teilen unverändert der weiteren Bearbeitung zugrunde gelegt wird.
>
> Art und Umfang der Beauftragung müssen sicherstellen, dass die Qualität des Wettbewerbsentwurfs umsetzt wird. Sie erstreckt sich in der Regel mindestens bis zur abgeschlossenen Ausführungsplanung."

Mit dieser Formulierung wird die Rechtsprechung des BGH zur Bindung des Auslobers an die Entscheidung des Preisgerichts übernommen. Der **Auslober** ist nunmehr **verpflichtet, einem der Preisträger** – „in der Regel dem Gewinner" – bei Realisierung des Bauvorhabens die notwendigen **weiteren Planungsleistungen** (also einschließlich der Ausführungsplanung) **zu übertragen**, soweit keine wichti-

---

214) Vgl. hierzu im Einzelnen *Weinbrenner/Jochem/Neusüß*.
215) Der BGH, BauR 2004, 1326 = NZBau 2004, 450, bejahte das Auftragsversprechen als elementaren Wettbewerbsgrundsatz trotz der reinen Absichtserklärung in der alten GRW von 1977.
216) Text vgl. Vorauflage, Rn. 639.
217) Abgedruckt in *Kratzenberg/Ettinger-Brinckmann/Knapschinsky*, Werner-Verlag 2009.

gen Gründe der Beauftragung entgegenstehen (vgl. Rdn. 667).[218] Der Auslober hat dabei grundsätzlich ein Wahlrecht, welchen Preisträger er beauftragt (vgl. aber Rdn. 665).[219]

663 Der Auslober kann einem Preisträger auch nur einen (z.B. auf die Vorplanung) **beschränkten Auftrag** erteilen. Geschieht dies, hat der entsprechende Preisträger damit noch keinen Anspruch auf die darüber hinausgehende „weitere Bearbeitung". Vielmehr kann der Auslober anschließend auch einen **anderen Preisträger** mit den **weiterführenden Planungsleistungen** beauftragen, z.B. wenn er die Planung des erstbeauftragten Preisträgers nicht weiter verfolgen will.[220] Zulässig ist es nach Auffassung des OLG Düsseldorf[221] auch, verschiedene Preisträger mit den Planungsleistungen zu beauftragen, z.B. einen Preisträger mit den Leistungsphasen 1 bis 4, einen anderen mit der Leistungsphase 5. Entsprechendes gilt für den Fall einer **stufenweisen Beauftragung** (vgl. Rdn. 694, 802). Allerdings ist dabei zu beachten: Ist in den Wettbewerbsbedingungen eine Weiterbildungsbeauftragungszusage bis einschließlich der Ausführungsplanung (Leistungsphase 5) entsprechend § 8 RPW enthalten, kann ein Stufenvertrag die im Wettbewerb vom Preisträger erworbene Weiterbeauftragungszusage nicht erfüllen, es sei denn, mit der ersten Stufe werden bereits alle Planungsleistungen bis einschließlich Leistungsphase 5 beauftragt, was nicht üblich ist. In der Regel werden nur die Leistungsphasen 1–2 (Grundlagenermittlung und Vorplanung) oder 3 (Entwurfsplanung) im Rahmen der ersten Stufe beauftragt. Da es sich bei der Beauftragung der nächsten Stufen ab Leistungsphase 2 oder 3 nur um ein einseitiges Optionsrecht des Auftraggebers handelt, wird damit dessen Weiterbeauftragungszusage (bis einschließlich Leistungsphase 5) nicht erfüllt.[222]

Die **Beauftragung** eines der Preisträger bedarf grundsätzlich **nicht der Schriftform**; das gilt auch für Gebietskörperschaften, weil die Beauftragung lediglich eine konsequente Erfüllung der bereits mit der Auslobung eingegangenen vertraglichen Verpflichtung, einen der Preisträger mit der weiteren Bearbeitung zu beauftragen, darstellt.[223] Keinen Anspruch haben Preisträger gegen den Auslober, wenn die vom Auslobenden eingegangene **Verpflichtung**, einen Preisträger mit Architektenleistungen zu beauftragen, unter einer **aufschiebenden Bedingung** stand und diese Bedingung nicht eingetreten ist.[224]

664 Häufig werden die betreffenden Bauprojekte – nach Durchführung des Wettbewerbs – von **Dritten** verwirklicht (z.B., die Gemeinde als Auslober überträgt

---

[218] Vgl. hierzu auch OLG München, IBR 2009, 586 sowie NJW-RR 2001, 1532 (Bindung des Bauherrn im Rahmen eines **Einladungswettbewerbs**) sowie OLG Nürnberg, IBR 2003, 30 u. OLG Dresden, IBR 2005, 512; ferner insbesondere *Schudnagies*, BauR 2005, 1244.
[219] *Müller-Wrede*, in: Thode/Wirth/Kuffer, Rn. 74.
[220] *Weinbrenner/Jochem/Neusüß*, S. 218.
[221] BauR 1998, 163, 166.
[222] So auch *Schweer*, Festschrift für Peter Raue, S. 319, 326.
[223] BGH, LM § 661 Nr. 2a Bl. 1; vgl. hierzu auch *Weinbrenner/Jochem/Neusüß*, S. 218.
[224] OLG Celle, NZBau 2010, 641, das im Übrigen darauf verweist, dass der öffentliche Auftraggeber auch nicht verpflichtet ist, das ursprüngliche Vergabeverfahren fortzusetzen und das neue Vergabeverfahren zu beenden, wenn es nicht ausreicht, einen planerischen Entwurf an eine veränderte Situation anzupassen, sondern eine völlig neue planerische Konzeption im Raum steht.

das Grundstück und die Realisierung des Bauvorhabens einer gemeinnützigen Wohnungsbaugesellschaft/Bauträgergesellschaft). Bei dieser Fallgestaltung besteht für die Preisträger kein Rechtsanspruch auf Beauftragung weiterer Planungsleistungen gegenüber dem Auslober (keine Realisierung durch ihn) oder gegenüber dem Dritten (keine Vertragsbeziehung). Eine Bindung des Dritten an das Auslobungsergebnis und damit an die Preisträger durch den Auslober würde gegen das **Koppelungsverbot** verstoßen und wäre daher unwirksam (vgl. Rdn. 696 ff., 711). Aufgrund der (berechtigten) Erwartungshaltung der an einem Wettbewerb teilnehmenden Architekten, dass zumindest einer der Preisträger mit weiteren Planungsleistungen beauftragt wird, kann man aber zumindest von dem Auslober – unter dem Gesichtspunkt von Treu und Glauben – verlangen, dass sich dieser bei Übertragung des Bauvorhabens jedenfalls um die „Übernahme" einer der Preisträger **bemüht**.[225] Bei alledem ist aber zu berücksichtigen, ob den Wettbewerbsteilnehmern in der Regel bekannt war, dass das Projekt (möglicherweise) von einem Dritten realisiert werden soll. Ist das nicht der Fall, kommen unter dem Gesichtspunkt des **Verschuldens bei Vertragsschluss** (§ 311 Abs. 2) Schadensersatzansprüche der Preisträger in Betracht. Ein solcher Anspruch scheidet nach Auffassung des OLG Hamm[226] jedoch aus, wenn der Preisträger erkannte, dass die Vergabe nur unter Verstoß gegen das Koppelungsverbot zu Stande gekommen ist.

665 Bei alledem ist aber – wie bereits oben ausgeführt – zu berücksichtigen, dass mit § 8 Abs. 2 RPW in der Fassung von 2013 eingefügt worden ist, dass „in der Regel dem Gewinner" (1. Preisträger) die weiteren Planungsleistungen in Auftrag zu geben sind. Will der Auslober von dem Regelfall abweichen und ausnahmsweise einen anderen Preisträger beauftragen, hat er dies mit sachbezogenen Argumenten zu begründen[227].

Der Entschließungsfreiheit, auch einen anderen Preisträger zu beauftragen, begibt er sich aber, wenn er sich bereits in den Auslobungsbedingungen auf eine Weiterbeauftragung des ersten Preisträgers festlegt[228] oder eine **Wertung** der **zeitlich nach** dem Wettbewerb liegenden **Umstände** ergibt, dass ein bestimmter Preisträger fest damit rechnen und sich auch darauf einrichten konnte, ihm werde der Auftrag erteilt.[229] Eine solche nachträgliche „Konkretisierung" folgt jedoch nicht schon aus der Einstimmigkeit der Preisgerichtsentscheidung, selbst wenn der Auslober dort vertreten war.[230]

666 Soll die **Realisierung** des Bauvorhabens nicht durch den Auslober, sondern einen **Dritten** erfolgen, und war dies dem Preisträger von vornherein bekannt, kann er (siehe oben) billigerweise nur erwarten, dass sich der Auslober ernsthaft darum bemüht, den Dritten zu einer Vergabe der weiteren Architektenleistungen an ihn zu veranlassen.[231]

---

225) Vgl. hierzu auch BGH, NJW 1997, 2369.
226) NJW-RR 1996, 662.
227) So auch *Diercks/Oppler* S. 221.
228) OLG Düsseldorf, Urt. v. 20.4.1971 – 20 U 120/70 –.
229) Vgl. BGH, BauR 1987, 341.
230) OLG Nürnberg, IBR 2003, 30.
231) BGH, BauR 1987, 341, 342.

Vertragliche Bindung und Architektenwettbewerb

Der Auslober kann aus einem **wichtigen** Grund[232] davon absehen, einem der **667** Preisträger den Auftrag zu erteilen. Es kommen aber nur außerordentliche („triftige"), erst **nach** der Auslobung aufgetretene oder bekannt gewordene Umstände in Betracht, die es unzumutbar erscheinen lassen, den (die) Preisträger zu beauftragen, z.B., wenn kein Preisträger die Gewähr für eine einwandfreie Ausführung der zu übertragenden Leistungen bietet. Der BGH[233] bejaht z.B. einen wichtigen (wirtschaftlichen) Grund für eine Gebietskörperschaft des öffentlichen Rechts (als Auslober), einen Preisträger nicht zu beauftragen und sich für einen alternativen (preiswerteren) Entwurf zu entscheiden, wenn einkalkulierte Subventionen nachträglich gestrichen werden oder Steuereinnahmen „wegbrechen". Nach Auffassung des OLG Hamm[234] ist ein **Auslober** an die **Entscheidung des Preisgerichts nicht gebunden**, wenn dieses bei seiner Entscheidung eine grundlegende Forderung der Auslobung (Einhaltung eines Kostenrahmens) verfahrensfehlerhaft nicht beachtet.

Wird die Wettbewerbsaufgabe verwirklicht, aber – ohne Vorliegen eines wichtigen Grundes – keiner der Preisträger, sondern ein Dritter mit den Architektenleistungen betraut, steht diesen ein **Schadensersatzanspruch** wegen Pflichtverletzung (§§ 280, 281 BGB) in Höhe des entgangenen Gewinns zu.[235] Ist eine Konkretisierung auf einen der Preisträger noch nicht erfolgt, müssen die Preisträger die Ersatzansprüche **gemeinschaftlich** verfolgen; andernfalls fehlt die Aktivlegitimation.[236] Allerdings ist ein übergangener Preisträger zur **eigenständigen Verfolgung** dann befugt, wenn der Auslober seine **Bevorzugung** vor den übrigen Preisträgern bereits **konkret zu erkennen gegeben** hatte, bevor er sich dann doch für einen Nicht-Preisträger entschied, wie das OLG Nürnberg[237] zutreffend auch entschieden hat. Das kann z.B. in der Weise erfolgt sein, dass der Auslober mit einem der Preisträger über die Vertragsgestaltung verhandelt und/oder ihm bereits erste planerische Leistungen (z.B. Veränderung der Wettbewerbsplanung oder die Unter-

---

232) BGH, BauR 2004, 1326 = NZBau 2004, 450 = ZfIR 2004, 647 = IBR 2004, 429 – *Schwenker*; OLG München, BauR 2009, 1636 = IBR 2009, 586 – *Knipp*; BauR 1984, 196, 200 = NJW 1984, 1533; LG Arnsberg, IBR 2008, 332 – *Hänsel*. Vgl. hierzu OLG Düsseldorf, BauR 1998, 1032 (keine Verpflichtung zum Abschluss eines Architektenvertrages mit dem Gewinner des ersten Preises, wenn der Entwurf des Preisträgers erheblich von den Vorgaben in den Wettbewerbsbedingungen abweicht). Das LG München I, IBR 2008, 521 – *Knipp*, hält „einen triftigen bzw. sachlichen Grund" für ausreichend, der im Übrigen nicht denselben Anforderungen genügen muss, die an einen wichtigen Grund für eine außerordentliche Kündigung zu stellen sind. Ebenso OLG München, IBR 2009, 586 – *Knipp*; vgl. ferner OLG Hamm, IBR 2008, 656 – *Lorenz* (Keine Bindung an Entwurf des Preisträgers bei heftigen Bürgerprotesten).
233) BauR 2004, 1326, 1328 = NZBau 2004, 450 = ZfIR 2004, 647 = IBR 2004, 429 – *Schwenker*; vgl. hierzu im Einzelnen *Schudnagies*, BauR 2005, 1244 sowie *Müller-Wrede*, IBR 2005, 559, der zutreffend darauf verweist, dass nach der Rspr. des BGH (NJW 1984, 1533 ff.) dem Auslober die Freiheit bleibt, das Projekt nicht zu realisieren.
234) NJW-RR 2000, 1038 = NZBau 2000, 345 = OLGR 2000, 165.
235) Vgl. hierzu auch BGH, NJW 1983, 442 (Schadensersatzanspruch wegen rechtswidrigen Ausschlusses von der Teilnahme am Architektenwettbewerb) sowie OLG Köln, BauR 1982, 396.
236) OLG Düsseldorf, Urt. v. 20.4.1971 – 20 U 120/70 –, vgl. auch BGH, BauR 1984, 196, 201 und *Köttgen*, ZfBR 1979, 219, 220, jeweils zu Nr. 21 GRW 1952, die durch Nr. 5.1 GRW 1977 ersetzt wurde.
237) IBR 2003, 30.

suchung von Lösungsalternativen) überträgt. In diesem Fall konkretisiert sich die Anwartschaft eines der Preisträger zu einem Rechtsanspruch, während die Anwartschaft der übrigen Preisträger erlischt.[238]

Schadensersatzansprüche der Preisträger bestehen gegen den Auslober jedoch nur, soweit er die **Wettbewerbsaufgabe** durch einen Dritten realisiert. Es ist also im Einzelfall stets unter **inhaltlich-funktionalen Aspekten** zu prüfen, ob es sich um **ein und dieselbe Aufgabenstellung**, also dieselbe Bauaufgabe, handelt. Dabei ist allerdings zu berücksichtigen, dass Wettbewerbsentwürfe nie 1:1 umgesetzt werden, sondern fast immer neuen Überlegungen oder Änderungswünschen des Auslobers angepasst werden. Dabei sind allerdings Änderungen des Raumprogramms, die Erweiterung oder Verringerung von Flächen, die Vergrößerung oder Verkleinerung des Bauvolumens unbeachtlich. Unerheblich ist auch, wann der Auslober die Planung mit einem Dritten verwirklicht. Das kann im Einzelfall erst Jahre nach dem abgeschlossenen Wettbewerb geschehen. Auch dann bleiben die Ansprüche des Preisträgers bestehen. Dabei ist aber eine etwaige Verjährung dieser Ansprüche zu beachten.

669 Die **Höhe des Schadensersatzanspruches** richtet sich nach dem Umfang der beabsichtigten Weiterbeauftragung. Dieser lässt sich in der Regel aus den Auslobungsbedingungen ermitteln; zum insoweit als Berechnungsbasis in Betracht kommenden entgangenen Gewinn vgl. Rdn. 1122.

Nach Auffassung des LG Arnsberg[239] hat ein **Preisträger grundsätzlich keinen Unterlassungsanspruch** sondern nur Schadensersatzansprüche gegenüber dem Auslober, wenn dieser einen Dritten, der nicht zum Kreis der Preisträger gehört, mit Planungsleistungen beauftragen will. Das Gericht folgert dies aus § 649 BGB: auch bei einem entsprechend der Auslobung abgeschlossenen Vertrag mit einem der Preisträger, hat ein Auslober jederzeit die Möglichkeit, den Vertrag gemäß § 649 BGB – mit den entsprechenden Konsequenzen – zu kündigen, da es insoweit eines besonderen Kündigungsgrund nicht bedarf.

670 Eine Mindestsatzunterschreitung kann im Einzelfall **wettbewerbswidrig** sein[240] und zu einer Unterlassungsverfügung führen (vgl. Rdn. 358). Zur **Mindestsatzunterschreitung** im Rahmen von Architektenwettbewerben vgl. Rdn. 671. Zum **Koppelungsverbot** im Rahmen von Architektenwettbewerben vgl. Rdn. 711.

671 In **der heute geltenden VgV sind Planungswettbewerbe** in den §§ 69–72 sowie §§ 78–80 geregelt. Die VgV ist von öffentlichen Auftraggebern gemäß § 99 GWB anzuwenden, wenn das Auftragsvolumen des zu vergebenden Planungsauftrags den Schwellenwert nach § 106 GWB erreicht oder überschreitet. Planungswettbewerbe als Auslobungsverfahren sind nach § 69 Abs. 1 VgV zugelassen. Gemäß § 78 Abs. 2 Satz 1 VgV dienen Planungswettbewerbe dem Ziel, alternative Vorschläge für Planungen, insbesondere auf dem Gebiet der Raumplanung, des Städtebaus und des Bauwesens, auf der Grundlage veröffentlichter einheitlicher Richtlinien zu erhalten. Nach dem in § 78 Abs. 1 VgV normierten Programmsatz

---

238) *Rintelen*, BauR 1998, 167.
239) IBR 2008, 332 – *Hänsel*. Vgl. hierzu *Plankemann* in DAB 2008, 31.
240) Vgl. hierzu BGH, BauR 1997, 490 = NJW 1997, 2180; OLG München, NJW-RR 1996, 881.

gewährleisten Planungswettbewerbe die Wahl der besten Lösung der Planungsaufgabe und sind gleichzeitig ein geeignetes Instrument zur Sicherstellung der Planungsqualität und Förderung der Baukultur. Öffentliche Auftraggeber haben bei Aufgabenstellungen im Hoch-, Städte- und Brückenbau sowie in der Landschafts- und Freiraumplanung zu prüfen, ob für diese ein Planungswettbewerb durchgeführt werden soll, und ihre Entscheidung zu dokumentieren (§ 78 Abs. 2 Satz 4 VgV).

Planungswettbewerbe können nach § 78 Abs. 2 Satz 2 VgV jederzeit **vor oder ohne Vergabeverfahren ausgerichtet werden**. Wenn ein Planungswettbewerb zur Erteilung eines Architekten- oder Ingenieurauftrages führen soll, muss sich jedoch an den Wettbewerb ein Vergabeverfahren nach VgV anschließen.[241]

Darüber hinaus enthält § 79 VgV weitere Vorgaben für die Ausgestaltung von Planungswettbewerben. Die VgV verweist mit der Erwähnung „veröffentlichter einheitlicher Richtlinien" nicht ausdrücklich auf die RPW[242] als Nachfolgeregelung der früheren GRW. Die RPW enthalten jedoch unumstritten Wettbewerbsregularien, die den europarechtlich geprägten Vergaberechtsvorschriften entsprechen.[243]

Verlangt ein öffentlicher Auftraggeber außerhalb eines Planungswettbewerbs in einem Vergabeverfahren Lösungsvorschläge für die gestellte Planungsaufgabe in Form von Entwürfen, Plänen, Zeichnungen, Berechnungen oder anderen Unterlagen, so ist nach § 77 Abs. 2 VgV einheitlich für alle Bewerber eine angemessene Vergütung festzusetzen. Gemäß § 77 Abs. 3 VgV bleiben gesetzliche Gebühren- oder Honorarordnungen, also insbesondere die HOAI, unberührt. Durch diese beiden Absätze des § 77 VgV wird klargestellt, dass die geforderten Lösungsvorschläge nach der HOAI zu vergüten sind, wenn es sich um honorarpflichtige Leistungen nach der HOAI handelt.[244]

Eine Vergütung nach den Mindestsätzen der HOAI kann ein Bieter nach der Rechtsprechung des BGH zur Vorgängerregelung nach § 13 Abs. 3 VOF 2009[245] allerdings nur dann geltend machen, wenn er die zu geringe Vergütung im Rahmen des EU-weiten Vergabeverfahrens gerügt hat und ggf. ein vergaberechtliches Nachprüfungsverfahren einleitet:

„Hat sich ein Architekt oder Ingenieur an einem nach der Vergabeordnung für freiberufliche Dienstleistungen (VOF) durchgeführten, dem Vierten Teil des Gesetzes gegen Wettbewerbsbeschränkungen (GWB) unterliegenden Vergabeverfahren beteiligt, in dem für über die Bearbeitung der Angebotsunterlagen hinausgehende Leistungen eine pauschale Vergütung als abschließende Zahlung vorgesehen ist, kann er die Bindung an diese Vergütung nur durch Rüge gegenüber dem Auftraggeber und Einleitung eines vergaberechtlichen Nachprüfungsverfahrens beseitigen. Unterlässt er dies, stehen ihm keine weitergehenden Honoraransprüche für die in Rede stehenden Leistungen zu. Das gilt unabhängig davon, ob eine Vergütung als zu gering und deshalb nicht angemessen iSv § 13 III VOF (2009) beanstandet wird, oder ob der Auftrag-

---

[241] *Hartmann*, in: Kulartz/Kus/Marx/Portz/Prieß, Kommentar zur VgV, § 78 Rn. 69; *Stolz*, VergabeR 2014, 295, 296.
[242] Richtlinie für Planungswettbewerbe RPW 2013.
[243] *Hartmann*, in: Kulartz/Kus/Marx/Portz/Prieß, Kommentar zur VgV, § 78 Rn. 25 ff.
[244] *Portz/Geitel*, in: Kulartz/Kus/Marx/Portz/Prieß, Kommentar zur VgV, § 77 Rn. 33.
[245] BHG NZBau 2016, 368. Vgl. hierzu auch OLG München, BauR 2016, 2114 sowie *Wellensiek/Scharfenberg*, NZBau 2016, 739.

geber nach Ansicht des Bieters im Vergabeverfahren als Angebot nach der Honorarordnung für Architekten und Ingenieure (HOAI) mit einem höheren Betrag zu vergütende Lösungsvorschläge für die Planungsaufgabe verlangt hat."

3. Rechtsnatur des Architektenvertrages

672 Das Bürgerliche Gesetzbuch kannte bislang den Typ des Architektenvertrages nicht. Mit dem neuen **Werkvertragsrecht**, das am 01.01.2018 in Kraft getreten ist, wurde erstmals der **Architekten-** und **Ingenieurvertrag** im Titel 9 „Werkvertrag und ähnliche Verträge" im Rahmen des Untertitels 2 **in das BGB aufgenommen**. Damit ist die in der Vergangenheit vielfach diskutierte Frage, ob der Architektenvertrag dem Werkvertragsrecht oder dem Dienstvertragsrecht zuzuordnen ist, gegenstandslos geworden.[246] Für den Architektenvertrag gelten nunmehr die §§ 650p ff. BGB n.F. Durch das neue **Werkvertragsrecht 2018** ist im BGB den Besonderheiten des Architektenvertrages Rechnung getragen worden. Auch wenn mit den neuen §§ 650o bis 650s BGB n.F. nicht alle (vielfältigen) Probleme des Architektenvertrages gelöst worden sind, ist die Einfügung der Vorschriften zum Architekten- und Ingenieurvertrag in das BGB zu begrüßen und bringt zu verschiedenen Problemfeldern Rechtssicherheit.

§ 650p Abs. 1 BGB hat als einleitende Vorschrift folgende Fassung und definiert damit die speziellen vertragstypischen Leistungspflichten des Architekten wie folgt:

„Durch einen Architekten- oder Ingenieurvertrag wird der Unternehmer verpflichtet, die Leistungen zu erbringen, die nach dem jeweiligen Stand der Planung und Ausführung des Bauwerks oder der Außenanlage erforderlich sind, um die zwischen den Parteien vereinbarten Planungs- und Überwachungsziele zu erreichen."

Diese sehr allgemein gehaltene Definition klärt im Wesentlichen nur, dass der Architektenvertrag Leistungen des Architekten zur Herstellung von Bauwerken oder die Herstellung von Außenanlagen umfasst und sich auf die Planung und Überwachung des zu errichtenden Bauwerks/Außenanlagen bezieht. Soweit § 650p Abs. 1 BGB n.F. von den „erforderlichen" Leistungen spricht, können wohl nur die dem zeitlichen Stand der Planung oder Ausführung des Bauwerks erforderlichen Leistungen gemeint sein, sodass der Architekt nicht mit seinen Leistungen vorpreschen darf, obwohl sie derzeit noch nicht erforderlich sind[247] (vgl. hierzu Rdn. 880). Darüber hinaus: Wenn von den „erforderlichen" Leistungen hier gesprochen wird, ist damit allerdings keineswegs ausgeschlossen, dass auch Leistungen vereinbart und damit zu erbringen sind, die nicht erforderlich sondern nur **nützlich** oder eben auch nur **gewünscht** sind. Geschuldet werden aber jedenfalls die erforderlichen Leistungen, die **notwendig** sind, um die zwischen den Parteien vereinbarten Planungs- und Überwachungsziele zu erreichen. Das betont den werkvertraglichen Charakter des Architekten- und Ingenieurvertrages, den Werkerfolg. Die Planungs- und Überwachungsziele des konkreten Bauvorhabens müssen im Sinne

---

246) Für die Einordnung vor dem 01.01.2018 vgl. Rn. 672 ff. in der Vorauflage.
247) So auch *Locher*, in: Locher/Koeble/Frik, Einleitung S. 45. Zu der „Zielfindungsphase" im Rahmen des Architektenvertrages gem. § 650o Abs. 2 BGB und dem Sonderkündigungsrecht vgl. Rdn. 1159a ff.

673 Mit der die Vorschrift des § 650q BGB n.F. hat der Gesetzgeber klargestellt, welche Normen des Werkvertragsrechts im Einzelnen – neben den §§ 650p bis 650s BGB n.F., also den neu gestalteten Spezialvorschriften – nun für den Architektenvertrag gelten, soweit sich aus den vorerwähnten Spezialvorschriften für den Architekten- und Ingenieurvertrag nichts anderes ergibt.

* §§ 631 bis 650 BGB n.F., die allgemeinen (z.T. geänderten) Vorschriften des Werkvertragsrechts
* die nachfolgenden (entsprechend geltenden) Vorschriften aus den Bauvertragsvorschriften (§§ 650a BGB n.F. ff.):
  – 650b BGB n.F. (Änderung des Vertrages; Anordnungsrecht des Bestellers, vgl. Rdn. 1012a)
  – 650e BGB n.F. (Sicherungshypothek, vgl. Rdn. 182 ff.)
  – 650f BGB n.F. (Bauhandwerkersicherung, vgl. Rdn. 314 ff.)
  – 650g BGB n.F. (Zustandsfeststellung bei Verweigerung der Abnahme, vgl. Rdn. 1835a)
  – 650h BGB n.F. (Schriftform der Kündigung, vgl. Rdn. 1119)

674 Nach der Begründung fallen unter die **Außenanlagen** i.S. der Vorschrift solche, „die mit Arbeiten an einem Bauwerk im weitesten Sinne vergleichbar sind". Es muss sich also „um gestalterische Arbeiten handeln, die die Errichtung der Anlage oder deren Bestand dienen"[249]) Als Beispiel bringt die Begründung die Einrichtung oder Umgestaltung eines Gartens, eines Parks, eines Teichs oder eines Dammes.

675 Eine **besondere (neue) Grundleistung**[250] ist für den Vertragstyp in Abs. 2 des § 650p BGB vom Gesetzgeber mit folgendem Wortlaut kreiert worden:

„Soweit wesentliche Planungs- und Überwachungsziele noch nicht vereinbart sind, hat der Unternehmer zunächst eine Planungsgrundlage zur Ermittlung dieser Ziele zu erstellen. Er legt dem Besteller die Planungsgrundlage zusammen mit einer Kosteneinschätzung für das Vorhaben zur Zustimmung vor."

Hauptanliegen des Gesetzgebers[251]) war es, mit dieser Vorschrift „einer in der Praxis vielfach zu weit gehenden Ausdehnung der unentgeltlichen Akquise zu Lasten des Architekten entgegenzuwirken". Weiter heißt es in der Begründung:

„Durch die Einführung einer vertraglichen Pflicht des Architekten oder Ingenieurs, an der Ermittlung von Planungs- und Überwachungszielen mitzuwirken, stellt der Gesetzgeber klar, dass zum Zeitpunkt der grundlegenden Konzeption des Bauprojekts durchaus bereits ein Vertrag geschlossen sein kann".

676 Nach Vorlage der Unterlagen steht gegebenenfalls dem **Auftraggeber ein Sonderkündigungsrecht** gem. § 650r BGB n.F. zu, auch eine wesentliche Neuerung zum Architektenvertragsrecht (vgl. hierzu näher Rdn. 1159a ff.).

---

248) Vgl. hierzu auch BGH, BauR 2015, 1352 = NZBau 2015, 429 m.Anm. *Fuchs*. Ferner Rdn. 1159b.
249) Vgl. hierzu BT-Drucksache 18/8486, S. 66.
250) Ebenso *Motzke*, NZBau 2017, 251, 253 („erweitert den Pflichtenkreis" des Architekten).
251) BT-Drucksache 18/8486, S. 67.

677 § 650p BGB n.F. kennt damit 2 Vertragstypen:

* Den **Vertragstyp nach Abs. 1, bei dem die wesentlichen Planungs- und Überwachungsziele bereits beinhaltet sind.** Insoweit steht beiden Vertragsparteien nach § 648a BGB n.F. ein Kündigungsrecht aus wichtigem Grund zu (vgl. Rdn. 1142 ff. und im Einzelnen nach neuem Recht Rdn. 1752 ff.); dem AG steht darüber hinaus (nach wie vor) das einseitige Kündigungsrecht nach § 648 BGB n.F. – bislang § 649 BGB – zu (vgl. Rdn. 1120 ff.).
* Den **Vertragstyp nach Abs. 2**, bei dem die **wesentlichen Planungs- und Überwachungsziele** noch **nicht vereinbart sind** und bei dem das vorgenannte Sonderkündigungsrecht nach § 650r BGB n.F. zugunsten des AG gilt (vgl. Rdn. 1159a ff.).

678–680 (nicht besetzt)

4. Wirksamkeit des Architektenvertrages

Literatur

Weyer, Gründe für eine Nichtigkeit des Architektenvertrages und dessen Abwicklung, BauR 1984, 324; *Kniffka*, Die Zulässigkeit rechtsbesorgender Tätigkeiten durch Architekten, Ingenieure und Projektsteuerer, ZfBR 1994, 253 u. ZfBR 1995, 10; *Scholtissek*, Rechtsberatung durch den Architekten? (!), Festschrift für Ganten (2007), 65; *Peters*, Die Leistung ohne Rechnung, NJW 2008, 2478; *Orlowski*, Ohne Rechnung = Ohne Rechte? – Zu den Rechtsfolgen einer „Ohne-Rechnung-Abrede", BauR 2008, 1963; *Wirth/Galda*, Abreden zur Schwarzarbeit – ein gutes Geschäft für den Auftraggeber? Festschrift für Franke (2009), 329; *Grams/Weber*, Anwendbarkeit der HOAI 2009 auf den Architektenstufenvertrag, NZBau 2010, 337; *Vogel/Langjahr*, Probleme der Übergangsvorschrift (§ 57 HOAI). In: Festschrift für Jochem (2014) S. 133; *Lorenz*, „Brauchen Sie eine Rechnung?" Ein Irrweg und sein gutes Ende, NJW 2013, 3132; *Eschenbruch/Legat*, Der Übergang von der alten auf die neue HOAI bei Stufenverträgen, BauR 2014, 772. *Stamm*, Die Rechtsvereinheitlichung der Schwarzarbeitsproblematik im Lichte der neuesten Rechtsprechung des BGH zum Schwarzarbeitsbekämpfungsgesetz, NZBau 2014, 131; *Jerger*, Zivilrechtliche Ausgleichsansprüche bei Schwarzarbeit, NZBau 2014, 415; *Motzke*, Der Stufenvertrag und die Übergangsregelung des § 55 HOAI 2013, NZBau 2015, 195; *Ludgen*, Kann sein, was nicht sein darf – Zur (Un-)Wirksamkeit der stufenweisen Beauftragung von Planungsleistungen, NZBau 2015, 198; *Dölle*, konsequent (aber falsch): Der BGH und die Schwarzarbeit, BauR 2015, 393; *Fricke*, Schwarzgeldabrede im Werkvertrag/Keine Rechnung? Keine Ansprüche! BauR 2015, 1244; *Jerger*, Zivilrechtliche Ausgleichsansprüche bei Schwarzarbeit, NZBau 2014, 415.

681 Der vertragliche Honoraranspruch des Architekten setzt einen **wirksamen** Architektenvertrag voraus; insoweit gelten uneingeschränkt die allgemeinen bürgerlich-rechtlichen Vorschriften (insbesondere also die §§ 119, 123, 134, 138 BGB). Da der Architektenvertrag grundsätzlich **keiner bestimmten Form** bedarf, kann er **schriftlich, mündlich** oder **konkludent** abgeschlossen werden. Nach Auffassung des KG[252] spricht bei einem Honorarvolumen von mehr als 3,5 Mio. € eine Vermutung dafür, dass der Architektenvertrag mit einer solchen Größenordnung konkludent unter dem Vorbehalt der Schriftform steht.

---

252) BauR 2001, 1929.

Wirksamkeit des Architektenvertrages — Rdn. 681

Ein Architektenvertrag ist **nichtig**, wenn er

* gegen ein **gesetzliches Verbot** (§ 134 BGB),253) z.B. das **Koppelungsverbot** (vgl. näher Rdn. 696 ff.), das Gesetz zur **Bekämpfung der Schwarzarbeit**254) (vgl. näher Rdn. 683 ff.) oder gegen das alte **Rechtsberatungsmissbrauchsgesetz** bzw. dessen Nachfolger (ab 1.8.2008), dem Rechtsdienstleistungsgesetz,255) verstößt.
* erfolgreich wegen **Irrtums** oder **arglistiger Täuschung** (§§ 119, 123 BGB), z.B. wegen fehlender Architekteneigenschaft,256) **angefochten**257) wird (vgl. Rdn. 619);
* **der notariellen Form** bedarf, weil er in Verbindung oder in rechtlichem Zusammenhang, also in rechtlicher Einheit mit einem Grundstücksverkauf abgeschlossen worden ist258) (z.B. Honorarabrede als Kompensationsgeschäft: anstatt Honorarzahlung Übertragung einer Eigentumswohnung).
* öffentlich-rechtliche **Formvorschriften** oder **Vertretungsbefugnisse** (z.B. nach der jeweiligen Gemeindeordnung/Kommunalgesetz oder nach dem Genossenschaftsgesetz) **nicht beachtet** (vgl. Rdn. 695)259) und auch später keine entsprechende Genehmigung nachgeholt wird.

---

253) Vgl. BGH, BauR 1999, 1047 = NJW-RR 1999, 1323 = NJW 1999, 2266 (keine grundsätzliche Nichtigkeit eines Architektenvertrages bei **Bestechung** eines Geschäftsführers der Auftraggeberin); BGH, NJW 2001, 1414 (sittenwidrige Nachtragsvereinbarung).

254) Insoweit ist ein Verstoß beider Parteien erforderlich, um eine Unwirksamkeit des Vertrages annehmen zu können; ein einseitiger Verstoß z.B. des Auftragnehmers gegen das Gesetz führt dagegen nicht zur Nichtigkeit, BGH, BauR 1985, 197 = ZfBR 1985, 16; BauR 2001, 632.

255) Vgl. BGH, BauR 1998, 193 = NJW 1998, 1228 = ZfBR 1998, 94 (Projektentwicklungsvertrag); BGH, BauR 2007, 567 = NZBau 2007, 182 (fachtechnische Überprüfung von Architektenleistungen und deren Berechnung keine unerlaubte Rechtsberatung); BGH, NJW 1976, 1635 = BauR 1976, 367 (Tätigkeit bei der Vertragsgestaltung); BGH, NJW 1978, 322 = BauR 1978, 60 (erlaubter Umfang der Rechtsberatung durch den Architekten); BGH, NJW 1973, 1457 = BauR 1973, 321 (Unterstützung des Bauherrn bei der Mängelbeseitigung); BGHZ 60, 1 = NJW 1973, 237 = BauR 1973, 120 (zur steuerrechtlichen Beratung); KG, OLGR 1994, 156 (Durchsetzung von abgetretenen Schadensersatzansprüchen durch Honorareinzugsstelle des Architektenverbandes); siehe ferner grundlegend: *Kniffka*, ZfBR 1994, 223 u. ZfBR 1995, 10; OLG Düsseldorf, BauR 1998, 407 [LS] (Befugnis der Rechtsberatungs- und Honorareinzugsstelle des BDA e.V. zur gerichtlichen Geltendmachung treuhänderisch abgetretener Forderungen). Vgl. hierzu insbesondere *Scholtissek*, Festschrift für Ganten, S. 65 ff. Vgl. zum Rechtsdienstleistungsgesetz *Eschenbruch*, Rn. 961 ff.

256) Vgl. OLG Düsseldorf, BauR 1973, 329; BauR 1982, 86; OLG Stuttgart, BauR 1979, 259; OLG Köln, BauR 1980, 372; BauR 1985, 338 (einschränkend); BauR 1986, 467 = *SFH*, Nr. 2 zu § 1 HOAI.

257) Vgl. OLG Düsseldorf, BauR 1996, 574 (kein Anfechtungsgrund bei „nicht einschlägigen Vorstrafen" des Geschäftsführers der beauftragten GmbH).

258) Vgl. hierzu OLG Karlsruhe, IBR 2017, 3 – *Basty*; OLG Düsseldorf, NJW-RR 1993, 667; vgl. auch BGH, NJW-RR 1993, 1421.

259) Vgl. hierzu BGH, BauR 2004, 495 (Vertretungsmacht nach dem Kommunalgesetz für Städte, Gemeinden und Landkreise) = IBR 2004, 121 – *Englert*; BauR 1998, 576 = ZfBR 1998, 147; BGH, BauR 1994, 363; BGH, NJW 1980, 117; OLG Braunschweig, IBR 2016, 646 – *Hebel* (Abwicklung über §§ 812 ff. BGB); OLG Brandenburg, IBR 2005, 330 – *Bormann*; OLG Frankfurt, NJW-RR 1989, 1425 u. 1505; OLG Hamm, ZfBR 1995, 33; vgl. auch OLG Köln, BauR 1991, 642 (zur Formbedürftigkeit des Architektenvertrages nach § 313 BGB); *Koeble*, in: Locher/Koeble/Frik, Einl. Rn. 95 ff., weist zu Recht darauf hin, dass entsprechende Verträge ohne Einhaltung der meist landesrechtlichen Formvorschriften zunächst nur zu einem schwebend unwirksamen Vertrag führen, weil es sich insoweit nicht

* ohne notwendige, schriftliche **Genehmigung** (z.B. der bischöflichen Behörde nach dem Vermögensverwaltungsgesetz) abgeschlossen wird und eine entsprechende schriftliche Genehmigung später nicht erfolgt.[260]
* als **Scheingeschäft** abgeschlossen wurde[261] oder
* eine **Bedingung** enthält und diese nicht eintritt (vgl. Rdn. 684 ff.)
* der Architektenvertrag ist hinsichtlich der **Leistungsziele** im Zeitpunkt des Vertragsschlusses **weder bestimmt, noch objektiv bestimmbar**. Etwas anderes gilt, wenn die Vertragsparteien eine (stillschweigende) Vereinbarung getroffen haben, nach der dem Auftraggeber ein Leistungsbestimmungsrecht hinsichtlich des Inhalts der Leistungspflichten des Architekten zusteht.[262]

682 Ein Verstoß gegen die Formvorschriften der HOAI begründet dagegen noch nicht die Unwirksamkeit des Architektenvertrages (vgl. Rdn. 727).[263] Im Einzelfall kann die Berufung auf das Fehlen einer Wirksamkeitsvoraussetzung (insbesondere Schriftform) gegen Treu und Glauben (§ 242 BGB) verstoßen,[264] z.B. wenn eine der Parteien die andere arglistig von der Wahrung der Schriftform abgehalten hat[265] (vgl. hierzu Rdn. 794). Der BGH[266] hat ferner entschieden, dass sich eine Gemeinde ausnahmsweise dann nicht auf einen Verstoß gegen die Formvorschriften der Gemeindeordnung berufen kann, wenn das nach der Gemeindeordnung für die Willensbildung zuständige Organ den Abschluss des Verpflichtungsgeschäftes gebilligt hat.

683 Auch die so genannte (vielfach im Baugewerbe übliche) „**Ohne-Rechnung-Abrede**" führt aber stets **zur Nichtigkeit des gesamten Architektenvertrages**, da der Hauptzweck des Vertrages nicht der Steuerhinterziehung dient. Vielmehr ist und bleibt – trotz der „Ohne-Rechnung-Abrede" – Hauptzweck des Vertrages die ordnungsgemäße Erfüllung der vereinbarten Architektenleistungen. Der BGH hat sich in zwei inhaltlich fast gleichlautenden Urteilen[267] 2008 mit der „Ohne-Rechnung-

---

um gesetzliche Formvorschriften im Sinne des § 125 BGB handelt; OLG Brandenburg, NZBau 2011, 1393 (Planung eines Radweges ist formlos gültiges Geschäft der laufenden Verwaltung eines Landkreises).
260) OLG Hamm, NJW-RR 1988, 467 = BauR 1988, 742 = MDR 1988, 860; vgl. hierzu auch OLG Köln, BauR 1994, 112 = NJW-RR 1994, 211 = ZfBR 1994, 18; KG IBR 2001, 674. Auch entsprechende Verträge sind zunächst schwebend unwirksam, weil die kirchenrechtlichen Regelungen keine gesetzlichen Formvorschriften im Sinne des § 125 BGB sind.
261) OLG Hamm, NJW-RR 1996, 1233.
262) BGH, BauR 2015, 1352 = NZBau 2015, 429 m.Anm. *Fuchs*; vgl. hierzu *Popescu*, NZBau 2015, 536, der aus dem Urteil des BGH zu weitreichende Schlussfolgerungen zieht, soweit es die Bestimmung der Aufgaben, die der Architekt lösen soll, betrifft. Er übersieht dabei, dass jeder Planungsprozess ein dynamischer Vorgang ist und die konkreten Leistungsziele im Einzelnen im Rahmen dieses Planungsprozesses häufig erst später konkretisiert werden. Insoweit verweist *Fuchs* a.a.O. zu Recht auf die Entscheidung des BGH, NJW 1996, 1751.
263) OLG Saarbrücken, IBR 2004, 210.
264) OLG Saarbrücken, IBR 2004, 210; OLG Frankfurt, NJW-RR 1989, 1505; OLG Koblenz, BauR 2003, 570 = NZBau 2003, 282 (Formmangel unerheblich, wenn die Parteien ihre mündliche Vereinbarung durchgeführt haben); vgl. hierzu auch *Werner*, Festschrift für Locher, S. 289 ff.
265) OLG Saarbrücken, IBR 2004, 210; OLG Stuttgart, BauR 1981, 404.
266) BauR 1994, 363 = ZfBR 1994, 123; vgl. hierzu auch OLG Naumburg, ZfBR 1994, 133.
267) BauR 2008, 1330 = NZBau 2008, 436 = IBR 2008, 397 – *Leitzke*; BauR 2008, 1301 = NZBau 2008, 434 = IBR 2008, 431 – *Orthmann*. Vgl. hierzu *Peters*, NJW 2008, 2478, *Reinelt*, BauR

Abrede" beschäftigt und dabei neue richtungweisende Grundsätze aufgestellt. Dabei bestätigt der BGH zunächst seine bisherige Rechtsprechung, dass eine „Ohne-Rechnung-Abrede" nicht schon allein deshalb zur Nichtigkeit des gesamten Vertrages führt. Grundsätzlich ist aber nach Auffassung des BGH die der Steuerhinterziehung dienende „Ohne-Rechnung-Abrede" gemäß §§ 134, 138 BGB als Teil des Vertrages nichtig, sodass der Anwendungsbereich des § 139 BGB eröffnet ist: Ob die Nichtigkeit einer „Ohne-Rechnung-Abrede" die Nichtigkeit des ganzen Vertrages zur Folge hat, ist nunmehr nach den Grundsätzen dieser Vorschrift im Einzelfall zu prüfen; dabei tritt eine Gesamtnichtigkeit (nur) dann nicht ein, „wenn angenommen werden kann, dass ohne die ‚Ohne-Rechnung-Abrede' bei ordnungsgemäßer Rechnungslegung und Steuerabführung der Vertrag zu denselben Konditionen insbesondere mit der selben Vergütungsregelung abgeschlossen worden wäre". Dabei weist der BGH darauf hin, dass der Senat nicht mehr daran festhält, dass diese jeweils im Einzelfall vorzunehmende Prüfung regelmäßig zu dem Ergebnis führe, die Nichtigkeit der „Ohne-Rechnung-Abrede" habe auf die Höhe der Vergütung keinen Einfluss.

Nach den beiden Entscheidungen des BGH kann allerdings die Prüfung einer Gesamtnichtigkeit des Vertrages – als Folge der nichtigen „Ohne-Rechnung-Abrede" – unter Umständen dahingestellt bleiben. Der BGH kommt nämlich zu dem Ergebnis, dass ein Auftragnehmer, der Leistungen mangelhaft erbracht hat, sich **zur Abwehr von Mängel- oder Schadensersatzansprüchen** des Auftraggebers nach **Treu und Glauben (§ 242 BGB) nicht darauf berufen kann**, dass die Gesetzwidrigkeit der „Ohne-Rechnung-Abrede" zur **Gesamtnichtigkeit des Vertrages führt**. Nach Auffassung des BGH setzt sich ein Auftragnehmer in dieser von ihm durch den Vertragsschluss „maßgeblich mitverursachten Situation unter Verstoß gegen Treu und Glauben in Widerspruch zu seinem bisher auf Erfüllung des Vertrages gerichteten Verhalten, wenn er nunmehr unter Missachtung der besonderen Interessen seines Vertragspartners die ‚Ohne-Rechnung-Abrede', die regelmäßig auch seinem eigenen gesetzwidrigen Vorteil dienen sollte, zum Anlass nimmt, für die Mangelhaftigkeit seiner Leistungen nicht einstehen zu wollen mit der Folge, dass der Besteller unter Beeinträchtigung seines Eigentums dauerhaft mit den Mängelfolgen belastet bleibt".

Popescu/Majer[268] neigen dazu, dass die beiden Entscheidungen des BGH die Schwarzarbeit fördern werden. Dem sind *Reinelt*[269], *Weyer*[270] und *Orlowski*[271] entgegen getreten. Insbesondere *Weyer* weist darauf hin, dass für den Auftragnehmer die „Ohne-Rechnung-Abrede" unter Umständen ein schlechtes Geschäft sein kann, falls er mangelhaft arbeitet. Da ja – so *Weyer* – das ohne Rechnung gezahlte Entgelt nicht in seinen Büchern erscheint, kann er dort auch den Aufwand für eine möglicherweise umfangreiche Mängelbeseitigung oder die Erfüllung sonstiger Mängelrechte nicht absetzen.

Die Diskussion über die bisherigen – insbesondere jüngsten – Entscheidungen des BGH hat diesen offensichtlich veranlasst, seine Auffassung nochmals zu über-

---

2008, 1231 und *Orlowski*, BauR 2008, 1963 sowie die abl. Anm. von *Popescu/Majer*, NZBau 2008, 424, *Stamm*, NZBau 2009, 78 und *Wirth/Galda*, Festschrift für Franke, 329.
268) NZBau 2008, 424, 425/426.
269) BauR 2008, 1231.
270) ibr-online, Blog-Eintrag 15.8.2008.
271) BauR 2008, 1963 ff., 1971.

denken und klar zu stellen: In einer 2003 veröffentlichten Entscheidung[272)] hat der BGH darauf verwiesen, dass das Verbot der Schwarzarbeit (§ 1 Abs. 2 Nr. 2 SchwarzArbG), „jedenfalls dann" zur **Nichtigkeit des gesamten Vertrages** gem. § 134 BGB führt, wenn „der Unternehmer vorsätzlich hiergegen verstößt und der Besteller den Verstoß des Unternehmers kennt und bewusst zum eigenen Vorteil ausnutzt". Dabei setzt sich der BGH ausführlich mit seiner bisherigen Rechtsprechung – insbesondere aus dem Jahre 2008 – auseinander und verweist darauf, dass in seiner Rechtsprechung aus dem Jahr 2008 nur zur „Ohne-Rechnung-Abrede" Stellung genommen worden sei und nicht die Fälle betrifft, in denen ein Verstoß gegen das Gesetz zur Bekämpfung der Schwarzarbeit in Rede steht.[273)]

Soweit eine entsprechende Fallgestaltung wie in der jüngsten BGH-Entscheidung vorliegt, führt dies dazu, dass – aufgrund der Gesamtnichtigkeit des Vertrages – keinerlei vertragliche Ansprüche zwischen den Parteien bestehen: Der Unternehmer hat keinen Vergütungsanspruch für die geleistete Arbeit, der Auftraggeber hat keine Mängelansprüche.[274)] Allerdings hat der BGH auch in seiner letzten Entscheidung ein Tor in Fällen einer mangelhaft erbrachten Leistung – im Gegensatz zur Vorinstanz[275)] – offengehalten, wenn die Gesamtnichtigkeit zu unerträglichen Ergebnissen führen würde:[276)]

> „Eine nach § 134 BGH im öffentlichen Interesse und zum Schutz des allgemeinen Rechtsverkehrs angeordnete Nichtigkeit kann – anders als die Nichtigkeitsfolge aus § 139 BGB – allenfalls in ganz engen Grenzen durch eine Berufung auf Treue und Glauben überwunden werden … . Die in besonderem Maße von den Grundsätzen von Treue und Glauben beeinflussten Ansprüche aus ungerechtfertigter Bereicherung (§§ 812 ff. BGB) sind regelmäßig geeignet, unerträgliche Ergebnisse auch in den Fällen zu verhindern, in denen die aufgrund eines nichtigen Werkvertrages erbrachten Leistungen mangelhaft sind."

Die Gesamtnichtigkeit bei einem Verstoß gegen § 1 Abs. 2 Nr. 2 des SchwarzArbG hat der BGH nunmehr auch in einer weiteren Entscheidung[277)] bestätigt, bei dem es um einen Restwerklohn eines Unternehmers ging: Wegen der Nichtigkeit des gesamten Vertrages hat der BGH die Klage des Unternehmers zurückgewiesen. Dabei hat er auch darauf hingewiesen, dass dem Unternehmer, der aufgrund eines nichtigen Vertrages Leistungen erbracht hat, auch keinen Anspruch auf Ausgleich der Bereicherung des Auftraggebers wegen § 817 Satz 2 BGB (Verstoß gegen ein gesetzliches Verbot) hat. Unter dem selben Gesichtspunkt hat der BGH[278)] ferner entschieden, dass dem Auftraggeber, der den Werklohn bereits gezahlt hat, gegen

---

272) BauR 2013, 1852 = NJW 2013, 3167 = NZBau 2013, 627 = IBR 2013, 609 – *Peters; Jerger,* NZBau 2013, 627 hat sich in einer Besprechung dieses Urteils wie folgt geäußert: „Von der Nichtigkeit zur Wirksamkeit zurück zur Nichtigkeit des gesamten Vertrages bei Schwarzarbeit." Ebenso OLG Schleswig, IBR 2013, 595 – *Wieseler* (auch bei teilweiser Schwarzgeldabrede).
273) Zur Darlegungs- und Beweislast für Schwarzarbeitsabreden vgl. OLG Köln, NZBau 2015, 490. Vgl. ferner OLG Stuttgart, IBR 2016, 96 = MDR 2016, 82 („Ohne-Rechnungs-Abrede" nach Vertragsschluss).
274) BGH, a.a.O., Rn. 27 ff., hierzu *Jerger,* a.a.O., S. 610 f.
275) OLG Schleswig, BauR 2013, 1912 (LS) = IBR 2013, 210 – *Peters.*
276) BGH a.a.O., Rn. 29 f., vgl. hierzu *Jerger* a.a.O., S. 611 f., der wechselseitig bereicherungsrechtliche Ansprüche ablehnt. Vgl. hierzu auch OLG Naumburg, IBR 2013, 399 – *Ludgen* sowie OLG Schleswig, IBR 2013, 595 – *Wieseler.*
277) BauR 2014, 1141 = ZfBR 2014, 470.
278) BGH, BauR 2015, 1655 = NZBau 2015, 551 m.Anm. *Jerger* = IBR 2015, 405 – *Bolz.*

den Unternehmer **keinen Rückzahlungsanspruch** unter dem Gesichtspunkt einer **ungerechtfertigten Bereicherung** zusteht, wenn ein Werkvertrag wegen Verstoßes gegen das Schwarzarbeitsbekämpfungsgesetz **nichtig** ist.

Dölle[279] hat sich mit der Rechtsprechung des BGH zu den Folgen einer Schwarzarbeit eingehend kritisch auseinandergesetzt. Er kommt zunächst zu dem Ergebnis, dass das Schwarzarbeitsbekämpfungsgesetz von 2004 keine Verbotsnorm enthält, sodass eine entsprechende Schwarzarbeitsabrede nicht über § 134 BGB zur Nichtigkeit des Vertrages führt. Vielmehr ergebe sich die Nichtigkeit über § 139 BGB, weil eine Schwarzarbeitsabrede gegen die Steuerstrafvorschriften verstößt. Er bejaht dann aber – entgegen der Auffassung des BGH – einen Anspruch auf Wertersatz aus § 812 Abs. 1 S. 1 BGB 1. Altern. i.V.m. § 818 Abs. 2 BGB: Da die Leistungserbringung selbst wertneutral sei, werde sie auch nicht von § 817 BGB erfasst.

684 Nicht selten werden Architektenverträge abgeschlossen, bevor sichergestellt ist, ob das Bauvorhaben überhaupt durchgeführt werden kann. So ist vielfach noch unklar, ob das Grundstück „bebaubar" oder die Finanzierung[280] gesichert ist. Häufig ist der Bauherr bei Abschluss des Architektenvertrages noch nicht Eigentümer des Baugrundstücks. In diesen Fällen kann **nicht angenommen** werden, der **Architektenvertrag werde unter einer Bedingung** (z.B.: Grundstück = Bauland; Sicherstellung der Finanzierung; tatsächlicher Erwerb des Grundstücks; Realisierbarkeit) geschlossen. Hierfür müssen im Einzelfall weitere Umstände hinzutreten.[281] Vereinbaren die Parteien, dass das Honorar des Architekten nur „im Falle der Projektentwicklung" geschuldet ist, so stellt dies allerdings eine **aufschiebende Bedingung** dar, wobei die Bedingung nur dann eintritt, wenn das Projekt in der Weise realisiert wird, wie es der Architekt geplant hat.[282] Das gilt auch für die Fallgestaltung, dass – z.B. bei einer Arealbebauung – dem Architekten zunächst nur ein Gebäude in Auftrag gegeben wird und die Aufträge für weitere Gebäude von dem Verkaufserfolg abhängig gemacht werden.[283] Auch insoweit ist von einem Optionsvertrag im Sinne einer abschnittsweisen Beauftragung auszugehen.[284] Entsprechendes gilt, wenn der Vertrag ausdrücklich von dem **Erwerb des Grundstückes**[285] oder der tatsächlichen Realisierbarkeit[286] explizit abhängig gemacht wird. Von einer Bedingung ist auch auszugehen, wenn die Vertragsparteien den Vertrag von der **Erteilung der Baugenehmigung** und/oder dem **Finden eines Ankermie-**

---

[279] BauR 2015, 393; vgl. ferner *Stamm*, NZBau 2014, 134; *Jerger*, NZBau 2014, 415 sowie *Fricke*, BauR 2015, 1244.
[280] Zum Beispiel, eine staatliche Förderungszusage erfolgt nicht (vgl. hierzu KG, NJW-RR 1988, 21 = BauR 1988, 624). Vgl. auch OLG Hamburg, IBR 2017, 261 – *Wessel*.
[281] Vgl. OLG Karlsruhe, BauR 1985, 236; BGH, BauR 1985, 467 = ZfBR 1985, 181; a.A.: wohl OLG Hamm, BauR 1987, 582. Vgl. auch KG, BauR 1988, 624, 626 und OLG Schleswig, IBR 2003, 310 – *Schulze-Hagen* (die Vereinbarung über die Erbringung einer sog. Schubladenplanung steht im Zweifel unter der aufschiebenden Bedingung des Erwerbs eines Grundstücks). Zur Abgrenzung von Bedingung und Stundungsabrede vgl. OLG Frankfurt, IBR 2005, 27 – *Schmidt-Hofmann*. Vgl. hierzu auch OLG Karlsruhe, BauR 2008, 680, 681.
[282] So zutreffend auch OLG Hamburg, IBR 2005, 492 – *Götte*.
[283] BGH, BauR 2009, 523 = NJW-RR 2009, 598.
[284] *Koeble*, in: Locher/Koeble/Frik, HOAI, Einl. Rn. 81.
[285] OLG Hamm, BauR 1987, 582.
[286] BGH, BauR 2016, 1972.

ters abhängig gemacht haben.[287] Ein von einer Bedingung abhängig gemachter Vertrag ist auch dann anzunehmen, wenn die Parteien vereinbaren, dass zunächst die **Finanzierung** des Bauvorhabens gesichert sein muss.[288]

Die **Beweislast** für das Fehlen und den Eintritt einer aufschiebenden Bedingung trägt nach herrschender Meinung der Auftragnehmer.[289] Das setzt allerdings voraus, dass der Auftraggeber substantiiert zu den Umständen und dem Inhalt der Vereinbarung der Bedingung vorgetragen hat.[290] Dabei ist im Rahmen eines schriftlich abgeschlossenen Vertrages die **Vollständigkeitsvermutung der schriftlichen Vereinbarung** zu berücksichtigen.

Häufig werden Architekten bei ihrer Beauftragung **Baukostenobergrenzen** vom Bauherrn vorgegeben (vgl. im Einzelnen Rdn. 2285 ff.). Auch in einem solchen Fall kommt der Architektenvertrag nicht unter einer aufschiebenden Bedingung zu Stande. Allerdings ist bei einer solchen Fallgestaltung nach Auffassung des OLG Düsseldorf[291] davon auszugehen, dass der Architektenvertrag zunächst nur auf die Leistungsphasen Grundlagenermittlung und Vorplanung beschränkt ist, weil erst mit der Kostenschätzung (Grundleistung bei der Vorplanung) festgestellt werden kann, ob die Baukostenobergrenze eingehalten werden kann. Das erscheint bedenklich, wenn der Architekt – trotz einer Baukostenobergrenze – ausdrücklich mit der Vollarchitektur beauftragt worden ist und die Beauftragung auch nicht stufenweise erfolgt.

685 Die Nichterteilung einer **Baugenehmigung** hat auf die Wirksamkeit des Architektenvertrages und dessen Durchführbarkeit ebenfalls keinen Einfluss, weil die Leistungen des Architekten, insbesondere seine Planungen, an sich erbracht werden können. Die Baugenehmigung greift nicht unmittelbar in die zivilrechtlichen Verhältnisse der Parteien ein: Sie bringt lediglich zum Ausdruck, dass einem Bauvorhaben Hindernisse aus dem öffentlichen Baurecht nicht entgegenstehen.[292] Die zivilrechtliche Lösung bei versagter Baugenehmigung muss daher über die Rechtsinstitute des Wegfalls der **Geschäftsgrundlage** (§ 313 BGB) oder des **Verschuldens bei Vertragsschluss** (§ 311 Abs. 2 BGB i.V.m. § 280 BGB) gefunden werden. Entsprechendes gilt, wenn – unvorhersehbar – steuerliche Vergünstigungen wegfallen oder öffentlich-rechtliche Förderungsrichtlinien zum Nachteil des Bauherrn geändert werden.[293]

Allerdings kann eine **versagte Baugenehmigung** Einfluss auf den **Umfang** des Architektenhonorars haben (vgl. näher Rdn. 880 ff.).[294]

---

[287] OLG Hamm, BauR 2008, 2062 = NZBau 2009, 48.
[288] KG, BauR 1988, 624 = NJW-RR 1988, 21; ferner OLG Oldenburg, NJW-RR 1997, 785; OLG Dresden, BauR 2008, 1654.
[289] BGH, NJW 1985, 497; *Palandt/Ellenberger*, Einf. vor § 158, Rn. 14.
[290] *Koeble*, in: Locher/Koeble/Frik, HOAI, Einl., Rn. 65.
[291] NJW-RR 1999, 1696.
[292] OLG Saarbrücken, OLGR 2004, 303, 304; OLG München, BauR 1980, 274 (für den Bauvertrag).
[293] Vgl. hierzu BGH, BauR 1990, 379 = ZfBR 1990, 173 = NJW-RR 1990, 601.
[294] Vgl. hierzu OLG Düsseldorf, BauR 1986, 469 sowie BGH, BauR 1997, 1065 (Honorierung der Entwurfsplanung, nicht aber der Genehmigungsplanung bei stufenweiser Beauftragung).

Wirksamkeit des Architektenvertrages

686 Der **BGH**[295)] hat in einem Fall, bei dem die Parteien bei Vertragsschluss wussten, dass das Grundstück noch kein „Bauland" und die Durchführung des Bauvorhabens deshalb ungewiss war, die Frage eines „bedingten" Architektenvertrages nicht angeschnitten, sondern lediglich die Frage geprüft, ob der Architektenvertrag auf eine **unmögliche Leistung** (§ 306 BGB a.F.) gerichtet und damit nichtig war, was jedoch **verneint** wurde. Der **BGH**[296)] hat im Übrigen in ähnlich gelagerten Fällen nur dann einen bedingt abgeschlossenen Architektenvertrag angenommen, wenn dies deutlich in dem Vertrag zum Ausdruck gebracht wurde, etwa mit der vertraglichen Einschränkung „in Verbindung mit der Übernahme des Grundstücks ... als Voraussetzung".

687 Allerdings muss stets gefragt werden, in **welchem Umfang** dem Architekten **Leistungen in Auftrag** gegeben worden sind. Ist dies zwischen den Parteien streitig, wird in aller Regel nur die Leistungsphase 1, unter Umständen auch die Leistungsphase 2 des § 15 HOAI, übertragen sein. Soll der Architekt unabhängig von dem Grundstückserwerb **weitere** Planungsleistungen erbringen, bedarf es hierzu einer klaren Absprache der Parteien, vor allem aber einer ausdrücklichen Willensäußerung des Bauherrn.[297)] Entgegen dem OLG Hamm[298)] ist es jedoch nicht die selbstverständliche Pflicht des Architekten, seinen Vertragspartner „ausführlich und eindeutig über das Verwertungsrisiko vorzeitiger, auf die Vermutung des Grundstückserwerbs hin zu erbringender Architektenleistungen hinzuweisen", da das von dem Bauherrn eingegangene Risiko offensichtlich ist und deshalb davon ausgegangen werden muss, dass sich der Auftraggeber des Architekten dieses eingegangenen Wagnisses auch bewusst ist.[299)] Einen bedingten Architektenvertrag hat der BGH[300)] angenommen, wenn die entsprechenden Leistungen für ein erstes Haus bereits endgültig beauftragt worden sind und die Leistungen für weitere Häuser nur dann erbracht werden sollen, wenn diese Häuser nach der vom Verkaufserfolg abhängigen Entschließung des Auftraggebers errichtet werden.

688 Das **Scheitern** eines Bauvorhabens aus einem von dem Architekten nicht zu vertretenden Grunde fällt grundsätzlich auch hinsichtlich des Honoraranspruchs des Architekten in den Risikobereich des Bauherrn. Eine andere Frage ist aber, ob bzw. inwieweit der Architekt bei Durchführung eines noch ungewissen Bauvorhabens schon Architektenleistungen erbringen darf, ohne sich schadensersatzpflichtig zu machen (vgl. hierzu Rdn. 880 ff.).

689 Ist ein **Architektenvertrag unwirksam**, ist er nach den Grundsätzen der ungerechtfertigten Bereicherung gemäß §§ 812 ff. BGB[301)] (vgl. im Einzelnen Rdn. 2420 ff.) oder nach den Bestimmungen der GoA[302)] (vgl. hierzu Rdn. 2409 ff.) abzuwickeln.

690 Ist der Architektenvertrag **schriftlich** abgefasst, hat die Urkunde die **Vermutung der Vollständigkeit und Richtigkeit** für sich.[303)] Zusätzliche oder andere Vereinbarungen, als in der Urkunde enthalten, müssen daher von dem dargelegt und bewiesen werden, der sich darauf stützt.

---

295) BGH, WM 1972, 1457.
296) BGH, *Schäfer/Finnern*, Z 3.01 Bl. 300; ferner *Schäfer/Finnern*, Z 3.00 Bl. 13.
297) OLG Hamm, BauR 1987, 582.
298) A.a.O.
299) Wie hier: *Koeble*, in: Locher/Koeble/Frik, HOAI, Einl. 79.
300) BauR 2009, 523 = NZBau 2009, 255 = NJW-RR 2009, 598. Vgl. auch OLG Hamm, BauR 2008, 2062 (Erteilte Baugenehmigung und Finden eines Ankermieters als Bedingung für Architektenvertrag).
301) OLG Brandenburg, IBR 2012, 153 – *Boisserée*.
302) OLG Brandenburg, BauR 2010, 1279; OLG Dresden, IBR 2003, 424.
303) BGH, VersR 1960, 812; OLG Köln, BB 1975, 1606; OLG Nürnberg, *Schäfer/Finnern*, Z 3.00 Bl. 131.

691 Eine Vereinbarung der **VOB** als Bestandteil des Architektenvertrages ist nicht möglich, da sich die VOB auf Bau- und nicht auf Architektenleistungen bezieht.[304]

692 Bei **mündlich** abgeschlossenen Architektenverträgen ist häufig **unklar, wer** bei einem Architektenvertrag der **Vertragspartner** des Architekten ist. Das ist eine Frage der Auslegung des Einzelfalls: Gehört das Grundstück **Ehegatten**, so sind diese im Zweifel die Vertragsparteien, insbesondere wenn sie gemeinsam die Verhandlungen mit dem Architekten geführt haben. Dies muss aber nicht immer der Fall sein; es kann im Einzelfall im Interesse der Eheleute sein, dass nur einer von ihnen Vertragspartner des Architekten wird und hierauf besonderen Wert legt. Bei einem Vertrag mit einer **Bauherrengemeinschaft** können ebenfalls Zweifel bestehen, wer als Vertragspartner von dem Architekten in Anspruch genommen werden kann (Bauträger oder Erwerber?).[305] Die „Bauherren" (= **Erwerber**) werden dem Architekten im Zweifel nur **anteilsmäßig** entsprechend den jeweiligen **Miteigentumsanteilen** haften;[306] kommt die Bauherrengemeinschaft nach Abschluss des Architektenvertrages nicht zu Stande und scheitert das Modell, kann eine Haftung des Treuhänders, Initiators oder Baubetreuers nach § 179 BGB in Betracht kommen.[307] Kommen **mehrere Auftraggeber** in Betracht, wie dies häufig der Fall ist, sind nach OLG Frankfurt[308] an die Darlegungs- und Beweislast für den konkludenten Abschluss eines Architektenvertrages besonders strenge Anforderungen zu stellen.

693 In Formularverträgen, insbesondere der öffentlichen Hand (z.B. in den RBBau-Richtlinien für die Durchführung von Bauaufgaben des Bundes im Zuständigkeitsbereich der Finanzbauverwaltungen) sind vielfach Bestimmungen zu finden, die deutlich von den gesetzlichen Regelungen, aber auch vom System der HOAI abweichen und damit unwirksam sind.[309]

694 Bei der **stufenweisen Beauftragung eines Architekten**[310] liegt ein wirksamer Architektenvertrag nur hinsichtlich der (jeweils) beauftragten Stufe vor; bei dieser Art der Beauftragung schließen damit die Vertragsparteien **mehrere** Einzelverträge ab (vgl. hierzu Rdn. 611 zu der insoweit – für jede Stufe – geltenden HOAI; ferner Rdn. 802). Das hat der BGH[311] erst kürzlich bestätigt. Diese Möglichkeit wählen vielfach **vorsichtige** Auftraggeber, wenn noch nicht abschließend feststeht, ob das

---

304) OLG Hamm, BauR 1990, 104; **a.A.:** LG Darmstadt, BauR 1979, 65 mit abl. Anm. *Kaiser*. Differenzierend: *Korbion*, Festschrift für Locher, S. 127 ff.
305) Vgl. BGH, NJW 1980, 992 = BauR 1980, 262 = BB 1980, 1298; *Crezelius*, JuS 1981, 494 ff.
306) Zum Unternehmensrecht s. Rdn. 1099 sowie BGH, NJW 1980, 992; *Locher/Koeble*, Rn. 123 ff.
307) BGH, NJW 1989, 894 = BauR 1989, 92 = ZfBR 1989, 52 = DB 1989, 99; OLG Frankfurt, BB 1984, 692; *Scheffler*, DB 1982, 633.
308) BauR 2004, 112.
309) Vgl. hierzu im Einzelnen *Osenbrück*, Die RBBau, 4. Auflage, 2004; *Locher*, BauR 1986, 644 (für Ingenieurverträge).
310) Vgl. hierzu auch BGH, BauR 1997, 1065 u. *Werner*, BauR 1992, 695 sowie *Grams/Weber*, NZBau 2010, 337. Ferner OLG Braunschweig, BauR 2007, 903, 905.
311) BauR 2015, 689 = NZBau 2015, 170 = IBR 2015, 144 – *Fuchs* = ZfIR 2015, 249 m.Anm. *Reichelt/Ishola*. Vgl. hierzu insbesondere *Motzke*, NZBau 2015, 195 sowie *Werner/Siegburg*, BauR 2013, 1499, 1558. Ferner *Weise/Hänsel*, NJW-Spezial 2015, 76; *Ludgen*, NZBau 2015, 198; *Kaiping*, NZBau 2015, 268.

Bauvorhaben tatsächlich durchgeführt wird oder Ungewissheit besteht, ob das Bauvorhaben überhaupt genehmigungsfähig ist, oder die Leistungsfähigkeit des Architekten zunächst überprüft werden soll. Es gibt in der Baupraxis verschiedene **Varianten** der stufenweisen Beauftragung, z.B. die Übertragung der Leistungsphasen 1–5 (Grundlagenermittlung bis Ausführungsplanung) als „**Stufe 1**" und sodann – als „**Stufe 2**" – die Beauftragung der weiteren Leistungsphasen 6–9 (Vorbereitung der Vergabe bis Objektbetreuung und Dokumentation). Denkbar und üblich ist auch die Auftragserteilung in „**kleineren Schritten**", z.B. als Stufe 1 die Leistungsphasen 1–2 (Grundlagenermittlung und Vorplanung), als Stufe 2 die Leistungsphasen 3–4 (Entwurfsplanung und Genehmigungsplanung) usw.[312] Die stufenweise Beauftragung hat auch Auswirkung auf die **Gewährleistung**; wird ein Architekt z.B. zunächst nur mit der Erstellung der Entwurfsplanung beauftragt, so schuldet er auch nur **diese** als Werkerfolg; die **Mangelhaftigkeit** seiner Tätigkeit kann sich daher ausschließlich „**nach diesem Planungsstadium**" richten.[313]

Wenn in Architektenverträgen mit stufenweiser Beauftragung für die weitere Auftragserteilung **695** **Schriftform** vorgesehen ist, bedarf es insoweit über den Architektenvertrag (Hauptvertrag) hinausgehender **weiterer** schriftlicher Willenserklärungen beider Vertragsparteien. Vielfach findet sich in Architektenverträgen mit stufenweiser Beauftragung jedoch die Bestimmung, dass die Übertragung einer oder mehrerer weiterer Stufen „**durch schriftliche Mitteilung**" erfolgt; der Auftragnehmer verpflichtet sich gleichzeitig, die weiteren Leistungsstufen zu erbringen. Bei einer solchen Vertragsgestaltung gibt der Architekt als Auftragnehmer seine vertragliche Willenserklärung zur Übernahme weiterer Leistungsstufen bereits mit dem Hauptvertrag ab; es bleibt dann dem Auftraggeber überlassen, dieses Angebot „durch schriftliche Mitteilung" anzunehmen. Erfolgt die Annahme durch den Auftraggeber, kommt der weitere Architektenvertrag erst **zu diesem** Zeitpunkt **zu Stande**, sodass sich das Honorar für diese weiteren, nunmehr in Auftrag gegebenen Architektenleistungen auch **nur nach der jeweils dann gültigen Fassung der HOAI** richten kann.[314] Das ergibt sich auch aus der Übergangsvorschrift des § 57 HOAI.[315]

Die vorgenannte BGH-Entscheidung[316] zu der Frage, welche Fassung der HOAI nach einer Novellierung dieser Verordnung bei der Beauftragung einzelner Stufen gilt, erfolgte zu einer Fallgestaltung, bei der die erste Stufe vor und die zweite nach der Novellierung der HOAI 2009 beauftragt wurde.[317] Im Rahmen der HOAI-Novelle 2009 waren die Leistungsbilder gegenüber der alten HOAI gleich geblieben.

Stufenweise Beauftragungen vor und nach der Novellierung der HOAI im Jahre 2013 werden unter Berücksichtigung der zutreffenden Ausführung des BGH aber **Probleme mit sich bringen**, weil bei dieser letzten Novellierung **die**

---

312) Zu der stufenweisen Beauftragung in den Vertragsmustern des Bundes und der Länder vgl. *Werner*, a.a.O., S. 697.
313) BGH, BauR 1997, 1065, 1066.
314) OLG Koblenz, BauR 2014, 862 mit Anm. *Voppel*, BauR 2014, 1349 = IBR 2014, 90; OLG Düsseldorf, BauR 1997, 340; LG München, BauR 1996, 576; LG Koblenz, BauR 1996, 577; *Grams/Weber*, NZBau 2010, 337, 341; *Neuenfeld*, § 1 HOAI, Rn. 11a. **A.A.:** offensichtlich das Bundesministerium für Verkehr, Bau und Stadtentwicklung, siehe hierzu Grams/Weber, NZBau 2010, 337, 339 sowie *Kuhn*, ZfBR 2014, 3.
315) Vgl. hierzu *Vogel/Langjahr*, in: Festschrift für Jochem, S. 133; ferner *Eschenbruch/Legat*, BauR 2014, 772, 774.
316) BauR 2015, 689 = NZBau 2015, 170 = IBR 2015, 144 – *Fuchs*.
317) Festschrift Neuenfeld, 2016, S. 103 ff., 123.

Leistungsinhalte (Grundleistungen der einzelnen Leistungsphasen) **erheblich ausgeweitet worden sind**. 100 % des Leistungsbildes Gebäudeplanung HOAI 2009 entspricht daher nicht 100 % des Leistungsbildes der HOAI 2013. Siegburg[318] kommt zu dem Ergebnis, dass 100 % Leistung gem. Leistungsbild Gebäudeplanung HOAI 2009 nur rd. 86 % gemäß HOAI 2013 entspricht. Zudem wurden Grundleistungen innerhalb der Leistungsphasen mit der HOAI 2013 verschoben. Ferner bauen einzelne Leistungsphasen in den späteren Leistungsphasen auf Grundleistungen der vorangegangenen Leistungsphasen auf, die es in den Leistungsphasen der HOAI 2009 nicht gegeben hat (z.B. Terminplanung ab der Leistungsphase 2). Welches Leistungsbild bei einer entsprechenden stufenweisen Beauftragung dann gilt, wird in der BGH-Entscheidung natürlich nicht angesprochen, weil hierzu aufgrund der oben genannten Fallgestaltung kein Anlass bestand.

Deshalb wird man bei einer entsprechenden Fallgestaltung zur HOAI 2013 Folgendes zu berücksichtigen haben: Ist von den Vertragsparteien ausdrücklich im Ausgangsvertrag das Leistungsbild der HOAI 2009 als vom Architekt zu erbringende Leistung vereinbart worden, wird man wohl dem Architekten nicht das volle mit der HOAI 2013 – auch wegen der Ausweitung der Leistungen – erheblich angehobene Honorar zubilligen können, sondern nur ein dem beauftragten (reduzierten) Leistungsbild entsprechendes Honorar, wobei das mit der HOAI allgemein angehobene Honorar (ohne Leistungsausweitung) zu berücksichtigen ist.[319] Sollte dagegen das „der jeweiligen HOAI" entsprechende Leistungsbild im Ausgangsvertrag beauftragt werden, kommt auch das neue (ausgeweitete) Leistungsbild zum Zuge in Verbindung mit dem angehobenen Honorar.[320] Wobei es bei der oben beschriebenen Problematik verbleibt, dass einzelne Leistungen auf Vorleistungen der vorangegangenen Grundleistungen aufbauen, die nicht Gegenstand des bisher beauftragten Leistungsbildes der alten HOAI waren.

Siegburg weist ferner[321] zutreffend darauf hin, dass es insbesondere bei Planungsleistungen für das Bauen im Bestand bei einer Wirksamkeit der Honorarvereinbarung im Ursprungsvertrag auf Basis der alten HOAI verbleiben kann, wenn sich das ermittelte Honorar auf Basis der alten HOAI im zulässigen Rahmen zwischen den Mindest- und Höchstsätzen der neuen HOAI bewegt. D.h.: Nur dann, wenn die Vergleichsberechnung zu dem Ergebnis führt, dass die im Ausgangsvertrag getroffene Honorarvereinbarung auf der alten HOAI die Mindestsätze der neuen HOAI unterschreitet oder die Höchstsätze der neuen HOAI überschreitet, ist die im Hauptvertrag getroffene Honorarvereinbarung unter Berücksichtigung der oben enthaltenen Ausführungen zum geänderten Leistungsbild der HOAI 2013 anzupassen.

Fuchs[322] bemerkt in einer Besprechung der BGH-Entscheidung zu Recht, dass nach der BGH-Entscheidung feststeht, dass die auch für den in Bundesbehörden intern bindenden Einführungserlassen des BMVWS zur HOAI 2009 und 2013 vertretene Rechtsauffassung zu Stufenverträgen in Übergangsfällen unzutreffend ist. Der Einführungserlass des BMVWS ist

---

318) Festschrift für Neuenfeld, 2016, S. 103 ff., 123.
319) Vgl. hierzu *Kaiping*, NZBau 2015, 268.
320) So wohl auch *Koeble*, § 57 HOAI Rn. 4. Vgl. hierzu auch *Reichelt/Ishola*, ZfIR 2015, 253, 254.
321) A.a.O., S. 122.
322) IBR 2015, 144.

zwischenzeitlich korrigiert worden. Im neuen Einführungserlass vom 24.02.2015 wird nunmehr auf Folgendes hingewiesen: „Vertragsgrundlage bleiben die im Ausgangsvertrag vereinbarten Leistungen. Bei der Ermittlung der Honorare für die weiteren Leistungsstufen ist deshalb die prozentuale Bewertung der Leistungsphase gem. HOAI 2013 an den im Ausgangsvertrag tatsächlich festgelegten Umfang der spezifischen Leistungspflichten anzupassen. Es ist rechtlich nicht notwendig, den Leistungsumfang an die neuen Leistungsbilder der HOAI 2013 anzupassen". Letzteres ist aber – wie dargestellt – möglich. Nach Auffassung des Ministeriums hat also der Architekt lediglich die Grundleistungen nach der HOAI 2009 zu erbringen; die mit der HOAI 2013 hinzugekommenen Grundleistungen werden also nicht Vertragsgegenstand, sondern anteilig bewertet und von dem (auf nach der HOAI 2013 errechneten) Honorar abgezogen.

Die Ausführungen zur stufenweisen Beauftragung gelten auch für die Fallgestaltung, dass – z.B. bei einer Arealbebauung – dem Architekten zunächst nur ein Gebäude in Auftrag gegeben wird und die Aufträge für weitere Gebäude von dem Verkaufserfolg abhängig gemacht werden.[323] Auch insoweit ist von einem Optionsvertrag im Sinne einer abschnittsweisen Beauftragung auszugehen.[324]

Insbesondere die **öffentliche Hand** ist in der Regel an die **Formvorschriften** (z.B. durch die jeweiligen Gemeindeordnungen), die Vertretungsregeln und die **Schriftform** vorsehen, gebunden. Sie dienen dem Schutz der öffentlich-rechtlichen Körperschaften und ihrer Mitglieder.[325] Werden – ohne Vertretungsbefugnis von einem Sachbearbeiter und ohne Einhaltung der gebotenen Schriftform – weitere Planungsstufen abgerufen bzw. beauftragt, müssen besondere Umstände vorliegen, die eine unzulässige Rechtsausübung gemäß § 242 BGB rechtfertigen, wenn sich die öffentliche Hand auf die Nichteinhaltung der Formvorschriften stützt.[326] Das kommt beispielsweise in Betracht, wenn eine spätere Billigung des für das Verpflichtungsgeschäft zuständigen Organs vorliegt.[327]

Bezgl. der Frage, welcher Grundleistungskatalog und welches Honorar gilt, wenn der Hauptvertrag bei Geltung der HOAI 2009 abgeschlossen wurde, die 2. Stufe aber nach Inkrafttreten der HOAI 2013 (17.7.2013) beauftragt wurde, siehe Rdn. 611a.

Von der stufenweisen Beauftragung ist das „**Abrufen**" von Leistungs- oder Phasenstufen zu unterscheiden (vgl. hierzu Rdn. 802).

a) Die Architektenbindung

Literatur

Christiansen-Geiss, Voraussetzungen und Folgen des Kopplungsverbotes, Art. 10, 13 MRVG, 2008.

Kroppen, Zur Nichtigkeit vor dem 4.11.1971 abgeschlossener, mit dem Erwerb eines Grundstücks gekoppelter Architektenverträge, BauR 1974, 174; *Hesse*, Das Verbot der Architektenbindung, BauR 1977, 73; *Jagenburg*, Das Verbot der Architektenbindung im Spannungsfeld zwischen Vertragsfreiheit und Wirtschaftsordnung, BauR 1979, 91; *Weyer*, Gründe für eine Nichtigkeit des Architektenvertrages und dessen Abwicklung, BauR 1984, 324; *Hesse*, Verbot der Architektenbin-

---

[323] BGH, BauR 2009, 523 = NJW-RR 2009, 598.
[324] *Koeble*, in: Locher/Koeble/Frik, Einl. Rn. 64, 77.
[325] BGH, BauR 1994, 363 = NJW 1994, 1528; OLG Stuttgart, BauR 2001, 288.
[326] Vgl. hierzu OLG Braunschweig, IBR 2016, 646 – *Hebel*.
[327] BGH, a.a.O. Vgl. hierzu auch *Koeble*, in: Locher/Koeble/Frik, Einl. Rn. 96.

dung – Fehlschlag und Abhilfe, BauR 1985, 30; *Volmer*, Koppelungsverbot und Grundstücksveräußerung mit Bauplanung, ZfIR 1999, 249; *Grziwotz*, Angemessenheitsprüfung und Heilung bei Koppelungsgeschäften, ZfIR 2004, 847; *Pauly*, Das Koppelungsverbot des Art. 10 § 3 MRVG – ein alter Zopf muss weichen, BauR 2006, 769; *Werner/Christiansen-Geiss*, Nichtige Architektenkoppelungsvereinbarungen nach Artikel 10 § 3 MRVG und die notarielle Beurkundungspflicht des § 311b BGB, Festschrift für Ganten (2007), 45; *Christiansen-Geiss*, Neue Tendenzen in der Rechtsprechung zu Art. 10 § 3 MRVG, BauR 2009, 421; *Knipp*, das unselige Koppelungsverbot – Ein Relikt aus dem letzten Jahrhundert?, Festschrift für Koeble (2010), S. 385; *Diederichs*, Keine Anwendung des Kopplungsverbotes beim Verkauf eines städtischen Grundstücks mit Bindung an den Sieger eines Planungswettbewerbs, BauR 2017, 23.

696 Verstößt der Architektenvertrag gegen das sog. **Koppelungsverbot** von Grundstückserwerb und Architektenbindung, ist der Vertrag **unwirksam;** nach § 3 des Gesetzes zur Regelung von Ingenieur- und Architektenleistungen vom 4. November 1971 (Art. 10 § 3 MRVG)[328] ist eine Vereinbarung nichtig, durch die der Erwerber eines Grundstücks sich im Zusammenhang mit dem Erwerb verpflichtet, bei der Planung oder Ausführung eines Bauwerks auf dem Grundstück die **Leistung eines bestimmten Ingenieurs oder eines Architekten** in Anspruch zu nehmen. Sind mit der vorgenannten unwirksamen Vereinbarung andere an sich gültige Vereinbarungen gebunden, richtet sich deren Wirksamkeit nach **§ 139 BGB.**[329] **Ziel** des Gesetzes ist es nach der Begründung der Bundesregierung und dem Bericht des Rechtsausschusses,[330] den Käufer eines Grundstücks nicht in der freien Wahl des Architekten zu behindern: Bei einer Koppelung zwischen Grunderwerb und Architektenvertrag beauftragt der Käufer einen Architekten, der über Bauland verfügt, ohne dessen Leistungsfähigkeit zu kennen oder auf diese abstellen zu können. Gleichzeitig soll der Aufbau einer monopolartigen Stellung von Architekten und Ingenieuren im Hinblick auf die vorhandene Grundstücksverknappung verhindert werden. Beides kann schnell zu Wettbewerbsverzerrungen führen. Am Beginn der Zusammenarbeit zwischen Architekt und Bauwilligen soll nicht das Angebot an Bauland, sondern seine fachliche Befähigung und persönliche Zuverlässigkeit stehen.

Der BGH[331] hält ausdrücklich das **Koppelungsverbot mit dem Grundgesetz für vereinbar.** Im Rahmen dieser Entscheidung hat der BGH allerdings darauf hingewiesen, dass Art. 10 § 3 MRVG verfassungskonform dahin auszulegen ist, dass Sieger gemeindlicher Architektenwettbewerbe nicht unter das Koppelungsverbot fallen (siehe hierzu Rdn. 711). Auch das Bundesverfassungsgericht[332] ist zu der Auffassung gelangt, dass das Koppelungsverbot für Architekten mit dem Grundrecht auf Berufsfreiheit vereinbar ist.

697 **Die Wirksamkeit** des auf den **Erwerb des Grundstücks** gerichteten Vertrages bleibt durch den Verstoß **unberührt.** Das gilt auch für den Fall, dass nach dem

---

328) BGBl. I, 1745; vgl. hierzu *Hesse*, BauR 1977, 73 ff. Nach OLG Düsseldorf, BauR 2008, 546 bestehen keine verfassungsrechtlichen Bedenken gegen diese Vorschrift.
329) OLG Köln, BauR 1976, 288, 290; *Hesse*, BauR 1977, 73, 79; BGH, NJW 1978, 1434 = BauR 1978, 232; KG, *SFH*, Nr. 8 zu Art. 10 § 3 MRVG.
330) BT-Drucksache VI 1549 S. 14, 15 und VI 2421; dazu kritisch: *Hesse*, BauR 1985, 30 ff.
331) BauR 2010, 1772 = NZBau 2010, 633 = IBR 2010, 572 – *Schwenker.* Auch nach OLG Düsseldorf, BauR 2008, 546 bestehen keine verfassungsrechtlichen Bedenken gegen das Koppelungsverbot.
332) BauR 2011, 1837 = NZBau 2011, 563 = IBR 2011, 591 – *Knipp* = NJW 2011, 2782.

Willen der Parteien der Grundstückserwerbsvertrag mit dem Architektenvertrag derart verknüpft ist, dass die Rechtsgeschäfte miteinander „stehen und fallen" sollen. Der Gesetzgeber hat durch die Schaffung des Art. 10 § 3 Satz 2 MRVG gerade zum Ausdruck gebracht, dass es für die Frage, welche Auswirkungen die Nichtigkeit des Architektenvertrages auf den Grundstücksvertrag hat, nicht auf den Parteiwillen ankommen kann.[333]

Grundsätzlich sind **zwei Fallgestaltungen** einer gesetzwidrigen Architektenbindung zu unterscheiden: **698**
* zum einen, wenn der **Veräußerer** den Erwerb des Grundstückes in irgendeiner Form von der Beauftragung eines **bestimmten** Architekten abhängig macht;
* zum anderen, wenn der **Architekt** den Nachweis eines Baugrundstückes von der Verpflichtung des Käufers abhängig macht, **ihn** mit den entsprechenden Architektenleistungen zu beauftragen.

Die **Varianten** einer Architektenbindung können jedoch **vielgestaltig** sein. Im Einzelfall wird es stets eine tatrichterliche Aufgabe sein festzustellen, ob eine gesetzwidrige Koppelung zwischen Grunderwerb und Architektenauftrag vorliegt. Dabei ist von Bedeutung, dass eine ausdrückliche Koppelung (im Sinne einer Auflage oder Bedingung) nicht gegeben zu sein braucht; es reicht das **schlüssige Verhalten** der Beteiligten, die vom Gesetz missbilligte Verbindung gewollt zu haben.[334] Der Architekt braucht somit nicht ausdrücklich den Nachweis eines zum Verkauf stehenden Grundstücks von einem Architektenauftrag abhängig zu machen. Der vom Gesetz unerwünschte Zusammenhang des Architektenvertrages mit dem Erwerb eines Baugrundstückes ist vielmehr auch dort anzunehmen, „wo das Verhalten des Architekten unter Berücksichtigung aller objektiv erkennbaren Begleitumstände als dahin gerichtete Willenserklärung zu verstehen ist und der Erwerber das auch so aufgefasst hat".[335] **699**

Das Gesetz ist seit seinem Inkrafttreten im Jahre 1971 von der Rechtsprechung, insbesondere dem BGH, stets weit ausgelegt worden, um Umgehungen zu vermeiden. Dies ist zum Teil kritisiert worden[336], weil dem Architekten kaum ein vertraglicher Spielraum blieb, ein Grundstück (in Verbindung mit einem Architektenvertrag) nachzuweisen, auch wenn der Bauinteressent selbst auf den Architekten zugekommen war und ausdrücklich mit ihm zusammenarbeiten wollte. Bislang war es nämlich für die Anwendung des Koppelungsverbots unerheblich, von wem die Initiative in Bezug auf den Architektenvertrag ausging; so kann auch ein Verstoß gegen das Koppelungsverbot vorliegen, wenn z.B. eine Maklerfirma die Vermittlung des Grundstückes von der Beauftragung eines Architekten abhängig macht.[337] **700**

---

333) Die Auffassung in den früheren Auflagen wird aufgegeben. Vgl. hierzu *Werner/Christiansen-Geiss*, in: Festschrift für Ganten, S. 45; *Christiansen-Geiss*, Voraussetzungen und Folgen des Kopplungsverbots Art. 10 § 3 MRVG S. 168 ff. Wie hier OLG Hamm, IBR 2006, 206 – *Christiansen-Geiss* sowie *Hesse*, BauR 1977, 73 ff., 79. **A.A.:** OLG Koblenz, NotBZ 2001, 190 sowie OLG Köln, *Schäfer/Finnern*, Z 7.10 Bl. 8, 10.
334) BGH, BauR 1978, 495; OLG Celle, OLGR 2000, 323; OLG Hamm, BauR 1993, 494.
335) BGH, NJW 1981, 1840 = BauR 1981, 295; BauR 1978, 495 = ZfBR 1978, 80.
336) *Jagenburg*, BauR 1979, 19 ff.
337) BGH, BauR 1998, 579 = MDR 1998, 711 = NJW-RR 1998, 952 = ZfBR 1998, 186.

701 Der BGH „rudert" allerdings zwischenzeitlich etwas zurück, soweit es den Anwendungsbereich des Koppelungsverbots betrifft. Mit seiner Entscheidung vom 25.9.2008[338]) hat er sich ausdrücklich von seiner bisherigen Rechtsprechung im Rahmen einer bestimmten Fallgestaltung abgewandt. Danach kommt ein **Koppelungsverbot** nicht (mehr) **in Betracht**, wenn ein **Bauwilliger an einen Architekten mit der Bitte herantritt**, ein passendes **Grundstück** für ein bestimmtes **Projekt zu vermitteln** und der Bauwillige ihm gleichzeitig **in Aussicht stellt**, ihn im **Erfolgsfall mit den Architektenleistungen zu beauftragen**, also **die Initiative für eine Zusammenarbeit von dem Bauwilligen ausgeht**. Der BGH vertritt nunmehr die Auffassung, dass nach dem Gesetzeszweck das Koppelungsverbot auf die vorerwähnte Fallgestaltung nicht anzuwenden ist, weil der Erwerber des Grundstücks selbst den Architekten veranlasst hat, ihm das Grundstück zu vermitteln und gleichzeitig die Beauftragung mit den Architektenleistungen in Aussicht gestellt hat: Gibt der Bauwillige also in dieser Weise zu erkennen, dass er Grundstück und Architektenleistungen aus einer Hand erhalten will, bedarf es des Schutzes durch das Koppelungsverbot nicht, weil er den Architekten seines Vertrauens von sich aus gewählt hat.[339]) Nach dieser Entscheidung liegt auch dann kein Verstoß gegen das Koppelungsverbot vor, wenn der Architekt zu einem späteren Zeitpunkt die Vermittlung des Grundstückes davon abhängig macht, dass ihm der zuvor in Aussicht gestellte Architektenauftrag erteilt wird. Diese grundlegende Entscheidung des BGH wird in Zukunft dazu führen, dass eine Vielzahl der Vertragsgestaltungen, die bislang dem Koppelungsverbot unterfiel, nunmehr dem nicht mehr zuzuordnen ist (vgl. auch zur neuen Rechtsprechung des BGH bei einem Architektenwettbewerb Rdn. 711).

Nach der **umfänglichen Rechtsprechung** gilt im Wesentlichen Folgendes:[340])

702 * Das gesetzliche **Koppelungsverbot** gilt auch, wenn Grunderwerb und Architektenauftrag **nicht in einem einheitlichen Vertrag** erfolgen oder die Architektenbindung nicht im Grundstückserwerbsvertrag ausgesprochen wird.[341]) Es reicht, wenn die Architektenbindung selbst **außerhalb** des Grundstücksveräußerungsvertrages – aber **im Zusammenhang** mit dem Erwerb des Grundstücks – getroffen wurde. Der Zusammenhang zwischen Architekten- und Grundstücksveräußerungsvertrag besteht bereits, wenn der Veräußerer auf die Vereinbarung mit dem Architekten hingewirkt und den Abschluss des Veräußerungsvertrages von dieser Vereinbarung abhängig gemacht hat.[342]) Es ist auch **nicht erforderlich**, dass **beide Verträge gleichzeitig** abgeschlossen werden.[343]) Wird die Architektenbindungsabrede **vor** oder **bei** Abschluss des Grundstücksveräußerungsvertrages getroffen, so ist schon aufgrund dieser zeitlichen Reihenfolge der Anschein

---

338) BauR 2008, 2059 = IBR 2008, 741 = NZBau 2008, 772 m.Anm. *Scholtissek* = ZfIR 2009, 17 m.Anm. *Moufang/Koos*. Ferner *Knipp*, Festschrift Koeble, 385 ff., 386 f. („Signal einer Trendwende").
339) Vgl. zu der Entscheidung des BGH *Christiansen-Geiss*, BauR 2009, 421 (auch zur Problematik einer möglichen Verfassungswidrigkeit des Koppelungsverbots).
340) Vgl. hierzu auch die Zusammenstellung bei *Korbion/Mantscheff/Vygen*, § 3 IngAlG, Rn. 43.
341) **Herrschende Meinung:** BGH, NJW 1975, 1218 = BauR 1975, 288 = DB 1975, 1118.
342) *Koeble*, BauR 1973, 26.
343) OLG Düsseldorf, BauR 1975, 138, 139.

einer verbotenen Koppelung gegeben; es soll nämlich dadurch abgesichert werden, dass das Grundstück nicht ohne Architektenvertrag erworben werden kann.[344)]

* In aller Regel wird der Veräußerer auf den Käufer Einfluss nehmen, wenn er bereits **Pläne** für eine Bebauung in Auftrag gegeben hat und nun den Erwerber verpflichten will, nach diesen Plänen des Architekten zu bauen, umso von der eigenen Verpflichtung gegenüber dem Architekten freizukommen.[345)] Auch aus anderen Gründen kann der Veräußerer ein Interesse haben, dass ein bestimmter Architekt eingeschaltet wird. Die Koppelung muss aber nicht mit dem Grundstücksveräußerer, sondern kann auch mit dem **Architekten selbst** getroffen werden.[346)] **Unerheblich** ist somit, **wer Partner** einer verbotenen Koppelungsvereinbarung ist.[347)] Eine Absprache des Architekten mit dem Grundstückseigentümer, also ein Zusammenwirken zwischen diesen beiden, ist nicht notwendig.[348)] **703**

* **Der Eigentümer** braucht **keine Kenntnis** von der vom Architekten initiierten Koppelung zu haben. Wird die Architektenbindung vom Grundstücksverkäufer veranlasst, kommt es wiederum auf die **Kenntnis** des **Architekten** nicht an.[349)] **704**

* Überhaupt ist die **Kenntnis des Koppelungsverbotes unerheblich:** Trotz Kenntnis ist eine spätere Berufung auf das gesetzliche Verbot möglich, es sei denn, dass eine unzulässige Rechtsausübung vorliegt. Wird der Architektenvertrag trotz Kenntnis des Koppelungsverbotes abgeschlossen, so ist und bleibt dieser unwirksam, weil durch die Kenntnis der Vertragsparteien das gesetzliche Verbot nicht geheilt oder aufgehoben werden kann. Daher kommt eine spätere Bestätigung i.S. des § 141 BGB nicht in Betracht.[350)]

* Das gesetzliche Koppelungsverbot umfasst auch Vorverträge.[351)] **705**

* Der Erwerb eines **Erbbaurechtes** darf nicht in einem Zusammenhang mit der Begründung einer Architektenbindung stehen.[352)] **706**

---

344) OLG Düsseldorf, BauR 1976, 64.
345) BGH, NJW 1978, 1434 = BauR 1978, 232.
346) BGH, NJW 1975, 1218 = BauR 1975, 288 = DB 1975, 1118.
347) BGH, BauR 1998, 579 = MDR 1998, 711 = NJW-RR 1998, 952 = ZfBR 1998, 186 (Erwerber/Makler).
348) OLG Hamm, MDR 1974, 228; BGH, NJW 1975, 1218 = BauR 1975, 288 = BGHZ 64, 173.
349) *Bindhardt/Jagenburg*, § 2, Rn. 129.
350) OLG Düsseldorf, BauR 1980, 480, 482; *Hesse*, BauR 1977, 73; **a.A.:** *Weyer*, BauR 1984, 324, 329 sowie m. ausf. Begr. *Jagenburg*, BauR 1979, 91, 102; *Christiansen-Geiss*, Voraussetzungen und Folgen des Koppelungsverbots Art. 10 § 3 MRVG S. 161; vgl. auch OLG Düsseldorf, BauR 1975, 138, 140, das wohl von der Möglichkeit der Bestätigung ausgeht, wenn die Parteien dabei Kenntnis von der Fehlerhaftigkeit des Vertrages haben; ebenso: OLG Düsseldorf, *SFH*, Nr. 6 zu Art. 10 § 3 MRVG.
351) BGH, NJW 1975, 1218 = BauR 1975, 288 = BGHZ 64, 173; OLG Hamm, BauR 1975, 288, 290.
352) KG, NJW-RR 1992, 916 = ZfBR 1992, 70; *Hesse*, BauR 1977, 73, 75. **a.A.:** *Lass*, DNotZ 1996, 742, 749 ff.; *Christiansen-Geiss*, a.a.O. S. 98 f.

707 ❊ Wird ein Bauinteressent durch Inaussichtstellen eines Grundstückserwerbs zum Abschluss eines Architektenvertrages veranlasst, so ist dieser Vertrag selbst dann unwirksam, wenn es später nicht zum Grundstückserwerb kommt; die Wirksamkeit des Architektenvertrages kann nicht von dem späteren tatsächlichen Eintritt des Grundstückserwerbes abhängen.[353]

708 ❊ Nach Auffassung des BGH[354] greift das **Koppelungsverbot nicht** ein, wenn ein Käufer ein Grundstück von einem Architekten erwirbt und sich ein **Dritter** aus Eigeninteresse an dem Verkaufsgeschäft verpflichtet, **Honorar an den Architekten zu zahlen**. Diese Auffassung ist zutreffend. Nach dem Wortlaut des Art. 10 § 3 MRVG wird nur der Erwerber davor geschützt, sich an einen bestimmten Architekten zu binden. Soweit ein Dritter im Rahmen des Grundstückskaufvertrages sich verpflichtet, an den Architekten eine zusätzliche Zahlung zu leisten oder einen Auftrag an diesen zu erteilen, besteht die vom Gesetz missbilligte Drucksituation für den Erwerber nicht.

709 ❊ Eine unzulässige Architektenbindung enthält auch eine im Zusammenhang mit dem Erwerb eines Grundstücks eingegangene **Verpflichtung eines Käufers**, ein Gebäude nach vom Verkäufer vor dem Grundstücksverkauf erstellten **Plänen** eines bestimmten Architekten zu errichten oder den zwischen dem Veräußerer und einem Architekten abgeschlossenen **Architektenvertrag zu übernehmen**.[355] Dies gilt auch für die Verpflichtung eines Grundstückserwerbers, an den Architekten des Veräußerers eine „**Abstandszahlung**" zur Freistellung des Veräußerers aus den Verpflichtungen des Architektenvertrages zu leisten,[356] sowie die Fallgestaltung, dass der Erwerber die Planung nicht verwerten will oder muss.[357] Es stellt nach Auffassung des OLG Hamm[358] auch einen Verstoß gegen das Koppelungsverbot dar, wenn der Architekt ein ihm gehörendes Grundstück im Zusammenhang mit einer fertigen Planung als „**Gesamtpaket**" an einen Bauträger verkauft. Dies ist ausnahmsweise anders zu beurteilen, wenn die Vergütung für die bereits erfolgte Architektenplanung als **Rechnungsposten in den Grundstückskaufpreis** einfließt und es sich somit nur um eine Frage der Kaufpreisgestaltung handelt.[359]

---

353) BGH, BauR 1982, 512; OLG Düsseldorf, BauR 1976, 64.
354) BauR 2006, 1334 = NZBau 2006, 520 = IBR 2006, 451 – *Schulze-Hagen* = NJW-RR 2006, 1249.
355) BGH, NJW-RR 1992, 1372 = BauR 1993, 104 = ZfBR 1993, 19; NJW 1978, 639 = BauR 1978, 147; BauR 1978, 232 = DB 1978, 1123. Vgl. hierzu auch OLG Frankfurt, NZBau 2010, 637 (Stufenweise Beauftragung).
356) BGH, NJW 1983, 227 = BauR 1983, 93 = BB 1983, 214 = WM 1982, 1325; OLG Hamm, BauR 1993, 494; OLG Köln, BauR 1994, 413 (LS). Zu solchen „Abstandszahlungen" vgl. *Doerry*, ZfBR 1991, 48, 51 sowie *Vollmer*, ZfIR 1999, 249, 252.
357) BGH, BauR 2000, 1213 = NJW 2000, 2354 = NZBau 2000, 343 = ZfBR 2000, 463 = MDR 2000, 879.
358) BauR 1993, 494 u. BauR 1993, 641 (LS). Vgl. hierzu auch LG Oldenburg, IBR 2004, 323.
359) BGH, BauR 2000, 1213 = NJW 2000, 2354 = NZBau 2000, 343 = ZfBR 2000, 463 = MDR 2000, 879; BauR 1978, 230; KG, IBR 2004, 22 – *Richter*; vgl. hierzu auch OLG Frankfurt, NJW-RR 1995, 1484.

Keinen Verstoß gegen das Koppelungsverbot nimmt der BGH[360)] zu Recht dann an, wenn der Eigentümer eines Grundstückes in einem Architektenvertrag verspricht, „darauf hinzuwirken", dass ein zukünftiger Erwerber des Grundstücks den Architekten im Rahmen der Bebauung mit entsprechenden Architektenleistungen beauftragen wird, weil hier keine Verpflichtung, sondern nur ein Bemühen übernommen wird. Enthält der Architektenvertrag mit dem Eigentümer dagegen eine Vereinbarung, wonach der Erwerber verpflichtet werden muss, den Vertrag zu übernehmen oder mit dem Architekten einen Vertrag abzuschließen, ist diese Vereinbarung unwirksam.[361)]

Werden dem Käufer eines Grundstückes **Planungskosten** für die bereits erbrachte **Aufschließung des Grundstückes** aufgebürdet, liegt ein Verstoß nach Ansicht des BGH[362)] nicht vor, weil sich das Verbot nicht gegen die Abwälzung solcher Kosten auf den Käufer wendet, die im Zeitpunkt der Veräußerung des Grundstückes durch dessen Erschließung bereits unvermeidlich entstanden waren und dadurch die Preiskalkulation beeinflusst haben.

Vollmer[363)] äußert Kritik an den vorerwähnten, sich teilweise widersprechenden Aussagen der Rechtsprechung. Er ist der Auffassung, dass der Verbotsbereich des Art. 10 § 3 MRVG lediglich eine Bindung des Käufers an einen Architekten für die Zukunft untersagt, nicht aber den Verkauf einer bereits bestehenden Planung. Dasselbe gilt, wenn der Einwand der fehlenden Schriftform eine unzulässige Rechtsausübung gemäß § 242 BGB darstellt.

* Das Koppelungsverbot gilt auch für den Fall, dass der **Architekt selbst Eigentümer des Grundstücks** ist[364)] oder eine enge **wirtschaftliche Verflechtung**[365)] **zwischen Grundstückserwerber und Auftragnehmer** gegeben ist. Deshalb ist ein **Ingenieurvertrag**, der in unmittelbarem Zusammenhang mit der Vermittlung eines Grundstückskaufvertrages durch den Ingenieur abgeschlossen wurde, auch dann wegen Verstoß gegen das Koppelungsverbot nichtig, „wenn das Grundstück von der Ehefrau des Geschäftsführers und persönlich haftenden Gesellschafters einer Kommanditgesellschaft erworben wird, der Ingenieurvertrag aber mit der Kommanditgesellschaft abgeschlossen wird und diese auch von vornherein das Grundstück bebauen und das Bauobjekt anschließend weiterveräußern wollte".[366)] 710

* Veranstaltet eine Gemeinde als Eigentümerin eines Baugebietes einen **Architektenwettbewerb**, gibt sie den Preisträgern bestimmte Grundstücke „an die Hand" und verweist sie die an einem dieser Grundstücke interessierten Bauwilligen an den dafür „zuständigen" Architekten, hat der BGH[367)] früher entschieden, dass der von dem Bauwilligen mit dem Architekten geschlossene Vertrag 711

---

360) BGH, BauR 2000, 1213 = NJW 2000, 2354 = NZBau 2000, 343 = ZfBR 2000, 463 = MDR 2000, 879.
361) OLG Frankfurt, Urt v. 17.12.2009, AZ 3 U 247/08.
362) BGH, BauR 1979, 169, 170 = DB 1979, 1177; OLG Frankfurt, NJW-RR 1995, 1484; s. aber BGH, *SFH*, Nr. 10 zu Art. 10 § 3 MRVG für Auflagen, die der Erwerber erfüllen soll.
363) ZfBR 1999, 249, 254.
364) BGHZ 70, 55 = BauR 1978, 147; OLG Hamm, BauR 1993, 494 und BauR 1983, 482; LG Kiel, NJW-RR 1995, 981 (Architekt als „Zwischenerwerber", auch wenn er im Zeitpunkt des Vertragsabschlusses als Eigentümer noch nicht eingetragen war).
365) OLG Bamberg, BauR 2003, 1756 = IBR 2003, 546.
366) Vgl. OLG Düsseldorf, BauR 1985, 700.
367) BGH, BauR 1982, 512 = MDR 1983, 50.

auch dann gegen das Koppelungsverbot verstößt, wenn der Bauwillige lediglich die Bebauungsmöglichkeiten des Grundstücks erkunden wollte und zu diesem Zweck den Architekten mit der Anfertigung von Vorentwürfen beauftragt. Der BGH[368)] ist nunmehr der Auffassung, dass die Fälle – im Rahmen einer verfassungskonformen Auslegung der Art. 10, 13 MRVG – nicht (mehr) unter das Koppelungsgebot fallen, bei denen einem Architekten, der als Sieger aus einem gemeindlichen Architektenwettbewerb hervorgegangen ist, zur Verwirklichung der Zielvorstellungen des Wettbewerbs Grundstücke von der Gemeinde an die Hand gegeben und die Bauwilligen an ihn verwiesen werden. Bestimmt die Gemeinde, dass die Bebauung in einem Sanierungsgebiet allein nach der preisgekrönten Planung eines bestimmten Architekten zu erfolgen hat, so verstößt auch nach Ansicht des OLG Köln[369)] ein mit diesem abgeschlossener Architektenvertrag nicht gegen das Koppelungsverbot, wenn im Übrigen „kein faktischer Zwang" zur Beauftragung gerade dieses Architekten besteht.

Demgegenüber hatte das OLG Hamm[370)] – vor der jüngsten Entscheidung des BGH – entschieden, dass die in den Auslobungsbedingungen einer Gemeinde als Eigentümer eines Grundstücks vorgesehene Verpflichtung des Grundstückserwerbers (z.B. einer Wohnungsbaugesellschaft), die Preisträger eines Architektenwettbewerbes mit der Beplanung des Grundstückes zu beauftragen, gegen das Koppelungsverbot verstößt. In der Literatur war Kritik an dieser weiten Auslegung des Koppelungsverbotes geübt und Bedenken gegen die Verfassungsmäßigkeit des Art. 10 § 3 MRVG erhoben worden, soweit sie den Fall von Architektenwettbewerben erfasst.[371)]

712 * Der **BGH**[372)] wendet Art. 10 § 3 MRVG im Übrigen nicht nur auf die üblichen Leistungen eines Architekten nach der HOAI, sondern auch dort an, wo freiberufliche **Ingenieure oder Architekten** über die ihr Berufsbild prägenden Aufgaben hinaus zusätzliche Leistungen versprechen und damit wie **Generalübernehmer, Bauträger oder Baubetreuer**, gleich welcher Art, auftreten. Übernimmt ein Architekt z.B. außer den üblichen Architektenleistungen die Verpflichtung, gegen Zahlung eines **Festpreises** ein Haus **schlüsselfertig** und termingerecht herzustellen, wobei die Verträge mit den Bauhandwerkern stets für Rechnung und im Namen des Bauherrn abgeschlossen werden, ist der Architektenvertrag unwirksam, wenn er im Zusammenhang mit dem Erwerb eines Grundstücks steht. Das gilt auch, „wenn ein freiberuflicher Ingenieur oder Architekt wie ein Bauträger auf einem eigenen, dem Erwerber vorweg übertragenen Grundstück einen schlüsselfertigen Bau auf eigene Rechnung und eigenes Risiko errichtet".[373)]

---

368) BauR 2010, 1772 = IBR 2010, 573 = NZBau 2010, 633 sowie *Diederichs*, BauR 2017, 23.
369) NJW-RR 1990, 1110 = BauR 1991, 642.
370) NJW-RR 1996, 662 = OLGR 1996, 29; vgl. hierzu auch BGH, NJW 1987, 2369 sowie BauR 1982, 512 = NJW 1982, 2189; KG, NJW-RR 1992, 916.
371) *Lass*, DNotZ 1996, 742 ff., 756; *Christiansen-Geiss*, a.a.O., S. 46 ff., 56, die darüber hinaus auch einen Verstoß gegen das EU-Recht annimmt.
372) BauR 2010, 1772, 1777 = NZBau 2010, 633; BauR 1978, 147; vgl. auch *Custodis*, MitRhNotK 1977, 173.
373) BauR 2010, 1772, 1777 = NZBau 2010, 633; BGH, BauR 1991, 114 = ZfBR 1991, 14 = NJW-RR 1991, 143.

713 • Das Koppelungsverbot ist grundsätzlich nicht leistungs-, sondern **berufsstandsbezogen**.[374] Daher ist es nicht anwendbar – auch nicht entsprechend – auf Personen, die zwar Architektenleistungen anbieten und erbringen, aber nicht Architekten i.S. des Gesetzes sind;[375] ferner auch **nicht** auf Baubetreuungsverträge solcher Unternehmen, zu deren **berufstypischer Leistung** auch die Beschaffung und Erschließung von Baugrundstücken gehört, z.B. **Wohnungsbau- und Wohnungsbau-Betreuungsunternehmen**[376] Dasselbe gilt für **Bauträger**, Generalunternehmer mit Planungsverpflichtung und sog. Generalübernehmer, die schlüsselfertige Bauten auf einem dem Erwerber **vorweg übertragenen** Grundstück errichten.[377] In diesem Zusammenhang ist sorgfältig darauf zu achten, welche Leistungen des Baubetreuers in **unmittelbarem Zusammenhang** mit seinem **Leistungsangebot** stehen; vereinbaren die Parteien z.B., dass der Betreuer zunächst die Leistungsphasen 1 und 2 (Grundlagenermittlung und Vorplanung) zu erbringen hat, und sieht der Planungsvertrag für den Fall, dass der Bauinteressent die (vorgesehenen) Bauleistungen nicht in Anspruch nimmt, deren Vergütung vor, liegt nicht ohne weiteres ein Verstoß gegen das Koppelungsverbot des Art. 10 § 3 MRVG vor. Wird eine **Anrechnung** des vereinbarten Honorars „auf den Hausverkauf" vorgesehen, kann von einer unzulässigen Bindung nicht gesprochen werden.[378] Das Koppelungsverbot greift nach Auffassung des OLG Hamm[379] darüber hinaus auch dann ein, wenn Firmen mit einem umfassenderen Unternehmensgegenstand im Einzelfall mit isolierten Architektenleistungen in Konkurrenz zum Architekten oder Ingenieur treten.

714 Im **Ausnahmefall** kann jedoch das Koppelungsverbot in Betracht kommen, wenn nämlich das Unternehmen **gezielt** zur Umgehung des Koppelungsverbotes gegründet ist, was in aller Regel aber schwer nachzuweisen sein wird.[380] Ein weiterer Ausnahmefall: Das Unternehmen wird von einem freiberuflichen Ingenieur oder Architekten „beherrscht".[381]
Der HessVGH[382] will das Koppelungsverbot sogar auf Wohnungsbauunternehmen anwenden, „wenn sie im jeweiligen Einzelfall nicht gemäß ihrem typischen Berufsbild gemeinsam Grundstücksverkauf und Baubetreuung am Markt anbieten, sondern, insbesondere ohne selbst über Grundstücke zu verfügen, mit isolierten Planungs- und Betreuungsleistungen unmittelbar mit Architekten oder Ingenieuren in Wettbewerb treten".

---

374) BGH, BauR 1993, 490 = NJW 1993, 2240; BGH, BauR 1989, 95 = NJW-RR 1989, 147; NJW 1984, 732 = BauR 1984, 192 = ZfBR 1984, 83 = WM 1984, 339; LG Köln, BauR 1990, 634; kritisch *Hesse*, BauR 1985, 30 ff.
375) LG Köln, BauR 1990, 634.
376) BGH, NJW 1975, 259 = BauR 1975, 128; OLG Hamm, BauR 1993, 494; OLG Düsseldorf, NJW-RR 1993, 667; KG, BauR 1986, 598; OLG Köln, BauR 1976, 288, 289.
377) BGH, NJW 1984, 732 = BauR 1984, 192 = ZfBR 1984, 83 = WM 1984, 339; KG, IBR 2003, 22 – *Richter*.
378) BGH, BauR 1993, 490 = NJW 1993, 2240 = ZfBR 1993, 186.
379) BauR 2014, 1027.
380) BGH, a.a.O., m. Hinw. auf BauR 1975, 128; ferner: BGH, BauR 1989, 95 = NJW-RR 1989, 147. Ebenso OLG Hamm, BauR 2014, 1027.
381) Vgl. BGH, NJW 1984, 732 = BauR 1984, 192 = ZfBR 1984, 83 = WM 1984, 339 (offen gelassen).
382) BauR 1985, 224 = NJW 1985, 1356; ebenso: OLG Köln, OLGR Köln 1992, 313.

* Das Koppelungsverbot kommt auch bei einer **stufenweisen Beauftragung** (vgl. Rdn. 694 u. 802 ff.) in Betracht.[383]

715 * Unerheblich ist, **wer auf der Käuferseite auftritt,** das Grundstück also erwirbt und die Architektenleistungen erhalten soll; das kann auch ein Bauträger oder Baubetreuer sein.[384]

716 * Begründet der Eigentümer im Wege der „**Vorratsteilung**" gemäß § 8 WEG **Wohnungseigentum**, so liegt ein Verstoß gegen das Koppelungsverbot des Art. 10 § 3 MRVG nicht vor, wenn die Erwerber sich im Zusammenhang mit dem Erwerb verpflichten, zur Errichtung des Gebäudes diejenige Planung zu verwenden, die nach § 7 Abs. 4 WEG der Bildung des Wohnungseigentums zugrunde gelegt war, und denjenigen Ingenieur oder Architekten mit der Ausführung zu beauftragen, der die Planung gefertigt hat.[385]

717 * Das Koppelungsverbot greift auch dann ein, wenn ein Architekt ein Grundstück **verkauft unter der Auflage,** entweder innerhalb von drei Jahren ein Bauwerk zu errichten oder das Grundstück an den Architekten zurückzuveräußern.[386]

718 * *Hesse*[387] hat weitere Hinweise für die Auslegung des Art. 10 § 3 MRVG gegeben: Danach sind die Bebaubarkeit des Grundstückes und der Grad der Bauerwartung ohne Bedeutung; unerheblich ist auch, ob der durch die Bindung Begünstigte zu Recht oder zu Unrecht die Berufsbezeichnung „Architekt" oder „Ingenieur" führt. Verboten ist schließlich jede vertragliche Vereinbarung, die dem Grundstückserwerber die Wahlmöglichkeit ganz oder teilweise nimmt. So kann der Erwerber nicht zugunsten einer begrenzten Zahl von Architekten oder Ingenieuren gebunden werden. Aus diesem Grund ist die Entscheidung des OLG Düsseldorf[388] bedenklich, wonach eine unzulässige Architektenbindung nicht vorliegen soll, wenn Grundstückserwerber aus einer Mehrzahl von Architekten, die an einem Architektenwettbewerb teilgenommen haben, „ihren" Architekten, den sie mit der Übernahme der Architektenleistungen beauftragen wollen, auswählen können.

719 Für die Annahme einer unzulässigen **Architektenbindung** ist es stets erforderlich, dass als **Ziel** die **Bindung des Grundstückskäufers an einen Architekten erstrebt** wird, also eine **Abhängigkeit gewollt** war und zur Grundlage des Geschäfts gemacht worden ist. Eine solche Bindung ist nur anzusetzen, „wo der Erwerber das Grundstück ohne diese Bindung oder ohne Inkaufnahme entsprechender, insbesondere wirtschaftlicher Nachteile nicht hätte bekommen können".[389] Deshalb liegt ein Verstoß gegen das Koppelungsverbot nicht vor, wenn der Erwerb des Grundstückes nach dem Willen der Vertragsparteien **auch ohne** Architektenbin-

---

383) Vgl. hierzu OLG Frankfurt, NZBau 2010, 637 = NJW-RR 2010, 1394.
384) OLG Hamm, BauR 1993, 494 mit Anm. von *Haß*.
385) BGH, BauR 1986, 464 = NJW 1986, 1811 = ZfBR 1986, 170.
386) BGH, WM 1982, 158.
387) BauR 1977, 73, 76/77.
388) BauR 1979, 71.
389) BGH, BauR 1979, 169, 171 = DB 1979, 1177; BGH, BauR 1982, 183 = ZfBR 1982, 77. Ebenso OLG Köln, BauR 2015, 144, 145.

dung möglich ist.[390] Werden dem Erwerber im Zusammenhang mit dem Erwerb eines Baugrundstückes **nur Vorteile** für den Fall versprochen, dass er, ohne Übernahme einer Verpflichtung hierzu, bei der Planung oder Ausführung des Bauwerkes einen bestimmten Architekten beauftragt, so liegt darin kein Verstoß gegen das Koppelungsverbot.[391] Erwirbt ein Käufer ein vom Architekten bereits beplantes Grundstück ohne ausdrückliche Architektenbindung und beauftragt er später ohne rechtliche Verpflichtung diesen Architekten mit der Verwirklichung der Bauplanung, ist ebenfalls keine unzulässige Architektenbindung gegeben.[392]

720 Bei der sehr weit gehenden Auslegung des Gesetzes durch die Rechtsprechung ist schon beim **Anschein einer Verbindung** zwischen Grunderwerb und Architektenauftrag der **deutliche Hinweis** seitens des Architekten oder Grundstücksveräußerers **zu verlangen**, dass das Grundstück **auch ohne Architektenbindung erworben werden kann**.[393] Dieser äußere Anschein kann durch vielerlei Umstände erweckt werden, z.B. Anwesenheit des Architekten bei der notariellen Beurkundung des Grundstücksveräußerungsvertrages, bereits vorhandene Beplanung des Grundstücks, besonderes Engagement des Architekten bei der Verhandlung über den Grundstücksverkauf, Zurückhaltung des Eigentümers einerseits sowie Führung der Veräußerungsgespräche durch den Architekten andererseits, zeitliche Nähe der beiden Verträge usw.

721 Unter **besonderen Umständen** soll nach der Rechtsprechung des **BGH**[394] nicht einmal eine ausdrückliche Erklärung, mit der der äußere Anschein einer Architektenbindung entkräftet wird, ausreichen: Ergeben die objektiv erkennbaren Umstände, dass es **wesentlich vom Architekten abhängt**, wer ein bestimmtes Baugrundstück erwerben darf, kommt es für die Feststellung des vom Gesetz missbilligten Zusammenhangs von Grundstückserwerb und Architektenvertrag in der Regel nicht darauf an, ob der Architekt oder eine von ihm bestellte Person während der Erwerbsverhandlungen erklärt, das Grundstück werde ohne Architektenbindung verkauft.

722 Es kommt demnach entscheidend auf die **Sicht** des Grundstückskäufers und **Auftraggebers** des Architekten an; es ist zu fragen, wie sich für ihn die objektiven Umstände und der allgemeine Geschehensablauf darstellen. Grundsätzlich wird man allerdings davon ausgehen können, dass bei einer **ausdrücklichen** Erklärung, dass das Grundstück ohne Architektenbindung verkauft werde, im Regelfall ein gesetzliches Koppelungsverbot nicht gegeben ist.

723 **Beweispflichtig für eine Koppelung** zwischen Grundstückserwerb und Architektenauftrag ist derjenige, der sich auf die Unwirksamkeit der entsprechenden Vereinbarung beruft; es gelten aber die dargelegten Grundsätze der Rechtsprechung, insbesondere also auch der **Beweis des ersten Anscheins**. Ein zeitlicher,

---

[390] OLG Düsseldorf, BauR 1975, 138, 139; BauR 1976, 64, 65; *Locher*, Rn. 219.
[391] BGH, BauR 1979, 169.
[392] BGH, BauR 1979, 530.
[393] BGH, DB 1979, 935, 936; BauR 1978, 495, 497; OLG Hamm, BauR 1994, 494, 495 m.Anm. *Haß*; OLG Düsseldorf, BauR 1976, 64, 66.
[394] NJW 1981, 1840 = BauR 1981, 295 = DB 1981, 2120 im Anschluss an OLG Düsseldorf, BauR 1980, 280; vgl. hierzu OLG Bamberg, BauR 2003, 1756 = IBR 2003, 546 (psychologischer Zwang reicht aus) – *Fischer*.

räumlicher oder persönlicher Zusammenhang zwischen der Beauftragung eines Architekten und dem Erwerb eines Grundstückes ist deshalb im Einzelfall ein starkes Beweisanzeichen für ein Koppelungsverbot.[395]

724 Ist mit einem (wegen des Koppelungsverbots) nichtigen Architektenvertrag ein Bauvertrag verbunden, hängt die Wirksamkeit dieses Vertrages nach § **139 BGB** davon ab, ob die Parteien den Werkvertrag auch ohne den Architektenvertrag abgeschlossen hätten;[396] das ist eine Tatfrage. Eine **Bestätigung** des nichtigen Architektenvertrages gemäß § 141 BGB durch die Vertragsparteien ist nicht **möglich**; dies ist jedoch umstritten.[397]

725 Die **Abwicklung** eines wegen des gesetzlichen Koppelungsverbotes **nichtigen Architektenvertrages** erfolgt über die Grundsätze der **ungerechtfertigten Bereicherung**, §§ 812 ff. BGB (vgl. hierzu im Einzelnen Rdn. 2415 ff.) oder im Einzelfall auch über die Geschäftsführung ohne Auftrag (vgl. hierzu im Einzelnen Rdn. 2409 ff.).[398] Ist das Bauvorhaben beendet oder hat der Architekt zumindest verwertbare Teilleistungen erbracht, kann häufig dahingestellt bleiben, ob der Architektenvertrag wirksam abgeschlossen wurde oder gegen das Koppelungsverbot verstößt;[399] sind nämlich keine besonderen Honorare vereinbart, hat der Bauherr jedenfalls die **Mindestsätze** der HOAI **als übliche Vergütung** zu zahlen.

* Ist der Architektenvertrag **wirksam**, folgt dies aus § 632 BGB (vgl. Rdn. 820 ff.).
* Bei **Unwirksamkeit** des Vertrages ist der Auftraggeber aus ungerechtfertigter Bereicherung (§ 812 BGB) zur Zahlung desselben Betrages verpflichtet:[400] Er hat dem Architekten das zu erstatten, was er dadurch erspart hat, dass er für die von seinem Architekten erbrachten Leistungen keinen anderen Architekten in Anspruch zu nehmen brauchte.[401] Dabei sind die **Mindestsätze** der HOAI als übliche Vergütung heranzuziehen (vgl. Rdn. 820 ff.).[402]

Die **Abwicklung** eines **unwirksamen Architektenvertrages**[403] **kann** im Übrigen zu **unerwünschten Ergebnissen** führen, wenn der Architekt neben den üblichen Architektenleistungen **besondere Verpflichtungen** (z.B. eine Festpreisgarantie oder eine Terminzusage für die Fertigstellung, verbunden mit einem Strafeversprechen) übernommen hat. Die Nichtigkeit umfasst dann grundsätzlich auch diese besonderen Vertragsbestandteile. Dadurch kann sich folgende unbefriedigende Konsequenz ergeben: Ist der Bau vollendet oder weit fortgeschritten, kann der

---

395) BGH, BauR 1978, 232, 233 = NJW 1978, 1434; BauR 1978, 495; OLG Bamberg, BauR 2003, 1756 = IBR 2003, 546 (Architektenvertrag vier Wochen nach Grundstückskauf; Verstoß gegen Kopplungsverbot bejaht) – *Fischer*.
396) KG, *SFH*, Nr. 8 zu Art. 10 § 3 MRVG.
397) Vgl. hierzu vor allem *Weyer*, BauR 1984, 324, 329 m.w.Nachw., auch zur Höhe des Architektenhonorars bei einer Bestätigung nach § 141 BGB.
398) Vgl. hierzu auch *Schwenker*, in: Thode/Wirth/Kuffer, Rn. 145 ff.
399) Vgl. z.B. BGH, BauR 1984, 193, 194.
400) BGH, BauR 1982, 83 = ZfBR 1982, 20; OLG Hamm, BauR 1986, 710 = MDR 1986, 410 Nr. 56 u. BauR 1992, 271 (LS); LG Mönchengladbach, BauR 1988, 246.
401) Zur Anwendbarkeit des § 818 BGB in diesem Zusammenhang vgl. Rdn. 2421 sowie OLG Hamm, BauR 1986, 711 = MDR 1986, 410, Nr. 57 = NJW-RR 1986, 449; ferner: *Breihold*, MDR 1987, 811; LG Kiel, NJW-RR 1995, 981 (zu § 817 Satz 2 BGB).
402) OLG Hamm, BauR 1992, 271 (LS).
403) Vgl. dazu auch *Weyer*, BauR 1984, 324 ff.; ferner: *Locher*, Festschrift für Vygen, S. 28.

Architekt über § 812 BGB sein Honorar im Rahmen der üblichen Vergütung verlangen und die Fortsetzung seiner Tätigkeit verweigern, also u.U. einen halbfertigen Bau liegen lassen. Andererseits hat der Bauherr keine Möglichkeit, den Architekten zur Weiterarbeit zu veranlassen, Gewährleistungsansprüche wegen etwaiger Planungs- oder Bauaufsichtsmängel geltend zu machen und die Erfüllung der oben aufgezeigten besonderen Vertragsbedingungen zu erzwingen. Die Unwirksamkeit des Architektenvertrages kann deshalb die Parteien sehr unterschiedlich belasten.

726 Der Architekt handelt auch **nicht treuwidrig**, wenn er sich auf die Unwirksamkeit des Vertrages und deren Folgen beruft. Der Gesetzgeber hat – ähnlich wie beim Gesetz zur Bekämpfung der Schwarzarbeit – keine Regelung in der Weise getroffen, dass sich nur der Bauherr auf die Unwirksamkeit des Architektenvertrages stützen kann. Die möglichen Härten für den Bauherrn als Konsequenz dieses Gesetzes liegen damit auf der Hand. Dies ist umso bedauerlicher, als das Gesetz den freien Grundstücksmarkt im Interesse der Bauherren und Grundstückserwerber schützen wollte. Nur im Einzelfall wird man unter dem Gesichtspunkt der **unzulässigen Rechtsausübung** (§ 242 BGB) unerwünschte Härten des Gesetzes verhindern können,[404] wenn nämlich von dem Architekten eine Rechtslage ausgenützt wird, die durch gesetzwidriges, sittenwidriges oder vertragswidriges Verhalten geschaffen wurde; so kann ein unredliches Verhalten des Architekten vorliegen, wenn er von Anfang an von der Nichtigkeit des Vertrages Kenntnis hatte und dennoch besondere Verpflichtungen (Festpreisgarantie, Terminzusage) übernahm. Hier wird sich der Architekt u.U. so behandeln lassen müssen, als wäre der Vertrag wirksam abgeschlossen.

Hat der Architekt z.B. sein Honorar (einschließlich der Bauüberwachung) geltend gemacht, kann er sich nach einer Entscheidung des OLG Köln[405] gegenüber einem Schadensersatzanspruch des Bauherrn wegen mangelhafter Bauüberwachung nicht mehr darauf berufen, der Vertrag sei wegen eines Verstoßes gegen das Kopplungsverbot unwirksam und er deshalb nicht zum Schadensersatz verpflichtet. Das gilt insbesondere, wenn der Architekt die Unwirksamkeit des Vertrages erst nach 6 Jahren geltend macht.

b) Verstoß gegen Höchst- und Mindestsätze

727 Nach § 7 Abs. 3 HOAI dürfen die in dieser Verordnung festgesetzten **Mindestsätze nur in Ausnahmefällen** durch schriftliche Vereinbarung **unterschritten** werden (vgl. näher Rdn. 751 ff.). Gemäß § 7 Abs. 4 HOAI dürfen die in der Verordnung festgesetzten **Höchstsätze nur bei „außergewöhnlichen oder ungewöhnlich lange dauernden Leistungen" überschritten** werden; eine entsprechende Vereinbarung bedarf der Schriftform (vgl. näher Rdn. 787 ff.). Sofern nicht **bei Auftragserteilung** etwas anderes **schriftlich** vereinbart worden ist, gelten gemäß § 7 Abs. 5 HOAI die jeweiligen Mindestsätze. **Innerhalb des Korridors** zwischen Mindest- und Höchstsätzen ist eine **freie Vereinbarung** möglich, wenn diese schriftlich bei Auftragserteilung erfolgt.

Ein Verstoß gegen die vorerwähnten Regelungen macht den Architektenvertrag nicht unwirksam. Die schriftliche Honorarvereinbarung ist ebenfalls nicht ins-

---

404) Vgl. LG Oldenburg, IBR 2004, 323 – *Jasper* (Berufung auf Koppelungsverbot 8 Jahre nach Vertragsschluss).
405) BauR 2015, 144.

gesamt nichtig, sie ist vielmehr nach der Rechtsprechung des BGH[406] insoweit aufrecht zu erhalten, als die nach der HOAI zulässige Höchstvergütung nicht überschritten wird. Haben also die Parteien eine überhöhte Honorarzone (z.B. IV statt III) vereinbart, gelten nunmehr nicht die Mindestsätze der zutreffenden Honorarzone III, sondern die Höchstsätze dieser Honorarzone (vgl. hierzu Rdn. 776). Entsprechendes gilt bei Unterschreitung der Mindestsätze.

728 Grundsätzlich muss derjenige einen Verstoß gegen das Preisrecht darlegen und ggf. beweisen, der ihn behauptet.[407] Eine Überprüfung einer ggf. unwirksamen Honorarvereinbarung erfolgt damit nicht von Amts wegen, sondern nur dann, wenn sich eine Partei gegen die Honorarvereinbarung wendet.

Die Rückabwicklung von bereits gezahlten Honoraren, die über den Höchstsätzen der HOAI lagen, erfolgt nicht nach den §§ 812 BGB, sondern ergibt sich aus der vertraglichen Abrede (vgl. Rdn. 1216).

729 Ein **Bewusstsein** der Vertragsparteien über den Umstand, dass eine Mindestsatzunterschreitung oder eine Höchstsatzüberschreitung vorliegt, wird **nicht gefordert**. Es kommt daher stets auf den **objektiven** Tatbestand des Verstoßes gegen das in der HOAI enthaltene Preisrecht an.[408]

Zur Schriftform vgl. Rdn. 787 ff., zum Zeitpunkt „**bei Auftragserteilung**" vgl. Rdn. 795 ff.

---

406) BauR 2007, 2081 = NZBau 2008, 65; BauR 1990, 239 = NJW-RR 1990, 276 = ZfBR 1990, 72; KG, NJW-RR 1990, 91; **a.A.:** *Weyer*, BauR 1987, 131, 141. Vgl. hierzu insbesondere *Deckers*, BauR 2008, 1801.
407) BGH, BauR 2001, 1926, 1928; OLG Düsseldorf, BauR 2007, 2092, 2097.
408) KG, BauR 2001, 126 m.Anm. *Rath*.

II. Die vereinbarte Vergütung

Übersicht

	Rdn.		Rdn.
1. Grundsätze der Honorarvereinbarung nach der HOAI	731	c) Überschreitung der Höchstsätze	775
a) Honorarvereinbarung innerhalb der Mindest- und Höchstsätze	739	d) Schriftformerfordernis	787
b) Unterschreitung der Mindestsätze	751	e) Honorarvereinbarung bei Auftragserteilung	795
		2. Zeithonorar	819

Ist ein Honorar zwischen Architekt und Bauherr vereinbart, hat der Architekt **730** in seiner Klage den Inhalt dieser Vereinbarung darzulegen, soweit dies erforderlich ist, um seinen Zahlungsanspruch zu begründen. Er wird daher den Inhalt eines schriftlichen Vertrags vortragen oder bei einer mündlichen Honorarvereinbarung den Anspruch dem Grunde und der Höhe nach näher darlegen.

1. Grundsätze der Honorarvereinbarung nach der HOAI

Literatur

Kreißl, Die Honorarvereinbarung zwischen Auftraggeber und Auftragnehmer nach § 4 HOAI, Baurechtl. Schriften, Bd. 50 (1999).

Koeble, Honorarvereinbarung und Höchst- bzw. Mindestpreischarakter der HOAI, BauR 1977, 372; *Groß*, Ausgewählte Fragen zu § 4 HOAI, BauR 1980, 9; *Frik*, Die Vereinbarung des Honorars gemäß HOAI zwischen den Mindest- und Höchstsätzen des § 16 HOAI, DAB 1980, 513; *Lehmann*, Die grundsätzliche Bedeutung der HOAI für die Sicherung des Leistungswettbewerbs der Architekten und Ingenieure, BauR 1986, 512; *Randelzhofer/Dörr*, Zur Vereinbarkeit der Höchst- und Mindestsatzregelungen der HOAI mit EG-Recht und Völkervertragsrecht, DAB 1996, 874; *Müller-Wrede*, Preisrechtliche Bindung bei Überschreitung des höchsten Tafelwertes, BauR 1996, 322; *Neuenfeld*, Wirksame Honorarvereinbarungen nach HOAI in der Rechtsprechung der Obergerichte, BauR 1998, 458; *Ebersbach*, Die Honorarvereinbarung nach § 4 HOAI, ZfBR 2006, 529; *Deckers*, Berechnung des Architektenhonorars in besonderen Fällen, NZBau 2011, 390; *Motzke*, Gestaltung eines Architektenvertrages nach HOAI 2009: Worauf muss der Architekt künftig besonders achten? in ibr-online; *Werner/Wagner*, Die Schriftformklauseln in der neuen HOAI 2013, BauR 2014, 1386.

Ob ein Architekt ein Honorar fordern kann, richtet sich allein nach den allgemeinen Vorschriften des **BGB**[1] und setzt insbesondere einen Architektenauftrag voraus (vgl. näher Rdn. 600). Die Vereinbarung der Parteien über die **Höhe** eines Architektenhonorars hat sich jedoch an dem System und den Vorschriften der HOAI auszurichten. Nach § 7 Abs. 1 HOAI richtet sich das **Honorar nach der schriftlichen Vereinbarung**, die die Vertragsparteien bei **Auftragserteilung** im Rahmen der durch die HOAI festgesetzten Mindest- und Höchstsätze getroffen haben. Der Architekt als Kläger kommt daher seiner **Darlegungs- und Beweislast** für sein eingeklagtes Honorar durch Vorlage der entsprechenden Vereinbarung nach. **731**

---

[1] BGH, BauR 1997, 154 = NJW 1997, 586; BGH, BauR 1996, 414 = NJW-RR 1996, 726 unter Hinweis auf BGH, BauR 1985, 467, 468 = ZfBR 1985, 181, 182; BGH, BauR 1992, 531, 532 = ZfBR 1992, 215.

Wird der Architekt **ohne Auftrag** tätig und erhält er hierfür vom Bauherrn eine **Aufwandsentschädigung**, so ist ein werkvertraglicher Honoraranspruch nicht gegeben, sodass die Grundsätze der HOAI ebenfalls nicht heranzuziehen sind.[2] Entsprechendes gilt, wenn der Architekt zunächst einvernehmlich mit dem Bauherrn „**auf eigenes Risiko**" arbeitet und eine Vergütung für die von ihm erbrachten Leistungen nur bei Eintritt einer bestimmten Bedingung (z.B. Realisierung des Bauvorhabens) erhalten soll. Eine solche Abrede berührt ebenfalls nicht den Mindestpreischarakter der HOAI, weil in diesem Fall ein Vertrag unter einer aufschiebenden Bedingung geschlossen worden ist; tritt die Bedingung nicht ein, ist kein wirksamer Vertrag zustande gekommen.[3]

732 Die HOAI legt für einzelne Architektenleistungen **Mindest- und Höchstsätze** fest. Damit soll den Parteien erkennbar mehr Spielraum für die vertragliche Vereinbarung des Architektenhonorars entsprechend der zu erbringenden Leistung des Architekten eingeräumt werden; gleichzeitig war es aber auch die Absicht, zu verhindern, dass aus Höchstsätzen in der Praxis Festsätze werden, wie dies bei Geltung der GOA durchweg der Fall war.

Als **Bewertungsmaßstäbe für die Vereinbarung** eines Honorars nennt die Begründung der Bundesregierung (Bundesrats-Drucksache 270/76, S. 8): Besondere Umstände der einzelnen Aufgaben, der Schwierigkeitsgrad, der notwendige Arbeitsaufwand, der künstlerische Gehalt des Objekts, Einflussgrößen aus der Zeit, der Umwelt, der Institutionen, der Nutzung oder der Herstellung oder sonstige für die Bewertung der Leistung wesentliche fachliche und wirtschaftliche Gesichtspunkte, vor allem haftungsausschließende oder haftungsbegrenzende Vereinbarungen.

733 Der vom Architekten geltend gemachte Honoraranspruch und der damit verbundene Vortrag hat sich im Einzelnen an das alte und neue (unverändert gebliebene) System der HOAI zu halten, der folgende Grundsätze für eine Honorarvereinbarung festlegt:

* Grundsätzlich kann der Architekt **nur die jeweiligen Mindestsätze** der HOAI verlangen (§ 7 Abs. 5 HOAI).
* Macht der Architekt ein Honorar **innerhalb der Mindest- und Höchstsätze** geltend, so hat er eine entsprechende **schriftliche Vereinbarung bei Auftragserteilung** darzulegen und zu beweisen (§ 7 Abs. 1 HOAI)
* Soweit das Honorar **unter den Mindestsätzen** der HOAI liegt, muss ein **Ausnahmefall** vorliegen und eine entsprechende **schriftliche Honorarvereinbarung** (§ 7 Abs. 3 HOAI), wobei diese nach h.M. bei Auftragserteilung zu erfolgen hat.
* Wird ein Honorar geltend gemacht, das **über den Höchstsätzen** der HOAI liegt, kann dies nur erfolgreich durchgesetzt werden, wenn der Tatbestand einer **außergewöhnlichen oder ungewöhnlich lange dauernden Leistung** des Architekten und eine entsprechende **schriftliche Vereinbarung** der Parteien vorliegt (§ 7 Abs. 4 HOAI), wobei diese nach h.M. bei Auftragserteilung zu erfolgen hat.

---

[2] Vgl. hierzu OLG Dresden, BauR 2008, 1654 sowie OLG München, IBR 2006, 213 – *Hebel*.
[3] BGH, BauR 1985, 467.

734 Kann eine schriftliche Vereinbarung bei Auftragserteilung nicht dargelegt oder bewiesen werden, gelten gemäß (§ 7 Abs. 5 HOAI) die jeweiligen **Mindestsätze** als vereinbart. Diese Vorschrift stellt damit einen **Auffangtatbestand** dar. Das Bundesverfassungsgericht[4)] spricht deshalb davon, dass den Mindestsätzen „die Aufgabe des dispositiven Gesetzesrechts mit Leitbild- und Reservefunktion gegenüber vertraglichen Vereinbarungen" zukomme. Darüber hinaus schützen sie diejenigen Architekten, die ohne vorherige schriftliche Honorarverabredung schon für den Auftraggeber tätig geworden sind, indem ihnen jedenfalls der Mindestsatz garantiert wird. § 7 HOAI gilt nach allgemeiner Meinung[5)] allerdings nicht, wenn das Honorar nach der HOAI frei vereinbart werden kann.

735 Die **Mindestsätze** gelten immer, wenn zwischen Architekt und Bauherr überhaupt **keine** oder **keine schriftliche** oder **keine rechtzeitige Honorarvereinbarung getroffen** wurde. Sie kommen aber auch in Betracht, wenn zwar eine Honorarvereinbarung vorliegt, diese aber nach den allgemeinen bürgerlich-rechtlichen Grundsätzen unwirksam ist. Eine unwirksame Honorarvereinbarung lässt den Architektenvertrag im Übrigen unberührt: An die Stelle des unwirksam vereinbarten Honorars treten die Mindestsätze. Etwas anderes gilt lediglich, wenn die Höchstsätze entgegen § 7 Abs. 4 HOAI **überschritten** worden sind; hier ist das Honorar auf die Höchstsätze zu reduzieren (vgl. Rdn. 727 ff., 776).

736 Das LG Köln[6)] hat zu Recht entschieden, dass die Vorschrift des § 4 Abs. 4 HOAI 1996 (jetzt § 7 Abs. 5 HOAI 2013) nach Wortlaut und Schutzrichtung nicht die Fälle erfasst, in denen unter Einbeziehung bereits **erbrachter Architektenleistungen** erstmals ein Vertrag geschlossen wird, mit dem ein höherer Satz als der Mindestsatz oder eine entsprechende Pauschalvergütung vereinbart wird, weil der Auftraggeber hier ohne weiteres den Umfang der von ihm zu entrichtenden Vergütung überblicken kann. Dies gilt zunächst für die Fallgestaltung, dass die Architektenleistungen vorab für einen Dritten erbracht worden sind: § 7 HOAI verlangt nach Sinn, Zweck und Wortlaut, dass ein unter Umständen über den Mindestsätzen liegendes Architektenhonorar bei Auftragserteilung vereinbart werden muss; der Architekt darf also zuvor keinerlei Architektenleistungen auftragsgemäß für „seinen" Bauherrn erbracht haben.

Sind Leistungen bereits für den (späteren) Auftraggeber erbracht, ist dem Zeitpunkt der tatsächlichen Beauftragung besondere Beachtung zu schenken. Hier kommt § 7 Abs. 5 HOAI nicht zur Anwendung, wenn feststeht, dass die zuvor erbrachten Architektenleistungen nachweislich ohne Auftrag ausgeführt wurden, also die Auftragserteilung auf einen Zeitpunkt fixiert werden kann, der nach (teilweise) erbrachten Architektenleistungen liegt.

737 Vielfach wird übersehen, dass eine **Überschreitung oder Unterschreitung** der **Mindestsätze** nicht nur vorliegt, wenn die in der HOAI festgelegten Mindestsätze ausdrücklich und unmittelbar überschritten oder unterschritten werden; vielmehr ist dieser Tatbestand auch gegeben, wenn die **einzelnen Vorschriften der HOAI über die Grundlagen der Honorarberechnung nicht eingehalten** werden und

---
4) NJW 1982, 373 = BauR 1982, 74 = ZfBR 1982, 35.
5) KG, BauR 1991, 251, 253 m.w.Nachw.
6) So LG Köln, BauR 1990, 634, 635 m. Nachw.

dies **mittelbar** zu einer Überschreitung oder Unterschreitung der Mindestsätze führt wie z.B.

* Vereinbarung einer höheren oder niedrigeren Honorarzone als tatsächlich gemäß § 5 i.V.m. § 35 Abs. 2 bis 4 HOAI gegeben;
* Vereinbarung von höheren oder niedrigeren anrechenbaren Kosten, als nach § 6 HOAI in Ansatz zu bringen sind;[7]
* Honorierung von Grundleistungen, die nicht erbracht werden sollen;
* Vereinbarung eines über oder unter[8] den Mindestsätzen liegenden Pauschalhonorars;
* Zugrundelegung einer anderen Kostenermittlungsart entgegen § 6 Abs. 1 Nr. 1 HOAI;
* Verminderung der Honorarsätze wegen überproportional bemessener Eigenleistungen des Auftraggebers;[9]
* Zusammenfassung von an sich gesondert zu berechnenden Gebäuden gemäß § 11 HOAI;[10]
* Zusammenfassung der Architektenleistungen bei Wiederaufbauten, Erweiterungsbauten, Umbau oder raumbildenden Ausbauten gemäß § 23 HOAI 1996.[11]

Auch in diesen Fällen (also der Vereinbarung über Parameter, nach denen sich grundsätzlich das Honorar berechnet) bedarf es gemäß § 7 Abs. 5 HOAI stets einer schriftlichen Honorarvereinbarung bei Auftragserteilung, weil auch insoweit von den für die Mindestsätze geltenden Maßstäben der HOAI für die Berechnung des Architektenhonorars abgewichen wird.

738 Die Honorartafel des § 35 HOAI, die die jeweiligen anrechenbaren Kosten (vgl. Rdn. 915 ff.) zur Grundlage hat, beginnt mit 25.000 € und endet mit 25.000.000 €; außerhalb dieses Kostenrahmens können die Parteien das Honorar frei vereinbaren, ohne an die Mindest- oder Höchstsätze der HOAI gebunden zu sein (vgl. zur **üblichen Vergütung insoweit** Rdn. 820 ff.). Bei Unterschreitung des unteren Tafelwertes von 25.000 € kann das Honorar als Pauschal- oder Zeithonorar berechnet werden, allerdings nur bis zu den Höchstsätzen des niedrigsten Tafelwertes. Die Honorarvereinbarung unterliegt insoweit keinerlei Formvorschriften (bezüglich einer möglichen Mindestsatzunterschreitung bei anrechenbaren Kosten über 25.000.000 € siehe Rdn. 765). Dabei ist nur der **objektive** Tatbestand (Höhe der anrechenbaren Kosten) maßgeblich, nicht dagegen die Kenntnis oder Unkenntnis der Vertragsparteien, ob sie sich außerhalb des Preisrechts bewegen.[12]

---

[7] BGH, BauR 1999, 1045 = NJW-RR 1999, 1107 = ZfBR 1999, 235; OLG Düsseldorf, BauR 1987, 590; OLG Hamm, OLGR 1994, 208.
[8] Vgl. OLG Düsseldorf, BauR 1987, 348 u. 650.
[9] Vgl. *Locher*, BauR 1986, 645.
[10] BGH, BauR 2012, 829; BauR 2005, 735, 759 = NJW-RR 2005, 669 = IBR 2005, 213 – *Schwenker* = MDR 2005, 706; OLG München, IBR 2005, 97 – *Seifert*.
[11] Vgl. hierzu OLG Hamm, BauR 2006, 1766.
[12] So jetzt auch BGH, BauR 2004, 1640 = NZBau 2004, 509 = ZfIR 2004, 767. Ebenso KG, KGR 2001, 197.

Grundsätze der Honorarvereinbarung nach der HOAI

a) Honorarvereinbarung innerhalb der Mindest- und Höchstsätze

Literatur

Oppler, Zur Bonus-/Malusregelung nach § 7 Abs. 7 HOAI, Festschrift für Koeble (2010), S. 445; *Deckers*, Bonus und Malus im Honorarrecht der Architekten und Ingenieure, ZfBR 2012, 315.

Innerhalb der Mindest- und Höchstsätze sind die **Vertragsparteien** bei der Bestimmung der Honorarhöhe **frei**.[13] Die HOAI stellt den Rahmen zwischen Mindest- und Höchstsätzen den Vertragsparteien also zur freien Verfügung. Eine gerichtliche Überprüfung der Angemessenheit des Honorars kommt innerhalb dieses Rahmens nicht in Betracht. Daher kann ein Honorar innerhalb der Mindest- und Höchstsätze auch in Allgemeinen Geschäftsbedingungen oder Formularverträgen vereinbart werden.[14] **739**

Die **Vertragsfreiheit** der Parteien sollte auch nicht durch die in der Amtlichen Begründung der Bundesregierung zur alten HOAI genannten Bewertungsmaßstäbe (vgl. Rdn. 732) eingeschränkt werden. Diese werden lediglich als Hilfestellung für eine Honorarvereinbarung der Parteien innerhalb der Mindest- und Höchstsätze aufgezählt. Innerhalb des § 7 Abs. 1 HOAI gibt es dagegen keinen Anhaltspunkt dafür, dass die Vereinbarung der Parteien durch den Nachweis dieser Merkmale gerechtfertigt sein muss; andernfalls wären sie in die Vorschrift mit aufgenommen und die Vereinbarung der Parteien innerhalb der Mindest- und Höchstsätze an diese Kriterien angebunden worden. Die übrigen Maßstäbe der HOAI für das vereinbarte Honorar (z. B anrechenbare Kosten, Honorarzone usw., vgl. Rdn. 905 ff.) sind ebenfalls grundsätzlich frei zwischen den Parteien vereinbar, sie müssen sich aber in dem preisrechtlich zulässigen Rahmen halten; es ist also stets zu ermitteln, welches Honorar sich unter Anwendung der gesamten von den Vertragsparteien vereinbarten Bemessungsgrundlagen ergibt und ob dieses Honorar in dem von der HOAI zugelassenen Rahmen liegt.[15]

Im Rahmen der HOAI von 1996 war die Vereinbarung eines **Sonderhonorars** („Erfolgshonorars") für den Fall, dass die vorgesehene Bausumme **unterschritten** oder die Bauzeit abgekürzt wird, nicht unzulässig.[16] Im Einzelfall hängt die Zulässigkeit lediglich davon ab, ob mit dem Sonderhonorar die in der HOAI vorgesehenen Höchstsätze überschritten werden. **740**

Nach § 7 Abs. 6 können die Parteien eines Architektenvertrages **schriftlich vereinbaren**, dass für Kostenunterschreitungen, die unter Ausschöpfung technisch-wirtschaftlicher oder umweltverträglicher Lösungsmöglichkeiten zu einer wesentlichen Kostensenkung ohne Verminderung des vertraglich festgelegten Standard führen, ein Erfolgshonorar gezahlt wird, das bis zu 20 % des vereinbarten Honorars betragen kann (**Bonusregelung**).[17] Bei einer entsprechenden Vereinbarung der Parteien können die Höchstsätze der HOAI wirksam überschritten werden. Eine Überschreitung des Prozentsatzes von 20 % verstößt aber gegen das zwingende Preisrecht der HOAI und ist daher unzulässig.[18] **741**

Der § 7 Abs. 6 HOAI entspricht hinsichtlich der Bonus-Regelung dem Erfolgshonorar des § 5 Abs. 4a HOAI 1996. Die Vereinbarung muss zwar schriftlich, aber

---

13) *Frik*, DAB 1980, 513.
14) So richtig *Korbion/Mantscheff/Vygen*, § 7 HOAI, Rn. 41. Grundlegend hierzu *Randhahn*, BauR 2011, 1086.
15) BGH, BauR 2005, 735 = NJW-RR 2005, 669 = MDR 2005, 706.
16) OLG Frankfurt, BauR 1982, 88.
17) Zur Bonus- und Malusregelung in der HOAI vgl. insbesondere *Oppler*, Festschrift für Koeble, 445 ff. sowie *Deckers*, ZfBR 2012, 315.
18) Vgl. hierzu KG, BauR 2010, 642.

nicht „zuvor" getroffen werden, also nicht vor Beginn der Leistungen, die zur Kostensenkung führen sollen. Nach dem Wortlaut des § 7 Abs. 6 HOAI muss die Vereinbarung auch nicht bei Auftragserteilung erfolgen.[19]

Eine solche Vereinbarung der Parteien über eine Bonus-Zahlung kann im Hinblick auf die Voraussetzungen, die zur Erlangung einer entsprechenden Zahlung führen können, wird in der Regel ein erhebliches Streitpotenzial beinhalten. Das gilt zunächst für die Frage, ob wirklich die Kostenunterschreitung auf einer Ausschöpfung technisch-wirtschaftlicher oder umweltverträglicher Lösungsmöglichkeiten beruht, aber auch hinsichtlich der Frage, ob die Kostenunterschreitung tatsächlich nicht mit der Verminderung des vertraglich festgelegten Standards verbunden ist.[20] Die Bonus-Regelung des § 7 Abs. 6 HOAI erfordert daher eine äußerst genaue Dokumentation der Kostenentwicklung; darüber hinaus bedarf es schon bei Vertragsschluss einer hinreichenden Definition über das vertraglich geschuldete Soll, soweit es die Bauausführung betrifft. Baukosteneinsparungen allein reichen noch nicht aus, das Erfolgshonorar in § 7 Abs. 6 HOAI zu verdienen. Vielmehr bedarf es insoweit eines substantiierten Vortrages des Architekten, dass bei der Bauaufgabe wirklich technisch-wirtschaftliche oder umweltverträgliche Lösungen gefunden wurden, die zu einer wesentlichen Kostensenkung geführt haben.[21] Im Hinblick auf die aktuelle Rechtsprechung des BGH zum Baukostenvereinbarungsmodell[22] ist im Übrigen unter denselben Gesichtspunkten damit zu rechnen, dass der BGH auch diese Regelung für unwirksam erachtet. Auch insoweit kann der Mindest- und Höchstpreischarakter der HOAI verletzt werden, ohne dass ein Ausnahmefall gegeben ist. Auch diese Regelung ist daher wohl nicht von der Ermächtigungsgrundlage (MRVG) zur HOAI gedeckt.

742 In § 7 Abs. 6 HOAI ist zum Zwecke der Förderung eines kostengünstigen Bauens auch eine **Malus-Regelung** enthalten. In Fällen der Überschreitung der einvernehmlich festgelegten anrechenbaren Kosten können die Parteien ein Malus-Honorar in Höhe von bis zu 5 % des Honorars vereinbaren. Aus welchen Gründen auch immer, erfordert die Malus-Vereinbarung **nicht die Schriftform** – im Gegensatz zur Bonus-Regelung. Mit der Malus-Regelung können ggf. die Mindestsätze unterschritten werden.[23] Die Malus-Regelung stellt lediglich auf den Umstand der Kostenüberschreitung ab. Dagegen muss der Planer die Kostenüberschreitung nicht kausal beeinflusst haben. Auch das kann zu einem erheblichen Streitpotenzial führen, weil im Zweifel für den Planer nicht nachvollziehbar ist, aus welchem Grund er Honorareinbußen für Umstände hinnehmen soll, die außerhalb seiner Einflusssphäre liegen.[24]

---

[19] *Koeble*, in: Locher/Koeble/Frik, § 7 HOAI, Rn. 171. **A.A.:** *Steeger*, IBR 2010, 4.
[20] So auch *Messerschmidt*, NZBau 2009, 568, 572, der zutreffend darauf hinweist, dass der neuen Bonus-Regelung kaum Erfolg beschieden sein wird, weil regelmäßig wesentliche Kostensenkungen überhaupt nur dann erreicht werden können, wenn Verminderungen des Material- und Qualitätsstandards hingenommen werden.
[21] KG BauR 2010, 642.
[22] BauR 2014, 1332 = IBR 2014, 352, 353 – *Fuchs*.
[23] *Galda*, in: Korbion/Mantscheff/Vygen, § 8 HOAI, Rn. 139.
[24] Vgl. hierzu *Messerschmidt*, a.a.O., der bereits Bedenken hat, ob die Malus-Regelung, die sich dem Grunde wie dem Umfang nach an Vertragsstrafen, die in Allgemeine Vertragsbedingun-

Die Entscheidung des BGH zur Unwirksamkeit des Baukostenvereinbarungsmodells[25] (vgl. näher Rdn. 991) hat auch mögliche Auswirkungen auf die **Bonus- und Malusregelung**, die mit der 6. Novelle 2009 ebenfalls in die HOAI aufgenommen wurde. Diese Regelung wurde – mit geringfügigen sprachlichen Änderungen – ebenfalls in die HOAI 2013 übernommen. Auch mit dieser Regelung können die Mindestsätze unterschritten und die Höchstsätze überschritten werden, ohne dass die Voraussetzungen für einen Ausnahmefall vorliegen. Deshalb gelten auch für dieses Modell die Ausführungen des BGH. Es bleibt daher abzuwarten, ob der BGH dieses Modell und damit die Vorschrift des § 7 Abs. 6 HOAI 2013 ebenfalls für unwirksam erklärt, weil diese Regelung gegen die oben genannte Ermächtigungsgrundlage für die HOAI verstößt und der Verordnungsgeber mit dieser Regelung keinen Ausnahmefall statuieren wollte.

Die **öffentlichen Auftraggeber**, insbesondere **Bund und Länder**, gehen innerhalb ihrer Musterverträge von dem Mindestsatz als Regelfall aus.[26] Nach den entsprechenden Runderlassen soll eine Überschreitung der Mindestsätze nur vereinbart werden, „wenn besondere Anforderungen gestellt werden, die den Bearbeitungsaufwand wesentlich erhöhen und die nicht bereits bei der Einordnung in die Honorarzonen berücksichtigt worden sind".[27]

Soweit die **berufsständischen Organisationen** der Architekten bemüht sind, durch Vorschriften der Berufsordnung oder andere Rechtsvorschriften den Preiswettbewerb über den in der HOAI festgelegten Rahmen hinaus einzuschränken, weisen Hesse/Korbion/Mantscheff/Vygen[28] zu Recht darauf hin, dass derartige Regeln, Richtlinien, Empfehlungen oder Vorschriften unwirksam sind.

Grundsätzlich ist daher eine wirksame **Honorarvereinbarung** gemäß § 7 Abs. 1 HOAI nur gegeben, wenn folgende Voraussetzungen erfüllt sind:

* die Honorarvereinbarung muss **schriftlich** erfolgen (Rdn. 787 ff.);
* die Honorarvereinbarung muss **bei Auftragserteilung** getroffen worden sein (Rdn. 795 ff.);
* die Honorarvereinbarung muss sich grundsätzlich **im Rahmen** der durch die HOAI festgesetzten Höchst- und Mindestsätze halten (Rdn. 739 ff.).

Die **Vereinbarung** muss kein beziffertes, aber ein **bezifferbares Honorar** bezeichnen;[29] wird kein Betrag genannt, so sind daher alle Maßstäbe der HOAI anzugeben, aus denen sich dann das Honorar ermitteln lassen muss (Honorarzone, Leistungsumfang, Kriterium für die Einordnung des Honorars im Rahmen der Mindest- und Höchstsätze, z.B. durch „Prozentzahl" oder „Mittelsatz" oder „¼ über Mindestsatz" usw.).

Ist die Honorarvereinbarung dagegen **unbestimmt**, so ist sie wegen Verstoßes gegen preisrechtliche Bestimmungen **unwirksam** (§ 134 BGB) mit der Folge, dass

---

gen am Bau verwendet werden, orientiert, von der Ermächtigungsgrundlage in den §§ 1 und 2 Art. 10 MRVG gedeckt ist.
25) BauR 2014, 1332 = NZBau 2014, 501.
26) *Frik*, DAB 1980, 513; s. auch *Müller*, BlGBW 1981, 46.
27) Vgl. das Schreiben des Innenministers NRW vom 18.12.1979 (DAB 1980, 47).
28) § 4 HOAI, Rn. 62.
29) *Koeble*, in: Locher/Koeble/Frik, § 7 HOAI Rn. 32 f.

§ 7 Abs. 5 HOAI gilt.[30] Unbestimmt ist jedoch eine Honorarvereinbarung noch nicht, wenn sie nach den Berechnungsgrundsätzen der HOAI ergänzt werden kann.[31] Einer Bestimmung der anrechenbaren Kosten (als wichtiger Maßstab für das endgültige Honorar des Architekten) bedarf es im Zeitpunkt des Vertragsabschlusses nicht. Ob eine Honorarvereinbarung im Sinne der §§ 315, 316 BGB im Rahmen der HOAI zulässig ist, erscheint zweifelhaft.[32]

747 Zahlt ein Auftraggeber ein **über den Mindestsätzen** liegendes Architektenhonorar trotz unwirksamer Honorarvereinbarung (keine Schriftform – keine Einigung bei Auftragserteilung), kann er den über die Mindestsätze hinausgehenden Betrag zurückverlangen.[33] Dasselbe gilt, wenn ein über den Höchstsätzen liegendes Honorar gezahlt wird, obwohl ein Fall des § 7 Abs. 4 HOAI nicht vorliegt. Allerdings kann das **Rückforderungsrecht des Bauherrn** entfallen, wenn er die **Unwirksamkeit** der Honorarvereinbarung kannte und dennoch zahlte.[34] Insoweit reicht aber nicht aus, dass der Auftraggeber nur die Tatumstände, die zur Unwirksamkeit der Honorarvereinbarung führen, kannte. Vielmehr ist **positives Wissen** erforderlich, ein „Kennenmüssen" oder Zweifel an der Rechtslage ist nicht ausreichend.[35]

748 Die vorerwähnten Grundsätze gelten auch für den Fall, dass die Parteien eine Honorarvereinbarung **unterhalb der Mindestsätze** vereinbarten, der Auftraggeber aber mehr gezahlt hat. Bei einer Zahlung aufgrund vereinbarter Voraus- oder Abschlagszahlungen stützt der BGH den Rückzahlungsanspruch auf eine vertragliche Anspruchsgrundlage (vgl. Rdn. 1216).

749 Etwas anderes kann für die Fallgestaltung gelten, in der der Auftragnehmer ein überhöhtes Honorar, das unzulässigerweise vereinbart oder gefordert wird, anerkennt. Das ist jedoch streitig.[36] Dabei ist zu berücksichtigen, dass allein die Zahlung auf Akontorechnungen noch kein Anerkenntnis darstellt, weil Abschlagsrechnungen und -zahlungen grundsätzlich vorläufigen Charakter haben.[37]

750 Mitglieder einer **Bauherrengemeinschaft** haften in aller Regel gegenüber dem Architekten nur **anteilig in Höhe der Quote ihres Miteigentumsanteils.** Etwas anderes gilt nur dann, wenn ausdrücklich eine andere Vereinbarung im Architektenvertrag getroffen wurde.[38]

Ob sich eine Honorarvereinbarung im Rahmen der gesetzlichen Mindest- und Höchstsätze hält, wird **nicht von Amts wegen** geprüft. Vielmehr muss sich ein Verstoß gegen das zwingende Preisrecht der HOAI aus dem Vortrag der Parteien oder sonst eindeutig ergeben.[39]

---

30) OLG Düsseldorf, BauR 1985, 234; *Koeble*, BauR 1977, 372, 373.
31) *Koeble*, in: Locher/Koeble/Frik, § 7 HOAI, Rn. 33.
32) Vgl. hierzu *Motzke*, BauR 1982, 319; *Koeble*, in: Locher/Koeble/Frik, § 7 HOAI, Rn. 33.
33) *Koeble*, in: Locher/Koeble/Frik, § 7 HOAI, Rn. 143.
34) *Neuenfeld*, § 4 HOAI, Rn. 3a; *Koeble*, in: Locher/Koeble/Frik, § 7 HOAI, Rn. 138; **a.A.:** *Palandt/Sprau*, § 817, Rn. 11; vgl. zur **Aufklärungspflicht** des Architekten über unwirksame Honorarvereinbarungen: *Knacke*, BauR 1990, 395 ff.; *Weyer*, BauR 1987, 131, 140 ff.
35) BGH, WM 1972, 283; 1973, 294.
36) Vgl. hierzu *Koeble*, in: Locher/Koeble/Frik, § 7 HOAI, Rn. 143.
37) Vgl. OLG Düsseldorf, BauR 1986, 473.
38) LG Kiel, NJW 1982, 390; BGH, BauR 1980, 262, 263 m.w.Nachw. (für den **Unternehmervertrag**).
39) OLG Jena, BauR 2010, 1641.

b) Unterschreitung der Mindestsätze

Literatur

Schelle, Unterschreitung der HOAI-Mindestsätze in Ausnahmefällen, BauR 1986, 144; *Moser*, Verbot der Mindestsatzunterschreitung; Auslegung des Begriffs „Ausnahmefall", BauR 1986, 521; *Locher*, Unzulässige Honorarminderungen in Ingenieur-Verträgen der öffentlichen Hand, BauR 1986, 643; *Osenbrück*, Unterschreitung der HOAI-Mindestsätze in Ausnahmefällen (Zusammenfassung und Kritik des Meinungsstandes), BauR 1987, 144; *Meyke*, Honorarvereinbarung des Architekten unter den Mindestsätzen der HOAI, BauR 1987, 513; *Konrad*, Zur Unterschreitung der Mindestsätze (§ 4 Abs. 2 HOAI), BauR 1989, 653; *Klepsch*, Das Honorarrecht der HOAI und das Berufsrecht der Architekten – Besprechung des Urteils des Hessischen VGH vom 7. Februar 1995 (11 UE 1659/92), ZfBR 1996, 1; *Müller/Wrede*, Preisrechtliche Bindung bei Überschreitung des höchsten Tafelwertes, BauR 1996, 322; *Hartmann*, Zur Vergütung von Wettbewerbsleistungen im Rahmen der HOAI, BauR 1996, 623; *Pöschl*, Unzulässigkeit der Ausschreibung von Architekten- und Ingenieurleistungen, DAB 1996, 247; *Portz*, Bundesverwaltungsgericht: Grundsatzentscheidung zur Honorierung der Architektenleistungen im Rahmen von „Gutachterverfahren", DAB 1999, 1064; *Portz*, Der „Ausnahmefall" des § 4 Abs. 2 HOAI, Festschrift für Vygen (1999), 44; *Morlock*, Gericht untersagt einer Gemeinde unterhonorierte Mehrfachbeauftragungen, DAB 2003, 38; *Steeger*, Mindestsatzunterschreitung in Planerverträgen, BauR 2003, 794; *Quack*, Baukosten als Beschaffenheitsvereinbarung und die Mindestsatzgarantie der HOAI, ZfBR 2004, 315; *Locher*, Probleme der Mindestsatzunterschreitung beim Generalplanervertrag, Festschrift für Motzke (2006), 221; *Rauch*, Honorarvereinbarungen mit Subplanern unter der Mindestsätze, BauR 2006, 1662; *Thierau*, Anwendbarkeit und Mindestsätze der HOAI bei GU-Modellen und hiermit verbundenen Planungsverträgen im Rahmen der Immobilien-Projektentwicklung, Festschrift für Werner (2005), 131; *Koeble*, Unwirksame Honorarvereinbarung und Vertrauensschutz, BauR 2009, 381; *Stassen*, Der Rahmenvertrag als Ausnahmefall i.S.d. § 7 Abs. 3 HOAI n.F. – Eine Spurensuche –, Festschrift für Koeble (2010), S. 563; *Scholtissek*, Bindungswirkung einer Honorarvereinbarung unter HOAI-Mindestsätzen, NZBau 2012, 150; *Steffen/Averhaus*, Mindestsatzunterschreitung bei der Planung mehrerer Gebäude, NZBau 2012, 417; *Boldt*, Mindestsatzunterschreitung bei Pauschalhonorar mit preisgebundenen und freien Honorarbestandteilen (zu BGH, NZBau 2012, 370) NZBau 2012, 482; *Flemming*, Erweiterte Honorartafeln zu HOAI 2013 für die Leistungsbilder der Objekt- und Fachplanung, BauR 2014, 469; *Fuchs*, Der Gesamtvergleich – Wie hält es die HOAI mit der Privatautonomie? NZBau 2017, 123.

Die in der HOAI festgesetzten **Mindestsätze** können nur in **Ausnahmefällen** durch schriftliche Vereinbarung unterschritten werden (§ 7 Abs. 3 HOAI).[40] Wirksam ist eine solche Vereinbarung nur, wenn sie

* in **Ausnahmefällen** (Rdn. 755),
* **schriftlich** (Rdn. 787) und
* bei **Auftragserteilung** (Rdn. 795)[41]

erfolgt. Kann der Auftraggeber diese Voraussetzungen nicht darlegen oder beweisen, gelten nach § 7 Abs. 5 HOAI die jeweiligen Mindestsätze als vereinbart.

---

[40] Nach einer Entscheidung des BVerfG (BauR 2005, 1946 = NZBau 2006, 121) greift zwar § 4 Abs. 2 HOAI a.F. (jetzt § 7 Abs. 3) in die in Art. 12 Abs. 1 GG geschützte Berufsfreiheit ein, weil sie die Architekten daran hindert, die Honorare frei zu vereinbaren. Die Beschränkung dieser Berufsausübungsfreiheit sei aber gerechtfertigt, „weil verbindliche Preissätze geeignet sind, die Tätigkeit des Architekten zu sichern und zu verbessern. Sie schafft dem Architekten jenseits von Preiskonkurrenz den Freiraum, hochwertige Arbeit zu erbringen, die sich im Leistungswettbewerb der Architekten bewähren muss".

[41] Wie hier: BGH, BauR 1988, 364; BauR 1987, 112 = NJW-RR 1987, 13; BauR 1987, 706 = NJWRR 1987, 1374; BauR 1985, 582 = NJW-RR 1986, 18; OLG Hamm, BauR 1995, 129 = ZfBR 1995, 33; *Jochem*, 4. Auflage, § 4 HOAI, Rn. 11; *Groß*, BauR 1980, 9, 19; *Meyke*, BauR 1987, 513.

Das gilt auch bei Vereinbarung eines Pauschalhonorars, das unter den Mindestsätzen der HOAI liegt (Rdn. 1090). Behauptet eine Partei einen Verstoß gegen die Preisregeln der HOAI (hier Mindestsatzregelung), trägt diese die Darlegungs- und Beweislast.[42]

752 Ob die HOAI im Einklang mit dem **Recht der Europäischen Union** steht, wird in der Literatur vielfach diskutiert.[43] Das gilt insbesondere im Hinblick auf die Dienstleistungsfreiheit nach Art. 59, 60 EGV. Daran wird sich auch nach der Novellierung der HOAI im Jahr 2009 – trotz der Einschränkung des Geltungsbereichs gemäß § 1 HOAI – nichts ändern. Das OLG Köln[44] hat entschieden, dass in einem nicht grenzüberschreitenden Vertrag keine europarechtlichen Bedenken gegen die Anwendung der Mindestsätze der HOAI bestehen und hat dementsprechend die Vorlage an den EuGH abgelehnt.

753 Werden die Mindestsätze in unzulässiger Weise unterschritten, bleibt der Architektenvertrag wirksam; es sind dann die Mindestsätze der HOAI anzuwenden.[45] Anhand einer **hypothetischen, nach den Bestimmungen der HOAI richtig ermittelten Honorarabrechnung** ist daher stets zu überprüfen, **ob der Mindestsatz unterschritten** wird.[46] Das Gericht wird – von Amtswegen – dieser Frage jedoch nur nachgehen können, wenn hierfür eine substantiierte Behauptung des Architekten[47] vorliegt. Im Übrigen handelt es sich insoweit um eine **Rechtsfrage**, die das Gericht zu beurteilen hat und die nicht dem Sachverständigen überlassen werden darf.[48]

754 Allerdings kann der Architekt auch ein **Pauschalhonorar** abrechnen, das unter dem Mindestsatz liegt; die Prüffähigkeit einer Schlussrechnung darf dann nicht mit der Begründung verneint werden, der Architekt habe keine an der HOAI orientierte Abrechnung nach Mindestsätzen vorgenommen.[49]

755 Der Begriff „Ausnahmefall" wird in der **HOAI nicht näher erläutert**; über ihn wird daher auch **kontrovers diskutiert. Maßgebend** sind die **objektiven und subjektiven Gesamtumstände.**[50] Grundsätzlich wird man den Begriff „**Ausnahmefall**" schon aufgrund des Wortlautes, aber auch im Hinblick auf den mit der Vorschrift des § 7 HOAI verfolgten Sinn und Zweck **eng** auszulegen haben. Die Feststellung, ob ein Ausnahmefall vorliegt, ist der Dispositionsbefugnis der Partei-

---

[42] BGH, NJW-RR 2002, 159, 160; OLG Celle, BauR 2004, 359.
[43] Vgl. hierzu im Einzelnen *Koeble*, in: Locher/Koeble/Frik, § 1 HOAI, 41 m.w.N.; *Deckers*, BauR 2007, 1128 sowie *Pott/Dahlhoff/Kniffka/Rath*, § 1 HOAI, Rn. 3 ff.; im Übrigen zur selben Problematik der Mindestgebühren für Rechtsanwälte in Italien („Cipolla") EuGH, NZBau 2007, 43 m.Anm. *Neuenfeld*, NZBau 2007, Heft 1, VII.
[44] BauR 2007, 132 m.Anm. *Sangenstedt* (vom BGH ausdrücklich bestätigt durch seinen Nichtannahmebeschluss vom 27.9.2006 – VII ZR 11/06). Ebenso OLG Hamm, BauR 2008, 2062, 2064.
[45] **Herrschende Meinung:** für viele OLG Hamm, NJW-RR 1990, 522; *Koeble*, in: Locher/Koeble/Frik, § 7 HOAI, Rn. 104; *Konrad*, BauR 1989, 660.
[46] OLG Köln, BauR 2017, 925.
[47] OLG Jena, BauR 2010, 1641; OLG Koblenz, IBR 2009, 88 – *Zerwell* (Darlegungslast des Architekten bei Mindestsatzunterschreitung im Rahmen eines vereinbarten Pauschalhonorars).
[48] BGH, BauR 2005, 735 = NJW-RR 2005, 669 = MDR 2005, 706.
[49] BGH, BauR 2005, 739 = NJW-RR 2005, 749 = MDR 2005, 803 = IBR 2005, 262 – *Knipp* = NZBau 2005, 349 = ZfIR 2005, 412.
[50] Zutreffend: *Koeble*, in: Locher/Koeble/Frik, § 7 HOAI, Rn. 124.

en entzogen. Die h.M. in der Literatur[51] hat bislang einen Ausnahmefall nur bejaht,

* wenn besondere **persönliche**, vor allem **verwandtschaftliche Beziehungen** zwischen den Parteien bestehen oder
* wenn die **Leistungen** bzw. der **Aufwand** des Architekten objektiv als **besonders geringfügig** einzustufen ist und/oder ein deutliches Missverhältnis zwischen Leistung und zulässigem Mindestsatzhonorar vorliegt, z.B. kleinere Umbau- und Reparaturarbeiten.[52]

Der BGH[53] geht allerdings weit über die bisherige Auffassung in der Literatur hinaus und öffnet für eine Vielzahl anderer Fallgestaltungen das Tor zur Annahme eines „Ausnahmefalles": **756**

> „Bei der Bestimmung eines Ausnahmefalles sind der Zweck der Norm und die berechtigten Interessen der Beteiligten zu berücksichtigen. Die zulässigen Ausnahmefälle dürfen einerseits nicht dazu führen, dass der Zweck der Mindestsatzregelung gefährdet wird, einen ‚ruinösen Preiswettbewerb' unter Architekten und Ingenieuren zu verhindern. Andererseits können alle die Umstände eine Unterschreitung der Mindestsätze rechtfertigen, die das Vertragsverhältnis in dem Sinne deutlich von den üblichen Vertragsverhältnissen unterscheiden, dass ein unter den Mindestsätzen liegendes Honorar angemessen ist. Das kann der Fall sein, wenn die vom Architekten oder Ingenieur geschuldete Leistung nur einen besonders geringen Aufwand erfordert, sofern dieser Umstand nicht schon bei den Bemessungsmerkmalen der HOAI zu berücksichtigen ist. Ein **Ausnahmefall** kann ferner beispielsweise bei **engen Beziehungen rechtlicher, wirtschaftlicher, sozialer oder persönlicher Art oder sonstigen besonderen Umständen** gegeben sein. Solche besonderen Umstände können etwa in der mehrfachen Verwendung einer Planung liegen."

Unter diesem Vorzeichen hat sich die Rechtsprechung zur Frage, ob ein Ausnahmefall im Einzelfall anzunehmen ist, bisher wie folgt geäußert: **757**

Ausnahmefall bejaht:

* **Architekt ist mit 8,82 % an der GmbH des Auftraggebers beteiligt** (OLG Dresden, IBR 2003, 423).
* **Enges freundschaftliches Verhältnis** zwischen Auftraggeber und Architekt (OLG Celle, IBR 2003, 548).
* **Kompensationsgeschäft** Auftraggeber und Architekt (OLG Köln, NZBau 2003, 43).
* **Planung nach standardisierten und aus Voraufträgen bekannten Vorgaben** des Auftraggebers/Architekt steht im Wettbewerb mit Bauträgern (OLG Naumburg, BauR 2009, 267).

---

51) *Lehmann*, BauR 1986, 512, 519; *Neuenfeld*, § 4 HOAI, Rn. 5; *Sangenstedt*, BauR 1988, 368, 370; *Osenbrück*, BauR 1987, 144, 147; *Meyke*, BauR 1986, 513, 518; *Moser*, BauR 1986, 521; **Bestritten** für den Fall der **Freundschaft**; dafür: *Osenbrück*, a.a.O.; *Neuenfeld*, a.a.O; dagegen: *Meyke*, a.a.O.; *Moser*, BauR 1986, 521, 523; *Lehmann*, BauR 1986, 512, 519.
52) Vgl. BT-Drucks. 270, 76, S. 9.
53) BauR 1997, 677 = NJW 1997, 2329; vgl. hierzu insbesondere *Portz*, Festschrift für Vygen S. 44, die zu Recht darauf verweist, dass die Entscheidung des BGH die Praxis „in Zukunft eher vor größere Schwierigkeiten stellen wird, als sie bisher bestanden, da nach wie vor sachlich-objektive Abgrenzungs- und Einordnungskriterien für den konkreten Einzelfall fehlen"; siehe auch OLG Köln, NJW-RR 1999, 1109 = NZBau 2000, 147 und NZBau 2005, 467 sowie OLG Bamberg, IBR 2009, 396 – *Heiliger*.

- **Besondere Umstände** des Einzelfalls lassen unter Berücksichtigung des Zwecks der Mindestsatzregelung ein unter den Mindestsätzen liegendes Honorar angemessen erscheinen (OLG Saarbrücken, IBR 2004, 210).
- **Ständige Geschäftsbeziehungen** zwischen Architekt und Auftraggeber (OLG Braunschweig, OLGR 2006, 896 – Rahmenvertrag zwischen einem Wohnungsbauunternehmen und einem Architekten – vgl. hierzu auch OLG Oldenburg, IBR 2004, 430).
- Einem Architekten werden in einem aus mehreren Gebäuden bestehenden Neubaugebiet Planungsaufträge für die einzelnen Gebäude erteilt (OLG Oldenburg, a.a.O.).
- Beteiligung mehrerer **gleichberechtigter, teilweise miteinander befreundeter Partner an einer Projektgesellschaft** und Auftrag dieser Gesellschaft an einen der Partner mit der Erbringung von Architektenleistungen (OLG Oldenburg, IBR 2015, 671 – *Scharfenberg*).
- Die **Arbeitskraft eines Architekten** wird durch einen **Bauträger** im Rahmen einer **engen Zusammenarbeit**, die zu einer wirtschaftlichen Abhängigkeit führt, **gebunden** (OLG Düsseldorf, BauR 2017, 310 = NZBau 2017, 96).
- Bereits bestehende und auf Dauer angelegte und freundschaftliche Beziehungen (OLG Hamm, IBR 2009, 588).

758 Ausnahmefall verneint:

- Auftraggeber und Architekt: **Dutzende Mitglieder im Tennisverein** (BGH, BauR 1999, 1044).
- Architekt befindet sich im **Ruhestand** (BGH, BauR 1997, 1062).
- **Kompensationsgeschäft** Auftraggeber – Architekt; Auftraggeber vermittelte anderen Auftrag an Architekt (OLG Köln, IBR 2000, 439).
- Forderung des Auftraggebers nach „**möglichst kostengünstiger Ausführung**" (OLG Köln, OLGR 2005, 2).
- Absicht des Auftraggebers, dem Planer eines von ihm in einem Gutachtenverfahren ausgewählten Entwurfes Auftrag zu erteilen (BVerwG, NZBau 2000, 30).
- **Ständige Geschäftsbeziehung**: 17 Aufträge in 3 Jahren (BGH, BauR 2012, 271; ebenso OLG Jena, IBR 2017, 262 – *Käseberg* = BauR 2017, 1560; a.A. OLG Stuttgart, IBR 2010, 694).
- Mehrere Bauvorhaben auf einem Grundstück für eine Unternehmensgruppe wird parallel bearbeitet, selbst wenn sich im Laufe der Geschäftsbeziehungen eine persönliche Beziehung zwischen den Geschäftsführern der Vertragsparteien entwickelt (KG, IBR 2011, 342).
- Der **Architekt will** mit der Unterbreitung eines Pauschalpreisangebotes eine **ständige Geschäftsbeziehung** mit dem Auftraggeber **eingehen** (OLG Stuttgart, IBR 2015, 609 – *Wessel*).
- Im **Laufe der geschäftlichen Zusammenarbeit** der Vertragsparteien entwickeln sich **Umgangsformen**, die als **freundschaftlich zu bezeichnen** sind (BGH, BauR 1997, 1062; OLG Jena, BauR 2017, 1560 = IBR 2017, 262 – *Käseberg*; OLG Düsseldorf, IBR 2015, 80 – *Berger*).
- Ein Architekt plant im zeitlichen Zusammenhang **drei Bauvorhaben** auf verschiedenen Grundstücken (OLG Oldenburg, IBR 2004, 432).
- Der Auftraggeber hat die Absicht, mit dem Architekten eine **Gesellschaft zu gründen** (OLG Stuttgart, BauR 2014, 1964).

Unterschreitung der Mindestsätze

Im Übrigen wird man nach wie vor davon auszugehen haben, dass persönliche (individuelle) Eigenarten des Architekten, die Kostenstruktur des Architekten oder die „Betriebsform", in der der Architekt seine Tätigkeit ausübt (z.B. kleines Büro ohne Personal[54]) bei der Frage, ob eine Ausnahme vorliegt, keine entscheidende Bedeutung zukommt.

759 Im Einzelfall kann eine Mindestsatzunterschreitung **standesunwürdig**[55] sowie **wettbewerbswidrig**[56] sein. Das gilt auch hinsichtlich einer Aufforderung eines Bauherrn zu Angeboten unter den Mindestsätzen[57] (vgl. hierzu auch Rdn. 358), insbesondere bei Ausschreibungen von Architektenleistungen durch private oder öffentliche Auftraggeber.[58] Eine Wettbewerbswidrigkeit seitens des Auftraggebers setzt jedoch voraus, dass dieser in der Ausschreibung konkrete Vorgaben für die Preisermittlung macht, die gleichzeitig eine Aufforderung zu einer Unterschreitung der Mindestsätze der HOAI darstellt.[59] Die Nichtabrechnung einzelner Leistungsphasen (z.B. Grundlagenermittlung und Genehmigungsplanung) stellt keine Mindestsatzunterschreitung dar und kann daher wettbewerbsrechtlich nicht beanstandet werden, wenn die entsprechenden Leistungen auch nicht zu erbringen sind.[60]

Ein Architekt kann in einem **Vergabeverfahren** wegen Unterschreitens der Mindestsätze der HOAI ausgeschlossen werden.[61]

760 Bei **Architektenwettbewerben** (z.B. Ideenwettbewerben oder Realisierungswettbewerben in der Form von offenen oder beschränkten Wettbewerben)[62] werden den Teilnehmern häufig **„Aufwandsentschädigungen"** oder **„Bearbeitungshonorare"** sowie gestaffelte „Preise" versprochen, die in der Regel **unter** den HOAI-Mindestsätzen für die entsprechenden Architektenleistungen (meist vorplanerische Leistungen im Sinne von Lösungsvorschlägen) liegen.[63] Eine unzulässige Mindestsatzunterschreitung gemäß § 7 Abs. 3 HOAI ist hierin nicht zu sehen, weil

---

54) OLG Hamm, BauR 1988, 366.
55) Vgl. BVerwG, NJW-RR 1999, 1542 = NZBau 2000, 30 (Mindestsatzunterschreitung bei **Gutachterverfahren**); VGH Kassel, NJW-RR 1995, 1299.
56) Vgl. hierzu BGH, BauR 1997, 490 = NJW 1997, 2180; OLG München, NJW-RR 1996, 881; LG Hamburg, IBR 2009, 523 – A. *Eich*; *Kreißl*, S. 113 ff.
57) OLG München, BauR 1996, 283; vgl. ferner BGH, a.a.O., sowie BauR 1991, 638.
58) Nach BGH, BauRB 2005, 107, ist ein Auftraggeber von Ingenieur- oder Architektenleistungen auch wettbewerbsrechtlich nicht verpflichtet, die Leistungen so auszuschreiben, dass sie alle Angaben für die Honorarberechnung nach HOAI enthalten; vgl. ferner OLG Düsseldorf, BauR 2001, 274 = NZBau 2000, 578 (für den **Tragwerksplaner**); *Pöschl*, DAB 1996, 247; vgl. ferner: LG Marburg, BauR 1994, 271; LG Freiburg, U.v. 17.5.2002 – AZ: 12 O 29/02 (hierzu *Morlock*, DAB 2003, 38). Zu wettbewerbswidrigen Honoraranfragen bei städtebaulichen Leistungen, wenn die Honorarparameter der HOAI vom öffentlich-rechtlichen Auftraggeber nicht vorgegeben werden vgl. LG Offenburg, IBR 2003, 610 – *Sangenstedt*. Zu einem Beschluss des Vergabesenats des OLG Düsseldorf vom 7.7.2004 vgl. DAB 2004, 68 (Pauschalierung des Honorars gemäß § 4a HOAI a.F. als Vergabekriterium ohne Angabe der Kostenberechnung).
59) BGH, BauR 2005, 580 = NZBau 2005, 161; ferner BGH, NZBau 2003, 622.
60) OLG München, IBR 2006, 503 – *Moufang*.
61) OLG Brandenburg, OLGR 2008, 780.
62) Vgl. hierzu auch Rdn. 638 ff.
63) Vgl. hierzu BVerwG, NJW-RR 1999, 1542 = NZBau 2000, 30; OLG Koblenz, ZfBR 1994, 229; *Klepsch*, ZfBR 1996, 1 ff.; *Hartmann*, BauR 1996, 623 ff.; *Neuenfeld*, § 4 HOAI, Rn. 5.

der Teilnehmer von Wettbewerben, auf die in der Regel die §§ 657 ff. BGB, insbesondere § 661 BGB, anzuwenden sind, keine Architektenleistungen erbringt, zu denen er sich werkvertraglich verpflichtet hat.[64] Bei einem Wettbewerb handelt es sich um eine einseitige Auslobung im Sinne des § 661 BGB. Der Wettbewerb findet damit im Vorfeld der Übertragung der eigentlichen Architektenleistungen statt.[65] Mit der Teilnahme am Wettbewerb verfolgt der Architekt das Ziel, einen Architektenauftrag zu erhalten. Seine Tätigkeit erfolgt auf „eigenes Risiko"[66] und ist damit vorvertragliche Akquisition (vgl. hierzu im Einzelnen Rdn. 624) außerhalb einer werkvertraglichen Beziehung (Architektenauftrag).[67] Auch das BVerfG[68] kommt zu dem Ergebnis, dass das Verbot der Unterschreitung der Mindestsätze grundsätzlich nicht für die Vergütung von Beiträgen jeglicher Wettbewerbe gilt; es begründet dieses Ergebnis aber damit, dass die Gefahr der Qualitätsminderung durch Preiswettbewerb, der die Mindesthonorarregelung entgegenwirken will, bei einem Architektenwettbewerb vernachlässigt werden kann.

761 Im Übrigen ist gegen die Vereinbarung einer **Aufwandsentschädigung**, die unter den Mindestsätzen der HOAI liegt, grundsätzlich nichts einzuwenden, wenn die Vertragsparteien keinen Architektenvertrag geschlossen haben.[69]

762 Bei **Gutachtenverfahren**[70] (so genannten **„Mehrfachbeauftragungen"**), bei denen bestimmte Architekten aufgefordert werden, planerische Lösungsvorschläge für ein Bauvorhaben vorzulegen, kann, muss aber nicht bereits eine werkvertragliche Bindung zwischen den Beteiligten vorhanden sein.[71] Das hängt von der Gestaltung des Verfahrens im Einzelnen ab. Ist eine entsprechende Bindung anzunehmen, finden zur Honorarhöhe die Bestimmungen der HOAI Anwendung.[72] Nach Auffassung des BVerwG[73] begründet die Absicht eines Auftraggebers, den Verfasser eines von ihm in einem Gutachtenverfahren ausgewählten Entwurfs mit weiteren Architektenleistungen zu beauftragen, keinen Ausnahmefall i.S. des § 7 Abs. 3, sodass für die im **Gutachterverfahren** zu erbringende Architektenleistungen die Mindestsätze gelten.

763 Eine **Unterschreitung** der Mindestsätze muss **nicht** ausdrücklich und unmittelbar erfolgen; dies kann auch dadurch geschehen, dass die einzelnen Vorschriften der HOAI über die **Grundlagen** (Bezugsgrößen) der Honorarberechnung nicht eingehalten werden (vgl. näher Rdn. 737)[74], zum Beispiel

---

64) Vgl. hierzu auch OLG München, BauR 2006, 1491 = IBR 2006, 213 – *Hebel*.
65) So auch *Portz*, Festschrift für Vygen, S. 44, 50.
66) Vgl. BGH, BauR 1996, 414, 416.
67) Ebenso: Hess. VGH, BauR 1998, 1037, 1041; *Hartmann*, BauR 1996, 623, 629; *Reineke*, IBR 1996, 26; unklar: *Klepsch*, ZfBR 1996, 1 ff.
68) BauR 2005, 1946 m.Anm. *Schwenker* = NZBau 2006, 121.
69) OLG München, BauR 2006, 1491 = IBR 2006, 213 – *Hebel*.
70) Vgl. hierzu *Husmann*, DAB-NW 1986, 161; *Hartmann*, BauR 1996, 623, 628; *Klepsch*, ZfBR 1996, 1, 3.
71) Vgl. hierzu BGH, BauR 1997, 490, 492, der darauf verweist, dass es sich bei den im Rahmen eines Gutachterverfahrens erbrachten Architektenleistungen „im allgemeinen" um vertraglich vereinbarte Leistungen handelt.
72) *Hartmann*, a.a.O.
73) NJW-RR 1999, 1542 = NZBau 2000, 30; vgl. *Portz*, DAB 1999, 1064 sowie Festschrift für Vygen, S. 44, 50.
74) OLG Koblenz, NZBau 2005, 466.

Unterschreitung der Mindestsätze   Rdn. 763

* zu niedrige Honorarzone,[75]
* zu geringe anrechenbare Kosten,[76]
* geringere Prozentsätze,[77]
* Zusammenfassung von, an sich gesondert zu berechnenden Gebäuden[78],
* **Ausschluss oder Nichtberücksichtigung** des § 4 Abs. 3 HOAI (**Bauen im Bestand**)[79] usw.

Eine Mindestsatzunterschreitung kann auch in der Weise erfolgen, dass die **vollständige** Erfüllung einer Leistung/Leistungsphase in Auftrag gegeben wird, eine Honorierung hierfür aber nur **teilweise** erfolgen soll.[80] Nicht selten vereinbaren die Vertragsparteien eine **Kürzung der prozentualen Honorarsätze in den einzelnen Leistungsphasen**. Dies kann auch zu einer Mindestsatzunterschreitung führen, wenn nicht gleichzeitig vereinbart wird, welche Leistungen mit dem entsprechenden Prozentsatz erfasst bzw. nicht erfasst werden. Deshalb sollte in Architektenverträgen stets klargestellt werden, welche Leistungen vom Vertrag erfasst werden, wenn bestimmte Honorarsätze gegenüber den HOAI-Sätzen gemindert werden.

Weichen ein oder mehrere der in einem Architektenvertrag vereinbarten Rechnungsfaktoren (z.B. die Honorarzone, anrechenbare Kosten usw.) von der HOAI ab, folgt daraus noch nicht, dass die Honorarvereinbarung unwirksam ist; vielmehr ist nunmehr **im Einzelnen zu klären, welches Honorar sich unter Anwendung aller von den Vertragsparteien vereinbarten Bemessungsregelungen ergibt** und ob dieses Honorar in dem von der HOAI **zugelassenen Rahmen liegt**, wie der BGH[81] zu Recht ausgeführt hat. Eine isolierte Prüfung, ob einzelne in der Honorarordnung vorgesehene Abrechnungseinheiten unterhalb der Mindestsätze liegen, ist also nicht vorzunehmen; es kommt auf eine Gesamtbetrachtung aller Honorarparameter der HOAI an.[82] Eine Honorarvereinbarung ist danach auch dann wirk-

---

75) OLG Stuttgart, BauR 2011, 1358 = IBR 2011, 146 – *Schwenker* (Mindestsatzunterschreitung bei Honorarzone II Mitte: Es gilt Mindesthonorar der Honorarzone III unten); LG Stuttgart, NJW-RR 1997, 1380; *Steeger*, BauR 2003, 794, 795 m.w.N.; unzutreffend daher die Entscheidung des OLG Naumburg, NZBau 2003, 443, wonach der Architekt an die einmal vereinbarte Honorarzone gebunden ist.
76) KG, IBR 1998, 115 – *Hog*.
77) OLG Frankfurt, BauR 2008, 703 (20 % anstatt 31 % für die Objektüberwachung bei gekürztem Leistungsbild, das jedoch dem vereinbarten Prozentsatz nicht entspricht); KG, a.a.O. (21 % statt 31 % für die Überwachung eines Generalunternehmers), vgl. hierzu insbesondere *Steeger*, BauR 2003, 794, 795.
78) BGH BauR 2012, 829 – vgl. hierzu *Steffen/Averhaus*, NZBau 2012, 417; BauR 2005, 735, 739 = NJW-RR 2005, 669 = IBR 2005, 213 – *Schwenker* = MDR 2005, 706; OLG Köln, IBR 2015, 260 – *Seifert* (Entscheidend konstruktive Selbstständigkeit der Objekte); OLG München, IBR 2005, 97 – *Seifert*.
79) LG Kreuznach, IBR 2007, 262 – *Eich*.
80) Vgl. hierzu OLG Naumburg, IBR 2005, 495 – *Laux* (nur Beauftragung der Leistungsphasen 2 und 3, obwohl Leistungsphase 1 als weiterer Entwicklungsschritt notwendig); KG, IBR 1997, 511 (Vereinbarungen einer 100 %igen Leistung, die nur zu 85 % abrechenbar sein soll).
81) BauR 2012, 829 – vgl. hierzu *Steffen/Averhaus*, NZBau 2012, 417; BauR 2005, 735 = NJW-RR 2005, 669 = MDR 2005, 706 = ZfIR 2005, 414 = IBR 2005, 213 – *Schwenker*. Vgl. hierzu OLG Köln, NZBau 2017, 357.
82) BGH, BauR 2012, 829 = NZBau 2012, 298; ferner BGH, IBR 2012, 268 – *Preussner*.

sam, wenn von den Honorarbemessungsgrundlagen der HOAI im Einzelnen abgewichen wird oder diese ganz außer Kraft gesetzt werden (z.B. durch eine Pauschalabrede): Maßgeblich ist allein, ob das Honorar bei einem entsprechenden Honorarvergleich nach den Honorarparametern der HOAI die Mindestsätze unterschreitet.[83] Unzulässige Mindestsatzunterschreitungen finden sich auch häufig in Architekten- oder Ingenieurverträgen der öffentlichen Hand.[84]

Nicht selten vereinbaren die Vertragsparteien ein **Pauschalhonorar für Leistungen, die nur zum Teil den Vorschriften der HOAI unterliegen** und **zum Teil von der HOAI entweder nicht erfasst werden** oder **außerhalb der HOAI-Honorartafeln liegen**. Ob in diesem Fall für die Leistungen Vorschriften der HOAI anwendbar sind, ein Honorar wirksam vereinbart worden ist oder diese Vereinbarung z.B. wegen Mindestsatzunterschreitung unwirksam ist, ist dann nur schwierig festzustellen (vgl. hierzu auch Rdn. 1938: Pauschalhonorar für Architektenleistungen und Projektsteuerungsleistungen). Ergibt sich aus den Unterlagen der Vertragsparteien nicht, wie das Pauschalhonorar im Einzelnen für die jeweiligen Teilleistungen ermittelt worden ist, kann das Gericht für die Leistungen, die nicht nach den Vorschriften der HOAI zu ermitteln sind, ein Honorar in Ansatz bringen, das der **Üblichkeit** entspricht (§ 632 Abs. 2 BGB). Da die Vertragsparteien insoweit keinen Beschränkungen unterworfen sind, sondern Vertragsfreiheit besteht, wird man einen gewissen Toleranzspielraum zu berücksichtigen haben. Nach Abzug des so ermittelten Honorars kann dann eine Überprüfung des Honorars für die Leistungen, die an den Vorschriften der HOAI zu messen sind, erfolgen.[85]

Nach Wiesner[86] ist für preisfreie Vertragsleistungen neben preisgebundenen HOAI-Leistungen zu verlangen, „dass diese den Raum üblicher Vergütungen nicht verlassen":

„Der Wortlaut des § 632 BGB setzt voraus, dass die übliche Vergütung gilt, sofern kein anderweitiger Preis vereinbart ist. Demnach wird man einen niedrigen für preisfreie Leistungen in Kombination mit preisgebundenen HOAI-Leistungen als Verstoß gegen ein gesetzliches Verbot, § 134 BGB, ansehen müssen. Folge ist, dass dann ein zu niedriger Vertragspreis unwirksam ist. Fehlt damit ein Vertragspreis, ist der Weg offen für die übliche Vergütung, § 632 BGB. Nur so lässt es sich vermeiden, dass die Mindestsätze der HOAI faktisch unterlaufen werden."

764 Ein Bewusstsein der Vertragsparteien über den Umstand, dass eine Mindestsatzunterschreitung (unmittelbar oder mittelbar) vorliegt, wird im Rahmen des § 7 Abs. 3 HOAI nicht gefordert. Es kommt daher stets auf den **objektiven** Tatbestand des Verstoßes gegen das in der HOAI enthaltene Preisrecht an.[87] Auch ein **Teilverzicht** auf das Architektenhonorar kann zu einer Unterschreitung der Mindestsätze führen und ist daher unwirksam[88] (vgl. hierzu Rdn. 811). **Nach Erbringung der Leistungen** des Architekten können sich die Parteien auf ein Honorar **unter den Mindestsätzen** – auch mündlich – **einigen**[89] (vgl. hierzu Rdn. 809).

---

83) BGH a.a.O.
84) Vgl. hierzu Locher, BauR 1986, 643.
85) Vgl. hierzu OLG Hamburg, IBR 2011, 413. **A.A.:** *Fuchs*, NZBau 2017, 123 und wohl auch *Boldt*, NZBau 2012, 482, 483, 485.
86) BauR 2016, 1985, 1990.
87) KG, BauR 2001, 126 m.Anm. *Rath*.
88) OLG Celle, IBR 2004, 81 – *Preussner*.
89) OLG Düsseldorf, BauR 1997, 880; BauR 1987, 348; BGH, BauR 1991, 638, 641; BauR 1988, 364 = NJW-RR 1988, 725 = ZfBR 1988, 133; OLG Köln, OLGR 2002, 92.

Unterschreitung der Mindestsätze

§ 7 Abs. 2 HOAI kennt für anrechenbare Kosten bei einer **Überschreitung der Grenze von 25.000.000 €** keine Untergrenze im Sinne eines Mindestsatzes (zur **üblichen Vergütung** insoweit vgl. Rdn. 826). Aus § 7 Abs. 3 HOAI ergibt sich jedoch, dass in diesem Fall jedenfalls das Mindesthonorar bei 25.000.000 € – im Rahmen einer entsprechenden Vereinbarung – rechtswirksam nicht unterschritten werden darf. Dies ist jedoch **bestritten**.[90] Eine andere Auffassung würde aber zum einen den Absichten des Verordnungsgebers, wie sie in der Vorschrift des § 7 HOAI zum Ausdruck gekommen sind, nicht gerecht und überdies zu kuriosen Ergebnissen führen, wie z.B. bei folgender Fallgestaltung: 765

* Die Vertragsparteien gehen bei Vertragsschluss von anrechenbaren Kosten von über 25.000.000 € aus, also von anrechenbaren Kosten, die über der Obergrenze der Honorartafel des § 16 HOAI a.F. liegen. Die auf dieser Basis (keine Bindung an die Mindestsätze der HOAI gemäß § 7 Abs. 2 HOAI) getroffene Honorarvereinbarung (meist Honorarpauschale) wird dann unwirksam, wenn das Bauvorhaben kostengünstiger errichtet werden kann, damit unter die Grenze von 25.000.000 € rutscht und die entsprechenden Mindestsätze der tatsächlich entstandenen anrechenbaren Kosten mit der Honorarpauschale unterschritten werden. Nunmehr ist nach den jeweiligen Mindestsätzen abzurechnen. Hätten die anrechenbaren Kosten dagegen, wie erwartet, die Grenze von 25.564.594 € überschritten, wäre es nicht zu einer Mindestsatzunterschreitung gekommen.

* Die Vertragsparteien gehen von anrechenbaren Kosten unter der Obergrenze von 25.000.000 € aus und vereinbaren ein Honorar (meist Honorarpauschale) unter den Mindestsätzen. Die anrechenbaren Kosten steigen dann jedoch im Rahmen der Bauabwicklung über die vorerwähnte Obergrenze. In diesem Fall wird die (zunächst) unwirksame Honorarvereinbarung wirksam, weil bei (richtiger) rückblickender Betrachtung ein Fall des § 7 Abs. 2 HOAI vorliegt und damit die Vertragsparteien das Honorar frei vereinbaren konnten.[91]

Warum der Architekt bei anrechenbaren Kosten unter 25.000.000 € durch § 7 Abs. 3 HOAI geschützt, bei anrechenbaren Kosten über 25.000.000 € (also bei Großprojekten mit entsprechenden Haftungsrisiken) dagegen völlig ungeschützt sein soll, ist nicht einsichtig. *Müller-Wrede*[92] hält den Umstand, dass in dem alten § 16 Abs. 3 HOAI keine Untergrenze für die freie Honorarvereinbarung durch den Verordnungsgeber festgelegt worden ist, für ein „redaktionelles Versehen"; er plädiert daher – insbesondere im Hinblick auf die starke Verhandlungsposition der Auftraggeber bei der Vergabe von Großprojekten – dafür, dass bei großen Bauvorhaben das Mindestsatzhonorar des höchsten Tafelwertes der anrechenbaren Kosten eine Untergrenze bildet, die gemäß § 7 Abs. 3 HOAI nicht unterschritten werden darf. Dem ist zuzustimmen.[93]

---

[90] Wie hier: *Müller-Wrede*, BauR 1996, 322; *Werner*, Festschrift für Motzke, S. 440 f.; **a.A.**: *Jochem*, 4. Auflage, § 16 HOAI, Rn. 3; *Koeble*, in: Locher/Koeble/Frik, § 7 HOAI, Rn. 90; *Pott/Dahlhoff/Kniffka/Rath*, § 7 Rn. 25; *Motzke/Wolff*, S. 399; LG Mainz, IBR 1998, 307 – *Theis*. **Anderer Ansicht** wohl auch BGH, BauR 2004, 1640 = NZBau 2004, 509 = ZfIR 2004, 767 (m.Anm. *Schwenker/Schramm*, ZfIR 2004, 753 = IBR 2004, 626 – *Schramm*.
[91] So auch KG, BauR 2001, 126 m.Anm. *Rath*.
[92] BauR 1996, 322.
[93] **Anderer Ansicht:** *Koeble*, in: Locher/Koeble/Frik, § 7 HOAI, Rn. 89, die eine Untergrenze (nur) im Rahmen des § 242 BGB ansetzen wollen.

Der BGH[94] ist demgegenüber der Auffassung, dass bei Bauvorhaben, deren anrechenbare **Kosten über den Tafelhöchstwerten der HOAI liegen**, eine **Bindung an die HOAI nicht gegeben ist**, sodass die Parteien in ihrer Honorarvereinbarung völlig ungebunden sind.

Für anrechenbare Kosten bei einer Überschreitung der Grenze von 25.000.000,00 € können nach Auffassung des OLG Hamburg[95] die Tafelfortschreibungstabellen (z.B. die RIFT-Tabelle oder Flemming-Tabelle[96]) als übliche Vergütung gemäß § 632 BGB herangezogen werden.

766 Für den Fall der Mindestsatzunterschreitung gemäß § 7 Abs. 3 HOAI wird allgemein eine **Hinweis- und Aufklärungspflicht des Architekten zum Formerfordernis** angenommen.[97] Grundsätzlich wird man dem nur in besonderen Ausnahmefällen zustimmen können, weil andernfalls die Formvorschriften der HOAI durch den Einwand des Verschuldens bei Vertragsabschluss „ausgehebelt" werden.[98] In der Praxis werden Schadensersatzansprüche des Auftraggebers in der Regel zudem daran scheitern, dass er einen „Ausnahmefall" i.S. des § 7 Abs. 3 HOAI nicht hinreichend belegen kann und die unterbliebene Aufklärung daher auch keinen Schaden verursacht hat.[99]

Im Hinblick auf das Motiv und die Zielrichtung des Verordnungsgebers (öffentliches Interesse an einer „gesunden Architektenschaft" und einem „finanzierbaren Bauen") ergibt sich für die Formvorschrift des § 7 HOAI, dass in den Fällen der Unterschreitung der Mindestsätze der **Einwand der unzulässigen Rechtsausübung** in der Regel nicht in Betracht kommt. Insoweit ist die vielfach in der Literatur,[100] aber auch in der Rechtsprechung[101] geäußerte Auffassung, nach der der Einwand der unzulässigen Rechtsausübung bei Berufung auf einen Formmangel, insbesondere auf die Fallgruppe der Mindestsatzunterschreitung, stets anwendbar sein soll, unzutreffend.[102] Die förmliche Erschwerung der Mindestsatzunterschreitung erfolgt im erwähnten allgemeinen Interesse. Darüber hinaus wird übersehen, dass die Erschwerung der Mindestsatzunterschreitung nicht nur durch die Schriftform und den Zeitfaktor (bei Auftragserteilung), sondern zusätzlich durch das weitere Merkmal des „Ausnahmefalls" erfolgt, der nicht zur Disposition der Vertragsparteien steht, sondern objektiv vorliegen muss.[103]

---

94) BauR 2012, 975 = IBR 2012, 268.
95) IBR 2011, 414 – *Kalte*.
96) BauR 2014, 469, 472.
97) Vgl. *Knacke*, BauR 1990, 395; ferner OLG Oldenburg, BauR 1984, 541, 542; OLG Karlsruhe, BauR 1984, 538; *Werner*, Festschrift für Locher, S. 289, 297; *Meyke*, BauR 1987, 513, 514; *Weyer*, BauR 1987, 131, 139; *Kreißl*, S. 94 ff.
98) So zu recht *Koeble*, in: Locher/Koeble/Frik, § 7 HOAI, Rn. 108 f.; ebenso: OLG Hamm, NJW-RR 1990, 522 u. *Knacke*, a.a.O., 395, 401.
99) *Werner*, a.a.O.; siehe auch BGH, NJW 1993, 661 u. BGH, BauR 1997, 1062 = NJW-RR 1997, 1448; ferner: OLG Oldenburg, BauR 2002, 332, 333 = NZBau 2002, 283.
100) *Groß*, BauR 1980, 9, 14 f.; *Konrad*, BauR 1989, 653, 661.
101) OLG Stuttgart, BauR 1981, 404; vgl. auch OLG München, BauR 1997, 164, 165.
102) OLG München, IBR 1999, 69.
103) Vgl. hierzu im Einzelnen *Werner*, Festschrift für Locher, S. 289, 295 ff.

Unterschreitung der Mindestsätze

767 In diesem Zusammenhang ist jedoch zu berücksichtigen, dass der BGH[104] durchaus Fallgestaltungen sieht, bei denen eine **Bindung des Architekten** an eine vereinbarte (unzulässige) **Mindestsatzunterschreitung** unter dem Gesichtspunkt von **Treu und Glauben** in Betracht kommen kann. Nach seiner Auffassung verhält sich ein **Architekt** nämlich **widersprüchlich**, wenn er einerseits mit seinem Bauherrn ein Honorar vereinbart, das die Mindestsätze in unzulässiger Weise unterschreitet, andererseits später jedoch nach den Mindestsätzen abrechnen will.[105] Das OLG Köln[106] ist der Auffassung, dass die Geltendmachung des nach den Mindestsätzen der HOAI berechneten Honorars nach dem Abschluss einer unwirksamen Pauschalpreisvereinbarung nicht allein deshalb als Verstoß gegen Treu und Glauben anzusehen ist, weil der Auftraggeber die Schlussbestimmungen (bereits) gezahlt hat.

768 Einem widersprüchlichen Verhalten des Architekten steht nach Treu und Glauben ein Geltendmachen der Mindestsätze entgegen, wenn

* der Auftraggeber auf die Wirksamkeit der Vereinbarung **vertraut hat**
* und **vertrauen durfte**
* und wenn er sich darauf in einer Weise **eingerichtet hat**, dass ihm die Zahlung des Differenzbetrages zwischen dem vereinbarten Honorar und den Mindestsätzen nach Treu und Glauben nicht zugemutet werden kann.[107]

769 Derartige Fallgestaltungen sind beispielsweise denkbar, wenn die Parteien **ein Pauschalhonorar** (vgl. hierzu im Einzelnen Rdn. 1087 ff.), **das unter den Mindestsätzen liegt**, vereinbaren, der Auftraggeber als **Investor** dieses pauschale Honorar in die Kalkulation seines Bauvorhabens (z.B. einer Eigentumswohnanlage) einfließen lässt und sodann einen Kaufpreis für die einzelnen Eigentumswohnungen bildet, den er von seinen Vertragspartnern (Erwerbern der Eigentumswohnungen) fordert und erhält, ohne dass er nachträglich eine Korrektur dieses Kaufpreises vornehmen kann.[108] Das OLG Düsseldorf[109] hat in diesem Zusammenhang darauf hingewiesen, dass dann, wenn der Auftraggeber auf Grundlage einer (wegen

---

104) BauR 1997, 677, 679 = NJW 1997, 2329 = LM Nr. 35 HOAI m. abl. Anm. *Koeble* = MDR 1997, 729 m.Anm. *Hertwig*; ebenso OLG Oldenburg, BauR 2004, 526 = OLGR 2004, 146; OLG Dresden, IBR 2005, 496 – *Schmidt-Hofmann*; siehe auch *Neuenfeld*, BauR 1998, 458, 463.
105) So jetzt auch nochmals BGH, BauR 2012, 271, 274 = NZBau 2012, 174 = IBR 2012, 88 – *Fuchs*; OLG Köln, IBR 2015, 494 – *Boisserée*.
106) IBR 2015, 494.
107) BGH, BauR 1997, 677, 679 = NJW 1997, 2329 = MDR 1997, 729 sowie BGH, BauR 2012, 271, 274; ferner OLG Köln, IBR 2015, 494 – *Boisserée* sowie OLG Jena, IBR 2017, 262 – *Käseberg*; OLG Naumburg, NZBau 2014, 439 m. Anm. *Fuchs*; OLG München, NZBau 2013, 316. OLG Hamm, BauR 2010, 1782; OLG Frankfurt, IBR 2014, 486 – *Fuchs* sowie IBR 2011, 219 – *A. Eich*; OLG Düsseldorf, BauR 2012, 284 = IBR 2011, 646 – *Averhaus*; OLG Köln, NJW-RR 2007, 455; OLG Frankfurt, BauR 2007, 1906 = IBR 2007, 430 – *Götte*; OLG Zweibrücken, BauR 2008, 1018, 1020; OLG Brandenburg, IBR 2008, 277 – *Thode*; OLG Bremen, OLGR 2005, 714; OLG Saarbrücken, IBR 2004, 210 – *Weyer*; LG Duisburg, BauR 2015, 1698.
108) BGH, BauR 1997, 677, 679 = NJW 1997, 2329 = LM Nr. 35 HOAI mit abl. Anm. *Koeble* = MDR 1997, 729 m.Anm. *Hertwig*: OLG Düsseldorf, BauR 2012, 284 = IBR 2011, 646 – *Averhaus*.
109) A.a.O.

Unterschreitung des Mindestsatzes unzulässigen) Pauschalhonorarvereinbarung „seine Kalkulation vornimmt und wirtschaftlich weitreichende Entscheidungen (insbesondere den Ankauf eines Sanierungsgrundstücks) trifft, davon ausgegangen werden kann, dass er sich auf die getroffene Pauschalhonorarvereinbarung derart eingerichtet hat, dass ihm eine Mehrforderung gemäß HOAI (hier rund 6 % des Objektpreises) wegen Treuwidrigkeit nicht zumutbar ist". Entsprechendes gilt, wenn ein **Generalunternehmer** mit einem Planer ein Pauschalhonorar vereinbart, das unter den Mindestsätzen liegt, und der Generalunternehmer seine Vergütungsabrede mit dem Bauherrn an dem vereinbarten Pauschalhonorar orientiert.[110]

Die reine Einstellung des Pauschalhonorars in die **Finanzierung** des Auftraggebers allein wird aber nicht ausreichen, um eine Bindung an das Pauschalhonorar zu begründen.[111] Dasselbe gilt für den Fall, dass der Bauherr (nur) **Förderanträge** gestellt hat, weil man diese nachträglich auch erhöhen kann.[112] Einen Verstoß gegen Treu und Glauben durch den Architekten nimmt das OLG Zweibrücken[113] bei folgender Fallgestaltung nicht an: Die Parteien hatten im Rahmen einer mündlichen Beauftragung des Architekten mit Planungsleistungen eine Abrechnung auf Stundenlohnbasis vereinbart; dies wurde auch zunächst so praktiziert, bevor der Architekt dann eine Honorarforderung nach der HOAI geltend machte. Das Gericht sah hier kein treuwidriges, widersprüchliches Verhalten des Architekten, da der Auftraggeber sich nicht im berechtigten Vertrauen auf die Wirksamkeit der Stundenlohnvereinbarung in schutzwürdiger Weise eingestellt hatte.

Abzulehnen ist daher in diesem Zusammenhang die Entscheidung des OLG Naumburg[114], wonach ein Einrichten auf das unter den Mindestsätzen liegende Pauschalhonorar „nach dem regelmäßigen Lauf der Dinge und den konkreten Umständen des Einzelfalles ohne Weiteres auf der Hand" liegt: „Wer als Verbraucher ein Bauvorhaben plant und einen Architekten beauftragt, mit dem er eine Honorarvereinbarung zum Festpreis schließt, richtet sich schon mit dem Auftrag selbst auf die Pauschale ein". Das reicht wohl kaum aus, um die Voraussetzungen zu bejahen, dass sich der Auftraggeber auf das Pauschalhonorar eingerichtet hat. Das OLG Naumburg übersieht dabei, dass dem Auftraggeber nach herrschender Rechtsauffassung die Zahlung des Differenzbetrages zwischen dem vereinbarten Honorar und den Mindestsätzen nach Treu und Glauben auch nicht mehr zugemutet werden kann.

Nach OLG Köln[115] ist bei der vorzunehmenden Abwägung der beiderseitigen Interessen ein **Bauherr schützenswert**, wenn er sich erst auf der Grundlage der günstigen, weil die Mindestsätze unterschreitenden **Pauschalpreisvereinbarung zur Durchführung des Bauprojektes entschließt**. Das KG[116] meint, dass ein

---

110) OLG Zweibrücken, IBR 1998, 259.
111) OLG Hamm, BauR 2004, 1643; KG, IBR 2004, 258 *Hufer*; OLG Köln, BauR 2007, 132, 133 m.Anm. *Sangenstedt*; IBR 2000, 83; OLG Düsseldorf IBR 2002, 24; **a.A.:** offensichtlich KG, KGR 2002, 111 sowie OLG Celle, OLGR 2003, 375.
112) Vgl. hierzu KG, BauR 2008, 855, 856. **A.A.:** OLG Köln, NZBau 2007, 725 = NJW-RR 2007, 455.
113) BauR 2008, 1018, 1020.
114) BauR 2014, 2115, 2118.
115) NJW-RR 1999, 1109 = OLGR 1999, 47; vgl. aber OLG Köln, NZBau 2003, 103 (kein Vertrauensschutz für arbeitslosen Bauherrn mit erheblichen Unterhaltsverpflichtungen und Übernahme maßgeblicher Arbeiten in Eigenregie).
116) KGR 1998, 352. Vgl. auch OLG Düsseldorf, BauR 2007, 1767, 1769 (Vertrauensschutz bei Abrechnung nach 7 Jahren). Ferner OLG Düsseldorf, IBR 2007, 568 (kein Vertrauensschutz, wenn Auftraggeber der Schlussrechnung unmittelbar widerspricht).

Unterschreitung der Mindestsätze

Auftragnehmer sich auf eine entsprechende Pauschalvereinbarung in schutzwürdiger Weise eingerichtet hat, wenn ihm die Zahlung der Mindestsätze „**nicht zuzumuten**" ist. In einer weiteren Entscheidung[117] kommt das KG zu der Auffassung, dass es für das „Einrichten" ausreicht, wenn der Auftraggeber „im Vertrauen auf die sich ihm darstellende Vertragslage (wirksame Pauschalvereinbarung) weitere kostenaufwändigere Dispositionen in Bezug auf das Bauvorhaben getroffen hat, die er ansonsten nicht getroffen hätte".

Nach Meinung des OLG Hamm[118] verstößt eine Abrechnung nach den Mindestsätzen der HOAI auch nicht gegen Treu und Glauben (§ 242 BGB), weil der Architekt zuvor in seinen Abschlagsrechnungen nach dem im schriftlichen Vertrag vereinbarten Honorar von 13 % der anrechenbaren Kosten abgerechnet hat und auch bei früheren Bauvorhaben entsprechend den getroffenen Vereinbarungen unterhalb der jeweiligen Mindestsätze der HOAI sein Honorar berechnet hat. Das OLG Hamburg[119] hat entschieden, dass sich ein Architekt auf die Nichtigkeit einer unterhalb der Mindestsätze nach HOAI getroffenen mündlichen Honorarvereinbarung nach Treu und Glauben nur dann nicht berufen kann, wenn eine Mehrzahlung für den Bauherrn „schlechthin untragbar" ist. Das OLG Düsseldorf[120] vertritt die Meinung, dass ein Architekt an eine Pauschalhonorarvereinbarung unterhalb der Mindestsätze dann nicht gebunden ist, wenn der Auftraggeber die Vorgaben der Planung ändert und dadurch eine Umplanung erforderlich wird. Nach OLG München[121] ist der Architekt auch bei einer Unterschreitung der Mindestsätze der HOAI an seine Honorarschlussrechnung gebunden, wenn sie der Auftraggeber ohne Beanstandung bezahlt und dem Architekten im Vertrauen auf die Endgültigkeit der Abrechnung einen weiteren Planungsauftrag erteilt hat. Schließlich hat das OLG Frankfurt[122] entschieden, dass ein Architekt nach Treu und Glauben gehindert ist, ein Jahr später die Mindestsätze zu fordern, wenn er zuvor dem Auftraggeber eine Abschlagsrechnung über die vereinbarte Pauschalvergütung erteilt und die Zahlung per Quittung bestätigt hat.

Schon diese Entscheidungen lassen erwarten, dass es zu der Bestimmung des „Einrichtens" noch zahlreiche weitere Versuche der Rechtsprechung geben wird, diesen Begriff einer für beide Vertragsparteien angemessenen Auslegung zuzuführen.

Bei alledem ist jedoch zu berücksichtigen, dass auch der **Vertragspartner des Architekten** (Auftraggeber) in der Regel **Kenntnis von der unzulässigen Mindestsatzunterschreitung** hat, sodass sein Vertrauen grundsätzlich **nicht schutzwürdig** erscheint.[123] Dies gilt insbesondere für **öffentliche Auftraggeber** oder

770

---

117) KGR 1999, 5, 7.
118) BauR 2008, 2062 = NZBau 2009, 48.
119) IBR 2004, 258 – *Hufer*.
120) IBR 2010, 35 – *A. Eich*.
121) IBR 2007, 689 – *Otto*.
122) IBR 2013, 477 – *Fuchs*.
123) Zutreffend: OLG Stuttgart, IBR 2015, 20 – *Seifert*; OLG Hamm, IBR 2015, 371 – *Hebel*; OLG Frankfurt, BauR 2007, 1906 u. BauR 2008, 703 = IBR 2007, 430 – *Götte* (Beteiligung eines Projektsteuerers und eines Anwalts bei Vertragsverhandlungen); OLG Braunschweig, BauR 2007, 903, 905 (für den Bauträger); KG, IBR 2006, 624; OLG Hamm, IBR 2007, 566 – *Weyand* sowie KGR 2001, 210; OLG Köln, IBR 2000, 439 – *Weyer*; OLG Celle, BauR

sonstige erkennbar **erfahrene Bauherren** (wie z.B. Bauträger, Generalunternehmer usw.).[124] Diesen Gesichtspunkt lässt der BGH in der vorgenannten Entscheidung unerwähnt; demgegenüber haben zwischenzeitlich insbesondere die Oberlandesgerichte München[125], Oldenburg[126], Köln[127], Koblenz[128], Celle[129] und das Kammergericht[130] sowie das OLG Hamm[131] bestätigt, dass der sachkundige Auftraggeber, der gesetzliche Regelungen bewusst missachtet, nicht schutzwürdig ist, weil er sich seinerseits widersprüchlich verhält, wenn er den Vertragspartner mit Hilfe der Rechtsordnung am Inhalt der gesetzeswidrigen Vereinbarungen festhalten will. Daher handelt auch ein **Subplaner**, der mit einem anderen Architekten- oder Ingenieurbüro (als Auftraggeber) zunächst ein Honorar unter den Mindestsätzen vereinbart, grundsätzlich nicht treuwidrig, wenn er (später) eine Abrechnung nach Mindestsätzen verlangt; das gilt auch dann, wenn das auftraggebende Planungsbüro mit dem Bauherrn ebenfalls ein Honorar unter den Mindestsätzen vereinbart hat.[132] Allerdings kann bei einem Vertragsverhältnis **Generalplaner – Subplaner** u.U. von der Annahme eines **Ausnahmefalles** nach § 7 Abs. 3 HOAI ausgegangen werden (vgl. hierzu Rdn. 854 ff.).

771 Der BGH[133] hat sich bislang nur sehr vorsichtig zu der Frage des **Vertrauensschutzes** („vertrauen durfte") eines **Bauträgers** im vorgenannten Sinne geäußert. Zunächst weist er darauf hin, dass ein Bauträger in aller Regel keinen Vertrauensschutz genießt, wenn er mit einer Honorarvereinbarung bewusst gegen das Preisrecht der HOAI verstößt oder dies jedenfalls naheliegt. Dann schränkt er jedoch ein: „Schützenswertes Vertrauen in die Wirksamkeit einer Honorarvereinbarung kann – wie jede andere Partei – auch ein Bauträger entwickeln, wenn er auf der Grundlage einer vertretbaren, bisher in der Rechtsprechung noch nicht geklärten Rechtsauffassung davon ausgeht, die Preisvereinbarung sei wirksam". Das hat er

---

1997, 883, 884 sowie *Koeble* in Anm. zu BGH, LM Nr. 35 HOAI; *Rauch*, BauR 2006, 1662, 1663; vgl. hierzu aber OLG Celle, BauR 2003, 1923.

124) OLG Stuttgart, IBR 2015, 609 – *Wessel*.
125) NZBau 2013, 316.
126) IBR 2003, 611 – *Eich*. Ebenso OLG Hamm, IBR 2007, 566 – *Weyand*. Vgl. hierzu auch OLG Köln, OLGR 2007, 368.
127) NZBau 2005, 467. Vgl. hierzu auch OLG Köln, BauR 2007, 132, 133.
128) BauR 2006, 551 = OLGR 2006, 141 (bestätigt durch Beschluss des BGH v. 10.11.2005 – V II ZR 238/05 – im Rahmen des Nichtannahmebeschlusses).
129) BauR 1997, 883, 884.
130) IBR 2006, 624 sowie KGR 2001, 210.
131) BauR 2010, 1782; IBR 2011, 30 – *A. Eich*; BauR 2008, 2062, 2064 („professionelle" Auftraggeber).
132) OLG Koblenz, OLGR 2006, 141; **a.A.:** OLG Stuttgart, OLGR 2005, 695; BauR 2003, 1424 = OLGR 2003, 395 = IBR 2003, 364 – *Werner*; OLG Nürnberg, NZBau 2003, 686 = IBR 2001, 495 m. ebenfalls ablehnender Anm. *Eich*, der zu Recht darauf verweist, dass dem auftraggebenden Planungsbüro kein Verlust durch das berechtigte Verlangen des Subplaners entsteht, weil auch die Vereinbarung des Bauherrn mit dem Auftraggeber-Planungsbüro unwirksam ist. Vgl. zu der Entscheidung des OLG Nürnberg auch *Frechen*, Festschrift für Jagenburg (2002), 201, 211, der ebenfalls Kritik an der Entscheidung übt. Das OLG Köln (NZBau 2003, 43 = OLGR 2002, 190) nimmt eine Bindung im Verhältnis Architekt und Subunternehmer-Architekt an, wenn der Architekt gegenüber seinem Auftraggeber zwar die Mindestsätze (ebenfalls) unterschritten hat, diese Unterschreitung aber als wirksam anzusehen ist, und dem Subunternehmer-Architekt dies bekannt ist.
133) BauR 2009, 523 = IBR 2009, 213 – *Werner*.

mit einer weiteren Entscheidung[134] noch einmal bestätigt und darauf hingewiesen, dass allein der Umstand, „dass dem Auftraggeber das zwingende Preisrecht der Honorarordnung für Architekten und Ingenieure bekannt ist, nicht zwingend zu der Annahme führt, er habe kein schützenswertes Vertrauen darauf entwickeln dürfen, dass die Preisvereinbarung wirksam ist. Schützenswertes Vertrauen in die Wirksamkeit einer Honorarvereinbarung kann ein der Honorarordnung kundiger Vertragspartner entwickeln, wenn er auf der Grundlage einer vertretbaren Rechtsauffassung davon ausgeht, die Preisvereinbarung sei wirksam." Als Beispiel hierfür bringt der BGH den Fall, dass der Auftraggeber „die vertretbare Auffassung entwickelt hat, der erteilte Auftrag enthalte nicht alle vollständigen Grundleistungen, sodass eine Kürzung des Honorars geboten ist." Damit öffnet der BGH nunmehr Bauträgern und damit auch anderen **erfahrenen Bauherren** das Tor, sich doch ausnahmsweise auf einen Vertrauensschutz zu berufen, wenn sie nachweisen können, dass ihnen im Einzelfall kein bewusster Verstoß gegen das Preisrecht vorzuwerfen ist. Das wird allerdings selten der Fall sein.

Im Übrigen hat der BGH[135] in diesem Zusammenhang darauf hingewiesen, dass dem Architekten und Ingenieur in Ausnahmefällen auch dann nach Treu und Glauben die Abrechnung nach Mindestsätzen untersagt ist, wenn er durch sein Verhalten ein **besonderes Vertrauen des Auftraggebers dahin erweckt hat**, er werde sich an die Pauschalvereinbarung halten. Er vertritt die Auffassung, dass ein solches besonderes Vertrauen nicht allein dadurch begründet wird, dass ein Architekt oder Ingenieur bereit ist, einen Vertrag unterhalb der Mindestsätze abzuschließen oder er diesen Vertrag schließlich auch nach der getroffenen Pauschalvereinbarung abrechnet. Nach der Rechtsprechung des BGH kann aber ein besonderes Vertrauen dadurch entstehen, „dass der Architekt oder Ingenieur nicht nur einen Vertrag, sondern in einer ständigen Geschäftsbeziehung eine Vielzahl von Verträgen mit dem Auftraggeber mit Pauschalvereinbarungen unter den Mindestsätzen abgeschlossen hat und ihm bei verständiger Sichtweise nicht verborgen bleiben kann, dass sich der Auftraggeber aufgrund dieser Geschäftspraxis bei der Gestaltung seiner Verträge mit seinen Auftraggebern auf die Einhaltung der Pauschalabrede verlässt".

Eine Abänderung des gemäß § 7 Abs. 5 HOAI geltenden Mindestsatzes ist erst nach Beendigung der Architektentätigkeit möglich (vgl. Rdn. 809). **772**

Zur möglichen **Bindung des Architekten an seine Schlussrechnung** bei Unterschreitung des Mindestsatzes vgl. auch Rdn. 888 f. Zum **Honorarverzicht** vgl. Rdn. 812.

Das OLG Zweibrücken[136] hält die **Unterschreitung der Mindestsätze** in Allgemeinen **Geschäftsbedingungen eines Bauherrn** für unangemessen und daher für unwirksam. Der Entscheidung ist nur im Ergebnis beizupflichten: Einer Heranziehung der §§ 305 ff. BGB bedarf es nicht, weil eine solche generelle Regelung bereits gegen § 7 Abs. 3 HOAI verstößt. Es ist unerheblich, ob die Vereinbarung in individueller oder AGB-Form erfolgt. **773**

---

134) BauR 2012, 271, 274 = NZBau 2012, 174 = IBR 2012, 88 – *Fuchs*.
135) BauR 2012, 271, 274 = NZBau 2012, 174 = IBR 2012, 88 – *Fuchs*.
136) BauR 1989, 227, 228.

774 Erfolgt eine **stufenweise Beauftragung** des Architekten, ist nach zutreffender Auffassung des OLG Braunschweig[137] und des OLG Hamm[138] § 4 HOAI (jetzt § 7 HOAI 2013) auf jeden Abschnitt der stufenweisen Beauftragung gesondert anzuwenden und für jeden stufenweisen Auftrag auch die Schriftform zu verlangen (zur stufenweisen Beauftragung vgl. insbesondere Rdn. 694 und 802 ff.).

Eine Überprüfung der Honorarvereinbarung im Hinblick auf eine unzulässige Unterschreitung des Mindestsatzes erfolgt nicht von Amts wegen, sondern erst dann, wenn eine Partei sich auf den Verstoß gegen zwingendes Preisrecht (HOAI) stützt.[139]

c) Überschreitung der Höchstsätze

Literatur

Kroppen, Die außergewöhnliche Leistung des Architekten und deren Honorierung, Festschrift für Korbion (1986), 227; *Osenbrück*, Zusatzhonorar für Ingenieure wegen Bauzeitverlängerung, BauR 1990, 762; *Deckers*, Der Überschreitung der Höchstsätze der HOAI durch Honorarvereinbarung und ihre Rechtsfolgen, BauR 2008, 1801.

775 Die HOAI hat **Höchstpreischarakter**. Ein Verstoß gegen den Höchstpreischarakter der HOAI liegt nicht nur vor, wenn die in dieser Verordnung genannten Höchstpreise unmittelbar überschritten werden, sondern auch, wenn die einzelnen Vorschriften innerhalb der HOAI **über die Bemessungsgrundlagen der Honorarberechnung nicht eingehalten** werden und dies **mittelbar** zur Überschreitung der Höchstsätze führt (z.B. höhere Honorarzone, höhere anrechenbare Kosten, Honorierung von Grundleistungen, die nicht erbracht werden sollen, oder ein über den Höchstsätzen liegendes Pauschalhonorar).[140] Dasselbe gilt, wenn sich der Architekt für die Übertragung **urheberrechtlicher Nutzungsrechte** ein **zusätzliches Honorar** versprechen lässt[141] (vgl. näher Rdn. 2472 ff.). Ein Bewusstsein der Vertragsparteien über den Umstand, dass eine Höchstsatzüberschreitung (unmittelbar oder mittelbar) vorliegt, wird im Rahmen des § 7 Abs. 4 HOAI nicht gefordert. Es kommt daher stets auf den **objektiven Tatbestand** des Verstoßes gegen das in der HOAI enthaltene Preisrecht an.[142]

776 Ein Verstoß gegen eine der vorerwähnten Bemessungsgrundlagen und damit ein Verstoß gegen die Preisvorschriften der HOAI führt jedoch nur zu Konsequenzen, wenn damit gleichzeitig eine Überschreitung der Höchstsätze verbunden ist, denn die Parteien können innerhalb der Mindest- und Höchstsätze das Honorar frei ver-

---

137) OLGR 2006, 896.
138) Bank 2010, 1782.
139) BGH, BauR 2001, 1926 = NJW-RR 2001 = IBR 2001, 675, 731; OLG Jena, IBR 2010, 695 – *Schwenker*; ebenso BGH, BauR 2005, 739 = NJW-RR 2005, 749 = IBR 2005, 262.
140) Vgl. die Beispiele bei *Koeble*, in: Locher/Koeble/Frik, § 7 HOAI, Rn. 135 f. und *Neuenfeld*, § 4 HOAI, Rn. 12; siehe ferner: *Weyer*, BauR 1982, 309, 314, 315 (auch zur Beweislast) sowie OLG Hamm, BauR 1995, 129 = ZfBR 1995, 33 = NJW-RR 1995, 274; OLG Brandenburg, BauR 2008, 118 (prozentuales Honorar für die technische Baubetreuung in einem Baubetreuungsvertrag).
141) OLG Nürnberg, NJW-RR 1989, 407, 409; OLG München, BauR 1995, 434 (LS) = NJW-RR 1995, 474. **A.A.:** *Fuchs*, BauR 2009, 1367 m. Hinw. auf § 32 Abs. 1 UrhG.
142) KG, BauR 2001, 126 m.Anm. *Rath*.

Überschreitung der Höchstsätze

einbaren. Liegt eine **Überschreitung der Höchstsätze vor,** hat dies grundsätzlich noch **nicht die Unwirksamkeit des gesamten Vertrages zur Folge.**

Die Überschreitung führt nach der Rechtsprechung des BGH auch nicht zur Nichtigkeit der gesamten Preisabrede, sondern gemäß § 134 2. Hs. BGB nur zu deren Teilnichtigkeit: „Denn die Nichtigkeit kann nicht weiter reichen als die tatbestandliche Erfüllung des Verbotsgesetzes. Was das Gesetz nicht verbietet, ist rechtmäßig und kann daher nicht der Nichtigkeitsfolge nach § 134 BGB anheim fallen. An die Stelle der preisrechtlich unzulässigen Vergütung tritt daher der (noch) zulässige Preis, der damit Vertragspreis ist".[143] Das hat in der Praxis folgende Konsequenz: Vereinbaren die Parteien eine überhöhte Honorarzone (z.B. IV statt III) und wird dadurch der Höchstsatz überschritten, ist nicht nach den Mindestsätzen der **zutreffenden Honorarzone** abzurechnen, sondern nach deren **Höchstsätzen.**[144] Diese Grundsätze hat der BGH auch auf ein vereinbartes Pauschalhonorar, das die Höchstsätze überschreitet, ohne dass die Voraussetzungen des § 4 Abs. 3 HOAI a.F. (jetzt § 7 Abs. 4 HOAI n.F.) vorliegen, angewandt. Danach reduziert sich das vereinbarte Honorar auf den Betrag, der sich nach den Höchstsätzen ergibt.

Entsprechendes gilt für die Unterschreitung der Mindestsätze durch eine zu niedrige Honorarzone (z.B. II statt III): Auch hier ergibt sich das Honorar nach dem der ursprünglichen Vereinbarung am nächsten kommen Honorarsatz der richtigen Honorarzone. Haben die Parteien beispielsweise den **Mittelsatz der Honorarzone II** vereinbart, fällt das Bauwerk aber tatsächlich in die Honorarzone III, ist nach **Honorarzone III Mindestsatz** abzurechnen, weil dies dem Willen der Parteien am nächsten kommt.[145]

Haftungsbeschränkungen in Architektenverträgen stellen dagegen keinen Verstoß gegen den Höchstpreischarakter der HOAI dar.[146] Es ist nicht erkennbar, dass der Verordnungsgeber insoweit in die Vertragsfreiheit der Parteien hat eingreifen wollen.

Für die in der HOAI genannten Architektenleistungen kann zwischen den Vertragsparteien daher in der Regel nur ein Architektenhonorar **bis** zu den HOAI-Höchstsätzen wirksam vereinbart werden. In einigen Fällen bestimmt die HOAI allerdings, dass das Honorar auch **frei vereinbart** werden kann, sodass **Höchstsätze nicht zu berücksichtigen** sind (z.B. § 7 Abs. 4 HOAI).

Die Überschreitung der Höchstsätze kann aber nur

* bei **außergewöhnlichen** oder **ungewöhnlich lange** dauernden **Leistungen** (vgl. Rdn. 780)
* **schriftlich** (vgl. Rdn. 787) und
* **bei Auftragserteilung** (vgl. Rdn. 781 und 795) vereinbart werden.

---

143) BauR 2007, 2081 = NZBau 2008, 65. Vgl. hierzu insbesondere *Deckers*, BauR 2008, 1801.
144) BGH, a.a.O. sowie BauR 1990, 239 = NJW-RR 1990, 276 = ZfBR 1990, 72; OLG Düsseldorf, BauR 2014, 602 (LS) = IBR 2014, 91 – *Fuchs*. Vgl. hierzu *Deckers*, BauR 2008, 1801.
145) OLG Stuttgart, BauR 2011, 1358 = NJW-Spezial 2011, 110.
146) **Herrschende Meinung:** *Koeble*, in: Locher/Koeble/Frik, § 7 HOAI, Rn. 136; *Groß*, BauR 1980, 9, 16; vgl. auch OLG Köln, BauR 1971, 134; **a.A.:** *Hesse*, BauR 1970, 193, 199, 200.

Eine **Überschreitung der Höchstsätze** ist daher **nur in Ausnahmefällen** möglich; dabei haben Umstände, soweit sie bereits für die Einordnung in Honorarzonen oder Schwierigkeitsstufen, für die Vereinbarung von Besonderen Leistungen oder für die Einordnung in den Rahmen der Mindest- und Höchstsätze mitbestimmend gewesen sind, außer Betracht zu bleiben (§ 7 Abs. 4 HOAI).

780 „Außergewöhnliche" Leistungen sind **überdurchschnittliche** Leistungen, die durch die Höchstsätze der HOAI nicht leistungsgerecht vergütet werden können.[147] Sie können sich auf **künstlerische, technische** oder **wirtschaftliche Aufgabenbereiche** beziehen. Besonders bei herausragenden künstlerischen Aufgaben oder bei Anwendung neuer Technologien kann die Überschreitung der Höchstsätze der HOAI in Betracht kommen. Soweit die Außergewöhnlichkeit mit der künstlerischen Leistung des Architekten („Stararchitekt") begründet wird, muss nach Auffassung des OLG Stuttgart[148] zumindest ein urheberrechtsfähiges Werk vorhanden sein, wobei der Bauherr darzulegen und ggf. zu beweisen hat, dass die Leistung nicht außergewöhnlich und somit nicht urheberrechtsfähig ist.[149] Ob eine Leistung die besonderen Merkmale aufweist, die eine Höchstsatzüberschreitung rechtfertigen, ist **objektiv** festzustellen und steht damit nicht in der Disposition der Parteien.[150] Im Übrigen kommt bei der Beurteilung der außergewöhnlichen Leistung nur die konkrete Planung im Einzelfall in Betracht: Frühere Baukunstwerke eines namhaften Architekten allein rechtfertigen die Annahme einer derartigen Leistung nicht.[151]

Ist einer der genannten **Ausnahmetatbestände gegeben**, können die Parteien das Honorar des Architekten **frei bestimmen**.[152]

781 Da § 7 Abs. 4 HOAI einen Zeitpunkt nicht nennt, zu dem die Vereinbarung getroffen werden muss, kann es zweifelhaft sein, ob die **schriftliche Absprache** der Parteien bereits **bei Auftragserteilung** getroffen werden muss oder auch später erfolgen kann. Im Hinblick auf den Wortlaut des § 7 Abs. 5 HOAI) geht die allgemeine Auffassung[153] davon aus, dass sie bei Auftragserteilung („Vertragsschluss") getroffen werden muss (vgl. dazu auch Rdn. 795 ff.). Nach Erbringung der Leistung können sich die Parteien jederzeit auf ein Honorar über den Höchstsätzen – auch mündlich – einigen (vgl. Rdn. 809 ff.).

---

147) OLG München, BauR 2008, 1332 = OLGR 2008, 435 = IBR 2008, 335 – *Rohrmüller* (Höchstsatzüberschreitung bei einem risikoabhängigen Erfolgshonorar: Übernahme eines außergewöhnlichen Risikos durch Architekten). Vgl. hierzu *Kroppen*, Festschrift für Korbion, S. 233.
148) BauR 2012, 1269 = NZBau 2012, 582.
149) Vgl. hierzu *Retzlaff*, BauR 2013, 515, 516.
150) So richtig *Kroppen*, a.a.O., S. 227.
151) OLG Stuttgart, BauR 2012, 1269 = NZBau 2012, 582.
152) *Kroppen*, a.a.O., S. 232, 233; **a.A.:** insoweit *Groß*, BauR 1980, 9, 18, der davon spricht, dass eine Erhöhung nur im Rahmen der Höchstsätze zulässig sei.
153) Vgl. für viele *Koeble*, in: Locher/Koeble/Frik, § 7 HOAI, Rn. 152 m.w.Nachw.; wohl auch BGH, BauR 1987, 706; BauR 1988, 364 = NJW-RR 1988, 725 = ZfBR 1988, 133; BauR 1987, 112, 113 = NJW-RR 1987, 13; OLG Düsseldorf, BauR 1987, 348; OLG Hamm, BauR 1986, 718 = MDR 1985, 1031.

Überschreitung der Höchstsätze

Die Voraussetzungen, die eine Höchstsatzüberschreitung gemäß § 7 Abs. 4 HOAI rechtfertigen, müssen in der schriftlichen Vereinbarung der Parteien nicht genannt werden.[154] **782**

Häufig ergibt sich die „**ungewöhnlich lange dauernde Leistung**" erst **im Rahmen** der **Abwicklung des Bauvorhabens,** ohne dass dies – im Gegensatz zu einer außergewöhnlichen Leistung – immer vorausehbar ist. Das ist jedoch noch kein Grund, die Parteien von einer entsprechenden schriftlichen Honorarvereinbarung bei Auftragserteilung zu befreien.[155] Das Risiko der Bauzeit ist bekannt und eine Überschreitung nicht ungewöhnlich. Deshalb ist es den Parteien, vor allem aber dem Auftragnehmer zuzumuten, dieses Risiko frühzeitig bei Auftragserteilung anzusprechen und ggf. eine entsprechende Vereinbarung zu treffen, wie dies zwischenzeitlich auch in vielen Architektenverträgen geschieht (Festlegung einer **Regelbauzeit**).[156] Nur auf diese Weise wird man dem Schutzgedanken des § 4 Abs. 3 HOAI a.F. gerecht. Dabei wird als ausreichend anzusehen sein, dass eine Regelbauzeit vertraglich festgelegt und für den Fall der erheblichen Überschreitung die Möglichkeit einer Honorarerhöhung im Vertrag eingeräumt wird (vgl. hierzu im Einzelnen Rdn. 1030 ff.).[157] Wird eine solche Vereinbarung nicht getroffen, kann die Honoraranpassung (über die Höchstsätze hinaus) nur in Ausnahmefällen nach dem **Rechtsinstitut der Störung der Geschäftsgrundlage** gemäß § 313 BGB erfolgen (vgl. näher Rdn. 2956 ff.).[158] Beruht eine Bauzeitverlängerung nicht auf dem Verschulden des Architekten, sondern geht sie z.B. auf nicht rechtzeitig erbrachte **Mitwirkungshandlungen des Bauherrn** (Auftraggebers) zurück, kommen zusätzlich **Entschädigungsansprüche** aus § 642 BGB in Betracht.[159] Zur verlängerten Bauzeit vgl. näher Rdn. 1030 ff. **783**

Leistet der Bauherr infolge einer unwirksamen Überschreitung der Höchstsätze eine **Überzahlung**, kann diese zurückverlangt werden. Das Rückforderungsrecht **entfällt**, wenn er die Unwirksamkeit der Honorarabsprache kannte und dennoch zahlte.[160] Bei einer Zahlung aufgrund vereinbarter Voraus- oder Abschlagszahlungen stützt der BGH den Rückzahlungsanspruch auf eine **vertragliche Anspruchsgrundlage** (vgl. Rdn. 1216). **784**

Es ist Sache des **Bauherrn** (Auftraggebers), die Höchstsatzüberschreitung im Einzelnen **vorzutragen** und im Streitfall zu **beweisen**.[161] Gelingt dem Bauherrn die substantiierte Behauptung einer Höchstsatzüberschreitung, ist es allerdings zu- **785**

---

154) *Kroppen*, a.a.O., S. 229.
155) OLG Hamm, BauR 1986, 718; LG Heidelberg, BauR 1994, 802 (LS); *Neuenfeld*, § 4 HOAI, Rn. 10; vgl. auch OLG Düsseldorf, BauR 1986, 719, 722.
156) Vgl. OLG Köln, BauR 1990, 762 m.Anm. *Osenbrück*. Auch *Koeble*, in: Locher/Koeble/Frik, § 7 HOAI, Rn. 149 empfehlen zu Recht, in den Architektenvertrag stets eine Regelbauzeit und die Möglichkeit einer Honorarerhöhung bei Überschreitung dieser Frist aufzunehmen, um die Voraussetzungen des § 4 Abs. 3 HOAI zu erfüllen; ebenso: LG Heidelberg, a.a.O.; *Pott/Dahlhoff/Kniffka/Rath*, § 7 HOAI, Rn. 35; *Jochem/Kaufhold*, § 7 HOAI, Rn. 175.
157) Vgl. *Osenbrück*, BauR 1990, 762.
158) Vgl. hierzu BGH, BauR 1998, 184 = NJW-RR 1997, 1377; ferner: *Koeble*, in: Locher/Koeble/Frik, § 7 HOAI, Rn. 154 ff.; *Neuenfeld*, § 4 HOAI, Rn. 12; *Kreißl*, S. 108 ff.
159) Vgl. hierzu *Heinle*, BauR 1992, 428 ff.
160) Vgl. hierzu OLG Stuttgart, BauR 2012, 1269 = NZBau 2012, 582.
161) OLG Düsseldorf, NZBau 2007, 109, 116; OLG Köln, BauR 1986, 467.

nächst Sache des **Architekten**, die formellen und materiellen Voraussetzungen ihrer Zulässigkeit darzulegen.[162] Das Gericht muss zwar eine Überschreitung der Höchstsätze von Amts wegen berücksichtigen; es muss aber die Honorarvereinbarung nicht von sich aus entsprechend überprüfen: Erst auf einen entsprechenden Tatsachenvortrag des Auftraggebers hin hat es tätig zu werden.[163]

786 Liegen die Voraussetzungen für die Überschreitung der Höchstsätze vor, ist lediglich die **Honorarvereinbarung**, nicht aber der gesamte Architektenvertrag **unwirksam**; die unwirksame Vereinbarung ist dahin abzuändern, dass nunmehr die **Höchstsätze** gelten[164] (vgl. Rdn. 727), weil zumindest diese im Zweifel von den Vertragsparteien gewollt sind.

d) Schriftformerfordernis

Literatur

Loritz, Die Reichweite des Schriftformerfordernisses der Honorarordnung für Architekten und Ingenieure (HOAI) bei der Vereinbarung unentgeltlicher Tätigkeit, BauR 1994, 38; *Werner/Wagner*, Die Schriftformklauseln in der neuen HOAI 2013, BauR 2014, 1386.

787 Die Vorschrift des § 7 HOAI verlangt für eine Vereinbarung der Unterschreitung der Mindestsätze, der Überschreitung der Mindestsätze und der Überschreitung der Höchstsätze jeweils die **Schriftform**, die der Architekt im Honorarprozess **darlegen** und **nachweisen** muss. Fehlt es insoweit bereits an einem schlüssigen Sachvortrag des Architekten, so gelten die **Mindestsätze** (§ 7 Abs. 5 HOAI). Da jede Vereinbarung eines Honorars, die unmittelbar oder mittelbar zu einer Überschreitung der Mindestsätze führt, der Schriftform bedarf, gilt dies auch für die **Einigung über die Honorarberechnungsfaktoren** (z.B. Höhe der anrechenbaren Kosten).[165]

788 Nach § 126 Abs. 1 BGB ist die **Schriftform** gemäß § 7 HOAI gewahrt, wenn die Honorarvereinbarung von **beiden Parteien unterzeichnet** ist. Es reicht nicht aus, dass der Architekt ein schriftliches Honorarangebot abgibt und dieses von dem Auftraggeber in einem gesonderten Schreiben angenommen wird: Honorarangebot **und** Annahme, die Einigung der Parteien über das Honorar, müssen in einer **Urkunde** enthalten und unterzeichnet sein.[166] Das gilt auch für Honorarvereinbarungen per **Telefax**: Gesonderte Telefaxe für Angebot und Annahme erfüllen

---

162) *Baumgärtel*, § 4 HOAI, Rn. 3; **a.A.:** *Koeble*, in: Locher/Koeble/Frik, § 7 HOAI, Rn. 158.
163) OLG Köln, a.a.O.
164) BGH, BauR 1990, 239 = NJW-RR 1990, 276 = ZfBR 1990, 72; OLG Jena, BauR 2002, 1724; KG, NJW-RR 1990, 91; **a.A.:** *Weyer*, BauR 1987, 131, 141 und BauR 1982, 309, 317, der das Honorar auf die Mindestsätze zurückführen will.
165) Vgl. hierzu OLG Hamm, NJW-RR 1994, 984; OLG Düsseldorf, BauR 1987, 590; siehe auch Rdn. 737.
166) BGH, BauR 1994, 131 = NJW-RR 1994, 280 = ZfBR 1994, 73; OLG Düsseldorf, BauR 2010, 482; KG, BauR 1998, 818; OLG Hamm, OLGR 1996, 256; OLG Celle, OLGR 1994, 316; OLG Düsseldorf, BauR 1982, 294, 295; KG, BauR 1994, 791 = NJW-RR 1994, 1298; LG Waldshut-Tiengen, BauR 1981, 80, 83; *Palandt/Ellenberger*, § 126 BGB, Rn. 4; *Groß*, BauR 1980, 9, 10; **a.A.:** *Koeble*, in: Locher/Koeble/Frik, § 7 HOAI, Rn. 53, die auch bei getrennten Urkunden (Angebot und Annahme) meinen, dass sich eine Partei nicht auf die Unwirksamkeit berufen könne. Zu der Frage der Einhaltung der Schriftform bei fehlender kör-

nicht die Schriftform; das ist aber der Fall, wenn das unterschriebene „Angebots-Fax" von der anderen Partei ebenfalls unterschrieben per Fax zurückgesandt wird.[167] Ein **Bestätigungsschreiben** oder ein **Auftragsschreiben** allein reicht nicht aus.[168] Dasselbe gilt für **wechselseitige Bestätigungsschreiben** (per Post, Fax oder E-Mail)[169] wie auch für ein schriftliches **Angebot** und eine schriftliche Annahme auf unterschiedlichen Schriftstücken.[170] Dagegen können die beiden Unterschriften in der Urkunde räumlich getrennt stehen, sie müssen aber den Urkundentext räumlich „abschließen".[171] In der **elektronischen Form** kann eine Honorarvereinbarung nur gemäß § 126a BGB geschlossen werden; dies bedeutet, dass beide Parteien jeweils ein gleich lautendes Dokument mit einer qualifizierten elektronischen Signatur nach dem SigG versehen müssen.

789 Allerdings genügt nach § 126 Abs. 2 Satz 2 BGB bei einer **Mehrzahl** von schriftlich abgefassten Honorarvereinbarungen (Kopien, Durchschriften usw.), dass **jede Vertragspartei ein Exemplar abzeichnet** und dieses der anderen zukommen lässt.[172] Die schriftliche Vereinbarung, mit der ein Honorar festgelegt wird, das über den Mindestsätzen liegt, muss sich nicht auf bestimmte Arbeiten beziehen; eine **objektbezogene** Vereinbarung reicht aus. Der Schriftform muss nur die Honorarvereinbarung, nicht der übrige Inhalt des Architektenvertrages genügen. Der BGH[173] ist allerdings der Auffassung, dass die Schriftform auch gewahrt ist, wenn dem Vertrag ein Angebot über ein Honorar vorausgeht, das mit einem Prozentsatz der anrechenbaren Kosten errechnet wird und der Vertrag sodann nach dem Willen der Parteien dieses Honorar als Berechnungsgrundlage vorsieht, ohne dass dieser Prozentsatz nochmals erwähnt wird.

790 Nach h.M. fällt ein **Vergleich** zwischen Bauherrn und Architekten über die Honorarforderung nach Beendigung der Architektentätigkeit nicht unter die Regelung des § 7 Abs. 5 HOAI.[174] Hier sind die Parteien nicht an die Schriftform gebunden, weil nach Beendigung der Leistungen des Architekten der dieser Vorschrift zu Grunde liegenden Schutzfunktion keine Bedeutung mehr zukommt. Aus denselben Gründen bedarf es für die **Übernahme einer Honorarvereinbarung** nicht der Schriftform, wenn ein bereits schriftlich abgeschlossener Architektenvertrag einvernehmlich auf einen Dritten übertragen wird.[175]

791 Bei der **stufenweisen Beauftragung** eines Architekten schließen die Parteien jeweils mehrere Einzelverträge (vgl. Rdn. 694 und 802). Das hat zur Folge, dass jede

---

perlicher Verbindung zwischen Haupturkunde und dort in Bezug genommenen Anlagen vgl. OLG Düsseldorf, NZBau 2002, 686.
167) So zu Recht OLG Hamm, BauR 1999, 1204 = NJW-RR 2000, 22 = OLGR 2000, 22; KG, BauR 1994, 791, 792 = NJW-RR 1994, 1298.
168) BGH, BauR 1989, 222 = NJW-RR 1989, 786 = ZfBR 1989, 104; *Groß*, BauR 1980, 9, 10.
169) OLG Düsseldorf, BauR 1995, 419 = OLGR 1995, 34 = NJW-RR 1995, 340.
170) BGH, BauR 1994, 131 = NJW-RR 1994, 280 = ZfBR 1994; 73; OLG Düsseldorf, a.a.O.
171) OLG Köln, BauR 1986, 467; OLG Düsseldorf, BauR 1998, 887 = OLGR 1998, 340.
172) So auch KG, BauR 1998, 818; OLG Hamm, OLGR 1995, 25.
173) BauR 2010, 793 = IBR 2010, 276 – *Fuchs*.
174) BGH, BauR 1987, 112 = NJW-RR 1987, 13 = ZfBR 1986, 283; OLG Düsseldorf, BauR 1999, 507 = NJW-RR 1998, 1099 = OLGR 1998, 235; BauR 1999, 1477 = NJW-RR 2000, 312 = NZBau 2000, 85.
175) BGH, BauR 2000, 592 = NJW 2000, 1114 = ZfBR 2000, 176 = MDR 2000, 387 = NZBau 2000, 139.

stufenweise Beauftragung dem Schriftformerfordernis des § 7 HOAI Rechnung tragen muss.[176]

792 Ist die **Schriftform nicht gewahrt**, gelten gemäß § 7 Abs. 5 HOAI stets die jeweiligen **Mindestsätze**.[177] Entsprechend der Begründung der Bundesregierung zur HOAI 1996 (Bundesrats-Drucksache 270/76, S. 10) ist ein Versäumnis der Schriftform für eine Abweichung von den Mindestsätzen **„preisrechtlich nicht mehr korrigierbar"**. Mündliche Vereinbarungen, in denen eine andere Vergütung als die Mindestsätze getroffen worden ist, haben daher keine rechtliche Wirkung. § 7 Abs. 5 HOAI wird daher zu Recht insoweit als **Auffangtatbestand** bezeichnet.[178]

793 Bei einem Verstoß gegen das Schriftformerfordernis kann der Architekt ein Honorar, das über den Mindestsätzen liegt, auch nicht über die Grundsätze der ungerechtfertigten Bereicherung (§§ 812 ff. BGB) verlangen. Aufgrund der Fiktion des § 7 Abs. 5 HOAI finden die §§ 812 ff. BGB insoweit keine Anwendung; dies wird grundsätzlich auch für den Gesichtspunkt der Änderung der Geschäftsgrundlage (§ 313 BGB) gelten müssen.[179]

794 Die **Berufung auf das Schriftformerfordernis** kann im Einzelfall **gegen Treu und Glauben verstoßen** (Einwand der unzulässigen Rechtsausübung). Aufgrund des klaren Wortlautes des § 7 HOAI und dem mit dieser Vorschrift verfolgten Zweck (der frühen Klärung der Honorarfrage und des Schutzes des Auftraggebers) kann dies jedoch nur in besonderen **Ausnahmefällen** möglich sein.[180] Deshalb befreit eine in der Vergangenheit einvernehmlich gehandhabte Übung der Honorarabrechnung zwischen Bauherrn und Architekten grundsätzlich nicht von dem Schriftformerfordernis des § 7 HOAI für zukünftige Aufträge.[181] Das LG Waldshut-Tiengen)[182] hat zu Recht in diesem Zusammenhang darauf hingewiesen, es entspreche ständiger höchstrichterlicher Rechtsprechung, „dass gesetzliche Formvorschriften im Interesse der Rechtssicherheit nicht aus bloßen Billigkeitserwägungen unbeachtet gelassen werden dürfen und Ausnahmen nur in ganz besonders gelagerten Fällen zulässig sind, wenn es nämlich nach den Beziehungen der Parteien

---

176) So zutreffend OLG Bamberg, MDR 2006, 19.
177) OLG Düsseldorf, BauR 1996, 289, 290 = NJW-RR 1996, 535; BauR 1980, 488 = MDR 1980, 934; OLG Stuttgart, ZfBR 1982, 171 m.Anm. *Gerauer; Koeble*, in: Locher/Koeble/Frik § 7 HOAI, Rn. 54.
178) OLG Düsseldorf, a.a.O.; *Groß*, BauR 1980, 9, 15; **a.A.:** OLG Düsseldorf, *SFH*, Nr. 5 zu § 4 HOAI.
179) Vgl. hierzu *Koeble*, in: Locher/Koeble/Frik, § 7 HOAI, Rn. 154 ff.
180) OLG Celle, NZBau 2005, 470; OLG Koblenz, BauR 2001, 828; KG, BauR 1994, 791, 793 = NJW-RR 1994, 1298 („schlechthin untragbar"); OLG Hamm, OLGR 1996, 256; OLG Stuttgart, BauR 1981, 404 (eine der Parteien hält die andere arglistig von der Wahrung der Form ab); ebenso OLG Saarbrücken, IBR 2004, 210 – *Weyer*; vgl. auch BGH, BauR 1994, 363 u. 651 sowie OLG Stuttgart, BauR 2001, 288; KG, KGR 1998, 353 (Annahme einer unzulässigen Rechtsausübung, soweit „ein Rechtsanwalt und Professor der Rechtswissenschaften sich auf die fehlende Schriftform beruft, wenn er dies bei Entgegennahme der Architektenleistungen nicht beanstandet hat"). LG Mainz, IBR 2010, 696 – *Gallois*. Vgl. auch *Kreißl*, S. 101 ff.
181) OLG Düsseldorf, BauR 1999, 1477 = NJW-RR 2000, 312 = NZBau 2000, 85.
182) BauR 1981, 80; vgl. auch *Groß*, BauR 1980, 9, 14/15, der den Einwand der unzulässigen Rechtsausübung grundsätzlich aus dem Schutzzweck des § 4 HOAI (jetzt § 7 HOAI 2013) ausschließt, im Einzelfall aber über das Rechtsinstitut des Verschuldens bei Vertragsschluss helfen will.

und den Gesamtumständen mit Treu und Glauben völlig unvereinbar wäre, die vertragliche Abrede am Formmangel scheitern zu lassen, was wiederum nicht schon dann bejaht werden kann, wenn die Folgen für die betroffene Partei nur hart sind; vielmehr müssen die Folgen schlechthin unertragbar sein." Mit Recht weist Koeble[183] darauf hin, dass sich die Rechtsprechung insoweit an den zu § 313 BGB entwickelten Grundsätzen wird orientieren müssen. Nach ihrer Auffassung liegt ein „schlechthin unerträgliches Ergebnis dann vor, wenn der Auftraggeber den Architekten arglistig von der Einhaltung der Form abgehalten hat". So hat auch das OLG Düsseldorf[184] entschieden: Danach liegt ein Ausnahmefall vor, wenn der Architekt bei seinem **Auftraggeber aktiv das berechtigte Vertrauen erweckt hat, eine formwirksame Pauschalhonorarvereinbarung zu schließen**; wenn der Architekt sich dann auf das Schriftformerfordernis beruft, würde dies zu einem „unerträglichen Ergebnis" führen. Dies gilt insbesondere für die Fallgestaltung, „dass die von dem Architekten selbst initiierte Gestaltung des schriftlichen Angebots und die von ihm damit vorgegebene und eingeschlagene Verfahrensweise im Rahmen von Abschluss und Durchführung der Pauschalhonorarvereinbarung bei seinem Auftraggeber aktiv das berechtigte Vertrauen erweckt hat, eine formwirksame Pauschalhonorarvereinbarung zu schließen". Ähnlich hat das OLG Oldenburg[185] entschieden: Scheitert die Wirksamkeit einer (ausnahmsweise) zulässigen Honorarvereinbarung unterhalb der Mindestsätze allein an der fehlenden Schriftform, kann sich der Architekt nicht auf die fehlende Schriftform berufen und ein Honorar nach den Mindestsätzen der HOAI verlangen, wenn dies für den Auftraggeber ein schlechthin untragbares Ergebnis darstellt.

Zu Verträgen mit **der öffentlichen Hand** und dem Schriftformerfordernis vgl. Rdn. 799.

e) Honorarvereinbarung bei Auftragserteilung

Literatur

Sangenstedt, Zur Abänderbarkeit von Honorarvereinbarungen nach der HOAI, BauR 1991, 292; *Werner*, Die „stufenweise Beauftragung" des Architekten, BauR 1992, 695; *Werner*, Zum Zeitbegriff „bei Auftragserteilung" in § 4 HOAI, Festschrift für Soergel (1993), 291.

795 § 7 Abs. 1 HOAI verlangt neben der Schriftform, dass die Honorarvereinbarung im Rahmen der in der HOAI festgesetzten Mindest- und Höchstsätze **„bei Auftragserteilung"** getroffen worden ist. Der Architekt hat daher in dem Honorarprozess substantiiert vorzutragen (und gegebenenfalls zu beweisen),[186] dass die (schriftliche) Honorarvereinbarung „bei Auftragserteilung" zu Stande gekommen ist. Andernfalls ist sein Vortrag unschlüssig, und es können ihm nur die Mindest-

---

183) In: Locher/Koeble/Frik, § 4 HOAI, Rn. 33; vgl. auch OLG Stuttgart, ZfBR 1982, 171; OLG Hamm, NJW-RR 1990, 522.
184) BauR 2012, 284 = IBR 2011, 647 – *Averhaus*.
185) IBR 2015, 671 – *Scharfenberg*. Vgl. hierzu auch OLG Düsseldorf, IBR 2011, 647 – *Averhaus*.
186) OLG Hamm, BauR 1996, 437 (LS).

sätze (§ 7 Abs. 6 HOAI zugesprochen werden. Das gilt auch für den Fall, dass sich der Auftraggeber zum Zeitpunkt der Honorarvereinbarung nicht äußert.[187]

796 Unter „Auftragserteilung" ist der **Abschluss** des Architektenvertrages, nicht eines entsprechenden Vorvertrages (vgl. Rdn. 655), zu verstehen.[188] In einem schriftlich abgefassten Architektenvertrag muss deshalb die Angabe enthalten sein, welcher Satz im Rahmen der Mindest- und Höchstsätze für die einzelnen Architektenleistungen gelten soll. Der an sich nicht formbedürftige Architektenvertrag kann zwar mündlich abgeschlossen werden; in diesem Fall muss jedoch die eigentliche Honorarvereinbarung gleichzeitig schriftlich abgefasst werden (Rdn. 787 ff.).

797 Die **Auslegung** des Zeitbegriffs „**bei Auftragserteilung**" ist in mehrfacher Richtung **umstritten**.[189] Der BGH hat des Öfteren Gelegenheit gehabt, sich mit dieser Problematik auseinander zu setzen. Zunächst wird von allen Seiten berücksichtigt, dass gerade die Vorschrift des § 7 HOAI im Spannungsfeld der preisrechtlichen Zielsetzung dieser Norm und dem allgemeinen Grundsatz der Vertragsfreiheit steht; gleichwohl ist zweifelhaft, **wie eng** der zeitliche Zusammenhang zwischen Auftragserteilung und Honorarvereinbarung sein muss. Zum anderen wird diskutiert, ob die **Änderung** einer einmal getroffenen Honorarvereinbarung möglich ist (vgl. Rdn. 808 f.).

798 In der Praxis besteht allerdings Einigkeit, dass die Zeitbestimmung „bei Auftragserteilung" wenig praktikabel ist und durchweg zu unbefriedigenden Ergebnissen führt. Offensichtlich ist der Verordnungsgeber insoweit von der Überlegung ausgegangen, dass eine Zusammenarbeit zwischen Architekten und Auftraggeber in der Weise beginnt, dass der Architekt zunächst auf eine entsprechende Aufforderung hin ein Angebot abgibt, der Auftraggeber sodann dieses Angebot annimmt und nunmehr von dem Architekten als Auftragnehmer mit der Leistung begonnen wird. Dieser Gedanke ist aber mit der üblichen Vertragspraxis nicht in Einklang zu bringen: Die in der Baubranche üblichen Usancen sehen anders aus; insbesondere wird übersehen, dass ein Architekt in aller Regel eine erhebliche **Akquisitionstätigkeit** entwickeln muss, bevor er einen Auftrag erhält; meist erfolgt erst **nach** dieser Akquisitionstätigkeit zunächst eine konkludente (**formlose**) Beauftragung, deren genauer Zeitpunkt nur schwer oder gar nicht bestimmt werden kann. Erst später wird dann von den schon vertraglich verbundenen Parteien der **schriftliche Architektenvertrag** abgeschlossen.

799 In dieser Form wickeln sich nicht nur Vertragsverhandlungen mit privaten, sondern auch mit Bauherren der **öffentlichen Hand** ab. Gerade bei diesen fallen die Auftragserteilung und die schriftliche Vereinbarung in aller Regel zeitlich **nicht** zusammen; vielmehr erfolgt der schriftliche Abschluss durchweg erst nach einer umfangreichen, im mündlichen Einvernehmen mit dem öffentlichen Auftraggeber entwickelten Tätigkeit des Architekten. In der Baupraxis wird somit die schriftliche Vereinbarung über die Einzelheiten der Vertragsabwicklung in aller Regel nach der eigentlichen Auftragserteilung getroffen – mit der Folge, dass in all diesen Fällen die schriftliche Vereinbarung der Parteien über ein die Mindestsätze überschreitendes Honorar gegen § 7 Abs. 6 HOAI verstößt und daher unwirksam ist.

800 Im Einzelfall ist sorgfältig zu prüfen, ob der Annahme eines (mündlichen) Vertragsschlusses die Vorschrift des § 154 **Abs. 1** BGB entgegensteht; das ist nicht der Fall, wenn sich die Parteien trotz der noch offenen Honorarvereinbarung und des Fehlens eines schriftlichen Vertrages bereits haben binden wollen.[190] Haben die

---

187) Ebenso: *Koeble*, in: Locher/Koeble/Frik, § 7 HOAI, Rn. 79.
188) *Groß*, BauR 1980, 9, 10, 11.
189) Vgl. hierzu *Werner*, Festschrift für Soergel, S. 291 ff.
190) OLG Stuttgart, BauR 1985, 346, 347.

Honorarvereinbarung bei Auftragserteilung

Parteien demgegenüber von **vornherein** eine **Schriftform** vereinbart oder ist diese grundsätzlich einzuhalten, wie dies besonders bei Aufträgen der öffentlichen Hand der Fall ist,[191] so liegt ein Fall des § 154 Abs. 2 vor, wenn die Schriftform unterbleibt.[192] Dies ist anders, wenn die Beurkundung lediglich **Beweiszwecken** dienen soll, wofür allerdings immer konkrete Anhaltspunkte gegeben sein müssen.[193]

Das hat eine wichtige **Konsequenz**: Der Architektenvertrag ist bei **konkludenter** oder **ausdrücklicher** Schriftformvereinbarung erst (wirksam) zustande gekommen, wenn er auch **schriftlich** abgeschlossen wird; dann kann auch noch zu diesem Zeitpunkt ein über den Mindestsätzen liegender Honorarsatz vereinbart werden, da dem Merkmal „bei Auftragserteilung" Genüge getan ist.[194]

801 Von einer „Auftragserteilung" im Sinne des § 7 Abs. 1 HOAI ist nicht auszugehen, wenn die Parteien lediglich einen schriftlichen **Vorvertrag** oder einen Rahmenvertrag abschließen bzw. eine stufenweise Beauftragung erfolgt.

Erfolgt eine Beauftragung unter einer aufschiebenden Bedingung (z.B. Erwerb des Baugrundstücks, Finanzierungszusage, Finden eines „Ankermieters"), ist das Rechtsgeschäft mit der bedingten Beauftragung abgeschlossen und vollendet. Auf den Eintritt der Bedingung kommt es damit für den Zeitbegriff „bei Auftragserteilung" nicht an.[195]

802 Insbesondere bei größeren Bauvorhaben und von vorsichtigen Auftraggebern wird häufig von der Möglichkeit einer **„stufenweisen Beauftragung"** des Architekten Gebrauch gemacht: Bei dieser Art der Beauftragung schließen die Parteien jeweils **mehrere Einzelverträge** (für die jeweilige Stufe) ab (vgl. Rdn. 611, 802, 694).[196] So werden dem Architekten bei Abschluss des Architektenvertrages beispielsweise nur die Leistungsphasen 1 und 2 (Grundlagenermittlung und Vorplanung) als Stufe 1 in Auftrag gegeben, während sich der Auftraggeber gleichzeitig vertraglich vorbehält, die weiteren Leistungsphasen in bestimmten Stufen (z.B. Stufe 2: Leistungsphasen 3 und 4 (Entwurfsplanung und Genehmigungsplanung); Stufe 3: Leistungsphasen 5–9 (Ausführungsplanung, Vorbereitung der Vergabe, Mitwirkung bei der Vergabe, Objektüberwachung sowie Objektbetreuung) zu beauftragen, ohne dass der Architekt hierauf einen Rechtsanspruch hat (vgl. hierzu Rdn. 694 ff.).

Von der stufenweisen Beauftragung ist das (in der Praxis häufig vereinbarte) **„Abrufen"** von Leistungsstufen zu unterscheiden: Beim sog. **Abrufvertrag** wer-

---

191) Es sei denn, es handelt sich um ein formlos gültiges Geschäft der laufenden Verwaltung z.B. einer Gemeinde – vgl. hierzu OLG Brandenburg, NZBau 2011, 627 (Planung eines Radweges).
192) OLG Dresden, BauR 2001, 1769; OLG Hamm, BauR 1995, 129 = ZfBR 1995, 33 = NJW-RR 1995, 274 = MDR 1994, 1217 (für Verträge mit der öffentlichen Hand); OLG Köln, NJW-RR 1997, 405 = BauR 1997, 524 (LS) = OLGR 1997, 235 (LS); vgl. auch BGH, BauR 2005, 735, 736; *Neuenfeld*, BauR 1998, 458, 462 u. § 1 HOAI, Rn. 5. Vgl. hierzu LG Köln, IBR 2011, 279 – Orthmann.
193) BGH, NJW-RR 1991, 1053, 1054; OLG Hamm, a.a.O., S. 130.
194) Hierzu auch *Koeble*, in: Locher/Koeble/Frik, § 7 HOAI Rn. 66; *Groß*, BauR 1980, 11 ff.; *Koeble*, BauR 1977, 376; *Weyer*, Festschrift für Korbion, S. 189 (einschränkend).
195) OLG Hamm, BauR 2008, 2062, 2063; *Palandt/Ellenberger*, Einf. vor § 158 Rn. 8 m.w.N.
196) Zur Frage, welche HOAI für die jeweiligen Einzelverträge anwendbar sind, vgl. BGH, BauR 2015, 689 = NZBau 2015, 170 = IBR 2015, 144 – Fuchs.

den dem Architekten die entsprechenden Leistungen bereits mit Abschluss des Architektenvertrages in Auftrag gegeben; gleichzeitig wird lediglich die Fälligkeit einzelner Leistungsphasen von einem Abruf des Auftraggebers abhängig gemacht.[197] Es ist eine Frage der Gesamtumstände (§ 133, 157, 242 BGB), welche Art der Beauftragung im Einzelfall vorliegt. Bei einer Beauftragung „auf Abruf" darf der Auftraggeber den Abruf der Leistung nicht auf unbestimmte Zeit hinausschieben.[198] Ruft der Auftraggeber die Leistung nicht ab, befindet er sich im Annahmeverzug.

> Die stufenweise Beauftragung und der Abrufvertrag haben also ganz unterschiedliche rechtliche Konsequenzen, worauf auch *Motzke*[199] kürzlich zu Recht verwiesen hat. In der Praxis und in der Literatur erfolgt diese Unterscheidung häufig nicht. So verwenden z.B. *Messerschmidt/Niemöller/Preussner*[200] und *Koeble*[201] den Begriff „Abruf" im Rahmen ihrer Ausführungen zum Stufenvertrag.

803 In der Praxis sind auch so genannte **Optionsverträge** zu Gunsten des Auftraggebers – meist im Zusammenhang mit Stufenverträgen – nicht selten: Hier behält sich der Auftraggeber – im Rahmen einer Option – vor, den Architekten mit weiteren Leistungen zu beauftragen, wobei dieser verpflichtet wird, die weiteren Leistungen – nach Ausübung der Option – zu erbringen (vgl. hierzu Rdn. 650).[202]

804 Der **überwiegende Teil** des Schrifttums[203] und die Rechtsprechung[204] sind der Ansicht, dass die Honorarvereinbarung i.S. des § 7 Absatz 1 HOAI **gleichzeitig** mit Abschluss des Architektenvertrages **schriftlich** getroffen werden muss. Damit wird der Zeitbegriff „bei Auftragserteilung" von der **herrschenden Auffassung eng ausgelegt**.

805 Dem ist allerdings nicht zu folgen; man wird bei der Auslegung des Zeitbegriffs „bei **Auftragserteilung**" **großzügig** zu verfahren haben: Schriftliche Honorarvereinbarungen sind deshalb auch dann zu berücksichtigen, wenn sie nicht unmittelbar bei Auftragserteilung, aber in einem **engen zeitlichen Zusammenhang mit der Auftragserteilung getroffen** sind. So ist eine Honorarvereinbarung als **gültig** anzusehen, die **vor Abschluss** des eigentlichen **Architektenvertrages** erfolgt, wenn die Parteien die vorab getroffene Honorarvereinbarung als Grundlage für den später abgeschlossenen Architektenvertrag angenommen haben. Der Zweck der Regelung geht nämlich dahin, spätere Unklarheiten und Streitigkeiten über die Honorarhöhe zu vermeiden. Dieser Zweck wird auch dann erreicht, wenn eine

---

197) Vgl. hierzu *Motzke*, NZBau 2015, 195, 196.
198) OLG Düsseldorf, IBR 2009, 375 (für den Unternehmervertrag).
199) NZBau 2015, 195, 196.
200) Grundl. Rdn. 23.
201) § 7 HOAI Rn. 68 sowie § 57 HOAI Rn. 3.
202) Vgl. hierzu auch *Schmidt*, BauR 1999, 538, 543, der allerdings die Vertragstypen (Optionsvertrag und Abrufvertrag) dogmatisch nicht ausreichend abgrenzt: Abruf und Option des Auftraggebers werden wiederholt gleichgesetzt, obwohl es beim Abrufvertrag nur eine einheitliche Beauftragung gibt, während es beim Optionsvertrag – bei entsprechender Ausübung der vereinbarten Option – zu verschiedenen Einzelverträgen kommt.
203) *Koeble*, in: Locher/Koeble/Frik, § 7 HOAI Rn. 56 ff.; *Groß*, BauR 1980, 9, 10; vgl. auch OLG Düsseldorf, BauR 1988, 766 (LS); OLG Schleswig, NJW-RR 1987, 535.
204) BGH, BauR 1990, 97 = ZfBR 1990, 19; BGH BauR 1988, 364 = NJW-RR 1988, 725; BGH, BauR 1987, 113 = NJW-RR 1987, 13; BGH, BauR 1987, 706 = NJW-RR 1987, 1374 = ZfBR 1987, 284; BGH, BauR 1985, 582 = NJW-RR 1986, 18; OLG Düsseldorf, NJW-RR 1995, 1362 (**Bauvoranfrage** vor schriftlichem Architektenvertrag).

Honorarvereinbarung bei Auftragserteilung

schriftliche Honorarabrede vor verbindlicher Auftragserteilung geschlossen wird. Das gilt insbesondere für **Rahmenverträge**, **Vorverträge** und **Optionsverträge** sowie **stufenweise Beauftragungen**. Dem hat sich der BGH[205] angeschlossen und entschieden, dass eine schriftliche Honorarvereinbarung vor Auftragserteilung ebenfalls als ausreichend anzusehen ist; das Gericht legt den Zeitbegriff „bei Auftragserteilung" also dahingehend aus, dass die Honorarabrede spätestens bis zur Erteilung des Auftrags getroffen sein muss.

Entsprechendes gilt für eine Honorarvereinbarung, die unmittelbar zeitlich nach Abschluss des Architektenvertrages, aber vor Beginn der Architektenleistungen getroffen worden ist.

806 Wird eine schriftliche Honorarvereinbarung erst zu einem Zeitpunkt unterzeichnet, zu dem der Architekt bereits Leistungen der Phasen 1 bis 4 (Grundlagenermittlung bis Genehmigungsplanung) erbracht hat, ist eine Honorarabrede, die über den Mindestsätzen liegt, unwirksam, es sei denn, der Architekt kann darlegen und beweisen, dass er diese umfangreichen Arbeiten **auftraglos** erbracht hat.[206] Eine Honorarabrede ist jedoch auch dann noch „**bei**" Auftragserteilung getroffen, wenn der Bauherr die von dem Architekten unterzeichnete Vertragsurkunde erst **nach längerer Zeit** (mehr als ein Jahr) unterschrieben **zurückreicht**.[207]

807 Wird eine schriftliche Honorarvereinbarung in einem Architektenvertrag unter der Bedingung geschlossen, dass ein bestimmtes Projekt durchgeführt wird, und wird später ein davon abweichendes Projekt durchgeführt, ist nach Auffassung des BGH[208] die für das abweichende Projekt getroffene Honorarvereinbarung auch dann nicht schriftlich bei Auftragserteilung getroffen, wenn das Honorar unverändert bleibt.

808 Ist eine wirksame Honorarabsprache **nicht** getroffen worden, gelten die **Mindestsätze** gemäß § 7 Abs. 5 HOAI. Eine **nachträgliche Vereinbarung der Mindestsatzüberschreitung** ist nicht möglich.[209] Ein unmittelbarer zeitlicher Zusammenhang mit der Auftragserteilung ist nach dem klaren Wortlaut des § 7 Abs. 1 erforderlich und entspricht auch dem Zweck sowie der Zielsetzung der Vorschrift. Die Begründung der Bundesregierung zu § 4 Abs. 1 HOAI 1976 (Bundesrats-Drucksache 270/76, S. 10) weist ausdrücklich darauf hin, dass „ein zeitliches Versäumnis preisrechtlich nicht mehr korrigierbar" ist. Sind dem Architekten alle

---

205) BauR 2009, 264 = NJW-RR 2009, 447 = NZBau 2009, 257. Vgl. hierzu *Weise/Hänsel*, NJW-Spezial 2009, 141. Vgl. ferner auch die Vorinstanz des OLG Rostock, IBR 2008, 34 – *Schulz*.
206) OLG Düsseldorf, BauR 1996, 594 (LS); LG Köln, IBR 2011, 279 – *Orthmann*.
207) OLG Köln, NJW-RR 1997, 405 = OLGR 1997, 235 (Unterschrift des Auftraggebers trägt kein abweichendes Datum/keine umfangreicheren Architektenleistungen erbracht). Vgl. hierzu auch OLG Frankfurt, BauR 2007, 2089 (Schriftliche Honorarvereinbarung ein Jahr nach mündlichem Auftrag).
208) BauR 2009, 523 = NZBau 2009, 255.
209) **Herrschende Meinung**; BGH, BauR 1988, 364 = NJW-RR 1988, 725; BauR 1987, 112 = NJWRR 1987, 13; BauR 1987, 706 = NJW-RR 1987, 1374; BauR 1985, 582 = NJW-RR 1986, 18; ferner: OLG Düsseldorf, BauR 1988, 766; OLG Schleswig, NJW-RR 1987, 535; OLG Stuttgart, BauR 1985, 346; *Motzke*, BauR 1982, 318, 320; **a.A.:** OLG Düsseldorf, *SFH*, Nr. 5 zu § 4 HOAI; *Groß*, BauR 1980, 9, 12.

Leistungsphasen eines Leistungsbildes (Vollarchitektur) übertragen worden, kann bei der Durchführung des Architektenauftrages **für die noch nicht vollzogenen Leistungsphasen** ebenfalls keine schriftliche Honorarvereinbarung mehr getroffen werden, die von den Mindestsätzen abweicht, es sei denn, das Leistungsziel hat sich geändert (vgl. Rdn. 814).

809 Nach richtiger Auffassung des BGH[210] kommt eine **spätere** – auch mündliche – **Abänderung** des gemäß § 7 Abs. 5 HOAI geltenden Mindestsatzes erst **nach Beendigung**[211] **der Architektentätigkeit** in Betracht. Daher haben auch Bestätigungen i.S. des § 144 BGB oder stillschweigende Änderungen oder Abschlagszahlungen[212] keinen rechtlichen Einfluss. Anders ist dies, wenn der Architekt nach der Auftragserledigung eine Rechnung erteilt, die der Auftraggeber begleicht; dadurch wird eine – ursprünglich unwirksame – Honorarvereinbarung jedenfalls **nach Beendigung** der Tätigkeit des Architekten uneingeschränkt **vollzogen** und damit **bestätigt**. Es liegt dann eine **Abrechnungsvereinbarung** i.S. von § 782 BGB vor, für die die Einschränkungen zur Honorarvereinbarung bei Auftragserteilung nach § 7 HOAI nicht gelten.[213]

810 Soweit der Architektenvertrag durch **Kündigung** oder einvernehmliche Aufhebung beendet wird, gilt dieser Zeitpunkt.[214] Auch die nachträgliche Vereinbarung der Mindestsatzüberschreitung hinsichtlich bereits erbrachter Leistungsphasen ist unzulässig, wenn die Architektenleistungen als einheitliches Ganzes übertragen wurden;[215] nur wenn der Architekt **insgesamt** seine vertraglichen Leistungen beendet hat, ist ausgeschlossen, dass – entgegen dem mit der HOAI verfolgten Zweck – Streitigkeiten zwischen den Vertragsparteien während der Abwicklung des gesamten Architektenvertrages entstehen und „der Streit über die Höhe des geschuldeten Honorars zu einer die Ausführung des Auftrags gefährdenden positiven Vertragsverletzung führt".[216]

811 Aus diesen Gründen fällt ein **nach Beendigung der Architektentätigkeit** über die Honorarforderung abgeschlossener **Vergleich** oder Verzicht mit dem Ergebnis einer Mindestsatz-Unterschreitung nicht unter die Regelung des § 7 Abs. 5

---

210) BauR 2003, 748; BauR 1988, 364 = NJW-RR 1988, 725 = ZfBR 1988, 133; BauR 1987, 706 = ZfBR 1987, 284 = NJW-RR 1987, 1374; BauR 1987, 112 = NJW-RR 1987, 13 u. BauR 1985, 582 = NJW-RR 1986, 18; ebenso: OLG Hamm, IBR 2011, 91 – *A. Eich*; KG, KGR 2002, 213; OLG Düsseldorf, BauR 2002, 499 m.w.Nachw.; BauR 1987, 348 und 587; OLG Hamm, IBR 2007, 566 – *Weyand*; BauR 1998, 819 = NJW-RR 1998, 811 = OLGR 1998, 126 (**Erlassvertrag**); OLG Köln, OLGR 2002, 92.
211) OLG Jena, IBR 2009, 395 – *A. Eich*; *Koeble*, in: Locher/Koeble/Frik, § 7 HOAI, Rn. 72 f. haben Bedenken hinsichtlich des vom BGH verwandten Merkmals „Beendigung der Tätigkeit", da dieses Merkmal weder in § 640 BGB noch in § 8 HOAI enthalten sei; sie schlagen als Merkmal „die vertragsgemäße Erbringung der Leistungen" vor.
212) *Werner*, Festschrift für Locher, S. 289, 298, 299.
213) Vgl. OLG Düsseldorf, BauR 1997, 880, 882 = OLGR 1998, 4.
214) OLG Düsseldorf, BauR 1987, 587; *Koeble*, in: Locher/Koeble/Frik, § 7 HOAI, Rn. 72 f.
215) BGH, BauR 1985, 582 = NJW-RR 1986, 18 = ZfBR 1985, 222.
216) So BGH, BauR 1988, 364 = NJW-RR 1988, 725; vgl. ferner BGH, BauR 1987, 706 = NJW-RR 1987, 1374.

Honorarvereinbarung bei Auftragserteilung

HOAI,[217] während dies bei einem Vergleich der Fall ist, der vor Beendigung der Tätigkeit des Architekten abgeschlossen wird.[218]

812 Hinsichtlich eines **Honorarverzichts** (z.B. im Rahmen eines Erlassvertrages) des Architekten gilt Folgendes: Da sich der Honoraranspruch des Architekten dem Grunde nach ausschließlich nach den Vorschriften des BGB richtet (vgl. näher Rdn. 600), sind die Vertragsparteien aufgrund der Bestimmungen der HOAI, die nur die Berechnung des Honorars der Höhe nach regeln, nicht gehindert, einen Honorarverzicht für erbrachte bzw. noch nicht erbrachte Leistungen des Architekten zu vereinbaren.[219] Verzichtet beispielsweise der Architekt auf das vertraglich vereinbarte Honorar unter der Bedingung, dass das Bauvorhaben nicht durchgeführt wird, ist eine solche – auch nachträgliche – Verzichtsvereinbarung nicht zu beanstanden.[220] Dasselbe gilt, wenn die Parteien den **Honoraranspruch** des Architekten von dem Eintritt einer **Bedingung** abhängig machen.[221] Nach Auffassung des KG[222] ist die Vereinbarung eines Architekten mit seinem Auftraggeber über eine Herabsetzung des Honoraranspruchs gegen einen Verzicht des Auftraggebers auf von diesem behauptete, von dem Architekten bestrittene Schadensersatzansprüche, wirksam, auch wenn diese Vereinbarung noch vor Beendigung des Architektenvertrages getroffen wird. Ob ein **Teilverzicht/Teilerlass**, mit dem die Mindestsätze unterschritten werden, wirksam erfolgen kann, ist streitig.[223]

813 **Umstritten** ist das bereits angesprochene Problem, ob eine **Änderung** einer einmal getroffenen **Honorarvereinbarung nach Abschluss** des Architektenvertrages zulässig ist. Insoweit kann aber nichts anderes als in dem Fall gelten, wo die Parteien überhaupt keine Honorarvereinbarung bei Auftragserteilung getroffen haben: Ist **bei** Auftragserteilung einmal eine wirksame schriftliche Honorarvereinbarung getroffen, kann diese später nach dem klaren Wortlaut des § 7 Abs. 1 HOAI auch **nicht mehr** durch eine neue Vereinbarung abgeändert werden.[224] Das hat auch

---

[217] BGH, BauR 2001, 1612 = NZBau 2001, 572 = NJW-RR 2001, 1384 = ZfBR 2001, 462; BauR 1987, 112 = NJW-RR 1987, 13 = ZfBR 1986, 283; OLG Celle, BauR 2016, 286 = IBR 2015, 554 – *Berger*; KG, IBR 2012, 587 – *Fuchs*; OLG Naumburg, BauR 2002, 1587 = NZBau 2003, 44; OLG Düsseldorf, BauR 1999, 507 = NJW-RR 1998, 1099 = OLGR 1998, 235; BauR 1999, 1477 = NJW-RR 2000, 312 = NZBau 2000, 85.

[218] BGH, BauR 1987, 706 = NJW-RR 1987, 1374; OLG Naumburg, BauR 2002, 1587 = NZBau 2003, 44.

[219] Vgl. OLG Celle, IBR 2004, 81 – *Preussner*; OLG Oldenburg, OLGR 2004, 4; OLG Saarbrücken, NZBau 2002, 576; KG, IBR 2007, 258 – *Götte* (wegen Gegenansprüchen) = NJW-RR 2007, 967 = NZBau 2007, 521 = OLGR 2007, 575.

[220] BGH, BauR 1996, 414 = NJW-RR 1996, 728 = MDR 1996, 685; BauR 1985, 467, 468 = ZfBR 1985, 181, 182; OLG Saarbrücken, OLGR 2002, 167.

[221] BGH, BauR 1998, 579 = NJW-RR 1998, 952 = MDR 1998, 711.

[222] NJW-RR 2007, 967 = NZBau 2007, 521.

[223] OLG Celle, IBR 2004, 81 – *Preussner* (Teilverzicht auf Architektenhonorar bei Unterschreitung der Mindestsätze unwirksam). Vgl. hierzu aber OLG Celle, BauR 2016, 286 = IBR 2015, 554 – *Berger*.

[224] So auch BGH, BauR 1988, 364 = NJW-RR 1988, 725; OLG Stuttgart, IBR 2014, 742 – *Seifert*; OLG Düsseldorf, OLGR 2002, 576 = BauR 2002, 499 = NZBau 2003, 41; BauR 2001, 1137; *Weyer*, Festschrift für Korbion, S. 481, 490; **a.A.:** OLG Düsseldorf, *SFH*, Nr. 5 zu § 4 HOAI; *Koeble*, in: Locher/Koeble/Frik, § 7 HOAI, Rn. 63, 50; *Koeble*, BauR 1977, 372; *Groß*, BauR 1980, 9, 12.

der BGH[225]) entschieden. Dies gilt ebenso für Leistungsphasen, die zwar im Architektenauftrag enthalten, aber noch nicht ausgeführt worden sind. Sowohl für die bereits ausgeführten wie auch für die noch nicht vollzogenen Leistungsphasen kann später insoweit keine neue Honorarvereinbarung getroffen werden, die von der einmal abgeschlossenen Honorarvereinbarung abweicht. Wenn Groß[226]) darauf hinweist, dass eine bestimmte Vergütungsvereinbarung „jeweils unter dem Vorbehalt späterer vereinbarlicher Änderung durch die Parteien" stehe, so ist dies mit dem Wortlaut des § 7 Abs. 1 u. 5 HOAI und dem Willen sowie der Zielsetzung des Verordnungsgebers nicht in Einklang zu bringen. Eine einmal **getroffene Honorarvereinbarung** ist **verbindlich** und nicht mehr korrigierbar.[227])

814 Dagegen kann für **Änderungen oder Erweiterungen eines Architektenauftrages**, insbesondere bei **Änderung des Leistungsziels** (z.B. Umbau statt Anbau oder Ausführung zusätzlicher Geschosse), auch nach Abschluss des Architektenvertrages eine Honorarvereinbarung getroffen werden, die über den Mindestsätzen liegt.[228]) Allerdings wird man hier fordern müssen, dass die Honorarvereinbarung der Parteien zeitlich bei der Einigung über die Erweiterungen oder Änderungen des Architektenauftrages getroffen wird. Dasselbe gilt für **zusätzlich übertragene Leistungsphasen**, wenn einem Architekten zunächst nur bestimmte Leistungsphasen (z.B. Grundlagenermittlung und Vorplanung) übertragen worden sind, der Auftrag später aber auf andere (z.B. Entwurfsplanung, Genehmigungsplanung und Ausführungsplanung) erweitert wird. Dann kann für die zusätzlich übertragenen Leistungsphasen noch eine Honorarvereinbarung getroffen werden, die über den Mindestsätzen liegt; allerdings ist für die bereits erbrachten Leistungsphasen eine nachträgliche schriftliche Honorarvereinbarung, die von den Mindestsätzen abweicht, unwirksam.

815 Das Tatbestandsmerkmal der Honorarvereinbarung „bei Auftragserteilung" ist auch erfüllt, wenn ein Architekt bereits Leistungen (z.B. eine Planung auf eigenes Risiko für einen Dritten) erbracht hat und er nunmehr aufgrund dieser Planung von dem Bauherrn einen Architektenauftrag erhält; in diesem Fall hat er zuvor (also vor Auftragserteilung) keinerlei Leistungen auf vertraglicher Grundlage für den Bauherrn erbracht.

Zum Einwand der **unzulässigen Rechtsausübung** (§ 242 BGB) vgl. Rdn. 726 und 794.

816 Fraglich ist, ob die schriftliche Vereinbarung über die **Unterschreitung der Mindestsätze** (§ 7 Abs. 3 HOAI und die **Überschreitung der Höchstsätze** (§ 7 Abs. 4 HOAI ebenfalls **„bei Auftragserteilung"** erfolgen muss. Aufgrund des Wortlauts und des Aufbaus des § 7 HOAI ist davon auszugehen, dass auch in diesen Fällen nach dem Willen des Verordnungsgebers die besondere Honorarverein-

---

225) A.a.O.
226) BauR 1980, 9, 12.
227) OLG Stuttgart, BauR 1985, 346.
228) BGH, BauR 1988, 364 = NJW-RR 1988, 725; OLG Dresden, IBR 2005, 376 – *Schmidt-Hofmann* (Der BGH hat allerdings im Rahmen der Zurückweisung der Nichtzulassungsbeschwerde insoweit Bedenken angemeldet); *Sangenstedt*, BauR 1991, 292; *Groß*, BauR 1980, 9, 11; *Jochem*, 4. Auflage, § 4 HOAI, Rn. 6; *Weyer*, a.a.O.; *Pott/Dahlhoff/Kniffka/Rath*, § 7 HOAI, Rn. 17 ff.

barung bei Abschluss des Architektenvertrages getroffen werden muss, um rechtsgültig zu sein.²²⁹⁾

Zwar ist der Zeitbegriff „bei Auftragserteilung" sowohl in Abs. 3 und 4 des § 7 HOAI nicht genannt. Aus dem klaren Wortlaut des Absatzes 4 („Sofern nicht bei Auftragserteilung etwas anderes schriftlich vereinbart worden ist, gelten die jeweiligen Mindestsätze gemäß Absatz 1 als vereinbart") ist indes zu folgern, dass **alle vertraglichen Abweichungen von den Mindestsätzen** stets **bei Auftragserteilung vereinbart** werden müssen. Abs. 5 des § 7 HOAI nennt keine Ausnahmen. Auch insoweit ist auf die Begründung der Bundesregierung hinzuweisen, wonach ein zeitliches Versäumnis preisrechtlich nicht mehr korrigierbar ist. Eine Änderung ist überdies selbst dann nicht möglich, wenn sich z.B. die Planung nachträglich als schwieriger herausstellt; eine Anpassung des Honorars wird hier nur über das Rechtsinstitut des Wegfalls der Geschäftsgrundlage bzw. für Schuldverhältnisse, die nach dem 1.2.2002 abgeschlossen wurden, gemäß § 313 BGB erfolgen können (vgl. Rdn. 2956). **817**

Diese Auffassung kann im Einzelfall zu unbefriedigenden Ergebnissen führen: Häufig wird sich insbesondere der Umstand von „außergewöhnlichen oder ungewöhnlich lange dauernden Leistungen" erst im Rahmen der Vertragserfüllung herausstellen (vgl. auch Rdn. 783). Der Verordnungsgeber hat dies im Rahmen der 5. HOAI-Novelle 1996 ebenfalls eingesehen und zumindest für den Fall der Verlängerung der Planungs- und Bauzeit mit § 4a HOAI a.F. eine Regelung getroffen: „Verlängert sich die Planungs- und Bauzeit wesentlich durch Umstände, die der Auftragnehmer nicht zu vertreten hat, kann für die dadurch verursachten Mehraufwendungen ein zusätzliches Honorar vereinbart werden." Insoweit handelt es sich allerdings nur um eine „Kann"-Vorschrift. Die Vorschrift des § 4a HOAI a.F. ist im Rahmen der 6. HOAI-Novelle **ersatzlos gestrichen** worden. **818**

Die Hereinnahme des Zeitbegriffs „bei Auftragserteilung" in die HOAI ist als außerordentlich unglücklich anzusehen.²³⁰⁾ Dadurch wird es – neben den zuvor erwähnten Fällen – zu einer Fülle von unbefriedigenden Fallgestaltungen kommen. Das gilt insbesondere für Verträge mit der öffentlichen Hand, die in der Regel an Formvorschriften (z.B. durch die jeweilige Gemeindeordnung) gebunden sind.²³¹⁾ Sie dienen dem Schutz der öffentlich-rechtlichen Körperschaften und ihrer Mitglieder. Ein Interessenausgleich wird nur im Einzelfall über die Grundsätze von **Treu** und **Glauben** (§ 242 BGB) erfolgen können. Es ist nicht einzusehen, aus welchen Gründen die Vertragsfreiheit der Parteien zeitlich so eingeschränkt werden musste. Es sind auch keine überzeugenden Gründe gegeben, warum sich die Parteien nicht schriftlich nach Abschluss des Architektenvertrages über ein besonderes Architektenhonorar einigen können, das von den Mindestsätzen abweicht. Durch das Schriftformerfordernis wird den Interessen beider Parteien hinreichend Genüge getan, und mit der Notwendigkeit, eine schriftliche Honorarvereinbarung treffen zu müssen, wenn von den Mindestsätzen abgewichen werden soll, wird der

---

229) BGH, BauR 1987, 706 = NJW-RR 1987, 1374; BauR 1987, 112, 113 = NJW-RR 1987, 13; OLG Düsseldorf, BauR 1987, 348 m.w.N.; *Konrad*, BauR 1989, 653, 656; **a.A.:** die **überwiegende Meinung** im Schrifttum: *Koeble*, BauR 1977, 372, 376; *Koeble*, in: Locher/Koeble/Frik, § 7 HOAI, Rn. 97; *Groß*, BauR 1980, 9, 16 u. 18; vgl. auch OLG Düsseldorf, BauR 1980, 488.
230) Vgl. insbesondere *Jochem/Kaufhold*, § 7 HOAI, Rn. 66 ff., 70.
231) Vgl. hierzu OLG Dresden, BauR 2001, 1769.

Auftraggeber bereits ausreichend geschützt (**Schutzfunktion**) und die Honorarfrage zwischen den Parteien hinreichend geklärt (**Klarstellungsfunktion**).

2. Zeithonorar

819 Die HOAI 1996 kennt darüber hinaus das sog. **Zeithonorar**. Nach § 6 Abs. 1 HOAI a.F. können Zeithonorare nur grundsätzlich als **Fest- oder Höchstbetrag** berechnet werden, wobei sich die Vertragsparteien an dem voraussichtlichen Zeitbedarf und an den in § 6 Abs. 2 HOAI a.F. festgelegten Stundensätzen orientieren müssen. Ist eine Vorausschätzung des Zeitbedarfs nicht möglich, ist das Honorar nach dem nachgewiesenen Zeitbedarf auf Grundlage der Stundensätze des § 6 Abs. 2 HOAI a.F. zu berechnen (vgl. näher Rdn. 1081).

Im Rahmen der Novellierung der HOAI im Jahre 2009 ist das **Zeithonorar** und die entsprechenden Stundensätze des § 6 HOAI a.F. **ersatzlos gestrichen** worden, um den Vertragsparteien mehr Flexibilität bei der Vertragsgestaltung zu ermöglichen (vgl. Rdn. 1081). Daran hat sich durch die Novellierung des HOAI im Jahr 2013 nichts geändert. Zur objektiven **Ermittlung der Höhe der Stundensätze** für Architekten und Ingenieure vgl. *Siegburg*, ibr-online – eingestellt am 30.10.2009.

III. Die „übliche" Vergütung

Übersicht

	Rdn.		Rdn.
1. Im Anwendungsbereich der HOAI .	821	2. Außerhalb der HOAI	829

Ist ein Architektenvertrag ohne wirksame Vereinbarung eines bestimmten Honorars zustande gekommen, kann der Architekt grundsätzlich nach §§ 612, 632 BGB die „übliche" Vergütung verlangen, da für Architektenleistungen eine Taxe nicht besteht. Die „übliche" Vergütung kommt für Architektenleistungen auch dann in Betracht, wenn ein wirksamer Architektenvertrag nicht abgeschlossen worden ist. **820**

1. Im Anwendungsbereich der HOAI

Ist im Geltungsbereich der **HOAI** zwischen Architekt und Bauherr eine bestimmte Honorarvereinbarung nicht oder nicht wirksam getroffen worden, gelten nach § 7 Abs. 5 HOAI grundsätzlich die **Mindestsätze** der HOAI als die „**übliche**" **Vergütung** i.S. des § 632 BGB;[1)] die Problematik bei einem Streit der Vertragsparteien über die tatsächlich vereinbarte Vergütungshöhe hat sich damit durch die Vorschrift des § 7 Abs. 5 HOAI erledigt. Deshalb besteht auch grundsätzlich **keine Aufklärungspflicht** des Architekten über die **Höhe seines voraussichtlichen Honorars**[2)] (vgl. auch Rdn. 645); das OLG Köln[3)] begrenzt eine entsprechende Aufklärungspflicht des Architekten auf **Ausnahmefälle**, „etwa wenn der Auftraggeber ausdrücklich nach den voraussichtlichen Kosten fragt, er erkennbar völlig falsche Vorstellungen über die Höhe der anfallenden Kosten hat oder der Architekt um das Vorliegen eines besonders günstigen Konkurrenzangebotes weiß". Darüber hinaus können auch andere Fallgestaltungen in Betracht kommen, in denen der Architekt in der Regel nach Treu und Glauben zur Aufklärung über sein Honorar verpflichtet ist.[4)] **821**

Die HOAI hat die **Darlegungs- und Beweislast** eindeutig verteilt: Bei fehlender oder unwirksamer Vereinbarung gelten die Mindestsätze der HOAI; verlangt der Architekt diese „übliche" Vergütung, behauptet der Bauherr jedoch, dass die Min- **822**

---

1) BGH, *SFH*, Nr. 36 zu § 249 BGB; OLG Köln, BauR 1994, 271 = ZfBR 1994, 88; OLG Düsseldorf, BauR 1981, 401 u. 484; *Koeble*, BauR 1977, 372, 373; *MünchKomm-Soergel*, § 632 BGB, Rn. 17; **a.A.:** *Groß*, BauR 1980, 9, 15, der die „übliche" Vergütung von Fall zu Fall unter Berücksichtigung aller Einzelumstände bestimmen will, sowie *Koeble*, in: Locher/Koeble/Frik, § 7 HOAI, Rn. 96. Zur **üblichen** Vergütung i.S. des § 632 BGB: BGH, BauR 2001, 249 = NZBau 2001, 17.
2) Offen gelassen von BGH, BauR 1997, 1062 = NJW-RR 1997, 1448 (bei Unterschreitung des Mindestsatzes im Rahmen eines Pauschalhonorars). Wie hier: OLG Karlsruhe, BauR 1984, 538; *Koeble*, in: Locher/Koeble/Frik, § 7 HOAI Rn. 83; *Kniffka/Koeble*, 9. Teil, Rn. 69; *Wirth/Hebel/Engelmann*, X. Teil, Rn. 207 ff.; *Kreißl*, S. 93; **a.A.:** Saarländisches OLG, BauR 2000, 753 = NJW-RR 1999, 1025 = OLGR 1999, 193; OLG Stuttgart, BauR 1989, 630 = NJW 1989, 2402; *Weyer*, BauR 1997, 131. Vgl. zum Meinungsstand ferner: *Pauly*, BauR 2000, 808, u. *Knacke*, BauR 1990, 395.
3) BauR 1994, 271 = ZfBR 1994, 88; ihm folgend OLG Hamm, BauR 1999, 1479 = OLGR 2000, 134; ebenso OLG Karlsruhe, BauR 1984, 538.
4) Vgl. hierzu insbesondere *Pauly*, a.a.O., u. *Knacke*, a.a.O.

destsätze entsprechend § 7 Abs. 3 HOAI vereinbarungsgemäß (z.B. als niedrigeres Pauschalhonorar) unterschritten werden sollten, so trägt er die Darlegungs- und Beweislast.[5]

823 Die nach § 632 BGB „übliche" Vergütung umfasst auch die in § 15 HOAI festgelegte **Zahlungsweise**.[6]

824 Die Honorartafel des § 34 HOAI, die die jeweiligen anrechenbaren Kosten (vgl. Rdn. 915 ff.) zur Grundlage hat, beginnt mit 25.000 € und endet mit 25.000.000 € **Außerhalb** dieses Kostenrahmens können die Parteien das Honorar frei vereinbaren, ohne an die Mindest- oder Höchstsätze der HOAI gebunden zu sein (§ 7 Abs. 2 HOAI).

825 Bei anrechenbaren Kosten von **weniger** als 25.000 € sah § 16 Abs. 2 HOAI 1996 folgende Regelung vor: Die Parteien können insoweit ein **Pauschalhonorar** vereinbaren oder nach Zeit gemäß § 6 HOAI a.F. abrechnen, höchstens jedoch bis zu dem in der Honorartafel des § 16 HOAI 1996 für anrechenbare Kosten von 25.000 € festgesetzten Höchstsätzen; als Mindestsätze gelten die Stundensätze nach § 6 HOAI 1996[7] Ist zwischen den Parteien eine Pauschalvereinbarung nicht getroffen worden oder ist diese unwirksam, so ist ein Zeithonorar als Mindesthonorar zu berechnen.[8] Zu Recht weisen Locher/Koeble/Frik[9] darauf hin, dass insoweit eine Fortschreibung der Honorartafel unter 25.565 € (Extrapolation) ausscheidet, da in § 16 HOAI 1996 insoweit eine ausdrückliche Regelung enthalten ist. In der HOAI 2009 und der HOAI 2013 fehlt eine entsprechende Vorschrift bei anrechenbaren Kosten unter 25.000 €. Daher sind die Parteien insoweit entsprechend der Regelung des § 7 Abs. 2 HOAI in ihrer Honorarvereinbarung frei.

826 Haben die Parteien bei anrechenbaren Kosten über 25.000.000 € keine Honorarvereinbarung getroffen, kann sie nicht bewiesen werden oder ist sie unwirksam, stellt sich die Frage nach der **üblichen Vergütung** gemäß § 632 Abs. 2 BGB; in dieser Hinsicht ist bestritten, ob eine **Extrapolation** über den Honorarrahmen des § 35 HOAI hinaus in Betracht kommt.[10] In der Praxis werden verschiedene **erweiterte Honorartafeln** verwendet, die – entsprechend dem System der HOAI – die Honorare degressiv fortschreiben und daher als Anhaltspunkt für die **übliche Vergütung** gelten können.[11]

827 Der BGH[12] hat kürzlich klargestellt, dass bei Bauvorhaben, deren anrechenbare **Kosten über den Tafelhöchstwerten der HOAI liegen**, eine **Bindung an die HOAI nicht gegeben ist**, sodass die Parteien in ihrer Honorarvereinbarung völlig ungebunden sind. Der Hinweis des BGH in einer anderen Entscheidung[13], dass

---

5) So auch *Koeble*, in: Locher/Koeble/Frik, § 7 HOAI, Rn. 98.
6) BGH, NJW 1981, 2351, 2354 = BauR 1981, 582, 587 mit Anm. *Locher*.
7) Vgl. hierzu näher *Locher/Koeble/Frik*, 9. Auflage, § 16 HOAI, Rn. 8.
8) OLG Düsseldorf, BauR 1987, 708.
9) 9. Auflage, § 16 HOAI, Rn. 8.
10) Vgl. im Einzelnen *Koeble*, in: Locher/Koeble/Frik, § 7 HOAI, Rn. 90 ff. mit weiteren Nachweisen über den Meinungsstand. Ferner *Pöschl*, DAB 1994, 1390 (Extrapolation bejahend) sowie KG, NZBau 2005, 522, 524 u. *Wirth/Schmidt*, X. Teil, Rn. 35 (verneinend).
11) KG, KGR 2004, 243, 244 = IBR 2004, 327 – *Seifert*. Vgl. z.B. die Tabelle der Staatlichen Hochbauverwaltung Baden-Württemberg (sog. **Rift-Brief**, Stand August 2009; anders aber KG, IBR 2004, 377 mit (zutreffend) ablehnender Anm. *Eich*; vgl. auch KG, NZBau 2005, 522 (Feststellung der üblichen Vergütung bei 80 bzw. 85 Mio. anrechenbare Kosten durch Sachverständigen).
12) BauR 2012, 975 = IBR 2012, 268.
13) BauR 2004, 1640 = NJW 2004, 2588 = NZBau 2004, 509.

sich die Vergütung in diesen Fällen nach § 632 Abs. 2 BGB richtet, wenn sich keine Parteivereinbarung feststellen lässt, gibt der Praxis „Steine statt Brot": Gerade weil in der Praxis verschiedene erweiterte Honorartafeln verwendet werden, können diese durchaus als Anhaltspunkte für eine übliche Vergütung angesehen werden.[14]

Für die Rechtslage bis 17.8.2009 ist Folgendes zu berücksichtigen: Liegt **eine** der Kostenermittlungen außerhalb der Tafelwerte der HOAI, kann das Honorar von den Parteien frei vereinbart (auch mündlich) werden.[15] So ist es bei einem Vertrag, der die Vollarchitektur (Leistungsphasen 1 bis 9) erfasst, denkbar, dass die erste Kostenermittlung im Rahmen der Entwurfsplanung, nämlich die Kostenberechnung, Kosten oberhalb der Grenze von 25.564.594 € ergibt, während die beiden weiteren Kostenermittlungen, nämlich der Kostenanschlag und die Kostenfeststellung Beträge ergeben, die sich innerhalb der Tafelwerte der HOAI bewegen: In diesem Fall besteht die vorerwähnte freie Vereinbarung nur für die Leistungsphasen 1 bis 4, während das Honorar für die Leistungsphasen 5 bis 7 sowie 8 und 9 nach den Sätzen der HOAI zu berechnen ist.[16]

(nicht besetzt) 828

2. Außerhalb der HOAI

Die HOAI gibt nicht für alle denkbaren Leistungen des Architekten bestimmte Gebührensätze an (vgl. Rdn. 607 f.). Besteht im Einzelfall eine solche **„übliche" Vergütung** oder Taxe im Sinne der §§ 612, 632 BGB nicht,[17] kann der Architekt seine Vergütung gemäß §§ 315, 316 BGB nach billigem Ermessen bestimmen.[18] 829

Der Architekt muss in diesen Fällen dem Gericht genügend substantiierte Hinweise geben, unter welchen Gesichtspunkten er sein Honorar bestimmt hat und aus welchen Gründen die Höhe der Vergütung billig erscheint. Was dem „billigen Ermessen" entspricht, ist nämlich stets im Einzelfall unter Abwägung der Interessenlage der Vertragspartner festzustellen.[19] Es wird vor allem auf den Umfang und die Bedeutung der Leistung und deren wirtschaftlichen Wert für den Bauherrn ankommen. Dabei kann z.B. bei einem Planungsauftrag die Kürze oder Länge der vom Architekten für die Erstellung der Pläne aufgewandten Zeit berücksichtigt werden.

Die durch den Architekten getroffene Honorarfestsetzung ist im Übrigen erst dann für den Bauherrn verbindlich, wenn sie tatsächlich der Billigkeit entspricht (§ 315 Abs. 3 Satz 1 BGB). Das Gericht muss anhand des Vertrages des Architekten die Möglichkeit haben, die Bestimmung der Vergütung insoweit zu überprüfen; ggf. bestimmt das Gericht die Höhe der „billigen" Vergütung. Der Architekt trägt die Beweislast für die Billigkeit der von ihm getroffenen Honorarbestimmung.[20] 830

---

14) So auch *Koeble*, in: Locher/Koeble/Frik, § 7 HOAI, Rn. 90 f.
15) KG, BauR 2001, 126 m.Anm. *Rath*.
16) So zutreffend *Schwenker/Schramm*, ZfIR 2004, 753, 755.
17) Vgl. hierzu OLG Nürnberg, OLGR 2003, 156 (Abrechnung nach Zeitaufwand) = NJW-RR 2003, 961.
18) BGH, MDR 1970, 754; *MünchKomm-Busche* § 632 BGB, Rn. 23; zum Honorarbestimmungsrecht des Architekten siehe auch *Motzke*, BauR 1982, 318 ff. Zur üblichen Vergütung i.S. des § 632 BGB: BGH, BauR 2001, 249 = NZBau 2001, 17.
19) BGHZ 41, 271.
20) BGH, NJW 1969, 1809.

IV. Der Umfang des Honoraranspruchs

Übersicht

	Rdn.		Rdn.
1. Allgemeine Grundsätze	832	(1) Zeitpunkt der Vereinbarung	989
a) Auftragsumfang	834	(2) Berücksichtigung der vorhandenen Bausubstanz ohne Vereinbarung	990
b) Unvollständig erbrachte Teilleistungen	861	(3) Keine Berücksichtigung der vorhandenen Bausubstanz laut Vertrag	990a
aa) 1. Alternative: Vertragliche Festlegung des Leistungsumfangs nach § 34 HOAI i.V.m. Anlage 10	868	d) Modell Baukostenvereinbarung	991
bb) 2. Alternative: Globale Umschreibung des Leistungsumfangs	871	e) Architektenleistungen	1000
		aa) Grundsätzliches	1000
c) Zeitliche Abstimmung der Leistungsphasen	880	bb) Änderungsleistungen	1012
		(1) Grundsätzliches	1012
d) Die Bindung an die Schlussrechnung	885	(2) Änderungsleistungen unter Geltung der HOAI 2009 (bis 16.7.2013)	1026
2. Abrechnungssystem der HOAI	905	(3) Änderungsleistungen unter Geltung der HOAI 2013 (ab 17.7.2013)	1029a
a) Honorarzone	906		
b) Anrechenbare Kosten	915		
aa) Kostenberechnung als Maßstab	974	cc) Mehrleistungen durch verlängerte Bauzeit	1030
bb) DIN 276–1: 2008–12 als Grundlage für die Ermittlung der anrechenbaren Kosten	977	dd) Teilleistungen	1044
		ee) Besondere Leistungen	1070
cc) Grundsätze der Ermittlung der anrechenbaren Kosten	979	f) Zeithonorar	1081
		3. Pauschalhonorar	1087
dd) Nicht geregelte Fallgestaltungen	982a	4. Nebenansprüche des Architekten	1106
		a) Nebenkosten	1106
ee) Fallgestaltungen des § 4 Abs. 2 HOAI	982b	b) Umsatzsteuer	1110
		c) Zinsen	1112
ff) Sonstige Grundsätze der Ermittlung der anrechenbaren Kosten	982c	5. Honorar bei Kündigung und vorzeitiger Vertragsbeendigung	1119
c) Bauen im Bestand	984	a) Das Kündigungsrecht des Auftraggebers gemäß § 648 BGB n.F. (vor 1.1.2018: 649 BGB)	1120
aa) Grundsätzliches	984		
bb) Umbauzuschlag	985	b) Kündigung des Architektenvertrages aus wichtigem Grund	1142
(1) Kein Mindestumbauzuschlag	986	c) Das Sonderkündigungsrecht nach § 650r BGB n.F.	1159a
(2) Vereinbarung des Zuschlags bei Auftragserteilung?	987	d) Einvernehmliche Beendigung des Architektenvertrages	1160
cc) Berücksichtigung der vorhandenen Bausubstanz bei den anrechenbaren Kosten	988	e) Fälligkeit des Honorars	1161

831 Der Architekt hat zur Höhe seines Honoraranspruchs alle erforderlichen Tatsachen vorzutragen und unter Beweis zu stellen; zu seinem Vortrag gehört insbesondere, **welche Leistungen** vertraglich vereinbart wurden und tatsächlich erbracht sind. Darüber hinaus hat er Angaben zu machen, die eine Überprüfung des **Berechnungsmodus** ermöglichen.

1. Allgemeine Grundsätze

Literatur

Schmidt, Besondere Gestaltungsmöglichkeiten für Architekten- und Ingenieurverträge, BauR 1999, 538; *Motzke*, Die Architektur des Architekten-/Planervertrages – Der Verlust eines Leitbildes? BauR 1999, 1251; *Meissner*, Architektenvertrag: Leistungspflichten und Honorarordnung, Festschrift für Vygen, 1999, 38; *Behr*, Vertragstechniken für Architekten und Ingenieurleistungen, Jahrbuch Baurecht 2001, 131; *Geldmacher*, Was ist künstlerische Oberleitung?, BauR 2003, 1294; *Pfarr*, Wenn das Preisrecht nicht mehr gerecht ist, BauR 2004, 910; *Pause*, Baucontrolling – Baubegleitende Qualitätsüberwachung, BTR 2004, 72; *Ziegler*, Vergütung des Architekten und Schadensersatz wegen Baumängeln und ihr Verhältnis zueinander, ZfBR 2004, 529; *Jochem*, Brauchen wir ein Planungsrecht für Architekten und Ingenieure?, Festschrift für Koeble (2010), S. 347; *Scholtissek*, Wirtschaftlichkeits- und Erörterungspostulat in der HOAI – Preisrecht oder Leistungsinhaltsbestimmung, Jahrbuch Baurecht 2013, 159; *Werner/Wagner*, Die Schriftformklauseln in der neuen HOAI 2013, BauR 2014, 1386.

Grundsätzlich kann der **Bauherr** nach den Regeln der **Vertragsfreiheit** den **Architekten** mit den **verschiedensten Leistungen beauftragen**: **832**

- So kann er dem Architekten einen **Vollauftrag** gemäß § 34 HOAI in Verbindung mit Anlage 10 (Planung einschließlich Objektüberwachung sowie Objektbetreuung und Dokumentation) erteilen.
- Er kann dem Architekten aber auch nur **einzelne Leistungsphasen** des § 34 HOAI als **Teilauftrag** übertragen (§ 8 Abs. 1 HOAI).
- Ferner kann er dem Architekten einen **Teilauftrag über bestimmte Grundleistungen** oder Besondere Leistungen der einzelnen Leistungsphasen erteilen bzw. bestimmte Grundleistungen aus einzelnen Leistungsphasen herausnehmen, weil er diese für überflüssig hält oder selbst erbringen will, um so das Honorar zu verringern (§ 8 Abs. 2 HOAI; vgl. näher Rdn. 1044).
- Insbesondere bei der Einschaltung eines **Generalübernehmers/Generalunternehmers** ist der Leistungsumfang des Architekten in der Regel erheblich beschränkt (vgl. im Einzelnen Rdn. 859).

Zu Recht weist der BGH[1] darauf hin, dass die HOAI keine normativen Leitbilder für den Inhalt von Architektenverträgen enthält, also keine „dispositiven Vertragsinhalte, wie etwa das Vertragsrecht des Besonderen Schuldrechts", regelt. Was der Architekt zu leisten hat und damit vertraglich schuldet, ergibt sich allein aus dem mündlich oder schriftlich abgeschlossenen Architektenvertrag und ist im Zweifelsfall nach den allgemeinen Grundsätzen des bürgerlichen Vertragsrechts zu ermitteln; ob ein Honoraranspruch **dem Grunde nach** besteht, lässt sich daher nicht mit den „Gebührentatbeständen der HOAI begründen" (BGH). **833**

> Dem kann zugestimmt werden, was den Grundsatz dieser Erkenntnis betrifft. Was der Architekt schuldet, ergibt sich in erster Linie aus den einzelnen **vertraglichen** Vereinbarungen, also dem zwischen den Vertragsparteien geschlossenen Werkvertrag. Die HOAI regelt demgegenüber keine dispositiven Vertragsinhalte. Soweit allerdings der BGH[2] der Auffassung ist, dass sich der Inhalt und Umfang der Verpflichtung des Architekten nicht ohne Weiteres aus der Bezugnahme im Architektenvertrag auf die in § 15 Abs. 1 und 2 HOAI a.F. (jetzt § 34 HOAI 2013 in Verbindung mit Anlage 10) beschriebenen Leistungsbilder ergibt, kann dem nicht ge-

---

1) BauR 1999, 187 = NJW 1999, 427 = MDR 1999, 155 = ZfBR 1999, 92; BauR 1997, 488 = NJW 1997, 2173; BauR 1997, 154 = NJW 1997, 586.
2) BauR 1998, 488, 490 = NJW 1997, 2173.

folgt werden. Insbesondere *Motzke*,[3] *Neuenfeld*[4] und *Meissner*[5] haben die Entscheidung daher zu Recht kritisiert.

Motzke weist dabei darauf hin, dass das die HOAI prägende Erfahrungswissen wie auch die „Natur der Sache" bei dieser Sicht des BGH zu kurz kommen. Darüber hinaus stehe es „in der Macht der Vertragspartner, aus dem Honorarrecht Vertragsrecht zu machen". Die Honorarordnung könne insofern – durch Bezugnahme – durchaus zur Vertragsordnung werden.[6] Die Parteien würden „mit der Bezugnahme auf das Leistungsbild der HOAI und die darin enthaltenen Leistungsphasen ihrem Vertragswillen, dem sie auch sonst beachtlich dadurch Gestalt geben können, dass die Leistungsbeschreibungen der HOAI übernommen werden", konkretisieren; insofern komme der HOAI „Konkretisierungsfunktion" zu.[7] *Neuenfeld* spricht in seiner Kritik davon, dass die Rechtsprechung des BGH die bislang weitgehend unangefochtenen Auslegungsprinzipien „verunklart" und „eher Verwirrung als Klarheit" schafft. Mit der Bezugnahme auf § 15 HOAI a.F. (jetzt § 34 HOAI 2013) sei der Inhalt des Architektenvertrages und insbesondere der vom Architekten zu erbringende Leistungsumfang klar bestimmt. Meissner meint, dass die HOAI als Auslegungshilfe insbesondere bei einem unvollkommen ausgehandelten Architektenvertrag durchaus sinnvoll sei, weil die in der HOAI genannten Leistungen die nach dem Berufsbild des Architekten gehörenden Aufgaben wiedergibt.

Diese Kritik ist berechtigt: Die Auffassung des BGH trägt nicht zur Rechtssicherheit bei; sie ist auch nicht praxisorientiert. In fast allen Architektenformularverträgen, aber auch in Individualverträgen wird durchweg auf die in § 34 HOAI in Verbindung mit Anlage 10 genannten Leistungsphasen und z.T. auch Grundleistungen als vom Architekten geschuldete Leistung verwiesen. Damit wollen die Vertragsparteien eindeutig den vom Architekten zu erbringenden Leistungsumfang beschreiben und festlegen.[8]

Dagegen können auch im Hinblick auf das „reine" Preisrecht der HOAI keine durchgreifenden Bedenken erhoben werden: Im Rahmen ihrer Vertragsfreiheit können und dürfen die Vertragsparteien auf die HOAI zurückgreifen, um die vom Architekten geschuldeten Leistungen zum Inhalt des Werkvertrages im Sinne eines Leistungsverzeichnisses zu machen. Dabei ist auch zu berücksichtigen, dass die in § 34 HOAI in Verbindung mit Anlage 11 genannten Leistungsphasen und Grundleistungen nach allgemeiner Meinung die aus der Erfahrung gewonnenen üblichen (Teil)leistungen eines Architekten bei der Durchführung eines Bauvorhabens wiedergeben.[9]

---

3) BauR 1999, 1251.
4) BauR 1998, 458.
5) Festschrift für Vygen, S. 38.
6) So jetzt auch BGH, IBR 2007, 564 – *Buchholz* („Die Parteien eines Planungsvertrages können durch Bezugnahme auf die Leistungsbilder oder Leistungsphasen der HOAI diese zum Gegenstand der vertraglichen Leistungspflicht machen. Diese stellen dann eine Auslegungshilfe zur Bestimmung der vertraglich geschuldeten Leistung dar.").
7) In: Graf von Westphalen, Klauselwerke/Architektenvertrag, Rn. 41/42.
8) Ebenso *Knipp*, in: Thode/Wirth/Kuffer, Rn. 12.
9) *Motzke*, a.a.O., spricht in diesem Zusammenhang von der HOAI als „gewonnenes Erfahrungswissen", also „was unter einem Planungsprozess im Allgemeinen zu verstehen ist".

Ist in einem schriftlich oder mündlich abgeschlossenen Architektenvertrag der Leistungsumfang nicht beschrieben bzw. festgelegt, kommt es häufig zwischen Bauherren und Architekten zu Streitigkeiten über den **tatsächlichen Umfang** der Beauftragung.[10]

Zum neuen Werkvertragsrecht 2018 und insbesondere zur neuen Definition des Architekten- und Ingenieurvertrags siehe Rdn. 672 ff.

a) Auftragsumfang

Literatur

Baumgärtel, Die Darlegungslast in Bau- und Werkvertragsprozessen, Festschrift für Heiermann, 1995, 1; *Wenner*, Der Generalplaner – Phänomen und Probleme, BauR 1998, 1150; *Kemper/Demko*, Der Architekt als Generalplaner, DAB 1999, 658; *Schmidt*, Besondere Gestaltungsmöglichkeiten für Architekten- und Ingenieurverträge, BauR 1999, 538. *Meissner*, Architektenvertrag: Leistungspflichten und Honorarordnung, Festschrift für Vygen, 1999, S. 38; *Götte*, Honoraranspruch des Architekten bei der Errichtung von Wohngebäuden im Genehmigungsfreistellungsverfahren, DAB 2000, 451; *Bremmer/Kaup/Portz*, Der Generalplaner, DAB, 2000, 1403; *Bunnemann*, Der Generalplaner – Kooperation und praktische Hinweise, DAB 2001, 40; *Kehrberg*, Die Vergütung des Generalplaners – Besteht ein Anspruch auf Zahlung eines „Generalplanerzuschlages"?, BauR 2001, 1824; *Neuenfeld*, Rechtsprobleme der Leistungsphase 9 des § 15 HOAI, Festschrift für Jagenburg (2002), 679; *Stemmer/Wierer*, Honorare der Architekten und Ingenieure bei gleichzeitigen Leistungen für Freianlagen, Verkehrsanlagen und verkehrsberuhigte Bereiche, NZBau 2007, 10; *Enaux/Bröker*, Die Honorierung des Generalplaners – ein ungelöstes Problem?, Festschrift für Ganten (2007), 15; *Neuenfeld*, Der Generalplaner und seine Auftragnehmer, Festschrift für Ganten (2007), 27; *Preussner*, Bedarfsplanung nach DIN 18205: Der Schlüssel zur erfolgreichen Architektenplanung, BauR 2009, 415; *Heymann*, Leistungen bei Gebäuden und raumbildenden Ausbauten, Festschrift für Koeble (2010), S. 337; *Wellensiek*, Komplettheitsklauseln im Architektenvertrag über Gebäudeplanung – AGB-rechtliche Wirksamkeit und Rechtsfolgen bei Anwendbarkeit der HOAI, BauR 2014, 340; *Kobion*, Der Generalplaner im Licht der HOAI 2013 oder wie kann der Honoraranspruch außerhalb einer vertraglichen gesonderten Regelung nur anhand der HOAI dargestellt und gefordert werden, in: Festschrift für Jochem (2014) S. 85; *Fuchs*, Der Planervertrag als Vertrag mit Teilverschaffungsverpflichtung, BauR 2016, 345.

834 Bestritten ist, ob die **Darlegungs- und Beweislast** des Architekten bezüglich der vereinbarten Leistungen nach den Grundsätzen über den Beweis des ersten Anscheins **erleichtert** wird. Dabei steht die Frage im Vordergrund, ob es im Bauwesen bei der Übertragung von Architektenleistungen eine **Anscheinsvermutung** für einen **bestimmten Auftragsumfang** gibt. Diese Problematik ist für die Praxis von ganz erheblicher Bedeutung, weil viele Vertragsbeziehungen zwischen Architekt und Bauherr aus den unterschiedlichsten Gründen schon in einem frühen Stadium des Bauvorhabens scheitern: In diesem Fall erhebt sich stets die Frage, welches Auftragsvolumen dem Architekten übertragen war und inwieweit er daher für die nicht ausgeführten Leistungen entgangenen Gewinn geltend machen kann. Dies fragt sich auch für die Fälle, in denen Architektenleistungen erbracht werden, der Bauherr aber eine Auftragserteilung selbst bestreitet.

835 Die Anwendung der Grundsätze zum Anscheinsbeweis würde voraussetzen, dass ein Tatbestand vorliegt, „der nach der Lebenserfahrung in der Regel auf eine bestimmte Ursache hinweist und in einer bestimmten Richtung zu verlaufen pflegt,

---

10) Vgl. OLG Dresden, OLGR 1995, 27 (für den früheren Einheitsarchitektenvertrag).

bei dem also aus dem regelmäßigen und üblichen Verlauf der Dinge ohne weiteres auf den Hergang im Einzelfall geschlossen werden kann."[11] Der **BGH**[12] hat insoweit zu einem Fall, der noch unter die Geltung der GOA, dem Vorläufer der HOAI, fiel, folgende Ausführungen gemacht, die noch heute Gültigkeit haben:

836 „Im vorliegenden Fall ist schon deswegen kein Raum für eine solche beweislastumkehrende Vermutung, weil das Berufungsgericht hier gerade nicht hat feststellen können, dass dem Architekten ein umfassender Architektenauftrag erteilt war … Es ist keineswegs typisch, dass der Bauherr dem Architekten sämtliche im Leistungsbild des § 19 GOA aufgeführten Leistungen überträgt. Wenn dies auch häufig der Fall ist, ergibt sich gleichwohl aus §§ 2 Abs. 2 und 20 GOA, dass auch die Übertragung von Teilaufträgen durchaus nicht unüblich ist, zumal, wenn es sich dabei um die Anfertigung von Vorentwürfen handelt. Entscheidend gegen die Anwendung der Grundsätze zum Anscheinsbeweis spricht weiter, dass es vorliegend um die Feststellung eines individuellen Willensentschlusses geht, der gemeinhin nicht aus typischen Geschehensabläufen, sondern regelmäßig nur aus den besonderen Umständen des Einzelfalles gefolgert werden kann."

837 Diese vom BGH aufgestellten Grundsätze sind auch auf die HOAI übertragbar. Dabei ist jedoch zu berücksichtigen, dass nicht die HOAI als Preisvorschrift, sondern allein die Bestimmungen und allgemeinen Grundsätze des BGB bei der Frage heranzuziehen sind, ob und in welchem Umfang vertragliche Beziehungen zwischen einem Bauherrn und einem Architekten zu Stande gekommen sind.[13]

838 Nach herrschender Rechtsauffassung[14] besteht **keine allgemeine Vermutung und kein erster Anschein** dafür, dass ein Architekt mit der **Vollarchitektur** (Leistungsphasen 1–9 des § 34 HOAI) beauftragt wird. Vielmehr muss der Architekt darlegen und beweisen, ob und in welchem Umfang er mit Architektenleistungen vom Bauherrn betraut worden ist.[15] Rückschlüsse können nur aus den jeweiligen **Umständen des Einzelfalles** gezogen werden.[16] Für die Gerichte ist es daher häufig eine schwierige Auslegungsfrage, ob dem Architekten alle Leistungsphasen oder nur einzelne Leistungsphasen oder gar nur Teile davon übertragen sind.

---

11) BGH, NJW 1968, 2139.
12) BGH, BauR 1980, 84 = NJW 1980, 122; vgl. ferner OLG Hamm, NJW-RR 1990, 91 = BauR 1990, 636 = OLGR 1996, 206; OLG München, BauR 1996, 417 = NJW-RR 1996, 341 = OLGR 1996, 41; vgl. auch OLG Düsseldorf, NJW 1982, 1541 = BauR 1982, 390 u. BauR 1995, 733.
13) BGH, BauR 1997, 154 = NJW 1997, 586; ebenso bereits: OLG Hamm, BauR 1990, 636 = NJW-RR 1990, 91; ferner OLG Celle, BauR 2009, 1461.
14) BGH, a.a.O.; IBR 2010, 398 – *v. Rintelen*; OLG Düsseldorf, NZBau 2015, 105 = IBR 2015, 146 – *Fuchs*; OLG Hamm, IBR 2015, 551 – *Fuchs*; BauR 2005, 1660, 1661; KG, BauR 2001, 1929 = KGR 2001, 359; OLG Hamm, a.a.O.; OLG München, BauR 1996, 417 = NJW-RR 1996, 341 = OLGR 1996, 41; OLG Düsseldorf, BauR 2002, 658; NJW-RR 1995, 1425 sowie BauR 2001, 672 = NZBau 2001, 449 (Leistungsphase **9**); **a.A.:** OLG Köln, BauR 1973, 251 = DB 1973, 63; OLG Düsseldorf, BauR 1979, 262, 263; OLG Saarbrücken, NJW 1967, 2359.
15) Vgl. Rn. 620 ff.; hierzu auch: OLG Celle, IBR 2003, 313; OLG Düsseldorf, BauR 2001, 672 = NZBau 2001, 449, wonach sich eine etwaige Vermutung, dass dem mündlich beauftragten Architekten im Zweifel die gesamten zum Leistungsbild gehörenden Arbeiten übertragen sind, jedenfalls nicht auf die Objektbetreuung (Leistungsphase 9 des § 15 Abs. 2 HOAI) erstreckt. Ferner OLG Celle, IBR 2003, 312 – *Baden* (Darlegungs- und Beweislast des Architekten auch hinsichtlich der Höhe des vereinbarten Kostenrahmens).
16) Vgl. hierzu OLG Düsseldorf, DB 1978, 1893.

839 Insbesondere **bei einer mündlichen Beauftragung** können Zweifel über den **Auftragsumfang** bestehen.[17] Das wird man nicht annehmen können, wenn dem Architekten der Auftrag erteilt worden ist, einen **Bauantrag zu stellen** oder die Genehmigung für ein Bauvorhaben einzuholen. In diesem Fall wird man davon auszugehen haben, dass dem Architekten die Leistungsphasen 1 bis 4 (Grundlagenermittlung bis Genehmigungsplanung) übertragen worden sind (vgl. hierzu aber Rdn. 847 und 849). Wird einem Architekten ein **Planungsauftrag** erteilt („Sie machen für uns die Planung"), kann dies verschiedene Bedeutungen haben. So kann damit ein Planungsauftrag im weiteren Sinne gemeint sein, der die Leistungsphasen 1 bis 7 des § 34 HOAI (Grundlagenermittlung bis Mitwirkung bei der Vergabe) umfasst. Das könnte damit begründet werden, dass die Bauausführung (im Gegensatz zur Planung) und die damit verbundene Architektenleistung erst mit der Leistungsphase 8 des § 34 HOAI (Objektüberwachung) beginnt. Einen solch weitreichenden Auftrag wird man aber nur dann annehmen können, wenn bestimmte Umstände des Einzelfalles dies erlauben. In der Regel wird man von einem Planungsauftrag im engeren Sinne auszugehen haben, der die eigentlichen Planungs-Leistungsphasen umfasst, nämlich die Leistungsphasen 1 bis 5 (Grundlagenermittlung bis Ausführungsplanung).

Soll ein Architekt ein Objekt nach den Vorgaben eines Sachverständigen „sanieren", schuldet er nach OLG Hamm[18] die vollständigen Grundleistungen der **Leistungsphasen 1 bis 8** und nicht lediglich die Vorbereitung der Vergabe und die Objektüberwachung. Wird der Architekt mit den **Vergabeleistungen** (Leistungsphasen 6 und 7 [Vorbereitung der Vergabe und Mitwirkung bei der Vergabe]) beauftragt, sind damit auch wesentliche Teile aus der Leistungsphase 5 (Ausführungsplanung) erforderlich.[19] Nach zutreffender Auffassung des OLG Celle[20] besteht keine Vermutung dahingehend, dass der Architekt auch mit der Leistungsphase 9 beauftragt worden ist; was ein Architekt vertraglich schuldet, ergibt sich allein aus dem geschlossenen Vertrag unter Berücksichtigung der allgemeinen Grundsätze des Bürgerlichen Vertragsrechts. Wird ein Architekt mit bestimmten Leistungsphasen des § 34 HOAI „ohne weitere Arbeitsschritte" beauftragt, stellt dies keine Einschränkung bei der Übertragung der einzelnen Leistungsphasen dar, wenn gleichzeitig im Vertrag die vollen Prozentsätze der einzelnen Leistungsphasen nach der HOAI aufgeführt werden; die Formulierung ist lediglich ein Hinweis dahingehend, dass über die Grundleistungen hinaus keine besonderen oder zusätzlichen Leistungen beauftragt sind.[21] Zu der Frage, ob bei der Beauftragung einer bestimmten Leistungsphase (z.B. Genehmigungsplanung oder Ausführungsplanung) auch **die vorrangigen Leistungsphasen** schlüssig mit beauftragt worden sind, vgl. Rdn. 847–849.

---

17) Vgl. hierzu auch *Koeble*, in: Locher/Koeble/Frik, HOAI, Einl. Rn. 66 ff.
18) BauR 2002, 1113.
19) OLG Jena, BauR 2005, 1070 (LS).
20) BauR 2009, 1461.
21) OLG Celle, BauR 2015, 1871.

840 Im Übrigen ist im Einzelnen wie folgt zu differenzieren:

* Bei einer **beginnenden Zusammenarbeit**[22] zwischen Architekt und Bauherr will dieser sicherlich in aller Regel zunächst von einem Architekten nur wissen, ob sein beabsichtigtes Bauvorhaben unter den gegebenen Umständen (Finanzlage des Bauherrn, Genehmigungsfähigkeit des Bauvorhabens usw.) überhaupt realisierbar ist und ob insbesondere seine Planungsvorstellungen mit denen des Architekten in Einklang gebracht werden können (Abstimmung der Zielvorstellungen), ob also eine umfassende Zusammenarbeit mit dem Architekten möglich ist.[23] Im Anschluss hieran wird sich erst ein Bauherr endgültig entscheiden, ob er insgesamt das Bauvorhaben und insbesondere mit diesem Architekten in die Tat umsetzen soll.

841 * Man wird daher annehmen können, dass der Architekt in der Regel zunächst nur mit den Leistungsphasen **„Grundlagenermittlung"** bzw. **„Vorplanung"** betraut wird. Das Stadium der **Vorplanung** stellt insoweit einen deutlichen **Einschnitt** innerhalb der üblichen Vertragsbeziehungen zwischen Architekt und Bauherr dar.[24] Soll der Architekt zunächst **nur „beraten"**, das Grundstück „hinsichtlich der Bebaubarkeit überprüfen",[25] „die Ausnutzung des Grundstücks zum Zweck der Wohnbebauung planerisch untersuchen",[26] bestimmte „Vorarbeiten" (vgl. Rdn. 652 ff.) leisten, „unverbindliche"[27] bzw. „freibleibende" Bebauungsvorschläge oder unverbindlich eine grobe Kostenschätzung[28] (vgl. hierzu Rdn. 643 ff.) abgeben, mit den beteiligten Behörden verhandeln, um die öffentliche Zusage der Förderung einer geplanten Modernisierung zu erwirken,[29] erforderliche „Verhandlungen mit den zuständigen Behörden sowie den Nachbarn" (z.B., um die Grenzbebauungsfähigkeit des Grundstücks zu klären)[30] führen,[31] eine Kostenschätzung nach DIN 276 erstellen oder schließlich Bestandspläne, Aufmaß, Vorplanungsleistungen und Wirtschaftlichkeitsberechnungen[32] ausführen (vgl. Rdn. 625 ff.), ist sicher kein Vollauftrag erteilt, sondern nur die Leistungsphase 1 (Grundlagenermittlung) und gegebenenfalls auch 2 (Vorplanung) in Auftrag gegeben. Dasselbe gilt, wenn ein Architekt beauftragt wird, ein „Planungskonzept zu entwickeln und es graphisch und rechnerisch darzustellen"[33] oder „die Ausnutzung eines Grundstücks" zum Zweck der Wohnbebauung planerisch zu untersuchen und alle erforderlichen Planungen so weit zu er-

---

22) Vgl. auch Rdn. 624, 625.
23) Vgl. hierzu OLG Hamm, BauR 1987, 583 = NJW 1986, 1280; KG, BauR 1988, 621; Hans-OLG Hamburg, MDR 1985, 321.
24) Ebenso: OLG Düsseldorf, BauR 1979, 347; *Neuenfeld*, § 4 HOAI, Rn. 48; *Locher*, Rn. 515.
25) OLG München, BauR 1996, 417 = NJW-RR 1996, 341 = OLGR 1996, 41.
26) OLG Düsseldorf, NJW-RR 1995, 276 = BauR 1995, 270.
27) OLG Koblenz, BauR 1996, 888 = NJW-RR 1996, 1045.
28) OLG Köln, BauR 1993, 375 (LS).
29) KG, BauR 1988, 624 = NJW-RR 1988, 21.
30) OLG Frankfurt, NJW-RR 1987, 535 = BauR 1987, 479 (LS).
31) BGH, BauR 1988, 234 = NJW 1988, 1261 = DB 1988, 1385; OLG Frankfurt, NJW-RR 1987, 535.
32) BGH, BauR 1987, 454 = NJW 1987, 2742 = ZfBR 1987, 187.
33) Landesberufsgericht für Architekten Stuttgart, BauR 1995, 406 (Leistungsphasen 1 und 2).

arbeiten, dass danach eine **Bauvoranfrage** gestellt werden kann,[34] oder um „Informationen" vom Bauherrn gebeten wird, wie ein bestimmtes Grundstück bebaut werden kann[35] oder zu planerischen Leistungen aufgefordert wird, um dem Auftraggeber die Möglichkeit einzuräumen, ein Vermietungsangebot für ein noch zu errichtendes Gebäude abzugeben.[36] Entsprechendes gilt, wenn einem Architekten die Erstellung einer **Machbarkeitsstudie** in Auftrag gegeben worden ist.[37]

Geht allerdings aus den Umständen des Einzelfalles hervor, dass der Auftraggeber erkennbar mit dem Architekten ein **bestimmtes** Bauvorhaben **realisieren will**, werden dem Architekten im Zweifel **sämtliche** Grundleistungen des § 34 HOAI übertragen sein.[38] Wird jedoch in einem Architektenvertrag festgelegt, dass der Architekt „mit allen Bauleistungen einschließlich der Bauleitung und der Vorlage der Restrechnungen als letzte Leistung" beauftragt wird, folgt nach Auffassung des OLG Düsseldorf[39] aus der Hervorhebung der Bauleitung, dass die Leistungsphase 9 des § 33 HOAI, nämlich die Objektbetreuung und Dokumentation, nicht zu dem Auftrag gehört. **842**

* Hat sich der Architekt um die Möglichkeit einer **Finanzierung** des Bauvorhabens zu kümmern, ist ihm ebenfalls in aller Regel nur die Leistungsphase 1, höchstens ein Auftrag bis zur Leistungsphase 2 (Vorplanung) übertragen worden.[40] Dasselbe gilt, wenn die Durchführung des Bauvorhabens noch nicht abgeklärt ist, weil beispielsweise der Erwerbsvorgang bezüglich des Baugrundstückes noch nicht abgeschlossen ist[41]. **843**

* Entwickelt der Architekt Tätigkeiten im Einvernehmen mit dem Bauherrn **über das Stadium der Vorplanung** hinaus (Entwurfsplanung, Genehmigungsplanung usw.), ist nach den vorangegangenen Ausführungen **im Zweifel** davon auszugehen, dass dem Architekten die **Gesamtarchitektur übertragen** worden ist. Wer Planungsschritte in dieser Richtung unternimmt, will das Bauvorhaben gemeinsam mit dem für ihn tätigen Architekten nun auch realisieren; dies gilt verstärkt, wenn der Architekt sogar schon einvernehmlich mit der **Ausführungsplanung** oder im **Vergabestadium** tätig wird.[42] **844**

* Etwas anderes kann nur gelten, wenn die besonderen Umstände des Einzelfalles ergeben, dass die **Entwurfsplanung als Einzelleistung** (§ 9 HOAI in Auftrag gegeben wurde, weil der Bauherr in diesem Stadium seine endgültige Entscheidung der Realisierung des Bauvorhabens noch nicht getroffen hat. Wer dagegen die Genehmigungsplanung in Angriff nehmen lässt, wird aber kaum eine derartige Unentschlossenheit nachweisen können, insbesondere wenn er den Bauantrag schon unterschrieben hat. In den vorerwähnten Fallgestaltungen hat also der **845**

---

34) OLG Düsseldorf, BauR 1994, 803 (LS) = NJW-RR 1995, 276.
35) OLG München, BauR 1996, 417 = NJW-RR 1996, 341 = OLGR 1996, 41.
36) OLG Düsseldorf, BauR 1998, 407 (LS) = IBR 1998, 160 – *Kniffka*.
37) *Jochem*, Festschrift für Vygen, S. 10, 17.
38) Vgl. auch BGHZ, 31, 224, 226 ff. („häufigst vorkommender Vertragstyp").
39) NZBau 2006, 124.
40) BGH, *Schäfer/Finnern*, Z 3.01 Bl. 111.
41) Vgl. auch OLG Hamm, BauR 1992, 797.
42) OLG Düsseldorf, BauR 2005, 1660, 1661.

Bauherr die Anscheinsvermutung für einen Vollauftrag zugunsten des Architekten – als Normalfall – seinerseits **zu entkräften**.

* Wird dem Architekten (z.B. nur mündlich) die **„Planung des Bauvorhabens"** in Auftrag gegeben, wird man dies grundsätzlich als einen Auftrag hinsichtlich der Leistungsphasen 1–5 des § 34 HOAI zu werten haben. Im Einzelfall können auch nur die Leistungsphasen 1–4 in Betracht kommen. Wird dem Architekten ausdrücklich der Auftrag erteilt, einen **Bauantrag** zu stellen oder die Genehmigungsplanung auszuführen, umfasst dies in aller Regel (nur) die Leistungsphasen 1–4 des § 33 HOAI (vgl. aber Rdn. 849)[43]. Das OLG Düsseldorf[44] und das OLG Oldenburg[45] sind sogar der Auffassung, dass bei einer Beauftragung eines Architekten mit „der Bauplanung bis zur Genehmigungsreife" zugleich die Tragwerksplanung bis zur Leistungsphase 4 des § 64 Abs. 3 HOAI a.F. (jetzt § 51 HOAI) übertragen wird.

846 * Während bei Einfamilienhäusern oder mittleren Bauvorhaben in aller Regel nur ein Architektenbüro für Planung und Objektüberwachung eingeschaltet wird, ist es bei **Großprojekten** (Wohnparks, Industriebauten, Krankenhäusern, Einkaufszentren, Schulen usw.) üblich, Planung und Objektüberwachung in **verschiedene Hände** zu geben.[46] Die Objektüberwachung wird hier sehr häufig als Einzelleistung (§ 9 HOAI) einem Architektenbüro übergeben, das sich auf die Bauaufsicht spezialisiert hat. **Insoweit** wird man nach der Mitwirkung bei der Vergabe (Leistungsphase 7) eine **weitere Zäsur** zu machen haben. Das KG[47] weist in diesem Zusammenhang darauf hin, dass bei Bauvorhaben mit einem größeren Honorarvolumen eine Vermutung überdies dafür spricht, dass Verträge dieser Größenordnung konkludent unter dem Vorbehalt der Schriftform stehen.

847 Nicht selten werden Architekten mit einer Leistung beauftragt, der aber zwangsläufig – zur Erfüllung dieser übertragenen Leistung – andere Leistungsschritte/Leistungsphasen vorgehen. Insoweit gilt nach h.M.: Erhält ein Architekt den Auftrag, eine Genehmigungsplanung zu erstellen, umfasst dieser Auftrag (notwendigerweise) die Bearbeitung der **vorrangigen Leistungsphasen**, also der Grundlagenermittlung, der Vorplanung und der Entwurfsplanung, wenn diese Vorarbeiten nicht bereits von einem Dritten erbracht worden sind und dem Architekten zur Verfügung stehen.[48] Wird der Architekt mit der **„Genehmigungsplanung"**

---

43) OLG Düsseldorf, BauR 2000, 908 (Auftrag zur „endgültigen Planung") = NJW-RR 2000, 900 = OLGR 2000, 220 = NZBau 2000, 295 u. BauR 1982, 597. Zum Honoraranspruch des Architekten bei der Errichtung von Wohngebäuden im Genehmigungsfreistellungsverfahren: *Götte*, DAB 2000, 451.
44) BauR 2000, 908 = NJW-RR 2000, 900 = OLGR 2000, 220 = NZBau 2000, 295.
45) OLGR 2000, 231.
46) Ebenso: KG, KGR 2001, 359 = BauR 2001, 1929.
47) A.a.O. (Honorarvolumen von über 7 Mio. DM).
48) OLG Karlsruhe, IBR 2010, 275 – *Eix*; IBR 2005, 552 – *Seifert*; OLG Bamberg, NZBau 2004, 160; KG, BauR 2002, 1279 u. BauR 1986, 892; OLG Düsseldorf, BauR 2000, 915 (für den Tragwerksplaner) = NJW-RR 1999, 1694 = OLGR 1999, 457; BauR 1998, 409 (LS) = NJW-RR 1998, 454 = OLGR 1998, 99 (Ausführungsplanung indiziert die entsprechenden Vorarbeiten; Grundlagenermittlung, Vorplanung, Entwurfsplanung); OLG Hamm, BauR 1998, 1277 (für den Tragwerksplaner-Vertrag); *Löwe*, ZfBR 1998, 121, 123; *Neuenfeld*, § 4 HOAI, Rn. 22a.

beauftragt, ohne dass ihm irgendwelche Planungsleistungen vom Auftraggeber übergeben werden, kann er daher auch die vorangegangenen Leistungsphasen abrechnen und ist – nach der richtigen Auffassung des KG[49] – auch nicht verpflichtet, im Einzelnen darzulegen, welche Arbeiten er für die Leistungsphasen 1 bis 3 (Grundlagenermittlung bis Entwurfsplanung) durchgeführt hat:[50]

> „Denn die unstreitig durchgeführte Leistungsphase 4 umfasst die vorangehenden Leistungsphasen 1–3 (vgl. BGH, WM 1977, 1055). Eine Genehmigungsplanung ist von der vorangehenden Erbringung der Leistungsphase 1–3 abhängig; denn eine Genehmigungsplanung ist in der Regel nicht ohne Entwurfsplanung und eine Entwurfsplanung nicht ohne Grundlagenermittlung und Vorplanung möglich (OLG Düsseldorf, BauR 1981, 401 ff., 402 rechte Spalte unten/403 linke Spalte oben). Auch die Phasen Entwurfsgestaltung und Vorplanung sind unabdingbare Vorleistungen, um eine Genehmigungsplanung aufstellen und einen Bauantrag eingeben zu können (OLG Hamm, NJW-RR 1990, 522 linke Spalte unten; *Hesse/Korbion/Mantscheff/Vygen*, HOAI, 4. Auflage 1992, § 15 Rn. 11, S. 580)."

848 Erhält der Architekt den Auftrag, die **"Ausführungsplanung"** (ohne Übergabe einer Entwurfs- und Vorplanung) zu erstellen, umfasst dieser Auftrag auch die Grundleistungen aus den Leistungsphasen 1 bis 3 des § 34 HOAI, weil diese Vorleistungen erforderlich sind, um eine Ausführungsplanung zu erstellen.[51] Beschränkt sich der Auftrag an den Architekten darauf, die "Vergabeleistungen" (Leistungsphasen 6 und 7) zu erbringen, sind hierfür auch wesentliche Teile aus der Leistungsphase 5 vom Architekten zu erarbeiten, da andernfalls eine ordnungsgemäße Erstellung der eigentlichen Vergabeleistungen nicht möglich ist.[52]

849 Die vorangegangenen **Ausführungen hat der BGH**[53] allerdings für den Fall **eingeschränkt**, dass einem Ingenieur oder Architekten (nur) die Vor- und Entwurfsplanung (Leistungsphasen 2 und 3) ausdrücklich übertragen werden. In diesem Fall soll nach Auffassung des BGH die Grundlagenermittlung (Leistungsphase 1) nicht allein deshalb Gegenstand des Vertrages sein, „weil sie einen den **weiteren Leistungsphasen notwendig vorangehenden Entwicklungsschritt** darstellen oder weil sie tatsächlich erbracht werden". Der BGH begründet dies damit, dass der Umstand, dass eine Leistung erbracht wird, sie noch nicht zum Vertragsgegenstand macht. Der BGH nimmt insoweit auch keine „versteckte Unterschreitung von Mindestsätzen" an, da „die preisrechtlichen Bestimmungen über die Mindestsätze nur für die im Vertrag vereinbarten und deshalb geschuldeten Leistungen" gelten. Ob diese Aussagen des BGH auch auf die vorerwähnten Fallgestaltungen der Beauftragung mit einer „Genehmigungsplanung" oder „Ausführungsplanung"

---

49) BauR 1996, 892 u. BauR 2002, 1279 (für den Tragwerksplaner); ebenso: OLG Hamm, IBR 2010, 275 – *Eix*; OLG Naumburg, BauR 2005, 1357 = IBR 2005, 495 – *Laux*; OLG Braunschweig, BauR 2002, 233 u. *Motzke*, in: Graf von Westphalen, Klauselwerke/Architektenvertrag, Rn. 191.
50) Ähnlich KG, IBR 2008, 32 – *Eich* (bei Beauftragung der Entwurfsplanung kann der Architekt auch das volle Honorar für die Leistungsphasen 1 und 2 abrechnen).
51) OLG Düsseldorf, NJW-RR 1998, 454.
52) OLG Jena, Urt. v. 4.11.2003 – 5 U 1099/01 (BauR 2005, 1070 – LS).
53) BauR 2007, 571 = NZBau 2007, 180 = IBR 2007, 139 – *Vogel* (für den Ingenieurvertrag) sowie BauR 2008, 543 = NZBau 2008, 260 (für den Architektenvertrag); vgl. hierzu *Schwenker/Thode*, ZfBR 2007, 213 sowie *Scholtissek*, NZBau 2007, 229; ebenso OLG Celle, OLGR 2007, 316; **a.A.:** OLG Düsseldorf, BauR 2000, 908 = NJW-RR 2000, 900 = OLGR 2000, 220 = NZBau 2000, 295 sowie KG, BauR 1986, 892 und BauR 2002, 1279; OLG Naumburg, BauR 2005, 1357; OLG Braunschweig, BauR 2002, 233; LG München, BauR 2017, 1066.

gelten, ist der Entscheidung nicht zu entnehmen und wohl auch nicht zutreffend. Im Übrigen weist der BGH in diesem Zusammenhang darauf hin, dass bei einer ohne gesonderte Vereinbarung erbrachten Leistung (Leistungsphase) „zu erwägen bleibt, ob ein Ausgleich nach den **Grundsätzen über die Geschäftsführung ohne Auftrag** oder **nach Bereicherungsrecht** in Betracht kommt".[54] Darüber hinaus sei stets zu prüfen, ob die Vertragsparteien über den schriftlichen Vertrag hinaus eine gesonderte Vereinbarung dahingehend getroffen haben, dass die Grundlagenermittlung zusätzlich erbracht werden soll.

850 Verlangt ein Auftraggeber über einen bestehenden Architektenvertrag hinaus **zusätzliche Leistungen** (z.B. für Umplanung), hat der Architekt Anspruch auf eine **schriftliche Bestätigung** des hieraus entstehenden zusätzlichen Vergütungsanspruchs; verweigert der Auftraggeber – trotz Fristsetzung – eine derartige Bestätigung des Mehrvergütungsanspruchs, kann der Architekt den Vertrag kündigen.[55]

851 **Die Vergütungssätze** des § 34 HOAI beziehen sich nur auf die zeichnerische **Lösung einer ernst gemeinten und durchdachten Bauaufgabe**, nicht jedoch auf eine Scheinaufgabe, die solche Überlegungen nicht erfordert.[56] Kein ernsthaft gewollter Planungsauftrag liegt z.B. vor, wenn erkennbar nur beabsichtigt wird, die Genehmigung zur Bebauung des Grundstücks nicht verfallen zu lassen, tatsächlich also (noch) keine Bauabsicht besteht.

Zur Übertragung von **Teilleistungen** und **Besonderen Leistungen** vgl. Rdn. 1044 ff. und 1070 ff.

852 Die **Baustellenverordnung** (BaustellV), die am 1.7.1998 in Kraft getreten ist, eröffnet dem Architekten ein neues Aufgabengebiet, wenn er vom Bauherrn (ggf. zusätzlich zur Objektüberwachung) mit den in §§ 2 und 3 BaustellV genannten Maßnahmen beauftragt wird.[57] Dazu gehört insbesondere die Übertragung der Aufgaben des so genannten **Sicherheits- und Gesundheitsschutz-Koordinators**

---

54) Vgl. hierzu insbesondere *Scholtissek*, NZBau 2007, 229, 231.
55) KG, IBR 2006, 505 – *Götte*.
56) BGH, BauR 1970, 188 = MDR 1970, 754.
57) Zur Obergerichtlichen Rechtsprechung, zur Baustellenverordnung seit 2006 vgl. *Meyer*, BauR 2015, 913. Vgl. zur Baustellenverordnung im Einzelnen: *Sohn*, Der Sicherheits- und Gesundheitsschutzkoordinator – Rechtsstellung, Aufgaben und Haftung des „SiGeKo", Festschrift für Koeble (2010), S. 549; *Kollmer*, Kommentar zur Baustellenverordnung, 1999; *von Berchem*, Die neue Baustellenverordnung, 2000; *Tepasse*, Handbuch Sicherheits- und Gesundheitsschutz-Koordination auf Baustellen, 2001; *Meyer*, Obergerichtliche Rechtsprechung zur Baustellenverordnung, BauR 2006, 597; *Kesselring*, Der SiGeKo nach der Baustellenverordnung, BTR 2005, 99; *Koeble*, in: Locher/Koeble/Frik, HOAI, Einl. Rn. 375 ff.; *Moog*, Von Risiken und Nebenwirkungen der Baustellenverordnung (BaustellV), BauR 1999, 795; *Rozek/Röhl*, Zur Rechtsstellung des Sicherheitskoordinators nach der Baustellenverordnung, BauR 1999, 1394; *Kleinhenz*, Die Verordnung über Sicherheits- und Gesundheitsschutz auf Baustellen, ZfBR 1999, 179; *Kollmer*, Die neue Baustellenverordnung, NJW 1998, 2634; *Schmidt*, Die Baustellenverordnung – Leistungen, rechtliche Einstufung der Tätigkeit und Honorar des S+G-Koordinators, ZfBR 2000, 3; *Hornik*, Baustellenverordnung (BaustellV) vom 10. Juni 1998, DAB 2000, 605; *Osenbrück*, Der Baustellenkoordinator und seine Vergütung, Festschrift für Mantscheff, S. 349; *Portz*, Die Honorierung des Sicherheits- und Gesundheitsschutzkoordinators nach der Baustellenverordnung, BauR 2002, 1160; *Wingsch*, Die §§ 2 und 3 der Baustellenverordnung als Ohnehinleistung nach HOAI – oder können bewährte und gefestigte Leistungsgrundlagen, -pflichten und -inhalte der Architekten und Ingenieure durch branchenfremde Theorien unterlaufen werden?, BauR 2002, 1168; *Kessler*, Keine

gemäß § 3 BaustellV. Weder der mit der Planung noch der mit der Objektüberwachung beauftragte Architekt ist verpflichtet, Leistungen im Rahmen der BaustellenV zu erbringen, wenn er nicht insoweit ausdrücklich beauftragt wird.[58] Der Sicherheits- und Gesundheitsschutz ist primär eine Bauherrenpflicht, die der Bauherr jedoch einem Dritten gemäß § 4 BaustellV in eigener Verantwortung übertragen kann. Werden dem Architekten sämtliche Aufgaben der BaustellV übertragen, hat der Vertrag zwischen dem Bauherrn und dem Architekten werkvertraglichen Charakter.[59] Das kann anders sein, wenn von ihm nur einzelne Aufgaben der BaustellV vertraglich zu erfüllen sind, die dienstvertraglichen Charakter haben.

Die Frage der **Honorierung**, insbesondere bei Übernahme der Tätigkeit des **Sicherheits- und Gesundheitsschutz-Koordinators**, ist in der BaustellV nicht angeschnitten. In der HOAI ist ein entsprechendes Leistungsbild nicht vorhanden (vgl. Rdn. 610). Auch eine vergleichbare Grundleistung oder Besondere Leistung ist nicht erkennbar.[60] Daher kann das Honorar frei vereinbart werden, wenn der Bauherr die entsprechenden Aufgaben nicht selbst übernimmt, sondern einem Dritten überträgt. Eine übliche Vergütung hat sich bisher nicht herausgebildet. Denkbar ist eine Honorarvereinbarung auf Stundenbasis, wie manche Architektenkammern empfehlen.[61] Möglich ist aber auch die Vereinbarung eines Pauschalhonorars, das sich prozentual nach den anrechenbaren Kosten errechnet. Locher/Koeble/Frik[62] und Tepasse[63] haben insoweit eine Tabelle erarbeitet.[64]

853

Bei größeren Bauvorhaben gehen heute Auftraggeber zunehmend dazu über, Architekten mit der **Gesamtplanung** zu beauftragen, um in planerischer Hinsicht „alles aus einer Hand" zu erhalten.[65] In diesem Fall wird dem Architekten neben seinen originären Architektenleistungen (Objektplanung Gebäude) auch die Planung der übrigen, für das Bauvorhaben erforderlichen **Ingenieurleistungen** übertragen. Im Einzelfall können auch die Leistungen des raumbildenden Ausbaus und der Freiflächengestaltung hinzutreten. Man spricht insoweit auch von einem „**Generalplaner**". Beauftragt der Auftraggeber daneben einen Generalunternehmer, hat dies für ihn im Rahmen der Projektorganisation den Vorteil, dass er es insgesamt nur mit zwei Vertragspartnern und damit Ansprechpartnern zu tun hat: den Architekten für die Gesamtplanung, den Generalunternehmer für die Gesamt-

854

Beweiserleichterungen bei der Haftung des Sicherheits- und Gesundheitsschutzkoordinators, BauR 2017, 957.
58) Wie hier *Motzke/Wolff*, S. 101 ff.; *Quack*, BauR 2002, 541; *Portz*, BauR 2002, 1160; *Koeble*, in: Locher/Koeble/Frik HOAI, Einl., Rn. 377. **A.A.:** *Wingsch*, BauR 2001, 314 ff., 318 (Grundleistungen). Zu den Pflichten des Sicherheits- und Gesundheitskoordinators vgl. OLG Köln, BauR 2017, 1068.
59) So auch *Tepasse*, a.a.O., S. 163; wohl auch *P. Siegburg*, Haftung von Architekt und Bauherr für Bauunfälle, Rn. 80 f.; **a.A.:** *von Berchem*, a.a.O., S. 14; *Schmidt*, ZfBR 2000, 3, 4.
60) Ebenso: *Moog*, BauR 1999, 795, 797; *Kleinhenz*, ZfBR 1999, 179, 182; **a.A.:** *Osenbrück*, Festschrift für Mantscheff, S. 349, 357, der insoweit eine grundleistungsergänzende Besondere Leistung gemäß § 5 Abs. 4 HOAI annimmt.
61) Vgl. hierzu *v. Berchem*, a.a.O., S. 63 ff. u. Anh. 4 u. 5, S. 78 ff.
62) Anhang 5.
63) A.a.O., S. 429 ff.
64) Zum Honorar vgl. auch: *Schmidt*, ZfBR 2000, 3, 5; *Löffelmann/Fleischmann*, Rn. 1293 (0,2 bis 1,2 % der Nettobausumme); *Portz*, BauR 2002, 1160; *Wingsch*, BauR 2002, 1168.
65) Vgl. hierzu insbesondere *Fischer*, in: Thode/Wirth/Kuffer, § 19, Rn. 94 ff.

ausführung. Dadurch entfällt für den Bauherrn die zeitraubende und mühsame Koordination einer Vielzahl von Auftragnehmern. Vor allem erspart sich der Auftraggeber auch die Definition und Überprüfung der zahlreichen Schnittstellen im Rahmen des gesamten Planungsteams.

855 In der Regel schalten Generalplaner für Leistungen, die nicht unmittelbar von ihnen ausgeführt werden, Subplaner ein; dazu sind sie auch berechtigt, wenn dies im Generalplanungsvertrag vereinbart wird. Bei einer Einschaltung von Subplanern werden von dem Generalplaner vielfältige Management-, Koordinations- und Steuerungsaufgaben gefordert. Darüber hinaus ergeben sich insoweit entsprechende Rechtsprobleme, wie sie in den Rdn. 1315 ff. im **Dreiecksverhältnis Bauherr–Generalunternehmer–Subunternehmer** dargestellt worden sind. Das gilt insbesondere hinsichtlich der Selbstständigkeit beider Vertragsverhältnisse Bauherr–Generalplaner sowie Generalplaner–Subplaner und des berechtigten Interesses des „eingeklemmten" Generalplaners an der Parallelschaltung wichtiger Regelungen des Generalplanungsvertrages einerseits und der einzelnen Subplanerverträge andererseits.

856 Der **Generalplanungsvertrag** hat grundsätzlich **werkvertraglichen Charakter** und entspricht – bis auf den größeren Leistungsumfang – inhaltlich den herkömmlichen Architekten- und Ingenieurverträgen. Sowohl der Generalplanungsvertrag als auch der Subplanervertrag unterliegen bezüglich der Honorargestaltung den Bestimmungen der HOAI und damit insbesondere der Vorschrift des § 7 HOAI.

857 Die HOAI weist allerdings kein Honorar für eine Generalplanung aus.[66] Fraglich ist daher, ob der Architekt einen „**Generalplaner-Zuschlag**" verlangen kann. Das ist im Hinblick auf die **umfangreichen Koordinierungs- und Managementleistungen** des Architekten als Generalplaner zu bejahen, da diese über die üblichen Koordinierungspflichten eines Architekten weit hinausgehen.[67] In der Praxis liegen diese „Generalplaner-Zuschläge" bei 3 bis 10 % des Honorars. Dieses zusätzliche Honorar muss aber von den Vertragsparteien für die vorerwähnten Besonderen Leistungen des Generalplaners vereinbart werden.[68]

858 In der **Vertragsebene Generalplaner–Subplaner** stellt sich die entsprechende Frage, ob der Generalplaner gegenüber seinen Subplanern einen „**Generalplaner-Beitrag**" auch dann geltend machen kann, wenn dies zur Unterschreitung der Mindestsätze führt.[69] Auch das ist zu bejahen, weil der Generalplaner den Planungsauftrag akquiriert hat, den vorerwähnten umfangreichen Koordinierungsaufwand übernimmt und zudem das gesamte Haftungs- und insbesondere Insolvenzrisiko seiner Subunternehmer gegenüber seinem Auftraggeber trägt.[70] Darüber hinaus

---

66) Vgl. hierzu *Enaux/Bröker*, Festschrift für Ganten, S. 15, 21; *Neuenfeld*, Festschrift für Ganten, S. 27 sowie *Korbion*, in: Festschrift für Jochem, S. 85.
67) So auch *Kemper/Demko*, DAB 1999, 658; 659; *Wenner*, BauR 1998, 1150, 152 und *Kehrberg*, BauR 2001, 1824, der darauf hinweist, dass „die Tätigkeit des Generalplaners als Projektsteuerung auf Fachplanerebene" bezeichnet werden kann, weil dem Bauherrn zahlreiche Koordinierungsaufgaben, insbesondere die gesamte Vertragsabwicklung und terminliche Abstimmung der vom Generalplaner eingeschalteten Sonderfachleute, abgenommen werden.
68) Vgl. hierzu insbesondere *Frechen*, Festschrift für Jagenburg, S. 201.
69) Vgl. *Locher*, Festschrift für Motzke, S. 221, 224.
70) Verneinend: *Wenner*, BauR 1998, 1150, 1153, der zur Umgehung dieses Problems einen Konsortialvertrag aller Planer vorschlägt. Vgl. hierzu ferner *Kehrberg*, BauR 2001, 1824.

Auftragsumfang

ist, worauf *Wenner*[71)] und *Löffelmann/Fleischmann*[72)] zu Recht verweisen, zusätzlich zu berücksichtigen, dass die HOAI-Honorartafeln degressiv verlaufen. Dadurch wird es in der Regel dazu kommen, dass das Honorar für den Gesamtauftrag des Generalplaners auf der Basis der Mindestsätze (im Hinblick auf die Degression der HOAI-Tabellen) geringer ist als das Honorar aller Subplaner, weil sich dieses nach den (aufgespaltenen) anrechenbaren Kosten der übertragenen Teilaufträge errechnet.[73)] Die vorerwähnten Gesichtspunkte rechtfertigen die Annahme eines Ausnahmefalles nach § 7 Abs. 3 HOAI im Rahmen der neueren Rechtsprechung des BGH (vgl. Rdn. 756).[74)]

Zu so genannten **„Pay-when-paid"**-Klauseln in Subplanerverträgen[75)] vgl. Rdn. 1413.

Bei der **Einschaltung eines Generalübernehmers bzw. eines Generalunternehmers** ist eine Vielzahl von Varianten einer Beauftragung des Architekten möglich. In der Regel wird der **Leistungsumfang des Architekten erheblich eingeschränkt**. Denkbar sind folgende Varianten der Beauftragung eines Architekten: **859**

* Der **Generalübernehmer** erbringt auch **sämtliche Architektenleistungen** nach klaren Vorgaben durch den Bauherrn bzw. dessen Projektsteuerer. Die Planungsleistungen werden dann durch Architekten erbracht, die vom Generalübernehmer unmittelbar beauftragt werden. Diese Fallgestaltung ist in der Praxis seltener.
* Beauftragung des **Architekten** nur mit den **Leistungsphasen 1 und 2** (Grundlagenermittlung/Vorplanung). Die restliche planerische Abwicklung wird durch den Generalübernehmer vorgenommen.
* Beauftragung des **Architekten** mit den **Leistungsphasen 1 bis 4** (Grundermittlung bis Genehmigungsplanung). Die restlichen planerischen Leistungen, also insbesondere die Ausführungsplanung wird von dem Generalübernehmer übernommen.
* Beauftragung des **Architekten** mit den **Leistungsphasen 1 bis 4 und den Regel- und Leitdetails aus der Leistungsphase 5** (Ausführungsplanung). Die Restabwicklung wird von dem Generalübernehmer durchgeführt. Das ist eine in der Baupraxis sehr häufig vorkommende Fallgestaltung.
* Beauftragung des **Architekten** mit den **Leistungsphasen 1 bis 5** (Grundlagenermittlung bis Ausführungsplanung). Alle übrigen Leistungen erbringt der Generalunternehmer. Auch diese Variante ist in der Baupraxis nicht selten.
* Beauftragung des **Architekten** mit den **Leistungsphasen 1 bis 9** (Grundlagenermittlung bis Objektbetreuung/Dokumentation), jedoch insbesondere im Rahmen der Leistungsphasen 5 bis 9 (Ausführungsplanung bis Objektbetreuung/Dokumentation) mit beschränktem Leistungsumfang. Vor allem im Rahmen der

---

71) A.a.O.
72) *Löffelmann/Fleischmann*, Rn. 19.
73) BGH, BauR 1994, 787; *Koeble*, in: Locher/Koeble/Frik, HOAI, Einl. Rn. 367 sowie *Locher*, Festschrift für Motzke, S. 221 ff., 223.
74) **Anderer Ansicht:** *Frechen*, Festschrift für Jagenburg S. 201, 210. Ebenso *Enaux/Bröker*, Festschrift für Ganten, S. 16, 18, und *Neuenfeld*, Festschrift für Ganten, S. 27, 33.
75) Vgl. hierzu OLG München, NZBau 2011, 365 = IBR 2011, 148 – *Schwenker*; OLG Celle, OLGR 2009, 670 sowie insbesondere *Neuenfeld*, Festschrift für Ganten, S. 27, 33.

Objektüberwachung werden bei dieser Fallgestaltung häufig erhebliche Abstriche vorgenommen, soweit es die einzelnen Grundleistungen dieser Leistungsphase betrifft.

Insbesondere bei den zuletzt genannten Auftragsalternativen wird häufig dem Architekten noch zusätzlich die **künstlerische Oberleitung** (vgl. Rdn. 1008) übertragen, um zu gewährleisten, dass – trotz Einschaltung eines Generalüber- bzw. Generalunternehmers – die Einzelheiten der vom Architekten erarbeiteten Gestaltung im Rahmen der Bauausführung gewahrt bleiben.

Im Übrigen erfolgt eine Generalunternehmer-Vergabe in der Regel auf der Grundlage einer Leistungsbeschreibung mit Leistungsprogramm (in Verbindung mit einem Raumbuch), die das Aufstellen von Leistungsbeschreibungen mit Leistungsverzeichnissen nach Leistungsbereichen ersetzt.

860 Die Digitalisierung hat mit der **BIM (Building Information Modeling)** auch die Baubranche erreicht.[76] BIM bezeichnet eine Arbeitsmethode im Bauwesen. Im BIM-Leitfaden für Deutschland hat das Bundesamt für Bauwesen und Raumentwicklung BIM wie folgt nach der Quelle NBIMS[77] definiert:

> „Building Information Modeling (BIM) ist eine Planungsmethode im Bauwesen, die die Erzeugung und die Verwaltung von digitalen Darstellungen der physikalischen und funktionalen Eigenschaften eines Bauwerks beinhaltet. Die Bauwerksmodelle stellen dabei eine Informationsdatenbank rund um das Bauwerk dar, um eine verlässliche Quelle für Entscheidungen während des gesamten Lebenszyklus zu bieten; von der ersten Vorplanung bis zum Rückbau." – Quelle NBIMS

Im Übrigen führt das Bundesamt aber aus:

> „In der Praxis wird die Methode BIM sehr viel umfassender angewendet und bezieht sich nicht nur auf die physikalischen und funktionalen Eigenschaften eines Gebäudes, die mittels eines Modells verwaltet werden. Das BIM-Ziel ist eine zentrale Verwaltung von möglichst allen projektrelevanten Informationen. Dazu gehören beispielsweise auch die Verweise auf Ressourcen, Prozesse, schriftliche Dokumentationen und weitere Informationen, die zum Projekterfolg beitragen und mit anderen Werkzeugen gebündelt werden. Eine präzise Definition soll in einer BIM-Richtlinie gefasst werden.
>
> Das Prinzip der durchgängigen, zentralen und objektbasierten Verwaltung und Koordination von Projektinformationen ist im Vergleich zu einer traditionellen Herangehensweise eine sehr grundsätzliche Veränderung, nicht nur auf der softwaretechnischen Seite. Sie hat große Auswirkungen auf die Leistungsbilder aller Beteiligten, auch der Auftraggeber, Handwerker und Baufirmen, auf die Anforderungen an die Mitarbeiter, auf die Arbeitsprozesse und Teamstrukturen in den Projekten und auch an die Anpassungen der Richtlinien in Deutschland."

Die Reformkommission „Bau von Großprojekten" (des Bundesministeriums für Verkehr und digitale Infrastruktur) hat in ihrem Endbericht[78] die Methode BIM für Großbauvorhaben empfohlen und hierzu ausgeführt.

> „BIM beschreibt die Entwicklung von dreidimensionalen Bauwerksmodellen mithilfe der gemeinsamen Erstellung und Verwaltung von digitalen Informationen in Bauprojekten. Die Modelle werden sukzessive mit geometrischen und anderen relevanten Informationen, wie z.B.

---

76) Vgl. hierzu insbesondere *Eschenbruch/Leupertz*, BIM und Recht, Werner Verlag, 2016.
77) Das National Building Information Model Standard Project Committee (NBIMS) ist der Fachausschuss des National Institute for Building Sciences (NIBS) Facility Information Council (FIC) der Vereinigten Staaten in Fragen BIM und Standardisierung für den open-BIM-basierten Datenaustausch.
78) S. 87.

Kosten, angereichert und dienen als Datengrundlage während der Planung, Realisierung, des Betriebs und der Erhaltung der Bauwerke. Mit BIM wird zuerst virtuell und erst dann real gebaut. Im Rahmen der Modelle können auch die Bauprozesse abgebildet werden. Die Informationstechnologie ermöglicht dabei die Nutzung großer Informationsmengen, die es erlauben, Bauteile bis ins kleinste Detail zu beschreiben und damit auch die Kosten sehr genau wiederzugeben.

Die iterative und koordinierte Planung wird durch klar geregelte Prozesse des Projekt- und Informationsmanagements unterstützt. BIM ist stark auf eine partnerschaftliche Zusammenarbeit und gemeinsames Arbeiten ausgerichtet.

Die Planung eines Großprojekts besteht aus sehr vielen einzelnen Prozessen, die von unterschiedlichen Beteiligten durchgeführt werden und die unterschiedlichen Leistungen zum Inhalt haben (z.B. modellieren, analysieren, optimieren, visualisieren, koordinieren, kommunizieren, ändern, verwalten, teilen, informieren). BIM sorgt dafür, dass diese Prozesse ineinander greifen, um dadurch ein besseres Gesamtresultat zu erreichen. Dieses Gesamtresultat besteht aus strukturierten Daten und Informationen zu dem Bauwerk, die sowohl während der Realisierung als auch später im Betrieb neue Möglichkeiten der Effizienzsteigerung und Leistungsoptimierung bedeuten.

Anders als in der traditionellen Planung in 2D oder 3D, beispielsweise in CAD-Programmen, definieren die Planer mit BIM in den einzelnen Gewerken „Objekte", die für die Planung, die Errichtung oder den Betrieb relevant sind. Diese Objekte sind über die reine Geometrie hinaus mit zusätzlichen Informationen verknüpft. Das erlaubt beispielsweise die Analyse und einen Vergleich von Energieeffizienzwerten, Wartungszyklen oder Anschaffungskosten und damit eine verbesserte Betrachtung von Lebenszykluskosten.

Die einzelnen Fachmodelle für Architektur, Heizung- und Klimatechnik, sanitäre Anlagen, Elektrik etc. müssen in einem Bauwerksmodell zusammengeführt werden. Die Koordination der Teilmodelle und der iterative Planungsprozess werden in standardisierten Prozessen klar geregelt. Durch die einheitliche Organisation und das durchgängige Management von Projektinformationen, über die Grenzen von Disziplinen und Projektphasen hinweg, führt die Methode zu einer höheren Transparenz und Qualität der Projektinformationen. BIM hat damit eine Service- und Querschnittsfunktion für alle Gewerke und Disziplinen eines Projekts.

Die Methode ist in allen Bereichen des Bauens anwendbar – im Hochbau, im Infrastrukturbau und im Anlagenbau. Recherchen im Rahmen der Erstellung eines BIM-Leitfadens für Deutschland haben bestätigt, dass die Methode grundsätzlich an Projekten aller Größen wertschöpfend einsetzbar ist."

Wie die **Honorierung** für die Übernahme der Tätigkeit des Planers auf der Basis der BIM-Methode zu erfolgen hat, ist bislang ungeklärt. In der HOAI ist ein entsprechender Hinweis nicht vorhanden. Daher kann ein Honorar als Besondere Leistung der Planer frei vereinbart werden. Eine übliche Vergütung hat sich bisher noch nicht herausgebildet.

In der Literatur wird vielfach befürchtet, dass es bei der BIM-Methode aufgrund der kooperativen Planungsabläufe von verschiedenen Fachplanern zu **Schwierigkeiten bei der Klärung der Haftung** im Einzelnen kommen kann; dabei stehen auch neue Haftungspotentiale aus dem verstärkten Einsatz von Hard- und Software sowie eine mögliche Ausweitung der gesamtschuldnerischen Haftung im Vordergrund[79]. Daneben ist auch die Frage, wer die **Koordination** im Rahmen des Konzeptes BIM in Zukunft übernehmen soll. Eschenbruch/Elixmann haben einen

---

[79] Vgl. hierzu *Bodden*, Deutsches Architektenblatt 2016, S. 36 ff., 38.

Vorschlag für ein Leistungsbild des „BIM-Managers" gemacht[80]. Wie die BIM-Leistungen ausgeschrieben werden müssen, ist ebenfalls noch offen. Ferner fehlt in der Praxis eine Erfahrung, welcher Mehrwert am konkreten Projekt durch die BIM-Methode erzielt werden kann[81].

Hinsichtlich aller dieser Fragen bleibt abzuwarten, wie BIM in Zukunft von der Baupraxis aufgenommen wird und wie die vielen, noch offenen Fragen einer Klärung zugeführt werden können.

Aufgrund der Empfehlungen der Fachkommission Großbauvorhaben im Bundesverkehrsministerium hat der Bund die Entscheidung getroffen, digitales Planen und Bauen bundesweit zum Standard zu machen. Es sollen die Potentiale der Digitalisierung im Allgemeinen und im BIM im Speziellen ausgeschöpft werden.

Daher sollen nunmehr notwendige Kompetenzen in der Wirtschaft aufgebaut werden, damit BIM bis 2020 zum Standard zunächst für Verkehrsinfrastrukturprojekte wird. Daher wird auch erwartet, dass sich hieraus wichtige Impulse für Hochbauprojekte ergeben. Die Gesellschaft zur Digitalisierung des Planens, Bebauens und Betreibens mbH (Planen-Bauen 4.0) hat mit dem Ministerium für Verkehr einen Stufenplan entwickelt. Ziel ist es dabei, mit klar definierten Mindestkriterien für ein Leistungsniveau der Planungsmethoden von BIM zu erstellen. Eine pauschale Abrede, nach der der Planer seine Leistungen unter Einsatz der BIM-Arbeitsmethode erbringen soll, reicht sicherlich nicht. Dies würde merklich die Übernahme von unvorhersehbaren Leistungspflichten beinhalten. Zu Recht weist Boden[82] darauf hin, dass nach der Rechtsprechung des BGH zum funktionalen Mangelbegriff die geschuldete Beschaffenheit der Leistungen maßgeblich ist. Wenn die Parteien diese nicht vertraglich regeln, ist diese anhand des Zwecks der Leistungen zu bestimmen. Soweit daher nur allgemein auf die BIM-Arbeitsmethode verwiesen ist, hätten sich die Planer nachträglich daran zu messen, welchen Zweck das digitale Gebäudemodell für den Auftraggeber erfüllen soll.

b) Unvollständig erbrachte Teilleistungen

Literatur

Preussner, Voller Honoraranspruch des Architekten trotz unvollständiger Teilleistung?, BauR 1991, 683; *Kniffka*, Kürzung des Architektenhonorars wegen fehlender Kostenkontrolle, BauR 1996, 773; *Kniffka*, Honorarkürzung wegen nicht erbrachter Architektenleistung – Abschied vom Begriff der zentralen Leistung – Festschrift für Vygen (1999), 20; *Schwenker/Schramm*, Vergütungsprobleme bei nicht erbrachten Architektenleistungen, ZfIR 2004, 753; *Seifert*, Ermittlung des erbrachten Leistungsanteils des Architekten bei unvollständiger Objektüberwachung, Festschrift für Werner (2005), 145; *Motzke*, Architektenvertrag – Rechtspraxis und Parameter für eine Inhaltsvorgabe – Die Wende des BGH?, Festschrift für Werner (2005), 47; *Quack*, Einige Überlegungen zur Leistungsbeschreibung des Architekten- und Ingenieurvertrages, Festschrift für Werner (2005), 61; *Jochem*, Der geschuldete werkvertragliche Erfolg nach der Beschaffenheitsvereinbarung im Architektenvertrag, Festschrift für Werner (2005), 69; *Motzke*, Die Mankohaftung

---

80) Vgl. hierzu *Eschenbruch/Leupertz*, BIM und Recht, Anhang 2 sowie Rdn. 46 ff. Im Anhang 3 ist auch ein BIM-Abwicklungsplan entwickelt worden. Vgl. hierzu auch BauR 2015, 745.
81) Siehe Endbericht der Reformkommission „Bau von Großprojekten", S. 89.
82) A.a.O.

im Planervertrag – die HOAI und der Planervertrag nach einer Wende der Rechtsprechung, NZBau 2005, 361; *Sangenstedt*, Honorarminderung bei Nichterbringung von Teilleistungen in HOAI-Verträgen, NJW 2005, 639; *Schramm/Schwenker*, Steinfort u.a., DAB 2005, 43; *Orlowski*, Minderung des Architektenhonorars bei Minderleistungen, BauRB 2005, 279; *Siemens*, Architektenhonorarkürzung bei unvollständig erbrachten Teilleistungen, BauR 2005, 1843; *Pauly*, Die Honorierung des Architekten im Falle fehlender bzw. unvollständiger Teilleistungen, NZBau 2006, 295; *Preussner*, Die Leistungspflichten eines Architekten, wenn eine konkrete Leistungsbeschreibung fehlt, BauR 2006, 898; *Siemon*, Zur Bewertung der Einzelleistung in den Leistungsphasen nach HOAI, BauR 2006, 905; *Ziegler*, Die Teilleistung beim Architektenvertrag, ZfBR 2006, 424; *Seifert*, Zu den Leistungspflichten des Architekten bei der Kostenplanung, Festschrift für Motzke (2006), 393; *Messerschmidt*, Der dreigliedrige Beschaffenheitsbegriff im Architektenrecht: Planungsziele, Planungsschritte und Planungstechnik, Festschrift für Motzke (2006), 269; *Preussner*, Die Auslegung von Architektenverträgen, Festschrift für Motzke (2006), 347; *Brückl*, Die Minderung des Architektenhonorars bei der Nichterbringung von Teilleistungen, NZBau, 2006, 491; *Fuchs*, Die Darlegungs- und Beweislast für erbrachte Leistungen im Architektenhonorarprozess, BauR 2006, 1978; *Kniffka*, Vergütung für nicht erbrachte Grundleistungen? Teil 1: BauR 2015, 883, Teil 2: BauR 2015, 1031; *Meurer*, Die Theorie der zentralen Leistungen und § 8 Abs. 2 HOAI, BauR 2015, 1725.

861 Die HOAI erfasst in § 8 HOAI nur die Honorierung von **Teilleistungen**, die dem Architekten übertragen und von diesem erbracht werden (vgl. Rdn. 1044 ff.). Dagegen ist in der HOAI nichts bezüglich der Fallgestaltungen geregelt, in denen **Teilleistungen** (z.B. einzelne Leistungsphasen eines Leistungsbildes oder einzelne Grundleistungen einer Leistungsphase) **nicht** oder nur **unvollständig** – trotz eines entsprechenden Auftrages – erbracht werden. Welche Konsequenzen sich bei unvollständig oder nicht erbrachten, aber geschuldeten Teilleistungen ergeben, war bislang in Rechtsprechung und Literatur nicht abschließend geregelt. Aufgrund der Rechtsprechung des BGH (vgl. Rdn. 832 ff.) ist allerdings als geklärt anzusehen, dass sich Umfang und Inhalt der vom Architekten geschuldeten Leistungen nicht nach den Leistungsbildern und den Leistungsphasen der HOAI richten, sondern nach dem Vertragsrecht des BGB. Die **HOAI als öffentliches Preisrecht** regelt **kein Vertragsrecht,** sodass aus den Bestimmungen der HOAI keine Schlussfolgerungen auf vertraglich geschuldete Leistungen gezogen werden können; darüber hinaus bietet die HOAI nach der Rechtsprechung des BGH auch keine rechtliche Grundlage für Honorarkürzungen, wenn der Architekt eine vertraglich geschuldete Leistung nicht oder nur unvollständig erbracht hat.[83] Damit begründet die HOAI keine Leistungsverpflichtung. Was im Einzelnen vom Architekten geschuldet wird, ist vielmehr durch Auslegung des Architektenvertrages unter Berücksichtigung aller Umstände zu klären.

862 Bis zur Entscheidung des BGH vom 24.6.2004[84] konnte man von folgender gesicherter Rechtsauffassung in Rechtsprechung und Literatur hinsichtlich der vom Architekten geschuldeten Leistung ausgehen, die auch jahrzehntelang Rechtsprechung des BGH und der Instanzgerichte war, nunmehr aber aufgrund der jüngsten Entscheidung des BGH nur noch beschränkt Grundlage für den Umfang der vom Architekten zu erbringenden Leistung sein kann.

---

[83] Ständige Rspr. des BGH; zuletzt BGH, BauR 2004, 1640 = NJW 2004, 2588 = NZBau 2004, 509 = ZfIR 2004, 767.
[84] A.a.O.

863 Da die Leistung des Architekten in der Erstellung eines mangelfreien Bauwerks besteht[85)] und seine Leistung damit eine geschlossene Gesamtleistung darstellt, war es einhellige Meinung, dass der Bauherr gegenüber der Honorarklage des Architekten grundsätzlich nicht mit dem Einwand gehört werden kann, **einzelne dem Architekten übertragene Teilleistungen** des Architektenvertrages (z.B. einzelne dem Architekten übertragene Grundleistungen einer Leistungsphase) seien **unvollständig** erbracht, wenn nicht die **unvollständigen Teilleistungen** des Architekten zu einem **Mangel des Werks geführt** haben.[86)] Der Architekt konnte daher insoweit grundsätzlich den **vollen** Vergütungsanspruch beanspruchen;[87)] bei Mängeln der abgenommenen oder abnahmefähigen Architektenleistung konnte der Bauherr nur **Gewährleistungsansprüche** geltend machen,[88)] was allerdings über den Weg der Minderung zur Herabsetzung der Vergütung führen konnte.

864 Entscheidend war nach h.M., ob das **mit einer Leistungsphase beabsichtigte Arbeitsergebnis** auch tatsächlich **erzielt** worden war. Der **Honoraranspruch** des Architekten wurde damit „**allein objekt-, nicht dagegen zeit- oder tätigkeitsbezogen**" angesehen:[89)] Nicht jedes Bauvorhaben verlangt die Erfüllung sämtlicher Grundleistungen der einzelnen Leistungsphasen. Vielmehr ist dies von dem jeweiligen Projekt (Art und Umfang) abhängig. Das OLG Düsseldorf[90)] hatte in diesem Zusammenhang schon früh darauf hingewiesen, dass aus der Beschreibung des Leistungsbildes in § 15 Abs. 2 HOAI a.F. (jetzt § 34 HOAI 2013 in Verbindung mit Anlage 10) jedenfalls nicht abschließend zu entnehmen ist, welche Grundleistungen der Architekt im Einzelfall zu erbringen hat, da diese Beschreibung nur allen **denkbaren Aufgaben** des Architekten, die „**im Allgemeinen**" zur ordnungsgemäßen Erfüllung eines Architektenwerkes erforderlich sind, Rechnung tragen soll. Der Architekt brauchte daher auch zur Begründung seiner Honorarforderung nicht im Einzelnen darzulegen, dass er jede Grundleistung der betreffenden Leistungsphase erbracht hat.[91)]

865 Allerdings entsprach es in der Vergangenheit gefestigter Rechtsprechung, insbesondere der Oberlandesgerichte,[92)] dass von einem Architekten bestimmte **zen-**

---

85) BGH, *Schäfer/Finnern*, Z 3.01 Bl. 117, 118. Vgl. hierzu auch *Rath*, Festschrift für Thode, S. 487.
86) BGH, BauR 1982, 290 = NJW 1982, 1387; BGH, NJW 1966, 1713; BGH, NJW 1969, 419; OLG Braunschweig, BauR 2002, 333, 335; OLG Hamm, BauR 1998, 819 = NJW-RR 1998, 811 = OLGR 1998, 126 u. BauR 1986, 710 = MDR 1986, 410; OLG Düsseldorf, NJW-RR 1998, 454 = OLGR 1998, 99 (**mangelfreies** Werk indiziert eine ausreichende Objektüberwachung) u. BauR 1982, 597, 598.
87) Weiter gehend: OLG Düsseldorf, BauR 1972, 384.
88) BGH, BauR 1982, 290 = NJW 1982, 1387 = ZfBR 1982, 126; OLG Braunschweig, BauR 2002, 333, 335.
89) BGH, a.a.O.; OLG Naumburg, BauR 2001, 1614.
90) BauR 1982, 597, 598; BauR 1994, 133, 135; ebenso OLG Celle, BauR 2014, 1029; OLG Oldenburg, BauR 2019, 119; ebenso: Landesberufungsgericht für Architekten, BauR 1995, 406, 409; *Kniffka*, BauR 1996, 773, 774; ähnlich: OLG Karlsruhe, BauR 1993, 109, 110.
91) So auch OLG Hamm, BauR 1994, 793 = NJW-RR 1994, 982; OLG Düsseldorf, BauR 1995, 140 (LS) = OLGR 1995, 34 (für den **Statiker**); vgl. hierzu *Kniffka*, BauR 1996, 773, 774.
92) OLG Düsseldorf, BauR 2002, 1726 = NZBau 2002, 279 = OLGR 2002, 119; BauR 1996, 289 = NJW-RR 1996, 535; BauR 1994, 133 = NJW-RR 1994, 18; OLG Hamm, BauR 1994, 793 = NJW-RR 1994, 982 (Abzug von 2 % aus Leistungsphase 3 des § 15 HOAI wegen zunächst nicht erbrachter, dann zur Honorarabrechnung „nachgeholter" Kostenberechnung); NJW-

trale **Leistungen einer Leistungsphase** zu erbringen sind und bei Nichterbringung zu einem Honorarabzug führen. Zu den so genannten **zentralen Leistungen** wurden allgemein folgende Grundleistungen gezählt: alle in den Leistungsphasen 2, 3, 7 und 8 zu erbringenden **Kostenermittlungen**,[93] die Erarbeitung des **Planungskonzeptes**, der **Entwurf**, die **Werkplanung**, die **Massenermittlung** und **Leistungsbeschreibung**,[94] die Einholung von **Angeboten** und die **Überwachung** der Ausführung. Ein **Honorarabzug** kam allerdings **dann nicht in Betracht**, wenn die betreffende Leistung durch den **Bauherrn selbst verhindert** wird: Machte der Bauherr es dem Architekten z.B. unmöglich, eine Kostenfestellung oder einen Kostenanschlag zu erstellen, weil er diesem nicht die notwendigen Unterlagen (Rechnungen bzw. Angebote) übergibt, würde der Bauherr sich treuwidrig verhalten, wenn er nunmehr das Honorar des Architekten mindern will.

Bei der Beurteilung von zentralen Leistungen und ihrer honorarrechtlichen Relevanz war aber in der Vergangenheit ein gewisser **Meinungsumschwung** – vor allem in der Literatur,[95] aber auch in der Rechtsprechung[96] – festzustellen. Zu Recht wurden auch zentrale Leistungen der einzelnen Leistungsphasen des § 15 HOAI a.F. (jetzt § 34 HOAI) an dem **vertraglich geschuldeten Werk** des Architekten **gemessen**. Daher sollte ein Honorarabzug für eine nicht erbrachte zentrale Leistung nur dann berechtigt sein, wenn damit ein **selbstständiger Leistungserfolg** erzielt werden sollte und der Bauherr auf die Erbringung dieser zentralen Leistung (für den Architekten erkennbar) Wert legte.[97] Das kann vor allem, muss aber nicht stets bei den verschiedenen Kostenermittlungen der Fall sein. Auch bei zentralen Leistungen war daher stets die Relevanz dieser Leistung im Hinblick auf den vom

866

RR 1990, 522; OLG Köln, U.v. 26.8.1994 – 19 U 136/92 –; OLG Karlsruhe, BauR 1993, 109; OLG Celle, BauR 1991, 371; vgl. hierzu auch *Meissner*, Festschrift für Vygen, S. 38, 42; *Preussner*, BauR 1991, 683; *Jagenburg*, NJW 1992, 148, 151 („soweit unvollständig – für Auftraggeber entscheidungserheblich"); *Motzke*, in: Graf von Westphalen, Klauselwerke/Architektenvertrag, Rn. 182. Zum Stand der Rechtsprechung vgl. die Zusammenstellung von *Preussner*, in: Thode/Wirth/Kuffer, § 9, Rn. 52.

93) Vgl. OLG Hamm, BauR 2002, 1721 (kein Kostenanschlag in der Leistungsphase 7: Kürzung um 10 % = 0,4 %; fehlende Kostenkontrolle und Auflistung der Gewährleistungsfristen in der Leistungsphase 8: Kürzung um 10 % = 2,5 %); OLG Braunschweig, BauR 2003, 1066 (keine Kostenberechnung im Rahmen der Entwurfsplanung: Kürzung um 1 %; keinen Kostenanschlag und keinen Preisspiegel bei der Mitwirkung bei der Vergabe: Kürzung um 2 %). OLG Düsseldorf, BauR 2000, 290 (keine Kostenberechnung in der Leistungsphase 3: Abzug 1 %, nicht erbrachter Kostenanschlag in der Leistungsphase 7: Abzug 2 %, nicht erbrachte Kostenfestellung in der Leistungsphase 8: Abzug 4 %); ferner: OLG Oldenburg, OLGR 2000, 231; OLG Hamm, BauR 1994, 793 = NJW-RR 1994, 982; OLG Celle, BauR 1991, 371. Vgl. hierzu auch Rdn. 879.
94) Vgl. hierzu *Schmidt*, BauR 2000, 1266 (unvollständige Leistungsbeschreibung).
95) Vgl. hierzu *Motzke/Wolff*, S. 107, 185; *Mauer*, Festschrift für Locher, S. 189, 194 mit Hinweis auf BGH, NJW 1966, 1713 (zur GOA); *Eich*, BauR 1995, 31, 38.
96) Vgl. insbesondere LG Waldshut-Tiengen, IBR 1997, 24; LG Stuttgart, IBR 1996, 203; OLG Karlsruhe, BauR 1993, 109, 110; Landesberufungsgericht für Architekten, Stuttgart, BauR 1995, 406.
97) Vgl. OLG Köln, BauR 1994, 271 = ZfBR 1994, 88 = NJW-RR 1994, 300 (keine Honorarkürzung, weil Kostenschätzung für den Bauherrn nicht „entscheidungserheblich"); OLG Naumburg, OLGR 1999, 107 (keine Kürzung für nicht erbrachte Kostenberechnung, da diese zur Durchführung des Auftrages nicht erforderlich war); OLG Braunschweig, BauR 2003, 1066.

Architekten geschuldeten Werkerfolg vorab, d.h. vor einem „automatischen" Honorarabzug, zu prüfen.

Kniffka[98] äußerte sich zu einem möglichen Honorarabzug für zentrale Leistungen ebenfalls kritisch. Er kommt zu der Auffassung, dass die „Lehre über die zentralen Leistungen" eine neue Bedeutung im Rahmen des Gewährleistungsrechts findet, sodass ein Abzug für geschuldete, aber nicht oder fehlerhaft erbrachte Leistungen eines Architekten nur in Betracht kommt, wenn der Wert oder die Gebrauchstauglichkeit des Architektenwerkes aufgehoben oder gemindert ist. Entscheidend sei allein „die Fehlerhaftigkeit der Leistung und das daraus abgeleitete Recht der Minderung". *Meissner*[99] meinte, dass man auch über das Gewährleistungsrecht zu einem Honorarabzug gelangt, weil der Gesamt-Werkerfolg der Architektenleistung sich aus verschiedenen Teilerfolgen zusammensetzt und daher für die Feststellung der Minderung der Wert der nicht erbrachten Grundleistungen im Verhältnis zu den übrigen Leistungen zu ermitteln ist.

867 Aufbauend auf diesen Ausführungen von *Kniffka* sowie *Meissner* und der von ihnen zutreffend vorgenommenen Zuordnungen von ganz oder teilweise nicht erbrachten Leistungen in das allgemeine Leistungsstörungsrecht des BGB oder das werkvertragliche Gewährleistungsrecht (jetzt Mangelrecht) hat der BGH in seinem Urteil vom 24.6.2004[100] **grundsätzliche und richtungsweisende Ausführungen** gemacht, die Anlass zum Umdenken hinsichtlich der vom Architekten geschuldeten Leistung geben, auch wenn sie zum alten Schuldrecht erfolgten. Wegen der Bedeutung dieses Urteils, das in der Literatur als „Meilenstein für das gesamte Architekten- und Ingenieurrecht"[101] oder als „Abschied vom Begriff der zentralen Leistungen"[102] oder als „bahnbrechend"[103] bezeichnet worden ist, sollen nachfolgend die Kernsätze dieses (im Übrigen überraschend kurzen) Urteils zitiert werden:

„Erbringt der Architekt eine vertraglich geschuldete Leistung teilweise nicht, dann entfällt der Honoraranspruch des Architekten ganz oder teilweise nur dann, wenn der **Tatbestand einer Regelung des allgemeinen Leistungsstörungsrechts des BGB oder des werkvertraglichen Gewährleistungsrechts erfüllt ist, die den Verlust oder die Minderung der Honorarforderung als Rechtsfolge vorsieht** (Kniffka, Honorarkürzung wegen nicht erbrachter Architektenleistung – Abschied vom Begriff der zentralen Leistung, in: Festschrift Vygen, S. 24; Preussner, in: Thode/Wirth/Kuffer, Prax. Hdb. Architektenrecht, § 9 Rn. 37, 47). Die HOAI regelt

---

98) Festschrift für Vygen, S. 20, u. BauR 1996, 773, 777.
99) Festschrift für Vygen, S. 38, 43.
100) BGH, BauR 2004, 1640 = NJW 2004, 2588 = NZBau 2004, 509 = ZfIR 2004, 767 = MDR 2004, 1293 = EWiR 2004, 1119 (*Wenner*). Ebenso OLG Frankfurt, IBR 2007, 496. Hierzu kritisch insbesondere *Motzke*, Festschrift für Werner, S. 47 sowie NZBau 2005, 361, der der Auffassung ist, dass es sich bei dem Architekten- und Planervertrag um einen Prozessvertrag handelt, dessen planungsbedingter dynamischer Charakter es verbietet, dass bei einem an den Leistungsphasen des § 15 HOAI ausgerichteten Architektenvertrag die sich aus der HOAI ergebenden Arbeitsschritte als Teilerfolge des geschuldeten Gesamterfolges geschuldet seien. Vgl. ferner zur neuen BGH-Rechtsprechung: *Koeble*, in: Locher/Koeble/Frik, § 8 Rn. 15 ff.; *Lauer/Wurm*, Rn. 861 ff.; *Pauly*, NZBau 2006, 595; *Siemens*, BauR 2005, 1843; *Messerschmidt*, Festschrift für Motzke, S. 269; *Orlowski*, BauRB 2005, 279; *Deckers*, BauRB 2004, 373; *Sangenstedt*, NJW 2005, 639; **a.A.**: im Übrigen OLG Düsseldorf, IBR 2005, 598 = BauR 2005, 1820 (LS). Die Rechtsprechung des BGH ist mit seiner Entscheidung vom 28.7.2011 (BauR 2011, 1677 = IBR 2011, 587 u. 588 – *Preussner*) nahtlos fortgesetzt worden.
101) *Schulze-Hagen*, IBR 2004 im Vorwort des Heftes 9.
102) *Preussner*, IBR 2004, 513 u. *Schwenker*, DAB 2004, 58.
103) *Messerschmidt*, Festschrift für Motzke, S. 269, 273.

Auftragsumfang

als öffentliches Preisrecht kein Vertragsrecht (BGH, Urteil vom 24. Oktober 1996 – VII ZR 283/95, BGHZ 133, 399), sodass die HOAI keine rechtliche Grundlage dafür bietet, das Honorar des Architekten zu kürzen, wenn er eine vertraglich geschuldete Leistung nicht oder teilweise nicht erbracht hat.

Umfang und Inhalt der vom Architekten geschuldeten Leistung richten sich nach dem Vertragsrecht des BGB und nicht nach den Leistungsbildern und Leistungsphasen der HOAI (Kniffka, Honorarkürzung wegen nicht erbrachter Architektenleistung – Abschied vom Begriff der zentralen Leistung, in: Festschrift Vygen, S. 24 f.; Schwenker, in: Thode/Wirth/Kuffer, Prax. Hdb. Architektenrecht, § 4 Rn. 58 f.).

Der vom Architekten geschuldete Gesamterfolg ist im Regelfall nicht darauf beschränkt, dass er die Aufgaben wahrnimmt, die für die mangelfreie Errichtung des Bauwerks erforderlich sind (Kniffka, Honorarkürzung wegen nicht erbrachter Architektenleistung – Abschied vom Begriff der zentralen Leistung, in: Festschrift Vygen, S. 24 f., Preussner, in: Thode/Wirth/Kuffer, Prax. Hdb. Architektenrecht, § 9 Rn. 36 f, 49 ff.). **Umfang und Inhalt der geschuldeten Leistung des Architekten sind, soweit einzelne Leistungen des Architekten, die für den geschuldeten Erfolg erforderlich sind, nicht als selbstständige Teilerfolge vereinbart worden sind, durch Auslegung zu ermitteln.** Nach dem Grundsatz einer interessengerechten Auslegung sind die durch den konkreten Vertrag begründeten Interessen des Auftraggebers an den Arbeitsschritten zu berücksichtigen, die für den vom Architekten geschuldeten Werkerfolg erforderlich sind. Der Auftraggeber wird im Regelfall ein Interesse an den Arbeitsschritten haben, die als Vorgaben aufgrund der Planung des Architekten für den Bauunternehmer erforderlich sind, damit diese die Planung vertragsgerecht umsetzen können. Er wird regelmäßig ein Interesse an den Arbeitsschritten haben, die es ihm ermöglichen zu überprüfen, ob der Architekt den geschuldeten Erfolg vertragsgemäß bewirkt hat, die ihn in die Lage versetzen, etwaige Gewährleistungsansprüche gegen Bauunternehmer durchzusetzen, und die erforderlich sind, die Maßnahmen zur Unterhaltung des Bauwerkes und dessen Bewirtschaftung zu planen.

Eine an den Leistungsphasen des § 15 HOAI (jetzt § 34 HOAI) orientierte vertragliche Vereinbarung begründet im Regelfall, dass der Architekt die vereinbarten Arbeitsschritte als Teilerfolg des geschuldeten Gesamterfolges schuldet. Erbringt der Architekt einen derartigen Teilerfolg nicht, ist sein geschuldetes Werk mangelhaft."

Spätestens nach diesem Urteil des BGH gilt es, von der Auffassung Abschied zu nehmen, dass die Leistung des Architekten in dem erfolgreichen Abschluss des **mangelfreien Bauvorhabens** besteht. Neben diesem Ziel übernimmt der Architekt in der Regel **andere, weitere Aufgaben,** die sich nicht allein in einer dauerhaft genehmigungsfähigen Planung und einem mangelfreien Bauwerk verkörpern, wie der BGH jetzt, aber auch schon früher[104] klargestellt hat. Der zu erzielende und geschuldete Erfolg des Architektenwerkes geht darüber hinaus: Das Architektenwerk besteht damit aus den zwischen den Vertragsparteien vereinbarten und damit vom Architekten zu erfüllenden Teilleistungen, die der BGH jetzt **„Arbeitsschritte als Teilerfolg des geschuldeten Gesamterfolges"** definiert, wobei als Erfolg des Architektenwerkes nach wie vor insbesondere die mangelfreie Errichtung des Bauwerkes (aber eben nicht nur) anzusehen ist.[105] Neben diesem vorrangigen Ziel hat der Architekt weitere Pflichten, die den von ihm geschuldeten Gesamterfolg kennzeichnen. Welche Pflichten dies im Einzelfall sind, ergibt sich aus der vertraglichen

---

104) BauR 1982, 290, 291.
105) Ebenso LG Duisburg, BauR 2015, 1698; ferner *Deckers*, BauRB 2004, 373 ff. sowie *Schwenker/Schramm*, ZfIR 2004, 753, 758, 759, die darauf verweisen, dass die Mangelfreiheit des Bauwerks „nicht alleiniger Maßstab dafür sein kann, ob das Architektenwerk fehlerfrei ist".

Abrede der Parteien und ist ggf. – nach der Rechtsprechung des BGH – durch Auslegung des Vertrages zu ermitteln.

Insoweit ist offensichtlich auch beim BGH ein Umdenken erfolgt. Noch im Jahr 1982 ist der BGH[106] der Auffassung, dass der Architektenvertrag ein Werkvertrag ist, „dessen Ziel vor allem darin besteht, dass der Architekt durch die Wahrnehmung der ihm obliegenden Aufgaben das Bauwerk mangelfrei entstehen lässt ...". In dieser Entscheidung weist der BGH auch darauf hin, dass es für den Bauherrn in der Regel ohne Interesse ist, „wie der Architekt den angestrebten Erfolg herbeiführt und welchen Arbeitseinsatz er dazu für erforderlich hält".

Kniffka[107] hat sich kürzlich ausführlich mit dem Problem der Vergütung für nicht erbrachte Grundleistungen beschäftigt. Im Rahmen seiner Ausführungen zu § 8 Abs. 2 HOAI weist Kniffka zu Recht darauf hin, dass die HOAI keine objektiven Bewertungsmaßstäbe für einzelne Grundleistungen, sondern nur für „Grundleistungspakete" (im Rahmen der einzelnen Leistungsphasen) vorsieht und die vorhandenen Bewertungstabellen nur Orientierungshilfen[108] darstellen. In diesem Zusammenhang bemüht er sich, Maßstäbe für die Bewertung von Grundleistungen zu finden, die für nicht vereinbarte Grundleistungen (§ 8 Abs. 2 HOAI) bzw. für vereinbarte, aber nicht erbrachte Grundleistungen gelten.

Bei der Frage, **welche Arbeitsschritte** der Architekt im Sinne der neuen Rechtsprechung des BGH als **„Teilerfolg des geschuldeten Gesamterfolges"** im Einzelfall zu erbringen hat, ist nach den nicht eindeutigen Ausführungen des BGH wie folgt zu differenzieren:

aa) 1. Alternative: Vertragliche Festlegung des Leistungsumfangs nach § 34 HOAI i.V.m. Anlage 10

868 Orientieren sich die vertraglich übernommenen Leistungen des Architekten an den **Leistungsphasen des § 34 HOAI** und den in Anlage 10 jeweils genannten Grundleistungen (z.B. durch Bezugnahme oder nochmalige Wiedergabe im Vertrag), ist in der Regel davon auszugehen, dass der Architekt sämtliche in § 34 HOAI genannten Leistungen schuldet.[109] Erbringt er eine Leistungsphase oder eine Grundleistung (unabhängig von ihrer Bedeutung) nicht oder nicht vollständig, ist sein geschuldetes Werk mangelhaft.[110]

---

106) BauR 1982, 290, 291.
107) BauR 2015, 883 ff. sowie 1031 ff.
108) BGH, BauR 2015, 588, 590.
109) BGH, BauR 2007, 1761 („Die Parteien eines Planungsvertrages können durch Bezugnahme auf die Leistungsbilder oder Leistungsphasen der HOAI diese zum Gegenstand der vertraglichen Leistungspflicht machen. Diese stellen dann eine Auslegungshilfe zur Bestimmung der vertraglich geschuldeten Leistung dar.") = NZBau 2007, 653 m.Anm. *Scholtissek* = IBR 2007, 564 – *Buchholz*. *Siemens*, BauR 2005, 1843, 1847; *Sangenstedt*, NJW 2005, 639, 640; *Deckers*, BauRB 2004, 373, 375, 376.
110) Das hat der BGH (BauR 2005, 400 = NJW-RR 2005, 318 = NZBau 2005, 158 = IBR 2005, 96 – *Seifert*) für nicht erbrachte Kostenermittlungen auch bestätigt. So auch *Schwenker/Schramm*, ZfIR 2004, 753, 759, 760 unter 3.3.1 allerdings im Widerspruch zu den weiteren Ausführungen auf S. 761 unter 3.3.2.7.

Unvollständig erbrachte Teilleistungen   Rdn. 869

Nur so können die – wenn auch widersprüchlichen – Ausführungen des BGH im Hinblick auf das von ihm gefundene Ergebnis verstanden werden. Bei dem vom BGH entschiedenen Fall hatten die Parteien des Architektenvertrages die vom Architekten zu erbringenden Leistungen an den Leistungsphasen des § 15 HOAI a.F./jetzt § 34 HOAI orientiert. Der Architekt hatte dennoch die letzte Grundleistung der Leistungsphase 2 (Vorplanung), nämlich die „Zusammenstellung der Vorplanungsergebnisse", nicht erfüllt. Zwar weist der BGH zunächst darauf hin, dass „der vom Berufungsgericht vorgenommene prozentuale Abzug von 0,3 % vom Honorar für die nicht erbrachte Zusammenstellung der Vorplanungsergebnisse mit der Begründung, der Architekt habe einen Teil einer Grundleistung einer Leistungsphase gemäß § 15 HOAI a.F. (jetzt § 34 HOAI i.V.m. Anlage 10) nicht erbracht, mit den vom Bundesgerichtshof entwickelten Grundsätzen zur Rechtsnatur des Architektenvertrages als Werkvertrag und der HOAI als öffentliches Preisrecht unvereinbar" sei, wobei dann allerdings im Anschluss an diese Ausführungen keine BGH-Rechtsprechung, sondern nur Literatur zitiert wird. Der BGH kommt dann aber doch am Schluss seiner Entscheidung über den zutreffenden (neuen dogmatischen) Weg zu demselben Ergebnis wie das Berufungsgericht, weil „die Zusammenstellung der Vorplanungsergebnisse ein von der GbR (gemeint ist die Architektengemeinschaft) geschuldeter Teilerfolg" ist, sodass der Auftraggeber „die Vergütung mindern kann". Entsprechendes hat daher für alle Grundleistungen zu gelten, wenn die Vertragsparteien die Leistungsphasen und Grundleistungen als vom Architekt geschuldete Leistung übernehmen. Auf das Gewicht der betreffenden Grundleistung kommt es in diesem Zusammenhang nach Auffassung des BGH nicht an. Andernfalls hätte der BGH dies deutlich machen müssen. Gerade die Tatsache, dass er eine **durchaus unbedeutende Grundleistung zum Anlass einer berechtigten Minderung des Honorars** macht, bestätigt die vorangegangenen Ausführungen. Das „Zusammenstellen der Vorplanungsergebnisse" stellt einen rein formalen Arbeitsschritt dar, da der Auftraggeber bereits die Vorplanungsergebnisse kennt und es im Rahmen dieser Grundleistung lediglich Aufgabe des Architekten ist, die Ergebnisse „zusammenzustellen".

Die Ausführungen des BGH zum Grund der Haftung sind **dogmatisch nicht zu beanstanden. Problematisch** erscheint jedoch das **Ergebnis.** Auch wenn man einen Sachmangel unter dem Gesichtspunkt einer konkret vereinbarten Beschaffenheit des Architektenwerkes nach dem neugefassten § 633 Abs. 2 Satz 1 BGB in Zukunft bejaht, stellt sich die Frage der **Höhe der Minderung.** Ob und in welchem Umfang eine Minderung vom Honorar erfolgen kann, bestimmt sich nach altem Recht danach, in welchem Verhältnis der Wert des Werkes in mangelfreiem Zustand zu dem wirklichen Wert zum Zeitpunkt der Abnahme steht. Nach neuem Recht kommt es darauf an, in welchem Verhältnis zum Zeitpunkt des Vertragsschlusses der Wert des mangelfreien Werkes zu dem wirklichen Wert gestanden haben würde (vgl. hierzu Rdn. 2195). **869**

Im Einzelfall bleibt stets zu prüfen, ob der **einen oder anderen vereinbarten Teilleistung** wirklich ein **solches Gewicht** – unter Berücksichtigung der Interessenlage des Auftraggebers – **zukommt,** dass eine **Minderung des Honorars** des Architekten oder ein Schadensersatzanspruch in **Betracht kommt.** Hier erscheint insbesondere bei geringfügigen, nicht erbrachten Teilleistungen eine sorgfältige Abwägung erforderlich, die im Einzelfall dazu führen kann, dass kein Honorarabzug im Rahmen einer Minderung vorzunehmen ist. Rügt z.B. der Auftraggeber während der Planung und Bauausführung im Einzelfall das Fehlen einer bestimmten Leistung des Architekten nicht, liegt die Vermutung nahe, dass sein Interesse an dieser Leistung (Arbeitsschritt) nicht besonders hoch anzusetzen ist, sodass auch eine Minderung nicht oder nur im kleinen Rahmen angemessen erscheint. Eine rein schematische Anwendung der vorhandenen Tabellen (vgl. Rdn. 878) erscheint problematisch und nicht immer sachgerecht. Zu Recht weist *Kniffka* in diesem Zusammenhang darauf hin, dass bei einer nur unvollständig erbrachten

Teilleistung (Kostenberechnung nicht nach DIN 276, sondern nur gewerkebezogene Aufstellung) „der Minderwert gering sein oder entfallen kann, wenn der Bauherr durch seinen fehlenden Widerspruch nicht ohnehin zum Ausdruck gebracht hat, dass er die Gewerkeaufstellung in diesem Fall als ordnungsgemäße (Teil-)Erfüllung akzeptiert".

870 Kein größeres Gewicht ist wohl auch dem Fehlen von Kostenermittlungen im Rahmen der einzelnen Leistungsphasen während des Planungs- und Bauablaufs zuzumessen, wenn der vom Auftraggeber angesetzte Kostenrahmen vom Architekten tatsächlich eingehalten wurde.[111] Dasselbe gilt, wenn der Architekt – trotz entsprechender Grundleistungen in § 34 HOAI in Verbindung mit Anlage 10, nämlich im Rahmen der Objektüberwachung – keinen Zeitplan aufgestellt hat, das Bauvorhaben aber auf der vorgesehenen Zeitschiene erstellt wurde. Auch daraus wird erneut deutlich, dass bei Vereinbarung des § 34 HOAI in Verbindung mit Anlage 10 und des dort genannten Leistungsrahmens eine Minderung nur in Betracht kommen kann, wenn die betreffende vom Architekten nicht erbrachte Leistung tatsächlich im Interesse des Bauherrn war, also diese Leistung eine Relevanz im Sinne eines Stellenwertes in Bezug zum Gesamterfolg darstellt: Nicht jeder Arbeitsschritt ist demnach mit einem zu erzielenden „Teilerfolg" im Sinne der neuen BGH-Rechtsprechung gleichzusetzen.

Zusammenfassend ist damit klarzustellen, dass bei konkreter Absprache der zu erbringenden Architektenleistungen ein Sachmangel gemäß § 633 Abs. 2 Satz 1 BGB zu bejahen ist, wenn die vereinbarte (Teil-)Leistung nicht erbracht wurde. In diesem Fall kann die Frage der Sachmangeleigenschaft nicht nach § 633 Abs. 2 Satz 2 BGB geprüft werden; es ist damit insoweit auch unzulässig, die Frage zu stellen, ob der Auftraggeber die betreffende Architektenleistung benötigte oder voraussetzen durfte. Erbringt der Architekt bestimmte Architektenleistungen nicht, die bei dem betreffenden Bauvorhaben kein oder nur ein geringfügiges Gewicht haben, ist eine interessengerechte Bewertung des Sachmangels nur über die Höhe möglich.

bb) 2. Alternative: Globale Umschreibung des Leistungsumfangs

871 Haben die Vertragsparteien die vom Architekten **zu erbringende Leistung nur global** und **nicht konkret** im Einzelnen (nach selbstständigen Teilerfolgen) **umschrieben**, wie z.B. „Erstellung einer genehmigungsfähigen Planung", „Planung bis zur Baugenehmigung" oder „Bauleitung", ohne dass eine Bezugnahme auf § 34 HOAI in Verbindung mit Anlage 10 erfolgt, ist es unweit schwerer, Umfang und Inhalt der vom Architekten geschuldeten Leistung zu definieren, soweit es die vom BGH genannten „Arbeitsschritte als Teilerfolg des geschuldeten Gesamterfolges" betrifft.[112] So wird eine konkrete Beschreibung der Architektenleistungen z.B. bei einer mündlichen Beauftragung, die ja in der Baupraxis – nicht nur bei kleineren

---

111) Vgl. hierzu BGH, BauR 2005, 400 = NJW-RR 2005, 318 = NZBau 2005, 158.
112) So zutreffend *Pauly*, NZBau 2006, 295, 298; *Siemens*, BauR 2005, 1843, 1848; *Jochem*, Festschrift für Werner, S. 69, 74 weist in diesem Zusammenhang darauf hin, dass man sich bei einer Beschaffenheitsvereinbarung, die sich mit der verkürzten (oder globalen) Beschreibung des Planungsprozesses begnügt, „lebhaft vorstellen kann, welcher Sachverständigenstreit

Unvollständig erbrachte Teilleistungen • Rdn. 871

Bauvorhaben – nicht selten ist, in der Regel fehlen. Es stellt sich bei dieser Fallgestaltung stets die Frage, wann ein Sachmangel zu bejahen ist und damit der Auftraggeber ggf. Minderung des Honorars verlangen kann, wenn die geschuldete, aber nicht im Einzelnen beschriebene Leistung des Architekten, wie z.B. eine dauerhaft genehmigungsfähige Planung, erzielt wurde: Welche Arbeitsschritte schuldet der Architekt neben dem erreichten Ziel/Werkerfolg, die die Qualität eigenständiger Teilerfolge haben?[113] Der BGH empfiehlt insoweit, **Umfang und Inhalt der geschuldeten Leistung** des Architekten durch **Auslegung zu ermitteln**. Gleichzeitig nennt er beispielhaft (aber auch nur sehr vage) wichtige vom Architekten wohl stets zu erbringende „Arbeitsschritte", an denen ein Auftraggeber in der Regel ein besonderes Interesse hat (nämlich Prüfungsinteresse, Gewährleistungsinteresse, Nutzungs- und Bewirtschaftsinteresse).[114] Also kein Abschied, sondern eine Rückkehr – allerdings im Rahmen des Mangelrechts – **zu den „zentralen Leistungen"**, die nunmehr in selbstständige Arbeitsschritte im Sinne von Teilerfolgen umbenannt wurden, weil die Erfüllung dieser vom BGH genannten Leistungen, aber auch andere Leistungen erforderlich und wesentlich sind und deshalb im besonderen Interesse des Auftraggebers liegen.[115]

Bei alledem ist zu berücksichtigen, dass nach dem Willen des Gesetzgebers die **Leistungsphasen** (und nicht die entsprechenden Grundleistungen) die **kleinste starre Abrechnungseinheit** nach der HOAI sind, worauf Meurer[116] zu Recht verweist. Darüber hinaus geben die (z.B. in der Anlage 10 zu § 34 HOAI) genannten **Grundleistungen** nach ganz herrschender Meinung nur die **üblicherweise** (also nicht zwingend) zu **erbringenden einzelnen Grundleistungen eines Architekten** wieder. Das wird aus § 3 Abs. 2 HOAI auch deutlich, wonach die einzelnen Leistungsbilder der HOAI „die Grundleistungen erfassen, die zur ordnungsgemäßen Erfüllung eines Auftrages im Allgemeinen erforderlich sind"[117]. Deshalb geht

---

über die Frage vorprogrammiert ist, ob und welche Details, ohne dass ein Baumangel vorliegt, zwingend erforderlich" wären.
113) So zutreffend *Koeble*, in: Locher/Koeble/Frik, § 8 HOAI, Rn. 125 ff.; *Pauly*, NZBau 2006, 295, 298; *Siemens*, BauR 2005, 1843, 1848; *Jochem*, Festschrift für Werner, S. 69, 74 weist in diesem Zusammenhang darauf hin, dass man sich bei einer Beschaffenheitsvereinbarung, die sich mit der verkürzten (oder globalen) Beschreibung des Planungsprozesses begnügt, „lebhaft vorstellen kann, welcher Sachverständigenstreit über die Frage vorprogrammiert ist, ob und welche Details, ohne dass ein Baumangel vorliegt, zwingend erforderlich" wären.
114) Zutreffend nennen *Preussner*, IBR 2004, 512 u. *Schwenker/Schramm*, ZfIR 2004, 753, 759, als wichtigen Arbeitsschritt (Teilerfolg) die Führung des Bautagebuches im Rahmen der Bauleitung, weil der Auftraggeber ein Interesse hieran hat, um ggf. mit Hilfe des Tagebuches Ansprüche gegen die ausführenden Unternehmer durchsetzen zu können. Widersprüchlich hierzu *Preussner*, Festschrift für Motzke, S. 347, 352, wonach der Auftraggeber bei nicht näher präzisierter Architektenleistung regelmäßig die Erbringung der in § 15 Abs. 2 HOAI (jetzt § 33 HOAI) aufgeführten Grundleistungen verlangen kann, weil sie nach § 633 Abs. 2 Satz 2 Nr. 2 BGB „üblich" sind und der Besteller sie „erwartet". Diese Auffassung steht auch im Widerspruch zu den Ausführungen des BGH, wonach eben der Auftraggeber nur ein besonderes Interesse an bestimmten wichtigen „Arbeitsschritten" hat, die er bei nicht näher beschriebener Architektenleistung verlangen kann.
115) So auch *Meurer*, BauR 2015, 1725 ff. sowie *Koeble*, in Locher/Koeble/Frik, § 8 HOAI Rn. 12 f. u. 14 f.
116) BauR 2015, 1725 ff., 1728, 1729. A.A. wohl *Kniffka*, BauR 2015, 883 ff., 884.
117) BauR 2015, 883 ff., 892.

auch die wohl herrschende Meinung in der Literatur davon aus, dass im Zweifel nicht erforderliche (nicht notwendige) Grundleistungen nicht in Auftrag gegeben sind. Das gilt insbesondere für Grundleistungen, an denen der Auftraggeber kein Interesse hat[118]. Auch Kniffka[119] weist darauf hin, dass eine Auslegung des Architektenvertrages in vielen Fällen zu dem Ergebnis führt, dass (nach dem Willen der Parteien) zwar alle Grundleistungen der HOAI beauftragt sind, „jedenfalls soweit sie im Einzelfall erforderlich sind".

Der BGH[120] und das OLG Hamburg[121] mussten sich mit einer Fallgestaltung beschäftigen, bei der die Grundleistungen gem. § 15 Abs. 2 HOAI a.F. vom Architekten zu erbringen waren, die **„die Baumaßnahme erfordert"**. Nicht erforderliche Grundleistungen waren damit nicht beauftragt. Beide Gerichte haben entschieden, dass die Beweislast für die Erforderlichkeit bzw. Nichterforderlichkeit von Leistungen beim Auftraggeber liegen, es sei denn, aus Sinn und Zweck der betreffenden Grundleistungen ergibt sich diese Erforderlichkeit bereits selbst. Bei der Entscheidung des BGH ergab sich diese hinsichtlich des Führens eines Bautagebuchs.

Nimmt der Architektenvertrag bei der Bestimmung der vom Architekten zu erbringenden Leistungen nicht auf die HOAI Bezug, können die Leistungen des Architekten nicht über § 34 HOAI mit den entsprechenden Leistungsphasen und den in der Anlage 10 genannten Grundleistungen bestimmt werden, wie es aber Preussner[122] vorschlägt. Das widerspricht der Rechtsprechung des BGH[123]: Die HOAI gibt lediglich Gebührentatbestände wieder und ist daher zur Vertragsauslegung ungeeignet, worauf Motzke[124] zu Recht verweist. Richtig erscheint vielmehr, eine Auslegung der Sollbeschaffenheit in diesem Fall unter Berücksichtigung des § 633 Abs. 2 S. 2 BGB vorzunehmen. Dabei sind die vom BGH[125] genannten Interessen des Auftraggebers zu beachten.[126] Darüber hinaus kann daran gedacht werden, be-

---

118) Für viele *Preussner*, in Messerschmidt/Niemöller/Preussner, § 8 HOAI Rn. 32 sowie *Seifert*, in Korbion/Mantscheff/Vygen, 8. Aufl., § 8 HOAI, Rn. 25; *Kniffka*, BauR 2015, 883 ff., 892 f. folgt dem wohl auch, kommt aber zu demselben Ergebnis über eine nur „bedingte Beauftragung" von nicht erforderlichen Grundleistungen. Danach steht die Beauftragung von Grundleistungen unter der auflösenden Bedingung, dass diese zu einer vertragsgemäßen bzw. ordnungsgemäßen Erbringung der beauftragten Leistungen erforderlich sind; werden also Grundleistungen im Laufe der Architektentätigkeit nicht erbracht, weil sie nicht erforderlich waren, soll die Bedingung eintreten – mit der Folge, dass sie nicht beauftragt und damit auch nicht zu vergüten sind. Der ungewöhnlichen und „konstruierten" Rechtsauffassung von *Kniffka* hat *Koeble*, in Locher/Koeble/Frik, § 8 HOAI, Rn. 12 zu Recht widersprochen und darauf verwiesen, dass diese Auffassung nicht dem Parteiwillen entsprechen dürfte.
119) BauR 2015, 1031 ff., 1039.
120) BauR 2011, 1677. *Meurer*, BauR 2015, 1725 ff., 1728 weist zu Recht darauf hin, dass es offensichtlich auch nach Auffassung des BGH „in Verträgen stets erforderliche und nicht stets erforderliche Grundleistungen der HOAI gibt, womit er sich der Theorie der zentralen Leistungen wieder – zumindest in dieser Fallkonstellation – angenähert hat".
121) IBR, 2017, 83 – *Fuchs*.
122) In *Motzke/Preussner/Kehrberg/Kesselring*, J, Rn. 88.
123) BauR 1999, 187 = NJW 1999, 427.
124) In *Motzke/Preussner/Kehrberg/Kesselring*, F, Rn. 63.
125) BauR 2004, 1640 = NJW 2004, 2588.
126) *Motzke*, a.a.O., F, Rn. 67.

stimmte zentrale Leistungen im Sinne üblicher und stets zu erwartender Architektenleistungen bei der Auslegung der Sollbeschaffenheit heranzuziehen.[127]

Einzelne Architektenkammern haben zwischenzeitlich, um eine „Erbsenzählerei" im Sinne der Rechtsprechung des BGH seitens des Bauherrn zu verhindern, **Vertragsmuster** entworfen, in denen die vom Architekten zu erbringenden **Leistungen nur noch grob** (pauschal) in dem Sinne **aufgelistet werden,** dass z.B nur noch die jeweiligen Namen der Leistungsphasen (Grundlagenermittlung, Vorplanung usw. und die damit verfolgten Ziele/Leistungserfolge) benannt werden, also die einzelnen Grundleistungen der jeweiligen Leistungsphasen ausdrücklich nicht mehr erwähnt werden.[128]

872 Im Übrigen stellt sich bei einer nur global beschriebenen Architektenleistung die **Frage der Höhe einer Honorarminderung.**[129] Dabei ist insbesondere zu bedenken, ob durch eine globale Beschreibung der Architektenleistung im obigen Sinne die HOAI als öffentliches Preisrecht umgangen wird.[130] Es liegt dabei auf der Hand, dass sich die Streitigkeiten über den geschuldeten Vertragsumfang und ggf. eine entsprechende Honorarminderung erhöhen werden, auch wenn der BGH[131] ausdrücklich darauf hinweist, dass die HOAI keine rechtliche Grundlage dafür bietet, dass das Honorar des Architekten zu kürzen ist, wenn er eine vertraglich geschuldete Leistung nicht oder teilweise nicht erbracht hat.

873 Koeble[132] weist zu Recht in diesem Zusammenhang auf ein Darlegungslast-Problem hin, weil ein Architekt in der Praxis nicht in der Lage sein wird, viele der von ihm nach der Rechtsprechung des BGH zu erbringenden „Arbeitsschritte" prozessual darzulegen und deren Erbringung zu beweisen. Deshalb plädiert Koeble dafür, dem Auftraggeber die volle Darlegungslast für eine vom Architekten zu erbringende, aber nicht erbrachte Leistung zu übertragen, weil es sich insoweit nach Auffassung des BGH um ein Mangelproblem handelt; erst dann, wenn der Auftraggeber substantiiert bestreitet, muss der Architekt Einzelheiten zu den von ihm erbrachten „Arbeitsschritten" vortragen und ggf. beweisen.

Das LG Köln[133] hat in einem beachtenswerten Urteil Folgendes entschieden: Wenn ein Architektenvertrag am Ende jeder geschuldeten Leistungsphase den mit der Leistungsphase vertraglichen Leistungserfolg festlegt und damit zusammenfassend beschreibt, auf welchen Zweck die einzelnen Grundleistungen bezogen sind, haben die Parteien einzelne Grundleistungen nicht – wie es bei reiner Anlehnung an die Vorschriften der HOAI der Fall wäre – als selbstständige Teilerfolge gewollt, sondern sich vielmehr am Gesamtzweck der jeweiligen Leistungsphasen orientiert. Auch auf diesem Wege soll die „Erbsenzählerei" des Auftraggebers bei einer nicht erbrachten Grundleistung verhindert werden.

874 Es muss nun – mit Spannung – abgewartet werden, welche Konsequenzen die Instanzgerichte aus dieser neuen dogmatischen Bewertung der geschuldeten Architektenleistung ziehen: Der Werkerfolg definiert sich aus dem Gesamterfolg und

---

127) Vgl. hierzu *Preussner*, a.a.O., J, Rn. 95 ff. mit einer Darstellung der zentralen Leistungen (Rn. 97).
128) Vgl. hierzu *Kniffka*, BauR 2015, 883 ff., 893.
129) Vgl. hierzu *Koeble*, in: Locher/Koeble/Frik, § 8 HOAI, Rn. 22 ff.
130) Vgl. hierzu *Siemens*, BauR 2005, 1843, 1848.
131) BauR 2004, 1640, 1642.
132) In: Locher/Koeble/Frik § 8 HOAI, Rn. 30.
133) IBR 2011.

einzelnen Teilerfolgen (Arbeitsschritten). Es ist schon jetzt abzusehen, dass insbesondere bei einer mehr allgemeinen, globalen Beschreibung der Architektenleistung im Sinne der vorerwähnten 2. Alternative eine gesicherte und einheitliche Rechtsprechung nicht zu erwarten ist. Eine umfangreiche und sicherlich auch unterschiedliche Rechtsprechung wird sich mit der Frage beschäftigen, welche selbstständigen Teilerfolge der Architekt schuldet, auch wenn der Gesamterfolg erreicht wurde. Eine gewisse Orientierungshilfe kann die bisherige Rechtsprechung zu den zentralen Leistungen darstellen,[134] wobei jedoch in Zukunft stärker die jeweilige individuelle vertragliche Vereinbarung (im Hinblick auf das Planungsziel als Beschaffenheitsabrede) im Auge behalten werden muss. Auch hier gilt: Rügt der Auftraggeber während der Planung und Bauausführung im Einzelfall das Fehlen einer bestimmten Leistung nicht, ist im Zweifel davon auszugehen, dass ein Interesse an dieser Leistung (Arbeitsschritt) nicht besonders hoch anzusetzen oder nach dem Willen der Parteien ein Teilerfolg gar nicht geschuldet ist.

875 Insgesamt wird man umdenken müssen: Der Werkerfolg ist nicht (nur) durch Erreichen des Ziels gekennzeichnet, sondern (auch) durch den Weg dahin.[135] Allerdings ist dieser Weg zum Ziel im Rahmen einer Beschaffenheitsabrede im Architektenvertrag zu definieren, wenn man nicht auf die inhaltliche Beschaffenheit im Sinne des § 34 HOAI in Verbindung mit Anlage 10 zurückgreifen will.

Unter diesen Vorzeichen plädieren insbesondere Jochem[136], Messerschmidt[137], aber auch Quack[138] und Motzke[139] für eine klare Leistungsbeschaffenheitsvereinbarung. Dabei ist Quack der Auffassung, dass die Grundleistungen der HOAI (als Preisvorschrift) keine Leistungsbeschreibung sind, „die auch nur andeutungsweise verwertbar ist". Demgegenüber ist Jochem der Meinung, dass bei fehlender vertraglicher Vereinbarung einzelner Leistungsabschnitte jedenfalls die „in den Leistungsbildern der HOAI in den jeweiligen Absätzen 1 der zutreffenden Paragrafen, z.B. § 15 Abs. 1 HOAI a.F. (jetzt § 34 HOAI), beschriebenen Leistungsziele der einzelnen Leistungsphasen die geschuldeten Teilerfolge, nicht jedoch die in den Absätzen 2 des § 15 HOAI a.F. (jetzt Anlage 10 HOAI) aufgelisteten Grundleistungen, markieren". Messerschmidt unterscheidet im Zusammenhang mit den Beschaffenheitsvorgaben die klare Festlegung der Kriterien Planungsziele, Planungsschritte und Planungstechnik im Rahmen eines dreigliedrigen Beschaffenheitsbegriffes.

876 Bei der Frage, **welche Variante der Beschreibung der Architektenleistungen** zu wählen ist (aufgesplittet entsprechend § 34 HOAI in Verbindung mit Anlage 10 oder global), wird es jeweils auf die **Interessen der Vertragsparteien** ankommen. Der **Auftraggeber** wird bemüht sein, die Leistungen des Architekten **im Einzelnen und umfassend zu beschreiben,** um ggf. von der Möglichkeit einer Minderung des Honorars Gebrauch zu machen, wenn einzelne konkret gekennzeichnete Arbeitsschritte von dem Architekten nicht erfüllt werden. Die **Architekten werden die 2. Alternative präferieren,** um das Ziel als Werkerfolg in den Vorder-

---

134) *Kniffka*, Festschrift für Vygen, S. 20, 27 meint, dass die Lehre über die zentralen Leistungen eine neue Bedeutung im Rahmen des Gewährleistungsrechtes findet.
135) Vgl. hierzu *Schwenker/Schramm*, ZfIR 2004, 753, 760, 761, die die dogmatische Besinnung auf Teilerfolge der jeweiligen Leistungsphasen als „Fortschritt" bezeichnen, dem jedoch das Werkvertragsrecht, das nur einen Gesamterfolg kennt, entgegenstehen würde.
136) Festschrift für Werner, S. 69.
137) Festschrift für Motzke, S. 269.
138) Festschrift für Werner, S. 61.
139) Festschrift für Werner, S. 47 und NZBau 2005, 361.

grund zu rücken und um auf diese Weise von vornherein die vorerwähnte Möglichkeit der Minderung des Honorars zu erschweren. Das Urteil des BGH wird beide Vertragsparteien in Zukunft zwingen, sich mehr als bislang Gedanken über die Beschreibung der Leistungen des Architekten zu machen.

Ein Anspruch auf Minderung des Honorars bei nicht erfüllten Teilleistungen/ Arbeitsschritten gemäß § 638 BGB kommt im Übrigen nur in Betracht, wenn der Auftraggeber dem Architekten **Gelegenheit zur Nacherfüllung** gegeben hat. Das setzt allerdings voraus, dass die **geschuldeten Teilleistungen noch nachholbar** sind, was vielfach im Nachhinein nicht mehr möglich oder nicht mehr im Interesse des Auftraggebers ist (z.B. Führen eines Bautagebuches[140]).[141] Das gilt insbesondere für die Fallgestaltung, dass Kostenermittlungen nicht oder nicht zeitgerecht vom Architekten erbracht werden. Kostenermittlungen, wie sie in der Anlage 10 zur HOAI in den Leistungsphasen 2, 3, 7 und 8 vorgesehen sind, sind nämlich grundsätzlich in den Leistungsphasen zu erbringen, denen sie in der HOAI zugeordnet sind.[142] Andernfalls können sie ihren Zweck, den Auftraggeber zeitnah über die zu erwartenden Kosten zu informieren, nicht mehr erfüllen. Das OLG Hamm[143] weist in diesem Zusammenhang zutreffend darauf hin, dass es auch einer Fristsetzung durch den Auftraggeber grundsätzlich nicht in dem Zeitraum bedarf, in dem der Architekt die jeweils anstehende Kostenermittlung vorzulegen hätte, weil die Zeitschiene allein im Verantwortungsbereich des Architekten liegt.

Zur **Darlegungslast bei der Minderung des Architektenhonorars** wegen nicht erbrachter Leistung hat das OLG Oldenburg[144] sich wie folgt grundlegend geäußert; dabei weist das Gericht auch zutreffend darauf hin, dass bei keinem Bauvorhaben alle Leistungen von dem Archtiekten – auch wenn der Leistungsinhalt durch die Leistungsphasen und die Grundleistungen der HOAI definiert sind – zu erbringen sind, also für die Minderung nur relevante Leistungen in Betracht kommen, die als wichtige Arbeitsschritte im Sinne eines selbstständigen Teilerfolgs zu werten sind:

> „Es wäre deshalb in der Sache zu entscheiden gewesen, was der Kl. an Leistungen tatsächlich erbracht und was der Bekl. dann auch zu vergüten hat. **Wird der Vertragsinhalt durch die Leistungsphasen der HOAI definiert, so verliert der Architekt, der eine geschuldete Leistung nicht oder teilweise nicht erbringt, seinen Honoraranspruch dann, wenn der Tatbestand einer Regelung des allgemeinen Leistungsstörungsrechts oder des werkvertraglichen Gewährleistungsrechts des BGB erfüllt ist, die den Verlust oder die Minderung des Honoraranspruchs als Rechtsfolge vorsieht (vgl. BGH, NJW 2004, 2588 = NZBau 2004, 509 = BauR 2004, 1640; Werner/Pastor, Rn. 867 ff.; *Kniffka/Koeble*, Kompendium d. BauR, 3. Aufl., 12. Teil, Rn. 240 ff.).
>
> …

---

140) BGH, BauR 2011, 1677, 1678 = IBR 2011, 587, 588 – *Preussner*. Vgl. hierzu *Ruff*, BauR 2009, 1660, 1665.
141) OLG Celle, OLGR 2005, 712 = IBR 2005, 600 – *Schwenker*.
142) BGH, BauR 2005, 400 = NJW-RR 2005, 318 = NZBau 2005, 158 = IBR 2005, 96 – *Seifert*; OLG Hamm, BauR 2005, 1350; ebenso *Kniffka*, BauR 1996, 773, 779.
143) BauR 2005, 1350 = IBR 2005, 266 – *Kieserling*. Vgl. auch OLG Oldenburg, IBR 2017, 440 – *Schwarz*.
144) NJW-RR 2013, 463.

Grundsätzlich ist zu beachten, dass der Leistungskatalog der Anlage 11 zu § 33 (HOAI 2009 – jetzt Anlage 10 zu § 34) HOAI derart umfassend ist, dass **nahezu bei keinem Bauvorhaben alle Leistungen zu erbringen sind** (*Kniffka/Koeble*, Rn. 241). Es ist deshalb für ein erhebliches Bestreiten nicht ausreichend, dass der Bekl. alle möglichen hier nicht relevanten Leistungen der Anlage 11 aufzählt, die der Kl. nicht erbracht haben soll. Der Bauherr kann zudem nicht einfach unter Einscannen der Leistungsbilder der Anlage 11 bestreiten, wenn wie hier der Architekt zu seinen Leistungen schlüssig vorgetragen und zudem das Werk nach seinen Planungen erstellt worden ist (vgl. *Kniffka/Koeble*, Rn. 245).

...

Bei einer an den **Leistungsphasen der Anlage 11 orientierten vertraglichen Vereinbarung** schuldet der Architekt die **vereinbarten Arbeitsschritte als selbstständige Teilerfolge**. Nur wenn er einen derartigen Teilerfolg nicht erbringt, ist sein Werk mangelhaft. Vollständige Nachweise aller Teilleistungen – wie sie das LG rechtsfehlerhaft fordert – können zudem in der Praxis kaum erbracht werden."

878 Offen gelassen hat – wie bereits erwähnt – der BGH in seiner Entscheidung, wie der **Umfang einer in Betracht kommenden Honorarminderung** zu ermitteln ist. In Frage kommt insoweit eine **richterliche Schätzung** unter Heranziehung z.B. der Werner/Siegburg-Tabelle[145], Siemon-Tabelle[146], der Tabelle bei Locher/Koeble/Frik[147] und die Tabelle von Meurer/Morlock[148]. Diese Tabellen[149] geben zumindest Anhaltspunkte für die Bewertung von Teilleistungen, was auch der BGH ausdrücklich bestätigt hat.[150] Mit unterschiedlichen Ergebnissen der Instanzgerichte ist auch insoweit zu rechnen. Schon in der Vergangenheit war es allgemeine Meinung, dass bei der Anwendung der vorgenannten Tabellen, die die einzelnen Grundleistungen der verschiedenen Leistungsphasen prozentual untergliedern, Zurückhaltung geboten ist, weil mit ihr zumindest suggeriert wird, dass ein entsprechender prozentualer Abzug stets berechtigt ist, sofern die jeweilige Grundleistung einer Leistungsphase vollständig oder teilweise nicht erbracht ist.[151] Die Tabellen werden aber nunmehr aufgrund der jüngsten Entscheidung des BGH mehr Gewicht erhalten. Darüber hinaus bringen sie eine Hilfestellung für die Regelung des § 8 Abs. 2 HOAI (nicht übertragene Grundleistungen einer Leistungsphase) und der Bewertung von Teilleistungen des Architekten bei vorzeitiger Beendigung eines Bauvorhabens.[152]

879 Nach der Grundsatzentscheidung des BGH hat es zwischenzeitlich verschiedene Entscheidungen gegeben, die sich mit der **Höhe der Honorarminderung** bei Architektenverträgen, die sich an § 34 HOAI in Verbindung mit Anlage 10 anlehnen, beschäftigen:

---

145) BauR 2013, 1559.
146) BauR 2013, 1583.
147) Abgedruckt im Anh. 3.
148) Anhang IV neben der Siemon-Tabelle.
149) Vgl. hierzu auch *Seifert*, Festschrift für Werner, S. 145, der sich insbesondere mit dem Umfang und dem Leistungsinhalt bei der Leistungsphase 8 des § 15 Abs. 2 HOAI (jetzt § 34 HOAI i.V.m. Anlage 10) beschäftigt und dabei kritisch zu den Tabellen Stellung nimmt.
150) BauR 2005, 588, 590 = NZBau 2005, 163 = ZfBR 2005, 260; ebenso OLG Celle, IBR 2005, 493 – *Schwenker* sowie OLG Hamm, BauR 2007, 1773.
151) Ebenso *Motzke/Wolff*, S. 189, 327 f.
152) Vgl. hierzu OLG Düsseldorf, BauR 2002, 648, 649.

Unvollständig erbrachte Teilleistungen

* Erbringt der Architekt die Grundleistung in Leistungsphase 1 **"Zusammenfassen der Ergebnisse"** entsprechend des § 15 HOAI a.F. nicht, zieht das OLG Brandenburg[153] von dieser Leistungsphase (3 %) einen Prozentsatz von 0,5 % ab.
* Führt der Architekt die Grundleistung **"Planungskonzept einschließlich Untersuchung alternativer Lösungen nach gleichen Anforderungen mit zeichnerischen Darstellungen und Bewertung"** nicht oder nicht ordnungsgemäß im Rahmen der Leistungsphase 2 des § 15 HOAI a.F. aus, bewertet das OLG Brandenburg[154] die Minderung des Honoraranspruchs mit 3 %.
* Soweit der Architekt die Grundleistungen 3.5 bis 3.8 im Rahmen der Leistungsphase 3 des § 15 HOAI a.F. nicht ausführt, hält das OLG Brandenburg[155] einen Abzug von 2,7 % für angemessen. Werden vom Architekten die Grundleistungen 3.2 (Integrieren der Leistungen der an der Planung fachlich Beteiligten) und die Grundleistung 3.3 (Objektbeschreibung mit Erläuterung) gem. der Leistungsphase 3 des § 15 HOAI a.F. nicht erbracht, zieht das OLG Brandenburg[156] dem Architekten einen Prozentsatz von 0,4 % ab.
* Führt der Architekt, obwohl er dazu verpflichtet ist, **kein Bautagebuch**, ist die Vergütung für die Leistungsphase 8 nach Auffassung des OLG Celle[157] sowie des OLG Karlsruhe[158] um 0,5 % zu mindern. Ein Minderungsrecht bejaht der BGH in diesem Fall ebenfalls, ohne die Höhe festzulegen.[159] Dabei weist er allerdings darauf hin, dass das Führen eines Bautagebuchs grundsätzlich – also unabhängig von einer ausdrücklichen Vereinbarung gemäß § 15 Abs. 2 HOAI a.F. (jetzt § 34 HOAI i.V.m. Anlage 10) – sich schon ohne Weiteres aus dem Sinn und Zweck des Bautagebuchs ergibt, weil das Bautagebuch den Zweck habe, das Baugeschehen mit allen wesentlichen Einzelheiten zuverlässig und beweiskräftig festzuhalten.[160] Diese Dokumentation kann nach Auffassung des BGH insbesondere bei Störung des Bauablaufs oder Auseinandersetzung mit anderen Baubeteiligten von großer Bedeutung sein.
* Erbringt der Architekt eine **Kostenermittlung** im Rahmen des § 15 HOAI a.F. (jetzt § 34 HAOI i.V.m. Anlage 10) *nicht*, ist nach OLG Hamm[161] ein Abzug in Höhe von 1 % der Bruttovergütung gerechtfertigt.
* Erstellt der Architekt **Kostenberechnung und Kostenkontrolle** nicht (oder nicht rechtzeitig) mindert sich nach der Rechtsprechung des OLG Hamm[162] das Honorar für die Leistungsphase 3 (Entwurfsplanung) um 1,5 %.

---

153) BauR 2014, 1804, 1806.
154) A.a.O.
155) BauR 2014, 1804, 1808.
156) A.a.O.
157) BauR 2006, 1161 = OLGR 2005, 712 = IBR 2005, 600 – *Schwenker*; ebenso OLG Karlsruhe, BauR 2007, 1770. Vgl. hierzu *Ruff*, BauR 2009, 1660, 1665 sowie KG, IBR 2010, 341 – *A. Eich*.
158) BauR 2007, 1770.
159) BauR 2011, 1677 = IBR 2011, 587, 588 – *Preussner* = NZBau 2011, 622.
160) Vgl. hierzu auch Anmerkung von *Fuchs* zu OLG Hamm, IBR 2016, 21.
161) BauR 2005, 1350 = OLGR 2005, 368; ferner BauR 2006, 1766 = IBR 2006, 506 – *Seifert*.
162) BauR 2006, 1766 = IBR 2006, 506 – *Seifert* = OLGR 2006, 496.

* Nach OLG Celle[163] ist für eine **fehlende Kostenberechnung**, die in der Leistungsphase 3 des § 15 Abs. 2 HOAI a.F. (jetzt § 34 HAOI i.V.m. Anlage 10) zu erstellen ist, ein Abzug in Höhe von 1,5 % vorzunehmen.
* Das OLG Karlsruhe[164] hält folgende Abzüge für berechtigt: 1 % für **fehlende Kostenschätzung**, 1,5 % für **fehlende Kostenberechnung**, 0,5 % für **fehlenden Kostenanschlag** und 0 5 % für das **Fehlen des Bautagebuches**.
* Nach Auffassung des OLG Brandenburg[165] ist ein Abzug von 0,5 % im Rahmen der Leistungsphase 6 des § 15 HOAI a.F. berechtigt, wenn der Architekt die Grundleistung 6.3 (**Abstimmen und Koordinieren der Leistungsbeschreibung der an der Planung fachlich Beteiligten**) nicht oder nicht ordnungsgemäß ausführt.
* Soll der Architekt im Rahmen der Leistungsphase 7 an den **Verhandlungen mit Bietern** nur in fachtechnischer Hinsicht teilnehmen und erbringt er diese Leistung nicht, ist ein Abzug nach Auffassung des OLG Frankfurt von 0,25 % vorzunehmen.[166]
* Werden die Grundleistungen 8.5 (**Aufstellen und Überwachen eines Zeitplanes**) und 8.6 (**Führen eines Bautagebuchs**) gem. der Leistungsphase 8 des § 15 HOAI a.F. nicht erbracht, soll nach Auffassung des OLG Brandenburg[167] ein Abzug von 1,1 % berechtigt sein. Wird die Grundleistung 8.13 (**Gewährleistungsfristen**) nicht erbracht, hält dasselbe Gericht einen Abzug von 0,3 % für angemessen.
* Das Honorar der **Leistungsphase 9** ist nach Auffassung des OLG Rostock[168] einteilig um 1,5 % herabzusetzen, wenn vor Ablauf der Verjährungsfristen **keine Objektbegehung** erfolgt und der Architekt nicht bei der Freigabe von Sicherheiten mitwirkt.
* Das OLG Köln[169] hält einen Abzug von 3 % (7 % anstatt 10 %) im Rahmen der Vorplanung eines Statikers für berechtigt, wenn der Statiker **keine verschiedenen Lösungsmöglichkeiten** entwickelt, untersucht und skizzenhaft darstellt und überdies keine relevante Mitwirkung an Vorverhandlungen mit Behörden und anderen an der Planung fachlich Beteiligten vorliegt.
* Dasselbe Gericht nimmt ferner einen Abzug von 3 % (9 % anstatt 12 %) vor, wenn ein Statiker im Rahmen der Entwurfsplanung **keine überschlägige statische Berechnung** vornimmt, **keine Mitwirkung an der Objektbeschreibung** und **keine Mitwirkung bei der Verhandlung mit Behörden** und an deren an der Planung fachlich Beteiligten ersichtlich sind.

Bei der Nichterbringung eines geschuldeten Teilerfolges im Sinne der BGH-Rechtsprechung kommen auch **Schadensersatzansprüche** in Betracht. Führt ein Mangel im vorgenannten Sinne z.B. zu Mängeln am Bauwerk, kann der Bauherr

---

163) BauR 2008, 122.
164) BauR 2007, 1770. Vgl. auch insoweit BGH BauR 2011, 1677 = NJW-RR 2011, 1463 = IBR 2011, 587, 588 – *Preussner*; vgl. hierzu *ders*. NZBau, 2012, 93.
165) BauR 2014, 1804, 1809.
166) BauR 2008, 703.
167) BauR 2014, 1804, 1811.
168) OLGR 2008, 370.
169) BauR 2007, 132, 135.

c) Zeitliche Abstimmung der Leistungsphasen

Literatur

Kretschmer, Zum Honoraranspruch des Architekten im Falle der Ablehnung des Baugesuchs, NJW 1968, 534.

Sind dem Architekten sämtliche Leistungen des § 34 HOAI übertragen, hat er im Planungsstadium die **zeitliche Abwicklung der einzelnen Leistungsphasen** (Grundlagenermittlung, Vorplanung, Entwurfsplanung, Genehmigungsplanung, Ausführungsplanung) **mit dem Bauherrn abzustimmen.** Er darf den Bauherrn nicht mit Kosten für noch nicht erforderliche Leistungen (**„Vorpreschen"**) belasten.[170] Auch der häufige Wunsch von Bauherren nach einer „zügigen Abwicklung des Bauvorhabens" steht einer Erbringung der Teilleistungen **Schritt für Schritt** je nach Notwendigkeit nicht entgegen.[171] **880**

So darf der Architekt mit der **Vorplanung** z.B. **erst dann beginnen,** wenn etwaige (ihm bekannte) Bedenken hinsichtlich des Baugrunds im Rahmen der **Grundlagenermittlung** (z.B. durch ein Bodengutachten) ausgeräumt sind[172] oder Probleme hinsichtlich notwendiger Einwilligung von Nachbarn oder der Finanzierung des Bauvorhabens geklärt sind. **Vor Anfertigung der Entwurfsplanung** und der **Genehmigungsplanung** muss der Architekt die **Vorplanung** mit seinem Auftraggeber **abstimmen;** fertigt er die Entwurfsplanung und die Genehmigungsplanung schon vorher an, hängt sein Vergütungsanspruch für diese Teilleistungen davon ab, ob der Bauherr die Vorplanung billigt.[173] **Entwurfs- und Genehmigungsplanung** dürfen im Übrigen erst **dann bearbeitet** werden, wenn bei dem zuständigen Bauamt die **Frage der Bebauungsmöglichkeit abgeklärt** ist;[174] für die Einreichung einer Bauvoranfrage reicht schon eine Vorplanung.[175] Bestehen also **Bedenken gegen die Genehmigungsfähigkeit** einer Planung, so sind diese zunächst – ggf. durch Besprechungen mit dem Bauaufsichtsamt – auszuräumen, bevor die Leistungsphasen 3 und 4 (Entwurfsplanung und Genehmigungsplanung) in Angriff genommen werden.[176] Bei Anlass zu **Zweifeln an der Durchführbarkeit 881**

---

[170] BGH, WM 1972, 1457; OLG Koblenz, IBR 2011, 643 – *Berger*. OLG München, BauR 1996, 417, 418 = NJW-RR 1996, 341 = OLGR 1996, 41; OLG Düsseldorf, NJW-RR 1996, 269; OLG Hamm, BauR 1994, 795 u. 536; *Neuenfeld*, § 4 HOAI, Rn. 21; vgl. auch OLG Frankfurt, BauR 1992, 763 sowie *Koeble*, in: Locher/Koeble/Frik, HOAI, Einl. Rn. 79.
[171] OLG Düsseldorf, BauR 1980, 376, 377; vgl. auch BGH, BauR 1986, 606, 608 sowie OLG Nürnberg, NJW-RR 2002, 670 = OLGR 2002, 181 = BauR 2002, 976.
[172] OLG Hamm, BauR 1997, 1069 = NJW-RR 1997, 1310 = ZfBR 1997, 308.
[173] OLG Düsseldorf, MDR 1972, 867; vgl. hierzu auch BGH, *Schäfer/Finnern*, Z 3.00 Bl. 140.
[174] BGH, *Schäfer/Finnern*, Z 3.01 Bl. 385; OLG Saarbrücken, NJW 1967, 2359; LG Flensburg, MDR 1976, 490; LG Essen, MDR 1969, 222 = VersR 1969, 360.
[175] *Neuenfeld*, § 4 HOAI, Rn. 21; *Jochem*, 4. Auflage, § 5 HOAI, Rn. 10; OLG München, Architekt 1968, 444; vgl. hierzu auch OLG Köln, *SFH*, Nr. 34 zu § 631 BGB.
[176] OLG Düsseldorf, NZBau 2001, 35; BauR 1994, 534 = NJW-RR 1994, 858 u. BauR 1986, 469; OLG Köln, BauR 1993, 358.

des **Bauvorhabens** kann dazu auch die Einleitung einer **Bauvoranfrage** gehören.[177]

882 Etwas anderes gilt, wenn sich die Parteien trotz Bedenken einig sind, „die Grenzen der Genehmigungsfähigkeit nicht mit einer Bauvoranfrage, sondern sofort mit einem Baugesuch zu erproben", weil ein solcher Schritt im Einzelfall zu günstigeren Resultaten führen kann, insbesondere, wenn es um Befreiungen oder die Ausschöpfung behördlicher Beurteilungsspielräume geht (vgl. hierzu Rdn. 1993).[178] Ein Architekt plant auch dann voreilig, wenn er mit Arbeiten der Leistungsphase 5 ff. (Ausführungsplanung usw.) beginnt, **bevor die Baugenehmigung erteilt** ist, obwohl bereits bei der Genehmigungsplanung statische Bedenken aufgekommen waren. Ist also das Vorziehen einer Leistungsphase **risikobehaftet**, muss der Architekt zunächst das Ergebnis der vorhergehenden Leistungsphase **abwarten**.[179] Etwa anderes gilt auch hier, wenn der Auftraggeber in Kenntnis des Risikos, bzw. nach entsprechender Belehrung durch den Architekten, das „Vorpreschen" ausdrücklich wünscht.[180]

883 Ist das Grundstück vom Bauherrn noch nicht durch einen notariellen Vertrag erworben worden (vgl. Rdn. 684), darf ebenfalls über das vorerwähnte Stadium hinaus vom Architekten nicht geplant werden.[181] Erbringt der Architekt Leistungen, die sachlich nicht gerechtfertigt oder verfrüht sind, macht er sich einer Pflichtverletzung schuldig; er kann dann die noch nicht erforderlich gewesene Leistung nicht zur Grundlage seines Honoraranspruchs machen.[182]

884 **Ausnahmsweise** kann eine Vergütung für nutzlos und überflüssig (weil zu früh) gefertigte Pläne oder sonstige Leistungen nur dann verlangt werden, „wenn sie einem ausdrücklichen Wunsch des Bauherrn entsprechen und dieser auf die Gebührenfolgen, nämlich auf die Gefahr, dass er unter Umständen nutzlose Leistungen bezahlen müsste, hingewiesen worden ist".[183] Den Architekten trifft also insoweit eine **Aufklärungspflicht**.[184] Etwas anderes gilt auch, wenn der Bauherr die erforderliche Sachkunde besitzt, um beurteilen zu können, ob es unter den gegebenen Umständen zweckmäßig ist, schon weitere Leistungsphasen in Angriff zu nehmen.[185]

---

[177] OLG Düsseldorf, IBR 2008, 339 – *Baden* (schon im Zeitpunkt der Grundlagenermittlung); NZBau 2001, 35; BauR 1996, 287 = NJW-RR 1996, 403; OLG Hamm, BauR 1996, 578; OLG Köln, BauR 1993, 358.
[178] OLG Köln, BauR 1993, 358; OLG Stuttgart, BauR 1997, 681 = IBR 1998, 68.
[179] OLG Düsseldorf, BauR 1997, 685, 688 = NJW-RR 1997, 915.
[180] OLG Koblenz, IBR 2011, 643 – *Berger*.
[181] OLG Düsseldorf, BauR 1980, 376; OLG München, BauR 1996, 417 = NJW-RR 1996, 341 = OLGR 1996, 41.
[182] BGH, WM 1972, 1457; OLG Düsseldorf, BauR 1997, 685, 688.
[183] OLG Düsseldorf, NZBau 2001, 35; BauR 1996, 287 = NJW-RR 1996, 403; BauR 1976, 141, 142.
[184] OLG München, BauR 1996, 417, 418 = NJW-RR 1996, 341 = OLGR 1996, 41; OLG Düsseldorf, BauR 1980, 376, 377 u. BauR 1986, 469.
[185] BGH, WM 1972, 1457; OLG Koblenz, BauR 2000, 130 = NZBau 2000, 254.

d) Die Bindung an die Schlussrechnung

Literatur

Jagenburg, Die Bindung an die einmal erteilte Schlussrechnung, BauR 1976, 319; *Rieble*, Bindungswirkung einer nicht prüfbaren Architektenschlussrechnung, BauR 1989, 145; *Günther*, Die Bindung an die einmal erteilte Honorarschlussrechnung nach HOAI, BauR 1991, 555; *Schibel*, Unterlassene Vergütungsvereinbarungen und die Bindung an die eigene Schlussrechnung, BB 1991, 2089; *Scholtissek*, Die Bindungswirkung der Architekten-Honorarschlussrechnung oder die restriktive Rechtsprechung kommt in Bewegung, BauR 1993, 394; *Rauch*, Schluss mit der Bindung an die Honorarschlussrechnung, DAB 1993, 653; *Locher*, Zur Bindung des Architekten an seine Schlussrechnung, Festschrift für Heiermann (1995), S. 241; *Weyer*, Die Bindung des Architekten an seine Honorarschlussrechnung: Theorie und Praxis, Festschrift für Vygen, 1999, S. 78; *Schwarz*, Die Anwendung von Treu und Glauben (§ 242 BGB) auf den Honoraranspruch nach HOAI, BauR 2001, 708; *Weber*, Das zwingende Preisrecht der HOAI auf dem Prüfstand von Treu und Glauben, Festschrift für Mantscheff (2000), S. 33; *Scholtissek*, Architektenhonorarschlussrechnung – Bindungswirkung und Vertrauensschutz, NZBau 2009, 24; *Koeble*, Unwirksame Honorarvereinbarung und Vertrauensschutz, BauR 2009, 381; *Weyer*, Totgesagte leben länger: Die Bindung des Architekten an seine Honorarschlussrechnung, Festschrift für Koeble (2010) S. 573.

885 Korrigiert der Architekt seine Schlussrechnung durch Vorlage einer **neuen** (zweiten) Schlussrechnung und fordert er die von ihm im Rahmen der neuen Abrechnung **erhöhten** Gebühren, ohne ein Einverständnis des Auftraggebers vortragen zu können, kann seine Klage im Einzelfall hinsichtlich des die korrigierte (erste) Schlussrechnung übersteigenden Honoraranteiles unbegründet sein.

886 Der BGH[186)] hat zunächst die Auffassung vertreten, dass einem Architekten die **nachträgliche Erhöhung** seiner Schlussrechnung **nach Treu und Glauben verwehrt** sei; dies folgerte er aus der Überlegung, dass der Architekt mit der Vorlage seiner Schlussrechnung, in der er seine Leistungen – für den Auftraggeber erkennbar – abschließend berechnet, einen **Vertrauenstatbestand** schafft, an dem er sich festhalten lassen muss. Andernfalls würde er sich mit seinem eigenen Verhalten in Widerspruch setzen (§ 242 BGB).

887 Diese Rechtsprechung des BGH war in der Literatur zunehmend auf Kritik gestoßen.[187)] Vor allem wurde eingewandt,[188)] dass die Abrechnung bei anderen Freiberuflern nicht entsprechend eingeengt ist. Der BGH[189)] hält diese Bedenken jedoch nicht für begründet, da die HOAI jedenfalls – abweichend von den Honorarordnungen für andere Berufe – ausdrücklich den Begriff der Schlussrechnung verwende.

---

186) BGH, NJW-RR 1990, 725 = BauR 1990, 382 = ZfBR 1990, 189; OLG Köln, BauR 1991, 116 = NJW-RR 1991, 279; OLG Düsseldorf, BauR 1985, 234; BauR 1983, 283, 284; OLG Frankfurt, BauR 1985, 344.
187) Vgl. *Günther*, BauR 1991, 555; *Werner*, Festschrift für Locher, S. 289, 299; *Schibel*, BB 1991, 2089.
188) *Jagenburg*, BauR 1976, 319; *Schibel*, BB 1991, 2089; *Werner*, Festschrift für Locher, S. 289, 299.
189) BGH, BauR 1993, 238 = NJW 1993, 659 = ZfBR 1993, 66 m.Anm. *Locher*, BauR 1993, 492 u. BGH, BauR 1993, 239 = NJW 1993, 661; ebenso: KG, OLGR 1995, 14, 15; vgl. aber die kritischen Ausführungen von *Scholtissek*, BauR 1993, 394; *Locher*, Festschrift für Heiermann, S. 241 ff.

888 Nicht zuletzt aufgrund der Kritik hält der BGH[190] nur noch mit **„Einschränkungen"** an seiner bisherigen Rechtsprechung fest. Es ist deshalb von folgenden Grundsätzen auszugehen:

* In einer **Schlussrechnung** liegt grundsätzlich **kein Verzicht** auf eine weitergehende Forderung.
* Die **Änderung** einer Schlussrechnung ist daher **nicht in jedem Falle ausgeschlossen**; hierfür kann es gute Gründe geben.
* Eine **Nachforderung** des Architekten nach erteilter Schlussrechnung stellt **nicht stets ein treuwidriges Verhalten** dar; sie kann aber im Einzelfall gegen Treu und Glauben verstoßen. Eine Bindungswirkung tritt daher (nur) ein, wenn in der Änderung der erteilten Schlussrechnung eine unzulässige Rechtsausübung i.S. des § 242 BGB liegt.
* Nicht jede Schlussrechnung eines Architekten begründet beim Auftraggeber Vertrauen, und **„nicht jedes erweckte Vertrauen ist schutzwürdig"** (BGH).
* Deshalb müssen „in jedem **Einzelfall** die Interessen des Architekten und die des Auftraggebers **umfassend geprüft** und gegeneinander **abgewogen"** werden.

889 Der BGH[191] bejaht die **„Schutzwürdigkeit"** des Auftraggebers, wenn dieser auf eine abschließende Berechnung **vertrauen durfte**, vertraut hat und sich darauf in einer Weise **eingerichtet hat**, dass ihm eine Nachforderung nach Treu und Glauben nicht mehr zugemutet werden kann;[192] sie ist z.B. zu **verneinen**, wenn der Auftraggeber die mangelnde Prüffähigkeit bzw. die Richtigkeit der Schlussrechnung „alsbald" gerügt hat[193] oder den Architekten auffordert, seine Schluss-

---

190) NZBau 2016, 107 = IBR 2016, 18 – *Fuchs*; BauR 2009, 262 = NZBau 2009, 33; vgl. hierzu *Scholtissek*, NZBau 2009, 24, IBR 2010, 397 – *v. Rintelen* und insbesondere BGH, BauR 1993, 236, 238 = NJW 1993, 661 = ZfBR 1993, 66, 68; BauR 1997, 677, 680; BauR 1998, 579 = NJW-RR 1998, 952 = MDR 1998, 711; ebenso: OLG Köln, IBR 2007, 569 – *Götte*; OLG Saarbrücken, OLGR 2004, 303, 308; OLG Koblenz, BauR 2001, 825; OLG Frankfurt, NJW-RR 1998, 374 = OLGR 1998, 60, 62; OLG Düsseldorf, BauR 2001, 277 = NJW-RR 2000, 1262 = NZBau 2000, 526 = OLGR 2000, 398; BauR 1998, 409 (LS) = NJW-RR 1998, 454 = OLGR 1998, 99 u. BauR 1997, 165 = NJWRR 1996, 1421 = OLGR 1996, 251; OLG Köln, IBR 1998, 162 – *Eich*; OLG Köln, Bau 2007, 132, 133 m.Anm. *Sangenstedt*; OLGR 2002, 92 u. BauR 2002, 1136 = OLGR 2002, 190; *Schwarz*, BauR 2001, 708.
191) NZBau 2016, 107 = IBR 2016, 18 – *Fuchs*; BauR 2009, 262 = NZBau 2009, 33 = ZfIR 2009, 62 m.Anm. *Schwenker/Wessel*. KG, Urteil vom 25.1.2013 – Az 21 U 206/11; ebenso KG, BauR 2014, 1166 (Rücknahme einer Klage – gestützt auf seine Schlussrechnung –, ohne erkennen zu lassen, dass er später eine über den Rechnungsbetrag deutlich hinausgehende Honorarforderung verlangen wird); vgl. hierzu *Pauly*, BauR 2010, 867 u. *Scholtissek*, NZBau 2009, 24; BGH, BauR 2007, 252 = IBR 2007, 81 – *Schwenker*; OLG München, BauR 2013, 984 = IBR 2013, 91 – *Jenssen*; OLG Köln, IBR 2012, 212 – *Bröker*.
192) Vgl. hierzu auch OLG Köln, BauR 2007, 132, 133 m.Anm. *Sangenstedt*; ferner OLG Frankfurt, IBR 2010, 338 – *Fuchs*. OLG Stuttgart, BauR 2013, 1001 – LS – (Ablauf von 20 Monaten zwischen erster und zweiter [korrigierter] Rechnung reicht für Bindungswirkung nicht aus). Vgl. ferner KG, IBR 2014, 218 – *Berger*.
193) Ebenso: OLG Karlsruhe, BauR 2008, 384; OLG Köln, NZBau 2005, 467; KG, OLGR 1995, 14, 15 = NJW-RR 1995, 536 = MDR 1995, 257; ferner Urteil vom 25.1.2013 – Az 21 U 206/11; OLG Düsseldorf, BauR 2007, 1767 (Kein Vertrauensschutz bei Zurückweisung der Rechnung) = IBR 2007, 568 – *Bischofberger*; BauR 2007, 2092 (Streit über Zahlungsverpflichtung des Auftraggebers und unmittelbarer Widerspruch gegen Schlussrechnung); NJW-RR 1998, 454 = OLGR 1998, 99 (Auftraggeber muss auf die Gültigkeit des Honorars tatsächlich

Bindung an die Schlussrechnung

rechnung „zu korrigieren bzw. zu konkretisieren"[194] oder der Auftraggeber den Architekten mehrfach auffordert, eine „HOAI-konforme" Schlussrechnung zu erstellen und der Architekt dieser Aufforderung folgt[195] oder von Anfang an Streit über die Zahlungsverpflichtung aus der (zunächst) erteilten Schlussrechnung besteht.[196] Das OLG München[197] bejaht bereits eine **Bindung** des Architekten an seine Schlussrechnung, wenn der Auftraggeber diese ohne Beanstandung **bezahlt** und er dem Architekten im Vertrauen auf die Endgültigkeit der Abrechnung einen **weiteren Planungsauftrag** erteilt hat. Demgegenüber hat der BGH[198] klargestellt, dass allein die **Bezahlung der Schlussrechnung keine Maßnahme** ist, mit der sich der Auftraggeber in schutzwürdiger Weise auf die **Endgültigkeit der Schlussrechnung einrichtet**. Die Unzumutbarkeit der Nachforderung setzt im Übrigen nach der Rechtsprechung des BGH[199] voraus, dass die dadurch entstehende zusätzliche **Belastung** unter Berücksichtigung aller Umstände des Einzelfalls für den **Auftraggeber eine besondere Härte** bedeutet. Allerdings kann ein Vertrauenstatbestand dann gegeben sein, wenn die Parteien ein unter den Mindestsätzen liegendes Honorar vereinbart haben, sodass in einem solchen Fall der Bauherr ein schützenswertes Vertrauen darauf entwickeln konnte, dass der Architekt Nachforderungen nicht stellt[200] (vgl. näher Rdn. 768 f.). Einen entsprechenden Vertrauenstatbestand hat das KG[201] bejaht, wenn der Architekt seine Klage nach jahrelangem Rechtsstreit über seine auf eine Schlussrechnung gestützte Honorarforderung zurücknimmt, ohne erkennen zu lassen, dass er später eine über den ursprünglichen Rechnungsbetrag deutlich hinausgehende Honorarforderung verlangen wird. Dem gegenüber hat der BGH[202] darauf hingewiesen, dass „allein der Zeitraum zwischen der Erteilung und dem Ausgleich der Honorierung des Architekten und der erstmaligen Geltendmachung eines weitergehenden Honorars auf der Grundlage der Mindestsätze der Honorarforderung für Architekten und Ingenieure die Zahlung eines Differenzbetrages zwischen einem abgerechneten Pauschalhonorar und den Mindestsätzen der Honorarordnung für Architekten und Ingenieure nicht unzumutbar ‚macht'".

Der BGH[203] betont, dass ein schutzwürdiges Interesse des Auftraggebers in die Richtigkeit der Schlussrechnung nicht schon deshalb entfällt, weil der Architekt die **Mindestsätze** in seiner Schlussrechnung **unterschreitet**.

---

vertraut und dementsprechend „disponiert" haben). Vgl. hierzu aber OLG Hamm, BauR 2009, 1325.
194) OLG Brandenburg, BauR 2008, 127.
195) KG, BauR 2008, 855.
196) OLG Düsseldorf, BauR 2010, 482 = IBR 2010, 94 – *Götte*; OLG Köln, NZBau 2005, 467, 469 (Zurückweisung der Schlussrechnung durch den Auftraggeber); OLG Saarbrücken, OLGR 2004, 203; OLG Koblenz, BauR 2001, 825.
197) IBR 2007, 689 – *Otto*. Vgl. auch OLG München, BauR 2013, 984 = IBR 2013, 91 – *Jenssen*.
198) BauR 2016, 536 = IBR 2016, 18 – *Fuchs* = NZBau 2016, 107; BauR 2009, 262 = IBR 2009, 35 – *Schulze-Hagen* = ZfIR 2009, 62 m.Anm. *Schwenker/Wessel*; OLG Düsseldorf, BauR 2013, 632, 634.
199) A.a.O.
200) BGH, a.a.O.; OLG Düsseldorf, BauR 2013, 632, 634.
201) BauR 2014, 1166.
202) BauR 2016, 536 = NZBau 2016, 107 = IBR 2016, 18 – *Fuchs*.
203) BauR 1993, 236, 239 = NJW 1993, 661 = ZfBR 1993, 66, 68; ebenso: OLG Köln, NJW-RR 1999, 1109 = OLGR 1999, 47 = NZBau 2000, 147 (LS).

Nicht schutzwürdig ist ein Auftraggeber, wenn aus der Rechnung deutlich wird, dass der Architekt **weitere** Arbeiten noch nicht abgerechnet hat.[204] Ist eine Bindungswirkung unter den oben erwähnten Gesichtspunkten nach der neueren Rechtsprechung des BGH zu bejahen, kann ein Architekt die Bindungswirkung einer als „Freundschaftspreis" bezeichneten Schlussrechnung nicht mit der Erklärung beseitigen, die Freundschaft sei beendet.[205]

890 In **Zukunft** wird es somit wesentlich auf die **Feststellung** und eine umfassende **Abwägung** der beiderseitigen Interessen ankommen;[206] dabei werden alle Sachverhaltsmerkmale zu berücksichtigen sein. Die Änderung und/oder Erhöhung einer Schlussrechnung allein wird zukünftig jedenfalls nicht mehr ausreichen, um eine Bindung an die Schlussrechnung zu begründen. Ein besonderes Gewicht wird man in diesem Zusammenhang sicherlich dem **Zeitpunkt** beimessen müssen, zu dem sich der Auftraggeber auf die Bindungswirkung der Schlussrechnung stützt. So hat das OLG Hamm[207] darauf verwiesen, dass ein Architekt, der erstmals 3 ½ Jahre nach Erteilung der Schlussrechnung diese korrigieren will, an seine Schlussrechnung gebunden ist.

Eine **Bindungswirkung** kann – trotz unzulässiger Mindestsatzunterschreitung – auch dann **entfallen**, wenn ein **sachkundiger Auftraggeber** die Unwirksamkeit der Honorarvereinbarung erkannt hat oder hätte erkennen müssen.[208] Das wird man häufig bei Auftraggebern **größerer** Bauvorhaben oder Auftraggebern der öffentlichen Hand annehmen können. Ein schutzwürdiges Vertrauen wird in diesem Fall in aller Regel entfallen. Im Übrigen kommt eine Bindungswirkung nur dann – im Ausnahmefall – in Betracht, wenn der Auftraggeber substantiiert und überzeugend vorträgt, dass er sich wirklich auf die Höhe der Schlussrechnung im Sinne der BGH-Rechtsprechung **„eingerichtet"** hat.[209] Eine auf der Schlussrechnung aufgebaute oder angepasste **Finanzierung** wird in aller Regel **nicht ausreichen**. Das OLG Saarbrücken[210] meint in diesem Zusammenhang, dass ein Architekt im Einzelfall auch ohne eine entsprechende Vermögensdisposition des Auftraggebers an seine Schlussrechnung gebunden ist, wenn das Abrechnungsverhalten des Architekten „das Gepräge objektiver Willkür, die für den Adressaten nur schwer nachvollzogen werden kann, aufweist". Das KG[211] ist der Auffassung, dass sich ein Auftraggeber auch durch **unterbliebene Rücklagen** auf die Endgültigkeit der Schlussrechnung **schützenswert** einrichten kann.

---

204) OLG Hamm, OLGR 1996, 232.
205) OLG Koblenz, Beschl. v. 29.9.2011 – AZ: 5 U 224/11.
206) BGH, a.a.O.; vgl. hierzu auch OLG Köln, NJW-RR 1999, 1109 = OLGR 1999, 47 sowie OLG Hamm, IBR 2004, 209 – *Heisiep*.
207) OLGR 1996, 232. Ebenso OLG Düsseldorf, BauR 2007, 1767, 1769 (Abrechnung nach 7 Jahren).
208) OLG Hamm IBR 2007, 655 – *Weyand*; *Scholtissek*, NZBau 2009, 24, 26; *Weber*, Festschrift für Mantscheff, S. 33, 43.
209) Vgl. hierzu OLG Düsseldorf, BauR 2001, 277 = NJW-RR 2000, 1262 = OLGR 2000, 398 sowie LG Köln, IBR 2007, 368 (Förderantrag).
210) BauR 2006, 2085 (bei vier sich deutlich steigernden Schlussrechnungen) = OLGR 2006, 330 = NZBau 2006, 655.
211) BauR 2014, 1166.

Bindung an die Schlussrechnung

Der Architekt ist an seine Schlussrechnung nicht gebunden, wenn er sich wegen **nachträglicher Veränderung der tatsächlichen Verhältnisse** von einer Pauschalhonorarvereinbarung lösen will, wofür der Architekt allerdings darlegungs- und beweispflichtig ist.[212] Wenn ein Bauherr im Prozess eine zunächst streitige Honorarrechnung der Höhe nach unstreitig stellt und sich fortan nur noch mit zur Aufrechnung gestellten Schadensersatzansprüchen verteidigt, kann dies allerdings eine Bindungswirkung der eingeklagten Honorarschlussrechnung begründen.[213]

891 Mit der neueren Rechtsprechung des BGH wird sich (vorerst) eine gewisse **Rechtsunsicherheit** – vor allem bei Architekten und Sonderfachleuten – einstellen. Locher[214] weist in diesem Zusammenhang zu Recht darauf hin, dass nach der Rechtsprechung des BGH die **Prognose**, ob eine „Nachforderung" im konkreten Fall (noch) zulässig ist oder vom Gericht nicht anerkannt wird, **deutlich erschwert** ist; sowohl die Baubeteiligten wie auch der beratende Anwalt werden so lange vor „neuen" Problemen stehen, bis der BGH oder die Instanzgerichte die „Grenzen" konkret an Beispielen aufgezeigt haben. Bereits jetzt ist daher erkennbar, dass die „gelockerte" Rechtsprechung des BGH eine Fülle weiterer Streitigkeiten zwischen Architekt und Auftraggeber bewirken wird, da noch klare Maßstäbe fehlen und ein derart praxisbezogener Vorgang wie die Honorarabrechnung kaum geeignet erscheint, um unter das wenig „griffige" Rechtsinstitut der unzulässigen Rechtsausübung subsumiert zu werden. Im Übrigen wird ein Verstoß des Architekten gegen Treu und Glauben bei Änderung der Schlussrechnung nur schwer nachweisbar sein. Daher weist das OLG Zweibrücken[215] zu Recht darauf hin, dass „die Bindung des Architekten an eine einmal erteilte Schlussrechnung weitgehend aufgehoben" ist.

892 Locher[216] hat sich bereits mit den Fallgestaltungen beschäftigt, bei denen zukünftig auch nach der Rechtsprechung des BGH eine Bindungswirkung zu **verneinen** sein wird: Kann der Architekt z.B. die Abrechnung nach §§ 119, 123 BGB **anfechten** oder enthält die Schlussrechnung **erkennbare Fehler**, scheidet eine „Bindungswirkung" von vornherein aus. Dasselbe gilt, wenn der Architekt sich die Erhöhung seiner Rechnung **ausdrücklich vorbehalten** hat (was den Architekten zu empfehlen sein wird) oder wenn er – für den Bauherrn erkennbar – die **anrechenbaren Kosten** überhaupt **nicht** oder nur **unvollständig ermitteln** kann. Eine Bindung an die Schlussrechnung dürfte mit Locher ebenfalls zu verneinen sein, wenn der Auftraggeber (Bauherr) den Honoraranspruch **grundweg bestreitet** und/oder das Honorar nicht (auch nicht teilweise) zahlt bzw. die Richtigkeit und Prüffähigkeit der Schlussrechnung in Zweifel zieht. Weyer[217] hat sich mit der neueren Rechtsprechung des BGH sehr ausführlich auseinandergesetzt und kommt zu dem Ergebnis, dass die Bindung des Architekten an seine Schlussrechnung „praktisch gestorben" ist.

893 Locher kann allerdings nicht gefolgt werden, wenn er eine **Bindungswirkung** für den Fall bejaht, dass der Auftraggeber die Richtigkeit der Schlussrechnung ohne (eigene) detaillierte Prüfung annimmt und einfach zahlt; selbst wenn man in der „Bezahlung eine Vermögensdisposition" sieht, an die sich der Bauherr festhalten muss, so fehlt es gleichwohl an einem von dem **Architekten** geschaffenen Vertrauenstatbestand, der der Erhöhung seiner Schlussrechnung entgegensteht.

---

212) OLG Düsseldorf, BauR 2009, 1616.
213) OLG Hamm, BauR 2009, 1325.
214) BauR 1993, 492; ähnlich: *Scholtissek*, BauR 1993, 394, 399.
215) NZBau 2005, 643 = OLGR 2005, 812.
216) Festschrift für Heiermann, S. 241, 245.
217) In Festschrift für Koeble, 573 ff., 583.

894 Es ist Sache des **Auftraggebers** (Bauherr), die Voraussetzungen des Vertrauenstatbestandes und damit der unzulässigen Rechtsausübung (§ 242 BGB) substantiiert darzulegen und zu beweisen; eine Prüfung von Amts wegen findet nicht statt.[218]

> *Weyer*[219] hat hierauf noch einmal sehr deutlich verwiesen. Danach ist das Verhältnis von **Regel** und **Ausnahme** nach der nunmehrigen Rechtsprechung des BGH **neu** zu ordnen, was aber nach wie vor von den Instanzgerichten verkannt wird. Der Architekt ist grundsätzlich berechtigt, Nachforderungen zu stellen. Will sich der Auftraggeber auf die Bindung der Schlussrechnung stützen, ist es „zunächst Sache des darlegungs- und beweispflichtigen **Auftraggebers**, einen Vertrauenstatbestand vorzutragen und zu beweisen; erst wenn ihm dies ganz ausnahmsweise gelingen sollte, ist der **Architekt** gehalten, aus seiner Sicht bestehende Gründe für eine Abweichung von seiner Schlussrechnung oder von der unwirksamen Honorarvereinbarung in die Waagschale der Interessenabwägung zu werfen". Er kommt im Übrigen zu dem Ergebnis, dass heute die Bindung des Architekten an seine Honorarschlussrechnung praktisch „gestorben" ist, weil nach den Erfahrungen der Praxis es dem Auftraggeber in aller Regel nicht möglich sein wird, darzulegen und zu beweisen, dass er sich darauf eingerichtet hat, mehr als berechnet nicht zahlen zu müssen.[220] Er wertet zu Recht den Fall, den der BGH zu entscheiden hatte, als besonderen Ausnahmefall. Das OLG Hamm[221] hat einen Vertrauenstatbestand, den der Architekt geschaffen hat, in einem Einzelfall bejaht, bei dem der Architekt auf die von der HOAI abweichende Berechnung hingewiesen und zusätzlich erklärt hatte, er werde bei der Ausgleichung der Rechnung auf eine Abrechnung nach HOAI verzichten. Das ist bedenklich, weil der Architekt mit der vorgenannten Erklärung ausdrücklich einen Vorbehalt („bei Ausgleichung der Rechnung") erklärt hatte, also sich durchaus die Möglichkeit der Abrechnung nach HOAI offen gehalten hat. Damit musste der Auftraggeber damit rechnen, dass eine HOAI-Abrechnung möglicherweise folgt, wenn er die Rechnung nicht ausgleicht.

895 Ist im **Einzelfall** (ausnahmsweise) von einer **Bindung** des Architekten an seine Schlussrechnung auszugehen, ergibt sich für die Vertragsabwicklung Folgendes: Hat der Architekt seine Gebührenschlussrechnung erstellt, kann er diese bei Wegfall oder Korrektur einiger Positionen der Rechnung nicht mit **Gebührenanteilen**, z.B. aus Planungsleistungen, **„auffüllen"**, die er nicht in Rechnung gestellt hat.[222] Der Architekt bleibt auch an den nach vorzeitiger Beendigung des Vertrages mit der Gebührenschlussrechnung geforderten Betrag gebunden, selbst wenn die endgültigen Baukosten die der Gebührenrechnung zu Grunde gelegenen überschreiten.[223]

896 Für die Bindungswirkung ist unerheblich, worauf die „Falschberechnung" zurückzuführen ist; es spielt z.B. **keine Rolle**, ob die Abrechnung von Grundleistungen, Besonderen oder Zusätzlichen Leistungen, Änderungsleistungen oder eines Umbauzuschlages **„vergessen"** wurde oder ob falsche **Berechnungsfaktoren** („Honorarzone", „anrechenbare Kosten", „Stundensatz") zu Grunde gelegt sind. Der Bindungswirkung steht auch nicht entgegen, dass der Architekt bei seiner Honorarberechnung unter die Mindestsätze der HOAI gelangt ist.

---

218) A.A.: *Löffelmann/Fleischmann*, Rn. 1645.
219) Festschrift für Vygen, S. 78, 86.
220) So auch *Scholtissek*, NZBau 2010, 683, 685. Vgl. hierzu aber OLG Celle, BauR 2003, 1923.
221) IBR 2006, 274 – *Preussner*.
222) BGH, NJW 1978, 319 = BauR 1978, 64; OLG Düsseldorf, BauR 1985, 234 u. NJW 1982, 1541 = BauR 1982, 390; ebenso: *U. Locher*, Die Rechnung im Werkvertragsrecht, S. 84; insoweit **a.A.:** *Neuenfeld*, § 4 HOAI, Rn. 39.
223) BGH, BauR 1974, 213 = NJW 1974, 945; BauR 1978, 64 = NJW 1978, 319.

Bindung an die Schlussrechnung

897 Die Bindungswirkung bezieht sich nicht nur auf die Honorargesamtsumme, sondern auch auf die einzelnen **Berechnungsfaktoren**. Das bedeutet, dass der Architekt falsche oder vergessene Berechnungsfaktoren nicht auswechseln kann.[224] Will ein Architekt eine Bindungswirkung vermeiden, kann er dies insbesondere über den ausdrücklich erklärten **Vorbehalt** erreichen (z.B. „unter dem Vorbehalt der Abrechnung des entgangenen Gewinns für nicht durchgeführte Architektenleistungen"). Dem BGH[225] reichte bislang allerdings ein **unbestimmter Vorbehalt**, „der auch im Zusammenhang mit den … Umständen des Einzelfalles dem Auftraggeber keine hinreichende Grundlage für die Beurteilung des Risikos etwaiger Nachforderungen bietet", nicht aus, um die Bindungswirkung aufzuheben. Vielmehr muss der Auftraggeber aus dem Inhalt des Vorbehalts abschätzen können, „aus welchem Rechtsgrund, für welche Leistungen und in welcher Höhe der Architekt eine zusätzliche Honorarforderung möglicherweise nachträglich verlangen wird". Für einen solchen Vorbehalt trägt der **Architekt** die Darlegungs- und Beweislast.[226]

898 Vereinbaren die Parteien **mündlich** bei Vertragsabschluss „eine Honorarberechnung nach der HOAI mit einem Nachlass von 50 %" und geht der Architekt auch in seiner Honorarschlussrechnung von diesem Nachlass aus, bleibt er nach Auffassung des OLG Düsseldorf[227] an diesen Nachlass **trotz der fehlenden Schriftform** des § 4 Abs. 2 HOAI a.F. (jetzt § 7 Abs. 3 HOAI n.F.) **gebunden**. Der Architekt kann u.U. auch bei **Nichtigkeit** des Architektenvertrages (vgl. Rdn. 681 ff.) an seine Schlussrechnung gebunden sein, z.B., wenn er in diese die vereinbarten anrechenbaren Kosten eingesetzt hat, diese gegenüber den tatsächlich entstandenen jedoch geringer sind.[228]

899 Die Bindungswirkung setzt indes stets voraus, dass der Architekt seine Rechnung unmissverständlich auch als **Schlussrechnung gekennzeichnet** hat oder sich seine Schlussabrechnung aus den Umständen ergibt, wobei es auf die Sicht des Bauherrn ankommt.[229] Fehlt der Honorarrechnung die ausdrückliche Bezeichnung als „Schlussrechnung", trägt der **Bauherr die Darlegungs- und Beweislast**, dass es sich um eine Schlussrechnung handelt.[230] Eine detaillierte Honorarrechnung, die ein Architekt einem Bauherrn nach Beendigung seiner Tätigkeit vorlegt, wird in der Regel als Schlussrechnung anzusehen sein, da der Architekt damit zu erkennen gibt, wie er seine Forderung berechnet und in welcher Höhe er sie gel-

---

224) **Herrschende Meinung**; BGH, BauR 1978, 64 = NJW 1978, 319; OLG Köln, BauR 1991, 116 = NJW-RR 1991, 279; *Locher*, in: Locher/Koeble/Frik, § 15 HOAI, Rn. 87 f.; wohl auch *Jagenburg*, BauR 1988, 155, 161, 162; *Weyer*, Festschrift für Korbion, S. 481, 486; **a.A.:** *Neuenfeld*, § 4 HOAI, Rn. 39. Nach OLG Düsseldorf (NJW-RR 1992, 1239) muss sich aber der Architekt nicht an den Kalkulationsgrundlagen eines nach § 4 Abs. 1 u. 4 HOAI unwirksamen Pauschalhonorars festhalten lassen; er darf lediglich als Mindestsatz kein **höheres** Honorar als das Pauschalhonorar verlangen.
225) NJW-RR 1990, 725 = BauR 1990, 382 = ZfBR 1990, 189.
226) So richtig: *Weyer*, a.a.O., S. 485.
227) OLG Düsseldorf, NJW 1982, 1541 = BauR 1982, 390; s. auch: OLG Köln, OLGR 2002, 190, 191.
228) *Weyer*, BauR 1984, 324, 332 m. Hinweis auf OLG Düsseldorf, Urt. v. 2.2.1982 – 21 U 155/81.
229) *Weyer*, Festschrift für Korbion, S. 481, 484.
230) *Weyer*, a.a.O., S. 485.

tend macht.²³¹⁾ Das ist jedoch dann nicht der Fall, wenn der Architekt – im Rahmen von Vergleichsverhandlungen – seiner Rechnung die Formulierung voranstellt „die Schlussrechnung würde lauten".²³²⁾ Nach Auffassung des BGH²³³⁾ ist von einer Honorarschlussrechnung nicht auszugehen, wenn am Schluss einer Rechnung (nur) der Hinweis (aus einem Textbaustein) erfolgt: „Ich bedanke für das entgegengebrachte Vertrauen"; dasselbe gilt, wenn (erst) die Rechnung in einer späteren Klageschrift als Schlussrechnung bezeichnet wird. Unter den Gesichtspunkten, die der BGH nunmehr zur Bindungswirkung des Architekten an seine Schlussrechnung aufgestellt hat, ist der Architekt in gleicher Weise an seine **Teilschlussrechnung** gebunden, wenn er damit zu erkennen gibt, einen bestimmten Teilbereich seiner Leistungen verbindlich abzurechnen.²³⁴⁾ Dagegen ist ein Architekt grundsätzlich an seine **Honorarabschlagsrechnung nicht gebunden**.²³⁵⁾

900 Schon nach der früheren Rechtsprechung des BGH²³⁶⁾ konnte es **„gute"** (gewichtige) Gründe geben, warum der Architekt **nicht** an seine Schlussrechnung gebunden, sondern **berechtigt** ist, eine über die Schlussrechnung hinausgehende Vergütung zu verlangen. Wann ein solcher „wichtiger Grund" vorliegt, ist eine Frage des **Einzelfalles**. Ein wichtiger Grund für eine **Neuberechnung** kann z.B. bei einem **offenkundigen Irrtum** in der Abrechnung gesehen werden, der vom Auftraggeber auch erkannt worden ist oder aber ohne weiteres hätte erkannt werden können (z.B. Rechenfehler, Übertragungsfehler).²³⁷⁾ Bei der Frage, ob ein Fehler „offenkundig" ist, muss auf den Empfängerhorizont und damit auf die Sachkunde des Auftraggebers abgestellt werden.²³⁸⁾ Dasselbe gilt, wenn der Architekt in seiner Schlussrechnung **unverschuldet** von **falschen Berechnungsgrundlagen** ausgeht.²³⁹⁾ Beispiel: Der Architekt setzt deshalb zu niedrige Baukosten bei der Kostenermittlung ein, weil der Bauherr ihm nicht alle Kosten mitteilt.²⁴⁰⁾ Das OLG Düsseldorf hat in diesem Zusammenhang zu Recht darauf hingewiesen, dass sich die Bindung des Architekten nur auf solche Umstände erstreckt, die er bei Erstellung seiner Honorarrechnung kennt und die für die Berechnung maßgebend sind.²⁴¹⁾

901 Zweifelhaft ist, ob ein Architekt an eine **nicht prüffähige** Schlussrechnung²⁴²⁾ gebunden werden kann; das kommt ebenfalls nur in Betracht, wenn zu Gunsten

---

231) OLG Celle, NZBau 2009, 127; OLG Zweibrücken, BauR 1980, 482.
232) **Anderer Ansicht:** OLG Koblenz, NJW-RR 1999, 1250, für den Fall, dass der Architekt bei einer solchen Formulierung gleichzeitig einen Nachlass für eine Bereinigung der Angelegenheit anbietet.
233) NZBau 2007, 252 = IBR 2007, 81 – *Schwenker* = NZBau 2007, 252.
234) *Locher*, in: Locher/Koeble/Frik, § 15 HOAI, Rn. 76; **a.A.:** *Weyer*, Festschrift für Korbion, S. 481, 485.
235) BGH, BauR 1996, 138 = NJW-RR 1996, 145 = MDR 1996, 44; OLG Frankfurt, OLGR 1998, 60, 61.
236) Vgl. BGH, NJW 1993, 659, 660; ferner: BGH, *Schäfer/Finnern*, Z 3.010 Bl. 9 u. BauR 1974, 213, 214 u. OLG Köln, NJW-RR 1992, 1438.
237) BGH, BauR 1986, 593, 595 = NJW-RR 1986, 1214 (für den Fall der offenkundig versehentlich falschen Berechnung der Mehrwertsteuer).
238) *Locher*, in: Locher/Koeble/Frik, § 15 HOAI, Rn. 80.
239) Vgl. OLG Düsseldorf, BauR 1996, 742, 743 = OLGR 1996, 179.
240) Vgl. *Weyer*, Festschrift für Korbion, S. 481, 486, 487; OLG Hamm, BauR 1994, 795.
241) OLG Düsseldorf, OLGR 1992, 117 u. BauR 1996, 742, 743.
242) Vgl. Rn. 967 ff.

des Auftraggebers ein über die Schlussrechnung hinausgehender (weiterer) Vertrauenstatbestand geschaffen wurde und dadurch einer Nachforderung des Architekten der Einwand des Rechtsmissbrauchs entgegengehalten werden kann.[243] Rügt der Auftraggeber die Prüffähigkeit der Schlussrechnung, fehlt es allerdings schon an dem schutzwürdigen Interesse.[244] Dasselbe gilt für eine Abrechnung aufgrund einer **unwirksamen** Honorarvereinbarung.[245] Im Übrigen wird dem Architekten das Recht auf Anfechtung wegen Erklärungsirrtum genommen. An die Berechnung einer **Lizenzgebühr** nach dem UrhG ist der Architekt in keinem Fall gebunden.[246]

Die vorgenannten Grundsätze hindern den Bauherrn allerdings nicht, nach Bereicherungsgrundsätzen **Abschlagszahlungen zurückzufordern**, soweit sie den Endbetrag der Schlussrechnung des Architekten übersteigen.[247] Wendet der Bauherr gegenüber dem Honoraranspruch des Architekten ein, er habe bereits zu viel an Vorschüssen geleistet, ist es Sache des Architekten, darzulegen und zu beweisen, dass Leistungen in dieser Höhe erbracht und damit weitere Ansprüche begründet sind.[248] **902**

Trotz Bindungswirkung bleibt der höhere Honoraranspruch des Architekten bestehen: Er kann zwar nicht mehr aktiv, jedoch weiterhin im Wege der **Aufrechnung** geltend gemacht werden.[249] Darüber hinaus kann sich der Auftraggeber auf die Bindungswirkung nicht stützen, wenn er bis zu der Schlussrechnung höhere Abschlagszahlungen geleistet hat. **903**

Der BGH[250] hat klargestellt, dass die Fragen, welche **Baukosten** anrechenbar sind, welche **Honorarzone** anwendbar ist, wie **erbrachte Leistungen** zu bewerten sind und ob die Berechnung eines Architektenhonorars **den Grundlagen der HOAI** entspricht, **Rechtsfragen** sind, die **vom Gericht** auf der vom Sachverständigen ermittelten Tatsachengrundlage zu beantworten sind. Das Gericht darf daher die rechtliche Beurteilung dieser Fragen nicht dem Sachverständigen überlassen. **904**

Zur **Bindung** des Architekten an ein **vereinbartes Pauschalhonorar, das unter den Mindestsätzen** liegt, vgl. Rdn. 855 ff.

---

243) OLG Düsseldorf, BauR 1996, 289, 291 = NJW-RR 1996, 535; vgl. ferner: OLG Hamm, BauR 1989, 351 = NJW-RR 1988, 727.
244) BGH, BauR 1993, 236 = NJW 1993, 659 = ZfBR 1993, 66; BauR 1998, 579, 582 = NJW-RR 1998, 952 = ZfBR 1998, 186 = MDR 1998, 711 (Rüge erst im Prozess); KG, KGR 1995, 14; LG Hamburg, BauR 1996, 581; *Rieble*, BauR 1989, 145, 146; *Locher*, Festschrift für Heiermann, S. 241, 245.
245) BGH, NJW 1993, 661 u. BauR 1985, 582, 583 = ZfBR 1985, 222, 223; OLG Köln, OLGR 2002, 92 u. BauR 1992, 108; OLG Hamm, BauR 1992, 123 (LS); OLG Düsseldorf, NJW 1982, 1541.
246) BGH, GRUR 1988, 533, 535.
247) LG Köln, *Schäfer/Finnern*, Z 3.012 Bl. 5 u. BGH, BauR 1990, 379, 381.
248) BGH, *Schäfer/Finnern*, Z 3.00 Bl. 175.
249) So richtig: *Locher*, in: Locher/Koeble/Frik, § 15 HOAI, Rn. 86.
250) BauR 2005, 735 = NJW-RR 2005, 669 = MDR 2005, 706.

2. Abrechnungssystem der HOAI

Literatur

Frik, Die Vereinbarung des Honorars gem. HOAI zwischen den Mindest- und Höchstsätzen des § 16 HOAI, DAB 1980, 513; *Randhahn,* Von den Honorarberechnungsparametern der HOAI abweichende Honorarvereinbarung und AGB-Klauselkontrolle, BauR 2011, 1086; *Werner/Wagner,* Die Schriftformklauseln in der neuen HOAI 2013, BauR 2014, 1386.

905 Ist die HOAI Grundlage der Vergütung, hat der Architekt neben dem vereinbarten bzw. dem nach § 7 Abs. 5 HOAI (Mindestsatz) geltenden **Honorarsatz** folgende **Bewertungsmaßstäbe zur Höhe** seines Honorars darzulegen, soweit eine Vergütung für Grundleistungen bei Gebäuden, Freianlagen und Innenräumen geltend gemacht wird:

* **die Honorarzone,** der das Objekt angehört (§§ 5, 35 Abs. 2 HOAI i.V.m. Anlage 10.2)
* die **anrechenbaren Kosten** des Objekts (§ 4 HOAI)
* die vertraglich erbrachten tatsächlichen **Leistungen** (Grundleistungen, § 34 i.V.m. Anlage 10).

Nach diesen drei Merkmalen richtet sich der Vergütungsanspruch des Architekten. Kommen Besondere Leistungen (vgl. Rdn. 1070 ff.), Zuschläge (vgl. Rdn. 1003 ff.) oder Zusätzliche Leistungen in Betracht, ist dies von dem Architekten darzulegen.

a) Honorarzone

Literatur

Werner, Die Honorarzone muss stets objektiv ermittelt werden, DAB 2004, 36; *Brechensbauer,* HOAI 2013: Objektplanung Gebäude und Innenräume – Zuordnung von Objekten zu den Honorarzonen, insbesondere bei Schulbauten – Differenzierung der Bewertungsmerkmale, BauR 2015, 580.

906 Mit den in der HOAI festgelegten Honorarzonen wird erreicht, dass den jeweiligen Schwierigkeiten der Planungsanforderung Rechnung getragen wird. Für die Einordnung in eine bestimmte Honorarzone sind nach der Novellierung der HOAI 2009 und 2013 die §§ 5, 35 Abs. 2 ff. HOAI in Verbindung mit der Anlage 10.2 für **Gebäude** maßgebend. Für **Freianlagen** gilt die Zuordnung nach § 39 Abs. 2 bis 4 HOAI i.V.m. der Anlage 11.2, für Innenräume § 35 Abs. 3 i.V.m. der Anlage 10.3. Sachlich hat sich hinsichtlich der Einordnung des Objekts in eine Honorarzone – außer der Veränderung der Bestimmungen – nichts geändert.

907 Bei der Ermittlung der Honorarzone ist zunächst anhand der Objektlisten der Anlagen 10.2 (Gebäude), 10.3 (Innenräume) sowie 11.2 (Freianlagen) eine **unverbindliche Vorauswahl** zu treffen.[251] Bei Zweifeln oder Bedenken hinsichtlich der genauen Zuordnung in die richtige Honorarzone kann sodann eine Überprüfung nach dem **Punktesystem** des § 35 Abs. 2 bis 5 HOAI und den dort genannten Kriterien erfolgen. Die **Regelbeispiele** in den Objektlisten zur HOAI sind daher **nicht**

---

[251] BGH, BauR 2004, 354 = NZBau 2004, 159 = NJW-RR 2004, 233 = MDR 2004, 327 = IBR 2004, 78 – *Schmidt-Hofmann.*

bindend;[252] **entscheidend** sind **allein die Bewertungsmerkmale der einzelnen Honorarzonen** in § 35 Abs. 2 ff. HOAI.[253] Leider ist es auch bei der letzten Novellierung 2013 vom Verordnungsgeber versäumt worden, diese Rangfolge deutlich mit einem entsprechenden Hinweis zum Ausdruck zu bringen. Soweit im Einzelfall Bewertungsmerkmale aus mehreren Honorarzone anwendbar sind und damit berechtigte Zweifel über die Zuordnung eines Gebäudes in eine bestimmte Honorarzone bestehen, gibt § 35 Abs. 4 HOAI ein Punktesystem an, nach dem dann die Honorarzone endgültig ermittelt werden kann.

In der Praxis wird heute allgemein folgendes **Bewertungsschema** angewandt:[254]

Honorarzone:		I	II	III	IV	V
Planungsanforderungen:		sehr gering	gering	durchschnittlich	überdurchschnittlich	sehr hoch
Bewertungsmerkmale:						
1	Einbindung in die Umgebung	1	2	3–4	5	6
2	Anzahl der Funktionsbereiche	1–2	3–4	5–6	7–8	9
3	Gestalterische Anforderungen	1–2	3–4	5–6	7–8	9
4	Konstruktive Anforderungen	1	2	3–4	5	6
5	Technische Ausrüstungen	1	2	3–4	5	6
6	Ausbau	1	2	3–4	5	6
Summe der Punkte (§ 11 Abs. 2 HOAI)		bis 10	11–18	19–26	27–34	35–42

Problematisch kann die Einordnung in die richtige Honorarzone **beim Bauen im Bestand** sein. Das gilt insbesondere hinsichtlich des Bewertungsmerkmals **„Einbindung in die Umgebung"**. Eine Lösung wird man in diesem Falle wohl nur finden, wenn man einzelne Bewertungsmerkmale unberücksichtigt lässt.[255] In Literatur und Rechtsprechung wird allerdings auch die Meinung vertreten, dass bei Umbauten das Bewertungsmerkmal „Einbindung in die Umgebung" durch „Einbindung in das vorhandene Gebäude" ersetzt wird.[256]

---

252) *Koeble*, in: Locher/Koeble/Frik, § 5 HOAI, Rn. 7; *Pott/Dahlhoff/Kniffka/Rath*, § 34, Rn. 3.
253) OLG Frankfurt, IBR 2007, 567 – *Götte*. **Anderer Ansicht:** Hans. OLG Hamburg, OLGR 2000, 88, für den Fall, dass das Objekt nicht mit einem der Gebäude der Einstufung nach § 12 HOAI vergleichbar ist.
254) *Locher/Koeble/Frik*, § 34 HOAI, Rn. 12; *Randhahn* in Steeger, § 34, Rn. 31; *Jochem/Kaufhold*, § 34 HOAI, Rn. 23; *Seifert*, in: Korbion/Mantscheff/Vygen, § 34 HOAI, Rn. 44; zu dem Punktesystem kritisch: *Neuenfeld*, Vor §§ 11–14a HOAI, Rn. 7 ff.
255) Vgl. hierzu *Pott/Dahlhoff/Kniffka/Rath*, § 35 HOAI, Rn. 19; *Koeble*, in: Locher/Koeble/Frik, § 35, Rn. 10.
256) OLG Düsseldorf, BauR 1995, 733 = NJW-RR 1995, 1425; *Löffelmann/Fleischmann*, Rn. 1430.

In der Begründung zur alten HOAI 1996 (Bundesrats-Drucksache 270/76, S. 22) wird ausdrücklich darauf hingewiesen, dass mit der Anzahl der Bewertungspunkte noch nicht ein Honorar innerhalb der Mindest- und Höchstsätze einer Honorarzone bestimmt wird. Die Anzahl der Bewertungspunkte ist bei der Vereinbarung des Honorars lediglich ein Kriterium, das neben mehreren anderen bei der Höhe des Honorars berücksichtigt werden kann.

908 Die Honorarzone muss bei Abschluss des Architektenvertrages nicht schriftlich festgelegt werden.[257] Die Zuordnung kann vielmehr auch später (z.B. bei Abschluss des Bauvorhabens oder im Rahmen der Honorarabrechnung) erfolgen.[258]

909 Vereinbaren die Parteien im Architektenvertrag jedoch eine bestimmte Honorarzone und den Mindestsatz, kann im Einzelfall eine **unzulässige Mindestsatzunterschreitung** vorliegen, wenn das Bauvorhaben tatsächlich in eine nach den §§ 11, 12 HOAI höhere Honorarzone einzuordnen ist. Der BGH[259] weist zu Recht insoweit darauf hin, dass es andernfalls die Vertragsparteien in der Hand hätten, die Mindestsätze ohne das Vorliegen der gesetzlich geregelten Ausnahme (§ 7 Abs. 3 HOAI) oder der von der Rechtsprechung entwickelten Ausnahmen (vgl. hierzu Rdn. 756 ff.) durch Vereinbarung einer unzutreffend niedrigen Honorarzone zu unterschreiten.

910 Damit unterliegt die **Einordnung des jeweiligen Bauvorhabens** in eine bestimmte Honorarzone grundsätzlich der **objektiven Beurteilung** unter Berücksichtigung der in der HOAI festgelegten Bewertungskriterien. Der BGH[260] räumt allerdings den Vertragsparteien einen gewissen „**Beurteilungsspielraum**" ein. Das OLG Koblenz[261] weist jedoch zu Recht darauf hin, dass ein Beurteilungsspielraum nicht zu berücksichtigen ist, wenn ein Objekt eindeutig in eine bestimmte Honorarzone gemäß den Kriterien des § 11 HOAI a.F. (jetzt § 35 Abs. 2 ff. HOAI) fällt. Danach kommt ein Beurteilungsspielraum überhaupt nur in Betracht, wenn die Parteien eine „vertretbare Festlegung" der Honorarzone vereinbart haben.[262]

911 Dabei ist zu beachten, dass jedes Bauvorhaben ein dynamischer Vorgang mit ständigem Änderungspotenzial ist. Dadurch kann z.B. ein Bauvorhaben, das zunächst (bei Beginn der Planung) in eine bestimmte Honorarzone fällt, nach Abschluss des Objekts in eine andere Honorarzone aufgrund der in der HOAI genannten Bewertungskriterien einzuordnen sein. Maßgeblich ist dann stets die objektiv vorzunehmende Honorarzonen-Ermittlung des tatsächlich ausgeführten Bauvorhabens.[263] Haben also die Vertragsparteien das Bauvorhaben vertraglich, aber fehlerhaft einer bestimmten Honorarzone zugeordnet oder ändert sich das Bauvorhaben im Laufe des Planungs-/Baufortschritts derart, dass es in eine andere

---

257) Zutreffend *Motzke/Wolff*, S. 303 sowie *Schmitz*, BauR 1982, 219, 220.
258) *Motzke/Wolff*, S. 303.
259) BauR 2004, 354 = NZBau 2004, 159 = NJW-RR 2004, 233 = MDR 2004, 327 = IBR 2004, 78 – *Schmidt-Hofmann*.
260) A.a.O. Vgl. hierzu OLG Hamm, IBR 2015, 552 – *Fuchs*.
261) BauR 2008, 851.
262) So auch der BGH, a.a.O.
263) Ebenso *Motzke/Wolff*, S. 299 u. 304.

Honorarzone fällt, hat die vertragliche Abrede keine Bindungswirkung,[264] wenn damit eine unzulässige Mindestsatzunterschreitung verbunden ist.

Vereinbaren die Parteien eine von den §§ 5, 35 Abs. 2 bis 5 HOAI und den Objektlisten in den Anlagen **abweichende höhere** Honorarzone, ist diese Vereinbarung noch nicht ohne weiteres als ein Verstoß gegen den Höchstpreischarakter der HOAI anzusehen. Grundsätzlich können die Vertragsparteien die in der HOAI genannten **Höchstsätze** nach Belieben und ohne besondere Rechtfertigung vereinbaren. Der von der HOAI zur freien Verfügung gestellte Gebührenrahmen wird erst dann überschritten, wenn bei einer falsch in Ansatz gebrachten Honorarzone der entsprechende Höchstsatz in der richtigen Honorarzone nicht eingehalten wird: Die vertraglich vereinbarte Abweichung von der an sich zulässigen, den Planungsleistungen angemessenen Honorarzone ist erst dann unwirksam, wenn damit gleichzeitig der Höchstsatz innerhalb der richtigerweise anzuwendenden Honorarzone überschritten wird. Das hat zur Folge, das nunmehr nach den **Höchstsätzen** der objektiv richtig ermittelten Honorarzone abzurechnen ist (vgl. hierzu im Einzelnen Rdn. 776).[265]

Vereinbaren dagegen die Parteien ein Honorar nach Honorarzone II „Mitte", wird dadurch das Mindesthonorar unterschritten, wenn die Planung der Honorarzone III zuzuordnen ist: In diesem Fall gilt das Mindesthonorar der Honorarzone III.[266] Haben die Vertragsparteien in ihrem schriftlichen Architektenvertrag die Honorarzone III – Mittelsatz vereinbart, kann der Architekt dennoch sein Honorar nach den Mindestsätzen der Honorarzone IV berechnen, wenn das Objekt unter Berücksichtigung aller Bewertungsmerkmale in die Honorarzone IV fällt.[267]

913 Daraus folgt: Gegen eine von den Parteien vertraglich vorgenommene Honorarzonen-Zuordnung ist grundsätzlich nichts einzuwenden, wenn dabei – unter Berücksichtigung der nach den HOAI-Vorschriften objektiv zu ermittelnden richtigen Honorarzone – nicht gegen das Verbot der Mindestsatzunterschreitung[268] oder der Höchstsatzüberschreitung verstoßen wird.[269]

914 Grundsätzlich trägt der Architekt die Darlegungs- und Beweislast für die Einordnung seiner Planung in die von ihm behauptete Honorarzone.[270] Wer sich allerdings darauf beruft, dass im Einzelfall eine von den Regelbeispielen in der Anlage 3 zu § 5 HOAI **abweichende Honorarzone** vorliegt, trägt die **Darlegungs- und Beweislast**, weil die Objektlisten der HOAI vom Regelfall ausgeht.[271] In die-

---

[264] BGH, BauR 2004, 354 = NZBau 2004, 159 = NJW-RR 2004, 233 = MDR 2004, 327 = IBR 2004, 78 – *Schmidt-Hofmann*.
[265] BGH, BauR 2007, 2081 = NZBau 2008, 65. OLG Düsseldorf, IBR 2014, 91 – *Fuchs*.
[266] OLG Stuttgart, BauR 2011, 1358.
[267] OLG Koblenz, BauR 2008, 851.
[268] BGH, BauR 2004, 354 = NZBau 2004, 159 = NJW-RR 2004, 233 = MDR 2004, 327 = IBR 2004, 78 – *Schmidt-Hofmann*.
[269] So auch *Motzke/Wolff*, S. 304, die unter Hinweis auf LG Stuttgart, NJW-RR 1997, 1380 der Meinung sind, dass die Wirksamkeit einer ausgehandelten „Einzonung" nicht von der Übereinstimmung mit dem „Einzonungsergebnis" nach §§ 11, 12 HOAI a.F., sondern davon abhängt, ob eine Honorarvergleichsberechnung eine unzulässige Mindestsatzunterschreitung oder Höchstsatzüberschreitung belegt.
[270] BGH, BauR 1990, 632.
[271] Vgl. BGH, NJW-RR 1990, 1109 = BauR 1990, 632 = ZfBR 1990, 227.

sem Fall muss zu den einzelnen Bewertungsmerkmalen des § 35 Abs. 2 ff. HOAI substantiiert vorgetragen werden. Entsprechendes gilt, wenn eine Partei eine von der vertraglichen Abrede abweichende Honorarzone behauptet.

Die Frage, **welche Honorarzone** anwendbar ist, ist eine **Rechtsfrage**. Sie ist vom Gericht ggf. auf der von einem Sachverständigen ermittelten Tatsachengrundlage zu beantworten.[272] Besitzt das Gericht die nötige Sachkunde, kann auch das Gericht eine entsprechende Beurteilung ohne Hinzuziehung eines Sachverständigen vornehmen.[273]

b) Anrechenbare Kosten

Literatur

Enseleit/Osenbrück, HOAI, Anrechenbare Kosten für Architekten und Tragwerksplaner, 4. Auflage 2006; *Seifert/Preussner*, Baukostenplanung 2009.

Weyer, Neue Probleme im Architektenhonorarprozess, BauR 1982, 309; *Koeble*, Zur Berücksichtigung von Skonto, Abgebot u.ä. sowie Mängel- und Vertragsstrafeansprüchen bei der Kostenfeststellung des Architekten nach § 10 HOAI, BauR 1983, 323; *Frik*, Zur Berechnung der anrechenbaren Kosten vorhandener Bausubstanz, die technisch oder gestalterisch mitverarbeitet wird gem. § 10 (3a) HOAI, Fassung 1.4.1988, BauR 1991, 37; *Ruf*, DIN 276, Kosten im Hochbau – Ausgabe Juni 1993, DAB 1993, 1500; *Neuenfeld*, Posttechnische Einrichtungen als anrechenbare Kosten nach HOAI, BauR 1993, 271; *Pöschl*, Fortschreibung der Honorartafel bei Gebäuden und Raumbildenden Ausbauten für anrechenbare Kosten über 50 Mio. DM, DAB 1994, 1390; *Bredenbeck/Schmidt*, Honorarabrechnung nach HOAI, BauR 1994, 67; *Oppler*, Kostenplanung III – Kosten- und Honorarermittlung, DAB 1993, 2167; DAB 1994, 76; *Wolff*, Die Schimäre des § 4a HOAI, DAB 1996, 87; *Arlt/Hartmann*, Zweifelsfragen zu § 4a HOAI: Abweichende Honorarermittlung, DAB 1996, 677; *Kniffka*, § 4a HOAI – zur Auslegung dieser Neuregelung, ZfBR 1996, 125; *Löffelmann*, Zum Planungsbegriff des § 10 Abs. 4 und Abs. 5 HOAI, Festschrift für von Craushaar (1997), 31; *Werner*, Zur Ermittlung der anrechenbaren Kosten als Grundlage der Berechnung des Architektenhonorars, Festschrift für von Craushaar (1997), 65; *Jochem*, Die Kostenplanung im Leistungsbild des Architekten, Festschrift für von Craushaar (1997), 1 sowie DAB 1997, 709; *Seifert*, Nachträglich zum 10-jährigen Bestehen des § 10 Abs. 3a – anrechenbare Kosten aus vorhandener Bausubstanz – zur Auslegung und Anwendung des § 10 Abs. 3a HOAI, MittBl ARGE-Baurecht 1998, 85; *ders.*, Anrechenbare Kosten aus vorhandener Bausubstanz – Zur Auslegung und Anwendung des § 10 Abs. 3a, BauR 1999, 304; *Schmidt*, Muss zur Ermittlung der anrechenbaren Kosten das Muster der DIN 276 verwendet werden?, BauR 1999, 720; *H. Mantscheff*, Zu den anrechenbaren Kosten der vorhandenen Bausubstanz, Festschrift für Mantscheff (2000), S. 23; *Eich*, Der praktische Fall: Auslegung des Begriffs „Kostenanschlag" in § 10 Abs. II HOAI, NZBau 2002, 489; *Knipp*, Die Bewertung von Architekten- und Ingenieurleistungen bei beschränkten Aufträgen, Festschrift für Jagenburg (2002), 351 u. BauR 2004, 1855; *Plankemann*, Der Kostenanschlag nach DIN 276, DAB 2003, 52; *Vogelheim*, Die Kostenermittlung nach DIN im dynamischen Planungsablauf, NZBau 2004, 577; *Werner*, Der dynamische, „fortgeschriebene" Kostenanschlag, Ein Beitrag zur Bewertung der anrechenbaren Kosten für die Leistungsphasen 5 bis 7 des § 15 HOAI, DAB 3/2006, 38; *Werner*, Ausgewählte Fragen zu den anrechenbaren Kosten als dem bedeutendsten Parameter bei der Ermittlung des Architektenhonorars, Festschrift für Motzke (2006), 435; *Stemmer/Wierer*, Der Kostenanschlag: Instrument der Kostenplanung einerseits, Grundlage für das Honorar der Architekten und Ingenieure andererseits, BauR 2006, 1058; *Osenbrück*, Zuordnung von in Gebäuden bzw. Bauwerken fest zu installierender Maschinen- und

---

[272] BGH, BauR 2005, 735 = NJW-RR 2005, 669 = ZfBR 2005, 355; OLG Celle, NZBau 2014, 637, 640; OLG Frankfurt, BauR 2008, 703; *Deckers*, BauR 2001, 1832.

[273] OLG Frankfurt, BauR 1982, 600, 602; Zur Ermittlung der Honorarzone bei An- und Umbau vgl. OLG Düsseldorf, NJW-RR 1995, 1425; BauR 1995, 733.

Elektrotechnik, Festschrift für Werner (2005), 311; *Ruf*, Kosten im Bauwesen – Die neue DIN 276, DAB 2007, 51; *Obermiller*, Der Kostenanschlag als Honorargrundlage, BauR 2007, 22; *Preußner*, Bedarfsplanung nach DIN 18205: Der Schlüssel zur erfolgreichen Architektenplanung, BauR 2009, 415; *Stamm*, Entsorgungskosten als anrechenbare Kosten im Sinne der HOAI, NZBau 2009, 479; *Werner/Siegburg*, Die anrechenbaren Kosten als Dreh- und Angelpunkt des Honorars des Architekten, Festschrift für Koeble (2010), S. 585; *Schramm/Schwenker*, Die Auswirkungen von Nachträgen auf den Kostenanschlag nach DIN 276, ZfIR 2010, 760; *Fuchs*, Honorarmanagement statt „HOAI-Hängematte", NZBau 2010, 671; *Randhahn*, Keine anrechenbaren Kosten für mitverarbeitete Bausubstanz nach der neuen HOAI! Ausreichende Kompensation durch den Umbauzuschlag, § 35 Abs. 1 HOAI?, werner-baurecht.jurion.de (6.10.2010). *Seufert*, Kostenberechnung: Änderung der anrechenbaren Kosten bei der Objekt- und Fachplanung (zu § 7 Abs. 5 HOAI), IBR 2011, 1008 (nur online); *Seifert*, Ist der Baugrubenverbau ein eigenständiges Objekt? In: Festschrift für Jochem (2014) S. 111.

915 Neben der Honorarzone (Rdn. 905 ff.) und dem Honorarsatz (vgl. Rdn. 731 ff.) sind die **anrechenbaren Kosten des Objekts** ein weiterer Bewertungsmaßstab zur Höhe des Honorars des Architekten. Mit der Novellierung der HOAI 2009 und 2013 sind die Grundlagen zur Ermittlung der anrechenbaren Kosten insoweit erheblich verändert worden.

Der BGH[274] hat klargestellt, dass das „Objekt" i.S. der HOAI, also insbesondere i.S. der § 2 Nr. 1 HOAI, durch den **Vertragsgegenstand** bestimmt wird. Das ist bedeutsam, wenn sich der Auftrag des Architekten nicht auf das gesamte Bauvorhaben, sondern nur auf Teile bezieht (z.B. Rohbau). In diesem Fall – so der BGH zutreffend – sind nicht die anrechenbaren Kosten des Gesamtobjekts, sondern nur die zugrunde zu legen, auf die sich der Auftrag bezieht: „Mit einer Honorarberechnung auf der Grundlage der anrechenbaren Kosten des Vertragsgegenstandes wird dem Grundsatz Rechnung getragen, dass sich der Wert und damit die Honorarwürdigkeit der Architektenleistung gerade in den anrechenbaren Kosten widerspiegelt." Betrifft der Architektenvertrag **nicht das gesamte Objekt**, sondern nur **Teile** davon und wird hinsichtlich dieser Teile lediglich eine Leistungsphase in Auftrag gegeben, die zudem nicht vollständig zu erbringen ist, berechnet sich das Honorar nach den anrechenbaren Kosten des Teilobjekts.[275]

916–973 (nicht besetzt)

aa) Kostenberechnung als Maßstab

974 Mit der Novellierung der HOAI zum 18.8.2009 ist das **Kostenermittlungssystem** als Anknüpfungspunkt für das Honorar des Architekten **grundlegend geändert** worden. Bisher waren gemäß § 10 Abs. 2 HOAI 1996. für die Leistungsphasen 1 bis 4, für die Leistungsphasen 5 bis 7 der Kostenanschlag und für die Leistungsphasen 8 und 9 die Kostenfeststellung für die Ermittlung des Honorars des Architekten maßgebend (vgl. Rn. 915 ff. der Vorauflage). Der Verordnungsgeber hat sich von dieser komplizierten Abrechnungsweise nunmehr verabschiedet, soweit es Verträge betrifft, die ab dem 18.8.2009 abgeschlossen wurden/werden.

---

274) BauR 2006, 693 = NZBau 2006, 284 sowie BauR 2009, 521 = NZBau 2009, 259. Zur Frage, ob der Baugrubenverbau ein eigenständiges Objekt ist, vgl. *Seifert*, in: Festschrift für Jochem, S. 111.
275) OLG Koblenz IBR 2015, 610 – *Berger*.

Für die **Honorarabrechnung** aller Leistungen der Objektplanung ist nunmehr gemäß § 6 Abs. 1 HOAI **nur** die im Rahmen der Entwurfsplanung (Leistungsphase 3) zu erstellende **Kostenberechnung maßgeblich**. Daran hat sich durch die HOAI 2013 nichts geändert. Hintergrund dieser Entscheidung des Verordnungsgebers war es, das Honorar des Architekten von den tatsächlichen Baukosten vollständig abzukoppeln.[276]

975 Der Begriff der Kostenberechnung als Leistung des Architekten in der Phase der Entwurfsplanung wird in § 2 Nr. 11 HOAI wie folgt erläutert:

„Kostenberechnung" ist die Ermittlung der Kosten auf der Grundlage der Entwurfsplanung. Der Kostenberechnung liegen zugrunde:
1. durchgearbeitete Entwurfszeichnungen oder Detailzeichnungen wiederkehrender Raumgruppen,
2. Mengenberechnungen und
3. für die Berechnung und Beurteilung der Kosten relevante Erläuterungen.

Wird die Kostenberechnung nach § 4 Absatz 1 Satz 3 auf der Grundlage der DIN 276 erstellt, müssen die Gesamtkosten nach Kostengruppen ermittelt werden.

In der DIN 276–1: 2008–12 wird die Kostenberechnung wie folgt definiert:

3.4.3 Kostenberechnung

Die Kostenberechnung dient als eine Grundlage für die Entscheidung über die Entwurfsplanung.

In der Kostenberechnung werden insbesondere folgende Informationen zugrunde gelegt:
– Planungsunterlagen, z.B. durchgearbeitete Entwurfszeichnungen (Maßstab nach Art und Größe des Bauvorhabens), gegebenenfalls auch Detailpläne mehrfach wiederkehrender Raumgruppen;
– Berechnung der Mengen von Bezugseinheiten der Kostengruppen;
– Erläuterungen, z.B. Beschreibung der Einzelheiten in der Systematik der Kostengliederung, die aus den Zeichnungen und den Berechnungsunterlagen nicht zu ersehen, aber für die Berechnung und die Beurteilung der Kosten von Bedeutung sind.

In der Kostenberechnung müssen die Gesamtkosten nach Kostengruppen mindestens bis zur 2. Ebene der Kostengliederung ermittelt werden.

976 Solange eine Kostenberechnung noch nicht vorliegt, ist **vorläufiger Maßstab** für das Honorar die **Kostenschätzung** (§ 6 HOAI Abs. 1), die von dem Architekten in der Leistungsphase 2 (Vorplanung) zu erstellen ist. Die Kostenschätzung wird in § 2 Nr. 10 HOAI wie folgt definiert:

Kostenschätzung ist eine überschlägige Ermittlung der Kosten auf der Grundlage der Vorplanung. Die Kostenschätzung ist die vorläufige Grundlage für Finanzierungsüberlegungen. Der Kostenschätzung liegen zugrunde:
1. Vorplanungsergebnisse,
2. Mengenschätzungen,
3. erläuternde Angaben zu den planerischen Zusammenhängen, Vorgängen und Bedingungen und
4. Angaben zum Baugrundstück und zur Erschließung.

Wird die Kostenschätzung nach § 4 Absatz 1 Satz 3 auf der Grundlage der DIN 276 in der Fassung vom Dezember 2008 (DIN 276–1: 2008–12) erstellt, müssen die Gesamtkosten nach Kostengruppen mindestens bis zur ersten Ebene der Kostengliederung ermittelt werden.

In der **DIN 276–1: 2008–12** wird die Kostenschätzung wie folgt definiert:

---

[276] BR-Drucksache 395/09, S. 164. Vgl. hierzu auch OLG Koblenz, BauR 2017, 141.

3.4.2 Kostenschätzung

Die Kostenschätzung dient als eine Grundlage für die Entscheidung über die Vorplanung.

In der Kostenschätzung werden insbesondere folgende Informationen zugrunde gelegt:
- Ergebnisse der Vorplanung, insbesondere Planungsunterlagen, zeichnerische Darstellungen;
- Berechnung der Mengen von Bezugseinheiten der Kostengruppen, nach DIN 277;
- erläuternde Angaben zu den planerischen Zusammenhängen, Vorgängen und Bedingungen;
- Angaben zum Baugrundstück und zur Erschließung;

In der Kostenschätzung müssen die Gesamtkosten nach Kostengruppen mindestens bis zur 1. Ebene der Kostengliederung ermittelt werden.

bb) DIN 276–1: 2008–12 als Grundlage für die Ermittlung der anrechenbaren Kosten

Gemäß § 4 Abs. 1 HOAI sind die anrechenbaren Kosten „nach allgemein anerkannten Regeln der Technik oder nach Verwaltungsvorschriften (Kostenvorschriften)[277] auf der Grundlage ortsüblicher Preise zu ermitteln". Darüber hinaus bestimmt diese Vorschrift, dass die DIN in der Fassung vom Dezember 2008 (DIN 276–1:2008–12) bei der Ermittlung der anrechenbaren Kosten zugrunde zu legen ist, wenn in der HOAI auf die DIN 276 Bezug genommen wird. **977**

Man könnte meinen, dass aufgrund dieses klaren Wortlauts des § 4 Abs. 1 HOAI die Frage vom Verordnungsgeber gelöst worden ist, auf welcher Basis die anrechenbaren Kosten zu ermitteln sind. Dennoch sind in der Literatur insoweit Zweifel aufgekommen. **978**

Bis zur Novellierung der HOAI 2009 hatte der Architekt aufgrund des § 10 Abs. 2 HOAI 1996 Kostenermittlungen nach zwei unterschiedlichen DIN-Fassungen zu erstellen: Zum Leistungsbild des § 15 HOAI 1996 gehörte die Kostenermittlung nach der DIN 276 in der jeweiligen Neufassung. Zur Honorarermittlung musste sich der Architekt aber im Rahmen der Kostenermittlung nach der DIN 276 in der Fassung 1981 halten. Diese „Doppelarbeit" war auf ein ärgerliches Redaktionsversehen bei den letzten Novellierungen zurückzuführen.

Seit der Novellierung der HOAI 2009 ist dieser Fehler in der Weise behoben worden, dass nunmehr nur noch – gemäß § 4 HOAI – **die DIN 276 in der Fassung von Dezember 2008** (DIN 276–1:2008–12) bei der Ermittlung der anrechenbaren Kosten zugrunde zu legen ist. Die DIN hat eine lange bewegte Geschichte hinter sich und ist wiederholt geändert worden. Was gilt, wenn diese DIN-Norm wieder einmal geändert wird, wird weder in der Begründung noch in der HOAI selbst ausdrücklich mitgeteilt. Koeble ist der Auffassung, dass „im Falle des Inkrafttretens einer neuen DIN 276 und ihrer Herausbildung als fachlich anerkannter Regeln der Technik" die Neufassung verbindlich ist.[278] Das soll sich „eindeutig aus der dynamischen Verweisung" in § 4 Abs. 1 S. 2 HOAI auf die allgemein anerkannten Regeln der Technik ergeben. Vorsichtiger äußern sich Koeble/Zahn[279]: „Falls jedoch eine neue DIN 276 erlassen werden sollte, kann diese zukünftig für die Kostenermittlung und die darauf beruhende Honorarberechnung entscheidend sein". Zu beiden Auffassungen sind Zweifel erlaubt.

---

277) Vgl. hierzu *Randhahn*, IBR 2009, 5.
278) In: Locher/Koeble/Frik § 4 HOAI, Rn. 16.
279) Teil B, Rn. 110.

Der ausdrückliche Hinweis auf die DIN 276/2008 ist klar und unmissverständlich in § 4 HOAI. Wenn der Verordnungsgeber wirklich eine **dynamische Verweisung** gewollt hätte, hätte er dies wohl auch deutlich zum Ausdruck gebracht oder einen Hinweis in der Begründung gegeben, zumal es sich insoweit um ein altes Problem handelt. Der Hinweis auf § 4 Abs. 1 S. 3 HOAI kann die Annahme einer dynamischen Verweisung nicht rechtfertigen. Zwar sind in § 2 Nr. 11 HOAI nochmals die „fachlich anerkannten Regeln der Technik" genannt, in der Ziffer 10 wird dann aber als Basis für die Kostenschätzung wiederum die DIN 276 in der Fassung 2008-12 genannt. In der Ziffer 11 des § 2 HOAI wird für die Kostenberechnung dann plötzlich nur auf die DIN 276 ohne die Angabe einer Fassung verwiesen. Dieser „handwerkliche" Fehler wird aber eben durch die klare Erläuterung und Ergänzung in § 4 Abs. 1 S. 3 HOAI korrigiert. Auch Scholtissek[280] hat insoweit Zweifel. Nach seiner Meinung erscheint es bedenklich, ob der Verordnungsgeber von einer dynamischen Verweisung bezüglich der Anwendbarkeit der jeweils aktuellen DIN 276-Fassung ausgeht. Er verweist insoweit auf § 2 Nr. 11 HOAI, der dafür sprechen könnte, kommt aber zu dem Ergebnis, dass diese Frage höchstrichterlich geklärt werden müsste. Seifert[281] ist ebenfalls der Meinung, dass keine dynamische Verweisung gegeben ist, zumal eine solche verfassungsrechtlich unzulässig sei.

> Obwohl § 4 ausdrücklich auf die DIN 276 in der Fassung von Dezember 2008 verweist, wird in der Neufassung der HOAI nicht berücksichtigt, dass nach der DIN 276, Ziffer 3.3.8 bis 3.3.10 **Besondere Kosten, Kostenrisiken und eine Kostenprognose** vom Architekten gefordert werden. Gemäß Ziffer 3.3.9 der DIN 276 ist der Architekt verpflichtet, etwaige Kostenrisiken bei den jeweiligen Kostengruppen gesondert auszuweisen. So muss z.B. der Planer bei einer Umbaumaßnahme darauf hinweisen, dass sich etwaige Risiken im Zuge der Vertragsabwicklung ergeben können, wenn entgegen den ursprünglichen Planungen bestimmte Bauteile doch nicht verwendet werden können. Dieses **Risiko ist auch in der Kostenberechnung gesondert auszuweisen**. Es stellt sich jedoch nunmehr die Frage, ob diese Kostenrisiken auch zu den anrechenbaren Kosten der Kostenberechnung gehören. Dies könnte z.B. dazu führen, dass der besonders vorsichtige Architekt ein besonders hohes Honorar erhält, obwohl sich das Risiko nicht verwirklicht. Eine angemessene Lösung dieses Problems könnte darin bestehen, dass die Vertragsparteien sich darauf einigen, dass nur solche Kostenrisiken zu den anrechenbaren Kosten gehören, die sich trotz intensiver wechselseitiger Bemühungen nicht verhindern ließen und tatsächlich eingetreten sind.

cc) Grundsätze der Ermittlung der anrechenbaren Kosten

979 Ohne Kostenberechnung kann grundsätzlich vom Architekten eine Honorarberechnung nicht mit Erfolg durchgesetzt werden: Die **Kostenberechnung ist Fälligkeitsvoraussetzung**. Liegt sie nicht vor, hat der Architekt diese nachzuholen, um sein Honorar fällig (vgl. Rdn. 1173)[282] zu stellen. Erstellt der Architekt seine Kostenberechnung erst **nach Beendigung der Planung** (z.B. nach der Ausführungsplanung oder dem Vergabestadium) oder **gar später** (z.B. während oder nach der Ausführung des Objekts) für seine Abrechnung, muss die Höhe der Kostenberechnung dem **Stand und Zeitpunkt der Entwurfsplanung** entsprechen.

---

280) § 4 HOAI, Rn. 16. Vgl. hierzu auch *Fuchs/Berger/Seifert*, NZBau 2013, 729, 732.
281) In: Korbion/Mantscheff/Vygen, § 4 HOAI, Rn. 10 ff.
282) OLG Hamm, BauR 1994, 793 = NJW-RR 1994, 982; OLG Düsseldorf, BauR 1994, 133, 135; *Koeble*, in: Locher/Koeble/Frik, § 6 HOAI, Rn. 17.

Das **Formblatt** nach DIN 276 selbst braucht im Rahmen der Erstellung der Kostenberechnung **nicht verwandt** zu werden;[283) vielmehr reicht eine **sachlich gleichwertige Kostenermittlung** aus,[284) sofern die Systematik der DIN 276 (Kostengruppen) berücksichtigt oder sogar eine genauere Kostenermittlung aufgestellt wird. Der Verweis auf Kosten bei Drittobjekten reicht nicht aus, ist also nicht geeignet, die grundsätzlich geschuldete Kostenermittlung zu ersetzen.[285) **Zur Schlüssigkeit** einer Honorarklage genügt zunächst die Angabe des Ergebnisses der jeweiligen Kostenermittlung; erst auf den Einwand des Auftraggebers muss sie nach DIN 276 im Einzelnen dargelegt werden.[286)

Gehört die Erstellung der **Kostenberechnung nicht zum Auftrag des Architekten**, sondern wird diese von einem **Dritten** (z.B. Projektsteuerer) erarbeitet, hat der Architekt einen **Anspruch auf Auskunft (ggf. über eine Auskunftsklage)**;[287) Die vom Auftraggeber zu erteilende Auskunft muss alle Informationen enthalten, die der Architekt zur Durchsetzung seines Anspruchs benötigt. Der Auftraggeber hat wahrheitsgemäße und vollständige Auskunft zu erteilen. Verweigert der Auftraggeber die Auskunft oder wird aus der Auskunft deutlich, dass der Auftraggeber umfassende Informationen zurückhält, kann der Architekt im Wege der Zwangsvollstreckung gegen ihn vorgehen.[288) Hat der Architekt Zweifel an der wahrheitsgemäßen und vollständigen Auskunft, hat er die Möglichkeit, von dem Auftraggeber die Abgabe einer eidesstattlichen Versicherung zu verlangen.[289) Neben einer Auskunftsklage besteht für den Architekten im Einzelfall auch die Möglichkeit, die **Kosten zu schätzen**. Die Darlegungs- und Beweislast ist in diesem Zusammenhang zugunsten des Architekten eingeschränkt:[290) **Nennt der Architekt** (z.B.

---

283) Ebenso: OLG Celle, BauR 2013, 2039 = NZBau 2014, 50 mit Hinweis auf BGH, NJW-RR 1999, 1541; OLG Düsseldorf, BauR 1996, 893, 895; OLG Stuttgart, BauR 1991, 491, 494 u. wohl auch OLG Köln, NJW-RR 1992, 667 = OLGR Köln, 1992, 64; s. ferner: *Schmidt*, BauR 1999, 720.
284) BGH, BauR 1999, 1318 = NJW-RR 1999, 1541 = MDR 1999, 1437 = NZBau 2000, 142 = ZfBR 2000, 30; OLG Celle, BauR 2016, 286 = IBR 2015, 553 – *Fuchs*; BauR 2013, 2039; OLG Düsseldorf, BauR 1996, 293; OLG Hamm, *SFH*, Nr. 24 zu § 649 BGB.
285) OLG Celle, BauR 2013, 2039.
286) So richtig: OLG Hamm, NJW-RR 1992, 979; a.A.: OLG Düsseldorf, OLGR 1994, 176, das zur prüffähigen Honorarrechnung auch die **Vorlage der Kostenberechnung** fordert.
287) Vgl. hierzu BGH, BauR 1995, 126 = NJW 1995, 399; GRUR 1988, 533, 535; OLG Stuttgart, IBR 2014, 743 – *Seifert*; OLG München, IBR 2013, 31 (für Kostenfeststellung); KG, BauR 2002, 1576; KG, IBR 2007, 202 – *Götte*; BauR 2002, 1576 = KGR 2002, 101 (Auskunftsanspruch über die Höhe der anrechenbaren Kosten bei – vorzeitig gekündigtem – Pauschalpreisvertrag); OLG Düsseldorf, BauR 1996, 742 = NJW-RR 1996, 1109 = OLGR 1996, 179; OLG Frankfurt, BauR 1997, 523 (LS) und IBR 2013, 219 – *Heiliger*; KG, BauR 1995, 434 (LS) = MDR 1995, 257 = NJW-RR 1995, 536; OLG Frankfurt, BauR 1993, 497 = NJW-RR 1994, 405; OLGR 1996, 12 (nicht über ein einstweiliges Verfügungsverfahren); OLG Köln, IBR 1998, 117 – *Hog* u. BauR 1991, 116 m.Anm. *Sangenstedt* = NJW-RR 1991, 279; OLG Stuttgart, BauR 1985, 587, 588.
288) LG Bonn, BauR 1994, 138.
289) LG Bonn, a.a.O., unter Hinweis auf ein unveröffentlichtes Urteil des BGH vom 14.6.1993 – III ZR 48/92.
290) So auch BGH, BauR 1995, 126 = NJW 1995, 399 = ZfBR 1995, 73; ferner: OLG Celle, NZBau 2007, 794; OLG Zweibrücken, NZBau 2005, 643; OLG Hamm, – NJW-RR 1991, 1430; *Werner*, Festschrift für Motzke, S. 435, 436.

durch eigene Schätzung[291]) oder Nachforschung) **Beträge im Rahmen der Kostenberechnung**, reicht ein **unsubstantiiertes Bestreiten des Auftraggebers mit Nichtwissen nicht aus**, weil der Auftraggeber ohne unzumutbaren Aufwand die Kostenberechnung bekanntgeben und damit zur Aufklärung beitragen könnte.[292] Die Rechtsprechung hat diese Grundsätze in der Vergangenheit insbesondere für die Fallgestaltungen entwickelt, bei denen der Auftraggeber dem Architekten die Auskunft über die tatsächlichen Baukosten verweigerte, der Architekt dies aber nicht vollständig kannte, weil z.B. der Auftraggeber bestimmte Gewerke selbst vergeben und abgerechnet hatte, der Architekt diesen Teil der Baukosten aber zur Abrechnung seines Honorars für die Leistungsphasen 8 und 9 (also Objektüberwachung und Objektbetreuung/Dokumentation) nach der alten HOAI benötigte (vgl. hierzu Rn. 970 ff. der Vorauflage).

Im Übrigen werden die anrechenbaren Kosten nach dem Vertragsgegenstand bestimmt und begrenzt; daher ist eine Vereinbarung, nach der sich die anrechenbaren Kosten auch auf Bereiche erstrecken sollen, die nicht zum Bauvorhaben gehören, unwirksam.[293]

980a Die Vertragsparteien können grundsätzlich auch **andere Vereinbarungen** zur Ermittlung des Honorars (z.B. auf Basis der **Kostenfeststellung** oder Abrechnung auf **Stundenbasis**[294]) treffen. Diese haben jedoch stets ihre Grenzen im Rahmen des § 7 HOAI. Die Vereinbarung darf also nicht **gegen den Höchstpreischarakter** (§ 7 Abs. 4 HOAI) bzw. den **Mindestpreischarakter** (§ 7 Abs. 3 HOAI) **verstoßen**. Bei einem entsprechenden Einwand einer Vertragspartei ist das Honorar zunächst auf der Basis der Kostenberechnung zu ermitteln und sodann mit der entsprechenden Vereinbarung abzugleichen.

Wenn die Sympathiekurve im Rahmen des Bauherr-Architekt-Verhältnisses absinkt – das ist spätestens in der Vergabe- bzw. Ausführungsphase meist der Fall –, kommt häufig der **Einwand des Bauherrn**, dass der **Architekt die Kostenberechnung zu hoch angesetzt habe**. Das geschieht vielfach von nicht erfahrenen Anwälten im Prozess. Dabei verweist dieser in aller Regel auf eine wesentlich niedrigere Kostenfeststellung, wenn das Bauvorhaben tatsächlich günstiger hergestellt werden konnte. Damit wird der Bauherr aber keinen Erfolg haben. Zunächst ist zu berücksichtigen, dass die **Kostenberechnung** die Kosten in einem **statischen** Zustand, nämlich im Zeitpunkt der Beendigung der Entwurfsplanung, wiedergibt.[295] Die Kostenberechnung wird daher grundsätzlich nicht fortgeschrieben – trotz der

---

291) OLG Düsseldorf, BauR 2009, 1616 = NZBau 2010, 54. An diese ist er nach zutreffender Auffassung des OLG Celle, NZBau 2007, 794 grundsätzlich nicht gebunden.
292) Vgl. OLG Hamm, a.a.O., sowie OLG Köln, OLGR 2000, 415 (Voraussetzungen eines allgemeinen Auskunftsanspruchs).
293) BGH, BauR 1939, 1045; ferner BGH, BauR 2006, 693 = NZBau 2006, 284.
294) BGH, BauR 2009, 1162 = IBR 2009, 334 – *Schwenker*.
295) Der BGH (BauR 2010, 1957 = NZBau 2010, 706 = IBR 2010, 634 – *Seifert*) hat in diesem Zusammenhang entschieden, dass die vier Kostenermittlungen (Kostenschätzung, Kostenberechnung, Kostenanschlag sowie Kostenfeststellung), die ein Architekt zu erstellen hat, jeweils einen bestimmten Planungsstand wiedergeben und damit statisch zu ermitteln sind. Nach dem Honorierungssystem der HOAI – so der BGH – hängt das Honorar von den anrechenbaren Kosten ab, die nach dem jeweiligen Planungsstand den Kostenermittlungen zugrunde zu legen sind.

fortschreitenden dynamischen Entwicklung des Bauvorhabens. Eine Korrektur der Kostenberechnung kommt daher durch spätere Ereignisse nicht in Betracht. Vielmehr eröffnet lediglich § 10 HOAI die Möglichkeit, das Honorar (nach oben oder unten) anzupassen (vgl. Rdn. 1012 ff.). Überdies ist zu beachten, dass die Kostenberechnung meist auf **Erfahrungswerten** beruht. Dem Architekten steht daher ein nicht unbeachtlicher Spielraum zur Seite, zumal im Zeitpunkt der Entwurfsplanung noch nicht alle Quantitäten, insbesondere aber nicht alle Qualitäten des auszuführenden Bauvorhabens feststehen. Daher kann der Einwand des Bauherrn nur dann zum Erfolg führen, wenn der Architekt schuldhaft die Kosten deutlich über den allgemeinen Erfahrungswerten ansetzt. Nur bei **groben (schuldhaften) Fehleinschätzungen der Kosten**, die deutlich über den allgemeinen Erfahrungswerten liegen, kommt daher eine Korrektur in Betracht.[296]

In der Literatur[297] werden dem Architekten insoweit unterschiedliche Ermessensspielräume zur Verfügung gestellt. Angemessen wird ein **Toleranzrahmen** zwischen 20 und 30 % sein, bei Umbauten, Modernisierungen usw. möglicherweise etwas mehr, weil hier häufiger größere „Überraschungen" im Rahmen der Ausführung nicht ausgeschlossen sind und der Architekt kein „Hellseher" ist.[298]

Baupreiserhöhungen aufgrund der allgemeinen Preisentwicklung oder aufgrund von (späteren) Angeboten bzw. Ausschreibungsergebnissen können nicht zu einer neuen Bewertung oder Änderung der Kostenberechnung führen.[299] Das gilt auch dann, wenn das **Bauvorhaben** – nach erstellter Kostenberechnung – auf Veranlassung des Auftraggebers **geändert oder erweitert** wird. In diesen Fällen kommt eine Honorarkorrektur nur über § 7 Abs. 5 HOAI in Betracht, wonach bei Änderungen des beauftragten Leistungsumfangs auf Veranlassung des Auftraggebers während der Laufzeit des Vertrages – mit der Folge von Änderungen der anrechenbaren Kosten, Werte und Verrechnungseinheiten – die dem Honorar zugrunde liegende Vereinbarung durch schriftliche Vereinbarung anzupassen ist (vgl. hierzu Rdn. 999).

Die Kostenberechnung als Maßstab für die anrechenbaren Kosten gilt auch, wenn einem Architekten nur die Leistungsphasen 1 bis 4 (Grundlagenermittlung bis Genehmigungsplanung) und einem weiteren die restlichen Leistungsphasen (Ausführungsplanung bis Objektbetreuung/Dokumentation) in Auftrag gegeben werden. Auch der **nachfolgende Architekt** ist also an die **Kostenberechnung seines Vorgängers gebunden**. Die Kostenberechnung seines Vorgängers kann von dem Folgearchitekten jedoch unter den vorerwähnten Gesichtspunkten angegriffen werden, insbesondere wegen zu niedrig angesetzter Baukosten.

Die Übernahme einer **Baukostengarantie** (vgl. näher Rdn. 2281 ff.) durch den Architekten ändert nichts an der vorerwähnten Ermittlung der anrechenbaren Kos- **980b**

---

296) OLG Düsseldorf, NZBau 2017, 96; BauR 1998, 1317 sowie BauR 1987, 708.
297) *Seifert/Vygen*, in: Korbion/Mantscheff/Vygen, 6. Auflage, § 10 HOAI, Rn. 26 räumen dem Architekten insoweit einen Toleranzrahmen von 20 % ein; *Koeble*, in: Locher/Koeble/Frik, § 6 HOAI, Rn. 20, Fußnote 25 nennt sogar 20–40 % unter Hinweis auf OLG Düsseldorf, BauR 1998, 1317.
298) Das OLG Düsseldorf, NZBau 2017, 96 hält eine Abweichung von 24 % über den allgemeinen Erfahrungswerten „für tolerabel".
299) OLG Koblenz, BauR 2017, 141.

ten.[300] Liegt die Baukostengarantie unter den ermittelten Kosten, können nur die **garantierten Baukosten** bei der **Berechnung des Honorars** Berücksichtigung finden; dasselbe gilt hinsichtlich der Einigung auf einen „Baukostenhöchstbetrag".[301] Letzeres hat der BGH[302] kürzlich bestätigt.

Vereinbaren die Vertragsparteien eine **Bausumme als Beschaffenheit** des geschuldeten Werks (vgl. hierzu Rdn. 2285 ff.), bildet nach der Rechtsprechung des BGH[303] diese Summe die **Obergrenze der anrechenbaren Kosten** für die Honorarabrechnung. Allerdings hatten sich die Vertragsparteien in dem Fall, den der BGH zu entscheiden hatte, nur auf einen Circa-Betrag geeinigt, der also einen Spielraum zulässt, sodass die Höhe der Beschaffenheit unter Berücksichtigung einer Toleranzgrenze zu ermitteln wäre, worauf der BGH jedoch nicht eingeht. Zum anderen können hierdurch die Mindestsätze der HOAI unterlaufen werden.[304]

Betreut der Architekt einzelne Gewerke nicht oder nur teilweise, so sind die anrechenbaren Kosten doch voll zu ermitteln; nur die **Prozentsätze** der einzelnen Leistungsphasen sind zu **korrigieren**.[305]

980c Haben die Parteien ein **Pauschalhonorar** vereinbart, ist die **Ermittlung der anrechenbaren Kosten** nach § 6 Abs. 1 HOAI **überflüssig**. Hier reicht die Angabe des vereinbarten Pauschalhonorars im Rahmen der Honorarschlussrechnung aus, um die Fälligkeit herbeizuführen.[306] Etwas anderes kommt in Betracht, wenn der Auftraggeber behauptet, die Höchstsätze der HOAI seien mit dem vereinbarten Pauschalpreis unzulässigerweise überschritten, oder der Architekt behauptet, die Mindestsätze seien mit dem Pauschalhonorar überschritten, weil die durch § 7 HOAI gesetzten Grenzen nicht beachtet wurden.[307] Der entsprechende Nachweis der Einhaltung der Höchst- bzw. mindestsätze kann dann nur durch eine entsprechende Kostenberechnung aufgrund des nach § 6 Abs. 1 HOAI vorgegebenen Schemas erfolgen.[308] Ist ein Pauschalhonorar mündlich vereinbart, hat der Architekt anhand einer prüffähigen Rechnung (insbesondere unter Angabe der jeweils anrechenbaren Kosten) nachzuweisen, dass die Mindestsätze nicht überschritten sind, da eine mündliche Pauschalhonorarvereinbarung, die die Mindestsätze überschreitet, unwirksam ist.[309]

---

300) OLG Hamm, BauR 1995, 415.
301) OLG Köln, BauR 1995, 138 (LS), auch zur Beweislastverteilung.
302) BauR 2017, 134.
303) BauR 2003, 1061 = IBR 2003, 315 – *Quack* = NZBau 2003, 388 = ZflR 2003, 1035 m.Anm. *Gsell*; BauR 2003, 566 = NZBau 2003, 381 = MDR 2003, 453 = NJW-RR 2003, 593; OLG Köln, IBR 2013, 220 – *Wronna*; vgl. hierzu *Böhme*, BauR 2004, 397; *Quack*, ZfBR 2004, 315 und *Schwenker*, EWiR, § 631 BGB 1/04.
304) So auch *Quack*, ZfBR 2004, 315.
305) KG Waldshut-Tiengen, BauR 1981, 80, 82.
306) *Koeble*, in: Locher/Koeble/Frik, § 15 HOAI, Rn. 52; *Schmitz*, BauR 1982, 219, 224; **a.A.:** wohl OLG Düsseldorf, BauR 1982, 294.
307) *Wirth*, in: Korbion/Mantscheff/Vygen, § 15 HOAI, Rn. 32.
308) *Schmitz*, a.a.O.
309) Insoweit zutreffend: OLG Düsseldorf, BauR 1982, 294; vgl. hierzu auch *Schmitz*, a.a.O.

Die Frage, **welche Kosten** im Sinne des § 33 HOAI anrechenbar sind, ist eine **Rechtsfrage**. Daher ist diese Frage vom Gericht ggf. auf der von einem Sachverständigen ermittelten Tatsachengrundlage zu beantworten.[310]

981 Die Kostenberechnung als Maßstab für die anrechenbaren Kosten gilt auch, wenn einem Architekten nur die Leistungsphasen 1 bis 4 (Grundlagenermittlung bis Genehmigungsplanung) und einem weiteren die restlichen Leistungsphasen (Ausführungsplanung bis Objektbetreuung/Dokumentation) in Auftrag gegeben werden. Auch der **nachfolgende Architekt** ist also an die Kostenberechnung seines **Vorgängers gebunden**. Fraglich ist jedoch, ob die Kostenberechnung – insbesondere von dem weiteren Architekten – angegriffen werden kann, insbesondere wegen zu niedrig angesetzter Baukosten. Dabei ist zunächst zu beachten, dass jedem Architekten bei der **Kostenermittlung ein gewisser Ermessensspielraum** zusteht. Nur bei **groben Fehleinschätzungen** der Kosten, die deutlich über den allgemeinen Erfahrungswerten liegen, kommt daher eine Korrektur in Betracht.[311] Ferner können grundsätzlich Baupreiserhöhungen nicht zu einer neuen Bewertung der Kostenberechnung führen. Das gilt auch dann, wenn das Bauvorhaben – nach erstellter Kostenberechnung – auf Veranlassung des Auftraggebers geändert oder erweitert wird. In diesen Fällen kommt eine Honorarkorrektur nur nach § 10 HOAI (vgl. Rdn. 1012 ff.) in Betracht. Um insoweit Ansprüche durchsetzen zu können benötigt der nachfolgende Architekt allerdings – neben der Kostenberechnung – auch die Planunterlagen, die Grundlage der Kostenberechnung waren. Diesem Architekten wird man daher einen entsprechenden Auskunfts- bzw. Herausgabeanspruch zusprechen müssen.

Da nur noch die Kostenberechnung für die Honorarermittlung im Rahmen des Leistungsbildes der Objektplanung endgültiger Maßstab ist, wurde für den Architekten die Abrechnung seiner Leistung wesentlich vereinfacht.

982 Die **Kostenschätzung** kommt **lediglich als endgültiger Maßstab** für eine Honorarberechnung Bedeutung zu, wenn eine Planung **bis Leistungsphase 3 (Entwurfsplanung) ohne Erstellung der Kostenberechnung** in Auftrag gegeben worden oder eine Kündigung erfolgt, bevor die Erstellung der Kostenberechnung für den Architekten möglich war; darüber hinaus kann die Kostenschätzung auch für Abschlagszahlungen herangezogen werden.[312]

Grundsätzlich bedarf eine Kostenberechnung des Architekten **keiner Genehmigung des Auftraggebers**. Dementsprechend hat der BGH[313] auch entschieden, dass vom Auftraggeber gestellte Allgemeine Geschäftsbedingungen, nach denen die anrechenbaren Kosten für Leistungen der Leistungsphasen 2–4 gem. der Honorarordnung für Architekten und Ingenieure auf der Grundlage „einer genehmigten Kostenberechnung zur Haushaltsunterlage Bau" zu bestimmen sind, wegen unangemessener Benachteiligung des Architekten unwirksam sind. Solche Klauseln sind aber in Allgemeinen Geschäftsbedingungen von Formularverträgen der öffentlichen Hand häufig zu finden.

---

310) BGH, BauR 2005, 735 = NJW-RR 2005, 669 = ZfBR 2005, 355.
311) OLG Düsseldorf, BauR 1998, 1317 sowie BauR 1987, 708.
312) *Scholtissek*, NJW 2009, 3057, 3060; *Koeble/Zahn*, B Rn. 100.
313) BauR 2017, 306 = IBR 2017, 25 – *Fuchs*.

dd) Nicht geregelte Fallgestaltungen

982a Problematisch sind die Fälle, bei denen der Architekt nur **bis zu bestimmten Leistungsphasen beauftragt** worden ist, erhebliche Umplanungen im Verlauf des Planungsprozesses erfolgen oder dem Architekten der **Auftrag vorzeitig entzogen** worden ist und bei denen entweder ein anderer Architekt das Bauvorhaben fortsetzt oder das Bauvorhaben **endgültig abgebrochen** wird. Insoweit bietet § 6 Abs. 1 HOAI für bestimmte, in der Baupraxis nicht seltene Fallgestaltungen **keine Lösungen** an. Das gilt insbesondere für folgende Fälle:

* Das Bauvorhaben wird **unmittelbar nach Vertragsabschluss** ohne jegliche Leistung des Architekten oder nach erstellter Leistungsphase 1 (z.B. durch Kündigung des Auftraggebers) **endgültig abgebrochen**. In beiden Fällen gibt es weder für die erbrachte Leistung noch für den Anspruch des Architekten auf entgangenen Gewinn eine Kostenermittlung, die der Berechnung des Architektenhonorars bzw. des Schadensersatzanspruches zu Grunde gelegt werden kann. In beiden Fällen wird man verlangen müssen, dass der Architekt eine **nachprüfbare, überschlägige Kostenschätzung (Grobschätzung)** für das Bauvorhaben erstellt, weil nur so eine Basis für eine Abrechnung des Architekten nach HOAI erreicht werden kann.
* Es erfolgten erhebliche Umplanungen (mit Verringerung der anrechenbaren Kosten) im Stadium der Entwurfsplanung: Hier kann der Architekt – wie bei einer vorzeitigen Vertragsbeendigung – die Leistungsphasen 1 und 2 des § 34 HOAI nach der Kostenschätzung abrechnen.[314]
* Entsprechendes hat zu gelten, wenn der Auftraggeber vertraglich – bei entsprechender Honorarkürzung – gegenüber dem Architekten auf die **Erstellung** einer Kostenschätzung und Kostenberechnung **verzichtet**.
* Das **Bauvorhaben** wird **von einem anderen Architekten** nach Kündigung oder einvernehmlicher Aufhebung des ersten Architektenvertrages **fortgesetzt.** Der (erste) Architekt ist nicht verpflichtet, eine Kostenermittlung nach DIN 276 zu erstellen, die erst im Rahmen einer noch nicht erbrachten Leistungsphase fällig wird, da er bei Kündigung oder einvernehmlicher Aufhebung des Vertrages weitere Leistungen nicht mehr schuldet;[315] bei vorzeitiger Vertragsbeendigung kann der Architekt daher sein Honorar grundsätzlich nach der zuletzt von ihm erbrachten bzw. zu erbringenden Kostenermittlung (z.B. Kostenschätzung) berechnen.[316]

Wird das Bauvorhaben von einem anderen Architekten fortgesetzt, kann der abgelöste Architekt allerdings sein Honorar auch nach der neuen Kostenermittlungsgrundlage (z.B. bei Beendigung des ersten Architektenvertrages nach der Leistungsphase 2 auf der Basis der Kostenberechnung) bestimmen,[317] es sei

---

314) KG, KGR 2003, 222.
315) KG, NJW-RR 1995, 536, 537; OLG Düsseldorf, BauR 1987, 227, 228; OLG Frankfurt, OLGR 1994, 97.
316) OLG München, BauR 1991, 650, 651; ähnlich: OLG Frankfurt, OLGR 1994, 97 für den Fall, dass das Bauvorhaben nicht fortgeführt wird.
317) BGH, BauR 1998, 814, der in diesem Zusammenhang offen lässt, ob der Architekt auch nach der zuletzt von ihm erbrachten Kostenermittlung sein Honorar berechnen kann; *Neuenfeld*, § 10 HOAI, Rn. 9.

Anrechenbare Kosten Rdn. 982b

denn, dass er eine andere Honorarrechnung bereits erstellt hat und an diese ausnahmsweise gebunden ist.[318] Verweigert der Auftraggeber die Bekanntgabe der von dem neuen Architekten erstellten Kostenberechnung, kann der abgelöste Architekt gegen den Auftraggeber **Auskunfts- oder Stufenklage (§ 254 ZPO)** erheben.[319] Seiner **Auskunftspflicht** genügt der Bauherr (Auftraggeber) nicht allein durch das Angebot, in die Unterlagen Einsicht zu nehmen.

Neben der Erhebung einer Auskunftsklage besteht für den Architekten im Einzelfall auch die Möglichkeit, die **Kosten zu schätzen**. Das gilt nach Auffassung des BGH[320] insbesondere für die Fallgestaltungen, in denen der Architekt die Grundlagen für die Ermittlung der Kosten in zumutbarer Weise nicht selbst beschaffen kann, der Auftraggeber ihm die erforderlichen Auskünfte vertragswidrig nicht erteilt, der Architekt aber alle ihm zugänglichen Unterlagen sorgfältig auswertet und der Auftraggeber seinerseits die fehlenden Angaben anhand seiner Unterlagen unschwer ergänzen kann.

ee) Fallgestaltungen des § 4 Abs. 2 HOAI

§ 4 Abs. 2 HOAI enthält eine **besondere Regelung** zur Höhe der anrechenbaren Kosten für die Fälle, in denen **Leistungen oder Lieferungen** im Einzelfall nicht zu ortsüblichen Preisen erbracht werden; dabei handelt es sich um folgende Fallgestaltungen: **982b**

* Der Bauherr übernimmt selbst Lieferungen oder Leistungen.
* Er erhält von bauausführenden Unternehmen oder von Lieferern sonst nicht übliche Vergünstigungen.
* Er führt Lieferungen oder Leistungen in Gegenrechnung aus.
* Er lässt vorhandene oder vorbeschaffte Baustoffe oder Bauteile einbauen.

Gerade diese Fälle führten früher zu erheblichen Schwierigkeiten bei der Abrechnung. Nunmehr gelten auch hier die ortsüblichen Preise, damit der Honorarberechnung der tatsächliche Bauwert zu Grunde gelegt werden kann.

Der Begriff der „**üblichen Vergünstigungen**" ist streitig.[321] Nach zutreffender Meinung[322] gehören hierzu **Mengenrabatte, Boni, Nachlässe**[323] und **Provisionen**, die daher von den anrechenbaren Kosten in Abzug zu bringen sind. Dies gilt **nicht für Skonti**, die dem Bauherrn von seinem Vertragspartner eingeräumt worden sind.[324] Die Höhe der anrechenbaren Kosten kann nicht von der Liquidität bzw. dem Zahlungsverhalten des Bauherrn abhängig gemacht werden. Ob ein Bau-

---

318) Vgl. Rn. 794 ff.
319) Vgl. KG, NJW-RR 1995, 536, 537; OLG Köln, NJW-RR 1991, 279.
320) BauR 1995, 126 = NJW 1995, 399; BauR 1999, 265 = NJW-RR 1999, 312 = MDR 1999, 156 = ZfBR 1999, 88.
321) Vgl. hierzu *Seifert*, in: Korbion/Mantscheff/Vygen, § 4 HOAI, Rn. 72 ff.; *Koeble*, in: Locher/Koeble/Frik, § 4 HOAI, Rn. 46.
322) OLG Köln, BauR 2007, 132, 136. Vgl. ferner *Koeble*, BauR 1983, 323, 324 m. Nachw.
323) OLG Köln, BauR 2007, 132, 136 (bis zu 10 %).
324) Wie hier: *Koeble*, in: Locher/Koeble/Frik, § 4 HOAI, Rn. 47; *Seifert*, in: Korbion/Mantscheff/Vygen, § 4 HOAI, Rn. 73; im Ergebnis ebenso, aber mit unterschiedlicher Begründung: *Pott/Dahlhoff/Kniffka/Rath*, § 4 HOAI, Rn. 22; *Enseleit/Osenbrück*, Rn. 223; *Hartmann*, § 10 HOAI, Rn. 12; *Kromik*, DAB 1979, 1048; *Neuenfeld*, § 10 HOAI, Rn. 16;

herr einen ihm eingeräumten Skonto ausnutzt, ist in der Regel ungewiss und hängt allein von der Entscheidung des Bauherrn über seine Zahlungsweise ab. Eine bestimmte Zahlungsweise des Bauherrn kann aber nicht den Bauwert beeinflussen.

Darüber hinaus ist ein **Skonto** auch **keine übliche** Vergünstigung. Es gibt in der Baubranche keinen Handelsbrauch und keine Verkehrssitte, die einen Skontoabzug gestattet. Ein Skonto muss also stets **ausdrücklich vertraglich** eingeräumt sein; die Handhabung in der Baubranche ist durchaus unterschiedlich. Daher mindert ein Skontoabzug die anrechenbaren Kosten nicht. Im Übrigen kann nicht nur die Art der Vergünstigung, sondern auch die Höhe der Vergünstigung unüblich sein.

> Schaltet der Bauherr einen **Generalunternehmer** ein und vereinbart er mit ihm einen **Pauschalfestpreis**, ist fraglich, ob der Architekt die **Pauschale** als Honorarbemessungsgrundlage behandeln kann, weil in ihr auch **Regiekosten** für die Koordination der Subunternehmer enthalten sind. *Rath*[325] schlägt insoweit für die Berechnung der anrechenbaren Kosten im Rahmen der Leistungsphase 5 ff. des § 34 HOAI vor, einen pauschalen Regiekostenabzug von 5 %, der allgemein üblich sei, vorzunehmen. Dem kann nicht gefolgt werden, weil die Regiekosten keine Baunebenkosten darstellen; vielmehr handelt es sich um einen Aufschlag auf die allgemeinen Kosten, der dem Generalunternehmer durch Einzelvergabe an Subunternehmer entsteht, sodass diese bei dem Auftraggeber sich als echte Baukosten niederschlagen.[326]

ff) Sonstige Grundsätze der Ermittlung der anrechenbaren Kosten

982c § 33 Abs. 2 HOAI schränkt die Anrechenbarkeit der Kosten ein, soweit bestimmte **technische Anlagen von Sonderfachleuten** in der Planung und Überwachung übernommen werden.[327] Wird dem Architekten die fachliche Planung und/oder Objektüberwachung der in § 33 Abs. 2 HOAI genannten technischen Anlagen übertragen, kann er diese gesondert abrechnen; zusätzlich kann er aber die anrechenbaren Kosten der entsprechenden Gebäudeausrüstung bei der Abrechnung seiner Architektenleistungen über § 33 Abs. 2 HOAI mit einbeziehen.[328]

§ 33 Abs. 3 HOAI nennt die **Kosten**, die bei der Berechnung des Honorars für Grundleistungen bei Gebäuden und Innenräumen **nicht anrechenbar** sind: Dazu zählen die Kosten für das Herrichten des Grundstücks, die nicht-öffentliche Erschließung sowie Leistungen für Ausstattung und Kunstwerke, soweit der Auftragnehmer sie nicht plant, bei der Beschaffung mitwirkt oder ihre Ausführung oder ihren Einbau fachlich überwacht. Darüber hinaus gehören nicht zu den anrechenbaren Kosten die Kosten des Baugrundstücks, Entschädigungen und Schadensersatzleistungen, aber auch die Baunebenkosten gemäß DIN 276; zu den Schadensersatzleistungen zählen begrifflich auch Minderungs- und Nacherfüllungsansprüche, die im Wege des Zurückbehaltungsrechts geltend gemacht werden.

Koeble, BauR 1983, 323; *Kronenbitter*, BB 1984, 2030, 2031, Anm. 6; *Jochem/Kaufhold*, § 4 HOAI, Rn. 23.
325) BauR 1996, 632, 637 (auch zur Fallgestaltung, dass eine Pauschalvergütung vereinbart ist und sich diese auf die Errichtung mehrerer Gebäude bezieht).
326) Vgl. hierzu auch OLG Köln, IBR 2003, 422 mit ablehnender Anm. von *Schulze-Hagen*.
327) Vgl. hierzu *Löffelmann*, Festschrift für v. Craushaar, S. 31 ff. u. OLG Hamm, BauR 1995, 415.
328) Saarländisches OLG, OLGR 2001, 73.

Sicherheitseinbehalte und eine **Vertragsstrafe**[329]) des Auftragnehmers vermindern nicht die anrechenbaren Baukosten, da hierdurch der Bauwert selbst, der dem Bauherrn zugeflossen ist, nicht verändert wird.[330]) **Kosten** etwaiger **Mängelbeseitigungsmaßnahmen** sind ebenfalls bei der Ermittlung der anrechenbaren Kosten nicht zu berücksichtigen.[331])

Beauftragt ein Architekt einen anderen (Sub-)Architekten mit Teilen seines Gesamtauftrages, so werden dessen Leistungen nach den anrechenbaren Kosten der ihm übertragenen Architektenleistungen berechnet; Bezugsgröße für das Honorar des (Sub-)Architekten ist also das vergebene Teilwerk, nicht dagegen die anteiligen anrechenbaren Kosten des Gesamtprojektes.[332]) Das gilt auch, wenn dem Architekten nur ein Teilauftrag (z.B. Errichtung eines Rohbaus) in Auftrag gegeben wird.[333])

Vereinbaren die Parteien eine von § 6 Abs. 1 HOAI **abweichende Bestimmung der anrechenbaren Kosten** in schriftlicher Form, ist dies erst dann ein Verstoß gegen den **Höchstpreischarakter** der HOAI,[334]) wenn unter Berücksichtigung der richtig ermittelten anrechenbaren Kosten die Höchstsätze nicht eingehalten würden. Für etwaige Überschreitung der Höchstsätze aufgrund der getroffenen Vereinbarung ist der **Auftraggeber darlegungs- und beweispflichtig**.[335])

Abweichungen von der Regel des § 6 Abs. 1 HOAI sind in **Formularverträgen nur begrenzt möglich**.[336]) Wird z.B. in einem formularmäßigen Architektenvertrag dem Auftraggeber das Recht eingeräumt, für alle Leistungsphasen des Architekten die Herstellungskosten nach Erfahrungswerten aufgrund der Pläne und Kubikmeterberechnungen als endgültige Honorargrundlage zu schätzen, ist eine solche Verbindung im Hinblick auf § 307 Abs. 2 Nr. 1 BGB unwirksam, weil sie mit dem wesentlichen Grundgedanken der in § 6 Abs. 1 HOAI getroffenen Regelung unvereinbar ist.[337])

In zahlreichen **Vertragsmustern der öffentlichen Hand** ist die Klausel enthalten, dass eine Honorarabrechnung nur „**nach den genehmigten Kosten der Kostenberechnung**" erfolgen kann. Enseleit/Osenbrück[338]) und Locher[339]) sowie das KG[340]) sehen darin nicht zu Unrecht eine unangemessene Benachteiligung des Auftragnehmers (§ 307 Abs. 1 BGB), weil sich der öffentliche Auftraggeber damit

---

329) Vgl. Rn. 1240 ff. und 2045 ff.
330) *Jochem/Kaufhold*, § 4 HOAI, Rn. 26, 27.
331) *Koeble*, BauR 1983, 323, 326.
332) BGH, BauR 1994, 787 = NJW-RR 1994, 1295 = ZfBR 1994, 280.
333) Unzutreffend: LG Waldshut-Tiengen, BauR 1981, 80, 82.
334) Vgl. oben Rdn. 827 ff.
335) OLG Düsseldorf, BauR 1985, 234, 235.
336) Vgl. hierzu *Neuenfeld*, § 4 HOAI, Rn. 55 m.w.Nachw.
337) BGH, NJW 1981, 2351 = BauR 1981, 582 m.Anm. *Locher*.
338) Rn. 208.
339) BauR 1986, 643 (eine Reduzierung einer Kostenermittlung kommt nur dann in Betracht, wenn und soweit die anrechenbaren Kosten schuldhaft erheblich zu hoch angesetzt worden sind); vgl. hierzu auch OLG Düsseldorf, BauR 1998, 407 [LS] = OLGR 1998, 115 [LS] (Reduzierung bei „schuldhaft erheblich zu hoch angesetzten anrechenbaren Kosten").
340) BauR 1991, 251 m.Anm. *Locher*.

einseitig und zu Lasten des Auftragnehmers ein Leistungsbestimmungsrecht – möglicherweise aus Haushaltsgründen – einräumt.

983 In Zukunft wird die Richtigkeit/Angemessenheit der Kostenberechnung stärker als bisher in der Diskussion stehen, weil diese Kostenermittlungsart nunmehr Maßstab für alle Leistungsphasen des § 34 HOAI ist. Insbesondere Architekten, die nach der Leistungsphase 3 (zum Beispiel mit der Ausführungsplanung und/oder mit den restlichen Leistungsphasen 6–9) beauftragt werden, werden die von ihrem Vorgänger erarbeitete Kostenberechnung kritisch unter die Lupe nehmen, weil sich ihr Honorar – wie ausgeführt – ebenfalls nach dieser Kostenberechnung ausrichtet.

In diesen Zusammenhang ist es von großer Wichtigkeit, dass **der Architekt, der die Kostenberechnung erstellt hat**, die **Grundlagen seiner Berechnung**, also insbesondere die zugrunde gelegten Qualitäten und Quantitäten, **erkennbar macht**. Die ausreichende Beurteilung einer Kostenberechnung ist im Übrigen nur dann möglich, wenn der Kostenberechnung die in Ziffer 3.43. der DIN 276–1:2008–12 genannten Unterlagen (insbesondere Planungsunterlagen, Berechnung der Mengen und Baubeschreibung) beigefügt sind und die Gesamtkosten nach Kostengruppen mindestens bis zur 2. Ebene der Kostenbereich ermittelt worden sind. Schließlich sollte aus der Kostenberechnung die Grundlage der angesetzten Preise (zum Beispiel BKI-Tabelle) erkennbar sein.

Die Kostenberechnung des Architekten ist für das Honorar der Fachplaner grundsätzlich nicht maßgeblich.

c) Bauen im Bestand

Literatur

Osenbrück, Sind bei der Berechnung des Umbauzuschlags nach HOAI neben den Umbaukosten zusätzlich auch etwaige Kosten mitzuverarbeitender Bausubstanz zu berücksichtigen?, Festschrift für Jagenburg (2002), 725; *Werner*, Vorhandene Bausubstanz und Anrechenbare Kosten, DAB 2003, 46; *Grünenwald*, Zur Anrechenbarkeit der „vorhandenen Bausubstanz" nach § 10 Abs. 3a HOAI, BauR 2005, 1234; *Rath*, Selbsterfahrung mit vorhandener Bausubstanz und ihrer Bewertung – zugleich ein Plädoyer für pragmatische Lösungen, Festschrift für Werner (2005), 161; *Seifert*, Leistungsbeschreibung und Honorarvereinbarung im Architektenvertrag bei Baumaßnahmen an vorhandenen Objekten, BauR 2007, 256.

Stannek, HOAI: „ungenügend" für Bestandsbauten, DAB 2010, 32; *Randhahn*, Keine anrechenbaren Kosten für mitverarbeitete Bausubstanz nach der neuen HOAI! Ausreichende Kompensation durch den Umbauzuschlag, § 35 Abs. 1 HOAI?, werner-baurecht.jurion.de (Forum HOAI), 2010; *Siegburg*, Honorar beim Bauen im Bestand nach der Novellierung der HOAI (Handwerklicher Fehler oder Sturm im Wasserglas?) werner-baurecht.jurion.de (Forum HOAI), 2010; *Motzke*, Umbauzuschlag nach § 35 HOAI – Vereinbarungsmöglichkeiten – Mindestsatzschranken, ZfBR 2011, 3; *Simmerdinger*, Hilfestellungen bei der Vereinbarung eines Zuschlags nach § 35 HOAI 2009 für Leistungen im Bestand, ibr-online, 2010; *Seifert*, Einheitlicher Umbauzuschlag Umbau im Erweiterungsbau?, werner-baurecht.jurion.de (15.3.2011); *Preussner*, Erstreckt sich der Umbau- und Modernisierungszuschlag nach § 35 HOAI 2009 auch auf Erweiterungsbauten?, BauR 2012, 771; *Simmendinger*, Hilfestellungen bei der Vereinbarung eines Zuschlags nach § 35 HOAI 2009 für Leistungen im Bestand, IBR 2011, 1072 (nur online); *Voppel*, HOAI 2013: Umbauzuschlag und Altbausubstanz – alles wieder beim Alten?, BauR 2013, 1758; *Preussner*, Todgesagte leben länger: Die „mitzuverarbeitende Bausubstanz". In: Festschrift für Jochem (2014), S. 119; *Seifert*, Anrechenbare Kosten aus mitzuverarbeitender Bausubstanz – Was ist „angemessen" i.S. von § 4 Abs. 3 HOAI?, BauR 2017, 468.

aa) Grundsätzliches

Bekanntlich hat heute das Bauen im Bestand in Deutschland mehr Bedeutung im Vergleich zum Segment Neubauten. In Zukunft wird die Bedeutung noch zunehmen. Dabei steht vor allem die Sanierung von Wohnungsbauten im Vordergrund. Für Architekten hatte in der Vergangenheit – bis zur 6. Novelle 2009 – das Bauen im Bestand deshalb einen besonderen Reiz,

- weil zum einen die **vorhandene Bausubstanz** bei der Ermittlung der anrechenbaren Kosten **berücksichtigt** werden konnte
- und zum anderen ein **Umbau-** bzw. **Modernisierungszuschlag** in Betracht kam und **zwar additiv**.[341]

984

Diese additive Berücksichtigung von Umbauzuschlag und vorhandener Bausubstanz im Rahmen der anrechenbaren Kosten ermöglichte es den Architekten, ihr Honorar beim Bauen im Bestand erheblich zu steigern, und machte die entsprechende Architektenleistung besonders reizvoll für ein qualitativ hochwertiges Planen. Beim Bauen im Bestand erfolgte also nach alter HOAI damit eine zweifache Honorarerhöhung: Der Architekt konnte sich insoweit auf den (so unglücklich formulierten) § 10 Abs. 3a HOAI 1996 sowie auf § 24 HOAI 1996 stützen. Die Tätigkeit beim Bauen im Bestand war daher unter diesen Gesichtspunkten für Architekten hoch interessant. Mit der entsprechenden Honorierung für Leistungen des Architekten im Bestand wurde ein Ausgleich dafür geschaffen, dass das Bauen im Bestand grundsätzlich besonders hohe Anforderungen an die Leistungskraft der Architekten hinsichtlich Zeit und Kreativität stellt. Allerdings war die Angemessenheit der zu berücksichtigenden vorhandenen Bausubstanz auch häufig ein zusätzliches Streitthema.

Mit der letzten HOAI-Novelle 2009 wurde dann überraschend § 10 Abs. 3a ersatzlos gestrichen.[342] Das hatte zur Folge, dass sich beim Bauen im Bestand die anrechenbaren Kosten insgesamt erheblich verringerten. Allerdings konnten die anrechenbaren Kosten insoweit gemäß § 4 Abs. 2 Ziffer 4 HOAI 2009 berücksichtigt werden, soweit vorhandene oder vorgeschaffte Baustoffe oder Bauteile eingebaut bzw. wieder eingebaut wurden. Als Ersatz für den Wegfall des § 10 Abs. 3a HOAI wurde der Umbauzuschlag von 20 bis 33 % auf einen Zuschlag bis 80 % erhöht.[343]

Mit der erneuten Novellierung der HOAI 2013 hat der Verordnungsgeber nunmehr eine „Rolle rückwärts" gemacht. Der Verordnungsgeber musste nämlich erkennen, dass seine Regelung, die 2009 eingeführt wurde (keine Berücksichtigung der vorhandenen Bausubstanz beim Bauen im Bestand), zu merkwürdigen Konsequenzen führte. Um zumindest auf den Honorarstand vor 2009 zu gelangen, hätten die Vertragspartner einen Umbauzuschlag von mehr als 50 % vereinbaren müssen. Weil dies in der Baupraxis (insbesondere bei Verträgen mit der öffentlichen Hand) nicht durchsetzbar war, hat sich der Verordnungsgeber nunmehr dazu veranlasst gesehen, diese verunglückte, weil praxisferne Regelung auf den alten

---
341) Vgl. hierzu Rn. 843 ff. in der 12. Auflage.
342) Vgl. hierzu Rn. 984 in der 13. Auflage.
343) Vgl. im Einzelnen Rn. 984 ff. in der 13. Auflage.

Stand vor 2009 zurückzuführen. Scholtissek[344] führt dazu zutreffend und sehr schön aus: „Damit erlebt die mitverarbeitete Bausubstanz eine honorarrelevante Renaissance."

Der Umbau- und Modernisierungszuschlag ist jetzt nach § 6 Abs. 2 HOAI 2013 von den Vertragspartnern unter Berücksichtigung des Schwierigkeitsgrades der Leistung schriftlich zu vereinbaren. Bei einem durchschnittlichen Schwierigkeitsgrad (Honorarzone III) kann nach § 36 Abs. 1 bei Gebäuden ein Zuschlag bis 33 %, bei Innenräumen bis 50 % auf das ermittelte Honorar schriftlich vereinbart werden.

Bislang war im Rahmen der Fassung der HOAI 2009 bestritten, ob es bei **Freianlagen** einen Umbauzuschlag geben kann, weil im Rahmen der Freianlagenplanung eine Verweisungsvorschrift in der HOAI zu der Regelung des Umbauzuschlages in § 35 HOAI 2009 fehlt. Das hat der Verordnungsgeber nun nachgeholt und eben diese Verweisungsvorschrift in § 40 Abs. 6 HOAI 2013 untergebracht („**§ 36 Abs. 1 ist für Freianlagen entsprechend anwendbar**").

Sofern die Parteien keine schriftliche Vereinbarung treffen, wird nach § 6 Abs. 2 HOAI 2013 „unwiderleglich vermutet, dass ein Zuschlag von 20 % ab einem durchschnittlichen Schwierigkeitsgrad vereinbart ist". Gleichzeitig kann die mitverarbeitete Bausubstanz nunmehr wieder (additiv) bei den anrechenbaren Kosten Berücksichtigung finden.

Im Einzelnen:

bb) Umbauzuschlag

985 Die Regelung und die Höhe des Umbauzuschlages gemäß § 36 HOAI 2013 entspricht im Wesentlichen dem alten § 24 HOAI 1996. Allerdings ist dabei zu berücksichtigen, dass die **Definition der Umbauten** wieder (wie vor der HOAI 2009) **eingegrenzt** wurde: Nach § 2 Abs. 5 sind Umbauten „Umgestaltungen eines vorhandenen Objektes mit **wesentlichen Eingriffen** in Konstruktion oder Bestand". Auch hier hat der Verordnungsgeber wieder eine „Rolle rückwärts" gemacht: In § 2 Nr. 6 HOAI 2009 war der Begriff der Umbauten erweitert worden; danach waren Umbauten alle Umgestaltungen eines vorhandenen Objektes in Konstruktion oder Bestand, ohne dass die Eingriffe wesentlich sein mussten.

Jetzt hat man auch insoweit wieder auf die alte Regelung des § 3 Nr. 5 HOAI 1996 zurückgegriffen, der einen wesentlichen Eingriff fordert. Das hat zur Folge, dass bei unwesentlichen Eingriffen lediglich die mitzuverarbeitende Bausubstanz gemäß § 4 Abs. 3 HOAI 2013 angemessen zu berücksichtigen ist (siehe näher Rdn. 988).

Der Umbauzuschlag kann nur für den **Umbauteil** (einschließlich der mitverarbeiteten Bausubstanz) berechnet werden. Wird parallel hierzu eine **Erweiterung** (z.B. neuer Anbau) des Gebäudes ausgeführt, muss insoweit eine entsprechende Trennung im Rahmen der Honorarberechnung erfolgen.[345] Also: eine einheitliche

---
344) FAZ vom 28.3.2013.
345) OLG Hamm, BauR 2006, 1766 = NZBau 2006, 584 = IBR 2006, 565 – *Seifert*; OLG Karlsruhe, IBR 2005, 494 – *Seifert*; *Preussner*, BauR 2012, 711 ff.; vgl. hierzu auch *Berger/Fuchs*,

Abrechnung des Gebäudes hinsichtlich der anrechenbaren Kosten, aber ein Umbauzuschlag nur auf den Umbauanteil.[346] Das setzt allerdings voraus, dass die Leistungsbereiche **„Umbau"** einerseits und **„Erweiterungsbau"** andererseits tatsächlich voneinander **trennbar** sind.[347]

Das ist jedoch insbesondere in der neueren Literatur im Hinblick auf die im Rahmen der HOAI-Novelle 2009 erfolgte Streichung des alten § 23 Abs. 1 HOAI a.F. umstritten, zumal es sich bei einem **Umbau und einem Erweiterungsbau um zwei Objekte** im Sinne des § 2 HOAI handelt und § 6 sowie § 11 HOAI davon ausgehen, dass Objekte getrennt abzurechnen sind.[348]

Die Vorschrift des § 23 Abs. 1 HOAI a.F. lautete:

„Werden Leistungen bei Wiederaufbauten, Erweiterungsbauten, Umbauten oder raumbildenden Ausbauten ... gleichzeitig durchgeführt, so sind die anrechenbaren Kosten für jede einzelne Leistung festzustellen und das Honorar danach getrennt zu berechnen ..."

Auch der Verordnungsgeber ist von einer weiterhin getrennten Abrechnung ausgegangen, wenn er in der Begründung zur Streichung des § 23 Abs. 1 HOAI a.F. darauf verweist, dass diese Vorschrift nur klarstellende Funktion hat und § 6 Abs. 1 HOAI (Abrechnung nach den anrechenbaren Kosten des Objektes) unverändert geblieben ist.[349]

(1) Kein Mindestumbauzuschlag

In den bisherigen Fassungen der HOAI 2002 sowie 2009 war in der Literatur umstritten, ob der Prozentsatz 20 % einen Mindestzuschlag bei einem durchschnittlichen Schwierigkeitsgrad darstellte, der von den Vertragsparteien nicht unterschritten werden darf.[350] Es stellte sich damit konkret die Frage, ob sich die Vertragsparteien einen Umbauzuschlag auch zwischen 0 und 20 % einigen konnten. Aus der Formulierung des § 36 HOAI 2013 kann dies nun wiederum nicht eindeutig entnommen werden („... kann ein Zuschlag ... bis 33 %... vereinbart werden").

Allerdings hat der Verordnungsgeber in der Begründung zu § 6 Abs. 2 HOAI 2013[351] klargestellt, dass die Höhe des Zuschlags keinen Mindestumbauzuschlag vorgibt:

Rn. 213 sowie OLG Celle, BauR 2014, 1029 (greifen Umbau und Erweiterungsbau aus technischen und konstruktiven Gründen ineinander: Keine getrennte Honorarabrechnung) = IBR 2014, 279 – *Rodemann*.
346) Vgl. hierzu *Korbion*, in: Korbion/Mantscheff/Vygen, § 36 HOAI, Rn. 19; ebenso *Scholtissek*, § 36 HOAI, Rn. 15.
347) Vgl. hierzu BGH, NZBau 2015, 564 = IBR 2015, 368 – *Fuchs*, allerdings zu § 23 Abs. 1 HOAI 1996. Der Beschluss des BGH ist aber sinngemäß für die HOAI 2013 zu übernehmen.
348) Vgl. hierzu die Ausführungen von *Fuchs*, IBR 2015, 368 zu dem vorgenannten Beschluss des BGH sowie *Seifert*, in: Korbion/Mantscheff/Vygen (8. Aufl.), § 36 HOAI, Rn. 23 und *Korbion*, a.a.O.
349) BR-Drucks. 395/09, S. 153.
350) Vgl. hierzu die Literaturzusammenstellung von *Motzke*, ZfBR 2011, 3, 4 sowie *Preussner*, BauR 2012, 711, 717.
351) BR-Drucks. 334/13, S. 141.

„Die Höhe des Zuschlags ist im Wege einer schriftlichen Vereinbarung bei Auftragserteilung frei vereinbar. Es steht den Vertragsparteien wie bisher auch frei, bei Auftragserteilung einen Zuschlag von weniger als 20 % zu vereinbaren".

In der genannten Vorschrift des § 6 Abs. 2 Satz 4 HOAI 2013 wird – wie dargelegt – klargestellt, dass dann ein **Zuschlag von 20 % unwiderleglich vermutet** wird, **wenn die Vertragsparteien keinen Zuschlag schriftlich vereinbart haben**. In der Begründung zu § 36 Abs. 1 HOAI 2013[352] wird dann nochmals wiederholt, dass die zuletzt genannte Vorschrift keinen Mindestzuschlag vorgibt.[353] Damit sollte der Meinungsstreit in der Literatur beendet sein.

(2) Vereinbarung des Zuschlags bei Auftragserteilung?

987 In der Praxis wird es Schwierigkeiten bei der Frage geben, ob ein Zuschlag bei Auftragserteilung vereinbart werden muss. Hier ist dem Verordnungsgeber ein handwerklicher Fehler unterlaufen: Weder in § 6 Abs. 2 HOAI 2013 noch in § 36 Abs. 1 HOAI 2013 wird die Forderung erhoben, dass der Umbauzuschlag bei Auftragserteilung vereinbart werden muss. Es wird lediglich in beiden Normen darauf hingewiesen, dass die Vereinbarung schriftlich erfolgen muss. Über den Zeitpunkt der Vereinbarung eines Zuschlags ist also nichts zu finden. Daher erstaunt es, dass in der Begründung zu beiden Vorschriften vom Verordnungsgeber darauf hingewiesen wird, dass die Vereinbarung bei Auftragserteilung erfolgen muss. In der Begründung zu § 6 Abs. 2 HOAI 2013[354] heißt es unter anderem:

„Das Erfordernis einer schriftlichen Vereinbarung bei Auftragserteilung folgt auch für den Umbau- und Modernisierungszuschlag aus § 7 Abs. 1".

In der zuletzt genannten Vorschrift wird darauf hingewiesen, dass sich das Honorar nach der schriftlichen Vereinbarung richtet, „die die Vertragsparteien bei Auftragserteilung im Rahmen der durch diese Verordnung festgesetzten Mindest- und Höchstsätze treffen".

Eine amtliche Begründung kann aber grundsätzlich einen eindeutigen Verordnungstext nicht ändern: Im Hinblick darauf, dass § 7 Abs. 1 HOAI 2013 – wie die entsprechende Vorschrift in der HOAI 2009 – zwar von Honorar spricht, aber den Umbau- und Modernisierungszuschlag nicht erwähnt, die Zuschlagsvorschriften aber gerade den Zeitbegriff einer Vereinbarung nicht beinhalten, wäre es sicherlich – insbesondere für die Baupraxis – sinnvoll gewesen, hier eine Klarstellung im Verordnungstext und nicht nur in der Begründung eine gewagte Schlussfolgerung vorzunehmen. Das gilt auch im Hinblick auf die jüngere Rechtsprechung des BGH[355] zum Begriff „bei Auftragserteilung", wonach auch eine frühere sowie spätere Honorarvereinbarung, also vor oder nach Auftragserteilung, wirksam ist. Auch in der Literatur[356] wird einhellig und zutreffend die Auffassung vertreten, dass die Vereinbarung eines Zuschlages nicht bei Auftragserteilung erfolgen muss, also ins-

---

352) BR-Drucks. 334/13, S. 157.
353) So auch OLG Köln, IBR 2017, 205 – *Fuchs*.
354) BR-Drucks. 334/13, S. 157.
355) BGH, BauR 2009, 264, 267.
356) Vgl. *Weber*, BauR 2013, 1747, 1754; *Koeble/Zahn*, C Rn. 34; *Fuchs/Berger/Seifert*, NZBau 2013, 729, 735; *Messerschmidt*, BauR 2014, 359, 362/3. *Locher*, in: Locher/Koeble/Frik, § 35

besondere auch nach Auftragserteilung vereinbart oder geändert werden kann. Die Auffassung, die der Verordnungsgeber in der Begründung vertritt, kann nicht richtig sein: Sie würde bedeuten, dass man sich bei Vereinbarung des Höchstsatzes nicht auf einen Umbau- und Modernisierungszuschlag zusätzlich einigen könnte. Der Umbauzuschlag muss nämlich nicht im Korridor zwischen Mindest- und Höchstsatz liegen, sondern ist ein davon unabhängiger Preisfaktor, sodass die Anforderungen, die § 7 Abs. 1 HOAI stellt, insoweit nicht zu berücksichtigen sind.

Insoweit sind also Streitigkeiten in der Baupraxis bereits vorprogrammiert.

Ein weiterer handwerklicher Fehler ist dem Verordnungsgeber beim Umbau und bei der Modernisierung von Innenräumen in Gebäuden unterlaufen. In § 34 Abs. 2 HOAI 2013 werden die Leistungen für Innenräume definiert, nämlich mit „der Gestaltung oder Erstellung von Innenräumen ohne wesentliche Eingriffe in Bestand oder Konstruktion". Das ist ein schwerwiegender Widerspruch des Verordnungsgebers, da die Definition des § 2 Abs. 5 HOAI 2013 für einen Umbau einen wesentlichen Eingriff in Bestand und Konstruktion fordert. Daraus folgt, dass es sich bei Umgestaltung von bestehenden Innenräumen ohne wesentliche Eingriffe in Bestand und Konstruktion gemäß § 36 Abs. 2 HOAI 2013 nie um einen Umbau handeln kann – mit der Folge, dass es auch keinen Umbauzuschlag bei Innenräumen ohne wesentliche Eingriffe in Bestand oder Konstruktion geben kann. Das ist aber offensichtlich vom Verordnungsgeber so nicht gewollt.

cc) Berücksichtigung der vorhandenen Bausubstanz bei den anrechenbaren Kosten

Neben der Korrektur des Umbauzuschlages (auf den Stand vor der letzten Novelle 2009) erfolgte auch eine Rückbesinnung des Verordnungsgebers bezüglich der anrechenbaren Kosten im Rahmen des Wertes der technisch oder gestalterisch mitzuverarbeitenden Bausubstanz (§ 4 Abs. 3 HOAI 2013). Die mitzuverarbeitende Bausubstanz ist jetzt in § 2 Abs. 7 HOAI 2013 im Rahmen der Begriffsbestimmungen definiert worden. Die neue Regelung in § 4 Abs. 3 orientiert sich deutlich an § 10 Abs. 3a HOAI 1996. Der Text des § 4 Abs. 3 HOAI 2013 lautet:

988

„Der Umfang der mitzuverarbeitenden Bausubstanz im Sinne dementsprechend § 2 Abs. 7 ist bei den anrechenbaren **Kosten angemessen** *zu berücksichtigen. Umfang und Wert der mitzuverarbeitenden Bausubstanz sind zum* **Zeitpunkt der Kostenberechnung** *oder, sofern keine Kostenberechnung vorliegt, zum Zeitpunkt der Kostenschätzung objektiv bezogen zu ermitteln und* **schriftlich zu vereinbaren**".

Nicht mehr erwähnt wird in dieser neuen Vorschrift, dass die vorhandene Bausubstanz in „technischer oder gestalterischer" Hinsicht mitverarbeitet worden ist, wie es noch in § 10 Abs. 3a HOAI 1996 lautete. Das ist aber unerheblich, da es nur diese beiden Alternativen einer Mitverarbeitung einer vorhandenen Bausubstanz gibt. Daher geht auch die Begründung zu § 4 Abs. 3 HOAI 2013[357] von einer solchen Mitverarbeitung aus.

Rn. 18; *Pott/Dahlhoff/Kniffka/Rath*, § 35 Rn. 17; *Seifert*, in: Korbion/Mantscheff/Vygen, HOAI, 8. Aufl. 2013, § 35 Rn. 19.
357) BR-Drucks. 334/13, S. 140.

Der Begriff „angemessenen" Berücksichtigung der vorhandenen Bausubstanz bei den anrechenbaren Kosten lässt den Vertragsparteien natürlich – wie schon früher – einen erheblichen Ermessensspielraum. Es wird aber weiterhin schwierig sein, den Umfang der mitzuverarbeitenden Bausubstanz bei den anrechenbaren Kosten „angemessen" zu ermitteln. Wenn es in der Begründung zu § 4 Abs. 3 HOAI 2013[358] heißt, dass der „angemessene" Umfang der mitzuverarbeitenden Bausubstanz „über die Parameter Fläche, Volumen, Bauteile oder Kostenanteile" zu ermitteln ist, hilft dies wenig weiter.[359]

Es hätte nach alledem nahegelegen, insoweit eine klarere Regelung zur Angemessenheit der zu berücksichtigenden anrechenbaren Kosten der mitzuverarbeitenden Bausubstanz zu treffen. So war z.B. auf Vorschlag des BMVBS zunächst vorgesehen, den Neuwert der mitzuverarbeitenden Bausubstanz als Maßstab der angemessenen Berücksichtigung anzusetzen. Dabei war auch ein Abminderungsfaktor im Gespräch.[360] Davon ist man aber abgekommen, obwohl eine solche Regelung eine gute Basis zur Ermittlung der anrechenbaren Kosten gewesen wäre. Nun wird man sich weiterhin auf unsicherem Terrain befinden, wenn man die Angemessenheit der Berücksichtigung der anrechenbaren Kosten im Rahmen der mitzuverarbeitenden Bausubstanz festlegen will.

Die gemäß § 4 Abs. 3 HOAI zu berücksichtigende **„Angemessenheit"** kann nur unter Berücksichtigung aller Umstände des Einzelfalles bestimmt werden. Der BGH[361] hat insoweit in seiner Entscheidung zu § 10 Abs. 3a HOAI 1996 allerdings schon Anhaltspunkte für die Bestimmung der Angemessenheit aufgezeigt: Danach ist der **effektive Wert** der stehen bleibenden Gebäudeteile, die mitverarbeitet werden, „entsprechend dem Erhaltungszustand im Zeitpunkt der Baumaßnahmen" maßgebend und der Wert der verbleibenden und mitverarbeitenden Gebäudeteile durch eine Multiplikation der Baumassen mit den ortüblichen Preisen zu ermitteln. Dabei sind dann **wertmindernde Merkmale, wie Alter, Erhaltungszustand, Substanzmängel** usw., zu berücksichtigen.

Zur Ermittlung der Höhe der mitverarbeitenden Bausubstanz, also zur Bestimmung der entsprechenden anrechenbaren Kosten, kann als Arbeitshilfe auf die Ausführungen zurückgegriffen werden, die im Heft 1 der AHO-Schriftenreihe „Planen und Bauen im Bestand" (Stand Oktober 2014) von der AHO-Fachkommission erarbeitet worden sind.

Zusammengefasst berechnet sich der Wert der mitzuverarbeitenden Bausubstanz nach der AHO-Fachkommission nach folgenden Schritten sowie der folgenden Formel:

$$\text{Menge} \times \text{KKW} \times \text{ZF} \times \text{LF}$$

Im 1. Schritt ist die technisch und/oder gestalterisch mitzuverarbeitende Bausubstanz zu identifizieren und konkret gegebenenfalls an Planunterlagen zu bezeichnen.

---

358) BR-Drucks. a.a.O.
359) Vgl. hierzu insbesondere die Broschüre der AHO-Fachkommission „HOAI – Planen und Bauen im Bestand" (Nr. 1) im Bundesanzeiger Verlag sowie *Seifert*, BauR 2017, 468.
360) Vgl. hierzu *Preussner*, in: Festschrift für Jochem, S. 119, 127.
361) BauR 1986, 593 = NJW-RR 1986, 1214.

Im 2. Schritt ist sodann für die im ersten Schritt ermittelten Bauelemente die **Menge** der mitzuverarbeitenden Bausubstanz zu ermitteln.

Der 3. Schritt umfasst die Festlegung der **Kostenkennwerte** (KKW). Dies bedeutet, dass der Wert der mitzuverarbeitenden Bausubstanz dem Neubauwert der fiktiven Neuherstellung zum Zeitpunkt der Kostenberechnung entspricht. Dies kann z.B. anhand des Baukostenindex erfolgen.

Nach BGH[362] ist im 4. Schritt der sogenannte **Zustandsfaktor** (ZF) zu ermitteln. Dies bedeutet, dass unter Berücksichtigung des Alterungsprozesses sowie des Zustands des Bestandes eine Abminderung zu erfolgen hat.

Im 5. Schritt erfolgt sodann die Ermittlung des **Leistungsfaktors** (LF). Nach BGH[363] muss der Planer darlegen, in welcher Weise er die vorhandene Bausubstanz im Leistungsbild berücksichtigen musste. Dies soll dem Umstand Rechnung tragen, dass der Architekt oder Ingenieur gegebenenfalls bei den Grundleistungen einzelner Leistungsphasen die vorhandene Bausubstanz nicht technisch oder gestalterisch mitverarbeitet. In diesen Bereichen ist es auch nicht angemessen, die Bausubstanz insoweit bei den anrechenbaren Kosten zu berücksichtigen.

Der Zustandsfaktor (ZF) und der Leistungsfaktor (LF) lassen sich zusammenfassen, indem sie multipliziert werden. Auf diese Weise entstehen **Abminderungsfaktoren**, die aus dem Mittelwert des Zustandsfaktors sowie dem Leistungsfaktor gebildet werden.[364]

Die „angemessene" Bewertung der vorhandenen Bausubstanz hat **objektiv** zu erfolgen. Sie lässt den Vertragsparteien nur Spielraum innerhalb der Mindest- und Höchstsätze. Andernfalls könnten die Vertragsparteien durch eine besonders niedrige Bewertung die Mindestsätze unterschreiten, durch eine besonders hohe Bewertung die Höchstsätze überschreiten.

Der Hinweis auf die **Angemessenheit** gibt aber – wie erwähnt – den Vertragsparteien einen **deutlichen Spielraum** bei der Festlegung der anrechenbaren Kosten, zumal es eine „Punktlandung" im Sinne einer einzigen, richtigen Bewertung der vorhandenen Bausubstanz kaum gibt. Haben sich die Vertragsparteien einmal auf eine bestimmte Höhe der in Ansatz zu bringenden anrechenbaren Kosten der vorhandenen Bausubstanz geeinigt, ist den Vertragsparteien der Einwand abgeschnitten, der Ansatz sei z.B. 10 % oder 20 % zu hoch oder zu niedrig, solange der hier einzuräumende Toleranzrahmen, den der BGH auch bei der Festlegung der Honorarzone den Vertragsparteien neuerdings einräumt, nicht verlassen worden ist. Diese Toleranz am Rahmen wird gerade unter Berücksichtigung einer sehr schwierigen betragsmäßigen Einordnung der vorhandenen Bausubstanz bei mindestens 30 % liegen. Nur unter diesem Gesichtspunkt kann die Angemessenheit der Anrechnung der vorhandenen Bausubstanz im Streitfall gemäß §§ 315, 316 BGB überprüft werden.

Nach § 4 Abs. 3 HOAI 2013 soll der Umfang und Wert mitzuverarbeitenden Bausubstanz zum Zeitpunkt der Kostenberechnung/Kostenschätzung objektbezogen ermittelt und schriftlich vereinbart werden. Das provoziert drei Fragen.

---

362) NJW-RR 1986 1214.
363) NJW 2003, 1667.
364) Vgl. hierzu im Einzelnen S. 9 der oben genannten Schriftenreihe der AHO-Kommission.

(1) Zeitpunkt der Vereinbarung

989 Zunächst: Ist der Zeitpunkt der Kostenberechnung/Kostenschätzung der richtige für die entsprechende (nach dem Verordnungstext wohl notwendige schriftliche) Vereinbarung? Insoweit bestehen erhebliche Bedenken, da es gerade bei Umbaumaßnahmen typischerweise in den späteren Leistungsphasen zu erheblichen Veränderungen bei der mitzuverarbeitenden Bausubstanz kommen kann. So kann entgegen den Annahmen zur Vor- und Entwurfsplanung deutlich mehr, aber auch deutlich weniger Bausubstanz zur Mitverarbeitung gelangen. Insbesondere dürfte es in der Baupraxis sehr oft vorkommen, dass sich eine ursprünglich als mitzuverarbeitende Bausubstanz beplante Bausubstanz als doch nicht verwertbar herausstellt. In diesem Fall wird stets eine Anpassung der anrechenbaren Kosten gemäß § 10 Abs. 1 HOAI (vgl. Rdn. 1029a) zu erfolgen haben.

Orlowski[365] wirft deshalb zu Recht in diesem Zusammenhang die Frage auf, was gelten soll, wenn die Vertragsparteien die Vereinbarung nicht im Zeitpunkt der Kostenschätzung bzw. Kostenberechnung, sondern schon im Architektenvertrag oder aber erst nach Abschluss der Kostenberechnung treffen. Er kommt zu dem Ergebnis, dass eine Vereinbarung im ersten Fall keine Konsequenzen haben kann. Dem kann gefolgt werden, weil nichts dagegen sprechen kann, dass die Vertragsparteien den Zeitpunkt der entsprechenden Abrede zeitlich vorverlegen. Orlowski sieht die zeitliche Grenze für eine mögliche Vereinbarung allerdings bei der Erstellung der Kostenberechnung, weil sich das Honorar für alle Leistungsphasen nach dem Willen des Verordnungsgebers nach der Erstellung der Kostenberechnung im Rahmen der Entwurfsplanung ausrichten soll. Daraus folgert er, dass eine Vereinbarung nach diesem Zeitpunkt wohl nicht mehr möglich ist.[366] Dem kann nicht zugestimmt werden, weil die vorhandene Bausubstanz stets, also auch ohne schriftliche Vereinbarung zu berücksichtigen ist (vgl. die nachstehenden Ausführungen).[367]

(2) Berücksichtigung der vorhandenen Bausubstanz ohne Vereinbarung

990 Darüber hinaus stellt sich die Frage: Welche Konsequenz hat es, wenn die Vertragsparteien – aus welchen Gründen auch immer – nicht Umfang und vor allem Wert der mitzuverarbeitenden Bausubstanz schriftlich vereinbart haben? Die entsprechende Fragestellung ergab sich bereits bei dem alten § 10 Abs. 3a HOAI 1996, dem sich ja § 4 Abs. 3 HOAI 2013 deutlich angelehnt hat. Umso unverständlicher ist es, wieso der Verordnungsgeber insoweit keine – für die Baupraxis – wichtige Klärung herbeigeführt hat. Das gilt umso mehr, als sich der BGH[368] mit diesem Problem bereits 2003 beschäftigt hatte. In erfreulicher Deutlichkeit hatte der BGH damals entschieden, dass der Architekt oder Ingenieur auch dann, wenn keine

---

[365] ZfBR 2013, 315, 319.
[366] Orlowski, a.a.O. (allerdings sehr vorsichtig: „Dagegen könnte eine Vereinbarung nach Abschluss der Kostenberechnung unbeachtlich sein").
[367] So auch *Voppel*, BauR 2013, 1758, 1760/1.
[368] BauR 2003, 745 = NJW 2003, 1667 = IBR 2003, 355, 356 – *Werner*; vgl. hierzu auch *Koeble/Zahn*, Die neue HOAI 2013, Rn. 25 („Schriftform ist allerdings keine zwingende Voraussetzung für den Ansatz der Bausubstanz überhaupt.").

schriftliche Vereinbarung getroffen wurde, sein Honorar nach den anrechenbaren Kosten berechnen kann, bei denen die vorhandene Bausubstanz angemessen berücksichtigt ist. Der Architekt hat damit stets einen Anspruch auf Abschluss einer Honorarvereinbarung. Damit kann die Anrechnung auch nicht durch eine entsprechende Abrede ausgeschlossen werden.[369]

Da der Wortlaut des alten § 10 Abs. 3a HOAI 1996 und des neuen § 4 Abs. 3 HOAI 2013 im Wesentlichen – wie bereits ausgeführt – gleich geblieben ist, gilt die Entscheidung des BGH auch für die neue Regelung: Das **Schriftformerfordernis** ist **keine zwingende Anspruchsvoraussetzung** für die Anrechnung der vorhandenen Bausubstanz.[370] Können sich die Vertragsparteien nicht (auch nicht später nach Kostenberechnung/Kostenschätzung) einigen, muss ein Gericht – in der Regel mit Hilfe eines Sachverständigen – darüber entscheiden, in welchem Umfang die Berücksichtigung der vorhandenen Bausubstanz im Rahmen der anrechenbaren Kosten zu erfolgen hat.

Allerdings ist in diesem Zusammenhang die Rechtsprechung des BGH zu § 10 Abs. 3a HOAI 1996[371] zu berücksichtigen bzw. zu überprüfen, wonach die **vorhandene Bausubstanz bei den anrechenbaren Kosten nicht zu berücksichtigen ist**, wenn der Architekt bei den **Grundleistungen einzelner Leistungsphasen** die **vorhandene Bausubstanz nicht** technisch oder gestalterisch **mitverarbeitet hat**. Damit hat der BGH, worauf in der Literatur immer wieder hingewiesen worden ist, das System der aufwandsneutralen anrechenbaren Kosten verlassen. Das hat der BGH selbst erkannt und darauf hingewiesen, dass dieser „Systembruch" jedoch „zu respektieren" sei.

Die Auffassung des BGH wird die Honorarabrechnung der Architekten nicht leichter, sondern komplizierter machen. Der Architekt wird in Zukunft nicht nur darlegen müssen, dass er die vorhandene Bausubstanz technisch oder gestalterisch mitverarbeitet hat. Darüber hinaus muss er im Einzelnen den Nachweis erbringen, dass dies auch und ggf. in welchem Umfang (Mitverarbeitungsgrad) in allen Leistungsphasen erfolgt ist. Der Umfang der Anrechnung hängt damit insbesondere von der jeweiligen Leistung des Architekten ab. Der BGH weist in diesem Zusammenhang auf die Begründung des Verordnungsgebers zu § 13 Abs. 3a HOAI a.F. hin.[372] Danach sollen nur in entsprechend geringerem Umfang die Kosten anerkannt werden können, wenn die Mitverarbeitung nur geringe Leistungen erfordert.

Die Entscheidung des BGH erging zu einem Stand der HOAI, wonach sich die anrechenbaren Kosten für die Leistungsphasen 1 bis 4 nach der Kostenberechnung, die Leistungsphasen 5 bis 7 nach dem Kostenanschlag und die Leistungsphasen 8 und 9 nach der Kostenfeststellung richten. Aus der Entscheidung wurde überwiegend gefolgert, dass für diese drei Kostenermittlungsarten die Kosten der mitzuver-

---

369) So auch *Voppel*, BauR 2013, 1758, 1760.
370) Vgl. hierzu insbesondere *Werner/Wagner*, BauR 2014, 1386 ff. 1389. So auch *Fuchs/Berger/Seifert*, NZBau 2013, 729, 734; *Weber*, BauR 2013, 1747, 1753; *Voppel*, BauR 2013, 1758, 1759 f.; *Messerschmidt*, BauR 2014, 359, 364.
371) BauR 2003, 745. Ebenso OLG Frankfurt, BauR 2007, 2089.
372) BR-Drucks. 594/87, S. 100. Vgl. hierzu *Grünenwald*, BauR 2005, 1234, 1237; *Steeger*, BauR 2003, 794, 799.

arbeitenden Bausubstanz getrennt entsprechend des vom Architekten erbrachten Aufwands zu ermitteln sind. Inzwischen gibt es seit der HOAI 2009 nur noch eine Kostenermittlungsart, nämlich die Kostenberechnung, die für alle Leistungsphasen als Parameter für die Ermittlung des Honorars maßgeblich ist. Deshalb stellt sich nun die schwierige Frage, ob – unter Berücksichtigung der Entscheidung des BGH – für jede der neun Leistungsphasen des § 34 HOAI die Kosten der mitzuverarbeitenden Bausubstanz getrennt festzulegen sind, und zwar je nach Aufwand des Architekten in der jeweiligen Leistungsphase. Das fordert wohl der BGH mit der vorerwähnten Entscheidung, allerdings zur alten HOAI 1996. In der Praxis wird die Frage aber möglicherweise keine große Bedeutung haben, weil jedenfalls bei den Leistungsphasen 2 und 3, 5 und 8 die vorhandene Bausubstanz vom Architekten berücksichtigt und mitverarbeitet wird.

(3) Keine Berücksichtigung der vorhandenen Bausubstanz laut Vertrag

990a Die Berücksichtigung der vorhandenen Bausubstanz gem. § 4 Abs. 3 HOAI hat **Mindestsatzcharakter**, wenn die vorhandene Bausubstanz technisch oder gestalterisch mitverarbeitet wird. Daher ist bei der Ermittlung der anrechenbaren Kosten die mitzuverarbeitende Bausubstanz grundsätzlich zu berücksichtigen. Ein vertraglicher Ausschluss ist nicht möglich, weil damit eine Mindestsatzunterschreitung gegeben wäre.[373]

d) Modell Baukostenvereinbarung

Literatur

Börgers, Fragen zum „Baukostenvereinbarungsmodell" der HOAI 2009, werner-baurecht.jurion.de (HOAI-Forum), 2010; *Fahrenbruch*, HOAI 2009 – derzeit keine Baukostenvereinbarung nach § 6 Abs. 2 HOAI 2009, wenn die Planungsleistung nach RBBau beauftragt wird, ibr-online 2010; *Kaufmann*, Die Baukostenvereinbarung nach § 6 Abs. 2 HOAI – Grundlage für die Honorarermittlung und zugleich Haftungsfalle für Architekten?, BauR 2011, 1387; *Deckers*, Die Baukostenvereinbarung, ZfBR 2011, 419.

991 Mit der 6. Novelle zur HOAI (2009) wurde im Rahmen des § 6 Abs. 2 HOAI für die Vertragsparteien die Möglichkeit geschaffen, abweichend von § 6 Abs. 1 (Grundlage der Honorarermittlung sind die anrechenbaren Kosten der Kostenberechnung im Stadium der Entwurfsplanung) in einem noch früheren Stadium als der Entwurfsplanung die für das Honorar maßgeblichen anrechenbaren Kosten auf der Basis einer Baukostenvereinbarung festzulegen. Voraussetzung hierfür war allerdings, dass **zum Zeitpunkt der Beauftragung noch keine Planung als Voraussetzung** für eine Kostenschätzung oder Kostenberechnung vorliegt. Damit keine unrealistischen Baukosten und hieraus resultierende Honorare so frühzeitig fixiert werden, sollte die entsprechende **(schriftliche) Vereinbarung** auf der Basis „**nachprüfbarer Baukosten**" getroffen werden.

Schon frühzeitig wurde nach dieser Novelle in der Fachwelt die Prognose gestellt, dass diesem Baukostenvereinbarungs-Modell keine größere Praxisrelevanz

---

373) OLG Köln, IBR 2017, 263 – *Kalte*; *Koeble*, in: Locher/Koeble/Frik, § 4 HOAI Rn. 63.

zukommen wird. Dies gilt umso mehr, als dieses neue Modell viele Fragen aufwarf. So wurde schon frühzeitig in den Gutachten des „Aktualisierungsbedarfs zur Honorarstruktur der Honorarordnung für Architekten und Ingenieure"[374] die Empfehlung gegeben, dass § 6 Abs. 2 HOAI 2009 gestrichen werden sollte. Zur Begründung heißt es hierzu:

„Es bleibt ein unaufgelöster und wohl auch unauflösbarer Widerspruch, dass zum Zeitpunkt der Baukostenvereinbarung noch keine Planungen als Voraussetzung für eine Kostenschätzung oder Kostenberechnung vorliegen dürfen, andererseits die einvernehmlich festzulegenden Baukosten „nachprüfbar" sein müssen. Dies ist im Grunde genommen jedoch nur auf der Grunlage einer entsprechenden Planung möglich".

Relevanz hatte das Baukostenvereinbarungs-Modell nur bei **absolut standardisierten Bauobjekten** entfaltet. In diesen Fällen konnte unter Bezugnahme auf entsprechende Referenzobjekte eine belastbare Baukostenvereinbarung getroffen werden. Schließlich stellte sich bei diesem Modell jedoch die Frage, wie die geforderte Nachprüfbarkeit der vereinbarten Baukosten erfolgen kann (sofern kein Referenzobjekt vorhanden ist), was unter Baukosten zu verstehen ist und schließlich, ob die Vertragsparteien bei diesem Modell an den Korridor zwischen Mindest- und Höchstsatz der HOAI gebunden sind.

Diesen Fragen hat der BGH mit seiner Entscheidung im Jahr 2014[375] ein Ende bereitet: Er hat das **Baukostenvereinbarungs-Modell im Rahmen des § 6 Abs. 2 HOAI 2009 für unwirksam erklärt**, weil diese Vorschrift der gesetzlichen Ermächtigungsgrundlage in Art. 10, §§ 1, 2 des Gesetzes zur Verbesserung des Mietrechts und zur Begrenzung des Mietanstiegs sowie zur Regelung von Ingenieur- und Architektenleistungen vom 04.11.1971 nicht gedeckt ist. Dieses Gesetz enthält die Vorgabe an den Verordnungsgeber, Mindest- und Höchstsätze für Architekten- und Ingenieurleistungen in der Honorarordnung verbindlich festzulegen.

Der BGH begründet seine Entscheidung damit, dass den Vertragsparteien mit dem Baukostenvereinbarungs-Modell die Möglichkeit gegeben wird, „das Honorar auf der Grundlage einer einvernehmlichen Festlegung der Baukosten unterhalb der Mindestsätze oder oberhalb der Höchstsätze zu vereinbaren, ohne dass die Voraussetzungen vorliegen, unter denen eine Abweichung von diesen Sätzen zulässig ist". § 6 Abs. 2 HOAI 2009 regelt – so der BGH – insbesondere erkennbar keinen Ausnahmefall, der eine Unterschreitung der Mindestsätze zulassen würde.

Der dogmatisch begründeten Entscheidung kann in vollem Umfange gefolgt werden. Sie hat Folgen für die Regelung des § 6 Abs. 3 HOAI in der Fassung 2013 der HOAI. Mit dieser Vorschrift wurde das Baukostenvereinbarungs-Modell wortgleich in die letzte, jetzt gültige Fassung der HOAI übernommen. Daher ist auch diese Vorschrift aufgrund der vorgenannten BGH-Entscheidung unwirksam. Daran können keine ernsthaften Zweifel bestehen. Es wäre daher für die Praxis sinn-

---

374) Studie im Auftrage des Bundesministeriums für Wirtschaft und Technologie für die letzte Novelle 2013/Hauptdokument S. 288.
375) BauR 2014, 1332 = NZBau 2014, 501. Vgl. hierzu auch OLG Celle, BauR 2016, 2118 = IBR 2016, 648 – *Fuchs* (Unwirksamkeit des § 57 Abs. 2 S. 2 HOAI 1996).

voll gewesen, wenn der BGH im Rahmen eines obiter dictum dies klargestellt hätte.[376]

992–998 (nicht besetzt)

999 Ist eine **Baukostenvereinbarung** unter den vorgenannten Gesichtspunkten **unwirksam**, ist das Honorar nunmehr nach der **Kostenberechnung** unter Berücksichtigung der übrigen Parameter, die in § 6 Abs. 1 HOAI genannt sind, zu ermitteln.

Nach den derzeit anzuwendenden **Vertragsmustern der RBBau** für die öffentliche Hand ist eine **Baukostenvereinbarung** nach § 6 Abs. 3 HOAI **nicht vorgesehen** und daher ohnehin nicht möglich.[377]

e) Architektenleistungen

Literatur

Weyer, Zum Architektenhonorar bei Leistungen für mehrere Gebäude, BauR 1982, 519; *Borgmann*, Die Zusatzvergütung des Planers nach § 21 HOAI, BauR 1994, 707; *Eich*, Der Leistungsbegriff im Architektenvertrag (ein noch weißer Fleck in der HOAI), BauR 1995, 31; *Pauly*, Die Leistungsabrechnung für mehrere Gebäude gemäß § 22 HOAI – zugleich ein Beitrag zu der Problematik der Aufklärungspflicht des Architekten über sein Honorar, BauR 1997, 928; *Seifert*, Honorargrundsätze für mehrere Gebäude – zur Auslegung und Anwendung des § 22 HOAI, BauR 2000, 806; *Deckers*, Das Honorar des bauleitenden Architekten für die Prüfung nachträglicher Angebote der Bauhandwerker, BauR 2000, 1422; *Neuenfeld*, Die Grundlagenermittlung nach der HOAI, NZBau 2000, 405; *Steeger*, Zum Anwendungsbereich von § 24 Abs. 1 HOAI, BauR 2002, 261; *Preussner*, Bedarfsplanung nach DIN 18205: Der Schlüssel zur erfolgreichen Architektenplanung, BauR 2009, 415; *Motzke*, Umbauzuschlag für Freianlagen – liefern § 6 Abs. 1 Nr. 5 und § 35 Abs. 1 HOAI eine Grundlage?, ZfBR 2012, 3; *Preussner*, Leistungspflichten des Architekten: Bautagebuch NZBau 2012, 93; *Wellensiek*, Komplettheitsklauseln im Architektenvertrag über Gebäudeplanung – AGB-rechtliche Wirksamkeit und Rechtsfolgen bei Anwendbarkeit der HOAI, BauR 2014, 340; *Eich*, Die Grundleistungen im Leistungsbild der Architekten, in: Festschrift für Jochem (2014), S. 41; *Werner*, HOAI 2013: Die neuen Grundleistungen im Rahmen der Gebäudeplanung. In: Festschrift für Jochem (2014), S. 147; *Rath*, Der Aufgabenbereich des Architekten bei der öffentlichen Vergabe von Leistungen nach der neuen HOAI. In: Festschrift für Jochem (2014), S. 467; *Ganten*, Pacta sunt servanda – mit „Wunschvorbehalt" für den Auftraggeber zum Vertragsgegenstand? In: Festschrift für Jochem (2014), S. 203.

aa) Grundsätzliches

1000 Soweit die Vertragsparteien für den Leistungsumfang des Architekten die HOAI im Einzelnen dem Architektenvertrag zugrunde legen (vgl. hierzu Rdn. 834 ff. sowie 861 ff.) richtet sich die vom Architekten zu erbringende Leistung nach dem jeweiligen Leistungsbild, den entsprechenden Leistungsphasen und den bei diesen in der jeweiligen Anlage genannten Grundleistungen. Für das Leistungsbild Gebäude und Innenräume gilt beispielsweise insoweit § 34 HOAI in Verbindung mit Anlage 10. Die HOAI-Novelle 2013 hat insbesondere bei dem zuletzt genannten Leistungsbild wesentliche Veränderungen mit sich gebracht.

---

376) Hinsichtlich der Voraussetzungen für das Baukostenvereinbarungs-Modell vgl. die Vorauflage.
377) Vgl. hierzu *Fahrenbruch*, IBR 2010, 1227 (nur online).

Der Architekt hat die von ihm erbrachten und vereinbarten Leistungen im Einzelnen darzulegen und ggf. zu beweisen.

Mit der Novellierung der HOAI 2013 ist zunächst die prozentuale Bewertung der Leistungsphasen erheblich verändert worden, weil zusätzliche Grundleistungen aufgenommen wurden, sich Verschiebungen von Grundleistungen innerhalb der Leistungsphasen (z.B. bei den Leistungsphasen 8 und 9) ergeben haben und bestimmte Leistungsphasen bzw. Grundleistungen hinsichtlich der vom Architekten zu erbringenden Leistungen neu bewertet wurden (z.B. Leistungsphase 4 als „Leichtgewicht"). 1000a

Die Prozentsätze der einzelnen Leistungsphasen sind nunmehr für Gebäude und Innenräume in § 34 HOAI 2013 wie folgt festgelegt worden:

- **Leistungsphase 1** (Grundlagenermittlung): 2 % (statt 3 %)
- **Leistungsphase 2** (Vorplanung): 7 %
- **Leistungsphase 3** (Entwurfsplanung) 15 % (statt 11 %)
- **Leistungsphase 4** (Genehmigungsplanung) 3 % (statt 6 %), für Innenräume 2 %
- **Leistungsphase 5** (Ausführungsplanung) 25 %
- **Leistungsphase 6** (Vorbereitung der Vergabe) 10 %, für Innenräume 7 %
- **Leistungsphase 7** (Mitwirkung bei der Vergabe) 4 %, für Innenräume 3 %
- **Leistungsphase 8** (Objektüberwachung) 32 % (statt 31 %)
- **Leistungsphase 9** (Objektbetreuung) 2 % (statt 3 %)

Zu den Veränderungen im Einzelnen:

Die **Leistungsphase 1** wurde um 1 % auf 2 % verringert. Unter welchem Gesichtspunkt dies erfolgte, ist nicht nachvollziehbar. Dies gilt umso mehr, als die Erstellung eines Kostenrahmens – wie oben ausführlich dargestellt – zum Leistungsumfang des Architekten innerhalb der Leistungsphase 1 gehört. Die Erstellung eines Kostenrahmens ist aber mit einem nicht unerheblichen Aufwand für einen Architekten verbunden.

Die Leistungsphase 2 ist unverändert geblieben.

Das gilt nicht für die Leistungsphase 3, deren Prozentsatz von 11 auf 15 erhöht wurde. Damit ist die Bedeutung dieser Leistungsphase zu Recht angehoben worden. Gleichzeitig wird damit dem Umstand Rechnung getragen, dass in dieser Leistungsphase die entscheidende planerische Arbeit seitens des Architekten erbracht wird und im Planungsverlauf – durch die technische Entwicklung – eine Verschiebung der Planungstiefe von der Leistungsphase 5 (Ausführungsplanung) zu den vorhergehenden Leistungsphasen 2 (Vorplanung) und 3 (Entwurfsplanung) in der Praxis stattgefunden hat, wie oben dargestellt wurde.

Die Leistungsphase 4 (Genehmigungsplanung) wurde um 3 Prozentpunkte gekürzt. Das erfolgte unter dem nachvollziehbaren Gesichtspunkt, dass in dieser Leistungsphase keine planerische kreative Leistung durch den Architekten erfolgt. Vielmehr hat der Architekt insoweit nur die formellen Genehmigungsvoraussetzungen zu prüfen und die für die Genehmigung erforderlichen Unterlagen zusammenzustellen und einzureichen.

Die prozentuale Bewertung der Leistungsphasen 5, 6 und 7 ist bei der Objektplanung für Gebäude gleich geblieben; insoweit ist es nur bei der Objektplanung der Innenräume zu einer Korrektur gekommen.

Zwischen den Leistungsphasen 8 und 9 erfolgte eine Verschiebung um einen Prozentpunkt: Die Leistungsphase 8 wurde um einen Punkt erhöht, gleichzeitig wurde die Leistungsphase 9 um einen Punkt ermäßigt. Hintergrund dieser prozentualen Verschiebung ist – wie oben dargestellt – zunächst der Umstand, dass die letzte Grundleistung der Leistungsphase 9 („Systematische Zusammenstellung der zeichnerischen Darstellung und rechnerischen Ergebnisse des Objekts") zu Recht in die Leistungsphase 8 verschoben wurde, weil mit dieser Grundleistung die Objektüberwachung abgerundet wird. Darüber hinaus ist in der Leistungsphase 9 die bisherige Grundleistung der „Überwachung der Beseitigung von Mängeln, die innerhalb der Verjährungsfristen für Mängelansprüche auftreten" gestrichen worden; sie ist nunmehr zur Besonderen Leistung in der Leistungsphase 9 mutiert. Gleichzeitig hat allerdings der Architekt in dieser Leistungsphase eine „fachliche Bewertung der innerhalb der Verjährungsfrist für Gewährleistungsansprüche festgestellten Mängel" vorzunehmen.

Entsprechende Änderungen sind auch in den übrigen Leistungsbildern vorgenommen worden.

1000b Darüber hinaus sind in den so wichtigen Bereichen **Kostenermittlungen, Kostenkontrollen, Koordinationen** sowie **Terminplanungen** neue **zusätzliche Leistungen** in die HOAI aufgenommen worden.

Im Rahmen des Leistungsbildes Gebäude und Innenräume sehen die **Kostenermittlungs- und Kostenkontrollpflichten** des Architekten nunmehr in den einzelnen Leistungsphasen wie folgt aus:

* **Leistungsphase 2** (Vorplanung): Kostenschätzung und Vergleich mit den finanziellen Rahmenbedingungen.
* **Leistungsphase 3** (Entwurfsplanung): Kostenberechnung und Vergleich mit der Kostenschätzung.
* **Leistungsphase 6** (Vorbereitung der Vergabe): Ermittlung der Kosten auf der Grundlage vom Planer bepreister Leistungsverzeichnisse.
* **Leistungsphase 7** (Mitwirkung bei der Vergabe): Vergleichen der Ausschreibungsergebnisse mit den vom Planer bepreisten Leistungsverzeichnissen oder der Kostenberechnung.
* **Leistungsphase 8** (Objektüberwachung): Kostenkontrolle durch Überprüfen der Leistungsabrechnung der bauausführenden Unternehmen im Vergleich zu den Vertragspreisen sowie die Kostenfeststellung.

Neu ist insbesondere in der Leistungsphase 2 der Vergleich der Kostenschätzung „mit den finanziellen Rahmenbedingungen" als Grundleistung. Bei dem Begriff „der finanziellen Rahmenbedingungen" ist wohl vom Verordnungsgeber der Kostenrahmen gemeint. Ein Vergleich ist allerdings nur dann möglich, wenn vom Architekten und Auftraggeber zuvor ein Kostenrahmen, z.B. in der Leistungsphase 1 festgelegt worden ist. Mit der Novellierung der DIN 276 im Jahre 2006 wurde der sogenannte Kostenrahmen als zusätzliche Kostenermittlung unter Ziffer 2.4.1 in der DIN 276 eingeführt. Er stellt die Ermittlung der Kosten auf der Grundlage der

Bedarfsplanung des Auftraggebers dar. Im Leistungsbild der HOAI ist allerdings die Erstellung eines Kostenrahmens an keiner Stelle erwähnt oder beschrieben.

Neu ist auch die in der Leistungsphase 6 genannte Grundleistung, wonach der Architekt bepreiste Leistungsverzeichnisse zu erstellen hat. Inhaltlich hat der Architekt die fertigen Leistungsverzeichnisse selbst ohne vorherige Durchführung eines Vergabeverfahrens mit Marktpreisen zu versehen. Diese kann er aufgrund seiner Erfahrung, d.h. insbesondere aus von ihm statistisch erfassten Angbotspreisen oder aber sonstigen Einheitspreisstatistiken (wie z.B. BKI-Veröffentlichungen) ermitteln. Der Architekt muss sich also mit jeder Leistungsposition befassen. Dabei muss er in einem ersten Durchgang Mengen ermitteln und Bauleistungen beschreiben und in einem zweiten Durchgang jede Leistungsposition verpreisen.

Der damit verbundene Mehraufwand der Ermittlung marktüblicher Preise dürfte mindestens dem Aufwand entsprechen, der mit der Ermittlung der Mengen als Grundlage für das Aufstellen der Leistungsbeschreibung selbst erforderlich ist. Dies kann allerdings nur dann gelten, wenn der Architekt für das betreffende Objekt bereits über korrekte Marktinformationen verfügt (auf die konkrete Baumaßnahme zutreffende regionale, aktuelle Preise). Voraussetzung dafür ist wiederum, dass er sich erst einmal eine entsprechende Datenbank oder andere Hilfsmittel für eine geeignete Dokumentation von Marktpreisen aufbauen und diese auch pflegen muss. Insofern muss er zum einen neue Positionen dokumentieren und zum anderen auch eine Preisindexierung vornehmen. Mit dieser neuen Leistung ist also ein nicht unerheblicher Aufwand verbunden, den ein Architekt aus Haftungsgründen nicht vernachlässigen kann.

Schließlich sind auch die in den Leistungsphasen 7 und 8 genannten Kostenkontrollpflichten des Architekten – wie oben angegeben – erheblich ausgeweitet worden. All diese neuen oder erweiterten Grundleistungen führen dazu, dass auf den Architekten – neben dem zusätzlichen Leistungsaufwand – erheblich gestiegene Haftungsrisiken zukommen, die grundsätzlich vom Deckungsschutz der Standardberufshaftpflichtversicherung der Architekten nicht umfasst werden.[378]

1000c Dies gilt auch für die neu in die HOAI aufgenommenen Leistungspflichten des Architekten im Bereich **Terminplanung**. In der Leistungsphase 2 ist folgende Grundleistung neu aufgeführt: „Erstellen eines Terminplans mit den wesentlichen Vorgängen des Planungs- und Bauablaufs". In den Leistungsphasen 3, 5 und 8 ist dieser Terminplan dann jeweils fortzuschreiben. In der Leistungsphase 6 ist zusätzlich ein sogenannter Vergabeterminplan integriert worden.

Fraglich ist, wie detailliert ein Terminplan in der Leistungsphase 2 auszuarbeiten ist bzw. welcher Leistungsinhalt mit einem entsprechenden Grundleistungshonorar bezahlt wird. Der Ausarbeitungsumfang kann sich nur an der Planungstiefe dieser Leistungsphase orientieren. Darüber hinausgehende Aussagen sind dem Architekten zu diesem Zeitpunkt faktisch nicht möglich.

Diese Leistung kann daher bei der Vorplanung je nach Größe des Bauvorhabens lediglich die Erstellung eines Rahmenterminplans als Übersicht, eines Planungsterminplans sowie eines Ausführungsterminplans für die maßgeblichen Gewerke wie Gründung, Tragwerk, Gebäudehülle, Ausbau, Technische Anlagen umfassen.

---

[378] Vgl. hierzu *Werner/Siegburg*, BauR 2013, 1499, 1546 ff.

Die vorerwähnten Leistungen im Rahmen der **Kostenermittlung**, der **Kostenverfolgung** sowie der **Terminplanungen** waren bislang klassische **Leistungen der Projektsteuerer**, soweit diese – insbesondere bei großen Bauvorhaben – eingeschaltet waren. Nachdem diese nunmehr durch die Novellierung der HOAI 2013 auch zum Leistungsbild der Architekten gehören, wird es Aufgabe der Auftraggeber im Einzelfall sein, das Leistungsbild des Architekten einerseits von dem Aufgabenfeld des Projektsteuerers andererseits **abzugrenzen**, um eine unnötige **Doppelbeauftragung** in den erwähnten Bereichen zu verhindern.

1000d Auch die **Koordinationsverpflichtungen** des Architekten sind im Leistungsbild der Gebäudeplanung erheblich verstärkt worden. Die Koordinationspflicht des Architekten, die bislang primär im Zuge der Objektüberwachung (Leistungsphase 8) zu erbringen war, trifft den Architekten nunmehr schon in den Leistungsphasen 2, 3, 5–8, da der Architekt nicht nur das Zusammenwirken der bauausführenden Unternehmen und der Fachplaner zu überwachen, sondern auch das gesamte Bauvorhaben einschließlich des Planungsablaufs zu koordinieren hat.

Unter Berücksichtigung des bisherigen Leistungsbildes schuldete der Architekt nach allgemein herrschender Auffassung schon eine umfassende Koordinationsleistung. Die Ergänzungen in den vorgenannten Leistungsphasen der HOAI 2013 haben daher grundsätzlich lediglich klarstellende Funktion. Dies kann jedoch nur dann gelten, wenn die im Leistungsbild der HOAI 2013 enthaltene zusätzliche Koordinierungsverpflichtung des Architekten dahingehend zu verstehen ist, dass diese nur soweit reicht, wie sie erforderlich ist, damit der Architekt seine originären Leistungen an dieser Stelle erbringen kann. Eine koordinierende Projektsteuerungsleistung im Sinne einer Bauherrenaufgabe kann dagegen nicht gemeint sein. Die Begründung des Verordnungsgebers schweigt allerdings zu dieser Frage. Diesbezüglich ist es im Zuge der zukünftigen Vertragsgestaltung zur Streitvermeidung zwingend erforderlich, eine Klarstellung im Leistungsbild der Gebäudeplanung vorzunehmen, da nicht auszuschließen ist, dass insbesondere der im Baubereich Unkundige den Begriff der Koordination dahingehend missversteht, dass er eine vollständige Projektsteuerungsleistung erwarten kann.

1000e Überdies sind **weitere Grundleistungen** der einzelnen Leistungsbilder im Rahmen der Novellierung der HOAI 2013 zum Teil **inhaltlich verändert**, zum Teil erheblich erweitert worden. Darauf haben sich die Vertragsparteien in Zukunft einzustellen, wenn sie die Leistungsbilder der HOAI zum Leistungsinhalt des Architektenvertrages machen. Nachfolgend soll nur auf die wesentlichen Änderungen des Grundleistungskataloges in dem Leistungsbild Gebäude und Innenräume eingegangen werden.[379]

Mit § 3 Abs. 8 HOAI 2009 wurde die Regelung eingeführt, dass das Ergebnis jeder Leistungsphase mit dem Auftraggeber zu erörtern ist. Diese Vorschrift ist mit der erneuten Novellierung 2013 ersatzlos gestrichen worden. Allerdings hat diese Erörterungspflicht bei den Leistungsphasen 1, 2 und 3 unter der neuen Grundleistung „Zusammenfassen, Erläutern und Dokumentieren der Ergebnisse" wieder Eingang gefunden. Das Zusammenfassen und das Erläutern der Ergebnisse werden grundsätzlich mündlich möglich sein, während die entsprechende Dokumentation

---

[379] Vgl. im Einzelnen *Werner/Siegburg*, BauR 2013, 1499, 1519 ff.

schriftlich zu erfolgen hat. Der Umfang dieser Leistungen ist einzelfallbezogen und leitet sich aus der jeweiligen Komplexität der in der betreffenden Leistungsphase zu lösenden Problemstellung ab.

In die Leistungsphase 8 ist die Grundleistung „systemische Zusammenstellung der Dokumentation, zeichnerische Darstellungen und technische Ergebnisse des Objekts" neu eingeführt worden. Diese Grundleistung war bislang in der Leistungsphase 9 verortet gewesen. Deshalb ist auch die Leistungsphase 8 um 1 % (von 31 % auf 32 %) im Rahmen der Bewertung angehoben worden.

In der Leistungsphase 9 ist aber nicht nur diese Dokumentationspflicht des Architekten entfallen, sondern auch die aufwändige Grundleistung der **Überwachung der Beseitigung von Mängeln**, die innerhalb der Verjährungsfristen für Mängelansprüche, längstens jedoch bis zum Ablauf von 4 Jahren seit Abnahme der Bauleistung auftreten. Diese Grundleistung ist zu einer **Besonderen Leistung** mutiert. Der Architekt hat insoweit nur noch die **fachliche Bewertung** der innerhalb der Verjährungsfrist für Gewährleistungsansprüche festgelegten Mängel, längstens jedoch bis zum Ablauf von 4 Jahren seit Abnahme der Leistung, einschließlich notwendiger Begehungen zu erbringen.

1000f Die HOAI bestimmt – wie oben ausgeführt – als kleinste benannte Berechnungseinheit nur die Hundertsätze der jeweiligen Leistungsphase. Dennoch ist es im Einzelfall in der Baupraxis notwendig, auch die Grundleistungen innerhalb einer Leistungsphase einem bestimmten Prozentsatz zuzuordnen. Das ist z.B. der Fall, wenn nicht alle Grundleistungen einem Architekten übertragen werden oder der Architekt nicht alle Grundleistungen – trotz entsprechender Abrede der Vertragsparteien – erbringt. In diesen Fällen kann man auf die sogenannten **Splittingtabellen** (z.B. Werner/Siegburg-Tabelle,[380] Siemon-Tabelle[381], Meurer-Morlock-Tabelle[382] sowie die Tabelle bei Locher/Koeble/Frik[383]) zurückgreifen, was der BGH[384] auch ausdrücklich bestätigt hat.

1001 Soweit der Architekt für **nicht** erbrachte Leistungen, die ihm entzogen oder von ihm einvernehmlich nicht durchgeführt worden sind, Honorar geltend machen will, wird auf Rdn. 1044 ff. verwiesen. Für eine **unbrauchbare** (z.B. eine nicht genehmigungsfähige) **Planungsleistung** kann der Architekt kein Honorar verlangen;[385] jedoch ist stets das **Nachbesserungsrecht** des Architekten zu berücksichtigen. Bezüglich einer **unvollständig erbrachten Teilleistung** vgl. Rdn. 861 ff. Sind dem Architekten **Teilleistungen** (nur einzelne Leistungsphasen/nicht alle Grundleistungen) **übertragen**, ist § 8 HOAI bei der Honorarabrechnung zu berücksichtigen (vgl. Rdn. 1044 ff.).

1002 Soweit der Architekt für besondere Leistungs- bzw. Auftragsformen[386] (z.B. Vorplanung, Entwurfsplanung und Objektüberwachung als Einzelleistung, § 9

---

380) BauR 2013, 1559.
381) BauR 2013, 1583.
382) Anhang IV.
383) Anhang 3.
384) BGH, BauR 2005, 588, 590 = NZBau 2005, 224.
385) BGH, BauR 1997, 1060 = NJW 1997, 3017 (unbrauchbare Leistung trotz Mangelfreiheit); OLG Düsseldorf, BauR 1986, 469; LG Aachen, NJW-RR 1988, 1364.
386) Vgl. hierzu *Deckers*, NZBau 2011, 390.

HOAI; Auftrag für mehrere Objekte/Gebäude, § 11 HOAI);[387] Umbauten und Modernisierungen von Gebäuden, § 36 HOAI;[388]; Instandhaltungen und Instandsetzungen, § 12 HOAI) sein Honorar einklagt, hat er die insoweit in Betracht kommenden besonderen Voraussetzungen vorzutragen.

Im Rahmen der Novellierung der HOAI 2009 wurde die Bestimmung bezüglich des **Raumbildenden Ausbaus** (§ 25 HOAI 1996), wonach kein Honorar für diesen Bereich bei kombinierten Leistungen für Gebäude möglich ist, ersatzlos gestrichen. Daher können nunmehr Honorare für Leistungen bei Gebäuden und für Leistungen bei Raumbildenden Ausbauten mit getrennten anrechenbaren Kosten abgerechnet werden, weil sie Leistungen bei verschiedenen Objekten im Sinne der HOAI sind.

1003 Für bestimmte Leistungen des Architekten können die Parteien einen **Zuschlag** bei Umbauten und Modernisierungen (z.B. § 36 – Gebäude und Innenräume, § 40 Abs. 6 – Freianlagen, § 44 Abs. 6 – Ingenieurbauwerke, § 48 Abs. 6 – Verkehrsanlagen, § 52 Abs. 4 – Tragwerksplanung, § 56 Abs. 5 – Technische Ausrüstung) vereinbaren (vgl. hierzu näher Rdn. 985 ff.). Nach der neuen Fassung des § 40 Abs. 6 HOAI kann insbesondere für **Freianlagen** ebenfalls ein **Umbauzuschlag** vereinbart werden, da auch Freianlagen gemäß § 2 Nr. 1 HOAI Objekte sind.

Auch für die Neuregelung des Umbauzuschlages gilt: Der Umbauzuschlag kann nur für den Umbauteil berechnet werden. Wird parallel hierzu eine **Erweiterung**

---

387) Zur Frage, ob ein Auftrag **ein** Gebäude oder **mehrere** umfasst, vgl. BGH, BauR 2005, 735, 739 (Für die Abgrenzung, ob mehrere Gebäude oder nur ein Gebäude anzunehmen ist, kommt es darauf an, ob die Bauteile nach funktionellen und technischen Kriterien zu einer Einheit zusammengefasst sind oder nicht.) = NJW-RR 2005, 669 = MDR 2005, 706 = IBR 2005, 213 – *Schwenker*; ferner OLG Düsseldorf, BauR 2009, 1929; OLG Brandenburg, BauR 2008, 118; OLG München, BauR 2005, 406 (Die von einer zentralen Versorgungsanlage ausgehenden und dem Wärmetransport dienenden Netze sind nicht geeignet, die damit verbundenen Gebäude unter Abrechnungsgesichtspunkten zu einer Abrechnungseinheit zu verknüpfen; so versorgte Gebäude sind vielmehr selbstständig abzurechnen.) = IBR 2005, 97 – *Seifert*; ferner OLG Jena, BauR 2005, 1070 (LS), wonach es auf „Eigenständigkeit der Gebäude in konstruktiver und funktioneller Hinsicht" ankommt sowie OLG Köln, BauR 2007, 132 (zur getrennten Abrechnung der Tragwerksplanung für mehrere Gebäude, die mit einer Tiefgarage verbunden sind).
Bezüglich der Gleichartigkeit von Gebäuden i.S.d. § 11 Abs. 2 HOAI vgl. OLG Braunschweig, IBR 2007, 83 – *Seifert*; *Pauly*, BauR 1997, 928 u. *Seifert*, BauR 2000, 806. Bei der Bewertung, ob bei einem **Umbau und Anbau** ein oder mehrere Gebäude anzunehmen sind, stellt das OLG Düsseldorf, BauR 1996, 289 = NJW-RR 1996, 535, auf die Gestaltung des Gesamtobjektes und der Außenanlage sowie die wirtschaftliche und funktionale (z.B. versorgungstechnische) Selbstständigkeit ab; vgl. ferner: OLG Köln, BauR 1980, 282; OLG Hamm, NJW-RR 1990, 522; OLG München, *SFH*, Nr. 2 zu § 22 HOAI a.F.u. OLG Düsseldorf, BauR 1978, 67. Vgl. ferner OLG Düsseldorf, NZBau 2007, 109 (mehrere Gebäude, die räumlich und konstruktiv getrennt und nur durch Verbindungsgänge miteinander verbunden sind, sind als mehrere Gebäude abzurechnen, auch wenn ihre Versorgungs- und Entsorgungsanlage von einer Zentrale gespeist sind) = IBR 2007, 434 – *Seifert*. Wird in **AGB** vereinbart, dass der Verwender die einzelnen Gebäude nach den insgesamt anfallenden anrechenbaren Kosten abrechnen darf, so verstößt eine solche Regelung gegen § 307 BGB und ist deshalb unwirksam (BGH, NJW 1981, 2351, 2353).

388) Vgl. hierzu OLG Düsseldorf, NJW-RR 1995, 1425 (Ermittlung der Honorarzone bei An- und Umbau – Berücksichtigung der „Einbindung in das vorhandene Gebäude" analog § 12 HOAI).

Architektenleistungen Rdn. 1004–1011

(z.B. neuer Anbau) des Gebäudes ausgeführt, muss eine entsprechende Trennung im Rahmen der Honorarabrechnung erfolgen (vgl. Rdn. 985).[389)] Der Umbauzuschlag erfolgt auf das Honorar, das u.a. nach den anrechenbaren Kosten zu ermitteln ist.

(nicht besetzt) **1004–1007**

Die Regelung zur **künstlerischen Oberleitung**[390)] in § 15 Abs. 3 HOAI 1996 ist **1008** ersatzlos im Rahmen der HOAI-Novelle 2009 entfallen und ist auch nicht mehr in der HOAI 2013 enthalten. § 15 Abs. 3 HOAI 1996 sah vor, dass im Falle der Beauftragung mit der Überwachung oder Herstellung der gestalterischen Einzelheiten des Objekts ein besonderes Honorar schriftlich vereinbart werden konnte. Dies ist auch in Zukunft möglich. Die Streichung der vorerwähnten Regelung hat somit keine Änderung der Rechtslage zur Folge. Hier zeigt sich der Grundsatz, von dem die neue HOAI ausgeht: Bindendes Preisrecht gilt nur noch in wenigen normierten Fällen, im Übrigen ist eine Honorarvereinbarung frei möglich. Üblich ist ein Prozentsatz von 5–10.[391)]

Für **Bauzeitverlängerungen** können die Parteien ein **Zusatzhonorar** vereinbaren (vgl. näher Rdn. 1030 ff.). Bei **Behinderungen** des Architekten in der Planung und Ausführung kommt ein Anspruch des Architekten aus § 642 BGB (Mitwirkung des Auftraggebers) in Betracht.[392)] Dasselbe gilt bei **Unterbrechungen.** **1009**

In der Praxis war es bislang zweifelhaft, ob und in welchem Umfang ein Architekt für die **Einholung und/oder Prüfung von Nachtragsangeboten** zu honorieren ist. Diese Leistung des Architekten ist nunmehr mit der Novellierung der HOAI 2013 als Grundleistung in die Leistungsphase 7 aufgenommen worden. **1010**

Bei einer mangelhaften Leistung des Architekten (vgl. hierzu Rdn. 1983 ff.) kann der Auftraggeber **Rückzahlungsansprüche** (vgl. Rdn. 1216) für zuviel geleistetes Honorar geltend machen. Ist z.B. die Planung des Architekten nicht dauerhaft genehmigungsfähig, kann sich ein Rückzahlungsanspruch aus den geleisteten Zahlungen abzüglich der Honorarkosten für eine Bauvoranfrage ergeben, die in der Regel dem fiktiven Honorar für die Leistungen der Phasen 1 und 2 entsprechen.[393)] **1011**

Gleiches gilt für den Fall der schuldhaften Kostenüberschreitung durch den Architekten: Ist das Werk mangelhaft, weil die vereinbarten Kosten überschritten worden sind (vgl. Rdn. 2284 ff.), kann der Architekt die Differenz, um die die tatsächlichen Kosten die vereinbarten Kosten übersteigen, nicht zusätzlich als anrechenbare Kosten seiner Honorarberechnung zugrunde legen.[394)]

In einzelnen Standard-Architektenverträgen finden sich – allerdings selten – sog. **Komplettheitsklauseln** (vgl. die Ausführungen zum Bauvertrag unter

---

389) Vgl. hierzu insbesondere *Preussner*, BauR 2012, 711.
390) Vgl. zum Umfang der künstlerischen Oberleitung *Geldmacher*, BauR 2003, 1294.
391) Vgl. hierzu OLG Hamm, BauR 1999, 1198 = NJW-RR 2000, 191 = MDR 1999, 1062. Zum Umfang der künstlerischen Oberleitung vgl. *Geldmacher*, BauR 2003, 1294 sowie *Pott/Dahlhoff/Kniffka/Rath*, § 33 HOAI, Rn. 159.
392) Vgl. hierzu insbesondere *Heinle*, BauR 1992, 428 u. *Borgmann*, BauR 1994, 707.
393) OLG Oldenburg, BauR 2008, 702.
394) Vgl. hierzu OLG Köln, BauR 2008, 697.

Rdn. 1536 ff.). Insoweit ist stets im Einzelfall die ABG-rechtliche Wirksamkeit zu prüfen.[395)]

1011a Der Architekt ist nach h.M. grundsätzlich verpflichtet, **von ihm erstellte Planungsunterlagen** an seinen Auftraggeber **herauszugeben**[396)] (vgl. auch Rdn. 2449, 3002). Ein berechtigtes Interesse ist im Hinblick auf die Verwaltung sowie mögliche künftige Umbauten bzw. Sanierung stets zu bejahen.[397)] Die Herausgabepflicht besteht auch für den Fall einer **Kündigung**.[398)] Allerdings kann der Auftraggeber nicht die Original-Pläne, sondern nur entsprechende **Abzüge** fordern. Ein Honoraranspruch des Architekten besteht insoweit nicht. Gegebenenfalls kann der Architekt aber etwaige Kosten (z.B. Abzüge etc.) geltend machen. Ein etwaiger urheberrechtlicher Schutz des Architekten kann dieser im Rahmen seiner Herausgabepflicht grundsätzlich nicht geltend machen.[399)] Gegenüber dem Anspruch des Auftraggebers kann sich der **Architekt nicht** auf ein **Leistungsverweigerungs- oder Zurückbehaltungsrecht** stützen, weil er hinsichtlich der Nutzungsbefugnis seiner Pläne vorleistungspflichtig ist.[400)] Die vorstehenden Ausführungen gelten auch für die Herausgabe erstellter Planunterlagen in **digitaler Form**.[401)]

bb) Änderungsleistungen

Literatur

Motzke, Planungsänderungen und ihre Auswirkungen auf die Honorierung, BauR 1994, 570; *Jochem*, Planungsänderungen im Baufortschritt und ihre honorarmäßige Bewertung bei Architekten- und Ingenieuraufgaben, Festschrift für Heiermann, 169; *Schmidt*, Wie sind Planungsänderungen zu honorieren?, BauR 2000, 51; *Lansnicker/Schwirtzek*, Zum Anwendungsbereich des § 20 HOAI, BauR 2000, 56; *Boettcher*, Praxisrelevante Probleme der Änderungsplanung, BauR 2000, 792; *Meurer*, Über das Vorliegen und die Vergütung von Änderungsleistungen des Architekten, DAB 2000, 1563; *Preussner*, Das Risiko bauplanungsrechtlicher Änderungen nach Einreichung des Bauantrages, BauR 2001, 697; *Meurer*, Änderungsbefugnis des Bauherrn im Architekten- oder Planungsvertrag?, BauR 2004, 904; *Schramm*, Störungen der Architekten- und Ingenieurleistungen: Anwendungsprobleme der HOAI und Mehrkostenermittlung, Jahrbuch Baurecht 2004, 139 ff.; *Meurer*, Änderungsbefugnisse des Bauherrn im Architekten- oder Planungsvertrag?, BauR 2004, 904; *Knipp*, Rechtsprobleme des dynamischen Planungsprozesses, Festschrift für Thode (2005), 451; *Rath/Voigt*, Die Honorierung von Planungsänderungen, BauR 2009, 385; *Ebersbach*, Die Honorierung von Mehrfachplanungen, ZfBR 2009, 622; *Motzke*, Zusatzhonorare und Honoraränderungen – Überlegungen zu einem Honorar-Nachtragsmangement des Architekten, NZBau 2010, 137; *Fischer*, Recht des Auftraggebers von Planungsänderungen und zusätzliche Honoraransprüche des Architekten, Festschrift für Koeble (2010), S. 327; *Messerschmidt*, Regelungslücken und -defizite der 6. HOAI-Novelle 2009, Festschrift für Koeble (2010), S. 393; *Morlock*, Honorierung von Mehrfachplanungen in der HOAI 2009, Festschrift für Koeble (2010), S. 407; *Motzke*, Rechtfertigungen und Schwachstellen der HOAI, insbesondere die „andere Leistung" nach § 3 Abs. 2 Satz 2 HOAI n.F. und die „Gesamtabrechnungsregel" gemäß § 11 Abs. 1

---

395) Vgl. hierzu *Wellensiek*, BauR 2014, 340.
396) Für viele *Kniffka/Koeble*, 12. Teil, Rn. 191. Zur Herausgabepflicht des Bauträgers vgl. OLG Köln, IBR 2015, 491 – *Röder*.
397) *Lotz*, BauR 2012, 157, 166.
398) *Digel/Jacobsen*, BauR 2015, 1405, 1407.
399) *Digel/Jacobsen*, BauR 2015, 1405, 1410.
400) OLG Hamm, BauR 2000, 295, OLG Frankfurt, BauR 1980, 193; OLG Köln, BauR 1999, 189 – *Lotz*; BauR 2012, 157, 159.
401) Vgl. *Digel/Jacobsen*, BauR 2015, 1405.

HOAI n.F., Festschrift für Koeble (2010), S. 417; *Preussner*, Ändernde Anordnungen und die HOAI 2009, Festschrift für Koeble (2010), S. 465; *Saerbeck*, Die Vergütung von Änderungsleistungen nach der HOAI 2009, Festschrift für Koeble (2010), S. 471; *Kalte/Wiesner*, Wiederholte Grundleistungen und Alternativen führen zur Anwendung der HOAI 2009, ibr-online; *Simmendinger*, Die „Anderen Leistungen" nach § 3 Abs. 2 HOAI, ibr-online, 2010; *Motzke*, Andere Leistungen nach § 3 II 2 HOAI n.F. im Spiegel der Meinungen – der Versuch einer Annäherung, NZBau 2011, 80; *ders*. Rechtfertigung und Schwachstellen der HOAI, insbesondere die „Andere Leistung" nach § 3 Abs. 2 S. 2 HOAI n.F. und die „Gesamtabrechnungsregel" gemäß § 11 Abs. 1 HOAI n.F., Festschrift *Koeble* (2010), 417; *Fuchs*, Planungssoll und Honorarnachträge, Jahrbuch Baurecht 2013, 177 (zur HOAI 2009); *Messerschmidt*, Das Honorar für Änderungs- und Zusatzleistungen nach der HOAI 2013, NZBau 2014, 3; *Seifert*, Zusatzhonorar bei geänderten/zusätzlichen Architektenleistungen, BauR 2014, 330; *Motzke*, Honorare bei Planungsänderungen, BauR 2014, 1839; *Rohrmüller*, Berechnung des Honorars bei vertraglicher Änderung des Leistungsziels – § 10 HOAI 2013, BauR 2015, 19; *Fischer/Krüger*, Abrechnung von Planungsänderungen bei Architekten- und Ingenieurleistungen, BauR 2015, 1568; *Motzke*, Entscheidungskompetenz des Auftraggebers und Umsetzungsregelung § 10 HOAI als Schnittstelle zwischen BGB (§ 311 Abs. 1) und HOAI im Architektenvertrag, Festschrift Neuenfeld, 2016, S. 77.

(1) Grundsätzliches

1012 Änderungsleistungen sind bei jedem Planungsvorgang kaum vermeidbar und gehören zum Alltagsgeschehen eines jeden Bauvorhabens. Das liegt in der Natur der Sache, weil jeder Planungsprozess ein dynamischer, komplexer und einmaliger Vorgang ist, der stark von dem Zusammenspiel von Architekt und Bauherr beeinflusst wird. Umso erstaunlicher ist es daher, dass die HOAI den Vorgang und den Begriff der „Änderungsleistungen" oder einen ähnlichen Begriff, wie z.B. „Mehrfachleistungen" oder „Wiederholung von Grundleistungen" bisher nicht kannte. Insgesamt wurden Planungsänderungen von der HOAI nur „stiefmütterlich" behandelt. Bis zur HOAI-Novelle 2009 gab es für den Verordnungsgeber den Tatbestand von Planungsänderungen offensichtlich überhaupt nicht: Dass die Anordnung und die Honorierung von Planungsänderungen in der Baupraxis ein häufiger Streitpunkt zwischen Auftraggeber und Architekt – auch in gerichtlichen Auseinandersetzungen – war, hatte der Verordnungsgeber schlichtweg ignoriert.

1012a In der Vergangenheit war umstritten, ob ein **Auftraggeber Änderungen im Rahmen der Planung anordnen** darf, weil dem BGB ein einseitiges Leistungsänderungsrecht grundsätzlich fremd war. Dennoch war man sich überwiegend einig, dass man eine Änderungsbefugnis des Auftraggebers[402] bejahen muss, weil eine Planung ein Vorgang ist, der sich durch ständigen Gedankenaustausch zwischen Architekt und Bauherrn gestaltet und damit auch verändert. Auch die HOAI 2013 hat hinsichtlich des Anordnungsrechts des Bauherrn keine Klärung gebracht: § 10 HOAI 2013 setzt vielmehr nur voraus, dass sich „der Auftraggeber und Auftragnehmer während der Laufzeit des Vertrages darauf einigen (müssen), dass der Umfang der beauftragten Leistungen geändert wird" (vgl. näher Rdn. 1812 ff.).

---

402) Vgl. hierzu OLG Oldenburg, IBR 2004, 430 – *Fischer*; ferner *Meurer*, BauR 2004, 904; *Boettcher*, BauR 2000, 792, 794; *Motzke*, BauR 1994, 570 ff.; *Rath/Voigt*, BauR 2009, 385, 386 und *Thode/Wirth/Kuffer*, § 4 Rn. 1 ff. **A.A.**: *Deckers*, Rn. 146; *Ebersbach*, ZfBR 2009, 622, 630. Vgl. hierzu auch *Fischer*, Festschrift für Koeble, 327 sowie *Jochem*, ebenda, 347 ff., 353 und *Preussner*, ebenda, 465 ff.

Mit dem neuen **Werkvertragsrecht 2018** ist in § 650b BGB dem Auftraggeber nunmehr ausdrücklich ein **Anordnungsrecht** zugebilligt worden. Das Anordnungsrecht (vgl. hierzu näher Rdn. 1453a ff.) betrifft nach § 650b Abs. 1 Nr. 1 und 2 BGB n.F.

- sowohl die **Änderung des vereinbarten Werkerfolges**
- als auch eine **Änderung**, die zur **Erreichung des Werkerfolges notwendig ist**.

Diese Vorschrift aus dem neuen Bauvertragsrecht 2018 gilt über § 650q Abs. 1 BGB auch für das Architektenvertragsrecht. Es konkurriert nur begrenzt mit § 10 HOAI, der eine Einigung des Architekten mit dem Bauherrn – vom Wortlaut der Vorschrift – voraussetzt, wobei man allerdings von einer Einigung stets ausgehen kann, wenn der Auftraggeber eine Änderung fordert und der Architekt diese dann umsetzt.

Können die Vertragsparteien sich allerdings nicht einigen, gilt die neue Regelung des Anordnungsrechts des Auftraggebers (Bauherrn) in § 650b BGB mit der Folge, dass der Architekt der Anordnung im Rahmen der Regelung in Abs. 1 dieser Vorschrift folgen muss (vgl. näher Rdn. 1453c). Betrifft die Anordnung des Auftraggebers die **erste Alternative des Abs. 1** („Änderung des vereinbarten Werkerfolges") hat der Architekt dieser allerdings nur dann Folge zu leisten, wenn dem Architekten **diese Anordnung zumutbar** ist (vgl. Rdn. 1453c). So wird man einem Architekten, der allein auf Hotelbauten oder Hallenbauten spezialisiert ist, nicht zumuten können, nunmehr ein Bürogebäude zu planen und zu errichten.

Das **Honorar** für das aus der Anordnung folgende Honorar ergibt sich aus den allgemeinen Regelungen der HOAI einschließlich des **§ 10 HOAI** (vgl. Rdn. 1023) und nicht aus § 650c BGB n.F., soweit in Folge der Anordnung zu erbringende oder entfallende Leistungen vom Anwendungsbereich der HOAI erfasst werden. Andernfalls ist die Vergütungsanpassung für den vermehrten oder verminderten Aufwand aufgrund der angeordneten Leistung frei vereinbar. Soweit die Vertragsparteien keine Vereinbarung treffen, gilt § 650c BGB n.F. entsprechend. Das stellt § 650q Abs. 2 BGB n.F. noch einmal klar. Die Abgabe eines Angebotes auf der Basis einer Urkalkulation ist insoweit in der Regel nicht notwendig.

1013 Problematisch ist die Frage, ob und ggf. in welcher Höhe ein Architekt für **Änderungsleistungen** ein **zusätzliches** Honorar nach der HOAI verlangen kann (vgl. näher unten).

1014 Zu beachten ist, dass die HOAI **Alternativleistungen** des Architekten vorsieht, ohne dass hierfür ein gesondertes Honorar verlangt werden kann: So wird z.B. im Rahmen der Vorplanung (Leistungsphase 2) von dem Architekten das Erarbeiten eines Planungskonzeptes einschließlich Untersuchung der **alternativen Lösungsmöglichkeiten** nach gleichen Anforderungen als Grundleistung verlangt. Da die HOAI insoweit keine Zahl der von dem Architekten zu erarbeitenden Konzeptvarianten nennt, muss unter Umständen im Einzelfall von dem Architekten eine **Vielzahl von Abwandlungen** im Rahmen des unverändert gebliebenen Programmziels erstellt werden, bis zwischen Architekt und Auftraggeber Einigkeit über die beste Lösungsmöglichkeit erzielt wird.[403]

---

[403] Ebenso: *Löffelmann/Fleischmann*, Rn. 152; **a.A.**: aber abzulehnen: *Motzke*, BauR 1994, 570, 574, der meint, dass der Planer grundsätzlich drei Vorentwürfe nach gleichen Anforderun-

1015 Dasselbe gilt „für das **Fortschreiben** der Ausführungsplanung während der Objektausführung" (Grundleistung im Rahmen der Ausführungsplanung (Leistungsphase 5), wobei jedoch vorausgesetzt wird, dass das Planungsziel unverändert bleibt. Alternativleistungen sieht die HOAI auch als **Besondere Leistungen** vor, z.B. das Untersuchen von Lösungsmöglichkeiten nach grundsätzlich verschiedenen Anforderungen im Rahmen der Vorplanung. Wird das Planungsziel entscheidend verändert, wird zudem in aller Regel ein (neuer) selbstständiger Auftrag vorliegen, der entsprechend abzurechnen ist.[404]

1016 Jeder **Planungsprozess ist ein dynamischer Vorgang**: Nur im Zusammenspiel und Dialog zwischen Bauherr und Architekt und den damit verbundenen wiederholten Planungsänderungen und -anpassungen wird das gewünschte Planungsziel erreicht (Klärungsprozess). Für diesen selbstverständlichen **Optimierungsvorgang** einer Planungsabwicklung kann ein Architekt kein zusätzliches Honorar verlangen. In **welchem Umfang** der Architekt zu „optimieren" hat, d.h. **wie oft** er Planungsleistungen nach unterschiedlichen Anforderungen im Sinne von Varianten/Alternativen erbringen muss, ist stets eine Frage des Einzelfalles und insbesondere der Zumutbarkeitsgrenze. Hinreichende Beurteilungskriterien gibt es insoweit weder in der HOAI, noch sind sie bisher in der Literatur und Rechtsprechung herausgearbeitet worden.[405]

1017 Unter **kostenpflichtigen Änderungsleistungen** sind

* **Planungsleistungen** zu verstehen,
* die vom Architekten auf **Veranlassung des Auftraggebers**, ohne dass der Architekt diese zu vertreten hat
* nach einer **vollständig oder teilweise abgeschlossene Planungsleistung**[406]

für dasselbe Gebäude erbracht werden.[407]

1018 Besonderes Gewicht kommt bei dieser Definition der Änderungsleistung der Bestimmung des **Planungsabschlusses** zu.[408] Ist die Planung vollständig erbracht und wird nunmehr hierauf einvernehmlich mit der Errichtung des Baus begonnen, ist der Abschluss der Planungsleistung leicht zu greifen. Nichts anderes gilt aber auch, wenn nur (kleinere oder größere) Planungsabschnitte von Architekten erbracht wurden. Das können ganze Planungsphasen, einzelne Grundleistungen oder Teile von Grundleistungen sein: Werden z.B. von dem Architekten nach Beendigung der Leistungsphase 2 (Vorplanung) weitere Planungskonzepte bei gleichem

---

gen zu erstellen hat, sodass sich „das Verlangen nach weiteren Vorentwürfen als zweiter Auftrag" erweist. Dafür gibt es in der HOAI keinen Anhaltspunkt. Auch *Jochem*, Festschrift für Heiermann, S. 169, 172, geht dennoch von „maximal 3 Varianten" aus.

404) Vgl. OLG Düsseldorf, BauR 1994, 534 = NJW-RR 1994, 858 (Planung eines Hotels anstatt Bürohauses); ferner: *Weyer*, BauR 1995, 446, 450.
405) *Motzke*, BauR 1994, 570, 577; vgl. ferner *Meurer*, DAB 2000, 1563.
406) OLG Düsseldorf, NZBau 2007, 109 = BauR 2007, 1270. Vgl. hierzu auch BGH, IBR 2007, 563 – *Buchholz* (für die Tragswerkplanung) sowie KG, IBR 2009, 339 – *Große* und OLG Jena, Urteil vom 8.5.2008 – 1 U 108/07.
407) Zur Abgrenzung insbesondere: *Neuenfeld*, § 4 HOAI, Rn. 50 ff.; *Meurer*, DAB 2000, 1563; vgl. auch OLG Düsseldorf, BauR 2002, 1281 = NZBau 2003, 45 = OLGR 2002, 306; BauR 1976, 141.
408) OLG Düsseldorf, NZBau 2007, 109; *Neuenfeld*, § 4 HOAI, Rn. 50; *Motzke*, BauR 1994, 570 ff., 572, 574, 577, 580; *Portz/Rath/Haak/Haak*, Rn. 220.

Planungsziel gefordert, wird von ihm eine Vergütungspflichtige Änderungsleistung im Sinne einer Wiederholung verlangt. Dasselbe gilt, wenn sich der Auftraggeber nach dem Einstieg in die Leistungsphase 3 (Entwurfsplanung) nunmehr von dem in der Leistungsphase 2 einvernehmlich festgelegten Planungsziel (z.B. Veränderung des Baukörpers) löst und daher erneut Planungskonzepte für das veränderte Planungsziel gefordert bzw. notwendig werden. Damit ist unter dem Abschluss einer Planungsleistung oder eines entsprechenden Planungsabschnittes zu verstehen, dass sich die **Vertragsparteien einig** waren, dass das von ihnen einvernehmlich **festgelegte Planungsziel insoweit erreicht war,** also insbesondere den Vorgaben des Auftraggebers entsprach und hierauf nunmehr entweder der nächste Planungsschritt oder der Beginn der Ausführung des Bauvorhabens eingeleitet werden sollte.

1019 Für **Änderungsleistungen** kann man auch den Begriff der „**Mehrfachleistung**" verwenden, der sogar den Kern des Problems, nämlich die Frage der Vergütungspflicht solcher Leistungen, besser trifft.

1020 Wird eine **Entwurfsplanung** nach wiederholter Anpassung an die Wünsche des Bauherrn von diesem akzeptiert und ist sie damit entsprechend der zunächst geäußerten endgültigen Zielvorstellungen des Bauherrn **abgeschlossen,** verlangt der Bauherr danach jedoch erneut **Änderungen** (z.B. neue Wohnungszuschnitte/Wohnungsgrößen, Neugestaltung eines bestimmten Bereichs) und damit eine ganze oder teilweise Wiederholung der entsprechenden Architektenleistungen, ist diese **keine Besondere Leistung** i.S. der alten HOAI[409] oder Vertragserfüllung, sondern die ganze oder teilweise **Wiederholung der Grundleistungen** der Leistungsphase 3, und löst als **Mehrfachleistung** einen Honoraranspruch aus.[410] Entsprechendes hat für die Leistungsphasen 4 und 5 zu gelten: Wünscht der Bauherr z.B. nach Abschluss der Leistungsphase 4 (Einreichung des Bauantrages) nicht unerhebliche Änderungen, die eine ganze oder teilweise Wiederholung von Grundleistungen der Leistungsphase 3 und 4 notwendig machen, so stellen auch diese keine Besonderen Leistungen dar, sondern die **Wiederholung** von Grundleistungen mit der entsprechenden Vergütungspflicht.[411] Das OLG Düsseldorf[412] weist zu Recht darauf hin, dass eine neue Planung auch dann auf „Veranlassung des Auftraggebers" erbracht

---

409) **Herrschende Meinung:** OLG Düsseldorf, BauR 2007, 1270, 1276 = IBR 2007, 432 – *Seifert;* OLG Braunschweig, IBR 2005, 599 – *Seifert;* OLG Düsseldorf, NZBau 2007, 109, 115 sowie BauR 2002, 1281 = NZBau 2003, 45 = OLGR 2002, 306; OLG Hamm, BauR 1994, 535; BauR 1993, 633 = NJW-RR 1993, 1175 = ZfBR 1993, 225; *Lansnicker/Schwirtzek,* BauR 2000, 56, 61; *Boettcher,* BauR 2000, 792, 797; *Motzke,* BauR 1994, 570, 574, 578; *Neuenfeld,* § 4 HOAI, Rn. 52; **a.A.:** aber abzulehnen: OLG Köln, BauR 1995, 576, das im Übrigen für eine „doppelte bzw. wiederholende Grundleistung" eine „grundlegend neue geistige Leistung" fordert und jede Änderungsleistung ausdrücklich als Besondere Leistung kennzeichnet; OLG Hamm, BauR 1994, 398.
410) Vgl. hierzu BGH, BauR 2007, 1761 = IBR 2007, 563, 564, 565 – *Steiner* – Wie hier: OLG Stuttgart, BauR 2009, 842; OLG Braunschweig, IBR 2005, 599 – *Seifert; Neuenfeld,* § 4 HOAI, Rn. 52 ff.; *Meurer,* BauR 2004, 904, 909 u. DAB 2000, 1563, 1565; *Boettcher,* BauR 2000, 792, 794; **a.A.:** OLG Köln, BauR 1995, 576; vgl. hierzu auch OLG Düsseldorf, BauR 2002, 1281 = NZBau 2003, 45 = OLGR 2002, 306.
411) Ebenso OLG Düsseldorf, BauR 2007, 1270, 1276; *Meurer,* DAB 2000, 1563, 1564; *Boettcher,* BauR 2000, 792, 794, 797.
412) BauR 2002, 1281 = NZBau 2003, 45 = OLGR 2002, 306.

ist, „wenn sie als Ergebnis gemeinsamer Überlegungen erbracht wird, die ursprüngliche Planung aber ordnungsgemäß und durchführbar war und die Umplanung aufgrund von Änderungen der öffentlich-rechtlichen Bauvorschriften möglich, aber nicht erforderlich wurde".

Ähnliches gilt für die Leistungsphase 8 (Objektüberwachung): Wird eine teilweise Bauausführung (z.B. nach erfolgtem Abriss der zunächst erbrachten Bauleistung) wiederholt, liegt eine Änderungsleistung des Architekten vor, wobei erforderlich erscheint, dass die Änderungsleistung nicht unerheblich ist; andernfalls fällt sie in den normalen Rahmen des Ablaufs einer Bauüberwachung, da geringfügige Änderungen auf einer Baustelle üblich sind.

1021 Soweit in **AGB** des Auftraggebers (vor Inkrafttreten der neuen HOAI 2009) die Klausel enthalten ist, wonach **wesentliche Änderungen** durch den Auftraggeber als **Besondere Leistungen** anzusehen sind, für die die Honorierung schriftlich zu vereinbaren ist, wird man mit *Rath/Voigt*[413] diese Klausel als unwirksam anzusehen haben, weil Grundleistungen stets Grundleistungen bleiben und nicht Besonderen Leistungen zugeordnet werden können.

In manchen Formular-Architektenverträgen von Auftraggebern gibt es eine Bestimmung, dass für Mehr- und Sonderleistungen eine Vergütung nur gewährt wird, wenn der Auftraggeber zu den Leistungen zuvor sein schriftliches Einverständnis erteilt hat und vor der Ausführung eine Vereinbarung über die Höhe der Vergütung schriftlich getroffen wurde. Eine solche Bestimmung ist in AGB unwirksam, weil sie den Architekten als Vertragspartner des Verwenders entgegen den Geboten von Treu und Glauben unangemessen benachteiligt.[414] Das gilt entsprechend auch für in Auftrag gegebene Änderungsleistungen.

1022 Die **Schnittstelle** zwischen einer weiteren **(kostenlosen) Optimierung** der Architektenleistung und einer erneuten **(wiederholten) Erbringung** von Leistungen eines Architekten wird **nicht immer leicht festzustellen** sein. Anhaltspunkt hierfür kann nur sein, ob sich aus den Umständen des Einzelfalls ergibt, dass das jeweilige (Teil-)Planungsziel nach dem beiderseitigen Willen der Vertragsparteien erreicht war.[415]

1023 Vergütungspflichtige Planungsänderungen sind stets von **Nachbesserungsarbeiten** des Architekten für nicht/nicht vollständig erbrachte oder mangelhafte Planungsleistungen abzugrenzen. Im letzteren Fall handelt es sich um den Tatbestand der **Vertragserfüllung, der keinen zusätzlichen Honoraranspruch** auslöst.[416]

Das Honorar von Änderungsleistungen richtet sich grundsätzlich nach dem **Prozentsatz der jeweiligen Leistungsphase** und den übrigen Honorarparametern der HOAI (§ 6 Abs. 1).[417] Bezüglich der anrechenbaren Kosten ist zu berücksichtigen, dass immer die anrechenbaren Kosten zu berücksichtigen sind, die sich ins-

---

413) BauR 2009, 385, 393.
414) OLG Stuttgart, BauR 2009, 842, 845.
415) Vgl. hierzu *Neuenfeld*, § 4 HOAI, Rn. 54.
416) OLG Köln, BauR 2008, 1655 = IBR 2009, 38 – *A. Eich* (Kein Zusatzhonorar für Umplanung aufgrund spät eingeholten Baugrundgutachtens).
417) OLG Düsseldorf, NZBau 2007, 109, 115. Vgl. hierzu insbesondere *Fischer/Krüger*, BauR 2015, 1571 (zur Abrechnung im Einzelnen); *Fuchs*, Jahrbuch Baurecht 2013, S. 177 ff. sowie *Seifert*, BauR 2014, 330, 339 mit 2 Beispielen.

gesamt nach den Vorschriften der HOAI für das Gesamtobjekt ergeben; wegen der Degression der HOAI können also nicht die nur die Änderungskosten als anrechenbare Kosten in Ansatz gebracht werden.[418] Allerdings können die Parteien für Änderungsleistungen auch ein Zeithonorar vereinbaren. Dies muss jedoch bei Geltung der alten HOAI schriftlich bei Auftragserteilung unter Berücksichtigung des Preisrahmens der Mindest- und Höchstsätze erfolgen.[419] Werden nur bestimmte Grundleistungen einer Leistungsphase im vorerwähnten Sinn geändert oder wiederholt, besteht die Vergütungspflicht in Höhe eines bestimmten Anteils dieses Prozentsatzes.

Eine Aufklärung seitens des Architekten gegenüber dem Bauherrn über die Honorierungspflicht von Änderungsleistungen ist nicht erforderlich, weil derartige Zusatzleistungen üblicherweise nicht ohne Entgelt erbracht werden. Nach Auffassung des OLG Stuttgart[420] können die Parteien ein unter den Mindestsätzen der HOAI liegendes Honorar bei nachträglichen Umplanungsleistungen vereinbaren. Diese Meinung widerspricht aber dem zwingenden Preisrecht der HOAI.

1024 Wird die Vergütungspflicht von Änderungsleistungen in AGB ausgeschlossen, verstößt eine solche Regelung gegen § 307 BGB[421] (vgl. Rdn. 1021). Das gilt auch für Klauseln, wonach ein Honoraranspruch nicht gegeben ist, wenn es sich um unwesentliche Änderungen handelt, die zu einer Honorarerhöhung bis zu 5 % führen würden.[422] Jochem[423] weist im Übrigen zu Recht darauf hin, dass sich die Honorarermittlung bei Änderungsleistungen ggf. nur auf die Teile eines Bauwerks erstreckt, die von der Änderungsleistung erfasst werden, wenn Grundleistungen wiederholt werden, die sich nicht auf das gesamte Gebäude, sondern auf Teile davon beziehen.

1025 Der **Architekt** trägt stets die **Darlegungs- und Beweislast**, durch welche Änderungswünsche des Auftraggebers die **zusätzlichen Planungsarbeiten** bewirkt wurden.[424]

(2) Änderungsleistungen unter Geltung der HOAI 2009 (bis 16.7.2013)

1026 Auch in der HOAI 2009 sind reine Änderungsplanungen im Sinne einer wiederholten Grundleistung nicht grundlegend geregelt, obwohl dies nahegelegen hätte. Die HOAI 2009 beschäftigt sich lediglich in § 3 Abs. 2 S. 2 sowie in § 7 Abs. 5 mit „Änderungsleistungen", die jedoch von der hier erörterten Fallgestaltung zu unterscheiden sind.

1027 Nach **§ 3 Abs. 2 S. 2 HOAI** sind „andere Leistungen, die durch eine Änderung des Leistungsziels, des Leistungsumfangs, einer Änderung des Leistungsablaufs oder anderer Anordnungen des Auftraggebers erforderlich werden, von den Leistungsbildern nicht erfasst und gesondert frei zu vereinbaren und zu vergüten". In der Literatur entfachte diese Vorschrift, die sich als ein klassischer Fall einer völlig verunglückten Norm herausstellte, einen heftigen Streit. Was unter „anderen Leistungen" im Rahmen dieser Vorschrift zu verstehen ist, wird nämlich nicht

---

418) *Seifert*, a.a.O.
419) BGH, BauR 2009, 1162 = IBR 2009, 334 – *Schwenker*; *Rath/Voigt*, BauR 2009, 385, 391.
420) IBR 2008, 657 – *Götte*.
421) Zutreffend: *Jochem*, Festschrift für Heiermann, S. 169, 177.
422) Vgl. hierzu *Rath/Voigt*, BauR 2009, 385, 392.
423) A.a.O., S. 177, 178.
424) BGH, NJW-RR 1991, 981; BGH, BauR 1995, 92.

im Einzelnen angegeben. Die Abgrenzung ergibt sich jedoch aus Abs. 2 S. 1 dieser Vorschrift, wonach „Leistungen, die zur ordnungsgemäßen Erfüllung eines Auftrags im Allgemeinen erforderlich sind, in Leistungsbildern erfasst" sind. Daher kommen für eine **gesonderte, freie Vereinbarung** außerhalb des Preisrechts der HOAI nur die **in der HOAI nicht in Leistungsbildern** genannten („anderen"), also zur ordnungsgemäßen Erfüllung nicht erforderlichen Leistungen (Rdn. 607) in Betracht. Es kann deshalb insbesondere Locher/Koeble/Frik[425]) nicht gefolgt werden, wonach unter § 3 Abs. 2 S. 2 HOAI 2009 das Honorar für Leistungen frei vereinbart werden kann, „die über normalerweise notwendigen Leistungen hinaus nochmals Leistungen aus einem der Leistungsbilder erbracht werden". Das wären aber die reinen **Planungsänderungen im Sinne von wiederholten Grundleistungen.** Dass solche auf Anordnung des Auftraggebers nochmals erbrachten Grundleistungen nicht unter die Preisvorschriften fallen sollen, obwohl es sich insoweit um Wiederholungen von Grundleistungen handelt, die unter die **Leistungsbilder der HOAI einzuordnen** sind, ist nicht nachvollziehbar. Es kann nicht ernsthaft vertreten werden, dass Planungsänderungen im Sinne des § 3 Abs. 2 S. 2 HOAI 2009 nicht unter die Preisregeln der HOAI fallen sollen, wenn ein Auftraggeber Änderungen anordnet, die zu einer Wiederholung von Leistungen führt, die in den **Leistungsbildern der HOAI geregelt sind**. Das wäre mit § 3 Abs. 2 S. 1 HOAI 2009 nicht in Einklang zu bringen.

Es stellt sich also die Frage, warum es bei Änderungen der Planung zwei unterschiedliche, nicht nachvollziehbare und unnötige Konsequenzen im Rahmen der HOAI 2009 geben sollte. Das hat der Verordnungsgeber erfreulicherweise nunmehr erkannt: Die Vorschrift des § 3 Abs. 2 Satz 2 wurde jetzt im Rahmen der Novellierung 2013 ersatzlos gestrichen.

Nach zutreffender Auffassung waren **Änderungsleistungen** bei Geltung der alten HOAI 1996 keine Besonderen Leistungen, sondern eben **Wiederholungsleistungen** im Sinne einer Mehrfachplanung, sodass die Änderungsleistungen als Grundleistungen erneut zu honorieren waren. Entsprechendes gilt auch für Leistungen gemäß § 3 Abs. 2. HOAI 2009, die in den Leistungsbildern der HOAI aufgeführt werden. Sie können nur deswegen, weil sie für eine Änderung des Leistungsziels, des Leistungsumfangs, einer Änderung des Leistungsablaufs oder anderer Anordnungen des Auftraggebers nochmals erbracht werden müssen, nicht zu Leistungen werden, die nicht unter das Preisrecht der HOAI fallen, sondern frei vereinbart und vergütet werden können. Andernfalls könnte das Preisrecht von beiden Vertragsparteien leicht umgangen werden, indem sie zunächst als Leistungsziel z.B. die Planung und Errichtung eines Hotels und später die Planung und Errichtung von Wohnungen (auf demselben Grundstück) vereinbaren. Wieso soll dann die Planung und Errichtung des Wohngebäudes nicht mehr unter das Preisrecht fallen. Dasselbe gilt für Erweiterungen des geplanten Gebäudes, Änderungen von Grundrissen usw. Im Übrigen: Schwierigkeiten gibt es auch in der Abgrenzung zu § 7 Abs. 5 HOAI 2009, der insoweit die Anwendung des verbindlichen Preisrechts vorgibt.[426]) Wieso soll es bei Änderungen des Leistungsumfangs zwei unterschiedliche Konsequenzen im Rahmen der HOAI 2009 geben? Ändert sich der beauftragte Leistungsumfang mit der Folge von Änderungen der anrechenbaren Kosten, hat gemäß § 7 Abs. 5 HOAI 2009 eine Anpassung des Honorars – entsprechend den Vorschriften der HOAI – zu erfolgen. Ändert sich der Leistungsumfang ohne Veränderung der anrechenbaren Kosten, wäre (nach anderer Auffassung als hier) eine völlig freie Vereinbarung der Vertragsparteien ohne Berücksichtigung der entsprechenden Parameter der HOAI möglich. Dieser Widerspruch entspricht mit Sicherheit auch nicht dem Willen des Verordnungsgebers, der in § 3 Abs. 2 HOAI 2009 eine unglückliche Formulierung gewählt hat und nunmehr zur Klarstellung beitragen muss. Andernfalls wird es die Rechtsprechung tun.

---

425) 11. Aufl., § 3 HOAI, Rn. 15 und § 10 HOAI, Rn. 18. Ebenso *Scholtissek*, § 3 HOAI, Rn. 94; *Deckers*, Rn. 171 (allerdings mit „gewissem Unbehagen") und *Ebersbach*, ZfBR 2009, 622, 631 und wohl auch *Jochem*, Jahrbuch Baurecht 2010, 293, 321 sowie *Morlock/Meurer*, 8. Aufl., Rn. 587 u. 697. **Wie hier** *Preussner*, Rn. 39/40; *Steeger* in Steeger, § 3, Rn. 11; *Fischer*, Festschrift für Koeble, 327, 335; Motzke, ebenda, 418 ff., 428 (§ 3 Abs. 2 Satz 2 HOAI „praxisuntauglich"); *Kalte/Wiesner*, IBR-online a.O. Zu den Auffassungen in der Literatur vgl. ferner *Motzke*, NZBau 2011, 80.

426) So zutreffend *Deckers*, Rn. 173.

Es sollte bei alledem berücksichtigt werden, dass bei entscheidender Veränderung des Planungsziels in aller Regel ein (neuer) selbstständiger Auftrag vorliegen wird, der gemäß den Parametern der HOAI entsprechend abzurechnen ist.[427] Man kann also sagen, dass – negativ formuliert – andere Leistungen im Sinne des § 3 Abs. 2 S. 2 HOAI 2009 nicht die in den Leistungsbildern der HOAI genannten Leistungen (§ 3 Abs. 2 S. 1 HOAI 2009) sind. Auch Motzke[428] ist der Auffassung, dass Änderungsleistungen unabhängig von einer entsprechenden Honorarvereinbarung nach den normalen HOAI-Regeln vergütet werden sollten, weil Änderungsleistungen im Bauprozess etwas Normales darstellen.

1028 § 7 Abs. 5 HOAI 2009 betrifft **Änderungsleistungen im Sinne von Auftragserweiterungen oder Auftragsreduzierungen**, die jedoch mit **Änderungen der anrechenbaren Kosten** verbunden sein müssen, was gerade bei einer geänderten Planung häufig nicht der Fall ist. Nach dieser Vorschrift ist die dem Honorar zugrunde liegende Vereinbarung durch schriftliche Vereinbarung anzupassen, wenn sich der beauftragte Leistungsumfang auf Veranlassung des Auftraggebers während der Laufzeit des Vertrages mit der Folge von Änderungen der anrechenbaren Kosten, Werten oder Verrechnungseinheiten ändert. § 7 Abs. 5 HOAI 2009 setzt also voraus:
- **Änderung des Leistungsumfangs** (Erweiterung oder Reduzierung)
- auf **Veranlassung des Auftraggebers**
- mit der Folge der **Veränderung der anrechenbaren Kosten, Werten oder Verrechnungseinheiten**

1029 Die **schriftliche Anpassung** kann **jederzeit** erfolgen. § 7 Abs. 5 HOAI 2009 gilt sowohl für den Fall, dass die Kostenberechnung nach § 6 Abs. 1 HOAI 2009 zum Zuge kommt, als auch für den Fall, dass nach § 6 Abs. 2 HOAI 2009 mögliche Baukostenmodell vereinbart worden ist. Kommt es – aus welchen Gründen auch immer – nicht zu einer schriftlichen Vertragsanpassung, hat der jeweilige Vertragspartner einen Rechtsanspruch auf Anpassung.[429]

(3) Änderungsleistungen unter Geltung der HOAI 2013 (ab 17.7.2013)

1029a Wie dargelegt, versuchte der Verordnungsgeber im Rahmen der Novellierung der HOAI 2009, die Honorierung von Änderungsleistungen durch den neuen § 7 Abs. 5 HOAI in den Griff zu bekommen. Nach dieser Vorschrift ist das Honorar durch schriftliche Vereinbarung anzupassen, wenn sich der beauftragte Leistungsumfang auf Veranlassung des Auftraggebers während der Laufzeit des Vertrages mit der Folge von Änderungen der anrechenbaren Kosten, Werten oder Verrechnungseinheiten ändert. Diese Vorschrift verlangt also ausdrücklich, dass Planungsänderungen, „mit Änderungen der anrechenbaren Kosten, Werten oder Verrechnungseinheiten" einhergehen. Das kann, muss aber nicht immer der Fall sein. Mit dieser Norm in § 7 Abs. 5 war damit die grundlegende Honorierung von Planungsänderungen nicht geregelt.

Das hat der Verordnungsgeber nunmehr mit dem neuen § 10 HOAI 2013 nachgeholt: Während Absatz 1 dieser Vorschrift im Wesentlichen dem § 7 Abs. 5 HOAI 2009 entspricht, ist mit § 10 Abs. 2 HOAI 2013 eine Regelung geschaffen worden, die die Honorierung von Planungsänderungen (Wiederholungsleistungen) grund-

---

[427] Vgl. OLG Düsseldorf, BauR 1994, 534 = NJW-RR 1994, 858 (Planung eines Hotels anstatt eines Bürohauses); ferner: *Weyer*, BauR 1995, 446, 450. Darauf verweist auch *Fischer*, Festschrift für Koeble, 327 ff., 335.
[428] NZBau 2012, 137, 140 ff. („rechtspolitische Fehlleistung").
[429] Vgl. hierzu BGH, BauR 2005, 118 = NZBau 2005, 26 = NJW-RR 2005, 322 sowie BGH, BauR 2007, 1592 = NZBau 2007, 587 für einen ähnlich gelagerten Fall. Siehe hierzu auch Rdn. 1035.

sätzlich vorsieht, also unabhängig, ob sich im Rahmen der Planungsänderungen die anrechenbaren Kosten usw. ändern. Zur Honorarberechnung bei Planungsänderungen heißt es in der Begründung zu § 10 der Bundesratsdrucksache:[430]

> „§ 10 Abs. 2 regelt jetzt allgemein die Wiederholung von Grundleistungen und ihre anteilmäßige Honorarberechnung. Hintergrund dafür ist, dass nach den konkreten Umständen im jeweiligen Einzelfall zu prüfen ist, welcher Mehraufwand dem Auftragnehmer durch die Wiederholung von Grundleistungen tatsächlich entsteht. Soweit erbrachte Leistungen im Falle der Wiederholung verwertet werden können, sind diese nicht zusätzlich zu vergüten."

Diese neu geschaffene Vorschrift ist zu begrüßen, weil damit nunmehr geregelt ist, dass Planungsänderungen grundsätzlich honorarpflichtig sind, und zwar unabhängig davon, ob es sich um wesentliche oder unwesentliche Planungsänderungsleistungen handelt. Der entsprechende Honoraranspruch kann daher weder eingeschränkt noch abbedungen werden.[431]

Nach wie vor entfällt die Honorarpflicht für Planungsänderungen, worauf die Begründung an derselben Stelle nochmals verweist, wenn es sich bei der Planungsänderung um eine Nacherfüllung des Architekten wegen mangelhafter Planung handelt oder Planungswissen im Grundleistungskatalog gefordert werden (z.B. in der Leistungsphase 2 des § 34 HOAI/Anlage 10: Planungsvarianten nach gleichen Anforderungen).

Neu sind in diesem Zusammenhang die in § 10 enthaltenen Forderungen

– dass sich die Vertragsparteien (Auftraggeber und Architekt) über die Planungsänderungen und damit die Wiederholung von Grundleistungen „einigen" müssen

– und dass das Honorar für die Planungsänderung „entsprechend ihrem Anteil an der jeweiligen Leistungsphase schriftlich zu vereinbaren ist".

1029b

Die erste dieser beiden Forderungen wird in der Praxis kaum Schwierigkeiten aufwerfen. Die jetzt geforderte Einigung bedarf keiner Form: Sie kann schriftlich, mündlich oder konkludent erfolgen. In der Regel wird in der Praxis letzteres gegeben sein, wofür auch eine Vermutung sprechen wird. Motzke[432] weist zurecht darauf hin, dass „die Einigung gemäß § 10 HOAI nicht verpflichtender Natur und nicht rechtsgeschäftlichen Charakters ist". Dabei ist auch zu berücksichtigen, dass dem Bauherrn als Auftraggeber ein Anordnungsrecht grundsätzlich zusteht, das mit dem neuen **Werkvertragsrecht 2018** nunmehr auch einen gesetzlichen Niederschlag in § 650b BGB gefunden hat (vgl. Rdn. 1512). Dagegen wird es dann, wenn die Vertragsparteien das Honorar – entsprechend der zweiten Forderung – nicht oder nicht schriftlich (aus welchen Gründen auch immer) – vereinbaren, zu Problemen zwischen den Vertragsparteien kommen. Das ist schon jetzt vorhersehbar. Wieso der Verordnungsgeber insoweit diese praxisfremde Forderung nach einer schriftlichen Vereinbarung bezüglich der Höhe des Honorars für Planungsänderungen aufgestellt hat, kann nicht nachvollzogen werden. Man wird bei der Auslegung der Vorschrift des § 10 davon auszugehen haben, dass die **schriftliche Vereinbarung** der Vertragsparteien **keine Anspruchsvoraussetzung** für die Ho-

---

430) BR-Drucks. 334/13, S. 143.
431) *Messerschmidt*, NZBau 2014, 1, 9.
432) In Festschrift für Neuenfeld, S. 77, 86, 95.

norierung von Planungsänderungen ist:[433] Es kann nicht richtig sein, dass Grundleistungen stets zu honorieren sind, die Wiederholung von Grundleistungen aber nur bei schriftlicher Vereinbarung über das entsprechende Honorar.[434]

Daher hat der **Architekt bei Planungsänderungen** grundsätzlich einen **Anspruch auf Abschluss einer Honorarvereinbarung**.[435] Verweigert der Auftraggeber die entsprechende Anpassung, hat der Architekt einen **unmittelbaren Anspruch auf Zahlung**.

Die Höhe des Honorars ergibt sich gem. § 10 Abs. 1 HOAI aus den erhöhten Kosten (gegenüber der Kostenberechnung als allgemeine Basis gem. § 6 HOAI) einerseits und dem Wiederholungsanteil der jeweils betroffenen Grundleistung der entsprechenden Leistungsphase andererseits. Insoweit ist im Rahmen des § 10 Abs. 1 HOAI die Kostenberechnung um den jeweiligen niedrigeren oder höheren Anteil der anrechenbaren Kosten fortzuschreiben.[436]

> § 10 Abs. 1 und 2 HOAI sind (unnötig) aufgebläht formuliert und wirft (auch unnötig) insbesondere die Frage der Notwendigkeit einer schriftlichen Vereinbarung auf, wie oben dargelegt. Klarer wäre der Vorschlag des Bundes Deutscher Architekten (BDA) gewesen: „Werden Grundleistungen wiederholt, ist das Honorar für diese Grundleistungen entsprechend ihrem Umfang zu berechnen."

Der Baugerichtstag 2016[437] empfiehlt daher § 10 an § 650p BGB-E anzupassen, indem das Einigungserfordernis sinngemäß ersetzt wird durch: „Ändern sich die Leistungsziele auf Veranlassung des Auftraggebers …". In § 10 Abs. 2 HOAI empfiehlt der Baugerichtstag, die Anknüpfung an sich nicht ändernde anrechenbare Kosten zu streichen.

cc) Mehrleistungen durch verlängerte Bauzeit

Literatur

Schramm/Schwenker, Störungen der Architekten- und Ingenieurleistungen, 2008.

Messerschmidt, Die Mehraufwendungen des Architekten aus verlängerter Bauzeit, Festschrift für Jagenburg (2002), 607; *Schramm*, Störungen der Architekten- und Ingenieurleistungen: Anwendungsbereiche der HOAI und Mehrkostenermittlung, Jahrbuch Baurecht 2004, 139; *Lauer/Steingröver*, Zusätzliche Vergütung des Architekten bei Bauzeitverlängerung – Teil 1, BrBp 2004, 316; Teil 2, BrBp 2004, 366; *Schwenker/Schramm*, Das Honorar des Architekten bei Verzögerung der Bauzeit, ZfIR 2005, 121; *Preussner*, Der Honoraranspruch des Architekten bei Bauzeitverlängerung, BauR 2006, 203; *Stassen*, Der Bauzeitnachtrag des Architekten, in Baumanagement und Bauökonomie, (2007), 316.

1030 Eine geänderte Leistungsanforderung an den Architekten liegt auch dann vor, wenn die **Bauzeit länger als geplant andauert**. Die alte, aber auch die neue HOAI hat sich dieses wichtigen Problems nur „stiefmütterlich" angenommen, obwohl

---

433) Ebenso *Messerschmidt*, NZBau 2104, 1, 6 sowie BauR 2014, 358, 366.
434) Vgl. hierzu *Werner/Wagner*, BauR 2014, 1386 ff., 1393. Ebenso *Fuchs/Berger/Seifert*, NZBau 2013, 729, 738; *Messerschmidt*, a.a.O. übt ebenfalls Kritik an Struktur und Wortlaut des § 10 HOAI. A.A. aber ohne Begründung *Rohrmüller*, BauR 2015, 19 ff., 27, 31.
435) Wie hier *Messerschmidt*, NZBau 2014, 1, 7/8.
436) So auch *Messerschmidt*, NZBau 2014, 1, 8, der für die Fälle des § 10 Abs. 1 und 2 HOAI zwei Beispielsfälle der Honorarberechnung bringt.
437) Vgl. BauR 2016, 1625.

viele Bauvorhaben zeitlich „aus dem Ruder laufen" und daher dringender Regelungsbedarf besteht.

1031 Der Baugerichtstag 2016[438)] hat daher empfohlen, die HOAI um eine Vorschrift zu ergänzen, wonach ein Zusatzhonorar für verlängerte Bauzeit vorzusehen ist, orientiert an den zeitabhängigen Honorarbestandteilen der Objektüberwachung/Bauoberleitung aus der ursprünglichen Bauzeit, soweit der Auftragnehmer die Bauzeitverlängerung nicht zu vertreten hat.

1032 Haben die Parteien keine entsprechende Regelung für diese Fallgestaltung getroffen, wird man nur mit dem Rechtsinstitut der **Störung der Geschäftsgrundlage** (§ 313 BGB) helfend eingreifen können, wenn der Zeitverzug aus Umständen, die der Architekt nicht zu verantworten hat, so **erheblich** ist, dass er für den Planer bzw. Objektüberwacher nicht mehr hinnehmbar ist.[439)] Dies ist jedoch **bestritten**.[440)] Der BGH[441)] hat in einer Entscheidung diese Möglichkeit ebenfalls eröffnet. Gegenstand war eine ausdrücklich zwischen den Vertragsparteien nach Monaten festgelegte Bauzeit als Geschäftsgrundlage. Eine entsprechende Geschäftsgrundlage kann sich aber auch aus Absprachen außerhalb des Architektenvertrages ergeben, z.B. aus dem Schriftverkehr, abgestimmten Zeitplänen usw. Bei seiner Entscheidung geht der BGH davon aus, dass diese für das konkrete Bauvorhaben vertraglich bestimmte Bauzeit realistisch bemessen wurde, also unter Einbeziehung üblicherweise einzukalkulierender, weil vorhersehbarer Unwägbarkeiten, die zur Bauzeitverzögerung führen können.

1033 Das Rechtsinstitut der Störung der Geschäftsgrundlage (§ 313 BGB) ist trotz der Formvorschriften des § 7 HOAI anzuwenden, denn die HOAI schließt die Anwendung des Grundsatzes von Treu und Glauben nicht aus. Es sind jedoch stets die hohen Anforderungen zu berücksichtigen, die die Anwendung dieses Rechtsinstituts voraussetzt.[442)] So muss vor allem ein deutliches Missverhältnis zwischen dem vereinbarten Honorar und der erbrachten oder zu erbringenden Leistung, also ein erheblicher Mehraufwand, vorliegen.

1034 Um die offensichtliche Lücke zu schließen und nicht der risikobehafteten Abwägung nach Treu und Glauben ausgesetzt zu sein, empfiehlt es sich für beide Vertragsparteien, in dem Architektenvertrag eine klare Regelung für den Fall einer Bauzeitverlängerung zu treffen. Dabei sollte in den Architektenvertrag zunächst ei-

---

438) Vgl. im Einzelnen hierzu BauR 2016, 1623 f.
439) Ebenso: OLG Brandenburg, OLGR 1998, 431; OLG Düsseldorf, BauR 1986, 719; OLG Dresden, IBR 2007, 142 – *Seifert*; *Stassen*, Baumanagement und Bauökonomie, S. 316, 322; *Preussner*, BauR 2006, 203, 206; *Schwenker/Schramm*, ZfIR 2005, 121, 125; *Neuenfeld*, § 4 HOAI, Rn. 11; *Schwenker*, DAB 12/04, S. 57 ff.; *Osenbrück*, BauR 1990, 764; *Kreißl*, S. 108 ff.; *Braun*, BTR 2003, 107, 111.
440) **Anderer Ansicht:** LG Köln, BauR 2005, 582; OLG Hamm, BauR 1996, 718; LG Heidelberg, BauR 1994, 802 u. wohl auch OLG Frankfurt, BauR 1985, 585.
441) BauR 2005, 118 = NZBau 2005, 46 = NJW-RR 2005, 322 = IBR 2005, 94, 95 – *Preussner* = MDR 2005, 267. Ebenso OLG Düsseldorf, NZBau 2007, 109; KG, BauR 2007, 906. Vgl. hierzu *Preussner*, BauR 2006, 203 sowie *Schwenker/Schramm*, ZfIR 2005, 121; ferner OLG Köln, BauR 2005, 582.
442) Zum Umfang der zeitlichen Überschreitung vgl. BGH, *Schäfer/Finnern*, Z 3.01 Bl. 311; *Lauer/Steingröver*, BrBp 2004, 316, 321; *Heinle*, BauR 1992, 428, 429; *Neuenfeld*, § 4 HOAI, Rn. 10 u. 11 („drastische Diskrepanz"); OLG Brandenburg, BauR 2001, 1772, 1776 (Verlängerung der Bauzeit und unzumutbarer Arbeits-Mehraufwand) = OLGR 2001, 444.

ne „Regelbauzeit" eingefügt werden. Ohne eine klare Festlegung wird man nur selten zu einem zusätzlichen Vergütungsanspruch gelangen, auch nicht unter dem Gesichtspunkt der Änderung der Geschäftsgrundlage.[443] Umso erstaunlicher ist es, dass in vielen Architektenverträgen (z.B. in dem Formular der RBBau) eine solche Regelzeit nicht vorgesehen ist. Gleichzeitig sollte vereinbart werden, dass der Auftraggeber ein bestimmtes **zusätzliches** Honorar zu zahlen hat, das sich an der Relation der **Regelbauzeit** einerseits und dem **tatsächlichen Zeitablauf** andererseits orientiert, wobei ein zusätzlicher Zeitraum vereinbart werden kann, den der Objektüberwacher zu tolerieren hat (z.B. 20 % der vorgesehenen Bauzeit). Dabei sind **zwei Alternativen** möglich: Zunächst kann daran gedacht werden, dass – ohne konkrete Vergütungsregelung – ein Anspruch des Auftragnehmers dahingehend konstituiert wird, dass er eine zusätzliche Vergütung für seine tatsächliche Mehraufwendungen beanspruchen kann. Eine solche Regelung könnte wie folgt aussehen:

> „Verlängert sich die Bauzeit durch Umstände, die der Auftragnehmer nicht zu verantworten hat, wesentlich, wird für die Mehraufwendungen im Rahmen der Objektüberwachung eine zusätzliche Vergütung vereinbart. Eine Überschreitung bis zu 20 % der festgelegten Ausführungszeit, maximal jedoch ... Monate, ist durch das Honorar abgegolten."[444]

Diese Klausel hilft allerdings im Konfliktfall wenig, weil insbesondere keine Kriterien zur Bemessung der Honorarerhöhung genannt werden.[445] Deshalb erscheint es sinnvoller, weil konfliktlösender, eine entsprechende Mehrvergütung für eine verlängerte Bauzeit von einem **konkreten Mehraufwand** (im Sinne von Mehrkosten) **abzukoppeln**, aber gleichzeitig an das Honorar für die Objektüberwachung im Rahmen der Regelbauzeit **anzubinden**, wie z.B.:

> „Der Architekt erhält eine entsprechende Mehrvergütung für eine Verlängerung der Regelbauzeit (einschließlich einer Toleranz von ... Monaten), die im Einzelnen von den Vertragsparteien auszuhandeln ist, sich aber an dem hier vereinbarten Honorar für die Objektüberwachung einerseits und der vereinbarten Regelbauzeit andererseits orientiert."

oder

> „Wird die Bauzeit aus nicht vom Auftragnehmer zu vertretenden Gründen um mehr als ... Monate (Toleranz) überschritten, so erhöht sich das Honorar für die Objektüberwachung im gleichen Verhältnis wie die tatsächliche Bauzeit zur vorgesehenen und um die Toleranz erhöhten Bauzeit."

1035 Der BGH[446] hat sich mit der folgenden, in Architektenverträgen vielfach üblichen Klausel beschäftigen müssen:

> „Dauert die Bauausführung länger als 15 Monate, so sind die Parteien verpflichtet, über eine angemessene Erhöhung des Honorars für die Bauüberwachung (§ 15 Abs. 2 HOAI 1996, Leistungsphase 8)[447] zu verhandeln.

---

443) OLG Dresden, IBR 2007, 142 – *Seifert*; OLG Brandenburg, OLGR 1998, 431 u. BauR 2001, 1772, 1776 = OLGR 2001, 444.
444) Das Vertragsmuster der RBBau formuliert insoweit vorsichtiger: Danach **kann** für die entsprechenden Mehraufwendungen eine zusätzliche Vergütung vereinbart werden.
445) So auch *Stassen*, in Baumanagement und Bauökonomie, S. 316, 318.
446) BauR 2005, 118 = NZBau 2005, 46 = IBR 2005, 94 u. 95 – *Preussner* = NJW-RR 2005, 322 = MDR 2005, 267 sowie BauR 2007, 1592 = NZBau 2007, 587 = IBR 2007, 492.493, 494 – *Steiner*. Vgl. hierzu *Stassen*, in Baumanagement und Bauökonomie, S. 316 sowie *Schwenker*, DAB 12/04, S. 57 ff. Vgl. hierzu insbesondere OLG Düsseldorf, NZBau 2007, 109.
447) Alte Fassung: jetzt § 34 HOAI i.V.m. Anlage 10.

Der nachgewiesene Mehraufwand ist dem Architekten in jedem Falle zu erstatten, es sei denn, dass der Architekt die Bauzeitüberschreitung zu vertreten hat."

Der BGH hält diese Klausel, die eine (oben empfohlene) Regelbauzeit beinhaltet (mit der h.M. in der Literatur) zutreffend für wirksam, weil die HOAI lediglich das Preisrecht, nicht aber die Grundsätze über den Wegfall der Geschäftsgrundlage regelt. Dabei weist der BGH darauf hin, dass die Parteien die in der Klausel genannte Regelbauzeit von 15 Monaten zur Geschäftsgrundlage im Hinblick auf die Verpflichtung des Architekten, die Objektüberwachung auszuführen, gemacht haben: „Die Parteien haben mit der Anpassungsklausel die Rechtsfolgen für einen Wegfall dieser Geschäftsgrundlage geregelt. Danach ist über eine angemessene Höhe eines zusätzlichen Honorars für eine zusätzliche Zeit der Bauüberwachung zu verhandeln; dem Kläger soll jedenfalls ein Ausgleich für den nachgewiesenen Mehraufwand zustehen, wenn er eine Bauzeitüberschreitung nicht zu vertreten hat." Mit einer ähnlichen Klausel hat sich auch das OLG Düsseldorf[448] beschäftigt und entsprechend entschieden.

Nach Auffassung des BGH begründet die vorerwähnte Anpassungsklausel nicht nur eine Pflicht des Auftraggebers, Verhandlungen mit dem Architekten aufzunehmen, sondern auch in eine angemessene Vergütung der Leistungen im Rahmen der Bauzeitüberschreitung einzuwilligen: „Im Rechtsstreit ist an die Stelle des Anspruchs auf Verhandlung und Einwilligung der Anspruch auf Zahlung der angemessenen Vergütung getreten". Diesen Ausführungen des BGH ist zuzustimmen, weil sie der beiderseitigen Interessenlage der Parteien im Zeitpunkt des Vertragsabschlusses entspricht.[449]

1036 Wird zwischen den Vertragsparteien **keine Regelbauzeit** vereinbart, kann sich die dem Vertrag zugrunde gelegte Bauzeit **aus anderen Umständen ergeben** (z.B. aus einem einvernehmlich erstellten Bauzeitenplan, dem Schriftverkehr der Parteien usw.). Auch in diesen Fällen ist eine Honoraranpassung wegen Bauzeitverlängerung nach § 313 BGB möglich. Soweit in der Rechtsprechung[450] zum Teil die Auffassung vertreten wird, dass ohne eine entsprechende schriftliche Absprache der Weg zu einer Honoraranpassung durch § 7 Abs. 4 HOAI versperrt ist, wird dabei übersehen, dass sich nach überzeugender Auffassung des BGH[451] der Honoraranspruch eines Architekten allein aus den Grundsätzen des bürgerlichen Vertragsrechts ergibt, sodass die Gebührentatbestände der HOAI dem nicht entgegenstehen können. Mit anderen Worten: Der Honoraranspruch des Architekten ergibt sich dem Grunde nach aus **§ 313 BGB (Änderung der Geschäftsgrundlage)**, wobei die Preisvorschriften der HOAI insoweit unerheblich sind.[452]

1037 Der **BGH**[453] hat sich – noch bei Geltung der alten Gebührenordnung für Architekten (GOA) – mit der Frage höherer Aufwendungen im Rahmen der Bauzeit auseinander gesetzt. Er hat damals entschieden, dass nach § 10 Abs. 5 GOA **Mehraufwendungen** dem Architekten im Rah-

---

448) BauR 2009, 1764.
449) Ebenso OLG Düsseldorf a.a.O.
450) LG Köln, BauR 2005, 582; LG Heidelberg, BauR 1994, 802 (LS); OLG Hamm, BauR 1986, 718.
451) BauR 2004, 1640 = NJW 2004, 2588 = NZBau 2004, 509 = ZfIR 2004, 767 = MDR 2004, 1293.
452) BGH, a.a.O.
453) BauR 1983, 277, 278.

men der Bauaufsicht erst zu erstatten sind, wenn und soweit diese Aufwendungen die Gebühr nach § 10 Abs. 5 GOA für die Bauaufsicht übersteigen, also auch den „Gewinn" aufgezehrt haben. Die Vorschrift des § 10 Abs. 5 GOA setzt – wie der BGH zu Recht ausführt – eindeutig die Aufwendungen und die Gebühr in eine bestimmte Beziehung. Das ist aber bei einer Vereinbarung, bei der dem Architekten seine Mehraufwendungen im Rahmen der verlängerten Bauzeit erstattet werden sollen, nicht der Fall. Hier vereinbaren die Parteien ausdrücklich die Erstattung des Mehraufwandes nach Ablauf der Toleranzzeit, ohne dass diese in Bezug zu dem für die Objektüberwachung vereinbarten Honorar gesetzt werden, sodass sämtliche Aufwendungen zu ersetzen sind, die außerhalb der vertraglich festgelegten Bauzeit zuzüglich der Toleranzzeit im Rahmen der Objektüberwachung entstehen. Das Brandenburgische OLG[454] hat die Überlegungen des BGH unkritisch übernommen;[455] insbesondere geht dieses Gericht nicht auf den differenzierten Wortlaut in § 10 Abs. 5 GOA ein. Daher sind für die Höhe der Mehraufwendungen allein die tatsächlichen **Mehrkosten** entscheidend, die durch den **zusätzlichen Zeitaufwand** (im Vergleich zu einem störungsfreien Ablauf) bei dem konkreten Bauvorhaben entstanden sind. Der BGH hat sich zwischenzeitlich dieser Auffassung angeschlossen.[456]

1038 Unter Mehraufwendungen fallen also nicht solche Aufwendungen, die ohnehin für die vertragliche Leistung im vorgesehenen Zeitraum erforderlich gewesen wären.[457] Dabei ist zwischen den zeitabhängigen (eigentlichen Überwachungs- und Koordinierungsaufgaben) und den zeitunabhängigen Teilleistungen (gemeinsames Aufmaß, Abnahme der Bauleistungen, Feststellung von Mängeln, Rechnungsprüfung, Kostenfeststellung usw.) aus der Leistungsphase 8 zu differenzieren, worauf *Messerschmidt*[458] zu Recht verweist.

1039 Soweit die Vertragsparteien (z.B. im Rahmen der erstgenannten Klausel) vereinbart haben, dass dem Architekten die „**Mehraufwendungen im Rahmen der Objektüberwachung**" vergütet werden, sind unter dem Begriff der Mehraufwendungen nicht etwaige Mehrleistungen, sondern die **Mehrkosten (Personal- und Sachkosten)** des Architekten **aufgrund der verlängerten Bauzeit** zu verstehen.[459] In der Regel erbringt der Architekt nämlich bei einer Bauzeitverlängerung keine über die vertraglich vereinbarten Leistungen hinausgehenden zusätzlichen Objektüberwachungsleistungen. Vielmehr werden die **vertraglich geschuldeten Leistungen** über einen längeren (als vorgesehenen) **Zeitraum gestreckt** bzw. **verzögert erbracht**. Mit anderen Worten: Der Architekt arbeitet aufgrund der zeitlich verlängerten Bauausführung **unverschuldet ineffizient**. Dadurch entstehen dem Architekten entsprechende Mehrkosten (Mehraufwendungen), die ihm einvernehmlich erstattet werden sollen.[460]

---

454) BauR 2001, 1772, 1775 = OLGR 2001, 444.
455) Hierauf verweisen auch *Lauer/Steingröver*, BrBp 2004, 366, 368.
456) BauR 2007, 1592 = NZBau 2007, 587 = IBR 2007, 492, 493, 494 – *Steiner*; ebenso OLG Düsseldorf, NZBau 2007, 109, 111; OLG Celle, Urt. v. 29.11.1995 (6 U 217/89) zu § 10 Abs. 5 GOA.
457) BGH, BauR 2007, 1592 = NZBau 2007, 587 = IBR 2007, 492, 493, 494 – *Steiner*; vgl. hierzu auch *Messerschmidt*, NZBau 2007, 746, 748.
458) NZBau 2007, 746, 748, der im Übrigen darauf hinweist, dass etwa 50 %, mithin ca. 15,5 % aus der Leistungsphase 8 jeweils auf zeitabhängige und zeitunabhängige Tätigkeit entfallen.
459) BGH, a.a.O.; so auch OLG Celle, BauR 2003, 1248 = OLGR 2003, 180; OLG Düsseldorf, BauR 2009, 1764, 1767.
460) Das übersieht *Messerschmidt*, Festschrift für Jagenburg, S. 607 ff., aber auch in NZBau 2007, 746, 744, 750, wenn er für die RBBau-Architektenverträge eine Klausel vorschlägt, nach

Entsprechende Klauseln über die Erstattung von Mehraufwendungen können nach dem Willen der Vertragsparteien mithin nicht dahin ausgelegt werden, dass der Architekt nur solche Aufwendungen ersetzt bekommen soll, die daraus resultieren, dass der Architekt in der verlängerten Bauzeit über die Grundleistungen hinaus (Vertragsleistungen) Mehrleistungen erbringt (z.B. Zusatzleistungen im Rahmen von Winterbaumaßnahmen bei Verschiebung des Bauvorhabens in die Wintermonate, erhöhter Rechnungsprüfungsaufwand aufgrund höherer Anzahl von Abschlagszahlungen usw.). Dabei ist allerdings zu berücksichtigen, dass durchaus **Bauzeitverlängerungen denkbar** sind, „bei denen die Bauüberwachung keinen oder nahezu **keinen Mehraufwand**" im vorerwähnten Sinne (z.B. durch Personalabbau) verursacht, sondern „sich der Aufwand vielmehr lediglich über einen längeren Zeitraum verteilt oder zeitlich verschiebt".[461] Das kommt beispielsweise dann in Betracht, wenn der Architekt aufgrund von Stillstandszeiten auf der Baustelle oder nur schleppender Bauausführung entweder die Zahl seiner Bauleiter oder den Zeitaufwand verringern kann. Zu Recht verlangt der BGH[462] in diesem Zusammenhang deshalb vom Architekten einen entsprechenden **Nachweis**: Dabei lässt der BGH grundsätzlich den Sachvortrag genügen, dass der Architekt bzw. die bei ihm angestellten Bauleiter sowohl in der Regelbauzeit (wie vorgesehen), aber auch in der verlängerten Bauzeitphase mit ihrer vollen Arbeitskraft im Rahmen der Objektüberwachung tätig waren, also im Rahmen dieser Tätigkeit die Bauleitungs-Kapazität aufgrund der sich länger hinziehenden Bauausführung nicht heruntergefahren werden konnte.

1040

Diesen Überlegungen steht auch nicht das Urteil des Brandenburgischen OLG[463] entgegen. Hierbei handelt es sich um eine Einzelfallentscheidung auf der Basis der „Richtlinien für die Durchführung von Bauaufgaben des Bundes im Zuständigkeitsbereich der Finanzverwaltungen" RBBau, die in Nr. 2.8 Abs. 2 für eine Mehrvergütung ausdrücklich einen Nachweis der „gegenüber den Grundleistungen entstandenen Mehraufwendungen" fordern.

---

der „der Auftragnehmer für die nachweislich gegenüber den Grundleistungen entstandenen Mehraufwendungen eine zusätzliche Vergütung ..." erhalten soll. Das übersieht auch das Brandenburgische OLG, BauR 2001, 1772 = OLGR 2001, 444, wonach der Nachweis der Mehraufwendungen derart vorzunehmen ist, dass die tatsächlichen Aufwendungen für die gesamte Ausführungszeit dem Vertragshonorar für die Leistungsphase Objektüberwachung gegenüberzustellen sind und der Mehrbetrag durch Differenzbildung zu ermitteln ist; hierzu haben sich zu Recht *Lauer/Steingröver*, BrBp 2004, 366, 367 zu Wort gemeldet und darauf hingewiesen, dass von einer Differenzbildung im Sinne des Brandenburgischen OLG (eine Erstattungsfähigkeit im Falle eines Übersteigens der Gebühr, also erst im Falle der Gewinnaufzehrung) in der entsprechenden Klausel der RBBau nichts zu finden ist. Auch dem KG, BauR 2007, 906, 907 kann nicht gefolgt werden, wenn das Gericht darauf hinweist, dass ein konkreter Mehraufwand voraussetze, „dass die einzelnen Störungen des Bauablaufs bestimmten Mehrleistungen zugeordnet werden können". Erfreulicherweise hat der BGH (BauR 2007, 1592 = NZBau 2007, 587 = IBR 2007, 492, 493, 494 – *Steiner*) dies ebenfalls richtig gestellt.

461) Zutreffend: OLG Brandenburg, OLGR 1998, 421, 433 sowie KG, BauR 2007, 906, 907 sowie IBR 2012, 586 – *Rohrmüller*; ferner *Stassen*, in Baumanagement und Bauökonomie (2007), S. 316, 320.
462) BauR 1998, 184, 185; vgl. hierzu auch Celle, BauR 2003, 1248 = OLGR 2003, 180 = IBR 2003, 259 – *Maas*.
463) BauR 2001, 1772 = OLGR 2001, 444; kritisch hierzu KG, BauR 2007, 906, 907 sowie *Lauer/Steingröver*, BrBp 2004, 366, 367 und *Stassen*, in Baumanagement und Bauökonomie, S. 316, 321.

1041 Haben die Vertragsparteien die vorgenannten oder ähnlichen Vereinbarungen bezüglich einer Bauzeitverlängerung getroffen, kommt es aber nicht zu einer entsprechenden Vereinbarung der Höhe nach (z.B. aufgrund einer ablehnenden Haltung des Auftraggebers), hat der Architekt – wie bereits oben erwähnt – nach der zutreffenden Auffassung des BGH[464] einen Anspruch auf Festsetzung der Vergütung vor, aber auch nach Abschluss des Bauvorhabens. Insoweit kann dem Brandenburgischen OLG[465] nicht gefolgt werden, wenn es einen Anspruch des Architekten davon abhängig macht, dass das Bauvorhaben noch nicht abgeschlossen ist oder die Vertragsparteien zu dem Zeitpunkt, als eine Verlängerung der Bauzeit abzusehen war, über eine zusätzliche Vergütung verhandelt haben. Dabei lässt das Gericht unberücksichtigt, dass die Vertragsparteien in den oben genannten Fallgestaltungen den Anspruch dem Grunde nach festgelegt und nur die Höhe der Vergütung einer einvernehmlichen Regelung vorbehalten haben. Es gibt keinen Anhaltspunkt dafür, dass ein entsprechender Anspruch vor Abschluss des Bauvorhabens vom Architekten „angemeldet" werden muss; auch von (wenn auch erfolglosen) Verhandlungen während der Bauzeit kann die Wirksamkeit der Forderung des Architekten auf eine zusätzliche Vergütung nicht abhängig gemacht werden.

Der BGH[466] hat zwischenzeitlich diese Überlegungen bestätigt und darauf hingewiesen, dass der Anspruch auf Ersatz der Mehraufwendungen unabhängig davon besteht, inwieweit die Gesamtaufwendungen durch das gesamte Honorar abgegolten sind. Dabei hält der BGH die Auffassung des OLG Brandenburg ausdrücklich für „falsch", dass der Auftragnehmer Mehraufwendungen nur erstattet verlangen kann, soweit diese Mehraufwendungen die gesamte Gebühr übersteigen, also auch den Gewinn aufgezehrt haben. Eine Darstellung der Aufwendungen für das gesamte Bauvorhaben ist daher nicht erforderlich.

1042 Richtet sich das **Zusatzhonorar** des Architekten nach seinen Mehraufwendungen, hat er seine Tätigkeit und die seiner Mitarbeiter im Rahmen der verlängerten Bauzeit im Einzelnen nach Zeit (ggf. nach Tagen oder Stunden), Personen und Tätigkeitsinhalten darzulegen.[467] Das gilt aber nur für die verlängerte Bauzeit; ein entsprechender Nachweis für die gesamte Ausführungszeit ist dagegen nicht erforderlich.[468]

Dabei sind die Anforderungen nicht zu hoch anzusetzen: Der BGH[469] hat in diesem Zusammenhang darauf hingewiesen, dass es ausreicht, „wenn der Auftragnehmer vorträgt, welche durch die Bauzeitverzögerung bedingten Mehraufwendungen er hatte. Mehraufwendungen sind solche Aufwendungen, die der Auftragnehmer für die geschuldete Leistung tatsächlich hatte und die er ohne die Bauzeitverzögerung nicht gehabt hätte". So reicht es nach Auffassung des BGH

---

464) BauR 2005, 118 = NZBau 2005, 46 = IBR 2005, 94 u. 95 – *Preussner* = NJW-RR 2005, 322 – MDR 2005, 267 sowie BauR 2007, 1592 = NZBau 2007, 587 = IBR 2007, 492, 493, 494 – *Steiner*.
465) A.a.O.
466) BauR 2007, 1592 = NZBau 2007, 587 = IBR 2007, 492, 493, 494 – *Steiner*.
467) BGH, BauR 1998, 184; OLG Brandenburg, BauR 2001, 1772, 1775 = OLGR 2001, 444. Vgl. hierzu *Preussner*, BauR 2006, 203, 208.
468) BGH, BauR 2007, 1592 = NZBau 2007, 587= IBR 2007, 492, 493, 494 – *Steiner*. KG, BauR 2007, 906, 907; ferner *Stassen*, in Baumanagement und Bauökonomie, S. 316, 320.
469) BGH, a.a.O.

aus, wenn der Auftragnehmer bezüglich des Einsatzes eines Bauleiters vorträgt, dass dieser während der gesamten Bauzeit einschließlich der Verlängerung mit seiner gesamten Arbeitskraft tätig gewesen ist, weil damit der Mehraufwand belegt wurde. Allerdings ist bei der Ermittlung der Mehraufwendungen – so der BGH – eine Ersparnis bei der Bauleitung zu berücksichtigen, wenn z.B. „ein Baustillstand eingetreten ist und der Auftragnehmer die Bauleitung von der Baustelle abziehen und anderweitig einsetzen kann". Der BGH geht also mit seiner neuesten Rechtsprechung davon aus, dass der Auftragnehmer grundsätzlich bei der Ermittlung der Mehraufwendungen (nur) den Verlängerungszeitraum zu berücksichtigen hat, wobei jedoch ersparte Aufwendungen während der Bauzeit zu berücksichtigen sind.

Das OLG Düsseldorf[470] hat sich kürzlich mit derselben Klausel beschäftigt, die der oben ausführlich dargelegten Entscheidung des BGH (vgl. Rdn. 1035) zugrunde lag. In seinen beachtenswerten Ausführungen beschäftigt sich das OLG Düsseldorf vor allem mit der Auslegung der nachgewiesenen Mehrkosten (Mehraufwand), die – entsprechend der Klausel – dem Architekten in jedem Fall bei einer Überschreitung der vertraglich bestimmten Bauzeit zu erstatten sind. Das OLG Düsseldorf versteht diese Klausel dahingehend, dass damit lediglich die Mehraufwendungen des Architekten (ohne Gewinnanteil) für die Bauüberwachung erfasst sein sollen, die im Vergleich zu einem störungsfreien Ablauf das Bauvorhabens innerhalb der vorgesehenen Bauzeit entstanden sind. Dabei wendet das Gericht die Differenzhypothese an: Bei der Feststellung der durch die Bauverzögerung bedingten Arbeitsstunden ist die Stundenzahl, die der Architekt nach seiner Kalkulation ermittelt hat, den tatsächlich aufgewandten Stunden gegenüberzustellen, und zwar sowohl die Arbeitsstunden der Mitarbeiter des Architekten wie auch der von ihm beauftragten Nachunternehmer. Das Gericht gibt dann noch einen weiteren Hinweis für die zu berücksichtigenden Nachunternehmerstunden: Den als Mehrkosten für die verzögerungsbedingten Arbeitsstunden ermittelten reinen Lohnkosten ist für die Nachunternehmerstunden ein Bürokostenzuschlag und den Mitarbeiterstunden sind die allgemeinen Geschäftskosten hinzuzurechnen.

1043 Fällt die Bauzeitverlängerung in den Verantwortungsbereich des **Bauherrn**, kommen auch § 642 BGB bzw. die Grundsätze der Pflichtverletzung als Grundlage für einen Entschädigungs- bzw. Schadensersatzanspruch des Architekten in Betracht.[471]

Nach dem Einheits-Architektenvertrag (1992) erhöhte sich das Honorar im Verhältnis der vorgesehenen zur tatsächlichen Bauzeit, wenn die festgelegte Regelbauzeit über einen bestimmten Zeitraum hinausging.[472] Das galt nicht, wenn der Architekt die Bauzeitüberschreitung selbst zu vertreten hatte. In dem letzten, jedoch zwischenzeitlich von der Bundesarchitektenkammer zurückgezogenen Einheits-Architektenvertrag (1994) sind gemäß § 6.1 die Parteien verpflichtet, über eine angemessene Erhöhung des Honorars für die Bauüberwachung zu verhandeln, wenn die Bauausführung länger als ein vertraglich festgelegter Zeitraum dauert.

Die vorangegangenen Ausführungen machen deutlich, dass es häufig zu unerfreulichen Auseinandersetzungen der Parteien kommen kann, wenn Architekten Mehrleistungen durch eine verlängerte Bauzeit fordern. Daher empfiehlt es sich –

---

470) NZBau 2007, 109 = IBR 2007, 433 – *Seifert*.
471) Vgl. hierzu vor allem *Messerschmidt*, NZBau 2007, 746, 747; *Heinle*, BauR 1992, 428 u. DAB 1992, 84 sowie *Stassen*, in Baumanagement und Bauökonomie (2007), S. 316, 323 u. *Lauer/Steingröver*, BrBp 2004, 316, 319; OLG Brandenburg, BauR 2001, 1772, 1775 = OLGR 2001, 444.
472) Vgl. aber zu einer ähnlichen Absprache OLG Köln, BauR 1990, 762 m.Anm. *Osenbrück*. In den entsprechenden Formulierungen der Allgemeinen Vertragsbestimmungen des Bundes (RBBau) ist dies in § 10.2 ähnlich geregelt.

neben der Festlegung einer Regelbauzeit – ausdrücklich eine Vereinbarung zu treffen, wie der Nachweis der Mehraufwendungen geführt werden soll.[473]

dd) Teilleistungen

1044 **Für Teilleistungen** des Architekten im Sinne einzelner Leistungsphasen, die dieser vereinbarungsgemäß erbringt, gelten die in dem jeweiligen Leistungsbild genannten **Teilgebühren** § 8 HOAI). Die Vereinbarung **höherer Teilgebühren** (höherer Sätze) ist **unwirksam**.[474]

In diesem Zusammenhang ist jedoch die **erhöhte Gebühr des § 9 HOAI** für Vorplanung, Entwurfsplanung (unter möglicher Einbeziehung der Grundlagenermittlung) und Objektüberwachung als Einzelleistung zu berücksichtigen. Für die **Übertragung** dieser Teilleistungen als von vornherein beschränkte Einzelleistung trägt der Architekt die **Beweislast**. Der Architekt muss also darlegen und beweisen, dass ihm ein entsprechender Auftrag erteilt wurde. Dies kann sich auch aus den besonderen Umständen ergeben.[475]

1045 Wird dem Architekten ein Gesamtauftrag erteilt, dieser aber nach Erstellung von Vorplanung und Entwurfsplanung aus irgendwelchen Gründen abgebrochen, stehen dem Architekten nur die Teilgebühren des § 34 HOAI, nicht aber die höheren Gebühren des § 9 HOAI zu.

1046 Ist dem Architekten die Vorplanung oder Entwurfsplanung als Einzelleistung, später aber auch die übrigen Teilleistungen des § 34 HOAI übertragen worden, kann der Architekt die höheren Gebühren des § 9 HOAI verlangen, ohne dass der Bauherr diese auf die übrigen Leistungen des § 34 HOAI anrechnen kann.[476]

1047 Werden nur **Teilbereiche einzelner Leistungsphasen** eines Leistungsbildes **übertragen** oder wesentliche **Teile von Grundleistungen** dem Architekten **nicht übertragen**, so kann der Architekt für die übertragenen Leistungen nur ein Honorar berechnen, das dem (objektiv zu ermittelnden)[477] angemessenen Anteil der übertragenen Leistungen an der gesamten Teilleistung (Leistungsphase) entspricht, wobei ein **zusätzlicher Koordinierungs- und Einarbeitungsaufwand** zu berücksichtigen ist (§ 8 Abs. 3 HOAI); das zusätzliche Honorar muss schriftlich vereinbart werden.[478] Dasselbe gilt, wenn der Architektenauftrag nach Erbringung von Teilbereichen aus Teilleistungen abgebrochen wird. Allerdings wird die Bewertung der vom Architekten nur teilweise erbrachten Leistungen insoweit auf erhebliche Schwierigkeiten stoßen.[479] Im Einzelfall wird auch die Feststellung schwierig sein, ob tatsächlich wesentliche Teile einer Grundleistung nicht übertragen worden sind, sodass eine Korrektur des Honorars berechtigt ist.

---

473) Darauf verweisen auch *Lauer/Steingröver*, BrBp 2004, 366, 370 zutreffend.
474) *Koeble*, in: Locher/Koeble/Frik, § 8 HOAI, Rn. 7.
475) Vgl. OLG Saarbrücken, NJW 1967, 2359 für die **GOA**.
476) Vgl. hierzu *Neuenfeld*, § 19 HOAI, Rn. 2.
477) Vgl. *Steeger*, BauR 2003, 794, 798.
478) *Jochem*, 4. Auflage, § 5 HOAI, Rn. 3.
479) Vgl. hierzu *Neuenfeld*, § 15 HOAI, Rn. 2.

Architektenleistungen

1048 Der Architekt hat hier dem Gericht hinreichende **Bewertungsmaßstäbe** an die Hand zu geben, wenn der Umfang des Honorars insoweit streitig wird. Das Gericht wird dann – möglicherweise mit Hilfe eines Sachverständigengutachtens – anhand dieser Bewertungsmaßstäbe das eingeklagte Honorar auf seine Berechtigung überprüfen können, u.U. auch unter Anwendung der Grundsätze des § 287 ZPO.[480] Werden nur Teile einer Leistungsphase von einem Architekten erbracht, sind einerseits die vollen anrechenbaren Kosten in Ansatz zu bringen, andererseits hat eine Reduzierung des jeweiligen Honorarsatzes der betreffenden Leistungsphase zu erfolgen.[481] Ein anderer Weg der insoweit notwendigen Honorarermittlung würde § 6 HOAI widersprechen.

1049 Die HOAI hat ausdrücklich darauf verzichtet, für einzelne Grundleistungen einer Leistungsphase Honorare festzusetzen, weil dies wegen der Vielfalt der einzelnen Grundleistungen und den von Objekt zu Objekt unterschiedlichen Verhältnissen nicht durchführbar erschien. Steinfort[482] hat den Versuch unternommen, die einzelnen Grundleistungen in den verschiedenen Leistungsphasen prozentual noch einmal zu unterteilen; als Leitlinie für die Bewertung einzelner Grundleistungen wird diese Aufstellung durchaus verwendet werden können. Zwischenzeitlich gibt es weitere Tabellen für die Bewertung einzelner Grundleistungen, nämlich die Werner/Siegburg-Tabelle[483], die Siemon-Tabelle[484], die Meurer-Morlock-Tabelle[485] sowie die Tabelle bei Locher/Koeble/Frik[486]. Alle diese Tabellen geben zumindest Anhaltspunkte für die Bewertung von Teilleistungen, was auch der BGH[487] ausdrücklich bestätigt hat. Auch **öffentliche Auftraggeber** untergliedern in ihren Aufträgen z.T. die einzelnen Leistungsphasen nochmals prozentual, sodass die hier erörterten Schwierigkeiten der Bewertung grundsätzlich nicht auftreten können.

1050 Werden Grundleistungen im Einvernehmen mit dem Auftraggeber insgesamt oder teilweise von anderen an der Planung und Überwachung fachlich Beteiligten erbracht, so darf nur ein Honorar berechnet werden, das dem verminderten Leistungsumfang des Architekten entspricht.

1051 In den vorerwähnten Fällen sind dem Architekten jeweils ausdrücklich nur einzelne Leistungsphasen oder Teilleistungen dieser Leistungsphasen übertragen worden. Davon sind die Fälle zu unterscheiden, in denen dem Architekten zwar **alle Leistungsphasen des § 34 HOAI übertragen** sind, der Architekt jedoch **einzelne Leistungsphasen überhaupt nicht oder nur unvollständig ausführt** (vgl. hierzu Rdn. 861 ff.).

---

480) Vgl. OLG Düsseldorf, BauR 2001, 434 = OLGR 2001, 109, 114; BauR 1973, 62; ferner: OLG Frankfurt, BauR 1982, 600, 601.
481) OLG Düsseldorf, BauR 2001, 434 = OLGR 2001, 109, 114.
482) Bei *Pott/Dahlhoff/Kniffka*, 7. Aufl., Anh. II.
483) BauR 2013, 1559.
484) BauR 2013, 1583.
485) Anhang IV.
486) Anhang 3.
487) BauR 2005, 588, 590 = NZBau 2005, 163 = ZfBR 2005, 260.

1052 Von den hier erwähnten Fallgestaltungen sind ferner die Fälle zu unterscheiden, in denen der Architekt auf Veranlassung des Bauherrn **mehrere Vor- oder Entwurfsplanungen nach grundsätzlich verschiedenen Anforderungen** fertigt. Insoweit gilt für das Honorar § 10 HOAI. Das OLG Düsseldorf[488] hat in diesem Zusammenhang zu Recht darauf hingewiesen, dass **nicht jede Planänderung** einen **neuen Entwurf oder Vorentwurf darstellt**, „sondern dass Änderungen und Abweichungen von den Entwurfszeichnungen, wie sie fast bei jedem größeren Bauvorhaben vorkommen, nur dann eine zusätzliche, wenn auch verminderte Gebühr rechtfertigen, wenn sie von solchem Gewicht sind, dass sie eine grundlegende neue geistige Leistung des Architekten in Bezug auf die Lösung der ihm gestellten Aufgabe darstellen".

1053–1069 (nicht besetzt)

ee) Besondere Leistungen

Literatur

Wingsch, Das Entwässerungsgesuch, BauR 1984, 261; *Weyer*, Probleme der Honorarberechnung für Besondere Leistungen, Festschrift für Locher (1990), 303; *Weyer*, Neues zur Honorarberechnung für Besondere Leistungen nach der HOAI, BauR 1995, 446; *Quadbeck*, CAD-Planung: Weitergabe an den Bauherrn?, BauRB 2004, S. 7; *Seifert*, Prüfen und Anerkennen von Werkstatt- und Montageplänen durch den Architekten, BauR 2012, 1857.

1070 Schon in der Neufassung der HOAI 2009 sind **Besondere Leistungen aus dem zwingenden Preisrecht ausgegliedert** worden. Da die Besonderen Leistungen nicht mehr dem Preisrecht der HOAI unterworfen sind, können die Honorare für Besondere Leistungen frei vereinbart werden (§ 3 Abs. 3 S. 3 HOAI).

1071 Da die Honorierung von Besonderen Leistungen nicht mehr dem zwingenden Preisrecht der HOAI unterworfen ist, gelten hierfür nunmehr die **Bestimmungen des BGB**: Danach besteht eine Vergütungspflicht stets dann, wenn der Auftraggeber dem Architekten Besondere Leistungen überträgt. Das Honorar für die entsprechende Besondere Leistung kann frei vereinbart werden. Erfolgt keine Vergütungsvereinbarung, gilt die übliche Vergütung gemäß § 632 BGB, wenn eine taxmäßige Vergütungsregelung nicht besteht.

> In der Begründung[489] zur HOAI 2009 weist der Verordnungsgeber zu Recht darauf hin, dass „mit der gebührenrechtlichen Unterscheidung zwischen Grundleistungen und Besonderen Leistungen bislang nur geregelt wurde, in welchen Fällen sich der Architekt oder Ingenieur mit dem Grundhonorar begnügen musste. Ob der Architekt oder Ingenieur ein zusätzliches Honorar berechnen darf, richtet sich nach den vertraglichen Voraussetzungen. Die Zuordnung der HOAI in verschiedene Leistungen als besondere, außergewöhnliche oder zusätzliche Leistungsarten hatte nach der Rechtsprechung des BGH keine vertragsrechtlichen Konsequenzen, da die HOAI keine normativen Leitbilder für den Inhalt von Verträgen enthält (BGH vom 24.10.1996, VII ZR 283/95)".

1072 Nachdem die Besondere Leistungen nicht mehr von dem Preisrecht der HOAI erfasst werden, können die Parteien eine Abrede treffen, dass der Vergütungsanspruch für eine Besondere Leistung davon abhängig gemacht wird, dass der Auf-

---

488) BauR 1976, 141 (zu § 20 GOA).
489) BR-Drucksache 394/09, S. 160.

tragnehmer dem Auftraggeber diesen Anspruch ankündigt, bevor er mit der Ausführung der Leistung beginnt. Das kann individual-rechtlich ohnehin, aber auch in AGB erfolgen. Eine solche Klausel entspricht § 2 Abs. 6 VOB/B. Nach Auffassung des BGH[490] hält diese Bestimmung einer isolierten Inhaltskontrolle nach den §§ 307 ff. BGB stand.

Aus einem Umkehrschluss der durch die HOAI 2009 entfallenen Regelung des § 36 HOAI 1996 kann gefolgert werden, dass es nach Auffassung des Verordnungsgebers heute zu den allgemein anerkannten Regeln der Technik zählt, dass **Planungsunterlagen auch in digitalisierter Form erstellt** und an den Auftraggeber herausgegeben werden. Die EDV-mäßige Bearbeitung ist also keine Besondere Leistung, sondern eine übliche Grundleistung (CAD).

Für die Übertragung oder Nutzung des Urheberrechts an den Bauplänen, soweit ein solches überhaupt zu bejahen ist (vgl. Rdn. 2435 ff.), kann der Architekt grundsätzlich kein besonderes Honorar verlangen. Zur Übertragung des Nutzungsrechts am Urheberrecht des Architekten vgl. im Einzelnen Rdn. 2446. Der Architekt kann allerdings ein gesondertes Honorar für einen etwaigen Nachbau (oder Erweiterungsbau) durch den Auftraggeber beanspruchen, da davon auszugehen ist, dass das Nutzungsrecht am Urheberrecht (oder seine Nutzung) vom Architekten nur für die einmalige Errichtung des Bauwerks übertragen wird.[491]

(nicht besetzt)   1073–1080

f) Zeithonorar

Literatur

Börgers, Vereinbarung von Zeithonoraren für Architektenleistung, BauR 2006, 914; *Peters*, Das Gebot wirtschaftlichen Arbeitens beim Stundenlohnvertrag und beim Einheitspreisvertrag, NZBau 2009, 673.

Die Regelung des § 6 HOAI 1996 zum Zeithonorar und den dabei zu berücksichtigenden Stundensätzen ist bereits im Rahmen der 6. HOAI-Novelle 2009 **ersatzlos gestrichen** worden. Stundensätze können daher jetzt frei verhandelt werden. Nach der Begründung des Bundesrates[492] erfolgte dies, „um den Planern mehr Flexibilität bei der Vertragsgestaltung zu ermöglichen". Die Vertragsparteien haben es nun selbst in der Hand, angemessene Stundensätze für entsprechende Architektenleistungen auszuhandeln. *Siegburg*[493] hat objektive **Bewertungskriterien** für die Ermittlung der Höhe von Stundensätzen sowie eine entsprechende Tabelle (Siegburg-Tabelle) erarbeitet, die von Kaufhold[494] als angemessen angesehen wird.

Die Parteien können auch vereinbaren, dass alle Architekten- und Ingenieurleistungen nach Stundensätzen honoriert werden. Eine solche Vereinbarung ist wirk-

---

490) BauR 1996, 542.
491) BGH, BauR 1981, 298.
492) BR-Drucksache 395/09, S 152.
493) IBR-online.
494) Heft 4 der Schriftenreihe der Gütestelle Honorar- und Vergaberecht e.V.

sam, wenn sie schriftlich bei Auftragerteilung unter Berücksichtigung des Preisrahmens der Mindest- und Höchstsätze erfolgt.[495]

Die freie Vereinbarung von Stundensätzen gewinnt umso mehr an Bedeutung, als gleichzeitig eine Vielzahl von Leistungen (wie die Besonderen Leistungen, die Beratungsleistungen im Sinne der Anlage 1 zur HOAI [Unverträglichkeitsstudie, die Bauphysik, die Geotechnik und die Ingenieurvermessung]) nicht (mehr) dem Preisrecht der HOAI, sondern der freien Vereinbarung der Parteien unterliegen, worauf *Siegburg*[496] zutreffend verweist. Werden Leistungen, für die eine freie Honorarvereinbarung möglich ist, beauftragt, ohne dass die Parteien einen genauen Stundensatz festgelegt haben, gilt die übliche Vergütung gemäß § 632 BGB.

1082 In diesem Zusammenhang hat der BGH[497] grundsätzliche Ausführungen zu der schwierigen Frage der **Darlegungs- und Beweislast** bei einem **Vergütungsanspruch nach Zeitaufwand** gemacht. Diese Entscheidung erging zum Bauunternehmer-Recht, ist aber entsprechend auf das Architektenrecht anzuwenden. Das Berufungsgericht hatte bei einem wirksam abgeschlossenen Stundenlohnvertrag dem Unternehmer die hieraus geltend gemachte Stundenlohnvergütung mit der Begründung versagt, dass dieser den für die Erbringung der Vertragsleistung angefallenen Zeitaufwand nicht schlüssig dargelegt habe, weil er nicht nachvollziehbar und plausibel vorgetragen habe, welche konkreten Tätigkeiten der Unternehmer mit welchem Stundenaufwand erbracht haben soll. Diese Begründung fand sich nicht selten in Entscheidungen der Instanzgerichte, wenn der Unternehmer lediglich vorträgt, wie viele Stunden für die entsprechende Vertragsleistung angefallen sind.

1083 Der BGH kommt zu dem Ergebnis, dass das Berufungsgericht „die Struktur eines Stundenlohnvertrages verkennt und so im Ergebnis die Anforderungen überspannt, die an eine Abrechnung des vereinbarungsgemäß zu vergütenden Zeitaufwandes zu stellen sind". Er begründet dies wie folgt:

– Zur Höhe eines nach Zeitaufwand zu bemessenden Vergütungsanspruchs muss der Unternehmer/Architekt grundsätzlich **nur darlegen, wie viele Stunden** für die Erbringung der Vertragsleistung angefallen sind. Allerdings konkret und in nachprüfbarer Weise.[498]
– Die **Vereinbarung einer Stundenlohnvergütung** für Werkleistungen begründet nach Treu und Glauben eine **vertragliche Nebenpflicht** zur **wirtschaftlichen Betriebsführung**, deren Verletzung sich nicht unmittelbar vertragsmindernd auswirkt, sondern einen vom Auftraggeber geltend zu machenden **Gegenanspruch** aus § 280 Abs. 1 BGB entstehen lässt. Dessen tatsächliche Voraussetzungen muss der Auftraggeber nach allgemeinen Grundsätzen darlegen und beweisen. Das OLG Hamburg[499] räumt dem Architekten bei der Beurteilung der

---

495) BGH, BauR 2009, 1162 = IBR 2009, 334 – *Schwenker*; vgl. hierzu auch *Rath*, BauR 2009, 385.
496) A.a.O.
497) BauR 2009, 1162 = NZBau 2009, 504 = IBR 2009, 336, 337 – *Schwenker* sowie BauR 2009, 1291; bestätigt von BGH, IBR 2012, 270 – *Schwenker*; ebenso OLG Köln, BauR 2009, 257 und OLG Hamm, BauR 2013, 268 = IBR 2012, 650 – *Eix*.
498) Vgl. insoweit OLG Hamm, BauR 2013, 268 = IBR 2012, 650 – *Eix*.
499) IBR 2017, 82 – *Fuchs*.

Wirtschaftlichkeit der Leistungserbringung (im Rahmen der Organisation seines Betriebes) einen Spielraum von etwa 20 % ein.
– Der Unternehmer/Architekt muss zu Art und Inhalt der nach Zeitaufwand abgerechneten Leistungen jedenfalls so viel vortragen, dass dem für die Unwirtschaftlichkeit der Leistungsausführung darlegungspflichtigen **Auftraggeber** eine sachgerechte Rechtswahrung ermöglicht wird. Insoweit trifft ihn eine **sekundäre Darlegungslast**.
– Welchen Sachvortrag der Unternehmer/Architekt danach zur Erfüllung seiner sekundären Darlegungslast konkret zu führen hat, ist einer generalisierenden Betrachtung nicht zugänglich und muss im Einzelfall unter Berücksichtigung des jeweiligen Vorbringens der Gegenseite beurteilt werden. Maßstab hierfür ist das Informations- und Kontrollbedürfnis des Auftraggebers.

Dieser Gedankengang des BGH erscheint zunächst sehr kompliziert, ist aber wohl dogmatisch richtig, wenn man der Grundüberlegung des BGH folgt, dass dann, wenn der Unternehmer/Architekt die vertragliche Nebenpflicht zur wirtschaftlichen Betriebsführung verletzt, der Auftraggeber einen Anspruch auf Schadensersatz als Gegenanspruch gemäß § 280 BGB hat. **1084**

Danach ist ein Unternehmer/Architekt grundsätzlich **nicht verpflichtet**, die von ihm abgerechneten **Arbeitsstunden einzelnen Tätigkeiten zuzuordnen** oder nach zeitlichen Abschnitten aufzuschlüsseln. Darauf verweist der BGH nochmals in seiner Begründung ausdrücklich, obwohl eine solche Zuordnung sinnvoll sein kann. Zur nachprüfbaren Darlegung des vergütungspflichtigen Zeitaufwandes sei dies – so der BGH – aber nicht erforderlich, „weil seine Bemessung und damit die im Vergütungsprozess erstrebte Rechtsfolge nicht davon abhängen, wann der Unternehmer/Architekt welche Tätigkeiten ausgeführt hat". Eine entsprechende Darlegung muss nach Auffassung des BGH nur dann vom Unternehmer/Architekt vorgenommen werden, wenn die Vertragsparteien eine dementsprechend detaillierte Abrechnung rechtsgeschäftlich vereinbart haben. **1085**

Es ist nach alledem zunächst allein Sache des Auftraggebers vorzutragen, woraus sich die Unwirtschaftlichkeit der Tätigkeit des Unternehmers/Architekten ergibt, wobei es ausreichend sein soll, wenn er das Gericht in die Lage versetzt, hierüber Beweis (z.B. durch Sachverständigengutachten) zu erheben. Die Angabe von Einzelheiten ist dazu nicht notwendig. Es genügt also, wenn der Auftraggeber „Tatsachen vorträgt, die den Anspruch auf Freistellung von überhöhten Stundenlohnforderungen rechtfertigen. Dafür reicht es aus, dass der Auftraggeber in ihm möglichem Umfang Anhaltspunkte darlegt, nach denen der vom Unternehmer/Architekten für die feststellbar erbrachten Leistungen abgerechnete Zeitaufwand nicht den Grundsätzen einer wirtschaftlichen Leistungsausführung entspricht." **1086**

3. Pauschalhonorar

Literatur

Lenzen, Fragen zum Architektenpauschalvertrag, BauR 1991, 692; *Plankemann*, Zur Haltbarkeit von Pauschalvereinbarungen, DAB 2002, 46.

1087 Anstelle der Gebührensätze der HOAI kann für die Leistungen des Architekten ein **Pauschalhonorar** vereinbart werden.[500] Dabei haben die Parteien jedoch den **Höchst- sowie Mindestpreischarakter der HOAI** zu beachten.[501]

Behauptet der Auftraggeber die Vereinbarung eines **Pauschalhonorars**, das das vom Architekten nach den Bestimmungen der HOAI geltend gemachte Honorar **unterschreitet**, trifft den **Architekten** die **Darlegungs- und Beweislast**, dass eine entsprechende Pauschalhonorarvereinbarung **nicht zu Stande** gekommen ist.[502] Da es sich insoweit um eine Negativ-Beweisführung handelt, sind hieran grundsätzlich nicht so hohe Anforderungen zu stellen: Sie hat erst dann zu erfolgen, wenn der Auftraggeber die behauptete Pauschalhonorar-Abrede nach Ort, Zeit und Höhe substantiiert darlegt; sodann hat der Architekt die Unrichtigkeit dieses Vortrages zu beweisen.[503] Verlangt allerdings der Architekt ein Honorar nach den Mindestsätzen der HOAI und wendet der Auftraggeber die Vereinbarung eines niedrigeren Pauschalhonorars ein, an das der Architekt gebunden sei und auf das er sich auch eingerichtet habe (vgl. Rdn. 1090), trägt der Auftraggeber die Darlegungs- und Beweislast für eine solche Pauschalhonorarvereinbarung.[504] Der BGH[505] hat insoweit klargestellt, dass die für den Bauvertrag geltende Regel, wonach der Unternehmer die Behauptung einer unterhalb der üblichen Sätze liegenden Pauschalvergütung zu widerlegen hat, auf den Architektenvertrag nicht übertragbar ist. Nach OLG Koblenz[506] genügt eine Regelung in einem Architektenvertrag, wonach der Architekt „eine Pauschalvergütung in Höhe von 16 % der anrechenbaren Baukosten nach HOAI" erhält, nicht dem Bestimmtheitserfordernis.

1088 Das **Pauschalhonorar** darf im Einzelfall das nach der HOAI **höchstzulässige Honorar nicht überschreiten**.[507] Das ist jedoch nicht von Amts wegen zu prüfen, es sei denn der Verstoß ergibt sich aus dem Vortrag der Parteien.[508] Aus diesem Grund muss ein Architekt bei der Geltendmachung des Pauschalhonorars auch nicht eine fiktive Berechnung nach den Honorarsätzen der HOAI vorlegen; vielmehr trägt der **Auftraggeber** die **Darlegungs- und Beweislast** für einen etwaigen **Verstoß** gegen den **Höchstpreischarakter der HOAI**, wenn er sich hierauf beruft und „aus diesem Verstoß günstige Rechtsfolgen ableitet".[509] **Wendet der Bauherr ein**, dass mit dem vereinbarten Pauschalhonorar die zulässigen **Höchstsätze überschritten** werden, hat er daher anhand eines entsprechend den üblichen Berechnungsgrundlagen der HOAI ermittelten Honorars **substantiiert nachzuweisen**, dass dies tatsächlich der Fall ist. Der Architekt hat allerdings die Möglichkeit, die

---

500) Herrschende Meinung; für viele: *Koeble*, in: Locher/Koeble/Frik, § 7 HOAI, Rn. 37.
501) OLG Düsseldorf, BauR 1972, 323; BauR 1976, 287; OLG München, Urteil v. 4.12.2012 – AZ 9 U 255/12 Bau.
502) BGH, NJW 1983, 1782; KG, BauR 1999, 431 = NJW-RR 1999, 242 = KGR 1999, 5.
503) BGH, NJW-RR 1992, 648; KG, a.a.O.
504) BGH, BauR 2002, 1720 = NJW-RR 2002, 1597 = ZfBR 2003, 28; OLG Düsseldorf, BauR 2010, 482; OLG Hamm, BauR 2002, 1877.
505) A.a.O.
506) IBR 2014, 421 – *Berger*.
507) *Koeble*, in: Locher/Koeble/Frik, § 7 HOAI, Rn. 37.
508) BGH, BauR 2001, 1926 = NJW-RR 2002, 159; OLG Köln, BauR 1986, 467, 468; *Koeble*, BauR 1997, 191 ff., 197.
509) BGH, a.a.O.; BauR 1990, 239; ebenso: *Preussner*, BauR 1991, 692, 694; *Baumgärtel*, § 4 HOAI, Rn. 3.

Berechtigung der Überschreitung der Höchstsätze nach § 7 Abs. 4 HOAI („bei außergewöhnlichen oder ungewöhnlich lange dauernden Leistungen") anhand einer zwischen den Parteien getroffenen Vereinbarung nachzuweisen.

Stellt sich bei einer entsprechenden Überprüfung des Pauschalhonorars heraus, dass die Höchstsätze der HOAI überschritten wurden, ist nicht der ganze Architektenvertrag unwirksam (vgl. auch Rdn. 727). Die Überschreitung führt nach der Rechtsprechung des BGH auch nicht zur Nichtigkeit der gesamten Preisabrede, sondern gemäß § 134 2. Hs. BGB nur zu deren Teilnichtigkeit. An die Stelle der preisrechtlich unzulässigen Vergütung (Überschreitung des Höchstsatzes durch das vereinbarte Pauschalhonorar) tritt der (noch) zulässige Preis, der damit Vertragspreis ist: An die Stelle des unzulässig hohen Pauschalhonorars tritt daher der entsprechende Höchstsatz[510] (vgl. näher Rdn. 776). **1089**

In der Praxis sind allerdings die Fallgestaltungen häufiger, in denen mit dem vereinbarten **Pauschalhonorar die Mindestsätze** der HOAI **unterschritten** werden, weil die Vertragsparteien – bewusst oder unbewusst – z.B. von einer unrichtigen Honorarzone oder zu geringen anrechenbaren Kosten bei der Ermittlung des Pauschalhonorars ausgegangen sind oder aber überhaupt keine entsprechenden Bemessungskriterien dem Pauschalhonorar zu Grunde gelegt haben. Darüber hinaus kann das zwischen den Parteien wirksam vereinbarte Pauschalhonorar unter die HOAI-Mindestsätze „rutschen", wenn sich die zunächst angenommenen Baukosten im Laufe des Baufortschritts deutlich erhöhen. Liegt in diesen Fällen ein Ausnahmefall i.S. des § 7 Abs. 3 HOAI (vgl. Rdn. 751 ff.) nicht vor, ist die **Pauschalvereinbarung unwirksam**, und der Architekt kann nunmehr grundsätzlich nach den Mindestsätzen abrechnen.[511] Soweit sich der **Architekt** gegen eine unwirksame, weil die Mindestsätze unterschreitende Pauschalhonorarvereinbarung wenden und die Mindestsätze verlangen will, trägt er die **Darlegungs- und Beweislast** für einen entsprechenden **Verstoß gegen das Preisrecht** der HOAI, da er aus diesem Verstoß (für ihn) günstige Rechtsfolgen ableitet.[512] **1090**

Allerdings kann eine grundsätzlich (wegen einer unzulässigen Mindestsatzunterschreitung) **unwirksame Pauschalhonorarvereinbarung** vom Architekten nicht (auf die Mindestsätze) **erfolgreich korrigiert** werden,

* wenn er (ausnahmsweise) an seine Schlussrechnung, mit der er das (unzulässige) Pauschalhonorar abrechnet, **gebunden** ist (vgl. hierzu Rdn. 885 ff.).

oder

* wenn er **in anderer Weise nach Treu und Glauben** an das vereinbarte Pauschalhonorar **gebunden** ist (vgl. insoweit Rdn. 766 ff)

oder

* wenn die Parteien sich **nach Erbringung der Architektenleistung** erneut auf ein entsprechendes Pauschalhonorar **geeinigt** haben (vgl. Rdn. 809).

---

510) BGH, BauR 2007, 2081 = NZBau 2008, 65; BauR 1990, 239 = NJW-RR 1990, 276 = ZfBR 1990, 72.
511) OLG Celle, BauR 2004, 359; OLG Düsseldorf, BauR 1996, 746; OLG Hamm, IBR 2004, 209 – *Heiseß*; NJW-RR 1990, 522; OLG Koblenz, OLGR 1998, 317; OLG Saarbrücken, IBR 2004, 210 – *Weyer*.
512) BGH, BauR 2001, 1926 = NJW-RR 2002, 159; OLG Saarbrücken, OLGR 2004, 303, 307.

1091 Pauschalhonorarvereinbarungen bringen in der Praxis häufig böse Überraschungen für Bauherren mit sich, wenn sie davon ausgehen, mit dem Architekten ein besonders günstiges Pauschalhonorar (wirksam) vereinbart zu haben. Die Unwirksamkeit einer entsprechenden Pauschalhonorarvereinbarung kann auch eine im Zusammenhang mit ihr getroffene Fälligkeitsvereinbarung erfassen.[513] Das OLG Düsseldorf weist in diesem Zusammenhang zu Recht darauf hin, dass ein Architekt, der nur das unter den Mindestsätzen liegende Pauschalhonorar geltend macht, nicht verpflichtet ist, eine Schlussrechnung nach den höheren Mindestsätzen aufzustellen, um sein Honorar fällig zu stellen.[514]

1092 Soweit das **Pauschalhonorar** bei Anwendung der HOAI die **Mindestsätze überschreitet**, ist für die entsprechende Vereinbarung die **Schriftform** erforderlich;[515] ferner muss die Pauschalpreisvereinbarung **bei Auftragserteilung** erfolgt sein (§ 7 Abs. 5 HOAI). Wird das Pauschalhonorar **mündlich** bzw. nicht bei Auftragserteilung vereinbart, muss der Architekt **auf einen entsprechenden Einwand** des Auftraggebers (Mindestsatzüberschreitung) anhand einer prüfbaren Rechnung, die dem Abrechnungsschema der HOAI entspricht (insbesondere unter Angabe der anrechenbaren Kosten), nachweisen, dass die Mindestsätze eingehalten wurden.[516] Allerdings kann der Architekt auch ein Pauschalhonorar abrechnen, das unter dem Mindestsatz liegt; die Prüffähigkeit einer Schlussrechnung darf dann nicht mit der Begründung verneint werden, der Architekt habe keine an der HOAI orientierte Abrechnung nach Mindestsätzen vorgenommen.[517]

1093 Das Pauschalhonorar umfasst nur die **vertraglich vereinbarten Leistungen**. Besondere Leistungen kann der Architekt gegebenenfalls zusätzlich vergütet verlangen.

1094 **Zweifelhaft** ist, ob der Architekt eine **höhere Vergütung** bei einem Pauschalvertrag verlangen kann, wenn sich die **Baukostensumme, die Planungstätigkeit** oder die **zeitliche Abwicklung** des Bauvorhabens **unerwartet** (z.B. durch Fehlangaben oder Fehleinschätzungen) **erhöht oder verändert**. Das Problem ist über das Rechtsinstitut des Wegfalls der Geschäftsgrundlage, § 313 BGB (vgl. näher Rdn. 2956 ff.) zu lösen.[518]

1095 Bei der Vereinbarung einer Honorarpauschale trägt allerdings der Architekt grundsätzlich das Risiko einer Mehrleistung; **unzumutbare Mehrleistungen** sind

---

513) OLG Düsseldorf, BauR 1997, 163 = NJW-RR 1996, 1421.
514) Ebenso: OLG Koblenz, OLGR 1998, 317.
515) Vgl. hierzu KG, BauR 1994, 791.
516) OLG Düsseldorf, BauR 1982, 294; *Schmitz*, BauR 1982, 219, 224; **a.A.:** offensichtlich LG Fulda, BauR 1992, 110, 111, das diese Prüfung von Amts wegen vornimmt, weil eine „Pauschalhonorarvereinbarung ... wegen fehlender Schriftform unwirksam" ist. Dieser Ausgangspunkt ist unzutreffend: Eine Vereinbarung ist nur unwirksam, wenn das Pauschalhonorar über oder unter den Mindestsätzen liegt, was erst auf den Einwand des Auftraggebers zu prüfen ist; bedenklich daher auch OLG Hamm, BauR 1992, 123 (LS).
517) BGH, BauR 2005, 739 = NJW-RR 2005, 749 = MDR 2005, 803 = IBR 2005.262 – *Knipp* = NZBau 2005, 349 = ZfIR 2005, 412.
518) Vgl. OLG Köln, IBR 2010, 277 – *Fuchs*; OLG Zweibrücken, IBR 2009, 281 – *Götte*; OLG Hamm, BauR 1993, 88; OLG Frankfurt, BauR 1985, 585; OLG Düsseldorf, BauR 1986, 719, 722; *Stahl*, BauR 1973, 279, 280; ferner: *Koeble*, in: Locher/Koeble/Frik, § 7 HOAI, Rn. 41 ff.; *Werner*, Festschrift für Locher, S. 289, 302; *Preussner*, BauR 1991, 692, 695; *Schmitz*, BauR 1982, 219, 223.

indes **ausgleichspflichtig.** Die Grenze zwischen einer von dem Architekten ohne Vergütungsanspruch hinzunehmenden und einer ihm nicht mehr zumutbaren Mehrleistung ist fließend und kann nur im Einzelfall abgestimmt werden.[519]

Etwas anderes gilt, wenn die Parteien von sich aus im Vertrag zugunsten des Architekten eine Risikogrenze vorgesehen haben, nach der bei einer bestimmten Mehrarbeit des Architekten oder bei einer Baukostenerhöhung die Honorarpauschale neu festzusetzen ist **(Härteklausel);** hierfür ist der Architekt beweispflichtig.[520] So sehen viele Architekten-Formularverträge bereits eine **Regelbauzeit** vor, um das nicht ungewöhnliche Risiko einer Bauzeitüberschreitung und damit verbundene Mehrleistungen des Architekten abzudecken; bei Überschreitung der Regelbauzeit wird in diesen Fällen die Möglichkeit einer Honorarerhöhung im Vertrag ausdrücklich eingeräumt (vgl. hierzu 1030 ff.). Hinsichtlich einer ungewöhnlich lange dauernden Architektenleistung, die jedenfalls im Rahmen der Objektüberwachung bei einer längeren Bauzeit in Betracht kommt, ist im Übrigen § 7 Abs. 3 HOAI zu berücksichtigen (vgl. hierzu näher Rdn. 780 ff.).[521]

Ist das Pauschalhonorar im Falle einer **Überschreitung der Zumutbarkeitsgrenze** an die veränderten Umstände anzupassen, kann dies durch **Anhebung der Pauschale** oder durch Abrechnung nach der HOAI unter Wegfall der Pauschale erfolgen. Dabei sind sowohl die Bemessungsgrundsätze der HOAI als auch die Höhe des vereinbarten Pauschalhonorars zu berücksichtigen.[522]

Gestiegene Baukosten können, müssen aber nicht immer mit einer **Mehrleistung** des Architekten verbunden sein; in der Regel wird dies jedoch der Fall sein. Das OLG Düsseldorf[523] nimmt zutreffend an, dass die Erhöhung der Baukostensumme allein noch kein Umstand sei, der eine Anpassung des vereinbarten Honorars rechtfertige. Für eine Pauschalvergütung könne also der Unterschied zwischen Kostenberechnung und Kostenfeststellung unter Umständen ohne Bedeutung sein, weil die Parteien des Architektenvertrages die Höhe der Vergütung hier gerade nicht von der Entwicklung der tatsächlichen Baukosten abhängig gemacht hätten. Abzustellen sei vielmehr auf unerwartete, deutlich höhere Mehrleistungen des Architekten, die in einem erheblichen Missverhältnis zu der vereinbarten Pauschale stehen.

Etwas anderes kann nur gelten, wenn die Parteien bei Abschluss des Architektenvertrages eindeutig von einer bestimmten Baukostensumme als Basis für das

---

519) OLG Düsseldorf, *Schäfer/Finnern*, Z 3.01 Bl. 45; 15,4 % Überschreitung der Bausumme und die dadurch bedingte Mehrleistung des Architekten sind zumutbar und geben keinen besonderen Vergütungsanspruch; BGH, *Schäfer/Finnern*, Z 3.01 Bl. 311: Eine **60 %ige** zeitliche Verlängerung des Bauvorhabens ist erheblich und berechtigt zu entsprechender Erhöhung des Pauschalhonorars; vgl. auch *Heiermann*, BauR 1971, 221; *Neuenfeld*, § 4 HOAI, Rn. 33; *Koeble*, in: Locher/Koeble/Frik, § 7 HOAI, Rn. 42.
520) Vgl. OLG Düsseldorf, BauR 1972, 385; BGH, *Schäfer/Finnern*, Z 3.01 Bl. 329.
521) Hinsichtlich der Verlängerung der Bauzeit vgl. OLG Hamm, BauR 1986, 718, das bei fehlender Vereinbarung gemäß § 4 Abs. 3 HOAI a.F. eine Anpassung des Honorars aus dem Gesichtspunkt der Veränderung der Geschäftsgrundlage ablehnt.
522) Vgl. im Einzelnen *Koeble*, in: Locher/Koeble/Frik, § 7 HOAI, Rn. 40; *Schmitz*, BauR 1982, 219, 223.
523) OLG Düsseldorf, BauR 1986, 719, 722.

Honorar ausgegangen sind, weil auch die HOAI bei der Festlegung des Honorars eines Architekten nicht allein vom Leistungsaufwand ausgeht.

1099 Entsprechendes gilt, wenn Bauvorhaben unerwartet nur mit großen Schwierigkeiten ausgeführt werden können (Einsprüche von Nachbarn; Sonderwünsche, verbunden mit Planungsänderungen; Ausscheiden verschiedener Unternehmen usw.) oder sich die gestellte Architektenaufgabe verändert.

1100 Die **Darlegungs- und Beweislast** hinsichtlich einer behaupteten **Störung der Geschäftsgrundlage** (§ 313 BGB) trägt der **Architekt**.[524] Darüber hinaus hat er zur Ermittlung des neuen Honorars zunächst die Bemessungskriterien für die ursprüngliche Pauschalvereinbarung – ggf. in Relation zum Mindestsatz nach der HOAI – darzulegen und zu beweisen, da nur diese Ausgangspunkt für die neu festzusetzende Vergütung unter Berücksichtigung der geänderten Verhältnisse sein können.

1101 Nichts anderes gilt, wenn der Auftraggeber eine **Ermäßigung des Pauschalhonorars** verlangt; die Darlegungs- und Beweislast liegt bei ihm.

1102 Haben die Parteien ein Pauschalhonorar vereinbart, braucht der Architekt nicht auf der Basis der üblichen Honorargrundlagen der HOAI (Honorarzone, anrechenbare Kosten usw.) abzurechnen. Vielmehr wird das Honorar des Architekten mit der Angabe des Pauschalhonorars in der Schlussrechnung fällig (vgl. hierzu Rdn. 1201).[525]

1103 Grundsätzlich ist davon auszugehen, dass im Rahmen eines **vorzeitigen Abbruchs** der Vertragsbeziehungen auf diesen Zeitpunkt bei der Abrechnung des Pauschalvertrages abzustellen ist, sodass eine spätere Baukostenentwicklung für das Honorar des ersten Architekten unerheblich ist. Das ist anders, wenn der Architekt bei der Ermittlung des Pauschalhonorars in fachlich nicht vertretbarer Weise die Kosten zu hoch ermittelt hat oder die Höchstsätze der HOAI überschritten wurden, es sei denn, die Ausnahmefälle des § 7 Abs. 3 HOAI sind gegeben. Nach Auffassung des OLG Dresden[526] können im Falle der Kündigung eines Vertrages, dessen Leistungsinhalt die Errichtung eines Bauwerks inklusive dazugehöriger Architektenleistungen zu einem Pauschalpreis beinhaltet, für die Abrechnung des erbrachten Leistungsteils die Architektenleistungen nur anteilig nach den konkret erbrachten Bauleistungen abgerechnet werden. Der BGH[527] hat in dem Beschluss, mit dem er die Nichtzulassungsbeschwerde zurückgewiesen hat, zu Recht Bedenken gegen diese Auffassung geäußert.

1104 Neben dem Pauschalhonorar ist auch die Vereinbarung eines **Erfolgshonorars** (z.B. bei Einhaltung der Baukosten) denkbar; hierbei sind indes die Bemessungsgrundlagen der HOAI zu berücksichtigen.[528]

1105 Berechnet der Architekt sein Honorar entsprechend § 7 Abs. 5 HOAI nach den Mindestsätzen, **behauptet der Bauherr** aber die Vereinbarung eines **niedrigeren**

---

[524] OLG Frankfurt, BauR 1985, 585; OLG Düsseldorf, BauR 1986, 719, 722.
[525] *Schmitz*, BauR 1982, 219, 224; **a.A.:** wohl OLG Düsseldorf, BauR 1982, 294.
[526] IBR 2006, 456 – *Putzier*.
[527] IBR 2006, 456.
[528] OLG Frankfurt, BauR 1982, 88.

Pauschalhonorars, muss er eine entsprechende schriftliche Vereinbarung darlegen und beweisen.[529]

4. Nebenansprüche des Architekten

a) Nebenkosten

Für den HOAI-Architektenvertrag regelt § 14 HOAI die Erstattung der Nebenkosten eines Architekten. Dieser kann neben den Honoraren der HOAI auch „die für die Ausführung des Auftrags erforderlichen Nebenkosten in Rechnung stellen".

1106

Die Nebenkosten sind bei Vorliegen dieser Voraussetzungen, die vom Architekten darzulegen und zu beweisen sind, zusätzlich zum Honorar zu zahlen, **ohne dass es hierzu einer besonderen Vereinbarung** der Parteien bedarf. Nur wenn bei Auftragserteilung schriftlich vereinbart wird, dass Nebenkosten ganz oder teilweise nicht zu erstatten sind, besteht insoweit kein Anspruch des Architekten (§ 14 Abs. 1 Satz 2 HOAI; eine solche Vereinbarung ist auch bei einer Mindestsatzunterschreitung zulässig.[530]

Nebenkosten sind nur dann **„für die Ausführung des Auftrages"** entstanden, wenn ein **unmittelbarer Zusammenhang** gegeben ist.[531] Ob sie erforderlich waren, ist ebenfalls eine Frage des Einzelfalles. Insoweit ist ein strenger Maßstab anzulegen,[532] es sei denn, der Bauherr hat die Leistung, die zur Entstehung der Nebenkosten geführt hat, ausdrücklich gewünscht oder war damit einverstanden; im letzteren Fall ist die Erforderlichkeit stets zu bejahen.[533] Die **Darlegungs- und Beweislast** hinsichtlich der **Höhe** trägt der **Architekt**; im Zweifelsfall kann die Erforderlichkeit durch einen Sachverständigen geklärt werden.

1107

Grundsätzlich sind die Nebenkosten nach **Einzelnachweis** abzurechnen (§ 14 Abs. 3 HOAI). In aller Regel wird es für einen Architekten schwer sein, die Höhe der Nebenkosten darzulegen und zu beweisen, da ein genauer Nachweis kaum möglich ist. Mit Recht weist das OLG Hamm[534] darauf hin, dass an den **Nachweis von Nebenkosten keine übertriebenen Anforderungen** gestellt werden dürfen; es genüge, wenn der Auftragnehmer seine Aufzeichnungen und Unterlagen vorlegt.[535] Es ist aber mit dem OLG Hamm[536] zu fordern, dass „die geltend gemachte Aufstellung mit vorgelegten Belegen und sonstigen Umständen korrespondiert und nachvollziehbare Gründe genannt und ggf. bewiesen werden, die eine Zugehö-

1108

---

529) Ebenso: *Koeble*, BauR 1979, 372, 373; für den Werkvertrag: BGH, ZfBR 1981, 170 sowie OLG Frankfurt, MDR 1979, 256.
530) OLG Düsseldorf, BauR 1996, 746, 747; *Seifert*, in: Korbion/Mantscheff/Vygen, § 7 HOAI, Rn. 12.
531) *Seifert*, in: Korbion/Mantscheff/Vygen, § 7 HOAI, Rn. 6.
532) BR-Drucks. 270/76, S. 16.
533) *Seifert*, in: Korbion/Mantscheff/Vygen, § 7 HOAI, Rn. 8 a.E.
534) OLGR 2006, 496; ebenso OLG Hamm, IBR 1991, 180 = BauR 1991, 385 (LS).
535) OLG Hamm, BauR 2002, 1721, 1722 (für Fremdkosten wie Lichtpausen u. Fotos jedoch Nachweise).
536) BauR 2006, 1766 = OLGR 2006, 496.

rigkeit zu den konkreten Bauvorhaben decken". Vygen, in: Seifert[537] will es zu Recht für zulässig erachten, „dass der Auftragnehmer (Architekt) bei einzelnen Posten einen an Erfahrungswerten orientierten Gesamtbetrag", also einen **Pauschalbetrag**, in Ansatz bringt; das wird insbesondere für Post- und Fernmeldegebühren zu gelten haben, weil diese Kosten nicht oder nur mit zu hohem Aufwand belegt werden können.[538] Der BGH[539] will insoweit offensichtlich strengere Maßstäbe anlegen: Eine Nebenkostenforderung soll erst prüfbar und damit fällig sein, wenn der Architekt eine geordnete Zusammenstellung der Auslagen nebst Belegen vorlegt. Wenn diese Entscheidung auch zur Fälligkeit der Nebenkosten ergangen ist, so wird sie gleichwohl auch für den Nachweis der Nebenkosten zu gelten haben. Allerdings hat es der BGH ausdrücklich offen gelassen, ob die Zusammenstellung der Auslagen ohne die Vorlage der Belege in den Fällen ausreicht, in denen der Auftraggeber die Nebenkosten nicht bestreitet.

Die einzelnen Arten der Nebenkosten zählt § 14 Abs. 2 HOAI auf. Die Aufzählung ist nicht abschließend.

Im Übrigen können die Parteien auch eine **pauschale Abrechnung bei Auftragserteilung schriftlich vereinbaren**. Fehlt allerdings eine solche Vereinbarung, ist auf Einzelnachweis abzurechnen.[540]

1109 Das OLG Düsseldorf[541] ist der Meinung, dass die mit einer Pauschale vereinbarten Nebenkosten dem Höchstpreischarakter der HOAI Rechnung tragen müssen. Sind sie „deutlich übersetzt" (z.B. bei einer 10 %igen Nebenkostenpauschale), soll die Vereinbarung unwirksam sein. Dem ist nicht zu folgen, weil die Vertragsfreiheit durch die HOAI insoweit nicht eingeschränkt wurde; die HOAI kennt keine „Höchstpreise" für Nebenkosten. Es besteht im Übrigen auch kein Anlass, den ohnehin schon erheblich begrenzten Spielraum der Parteien bei Abschluss eines Architektenvertrages noch weiter einzuengen. Der BGH[542] ist daher zu Recht den Überlegungen des OLG Düsseldorf entgegengetreten und hat die hier vertretene Auffassung übernommen. Der BGH weist dabei darauf hin, dass allein § 138 Abs. 1 BGB (sittenwidriger Charakter der Vereinbarung) Maßstab für die Wirksamkeit der Vereinbarung über die Nebenkostenpauschale ist und daher stets im Einzelfall zu prüfen ist, ob die Nebenkostenpauschale zu den im Zeitpunkt des Vertragsschlusses zu erwartenden Nebenkosten objektiv in einem auffälligen Missverhältnis steht und weitere Umstände hinzutreten, wie etwa eine verwerfliche Gesinnung des begünstigten Architekten oder Ingenieurs.

Aus der Regelung in einem Architektenvertrag, wonach Lichtpausen, Plots, Mutterpausen und Fotokopien gesondert auf Nachweis jeweils vierteljährlich er-

---

537) In: Korbion/Mantscheff/Vygen, § 7 HOAI, Rn. 16; ebenso: *Baumgärtel*, § 7 HOAI, Rn. 1; *Koeble*, in: Locher/Koeble/Frik, § 14 HOAI, Rn. 3; *Neuenfeld*, § 7 HOAI, Rn. 4a.
538) So auch OLG Hamm, BauR 2002, 1721, 1722 (für Telefonkosten, wobei der Architekt darzulegen hat, wie er zu der Pauschale kommt).
539) NJW-RR 1990, 1109 = BauR 1990, 632 = ZfBR 1990, 227.
540) BGH, BauR 1994, 131 = ZfBR 1994, 73 = NJW-RR 1994, 280; BGH, BauR 1990, 101 = ZfBR 1990, 64.
541) BauR 1990, 640 = NJW-RR 1991, 345; **a.A.:** wie hier vor allem *Jochem/Kaufhold*, § 7 HOAI, Rn. 4 ff. u. *Neuenfeld*, § 7 HOAI, Rn. 15.
542) BauR 2004, 356 = NZBau 2004, 102 = MDR 2004, 208 = NJW-RR 2004, 166. Ebenso OLG Braunschweig, IBR 2005, 553 – *Seifert* (bei 15 % Nebenkostenpauschale).

stattet werden, folgt nach OLG Dresden⁵⁴³⁾ nicht, dass dem Architekten ein Erstattungsanspruch nur im Fall einer vierteljährlichen Abrechnung und Nachweisführung zusteht.

b) Umsatzsteuer

Literatur

Klenk, Steckengebliebene Werkleistung im Umsatzsteuerrecht im Falle des § 649 BGB, BauR 2000, 638.

1110 Nach § 16 HOAI hat der Architekt Anspruch auf Ersatz der **Umsatzsteuer**, die auf sein nach der HOAI berechnetes Honorar und auf die berechneten **Nebenkosten** entfällt; dies gilt auch für Abschlagszahlungen gemäß § 15 Abs. 2 HOAI.

Der Architekt kann dem Bauherrn daher die Umsatzsteuer **zusätzlich in Rechnung** stellen; durch die Berechnung der Umsatzsteuer können auch die Mindestsätze bzw. die Höchstsätze der HOAI überschritten werden. Bei der Berechnung der Umsatzsteuer sind das Honorar des Architekten und die Nebenkosten, die allerdings um die vorsteuerabzugsfähigen Umsatzsteuern zu vermindern sind, zusammenzurechnen.⁵⁴⁴⁾

1111 Soweit der Architekt Honorar für **nicht erbrachte Leistungen** (§ 649 BGB) verlangt, besteht nach der Rechtsprechung des BGH kein Anspruch auf Zahlung von Umsatzsteuer, da er insoweit keine Leistungen erbracht hat und damit kein umsatzsteuerrechtliches Austauschgeschäft vorliegt, weil die vorerwähnte Vorschrift nur Entschädigungscharakter hat und daher als Bemessungsgrundlage für die Umsatzsteuer ausscheidet.⁵⁴⁵⁾ Auch auf Verzugszinsen kann Umsatzsteuer nicht verlangt werden.⁵⁴⁶⁾ Demgegenüber hat der BGH⁵⁴⁷⁾ entschieden, dass der gemäß § 642 BGB zu zahlenden Entschädigung eine steuerbare Leistung des Unternehmers zugrunde liegt und diese daher umsatzsteuerpflichtig ist.

Nach Auffassung des BGH⁵⁴⁸⁾ ändert eine zwischen dem vorsteuerabzugsberechtigten Auftraggeber und einem Planer getroffene Vereinbarung über die Verrechnung des Honorars mit etwaigen Schadensersatzansprüchen aus Mängeln im Zweifel nichts daran, dass das Honorar zuzüglich Umsatzsteuer geschuldet wird.

Auch bei einer **Honorarabrechnung bzgl. einer Bauzeitverlängerung** (vgl. Rdn. 1030 ff.) fällt Umsatzsteuer an, weil es sich insoweit um einen Vergütungsanspruch für erbrachte Leistungen handelt.⁵⁴⁹⁾

Planungs- und Überwachungsleistungen bei Bauwerken sind von der **„Steuerschuldumkehr"** (§ 13b Abs. 2 Satz 1 Nr. 4 UStG) – erweiterte Steuerschuldnerschaft des Leistungsempfängers, vgl. Rdn. 1684 – ausdrücklich ausgenommen. Bei

---

543) IBR 2014, 674 – *Wellensiek*.
544) Zum gesonderten Ausweis der Mehrwertsteuer vgl. BGH, BauR 1980, 471.
545) BauR 2008, 506 = NZBau 2008, 247.
546) BauR 2008, 821 = NZBau 2008, 318.
547) A.a.O.
548) NZBau 2012, 44.
549) OLG Düsseldorf, BauR 2009, 1764.

Planungs- und Überwachungsleistungen von Architekten und Ingenieuren ist kein Steuerabzug nach § 48 EStG, sog. **„Bauabzugssteuer"**, vorzunehmen.[550]

c) Zinsen

Literatur

Brambring, Der neue § 284 Abs. 3 BGB – Nur ein Missverständnis?, ZfIR 2000, 245; *Kniffka*, Das Gesetz zur Beschleunigung fälliger Zahlungen – Neuregelung des Bauvertragsrechts und seine Folgen –, ZfBR 2000, 227; *Bitter*, Gesetz zur „Verzögerung" fälliger Zahlungen – Kritische Anmerkung zum neuen § 284 Abs. 3 BGB –, WM 2000, 1282; *Risse*, Verzug nach 30 Tagen – Neuregelungen in § 284 Abs. 3 BGB, BB 2000, 1050; *Jani*, Neuregelungen des Zahlungsverzuges und des Werkvertragsrechts durch „Gesetz zur Beschleunigung fälliger Zahlungen" vom 30.3.2000, BauR 2000, 949; *Huber*, Das neue Recht des Zahlungsverzugs und das Prinzip der Privatautonomie, JZ 2000, 743; *Hammacher*, Zahlungsverzug und Werkvertragsrecht, BauR 2000, 1257; *Keldungs*, Der Vergütungsanspruch des Bauunternehmers im Lichte des Gesetzes zur Beschleunigung fälliger Zahlungen, OLGR-Kommentar 2001, K 1; *Fischer/Kröner/Oehme*, Nochmals: § 284 Abs. 3 BGB – Eine neue Regelung zum Schuldnerverzug –, ZfBR 2001, 7, 8; *Kirberger*, Die Beschleunigungsregelung unter dogmatischem und praxisbezogenem Blickwinkel, BauR 2001, 492; *Glöckner*, Leitbild mit Verfalldatum, BauR 2001, 535; *Kesseler*, Das Gesetz zur Beschleunigung fälliger Forderungen – reformiert?, NJW 2001, 130; *Hildebrandt*, Teleologische Reduktion des § 284 III 1 BGB nicht notwendig, NJW 2001, 131; *Kiesel*, Verzug durch Mahnung bei Geldforderungen trotz § 284 III BGB, NJW 2001, 108; *Voit*, Die Änderungen des allgemeinen Teils des Schuldrechts durch das Schuldrechtsmodernisierungsgesetz und ihre Auswirkungen auf das Werkvertragsrecht, BauR 2002, 145; *Petershagen*, Der neue Basiszinssatz des BGH – Eine kleine Lösung der großen Schuldrechtsform?, NJW 2002, 1455; *Schimmel/Buhlmann*, Schuldnerverzug nach der Schuldrechtsmodernisierung – Tatbestandsvoraussetzungen und Rechtsfolgen, MDR 2002, 609.

1112 Vielfach fehlt es bei der Honorarklage des Architekten an einem schlüssigen Vortrag bezüglich des Zinsanspruches. Der Architekt kann **nach § 641 Abs. 2 BGB Zinsen** vom Zeitpunkt der Abnahme seiner Leistung und nach Vorliegen der übrigen Fälligkeitsvoraussetzungen (vgl. Rdn. 1163 ff.) verlangen, sofern nicht die Vergütung gestundet ist. Die Höhe der Zinsen richtet sich nach § 246 BGB (4 %) bzw. § 352 HGB (5 %).

1113 **Höhere Zinsen** kann der Architekt nur bei **Zahlungsverzug** des Auftraggebers verlangen, § 286 BGB. Nach § 286 Abs. 3 BGB kommt ein Schuldner einer Entgeltforderung nunmehr **spätestens in Verzug**, wenn er nicht innerhalb von **30 Tagen** nach **Fälligkeit und Zugang einer Rechnung** oder gleichwertigen Zahlungsaufstellung eine Zahlung leistet. Dies gilt gegenüber einem Schuldner, der **Verbraucher** ist, allerdings nur, wenn auf diese Folgen **in der Rechnung** oder Zahlungsaufstellung besonders **hingewiesen worden** ist. Wenn der **Zeitpunkt des Zugangs der Rechnung** oder Zahlungsaufstellung **unsicher** ist, kommt der Schuldner, der nicht Verbraucher ist, **spätestens 30 Tage** nach Fälligkeit und Empfang der Gegenleistung in Verzug.

1114 Mit § 286 Abs. 3 BGB ist klar gestellt, dass ein Verzug, z.B. durch Mahnung, auch vor Ablauf von 30 Tagen eintreten kann. Wann es einer **Mahnung nicht bedarf**, regelt § 286 Abs. 2 BGB. Schuldnerverzug tritt auch ein, wenn eine Zeit nach dem Kalender bestimmt ist (§ 286 Abs. 2 Ziff. 1 BGB). Nach § 286 Abs. 2 Ziffer 2

---

550) BGH, BauR 2005, 1658.

BGB bedarf es einer Mahnung auch dann nicht, wenn der Leistung ein **Ereignis** vorauszugehen hat und eine angemessene Frist für die Leistung in der Weise bestimmt ist, dass sie sich von dem **Ereignis** an nach dem Kalender berechnen lässt. Beispiele: „Drei Monate nach Lieferung", „Drei Monate nach Kündigung", „Zwei Wochen nach Baubeginn" oder „Zwei Wochen nach Rechnungszugang". Damit ist die Ziffer 2 deutlich auf ähnliche Ereignisse wie die Kündigung ausgeweitet worden. Allerdings muss stets eine angemessene Zeit zwischen dem Ereignis und dem Verzug liegen. Klauseln wie „Zahlung sofort nach Lieferung", „Zahlung nach Baustandsmitteilung" oder „Zahlung nach Rohbaufertigstellung" genügen dem also nicht. Ist die Zeit zu kurz, gilt eine angemessene Frist. Hintergrund dieser Regelung ist, dass dem Schuldner wenigstens eine angemessene Zeit zur Verfügung stehen muss, um eine erhaltene Leistung oder Ware zu prüfen und die Zahlung zu bewirken (z.B. durch Überweisung). Die Zeit für die Leistung (Zahlung) muss stets durch Vertrag „bestimmt" sein (einschließlich der angemessenen Frist).

Nach Ziffer 3 in Abs. 2 des § 286 BGB bedarf es einer Mahnung nicht, wenn der **Schuldner** die Leistung **ernsthaft und endgültig verweigert.** Das entspricht allerdings der bislang herrschenden Meinung, die diese Regelung aus § 242 BGB hergeleitet hat.

Nach Ziffer 4 des Abs. 2 des § 286 BGB bedarf es einer Mahnung auch dann nicht, wenn „**aus besonderen Gründen** unter Abwägung der beiderseitigen Interessen der sofortige Eintritt des Verzuges gerechtfertigt ist". Auch diese Fallgruppe ist bereits in der Rechtsprechung anerkannt, sodass auch hier Richterrecht in das Gesetz eingeführt wurde.[551] Bei dieser Regelung denkt der Gesetzgeber z.B. an die Fallgestaltung, in der der Schuldner ein die Mahnung verhinderndes Verhalten an den Tag legt, insbesondere wenn er sich einer Mahnung gezielt entzieht[552] oder wenn er die Leistung zu einem bestimmten Termin selbst angekündigt und damit einer Mahnung zuvorgekommen ist, sogenannte Selbstmahnung.[553]

1115 Da es sich bei der Vorschrift über den Zahlungsverzug um ein (neues) gesetzgeberisches Leitbild handelt, kann diese Regelung in **AGB/Formularverträgen** nicht zu Lasten des Schuldners oder Gläubigers von dem jeweiligen Verwender abbedungen werden. In Betracht kommt nur eine Änderung auf der Basis eines individuellen Aushandelns, weil es sich bei dieser Vorschrift um dispositives Recht handelt; dabei ist jedoch § 310 Abs. 3 Nr. 2 BGB zu berücksichtigen.

1116 Nach § 288 Abs. 1 BGB beträgt der **Verzugszinssatz 5 % über dem Basiszinssatz**, soweit es sich um Verträge handelt, an denen **Verbraucher beteiligt** sind. Der Basiszinssatz ist in § 247 BGB festgelegt und verändert sich zum 1. Januar und 1. Juli eines jeden Jahres um die Prozentpunkte, um welche die Bezugsgröße seit der letzten Veränderung des Basiszinssatzes gestiegen oder gefallen ist. Dabei ist Bezugsgröße der Zinssatz für die jüngste Hauptrefinanzierungsoperation der Europäischen Zentralbank vor dem 1. Kalendertag des betreffenden Halbjahres.

Bei Rechtsgeschäften, an denen ein **Verbraucher nicht beteiligt ist**, beträgt der Zinssatz nach dem neuen § 288 Abs. 2 BGB sogar 8 % über dem Basiszinssatz des

---

551) Vgl. *Palandt/Grüneberg*, § 286 BGB, Rn. 25.
552) OLG Köln, NJW-RR 1999, 4.
553) OLG Köln, NJW-RR 2000, 73.

§ 247 BGB. Damit ist der Zinssatz nochmals für diese Fälle durch das Gesetz zur Modernisierung des Schuldrechts erheblich angehoben worden. Der Architekt ist als Freiberufler kein Verbraucher, sondern **Unternehmer** im Sinne des § 14 BGB.

1117 Der Architekt kann ferner **Prozesszinsen** nach § 291 BGB geltend machen. Aufgrund der (auch nach Erlass des Beschleunigungsgesetzes und des Gesetzes zur Modernisierung des Schuldrechts verbliebenen) Verweisung in § 291 BGB auf § 288 BGB ist davon auszugehen, dass nunmehr der neue gesetzliche Verzugszinssatz auch für die Prozesszinsen gilt.[554] Macht allerdings der Auftraggeber ein ihm zustehendes **Zurückbehaltungsrecht** (z.B. wegen Mängel des Architektenwerks) im Prozess geltend und wird er **zur Zahlung nur Zug um Zug** gegen Durchführung etwaiger Nachbesserungsarbeiten (Nacherfüllungsarbeiten) seitens des Architekten verurteilt, ist dessen Werklohnforderung (noch) nicht fällig im Sinne des § 291 Satz 1 Halbsatz 2 BGB, sodass auch keine Prozesszinsen (wie auch keine Fälligkeitszinsen) entstehen.[555]

1118 Der Architekt kann im Übrigen als Gläubiger nach wie vor einen **weiteren Verzugsschaden**, z.B. höhere Zinsen **(Anlagezinsen/Kreditzinsen),** aus einem anderen Rechtsgrund geltend machen (§ 288 Abs. 3 BGB). Will der Architekt einen höheren als den neuen gesetzlichen Zinssatz unter dem vorerwähnten Gesichtspunkt geltend machen, muss er seinen weiteren Zinsverlust konkret darlegen und beweisen. Insoweit genügt er seiner Darlegungslast, wenn er z.B. vorträgt, dass ihm zu dem verlangten Zinssatz laufend seit dem Datum des Verzugsbeginns Bankkredit in Höhe seines Vergütungsanspruches gewährt worden ist und er diesen Bankkredit bei rechtzeitiger Zahlung durch den Auftraggeber hätte abdecken können;[556] dagegen ist es nicht notwendig, dass der Architekt vorträgt, er habe sich gerade wegen der Nichtzahlung des Auftraggebers einen Bankkredit nehmen müssen. Auf Verzugszinsen kann die **Umsatzsteuer** nicht gefordert werden.[557]

Bei Zinsabsprachen in AGB ist § 309 Nr. 4 BGB zu berücksichtigen.[558]

5. Honorar bei Kündigung und vorzeitiger Vertragsbeendigung

Literatur

Schmidt, Zur unberechtigten Kündigung aus wichtigem Grunde beim Werkvertrag, NJW 1995, 1313; *Werner/Siegburg,* Entgangener Gewinn des Architekten nach Kündigung des Architektenvertrages, DAB 1996, 1881; *Eich/Eich,* Entgangener Gewinn des Architekten nach Kündigung des Architektenvertrages – Darstellung der ersparten Aufwendungen, DAB 1996, 2064; *Brügmann,* Ersparte Aufwendungen beim Architektenvertrag, NJW 1996, 2982; *Neuenfeld,* Die ersparten Aufwendungen bei Kündigung des Architektenvertrages, DAB 1997, 211; *Werner/Siegburg,* Der „entgangene Gewinn" des Architekten gem. § 649, Satz 2 BGB – Im Blickwinkel der neuesten

---

554) Ebenso: *Kirberger,* BauR 2001, 492, 498 mit Hinweis auf *Krüger,* NJW 2000, 2407 f.; *Merkens,* BauR 2001, 515, 522.
555) BGH, NJW 1971, 615 = BauR 1971, 124; OLG Düsseldorf, NJW 1971, 2310.
556) BGH, WM 1977, 172; OLG Düsseldorf, OLGR 1994, 292 (dem Vortrag der „Inanspruchnahme" von Bankkredit kommt „ein bestimmter und feststehender Inhalt zu, der die notwendige Verwendung von Zahlungseingängen zur Darlehnstilgung als eine schlüssig behauptete Tatsache zunächst einmal mit enthält"); LG Bielefeld, NJW 1972, 1995.
557) Vgl. BGH, BauR 1985, 102, 103 m. Nachw.
558) Vgl. hierzu OLG Köln, BauR 1999, 64.

Rechtsprechung des BGH –, BauR 1997, 181; *Niestrate*, Vergütung des Architekten nach Kündigung des Architektenvertrages durch den Auftraggeber, ZfBR 1997, 9; *Beigel*, Zum Anspruch des Architekten gemäß § 649 Satz 2 BGB nach Kündigung des Architektenvertrages durch den Bauherrn, BauR 1997, 782; *Dammert*, Die Berechnung des Honoraranspruchs nach Kündigung des Architektenvertrages – Prüfungsfähiger Aufbau der Honorarschlussrechnung, DAB 1997, 1497; *von Rintelen*, Vergütungsanspruch des Architekten im Falle der so genannten freien Kündigung des Architektenvertrages – Zulässigkeit seiner Pauschalierung durch AGB, BauR 1998, 603; *Glöckner*, § 649 Satz 2 BGB – ein künstlicher Vergütungsanspruch?, BauR 1998, 669; *Löwe*, Die Vergütungsklage des Unternehmers nach Kündigung des Werkvertrages durch den Auftraggeber nach § 649 Satz 2 BGB unter Berücksichtigung der Entscheidungen des BGH vom 8.2.1996, 10.10.1996 und 7.11.1996, ZfBR 1998, 121; *Wirth/Freund*, Auswirkungen von Kündigungen nach § 649 BGB auf Architektur- und Ingenieurbüros, Festschrift für Vygen (1999), S. 88; *Kniffka*, Die neue Rechtsprechung des Bundesgerichtshofes zur Abrechnung nach Kündigung des Bauvertrags, Jahrbuch Baurecht 2000, 1; *Schiffers*, Zur Objektivierung der Vergütungsermittlung nach auftraggeberseitiger freier Kündigung von Planungsverträgen, NZBau 2002, 185; *Deckers*, Die außerordentliche Kündigung des Architektenvertrages, BauRB 2004, 338; *Armbrüster/Bickert*, Unzulängliche Mitwirkung des Auftraggebers beim Bau- und Architektenvertrag, NZBau 2006, 153; *Weyer*, Fristlose Kündigung seitens des Architekten/Ingenieurs wegen Zahlungsweigerung des Auftraggebers, Festschrift für Kapellmann (2007) 463, *Peters*, Zu der Struktur und den Wirkungen einer auf § 649 BGB gestützten Kündigung des Bestellers, BauR 2012, 11.

1119 In der Baupraxis ist es kein Ausnahmefall, dass ein Architektenvertrag aus den verschiedensten Gründen vorzeitig beendet wird. Jedes Bauvorhaben entwickelt so viel Konfliktstoff und birgt so viele Imponderabilien in sich, dass dadurch auch das Verhältnis zwischen Bauherr und Architekt häufig übermäßig belastet wird. Dabei ist zu berücksichtigen, dass der Architekt auch nach einer Kündigung grundsätzlich berechtigt und verpflichtet bleibt, seine mangelhafte Leistung nachzubessern.[559]

Ein Architektenvertrag kann einmal
* aufgrund des **„freien" Kündigungsrechts** des Bauherrn gemäß § 648a BGB n.F. beendet werden (vgl. Rdn. 1120 ff.).
* Zum Anderen kann ein Architektenvertrag sowohl von dem Architekten wie auch dem Auftraggeber aus **wichtigem Grund** gekündigt werden (vgl. Rdn. 1142 ff.).
* Schließlich können die Parteien das Vertragsverhältnis einverständlich beenden (vgl. Rdn. 1160).

Eine **Kündigung** konnte bis zum neuen Werkvertragsrecht 2018 auch **konkludent** erklärt werden: Von einer solchen konkludenten Kündigung ist auszugehen, wenn ein Vertragspartner nach außen hin deutlich macht, dass er das Bauvorhaben insgesamt nicht oder nicht mit seinem Vertragspartner fortsetzen will.[560] Nach Inkrafttreten (1.1.2018) des neuen Werkvertragsrechts 2018 bedarf die **Kündigung des Architektenvertrages** gemäß § 650h BGB n.F. i.V.m. § 650p BGB n.F. der **Schriftform**.

Auch eine **Teilkündigung** eines Architektenvertrages ist möglich. So ist die Teilkündigung auch nicht auf abtrennbare Teile der Architektenleistung beschränkt.[561] Das gilt grundsätzlich auch für die Kündigung aus wichtigem Grund. Mit dem

---

559) BGH, BauR 2001, 667 = NZBau 2001, 211 = ZfBR 2001, 177 (für Planungsfehler des Architekten).
560) Vgl. hierzu OLG Rostock, IBR 2008, 337 – *A. Eich*.
561) Vgl. hierzu *Lang*, BauR 2006, 1956, 1957.

neuen Werkvertragsrecht 2018 ist die Teilkündigung ausdrücklich in das BGB aufgenommen, nämlich in § 648a BGB n.F. Vgl. hierzu im Einzelnen Rdn. 1754.

a) Das Kündigungsrecht des Auftraggebers gemäß § 648 BGB n.F. (vor 1.1.2018: 649 BGB)

1120 Durch das neue Werkvertragsrecht 2018 ist der § 649 BGB a.F. zum § 648 BGB n.F. geworden, ohne dass sich der Wortlaut geändert hat. Nach § 648 BGB kann der Bauherr den Architektenvertrag bis zur Vollendung der Leistung des Architekten **jederzeit kündigen**. Dieses „freie" Kündigungsrecht des Auftraggebers kann nicht durch eine **AGB-Klausel** auf Fälle eines **wichtigen Grundes beschränkt** werden.[562]

1121 Im Falle der Kündigung des Architektenvertrages durch den Auftraggeber hat der Architekt neben der Kündigung im Einzelnen darzulegen, wie sich der Honoraranspruch zusammensetzt. Dabei hat er die **erbrachten und die nicht erbrachten** Leistungen im Einzelnen vorzutragen, voneinander abzugrenzen und die entsprechenden Honoraranteile – gegebenenfalls im Wege der prozentualen Schätzung[563] – zuzuordnen (vgl. auch Rdn. 1138).[564] Darüber hinaus ist eine **Begründung** für den jeweiligen Ansatz der Teilleistungen und der sich daraus ergebenden prozentualen Angaben[565] notwendig; andernfalls ist die Rechnung nicht nachvollziehbar und damit auch **nicht prüfbar**.[566] Dagegen bedarf es – im Gegensatz zum gekündigten Bauvertrag – nicht der Darlegung der Urkalkulation des abrechnenden Architekten, weil sich dieser insoweit auf die Parameter der HOAI stützen kann.[567]

Für die bis zur Kündigung **erbrachten Leistungen** kann der Architekt das darauf entfallene vereinbarte oder übliche Honorar beanspruchen.[568] Dabei ist **unerheblich**, ob der Architekt Leistungsphasen vollständig oder nur selbstständige Teile davon erbracht hat, soweit diese für den Auftraggeber **verwertbar** sind.[569] Hat der Architekt – aufgrund der vorzeitigen Beendigung des Vertrages – nur Teile einer Leistungsphase erbracht, sind diese auf der Basis der gesamten anrechenbaren

---

562) So auch OLG Düsseldorf, MDR 1999, 1439 (mit einem Überblick über den Stand in Rspr. und Lit.); OLG Hamburg, BauR 1993, 123 (LS) = MDR 1992, 1059; **a.A.:** LG Aachen, NJW-RR 1988, 364; *Locher*, in: Locher/Koeble/Frik, HOAI, Einl., Rn. 242 f. m.w.Nachw.
563) OLG Düsseldorf, BauR 2001, 434 = OLGR 2001, 109; OLG Köln, BauR 1992, 668 = OLGR 1992, 224.
564) BGH, BauR 2005, 739 = NJW-RR 2005, 749 = NZBau 2005, 349 = MDR 2005, 803 = ZfIR 2005, 412; BauR 2004, 316, 318; BauR 2000, 126 = NJW 2000, 205 = NZBau 2000, 140 = ZfBR 2000, 47 = MDR 2000, 24; BauR 1998, 357 = NJW-RR 1998, 594.
565) So richtig: OLG Koblenz, BauR 1998, 1043 = NJW-RR 1998, 954 = OLGR 1998, 306; OLG Stuttgart, BauR 1995, 587; OLG Rostock, BauR 1993, 762 = NJW-RR 1994, 661.
566) **Anderer Ansicht:** *Koeble*, BauR 2000, 785, 790.
567) BGH, BauR 2000, 126 = NJW 2000, 205 = NZBau 2000, 140 = ZfBR 2000, 47 = MDR 2000, 24; OLG Celle, BauR 1999, 191 = OLGR 1998, 270, für das Ein-Mann-Architekturbüro; *Koeble*, BauR 2000, 785, 790.
568) Vgl. BGH, BauR 1993, 469 = NJW 1993, 1972 = MDR 1994, 35 = BB 1993, 1109 = WM 1993, 1474; OLG Düsseldorf, BauR 1988, 237.
569) OLG Düsseldorf, BauR 2013, 1698; BauR 2001, 434 = OLGR 2001, 109 = NJW-RR 2001, 882.

Kosten, aber mit einem entsprechend **geminderten Prozentsatz** zu bewerten.[570] Allerdings trifft den **Architekten die Darlegungs- und Beweislast** für die bis zur Kündigung tatsächlich **erbrachten Leistungen** sowie für die entsprechende **Vergütung**.[571] Das gilt auch hinsichtlich der **Mängelfreiheit** seines Architektenwerkes.[572] Die Darlegungs- und Beweislast für eine (völlige) Wertlosigkeit bzw. Unbrauchbarkeit der bis zur Kündigung erbrachten Architektenleistungen trägt grundsätzlich der Auftraggeber.[573] Bei Baumaßnahmen, die fortgeführt werden, ist allerdings die (völlige) Unverwertbarkeit bzw. Unbrauchbarkeit der bis zur Kündigung erbrachten Werkleistung die Ausnahme.[574] Kündigt der Auftraggeber gem. § 648 (früher 649) BGB und nimmt er damit dem Architekten das Recht zur Nachbesserung, entfällt der Vergütungsanspruch des Architekten infolge von Leistungsmängeln nicht, wenn eine Nachbesserung möglich gewesen wäre.[575]

Hinsichtlich der **nicht erbrachten Leistungen** ist der Architekt nach § 648 (früher 649) Satz 2 BGB berechtigt, die vereinbarte Vergütung zu verlangen; er muss sich jedoch „dasjenige anrechnen lassen, was er infolge der Aufhebung des Vertrages an Aufwendungen erspart oder durch anderweitige Verwendung seiner Arbeitskraft erwirbt oder zu erwerben böswillig unterlässt". Durch dieses Gebot der Abrechnung soll eine ungerechtfertigte Bereicherung eines Auftragnehmers vermieden werden.

Die **ersparten Aufwendungen** sind nicht an Durchschnitts- oder Erfahrungswerten zu orientieren, sondern **fallbezogen konkret abzurechnen und abzuziehen**.[576] Die Anforderungen an den Vortrag zu den ersparten Aufwendungen hängen nach Auffassung des OLG Düsseldorf[577] vom Vertrag, seinem Abschluss und seiner Abwicklung sowie dem Informationsbedürfnis des Auftraggebers ab. Der Architekt hat insoweit alle Aufwendungen zu berücksichtigen, die dadurch entfallen sind, dass der betreffende Vertrag aufgrund der Kündigung nicht zu Ende geführt wurde.[578] Zu den ersparten Aufwendungen gehören vor allem:

1122

* **Projektbezogene Personalkosten**
Darunter fallen **Löhne, Gehälter** und sonstige **Kosten**, die der Architekt nach der Kündigung nicht mehr aufbringen muss, z.B. für ausscheidende oder anderweitig eingesetzte Projektleiter, Zeichner, Bauleiter, freie Mitarbeiter.[579] Erspart sind diese **Personalkosten** nur von dem Zeitpunkt an, zu dem sich der Architekt seinerseits z.B. durch Kündigung oder einvernehmlich

1123

---

570) OLG Düsseldorf, a.a.O.
571) BGH, BauR 1994, 655 = NJW-RR 1994, 1238 = MDR 1994, 1214 = BB 1994, 1742 = WM 1994, 1856; OLG Düsseldorf, BauR 2013, 1698.
572) Vgl. BGH, BauR 1993, 469 = NJW 1993, 1972 = BB 1993, 1109 = DB 1993, 1184 = MDR 1994, 35 = WM 1993, 1474; OLG Düsseldorf, BauR 2013, 1698.
573) OLG Düsseldorf, BauR 2013, 1698, 1706.
574) OLG Düsseldorf, a.a.O.
575) OLG Celle, BauR 2015, 1356.
576) BGH, BauR 2004, 316, 318; BauR 2000, 430 = NJW 2000, 653 = NZBau 2000, 82 = ZfBR 2000, 118 = MDR 2000, 207; OLG Braunschweig, BauR 2002, 333, 336 u. *Schiffers*, NZBau 2002, 185.
577) IBR 2012, 135 – *Hummel*.
578) BGH, BauR 1996, 382 = NJW 1996, 1282 = ZfBR 1996, 143; BauR 1999, 642 = NJW 1999, 1253 = MDR 1999, 672 = ZfBR 1999, 191; BauR 1998, 635.
579) BGH, BauR 2000, 126 = NJW 2000, 205 = NZBau 2000, 140 = ZfBR 2000, 47 = MDR 2000, 27; BauR 2000, 430 = NJW 2000, 653 = NZBau 2000, 82 = ZfBR 2000, 118 = MDR 2000, 207; OLG Düsseldorf, IBR 2002, 26.

durch Aufhebungsvertrag von diesen Mitarbeitern trennen oder diese z.B. bei anderen Projekten einsetzen konnte. Dabei ist zu berücksichtigen, dass Personalkosten nicht ohne Weiteres kurzfristig reduziert werden können, sondern dies vielfach nur unter Beachtung längerer Kündigungsfristen oder bei Zahlung größerer Abfindungen möglich ist.

Wird das Personal weiter beschäftigt und für **andere Projekte eingesetzt**, ist die sich daraus möglicherweise ergebende Ersparnis grundsätzlich als Abzug durch anderweitigen Erwerb zu berücksichtigen; allerdings steht es dem Architekten frei, den anderweitigen Einsatz des Personals auch als ersparte Aufwendungen abzuziehen.[580] Soweit der **BGH**[581] die Auffassung vertritt, dass der Architekt sich grundsätzlich nicht solche Personalkosten anrechnen lassen muss, die dadurch entstehen, dass er eine rechtlich mögliche Kündigung des Personals nicht vorgenommen hat, weil § 648 BGB allein auf die **tatsächliche Ersparnis** abstellt und sich aufgrund der Kündigung des Auftraggebers keine Verpflichtung des Architekten herleiten lässt, sein Personal zu reduzieren, kann dem nicht gefolgt werden. Vertragsverhältnisse mit Mitarbeitern, die nicht anderweitig sinnvoll eingesetzt werden können, unnötig – trotz Kündigung des Auftraggebers – aufrecht zu erhalten, kann nur als treuwidriges Verhalten des Architekten gegenüber seinem (früheren) Auftraggeber bezeichnet werden. Dem kann nicht ein treuwidriges Verhalten des Auftraggebers wegen der von ihm ausgesprochenen Kündigung entgegen gehalten werden, da dieser bei einer Kündigung nach § 648 (früher 649) BGB lediglich von einem ihm zustehenden Recht Gebrauch macht und sein Verhalten, dessen Folgen er nach § 648 (früher 649) BGB zu tragen hat, daher nicht zu beanstanden ist.

1124 * **Projektbezogene Sachkosten**

Darunter fallen Papier, Stifte, Minen, Tusche und andere Schreib- und Zeichenmittel, Telefon-, Fax- und Fotokopierkosten, nicht mehr benötigtes, gekündigtes Projektbüro, entfallene Projektversicherungen und Fahrten zur Baustelle, soweit der Architekt diese nicht im Rahmen der Nebenkostenabrechnung gemäß § 14 HOAI auf den Auftraggeber hätte abwälzen können (wie z.B. Fahrten unter 15 km sowie Sachkosten, die im Zusammenhang mit der Erstellung der Originalunterlagen entstehen). Soweit Kleinpositionen, wie sie oben erwähnt wurden, in Betracht kommen, ist es zulässig, die ersparten Aufwendungen nach § 287 Abs. 2 ZPO, der auch bei der Ermittlung der Ersparnisse im Rahmen des § 648 (früher 649) Satz 2 BGB anwendbar ist, zu schätzen.[582] Das kann auch im Rahmen einer prozentualen Pauschale erfolgen.[583]

1125 **Subunternehmerleistungen** sind als Fremdleistungen ebenfalls unter dem Gesichtspunkt ersparter Aufwendungen in Abzug zu bringen, soweit die jeweiligen Subunternehmer nicht selbst nach § 648 (früher 649) Satz 2 BGB Ansprüche geltend machen.

1126 Dagegen sind die **allgemeinen Geschäftskosten** bei den ersparten Aufwendungen **nicht zu berücksichtigen**. Dazu gehören Gehälter und Löhne der ständigen Mitarbeiter, Miete des Architekturbüros, Versicherungen, allgemeine Sachkosten des Bürobetriebs usw., weil diese Aufwendungen auch nach Kündigung eines Projektes weiter zu entrichten sind.[584]

---

580) BGH, BauR 2000, 430 = NJW 2000, 653 = NZBau 2000, 82 = ZfBR 2000, 118 = MDR 2000, 207.
581) A.a.O.
582) BGH, NJW-RR 1992, 1077, 1078; *Werner/Siegburg*, BauR 1997, 181, 185.
583) BGH, BauR 2000, 430 = NJW 2000, 653 = NZBau 2000, 82 = ZfBR 2000, 118 = MDR 2000, 207.
584) BGH, BauR 2000, 126 = NJW 2000, 205 = NZBau 2000, 140 = ZfBR 2000, 47 = MDR 2000, 27; BauR 2000, 430 = NJW 2000, 653 = NZBau 2000, 82 = ZfBR 2000, 118 = MDR 2000, 207; ferner: *Schiffer*, NZBau 2002, 185, 186, der die allgemeinen Geschäftskosten als (beschäftigungsunabhängige, produktionsunabhängige) „Fixkosten" bezeichnet und diese im Einzelnen den (beschäftigungsabhängigen) „variablen Kosten" gegenüberstellt. Vgl. hierzu: *Werner/Siegburg*, BauR 1997, 181, 185; *Eich/Eich*, DB 1996, 2064 ff.; *Neuenfeld*, DAB 1997,

1127 Ersparte Aufwendungen sind jeweils nur von dem Teil der Vergütung abzuziehen, der sich auf die noch **nicht** vollendete Architektenleistung bezieht, nicht dagegen von dem Teil, den der Architekt für bereits erbrachte Leistungen fordert.[585]

1128 Bei der „anderweitigen Verwendung seiner Arbeitskraft" im Sinne des § 648 (früher 649) Satz 2 BGB und dem ggf. vorzunehmenden Abzug ist zu berücksichtigen, dass zwischen der Kündigung und der anderen gewinnbringenden Beschäftigung ein **ursächlicher Zusammenhang** bestehen muss.[586] Der anderweitige Erwerb muss aufgrund eines **echten Ersatzauftrages** erfolgen, „dessen Hereinnahme bei Fortbestand des Vertrages nicht möglich gewesen wäre", wie Peters[587] zu Recht hervorhebt (vgl. hierzu auch Rdn. 1721 ff.).[588] Für die Bemessung des Zeitraums, innerhalb dessen anderweitiger Erwerb gemäß § 648 (früher 649) S. 2 BGB entstanden sein kann, kommt es darauf an, welcher Zeitraum erforderlich gewesen wäre, um die in Folge der Kündigung nicht mehr ausgeführten Leistungen bei ununterbrochener Arbeit auszuführen.[589]

1129 Der **Einwand der Ersparnis und der anderweitigen Verwendung der Arbeitskraft sind kein Gegenrecht** des Bauherrn als Auftraggeber, das nur auf dessen Einrede hin zu berücksichtigen ist; vielmehr besteht der vertragliche Honoraranspruch von vornherein nur abzüglich der Ersparnis und der anderweitigen Verwendung der Arbeitskraft des Architekten[590]. Der BGH betont, dass der **Anspruch des Auftragnehmers** aus § 648 (früher 649) Satz 2 BGB „unmittelbar um die ersparten Aufwendungen verkürzt" ist: „Was er sich in diesem Sinne als Aufwendungen anrechnen lässt, hat der Unternehmer vorzutragen und zu beziffern; denn in der Regel ist nur er dazu in der Lage."[591] Folgt die Ersparnis aus dem eigenen Vortrag des Auftragnehmers, ist sie auch dann vom vollen Honorar abzusetzen, wenn der Auftraggeber sich nicht darauf beruft (vgl. Rdn. 1724). Entsprechendes gilt für die anderweitige Verwendung der Arbeitskraft des Architekten. Ergibt sich aus dem Vortrag des Architekten, dass dem Grunde nach ersparte Aufwendungen und/

---

211 ff.; *Beigel*, BauR 1997, 782, 783; *von Rintelen*, BauR 1998, 603, 604 (auch zur Aufwandsminderungspflicht nach der Kündigung); *Löwe*, ZfBR 1998, 121, 125; OLG Düsseldorf, BauR 2002, 649, 652.

585) BGH, BauR 1988, 82, 85 = NJW-RR 1988, 208 = ZfBR 1988, 38, 39; BGH, BauR 1988, 739 = NJW-RR 1988, 1295, 1296 = MDR 1989, 56 (auch zur Unterscheidung gegenüber § 642 BGB).
586) OLG Saarbrücken, NZBau 2005, 693, 696; OLG Frankfurt, BauR 1988, 599, 605; ebenso: *MünchKomm-Busche*, § 649 BGB, Rn. 27.
587) *Staudinger/Peters*, § 649 BGB, Rn. 26; ebenso: *Löwe*, ZfBR 1998, 121, 126; offenbar **a.A.**: *Koeble*, BauR 1997, 191, 196; zu den projektbezogenen Personalkosten s. OLG Stuttgart, BauR 1997, 1078 (LS) = IBR 1997, 470.
588) H.M.; BGH, BauR 2000, 126 = NJW 2000, 205 = NZBau 2000, 140 = MDR 2000, 27. *Kniffka/Koeble*, 12. Teil, Rn. 94; *Schwenker*, in: Thode/Wirth/Kuffer, § 4, Rn. 218; *Werner/Siegburg*, BauR 1997, 181, 189; *Beigel*, BauR 1997, 782, 783; *Dammert*, DAB 1997, 1497, 1500; *von Rintelen*, BauR 1998, 603, 605; *Wirth/Freund*, Festschrift für Vygen, S. 88, 98. Vgl. auch OLG Düsseldorf, BauR 2002, 649, 652.
589) So zutreffend OLG Rostock, IBR 2008, 278 – A. Eich.
590) BGH, BauR 2000, 430 = NJW 2000, 653 = NZBau 2000, 82 = ZfBR 2000, 118 = MDR 2000, 207; BauR 1986, 577; BGH, BauR 1981, 198; vgl. hierzu *Werner/Siegburg*, BauR 1997, 181, 183.
591) BauR 1996, 382 = NJW 1996, 1282; ebenso: OLG Naumburg, OLGR 1995, 8; LG Trier, NJWRR 1992, 604.

oder anderweitiger Erwerb vorliegt, werden aber keine Abzüge vorgenommen, ist ein Honoraranspruch und damit auch eine Honorarklage nicht schlüssig, weil einerseits ersparte Aufwendungen bzw. ein anderweitiger Erwerb feststeht, andererseits aber die Höhe (noch) ungeklärt ist.[592] Daraus folgt, dass eine Honorarklage nur dann schlüssig begründet ist, wenn der Auftragnehmer zu den ersparten Aufwendungen und/oder zu einem etwaigen anderweitigen Erwerb dem Grunde und zur Höhe vorträgt.[593]

1130 Bei alledem ist zu beachten, dass an den **Umfang des Vortrages** des Architekten und insbesondere seine Substantiierungspflicht **nicht zu hohe Anforderungen** gestellt werden dürfen:[594] Den Auftraggeber trifft nach § 648 (früher 649) BGB die Beweislast für etwaige Ersparnisse und anderweitigen Erwerb;[595] der Architekt kommt daher seiner Darlegungslast stets dann ausreichend nach, wenn dem Auftraggeber Grundlagen zur Überprüfung und Entgegnung vorgetragen werden,[596] wobei dann ein Bestreiten mit **Nichtwissen** durch diesen nicht (mehr) in Betracht kommt. Hinsichtlich eines etwaigen **Ersatzauftrages** reicht es nach Auffassung des BGH[597] aus, dass „sich der Architekt dazu **nachvollziehbar** und **ohne Widerspruch** zu den Vertragsumständen ausdrücklich oder auch konkludent erklärt"; seine **gesamte Geschäftsstruktur** braucht der Architekt daher insoweit nicht offen zu legen.

1131 Erhält der Architekt einen **Gesamtplanungsauftrag** und wird dieser gekündigt, bevor er – wie von ihm beabsichtigt – die Ingenieurleistungen (z.B. Tragwerksplanung, Heizung – Lüftung – Sanitär usw.) an **Subunternehmer** vergeben hat, steht ihm insoweit in der Regel kein Anspruch gemäß § 649 Satz 2 BGB zu, weil die für die Subunternehmerleistungen anfallende Vergütung in vollem Umfang als ersparte Aufwendungen anzusehen ist. Etwas anderes kann nur gelten, wenn der Architekt die Subunternehmerleistungen zu günstigeren Konditionen vergeben konnte, als sie ihm von seinem Auftraggeber eingeräumt wurden (z.B. Mittelsatz im Rahmen des Generalplanungsvertrages, Mindestsatz im Rahmen der beabsichtigten Subunternehmerverträge).

1132 Durch das Forderungssicherungsgesetz, das am 01.01.2009 in Kraft getreten ist, ist § 649 BGB a.F. ein dritter Satz hinzugefügt worden, der auch im § 648 BGB n.F. enthalten ist: Dieser enthält eine **gesetzliche Vermutung**, dass der Anspruch nach § 649 S. 2 BGB **5 % der auf den noch nicht erbrachten Teil der Werkleistung entfallenden vereinbarten Vergütung** beträgt. Dabei wird nicht zwischen einem Bauunternehmer und einem Architekten unterschieden. Hintergrund dieser neuen gesetzlichen Regelung ist es, einem Auftragnehmer eine schnellere Durchsetzung

---

592) *Heiermann/Riedl/Rusam*, § 8/B Rn. 4.
593) Vgl. im Einzelnen: *Werner/Siegburg*, BauR 1997, 181, 185.
594) BGH, BauR 1999, 167 = NJW 1999, 418 = ZfBR 1999, 95 = MDR 1999, 792. Das gilt insbesondere für das Ein-Mann-Architekturbüro; vgl. hierzu OLG Celle, BauR 1999, 191 m.Anm. *Schwenker*, BauR 1999, 1052.
595) BGH, BauR 2001, 666 = NZBau 2001, 202 = ZfBR 2001, 176 = MDR 2001, 447 = NJW-RR 2001, 385.
596) So auch *Koeble*, BauR 2000, 785, 791, der insoweit von einer (nur) Erstdarlegungslast des Architekten spricht.
597) BGH, BauR 2000, 430 = NJW 2000, 653 = NZBau 2000, 82 = ZfBR 2000, 118 = MDR 2000, 207; OLG Celle, BauR 1999, 191 = OLGR 1998, 270 (für das Ein-Mann-Architekturbüro).

von Vergütungsansprüchen zu erleichtern. Will der Architekt mehr als 5 % fordern, trifft ihn die Darlegungs- und Beweislast. Insoweit muss der Architekt zunächst eine **Abgrenzung zwischen den erbrachten und den nicht erbrachten Leistungen** vornehmen; er kann sodann die 5 % auf die vereinbarte Vergütung auf die nicht erbrachten Leistungen berechnen.[598] Da der Anspruch des Architekten nach § 648 (früher 649) S. 2 BGB in der Regel deutlich höher sein wird, werden Architekten auf diese Regelung kaum zurückgreifen, sondern ihren entgangenen Gewinn im Einzelnen berechnen. Dabei kann es dazu kommen, dass ein Architekt das Mehrfache der gesetzlichen Vermutung von 5 % fordern kann.

1133 Für den Architekten ist es allerdings in aller Regel nicht immer einfach darzulegen, wie hoch im Einzelfall diese ersparten Aufwendungen oder die anderweitig erlangten Einnahmen waren. Der BGH[599] war aus diesem Grunde bislang der Auffassung, dass die Ersparnisse, die sich der Architekt gemäß § 648 (früher 649) Satz 2 BGB auf den Honoraranteil für die noch nicht ausgeführten Architektenleistungen anrechnen lassen muss, **pauschal mit 40 % der Vergütung** zu bemessen sind. Der Bauherr hatte demnach in aller Regel für die noch nicht erbrachten Leistungen des Architekten **60 % des vollen (Netto-)Honorars** zu zahlen.

Diese Abrechnungsmethode hatte in der Vergangenheit dazu geführt, dass der Architekt seinen „entgangenen Gewinn" für nicht erbrachte Leistungen auf recht einfache Weise pauschal berechnen und durchsetzen konnte. Dieser Rechtsprechung des BGH waren auch die Instanzgerichte über Jahrzehnte gefolgt.

1134 Der BGH[600] hat seine bisherige Rechtsprechung aufgegeben und für die Fälle, in denen die Parteien keine anderweitige wirksame Regelung getroffen haben, den Grundsatz aufgestellt, dass der **Architekt substantiiert vortragen** und ggf. beweisen muss, welche ersparten Aufwendungen und/oder welchen anderweitigen Erwerb er im Einzelnen hatte.[601]

1135 Behauptet der **Auftraggeber höhere** Ersparnisse oder mehr an anderweitigem Erwerb, als sich der Architekt anrechnen lassen will, hat er dies darzulegen und zu beweisen. Für Art und Umfang einer streitigen Ersparnis oder eines streitigen anderweitigen Erwerbs trägt damit grundsätzlich der Auftraggeber die Beweislast.[602]

1136 **Individualregelungen** in Architektenverträgen hinsichtlich der Pauschalierung der ersparten Aufwendungen und/oder des anderweitigen Erwerbs im Rahmen des § 648 (früher 649) Satz 2 BGB sind grundsätzlich nach wie vor **wirksam**. Häufig

---

598) BGH, BauR 2011, 1811.
599) NJW 1969, 419; ebenso: OLG Köln, BB 1973, 67. Vgl. zur Wirksamkeit der im Einheits-Architektenvertrag enthaltenen Pauschalierungsvereinbarung insbesondere: *Knychalla*, S. 96 ff. sowie *Bartsch*, BauR 1994, 314, 319; *Löffelmann*, BauR 1994, 563, 569 u. *Börner*, BauR 1995, 331, 332.
600) BauR 1996, 412 = NJW 1996, 1751 = MDR 1991, 686 = ZfBR 1996, 200; BauR 2000, 430 = NJW 2000, 653 = NZBau 2000, 82 = ZfBR 2000, 118 = MDR 2000, 207; OLG Celle, OLGR 1998, 270; hierzu: *Werner/Siegburg*, BauR 1997, 181; *Eich/Eich*, DAB 1996, 2064; *Neuenfeld*, DAB 1997, 211; *Niestrate*, ZfBR 1997, 9.
601) Zur Darlegungslast eines Architekten, der als freiberuflicher „Einzelkämpfer" tätig ist: OLG Celle, OLGR 1998, 270, 271.
602) BGH, BauR 1996, 382 = NJW 1996, 1282; BauR 1986, 577; OLG Frankfurt, BauR 2008, 550.

finden sich jedoch solche Pauschalierungsabreden auch in AGB. Diese Regelungen sind an den §§ 309 Nr. 5b, 307 BGB zu beurteilen.

Vor diesem Hintergrund hält der BGH[603] Klauseln in Architekten-Formularverträgen für unwirksam, wenn dort nicht auf die Möglichkeit des Nachweises höherer ersparter Aufwendungen hingewiesen und/oder nicht die Möglichkeit aufgezeigt wird, dass sich der Architekt auch das anrechnen lassen muss, was er durch anderweitige Verwendung seiner Arbeitskraft erwirbt oder zu erwerben böswillig unterlässt. Das gilt auch für den **kaufmännischen Verkehr**.[604]

1137 Grundsätzlich gilt hinsichtlich von Pauschalisierungsabreden in AGB[605] im Rahmen des § 648 (früher 649) S. 2 BGB daher Folgendes:

* Ist der **Auftraggeber Verwender** einer Pauschalierungsabrede, ist diese grundsätzlich unwirksam; der Auftraggeber kann allerdings nicht die Unwirksamkeit geltend machen, weil er sich als Verwender von AGB nicht auf den Schutz der §§ 305 ff. BGB berufen kann.[606] Der Architekt kann allerdings stets die pauschalierten ersparten Aufwendungen in Ansatz bringen und ggf. – wegen der Unwirksamkeit der Klausel – niedrigere ersparte Aufwendungen geltend machen, muss sich aber gleichzeitig einen etwaigen anderweitigen Erwerb entgegenhalten lassen.
* Ist der **Architekt Verwender**, gilt Folgendes:
  ** Liegt die Pauschalierung im Rahmen von 60 % zu 40 % (100 % des vollen Honorars abzüglich 40 % für ersparte Aufwendung), kann eine solche Regelung noch nicht als unangemessen angesehen werden. Derartige Klauseln sind seit Jahrzehnten in der Baubranche akzeptiert und gebilligt worden. Sie können deshalb als **branchenüblich** bezeichnet und damit als allgemein anerkannt angesehen werden.[607] Eine formularmäßige Pauschalierungsabrede muss aber **die Möglichkeit des Nachweises** höherer ersparter Aufwendungen durch den Auftraggeber und ferner auch die Möglichkeit aufzeigen, dass bei anderweitigem Erwerb im Sinne des § 648 BGB ebenfalls ein Abzug gerechtfertigt ist.[608]
  ** Ist der Architekt **Verwender** der **Pauschalierungsabrede** (60 % zu 40 %), und ist diese unwirksam (keine Nachweismöglichkeit höherer ersparter Aufwendungen und anderweitigen Erwerbs), so kann der Architekt allerdings selbst dann nicht mehr als 60 % des Honorars verlangen, wenn sich bei der dann gebotenen Einzelabrechnung ein Honorar ergeben sollte, das 60 % des Honorars für die nichterbrachten Leistungen übersteigt; denn als **Verwender**

---

603) BauR 1997, 156 = NJW 1997, 259 = MDR 1997, 139; BauR 1998, 866 = ZfBR 1998, 236; BauR 1999, 167 = NJW 1999, 418 = DB 1999, 41 = ZfBR 1999, 95 (für den kaufmännischen Verkehr); *Werner/Siegburg*, BauR 1997, 181, 186.
604) BGH, BauR 1999, 167 = NJW 1999, 418 = DB 1999, 41 = ZfBR 1999, 95.
605) Vgl. *von Rintelen*, BauR 1998, 603; *Löwe*, ZfBR 1998, 121.
606) BauR 1994, 617 = NJW 1994, 2547; ferner: OLG Düsseldorf, BauR 2002, 660; OLG Oldenburg, OLGR 1998, 241 sowie BGH, BauR 1998, 866 = ZfBR 1998, 236.
607) Vgl. näher *Werner/Siegburg*, BauR 1997, 181, 186; ferner: *von Rintelen*, BauR 1998, 603, 609.
608) Vgl. hierzu OLG Düsseldorf, BauR 2002, 1583 = NZBau 2002, 686 = IBR 2003, 85 – *Schill*.

kann sich der Architekt nicht auf die Unwirksamkeit der Klausel berufen.[609] Der Architekt kann daher in diesem Fall 40 % als ersparte Aufwendungen abrechnen, wobei er allerdings nach BGH[610] gleichzeitig substantiiert darlegen muss, dass die konkrete Ersparnis dem entspricht oder niedriger ist. Entsprechendes gilt für die anderweitige Verwendung seiner Arbeitskraft.

In dem Formular-Architektenvertrag der **RBBau**, der für Verträge der öffentlichen Hand zur Anwendung kommt, sind die ersparten Aufwendungen ebenfalls pauschaliert (§ 13.2 der Allgemeinen Vertragsbestimmungen), allerdings unterschiedlich für die jeweiligen Leistungsphasen festgelegt:

Die ersparten Aufwendungen für die nicht erbrachten, vertraglichen Leistungen werden für
- die Leistungen Entwurfsunterlage, Ausführungsplanung sowie Vorbereitung und Mitwirkung bei der Vergabe auf 40 v.H. der vereinbarten Vergütung,
- die Leistungen Objektüberwachung/Bauüberwachung, Überwachung der Ausführung beziehungsweise der Bauoberleitung und örtlichen Bauüberwachung auf 60 v.H. der vereinbarten Vergütung festgelegt,
- die Leistungen Objektbetreuung/Dokumentation auf 90 v.H. der vereinbarten Vergütung festgelegt,

es sei denn, es werden geringere oder höhere ersparte Aufwendungen oder sonstige vergütungsmindernde Umstände (§ 649 – jetzt 648 – Abs. 2, 2. Halbsatz BGB) von einer Vertragspartei nachgewiesen.

1138 Die Berechnung des Honorars für die **nicht erbrachten Leistungen** des Architekten ist unproblematisch, wenn die Beendigung des Auftrages nach vollständiger Erbringung einer Leistungsphase erfolgt. Schwierig kann die Berechnung jedoch sein, wenn die **Trennung von dem Architekten mitten in einer Leistungsphase** (z.B. Objektüberwachung) erfolgt.[611]

In diesem Fall ist der Architekt darlegungs- und beweispflichtig dafür, wie sich sein Honorar für die erbrachten und nicht erbrachten Grundleistungen der Leistungsphase errechnet.[612] Dabei muss er zunächst den Prozentanteil der nicht erbrachten Grundleistungen ermitteln; die hierzu veröffentlichten Tabellen[613], die die einzelnen Grundleistungen jeder Leistungsphase prozentual bewertet haben, können hierbei hilfreich sein.

1139 Kann der Architekt den Prozentanteil für die nicht erbrachten Grundleistungen nicht unmittelbar feststellen, können die anrechenbaren Kosten unterstützend herangezogen werden, was insbesondere für die Leistungsphasen 6, 7 und 8 gilt: Der Architekt kann insoweit ermitteln, in welcher Höhe der anrechenbaren Kosten er bereits Mengen errechnet und Leistungsverzeichnisse aufgestellt (Leistungsphase 6), in welchem Kostenrahmen er bei der Vergabe mitgewirkt hat (Leistungsphase

---

609) BGH, BauR 1998, 357 = NJW-RR 1998, 594; BauR 2000, 430 = NJW 2000, 653 = NZBau 2000, 82 = ZfBR 2000, 118 = MDR 2000, 207; *Löwe*, ZfBR 1998, 121, 128.
610) BauR 2000, 126 = NJW 2000, 205 = NZBau 2000, 140 = ZfBR 2000, 47 = MDR 2000, 24; BauR 2000, 430 = NJW 2000, 653 = NZBau 2000, 82 = ZfBR 2000, 118 = MDR 2000, 207.
611) Vgl. OLG Düsseldorf, NJW-RR 1996, 84 (Bemessung der Architektenleistung bei Kündigung während der Leistungsphase 8: „Bauüberwachung erfordert gegen Ende der Bauzeit ein häufigeres Tätigwerden des Architekten") sowie OLG Celle, OLGR 1998, 270, 271.
612) BGH, BauR 2005, 739 = NJW-RR 2005, 749 = NZBau 2005, 349 = MDR 2005, 803 = ZfIR 2005, 412.
613) Vgl. hierzu Rdn. 1000 f.

7) oder schließlich, in welchem Kostenrahmen bereits das Bauvorhaben ausgeführt und demzufolge eine Objektüberwachung (Leistungsphase 8) erfolgt ist. Gelangt der Architekt auf diesem Weg zu einem Prozentsatz der erbrachten Leistungen, ist dieser unter Berücksichtigung der vollen anrechenbaren Kosten bei der Ermittlung des Honorars in Ansatz zu bringen.[614] Eine Schätzung kommt in diesem Zusammenhang nicht in Betracht.[615]

1140 Wird in **AGB** des Auftraggebers der gesetzliche Vergütungsanspruch des Architekten aus § 648 S. 2 BGB eingeschränkt oder ausgeschlossen, verstößt dies gegen § 307 BGB.[616]

Eine Klage auf Vergütung der erbrachten Leistungen nach einer Kündigung des Bauvertrags kann allerdings, wenn der Auftraggeber dem nicht widerspricht, auch auf eine Abrechnung gestützt werden, wonach vom vereinbarten Werklohn die unstreitigen Drittunternehmerkosten für die Fertigstellung des Bauwerks abgezogen werden.[617]

1141 Ist der Architektenvertrag (ausnahmsweise) als **Dienstvertrag** zu kennzeichnen (vgl. Rdn. 672 ff.), können beide Parteien diesen nach § 627 BGB kündigen. Für den Umfang des abzurechnenden Honorars gilt § 628 BGB.

b) Kündigung des Architektenvertrages aus wichtigem Grund

1142 Im Übrigen kann der Architektenvertrag sowohl von dem Architekten wie auch dem Auftraggeber aus **wichtigem Grund** gekündigt werden. Dies wurde bisher von Rechtsprechung und Literatur in der Vergangenheit aus den Rechtsgedanken des § 242 BGB gefolgert.[618] Der wichtige Kündigungsgrund kann in einer schwer wiegenden schuldhaften Verletzung oder einer sonstigen Zerstörung des vertraglichen Vertrauensverhältnisses bestehen, die eine Fortsetzung des Vertrages für die andere Vertragspartei unmöglich macht.[619] Mit dem neuen Werkvertragsrecht 2018 ist die **Kündigung aus wichtigem Grund erstmals in § 648a BGB n.F. gesetzlich geregelt** worden. Dabei ist insbesondere zu beachten, dass nach § 650h i.V.m. § 650q BGB n.F. die **Kündigung schriftlich** zu erfolgen hat. Vgl. zur Kündigung aus wichtigem Grund im Einzelnen Rdn. 1752. Die Honorarfolgen bei der Kündigung aus wichtigem Grund gestalten sich jedoch verschieden, je nachdem, ob eine der Vertragsparteien den wichtigen Kündigungsgrund zu vertreten hat oder nicht.

---

614) OLG Düsseldorf, BauR 2013, 1698; NJW-RR 2001, 882, 884.
615) KG, Urt. v. 22.03.2013, AZ 7U 218/11.
616) BGH, NJW 1985, 631, 532; OLG Zweibrücken, BauR 1989, 227; vgl. *Palandt/Sprau*, § 649 BGB, Rn. 13 sowie *Bamberger/Roth/Voit*, § 649 BGB, Rn. 32.
617) BGH, NZBau 2014, 351.
618) BGH, NJW 1951, 836; *Schmidt*, NJW 1995, 1313; *Niemöller*, BauR 1997, 539, 540; OLG Düsseldorf, BauR 1986, 469.
619) BGH, BauR 2000, 409 = NJW 2000, 807 = ZfBR 2000, 170 = MDR 2000, 388 (Verletzung der **Kooperationspflicht**); BauR 2000, 1182, 1185 = NJW 2000, 2988 = NZB 2000, 375 = ZfBR 2000, 472; BauR 1996, 704 = ZfBR 1996, 267; OLG Düsseldorf, IBR 2013, 692 – *Götte*; KG, IBR 2012, 156 – *Lichtenberg*; OLG Nürnberg, OLGR 2006, 176; OLG Braunschweig, BauR 2002, 333, 334; OLG Düsseldorf, BauR 2002, 649, 650; BauR 1986, 469, 472.

Der BGH[620] hat klargestellt, dass maßgeblicher Zeitpunkt für das Vorliegen eines wichtigen Grundes der Zeitpunkt der Kündigung ist. Überdies muss die Kündigung innerhalb angemessener Frist erfolgen, nachdem der Kündigende vom Kündigungsgrund Kenntnis erlangt hat.

Eine **Abmahnung** ist bislang grundsätzlich keine Voraussetzung einer außerordentlichen Kündigung (vgl. aber Rdn. 1143a). Unter dem Gesichtspunkt der Kooperationsverpflichtung der Vertragsparteien kann dies ausnahmsweise im Einzelfall anders sein.[621] Das OLG Celle[622] ist demgegenüber der Auffassung, dass in aller Regel ein vertragswidriges Verhalten des Auftragnehmers für eine fristlose Kündigung „zunächst noch nicht ausreicht": „Eine Lösung des Auftraggebers vom Vertrag ist vielmehr im Allgemeinen erst zulässig, wenn der Auftragnehmer ausdrücklich auf die Folgen einer weiteren Nichterfüllung des Vertrages hingewiesen hat. Lediglich dann, wenn aufgrund der tatsächlichen Umstände berechtigt eine Zerstörung des Vertrauensverhältnisses wegen fehlender Kooperation des Architekten anzunehmen ist, ist für eine Fristsetzung kein Raum".

Nach dem neuen **Bauvertragsrecht 2018** ist nunmehr gemäß § 648a Abs. 3 BGB n.F. i.V.m. § 314 Abs. 2 BGB eine **Abmahnung gesetzlich notwendig** (vgl. Rdn. 1755). Auch eine **Teilkündigung** (§ 648a Abs. 2 BGB n.F.) ist nunmehr **möglich** (vgl. Rdn. 1754). Hinsichtlich der gemeinsamen **Feststellung des Leistungsstandes bei Kündigung** sowie bzgl. des **Vergütungsanspruches** und eines eventuellen Schadensersatzanspruches in diesem Fall siehe Rdn. 1756.

Kündigt der **Bauherr** den Architektenvertrag **aus einem wichtigen Grund**, den der **Architekt** jedoch **nicht zu vertreten** hat, ist dieser nicht auf die Vergütung für die von ihm erbrachten Leistungen beschränkt; er kann vielmehr gemäß § 649 BGB (vgl. Rdn. 1120 ff.) das **volle Honorar** abzüglich der ersparten Aufwendungen verlangen. Dies gilt auch für den Fall, dass der Bauherr kündigt, weil das geplante Bauwerk nur mit einer wesentlichen Überschreitung der veranschlagten Baukosten auszuführen ist, wenn der Architekt die Kostenüberschreitung nicht zu vertreten und er auch keine Kostengewähr übernommen hat. § 649 (früher 650) BGB ist insoweit unanwendbar.[623]

Kündigt der Bauherr dagegen den Architektenvertrag aus einem wichtigen Grund, den der **Architekt zu vertreten** hat (z.B. schuldhafte Überschreitung der veranschlagten Baukosten, vgl. Rdn. 2278 ff.), steht dem Architekten nur ein seinen tatsächlichen Leistungen **entsprechender Gebührenanteil** zu,[624] es sei denn, dass die erbrachten Leistungen für den Bauherrn unbrauchbar sind;[625] einen Honoraranspruch für die noch ausstehenden Leistungen hat er in diesem Fall nicht. Inso-

---

620) IBR 2008, 378 – *Schwenker*.
621) Vgl. OLG Bremen, IBR 2012, 651 – *Bolz* sowie IBR 2012, 652 – *Gartz*; OLG Oldenburg, BauR 2013, 119 = IBR 2012, 653 – *Schwenker*.
622) BauR 2015, 1356.
623) BGH, NJW 1973, 140 = BB 1973, 66; zur Berechnung von Teilgebühren nach § 19 GOA bei vorzeitiger Beendigung des Vertrages s. OLG Düsseldorf, BauR 1971, 140 u. 283.
624) BGH, BauR 1989, 626 = ZfBR 1989, 248; NJW 1977, 1915 (LS) = DB 1977, 1841; *Schäfer/Finnern*, Z 3.01 Bl. 117; BauR 1975, 363; vgl. auch BGH, BauR 1999, 167, 169; OLG Rostock, OLGR 2001, 7; KG, IBR 1997, 209.
625) BGH, *Schäfer/Finnern*, Z 3.007 Bl. 7; LG Aachen, NJW-RR 1988, 1364.

weit gilt nunmehr § 648a Abs. 5 BGB. Die Voraussetzungen des wichtigen Grundes hat der Auftraggeber darzulegen und zu beweisen.[626)]

1146 „Wer" im Einzelfall „was" zu vertreten hat, ist stets unter Berücksichtigung der besonderen Umstände zu ermitteln und zu werten. Der BGH[627)] hat hierzu klar gestellt, dass bei der Wertung des in vielen vertraglichen Kündigungsregelungen enthaltenen Begriffs des **„Vertretenmüssens"** nicht auf § 276 BGB zurückgegriffen werden kann, weil diese Vorschrift mit ihrem Verschuldensprinzip (Vorsatz und Fahrlässigkeit) keinen geeigneten und interessengerechten Beurteilungsmaßstab liefert. Vielmehr ist stets zu prüfen, in welcher **Risikosphäre** (Auftraggeber oder Auftragnehmer) die durch das Verhalten einer Partei oder andere Umstände eingetretene Situation einzuordnen ist, weil nur so „der Begriff des Vertretenmüssens als Mittel der Risikoverteilung wirtschaftlich sinnvoll einzusetzen" ist.

1147 Eine Klausel in AGB des Auftraggebers, wonach bei dieser Fallgestaltung der Auftragnehmer die geschuldete Vergütung nur insoweit erhält, als die erbrachten Einzelleistungen vom Auftraggeber auch tatsächlich **verwertet** werden, verstößt gegen § 307 BGB und ist unwirksam; nach dieser Klausel wird dem Auftraggeber in unzulässiger Weise das Recht eingeräumt, über die Verwertung, die erst die Vergütungspflicht auslösen soll, einseitig zu bestimmen, sodass dem Auftragnehmer einseitig ein unkalkulierbares wirtschaftliches Risiko aufgebürdet wird.[628)]

1148 Der **Architekt** kann grundsätzlich nur **aus wichtigem Grund** den Vertrag kündigen, ihm also eine Fortsetzung des Vertrages unter Berücksichtigung aller Umstände des Einzelfalles nicht zugemutet werden kann (§ 648a Abs. 1 BGB n.F.).[629)] In diesem Fall hat er einen Honoraranspruch für die von ihm erbrachte Tätigkeit. Ist der Kündigungsgrund vom Bauherrn zu vertreten, kann der Architekt überdies (bezüglich der nicht erbrachten Leistungen) Schadensersatz gemäß § 648a Abs. 6 BGB n.F. verlangen.[630)]

Soweit sich der Architekt auf den **speziellen Kündigungsgrund** des **§ 643 BGB** (Verletzung der Mitwirkungspflicht durch den Bauherrn) stützt, gilt hinsichtlich des Honorars des Architekten § 645 BGB. Der sich aus § 645 Abs. 1 BGB ergebende Anspruch auf Vergütung der geleisteten Arbeit ist nach den Grundsätzen zu berechnen, die die Rechtsprechung für den Anspruch auf Vergütung der erbrachten Leistung nach einem gekündigten Werkvertrag entwickelt hat.[631)] Dies bedeutet, dass der Architekt zunächst die volle Vergütung für erbrachte Leistungen in Rechnung stellen kann. Der anteilige Gewinn, den er aus dem noch ausstehenden Teil der Leistung hätte ziehen können, ist ihm gemäß der Regelung des § 645 BGB verwehrt. Diesen Anspruch hat er vielmehr nur nach den §§ 645 Abs. 2, 324 Abs. 1 BGB unter der zusätzlichen Voraussetzung, dass der Bauherr das Leistungshindernis zu vertreten hat.[632)]

---

626) BGH, BauR 1997, 1060; NJW 1990, 1109 = BauR 1990, 632 = ZfBR 1990, 227.
627) BauR 1999, 167 = NJW 1999, 418 = DB 1999, 41 = ZfBR 1999, 95.
628) OLG Zweibrücken, BauR 1989, 227, 229.
629) Zum alten Recht: OLG Oldenburg, BauR 2013, 119.
630) BGH, NJW-RR 1990, 1109 = BauR 1990, 632 = ZfBR 1990, 227; BGH, NJW-RR 1989, 1248 = BauR 1989, 626, 629 = ZfBR 1989, 248; KG, IBR 2012, 157 – *Lichtenberg*.
631) BGH, NJW 1999, 2036.
632) *Staudinger/Peters*, BGB, § 645, Rn. 24.

1149 Häufig vereinbaren die Parteien, abweichend von § 648 BGB n.F./§ 649 BGB a.F., dass jeder von ihnen den Vertrag nur **aus wichtigem Grund** kündigen kann. Geschieht dies in Formularverträgen oder AGB, ist eine solche Vereinbarung unzulässig.[633] Individualrechtlich ist eine solche Vereinbarung aber möglich. Diese Bestimmungen enthalten dann hinsichtlich des Honoraranspruchs des Architekten eine abschließende vertragliche Regelung für den Fall der Vertragskündigung.

1150 Einen **wichtigen Kündigungsgrund**, den der **Bauherr zu vertreten** hat, hat der Architekt z.B. **in folgenden Fällen**:

* Der Auftraggeber weigert sich, angemessene **Teilzahlungen** gemäß § 15 HOAI zu **leisten**.[634]
* Der Bauherr fordert den Architekten auf, **ohne Baugenehmigung** zu bauen.
* Der Bauherr äußert sich gegenüber Dritten ständig in **ehrverletzender Form** über den Architekten.[635]
* Der Bauherr **veräußert** das Grundstück, das bebaut werden soll.[636]
* Der Bauherr **verweigert** endgültig und ernsthaft die **Erfüllung** des Architektenvertrages.[637]
* Der Bauherr fällt in **Konkurs** oder wird in anderer Weise illiquide.[638]
* Der Bauherr **kritisiert** die Planung des Architekten öffentlich in herabwürdigender Form.[639]
* Der **Auftraggeber** trifft **keine Entscheidungen**.[640]
* Der Bauherr (z.B. öffentliche Hand) verlegt seinen Sitz an einen anderen Ort, sodass das geplante Bauvorhaben nicht mehr zur Durchführung kommt.[641]
* Der Auftraggeber verlangt zwar einerseits von dem Architekten eine **zusätzliche Leistung**, z.B. für Umplanung, die über den bestehenden Architektenauftrag hinausgeht, **bestätigt aber** – trotz Aufforderung durch den Architekten mit Fristsetzung – **nicht den** hieraus entstehenden **zusätzlichen Vergütungsanspruch**.[642]
* Der **Auftraggeber stört den Planungsablauf** durch fortlaufende unberechtigte Eingriffe derart, dass dem Architekten eine Fortsetzung des Vertragsverhältnisses nicht zuzumuten ist.[643]
* Ein mit der Bauplanung beauftragter Architekt **prüft nicht** bereits bei der Grundlagenermittlung, ob das Bauvorhaben grundsätzlich **genehmigungsfähig** ist.[644]

---

633) OLG Hamburg, BauR 1993, 123 (LS) = MDR 1992, 1059; **a.A.:** LG Aachen, NJW-RR 1988, 364.
634) BGH, BauR 2000, 592 = NJW 2000, 1114 = ZfBR 2000, 176 = MDR 2000, 387; BauR 1989, 626, 628 = NJW-RR 1989, 1248 = ZfBR 1989, 248; BauR 1998, 866 = ZfBR 1998, 236. Vgl. hierzu *Weyer*, Festschrift für Kapellmann, S. 463.
635) OLG Frankfurt, IBR 2011, 223 – *A. Eich*.
636) *Locher*, in: Locher/Koeble/Frik, HOAI, Einl., Rn. 222.
637) BGH, BauR 1989, 626; OLG Rostock, BauR 1993, 762; OLG Celle, OLGR 1994, 316.
638) Vgl. hierzu *Neuenfeld*, BauR 1980, 230 ff.
639) OLG Düsseldorf, OLGR 1995, 18 = BauR 1995, 267.
640) OLG Frankfurt, IBR 2015, 263 – *Preussner*.
641) Vgl. hierzu OLG Düsseldorf, OLGR 1999, 282 = BauR 2002, 660.
642) KG, IBR 2006, 505 – *Götte*.
643) OLG Celle, OLGR 2006, 622 (für den Bauvertrag).
644) OLG Nürnberg, BauR 2006, 2083.

1151 Dem **Architekten** kann ein **wichtiger Kündigungsgrund** auch dann zur Seite stehen, wenn der Bauherr eine für das Bauvorhaben wichtige **Mitwirkungshandlung** (§ 642 BGB) unterlässt;[645] dies setzt jedoch voraus, dass dem Architekten ein Festhalten am Vertrag wegen der unterlassenen Mitwirkungshandlung des Bauherrn unzumutbar geworden ist.[646]

Die Äußerungen eines Subplaners, dass sein Auftraggeber (Architekt) „fachlich keine Ahnung habe, dass er Planungsleistungen erbringen müsse, die ein Architekt leisten müsse, dass er für einen Hungerlohn arbeite und dass er kein Interesse habe, so weiter zu machen", reichen nach Auffassung des KG[647] nicht aus, um eine Zerstörung des Vertrauensverhältnisses zwischen Subplaner und Architekt anzunehmen. Das erscheint bedenklich.

1152 Einen **wichtigen Kündigungsgrund**, den der **Architekt zu vertreten hat**, hat der Bauherr z.B. in **folgenden Fällen**:

* Der Architekt nimmt **„Provision"** für die Vermittlung eines Auftrages von einem Bauhandwerker an.[648]
* Der Architekt arbeitet **grob fahrlässig**.[649]
* Die Planungsleistungen des Architekten sind **unbrauchbar**, weil er die Bebaubarkeit des Bauplatzes nicht geprüft[650] oder die Grenzen der Genehmigungsfähigkeit ignoriert hat, es sei denn, der Architekt hat auf die fehlende Genehmigungsfähigkeit (ggf. unter Ablehnung seiner Gewährleistungsansprüche) hingewiesen.[651]
* Der Architekt **weigert sich**, eine **genehmigungsfähige Planung zu erstellen**.[652]
* Der Architekt **berücksichtigt nicht** die **vertraglichen Vorgaben** des Bauherrn.[653]
* Der Architekt baut ohne Baugenehmigung.[654]
* Der Architekt baut **nicht rentabel**, obwohl das Bauvorhaben Erwerbszwecken dienen soll;[655] die Planungsleistungen sind völlig wertlos.[656]

---

645) BGH, NJW-RR 1988, 1295; OLG Frankfurt, IBR 2015, 263 – *Preussner*. OLG München, BauR 2007, 1442; OLG Düsseldorf, BauR 1998, 880, 881.
646) OLG Frankfurt, IBR 2015, 263 – *Preussner*. Vgl. *Jochem*, BauR 1976, 392.
647) IBR 2012, 156 – *Lichtenberg*.
648) BGH, NJW 1977, 1915 (LS) = DB 1977, 1841 = MDR 1977, 831; OLG Düsseldorf, BauR 1996, 574 = OLGR 1996, 203 (LS); vgl. hierzu auch OLG Düsseldorf, OLGR 1998, 298.
649) OLG Düsseldorf, *Schäfer/Finnern*, Z 3.01 Bl. 73.
650) OLG Oldenburg, MDR 1958, 424; KG, KGR 1998, 94.
651) OLG Nürnberg, NZBau 2006, 320; OLG Düsseldorf, BauR 1986, 469; vgl. hierzu auch OLG Oldenburg, OLGR 1998, 241 (teilweise mangelhafte Leistung/Verzug).
652) OLG Stuttgart, BauR 1996, 438 (LS). Vgl. hierzu auch OLG Oldenburg, OLGR 1999, 38.
653) OLG Jena, IBR 2012, 154 – *Hebel*.
654) KG, IBR 1997, 209.
655) BGH, NJW 1975, 1657; vgl. auch BGH, *Schäfer/Finnern*, Z 3.00 Bl. 134.
656) OLG Köln, BauR 1986, 467, 469; LG Aachen, NJW-RR 1988, 1364.

- Die **Baukosten übersteigen** erheblich die dem Architekten bekannten Vorstellungen des Bauherrn;[657] allerdings wird das Nachbesserungsrecht des Architekten zu berücksichtigen sein.[658]
- Der Architekt **verweigert endgültig und ernsthaft weitere Leistungen**: Das ist erfüllt, wenn er kategorisch und unmissverständlich dem Auftraggeber erklärt, dass er nur bei Erfüllung der von ihm einseitig und ultimativ gesetzten Bedingung (Auswechslung des beim Auftraggeber zuständigen Mitarbeiters) bereit sei, seinen vertraglichen Architektenpflichten weiter nachzukommen.[659]
- Der Architekt hält eine als Beschaffenheit seines Werks vereinbarte **Baukostenobergrenze** nicht ein; auch hier wird das Nachbesserungsrecht des Architekten zu berücksichtigen sein.[660]
- Der Architekt **erkrankt** für einen längeren Zeitraum und ist nicht in der Lage, seine vertraglichen Verpflichtungen zu erfüllen; für die Frage eines wichtigen Grundes kommt es auf ein Verschulden nicht an.
- Der Architekt wählt eine wesentlich **teurere** Ausführungsart, obwohl diese vom Bauherrn ausdrücklich nicht gewünscht war.
- Der Architekt verlangt eine **Abschlagszahlung,** die zum einen **überhöht** ist und ihm wegen seiner Vorleistungsverpflichtung auch noch nicht zusteht.[661]
- Der Architekt besteht – während der Bauzeit – auf einem **höheren als dem vereinbarten Honorar.**[662]
- Der Architekt verletzt eine im Ausnahmefall bestehende **Aufklärungspflicht** gegenüber dem Bauherrn über die **Höhe seines Architektenhonorars.**[663]
- Der Architekt erbringt **seine Leistungen nur schleppend und unzureichend** trotz Nachfristsetzung.[664]
- Der Architekt ist für einen **schwerwiegenden Planungsfehler** verantwortlich.[665]
- Der Architekt **senkt** – im Planungsstadium – trotz Aufforderung **nicht die Baukosten** auf das vom Auftraggeber vorgegebene Niveau.[666]
- Der Architekt **beginnt mit Bauarbeiten**, obwohl noch **keine Baugenehmigung** vorliegt.[667]

---

657) OLG Celle, BauR 2014, 1029 = IBR 2014, 219; OLG Naumburg, BauR 2010, 164 (LS) = IBR 2010, 698 – *A. Eich*; NJW-RR 1996, 1302 = ZfBR 1996, 213; BauR 2001, 1299 L; BauR 2002, 1722; OLG Hamm, BauR 1987, 464 = NJW-RR 1986, 1150 = ZfBR 1986, 236 (Verdoppelung der Baukosten); OLG Düsseldorf, *SFH*, Nr. 12 zu § 649 BGB. Vgl. auch OLG Düsseldorf, BauR 2002, 1583 = NZBau 2002, 686 = IBR 2003, 85; ferner OLG Naumburg, BauR 2002, 1722 (kein Nachbesserungsrecht, wenn Architekt Überarbeitung durch konkludentes Verhalten ablehnt).
658) OLG Düsseldorf, BauR 2002,1583 = NZBau 2002, 686 = IBR 2003, 85; BauR 1988, 237.
659) OLG Düsseldorf, BauR 2013, 1698.
660) BGH, BauR 2003, 1061 = IBR 2003, 315 – *Quack* = ZfIR 2003, 1035 m.Anm. *Gsell* = NZBau 2003, 388; KG, IBR 2016, 465 – *Boisserée*; OLG Naumburg, BauR 2010, 1641; LG Mönchengladbach, NZBau 2006, 318. Vgl. auch BGH, NJW 1999, 3554.
661) LG Darmstadt, BauR 1997, 162.
662) OLG Nürnberg, BauR 1998, 1273 = NJW-RR 1998, 1713 = OLGR 1998, 268.
663) OLG Hamm, BauR 1999, 1479.
664) OLG Bremen, IBR 2012, 651 – *Bolz* sowie IBR 2012, 652 – *Gartz*; OLG Düsseldorf, IBR 2013, 223 – *Eix*; OLG Oldenburg, BauR 2002, 502 = NZBau 2003, 40.
665) OLG Düsseldorf, IBR 2005, 606 – *Knipp*.
666) OLG Karlsruhe, IBR 2005, 268.
667) BGH, BauR 2015, 1887.

* Der Architekt prüft nicht schon im Rahmen der **Grundlagenermittlung**, ob das Bauvorhaben grundsätzlich **genehmigungsfähig** ist.[668]
* Der Architekt überschreitet eine vereinbarte Baukostenobergrenze.[669] Auch insoweit ist allerdings das Nachbesserungsrecht des Architekten zu berücksichtigen.
* Der Architekt versäumt eine **sachgerechte Beratung** über die **Höhe der Baukosten** in einer Weise, die dem Auftraggeber ein Festhalten am Vertrag unzumutbar macht.[670]
* Der **Architekt legt unberechtigt die Arbeit nieder** und begründet dies mit der Verweigerung einer Abschlagszahlung, obwohl der Architekt wegen nachbesserungsfähiger Mängel seiner Leistung kein Leistungsverweigerungsrecht hat.[671]
* Der Architekt erstellt trotz **mehrfacher Aufforderung keine Kostenschätzung** gemäß DIN 276, obwohl der Architekt wusste oder wissen musste, dass der Auftraggeber nur begrenzte Mittel zur Verfügung hat und von der Erlangung von Fördermitteln abhängig ist.[672]
* Der **Architekt verweigert** trotz Fristsetzung und Kündigungsandrohung die **Herausgabe der** von ihm gefertigten **Leistungsbeschreibung** und des erstellten Preisspiegels[673]
* Der Architekt bessert trotz Aufforderung seine **mangelhafte Planung** nicht nach.[674]
* Der Architekt schließt entgegen der vertraglichen Vereinbarung **keine Haftpflichtversicherung** ab.[675]
* Der Architekt schreibt Leserbriefe, in denen er gegenüber dem Auftraggeber erhebliche **Schuldvorwürfe** erhebt und dessen Entscheidungen und Handlungen kritisiert.[676]

1153 Der **Tod** des Architekten gibt dem Auftraggeber wegen der höchstpersönlichen Natur der Architektenleistung einen **wichtigen Grund** zur Kündigung;[677] eine Auflösung des Architektenvertrages **ohne** Kündigung findet nicht statt.

1154 Die Versagung der für eine Grenzbebauung erforderlichen **nachbarlichen Zustimmung** und die hieraus folgende Unmöglichkeit, eine Baugenehmigung zu erlangen, stellt zwar einen wichtigen Grund zur Kündigung des Architektenvertrages dar; der Architekt hat jedoch den Kündigungsgrund nicht zu vertreten, wenn der Bauherr die Planung der Grenzbebauung in Kenntnis der Zustimmungsbedürftigkeit in Auftrag gibt, zumal der Architekt den Bauherrn auch nicht auf die Risiken

---

[668] OLG Nürnberg, OLGR 2006, 176 = NZBau 2006, 320.
[669] OLG Brandenburg, NZBau 2011, 623; OLG Naumburg, BauR 2010, 1641 (LS) = IBR 2010, 698 – *A. Eich*.
[670] OLG Hamm, NZBau 2006, 584 = BauR 2006, 1766.
[671] OLG Celle, NZBau 2007, 794.
[672] OLG Naumburg, IBR 2007, 694 – *Völkel*.
[673] OLG München, BauR 2008, 1335.
[674] OLG München, IBR 2007, 381.
[675] BGH, BauR 1993, 756, 757.
[676] OLG Bamberg, BauR 2005, 1372 (LS) = IBR 2005, 550 – *Wolff*.
[677] Zutreffend: *Löffelmann/Fleischmann/Thaler-Nölle*, Rn. 2155; **a.A.:** *Locher*, Rn. 539. Vgl. hierzu *Schwenker*, in: Thode/Wirth/Kuffer, Rn. 220 ff.

einer solchen Auftragserteilung hinzuweisen braucht.[678] Dagegen ist **kein wichtiger Kündigungsgrund** gegeben, wenn der Architekt trotz anders lautender Vereinbarung mit **Bauhandwerkern allein über die Vergabe von Bauleistungen verhandelt**.[679] Dasselbe gilt, wenn der Architekt auf einen „schlichten" Hinweis seines Auftraggebers, dass er den vertraglich vereinbarten Nachweis einer bestehenden Haftpflichtversicherung nicht erbracht habe, seiner Verpflichtung zum **Nachweis der Versicherung** nicht nachkommt.[680] Auch das berechtigte **Verlangen des Architekten zu einer Sicherung nach § 650 f. BGB n.F.** gibt dem Auftraggeber **keinen wichtigen Grund** zur Vertragskündigung.[681] Das gilt auch für den Fall, dass die Entwurfsplanung vom Architekten nicht in **Papierform**, sondern als **PDF** übergeben worden ist.[682] Auch die **Überschreitung der geplanten Baukosten**, die **Verzögerung der Bauarbeiten** und **Mängel der Bauüberwachung** können eine Kündigung des Auftraggebers **aus wichtigem Grund nicht mehr rechtfertigen**, wenn er den **Architektenvertrag** dessen ungeachtet **über mehrere Jahre** lang **weiter durchgeführt** hat.[683]

1155 Eine Kündigung aus wichtigem Grund verneint das OLG Düsseldorf[684] auch bei „**bloßen Missverständnissen** der Vertragsparteien oder **behebbaren Planungsfehlern**", weil bei solchen Fallkonstellationen „beide Vertragspartner schon aufgrund ihrer werkvertraglichen Kooperationspflicht verpflichtet sind, sich um die Beilegung zwischen ihnen entstandener Meinungsverschiedenheiten zu bemühen". Im Übrigen weist das OLG Düsseldorf in diesem Zusammenhang darauf hin, dass vertragswidrige **Eigenmächtigkeiten** und **sonstige Pflichtverstöße** des Architekten nicht mehr zum Anlass für eine fristlose Kündigung aus wichtigem Grund genommen werden können, wenn diese **über einen längeren Zeitraum** geduldet werden, „ohne sie zum Anlass für eine Vertragsbeendigung oder zumindest eine Beanstandung gegenüber dem Architekten zu nehmen".[685] Bloße **Kommunikationsprobleme** begründen nach Auffassung des OLG Celle[686] **keinen wichtigen Grund** zur Vertragskündigung, weil erforderliche Abstimmungen zwischen dem Architekten und dem Bauherrn auch unter Zuhilfenahme moderner Kommunikationstechnologien erfolgen können und der Architekt nicht verpflichtet ist, sich für den Bauherrn ständig persönlich „erreichbar" zu halten.

1156 Ein Kündigungsgrund, den der Architekt zu vertreten hat, ist nicht nur gegeben, wenn ein **schwer wiegender** Vertragsverstoß des Architekten vorliegt. Vielmehr reichen auch **mehrere Verstöße** gegen Vertragspflichten aus, die zwar im Einzelfall nicht als schwerwiegend zu bezeichnen sind, in der Fülle aber zu einer erheblichen

---

678) OLG Köln, *SFH*, Nr. 1 zu § 649 BGB; vgl. auch OLG Düsseldorf, BauR 1986, 469.
679) OLG Köln, OLGZ 1974, 208.
680) BGH, BauR 1993, 755 = NJW-RR 1994, 15 = MDR 1993, 1207 = ZfBR 1994, 15.
681) LG Hamburg, BauR 1996, 895.
682) OLG Hamburg, IBR 2011, 473 – *Lichtenberg*.
683) OLG Saarbrücken, NZBau 2012, 120.
684) BauR 2002, 649, 650 unter Hinweis auf BGH, BauR 2000, 409, 410 = NJW 2002, 807, 808.
685) A.a.O. unter Hinweis auf BGH, BauR 1996, 412, 413 = NJW 1996, 1751.
686) BauR 2015, 1356.

Erschütterung des Vertrauensverhältnisses geführt haben, sodass ein Festhalten am Vertrag für den Bauherrn nicht mehr zumutbar ist.[687]

1157 Bei einer **mangelhaften** Planung muss einem Architekten unter Umständen vor einer Kündigung des Architektenvertrages aus wichtigem Grund unter Fristsetzung Gelegenheit gegeben werden, seine Planung **nachzubessern** (nachzuerfüllen); das gilt beispielsweise für den Fall, dass die zwischen den Parteien festgelegten Kosten überschritten werden[688] oder die Planung des Architekten nicht genehmigt worden ist, aber eine Nachbesserung der Planung zu einer genehmigungsfähigen Planung führen kann.[689]

1158 Wird eine **Kündigung auf einen wichtigen Grund** gestützt, ist diese unwirksam, wenn ein entsprechender **Grund nicht vorliegt**. Allerdings ist nach Auffassung des BGH[690] eine solche Kündigung des Auftraggebers in der Regel dahin zu verstehen bzw. **umzudeuten**, dass auch eine **freie Kündigung** (§ 648 BGB n.F./§ 649 BGB a.F.) gewollt ist; will der Auftraggeber seine Kündigung nicht so verstanden wissen, muss er dies ggf. zum Ausdruck bringen.[691]

> Koeble[692] empfiehlt dem Architekten für diese Fallgestaltungen, den Bauherrn zu einer Stellungnahme aufzufordern, ob die Kündigung auch für den Fall gilt, dass ein wichtiger Grund nicht vorliegt; gleichzeitig sollte der Architekt seine Leistungen anbieten und erklären, dass er nach Ablauf einer von ihm gesetzten Frist seinerseits die Kündigung aus wichtigem Grund erklären werde, wenn der Bauherr die Mitwirkung verweigere. In diesen Fällen müsste allerdings vom Architekten die Kündigung aus wichtigem Grund noch ausgesprochen werden, um das Vertragsverhältnis wirksam zu beenden.

1159 Häufig lassen Auftraggeber – aus vielerlei Gründen – den abgeschlossenen **Architektenvertrag** in einem „**Schwebezustand**", indem sie keine oder keine weiteren Leistungen abrufen oder sonstige erforderliche Mitwirkungshandlungen unterlassen, wie z.B. die Einreichung des Bauantrages bei einem Vertrag mit Vollarchitektur.[693] In der Regel ist in diesem passiven Verhalten des Auftraggebers eine Kündigung zu sehen, insbesondere wenn der Auftraggeber auch auf eine angemessene Nachfrist nicht reagiert, mit der Folge, dass der Architekt Ansprüche aus § 648 BGB n.F./§ 649 BGB a.F. geltend machen kann. Andernfalls kommen Schadensersatzansprüche gemäß § 280 Abs. 1, 3 i.V.m. § 281 BGB in Betracht.[694]

---

687) OLG Düsseldorf, BauR 2013, 1698; OLG Oldenburg, BauR 2002, 502; OLG Hamm, OLGR 1996, 232; BGH, BauR 1989, 626 = ZfBR 1989, 248.
688) OLG Celle, IBR 2003, 366 – *Waldmann*; OLG Düsseldorf, SFH, Nr. 12 zu § 649 BGB; BauR 2002, 649; OLG Braunschweig, BauR 2002, 333; LG Aachen, NJW-RR 1988, 1364 (mangelhaftes Leistungsverzeichnis).
689) OLG Naumburg, BauR 2002, 1878.
690) BauR 2003, 1889 (für den Bauvertrag) = NZBau 2003, 665 = NJW 2003, 3474; NJW-RR 2004, 1539. Ebenso OLG Celle, IBR 2015, 205 – *A. Eich*. Vgl hierzu aber KG, IBR 2012, 157 – *Lichtenberg* (Umdeutung nur, wenn sich Auftraggeber um jeden Preis vom Vertrag lösen will).
691) Vgl. hierzu KG, IBR 2012, 157 – *Lichtenberg*.
692) In *Kniffka/Koeble*, 12. Teil, Rn. 121.
693) Vgl. hierzu insbesondere *Armbrüster/Bickert*, NZBau 2006, 153 ff.
694) *Staudinger/Peters*, § 643, Rn. 4, 18 bejaht in diesem Fall auch einen Anspruch aus analoger Anwendung des § 649 BGB a.F. Ebenso *Peters*, in: Festschrift für Thode, S. 64, 71.

Für das Vorliegen eines **wichtigen Grundes** trägt der jeweils Kündigende die **Darlegungs- und Beweislast**, wobei ein späteres **Nachschieben von wichtigen Gründen** zur Kündigung **zulässig** ist.[695]

c) Das Sonderkündigungsrecht nach § 650r BGB n.F.

Mit dem neuen **Werkvertragsrecht 2018** ist zugunsten des Auftraggebers, aber auch gegebenenfalls dem Architekten mit § 650r BGB n.F. ein **besonderes Kündigungsrecht** (Sonderkündigungsrecht) geschaffen worden. Damit sollen vor allem Bauherren als Auftraggeber „vor den Rechtsfolgen eines häufig übereilt abgeschlossenen umfassenden Architektenvertrages" geschützt werden.[696] Dabei ist unerheblich, ob der Architektenvertrag schlüssig oder schriftlich abgeschlossen wurde. Unerheblich ist auch, ob der Vertrag die Vollarchitektur (Leistungsphase 1–9 der HOAI) oder z.B. nur die Planung umfasst. Das ergibt sich allerdings nicht aus dem Wortlaut oder dem Text der Begründung. Bei Letzterem wird nur von einem „umfassenden Architektenvertrag" gesprochen.[697] Der mit dem § 650r BGB n.F. verfolgte Schutzzweck zugunsten des Auftraggebers „vor übereilt abgeschlossenen Architektenverträgen" gebietet das aber.

Dem **Auftraggeber** steht mit § 650r BGB n.F. ein Sonderkündigungsrecht nach folgenden Voraussetzungen zu:

* Auftraggeber und Architekt haben einen **Architektenvertrag wirksam abgeschlossen**.
* Der Architekt hat den Auftraggeber im Rahmen einer „Zielfindungsphase" eine **Planungsgrundlage** zur Ermittlung der **wesentlichen Planungs- und Überwachungsziele** vorgelegt (§ 650p Abs. 2 BGB n.F.).
* Ferner hat der Architekt eine „**Kosteneinschätzung**" für das Bauvorhaben ermittelt und dem Auftraggeber zur Zustimmung vorgelegt (§ 650p Abs. 2 BGB n.F.)
* Nach Vorlage dieser Unterlagen kann der Auftraggeber **innerhalb von 2 Wochen von seinem Sonderkündigungsrecht** Gebrauch machen (§ 650r Abs. 1 BGB n.F.).
* Bei **Verbrauchern** (als AG) besteht das 2-wöchige Kündigungsrecht nur dann, wenn der Architekt „ihn bei der Vorlage der Unterlagen in Textform über das Kündigungsrecht, die Frist, in der es ausgeübt werden kann, und die Rechtsfolgen der Kündigung unterrichtet hat" (§ 650r Abs. 1 BGB n.F.)

Dem **Architekten** steht unter folgenden Voraussetzungen ebenfalls ein Sonderkündigungsrecht zu:

* Der Architekt muss dem Auftraggeber eine **angemessene Frist für die Zustimmung** hinsichtlich der vorgelegten Unterlagen (Planungsgrundlagen und Kostenschätzung) setzen (§ 650r Abs. 2 BGB n.F.)

---

695) OLG Düsseldorf, BauR 2013, 1698.
696) BT-Drucksache 18/8486, S. 69.
697) BT-Drucksache 18/8486, S. 69.

* Der **Auftraggeber verweigert** die Zustimmung oder gibt innerhalb der ihm gesetzten angemessenen Frist **keine Erklärung** zu den Unterlagen ab (§ 650r Abs. 2 BGB n.F.)

Die **Kündigung** des Auftraggebers oder des Architekten bedarf der **Schriftform** (§ 650h BGB n.F. in Verbindung mit § 650p BGB n.F.). Gemäß Abs. 3 des § 650r BGB n.F. ist der Architekt im Falle der Kündigung einer der beiden Vertragsparteien nur berechtigt, die **Vergütung** zu verlangen, „die auf die **bis zur Kündigung erbrachten Leistung** entfällt".

1159c Das Sonderkündigungsrecht gemäß § 650r BGB n.F. wurde vom Gesetzgeber auf Vorschlag des Arbeitskreises 4 des 4. Deutschen Baugerichtstages in das Werkvertragsrecht eingeführt.[698]

Das Sonderkündigungsrecht wird in der Praxis ein großes Potenzial für Streitigkeiten zwischen Auftraggeber und Architekten bieten. Mit den Begriffen „Planungsgrundlage" und „Kosteneinschätzung" sind vom Gesetzgeber bewusst grobe Begriffe verwandt worden, die nicht in der HOAI zu finden sind. Es handelt sich also (noch) nicht um eine Grundleistung im Rahmen der Grundlagenermittlung gemäß Leistungsphase 1 oder eine Grundleistung im Rahmen der Vorplanung (also eine Kostenermittlung i.S. einer Kostenschätzung) gemäß Leistungsphase 2 des § 34 in Verbindung mit der Anlage 10 HOAI.

In der Begründung[699] zu § 650p Abs. 2 BGB n.F. heißt es hierzu:

„Mit dieser Vorschrift soll Fällen Rechnung getragen werden, in denen sich der Besteller mit noch vagen Vorstellungen von dem zu planenden Bauvorhaben oder der Außenanlage an den Architekten oder Ingenieur wendet, und dann bei Vertragsschluss noch keine Einigung über alle wesentlichen Planungs- und Überwachungsziele vorliegt. Dies kann etwa der Fall sein, wenn zwar feststeht, welchen Zweck das zu planende Gebäude haben soll, jedoch noch wesentliche Fragen, wie etwa die Art des Daches, die Zahl der Geschosse oder ähnliche für die Planung grundlegende Fragen offen sind. In solchen Fällen soll der Architekt oder Ingenieur die Wünsche und Vorstellungen des Bestellers erfragen und unter deren Berücksichtigung eine Planungsgrundlage zur Ermittlung der noch offenen Planungs- und Überwachungsziele erstellen. Der Entwurf verwendet bewusst das Wort „Planungsgrundlage", um deutlich zu machen, dass es noch nicht um die eigentliche Planung geht. Es ist in dieser Phase lediglich eine Grundlage, etwa eine erste Skizze oder eine Beschreibung des zu planenden Vorhabens, geschuldet, auf der dann die Planung aufbauen kann.

Nach Absatz 2 Satz 2 ist der Architekt oder Ingenieur verpflichtet, dem Besteller die Planungsgrundlage zusammen mit einer Kosteneinschätzung für das Vorhaben zur Zustimmung vorzulegen. Die Kosteneinschätzung soll dem Besteller eine grobe Einschätzung der zu erwartenden Kosten für seine Finanzierungsplanung geben. Planungsgrundlage und Kosteneinschätzung zusammen sollen den Besteller in die Lage versetzen, eine fundierte Entscheidung zu treffen, ob er dieses Bauprojekt oder die Außenanlage mit diesem Planer realisieren oder von dem in § 650q BGB-E vorgesehenen Kündigungsrecht Gebrauch machen möchte."

1159d Bei der Aufgabe, die dem Architekten mit der Erstellung der „Planungsgrundlage" zur Ermittlung der „vereinbarten Planungs- und Überwachungsziele" und einer entsprechenden „Kosteneinschätzung" mit § 650p Abs. 2 BGB n.F. aufgebürdet wird, handelt es sich um eine neue Architektenleistung, die z.B. der Leistungskatalog der HOAI (bei Gebäuden: § 34 i.V.m. der Anlage 10 HOAI) nicht kennt,

---

[698] Vgl. hierzu BauR 2012, 1496 ff., 1508; *Fuchs*, NZBau 2015, 675 ff., 680 sieht keinen Bedarf für das Sonderkündigungsrecht.
[699] BT-Drucksache, a.a.O., S. 67.

aber auch sonst nicht im Architektenrecht als Leistung des Architekten bekannt war. Nach dem Text dieser Vorschrift ist diese neue Aufgabe vom Architekten nur zu erbringen, wenn „wesentliche Planungs- und Überwachungsziele" im bereits abgeschlossenen Architektenvertrag „noch nicht vereinbart sind". In diesem Zusammenhang weist Fuchs[700] zu Recht aber darauf hin, dass nach der neuen Rechtsprechung des BGH[701] „Vereinbarungen zu Leistungszielen zu den essentialia negotii" gehören „deren Fehlen nach geltendem Recht zur Nichtigkeit des Architektenvertrags führen". Trotz dieser neueren Rechtsprechung des BGH geht der Gesetzgeber offensichtlich davon aus, dass die vom BGH geforderten Bestimmtheitsanforderungen (für einen wirksamen Architektenvertrag) gegeben sind, auch wenn „wesentliche Planungs- und Überwachungsziele" von den Vertragsparteien noch nicht vereinbart worden sind.[702]

1159e Zu Recht stellen Locher[703] sowie Fuchs[704] die Frage „nach dem Ende der Zielfindungsphase" i.S.d. § 650p BGB n.F. und dem Beginn der weiteren vertraglichen Leistungen. Das wird in der Regel die Abgabe der vom Architekten mit § 650p Abs. 2 BGB n.F. geschuldeten „Planungsgrundlage" sowie der „Kostenschätzung" an den Auftraggeber sein. Es wird (leider) Aufgabe der Rechtsprechung sein, die vorerwähnte Grenze in jedem Einzelfall zu finden. Soweit in diesem Zusammenhang von beiden Autoren auf die Bedarfsplanung (DIN 18205) hingewiesen wird, ist zu beachten, dass die Bedarfsplanung nicht in das Aufgabenfeld des Architekten fällt, sondern vom Auftraggeber zu übernehmen ist.[705] Mit der neuen Leistungsverpflichtung des Architekten gem. § 650p Abs. 2 BGB n.F. übernimmt dieser nunmehr eine **Mitwirkung** im Rahmen der **Bedarfsplanung**.

Soweit in der weiteren Begründung des Bundestages darauf hingewiesen wird, dass „mit der Neuregelung zugleich einer in der Praxis vielfach zu weitgehenden Ausdehnung der unentgeltlichen Akquise zulasten des Architekten entgegengewirkt werden soll" wird dieses Ziel mit den § 650p und § 650q BGB n.F. sicher nicht erreicht. § 650r BGB n.F. setzt schon vom Wortlaut her einen Architektenvertrag voraus, der gegebenenfalls gekündigt werden kann. Das Problem der Abgrenzung der unentgeltlichen Akquisetätigkeit des Architekten einerseits und dem Abschluss eines vergütungspflichtigen Architektenvertrages andererseits (vgl. hierzu im Einzelnen Rdn. 624 ff.) bleibt daher nach wie vor bestehen.[706]

1159f Nach § 650r Abs. 3 BGB n.F. ist der Architekt im Falle einer Kündigung des Auftraggebers oder Architekten selbst nur berechtigt, die **Vergütung zu verlangen**, die auf die bisher zur Kündigung erbrachten Leistungen entfällt. Wie die Vergütung im Einzelnen für die vom Architekten erstellten Unterlagen (Planungsgrundlage und Kostenschätzung) zu ermitteln ist, wird im Gesetz offen gelassen. Auf die HOAI als Preisvorschrift kann (und muss) insoweit nicht zurück-

---

700) NZBau 2015, 675, 681.
701) BauR 2015, 1352 = NZBau 2015, 429 m.Anm. *Fuchs*.
702) Vgl. hierzu auch *Motzke*, NZBau 2017, 251, 254 sowie *Deckers*, ZfBR 2017, 523 ff., 531.
703) *Locher*, in: Locher/Koeble/Frik, Einleitung, Rn. 269.
704) NZBau 2015, 675 ff., 678. Das spricht auch *Deckers*, ZfBR 2017, 523 ff., 530 an. *Leupertz* in Prütting/Wegen/Weinreich, Anhang §§ 631–651 BGB, Rn. 11, meint, dass die Zielfindungsphase mit der „Bedarfsklärung" endet.
705) Darauf verweist auch zu Recht *Fuchs*, a.a.O.
706) So auch *Fuchs*, BauR 2012, 1505 ff., 1509.

gegriffen werden, da diese Leistungen den Leistungen der Leistungsphasen 1 und 2 (Grundlagenermittlung und Vorplanung) nicht zu entnehmen sind, sondern diesen lediglich vorgelagert sind. Als **Besondere Leistung** kommt daher z.B. eine **Vergütung nach Stundensätzen** in Betracht.[707]

Die Einführung des Sonderkündigungsrechtes durch den Gesetzgeber ist zwar ehrenwert. Aber: Der 2. Vertragstyp des Architektenvertrages, wie er in § 650p Abs. 2 BGB n.F. abgefasst ist, wird in der Praxis selten vorkommen, da die Vertragsparteien sich in der Regel bei den ersten Gesprächen – einer Akquisitionsphase bzw. im Rahmen des Abschlusses des Architektenvertrages – über die wesentlichen Planungs- und Überwachungsziele einigen. Nur selten haben Auftraggeber vor Abschluss des Architektenvertrages nur „vage Vorstellungen von den zu planenden Bauvorhaben", wie es in der Begründung (siehe Rdn. 1159c) heißt. Denkbar wäre dies aber z.B. bei schwierig zu beurteilenden öffentlich-rechtlichen Bebauungsmöglichkeiten, die in der Regel Verhandlungen mit den zuständigen Baubehörden verlangen.

Mit Sicherheit ist ein Streit vorprogrammiert, was wesentliche Planungs- und Überwachungsziele im Einzelfall sind.[708] Um eine solche (zu erwartende) Auseinandersetzung einzugrenzen, wäre es für den Gesetzgeber ratsam gewesen, die nunmehr vom Architekten zu erarbeitende „Planungsgrundlage zusammen mit einer Kosteneinschätzung" von den Grundleistungen der Leistungsphasen 1 und 2 des § 34 HOAI i.V.m. der Anlage 10 deutlicher abzugrenzen. Insoweit überzeugt auch die Begründung nicht, wenn darauf hingewiesen wird (siehe Rdn. 1159c), dass es bei der Planungsgrundlage „noch nicht um die eigentliche Planung geht" sondern um „eine erste Skizze oder eine Beschreibung des zu planenden Vorhabens ..., auf der dann die Planung aufbauen kann".

Der Begriff „Kosteneinschätzung" ist neu. In der Begründung (siehe Rdn. 1159c) wird in diesem Zusammenhang von einer „groben Einschätzung der zu erwartenden Kosten" für die Finanzierungsplanung des Auftraggebers gesprochen. Umfang und Detailtiefe der „Kosteneinschätzung" werden damit vom Gesetzgeber nicht genannt. Fuchs[709] vergleicht die neue „Kosteneinschätzung" mit dem Kostenrahmen gem. Nr. 3.4.1 der DIN 276.

Das **Sonderkündigungsrecht des Auftraggebers** gemäß § 650r BGB n.F. ist in **Individualverträgen abdingbar**. Das gilt jedoch nicht für AGB des Auftragnehmers. Insoweit kann die Rechtsprechung zu § 648 BGB n.F. (früher § 649 BGB) übernommen werden (vgl. Rdn. 1140).

---

707) *Locher*, in: Locher/Koeble/Frik, Einleitung, Rn. 300.
708) So auch *Motzke*, NZBau 2017, 251, 253. Er spricht allerdings in diesem Zusammenhang davon, dass § 650p Abs. 2 BGB die „grundlegende Einstiegsnorm ... und deshalb das A und O für die Abwicklung von Architekten- und Ingenieurverträgen ist". Letzteres ist aber (nach wie vor) der Vertragstyp des § 650p Abs. 1 BGB n.F., bei dem sich die Vertragsparteien über die wesentlichen Planungs- und Überwachungsziele bereits bei Abschluss des Architektenvertrages geeinigt haben.
709) NZBau 2015, 675, 681. Ihm folgt *Deckers*, ZfBR 2017, 523 ff., 531.

d) Einvernehmliche Beendigung des Architektenvertrages

Beenden der Architekt und der Auftraggeber das **Vertragsverhältnis einverständlich**, z.B. im Rahmen eines Aufhebungsvertrages (unter Umständen auch aus einem wichtigen Grund, den der Architekt jedoch nicht zu vertreten hat), richtet sich der Anspruch des Architekten danach, welche Rechte ihm im Zeitpunkt der Vertragsaufhebung zustehen; grundsätzlich behält damit der Architekt seinen Anspruch auf das volle Honorar abzüglich ersparter Aufwendungen, es sei denn, die Parteien vereinbaren, dass dem Architekten für die nicht erbrachten Leistungen auch nichts gezahlt werden soll.[710] Allerdings kann der Auftraggeber auch nach einvernehmlicher Beendigung des Architektenvertrages einen wichtigen Kündigungsgrund „nachschieben" mit der Folge, dass dem Architekten kein Honorar für die nicht erbrachten Leistungen zusteht,[711] vorausgesetzt, der Architekt hat den Kündigungsgrund zu vertreten. **1160**

Wird die Erfüllung eines Architektenvertrages (z.B. im Rahmen einer Sanierung eines Gebäudes) unmöglich, weil die Altbausubstanz zerfällt und ein Totalabriss erforderlich wird, richtet sich die Vergütung für die tatsächlich erbrachten Architektenleistungen nicht nach § 649 Abs. 2 BGB, sondern nach § 645 Abs. 1 BGB.[712]

e) Fälligkeit des Honorars

Soweit der Architekt Honorar für **nicht** erbrachte Leistungen (abzüglich seiner Ersparnisse) verlangt, hat er keinen Anspruch auf Zahlung von **Umsatzsteuer**; ein umsatzsteuerrechtliches Austauschgeschäft liegt nicht vor (vgl. Rdn. 1111).[713] **1161**

Wird der Architektenvertrag durch Kündigung oder einverständlich vorzeitig beendigt, wird das Honorar fällig, wenn dem Bauherrn eine **prüffähige Schlussrechnung** übergeben wird (vgl. näher Rdn. 1173 ff.).[714] Dasselbe gilt, wenn das Bauvorhaben nicht mehr weiter durchgeführt wird.[715] **1162**

---

710) BGH, BauR 2005, 735 = NJW-RR 2005, 669 = ZfBR 2005, 355; NJW 1974, 945 = BauR 1974, 213; OLG Saarbrücken, NZBau 2012,120 = NJW-RR 2011, 1465 = NJW-RR 2011, 1465 = IBR 2011, 706 – *Schwenker*; OLG Koblenz, BauR 2003, 570 = NZBau 2003, 282; *Börner*, BauR 1995, 331, 333; OLG Hamm, *SFH*, Nr. 24 zu § 649 BGB. Vgl. hierzu: OLG Düsseldorf, IBR 2002, 27 (Von einer einvernehmlichen Aufhebung des Vertrages kann nicht allein aus der Tatsache geschlossen werden, dass der Architekt die Bauüberwachung nicht mehr wahrnimmt und der Auftraggeber ihn nicht mehr hinzuzieht). Vgl. hierzu auch OLG Karlsruhe, IBR 2006, 566 – *Laux* (kein Anspruch des Architekten für nicht erbrachte Leistungen, wenn die weiteren Leistungen des Architekten unausführbar werden).
711) BGH, NJW 1976, 518 = BauR 1976, 139; siehe auch OLG Karlsruhe, NJW-RR 1993, 1368, 1369.
712) OLG Jena, IBR 2010, 461 – *Schwenker*.
713) BGH, BauR 2008, 506 = NZBau 2008, 247; vgl. ferner ZfBR 1998, 147, 148; BGH, NJW 1987, 3123 = ZfBR 1987, 234 = ZIP 1987, 1192 m. abl. Anm. *Weiß*; BGH, BauR 1986, 577 = NJW-RR 1986, 1026 = ZfBR 1986, 220; BGH, BauR 1981, 198 = ZfBR 1981, 80; *Löwe*, ZfBR 1998, 121, 124.
714) BGH, BauR 2004, 316 = NJW-RR 2004, 445; BauR 2005, 739 = NJW-RR 2005, 749; BauR 2000, 589 = NJW-RR 2000, 386 = ZfBR 2000, 172 = MDR 2000, 206 = NZBau 2000, 202; BauR 1994, 655 = NJW-RR 1994, 1238 = BB 1994, 1742; BGH, BauR 1986, 596 = NJW-RR 1986, 1279 = DB 1986, 2483 = ZfBR 1986, 232; OLG Hamm, BauR 1986, 231 u. NJW-RR 1994, 984.
715) OLG Düsseldorf, NZBau 2002, 686; OLG Frankfurt, BauR 2000, 435.

V. Fälligkeit

Übersicht

	Rdn.		Rdn.
1. Fälligkeit des Honorars	1164	c) Prüffähige Honorarschlussrechnung	1173
a) Vertragsgemäße Leistungserbringung (Vertragsschluss bis 16.7.2013)	1165	d) Überreichung der Rechnung	1207
		2. Abschlagszahlung	1208
b) Abnahme der Architektenleistungen (Vertragsschluss ab 17.7.2013)	1172a	3. Nebenkosten	1218

Literatur

Schmitz, Der Inhalt der Architektenhonorarrechnung, BauR 1982, 219; *Wolfensberger/Moltrecht*, Die „Abnahme" des Architektenwerkes, BauR 1984, 574; *Quambusch*, Honorarfälligkeit und Rechtsstaatprinzip – zur Einschätzung des § 8 Abs. 1 HOAI, BauR 1986, 141; *Löffelmann/Fleischmann*, 4. Auflage, Richtige Klageabweisung bei fehlender Fälligkeit des Architektenhonorars und ihre Rechtskraftwirkung, BauR 1987, 34; *Quambusch*, Zur Fälligkeit des Architektenhonorars bei vorzeitiger Vertragsbeendigung, BauR 1987, 265; *Meiski*, Die Verjährung des Architektenhonorars, BauR 1993, 23; *Meißner*, Rechtsprobleme bei der Fälligkeit des Architekten- und Ingenieurhonorars, insbesondere: die vertragsgemäß erbrachte Leistung als Fälligkeitsvoraussetzung, Festschrift für Soergel, 1993, S. 205; *Nestler*, Der Gebührentatbestand des § 15 Abs. 2 Nr. 4 HOAI bei den Freistellungsverfahren für Wohngebäude, BauR 1998, 69; *Rath*, Fälligkeit und Verjährung der Architektenhonorarforderung, Festschrift für Vygen, 1999, S. 55; *Schotten*, Zur Frage der Wirksamkeit der formularmäßigen Vereinbarung einer Teilabnahme im Architektenvertrag, BauR 2001, 1519; *Deckers*, Prozessuale Probleme der Architektenhonorarklage, BauR 2001, 1832; *Knacke*, Teilabnahme von Architektenleistungen und Verjährungsprobleme, Festschrift für Jagenburg (2002), 341; *Putzier*, Wann beginnt die fünfjährige Gewährleistungsfrist für den Architekten, NZBau 2004, 177; *Peters*, Die Fälligkeit des Werklohns bei einem gekündigten Bauvertrag, NZBau 2006, 559; *Folnovic/Pliquett*, § 15 Abs. 1 HOAI – Willkommene Vereinfachung oder trügerische Sicherheit für den Architekten, BauR 2011, 1871; *Hille*, Die konkludente Abnahme von Planungsleistungen, NZBau 2014, 339; *Messerschmidt*, Die Abnahme von Architekten- und Ingenieurleistungen nach § 15 I HOAI 2013, NZBau 2015, 331.

1163 Bei der klageweisen Durchsetzung seines Honoraranspruches gehört zum Vortrag des Architekten die **Darlegung der Fälligkeit** seiner Vergütung.

§ 15 HOAI ist als Fälligkeitsregelung innerhalb der HOAI von der in Art. 10 § 2 MRVG erteilten Ermächtigung gedeckt; dies ist herrschende Meinung.[1] Die **Fälligkeit** des Architektenhonorars und der Nebenkosten **richtet** sich daher **immer** nach § 15 HOAI und nicht nach § 641 BGB. Eine ausdrückliche Vereinbarung der Vertragsparteien über die Anwendung des § 15 HOAI ist nicht erforderlich.

§ 15 HOAI findet auch bei Vereinbarung eines **Pauschalhonorars** Anwendung (vgl. Rdn. 1201), da eine entsprechende Honorarvereinbarung im Rahmen der HOAI möglich ist und die jeweiligen Fälligkeitsvorschriften keine Sonderregelungen vorsehen.[2] Im Übrigen können die Parteien ausdrücklich andere Zahlungswei-

---

1) Für § 8 HOAI a.F.: BGH, NJW 1981, 2351 ff. = BauR 1981, 582, 587 m.Anm. *Locher*; OLG Stuttgart, BauR 1991, 492; OLG Düsseldorf, BauR 1980, 490 u. BauR 1982, 294; OLG Hamm, BauR 1986, 231; *Meißner*, Festschrift für Soergel, S. 205, 206; **a.A.**: LG Kiel, BauR 1983, 580; *Wirth*, in: Korbion/Mantscheff/Vygen, § 15 HOAI, Rn. 7. Vgl. hierzu auch *Jochem/Kaufhold*, § 15 HOAI, Rn. 1.
2) OLG Stuttgart, BauR 1991, 491.

Fälligkeit des Honorars

sen vereinbaren:[3] § 15 Abs. 4 HOAI verlangt hierfür jedoch die Schriftform. Wann diese Vereinbarung erfolgt ist, ist unerheblich.[4]

1. Fälligkeit des Honorars

Das Gesamthonorar des Architekten wird nach § 15 Abs. 1 HOAI fällig, wenn folgende Voraussetzungen gegeben sind: **1164**

* **vertragsgemäße Leistungserbringung** (bis zum 16.7.2013, vgl. Rdn. 1165 ff.) bzw. **Abnahme der Architektenleistung** (ab 17.7.2013, vgl. Rdn. 1172a ff.),
* Erstellung einer **prüffähigen Honorarschlussrechnung** (vgl. Rdn. 1173 ff.) sowie
* **Überreichung** dieser Rechnung (vgl. Rdn. 1207).

Gemäß § 15 Abs. 4 HOAI können die Parteien allerdings andere Fälligkeitsvereinbarungen treffen.

Die Fälligkeit kann vertraglich von dem Eintritt **weiterer Bedingungen** abhängig gemacht werden (z.B. Überprüfung der Kostenermittlung durch einen Dritten, „Anrechnungsabrede").[5] Wird allerdings der Eintritt einer solchen weiteren Bedingung, die im Machtbereich des Auftraggebers liegt, **wider Treu und Glauben** von diesem **verhindert**, gilt sie nach § 162 Abs. 1 BGB als eingetreten.[6] Häufig wird die Fälligkeit des Architektenhonorars auch von dem Eintritt eines **bestimmten Ereignisses** abhängig gemacht. Tritt dieses Ereignis dann nicht ein, wird der Anspruch nach den Grundsätzen über die Störung der Geschäftsgrundlage (§ 313 BGB) fällig, wenn eine nicht unerhebliche Zeit verstrichen ist, keine Chance für den Ereigniseintritt mehr gegeben ist und schließlich nach dem Willen der Parteien davon auszugehen ist, dass die Tätigkeit des Architekten bei dieser Fallgestaltung nicht unentgeltlich sein sollte.[7]

a) Vertragsgemäße Leistungserbringung (Vertragsschluss bis 16.7.2013)

Wenn § 15 HOAI a.F. von der vertragsgemäßen **Leistungserbringung**[8] durch den Architekten spricht, so ist damit die **Abnahmefähigkeit des Architektenwerkes**[9] gemeint. Eine Abnahme selbst ist dagegen **keine Fälligkeitsvoraussetzung**.[10] Der Architekt hat vorzutragen, dass er die ihm übertragenen Leistungen erbracht, also seine vertraglichen Pflichten erfüllt hat. **1165**

---

3) OLG Hamm, NJW-RR 2003, 671 (Fälligkeit des Honorars „bei Gebrauchsabnahme sowie 14 Tage nach Vorlage der Schlussrechnung").
4) *Wirth*, in: Korbion/Mantscheff/Vygen, § 8 HOAI, Rn. 10; **a.A.:** *Koeble*, in: Locher/Koeble/Frik, § 15 HOAI, Rn. 114, die eine Vereinbarung zwar nach Auftragserteilung, aber vor Ausführung der betreffenden Arbeiten verlangen.
5) OLG Koblenz, OLGR 1998, 317, 318.
6) Vgl. OLG Frankfurt, OLGR 1996, 195.
7) Vgl. hierzu: OLG Oldenburg, NJW-RR 1997, 785 = OLGR 1997, 110.
8) Vgl. insbesondere: *Meißner*, Festschrift für Soergel, S. 205 ff.
9) Vgl. hierzu im Einzelnen: *Wolfensberger/Moltrecht*, BauR 1984, 574 ff.
10) Vgl. BGH, BauR 1986, 596, 597 = NJW-RR 1986, 1279; BGH, BauR 1991, 489; *Folnovic/Pliquett*, BauR 2011, 1871, plädieren dafür, § 15 Abs. 1 HOAI ersatzlos zu streichen, damit auch die Abnahme als Fälligkeitsvoraussetzung gemäß § 641 BGB eingreift.

Eine **Abnahmefähigkeit** des Architektenwerkes bedeutet nicht, dass dieses ohne jeden Mangel ganz vollendet ist; es genügt, wenn das Werk im großen und ganzen („in der Hauptsache") dem Vertrag entsprechend hergestellt ist und vom Bauherrn gebilligt werden kann.[11] Ob tatsächlich eine Billigung durch den Bauherrn erfolgt, ist unerheblich. Bei Mängeln stehen ggf. dem Bauherrn gegenüber dem Architekten Gewährleistungsansprüche zu.

1166 Etwas anderes gilt, wenn der Architekt **wesentliche** Mängel zu verantworten hat. Eine vertragsgemäße Leistungserbringung liegt dann erst vor, wenn die Mängel **beseitigt** sind, soweit der Architekt noch nachbessern kann und hierzu auch berechtigt ist, z.B. bei Planungsmängeln, die sich noch nicht im Bauwerk ausgewirkt haben. Kommt eine Nachbesserung nicht (mehr) in Betracht oder hat der Bauherr die Leistungen des Architekten **sogar abgenommen**, ist das Honorar sofort fällig; dasselbe gilt, wenn der Auftraggeber nicht mehr Erfüllung des Vertrages, sondern (nur noch) Minderung oder Schadensersatz verlangt.[12] Zur Fertigstellung des Architektenwerks gehört nicht, dass der Architekt einen wegen Mängel am Architektenwerk geschuldeten Schadensersatz geleistet hat.[13] Wenn auch – wie dargelegt – die Fälligkeit von der Abnahmefähigkeit des Architektenwerkes abhängt, ist häufig von einer – meist schlüssigen – Abnahme des Architektenwerkes durch den Auftraggeber auszugehen.[14] Nach Auffassung des OLG Düsseldorf[15] kann das Werk eines Architekten, der mit den Leistungsphasen gemäß § 33 HOAI a.F. beauftragt ist, nach Beendigung der Leistungsphase 8 mit den bis dahin erbrachten Leistungen (im Sinne einer Teilabnahme) abgenommen werden. Das ist aber bedenklich, weil das Werkvertragsrecht eine Teilabnahme nicht kennt. Vielmehr bedarf es hierzu einer ausdrücklichen Absprache.[16]

1167 Das Honorar für die Leistungsphase 4 des § 33 HOAI a.F. in Verbindung mit Anlage 11 (Genehmigungsplanung) wird fällig, wenn der Architekt – neben anderen Leistungen – die „Vorlagen für die nach den öffentlich-rechtlichen Vorschriften erforderlichen Genehmigungen" erarbeitet hat. Bei der Novellierung der HOAI 2009 wurde offensichtlich übersehen, dass es in vielen Bundesländern heute auch so genannte **reine Anzeigenverfahren** gibt, bei denen eine behördliche Baugenehmigung entbehrlich ist. Es ist davon auszugehen, dass das Honorar des Architekten für diese Leistungsphase im Rahmen der Anzeigenverfahren bereits fällig wird, wenn der Architekt die Bauvorlagen vorbereitet, zusammengestellt und eingereicht sowie die Bestätigung vorgelegt hat, dass die Voraussetzungen für das Kennt-

---

11) BGH, BauR 1972, 251, 253; **a.A.:** *Meißner*, Festschrift für Soergel, S. 205, 210, der eine vertragsgemäße Leistung auch bei nur **unwesentlichen** Mängeln verneint.
12) BGH, BauR 2002, 1399 = NJW 2002, 3019 = MDR 2002, 1188 (für den Bauvertrag).
13) BGH, BauR 1974, 137 = NJW 1974, 367.
14) Vgl. hierzu BGH, BauR 2006, 396 = NZBau 2006, 122 = NJW-RR 2006, 303 (zur konkludenten Abnahme bei einer beauftragten Vollarchitektur, wenn mit den Unternehmern nur eine zweijährige Gewährleistungsfrist vereinbart worden ist und der Auftraggeber innerhalb dieser Frist das Architektenwerk unbeanstandet lässt). Ferner OLG Hamm, BauR 2008, 1480 (vorbehaltlose Bezahlung der Schlussrechnung durch den Bauherrn stellt eine Abnahme des Architektenwerks dar).
15) NZBau 2006, 124.
16) BGH, BauR 2006, 1332. Vgl. hierzu auch *Scholtissek*, NZBau 2006, 623 sowie *Leupertz*, BauR 2009, 393.

Fälligkeit des Honorars

nisgabeverfahren vorliegen. Entsprechendes gilt für das **vereinfachte Genehmigungsverfahren**.[17]

Ist der Architekt lediglich mit der Erstellung der **Pläne** für das Bauwerk beauftragt, ist die Leistung des Architekten mit der Übergabe der Pläne erbracht. Übernimmt ein Architekt **alle** Aufgaben gemäß § 34 HOAI, ist der Zeitpunkt für das vom Architekten erstellte Werk anders zu bestimmen. Auch wenn das Architektenwerk als Teil eines Bauwerks angesehen wird, fällt nach h.A. die Abnahme des Bauwerks als solche keineswegs mit der Abnahmefähigkeit der Architektenleistungen zusammen. Der Architekt schuldet nach der Fertigstellung des Bauwerks noch verschiedene Leistungen (z.B. Prüfung der Rechnungen, Feststellung der verschiedenen Rechnungsbeträge und der endgültigen Höhe der Herstellungssumme, Mitwirkung bei der Beseitigung von Baumängeln usw.), sodass eine Abnahmefähigkeit der Architektenleistung daher auch erst in Betracht kommt, wenn der Architekt seine Leistungen vollständig und tatsächlich vollendet hat.

1168

Problematisch wird der **Fälligkeitszeitpunkt**, wenn der Architekt sich auch verpflichtet hat, die **Leistungsphase 9** des § 34 HOAI 2009 (Objektbetreuung) zu übernehmen.[18] Dann kann sich die vertragsgemäße Erbringung der Architektenleistung bei Geltung der **HOAI 2009** erheblich verzögern. Während die Leistungsphase 8 des § 34 HOAI (Objektüberwachung) durchweg mit der Überwachung der Beseitigung der bei der Abnahme der Bauleistungen festgestellten Mängel abgeschlossen sein wird und dieser Zeitraum für den Architekten überschaubar ist, kann dies bei der Leistungsphase 9 nicht gesagt werden: Der Architekt ist nämlich Im Rahmen der Objektbetreuung/Dokumentation nach der **HOAI 2009** u.a. verpflichtet, die Beseitigung der innerhalb der Verjährungsfrist der Gewährleistungsansprüche auftretenden Mängel zu überwachen.[19] Dies hat wiederum zur Folge, dass sich die Fälligkeit der Schlusszahlungen um Jahre aufschieben kann, wenn z.B. mit Bauhandwerkern die fünfjährige Gewährleistungsfrist nach BGB vereinbart worden ist und die Handwerkerleistungen mangelhaft sind.[20] Diese unzumutbare Verschiebung der Fälligkeit der Schlusszahlung kann nur dadurch verhindert werden, dass die Parteien insoweit einen **anderen Fälligkeitszeitpunkt** vereinbaren.[21]

1169

---

17) *Nestler*, BauR 1998, 69, 73.
18) Vgl. hierzu BGH, BauR 2014, 1023 = ZfBR 2014, 362 m. Anm. *Pauly*, ZfBR 2014, 422; OLG Dresden, IBR 2014, 489 – Preussner.
19) BGH, NJW 1994, 1276 = BauR 1994, 392; ebenso OLG Celle, BauR 2002, 1578; vgl. hierzu: *Neuenfeld*, BauR 1981, 436 ff.; *Meißner*, Festschrift für Soergel, S. 205, 215.
20) OLG Köln, OLGR 1992, 242; OLG Frankfurt, BauR 1985, 469; *Neuenfeld*, § 8 HOAI, Rn. 11 ff.; *Trapp*, BauR 1977, 322; **a.A.:** *Putzier*, NZBau 2004, 177.
21) BGH, NJW 1994, 1276 = BauR 1994, 392; ebenso OLG Celle, BauR 2002, 1578; OLG Köln, OLGR 1992, 242; OLG Stuttgart, BauR 1995, 414; OLG Hamm, BauR 1996, 437 (LS); OLG Hamm, NJW-RR 2003, 671 (Fälligkeit des Honorars „bei Gebrauchsabnahme sowie 14 Tage nach Vorlage der Schlussrechnung"); *Koeble*, Festschrift für Locher, S. 121, ist der Auffassung, dass die Leistungsphase 9 nur eine nachvertragliche Leistung darstellt, sodass die gesamte Honorarforderung nach Abschluss der Leistungsphase 8 im Sinne des § 8 Abs. 1 HOAI a.F. fällig wird.

In § 4 des früheren Einheitsarchitektenvertrages der Bundesarchitektenkammer[22] heißt es in der Ziffer 4.9 insoweit:

„Das Honorar für Leistungen der Leistungsphasen 1 bis 8, für die Besonderen Leistungen und Zusätzlichen Leistungen wird fällig, wenn der Architekt die Leistungen vertragsgemäß erbracht und eine prüffähige Honorarrechnung für diese Leistungen überreicht hat. Das Honorar für Leistungen der Leistungsphase 9 wird fällig, wenn diese erbracht und hierüber eine prüffähige Honorarrechnung erteilt worden ist."

Eine solche formularmäßige Regelung ist grundsätzlich nicht zu beanstanden.[23] *Putzer*[24] hat sich mit der vorgenannten Problematik ausführlich beschäftigt. Er kommt zu der Auffassung, dass es einer solchen Regelung nicht bedarf, weil auch bei einem Vollauftrag mit der Erbringung der Leistungsphasen 1 bis 8 die werkvertragliche und damit erfolgsbezogene Leistung des Architekten als abgeschlossen anzusehen ist und das entsprechende Honorar damit auch fällig wird. Losgelöst davon schließt sich die Leistungsphase 9 (Objektbetreuung) als dienstvertragliche Komponente „für den fünfjährigen Bereitschaftsdienst" des Architekten an, sodass sie auch – wie üblich – separat abzurechnen ist. Alles andere sei ein Irrweg, wirklichkeitsfremd und völlig unüblich: „Das Recht hat dem Leben zu dienen, nicht es zu beherrschen".

1170 Soweit der Architekt vorzeitig eine Schlussrechnung erstellt, obwohl er hierzu nach den Bestimmungen der HOAI oder einer entsprechenden Vereinbarung im Architektenvertrag (noch) nicht berechtigt war, kann sein Zahlungsverlangen in aller Regel als eine Forderung nach einer weiteren Abschlagszahlung aufgefasst werden.[25]

1171 Wird der Architektenvertrag von den Parteien **einvernehmlich aufgehoben** oder von einer der Parteien **gekündigt**, wird das Honorar sofort (aber auch erst dann) fällig, wenn dem Bauherrn eine prüffähige Schlussrechnung übergeben wird;[26] unerheblich ist, ob und wann die Architektenleistungen, etwa durch einen Dritten, vollständig erbracht werden.

Häufig vereinbaren die Parteien, dass das Architektenhonorar erst nach dem Eintritt eines bestimmten Ereignisses zu zahlen ist. In diesem Fall ist zu prüfen, ob es sich insoweit um eine **Stundungsabrede** oder eine **Bedingung** handelt. Nach ei-

---

22) Der Formularvertrag ist zwischenzeitlich von der Bundesarchitektenkammer im Hinblick auf die Rechtsprechung des BGH zur Kündigung des Architektenvertrages zurückgezogen worden.
23) OLG Düsseldorf, NJW-RR 1995, 1361 u. BauR 1998, 199 (LS); ebenso *Leupertz*, BauR 2009, 393, 395 sowie *Motzke*, Festschrift für Jagenburg (2002), 639, 653 und *Knacke*, Festschrift für Jagenburg, S. 341, 347 m.w.N. Vgl. hierzu auch BGH, BauR 2001, 1928 (Wirksamkeit einer Vereinbarung in AGB über die Teilabnahme nach der Leistungsphase 8 des § 15 HOAI). Zu einer individual-vertraglichen Regelung in einem Architektenvertrag, wonach das Honorar bei Gebrauchsabnahme sowie 14 Tage nach Vorlage der Schlussrechnung fällig ist, vgl. OLG Hamm, NZBau 2003, 336.
24) NZBau 2004, 177; ähnlich bereits *Jagenburg*, BauR 1980, 406, 408 ff. Vgl. hierzu auch *Leupertz*, BauR 2009, 393, 395/6.
25) Ebenso: *Koeble*, in: Locher/Koeble/Frik, § 15 HOAI, Rn. 18; OLG Köln, ZfBR 1994, 20 (keine Klageänderung; hierzu aber OLG Frankfurt, BauR 1985, 469). Vgl. hierzu OLG Schleswig-Holstein, BauR 2003, 1425 (Teilschlussrechnung für Leistungsphasen 1–8) = IBR 2003, 484 – *Groß*.
26) BGH, BauR 1994, 655 = NJW-RR 1994, 1238 = BB 1994, 1742; BGH, BauR 1986, 596 = NJWRR 1986, 1279 = DB 1986, 2483 = ZfBR 1986, 232; OLG Düsseldorf, BauR 1980, 488, 490 u. BauR 1987, 227; **a.A.:** OLG Hamm, BauR 1986, 631; LG Münster, BauR 1983, 582; vgl. hierzu auch *Quambusch*, BauR 1986, 141 u. BauR 1987, 265.

ner Entscheidung des OLG Frankfurt[27] handelt es sich nur um eine Stundungsabrede, wenn das Honorar des Architekten prozentual nach verkauften Wohneinheiten zu zahlen ist. Zutreffend weist das Gericht auch darauf hin, dass eine zeitlich unbefristete, aber an ein bestimmtes künftiges Ereignis gebundene Stundungsabrede im Wege der Vertragsauslegung auf einen angemessenen Zeitraum zu beschränken ist.

Nach zutreffender Auffassung des OLG Celle[28] ist eine in Allgemeine Geschäftsbedingungen eines Generalplaners enthaltene Klausel, wonach im Verhältnis zum Subplaner die „Auszahlung einer verdienten Vergütung nur dann erfolgen kann, wenn der Generalplaner selbst das Geld für die zu vergütende Leistung erhalten hat", und bis dahin „auch eine Verzinsung ausgeschlossen" sein soll, nach § 307 Abs. 2 Nr. 1 BGB unwirksam. Die vorgenannte Klausel wird auch in der Literatur als so genannte **„Pay-when-paid-Klausel"** bezeichnet.[29]

1172

b) Abnahme der Architektenleistungen (Vertragsschluss ab 17.7.2013)

Literatur
Hille, Die konkludente Abnahme von Planungsleistungen, NZBau 2014, 339; *Messerschmidt*, Die Abnahme von Architekten- und Ingenieurleistungen nach § 15 I HOAI 2013, NZBau 2015, 331.

Für Architektenverträge, die nach Inkrafttreten der HOAI 2013 (17.7.2013) abgeschlossen wurden, ist das Honorar des Architekten gem. § 15 HOAI erst fällig, wenn die **Architektenleistung abgenommen worden** ist.[30] Damit ist für die Fälligkeit eine weitere Hürde mit der HOAI 2013 aufgebaut worden. Es reicht nicht mehr – wie bisher (vgl. Rdn. 1165 ff.) –, dass die Leistung des Architekten vertragsgemäß erbracht worden ist. In der Begründung zur HOAI 2013 (zu § 15) weist der Verordnungsgeber darauf hin, dass die Forderung einer Abnahme der Architektenleistung lediglich aus Gründen der Anpassung an die Vorschriften des BGB zum Werkvertragsrecht erfolgt (§§ 640 f. BGB). Die Abnahme der Architektenleistung war bislang nur für den Beginn der 5jährigen Gewährleistungsfrist maßgebend (vgl. hierzu Rdn. 2865 ff.).

1172a

Die Probleme, die mit der Neufassung des § 15 Abs. 1 HOAI 2013 für die zukünftige Abrechnung des Honorars geschaffen wurden, sind dabei vom Verordnungsgeber ignoriert worden. Insbesondere Putzier[31] hat schon im Jahre 2004 zutreffend auf die tatsächlichen Schwierigkeiten hingewiesen, die mit einer Abnahme von Architektenleistungen verbunden sind. Er resümiert schön formuliert: „Das Leben verweigert sich mitunter juristischen Denkstrukturen". Dabei weist er darauf hin, dass bislang in der Praxis bei Architektenleistungen durchweg keine Abnahmeformalitäten praktiziert worden sind, wie das im Unternehmerrecht üblich ist. Unter Hinweis auf die Rechtsprechung meint er, dass die Abnahme der Architektenleistungen in der Regel nur einem Gesamtverhalten des Bauherrn zu entnehmen ist, das die Billigung der Architektenleistungen rechtfertigt.

---

27) IBR 2005, 27 – *Schmidt-Hofmann*.
28) BauR 2009, 1754 NJW-RR 2009, 1529 = NZBau 2010, 118. Ebenso OLG Köln, IBR 2010, 278 – *Fuchs*.
29) Vgl. hierzu Rdn. 1413.
30) Vgl. hierzu insbesondere *Messerschmidt*, NZBau 2015, 331. Ferner *Hille*, NZBau 2014, 339.
31) NZBau 2004, 177, 179. Vgl. hierzu *Koeble/Zahn*, Rn. 89 ff.

1172b Als **Abnahmeformen** kommen im Architektenrecht in Betracht:

* Die **ausdrückliche Abnahme** (vgl. hierzu Rdn. 1816 f.)
* Die **förmliche Abnahme** (vgl. hierzu Rdn. 1818 ff.)
* Die **schlüssige Abnahme** (vgl. hierzu Rdn. 1823 ff.)
* Die **Abnahmefiktion** des § 640 Abs. 1 Satz 3 BGB (bis 31.12.2017, vgl. Rdn. 1830 f.) bzw. § 640 Abs. 2 BGB (ab 01.01.2019, vgl. Rdn. 1835a): Abnahme durch Fristablauf.
* **Teilabnahme** § 650g BGB n.F. (vgl. hierzu Rdn. 1172 f.).

Es ist zu berücksichtigen, dass auch im Architektenrecht eine **Abnahme** der Leistungen durch den Auftraggeber für die Fälligkeit des Honorars **entbehrlich** ist, wenn insbesondere z.B.

– der Bauherr die Abnahme grundlos endgültig verweigert (vgl. Rdn. 1833 ff.), aber ggf. mit **Zustandsfeststellung** (vgl. Rdn. 1835a).
– der Auftraggeber nicht mehr Erfüllung des Vertrages, sondern z.B. Minderung verlangt oder Gegenansprüche/Schadensersatzansprüche geltend macht, weil damit das Vertragsverhältnis in ein Abrechnungsverhältnis umgewandelt wird (vgl. Rdn. 1787).[32]

Darüber hinaus eröffnen sowohl Abs. 1 als auch Abs. 4 des § 15 HOAI 2013 die **Möglichkeit**, in Architekten- und Ingenieurverträgen die Abnahme als **Voraussetzung für die Fälligkeit** des Honorars **abzubedingen**. Das kann z.B. in der Weise erfolgen, dass die Fälligkeit nur davon abhängig gemacht wird, dass die vertraglich vereinbarte Architekten- bzw. Ingenieurleistung „vertragsgemäß erbracht und prüffähig abgerechnet" worden ist, wie es in § 15 Abs. 1 HOAI 2009 geregelt ist.

Wird das Vertragsverhältnis **vorzeitig**, also vor Erfüllung aller vertraglich vereinbarten Architektenleistungen, **gekündigt**, ist nach der neueren Rechtsprechung des BGH[33] die Honorarforderung des Architekten grundsätzlich erst **mit der Abnahme** der bis dahin erbrachten Architektenleistungen fällig.[34]

1172c Eine besondere Schwierigkeit ergibt sich vor allem bei der Übertragung der Vollarchitektur, also der Leistungsphasen 1 bis 9 des § 34 HOAI 2013 (Grundlagenermittlung bis Objektbetreuung). Bei der entsprechenden Übertragung einer Vollarchitektur ist das Architektenwerk erst vollendet und für eine Abnahme geeignet, wenn alle in den Leistungsphasen 1 bis 9 des § 34 HOAI 2013 enthaltenen und übertragenen Grundleistungen vom Architekten erbracht sind. Einschließlich der Rechnungsprüfung, der Überwachung der Beseitigung der bei der Abnahme der Bauleistung festgestellten Mängel und der Kostenkontrolle im Rahmen der Leistungsphase 8 sowie der Objektbetreuung gemäß der Leistungsphase 9 kann die Abnahme erst mehrere Jahre nach der eigentlichen Fertigstellung des Gebäudes in Betracht kommen, sodass auch erst dann die Abrechnung durch den Architekten erfolgen kann und die Schlussrechnung fällig ist (vgl. hierzu Rdn. 1169 sowie 2869).[35]

---

[32] Vgl. hierzu OLG Brandenburg, BauR 2015, 699 = IBR 2015, 209 – *Schwarz*.
[33] Für das Werkvertragsrecht allgemein BauR 2006, 1249 = NJW 2006, 2475 = NZBau 2006, 569; vgl. hierzu auch Rdn. 1803.
[34] Vgl. hierzu *Messerschmidt*, NZBau 2015, 331, 336 f.
[35] H.M.

Diese Probleme sind durch das neue Werkvertragsrecht 2018 nunmehr gelöst: nach § 650s BGB n.F. kann der Architekt ab der Abnahme der letzten Leistung des bauausführenden Unternehmers eine **Teilabnahme** der von ihm bis dahin erbrachten Leistungen **verlangen** (vgl. näher Rdn. 1172 f.).

Wenn es in Zukunft nicht zu einer ausdrücklichen, insbesondere förmlichen Abnahme der Architektenleistungen kommt, wird vor allem der **schlüssigen (konkludenten) Abnahme besondere Bedeutung** zukommen.[36] Nach der Rechtsprechung des BGH[37] aus dem Jahr 2010 handelt ein Auftraggeber konkludent, wenn er dem Auftragnehmer gegenüber ohne ausdrückliche Erklärung erkennen lässt, dass er dessen Werk als im Wesentlichen vertragsgemäß billigt. Auftragnehmer war in diesem Fall ein Statiker. Erforderlich ist – so der BGH – ein tatsächliches Verhalten des Auftraggebers, das geeignet ist, seinen Abnahmewillen dem Auftragnehmer gegenüber eindeutig und schlüssig zum Ausdruck zu bringen, wobei es jeweils auf die Umstände des Einzelfalles ankommt. Darüber hinaus hat der BGH in dieser Entscheidung eine Prüfungsfrist im Rahmen einer konkludenten Abnahme gefordert: Danach wird eine konkludente Abnahme im Regelfall allerdings erst nach einer angemessenen Prüfungsfrist angenommen werden können, vor deren Ablauf eine Billigung des Werks redlicherweise nicht erwartet werden kann.

1172d

In einer jüngeren Entscheidung hat sich der BGH[38] sehr konkret zu einer konkludenten Abnahme einer Architektenleistung geäußert und sich dabei auf die erwähnte Rechtsprechung aus dem Jahre 2010 gestützt. In dieser Entscheidung weist der BGH darauf hin, dass die konkludente Abnahme einer Architektenleistung darin liegen kann, dass der Auftraggeber nach Fertigstellung der Leistungen des Architekten, Bezug des fertiggestellten Bauwerks und Ablauf einer Prüfungsfrist von 6 Monaten keine Mängel der Architektenleistungen rügt. Insbesondere mit der letzten Voraussetzung einer konkludenten Abnahme, nämlich dem Ablauf einer **angemessenen Prüfungsfrist** beschäftigt sich der BGH sehr eingehend und führt aus:

„Vor Ablauf einer angemessenen Prüfungsfrist, deren Länge von der allgemeinen Verkehrserwartung bestimmt wird, kann der Architekt im Regelfall redlicherweise keine Billigung seines Werks erwarten. Der Besteller benötigt für die Prüfung des Werkes eines Architekten, der mit Planungs- und Überwachungsaufgaben betraut ist, einen angemessenen Zeitraum. Denn er muss verlässlich feststellen können, ob das Bauwerk den vertraglichen Vorgaben entspricht, insbesondere die vereinbarten Funktionen vollständig erfüllt sind und etwaige Beanstandungen auf Fehler des Architekten zurückzuführen sind. Insoweit kann auch ins Gewicht fallen, ob dem Besteller Pläne zur Verfügung stehen, die die Prüfung erleichtern. Dieser für die Prüfung notwendige Zeitraum bestimmt die in jedem Einzelfall zu bestimmende Prüfungsfrist und damit auch den Zeitpunkt, zu dem eine konkludente Abnahme in Betracht kommt. Es ist unter Berücksichtigung der berechtigten Interessen des Architekten, den Zeitpunkt der konkludenten Abnahme nicht unangemessen nach hinten zu verschieben, nicht gerechtfertigt, den Prüfungszeitraum beliebig zu erweitern."

---

[36] Vgl. hierzu *Meier*, BauR 2016, 565, 573 f.
[37] BauR 2010, 795, 796; ferner BauR 2014, 1023 = ZfBR 2014, 362 m. Anm. *Pauly*, ZfBR 2014, 422.
[38] BauR 2013, 2031 = NZBau 2013, 779. Ferner BGH, IBR 2014, 216 – *Vogel*. Hierzu auch *Hille*, NZBau 2014, 339.

In dem zur Entscheidung vorliegenden Fall geht der BGH davon aus, dass eine **Prüfungsfrist von etwa 6 Monaten** als angemessen anzusehen ist.[39] Bei größeren oder insbesondere technisch komplizierteren Bauvorhaben wird man wohl von einer längeren Prüfungsfrist ausgehen können. Insbesondere hat dies bei energetisch hochwertigen Bauvorhaben, wie z.B. so genannten Niedrigenergie- oder Passivhäusern, zu gelten. Hier stellt es sich regelmäßig erst nach Ablauf zumindest der ersten Heizperiode heraus, ob die vertraglich geschuldete Sollbeschaffenheit hinsichtlich der energetischen Anforderungen erreicht wird. Auch insoweit wird aber wohl eine **Jahresfrist** ausreichend sein.

Nach Auffassung des BGH[40] kommt eine konkludente Abnahme der Architektenleistung auch durch **Entgegennahme der Bauunterlagen** als billigendes Verhalten des Auftraggebers in Betracht. Das OLG Dresden[41] nimmt eine konkludente Abnahme auch an, wenn der Auftraggeber die Schlussrechnung des Architekten vollständig bezahlt. Das OLG Brandenburg[42] geht von einer konkludenten Abnahmeerklärung aus, wenn der Auftraggeber die **Genehmigungsplanung** (einschließlich der Ausführungsplanung) tatsächlich durch eine Bauausführung **verwertet** und die Schlussrechnung des Auftragnehmers **bezahlt**. Ist der Architekt lediglich mit der Ausführung der Leistungsphasen 3 und 4 des § 15 HOAI beauftragt, gibt der Bauherr mit **Einreichung genehmigungsfähiger Pläne** zu erkennen, dass er die erbrachten Architektenleistungen **billigt**.

1172e Orlowski vertritt in einem Beitrag[43] die Auffassung, dass die Fälligkeitsregelung des § 15 HOAI 2013 nicht von der Ermächtigungsgrundlage[44] gedeckt ist, weil diese Vorschrift abweichende Regelungen gegenüber den werkvertraglichen Vorschriften der §§ 632a, 641 BGB enthält und damit in das Werkvertragsrecht eingreift, die Ermächtigungsgrundlage aber nur zu einer preisrechtlichen Beschränkung der Vertragsfreiheit ermächtigte. Koeble[45] und Wirth[46] sind ebenfalls der Meinung. Der BGH[47] hat demgegenüber schon 1981 die Verfassungsmäßigkeit des alten § 8 HOAI 1976 (jetzt § 15 HOAI 2013) bejaht. Die überwiegende Literatur[48] ist dem gefolgt.

1172f Während Voraussetzungen für eine **Teilabnahme** nach § 641 Abs. 1 S. 2 BGB eine ausdrückliche Vereinbarung der Vertragsparteien ist (vgl. Rdn. 1832), eröffnet der neue § 650s BGB n.F. für den Architekten einen direkten Weg zur Teilabnahme: Der Architekt **kann** nach dieser Vorschrift, die mit dem Werkvertragsrecht 2018 in das BGB eingeführt worden ist, „ab der Abnahme der letzten Leistung des

---

39) Ebenso OLG Brandenburg, NZBau 2016, 699.
40) BauR 2014, 1023 = ZfBR 2014, 362 m. Anm. *Pauly*, ZfBR 2014, 422. Vgl. zur konkludenten Abnahme von Planungsleistungen insbesondere *Hille*, NZBau 2014, 339.
41) IBR 2015, 203 – *Heiliger*.
42) IBR 2017, 143 – *Schwarz*.
43) ZfBR 2013, 315, 323.
44) Gesetz zur Regelung von Ingenieur- und Architektenleistungen vom 4.11.1971 (BGBl. I, 1745, 1749).
45) In: Locher/Koeble/Frik, § 15 Rn. 8.
46) In: Korbion/Mantscheff/Vygen, § 15 Rn. 6 ff.
47) BauR 1981, 582; ebenso OLG Stuttgart, BauR 1991, 492 sowie OLG Düsseldorf, BauR 1982, 294 und OLG Hamm, BauR 1986, 231.
48) Vgl. hierzu *Locher*, in: Locher/Koeble/Frik, § 15 Rn. 8 mit einer Übersicht über den Meinungsstand; ferner *Jochem/Kaufhold*, HOAI, 5. Aufl. 2012, § 15 Rn. 1; offengelassen wurde die Verfassungsmäßigkeit von *Pott/Dahlhoff/Kniffka/Rath*, § 15 Rn. 7.

bauausführenden Unternehmers ... eine **Teilabnahme** der von ihm erbrachten Leistungen **verlangen**". Diese neue Regelung ist für den Architektenvertrag sehr sinnvoll, weil damit insbesondere die unter Rdn. 1172c ausgeführten, bisherigen Abnahmeprobleme bei der Übertragung der Vollarchitektur Leistungsphasen 1–9 des § 34 HOAI gelöst sind. Nunmehr kann der Architekt also z.B. eine Teilabnahme z.B. nach Erbringung der Leistungsphasen 1–8 fordern.

Mit der Möglichkeit der Teilabnahme wird überdies „hinsichtlich des überwiegenden Teils der Leistungen des Architekten ein Gleichlauf der Verjährungsfrist der Mängelhaftung mit der des bauausführenden Unternehmers erreicht.[49] Soweit von dieser Teilabnahme vom Architekten Gebrauch gemacht wird, laufen die Verjährungsfristen vom bauausführenden Unternehmer und vom Architekten für ihre bis zur Abnahme erbrachten Leistungen – worauf die Begründung zu § 650r BGB n.F. auch hinweist[50] – nahezu parallel und der Planer hat nach seiner Inanspruchnahme noch die Möglichkeit, auf den bauausführenden Unternehmer im Rahmen des Gesamtschuldverhältnisses ggf. zurückzugreifen".

Die Teilabnahme kann vom Auftraggeber gem. § 640 Abs. 1 S. 2 BGB n.F. wegen **wesentlicher Mängel verweigert** werden. In diesem Fall kann der Auftragnehmer nach dem neuen § 650f BGB n.F. eine **Zustandsfeststellung** fordern (vgl. näher Rdn. 1835a).[51] Im Übrigen ist davon auszugehen, dass der neue § 640 Abs. 2 BGB für die Teilabnahme entsprechend gilt.

Die Vorschrift des § 650s BGB n.F. spricht von „**der letzten Leistung des bauausführenden Unternehmers**". Mit Ausnahme der Beauftragung eines GU/GÜ gibt es in der Regel eine Vielzahl von bauausführenden Unternehmen selbst bei kleinen Bauvorhaben. Also meint der Gesetzgeber wohl den „letzten Unternehmer", der bei den Bauvorhaben tätig wird.[52] Auch nach der Bauausführung des „letzten Unternehmers" bleiben aber bei den Architekten noch weitere Restarbeiten im Rahmen der Leistungsphase 8 des § 34 HOAI (insbesondere die Überwachung der Beseitigung der bei der Abnahme festgestellten Mängel), die natürlich von der Teilabnahme nicht erfasst werden.

Zur sogenannten „Pay-when-paid-Klausel" vgl. Rdn. 1172; zur Stundungsklausel oder einer einvernehmlichen Beendigung bzgl. der Fälligkeit vgl. Rdn. 1171.

c) Prüffähige Honorarschlussrechnung

Literatur

Steckel/Becker, Die prüffähige Schlussrechnung des Architekten in der Praxis, ZfBR 1989, 85; *Lauer*, Prüffähige Schlussrechnung nach § 8 HOAI und Verjährung der Honorarforderung, BauR 1989, 665; *Walchshöfer*, Die Abweisung der Klage „als zurzeit" unzulässig oder unbegründet, Festschrift für Schwab, 1990, 521; *Rath*, Fälligkeit und Verjährung der Architektenhonorarforderung, Festschrift für Vygen (1999), S. 55; *Heinrich*, Rechtskraftwirkung der Abweisung einer Klage auf Architektenhonorar oder Bauunternehmerwerklohn als „zurzeit unbegründet", BauR 1999, 17; *Deckers*, Zur Rechtskraft des die Architektenhonorarklage als „zurzeit unbegründet" abwei-

---

[49] BT-Drucksache 18/8486, S. 70.
[50] Dito.
[51] Ebenso *Koeble*, in: Locher/Koeble/Frik, Einleitung, Rn. 152.
[52] So auch *Koeble*, in: Locher/Koeble/Frik, Einleitung, Rn. 151.

senden Urteils, BauR 1999, 987; *Koeble*, Die Prüfbarkeit der Honorarrechnung des Architekten und der Ingenieure, BauR 2000, 785; *Seifert*, Prüffähigkeitsanforderungen für Architektenrechnungen aus Kostenermittlungen und Ermittlung der anrechenbaren Kosten, BauR 2001, 1330; *Meurer*, 10 Anleitungsschritte zur Überprüfung einer Honorarschlussrechnung für Architekten- und Ingenieurleistungen auf ihre Prüffähigkeit, BauR 2001, 1659; *Reck*, Die Erläuterung der Schlussrechnung in Schriftsätzen im Bauprozess, NZBau 2004, 128; *Schwenker*, Die Prüffähigkeit der Architektenschlussrechnung – Zur Änderung der Rechtsprechung, ZfIR 2004, 232; *Hartung*, Prüffähigkeit der Architektenschlussrechnung, Fälligkeit und Verjährung, NZBau 2004, 249; *Kniffka*, Prozessuale Aspekte der Prüfbarkeit einer Schlussrechnung, Festschrift für Thode (2005), S. 291; *Schenkel*, Die Vorlage einer neuen Schlussrechnung in der Berufungsinstanz, NZBau 2007, 6; *Deckers*, Nochmals: Die Vorlage einer neuen Schlussrechnung in der zweiten Instanz, NZBau 2007, 550. *Locher*, Der langsame Abschied von der Prüffähigkeit als Fälligkeitsvoraussetzung – eine Wohltat für den Auftragnehmer, BauR 2007, 1633; *Jansen*, Vorlage einer neuen Schlussrechnung in der Berufungsinstanz, NZBau 2008, 689; *Locher*, Die Stellung einer nicht prüffähigen Honorarschlussrechnung in Architektenhonorarprozess, Festschrift für Neuenfeld (2016), S. 127.

1173 § 15 Abs. 1 HOAI verlangt für den Eintritt der Fälligkeit des Architektenhonorars ferner die **Erteilung einer Honorarschlussrechnung**.[53] Damit hat es der Architekt selbst in der Hand, den Zeitpunkt der Fälligkeit (und damit auch der Verjährung) zu bestimmen. Eine Schlussrechnung muss als solche nicht gekennzeichnet sein; es reicht aus, wenn aus der Rechnung (Inhalt und Aufbau) erkennbar wird, dass der Architekt sein Bauvorhaben **abschließend** abrechnen will.[54] Nach Auffassung des OLG Dresden[55] ist die Vorlage einer Schlussrechnung entbehrlich, wenn der Architekt seine Honorarforderung in einem Schriftsatz im Klageverfahren im Einzelnen darlegt und spezifiziert.

Erstellt der **Architekt keine Schlussrechnung**, kann der **Auftraggeber eine eigene Abrechnung** vornehmen.[56]

1174 Wenn die HOAI von einer **prüffähigen** Honorarschlussrechnung ausgeht, bedeutet dies, dass der Architekt seine Honoraraufstellung entsprechend den Bestimmungen der HOAI **aufschlüsseln** muss, um dem Bauherrn die Überprüfung der überreichten Rechnung auf ihre sachliche und rechnerische Richtigkeit rasch und sicher zu ermöglichen.[57] Sie muss also verständlich aufgebaut und nachvollziehbar

---

53) BGH, BauR 2005, 1349 (prüffähige Honorarschlussrechnung auch erforderlich, wenn sich Parteien nach Erbringung von Teilleistung darauf einigen, dass die Arbeiten nicht fortgeführt werden).
54) OLG Karlsruhe, IBR 2013, 553 – *A. Eich*; OLG Stuttgart, IBR 2010, 459 – *A. Eich*; OLG Celle, OLGR 2009, 169 = IBR 2009, 151 – *Schwenker* = NZBau 2009, 127. OLG Düsseldorf, BauR 1997, 163 = NJW-RR 1996, 1421; Das OLG Koblenz, BauR 2000, 755 = NJW-RR 1999, 1250 = OLGR 1999, 353, nimmt eine Schlussrechnung eines Architekten auch dann an, wenn diese in einer „konjunktiven" Formulierung wie „die Schlussrechnung würde lauten" abgefasst ist. Dies erscheint bedenklich, weil der Architekt mit dieser Formulierung zu erkennen gibt, dass die Abrechnung nur als Vorschlag anzusehen ist.
55) IBR 2009, 149 – *Käseberg*.
56) OLG Brandenburg, IBR 2013, 90 – *Gartz*.
57) BGH, BauR 1999, 265 = NJW-RR 1999, 312 = MDR 1999, 156; BauR 1998, 1108 = NJW 1998, 3123; *Lauer*, BauR 1989, 665 ff.; OLG Düsseldorf, BauR 1982, 294; *Schmitz*, BauR 1982, 219; OLG Stuttgart, BauR 1985, 587 m.Anm. *Beigel*; OLG Celle, BauR 1985, 591. Vgl. hierzu auch *Mauer*, Festschrift für Locher, S. 189 ff.

sein und keiner weiteren Erläuterung bedürfen.[58] Die **Praxis** zeigt, dass Architektenschlussrechnungen sehr häufig nicht den Anforderungen der HOAI entsprechen. Das gilt insbesondere im Hinblick auf die Berücksichtigung der anrechenbaren Kosten.

Die fehlende Prüfbarkeit einer Schlussrechnung ist nicht von Amts wegen zu beachten;[59] eine Überprüfung erfolgt erst auf den entsprechenden Einwand des Auftraggebers. Die **Frage der Prüffähigkeit** einer Honorarschlussrechnung stellt im Übrigen eine **Rechtsfrage** dar, die vom Gericht und nicht von dem Sachverständigen zu entscheiden ist.[60] Lediglich die **Richtigkeit** und die **Höhe** der Rechnung ist daher von einem **Sachverständigen** zu prüfen.

1175 Das Gericht trifft eine **Hinweispflicht** gemäß § 139 Abs. 2 ZPO, wenn es – nach entsprechender Beanstandung des Auftraggebers – der Auffassung ist, dass keine prüffähige Schlussrechnung im Sinne der HOAI vorliegt, damit dem Kläger die Möglichkeit gegeben wird, zur Prüffähigkeit weiter vorzutragen.[61] Eine entsprechende Hinweispflicht trifft grundsätzlich auch das Berufungsgericht.[62]

Nach zutreffender Auffassung des BGH[63] ist die Prüfbarkeit einer Rechnung im Prozess nachrangig zu prüfen: In erster Linie sind damit rechtsvernichtende und rechtshindernde Einwendungen des Auftraggebers (wie z.B. fehlende Aktivlegitimation, Verjährung usw.) zunächst einer Prüfung zu unterziehen.

1176 Wie weit die Schlussrechnung im Einzelnen aufgeschlüsselt werden muss, ist eine Frage des **Einzelfalles**.[64] Die Schlussrechnung hat sich aber an das von der HOAI vorgegebene Schema zu halten und muss eine Prüfung der **Ermittlungsgrundlagen** ermöglichen.[65] Nicht notwendig ist, dass die **betreffenden Normen der HOAI** ausdrücklich genannt werden.[66] Zur **Prüffähigkeit** einer Honorarrech-

---

58) KG, BauR 1988, 624, 628 = NJW-RR 1988, 21; LG Bamberg, NJW-RR 1988, 984.
59) OLG Brandenburg, IBR 2008, 501 – *Graf*.
60) OLG Stuttgart, NZBau 2005, 640; BauR 1999, 514; *Koeble*, BauR 2000, 785, 786. Vgl. hierzu auch BGH, BauR 2005, 735 = NJW-RR 2005, 669 = ZfBR 2005, 355.
61) Vgl. hierzu OLG Zweibrücken, NZBau 2005, 643; OLG Hamm, NJW-RR 2004, 744 = NZBau 2004, 339 = OLGR 2004, 93; OLG Schleswig, BauR 2003, 1602, OLG Celle, BauR 2003, 1096. Ferner *Kniffka*, Festschrift für Thode, S. 291, 306.
62) BGH, BauR 2007, 110.
63) BauR 2000, 1182 = NZBau 2000, 375 = ZfBR 2000, 472. Vgl. hierzu insbesondere *Kniffka*, Festschrift für Thode, 291, 295.
64) BGH, BauR 1994, 655 = NJW-RR 1994, 1238 = BB 1994, 1742; BGH, NJW 1995, 399 = BauR 1995, 126; BGH, NJW 1998, 3123 = MDR 1998, 1219; OLG Düsseldorf, BauR 1994, 133, u. BauR 2001, 1137, 1139.
65) BGH, BauR 1995, 126 = ZfBR 1995, 73; BGH, BauR 1990, 382 = ZfBR 1990, 189; BGH, BauR 1994, 655 = NJW-RR 1994, 1238 = BB 1994, 1742; BGH, BauR 1991, 489 = ZfBR 1991, 159; OLG Düsseldorf, BauR 1997, 612 **(für Statikerrechnung)**.
66) Wie hier: OLG Hamm, BauR 1994, 536; KG, BauR 1988, 624, 628 = NJW-RR 1988, 21; **a.A.:** OLG Düsseldorf, BauR 2001, 1137, 1140, u. 1992, 294; OLG Bamberg, NJW-RR 1988, 22 u. BauR 1988, 638 (LS) = NJW-RR 1988, 984. *Koeble*, in: Locher/Koeble/Frik, § 15 HOAI, Rn. 35 bejahen die Notwendigkeit der Angabe der Paragraphen in einer Rechnung, die einem „durchschnittlichen" Bauherrn erteilt wird; dagegen sei dies bei einem fachkundigen Auftraggeber nicht notwendig.

nung gehören danach grundsätzlich folgende objektive Mindestangaben, wie der BGH[67] kürzlich bestätigt hat:

* Leistungsbild
* Honorarzone
* Gebührensatz
* anrechenbare Kosten
* erbrachte Leistungen, ggf. Abgrenzung zu nicht erbrachten Leistungen
* Vomhundertsätze
* etwaige Honorarzuschläge
* Umsatzsteuer
* Ausweis der erhaltenen Abschlagszahlungen[68]

1177 Die Honorarrechnung muss dabei für **Architektenverträge, die vor dem 18.8.2009 abgeschlossen** wurden, insbesondere dem **System der jeweiligen Kostenermittlungen** nach § 10 Abs. 2 HOAI 1996 entsprechen. Danach ist für die endgültige Abrechnung grundsätzlich

* die **Kostenberechnung** für die Leistungsphasen 1 bis 4 gemäß § 15 HOAI 1996
* der **Kostenanschlag** für die Leistungsphasen 5 bis 7 gemäß § 15 HOAI 1996
* die **Kostenfeststellung** für die Leistungsphasen 8 und 9 gemäß § 15 HOAI 1996

maßgeblich.

Bei **Verträgen**, die **nach dem 17.8.2009 abgeschlossen** wurden, ist nach § 6 HOAI nur noch auf die **Kostenberechnung für alle Leistungsphasen** bzw. die **Baukostenvereinbarung** abzustellen (vgl. Rdn. 984 ff.).

Das **Formblatt nach DIN 276** selbst braucht für die jeweiligen Kostenermittlungen nicht verwandt zu werden; vielmehr reicht eine sachlich gleichwertige Kostenermittlung aus, die sich an dem Gliederungsschema der DIN 276 orientiert.[69]

1178 Berechnet der Architekt nicht die vollen, sondern **nur reduzierte Vomhundertsätze** der einzelnen Leistungsphasen, weil diese von ihm nicht vollständig erbracht worden sind, ist er nach richtiger Auffassung[70] zu der Angabe verpflichtet, wie diese Vomhundertsätze **errechnet** wurden; andernfalls ist das „Transparenzgebot" der Schlussrechnung nicht erfüllt.

1179 Fordert der Architekt z.B. einen **Zuschlag** für Umbauten und Modernisierungen (§ 36 HOAI) oder eine besondere Vergütung für mehrere Vor- oder Entwurfsplanungen (§ 10 HOAI) oder für eine zeitliche Trennung der Ausführung (§ 21 HOAI), wird ein entsprechender Vergütungsanspruch des Architekten nur fällig,

---

67) BGH, BauR 2004, 316 = NJW-RR 2004, 445 = NZBau 2004, 216 = ZfIR 2004, 237; OLG Düsseldorf, BauR 2009, 1616 = NZBau 2010, 54; vgl. hierzu *Kniffka*, Festschrift für Thode, S. 291; *Schwenker*, ZfIR 2004, 232 sowie *Hartung*, NZBau 2004, 249; *Rath*, BauR 2002, 557, 558.

68) BGH, BauR 1994, 655 = NJW-RR 1994, 1238 = BB 1994, 1742 = ZfBR 1994, 219.

69) So jetzt auch: BGH, BauR 1999, 1318 = NJW-RR 1999, 1541 = MDR 1999, 1437 = NZBau 2000, 142 = ZfBR 2000, 30 u. BauR 1999, 1467 = ZfBR 2000, 30; OLG Düsseldorf, BauR 2001, 1137, 1140 u. 1996, 893, 895; OLG Stuttgart, BauR 1991, 491, 494, sowie *Schmidt*, BauR 1999, 720 u. *Koeble*, BauR 2000, 785, 788.

70) OLG Düsseldorf, BauR 2009, 1616 = NZBau 2010, 54; OLG Koblenz, BauR 1998, 1043; OLG Rostock, BauR 1993, 762 = NJW-RR 1994, 661.

wenn in der Honorarschlussrechnung die jeweiligen Honoraranteile insoweit gesondert aufgeführt und deren Voraussetzungen prüffähig angegeben sind.[71] Bei **mehreren** Gebäuden gemäß § 11 HOAI bedarf es für eine prüfbare Schlussrechnung ggf. einer **getrennten** Berechnung, weil stets eine gebäudebezogene Aufgliederung zu erfolgen hat und weil nur so nach Auffassung des BGH[72] erkennbar wird, „ob und gegebenenfalls welche Kosten … voll, gemindert oder gar nicht Grundlage der Honorarabrechnung sein sollen".

1180 Eine prüffähige Schlussrechnung kann allerdings auch vorliegen, wenn die Rechnung „falsch" ist, das System der HOAI aber eingehalten wurde.[73] Werden beispielsweise unrichtige Angaben bezüglich der anrechenbaren Kosten unter Berücksichtigung des richtigen Kostenermittlungsverfahrens nach der DIN 276 gemacht, ist die Schlussrechnung des Architekten überprüfbar.[74] Dasselbe gilt für den Ansatz einer falschen Honorarzone oder sonstiger unrichtiger Angaben. Mit der Übergabe der „falschen" Schlussrechnung tritt die Fälligkeit ein; gleichzeitig kann der Bauherr den Fehler beanstanden oder selbst korrigieren, ohne dass der Architekt eine neue Rechnung zu erstellen hat. Kann der Bauherr der Schlussrechnung des Architekten jedoch nicht entnehmen oder nicht nachvollziehen, welche Leistungen berechnet werden und/oder wie das Honorar ermittelt wird, so tritt Fälligkeit des Honorars nicht ein. Eine **prüffähige Honorarschlussrechnung** liegt auch dann vor, wenn die lineare **Interpolation** in ihr **nicht vorgerechnet**, sondern nur deren Ergebnis mitgeteilt wird.[75]

1181 Der BGH[76] verlangt zur Prüffähigkeit einer Schlussrechnung, dass die **Abschlagszahlungen** in der Schlussrechnung **ausgewiesen** sind. Dem kann – mit dem OLG Düsseldorf[77] – nicht gefolgt werden: Wird eine oder werden alle Abschlagszahlungen im Rahmen der Schlussrechnung nicht berücksichtigt, handelt es sich auch hier allein um eine Frage der Richtigkeit und nicht der Prüffähigkeit der Schlussrechnung. Darüber hinaus besteht insoweit auch kein schutzwürdiges Informationsinteresse des Auftraggebers, weil dieser selbst Kenntnis über seine Zahlungen hat und daher diese von sich aus in die Abrechnung durch entsprechende Korrektur einfließen lassen kann. Unter diesem Gesichtspunkt hat der BGH[78] seine vorerwähnte Auffassung nunmehr eingeschränkt und darauf hingewiesen, dass die Nichtberücksichtigung der Abschlagszahlung in einer Schlussrechnung nur dann zur fehlenden Prüffähigkeit führt, „wenn das Informations- und Kontrollinteresse des Auftraggebers deren Berücksichtigung erfordert".

1182 Zur **Schlüssigkeit** einer Honorarklage gehört **nicht die Vorlage** der entsprechenden **Kostenermittlungsart**, insbesondere also der Kostenberechnung als Basis

---

71) BGH, a.a.O.
72) BauR 2000, 1513 = ZfBR 2000, 546.
73) OLG Frankfurt, BauR 1994, 657 = NJW-RR 1994, 1502; OLG Hamm, NJW-RR 1996, 83; BauR 1996, 437 (LS); NJW-RR 1990, 522 u. BauR 1994, 536.
74) BGH, BauR 1999, 1318 = NJW-RR 1999, 1541 = MDR 1999, 1437 = NZBau 2000, 142 = ZfBR 2000, 30 (falsch angesetzte Preise in der Kostenschätzung sind keine Frage der Prüfbarkeit, sondern der sachlichen Richtigkeit). Ebenso OLG Celle, IBR 2013, 625 – *Seifert*.
75) OLG Düsseldorf, BauR 1996, 893.
76) BauR 1994, 655 = NJW-RR 1994, 1238 = BB 1994, 1742 = ZfBR 1994, 219.
77) BauR 2000, 1889 = NJW-RR 2000, 1550 = NZBau 2000, 575 = OLGR 2000, 17.
78) BauR 2000, 430 = NJW 2000, 653 = NZBau 2000, 82 = ZfBR 2000, 118 = MDR 2000, 207.

für das Honorar, weil die richtige **Kostenermittlung** nicht von Amts wegen zu überprüfen ist.[79] Die Vorlage wird erst dann erforderlich, wenn die entsprechenden Kostenermittlungen streitig werden. Im Übrigen sind anrechenbare Kosten durch die schlichte Angabe von Zahlenwerten in einer Schlussrechnung unzureichend dargestellt, es sei denn, diese sind unstreitig. Grundsätzlich sind nicht nur die **Ergebnisse der Kostenermittlung** anzugeben, sondern auch der **Weg zu diesen Ergebnissen**.[80]

Zur prüffähigen Abrechnung des Honorars bei Architektenverträgen, die vor dem 18.8.2009 abgeschlossen wurden, vgl. die Vorauflagen unter Rdn. 1177 ff.

1183 Bezüglich der **Anforderungen an die Kostenermittlungen** als Grundlage der Honorarabrechnung hat der **BGH zu Recht folgende Einschränkungen** gemacht: Soweit der Architekt seiner Honorarermittlung lediglich die anrechenbaren Kosten des Bauwerks (DIN 276, Kostengruppe 3) zu Grunde legt, sind weitere Angaben zu den übrigen Kostengruppen (also insbesondere 1, 2, 4 und 5) zur Prüffähigkeit einer Schlussrechnung nicht erforderlich.[81] Auch ist es keine Frage der Prüffähigkeit, sondern eine Frage der sachlichen Richtigkeit der Schlussrechnung, ob die jeweiligen Kostenermittlungsarten Brutto- oder Nettobeträge ausweisen.[82] Darüber hinaus weist der BGH[83] zu Recht darauf hin, dass die Anforderungen an die Kostenermittlungen als Grundlage der Honorarabrechnung nicht die gleichen sein müssen wie die an die Kostenermittlung, die der Architekt im Rahmen der einzelnen Leistungsphasen des § 34 HOAI als Architektenleistungen schuldet: „Anforderungen an die Ermittlung der anrechenbaren Kosten dienen allein der Überprüfung der Rechnungsstellung. Für diesen Zweck genügt eine Aufstellung, aus der ersichtlich ist, ob und ggf. welche Kosten gemäß § 10 HOAI 1996 (jetzt § 4, 6, 33 HOAI) voll, gemindert oder gar nicht Grundlage der Honorarabrechnung sein sollen."

Zusammenfassend ist nach alledem festzuhalten, dass der BGH insbesondere nach der jüngsten Rechtsprechung[84] im Rahmen der Prüfbarkeit der Schlussrechnung von **objektiven Mindestvoraussetzungen** ausgeht, die der Architekt bei der Erstellung seiner Schlussrechnung zu berücksichtigen hat (vgl. insbesondere Rdn. 1176). Eine prüffähige Rechnung im Sinne des § 15 Abs. 1 HOAI muss daher nach Auffassung des BGH alle diejenigen Angaben enthalten, die nach dem geschlossenen Vertrag und der HOAI objektiv unverzichtbar sind, damit eine sachliche und rechnerische Überprüfung des Honorars möglich ist.

1184 Darüber hinaus hat der BGH zu Recht in den letzten Jahren in zahlreichen Entscheidungen weitere, allgemein gültige **Hürden** für eine **zu kritische** (aber in der

---

79) So auch *Koeble*, BauR 1997, 191, 195.
80) OLG Düsseldorf, BauR 2015, 283 = NZBau 2014, 707. Ebenso LG Hannover, BauR 2015, 141.
81) BGH, BauR 2000, 591 = NJW 2000, 808 = ZfBR 2000, 173 = NZBau 2000, 204 = MDR 2000, 264.
82) BGH, a.a.O.
83) BauR 1998, 1108 = NJW 1998, 3123 = MDR 1998, 1219 = ZfBR 1998, 299.
84) BauR 2004, 316 = NJW-RR 2004, 445 = NZBau 2004, 216 = ZfIR 2004, 237; vgl. hierzu *Kniffka*, Festschrift für Thode, S. 291; *Schwenker*, ZfIR 2004, 232 sowie *Hartung*, NZBau 2004, 249.

Gerichtspraxis neuerdings häufig anzutreffende)[85] **Beurteilung der Prüfbarkeit** einer Schlussrechnung aufgebaut. Danach reicht es für die Prüffähigkeit einer Honorarschlussrechnung des Architekten aus, „dass die vom Architekten vorgelegten Unterlagen zusammen mit der Schlussrechnung alle Angaben enthalten, die der Auftraggeber zur Beurteilung der Frage benötigt, ob das geltend gemachte Honorar den vertraglichen Vereinbarungen entsprechend abgerechnet worden ist".[86] Im Übrigen hat der BGH seine umfangreiche Rechtsprechung der letzten Jahre zur Prüffähigkeit einer Architektenschlussrechnung wie folgt zusammengefasst:[87]

„Nach der Rechtsprechung des Bundesgerichtshofs ergeben sich die Anforderungen an die Prüfbarkeit einer Architektenschlussrechnung aus den Informations- und Kontrollinteressen des Auftraggebers. Diese bestimmen und begrenzen die Anforderungen an die Prüfbarkeit. Die Prüfbarkeit ist somit **kein Selbstzweck** (BauR 1997, 1055 = ZfBR 1998, 25; BauR 1998, 1108 = ZfBR 1998, 229; BauR 1999, 63 = ZfBR 1999, 37). Unter welchen Voraussetzungen eine Schlussrechnung als prüfbar angesehen werden kann, kann nicht abstrakt bestimmt werden. Die Anforderungen hängen vielmehr von den Umständen des Einzelfalles ab (BauR 1994, 655 = NJW-RR 1994, 1238 = ZfBR 1994, 219; BauR 1995, 126 = NJW 1995, 399 = ZfBR 1995, 73). Dabei ist u.a. der beiderseitige Kenntnisstand über die tatsächlichen und rechtlichen Umstände von Bedeutung, auf dem die Berechnung des Honorars beruht (a.a.O.)."

Die **Prüfbarkeit** der Schlussrechnung[88] des Architekten ist nach Auffassung des BGH ferner **nach der jeweiligen Sachkunde des Auftraggebers zu beurteilen**.[89] Kenntnisse und Sachverstand sowie Erfahrungen des Auftraggebers sind daher maßgeblich. Ist also der Auftraggeber selbst Architekt oder ein im Baugewerbe Tätiger, sind die Anforderungen an die Prüfbarkeit der Architektenschlussrechnung wesentlich niedriger als bei einem insoweit unkundigen Bauherrn.[90] Die In-

---

85) So zutreffend *Kniffka*, Festschrift für Thode, S. 291, 292, 303.
86) BGH, BauR 2000, 1216.
87) BauR 2000, 1511 = NJW 2000, 2587 = ZfBR 2000, 480; ebenso: OLG Stuttgart, NZBau 2005, 640; OLG Zweibrücken, NZBau 2005, 643 = OLGR 2005, 812; OLG Frankfurt, OLGR 2000, 278; OLG Düsseldorf, BauR 2001, 1137, 1138.
88) *Kniffka*, Jahrbuch Baurecht 2000, 1, 2, weist in diesem Zusammenhang darauf hin, dass die forensische Praxis gezeigt hat, „dass die prozessualen Mechanismen nicht mehr durchweg zutreffend eingehalten werden. Allzu oft fanden sich in erstinstanzgerichtlichen Entscheidungen sinnlos überhöhte Anforderungen an die Schlüssigkeit einer Vergütungsklage oder an die Prüffähigkeit einer Rechnung, mit denen letztlich nur die gebotene Aufklärung über die Berechtigung der Forderung verhindert wird". An anderer Stelle (S. 20) führt *Kniffka* aus, dass der BGH mit Sorge die Verfahren vor einigen Gerichten, bei denen es um die Prüfbarkeit einer Rechnung geht, beobachtet: „Es häufen sich die Klagen von Anwälten, dass Gerichte ihre gesetzlich verankerte Hinweispflicht nicht oder nur unvollständig erfüllen. Diese Klagen müssen umso ernster genommen werden, als auch zahlreiche beim Bundesgerichtshof anhängige Revisionen dieses Verfahren nachweisen. Nach der gefestigten Rechtsprechung des Bundesgerichtshofs hat das Gericht den Auftragnehmer unmissverständlich darauf hinzuweisen, welche Anforderungen an die Darlegung der Abrechnung seiner Ansicht nach noch nicht erfüllt sind und dem Auftragnehmer Gelegenheit zu geben, dazu ergänzend vorzutragen. Allgemeine, pauschale oder missverständliche Hinweise auf fehlende Prüfbarkeit oder fehlende Schlüssigkeit genügen nicht (BGH, BauR 1999, 635 = ZfBR 1999, 196).".
89) BGH, BauR 2000, 124 = NJW 2000, 206 = MDR 2000, 26 = ZfBR 2000, 46 = NZBau 2000, 141; OLG Düsseldorf, BauR 2001, 1137, 1138.
90) BGH, BauR 2000, 1511 = NJW 2000, 2587 = ZfBR 2000, 480.

formations- und Kontrollinteressen des Auftraggebers sind nach objektiven Maßstäben zu bewerten.[91]

An diese, in der Vergangenheit mehrfach wiederholten Vorgaben des BGH zur Prüffähigkeit der Honorarschlussrechnung eines Architekten werden sich die **Instanzgerichte** in Zukunft zu halten haben. Da der BGH nunmehr die Prüffähigkeit der Schlussrechnung nicht nur von objektiven, sondern auch von subjektiven Kriterien (Empfängerhorizont) abhängig macht, ist allerdings eine verlässliche Bestimmung der Prüffähigkeit häufig nur noch schwer möglich und wird erneut unterschiedliche Entscheidungen der Instanzgerichte provozieren. Das ist im Hinblick auf die (notwendigerweise) klare Bestimmung der Fälligkeit und des Verjährungseintritts der Honorarforderung eines Architekten im höchsten Maße unerfreulich.[92]

1186 Bestreitet der Auftraggeber die sachliche und rechnerische **Richtigkeit** der Rechnung (ggf. nach Prüfung) nicht, ist er nach BGH[93] mit Einwendungen gegen die Prüfbarkeit der Rechnung ausgeschlossen, weil die Anforderungen an die Prüfbarkeit der Architektenhonorarrechnung „**kein Selbstzweck**" sind, sodass es in einem solchen Fall nicht darauf ankommt, „ob die Abrechnung den formalen Anforderungen an eine prüfbare Rechnung entspricht". Dem ist zuzustimmen, weil nicht die formale, sondern die materielle Richtigkeit einer Rechnung entscheidend ist.

Ein reines (unsubstantiiertes) Bestreiten der Prüfbarkeit der Schlussrechnung eines Architekten im Rechtsstreit ist unerheblich. Der Auftraggeber muss konkret vortragen, warum und unter welchem Gesichtspunkt (z.B. Honorarzone, Ermittlung der anrechenbaren Kosten usw.) die Rechnung nicht prüfbar sein soll.[94]

1187 In seiner Entscheidung[95] im Jahr 2004 hat der BGH seine obigen Ausführungen noch einmal erweitert und zusammengefasst, wann ein Auftraggeber sich mit dem

---

91) BGH, BauR 2004, 316 = NJW-RR 2004, 445 = NZBau 2004, 216 = ZfIR 2004, 237; vgl. hierzu *Kniffka*, Festschrift für Thode, 291; *Schwenker*, ZfIR 2004, 232 sowie *Hartung*, NZBau 2004, 249; ferner OLG Oldenburg, BauR 2002, 502 = NZBau 2003, 40.
92) *Rath*, Festschrift für Vygen, S. 55, 60, weist in diesem Zusammenhang darauf hin, dass die Rechtsprechung des BGH „zu einer unerträglichen Rechtsunsicherheit" führt. Sie ist der Auffassung, dass Architektenhonorarforderungen grundsätzlich nicht anders zu behandeln sind als Werklohnforderungen des Bauunternehmers. Sie folgert daraus, dass das Architektenhonorar bei Abnahme fällig wird, ohne dass es grundsätzlich der Erstellung und Übergabe einer Rechnung bedarf; etwas Anderes soll nur dann gelten, wenn zwischen den Parteien eine entsprechende andere vertragliche Vereinbarung getroffen worden ist. Vgl. auch (kritisch): *Rath*, BauR 2002, 557.
93) BauR 2010, 1249, 1251 = IBR 2010, 395 – *v. Rintelen* = NZBau 2010, 443 – vgl. hierzu *Scholtissek*, NZBau 2010, 683; BauR 1997, 1065 = NJW 1998, 135 = MDR 1997, 1117 = ZfBR 1998, 25; ebenso BGH, BauR 2000, 124 = NJW 2000, 206 = NZBau 2000, 141 = ZfBR 2000, 46 = MDR 2000, 26; ferner: OLG Düsseldorf, BauR 2001, 1137, 1139 u. *Koeble*, BauR 2000, 785.
94) So BGH, BauR 2010, 1249, 1251 = NZBau 2010, 443 = IBR 2010, 395 – *v. Rintelen* (vgl. hierzu *Scholtissek*, NZBau 2010, 683); BGH, BauR 2004, 316 = NJW-RR 2004, 445 = NZBau 2004, 216 = ZfIR 2004, 237; vgl. hierzu *Kniffka*, Festschrift für Thode, 291; *Schwenker*, ZfIR 2004, 232 sowie *Hartung*, NZBau 2004, 249. A.A.: aber abzulehnen: OLG Nürnberg, IBR 2004, 515 – *Bronnemeyer* (Bei einer Vielzahl von Mängeln in einer Honorarrechnung ist es dem Auftraggeber nicht zuzumuten, dem Architekten die einzelnen Fehler vorzuhalten).
95) BauR 2004, 316 = NJW-RR 2004, 445 = NZBau 2004, 216 = ZfIR 2004, 327; ferner BGH, BauR 2005, 1218 (LS) = NJW-RR 2005, 1103 = NZBau 2005, 639; ebenso OLG Naumburg, BauR 2010, 1611; OLG Rostock, BauR 2005, 742; vgl. hierzu *Kniffka*, Festschrift für Thode, 291; *Schwenker*, ZfIR 2004, 232 sowie *Hartung*, NZBau 2004, 249.

Fälligkeit des Honorars

Einwand der fehlenden Prüffähigkeit rechtsmissbräuchlich verhält, weil die Anforderungen an die Prüfbarkeit der Architektenhonorarrechnung „kein Selbstzweck" sind, sodass es in einem solchen Fall nicht darauf ankommt, ob die Abrechnung den formalen Anforderungen an eine prüfbare Rechnung entspricht:

> „Der Auftraggeber handelt rechtsmissbräuchlich, wenn er sich auf die fehlende Prüffähigkeit einer Schlussrechnung beruft, obwohl er des ihm durch die Prüffähigkeit garantierten Schutzes nicht bedarf. Das ist z.B. dann der Fall, wenn der Auftraggeber die Rechnung geprüft hat (BGH, BauR 2002, 468 = IBR 2002, 68 = NZBau 2002, 90 = ZfBR 2002, 248), er die sachliche und rechnerische Richtigkeit der Schlussrechnung nicht bestreitet (BGH, BGHZ 136, 342, 344), Angaben zu anrechenbaren Kosten fehlen, der Auftraggeber diese Kosten jedoch nicht in Zweifel zieht (BGH, BauR 2000, 591 = IBR 2000, 82 = NZBau 2000, 204 = ZfBR 2000, 173; BauR 2000, 124 = IBR 2000, 27 = NZBau 2000, 141 = ZfBR 2000, 46) oder ihm die Überprüfung trotz einzelner fehlender Angaben möglich war (BGH, BauR 1999, 63, 64 = IBR 1998, 537 = ZfBR 1999, 37; BauR 2002, 468 = IBR 2002, 68 = NZBau 2002, 90 = ZfBR 2002, 248). Dazu gehören auch die Fälle, in denen der Auftraggeber die notwendigen Kenntnisse für die Berechnung des Honorars bereits anderweitig erlangt hat und deshalb deren ergänzende Aufnahme in die Schlussrechnung reine Förmelei wäre. Dieser Ausschluss der Einwendungen gegen die Prüffähigkeit führt nicht dazu, dass die Rechnung prüffähig ist. Er führt vielmehr dazu, dass der Auftraggeber sich nach Treu und Glauben nicht auf die an sich nicht gegebene Fälligkeit berufen kann und diese damit zu bejahen ist."

1188 Überraschend hat der BGH in der vorerwähnten Entscheidung ferner darauf hingewiesen, dass der Einwand der fehlenden Prüffähigkeit einer Schlussrechnung seitens des Auftraggebers auch dann **rechtsmissbräuchlich** ist, wenn dieser den **Einwand fehlender Prüffähigkeit verspätet**[96] erhebt. Danach kann der Auftraggeber den Einwand der fehlenden Prüffähigkeit nur erheben, wenn dieser binnen einer angemessenen Frist erfolgt. Geschieht dies nicht, ist er mit dem Einwand fehlender Prüffähigkeit ausgeschlossen – mit der Folge, dass die Fälligkeit der nicht prüffähig abgerechneten Honorarforderung eintritt. Für den Eintritt der Fälligkeit nennt der BGH den Zeitpunkt, „zu dem der Auftraggeber das Recht verliert, sich auf die fehlende Prüffähigkeit zu berufen." Als **angemessene Frist für die Erhebung des Einwandes fehlender Prüffähigkeit** gibt der BGH einen Zeitraum von **zwei Monaten** seit Zugang der Schlussrechnung an:

> „Der Einwand der fehlenden Prüffähigkeit einer Rechnung ist dann rechtzeitig, wenn er binnen einer angemessenen Frist erfolgt. Auf ein Verschulden des Auftraggebers kommt es insoweit nicht an. Der Einwand geht also sowohl in den Fällen verloren, in denen der Auftraggeber die fehlende Prüffähigkeit erkennt und nicht reagiert, als auch in den Fällen, in denen er, häufig ebenso wie der Auftragnehmer, von der Prüffähigkeit ausgeht. Dem Auftraggeber ist nach Erhalt der Rechnung eine ausreichend angemessene Zeit zur Verfügung zu stellen, in der er die Prüffähigkeit der Rechnung beurteilen und die regelmäßig gleichzeitig damit einhergehende Prüfung vornehmen kann. Welcher Zeitraum angemessen ist, hängt vom Umfang der Rechnung und deren Schwierigkeitsgrad ab. Aus Gründen der Rechtsklarheit ist ein Zeitraum festzulegen, in dem der Einwand der fehlenden Prüffähigkeit nach Treu und Glauben zu erfolgen hat. Dieser Zeitraum erscheint bei der insoweit gebotenen generalisierenden Betrachtungsweise mit dem auch in § 16 Nr. 3 Abs. 1 VOB/B geregelten Zeitraum von zwei Monaten seit Zugang der Schlussrechnung angemessen."

Mit dieser bemerkenswerten Entscheidung[97] will der BGH ganz offensichtlich einen Schlussstrich unter die vielen Entscheidungen der Vergangenheit zur Prüf-

---

[96] Vgl. hierzu auch LG Berlin, NZBau 2004, 220.
[97] *Ulbrich*, IBR 2004, 79 spricht von einem „sensationellen Urteil". Ebenso OLG Celle, BauR 2008, 1657.

barkeit der Schlussrechnung ziehen, damit erreicht wird, dass sich die Parteien in Zukunft nicht über die Form der Rechnung (Prüfbarkeit der Rechnung), sondern über den Inhalt der Rechnung (Richtigkeit der Rechnung) auseinander setzen. Das ist dem BGH mit dieser Entscheidung auch gelungen. Ist eine Honorarforderung des Architekten nach den vorerwähnten Grundsätzen **fällig geworden**, kann die **Vorlage weiterer Schlussrechnungen daran nichts ändern,** wie der BGH[98] zu Recht – wenn auch zur Werklohnforderung eine Unternehmers – entschieden hat: „Die Fälligkeit der Werklohnforderung kann nicht dadurch beseitigt werden, dass neue nicht prüfbare Schlussrechnungen gelegt werden und der Auftraggeber entsprechende Einwendungen innerhalb einer Frist von zwei Monaten nach Erteilung der Schlussrechnung erhebt."

Die vom BGH erarbeiteten Grundsätze für den Ausschluss des Einwands der fehlenden Prüffähigkeit der Schlussrechnung sind auch dann anwendbar, wenn der Auftraggeber selbst eine Abrechnung des Architektenvertrages vornimmt und einen Anspruch auf Rückzahlung eines bereits bezahlten Honorars geltend macht.[99]

Der BGH bezieht sich bei der Festlegung der **Zwei-Monatsfrist** ausdrücklich auf die entsprechende Vorschrift des § 16 Nr. 3 Abs. 1 VOB/B. Die in dieser Vorschrift genannte Frist ist jedoch im Jahr 2012 auf grundsätzlich 30 Tage verkürzt worden; die Frist verlängert sich nur, „wenn sie aufgrund der besonderen Natur oder Merkmale der Vereinbarung sachlich gerechtfertigt ist und ausdrücklich vereinbart wurde". Es stellt sich daher die Frage, ob auch die vom BGH genannte Prüffrist auf 30 Tage zu verkürzen ist. Das ist bestritten[100], aber wohl zu verneinen.

Nach dem neuen **Bauvertragsrecht 2018** ist die Frage geklärt: Gemäß § 650g Abs. 4 Satz 3 BGB n.F. i.V.m. § 650q Abs. 1 BGB n.F. gilt die Rechnung als prüffähig, wenn der Auftraggeber nicht innerhalb von 30 Tagen nach Zugang der Schlussrechnung begründete Einwendungen gegen ihre Prüffähigkeit erhoben hat.

Schwenker[101] hat sich mit der vorerwähnten Entscheidung des BGH und ihren Konsequenzen umfassend beschäftigt und hat die nachfolgenden Fallgruppen zusammengestellt, die sich nunmehr nach der Entscheidung des BGH zur Frage der Fälligkeit der Honorarschlussrechnung des Architekten ergeben:

* Die Rechnung ist prüffähig, der Auftraggeber rügt sie trotzdem; die Fälligkeit tritt mit Zugang der Rechnung beim Auftraggeber ein.
* Die Rechnung ist nicht prüffähig, der Auftraggeber teilt trotzdem dem Auftragnehmer das Ergebnis der Prüfung mit, ohne die fehlende Prüffähigkeit zu beanstanden; die Rechnung wird mit Zugang der Mitteilung fällig.
* Die Rechnung ist nicht prüffähig, der Auftraggeber rügt dies substantiiert; Fälligkeit tritt nicht ein, außer wenn der Auftraggeber sich auf fehlende Prüffähigkeit nach § 242 BGB nicht berufen darf.

---

98) BauR 2011, 831 = NJW 2011, 918.
99) BGH, BauR 2006, 693 = NZBau 2006, 248 = NJW-RR 2006, 667.
100) Für eine Verkürzung: *Wirth-Galda*, in Korbion/Mantscheff/Vygen, § 15 Rn. 37; *Preussner*, in: Messerschmidt/Niemüller/Preussner, § 15 HOAI Rn. 69, Anm. 84; *Mrazek*, in: Glöckner/v. Berg, § 15 HOAI Rn. 9; ebenso nach einer Umsetzung der Europäischen Unions-Richtlinie in § 271a BGB *Koeble*, in: Locher/Koeble/Frik, § 15 HOAI Rn. 24; a.A. *Locher*, in: Festschrift für Neuenfeld, S. 131.
101) ZfIR 2004, 232.

- Die Rechnung ist nicht prüffähig, der Auftraggeber rügt aber nicht; Fälligkeit tritt zwei Monate nach Zugang der Rechnung beim Auftraggeber ein.
- Die Rechnung ist nicht prüffähig, der Auftraggeber ist nach § 242 BGB gehindert, sich auf die fehlende Prüffähigkeit zu berufen, rügt aber trotzdem; die Rechnung gilt als fällig, wenn die Umstände, die es dem Auftraggeber verbieten, sich auf fehlende Prüffähigkeit zu berufen, nach außen treten.

Der Einwand fehlender **Prüffähigkeit einer Akontorechnung** kann ebenfalls nur innerhalb eines Zeitraums von zwei Monaten seit Zugang der Abschlagsrechnung erhoben werden.[102]

Das OLG Celle[103] hat hinsichtlich der Unschlüssigkeit einer Architektenhonorarklage mangels einer nachvollziehbaren Abrechnung darauf hingewiesen, dass dies (über die Frage der Prüffähigkeit hinaus) ein eigenständiger Gesichtspunkt ist, der die Abweisung einer Klage auch rechtfertigen kann, wenn die Frage der Prüffähigkeit nicht mehr zu erörtern ist.

1189

Haben die Parteien ein unter den Mindestsätzen liegendes Honorar (z.B. Pauschalhonorar) vereinbart, muss der Architekt für die Prüffähigkeit der Rechnung keine Schlussrechnung nach den höheren Mindestsätzen erteilen, wenn er nur das vereinbarte Honorar verlangt.[104] Zahlt der Auftraggeber trotz nicht prüffähiger Honorarrechnung an den Architekten, kann der Auftraggeber ggf. seine Zahlung nach den Bestimmungen über die ungerechtfertigte Bereicherung (§§ 812 ff. BGB) zurückverlangen – bis der Architekt seinen Honoraranspruch im Rahmen einer prüffähigen Rechnung nachweist.[105]

1190

Rügt der Auftraggeber die **fehlende Prüffähigkeit der Rechnung** innerhalb der vom BGH gesetzten Frist von zwei Monaten, ist die Klage, die auf eine nicht prüffähige Schlussrechnung gestützt wird, mangels Fälligkeit als **derzeit unbegründet abzuweisen**[106]; sie kann nicht „wegen fehlender Substantiierung des Vergütungsanspruchs" endgültig abgewiesen werden.[107] Erhebt der Auftraggeber allerdings **nicht innerhalb von zwei Monaten** nach Zugang der Schlussrechnung **Einwände gegen deren Prüffähigkeit** oder teilt der Auftraggeber das Ergebnis seiner Prüfung mit, ohne Beanstandungen gegen die Prüffähigkeit zu erheben, wird das **Honorar fällig** – trotz nicht prüffähiger Schlussrechnung.[108] Es erfolgt nunmehr eine ab-

1191

---

102) BGH, BauR 2005, 1951; OLG Celle, OLGR 2009, 801 = IBR 2009, 399 – *Schwenker*.
103) BauR 2009, 1613 = OLGR 2009, 591.
104) OLG Düsseldorf, BauR 1997, 163 = NJW-RR 1996, 1421; OLG München, BauR 1997, 882.
105) OLG Köln, BauR 1985, 583.
106) BGH, BauR 1995, 126 = NJW 1995, 399 = ZfBR 1995, 73; OLG Frankfurt, NJW-RR 1998, 374 = OLGR 1998, 60, 61; OLG Stuttgart, BauR 1985, 587; OLG Hamm, BauR 1985, 592; LG Amberg, BauR 1984, 301; OLG Düsseldorf (20. Senat), BauR 1985, 234; OLG Düsseldorf (23. Senat), BauR 1987, 227; OLG Düsseldorf (21. Senat), BauR 1987, 593; **a.A.:** OLG Düsseldorf (22. Senat), BauR 1992, 96 (sachliche Abweisung mangels Schlüssigkeit). Zur Rechtskraftwirkung einer Klageabweisung als zurzeit unbegründet vgl. *Heinrich*, BauR 1999, 17; *Deckers*, BauR 1999, 987 u. BauR 2001, 1832, 1833; OLG Celle, OLGR 2001, 222. Zur **Rechtskraft** eines entsprechenden Urteils vgl. *Kniffka*, Festschrift für Thode, S. 291, 300 f.
107) BGH, BauR 2001, 106 = MDR 2000, 1429 = ZfBR 2001, 33 = NZBau 2001, 19.
108) BGH, BauR 2010, 1249, 1251 = NZBau 2010, 443 = IBR 2010, 395 – *v. Rintelen*; BauR 2007, 1577; OLG Celle, BauR 2008, 1657 NJW-RR 2009, 1532; OLG Düsseldorf, BauR 20120,

schließende Klärung, ob das Honorar begründet ist. Ist die Rechnung nicht nachvollziehbar bzw. unsubstantiiert, ist das entsprechende Honorar endgültig **als unbegründet abzuweisen**.[109]

Ist eine Schlussrechnung nur hinsichtlich der nicht erbrachten Leistungen nicht prüffähig, kann die auf die erbrachten Leistungen gestützte Honorarklage allerdings nicht als derzeit unbegründet abgewiesen werden;[110] dies gilt auch für den umgekehrten Fall. Der Architekt hat damit Gelegenheit, dem Bauherrn eine neue, prüffähige Schlussrechnung vorzulegen, um diese dann in einem neuen Prozessverfahren durchzusetzen. Da es sich insoweit um denselben Streitgegenstand handelt,[111] ist stets im Einzelfall zu prüfen, ob in dem Vorprozess die Honorarklage tatsächlich als derzeit unbegründet abgewiesen worden ist. Obwohl ein entsprechender Hinweis aus Gründen der Klarstellung der Tragweite der gerichtlichen Entscheidung sinnvoll erscheint, wird dies häufig im Tenor des Urteils nicht zum Ausdruck gebracht. Das ist jedoch unschädlich; es reicht aus, wenn sich diese Einschränkung des Urteils aus den Gründen ergibt.[112]

1192 Allerdings hat der Architekt auch die Möglichkeit, seine Klage, die auf eine **nicht prüffähige Schlussrechnung** gestützt ist und der mangels Fälligkeit des Honoraranspruchs die vorerwähnte Abweisung droht, auf eine Klage auf Zahlung eines **weiteren Abschlages** umzustellen, da dies **keine Klageänderung** im Sinne des § 263 ZPO darstellt.[113]

1193 Eine prüffähige Schlussrechnung kann auch noch in der **Berufungsinstanz** vorgelegt werden,[114] wobei jedoch die Kostennachteile des § 97 Abs. 2 ZPO zu berücksichtigen sind.[115]

1194 Wird eine Klage (z.B. wegen mangelnder Prüffähigkeit der Abschlags- oder Schlussrechnung) als zur Zeit unbegründet abgewiesen, ist der Beklagte materiell beschwert, wenn er die endgültige Klageabweisung begehrt hat, sodass eine entsprechende Berufung des Beklagten zulässig ist.

1195 Entspricht eine Honorarrechnung nicht den Anforderungen der HOAI und ist sie damit mangels Prüffähigkeit nicht fällig, kann sie auch nicht – im Rahmen einer **gerichtlichen** Auseinandersetzung – z.B. durch **Einholung eines Sachverständi-**

---

241 = NZBau 2010, 54 = IBR 2009, 675 – *A. Eich* = NJW-RR 2010, 28; OLG Naumburg, NZBau 2010, 448.

109) So zu Recht OLG Düsseldorf, NZBau 2014, 707 = IBR 2014, 611 – *Wessel* sowie LG Hannover, IBR 2015, 262 – *Fuchs*; ebenso *Locher*, in: Festschrift für Neuenfeld, S. 134.

110) BGH, BauR 1999, 265 = NJW-RR 1999, 312 = MDR 1999, 156 = ZfBR 1999, 88; BauR 2000, 126 = NJW 2000, 205 = NZBau 2000, 140 = ZfBR 2000, 47 = MDR 2000, 27; BauR 1999, 63 = NJW-RR 1999, 95 = ZfBR 1999, 37 = MDR 1999, 33.

111) BGH, BauR 2001, 124 = NZBau 2001, 146 = ZfBR 2001, 34 = NJW-RR 2001, 310 = MDR 2001, 83; NJW 1996, 3151.

112) BGH, a.a.O.; BauR 2000, 430 = NJW 2000, 653 = ZfBR 2000, 118; OLG Celle, OLGR 2001, 222.

113) OLG Köln, OLGR 1994, 79 = BauR 1994, 413 (LS) = ZfBR 1994, 20 (keine Auswechslung des Streitgegenstandes).

114) BGH, BauR 2005, 1959 = NZBau 2005, 692 (keine Klageänderung); BauR 2004, 115 = ZfBR 2004, 58; OLG Zweibrücken, NZBau 2005, 643. Vgl. hierzu auch *Kniffka*, Festschrift für Thode, S. 291, 299, *Deckers*, NZBau 2007, 550 sowie *Jansen*, NZBau 2008, 689.

115) Vgl. hierzu BGH, BauR 2001, 1776; OLG Düsseldorf, BauR 2000, 290; OLG Frankfurt, BauR 2000, 435.

gengutachtens – „prüffähig gemacht" werden.[116] So kann insbesondere die von dem Architekten geschuldete Kostenermittlung nicht durch ein Sachverständigengutachten ersetzt werden; sie kann aber von der Partei selbst „nachgeholt" werden.[117] Nimmt z.B. das Landgericht an, die Schlussrechnung des (klagenden) Architekten ist prüffähig, und kommt das Oberlandesgericht in dem Berufungsverfahren zu einem anderen Ergebnis, muss dem Architekten **Gelegenheit** gegeben werden, „eine prüffähige Rechnung vorzulegen und gegebenenfalls seinen Sachvortrag hierzu zu ergänzen".[118] Dabei ist zu beachten, dass eine zunächst **nicht prüffähige Schlussrechnung** durch **schriftsätzlichen Vortrag im Rechtsstreit** erläutert und damit prüffähig werden kann, sodass die Erstellung einer zusätzlichen Schlussrechnung zum Eintritt der Fälligkeit der Vergütung entbehrlich wird.[119]

1196 Eine Überprüfung durch einen Sachverständigen kommt deshalb nur in Betracht, wenn die **Richtigkeit** der nach der HOAI **prüffähig** erstellten Honorarschlussrechnung **zur Diskussion steht**, also insbesondere die Frage, ob die angegebene Honorarzone zutreffend ist oder die in Ansatz gebrachten Leistungen tatsächlich erbracht sind.[120]

1197 Die Schlussrechnung eines Architekten muss bei einem abgeschlossenen Bauvorhaben (Vollarchitektur) grundsätzlich mit folgenden objektiven Grundangaben versehen sein[121] und insbesondere folgenden Aufbau hinsichtlich der anrechenbaren Kosten aufweisen, soweit die Vertragsparteien nichts anderes vereinbart haben:

1198 (nicht besetzt)

1199
A.
Honorarschlussrechnung
bei Vollauftrag

Betr.: Bauvorhaben Brabanter Straße, Köln

Leistungsbild: Objektplanung, § 34 HOAI

Honorarzone: IV

Gebührensatz: Mindestsatz nach Honorartafel zu § 35 Abs. 1 HOAI

---

116) Zur Ausnahme nach Treu und Glauben (§ 242 BGB): BGH, BauR 1990, 97 = MDR 1990, 330 = ZfBR 1990, 19; vgl. hierzu OLG Stuttgart, BauR 1999, 514.
117) OLG Hamm, BauR 1994, 793 = NJW-RR 1994, 982; OLG Düsseldorf, BauR 1994, 133, 135 = NJW-RR 1994, 18.
118) BGH, BauR 1994, 655, 656.
119) BGH, BauR 2010, 1249 = NZBau 2010, 443 = IBR 2010, 396 – *v. Rintelen*; BauR 2006, 678 = NZBau 2006, 335; BauR 1999, 63 = NJW-RR 1999, 95 = ZfBR 1999, 37 = MDR 1999, 33; OLG Hamm, BauR 1998, 819 = NJW-RR 1998, 811.
120) Vgl. hierzu OLG Stuttgart, NZBau 2005, 640.
121) BGH, BauR 2004, 316 = NJW-RR 2004, 445 = NZBau 2004, 216 = ZfIR 2004, 237; vgl. hierzu *Kniffka*, Festschrift für Thode, S. 291; *Schwenker*, ZfIR 2004, 232 sowie *Hartung*, ZBau 2004, 249. Zu einer praxisgerechten Abrechnung s. auch *Steckel/Becker*, ZfBR 1989, 88 ff.

I. **Erbrachte Leistungen**
   Leistungsphasen 1 bis 9 des § 34 HOAI
   Anrechenbare Kosten nach § 6 Abs. 1 HOAI gemäß
     Kostenberechnung: ...... €
     Gebührensatz nach § 34 HOAI 100 % ...... €
II. **Sonstige Leistungen**
   1. Leistungen nach Zeitaufwand ...... €
   2. Zuschläge für Umbau und Modernisierung ...... €
III. **Nebenkosten (§ 14 HOAI)** ...... €
IV. **Zuzüglich Umsatzsteuer (§ 16 HOAI)** ...... €
insgesamt ...... €

1200 Eine Honorarschlussrechnung hat **nach gekündigtem Architektenvertrag** (Vollauftrag) folgenden Aufbau aufzuweisen:

B.
Honorarschlussrechnung

nach **Kündigung im Sinne des § 649 BGB** in der **Leistungsphase 5** bei Vollauftrag

Betr.: Bauvorhaben Brabanter Straße, Köln

Leistungsbild: Objektplanung, § 33 HOAI

Honorarzone: III

Gebührensatz: Mindestsatz nach Honorartafel zu § 35 Abs. 1 HOAI

A. **Erbrachte Leistungen**
I. 1. Grundlagenermittlung 2 %
    2. Vorplanung 7 %
    3. Entwurfsplanung 15 %
    4. Genehmigungsplanung 3 %
    5. Ausführungsplanung – teilweise <u>15 %</u>
    insgesamt 42 %
    Ermittlung des Anteils der erbrachten Leistungen der Leistungsphase 5: Ausführungsplanung 15 %-Punkte von insgesamt 25 %-Punkten ist zu begründen (vgl. Rdn. 1203)
    Anrechenbare Kosten nach § 6 Abs 1 HOAI gemäß Kostenberechnung ...... €
    Gebührensatz nach § 35 HOAI 100 % = ... €
    Hiervon 42 % = ... €
II. **Sonstige Leistungen**
    1. Leistungen nach Zeitaufwand ...... €
    2. Zuschläge für Umbau und Modernisierung ...... €
    3. .... €
III. **Nebenkosten (§ 14 HOAI)** ...... €
Zwischensumme ...... €
IV. **Zuzüglich Umsatzsteuer (§ 16 HOAI)** ...... €

B. Nicht erbrachte Leistungsphasen

I.	5. Ausführungsplanung – Rest	10 %
	6. Vorbereitung der Vergabe	10 %
	7. Mitwirkung bei der Vergabe	4 %
	8. Objektüberwachung	32 %
	9. Objektbetreuung	2 %
	insgesamt	58 %
	Anrechenbare Kosten nach § 6 Abs. 1 HOAI gemäß Kostenberechnung:	...... €
	Gebührensatz nach § 35 HOAI 100 %	...... €
	Hiervon 58 % =	...... €
II.	Abzüglich ersparter Aufwendungen und anderweitiger Erwerb (vgl. Rdn. 1122 und 1128)	
	1. Ersparte Aufwendungen	
	....	...... €
	....	...... €
	2. Anderweitiger Erwerb	
	....	...... €
	....	...... €
III.	Sonstige Leistungen	
	1. Leistungen nach Zeitaufwand	...... €
	2. Zuschläge für Umbau und Modernisierung	...... €
	3.	...... €
Insgesamt A + B		...... €

Bei einem **Pauschalhonorar** reicht im Rahmen der Honorarschlussrechnung die **Angabe des vereinbarten Pauschalhonorars** aus.[122] Bei der entsprechenden Rechtsverfolgung seines Pauschalhonoraranspruches ist der Architekt nicht verpflichtet, zur Begründung (z.B. durch Vorlage einer Vergleichsrechnung) darzulegen, dass die Pauschalpreisabrede wirksam abgeschlossen wurde, also insbesondere keine unzulässige **Überschreitung** der HOAI-Höchstsätze bzw. keine unzulässige **Unterschreitung** der HOAI-Mindestsätze vorliegt. Die **Darlegungslast** für einen **Verstoß gegen das zwingende Preisrecht der HOAI** trägt vielmehr der **Auftraggeber** als Vertragspartner des Architekten. Das folgt aus dem allgemeinen Grundsatz, dass derjenige, der sich auf die Unwirksamkeit einer Vereinbarung wegen eines Verstoßes gegen ein gesetzliches Verbot stützt, entsprechend substantiiert vorzutragen hat, weil er aus dem entsprechenden von ihm behaupteten Verstoß günstige Rechtsfolgen ableitet. Das hat der BGH[123] nunmehr entschieden und sich insoweit der allgemeinen Meinung in der Literatur angeschlossen. Etwas anderes gilt nur dann, wenn sich der Verstoß gegen das Preisrecht der HOAI aus dem eigenen Vortrag des Architekten ergibt; hier ist der Verstoß von Amts wegen zu beach-

1201

---

[122] OLG Düsseldorf, IBR 2013, 525 – *Bolz* (für den Bauvertrag). OLG Oldenburg, BauR 2002, 502 = NZBau 2003, 40; OLG Hamm, NJW-RR 1994, 1433; OLG Frankfurt, *SFH*, Nr. 69 zu § 635 BGB; *Koeble*, in: Locher/Koeble/Frik, § 15 HOAI, Rn. 52; vgl. auch OLG Köln, NJW-RR 1990, 1171 (für die VOB/B); **a.A.:** *Mauer*, Festschrift für Locher, S. 189, 195, der trotz des klaren Wortlauts des § 8 HOAI 1996 keine Rechnung verlangt.

[123] BGH, BauR 2001, 1926 = NZBau 2001, 690 m.w.Nachw.

ten. Erst wenn die Unwirksamkeit des Pauschalhonorars festgestellt ist, hat der Architekt nunmehr eine prüffähige Honorarschlussrechnung mit einer detaillierten Aufschlüsselung nach Honorarzone, Gebührensatz, anrechenbaren Kosten usw. aufzustellen.[124]

Liegt das zwischen den Vertragsparteien vereinbarte Pauschalhonorar **unter** den Mindestsätzen, liegt zwar ein Verstoß gegen § 7 HOAI mit der Folge vor, dass die Pauschalhonorarvereinbarung unwirksam ist. Der Architekt ist aber nunmehr nicht verpflichtet, nach den (höheren) Mindestsätzen abzurechnen; er kann es vielmehr dabei belassen, nur das (unwirksam) vereinbarte Pauschalhonorar zu verlangen.[125]

1202 Wird der Architektenvertrag von den Parteien **einvernehmlich aufgehoben** oder von einer der Parteien **gekündigt**, wird die **Honorarforderung** des Architekten ebenfalls erst dann **fällig**, wenn dieser eine **prüfbare Schlussrechnung** erteilt hat.[126] Dabei ist das Honorar prüffähig hinsichtlich der bereits erbrachten und der nicht erbrachten Leistungen aufzuschlüsseln.[127] Ist die Schlussrechnung des Architekten nur hinsichtlich der **erbrachten** Leistungen prüffähig, jedoch nicht hinsichtlich der ebenfalls abgerechneten **nicht erbrachten** Leistungen, ist die auf die erbrachten Leistungen gestützte Honorarklage schlüssig und kann daher nicht als derzeit unbegründet abgewiesen werden.[128]

1203 **Schwierigkeiten** ergeben sich bei einer Beendigung des Architektenvertrages, wenn die Leistungen des Architekten **mitten in einer Leistungsphase beendet** werden. In diesem Fall ist der Architekt darlegungs- und beweispflichtig dafür, wie sich sein Honorar für die erbrachten bzw. für die nicht erbrachten Grundleistungen der jeweiligen Leistungsphase errechnet.[129] Dabei muss er zunächst den Prozentanteil der nicht erbrachten Grundleistungen ermitteln, wobei die Tabellen, die die einzelnen Grundleistungen jeder Leistungsphase prozentual bewerten, hilfreich sein können.[130] Dasselbe gilt, wenn dem Architekten nicht sämtliche Grundleistungen einer Leistungsphase in Auftrag gegeben worden sind: Auch hier muss der

---

[124] OLG Düsseldorf, BauR 1993, 630 = NJW-RR 1993, 1173 u. BauR 1982, 294; OLG Hamm, NJW-RR 1994, 1433; *Koeble*, BauR 2000, 785, 790.

[125] OLG Düsseldorf, BauR 1997, 163 = NJW 1996, 1421.

[126] BGH, BauR 2005, 739 = NJW-RR 2005, 749 = MDR 2005, 803; BauR 2004, 316 = NJW-RR 2004, 445 = NZBau 2004, 216; BauR 2000, 589 = NJW-RR 2000, 386 = ZfBR 2000, 172 = MDR 2000, 206; OLG Oldenburg, BauR 2002, 502, 503; OLG Düsseldorf, BauR 2001, 277, 278.

[127] BGH, BauR 2004, 316, 318 = ZfIR 2004, 237 = NJW-RR 2004, 445 = NZBau 2004, 216; BauR 1994, 655 = NJW-RR 1994, 1238 = BB 1994, 1742 = ZfBR 1994, 219; BGH, BauR 1986, 596 = ZfBR 1986, 232; OLG Koblenz, NJW-RR 1998, 954 (Angabe der Prozentsätze der erbrachten Leistungsphasen des § 15 HOAI a.F. [jetzt § 34 HOAI n.F.] mit Begründung); OLG Düsseldorf, BauR 1996, 574 u. BauR 1996, 759 (LS); vgl. hierzu auch OLG Hamm, NJW-RR 1993, 1175 = ZfBR 1993, 225 = BauR 1993, 633 sowie *Meißner*, Festschrift für Soergel, S. 205, 209 und OLG Hamm, IBR 2004, 434 – *Büchner* (bei nicht vollständig erbrachten Leistungen reicht die Angabe der abgestuften Prozentsätze bei bauerfahrenen Auftraggebern grundsätzlich aus).

[128] BGH, BauR 1999, 265 = NJW-RR 1999, 312 = MDR 1999, 156 = ZfBR 1999, 88.

[129] BGH, BauR 2005, 739 = NJW-RR 2005, 749 = NZBau 2005, 349 = MDR 2005, 803 = ZfIR 2005, 412.

[130] Vgl. insoweit Rdn. 1049.

Fälligkeit des Honorars

Architekt darlegen und gegebenenfalls beweisen, wie hoch der Honoraranteil für die einzelnen Grundleistungen ist.[131] Als Beweismittel für den Vortrag des Architekten, welche Leistungen in welchem Umfang erbracht worden sind, kommt in der Regel nur ein Sachverständigengutachten in Betracht. Der Architekt sowie das Gericht kann in diesem Zusammenhang auch von einer Schätzung gemäß § 287 ZPO Gebrauch machen.[132]

Soweit ersparte Aufwendungen und anderweitiger Erwerb des Architekten bei der Abrechnung eines vorzeitig beendeten Architektenvertrages gemäß § 649 BGB zu berücksichtigen sind, vgl. Rdn. 1122 ff.

Wurde zwischen den Vertragsparteien ein **Pauschalhonorar** vereinbart und das **Vertragsverhältnis vorzeitig** – z.B. durch Kündigung – **beendet**, ist die entsprechende Schlussrechnung als prüfbar anzusehen, wenn sie die von dem Architekten erbrachten Leistungen und die entsprechende Aufschlüsselung der Pauschale nachprüfbar wiedergibt.[133] Dazu ist es notwendig, dass der Architekt zunächst die **erbrachten Leistungen feststellt**, indem er diese von der nicht erbrachten Teilleistung nachprüfbar abgrenzt. Das ist häufig insbesondere dann eine schwierige Aufgabe, wenn die Architektentätigkeit **während** einer Leistungsphase (z.B. Planung oder Objektüberwachung) beendet und von einem **anderen** Architekten **fortgesetzt** wird.[134] Sodann hat der Architekt nachprüfbar das anteilige Pauschalhonorar in der Weise zu ermitteln, dass er dieses nach dem Verhältnis des Wertes der erbrachten Teilleistung zum Wert der nach dem Architektenvertrag geschuldeten Gesamtleistung errechnet; der Architekt muss also das **Verhältnis seiner erbrachten Tätigkeit zur vereinbarten Gesamtleistung und des Pauschalansatzes für die Teilleistung zum Gesamt-Pauschalhonorar im Einzelnen darlegen**.[135] Eine vertragliche Abschlagszahlungsregelung kann daher nicht mehr Grundlage der abschließenden Abrechnung sein. Das gilt insbesondere für die Leistungen des Architekten im Rahmen der Objektüberwachung, weil diese nicht mit zeitlich gleichmäßigem Arbeitsaufwand anfallen.[136]

1204 War die Prüfbarkeit der Honorarrechnung im ersten Rechtszug nicht Streitgegenstand, liegt ein **neues Verteidigungsmittel** im Sinne des § 531 ZPO vor, wenn der Auftraggeber im Berufungsverfahren nunmehr behauptet, die Rechnung sei für ihn nicht prüffähig, weil die Kostenermittlungen der Honorarrechnung nicht beigefügt waren.[137]

1205 Durch Vorlage **neuer Schlussrechnungen** wird der **Streitgegenstand nicht geändert**.[138] Die Vorlage einer Schlussrechnung ist nach Auffassung des OLG Dres-

---

[131] OLG Zweibrücken, BTR 2005, 258.
[132] Vgl. hierzu *Scholtissek*, NZBau 2010, 683, 685.
[133] OLG Oldenburg, BauR 2002, 502 = NZBau 2003, 40; OLG Düsseldorf, BauR 1997, 163 = NJW 1996, 1421; OLG Hamm, BauR 1993, 633, 634 = NJW-RR 1993, 1175.
[134] OLG Frankfurt, OLGR 1998, 60 = NJW-RR 1998, 374 **(Um- und Ausbauarbeiten)**.
[135] Vgl. hierzu BGH, BauR 1997, 304 = ZfBR 1997, 78 (für den Bauvertrag).
[136] KG, BauR 2000, 594.
[137] OLG Zweibrücken, BauR 2003, 1926 = OLGR 2003, 352; vgl. hierzu auch nunmehr BGH, BauR 2004, 316 = NJW-RR 2004, 445 = NZBau 2004, 216 = ZfIR 2004, 237 (verspätete Rüge der Prüffähigkeit der Honorarrechnung).
[138] BGH, BauR 2004, 115 = NJW-RR 2004, 167 = NZBau 2004, 98 = MDR 2004, 148; NJW-RR 2004, 526 = NZBau 2004, 272; BauR 2002, 1588 (für den Bauvertrag) = NZBau 2002,

den[139] entbehrlich, wenn der Kläger seine Honorarforderung in einem Schriftsatz im Klageverfahren im Einzelnen darlegt und spezifiziert.

Weder das BGB noch die HOAI kennen die **Teilschlussrechnung**. Dennoch besteht nicht selten das Bedürfnis beider Vertragsparteien, unter einen abgeschlossenen Teil der Gesamtleistung einen Schlussstrich zu ziehen, um etwaige Problem- und Streitpunkte aus der Welt zu schaffen.[140] Die Vertragsparteien sind daher auch frei, eine Abrede über die Erstellung einer Teilschlussrechnung zu treffen. Wird eine solche Vereinbarung getroffen und vom Architekten eine Teilschlussrechnung vorgelegt, hat diese dieselben Wirkungen wie eine Schlussrechnung, also insbesondere hinsichtlich der Fälligkeit und der Verjährung der Forderung sowie der Bindungswirkung an die Teilschlussrechnung (zu Letzterem vgl. Rdn. 885 ff.). Gibt es zunächst keine Vereinbarung über die Erstellung einer Teilschlussrechnung, wird eine solche aber vom Architekten vorgelegt und vom Auftraggeber bezahlt, treten auch hier dieselben Wirkungen wie bei einer Schlussrechnung ein, weil davon auszugehen ist, dass die Parteien eine entsprechende Abrede konkludent durch ihr Verhalten nachgeholt haben.[141]

1206 Eine aus steuerrechtlichen Gesichtspunkten unzureichende (z.B. nicht eindeutig den Auftraggeber bezeichnende) Schlussrechnung hindert nicht die Prüfbarkeit der Honorarschlussrechnung und damit auch nicht die Fälligkeit des Honoraranspruchs; in solchen Fällen hat der Auftraggeber ein Zurückbehaltungsrecht gemäß § 273 BGB gegenüber der Honorarforderung.[142]

Zum **Rückzahlungsanspruch** des Auftraggebers auf Abschlagsrechnungen vgl. Rdn. 1216.

d) Überreichung der Rechnung

1207 Die Schlussrechnung[143] muss gemäß § 15 Abs. 1 HOAI dem Auftraggeber oder einem von ihm Bevollmächtigten[144] „überreicht" werden. Das bedeutet, dass sie dem Bauherrn in schriftlicher Form zugehen, also in seinen **Machtbereich** gelangen muss, sodass unter Berücksichtigung gewöhnlicher Verhältnisse davon ausgegangen werden kann, dass der Auftraggeber von der Schlussrechnung Kenntnis nehmen konnte.[145] **Verweigert** der Auftraggeber die Annahme der Schlussrechnung oder verhindert er in anderer Weise ohne Grund den Zugang, muss er sich nach Treu und Glauben so behandeln lassen, als wäre der Zugang erfolgt.

---

614 = NJW-RR 2002, 1596; OLG Hamm, BauR 2008, 2077, 2078. Zur Vorlage einer neuen Schlussrechnung in der Berufungsinstanz vgl. auch *Schenkel*, NZBau 2007, 6.
139) Beschluss vom 06.10.2008, 18.11.2008 und 16.12.2008 – AZ: 10 U 2093/07.
140) Vgl. hierzu *Koeble*, Festschrift für Werner, S. 123, 124.
141) *Koeble*, a.a.O., 123, 128 f.
142) OLG Düsseldorf, BauR 2009, 1616 = IBR 2009, 460 – A. *Eich*.
143) Zur Frage, ob dem Auftraggeber ein Anspruch auf Erteilung einer Rechnung zusteht, vgl. *U. Locher*, Die Rechnung im Werkvertragsrecht, S. 62.
144) OLG Brandenburg, IBR 2007, 313 – *Müller*.
145) BGH, NJW 1965, 996; OLG Frankfurt, OLGR 1998, 60.

2. Abschlagszahlung

Literatur

Scholtissek, Sind Abschlagszahlungen beim Architekten- und Ingenieurvertrag gem. § 8 HOAI wirklich wirksam?, NZBau 2006, 299.

1208 Nach § 15 Abs. 2 HOAI kann der Architekt die Zahlung von **Teilbeträgen** verlangen.[146] Abschlagszahlungen können jedoch nur in **angemessenen zeitlichen Abständen** für **nachgewiesene Leistungen**, die vertragsgemäß erbracht wurden,[147] gefordert werden. Damit wird eine Abschlagszahlung nach § 15 Abs. 2 HOAI[148] frühestens fällig, wenn der Architekt Teilleistungen erbracht hat und er deren Bezahlung fordert. Zwar verlangt diese Vorschrift nicht ausdrücklich eine prüffähige Rechnung auf Abschlagszahlung – entsprechend der Schlussrechnung; der BGH hat jedoch zu § 8 Abs. 2 HOAI 1996 (jetzt § 15 Abs. 2 HOAI) klargestellt, dass es zur Fälligstellung einer **Abschlagsforderung** grundsätzlich einer **prüffähigen Honorarrechnung** bedarf.[149] Eine prüffähige Akontorechnung wird man insbesondere nur dann annehmen können, wenn der Architekt in der Abschlagsrechnung seine erbrachten **(Teil-)Leistungen konkret aufschlüsselt** und gegebenenfalls auf Nachfrage belegt. Dies gilt jedoch nicht, wenn die Parteien die Fälligkeit der Abschlagszahlungen im Sinne von Teilzahlungen von einem Zahlungsplan abhängig gemacht haben.[150]

Die neue Regelung des § 632a BGB n.F., die durch das neue Werkvertragsrecht 2018 in das BGB eingeführt wurde, gilt nicht für etwaige Abschlagforderungen des Architekten: Insoweit stellt § 15 Abs. 2 HOAI eine Spezialregelung für das Honorar des Architekten dar, soweit es um Leistungen des Architekten geht, die als Grundleistungen in der HOAI geregelt sind und damit unter das Preisrecht der HOAI fallen.

1209 Der **Einwand fehlender Prüffähigkeit einer Abschlagsrechnung** kann ebenfalls nur innerhalb eines Zeitraums **von zwei Monaten** seit Zugang der Abschlagsrechnung erhoben werden;[151] insoweit gelten die vom BGH zur Schlussrechnung gemachten Ausführungen (vgl. hierzu Rdn. 1187 ff.). Eine Teilabnahme oder die Abnahmefähigkeit der erbrachten Leistung[152] ist für die Fälligkeit ebenfalls nicht Voraussetzung.[153] Wann „angemessene zeitliche Abstände" für die Geltendmachung von Abschlagszahlungen vorliegen, ist eine Frage des Einzelfalles. Zumindest müssen **gewichtige Teilleistungen** von dem Architekten erbracht sein.

---

146) Vgl. dazu näher *Hochstein*, BauR 1971, 7.
147) OLG Naumburg, ZfBR 1996, 213, 216; OLG Köln, NJW-RR 1998, 955.
148) Zur Wirksamkeit dieser Vorschrift vgl. OLG Celle, BauR 2000, 763 = NJW-RR 2000, 899 = OLGR 2000, 113.
149) BGH, BauR 2005, 1951; BauR 1999, 267 = NJW 1999, 713.
150) LG Darmstadt, BauR 2005, 1499.
151) BGH, BauR 2005, 1951; OLG Celle, IBR 2009, 399 – *Schwenker*.
152) **Anderer Ansicht:** *Koeble*, in: Locher/Koeble/Frik, § 15 HOAI, Rn. 12.
153) BGH, NJW 1974, 697 = BauR 1974, 215.

1210 Wird in Formularverträgen/AGB des Auftraggebers die Möglichkeit, Abschlagszahlungen zu verlangen, ausgeschlossen oder erheblich über den Wortlaut des § 632a BGB hinaus erschwert, kann eine solche Regelung unwirksam sein, weil sie mit dem gesetzgeberischen Grundgedanken, der in § 632a BGB zum Ausdruck kommt, nicht in Einklang zu bringen ist.[154]

1211 Die **Höhe der Teilzahlung** richtet sich nach dem Stand der Leistungen. Ob die jeweiligen Teilleistungen voll erbracht sind oder nicht, ist unerheblich; entscheidend ist allein der Leistungsstand. Nicht nur abgeschlossene Leistungsphasen berechtigen also zu Abschlagsforderungen. Der **Architekt** trägt für den jeweiligen Leistungsstand und für die Höhe der fälligen Teilvergütung die volle **Darlegungs- und Beweislast**.

1212 Nach erbrachter Teilleistung beginnt **mit der Anforderung des Teilbetrages** für die jeweilige Abschlagszahlung am Schluss des Jahres der Anforderung die **Verjährungsfrist** zu laufen: Nach Inkrafttreten des Schuldrechtsmodernisierungsgesetzes ist dies die regelmäßige Verjährungsfrist von drei Jahren nach § 195 BGB.

1213 Fordert der Architekt nach erbrachten Teilleistungen **Abschlagszahlungen**, so laufen für die jeweiligen angeforderten Teilbeträge mehrere Verjährungsfristen, die er beobachten muss. Dies ist inzwischen herrschende Rechtsauffassung.[155]

Demgegenüber gehen Neuenfeld,[156] und Jochem[157] zwar ebenfalls von einem einklagbaren Anspruch auf Abschlagszahlungen aus, sie sind jedoch der Auffassung, dass die Anforderung von Abschlagszahlungen keinen Einfluss auf die Fälligkeit dieser Teilbeträge hat, da für das Architektenhonorar von einem einheitlichen Fälligkeitszeitpunkt auszugehen sei.[158]

Dieser Standpunkt ist nicht haltbar: Wenn ein Architekt nach Abschlagszahlungen verlangen kann, setzt dies die Fälligkeit der Abschlagszahlung mit der Folge voraus, dass mit der Fälligkeit auch eine entsprechende Verjährung zu laufen beginnt.

1214 Ist eine Abschlagsforderung **verjährt**, kann sie nicht mehr mit Erfolg **selbstständig** gerichtlich geltend gemacht werden, wenn der Auftragnehmer die Verjährungseinrede erhebt. Dessen ungeachtet ist aber der Architekt nach wie vor berechtigt, diese Teilforderung in seine **spätere Schlussrechnung einzustellen** und sie mit der übrigen Honorarschlussforderung geltend zu machen.[159] Der Anspruch aus der Honorarschlussrechnung stellt dann eine neue, einheitliche Forderung dar, für die auch eine neue Verjährungsfrist gesondert zu laufen beginnt.[160]

---

154) So auch *Kniffka/Koeble*, 9. Teil, Rn. 113.
155) BGH, BauR 1999, 267 = NJW 1999, 713 = MDR 1999, 221; OLG Köln, OLGR 1994, 79; OLG Celle, BauR 1991, 371.
156) § 8 HOAI, Rn. 2.
157) 4. Auflage, § 8 HOAI, Rn. 7.
158) Ebenso: OLG Zweibrücken, BauR 1980, 482, 484; vgl. auch *Schmitz*, DAB 1981, 373.
159) BGH, BauR 1999, 267 = NJW 1999, 713 = MDR 1999, 221; kritisch hierzu: *Otto*, BauR 2000, 350; OLG Celle, BauR 1999, 268 = OLGR 1999, 134 = IBR 1999, 221; OLG Frankfurt, BauR 2012, 123.
160) So richtig: OLG Celle, BauR 1991, 371, 372; **a.A.**: *Koeble*, in: Locher/Koeble/Frik, § 15 HOAI, Rn. 107.

Abschlagszahlung

Die **gerichtliche Geltendmachung** von Abschlagszahlungen ist **nach Vertragsbeendigung** bzw. erbrachter Gesamtleistung regelmäßig **ausgeschlossen** (vgl. näher Rdn. 1607 ff.).[161] Das wird man jedoch für anerkannte Abschlagsforderungen nicht annehmen können; sie können stets weiter verfolgt werden.[162] Allerdings kann das auf weitere **Abschlagszahlungen** gerichtete prozessuale Begehren des Architekten im Einzelfall dahingehend auszulegen sein, dass der geltend **gemachte Anspruch auf Schlusszahlung oder Teilschlusszahlung ausgerichtet** ist;[163] dies setzt jedoch voraus, dass der Architekt eine **prüffähige** Schlussrechnung nachreicht. Wenn der Architekt seine Abschlagsforderung nicht mehr als solche, sondern als Teilschlussforderung geltend macht, ist darin **keine Klageänderung** zu sehen, weil es sich nicht um unterschiedliche Streitgegenstände handelt. Das hat der BGH[164] zwischenzeitlich (für ein Berufungsverfahren) unter Aufgabe seiner bisherigen Rechtsprechung bestätigt (vgl. hierzu auch Rdn. 1608). Stellt der in erster Instanz erfolgreiche Kläger in der Berufungsinstanz seine Abschlagszahlungsklage aufgrund bereits erstinstanzlich eingetretener Schlussrechnungsreife gemäß § 264 Nr. 3 ZPO auf eine höhere Schlusszahlungsklage um, liegt allerdings hinsichtlich der Erhöhung eine Klageerweiterung gemäß § 264 Nr. 2 ZPO vor, die mit der Anschlussberufung innerhalb der Frist des § 524 Abs. 2 Satz 2 ZPO geltend gemacht werden muss.[165] Nach (für die alte HOAI) zutreffender Auffassung des OLG Celle[166] kann ein Architekt, der die für die Schlussabrechnung maßgebliche Kostenermittlung, die er selbst nicht erstellen kann, abwarten will, trotz Kündigung des Architektenvertrages auf der Basis der letzten vorliegenden eigenen Kostenermittlung weiterhin eine Abschlagszahlung geltend machen.

Akontozahlungen erfolgen in Erwartung der Feststellung der endgültigen Forderung[167] und stehen damit unter dem Vorbehalt der Überprüfung im Rahmen der endgültigen Abrechnung. Sie haben daher schon von ihrem Wesen her vorläufigen Charakter. Aus Abschlagszahlungen können daher keinerlei verbindliche Erklärungen einer Vertragspartei gefolgert werden; insbesondere scheidet jede „Anerkenntnis"-Wirkung aus. Dem Zahlenden bleibt eine Korrektur in der Zukunft (z.B. im Rahmen der Schlussrechnung) möglich; sie kann nicht als treuwidrig zurückgewiesen werden.[168] Erfolgt im Rahmen von vereinbarten Akontozahlungen eine **Überzahlung** durch den Auftraggeber, so kann er diese zurückfordern.

---

161) Vgl. BGH, BauR 1985, 456 u. BauR 1987, 453 (für den Bauvertrag); wie hier: OLG Hamm, NZBau 2010, 569; OLG Düsseldorf, BauR 2002, 117 = NJW-RR 2002, 163; KG, BauR 1994, 791, 792; vgl. aber OLG Köln, NJW-RR 1992, 1438 für den Fall des Schuldanerkenntnisses nach der Schlussrechnung.
162) So auch OLG Köln, NJW-RR 1992, 1483; offen gelassen von BGH, BauR 1987, 453 (für das „unbestrittene Guthaben" i.S.d. § 16 Nr. 3 Abs. 1 Satz 3 VOB/B).
163) Vgl. BGH, BauR 1985, 456 = DB 1985, 1988; OLG Düsseldorf, BauR 2002, 117 = NJW-RR 2002, 163; KG, BauR 1994, 791, 792; OLG Hamm, NJW-RR 1994, 1433; OLG Köln, OLGR 1994, 79; OLG Köln, BauR 1973, 324.
164) BauR 2005, 400 = NZBau 2005, 158.
165) BGH, BauR 2015, 1517.
166) OLGR 2009, 801.
167) RG, DR 1943, 1068.
168) Vgl. hierzu im Einzelnen *Werner*, Festschrift für Locher, S. 289, 298.

Der BGH[169)] und ihm folgend das OLG Düsseldorf[170)] sowie das OLG Bremen[171)] stützen diesen **Rückzahlungsanspruch** auf eine **vertragliche Anspruchsgrundlage**: Bei allen Absprachen über **Abschlagszahlungen** verpflichtet sich der Auftragnehmer (Architekt) im Rahmen einer „stillschweigend getroffenen Abrede zur Zahlung in Höhe des Überschusses an den Auftraggeber". In einem Prozess des Auftraggebers gegen den **Architekten** auf **(Rück-)Zahlung eines Überschusses** trägt daher der **Architekt die Darlegungs- und Beweislast**, wenn er behauptet, dass ihm eine Honorarforderung in Höhe der erhaltenen Abschlagszahlungen zusteht, weil er grundsätzlich seinen Honoraranspruch darlegen und beweisen muss.[172)] Für die **behaupteten Abschlagszahlungen** trägt allerdings der **Auftraggeber** die **Darlegungs- und Beweislast**.[173)] Nach Auffassung des KG[174)] entsteht der Anspruch des Auftraggebers gegen einen Architekten auf Abrechnung seiner Leistung und ggf. Rückzahlung seiner überschüssigen Abschlagszahlung erst nach Beendigung des Vertrages: Davor ist dieser Anspruch auch dann nicht gegeben, wenn die weitere Durchführung des Bauvorhabens ins Stocken geraten ist und die vollständige Erfüllung des Vertrages damit bis auf weiteres ausbleiben wird. Die Rechte des Auftraggebers, dem an der Abrechnung seiner eventuell überhöhten Abschlagszahlung gelegen ist, sind durch die Möglichkeit gewahrt, den Auftrag frei gemäß § 649 BGB oder – wenn ein Grund gegeben ist – fristlos zu kündigen oder eine Aufhebungsvereinbarung mit dem Vertragspartner zu schließen. Nach Auffassung des OLG Saarbrücken[175)] hängt bei überzahlten Architektenverträgen die Fälligkeit des Rückforderungsanspruchs des Auftraggebers nicht davon ab, dass der Architekt eine den Anforderungen der HOAI entsprechende prüfbare Honorarschlussrechnung erteilt. Nach zutreffender Auffassung des OLG Frankfurt[176)] ist eine als „**Teilschlussrechnung**" bezeichnete Rechnung eines Architekten als **Abschlagsrechnung** zu behandeln, es sei denn, dass die Parteien eine entsprechende Vereinbarung über Teilschlussrechnung getroffen haben[177)] (vgl. hierzu Rdn. 1205). Die HOAI sieht nämlich keine Teilschlussrechnungen vor. Zum Anspruch auf **Rückforderung einer Zahlung** auf eine **Schlussrechnung** vgl. Rdn. 1206.

---

169) BauR 2008, 540 = NZBau 2008, 256; BauR 1999, 635 = ZfBR 1999, 196 = NJW 1999, 1867 = MDR 1999, 671; wie hier KG, BauR 1998, 348 (für den Bauvertrag); OLG Düsseldorf, BauR 1994, 272 (für den Architektenvertrag). Vgl. hierzu auch *Gothe*, NZBau 2014, 270.
170) IBR 2015, 123 – *Jahn*; BauR 1999, 1477 = NJW-RR 2000, 312 = NZBau 2000, 85; vgl. auch LG Berlin, BauR 2000, 294. Das OLG Oldenburg – IBR 2007, 200 – stützt allerdings einen Rückzahlungsanspruch aufgrund einer nicht dauerhaft genehmigungsfähigen Planung des Architekten auf § 812 Abs. 1 S. 1 BGB, weil hier dem Architekten jedenfalls für die Leistungsphasen 3 und 4 überhaupt kein Honorar zusteht.
171) NZBau 2014, 229 (auch bei Doppelzahlungen).
172) BGH, BauR 2008, 540 = NZBau 2008, 256; BauR 1999, 635, 640 (für den Bauvertrag) = ZfBR 1999, 196 = NJW 1999, 1867 = MDR 1999, 671; OLG Düsseldorf, BauR 1998, 887 = OLGR 1998, 314; KG, KGR 1998, 180 u. NZBau 2001, 636.
173) BGH, a.a.O. Vgl. ferner OLG Celle, NJW-Spezial 2010, 269.
174) OLGR 2009, 769 in Anlehnung an BGH, MDR 2008, 200.
175) NZBau 2010, 772 = IBR 2010, 637 – *Schwenker*.
176) BauR 2012, 123.
177) BGH, IBR 2012, 714.

Soweit Akontozahlungen der Höhe nach deutlich abweichend von den in § 33 **1217** HOAI festgelegten Prozentsätzen formularmäßig vereinbart werden, kann dies unzulässig sein.[178] So weicht nach Auffassung des BGH[179] eine Klausel in Allgemeinen Geschäftsbedingungen des Auftraggebers, wonach dem Architekten Abschlagszahlungen in Höhe von 95 % des Honorars für die nachgewiesenen Leistungen einschließlich USt. gewährt werden, vom gesetzlichen Leitbild des § 15 Abs. 2 HOAI 1996 (jetzt § 34 i.V.m. Anlage 10) ab; eine solche Klausel ist nach der Entscheidung des BGH „jedenfalls dann wegen ungemessener Benachteiligung des Auftragnehmers unwirksam, wenn sie in einem Vertrag verwendet wird, der die Leistungen aller Leistungsphasen des § 15 Abs. 2 HOAI enthält, eine Teilschlusszahlung lediglich nach Genehmigung der bis zur Leistungsphase 4 erbrachten Leistungen vereinbart ist und die Schlusszahlung für die Leistungsphasen 5–9 erst fällig wird, wenn der Auftragnehmer sämtliche Leistungen aus dem Vertrag erfüllt hat". Diese Entscheidung hat in der Literatur Kritik hervorgerufen.[180]

Eine gerichtliche Entscheidung über eine Abschlagsforderung hat materielle Rechtskraft für den späteren Rechtsstreit auf Zahlung der Schlussrechnung; insoweit handelt es sich um einheitliche Streitgegenstände, da die Erstellung der Schlussrechnung und ihre gerichtliche Geltendmachung keinen neuen Lebenssachverhalt darstellen.[181]

3. Nebenkosten

Nebenkosten sind gemäß § 14 HOAI „auf Nachweis fällig, sofern nicht **bei Auf- 1218 tragserteilung** etwas anderes **schriftlich** vereinbart worden ist". Nebenkosten müssen also im Einzelnen grundsätzlich belegt werden (vgl. Rdn. 1106 ff.).[182]

---

178) BGH, NJW 1981, 2351, 2355 = BauR 1981, 582, 587.
179) BauR 2006, 674 = NZBau 2006, 245 = ZfIR 2006, 366 = IBR 2006, 212 – *Koeble* = NJW-RR 2006, 597. Vgl. hierzu entsprechende Klauseln bei *Markus/Kaiser/Kapellmann*, Rn. 745 ff.
180) Vgl. hierzu *Schwenker/Thode*, ZfIR 2006, 369 ff., die die gesetzliche Leitbildfunktion des § 8 Abs. 2 HOAI a.F. (jetzt § 15 Abs. 2 HOAI n.F.) und auch die Verfassungsmäßigkeit dieser Vorschrift bezweifeln. Ebenso *Scholtissek*, NZBau 2006, 299.
181) **Anderer Ansicht:** OLG Jena, OLGR 1996, 257.
182) BGH, NJW-RR 1990, 1109 = BauR 1990, 632 = ZfBR 1990, 227; vgl. aber OLG Hamm, IBR 1991, 180 = BauR 1991, 385 (LS).

KAPITEL 5
Die Werklohnklage des Bauunternehmers

Übersicht

	Rdn.		Rdn.
I. Grundlage der Vergütung	1219	V. Werklohnanspruch bei Kündigung und einvernehmlicher Vertragsaufhebung	1713
II. Der Bauvertrag	1225		
III. Der vertraglich vereinbarte Werklohn	1377	VI. Fälligkeit des Werklohns	1783
IV. Umfang des Werklohnanspruchs	1439		

I. Grundlage der Vergütung

Literatur ab 2000[1]

Leinemann, Die Bezahlung der Bauleistung, 4. Auflage 2009; Cuypers, Der Werklohn des Bauunternehmers, 2000; Leineweber, Handbuch des Bauvertragsrechts, 2000; *Schoofs/Hafkesbrink*, Bauvertrag und Bauprozess, 2007; *Schwenker/Kleineke/Rodemann*, Die Vergütung von Bauleistungen, 2009; *Englert/Motzke/Wirth* (Hrsg.), Baukommentar, 2009; *Motzke/Bauer/Seewald* (Hrsg.), Prozesse in Bausachen, 2009; *Schalk*, Handbuch Nebenangebote, 2009.

Cuypers, Werkvertragsrecht und Bauvertrag, Festschrift für Mantscheff (2000), 53; *Schmeel*, Neues zur Stellung von Sub- und Nachunternehmern, MDR 2000, 999; *Voit*, Die Änderungen des allgemeinen Teils des Schuldrechts durch das Schuldrechtsmodernisierungsgesetz und ihre Auswirkungen auf das Werkvertragsrecht, BauR 2002, 145; *Vorwerk*, Kaufrecht und Werklieferungsvertrag, BauR 2002, 165; *Kus/Markus/Steding*, Die neuen FIDIC-Verträge: Auftragnehmerlastige Risikoverteilung? Jahrbuch Baurecht 2002, 237; *Sienz*, Die Neuregelungen im Werkvertragsrecht nach dem Schuldrechtsmodernisierungsgesetz, BauR 2002, 181; *Anker/Zacher*, Ist auf alte Werkverträge ab dem 1.1.2003 das neue Recht anzuwenden?, BauR 2002, 1772; *Preussner*, Die Auswirkungen des Schuldrechtsmodernisierungsgesetzes auf das Baurecht: eine kritische Analyse, Festschrift für Kraus (2003), 179; *Maxem*, Rechtsfolgen bei Verletzung von Mitwirkungspflichten durch den Besteller beim (Bau-)Werkvertrag, BauR 2003, 952; *Grauvogl*, Bauvertrag – Risikoverlagerung vom Auftraggeber zum Auftragnehmer, Jahrbuch Baurecht 2003, 29; *Sienz*, Die Vorleistungspflicht des Bauunternehmers: Ein Trugbild?, BauR 2004, 10; *Christiansen*, Bauvertrag – Vorleistung und vorzeitige Leistung – unter Einbeziehung des Entwurfs zum Forderungssicherungsgesetz BR-Dr. 458/04 –, ZfBR 2004, 736; *Schmidt*, Folgen fehlender Beurkundung einer Baubeschreibung, ZfIR 2005, 306; *Schuhmann*, Neuere Entwicklungen im Vertragsrecht des Anlagenbaus, BauR 2005, 293; *Vogel*, Auswirkungen und Einfluss des Gemeinschaftsrechts auf das private Baurecht, BauR 2006, 744.

Für die Werklohnklage des Unternehmers gehört zum schlüssigen Klagevortrag die substantiierte Behauptung, dass **1219**

* ein wirksamer **Bauvertrag** zu Stande gekommen (Rdn. 1225 ff.)
* eine bestimmter **Werklohn** verdient (Rdn. 1391 ff.) und
* die Forderung **fällig** (Rdn. 1783 ff.) ist

Die für eine **ordnungsgemäße Klageschrift** gemäß § 253 Abs. 2 ZPO erforderlichen Voraussetzungen haben in erster Linie den Zweck, den **Beklagten** über Grund und Höhe der Forderung so weit in Kenntnis zu setzen, dass er hierauf seine **Verteidigung einrichten** kann. Da sich der Vergütungsanspruch des Unterneh-

---

[1] Literatur vor 2000 siehe 15. Auflage.

mers wesentlich nach der **rechtlichen Qualifikation** des abgeschlossenen Bauvertrages richtet, wird der Unternehmer zweckmäßigerweise auch den Inhalt des abgeschlossenen Bauvertrages erläutern, **soweit dies für den Zahlungsanspruch notwendig ist**;[2] nur so wird die vertraglich vereinbarte Bauleistung und der Vergütungsmodus für das Gericht überhaupt erkennbar. Zudem kann auf diese Weise die materielle Einordnung des Bauvertrages als BGB-Werkvertrag oder als VOB-Bauvertrag erfolgen; denn diese Einordnung ist von grundlegender Bedeutung: Die Voraussetzungen der **Schlüssigkeit** einer Vergütungsklage bestimmen sich weitgehend von dem materiellen Anspruch her; damit ergeben sich **erhebliche Unterschiede** zwischen Preisregelung und Zahlungsmodus beim **BGB**-Werkvertrag gegenüber einem **VOB-Vertrag**.

1220 Allerdings dürfen an die Substantiierungspflicht auch nicht zu hohe Anforderungen gestellt werden.[3] Liegt eine ordnungsgemäße Klageschrift i.S. des § 253 Abs. 2 ZPO vor, sind **Lücken im Vortrag** – gegebenenfalls aufgrund richterlichen Hinweises (§ 139 ZPO) - **später** zu schließen; denn die **Darlegungslast** des Unternehmers richtet sich auch wesentlich danach, was der **Gegner**, also der Bauherr/Auftraggeber, **vorträgt**: Zu **näheren Angaben** hat der Unternehmer **(nur) Anlass**, wenn sein Vortrag „in einer hinsichtlich der geltend gemachten Rechtsfolge bedeutsamen Weise **unvollständig, mehrdeutig** oder **sonst unklar ist** oder **wird**".[4] So werden z.B. bei einem **Einheitspreisvertrag** ins Einzelne gehende Angaben zum Umfang des Auftrags und der erbrachten Leistungen erforderlich, wenn der Bauherr den Umfang der Arbeiten bestreitet.[5] Bei einem (ungekündigten) **Pauschalpreisvertrag** wird es in der Regel dagegen ausreichen, wenn der Unternehmer unter Beweis vorträgt, dass er die berechneten Leistungen erbracht hat.[6]

1221 Mit einer **Klageschrift** sollten (vorsorglich) stets folgende **Unterlagen** überreicht werden:[7]

* Der **Bauvertrag** bzw. das **Angebots-** und **Auftragsschreiben** sowie der **Schriftverkehr**, aus dem die vertraglichen Vereinbarungen über den Vergütungsanspruch des Auftragnehmers hervorgehen (Stundenlohnvereinbarungen, Zusatzaufträge usw.)
* **Allgemeine** und **Besondere Vertragsbestimmungen**, soweit sie Vertragsinhalt geworden sind
* **Schlussrechnung** bzw. **Zwischenrechnung**;[8] wurde die Schlussrechnung von der Gegenseite geprüft und bereits korrigiert, empfiehlt es sich, diese **korrigierte**

---

[2] Vgl. dazu vor allem BGH, BauR 1984, 667 = NJW 1984, 2888 = WM 1984, 1380 m. krit. Anm. *Stürner*, JZ 1985, 185; BGH, NJW-RR 1996, 1212 (**Zeitpunkt** einer behaupteten Vereinbarung).
[3] Vgl. insoweit BGH, BauR 1992, 265; BGH, BauR 1988, 121; OLG Hamm, OLGR 1996, 113.
[4] BGH, BauR 1988, 121 = ZfBR 1988, 85.
[5] Zur Darlegungslast beim **Einheitspreisvertrag**: OLG Hamm, OLGR 1996, 113; bei der **Stundenlohnabrechnung**: OLG Frankfurt, OLGR 2000, 305.
[6] Zur Darlegungslast beim **Pauschalvertrag**: OLG Düsseldorf, BauR 1996, 898 (**Zusatzleistungen**); OLG Hamm, NJW-RR 1996, 86; OLG Frankfurt, OLGR 1997, 13 (**Beweislast**); BGH, BauR 1997, 304 = NJW 1997, 733 u. BauR 1998, 121 = NJW-RR 1998, 234 = ZfBR 1998, 78.
[7] Vgl. auch *Brügmann*, Prozessleitung, S. 17 ff.; zur Verweisung auf ein anhängiges Parallelverfahren: OLG Düsseldorf, OLGR 1996, 184.
[8] Zum Erfordernis einer Rechnung bei einem **BGB**-Bauvertrag vgl. Rdn. **1836**.

Schlussrechnung mit einzureichen, wenn die korrigierten Einzelpositionen von dem Unternehmer beanstandet werden[9]

Ist ein schriftlicher Bauvertrag nicht abgeschlossen worden, hat der Unternehmer die entsprechenden **mündlichen Vereinbarungen** substantiiert vorzutragen, um seinen Werklohnanspruch zu begründen. Bei einer **späteren Vertragsänderung** hat derjenige, der hieraus Rechte herleiten will, Inhalt und Umfang dieser Vertragsänderung zu beweisen; das gilt nach Auffassung des BGH[10] auch dann, wenn die Parteien unstreitig einen Teil ihrer Vereinbarung durch eine Neuregelung ersetzt haben und lediglich darüber Streit besteht, ob zusätzlich eine weitere Änderung vereinbart wurde.

Leistungsverzeichnisse müssen einer Klageschrift nicht von vornherein beigefügt werden; dies gilt auch für andere Unterlagen wie **Pläne, Aufmaßunterlagen** usw. Diese Bauunterlagen sollten nur dann vorgelegt werden, wenn schon aufgrund der Vorkorrespondenz erkennbar wird, dass der Gegner (Auftraggeber) einzelne Vergütungsansätze, Massen („Mengen") und dgl. beanstandet. **Zeichnungen** sind einzureichen, wenn die Klärung technischer Fragen im Prozess erforderlich wird.

Macht der Bauunternehmer **verschiedene Forderungen** aus **selbstständigen** Bauvorhaben gegen denselben Auftraggeber mit einer einheitlichen Zahlungsklage geltend, so hat er die einzelnen Bauvorhaben und die entsprechenden Zahlungsansprüche voneinander abzugrenzen. Macht er eine Zahlungsklage geltend, ohne dass ersichtlich ist, wie etwaige Restansprüche auf die verschiedenen Bauvorhaben aufzuteilen sind, kann die Klage wegen Verstoßes gegen § 253 Abs. 2 Nr. 2 ZPO unzulässig sein. Die Umstände können allerdings ergeben, dass die Parteien die verschiedenen Forderungen zu einer Gesamtforderung zusammenfassen wollten, sodass ein **Abrechnungsvertrag** nach Art eines Kontokorrents vorliegt;[11] im letzteren Fall bedarf es jedoch eines entsprechenden substantiierten Vortrages.

Selbstständige Bauverträge liegen noch nicht vor, wenn Bauleistungen in technischer Hinsicht unterschiedlich sind; gerade im Baugewerbe werden vielfach technisch unterschiedliche Leistungen in einem einheitlichen Bauvertrag zusammengefasst.[12] Die Einheitlichkeit eines Bauvertrages wird auch nicht dadurch berührt, dass für unterschiedliche Teilleistungen verschiedene Vergütungsabreden getroffen werden; für einzelne Teilleistungen können durchaus Pauschalpreise vereinbart sein, während für andere Teilleistungen eine Abrechnung nach Einheitspreisen erfolgen soll, ohne dass die Einheitlichkeit des Bauvertrages berührt wird.[13]

---

9) Zur Verweisung auf eine **außerhalb** des Verfahrens dem Auftraggeber erteilte **Abrechnung**: OLG Hamm, OLGR 1996, 113.
10) BauR 1995, 92 = ZfBR 1995, 27.
11) BGH, *Schäfer/Finnern*, Z 8.0 Bl. 27.
12) *Schmidt*, WM 1974, 294, 297.
13) BGH, BauR 1973, 246.

II. Der Bauvertrag

Übersicht

	Rdn.		Rdn.
1. Vereinbarung der VOB	1234	a) Originäre Vollmacht des Architekten	1341
a) VOB Teil A (VOB/A)	1235	b) Ausdrückliche Vollmacht des Architekten	1348
b) VOB Teil B (VOB/B)	1239	c) Duldungsvollmacht des Architekten	1353
c) VOB Teil C (VOB/C)	1275	d) Anscheinsvollmacht des Architekten	1354
2. Widersprüche im Bauvertrag	1278		
3. Aktiv- und Passivlegitimation	1287		
4. Wirksamkeit des Bauvertrages	1296		
5. Insolvenzeintritt	1308		
6. Unternehmereinsatzformen	1314a	8. Die Auftragsvergabe durch Bauträger-/Baubetreuungsgesellschaft	1360
7. Die Auftragsvergabe durch den Architekten	1332	9. Public Private Partnerships (PPP)	1374

Literatur ab 2000[1]

Vygen/Joussen, Bauvertragsrecht nach VOB und BGB (Handbuch), 5. Auflage 2013; *Keldungs/Brück*, Der VOB-Vertrag, 9. Auflage 2008; *Vygen*, Bauvertragsrecht nach VOB (Grundwissen), 3. Auflage 2001; *Cuypers*, Bauvertragsrecht, 1998; *Oberhauser*, Bauvertragsrecht im Umbruch, 1999; *Leineweber*, Handbuch des Bauvertragsrechts, 2000; *Kromik/Schwager/Noss*, Das Recht der Bauunternehmung, 1987; *Donus*, Der Fertighausvertrag, 1988; *Korbion/Hochstein/Keldungs*, Der VOB-Vertrag, 8. Auflage 2002; *Korbion* (Hrsg.) Baurecht, 2005; *Schmid*, Die Natur des Bauvertrages, Baurechtliche Schriften, Band 66, 2010.

Grieger, Die Kooperationspflicht der Bauvertragspartner im Bauvertrag: Anmerkung zu BGH, BauR 2000, 409 ff., BauR 2000, 969; *Oberhauser*, Der Bauvertrag mit GMP-Abrede – Struktur und Vertragsgestaltung, BauR 2000, 1397; *Kniffka*, Die Kooperationspflichten der Bauvertragspartner im Bauvertrag, Jahrbuch Baurecht 2001, 1; *Büdenbender*, Der Werkvertrag, JuS 2001, 625; *Lenzen*, „Bauvertrag verkehrt", Besonderheiten des Abbruchvertrages, Festschrift für Jagenburg (2002), 492; *Konopka/Acker*, Schuldrechtsmodernisierung: Anwendungsbereich des § 651 BGB im Bau- und Anlagenbauvertrag, BauR 2004, 251; *Locher*, Rechtsfragen des Gerüstvertrages, Festschrift für Werner (2005), 321; *Freund*, der nicht gegengezeichnete Bauvertrag, NZBau 2008, 685; *Leupertz/Vygen*, Der Bauvertrag und sein gesetzliches Leitbild, Festschrift für Franke (2009), 229; *Lotz*, Die Rechtsnatur des Anlagevertrages und seine Besonderheiten, BauR 2011, 746; *Schmidt*, Ausgewählte Probleme des Gerüstbauvertrags, NJW-Spezial 2011, 236; *Wagner*, Bauverträge mit Verbrauchern, BauR 2013, 393; *Motzke*, Hintergründe und Rechtsfolgen zweier unterschiedlicher Bauvertrag-Legaldefinitionen, NZBau 2017, 515.

1225 Grundlage der rechtlichen Beziehungen zwischen Bauherr und Unternehmer ist der **Bauvertrag**; er regelt den Umfang der Leistungspflichten: die Vergütung, Gewährleistung, Verjährung usw. Werden keine besonderen Bestimmungen getroffen, ist vor allem die **VOB** nicht zur Grundlage der vertraglichen Beziehung gemacht, so gelten ausschließlich die gesetzlichen Vorschriften des **Werkvertragsrechts** des BGB.

1226 Die Vielfalt der vertraglichen Ausgestaltungen verhindert in aller Regel eine einheitliche Beurteilung; da der Bauvertrag jedoch auf die Herstellung eines körperlichen Arbeitsergebnisses gerichtet ist, liegt meistens ein reiner Werkvertrag im Sinne des § 631 BGB vor, auch wenn der Unternehmer alle Baustoffe liefert. Die Materiallieferung verliert beim üblichen Bauvertrag gegenüber der Arbeitsleistung und den sonstigen Aufwendungen an Bedeutung; zudem ist das Grundstück des

---

[1] Literatur vor 2000 siehe 15. Auflage.

Der Bauvertrag

Bestellers als die Hauptsache anzusehen.[2] Insbesondere bei der **Lieferung und dem Einbau von größeren Anlagen** kann es Einordnungsschwierigkeiten geben: Für die rechtliche Einordnung des Vertragsverhältnisses als Kaufvertrag (ggf. mit Montageverpflichtung) oder als Werkvertrag kommt es nach der zutreffenden Auffassung des BGH[3] darauf an, „auf welcher der beiden Leistungen der gebotenen Gesamtbetrachtung der Schwerpunkt liegt; dabei ist vor allem auf die Art des zu liefernden Gegenstandes, das Wertverhältnis von Lieferung und Montage sowie auf die Besonderheiten des geschuldeten Ergebnisses abzustellen." Abgrenzungsschwierigkeiten zum Werklieferungsvertrag (§ 651 BGB) dürften zukünftig seltener sein; da sich die Neuregelung auf die Herstellung beweglicher Sachen beschränkt, verbleibt es für „**Arbeiten am Grundstück**" und an **Gebäuden** bei der Anwendung des Werkvertragsrechts.[4] Verträge, die allein die Lieferung von herzustellenden beweglichen **Bau- oder Anlagenteilen** zum Gegenstand haben, sind nach Maßgabe des § 651 BGB nach **Kaufrecht** zu beurteilen: Die Zweckbestimmung der Teile, die in Bauwerke eingebaut zu werden, rechtfertigt keine andere Beurteilung; das gilt auch dann, wenn Gegenstand des Vertrages zusätzliche Planungsleistungen sind, die der Herstellung der Bau- und Anlagenteile vorauszugehen haben und nicht den Schwerpunkt des Vertrages bilden.[5]

Mit dem neuen **Werkvertragsrecht 2018** hat der Gesetzgeber **wesentliche Änderungen** im Rahmen des Titels 9 des BGB „Werkvertrag und ähnliche Verträge" vorgenommen, die zum 01.01.2018 in Kraft treten. Auf diese Änderungen wird nachstehend in den jeweiligen Kapiteln näher eingegangen. Bezüglich der wesentlichen Neuerungen im BGB zum Bauvertrag soll vorab auf Folgendes hingewiesen werden. **1226a**

* Erstmalig enthält nunmehr mit § 650a das BGB n.F. eine **Definition des Bauvertrages**. Diese Vorschrift hat folgenden Wortlaut:
  (1) Ein Bauvertrag ist ein Vertrag über die Herstellung, die Wiederherstellung, die Beseitigung oder den Umbau eines Bauwerks, einer Außenanlage oder eines Teils davon. Für den Bauvertrag gelten ergänzend die folgenden Vorschriften dieses Kapitels.

---

[2] Vgl. *Palandt/Sprau*, § 651 BGB, Rn. 1; *v. Craushaar*, Festschrift für Korbion, S. 27 ff.; *Kaiser*, Rn. 17 u. ZfBR 1985, 1; BGHZ 87, 112 (**Fertighausvertrag**); BGH, ZfBR 1985, 81, 82; OLG Celle, BauR 2002, 97 (Lieferung von **Fließestrich** an die Baustelle; Werkvertrag); OLG Düsseldorf, BauR 2002, 100 (**Hausbausatzvertrag** mit Planung u. Statik; Kaufvertrag mit werkvertragl. Zusatzleistungen); OLG Düsseldorf, NJW-RR 1992, 564 (Lieferung und Montage einer **Markise**; Kaufvertrag); OLG Naumburg, IBR 2008, 137 – *Müller-Stoy* (**Betonbrecharbeiten**: Werkvertrag); OLG Schleswig, IBR 2007, 667 – *Metzger* (Erwerb einer **Windkraftanlage** mit Montageverpflichtung: Kaufvertrag).
[3] BauR 2004, 995 = IBR 2004, 306 – *Miernik* = NZBau 2004, 326. Vgl. auch OLG Oldenburg, BauR 2004, 1324 sowie BGH, BauR 2004, 1152 = IBR 2004, 366 – *Metzger* (**Mobilheim**).
[4] *Voit*, BauR 2002, 145, 146. Zur Anwendung der §§ 631 ff. BGB (anstatt § 651 BGB) bei Bau- und Anlagenbauverträgen vgl. *Konopka/Acker*, BauR 2004, 251. Zur Neuregelung des § 651 BGB vgl. *Stumpe*, BrBp 2004, 224. Lieferung eines serienmäßig hergestellten **Mobilheims** und Erstellung auf vom Erwerber zu errichtendem Fundament: Kaufvertragsrecht, auch wenn geringfügige Sonderwünsche zu erfüllen sind (BGH, BauR 2004, 1152).
[5] BGH, BauR 2009, 1581; OLG Rostock, BauR 2010, 1223.

(2) Ein Vertrag über die Instandhaltung eines Bauwerks ist ein Bauvertrag, wenn das Werk für die Konstruktion, den Bestand oder den bestimmungsgemäßen Gebrauch von wesentlicher Bedeutung ist.

* Während Abs. 1 die bisherige Rechtsprechung wiedergibt, beschäftigt sich Abs. 2 mit der **Instandhaltung eines Bauwerks** und klärt, wann der Vertrag über die Errichtung eines Bauwerks insoweit als Bauvertrag i.S.d. neuen Vorschriften der §§ 650b ff. BGB anzusehen ist. Nur wenn die Instandhaltung für die Konstruktion, den Bestand oder bestimmungsgemäßen Gebrauch des Bauwerks „von wesentlicher Bedeutung" ist, ist ein Bauvertrag i.S.d. neuen Werkvertragsrechts 2018 anzunehmen.
Die Begründung[6] weist in diesem Zusammenhang z.B. auf „Pflege-, Wartungs- und Inspektionsleistungen" hin. Es wird aber noch eine Fülle weiterer Instandhaltungsleistungen geben, sodass es der Rechtsprechung überlassen wird, im Einzelfall abzuklären, wann insoweit ein Bauvertrag i.S.d. §§ 650a ff. BGB n.F. anzunehmen sein wird.
* Mit dem neuen § 650b BGB n.F. ist erstmalig eine Vorschrift in das BGB aufgenommen worden, die das **Anordnungsrecht des Auftraggebers bei Änderungen des Vertrages klärt** (vgl. im Einzelnen Rdn. 1453a ff.). Ferner regelt die folgende Vorschrift des § 650c BGB den **Vergütungsanspruch bei Anordnung des Auftraggebers**, wenn die Vertragsparteien insoweit keine Einigung erzielt haben (vgl. näher Rdn. 1453d).
* Neu und auch sinnvoll ist die Vorschrift des § 650g BGB n.F.: Mit dieser Vorschrift wird erstmalig eine Pflicht zur **gemeinsamen Feststellung des Zustandes der Bauleistung bei Verweigerung der Abnahme** begründet (vgl. näher Rdn. 1835a). Ferner enthält die Vorschrift eine grundsätzliche Regelung zur **Fälligkeit der Vergütung** (vgl. im Einzelnen Rdn. 1844a).
* Mit dem neuen § 640 Abs. 2 BGB n.F. wird die **sogenannte fiktive Abnahme definiert** (vgl. Rdn. 1831a).
* Der neue § 648a BGB regelt erstmals gesetzlich, dass ein **Bauvertrag von beiden Vertragsparteien aus wichtigem Grund** ohne Einhaltung einer Kündigungsfrist **gekündigt werden kann** (vgl. näher Rdn. 1752 ff.). Die Kündigung eines Bauvertrages bedarf im Übrigen gem. dem neuen § 650h BGB n.F. stets der **Schriftform**.
* In Kapitel 3 und den neuen §§ 650i–n BGB finden sich erstmals Vorschriften zum **Verbraucherbauvertrag** (vgl. Rdn. 1226b ff.).
* Auch dem **Bauträgervertrag ist ein neuer Untertitel** (3) gewidmet (vgl. näher Rdn. 1228a ff.).

1226b Um dem besonderen Schutzbedürfnis der Verbraucher beim Abschluss größerer Bauverträge Rechnung zu tragen, ist durch das neue **Werkvertragsrecht 2018** ein eigenes Kapitel „Verbraucherbauvertrag" in das BGB (§§ 650i ff. n.F.) eingefügt worden.[7]

Gem. § 650i BGB n.F. sind Verbraucherbauverträge Verträge, „durch die der Unternehmer von einem Verbraucher zum Bau eines neuen Gebäudes oder zu er-

---

6) BT-Drucksache 18/8486, S. 53.
7) BT-Drucksache 18/8486, S. 61; vgl. hierzu *Motzke*, NZBau 2017, 515.

Der Bauvertrag

heblichen Umbaumaßnahmen an einem bestehenden Gebäude verpflichtet wird". Nach dem klaren Wortlaut des § 650i BGB liegt ein Verbraucherbauvertrag nur dann vor, wenn sich nur **ein Auftragnehmer** zum Bau eines neuen Gebäudes verpflichtet, also z.B. ein Generalübernehmer oder -unternehmer: Ein Verbraucherbauvertrag liegt daher nicht vor, wenn der Verbraucher das Bauwerk im Rahmen von Einzelvergaben (der verschiedenen Gewerke) errichtet (z.B. Rohbau, Ausbau usw.).

Im Rahmen der Schutzvorschriften zugunsten der Verbraucher legt § 650i Abs. 2 BGB fest, dass der Verbraucherbauvertrag der „Textform" bedarf. Ohne Schriftform ist damit der Verbraucherbauvertrag unwirksam.

Eine weitere Schutzvorschrift zugunsten der Verbraucher ist in § 650j BGB n.F. enthalten: Danach hat der Auftragnehmer den Verbraucher „über die sich aus Art. 249 des Einführungsgesetzes zum BGB (EGBGB) ergebenden Einzelheiten in der dort vorgesehenen Form zu unterrichten". Dem Verbraucher ist daher rechtzeitig vor Abgabe von dessen Vertragserklärung

* eine **Baubeschreibung** in Textform zur Verfügung zu stellen
* in der die **wesentlichen Eigenschaften des angebotenen Werks** in klarer und verständlicher Weise darzustellen sind.[8]
* Im Übrigen hat die Baubeschreibung auch verbindliche Angaben zur **Bauzeit**[9] zu enthalten.

Diese Pflicht zu einer schriftlichen Baubeschreibung entfällt, wenn der Auftraggeber oder ein von ihm Beauftragter (z.B. Architekt) die wesentlichen Planungsvorgaben für das Bauprojekt macht, wie es im letzten Halbsatz des § 650j BGB n.F. vermerkt ist.

Diese dem Auftraggeber vor Abschluss des Vertrages zur Verfügung gestellte Baubeschreibung in Bezug auf die Bauausführung wird dann Inhalt des Vertrages, es sei denn, die Vertragsparteien haben ausdrücklich etwas anderes vereinbart (§ 650k Abs. 1 BGB n.F.). Abs. 1 des § 650k BGB n.F. regelt die **Rechtsfolgen einer den Anforderungen nicht genügenden Baubeschreibung**:

„Soweit die Baubeschreibung unvollständig oder unklar ist, ist der Vertrag unter Berücksichtigung sämtlicher vertragsbegleitender Umstände, insbesondere des Komfort-Qualitäts-Standards nach der übrigen Leistungsbeschreibung, auszulegen. Zweifel bei der Auslegung des Vertrags bezüglich der vom Auftragnehmer geschuldeten Leistungen gehen zu dessen Lasten".

In der Begründung[10] zu § 650k Abs. 2 BGB n.F. wird darauf hingewiesen, dass mit dieser Vorschrift das Ziel verfolgt wird, den Vertrag bei Mängeln der Baubeschreibung möglichst aufrecht zu erhalten; d.h. dass Unklarheiten so bereinigt werden sollen und Lücken so gefüllt werden sollen, wie es dem Leistungsniveau der Baubeschreibung im Übrigen entspricht (vgl. hierzu auch Rdn. 1416 ff.). Der Gesetzgeber hat davon abgesehen, eine spezielle Regelung für den Fall des vollständigen Fehlens einer Baubeschreibung vorzunehmen, weil insoweit „die allgemeinen Regelungen des Schadensersatzrechts als Rechtsfolge ausreichen".

---

8) Der genaue Inhalt ergibt sich aus Artikel 249 § 12 Abs. 1 EGBGB.
9) Artikel 249 § 2 Abs. 2 (Zeitpunkt der Fertigstellung oder Dauer der Bauzeit, wenn der Beginn der Baumaßnahme noch nicht feststeht).
10) BT-Drucksache 18/8486, S. 62.

§ 650k BGB n.F. regelt ferner in Abs. 3 (auf Basis des Art. 249 EGBGB, § 2 Abs. 2) **die Bauzeit**: Der entsprechende Bauvertrag muss verbindliche Angaben zum **Zeitpunkt der Fertigstellung** des Werks enthalten. Wenn dieser Zeitpunkt zum Zeitpunkt des Abschlusses des Bauvertrages nicht angegeben werden kann, muss jedenfalls die **Dauer der Bauausführung** im Vertrag geregelt sein. Enthält der Bauvertrag diese Angaben nicht, werden die vorvertraglich in der Baubeschreibung übermittelten Angaben zum Zeitpunkt der Fertigstellung des Werks oder zur Dauer der Bauausführung Inhalt des Vertrages (§ 650k Abs. 3, S. 2 BGB n.F.).

1226d In § 650l BGB n.F. ist durch das **neue Werkvertragsrecht 2018** für Verbraucherverträge ein **gesetzliches Widerrufsrecht** eingeführt worden.[11] Das Widerrufsrecht gilt nicht, wenn der Verbrauchervertrag notariell beurkundet worden ist. Der Auftragnehmer ist grundsätzlich verpflichtet, den Verbraucher über sein Widerrufsrecht zu belehren (§ 650l S. 2 BGB n.F.). Art. 249 § 3 EGBGB[12] regelt im Übrigen die zeitlichen und formalen Anforderungen an die Widerrufsbelehrung näher und sieht vor, dass der Unternehmer bei Verwendung der als Anlage 10 hinzugefügten **Musterwiderrufsbelehrung**[13] seiner gesetzlichen Belehrungspflicht genügt.

§ 650m BGB n.F. regelt die **Abschlagszahlungen** im Verbraucherbauvertrag im Einzelnen sowie die Absicherung des Vergütungsanspruchs (vgl. hierzu Rdn. 1592).

1226e Mit der Vorschrift des § 650n BGB n.F. wurde eine neue Regelung über die Pflichten des Auftragnehmers zur **Erstellung und Herausgabe von Unterlagen über das Bauwerk** geschaffen. In der Begründung wird darauf hingewiesen, dass mit der neuen Regelung diese konfliktträchtige und bisher noch nicht abschließend von der Rechtsprechung entschiedene Frage geklärt wird. Nach Abs. 1 hat der Auftragnehmer – es sei denn, der Verbraucher oder ein von ihm Beauftragter erstellt die wesentlichen Planungsvorgaben – rechtzeitig vor Beginn der Ausführung einer geschuldeten Leistung „diejenigen Planungsunterlagen zu erstellen und dem Verbraucher herauszugeben, die dieser benötigt, um gegenüber Behörden den Nachweis führen zu können, dass die Leistungen unter Einhaltung der einschlägigen öffentlich-rechtlichen Vorschriften ausgeführt worden sind". Entsprechendes gilt nach Abs. 2 des § 650n BGB n.F. bei Fertigstellung des Bauwerks: „Spätestens mit der Fertigstellung des Werks hat der Unternehmer diejenigen Unterlagen zu erstellen und dem Verbraucher herauszugeben, die dieser benötigt, um gegenüber Behörden den Nachweis führen zu können, dass die Leistung unter Einhaltung der einschlägigen öffentlich-rechtlichen Vorschriften ausgeführt worden ist". In der Begründung heißt[14] es insoweit:

> „Häufig wird bei Verbraucherverträgen dann, wenn die Planung nicht durch den Besteller oder einen von ihm Beauftragten erfolgt, also insbesondere im Schlüsselfertigbau, keine vertragliche Regelung über die Herausgabe der relevanten Unterlagen an den Besteller getroffen. In diesen Konstellationen sind die Gerichte bisher zurückhaltend, Herausgabepflichten des Unternehmers zu bejahen. Die zu erstellenden Planungsunterlagen, Berechnungen und Zeichnungen werden in Bezug auf das zu erstellende Bauwerk oft nur als Mittel zur Herstellung eines mangelfreien Werks angesehen, die vom Unternehmer nicht herauszugeben sind. Oft wird das Feh-

---

11) Vgl. hierzu *Lenkeit*, Das neue Widerrufsrecht für Verbraucher bei Verträgen am Bau, Teil 1: BauR 2017, 454, Teil 2: BauR 2017, 615.
12) BT-Drucksache 199/17, S. 15.
13) dito, S. 18.
14) BT-Drucksache 18/8486, S. 65.

len von Unterlagen von der Rechtsprechung daher nicht als Verletzung einer Hauptpflicht angesehen, so dass der Verbraucher darauf grundsätzlich keine Abnahmeverweigerung stützen kann.

Angesichts der immer komplexer und anspruchsvoller werdenden Bauvorhaben ist ein Bauherr aber in mehrfacher Hinsicht darauf angewiesen, genaue Kenntnisse über die der Kontruktion zugrundeliegenden Planung und die Art und Weise, in der diese ausgeführt wurde, zu erhalten."

1226f Gem. § 650o BGB n.F. kann von den vorerwähnten Vorschriften zum Verbraucherbauvertrag (§ 650i–650l und § 650n n.F. BGB) nicht zum Nachteil des Verbrauchers abgewichen werden. Vielmehr gelten diese Vorschriften auch dann, wenn sie durch anderweitige Gestaltung umgangen werden, wie es in § 650o S. 2 BGB n.F. heißt.

1227 Die **VOB** hat auf den **BGB-Bauvertrag mittelbaren Einfluss**: Soweit die Vorschriften der VOB sachlich nicht im Widerspruch zu denjenigen des BGB stehen, sind sie auch ohne Aufnahme in den Bauvertrag insofern von Bedeutung, als sie unter den heutigen Umständen einen Anhalt dafür geben, was im Baugewerbe als üblich und den Beteiligten als zumutbar angesehen werden kann.[15] Zahlreiche Vorschriften im Rahmen der VOB sprechen eine Rechtspflicht aus, die ganz allgemein jedem Bauhandwerker und Unternehmer obliegt.[16]

Neben dem typischen Bauvertrag als Werkvertrag, mit dem sich der Auftragnehmer zur Errichtung eines Bauwerks oder eines Teils davon auf dem Grundstück des Bauherrn verpflichtet, kommt in der Baubranche eine Fülle anderer Vertragsgestaltungen in Betracht, deren Gegenstand die Errichtung oder der Verkauf eines Bauwerks darstellt. Dabei steht besonders die **Bauträgerschaft** als vielfach angewandtes Modell zur Errichtung und zum Verkauf eines Bauwerks im Vordergrund. Bei der **Bauträgerschaft** spricht man zunehmend von einem Bau- und Erwerbervertrag, aber auch noch von der **Baubetreuung im weiteren Sinne**.[17] Hier verpflichtet sich der Bauträger, im eigenen Namen, auf eigene Rechnung oder Rechnung des Erwerbers sowie auf eigenem oder einem Dritten gehörenden Grundstück ein Haus (oder eine Eigentumswohnung) zum Zwecke der Veräußerung zu errichten; gleichzeitig verpflichtet sich der Vertragspartner, das Bauwerk mit Grundstück nach schlüsselfertiger Erstellung zu übernehmen, den ausgehandelten Preis ganz oder nach Baufortschritt zu zahlen und schließlich das Haus zu Eigentum zu erwerben. Manchmal veräußern die Bauträger auch schon vorab das Grundstück an den Erwerber und errichten sodann vertragsgemäß im eigenen Namen und auf eigene Rechnung auf dem Grundstück des Erwerbers ein Haus, das nach Errichtung vom Erwerber schlüsselfertig übernommen wird. Vielfach werden die erforderlichen Bauarbeiten nicht unmittelbar durch den Bauträger, sondern durch selbstständige Dritte (**Subunternehmer**) ausgeführt. Der Bauträger tritt dann im Regelfall im eigenen Namen auf, sodass Vertragspartner der eigentlichen Bauunternehmer der Bauträger selbst und nicht der Erwerber wird. Dies muss allerdings nicht so sein, da es **verschiedene Zwischenformen** gibt und die Baupraxis viele Vertragsmuster kennt.[18]

---

15) BGH, *Schäfer/Finnern*, Z 2.0 Bl. 3.
16) OLG Düsseldorf, *Schäfer/Finnern*, Z 2.0 Bl. 11.
17) Vgl. im Einzelnen *Locher*, Rn. 615 ff. u. 634 ff.
18) Vgl. OLG Hamm, NJW 1969, 1438; *Locher/Koeble*, Rn. 4 ff.

1228 Die Rechtsnatur der Bauträgerverträge war lange umstritten; seit Inkrafttreten des **SchRModG** war sie es wieder (vgl. Rdn. 1360). Der BGH betonte bislang die werkvertragliche Komponente und wendet deshalb die Regeln des **Werkvertragsrechts** auch dann an, wenn das Bauwerk bei Vertragsabschluss bereits fertig gestellt war.[19]

1228a Mit den §§ 650u und 650r BGB n.F. ist der **Bauträgervertrag** nunmehr **durch das Werkvertragsrecht 2018** in das BGB eingeführt worden. Nach dem neuen § 650u BGB n.F. ist ein Bauträgervertrag „ein Vertrag, der die Errichtung oder den Umbau eines Hauses oder eines vergleichbaren Bauwerks zum Gegenstand hat und der zugleich die Verpflichtung des Unternehmers enthält, dem Besteller das Eigentum an dem Grundstück zu übertragen oder ein Erbbaurecht zu bestellen oder zu übertragen". Das ist keine neue Definition des Bauträgervertrages, sondern von dem Wortlaut des (alten) § 632a Abs. 2 BGB übernommen.

1228b § 650u Abs. 1 Satz 2 und 3 sowie Abs. 2 BGB n.F. klärt nunmehr, welche Vorschriften aus dem Werkvertragsrecht 2018 grundsätzlich auf den Bauträgervertrag anzuwenden sind:

* Hinsichtlich der Errichtung oder des Umbaus finden die Vorschriften der §§ 631 ff. BGB in der neuen Fassung grundsätzlich Anwendung.
* Hinsichtlich des Anspruchs auf Übertragung des Eigentums an dem Grundstück oder auf Übertragung oder Bestellung des Erbbaurechts finden die Vorschriften über den Kauf Anwendung.

Nach § 650u Abs. 2 BGB n.F. finden allerdings folgende Vorschriften aus dem Werkvertragsrecht **keine Anwendung** beim Bauträgervertrag[20]:

* § 648 BGB n.F.[21] (bisher § 649 BGB) über die freie Kündigung eines Werkvertrages.
* § 648a BGB n.F. (Kündigung aus wichtigem Grund)
* Die Vorschriften über das Anordnungsrecht des Auftraggebers (§ 650b sowie d BGB n.F.)
* § 650e BGB n.F. (Bauhandwerkersicherungshypothek)
* § 650k Abs. 1 BGB n.F. (Inhalt der Baubeschreibung wird beim Verbrauchervertrag Vertragsinhalt)
* § 650l BGB n.F. (Widerrufsrecht beim Verbraucherbauvertrag)
* § 650m Abs. 1 BGB n.F. (Begrenzung bei Abschlagszahlungen im Verbraucherbauvertrag)

---

19) DNotZ 2008, 66; BauR 1989, 219; BGH, NJW 1986, 925; BauR 1982, 58; NJW 1981, 2344; NJW 1977, 1336; BGH, BauR 1976, 133; s. zum Meinungsstand ferner: *Palandt/Sprau*, § 675 BGB, Rn. 13 ff.; *Basty*, Rn. 3 ff.; *Hochstein*, Festschrift für Locher, S. 77 ff.; *Brych*, Festschrift für Locher, S. 1 ff.; *Doerry*, ZfBR 1982, 189, 190; *Sturmberg*, NJW 1989, 1832; *Klumpp*, NJW 1993, 372.
20) Zur Begründung vgl. die Ausführungen in BT-Drucksache 18/8486, S. 72.
21) Nach der Begründung, a.a.O., kann sich ein Rücktrittsrecht nach geltendem Recht zum einen bei Mängeln des Werks aus § 634 Nr. 3 i.V.m. den §§ 323, 326 Abs. 5 BGB ergeben; ferner wird in der Begründung darauf hingewiesen, dass beim Vorliegen gravierender nicht leistungsbezogener Pflichtverletzungen durch den Bauträger ein Rücktritt nach § 324 i.V.m. § 241 Abs. 2 BGB möglich ist.

1229 Wird ein **Fertighaus** erworben, richtet sich die Rechtsnatur des Fertighausvertrages wesentlich danach, welche vertraglichen Verpflichtungen die Parteien im Einzelfall eingehen.[22] Übernimmt der Fertighaushersteller auch die **Errichtungsverpflichtung**, handelt es sich regelmäßig um einen reinen **Werkvertrag**, auf den das (frühere) AbzG, das VerbrKrG und (ab 1.1.2002) die Vorschriften der §§ 491 ff. BGB nicht anzuwenden sind.[23] Diese Grundsätze gelten auch für den **Fertigteilbau**, den **Montagebau**[24] sowie den **Anlagenbau**[25] und die Lieferung und Errichtung eines **Ausbauhauses**.[26] Verlangt das vom Auftraggeber auszufüllende Angebotsformular Angaben zum Grundstück, auf dem das bestellte Fertighaus zu errichten ist und fehlen diese Angaben, kommt trotz der Annahmeerklärung des Unternehmers nach Auffassung des OLG Frankfurt[27] ein Vertrag nicht zustande.

1230 **Bausatzverträge** für den Eigenbau von Wohnhäusern stellen nach der Auffassung des BGH[28] so genannte **gemischte Verträge** dar. Sie enthalten mit der Verpflichtung zur Lieferung genormter Bauteile **kaufvertragliche**, mit der Erstellung von Bauplänen, Bauzeichnungen und statischen Berechnungen sowie der Errichtung des Dachstuhls werkvertragliche und mit der Bauanleitung und Überwachung dienstvertragliche Elemente. Zu beachten ist, dass sie uneingeschränkt unter die Vorschrift des **§ 505 Abs. 1 Nr. 1 BGB** fallen und deshalb auch widerrufen werden können.[29] § 499 Abs. 1 BGB ist auf einen Bausatzvertrag nur anwendbar, wenn die Leistung des Bausatzlieferanten mit einer entgeltlichen Kreditgewährung an den Erwerber verbunden ist.[30] Der (wirksame) Widerruf hat gemäß §§ 505 Abs. 1, 355 BGB zur Folge, dass der gesamte Hausbauvertrag nicht zustande kommt.[31]

1231 Ein **Bauvertrag** kann der **notariellen Form** des § 311b Abs. 1 BGB bedürfen, wenn er in Verbindung oder **in rechtlichem Zusammenhang mit einem Grundstücksvertrag** abgeschlossen wird;[32] dies wird stets bei **Bauträgerverträ-**

---

[22] Vgl. dazu grundlegend: *Donus*, Der Fertighausvertrag, S. 10; *Graba*, MDR 1974, 975 ff.
[23] BGHZ 87, 112; BGH, BauR 1983, 261 = NJW 1983, 1491; BGH, NJW 1983, 1489; BGH, BauR 1986, 694 (Allgemeine Geschäftsbedingungen); OLG Düsseldorf, BauR 2005, 1636; OLG Frankfurt, OLGR 2006, 49. Zum Fertighausvertrag als Teilzahlungsgeschäft und Ratenlieferungsvertrag vgl. OLG Koblenz, OLGR 2004, 588. Vgl. ferner Rdn. 205.
[24] Vgl. OLG Düsseldorf, BauR 1982, 164.
[25] Vgl. *Schuhmann*, BauR 2005, 293, 294. Zum Werkvertragsrecht bei Altbausanierung vgl. BGH, BauR 2005, 542.
[26] BGH, BauR 2006, 510. Vgl. aber BGH, BauR 2004, 1152 (Mobilheim).
[27] BauR 2007, 1245.
[28] BGH, BauR 1981, 190 = ZfBR 1981, 27 (bestätigt vom BGH in BauR 2006, 510, 511); OLG Düsseldorf, BauR 2002, 100; OLG Frankfurt, NJW-RR 1989, 1364; vgl. auch *Duffek*, BauR 1996, 465 ff.; *Becher*, BauR 1980, 493 ff. u. *Kaiser*, Rn. 17.
[29] OLG Köln, BauR 1995, 709; OLG Hamm, OLGR 1997, 25.
[30] OLG Köln, BauR 1995, 709.
[31] Zutreffend: OLG Hamm, OLGR 1997, 25, 27.
[32] Vgl. hierzu: BGH, BauR 2010, 1754 = NZBau 2011, 154; BGHZ 76, 43 = NJW 1980, 829; BGHZ 78, 346 = NJW 1981, 274; BGH, BauR 2002, 937 = NZBau 2002, 332; OLG Düsseldorf, BauR 2015, 1856; OLG Koblenz, IBR 2014, 418 – *Gallois*; OLG Hamm, NJW-RR 1995, 1045; OLG Köln, OLGR 2000, 459 u. NJW-RR 1996, 1484; ferner: OLG Frankfurt, BauR 2000, 1204; OLG Hamm, MDR 1993, 537 = BauR 1993, 506 (LS); OLG München, NJW 1984, 243 = MDR 1983, 1022 (für die Verpflichtung des Bauherrn, an den Bauunternehmer 6 % des Werklohnes für den Fall zu zahlen, dass er ein ihm nachgewiesenes Grundstück **nicht erwirbt**); BGHZ 101, 393 = NJW 1988, 132 für den **Treuhandvertrag**; BGH, BauR

gen[33]) und **Baubetreuungsverträge**[34]) kann aber auch bei **Generalunternehmerverträgen**[35]) und bei **Fertighausverträgen**[36]) der Fall sein. Voraussetzung für die Notwendigkeit einer notariellen Beurkundung ist stets eine rechtliche, nicht nur tatsächliche oder wirtschaftliche **Einheit zwischen Bauvertrag und Grundstückserwerb**. Diese Voraussetzung erläutert der BGH[37]) in ständiger Rechtsprechung wie folgt: „Bauvertrag und Grundstückserwerbsvertrag stehen in rechtlichem Zusammenhang, wenn die Vereinbarungen nach dem Willen der Beteiligten derart voneinander abhängig sind, dass sie miteinander stehen und fallen." Auch wenn nur eine der Vertragsparteien einen solchen Einheitswillen erkennen lässt und der andere Partner ihn anerkennt oder zumindest hinnimmt, kann ein einheitlicher Vertrag vorliegen. Im Übrigen wird insoweit nicht vorausgesetzt, dass die Abhängigkeit der Verträge wechselseitig ist; auch bei einseitiger Abhängigkeit „stehen und fallen beide Geschäftsteile mit dem Vertrag, von dem der andere abhängt".[38]) Allerdings differenziert der BGH.[39]) Allein die einseitige Abhängigkeit des formfreien Bauvertrages vom Grundstückskaufvertrag genügt nicht, „eine rechtliche Einheit im Sinne des Formgebots" zu begründen: „Erst bei einer Abhängigkeit des Grundstücksgeschäfts vom Bauvertrag besteht Anlass, zur Wahrung der Funktion des § 313 BGB (Warn- und Schutzfunktion, Gewährsfunktion für richtige, vollständige und rechtswirksame Wiedergabe des Parteiwillens, Beweisfunktion) das Formgebot auf den Bauvertrag auszudehnen", wobei die Frage der Formbedürftigkeit von der zeitlichen Abfolge der Verträge

---

1993, 78 für einen **Vorvertrag**; BGH, BauR 1990, 228 = ZfBR 1990, 76 = NJW-RR 1990, 340; dazu: *Lichtenberger*, DNotZ 1988, 531; LG Berlin, BauR 2005, 1329 (Der Bauvertrag bezüglich eines Gebäudes auf einem noch nicht erworbenen Grundstück bedarf der notariellen Beurkundung). OLG Celle, BauR 2007, 1745 (kein Beurkundungszwang für Bauvertrag mit Dritten). Zu allem *Drescher/Pichler*, NZBau 2015, 752. Vgl. weitere Rspr. und Lit. hierzu Rdn. 1040, Anm. 178.

33) BGH, IBR 2007, 427 – *Schulze-Hagen*; BauR 1981, 67 = NJW 1981, 274; BGH, BauR 1981, 282 = ZfBR 1981, 123; BGH, BauR 1985, 85 = NJW 1985, 730; OLG Stuttgart, IBR 2005, 259 – *Blank*; Hanseatisches OLG, BauR 2003, 253. Zur beurkundungsmäßigen Gestaltung oder Aufspaltung von Bauverträgen im Vergleich zum Bauträgervertrag vgl. *Wagner*, Festschrift für Jagenburg, S. 981.
34) BGH, BauR 2009, 1138 = NJW-RR 2009, 953; OLG Düsseldorf, OLGR 2001, 335.
35) BGH, BauR 1994, 239 = NJW 1994, 721; OLG Köln, OLGR 2001, 308 (Grundstückskaufvertrag und Generalunternehmervertrag als einheitlicher Bestandteil eines „Einfamilienhauskaufs").
36) Vgl. BGH, BauR 1985, 79 = ZfBR 1985, 81; BGH, BB 1980, 341 = MDR 1980, 482; MDR 1993, 537 = BauR 1993, 506 (LS); OLG Karlsruhe, IBR 2011, 468 – *Bröker*; OLG Köln, BauR 1997, 176 (LS) = NJW-RR 1996, 1484; OLG Jena, OLGR 1995, 231; LG Hamburg, DNotZ 1983, 625; OLG Hamm, MDR 1981, 931 u. BB 1995, 1210 = NJW-RR 1995, 1045 = BauR 1995, 705; OLG Koblenz, NJW-RR 1994, 295.
37) BGH, BauR 1981, 67 = NJW 1981, 274; siehe auch BGH, BauR 2010, 1754 m.w.N. = IBR 2010, 570 – *Kieserling* sowie BGH, NJW 1994, 721 = BauR 1994, 239; ebenso OLG Brandenburg, OLGR 2007, 848 sowie OLGR 2003, 7; OLG Braunschweig, IBR 2007, 682 – *Bischofberger*. Vgl. hierzu auch OLG Düsseldorf, IBR 2015, 365 – *Vogel* (zum Rücktrittsrecht bei einer Einheit von Grundstücks- und Bauvertrag).
38) BGH, BauR 2002, 1541 = NJW 2002, 2559 = NZBau 2002, 502 = MDR 2002, 1187. Ferner BGH, BauR 2010, 1754.
39) A.a.O.

nicht abhängig ist. Nicht erforderlich ist, dass an jedem der Rechtsgeschäfte jeweils dieselben Parteien beteiligt sind; die Niederlegung mehrerer selbstständiger Verträge in verschiedenen Urkunden begründet aber die Vermutung, dass die Verträge nicht in einem rechtlichen Zusammenhang stehen sollen.[40] Dass ein Haus nicht ohne Grundstück errichtet werden kann, vermag den rechtlichen Zusammenhang nicht ohne weiteres zu begründen.[41] Ausschlaggebend ist der Verknüpfungswille der Beteiligten.[42] Ob ein beurkundungsbedürftiges einheitliches Rechtsgeschäft vorliegt, hat im Einzelfall der Tatrichter zu entscheiden.[43] Das OLG Koblenz[44] kommt zu dem Ergebnis, dass ein Bauvertrag mit einem später abgeschlossenen Grundstückskaufvertrag eine rechtliche Einheit bildet und daher beurkundungsbedürftig ist, wenn der Bauunternehmer den Abschluss des Kaufvertrages maßgeblich fördert, der Bauvertrag sich auf das später erworbene Grundstück bezieht und dies den Parteien des Bauvertrages und des Grundstückskaufvertrages bekannt ist.

Darüber hinaus hat der BGH[45] entschieden, dass ein **Bauvertrag** auch dann **beurkundungsbedürftig** sein kann, wenn er **vor einem Grundstückskaufvertrag** geschlossen wird und die Parteien des Bauvertrages nicht identisch sind mit den Parteien des bevorstehenden Gundstücksvertrages: In diesem Fall ist ein Bauvertrag beurkundungsbedürftig, wenn die Parteien des Bauvertrages übereinstimmend davon ausgehen, dass der Grundstückserwerb nach dem Willen der Parteien des Kaufvertrages von dem Bauvertrag abhängt.

Zu beachten ist, dass nach der ständigen Rechtsprechung des BGH[46] **Baubeschreibungen** und **Baupläne**, auf die in einem Kaufvertrag/Erwerbervertrag Bezug genommen wird, (ebenfalls) der Beurkundungspflicht nach § 311b Abs. 1 BGB, §§ 9, 13 BeurkG unterliegen, wenn sie über die gesetzlich vorgeschriebene Ausgestaltung der Rechtsbeziehungen hinaus noch **weiter gehende Verpflichtungen begründen** sollen, was bei einer Baubeschreibung regelmäßig der Fall ist;[47] die Beurkundungsverpflichtung besteht insoweit unabhängig davon, ob und inwieweit der Auftragnehmer die geschuldete Werkleistung zum Zeitpunkt des Vertrags- **1232**

---

40) Vgl. hierzu: BGH, BauR 1980, 167 = ZfBR 1980, 71 = BB 1980, 341 (Fertighaus); OLG Hamm, MDR 1981, 931 u. *Schmidt*, ZfBR 1980, 170; ferner OLG Celle, OLGR 2007, 439.
41) Vgl. OLG Naumburg, NZBau 2011, 426 = NJW-RR 2011, 743 (Hausbauvertrag ohne Grundstück).
42) BGH, BauR 1981, 67, 68 = NJW 1981, 274 = BB 1981, 82; BGH, ZfBR 1985, 81 = BauR 1985, 79; ferner: OLG Hamm, MDR 1989, 909; OLG Schleswig, NJW-RR 1991, 1175.
43) Vgl. hierzu auch *Klaas*, BauR 1981, 35 ff.; BGH, DB 1987, 2455.
44) NZBau 2014, 635 mit einem Überblick über die Rechtsprechung des BGH.
45) BauR 2010, 1754 m.w.N. = IBR 2010, 570 – *Kieserling*.
46) BauR 2005, 866 = NJW 2005, 1359 = ZfBR 2005, 370 = IBR 2005, 207 und 208 – *Schwenker* = ZfIR 2005, 313 m.Anm. *Schmidt*, ZfIR 2005, 306; BauR 2001, 790 = NJW-RR 2001, 953 m.w.Nachw.; Hanseatisches OLG, BauR 2003, 253. Zur Unwirksamkeit eines Grundstückskaufvertrages über eine unvermessene Teilfläche: OLG Hamm, BauR 2001, 637; zur Formfreiheit einer nachträglichen Frist- und Rücktrittsvereinbarung: BGH, NZBau 2001, 390.
47) Vgl. BGH, BauR 2005, 542, 544 (Umfang von Sanierungsarbeiten nicht mitbeurkundet). Ferner BGH, BauR 2004, 847 (Wohnfläche als „zentrales Beschaffenheitsmerkmal").

abschlusses tatsächlich ausgeführt hat.[48] Deshalb bedarf ein Bodengutachten, dass nach der Baubeschreibung zu beachten ist, nicht aber die vertragliche Beschaffenheit des Gebäudes bestimmt, keiner Beurkundung.[49] Allerdings hat das OLG Hamm[50] entschieden, dass Baupläne, die vertraglich geschuldete Ausführung eines Bauvorhabens auch dann näher festlegen können, wenn der notarielle Bauvertrag sie nicht ausdrücklich als Vertragsbestandteil aufführt; der Formmangel eines derartigen notariellen Vertrages kann gemäß § 311b Abs. 1 Satz 2 BGB geheilt werden. Nach Auffassung des OLG Stuttgart[51] kann die werkvertragliche Vereinbarung (Bauerrichtungsverpflichtung des Bauträgers) durch schriftliche Vereinbarung oder tatsächliches Verhalten bestätigt werden, auch wenn nur der Grundstückskaufvertrag notariell beurkundet worden und damit der gesamte Vertrag nichtig ist; der BGH hat jedoch insoweit Bedenken im Rahmen der Zurückweisung der Nichtzulassungsbeschwerde angemeldet.

1233 Der **selbstständige Gerüstvertrag** ist – trotz mietvertraglicher Elemente – in der Regel als Werkvertrag anzusehen (vgl. auch Rdn. 204).[52]

Ein Werkvertrag kann wegen **Sittenwidrigkeit nichtig** sein. Das LG Gießen[53] hat dies angenommen, wenn der Wert der Leistung knapp doppelt so hoch ist wie der Wert der Gegenleistung (2,79-faches). Vgl. zur Sittenwidrigkeit überhöhter Einheitspreise Rdn. 1502.

1. Vereinbarung der VOB

Literatur

Ingenstau/Korbion, VOB-Kommentar, 18. Auflage 2013; *Heiermann/Riedl/Rusam*; Handkommentar zu VOB, 13. Auflage 2012; Beck'scher VOB- und Vergaberechts-Kommentar, 2. Auflage 2008; *Kapellmann/Messerschmidt*, VOB-Kommentar, 4. Auflage, 2013; *Keldungs/Brück*, Der VOB-Vertrag, 9. Auflage, 2008; *Franke/Kemper/Zanner/Grünhagen*, VOB-Kommentar, 4. Auflage 2011.

Schenke, Kann der Verwender sich auf die unwirksame Einbeziehung der VOB berufen?, BauR 2011, 26.

1234 Die Vergabe- und Vertragsordnung für Bauleistungen (VOB) gliedert sich in drei Teile. Teil A enthält die Allgemeinen Bestimmungen für die Vergabe von Bauleistungen (vgl. Rdn. 1235 ff.). Teil B der VOB beinhaltet die Allgemeinen Vertragsbedingungen für die Ausführung von Bauleistungen (vgl. Rdn. 1241 ff.). Teil C der VOB hat die Allgemeinen Technischen Vertragsbedingungen für Bauleistungen zum Inhalt (vgl. Rdn. 1275).

---

48) BGH, BauR 2005, 866 = NJW 2005, 1356 = ZfBR 2005, 370 = IBR 2005, 207 und 208 – *Schwenker* = ZfIR 2005, 313 m.Anm. *Schmidt*, ZfIR 2005, 306.
49) BGH, BauR 2003, 1032 = IBR 2003, 307 – *Basty;* BauR 2004, 672.
50) BauR 2003, 1398 = OLGR 2003, 235.
51) IBR 2005, 259 – *Blank*.
52) Vgl. hierzu insbesondere *Locher*, Festschrift für Werner, S. 321 ff., 324; *Cremer*, in: Messerschmidt/Voit, C Rn. 86 ff.; *Lotz*, BauR 2000, 1806. Ferner BGH, IBR 2013, 338 – *Schmidt* (VOB/B anwendbar).
53) IBR 2014, 739 – *Wolber*.

Vereinbarung der VOB

a) VOB Teil A (VOB/A)

Literatur
Joussen/Schranner, Die wesentlichen Änderungen der VOB/A 2006, BauR 2006, 1038.

Die Vorschriften der VOB/A enthalten Regelungen für die **Vergabe** von Bauaufträgen. Dieser Teil der VOB erstreckt sich damit im Wesentlichen auf den Geschehensablauf bis zum Bauvertragsabschluss. **Öffentliche Auftraggeber** im Sinne des § 98 GWB sind zur europaweiten Vergabe von Bauaufträgen nach den Vorschriften des **Kartellvergaberechts** (§§ 97 ff. GWB, VgV, VOB/A Abschnitte 2 bis 4) verpflichtet, wenn die maßgeblichen **Schwellenwerte** (insbesondere der Schwellenwert von 5 Mio. Euro für den Gesamtauftragswert der Baumaßnahme oder des Bauwerks) erreicht oder überschritten werden. Nach § 97 Abs. 7 GWB haben die **Unternehmen Anspruch** darauf, dass der öffentliche Auftraggeber die Bestimmungen des Kartellvergaberechts – sofern sie den Schutz des potenziellen Auftragnehmers bezwecken – einhält. Verstöße des Auftraggebers gegen das Vergaberecht können außerdem zu Schadensersatzansprüchen der beteiligten Bieter nach § 126 GWB oder aus Verschulden bei Vertragsschluss (§§ 311 Abs. 2, 241 Abs. 2 BGB) führen (vgl. hierzu Rdn. 2397).

1235

Unterhalb der Schwellenwerte sind die öffentlichen Auftraggeber nur dann zur Anwendung der VOB/A (Abschnitt 1) verpflichtet, wenn ihnen dies gesetzlich vorgegeben ist. Solche Vorgaben enthält insbesondere das **öffentliche Haushaltsrecht** (z.B. § 30 HGrG, § 55 BHO).[54] Wenn ferner öffentliche oder private Bauherren öffentliche **Fördermittel** in Anspruch nehmen, werden sie oftmals durch **Auflagen** in den Bewilligungsbescheiden zur Vergabe der Bauaufträge nach den Regeln der VOB/A verpflichtet. Außerhalb des Anwendungsbereichs des Kartellvergaberechts begründet die VOB/A **keine unmittelbare Rechtswirkung** nach außen.[55]

1236

Einen klagbaren Anspruch gewährt die VOB/A insoweit nicht. Für einen Bieter kann – unter bestimmten Voraussetzungen – jedoch ein auf **Schadensersatz** gerichteter Sekundäranspruch aus dem durch die Anwendung der VOB/A begründeten vorvertraglichen Vertrauensverhältnis gegen den Auftraggeber entstehen, wenn dieser das Vergabeverfahren nicht korrekt abwickelt (vgl. Rdn. 2397).

1237

Im Regelfall besteht für **private Auftraggeber** keine Verpflichtung zur Anwendung der VOB/A. Bei der Ausschreibung eines privaten Auftraggebers kann deshalb von der Geltung der VOB/A nur ausgegangen werden, wenn dies ausdrücklich oder nach den Umständen völlig eindeutig vereinbart worden ist[56] oder sich der private Auftraggeber einseitig der VOB/A unterworfen hat (Selbstbindung).[57] Hierdurch wird ebenfalls ein vertragsähnliches Vertrauensverhältnis begründet, das zwar keinen Primärrechtsschutz der Bieter gegen etwaige Vergabefehler, aber Scha-

1238

---

[54] Zur Anweisung des Haushaltsausschusses des Deutschen Bundestages an das Bundesministerium für Verkehr, Bau- und Wohnungswesen, dafür Sorge zu tragen, dass die DB AG bei den Ausschreibungen von mit Bundesmitteln geförderten Bauvorhaben die Vorschriften des Abschnittes 3 der VOB/A anzuwenden hat, vgl. IBR 2004, 334 – *Schwager*.
[55] BGH, BauR 1992, 221 = NJW 1992, 827 = ZfBR 1992, 67; BGH, BauR 1994, 236, 238.
[56] OLG Köln, BauR 1994, 100, 101.
[57] OLG Düsseldorf, NJW-RR 1993, 1046.

densersatzansprüche aus Verschulden bei Vertragsschluss (§§ 311 Abs. 2, 241 Abs. 2 BGB) auslösen kann.

b) VOB Teil B (VOB/B)

Literatur ab 2000[58]

Ahlers, Die Auswirkungen der Schuldrechtsmodernisierung auf die Freistellung der VOB/B von der Inhaltskontrolle unter Mitberücksichtigung der Richtlinie 93/13 EWG, Baurechtliche Schriftenreihe, Bd. 62, 2006.

Kraus/Sienz, Der Deutsche Verdingungsausschuss für Bauleistungen (DVA): Bremse der VOB/B?, BauR 2000, 631; *Tomic*, § 13 Nr. 4 Abs. 2 VOB/B – eine „tickende Zeitbombe"?, BauR 2001, 14; *Koch*, Zum Verbot der isolierten Inhaltskontrolle der VOB/B, BauR 2001, 162; *Hoff*, Die VOB/B 2000 und das AGB-Gesetz – Der Anfang vom Ende der Privilegierung?, BauR 2001, 1654; *Maurer*, Die Anwendung der VOB/C im Bauvertrag – ATV DIN 18 303 – Verbauarbeiten, Jahrbuch Baurecht 2002, 277; *Frikell*, Mögliche Auswirkungen der Schuldrechtsreform auf die Rechtsprechung zur „VOB als Ganzes", BauR 2002, 671; *Kratzenberg*, Der Beschluss des DVA-Hauptausschusses zur Herausgabe der VOB 2002 (Teile A und B), NZBau 2002, 177; *Weyer*, Die Privilegierung der VOB/B: Eine – nur vorerst? – entschärfte Zeitbombe, BauR 2002, 857; *Quack*, VOB/B als Ganzes und die Modernisierung des Schuldrechts, ZfBR 2002, 428; *Kiesel*, Die VOB 2002 – Änderungen, Würdigung, AGB-Problematik, NJW 2002, 2064; *Schwenker/Heinze*, Die VOB/B 2002, BauR 2002, 1143; *Weyer*, Totgesagte leben länger: Die VOB/B und ihre Privilegierung, BauR 2002, 1894; *Joussen*, Die Privilegierung der VOB nach dem Schuldrechtsmodernisierungsgesetz, BauR 2002, 1759; *Tempel*, Ist die VOB/B noch zeitgemäß? – Eine kritische Skizze zur Neufassung 2002 – Teil 1, NZBau 2002, 465, – Teil 2, NZBau 2002, 532; *Preussner*, Die VOB/B ist tot!, BauR 2002, 1602; *Voppel*, Die AGB-rechtliche Bewertung der VOB/B nach dem neuen Schuldrecht, NZBau 2003, 6; *Oberhauser*, „Verdient" die VOB 2002 die Privilegierung durch das BGB?, Jahrbuch Baurecht 2003, 1; *Pauly*, Die Privilegierung der VOB/B nach dem Schuldrechtsmodernisierungsgesetz, MDR 2003, 124; *Deckers*, Privilegierung der VOB/B, BauRB 2003, 23; *Keldungs*, Ist die VOB noch zukunftsfähig?, Festschrift für Kraus (2003), 95; *Tempel*, Die Einbeziehung der VOB/B und VOB/C in den Bauvertrag, NZBau 2003, 465; *Weyer*, Hält § 13 VOB/B 2002 der isolierten Inhaltskontrolle stand?, NZBau 2003, 521; *Leupertz*, Zur Rechtsnatur der VOB: Die Bestimmungen der VOB/B „als Ganzes" sind keine Allgemeinen Geschäftsbedingungen, Jahrbuch Baurecht 2004, 43; *Gehlen*, Rechtssicherheit bei Bauverträgen – VOB/B quo vadis?, NZBau 2004, 313; *Ingendoh*, Die neue Rechtsprechung des BGH zur Vereinbarung der VOB/B „als Ganzes" und ihre Folgen für die Vertragsgestaltung, BTR 2004, 115; *Micklitz*, Unvereinbarkeit von VOB/B und Klauselrichtlinie, ZfIR 2004, 613; *Wittchen*, Die VOB/B in der Inhaltskontrolle, BauRB 2004, 251; *Miernik*, Die Anwendbarkeit der VOB/B auf Planungsleistungen des Bauunternehmers, NZBau 2004, 409; *Gebauer*, Die AGB-rechtlich entprivilegierte VOB/B, BauR 2004, 1843; *Kretschmann*, Hindern Schuldrechtsreform und nachträgliche Änderungen der VOB/B deren Privilegierung? Jahrbuch Baurecht 2005, 109; *Kretschmann*, Zum Vorschlag des BMJ zur Änderung der BGH-Regelungen über die Privilegierung der VOB/B, BauR 2005, 615; *Möller*, VOB/B als Ganzes, nur ohne jede vertragliche Abweichung – Konsequenzen für die baurechtliche Beratung – ZfBR 2005, 119; *Stemmer/Rohrmüller*, Abwicklung von VOB-Verträgen durch kommunale Auftraggeber bei Insolvenz des Auftragnehmers, BauR 2005, 622; *Markus*, Die neue VOB/B 2006: Nach der Novelle ist vor der Novelle, NJW 2007, 545; *Vygen*, Die VOB/B und ihre Zukunft bei zunehmender Bedeutung des Verbraucherschutzes, Festschrift für Ganten (2007), 243. *Ingendoh/Berger*, VOB/B „als Ganzes" und „AGB-Festigkeit" einzelner VOB/B-Klauseln, ZfIR 2008, 691; *Deckers*, Unwirksame VOB/B-Klauseln im Verbrauchervertrag, NZBau 2008, 627; *Schenke*, Ende der Privilegierung der VOB/B in Verbraucherverträgen – Isolierte Inhaltskontrolle einzelner VOB/B-Klauseln in der Rechtsprechung, BauR 2008,1972; *Kapellmann*, Die Notwendigkeit einer prognostizierbaren Auslegung der VOB/B, NJW 2008, 257; *Weyer*, Isolierte Inhaltskontrolle des § 13 Nr. 3 VOB/B: Wirksam, BauR 2009, 1204; *Motzke*,

---

58) Literatur vor 2000 siehe 15. Auflage.

Vereinbarung der VOB

Der Geltungsverlust der VOB/B – Überlegungen zur Einschränkung einer isolierten Klauselkontrolle bei Abweichungen von der VOB/B, NZBau 2009, 579; *Kuffer*, Hat die Privilegierung der VOB/B weiter Bestand?, NZBau 2009, 73; *Lembcke*, Rechtsnatur des Verfahrens mit der vorgesetzten Stelle nach § 18 Nr. 2 VOB/B, BauR 2009, 1666; *Kniffka*, Ist die VOB/B eine sichere Grundlage für Nachträge?, BauR 2012, 411; *Niebling*, Die VOB/B-Einbeziehung durch kaufmännisches Bestätigungsschreiben, NZBau 2012, 410; *Dammann/Ruzik*, Vereinbarung der VOB/B ohne inhaltliche Abweichungen im Sinne des § 310 Abs. 1 S. 3 BGB, NZBau 2013, 265; *Joussen*, Vereinbarung der VOB/B bei Werklieferungsverträgen, BauR 2014, 1195; *Mahnken*, Die VOB/B als Regelungsmodell für Anlagenbauverträge, BauR 2016, 557, 725 und 918.

1239 Die VOB/B wird nur **Bestandteil eines Bauvertrages**, wenn die Parteien dies vereinbaren. Da die VOB/B weder Gesetz noch Rechtsverordnung, sondern **Vertragsrecht**[59] ist, gilt sie nicht automatisch. Es entspricht auch keineswegs der Üblichkeit, dass die VOB/B in der Baubranche stets – ohne gesonderte Absprache – unmittelbare Anwendung findet. Ein solches Gewohnheitsrecht besteht nicht; die VOB/B hat nicht die Geltung eines Handelsbrauches.

1240 Die **Vereinbarung** der VOB/B bedarf **keiner Form**; ein Bezug oder allgemeiner Hinweis auf die VOB/B reicht grundsätzlich aus[60] (vgl. aber Rdn. 1247). Indes muss dies **klar** und **unmissverständlich** geschehen. Die Formulierung „Es gelten die Bestimmungen der VOB und des BGB" ist hierzu unbrauchbar, weil die VOB/B und das BGB Vorschriften enthalten, die erhebliche Unterschiede aufweisen. „VOB und BGB" können nicht gleichrangig gelten.[61] Eine Klausel „Es gelten die Bestimmungen der VOB, soweit sie günstiger sind als diejenigen des BGB" ist ebenfalls unwirksam, weil sie missverständlich und unklar ist.[62] Dasselbe gilt hinsichtlich einer Regelung, wonach sich „die Gewährleistungsfrist nach der VOB und darüber hinaus nach dem BGB" richten soll.[63] Das OLG München[64] hat ferner entschieden, dass die Klausel „Die Gewährleistung für die ausführenden Arbeiten regelt sich nach BGB, die Ausführung der Bauleistung nach VOB" nicht zu einer wirksamen Einbeziehung der VOB/B führt.

1241 Vereinbaren die Parteien, dass die **„VOB der neuesten Auflage"** gelten soll, so ist damit die im Zeitpunkt des Vertragsschlusses geltende, aktuelle Fassung der VOB/B gemeint, da grundsätzlich nicht davon ausgegangen werden kann, dass die Parteien dem Vertrag Regelungen zu Grunde legen wollen, die bei Abschluss des Vertrages noch unbekannt sind.[65] Die VOB/B ist zuletzt im Jahre 2006 mit zahlreichen Änderungen und 2009 nochmals geringfügig neugefasst worden.[66]

---

59) BGH, BauR 1999, 3261; BGH, ZfBR 1992, 67, 68 = BauR 1992, 221; *Kaiser*, Rn. 10.
60) Zu einer konkludenten Vereinbarung der VOB/B (durch Übersendung eines Angebotes und eines Vertragsentwurfes mit einer VOB/B-Vereinbarung) vgl. LG Berlin, BauR 2004, 1781.
61) Vgl. OLG Düsseldorf, BauR 1972, 117 u. OLG Düsseldorf, OLGR 1995, 221 (bei **Staffelverweisung**: nachrangige Geltung der VOB/B in zusätzlichen Vertragsbedingungen).
62) Vgl. BGH, BauR 1986, 200 = NJW 1986, 924 = ZfBR 1986, 79; auch OLG Hamm, NJW-RR 1988, 462 („Garantieleistung entsprechend VOB bzw. BGB") sowie *Beigel*, BauR 1988, 142 ff.
63) OLG Celle, NJW-RR 1997, 82.
64) BauR 2003, 1719.
65) So richtig: KG, ZfBR 1993, 224 = OLGR 1993, 33; s. ferner: OLG Koblenz, BauR 1999, 1026 = NJW-RR 1999, 748 für Ausschreibungsverfahren.
66) Vgl. hierzu *Markus*, NJW 2007, 545.

1242 Unzweifelhaft unterliegt die VOB/B den §§ 305 ff. BGB; ob die **VOB/B** allerdings selbst **Allgemeine Geschäftsbedingungen** darstellen, ist **streitig**. Das wird vom **BGH**[67] und der herrschenden Ansicht[68] **angenommen;** es ist unerheblich, ob das Vertragswerk individuell ausgehandelt wird. Der BGH[69] weist insoweit zutreffend darauf hin, dass einzelne Regelungen der VOB/B wegen § 305c Abs. 2 BGB „nicht analog auf eindeutig geregelte Sachverhalte anwendbar sind".

1243 Wird die **Einbeziehung der VOB/B** in den Bauvertrag von **beiden Vertragsparteien** unabhängig voneinander **verlangt,** wird die VOB/B gemäß § 305 Abs. 1 BGB nicht von einer Partei gestellt.[70] In diesem Fall sind die Bestimmungen der VOB/B nicht als AGB anzusehen.[71] In der Praxis wird dies aber selten der Fall sein, weil in der Regel zunächst eine Partei die Einbeziehung wünscht oder fordert und damit das Stellen im Sinne des § 305 Abs. 1 BGB zu bejahen ist. In Verbraucherverträgen gilt allerdings die VOB als vom Verwender (z.B. Unternehmer) gestellt, es sei denn, dass sie durch den Verbraucher in den Vertrag eingeführt wurde (§ 310 Abs. 3 Nr. 1 BGB).

1244 Auf die VOB/B wird in aller Regel in **Allgemeinen Geschäftsbedingungen** Bezug genommen; das ist noch nicht zu beanstanden, weil „gestaffelte" **Klauselwerke** durchaus zulässig sind. Eine **Staffelverweisung,** wie z.B. „Es gelten die nachfolgenden Vertragsbedingungen, das BGB und nachrangig die VOB/B", ist daher grundsätzlich nicht zu beanstanden. Eine Staffelverweisung wird erst unzulässig, „wenn die Verwendung mehrerer Klauselwerke wegen des unklaren Verhältnisses konkurrierender Regelungen zu Unverständlichkeiten führt."[72]

1245 Für das Verhältnis von VOB/B und den §§ 305 ff. BGB ist Folgendes zu beachten:

* Die §§ 305 ff. BGB finden keine Anwendung, wenn die VOB/B nach dem Willen **beider** Vertragsparteien zur Grundlage des Vertrages gemacht werden soll: § 305 Abs. 1 Satz 1 BGB setzt nämlich voraus, dass eine Vertragspartei der anderen vorformulierte Vertragsbedingungen bei Abschluss des Vertrages „stellt".[73] Im Einzelfall ist daher zu prüfen, ob es einen „**Verwender**" gibt, der dem Vertragspartner die VOB/B **einseitig** auferlegt.[74] In der Baupraxis kommt es nicht selten vor, dass entweder keine der Vertragsparteien oder **beide** als Verwender

---

67) BGH, in st. Rspr., zuletzt BauR 2008, 1603 = NZBau 2008, 640.
68) *Kuffer,* in: Heiermann/Riedl/Rusam, § 1/B, Rn. 54; *v. Rintelen,* in: Kapellmann/Messerschmidt, Einl. VOB/B, Rn. 44; *Anker/Zumschlinge,* BauR 1995, 323; *Nicklisch/Weick,* Einl., Rn. 52; *Kaiser,* ZfBR 1985, 1, 2; *Locher,* Rn. 80; *Recken,* BauR 1978, 418; *Vygen,* Rn. 133; *Pauly,* BauR 1996, 328, 329; a.A.: *Jagenburg,* BauR-Sonderheft 1977, S. 3 ff. u. *Siegburg,* Festschrift für Locher, S. 349 u. BauR 1993, 9 ff.; *Leupertz,* Jahrbuch Baurecht 2004, 43.
69) BauR 1997, 1027 = NJW-RR 1998, 235 = ZfBR 1998, 31 zu § 5 AGB-Gesetz.
70) *Palandt/Grüneberg,* § 305 BGB, Rn. 13.
71) *Markus/Kaiser/Kapellmann,* Rn. 48; *Kaufmann,* Jahrbuch Baurecht 2006, 35, 42.
72) BGH, BauR 1991, 718; OLG Düsseldorf, BauR 1996, 112 = BB 1996, 658; *Tempel,* NZBau 2003, 465, 468, meldet insoweit Bedenken an (Verstoß gegen das Transparenzgebot).
73) **Herrschende Meinung;** vgl. *Ramming,* BB 1994, 518, 520.
74) Vgl. hierzu vor allem: *Pauly,* BauR 1996, 328, 330; *v. Rintelen,* in: Kapellmann/Messerschmidt, Einl. VOB/B, Rn. 104, sehen als Verwender der VOB/B die Partei an, die die Einbeziehung in den konkreten Vertrag veranlasst oder ein „Einbeziehungsverlangen" zuerst aufgestellt hat.

Vereinbarung der VOB

der VOB/B anzusehen sind.[75] Das gilt insbesondere, wenn die Vertragsparteien ausdrücklich vereinbaren, dass sowohl der Auftraggeber als auch der Auftragnehmer Verwender der VOB/B sind. Eine solche Vereinbarung ist aber nur im Rahmen einer Individualabrede möglich.[76]

* Wird die **VOB/B als Ganzes** in Individualabreden oder Allgemeinen Geschäftsbedingungen vereinbart, kommt eine **isolierte Inhaltskontrolle** einzelner VOB-Bestimmungen nach den §§ 305 ff. BGB **nicht in Betracht** (vgl. Rdn. 1259 ff.).

1246 Im Einzelfall ist jedoch zu prüfen, ob die **VOB/B** wirksam **in den Bauvertrag** i.S. des § 305 BGB n.F. **„einbezogen"** worden ist. Nach § 305 Abs. 2 u. 3 BGB werden Allgemeine Geschäftsbedingungen (und damit auch die VOB/B) nur dann Bestandteil des Vertrages, wenn der Verwender bei Vertragsabschluss

* die andere Vertragspartei ausdrücklich oder durch deutlich sichtbaren Aushang am Ort des Vertragsabschlusses auf sie **hinweist** und
* der anderen Vertragspartei **die Möglichkeit verschafft**, in zumutbarer Weise, (die nach § 305 Abs. 2 Nr. 2 BGB „auch eine für den Verwender erkennbare körperliche Behinderung der anderen Vertragspartei angemessen berücksichtigt") von ihrem Inhalt Kenntnis zu nehmen. Eine Abweichung von den allgemeinen Einbeziehungsvoraussetzungen ist nur angezeigt, wenn die körperliche Behinderung (also vor allem eine Sehschwäche) dem Verwender **aktuell** und **konkret bekannt** ist.[77]

Rechtsprechung und Literatur haben hierzu folgende **Grundsätze** entwickelt:

1247 Ob die VOB/B **Vertragsbestandteil** geworden ist, muss im Einzelfall sorgfältig festgestellt werden. Ist dem Bauherrn/Erwerber die VOB „**nicht vertraut**", so muss sie ihm von dem Vertragspartner (Unternehmer) **konkret** zur Kenntnis gebracht werden. Ein **bloßer Hinweis** auf die VOB/B reicht in diesen Fällen in der Regel nicht aus.[78] Der Hinweis im Vertrag, der Text der VOB werde auf Wunsch „**kostenlos zur Verfügung gestellt**", genügt nicht.[79] Hat das Gericht im Streitfall aus den vorgelegten Unterlagen hinreichende **Anhaltspunkte** dafür, dass der Auftraggeber/Erwerber keine Kenntnis von der VOB hat, so darf es nicht ohne Weiteres davon ausgehen, dass die VOB vereinbart wurde, auch wenn die Parteien dies übereinstimmend meinen. In diesen Fällen muss das Gericht vielmehr den Auftragnehmer (Verwender) **auffordern**, „die notwendigen Tatsachen für die wirksame Einbeziehung der VOB/B vorzutragen."[80] Demgegenüber muss nach der Rechtsprechung des BGH[81] bei einem **auf dem Bausektor gewerblich tätigen Unternehmer** angenommen werden, dass er die VOB B kennt. Dies bedeutet in der Praxis, dass einem Bau-

---

75) *Palandt/Grüneberg*, § 305 BGB, Rn. 13; *Kaiser*, Rn. 12; *Siegburg*, BauR 1993, 9, 14.
76) Vgl. hierzu *Kaufmann*, Jahrbuch Baurecht 2006, 35, 42.
77) *Graf von Westphalen*, NJW 2002, 12, 13.
78) BGH, BauR 1999, 1186, 1187 = NJW-RR 1999, 1246; BGH, NJW 1990, 715 = BauR 1990, 205; OLG Saarbrücken, OLGR 2006, 277; *Tempel*, NZBau 2003, 465, 466; s. aber OLG Celle, BauR 1996, 264 (Einbeziehung der VOB in einem vom Auftraggeber verwendeten Formular gegenüber einem „**bauerfahrenen**" Handwerker).
79) So jetzt auch OLG Bremen, BauR 2006, 1001.
80) BGH, BauR 1994, 617.
81) BGH, BauR 1989, 87 = ZfBR 1989, 55; BGHZ 86, 135 = BauR 1983, 161 = NJW 1983, 816 = ZfBR 1983, 85; LG Stuttgart, NJW 1988, 1036 für Treuhänder der Bauherrengemeinschaft.

unternehmer weder ein Text der VOB/B überreicht noch sonst wie zur Einsicht vorgelegt werden muss; die bloße Bezugnahme auf die VOB/B genügt.[82]

1248 Das gilt auch bei einem Bauvertrag mit einem **öffentlichen Auftraggeber**; hier reicht der allgemeine Hinweis in den AGB auf die VOB/B aus, um sie wirksam einzubeziehen.

Stets ist jedoch das **Einverständnis des Vertragspartners** notwendige Voraussetzung für die Einbeziehung der VOB gemäß § 305 Abs. 2 BGB, wenn die andere Vertragspartei den **Vorschlag** der Einbeziehung der VOB/B macht. Unter diesem Gesichtspunkt wird die VOB/B durch eine bloße **(erstmalige)** Inbezugnahme des Auftraggebers (und Verwenders) in seinem Auftragsschreiben, mit dem er das Vertragsangebot des Auftragnehmers annimmt, nicht Bestandteil des Bauvertrages, weil das Schweigen des Auftragnehmers regelmäßig nicht als Zustimmung anzusehen ist.[83]

1249 **Zweifelhaft** ist jedoch, was gegenüber einem **Bauherrn** („Privatmann") zu geschehen hat, der im Zweifel nur einmal in seinem Leben baut:

Wird der Bauherr bei **Vertragsschluss** durch einen **Architekten vertreten**, soll nach h.A. der (bloße) Hinweis auf die VOB/B genügen; denn bei einem Architekten sei – wie bei dem gewerblich tätigen Unternehmer – grundsätzlich anzunehmen, dass er aufgrund seiner Ausbildung die Bestimmungen der VOB/B hinreichend kenne.[84] Dem ist zuzustimmen, da es auch zu den Grundpflichten des Architekten gehört, den Bauherrn **bei** Vertragsschluss über die Bedeutung der Einbeziehung der VOB/B in den Bauvertrag hinreichend **aufzuklären**.[85] Dieses Wissen muss sich der Bauherr zurechnen lassen (§ 166 Abs. 1 BGB).[86] Der Architekt muss jedoch stets bei dem Vertragsabschluss mitgewirkt haben; es reicht nicht, wenn der Architekt nur planungs- und/oder bauüberwachende Tätigkeit für den Bauherrn ausgeführt hat.[87]

1250 Ist der Bauherr **nicht** durch einen **Architekten vertreten** oder wirkt dieser bei den Vertragsverhandlungen nicht mit und handelt es sich um einen mit der VOB/B **nicht vertrauten Auftraggeber**, so kann die VOB/B nicht durch einen bloßen Hinweis auf ihre Geltung in den Vertrag einbezogen werden.[88] Der BGH[89] ver-

---

82) OLG Stuttgart, IBR 2014, 326 – *Bolz*; OLG Saarbrücken, NZBau 2012, 113 = NJW-RR 2011, 1659; OLG Brandenburg, BauR 2006, 1472; OLG Hamm, OLGR 2004, 57 (Tischlermeister mit 70 Mitarbeitern) = NZBau 2004, 332.
83) OLG Köln, BauR 1995, 100 = NJW-RR 1994, 1430.
84) OLG Saarbrücken, BauR 2006, 2060 = OLGR 2006, 277 = NZBau 2006, 787.
85) OLG Düsseldorf, BauR 1997, 647, 648; OLG Hamm, NJW-RR 1996, 593; MDR 1991, 253; BauR 1989, 480; *Pauly*, BauR 1996, 328, 331; *Vygen*, BauR 1984, 245, 247.
86) Für viele OLG Brandenburg, IBR 2008, 253 – *Locher*; *Siegburg*, Rn. 153; *Kapellmann/Messerschmidt/v. Rintelen*, Einl. VOB/B, Rn. 87; **a.A.**: *Tempel*, NZBau 2003, 465, 467.
87) OLG Saarbrücken, OLGR 2006, 277 = IBR 2006, 536 – *Koppmann*; OLG Hamm, NJW-RR 1998, 885 = OLGR 1998, 90; *Siegburg*, a.a.O.
88) BGH, BauR 1999, 1186, 1187 = MDR 1999, 1061; BGH, ZIP 1999, 1600, 1601; OLG Frankfurt, IBR 2017, 420 – *Brez*; OLG Koblenz, IBR 2014, 196 – *Küpper*; OLG Düsseldorf, NJW-RR 1996, 1170; OLG Hamm, BauR 1996, 123 = NJW-RR 1996, 86 = OLGR 1995, 241 u. MDR 1998, 833 = OLGR 1998, 90; LG Bonn, MDR 2000, 264.
89) BauR 1999, 1186, 1187; BauR 1994, 617 = ZfBR 1994, 262 = NJW 1994, 2547; BauR 1990, 205 = NJW 1990, 715 = ZfBR 1990, 69; BauR 1991, 328 = ZfBR 1991, 151 = NJW-RR 1991, 727; ferner: BGH, BauR 1992, 503 = NJW-RR 1992, 913 (bei **notariell beurkundeten Ver-**

langt für diesen Fall, dass der Auftragnehmer als Verwender seinen „weder im Baugewerbe tätigen noch sonst im Baubereich bewanderten Vertragspartner" in die Lage versetzt, „sich in geeigneter Weise Kenntnis von der VOB/B zu verschaffen und seine Informationsmöglichkeit zu nutzen". Auch in diesem Falle wird aber nach wohl überwiegender Ansicht eine **Textaushändigung („Übergabe") nicht verlangt**, weil an die Pflicht zur Kenntnisverschaffung keine unzumutbaren oder übertriebenen Anforderungen gestellt werden dürfen.[90] Der Hinweis, der VOB-Text sei „**in der Buchhandlung erhältlich**", reicht allerdings nicht aus.[91] Das gilt auch für eine Klausel „Sollten Sie die VOB und die DIN-Vorschrift nicht kennen, dann sende ich Ihnen kostenlos ein Exemplar zu."[92] Dem anderen Vertragspartner muss vielmehr die Möglichkeit eröffnet sein, ohne Aufwand an Zeit und Kosten Kenntnis von der VOB/B zu erlangen.[93] Wie die Kenntnisverschaffung im Einzelfall erfolgt, ist grundsätzlich unerheblich: Der Text kann zur Einsicht ausgelegt werden,[94] er kann ausgeliehen oder endgültig zur Verfügung gestellt werden. Letzteres ist jedoch nicht Pflicht. Der Text der VOB/B muss im Übrigen mühelos lesbar sein.

Gehen die Vertragsparteien davon aus, dass die VOB/B Vertragsbestandteil geworden ist, ergibt sich dies aus den im Prozess überreichten Unterlagen aber nicht, so muss das Gericht hierauf hinweisen (§ 139 ZPO).[95] **Vereitelt** der Unternehmer treuwidrig die wirksame Einbeziehung in den Vertrag, kann er sich auf das **Fehlen** der tatbestandlichen Voraussetzungen des § 305 Abs. 2 BGB **nicht** berufen.[96] **1251**

Bei mündlichen Vertragsabschlüssen gilt das Vorstehende: Die VOB/B muss den Vertragsparteien am Ort des Vertragsschlusses zumindest einsehbar vorliegen.[97] **1252**

---

trägen). Ebenso: OLG Düsseldorf, BauR 1996, 438 (LS); OLG Stuttgart, NJW-RR 1994, 17; OLG Hamm, BauR 1996, 123; BauR 1989, 480, BauR 1991, 260; OLGR 1992, 291; OLG Frankfurt, BauR 1991, 612.
90) So auch: *Heiermann*, DB 1997, 1733; *Kapellmann/Messerschmidt/v. Rintelen*, Einl. VOB/B, Rn. 84; Beck'scher VOB-Komm/*Ganten*, B Einl. II, Rn. 25 (Möglichkeit der Einsichtnahme/ Bereitschaft zur Kenntnisverschaffung reicht, Übergabe nicht erforderlich).
91) Wie hier: *Pauly*, BauR 1996, 328, 332; *Bunte*, BB 1983, 732, 735; **a.A.:** *Merz*, BauR 1985, 47, 49; *Heiermann*, DB 1977, 1733, 1736.
92) Vgl. BGH, BauR 1999, 1186, 1187; OLG München, BauR 1992, 69, 70; **a.A.:** OLG Düsseldorf, BauR 1996, 712.
93) BGH, BauR 1999, 1186, 1187 u. NJW 1999, 3261 = BauR 1999, 1294 = MDR 1999, 1378 = ZfBR 2000, 30; BGHZ 109, 192, 196; OLG Hamm, OLGR 1998, 90; BauR 1989, 480 u. NJW-RR 1988, 1366; LG Ansbach, NJW-RR 1990, 563.
94) OLG Zweibrücken, IBR 2014, 393 – Rodemann. Insoweit ist das OLG Naumburg, BauR 2011, 1655, der Auffassung, dass der bloße Hinweis, es bestehe Kenntnisnahmemöglichkeit im Geschäftslokal, nicht ausreicht. Vielmehr hat die Verschaffung der Kenntnisnahmemöglichkeit bei einem Geschäft unter Anwesenden durch Vorlage der VOB oder durch das ausdrückliche Angebot der Vorlage am Ort des Vertragsschlusses zu erfolgen, bei einem Geschäft unter Abwesenden durch die Übersendung der VOB oder durch eine anders geartete körperliche Hingabe der VOB.
95) Siehe hierzu: BGH, BauR 1999, 1294 = NJW 1999, 3261; BauR 1994, 617 = NJW 1994, 2547; OLG Hamm, OLGR 1998, 90 = NJW-RR 1998, 885; weiter gehender: OLG Düsseldorf, NJW-RR 1996, 1422.
96) Zutreffend: OLG Celle, BauR 1999, 406.
97) *Löwe/Graf von Westphalen/Trinkner*, § 2, Rn. 14; **a.A.:** *Heiermann*, DB 1977, 1733, 1736, der bei einem Vertragsabschluss *in Anwesenheit* der Vertragspartner das Vorliegen der VOB

1253 Die Pflicht zur Kenntnisverschaffung beschränkt sich auf den **Teil B** der VOB. Teil A entfaltet ohnehin keine bindende Wirkung, während der Teil C, worauf Jagenburg zu Recht hinweist,[98] lediglich die anerkannten Regeln der Technik aufzählt und automatisch Vertragsbestandteil des VOB-Bauvertrages wird.

1254 Da die Vereinbarung der VOB/B zunächst den ausdrücklichen Hinweis des Verwenders auf die VOB/B und die **Einverständniserklärung** des Vertragspartners voraussetzt, reicht die erst in der **Annahme** enthaltene Bezugnahme auf die VOB/B nicht aus.[99] Unter diesem Blickwinkel kann es im Einzelfall auch problematisch sein, ob die VOB/B bei **Nachfolgeaufträgen** („Zusatzaufträge", „Nachtragsaufträge", „Änderungsaufträge" usw.) gilt.[100] Im Zweifel ist jedoch davon auszugehen, dass die Vertragsparteien die VOB/B für das gesamte Vertragsverhältnis vereinbaren wollen, sodass die VOB für alle Nachfolgeaufträge gilt, sofern diese in einem zeitlichen und sachlichen Zusammenhang mit der vertraglichen Hauptleistung, über die der Bauvertrag geschlossen wurde, stehen.[101] Im Übrigen gilt: Zwar ist auch eine **stillschweigende** (konkludente) Vereinbarung der VOB/B nach Maßgabe der §§ 305 ff. BGB möglich. Dies setzt aber voraus, dass die nach § 305 Abs. 2 Nr. 1 und 2 BGB aufgestellten Einbeziehungsvoraussetzungen von Seiten des Verwenders in ausreichendem Maße erfüllt worden sind. Aus einem unterlassenen Widerspruch (Schweigen) oder in der bloßen Entgegennahme der Bauleistung allein kann ein stillschweigendes „Einverständnis" in die Einbeziehung der VOB/B im Zweifel nicht gesehen werden.[102]

1255 Stets trägt der **Verwender** und damit in der Regel der Unternehmer die **Beweislast** für die **ordnungsgemäße Einbeziehung der VOB/B** in das Vertragsverhältnis.[103] Eine wirksame Einbeziehung ergibt sich im Übrigen nicht schon daraus, dass die Partien übereinstimmend davon ausgegangen sind, die VOB/B sei Gegenstand des Bauvertrages geworden.[104] Bedenklich ist insoweit die Entscheidung des OLG Düsseldorfs:[105] Nach Auffassung dieses Gerichts wird die VOB/B zur Vertragsgrundlage, wenn der Auftraggeber dem Vortrag des Auftragnehmers nicht widerspricht, das Vertragsverhältnis sei im Geltungsbereich der Bestimmungen der

---

im Geschäftslokal verlangt, andererseits aber bei fernmündlichen Vertragsabschlüssen schon den Hinweis auf die VOB ausreichen lassen will.
98) BauR-Sonderheft 1977, S. 10; s. ferner: *Nicklisch/Weick*, Einl., Rn. 12; *Grauvogl*, Jahrbuch Baurecht 1998, 315, 333 ff.
99) OLG Köln, BauR 1995, 100 = NJW-RR 1994, 1430.
100) Für die Geltung der VOB/B bei **Nachfolgeaufträgen**: OLG Düsseldorf, NJW 1977, 253 = BauR 1977, 61; NJW 1977, 1298; OLG Hamm, BauR 1997, 472 = OLGR 1997, 2; NJW-RR 1987, 599; *Tempel*, NZBau 2003, 465, 467; *Keldungs*, in: Ingenstau/Korbion, Vor VOB/B, Rn. 10; *Jagenburg*, Festschrift für v. Craushaar, S. 117, 122; *Vygen*, Rn. 147; *v. Rintelen*, in: Kapellmann/Messerschmidt, Einl. VOB/B, Rn. 90, vertreten die Auffassung, dass „bei der bloßen Ausweitung und Ergänzung des bisherigen Vertrages" die VOB/B fort gilt.
101) OLG München, IBR 2011, 447 – *Schrammel*; OLG Hamm, BauR 1997, 472 = OLGR 1997, 2.
102) Siehe hierzu: *Kuffer*, in: Heiermann/Riedl/Rusam, § 1/B, Rn. 61; *Leineweber*, Rn. 235.
103) OLG Hamm, OLGR 1998, 90.
104) OLG Hamm, a.a.O.; vgl. aber OLG Düsseldorf, NJW-RR 1996, 1422.
105) IBR 2012, 187 – *Sienz*, der darauf verweist, dass es nicht der vertraglichen Disposition der Parteien obliegt, ob die VOB/B Vertragsbestandteil geworden ist, weil sich dies alleine nach objektiven Kriterien richtet.

Vereinbarung der VOB Rdn. 1256–1259

VOB/B geschlossen worden, und der Auftraggeber die von ihm geltend gemachten Ansprüche ausdrücklich auf die Regelung der VOB/B stützt.

Auf **Architekten-** und **Ingenieurleistungen** ist die **VOB/B nicht** anwendbar, weil diese nicht auf die Erbringungen von „Bauleistungen" im Sinne der VOB ausgerichtet sind.[106] **1256**

Praktische Bedeutung hat die **heftig umstrittene Frage**, ob ein **Bauträger** seinem Vertrag mit dem Erwerber die **VOB/B zu Grunde legen** kann.[107] Der BGH[108] hat die Frage offen gelassen, aber starke Zweifel an der Zulässigkeit einer solchen Vereinbarung geäußert. Er hat mehrfach ausgeführt, bei Bauträgerverträgen sei zumindest zu **vermuten**, dass **verschiedene Bestimmungen der VOB/B** – auch wenn deren Geltung uneingeschränkt „vereinbart" wurde – ausgeschlossen sein sollten.[109] Das Schrifttum ist geteilter Meinung.[110] **1257**

Nach herrschender Meinung kann die VOB/B „als Ganzes" in Bauträgerverträgen nicht vereinbart werden, weil die Bestimmungen der VOB/B auf wesentliche Teile eines Bauträgervertrages, insbesondere hinsichtlich der vom Bauträger auch zu erbringenden Architekten- und Ingenieurleistungen, nicht anwendbar sind. Die zuletzt genannten Leistungen sind nämlich keine „Bauleistungen" im Sinne der VOB/A und B.[111] Entsprechendes gilt für **Generalunternehmer-** bzw. **Generalübernehmerverträge**, wenn der Auftragnehmer **Planungs**verpflichtungen übernimmt; auch insoweit kann für die Planungsleistungen die VOB nicht vereinbart werden. **1258**

Ist die VOB/B **als Ganzes** vereinbart, kommt eine **isolierte Inhaltskontrolle einzelner VOB-Bestimmungen** auf der Grundlage der **§§ 305 ff. BGB nicht in Betracht**, weil die VOB/B als eine im Ganzen **ausgewogene Regelung** anzusehen ist.[112] Etwas anderes gilt nur für den Fall, dass die VOB/B in Verträgen mit Ver- **1259**

---

106) BGH, BauR 1987, 702 = NJW 1988, 143; OLG Karlsruhe, BauR 2005, 893; OLG Hamm, BauR 1990, 104; **a.A.:** LG Darmstadt, BauR 1979, 65 m. abl. Anm. *Kaiser;* vgl. auch *Korbion*, Festschrift für Locher, S. 127 ff. Vgl. hierzu insbesondere *Miernik*, NZBau 2004, 409.
107) Vgl. *Mehring*, NJW 1998, 3457 ff.; *Brych*, NJW 1986, 302 ff.; *Kaiser*, ZfBR 1985, 1, 3 ff.; *Schulze-Hagen*, BauR 1992, 320, 328; *Weinkamm*, BauR 1992, 585.
108) Vgl. BGH, NJW 1983, 453 = ZfBR 1983, 17; ZfBR 1984, 35, 36 = BauR 1984, 166; BauR 1987, 702, 704 = NJW 1988, 142; vgl. hierzu auch: OLG Celle, BauR 1993, 476 = NJW-RR 1994, 475; OLG Naumburg, BauR 2008, 1156.
109) BGHZ 96, 275 = BauR 1986, 208; BGH, BauR 1987, 702, 704 = NJW 1988, 142 = ZfBR 1988, 33.
110) Vgl. hierzu die Nachweise *Mehring*, NJW 1998, 3457, 3458, ferner *Hankammer/Krause-Allenstein*, BauR 2007, 955 ff., 961.
111) OLG Bamberg, OLGR 1999, 134 (Generalübernehmervertrag); OLG Düsseldorf, NJW-RR 1991, 219; OLG Celle, NJW-RR 1994, 475 (Unterscheidung zwischen Bauleistungen und „anderen" Leistungen notwendig); *Messerschmidt/Thierau*, in: Kapellmann/Messerschmidt, VOB/A Anh., Rn. 112; *Hansen/Nitschke/Brock*, Rn. 119 ff.; *Pause*, Bauträgervertrag, Rn. 163 ff.; vgl. hierzu auch *Locher*, Rn. 652; anders die Vorauflage; unzutreffend daher: OLG Frankfurt, IBR 2005, 529 – *Miernik* (Danach soll die VOB/B auch auf Planungsleistungen des Bauunternehmers anwendbar sein „wenn die Bauerrichtung das Schwergewicht der vertraglichen Leistungen bildet") sowie OLG Hamm, MDR 1987, 407; s. auch *Mehring*, NJW 1998, 3457, 3458; *Korbion*, Festschrift für Locher, S. 127 ff. u. *Weinkamm*, BauR 1992, 585, 586.
112) Vgl. die grundlegende Entscheidung des BGH, BauR 1983, 161 = NJW 1983, 816; hierzu BGH, BauR 2008, 1603 = NZBau 2008, 640; ferner BGH, BauR 2004, 668 = NZBau 2004,

brauchern vereinbart wurde (vgl. Rdn. 1266). Die in neuerer Zeit wiederholten **Versuche,**[113] die durch die Rechtsprechung entwickelte Privilegierung der VOB „als Ganzes" **infrage zu stellen**, überzeugen nicht. Das gilt auch für Hoff,[114] der die Ansicht vertritt, spätestens „mit der nächsten Änderung der VOB/B" entfalle die Privilegierung, weil es sich bei den durch das **SchRModG** erfolgten Privilegierungen (§§ 308 Nr. 5 u. 309 Nr. 8b ff BGB) nur um „statische" Verweisungen auf die VOB/B handele. Das ist nicht der Fall: Der **Gesetzgeber** hat in **Kenntnis** der Kritik **bewusst** die Rechtsprechung zur Privilegierung der VOB/B als Ganzes übernommen, wie die Begründung des Regierungsentwurfs vom 14.5.2001 eindeutig belegt:[115]

> „Damit wird der gefestigten Rechtsprechungspraxis Rechnung getragen, die das Eingreifen der im bisherigen § 23 Abs. 2 Nr. 5 AGBG zugunsten der VOB geregelten Ausnahmen davon abhängig macht, dass die VOB/B insgesamt, das heißt ohne ins Gewicht fallende Einschränkungen übernommen worden ist (BGHZ 96, 129, 133; 100, 391, 399; BGH, NJW 1986, 713, 714; NJW 1978, 2373, 2374; NJW-RR 1989, 85, 86). Diese Rechtsprechung soll nunmehr – ohne inhaltliche Änderung – im Gesetzeswortlaut seine Entsprechung finden. Die Privilegierung erfasst die VOB/B in ihrer jeweils zum Zeitpunkt des Vertragsschlusses gültigen Fassung, da davon ausgegangen wird, dass die VOB/B in ihrer jeweils geltenden Fassung einen insgesamt angemessenen Interessenausgleich zwischen den an Bauverträgen Beteiligten schafft (MünchKomm/Soergel, § 631 Rn. 38 ff.)."

1260 Daraus folgt, worauf auch Weyer[116] zutreffend hinweist, dass sich der **Gesetzgeber** die bisherige Rechtsprechung des BGH zur **Privilegierung** der VOB/B als Ganzes zu eigen gemacht hat; sie gilt auch weiterhin fort[117]. Zwischenzeitlich hat der Deutsche Vergabe- und Vertragsausschuss **(DVA)** auch die **notwendige Anpassung der VOB/B** an die Änderungen durch das **SchModG vorgenommen**.[118] Es kommt daher auch **in Zukunft** entscheidend darauf an, ob die VOB/B „als Ganzes" vereinbart ist. Ist z.B. in Allgemeinen Geschäftsbedingungen die Klausel enthalten „Gewährleistung nach VOB", ist die „VOB als Ganzes" nicht vereinbart

---

207 = IBR 2004, 179 – *Ulbrich* = NZBau 2004, 385 = NJW-RR 2004, 957; BGH, NJW 1983, 816, 818 = BauR 1983, 161; KG, NZBau 2007, 584; vgl. hierzu: *Weyer*, BauR 2002, 857 ff.; *Frikell*, BauR 2002, 671 ff.; *Pauly*, BauR 1996, 328, 334; *Bunte*, BB 1984, 732; kritisch hierzu *Kaufmann*, Jahrbuch Baurecht 2006, 35, 44.

113) Vgl. hierzu insbesondere: *Koch*, BauR 2001, 162; *Tomic*, BauR 2001, 14; *Kraus/Sienz*, BauR 2000, 631; *Schlünder*, BauR 1998, 1123; *Preussner*, Festschrift für Kraus, S. 179, 205; *v. Rintelen*, in: Kapellmann/Messerschmidt, Einl. VOB/B, Rn. 48 ff.; s. hierzu (kritisch): *Weyer*, BauR 2002, 857 ff.

114) BauR 2001, 1654 ff.; ebenso für statische Verweisung *Kraus/Sienz*, BauR 2000, 631, 636; *Lenkeit*, BauR 2002, 196, 223; *Schwenker/Heinze*, BauR 2002, 1143, 1145 m.w.N.; *Voppel*, NZBau 2003, 6, 9; *Siegburg*, Rn. 215 ff.

115) BT-Drucks. 14/6040, S. 154; hierauf verweist auch *Weyer*, BauR 2002, 857, 858; ferner BauR 2002, 1894; wie hier KG, IBR 2007, 295 – *Joussen*; *Pauly*, MDR 2003, 124; *Vygen*, in: Ingenstau/Korbion, Einl. Rn. 27; *Voppel*, NZBau 2003, 6; *Joussen*, BauR 2002, 1759, 1762; *Keldungs*, Festschrift für Kraus, S. 95; *Kratzenberg*, BauR 2002, 177, 179 und wohl auch *Frikell*, BauR 2002, 671; *Deckers*, BauRB 2003, 23, 24; vgl. hierzu auch *Oberhauser*, Jahrbuch Baurecht 2003, 1; *Ahlers*, S. 36 und 43; **a.A.:** *Preußner*, BauR 2002, 1602; *Peters*, NZBau 2002, 114; *Lenkeit*, BauR 2002, 223; *Hoff*, BauR 2001, 1654; kritisch *Quack*, ZfBR 2002, 428.

116) BauR 2002, 857, 860.

117) So auch BGH, BauR 2008, 1603 = NZBau 2008, 640, Rn. 32.

118) Beschluss vom 2. Mai 2002 zur **VOB/B 2002:** *Schwenker*, BauR 2002, 1143; *Kiesel*, NJW 2002, 2064; *Kratzenberg*, NZBau 2002, 177.

Vereinbarung der VOB

— mit der Folge, dass die durch diese Klausel erfolgte Abkürzung des gesetzlichen Gewährleistungszeitraumes gemäß § 309 Nr. 8 ff. BGB unwirksam ist.[119]

Bis zu der Entscheidung des BGH vom 22.1.2004[120] war es herrschende Meinung in Rechtsprechung und Literatur, dass die VOB/B nicht „als Ganzes" vereinbart ist, wenn durch anderweitige Vertragsbestimmungen – was von Amts wegen zu prüfen war – eine „ins Gewicht fallende Einschränkung" der VOB/B erfolgt war – mit der Folge, dass nunmehr alle Bestimmungen der VOB/B der Inhaltskontrolle der §§ 305 ff. BGB unterworfen waren. Das galt allerdings nicht für den „Verwender" der VOB/B als Allgemeine Geschäftsbedingung; zu seinen Gunsten fand eine entsprechende Inhaltskontrolle nie statt.[121] Im Einzelfall wurde daher stets geprüft, ob die VOB/B „im Kern" Vertragsgrundlage geblieben war oder das Gleichgewicht der VOB/B im Sinne eines billigen Interessenausgleiches zwischen Auftragnehmer und Auftraggeber durch eine ins Gewicht fallende Einschränkung oder Abweichung von der VOB-Regelung erheblich gestört war (sog. Kernbereichstheorie).

Dieser Ansatz hat zu einer umfangreichen Rechtsprechung sowie Literatur[122] und dementsprechend zu einer großen Rechtsunsicherheit geführt. So war der von der VOB/B bezweckte Interessenausgleich nach einer Entscheidung des BGH[123] im Jahr 2003 beispielsweise nachhaltig gestört, wenn in das Recht des Auftraggebers, Änderungen des Bauentwurfs anzuordnen (§ 1 Abs. 3 VOB/B), eingegriffen wird oder die Folgen des Kündigungsrechts des Auftraggebers gemäß § 8 Abs. 1 VOB/B i.V.m. § 649 BGB eingeschränkt werden.

Die vorerwähnte Rechtsunsicherheit, die insbesondere durch die Rechtsprechung entstanden war, hat den BGH zum Umdenken veranlasst. Weil es nach Auffassung des BGH[124] keine „brauchbaren Abgrenzungskriterien" für eine sichere Beurteilung gibt, wann eine von der VOB/B abweichende Regelung in deren Kernbereich eingreift, soll nunmehr „grundsätzlich **jede inhaltliche Abweichung von der VOB/B** als eine Störung des von ihr beabsichtigten Interessenausgleichs zu bewerten" sein:

---

119) Vgl. BGH, BauR 1987, 439 = NJW 1988, 490; BGH, BauR 1987, 438; BGH, BauR 1989, 77; BGH, NJW 1989, 1602; BGH, NJW 1986, 315 = BauR 1986, 89; dazu: *Brych*, NJW 1986, 302 ff.; ferner: OLG Düsseldorf, BauR 1994, 762; OLG Nürnberg, BauR 1985, 320; OLG Stuttgart, BauR 1985, 321; OLG Düsseldorf, NJW-RR 1991, 219 u. OLGR 1995, 221.
120) BauR 2004, 668 = NZBau 2004, 267 = IBR 2004, 179 – *Ulbrich* = NZBau 2004, 385 = NJW-RR 2004, 957 (vgl. hierzu *Gehlen*, NZBau 2004, 313; bestätigt mit BGH, BauR 2004, 1142. Vgl. hierzu *Wittchen*, BauRB 2004, 251.
121) BGH, BauR 1990, 605 = ZfBR 1990, 226.
122) Vgl. hierzu die Vorauflage Rn. 1020.
123) BauR 2003, 380, 381 = NZBau 2003, 150 = NJW 2003, 1321.
124) BauR 2004, 668 = NZBau 2004, 267 = IBR 2004, 179 – *Ulbrich*; BGH, NZBau 2004, 385. BGH, BauR 2007, 1404 (Vertrag mit öffentlichem Auftraggeber) = IBR 2007, 412 – *Schulze-Hagen*. Vgl. hierzu *Möller*, ZfBR 2005, 119. Ebenso OLG Naumburg, BauR 2006, 849. Das KG, IBR 2017, 120 – *Bolz* hat sich der Meinung des BGH angeschlossen und in diesem Zusammenhang entschieden, dass die VOB/B nicht als Ganzes vereinbart ist, wenn die zusätzlichen Vertragsbedingungen des Auftraggebers abweichend von § 12 VOB/B vorsehen, dass die Leistung zwingend förmlich abzunehmen ist.

„Andernfalls wäre die im Recht der Allgemeinen Geschäftsbedingungen notwendige Transparenz (vgl. § 307 Abs. 1 S. 2 BGB n.F.) nicht zu gewährleisten. Die VOB/B ist demnach nur dann einer Inhaltskontrolle nach dem AGB-Gesetz entzogen, wenn sie als Ganzes vereinbart worden ist. Es kommt nicht darauf an, welches Gewicht der Eingriff hat. Damit ist die Inhaltskontrolle auch dann eröffnet, wenn nur geringfügige inhaltliche Abweichungen von der VOB/B vorliegen und auch unabhängig davon, ob eventuell benachteiligende Regelungen im vorrangigen Vertragswerk möglicherweise durch andere Regelungen ‚ausgeglichen' werden."

Im Rahmen eines obiter dictums hat der BGH es ausdrücklich offen gelassen, ob seine Rechtsprechung zur VOB/B als Ganzes auch auf Fälle unter Geltung des Schuldrechtsmodernisierungsgesetzes anwendbar ist. Daraus wird in der Literatur bereits gefolgert, dass der BGH an der so genannten Privilegierung der VOB/B auch dann nicht festzuhalten gedenkt, wenn diese insgesamt im Sinne der § 308 Nr. 5, § 309 Nr. 8b ff. BGB a.F. bzw. 310 Abs. 1 Satz 3 BGB n.F. vereinbart ist.[125]

1264 Fraglich ist, ob eine inhaltliche Abweichung von der VOB/B – mit der Konsequenz des Wegfalls der Privilegierung – auch dann vorliegt, wenn die VOB dies durch eine so genannte **Öffnungsklausel** ausdrücklich zulässt (z.B. durch den Hinweis „soweit nicht Anderes vereinbart ist").[126] Dabei hat die Öffnungsklausel in der Verjährungsvorschrift des § 13 Abs. 4 VOB/B („Ist für Mängelansprüche keine Verjährungsfrist im Vertrag vereinbart, ...") besonderes Gewicht. Von dieser den Parteien eingeräumten Dispositionsmöglichkeit wird in Bauverträgen häufig Gebrauch gemacht (z.B.: „Es gilt die VOB/B, jedoch eine Verjährungsfrist für Mängelansprüche von 5 Jahren"). Da die VOB/B den Vertragsparteien insoweit ausdrücklich eine vertragliche Modifikation freistellt, ist davon auszugehen, dass die entsprechende Bestimmung in der VOB/B nur als Auffangregelung zu verstehen ist,[127] sodass eine Regelung im Rahmen der entsprechenden Klausel keinen Wegfall der Privilegierung zu Folge hat. Das ist jedoch bestritten.[128] Der BGH hat sich hierzu noch nicht abschließend geäußert, sondern die Beantwortung der Frage ausdrücklich offen gelassen.[129]

1265 An dieser überraschenden Entscheidung des BGH vom 22.1.2004 hat sich nunmehr die übrige Rechtsprechung und Literatur zu orientieren. Das gilt allerdings auch für die Baupraxis, die ja häufig mit „Zusätzlichen" oder „Besonderen Ver-

---

125) *Ingendoh*, BTR 2004, 115, 117. Vgl. hierzu auch *Schmitz*, ZfIR 2004, 283, 284; *v. Rintelen*, in: Kapellmann/Messerschmidt, Einl. VOB/B, Rn. 79; *Wittchen*, BauRB 2004, 251. Vgl. hierzu *Dammann/Ruzik*, NZBau 2013, 265.
126) Vgl. hierzu *Dammann/Ruzik*, NZBau 2013, 265.
127) Vgl. hierzu beispielsweise *Schwenker* in einer Anmerkung zu dem Urteil des BGH in EWiR § 9 AGBG 2/04; ferner *Gehlen*, NZBau 2004, 313 sowie *Wittchen*, BauRB 2004, 251, 253. Zum Verhältnis von VOB/B und der Klauselrichtlinie 93/13/EWG, vgl. *Micklitz*, ZfIR 2004, 613 und *Deckers*, BauRB 2004, 285.
128) Wie hier OLG Brandenburg, IBR 2008, 320 – *Wronna*; OLG Hamm, OLGR 1997, 62; OLG Düsseldorf, MDR 1984, 315; OLG Koblenz, OLGR 1997, 192; *Keldungs/Brück*, Rn. 33; *Vygen/Joussen*, Rn. 491; *Motzke*, NZBau 2009, 579, 581; **a.A.:** OLG Hamm, BauR 2009, 1913; OLG Naumburg, IBR 2006, 550; LG Halle, BauR 2006, 128; LG Magdeburg, IBR 2005, 188; OLG Frankfurt, BauR 2005, 1939; OLG München, NJW-RR 1995, 1301; wohl auch *von Rintelen*, in: Kapellmann/Messerschmidt, Einl. VOB/B, Rn. 79. Vgl. hierzu *Nicklisch/Weick*, Einl. VOB/B, Rn. 58.
129) NJW 1989, 1602 sowie BauR 2004, 668 = NZBau 2004, 267 = IBR 2004, 179 – *Ulbrich*.

tragsbedingungen" operiert.[130] Da abzusehen ist, dass die Baupraxis auch in Zukunft bemüht sein wird, von den Bestimmungen der VOB/B abweichende Regelungen in das gesamte Vertragswerk einzubeziehen und es daher in der Praxis kaum einen Bauvertrag gibt, in dem die VOB/B völlig unangetastet bleibt, ist davon auszugehen, dass die Bestimmungen der VOB/B durchweg in Zukunft einer Inhaltskontrolle zu unterziehen sind.[131]

Das gilt insbesondere für **Verbraucherverträge**:

1266 Am 28.04.2008 hat nämlich der BGH[132] eine weitere wegweisende Entscheidung erlassen, die für VOB-Bauverträge von großer Bedeutung ist. Danach findet die vorerwähnte **Privilegierung der VOB/B**, mit der die Inhaltskontrolle einzelner Regelungen entfällt, bei Verwendung gegenüber **Verbrauchern keine Anwendung**. Damit unterliegen die einzelnen Klauseln der VOB/B in diesem Fall auch dann einer Inhaltskontrolle, wenn die VOB/B als Ganzes vereinbart worden ist. Ist also Letzteres im Vertrag mit Verbrauchern der Fall, folgt aus der Entscheidung des BGH, dass auch dann einzelne Klauseln der VOB/B für unwirksam erklärt werden können. Der BGH begründet dies wie folgt:

„Jedenfalls ist die Privilegierung der VOB Teil B dann nicht zu rechtfertigen, wenn sie gegenüber Vertragspartnern verwendet wird, die weder unmittelbar noch mittelbar ihre besonderen Interessen bei der Gestaltung des Vertragwerks einbringen können. Dass die Verbraucherinteressen einer besonderen Berücksichtigung bei der Gestaltung Allgemeiner Geschäftsbedingungen für die Ausführung von Bauleistungen bedürfen, ergibt sich schon daraus, dass Verbraucher in aller Regel in geschäftlichen Dingen unerfahren sind und eines besonderen Schutzes bedürfen. Die Mitwirkung der öffentlichen Hand auf Auftraggeberseite an der Erarbeitung der VOB Teil B bietet keine Gewähr für eine ausreichende Vertretung der Verbraucherinteressen. Es kann nicht davon ausgegangen werden, dass die Interessen der öffentlichen Hand mit den typischen Verbraucherinteressen übereinstimmen."

1267 Die jeweilige Inhaltskontrolle einzelner Klauseln erfolgt nach Auffassung von Kuffer[133] nicht von Amts wegen, vielmehr bedarf es insoweit eines entsprechenden Vortrages der jeweiligen Partei. Ist der Verbraucher allerdings der Verwender, kann er sich – wie jeder andere Verwender – auf die Unwirksamkeit gemäß §§ 305 ff. BGB nicht berufen.[134]

1268 Die Rechtsprechung des BGH hat zwischenzeitlich ihren Niederschlag in § 310 Abs. 1 S. 3 BGB gefunden. § 310 Abs. 1 S. 3 BGB ist durch das Forderungssiche-

---

130) Unter dem Gesichtspunkt der neueren Rechtsprechung des BGH ist daher die Auffassung des OLG Celle, BauR 2005, 1933, bedenklich, wonach die Besonderen Vertragsbedingungen und die Zusätzlichen Vertragsbedingungen der öffentlichen Hand „die Normen der VOB/B für die besonderen Belange öffentlich-rechtlicher Auftraggeber nur angemessen ausgestalten und lediglich Konkretisierungen enthalten, ohne sie entscheidend abzuändern". Ebenso *Schwenker*, IBR 2005, 523.
131) *Kaufmann*, Jahrbuch Baurecht 2006, 35, 45 weist zu Recht darauf hin, dass die bisherige Diskussion um die Rechtsfigur der VOB/B als angeblich insgesamt ausgewogene Vertragsordnung mit der Entscheidung des BGH zumindest ihre praktische Relevanz weitestgehend verloren haben dürfte.
132) BauR 2008, 1603 = NZBau 2008, 640; vgl. hierzu *Kuffer*, NZBau 2009, 73.
133) A.a.O. S. 78.
134) OLG Oldenburg, IBR 2008, 514 – *Graf*; *Kuffer*, a.a.O.

rungsgesetz in das BGB eingefügt worden. Dort wird ausdrücklich darauf hingewiesen, dass die Privilegierung der VOB/B nur dann gilt, wenn sie gegenüber einem Unternehmer, einer juristischen Person des öffentlichen Rechts oder einem öffentlich-rechtlichen Sondervermögen „ohne inhaltliche Abweichungen" insgesamt verwendet wird. Mangels anderweitiger Privilegierungsvorschriften folgt bei der Verwendung gegenüber Verbrauchern daraus, dass die Vorschriften der VOB/B immer einer Inhaltskontrolle unterliegen, und zwar auch dann, wenn die VOB/B unmodifiziert als Ganzes zum Vertragsinhalt gemacht worden ist.

1269 Vor dem Hintergrund der im Einzelnen vorstehend ausgeführten neueren Rechtsprechung des BGH kommt der inhaltlichen Einzelkontrolle sämtlicher VOB-Vorschriften besonderes Gewicht zu. Nach der Rechtsprechung/Literatur halten folgende Klauseln der VOB/B **einer AGB-Inhaltskontrolle** nach den §§ 305 ff. BGB **nicht stand:**

* § 1 Abs. 3 u. 4 VOB/B (Kaufmann, Jahrbuch Baurecht 2006, 35),
* § 2 Nr. 6 Abs. 1 Satz 2 VOB/B (OLG Düsseldorf, BauR 2015, 494 = IBR 2015, 238 – Bolz),
* § 2 Abs. 8 Nr. 1 Satz 1 VOB/B a.F./BGH, NJW 1991, 1812 = BauR 1991, 331 = ZfBR 1991, 146; OLG Jena, IBR 2007, 669 – Bolz; OLG Köln, MDR 1991, 635; OLG Hamm, OLGR Hamm 1992, 5 = BauR 1992, 540 [LS]). Ob § 2 Abs. 8 VOB/B in der neuen Fassung einer Inhaltskontrolle standhält, ist dagegen umstritten,[135)]
* § 2 Abs. 10 VOB/B (OLG Schleswig, IBR 2005, 414 = OLGR 2005, 741, 742),
* § 4 Abs. 7, 8, § 5 Abs. 4, § 8 Abs. 3 VOB/B (Vygen/Joussen, Rn. 486; Ingendoh/Berger, ZflR 2008, 691, 695), sowie Hofmann/Koppmann, S. 44, *Glatzel/Hofmann/Frikell*, S. 46, *Sienz*, in: Ingenstau/Korbion, Anhang 4, Rn. 82.
* § 6 Abs. 6 VOB/B (BGH, NJW 1994,1060),
* § 6 Abs. 7 VOB/B (KG, IBR 2017, 131 – Bolz),
* § 12 Abs. 5 Nr. 1–3 VOB/B (Deckers, NZBau 2008, 627, 631),
* § 13 Abs. 4 (BGH, BauR 2004, 1142; BauR 1994, 617, 618; NJW 1990, 3197 = BauR 1990, 718; LG Berlin, NJW-RR 1991, 1123),[136)]
* § 13 Abs. 5 Nr. 1 S. 2 VOB/B (LG Halle, IBR 2006, 252; OLG Koblenz, IBR 2005, 317),
* § 13 Abs. 7 Nr. 1–3 VOB/B (Glatzel/Hofmann/Frikell, S. 49; Deckers, NZBau 2008, 627, 631),
* § 15 Abs. 3 S. 5 VOB/B (Glatzel/Hofmann/Frikell, S. 49; Deckers, NZBau 2008, 627, 631),
* § 16 Abs. 1 VOB/B (Hildebrandt, BauR 2009, 4, 7; Deckers, NZBau 2008, 627, 632),
* § 16 Abs. 2 Nr. 2 VOB/B (BGH, NJW 1991, 1812 = BauR 1991, 331 = ZfBR 1991, 146),

---

135) Für eine Vereinbarkeit mit den AGB-rechtlichen Vorschriften: OLG Köln, BauR 2005, 1173; **a.A.:** *Vygen/Joussen*, Rn. 495; *Kapellmann*, in: Kapellmann/Messerschmidt, § 2 Abs. 8 VOB/B, Rn. 300; *Keldungs*, in: Ingenstau/Korbion, § 2 Abs. 8 VOB/B, Rn. 42. Vgl. hierzu im Einzelnen *Wehler*, BauR 2015, 1434 ff.
136) Zur isolierten Inhaltskontrolle des § 13 VOB/B vgl. Weyer, NZBau 2003, 521: Abgesehen von § 13 Nr. 4 VOB/B halten nach seiner Auffassung alle anderen Bestimmungen des § 13 VOB/B eine isolierten Inhaltskontrolle stand.

- § 16 Abs. 3 Nr. 1 VOB/B (OLG Celle, BauR 2010, 1764; LG Heidelberg, NJW-RR 2011, 674 = IBR 2011, 396 – *Schulze-Hagen*; OLG Naumburg, BauR 2012, 688 [LS] u. BauR 2006, 849 = IBR 2005, 666 – *Thierau*; OLG Düsseldorf, IBR 2006. 192 – *Thierau*; OLG Brandenburg, BauR 2003, 1404; OLG München, BauR 1995, 138 [LS]),
- § 16 Abs. 3 Nr. 2 VOB/B (BGH, BauR 2007, 1404; BauR 2004, 668; OLG Naumburg, IBR 2012, 131 – *Blatt*)
- § 16 Abs. 6 S. 1 VOB/B (BGH, BauR 1990, 727),
- § 16 Abs. 4 VOB/B (Deckers, NZBau 2008, 627, 632),
- § 16 Abs. 5 Nr. 3 VOB/B (BGH, BauR 2009, 1736 = NZBau 2010, 47 = NJW 2009, 3717 = IBR 2009, 566 – *Schulze-Hagen*; OLG Köln, IBR 2014, 723 – *Rodemann*),
- § 16 Abs. 6 S. 1 VOB/B (BGH, NJW 1990, 2384 = BauR 1990, 727; NJW-RR 1991, 210; NJW-RR 1991, 727 = BauR 1991, 473),
- § 17 Abs. 8 S. 2 VOB/B (OLG Dresden, IBR 2008, 94).

Rechtsprechung und Literatur[137)] werden sicherlich auch folgende **Bestimmungen der VOB/B** bei einer „isolierten" Inhaltskontrolle **beanstanden**; so dürften nach den §§ 305 ff. BGB einer Inhaltskontrolle kaum standhalten: **1270**

§ 2 Abs. 6 (Hinweis auf Mehrvergütung),[138)] § 2 Abs. 8 (Abweichung von § 687 BGB),[139)] § 4 Abs. 8 Abs. 1 Satz 1 (Selbstausführung der Leistung),[140)] § 4 Abs. 8 Nr. 2 (Einbeziehung der VOB bei Weitergabe von Bauleistungen an Subunternehmer),[141)] § 5 VOB/B (Ausführungsfristen)[142)] § 7 (Verteilung der Gefahr), § 15 Abs. 3 Satz 5 (Anerkenntnisfiktion bei nicht fristgemäß zurückgegebenen Stundenlohnzetteln), § 16 VOB/B Abs. 3 Nr. 2 und 5 (Vorbehalt der Schlusszahlung).[143)]

Dagegen **halten** nach der bisherigen Rechtsprechung § 1 Abs. 4 S. 1, § 2 Abs. 5 S. 1 und § 18 Abs. 4 VOB/B[144)], § 2 Abs. 5 VOB/B[145)], § 2 Abs. 6 Nr. 2 S. 2 VOB/B[146)], § 8 Abs. 2 VOB/B[147)], § 8 Abs. 3 Nr. 3 VOB/B[148)]; § 13 Abs. 3 **1271**

---

137) Vgl. hierzu insbesondere *Deckers*, NZBau 2008, 627.
138) Vgl. hierzu OLG Düsseldorf, IBR 2004, 120 – *Karczewski*; *Vygen/Joussen*, Rn. 495; *Korbion/Locher/Sienz*, Rn. F 25; *Wolf/Horn/Lindacher*, § 23, Rn. 250; *Locher*, Festschrift für Korbion, S. 283.
139) *Wolf/Horn/Lindacher*, a.a.O.
140) Vgl. hierzu *Korbion/Locher*, Rn. F 66.
141) Vgl. hierzu *Kniffka*, ZfBR 1992, l, 6.
142) *Deckers*, NZBau 2009, 627, 629.
143) BGH, NZBau 2016, 548, 551 = BauR 2016, 1153 = IBR 2016, 332 – *Schmitz*; OLG Frankfurt, IBR 2016, 445 – *Bolz*.
144) BGH, BauR 1996, 378 = NJW 1996, 1346 = MDR 1996, 791 = ZIP 1996, 678.
145) BGH, BauR 1996, 378, 380 = NJW 1990, 1346, 1347.
146) BGH, BauR 1996, 542 = NJW 1996, 2158 = MDR 1996, 902 = ZIP 1996, 1220; OLG Hamm, BauR 1997, 472 = OLGR 1997, 2.
147) OLG Schleswig, IBR 2012, 134 – *Schmitz*; *Kuffer*, in: Heiermann/Riedl/Rusam, § 8 Rn. 47 m. Hinweis aus BGH, BauR 1996, 91.
148) OLG Stuttgart, IBR 2012, 77 – *Badelt*.

VOB/B[149], § 13 Abs. 5 Nr. 1 S. 1 VOB/B[150], § 13 Abs. 5 Nr. 1 S. 2 VOB/B[151], § 13 Abs. 6 VOB/B[152], § 17 VOB/B[153], § 18 Abs. 1 VOB/B[154] sowie § 18 Abs. 5 VOB/B[155] einer **isolierten Inhaltskontrolle** nach §§ 305 ff. BGB **stand**. Dies soll nach OLG Oldenburg[156] auch für die Gerichtsstandsklausel in § 18 Abs. 1 VOB/B gelten.[157]

Nach § 310 BGB finden die wichtigen §§ 308 und 309 BGB keine Anwendung auf Bauverträge zwischen Unternehmern. Allerdings geht der BGH[158] von einer Indizwirkung für die Unwirksamkeit im unternehmerischen Geschäftsverkehr aus, wenn in diesen Vertragsverhältnissen eine Klausel gegen die §§ 308 und 309 BGB verstößt.

1272 Fraglich ist die Rechtsfolge, wenn eine AGB-Klausel gegen die §§ 305 ff. BGB verstößt. Eine „**geltungserhaltende Reduktion**" ist **unzulässig** (vgl. Rdn. 2687).[159] Inwieweit eine durch die Unwirksamkeit der AGB-Klausel im Formularvertrag entstandene Lücke durch **ergänzende Vertragsauslegung** geschlossen werden kann,[160] ist ebenfalls zweifelhaft. Lehnt man eine ergänzende Vertragsauslegung ab,[161] kann die Unwirksamkeit der AGB im Einzelfall zur **Unwirksamkeit des Vertrages** selbst führen.

1273 In der Regel wird an die Stelle einer unwirksamen AGB die **gesetzliche Regelung** treten.[162] Die unwirksame AGB-Klausel wird also nicht ohne Weiteres durch die entsprechende VOB-Bestimmung ersetzt, die die Parteien durch die AGB gerade ausschließen oder abändern wollten.[163] Das OLG Frankfurt[164] vertritt sogar die Ansicht, die Parteien könnten sich überhaupt nicht mehr auf die VOB stützen, weil es insoweit an einer wirksamen Einbeziehung fehle. Das ist jedoch nicht unbestritten.[165]

---

149) Vgl. *Weyer*, BauR 2009, 1204 sowie BauR 2013, 389; **a.A.:** *Peters*, NZBau 2012, 615, 619.
150) OLG Düsseldorf, BauR 2011, 834; OLG Hamm, OLGR 1997, 62.
151) OLG Celle, BauR 2008, 353 sowie OLG Hamm, BauR 2009, 1913, 1914; OLG Naumburg, BauR 2007, 551.
152) OLG Hamm, BauR 2005, 909.
153) OLG Hamburg, BauR 1997, 668 = NJW-RR 1997, 1040; OLG Karlsruhe, BauR 1989, 203.
154) OLG Oldenburg, BauR 1997, 174 = NJW-RR 1996, 1486.
155) BGH, BauR 1996, 378 = NJW 1996, 1346.
156) NJW-RR 1996, 1486 = ZfBR 1996, 324 (bedenklich).
157) *Wittchen*, BauRB 2004, 251, 253 hat verschiedene VOB-Regelungen zusammengestellt, die er für „problematisch" hält.
158) NJW 2007, 3774, 3775; BauR 1984, 390, 392. Vgl. hierzu auch *Vygen/Joussen*, Rn. 494.
159) BGH, ZfBR 1991, 106 = WM 1991, 695; vgl. ferner: BGH, NJW 1985, 319 ff.; NJW 1985, 320 ff.; NJW 1982, 2311 = WM 1982, 869; *Hager*, JuS 1985, 264.
160) Bejahend: BGHZ 90, 69 = BB 1984, 486 = NJW 1984, 1177; NJW 1985, 621; zustimmend: *Bunte*, NJW 1984, 1145.
161) Ablehnend: *Trinkner*, BB 1984, 490, u. *Löwe*, BB 1984, 492.
162) BGH, BauR 1988, 461, 464; ZfBR 1985, 81, 83; OLG Frankfurt, BauR 1985, 323 = NJW 1984, 2586; LG Düsseldorf, NJW 1985, 500, 501; BGH, *Schäfer/Finnern*, Z 2.10 Bl. 41; *Lenzen*, BauR 1985, 261, 263.
163) Vgl. auch BGH, BauR 1986, 200, 201; BGH, BauR 1988, 461, 464.
164) BauR 1985, 323, 325.
165) Anders z.T. die Literatur, die dann eine **Inhaltskontrolle jeder einzelnen Bestimmung** vornehmen will; vgl. die Hinweise bei *Bunte*, BB 1984, 732, 736, Anm. 50, der annimmt, dass

Vereinbarung der VOB

Ob ein **Architekt** berechtigt ist, für seinen Auftraggeber die VOB/B verbindlich **1274** mit dem Bauhandwerker zu vereinbaren, hängt davon ab, welche Vollmachten ihm erteilt wurden (vgl. Rdn. 1332 ff.): Ist er befugt, die Bauarbeiten für den Bauherrn zu vergeben, ist ihm auch das Recht eingeräumt, dies unter Anwendung der VOB zu tun.[166]

Die dargestellten Grundsätze sind für andere AGB im Rahmen eines Bauvertrages (z.B. „Allgemeine", „Zusätzliche" oder „Besondere" Vertragsbedingungen) entsprechend heranzuziehen. Sie alle sind AGB, sodass auch die §§ 305 ff. BGB Anwendung finden.

c) VOB Teil C (VOB/C)

Literatur

Völkel, Die Bedeutung der VOB/C bei der Bestimmung bauvertraglicher Leistungspflichten, Baurechtliche Schriften, Bd. 61, 2006. Beck'scher VOB-Kommentar, VOB Teil C, Hrsg. *Englert/Katzenbach/Motzke*, 2003.

Tempel, Die Einbeziehung der VOB/B und VOB/C in den Bauvertrag, NZBau 2003, 465; *Moufang/Klein*, Die Bedeutung der VOB/C für die Leistungspflichten der Bauvertragspartner, Jahrbuch Baurecht 2004, 71; *Kapellmann*, Der BGH und die „Konsoltraggerüste" – Bausollbestimmung durch die VOB/C oder die „konkreten Verhältnisse"?, NJW 2005, 182; *Pauly*, Die VOB/C in der Baurechtspraxis, MDR 2005, 190; *Quack*, Über die Untauglichkeit aller Versuche, die VOB/C vor der Auslegung des Einzelvertrages zu retten, ZfBR 2005, 427; *Quack*, Was ist eigentlich vereinbart, wenn die VOB/C nicht wirksam in den Vertrag einbezogen wurde, ZfBR 2005, 731; *Schulze-Hagen*, Die Bindungswirkung technischer Normen und der Anscheinsbeweis im Baurechtsprozess, Festschrift für Werner (2005), 355; *Seibel*, Technische Normen als Bestandteil eines Bauvertrages, ZfBR 2007, 310; *Englert*, Die Negation der VOB Teil C durch Instanzgerichte, NZBau 2009, 553; *Marbach*, Bauvertragsrechtliche Bedeutung der VOB Teil C – dargestellt am Beispiel der „Allgemeinen Technischen Vertragsbedingungen für Bauleistungen (ATV) Bohrarbeiten – DIN 18 301, Ausgabe Oktober 2006", Festschrift für Kapellmann (2007), 277.

Im Teil C der VOB sind die Allgemeinen Technischen Vertragsbedingungen für **1275** Bauleistungen enthalten. Es handelt sich um eine Vielzahl von Regelwerken für bestimmte Baubereiche, die jeweils auch mit DIN-Nummern versehen sind (beginnend mit der DIN 18299 – „Allgemeine Regelungen für Bauarbeiten jeder Art"). Inhalt dieser Regelwerke sind vorformulierte Vertragsbestimmungen und zwar – im Gegensatz zu den sonstigen DIN-Normen – **nicht nur technische Regeln**, sondern **auch Vertragsregeln** (insbesondere Regeln zu Nebenleistungen und Besonderen Leistungen sowie zu Vergütungsfragen und Abrechnungsmodalitäten). *Motzke*[167] bezeichnet die VOB/C daher auch als „vorformulierte Vertragsanbah-

---

sich die Inhaltskontrolle dann nur auf „die dem Verwender **günstige** Regelung" erstrecken könne.
166) BGH, NJW 1967, 2005 = MDR 1967, 831. Die Bevollmächtigung eines Bauträgers zu unbeschränkter Vertragsvergabe ist unwirksam: OLG Nürnberg MDR 1982, 939; **a.A.:** OLG München, BB 1983, 2015.
167) Beck'scher VOB-Komm/*Motzke*, C, Syst III, Rn. 2; ebenso *Tempel*, NZBau 2003, 465, 469. Ähnlich *Vogel/Vogel*, BauR 2000, 345, 346 u. Beck'scher VOB-Komm/*Vogel*, C, Syst V, Rn. 18; vgl. hierzu auch *Siegburg*, Rn. 131 ff.; **a.A.:** *Quack*, ZfBR 2003, 315, 318 (kein Vertragstext, nur „technische Richtschnur").

nungs-, Abschluss- und Abwicklungsordnung" und die in der VOB/C enthaltenen DIN-Normen als **„atypische DIN-Normen"**.

Vertragliche Vereinbarungen gehen den technischen Bestimmungen der VOB/C stets vor. Entscheidend ist also, was die Parteien individuell vereinbart haben.[168]

1276 Die Bestimmungen der VOB/C werden in der Rechtsprechung,[169] und in der Literatur[170] als **„Allgemeine Geschäftsbedingungen"** angesehen, mit der Folge, dass insoweit eine Inhaltskontrolle nach den §§ 305 ff. BGB in Betracht kommt.[171] Als Allgemeine Geschäftsbedingungen gelten die Bestimmungen der VOB/B nur dann, wenn sie zwischen den Vertragsparteien vereinbart worden sind, also in den Bauvertrag einbezogen wurden (vgl. hierzu Rdn. 1247 ff.). Gemäß § 1 Nr. 1 Satz 2 VOB/B werden allerdings die Bestimmungen der VOB/C beim **VOB-Bauvertrag** automatisch – im Wege der Staffelverweisung – vertraglicher Bestandteil.[172] Das hat jedenfalls für das Vertragsverhältnis mit einem auf dem Bausektor gewerblich tätigen Unternehmer als Klauselgegner zu gelten.[173] Ist der Vertragspartner des Verwenders Verbraucher, bestehen insoweit Bedenken, weil dem Verbraucher wohl Gelegenheit zur Kenntnis des vollen Textes gewährt werden müsste (vgl. hierzu Rdn. 1247 ff.).[174] Der BGH[175] differenziert allerdings insoweit nicht zwischen einem auf dem Bausektor gewerblich tätigen Unternehmer einerseits und einem Verbraucher andererseits.

1277 Da es für den **BGB-Bauvertrag** keine entsprechende Einbeziehungsregelung gibt, bedarf es grundsätzlich einer entsprechenden Absprache der Parteien des Bauvertrages. Dabei ist allerdings zu berücksichtigen, dass die VOB/C nach h.M.[176] anerkannte Regeln der Technik wiedergibt. Insoweit entfalten die Bestimmungen der **VOB/C** auch rechtliche **Wirkungen beim BGB-Bauvertrag** im Hinblick auf den **Sachmangelbegriff** des § 633 Abs. 2 Nr. 2 BGB, selbst wenn die VOB/C nicht

---

168) KG, BauR 2006, 836.
169) BGH, BauR 2004, 1438 (bezüglich der Abrechnungsregelungen in der VOB/C) = NJW-RR 2004, 1248 = NZBau 2004, 500 = ZfIR 2004, 667 m.Anm. *Vogel;* OLG Celle, BauR 2003, 1040 = IBR 2003, 289 – *Schwenker;* OLG Düsseldorf, BauR 1991, 772; OLG Köln, BauR 1982, 170.
170) *Vogel,* ZfIR 2004, 670, 671; *Siegburg,* Rn. 131 m.w.N.; ferner *Grauvogl,* Jahrbuch Baurecht 1998, 315, 331; Beck'scher VOB-Komm/*Motzke,* C, Syst III, Rn. 54; ferner Beck'scher VOB-Komm/*Kuffer,* C, Syst VII, Rn. 10 ff.; *Vogel/Vogel,* BauR 2000, 345, 347; *Tempel,* NZBau 2003, 465, 469; *Moufang/Klein,* Jahrbuch Baurecht 2004, 71, 77; *Völkel,* S. 127 ff.; *Quack,* ZfBR 2005, 427; *Pauly,* MDR 2005, 190.
171) Vgl. hierzu insbesondere *Vogel/Vogel,* BauR 2000, 345, 347 m.w.N.
172) BGH, BauR 2006, 2040, 2042 = NZBau 2006, 777 = IBR 2006, 605 – *Vogel;* OLG Celle, IBR 2011, 5 – *Schulze-Hagen; Seibel,* NJW 2007, 310, 311.
173) **Herrschende Meinung:** *Pauly,* MDR 2005, 190, 191; *Motzke,* NZBau 2002, 641, 644; *Kuffer,* in: Heiermann/Riedl/Rusam, § 1/B, Rn. 82; *Asam,* BauR 2002, 1248; **a.A.:** *Vogel,* ZfIR 2004, 670, 671 m.w.N.
174) So *Quack,* ZfBR 2005, 731; *Pauly,* MDR 2005, 190, 191; *Tempel,* NZBau 2003, 465, 470; *v. Rintelen,* in: Kapellmann/Messerschmidt, § 1/B, Rn. 22; *Vogel,* a.a.O.; *Turner,* ZfIR 2003, 511, 512; *Schwenker,* EWiR 2002, 501.
175) BauR 2006, 2040, 2042 = NZBau 2006, 777.
176) *Quack,* ZfBR 2005, 731; *Siegburg,* Rn. 98 ff.; Beck'scher VOB-Komm/*Jansen,* B § 2 Nr. 1, Rn. 23; *Oppler,* in: Ingenstau/Korbion § 4 Abs. 2, Rn. 40; vgl. hierzu auch OLG Saarbrücken, BauR 2000, 1332, 1333 (Abrechnungssystem der VOB/C entspricht gewerblicher Verkehrssitte).

ausdrücklich Bestandteil des Bauvertrages wurde.[177] Das gilt jedoch nicht für die Abschnitte 4 und 5 der ATV DIN 18299 ff. mit ihren Abrechnungsvorschriften sowie den Nebenleistungen in Abgrenzung zu den besonderen Leistungen, sondern nur für die technischen Bestimmungen im engeren Sinn.

2. Widersprüche im Bauvertrag

Literatur

Lammel, Zu Widersprüchen in Bauverträgen, BauR 1979, 109.

Bei **Widersprüchen im Bauvertrag** ist durch Auslegung des Vertrages der **wahre Wille der Parteien** im Zeitpunkt des Vertragsabschlusses **herauszufinden**; dabei ist der Vertrag so auszulegen, wie Treu und Glauben dies mit Rücksicht auf die Verkehrssitte erfordert (§ 157 BGB). Es muss der **wirkliche Wille** der Parteien, der zum Abschluss des Vertrages geführt hat, erforscht werden.[178] Allerdings ist nur der erklärte Wille, der sich im Vertrag widerspiegelt, ausschlaggebend.[179] Der Wortlaut des Vertrages ist nur Hilfsmittel. Verbleiben nach der Auslegung Widersprüche, sind diese nach der zutreffenden Entscheidung des OLG Koblenz[180] dem Verfasser des Vertrages anzulasten. **1278**

Schwierigkeiten ergeben sich in der Praxis vor allem daraus, dass **Bauverträge** in aller Regel heute aus **verschiedenen Bestandteilen bestehen**, die dann oftmals nicht widerspruchsfrei zueinander passen. Hat ein Bauvertrag solche verschiedenen Bestandteile (z.B. **mehrere individualrechtliche** und **formularmäßige**), so ist als Erstes auf die von den Parteien erkennbar gewollte Rangfolge zu achten. Dabei ist zunächst auch von der grundsätzlichen **Gleichwertigkeit** der Vertragsbestandteile auszugehen.[181] Dies gilt jedoch nur für die besonderen Vereinbarungen der Parteien einerseits und allgemeine (meist standardisierte) Bestandteile andererseits, wenn innerhalb dieser Teile jeweils Widersprüche auftreten. Im Übrigen gehen grundsätzlich besondere Vereinbarungen den allgemeinen Vertragsbestandteilen (AGB) im Rang vor.[182] Ein individuelles Auftragsschreiben hat demnach z.B. Vorrang vor allgemeinen Vertragsbedingungen. **1279**

Sind einzelne Vertragsbestandteile als **Allgemeine Geschäftsbedingungen** zu qualifizieren, sind die §§ 305b und 305c Abs. 2 BGB zu beachten: Danach haben individuelle Vertragsabreden Vorrang vor AGB. Unklarheiten, die sich nicht aus dem **Gesamtzusammenhang** lösen lassen, führen zur **Unwirksamkeit** der AGB- **1280**

---

177) Beck'scher VOB-Komm/*Motzke*, C, Syst III, Rn. 60, 65 u. Syst IV, Rn. 13 (§ 633 BGB als „Einfallstor der VOB/C-Regeln in den VOB-Bauvertrag").
178) OLG Oldenburg, BauR 2011, 530.
179) OLG Koblenz, IBR 2007, 234.
180) IBR 2007, 234.
181) Vgl. hierzu *Nicklisch/Weick*, § 1/B, Rn. 53 ff.
182) BGH, BauR 1977, 346; BGH, WM 1982, 447; BauR 1986, 202 = NJW-RR 1986, 825 = ZfBR 1986, 78; OLG Düsseldorf, NJW-RR 1995, 82, wonach z.B. die Leistungsbeschreibung den verschiedenen Vertragsbedingungen bei etwaigen Widersprüchen vorgeht.

Regelung mit der Folge, dass dann gemäß § 306 Abs. 2 BGB die gesetzlichen Regelungen (§§ 631 ff. BGB) zur Anwendung gelangen.[183]

1281 Bei Widersprüchen im **VOB-Vertrag** gibt § 1 Abs. 2 VOB/B an, in welcher Reihenfolge die einzelnen Verdingungsunterlagen zur Auslegung des Willens der Parteien herangezogen werden sollen. Danach gilt bei Widersprüchen im Vertrag folgende Reihenfolge:
* die Leistungsbeschreibung
* die Besonderen Vertragsbedingungen
* etwaige Zusätzliche Vertragsbedingungen
* etwaige Zusätzliche Technische Vertragsbedingungen
* die Allgemeinen Technischen Vertragsbedingungen für Bauleistungen
* die Allgemeinen Vertragsbedingungen für die Ausführung von Bauleistungen

Diese Reihenfolge gilt allerdings erst, wenn sich echte Widersprüche im Bauvertrag herausstellen, die bei einer Gesamtbetrachtung der Verdingungsunterlagen nicht aufgelöst werden können. Grundsätzlich ist also in erster Linie auch hier der wirkliche Parteiwille anhand aller Verdingungsunterlagen in seiner Gesamtheit zu erforschen.

Die in § 1 Abs. 2 VOB/B genannte Rangfolge von Vertragsbestandteilen kann in aller Regel auch als Auslegungsmaßnahme für BGB-Bauverträge herangezogen werden.

1282 Die **VOB** gibt **keine Auslegungsregel**, wie **Widersprüche zwischen Teilen einer Rangordnung** zu klären sind. Hier sind sowohl für den BGB- wie auch den VOB-Bauvertrag die allgemeinen Auslegungsregeln heranzuziehen.[184] In der Baubranche sind **Widersprüche** zwischen der **textlichen Baubeschreibung** (mit Leistungsverzeichnis) einerseits und der **zeichnerischen Darstellung des Bauwerks** andererseits nicht selten.

1283 Die **Bauzeichnung** ist Bestandteil der Baubeschreibung. Sie steht nicht von vornherein in einer bestimmten Rangordnung. Zeichnungen haben vielmehr vertraglich die **gleiche Bedeutung** wie das geschriebene Wort oder die geschriebene Zahl in der Leistungsbeschreibung.[185] Daher kann der Auffassung des OLG Düsseldorf[186] nicht gefolgt werden, wonach „in der Regel ... davon auszugehen ist, dass nach dem Willen der Parteien für den Umfang des Auftrages in erster Linie der Leistungsbeschrieb ... maßgebend sein soll". Nach zutreffender Auffassung des OLG Celle[187] konkretisieren **Baupläne** bei Lücken der Leistungsbeschreibung diese und begründen dementsprechend selbstständige Leistungspflichten, selbst wenn im Bauvertrag festgelegt ist, dass die dem Vertrag beigefügten Zeichnungen und Pläne keine selbstständigen Leistungspflichten begründen und nur die vorrangige Leistungsbeschreibung erläutern.

1284 Bei **Widersprüchen** zwischen der **Leistungsbeschreibung** und der **zeichnerischen Darstellung** ist in erster Linie durch Auslegung des wirklichen Parteiwillens

---

183) Vgl. z.B. OLG Celle, NJW-RR 1997, 82 (unklare **Mängelverjährungsregelung** nach VOB und BGB); siehe ferner: OLG Köln, DB 1980, 924; Saarl. OLG, OLGR 1998, 73 u. OLG Düsseldorf, NJW-RR 1997, 946 zur Rechtslage bei **sich widersprechenden AGB**.
184) OLG Düsseldorf, BauR 2012, 1238 = IBR 2012, 250 – Bolz; v. Rintelen, in: Kapellmann/Messerschmidt, § 1 VOB/B, Rn. 45, weisen zutreffend darauf hin, dass es keinen grundsätzlichen Vorrang vom Positionstext gegenüber den Vorbemerkungen gibt, sodass grundsätzlich die Ausführung, die die konkrete Leistung spezieller beschreibt, maßgebend ist: In der Regel wird dies der Positionstext sein.
185) OLG Bremen, IBR 2012, 314 – Sterner.
186) Schäfer/Finnern, Z 2.301 Bl. 5.
187) IBR 2003, 233 – Vogel.

das von den Parteien tatsächlich Gewollte gemäß §§ 133, 157 BGB zu ermitteln.[188] Dabei sind folgende Grundregeln zu berücksichtigen: Zunächst gilt auch hier der Rechtsgrundsatz, dass Widersprüche (z.B. Mehrdeutigkeiten) in erster Linie dem Verfasser des Vertrages anzulasten sind, weil er den eigentlichen Vertrauenstatbestand geschaffen hat.[189] Dies stellt § 305c Abs. 2 BGB für AGB-Formularverträge noch einmal klar. Ist eine Bauleistung in einer Bauzeichnung, nicht aber in der Baubeschreibung oder im Leistungsverzeichnis enthalten (oder umgekehrt), so ist dieses Fehlen in einem Vertragsbestandteil grundsätzlich unerheblich. Entscheidend wird in aller Regel sein, dass die betreffende Bauleistung in einem der vorerwähnten Teile der Baubeschreibung enthalten ist. Das Fehlen in einem Teil des Gesamtvertrages führt also nicht dazu, dass die Bauleistung ausgeschlossen ist.[190] Vielmehr ist die Annahme gerechtfertigt, dass Vertragsparteien, wenn sie eine Bauleistung in einem Teil des Gesamtvertrages erwähnt haben, diese auch tatsächlich gewollt haben. Stets sind aber die besonderen Umstände des Einzelfalles zu berücksichtigen. Der BGH[191] hat sich dieser Auffassung bei einer Fallgestaltung angeschlossen, bei der eine Leistung in der Baubeschreibung, nicht aber in den Plänen ausgewiesen war. Er weist zunächst darauf hin, dass die vom Auftragnehmer angebotene Leistung aus dem objektiven Empfängerhorizont unter Berücksichtigung von Treu und Glauben und der Verkehrssitte zu beurteilen ist. Im Übrigen sei ein Bauvertrag „als sinnvolles Ganzes" auszulegen. Nach seiner Auffassung kommt jedenfalls dem Wortlaut der Leistungsbeschreibung gegenüber etwaigen Plänen dann „eine vergleichsweise große Bedeutung zu, wenn damit die Leistung im Einzelnen genau beschrieben wird, während die Pläne sich nicht im Detail an dem angebotenen Bauvorhaben orientieren (vgl. BGH, NJW 1999, 2432 = BauR 1999, 897 = ZfBR 1999, 256)". Das KG[192] hat daher auch zutreffend entschieden, dass mit einem Pauschalpreis sämtliche Mengen abgegolten sind, wenn die Leistung neben einer detaillierten zeichnerischen Darstellung funktional beschrieben wurde, auch wenn sie in der zeichnerischen Darstellung zu niedrig angesetzt sind.

1285 Häufig vereinbaren Vertragsparteien ein **Referenzobjekt** als Maßstab für das Bau-Soll. Bei einem Widerspruch zwischen den Angaben des Leistungsverzeichnisses und einem als Standard vereinbarten Referenzobjekt gehen die spezielleren Angaben des Leistungsverzeichnisses vor.[193] Nach Auffassung des OLG Bremen[194] verdrängt eine von den Vertragsparteien vereinbarte und vorgenommene **Bemusterung** grundsätzlich die Vorgaben des Leistungsverzeichnisses, wenn die Bemusterung die geschuldete Werkbeschaffenheit endgültig festlegt, was in der Regel der Fall sein wird. Das soll insbesondere dann gelten, wenn der Auftraggeber bei der Bemusterung alle Abweichungen vom Leistungsverzeichnis ohne Weiteres hätte erkennen können.

---

188) Wie hier OLG Düsseldorf, BauR 2012, 1238 = IBR 2012, 250 – *Bolz*; OLG Naumburg, IBR 2013, 197 – *Bolz*; OLG Koblenz, IBR 2007, 234 – *Althaus*.
189) Ebenso OLG Koblenz, a.a.O.
190) So wohl auch *Lammel*, a.a.O.; vgl. LG Köln, BauR 1992, 123 (LS) für den Pauschalpreisvertrag.
191) BauR 2003, 388 = NJW 2003, 743 = NZBau 2003, 145.
192) IBR 2005, 521 – *Putzier*.
193) OLG Celle, BauR 2005, 1333.
194) IBR 2012, 249.

1286 Eine vom Auftraggeber gestellte (formularmäßige) Klausel, wonach die für den Auftraggeber „günstigste" Regelung anzuwenden ist, wenn vertragliche Bestimmungen im Widerspruch zueinander stehen, ist vom BGH[195] für unzulässig erklärt worden. Eine von den Vertragsparteien vereinbarte und vorgenommene Bemusterung verdrängt nach Auffassung des OLG Bremen[196] die Vorgaben eines Leistungsverzeichnisses, wenn die Bemusterung die geschuldete Werkbeschaffenheit endgültig festlegt; das soll insbesondere dann gelten, wenn der Auftraggeber bei der Bemusterung alle Abweichungen vom Leistungsverzeichnis ohne weiteres erkennen konnte.

3. Aktiv- und Passivlegitimation

Literatur

Maser, Bauherrenmodelle im Spiegel der neueren Gesetzgebung und Rechtsprechung, NJW 1980, 961; *Crezelius*, Zivilrechtliche Beziehungen beim Bauherren-Modell, JuS 1981, 494; *Wilhelmi*, Ausscheiden aus einer Bauherrengemeinschaft, DB 1986, 1003; *Brych*, Die Bevollmächtigung des Treuhänders im Bauherrenmodell, Festschrift für Korbion (1986), 1; *Strunz*, Das verdeckte Bauherren-Modell, BauR 1990, 560; *Baumann*, Zur Form von Schuldbeitritt und Schuldanerkenntnis, ZBB 1993, 171; *Vogelheim*, Die Behandlung von Sonderwünschen beim Bauträgervertrag, BauR 1999, 117; *Baden*, Nochmals: Sonderwunschverträge, BauR 1999, 712; *Gartz*, Anfechtungsrisiko bei Direktzahlungen des Auftraggebers nach § 16 Abs. 6 VOB/B, BauR 2012, 571.

1287 **Aktivlegitimiert** zur Geltendmachung des Vergütungsanspruchs ist der Bauhandwerker nur dann, wenn er seine Forderung nicht bereits **abgetreten** hat. Der Unternehmer kann immer nur die Ansprüche auf Zahlung seiner Vergütung abtreten; bei einem VOB-Vertrag können deshalb bloße **Aktivpositionen** einer Schlussrechnung **nicht** abgetreten werden.[197] Allerdings werden heute zunehmend **Abtretungsverbote** bezüglich der Werklohnforderung des Unternehmers vereinbart; die einer solchen Vereinbarung zuwiderlaufende Abtretung ist schlechthin und gegenüber jedem Dritten unwirksam.[198] Das Abtretungsverbot, auch wenn es in Allgemeinen Vertragsbedingungen enthalten ist,[199] verstößt grundsätzlich nicht gegen die guten Sitten;[200] der Insolvenzverwalter über das Vermögen des Unternehmers muss es gegen sich gelten lassen.[201] Allerdings erfasst ein Abtretungsverbot noch nicht die Einbringung der Werklohnforderung durch den Unternehmer in eine neugegründete GmbH.[202] Vielfach ist eine Abtretung der Vergütung vertraglich nur mit **Zustimmung** des Bauherrn möglich; eine ohne Zustimmung erfolgte Ab-

---

195) BauR 1997, 1036 = NJW-RR 1997, 1513 = ZfBR 1998, 35.
196) IBR 2012, 249 – *Fellmann*.
197) BGH, BauR 1999, 251 = MDR 1999, 292 = ZfBR 1999, 94.
198) BGHZ 40, 156 = NJW 1964, 243.
199) Vgl. dazu BGH, BauR 2000, 569 = ZfBR 2000, 175; ZfBR 1989, 199 = WM 1989, 1227 sowie LG München, BauR 1991, 516 LS (unwirksam).
200) BGHZ 55, 34.
201) BGH, NJW 1971, 1750 = MDR 1971, 743.
202) So zutreffend: KG, NJW-RR 1988, 852; vgl. auch OLG Köln, *SFH*, Nr. 3 zu § 399 BGB.

tretung ist dann unwirksam.[203] Zu beachten ist, dass die Zustimmung im Einzelfall nicht verweigert werden darf, wenn dies unbillig wäre.[204]

1288 Besonders zu beachten ist die Vorschrift des § 354a HGB (Wirksamkeit einer Abtretung), die allerdings nur anwendbar ist, wenn es sich um eine **Geldforderung** handelt, die auf einem Rechtsgeschäft beruht, das **für beide Seiten ein Handelsgeschäft** i.S. der §§ 343, 344 HGB ist.[205] Des Weiteren ist § 354a HGB zu beachten, sofern der Schuldner eine **juristische Person des öffentlichen Rechts** oder ein **öffentlich-rechtliches Sondervermögen** ist. Regelungen, die bei einer **öffentlichen Vergabe** Abtretungsverbote vorsehen, können nach dieser Vorschrift deshalb u.U. unbeachtlich sein, da die Vorschrift **zwingend** ist (§ 354a Satz 3 HGB).

1289 **Passivlegitimiert** für die Werklohnklage des Bauunternehmers ist der **jeweilige Auftraggeber** (Bauherr). Unerheblich ist insoweit, ob der Auftraggeber im Einzelfall auch der Eigentümer des Grundstücks ist, auf dem die Bauleistung erbracht wurde.[206] Die Praxis beweist allerdings, dass nicht immer sorgfältig bedacht wird, wer als Vertragspartner anzusehen ist.[207] So entstehen bei Prozessen immer wieder Meinungsverschiedenheiten, ob etwa **beide Eheleute**[208] in Anspruch genommen werden können. Der Abschluss eines Bauvertrages über ein **Wohnhaus** gehört nicht zu den durch § 1357 BGB („Schlüsselgewalt") erfassten Rechtsgeschäften.[209] In gleicher Weise ist zweifelhaft, wer bei **unternehmensbezogenen Geschäften** als Vertragspartner des Unternehmers anzusehen ist.[210] Als Regel gilt, dass die Bauverträge namens des Betriebs und nicht zu Lasten des Inhabers geschlossen sind.[211] Ein **Architekt** ist in aller Regel nicht Auftraggeber der Bauleistungen; ohne das Vorliegen von **besonderen Umständen** kann nicht angenommen werden, dass ein planender und/oder bauleitender Architekt die Bauaufträge im eigenen Namen vergibt.[212] Entsprechendes gilt auch für Aufträge einer **Hausver-**

---

203) BGHZ 40, 156 = NJW 1964, 243; BGHZ 56, 173 = NJW 1971, 1311 = MDR 1971, 748.
204) BGH, BauR 2000, 569, 571 = ZfBR 2000, 175 = NZBau 2000, 245 (Abtretungsverbot in **AGB**).
205) Zur „Kaufmannseigenschaft" siehe Rdn. 414.
206) Zur **Durchgriffshaftung** s. LG Berlin, NZBau 2000, 199 (gegen Alleingesellschafter einer GmbH); LG Berlin, NZBau 2000, 201 (Konzernhaftung des Alleingesellschafters einer GmbH aus deren Bauaufträgen). Zur Haftung einer KG: BGH, BauR 2000, 772 = ZfBR 2000, 177. Zur **Zahlungszusage** des Auftraggebers gegenüber einem **Nach**unternehmer: BGH, BauR 2001, 628.
207) Vgl. hierzu OLG Koblenz, NZBau 2004, 334.
208) Vgl. dazu OLG Düsseldorf, BauR 2001, 954 u. 956 = IBR 2001, 523; ferner: BGH, *Schäfer/Finnern*, Z 2.10 Bl. 8, 11 R u. 2.12 Bl. 5 mit abl. Anm. *Finnern*; BGH, *SFH*, Nr. 3 zu § 164 BGB betr. minderjährige **Kinder**; OLG Dresden, NJW-RR 1999, 897 – Haftung der Ehefrau aus **Anscheinsvollmacht**; zur Notwendigkeit eines **Hinweises** auf die fehlende Passivlegitimation siehe BGH, BauR 2001, 1421.
209) BGH, NJW-RR 1989, 85 = BauR 1989, 77 = ZfBR 1989, 28; s. aber OLG Düsseldorf, BauR 2001, 956 (Brandschaden von 18000 DM).
210) Vgl. BGH, NJW-RR 1998, 1342; BGH, BauR 1980, 353 = ZfBR 1980, 187; BGH, BauR 1984, 413 = NJW 1984, 2100 für Bauvertrag mit Gesellschafter einer GmbH; BGH, BauR 1983, 573 = ZfBR 1983, 260. Zum Begriff des unternehmensbezogenen Geschäfts: OLG Köln, OLGR 2000, 171 ff.
211) Vgl. BGH, NJW-RR 1998, 1342; OLG Köln, ZfBR 2000, 101, 102 = NJW-RR 1999, 1615; LG Aachen, NJW-RR 1988, 1174, 1175; OLG Hamm, NJW-RR 1988, 1308; OLG Oldenburg, OLGZ 1979, 60; OLG Köln, NJW-RR 1993, 1445 (LS) = MDR 1993, 852.
212) Zutreffend: OLG Köln, BauR 1996, 254 = ZfBR 1996, 97 = OLGR 1996, 26.

waltung einer Eigentümergemeinschaft nach der Rechtsprechung des BGH:[213] Danach wird die Vergabe von Bauleistungen durch die **Hausverwaltung,** soweit sich aus den Umständen (§ 164 Abs. 1 Satz 2 BGB) nichts anderes ergibt, in der Regel für dessen Auftraggeber, gewöhnlich den Eigentümern, vorgenommen; der Umfang der vergebenen Arbeiten ist dabei nicht maßgeblich.

1290 Erteilt ein **Dritter** im Namen des Bauherrn den Auftrag an den Bauunternehmer, ohne hierzu vom Bauherrn bevollmächtigt zu sein, kann der Dritte von dem Unternehmer nach **§ 179 Abs. 1 BGB** unmittelbar in Anspruch genommen werden. Derartige Fallgestaltungen ergeben sich nicht selten bei Auftragserteilung durch den **Architekten** oder **Bauträger,** wenn dieser nicht über die entsprechende Vollmacht des Bauherrn verfügt (vgl. Rdn. 1332 ff. – Architekt) bzw. die Bauherrengemeinschaft später nicht zu Stande kommt (Rdn. 1363).[214]

1291 Neben dem Auftraggeber kann eine Passivlegitimation für einen Werklohnanspruch durch **Schuldbeitritt** eines Dritten (kumulative Schuldübernahme) begründet werden. Ein Schuldbeitritt kann z.B. in Betracht kommen, wenn der Auftraggeber eines Generalunternehmers oder Bauträgers deren Subunternehmer unmittelbare Zahlung zusagt.[215] Bei einem Schuldbeitritt eines Dritten, der keiner Form bedarf (mit Ausnahme des Schuldbeitrittes zu einem Verbraucherkreditvertrag),[216] werden der bisherige Schuldner und der Dritte Gesamtschuldner i.S.d. §§ 421 ff. BGB. Ein Schuldbeitritt setzt jedoch voraus, dass sich die Vertragsparteien und der Dritte über den Vertragsbeitritt geeinigt haben.[217]

> Im Einzelfall ist stets sorgfältig zu prüfen, ob von dem Dritten wirklich ein Schuldbeitritt gewollt war und erklärt wurde. Insbesondere ist eine Abgrenzung zur möglicherweise nur gewollten **Bürgenhaftung** vorzunehmen. Dabei kommt es entscheidend darauf an, ob der Dritte eine selbstständige oder nur eine an die Hauptforderung „angelehnte" und damit unselbstständige Schuld begründen wollte.[218] Die Klärung dieser Frage ist häufig sehr schwierig und nur unter Berücksichtigung aller Umstände (Interessenlage) möglich. Entscheidendes Abgrenzungskriterium ist in aller Regel, ob der **Dritte ein eigenes wirtschaftliches** und/oder **rechtliches Interesse** daran hat, dass die Schuld getilgt wird. Darüber hinaus ist nach allgemeiner Meinung auch die Bonität des Urschuldners zu berücksichtigen; ist er bei Abgabe der Erklärung des Dritten z.B. in finanziellen Schwierigkeiten oder sogar zahlungsunfähig, spricht vieles für einen Schuldbeitritt.[219] Ist eine Klärung, ob Schuldbeitritt oder Bürgschaft vorliegt, nicht möglich, ist grundsätzlich letzteres anzunehmen.[220]

---

213) BauR 2004, 843 = IBR 2004, 235 – *Schliemann* = NZBau 2004, 268 = ZfBR 2004, 361; KG, KGR 1996, 73; OLG Düsseldorf, BauR 2000, 1210, 1211; siehe aber OLG Koblenz, NJW-RR 1996, 919 **(Zusatzauftrag);** OLG Düsseldorf, NJW-RR 1993, 885.
214) Vgl. hierzu: BGH, NJW 1989, 894 = BauR 1989, 92 = ZfBR 1989, 52.
215) Vgl. BGH, BauR 2001, 626; BauR 1994, 624 = NJW-RR 1994, 1044; OLG Hamburg, OLGR 1998, 262; OLG Hamm, NJW 1993, 2625 (s. hierzu *Coester,* JuS 1994, 370).
216) Vgl. BGH, NJW 1996, 2156.
217) BGH, BauR 1998, 357 = NJW-RR 1998, 594.
218) *Palandt/Grüneberg*, Überblick Vor § 414 BGB, Rn. 4; OLG Hamm, a.a.O.; OLG München, NJW-RR 1996, 341 (kein Schuldbeitritt, wenn ein Dritter Leistungen aus einem **Architektenvertrag für eigene Zwecke** in Anspruch nimmt) sowie OLG Hamburg, OLGR 1998, 262.
219) OLG Hamm, NJW 1993, 2625.
220) BGH, NJW 1986, 580; OLG Hamm, NJW 1988, 3022; NJW 1993, 2625; LG Oldenburg, NJW-RR 1996, 286 = MDR 1996, 104.

1292 Darüber hinaus bejaht der BGH[221)] in Einzelfällen die Passivlegitimation unter dem Gesichtspunkt der **Vertrauenshaftung**; sie kommt vor allem in Betracht, wenn **ein Dritter** den Rechtsschein begründet, den Vertrag als „eigene Angelegenheit" abzuwickeln. Beruft er sich dann später auf fehlende „Passivlegitimation", setzt er sich mit seinem früheren Verhalten in Widerspruch (§ 242 BGB). Ein in diesem Sinne treuwidriges Verhalten einer Partei liegt z.B. auch vor, wenn diese ein selbstständiges Beweisverfahren wegen Baumängeln einleitet und sich damit als „Auftraggeber" ausgibt, im Werklohnprozess aber geltend macht, sie sei gar nicht Auftraggeber. Zu beachten ist, dass das **SchRModG** die Haftung des Vertreters/Verhandlungsgehilfen ausdrücklich geregelt hat (§ 311 Abs. 3 BGB). Lässt sich das Verhalten eines Dritten bei Vertragsabschluss als Pflichtverletzung werten, haftet er u.U. neben dem Vertretenen (Vertragspartner) gemäß §§ 280 Abs. 1, 311 Abs. 2, 3, 241 Abs. 2) als Gesamtschuldner.

1293 **Bei größeren Bauprojekten** (insbesondere Eigentums-Wohnanlagen) kann es im Einzelfall zweifelhaft sein, wer Auftraggeber der Bauhandwerker ist, wenn diese Bauvorhaben im Rahmen von steuerlich begünstigten **Bauherrenmodellen**[222)] abgewickelt werden, Baubetreuer oder Bauträger[223)] die Vergabe der Aufträge übernehmen und die Mitglieder der Bauherrengemeinschaft noch nicht abschließend feststehen. Der BGH hat sich in der Vergangenheit wiederholt mit dieser Fragestellung beschäftigt. In seiner insoweit grundlegenden Entscheidung weist der BGH[224)] darauf hin, dass bei einer Auftragsvergabe durch den Baubetreuer „im Namen der von ihm betreuten Bauherren" diese und nicht der Baubetreuer selbst der Vertragspartner der Bauhandwerker sind, selbst wenn es sich um umfangreichere Bauvorhaben handelt. **Unerheblich** ist dabei, dass die Bauherren in dem Bauvertrag **(noch) nicht namentlich genannt** sind, der Zahlungsverkehr über den Baubetreuer abgewickelt und für das Gesamtprojekt ein Festpreis vereinbart wird. Dabei hebt der BGH hervor, dass die Vereinbarung eines Festpreises im Baubetreuungsvertrag noch „keinen unlösbaren Widerspruch zur Bevollmächtigung des Baubetreuers, die Bauaufträge im Namen der Bauherren vergeben zu dürfen", darstellt, weil die Festpreisabrede sich in einem solchen Fall „zwanglos als Preisgarantie deuten" lässt, die den Betreuer verpflichtet, den Bauherrn von den über den Festpreis hinausgehenden Forderungen der Bauhandwerker freizustellen. Dass diese Sicht für den Bauherrn das Risiko doppelter Inanspruchnahme[225)] mit sich bringt, sieht der BGH, meint aber, dass sich eben kein Bau „risikofrei" erstellen lässt, auch nicht über einen Betreuer.

---

221) BauR 1987, 82 = ZfBR 1987, 30; BauR 1990, 209 = ZfBR 1990, 134 (Fortführung fast namensgleicher Unternehmen); LG Aachen, NJW-RR 1988, 1174 (Geschäftsführer einer GmbH legt **Visitenkarte** mit einem Frauennamen vor und gibt eigenen Namen unrichtig an); OLG Hamm, NJW-RR 1996, 802 (Fehlen einer eindeutigen Zuordnung bei unternehmensbezogenem Geschäft).
222) Vgl. hierzu *Maser*, NJW 1980, 961 ff.; *Crezelius*, JuS 1981, 494 ff.; LG Kassel, NJW 1983, 827.
223) Vgl. hierzu OLG Koblenz, NZBau 2004, 333.
224) BGH, NJW 1977, 294 = BauR 1977, 58 = DB 1977, 396; ferner: BGH, NJW 1989, 164, 166; BauR 1989, 213; NJW-RR 1987, 1233; NJW 1980, 992 = ZfBR 1980, 73; BGH, *SFH*, Nr. 6 zu § 164 BGB; **a.A.:** LG Arnsberg, NJW 1978, 2158 m.Anm. *Crezelius*.
225) Zur **doppelten Inanspruchnahme** s. auch *Müller*, BauR 1981, 219, 221 und *Wolfensberger/Langheim*, BauR 1980, 498, 499, 502.

1294 In zwei weiteren Entscheidungen[226] hat der BGH seine Auffassung bestätigt und hervorgehoben, dass in dem Werkvertrag auch keineswegs die Quote festgelegt zu werden brauche, zu der der einzelne Bauherr den Werklohn schulde. In der Regel haften die **Bauherren** gegenüber den Bauhandwerkern entgegen § 427 BGB **nicht gesamtschuldnerisch**, sondern **nur anteilig**, wobei die Höhe des Anteils „nach den jeweiligen Umständen und der Interessenlage" (z.B. Größe der Miteigentumsanteile) zu bestimmen ist.[227] Bauherren einer **Bauherrengesellschaft**, die z.B. ein Geschäftshaus errichten, haften demgegenüber für die Herstellungskosten als **Gesamtschuldner** (§ 427 BGB); sie können ihre Haftung jedoch gegenüber Architekten oder Bauhandwerkern wirksam auf das Vermögen der Bauherrengesellschaft begrenzen.[228] Allerdings werden bei entsprechenden Aufträgen nur diejenigen Bauherren verpflichtet, die bei Auftragserteilung Mitglieder der Gemeinschaft sind; eine Haftung neuer Eigentümer gegenüber außenstehenden Dritten für vor ihrem Eigentumserwerb begründeten Zahlungsverpflichtungen kommt ohne Vertragsübernahme, Schuldübernahme oder Schuldbeitritt nicht in Betracht.[229]

1295 Werden **Sonderwünsche** beim Hauserwerb oder dem Erwerb eines Sondereigentums über eine **Bauträgergesellschaft** auf Verlangen des Erwerbers ausgeführt, kann ebenfalls zweifelhaft sein, wer die Vertragspartner der betreffenden Bauleistung sind.[230] Die Ermittlung der gewollten Vertragsgestaltung ist eine Frage des Einzelfalls. Die Bauträger regeln Vereinbarungen über **Sonderwünsche** durchweg wie folgt: Entweder verlangen sie einen Mehrpreis für die Sonderausstattung oder verweisen bezüglich des Sonderwunsches an den ausführenden Subunternehmer und gewähren gleichzeitig ggf. eine Gutschrift. Bei der ersten Alternative bleibt der Bauträger Vertragspartner des Erwerbers, in der zweiten Alternative wird neuer Vertragspartner bezüglich des Sonderwunsches der jeweilige Subunternehmer, mit dem der Erwerber den Preis für den Sonderwunsch ausgehandelt und an den er sich auch bei etwaigen Mängeln halten muss. Mit einer dritten Alternative hat sich das OLG Celle[231] beschäftigt: Beauftragt der Erwerber den Subunternehmer lediglich mit einer qualitativen Änderung einer bestimmten Ausstattung (z.B. Marmorfliesen anstatt normaler Bodenfliesen), bleibt der Bauträger Vertragspartner des Erwerbers für die Ausführung der Bodenarbeiten mit der Folge, dass der Bauträger für Mängel, die am Bodenbelag auftreten, haftet, sofern diese ihre Ursache nicht allein in der Qualitätsänderung haben.

Schreibt ein Auftragnehmer auf Wunsch seines Auftraggebers eine **Akonto- oder Schlussrechnung auf einen Dritten** (z.B. auf eine andere Gesellschaft) um, geschieht dies nach einer zutreffenden Entscheidung des OLG Koblenz[232] „in der

---

[226] BGH, NJW 1980, 992 = BauR 1980, 262 = BB 1980, 1298; BGH, *SFH*, Nr. 6 zu § 164 BGB.
[227] Vgl. BGH, BauR 1979, 440 = ZfBR 1979, 196; ferner: NJW 1959, 2160 u. OLG Düsseldorf, BauR 1992, 413 (LS).
[228] BGH, BauR 1989, 213.
[229] OLG Düsseldorf, BauR 1997, 334 = OLGR 1996, 239.
[230] Vgl. hierzu: *Kniffka/Koeble*, 11. Teil, Rn. 62; *Vygen/Joussen*, Rn. 110; *Vogelheim*, BauR 1999, 117 ff.; *Baden*, BauR 1999, 712 ff.; OLG Celle, BauR 1998, 802, 804; OLG Koblenz, BauR 1996, 868 = NJW-RR 1996, 919.
[231] BauR 1998, 802.
[232] NZBau 2004, 333.

Regel nur in der Erwartung, damit eine reibungslose und zügige Bezahlung zu erlangen". Dagegen ist ein rechtsgeschäftlicher Wille zur Vertragsänderung hieraus grundsätzlich nicht herzuleiten.

Bei einem VOB-Bauvertrag hat der Auftraggeber unter bestimmten Voraussetzungen das Recht, **unmittelbar Zahlungen an die Nachunternehmer** seines Auftragnehmers zu leisten (§ 16 Abs. 6 VOB/B).[233]

4. Wirksamkeit des Bauvertrages

Literatur

Pöhner, Die Bedeutung der Baugenehmigung für den Bauvertrag, Baurechtliche Schriften, Bd. 35.

Schmidt, Zum Anwendungsbereich des § 313 BGB, ZfBR 1980, 170; *Korte*, Zum Beurkundungsumfang des Grundstücksvertrages und damit im Zusammenhang stehender Rechtsgeschäfte, DNotZ 1984, 3, 82; *Kanzleiter*, Zur Beurkundungsbedürftigkeit von Rechtsgeschäften, die mit einem Grundstücksgeschäft im Zusammenhang stehen, DNotZ 1984, 421; *Lichtenberger*, Zum Umfang des Formzwangs und zur Belehrungspflicht, DNotZ 1988, 531; *Tiedtke*, Die gegenseitigen Ansprüche des Schwarzarbeiters und seines Auftraggebers, DB 1990, 2307; *Köhler*, Schwarzarbeiterverträge: Wirksamkeit, Vergütung, Schadensersatz, JZ 1990, 466; *Gallois*, Die Anwendung des Haustürwiderrufsgesetzes auf den Vertrieb von Bauherren- und Erwerbermodellen, BB 1990, 2062; *Kern*, Die zivilrechtliche Beurteilung von Schwarzarbeiterverträgen, Festschrift für Gernhuber, 191; *Weber*, Der Vertragsschluss im privaten Baurecht, JABl. 1996, 965; *Diederichs*, Schwarzarbeit und Korruption in der Bauwirtschaft – Ursachen, Wirkungen und Maßnahmen zur Eindämmung, Jahrbuch Baurecht 2002, 173; *Bülow*, Verbraucherkreditrecht im BGB, NJW 2002, 1145; *Wirth/Broocks*, Gesetz zur Eindämmung illegaler Beschäftigung im Baugewerbe – Überlegungen zur Vereinbarkeit mit dem Europarecht, Festschrift für Jagenburg (2002), 1057; *Busz*, Der Vergütungsanspruch aus einem durch Submissionsbetrug erlangten Auftrag, BauR 2003, 65; *Diercks*, Korruption am Bau, BauR 2004, 257; *Antweiler*, Wirksamkeit von Verträgen trotz unterlassener Ausschreibung, BauRB 2004, 85; *Spatscheck/Fraedrich*, Schwarzarbeit auf dem Bau, NZBau 2007, 673; *Peters*, Die Leistung ohne Rechnung, NJW 2008, 2478; *Stamm*, Zur Rechtsvereinheitlichung der Schwarzarbeitsproblematik, NZBau 2009, 78; *Wirth/Galda*, Abreden zur Schwarzarbeit – ein gutes Geschäft für den Auftraggeber?, Festschrift für Franke (2009), 329; *Freund*, Der nicht gegengezeichnete Bauvertrag, NZBau 2008, 685; *Kraft/Adamski*, Schwarzarbeit am Bau – Übersicht, Gefahren und Lösungsansätze, NZBau 2011, 321; *Jerger*, Von der Nichtigkeit zur Wirksamkeit zurück zur Nichtigkeit des gesamten Vertrags bei Schwarzarbeit, NZBau 2013, 608; *Stamm*, Der Rechtsvereinheitlichung der Schwarzarbeitsproblematik im Lichte der neuesten Rechtsprechung des BGH zum reformierten Schwarzarbeitsbekämpfungsgesetz, NZBau 2014, 131; *Jerger*, Zivilrechtliche Ausgleichsansprüche bei Schwarzarbeit, NZBau 2014, 415; *Dölle*, Konsequent (aber falsch?): Der BGH und die Schwarzarbeit, BauR 2015, 393; *Fricke*, Schwarzgeldabrede im Werkvertrag – keine Rechnung? Keine Ansprüche, BauR 2015, 1244; *Jerger*, Nachträgliche Schwarzgeldabreden und deren Auswirkungen auf den Werkvertrag, NZBau 2016, 137; *Drescher/Pichler*, Die notarielle Beurkundungspflicht von Bauverträgen bei einheitlicher Vermarktung von Grundstückskauf und Hausbau durch den Bauunternehmer, NZBau 2015, 752; *Peters*, Der preiswerte Maler – Die Hinterziehung der Umsatzsteuer, NZBau 2017, 200; *Meier/Bülte*, Schwarzarbeiterproblematik, BauR 2017, 1442 ff.

Voraussetzung für die Werklohnklage des Auftraggebers ist ein **wirksamer Bauvertrag**.[234] Insoweit gelten die allgemeinen Bestimmungen des BGB. **1296**

---

233) Vgl. hierzu insbesondere *Gartz*, BauR 2012, 571.
234) Zur **aufschiebend bedingten** Werklohnforderung: OLG Düsseldorf, NJW-RR 1997, 211 u. OLG Hamm, OLGR 1998, 37 **(Verjährungsbeginn)**.

Rdn. 1296

So kann ein Bauvertrag nichtig sein, weil
* ein **Scheingeschäft** vorliegt,[235]
* er **gegen ein gesetzliches Verbot** (§ 134 BGB) verstößt, z.B. gegen das **Gesetz zur Bekämpfung der Schwarzarbeit und illegalen Beschäftigung**[236] (Rdn. 1299) oder das **Rechtsdienstleistungsgesetz (RDG)**,[237] oder gegen das **Strafgesetzbuch**[238] (vgl. Rdn. 1300) **oder die Vergabeverordnung bzw. das GWB**,[239]
* er wegen Irrtums, arglistiger Täuschung oder widerrechtlicher Drohung (§§ 119, 123 BGB) **angefochten** worden ist (Rdn. 2791),
* das Rechtsgeschäft **sittenwidrig** (z.B. Wucher) ist (§ 138 BGB),[240] vgl. hierzu auch Rdn. 1502,

---

235) OLG Hamm, NJW-RR 1996, 1233 (**Architektenvertrag**).
236) In der Fassung vom 23.7.2004 (BGBl. 2004, Teil I, Nr. 39 – Gesetz zur Intensivierung der Bekämpfung der Schwarzarbeit und damit zusammenhängender Steuerhinterziehung); vgl. hierzu OLG Hamburg, IBR 2011, 67 – *Schliemann*; KG, IBR 2007, 181, 182 – *Karczewski*; LG Mainz, NJW-RR 1998, 48; zur Abrechnung „ohne Rechnung": BGH, BauR 2001, 630 = NZBau 2001, 105; OLG Brandenburg, IBR 2007, 296 – *Orthmann*; OLG Hamm, NJW-RR 1997, 722 (für den Architektenvertrag); OLG Oldenburg, OLGR 1997, 2 („Schwarzgeldabrede"); OLG München, BauR 2002, 1097 (Korruption); LG München, NZBau 2002, 37 (Submissionsabsprache); OLG Rostock, NZBau 2007, 707 (Fordert der Hauptunternehmer angebliche Werklohnzahlungen nach § 812 BGB zurück, hat er die Behauptung des Zahlungsempfängers zu widerlegen, es habe sich in Wahrheit um Schmiergeldzahlungen gehandelt; andernfalls hat er gemäß § 817 S. 2 BGB keinen Rückforderungsanspruch). Vgl. ferner *Wirth/Galda*, Festschrift für Franke, S. 329; *Spatscheck/Fraedrich*, NZBau 2007, 673; *Meier/Bülte*, BauR 2017, 1442 ff.
237) Zum Vorläufer (Rechtsberatungsgesetz): BGH, BauR 2001, 397 u. 2002, 473 (unzulässige Rechtsberatung bei einem Bauträgermodell); OLG Brandenburg, BauR 2002, 961 = NZBau 2002, 336 (Geschäftsbesorgungsvertrag im Generalübernehmermodell). Zum RDG vgl. *Eschenbruch*, Rn. 961 ff.
238) Vgl. KG, NZBau 2009, 444 (Eingehungsbetrug), OLG München, NZBau 2002, 509 (Verstoß gegen § 263 StGB bei **Submissionsbetrug**); vgl. hierzu *Busz*, NZBau 2003, 65 sowie *Schranner*, in: Ingenstau/Korbion, § 8/A, Rn. 77. Zu **Schmiergeldabreden** in der öffentlichen Auftragsvergabe vgl. *Wissmann/Freund*, Jahrbuch Baurecht 2004, 201 ff. Zur **Korruption** am Bau vgl. *Diercks*, BauR 2004, 257 sowie *Heindl*, NZBau 2002, 487. Ferner OLG Frankfurt, IBR 2009, 639 – *Trüg* (Schadensersatz wegen Schmiergeldzahlung).
239) Vgl. hierzu BGH, BauR 2005, 1026 (Relative Nichtigkeit des Vertrages bei Verstoß gegen § 13 VgV). Ob ein Vertrag mit der öffentlichen Hand aufgrund einer so genannten „**De-facto-Vergabe**" ohne vorherigen Wettbewerb nichtig ist, war bislang umstritten; siehe hierzu die 12. Auflage Rn. 1040. Der Meinungsstreit hat sich nunmehr durch die Neufassung von § 101b Abs. 1 Nr. 2 GWB erledigt: die Falle der „de-facto Vergabe" führen nach dem neuen Recht stets zur Unwirksamkeit des Bauvertrages.
240) Vgl. BGH, BauR 2009, 491 (sittenwidriger Einheitspreis für Mehrmenge) = NJW 2009, 835; zum selben Thema: OLG Düsseldorf, IBR 2014, 831 – *Völkel* (Werklohn 156 % über Nachunternehmerpreisen); OLG Nürnberg, BauR 2010, 1638 u. OLG Dresden, NJW-RR 2010, 1108; BGH BauR 2004, 337 (kollusives Zusammenwirken zwischen einem Angestellten des Auftraggebers mit dem Vertragspartner zum Nachteil des Auftraggebers); BGH, BauR 2004, 342 (keine Nichtigkeit des Vertrages nach § 138 Abs. 1 BGB bei einem Verstoß gegen § 12 Abs. 1 BORA); BGH, NJW-RR 2001, 1414 (**sittenwidrige Nachtragsvereinbarung**); OLG Düsseldorf, SFH, Nr. 68 zu § 631 BGB (Hausbausatz); KG, NJW-RR 1995, 1422 (vierfach überhöhter Preis, wenn gleichzeitig der Eindruck eines günstigen Preises erweckt wird); AG Langenfeld, NJW-RR 1999, 1354 (**Handwerkernotdienst**); OLG Oldenburg, OLGR 1996, 63 (**umweltschädigender Werkvertrag**); OLG Hamm, MDR 1986, 675; LG Nürnberg-Fürth, BB 1973, 77; BGH, *Schäfer/Finnern*, Z 2.300 Bl. 41; LG Tübingen, MDR 1981, 227 (**mehrfache Verstöße gegen AGB-Gesetz**); OLG Frankfurt, NJW-RR

Wirksamkeit des Bauvertrages

* der Vertrag **nicht die notwendige Form** aufweist (Rdn. 1231),[241]
* **öffentlich-rechtliche Formvorschriften** (z.B. nach der jeweiligen Gemeindeordnung oder nach dem Genossenschaftsgesetz) nicht beachtet werden,[242]
* der Auftraggeber den abgeschlossenen Werkvertrag **wirksam widerrufen** hat (z.B. nach den Vorschriften über den **Widerruf** von **Haustürgeschäften**: §§ 312, 312a BGB)[243] und aufgrund des Widerrufsrechts bei Verbraucherverträgen (§§ 355 ff. BGB) oder Verbraucherdarlehensverträgen (§§ 491 ff. BGB)
* eine notwendige Genehmigung (z.B. der bischöflichen Behörde nach dem Vermögensverwaltungsgesetz vom 24. Juli 1924) **fehlt**,[244]
* ein **offener** oder **versteckter Dissens** (§§ 154, 155 BGB) vorliegt.[245]
* eine Einigung über wesentliche Vertragsbestandteile fehlt.[246]

1988, 501 („**Haustürgeschäft**" mit 81-Jährigem; OLG Düsseldorf, BauR 1990, 618 = ZfBR 1990, 117 u. BauR 1997, 122 (sittenwidrige Provisionsabrede); BGH, ZfBR 1999, 310 (**Bestechung**); OLG Düsseldorf, *SFH*, Nr. 68 zu § 631 BGB (Bausatzvertrag).

241) Vgl. hierzu insbesondere BGH, NZBau 2011, 154; BauR 2005, 866 (Baubeschreibung nicht mitbeurkundet) = NJW 2005, 1356 = MDR 2005, 802; BauR 2002, 1541 (notarielle Beurkundung eines Bauvertrages und Grundstückskaufvertrages) = NJW 2002, 2559 = NZBau 2002, 502 = MDR 2002, 1187; BGH, NJW-RR 1992, 1435 (Erfordernis der Schriftform bei Bauvertrag mit **öffentlicher Hand**); BGH, NJW-RR 2009, 953, BauR 1981, 282; OLG Düsseldorf, NZBau 2015, 1856; OLG Koblenz, NZBau 2014, 635; OLG Hamm, BauR 1994, 644 (notarielle Beurkundung eines **Bauträgervertrages**); OLG Köln, BauR 1997, 175 (LS) = NJW-RR 1996, 1484 sowie OLG Karlsruhe, IBR 2011, 468 – *Bröker* (beide zur Formbedürftigkeit eines **Fertighausvertrages**); OLG Schleswig, NJW-RR 1991, 1175; OLG Hamm, NJW-RR 1989, 1366; ferner: *Korte*, DNotZ 1984, 3, 82; *Kanzleiter*, DNotZ 1984, 421; BGH, NJW-RR 1990, 340 = ZfBR 1990, 81 = BauR 1990, 228; OLG Düsseldorf, BauR 1992, 413 (LS) für **Baubetreuungsverträge**; OLG Hamm, BauR 1992, 414 (LS); OLG Düsseldorf, BauR 2003, 402 (Behördenstempel auf Auftragsbestätigung noch keine rechtsgeschäftliche Willenserklärung). Zum Bauträgervertrag vgl. *Wagner*, Festschrift für Jagenburg, S. 991. Vgl. hierzu insbesondere *Drescher/Pichler*, NZBau 2015, 752.

242) BGH, BauR 2017, 1531 (Unbeschränkte Vertretungsmacht eines bayerischen Bürgermeisters); BauR 2002, 1245 = NJW-RR 2002, 1176; BauR 2004, 495 (Vertretungsmacht nach den Kommunalgesetzen für Städte, Gemeinden und Landkreise) = IBR 2004, 121 – *Englert*; BauR 1994, 363 = ZfBR 1994, 123; NJW 1980, 117; OLG Hamm, ZfBR 1995, 33; OLG Frankfurt, NJW-RR 1989, 1425 u. 1505.

243) Vgl. hierzu: BGH, BauR 2007, 1235 = IBR 2007, 355, 356 – *Knoche*; BauR 1999, 257 = NJW 1999, 575 = ZfBR 1999, 152 (Anbau eines **Wintergartens**); BGH, ZfBR 2000, 413 = BauR 2000, 1194 (**Fertighausvertrag**); BGHZ 110, 308 (Einbau von Kunststofffenstern); BGH, NJW 1994, 3351 (Sanitär-Nasszellen); OLG Naumburg, OLGR 2000, 279 (**Dachsanierung**); OLG Frankfurt, OLGR 2000, 259 (**Fenster u. Türen**); OLG Brandenburg, OLGR 1997, 309 (**Heizungsbausatz**); SchlHOLG, OLGR 1997, 345 (**Markisen/Rollläden**); OLG Köln, OLGR 2002, 89 (**Heizung** u. Sanitärbausatz); BGH, BauR 1994, 758 = ZfBR 1995, 18; OLG Jena, BauR 1997, 469; KG, KGR 1996, 157 (Werklieferungsvertrag über einen **Wintergarten**); OLG Zweibrücken, BauR 1994, 802 (LS) = BB 1994, 1889; OLG Karlsruhe, Justiz 1993, 408 (**Fenster u. Türen**); BGH, BauR 1990, 347 = ZfBR 1990, 187; OLG Stuttgart, NJW-RR 1990, 1014; OLG Frankfurt, NJW-RR 1989, 1364; *Gallois*, BB 1990, 2062.

244) OLG Köln, BauR 1994, 112 = NJW-RR 1994, 211 = ZfBR 1994, 18.

245) BGH, BauR 1999, 668 = ZfBR 1999, 210; OLG Bremen, NJW-RR 2009, 668 = OLGR 2009, 88; OLG Koblenz, OLGR 2002, 146 u. BauR 1995, 252 = NJW-RR 1995, 156; OLG Düsseldorf, NJW-RR 1996, 622; OLG Köln, BauR 1996, 555.

246) Vgl. hierzu BGH, NJW-RR 2006, 1139 (zum Kaufvertrag); OLG München, NZBau 2011, 487 = IBR 2011, 625 – *Jenssen* sowie *Palandt/Ellenberger*, Einf. vor § 145 BGB Rn. 3; ferner OLG Frankfurt, IBR 2011, 564 – *Hummel* (Bauvertrag ohne Baugenehmigung).

* eine vertraglich vereinbarte **auflösende oder aufschiebende**[247] **Bedingung** eintrifft.[248]

Ein Vertrag kann auch im Rahmen des § 154 Abs. 1 BGB (offener Einigungsmangel) wirksam zustande kommen, wenn sich die Parteien trotz eines noch offenen Punktes erkennbar vertraglich binden wollten und sich die bestehende Vertragslücke ausfüllen lässt.[249] Unter diesem Gesichtspunkt kann ein Bauvertrag auch dann zustande kommen, wenn sich der Auftraggeber und der Auftragnehmer nicht auf einen bestimmten Werklohn geeinigt haben, aber dennoch ein Vertragsschluss trotz dieses Einigungsmangels anzunehmen ist (z.B. aufgrund des Beginns der Ausführung).[250] In einem solchen Fall schuldet der Auftraggeber den üblichen Werklohn.

1297 Ein **Bauvertrag** ist auch nicht schon deshalb nach § 134 BGB nichtig, weil die **öffentliche Baugenehmigung** fehlt.[251] Die fehlende Baugenehmigung berührt nur das Bauen selbst, nicht aber die Wirksamkeit des zivilrechtlichen Bauvertrages. Allerdings kann der Unternehmer sich weigern, mit den Bauarbeiten zu beginnen, bevor die Baugenehmigung nicht erteilt ist.[252] Auch eine behördliche **Stilllegungsverfügung** führt nicht zur Nichtigkeit des Bauvertrages.[253]

Häufig ist der Bauherr bei Abschluss des Bauvertrages **noch nicht Eigentümer eines Baugrundstückes**. In einem solchen Fall kann nicht angenommen werden, dass der Bauvertrag nur unter einer Bedingung (z.B. Erwerb eines Grundstückes) geschlossen worden ist. Hierfür müssen im Einzelfall weitere Umstände hinzutreten (vgl. hierzu auch Rdn. 684). Nach Auffassung des OLG Karlsruhe[254] gehört das Baugrundstück nicht zu den wesentlichen Bestandteilen eines Bauvertrages, sodass der **Bauvertrag wirksam zustande** gekommen ist, auch wenn der Auftraggeber das zu bebauende Grundstück noch nicht erworben hat und auch die Finanzierung noch nicht sichergestellt ist.

1298 Kommen im Einzelfall die Rechtsgrundsätze der **Störung der Geschäftsgrundlage** zum Zuge (vgl. näher Rdn. 2956), führt dies **nicht zur Unwirksamkeit des Vertrages**. Die Parteien bleiben an den Vertrag gebunden. Es erfolgt grundsätzlich nur eine Anpassung an die veränderten Umstände. Lediglich in besonderen Ausnahmefällen kommt eine völlige Loslösung vom Bauvertrag in Betracht.

1299 Nicht selten werden Bauvorhaben ganz oder teilweise in **Schwarzarbeit** durchgeführt, obwohl dies nach dem Gesetz zur Bekämpfung der Schwarzarbeit und illegalen Beschäftigung[255] als Ordnungswidrigkeit mit hohen Geldbußen geahndet

---

247) Vgl. hierzu BGH, BauR 2016, 263 (Grundstückserwerb von Gemeinde unter der Bedingung der Bebaubarkeit).
248) Vgl. hierzu BGH, BauR 2015, 1325 (Finanzierungsvorbehalt); OLG Köln, IBR 2013, 666 – *Schäfer*.
249) BGH, NJW 1997, 2671; *Palandt/Ellenberger*, § 154 BGB, Rn. 2.
250) OLG Nürnberg-Fürth, NZBau 2012, 577.
251) BGH, BauR 1976, 128, 129 = MDR 1976, 392; OLG Köln, NJW 1961, 1023 sowie *Pöhner*, S. 10 ff. u. 30 ff.
252) BGH, a.a.O.; *Pöhner*, S. 37.
253) OLG Hamburg, BauR 1998, 338.
254) BauR 2008, 679 = IBR 2008, 502 – *Illies*; a.A.: OLG Frankfurt, BauR 2007, 1245.
255) In der Fassung vom 23.7.2004 (BGBl. 2004, Teil I, Nr. 39 – Gesetz zur Intensivierung der Bekämpfung der Schwarzarbeit und damit zusammenhängender Steuerhinterziehung).

werden kann (vgl. im Einzelnen Rdn. 1300). Zur **Bekämpfung** der Schwarzarbeit am Bau wurde darüber hinaus das „**Gesetz zur Eindämmung illegaler Betätigung im Baugewerbe**" vom 30. August 2001 (BGBl. I S. 2267) erlassen. Nach diesem Gesetz muss ab 1.1.2002 jeder Unternehmer, an den Bauleistungen erbracht werden, von seiner Vergütung einen Steuerabzug von 15 % an das Finanzamt abführen (§ 48 EStG), sofern der Leistende (Auftragnehmer) nicht eine Freistellungsbescheinigung vorlegt (§ 48b EStG).[256] Vgl. hierzu näher Rdn. 1442. Sprechen mehrere Umstände dafür, dass die Leistungen des Auftragnehmers „schwarz" vergütet werden sollten, kann ein Verstoß gegen das Schwarzarbeitsverbot auch dann angenommen werden, wenn sich keine Partei auf eine solche Abrede beruft, weil ein solcher Verstoß von Amts wegen zu berücksichtigen ist.[257] Nach Auffassung des OLG Hamm[258] ist ein Bauvertrag nichtig, sodass dem Auftragnehmer kein Werklohn zusteht, wenn er vom Auftraggeber Bargeld entgegennimmt und über diese Zahlung nicht innerhalb von 6 Monaten (gem. § 14 Abs. 1, S. 1, Nr. 1 UStG) eine Rechnung ausstellt.

Der **BGH** hat sich mit dem Problem der **Schwarzarbeit** mehrfach auseinander gesetzt.[259] Bislang war es herrschende Meinung, dass Verträge, durch die beide Vertragspartner (bewusst) gegen das Gesetz zur Bekämpfung der Schwarzarbeit verstoßen, nach § 134 BGB nichtig sind[260], sodass Erfüllungs- oder Gewährleistungsansprüche dann nicht mehr geltend gemacht werden können (ggf. nur bereicherungsrechtliche Ansprüche)[261]. Der BGH hat sich allerdings 2008 in zwei inhaltlich fast gleich lautenden Urteilen[262] mit der „**Ohne-Rechnung-Abrede**" beschäftigt und dabei neue Grundsätze aufgestellt.[263] Danach führt die so genannte (vielfach im Baugewerbe übliche) „Ohne-Rechnung-Abrede" in der Regel nicht zur Nichtigkeit des gesamten Werkvertrages, da der Hauptzweck des Vertrages nicht der Steuerhinterziehung dient. Vielmehr ist und bleibt – trotz der „Ohne-

1300

---

256) Vgl. hierzu: *Heidland*, NZBau 2002, 413 ff.; *Kesselring*, BauR 2002, 1173 ff.; *Hök*, ZfBR 2002, 113 ff.; *Fischer*, ZfIR 2001, 942; *Wirth/Broocks*, Festschrift für Jagenburg, S. 1057. Das zur Durchführung des Gesetzes veröffentlichte Schreiben des Bundesfinanzministeriums v. 1.11.2001 ist in ZfIR 2001, 946 abgedruckt.
257) So OLG Schleswig, IBR 2017, 181 – *Jenssen*.
258) IBR 2017, 180 – *Eggers*.
259) Vgl. hierzu *Dölle*, BauR 2015, 393 sowie *Meier/Bülte*, BauR 2017, 1442 ff.
260) BGH, BauR 2001, 632; BGH, NJW 1990, 2542 = BauR 1990, 721 = ZfBR 1990, 271; BGH, NJW 1983, 109 = ZfBR 1982, 246; OLG Düsseldorf, IBR 2009, 254 – *Böhme*; OLG Oldenburg, OLGR 1997, 2; OLG Düsseldorf, NJW-RR 1998, 1710 u. BauR 1987, 562; OLG Hamm, MDR 1990, 243; s. ferner: LG Leipzig, BauR 1999, 923; OLG Nürnberg, OLGR 2001, 47 sowie OLG Düsseldorf, BauR 2009, 1158 (beide zum **einseitigen** Verstoß); OLG Düsseldorf, ZfBR 2000, 41 (zu den Voraussetzungen nach dem SchwArbG).
261) BGH, NJW 1990, 2542 = BauR 1990, 721 = ZfBR 1990, 271; s. auch OLG München, BauR 2002, 1097, 1100; a.A.: OLG Köln, NJW-RR 1990, 251; LG Bonn, NJW-RR 1991, 180; LG Nürnberg-Fürth, NZBau 2000, 436; vgl. auch *Tiedtke*, DB 1990, 2307 ff. u. *Köhler*, JZ 1990, 466, 468. Zum Abschlag („mindestens 15 %"): OLG Düsseldorf, BauR 1993, 487.
262) BauR 2008, 1330 = NZBau 2008, 436 = IBR 2008, 397 – *Leitzke*; BauR 2008, 1301 = NZBau 2008, 434 = IBR 2008, 431 – *Orthmann*. Vgl. hierzu insbesondere *Dölle*, BauR 2015, 393; ferner *Reinelt*, BauR 2008, 1231, *Peters*, NJW 2008, 2478 sowie die abl. Anm. von *Popescu/Majer*, NZBau 2008, 424 und *Stamm*, NZBau 2009, 78. Ferner *Wirth/Galda*, Festschrift für Franke, S. 329.–.
263) Zur Darlegungs- und Beweislast für eine Schwarzarbeitsabrede vgl. OLG Köln, NZBau 2015, 490 = IBR 2015, 346 – *Weber*.

Rechnung-Abrede" – Hauptzweck des Vertrages die ordnungsgemäße Erfüllung der vereinbarten Werkleistung. Dabei bestätigt der BGH zunächst seine bisherige Rechtsprechung, dass eine „Ohne-Rechnung-Abrede" nicht schon allein deshalb zur Nichtigkeit des gesamten Vertrages führt. Grundsätzlich ist aber nach Auffassung des BGH die der Steuerhinterziehung dienende „Ohne-Rechnung-Abrede" gemäß §§ 134, 138 BGB als Teil des Vertrages nichtig, sodass der Anwendungsbereich des § 139 BGB eröffnet ist: Ob die Nichtigkeit einer „Ohne-Rechnung-Abrede" die Nichtigkeit des ganzen Vertrages zur Folge hat, ist nach den Grundsätzen dieser Vorschrift im Einzelfall zu prüfen; dabei tritt eine Gesamtnichtigkeit (nur) dann nicht ein, „wenn angenommen werden kann, dass ohne die ‚Ohne-Rechnung-Abrede' bei ordnungsgemäßer Rechnungslegung und Steuerabführung der Vertrag zu denselben Konditionen insbesondere mit der selben Vergütungsregelung abgeschlossen worden wäre". Dabei weist der BGH darauf hin, dass der Senat nicht mehr daran festhält, dass diese jeweils im Einzelfall vorzunehmende Prüfung regelmäßig zu dem Ergebnis führe, die Nichtigkeit der „Ohne-Rechnung-Abrede" habe auf die Höhe der Vergütung keinen Einfluss.

Nach den beiden Entscheidungen des BGH kann allerdings die Prüfung einer Gesamtnichtigkeit des Vertrages – als Folge der nichtigen „Ohne-Rechnung-Abrede" – in der Regel dahingestellt bleiben. Der BGH kommt nämlich zu dem Ergebnis, dass ein Auftragnehmer, der Leistungen mangelhaft erbracht hat, sich zur Abwehr von Mängel- oder Schadensersatzansprüchen des Auftraggebers **nach Treu und Glauben (§ 242 BGB) nicht darauf berufen** kann, dass die Gesetzwidrigkeit der „Ohne-Rechnung-Abrede" **zur Gesamtnichtigkeit des Vertrages führt**. Nach Auffassung des BGH setzt sich ein Auftragnehmer in dieser von ihm durch den Vertragsschluss „maßgeblich mitverursachten Situation unter Verstoß gegen Treu und Glauben in Widerspruch zu seinem bisher auf Erfüllung des Vertrages gerichteten Verhalten, wenn er nunmehr unter Missachtung der besonderen Interessen seines Vertragspartners die ‚Ohne-Rechnung-Abrede', die regelmäßig auch seinem eigenen gesetzwidrigen Vorteil dienen sollte, zum Anlass nimmt, für die Mangelhaftigkeit seiner Leistungen nicht einstehen zu wollen mit der Folge, dass der Besteller unter Beeinträchtigung seines Eigentums dauerhaft mit den Mängelfolgen belastet bleibt".

Die beiden vorerwähnten Entscheidungen des BGH aus dem Jahre 2008 haben in der Literatur zu einer heftigen Diskussion geführt:[264] *Popescu/Majer*[265] sowie *Stamm*[266] neigen dazu, dass die beiden Entscheidungen des BGH die Schwarzarbeit fördern werden. Dem sind *Reinelt*[267] und *Weyer*[268] entgegen getreten. Insbesondere Weyer weist darauf hin, dass für den Auftragnehmer die „Ohne-Rechnung-Abrede" unter Umständen ein schlechtes Geschäft sein kann, falls er mangelhaft arbeitet. Da ja – so *Weyer* – das ohne Rechnung gezahlte Entgelt nicht in seinen Büchern erscheint, kann er dort auch den Aufwand für die eine möglicherweise umfangreiche Mängelbeseitigung oder die Erfüllung sonstiger Mängelrechte nicht absetzen.

---

264) Vgl. hierzu *Jerger*, NZBau 2013, 608.
265) NZBau 2008, 424, 425/426.
266) NZBau 2009, 78, 90.
267) BauR 2008, 1231.
268) ibr-online, Blog-Eintrag 15.08.2008.

Wirksamkeit des Bauvertrages

Die Diskussion über die bisherigen – insbesondere jüngsten – Entscheidungen des BGH hat diesen offensichtlich veranlasst, seine Auffassung nochmals zu überdenken und klar zu stellen: In einer kürzlich veröffentlichten Entscheidung[269] hat der BGH darauf hingewiesen, dass das Verbot der Schwarzarbeit (§ 1 Abs. 2 Nr. 2 SchwarzArbG), „jedenfalls dann" zur Nichtigkeit des gesamten Vertrages gem. § 134 BGB führt, wenn „der Unternehmer vorsätzlich hiergegen verstößt und der Besteller den Verstoß des Unternehmers kennt und bewusst zum eigenen Vorteil ausnutzt".[270] Dabei setzt sich der BGH ausführlich mit seiner bisherigen Rechtsprechung – insbesondere aus dem Jahre 2008 – auseinander und verweist darauf, dass in seiner Rechtsprechung aus dem Jahr 2008 nur zur „Ohne-Rechnung-Abrede" Stellung genommen worden sei und nicht die Fälle betrifft, in denen ein Verstoß gegen das Gesetz zur Bekämpfung der Schwarzarbeit in Rede steht.

Soweit eine entsprechende Fallgestaltung wie in der jüngsten BGH-Entscheidung vorliegt, führt dies dazu, dass – aufgrund der Gesamtnichtigkeit des Vertrages – keinerlei vertragliche Ansprüche zwischen den Parteien bestehen: Der Unternehmer hat keinen Vergütungsanspruch für die geleistete Arbeit, der Auftraggeber hat keine Mängelansprüche.[271] Allerdings hat der BGH auch in seiner letzten Entscheidung ein Tor in Fällen einer mangelhaft erbrachten Leistung – im Gegensatz zur Vorinstanz[272] – offengehalten, wenn die Gesamtnichtigkeit zu unerträglichen Ergebnissen führen würde:[273] „Eine nach § 134 BGH im öffentlichen Interesse und zum Schutz des allgemeinen Rechtsverkehrs angeordnete Nichtigkeit kann – anders als die Nichtigkeitsfolge aus § 139 BGB – allenfalls in ganz engen Grenzen durch eine Berufung auf Treue und Glauben überwunden werden. … Die in besonderem Maße von den Grundsätzen von Treue und Glauben beeinflussten Ansprüche aus ungerechtfertigter Bereicherung (§§ 812 ff. BGB) sind regelmäßig geeignet, unerträgliche Ergebnisse auch in den Fällen zu verhindern, in denen die aufgrund eines nichtigen Werkvertrages erbrachten Leistungen mangelhaft sind".

Die Gesamtnichtigkeit bei einem Verstoß gegen § 1 Abs. 2 Nr. 2 des SchwarzArbG hat der BGH nunmehr auch in einer weiteren Entscheidung[274] bestätigt, bei dem es um einen Restwerklohn eines Unternehmers ging: Wegen der Nichtigkeit des gesamten Vertrages hat der BGH die Klage des Unternehmers zurückgewiesen. Dabei hat er auch darauf hingewiesen, dass dem Unternehmer, der aufgrund eines **nichtigen Vertrages Leistungen erbracht hat**, auch **keinen Anspruch auf Ausgleich der Bereicherung des Auftraggebers wegen § 817 Satz 2 BGB** (Verstoß ge-

---

269) BauR 2013, 1852 = NJW 2013, 3167 = NZBau 2013, 608 = IBR 2013, 609 – *Peters*; *Jerger*, NZBau 2013, 608 hat sich in einer Besprechung dieses Urteils wie folgt geäußert: „Von der Nichtigkeit zur Wirksamkeit zurück zur Nichtigkeit des gesamten Vertrages bei Schwarzarbeit". Ebenso OLG Schleswig, IBR 2013, 595 – *Wieseler* (auch bei teilweiser Schwarzgeldabrede). Vgl. zur BGH-Rechtsprechung auch *Stamm*, NZBau 2014, 131.
270) So auch OLG Düsseldorf, IBR 2016, 265 – *Rehbein*.
271) BGH, a.a.O., Rn. 27 ff.; hierzu *Jerger*, a.a.O., S. 610 f.
272) OLG Schleswig, BauR 2013, 1912 (LS) = IBR 2013, 210 – *Peters*.
273) BGH, a.a.O., Rn. 29 f.; vgl. hierzu *Jerger*, a.a.O., S. 611 f., der wechselseitig bereicherungsrechtliche Ansprüche ablehnt. Vgl. hierzu auch OLG Naumburg, IBR 2013, 399 – *Ludgen* sowie OLG Schleswig, IBR 2013, 595 – *Wieseler*.
274) BauR 2014, 1141 = NZBau 2014, 425 = NJW 2014, 1805. Ebenso OLG Schleswig, IBR 2017, 181 – *Jenssen*. Vgl. hierzu insbesondere *Dölle*, BauR 2015, 393 sowie *Fricke*, BauR 2015, 1244 und *Jerger*, NZBau 2014, 415.

gen ein gesetzliches Verbot) hat. Unter dem selben Gesichtspunkt hat der BGH[275]) ferner entschieden, dass dem Auftraggeber, der den Werklohn bereits gezahlt hat, gegen den Unternehmer keinen Rückzahlungsanspruch unter dem Gesichtspunkt einer ungerechtfertigten Bereicherung zusteht, wenn ein Werkvertrag wegen Verstoßes gegen das Schwarzarbeitsbekämpfungsgesetz nicht ist. Der BGH[276]) und das OLG Stuttgart[277]) haben dies auch für einen **Abänderungsvertrag nach Vertragsschluss und Leistungserbringung**, in der eine Ohne-Rechnungs-Abrede zur Hinterziehung der Umsatzsteuer vereinbart wurde, bestätigt. Das OLG Düsseldorf[278]) hat klargestellt, dass im Falle eines einseitigen Verstoßes gegen die Bestimmungen des SchwarzArbG, von dem der Vertragspartner keine Kenntnis hat, der Vertrag nicht gem. § 134 BGB nichtig ist. Gleichzeitig weist das OLG Düsseldorf darauf hin, dass sich auch aus der vorgenannten, neueren Rechtsprechung des BGH keine Anhaltspunkte dafür ergeben, dass auch im Falle eines einseitigen Verstoßes gegen das SchwarzArbG der Vertrag nichtig wäre.

> Dölle[279]) hat sich mit der Rechtsprechung des BGH zu den Folgen einer Schwarzarbeit eingehend kritisch auseinandergesetzt. Er kommt zunächst zu dem Ergebnis, dass das Schwarzarbeitsbekämpfungsgesetz von 2004 keine Verbotsnorm enthält, sodass eine entsprechende Schwarzarbeitsabrede nicht über § 134 BGB zur Nichtigkeit des Vertrages führt. Vielmehr ergebe sich die Nichtigkeit über § 139 BGB, weil sich Schwarzarbeitsabrede gegen die Steuerstrafvorschriften verstößt. Er bejaht dann aber – entgegen der Auffassung des BGH – einen Anspruch auf Wertersatz aus § 812 Abs. 1 S. 1 BGB 1. Altern. i.V.m. § 818 Abs. 2 BGB: Da die Leistungserbringung selbst wertneutral sei, werde sie auch nicht von § 817 BGB erfasst.

1301 Die **Berufung auf die Nichtigkeit** des Werkvertrages kann **gegen Treu und Glauben** verstoßen.[280]) Werkverträge, durch die allein der Unternehmer gegen das Gesetz verstößt, sind jedoch wirksam.[281])

1302 Führt der **Bauhandwerker** einen Handwerksbetrieb, der **nicht in die Handwerksrolle eingetragen** ist, sind die im Rahmen dieses Betriebes geschlossenen **Bauverträge** dagegen **wirksam** und nicht schon wegen des Verstoßes gegen die Handwerksordnung nichtig (§ 134 BGB). Der Gesetzesverstoß stellt zwar einerseits eine Ordnungswidrigkeit dar, andererseits wendet sich die Handwerksordnung nicht gegen die privatrechtliche Wirksamkeit solcher Verträge.[282]) Allerdings kann der Auftraggeber berechtigt sein, den Vertrag nach § 119 Abs. 2 BGB **anzufechten**.[283])

---

275) NZBau 2015, 551 m. Anm. *Jerger* = NJW 2015, 2406 = IBR 2015, 405 – *Bolz*.
276) BauR 2017, 1199 = IBR 2017, 246 – *Bolz* = NZBau 2017, 350.
277) BauR 2016, 669 = NZBau 2016, 173. Vgl. hierzu *Jerger*, NZBau 2016, 137.
278) BauR 2016, 1774.
279) BauR 2015, 393; vgl. hierzu auch *Stamm*, NZBau 2014, 131 sowie *Jerger*, NZBau 2014, 415 und *Fricke*, BauR 2015, 1244.
280) BGH, NJW 1990, 2542 = BauR 1990, 721 = ZfBR 1990, 271.
281) BGHZ 89, 369 = NJW 1984, 1175 = BauR 1984, 290 m.Anm. *Schubert*, JR 1985, 148; vgl. auch BGH, BauR 1985, 197 = NJW 1985, 2403.
282) BGHZ 88, 240 = BauR 1984, 58; BauR 1985, 197; OLG Düsseldorf, BauR 1996, 121 = OLGR 1995, 235; OLG Hamm, NJW-RR 1990, 523; LG Köln, DB 1969, 920 = VersR 1969, 619; BGH, NJW 1984, 230 = JR 1984, 324 m.Anm. *Köhler* = WM 1983, 1315; s. ferner: EuGH, ZfBR 2001, 30 u. *Hök*, ZfBR 2001, 77; OLG Köln, SFH, Nr. 8 zu § 1 UWG (Nichteintragung in die Handwerksrolle allein stellt kein wettbewerbswidriges Verhalten dar); LG Mainz, NJW-RR 1998, 48.
283) OLG Hamm, NJW-RR 1990, 523; OLG Nürnberg, BauR 1985, 322, 323.

Wirksamkeit des Bauvertrages

Gibt ein Bauunternehmer ein „freibleibendes" oder „unverbindliches" Angebot bezüglich einer Bauleistung ab, kommt ein wirksamer Bauvertrag nicht schon mit der Annahme dieses Angebots durch den Auftraggeber zu Stande. Ein solches Angebot stellt vielmehr lediglich eine **Aufforderung zur Abgabe eines Angebots** dar. 1303

Ein Werkvertrag über **Reparaturarbeiten** kommt wirksam zu Stande, wenn ein Auftragnehmer dem Auftraggeber ein Angebot über die genau bezeichneten Reparaturarbeiten unter Bekanntgabe konkreter Einzelpreise mit der Bitte um Auftragserteilung übermittelt und der Auftraggeber daraufhin das Angebot mit der Bitte um schnellstmögliche Schadensbeseitigung bestätigt; dabei ist unerheblich, ob die Vertragsparteien zuvor darüber gestritten haben, ob Schäden an dem Werk des Auftragnehmers unter seine Gewährleistungspflicht fallen (vgl. auch Rdn. 1306).[284] 1304

Nach OLG Celle[285] ist ein Werkvertrag wirksam zustande gekommen, wenn ein öffentlicher Auftraggeber einem Bieter innerhalb der Zuschlagsfrist mitteilt, dass das zuständige Gremium beschlossen habe, diesem den Auftrag zu erteilen. Das soll auch gelten, wenn in dem Schreiben ein Hinweis erfolgt, dass der schriftliche Auftrag in Kürze zugesandt werde, weil diese Ankündigung lediglich eine Formalität sei, die für die Erteilung des Zuschlages ohne Bedeutung ist. 1305

Über die **Kostentragungspflicht** von **Mängelbeseitigungsarbeiten** gibt es zwischen Auftraggeber und Auftragnehmer häufig Streit.[286] Verlangt ein Auftraggeber die Beseitigung von Mängeln durch den Auftragnehmer und bestreitet dieser seine Verantwortlichkeit, so gilt Folgendes: **Mängelbeseitigungsarbeiten sind vom Auftragnehmer grundsätzlich kostenlos durchzuführen**, weil dieser ein mangelfreies Werk schuldet. Verlangt allerdings der **Auftragnehmer** für diese Arbeiten eine Vergütung, weil er nach seiner Auffassung für den **Mangel nicht verantwortlich** ist, kann ein Vergütungsanspruch nach Ansicht des OLG Celle[287] nur dann bestehen, wenn er gegenüber dem Auftraggeber unzweideutig zum Ausdruck bringt, dass er die Arbeiten nicht als kostenlose Mängelbeseitigung durchführt, und der Auftraggeber daraufhin den entsprechenden Auftrag ausdrücklich oder konkludent – indem er die Arbeiten trotz des Hinweises auf die Vergütungspflicht durchführen lässt – erteilt; dies kann jedoch dann nicht gelten, wenn sich bei Ausführung der Arbeiten herausstellt, dass die Werkleistung des Auftragnehmers tatsächlich mangelhaft war.[288] Denn in diesem Fall hat der Auftraggeber bei Auftragserteilung einen Anspruch auf Aufwendungsersatz nach § 637 BGB in gleicher Höhe, mit dem er aufrechnen kann und auf den er im Zweifel nicht verzichtet hat. Bei alledem ist allerdings stets im Einzelfall zu prüfen, wie das Verhalten des Auftraggebers bei dieser Fallkonstellation zu deuten ist: Die Entgegennahme und/oder das Fordern der 1306

---

284) OLG Düsseldorf, BauR 1995, 254 = NJW-RR 1995, 402.
285) BauR 2002, 1852.
286) Vgl. hierzu insbesondere *Pauly*, BauR 2016, 3, der in einem unberechtigten Mangelbeseitigungsverlangen – zumindest nach Abnahme – eine zum Schadensersatz verpflichtende schuldhafte Vertragsverletzung sieht – mit einer regelmäßigen verbundenen Beweislastumkehr.
287) IBR 2003, 240 – *Groß*. Vgl. hierzu auch BGH, NJW 1999, 416 f. sowie OLG Düsseldorf, BauR 2007, 1902.
288) So aber *Groß*, IBR 2003, 240.

Arbeiten durch den Auftraggeber allein reichen für einen vergütungspflichtigen (konkludenten) Auftrag nicht aus (vgl. hierzu auch Rdn. 1398).

1307 Eine ähnliche Fallkonstellation ergibt sich, wenn ein Auftragnehmer nach **Aufforderung zur Mängelbeseitigung** eine **Untersuchung** des entsprechenden **Gewerkes** vornimmt, um die **Ursachen des Mangels festzustellen**. Ergibt sich dann, dass die Mangelursache nicht im Verantwortungsbereich des Auftragnehmers liegt, stellt sich die Frage, ob dieser einen Ersatzanspruch für seine Aufwendungen hat. Das OLG Karlsruhe[289] bejaht dies unter dem Gesichtspunkt eines „bedingt erteilten Auftrages oder jedenfalls aus Geschäftsführung ohne Auftrag". Das wird man allerdings nur selten annehmen können, da in der Regel keine Willenserklärung für einen „bedingten Auftrag" festzustellen sein und es im Rahmen der Geschäftsführung ohne Auftrag am Fremdgeschäftsführungswillen fehlen wird.

Eine Schmiergeldabrede führt nicht automatisch zur Nichtigkeit des Folgevertrages.[290]

Ein Vertrag über die Lieferung eines Fertighauses ist auch dann wirksam, wenn noch nicht geklärt ist, was für ein Grundstück bebaut werden soll und auch bestimmte technische Details noch nicht festgelegt worden sind.[291]

5. Insolvenzeintritt

Literatur

Schmitz, Die Bauinsolvenz, 6. Auflage 2015; *Lackmann/Nieberding*, Insolvenz am Bau, 2006; *Heidland*, Der Bauvertrag in der Insolvenz, 2. Auflage 2003.

Heidland, Gewährleistungsansprüche im Insolvenzverfahren, Seminar Abnahme und Gewährleistung im VOB und BGB, 1987, 171; *Pape*, Ablehnung und Erfüllung schwebender Rechtsgeschäfte durch den Insolvenzverwalter, Kölner Schrift zur Insolvenzordnung, 405; *Heidland*, Welche Änderungen ergeben sich für den Bauvertrag durch die Insolvenzordnung im Verhältnis zur bisherigen Rechtslage? Wie ist der Wortlaut der VOB Teil A und B zu ändern?, BauR 1998, 643; *Thode*, Erfüllungs- und Gewährleistungssicherheiten in innerstaatlichen und grenzüberschreitenden Bauverträgen, ZfIR 2000, 165; *Timmermans*, Kündigung des VOB-Vertrages bei Insolvenz des Auftragnehmers, BauR 2001, 321; *Meyer*, Die Teilbarkeit von Bauleistungen nach § 105 InsO, NZI 2001, 294; *Schmitz*, Mängel nach Abnahme und offener Werklohnanspruch – ein wesentlicher Anwendungsbereich des § 103 InsO bei Bauverträgen, ZIP 2001, 765; *Scheffler*, Teilleistungen und gegenseitige nicht vollständig erfüllte Verträge in der Insolvenz, ZIP 2001, 1182; *Suchowsky*, Durchstellung des Insolvenzausfallschadens auf den Vertragspartner? – Anmerkung zur Entscheidung des OLG München vom 12.5.1999, Festschrift für Jagenburg (2002), 879; *Brauns*, Zur Anfechtbarkeit der Werklohnzahlung oder der Besicherung von Vergütungsansprüchen des Auftragnehmers durch den Insolvenzverwalter über das Vermögen des Auftraggebers – unter besonderer Berücksichtigung der Direktzahlung nach § 16 Nr. 6 VOB/B durch den Hauptauftraggeber, BauR 2003, 301; *Mundt*, Die Insolvenzanfechtung bei Stellung einer Bürgschaft nach § 648a BGB, NZBau 2003, 327; *Munz*, Der verlängerte Eigentumsvorbehalt – ein geeignetes Sicherungsmittel in der Insolvenz des Bauunternehmers?, BauR 2003, 621; *Vogel*, Ein weites Feld – einige Probleme aus der Schnittmenge von Bau- und Insolvenzrecht, Jahrbuch Baurecht 2004, 107; *Baldringer*, Vertragliche Lösungsklauseln im Spannungsfeld zwischen Insolvenz- und Baurecht, NZBau 2005, 183; *Huber*, Grundstrukturen der Abwicklung eines Bauvertrages in der Insolvenz – Teil 1, NZBau 2005, 177, und Teil 2, NZBau 2005, 256; *Schmitz*, Handlungsmöglichkeiten von Auftrag-

---

[289] BauR 2003, 1241 = MDR 2003, 1103 = IBR 2003, 353 – *Lott*.
[290] BGH, IBR 1999, 375; KG, IBR 2014, 392 – *Knychalla*.
[291] OLG Oldenburg, NZBau 2010, 54.

Insolvenzeintritt

nehmer und Auftraggeber in der wirtschaftlichen Krise des Vertragspartners, BauR 2005, 169; *Stemmer/Rohrmüller*, Abwicklung von VOB-Verträgen durch kommunale Auftraggeber bei Insolvenz des Auftragnehmers, BauR 2005, 622; *Wellensiek*, Fortführung des Bauvertrags nach Insolvenzantrag des Auftragnehmers und nach Eröffnung des Insolvenzverfahrens, BauR 2005, 186; *Wölfing-Hamm*, Insolvenz eines ARGE-Partners, BauR 2005, 228; *Franke*, Spannungsverhältnis InsO und § 8 Nr. 2 VOB/B neu – Ende der Kündigungsmöglichkeit bei Vermögensverfall des Auftragnehmers, BauR 2007, 774; *Matthies*, Die insolvenzbedingte Kündigung eines Bauvertrages, NZBau 2016, 481.

1308 Die Insolvenzordnung bringt gegenüber der alten Konkursordnung auch für das Baurecht erhebliche Veränderungen mit sich.[292] So sind gerade bei Bauvorhaben auf der Auftraggeber-, aber auch auf der Auftragnehmerseite häufig bürgerlich-rechtliche Gesellschaften (z.B. in der Form der Arge,[293] vgl. Rdn. 1329 ff.) beteiligt. Über das Vermögen solcher Vertragspartner kann in Zukunft ebenfalls das Insolvenzverfahren beantragt und eröffnet werden (§ 11 Abs. 2 Nr. 1 InsO). Eröffnungsgrund kann einmal die Zahlungsunfähigkeit und jetzt auch die drohende Zahlungsunfähigkeit sein; bei letzterem jedoch nur auf Antrag der Gesellschaft.

1309 Der Insolvenzverwalter (§ 103 Abs. 1 InsO) hat die Wahl, ob er anstelle des Insolvenzschuldners (Gemeinschuldners) den Bauvertrag erfüllen und damit auch die Erfüllung von der Gegenseite verlangen oder die Erfüllung ablehnen will. Dazu hat er sich – auf Aufforderung des Vertragspartners – „unverzüglich" zu erklären; andernfalls kann er nicht mehr auf Erfüllung bestehen. Um dieses Wahlrecht des Insolvenzverwalters nicht zu beeinträchtigen, bestimmt § 119 InsO, dass Vereinbarungen, die für den Fall der Eröffnung des Insolvenzverfahrens die Auflösung eines gegenseitigen Vertrages vorsehen oder der anderen Partei das Recht geben, sich einseitig vom Vertrag zu lösen, unwirksam sind. Das Kündigungsrecht des Auftraggebers gemäß § 8 Abs. 2 VOB/B wird nach Auffassung des Verordnungsgebers jedoch dadurch nicht berührt; das gilt auch für das allgemeine Kündigungsrecht des Auftraggebers gemäß § 649 BGB.[294] Das ist jedoch in der Literatur streitig.[295] Überdies hält das OLG Frankfurt[296] die Regelung des § 8 Abs. 2 VOB/B nach § 119 InsO für unwirksam.

1310 Nach der neueren Rechtsprechung des BGH[297] bewirkt die Eröffnung des Insolvenzverfahrens **kein Erlöschen** der beiderseitigen Erfüllungsansprüche; die noch offen Ansprüche verlieren nur ihre **„Durchsetzbarkeit"**, soweit es sich

---

292) *Heidland*, BauR 1998, 643 ff.
293) Zu den Folgen der Insolvenz eines Gesellschafters nach dessen Ausscheiden: BGH, BauR 2000, 1057 = ZfBR 2000, 394. Zum **Ausschlussrecht** der Arge-Partner bei Stellung eines Konkurs-[Insolvenz-]Antrages eines Mitglieds: OLG Naumburg, BauR 2002, 1271 = ZfIR 2002, 453 m.Anm. *Zoll* = IBR 2002, 257 – *Schmitz*.
294) **Herrschende Meinung:** OLG Düsseldorf, BauR 2006, 2054; *Timmermanns*, BauR 2001, 321; *Heidland*, BauR 1998, 643, 653 u. Rn. 916; *Schmitz*, in: Ingenstau/Korbion, § 8 Abs. 2/B, Rn. 10 ff.; *Thode*, ZfIR 2000, 165, 181; **a.A.:** *Lederer*, in: Kapellmann/Messerschmidt, § 8/B, Rn. 63, 68 f.
295) Zum Meinungsstand vgl. *Huber*, NZBau 2005, 177 ff., 181; *Baldringer*, NZBau 2005, 183; *Lederer*, in: Kapellmann/Messerschmidt, § 8/B, Rn. 61 u. *Schmitz*, in: Ingenstau/Korbion, § 8 Abs. 2/B, Rn. 10 ff.
296) NZBau 2015, 292 (mit Hinweis auf BGH, NJW 2013, 1159) = IBR 2015, 254 – *Schmitz*.
297) NZBau 2002, 439 = BauR 2002, 1264 = IBR 2002, 417 – *Hänsel*. Vgl. hierzu *Huber*, NZBau 2005, 177 ff., 180 sowie *Koenen*, BauR 2005, 202, 210.

nicht um Ansprüche auf die Gegenleistung für schon erbrachte Leistungen handelt (Suspensivtheorie).[298] Wählt der Insolvenzverwalter die Erfüllung des Werkvertrages, so erhalten die zunächst nicht durchsetzbaren Ansprüche „die Rechtsqualität von originären Masseverbindlichkeiten und -forderungen" (BGH). **Erklärt** der Insolvenzverwalter, **den Vertrag erfüllen zu wollen** oder **verlangt** er von dem Vertragspartner des Schuldners die **Erfüllung**, so wird der (alte) Vertrag **mit dem bisherigen Inhalt** fortgeführt.[299] Der Insolvenzverwalter hat den Vertrag so zu **erfüllen**, wie er ihn bei Verfahrenseröffnung vorfindet; dies gilt auch für die **Gewährleistungsansprüche**.[300]

1311 Durch die Insolvenzeröffnung kann es zu einer **Aufspaltung** des einheitlichen Vertragsverhältnisses kommen: Bei einem VOB-Vertrag „zerfällt" der Bauvertrag, wenn er von dem **Auftraggeber** wegen der Insolvenz des Auftragnehmers **gekündigt** wird, in einen erfüllten Teil, für den grundsätzlich die vereinbarte Vergütung zu zahlen ist, und in einen **nicht** ausgeführten Teil, für den an die Stelle des Erfüllungs- **ein Schadensersatzanspruch** tritt (§ 8 Abs. 2 Nr. 2 i.V. mit § 6 Abs. 5 VOB/B).[301] Dem entspricht auch die Insolvenzordnung (§ 105 Satz 1). Bestehende **Nachbesserungsansprüche** wandeln sich mit der Insolvenzeröffnung in einen **Schadensersatzanspruch** um, dessen Höhe von dem entstandenen Schaden (Mängelbeseitigungsaufwand) bestimmt wird,[302] wenn der Insolvenzverwalter die Nacherfüllung abgelehnt hat und der Auftraggeber seine Nacherfüllungsansprüche zur Insolvenztabelle angemeldet hat. Der Schadensersatzanspruch kann nur als Insolvenzforderung i.S.v. § 38 InsO geltend gemacht werden.

1312 Der **Schadensersatzanspruch** wegen Nichterfüllung, der an die Stelle des vertraglichen Erfüllungs- oder Gewährleistungsanspruchs tritt, ist ein neuer, selbstständiger Anspruch und unterliegt daher einer „eigenen Verjährung, die sich nach der für den ursprünglichen Erfüllungsanspruch maßgebenden Verjährungsfrist richtet."[303] Anderes gilt für die bereits vor Insolvenzeröffnung durch Abnahme auch von Teilleistungen in Gang gesetzten Verjährungsfristen, deren Lauf durch die Insolvenzeröffnung nicht unterbrochen wird.[304] Der Schadensersatzanspruch des Auftraggebers wegen Nichterfüllung geht im Fall der Insolvenz eines **ARGE-Mitgliedes** auf die übrigen Mitglieder der Arbeitsgemeinschaft über, wenn diese die Bauleistung erbracht und sie intern aus dem Gesamtschuldverhältnis Ausgleich verlangen können. Auch können die ausgleichsberechtigten ARGE-Mitglieder die allein für den Erfüllungsanspruch des ausgefallenen Mitglieds gegebene Bürgschaft in Anspruch nehmen.[305]

---

[298] Vgl. hierzu *Vogel*, Jahrbuch Baurecht 2004, 107 ff., 119.
[299] BGH, BauR 2001, 245, 247; BGH, NJW-RR 2002, 191 = MDR 2002, 162 = IBR 2002, 15 – *Schmitz*; BGH, BauR 2001, 1580 m.Anm. *Schmitz*. Zur **Teilerfüllungswahl** vgl. *Vogel*, Jahrbuch Baurecht 2004, 107 ff., 124 sowie *Schmitz*, ZIP 2001, 765, 768.
[300] *Meyer*, NZI 2001, 294, 297.
[301] BGH, ZfBR 1995, 257, 258 m.w.Nachw.: zur Abrechnung eines **teilerfüllten Pauschalpreisvertrages**: OLG Köln, NJW-RR 1999, 745.
[302] BGH, BauR 1996, 401, 403 = ZfBR 1996, 144, 145.
[303] BGH, NJW 1986, 1176 = BauR 1986, 339, 340 = ZfBR 1986, 132; Beck'scher VOB-Komm/ *Motzke/Eichberger*, B § 13 Nr. 4, Rn. 364 ff.
[304] *MünchKomm/InsO – Huber*, § 103, Rn. 195.
[305] BGH, BauR 1990, 758.

Der BGH[306] hält die in einen Bauvertrag einbezogenen Regelungen des § 8, Abs. 2, Nr. 1, Fall 2 i.V.m. § 8, Abs. 2, Nr. 2 VOB/B nicht gemäß § 134 BGB wegen Verstoßes gegen § 103, 119 InsO für unwirksam; er sieht in dieser Regelung auch nicht eine unangemessene Benachteiligung des Auftragnehmers gemäß § 307, Abs. 1, 2 BGB. Diese Frage war bislang sehr umstritten.[307]

Problematisch erweist sich für die Beteiligten in der Insolvenz des Vertragspartners die **Phase vor Insolvenzantragstellung bis zur Eröffnung des Insolvenzverfahrens,** da die Insolvenzordnung dem Insolvenzverwalter weitgehende **Anfechtungsrechte,** §§ 129 ff. InsO, einräumt. Das Anfechtungsrecht ist 2017 reformiert worden.[308] Damit kann der Insolvenzverwalter selbst solche Vereinbarungen anfechten, an denen er als vorläufiger Insolvenzverwalter mit Zustimmungsvorbehalt, § 21 Abs. 2 Nr. 2 InsO, ausdrücklich mitgewirkt hat. Dies gilt insbesondere für die Bestellung von Sicherheiten oder aber die Bezahlung bereits vor dem Insolvenzantrag erbrachter Leistungen, um etwa den Auftragnehmer zur Fortsetzung seiner Tätigkeit zu bewegen.[309]

1313

Demgegenüber sind die mit dem Insolvenzverwalter nach Eröffnung des Insolvenzverfahrens getroffenen Vereinbarungen selbst dann wirksam und auch nicht von diesem anfechtbar, wenn gesetzlich vorgeschriebene Zustimmungserfordernisse, etwa die des Gläubigerausschusses oder der Gläubigerversammlung, nicht vorliegen. Etwas anderes gilt nur ausnahmsweise für Vereinbarungen, die gravierend dem Zweck der Insolvenzordnung zuwiderlaufen. Dies setzt aber voraus, dass sich dem Geschäftspartner gleichzeitig ohne weiteres auch begründete Zweifel an der Vereinbarkeit der Vereinbarung mit dem Zweck des Insolvenzverfahrens aufdrängen müssen.[310]

1314

6. Unternehmereinsatzformen

Literatur

Nicklisch, Der Subunternehmer bei Bau- und Anlageverträgen im In- und Auslandsgeschäft 1986; *Nicklisch,* Bau- und Anlageverträge 1984; *Kromik/Schwager/Noss,* Das Recht der Bauunternehmung (1987); *Graf von Westphalen,* AGB-Klauselwerke/*Motzke,* Subunternehmervertrag, 1995; *Burchardt/Pfülb,* Arge-Kommentar, 4. Auflage 2006; *Jagenburg/Schröder/Baldinger,* Der ARGE-Vertrag, 3. Auflage 2012; *Joussen/Vygen,* Der Subunternehmervertrag, 2011.

Literatur ab 2000[311]

Greeve, Arbeitnehmerüberlassung und Durchführung einer Bau-ARGE mit Auslandsbezug auf der Grundlage des Muster-ARGE-Vertrags, NZBau 2001, 525; *Kehrberg,* Die Vergütung des Generalplaners, BauR 2001, 1825; *Schlapka,* Kooperationsmodell – ein Weg aus der Krise –, BauR 2001, 1646; *Eschenbruch,* Construction Management, NZBau 2001, 585; *Kapellmann,* Ein Construction Management Vertragsmodell, NZBau 2001, 592; *Eschenbruch,* Generalunternehmereinsatz: Vergütungsfolgen von Teilkündigungen und Änderungsanordnungen, Festschrift für Jagenburg (2002), 179; *Busse,* Zum Vergütungsrisiko des Generalunternehmers bei funktionaler

---

306) BauR 2016, 1306 = NZBau 2016, 422 = IBR 2016, 346 – *Wellensiek.*
307) Vgl. hierzu *Matthies,* NZBau 2016, 481 sowie *Reinelt,* BauR 2016, I.
308) Vgl. *Thole,* ZIP 2017, 401 ff.
309) *MünchKomm/InsO – Kirchhof,* § 129, Rn. 45 f.
310) BGH, NZBau 2002, 439, 441.
311) Literatur vor 2000 siehe 15. Auflage.

Leistungsbeschreibung in Pauschalverträgen mit privaten Auftraggebern außerhalb von Verbraucherverträgen, Festschrift für Jagenburg (2002), 77; *Hickl*, Generalunternehmervertrag und Nachunternehmervertrag – Ein Kooperationsverhältnis, Festschrift für Jagenburg (2002), 279; *Grauvogl*, Der „durchgängige" Nachunternehmervertrag – ein Dauerdilemma, Festschrift für Kraus (2003), 55; *Strunk*, Der Einsatz mittel- und osteuropäischer Nachunternehmer im Baugewerbe, BauR 2006, 1970; *Zerhusen/Nieberding*, Der Muster-ARGE-Vertrag 2005 des Hauptverbandes der Deutschen Bauindustrie e.V., BauR 2006, 296; *Krause-Allenstein*, Die Bau-ARGE – Haftung, Sicherheiten, Versicherung im Innen- und Außenverhältnis, BauR 2007, 617; *Messerschmidt/Thierau*, Die Bau-ARGE, NZBau 2007, 129 (Teil 1) sowie 205 (Teil 2); *Thode*, Die Vollbeendigung der ARGE und deren Rechtsfolgen – Die Rechtslage nach der Grundsatzentscheidung des Bundesgerichtshofes zur Rechtsfähigkeit der GbR vom 29. Januar 2001, BauR 2007, 610; *Oblinger-Grauvogl*, „Haftungsrisiken beim Einsatz von Subunternehmern" „Der klassische Sitz zwischen den Stühlen", Festschrift für Kapellmann (2007), 337; *Hofmann*, Der Abschluss von Werkverträgen mit ausländischen Subunternehmern, BauR 2007, 812 u. 1146; *Gehle/Wronna*, Der Allianzvertrag – Neue Wege kooperativer Vertragsgestaltung, BauR 2007, 2; *Sonntag/Hickethier*, Neuer Elan für Projektverträge: Lean-Management im Bauwesen, Jahrbuch Baurecht, 2011, 159; *Wessel*, Besondere Risiken für Subunternehmer, ZfBR 2014, 119.

1314a Die Zahlungsklage kann stets nur gegen den **Vertragspartner** des Unternehmers gerichtet werden. Es ist deshalb auf die verschiedenen Unternehmereinsatzformen zu achten:

Der Regelfall der Unternehmereinsatzform im Bauwesen ist auch heute noch der **Alleinunternehmer**, der im Rahmen seines Betriebs alle Bauarbeiten durchführt, die zu dem ihm erteilten Auftrag gehören.

Begrifflich dem Alleinunternehmer nahe stehend ist der **Generalunternehmer**, der von dem Bauherrn mit sämtlichen zu einem Bauwerk gehörenden Leistungen beauftragt wird. Man unterscheidet allgemein drei Formen des **Generalunternehmers**, wobei die Begriffsbestimmung in Rechtsprechung und Literatur nicht einheitlich ist:[312]

* Der Unternehmer übernimmt nur die Koordinierung und Leitung des Bauvorhabens (**Generalunternehmer im engeren** Sinne).
* Er übernimmt zusätzlich ganz oder teilweise die Bauausführung (**Hauptunternehmer/Generalunternehmer im weiteren** Sinne).
* Er übernimmt alle Leistungen einschließlich der Architektenleistungen und der Leistungen der Sonderfachleute (so genannter **Totalübernehmer** bzw. **Generalübernehmer**),[313] erbringt in aller Regel aber selbst keine Bauleistungen.

1314b Der **Generalunternehmer** steht nur zu seinem Auftraggeber in rechtlichen Beziehungen, auch wenn er ggf. seinerseits Teile der Arbeiten an selbstständige Unternehmer weitervergibt; dadurch wird er nicht „Bauherr".[314] Diese Form des Unternehmereinsatzes gewinnt im Bereich des schlüsselfertigen Bauens sowie im Rahmen des Fertigbauens zunehmende Bedeutung.[315] Der Unterschied zwischen Generalunternehmer und Alleinunternehmer besteht darin, dass der Alleinunternehmer die Bauleistungen selbst erbringen muss, während der Generalunternehmer

---

312) Vgl. für viele: *Korbion*, in: Ingenstau/Korbion, Anhang 2, Rn. 1, 156 ff.; *Leineweber*, Rn. 334 ff.; *Kleine-Möller/Merl*, § 3, Rn. 4 ff.; *Koeble*, in: Rechtshandbuch Immobilien, Bd. 1, Kap. 15, Rn. 84 ff.; *Siegburg*, Rn. 16.
313) Zur Vereinbarung der VOB/B beim Generalübernehmervertrag vgl. Rdn. 1258.
314) BGH, BauR 1978, 220 = NJW 1978, 1054.
315) Vgl. im Einzelnen: *Nicklisch*, Sonderbeilage 10/BB 1974, S. 9, 10.

diese an Dritte (Subunternehmer) delegieren kann. Die dann begründete Treuhänderstellung legt dem Generalunternehmer besondere Sorgfaltspflichten auf, bei deren Verletzung Schadensersatzansprüche begründet sein können. Die Treuhänderstellung ist besonders groß, wenn der Generalunternehmer seine Leistungen ausschließlich durch Drittfirmen ausführen lässt. Auch wenn der Generalübernehmer die Bauleistungen nicht selbst ausführt, schuldet er sie gegenüber dem Auftraggeber.[316] Demgegenüber bezeichnet man allgemein als **Hauptunternehmer** den Auftragnehmer, dem nur ein Teil der zu einem Bauvorhaben gehörenden Bauleistungen übertragen wird. Auch der Hauptunternehmer hat in aller Regel das Recht, Nachunternehmer einzuschalten.

Der sog. **Generalübernehmer** zeichnet sich dadurch aus, dass er einerseits auch – wie der Generalunternehmer – mit der gesamten Bauleistung beauftragt wird, aber **zusätzlich** noch **Planungsleistungen** übernimmt. Er erbringt in aller Regel keine eigenen Bauleistungen, sondern gibt sämtliche Leistungen weiter an Subunternehmer (z.B. Generalunternehmer). Auch der Vertrag mit dem Generalübernehmer ist in der Regel als **Werkvertrag** anzusehen.[317]

Der Nachunternehmer (**Subunternehmer**) wird vom Generalunternehmer (Hauptunternehmer) beauftragt und steht damit **nur zu diesem in einem Vertragsverhältnis**;[318] zu dem Bauherrn selbst tritt er nicht in rechtliche Beziehungen.[319] Das betrifft grundsätzlich sowohl die Mängelhaftung wie auch die Zahlung des Werklohns. Ansprüche des Nachunternehmers aus Geschäftsführung ohne Auftrag oder ungerechtfertigter Bereicherung gegenüber dem Bauherrn sind nicht möglich, wenn der Vertrag zwischen dem Bauherrn und dem Generalunternehmer (Hauptunternehmer) wirksam ist.[320] Rechtliche Beziehungen zwischen Bauherr und Nachunternehmer entstehen auch nicht schon dadurch, dass der Nachunternehmer seine Rechnung vereinbarungsgemäß direkt dem Bauherrn zusenden und dieser auch unmittelbar an den Nachunternehmer die Rechnung begleichen soll.[321] Dasselbe gilt, wenn der Bauherr lediglich Leistungen des Subunternehmers bei diesem „anfordert".[322] Im Einzelfall kann allerdings ein Schuldbeitritt des Bauherrn in Betracht kommen. Durch die Einschaltung eines Nachunternehmers wird der Generalunternehmer (Hauptunternehmer) zwar seinerseits zum Auftraggeber, nicht aber zum Bauherrn.[323]

1315

---

316) OLG Hamm, NJW-RR 1992, 153.
317) Vgl. näher *Vygen/Joussen*, Rn. 63 ff.
318) Zum Subunternehmervertrag im Einzelnen vgl. *Joussen/Vygen*, Der Subunternehmervertrag, 2111 sowie *Wessel*, ZfBR 2014, 119. Zur Wirksamkeit von Klauseln in Subunternehmerverträgen vgl. näher *Graf von Westphalen*, AGB-Klauselwerke/*Motzke*, Subunternehmervertrag, Rn. 83 ff. Zu den Rechtsfolgen einer **Kündigung** durch den **Auftraggeber** s. Rdn. 1729.
319) BGH, WM 1974, 197 = BauR 1974, 134 m. zust. Anm. *Hartmann*, BauR 1974, 343 sowie SchlHOLG, OLGR 1998, 310: Zur **Vollmacht** des Generalübernehmers zum Abschluss von Subunternehmerverträgen für den Bauherrn: LG Dresden, BauR 2001, 1917.
320) BGH, BauR 2004, 1151 = IBR 2004, 355 – *Hildebrandt*; LG Hamburg, MDR 1965, 823; *Hartmann*, a.a.O.
321) BGH, WM 1974, 197, 198.
322) *Staudinger/Peters*, § 631 BGB, Rn. 33.
323) BGH, NJW 1978, 1054 = BauR 1978, 220.

Das **Prinzip der Selbstständigkeit der Vertragsbeziehungen** Bauherr – Generalunternehmer – Subunternehmer wird nur durch die **Durchgriffsfälligkeit** gemäß § 641 Abs. 2 BGB (vgl. Rdn. 1789 ff.), die Direktzahlung gemäß § 16 Abs. 6 VOB/B sowie die verbleibende **deliktische Haftung** des Subunternehmers gegenüber dem Bauherrn (vgl. Rdn. 1233 ff.) durchbrochen. Darüber hinaus steht es den Parteien frei, die grundsätzlich getrennten Rechtsbeziehungen durch vertragliche Regelungen zu verbinden (vgl. Rdn. 1324 ff.).[324]

1316 In der Baupraxis wird häufig sowohl im Verhältnis **Bauherr – Generalunternehmer** wie auch im Verhältnis **Generalunternehmer – Subunternehmer** darüber gestritten, ob eine bestimmte **Leistung** (z.B. im Rahmen eines Pauschalvertrages) **zusätzlich** zu **vergüten** ist. Dabei wird die „eingeklemmte" Stellung des Generalunternehmers besonders deutlich, weil er meist gegenüber seinem Auftraggeber (Bauherrn) einerseits und seinem Auftragnehmer (Subunternehmer) andererseits **widersprüchlich** argumentieren muss. Um sich dieser schwierigen Situation zu entziehen, vereinbaren General- und Subunternehmer – im Wege des **Vergleichs** – nicht selten, dass eine Zahlung an den Subunternehmer (nur) dann erfolgt, wenn auch der Bauherr für die entsprechende Leistung eine Vergütung zahlt. Damit wird eine aufschiebend bedingte Werklohnforderung begründet. Wird keine weitere Vereinbarung getroffen, insbesondere wie die Forderung gegenüber dem Bauherrn durchgesetzt werden soll, ist zweifelhaft, ob der Generalunternehmer verpflichtet ist, den Bauherrn auf Zahlung zu verklagen. Das OLG Düsseldorf[325] verneint dies und hält das Verhalten des Generalunternehmers, der nach einer solchen Vereinbarung davon absieht, den Bauherrn zu verklagen, nicht für treuwidrig (§ 162 Abs. 1 BGB); allerdings kann der Subunternehmer im Wege der **gewillkürten Prozessstandschaft** (für den Generalunternehmer) gegen den Bauherrn klagen.

1317 Dem besonderen **Dreiecksverhältnis Bauherr – Generalunternehmer – Subunternehmer** trägt im Vergütungsrecht auch **§ 16 Abs. 6 VOB/B (Direktzahlung)** für den VOB-Bauvertrag Rechnung, der im Rahmen der VOB/B 2002 erheblich überarbeitet wurde. Danach ist der Auftraggeber berechtigt, Zahlungen an Gläubiger (Subunternehmer) des Auftragnehmers (Generalunternehmer) zu leisten, „soweit sie an der Ausführung der vertraglichen Leistung des Auftragnehmers aufgrund eines mit diesem abgeschlossenen Dienst- oder Werkvertrages beteiligt sind, wegen Zahlungsverzugs des Auftragnehmers die Fortsetzung ihrer Leistungen zu Recht verweigern und die Direktzahlung die Fortsetzung der Leistungen sicherstellen soll". Der Generalunternehmer ist in diesem Fall verpflichtet, sich auf Verlangen des Auftraggebers (Bauherr) innerhalb einer von diesem gesetzten Frist darüber zu erklären, „ob und inwieweit er die Forderungen seiner Gläubiger anerkennt; wird diese Erklärung nicht rechtzeitig abgegeben, so gelten die Forderungen als anerkannt und der Zahlungsverzug als bestätigt". Die Vorschrift verschafft allerdings den Subunternehmern keinen unmittelbaren Zahlungsanspruch gegen den Bauherrn.[326]

---

324) Vgl. hierzu im Einzelnen *Joussen/Vygen*, Rn. 46 ff.
325) NJW-RR, 211 = OLGR 1997, 142 (LS).
326) OLG Düsseldorf, BauR 1973, 250. Zur Auslegung der Vereinbarung des Bauherrn mit einem Subunternehmer seines Generalunternehmers, die aus dem Bauvertrag zwischen dem Subunternehmer zu leistenden Zahlungen direkt an den Subunternehmer zu zahlen: BGH, BauR 1994, 624 = ZfBR 1994, 210 = NJW-RR 1994, 1044. Zu insolvenzrechtlichen Gesichtspunkten im Zusammenhang mit § 16 Abs. 6 VOB/B siehe *Vogel*, Jahrbuch Baurecht 2004, 107 ff., 111.

Unternehmereinsatzformen

1318 Der Subunternehmer ist grundsätzlich dem Auftraggeber (Bauherrn) gegenüber als **Erfüllungsgehilfe** des Generalunternehmers anzusehen.[327] Dagegen ist der Bauherr als Auftraggeber des Generalunternehmers grundsätzlich nicht dessen Erfüllungsgehilfe gegenüber dem Subunternehmer.

1319 Behauptet ein Subunternehmer, dass aufgrund späterer Vereinbarungen unmittelbare vertragliche Beziehungen zum Bauherrn eingetreten seien, so trägt er hierfür die Beweislast.[328] Im Übrigen kann sich der Generalunternehmer nicht ohne weiteres folgenlos von den Verträgen mit seinen Subunternehmern lösen, wenn das Bauvorhaben vom Bauherrn nicht mehr finanziert werden kann.[329] Überträgt der Generalunternehmer die Werkleistung einem Subunternehmer zur eigenverantwortlichen Ausführung, ohne diese selbst zu überwachen oder zu prüfen, so hat der Generalunternehmer gegenüber dem Bauherrn das arglistige Verschweigen eines Mangels durch den Subunternehmer gemäß § 278 BGB zu vertreten wie eigenes arglistiges Verschweigen.[330]

Für den **VOB-Bauvertrag** befasst sich § 4 Abs. 8 VOB/B mit den Voraussetzungen, unter denen der Bauunternehmer einen Subunternehmer beschäftigen darf. Danach kann ein Subunternehmer **nur mit schriftlicher Zustimmung** des Bauherrn eingeschaltet werden.[331] Die Zustimmung entfällt lediglich bei Leistungen, auf die der Betrieb des Unternehmers nicht eingerichtet ist.[332] Im Übrigen hat der Unternehmer bei Weitergabe von Bauleistungen an einen Subunternehmer die VOB zugrunde zu legen und auf Wunsch des Bauherrn diesem den Subunternehmer bekannt zu geben. Da ein Subunternehmereinsatz im Baugewerbe allgemein üblich ist, verneint das OLG Celle[333] das Recht eines Auftraggebers zur **Anfechtung** des Bauvertrages wegen arglistiger Täuschung, wenn der Auftragnehmer ihm den **Einsatz eines Subunternehmers nicht offenbart hat.**

1320 Nach herrschender Meinung ist ein Unternehmer beim **BGB-Bauvertrag** grundsätzlich – auch ohne ausdrückliche Einwilligung seines Auftraggebers – **berechtigt**, einen Subunternehmer einzuschalten, weil das BGB-Werkvertragsrecht keine persönliche Leistungsverpflichtung des Unternehmers kennt, sondern den Werkerfolg, für den der Unternehmer einzustehen hat, in den Vordergrund stellt.[334]

1321 Haftungsrechtliche Verbindungen können zwischen dem Auftraggeber und dem Subunternehmer dann entstehen, wenn der Generalunternehmer seine Gewährleistungsansprüche gegenüber dem Subunternehmer an den Auftraggeber abtritt und

---

[327] BGH, NJW 1976, 516 = BauR 1976, 131; BGH, BauR 1979, 324; BGH, BauR 1981, 383 = DB 1981, 1924 = WM 1981, 773; vgl. hierzu *Kniffka*, ZfBR 1992, 1, 8. Dagegen ist der **Subunternehmer** im Allgemeinen **kein Verrichtungsgehilfe** des Hauptunternehmers im Sinne von § 831 BGB (BGH, BauR 1994, 780); siehe aber LG Berlin, NJW-RR 1997, 1176.
[328] BGH, *Schäfer/Finnern*, Z 2.10 Bl. 29.
[329] BGH, *Schäfer/Finnern*, Z 2.510 Bl. 60.
[330] BGH, BauR 1976, 131.
[331] Nach der Auffassung des OLG Dresden, BauR 2007, 1050 ist eine entsprechende Zustimmung dahingehend auszulegen, dass sie nur die Weitergabe des gesamten Auftrages, nicht jedoch die Weitergabe einzelner Teile eines Auftrages betrifft.
[332] Vgl. hierzu *Joussen/Vygen*, Rn. 173 ff.
[333] OLGR 2007, 844.
[334] Für viele: BGH, BauR 1984, 290, 292; *Joussen/Vygen*, Rn. 170; Beck'scher VOB-Komm/ *Hofmann*, B, § 4 Nr. 8, Rn. 2.

nur subsidiär haften will (vgl. Rdn. 2698). Wird der Generalunternehmer von dem Auftraggeber auf Schadensersatz in Anspruch genommen, hat er gegenüber dem Subunternehmer einen Freistellungsanspruch, soweit er noch nicht Schadensersatz geleistet hat. Erbringt ein Nachunternehmer noch ausstehende Teile seiner dem Hauptunternehmer geschuldeten Leistungen aufgrund eines gesondert geschlossenen Vertrages direkt für dessen Auftraggeber, reicht nach Auffassung des BGH[335] der Eintritt des Leistungserfolgs als solcher nicht aus, um insoweit zugleich eine Bewirkung der Leistung des Nachunternehmers an den Hauptunternehmer anzunehmen.

1322 Der Kostenerstattungsanspruch des Generalunternehmers gegen den Subunternehmer wegen eines von ihm zu verantwortenden Mangels ist nicht deswegen ausgeschlossen, weil die Mängelbeseitigung nicht durch den Generalunternehmer, sondern durch den Bauherrn im Wege der Ersatzvornahme erfolgt ist; die Erstattungspflicht des (als Subunternehmer tätigen) Auftragnehmers beschränkt sich jedoch nach Auffassung des OLG Köln[336] auf die reinen Sanierungskosten.

1323 Stets sind die beiden **Auftragsverhältnisse Auftraggeber – Generalunternehmer** einerseits und **Generalunternehmer – Subunternehmer** andererseits selbstständig zu beurteilen[337] – mit der Folge, dass grundsätzlich nur innerhalb der jeweiligen Vertragsverhältnisse Erfüllungs-, Gewährleistungs- und Vergütungsansprüche geltend gemacht werden können,[338] wobei allerdings für die Vergütungsansprüche die „Durchgriffsfälligkeit" im Rahmen des neu geschaffenen § 641 Abs. 2 BGB zu berücksichtigen ist (vgl. hierzu näher Rdn. 1789 f.). Daher sind insbesondere die Haftungsgrundlagen und der Haftungsumfang nach dem jeweiligen Vertragsverhältnis selbstständig zu beurteilen, was auch zu unterschiedlichen Rechtsfolgen führen kann. Dasselbe gilt hinsichtlich der Vergütung. Aufgrund der zu trennenden Vertragsverhältnisse hat ein Subunternehmer auch keinen vertraglichen Anspruch gegen den Bauherrn, wenn dieser mit dem Generalunternehmer vereinbart, dass „Zahlungen zweckgebunden zur Begleichung von Abschlagsrechnungen des Subunternehmers" geleistet werden.[339]

Auch wenn der Auftraggeber vom Generalunternehmer z.B. keine **Nacherfüllung** verlangt, kann dies der Generalunternehmer gegenüber dem Subunternehmer tun.[340] Dasselbe gilt für ein **Minderungsbegehren** oder eine **Schadensersatzforderung** des Generalunternehmers, wenn die entsprechenden Voraussetzungen gegeben sind. Maßgeblich ist allein, dass ein Baumangel in die Verantwortung des Subunternehmers fällt. Auf den Eintritt eines Schadens kommt es dabei nicht an.[341] Etwas anderes kann im Einzelfall nur gelten, wenn der **Rückgriff** des Generalunternehmers beim Subunternehmer als **rechtsmissbräuchlich** anzusehen

---

335) BauR 2007, 2061 = NZBau 2007, 703 = NJW 2007, 3488.
336) BauR 1989, 376 (LS).
337) Vgl. hierzu *Kniffka*, ZfBR 1992, l, 8.
338) Vgl. hierzu grundlegend: OLG Düsseldorf, NJW-RR 1997, 83. Ferner OLG Brandenburg, NZBau 2010, 433.
339) OLG Celle, IBR 1997, 184.
340) Für das Verhältnis Architekt – Subplaner vgl. BGH, BauR 2016, 855, 859.
341) *Locher*, NJW 1979, 2235.

ist.[342] Auch eine in dem jeweiligen Auftragsverhältnis vereinbarte Vertragsstrafe verbleibt aufgrund der Eigenständigkeit beider Vertragsbeziehungen bei dem betreffenden Auftragsverhältnis (vgl. hierzu näher Rdn. 2559).

Bei alledem ist die neue BGH-Rechtsprechung[343] zu berücksichtigen: Steht im Rahmen einer werkvertraglichen Leistungskette fest, dass der Auftragnehmer (z.B. Generalunternehmer) von seinem Auftraggeber wegen Mängeln am Werk nicht mehr in Anspruch genommen wird, kann der Auftragnehmer nach dem Rechtsgedanken der Vorteilsausgleichung gehindert sein, seinerseits Ansprüche wegen dieser Mängel gegen seinen Subunternehmer geltend zu machen.

Wird ein Nachunternehmer sowohl vom Hauptunternehmer als auch von dessen Auftraggeber mit bestimmten Leistungen beauftragt, hat der BGH[344] klargestellt, dass die doppelte Beauftragung durch den Auftraggeber nicht dazu führt, dass der Auftraggeber auch doppelt zahlen muss: Erbringt nämlich ein Nachunternehmer noch ausstehende Teile seiner, dem Hauptunternehmer geschuldeten Leistung aufgrund eines gesonderten Vertrages direkt für dessen Auftraggeber, wird ihm diese Leistungserbringung gegenüber dem Hauptunternehmer regelmäßig unmöglich; der Vergütungsanspruch des Nachunternehmers gegen den Hauptunternehmer ist in diesem Fall entsprechend § 441 Abs. 3 BGB in gleicher Weise zu berechnen wie der Anspruch auf Vergütung aus einem gekündigten Werkvertrag.

Der (zwischen Bauherr und Subunternehmer) „eingeklemmte" **Generalunternehmer** hat zwangsläufig ein berechtigtes Interesse an der **Parallelschaltung** wichtiger Regelungen des Generalunternehmervertrages einerseits und des Subunternehmervertrages andererseits. Das gilt vor allem bei internationalen Bauverträgen.[345] Daher sind Generalunternehmer in der Regel bemüht, ein Regelwerk zu schaffen, mit dem sie (als Auftraggeber) gegenüber dem Subunternehmer keine schlechtere Rechtsposition haben als in dem Verhältnis zu ihrem Auftraggeber. Dies betrifft vor allem die Bereiche wie Zahlungseingangs-, Insolvenz- und Kreditrisiko,[346]

1324

---

342) Vgl. hierzu OLG Dresden, NJW-RR 1997, 83 sowie LG Verden – 10 O 87/95 – (Abnahmeverweigerung des Hauptunternehmers gegenüber seinem Subunternehmer treuwidrig, wenn der Auftraggeber des Hauptunternehmers den vereinbarten Werklohn beglichen und auf die Geltendmachung von Gewährleistungsansprüchen für Vergangenheit und Zukunft verzichtet hat); ferner: OLG Koblenz, BauR 1997, 1054 = NJW-RR 1998, 453 (keine Gewährleistungsansprüche des Generalunternehmers gegen seinen Subunternehmer, wenn der Subunternehmer alle Mängel durch Zahlung an den Bauherrn abgegolten hat und dies nach der Absprache des Subunternehmers mit dem Bauherrn auch im Verhältnis zum Generalunternehmer gelten soll).
343) BauR 2007, 1564 u. 1567.
344) BauR 2010, 629 = NZBau 2010, 307 = IBR 2010, 203 – *Schmitz*.
345) Vgl. hierzu vor allem *Graf von Westphalen*, Festschrift für Locher, S. 375 ff., der den „Kooperationsgedanken komplexer Langzeitverträge" in den Vordergrund seiner Überlegungen stellt und unter diesem Gesichtspunkt zu dem Ergebnis kommt, dass bestimmte Parallelschaltungen nicht an § 9 Abs. 2 Nr. 1 AGB-Gesetz (jetzt § 305 BGB) scheitern dürfen. Siehe auch *Grauvogl*, Festschrift für Kraus, 55; *Knacke*, Schriftenreihe der Dt. Gesellschaft für Baurecht, Bd. 19, 86 ff.; *Hofmann*, ebenda, 66 ff.; *Medicus*, ebenda, 76 ff.; *Schlünder*, NJW 1995, 1057 ff.; *Schuhmann*, BauR 1998, 228.
346) Vgl. *Korbion/Locher/Sienz*, Rn. K 257 f.; *Graf von Westphalen*, a.a.O., 375, 386.

Abnahmezeitpunkt (Aufschub der Abnahme bis zur Abnahme der Generalunternehmerleistung),[347] Haftung und Gewährleistungsfristen[348] sowie Kündigungsmöglichkeiten.[349]

Diesen Bemühungen nach einer „Synchronisierung" der Vertragsbeziehungen sind nach Treu und Glauben und den §§ 305 ff. BGB jedoch Grenzen gesetzt; so kann die Einbeziehung einzelner Bestimmungen des Generalunternehmervertrages in den Subunternehmervertrag nicht allein durch bloße Verweisung erfolgen. Dem Subunternehmer muss zumindest die Möglichkeit der Einsicht eingeräumt werden.[350] Darüber hinaus verstößt ein reines „Durchstellen" der wichtigsten Bestimmungen des Generalunternehmervertrages auf den Subunternehmervertrag (z.B. das „Durchstellen" einer Vertragsstrafe)[351] in der Regel gegen § 307 Abs. 2 Nr. 1 BGB.[352]

1325 Ein Generalunternehmer kann in seinen AGB die Fälligkeit des Werklohns seines Subunternehmers auch nicht an die Zahlung seines Auftraggebers koppeln, weil der Subunternehmer die Zahlung des Hauptauftraggebers (Auftraggeber des Generalunternehmers) in keiner Weise beeinflussen kann.[353] Dementsprechend hat der BGH entschieden, dass die Verweisung in einem Einheitspreisvertrag zwischen dem Auftraggeber (Generalunternehmer) und seinem Auftragnehmer (Nachunternehmer) auf Bedingungen eines Pauschalpreisvertrages zwischen dem Generalunternehmer und seinem Auftraggeber, die eine Beschränkung des Werklohns für den Fall der Nichtinanspruchnahme der Leistung vorsehen, überraschend gemäß § 305c Abs. 1 BGB sein kann.[354] Eine Klausel, die einem Generalunternehmer für den Fall der Beendigung des Hauptvertrages ein außerordentliches Kündigungsrecht einräumt, ist mit § 307 BGB nicht in Einklang zu bringen.[355]

Hickl[356] ist in diesem Zusammenhang der Auffassung, dass das Vertragsverhältnis Generalunternehmer/Nachunternehmer von dem allgemeinen Prinzip der Kooperation beherrscht wird, weil beide Vertragspartner ein gemeinsames Ziel haben, nämlich die ordnungsgemäße Ausführung der Bauleistung; er verweist insoweit auf die Rechtsprechung des BGH.[357] Aus diesem Kooperationsverhältnis begründet er eine Pflicht zur Rücksichtnahme, gegenseitige Information und Mitwirkung bei der gemeinsamen Zielsetzung.

1326 Zur Haftung des Nachunternehmers gegenüber dem Generalunternehmer für Baumängel hat der **BGH**[358] im Übrigen hinsichtlich der Frage einer etwaigen **Rückgriffshaftung** und eines **Gesamtschuldverhältnisses** Folgendes ausgeführt:

„Der Vertrag des General- oder Hauptunternehmers mit dem Nachunternehmer ist ein selbstständiger Bauleistungsvertrag, aus dem sich die gegenseitigen Rechte und Pflichten unabhängig davon ergeben, welche Ansprüche der Bauherr oder andere Baubeteiligte gegen den Haupt-

---

347) Grundlegend: BGHZ 107, 75 = BauR 1989, 322; OLG Düsseldorf, BauR 1995, 111; *Graf von Westphalen*, a.a.O., 375, 388.
348) Vgl. OLG Düsseldorf, BauR 1995, 111 (Verlängerung der Gewährleistungsfrist in einem VOB-Subunternehmervertrag auf zwei Jahre und vier Wochen ist zulässig) sowie *Motzke*, in: Graf von Westphalen, AGB-Klauselwerke/Subunternehmervertrag, Rn. 158 ff.
349) Vgl. hierzu *Ramming*, BB 1994, 518, 523; ferner BGH, BauR 1995, 234 und NJW-RR 2004, 1498 (auch in AGB zulässig).
350) *Korbion/Locher/Sienz*, Rn. K 243; ebenso: *Motzke*, in: Graf von Westphalen, AGB-Klauselwerke/Subunternehmervertrag, Rn. 75 ff.
351) Offen gelassen von OLG Dresden, NJW-RR 1997, 83.
352) Siehe *Locher*, NJW 1979, 2235; *Graf von Westphalen*, a.a.O., mit einer Übersicht über den Meinungsstand.
353) OLG Koblenz, IBR 2004, 560; *Joussen/Vygen*, Rn. 32.
354) BauR 2007, 1724 = NZBau 2007, 634.
355) BGH, BauR 2004, 1943. Vgl. hierzu ähnliche unzulässige Klauseln in einem Subunternehmervertrag bei *Joussen/Vygen*, Rn. 356.
356) Festschrift für Jagenburg, S. 279, 288.
357) BauR 2000, 409, 410.
358) BGH, BauR 1981, 383 = DB 1981, 1924 = WM 1981, 773.

unternehmer besitzen und in welchem Umfang sie davon Gebrauch machen. Die Haftung des Hauptunternehmers schlägt nicht ohne weiteres auf sein Vertragsverhältnis zu dem Nachunternehmer durch. Hier sehen weder das Auftragsschreiben noch die Vertragsanlagen eine über die Gewährleistung hinausgehende **Rückgriffshaftung** des Nachunternehmers in dem Sinne vor, dass er für Zahlungsverpflichtungen der Generalunternehmerin einstehen müsste, sofern er den Verpflichtungsgrund letztlich zu vertreten hat. Ein solches Rückgriffsrecht der Generalunternehmerin kann auch nicht aus einer allgemeinen Haftung für positive Vertragsverletzung hergeleitet werden. Führt die Verletzung vertraglicher Prüfungs- und Hinweispflichten zunächst zu nichts anderem als einem Werkmangel, so kommt … eine Haftung des Nachunternehmers allein aus Gewährleistung in Betracht (vgl. §§ 4 Nr. 3, 13 Nr. 3 VOB/B), nicht aber darüber hinaus etwa für die Vernachlässigung der allgemeinen Pflicht, den Vertragspartner vor Schaden zu bewahren …

Der Hauptunternehmer hat zwar das Verschulden des Nachunternehmers als seines Erfüllungsgehilfen zu vertreten, jedoch sind beide für ihre Gewährleistung **nicht Gesamtschuldner** des Bauherrn oder anderer Baubeteiligter. Der Nachunternehmer schuldet seine Leistung allein dem Hauptunternehmer, nicht dem Bauherrn, sodass die Voraussetzungen des § 421 BGB nicht erfüllt sind."

Nach Auffassung des BGH[359)] muss ein Auftraggeber „vernünftigerweise" nicht damit rechnen, dass der **Generalunternehmer** sich eine **Vollmacht** erteilen lässt, nach der er die von ihm geschuldete Leistung im Namen seines Auftraggebers vergibt. Daher ist eine entsprechende Vollmachtsklausel zu Gunsten eines Generalunternehmers in einem Vertrag über die Errichtung eines schlüsselfertigen Hauses für den Auftraggeber gemäß § 305c BGB unwirksam. **1327**

Vom Subunternehmer ist der so genannte **Nebenunternehmer** zu trennen; dieser tritt neben dem Generalunternehmer (Hauptunternehmer) in eine unmittelbare rechtliche Beziehung zu dem Bauherrn. Nebenunternehmer sind solche Auftragnehmer, die unter Leitung des Hauptunternehmers Teile des Auftrags selbst erstellen, dabei jedoch unmittelbar mit dem Bauherrn vertraglich verbunden sind. Der Hauptunternehmer, der als Beauftragter dem Bauherrn in der Regel den Nebenunternehmer namens des Bauherrn beauftragt, übt insoweit eine Doppelfunktion aus: Er ist unmittelbarer Vertragspartner des Bauherrn und erbringt ihm gegenüber eine Bauleistung; gegenüber dem Nebenunternehmer ist er Aufsichtspflichtiger, wenn er dessen Leistungen überwachen muss.[360)] **1328**

Eine besondere Unternehmereinsatzform ist auch die **Arge** im Bauwesen.[361)] Arbeitsgemeinschaften werden nicht nur von Architekten, sondern vor allem von größeren Bauunternehmen abgeschlossen. Der **Arge-Vertrag** ist i.d.R. aus Zweckmäßigkeitsgründen ein kurzlebiger Vertrag, bei dem sich die Baubeteiligten ver- **1329**

---

359) BauR 2002, 1544 = NJW-RR 2002, 1312 = NZBau 2002, 561 = MDR 2002, 1116 (zu § 3 AGB-Gesetz).
360) Vgl. im Einzelnen: *Korbion*, in: Ingenstau/Korbion, Anhang 2, Rn. 208/9.
361) Vgl. hierzu näher *Korbion*, in: Ingenstau/Korbion, Anhang 2, Rn. 2 ff.; *Zerhusen/Nieberding*, BauR 2006, 296; *Messerschmidt/Thierau*, NZBau 2007, 129 u. 205; *Krause-Allenstein*, BauR 2007, 617; *Kornblum*, ZfBR 1992, 9; *Clasen*, BlGWB 1973, 41 ff.; *Jagenburg/Schröder/Baldringer*, Der ARGE-Vertrag, 3. Auflage, 2012; *Burchardt/Pfülb*, Arge-Kommentar, 4. Auflage, 2006. Zur Abgrenzung einer zwischen Bauunternehmen bestehenden Arbeitsgemeinschaft von einem vertraglichen Subunternehmerverhältnis: BGH, ZfBR 1998, 194.

sprechen, gemeinschaftlich übernommene Aufgaben in der vorgesehenen Bauzeit zu erfüllen.[362)]

1330 In aller Regel stellen in der Baubranche gegründete Arbeitsgemeinschaften Gesellschaften bürgerlichen Rechts dar, auf die die §§ 705 ff. BGB anzuwenden sind.[363)] Dabei ist für den Bauprozess von besonderer Bedeutung, dass die **Arbeitsgemeinschaften** nunmehr aufgrund der Rechtsprechung des **BGH**[364)] nunmehr als (Außen-)Gesellschaft **Rechtsfähigkeit** besitzen, soweit sie am Rechtsverkehr eigene Rechte und Pflichten begründen. In diesem Rahmen sind nunmehr auch in einem Zivilprozess **aktiv** und **passiv parteifähig**. Das bedeutet wiederum, dass die Arge, aber auch die einzelnen Gesellschafter verklagt werden können, was klargestellt werden muss. Erfolgt insoweit keine Klarstellung durch den Kläger, hat das Gericht gemäß § 139 ZPO darauf hinzuwirken.

1331 Von der Arge ist das **Leiharbeitsverhältnis** (Arbeitnehmerüberlassung)[365)] zu unterscheiden, bei dem ein Unternehmer einem anderen für die Durchführung eines Bauauftrages Arbeitskräfte zur Verfügung stellt.[366)] Im Rahmen eines Leiharbeitsverhältnisses trägt der Auftraggeber allein die Verantwortung für die Durchführung der Arbeiten; darüber hinaus haben die zur Verfügung gestellten Arbeitnehmer ihre Arbeitsleistung ausschließlich nach den Weisungen des Auftraggebers zu erbringen.[367)] Vertragliche Beziehungen bestehen in einem solchen Fall nur zwischen dem Bauherrn und dem Unternehmer, dem der Bauauftrag erteilt wurde, nicht dagegen zu dem Unternehmer, der die Leiharbeiter zur Verfügung stellt.

Zur sogenannten **Durchgriffsfälligkeit** siehe Rdn. 1789 ff., zur **Pay-when-paid-Klausel** Rdn. 1413. Zur Auftragsvergabe durch den **Bauträger** vgl. Rdn. 1360 ff.

7. Die Auftragsvergabe durch den Architekten

Literatur

Brandt, Die Vollmacht des Architekten zur Abnahme von Unternehmerleistungen, BauR 1972, 69; *Schmalzl*, Zur Vollmacht des Architekten, MDR 1977, 633; *Jagenburg*, Die Vollmacht des Architekten, BauR 1978, 180; *Kaiser*, Der Umfang der Architektenvollmacht, ZfBR 1980, 263; *von Craushaar*, Die Vollmacht des Architekten zur Anordnung und Vergabe von Zusatzarbeiten, BauR 1982, 421; *Wilhelm*, Die Architektenvollmacht im Licht der österreichischen Rechtsprechung, ZfBR 1983, 8 u. 56; *Beigel*, Ersatzansprüche des vollmachtlos handelnden Architekten ge-

---

362) Vgl. näher *Joussen*, Festschrift für Kraus, S. 73 und BauR 1999, 1063; *Korbion*, in: Ingenstau/Korbion, Anhang 2, Rn. 16 ff.
363) BGH, NJW 1975, 750 = BB 1975, 273. Vgl. hierzu auch: OLG Dresden, BauR 2002, 1414; *Kornblum*, ZfBR 1992, 9 ff. Zum **Abfindungsanspruch** bei der Auseinandersetzung einer Architekten-Arge: BGH, BauR 1999, 1471.
364) BGH, BauR 2001, 775 = NJW 2001, 1056; s. hierzu: *Jauernig*, NJW 2001, 2231; *Schmidt*, NJW 2001, 993; *Timme/Hülk*, JuS 2001, 536. Zur Rechts- und Parteifähigkeit einer holländischen Gesellschaft nach Verlegung ihres Verwaltungssitzes: BGH, BauR 2000, 1222 (Vorlagebeschluss); s. ferner: BGH, NJW 2002, 1207.
365) Zur Abgrenzung zwischen Werkvertrag und Leiharbeitsverhältnis vgl. OLG Hamm, BauR 2003, 1747. Vgl. ferner OLG Celle, BauR 2004, 1010 sowie *Korbion*, in: Ingenstau/Korbion, Anhang 2, Rn. 117 ff. und *Joussen/Vygen*, Rn. 589 ff., 594 ff.
366) Vgl. hierzu BGH, NJW 2002, 3317 sowie NZBau 2003, 275; ferner OLG Karlsruhe, BauR 2003, 737; ferner *Korbion*, in: Ingenstau/Korbion, Anhang 2, Rn. 126 ff.
367) OLG Karlsruhe, BauR 2003, 737.

Auftragsvergabe durch den Architekten

gen den Bauherrn, BauR 1985, 40; *Meissner*, Vertretung und Vollmacht in den Rechtsbeziehungen der am Bau Beteiligten, BauR 1987, 497; *Quack*, Die „originäre" Vollmacht des Architekten, BauR 1995, 441; *Pauly*, Zur Frage des Umfangs der Architektenvollmacht, BauR 1998, 1143; *Keldungs*, Die Vollmacht des Architekten zur Vergabe von Zusatzaufträgen, Festschrift für Vygen (1999), 208; *Dören*, Die Erteilung von Aufträgen durch den bauleitenden Architekten und die Rechtsfolgen bei fehlender Architektenvollmacht, Jahrbuch Baurecht 2003, 131; *Neuhaus*, Die Vollmacht des Architekten, BrBp 2004, 54; *Neuhaus*, Die Vollmacht des Bauleiters, BrBp 2004, 188; *Heidland*, Die Vollmacht der Architekten und Ingenieure und Sonderfachleute in der Insolvenz des Bauherrn, BauR 2009, 159; *Thierau*, Die Vollmacht des Architekten, in: Festschrift für Jochem (2014), S. 303.

1332 Vielfach werden im Rahmen eines Bauvorhabens nicht vom Bauherrn unmittelbar, sondern über den Architekten Aufträge an die Bauhandwerker erteilt. Die Auftragnehmer können sich in diesen Fällen wegen eines Werklohnanspruchs nur dann an den Bauherrn wenden, wenn

* der Architekt vom Bauherrn entsprechend **bevollmächtigt** war und
* der Architekt erkennbar **für den Bauherrn aufgetreten** ist, wobei dies nicht ausdrücklich der Fall zu sein braucht, sondern sich auch aus den Umständen des Einzelfalles ergeben kann.[368]

1333 Die Bevollmächtigung des Architekten durch den Bauherrn kann **ausdrücklich** oder **stillschweigend**[369] erfolgen. Es gelten die allgemeinen bürgerlich-rechtlichen Vorschriften. In aller Regel wird bei Rechtsgeschäften, die der Architekt mit Bauhandwerkern abschließt, davon auszugehen sein, dass er für den Bauherrn tätig wird.[370] Die Beweislast für die Vollmacht und das „erkennbare Hervortreten" des Vertretungswillens trifft grundsätzlich den Architekten. Wird ein Bauleiter von dem Bauherrn mit der **„allumfänglichen Vertretung"** des Bauherrn bevollmächtigt, kann nach Auffassung des OLG Köln[371] dies nur als umfassende rechtsgeschäftliche Vollmacht (und nicht nur in fachtechnischer Hinsicht) ausgelegt werden.

1334 Bei der Frage, ob der Architekt **für den Bauherrn** oder **im eigenen Namen** tätig wird, ist vom **objektiven Erklärungswert** auszugehen. Nach Auffassung des BGH ist von Bedeutung, „wie sich die Erklärung nach Treu und Glauben mit Rücksicht auf die Verkehrssitte für einen objektiven Betrachter in der Lage des Erklärungsgegners darstellt; dabei sind die gesamten Umstände des Einzelfalles zu berücksichtigen, insbesondere die dem Rechtsverhältnis zu Grunde liegenden Lebensverhältnisse, die Interessenlage, der Geschäftsbereich, dem der Erklärungsgegenstand zugehört, und die typische Verhaltensweise".[372] Zum Teil wird die Auffassung vertreten, dass ein Architekt grundsätzlich – im Gegensatz zu den Bauträgern – berufsspezifisch für seinen Auftraggeber (Bauherr) tätig wird, sodass eine Vermutung

---
[368] BGH, BauR 2007, 574; OLG Hamburg, *Schäfer/Finnern*, Z 3.01 Bl. 389; OLG Köln, BauR 1986, 717 u. OLGR 1999, 338.
[369] Vgl. hierzu OLG Düsseldorf, BauR 1995, 257.
[370] BGH, *Schäfer/Finnern*, Z 2.13 Bl. 30; OLG Hamburg, *Schäfer/Finnern*, Z 3.01 Bl. 389.
[371] BauR 2013, 954 = NZBau 2013, 169.
[372] BauR 1988, 215 = NJW-RR 1988, 575 = MDR 1988, 572.

für ein Handeln in seinem Namen spricht.³⁷³⁾ Der BGH³⁷⁴⁾ hat jedoch zwischenzeitlich klargestellt: Erteilt ein Architekt unter Angabe der Berufsbezeichnung ohne Vertretungszusatz einen Bauauftrag, lässt dies nicht ohne weiteres auf eine Vertreterstellung des Architekten schließen. In diesem Zusammenhang weist der BGH auch darauf hin, dass bei der Auslegung eines Rechtsgeschäfts das nachträgliche Verhalten der Partei nur in der Weise berücksichtigt werden kann, dass es Rückschlüsse auf ihren tatsächlichen Willen und ihr tatsächliches Verständnis im Zeitpunkt der Abgabe der Erklärung zulassen kann.

1335 Das gilt nicht, wenn sich aus dem einzelnen Auftragsverhältnis unter Berücksichtigung aller Umstände etwas anderes ergeben kann: So handelt der Architekt im Zweifel im **eigenen** Namen, wenn er einen Unternehmer mit der Beseitigung von Mängeln beauftragt, die möglicherweise auf eigene Planungs- und/oder Bauaufsichtsfehler zurückzuführen sind.³⁷⁵⁾ Beauftragt ein Architekt einen **Statiker** (Tragwerksplaner), kommt eine Beauftragung im eigenen oder im Namen des Bauherrn in Betracht; da ein Statiker jedoch auch als „Subunternehmer" des Architekten tätig werden kann, ist eine Vergabe der Tragwerksplanung durch den Architekten im eigenen Namen nicht ungewöhnlich.³⁷⁶⁾ Es ist daher mit dem OLG Köln³⁷⁷⁾ durchaus zweifelhaft, ob es eine Regel dafür gibt, dass bei Einschaltung eines Architekten vertragliche Beziehungen unmittelbar zwischen dem Bauherrn und dem Statiker hergestellt werden müssen. Das gilt auch für den Fall, dass es sich um die statische Berechnung eines größeren Bauvorhabens handelt. Im Übrigen bleibt es bei der grundsätzlichen Regelung des § 164 Abs. 2 BGB.

1336 Ist dem Architekten keine Vollmacht erteilt worden, haftet er dem Auftragnehmer grundsätzlich als **vollmachtloser Vertreter** aus § 179 BGB.³⁷⁸⁾ Das ist anders, wenn der **Auftragnehmer** den Mangel der Architektenvollmacht kannte oder kennen musste (§ 179 Abs. 3 BGB).³⁷⁹⁾ Dabei trifft den Auftragnehmer in aller Regel **keine Nachforschungs- oder Erkundigungspflicht**.³⁸⁰⁾ Über die Vollmacht des Architekten hat sich der Auftragnehmer nur dann zu vergewissern, wenn sich ihm begründete Zweifel aufdrängen oder aufdrängen mussten.³⁸¹⁾ Dies hat das OLG Düssel-

---

373) OLG Brandenburg, BauR 2002, 476 = NJW-RR 2002, 1099; OLG Köln, BauR 1996, 254 = NJW-RR 1996, 212 = OLGR 1996, 26; LG Stuttgart, CR 1993, 695; LG Lüneburg, BauR 1999, 936.
374) BauR 2007, 574 = IBR 2007, 199 – *Schwenker*.
375) OLG Hamm, BauR 1987, 468 = NJW-RR 1986, 1400.
376) OLG Köln, BauR 1986, 717.
377) A.a.O.
378) Vgl. im Einzelnen *von Craushaar*, BauR 1982, 421, 428 m.w.Nachw. Zur **Haftung** eines „Untervertreters" nach § 179 BGB vgl. OLG Köln, BauR 1996, 254 = NJW-RR 1996, 212 = OLGR 1996, 26.
379) Vgl. hierzu BGH, NJW 2000, 1407, 1408 m.w.Nachw.; Saarländisches OLG, OLGR 2000, 545; OLG Düsseldorf, NJW-RR 1995, 113 = OLGR 1995, 17.
380) BGH, DB 1985, 432, 433; OLG Celle, BauR 1997, 174 (LS) = OLGR 1996, 171; *von Craushaar*, BauR 1982, 421, 429 m.w.Nachw.; auch LG Bochum, BauR 1990, 636 = NJW-RR 1989, 1365.
381) BGH, a.a.O. u. NJW-RR 1987, 307; OLG Düsseldorf, BauR 1985, 339; siehe auch LG Bochum, NJW-RR 1989, 1365, für den Fall einer wesentlichen Vertragsänderung sowie OLG Frankfurt, *SFH*, Nr. 6 zu § 179 BGB m.Anm. *Hochstein*.

Auftragsvergabe durch den Architekten — Rdn. 1337–1339

dorf[382]) für den Fall bejaht, bei dem der Hauptauftrag vom Bauherrn selbst erteilt und in den Vertragsbedingungen ausdrücklich festgelegt worden war, dass die Nachtrags- und Zusatzleistungen nur schriftlich durch den Bauherrn selbst beauftragt werden können.

1337 Die Regelung des § 179 Abs. 1 BGB gilt entsprechend auch für die Fälle, in denen der Vertretene (z.B. eine Bauherrengemeinschaft) nicht existiert.[383]) Beauftragt der **Architekt** den Bauunternehmer mit der Beseitigung eines **Baumangels**, den er irrtümlich auf einen Planungsfehler zurückführt, so handelt er zwar im eigenen Namen. Er haftet jedoch nicht für den Werklohn, wenn sich herausstellt, dass es sich in Wahrheit um einen Fehler bei der Bauausführung handelt, zu dessen Beseitigung der Unternehmer dem Bauherrn gegenüber verpflichtet war, weil der Architekt dem Bauunternehmer einredeweise einen Gegenanspruch in gleicher Höhe aus § 812 BGB entgegenhalten kann (§ 242 BGB).[384])

1338 Dem Architekten stehen sämtliche Rechte aus dem Vertrag (z.B. das Leistungsverweigerungsrecht wegen bestehender Mängel, die Einrede der vorbehaltlosen Annahme der Schlusszahlung gemäß § 16 Abs. 3 Nr. 2 VOB/B) zu, wenn er als vollmachtloser Vertreter gemäß § 179 BGB auf Erfüllung in Anspruch genommen wird.[385]) Weigert sich der Architekt, dem Auftragnehmer den Namen der vertretenen Person zu nennen, haftet er ebenfalls auf Erfüllung oder Schadensersatz.[386])

1339 Die Haftung des Architekten entfällt, wenn er nachweisen kann, dass der Unternehmer den Bauherrn mit Erfolg nach den Grundsätzen über die **Anscheins- und Duldungsvollmacht** in Anspruch nehmen kann (vgl. Rdn. 1353 ff.); die Bindungswirkung einer Vollmacht kraft Rechtsschein steht der einer rechtsgeschäftlich erteilten Vollmacht gleich.[387]) Bei Fehlen der Voraussetzungen einer Anscheins- oder Duldungsvollmacht kann ein Bauauftrag, den ein zunächst vollmachtloser Architekt beauftragt hat, durch eine ausdrückliche oder stillschweigende Genehmigung gemäß § 177 Abs. 1 BGB wirksam werden. Eine solche stillschweigende Genehmigung des Auftraggebers nimmt das OLG Brandenburg[388]) für die Fallgestaltung an, dass der Auftraggeber wusste, dass nach Ausscheiden des zunächst beauftragten Unternehmens die Arbeiten fertig gestellt werden mussten und der Auftraggeber nach Zugang der Schlussrechnung sich nicht darauf berufen hat, dass kein wirksamer Auftrag erteilt worden ist.

Neben dem Anspruch aus § 179 BGB gegen den Architekten kommt u.U. ein Anspruch gegen den Bauherrn aus ungerechtfertigter Bereicherung (§ 812 BGB), aus Geschäftsführung ohne Auftrag (§§ 683, 670 BGB)[389]), aus Verschulden bei

---

382) OLG Düsseldorf, BauR 1985, 339; OLG Frankfurt, *SFH*, Nr. 6 zu § 179 BGB.
383) OLG Köln, NJW-RR 1987, 1375; OLG Hamm, NJW-RR 1987, 633.
384) OLG Hamm, BauR 1987, 468 = NJW-RR 1986, 1440 = MDR 1986, 585.
385) OLG Düsseldorf, BauR 1985, 339; KG, NJW-Spezial 2008, 590.
386) OLG Düsseldorf, MDR 1974, 843; vgl. auch OLG Frankfurt, NJW-RR 1987, 914 (für den bevollmächtigten Treuhänder einer Bauherrengemeinschaft).
387) BGH, NJW 1983, 1308 = BauR 1983, 253 = ZfBR 1983, 120 m.Anm. *Baumgärtel*; OLG Hamm, BauR 1971, 138; hierzu und allgemein zum Verhältnis Anscheinsvollmacht und Haftung des Vertreters ohne Vertretungsmacht: *Crezelius*, ZIP 1984, 791 u. *Hermann*, NJW 1984, 471.
388) NJW-RR 2009, 235 = NZBau 2009, 313.
389) OLG Brandenburg, a.a.O.

Vertragsschluss (§ 311 BGB) oder Pflichtverletzung nach §§ 280 Abs. 1, 3, 281 BGB in Betracht.[390]

Nimmt der Auftragnehmer den Architekten aus § 179 BGB erfolgreich in Anspruch, kann er im Einzelfall Regress beim Bauherrn unter dem Gesichtspunkt dieser positiven Vertragsverletzung bzw. Pflichtverletzung nach neuem Recht nehmen, wenn dieser seinen Schutz-, Fürsorge- und Aufklärungspflichten gegenüber dem vollmachtlos handelnden Architekten nicht nachkommt: Der BGH[391] hat einen solchen Schadensersatzanspruch des Architekten gegen seinen Bauherrn in einem Fall bejaht, in dem ein Architekt in der irrigen Annahme seiner Bevollmächtigung einen Unternehmer mit Bauarbeiten beauftragt hatte und der Bauherr gegen die Durchführung der Arbeiten nichts unternahm. Der BGH ist zu Recht der Auffassung, dass der Bauherr in einem solchen Fall verpflichtet ist, den Architekten auf die Unwirksamkeit des Bauvertrages hinzuweisen, sobald er dies erkennt oder sich der Kenntnis bewusst verschließt, um damit die Verpflichtung des Architekten aus § 179 BGB gering zu halten. Der BGH begründet dies damit, dass nach der Lebenserfahrung ein vollmachtlos handelnder Architekt aufgrund eines solchen Hinweises den Unternehmer von seiner fehlenden Vollmacht unverzüglich unterrichten wird, damit dieser seine Arbeiten einstellen und eine einvernehmliche Lösung mit dem Bauherrn finden kann.

Nach OLG Stuttgart[392] ist es einem Auftraggeber nach § 242 BGB verwehrt, sich auf die fehlende Vollmacht des Architekten zu berufen, wenn er weiß, dass der Unternehmer im Vertrauen auf einen (vom Architekten unwirksam erteilten) Auftrag die Arbeiten ausführt und er dem nicht widerspricht.

1340 Wird in **Allgemeinen Geschäftsbedingungen** eines Bauträgers darauf hingewiesen, dass der Bauleiter nicht befugt ist, für den Auftraggeber Änderungen, Erweiterungen und Ergänzungen des Auftrages gemäß § 1 Abs. 3 und 4 VOB/B anzuordnen, verstößt eine solche Regelung nicht gegen die §§ 305 ff. BGB.[393] Aus diesem Grund ist eine vorgedruckte Klausel, die von dem Auftraggeber verwendet wird, nicht zu beanstanden, wonach der Architekt Vertreter des Bauherrn ist und zu Vertragsänderungen, insbesondere zur Vergabe von Zusatzleistungen und Stundenlohnarbeiten, nicht berechtigt ist.[394]

a) Originäre Vollmacht des Architekten

1341 Grundsätzlich ist davon auszugehen, dass der Architekt **nicht originär bevollmächtigt** ist, den **Bauherrn in vollem Umfang zu vertreten**:[395] Aus der reinen

---

390) OLG Köln, BauR 1993, 243, 244; OLG Hamm, MDR 1975, 488; *von Craushaar*, BauR 1982, 421, 427 ff.; *Beigel*, BauR 1985, 40 ff.
391) BauR 2001, 1412 = NZBau 2001, 571 = ZfBR 2001, 455 = NJW 2001, 3184.
392) IBR 2004, 407 – *Schulze-Hagen*.
393) BGH, BauR 1994, 760 = ZfBR 1995, 15 = NJW-RR 1995, 80; *Quack*, BauR 1995, 441, 442.
394) OLG Düsseldorf, NJW-RR 1996, 1485 = BauR 1997, 337.
395) OLG Düsseldorf, BauR 2000, 1878 u. NJW-RR 1996, 1485 = BauR 1997, 337; kritisch zum Begriff der „originären" Vollmacht: *Quack*, BauR 1995, 441 ff. sowie *Schmidt*, in: Korbion, Baurecht, Teil 10, Rn. 39.

Auftragsvergabe durch den Architekten　　　　　　　　　　Rdn. 1342–1343

Tatsache, dass ein Architekt im Rahmen eines Bauvorhabens bestellt wurde, kann noch nicht auf eine weit reichende Vollmachtserteilung geschlossen werden.[396]

Der BGH[397] hat jedoch in einer viel zitierten Entscheidung – zur Zeit der Geltung der GOA – darauf hingewiesen, dass „der Bauherr dem Architekten, dem er die technische und geschäftliche Oberleitung sowie die Bauführung überträgt, damit zugleich **in gewissem Umfange** auch die Befugnis erteilt, ihn den Bauhandwerkern gegenüber **zu vertreten**". Ist der Umfang der Architektenvollmacht – wie in aller Regel – nicht ausdrücklich festgelegt, soll sich diese nach Treu und Glauben und der Verkehrssitte (§§ 157, 242 BGB) richten;[398] so soll bei Übertragung der Oberleitung und der Bauführung „die Vollmacht die **Vergabe einzelner Bauleistungen**, die **Erteilung von Weisungen**, die **Rüge von Mängeln** und die **Abnahme** geleisteter Arbeiten ohne weiteres umfassen".[399] Folgt man dieser Rechtsprechung des BGH, so hat Entsprechendes bei Übertragung der Objektüberwachung auf den Architekten zu gelten. **1342**

Der BGH hat die vorgenannten Grundsätze dann 1975[400] und vor allem 1978[401] auch für den Fall bestätigt, dass mit einem Unternehmer ein Pauschalwerklohn vereinbart war und vom Architekten namens des Bauherrn Zusatzaufträge vergeben wurden; er hat seine Auffassung jedoch ausdrücklich auf **„im Verhältnis zu den Gesamtleistungen geringfügige Zusatzaufträge"** beschränkt. Verschiedene Instanzgerichte[402] sind dem BGH gefolgt. **1343**

Inzwischen mehren sich gewichtige Stimmen in der Literatur[403] und Rechtsprechung[404], die eine originäre Vollmacht des Architekten im Sinne einer rechts-

---

396) OLG Düsseldorf, BauR 2000, 891 = OLGR 2000, 156; OLG Naumburg, NZBau 2000, 143 = MDR 1999, 1319 = OLGR 1999, 305; OLG Köln, NJW-RR 1992, 915; OLG Stuttgart, BauR 1972, 317 u. 1974, 423; vgl. ferner *Brandt*, BauR 1972, 69; *von Craushaar*, BauR 1982, 421, 426 sowie BGH, *Schäfer/Finnern*, Z 2.222 Bl. 1.
397) NJW 1960, 859; BB 1963, 111; ähnlich: OLG Stuttgart, NJW 1966, 1461 u. BauR 1972, 317; *Locher*, Rn. 320.
398) Ähnlich: OLG Koblenz, *Schäfer/Finnern*, Z 3.002 Bl. 2.
399) BGH, NJW 1960, 859; vgl. hierzu auch *Jagenburg*, BauR 1978, 180, 181 u. *von Craushaar*, BauR 1982, 421, 423.
400) BauR 1975, 358.
401) BauR 1978, 314, 316 = NJW 1978, 1631; vgl. hierzu *Pauly*, BauR 1998, 1143, 1146.
402) Vgl. z.B. OLG Oldenburg, IBR 2009, 692 – *Schrammel*; OLG Köln, BauR 1986, 443; OLG Düsseldorf, BauR 1998, 1023, das den Architekten für zusätzliche Arbeiten als beauftragt ansieht, sofern diese „zur mangelfreien Errichtung des geplanten Bauwerks zwingend erforderlich" sind; ferner: OLG Düsseldorf, BauR 2000, 1198 u. 891, 892 (keine Vollmacht für Änderungsaufträge verbunden mit erheblichen Kostensteigerungen); OLG Stuttgart, BauR 1994, 789; OLG Celle, OLGR 1996, 171 = BauR 1997, 174 (LS) (keine Vollmacht für Zusatzaufträge oder Änderungsaufträge, die zu fühlbaren Kostensteigerungen führen); grundsätzlich zustimmend *Koeble*, in: Locher/Koeble/Frik, Einl., Rn. 114; unklar *Jagenburg/Sieber/Mantscheff*, M, Rn. 54 u. 58, die zwar die Existenz einer originären Vollmacht im rechtsgeschäftlichen Sinn verneinen (Rn. 54), dann aber doch von einer Vollmacht des Architekten hinsichtlich kleinerer Aufträge ausgehen (Rn. 58); *v. Craushaar*, BauR 1982, 421, vertritt die Ansicht, dass eine Vollmacht des Architekten stets dort anzunehmen sei, wo die Zusatzarbeiten für die mangelfreie Erstellung des Bauwerks zwingend erforderlich sind; *Braun*, in: Motzke/Preussner/Kehrberg/Kesselring, T, Rn. 20, bejaht eine Vollmacht bei „Leistungen geringfügiger Natur." Meinungsstand: *Pauly*, BauR 1998, 1143.
403) *Quack*, BauR 1995, 441, 442; kritisch auch: *Motzke/Wolff*, S. 27 u. 454 sowie *Löffelmann/Fleischmann*, Rn. 471; *Quack/Thode*, Gestaltung von Architektenverträgen, 2001, Seminar Deutsche Anwaltsakademie, S. 24; *Kniffka/Koeble*, 12. Teil, Rn. 79 (anders aber 5. Teil, Rn. 22 „bei geringfügigen Mehrbelastungen").
404) OLG Saarbrücken, NJW-RR 1999, 668 (Vollmacht des Architekten beschränkt sich auf die mit der Erfüllung seiner Aufgaben notwendig verbundenen Maßnahmen und umfasst damit nicht – insbesondere bei Pauschalpreisverträgen – die Erteilung von Zusatzaufträgen) =

geschäftlichen Mindestvollmacht zu Recht verneinen. Deshalb ist zweifelhaft, ob der BGH heute noch an seiner bisherigen Rechtsprechung festhalten wird.

1344 **Rechtsdogmatisch** lässt sich die **originäre Vollmacht,** wie sie vom BGH in den beiden vorgenannten Entscheidungen offensichtlich verstanden wird, **nicht begründen.**[405] Als solche wäre sie auch – weil vom Willen der Vertragsparteien unabhängig – weder widerruflich noch beschränkbar. Neben diesen rechtsdogmatischen Bedenken bringt diese Ausweitung der originären Vollmacht auf rechtsgeschäftliche Erklärungen des Architekten, insbesondere auf die Vergabe von Zusatzaufträgen kleineren Umfangs, eine erhebliche Rechtsunsicherheit mit sich, weil der Umfang einer solchen Vollmacht kaum abzugrenzen ist. Das kann insbesondere nicht in Prozentsätzen in Bezug auf das gesamte Bauvolumen oder den Hauptauftrag erfolgen, wie es das OLG Hamburg[406] aber vorschlägt; danach sind Zusatzaufträge kleineren Umfangs anzunehmen, „wenn das Volumen der einzelnen Zusatzaufträge jeweils unter 5 % und das Gesamtvolumen aller Zusatzaufträge unter 10 % der ursprünglichen Auftragssumme liegen". Ähnlich hat sich Pauly[407] geäußert. Bei größeren Bauvorhaben in €-Millionenhöhe kann dies zu Auftragsvolumina für Zusatzaufträge führen, die mit den Kosten eines Einfamilienhauses vergleichbar sind. Eine prozentuale Begrenzung wirft ferner eine weitere Frage auf: Sollen die zunächst erteilten Zusatzaufträge wirksam sein, wenn die Prozentgrenze erst beim letzten Zusatzauftrag überschritten wird, oder tritt dann Unwirksamkeit aller erteilten Zusatzaufträge wegen fehlender Vollmacht des Architekten ein? Daran wird deutlich, dass eine Prozentgrenze kein Maßstab sein kann.

Schließlich besteht auch **kein Bedarf für eine derartige Mindestvollmacht** im rechtsgeschäftlichen Bereich, zumal damit auch erhebliche Rechtsverluste oder -verpflichtungen für den Bauherrn verbunden sind. Bei dringend gebotenen Arbeiten, die der Architekt ohne ausdrückliche oder konkludente Vollmacht in Auftrag gibt,[408] oder bei Gefahr in Verzug, wird man stets auf die Grundsätze der Geschäftsführung ohne Auftrag[409] zurückgreifen und so zu befriedigenden Ergebnissen kommen können.[410] In anderen Fällen ist stets zu prüfen, ob ein entsprechen-

---

MDR 1999, 863 = OLGR 1999, 122; OLG Naumburg, NZBau 2000, 143; vgl. auch OLG Düsseldorf, BauR 2000, 891; OLG Celle, OLGR 1996, 171 = BauR 1997, 174 (LS).

405) Zutreffend: *Kessel/Krüger* in: Freiberger Handbuch, § 3 Rn. 41 u. *Dören,* Jahrbuch Baurecht 2003, 131, 135.

406) OLGR 2001, 281 = IBR 2001, 491.

407) BauR 1998, 1143, 1147/8 (Zusatzarbeiten bis zu höchstens 10 % der Auftragssumme).

408) Vgl. OLG Düsseldorf, BauR 1998, 1023 (zwingend erforderliche Arbeiten im Hinblick auf eine nachgereichte Statik oder Bestimmungen des öffentlichen Rechts); *Meissner,* BauR 1987, 497, 504 (Verlegung einer Notbeleuchtung, Veranlassung von Abstützungsmaßnahmen an Baugrubenwänden etc.); ebenso: *Pauly,* BauR 1998, 1143, 1147; *von Craushaar,* BauR 1982, 421, 424 will die originäre Vollmacht (als Mindestvollmacht) auf die Vergabe von Arbeiten beschränken, die zur ordnungsgemäßen Durchführung des Baus zwingend notwendig sind (z.B. Absicherung der Baugrube, Abdeckung des Rohbaus wegen Frostgefahr usw.); ebenso: *Keldungs,* Festschrift für Vygen, 208, 212 sowie OLG Düsseldorf, OLGR 1997, 61.

409) Vgl. Rn. 2409 ff.

410) Das wird in der Literatur durchweg übersehen. Die h.M. will eine Vollmacht des Architekten auch dann annehmen, wenn dieser Arbeiten in Auftrag gibt, die zur Abwendung einer dem Bau drohenden dringenden Gefahr erforderlich sind; so *Keldungs,* in: Ingenstau/Korbion, § 2 Abs. 8/B, Rn. 31; *Meissner,* BauR 1987, 497.

der Auftrag jedenfalls von einer Duldungs- oder Anscheinsvollmacht[411]) oder einer konkludenten Vollmacht des Architekten gedeckt ist.

Die so genannte originäre Vollmacht des Architekten wird man daher nur im **Bereich der tatsächlichen und insbesondere technischen Feststellungen**[412]) durch den Architekten annehmen können. Da die HOAI reines Preisrecht darstellt, lässt sich aus den Bestimmungen der HOAI – insbesondere §§ 33 Ziffern 6, 7 und 8 HOAI (§ 15 Abs. 2 Nr. 6, 7 und 8 HOAI a.F.) – nichts Gegenteiliges entnehmen.

1345

Danach umfasst die originäre Vollmacht insbesondere **nicht**[413])

1346

* die Vergabe von **Zusatzaufträgen**[414]) oder **Änderungsaufträgen**;[415])
* zum Abschluss von Stundenlohnvereinbarungen;[416])
* die **rechtsgeschäftliche Abnahme** der Werkleistung des Unternehmers im Sinne des § 640 BGB oder § 12 VOB/B, soweit sie über die rein technische Abnahme hinausgeht;[417])
* die **Annahme einer Abtretungsanzeige** des Unternehmers gegenüber dem Bauherrn durch den bauleitenden Architekten, dem die Entgegennahme der Rechnungen und deren Prüfung auf ihre sachliche Richtigkeit obliegt;[418])
* die **Änderung vertraglicher Vereinbarungen** zwischen Bauherr und Bauunternehmer;[419])
* namens des Bauherrn die **Rechnungen** des Unternehmers **anzuerkennen**[420]) oder hierüber **Vergleiche** zu schließen, auch wenn der Architekt, dem die Objektüberwachung übertragen wurde, verpflichtet ist, die Bauabrechnungen des Unternehmers sachlich und rechnerisch zu prüfen.[421]) Zum Prüfvermerk des Architekten vgl. Rdn. 2539;
* die Abgabe der **Vorbehaltserklärung** einer bereits **verwirkten Vertragsstrafe**[422]) im Rahmen der technischen Abnahmeverhandlungen,[423]) es sei denn, der

---

411) Vgl. Rn. 1353 ff.
412) Siehe auch OLG Düsseldorf, BauR 2002, 1878 u. Rn. 1078.
413) Vgl. hierzu Braun, in: Motzke/Preussner/Kehrberg/Kesselring, T, Rn. 13 ff.
414) Vgl. Rn. 1343 ff. Ferner OLG Dresden, BauR 2012, 690 (LS) = IBR 2012, 130 – Müller; KG, BauR 2008, 97. **A. A.** aber abzulehnen Braun, a.a.O., T, Rn. 20 sowie Beck'scher VOB-Komm/Funke, Vor § 2/B, Rn. 32.
415) OLG Düsseldorf, BauR 2000, 1198 u. OLGR 2000, 156; OLG Dresden, IBR 2007, 467 – Althaus (Vereinbarung von Stundenlohnarbeiten); KG, NJW-Spezial 2008, 590.
416) OLG Hamm, IBR 2017, 7 – Bolz.
417) OLG Düsseldorf, BauR 1997, 647, 648; vgl. näher: Meissner, BauR 1987, 497, 506; Brandt, BauR 1972, 69; Hochstein, BauR 1973, 333, 338; Jagenburg, BauR 1978, 180, 185; Schmalzl, MDR 1977, 622, 623; OLG Frankfurt, SFH, Nr. 13 zu § 638 BGB; **a.A.:** Tempel, Vahlen, S. 187; LG Essen, NJW 1978, 108 u. ihm folgend: Kaiser, ZfBR 1980, 263, 266.
418) BGH, NJW 1960, 1805.
419) OLG Düsseldorf, VersR 1982, 1147; LG Bochum, NJW-RR 1989, 1365 (Änderung des Abrechnungsmodus).
420) OLG Düsseldorf, BauR 1996, 740 = OLGR 1996, 263.
421) BGH, Schäfer/Finnern, Z 2.330 Bl. 6; BGH, NJW 1978, 994; OLG Düsseldorf, OLGR 1992, 145 u. BauR 1996, 740 = OLGR 1996, 263; OLG Stuttgart, BauR 1972, 317; OLG Köln, MDR 1962, 821; **a.A.:** OLG Bamberg, Schäfer/Finnern, Z 2.412 Bl. 3.
422) LG Leipzig, NJW-RR 1999, 1183 (zum Vorbehalt durch Abzug der Vertragsstrafe von der Schlussrechnung).
423) LG München, Schäfer/Finnern, Z 2.411 Bl. 7; ähnlich: OLG Stuttgart, BauR 1975, 432; Meissner, BauR 1987, 497, 507.

Architekt ist ausdrücklich zur Durchführung der (förmlichen) Abnahme bevollmächtigt;[424)]
* Veränderungen des Vertrages mit dem Unternehmer;[425)]
* die **Vergabe von Aufträgen** an Sonderfachleute[426)] oder Bauhandwerker;
* die Anerkennung von **Stundenlohnzetteln**;[427)]
* die Erklärung namens des Bauherrn, auf **Gewährleistungsansprüche** gegen die Unternehmer oder auf Einwendungen bzw. Einreden (Verjährung) zu **verzichten**;
* die Vereinbarung von **Gerichtsstands-** oder Schiedsgerichtsklauseln;[428)]
* die Vereinbarung der **VOB/B**;[429)]
* die Entgegennahme der **Behinderungsanzeige** nach § 6 Abs. 1 VOB/B;[430)]
* die **Änderung vertraglich vereinbarter Fertigstellungstermine** oder sonstiger Vertragsbestimmungen;[431)]
* Änderung des vereinbarten Honorars;[432)]
* die nachträgliche Anerkennung **ohne Auftrag** ausgeführter Arbeiten (§ 2 Abs. 8 Nr. 1 Satz 1 VOB/B), es sei denn, es handelt sich um Leistungen geringeren Umfangs;
* die Entgegennahme des **Vergütungsverlangens** des Unternehmers (§ 2 Abs. 6 VOB/B), es sei denn, es geht um Leistungen geringeren Umfangs;[433)]
* den **Verzicht** auf die Erteilung einer Schlussrechnung.[434)]

1347 Dagegen **umfasst** die originäre Vollmacht des Architekten
* die Aufnahme eines gemeinsamen, den Bauherrn bindenden Aufmaßes;[435)]
* die technische Abnahme;
* **Anzeige** des Auftragnehmers vor Beginn der Ausführung von **Stundenlohnarbeiten**;[436)]

---

424) BGH, *SFH*, Nr. 11 zu § 11 VOB/B.
425) OLG Hamm, IBR 2011, 687 – *Jochem*.
426) BGH, *Schäfer/Finnern*, Z 3.01 Bl. 236; OLG Hamm, NJW-RR 1991, 1430 = BauR 1992, 260 = OLGR Hamm 1992, 5; OLG Düsseldorf, BauR 1997, 337 = NJW-RR 1996, 1485; **a.A.:** OLG Koblenz, *Schäfer/Finnern*, Z 3.002 Bl. 2.
427) BGH, BauR 2003, 1892, 1896 = ZfBR 2004, 37 = NZBau 2004, 31; BauR 1994, 760 = ZfBR 1995, 15 = NJW-RR 1995, 80; BGH, NJW 1960, 859; OLG Dresden, BauR 2008, 364 = IBR 2007, 467 – *Althaus*. Vgl. hierzu *Braun*, in: Motzke/Preussner/Kehrberg/Kesselring, T, Rn. 41 ff., 59; **a.A.:** *Meissner*, BauR 1987, 497, 506.
428) *Schmalzl*, Haftung, Rn. 11.
429) **Anderer Ansicht:** *Groß*, Haftungsrisiken des Architekten, S. 89.
430) Wie hier: *Pott/Frieling*, Rn. 370; *Groß*, a.a.O., S. 96; *Nicklisch/Weick*, § 6/B, Rn. 19; *Kaiser*, NJW 1974, 445; vgl. auch LG Köln, *Schäfer/Finnern*, Z 2.411 Bl. 78; **a.A.:** *Döring*, in: Ingenstau/Korbion, § 6 Abs. 1/B, Rn. 8/9; *Jagenburg*, BauR 1978, 180, 186; differenzierend: OLG Köln, *SFH*, Nr. 1 zu § 6 Nr. 1 VOB/B.
431) BGH, BauR 1978, 139.
432) KG, IBR 2014, 409 – *Bolz*.
433) **Anderer Ansicht:** *Keldungs*, in: Ingenstau/Korbion, § 2 Abs. 6/B, Rn. 19.
434) OLG Düsseldorf, BauR 1996, 740 = OLGR 1996, 263.
435) OLG Oldenburg, OLGR 2003, 440; BauR 1997, 523 (LS); OLG Stuttgart, BauR 1972, 317; KG, *Schäfer/Finnern*, Z 2.412 Bl. 16; OLG Karlsruhe, BauR 1972, 381; *Meissner*, BauR 1987, 497, 506; *Brandt*, BauR 1972, 69; *Groß*, a.a.O., S. 96; kritisch: *Jagenburg*, BauR 1978, 180, 184.
436) *Keldungs*, in: Ingenstau/Korbion, § 15 Abs. 3/B, Rn. 2.

Auftragsvergabe durch den Architekten — Rdn. 1347

* **Fristen zur Nacherfüllung** zu setzen sowie **Androhung einer Kündigung** für den Fall des Fristablaufs;[437]
* **Technische Anordnungen**;[438]
* die Entgegennahme von **Stundenlohnzetteln**;[439]
* die Befugnis, **Weisungen** auf der Baustelle zu **erteilen, Mängel zu rügen, Angebote und Schlussrechnungen** (nicht aber Mahnungen) **entgegenzunehmen** und diese auf Unstimmigkeiten von Bauleistungen und Baustoffen zu prüfen;
* die **Entgegennahme von Erklärungen** nach § 4 Abs. 3 VOB/B (Bedenken gegen die Art der Ausführung), nach § 3 Abs. 3 VOB/B (Bedenken gegen die Ausführungsunterlagen) und § 4 Abs. 1 Nr. 4 VOB/B (Bedenken gegen die Anordnung des Auftraggebers), es sei denn, der Architekt verschließt sich den berechtigten Einwendungen, oder es handelt sich um eigene Fehler des Architekten;[440]
* die **Entgegennahme von Anzeigen** nach § 2 Abs. 8 Nr. 2 VOB/B (Vergütung nicht vereinbarter, aber notwendiger Leistungen im mutmaßlichen Willen des Auftraggebers);[441]
* die **Entgegennahme** von **Vorbehalten**;[442]
* die **Entgegennahme** von **Hinweisen** des Auftragnehmers, die seine Rechnung betreffen, wie z.B. die Erklärung eines Unternehmers, seine Rechnung sei noch keine Schlussrechnung, sondern nur eine Akonto- oder Zwischenrechnung;[443]
* **Ausführungsunterlagen** von Bauhandwerkern in technischer **Hinsicht zu genehmigen**;[444]
* die Abgabe einer der Schlusszahlung gleichstehenden Erklärung, wonach weitere Zahlungen endgültig abgelehnt werden.[445]

Da somit die originäre Vollmacht des Architekten im Wesentlichen nur im Bereich der tatsächlichen und insbesondere technischen Feststellungen anzunehmen ist und sich im Übrigen nur auf die Vergabe von Bauleistungen geringen Umfangs bezieht, kommt den Grundsätzen der Duldungs- und Anscheinsvollmacht besondere Bedeutung zu (vgl. Rdn. 1353 ff.).

---

437) OLG Frankfurt, BauR 2012, 262 = NZBau 2012, 110 = IBR 2011, 690 – *Schrammel* = NJW-RR 2011, 1655; OLG Köln, BauR 2017, 1386 = IBR 2017, 304.
438) OLG Koblenz, IBR 2012, 260 – *Eix*.
439) Wie hier: *Meissner*, BauR 1987, 497, 506; *Keldungs*, in: Ingenstau/Korbion, § 15 Abs. 3/B, Rn. 6; vgl. auch BGH, BauR 1994, 760 = ZfBR 1995, 15 = NJW-RR 1995, 80 (die Abzeichnung von Stundenlohnzetteln durch einen – nicht bevollmächtigten – Bauleiter betrifft nur Art und Umfang der erbrachten Leistungen).
440) BGH, BauR 1978, 54; BGH, BauR 1978, 139; ferner: BGH, BauR 1975, 278 = NJW 1975, 2117; *Meissner*, BauR 1987, 497, 507; **a.A.:** *Kaiser*, ZfBR 1980, 264 und wohl auch *Pott/Frieling*, Rn. 369.
441) OLG Hamm, BauR 1978, 146.
442) Vgl. BGH, BauR 1987, 92 = NJW 1987, 380; BauR 1977, 356 u. *SFH*, Nr. 11 zu § 11 VOB/B; *Pott/Frieling*, Rn. 372; s. ferner Rdn. 2780.
443) BGH, BauR 1978, 145.
444) OLG Köln, *SFH*, Nr. 1 zu § 13 Nr. 7 VOB/B.
445) Vgl. BGH, BauR 1987, 218 = NJW 1987, 775 = ZfBR 1987, 76, der eine Ermächtigung bejaht, wenn der Auftragnehmer „allein mit dem Architekten des Auftraggebers verhandelt hat und auch verhandeln sollte".

b) Ausdrückliche Vollmacht des Architekten

1348 Eine **umfassende** Vertretungsmacht kann nur angenommen werden, wenn sich ein dahin gehender Wille des Bauherrn aus seiner Erklärung oder den Umständen zweifelsfrei feststellen lässt.[446] Wird der Architekt als „bevollmächtigter Vertreter" des Bauherrn bezeichnet, ohne dass die Vollmacht ausdrücklich auf bestimmte Handlungen beschränkt ist, so bedeutet dies nach Auffassung des BGH[447] nicht, dass er damit eine unbegrenzte rechtsgeschäftliche Vertretungsmacht in allen mit dem Bau zusammenhängenden Fragen hat; eine derartige Formulierung soll lediglich besagen, dass der Architekt Vollmacht hat, nicht aber, wie weit diese reicht. Ebenso hat der BGH[448] bei einer Vertragsklausel mit folgendem Wortlaut entschieden: „Die Vertretung des Bauherrn gegenüber dem Auftragnehmer obliegt der Bauleitung."

Die Auffassung erscheint bedenklich. Weist der Bauherr seinen Architekten „als bevollmächtigten Vertreter" oder in ähnlicher Weise aus, so muss er sich daran festhalten lassen. Die Formulierung weist auf eine umfassende Bevollmächtigung hin.[449] Zumindest erweckt der Bauherr diesen Anschein. Etwas anderes kann nur gelten, wenn der Bauherr die Vertretung seines bevollmächtigten Architekten ausdrücklich einschränkt.

1349 Grundsätzlich ist aber der Rechtsprechung des BGH zu folgen, nach der die **Vollmacht** des Architekten im Zweifelsfall **eng auszulegen** ist, um den Bauherrn vor ungewollten rechtsgeschäftlichen Verpflichtungen zu schützen. Umfasst die Vertretungsbefugnis in einem Architektenvertrag die **rechtsgeschäftliche Abnahme** der Bauleistungen, ist damit dem Architekten noch keine Vollmacht über die Abnahme hinaus (z.B. Verkürzung von Verjährungsfristen, Anerkennung von Rechnungen usw.) erteilt worden.[450] Es ist Aufgabe des Architekten, klare und unmissverständliche Vereinbarungen hinsichtlich seiner Vollmacht zu treffen. Die Unternehmer selbst können sich vor Überraschungen dadurch schützen, dass sie im Zweifelsfall bei dem Bauherrn den Umfang der Vollmacht durch Rückfrage abklären;[451] durch die Grundsätze über die **Duldungs-** und **Anscheinsvollmacht** (s. Rdn. 1353 ff.) genießen sie im Übrigen weiteren Vertrauensschutz.

1350 Die **heute auf dem Markt befindlichen Architekten-Formularverträge** haben durchweg, soweit es um die **Vollmacht** des Architekten geht, folgende Regelung vorgesehen:

> „Soweit es seine Aufgabe erfordert, ist der Architekt berechtigt und verpflichtet, die Rechte des Bauherrn zu wahren, insbesondere hat er den am Bau Beteiligten die notwendigen Weisun-

---

446) BGH, NJW 1960, 859; BGH, BauR 1978, 139; OLG Düsseldorf, BauR 1997, 647, 648 für **förmliche Abnahme**.
447) BGH, BauR 1978, 139 = NJW 1978, 995 m.w.Nachw.
448) BauR 1975, 358.
449) So auch *Kaiser*, ZfBR 1980, 263, 265 u. *von Craushaar*, BauR 1982, 421, 423; *Meissner*, BauR 1987, 497, 503.
450) OLG Düsseldorf, BauR 2001, 845 (LS) = OLGR 2001, 65; **a.A.:** Saarländisches OLG, NJWRR 2000, 826 = NZBau 2000, 252 = OLGR 2000, 283.
451) Vgl. OLG Düsseldorf, BauR 1984, 428 (LS); so schon BGH, BB 1963, 111.

gen zu erteilen. Finanzielle Verpflichtungen für den Bauherrn darf er nur eingehen, wenn Gefahr im Verzuge und das Einverständnis des Bauherrn nicht zu erlangen ist."[452]

Der Architekt berät den Bauherrn über die Notwendigkeit des Einsatzes von Sonderfachleuten. Der Bauherr wählt nach den Vorschlägen des Architekten die Unternehmer für die Ausführung und Leistungen aus und entscheidet über die Vergabe.

Diese Formulierungen sind weitaus vorsichtiger als frühere Vollmachtserklärungen in den Formularverträgen. Nach dem jetzigen Wortlaut kann der Architekt grundsätzlich keine rechtsgeschäftlichen, insbesondere finanziellen Verpflichtungen für den Bauherrn eingehen. Dies kann er ausnahmsweise, wenn Gefahr im Verzug und der Bauherr innerhalb einer angemessenen Frist nicht zu erreichen ist. Nach diesem Wortlaut kann der Architekt also auch keine kleineren Aufträge auf der Baustelle vergeben, selbst wenn sie im Interesse des Bauherrn sind. Stets ist der Bauherr insoweit hinzuzuziehen; ihm ist die endgültige Entscheidung zu überlassen.

In Ausnahmefällen haftet der Architekt unmittelbar dem Vertragspartner seines Auftraggebers (Bauherrn). Dies kann der Fall sein, wenn der **Architekt** den Vertrag **auch im eigenen Interesse** abgeschlossen hat und der Vertragspartner des Bauherrn ebenfalls daran interessiert ist, sich gerade mit ihm zu einigen, der Architekt also nach Sinn und Zweck der Vereinbarung die Stellung einer Vertragspartei einnehmen sollte.[453]

1351

Übernimmt der Architekt die Verpflichtung, ein Haus zu einem **Festpreis** zu errichten, ist eine Bevollmächtigung des Architekten, die Bauaufträge im Namen des Bauherrn vergeben zu dürfen, gleichwohl denkbar. Die Festpreisabrede lässt sich in einem solchen Fall ohne weiteres als Preisgarantie deuten, die den Architekten verpflichtet, den Bauherrn von den über den Festpreis hinausgehenden Forderungen der Bauhandwerker freizustellen.[454] Die Vollmachterteilung ist auch dann wirksam, wenn sie nur dazu dienen soll, dem Bauherrn die steuerlichen Vorteile zu verschaffen.[455]

Im Übrigen erstreckt sich die vertragliche Vollmacht des Architekten, Bauaufträge zu erteilen, nur auf solche Maßnahmen, die entsprechende Bauvorhaben bei ordnungsgemäßer Planung und Bauausführung üblicherweise mit sich bringen oder die durch Besonderheiten der Baustelle zwangsläufig und unvermeidbar getroffen werden müssen; sie umfasst insbesondere nicht die Befugnis, eigene Arbeitsfehler beseitigen zu lassen oder Unternehmern eine Vergütung für Arbeiten zuzusagen, die zur Gewährleistung gehören.[456]

1352

c) Duldungsvollmacht des Architekten

Weiß der Bauherr, dass sein Architekt Dritten, insbesondere den Unternehmern, gegenüber als sein Vertreter fortgesetzt – mit Kenntnis des Bauherrn – ohne Vollmacht auftritt oder seine ihm eingeräumte Vollmacht überschreitet, und unterbin-

1353

---

452) Der alte, von der Bundesarchitektenkammer zurückgezogene Einheitsarchitektenvertrag 1994 spricht von „**nicht rechtzeitig** zu erlangen ist".
453) Vgl. insoweit OLG Köln, *Schäfer/Finnern*, Z 7.0 Bl. 12 sowie BGH, *Schäfer/Finnern*, Z 3.01 Bl. 242.
454) BGH, NJW 1977, 294 = BauR 1977, 58 = DB 1977, 396 für den Baubetreuungsvertrag. Siehe ferner: BGH, BauR 1974, 347; OLG Hamm, NJW 1969, 1438, 1440; *Brandt*, BauR 1976, 21, 22; auch *Jagenburg*, BauR 1978, 180, 182 m.w.Nachw.
455) BGH, NJW 1977, 294 = BauR 1977, 58 sowie OLG Düsseldorf, BauR 1977, 218.
456) OLG Düsseldorf, *Schäfer/Finnern*, Z 2.410 Bl. 47.

det dies der Bauherr nicht, obwohl ihm dies möglich ist, muss er sich von jedem gutgläubigen Dritten so behandeln lassen, als habe er dem Architekten die entsprechende Vollmacht für die vorgenommenen Handlungen des Architekten (z.B. Erteilung von Aufträgen, insbesondere Zusatzaufträgen, rechtsgeschäftlichen Abnahmen, Anerkennung von Stundenlohnzetteln usw.) gegeben.[457] In diesem Fall liegt eine Duldungsvollmacht vor, durch die **gutgläubige Beteiligte geschützt** werden sollen[458] (z.B. widerspruchslose Entgegennahme der Kopie eines durch den Architekten erteilten Auftrages, Bezahlung eines solchen Auftrages[459] usw.).

Konnte der Vertragspartner allerdings bei Anwendung zumutbarer Sorgfalt erkennen, dass trotz der Duldung des Verhaltens des Architekten durch den Bauherrn dieser noch keine Vollmacht damit erteilen wollte, wird das Vertrauen des Dritten nicht durch das Institut der Duldungsvollmacht geschützt.[460] Die **Teilnahme des bauleitenden Architekten an Baubesprechungen** führt noch **nicht zu einer Duldungsvollmacht** des Auftraggebers.[461] Ist dem Auftraggeber allerdings bekannt, dass ein Mitarbeiter für ihn an der förmlichen Abnahme teilnimmt und unterzeichnet diese Person das Abnahmeprotokoll für den Auftraggeber mit dem Zusatz „i.A.", muss sich nach einer Entscheidung des OLG Düsseldorf[462] der Auftraggeber nach den Grundsätzen der Duldungsvollmacht das Handeln dieser Person zurechnen lassen, wenn er diese Person tatsächlich nicht bevollmächtigt hat. Im Zweifelsfall ist es aber für einen Auftragnehmer durchaus zumutbar, sich beim Bauherrn über den Umfang der Vollmacht des Architekten durch eine entsprechende Rückfrage zu informieren.[463]

d) Anscheinsvollmacht des Architekten

Literatur

Herrmann, Die neue Rechtsprechung zur Haftung Anscheinsbevollmächtigter, NJW 1984, 471; *Crezelius*, Zu den Rechtswirkungen der Anscheinsvollmacht, ZIP 1984, 791.

1354 Eine den Bauherrn ebenfalls verpflichtende Anscheinsvollmacht des Architekten ist gegeben, wenn der Bauherr durch sein Verhalten den **Rechtsschein** erweckt,

---

457) OLG Brandenburg, IBR 2017, 64 – *Bolz*; OLG Naumburg, IBR 2012, 21, 68 (Öffentlicher Auftraggeber); OLG Jena, IBR 2008, 632; zu den Besonderheiten bei Vollmachten von öffentlichen Auftraggebern vgl. *Thierau*, in: Festschrift für Jochem, 303, 319 ff.; OLG Koblenz, *Schäfer/Finnern*, Z 3.002 Bl. 2 für den Fall der Unterzeichnung von **Tagelohnzetteln** durch den Architekten; BGH, *Schäfer/Finnern*, Z 2.303 Bl. 11; vgl. ferner BGH, BB 1961, 548; VersR 1965, 133; OLG Karlsruhe, IBR 2011, 686 – *Stein*; OLG Köln, BauR 1993, 243, 244; OLG Hamm, BauR 1971, 138; OLG Düsseldorf, BauR 2005, 1367 = IBR 2005, 360; BauR 2000, 1198; BauR 1997, 647, 648 **(förmliche Abnahme)**.
458) Vgl. hierzu auch OLG Düsseldorf, BauR 2000, 1198; ferner: *Tempel*, Vahlen, S. 187 m.w. Beispielen.
459) Vgl. OLG Hamburg, BauR 1996, 256; OLG Brandenburg, BauR 2002, 476.
460) *Schmalzl*, Haftung, Rn. 14.
461) OLG Brandenburg, IBR 2012, 69 – *Zanner*.
462) BauR 2013, 1874.
463) Vgl. hierzu BGH, DB 1985, 432, 433; OLG München, NJW 1984, 63 = BauR 1984, 293 (zur Vollmacht des **Baubetreuers**); OLG Brandenburg, a.a.O.; *von Craushaar*, BauR 1982, 421, 426.

den Architekten für bestimmte rechtsverbindliche Handlungen (insbesondere Auftragsvergabe) bevollmächtigt zu haben.[464] Es handelt sich insoweit um einen Fall der **Vertrauenshaftung**.[465] Kenntnis des Bauherrn vom Auftreten des an sich vollmachtlosen Vertreters (Architekten) ist nicht erforderlich. Auch das **Überschreiten** einer dem Architekten vertraglich übertragenen **Vollmacht** kann zu einer Haftung des Bauherrn nach den Regeln der Anscheinsvollmacht führen, sofern der Rechtsschein gerade im Hinblick auf die Überschreitung der Vollmacht gesetzt und insofern Vertrauen erweckt worden ist.[466] Soweit der Bauherr unter dem Gesichtspunkt der Anscheinsvollmacht (oder Duldungsvollmacht) in Anspruch genommen werden kann, scheidet eine Haftung des Architekten nach § 179 BGB (Haftung als vollmachtloser Vertreter) aus.[467]

Die Grundsätze der Anscheinsvollmacht sind auch auf **juristische Personen des öffentlichen Rechts** anwendbar. Den im öffentlichen Interesse bestehenden Zuständigkeitsregeln der öffentlichen Hand (Vertretungsregeln) darf allerdings nicht über die Anwendung von Rechtsscheintatbeständen, also insbesondere durch das Institut der Anscheinsvollmacht, ihre Wirkung genommen werden, wie das OLG Düsseldorf[468] zu Recht entschieden hat. **1355**

Die Bestellung eines Architekten reicht für sich allein noch nicht aus, um einen entsprechenden Rechtsschein zu erzeugen; es müssen weitere, dem Bauherrn zurechenbare Umstände vorliegen, die gegenüber Dritten den Anschein erwecken, dass der Architekt Bevollmächtigter des Bauherrn ist.[469] Dabei ist auch die Größe des Bauvorhabens kein Maßstab. Allein die Tatsache, dass es sich um ein kleineres Bauvorhaben handelt, rechtfertigt noch nicht, einen Rechtsschein einer umfassenden Bevollmächtigung des Architekten zu bejahen.[470] **1356**

Von einer **Anscheinsvollmacht** ist insbesondere auszugehen, wenn der Bauherr dem Architekten allein die **Vertragsverhandlungen mit dem Bauunternehmer** **1357**

---

464) BGH, BauR 1999, 1300; WM 1957, 926; für den Fall einer rechtsgeschäftlichen Abnahme vgl. OLG Karlsruhe, BauR 1971, 55; OLG Naumburg, NZBau 2000, 143 ff.; ferner: BGH, *Schäfer/Finnern*, Z 2.310 Bl. 4; KG, IBR 2007, 599; OLG Hamm, IBR 2011, 687; OLG Dresden, IBR 2012, 130; OLG Stuttgart, NJW 1966, 1461; OLG Köln, NJW 1973, 1798 m. abl. Anm. *Picker*, S. 1800; LG Köln, MDR 1973, 847; OLG Düsseldorf, *Schäfer/Finnern*, Z 3.00 Bl. 6 u. BauR 1997, 647, 648.
465) BGH, NJW 1962, 1003; vgl. hierzu auch BGH, NJW 1997, 312 = ZfBR 1997, 143 (**Duldungsvollmacht** bei nicht wirksam beurkundeter Vollmacht); ferner: BGH, NJW-RR 1997, 1276; OLG Stuttgart, BauR 1974, 423; OLG Düsseldorf, BauR 2000, 891 = OLGR 2000, 156.
466) BGH, NJW-RR 1986, 1476 u. NJW-RR 1987, 308.
467) BGH, NJW 1983, 1308 = BauR 1983, 253 = ZfBR 1983, 120 m.Anm. *Baumgärtel;* hierzu und allgemein zum Verhältnis Anscheinsvollmacht und Haftung des Vertreters ohne Vertretungsmacht: *Crezelius*, ZIP 1984, 791 u. *Hermann*, NJW 1984, 471.
468) BauR 2009, 986 unter Berufung auf die ständige Rechtsprechung des BGH, NJW 1995, 3389, 3390.
469) BGH, BB 1963, 111; OLG Stuttgart, BauR 1974, 423; BGH, *Schäfer/Finnern*, Z 2.222 Bl. 1; OLG Hamm, MDR 1975, 488; KG, BauR 2009, 107; OLG Koblenz, OLGR 2009, 774; *von Craushaar*, BauR 1982, 421, 426; *Meissner*, BauR 1987, 497, 505; **a.A.**:, aber zu weitgehend: OLG Düsseldorf, *Schäfer/Finnern*, Z 3.00 Bl. 6 für Umbauarbeiten.
470) Vgl. hierzu OLG Stuttgart, BauR 1994, 789, 790; OLG Düsseldorf, BauR 1997, 647; OLGR 2000, 156, 157.

überlässt[471)] oder in anderer Weise dem Architekten völlig freie Hand bei der Durchführung des Bauvorhabens lässt, ohne sich selbst um den Bau zu kümmern (Wissensvertreter).[472)] Der Auftragnehmer muss also aufgrund des Verhaltens des Bauherrn mit Recht darauf vertraut haben, dass dieser das Verhalten des Architekten kennt und damit im Sinne einer Bevollmächtigung einverstanden ist: Vergibt z.B. der Architekt mit Vollmacht den **Hauptauftrag** an einen Unternehmer, kann damit gleichzeitig der Anschein einer Vollmacht auch für **Zusatzaufträge** erweckt werden.[473)] Schweigt der Bauherr auf den schriftlichen Hinweis des Unternehmers an den Architekten (mit Durchschlag an den Bauherrn) auf eine unvermeidbare Überschreitung der Baukosten, kann sich daraus ebenfalls eine Anscheinsvollmacht des Architekten für Zusatzaufträge ergeben.[474)] Wird nach dem Abschluss des Bauvertrages ein Termin **zur Erstellung eines Verhandlungsprotokolls** vereinbart und entsendet der Auftragnehmer dazu einen mit der Sache befassten sachkundigen Mitarbeiter, muss sich der Auftragnehmer nach zutreffender Auffassung des BGH[475)] die rechtsgeschäftlichen Erklärungen dieses Mitarbeiters im Wege der **Anscheinsvollmacht** zurechnen lassen.

Unter den vorgenannten Gesichtspunkten ist die Auffassung des OLG Frankfurt[476)] zutreffend, dass der planende und zugleich bauleitende Architekt und/oder sein Mitarbeiter ausnahmsweise dann als bevollmächtigt zur Erteilung von Zusatzaufträgen anzusehen ist, wenn der Auftraggeber einerseits den Bauvertrag und das Verhandlungsprotokoll durch den Architekten bzw. seinen Mitarbeiter hat unterzeichnen lassen und andererseits im Bauvertrag vorgesehen hatte, dass der Auftragnehmer sich mit allen Angelegenheiten an das Architekturbüro wenden und dessen Anordnungen unbedingt Folge leisten und die Zustimmung zumindest des Bauleiters eingeholt werden sollte, wenn kostenverursachende Maßnahmen abgestimmt werden müssen.

1358 Soweit auf einem **Bauschild** auf den Architekten hingewiesen wird, reicht dies allein noch nicht aus, um eine Anscheinsvollmacht des Architekten anzunehmen.[477)] Dies gilt auch für den Hinweis in einem **Leistungsverzeichnis,** dass die Pläne des Architekten Grundlage des Vertrages sein sollen.[478)] Schweigt der Bauherr auf den schriftlichen Hinweis des Unternehmers an den Architekten (mit Durchschlag an den Bauherrn) auf eine unvermeidbare Überschreitung der Baukosten, kann sich daraus ebenfalls eine Anscheinsvollmacht des Architekten für Zusatzaufträge ergeben.[479)]

---

471) BGH, NJW 1983, 816 = BauR 1983, 165 = ZfBR 1983, 83; vgl. aber OLG Köln, NJW-RR 1992, 915 = BauR 1993, 243 (keine Duldungsvollmacht, wenn Architekt auftragsgemäß **nur Angebote** einholt).
472) *von Craushaar*, BauR 1982, 421, 427; vgl. auch OLG Hamm, IBR 2009, 509 – *Hummel*.
473) Ebenso KG, BauR 2008, 97 und Thür. OLG, BauR 2008, 1899. Vgl. hierzu OLG Stuttgart, BauR 1994, 789, 790; OLG Düsseldorf, BauR 1997, 647; OLGR 2000, 156, 157.
474) BGH, *Schäfer/Finnern*, Z 2.310 Bl. 4.
475) IBR 2011, 189 – *Luz* (Verlängerung der Verjährungsfrist).
476) BauR 2008, 1144. Ähnlich KG, BauR 2008, 97.
477) Vgl. hierzu BGH, WM 1957, 926.
478) Vgl. hierzu OLG Stuttgart, BauR 1994, 789, 790; OLG Düsseldorf, BauR 1997, 647; OLGR 2000, 156, 157.
479) BGH, *Schäfer/Finnern*, Z 2.310 Bl. 4.

Auftragsvergabe d. Bauträger-/Baubetreuungsges.   **Rdn. 1359**

Eine Anscheinsvollmacht kann auch nicht schon deshalb bejaht werden, weil der Bauherr die **Bauzeichnungen** oder den Bauantrag unterschrieben hat.[480] Eine solche Vollmacht scheidet auch immer dann aus, soweit es die vom Architekten selbst zu erbringenden Leistungen betrifft.[481] Ein Bauherr, der einen Architekten mit der Einholung eines **Angebots** beauftragt, setzt damit noch nicht gegenüber dem anbietenden Unternehmer den Anschein, der Architekt sei auch zur Auftragsvergabe bevollmächtigt.[482] Bevollmächtigt der Bauherr seinen Architekten zur Abnahme, ist dieser auch nicht kraft Anscheinsvollmacht berechtigt, eine Verkürzung der Gewährleistung zu Lasten des Bauherrn zu vereinbaren.[483] Dagegen ist von einer Anscheinsvollmacht auszugehen, wenn ein Auftraggeber seinen **Architekten** zu einer **Besprechung über die Schlussrechnung** und die darin enthaltenen Bauleistungen **entsendet**. In diesem Fall gelten die vom Architekten dabei bestätigten Leistungen grundsätzlich als prüffähig abgerechnet.[484]

Der Rechtsschein kann dem **Bauherrn** nur dann angelastet werden, wenn er das **1359** vertragswidrige Verhalten des Architekten kannte oder bei pflichtgemäßer Sorgfalt **hätte erkennen und verhindern können**.[485] Im Übrigen muss der Rechtsschein der Vollmacht ursächlich für die Entschließung des Vertragspartners gewesen sein.[486] Wie bei der Duldungsvollmacht gilt auch hier der einschränkende Grundsatz: Müssen dem Auftragnehmer bei Anwendung pflichtgemäßer Sorgfalt Zweifel im Hinblick auf den Tatbestand der Anscheinsvollmacht kommen, ist der Auftragnehmer verpflichtet, sich beim Bauherrn über die Vollmacht oder den Umfang der Vollmacht des Architekten zu vergewissern.

8. Die Auftragsvergabe durch Bauträger-/Baubetreuungsgesellschaft

Literatur

Brych/Pause, Bauträgerkauf und Baumodelle, 5. Auflage 2011; *Basty*, Der Bauträgervertrag, 7. Auflage 2012.

Literatur ab 2000[487]

Pause, Der Bauträgervertrag nach dem modernisierten BGB, BTR 2002, 7; *Basty*, Die Abnahme beim Bauträgervertrag, BTR 2002, 12; *Pause*, Auswirkung der Schuldrechtsmodernisierung auf den Bauträgervertrag, NZBau 2002, 648; *Wagner*, Zur beurkundungsmäßigen Gestaltung oder Aufspaltung von Bauverträgen im Vergleich zum Bauträgervertrag, Festschrift für Jagenburg (2002), 981; *Ott*, Die Auswirkungen der Schuldrechtsreform auf Bauträgerverträge und andere aktuelle Fragen des Bauträgerrechts, NZBau 2003, 233; *Wagner*, Der Bauträgervertrag und die Verbraucherschutzrichtlinie, ZfBR 2004, 317; *Derleder*, Der Bauträgervertrag nach der Schuldrechtsmodernisierung, NZBau 2004, 237; *Virneburg*, Der Sonderwunsch des Erwerbers im Bau-

---

480) LG Göttingen, *Schäfer/Finnern*, Z 2.13 Bl. 1; OLG Stuttgart, BauR 1974, 23.
481) OLG München, OLGZ 1969, 414.
482) OLG Köln, U.v. 3.4.1992 – 19 U 191/91 –.
483) So richtig OLG Düsseldorf, BauR 2001, 845 (LS) = OLGR 2001, 65; **a.A.:** OLG Saarbrücken, NJW-RR 2000, 826 = OLGR 2000, 283 = NZBau 2000, 252.
484) Ähnlich OLG Nürnberg, BauR 2000, 730 = NJW-RR 1999, 103 = MDR 1999, 802 = OLGR 1999, 185 sowie OLG Brandenburg, BauR 2003, 542, 543.
485) BGH, MDR 1991, 635; OLG Dresden, IBR 2012, 130 – *Müller*; OLG Düsseldorf, BauR 2000, 1198, 1200; OLG Köln, NJW 1973, 1798.
486) BGH, WM 1957, 926.
487) Literatur vor 2000 siehe 15. Auflage.

trägervertrag, BauR 2004, 1681; *Grziwotz*, Waffengleichheit im Bauträgervertrag, Festschrift für Thode (2005), 243; *Koeble*, Strukturprobleme des Bauträgervertrages, Festschrift für Thode (2005), 267; *Pause*, Intransparente Baubeschreibung im Bauträgervertrag, Festschrift für Thode (2005), 275; *Kesseler*, Das gesetzliche Leitbild des Bauträgervertrages – eine fehlgeleitete Diskussion, ZfIR 2006, 701; *Pause*, Die Entwicklung des Bauträgerrechts seit 2001, NZBau 2006, 342; *Grziwotz*, Neuregelung des Bauträgervertrages im BGB, ZfIR 2006, 353; *Pause*, Bauträgervertrag: Gesetzliche Defizite bei der Abnahme und der Mängelhaftung?, ZfIR 2006, 356; *Vogel*, Fertigstellungstermine im Bau- und Bauträgervertrag, BTR 2007, 54; *Ampferl*, Insolvenz des Bauträgers, BTR 2007, 60; *Sienz*, Das Transparenzgebot beim Bauträgervertrag, BauR 2008, 361; *Glöckner*, Bauträgervertrag und Transparenz, Festschrift für Koeble (2010), S. 271; *Grziwotz*, Bauträgervertrag und Verbraucherschutz – Eine Bestandsaufnahme aus der Praxis, Festschrift für Koeble (2010), S. 297; *Wiesel*, Der Bauträgervertrag und die Notwendigkeit zur Fortentwicklung der gesetzlichen und vertraglichen Regelungen zur Absicherung von Erwerberzahlungen, Festschrift für Koeble (2010), S. 311; *Lucenti*, Der Bauträgervertrag in der Wirtschaftskrise – Ein Minenfeld aus Verbrauchersicht, NZBau 2010, 469; *Hirsch*, Die ARGE im Rechtsstreit: Zur Anwendbarkeit der Regelungen der Prorogation und zur funktionellen Zuständigkeit der Kammern für Handelssachen, Jahrbuch Baurecht 2011, 135.

1360 Schließt der Bauunternehmer mit einem **Betreuungsunternehmen** oder einer **Bauträgergesellschaft** einen Vertrag ab, stellt sich auch hier die Frage nach dem **Vertragspartner** des Unternehmers. Dies kann einmal der Betreuer/Bauträger, zum anderen der Bauherr bzw. der Erwerber des Bauvorhabens sein.

Bei dem Vertrag mit einem Baubetreuer oder Bauträger handelt es sich in der Regel um einen **Werkvertrag** (vgl. hierzu auch Rdn. 1228a f. zum Bauvertragsrecht 2018, ferner Rdn. 1952 und Rdn. 1368),[488] es sei denn, dass es sich nur um eine wirtschaftliche Betreuung eines Bauvorhabens handelt.[489] Das gilt auch nach der Schuldrechtsmodernisierung (vgl. hierzu auch Rdn. 1954). Insoweit ist allerdings in der Literatur ein Meinungsstreit bezüglich des Bauträgervertrages entbrannt, weil die Schuldrechtsmodernisierung zu einer nicht vollständigen, aber erheblichen Anpassung der gesetzlichen Kauf- und Vertragsregelungen geführt hat.[490] Dabei steht vor allem die Fallgestaltung im Vordergrund der Diskussion, bei der zum Zeitpunkt des Abschlusses des Erwerbervertrages das Gebäude fertig gestellt war. Mit der Rechtsprechung des BGH[491] ist davon auszugehen, dass grundsätzlich nach wie vor Werkvertragsrecht gilt, weil der Bauträger nicht nur die Übereignung der Immobilie, sondern auch und insbesondere die mangelfreie Herstellung schuldet. Thode[492] hat zu Recht darauf hingewiesen, dass Kauf- und Werkvertragsrecht zwar angepasst wurden, aber die entsprechenden Systeme nach wie vor nicht deckungsgleich sind; dabei hat er auf das Selbstvornahmerecht des § 637 BGB, das

---

[488] Ebenso *Dören*, ZfIR 2003, 497; *Quack*, IBR 2001, 705; *Wagner*, ZfIR 2001, Beilage zu Heft 10, S. 24; **a.A.:** *Hildebrandt*, ZfIR 2003, 489; *Brambring*, DNotZ 2001, 904, 906; *Heinemann*, ZfIR 2002, 167, 168; *Hertel*, DNotZ 2002, 618; *Teichmann*, ZfBR 2002, 19. *Pause*, BTR 2002, 7, geht von einem „gemischten" Kauf- sowie Werkvertragsrecht aus; ebenso OLG Saarbrücken, OLGR 2004, 210 mit weiteren Nachweisen zum Meinungsstand in Rspr. u. Lit.
[489] BGH, BauR 2005, 1772 = NZBau 2005, 509 = IBR 2005, 499 – *Wolff*.
[490] Vgl. zum Meinungsstand der Diskussion vor allem *Dören*, ZfIR 2003, 497, 498.
[491] MDR 2003, 386; NJW 1979, 1406 – sowie 2207; NJW 1977, 1336; OLG Oldenburg, IBR 2008, 519; vgl. hierzu *Sturmberg*, NJW 1989, 1832.
[492] NZBau 2002, 297, 298.

Auftragsvergabe d. Bauträger-/Baubetreuungsges.

Wahlrecht des Unternehmers bezüglich der Mängelbeseitigung nach § 635 Abs. 1 BGB und die Abnahmen des Bestellers/Erwerbers hingewiesen.

Heute ist grundsätzlich von der **Baubetreuung im engeren und im weiteren Sinne** (Baubetreuer – Bauträger) auszugehen; diese Unterscheidung hat sich durchgesetzt (zur Baubetreuung im weiteren Sinn – Bauträgerschaft vgl. Rdn. 1368).[493] **1361**

Die Baubetreuung **im engeren Sinne** (= Baubetreuungsvertrag) trifft die Fälle, in denen die Baubetreuungsgesellschaft für den Betreuten ein Haus auf **dessen** Grundstück baut. Das Betreuungsunternehmen hat bei dieser Vertragsgestaltung in der Regel eine **architektenähnliche** Stellung.[494] Die für den Betreuten abzuschließenden **Verträge** (z.B. Architekten- und Unternehmerverträge) tätigt der Betreuer als **Vertreter des Betreuten**.[495] Die entsprechenden Baubetreuungsverträge sehen daher vor, dass die einzelnen Verträge mit Bauhandwerkern, Architekten, Sonderfachleuten usw. im Namen und für Rechnung des Bauherrn vergeben werden. Auch der BGH[496] sieht in dem Vertretungsverhältnis das entscheidende Merkmal der Baubetreuung im engeren Sinne gegenüber der Bauträgerschaft (vgl. auch Rdn. 1372). **1362**

Will der Bauunternehmer also den Bauherrn als seinen Vertragspartner für den Werklohn in Anspruch nehmen, so hat er **vorzutragen** und ggf. **nachzuweisen**, dass der Betreuer **im Namen des Betreuten** tätig geworden ist und diesen auch aufgrund einer ihm erteilten Vollmacht vertreten durfte.[497] Im Übrigen gelten die vorangegangenen Ausführungen zur Vollmacht des Architekten entsprechend. Auch der BGH[498] wendet ausdrücklich die Grundsätze, die er zur **Architektenvollmacht** aufgestellt hat, auf den Baubetreuer an. Liegt eine wirksame Vollmachtserteilung nicht vor, braucht sich der Bauherr (Erwerber) ggf. nur unter den Gesichtspunkten der **Anscheins-** oder **Duldungsvollmacht** das Handeln des Betreuers zurechnen zu lassen. Kann der Bauherr über die Grundsätze der Duldungs- oder Anscheinsvollmacht nicht in Anspruch genommen werden, bleibt dem Bauunternehmer die Möglichkeit, den Betreuer über § 179 BGB als vollmachtlosen Vertreter in Anspruch zu nehmen.[499] Dies gilt auch, wenn der Betreuer (oder Initiator) eines Bauherrenmodells namens und im Auftrag der „Bauherrengemeinschaft" abschließt, eine solche jedoch noch nicht besteht und auch später nicht gebildet wird; dies selbst dann, wenn der Unternehmer wusste, dass die als „Auf- **1363**

---

[493] Vgl. BGH, NJW 1975, 869; BGH, NJW 1978, 322, 323; OLG Düsseldorf, DB 1978, 583; vgl. auch *Müller*, BauR 1981, 219; *Wolfensberger/Langbein*, BauR 1980, 498.
[494] Vgl. *Müller*, BauR 1981, 219, 222 ff.; BGH, BauR 1994, 776; ferner *Korbion*, in: Ingenstau/Korbion, Anhang 2, Rn. 274 ff.
[495] *Korbion*, in: Ingenstau/Korbion, Anhang 2, Rn. 276 ff.; *Koeble*, NJW 1974, 721; *Nicklisch*, Sonderbeilage 10/BB 1974, S. 10, 11; BGH, BauR 1994, 776; BGH, WM 1975, 447 = NJW 1975, 869; OLG Hamm, NJW-RR 1992, 153.
[496] NJW 1981, 757 = BauR 1981, 188.
[497] Zum Umfang der Vollmacht des Baubetreuers im Bauherrenmodell: BGH, BauR 1983, 457 = ZfBR 1983, 220.
[498] BauR 1983, 457, 459.
[499] Dazu im Einzelnen: BGH, NJW 1989, 894.

traggeber" bezeichnete Bauherrengemeinschaft noch nicht existierte.[500] § 179 Abs. 3 BGB ist insoweit nicht anwendbar.[501]

1364 Im Übrigen reicht die Tatsache, dass in dem Bauvertrag mit dem Unternehmer der Betreuer als „Bauträger" oder „Betreuer" bezeichnet wird, ohne dass der Betreuer ausdrücklich im Namen des Erwerbers auftritt, noch nicht aus, um ein Vertragsverhältnis mit dem Bauherrn anzunehmen. Allein durch die Bezeichnung als „Bauträger" oder „Betreuer" tritt der Vertretungswille noch nicht „erkennbar" im Sinne des § 164 Abs. 2 BGB hervor.[502] Eine Bestimmung im Vertrag, der Betreuer „sei bevollmächtigt, alle die Bauausführung betreffenden Maßnahmen und rechtlichen Wirkungen für den Bauherrn zu treffen", begründet noch keine Vollmacht des Baubetreuers, Bauaufträge im Namen des Betreuten an Bauhandwerker zu vergeben.[503]

1365 Tritt der Betreuer bei der Vergabe der Unternehmerverträge ausdrücklich „Im Namen der Bauherren" oder der „Hausgemeinschaft" auf, so werden bei diesen „Bauverträgen ohne Bauherr"[504] die **Erwerber** des Eigentums vertraglich gegenüber den Bauunternehmern verpflichtet.[505] Rechtlich ist es **möglich**, dass der **Vertretene** (also der Erwerber) bei Vertragsabschluss **nicht namentlich benannt wird**.[506] Im Übrigen haften die **Erwerber** den Unternehmern gegenüber grundsätzlich nur **anteilmäßig entsprechend ihrer jeweiligen Miteigentumsanteile**.[507]

1366 Handelt der Baubetreuer bei Abschluss des Bauvertrages mit einem Unternehmer im Namen des Bauherrn und ist er dazu nach dem Baubetreuungsvertrag befugt, kann er neben oder anstatt des Bauherrn selbst haften, wenn der Baubetreuer den Vertrag im eigenen Interesse abgeschlossen hat. Hat sein Vertragspartner ein Interesse daran, sich gerade mit dem Baubetreuer zu einigen, so nimmt ggf. nach Sinn und Zweck der Vereinbarung der Baubetreuer die Stellung einer Vertragspartei ein.[508]

1367 Ein Baubetreuungsvertrag kann u.U. gegen das Rechtsdienstleistungsgesetz (frühere Rechtsberatungsmissbrauchsgesetz) verstoßen.[509] Soweit Baubetreuungsverträge Formularcharakter haben – was in der Regel der Fall ist –, unterliegen sie den Bestimmungen der §§ 305 ff. BGB.

---

500) Vgl. hierzu: OLG Köln, NJW-RR 1987, 1375 = WM 1987, 1081 = BauR 1987, 720 (LS); OLG Hamm, NJW-RR 1987, 633 = MDR 1987, 406; OLG Frankfurt, BB 1984, 692 = MDR 1984, 490; OLG Frankfurt, BB 1984, 692.
501) Vgl. hierzu: BGH, NJW 1989, 894.
502) Vgl. OLG Nürnberg, MDR 1960, 923; OLG Karlsruhe, Die Justiz 1964, 11; BGH, *Schäfer/Finnern*, Z 2.13 Bl. 30.
503) BGH, NJW 1978, 1054 = BauR 1978, 220.
504) *Sass*, BauR 1974, 309.
505) Soweit *Pfeiffer*, NJW 1974, 1449, eine gegenteilige Auffassung vertritt, kann ihm nicht gefolgt werden.
506) Vgl. BGH, *Schäfer/Finnern*, Z 7.10 Bl. 3; LM § 164 BGB Nr. 10; OLG Düsseldorf, MDR 1974, 843.
507) BGH, NJW 1980, 992 = BauR 1980, 262 = DB 1980, 2127; vgl. aber BGH, NJW-RR 1989, 465.
508) OLG Köln, *Schäfer/Finnern*, Z 7.0 Bl. 12; ferner: BGH, MDR 1966, 213.
509) Siehe BGH, NJW 1978, 322.

Auftragsvergabe d. Bauträger-/Baubetreuungsges.

Eine besondere Variante der Unternehmereinsatzform ist der **Bauträgervertrag**. **1368**
Er zeichnet sich dadurch aus, dass hier zwei **getrennte Vertragsbeziehungen** entstehen: Einerseits zwischen dem Bauträger und den am Bau beteiligten Unternehmern und andererseits zwischen dem Bauträger und dem Erwerber. Aufgrund dieser Konstellation tritt der Erwerber grundsätzlich nicht in eine direkte Vertragsbeziehung zu den am Bau beteiligten Unternehmern hinsichtlich der Bau-, Architekten- sowie Ingenieurleistungen.[510]

Der **Bauträger** führt dementsprechend das Bauvorhaben **im eigenen Namen und für fremde Rechnung** durch. In der Regel errichtet der Bauträger das Bauvorhaben auf einem in seinem Eigentum stehenden Grundstück oder auf einem Grundstück, das er für den Erwerber beschafft hat oder noch beschafft.[511] Mit dem Erwerber wird meist ein **Festpreis** vereinbart. Die Rechtsnatur des Bauträgervertrages war lange Zeit umstritten. Sie ist aber heute weitgehend geklärt. Der BGH betont die **werkvertragliche Komponente** und ist somit von der kaufrechtlichen Qualifikation, die einmal vertreten worden ist, völlig abgekommen. Der BGH wendet deshalb die Regeln des Werkvertragsrechts auch dann an, wenn das Bauwerk bei Vertragsabschluss bereits fertig gestellt war.[512] Vygen/Joussen[513] sprechen von einem „Vertrag sui generis": Kaufvertragliche Komponente für den Grundstücksteil und einer werkvertraglichen Komponente für den Bauerrichtungsteil – ggf. ergänzt um Anteile aus anderen Vertragsverhältnissen, wie z.B. dem Geschäftsbesorgungsrecht.

In der Regel ist der Bauträgervertrag in **notarieller Form** (§ 311b Abs. 1 BGB) abzuschließen, soweit sich der Bauträger – neben der Bauerrichtung – zur Übertragung von Eigentum an einem Grundstück und der Erwerber zu dessen Erwerb verpflichtet.[514] Die **Vergütungsregelung** (einschließlich der Sicherheitsleistung etc.) ergibt sich aus der **Makler- und Bauträgerverordnung**, MaBV (vgl. näher Rdn. 1611 ff.). Diese Verordnung kommt allerdings dann nicht in Betracht, wenn der Erwerber im Voraus, also vor Baubeginn, Volleigentum an dem Grundstück erhalten hat, da in diesem Fall kein Sicherungsbedürfnis für den Vertragspartner des Bauträgers besteht.[515]

Die **Vereinbarung eines Festpreises** in einem Baubetreuungsvertrag stellt noch **1369**
keinen unlösbaren Widerspruch zur Bevollmächtigung des Baubetreuers dar, die Bauaufträge im Namen des Bauherrn vergeben zu dürfen;[516] die Festpreisabrede lässt sich in einem solchen Fall zwanglos als Preisgarantie deuten, die den Betreuer verpflichtet, den Bauherrn von den über den Festpreis hinausgehenden Forderungen der Bauhandwerker freizustellen.[517] Dies gilt auch dann, wenn die Bevoll-

---

510) Vgl. hierzu *Korbion*, in: Ingenstau/Korbion, Anh. 2, Rn. 282 ff.; *Kniffka/Koeble*, 11. Teil, Rn. 21 ff.; *Kleine-Möller/Merl*, § 4, Rn. 1 ff.
511) OLG Hamm, NJW-RR 1992, 153.
512) BGH, BauR 1991, 85 = NJW-RR 1991, 342.
513) Rn. 97.
514) BGH, NJW 1980, 41, 43.
515) *Kniffka/Koeble*, 11. Teil, Rn. 22.
516) OLG München, NJW 1984, 63 = BauR 1984, 293 = MDR 1984, 142; *Locher/Koeble*, Rn. 117.
517) BGH, NJW 1977, 294 = BauR 1977, 58 = DB 1977, 396.

mächtigung nur aus steuerlichen Gründen erfolgt[518] und in Allgemeinen Geschäftsbedingungen enthalten ist.[519] Das für den Bauherrn insoweit bestehende Risiko doppelter Inanspruchnahme ändert daran nichts[520] (vgl. auch Rdn. 1371).

1370 Die **sog. Bauherrenmodelle**, die von Baubetreuungsgesellschaften früher vielfach, heute nur noch vereinzelt interessierten Kapitalanlegern angeboten werden, waren in der Vergangenheit Anlass zur **Diskussion, wer** bei diesen Steuer- und zivilrechtlichen Konstruktionen **Vertragspartner** der Bauhandwerker ist. Die Baubetreuer werden beim Bauherrenmodell durchweg bevollmächtigt, den Bauauftrag „im Namen der Bauherren" zu vergeben. Geschieht dies, ist nach der Rechtsprechung des BGH[521] davon auszugehen, dass die vertretenen Bauherren (Kapitalanleger) dann auch tatsächlich die Vertragspartner der Bauhandwerker werden. Dabei ist unerheblich,[522] dass es sich in der Regel um eine Vielzahl von vertretenen Bauherren handelt, diese bei Abschluss **namentlich häufig noch nicht feststehen**, der Abrechnungsverkehr stets über den Baubetreuer abgewickelt wird und schließlich mit dem Baubetreuer seitens der Bauherren meist ein Festpreis vereinbart worden ist (vgl. Rdn. 1293).

1371 Der **BGH**[523] weist in diesem Zusammenhang darauf hin, dass der Bauherr, der aus steuerlichen Gründen die zivilrechtliche Vertragskonstruktion des Bauherrenmodells wählt, auch das Risiko **doppelter Inanspruchnahme** (durch Baubetreuer und Bauhandwerker) tragen muss.[524] Der Bauherr kann bei der Wahl dieses Modells nicht damit gehört werden, dass er einerseits zwar die Steuervorteile erstrebt, andererseits aber nicht ernsthaft gewollt habe, dass der Baubetreuer in seinem Namen Aufträge an Dritte vergibt: „Für die steuerliche Anerkennung ist erforderlich, dass die jeweils gewählte bürgerlich-rechtliche Gestaltung auch ernsthaft gewollt ist. Eine bestimmte vertragliche Regelung kann nicht gleichzeitig als steuerrechtliche gewollt und als zivilrechtliche nicht gewollt angesehen werden."[525]

---

518) OLG Düsseldorf, BauR 1977, 218.
519) OLG München, NJW 1984, 63.
520) BGH, BauR 1977, 58, 66; vgl. hierzu auch *Müller*, BauR 1981, 219, 221 u. *Wolfensberger/Langhein*, BauR 1980, 498, 499, 502.
521) BGH, NJW 1980, 992 = BauR 1980, 262 = DB 1980, 2127; ferner: BGH, NJW 1977, 294 = BauR 1977, 58 = DB 1977, 395; BGH, BauR 1979, 440. Zur **steuerlichen** Behandlung: BFH, ZfBR 1990, 83 = NJW 1990, 729; **a.A.:** LG Arnsberg, NJW 1978, 1588 m.Anm. *Crezelius*; s. auch *Doerry*, ZfBR 1980, 166, 168 m.w.Nachw. zum Meinungsstand: vgl. *Crezelius*, JuS 1981, 494, 497; *Wolfensberger/Langhein*, BauR 1980, 498, 501 ff. sowie *Brych*, a.a.O., u. LG Kassel, NJW 1983, 827.
522) Vgl. hierzu: BGH, NJW-RR 1987, 1233; BGH, NJW 1980, 992 = BauR 1980, 262 = DB 1980, 2127; BGH, ZfBR 1981, 136; BGH, NJW 1977, 294 = BauR 1997, 58 = DB 1977, 396; *Crezelius*, a.a.O.
523) Vgl. hierzu Rdn. 1037 und die dort abgedruckte Entscheidung des BGH, NJW 1977, 294.
524) Vgl. hierzu besonders *Müller*, BauR 1981, 219, 221 u. *Wolfensberger/Langhein*, BauR 1980, 498, 499, 502, die auf die Möglichkeit einer doppelten Inanspruchnahme und der damit verbundenen Gefahren eines Baubetreuungsvertrages hinweisen; gleichzeitig sind sie der Meinung, dass diese doppelte Inanspruchnahme verhindert werden könnte, wenn man aus der rechtlichen Konstruktion des Baubetreuungsvertrages eine Empfangszuständigkeit des Betreuers hinsichtlich der Zahlungen des Betreuten an den Unternehmer bejahen würde.
525) BGH, NJW 1977, 294 = BauR 1977, 58 = DB 1977, 396.

Auftragsvergabe d. Bauträger-/Baubetreuungsges.   Rdn. 1372–1373

Beim Bauherrenmodell werden im Übrigen die **Bauherren**, die sich in der Regel **1372** in der Rechtsform einer BGB-Innengesellschaft zusammenschließen,526) grundsätzlich nur anteilig in Höhe der Quote ihres Miteigentumsanteils **verpflichtet**527) (vgl. Rdn. 1294). Aus diesem Grund können Bauherren auch wirksam ihre Vollmacht gegenüber dem Baubetreuer in der Weise einschränken,528) dass sie für Verbindlichkeiten, die durch die Vertragsabschlüsse des Baubetreuers entstehen, nur als Teilschuldner im Verhältnis ihrer Miteigentumsquoten verpflichtet werden dürfen.529) In diesem Zusammenhang hält der BGH eine sog. **Musterprozessklausel** in Allgemeinen Geschäftsbedingungen für unwirksam, wonach der Auftragnehmer bei gerichtlicher Geltendmachung seiner Ansprüche aus Gründen der Kostenersparnis nur einen von dem Baubetreuer zu bestimmenden Bauherrn entsprechend dessen Anteil in Anspruch nehmen kann; eine solche Klausel benachteiligt den Auftragnehmer entgegen der Gebote von Treu und Glauben unangemessen und verstößt daher gegen § 307 BGB.530)

Wer gewerbsmäßig **im eigenen Namen** und **für eigene Rechnung** auf dem **1373** Grundstück seines Auftraggebers für diesen einen Bau errichtet, ist weder „Bauherr" („Bauträger") noch „Baubetreuer" im Sinne von § 34a GewO.531) Diese Vorschrift und die dazu ergangene Makler- und Bauträgerverordnung dienen im Bereich des Wohnungsbaus dem Schutz der Allgemeinheit und der Auftraggeber vor missbräuchlicher Verwendung von Erwerbs- und Baugeldern durch Betreuungsgesellschaften: „Die Gefahr erheblichen Vermögensschadens ist aber dann verhältnismäßig gering, wenn der Auftraggeber bereits Eigentümer des Grundstückes ist. Er ist dann in der Regel hinreichend dadurch gesichert, dass er Abschläge oder Raten erst nach Bauleistungen zahlt, durch die ihm ein entsprechender Vermögenswert zugeflossen ist. Dagegen ist die Gefahr erheblichen Geldverlustes in den Fällen groß, in denen die Vertragspartner der Bauträger erst später das dingliche Recht an dem zu bebauenden Grundstück oder nur ein Nutzungsrecht erhalten, aber vorher zahlen. Allein diese Fälle besonderer Schutzwürdigkeit vor unseriösen Bauträgern sind in § 34c Abs. 1 Satz 1 Nr. 2a GewO und den dazu ergangenen Durchführungsverordnungen erfasst."532)

Zur Regelung der **Abschlagszahlungen** im Bauträgervertrag vgl. im Einzelnen Rdn. 1611 ff. Zur **Beauftragung von Sonderwünschen** seitens des Erwerbers vgl. Rdn. 1295.

---

526) BGH, NJW-RR 1996, 869 = WM 1996, 1004.
527) BGH, NJW 1980, 992 = BauR 1980, 262 = DB 1980, 2127; *Doerry*, ZfBR 1980, 166, 169; zur Ermittlung der **Quote**: BGH, ZfBR 1981, 136; für den Honoraranspruch des Architekten: LG Kiel, NJW 1982, 390.
528) BGH, NJW 1985 = DB 1985, 432; BauR 1984, 413 = ZfBR 1984, 188; NJW 1984, 2408 = BauR 1984, 632 = DB 1984, 2295.
529) BGH, NJW 1985 = DB 1985, 432 (auch zur Frage, wann eine derart eingeschränkte Vollmacht für Dritte erkennbar ist).
530) BGH, NJW 1984, 2408 = BauR 1984, 632 = DB 1984, 2295.
531) BGH, NJW 1978, 1054 = BauR 1978, 220.
532) BGH, BauR 1978, 220, 222 u. OLG Hamm, OLGR 1998, 298.

9. Public Private Partnerships (PPP)

Literatur

Korn, Die Ausgestaltung der Kalkulationsgrundlagen in Public Private Partnership-Projekten, in Baumanagement und Bauökologie (2007), 26; *Drygalski*, Öffentlich-Private-Partnerschaft – Erstes Pilotprojekt in Berlin, in Baumanagement und Bauökologie (2007), 37; *Eschenbruch/Racky* (Hrsg.), Partnering in der Bau- und Immobilienwirtschaft, 2008.

Diederichs, Wirtschaftlichkeitsuntersuchungen bei PPP-Projekten, NZBau 2009, 547; *Bornheim*, Public Privat Partnership – Praxisprobleme aus rechtlicher Sicht, BauR 2009, 567.

1374 Die Bauprojekte der öffentlichen Hand sowohl im Hoch- als auch im Tiefbau sind seit jeher besonders wichtig für die gesamte Bauwirtschaft. Die fortwährend angespannte Haushaltslage hat somit auch zur Krise am Bau beigetragen, verbunden mit einem gleichzeitigen Investitionsstau der öffentlichen Hand. Vor diesem Hintergrund wurde mit Blick auf die positiven Erfahrungen aus dem europäischen Ausland sowohl von der Politik als auch der Bau- und Finanzwirtschaft die Zusammenarbeit von öffentlicher Hand und Privaten in sog. Public Private Partnerships (PPP) forciert. Als zusätzlicher Ansatz neben der klassischen Vergabe von Einzelgewerken wird hierbei nicht mehr allein auf einen Teilaspekt eines Projektes wie z.B. die reine Bauphase abgestellt. Vielmehr sollen aus der langfristig angelegten und vertraglich geregelten Zusammenarbeit der Privatwirtschaft mit der öffentlichen Hand Effizienzgewinne gezogen werden.[533]

1375 Ausgangspunkt hierfür ist der Lebenszyklus eines Projektes, z.B. einer Immobilie. Bei PPP im engeren Sinne werden mindestens drei Elemente des Lebenszyklus (überwiegend Planung/Errichtung, Finanzierung und Betrieb) an einen privaten Partner vergeben.[534] Im Rahmen des PPP-Modells folgt dann aus der Bündelung von Ressourcen der Privatwirtschaft im Idealfall die erfolgreiche und effiziente Umsetzung des öffentlichen Bauvorhabens.

Dabei gibt es eine Fülle von Kooperationsmöglichkeiten und Modellen zwischen der öffentlichen Hand und den Privatunternehmen. Grundsätzlich versprechen komplexe Großbauvorhaben die größten Effizienzgewinnpotenziale. In der Praxis haben sich aber auch einfachere Modelle der Zusammenarbeit ohne Berücksichtigung von mindestens drei der vorgenannten Elemente des Lebenszyklus etabliert. Diese werden auch als PPP im weiteren Sinne bezeichnet.[535] Wesentliche Unterschiede der Projektgestaltung ergeben sich häufig aus der Konzeption der Finanzierung. War bislang eine Finanzierung über die Forfaitierung der Auftragssummen, verbunden mit einem Einredeverzicht der öffentlichen Hand, der Regelfall, so werden zunehmend sog. Projektfinanzierungen bevorzugt. Durch zahlreiche gesetzliche Änderungen wurde außerdem der Anwendungsbereich für PPP erweitert.

1376 Die Entwicklung im Bereich der PPP-Modelle ist noch lange nicht abgeschlossen. Es bleibt abzuwarten, welche Modelle sich in Zukunft durchsetzen werden. Je nach Modell ergeben sich unterschiedliche rechtliche Probleme. Häufig beginnen

---

[533] *Schäfer/Karthaus*, Jahrbuch Baurecht 2005, S. 185.
[534] Deutsches Institut für Urbanistik, Public Private Partnership Projekte, Studie im Auftrag der PPP Task Force im Bundesministerium für Verkehr, Bau- und Wohnungswesen, 2005, S. 13 f.
[535] Deutsches Institut für Urbanistik, a.a.O.

diese im Vergaberecht für die öffentliche Hand und im Gesellschaftsrecht bei der Privatwirtschaft. Die baurechtliche Gestaltung der jeweiligen PPP-Modelle baut in der Regel auf bekannten Vertragsarten auf. Die gesteigerte Komplexität der Bauvorhaben und die häufig gegebene gesellschaftsrechtliche Verbindung der Vertragspartner können hier zu prozessualen und rechtlichen Besonderheiten führen. Rechtlich schwierig ist insbesondere die Gestaltung von Betreiberverträgen im Rahmen von PPP-Projekten, die mitunter über mehrere Jahrzehnte laufen.

III. Der vertraglich vereinbarte Werklohn

Übersicht

	Rdn.		Rdn.
1. Vorarbeiten	1381	b) Preisklauseln	1400
2. Vereinbarte Vergütung	1391	c) Kalkulationsgrundsätze	1415
a) Grundsätzliches	1391	3. „Übliche" Vergütung	1431

1377 Für die Werklohnklage genügt zunächst die Behauptung,

* dass eine bestimmte **Vergütung** zwischen den Parteien **vertraglich vereinbart** worden ist, § 631 BGB (vgl. Rdn. 1391 ff.),

oder bei fehlender ausdrücklicher Vergütungsvereinbarung,

* dass eine **Vergütung** der erbrachten Bauleistung der **Üblichkeit** entspricht, § 632 Abs. 1 BGB, und die geltend gemachte Vergütung nach einer Taxe berechnet oder üblich ist, § 632 Abs. 2 BGB.

Für diese Voraussetzungen trägt der Auftragnehmer die **Darlegungs- und Beweislast**. An das Vorbringen des Auftragnehmers sind jedoch keine allzu großen Anforderungen zu stellen; erst wenn der Gegner den Grund und die Höhe der Vergütung bestreitet, muss der Auftragnehmer im Rahmen seiner Substantiierungspflicht seinen Vortrag gegebenenfalls ergänzen oder erläutern.[1]

1378 Haben sich die Parteien die Vereinbarung einer Vergütung ausdrücklich vorbehalten, und wollen sie nicht, dass die insoweit verbliebene Lücke mangels einer späteren Einigung nach den gesetzlichen Bestimmungen oder nach billigem Ermessen ausgefüllt wird, kann die von ihrer freien Entschließung abhängige Entscheidung nicht durch einen Richterspruch ersetzt oder ergänzt werden,[2] denn auch die Anwendung des **§ 632 Abs. 2 BGB setzt voraus**, dass ein **Bauvertrag geschlossen** worden ist. Wollten beide Parteien zu einem bestimmten Preis abschließen, ist das aber nicht geschehen, so ist ein Bauvertrag überhaupt nicht zu Stande gekommen.[3]

1379 Von der vorstehenden Fallgestaltung sind die Fälle des § 632 Abs. 1 BGB zu unterscheiden: Haben es die Parteien bei Vertragsschluss unterlassen, eine Vergütung als solche zu vereinbaren, enthält die vorgenannte Vorschrift zur Vermeidung von Dissensfolgen die Vermutung einer stillschweigenden Einigung über die Entgeltlichkeit.[4] Allerdings muss der Auftragnehmer darlegen und beweisen, dass die **Bauleistung** den Umständen nach **nur gegen eine Vergütung** zu erwarten ist;[5] dabei ist entscheidend, ob die Umstände des Einzelfalles ergeben, dass eine Vergütung insoweit „üblich" ist. Dafür ist eine objektive Beurteilung maßgebend:[6] Da Bauleistungen in der Regel jedoch nur gegen eine Vergütung erbracht und erwartet werden, kann ein Unternehmer **grundsätzlich** auch eine Vergütung verlangen.[7]

---

1) BGH, BauR 1988, 121.
2) RGZ 124, 81; OLG Hamburg, *Schäfer/Finnern*, Z 2.1 Bl. 5.
3) BGH, U.v. 16.10.1969 – VII ZR 129/67, zitiert bei *Schmidt*, Beilage 4/WM 1972, S. 17.
4) Vgl. *Palandt/Sprau*, § 632 BGB, Rn. 4.
5) OLG Oldenburg, OLGR 2003, 398 (z.B. nicht unbeträchtlicher Materialaufwand); OLG Köln, NJW-RR 1994, 1239 = OLGR 1994, 159.
6) BGH, BauR 1987, 454 = NJW 1987, 2742 = ZfBR 1987, 187; *Schäfer/Finnern*, Z 3.00 Bl. 188, 189.
7) Beck'scher VOB-Komm/*Jansen*, B Vor § 2, Rn. 5.

Besondere Umstände, wonach die Leistung gleichwohl **unentgeltlich** vom Auftragnehmer erbracht werden sollte, muss deshalb der **Auftraggeber** darlegen und beweisen.[8] Im Falle gegenseitiger **Nachbarschaftshilfe** am Bau spricht nach Auffassung des OLG Köln[9] die Lebenserfahrung dafür, dass regelmäßig die Arbeitsleistungen unentgeltlich erbracht werden; das gilt nicht hinsichtlich der für die Arbeitsleistung notwendigen Materialien. Haben die Vertragsparteien über die Entgeltlichkeit der Ausführung zusätzlicher Leistungen ergebnislos verhandelt, besteht der Auftraggeber dann auf der Unentgeltlichkeit der Ausführung und führt der Auftragnehmer diese Leistungen ohne jede weitere Erklärung aus, hat er – nach einer Entscheidung des OLG München[10] – keinen Anspruch auf Vergütung.

Verlangt ein Auftraggeber in seinen formularmäßigen Vorbemerkungen vom Auftragnehmer unentgeltliche Leistungen, deren Kosten von erheblicher Bedeutung für die Preisbildung sein können und die für den Auftragnehmer auch nicht voraussehbar sind, so verstößt eine solche Klausel gegen § 307 Abs. 2 Nr. 1 BGB.[11] **1380**

Ist der Werklohn aufgrund einer **unzulässigen Preisabsprache** (z.B. im Rahmen einer Submission unter den Bietern) zu Stande gekommen, ist es dem Auftragnehmer – nach Auffassung des LG München[12] – gemäß § 242 BGB (unzulässige Rechtsausübung) verwehrt, sich auf die Preisvereinbarung zu stützen; vielmehr muss dieser nunmehr zur Durchsetzung seines Werklohns eine neue Abrechnung vorlegen, die den üblichen Wettbewerbspreisen entspricht.

1. Vorarbeiten

Literatur

Einfeld, Die Vergütung von Vorarbeiten im Werkvertragsrecht, BB 1967, 147; *Sturhan*, Die Vergütung von Projektierungsarbeiten nach Werkvertragsrecht, BB 1974, 1552; *Honig*, Probleme um die Vergütung beim Werkvertrag, BB 1975, 447; *Vygen*, Der Vergütungsanspruch des Unternehmers für Projektierungsarbeiten und Ingenieurleistungen im Rahmen der Angebotsabgabe, Festschrift für Korbion (1986), 439; *Hahn*, Projektierung technischer Anlagen, Kostenlos?, BauR 1989, 670.

Die Erstattung von **Kosten für Vorarbeiten** eines Unternehmers ist häufig ein Streitgegenstand in der Baupraxis. Als Vorarbeiten werden vor allem die Erstellung von **Leistungsverzeichnissen, Mengenberechnungen, die Erarbeitung von Projektierungsunterlagen, Plänen, Zeichnungen, Kostenvoranschlägen, Modellen, Angeboten** usw. verstanden. **1381**

Sehr oft kommt es nach Einreichung der Unterlagen durch den Unternehmer nicht zu einem Vertragsabschluss über das Gewerk mit dem Bauherrn, weil dieser den Auftrag an einen Dritten (Konkurrenten) vergibt. Der übergangene Unternehmer verlangt dann häufig den Ersatz seiner Aufwendungen, die im Falle einer Beauftragung in den Baupreisen miteinkalkuliert gewesen wären.

---

8) BGH a.a.O.
9) OLGR 1994, 159 = NJW-RR 1994, 1239.
10) BauR 2014, 559.
11) LG München, BauR 1994, 413 (LS).
12) NZBau 2002, 37.

1382 Ein solcher Vergütungsanspruch kann zunächst nur dann Erfolg haben, wenn die Parteien die entsprechenden Vorarbeiten zum **Gegenstand eines separaten und auf beiden Seiten verpflichtenden Vertrages** (mit Vergütungsanspruch für den Auftragnehmer[13]) machen wollten.[14] Hierfür ist der Unternehmer **darlegungs- und beweispflichtig**.

Grundsätzlich ist davon auszugehen, dass dem Bauherrn insoweit ein entsprechender **Verpflichtungswille zum Abschluss eines Werkvertrages** fehlt, sodass ein Vergütungsanspruch schon wegen fehlender vertraglicher Bindung nicht geltend gemacht werden kann.[15] Dies gilt nicht nur für die Fälle, in denen der Unternehmer unter Umständen mit großem Zeitaufwand ein fertiges (vom Bauherrn oder seinem Architekten erstelltes) Angebotsblankett ausfüllt, um sein Angebot abgeben zu können, sondern auch dann, wenn zur Abgabe des Angebots durch den Unternehmer weitere umfangreiche Aufwendungen erforderlich sind, wie z.B. besondere Mengenberechnungen zur Erstellung des noch nicht vorhandenen Leistungsverzeichnisses, die Vornahme von Besichtigungen, das Erstellen von „Musterflächen",[16] die Fertigung von Entwürfen, Plänen, Zeichnungen usw.[17] Auf den Umfang der Aufwendungen kommt es daher grundsätzlich nicht an.[18]

1383 Darüber hinaus ist unerheblich, ob der Unternehmer die Vorarbeiten unaufgefordert oder auf Veranlassung des Bauherrn erstellt hat.[19] Im ersten Fall gibt der Unternehmer lediglich ein Angebot auf Abschluss eines Werkvertrages über das Hauptwerk ab, sodass hierdurch die Vorarbeiten nicht auf einer vertraglichen Grundlage erfolgen;[20] im zweiten Fall kann in der bloßen Aufforderung des Bauherrn, einen Kostenvoranschlag abzugeben oder andere Vorarbeiten vorzunehmen, in der Regel noch nicht das Angebot auf Abschluss eines Werkvertrages über die angeforderten Vorarbeiten durch den Bauherrn gesehen werden. Die Interessenlage ist hier anders als bei planerischen Vorleistungen eines Architekten (vgl. hierzu Rdn. 652 ff.), weil Planungsleistungen bereits zu der eigentlichen Architektenleistung gehören. Im Übrigen kommt es stets auf die Umstände des **Einzelfalles** an.[21]

---

13) Vgl. BGH, NJW-RR 2005, 19.
14) So auch BGH, NJW 1979, 2202 = BauR 1979, 509 = DB 1979, 2078; bestätigt mit BGH, BauR 1980, 172 = ZfBR 1980, 21 sowie NJW 1982, 765; vgl. ferner: OLG Düsseldorf, BauR 1991, 613; HansOLG Hamburg, MDR 1985, 321.
15) Im Ergebnis ebenso: *MünchKomm-Busche*, § 632 BGB, Rn. 11, sowie *Grimme*, 113, 120; Beck'scher VOB-Komm/*Jansen*, B Vor § 2, Rn. 66; anders: *Hahn*, BauR 1989, 670.
16) OLG Düsseldorf, OLGR 2003, 289 = BauR 2003, 1046.
17) **Herrschende Meinung;** BGH, BauR 1979, 509 = NJW 1979, 2202 = ZfBR 1979, 203 = MDR 1979, 1015; OLG Nürnberg, NJW-RR 1993, 760, 761; OLG Hamm, BB 1975, 112; LG Hamburg, *Schäfer/Finnern*, Z 2.10 Bl. 21; *Einfeld*, BB 1967, 147; **a.A.:** *Honig*, BB 1975, 447; *Sturhan*, BB 1974, 1552, die beide bei umfangreichen Projektierungsarbeiten den Abschluss eines Werkvertrages bejahen und dem Unternehmer gemäß § 632 BGB eine Vergütung zusprechen wollen.
18) BGH, a.a.O.
19) Vgl. OLG Düsseldorf, BauR 1991, 613; *Einfeld*, BB 1967, 147; ebenso: *MünchKomm-Busche*, § 632 BGB, Rn. 11.
20) Vgl. hierzu *Grimme*, S. 113, 120 m. Nachw.
21) BGH, NJW 1979, 2202; OLG Düsseldorf, NJW-RR 1991, 120 (Entwurfsarbeiten eines Graphikers).

Das **SchRModG** hat diese Grundsätze in § 632 Abs. 3 BGB aufgenommen. Im **1384** Regierungsentwurf (Bundestags-Drucksache 14/6040, S. 259) heißt es dementsprechend:

> „Die Frage, ob ein Kostenanschlag zu vergüten ist, erweist sich im Rechtsalltag wegen des Fehlens einer gesetzlichen Regelung als häufige Streitquelle. Namentlich bei aufwändigen Kostenvoranschlägen und dann, wenn kein Vertrag zur Erbringung der veranschlagten Leistung nachfolgt, sind Werkunternehmer geneigt, ihren Kunden den Kostenanschlag in Rechnung zu stellen. Demgegenüber dürfte es allgemeinem Rechtsbewusstsein entsprechen, dass eine Vergütungspflicht einer eindeutigen Vereinbarung bedarf. Kostenvoranschläge dienen dazu, die veranschlagte Kostenhöhe für die zu erbringende Werkleistung zu erfahren, an Konkurrenzangeboten zu messen und insbesondere in den typischen Fällen der erstrebten Instandsetzung technischer Geräte den Nutzen der Reparatur durch einen Vergleich der Kostenhöhe mit dem Zeitwert des Gerätes zuverlässig einschätzen zu können. Die Bemühungen des Werkunternehmers, einen Kostenanschlag zu erstellen, zählen nach der berechtigten Erwartung des Publikums zu den Gemeinkosten des Werkunternehmers. Mit der vorgesehenen Regelung in § 632 Abs. 3 wird das Ziel verfolgt, einen Streit der Parteien um eine Vergütung des Kostenanschlags nicht erst aufkommen zu lassen oder jedenfalls zu begrenzen. Zu diesem Zweck wird auf der Grundlage der Rechtsprechung des BGH vorgesehen, dass ein Kostenanschlag unentgeltlich ist, so lange der Werkunternehmer nicht beweist, dass er sich mit dem Kunden über die Vergütungspflicht einig geworden ist."

Das OLG Hamm[22] hat für **umfangreiche Projektierungsarbeiten** hervorgehoben, dass auch solche Vorarbeiten einer Heizungsfirma (Besichtigung des Gebäudes, Anfertigung von Projektierungszeichnungen und Wärmebedarfsberechnungen, Erstellung eines Angebotsblanketts mit Angebotspreisen) nur dann zu vergüten sind, wenn dies für den Fall der Nichterteilung des Auftrags ausdrücklich vereinbart wurde, wofür der Unternehmer beweispflichtig ist, sodass etwaige auch durch Auslegung nicht zu beseitigende Zweifel zu seinen Lasten gehen.[23] Dem hat sich der **BGH**[24] angeschlossen und ausgeführt, „in der Regel" sei eine entsprechende Vereinbarung über die Vergütung von Vorarbeiten (hier Erstellung umfangreicher Angebotsunterlagen) nicht anzunehmen. Dies begründet der BGH mit dem Hinweis, dass nur so ein „interessengerechtes" Ergebnis erzielt werden könne: **1385**

> „Nur der Anbieter vermag hinreichend zu beurteilen, ob der zur Abgabe seines Angebots erforderliche Aufwand das Risiko seiner Beteiligung an dem Wettbewerb lohnt. Glaubt er, diesen Aufwand nicht wagen zu können, ist er aber gleichwohl an dem Auftrag interessiert, so muss er entweder versuchen, mit dem Veranstalter des Wettbewerbs eine Einigung über die Kosten des Angebots herbeizuführen oder aber von einem Angebot absehen und dieses den Konkurrenten überlassen, die zur Übernahme jenes Risikos bereit geblieben sind. Wäre dagegen derjenige, der zur Abgabe von Angeboten aufgefordert hat, von vornherein zur Erstattung der hier in Rede stehenden Aufwendungen verpflichtet, müsste er häufig auf jeden Wettbewerb verzichten: Er hätte dann mit für ihn nicht mehr überschaubaren Kosten zu rechnen, weil er jedenfalls bei öffentlicher Ausschreibung gewöhnlich zunächst weder die Zahl der Anbieter noch den Umfang ihrer – möglicherweise auch noch unterschiedlichen – Vorarbeiten kennt."

---

22) BB 1975, 112 = BauR 1975, 418.
23) Ähnlich: *Einfeld*, BB 1967, 147, 149; **a.A.:** *Hahn*, BauR 1989, 670, 675.
24) NJW 1979, 2202; ebenso: *MünchKomm-Busche*, § 632 BGB, Rn. 11. Siehe auch BGH, NJW 1982, 765 = DB 1982, 640 = WM 1982, 202 (unwirksame Regelung einer Bearbeitungsgebühr für Kostenanschläge in AGB; Verstoß gegen § 9 AGB-Gesetz – jetzt § 305 BGB) sowie *Vygen*, Festschrift für Korbion, S. 444, 445 u. Rn. 44 ff.; ferner: OLG Koblenz, BauR 1998, 542 = NJW-RR 1998, 813 = OLGR 1998, 210 (nicht honorarpflichtige Bauplanung durch Generalunternehmer).

1386 Folgerichtig hält der BGH[25] eine Bestimmung in **AGB**, nach der Kostenvoranschläge, die nicht zu einem Auftragsverhältnis führen, mit einer **Bearbeitungsgebühr** berechnet werden, für unwirksam (§ 307 BGB), sofern nicht im Einzelfall eine Branchenüblichkeit festzustellen ist. Das OLG Karlsruhe[26] vertritt dieselbe Auffassung zu der Neuregelung des § 632 Abs. 3 BGB: Danach ist eine formularmäßig bestimmte Vergütungspflicht von Kostenvoranschlägen mit der Regelung des § 632 Abs. 3 BGB nicht zu vereinbaren und benachteiligt den Auftraggeber deshalb unangemessen, sodass ein Voranschlag nach dieser Vorschrift so lange unentgeltlich ist, bis der Unternehmer beweist, dass er mit dem Besteller über die Vergütung einig geworden ist.

1387 Errichtet ein **Bauunternehmer** oder **Bauträger** schlüsselfertig Häuser, und werden von diesem – im Rahmen der Verkaufsgespräche mit dem interessierten Erwerber – **Planungsleistungen** (z.B. aufgrund von Änderungswünschen gegenüber der vorhandenen Standardplanung) erbracht, ist auch hier grundsätzlich davon auszugehen, dass die Vorarbeiten als unentgeltliche Vorleistungen erbracht werden, um den Abschluss eines Bauerrichtungsvertrages zu ermöglichen.[27] Etwas anderes kann nur gelten, wenn **vertragliche Bindungen** im Hinblick auf die Erbringung dieser Planungsleistungen nachgewiesen werden (vgl. hierzu auch Rdn. 624 ff.).

1388 Handelt der Bauherr allerdings in diesem Zusammenhang arglistig, indem er den Unternehmer angeblich zum Zwecke des Wettbewerbs zur Abgabe eines Angebots auffordert, während er tatsächlich die Vorarbeiten für seine Planung verwerten will, so kann er dem Bauunternehmer für die entstandenen Kosten aus dem Gesichtspunkt des Verschuldens bei der Anbahnung von Vertragsbeziehungen (§ 311 Abs. 2 BGB) haften.[28]

1389 Den Ersatz seiner Aufwendungen kann der Unternehmer darüber hinaus höchstens über § 812 BGB erreichen. Dies setzt indes auf seiten des Unternehmers den schlüssigen Vortrag voraus, dass die Drittfirma ihrerseits durch die Benutzung des Leistungsverzeichnisses oder sonstiger Projektierungsunterlagen Zeit und Kosten gespart hat; eine Bereicherung des Bauherrn kann dann nur in Höhe des Betrages liegen, um welchen die Drittfirma, die den Bauauftrag erhalten hat, dem Bauherrn erkennbar einen günstigeren Preis in Rechnung gestellt hat, weil sie die Vorarbeiten des anderen Bauunternehmers verwerten konnte.[29] Dies wird allerdings nur in seltenen Ausnahmefällen vorliegen.

Erstellt ein Unternehmer nach Aufforderung durch den Bauherrn ein Angebot, obwohl dieser den Bauauftrag bereits anderweitig vergeben hat, kommt ebenfalls

---

[25] NJW 1982, 765 (zu § 9 AGB-Gesetz – jetzt § 305 BGB); hierauf verweist auch der Regierungsentwurf zum SchRModG, BT-Drucksache 14/6040, S. 260; s. auch OLG Celle, VersR 1984, 68; vgl. aber hierzu KG, ZIP 1982, 1333.
[26] BauR 2006, 683.
[27] Vgl. hierzu OLG Hamm, NJW-RR 1993, 1368 = ZfBR 1993, 279; BauR 1993, 775 (LS); OLG Düsseldorf, BauR 1991, 613, 614 (Planungsleistungen mit dem Ziel, den Auftrag über die Einrichtung einer Gaststätte zu erhalten); OLG Koblenz, BauR 1998, 542 = NJW-RR 1998, 813 = OLGR 1998, 210; OLG Celle, BauR 2000, 1069.
[28] *Einfeld*, BB 1967, 147, 149; *Seewald*, in: Motzke/Bauer/Seewald, Teil, Rn. 182.
[29] Vgl. auch *Einfeld*, a.a.O., S. 148; OLG Dresden, SeuffArch 73, Nr. 51 u. *MünchKomm-Busche*, § 632 BGB, Rn. 15; vgl. hierzu auch Beck'scher VOB-Komm/*Jansen*, B Vor § 2, Rn. 71 ff.

Vereinbarte Vergütung · Rdn. 1390

ein Ersatzanspruch **aus Verschulden bei Vertragsabschluss** (§ 311 BGB) in Betracht;[30] der Unternehmer hat den Schaden allerdings im Einzelnen darzulegen und zu beweisen.[31]

Bei Ausschreibungen, denen die VOB zu Grunde liegt, bestimmt § 20 VOB/A, dass grundsätzlich für die Bearbeitung des Angebotes keine Entschädigung gewährt wird. Verlangt jedoch der Auftraggeber, dass der „Bewerber" Entwürfe, Pläne, Zeichnungen, statische Berechnungen, Mengenberechnungen oder andere Unterlagen ausarbeitet, so ist einheitlich für alle Bieter in der Ausschreibung eine angemessene Entschädigung festzusetzen. Ist eine solche Entschädigung in der Ausschreibung nicht festgesetzt, bleibt es bei den dargelegten Grundsätzen.

Zu **Nachtragsbearbeitungskosten** vgl. Rdn. 1471.

1390

2. Vereinbarte Vergütung

Literatur bis 1999

Festge, Aspekte der unvollständigen Leistungsbeschreibung der VOB, BauR 1974, 363; *Bilda*, Preisklauseln in Allgemeinen Geschäftsbedingungen, MDR 1979, 89; *Hundertmark*, Die Behandlung des fehlkalkulierten Angebots bei der Bauvergabe nach VOB/A, BB 1982, 16; *Wettke*, Die Haftung des Auftraggebers bei lückenhafter Leistungsbeschreibung, BauR 1989, 292; *Bühl*, Grenzen der Hinweispflicht des Bieters, BauR 1992, 26; *Neusüß*, Irren im Wettbewerb, Schriftenreihe der Dt. Gesellschaft für Baurecht, Bd. 18, 11; *Dähne*, Der Kalkulationsirrtum in der Baupraxis, Schriftenreihe der Dt. Gesellschaft für Baurecht, Bd. 18, 68; *Glatzel*, Unwirksame Vertragsklauseln zum Kalkulationsirrtum nach dem AGB-Gesetz, Schriftenreihe der Dt. Gesellschaft für Baurecht, Bd. 18, 31; *Vygen*, Nachträge bei lückenhaften und/oder unklaren Leistungsbeschreibungen des Auftraggebers, Festschrift für Soergel (1993), 277; *Marbach*, Nachtragsforderung bei mangelnder Leistungsbeschreibung der Baugrundverhältnisse im VOB-Bauvertrag und bei Verwirklichung des „Baugrundrisikos", BauR 1994, 168; *Putzier*, Nachtragsforderungen infolge unzureichender Beschreibung der Grundwasserverhältnisse. Welches ist die zutreffende Anspruchsgrundlage?, BauR 1994, 596; *Hanhart*, Prüfungs- und Hinweispflicht des Bieters bei lückenhafter und unklarer Leistungsbeschreibung, Festschrift für Heiermann (1995), 111; *Vygen*, Nachtragsangebote: Anforderungen an ihre Erstellung, Bearbeitung und Beauftragung, Festschrift für Heiermann, 317; *Mandelkow*, Qualifizierte Leistungsbeschreibung als wesentliches Element des Bauvertrages, BauR 1996, 31; *Cuypers*, Leistungsbeschreibung, Ausschreibung und Bauvertrag, BauR 1997, 27; *Lange*, Zur Bedeutung des Anspruchs aus culpa in contrahendo bei unvollständigen, unklaren oder fehlerhaften Leistungsbeschreibungen, z.B. bei unzureichend beschriebenem Baugrund, Festschrift für v. Craushaar (1997), 271; *Quack*, Über die Verpflichtung des Auftraggebers zur Formulierung der Leistungsbeschreibung nach den Vorgaben von § 9 VOB/A, BauR 1998, 381; *Wierer/Stemmer*, Die Bedeutung der Leistungsbeschreibung für den Architektenvertrag, BauR 1998, 1129; *Vygen*, Nachträge bei verändertem Baugrund, Jahrbuch Baurecht 1999, 46; *Kapellmann*, „Baugrundrisiko" und „Systemrisiko" – Baugrundsystematik, Bausoll, Beschaffenheitssoll, Bauverfahrenssoll, Jahrbuch Baurecht 1999, 1; *Dähne*, Auftragnehmeransprüche bei lückenhafter Leistungsbeschreibung, BauR 1999, 289; *Döring*, Die funktionale Leistungsbeschreibung – Ein Vertrag ohne Risiko?, Festschrift für Vygen (1999), S. 175; *Dähne*, Die Lohngleitklausel in öffentlichen Bauaufträgen, Festschrift für Vygen (1999), S. 161; *Dausener*, Hat der AN bei der Ausführung „oder gleichwertig" ein Wahlrecht und ist die Einschränkung dieses Rechts AGB-widrig?, BauR 1999, 715; *Döring*, Die funktionale Leistungsbeschreibung – Ein Vertrag ohne Risiko? Festschrift für Vygen (1999), S. 175; *Dähne*, Die Lohngleitklausel in öffentlichen Bauaufträgen, Festschrift für Vygen (1999), S. 161.

Literatur ab 2000

Vygen, Die funktionale Leistungsbeschreibung, Festschrift für Mantscheff (2000), 459; *Kemper/Schaarschmidt*, Die Vergütung nicht bestellter Leistungen nach § 2 Nr. 8 VOB/B, BauR 2000,

---

30) So wohl OLG Köln, BauR 1992, 89.
31) OLG Köln, a.a.O. (kein Schaden bei Angebot durch fest angestellten Mitarbeiter).

1651; *Marbach*, Nebenangebote und Änderungsvorschläge im Bauvergabe- und Vertragsrecht unter Berücksichtigung der VOB Ausgabe 2000, BauR 2000, 1643; *Schmidt*, Die rechtlichen Rahmenbedingungen der funktionalen Leistungsbeschreibung, ZfBR 2001, 3; *Roquette*, Vollständigkeitsklauseln: Abwälzung des Risikos unvollständiger oder unrichtiger Leistungsbeschreibungen auf den Auftragnehmer, NZBau 2001, 57; *Reitz*, Wirksamkeit von Gleit-, Bagatell- und Selbstbeteiligungsklauseln, BauR 2001, 1513; *Quack*, Das ungewöhnliche Wagnis im Bauvertrag, BauR 2003, 26; *Freise*, Schutz des Wettbewerbs über § 9 VOB/A, BauR 2003, 1791; *Kummermehr*, Angebotsbearbeitung und Kalkulation des Bieters bei unklarer Leistungsbeschreibung, BauR 2004, 161; *Erdl*, Unklare Leistungsbeschreibung des öffentlichen Auftraggebers im Vergabe- und im Nachprüfungsverfahren, BauR 2004, 166; *Markus*, Ansprüche des Auftragnehmers nach wirksamer Zuschlagserteilung bei „unklarer Leistungsbeschreibung" des Auftraggebers, BauR 2004, 180; *Prieß*, Die Leistungsbeschreibung – Kernstück des Vergabeverfahrens, NZBau 2004, 20 sowie 87; *Peters*, Verbesserung der Zahlungsmoral im Baugewerbe, NZBau 2004, 1; *Roquette/Paul*, Pauschal ist Pauschal! – Kein Anspruch auf zusätzliche Vergütung bei bewusster Übernahme von Vollständigkeitsrisiken, BauR 2004, 736; *Blatt/Gewaltig*, Stoffpreisgleitklauseln vor dem Hintergrund massiver Stahlpreiserhöhungen, BauRB 2004, 275; *Ax/Schneider/Häfner/Wagner*, Kalkulationen am Bau – Umgang mit Bedarfs- und Alternativpositionen, BTR 2005, 196; *Oberhauser*, Ansprüche des Auftragnehmers auf Bezahlung nicht „bestellter" Leistungen beim Bauvertrag auf Basis der VOB/B, BauR 2005, 919; *Leupertz*, Der Anspruch des Unternehmers auf Bezahlung unbestellter Bauleistungen beim BGB-Bauvertrag, BauR 2005, 775; *von Rintelen*, Bestandskraft von Nachträgen bei Doppelbeauftragung und von Reparaturaufträgen trotz Mängelrechten, Festschrift für Kapellmann (2007), 373; *Stemmer*: „Guter Preis bleibt guter Preis, schlechter Preis bleibt schlechter Preis" – gilt dieser Grundsatz immer?, BauR 2008, 182; *Lutz*: „Guter Preis bleibt guter Preis, schlechter Preis bleibt schlechter Preis" – gilt dieser Grundsatz immer? – Antithese, BauR 2008, 196; *Kraft/Schmuck*, Ermittlung der Vergütung von geänderten Bauleistungen, BauR 2008, 204; *Stemmer*, Nichtigkeit außerordentlich überhöhter Einheitspreise; gehen Spekulationen bis zu dieser Grenze auf?, Jahrbuch Baurecht 2010, 71; *Fuchs*, Der richtige Umgang mit Spekulationspreisen: Welche Grenzen preislicher Gestaltung gibt es, Jahrbuch Baurecht 2010, 137; *Leupertz*, Der verpreiste Leistungsumfang und der geschuldete Erfolg – Überlegungen zur Struktur des Bauvertrages, BauR 2010, 273; *Eschenbruch*, Vertragsgestaltung, Leistungsbeschreibung und Auslegung, BauR 2010, 283.

a) Grundsätzliches

1391 Neben dem Abschluss eines Bauvertrages muss der Unternehmer im Einzelnen darlegen und ggf. beweisen, dass eine **bestimmte Vergütung** (Einheitspreis, Pauschalpreis, Stundenlohnsatz oder Selbstkostenerstattungsbetrag) mit dem Bauherrn für die von ihm **erbrachte Bauleistung** vereinbart worden ist, wenn er seinen Zahlungsanspruch auf § 631 BGB stützen will.[32] Behauptet der Auftraggeber, dass die Bauleistung **unentgeltlich** erbracht werden sollte, trägt er hierfür die Darlegungs- und Beweislast.[33] Will der Unternehmer nach **Einheitspreisen** abrechnen, behauptet der Bauherr jedoch substantiiert die Vereinbarung einer geringeren Vergütung –

---

32) Zur **Darlegungs-** und **Beweislast:** BGH, BauR 1995, 91 = ZfBR 1995, 33; OLG Köln, OLGR 2002, 94; OLG Düsseldorf, OLGR 1992, 268; BGH, BauR 1984, 667 = WM 1984, 1380; BauR 1983, 366.
33) OLG Stuttgart, IBR 2015, 348 – *Münch*.

z.B. eines geringeren Pauschalpreises –, muss der **Unternehmer**[34] die Vereinbarung der Abrechnung nach Einheitspreisen **beweisen**.[35]

Etwas anderes gilt für den **VOB-Bauvertrag**. Hier ist gemäß § 2 Abs. 2 VOB/B **1392** **grundsätzlich** die Vergütung nach Einheitspreisen abzurechnen. Demgegenüber vertritt der BGH[36] die Meinung, § 2 VOB/B sei nicht zu entnehmen, „dass nach Einheitspreisen immer dann abzurechnen wäre, wenn sich eine Vereinbarung über die Berechnungsart der Vergütung nicht feststellen lässt", zumal die Abrechnung nach Einheitspreisen auch keinem Handelsbrauch im Baugewerbe entspricht.

Der BGH steht mit dieser Rechtsprechung in deutlichem Widerspruch zu der herrschenden **1393** Meinung im Schrifttum,[37] nach der beim **VOB-Vertrag** derjenige die Beweislast trägt, der eine andere Berechnungsweise als nach Einheitspreisen behauptet. *Hochstein*[38] hat die Entscheidung des BGH kritisiert, weil sie dem Wortlaut des § 2 Abs. 2 VOB/B und der Zielsetzung der Vorschrift („Einheitspreisberechnung als Regelfall, da leistungsgerecht") entgegenstehe; nach seiner Ansicht erhält § 2 Abs. 2 VOB/B „erst durch seine gegenüber dem BGB-Werkvertragsrecht beweislastumkehrende Funktion" einen Sinn. Das ist ein gewichtiges Argument, weil die VOB tatsächlich von dem Einheitspreisvertrag als Normaltyp ausgeht.

Ist die Vereinbarung, nach Einheitspreisen abzurechnen, unstreitig, trägt der Un- **1394** ternehmer die Beweislast für einen **bestimmten** Einheitspreis. Behauptet demgegenüber der Auftraggeber, es sei ein niedrigerer Einheitspreis vereinbart worden, muss der Unternehmer die Behauptung des Auftraggebers widerlegen.[39]

Will der Auftragnehmer die **übliche Vergütung** berechnen, muss er darlegen und beweisen, dass eine vom Auftraggeber behauptete Preisabrede (Pauschalpreis, Einheitspreis) nicht getroffen wurde.[40]

Ist die **ursprüngliche** Preisvereinbarung unstreitig, behauptet der Bauherr eine **1395** **spätere abweichende** Vergütungsabrede, so ist er hierfür beweispflichtig.[41] Das gilt auch dann, wenn die Parteien bei Abschluss des Bauvertrages keine feste Preisvereinbarung getroffen haben, der Bauherr aber behauptet, dass nach Beginn der Arbeiten ein Festpreis vereinbart worden sei.[42]

---

34) BGH, BauR 1981, 388 = ZfBR 1981, 170 = DB 1981, 2121 = NJW 1981, 1442 = MDR 1981, 663; OLG Köln, IBR 2015, 115 – *Wieseler*; OLG Naumburg, IBR 2007, 63 – *Karczewski*; OLG Hamm, NJW-RR 1993, 1490. Vgl. auch OLG Hamm, BauR 1996, 123 = NJW-RR 1996, 86 = OLGR 1995, 241 (diese Beweislastverteilung gilt nicht, wenn das Angebot des Auftragnehmers ausdrücklich „ca."-Massen enthält).
35) OLG Koblenz, IBR 2014, 719 – *Jenssen*.
36) BGH, a.a.O.; vgl. hierzu aber auch BGH, LM § 632 Nr. 3 BGB.
37) *Riedl*, ZfBR 1980, 1, 2; *Locher*, Rn. 181; *Vygen*, ZfBR 1979, 133, 136; *Keldungs*, in: Ingenstau/Korbion, § 2 Abs. 2/B, Rn. 1 und § 2/B, Rn. 20; *MünchKomm-Busche*, § 632 BGB, Rn. 24; *Tempel*, JuS 1979, 493; Beck'scher VOB-Komm/*Jansen*, B Vor § 2, Rn. 20.
38) In *Anm.* zu BGH, *SFH*, Nr. 1 zu § 2 Nr. 2 VOB/B.
39) BGH, BauR 1983, 366, 367; vgl. hierzu BGH, BauR 1992, 505 = NJW-RR 1992, 848 = MDR 1992, 1028 m.Anm. *Baumgärtel* = ZfBR 1992, 173; OLG Düsseldorf, OLGR 1992, 813 = BauR 1992, 813 (LS).
40) OLG Köln, IBR 2015, 470 – *Roskosni*. Zum Umfang der negativen Beweislast insoweit OLG Köln, IBR 2016, 574 – *Eimler*.
41) Vgl. OLG Frankfurt a.M., NJW-RR 1997, 276; OLG Karlsruhe, MDR 1963, 924 sowie BGH, BauR 1995, 92 = ZfBR 1995, 27. Vgl. hierzu OLG Bamberg, IBR 2004, 302 – *Roos* (schriftlicher Vertrag trägt die Vermutung der Vollständigkeit und Richtigkeit in sich).
42) OLG Hamm, NJW 1986, 199 = MDR 1985, 672.

Haben die Vertragsparteien vereinbart, dass **nach dem Aufwand abzurechnen** ist, der notwendig wird, um einen bestimmten Erfolg herbeizuführen, trägt der Unternehmer die Beweislast für den Umfang der insoweit erforderlichen Leistung.[43]

Im Übrigen wird in der Leistungsbeschreibung mit Leistungsverzeichnis/funktionaler Leistungsbeschreibung nach allgemeiner Meinung der Umfang der vom Auftraggeber zu erbringenden Leistungen im Sinne einer Beschaffenheitsvereinbarung gemäß § 633 BGB bestimmt;[44] sie ist gleichzeitig Maßstab für die Berechnung des vereinbarten Werklohns.

1396 Für eine **andere als die bestellte Bauleistung** kann der Auftragnehmer nur dann den vertraglich vereinbarten Werklohn verlangen, wenn er beweist, dass die Vergütung auch für diesen Fall gelten sollte; sonst kann er nur die übliche Vergütung[45] fordern, wenn die andere Bauleistung auf einer werkvertraglichen Grundlage erfolgte, andernfalls besteht nur ein Anspruch aus §§ 677, 683, 812 BGB. Für den VOB-Bauvertrag gilt § 2 Abs. 8 VOB/B.[46]

Häufig behaupten **Subunternehmer, vom Bauherrn** unmittelbar einen **zusätzlichen Auftrag** erhalten zu haben. Insoweit trägt der Subunternehmer die Darlegungs- und Beweislast. Nach einer zutreffenden Entscheidung des KG[47] kann „nur in ganz bestimmten Ausnahmefällen angenommen werden, dass eine zusätzliche entgeltliche Beauftragung eines Subunternehmers durch den Bauherrn vorliegt"; das KG führt ferner aus, dass eine solche zusätzliche entgeltliche Beauftragung nicht schon dann vorliegt, wenn der Subunternehmer darauf hinweist, dass bestimmte Arbeiten nicht von seinem Auftrag gedeckt sind und der Bauherr ihn gleichwohl zur Erledigung auffordert.

Nicht selten vereinbaren Vertragsparteien **Nachtrags- oder Zusatzaufträge**, die sich später als Irrtum erweisen, weil die entsprechenden Leistungen **im Hauptauftrag** vereinbart waren oder Mängelbeseitigungsarbeiten betrafen.[48] Dann kann der Auftragnehmer keine **Doppelabrechnung** vornehmen,[49] es sei denn, dass der Auftraggeber in der Nachtrags- oder Zusatzvereinbarung eine gesonderte Vergütungspflicht selbstständig anerkannt hat oder sich die Vertragsparteien gerade wegen der entsprechenden Leistungen verglichen haben.[50] Es stellt sich aber die Frage, auf welcher Grundlage der Auftragnehmer die entsprechenden Leistungen abrechnen kann. Das KG[51] ist bei dieser Fallgestaltung der Auffassung, dass der Auftraggeber die Bauleistung entsprechend der spezielleren Regelung des Zusatzauftrages zu

---

43) BGH, ZfBR 1990, 129.
44) Für viele: *Kleine-Möller/Merl*, § 2, Rn. 147 ff.; **a.A.:**, aber abzulehnen *Leitzke*, BauR 2007, 1643, der in der Leistungsbeschreibung nur die Grundlage für den vereinbarten Preis sieht.
45) § 632 Abs. 2 BGB.
46) Vgl. hierzu auch *Kemper/Schaarschmidt*, BauR 2000, 1651.
47) MDR 2006, 18.
48) Vgl. hierzu *v. Rintelen*, Festschrift für Kapellmann, 373.
49) BGH, NJW-RR 2011, 378.
50) BGH, BauR 2005, 1317 m.Anm. *Quack* = ZfIR 2005, 542 m.Anm. *Hildebrandt*; BauR 1992, 759; OLG Celle, BauR 2005, 106. Vgl. hierzu auch *Oppler*, Festschrift für Kraus, S. 169 ff.
51) BauR 2005, 723 = IBR 2005, 71 – *Gentner*.

vergüten hat. Das ist zweifelhaft, da die Zusatzvereinbarung grundsätzlich wegen der Doppelbeauftragung gegenstandslos, kondizierbar[52] und der Hauptvertrag vorrangig ist.

Ist das Gewerk des Unternehmers unstreitig mit **Mängeln behaftet**, kann dieser trotz einer entsprechenden Vertragsklausel nicht vorab die Bezahlung des Werklohnes verlangen; eine Vertragsklausel, wonach der Unternehmer die Mängel des Werks nicht nachzubessern braucht, solange der Bauherr seine Vertrags-, insbesondere Zahlungspflichten nicht erfüllt hat, ist unwirksam, wenn die Mängel unstreitig sind.[53] In diesem Fall widerspricht die absolute Vorleistungspflicht des Bauherrn den Grundsätzen von Treu und Glauben.[54] **1397**

Fordert der Auftraggeber den Auftragnehmer **zur Mängelbeseitigung** auf, kann eine solche Aufforderung in der Regel **nicht** im Sinne eines von der Mangelhaftigkeit der ursprünglich beauftragten Leistung unabhängigen, entgeltlichen **Auftrags** verstanden werden.[55] Das hat auch das OLG Frankfurt[56] bestätigt: Danach hat ein Auftragnehmer, der nach einer während der Bauphase zu **Unrecht erhobenen Mängelrüge** des Auftraggebers seine Leistung anders als ursprünglich beabsichtigt ausführt, – vorbehaltlich abweichender Abreden zwischen den Bauvertragsparteien – **keinen Anspruch auf Vergütung** seines objektiv nicht erforderlichen **Mehraufwandes** auf vertraglicher oder nicht vertraglicher Grundlage. Allerdings kann im Einzelfall eine **unberechtigte Mängelrüge** zu einem **konkludenten Abschluss eines Werkvertrages über die Prüfung der Mängelursachen** führen, der den Auftraggeber bei festgestellter Mangelfreiheit zur Zahlung der üblichen Vergütung nach §§ 631, 632 BGB verpflichtet (vgl. hierzu auch Rdn. 1306).[57] **1398**

Haben die Parteien eines Bauvertrages über die Höhe der Vergütung aufgrund eines **versteckten Dissenses** eine Einigung nicht erzielt und wäre der Werkvertrag ohne eine entsprechende Einigung über diesen Punkt nicht geschlossen worden (§ 155 BGB), bestimmt sich die Höhe der Vergütung nicht nach § 632 Abs. 2 BGB; vielmehr steht dem Unternehmer nunmehr ein vertraglicher Vergütungsanspruch gegen den Auftraggeber in einem solchen Fall nicht zu.[58] Der Auftragnehmer kann einen entsprechenden Anspruch für die von ihm erbrachte Leistung nunmehr nur nach den Grundsätzen der ungerechtfertigten Bereicherung (§§ 812 ff. BGB) geltend machen. **1399**

---

52) Vgl. hierzu *Quack*, BauR 2005, 1320 sowie *Vogel*, EWiR § 631 BGB a.F. 1/06, 5.
53) Zur Frage, wann anzunehmen ist, dass die Beteiligten wegen eines Werkmangels durch schlüssiges Verhalten einen Preisnachlass vereinbart haben: BGH, BauR 1984, 171 = ZfBR 1984, 69.
54) BGH, WM 1973, 995.
55) OLG Celle, BauR 2012, 655 = IBR 2012 – *Stein*; OLG Brandenburg, IBR 2008, 208 – *Bolz*; vgl. hierzu auch BGH, IBR 1999, 117.
56) NZBau 2012, 106 m.Anm. *Wagner*.
57) OLG Karlsruhe, BauR 2003, 1108.
58) OLG Bremen, OLGR 2009, 88 = NJW-RR 2009, 668.

b) Preisklauseln

1400 Preisklauseln,[59] Wertsicherungsklauseln (Leistungsvorbehalte, Spannungsklauseln, Preisänderungsklauseln)[60] und insbesondere **Preisvorbehalte** in der Form von **Lohn- und Stoffpreisgleitklauseln**[61] sind innerhalb eines Bauvertrages möglich; sie müssen ausdrücklich und eindeutig vereinbart sein. Das gilt auch für sog. **Preisnebenabreden**, bei denen es sich um vertragliche Bestimmungen handelt, die zwar Auswirkungen auf Preis und Leistung haben, aber nicht ausschließlich die in Geld geschuldete Hauptleistung festlegen, also nur eine mittelbare Auswirkung auf den Preis sowie die Leistung haben. Formularmäßige Preisnebenabreden unterliegen jedoch der Inhaltskontrolle der §§ 305 ff. BGB;[62] deshalb ist z.B. ein Verstoß gegen § 307 BGB anzunehmen, wenn bei genehmigten Eigenleistungen des Auftraggebers jede Vergütungsminderung ausgeschlossen wird (vgl. zu Preisnebenabreden auch Rdn. 2683).

Preisbestimmende und **leistungsbeschreibende Klauseln** können dagegen nicht Gegenstand der Inhaltskontrolle sein.[63] Nach OLG Dresden[64] ist eine Lohngleitklausel, die die Höhe des Werklohns an einen **Tariflohn bindet**, eine Kostenelementeklausel und keine Spannungsklausel, wobei allerdings eine solche Klausel unwirksam ist, wenn der Änderungssatz nicht den kalkulierten Lohnkosten entspricht.

1401 Im Rahmen von **AGB** sind **Preiserhöhungsklauseln** für die Zeit von 4 Monaten nach Vertragsabschluss grundsätzlich verboten (§ 309 Nr. 1 BGB). Deshalb sieht der BGH[65] eine Klausel als **unwirksam** an, nach der die Preise **grundsätzlich** als „freibleibend" bezeichnet sind und der Auftragnehmer berechtigt ist, bei einer Steigerung von Material- und Rohstoffpreisen, Löhnen und Gehältern, Herstellungs- und Transportkosten die am Tage der Lieferung gültigen Preise zu berech-

---

59) Zu Preisklauseln in AGB vgl. *Bilda*, MDR 1979, 89 ff. sowie *Burck*, DB 1978, 1385 u. *Keldungs*, in: Ingenstau/Korbion, § 2 Abs. 1/B, Rn. 58 ff.
60) Vgl. hierzu *Dürkes*, Wertsicherungsklauseln, 10. Auflage, 1992; *Grimme*, S. 193 ff.
61) Zu einer **mehrstufigen Lohnpreisklausel der öff. Hand** vgl. OLG Brandenburg, BauR 2009, 825. Zur Lohngleitklausel gemäß Vergabehandbuch (Fassung 1989) vgl. Schleswig-Holst. OLG, BauR 2009, 503. Zu den Anforderungen an eine Lohn- und Materialpreisgleitklausel bei Vereinbarung eines Festpreises siehe OLG Köln, BauR 1995, 112. Zur Auslegung einer „Pfennigklausel" bzw. „Cent-Klausel" siehe OLG Nürnberg, BauR 2000, 1867, u. OLG Bamberg, BauR 1992, 541 (LS) sowie *Augustin/Stemmer*, BauR 2000, 1802; ferner OLG Dresden, IBR 2016, *Asam*. Zu den Begriffen „Einstandspreis" und „Abrechnungspreis" in Stoffpreisklauseln: BGH, BauR 1982, 172 = MDR 1982, 661; zu den Lohngleitklauseln in öffentlichen Bauaufträgen: *Dähne*, Festschrift für Vygen, S. 161 ff.; zu **Lohngleitklauseln**: *Werner*, NZBau 2001, 521. Zu **Stoffpreisgleitklauseln** vgl. *Blatt/Gewaltig*, BauRB 2004, 275 (vor dem Hintergrund massiver Stahlpreiserhöhungen). Zu einer überraschenden Stoffpreisgleitklausel vgl. BGH, BauR 2015, 111 = IBR 2017, 717 – *Sienz*.
62) BGH, BauR 2006, 1301 = IBR 2006, 434 – *Schwenker*.
63) Vgl. hierzu BGH, BauR 2006, 1301 = IBR 2006, 434 – *Schwenker*. Daher bedarf auch eine Lohngleitklausel in Form einer sog. „Pfennigklausel" als Kostenelementeklausel keiner Genehmigung nach § 3 WährG, wenn sich grundsätzlich nur die entstehenden Lohnkostenveränderungen auf den Werklohn auswirken, BGH, BauR 2006, 1461 = NZBau 2006, 571 = IBR 2006, 433 – *Asam*. Vgl. hierzu ferner OLG Dresden, BauR 2007, 400.
64) IBR 2006, 485 – *Müller*.
65) BGH, BauR 1985, 192 = NJW 1985, 855 = MDR 1985, 398.

nen. Eine solche Klausel erfasst nämlich nicht nur – entgegen § 309 Nr. 1 BGB – Preiserhöhungen für Leistungen, die später als 4 Monate erbracht werden; darüber hinaus ermöglicht sie die Abwälzung von Kostensteigerungen auch über den vereinbarten Preis hinaus ohne jede Begrenzung. Lohn- und Materialpreisgleitklauseln **in AGB** müssen im Übrigen klar umrissen sein; andernfalls kann ein Verstoß gegen § 307 BGB vorliegen. Eine Klausel in AGB, wonach der Unternehmer bei Erhöhung der der Kalkulation zu Grunde liegenden Kosten zwischen Vertragsabschluss und Abnahme berechtigt ist, die in der Auftragsbestätigung genannten Preise entsprechend zu berichtigen, kann nur dann zu einer Preiserhöhung führen, wenn die Parteien sich über die Preiserhöhung einigen oder der Unternehmer seine ursprüngliche Kalkulation offen legt und nachweist, welche Kosten (Lohn, Material, Baustellenkosten, allgemeine Geschäftskosten) sich um welchen Betrag in welchem Zeitraum erhöht haben.[66] Als unwirksam wird man auch eine Preiserhöhungsklausel ansehen müssen, die als Anpassungsmaßstab die Preisentwicklung in der Branche vorsieht, da die Entwicklung der Branche unklar und nicht vorhersehbar ist.[67]

Eine Klausel in den AGB des Auftraggebers, wonach „die dem Angebot des Auftragnehmers zugrunde liegenden Preise grundsätzlich Festpreise sind und für die gesamte Vertragsdauer verbindlich bleiben" benachteiligt nach Auffassung des BGH[68] den Auftragnehmer unangemessen und ist daher unwirksam, weil mit dieser Klausel auch bei der hier anzuwendenden kundenfeindlichsten Auslegung eine Anpassung der Vergütung aufgrund einer Störung der Geschäftsgrundlage ausgeschlossen ist, was eine unangemessene Benachteiligung darstellen würde. Grabsch[69] ist zu Recht der Auffassung, dass diese Entscheidung des BGH seiner früheren Rechtsprechung widerspricht: Es wäre daher nur konsequent, wenn der BGH bei erneuter Beurteilung auch die Klausel „Die Einheitspreise sind Festpreise für die Dauer der Bauzeit und behalten auch dann ihre Gültigkeit, wenn Massenänderungen i.S.d. § 2 Abs. 3 VOB/B eintreten" für unwirksam erachten würde, obwohl er diese Klausel in einer Entscheidung aus 1993[70] für wirksam erklärt hat, da diese Klausel aus der maßgeblichen objektiven Sicht potentieller Auftragnehmer ebenfalls so verstanden werden kann, dass auch gesetzliche Ansprüche auf Anpassung der Vergütung ausgeschlossen sind. Eine Klausel des Auftraggebers „Auch bei einem Einheitspreisvertrag ist die **Auftragssumme limitiert**" ist ebenso **unzulässig**,[71] weil sie mit dem Charakter eines Einheitspreisvertrages (vgl. Rdn. 1492 ff.) nicht in Einklang zu bringen ist; die Klausel ist daher als überraschend anzusehen. Eine Klausel in AGB des Auftraggebers, wonach die **vereinbarten Festpreise Nachforderungen jeglicher** Art ausschließen, hat der BGH[72] ebenfalls für **unwirksam** angesehen.

In AGB des Unternehmers finden sich häufig Regelungen, dass die **Fahrzeiten als Arbeitszeiten** gelten. Dagegen ist grundsätzlich nichts einzuwenden, weil es

---

66) OLG Düsseldorf, DB 1982, 537 = BauR 1983, 470.
67) Vgl. *Korbion/Locher/Sienz*, Rn. 51.
68) NJW 2017, 2762 mit Anm. Grabsch = IBR 2017, 481 – *Finken*.
69) NJW 2017, 2762.
70) NJW 1993, 2738 = ZfBR 1993, 277; vgl. hierzu auch BGH NJW-RR 2016, 29 = NZBau 2016, 96.
71) BGH, BauR 2005, 94, 95; ferner NJW 2005, 3420, 3421.
72) BGH, BauR 1997, 1036 = NJW-RR 1997, 1513.

sich nach der Rechtsprechung des BGH[73] um eine Klausel handelt, die als **kontrollfreie Preisvereinbarung** anzusehen ist.

1403 Eine Einengung oder der Ausschluss des Vergütungsanspruchs gemäß § 2 Abs. 5 VOB/B in **AGB** wird in aller Regel gegen § 308 Nr. 3, 4 oder § 307 BGB verstoßen;[74] so wird häufig die Bestimmung des § 2 Abs. 5 VOB/B in AGB oder Formularverträgen des Auftraggebers dadurch ausgehöhlt, dass bei Leistungsänderungen der zusätzliche Vergütungsanspruch von einer „**Vereinbarung**", einer „**Ankündigung**" oder einem „**Angebot**" abhängig gemacht und in aller Regel hierfür die **Schriftform** verlangt wird. Derartige Klauseln verstoßen nach h.M. gegen § 307 BGB und sind daher unwirksam.[75]

Folgende Klauseln hat der BGH[76] in den AGB eines Auftraggebers für unzulässig erklärt: „Ist der AG mit dem Kostenangebot für eine Änderung entsprechend VOB/B § 2 Abs. 5, 6 o. 7 nicht einverstanden, so hat der AN die Änderungen der Leistungen gleichwohl auszuführen. In einem solchen Fall werden dem AN die nachgewiesenen Selbstkosten vergütet."

Eine Klausel in AGB des Auftraggebers, die den Ausschluss jeglicher Nachforderung bei Mengenänderung beinhaltet, ist unwirksam, weil damit vom Vertragstyp des Einheitspreisvertrages deutlich abgewichen wird.[77]

1404 In Lohn- und Materialpreis-Gleitklauseln sind so genannte **Bagatell- und Selbstbeteiligungsklauseln**[78] nicht selten („Der so ermittelte Mehr- oder Minderbetrag wird nur erstattet, soweit er …% der Abrechnungssumme überschreitet"). Der BGH[79] hält eine solche Klausel – auch in AGB – grundsätzlich für wirksam. Sie ist nach seiner Auffassung im Übrigen so auszulegen, dass sich die betreffende Vertragspartei jedenfalls mit dem in der Klausel genannten Prozentsatz zu beteiligen hat, auch wenn der tatsächlich ermittelte Prozentsatz darüber hinausgeht, der BGH folgert dies aus der Bezeichnung „soweit".

---

73) BGH, 116, 117, 118 ff.; vgl. hierzu auch *Schwab*, Rn. 1169 ff.
74) *Keldungs*, in: Ingenstau/Korbion, § 2 Nr. 5/B, Rn. 2; *Kapellmann/Schiffers*, Bd. 1, Rn. 1065.
75) Vgl. BGH, BauR 2005, 94 = NZBau 2005, 148; BB 1981, 266; OLG Düsseldorf, BauR 1981, 515 (LS) u. BauR 1998, 1023 – zur Unwirksamkeit einer Schriftformklausel; OLG Celle, BauR 1982, 381; OLG Frankfurt, BauR 1986, 352 = NJW-RR 1986, 1149; *Vygen/Joussen*, Rn. 689; *Locher*, Festschrift für Korbion, S. 290; *Kapellmann*, Festschrift für v. Craushaar, S. 227, 229, hält eine Schriftformklausel für Anordnungen im Sinne von § 1 Abs. 3, Abs. 4 VOB/B wirksam; offen gelassen von BGH, BauR 1994, 760, 761; OLG Oldenburg, IBR 2002, 4 – *Eschenbruch*.
76) BauR 1997, 1036, 1038 = NJW-RR 1997, 1513.
77) BGH, BauR 2005, 94 = NZBau 2005, 1148.
78) Zur Wirksamkeit und Auslegung einer solchen Klausel: BGH, BauR 2002, 467 = ZfBR 2002, 247; OLG Köln, *SFH*, Nr. 2 zu § 2 Nr. 2 VOB/B; hierzu auch *Reitz*, BauR 2001, 1513; *Erkelenz*, ZfBR 1985, 201, 206. Zur Bewertung einer pauschalen Berechnung von Baukostenzuschüssen und Hausanschlüssen durch ein städtisches Versorgungsunternehmen mit Monopolstellung BGH, BauR 1987, 220. Vgl. hierzu auch BGH, IBR 2006, 433 – *Asam*.
79) BauR 2002, 467 = NJW 2002, 441 = ZfBR 2002, 247 („Der nach Nr. 3–5 ermittelte Mehr- und Minderbetrag wird nur erstattet, soweit er 0,5 v.H. der Abrechnungssumme überschreitet – Bagatell- und Selbstbeteiligungsklausel –."); a.A.: OLG Hamm, BauR 1989, 755 u. *Reitz*, BauR 2001, 1513, 1515 f.; vgl. hierzu auch OLG Köln, SFH, § 2 Nr. 2 VOB/B Nr. 2 mit kritischer Anm. von Hochstein. Vgl. hierzu auch BGH, NJW 2006, 2978 („**Pfennigklausel**" bedarf keiner Genehmigung nach § 3 WährG; Preisanpassung bei unwirksamer Lohngleitklausel).

Vereinbarte Vergütung

Ein Verstoß gegen § 307 BGB kann immer dann gegeben sein, wenn von den **1405** Grundsätzen des § 631 Abs. 1 BGB (Festlegung der Vergütung bei Vertragsabschluss) und des § 632 Abs. 2 BGB (angemessene Vergütung bei fehlender Vereinbarung), z.B. durch die formularmäßige Festlegung eines nachträglichen, einseitigen Bestimmungsrechtes des Auftraggebers nach § 315 BGB, abgewichen wird.[80] Wird einem Auftraggeber in AGB das Recht eingeräumt, die **Höhe des Werklohns** für bestimmte Leistungen **nach billigem Ermessen** (§ 315 BGB) zu bestimmen,[81] ist dies nur wirksam, wenn besondere Gründe eine solche Regelung rechtfertigen; ein Bestimmungsrecht nach freiem Belieben des Auftraggebers ist im Übrigen unstatthaft.[82] Eine Vergütungsklausel in AGB, wonach einem Auftragnehmer die volle Vergütung auch für den Fall zugesprochen wird, dass er noch gar keine oder eine nur ganz geringfügige Tätigkeit entfaltet hat, verstößt gegen § 307 BGB.[83] Ein Verstoß gegen § 307 BGB liegt auch vor, wenn in einem **Formularvertrag** über die Errichtung eines Bauwerks ein **Festpreis** vereinbart wird, der nur gelten soll, wenn **bis zu einem bestimmten Zeitpunkt** mit dem Bau begonnen werden kann und sich bei Überschreiten des Festpreistermins der Gesamtpreis um den Prozentsatz erhöhen soll, zu dem der Unternehmer entsprechende Bauwerke im Zeitpunkt des Baubeginns nach der dann gültigen Preisliste anbietet.[84]

Zu **Höchstpreisklauseln** vgl. Rdn. 1512.

Vereinbaren die Parteien einen „**verbindlichen Richtpreis**" oder einen „Circa- **1406** Preis", kann dieser nur überschritten werden, wenn der Unternehmer für die Erbringung der Bauleistung Aufwendungen gehabt hat, die den „verbindlichen Richtpreis" deutlich überschreiten. Der Umfang der Veränderung des Richtpreises wird sich nach den Umständen des Einzelfalls auszurichten haben.[85]

Gibt ein Unternehmer ein „**freibleibendes**" **Angebot** ab, so stellt dies nach all- **1407** gemeiner Meinung in der Regel noch kein Vertragsangebot im Sinne des § 145 BGB dar, sondern nur eine Aufforderung an den anderen (potenziellen) Vertragspartner, nunmehr ein Angebot zu denselben Bedingungen abzugeben.[86]

Schätzt ein Unternehmer den **Kostenaufwand** für eine konkret bezeichnete **1408** Bauleistung, so handelt es sich insoweit um einen unverbindlichen Kostenvoranschlag (vgl. hierzu Rdn. 1743 ff.). Werden die Arbeiten daraufhin einvernehmlich aufgenommen, haben sich – entgegen der Auffassung des OLG Naumburg[87] – die Vertragsparteien noch nicht abschließend auf einen bestimmten Werklohn geeinigt – mit den Rechtsfolgen, die § 650 BGB aufzeigt.

Vereinbaren die Parteien eines Bauvertrages einen „**Festpreis bis zum ...**" und **1409** können sich die Parteien – trotz Fortsetzung der Bauarbeiten – auf neue Preise

---

[80] Vgl. LG Köln, NJW-RR 1987, 885.
[81] Vgl. hierzu BGH, BauR 1990, 99 = ZfBR 1990, 15 = MDR 1990, 233.
[82] OLG Düsseldorf, BauR 1981, 392.
[83] BGH, NJW 1984, 2162 = MDR 1985, 46 = DB 1984, 2242.
[84] BGH, BauR 1985, 573 = NJW 1985, 2270 = ZfBR 1985, 220.
[85] OLG Celle, BB 1972, 65; vgl. auch *Bilda*, MDR 1979, 89, 90 sowie OLG Stuttgart, WRP 1984, 354.
[86] BGH, NJW 1996, 919 m.w.Nachw. aus Rechtsprechung und Literatur.
[87] NJW-RR 1999, 169: Das OLG Naumburg geht davon aus, dass mit der Arbeitsaufnahme ein Pauschalpreis zu dem geschätzten Betrag zu Stande gekommen ist.

nach Ablauf der vereinbarten Frist nicht einigen, kann der Auftragnehmer jedenfalls die „übliche Vergütung" gemäß § 632 Abs. 2 BGB fordern.[88] Bei einer solchen Vereinbarung können die Vertragsbeziehungen nicht als beendet angesehen werden, wenn der Festpreiszeitraum vor Abschluss der Baumaßnahme (z.B. bei einem umfangreichen Bauprojekt) verstrichen ist, die Vertragsparteien aber keinen Vertragspreis festlegen können. Das Vertragsverhältnis ist nämlich in aller Regel über die Gesamtbauleistung begründet worden, wobei die Parteien lediglich für einen bestimmten Zeitraum den Festpreis vereinbart haben. Wird in einem Formularvertrag über die Errichtung eines Bauwerks ein Festpreis vereinbart, der nur gelten soll, wenn bis zu einem bestimmten Zeitpunkt mit dem Bau begonnen werden kann, so verstößt eine Bestimmung in dem Formularvertrag, wonach sich bei Überschreiten des Festpreistermins der Gesamtpreis um den Prozentsatz erhöht, zu dem der Unternehmer entsprechende Bauwerke im Zeitpunkt des Baubeginns nach der dann gültigen Preisliste anbietet, gegen § 307 BGB und ist daher unwirksam; ein solcher Preisänderungsvorbehalt ermöglicht es dem Auftragnehmer, über die Abwälzung der Kostensteigerungen hinaus den vereinbarten Werklohn ohne Begrenzung einseitig anzuheben.[89]

1410 Vergibt ein Baubetreuer Bauaufträge bei einem größeren Bauvorhaben (z.B. Wohnungseigentumsanlage) im Namen der Bauherrn, braucht in dem entsprechenden Werkvertrag über die Haftung der einzelnen Bauherren keine ausdrückliche Regelung getroffen zu sein. Die Bauherren werden in diesen Fällen grundsätzlich nur **anteilig in Höhe der Quote** ihres Miteigentumsanteils verpflichtet.[90]

1411 Ob ein auf den Hauptvertrag bezogener **Nachlass** auch **bei Auftragserweiterungen** (Nachträge) stets zu berücksichtigen ist, ist streitig.[91] Grundsätzlich bleibt aber ein Nachlass auch zu berücksichtigen, wenn der Vertrag vorzeitig gekündigt oder einvernehmlich aufgehoben wird.[92]

1412 Eine **Barzahlungsklausel** „Innerhalb von 7 Tagen, netto Kasse ohne Abzug" hat nach OLG Düsseldorf[93] nicht nur zum Inhalt, wann und in welcher Höhe der Betrag zu entrichten ist, sondern sie enthält auch eine Vereinbarung über den Ausschluss einer Aufrechnung.

1413 In **Subunternehmerverträgen** findet sich gelegentlich die Abrede, dass der Subunternehmer erst dann einen Anspruch auf Zahlung des Werklohns gegenüber seinem Vertragspartner, dem Hauptunternehmer (Generalunternehmer), hat, wenn und soweit dieser selbst von seinem Auftraggeber (Bauherrn) den Werklohn erhalten hat (sog. **„Pay-when-paid"-Klausel**). Der dieser Vereinbarung zu Grunde liegende Gedanke ist zwischenzeitlich auch in die neue Vorschrift des **§ 641 Abs. 2 BGB** eingeflossen, wonach eine Vergütung **spätestens** fällig wird, „wenn und soweit der Besteller von dem Dritten für das versprochene Werk ... seine Vergütung oder Teile davon erhalten hat". Eine solche Vereinbarung ist in einem **Individual-**

---

88) Anderer Ansicht: OLG Düsseldorf, BauR 1983, 473; siehe auch OLG Koblenz, BauR 1993, 607.
89) BGH, NJW 1985, 2270 = BauR 1985, 573 = ZfBR 1985, 220.
90) Vgl. hierzu Rdn. 1294 u. 1372.
91) Vgl. hierzu näher Rdn. 1483.
92) OLG Celle, BauR 1995, 558.
93) BauR 1996, 297 (LS) = BB 1995, 1712.

vertrag grundsätzlich nicht zu beanstanden, in AGB-Formularverträgen dagegen gemäß § 307 BGB wegen unangemessener Benachteiligung des Subunternehmers unwirksam.[94]

Im Übrigen ist es für einen Hauptunternehmer äußerst schwierig, die Zuwendungen gegenüber einer (wirksamen) „pay-when-paid"-Klausel darzulegen: Der Hauptunternehmer müsste nämlich substantiiert die Nichtzahlung seines Auftraggebers an ihn in der Weise darlegen, dass die Nichtzahlung genau die vom Subunternehmer erbrachten Leistungen betrifft. Darauf verweist auch das OLG München[95] und verlangt daher zu Recht, dass der Hauptunternehmer sein Abrechnungsverhältnis zu seinem Auftraggeber im Einzelnen darlegen muss. Ferner stellt eine solche Absprache nur einen **Zahlungsaufschub** dar, die den Bestand des Werklohns als solchen nicht in Zweifel zieht. Die Vereinbarung kann aber zur Folge haben, dass der Werklohnanspruch des Subunternehmers über einen längeren Zeitraum – aufgrund der Auseinandersetzungen des Hauptunternehmers mit seinem Bauherrn – nicht oder nur teilweise fällig wird. Im Einzelfall kann insoweit ein treuwidriges Verhalten des Hauptunternehmers gegenüber dem Subunternehmer vorliegen, wenn dieser keinen Werklohn an den Subunternehmer zahlt, obwohl der Grund der vorerwähnten Streitigkeit außerhalb des Vertragsverhältnisses Hauptunternehmer/Subunternehmer liegt und trotzdem die betreffende (Teil-)Leistung des Subunternehmers nicht bezahlt wird. Daher ist die jeweilige Dauer des Zahlungsaufschubs unter Berücksichtigung aller Umstände im Einzelfall zu bestimmen. So tritt nach OLG Düsseldorf[96] z.B. die Fälligkeit des Werklohns des Subunternehmers spätestens dann ein, wenn das **Insolvenzverfahren** über das Vermögen des Bauherrn eröffnet wird. Gemäß § 162 BGB kann sich der Hauptunternehmer auch nicht auf eine nicht erfolgte Zahlung seines Auftraggebers (Bauherrn) stützen, wenn dieser Umstand auf sein eigenes Verhalten (z.B. keine oder nicht prüfbare Rechnungslegung) zurückzuführen ist. Bei **unberechtigter Zahlungsverweigerung** des Auftraggebers hat der Hauptunternehmer diesen auf Zahlung zu verklagen, es sei denn, dass gewichtige Gründe (außerhalb des Verantwortungsbereichs des Hauptunternehmers) dagegen sprechen.[97]

c) Kalkulationsgrundsätze

Literatur

Würfele/Gralla, Nachtragsmanagement (2006).

---

94) So auch OLG München, NZBau 2011, 365 = IBR 2011, 148 – *Schwenker*; LG Saarbrücken, IBR 2012, 132 – *Ludgen* = NZBau 2012, 242; OLG Celle, OLGR 2009, 670.
95) NZBau 2011, 365 = IBR 2011, 148 – *Schwenker* = NJW-RR 2011, 887.
96) NJW-RR 1999, 1323 = MDR 1999, 1501 = OLGR 1999, 400; ebenso OLG Dresden, IBR 2003, 237 – *Büchner*, das die Auffassung vertritt, dass mit der Insolvenz des Hauptauftraggebers die Geschäftsgrundlage für die Stundung wegfällt, wenn beide Parteien bei Abschluss des Vertrages davon ausgingen, dass die wirtschaftliche Leistungsfähigkeit des Hauptauftraggebers unzweifelhaft gegeben ist; die Abrede ist dann nach Ansicht des OLG Dresden nach der überraschenden Insolvenz des Hauptauftraggebers so anzupassen, dass Auftragnehmer und Subunternehmer sich den Ausfall zu teilen haben.
97) **Anderer Auffassung:** OLG Oldenburg, OLGR 1999, 50, das den Subunternehmer auf den Weg der gewillkürten Prozessstandschaft verweist.

Prieß, Die Leistungsbeschreibung – Kernstück des Vergabeverfahrens, NZBau 2004, 20; *Schottke*, Die Bedeutung des ungewöhnlichen Wagnisses bei der Nachtragskalkulation, Festschrift für Thode (2005), 155; *Leitzke*, Was beschreibt die Leistungsbeschreibung, BauR 2007, 1643; *Kuffer*, Unklare Leistungsbeschreibung – ein Damoklesschwert?, Festschrift für Franke (2009), 219; *Biermann*, Die Grenzen der Kalkulationsfreiheit, BauR 2009, 1221; *Eschenbruch*, Vertragsgestaltung und Leistungsbeschreibung und Auslegung, BauR 2010, 283; *Leupertz*, Die Bedeutung der Kalkulation des Unternehmers für die Fortschreibung von Baupreisen – Eine rechtliche Bestandsaufnahme mit Ausblick, in: Festschrift für Blecken (2011) = Jahrbuch Baurecht 2011, 363; *Kapellmann*, Das Ende der Lücke – Bausolldefinition bei funktionaler Leistungsbeschreibung und Rechtsprechung des Bundesgerichtshofs, Jahrbuch Baurecht, 2011, 195; *Steffen*, Die unvollständige Leistungsbeschreibung – Vergütungsansprüche für nicht beschriebene, aber zwingend erforderliche Leistungen, BauR 2011, 579; *Kohlhammer*, Wer trägt das Baugrundrisiko?, BauR 2012, 845; *Joussen*, Schadensersatzansprüche bei unklaren Leistungsbeschreibungen, BauR 2013, 183; *ders.*, Mehrvergütungsansprüche bei geänderten Baugrundverhältnissen – Zum Vorrang der Auslegung, NZBau 2013, 465; *Zmuda/Bschorr*, Auslegungsgrundsätze bei unklarem Bau- und Vergütungssoll in einem Bauvertrag i.S. § 7 Abs. 9 VOB/A, BauR 2014, 10; *Kniffka*, Irrungen und Wirrungen in der Rechtsprechung des Bundesgerichtshofes zur Auslegung von Bauverträgen, BauR 2015, 1893.

1415 Das Risiko einer (einseitigen) **Fehlkalkulation** trifft grundsätzlich den Anbieter selbst[98] (zum Kalkulationsirrtum beim Pauschalvertrag vgl. näher Rdn. 1541, zur Anfechtung vgl. näher Rdn. 2811). Die **Befugnis** des Unternehmers, sich auf einen **Kalkulationsirrtum** zu berufen, kann in **AGB nicht ausgeschlossen werden**, weil sie den Unternehmer entgegen den Geboten von Treu und Glauben unangemessen benachteiligt; so wäre es dem Unternehmer beispielsweise bei dieser Klausel verwehrt, einen ihm bei der Preisfestlegung unterlaufenen Kalkulationsirrtum, den der Auftraggeber als Vertragspartner **erkannt** hat, später geltend zu machen. Ferner wird ihm mit dieser Klausel die Möglichkeit einer Anfechtung nach § 119 Abs. 1 BGB wegen Irrtums und der Einwand der unzulässigen Rechtsausübung nach § 242 BGB genommen.[99] Dabei ist jedoch zu beachten, dass es für die Wirksamkeit eines Vertragsschlusses unerheblich ist, ob die vom Auftragnehmer übernommene Leistungsverpflichtung „kalkulierbar" ist. Der BGH[100] weist in diesem Zusammenhang zu Recht darauf hin, dass es **keinen Rechtsgrundsatz** gibt, „nach dem **riskante Leistungen nicht übernommen** werden können"; es sei ausschließlich Sache des jeweiligen Vertragspartners, ob und wie sich dieser der Risiken eines Vertragsschlusses vergewissert (sog. Risikozuweisung).[101] Das OLG Celle[102] ist allerdings der Auffassung, dass der Auftraggeber, der das auf einem Kalkulationsirrtum beruhende Angebot annimmt, rechtsmissbräuchlich handelt, wenn die Unzumutbarkeit eines Angebots offen zu Tage tritt und er dennoch den Auftrag erteilt, um einen ersichtlich in keiner Weise marktkonformen günstigen Vertragspreis mit der Folge einer deutlichen wirtschaftlichen Schädigung seines Vertragspartners zu erlangen.

---

98) BGH, NJW 1980, 180; OLG Koblenz, OLGR 2002, 90; OLG Thüringen, OLGR 2002, 219; OLG Hamm, VersR 1979, 627; OLG Düsseldorf, BauR 2017, 1582; ferner OLG Düsseldorf, NJW-RR 1996, 1419 (Unternehmerkündigungsrecht nach existenzbedrohendem externen Kalkulationsirrtum); LG Traunstein, BauR 1998, 1258.
99) BGH, BauR 1983, 368 = NJW 1983, 1671 = ZfBR 1983, 188; **a.A.:** OLG Düsseldorf, VersR 1982, 1147. Zur **unzulässigen Rechtsausübung** bei einem vom Auftraggeber erkannten Kalkulationsirrtum: OLG Koblenz, OLGR 2002, 90 sowie OLG Düsseldorf, BauR 2017, 1582.
100) BauR 1997, 126 = NJW 1997, 61 = ZfBR 1997, 29; ferner BGH, BauR 2008, 1131, 1135.
101) Vgl. OLG Köln, IBR 2015, 293 – *Bolz*.
102) BauR 2015, 258.

Vereinbarte Vergütung

1416 Ist die VOB/A zwischen den Parteien vereinbart oder kommt sie automatisch (z.B. bei öffentlichen Auftraggebern) zum Zuge, trifft den Auftraggeber gemäß § 25 VOB/A eine Hinweispflicht nur, wenn er einen **Kalkulationsirrtum** des Anbieters oder ein etwaiges grobes Missverhältnis zwischen Preis und Leistung erkennt.[103] Fehlt in diesem Fall ein Hinweis, kann der Anbieter u.U. einen **Anspruch aus Verschulden bei Vertragsabschluss** (§ 311 Abs. 2 BGB) haben[104] (vgl. Rdn. 1421 ff. und 2395 ff.).

1417 Das gilt auch für den Fall, dass ein **fehlerhaftes (lückenhaftes oder unklares) Leistungsverzeichnis** oder sonstige **fehlerhafte Angebotsunterlagen** vorliegen.[105] In diesen Fällen versuchen Auftragnehmer allerdings, über § 633 Abs. 1 BGB oder § 2 Abs. 5 und/oder Abs. 6 sowie Abs. 8 VOB/B **Nachforderungen** für eine behauptete Mehrleistung mit dem Hinweis zu erhalten, dass die tatsächlich ausgeführte Leistung nicht dem Leistungsverzeichnis bzw. den übrigen vertraglichen Unterlagen, also nicht dem vertraglich geschuldeten Bausoll, entspricht;[106] dabei geht es insbesondere häufig um die Frage, ob bestimmte **Vor-, Zusatz- oder Nebenleistungen** von dem Inhalt des Leistungsverzeichnisses oder den sonstigen Vertragsunterlagen mit umfasst sind (vgl. hierzu Rdn. 1450, 1474 ff.).

1418 Den Auftraggeber trifft, worauf auch Quack[107] zu Recht hinweist, grundsätzlich (mit Ausnahme der öffentlichen Hand) keine „**Beschreibungspflicht**" in Bezug auf die vom Auftragnehmer zu erbringende Leistung; auch dieser kann seine Leistung im Rahmen des Angebotes beschreiben. Schreibt jedoch der Auftraggeber die Leistung detailliert aus, ist es seine Aufgabe, die von dem Bieter zu kalkulierende und anzubietende Bauleistung **eindeutig** und **erschöpfend** und damit „**bestimmbar**" zu beschreiben (vgl. hierzu auch Rdn. 2395 ff.). Dies gilt sowohl für die Leistungsbeschreibung mit Leistungsverzeichnis als auch für die Leistungsbeschreibung mit Leistungsprogramm (funktionale Leistungsbeschreibung).[108] Nach zutreffender Auffassung des BGH[109] darf sich ein Auftragnehmer grund-

---

103) BGH, NJW 1980, 180; OLG Koblenz, OLGR 2002, 90; OLG Thüringen, OLGR 2002, 219 (Kalkulationsirrtum mit unzumutbaren Folgen für den Bieter drängt sich aus dem Angebot des Bieters oder aus dem Vergleich zu den weiteren Angeboten oder aus den dem Auftraggeber bekannten sonstigen Umständen geradezu auf); hierzu: *Hundertmark*, BB 1982, 16; LG Aachen, NJW 1982, 1106 (für grundsätzliche Hinweispflicht bei Kenntnis auch beim BGB-Bauvertrag); LG Traunstein, BauR 1998, 1258.
104) OLG Köln, BauR 1995, 98 = OLGR 1994, 285; OLG Stuttgart, BauR 1992, 639; LG Traunstein, a.a.O.
105) Vgl. hierzu *Würfele/Gralla*, Rn. 209 ff.; *Lange*, Festschrift für v. Craushaar, S. 271; *Vygen*, Festschrift für Soergel, S. 277; *Dähne*, BauR 1999, 289; *Franke/Kemper/Zanner/Grünhagen*, § 2/B, Rn. 9 ff.; OLG Stuttgart, BauR 1992, 639.
106) Vgl. hierzu *Mandelkow*, BauR 1996, 31. Zu Nachtragsforderungen bei mangelnder Leistungsbeschreibung der Baugrundverhältnisse im VOB-Bauvertrag und bei Verwirklichung des „Baugrundrisikos" vgl. *Marbach*, BauR 1994, 168 sowie OLG Koblenz, OLGR 1999, 349.
107) BauR 1998, 381 ff.
108) Vgl. hierzu *Dähne*, BauR 1999, 289 sowie *Roquette*, NZBau 2001, 57, 59, der darauf verweist, dass dieser Grundsatz bei der funktionalen Leistungsbeschreibung nur eingeschränkt gilt, da hier der Auftragnehmer in der Regel (weitere) Planungsaufgaben und damit auch das „Vollständigkeitsrisiko" übernimmt. Siehe ferner *Döring*, Festschrift für Vygen, S. 175 ff.; *Vygen*, Festschrift für Mantscheff, S. 495 ff. sowie OLG Schleswig, IBR 2012, 607 – *Wittchen*.
109) NZBau 2012, 102 = IBR 2012, 65 – *Bolz*.

sätzlich darauf verlassen, dass eine Leistung richtig vom Auftraggeber beschrieben worden ist. Insoweit gilt die **Vollständigkeits- und Richtigkeitsvermutung**. Damit darf sich ein Auftragnehmer auch darauf verlassen, dass Details vollständig angegeben sind, soweit sich aus dem Vertrag nichts Abweichendes ergibt.[110] Dieser allgemeine Rechtsgedanke ist auch in § 9 VOB/A niedergelegt.[111]

1419 Bei der Auslegung der Beschreibung und Prüfung der Frage, ob eine **mangelhafte Ausschreibung** vorliegt, sind nach der Rechtsprechung des BGH[112] in erster Linie der **Wortlaut**, sodann die besonderen **Umstände des Einzelfalles**, die **Verkehrssitte** (allgemeines „technisches Verständnis")[113] und die Grundsätze von **Treu und Glauben** heranzuziehen.[114] Die Auslegung hat dabei stets nach dem objektiven **Empfängerhorizont** der potenziellen Bieter oder Auftragnehmer zu erfolgen (objektive Bietersicht).[115] Nach OLG Koblenz[116] kann der für die Auslegung eines Leistungsverzeichnisses **maßgebende objektive Empfängerhorizont** durch eine **Umfrage bei potenziellen Bietern ermittelt** werden. Die Leistung ist also eindeutig und so erschöpfend zu beschreiben, dass alle Bewerber die Beschreibung im gleichen Sinne verstehen müssen und ihre Preise sicher und ohne umfangreiche Vorarbeiten berechnen können.[117] Ein entscheidendes Kriterium für etwaige Nachforderungen des Auftragnehmers ist damit das Merkmal der „**Erkennbarkeit**" der Lückenhaftigkeit bzw. **Unklarheit** einer Leistungsbeschreibung.[118] Ergibt eine entsprechende Auslegung, dass die jeweilige Leistung, die der

---

110) BGH, a.a.O.; OLG Hamm, BauR 2015, 836 = IBR 2014, 718 – *Bolz*.

111) Vgl. hierzu *Kummermehr*, BauR 2004, 161; *Erdl*, BauR 2004, 166; *Prieß*, NZBau 2004, 20, 22; *Cuypers*, BauR 1997, 27 ff.; *Lange*, Festschrift für v. Craushaar, S. 271 ff.; *Zmuda/Bschorr*, BauR 2014, 10, 14 (zu § 7 Abs. 9 VOB/A). Kritisch *Quack*, ZfIR 2005, 863.

112) BauR 1994, 236 = NJW 1994, 850 („Wasserhaltung II"); vgl. hierzu insbesondere *Motzke*, NZBau 2002, 641 sowie *Erdl*, BauR 2004, 166. Vgl. ferner BGH, BauR 2008, 1131, 1135 = NZBau 2008, 437 sowie BGH, BauR 1993, 595 („Sonderfarben") sowie BGH, BauR 1999, 587 („Eisenbahnbrücke").

113) BGH, BauR 1994, 625 („Spanngarnituren"). Vgl. hierzu *Kapellmann*, in: Kapellmann/Messerschmidt, § 2/B, Rn. 98 ff.

114) Vgl. hierzu insbesondere *Joussen*, BauR 2013, 1583 sowie NZBau 2013, 465.

115) BGH, BauR 2002, 935 („Konsolträgergerüst") = NZBau 2002, 324 m.Anm. von *Keldungs*, *Quack* und *Asam*, BauR 2002, 1247 ff.; OLG Braunschweig, BauR 2010, 87; OLG Köln, IBR 2010, 200 – *Rohrmüller*; OLG Koblenz, IBR 2007, 414 – *Bolz*; vgl. hierzu auch *Motzke*, NZBau 2002, 641; BGH, BauR 2002, 1394 = NZBau 2002, 500 = NJW-RR 2002, 1096; BGH, BauR 2003, 388 = NJW 2003, 743 = NZBau 2003, 149; BauR 1994, 236 = NJW 1994, 850 („Wasserhaltung II") sowie BauR 1993, 595 = ZfBR 1993, 219 = NJW-RR 1993, 1109 („Sonderfarben"); OLG Karlsruhe, IBR 2006, 664 – *Asam*; OLG Koblenz, OLGR 2006, 941; OLG Koblenz, OLGR 1999, 349, 351; OLG Düsseldorf, BauR 1998, 1025 = OLGR 1998, 257 = NJW-RR 1998, 1033; vgl. hierzu ferner *Joussen*, BauR 2013, 1583, 1585; *Zmuda/Bschorr*, BauR 2014, 10, 15; *Oberhauser*, BauR 2003, 1110, 1114; *Markus*, Jahrbuch Baurecht 2004, 1 ff., 7; *Vygen*, a.a.O., S. 286.

116) IBR 2011, 187 – *Maull*.

117) BGH, NZBau 2012, 102, 103 = IBR 2012, 65 – *Bolz*.

118) So richtig: OLG Düsseldorf, IBR 2015, 294 – *Nonhoff*; OLG Frankfurt, IBR 2016, 5 – *Sienz*; OLG Braunschweig, BauR 2017, 112; OLG Rostock, BauR 2009, 1599; Thür. OLG, BauR 2009, 1603; OLG Schleswig, IBR 2007, 358 – *Althaus*; LG Rostock, IBR 2005, 136 – *Zanner*; LG Arnsberg, BauR 2005, 1335; OLG Dresden, BauR 2000, 1341, 1343 = NZBau 2000, 333; *Marbach*, BauR 1994, 168, 179 sowie *Vygen*, a.a.O., S. 285. Zur Auslegung von Leistungsverzeichnissen durch Sachverständige: BGH, BauR 1995, 538.

Vereinbarte Vergütung

Auftragnehmer zusätzlich vergütet haben will, im Bausoll enthalten ist, kommt ein Mehrvergütungsanspruch nicht in Betracht.[119]

Darüber hinaus darf der Auftraggeber – insbesondere, wenn er nach VOB/A ausschreibt – dem Unternehmer kein **ungewöhnliches Wagnis** (§ 9 Abs. 2 VOB/A) überbürden.[120] Das gilt z.B. hinsichtlich der **Bodenverhältnisse**, weil der Auftraggeber das Risiko der richtigen Einschätzung und Ermittlung der Baugrundverhältnisse trägt (vgl. hierzu auch Rdn. 1461).[121] So hat der BGH[122] z.B. darauf hingewiesen, dass der **öffentliche Auftraggeber** in der Leistungsbeschreibung eine **Schadstoffbelastung** des auszuhebenden und zu entfernenden Bodens nach den Erfordernissen des Einzelfalls **anzugeben hat**; sind erforderliche Angaben zu Bodenkontaminationen nicht vorhanden, kann der Bieter daraus den Schluss ziehen, dass ein schadstofffreier Boden auszuheben und zu entfernen ist. Auch wenn die Ausschreibung ganz allgemein gehalten ist und Spielräume bewusst zulässt (z.B. „Wasserhaltungsmaßnahmen nach Wahl des Unternehmers"), sind Arbeiten, die nach der konkreten Sachlage völlig ungewöhnlich und von keiner Seite zu erwarten gewesen sind, von dem vereinbarten Preis nicht mehr abgedeckt.[123] Werden allerdings die in verschiedenen Einzelpositionen eines detaillierten Leistungsverzeichnisses unterstellten Vortriebsklassen des **Baugrundes insgesamt pauschal angeboten, ohne nach Vortriebsklassen zu unterscheiden**, übernimmt der Auftragnehmer dadurch das Risiko der Mengen unterschiedlicher Vortriebsklassen, jedenfalls soweit sie ausgeschrieben waren.[124] Daher muss grundsätzlich auch ein Hinweis auf eine Kontaminierung des zum Aushub und zur Weiterverwendung vorgesehenen Bodens seitens des Auftraggebers erfolgen, soweit sich dies nicht aus den Umständen ergibt (vgl. zum Baugrundrisiko auch Rdn. 1461).[125]

Dies alles folgt nicht nur aus § 9 Abs. 2 VOB/A, sondern aus dem Grundsatz von Treu und Glauben. Dabei ist auch zu berücksichtigen, dass dem Wortlaut einer Leistungsbeschreibung, die Grundlage einer öffentlichen Ausschreibung ist, große Bedeutung zukommt:[126] Kann daher ein Leistungsverzeichnis, das einer öffentlichen Ausschreibung nach VOB/A zugrunde liegt, auch so ausgelegt werden,

---

119) BGH, BauR 1992, 759 („Wasserhaltung I"); OLG Koblenz, NZBau 2010, 562; vgl. hierzu *Vygen*, IBR 1992, 349.
120) BGH, NZBau 2012, 102 = IBR 2012, 65 – *Bolz*; OLG Koblenz, BauR 2001, 1442; vgl. hierzu insbesondere *Prieß*, NZBau 2004, 87, 88 mit Beispielen sowie OLG Naumburg, BauR 2006, 1305. Zu ungewöhnlichen und unzumutbaren Wagnissen vgl. *Dicks*, NZBau 2014, 731. Zur Bedeutung des ungewöhnlichen Wagnisses bei der Nachtragskalkulation vgl. *Schottke*, Festschrift für Thode, S. 155.
121) OLG Naumburg, IBR 2014, 332 – *Bröker*; OLG Koblenz, BauR 2001, 1442 = NZBau 2001, 633 m.Anm. *Haß*, NZBau 2001, 613 (Fels der Klasse 7 in erheblichem Umfang vom Auftraggeber weder vorgegeben noch ausgeschrieben, aber vom Auftragnehmer ausschließlich vorgefunden); s. aber OLG Köln, IBR 2002, 347 – *Putzier*. Zu Ansprüchen bei unklarer Beschreibung des Baugrundes vgl. *Joussen*, BauR 2013, 1583 sowie NZBau 2013, 465.
122) BauR 2013, 1126; vgl. auch OLG Celle, IBR 2014, 330 – *Bolz* sowie OLG Zweibrücken, BauR 2016, 267.
123) BGH, BauR 1994, 236 („Wasserhaltung II").
124) KG, IBR 2012, 10 – *Schalk*.
125) BGH, NZBau 2012, 102 (Mit Schadstoffen belasteter Boden unter der Asphaltdecke einer Ortsdurchfahrt) = IBR 2012, 65 – *Bolz*.
126) BauR 1993, 595 = NJW-RR 1993, 1109 = ZfBR 1993, 219; OLG Koblenz, BauR 2001, 1442; OLG Köln, OLGR 2002, 70.

"dass es den Anforderungen nach § 9 VOB/A entspricht, so darf der Bieter das Leistungsverzeichnis in diesem VOB/A-konformen Sinne verstehen".[127] Beruht eine fehlerhafte Kalkulation des Unternehmers auf einer deutlich mangelhaften Leistungsbeschreibung des Auftraggebers, ist der Unternehmer nicht an seine ursprünglichen Berechnungen gebunden.[128]

1421 Der BGH stellt allerdings in diesem Zusammenhang strenge Anforderungen an die **Prüfungs- und Hinweispflicht eines Auftragnehmers** hinsichtlich der Einzelheiten der geplanten Bauausführung, die der Auftragnehmer weder dem Leistungsverzeichnis noch den ihm überlassenen sonstigen Planungsunterlagen hinreichend klar entnehmen kann, die er aber von seinem Standpunkt aus für eine zulässige Kalkulation kennen sollte.[129] Nach der Auffassung des BGH darf ein Auftragnehmer trotz der Pflicht des Auftraggebers aus § 9 VOB/A,[130] die Leistung eindeutig und erschöpfend zu beschreiben, ein **erkennbar (oder erkanntes) lückenhaftes Leistungsverzeichnis** nicht einfach hinnehmen; er muss sich daraus ergebende Zweifelsfragen vor Abgabe seines Angebots klären und sich insbesondere ausreichende Erkenntnisse über die vorgesehene Bauweise (Art und Umfang) verschaffen.[131] Andernfalls würde der Auftragnehmer – so der BGH – **„ins Blaue"**[132] oder möglicherweise sogar **„spekulativ" bzw. „frivol"**[133] kalkulieren und sei daher

---

127) BGH, BauR 1997, 466 = NJW 1997, 1577; vgl. hierzu auch BGH, BauR 1997, 126 = ZfBR 1997, 29 = NJW 1997, 61 (zur funktionalen Leistungsbeschreibung als zulässige Möglichkeit der Vertragsgestaltung im Rahmen einer VOB/A-Vergabe) sowie BGH, BauR 2002, 935 = NZBau 2002, 324; ferner *Motzke*, NZBau 2002, 641.
128) OLG Koblenz, BauR 2001, 1442.
129) BGH, BauR 2008, 1131, 1135 = NZBau 2008, 437; BauR 1988, 338 = NJW-RR 1988, 785 = ZfBR 1988, 182 = MDR 1988, 666; BGH, BauR 1987, 683 = NJW-RR 1987, 1306 = DB 1987, 2404; BGH, NJW 1966, 498 = MDR 1966, 317 = DB 1966, 148; BGH, BauR 1979, 154; vgl. ferner: OLG Koblenz, BauR 2011, 527 = IBR 2011, 250 – *v. Rintelen*; OLG Brandenburg, BauR 2007, 540; OLG Düsseldorf, OLGR 2004, 298; OLG Stuttgart, BauR 1992, 639; LG Tübingen, BauR 1980, 67 sowie OLG Hamm, VersR 1979, 627. Mit der **Prüfungspflicht** des Bieters/Auftragnehmers beschäftigen sich insbesondere *Zmuda/Bschorr*, BauR 2014, 10, 19 ff.; *Oberhauser*, BauR 2003, 1110, 1118; *Kapellmann/Schiffers*, Rn. 167 ff.; ferner: *von Craushaar*, Festschrift für Locher, S. 9, 14 sowie *Cuypers*, BauR 1997, 27, 32.
130) Vgl. näher *Oberhauser*, BauR 2003, 1110, 1117 u. *Cuypers*, BauR 1997, 27, 33. *Quack*, BauR 2003, 26, ist der Auffassung, dass § 9 VOB/A „im materiellen Vertragsrecht, auch des öffentlichen Bauvertrages, nichts zu suchen hat"; es handele sich insoweit lediglich um eine Vorschrift des Vergaberechts, sodass sich ein Auftragnehmer auf diese Generalklausel im Rahmen des Teils A des § 9 VOB nicht stützen könne. Dem hat *Freise*, BauR 2003, 1791, zu Recht widersprochen, zumal die Vorschrift des § 9 Ziffer 2 VOB/A einen allgemeingültigen Rechtsgedanken wiedergibt.
131) Ebenso: OLG Naumburg, BauR 2013, 998 (LS) = IBR 2013, 197 – *Bolz*; OLG Köln, IBR 2010, 200 – *Rohrmüller*; OLG Celle, OLGR 2005, 687; OLG Dresden, BauR 2000, 1341 = NZBau 2000, 333 (Abgabe eines Alternativ-Angebots reicht nicht aus).
132) BGH, BauR 1987, 683 = NJW-RR 1987, 1306 = DB 1987, 2404; hierzu kritisch: *Wettke*, BauR 1989, 292; OLG Köln, BauR 1991, 615, 618.
133) BGH, BauR 1988, 338 = NJW-RR 1988, 785 = ZfBR 1988, 182 = MDR 1988, 666; *Wettke*, a.a.O.; *Dähne*, BauR 1999, 289, 298. *Zanner* weist in seiner Anmerkung zu LG Rostock, IBR 2005, 136 zu Recht darauf hin, dass es bei nicht erkennbaren lückenhaften Leistungsverzeichnissen auch „frivole" Ausschreibungen zu Lasten des Auftraggebers gibt, sodass eine unklare Leistungsbeschreibung nicht notwendig zu Lasten des Auftragnehmers geht.

im Sinne eines „enttäuschten Vertrauens" nicht schutzwürdig.[134] Keineswegs ist ein Auftraggeber „gehalten, den Bietern das Risiko einer Kalkulation der technischen Anforderungen der eigenen Leistung völlig abzunehmen",[135] da grundsätzlich das Kalkulationsrisiko beim Auftragnehmer liegt. Eine frühe Klärung unvollständiger, fehlerhafter oder unklarer Leistungsbeschreibungen liegt auch im eigenen Interesse des Auftragnehmers, weil er in der Regel gleichzeitig damit eine „Nachtragssituation" schafft.[136] Diese Grundsätze gelten ganz allgemein, also nicht nur im Bereich der VOB/A. Das OLG Düsseldorf[137] ist in diesem Zusammenhang der Auffassung, dass ein Auftragnehmer, der den gebotenen Hinweis auf die Lückenhaftigkeit der Leistungsbeschreibung unterlassen hat, im Rahmen der bauvertraglichen Kooperationspflicht gehalten ist, die zur Überwindung vor Ort festgestellter Erschwernisse erforderlichen Maßnahmen unter Zurückstellung der Vergütungsfrage alsbald durchzuführen hat, wenn sich der Auftraggeber zur Vergütung von Mehrarbeiten grundsätzlich bereit erklärt; andernfalls kann dem Auftraggeber ein Sonderkündigungsrecht zustehen.

Das OLG Köln[138] hat sich mit **Empfehlungen in einer Leistungsbeschreibung** beschäftigt und hierzu darauf hingewiesen, dass diese **keinen verbindlichen Charakter** haben, sondern jeweils in Verbindung mit der gesamten Leistungsbeschreibung vom Auftragnehmer zu überprüfen sind. Leistungsbeschreibungen sind im Übrigen einer Inhaltskontrolle nach den §§ 305 ff. BGB entzogen.[139]

1422 Soweit im Rahmen einer funktionalen (technischen) Ausschreibung eine Formulierung „nach Erfordernis" vom Auftraggeber gewählt wird, wird damit nach Auffassung des BGH[140] regelmäßig (nur) zum Ausdruck gebracht, „dass es Sache des Auftragnehmers ist, auf der Grundlage der dem Vertrag zugrunde liegenden Planung die für eine funktionierende und zweckentsprechende Technik notwendigen Einzelheiten zu ermitteln; damit wird der funktionale Charakter der Ausschreibung zum Ausdruck gebracht".

1423 In einer wichtigen Entscheidung hat der BGH[141] das Verschulden bei einer vom Auftraggeber zu verantwortenden **Mangelhaftigkeit der Ausschreibungsunterlagen** einerseits und der **Verletzung der Hinweispflicht** durch den Auftragnehmer andererseits wie folgt abgewogen und dabei wichtige Grundsätze aufgestellt:

„Gemäß § 4 Nr. 3 VOB/B hat der Auftragnehmer Planungen und sonstige Ausführungsunterlagen grundsätzlich ‚als Fachmann zu prüfen' und Bedenken mitzuteilen *(Heiermann/Riedl/Rusam/Schwaab*, § 4/B, Rn. 28). Zu prüfen ist unter anderem, ob die Planung zur Verwirklichung des geschuldeten Leistungserfolgs geeignet ist (BGH, BauR 1975, 420). Für unterlassene Prüfung und Mitteilung ist der Auftragnehmer verantwortlich, wenn er Mängel mit den bei ei-

---

134) Vgl. hierzu OLG Düsseldorf, NZBau 2015, 556, 559 (erkennbar widersprüchliches Gutachten im Rahmen eines Bauvertrages).
135) BauR 1994, 236, 238 unter Hinweis auf BGH, BauR 1987, 683 = NJW-RR 1987, 1306.
136) Vgl. insoweit *Dähne*, BauR 1999, 289, 294, 295.
137) NZBau 2015, 556.
138) IBR 2001, 350 – *Dähne* sowie IBR 2002, 347 – *Putzier*.
139) BauR 2005, 1317 m.Anm. *Quack* = IBR 2005, 357 – *Schwenker*.
140) BauR 2008, 1131, 1135 = NZBau 2008, 437 = IBR 2008, 372 – *Schulze-Hagen*.
141) NJW-RR 1991, 276 = BauR 1991, 79 = ZfBR 1991, 61; ferner BGH, BauR 2008, 1131, 1136 = NZBau 2008, 437 = IBR 2008, 372 – *Schulze-Hagen*. Vgl. auch OLG Thüringen, BauR 2003, 714, 715.

nem Fachmann seines Gebiets zu erwartenden Kenntnissen hätte erkennen können (BGH, BauR 1989, 467).

Allerdings muss der Auftragnehmer, wenn er die gebotene Prüfung und Mitteilung unterlässt, für die daraus folgenden Schäden nicht allein verantwortlich sein. Vielmehr können Mängel der Planung und der sonstigen Ausführungsunterlagen ein Mitverschulden des Auftraggebers gemäß § 254 BGB begründen, wobei sich der Auftraggeber die Fehler seiner Architekten und Sonderfachleute als die seiner Erfüllungsgehilfen zurechnen lassen muss (BGH, BauR 1970, 57, 59; BauR 1971, 265, 269, 270; BauR 1972, 62; vgl. auch BauR 1989, 467, 469).

Ein Mitverschulden des Auftraggebers und seiner Erfüllungsgehilfen kommt freilich überhaupt nur in Betracht, wenn der Auftragnehmer seine Prüfungs- und Hinweispflichten nur fahrlässig verletzt hat. Unterlässt der Auftragnehmer den Hinweis auf Mängel, die er erkannt hat, so ist er immer allein für den Schaden verantwortlich (BGH, BauR 1973, 190 = NJW 1973, 518; BauR 1975, 420 und 421; BauR 1976, 139, 142; BauR 1978, 222, 224).

Darüber hinaus müssen erkannte Mängel den Auftragnehmer veranlassen, die Planungsunterlagen auf weitere Mängel besonders sorgfältig zu überprüfen (BGH, BauR 1978, 222, 224). Bei erkannten Mängeln darf er sich vor allem nicht mehr darauf verlassen, dass die Planungen von Architekten oder Sonderfachleuten stammen.

Danach ist Maßstab für die Abwägungen der jeweiligen Beiträge von Auftragnehmer und Auftraggeber zu den entstandenen Schäden der Gedanke des Vertrauensschutzes. Nur soweit der Auftragnehmer auf Planungen und Ausführungsunterlagen tatsächlich vertraut hat und auch vertrauen durfte, kann er entlastet werden (BGH, BauR 1977, 420, 421). Soweit die konkrete Situation zu gesteigertem Misstrauen nötigt, ist er zu besonderer Sorgfalt verpflichtet (BGH, BauR 1978, 222, 224; BauR 1987, 79 = NJW 1987, 643).

Bei der Frage des Mitverschuldens kann schließlich Folgendes nicht unberücksichtigt bleiben: Prüft ein Auftragnehmer die Vorgaben pflichtgemäß und gibt er entsprechende Hinweise, so ist das grundsätzlich geeignet und nach den Regelungen der VOB/B auch dazu bestimmt, die Folgen derjenigen Mängel von Planungen und Ausführungsunterlagen vollständig zu verhindern, die bei ordnungsgemäßer Prüfung entdeckt werden können. Soweit ein Auftragnehmer mit der gebotenen Prüfung die Mängel hätte verhindern können, setzt er die eigentlichen Ursachen für die weiteren Schäden. Es ist deshalb in der Regel auch veranlasst, dem bei einer Verschuldensabwägung entscheidendes Gewicht zukommen zu lassen."

Diese Grundsätze gelten auch für den **BGB-Vertrag**.

1424 Der BGH gewichtet die Verantwortlichkeit deutlich **zu Lasten** des **Auftragnehmers**.[142] Das erscheint nicht unbedenklich, weil die **Primärursache**, eine mit Mängeln behaftete, unvollständige Ausschreibung, vom Auftraggeber gesetzt wurde.[143] Auch ein Auftraggeber kann „frivol" ausschreiben, wenn er dem Auftragnehmer unter Verstoß gegen die VOB/A ein unangemessenes Wagnis zuschiebt.[144]

Zudem muss sich ein Auftragnehmer darauf verlassen dürfen, dass die Ausschreibungsunterlagen richtig, die Leistungen also eindeutig und erschöpfend beschrieben sind. Das folgt bereits aus § 9 VOB/A, der einen allgemein gültigen Gedanken wiedergibt,[145] sodass bei einer fehlerhaften Leistungsbeschreibung dem Auftragnehmer ggf. nicht nur ein Anspruch auf eine zusätz-

---

[142] *Bühl*, BauR 1992, 26, 29/30, der von einer „auftragnehmerfeindlichen" Haltung des BGH und einer Verletzung der **„Waffengleichheit"** zwischen Bieter und Auftraggeber spricht.
[143] Ebenso OLG Koblenz, BauR 2001, 1442 = NZBau 2001, 633 u. KG, BauR 2003, 1902, 1903; *Joussen*, BauR 2013, 1583, 1584; *Kapellmann*, in: Kapellmann/Messerschmidt, § 2/B, Rn. 111 sowie in Jahrbuch Baurecht 2011, 195, 207.
[144] Vgl. hierzu OLG Köln, BauR 1998, 1069 („Sonderfarben"); ferner BGH, BauR 1997, 466, 467 = NJW 1997, 1577 („Bodenposition").
[145] Wie hier: *Kapellmann*, Jahrbuch Baurecht 1999, 1, 16, der darauf verweist, dass der Auftragnehmer auf die Richtigkeit und Vollständigkeit der vom Auftraggeber erarbeiteten Ausschreibung bezüglich des Beschaffenheitssolls vertrauen kann; ebenso, in: Kapellmann/Mes-

Vereinbarte Vergütung   Rdn. 1424

liche Vergütung,[146] sondern ihm auch ein Anspruch aus **Verschulden bei Vertragsschluss** (§§ 311 Abs. 2 Nr. 1, 241 Abs. 2, 280 BGB) zustehen kann, weil er in seinem Vertrauen auf eine richtige und eindeutige Leistungsbeschreibung durch den Auftraggeber enttäuscht worden ist[147] (vgl. hierzu auch Rdn. 2395 ff.). Verletzt der Auftragnehmer deshalb seine Hinweispflicht **nur fahrlässig**, so sollte der primären Verantwortlichkeit des Auftraggebers (Bauherrn) zumindest unter dem Gesichtspunkt der Mitverursachung mehr Gewicht beigemessen werden.[148] Das OLG Düsseldorf[149] schränkt die Prüfungs- und Hinweispflicht des Auftragnehmers zu Recht ein, wenn die Ausschreibung von einem **Fachingenieurbüro** erstellt wurde und der Auftragnehmer (z.B. ein Generalunternehmer) nicht über entsprechende weit gehende Fachkenntnisse für das in Betracht kommende Gewerk verfügte. Hat allerdings der Auftragnehmer das Leistungsverzeichnis selbst erstellt, ohne dass der Auftraggeber es durch einen Fachmann hat überprüfen lassen, so schuldet der Auftragnehmer den Erfolg seiner angebotenen Werkleistung auch dann, wenn das Leistungsverzeichnis unvollständig ist.[150] Die vorangegangenen Ausführungen gelten umso mehr, als nach der Rechtsprechung des BGH[151] dem Wortlaut von Leistungsbeschreibungen, die Grundlage einer Ausschreibung sind, „vergleichsweise große Bedeutung" zukommt. Das KG[152] stellt in diesem Zusammenhang zu Recht fest, dass im Hinblick auf § 9 Abs. 1 VOB/A a.F. der Auftraggeber das Risiko von Unklarheiten seiner Leistungsbeschreibung trägt. Zutreffend ist allerdings die Auffassung des BGH[153], dass einem Bieter, dem bekannt ist, dass die Leistungsbeschreibung fehlerhaft oder lückenhaft ist, kein Anspruch aus Verschulden bei Vertragsschluss zusteht, wenn er dennoch ein Angebot abgibt.

Zwischenzeitlich hat der BGH[154] allerdings – im Hinblick auf seine bisherige Rechtsprechung – klargestellt, wonach **keine Auslegungsregel besteht**, dass **ein Vertrag mit einer unklaren Leistungsbeschreibung** allein deshalb **zu Lasten des Auftragnehmers** auszulegen ist, weil **dieser die Unklarheit vor der Abgabe seines Angebotes nicht aufgeklärt hat**. Vielmehr will der BGH sich in der Weise verstanden wissen, dass er mit seiner bisherigen Rechtsprechung nur auf das Risiko hingewiesen hat, das ein Unternehmer bei der Kalkulation einer unklaren Leistungsbeschreibung eingeht, wenn er keine Aufklärung betreibt. Seine Hinweise sollen also lediglich dem Auftragnehmer einen Weg eröffnen, wie er dem entsprechenden Risiko entgehen kann. Keinesfalls – so der BGH – sei seine bisherige

---

serschmidt, § 2/B, Rn. 105 ff. *Vygen*, Jahrbuch Baurecht 1999, 46, 50, weist ebenfalls zu Recht darauf hin, dass Risiken von Unklarheiten und Unvollständigkeiten der Leistungsbeschreibung grundsätzlich der trägt, der „die Beschreibung der geschuldeten Soll-Leistung erstellt hat". Das ist in der Regel der Auftraggeber, kann aber auch im Einzelfall der Auftragnehmer (z.B. bei der Übernahme von Planungsleistungen) sein.

146) BGH, BauR 1994, 236 („Wasserhaltung II").
147) Vgl. hierzu *Joussen*, BauR 2013, 1583, 1586 f.; *Oberhauser*, BauR 2003, 1110, 1116; *Marbach*, BauR 1994, 168, 174; *Lange*, Festschrift für v. Craushaar, S. 271 ff.; KG, BauR 2003, 1905, 1907 m.Anm. *Wirth*.
148) So auch *Pauly*, MDR 2001, 57, 63; *Kapellmann/Schiffers*, Bd. 1 Rn. 212 ff.; ähnlich: *Wettke*, BauR 1989, 292, 298; *Franke*, ZfBR 1988, 206; *Marbach*, BauR 1994, 168, 172 („Überspannte Anforderungen an die vorvertragliche Prüfungs- und Hinweispflicht des Bieters") u. *Vygen*, Festschrift für Locher, S. 263, 283, 284.
149) BauR 1994, 764 = NJW-RR 1995, 82.
150) OLG Düsseldorf, BauR 2002, 1853; SFH, Nr. 61 zu § 9 AGB-Gesetz.
151) BGH, BauR 1997, 466 = NJW 1997, 1577; BauR 1993, 595 = NJW-RR 1993, 1109 = ZfBR 1993, 219.
152) BauR 2003, 1902, 1903.
153) BauR 2007, 120.
154) BauR 2008, 1131, 1136 = NZBau 2008, 437 = IBR 2008, 372 – *Schulze-Hagen*. Bestätigt mit BGH, BauR 2013, 2017 = NZBau 2013, 695 = IBR 2013, 664 – *Bolz*.

Rechtsprechung ein Maßstab für die am objektiven Empfängerhorizont orientiert Auslegung des Vertrages.

Dementsprechend hat der BGH[155] darauf hingewiesen, dass ein Auftraggeber verpflichtet ist, „die für die Ausführung der Leistung wesentlichen Verhältnisse der Baustelle so zu beschreiben, dass der Bewerber ihre Auswirkungen auf die bauliche Anlage und die Bauausführung hinreichend sicher beurteilen kann. Um eine einwandfreie Preisermittlung zu ermöglichen, müssen in der Ausschreibung alle sie beeinflussenden Umstände festgestellt und in den Bedingungsunterlagen angegeben werden". Im konkreten Fall ging es um das Hindernis einer Hochspannungsleitung. Der BGH führte hierzu zum konkreten Fall weiter aus:

> Kann ein Bieter der Ausschreibung entnehmen, dass eine für den verkehrsüblichen Einsatz eines Krans hinderliche Hochspannungsleitung vom Auftraggeber wegen der vorgesehenen Bohrpfahlarbeiten ohnehin zum Beginn der Arbeiten abgebaut werden muss, so muss er ohne einen entsprechenden Hinweis in der Ausschreibung nicht annehmen, dass die Hochspannungsleitung nur für die Dauer der Bohrpfahlarbeiten entfernt bleibt. Ein solcher Hinweis wäre nach § 9 Nr. 3 III VOB/A a.F. geboten gewesen.

1425 Ihre (Mit)verantwortung können Auftraggeber nicht durch **AGB** ausschließen; dies würde auf einen Verstoß gegen § 307 BGB hinauslaufen, da die Erstellung einer richtigen Leistungsbeschreibung zu den ureigensten Pflichten des Auftraggebers („**Kardinalpflicht**") gehört.[156] Aus diesem Grund hat der BGH[157] auch folgende vom Auftraggeber gestellte formularmäßige Klauseln für unwirksam (weil gegen das Transparenzgebot verstoßend) erklärt: „Mit der Abgabe des Angebotes übernimmt der Bieter die Gewähr dafür, dass das Angebot alles enthält, was zur Erstellung des Werkes gehört" und „Nach Angebotsabgabe kann sich der Bieter auf Unklarheiten in den Angebotsunterlagen oder über Inhalt und Umfang der zu erbringenden Leistungen nicht berufen. Bei oder nach Auftragserteilung sind Nachforderungen mit Hinweis auf derartige Unklarheiten ausgeschlossen."

Kann der Auftragnehmer nach den vorerwähnten Ausführungen Zahlungsansprüche gegen den für die fehlerhafte Leistungsbeschreibung verantwortlichen Auftraggeber geltend machen, kommen als Anspruchsgrundlagen zunächst § 632 BGB/§ 2 Nr. 5 und 6 VOB/B und weiterhin das Rechtsinstitut des Verschuldens bei Vertragsschluss, § 311 Abs. 2 BGB (vgl. näher Rdn. 2391 ff., 2395), in Betracht.[158] Das setzt jedoch ein schutzwürdiges Vertrauen des Auftragnehmers im oben ausgeführten Sinne voraus.[159]

1426 Von der fehlerhaften (lückenhaften und/oder unklaren) Leistungsbeschreibung ist die nur **auslegungsbedürftige** zu unterscheiden. In der Regel wird hier bereits eine objektive, auf den Empfängerhorizont abgestellte **interessengerechte Vertragsauslegung** zu angemessenen Ergebnissen führen. Zu einem (versteckten) **Dissens** (§ 155 BGB) wird man im Rahmen einer Vertragsauslegung selten kommen.

---

155) NZBau 2013, 695 = IBR 2013, 663 – *Bolz*.
156) Zutreffend: *Kapellmann/Schiffers*, Bd. 1 Rn. 236 m.w.Nachw.
157) BGH, BauR 1997, 1036 = NJW-RR 1997, 1530 = ZfBR 1998, 35 (Nichtannahmebeschluss zu OLG Hamburg, *SFH*, Nr. 10 zu § 3 AGB-Gesetz).
158) BGH, BauR 1994, 236 („Wasserhaltung II"); OLG Koblenz, BauR 2001, 1442, 1445. Vgl. hierzu auch *Markus*, Jahrbuch Baurecht 2004, 1 ff., 33.
159) BGH, BauR 1974, 236 („Wasserhaltung II").

Vereinbarte Vergütung   **Rdn. 1427–1429**

Allerdings muss der **Vertragsinhalt**, insbesondere der Leistungsumfang, in den Ausschreibungsunterlagen **hinreichend bestimmt**, zumindest bestimmbar sein. Unter diesem Gesichtspunkt hat der BGH[160] eine Ausschreibung nicht beanstandet, die neben bestimmt formulierten Mindestanforderungen festlegt, dass weitere Leistungen der von dem Auftragnehmer als Vertragsleistung übernommenen Tragwerksplanung zu entsprechen haben, weil dadurch der Vertragsinhalt hinreichend bestimmbar festgelegt wird. **1427**

> Die Berufungsinstanz, das OLG Karlsruhe, hatte diese Ausschreibungsmethode als mit § 9 Abs. 1 und 2 VOB/A unvereinbar bezeichnet, weil sich die konkret auszuführende Leistung erst aus der von dem Auftragnehmer selbst als Vertragsleistung zu erstellenden Tragwerksplanung ergab und es einem Auftragnehmer nicht zuzumuten sei, eine solche Tragwerksplanung bereits als Grundlage des Angebotes zu erstellen, um das Angebot genau zu kalkulieren. Der BGH hat insoweit aber zu Recht darauf hingewiesen, dass es ausschließlich Sache eines Vertragspartners sei, ob und wie er sich der Risiken eines Vertragsschlusses vergewissert, weil es keinen Rechtsgrundsatz gebe, nach dem **riskante Leistungen** nicht übernommen werden können, zumal in diesem Zusammenhang die mit dem Vertragsschluss beabsichtigte Risikoverlagerung für den Auftragnehmer zweifellos **erkennbar** war.

Unter dem vorerwähnten Gesichtspunkt hat der BGH[161] auch die Ausschreibungstechnik der **funktionalen Leistungsbeschreibung**[162] als bedenkenfrei bezeichnet, weil diese Ausschreibungstechnik verbreitet und in Fachkreisen allgemein bekannt sei, auch wenn damit in aller Regel eine Risikoverlagerung zu Lasten des Auftragnehmers verbunden ist. Das OLG Jena[163] weist in diesem Zusammenhang allerdings darauf hin, dass es zu den Aufgaben des Auftragnehmers gehört, die planerischen Vorgaben des Auftraggebers auf ihre Vollständigkeit zu überprüfen und insoweit vorhandene Planungsfehler zu korrigieren. **1428**

Ist eine **Leistungsbeschreibung auslegungsbedürftig**, sind **alle Bestandteile dieser Beschreibung** zur Klärung des Leistungsgegenstandes „**als sinnvolles Ganzes**"[164] heranzuziehen,[165] gegebenenfalls auch unter Berücksichtigung der VOB/C.[166] Dabei ist zu berücksichtigen, dass es nach BGH[167] keinen grundsätzlichen Vorrang des Leistungsverzeichnisses vor den Vorbemerkungen gibt, obwohl – in der Regel – die jeweilige Bauleistung in den Vorbemerkungen allgemein, in den Leistungsverzeichnissen dagegen exakter beschrieben und definiert wird. Daher ist allein maßgeblich, in welchem Teil der Leistungsbeschreibung die Bauleis- **1429**

---

160) BauR 1997, 126 = NJW 1997, 61 („Kammerschleuse"); BGH, BauR 1997, 464 = NJW 1997, 1772 = MDR 1997, 544. Vgl. hierzu auch *Markus*, Jahrbuch Baurecht 2004, 1 ff., 17 (Anwendung der Unklarheitenregel zu Lasten desjenigen Vertragspartners, der die Leistungsbeschreibung erstellt hat.
161) BauR 1997, 126 = NJW 1997, 61 („Kammerschleuse"). Ebenso BGH, BauR 2004, 504 („Demontage bestehender Fensteranlage").
162) Vgl. zu den rechtlichen Rahmenbedingungen der funktionalen Leistungsbeschreibung *Schmidt*, ZfBR 2001, 3.
163) IBR 2008, 210 – *Bolz*.
164) BGH, BauR 1999, 897 = NJW 1999, 2432 = MDR 1999, 862; OLG Frankfurt, IBR 2007, 14 – *Stemmer* (konkret formulierte Leistungspositionen gehen allgemein gehaltenen Hinweisen auf DIN-Vorschriften in den Vorbemerkungen vor).
165) OLG Naumburg, IBR 2010, 201 – *Schwenker* (Angebotserstellung unter Berücksichtigung einer „Muster-Baubeschreibung").
166) BGH, BauR 2014, 1150 = NZBau 2014, 427.
167) A.a.O.

tung konkreter und umfassender bestimmt ist. Das kann im Einzelfall auch in den Vorbemerkungen erfolgen, die dann zur Bestimmung des Leistungsgegenstandes – im Rahmen der Auslegung – heranzuziehen sind. Auch ein Angebotsbegleitschreiben kann ein Mittel zur Festlegung des Vertragsinhalts sein.[168]

1430 Der BGH[169] hält folgende Klausel in AGB eines Auftraggebers für unwirksam, da Unklarheiten in den Angebotsunterlagen ja grundsätzlich auch zu Lasten des Auftragsgebers gehen können:

> „Nach Angebotsabgabe kann sich der Bieter auf Unklarheiten in den Angebotsunterlagen oder über Inhalt und Umfang der zu erbringenden Leistung nicht berufen. Bei oder nach Auftragserteilung sind Nachforderungen mit Hinweis auf derartige Unklarheiten ausgeschlossen."

3. „Übliche" Vergütung

Literatur

Kranke, Zu Funktion und Dogmatik der Leistungsbestimmung nach § 315, AcP 183, 113; *v. Mettenheim*, Beweislast für Vereinbarung eines geringeren Werklohns, NJW 1984, 776; *Clemm*, Abgrenzung zwischen (kostenloser) Nachbesserung und (entgeltlichem) Werkvertrag, BB 1986, 616; *Mainz*, Die übliche Vergütung bei Bauleistungen, Der Sachverständige 1991, 56; *Malotki*, Die unberechtigte Mangelbeseitigungsaufforderung; Ansprüche des Unternehmers auf Vergütung, Schadens- oder Aufwendungsersatz, BauR 1998, 682; *Mantscheff*, Der ortsübliche Preis, Festschrift für Vygen (1999), 234; *Acker/Garcia-Scholz*, Möglichkeiten und Grenzen der Verwendung von Leistungsbestimmungsklauseln nach § 315 BGB in Pauschalpreisverträgen, BauR 2002, 550; *Duve/Richter*, Die übliche Vergütung nach § 632 BGB – was ist das?, BauR 2013, 831.

1431 Führt der Unternehmer einen Bauauftrag aus, ohne zuvor eine besondere Vergütung zu vereinbaren, kann er nach § 632 Abs. 2 BGB jedenfalls die „taxmäßige" oder „übliche" Vergütung vom Bauherrn verlangen. Dabei ist unerheblich, ob es sich um einen BGB- oder VOB-Bauvertrag handelt. Vorab ist jedoch stets zu prüfen, ob überhaupt eine Vergütung aufgrund einer stillschweigenden Vereinbarung in Betracht kommt, wobei die Fiktion einer solchen gemäß § 632 Abs. 1 BGB („Eine Vergütung gilt als stillschweigend vereinbart, wenn die Herstellung des Werks den Umständen nach nur gegen eine Vergütung zu erwarten ist") zu berücksichtigen ist. Erst wenn also die Bauleistung vergütungspflichtig ist, kann für die Höhe der Vergütung § 632 Abs. 2 BGB anwendbar sein.[170] Die Anwendung des § 632 Abs. 2 BGB setzt damit voraus, dass überhaupt ein **Vertrag wirksam geschlossen** wurde; dies ist nicht der Fall, wenn noch keine Einigung über einen Punkt des Vertrages erzielt wurde, über den eine Vereinbarung getroffen werden sollte, z.B. die genaue Höhe der Vergütung (§ 154 Abs. 1 BGB).[171]

> § 2 Abs. 9 VOB/B nennt für den VOB-Bauvertrag einen besonderen, in der Praxis häufig vorkommenden Fall und fingiert ausdrücklich die stillschweigende Vereinbarung einer Vergütung: Verlangt der Auftraggeber Zeichnungen, Berechnungen oder andere Unterlagen, die der Auftragnehmer nach dem Vertrag, besonders den Technischen Vertragsbedingungen oder der gewerblichen Verkehrssitte, nicht zu beschaffen hat, so hat er sie zu vergüten. Lässt er von dem Auftragnehmer nicht aufgestellte technische Berechnungen nachprüfen, trägt er die Kosten.

---

168) OLG Schleswig, IBR 2007, 62.
169) BauR 1997, 1036, 1037 = NJW-RR 1997, 1513.
170) *Schmidt*, Beilage 4/WM 1972, S. 17.
171) HansOLG Hamburg, *Schäfer/Finnern*, Z 2.1 Bl. 5.

„Übliche" Vergütung

Entsprechendes gilt auch für den BGB-Bauvertrag. Eine Vergütungspflicht setzt allerdings einen Auftrag nach Abschluss des eigentlichen Bauvertrages (für entsprechende Vorarbeiten vgl. Rdn. 1379) voraus. Für die Höhe der Vergütung gilt auch hier § 632 Abs. 2 BGB.

1432 Der **Bauunternehmer** muss entsprechend der gesetzlichen Vermutung des § 632 Abs. 1 BGB die **Umstände darlegen und beweisen**, die den Schluss zulassen, dass seine Bauleistung nur **gegen eine Vergütung zu erwarten** war, sodass er auch den Nachteil zu tragen hat, wenn die im Einzelfall festgestellten Umstände dieses Ergebnis nicht rechtfertigen.[172] Allerdings **reicht** für den Beweis der Vereinbarung der Entgeltlichkeit **aus**, wenn statt des Nachweises einer ausdrücklich oder stillschweigend getroffenen Abrede **Umstände** angeführt werden, nach denen die Ausführungen der übertragenen **Leistungen nur gegen eine Vergütung erwartet** werden können (Üblichkeit).[173] Stehen solche Umstände fest, so begründen sie eine Vermutung für die Entgeltlichkeit.[174] Die zwischen Parteien bestehende freundschaftliche Verbundenheit rechtfertigt allein noch nicht die Annahme der Unentgeltlichkeit; denn gewerbsmäßige Bauleistungen werden – wenn sie nicht einen verhältnismäßig geringen Umfang haben – grundsätzlich auch zwischen befreundeten Personen nicht unentgeltlich erbracht. Behauptet der Bauherr dennoch, dass die Leistungen unentgeltlich erbracht werden sollten, muss er dies darlegen und beweisen.[175]

1433 Die Vergabe von Bauarbeiten **ohne vorherige feste Vergütungsabsprache** ist der **Ausnahmefall**. Behauptet der Unternehmer, eine bestimmte Vereinbarung sei nicht getroffen worden, ist dies so lange unproblematisch, wie der Bauherr dies nicht bestreitet. Behauptet der Bauherr jedoch eine **bestimmte Werklohnabrede**, z.B. eine Pauschalpreisvereinbarung, muss der Bauunternehmer, um eine angemessene oder übliche Vergütung beanspruchen zu können, die Behauptung des Bauherrn widerlegen.[176] Die Rspr. ist sich darin einig, dass der Unternehmer **beweispflichtig** ist, wenn der Bauherr eine besondere (niedrigere) Preisvereinbarung behauptet.[177] Dies soll nur anders sein, wenn ein Handelsbrauch über die Höhe der Vergütung besteht;[178] hier ist derjenige beweispflichtig, der eine vom Handelsbrauch abweichende Vereinbarung behauptet. Dieser vorstehenden Meinung hat

---

172) BGH, BauR 1987, 454 = NJW 1987, 2742 = ZfBR 1987, 187; NJW 1957, 1555; 1965, 1226; OLG Köln, OLGR 1994, 159 für Vergütungsanspruch bei **Nachbarschaftshilfe**.
173) RG, Recht 1909, 1478; BGH, NJW 1965, 2226.
174) Zur Abgrenzung zwischen **(kostenloser)** Nachbesserung und **(entgeltlichem)** Werkvertrag siehe *Clemm*, BB 1986, 616 u. *Malotki*, BauR 1998, 682 sowie Rn. 1306, 1398.
175) BGH, BauR 1987, 454 = NJW 1987, 2742 = ZfBR 1987, 187.
176) Vgl. hierzu *Keldungs*, BauR 2008, 1201.
177) BGH, NJW 1983, 1782 = BauR 1983, 366 = DB 1983, 1054 (hierzu kritisch *v. Mettenheim*, NJW 1984, 776); BGHZ 80, 257 = BauR 1981, 388 = DB 1981, 2121 = ZfBR 1981, 170 = BB 1981, 997; BGH, NJW 1980, 122 = BauR 1980, 84 = JR 1980, 195 m.Anm. *Baumgärtel*; BGH, BauR 1975, 281; BGH, NJW 1957, 1555 (LS); OLG Düsseldorf, OLGR 2001, 36; OLGR 1992, 268 = BauR 1992, 813 (LS); OLG Frankfurt, NJW-RR 1989, 209; OLG Karlsruhe, MDR 1979, 756; OLG Saarbrücken, OLGZ 1966, 14.
178) BGH, *Schäfer/Finnern*, Z 2.300 Bl. 4.

sich das Schrifttum überwiegend angeschlossen.[179] Anderer Auffassung ist von Mettenheim,[180] dem indes Schumann[181] überzeugend entgegengetreten ist.

1434 Der Unternehmer wird damit gezwungen, in diesen Fällen einen **Negativbeweis** zu führen.[182] Daher dürfen die an die Beweisführung des Unternehmers zu stellenden Anforderungen nicht überspannt werden.[183] Es genügt, dass der beweispflichtige Unternehmer die Umstände widerlegt, die für die Vereinbarung des behaupteten Werklohns sprechen können.[184] Dies setzt jedoch voraus, dass der Bauherr die Behauptung des Unternehmers, die Vereinbarung eines bestimmten Werklohnes sei nicht getroffen worden, substantiiert bestritten hat.[185] Der Bauherr hat daher die angebliche Vereinbarung über die Höhe der Vergütung substantiiert darzulegen; der beweispflichtige Unternehmer hat dann die Unrichtigkeit dieser Darlegung zu beweisen.

Eine „Taxe" im Sinne des § 632 Abs. 2 BGB gibt es im Bauwesen nicht.

1435 Die **„übliche" Vergütung** setzt eine allgemeine Verkehrsgeltung bei den beteiligten Baukreisen voraus;[186] demnach sind als „üblich" solche Vergütungen anzusehen, die für Bauleistungen gleicher Art und Güte sowie gleichen Umfangs an dem Ort der Leistung nach allgemein anerkannter Auffassung gezahlt werden müssen,[187] wobei gleiche Verhältnisse in zahlreichen Einzelfällen Voraussetzung für die Anerkennung der Üblichkeit sind.[188] Deshalb sind nicht nur die Vorstellungen des Unternehmers, sondern auch diejenigen des Bauherrn für die Beurteilung des Preises maßgebend. Die tatsächlichen Voraussetzungen einer üblichen Vergütung können im Einzelfall für den Unternehmer schwierig darzulegen sein; er wird sich deshalb zweckmäßigerweise durch vorprozessuale Maßnahmen die notwendigen Kenntnisse über die „übliche" Preisgestaltung verschaffen. Dabei können Auskünfte bei den Handwerkskammern oder der IHK sowie die Einholung von Privatgutachten bei Bausachverständigen tunlich sein.

1436 Das OLG Köln[189] ist der Auffassung, dass die Berechnung von **Regiekosten** (pauschalierte Verwaltungsaufwendungen) in der Baubranche bei Sonderwünschen des Bauherrn angemessen und üblich ist. Das ist jedoch bestritten.[190]

---

179) Vgl. *Soergel/Siebert*, § 632 BGB, Rn. 7; *Mainka*, JurBüro 1975, 292; *MünchKomm-Busche*, § 632 BGB, Rn. 25; *Baumgärtel*, § 632 BGB, Rn. 9.
180) NJW 1971, 20; NJW 1984, 776; vgl. auch *Honig*, BB 1975, 447.
181) NJW 1971, 495.
182) Vgl. hierzu *Vygen*, Rn. 750.
183) BGH, BauR 1975, 281; *Mainka*, a.a.O.; *Baumgärtel*, Beweislast, § 632 BGB, Rn. 8.
184) So schon BGH, VersR 1966, 1021, 1022.
185) BGH, BauR 1992, 505 = NJW-RR 1992, 848 = MDR 1992, 1028 m.Anm. *Baumgärtel* = ZfBR 1992, 173 (Darlegung der Vereinbarung „nach Ort, Zeit und Höhe"); OLG Frankfurt, MDR 1979, 756; OLG Karlsruhe, MDR 1979, 756.
186) BGH, BB 1969, 1413.
187) BGH, BauR 2001, 249 = MDR 2001, 212 = NZBau 2001, 17 = ZfBR 2001, 104 = NJW 2001, 151. Zum Begriff des „angemessenen" Preises i.S.d. § 2/A vgl. *Schranner*, in: Ingenstau/Korbion, § 2/A, Rn. 45.
188) BGH, a.a.O.
189) *SFH*, Nr. 2 zu § 4 Ziff. 2 VOB/B.
190) Beck'scher VOB-Komm/*Funke*, B Vor § 2, Rn. 93.

„Übliche" Vergütung

1437 Als „üblich" im Sinne des § 632 Abs. 2 BGB können in der Regel die Vergütungsbestimmungen der VOB/B angesehen werden.[191] Auch der BGH hat darauf hingewiesen,[192] dass die Vorschriften der VOB, soweit sie sachlich mit den Vorschriften des BGB nicht in Widerspruch stehen, einen Anhalt dafür geben, was im Baugewerbe als „üblich" und den Beteiligten zumutbar angesehen werden kann. Im Übrigen ist auch die Abrechnung nach Einheitspreisen im Baugewerbe als „üblich" anzusehen (bestr.; vgl. Rdn. 1493).

1438 Ist eine übliche Vergütung nicht feststellbar, kann der Unternehmer die Höhe des Werklohns nach §§ 315, 316 BGB bestimmen.[193] Das Gericht kann diese Bestimmung nur darauf überprüfen, ob sie **angemessen** (billig) ist.[194] Hierfür trägt der Unternehmer in vollem Umfang die **Darlegungs- und Beweislast**.[195]

---

191) Vgl. *Weber*, NJW 1958, 1710, 1711; *Köderitz*, Bauwirtschaft 1955, 1101, 1124.
192) *Schäfer/Finnern*, Z 2.30 Bl. 3.
193) Vgl. BGH, NZBau 2007, 169; BGH, BauR 1990, 99 = ZfBR 1990, 15 = MDR 1990, 233; s. hierzu grundlegend: *Acker/Gracia-Scholz*, BauR 2002, 550 ff.
194) BGH, *Schäfer/Finnern*, Z 2.30 Bl. 1 = LM Nr. 1 zu § 316 BGB; vgl. auch *Kronke*, AcP 183, 113. *Mantscheff*, Festschrift für Vygen, S. 234, weist allerdings darauf hin, dass der „übliche" und der „angemessene Preis" nicht identisch sein können.
195) BGH, NJW 1969, 1809.

IV. Umfang des Werklohnanspruchs

Übersicht

	Rdn.		Rdn.
1. Allgemeine Grundsätze	1439	aaa) Vertragsgemäße Leistung	1587
a) Nebenleistungen	1444	bbb) Erlangter Wertzuwachs	1589
b) Mehrleistungen/Minderleistungen	1450	bb) Rechtslage ab 1.1.2018	1589a
c) Leistungsänderungen	1453a	cc) Nachweis der Leistung	1590
aa) Anordnungsrecht des Auftraggebers nach BGB	1453a	dd) Zeitlicher Abstand	1591
bb) Anordnungsrecht des Auftraggebers nach VOB/B	1454	ee) Verbrauchervertrag	1592
		ff) Sonstiges	1593
d) Zusätzliche Leistungen	1474	b) Abschlagszahlungen beim VOB-Bauvertrag	1596
e) Leistungen ohne Auftrag	1489		
2. Der Einheitspreisvertrag	1492	c) Allgemeine Grundsätze	1598
3. Der Pauschalpreisvertrag	1514	d) Abschlagszahlungen bei Bauträgerverträgen	1611
a) Allgemeine Grundsätze	1514		
b) Formen des Pauschalvertrages	1525	e) AGB-Regelungen	1620
c) Komplettheitsklauseln	1536	8. Sicherheitsleistungen	1624
d) Anpassung des Pauschalpreises	1540	a) Zweck der Sicherheitsleistung	1639
e) Abrechnung bei Kündigung	1553	b) Art und Umfang der Sicherheitsleistung	1640
4. Der GMP-Vertrag	1562		
5. Stundenlohnvertrag	1570	c) Bürgschaft auf erstes Anfordern	1657
6. Der Selbstkostenerstattungsvertrag	1584	d) Höhe der Sicherheitsleistung	1667
7. Abschlagszahlungen	1585	e) Zeitraum der Sicherheitsleistung	1670
a) Abschlagszahlungen beim BGB-Bauvertrag	1585	9. Umsatzsteuer	1678
aa) Rechtslage bis zum 31.12.1017	1586	10. Skontoabzug	1685
		11. Zinsen	1695

1. Allgemeine Grundsätze

Literatur ab 2000[1]

Dausner, Die Leistungsbeschreibung und VOB – Pflichten des Auftraggebers zur Vermeidung von Schäden an Leitungen, BauR 2001, 713; *Hök*, Das Gesetz über die Bauabzugssteuer und die Auswirkungen auf die Durchsetzung von Werklohnansprüchen, ZfBR 2002, 113; *Wagner*, Bauabzugssteuer und ihre Folgen beim Bauträgervertrag, ZfBR 2002, 322; *Ulbrich*, Gesetz zur Eindämmung illegaler Beschäftigung im Baugewerbe vom 30.8.2001 oder Einführung einer neuen Bauquellensteuer, BauR 2002, 354; *Heiland*, Die Bauabzugsteuer gem. §§ 48 ff. EStG im Bauprozess, NZBau 2002, 413; *Quack*, Bausoll, Risikosphären, originäre Bauherrenpflichten und allerlei „Verträge" – Über einige problematische Begriffsbildungen im privaten Baurecht –, ZfBR 2006, 731; *Sass*, Bausoll, Vertragssoll und der „offene" Inhalt von Bauverträgen, Jahrbuch Baurecht 2007, 35; *Markus*, Bausoll, objektive Auslegung und vorvertragliche (Hinweis-)Pflichten beim Bauvertrag, Festschrift für Kapellmann (2007), 291; *Bröker*, Warum die Verzögerung eines Vergabeverfahrens nur in Ausnahmefällen zu einer Mehrvergütungsforderung führen kann, BauR 2008, 591; *Leitzke*, Vergütungsänderung bei unverändertem Werkerfolg – Versuch einer theoretischen Begründung, BauR 2008, 914; *Fuchs*, Der Dreiklang aus Werkerfolg, Leistungsbeschreibung und Mehrvergütungsanspruch, BauR 2009, 404; *Leupertz*, Die Bedeutung der Kalkulation des Unternehmers für die Fortschreibung von Baupreisen – Eine rechtliche Bestandsaufnahme mit Ausblick, in: Festschrift für Udo Blecken (2011); *Oberhauser*, Preisfortschreibung als „Vergütungsmodell" für geänderte oder zusätzliche Leistungen – sieht das die VOB/B wirklich vor?, BauR 2011, 1547.

---

[1] Literatur vor 2000 siehe 15. Auflage.

Die Höhe des Werklohns richtet sich nach dem von den Parteien **vereinbarten Verrechnungsmodus** und dem Umfang des Auftrags. Daher gehört es zum wesentlichen Klagevorbringen des Auftragnehmers, die Vergütungsvereinbarung nach ihrem materiellen Gehalt im Einzelnen darzulegen. Dabei sind allerdings keine zu hohen Anforderungen an die Substantiierungspflicht des Auftragnehmers zu stellen; erst wenn der Verrechnungsmodus und der Umfang streitig werden, besteht für den Auftragnehmer Anlass, sein Vorbringen hierzu inhaltlich zu konkretisieren und zu ergänzen.[2] Die Geldleistung kann in einer Pauschalsumme bestehen oder sich nach vereinbarten Maßstäben richten, also nach Material, Zeitaufwand, Aufmaß usw.

1439

Dementsprechend kann der Bauvertrag ein

* **Einheitspreisvertrag** (Rdn. 1492 ff.)
* **Pauschalpreisvertrag** (Rdn. 1514 ff.)
* **Stundenlohnvertrag** (Rdn. 1570 ff.)

oder

* **Selbstkostenerstattungsvertrag** (Rdn. 1584 ff.)

sein. Ein Unterfall des Pauschalvertrages ist der **so genannte GMP-Vertrag** (Garantierter Maximal-Preis-Vertrag) – vgl. hierzu Rdn. 1564 ff. Das Werkvertragsrecht des **BGB** kennt diese Vergütungsarten nicht ausdrücklich, lässt aber entsprechende Abreden zu. In der **VOB** sind die vorgenannten Arten einer vertraglichen Vergütungsfestsetzung ausdrücklich geregelt. Möglich ist auch die Vereinbarung von Vergütungsmischformen in einem einheitlichen Bauvertrag. So kann für einen Teil der Leistung ein Pauschalpreis, im Übrigen aber ein Preis nach Leistung und Lieferung zwischen den Parteien vereinbart werden.[3]

Der „**Festpreisvertrag**" ist kein **zusätzlicher** Vertragstyp und dem BGB- wie dem VOB-Werkvertragsrecht an sich unbekannt. Im Einzelfall ist daher sorgfältig zu prüfen, welches Ziel die Vertragsparteien mit einer „Festpreisabrede" verfolgen. Dabei ist zu berücksichtigen, dass Einheitspreise, Pauschalpreise und Stundenlohnsätze stets Festpreise darstellen, eines besonderen Hinweises oder einer Vereinbarung bedarf es nicht. Wollen die Parteien ein „**eigenständiges**" Ziel verfolgen, muss dies zum Ausdruck gebracht werden. Zwar kann man bei der Vereinbarung eines Festpreises in der Regel davon ausgehen, dass Preisanpassungsklauseln (im Sinne von Lohn- und Materialgleitklauseln, vgl. Rdn. 1400 ff.) außer Betracht zu bleiben haben,[4] weil sie dem Wesen des Festpreises widersprechen; allerdings sind nicht ohne weiteres die allgemeinen Preisänderungsmöglichkeiten des § 2 VOB/B ausgeschlossen (zur Abrede „Festpreis zum ...", vgl. Rdn. 1500). Häufig wird der Begriff „Festpreis" nach dem Willen der Vertragsparteien jedoch nur die Bedeutung eines „Pauschalpreises" haben.

1440

Vom Gesamtwerklohn kann der Auftraggeber einen **Sicherheitsbetrag** nur bei einer gesonderten Vereinbarung einbehalten; für den VOB-Vertrag gilt ferner § 17 VOB/B. Bei berechtigtem Sicherheitseinbehalt ist die Klage des Auftragnehmers insoweit als zurzeit unbegründet abzuweisen (vgl. näher Rdn. 1624). Werden Bau-

1441

---
[2] BGH, BauR 1988, 121.
[3] BGH, BauR 1973, 246.
[4] OLG Celle, *Schäfer/Finnern*, Z 2.300 Bl. 33.

leistungen von **mehreren** Miteigentümern, z.B. im Rahmen eines Bauherrenmodells, von diesen oder über einen Baubetreuer vergeben, so haften die **Miteigentümer** den Unternehmern gegenüber grundsätzlich nur **anteilsmäßig** entsprechend ihrer jeweiligen **Miteigentumsanteile**.[5]

1442 Bei der Höhe des geltend gemachten Werklohnanspruches ist die so genannte „**Bauabzugssteuer**" (§§ 48a bis 48d EStG) zu berücksichtigen, die durch das **Gesetz zur Eindämmung illegaler Beschäftigung im Baugewerbe** mit Wirkung vom 1.1.2002 eingeführt wurde.[6] Bei der Bauabzugssteuer handelt es sich um eine Zahlung des Auftraggebers auf eine vom Auftragnehmer zu entrichtende Steuer.[7] Danach hat jeder inländische und ausländische Unternehmer oder jede juristische Person des öffentlichen Rechts als Empfänger einer Bauleistung für diese im Inland 15 % des Werklohns (Bruttopreis) einzubehalten und an das Finanzamt abzuführen. Der Auftraggeber haftet gegenüber dem Finanzamt, wenn er den Abzug zu Unrecht unterlässt und/oder nicht abführt. Von dem entsprechenden Steuerabzug darf der Auftraggeber nur absehen,

* wenn der Unternehmer eine gültige **Freistellungsbescheinigung** vorlegt, die er beim zuständigen Finanzamt beantragen muss[8]
* wenn **Bagatellaufträge** vorliegen (bis zu einem Wert von 5.000 € im Kalenderjahr an den gleichen Unternehmer) sowie bei Leistungen für private Vermieter (bis zu einer jährlichen Wertgrenze von 15.000 €).

1443 Nach allgemeiner Meinung ist der Begriff der Bauleistung weit auszulegen.[9] Die Bauabzugssteuer bezieht sich allerdings **nicht auf Architekten- und Ingenieurleistungen**; das kommt ausnahmsweise nur in Betracht, wenn es sich um Nebenleistungen zu Bauleistungen handelt.[10] Trotz der Verpflichtung des Auftraggebers hinsichtlich der Bauabzugssteuer ist der Unternehmer grundsätzlich berechtigt, den vollen Werklohn gegenüber seinem Auftraggeber geltend zu machen und ggf. einzuklagen, weil die Bauabzugssteuer den Anspruch auf Zahlung des Werklohns unberührt lässt; dies gilt jedoch dann nicht, wenn der Auftraggeber bereits an das Finanzamt gezahlt hat, weil dieser Zahlung Erfüllungswirkung gemäß § 362 Abs. 1 BGB zukommt, es sei denn, für den Auftraggeber (als Leistungsempfänger) war aufgrund der ihm zum Zeitpunkt der Zahlung bekannten Umstände eindeutig erkennbar, dass eine Verpflichtung zum Steuerabzug nicht bestand.[11] Es ist jetzt schon abzusehen, dass das Gesetz zur Eindämmung der Schwarzarbeit im Baugewerbe eine Fülle zivilrechtlicher Probleme aufwerfen wird, die das Vertragsver-

---

[5] BGH, NJW 1980, 992 = BauR 1980, 262 = DB 1980, 2127; s. auch Rdn. **1098**.
[6] BGBl. I, S. 2267; vgl. hierzu insbesondere *Ulbrich*, BauR 2002, 354; *Wagner*, ZfBR 2002, 322; *Hök*, ZfBR 2002, 113; *Heiland*, NZBau 2002, 413; *Ortlieb*, NZBau 2002, 416; *Wirth/Broocks*, Festschrift für Jagenburg, S. 1057.
[7] Bezüglich europarechtlicher Bedenken gegen die Bauabzugssteuer vgl. *Peter*, IBR 2006, 659.
[8] BGH, BauR 2005, 1311 = IBR 2005, 411 – *Wolff*. Vgl. hierzu: FG Berlin, NZBau 2002, 228 (zum Anspruch auf Erteilung der Freistellungsbescheinigung durch den Unternehmer).
[9] Für viele: *Hök*, ZfBR 2002, 113.
[10] BGH, BauR 2005, 1658. Zur Bauabzugssteuer und ihren Folgen beim Bauträgervertrag vgl. *Wagner*, ZfBR 2002, 322.
[11] BGH, BauR 2005, 1311 = IBR 2005, 411 – *Wolff*; OLG München IBR 2005, 137 – *Schulze-Hagen*. Vgl. hierzu LG Cottbus, BauR 2002, 1703; *Hök*, ZfBR 2002, 113, 114 m. Hinw. auf BGH, BauR 2001, 1906 = NJW-RR 2002, 591 u. OLG Dresden, OLGR 1999, 242.

hältnis zwischen Auftraggeber und Auftragnehmer in vielfältiger Hinsicht belasten wird[12] (vgl. näher Rdn. 1299).

a) Nebenleistungen

Literatur

Lange, Bauschuttentsorgung: Ein unlösbares bauvertragsrechtliches Dauerproblem?, BauR 1994, 187.

1444 Mit dem vereinbarten Werklohn werden alle Leistungen abgegolten, die nach der Baubeschreibung der Leistung innerhalb des Bauvertrages, unter Umständen auch nach den Besonderen Vertragsbedingungen, den Allgemeinen Technischen Vertragsbedingungen, den Zusätzlichen Technischen Vertragsbedingungen und der gewerblichen Verkehrssitte zur vertraglichen Leistung gehören; § 2 Abs. 1 VOB/B spricht dies für den VOB-Bauvertrag nochmals ausdrücklich aus.[13]

1445 In den **Allgemeinen Technischen Vertragsbedingungen für Bauleistungen (ATV) DIN 18 299**[14] sind die Nebenleistungen im Abschnitt 4 genannt. Hier werden **nichtvergütungspflichtige Nebenleistungen** im Rahmen eines Katalogs aufgezählt, die in der Regel bei Bauarbeiten auftreten. Die unter 4.1 genannten nichtvergütungspflichtigen Nebenleistungen (wie z.B. das Einrichten und Räumen der Baustelle einschließlich der Geräte und dergleichen, das Vorhalten der Baustelleneinrichtung einschließlich der Geräte und dergleichen, Messungen für das Ausführen und Abrechnen der Arbeiten usw.) stellen keinen abschließenden Katalog dar, was durch die Formulierung „insbesondere" deutlich wird.[15] In den ATV der DIN 18 300 ff. sind dann weitere nichtvergütungspflichtige Nebenleistungen auf-

---

12) Vgl. *Hök*, a.a.O., mit der Erörterung der Frage der möglichen Aufrechnung mit Gegenforderungen, der Inanspruchnahme von Erfüllungsbürgschaften und des Rückgriffsanspruches des Auftraggebers bei seinem Auftragnehmer, wenn er an den Unternehmer die volle Summe bezahlt hat und anschließend die nicht einbehaltene Steuer an das Finanzamt zahlen muss.
13) Vgl. hierzu insbesondere BGH, BauR 2002, 935 mit Anm. von *Keldungs*, *Quack* und *Asam*, BauR 2002, 1247 ff.; ferner: OLG Köln, NJW-RR 1992, 1437 = OLGR 1992, 295 (Stahlkonstruktion zur zeitweiligen statischen Unterstützung des Bauwerks ist nicht bloße Nebenleistung mit der Folge, dass die dazu nötigen Ausführungen gesondert zu vergüten sind). OLG Celle, BauR 2005, 722 (Nichtvergütungspflichtige Nebenleistung: Übernahme der Kosten der erforderlichen **Prüfung** und **Abnahme** bei Verpflichtung eines Bauunternehmers, die Traggerüste für das Bauwerk und eine Behelfsbrücke einschließlich erforderlicher Gründung nach statischen, konstruktiven und sicherheits- sowie verkehrstechnischen Erfordernissen herzustellen).
14) Allgemeine Regelungen für Bauarbeiten jeder Art, DIN 18299 (Ausgabe Okt. 2006). Vgl. hierzu *Gessner/Jaeger*, Festschrift für Kraus, S. 41 ff.
15) Vgl. hierzu Ziffer 2.2. 1 der Hinweise zur ATV DIN 18299: „Nebenleistungen im Sinne des Abschnitts 4.1 setzen voraus, dass sie für die vertragliche Leistung des Auftragnehmers erforderlich werden. Sie können in den ATV nicht abschließend aufgezählt werden, weil der Umfang der gewerblichen Verkehrssitte nicht für alle Einzelfälle umfassend und verbindlich estimmt werden kann. Abschnitt 4.1 trägt dem durch die Verwendung des Begriffs ‚insbesondere'Rechnung. Damit wird zugleich verdeutlicht, dass die Aufzählung die wesentlichen Nebenleistungen umfasst und Ergänzungen lediglich in Betracht kommen können, soweit sich dies für den Einzelfall aus der gewerblichen Verkehrssitte ergibt. Eine Nebenleistung im Sinne des Abschnittes 0.4.1 bleibt auch dann Nebenleistung, wenn sie besonders umfangreich und kostenintensiv ist …"

geführt, die sich bei den entsprechenden speziellen Bauleistungen ergeben und ebenfalls durch den vereinbarten Preis mit abgegolten sind.[16] Vereinbaren die Parteien eines Bauvertrages, dass „alle Baustelleneinrichtungen und Nebenleistungen, die nicht im Leistungsverzeichnis besonders aufgeführt sind, in die Einheitspreise einzukalkulieren sind", kann nach Auffassung des OLG Dresden[17] der Auftragnehmer keine zusätzliche Vergütung für solche Leistungen verlangen, die nach den Vorschriften der VOB/C gesondert zu vergüten sind. Das OLG Dresden hält eine solche Regelung im unternehmerischen Geschäftsverkehr für zulässig.

1446 Nichtvergütungspflichtige Nebenleistungen können sich auch aus einer **Branchenüblichkeit** bzw. der Verkehrssitte ergeben. So können z.B. **An- und Abfahrtskosten** oder Transportkosten von Baustoffen/Bauteilen[18] grundsätzlich nur bei kleineren Werkleistungen, insbesondere Reparaturarbeiten, dem Auftraggeber in Rechnung gestellt werden; bei Werkleistungen über einen Zeitraum von mehreren Wochen oder Monaten ist allerdings die Berechnung der An- und Abfahrtszeiten in der Baubranche grundsätzlich nicht üblich, da sie in aller Regel zum Gegenstand der Preiskalkulation des Unternehmers gemacht wurden.[19] Das OLG Naumburg hat auch zu Recht darauf verwiesen, dass es dem Werkunternehmer als Nebenpflicht des Werkvertrages obliegt, das Eigentum des Auftraggebers vor Schaden zu bewahren und alle zumutbaren Vorkehrungen zum Schutz des Eigentums des Auftraggebers vor Beschädigung und Zerstörung zu treffen; er hat daher schon in seinem Angebot die geeigneten Sicherungsmaßnahmen einzukalkulieren und diese – wenn sie sich dem Angebot nicht als gesonderte Position entnehmen lassen – ggf. unentgeltlich zu erbringen.[20] Nach zutreffender Auffassung des BGH[21] trägt der Unternehmer nach allgemeinen werkvertraglichen Grundsätzen nicht das Risiko für die Kosten eines von der Baugenehmigungsbehörde angeforderten Baugrundgutachtens.

1447 Da die DIN-Normen allgemein gültig sind und da sie der gewerblichen Verkehrssitte entsprechen, sind sie grundsätzlich auch beim **BGB-Bauvertrag** bei der Abrechnung heranzuziehen.[22] Sind nach den DIN-Vorschriften der VOB/C bestimmte Leistungen **gesondert als Zulagen** abzurechnen,[23] so kann dieses Recht vertraglich ausgeschlossen werden. Ein solcher Ausschluss liegt z.B. vor, wenn die vereinbarten Einheitspreise erkennbar die vollständige fertige Arbeit einschließlich

---

16) Vgl. hierzu *Grauvogl*, Jahrbuch Baurecht 1998, 315, 326; ferner: *Marbach*, ZfBR 1989, 2, 4; LG München I, BauR 1991, 225 u. OLG München, BauR 1987, 554 = NJW-RR 1987, 661 (Herstellen und Schließen von **Schlitzen** bei Betonarbeiten); OLG Hamm, BauR 1994, 374 = NJW-RR 1994, 531; OLG Düsseldorf, BauR 1997, 1051 = NJW-RR 1997, 1378 (**Gerüste** beim Detail-Pauschalvertrag).
17) IBR 2012, 67 – *Gross*.
18) OLG Braunschweig, NZBau 2016, 358.
19) OLG Düsseldorf, OLGR 1997, 159; AG Königstein, NJW-RR 1998, 49.
20) BauR 2003, 910.
21) BauR 2006, 2040 = NZBau 2006, 777 = IBR 2006, 606 – *Vogel*.
22) Ebenso: OLG Saarbrücken, BauR 2000, 1332; *Schmidt*, BlGBW 1969, 186, 188 u. *MünchKomm-Busche*, § 631 BGB, Rn. 115.
23) Vgl. hierzu BGH, IBR 2014, 328 – *Bolz*; OLG Düsseldorf, BauR 1999, 412 = NJW-RR 1999, 313 (**Bohrungen** zur Befestigung von Konsolen und Halterungen für Heizungsanlagen als Zusatzleistungen); BauR 1997, 1051 = NJW-RR 1997, 1378 = OLGR 1998, 51 (**Gerüststellung** bei Dachdeckerarbeiten).

Nebenleistungen

aller Neben- und Zulageleistungen abgelten sollen. Dies gilt vor allem, wenn dem Auftraggeber daran gelegen war, ein Angebot mit Einheitspreisen zu erhalten, die die kompletten Arbeiten abgelten („fix und fertige Arbeit").[24]

Nebenleistungen, die aufgrund der vorerwähnten DIN-Vorschriften an sich nicht vergütungspflichtig sind, müssen bezahlt werden, wenn dies zwischen den Parteien **ausdrücklich** vereinbart worden ist.[25] Eine entsprechende Klausel in **AGB** ist allerdings wegen eines Verstoßes gegen § 307 BGB unwirksam.[26] Dasselbe gilt, wenn ein Auftraggeber seinem Auftragnehmer in AGB die Verpflichtung auferlegt, Leistungen zu erbringen, die nicht sog. **„nichtvergütungspflichtige Nebenleistungen"** darstellen:[27] z.B. die Pflicht, den **Bauschutt** anderer Auftragnehmer ohne besondere Vergütung zu beseitigen, oder die Pflicht, ohne besondere Vergütung über die eigene Nutzungsdauer hinaus **Gerüste** für die Nachfolgegewerke zu stellen und umzubauen; ferner auf Verlangen des Auftraggebers kostenlos **Musterstücke** herzustellen, notwendige Arbeitsgerüste über 4 m hinaus ohne Mehrkosten vorzuhalten oder im Rahmen von Abbrucharbeiten den **Abtransport** inklusive eventueller **Kippgebühren** kostenfrei zu übernehmen;[28] schließlich die Pflicht des Rohbauunternehmers, ohne besondere Vergütung das **Bauwerk** vor Schlüsselübergabe **besenrein zu reinigen** und die Gehsteige, Straßenflächen und das Grundstück wieder in einen ordnungsgemäßen Zustand zu versetzen.[29] **1448**

Auch eine Klausel in den Geschäftsbedingungen eines Auftraggebers für Aufträge an Bauhandwerker, wonach bei **Verschmutzungen** durch Bauschutt, die von mehreren Bauhandwerkern verursacht worden sind, diese Bauhandwerker sich der **Aufschlüsselung der Beseitigungskosten durch den Auftraggeber** unterwerfen, ist unwirksam.[30] Dasselbe gilt, soweit mit einer Schuttbeseitigungsklausel[31] das Recht des Auftraggebers begründet werden soll, den Schutt durch Dritte beseitigen zu lassen, auch wenn der Auftragnehmer mit der Beseitigung (noch) nicht in Verzug gekommen ist.[32] Nach Auffassung des OLG Stuttgart[33] verstößt die Bestimmung, dass Nebenleistungen, die nicht nach den Bestimmungen der VOB/C im Leistungsumfang der Hauptleistung enthalten sind, sondern zusätzlich zu handwerksüblichen Stundensätzen und eventuellem Materialaufwand auf Nachweis in Rechnung gestellt werden, gegen das aus § 305 Abs. 2 Nr. 2 BGB folgende Verständlichkeitsgebot. **1449**

Eine Allgemeine Geschäftsbedingung in einem Bauvertrag, nach der der Rohbauunternehmer die Baustelle insgesamt mit Bauwasser, Baustrom und Sanitäranlagen zu versorgen und diese Einrichtungen allen am Bau Beteiligten zur Mitbenutzung zu überlassen hat, ihm aber für die Mitbenutzung durch die Drittunternehmer ein Entgelt zustehen soll, ist nach Auffassung des OLG Celle[34] unwirksam.

---

24) OLG Köln, BauR 1991, 615.
25) OLG Celle, BauR 1999, 494 = OLGR 1999, 298.
26) *Keldungs*, in: Ingenstau/Korbion, § 2 Abs. 1, Rn. 12.
27) OLG München, BauR 1987, 554 = NJW-RR 1987, 661.
28) LG München, BauR 1993, 254 (LS).
29) Vgl. dazu OLG München, NJW-RR 1987, 661 u. NJW-RR 1986, 383.
30) OLG Rostock, OLGR Ost 31/2010, Anm. 1; OLG München, NJW-RR 1989, 276; BGH, BauR 1997, 1036 = NJW-RR 1997, 1513 = ZfBR 1998, 35 (Nichtannahmebeschluss zu OLG Hamburg, *SFH*, Nr. 10 zu § 3 AGB-Gesetz); LG Offenburg, NJW-RR 1999, 603.
31) Vgl. hierzu KG, KGR 1999, 145 (Containerkosten); LG Frankfurt, BauR 2001, 636 und *Lange*, BauR 1994, 187.
32) OLG Koblenz, BauR 1992, 635. Vgl. hierzu OLG Rostock, BauR 2010, 1079.
33) NJW-RR 1988, 786 (zu § 2 Abs. 1 Nr. 2 AGB-Gesetz).
34) BauR 2004, 1955 = IBR 2004, 555 – *Schwenker*.

Der BGH[35] hält eine Klausel in AGB, wonach dem Auftragnehmer für **anteilige Baureinigung** 0,5 % von der Schlusssumme in Abzug gebracht werden, für unwirksam, weil sie den Klauselgegner unangemessen benachteilige; die Klausel belaste nämlich den Auftragnehmer in Höhe des pauschalen Abzugs mit der Verantwortlichkeit für Abfall, unabhängig davon, ob er Abfall verursacht und nicht beseitigt hat. Nach Auffassung des BGH unterliegt eine solche Klausel über die pauschale Vergütung für Baureinigung als Preisnebenabrede der Inhaltskontrolle der §§ 305 ff. BGB, weil sie die Erstattung von Mängelbeseitigungskosten i.S.d. § 633 Abs. 3 BGB a.F. oder einen Anspruch auf Ersatz der Mängelbeseitigungskosten nach § 635 BGB a.F. regelt. Dagegen sieht der BGH[36] in einer Klausel in AGB, wonach der Auftraggeber eine Bauwesenversicherung abschließt und die anteilige Prämie mit einem bestimmten Promillesatz von der Schlusssumme in Abzug bringt, keine Preisnebenabrede, sodass sie auch nicht der Inhaltskontrolle der §§ 305 ff. BGB unterfallen, weil eine solche Regelung nicht „zu einer verdeckten Erhöhung oder Verbilligung der eigentlichen Vergütung für die Werkleistung" führe, sondern „lediglich eine Verrechnung der rechtlich voneinander unabhängigen Forderung des Unternehmers auf Werklohn und des Bestellers auf Vergütung der Geschäftsbesorgung" ermögliche.

Dagegen ist nach Auffassung des OLG Karlsruhe[37], eine so genannte **Umlageklausel** in Allgemeinen Geschäftsbedingungen eines Auftraggebers über den pauschalen Abzug von Kosten der Baustellenversorgung und -entsorgung sowie einer Bauleistungsversicherung grundsätzlich wirksam (z.B. pauschaler Abzug in Höhe von 1,4 % für die Baustellenversorgung und -entsorgung sowie ein Abzug von 0,14 % für den Abschluss einer Bauleistungsversicherung). Anders sieht es das OLG Hamm[38]; ebenso: OLG Stuttgart[39]: Danach ist eine **Umlageklausel**, in der der Auftragnehmer verpflichtet wird, für nach dem Vertrag nicht geschuldete Baunebenleistungen (wie allgemeine Versorgung der Baustelle mit Wasser und Strom, allgemeine Baureinigung und allgemeine Baubewachung) einen Beitrag zu zahlen hat, wegen Verstoßes gegen § 307 BGB unwirksam, „wenn sie so formuliert ist, dass sie den Anschein erweckt, der Auftragnehmer zahle für vertraglich geschuldete Leistungen und werde durch die Zahlung der Umlage von seinen Leistungspflichten befreit."

Wird in einem vom Auftraggeber vorformulierten Bauvertrag mit einem Dachdecker als Vertragsgrundlage auf die VOB/C verwiesen, wonach **Gerüste** bis zu einer Höhe von 2 m als Nebenleistungen in die Preise einzukalkulieren sind, so ist eine daneben in den umfangreichen „Zusätzlichen Technischen Vorschriften" (ZTV) enthaltene Klausel, nach der der Dachdecker ein Gerüst in jeder erforderlichen Höhe (in diesem Fall 8 m) als Nebenleistung ohne besondere Vergütung zu stellen hat, gemäß §§ 305c, 307 BGB unwirksam.[40]

b) Mehrleistungen/Minderleistungen

Literatur

Moufang/Kupjetz, Zur rechtlichen Bindungswirkung von abgeschlossenen Nachtragsvereinbarungen, BauR 2002, 1629; *Oppler*, Zur Bindungswirkung von Nachtragsvereinbarungen, Festschrift für Kraus (2003), 169; *Anker/Klingenfuß*, Kann das praktische Erforderliche stets wirksam vereinbart werden? – Unkonventionelles zu § 1 Nr. 3 und Nr. 4 VOB/B, BauR 2005, 1377; *Drittler*, Berechnung neuer Einheitspreise nach § 2 Nr. 3 VOB/B, zugleich Vorschläge für Revision von § 2 Nr. 3 VOB/B, BauR 2005, 307; *Leupertz*, Der Anspruch des Unternehmers auf Bezahlung unbestellter Bauleistungen beim BGB-Bauvertrag, BauR 2005, 775; *Kaufmann*, Die Unwirksamkeit der Nachtragsklauseln der VOB nach §§ 305 ff. BGB, Jahrbuch Baurecht 2006, 35; *Peters*,

---

35) BauR 2000, 1756 (zum AGB-Gesetz) = NJW 2000, 3348 = NZBau 2000, 466 = ZfBR 2000, 546 = MDR 2000, 1312; ferner OLG Frankfurt, BauR 2005, 1939.
36) A.a.O.
37) BauR 1995, 113.
38) BauR 1997, 660 = NJW-RR 1997, 1042.
39) BauR 1998, 408 (LS) = NJW-RR 1998, 312. Ähnlich OLG Hamburg, IBR 2017, 183 – *Bolz*.
40) OLG Celle, OLGR 1995, 21.

Nachforderungen am Bau, NJW 2008, 2949; *Kniffka*, Ist die VOB/B eine sichere Grundlage für Nachträge, Festschrift für Iwan (2010), S. 207; *Achilles*, Irrungen der Nachtragspreisbildung, in: Festschrift für Iwan (2010), S. 25 ff.; *Kimmich*, Die Behandlung entfallener Leistungen beim VOB/B-Vertrag, BauR 2011, 171; *Schottke/Friedrichkeit*, Allgemeingültiger Lösungsansatz für den standardisierten Nachweis der Anspruchshöhe bei Nachträgen, BauR 2011, 413; *Oberhauser*, Preisfortschreibung als „Vergütungsmodell" für geänderte oder zusätzliche Leistungen – sieht das die VOB/B wirklich vor?, BauR 2011, 1547; *Steffens/Hofmann*, Vertragsgegenstand vs. Geschäftsgrundlage – Preisanpassungsanspruch bei unerwarteten Umständen, BauR 2012, 1; *Franz*, Nachtragskalkulation in Zukunft – das Ende der Preisfortschreibung, BauR 2012, 380; *Althaus*, Analyse der Preisfortschreibung in Theorie und Praxis, BauR 2012, 359; *Miernik*, Wirkt sich eine Änderung der anerkannten Regeln der Technik auf die Vergütung des Werkunternehmers aus?, BauR 2012, 151; *Althaus*, Preisfortschreibung von Baustellengemeinkosten bei Kalkulation mit vorbestimmten Zuschlägen, BauR 2012, 1841; *Franz/Althaus/Oberhauser/Berner*, Zuschläge für Allgemeine Geschäftskosten bei der Berechnung der Vergütung für geänderte und zusätzliche Leistungen auf der Basis von tatsächlich erforderlichen Kosten, BauR 2015, 1221.

1450 Nachträge aufgrund von Mehrleistungen des Auftragnehmers sind in der Baupraxis keine Besonderheit. Auftragnehmer betreiben – insbesondere bei größeren Bauvorhaben – insoweit sogar vielfach ein eigenes **„Nachtragsmanagement"**, um so etwaige Mehrleistungen gegenüber der vertraglich geschuldeten Bauleistung frühzeitig festzustellen, im Einzelnen zum Nachweis festzuhalten und möglichst noch während des Bauvorhabens gegenüber dem Auftraggeber durchzusetzen. Dabei kommt es fast regelmäßig zu unterschiedlichen Auffassungen der Vertragsparteien, sodass Nachtragsforderungen häufig Gegenstand von Bauprozessen sind.

Will der Auftragnehmer dem Auftraggeber **Mehrleistungen** in Rechnung stellen und erfolgreich durchsetzen, muss er sie im Einzelnen **darlegen und beweisen**. Der Umfang seiner Darlegungs- und Beweislast richtet sich nach der Art des Vergütungssatzes (Einheitspreis, Pauschalpreis, Stundenlohnsatz, Selbstkostenerstattungsbetrag). Stets ist dabei von dem gegenüber dem Auftraggeber vertraglich geschuldeten **Bausoll** auszugehen. Anhand der vertraglichen Unterlagen (Leistungsbeschreibung/Leistungsverzeichnis, Vergabeprotokoll, Planungsunterlagen und sonstige Zeichnungen, Statikerunterlagen, Bodengutachten[41] usw.) ist das geschuldete Bausoll bei der Beurteilung von Nachtragsforderungen zu ermitteln.

Ergibt die Auslegung des Vertrages, dass die Leistung, für die eine Mehrvergütung verlangt wird, bereits Gegenstand der ursprünglichen vertraglichen Vereinbarung war, ist der Mehrvergütungsanspruch unbegründet.[42] Kann nicht aufgeklärt werden, ob die Ausführung einer bestimmten Leistung vom ursprünglichen Auftrag nicht umfasst und deshalb zusätzlich zu vergüten ist oder ob sie z.B. der Beseitigung von Mängeln vor Abnahme gedient hat, geht diese Unklarheit nach Auffassung des OLG Naumburg[43] zu Lasten des Auftragnehmers. Die Berechtigung einer Mehrvergütungsforderung des Nachunternehmers hängt nicht davon ab, ob der Hauptunternehmer diese bei seinem Auftraggeber durchsetzen kann.[44] Vgl. zu Unklarheiten innerhalb der Vertragsunterlagen bzw. zu einer mangelhaften

---

41) Zu Nachträgen bei verändertem Baugrund: *Vygen*, Jahrbuch Baurecht 1999, 46 ff., sowie *Kapellmann*, Jahrbuch Baurecht 1999, 1 ff.
42) BGH, NJW-RR 2011, 378.
43) IBR 2013, 138 – *Fuchs*.
44) OLG Saarbrücken, NJW-RR 2011, 745.

Ausschreibung (unvollständige und unrichtige Leistungsbeschreibung) im Einzelnen näher Rdn. 1417 ff.

Beim **VOB-Bauvertrag** sind folgende Vorschriften bei der Geltendmachung von **Mehrleistungen/Minderleistungen** zu berücksichtigen:

1451
* § 2 Abs. 3 VOB/B (Mengenabweichungen beim Einheitspreisvertrag, s. Rdn. 1502),
* § 2 Abs. 4 VOB/B (spätere Übernahme von Leistungen durch den Auftraggeber, s. Rdn. 1508 ff.),
* § 2 Abs. 5 VOB/B (Änderung des Bauentwurfs oder andere Anordnungen, s. Rdn. 1454),
* § 2 Abs. 6 VOB/B (Vergütung für zusätzliche Leistungen, s. Rdn. 1474) sowie
* § 2 Abs. 8 VOB/B (Vergütung für nicht bestellte Leistungen, s. Rdn. 1489 ff.).

Beim **BGB-Bauvertrag** können Abweichungen von der vereinbarten Bauleistung im Einzelfall über

* § 632 BGB,
* die Grundsätze der Störung der Geschäftsgrundlage, § 313 BGB (vgl. Rdn. 2956 ff.),
* der Geschäftsführung ohne Auftrag, §§ 677 ff. BGB (vgl. Rdn. 2409 ff.)[45] sowie
* der ungerechtfertigten Bereicherung, §§ 812 ff. BGB (vgl. Rdn. 2415 ff.)

abgerechnet werden; beim VOB-Bauvertrag ist ein Rückgriff hierauf nicht möglich, soweit die VOB eine Regelung in den vorgenannten Vorschriften trifft.

Soweit in **AGB oder Formularverträgen** eines Auftraggebers die Klausel enthalten ist, dass bei Wegfall von Teilleistungen (Mengen oder ganze Positionen) kein Ausgleich erfolgt, ist eine solche Bestimmung unwirksam.

1452 Ob bei der Baubeauftragung von **Nebenangeboten**[46] und **Änderungsvorschlägen** Ansprüche aus § 2 Abs. 3, § 2 Abs. 5 sowie § 2 Abs. 6 VOB/B geltend gemacht werden können, wird von der Ausgestaltung des Änderungsvorschlages bzw. des Nebenangebotes des Bieters abhängen.[47]

1453 Nach der zutreffenden Auffassung des OLG Düsseldorf[48] ist eine Klausel in den AGB des Auftraggebers unwirksam, wenn Mehrleistungen nicht vergütet werden, wenn sie nicht schriftlich bestellt worden sind, weil darin eine unangemessene Benachteiligung des Auftragnehmers zu sehen ist. Im Übrigen ist der Auftraggeber verpflichtet, sich mit einer substantiiert berechneten Mehrvergütungsforderung des Auftragnehmers im Einzelnen auseinanderzusetzen; hier genügt es nicht, die Mehrkosten lediglich zu bestreiten oder auf ein anderes Angebot zu verweisen.[49]

---

45) Vgl. hierzu *Leupertz*, BauR 2005, 775 ff.
46) Vgl. im Einzelnen *Schalk*, Handbuch Nebenangebote, 2009. Zu Baunebenangeboten mit Pauschalvergütung vgl. *Gehlen*, NZBau 2002, 660.
47) Vgl. hierzu *Marbach*, Festschrift für Vygen, S. 241, 246, der entsprechende Ansprüche grundsätzlich bejaht.
48) IBR 1998, 421.
49) OLG Saarbrücken, NJW-RR 2011, 745.

Leistungsänderungen   Rdn. 1453

Zu **weiteren Preisklauseln** vergleiche im Einzelnen Rdn. 1400.

Zur Überschreitung eines **unverbindlichen Kostenvoranschlages** s. Rdn. 1743 ff. Bezüglich gestellter **Nachträge** und **etwaiger Mehrkosten** durch eine verlängerte Bauzeit vgl. Rdn. 2339.

c) Leistungsänderungen

Literatur

Reister, Nachträge beim Bauvertrag, 2. Auflage, 2008.

Literatur ab 2000[50]

Marbach, Der Anspruch des Auftragnehmers auf Vergütung der Kosten der Bearbeitung von Nachtragsforderungen im VOB-Bauvertrag, Festschrift für Jagenburg (2002), 539; *Kniffka*, Das Baugrundrisiko in der Rechtsprechung des Bundesgerichtshofs, Centrum für Deutsches und Internationales Baugrund- und Tiefbaurecht, Jahresband 2002, 21; *Stassen/Grams*, Zur Kooperationspflicht des Auftragnehmers gemäß § 2 Nr. 5 VOB/B 2002 bei Mehrkosten, BauR 2003, 943; *Quack*, Interimsvereinbarungen zu streitigen Nachträgen, ZfBR 2004, 211; *Thode*, Nachträge wegen gestörten Bauablaufs im VOB/B-Vertrag, ZfBR 2004, 214; *Gross/Biermann*, Abwehr und Durchsetzung von Nachträgen, BauRB 2004, 239; *Usselmann*, Nachträge in der Ausgleichsberechnung richtig berücksichtigen, BauR 2004, 1217; *Bruns*, Schluss mit einseitigen Änderungen des Bauentwurfs nach § 1 Nr. 3 VOB/B? ZfBR 2005, 525; *Roquette/Laumann*, Dichter Nebel bei Bauzeitclaims, BauR 2005, 1829; *Vygen*, Leistungsverweigerungsrecht des Auftragnehmers bei Änderungen des Bauentwurfes gemäß § 1 Nr. 3 VOB/B oder Anordnung von zusätzlichen Leistungen gemäß § 1 Nr. 4 VOB/B?, BauR 2005, 431; *Breyer*, Ein Lösungsvorschlag zur Behandlung von Anordnungen des Auftraggebers zur Bauzeit, BauR 2006, 1222; *Niemöller*, Der Mehrvergütungsanspruch für Bauzeitverlängerung durch Leistungsänderungen und/oder Zusatzleistungen beim VOB/B-Vertrag, BauR 2006, 170; *Wirth/Würfele*, Bauzeitverzögerung: Mehrvergütung gemäß § 2 Nr. 5 VOB/B oder Schadensersatz gemäß § 6 Nr. 6 VOB/B, Jahrbuch Baurecht 2006, 190; *Zanner*, Kann der AG durch Anordnung gemäß § 1 Nr. 3 VOB/B nicht nur Leistungsinhalte sondern auch die Bauzeit einseitig ändern?, BauR 2006, 177; *Genschow*, Vergütungs- oder Schadensersatzansprüche bei Anordnung zur Bauzeit – eine Zwischenbilanz, Jahrbuch Baurecht 2007, 151; *Markus*, Ein Vorschlag zur Anpassung von § 2 Nr. 5, Nr. 6 VOB/B an das gesetzliche Leitbild des § 649 S. 2 BGB, Jahrbuch Baurecht 2007, 215; *Althaus*, Änderungen des Bauentwurfs und nicht vereinbarte Leistungen: Überlegungen zum Verhältnis zu § 1 Nr. 3 und Nr. 4 Satz 1 VOB/B, ZfBR 2007, 411; *Bruns*, Bauzeit als Rechtsproblem, ZfIR, 2006, 153 u. 235; *Zanner*, Die Bauzeitüberschreitung als Sachmangel beim Bauvertrag, Baumanagement und Bauökonomie, S. 325; *Roquette*, Der Streit um des Kaisers Bart – Sind Bauzeitenclaims noch justiziabel?, Baumanagement und Bauökonomie (2007), 305; *Oberhauser*, Was darf der Auftraggeber nach § 1 Nr. 3 VOB/B anordnen?, Festschrift für Ganten (2007), 189; *Quack*, Methodische Überlegungen als Gegenstand der Inhaltskontrolle der Nachtragstatbestände der VOB (§ 1 Nr. 3 und 4, § 2 Nr. 5 und 6 VOB/B), Festschrift für Ganten (2007), 211; *H.B. Ulbrich/S. Ulbrich*, „Änderungen des Bauentwurfs" und andere „zusätzliche Leistungen", Festschrift für Ganten (2007), 227; *Krebs/Schuller*, Die „Kosten der Nachtragsbearbeitung" bei bauzeitbezogenen Ansprüchen BauR 2007, 636; *Duve/Richter*, Vergütung für die Bearbeitung von Nachträgen, BauR 2007, 1490; *Kapellmann*, Nachtragsvergütung für den Einsatz eigener Mitarbeiter; Jahrbuch Baurecht 2008, 139; *Schwenker*, Auswirkungen von Änderungsanordnungen auf Fristen, Vertragsstrafen und Sicherheiten, BauR 2008, 175; *Kraft/Schmuck*, Ermittlung der Vergütung von geänderten Bauleistungen, BauR 2008, 204; *Leitzke*, Vergütungsänderung bei unverändertem Werkerfolg – Versuch einer theoretischen Begründung, BauR 2008, 914; *Thode*, Änderungsbefugnis des Bauherrn in § 1 Nr. 3 VOB/B – Anwendungsvoraussetzungen und Reichweite – Eine dogmatische Standortbestimmung, BauR 2008, 155; *Kapellmann*, Sittenwidrige Höhe einer einzelnen Nachtragsposition?, NJW 2009, 1380; *Eschenbruch*, Bestandskräftige Nachtragsvereinbarungen dem Grunde und der Höhe nach – bei

---

50) Literatur vor 2000 siehe 15. Auflage.

einem VOB/B-Vertrag –, BauR 2010, 995; *Leitzke,* Neuer Preis nach § 2 Nr. 5 VOB/B und Vertragskalkulation – Ein notwendiger Zusammenhang?, Festschrift für Koeble (2010), S. 37; *Achilles,* Irrungen der Nachtragspreisbildung, in: Festschrift für Iwan (2010), S. 25 ff.; *Duve/Rach,* Die Abgrenzung einer Leistungsänderung nach § 1 Abs. 3, § 2 Abs. 5 VOB/B von einer freien Teilkündigung nach § 8 Abs. 1 VOB/B, BauR 2010, 1842; *Leupertz,* Die Bedeutung der Kalkulation des Unternehmers für die Fortschreibung von Baupreisen – Eine rechtliche Bestandsaufnahme mit Ausblick, in: Festschrift für Blecken (2011); *Oberhauser,* Preisfortschreibung als „Vergütungsmodell" für geänderte oder zusätzliche Leistungen – sieht das die VOB/B wirklich vor?, BauR 2011, 1547; *Althaus,* Analyse der Preisfortschreibung in Theorie und Praxis, BauR 2012, 359; *Franz,* Nachtragskalkulation in Zukunft – das Ende der Preisfortschreibung, BauR 2012, 380; *Mertens,* Nachtragsbearbeitungskosten: „Dauerbrenner" in der Baupraxis, NZBau 2012, 529; *Holzapfel/Dahmen,* Abschied vom Baugrundrisiko, BauR 2012, 1015; *Merkens,* Nachtragsbearbeitungskosten: „Dauerbrenner" in der Baupraxis, NZBau 2012, 529; *Leupertz,* Die Beschaffenheit des Baugrundes als Rechtsproblem bei der Abwicklung von Bauverträgen, Jahrbuch Baurecht 2013, 1; *Joussen,* Mehrvergütungsansprüche bei geänderten Baugrundverhältnissen – Zum Vorrang der Auslegung, NZBau 201, 465; *Jahn/Klein,* Nachtragsbearbeitungskosten als Direkte Kosten beim VOB/B-Vertrag, NZBau 2013, 473; *Kandel,* Grundzüge zur Neuberechnung der Vergütung: § 2 Abs. 5 VOB/B und die Bezugsposition, NZBau 2013, 356; *Bolz,* Führen andere Baugrundverhältnisse zu einer Störung der Geschäftsgrundlage, ZfBR 2014, 419; *Franz/Althaus/Oberhauser/Berner,* Zuschläge für Allgemeine Geschäftskosten bei der Berechnung der Vergütung für geänderte und zusätzliche Leistungen auf der Basis von tatsächlich erforderlichen Kosten, BauR 2015, 1221; *Englert,* Baugrundrisiko: Schimäre oder Realität beim (Tief-)Bauen, NZBau 2016, 131; *Reichert,* Die heilige Kuh: Das Anordnungsrecht gem. § 1 Abs. 3 VOB/B und die Nachtragsvergütung gem. § 2 Abs. 5 VOB/B – AGB – rechtswidrig und unwirksam? BauR 2015, 1549; *Kornet,* Die Behandlung von AGK in gestörten Bauabläufen, BauR 2016, 1386; *Schramkel/Keilmann,* Das Anordnungsrecht des Bestellers und der Streit um die Vergütung, NZBau 2016, 333; *Orlowski,* Das neue Anordnungsrecht des Bestellers, BauR 2017, 1427.

aa) Anordnungsrecht des Auftraggebers nach BGB

1453a Im Gegensatz zur VOB/B (§ 1 Nr. 3 u. 4, vgl. Rdn. 1454 u. 1476 ff.) kannte das BGB-Werkvertragsrecht kein **Anordnungsrecht des Auftraggebers**. Das hat sich mit dem neuen Werkvertragsrecht 2018 geändert.

Mit **§ 650b BGB** wird dem **Auftraggeber** ausdrücklich ein **Anordnungsrecht zugebilligt**, das zur Folge hat, dass sich die Leistungspflicht des Auftragnehmers verändert. Das Anordnungsrecht betrifft nach § 650b Abs. 1 Nr. 1 u. 2 BGB

* sowohl die **Änderung des vereinbarten Werkerfolges**
* als auch eine **Änderung**, die zur Erreichung des Werkerfolges **notwendig** ist.

§ 650c BGB regelt die wichtige Frage der **Höhe des Vergütungsanspruchs**, der sich aus einer Anordnung des Auftraggebers im vorerwähnten Sinne bei vermehrtem oder vermindertem Aufwand ergibt. Das neue Anordnungsrecht des BGB gilt auch für Architekten- und Ingenieurverträge sowie Verbraucherbauverträge, nicht dagegen für Bauträgerverträge (§ 650u Abs. 2 BGB).

Der neue § 650b BGB ist auf dem Prinzip des Konsenses der Vertragsparteien aufgebaut.[51] Um diese Einigung zu erleichtern, stellt **§ 650b BGB Rahmenbedingungen** für Anordnungen und deren Vergütung auf:

---

51) Kritisch hierzu *Schramke/Keilmann,* NZBau 2016, 333 ff., 336 („zu kompliziert und praktisch nur bedingt handhabbar"). Vgl. im Einzelnen zum neuen Anordnungsrecht *Orlowski,* BauR 2017, 1427 ff.

Leistungsänderungen

1453b * Gem. § 650b Abs. 1 S. 1 BGB sollen sich die Vertragsparteien zunächst bemühen, **Einvernehmen über die Änderung** und die infolge der Änderung zu leistende **Mehr- oder Mindervergütung** zu erzielen, was sich allerdings bereits aus dem allgemeinen Kooperationsgebot für beide Vertragsparteien ergibt.

** Insoweit wird der **Auftragnehmer** zunächst verpflichtet, ein **Angebot über die Mehr- oder Mindervergütung** zu erstellen (§ 650b Abs. 1 S. 2 BGB). Das gilt jedoch im Falle der ersten Alternative („Änderung des vereinbarten Werkerfolges") nur dann, wenn dem **Auftragnehmer die Änderung zumutbar** ist (Zumutbarkeitskriterien: Technische Möglichkeiten, Ausstattung und Qualifikation des Auftragnehmers).[52] Macht der **Auftragnehmer**, „**betriebsinterne Vorgänge**" für die **Unzumutbarkeit der Änderung** im Sinne des § 650b Abs. 1 BGB geltend, trifft ihn die **Beweislast** hierfür.

** Trägt der **Auftraggeber die Verantwortung für die Planung** des Bauwerks oder die Außenanlage, ist der Auftragnehmer **nur dann zur Erstellung** eines **Angebots** über die Mehr- oder Mindervergütung **verpflichtet**, wenn der Auftraggeber die für die Änderung erforderliche **Planung vorgenommen** und **dem Auftragnehmer zur Verfügung gestellt** hat (§ 650b Abs. 1 S. 3 BGB). Begehrt der Auftraggeber (nur) eine Änderung nach S. 1 Nr. 2 (Änderung, die zur Erreichung des vereinbarten Werkerfolges notwendig ist") und umfasst die Leistungspflicht des Auftragnehmers auch die Planung des Bauwerks oder der Außenanlage, streben die Vertragsparteien nur Einvernehmen über die Änderung an; S. 2 dieses Absatzes findet in diesem Fall keine Anwendung.

* Führen die Vertragsparteien Verhandlungen über eine Einigung, gilt diese spätestens **30 Tage nach Zugang des Angebotes** nach Abs. 1 S. 2 beim Auftragnehmer **als nicht erzielt**.

1453c * Erzielen die Vertragsparteien **keine Einigung**, kann der **Auftraggeber** die Änderung **schriftlich anordnen**. Der Auftragnehmer ist dann verpflichtet, der Anordnung des Auftraggebers nachzukommen, einer Anordnung nach Abs. 1 S. 1 Nr. 1 („Änderung des vereinbarten Werkerfolges") jedoch nur, wenn ihm die **Ausführung zumutbar** ist. Abs. 1 S. 3 (Auftraggeber trägt Verantwortung für die Planung – siehe oben) gilt insoweit entsprechend.

* Gemäß § 650d BGB n.F. ist es zum Erlass einer einstweiligen Verfügung in Streitigkeiten über das Anordnungsrecht gemäß § 650b BGB n.F. oder die Vergütungsanpassung gemäß § 650c BGB n.F. nach Beginn der Ausführung nicht erforderlich, dass der Verfügungsgrund glaubhaft gemacht wird.

§ 650b BGB **verzichtet auf ein Leistungsverweigerungsrecht** des Auftragnehmers, bis sich die Vertragsparteien über die Zumutbarkeit geeinigt haben oder eine gerichtliche Entscheidung vorliegt; dieses Leistungsverweigerungsrecht war nicht im Referentenentwurf vorgesehen.[53] Ob der Auftraggeber unter den erwähnten Vorzeichen berechtigt ist, **Anordnungen zur Bauzeit** zu erteilen, ist von dem **Gesetzgeber offengelassen** worden, obwohl diese Frage bei § 1 Abs. 3 VOB/B für den VOB-Bauvertrag sehr umstritten ist (vgl. hierzu Rdn. 1457 ff.) und im Referentenentwurf eine solche Anordnung ebenfalls vorgesehen war.[54]

---

52) Begründung BT-Drucksache 18/8486, S. 53.
53) *Schramke/Keilmann*, a.a.O., S. 337.
54) Vgl. hierzu *Schramke/Keilmann*, a.a.O.

§ 650b BGB wirft viele Fragen auf. Schramke/Keilmann[55] haben diese offenen Fragen wie folgt zusammengefasst:

> „Nicht eindeutig geregelt ist, ob das Anordnungsrecht auch dann greift, wenn Streit besteht, ob eine Leistung bereits zum ursprünglich vereinbarten Leistungsumfang gehört. Zudem wirft die Regelung die Frage auf, wann genau das Anordnungsrecht des Bestellers entstehen soll. Soll ein Einigungsversuch zwingende Voraussetzung für das Bestehen des Anordnungsrechts sein? Welche Anforderungen sind an einen solchen Einigungsversuch zu stellen? Ist hierzu auch erforderlich, dass der Unternehmer ein Angebot vorlegt bzw. hierzu aufgefordert wurde? Wie lange muss der Auftraggeber auf ein Angebot warten?"

1453d § 650c BGB regelt die **Vergütung**, wenn sich die Vertragsparteien über die Höhe gemäß § 650b Abs. 2 BGB nicht einigen können. Dabei gilt Folgendes:

* Der Vergütungsanspruch nach Abs. 1 des § 650c BGB ist für einen vermehrten oder verminderten Aufwand **„nach den tatsächlich erforderlichen Kosten** mit angemessenen Zuschlägen für allgemeine Geschäftskosten, Wagnis und Gewinn zu ermitteln".
* Dabei **kann der Auftragnehmer** „auf **die Ansätze in einer vereinbarungsgemäß hinterlegten Urkalkulation** zurückgreifen". Grundsätzlich wird in diesem Zusammenhang vermutet, dass die auf Basis der Urkalkulation fortgeschriebene Vergütung der Vergütung nach Abs. 1 entspricht (§ 650c Abs. 2 BGB).
* Abs. 3 des § 650c BGB regelt die entsprechende Berechnung der Vergütung für Abschlagszahlungen (§ 632a BGB).

1453e Es ist davon auszugehen, dass die neuen Vorschriften der §§ 650a–d BGB **gesetzliche Leitbilder** enthalten, sodass sie in **AGB nicht abgeändert** werden können.

bb) Anordnungsrecht des Auftraggebers nach VOB/B

1454 Beim **VOB-Bauvertrag** ist der Auftraggeber berechtigt, Änderungen des Bauentwurfes anzuordnen (§ 1 Abs. 3 VOB/B).[56] Darunter werden nicht nur rein planerische Änderungen (z.B. von Ausführungsplänen oder Werkstattzeichnungen) verstanden, sondern auch Änderungen der Leistungsinhalte, wie sie sich in der Leistungsbeschreibung, dem Leistungsverzeichnis oder sonstigen (auch zeichnerischen) Unterlagen dokumentieren.[57] Eine Neuplanung/Neuanfertigung mit völlig neuen Leistungsinhalten wird von § 1 Abs. 3 VOB/B nicht erfasst. Eine solche Regelung im Sinne einer einseitigen Leistungsänderung durch den Auftraggeber kennt das **BGB** nicht, sodass hier für eine entsprechende Änderung eine Einigung der Vertragsparteien grundsätzlich erforderlich ist.[58]

---

[55] A.a.O.
[56] Vgl. hierzu *Thode*, BauR 2008, 155; *Keldungs*, in: Ingenstau/Korbion, § 1 Abs. 3/B, Rn. 1 ff. u. *Nicklisch/Weick*, § 1 Rn. 23 ff. (auch zur Anwendbarkeit des § 315 BGB in Rn. 30a). Kritisch zur Wirksamkeit des § 1 Nr. 3 VOB/B *Kaufmann*, Jahrbuch Baurecht 2006, 35, 48; *Vygen*, BauR 2002, Sonderheft 11a, S. 23; *Anker/Klingenfuß*, BauR 2005, 1377; *Bruns*, ZfBR 2006, 525.
[57] *Nicklisch/Weick*, § 1 Rn. 25; vgl. ferner OLG Hamm, BauR 2001, 1594 (Unzumutbarkeit für den Auftragnehmer als Grenze des Anordnungsrechtes).
[58] *Keldungs*, in: Ingenstau/Korbion, § 1 Abs. 3/B, Rn. 3, wollen die Regelung des § 1 Abs. 3 VOB/B auch auf den BGB-Bauvertrag entsprechend anwenden, wobei insoweit die Grenzen des § 1 Abs. 4 VOB/B gelten sollen.

Leistungsänderungen

Für den Fall, dass durch **Änderung des Bauentwurfes**[59] oder **andere Anordnungen**[60] **des Bauherrn** die Grundlagen des Werklohnes für eine im Bauvertrag vorgesehene Leistung geändert werden, gilt für den VOB-Bauvertrag § 2 Abs. 5; danach ist ein neuer Preis unter Berücksichtigung der Mehr- oder Minderkosten – möglichst vor Ausführung der Leistungen – zu vereinbaren.[61]

Der Begriff der **Leistungsänderung** ist nicht engherzig auszulegen: Hierunter fallen nicht nur Veränderungen im Leistungsbeschrieb eines Leistungsverzeichnisses, sondern auch solche Maßnahmen, die sich auf die Art und Weise der Durchführung der vertraglich vereinbarten Bauleistung beziehen.[62] Unbeachtlich ist, dass die Änderung des Bauentwurfs durch behördliche Auflagen oder Anordnungen veranlasst wird.[63] § 2 Abs. 5 VOB/B findet **keine Anwendung**, wenn die geänderte Leistung bereits **vom bestehenden vertraglichen Leistungsumfang umfasst** ist; dazu gehört insbesondere der Fall, dass der vertraglich geschuldete Erfolg nicht ohne die Leistungsänderung (z.B. bei erkennbar unvollständigem Leistungsverzeichnis) zu erreichen ist.[64] Dasselbe gilt grundsätzlich für den Fall reiner Massenänderungen (dann § 2 Abs. 3 VOB/B) oder bloßer Erschwernisse innerhalb der vertraglich vorgesehenen Leistung.[65]

1455

Bestritten ist, ob unter den Begriff „andere Anordnung" im Sinne des § 2 Abs. 5 VOB/B auch eine Anordnung des Auftraggebers **zur Bauzeit** fällt, wobei zu berücksichtigen ist, dass § 1 Abs. 3 VOB/B im Gegensatz zu der vorgenannten

1456

---

59) Hierzu: BGH, BauR 2009, 1724 (Änderung der Bodenverhältnisse entsprechend eines zum Leistungsumfang erhobenen Bodengutachtens; entsprechend der Anordnung des Auftraggebers) = IBR 2009, 630 – *Schalk*; OLG Braunschweig, BauR 2001, 1739, 174; ferner: *Thode*, BauR 2008, 155, Weyer, BauR 1990, 138 sowie Schulze-Hagen, Festschrift für Soergel, S. 259, 263 ff.

60) Vgl. hierzu: BGH, BauR 1992, 759 = NJW-RR 1992, 1046 = ZfBR 1992, 149 (LS): Anordnungen müssen für den Auftragnehmer eindeutig als Vertragserklärung verpflichtend sein; OLG Düsseldorf, BauR 2015, 494; BauR 1991, 219; NJW-RR 1992, 529 (keine stillschweigende Anordnung bei Unkenntnis der kostenerhöhenden Umstände); LG Aachen, BauR 1986, 698.

61) Vgl. hierzu OLG Düsseldorf, BauR 1991, 219; *Schmidt*, a.a.O., S. 191; *Prange*, DB 1981, 2477; *Groß*, Festschrift für Soergel, S. 59.

62) BGH, DB 1969, 1058; BGH, BauR 1987, 683 = ZfBR 1987, 237 (Änderung von Großflächenschalung zu aufwendigerer Kleinschalung); OLG Frankfurt, BauR 2000, 1062 (Abböschung statt Verbau); OLG Düsseldorf, NJW-RR 1999, 1326 = OLGR 1999, 441 (Mehrpreis bei unterschiedlichen Ausführungsmöglichkeiten – Verfugung durch Einschlemmen oder Handverfugen); OLG Köln, BauR 1998, 1096 („Sonderfarben" als Änderung des Bau-Solls bei Ausschreibung „Farbton nach Wahl des Auftraggebers") m.Anm. *Jagenburg*; OLG Düsseldorf, BauR 1996, 267 (Straßenbauarbeiten: Abweichende Verkehrsführung gegenüber der zunächst vertraglich vorgesehenen; vgl. hierzu auch Beck'scher VOB-Komm/*Jansen*, B § 2 Nr. 5, Rn. 7 (abweichende Bodenverhältnisse/Bodenklassen oder nicht bekannte Hindernisse im Boden als Fall von § 2 Nr. 5 VOB/B). *Thode*, BauR 2008, 155, 158 engt den Begriff der Leistungsänderung demgegenüber stark ein: Nach seiner Auffassung erstreckt sich das Änderungsrecht gem. § 1 Abs. 3 VOB/B nur „auf die vereinbarte Leistung des Auftragnehmers und nicht auf Modalitäten der Leistungserbringung", die in der Literatur üblicherweise als Bauumstände bezeichnet werden (wie z.B. die vereinbarte Bauzeit). Zur Frage, ob § 2 Abs. 5 bei Ausführung von Bedarfs- oder Eventualpositionen bzw. Wahl- oder Alternativpositionen zur Anwendung kommt, vgl. *Vygen/Schubert/Lang*, Rn. 188.

63) OLG Düsseldorf, BauR 1996, 267; OLG Stuttgart, *Schäfer/Finnern*, Z 2.310 Bl. 15.

64) BGH, NJW-RR 1992, 1046 = BauR 1992, 759; OLG München, IBR 2007, 13 (Standsicherheitsnachweis gehört zur Errichtung einer Spundwand zur Sicherung einer Baugrube und zum Schutz eines Nachbarbaugrundstückes).

65) Vgl. hierzu Beck'scher VOB-Komm/*Jansen*, B § 2 Nr. 5, Rn. 7 ff.

Vorschrift nur davon spricht, dass es dem Auftraggeber vorbehalten ist, „Änderungen zum Bauentwurf" anzuordnen.[66] Würde man die Ausgangsfrage verneinen, stünde dem Auftragnehmer bei Anordnungen des Auftraggebers zur Bauzeit nur ein verschuldensabhängiger Anspruch aus § 6 Abs. 6 VOB/B bzw. ein Entschädigungsanspruch aus § 642 BGB zu.

1457 Thode[67] hat zu der Abgrenzung von § 2 Abs. 5 VOB/B einerseits und § 6 Abs. 6 VOB/B andererseits eine umfangreiche Diskussion entfacht. Nach herrschender Meinung umfasst § 1 Abs. 3 VOB/B nicht das Recht des Auftraggebers zur Änderung der Bauzeit.[68] Im Anschluss hieran stellt sich aber die Frage, ob eine Anordnung des Auftraggebers zur Bauzeit dennoch zu einem Vergütungsanspruch nach § 2 Abs. 5 VOB/B führt. Das wird von der herrschenden Meinung[69] angenommen. Zanner[70], Wirth/Würfele[71], Vygen[72] und Kniffka[73] vertreten demgegenüber die Auffassung, dass dem Auftraggeber ein einseitiges Anordnungsrecht aus § 1 Abs. 3 und 4 VOB/B zusteht und sich der Vergütungsanspruch aus § 2 Abs. 5 VOB/B ergibt, wobei allerdings die Grenze des Anordnungsrechtes durch den Grundsatz von Treu und Glauben nach § 242 BGB bestimmt ist. Thode[74] – und ihm folgend das OLG Hamm[75] – ist wiederum der Meinung, dass § 1 Abs. 3 sowie § 2 Abs. 5 VOB/B keine Bauzeitanordnung des Auftraggebers zulassen, sodass bei einer einseitigen Anordnung für den Auftragnehmer nur der Weg zu einem Schadensersatzanspruch nach § 6 Abs. 6 VOB/B eröffnet ist, der aber ein Verschulden des Auftraggebers erfordert.

---

66) Zum Meinungsstand vgl. *Thode*, BauR 2008, 155, *Oberhäuser*, BauR 2010, 308, 311 sowie *Roquette/Viering/Leupertz*, Rn. 669 ff.
67) ZfBR 2004, 214.
68) Beck'scher VOB-Komm/*Jansen*, B § 2 Nr. 5, Rn. 15; *Oberhauser*, Festschrift für Ganten, S. 189; *Kapellmann/Schiffers*, Bd. 1, Rn. 800; *v. Rintelen*, in: Kapellmann/Messerschmidt, § 1/B, Rn. 57 sowie *Kapellmann*, in: Kapellmann/Messerschmidt, § 6/B, Rn. 57; *Thode*, ZfBR 2004, 214 und BauR 2008, 115; ebenso schon *Wagner*, BauR 1990, 138. A.A.: *Keldungs*, in: Ingenstau/Korbion, § 1/B Nr. 3, Rn. 7. Zum Meinungsstand vgl. im Einzelnen *Markus*, NZBau 2006, 537; *Bruns*, ZfIR 2006, 153, 156; *Roquette*, in Baumanagement und Bauökologie (2007), 305; *Zanner*, BauR 2006, 177; *Niemöller*, BauR 2006, 170; *Genschow*, Jahrbuch Baurecht 2007, 151; *Wirth/Würfele*, Jahrbuch Baurecht 2006, 119; *Breyer*, BauR 2006, 1222 plädiert für die Anwendung des § 1 Nr. 4 VOB/B. Im Rahmen der VOB/B-Novelle 2006 war zunächst vorgesehen, § 1 Nr. 3 VOB/B ausdrücklich um eine Anordnungsbefugnis des Auftraggebers zur Bauzeit zu erweitern. Das ist dann aber aufgrund eines Beschlusses des Hauptausschusses des DVA (Deutscher Vergabe- und Vertragsausschuss für Bauleistungen) nicht erfolgt. Siehe hierzu im Einzelnen *Markus*, NZBau 2006, 537.
69) OLG Hamm, BauR 2013, 956. *Keldungs*, in: Ingenstau/Korbion, § 2/B Abs. 5, Rn. 20; *Schoofs*, in: Leinemann, § 2 VOB/B, Rn. 184 ff.; Beck'scher VOB-Komm/*Jansen*, B § 2 Nr. 5 Rn. 20; *Kapellmann/Schiffers*, Bd. 1, Rn. 800; *v. Rintelen*, in: Kapellmann/Messerschmidt, § 1/B, Rn. 57 sowie *Kapellmann*, in: Kapellmann/Messerschmidt, § 6/B, Rn. 57; ferner *Niemöller*, BauR 2006, 170, 176 (allerdings differenzierend); *Roquette*, Jahrbuch Baurecht 2002, 33; *Kemper*, NZBau 2001, 238; *Diehr*, BauR 2001, 1507.
70) BauR 2006, 177.
71) Jahrbuch Baurecht 2006, 119, 148.
72) BauR 2006, 166, 169.
73) IBR-online-Kommentar Bauvertragsrecht, § 631, Rn. 377 (Stand: 21.12.2006) mit Hinweisen auf die (ältere) BGH-Rechtsprechung.
74) ZfBR 2004, 214 und BauR 2008, 155.
75) BauR 2006, 1480 = NZBau 2006, 180. Anders jetzt IBR 2013, 136 – *Esch*.

Leistungsänderungen

1458 Es kann dahingestellt bleiben, ob § 1 Abs. 3 VOB/B dem Auftraggeber ausdrücklich das Recht einräumt, Anordnungen zur Bauzeit zu erteilen. Dem widerspricht wohl der Wortlaut. Die Argumente, insbesondere von Zanner[76], für ein solches Recht des Auftraggebers, haben jedoch erhebliches Gewicht. Nicht einzusehen ist aber, dass dem Auftragnehmer bei einer solchen (vertragsgerechten oder vertragswidrigen) Anordnung des Auftraggebers zur Bauzeit ein entsprechender Vergütungsanspruch nicht zustehen soll, der nicht vom Verschulden des Auftraggebers abhängig ist. Insoweit bietet sich nur § 2 Abs. 5 VOB/B mit seinem klaren Wortlaut („andere Anordnungen") an.[77] Markus[78] weist zutreffend darauf hin, dass, „wenn schon eine vertragsgemäße Anordnung zu einem Vergütungsanspruch nach § 2 Abs. 5 VOB/B führen kann, dies erst recht für eine vertragswidrige Anordnung gelten muss". Nur der Weg über § 2 Abs. 5 VOB/B führt in diesem Zusammenhang zu einem interessengerechten Ergebnis, worauf insbesondere Vygen[79] zu Recht verweist. Im Übrigen wird in aller Regel eine konkludente Vertragsänderung in Betracht kommen, wenn der Auftragnehmer einer Anordnung des Auftraggebers zur Bauzeit folgt,[80] sodass § 2 Abs. 5 VOB/B unmittelbar anwendbar ist. Ansprüche aus § 2 Abs. 5 sowie § 6 Abs. 6 VOB/B stehen daher dem Auftragnehmer bei einer Anordnung zur Bauzeit zur freien Wahl, wenn ihre Voraussetzungen jeweils gegeben sind.[81]

1459 Diese Auffassung wird auch von der bisherigen Rechtsprechung[82] geteilt, die als Anspruchsgrundlage stets § 2 Abs. 5 VOB/B unmittelbar herangezogen hat, ohne sich mit dem Verhältnis dieser Vorschrift zu § 1 Abs. 3 VOB/B auseinanderzusetzen.

Eine zusätzliche Vergütung kommt aber insoweit nur dann in Betracht, wenn die veränderte Bauzeit auf **eine Anordnung des Auftraggebers** zurückzuführen ist, die sowohl ausdrücklich als auch durch schlüssiges Verhalten[83] möglich ist. Das OLG Düsseldorf[84] verlangt insoweit zu Recht „im Ausgangspunkt einseitige Maßnahmen des **Auftraggebers** oder seines dazu berechtigten Vertreters" und damit ein Verhalten des Auftraggebers, das **seinem Risikobereich zuzurechnen** ist; eine Anordnung liegt deshalb noch nicht „in Fällen der **Nichtbefolgung** von **Mitwirkungspflichten durch Unterlassen**" vor.[85] Das bewusste Unterlassen einer

---

[76] BauR 2006, 177.
[77] So auch Beck'scher VOB-Komm/*Jansen*, B § 2 Nr. 5, Rn. 20. Vgl. hierzu auch OLG Celle, IBR 2009, 505 – *Schwenker*.
[78] NZBau 2006, 537, 539.
[79] BauR 2006, 166, 169.
[80] So zutreffend *Wirth/Würfele*, Jahrbuch Baurecht 2006, 119, 162.
[81] So ebenfalls ausdrücklich *Kapellmann/Schiffers*, Bd. 1, Rn. 800; *Wirth/Würfele*, Jahrbuch Baurecht 2006, 119, 164.
[82] BGH, BauR 1985, 561; BauR 2009, 650, 653; OLG Hamm, IBR 2013, 136 – *Esch*; OLG Celle, BauR 2009, 1591 = OLGR 2009, 797 = NJW-Spezial 2009, 541; KG, BauR 2009, 650; OLG Frankfurt, NJW-RR 1997, 84; OLG Düsseldorf, BauR 1996, 115 = NJW-RR 1996, 730; LG Köln, BauR 2000, 1076; OLG Braunschweig, BauR 2001, 1739, 1741.
[83] Vgl. hierzu OLG Düsseldorf, BauR 2012, 84; OLG Köln, IBR 2004, 301 – *Schliemann*.
[84] BauR 1996, 115, 116 = NJW-RR 1996, 730; ebenso: *Vygen*, BauR 1984, 414 u. Rn. 790 ff.
[85] OLG Düsseldorf, a.a.O.; ähnlich: OLG Celle, BauR 1995, 552 (fehlende Mitwirkung des Auftraggebers bei der Baugenehmigung) sowie OLG Hamm, BauR 1998, 132 = NJW-RR 1998, 598.

Anordnung kann jedoch, wenn es einen Anspruch aus § 2 Abs. 5 VOB/B verhindern soll, im Einzelfall treuwidrig sein.[86] Das KG[87] verneint in diesem Zusammenhang die Anwendung des § 2 Abs. 5 VOB/B, wenn der Bauvertrag „Leistungen auf Abruf" vorsieht und die Abrufe schneller – als nach der Gesamtlaufzeit zu erwarten war – erfolgen. Ändert der Unternehmer selbst die mit dem Auftraggeber vereinbarte Ausführung einer Bauleistung, kann er hierfür keine Vergütung verlangen.[88] Ein rein passives Verhalten des Auftraggebers stellt in der Regel nach Auffassung des OLG Düsseldorf[89] keine Anordnung dar, selbst wenn eine Pflicht des Auftraggebers zum Handeln bestand.

1460 Als „andere Anordnungen" im Sinne des § 2 Abs. 5 VOB/B kommen – neben der zeitlichen Verschiebung der Bauausführung – z.B. in Betracht:

* Sämtliche Anordnungen hinsichtlich der Art und Weise der Bauausführung, die das Bau-Soll verändern[90]
* Änderung der räumlichen Bedingungen und der Reihenfolge der ausführenden Arbeiten[91]
* Verzögerte Vorarbeiten durch mangelhafte Koordination des AG[92]
* Planungsänderungen (auch geänderte Detailpläne oder Werkstattpläne)
* Änderungen aufgrund von behördlichen Auflagen
* Vom Prüfingenieur geforderte Änderungen
* Anordnung, die Aushubarbeiten trotz einer anderen als der ausgeschriebenen Bodenklasse auszuführen[93] (Baugrundrisiko des Auftraggebers)
* Anordnung des AG bezüglich des Stillstands der Bauarbeiten nach gerichtlich angeordnetem Baustopp[94]
* Freigabe einer von den Vertragsunterlagen abweichenden auftragnehmerseitigen Fertigungsliste, wenn Auftraggeber sachkundig vertreten ist[95]

1461 Nach ganz herrschender Meinung trägt grundsätzlich der Bauherr als Eigentümer des Grundstücks das **Baugrundrisiko**.[96] Das wird aus § 645 BGB gefolgert: Der Baugrund gilt als „**Stoff**", den der Auftraggeber dem Auftragnehmer „zu lie-

---

86) Vgl. hierzu Beck'scher VOB-Komm/*Jansen*, B § 2 Nr. 5, Rn. 24.
87) BauR 2001, 407 = NZBau 2000, 516.
88) OLG Braunschweig, OLGR 2007, 181 = IBR 2007, 122 – *Hebel*.
89) BauR 2012, 84.
90) OLG Köln, OLGR 2004, 92.
91) *Nicklisch/Weick*, § 2, Rn. 61.
92) Nicht dagegen **mangelhafte Vorleistungen** anderer Unternehmer, weil der Auftraggeber dies grundsätzlich nicht im Sinne des § 278 BGB zu vertreten hat; vgl. hierzu: LG Köln, BauR 2000, 1076, 1077; OLG Celle, BauR 1994, 629; *Nicklisch/Weick*, a.a.O.; *Kniffka/Koeble*, 6. Teil, Rn. 117.
93) Vgl. hierzu KG, BauR 2006, 111; ferner *Keldungs*, in: Ingenstau/Korbion, § 2 Abs. 5/B, Rn. 11.
94) OLG Naumburg, BauR 2012, 255 = NJW-RR 2011, 1389 = IBR 2011, 626.
95) OLG Düsseldorf, IBR 2012, 632 – *Bowmann*.
96) OLG München, IBR 2015, 114 – *Vogelheim* (insbesondere bei unklarer Erkenntnissituation über die Verhältnisse im Boden); OLG Naumburg, IBR 2014, 738 – *Stein* (Auffinden von Wasser für das Bohren eines Brunnens). Vgl. hierzu *Leupertz*, Die Beschaffenheit des Baugrundes als Rechtsproblem bei der Abwicklung von Bauverträgen, Jahrbuch Baurecht 2013, 1, der ein besonderes „Baugrundrisiko" grundsätzlich ablehnt. Ferner *Joussen*, NZBau 2013, 465. Vgl. hierzu *Englert*, NZBau 2016, 131.

fern" hat.[97] Deshalb wird das Baugrundrisiko in den Fällen, in denen etwaige (gegenüber dem Bauvertrag unvorhergesehene) Erschwernisse für beide Vertragsparteien nicht erkennbar waren, der **Sphäre des Auftraggebers (Sphärentheorie**[98]**)** **zugewiesen**.[99] Den Bauunternehmer trifft daher auch keine allgemeine Prüfungspflicht hinsichtlich des Baugrundes,[100] wenn kein Anlass besteht, die Angaben des Auftraggebers in Zweifel zu ziehen.[101] Nach DIN 18300 Abschnitt 4.2.9 sind bei Erdarbeiten bodenwasser- und bodenmechanische Untersuchungen einschließlich Wasserstandsmessungen besonders zu vergütende Leistungen. Allerdings kann das Baugrundrisiko – wie sonstige Risiken[102] – auch dem Auftragnehmer übertragen werden.[103] Das gilt allerdings nur für Individualabsprachen, nicht aber in AGB.[104] Da dies eine ungewöhnliche Abrede darstellt, ist jeweils im Einzelfall zu prüfen, ob eine solche Verlagerung des Baugrundrisikos tatsächlich von den Vertragsparteien vereinbart worden ist (vgl. auch Rdn. 1420, 1986 sowie 2613 ff.).

Findet der Auftragnehmer tatsächlich andere als in der Baubeschreibung (oder in dem beigefügten Bodengutachten[105]) genannte **Bodenverhältnisse** vor, hat er nach herrschender Meinung einen Vergütungsanspruch beim VOB-Bauvertrag gemäß § 2 Abs. 5 VOB/B[106], beim BGB-Bauvertrag nach den Grundsätzen der Änderung der Geschäftsgrundlage.[107] Voraussetzung ist aber, dass die Erschwernisse durch den tatsächlich vorgefundenen Baugrund für den Auftragnehmer nicht erkennbar waren.[108]

Bei alledem ist stets die Regelung im Bauvertrag maßgeblich: der Auftraggeber hat also nicht stets für die Beschaffenheit des Baugrundes einzustehen.[109]

---

97) OLG Koblenz, IBR 2013, 730 – *Jansen*.
98) Vgl. hierzu *Palandt/Sprau*, § 645 BGB, Rn. 9; *Keldungs*, in: Ingenstau/Korbion, § 2 Abs. 1 VOB/B, Rn. 13 ff.
99) OLG Jena, IBR 2015, 541 – *Parbs-Neumann*; OLG Frankfurt, BauR 2010, 1639; OLG Brandenburg, NZBau 2009, 181; *Englert*, BauR 1991, 537 m.w.N.; *Merkens* in: Messerschmidt/Voit, § 645 BGB, Rn. 8; vgl. hierzu ferner *Englert*, in: Englert/Motzke/Wirth, § 645 BGB, Rn. 26 ff. sowie in: Festschrift für Koeble, S. 1; kritisch zum Baugrundrisiko *Holzapfel/Dahmen*, BauR 2012, 1015.
100) OLG Jena, IBR 2015, 541 – *Parbs-Neumann*.
101) *Merkens* in: Messerschmidt/Voit, § 645 BGB, Rn. 8 u. 64, 65.
102) BGH, BauR 1997, 162 = NJW 1997, 61.
103) OLG Jena, IBR 2012, 566 – *Rosse*; KG, IBR 2012, 695 – *Kues*; *Keldungs*, in: Ingenstau/Korbion, § 2 Abs. 1, Rn. 13; *Kuffer*, NZBau 2006, 1, 6.
104) Vgl. hierzu KG, BauR 2013, 134 (LS) sowie *Keldungs*, in: Ingenstau/Korbion, § 2 Abs. 1 VOB/B, Rn. 17.
105) BGH, IBR 2009, 630 – *Schalk*.
106) Nach *Joussen*, NZBau 2013, 465, 468 kommt als Anspruchsgrundlage auch § 2 Abs. 8 Nr. 2, 3 VOB/B in Betracht, wenn der Auftraggeber nicht einmal Kenntnis von den geänderten Bodenverhältnissen hat und der Auftragnehmer von sich aus seine Arbeiten daran anpasst, weil es in diesen Fällen an einer Anordnung stets fehlt.
107) OLG Brandenburg, NZBau 2009, 181, 182; KG, BauR 2006, 111. Vgl. hierzu insbesondere *Joussen*, NZBau 2013, 465, 467 sowie *Bolz*, ZfBR 2014, 419.
108) OLG Celle, IBR 2014, 330 – *Bolz*; OLG Jena, BauR 2003, 714 = IBR 2003, 122 – *Schwenker*; OLG Koblenz, BauR 2001, 1442 = NJW-RR 2001, 1671 = NZBau 2001, 633; *Vygen/Joussen*, Rn. 1937; **a.A.**: *Englert*, BauR 1991, 537, 541 (§ 2 Abs. 6 VOB/B).
109) OLG München, IBR 2015, 345 – *Vogelheim*.

Werden die in verschiedenen Einzelpositionen eines **detaillierten** Leistungsverzeichnisses unterstellten **Vortriebsklassen** des Baugrundes insgesamt pauschal angeboten, ohne nach Vortriebsklassen zu unterscheiden, übernimmt der Auftragnehmer dadurch das Risiko der Mengen unterschiedlicher Vortriebsklassen, jedenfalls soweit sie ausgeschrieben waren.[110] Daher muss grundsätzlich ein Hinweis auf eine **Kontaminierung** des zum Aushub und zur Weiterverwendung vorgesehenen Bodens seitens des Auftraggebers erfolgen[111], soweit sich dies nicht aus den Umständen ergibt (vgl. zum Baugrundrisiko auch Rdn. 1420).[112] Den **Auftragnehmer** trifft im Übrigen die **Darlegungs- und Beweislast** dafür, dass der vorgefundene Baugrund nicht den Ausschreibungsunterlagen entspricht und daher Mehrleistungen notwendig waren.[113]

1462 Eine **Anordnung** im Sinne von § 2 Abs. 5 VOB/B muss stets **eindeutig** verpflichtend sein und ein dem **Auftraggeber zurechenbares Verhalten** – im Sinne einer einseitigen Einwirkung auf den Auftragnehmer – darstellen.[114] Es bedarf also einer rechtsgeschäftlichen Erklärung des Auftraggebers, die im Einzelfall auch schlüssig erfolgen kann.[115] Darunter fallen keine unverbindlichen Vorschläge oder Wünsche des Auftraggebers.[116] Die Anordnung muss aber nicht stets ausdrücklich, sondern kann auch **konkludent** erfolgen.[117] § 2 Abs. 5 VOB/B ist auch anwendbar, wenn mit der Ausführung der zunächst vereinbarten Leistung zur Zeit des Änderungsverlangens des Auftraggebers noch nicht begonnen wurde. Ändert der Auftraggeber durch seine Anordnung die zunächst vertraglich vorgesehene Leistung in der Weise, dass sie durch eine andere ersetzt wird, kann der Auftragnehmer – nach einer zutreffenden Entscheidung des OLG Celle[118] – Aufwendungen, die er für die entfallene Leistung bereits hatte, in entsprechender Anwendung des § 8 Abs. 1 VOB/B ersetzt verlangen.

1463 Stets muss es sich aber um eine **Änderung der Preisermittlungsgrundlagen** handeln.[119] Das gilt auch für einen vereinbarten Pauschalpreis.[120] Preisgrundlagenänderungen bei einer von mehreren vorgesehenen Bauleistungen geben nur

---

110) KG, IBR 2012, 10 – *Schalk*. Vgl. hierzu auch OLG Düsseldorf, IBR 2015, 294 – *Nonhoff* (Fehlende Angaben zur Bohrbarkeit des Bodens).
111) OLG Zweibrücken, IBR 2015, 533 – *Rehbein*.
112) BGH, NJW-RR 2012, 518 = IBR 2012, 65 – *Bolz*; LG Köln, IBR 2012, 319 – *Fuchs*.
113) OLG Hamm, IBR 2008, 313 – *Englert*.
114) KG, BauR 2000, 575; OLG Stuttgart, BauR 1997, 855; OLG Braunschweig, BauR 2001, 1739, 1741; *Kapellmann/Schiffers*, Bd. 1, Rn. 797, 799; OLG Düsseldorf, BauR 1997, 855 (erhöhte Deponiekosten keine Änderung des Bauentwurfs und keine andere Anordnung, weil Bausoll unverändert bleibt). Vgl. auch OLG Zweibrücken, BauR 2002, 972 (Anordnung der Straßenverkehrsbehörde während der Dauer der Kanalsanierungsmaßnahmen fällt in den Verantwortungs- und Risikobereich des Auftraggebers und ist diesem als Anordnung gemäß § 2 Nr. 5 und 6 VOB/B zuzuordnen).
115) OLG Düsseldorf, BauR 2013, 84; BauR 2014, 700.
116) OLG Celle, BauR 2006, 845 (z.B. das reine „Aufzeigen einer Möglichkeit einer Problemlösung").
117) Vgl. OLG Brandenburg, BauR 2003, 716 (Auftraggeber lässt in Kenntnis geänderter Umstände erweiterte Bauleistungen widerspruchslos geschehen).
118) BauR 2005, 885.
119) Vgl. hierzu: OLG Braunschweig, BauR 2001, 1739, 1743; OLG Frankfurt, BauR 1986, 352 = NJW-RR 1986, 1149 u. *Marbach*, ZfBR 1989, 2.
120) Vgl. *Vygen*, Festschrift für Locher, S. 263, 277.

Leistungsänderungen

für diese Leistung Anlass, einen neuen Preis zu vereinbaren, es sei denn, dass eine für die Beteiligten erkennbare Verbundkalkulation vorliegt.[121] Zu den Kosten, die Bestandteil der Preisermittlungen sind und diese beeinflussen, gehören sowohl die leistungsunabhängigen Kosten als auch alle leistungsabhängigen Kosten (wie z.B. die konkreten Baustellenverhältnisse, die Boden- und Grundwasserverhältnisse, die Bauzeit und die Zweckbestimmung der Bauleistung).[122]

Der Vergütungsanspruch gemäß § 2 Abs. 5 setzt nicht voraus, dass die Parteien vor Ausführung der Bauleistung einen neuen Preis vereinbaren, dass eine solche Vereinbarung verlangt oder dass eine Mehrforderung angekündigt wird.[123] Diese Bestimmung findet auch Anwendung, wenn die „Anordnung" des Auftraggebers nicht von § 1 Abs. 3 VOB/B gedeckt ist, aber eine Änderung erfolgt.[124]

1464

Nach § 2 Abs. 5 „soll" der neue Preis vor der Ausführung vereinbart werden. Geschieht dies – trotz der allgemeinen Kooperationspflicht beider Parteien[125] – nicht, behält der Auftragnehmer dennoch seinen Anspruch auf die Festlegung eines neuen Preises[126] und kann direkt auf Zahlung klagen.[127]

Die **Ermittlung des neuen Preises** hat nach h.M. auf der Grundlage der **ursprünglichen Preiskalkulation** des Auftragnehmers, der diese ggf. offenbaren muss, unter Berücksichtigung der Mehr- oder Minderkosten zu erfolgen.[128] Der BGH[129] hat hierzu folgende grundlegende Ausführungen gemacht:

> „Die Ermittlung der Vergütung für eine geänderte Leistung erfolgt auf der von den Parteien vorausgesetzten Grundlage einer vorkalkulatorischen Preisfortschreibung in der Weise, dass – soweit wie möglich – an die Kostenelemente der Auftragskalkulation angeknüpft wird. Abzustellen ist dabei grundsätzlich auf die Auftragskalkulation der geänderten Position, was aller-

---

121) BGH, BauR 1972, 381.
122) OLG Braunschweig, BauR 2001, 1739, 1743.
123) BGH, BauR 1978, 314, 316; **a.A.:** *Vygen*, Rn. 809.
124) **A.A.:** *Riedl*, ZfBR 1980, 1, 2.
125) BGH, BauR 2000, 409 = NJW 2000, 807 = ZfBR 2000, 388 = MDR 2000, 388.
126) BGHZ 50, 25, 30; BGH, BauR 1978, 314, 316; OLG Düsseldorf, BauR 2012, 84 sowie BauR 2014, 700 und BauR 1998, 1023; OLG Frankfurt, BauR 1986, 352 = NJW-RR 1986, 1149; *Riedl*, a.a.O.; *Jagenburg*, Festschrift für Soergel, S. 89.
127) OLG Düsseldorf, BauR 2014, 700; OLG Celle, BauR 1982, 381, 382 (nicht erst auf Abgabe einer Willenserklärung).
128) BGH, BauR 2013, 943 = NZBau 2013, 364; NJW 1996, 1346, 1348; BauR 2006, 373, 374; BauR 2009, 491, 497; vgl. hierzu auch BGH, IBR 2013, 261 – *Franz*; ferner OLG Köln, IBR 2016, 385 – *Bolz* = NZBau 2016, 435; OLG Dresden, IBR 2013, 262 – *Mechnig*; OLG Düsseldorf, BauR 2014, 700 = IBR 2014, 67 – *Jansen*. OLG Frankfurt, NJW-RR 1997, 84; Beck'scher VOB-Komm/*Jansen*, B § 2 Nr. 5, Rn. 48 ff.; *Schottke*, IBR 2012, 3; *Althaus*, BauR 2012, 359; *Leupertz*, Festschrift für Blecken, S. 363; *Keldungs*, in: Ingenstau/Korbion, § 2 Abs. 6/B, Rn. 33 f.; **a.A.:** *Oberhauser*, BauR 2011, 1547 ff., 1548, 1554 f. sowie *Franz*, BauR 2012, 380. Vgl. hierzu *Kraft/Schmuck*, BauR 2008, 204;*Vygen*, Rn. 807 sowie OLG Köln, BauR 1996, 555 (Mehrkosten bei Klarstellung des Leistungsumfanges durch Auftraggeber nach Dissens). Über den Stand in Rechtsprechung und Literatur geben *Althaus*, BauR 2012, 359 sowie *Franz*, BauR 2012, 380 einen guten Überblick. Vgl. zum Meinungsstand zur Nachtragspreisbildung auch *Achilles*, Festschrift für Iwan, S. 25 ff., 36. Zur Ermittlung des Mehrvergütungsanspruchs, wenn der vom Auftragnehmer angesetzte Preis von Anfang an nicht auskömmlich war, vgl. KG, IBR 2006, 190 – *Stemmer*.
129) BauR 2013, 943 = NZBau 2013, 364; vgl. hierzu *Kandel*, NZBau 2013, 356; ferner OLG Düsseldorf, BauR 2014, 700; IBR 2015, 119 – *Bolz*; OLG Dresden, IBR 2015, 118 – *Maas*.

dings nicht ausschließt, dass sich die Mehr- und Minderkosten infolge einer Leistungsänderung auch in anderen Positionen ergeben können. Kostenelemente, die durch die Änderung nicht betroffen sind, bleiben grundsätzlich unverändert. Bei den betroffenen Kostenelementen muss die Auswirkung der Leistungsänderung berücksichtigt werden. Für den neu zu bildenden Einheitspreis sind grundsätzlich die gleichen Kostenansätze zu wählen wie in der vom Auftragnehmer dem Vertrag zugrunde gelegten Kalkulation. Wirkt sich die Leistungsänderung im Ergebnis wie eine Mengenänderung aus, so wird der neue Preis in Anlehnung an die Preisermittlungsregeln des § 2 Nr. 3 Abs. 2 VOB/B ermittelt. Der Rückgriff auf eine andere Bezugsposition des Vertrages ist dann nicht notwendig.

Eine Bezugsposition ist heranzuziehen, wenn die Auftragskalkulation die Kostenelemente nicht enthält, die aufgrund der Änderung der Leistung nunmehr für die Preisbildung maßgebend sind. In diesen Fällen kann, soweit das mit dem sonstigen Kalkulationssystem in Einklang zu bringen ist, nach einer vergleichbaren Position in der Auftragskalkulation des gesamten Vertrages gesucht werden und anhand dieser Position die Kalkulation analog fortgeschrieben werden. Die Heranziehung einer Bezugsposition dient im Grundsatz lediglich dazu, das Vertragspreisniveau zu sichern. Bei der Frage, welche Bezugsposition herangezogen wird, müssen auch die sonstigen Umstände der gesamten Auftragskalkulation berücksichtig werden. Hat der Auftragnehmer bestimmte, im Wesentlichen gleichartige Positionen eines Auftrags für den Straßenbau, wie z.B. die Herstellung der verschiedenen Schichten für eine Deckenerneuerung oder einen grundhaften Neuausbau, in unterschiedlicher Weise einmal für ihn günstig und einmal für ihn ungünstig kalkuliert, so kann nicht ohne Weiteres wegen einer geringen Änderung im Material oder wegen einer Änderung in den Mengen der Preis aus der für ihn ungünstigen Position hergeleitet werden. Es muss vielmehr eine Gesamtschau erfolgen, mit der sichergestellt wird, dass der Auftragnehmer durch die Leistungsänderung keine Nachteile in Kauf nehmen muss. So ist es allgemein anerkannt, dass dem Auftragnehmer jedenfalls die Deckungsbeiträge für den Gewinn aus dem ursprünglich geschlossenen Vertrag erhalten bleiben müssen."

Der Auftragnehmer ist damit an seine ursprünglichen Preise im Rahmen seiner Urkalkulation[130] gebunden – nach der Devise **„Guter Preis bleibt guter Preis und schlechter Preis bleibt schlechter Preis"** (vgl. hierzu Rdn. 1480).[131] Das gilt grundsätzlich auch bei einem Kalkulationsirrtum des Auftragnehmers; bei einem „externen" Kalkulationsirrtum, bei dem die fehlerhafte Kalkulation aufgedeckt wird, ist dies jedoch bestritten.[132] Nach zutreffender Auffassung des BGH[133] kann eine Forderung aus § 2 Abs. 5 VOB/B grundsätzlich nicht in der Weise berechnet werden, dass lediglich bestimmte Mehrkosten geltend gemacht werden, ohne den sich aus einer Änderung des Bauentwurfs oder einer anderen Anordnung des Auftraggebers ergebenden neuen Preis darzulegen, der unter Berücksichtigung sämtlicher Mehr- und Minderkosten zu ermitteln ist. Für einen Rückgriff auf den ortsüblichen Preis in Anlehnung an § 632 Abs. 2 BGB ist nach Auffassung des OLG Düsseldorf[134] im Rahmen von § 2 Nr. 5 und 6 VOB/B kein Raum. Das ist

---

130) Zum Begriff der Urkalkulation vgl. BGH, BauR 2008, 512.
131) BGH, BauR 2006, 373, 374 (zu § 2 Abs. 5 VOB/B); OLG Köln, IBR 2015, 349 – *Bolz*; OLG Hamm, IBR 2015, 350 – *Oberhauser*; *Kapellmann/Schiffers*, Bd. 1, Rn. 1002 ff. (maßgeblich: Vertragspreisniveau); vgl. hierzu *Stemmer*, BauR 2008, 182, *Luz*, BauR 2008, 196, *Drittler*, Rn. 281 ff., *Franz/Kues*, BauR 2010, 678. Vgl. hierzu *Franz/Althaus/Oberhauser/Berner*, BauR 2015, 1221; *Eschenbruch*, Festschrift für Jagenburg, S. 179, 193 ff. („Der Preis der modifizierten Leistung ist möglichst ‚deterministisch' aus der Auftragskalkulation fortzuschreiben".).
132) Vgl. hierzu Beck'scher VOB-Komm/*Jansen*, B § 2 Nr. 5, Rn. 62 ff.
133) Vgl. hierzu BGH, BauR 2009, 491 = NZBau 2009, 232 = IBR 2009, 127, 128 = NJW 2009, 835 sowie OLG München, IBR 2012, 11 – *Althaus*; OLG Jena, IBR 2009, 634; ferner *Kapellmann*, NJW 2009, 1380 sowie *Luz*, BauR 2009, 878 u. *Stemmer*, BauR 2009, 883.
134) BauR 2015, 494 = IBR 2015, 119 – *Bolz*.

aber möglich, wenn sich in der Urkalkulation keine hinreichenden Bezugspunkte für die Ermittlung der zusätzlichen Vergütung ergeben.[135]

Eine **Preisvereinbarung** für einen Nachtrag im Sinne des § 2 Abs. 5 VOB/B (aber auch im Sinne des § 2 Abs. 3 VOB/B und des § 2 Abs. 6 VOB/B) kann im Einzelfall **sittenwidrig** sein.[136] Das ist nach der Rechtsprechung des BGH der Fall, wenn der nach diesen Vorschriften neu zu vereinbarende Einheitspreis für Mehrmengen in einem **auffälligen, wucherähnlichen Missverhältnis zur Bauleistung** steht.[137] Rechtsfolge einer sittenwidrigen Vereinbarung über die Geltung des Einheitspreises für die Mehrmengen ist die **Nichtigkeit der Einheitspreisvereinbarung**; an die Stelle der nichtigen Vereinbarung gilt nunmehr für die Mehrmengen der **übliche Preis**.[138]

Ist der vereinbarte Einheitspreis für Mehrmengen nicht als sittenwidrig anzusehen und damit **wirksam vereinbart**, kann dennoch möglicherweise über das **Rechtsinstitut des Wegfalls der Geschäftsgrundlage** eine **Korrektur des Einheitspreises** erfolgen, wenn **dieser im Einzelfall völlig überhöht** ist. Das setzt voraus, dass der betroffenen Partei ein Festhalten am unveränderten Vertrag (hinsichtlich des überhöhten Einheitspreises für die Mehrmengen) nicht zugemutet werden kann.[139] Geschäftsgrundlage kann die Vorstellung der Vertragsparteien über ein bestimmtes Mengenvolumen sein, das sich als falsch herausgestellt hat.[140] Ob ein überhöhter und nach den Grundsätzen des Wegfalls der Geschäftsgrundlage zu korrigierender Einheitspreis vorliegt, kann nur jeweils im Einzelfall unter Berücksichtigung aller Umstände beurteilt werden.

Ändert der Auftraggeber durch seine Anordnung die vertraglich vorgesehene Leistung in der Form, dass sie durch eine andere ersetzt wird, kann der Auftragnehmer Aufwendungen, die er für die entfallende Leistung bereits hatte, nach Auffassung des OLG Celle[141] ersetzt verlangen. Das Gericht wendet insoweit § 8 Nr. 1 VOB/B entsprechend an; dieser Analogie bedarf es allerdings nicht, da sich die Ansprüche des Auftragnehmers unmittelbar aus § 2 Abs. 5 VOB/B ergeben.

Für erbrachte Zusatzleistungen beim **BGB-Bauvertrag** ist mangels konkreter (wirksamer) Preisvereinbarung die **übliche Vergütung** geschuldet, also nicht eine nach der Urkalkulation für den Pauschalpreis ermittelte Vergütung.[142]

Die **Darlegungs- und Beweislast** für die Änderung des Bauentwurfs oder andere Anordnungen sowie für die Änderung der Preisgrundlage trägt derjenige, der sich hierauf beruft. Das wird in der Regel der Auftragnehmer (bei Mehrkosten),

---

135) So auch KG, IBR 2016, 505 – *Mechnig/Bolz*.
136) Vgl. hierzu BGH, BauR 2013, 1121 (22fache des üblichen Preises) = NZBau 2013, 369; BauR 2013, 1116 für § 2 Nr. 6 VOB/B (8fache des üblichen Preises) = NZBau 2013, 366; BauR 2009, 491 = IBR 2009, 127 – *Rohrmüller* (mehr als 800fach überhöhter Einheitspreis); vgl. ferner OLG Hamm, BauR 2013, 1280 (28- bis 53fache Mengenüberschreitung) = NZBau 2013, 373. OLG Nürnberg, BauR 2010, 1638; OLG Dresden, NJW-RR 2010, 1108; OLG Jena, IBR 2009, 634 – *Fuchs*. Ferner *Kapellmann*, NJW 2009, 1380.
137) BGH, BauR 2009, 491.
138) BGH, BauR 2013, 1116.
139) BGH, BauR 2013, 1116, 1118/9.
140) BGH, BauR 2011, 1162; BauR 2013, 1116, 1118/9.
141) IBR 2005, 134 – *Schwenker*.
142) OLG Koblenz, NJW-RR 2009, 163 = NZBau 2009, 382 = OLGR 2009, 1.

kann aber im Einzelfall auch der Auftraggeber (bei Minderkosten) sein. Die etwaigen Mehr- oder Minderkosten, sind substantiiert darzulegen.[143]

1467 Da es sich bei § 2 Abs. 5 VOB/B nur um eine „Soll-Vorschrift" handelt, steht dem Auftragnehmer auch **kein Leistungsverweigerungsrecht** zu, wenn der Auftraggeber die Leistungsänderung zwar dem Grunde nach akzeptiert, es aber zu keiner Preisvereinbarung der Parteien vor der Ausführung kommt.[144] In diesem Fall hat daher der Auftragnehmer nicht das Recht, die Arbeiten hinsichtlich der geänderten oder zusätzlichen Leistung einzustellen.[145] Ein Leistungsverweigerungsrecht steht dem Auftragnehmer allerdings dann zu, wenn der Auftraggeber die Bezahlung der Mehrkosten gemäß § 2 Abs. 5 VOB/B dem Grunde nach endgültig und ernsthaft verweigert.[146] Können sich die Vertragsparteien auch später nicht auf einen neuen Preis einigen, so erfolgt ggf. eine gerichtliche Preisfestlegung.[147] Vygen[148] verweist in diesem Zusammenhang auf die Kooperationsverpflichtung der Parteien, eine Vereinbarung hinsichtlich der Vergütung für die geänderte Leistung bzw. Zusatzleistung herbeizuführen. Etwas anderes gilt, wenn der Auftraggeber sich von vornherein ernsthaft weigert, eine Vergütungsanpassung vorzunehmen; in diesem Fall kann der Auftragnehmer die Leistung verweigern.[149] Daher hat das OLG Celle zutreffend entschieden, dass die Weigerung eines Auftragnehmers, geänderte Arbeiten nicht ohne zusätzliche Vergütung zu erbringen, keine Kündigung des Auftraggebers aus wichtigem Grund rechtfertigt.[150] Das OLG Düsseldorf[151]

---

143) OLG Saarbrücken, OLGR 2000, 479.
144) Ebenso: Beck'scher VOB-Komm/*Jansen*, B § 2 Nr. 5, Rn. 77 ff.; **a.A.:** OLG Düsseldorf, NZBau 2002, 276, 277 = NJW-RR 2002, 165 u. BauR 1995, 251; OLG Zweibrücken, BauR 1995, 251; *Vygen*, Rn. 703; *Keldungs*, in: Ingenstau/Korbion, § 2 Abs. 6/B, Rn. 28 f.; *Leinemann*, NJW 1998, 3672 ff.; *Nicklisch/Weick*, § 2, Rn. 64, bejahen ein Leistungsverweigerungsrecht ausnahmsweise nach § 242 i.V.m. § 273 BGB, „wenn der Auftraggeber entgegen Treu und Glauben eine Anpassung grundlos verweigert oder verschleppt, obwohl sich durch die Anordnung des Auftraggebers die Grundlagen des Preises erheblich verändert haben." Auch *Kapellmann*, in: Kapellmann/Messerschmidt, § 2/B, Rn. 205, bejahen ein Leistungsverweigerungsrecht mit dem Hinweis, dass die Vereinbarung der neuen Vergütung vor Ausführung Vertragspflicht der Parteien sei. Nach *Kniffka/Koeble*, 5. Teil, Rn. 92, 93, berechtigt ein Streit über die Höhe nicht zur Leistungsverweigerung, es sei denn, die Vergütungsanpassung wird insgesamt unberechtigt verweigert; im Übrigen komme in der „Soll-Vorschrift" der Kooperationscharakter der VOB/B zum Ausdruck; widersetze sich eine Partei einem Einigungsversuch und erklärt diese gleichzeitig die Kündigung, weil eine bestrittene und nicht eindeutige Forderung nicht sofort anerkannt wird, handele diese vertragswidrig, sodass die Gegenpartei zur Kündigung nunmehr berechtigt sein kann, wobei auf die Entscheidung des BGH, NJW 2000, 807, verwiesen wird.
145) OLG Düsseldorf, BauR 2006, 531.
146) OLG Brandenburg, IBR 2009, 567 – *Jacob*. Vgl. hierzu auch BGH, NJW 2009, 835 und OLG Dresden, IBR 2010, 199 – *v. Rintelen*.
147) BGH, BauR 1978, 314, 316; OLG Naumburg, NZBau 2001, 144 (auch durch Schätzung nach § 287 Abs. 2 ZPO aufgrund der Kalkulation); OLG Stuttgart, *Schäfer/Finnern*, Z 2.310 Bl. 15; *Keldungs*, in: Ingenstau/Korbion, § 2 Abs. 5/B, Rn. 27; *Vygen*, BauR 2005, 431; *Walzel*, BauR 1980, 227.
148) BauR 2005, 421, 433; vgl. hierzu insbesondere BGH, BauR 2000, 409 ff.
149) OLG Celle, BauR 2003, 890; *Vygen*, BauR 2005, 431; *Kniffka/Koeble*, 5. Teil, Rn. 110; *Schoofs*, in: Leinemann, § 2 VOB/B, Rn. 250.
150) A.a.O.
151) IBR 2009, 255 – *Schmidt*.

räumt dem Auftragnehmer ein Leistungsverweigerungsrecht ein, wenn der Auftraggeber eine gebotene Anordnung im Sinne von § 2 Nr. 5 VOB/B unterlässt.

Die **Abgrenzung** zwischen einer Leistungsänderung i.S. des **§ 2 Abs. 5 VOB/B** **1468** und einer zusätzlichen Leistung i.S. des **§ 2 Abs. 6 VOB/B** ist nicht immer leicht, aber notwendig, da nur die zuletzt genannte Norm eine vorherige Ankündigung des Vergütungsanspruchs vorsieht (vgl. Rdn. 1474).[152] Bei **Behinderungen des Bauablaufs** oder der Unterbrechung der Bauausführung kommen Ansprüche des Unternehmers, insbesondere behinderungsbedingte Mehraufwendungen, nach § 6 VOB/B in Betracht[153] (vgl. Rdn. 2339, 2343, 2349).

Während § 2 Abs. 5 VOB/B für den VOB-Bauvertrag eine Sondervorschrift dar- **1469** stellt, wird das Problem der Änderungen der Preisgrundlagen beim **BGB-Bauvertrag** durch die „übliche" Vergütung im Sinne des § 632 Abs. 2 BGB gelöst, wenn es an einer entsprechenden Vereinbarung zwischen den Parteien insoweit fehlt.[154]

Von einer **Leistungsänderung aufgrund von Anweisungen** des Bauherrn oder **1470** seines Architekten sind **Veränderungen der Bauleistungen** zu unterscheiden, die ohne Einwirkungen des Bauherrn erfolgen, z.B. bei unvorhergesehenen Ereignissen (Lieferstopp eines bestimmten Baumaterials, unvorhergesehene Schwierigkeiten durch Bodenbeschaffenheit).[155] Diese Fälle sind nur über das Rechtsinstitut der Störung der Geschäftsgrundlage (§ 313 BGB) oder über § 6 Abs. 6 VOB/B (vgl. Rdn. 2332 ff.) zu lösen.[156] Zu Recht weist das OLG Hamburg[157] darauf hin, dass Stahlpreiserhöhungen auf dem Weltmarkt weder eine Änderung des Leistungssolls oder andere Anordnungen des Auftraggebers gem. § 2 Nr. 5 VOB/B darstellen; es verneint auch insoweit eine Anwendung des § 2 Abs. 6 VOB/B.

Übersendet der Auftragnehmer bis zur Abnahme kein Nachtragsangebot, gibt er dadurch grundsätzlich noch nicht zu erkennen, dass er die später als Nachtrag geltend gemachte Leistung als bereits zum vertraglichen Leistungsumfang gehörend ansieht. Das OLG Dresden[158] ist anderer Auffassung. Dieser Auffassung kann man jedoch nicht folgen, da es eine entsprechende Regelung in der VOB nicht gibt. Darüber hinaus ist ein Auftragnehmer auch grundsätzlich nicht an seine Schlussrechnung gebunden, die er nach Abnahme erstellt.

---

[152] Vgl. zur Abgrenzung im Einzelnen: OLG München, IBR 2010, 668 – *Scheel*; *von Craushaar*, BauR 1984, 311 ff. sowie *Keldungs*, in: Ingenstau/Korbion, § 2 Abs. 5/B, Rn. 7 ff.; *Marbach*, ZfBR 1989, 2, 5; *Kapellmann/Schiffers*, Bd. 1, Rn. 708 ff.; *Vygen*, Festschrift für Locher, S. 263, 278.
[153] BGH, BauR 1985, 61, 564 = NJW 1985, 2475 = ZfBR 1985, 382; BauR 1971, 202, 203; OLG Braunschweig, BauR 2001, 1739; *Piel*, Festschrift für Korbion, S. 349 u. *Vygen*, Festschrift für Locher, S. 263, 272 ff.
[154] OLG Stuttgart, *Schäfer/Finnern*, Z 2.310 Bl. 15; *Vygen*, Festschrift für Locher, S. 263.
[155] BGH, *Schäfer/Finnern*, Z 2.311 Bl. 31, 35; vgl. hierzu *Vygen*, BauR 1983, 414, 416; *Keldungs*, in: Ingenstau/Korbion, § 2 Abs. 5/B, Rn. 11; LG Köln, *SFH*, Nr. 2 zu § 6 Nr. 6 VOB/B.
[156] Vgl. hierzu *Kraus*, BauR 1986, 17 u. *Vygen*, BauR 1989, 387.
[157] BauR 2006, 680.
[158] IBR 2012, 70 – *Bolz* mit ebenfalls kritischer Anmerkung.

1471 Nachträge für Leistungsänderungen oder zusätzliche Leistungen sind häufig mit erheblichen **Bearbeitungskosten** für den Auftragnehmer verbunden.[159] Diese (internen oder externen) Nachtragsbearbeitungskosten kann der Auftragnehmer im Rahmen seines Nachtrags (z.B. nach § 2 Abs. 3, 5, 6 VOB/B) nur geltend machen, wenn er diese Kosten in die Preise seines Nachtragsangebotes einbezogen hat und über diesen Nachtrag eine entsprechende Vergütungsvereinbarung zwischen den Parteien getroffen wurde.[160] Ist für einen Nachtrag keine Vergütungsvereinbarung getroffen worden, kann der Auftragnehmer entsprechende externe, aber auch interne Nachtragsbearbeitungskosten in **seiner Nachtragsrechnung als Preisbestandteil (Kosten der Teilleistung)** bei der Preisfindung für die Nachtragsleistung ebenso (nur) berücksichtigen, wie er die Kosten für die Erstellung des Hauptangebotes ebenfalls in seinen Preisen berücksichtigt hatte.[161] Es wird sich regelmäßig um Teile der AGKs bzw. BGKs handeln. Kommt es allerdings nicht zu einer Nachtragsbeauftragung, besteht grundsätzlich kein Anspruch auf Erstattung dieser Kosten, weil es sich insoweit um Vorarbeiten zur Erlangung eines Nachtragsauftrages handelt (vgl. näher Rdn. 1381 ff.). Etwas anderes gilt nur, wenn die Vertragsparteien ausdrücklich insoweit eine Vergütungsregelung treffen.[162]

1472 Werden im Bauvertrag ausbedungene **Leistungen des Bauunternehmers vom Bauherrn selbst übernommen** (z.B. Lieferung von Bau-, Bauhilfs- und Betriebsstoffen), stellt dies, wenn nichts anderes vereinbart worden ist, eine Teilkündigung dar, sodass beim VOB-Bauvertrag § 8 Abs. 1 Nr. 2 VOB/B und beim BGB-Bauvertrag § 649 BGB gilt[163] (vgl. näher Rdn. 1507 u. 1720 ff.).

Nicht selten **verändern** sich **nach Vertragsabschluss die anerkennten Regeln der Technik** (vgl. hierzu Rdn. 1966 ff.).[164] Nach ganz herrschender Auffassung muss aber eine Werkleistung im Zeitpunkt der Abnahme grundsätzlich den Regeln der Technik entsprechen (vgl. Rdn. 1975). Dennoch stellt sich insoweit die Frage, ob ein Auftragnehmer bei Änderung der anerkannten Regeln der Technik im vorerwähnten Sinne einen Anspruch auf zusätzliche Vergütung hat. Das ist zu bejahen, es sei denn, dass die Änderung der anerkannten Regeln der Technik im Zeitpunkt des Vertragsschlusses voraussehbar war (vgl. näher Rdn. 1976).

1473 Eine Einengung oder der Ausschluss des Vergütungsanspruchs gemäß § 2 Abs. 5 VOB/B in **AGB oder Formularverträgen** wird in aller Regel gegen § 308 Nr. 3, 4 oder § 307 BGB verstoßen;[165] so wird häufig die Bestimmung des § 2 Abs. 5 VOB/B in AGB oder Formularverträgen des Auftraggebers dadurch ausgehöhlt,

---

[159] Vgl. hierzu insbesondere *Merkens*, NZBau 2012, 529; sowie *Jahn/Klein*, NZBau 2013, 473 beide mit einem Überblick zum Meinungsstand; ferner *Marbach*, Festschrift für Jagenburg, S. 539 ff. und BauR 2003, 1794.
[160] Vgl. ferner zu dieser Thematik: Kapellmann, Jahrbuch Baurecht 2008, 139, 145; *Krebs/Schuller*, BauR 2007, 636 (für bauzeitbezogene Ansprüche); *Marbach*, a.a.O., 547 und BauR 2003, 1794, 1799; OLG Köln, IBR 1996, 538 – Schulze-Hagen. Beck'scher VOB-Komm/*Jansen*, § 2 Nr. 5, Rn. 54; *Düre/Richter*, BauR 2007, 1490; *Kapellmann/Messerschmidt*, § 2/B, Rn. 225; *Eichner*, in: Leinemann, § 2/B, Rn. 220 ff.
[161] Vgl. hierzu OLG Brandenburg, IBR 2016, 71 – Bolz = NZBau 2016, 358.
[162] Vgl. hierzu auch Rdn. 2339.
[163] § 2 Abs. 4 VOB/B.
[164] Vgl. hierzu OLG Stuttgart, NZBau 2012, 42 sowie im Einzelnen *Miernik*, BauR 2012, 151.
[165] *Keldungs*, in: Ingenstau/Korbion, § 2 Abs. 5/B, Rn. 2; *Kapellmann/Schiffers*, Bd. 1, Rn. 1065.

dass bei Leistungsänderungen der zusätzliche Vergütungsanspruch von einer „**Vereinbarung**", einer „**Ankündigung**" oder einem „**Angebot**" abhängig gemacht und in aller Regel hierfür die **Schriftform** verlangt wird. Derartige Klauseln verstoßen nach h.M. gegen § 307 BGB und sind daher unwirksam.[166] Folgende Klauseln hat der BGH[167] in den AGB eines Auftraggebers für unzulässig erklärt: „Ist der AG mit dem Kostenangebot für eine Änderung entsprechend VOB/B § 2 Nr. 5, 6 o. 7 nicht einverstanden, so hat der AN die Änderungen der Leistungen gleichwohl auszuführen. In einem solchen Fall werden dem AN die nachgewiesenen Selbstkosten vergütet."

d) Zusätzliche Leistungen

Literatur

Reister, Nachträge beim Bauvertrag, 2003; *Kretschmann*, Der Vergütungsanspruch des Unternehmens für im Vertrag nicht vorgesehene Werkleistungen und dessen Ankündigung gegenüber dem Besteller, Baurechtliche Schriften, 2005; *Würfele/Gralla*, Nachtragsmanagement, 2006; *Rehbein*, Auftraggeberanordnung und Risikoverteilung beim Bauwerkvertrag und VOB-Vertrag, Baurechtliche Schriften Bd. 64, 2007; *Drittler*, Nachträge und Nachtragsprüfung, 2. Auflage, 2013.

Locher, Die AGB-gesetzliche Kontrolle zusätzlicher Leistungen, Festschrift für Korbion (1986), 283; *Ágh-Ackermann*, Technisch-wirtschaftliche Aspekte des Bauvertrages: Inhalt des Nachtragsangebotes bei einem VOB/Vertrag, BauR 1996, 342; *Kapellmann*, Schriftformklausel für Anordnungen des Auftraggebers zu geänderten oder zusätzlichen Leistungen beim VOB/B-Vertrag, Festschrift für v. Craushaar (1997), 227; *Pauly*, Die Vergütung zusätzlicher Leistungen nach § 2 Nr. 6 VOB/B, MDR 1998, 505; *Breyer*, Die Vergütung von „anderen Leistungen" nach § 1 Nr. 4 Satz 2 VOB/B, BauR 1999, 459; *Kapellmann*, Die Geltung von Nachlässen auf die Vertragssumme für die Vergütung von Nachträgen, NZBau 2000, 57; *Kemper*, Nachträge und ihre mittelbaren Bauzeitauswirkungen, NZBau 2001, 238; *Marbach*, Der Anspruch des Auftragnehmers auf Vergütung der Kosten der Bearbeitung von Nachtragsforderungen im VOB-Bauvertrag, Festschrift für Jagenburg (2002), 539 und Baurecht 2003, 1794; *Motzke*, Parameter für Zusatzvergütung bei zusätzlichen Leistungen, NZBau 2002, 641; *Gessner/Jaeger*, Abschied von der „Besonderen Leistung"?, Festschrift für Kraus (2003), 41; *Roquette/Paul*, Sonderprobleme bei Nachträgen, BauR 2003, 1097; *Pauly*, Bauverträge – Die Erstreckung von Preisnachlässen auf Nachträge, MDR 2004, 608; *Kuffer*, Leistungsverweigerungsrecht bei verweigerten Nachtragsverhandlungen, ZfBR 2004, 110; *Quack*, Nachträge am Bau – über die Ursachen von Kostenexplosionen, ZfIR 2005, 863; *Rodde/Bauer/Stassen*, Gemeinkosten in vertraglicher Mehrleistung und Bauzeitennachtrag: Doppelvergütungsrisiko für Bauherrn?, ZfBR 2005, 634; *Vygen*, Leistungsverweigerungsrecht des Auftragnehmers bei Änderungen des Bauentwurfes gemäß § 1 Nr. 3 VOB/B oder Anordnung von zusätzlichen Leistungen gemäß § 1 Nr. 4 VOB/B?, BauR 2005, 431; *Kaufmann*, Die Unwirksamkeit der Nachtragsklauseln der VOB/B nach §§ 305 ff. BGB, Jahrbuch Baurecht 2006, 35; *Putzier*, Notwendige Nachtragsleistungen wie Bedarfspositionen, von vornherein bedingt im Bauvertrag enthalten?, Festschrift für Motzke (2006), 353; *Duva/Richter*, Vergütung für die Bearbeitung von Nachträgen, BauR 2007, 1490; *v. Rintelen*, Bestandskraft von Nachträgen bei Doppelbeauftragung und Reparaturaufträgen trotz Mängelrechten, Festschrift für Kapellmann (2007), 973;

---

166) Vgl. BGH, BauR 2005, 94 = NZBau 2005, 148; BB 1981, 266; OLG Düsseldorf, BauR 1981, 515 (LS) u. BauR 1998, 1023 – zur Unwirksamkeit einer Schriftformklausel; OLG Celle, BauR 1982, 381; OLG Frankfurt, BauR 1986, 352 = NJW-RR 1986, 1149; *Markus/Kaiser/Kapellmann*, Rn. 299; *Locher*, Festschrift für Korbion, S. 290, *Kapellmann*, Festschrift für v. Craushaar, S. 227, 229, hält eine Schriftformklausel für Anordnungen im Sinne von § 1 Abs. 3, Abs. 4 VOB/B wirksam, offen gelassen von BGH, BauR 1994, 760, 761; OLG Oldenburg, IBR 2002, 4 – *Eschenbruch*.

167) BauR 1997, 1036, 1038 = NJW-RR 1997, 1513.

Rohrmüller, Gelten Preisnachlässe auch für die Vergütung von Nachträgen wegen geänderter oder zusätzlich notwendiger Leistungen?, BauR 2008, 9; *Stemmer*, „Guter Preis bleibt guter Preis, schlechter Preis bleibt schlechter Preis" – gilt dieser Grundsatz immer?, BauR 2008, 182; *Luz*, „Guter Preis bleibt guter Preis, schlechter Preis bleibt schlechter Preis" – gilt dieser Grundsatz immer? – Antithese, BauR 2008, 196; *Putzier*, Notwendige Nachtragsleistungen – Zusatzvergütung auch ohne Anordnung – Die These: In jedem Bauvertrag sind von vornherein bedarfsbedingte Zusatzmaßnahmen enthalten, BauR 2008, 160; *Althaus*, Notwendige Nachtragsleistungen beim Vertrag nach VOB/B, BauR 2008, 167; *Kapellmann*, Nachtragsvergütung für den Einsatz eigener Mitarbeiter, Jahrbuch Baurecht 2008, 139; *Brüssel*, Kalkulation und Nachtrag, Jahrbuch Baurecht, 2008, 237; *Klaft/Nossek*, Die Rechtsfolgen unwillkürlicher „Nullmengen" für die Vergütung des Auftragnehmers beim Bauvertrag, NZBau 2009, 286; *Juntunen*, Wie sind Nullpositionen abzurechnen? Nach § 2 Abs. 3 oder nach § 8 Abs. 1 VOB/B? BauR 2010, 698; *Franz/Kues*, Guter Preis bleibt guter Preis – rechtfertigt die Faustformel Korbion's ein Vertragspreisniveau?, BauR 2010, 678; *Büchner/Gralla/Kattenbusch/Sundermeier*, Alternativmodelle zur Nachtragspreisermittlung aus der Vertragskalkulation, BauR 2010, 688; *Steffens/Hofmann*, Vertragsgegenstand vs. Geschäftsgrundlage – Preisanpassungsanspruch bei unerwarteten Umständen, BauR 2012, 1; *Franz*, Nachtragskalkulation in Zukunft – das Ende der Preisfortschreibung, BauR 2012, 380; *Althaus*, Analyse der Preisfortschreibung in Theorie und Praxis, BauR 2012, 359; *Jahn/Klein*, Nachtragsbearbeitungskosten als Direkte Kosten beim VOB/B-Vertrag, NZBau 2103, 473; *Merkens*, Nachtragsbearbeitungskosten: „Dauerbrenner" in der Baupraxis, NZBau 2012, 529.

1474 Zur Abgrenzung des vertraglichen Bausolls einerseits und der vergütungspflichtigen Zusatzleistungen andererseits hat der BGH[168] folgende grundsätzlichen Ausführungen gemacht:

„Für die Abgrenzung, welche Arbeiten von der vertraglich vereinbarten Leistung erfasst sind und welche Leistungen zusätzlich zu vergüten sind, kommt es auf den Inhalt der Leistungsbeschreibung an (vgl. BGH, Urteile vom 28. Februar 2002 – VII ZR 376/00, BauR 2002, 935, 936 = ZfBR 2002, 482 = NZBau 2002, 324 und vom 23. Juni 1994 – VII ZR 163/93, BauR 1994, 625, 626 = ZfBR 1994, 222). Welche Leistungen durch die Leistungsbeschreibung erfasst sind, ist durch Auslegung der vertraglichen Vereinbarung der Parteien zu ermitteln, §§ 133, 157 BGB (vgl. BGH, Urteile vom 28. Februar 2002 – VII ZR 376/00, a.a.O. und vom 11. November 1993 – VII ZR 47/93, BGHZ 124, 64, 67 m.w.N.). Dabei ist das gesamte Vertragswerk zugrundezulegen. Haben die Parteien die Geltung der VOB/B vereinbart, gehören hierzu auch die Allgemeinen Technischen Bestimmungen für Bauleistungen, VOB/C (Kniffka/Koeble, Kompendium des Baurechts, 2. Auflage, 5. Teil Rn. 84). Insoweit wird auch Abschnitt 4 der Allgemeinen Technischen Vertragsbestimmungen Vertragsbestandteil und ist bei der Auslegung der geschuldeten Leistung zu berücksichtigen. Soweit die Entscheidung des Senats vom 28. Februar 2002 (VII ZR 376/00, a.a.O.) anders verstanden werden könnte, wird dies im eben dargelegten Sinne klargestellt.

Davon zu trennen ist die Frage, welche Leistungen nach den technischen Gegebenheiten zur Herstellung des Werks erforderlich sind. Ist die Funktionstauglichkeit für den vertraglich vorausgesetzten oder gewöhnlichen Gebrauch versprochen und ist dieser Erfolg mit der vertraglich vereinbarten Ausführungsart nicht zu erreichen, dann schuldet der Auftragnehmer die vereinbarte Funktionstauglichkeit (BGH, Urteil vom 16. Juli 1998 – VII ZR 350/96, BGHZ 139, 244, 247 m.w.N.). Unabhängig davon schuldet der Auftragnehmer vorbehaltlich abweichender Vereinbarung die Einhaltung der anerkannten Regeln der Technik. Haben die Vertragsparteien auf Anregung des Auftraggebers oder des Auftragnehmers eine bestimmte Ausführungsart zum Gegenstand des Vertrages gemacht, dann umfasst, sofern die Kalkulation des Werklohnes nicht nur auf den Vorstellungen des Auftragnehmers beruht, der vereinbarte Werklohn nur die vereinbarte Herstellungsart. Zusatzarbeiten, die für den geschuldeten Erfolg erforderlich sind,

---

168) BauR 2006, 2040 („*Dachdeckergerüst-Entscheidung*") = NZBau 2006, 777 = EWiR § 133 BGB 2/06, 743 – *Ziegler*. Vgl. hierzu auch BGH, 2002, 935 („*Konsoltraggerüst-Entscheidung*") = NZBau 2002, 324 sowie OLG Düsseldorf, BauR 2015, 494 und OLG Köln, IBR 2010, 73 – *Böhme*.

Zusätzliche Leistungen

hat der Auftraggeber dann gesondert zu vergüten. Führt der Auftragnehmer unter diesen Umständen lediglich die vereinbarte Ausführungsart aus, dann ist die Leistung mangelhaft. Die ihm bei mangelfreier Leistung für die erforderlichen Zusatzarbeiten zustehenden Zusatzvergütungen können im Rahmen der Gewährleistung als ‚Sowieso-Kosten' berücksichtigt werden."

Wird vom Bauherrn eine im Bauvertrag **nicht vorgesehene Leistung zusätzlich gefordert**, so steht dem Bauunternehmer grundsätzlich nach § 631 BGB auch eine zusätzliche Vergütung zu, die der Auftragnehmer in aller Regel mit einem Nachtrag geltend macht; wird insoweit kein Preis zwischen den Parteien vereinbart, gilt § 632 Abs. 2 BGB. Bei der häufig streitigen **Abgrenzung** zwischen unmittelbar vertraglich geschuldeten und zusätzlichen Leistungen ist stets auf **die vertraglichen Abreden** im Einzelfall, insbesondere auf den Inhalt der Leistungsbeschreibung **abzustellen**;[169] deshalb hat der BGH[170] darauf hingewiesen, dass das bloße **„Wollen"** von zusätzlichen Leistungen und „deren schlichte Entgegennahme" noch nicht ohne weiteres zu einem Vertragsabschluss führen. Vielmehr kann dies nur aus weiteren konkreten Umständen gefolgert werden.[171] Lässt z.B. der Auftraggeber die mit einem **Nachtrag angebotenen Arbeiten widerspruchslos durchführen**, kann das die **Annahme** des **Nachtragsangebotes** darstellen und zu einer Bindung an den angebotenen Preis führen.[172]

Kann nicht aufgeklärt werden, ob die Ausführung einer bestimmten Leistung vom ursprünglichen Auftrag nicht umfasst und deshalb zusätzlich zu vergüten ist oder ob sie z.B. der Beseitigung von Mängeln vor Abnahme gedient hat, geht diese Unklarheit nach Auffassung des OLG Naumburg[173] zu Lasten des Auftragnehmers. Haben die Vertragsparteien über die Entgeltlichkeit der Ausführung zusätzlicher Leistungen ergebnislos verhandelt, besteht der Auftraggeber dann auf der Unentgeltlichkeit der Ausführung und führt der Auftragnehmer diese Leistungen ohne jede weitere Erklärung aus, hat er – nach einer Entscheidung des OLG München[174] – keinen Anspruch auf Vergütung.

Das **Bausoll** ergibt sich aus den **Vertragsparametern** (insbesondere Leistungsbeschreibung, Leistungsverzeichnis, Vertragsbedingungen, VOB/C etc.), die den Vertragsinhalt und den Werklohn bestimmen und die jeweils unter Berücksichtigung der Besonderheiten des betreffenden Bauwerks auszulegen sind.[175] Für den

---

169) BGH, BauR 2002, 935 („*Konsoltraggerüst-Entscheidung*") = NZBau 2002, 324 mit Anm. von *Keldungs, Quack* und *Asam*, BauR 2002, 1247 ff. sowie *Motzke*, NZBau 2002, 641; BauR 1994, 625 = ZfBR 1994, 222 für den **Einheitspreisvertrag**; BGH, BauR 1995, 237 = ZfBR 1995, 129 für einen **Pauschalvertrag** mit im Leistungsverzeichnis bestimmten Leistungen; vgl. auch OLG Hamm, BauR 1996, 123, 124 = NJW-RR 1996, 86 = OLGR 1995, 241.
170) BauR 1997, 644 = NJW 1997, 1982.
171) Vgl. hierzu OLG Braunschweig, BauR 2003, 716 (Auftraggeber lässt in Kenntnis geänderter Umstände erweiterte Bauleistungen widerspruchslos geschehen).
172) OLG Koblenz, IBR 2013, 334 – *Boisserée*; OLG Jena, BauR 2005, 1987.
173) IBR 2013, 138 – *Fuchs*.
174) BauR 2014, 559.
175) BGH, BauR 2002, 935 („*Konsoltraggerüst-Entscheidung*") = NZBau 2002, 324 mit Anm. von *Keldungs, Quack* und *Asam*, BauR 2002, 1247 ff.; vgl. hierzu auch *Kapellmann*, NJW 2005, 182; *Pauly*, MDR 2005, 190, 193; ferner *Motzke*, NZBau 2002, 641 und *Gessner/Jaeger*, Festschrift für Kraus, S. 41, 47.

VOB-Bauvertrag wird dies in § 2 Abs. 1 VOB/B nochmals zum Ausdruck gebracht. Motzke[176] weist mit Recht darauf hin, dass die Vertragsparameter von den „Erfolgsparametern" (Erfolgssoll) zu trennen sind, weil sich vergütungspflichtige Zusatzleistungen allein nach den Vertrags- und nicht nach den Erfolgsparametern richten. Der Unternehmer schuldet zwar werkvertraglich den Erfolg: Ist dieser aber nur mit Leistungen zu erreichen, die sich nicht aus den Vertragsparametern im Wege der Auslegung ableiten lassen, kann der Unternehmer daher eine zusätzliche Vergütung verlangen.[177] § 1 Abs. 4 Satz 1 VOB/B[178] gibt diesen allgemeinen Rechtsgrundsatz wieder, wonach der Auftragnehmer auf Verlangen des Auftraggebers aufgrund dessen Kompetenz (**so genanntes einseitiges Anordnungsrecht des Auftraggebers**) nicht vereinbarte Leistungen, die zur Ausführung der vertraglichen Leistungen erforderlich werden, auszuführen hat, außer wenn sein Betrieb auf derartige Leistungen nicht eingerichtet ist. Andere Leistungen (z.B. so genannte Anschlussleistungen im Sinne einer selbstständigen neuen Leistung), die in der Regel auf einen weiteren Erfolg als den des Hauptauftrages abzielen, können dem Auftragnehmer nur mit seiner Zustimmung im Rahmen eines Anschlussauftrages[179] übertragen werden (§ 1 Abs. 4 Satz 2 VOB/B). Zusätzliche Leistungen (sowie Besondere Leistungen im Sinne der betreffenden ATV der DIN 18300 ff.) sind von Nebenleistungen, die der Auftragnehmer ohne Vergütung auszuführen hat, zu trennen (vgl. hierzu Rdn. 1444 ff.).[180] Nach der Rechtsprechung des BGH[181] ist der Auftragnehmer zur Verweigerung einer nach § 1 Abs. 4 VOB/B angeordneten Leistung berechtigt, wenn der Auftraggeber deren Vergütung endgültig ablehnt.

1477 Eine entsprechend **wirksame Leistungsänderung** gemäß § 1 Abs. 4 Satz 1 VOB/B hat zur Folge, dass der Auftragnehmer einen Anspruch gemäß § 2 Abs. 6 VOB/B auf eine **zusätzliche Vergütung** hat.[182] Dabei ist aber eine besondere **Anspruchsvoraussetzung**, dass der Auftragnehmer seinen **Vergütungsanspruch** dem Auftraggeber gemäß § 2 Abs. 6 VOB/B **ankündigt**, bevor er mit der Ausführung dieser zusätzlichen Leistung beginnt[183] (zu Ausnahmen vgl. Rdn. 1479). Der

---

176) NZBau 2002, 641, 642.
177) Vgl. *Motzke*, a.a.O.; *Roquette/Paul*, BauR 2003, 1097, 1098.
178) Vgl. hierzu BGH, IBR 2013, 333 – *Bolz*; *Althaus*, ZfBR 2007, 411, 413; *Kaufmann*, Jahrbuch Baurecht 2006, 35, 61, ist der Meinung, dass diese Vorschrift einer isolierten Inhaltskontrolle nicht standhält.
179) Vgl. hierzu BGH, BauR 2002, 618 = NJW 2002, 1492.
180) Vgl. hierzu BGH, BauR, a.a.O. und *Motzke*, NZBau 2002, 641, 644.
181) BauR 2004, 1613 = NZBau 2004, 612.
182) BGH, BauR 2004, 495 = NZBau 2004, 207 = MDR 2004, 390 = NJW-RR 2004, 440. Vgl. hierzu *Thode*, ZfBR 2004, 214.
183) BGH, BauR 1996, 542 = NJW 1996, 2158 = MDR 1996, 902; DB 1969, 1058; OLG Köln, IBR 2013, 66 – *Asam*; OLG Dresden, NJW-RR 1999, 170 = OLGR 1999, 27; OLG Stuttgart, BauR 1994, 789, 791; OLG Düsseldorf, OLGR 2000, 156, 158; *Schäfer/Finnern*, Z 2.302 Bl. 15 u. Z 2.300 Bl. 14; *Keldungs*, in: Ingenstau/Korbion, § 2 Abs. 6/B, Rn. 12; vgl. ferner: *von Craushaar*, BauR 1984, 311, 316; *Kuffer*, in: Heiermann/Riedl/Rusam, § 2/B, Rn. 193; *Groß*, Festschrift für Soergel, S. 59, 69; *Vygen*, Rn. 812; **a.A.:** *Kretschmann*, Baurechtl. Schriften 60, S. 48 ff., 85 mit einem ausführlichen Überblick über den Meinungsstand; *Lehning*, NJW 1977, 422 u. *Fahrenschon*, BauR 1977, 172; *Tempel*, JuS 1979, 494; *Kapellmann/Schiffers*, Bd. 1, Rn. 853 ff., 866 ff.; *Jagenburg*, Festschrift für Soergel, S. 89, 97 sowie Beck'scher VOB-Komm/*Jansen*, B § 2 Nr. 6, Rn. 73 mit ausführlicher Darstellung des Meinungsstandes.

Zusätzliche Leistungen

Unternehmer muss also im Rahmen seiner Klage auf Vergütung zusätzlicher Leistungen die entsprechende Mitteilung an den Auftraggeber darlegen und ggf. beweisen. Die Berechnung des Vergütungsanspruches richtet sich bei erfolgter Ankündigung der Zusatzleistung nach § 2 Abs. 6 Abs. 2 VOB/B. Nach Auffassung des BGH wird eine im Vertrag nicht vorgesehene Leistung auch dann im Sinne von § 2 Abs. 6 VOB/B „gefordert", wenn sie **zur Erreichung einer ordnungsgemäßen Vertragsleistung notwendig** ist, es sei denn, die Leistung ist vertragswidrig erbracht worden.[184] Unter diesem vorerwähnten Gesichtspunkt hat das OLG München[185] entschieden, dass bei einer Abrede einer „umfassenden Modernisierung und Renovierung eines Altbaus im erforderlichen Umfang" diese im Zweifel auch Maßnahmen einschließt, „die in einer vertraglich ebenfalls vereinbarten Baubeschreibung nicht aufgeführt sind, wenn diese für eine umfassende Modernisierung und Renovierung erforderlich sind". Nachträglich verlangte selbstständige (Zusatz-)Leistungen (z.B. nach **Beendigung** der vertraglich vereinbarten Leistung) fallen allerdings nicht unter § 2 Abs. 6 VOB/B, sondern sind stets vergütungspflichtig.[186] Das OLG Hamm[187] will § 2 Abs. 6 VOB/B auch auf nicht erforderliche, aber nützliche Zusatzleistungen ausdehnen.

1478 Die Ankündigungspflicht betrifft nicht nur die Leistungsart, sondern auch den Leistungsumfang.[188] Die Ankündigung kann formlos erfolgen.

Aufgrund der Ankündigungspflicht soll der Auftraggeber vor Forderungen des Bauunternehmers geschützt werden, mit denen er nicht gerechnet hat:[189] Er soll also nicht von Kostenerhöhungen überrascht werden. Darüber hinaus soll die Ankündigung frühzeitig Klarheit schaffen, ob eine geforderte Leistung von der ursprünglichen Beschreibung der Leistung nicht erfasst war, also eine zusätzliche Leistung im Sinne von § 1 Abs. 4 Satz 1 VOB/B ist.[190] Sinn der Ankündigung ist es auch, dem Auftraggeber Gelegenheit zu geben, „rechtzeitige kostenträchtige Anordnungen zu überdenken und billigere Alternativen zu wählen"; allerdings hat der Auftraggeber die Darlegungslast, dass ihm bei rechtzeitiger Ankündigung nach § 2 Abs. 6 Nr. 1 Satz 2 VOB/B preiswertere Alternativen zur Verfügung gestanden hätten.[191] § 2

---

184) BGH, BauR 1996, 542; NJW 1991, 1812 = BauR 1991, 331, 333 = ZfBR 1991, 146; BauR 1991, 212, 214; ebenso: OLG Düsseldorf, IBR 2005, 2 – *Stern;* OLG Stuttgart, BauR 1977, 291; **a.A.:** OLG Düsseldorf, OLGR 1992, 5 = BauR 1992, 777 u. OLGR 1995, 52, das diese Fälle über § 2 Nr. 8 Abs. 2 VOB/B lösen will; *Vygen,* BauR 1979, 375, 382. *Vygen* (Rn. 816) weist in diesem Zusammenhang zu Recht darauf hin, dass der Auftraggeber vom Auftragnehmer nur die Ausführung solcher nicht vereinbarter Leistungen gemäß § 2 Nr. 6 in Verbindung mit § 1 Nr. 4 Satz 1 VOB/B verlangen kann, „die zur Ausführung der vertraglichen Leistung erforderlich werden, also zur Erreichung des Vertragsziels und damit der mangelfreien Herstellung des geschuldeten Werkes notwendig sind".
185) BauR 2003, 396.
186) OLG Hamburg, BauR 1996, 256; OLG Düsseldorf, BauR 1996, 270 = NJW-RR 1996, 532; BauR 1996, 875 (Musterfassade als selbstständiger Anschlussauftrag); *Keldungs,* in: Ingenstau/Korbion, § 2 Abs. 6/B, Rn. 7; vgl. hierzu auch BGH, BauR 1996, 542 = NJW 1996, 2158 = MDR 1996, 902 = ZIP 1996, 1220.
187) IBR 2010, 14 – *Putzier.*
188) OLG Karlsruhe, BauR 1973, 194.
189) BGH, BauR 2002, 312 = NJW 2002, 750 = ZfBR 2002, 149; BauR 1996, 542 = NJW 1996, 2158 = MDR 1996, 902 = ZIP 1996, 1220.
190) BGH, BauR 1996, 542 = NJW 1996, 2158 = MDR 1996, 902 = ZIP 1996, 1220.
191) BGH, BauR 2002, 312 = NJW 2002, 750 = ZfBR 2002, 149 = MDR 2002, 213.

Abs. 6 VOB/B ist dagegen auf die in § 1 Abs. 4 Satz 2 VOB/B („andere Leistungen", die zur Ausführung der vertraglichen Leistung nicht erforderlich werden) erfassten Leistungen nicht anwendbar, sodass hier weder eine Ankündigungspflicht noch eine Bindung an die Preisermittlung i.S.d. § 2 Abs. 6 VOB/B in Betracht kommt.[192]

1479 Einer solchen Ankündigung **bedarf** es daher **nicht**, wenn sich der Auftraggeber nach den Umständen nicht im Unklaren sein kann, dass die zusätzliche Leistung gegen Vergütung ausgeführt wird[193] oder wenn beide Vertragsparteien bei Erteilung des Zusatzauftrages von der Entgeltlichkeit der Bauleistung ausgehen.[194] Dasselbe gilt, wenn der Auftragnehmer die Ankündigung ohne Verschulden versäumt hat[195] oder wenn dem Auftragnehmer objektiv keine Alternative zur sofortigen Ausführung der Leistung blieb.[196] Damit wird **in vielen Fällen** eine Ankündigung durch den Bauunternehmer **entbehrlich** sein, zumal von ihm nach § 632 Abs. 1 BGB eine unentgeltliche Tätigkeit grundsätzlich nicht zu erwarten ist. Für diese Fälle ist der Unternehmer darlegungs- und beweispflichtig. Nach der neueren Rechtsprechung des **BGH**[197] dürfen die **berechtigten Interessen** des Auftragnehmers niemals „unberücksichtigt" bleiben, weil gewerbliche Bauleistungen „regelmäßig nicht ohne Vergütung zu erwarten" sind. Wer von einer „Entgeltlichkeit ausging oder ausgehen musste", bedarf nicht des Schutzes der Ankündigung, insbesondere, wenn ein Auftragnehmer diese **ohne Verschulden versäumt** hat. Es ist aber Sache des **Unternehmers**, im Einzelfall **darzulegen** und zu **beweisen**, „dass eine rechtzeitige Ankündigung **die Lage des Auftraggebers im Ergebnis nicht verbessert** hätte."[198] Ein Anspruch des Nachunternehmers hinsichtlich einer Mehrvergütungsforderung hängt nicht davon ab, ob der Hauptunternehmer diese bei seinem Auftraggeber durchsetzen kann.[199]

1480 Die **Höhe der Vergütung für die zusätzlichen Leistungen** im Sinne des § 2 Abs. 6 VOB/B richtet sich nach den Grundlagen der Preisermittlung für die vertragliche Leistung (**Urkalkulation**[200]) und den besonderen Kosten der zusätzlich geforderten Leistung, wobei zwischenzeitlich eingetretene Kostenerhöhungen zu berücksichtigen sind (§ 2 Abs. 6 Nr. 2 VOB/B).[201] Die Urkalkulation des Auftrag-

---

192) OLG Düsseldorf, BauR 1993, 479; hierzu: *Breyer*, BauR 1999, 459.
193) BGH, *Schäfer/Finnern*, Z 2.310 Bl. 40; OLG Köln, IBR 2013, 66 – *Asam* u. IBR 2011, 506 – *Gross*; OLG Hamm, BauR 2001, 1914 („bauerfahrener Bauherr"); OLG Oldenburg, BauR 1993, 228, 229; OLG Celle, BauR 1982, 381; *von Craushaar*, BauR 1984, 311, 316.
194) BGH, BauR 1978, 314; vgl. im Einzelnen *Franke/Kemper/Zanner/Grünhagen*, § 2/B Rn. 98 ff.
195) *Kapellmann*, in: Kapellmann/Messerschmidt, § 2/B, Rn. 200.
196) BGH, BauR 1996, 542, 543.
197) BauR 1996, 542 = NJW 1996, 2158 = MDR 1996, 902 = ZIP 1996, 1220.
198) BGH, a.a.O.
199) OLG Saarbrücken, NJW-RR 2011, 745.
200) Zum Begriff der Urkalkulation vgl. BGH, BauR 2008, 512.
201) BGH, *Schäfer/Finnern*, Z 2.310 Bl. 12; KG, IBR 2014, 394 – *Bolz*; OLG Brandenburg, IBR 2016, 70 – *Bolz*; OLG Nürnberg, IBR 2015, 5 – *Franz*; OLG Köln, IBR 2015, 349 – *Bolz*; OLG Hamm, IBR 2015, 350 – *Oberhauser*; OLG Hamm, IBR 2009, 633 – *Rohrmüller*; OLG Hamm, IBR 2017, 123 – *Franz*; im Einzelnen zur Preisermittlung: *Keldungs*, in: Ingenstau/Korbion, § 2 Abs. 6/B Rn. 26; *Kapellmann/Schiffers*, Bd. 1, Rn. 377 ff.; *Vygen*, Rn. 814 ff. Vgl. hierzu *Franz/Althaus/Oberhauser/Berner*, BauR 2015, 1221; *Franz*, BauR 2012, 380; *Althaus*, BauR 2012, 359; *Stemmer*, BauR 2008, 182 und *Luz*, BauR 2008, 196. Zur Bedeutung des ungewöhnlichen Wagnisses bei der Nachtragskalkulation vgl. *Schottke*, Festschrift für Thode, S. 155.

Zusätzliche Leistungen — Rdn. 1481–1482

nehmers wird also bei der Ermittlung der Nachtragsvergütung fortgeschrieben – nach der alten Korbion-Devise: **„Guter Preis bleibt guter Preis, schlechter Preis bleibt schlechter Preis"**, insoweit gilt im Zuge der Preisgestaltung das Prinzip der Kalkulationsfreiheit des Auftragnehmers; dabei kann es auch im Angebot zu Spekulationspreisen kommen, die im Rahmen einer Mischkalkulation grundsätzlich durchaus zulässig sind (vgl. hierzu auch Rdn. 1464).[202] Die **Grenze** liegt beim Vorwurf einer **sittenwidrigen Spekulation**.[203] Die vorgenannten Grundsätze gelten allerdings nicht für die „anderen Leistungen" im Sinne des § 1 Abs. 4 Satz 2 VOB/B, die dem Auftragnehmer nur mit seiner Zustimmung übertragen werden können, also den so genannten „neuen selbstständigen Leistungen" einschließlich aller nicht erforderlichen, aber funktional noch zugehörigen Mehrleistungen im Rahmen von Anschlussaufträgen.[204] Für diese Fallgestaltungen kann der Auftragnehmer die übliche Vergütung gemäß § 632 BGB verlangen, ohne auf die Preisermittlungsgrundlagen aus dem Hauptvertrag zurückgreifen zu müssen.[205] Das gilt nach Auffassung des OLG Koblenz[206] auch für erbrachte Zusatzleistungen beim BGB-Bauvertrag.

1481 Häufig geben Auftragnehmer ein Angebot im Rahmen eines Nachtrages ab, dessen Preise nicht den Preisermittlungsgrundlagen des Hauptvertrages zugrunde liegen, wenn der Auftraggeber eine zusätzliche Leistung im Sinne der §§ 1 Abs. 4 Satz 1, 2 Abs. 6 VOB/B verlangt. Lässt der Auftraggeber daraufhin die Zusatzarbeiten ausführen, ist von einer konkludenten Annahme des Nachtragsangebotes auszugehen, sodass dann die Preise des Nachtragsangebotes gelten.[207]

Etwaige Mehr- und Minderkosten im Rahmen von zusätzlichen Leistungen sind jeweils zu verrechnen.[208]

1482 Nach § 2 Abs. 6 Nr. 2 Satz 2 VOB/B ist die Vergütung „möglichst" vor dem Beginn der Ausführung zu vereinbaren. Dieser Hinweis stellt lediglich eine Empfehlung dar. Das ist jedoch umstritten.[209] Deshalb steht dem Auftragnehmer auch

---

202) BGH, BauR 2006, 373, 374 (zu § 2 Abs. 5 VOB/B); *Kapellmann/Schiffers*, Bd. 1, Rn. 1002 ff. (maßgeblich: Vertragspreisniveau); vgl. hierzu *Vygen/Joussen/Schubert/Lang*, Teil 1, Rn. 507 ff.; *Stemmer*, BauR 2008, 182, *Luz*, BauR 2008, 196, *Drittler*, Rn. 281 ff., *Franz/Kues*, BauR 2010, 678, *Büchner/Gralla/Kattenbusch/Sundermeier*, BauR 2010, 678.
203) BGH, BauR 2009, 491 = NJW 2009, 835 sowie BGH, IBR 2010, 256. Vgl. hierzu *Kapellmann*, NJW 2009, 1380; *Stemmer*, Jahrbuch Baurecht 2010, 71; *Fuchs*, Jahrbuch Baurecht 2010, 137; ferner OLG Brandenburg, IBR 2009, 567 – *Jakob* u. OLG Dresden, IBR 2010, 189 – *v. Rintelen*.
204) Vgl. hierzu OLG Düsseldorf, BauR 1996, 875 (Auftragnehmer schuldet ein zweistöckiges Wohnhaus, der Auftraggeber verlangt nach Vertragsschluss zusätzlich ein drittes Geschoss oder eine Garage) sowie *Roquette/Paul*, BauR 2003, 1097, 1098.
205) OLG Düsseldorf, a.a.O.; *Franke/Kemper/Zanner/Grünhagen*, § 1/B, Rn. 74; *Keldungs*, in: Ingenstau/Korbion, § 1/B, Rn. 49; *Roquette/Paul*, BauR 2003, 1097, 1099.
206) OLGR 2009, 1 = NJW-RR 2009, 163 = NZBau 2009, 382.
207) So zutreffend *Vygen/Joussen/Schubert/Lang*, Rn. 244; **a.A.:** *Roquette/Paul*, BauR 2003, 1097, 1100.
208) OLG Oldenburg, BauR 2000, 897; *Keldungs*, in: Ingenstau/Korbion, § 2/B Abs. 5, Rn. 248, 249; *Roquette/Paul*, BauR 2003, 1097, 1103; **a.A.:** wohl OLG Düsseldorf, BauR 1995, 712 = NJW-RR 1995, 1170.
209) Wie hier: OLG Düsseldorf, BauR 1989, 335; OLG Celle, BauR 1982, 381; *Kapellmann*, in: Kapellmann/Messerschmidt, § 2/B, Rn. 203; *Kemper*, in: Franke/Kemper/Zauner/Grünhagen, § 2/B, Rn. 145; **a.A.:** *Keldungs*, in: Ingenstau/Korbion, § 2 Abs. 6/B, Rn. 30; *Kuffer*, in: Heiermann/Riedl/Rusam, § 2/B, Rn. 208.

kein **Leistungsverweigerungsrecht zu,** wenn vor Beginn der Ausführung keine Preisvereinbarung zu Stande kommt.[210] Etwas anderes gilt, wenn der Auftraggeber sich von vornherein ernsthaft weigert, die zusätzliche Leistung zu vergüten; in diesem Fall kann der Auftragnehmer die Leistung verweigern.[211]

1483 Ist im Einzelfall die Ankündigung notwendig gewesen, aber unterblieben, kann der Bauunternehmer seinen Anspruch auch nicht auf § 812 BGB oder auf Geschäftsführung ohne Auftrag stützen, da die VOB insoweit eine abschließende Regelung enthält.[212]

1484 Wird auf die vereinbarte Vertragssumme ein echter **Preisnachlass** vom Auftragnehmer gewährt, stellt sich die Frage, ob dieser Preisnachlass auch für die **Vergütung späterer Nachträge** im Sinne zusätzlicher Leistungen gilt. Die Beantwortung dieser Frage wird nur durch Wertung der Vertragsvereinbarungen im Einzelfall möglich sein.[213] Das gilt sowohl für den **BGB-Bauvertrag** wie auch den **VOB-Bauvertrag**. Grundsätzlich ist allerdings davon auszugehen, dass ein auf einen vereinbarten Werklohn (Hauptsumme) gewährter Nachlass nicht für **Nachtragsvereinbarungen** gilt:[214] Ein Auftragnehmer will in der Regel seinen Nachlass nicht auf Tatbestände beziehen, die er (noch) nicht kennt.[215] Etwas Anderes gilt nur, wenn den Vertragsunterlagen eine anderweitige Vereinbarung zu entnehmen ist. Im übrigen erhöht der mit der Pauschalierungsvereinbarung getroffene Preisnachlass die Vergütungsforderung nach freier Kündigung in der Regel nicht.[216]

1485 In diesem Zusammenhang stellt sich häufig die Frage, ob die **Bedingungen des Hauptvertrages** auch für entsprechende **Zusatzaufträge** gelten. Dabei ist stets die Vorfrage zu klären, ob es sich tatsächlich um die Erweiterung des zunächst abgeschlossenen Vertrages oder vielmehr um einen neuen, selbstständigen Auftrag handelt.[217] Nur wenn die erste Alternative im Einzelfall unter Berücksichtigung aller Umstände zu bejahen ist, kommt überhaupt eine „Übernahme" der Bedingungen des Hauptvertrages in Betracht; dementsprechend hat das OLG Schleswig[218] entschieden, dass die Vertragsregelungen des Hauptvertrages auch für die Beauftragung von zusätzlichen Leistungen gelten, „die in unmittelbarem zeitlichen und sachlichen Zusammenhang mit der Hauptvertragsleistung stehen".

---

210) **Str.;** vgl. näher Rdn. 1466.
211) Vgl. hierzu *Kniffka/Koeble*, 5. Teil, Rn. 110 sowie OLG Celle, BauR 2003, 890.
212) OLG Köln, IBR 2013, 66 – *Asam*.
213) BGH, BauR 2003, 1892, 1895 = ZfBR 2004, 37 = NZBau 2004, 31.
214) Wie hier: OLG Köln, OLGR 2003, 19 = NJW-RR 2003, 661 = BauR 2003, 431 (L); LG Berlin, NZBau 2001, 559; *Kapellmann*, NZBau 2000, 57, 59; *Kapellmann/Schiffers*, Bd. 1, Rn. 1044, 1045; *Marbach*, ZfBR 1989, 2, 9; **a.A.:** OLG Hamm, BauR 1995, 564 = NJW-RR 1995, 593; OLG Schleswig, IBR 2001, 662; OLG Düsseldorf, BauR 1993, 479; *Rohrmüller*, BauR 2008, 9; *Pauly*, MDR 2004, 608; *Roquette/Paul*, BauR 2003, 1097, 1101; *Leinemann*, § 2/B, Rn. 126; Zur Vereinbarung eines Preisnachlasses durch schlüssiges Verhalten: BGH, BauR 1984, 171 = ZfBR 1984, 69. Zum Meinungsstand vgl. *Rohrmüller*, BauR 2008, 9 sowie *Pauly*, MDR 2004, 608. Differenzierend *Kniffka/Koeble*, 5. Teil, Rn. 140.
215) So zutreffend *Kapellmann*, in: Kapellmann/Messerschmidt, § 2/B, Rn. 217 m.w.N. sowie NZBau 2000, 57.
216) So zutreffend OLG München, BauR 2014, 1003.
217) Vgl. hierzu BGH, BauR 2002, 618 = NJW 2002, 1492.
218) IBR 2001, 662.

Zusätzliche Leistungen

Das OLG Celle[219] hat folgende Nachtrags-Klausel für wirksam erklärt: „Sofern von Ihnen die VOB als Vertragsgrundlage uneingeschränkt eingehalten wird, gewähren wir Ihnen einen Nachlass von 9 %." Sie hat zur Folge, dass kein Abzug vorzunehmen ist, wenn einzelne Abschlagszahlungen und die Schlussrechnung nicht innerhalb der in § 16 Nr. 1 u. 3 VOB/B geregelten Fristen bezahlt werden.

Bei Behinderungen des Bauablaufs oder der Unterbrechung der Bauausführung kommen Ansprüche des Unternehmers, insbesondere behinderungsbedingte Mehraufwendungen, nach § 6 VOB/B in Betracht (vgl. Rdn. 2339, 2343 ff., 2349).[220]

Zur Frage der **Doppelabrechnung** bei Nachtrags- oder Zusatzaufträgen, die sich später als entsprechende Leistungen des Hauptauftrages erweisen, vgl. Rdn. 1371. Bezüglich gestellter **Nachträge und etwaiger Mehrkosten** durch eine verlängerte Bauzeit vgl. Rdn. 2339.

Eine **Klausel in AGB**, wonach der Auftraggeber im Vertrag nicht genannte Leistungen ohne besondere Vergütung verlangen darf, wenn sie **zur Erfüllung der vertraglichen Leistungen notwendig** sind, verstößt gegen § 307 BGB und ist unwirksam.[221] Auch eine Klausel, nach der **jegliche Nachforderungen ausgeschlossen** sind, wenn sie nicht auf **schriftlichen Zusatz- und Nachtragsaufträgen** des Auftraggebers beruhen, ist vom BGH[222] für unwirksam gemäß § 307 BGB erklärt worden, weil damit alle übrigen gesetzlichen Ansprüche für zusätzliche und geänderte Leistungen (z.B. gesetzliche Ansprüche aus Geschäftsführung ohne Auftrag oder Bereicherung) ausgeschlossen werden. Entsprechendes gilt auch für eine AGB-Klausel, die den Vergütungsanspruch für zusätzliche Leistungen von einer schriftlichen Preisvereinbarung abhängig macht.[223] Die Klausel in einem Bauvertrag, dass Zusatzleistungen **nur zu vergüten sind**, wenn der Auftragnehmer seine Ansprüche vor Beginn der Arbeiten **schriftlich geltend gemacht** hat und eine schriftliche Vereinbarung herbeiführt, gilt nach OLG Düsseldorf[224] jedenfalls nicht für **völlig selbstständige Leistungen**, die der Auftragnehmer nach Beendigung seiner vertraglich vereinbarten Leistung erbringt: „Typische Zusatzleistungen sind nämlich nur solche, bei denen eine in technischer Hinsicht und/oder von der bisherigen Nutzung her gegebene unmittelbare Abhängigkeit zur bisher vereinbarten Leistung besteht." In den vorerwähnten Fällen ist stets zu prüfen, ob Erstat-

---

[219] BauR 2004, 860 = NJW-RR 2004, 1165 = OLGR 2004, 231. Ebenso OLG Bremen, BauR 2004, 860 u. OLG Oldenburg, BauR 2004, 860.
[220] OLG Braunschweig, BauR 2001, 1739 m.w.Nachw.
[221] *Keldungs*, in: Ingenstau/Korbion, § 2 Abs. 6/B, Rn. 30.
[222] BauR 2005, 94 = NZBau 2005, 148 = NJW-RR 2005, 247; BauR 2004, 488 = NZBau 2004, 146 = IBR 2004, 125 – *Schulze-Hagen* = NJW 2004, 502 = MDR 2004, 442. Ebenso OLG Celle, BauR 2008, 100.
[223] OLG Düsseldorf, BauR 1989, 335 u. BauR 1998, 1023; *Keldungs*, in: Ingenstau/Korbion, § 2 Abs. 6/B, Rn. 30; vgl. hierzu insbesondere *Kapellmann*, Festschrift für von Craushaar, S. 227, 230, 233, der eine Schriftformklausel für die nach § 2 Abs. 6 VOB/B geforderte Ankündigung, ein zusätzlich gefordertes Preisangebot bzw. eine zusätzlich geforderte Nachtragsvereinbarung für wirksam hält; ebenso wohl: *Locher*, Festschrift für Korbion, S. 283, 292, der zu Recht darauf hinweist, dass nach der Rechtsprechung des BGH eine stillschweigende Aufhebung dieses Formzwangs und damit die mündliche Vertragsergänzung möglich ist. Ein solcher Verzicht auf die an sich vereinbarte Schriftform wird gerade in den Fällen des § 2 Abs. 6 VOB/B vielfach anzunehmen sein.
[224] BauR 1996, 270 = NJW-RR 1996, 592 = OLGR 1996, 112 (LS).

tungsansprüche ggf. nach den Grundsätzen über die Geschäftsführung ohne Auftrag in Betracht kommen (vgl. näher Rdn. 2409 ff.).[225]

1487 Folgende Klauseln hat der BGH[226] in den AGB eines Auftraggebers für unzulässig erklärt:

„Ist der AG mit dem Kostenangebot für eine Änderung entsprechend VOB/B § 2 Nr. 5, 6 o. 7 nicht einverstanden, so hat der AN die Änderungen der Leistungen gleichwohl auszuführen. In einem solchen Fall werden dem AN die nachgewiesenen Selbstkosten vergütet."

Auch unwirksam ist eine Bestimmung in AGB des Auftraggebers, wonach für Leistungen, die nicht vom Vertrag umfasst sind, aber vom Auftraggeber gefordert werden, vor Ausführung der Leistungen zwingend Nachtragsangebote schriftlich einzureichen sind.[227]

1488 Im Übrigen ist es herrschende Meinung,[228] dass eine vertraglich vereinbarte **Schriftformklausel** zwischen den Vertragsparteien jederzeit formfrei (auch durch konkludentes Handeln) wieder aufgehoben werden kann. Daher ist stets im Einzelfall, insbesondere bei einer (trotz Schriftformklausel) mündlichen Beauftragung von zusätzlichen Leistungen, zu prüfen, ob aus den Umständen eine solche Aufhebung anzunehmen ist.[229] Das wird man in der Regel annehmen können.[230] Haben allerdings die Vertragsparteien auch für die Aufhebung der von ihnen vereinbarten Schriftform die schriftliche Form bestimmt (sog. doppelte Schriftformklausel), kommt eine formlose, insbesondere schlüssige Aufhebung nicht in Betracht.[231]

Zu **Nachtragsbearbeitungskosten** vgl. Rdn. 1471.

e) Leistungen ohne Auftrag

Literatur

Leupertz, Der Anspruch des Unternehmers auf Bezahlung unbestellter Bauleistungen beim BGB-Bauvertrag, BauR 2005, 775; *Oberhauser*, Ansprüche des Auftragnehmers auf Bezahlung nicht „bestellter" Leistungen beim Bauvertrag auf der Basis der VOB/B, BauR 2005, 919; *Wehler*, Ansprüche des Auftragnehmers gemäß § 2 Abs. 8 VOB/B nur in seltenen Ausnahmefällen?, BauR 2015, 1434.

1489 Bauleistungen, die der Auftragnehmer ohne Auftrag oder unter eigenmächtiger Abweichung vom Vertrag ausführt, werden grundsätzlich weder beim BGB- noch beim VOB-Vertrag vergütet.

---

225) Vgl. OLG Frankfurt, IBR 2003, 463 – *Garcia-Scholz;* OLG Köln, IBR 1999, 305. Vgl. hierzu auch *Kniffka/Koeble*, 5. Teil, Rn. 118 ff.
226) BauR 1997, 1036, 1038 = NJW-RR 1997, 1513.
227) OLG Koblenz, NZBau 2010, 439; OLG Oldenburg, IBR 2009, 692 – *Schrammel*.
228) Vgl. für viele: *Ahrens*, in: Prütting/Wegen/Weinreich, § 125 BGB, Rn. 24 m.w.N.
229) OLG Brandenburg, BauR 2001, 1915 = NJW-RR 2001, 1673 = OLGR 2001, 377.
230) Vgl. hierzu *Kapellmann*, in: Kapellmann/Messerschmidt, § 2/B, Rn. 208 ff.
231) So zutreffend *Wendlandt*, in: Bamberger/Roth, § 125 BGB Rn. 14 m.w.N.; *Palandt/Ellenberger*, § 125 BGB Rn. 19.

Leistungen ohne Auftrag

1490 Im Rahmen eines **VOB-Bauvertrages** kann eine Vergütung nur in den in § 2 Abs. 8 Nr. 2 VOB/B genannten Fällen in Betracht kommen: Der Bauherr erkennt die Bauleistung nachträglich an[232] (vgl. hierzu Rdn. 2523 ff.), oder die Leistung war für die Erfüllung des Vertrages notwendig, entspricht dem mutmaßlichen Willen des Bauherrn[233] und ist ihm unverzüglich angezeigt worden (vgl. hierzu Rdn. 2409 ff.).[234] Mutmaßlich ist dabei derjenige Wille des Auftraggebers, der bei objektiver Beurteilung aller gegebenen Umstände von einem „verständigen Betrachter" vorauszusetzen ist.[235] Die **Anzeige** des Bauunternehmers muss gegenüber dem Bauherrn oder seinem Architekten erfolgen;[236] unverzüglich heißt: **ohne schuldhaftes Zögern** (§ 121 BGB analog).[237] Nach der Rechtsprechung des BGH ist es für eine unverzügliche Anzeige auftragloser Leistungen im Sinne des § 2 Abs. 8 Nr. 2 VOB/B erforderlich, aber auch ausreichend, wenn der Auftragnehmer die nicht beauftragten Leistungen nach Art und Umfang so beschreibt, dass der Auftraggeber rechtzeitig informiert und ihm die Möglichkeit gegeben wird, billigere Alternativen zu wählen oder von dem Bauvorhaben ganz abzulassen.[238]

Liegen die Voraussetzungen des § 2 Abs. 8 Nr. 2 VOB/B vor, hat der Bauunternehmer einen Anspruch auf ein Entgelt, dessen Höhe sich nach der gewerblich üblichen Vergütung ausrichtet.[239] Ob in diesem Fall die Preisermittlungsgrundlagen des § 2 Abs. 5 und 6 VOB/B herangezogen werden können ist streitig.[240] Für das Vorliegen aller Anspruchsvoraussetzungen des § 2 Abs. 8 Nr. 2 VOB/B trägt der **Bauunternehmer die Darlegungs- und Beweislast**.

1491 Beim **BGB-Bauvertrag** kommt ein Aufwendungsersatz nur über die Grundsätze der Geschäftsführung ohne Auftrag gemäß §§ 677, 683 BGB (vgl. Rdn. 2409 ff.) bzw. einer ungerechtfertigten Bereicherung nach § 812 BGB (vgl. Rdn. 2415 ff.) in Betracht.[241]

---

232) Vgl. hierzu OLG Koblenz, IBR 2013, 335 – *Bolz* (Verwertung der Leistung); OLG Schleswig, IBR 2010, 669 – *v. Rintelen*.
233) Vgl. hierzu OLG Düsseldorf, BauR 2015, 494 = IBR 2015, 239 – *Bolz*. Ferner OLG Frankfurt, IBR 2017, 7 – *Bolz*: Eine Bestätigung eines Generalunternehmers, dass die Leistung notwendig war und dem mutmaßlichen Willen des Generalunternehmers entsprach, ist dann anzunehmen, wenn der Generalunternehmer von seinem Nachunternehmer ohne Auftrag erbrachte Leistungen ungekürzt gegenüber dem Auftraggeber abrechnet. Ferner OLG Brandenburg, IBR 2017, 65 – *Bolz* (Abnahme nach Ausführung der Leistung).
234) Vgl. dazu auch BGH, NJW 1991, 1812 = BauR 1991, 331, 334 = ZfBR 1991, 146; OLG Köln, BauR 2005, 1173 (Verwendung von der Leistungsbeschreibung abweichender Materialien); OLG Hamburg, BauR 1982, 69 ff.; *Oberhauser*, BauR 2005, 919.
235) BGH, BauR 2004, 495, 497 = IBR 2004, 123 – *Englert*; OLG Düsseldorf, IBR 2014, 68 – *Bolz*.
236) OLG Stuttgart, BauR 1977, 291, 292; OLG Hamm, BauR 1978, 146.
237) BGH, BauR 1994, 625 = ZfBR 1994, 222 („das bedeutet, dass der Auftragnehmer nach der etwa für Prüfung und Begründung der Zusatzleistungen erforderlichen Zeit so bald, als es ihm nach den Umständen möglich und zumutbar ist, anzuzeigen hat").
238) BGH, BauR 2004, 495, 498 = IBR 2004, 122 – *Englert*.
239) BGH, NJW-RR 1989, 370.
240) Vgl. zum Meinungsstand OLG Jena, OLGR 2007, 1029.
241) Vgl. hierzu *Leupertz*, BauR 2005, 775.

2. Der Einheitspreisvertrag

Literatur bis 1989

Jagenburg, Der Vergütungsanspruch des BU bei Massen- und Preisänderungen – zugleich ein Beitrag zur Problematik des § 2 VOB/B, BauR 1970, 18; *Jebe*, Bedeutung und Problematik des Einheitspreisvertrages im Bauwesen, BauR 1973, 141; *Heiermann*, Die Bemessung der Vergütung bei Mengenüberschreitungen nach § 2 Nr. 3 Abs. 2 VOB/B alte und neue Fassung, BauR 1974, 73; *Piel*, Zur Bemessung der Vergütung bei Mengenüberschreitungen nach § 2 Nr. 3 Abs. 2 VOB/B, BauR 1974, 226; *Bartmann*, Höchstpreisklauseln in Einheitspreis-Bauverträgen, Ausgestaltung, Rechtsnatur, Problematik, BauR 1974, 31; *Dähne*, Die Bemessung der Vergütung bei Mengenüberschreitung nach § 2 Nr. 3 Abs. 2 VOB/B, a.F. und n.F., BauR 1974, 371; *Behre*, Fortfall einer Position beim Einheitspreisvertrag, BauR 1976, 36; *Mantscheff*, Genauigkeitsgrad von Mengenansätzen in Leistungsverzeichnissen – Preisberechnungsansätze für Fälle des § 2 Nr. 3 VOB/B, BauR 1979, 389; *Walzel*, Die Preise in den Fällen des § 2 Nr. 5 und 6 VOB/B, BauR 1980, 227; *v. Craushaar*, Abgrenzungsprobleme im Vergütungsrecht der VOB/B bei Vereinbarung von Einheitspreisen, BauR 1984, 311; *Heiermann*, Wirksamkeit des Ausschlusses der Preisanpassungsmöglichkeit nach VOB durch Allgemeine Geschäftsbedingungen, NJW 1986, 2682; *Piel*, Zur Abgrenzung zwischen Leistungsänderung (§ 1 Nr. 3, § 2 Nr. 5 VOB/B) und Behinderung (§ 6 VOB/B), Festschrift für Korbion (1986), 349; *Heiermann*, Äquivalenz von Leistung und Gegenleistung, dargestellt an der Vergütungsregelung des § 2 Nr. 3 VOB/B, Festschrift für Korbion (1986), 137; *Kaiser*, Der Vergütungsanspruch des Bauunternehmers nach Gesetz und VOB/B, ZfBR 1987, 171; *Hundertmark*, Die zusätzliche Leistung und ihre Vergütung vom VOB-Vertrag, DB 1987, 32.

Literatur ab 1990

Vygen, Rechtliche Probleme bei Ausschreibung, Vergabe und Abrechnung von Alternativ- und Eventualpositionen, BauR 1992, 135; *Motzke*, Nachforderungsmöglichkeiten bei Einheitspreis- und Pauschalverträgen, BauR 1992, 146; *Drittler*, Gedanken zu § 2 Nr. 3 VOB/B, BauR 1992, 702; *Stemmer*, Bindung des Auftragnehmers an einen Preis „unter Wert" bei Mengenmehrungen?, BauR 1997, 417; *Knacke*, Der Ausschluss des Anspruchs des Auftragnehmers aus § 2 Nr. 3 VOB/B durch Allgemeine Geschäftsbedingungen des Auftraggebers, Festschrift für v. Craushaar (1997), 249; *Augustin/Stemmer*, Hinweise zur Vereinbarung neuer Preise bei Bauverträgen nach VOB, BauR 1996, 546; *Friedrich*, Betrachtungen zur VOB/B, § 2 Nr. 3 aus der Sicht kleiner und mittelständischer Bauunternehmen (Handhabung des Ausgleichs der Gemeinkosten bei Mengenänderungen), BauR 1999, 817; *Dähne*, Die Lohngleitklausel in öffentlichen Bauaufträgen, Festschrift für Vygen (1999), S. 161; *Biermann*, Die „kreative" Angebotskalkulation: Mengenspekulationen und ihre Auswirkungen auf Nachträge, Festschrift für Vygen (1999), 134; *Marbach*, Nebenangebote und Änderungsvorschläge im Bauvergabe- und Vertragsrecht, Festschrift für Vygen (1999), 241; *Reitz*, Wirksamkeit von Gleit-, Bagatell- und Selbstbeteiligungsklauseln, BauR 2001, 1513; *Werner*, Lohngleitklauseln am Bau – eine unendliche Geschichte?, NZBau 2001, 521; *Schulze-Hagen*, Mindermengenabrechnung gemäß § 2 Nr. 3 Abs. 2 VOB/B und Vergabegewinn, Festschrift für Jagenburg (2002), 815; *Drittler*, Berechnung neue Einheitspreise nach § 2 Nr. 3 VOB/B, zugleich Vorschläge für Revision von § 2 Nr. 3 VOB/B, BauR 2005, 307; *Rodde/Bauer/Stassen*, Gemeinkosten in vertraglicher Mehrleistung und Bauzeitennachtrag: Doppelvergütungsrisiko für Bauherren?, ZfBR 2005, 634; *S. Kapellmann*, Der „Ausschluss" des § 2 Nr. 3 VOB/B in Allgemeine Geschäftsbedingungen – Ein Scheingefecht, Festschrift für Kapellmann (2007), 167; *Kleine-Möller*, Die einseitig durchsetzbare Änderung vereinbarter Festpreise bei einem Bauvertrag gem. § 313 BGB, Festschrift für Kapellmann (2007), 197; *Klaft/Nossek*, Die Rechtsfolgen unwillkürlicher „Nullmengen" für die Vergütung des Auftragnehmers beim VOB-Vertrag, NZBau 2009, 286; *Acker/Roquette*, Detaillierter versus funktionaler Leistungsbeschrieb – Rechte, Pflichten und Risiken bei Einheits-, Detailpauschal- und Globalpauschalvertrag –, BauR 2010, 293; *Stemmer*, Nichtigkeit außerordentlich überhöhter Einheitspreise; gehen Spekulationen bis zu dieser Grenze auf?, Jahrbuch Baurecht 2010, 71; *Fuchs*, Der richtige Umgang mit Spekulationspreisen: Welche Grenzen preislicher Gestaltung gibt es?, Jahrbuch Baurecht 2010, 137; *Juntunen*, Wie sind Nullpositionen abzurechnen, nach § 2 Abs. 3 oder nach § 8 Abs. 1 VOB/B?, BauR 2010, 698; *Kimmich*, Die Behandlung entfallener Leistungen beim VOB/B-Vertrag, BauR 2011, 171; *Wagner*, Abrechnung von Nullpositionen im Einheitspreisvertrag, ZfBR 2012, 321; *Jansen*, Nullpositionen

Der Einheitspreisvertrag

beim Einheitspreisvertrag, NZBau 2012, 345; *Duve*, Preisfortschreibung und angemessener Preis, bauaktuell Nr. 4, 2012, 124; *Lindner*, Vertragsrechtliche Reaktionsmöglichkeit auf sittenwidrig überhöhte Einheitspreise beim Bauvertrag, Bayerischer kommunaler Prüfungsverband, Geschäftsbericht 2014, 59.

1492 Die VOB geht von dem Grundsatz aus, dass die Leistung des Auftragnehmers die Grundlage für die Vergütung darstellt. Der Wert der erbrachten Bauleistung ist die Bemessungsbasis für die Vergütung des Auftragnehmers. Deshalb sind sowohl der **Einheitspreisvertrag** wie der **Pauschalpreisvertrag** so genannte **Leistungsverträge**.

1493 Ist eine andere Berechnungsart nicht vereinbart, so liegt nach der ganz herrschenden Meinung im Schrifttum stets ein **Einheitspreisvertrag** vor, bei dem die Einheitspreise für technisch und wirtschaftlich einheitliche Teilleistungen, deren Menge und Maß, Gewicht oder Stückzahl anzugeben sind, bestimmt werden. Der **Einheitspreisvertrag** ist damit der **Normaltyp des Bauvertrages** nach der VOB.[242] Derjenige, der sich auf eine andere Berechnungsart berufen will, hat daher diese zu beweisen (§ 2 Abs. 2 VOB/B).[243] Auch für den **BGB**-Bauvertrag wird man davon ausgehen können, dass der Einheitspreisvertrag die Regel darstellt;[244] Bauleistungen, die vom Umfang her geringfügig sind, können jedoch nach Stundenlohn abgerechnet werden.

Der **BGH**[245] ist demgegenüber der Auffassung, dass der Einheitspreisvertrag weder für den BGB- noch für den VOB-Bauvertrag die Regel darstellt; daher hat der **Auftragnehmer**, wenn er nach Einheitspreisen abrechnen will, eine solche Vereinbarung darzulegen und zu beweisen, wenn der Auftraggeber substantiiert eine andere Vergütungsabrede, z.B. die einer Pauschalsumme, behauptet (vgl. auch Rdn. 1391 ff.).

1494 Bei der Abrechnung nach **Einheitspreisen** hat der Unternehmer nicht nur die Vereinbarung eines bestimmten Einheitspreises für die Bauleistung **darzulegen** und zu **beweisen**; darüber hinaus hat er substantiiert vorzutragen, welche **Bauleistung** von ihm tatsächlich erbracht ist. Denn die Berechnung seiner Vergütung kann stets nur auf der Grundlage der vertraglichen Einheitspreise nach den tatsächlich ausgeführten Leistungen erfolgen.

1495 Um die tatsächliche Bauleistung zu ermitteln, bedarf es in aller Regel zunächst des **Aufmaßes** oder der **rechnerischen Ermittlung** gemäß § 14 VOB/B.[246] Selbst wenn also in einem Angebot eines Unternehmers im Rahmen eines Einheitspreisvertrages für die einzelnen Positionen ein Gesamtpreis enthalten ist, bleiben immer nur die tatsächlich geleisteten Einzelmengen die alleinige Abrechnungsgrundlage.[247] Positions- und Gesamtpreis im Angebot sind deshalb – im Gegensatz

---

242) Ebenso OLG Hamm, BauR 2002, 319, 320 sowie *Kleine-Möller/Merl*, § 12, Rn. 32.
243) Vgl. OLG Frankfurt, OLGR 1997, 13 = NJW-RR 1997, 276 (**Beweislast** für nachträgliche Pauschalierungsvereinbarung); OLG Hamm, BauR 2002, 319 m.Anm. *Keldungs*.
244) *Vygen*, Rn. 759.
245) ZfBR 1981, 170 = DB 1981, 2121; ebenso OLG Köln, IBR 2015, 115 – *Wieseler* sowie OLG Koblenz, IBR 2014, 719 – *Jenssen*.
246) *Keldungs*, in: Ingenstau/Korbion, § 2 Abs. 2/B, Rn. 5.
247) BGH, *Schäfer/Finnern*, Z 2.400 Bl. 41. Daher ist nach BGH, BauR 2005, 94 = IBR 2005, 1 – *Schulze-Hagen* folgende Klausel in AGB des Auftraggebers im Rahmen eines Einheits-

zum Pauschalvertrag – nicht bindend, sondern stellen für den Bauherrn nur einen Anhaltspunkt dar, mit welchen Kosten er rechnen muss. Der Einwand des Auftraggebers, dass aufgrund eines fehlenden Aufmaßes der Werklohn nicht fällig ist, kann im Einzelfall treuwidrig (§ 242 BGB) sein, wenn zwischen der Schlussrechnung und dem Einwand ein nicht unerheblicher Zeitraum liegt, die Abrechnung des Auftragnehmers aber im Übrigen prüfbar ist.[248] **Unzulässig** ist eine formularmäßige Klausel, mit der sich der **Auftraggeber** das Recht vorbehält, das **Aufmaß allein** zu erstellen und die Kosten dem Auftragnehmer anzulasten, wenn dieser das Aufmaß nicht erstellt oder das Aufmaß unbrauchbar ist (Verstoß gegen § 309 Nr. 4 BGB).[249]

1496 Die **Vornahme des Aufmaßes** ist daher für den Einheitspreisvertrag von besonderer Bedeutung.[250] § 14 Nr. 2 VOB/B verlangt für den VOB-Bauvertrag nicht zwingend ein **gemeinsames Aufmaß**. Die Vorschrift gibt nur eine sinnvolle Empfehlung an die Vertragsparteien. Kann der Kläger (Unternehmer) sich auf ein **gemeinsames Aufmaß** stützen, ist der Bauherr an dieses Aufmaß **rechtlich gebunden** (vgl. näher Rdn. 2542). Für die Werklohnklage bedeutet dies im Einzelfall die **Umkehr der Beweislast**: Es ist nunmehr Sache des Auftraggebers, darzulegen und zu beweisen, dass die in dem gemeinsamen Aufmaß gemachten tatsächlichen Feststellungen unrichtig sind und er bzw. sein Architekt hiervon nichts gewusst hat. Will sich eine Partei von einem gemeinsamen Aufmaß lossagen, muss sie daher nicht nur die Unrichtigkeit des Aufmaßes, sondern auch die Voraussetzungen einer Irrtumsanfechtung gemäß §§ 119, 121 BGB nachweisen.[251] Allerdings schließt ein gemeinsames Aufmaß die Einwendung für Rechenfehler, Doppelberechnungen und vertragswidrige Abrechnungsweisen nicht aus.[252]

1497 Die Unrichtigkeit eines vertragsgemäß vorgenommenen Aufmaßes, das der Abrechnung zu Grunde gelegt worden ist, kann nicht (auch nicht durch ein Privatgutachten) – bei im Übrigen fehlender substantiierter Behauptung – angefochten werden.[253] Einigen sich die Parteien auf ein gemeinsames Aufmaß zur Festlegung bestimmter Bauleistungen vor Beginn der Arbeiten, ist grundsätzlich davon auszugehen, dass auch dieses Aufmaß der endgültigen Abrechnung dienen soll;[254] in diesem Fall sind damit spätere Einwendungen gegen den Umfang der erbrachten Bauleistungen ausgeschlossen. Eine Klausel in den **AGB** eines Werkvertrages oder in Formularverträgen, die statt der tatsächlichen angefallenen Mengen von einem **abstrakten** Aufmaß für die Berechnung des Werklohnes ausgeht, kann gegen § 307 BGB verstoßen.[255]

---

preisvertrages überraschend und daher unzulässig: „Auch bei einem Einheitspreisvertrag ist die Auftragssumme limitiert.".
248) OLG Celle, BauR 1996, 264 (Einwand des Auftraggebers **ein Jahr** nach Erhalt der im Übrigen prüfbaren Abrechnung); vgl. hierzu auch OLG Karlsruhe, OLGR 1998, 17.
249) BGH, BauR 1997, 1036 = NJW-RR 1997, 1513 = ZfBR 1998, 35 (Nichtannahmebeschluss zu OLG Hamburg, *SFH*, Nr. 10 zu § 3 AGB-Gesetz).
250) Zur Beweislast bei fehlendem Aufmaß: OLG Düsseldorf, BauR 1992, 271 (LS).
251) OLG Hamm, NJW-RR 1991, 1496 = BauR 1992, 242; KG, *Schäfer/Finnern*, Z 2.302 Bl. 6.
252) OLG Karlsruhe, BauR 2003, 1244.
253) BGH, *Schäfer/Finnern*, Z 2.310 Bl. 4. Vgl. hierzu KG, BauR 2007, 1752 (Aufmaß kann nur durch abweichendes Aufmaß bestritten werden).
254) OLG Braunschweig, BauR 2001, 412.
255) Vgl. OLG Karlsruhe, NJW-RR 1989, 52.

1498 Wird der **Auftraggeber** zu einem gemeinsamen Aufmaß aufgefordert und **verweigert** er die Teilnahme grundlos, so führt dies grundsätzlich zu einer **Umkehr der Beweislast** zu Gunsten des Auftragnehmers hinsichtlich der von diesem festgestellten Leistungsangaben, soweit ein neues (gemeinsames) Aufmaß nicht mehr möglich ist.

Insoweit hat der BGH[256] folgende grundsätzliche Feststellungen getroffen: Danach hat zunächst der Auftragnehmer jedenfalls dann einen Anspruch auf ein gemeinsames Aufmaß, wenn er berechtigt ist, die Abnahme zu verlangen: „Die Verpflichtung zur Teilnahme am gemeinsamen Aufmaß ergibt sich aus der im Bauvertrag geltenden beiderseitigen Pflicht zur Kooperation. Kommt es nicht zum gemeinsamen Aufmaß, weil der Auftraggeber unberechtigt fernbleibt, kann das beim Streit über die Abrechnung prozessuale Bedeutung haben. Das bloße Fernbleiben am Aufmaßtermin allein rechtfertigt allerdings noch keine prozessualen Konsequenzen zu Lasten des Auftraggebers. Es genügt, die Richtigkeit des einseitig genommenen Aufmaßes zu bestreiten, solange unter zumutbaren Bedingungen ein neues Aufmaß noch erstellt oder das einseitig genommene Aufmaß noch überprüft werden kann. Anderes gilt, wenn nach unberechtigtem Fernbleiben des Auftraggebers ein neues Aufmaß oder eine Überprüfung des einseitig genommenen Aufmaßes nicht mehr möglich ist, etwa weil das Bauwerk durch Drittunternehmer fertiggestellt worden oder durch nachfolgende Arbeiten verdeckt ist. Dann hat der Auftraggeber vorzutragen und zu beweisen, welche Massen zutreffend oder dass die vom Auftragnehmer angesetzten Massen unzutreffend sind."

Die vorgenannten Ausführungen gelten entsprechend auch für den umgekehrten Fall der unberechtigten Weigerung des Auftragnehmers, die erforderlichen Feststellungen mit dem Auftraggeber vorzunehmen.[257] Der BGH[258] hat diese vorgenannten Grundsätze auch auf die Fallkonstellation übertragen, „in der der Auftraggeber die einseitig ermittelten Massen des Auftragnehmers bestätigt und später die Massen bestreitet, nachdem aufgrund nachfolgender Arbeiten eine Überprüfung der Massenermittlung nicht mehr möglich ist". In diesem Fall ist der Auftraggeber verpflichtet, vorzutragen und zu beweisen, welche Massen zutreffen und dass die vom Auftragnehmer angesetzten Massen unzutreffend sind.

1499 Ähnliche Grundsätze hat der BGH[259] auch für die Fallkonstellation der **Aufmaßvereitelung** aufgestellt:

„Ist es dem Auftragnehmer nicht mehr möglich, den Stand der von ihm bis zur Kündigung erbrachten Leistung durch ein Aufmaß zu ermitteln, weil der Auftraggeber das Aufmaß dadurch vereitelt hat, dass er das Bauvorhaben durch einen Drittunternehmer hat fertig stellen lassen, genügt der Auftragnehmer seiner Verpflichtung zur prüfbaren Abrechnung, wenn er alle ihm zur Verfügung stehenden Umstände mitteilt, die Rückschlüsse auf den Stand der erbrachten Leistung ermöglichen. … Unter der Voraussetzung, dass die Ermittlung der erbrachten Leistung am Bau nicht mehr möglich ist, genügt der Auftragnehmer seiner Darlegungslast, wenn er Tatsachen vorträgt, die dem Gericht die Möglichkeit eröffnen, ggf. mit Hilfe eines Sachverständigen den Mindestaufwand des Auftragnehmers zu schätzen, der für die Errichtung des Bauvorhabens erforderlich war."

Fehlt es an einem gemeinsamen Aufmaß, hat nach Auffassung des OLG Bamberg[260] der Auftragnehmer vorzutragen und im Bestreitensfall zu beweisen, dass

---

256) BauR 2003, 1207 = NJW 2003, 2678 = NZBau 2003, 497 = MDR 2003, 1174; ferner OLG Duisburg, IBR 2010, 672 – *Schliemann*.
257) *Locher*, in: Ingenstau/Korbion, § 14 Abs. 2/B, Rn. 5.
258) BauR 2003, 1892, 1897 = NZBau 2004, 31 = ZfBR 2004, 37.
259) BauR 2004, 1443 = NZBau 2004, 503 unter Hinweis auf BGH, BauR 2004, 1441, vgl. hierzu auch OLG Celle, BauR 2002, 1863 = NZBau 2002, 1675 = OLGR 2002, 294.
260) IBR 2016, 686 – *Eimler*.

die in der Rechnung geltend gemachten Leistungen tatsächlich erbracht worden sind; in einem solchen Fall genügt nach Auffassung des Gerichts ein einfaches Bestreiten der Richtigkeit des Aufmaßes durch den Auftraggeber. Demgegenüber hat das KG[261] entschieden, dass ein hinreichendes Bestreiten nicht vorliegt, wenn weder ein eigenes Aufmaß vorgelegt noch sonst erläutert werde, weshalb das Aufmaß des Auftragnehmers falsch sein soll. Nach Auffassung des KG besteht kein Bedürfnis, dem Auftraggeber im Falle eines einseitigen Aufmaßes erhöhte Substantiierungsanforderungen aufzuerlegen. Beim umfangreichen Massenaufstellungen wird man jedoch davon ausgehen müssen, dass der Auftraggeber substantiiert vortragen muss, welche vom Auftraggeber angesetzten Massen unzutreffend sind.

Soweit ein Aufmaß nicht mehr vorgenommen werden kann, genügt der Unternehmer seiner Darlegungslast, wenn er Tatsachen vorträgt, die dem Gericht die Möglichkeit eröffnen, ggf. unter Mithilfe eines Sachverständigen die für die Ausführung angefallene Mindestvergütung zu schätzen.[262]

1500 **Einheitspreise** sind grundsätzlich **Festpreise**. An sie ist der Auftragnehmer auch bei unerwarteten Lohn- und Preissteigerungen im Regelfall gebunden.[263] Vereinbaren die Parteien eines Bauvertrages, dass die Einheitspreise **„Festpreise bis zum ..."** darstellen sollen und können sich die Parteien – trotz Fortsetzung der Bauarbeiten – auf neue Preise nach Ablauf der vereinbarten Frist nicht einigen, kann der Auftragnehmer jedenfalls die „übliche" Vergütung gemäß § 632 Abs. 2 BGB fordern[264] (vgl. Rdn. 1431 ff.). Die Kosten der Baustelleneinrichtung sind grundsätzlich in den Einheitspreisen enthalten und können nicht gesondert berechnet werden.[265] Ein vom Auftragnehmer angebotener Einheitspreis kann **sittenwidrig** sein. Das hat z.B. das OLG Celle[266] für den Fall entschieden, dass der Zuschlag von Wagnis und Gewinn außer Verhältnis zu den kalkulierten Kosten steht. Der Auftragnehmer hatte eine Eventualposition angeboten, wobei in diesem Fall ein Zuschlag für Wagnis und Gewinn von knapp 90 % einkalkuliert war (vgl. hierzu auch Rdn. 1233, 1502, 1535).

1501 Bei **Mengenabweichungen** gegenüber der vertraglich vorgesehenen Bauleistung kann eine Änderung des Einheitspreises beim VOB-Bauvertrag nur über § 2 Abs. 3 VOB/B erfolgen.[267] Dies gilt allerdings dann nicht, wenn Mengenabweichungen auf den Fallgestaltungen des § 2 Abs. 4 (Übernahme einzelner Leistungen durch den Auftraggeber), Abs. 5 (Änderungen des Bauentwurfs usw.) oder Abs. 8 (Leistungen ohne Auftrag oder in Abweichung vom Vertrag) beruhen;[268] in den zuletzt genannten Fällen gelten nur die entsprechenden Bestimmungen.

---

[261] IBR RS 2007, 3316.
[262] BGH, BauR 2006, 2040, 2041 = NZBau 2006, 777; OLG Celle, IBR 2008, 73 – *Völkel*.
[263] Vgl. hierzu OLG Celle, NJW 1966, 507 (bei Vereinbarung von Einheitspreisen als „Festpreise" und Lohngleitklausel).
[264] Vgl. hierzu OLG Koblenz, BauR 1993, 607 (Festpreis bleibt „Basispreis" und wird entsprechend der Veränderung den allgemeinen üblichen Preisen angepasst).
[265] OLG Düsseldorf, BauR 1998, 410 (LS) = NJW-RR 1998, 670.
[266] IBR 2017, 5 – *Rodemann*.
[267] Vgl. hierzu *Jagenburg*, BauR 1970, 18; *Heiermann*, BauR 1974, 73; *Dähne*, BauR 1974, 371; *Piel*, BauR 1974, 226.
[268] Auch bei angeordneten Mengenmehrungen gilt § 2 Nr. 6 VOB/B, wobei sich die Höhe der Vergütung nach § 2 Nr. 3 richtet (vgl. hierzu *Kapellmann/Schiffers*, Bd. 1, Rn. 505 ff.).

Der Einheitspreisvertrag

1502 § 2 Abs. 3 VOB/B enthält für Mengenabweichungen eine **abschließende Regelung** für den VOB-Bauvertrag.[269] Auf die Grundsätze der Änderung der Geschäftsgrundlage (§ 313 BGB) kann grundsätzlich nicht zurückgegriffen werden,[270] weil die Regelung nicht auf eine bestimmte prozentuale Überschreitung oder Unterschreitung beschränkt ist. Allerdings eröffnet der BGH[271] in **Ausnahmefällen (außergewöhnliche Preisbildung)** die Anwendung der gesetzlichen Regelungen zum Wegfall der Geschäftsgrundlage, wenn die Parteien einer Einheitspreisvereinbarung eine bestimmte Menge zugrunde gelegt haben und sich später eine erhebliche Mengenänderung gegenüber der im Leistungsverzeichnis in Ansatz gebrachten Menge ergibt. Kommt es ohne Anordnungen des Auftraggebers zu Mehrmengen in einzelnen Positionen eines detaillierten Leistungsverzeichnisses, setzt der Anspruch auf Vergütung dieser Mehrmengen nach Auffassung des OLG Naumburg[272] nicht voraus, dass der Auftragnehmer dem Auftraggeber den Anspruch vor Ausführung der Leistungen angekündigt hat.

Bei der Prüfung, ob eine Mengenabweichung nach oben oder unten vorliegt, ist auf den **Mengenansatz der einzelnen Positionen** und **nicht auf den Gesamtpreis** abzustellen.[273] Die Festsetzung eines neuen Einheitspreises muss vom Bauunternehmer oder Bauherrn spätestens bei der Abrechnung erfolgen. Bei Mengenüberschreitungen bzw. -unterschreitungen gem. § 2 Abs. 3 VOB/B besteht keine Ankündigungs- oder Hinweispflicht des Auftragnehmers.[274]

* Nach § 2 Abs. 3 kann ein neuer Einheitspreis nur in den Fällen verlangt werden, in denen die ausgeführten Mengen der unter einem Einheitspreis erfassten Leistung oder Teilleistung um mehr als 10 v.H. von dem im Vertrag vorgesehenen Umfang abweichen.

* Für die **über 10 v.H. hinausgehende Überschreitung des Mengenansatzes** ist auf Verlangen ein neuer Preis unter Berücksichtigung der Mehr- oder Minder-

---

269) Vgl. hierzu grundlegend: BGH, BauR 1987, 217 = NJW 1987, 1820; *Heiermann*, Festschrift für Korbion, S. 137 u. *Drittler*, BauR 1992, 700; *Eichner*, in: Leinemann, § 2 VOB/B, Rn. 135 ff. u. 152 ff. bringt Beispielsberechnungen. Zur Anwendung des § 2 Nr. 3 VOB/B auf einen **spekulativ** handelnden Bieter, der einen **Preis „unter Wert"** anbietet: *Stemmer*, BauR 1997, 417 ff.; s. ferner: *Friedrich*, BauR 1999, 817 sowie *Achilles*, IBR 2007, 231 (zur Handhabung des **Ausgleichs der Gemeinkosten bei Mengenänderungen**). Zur **Vereinbarung und Ermittlung des neuen Preises** vgl. *Drittler*, BauR 2005, 307; *Augustin*, BauR 1999, 546 und *Schulze-Hagen*, Festschrift für Jagenburg (2002), S. 815 (bei Mindermengenabrechnung und Vergabegewinn). Zur **Darlegungslast** hinsichtlich eines neuen Einheitspreises bei Unterschreitung des Mengenansatzes vgl. OLG Bamberg, NZBau 2004, 100. Zur „bereinigenden Preisfortschreibung" bei Nachträgen und Ausgleichsberechnungen gemäß § 2 Abs. 3 VOB/B vgl. *Luz*, BauR 2005, 1391 (bei in Form der Mischkalkulation angebotenen Einheitspreisen).
270) BGH, BauR 2011, 1162 = NJW-RR 2011, 886 (Zurückweisung der Nichtzulassungsbeschwerde); OLG Köln, IBR 2015, 349 – *Bolz*.
271) A.a.O.; ebenso die Vorinstanz, das OLG Schleswig, BauR 2011, 1819 (bei einer „jeden vorhersehbaren Rahmen sprengenden Massenüberschreitung" und einer „Überhöhung des Einheitspreises") sowie NZBau 2011, 756. Ferner BGH, BauR 2011, 1646 (Andere Estrichstärke als ausgeschrieben). Vgl. zu beiden Entscheidungen des BGH *Steffen/Hofmann*, BauR 2012, 1.
272) IBR 2017, 4 – *Bolz*.
273) BGH, BauR 1976, 135.
274) OLG Jena, IBR 2005, 301 – *Schulze-Hagen*.

kosten zu vereinbaren (§ 2 Abs. 3 Nr. 2 VOB/B). Aus dem Hinweis, dass bei der Berechnung des neuen Preises die Mehr- oder Minderkosten zu berücksichtigen sind, ergibt sich, dass die **Preisermittlungsgrundlagen des bisherigen Einheitspreises** auch für den neuen Einheitspreis bezüglich der Mehrmengen heranzuziehen sind.[275)] Das bedeutet, dass der Auftragnehmer ggf. seine Kalkulation des ursprünglichen Angebotes offen legen muss.[276)] Den entsprechenden Vortrag kann er nicht durch ein Sachverständigengutachten ersetzen, das ohne Berücksichtigung seiner Kalkulation nur von Erfahrungssätzen ausgeht.[277)] Der neue Einheitspreis gilt nur für die über 10 v.H. hinausgehende Überschreitung des Mengenansatzes, also ab 110 v.H. Zwischenzeitliche Lohn- und Materialaufschläge sind grundsätzlich nicht zu berücksichtigen.[278)] Frühere Fehler in der Preisermittlung des Auftragnehmers aufgrund von Kalkulationsirrtümern können über den Weg der neuen Preisermittlung nicht korrigiert werden, was jedoch bei einem externen Kalkulationsirrtum, bei dem die fehlerhafte Kalkulation nach außen hin aufgedeckt wird, bestritten ist.[279)]

Nach § 2 Abs. 3 Nr. 3 VOB/B ist bei einer **über 10 v.H. hinausgehenden Unterschreitung des Mengenansatzes** auf Verlangen der Einheitspreis für die tatsächlich ausgeführte Menge der Leistung oder Teilleistung zu erhöhen, soweit der Auftragnehmer nicht durch Erhöhung der Mengen bei anderen Ordnungszahlen (Positionen) oder in anderer Weise (z.B. durch Nachtragsleistungen gemäß § 2 Abs. 5 und 6 VOB/B)[280)] einen Ausgleich erhält. Im Übrigen enthält diese Vorschrift eine Regelung, wie die Erhöhung des Einheitspreises zu errechnen ist: Sie soll im Wesentlichen dem Mehrbetrag entsprechen, der sich durch Verteilung der Baustelleneinrichtungs- und Baustellengemeinkosten und der Allgemeinen Geschäftskosten auf die verringerte Menge ergibt.[281)] Die Umsatzsteuer wird entsprechend dem neuen Preis vergütet. Bei **Mengenunterschreitungen von über 10 v.H.** gegenüber dem Leistungsverzeichnis ist der **neue Einheitspreis** gemäß § 2 Abs. 3 Nr. 3 VOB/B für die **gesamte Bauleistung** zu ermitteln; der Auftragnehmer erhält also bei einer entsprechend verringerten Bauleistung seine **gesamten Gemeinkosten**[282)] erstattet und braucht sich keinen Eigenanteil von 10 v.H. der Gemeinkosten anrechnen zu lassen.[283)] Für nach § 2 Abs. 3 Nr. 3

---

275) BGH, DB 1969, 1058; OLG München, BauR 1993, 726; *Vygen*, Rn. 767; *Oberhauser*, BauR 2011, 1547 ff., 1550; *Jagenburg*, BauR 1970, 18, 19; *Keldungs*, in: Ingenstau/Korbion, § 2 Abs. 3/B, Rn. 19; *Dähne*, BauR 1974, 371; **a.A.:** *Heiermann*, BauR 1974, 73. Zur Preisermittlung im Einzelnen: *Kapellmann/Schiffers*, Bd. 1, Rn. 520 ff., 555 ff.
276) Schleswig-Holsteinisches OLG, BauR 2010, 1937; OLG München, BauR 1993, 726.
277) OLG Bamberg, OLGR 2003, 403.
278) Bestr.; vgl. hierzu *Nicklisch/Weick*, § 2/B, Rn. 86 ff. m.w.Nachw.
279) **A.A.:** *Keldungs*, in: Ingenstau/Korbion, § 2 Abs. 3/B, Rn. 23 (neuer Preis auf angemessener Preisermittlungsgrundlage bei externem Kalkulationsirrtum), die ferner darauf abstellen, wer für die ursprüngliche Fehlberechnung verantwortlich ist.
280) OLG Karlsruhe, BauR 2013, 1680 = IBR 2013, 458 – *Bolz*; vgl. hierzu auch *Kapellmann*, in: Kapellmann/Messerschmidt, § 2 VOB/B, Rn. 158 sowie *Usselmann*, BauR 2004, 1217.
281) OLG Schleswig, BauR 1996, 265; vgl. hierzu auch *Schulze-Hagen*, Festschrift für Jagenburg, S. 815.
282) Vgl. hierzu OLG Schleswig, BauR 1996, 127 (allgemeine Geschäftskosten grundsätzlich keine „feste Größe", sondern **umsatzabhängig**). Ferner KG, IBR 2006, 611 – *Stemmer* sowie *Achilles*, IBR 2007, 231.
283) BGH, BauR 1987, 217 = NJW 1987, 1820; OLG Hamm, BauR 1984, 297.

Der Einheitspreisvertrag Rdn. 1502

VOB/B ausgleichspflichtige Mindermengen stehen Mehrmengen nur mit den 110 v.H. übersteigenden Ansätzen als Ausgleich zur Verfügung.[284]

Nach Auffassung des OLG Düsseldorf[285] kann der Auftraggeber einen **Anspruch auf Preisanpassung** wegen einer Mengenüberschreitung gem. § 2 Abs. 3 Nr. 2 VOB/B **nur bis zur Bezahlung der Schlussrechnung des Auftragnehmers** geltend machen: Gleicht er diese vorbehaltlos aus, ohne eine Preisanpassung zu verlangen, soll er sein Änderungsrecht verwirkt haben, sodass er mit einem Änderungsverlangen für die Zukunft ausgeschlossen ist.

Diese Auffassung ist **bedenklich**. Sie steht auch im Widerspruch zu einer Entscheidung des OLG Brandenburg[286], wonach das Recht des Auftraggebers auf eine entsprechende Preisanpassung auch 3,5 Jahre nach Schlussrechnungslegung bzw. -prüfung nicht verwirkt ist. Obwohl § 2 Nr. 3 VOB/B keine zeitlichen Schranken für das Preisanpassungsverlangen kennt, ist der BGH[287] allerdings der Meinung, dass das Preisanpassungsverlangen „möglichst beschleunigt" geltend gemacht werden muss. Zeitangaben enthält die Entscheidung des BGH insoweit nicht. Der BGH verlangt überdies Anhaltspunkte für einen Vertrauenstatbestand, dass der Auftraggeber sich darauf einrichten durfte und darauf eingerichtet hat, der Auftragnehmer werde keine Preisanpassung mehr verlangen, sodass nur unter diesem Vorzeichen von einer Verwirkung gesprochen werden könnte.

Die **Fortschreibung überhöhter Einheitspreise** kann im Einzelfall problematisch sein. Eine wirksam vereinbarte überhöhte Vergütung kann allerdings in Einzelfällen nach den Grundsätzen des **Wegfalls der Geschäftsgrundlage** anzupassen sein; das gilt insbesondere, wenn sie auf einem überhöhten Einheitspreis und nicht vorhergesehenen Mengenmehrungen (oder Mengenunterschreitungen) beruht.[288]

Steht der nach § 2 Abs. 3 Nr. 2 VOB/B neu zu vereinbarende **Einheitspreis** für Mehrmengen in einem auffälligen, wucherähnlichen Missverhältnis zur Bauleistung, kann nach BGH[289] die dieser Preisbildung zugrunde liegende Vereinbarung **sittenwidrig** und damit gemäß § 138 Abs. 1 BGB **nichtig** sein (vgl. zur Sittenwidrigkeit eines Pauschalpreises für eine Teilleistung Rdn. 1535). Das gilt auch für Nachträge bzw. Preisermittlungen nach § 2 Nr. 5 sowie Nr. 6 VOB/B.[290] Die ent-

---

284) BGH, a.a.O. Auch bei „Nullmengen" einzelner Positionen: vgl. hierzu OLG Bamberg, IBR 2011, 66 – *Mandelkow* sowie *Kimmich*, BauR 2011, 171 ff.
285) IBR 2015, 243 – *Bolz*.
286) IBR 2012, 71 – *Fuchs*.
287) NJW-RR 2005, 1041 = NZBau 2005, 455 = IBR 2005, 359 – *Oppler*.
288) BGH, NJW-Spezial 2011, 332. OLG Schleswig, IBR 2011, 1067; OLG Dresden, IBR 2013, 397.
289) BauR 2009, 491 = NJW 2009, 835 sowie NZBau 2010, 367 = IBR 2010, 256 – *Schulze-Hagen*; vgl. hierzu *Kapellmann*, NJW 2009, 1380; *Stemmer*, Jahrbuch Baurecht 2010, 71 sowie *Fuchs*, Jahrbuch Baurecht, 137; ferner OLG Hamm, NZBau 2013, 373 (Überschreitung des üblichen Einheitspreises um das 28fache); OLG München, IBR 2010, 608 – *Fuchs*; OLG Celle, IBR 2010, 609 – *Bröker* = BauR 2010, 2121. OLG Brandenburg, IBR 2009, 567 – *Jakob* und OLG Dresden, IBR 2010, 199 – *v. Rintelen* = NZBau 2010, 373; OLG Jena, BauR 2010, 1224 = NZBau 2010, 376; OLG Nürnberg, IBR 2010, 433 – *Schulze-Hagen*.
290) BGH, BauR 2013, 1121 (22fache des üblichen Preises) = IBR 2011, 329 – *Jenssen*; BauR 2013, 1116 (8-fache des üblichen Preises) = IBR 2013, 330 – *Jansen*; vgl. auch OLG Hamm, NJW-RR 2013, 1176 = IBR 2013, 401 – *Kues*; OLG Dresden, IBR 2013, 397 – *Bolz*.

sprechende Vermutung eines **sittlich verwerflichen Gewinnstrebens** bei einem extrem überhöhten Einheitspreis kann vom Auftragnehmer nicht dadurch entkräftet werden, ihm sei bei der Preisbildung zu seinen Gunsten ein Berechnungsfehler unterlaufen.[291] An die Stelle der nichtigen Vereinbarung tritt die Vereinbarung, die Leistungen nach dem **üblichen Preis** zu vergüten (vgl. hierzu auch Rdn. 1464).[292]

* § 2 Abs. 3 Nr. 2 und 3 VOB/B begründen hinsichtlich der Minder- bzw. Mehrmengen einen vertraglichen Anspruch auf Einwilligung in einen neuen Preis.[293] Kommt es allerdings – trotz der insoweit bestehenden Kooperationspflicht der Parteien – nicht zu einer Vereinbarung, kann der neue Preis unmittelbar zum Gegenstand eines Rechtsstreits gemacht werden; das Recht auf Preisanpassung kann allerdings nach den allgemeinen Grundsätzen verwirkt werden.[294]
* Mit der Änderung des Einheitspreises kann gemäß § 2 Abs. 3 Nr. 4 VOB/B auch eine angemessene Änderung der Pauschalsumme gefordert werden, wenn von der unter einem Einheitspreis erfassten Leistung oder Teilleistung andere Leistungen abhängig sind, für die eine Pauschalsumme vereinbart ist.

Im Einzelfall können bei Wegfall ganzer Positionen eines Leistungsverzeichnisses, weil die entsprechende Ausführung nicht erforderlich erscheint, „**Nullmengen**" entstehen. Fraglich ist dann, ob der Auftragnehmer insoweit Ansprüche geltend machen kann (z.B. wegen dadurch entstehender Unterdeckung) seiner umgelegten Allgemeinen Geschäftskosten und Baustellengemeinkosten.

In der Literatur wird diesbezüglich überwiegend die Meinung vertreten, dass über eine entsprechende Anwendung des für die freie (Teil-)Kündigung maßgeblichen Rechtsgedankens der **Regelungen in § 649 S. 2 BGB/§ 8 Abs. 1 VOB/B** bzw. die **Änderung der Geschäftsgrundlage** eine befriedigende Lösung gefunden werden kann.[295] Dem hat sich das OLG Frankfurt[296] angeschlossen. Der BGH[297] löst die entsprechende Problematik nach den **Grundsätzen der ergänzenden Vertragsauslegung**: Danach kann der Auftragnehmer bei einem VOB/B-Einheitspreisvertrag eine Vergütung für ersatzlos entfallende Leistungspositionen (Null-Position) nach Maßgabe des § 2 Nr. 3 Abs. 3 VOB/B verlangen, wenn ein Fall der vom Regelungsgehalt dieser Vertragsklausel erfassten Äquivalenzstörung vorliegt. Das OLG Brandenburg[298] weist in diesem Zusammenhang darauf hin, dass inso-

---

291) BGH, BauR 2913, 1121 = IBR 2013, 329 und 331; vgl. hierzu auch BGH, NZBau 2010, 367 sowie Kniffka/Koeble, 5. Teil, Rn. 144 ff.
292) BGH, BauR 2013, 1121 = IBR 2013, 329 – *Jenssen*; BauR 2013, 1116 = IBR 2013, 330 – *Jansen*. Ebenso OLG Hamm, IBR 2013, 401 – *Kues*; OLG Dresden, IBR 2013, 397 – *Bolz*.
293) BGH, BauR 2005, 1152.
294) BGH, a.a.O.
295) Vgl. hierzu im Einzelnen *Wagner*, ZfBR 2012, 321; *Klaft/Nossek*, NZBau 2009, 286 sowie *Kimmich*, BauR 2011, 171; ferner *Keldungs*, in: Ingenstau/Korbion, § 2 Abs. 3 VOB/B, Rn. 25; *Lederer*, in: Kapellmann/Messerschmidt, VOB/B, § 8 Rn. 22.
296) IBR 2013, 665 – *Asam*.
297) BauR 2012, 640 m.w.N. = IBR 2012, 188 – *Asam* = NJW 2012, 1348 m.Anm. *Kandel* = NZBau 2012, 226; ebenso OLG Hamm, IBR 2015, 4 – *Asam* und OLG Brandenburg, NZBau 2016, 358; so auch *Juntunen*, BauR 2010, 698 sowie *Kapellmann*, in: Kapellmann/Messerschmidt, VOB/B, § 2, Rn. 153; *Würfele*, in: Würfele/Gralla, Rn. 820, *Kimmich*, BauR 2011, 171; *Jansen*, NZBau 2012, 345. Vgl. auch OLG Düsseldorf, BauR 2012, 84, 88.
298) NZBau 2016, 358.

Der Einheitspreisvertrag

weit aber kein Anspruch besteht, wenn der Auftragnehmer durch die Erhöhung der Mengen bei anderen Positionen eine Kompensation erhält; dabei sei es ohne Bedeutung, ob zwischen den vollständig weggefallenen und den zusätzlichen Leistungen ein ursächlicher Zusammenhang existiert und ob die zusätzlichen Arbeiten auf der Baustelle oder auf dem Betriebsgelände des Auftragnehmers ausgeführt worden sind.

1503 Auf **Eventualpositionen/Bedarfspositionen**,[299] die sich auf Leistungen beziehen, deren Ausführung sowohl dem Grunde wie auch der Höhe nach ungewiss ist, ist nach OLG Hamm[300] § 2 Abs. 3 VOB/B nicht anwendbar, soweit keine Mengenangaben und damit auch keine Gesamtpreisabgabe erfolgt. Daher verstößt ein Ausschluss der Preisanpassung gemäß § 2 Abs. 3 VOB/B in Formularverträgen oder AGB auch nicht gegen §§ 307, 308 Nr. 3 BGB.[301] Der Bieter/Auftragnehmer ist allerdings an die von ihm angebotenen Preise für die Eventualpositionen/Bedarfspositionen gebunden, wenn im Rahmen der Bauausführung der Bedarf tatsächlich entsteht und daraufhin der Auftraggeber die Ausführung dieser Bedarfsleistungen anordnet.[302] Um Bedarfspositionen „zu aktivieren" ist allerdings eine ausdrückliche oder konkludente Beauftragung erforderlich.[303]

1504 Von Eventualpositionen/Bedarfspositionen sind so genannte **Wahl- oder Alternativpositionen** zu trennen: Sie werden in der Baubranche in Leistungsverzeichnissen vorgesehen, wenn sich der Auftraggeber noch nicht entschieden hat, wie er eine bestimmte Leistung ausführen will. Entscheidet sich der Auftraggeber im Rahmen der Auftragserteilung für eine Grund- oder Alternativposition entfällt nach einer Entscheidung des KG[304] hinsichtlich der nicht beauftragten Position die Angebotsbindung seitens des Auftragnehmers: Gibt der Auftraggeber dann später doch die entfallene Grund- oder Alternativposition in Auftrag, handelt es sich um die Anordnung einer Leistungsänderung gemäß § 1 Abs. 3, § 2 Abs. 5 VOB/B, sodass für die Findung des neuen Preises auf die Preisermittlungsgrundlagen der ursprünglich beauftragten Leistungen, nicht dagegen der entfallenen Position abzustellen[305] ist.

Rechnet der Auftragnehmer nach Vertragskündigung durch den Auftraggeber die bis zur Kündigung erbrachten Leistungen ab, muss er grundsätzlich den bei Vertragsabschluss vereinbarten prozentualen **Nachlass** auf die Einheitspreise des

---

299) Zu dem Begriff von „nEP" Positionen (Nur Einheitspreis) vgl. BGH, NZBau 2003, 376. Zu Bedarfs- und Eventualpositionen in der Leistungsbeschreibung vgl. im Einzelnen *Ax/Schneider/Häfner/Wagner*, BTR 2005, 196 sowie *Prieß*, NZBau 2004, 20, 25. Nimmt der Auftraggeber im Zuge der Vertragsdurchführung eine Bedarfsposition in Anspruch, muss er sie nach OLG Hamburg, BauR 2004, 687, bei seinem Vertragspartner abrufen, es sei denn, er entzieht ihm den Auftrag; er hat nicht das Wahlrecht, mit der Bedarfsposition ein Drittunternehmen anstelle des Vertragspartners zu beauftragen. Zur Auslegung eines LV als Bedarfsposition vgl. OLG Oldenburg, BauR 2008, 1630.
300) BauR 1991, 352; LG Bamberg, BauR 1991, 386 (LS).
301) OLG Hamm, BauR 1990, 744.
302) Vgl. hierzu insbesondere *Ax/Schneider/Häfner/Wagner*, BTR 2005, 196.
303) OLG Dresden, IBR 2008, 10 – *Stemmer*. Ferner OLG Hamburg, BauR 2004, 687 (Auftraggeber hat nicht das Wahlrecht, mit der Bedarfsposition ein Drittunternehmen anstelle des Vertragspartners zu beauftragen).
304) BauR 2004, 1779.
305) KG, a.a.O.

Leistungsverzeichnisses bei der Abrechnung der erbrachten Teilleistung berücksichtigen, auch wenn sich durch die Kündigung die Mengen der abgerechneten Positionen gegenüber den bei Vertragsschluss kalkulierten erheblich verringert haben.[306]

1505 In Bauverträgen wird häufig die **Anpassung des Einheitspreises** bei Mengenabweichungen **vertraglich abbedungen** (z.B.: „Mengenänderungen führen nicht zu Änderungen von Einheitspreisen"; oder: „Mehr- oder Minderleistungen, auch über 10 v.H., berechtigen nicht zu einer Änderung der Einheitspreise"; oder: „Der Auftraggeber behält sich vor, einzelne Positionen oder Titel des Leistungsverzeichnisses teilweise oder ganz wegfallen zu lassen; dem Auftragnehmer steht in diesem Fall kein Anspruch auf Entschädigung zu" oder „Die dem Angebot des Auftragnehmers zugrunde liegenden Preise sind grundsätzlich Festpreise und bleiben für die gesamte Vertragsdauer verbindlich"[307]). Eine solche Regelung ist **individualrechtlich** möglich. Bei **Formularverträgen/AGB** ergeben sich im Hinblick auf § 307 BGB erhebliche Bedenken.[308] Der BGH[309] hat eine vom Auftraggeber gestellte, nicht im Einzelnen ausgehandelte Klausel „Massenänderungen – auch über 10 % – sind vorbehalten und berechtigen nicht zur Preiskorrektur" wegen unangemessener Benachteiligung des Auftragnehmers für unwirksam erklärt, weil mit dieser Klausel nicht nur eine Preisanpassung nach § 2 Abs. 3 VOB/B, sondern auch nach den Grundsätzen über die Störung der Geschäftsgrundlage (§ 313 BGB) ausgeschlossen wird. Der BGH[310] hält allerdings eine Formularklausel „Die Einheitspreise sind Festpreise für die Dauer der Bauzeit und behalten auch dann ihre Gültigkeit, wenn Massenänderungen im Sinne des § 2 Abs. 3 VOB/B eintreten" für wirksam, weil insoweit nur eine Preisanpassung nach dieser Vorschrift ausgeschlossen wird. Das OLG Düsseldorf[311] hat in einer bedenklichen Entscheidung die Klausel „Die dem Angebot des Auftragnehmers zugrunde liegenden Preise sind grundsätzlich Festpreise und bleiben für die gesamte Vertragsdauer verbindlich" für wirksam erklärt. Das Gericht legt diese Klausel ergänzend dahin aus, dass die Preisanpassungsmöglichkeit des § 2 Abs. 3 VOB/B, nicht aber die weitergehenden Ansprüche auf Preisanpassung gem. § 213 BGB bzw. Schadensersatz gem. § 311 Abs. 2, 280 Abs. 1 BGB ausgeschlossen werden. Finken[312] hat diese Entscheidung zu Recht kritisiert, weil das OLG in diese Klausel zum einen den Abschluss des § 2 Abs. 3 VOB/B „hinein"- und zum anderen einen Ausschluss weitergehender Ansprüche „heraus"-interpretiert. Einen Verstoß gegen § 307 BGB wird man jedoch annehmen müssen,

---

306) OLG Celle, OLGR 1994, 242.
307) Vgl. OLG Düsseldorf, BauR 2017, 727.
308) Für **Unwirksamkeit** solcher Klauseln: OLG Düsseldorf, NJW-RR 1992, 216; BauR 1984, 95; OLG Frankfurt, NJW-RR 1986, 245; LG Nürnberg-Fürth, ZfBR 1990, 117 (LS); vgl. hierzu insbesondere S. *Kapellmann*, Festschrift für Kapellmann, 167 sowie *Heiermann*, NJW 1986, 2682 m.w.Nachw. aus der Rspr. Differenzierend *Kuffer*, in: Heiermann/Riedl/Rusam, § 2/B, Rn. 135.
309) BauR 2016, 260 = NZBau 2016, 96 = IBR 2016, 3 – *Bolz*.
310) BauR 1993, 723 = ZfBR 1993, 277; ebenso: OLG Düsseldorf, BauR 2017, 727; KG, BauR 2001, 1591 (bei einvernehmlicher Beendigung des Vertrages und bei Unanwendbarkeit des § 2 Nr. 3 VOB/B auch kein Anspruch des Auftragnehmers über § 8 Nr. 1 Abs. 2 VOB/B); vgl. hierzu: *Knacke*, Festschrift für v. Craushaar, S. 249 ff.
311) IBR 2016, 683 – *Finken*.
312) Dito.

Der Einheitspreisvertrag

wenn der Auftraggeber lediglich Erhöhungen, nicht aber zugleich Herabsetzungen der Einheitspreise bei Mengenveränderungen ausschließt.[313] Unzulässig ist ebenfalls eine formularmäßige Klausel, wonach die vereinbarten Festpreise Nachforderungen jeglicher Art ausschließen.[314]

Eine Klausel, wonach eine Änderung des Einheitspreises abweichend von § 2 Abs. 3 VOB/B erst bei Mengenüber- oder -unterschreitungen von 20 % stattfindet, ist dagegen nicht zu beanstanden: Wenn – entsprechend der Rechtsprechung des BGH – § 2 Abs. 3 VOB/B vollständig ausgeschlossen werden kann, können folgerichtig die in dieser Vorschrift genannten Prozentsätze im angemessenen Rahmen angehoben werden.[315]

1506 Ist eine Anpassung des Einheitspreises bei Mengenabweichungen vertraglich wirksam abbedungen, können im Einzelfall die Grundsätze über den Wegfall oder die Änderung der Geschäftsgrundlage (§ 313 BGB) herangezogen werden. Ferner kann u.U. Schadensersatz aufgrund der Rechtsinstitute des Verschuldens bei Vertragsschluss oder der positiven Vertragsverletzung (§ 241 Abs. 2 BGB) verlangt werden; dies setzt jedoch ein schuldhaftes Verhalten des Bauherrn voraus, z.B. unrichtige Mengenangaben im Leistungsverzeichnis aufgrund unsorgfältiger oder bewusst unrichtiger Berechnung.[316] Die Höhe des Schadensersatzes wird sich an den Regeln des § 2 Abs. 3 VOB/B auszurichten haben.

1507 Beim **BGB-Bauvertrag** regeln sich die Fälle der **Mengenabweichungen nur** über das Rechtsinstitut der **Störung der Geschäftsgrundlage**,[317] das nunmehr in § 313 BGB kodifiziert ist (vgl. hierzu Rdn. 2956 ff.). Führt die Ausführung der Werkleistung – im Rahmen eines BGB-Werkvertrages – zu einer exorbitanten Erhöhung der im Vertrag angenommenen Massen, kann nach Auffassung des OLG Celle[318] der Nachunternehmer nicht ohne Weiteres davon ausgehen, dass der Hauptunternehmer mit dieser für beide Seiten **nicht vorhersehbaren Mehrung** einverstanden sein würde, wenn dieser die Arbeiten seinerseits gegenüber dem Auftraggeber abzurechnen hat. Ein Anspruch aus **Geschäftsführung ohne Auftrag scheidet in diesem Fall** aus, weil die weitergehenden Arbeiten nicht dem mutmaßlichen Willen des Hauptunternehmers entsprechen. In Betracht kommt daher nur ein **Anspruch aus § 812 BGB**.

1508 Von dem vorerwähnten Fall der Mengenabweichungen innerhalb einer Position sind die Fallgestaltungen zu unterscheiden, **bei denen eine oder mehrere Positionen** des Bauvertrages **vollständig fortfallen**.[319] Die **VOB** regelt diese Fälle nur teilweise: Übernimmt der Bauherr einzelne Bauleistungen selbst, gelten für die Vergütung die §§ 2 Abs. 4, § 8 Abs. 1 Nr. 2 VOB/B (Vereinbarte Vergütung abzüglich

---

313) So auch *Keldungs*, in: Ingenstau/Korbion, § 2 Abs. 3/B, Rn. 10.
314) BGH, BauR 1997, 1036 = NJW-RR 1997, 1513 = ZfBR 1998, 35 (Nichtannahmebeschluss zu OLG Hamburg, *SFH*, Nr. 10 zu § 3 AGB-Gesetz).
315) So richtig *Vygen/Joussen*, Rn. 684.
316) *Keldungs*, in: Ingenstau/Korbion, § 2 Abs. 5/B, Rn. 10; s. auch *Jagenburg*, BauR 1970, 21, 23.
317) *Kniffka/Koeble*, 5. Teil, Rn. 56. Vgl. hierzu: KG, BauR 2001, 1591, 1592 (kein Wegfall der Geschäftsgrundlage bei Auftragsveränderung um 39 %).
318) BauR 2012, 1797 und BauR 2013, 467.
319) Vgl. hierzu *Behre*, BauR 1976, 36 ff.; *Nicklisch/Weick*, § 2/B, Rn. 50.

der ersparten Kosten und des anderweitig erlangten bzw. böswillig unterlassenen Erwerbs).[320] Kündigt der Bauherr den Bauvertrag teilweise, also bezüglich einzelner Positionen (z.B. wegen Vergabe an einen anderen Bauunternehmer), regelt sich der Vergütungsanspruch auch über § 8 Abs. 1 Nr. 2 VOB/B; dasselbe gilt wohl auch für die Fälle, bei denen ganze Positionen durch Änderung des Bauentwurfs oder andere Anordnungen des Bauherrn wegfallen.[321] In allen übrigen Fällen wird ein Ausgleich auch hier nur über die Grundsätze der Änderung der Geschäftsgrundlage (§ 313 BGB) möglich sein, es sei denn, der Wegfall der einzelnen Positionen ist auf eine positive Vertragsverletzung des Bauherrn zurückzuführen, was nur in Ausnahmefällen gegeben sein wird.[322] Beim **BGB-Bauvertrag** gilt bei Wegfall ganzer Positionen durch Selbstübernahme bzw. Teilkündigung des Bauherrn § 649 BGB, bei einvernehmlicher Änderung des Bausolls ohne Vergütungsregelung § 632 Abs. 2, in allen übrigen Fällen als Auffangtatbestand das Rechtsinstitut der Änderung der Geschäftsgrundlage gemäß § 313 BGB.

1509 Hat sich der Bauherr in den Vertragsbedingungen das Recht vorbehalten, **einzelne Positionen des Leistungsverzeichnisses entfallen** zu lassen, was häufig geschieht, ist er nach einer Entscheidung des OLG Düsseldorf[323] nicht berechtigt, diese Leistungsteile selbst auszuführen; in der Erklärung des Bauherrn, einzelne Leistungsteile unter entsprechender Kürzung der vereinbarten Vergütung selbst ausführen zu wollen, liegt keine Teilkündigung des Werkvertrages, sondern ein Angebot auf Vertragsänderung, zu dessen Annahme der Unternehmer nicht verpflichtet ist.

1510 Einheitspreisverträge können allerdings auch **Lohn- und Materialpreisgleitklauseln** vorsehen (vgl. Rdn. 1400).[324] Sind die Einheitspreise ausdrücklich als Festpreise vereinbart, bedeutet eine Lohngleitklausel in Allgemeinen Geschäftsbedingungen einen Widerspruch; die **Festpreisklausel** genießt dann **Vorrang**.[325] Etwas anderes gilt, wenn zwischen den Parteien die tatsächlichen Voraussetzungen, unter denen der Festpreis wegfallen soll, eindeutig festgelegt sind, insbesondere also bestimmt ist, was anstelle des Festpreises treten soll.[326]

1511 Eine Einengung oder der Ausschluss des Vergütungsanspruchs gemäß § 2 Abs. 5 VOB/B in **AGB** wird in aller Regel gegen § 308 Nr. 3, 4 oder § 307 BGB verstoßen;[327] so wird häufig die Bestimmung des § 2 Abs. 5 VOB/B in AGB oder

---

320) Vgl. hierzu: OLG Oldenburg, BauR 2000, 987 = OLGR 2000, 151 = NZBau 2000, 520.
321) OLG Oldenburg, a.a.O.; *Behre*, BauR 1976, 36, 37 m. Nachw.; **a.A.:** *Jagenburg*, BauR 1970, 18, 21.
322) *Behre*, BauR 1976, 36, will alle übrigen Fälle über die positive Vertragsverletzung regeln (195).
323) NJW-RR 1988, 278.
324) Vgl. hierzu: *Werner*, NZBau 2001, 521 sowie *Reitz*, BauR 2001, 1513 (auch zu Bagatell- und Selbstbeteiligungsklauseln); ferner: OLG Hamm, BauR 1989, 755 (auch zur Bagatellklausel). Zur „Pfennigklausel" bzw. „Cent-Klausel" im Rahmen von Lohngleitklauseln bei öffentlichen Bauaufträgen: *Kleine-Möller/Merl*, § 2, Rn. 220 ff. sowie *Kuffer*, in: Heiermann/Riedl/Rusam, § 2/B, Rn. 38.
325) OLG Celle, *Schäfer/Finnern*, Z 2.300 Bl. 33; LG Bonn, NJW-RR 1992, 917 (Preisgleitklausel ohne jede Begrenzung bei vereinbartem Festpreis ist unwirksam).
326) OLG Köln, NJW-RR 1994, 1109 = BauR 1995, 112 = OLGR = 1994, 107.
327) *Keldungs*, in: Ingenstau/Korbion, § 2 Abs. 5/B, Rn. 2; *Kapellmann/Schiffers*, Bd. I, Rn. 1065.

Der Einheitspreisvertrag

Formularverträgen des Auftraggebers dadurch ausgehöhlt, dass bei Leistungsänderungen der zusätzliche Vergütungsanspruch von einer **„Vereinbarung"**, einer **„Ankündigung"** oder einem **„Angebot"** abhängig gemacht und in aller Regel hierfür die **Schriftform** verlangt wird. Derartige Klauseln verstoßen nach h.M. gegen § 307 BGB und sind daher unwirksam.[328]

Folgende Klauseln hat der BGH[329] in den AGB eines Auftraggebers für unzulässig erklärt:

„Ist der AG mit dem Kostenangebot für eine Änderung entsprechend VOB/B § 2 Abs. 5, 6 o. 7 nicht einverstanden, so hat der AN die Änderungen der Leistungen gleichwohl auszuführen. In einem solchen Fall werden dem AN die nachgewiesenen Selbstkosten vergütet."

Unwirksam ist auch folgende Klausel in AGB des Auftraggebers:

„Mit den vereinbarten Preisen sind alle besonderen Leistungen nach VOB/C abgegolten, auch soweit sie im Leistungsverzeichnis nicht besonders erwähnt sind."

Zu **weiteren Preisklauseln** vgl. im Einzelnen Rdn. 1400 ff.

1512

Vereinbaren die Parteien im Einheitspreisvertrag eine **Höchstpreisklausel** (z.B.: „Grundsätzlich wird nach den Einheitsfestpreisen und dem Aufmaß abgerechnet; der Unternehmer erhält jedoch selbst dann, wenn das Aufmaß höhere Mengen ergibt, auf keinen Fall mehr als die garantierte Höchstsumme von … €"), so kann eine Anpassung des Einheitspreises an die geänderten Mengen nur im Rahmen der garantierten Höchstsumme erfolgen.[330] Eine solche „Höchstpreisklausel" ist allerdings nur individual-rechtlich möglich. Eine entsprechende Klausel in Allgemeinen Geschäftsbedingungen des Auftraggebers in einem Einheitspreisvertrag (z.B.: „auch bei einem Einheitspreisvertrag ist die Auftragssumme limitiert") ist als überraschend anzusehen und wird daher nicht Vertragsbestandteil.[331] Nach Auffassung des OLG Frankfurt[332] liegt ein Einheitspreisvertrag mit Höchstpreisklausel nicht vor, wenn der Bauherr ein Einheitspreisangebot in einem Formularvordruck annimmt, in dem hinter das vorgedruckte Wort „Auftragshöchstsumme" der Angebotsendpreis eingesetzt ist. Hierdurch werde noch keine ausreichend klare Kennzeichnung des Vertrages erreicht.

Gesondert zu vergütende Leistungen (z.B. nach Vertragsschluss in Auftrag gegebene Bauleistungen) sind ebenfalls nach Einheitspreisen abzurechnen;[333] bei der Vereinbarung eines Pauschalpreises kann dies auch für die nicht einkalkulierte Mehrleistung geschehen.[334] Etwas anderes kann dann gelten, wenn die Bauleistung nach Stundenlohnsätzen zu vergüten ist; dann sind auch spätere, hinzukommende Bauleistungen nach Stundenlohn abzurechnen.

1513

Vertragsbedingungen eines Auftraggebers für Bauleistungen, gemäß denen der Auftragnehmer Bedenken gegen die Mengenabrechnung in den Verdingungsunter-

---

328) Vgl. BGH, BauR 2005, 94 = NZBau 2005, 148; BB 1981, 266; OLG Düsseldorf, BauR 1981, 515 (LS) u. BauR 1998, 1023 – zur Unwirksamkeit einer Schriftformklausel; OLG Celle, BauR 1982, 381; OLG Frankfurt, BauR 1986, 352 = NJW-RR 1986, 1149; *Locher*, Festschrift für Korbion, S. 290; *Kapellmann*, Festschrift für v. Craushaar, S. 227, 229, hält eine Schriftformklausel für Anordnungen im Sinne von § 1 Nr. 3, Nr. 4 VOB/B wirksam; offen gelassen von BGH, BauR 1994, 760, 761; OLG Oldenburg, IBR 2002, 4 – *Eschenbruch*.
329) BauR 1997, 1036, 1038 = NJW-RR 1997, 1513.
330) Vgl. hierzu BGH, BauR 2005, 94 = NZBau 2005, 148 = NJW-RR 2005, 246 = IBR 2005, 1 – *Schulze-Hagen;* ferner *Bartmann*, BauR 1974, 31.
331) BGH, a.a.O.; OLG Frankfurt, NJW-RR 1989, 20.
332) NJW-RR 1989, 20. Vgl. auch OLG Frankfurt, BauR 2009, 1440 (Preisobergrenze).
333) BGH, *Schäfer/Finnern*, Z 2.300 Bl. 31.
334) BGH, WM 1974, 929 = NJW 1974, 1864.

lagen binnen 14 Tagen geltend machen muss, da sie andernfalls der Schlussabrechnung zugrunde gelegt werden, sind unwirksam.[335]

Zur Überschreitung des **unverbindlichen Kostenanschlags** vgl. Rdn. 1743 ff.

3. Der Pauschalpreisvertrag

Literatur bis 1999

Kapellmann/Schiffers, Vergütung, Nachträge und Behinderungsfolgen beim Bauvertrag, Bd. 2: Pauschalvertrag einschließlich Schlüsselfertigbau, 4. Auflage (2006); *Kapellmann*, Schlüsselfertiges Bauen (1997); *Putzier*, Der Pauschalpreisvertrag, 2. Auflage (2005).

Literatur ab 2000[336]

Roquette, Vollständigkeitsklauseln: Abwälzung des Risikos unvollständiger oder unrichtiger Leistungsbeschreibungen auf den Auftragnehmer, NZBau 2001, 57; *Putzier*, Anpassung des Pauschalpreises bei Leistungsänderung, BauR 2002, 546; *Acker/Garcia-Scholz*, Möglichkeiten und Grenzen der Verwendung von Leistungsbestimmungsklauseln nach § 315 BGB in Pauschalpreisverträgen, BauR 2002, 550; *Mittenzwei*, Geschäftsgrundlage und Vertragsrisiko beim Pauschalvertrag, Festschrift für Jagenburg (2002), 621; *Langen/Schiffers*, Leistungs-, Prüfungs- und Hinweispflichten des Auftragnehmers bei konventioneller und zieldefinierter Baudurchführung, Festschrift für Jagenburg (2002), 435; *Busse*, Zum Vergütungsrisiko des Generalunternehmers bei funktionaler Leistungsbeschreibung in Pauschalverträgen mit privaten Auftraggebern außerhalb von Verbraucherverträgen, Festschrift für Jagenburg (2002), 77; *Eschenbruch*, Generalunternehmereinsatz: Vergütungsfolgen von Teilkündigungen und Änderungsanordnungen, Festschrift für Jagenburg (2002), 179; *Hickl*, Generalunternehmervertrag und Nachunternehmervertrag – Ein Kooperationsverhältnis, Festschrift für Jagenburg (2002), 279; *Grauvogl*, „Systemrisiko" und Pauschalvertrag bei Tiefbauleistungen, NZBau 2002, 591; *Freund*, Der Pauschalvertrag aus Sicht des Bauträgers, BTR 2005, 94; *Heddäus*, Probleme und Lösungen um den Pauschalvertrag – Mischformen von Pauschalverträgen – Komplettheitsklauseln, ZfBR 2005, 114; *Leineweber*, Kündigung bei Pauschalverträgen – Möglichkeiten und Problemlösungen für den Auftragnehmer im Zusammenhang mit der Abrechnung, ZfBR 2005, 110; *Poetzsch-Heffter*, Global- und Detailpauschalvertrag in Rechtsprechung und Literatur, ZfBR 2005, 324; *Putzier*, Pro und Contra Pauschalpreisvertrag, Festschrift für Thode (2005), 109; *Quack*, Teilpauschalverträge, ZfBR 2005, 107; *Labrenz*, Zum rechtlichen Charakter „nachträglicher Anordnungen" des Bestellers beim Pauschalvertrag, NZBau 2008, 350; *Acker/Roquette*, Detaillierter versus funktionaler Leistungsbeschrieb – Rechte, Pflichten und Risiken bei Einheits-, Detailpauschal- und Globalpauschalvertrag, BauR 2010, 293; *Thierau*, Der Pauschalvertrag beim Schlüsselfertigbau – Typische Vertragsrisiken, Festschrift für Kapellmann (2007), 433; *Fischer*, Auslegung von Detailangaben in funktionalen Baubeschreibungen, NJW 2012, 432; *Kapellmann*, Vertragsinhalt oder Geschäftsgrundlage? Mengenangaben im Einheitspreis- oder Pauschalvertrag, NZBau 2012, 275; *Roquette/Vogt*, All Inclusive oder nicht? Vollständigkeitsklauseln sind Preisnebenabreden und keine Vereinbarungen zu Leistung und Gegenleistung, BauR 2015, 909.

a) Allgemeine Grundsätze

1514 Der **Pauschalpreisvertrag** ist wie der Einheitspreisvertrag ein Leistungsvertrag,[337] stellt aber die **Ausnahme** dar; bei ihm wird die gesamte Bauleistung mit einer pauschalen Geldleistung vergütet. Deshalb sind grundsätzlich alle Einzelleis-

---

335) OLG Zweibrücken, BauR 1994, 509.
336) Literatur vor 2000 siehe 15. Auflage.
337) Zur Abgrenzung: *Vygen*, ZfBR 1979, 133 ff. u. Rn. 751 ff.

Der Pauschalpreisvertrag

tungen abgegolten, die zur Herstellung der vereinbarten Leistung gehören und für diese erforderlich sind.[338]

Der Pauschalpreis soll – nach dem Willen der Vertragsparteien – grundsätzlich unabhängig von den tatsächlich erbrachten Leistungen (Leistungsumfang) gelten. Inhalt, Art und Umfang des Pauschalpreisvertrages hängen jedoch stets davon ab, inwieweit die dem Pauschalpreis zugrundeliegenden Leistungen im Einzelnen beschrieben sind (vgl. Rdn. 1524 ff.). Dementsprechend kann ein Pauschalpreisauftrag grundsätzlich bedeuten, dass der Unternehmer sich verpflichtet, **1515**

* entweder die **im Leistungsverzeichnis**[339] oder in anderer Form (z.B. anhand von Entwurfs- oder Ausführungszeichnungen mit oder ohne Raum- und Baubuch)[340] detailliert **beschriebene Bauleistung** zu einem **Pauschalpreis auszuführen**, sodass ein **gemeinsames Aufmaß entbehrlich** ist (vgl. Rdn. 1525).[341] Eine Preisänderung kommt dann bei Leistungsänderungen, zusätzlichen Leistungen und/oder bei einem Missverhältnis zwischen dem im Einzelnen beschriebenen Leistungsumfang und dem vereinbarten Pauschalpreis in Betracht, weil die Vertragsparteien die Mengenangaben im Leistungsverzeichnis bewusst pauschaliert haben (vgl. Rdn. 1540 ff.).

* oder die ohne **detaillierte Baubeschreibung** vertraglich festgelegte, also nur „global" beschriebene Leistung zu einem **Pauschalpreis** auszuführen (vgl. Rdn. 1525). Hier kann eine Preisveränderung nur erfolgen, wenn sich der Leistungsinhalt der insgesamt pauschalierten Bauleistung später verändert.

Ein Unternehmer, der eine Pauschalvergütung einklagt, ist hinsichtlich der Klagebegründung nicht vor große Schwierigkeiten gestellt: Er kann sich mit dem Vortrag, es liege ein Pauschalpreisvertrag vor, begnügen und unter Vorlage der Schlussrechnung den vereinbarten Pauschalpreis geltend machen. Bestreitet der Auftraggeber die Vereinbarung eines Pauschalpreisvertrages, trägt der Auftragnehmer hierfür die **Darlegungs- und Beweislast**. Behauptet der Auftraggeber eine Pauschalpreisvereinbarung, so trägt der **Auftragnehmer ebenfalls die Darlegungs- und Beweislast**, dass eine solche **Abrede nicht getroffen** wurde und ihm deshalb die übliche Vergütung zusteht (vgl. Rdn. 1433 ff.).[342] Nach Auffassung des OLG Hamm[343] soll dies jedoch nicht gelten, wenn zum Zeitpunkt der behaupteten Absprache bereits wesentliche Arbeiten des Auftrages ausgeführt waren. Ist allerdings zwischen den Vertragsparteien **unstreitig**, dass zunächst eine bestimmte Werklohnabrede (z.B. Abrechnung nach Einheitspreisen) vereinbart war, und behauptet der **Auftragnehmer**, dass diese Abrede **später** durch eine Pauschalpreis- **1516**

---

338) Vgl. hierzu im Einzelnen insbesondere *Leinemann*, in: Leinemann, § 2 VOB/B, Rn. 432 ff.
339) Vgl. OLG Düsseldorf, OLGR 1995, 52; OLG Rostock, OLGR 2002, 509.
340) *Kapellmann*, Festschrift für Soergel, S. 99, 104 unterscheidet insoweit zwischen einem „Detail-Pauschalvertrag" und einem „Global-Pauschalvertrag", vgl. hierzu im Einzelnen Rdn. **1189**.
341) BGH, BauR 1979, 525 = MDR 1980, 136 = DB 1979, 2369; OLG Düsseldorf, *Schäfer/Finnern*, Z 2.0 Bl. 11; *Heiermann*, BB 1975, 991, 992.
342) BGH, BauR 1981, 381 (vgl. hierzu *Keldungs*, BauR 2008, 1201); OLG Brandenburg, IBR 2008, 255 – Bolz. Vgl. hierzu OLG Düsseldorf, BauR 2001, 406 (für den Fall, dass sich der Auftraggeber auf die Vereinbarung eines Pauschalpreises nach Abgabe eines Einheitspreisangebotes beruft).
343) NJW 1986, 199.

vereinbarung ersetzt wurde, so trägt er die Darlegungs- und Beweislast für die behauptete Änderung.[344]

Streiten die Parteien einer Pauschalfestpreisabrede **über den Leistungsumfang** des entsprechenden Werkvertrages, gilt Folgendes: Behauptet der Auftraggeber substantiiert, dass der Auftragnehmer, der den vereinbarten Pauschalpreis einklagt, bestimmte Leistungen nicht erbracht hat, die aber von dem Pauschalvertrag erfasst sind, trägt der Auftragnehmer die Darlegungs- und Beweislast, dass diese Leistungen nicht zum Leistungsvolumen des Vertrages gehören.[345]

1517 Ein Pauschalpreisvertrag ist nicht schon gegeben, wenn der Auftrag zunächst nach Einheitspreisen und Mengen aufgeschlüsselt ist und bei der Addition der Positionssummen lediglich nach oben oder unten „abgerundet" worden ist.[346] Hier handelt es sich nach dem Willen der Parteien um einen Einheitspreisvertrag, wobei lediglich ein geringfügiger „Rabatt" eingeräumt worden ist.

1518 Von einem Pauschalpreis (Festpreis) ist die Vereinbarung eines **verbindlichen Richtpreises** oder **Circa-Preises** zu unterscheiden; auch solche Preisvereinbarungen sind wirksam. Nach OLG Celle[347] kann ein Richtpreis oder Circa-Preis überschritten werden, wenn der Unternehmer für die Herstellung des Werkes Aufwendungen an Material und Arbeitszeit gehabt hat, die den verbindlichen Richtpreis erheblich überschreiten; im Einzelfall wird es darauf ankommen, wie hoch der verbindliche Richtpreis und wie hoch der tatsächliche Mehraufwand des Unternehmers an Material und Arbeitszeit gewesen ist.

1519 Ist für eine bestimmte Bauleistung ein Pauschalpreis vereinbart, kann der Auftraggeber **grundsätzlich** davon ausgehen, dass von dem **Pauschalpreis sämtliche Bau- und Nebenleistungen**, die zur Erreichung der vereinbarten Bauleistung (Errichtung des Bauwerks) notwendig sind, **umfasst** werden.[348] Der Pauschalpreis ist stets ein Festpreis[349] (zur Vereinbarung eines „**Festpreises** bis zum ..." vgl. Rdn. 1409).

Eine formularmäßige Klausel, wonach der vereinbarte Festpreis Nachforderungen jeglicher Art ausschließt, ist unwirksam (§ 307 BGB), weil damit z.B. auch berechtigte Nachforderungen für Zusatz- und Änderungsleistungen ausgeschlossen werden.[350]

1520 Wird der Erwerber in einem **Formularvertrag** durch Klauseln, die eine nicht abzuschätzende Erhöhung des Pauschalpreises ermöglichen, über die wahre Höhe des Erwerbspreises irregeführt, so sind solche Klauseln gemäß §§ 305c, 307 BGB

---

[344] OLG Frankfurt, NJW-RR 1997, 276 = OLGR 1997, 13.
[345] OLG Bremen, IBR 2009, 568 – *Schwenker*; OLG Nürnberg, NZBau 2002, 669; OLG Schleswig, MDR 2003, 214.
[346] So auch OLG Brandenburg, BauR 2003, 716, 718. **A.A.:** OLG Hamm, IBR 2014, 198 – *Bolz*.
[347] BB 1972, 65.
[348] BGH, BauR 1984, 61; OLG Düsseldorf, OLGR 1995, 52.
[349] Zur Baubetreuerfestpreisgarantie bei Minderung: LG Stuttgart, NJW-RR 1987, 276. Zu einer Festpreisvereinbarung bei gleichzeitiger voller Risikoübernahme durch den Auftragnehmer vgl. KG, BauR 2006, 836.
[350] BGH, BauR 1997, 1036 = NJW-RR 1997, 1513 = ZfBR 1998, 35.

als unwirksam anzusehen.[351] Wird z.B. in einem Formularvertrag über den Erwerb eines noch zu errichtenden Hauses für das gesamte Objekt ein Pauschalpreis vereinbart und werden in einem Katalog zusätzlich anfallende **„Aufschließungskosten"**, die mit der eigentlichen Errichtung des Hauses nichts zu tun haben, vertragliche Bauleistungen (beispielsweise der Aushub und die Verfüllung der Baugrube) einbezogen, so benachteiligt eine derartige Regelung nach Auffassung des BGH[352] „wegen der unredlich versteckten, der Höhe nach nicht abzuschätzenden Erhöhung des vereinbarten Pauschalpreises den Erwerber entgegen den Geboten von Treu und Glauben unangemessen (§ 307 BGB)". In diesem Zusammenhang weist der BGH zu Recht darauf hin, dass die eigentliche Preisabrede der Inhaltskontrolle entzogen ist, während die **Preisnebenabreden** – etwa solche, die eine Erhöhung der Gesamtvergütung von bestimmten Voraussetzungen abhängig machen –, der **Inhaltskontrolle nach den §§ 305 ff. BGB** unterliegen.

1521 Zu Schwierigkeiten kommt es immer dann in der Baupraxis, wenn sich die bei Abschluss des Pauschalvertrages angenommenen **Bauleistungen ändern**. In Betracht kommen insbesondere folgende Fallgestaltungen:
* **Mengenänderungen bei einzelnen Positionen** des dem Pauschalvertrag zugrundeliegenden Leistungsverzeichnisses,
* **Wegfall ganzer Bauleistungen** (z.B. ganzer Positionen),
* **zusätzliche Bauleistungen.**

1522 Im Grundsatz ist von der **Unabänderlichkeit** des einmal **vereinbarten Pauschalpreises** auszugehen. Beim Pauschalpreisvertrag gehen beide Vertragspartner bewusst Risiken bezüglich der Erfassung des Umfangs der Bauleistung ein: Der Auftraggeber übernimmt das Risiko von Minderleistungen des Auftragnehmers, dieser das Risiko von Mehrleistungen; **Leistung und Preis** werden von den Vertragsparteien **bewusst pauschaliert**.[353] Deshalb ist auch eine Bestimmung in den AGB eines Auftraggebers gemäß § 305b BGB unwirksam, wonach dieser „den Preis nach Billigkeit in Relation zu dem vertraglich kalkulierten Preis festsetzen kann, wenn Positionen des Leistungsverzeichnisses ganz oder teilweise nicht zur Ausführung kommen".[354]

1523 Mit der Vereinbarung einer festen Preispauschale trägt der Unternehmer sowohl beim BGB- wie auch beim VOB-Bauvertrag im Übrigen das **Risiko von Materialpreiszuschlägen, Lohnsteigerungen und Erhöhungen öffentlicher Lasten, Steuern und Versicherungsbeträge**. Etwas anderes kann nur gelten, wenn die Grundsätze des Wegfalls der Geschäftsgrundlage (§ 313 BGB) in Betracht kommen.

1524 Unter Berücksichtigung dieser Grundsätze hängt eine Preisanpassung bei einem Pauschalvertrag zunächst von **dem Gegenstand des Bauvertrages** ab. Was **Gegenstand des Bauvertrages** und damit vom **Pauschalpreis** erfasst ist, muss im Einzel-

---

351) BGH, BauR 1984, 61 = ZfBR 1984, 40.
352) BauR 1984, 61 (zum AGB-Gesetz).
353) *Heyers*, BauR 1983, 297, 306, 307; *Vygen*, Festschrift für Locher, S. 263, 265 (mit Beispielen aus der Rspr.); LG Köln, BauR 1992, 123 (LS).
354) OLG Frankfurt, BauR 1998, 409 (LS) = NJW-RR 1998, 311. Ebenso OLG Celle, BauR 2008, 100.

fall durch Auslegung der Vertragsunterlagen festgestellt werden, wenn Mehr- oder Minderleistungen behauptet werden.[355] Dabei ist anhand **aller** Vertragsunterlagen eine Auslegung vorzunehmen, inwieweit der **Leistungsumfang (Bausoll)** pauschaliert worden ist. Stets muss daher geprüft werden, **"wie pauschal" der Preis im Verhältnis zur Leistung** bzw. **wie pauschal die Leistung im Verhältnis zum Preis** nach dem Willen der Vertragsparteien sein sollte. Mit anderen Worten: Es muss jeweils die **rechtliche Tragweite der Pauschalvereinbarung** geprüft werden. Dabei sind insbesondere die Leistungsbeschreibung (Leistungsverzeichnis, Raumbuch, Pläne usw.), etwaige Besondere Vertragsbedingungen, Zusätzliche Vertragsbedingungen,[356] Zusätzliche Technische Vertragsbedingungen und ggf. auch die DIN-Normen heranzuziehen. Heyers[357] nennt dies die Prüfung der gewollten spezifischen „Gesamtrepräsentanz", nämlich „was für was im Leistungsbereich stehen soll". Für den Umfang der vom Auftragnehmer geschuldeten Leistung sind jeweils die bei Vertragsabschluss vorliegenden Unterlagen maßgebend.[358]

Mit dem Abschluss eines Pauschalpreisvertrages sind in der Regel nicht unerhebliche Risiken für beide Vertragsparteien, insbesondere aber für den Auftragnehmer, verbunden. Das gilt vor allem für das Gleichgewicht zwischen Leistung des Auftragnehmers einerseits und der vom Auftraggeber zu zahlenden Vergütung (Pauschalpreis) andererseits. Unter diesem Gesichtspunkt plädiert Putzier[359] für eine faire Risikoverteilung: Danach sollten die Verantwortlichkeiten und Risiken von derjenigen Vertragspartei übernommen werden, die sie am besten beherrschen kann.

b) Formen des Pauschalvertrages

1525 Im Einzelnen wird zwischen folgenden Varianten des Pauschalvertrages allgemein unterschieden:[360]

– Global-Pauschalvertrag
Mehr- oder Minderleistungen, aber auch Erschwernisse, sind grundsätzlich nicht auszugleichen, soweit sie sich im Rahmen des vertraglichen Leistungsumfanges halten, wenn die Vertragsparteien das **Leistungsziel**[361] in den Vordergrund ihrer vertraglichen Leistungen stellen oder den **Leistungsumfang** bewusst durch ein **grobes Raster** bzw. „global" pauschalieren (zielorientiertes Bausoll) und hierfür einen Festpreis vereinbaren. Die Leistungsbeschreibung erfolgt hier erkennbar und gewollt unvollständig sowie lückenhaft, sodass dem Auftragnehmer „Spielräume" zur Vervollständigung der Leistungsbeschreibung eingeräumt werden, um das vereinbarte Leistungsziel (in der Regel „schlüsselfertiges" oder „voll funktionsfähiges" Bauwerk) zu erreichen. Insoweit wird vielfach von einem

---

355) BGH, BauR 2011, 1646 = NZBau 2011, 553 = NJW 2011, 3287 = IBR 2011, 503 – *Berger*; OLG Düsseldorf, IBR 2011, 565 – *Blatt*; vgl. hierzu *Fischer*, NJW 2012, 432.
356) Vgl. OLG Koblenz, NZBau 2010, 562; OLG Düsseldorf, NJW-RR 1992, 23.
357) A.a.O., S. 302.
358) *Brandt*, BauR 1982, 524, 525.
359) Festschrift für Thode, S. 109.
360) Vgl. hierzu *Acker/Roquette*, BauR 2010, 293; *Kapellmann*, in: Kapellmann/Messerschmidt, § 2/B, Rn. 242 ff. sowie *Kapellmann/Schiffers*, Bd. 2, Rn. 2 ff.; *Keldungs*, in: Ingenstau/Korbion, § 2 Abs. 2/B, Rn. 8 ff.; *Heddäus*, ZfBR 2005, 114; Beck'scher VOB-Komm/*Jansen*, B § 2 Abs. 7, Rn. 30 ff.; *Kapellmann*, Rn. 52 ff.; *Putzier*, Rn. 102 ff. u. 193 ff.
361) Vgl. OLG Naumburg, IBR 2007, 10 – *Frank*.

„Global-Pauschalvertrag"³⁶²⁾ oder einem „Totalen Pauschalvertrag"³⁶³⁾ gesprochen.

1526 Diese Form des Pauschalvertrages zeichnet sich demnach dadurch aus, dass die Leistung durch **globale** Elemente, meist in der Form einer **funktionalen Leistungsbeschreibung**³⁶⁴⁾ und nicht – jedenfalls überwiegend nicht – detailliert beschrieben wird. Langen/Schiffers³⁶⁵⁾ sprechen in diesem Zusammenhang von einer „zieldefinierten Baudurchführung". Allerdings sind verschiedene Varianten dieser Form des Pauschalvertrages in der Baupraxis üblich: So kann beispielsweise die Vorlage der Planung einmal als Vertragspflicht beim Auftraggeber verbleiben, aber auch vom **Auftragnehmer** übernommen werden;³⁶⁶⁾ das gilt nicht nur hinsichtlich der Entwurfs- und Genehmigungsplanung, sondern **auch für die Ausführungsplanung**. Die Leistungsermittlung liegt dann in den Händen des Auftragnehmers: Die Vertragsparteien verlagern damit das **Risiko hinsichtlich der Unrichtigkeit bzw. Unvollständigkeit der Leistungsermittlung/Leistungsbeschreibung** und/oder der **Planung** bewusst auf den **Auftragnehmer**. *Vygen*³⁶⁷⁾ weist in diesem Zusammenhang zu Recht darauf hin, dass ein Auftragnehmer im Rahmen einer funktionalen Leistungsbeschreibung und einem entsprechenden Global-Pauschalvertrag über Inhalt und Umfang aller Details des Bauwerks selbst entscheiden kann, „die der Auftraggeber in seiner Ausschreibung (bewusst) offen lässt und die sich auch nicht aus öffentlich-rechtlichen oder sonstigen zwingenden gesetzlichen Bestimmungen oder nach den anerkannten Regeln der Technik oder aus dem vorgegebenen Standard bzw. dem architektonischen Anspruch des Bauwerks ergeben".

1527 Hat allerdings der Auftragnehmer zunächst ein **Angebot mit Leistungsverzeichnis**, wie dies häufig geschieht, abgegeben, und haben die Vertragsparteien sodann nach längeren **Verhandlungen die Leistung funktional** vollständig **beschrieben**, kommt dem früheren Angebot mit Leistungsverzeichnis, das Grundlage der Verhandlungen bildete, „hinsichtlich des Umfangs der funktional beschriebenen Leistung keine entscheidende Auslegungsbedeutung mehr zu".³⁶⁸⁾ Durch die funktionale Leistungsbeschreibung haben nämlich die Vertragsparteien zum Ausdruck gebracht, dass **Grundlage** des Vertrages nicht mehr das **Leistungsverzeichnis** sein soll; gleichzeitig wird aus dem Umstand, dass die Leistung funktional beschrieben wurde, der Wille der Vertragsparteien deutlich, „eine Verlagerung des Risikos der Vollständigkeit der Beschreibung auf den Auftragnehmer" vorzunehmen (Risikoverlagerung in qualitativer und quantitativer Hinsicht). Es kommt für die Wirksamkeit einer funktional beschriebenen Leistungsverpflichtung auch nicht darauf

---

362) *Vygen*, Rn. 755; *Kapellmann/Schiffers*, Bd. 2, Rn. 6.
363) So Beck'scher VOB-Komm/*Jansen*, B § 2 Nr. 7, Rn. 45.
364) BGH, BauR 2008, 1131 m.Anm. *Leinemann*; OLG Brandenburg NJW-RR 2010, 92 (Bistroentlüftung). Vgl. zur funktionalen Leistungsbeschreibung *Döring*, Festschrift für Vygen, S. 175; *Vygen*, Festschrift für Mantscheff, S. 459; *Schmidt*, ZfBR 2001, 3; *Busse*, Festschrift für Jagenburg, S. 77; *Leinemann*, in: Leinemann, § 2 VOB/B, Rn. 450 ff.
365) Festschrift für Jagenburg, S. 435 ff.
366) Im letzteren Fall spricht Beck'scher VOB-Komm/*Jansen*, B § 2 Nr. 7, Rn. 45, vom „totalen" Pauschalvertrag, vgl. hierzu auch: OLG Düsseldorf, BauR 2002, 1103.
367) Festschrift für Mantscheff, S. 459, 472. Vgl. hierzu OLG Dresden, IBR 2012, 190 – *Bolz*.
368) BGH, BauR 1997, 464 = NJW 1997, 1772 = MDR 1997, 544; OLG Düsseldorf, BauR 2010, 88; KG, IBR 2003, 343 – *Schulze-Hagen*.

an, ob der Auftragnehmer den Umfang der übernommenen Verpflichtung genau **kennt** oder zuverlässig **ermitteln** kann, weil mit der funktionalen Leistungsbeschreibung jedenfalls die **Unsicherheiten** über den Arbeitsumfang auf den Auftragnehmer **verlagert** wurden.[369)] Das gilt umso mehr, als die Ausschreibungstechnik der funktionalen Leistungsbeschreibung inzwischen durchaus verbreitet und auch in Fachkreisen allgemein bekannt ist; ein sachkundiger Auftragnehmer kann sich daher nicht darauf berufen, dass er die mit einer funktionalen Leistungsbeschreibung verbundene Risikoverlagerung nicht erkennen konnte oder nicht zu erkennen brauchte.[370)]

Unter die vorerwähnten Gesichtspunkte ist auch die Fallgestaltung zu subsumieren, bei der sich ein Generalübernehmer oder Generalunternehmer verpflichtet, ein Gebäude schlüsselfertig nach den planerischen Vorgaben eines vom Auftraggeber erst noch zu beauftragenden Architekten zu errichten.[371)] Hier haben die Vertragsparteien bewusst bei Vertragsschluss das Bausoll unbestimmt gelassen, wobei der Generalübernehmer/Generalunternehmer das insoweit nicht unerhebliche Kalkulationsrisiko bewusst übernommen hat.

1528 * **Detail-Pauschalvertrag**

Haben die Parteien allerdings den Umfang der **geschuldeten Leistungen** durch Angaben in einem **Leistungsverzeichnis** oder anderen **Vertragsunterlagen** (z.B. Zeichnungen, Raumbuch usw.), also im Rahmen der Leistungsbeschreibung, näher (detailliert) festgelegt und damit gerade nicht pauschaliert (**Detail-Pauschalvertrag**),[372)] bestimmen diese Vertragsgrundlagen Art und Umfang der zu erbringenden Werkleistungen („nicht mehr und nicht weniger").[373)] Später geforderte oder notwendige **Zusatzarbeiten** werden dann nicht von dem Pauschalpreis erfasst,[374)] selbst wenn in diesem Zusammenhang von einem „Festpreis" gesprochen wird.[375)] **Fallen** später vom Leistungsverzeichnis oder von anderen Vertragsunterlagen zunächst **erfasste Leistungen weg**, reduziert sich also

---

369) BGH, a.a.O.
370) So ausdrücklich: BGH, BauR 1997, 126 = NJW 1997, 61; hierzu auch *Döring*, Festschrift für Vygen, S. 175, 180.
371) OLG Düsseldorf, BauR 2003, 1572.
372) OLG Bamberg, IBR 2013, 521 – *Franz*; OLG Celle, BauR 2008, 100; OLG Koblenz, OLGR 2009, 1 = NJW-RR 2009, 163 = NZBau 2009, 382. *Kapellmann/Schiffers*, Bd. 2, Rn. 2; *Vygen*, Rn. 755; *Keldungs*, in: Ingenstau/Korbion, § 2 Abs. 2/B, Rn. 8; OLG Düsseldorf, BauR 1997, 1051.
373) Vgl. hierzu OLG Rostock, OLGR 2002, 509, 511; OLG Celle, BauR 2003, 890 = IBR 2003, 231 – *Eschenbruch*. OLG Düsseldorf, BauR 2001, 803; OLGR 1995, 52 u. OLG Celle, BauR 1996, 723.
374) BGH, BauR 2002, 787 = NJW-RR 2002, 740 = NZBau 2002, 325; BauR 1984, 395 = ZfBR 1984, 173; BGH, BauR 1995, 237 (auch zur Darlegungslast bei Zusatzleistungen im Rahmen eines Pauschalvertrages); OLG Celle, BauR 2008, 100; OLG Koblenz, OLGR 2009, 1 = NJW-RR 2009, 163 = NZBau 2009, 382; OLG Brandenburg, BauR 2001, 1915 = NJW-RR 2001, 1673 = OLGR 2001, 377; OLG Oldenburg, BauR 1993, 228; OLG Köln, IBR 2002, 2; OLG Stuttgart, BauR 1992, 639; OLG Düsseldorf, BauR 1989, 483, 484; LG München, ZfBR 1990, 121 (LS); OLG Braunschweig, BauR 1991, 742; OLG Düsseldorf, NJW-RR 1999, 1466 = OLGR 1999, 115; BauR 1997, 1051 = NJW-RR 1997, 1378 = OLGR 1998, 51; BauR 1991, 747 = NJW-RR 1992, 23; ferner: OLG Hamm, BauR 1991, 756, 758; BauR 1992, 122 (LS) – Pauschalpreis bei Abbruchvertrag; OLG Hamm, NJW-RR 1992, 1203.
375) OLG Koblenz, OLGR 2009, 1 = NJW-RR 2009, 163 = NZBau 2009, 382.

der Umfang der Leistungen des Auftragnehmers, ist dies durch einen entsprechenden **Abzug** zu berücksichtigen.[376] In beiden Fällen ist also nur die konkret **vereinbarte Leistung** zu dem **vereinbarten Preis** durchzuführen, weil die – im Detail erfolgte – Leistungskonkretisierung auch zur Beschränkung des Auftragnehmers auf diese Leistung führt.[377] Allerdings haben die Parteien hier nicht nur den Preis, sondern auch die im Leistungsverzeichnis oder in anderen Unterlagen möglicherweise genannten Mengen (Massen) pauschaliert mit der Folge, dass sie bei der Vergütung der erbrachten Leistungen grundsätzlich keine Rolle spielen (vgl. aber Rdn. 1545). Erfolgt der Wegfall oder die Reduzierung eines Leistungsbereiches aufgrund einer Entscheidung des Auftraggebers, ist die Vergütung nach den Grundsätzen einer **Teilkündigung** zu behandeln (vgl. hierzu Rdn. 1721 ff.). Der Auftragnehmer hat also grundsätzlich Anspruch auf die volle Vergütung, muss sich aber die ersparten Aufwendungen anrechnen lassen.[378] Ist das **Leistungsverzeichnis lückenhaft**, gelten auch insoweit die vom BGH entwickelten Grundsätze (vgl. Rdn. 1417 ff. und 1531).

1529 In der Regel werden „Pauschalverträge" in letzterem Sinne zu verstehen sein, wenn dem Vertrag eine differenzierte Bau- und Leistungsbeschreibung mit Leistungsverzeichnis **beigefügt** ist, die die Leistungen im Einzelnen erläutert und festlegt, da in diesen Fällen die Gesamtleistung von den Vertragsparteien insgesamt gerade nicht pauschaliert wird. Das kommt allerdings dann nicht in Betracht, wenn die Vertragsparteien trotz eines zunächst dem Vertrag zugrundeliegenden detaillierten Leistungsverzeichnisses und einer differenzierten umfassenden Leistungsbeschreibung die Bauleistung (Leistungsumfang) später bewusst (zum Beispiel in einer nunmehr funktionalen Leistungsbeschreibung) pauschalieren wollten;[379] um dies annehmen zu können, bedarf es jedoch einer deutlichen Absprache der Parteien.

Ein Pauschalpreis für eine **Teilleistung** im Rahmen eines Detailpauschalpreisvertrags steht nach Auffassung des OLG Karlsruhe[380] nur dann in einem auffälligen **wucherähnlichen Missverhältnis** zur Bauleistung, wenn der über das übliche Maß hinausgehende Preisanteil sowohl absolut gesehen als auch im Vergleich zur Gesamtauftragssumme in einer Weise erheblich ist, dass dies von der Rechtsordnung nicht mehr hingenommen werden kann.

1530 ❋ **Mischformen**
Denkbar sind auch Mischformen des Pauschalpreisvertrages, z.B., wenn einem Vertrag einerseits eine detaillierte Bau- und Leistungsbeschreibung mit Leistungsverzeichnis unterliegt, andererseits aber das Leistungsziel mit einem globalen Ele-

---

376) OLG Rostock, OLGR 2002, 509, 511; OLG Brandenburg, BauR 2001, 1915; OLG Hamm, NJW-RR 1992, 1203; *Brandt*, BauR 1982, 524, 525.
377) BGH, BauR 2008, 1134 („Hauptbahnhof Berlin") m.Anm. *Leinemann* = NZBau 2008, 437; BauR 2007, 1761 („Bistroküche") = NZBau 2007, 653; *Kapellmann*, Jahrbuch Baurecht 2011, 195 ff.; *Zielemann*, Festschrift für Soergel, S. 301, 303; OLG Celle, BauR 1996, 723, 724; OLG Düsseldorf, BauR 1997, 105 = NJW-RR 1997, 1378 (Gerüsthöhe beim Detail-Pauschalvertrag).
378) Vgl. OLG Düsseldorf, BauR 2001, 803; OLG Frankfurt, NJW-RR 1986, 572 im Falle der Selbstübernahme eines Leistungsbereiches durch den Auftraggeber.
379) BGH, BauR 1997, 464 = NJW 1997, 1772 = MDR 1997, 544.
380) IBR 2015, 240 – *Weyer*.

ment („schlüsselfertige Errichtung",[381] „funktionstüchtige Herstellung",[382] „betriebsbereiten Zustand", „fix und fertig" usw.) versehen wird.[383] Bei einem solchen Pauschalvertrag gehen zunächst die **Detailregelungen der globalen (zieldefinierten) Regelung vor**[384] (vgl. hierzu auch die Ausführungen zu so genannten Komplettheitsklauseln unter Rdn. 1536). Zielemann[385] weist insoweit zu Recht darauf hin, dass Leistungsbestimmungsklauseln wie **„schlüsselfertige Leistung"** oder **„fix und fertige Leistung"** allein nicht geeignet sind, bei detaillierter Leistungsbeschreibung den Abgeltungsumfang der vereinbarten Pauschalsumme zu erweitern (vgl. Rdn. 1539 ff.). In Zweifelsfällen (im Detail unklar, unvollständig oder überhaupt nicht beschriebene Leistung) ist dann anhand aller Vertragsunterlagen im Einzelnen zu prüfen, ob den Auftraggeber – trotz des vorerwähnten globalen Elements der Vollständigkeitsverpflichtung – eine zusätzliche Vergütungspflicht trifft.[386] Dabei ist auch hier die Rechtsprechung des BGH zum erkennbar lückenhaften Leistungsverzeichnis zu berücksichtigen (vgl. Rdn. 1417 ff. und 1531).[387]

Nicht selten treffen Parteien bei einem Pauschalpreisvertrag **im Rahmen einer funktional beschriebenen Bauleistung** zu **einzelnen Leistungen** besondere Vereinbarungen im Sinne **einer bestimmten Detaillierung** hinsichtlich Quantitäten (z.B. Mengenangaben, Mauerstärken, Estrichstärken usw.) oder Qualitäten (z.B. Bodenverhältnisse). Man kann insoweit auch von einer Mischform eines Global- und eines Detailpauschalpreisvertrages (vgl. Rdn. 1530) sprechen. Über einen solchen Fall hatte der BGH[388] zu entscheiden, bei dem im Rahmen von Abbrucharbeiten ein erheblicher Mehraufwand entstanden war, weil – trotz funktionaler Ausschreibung – die detaillierte Angabe einer Leistungsposition (Estrichstärke) bei Ausführung der Arbeiten deutlich überschritten wurde. Der vom BGH behandelte Fall betraf einen VOB-Bauvertrag. Der BGH löst diese Fallgestaltung über § 2

---

381) Vgl. OLG Düsseldorf, OLGR 1995, 52.
382) Vgl. hierzu: OLG Düsseldorf, NJW-RR 1999, 1466 = OLGR 1999, 115, wonach bei dieser Formulierung der Unternehmer zur schlüssigen Darlegung eines Anspruchs auf Zusatzvergütung im Einzelnen vortragen muss, „dass die von der vertraglichen Leistungsbeschreibung abweichenden Leistungen, deren zusätzliche Vergütung er verlangt, auf einer durch nachträgliche Änderungswünsche des Auftraggebers verursachten Änderung des Leistungsumfangs und nicht auf einer zur Herstellung der geschuldeten, funktionsfähigen Anlage notwendigen Optimierung oder Fehlerbehebung beruhen".
383) OLG Düsseldorf, BauR 1991, 747; ferner: BGH, BauR 1997, 464 = NJW 1997, 1772 = MDR 1997, 544; OLG Hamm, BauR 1988, 132.
384) BGH, BauR 1984, 395 = ZfBR 1984, 173; OLG Koblenz, BauR 2010, 1109 (LS) = IBR 2010, 313. OLG Düsseldorf, BauR 1989, 483, 484. Das soll nach Auffassung des OLG Oldenburg, IBR 2013, 264, nicht gelten, wenn die Parteien übereinstimmend davon ausgegangen sind, dass der funktionale Leistungserfolg mit der im Detail vorgesehenen Ausführungsart erreicht werden kann.
385) Festschrift für Soergel, S. 301, 306.
386) Vgl. *Kapellmann/Schiffers*, Bd. 2, Rn. 468 ff. sowie OLG Koblenz, BauR 1997, 143.
387) BauR 2011, 1646 = IBR 2011, 503 – *Berger* = NZBau 2011, 553. Vgl. hierzu auch OLG Schleswig, NZBau 2011, 756.
388) BauR 2011, 1646 = NZBau 2011, 553 = NJW 2011, 3287 = IBR 2011, 503 – *Berger*. Vgl. hierzu *Fischer*, NJW 2012, 432 sowie *Kapellmann*, NZBau 2012, 275. Vgl. hierzu ferner BGH, BauR 1997, 126 („Schleusenkammer") = NJW 1997, 61; BauR 1994, 236 („Wasserhaltung II") = NJW 1994, 850; BauR 1992, 759 = NJW-RR 1992, 1046 = ZfBR 1992, 211 = MDR 1992, 1153; vgl. auch OLG Brandenburg, NZBau 2012, 292; ferner: *Döring*, Festschrift für Vygen, S. 175, 180; *Busse*, Festschrift für Jagenburg (2002), S. 77, 80.

Der Pauschalpreisvertrag

Abs. 7 VOB/B. Bei einem BGB-Bauvertrag ist § 313 (Änderung der Geschäftsgrundlage) unmittelbar zu berücksichtigen. In dieser Entscheidung hat der BGH folgende wichtige Grundsätze aufgestellt:

* „Inwieweit eine detaillierte Angabe im Leistungsverzeichnis einer funktionalen Ausschreibung (hier: Abbruch einer Klinik) dazu führt, dass sie die Pauschalierung der Vergütung begrenzt, ergibt die Auslegung des Vertrags. Die Auslegung kann auch ergeben, dass die detaillierte Angabe lediglich die Geschäftsgrundlage des Vertrags beschreibt.
* Beschreibt der Auftraggeber in einem Pauschalvertrag Mengen oder die Mengen beeinflussende Faktoren (hier: Estrichstärke in einer Zulageposition), können diese zur Geschäftsgrundlage des Vertrags erhoben worden sein. Das kann insbesondere dann angenommen werden, wenn der Auftragnehmer davon ausgehen durfte, der Auftraggeber habe eine gewisse Gewähr für eine verlässliche Kalkulationsgrundlage geben wollen.
In solchen Fällen werden beide Parteien regelmäßig davon ausgehen, dass die beschriebenen Umstände vorliegen und auch bei der Bildung berücksichtigt werden. Der beiderseitige Irrtum über solche Umstände kann eine Anpassung des Vertrages nach den zum Wegfall der Geschäftsgrundlage entwickelten Grundsätzen erfordern.
* Zwar kann es für die Beurteilung, ob eine bestimmte Leistung zur Geschäftsgrundlage des Vertrages gemacht worden ist, darauf ankommen, ob das Risiko eines Mehraufwandes vorhersehbar war. Dieses Kriterium tritt jedoch umso mehr zurück, je detaillierter der Auftraggeber die Leistung beschrieben und Vertrauen in die Angaben erweckt hat.
* In diesem Fall kommt ein Ausgleichsanspruch nach § 2 Nr. 7 I VOB/B in Betracht, wenn sich eine deutliche Mengensteigerung ergibt. Wirken sich die von den irreführenden Angaben des Auftraggebers im Vertrag abweichenden Mengen derart auf die Vergütung aus, dass das finanzielle Gesamtergebnis des Vertrags nicht nur den zu erwartenden Gewinn des Auftragnehmers aufzehrt, sondern auch zu Verlusten führt, ist das Festhalten an der Preisvereinbarung häufig nicht mehr zumutbar. Auf eine starre Risikogrenze von 20 % der Gesamtvergütung kann nicht abgestellt werden.
* Es kann nicht davon ausgegangen werden, dass ein Ausgleichsanspruch nur dann in Betracht kommt, wenn die zusätzliche Vergütung infolge der Änderung der Geschäftsgrundlage mehr als 20 % des Pauschalpreises beträgt. Es kommt vielmehr auf die gesamten Umstände des Falles an, wobei insbesondere auch berücksichtigt werden muss, inwieweit der Auftraggeber durch irreführende Angaben in der Ausschreibung zu einer Fehlkalkulation des Auftragnehmers beigetragen hat. In solchen Fällen scheint es nicht von vornherein ausgeschlossen, dass diesem eine Mehrvergütung zuerkannt wird, die weniger als 20 % des vereinbarten Pauschalpreises ausmacht. Wirken sich die von den irreführenden Angaben im Vertrag abweichenden Mengen derart auf die Vergütung aus, dass das finanzielle Gesamtergebnis des Vertrages nicht nur den zu erwartenden Gewinn des Auftragnehmers aufzehrt, sondern auch zu Verlusten führt, ist das Festhalten an der Preisvereinbarung häufig nicht mehr zumutbar."

Von einem **Pauschalpreisvertrag im eigentlichen Sinne** wird man in der Regel nur ausgehen können, wenn die zu erbringende Werkleistung im Rahmen einer funktionalen Leistungsbeschreibung oder im Rahmen einer **erkennbar unvollständigen Leistungsbeschreibung** gekennzeichnet ist. Nur hier werden wirklich Preis und Leistung pauschaliert mit der Folge, dass Mehr- oder Minderleistungen, aber auch Erschwernisse, grundsätzlich nicht auszugleichen sind, soweit sie sich im Rahmen des vertraglichen Leistungsumfangs und Leistungsziels halten, weil die Vertragsparteien das **Leistungsziel** in den **Vordergrund** ihrer vertraglichen Abmachung **gestellt** haben und den Leistungsumfang bewusst pauschalieren wollten.

1532 Das gilt vor allem bei **erkennbar vorläufigen** und/oder **unvollständigen Leistungsbeschreibungen**. Hier geht der Auftragnehmer nach der Rechtsprechung des BGH (vgl. Rdn. 1417 ff.) **bewusst** das **Risiko** der Unüberschaubarkeit von Einzelleistungen ein: Er übernimmt das vertragliche Risiko, alle für das vertraglich vereinbarte Leistungsziel (z.B. eine funktionsfähige Heizungsanlage oder ein funktionsfähiges Bürogebäude) erforderlichen Leistungen zu erbringen; der Unternehmer muss in diesen Fällen – wegen fehlender Detailangaben – den Leistungsinhalt zwangsläufig (u.U. planerisch) ergänzen. Daraus kann folgender Schluss gezogen werden:

Je pauschaler und unvollständiger die Leistungsbeschreibung ist, umso größer ist der Spielraum für die Bauausführung, umso größer ist aber auch das **Risiko** für den **Unternehmer**, dass er Zusatz- und/oder Mehrleistungen, die er bei seiner Pauschale nicht berücksichtigt hat, auch nicht vergütet erhält. Auf der anderen Seite ist der **Bauherr** vor **Nachträgen sicherer**, muss aber u.U. auch Einbußen in der Ausführung hinnehmen. Ist die Gesamtleistung differenziert und weitgehend vollständig beschrieben, können Zusatz- oder Mehrleistungen gegenüber dem vertraglich vorgegebenen Leistungsziel klar abgegrenzt werden. Eine Zusatzvergütung wird daher in aller Regel dann erfolgreich durchgesetzt werden können, wenn die Bauleistung exakt und vollständig und nicht nur allgemein im Rahmen eines (erkennbar) lückenhaften Leistungsverzeichnisses beschrieben ist.

1533 Bei der Verpflichtung eines Auftragnehmers, ein **schlüsselfertiges** Bauwerk zu erstellen, ist **in aller Regel** nicht nur der **Preis**, sondern auch der zu erbringende **Leistungsumfang** pauschaliert. Hier sind vom vereinbarten Leistungsinhalt alle Leistungen umfasst, die für die Erreichung des Vertragszweckes (**„Schlüsselfertigkeit"**) nach den Regeln der Technik für ein zweckgerechtes und mangelfreies Bauwerk erforderlich und vorhersehbar sind.[389] Dazu gehören in erster Linie die (eigentlichen) Kosten der Bauausführung, also alle **Bauleistungen, die regelmäßig mit der Errichtung eines Bauwerkes** und zu seiner vertragsgemäßen Nutzung **verbunden** sind (z.B. auch der Aushub der Baugrube und deren spätere Verfüllung,[390] die Nutzschicht auf der Betonbodenplatte einer Lagerhalle,[391] eine den anstehenden Wasserverhältnissen entsprechende Kellerabdichtung[392]), ferner aber

---

[389] BGH, BauR 1984, 61; OLG Schleswig, IBR 2012, 568; OLG Celle, BauR 1998, 801, 802; OLG Hamm, BauR 1996, 714 = NJW-RR 1996, 977 = OLGR 1996, 124; OLG Düsseldorf, BauR 1996, 396 = NJW-RR 1996, 977 = OLGR 1996, 124; *Kaiser*, ZfBR 1985, 55, 56; **a.A.:** *Brandt*, BauR 1982, 524, 526.

[390] BGH, BauR 1984, 61; OLG Hamm, BauR 1996, 714 = NJW-RR 1996, 977 = OLGR 1996, 124 [für **Abfuhr** des Bodenaushubs].

[391] OLG Düsseldorf, BauR 1996, 396 = NJW-RR 1996, 532 = OLGR 1996, 3.

[392] OLG Celle, BauR 1998, 801.

auch die in aller Regel mit der Errichtung eines Gebäudes verbundenen **Nebenkosten** (z.B. Kosten für den Prüfingenieur, die Vermessung des Gebäudes,[393]) die Entwässerung[394]) sowie die Elektro-, Gas- und Wasserversorgung,[395]) u.U. auch für eine Ringdränage sowie die Baugenehmigung, die Rohbauabnahme und Gebrauchsabnahme, soweit im Vertrag nichts anderes vorgesehen ist).[396]) Ist in einem Bauvertrag für die Errichtung einer schlüsselfertigen Verkaufsstätte vereinbart, dass die Baugenehmigung mit den genehmigten Plänen und geprüften statischen Unterlagen Vertragsbestandteil wird, gehört nach OLG Hamburg[397]) der Bau einer Rauchgasabzugsanlage, die aufgrund einer Auflage im Bauschein errichtet werden muss, für die aber keine Pläne aufgestellt worden waren, nicht zum Vertragsumfang – trotz der Verpflichtung zur „schlüsselfertigen Erstellung". Verpflichtet sich ein Unternehmer zur schlüsselfertigen Herstellung eines Hauses, einschließlich „der **Erschließungskosten** für die vollständige erstmalige Erschließung", so werden hiervon auch die Kosten für die Errichtung eines **privaten Stichweges** umfasst, der dazu dient, von der öffentlichen Straße zu dem Baugrundstück zu gelangen.[398])

Das OLG Hamm[399]) hat zu Recht darauf hingewiesen, dass die von vornherein notwendige Abfuhr des Bodenaushubs auch dann Gegenstand eines Bauvertrages über die schlüsselfertige Errichtung eines Einfamilienhauses ist, wenn sie in der Baubeschreibung nicht genannt ist, der Auftraggeber jedoch darauf vertrauen durfte, dass der Unternehmer sie in den Preis einkalkuliert hat; das soll auch dann gelten, wenn der Vertrag die Klausel enthält, dass der Auftraggeber Mehrkosten für Leistungen zu tragen hat, die nicht ausdrücklich im Vertrag enthalten sind.

Verpflichtet sich der Unternehmer im Rahmen eines Festpreisvertrages zur **schlüsselfertigen Erstellung**, so hat der Erwerber grundsätzlich keinen Anspruch auf **Herausgabe der Genehmigungs- und Planungsunterlagen**, es sei denn, er kann ein begründetes rechtliches Interesse substantiiert darlegen.[400]) **1534**

Problematisch können die Fallgestaltungen sein, in denen ein Auftragnehmer **bei schlüsselfertiger Erstellung** Leistungen anbietet, die **nicht den Regeln der Technik** (z.B. hinsichtlich Wärmedämmung oder Schallschutz) entsprechen.[401]) Hier **1535**

---

393) AG Beckum, NJW-RR 1990, 1241 [soweit Bauträger noch Grundstückseigentümer].
394) Dazu gehört nach Auffassung des BGH, BauR 2001, 1254 = ZfBR 2001, 408 = MDR 2001, 864 = NZBau 2001, 446, auch die Einholung der nach Sachlage notwendigen Informationen, um eine ordnungsgemäße Entwässerung zu gewährleisten.
395) Vgl. OLG Koblenz, BauR 2003, 721; LG Nürnberg-Fürth, NJW-RR 1989, 668.
396) Vgl. hierzu auch *Pauly*, BauR 2016, 1675.
397) NJW-RR 1989, 529.
398) OLG Düsseldorf, BauR 1994, 803; LG München I, BauR 2001, 1755 (Asphaltbelag auf Straße als Leistungsumfang des Bauträgers, auch wenn zur Bezugsfertigkeit nur die Fertigstellung des Bauwerkes als solches genügen soll); OLG Koblenz, BauR 2003, 391 (bei Übernahme der Erschließungskosten ist durch Vertragsauslegung zu ermitteln, ob hierunter auch Hausanschlusskosten fallen); vgl. auch OLG Celle, BauR 2003, 390 (zur Begriffsbestimmung der Hausanschlusskosten). Vgl. hierzu auch OLG Köln, IBR 2015, 63 – *Bolz* (Anschluss an Wasserversorgung).
399) BauR 1996, 714 = NJW-RR 1996, 977 = OLGR 1996, 124 sowie OLG Koblenz, BauR 1997, 143, 145.
400) Vgl. OLG München, BauR 1992, 95; LG München, BauR 2007, 1431.
401) Vgl. *Brandt*, BauR 1982, 524, 530.

wird man in aller Regel über einen Schadensersatzanspruch (Verschulden bei Vertragsschluss, § 280 i.V.m. § 311 BGB, oder positive Vertragsverletzung, § 280 i.V.m. § 241 Abs. 2 BGB) zu dem Ergebnis kommen, dass zumindest dem **Auftraggeber** die **Mehrkosten** zur Erreichung einer regelgerechten Bauleistung unter Berücksichtigung der **Sowiesokosten** von dem Auftragnehmer zu erstatten sind; eine Vorteilsausgleichung zu Lasten des Auftraggebers kommt dagegen nicht in Betracht.[402]

c) Komplettheitsklauseln

Literatur

Roquette/Paul, Pauschal ist Pauschal! – Kein Anspruch auf zusätzliche Vergütung bei bewusster Übernahme von Vollständigkeitsrisiken, BauR 2004, 736; *Voppel*, Komplettheitsklauseln im Bauvertrag, BrBp 2004, 402; *Heddäus*, Probleme und Lösungen um den Pauschalvertrag – Mischformen von Pauschalverträgen – Komplettheitsklauseln –, ZfBR 2005, 114; *Pauly*, Zur Bestimmung des geschuldeten Leistungsumfangs bei vereinbarter Schlüsselfertigkeit – Risiken für Auftraggeber und Auftragnehmer, BauR 2016, 1675.

1536 In **Individualabreden** sind Komplettheitsklauseln grundsätzlich wirksam. In der Baupraxis sind aber – vor allem in Generalunternehmer-/Pauschalpreisverträgen – vielfach so genannte **„Komplettheitsklauseln"** in den **AGB oder Formularverträgen der Auftraggeberseite** zu finden; sie haben meist folgende oder ähnliche Formulierungen:

„Der Auftragnehmer erkennt an, dass in dem Pauschalpreisvertrag auch alle Arbeiten enthalten sind, die nicht ausdrücklich in der Leistungsbeschreibung benannt sind, jedoch dem Richtmaß der Baukunst entsprechen und sich während der Bauzeit als notwendig erweisen, damit das Werk vollständig nach den anerkannten Regeln der Baukunst fertig gestellt werden kann."[403]

oder

„Mit dem Pauschalpreis sind alle Leistungen und Lieferungen abgegolten, die für eine vollständige, vertragsgemäße, funktionsgerechte und gebrauchsfähige Erstellung des Bauvorhabens nach dem Grundsatz der anerkannten Regeln der Baukunst erforderlich sind, und zwar unabhängig davon, ob die Leistungen und Lieferungen in den Vertragsunterlagen nicht oder nicht näher beschrieben sind."[404]

Ob diese Klauseln mit den §§ 305 ff. BGB in Einklang zu bringen sind, ist zweifelhaft. Das OLG München[405] verneint das, weil das Risiko einer fehlerhaften und/oder unvollständigen Leistungsbeschreibung einseitig auf den Auftragnehmer abgewälzt werde; das OLG Düsseldorf[406] hat demgegenüber eine solche Klausel nicht beanstandet.

1537 Der BGH[407] hält folgende Komplettheitsklauseln in AGB des Auftraggebers für unwirksam:

---

402) Vgl. BGH, BauR 1984, 510; *Groß*, Festschrift für Korbion, S. 123, 133, 134.
403) Vgl. OLG München, BauR 1990, 776 (LS).
404) Vgl. OLG Düsseldorf, BauR 1996, 396 = NJW-RR 1996, 532 = OLGR 1996, 3.
405) A.a.O.
406) A.a.O.
407) BauR 1997, 1036, 1037, 1038 = NJW-RR 1997, 1513. Vgl. hierzu *Markus/Kaiser/Kapellmann*, Rn. 199 ff. sowie *Thierau*, Festschrift für Kapellmann, 433.

Der Pauschalpreisvertrag

* Noch fehlende behördliche Genehmigungen sind durch den Auftragnehmer so rechtzeitig einzuholen, dass zu keiner Zeit eine Behinderung des Terminsablaufs entsteht.
* Der Auftragnehmer ist verpflichtet, aufgrund von Prüfungen gemachte Auflagen zu beachten und zu erfüllen. Hieraus resultierende Mehrkosten gehen zu seinen Lasten.
* Auf Wünsche der zuständigen Behörde und zurückzuführende Änderungen der statischen Berechnung sind vom Auftragnehmer ohne Anspruch auf eine zusätzliche Vergütung zu fertigen und dem Auftraggeber zur weiteren Veranlassung zu übergeben.
* Mit der Abgabe des Angebotes übernimmt der Bieter die Gewähr dafür, dass das Angebot alles enthält, was zur Erstellung des Werkes gehört.
* Auf Verlangen des AG hat der AN notwendige bzw. vom AG als erforderlich erachtete Prüfungen/Abnahmen bei unabhängigen Prüfinstituten/Gutachtern zu veranlassen ... Der AN hat keinen Anspruch auf eine besondere Vergütung/Kostenerstattung.

Die **Wirksamkeit** von „Komplettheitsklauseln"[408] hängt von dem jeweiligen Typ des Pauschalpreisvertrages ab (vgl. Rdn. 1525). Es ist daher zu differenzieren: Wird ein **Global**-Pauschalvertrag abgeschlossen, ist eine entsprechende Komplettheitsklausel als zulässig anzusehen, weil der Auftragnehmer hier aufgrund der globalen (und damit erkennbar lückenhaften und unvollständigen) Ausschreibung das Risiko der möglichen Vervollständigung der in der Leistungsbeschreibung erfassten Bauleistung bewusst übernimmt. Etwas anderes hat für den **Detail**-Pauschalvertrag mit und ohne globales Element zu gelten; hier kann dem Auftragnehmer im Hinblick auf die detailliert beschriebene Leistung das Risiko, zusätzliche (möglicherweise notwendige oder sinnvolle) Leistungen ohne Vergütung zu erbringen, nicht durch eine solche Klausel überbürdet werden; sie ist daher als unwirksam, weil unangemessen anzusehen (Verstoß gegen § 307 BGB).[409]

1538

---

[408] Vgl. hierzu: BGH, IBR 2008, 372 u. 311 – *Schulze-Hagen*; BGH, BauR 2004, 994 = NZBau 2004, 324; *Würfele/Gralla*, Rn. 238 ff.; *Kapellmann*, in: Kapellmann/Messerschmidt, § 2/B, Rn. 244, 263, 264; *Roquette*, NZBau 2001, 57 und *Voppel*, BrBp 2004, 402 mit einem Überblick über den Stand der Rspr. u. Lit.; ferner *Busse*, Festschrift für Jagenburg, S. 77, 87.

[409] Ebenso: OLG Rostock, IBR 2011, 504 – *Bolz*; OLG Koblenz, IBR 2010, 313 – *Schulze-Hagen* = NZBau 2010, 562; OLG Celle, BauR 2008, 100, 101; OLG Brandenburg, BauR 2003, 716, 718; OLG München, BauR 1990, 776; *Leupertz*, in Messerschmidt/Voit, K Rn. 21; *Richter*, in Messerschmidt/Voit, D Rn. 231; *Kniffka*, in: Kniffka/Koeble, 5. Teil, Rn. 113, *Acker/Roquette*, BauR 2010, 293, 304; *Vygen/Joussen*, Rn. 694; *Heddäus*, ZfBR 2005, 114, 117 m.w.N.; *Freund*, BTR 2005, 94, 95; *Leinemann*, in: Leinemann, § 2 VOB/B, Rn. 527 ff., 530; *Kapellmann*, in: Kapellmann/Messerschmidt, § 2/B, Rn. 244, 264; *Roquette*, NZBau 2001, 57, 60; **a.A.:** offensichtlich *Putzier*, Rn. 244 (unter Hinweis auf OLG Koblenz, BauR 1997, 143, 144). Das OLG Düsseldorf, BauR 2004, 506 = IBR 2004, 61 – *Bolz*, ist der Auffassung, dass eine Komplettheitsklausel jedenfalls dann wirksam ist, wenn der Auftragnehmer die Bausubstanz vor Abschluss des Vertrages eingehend untersucht hat und das Leistungsverzeichnis auch von ihm erstellt worden ist. Auch *Voppel*, BrBp 2004, 402, 407 weist darauf hin, dass eine Komplettheitsklausel in AGB dann als wirksam anzusehen ist, wenn der Auftragnehmer die Ausführungsplanung und das dem Vertrag zugrunde liegende Leistungsverzeichnis erstellt hat, weil „dem Auftragnehmer nicht ein ihm fremdes Risiko überbürdet, sondern nur die ihn ohnehin treffende Verantwortung konkretisiert wird". Vgl. hierzu auch *Poetzsch-Heffter*, ZfBR 2005, 324. Das OLG Düsseldorf, NZBau 2015, 30 = IBR

1539 Besteht Streit, ob eine Leistung vom vereinbarten Pauschalpreis umfasst ist oder eine **Zusatzleistung** darstellt, trägt der **Bauunternehmer die Darlegungs- und Beweislast** für seinen Vortrag, dass es sich bei der streitigen Leistung um eine vom Pauschalpreis nicht umfasste, sondern gesondert zu vergütende Bauleistung handelt.[410] Dabei gilt nach der Rechtsprechung des BGH[411] jedoch die **Vermutung**, dass alle nicht vorher festgelegten Leistungen im Zweifelsfall nicht mit dem Pauschalpreis abgegolten sind. Besonders zu vergütende Mehrleistungen sind demnach alle Arbeiten, die weder im Angebot enthalten noch zur Zeit des Vertragsabschlusses aus den Bauunterlagen als erforderlich[412] erkennbar sind. Konkrete Leistungsbeschreibungen haben damit grundsätzlich Vorrang vor Komplettheitsklauseln.[413] Etwaige Mehrleistungen sind nach der (allerdings bedenklichen) Rechtsprechung des BGH auch bei einem Pauschalpreisvertrag nicht zu vergüten, wenn der Pauschalpreis aufgrund eines erkennbar unklaren oder lückenhaften Leistungsverzeichnisses vereinbart wurde.[414] Nach Treu und Glauben kann dem Bauunternehmer gegen den Bauherrn ein **Ausgleichsanspruch** zustehen, wenn sich herausstellt, dass eine im Leistungsverzeichnis vorgesehene und auch erbrachte Bauleistung infolge eines Rechenfehlers in der Mengenberechnung nicht berücksichtigt worden ist.[415]

d) Anpassung des Pauschalpreises

1540 Grundsätzlich kommt eine **Anpassung des Pauschalpreises** im Übrigen nur dann in Betracht, wenn ein **deutliches ("unerträgliches") Missverhältnis** von **Gesamtbauleistung und Pauschalpreis** bei Ausführung des Bauvorhabens entsteht und dieses jedes voraussehbare Maß übersteigt, z.B. unvorhersehbare Grundwasser- oder Bodenverhältnisse, unvorhersehbarer Mehraufwand (vgl. näher Rdn. 2964 ff.).[416] Auf **Verschiebungen innerhalb der Einzelpositionen** des Leistungsverzeichnisses kommt es dabei nicht an; entscheidend ist die Veränderung der Gesamtbauleistung. Wann ein solches Missverhältnis zwischen Bauleistung und Pauschalpreis vorliegt, ist eine Frage des Einzelfalles und muss unter Berücksichtigung aller Umstände beantwortet werden.

2015, 3 – *Wellensiek*, ist allerdings der Auffassung, dass eine Komplettheitsklausel in einem Detail-Pauschalvertrag als Bestandteil der Leistungsbeschreibung nicht der Inhaltskontrolle unterliegt.

410) BGH, BauR 2002, 787; OLG Dresden, IBR 2012, 66 – *Oberhauser*; OLG Schleswig, OLGR 2002, 446 = MDR 2003, 214; OLG Düsseldorf, BauR 1996, 396 = NJW-RR 1996, 532 = OLGR 1996, 3; OLG Köln, BauR 1987, 575; *Baumgärtel*, § 632 BGB, Rn. 20, der zu Recht darauf hinweist, dass das **Leistungsrisiko** beim Pauschalvertrag von dem Unternehmer zu tragen ist; **a.A.:** *Heiermann*, BB 1975, 991, 992; vgl. hierzu auch *Vygen*, BauR 1979, 375, 382 u. *Heyers*, BauR 1983, 297, 311.
411) BGH, BauR 1971, 124; OLG Brandenburg, BauR 2003, 716, 718; OLG Düsseldorf, NJW-RR 1998, 597.
412) Vgl. hierzu KG, BauR 2003, 1903, 1905 u. LG Berlin, BauR 2003, 1905, 1906 m.Anm. *Wirth*.
413) Vgl. hierzu LG Berlin, BauR 2003, 1905 m.Anm. *Wirth*.
414) Kritisch: *Vygen*, Festschrift für Locher, S. 263, 283. Vgl. hierzu insbesondere *Leinemann*, in: Leinemann, § 2 VOB/B, Rn. 533.
415) OLG Köln, MDR 1959, 660.
416) OLG Brandenburg, IBR 2014, 721 – *Bolz*.

Der Pauschalpreisvertrag   Rdn. 1541–1542

Hat sich der Unternehmer bei seinem Angebot hinsichtlich einzelner Positionen geirrt, geht dies einseitig zu seinen Lasten, weil hier nur ein unbeachtlicher **Kalkulationsirrtum** (vgl. hierzu Rdn. 1415, 1541, 2812 f.) vorliegt.[417] Insoweit können vom Bauunternehmer für die Forderung eines Mehrpreises in der Regel auch nicht die Grundsätze **der Störung der Geschäftsgrundlage** (§ 313 BGB) herangezogen werden, weil dieses Rechtsinstitut voraussetzt, dass die Kalkulation entweder von beiden Parteien vorgenommen worden ist oder zwar nur von einer Partei erfolgte, aber für die andere Partei hinreichend erkennbar war[418] und auch zur Geschäftsgrundlage gemacht wurde, was grundsätzlich nicht angenommen werden kann.[419] Allein aus der Tatsache, dass sämtliche weiteren Bieter höhere Angebote abgegeben haben, kann – nach einer zutreffenden Entscheidung des OLG Brandenburg[420] – nicht geschlossen werden, dass sich der Ausschreibende der vielleicht möglichen Erkenntnis des Kalkulationsirrtums in vorwerfbarer Weise verschlossen hat. Im Übrigen nimmt der Auftragnehmer (wie auch der Auftraggeber) mit der Vereinbarung eines Pauschalpreises das Risiko **etwaiger Fehlberechnungen** im Leistungsverzeichnis grundsätzlich in Kauf.[421] Auch ein **Irrtum hinsichtlich der Bewertung der Preisgrundlagen** für Lohnkosten, Materialpreise, Transportkosten usw. ist grundsätzlich unbeachtlich.[422] Daher weist der BGH[423] darauf hin, dass auch unter dem rechtlichen Gesichtspunkt des **externen Kalkulationsirrtums** eine Anpassung der Vergütung nur in **besonders** gelagerten Fällen in Betracht kommt. Derartige Umstände sieht der BGH z.B. in folgenden Fallgestaltungen: Der andere Teil macht sich die unrichtige Kalkulation so weit zu Eigen, dass eine Verweigerung der Anpassung gegen das Verbot des „venire contra factum proprium" verstößt, beide Parteien machen einen bestimmten Berechnungsmaßstab zur Grundlage ihrer Vereinbarung,[424] oder die andere Vertragspartei erkennt den Irrtum und nutzt ihn treuwidrig aus.   1541

Für den **VOB-Bauvertrag** eröffnet ausdrücklich § 2 Abs. 7 VOB/B eine Änderung des Pauschalpreises unter den Voraussetzungen des § 242 BGB (Treu und Glauben), also vor allem unter dem Gesichtspunkt des Wegfalls oder der Änderung der Geschäftsgrundlage gemäß § 313 BGB (vgl. hierzu ausführlich Rdn. 2964 ff.): Die **ausgeführte Leistung** muss jedoch von der vertraglich vorgesehenen Leistung so **erheblich abweichen**, dass **ein Festhalten an der Pauschalsumme nicht zumutbar** ist; nur dann kann der Bauunternehmer einen Ausgleichsanspruch, den er im Klagewege durchsetzen kann, unter Berücksichtigung der Mehr- oder Minder-   1542

---

417) BGH, VersR 1965, 803; *Heiermann*, BB 1975, 991 u. BB 1984, 1836; *Vygen*, BauR 1979, 375, 376; *John*, JuS 1983, 176.
418) BGH, *Schäfer/Finnern*, Z 2.411 Bl. 28.
419) BGH, NJW-RR 1995, 1360; siehe Rdn. 2479 ff. und 2339.
420) BTR 2005, 127.
421) BGH, BauR 1972, 118 u. 381.
422) *Heyers*, BauR 1983, 297, 308.
423) BGH, NJW-RR 1995, 1360; ebenso OLG Schleswig, IBR 2004, 672 – *Schulze-Hagen* (35-fach überhöhter Positionspreis aufgrund eines Rechenfehlers – externer Kalkulationsirrtum).
424) Vgl. hierzu auch OLG Schleswig, BauR 2005, 1186.

kosten geltend machen[425] (zur Toleranzgrenze Rdn. 1546). § 2 Abs. 7 Nr. 1 Satz 3 VOB/B weist ausdrücklich darauf hin, dass für die Bemessung des Ausgleichs von den Grundlagen der Preisermittlung auszugehen ist. Diese Bestimmung betrifft insbesondere reine Mengenänderungen.[426]

1543 Ferner bietet beim **VOB-Bauvertrag § 2 Abs. 7 Nr. 2** VOB/B letzter Satz ausdrücklich eine zusätzliche **Möglichkeit zur Abänderung des Pauschalpreises**:[427] In den Fällen des

* § 2 Abs. 4 (**Selbstübernahme** von Leistungen durch den Bauherrn, vgl. Rdn. 1472),
* § 2 Abs. 5 (Leistungsänderung durch **Änderung** des Bauentwurfs usw.,[428] vgl. Rdn. 1454 ff.) sowie
* § 2 Abs. 6 (**Zusätzliche Leistungen**, vgl. Rdn. 1474)

kann grundsätzlich, also unabhängig vom Umfang, eine Änderung des Pauschalpreises verlangt werden, ohne dass es auf den Wegfall der Geschäftsgrundlage (§ 313 BGB) ankommt.[429] § 2 Abs. 5 VOB/B setzt nicht voraus, dass die Änderung von Bauleistungen zu einer wesentlichen Abweichung vom vereinbarten Preis führt.[430] Im Übrigen schränkt § 2 Abs. 7 VOB/B die Anwendung der Grundsätze des Wegfalls oder der Änderung der Geschäftsgrundlage (§ 313 BGB) nicht ein. Nach OLG Hamm[431] bleibt es jedoch beim vereinbarten Pauschalpreis, wenn der Unternehmer den geschuldeten Werkerfolg „unter Abweichung vom Leistungsverzeichnis, aber technisch und qualitativ mindestens gleichwertig herbeiführt und der Besteller damit einverstanden ist, ohne sein Einverständnis mit dem Verlangen einer Preisreduzierung zu verknüpfen".

1544 Für den **BGB-Bauvertrag** gibt es keine ausdrückliche gesetzliche Regelung, wie Pauschalverträge veränderten Umständen anzupassen sind. Insoweit gelten daher uneingeschränkt auch hier die **Grundsätze der Störung der Geschäftsgrundlage** gemäß § 313 BGB (vgl. Rdn. 2964), aber auch die allgemeinen Rechtsgrundsätze, die sich in den vorerwähnten Vorschriften der VOB/B niedergeschlagen haben.

1545 Wann bei Änderungen der Bauleistung im Rahmen eines **Pauschalvertrages** eine **Anpassung des Vertragspreises** nach § 2 Abs. 7 VOB/B oder den Grundsätzen der Änderung der Geschäftsgrundlage in Betracht kommt, ist eine **Frage des Einzelfalles**. Dabei ist insbesondere zwischen dem Global-Pauschalvertrag einerseits und dem Detail-Pauschalvertrag andererseits zu unterscheiden (vgl. Rdn. 1525). Eine Anpassung des Pauschalpreises wegen Leistungsänderungen oder zusätzlichen Leistungen wird in erster Linie beim Detail-Pauschalvertrag im Hinblick auf die

---

425) Vgl. hierzu OLG Nürnberg, ZfBR 1987, 155 mit abl. Anm. *Bühl*, der zu Recht auf die uneingeschränkte Anwendbarkeit der Nr. 4–6 des § 2 VOB/B über Nr. 7 Abs. 2 Satz 4 verweist.
426) OLG Düsseldorf, OLGR 1995, 52, 53.
427) BGH, BauR 2000, 1754 = NJW 2000, 3277 = MDR 2000, 1313 = NZBau 2000, 467 = ZfBR 2000, 538; ferner: OLG Karlsruhe, IBR 2012, 633 – *Heiliger*; OLG Hamm, BauR 1998, 132 = NJW-RR 1998, 598; *Maser*, BauR 1990, 319 u. *Vygen*, Festschrift für Locher, S. 263, 266.
428) OLG Brandenburg, NJW-RR 2010, 92; OLG Köln, IBR 2002, 2 – *Putzier*.
429) *Vygen*, Festschrift für Locher, S. 263, 266 sowie OLG Düsseldorf, BauR 1991, 774.
430) So jetzt BGH, BauR 2002, 1847 = NJW-RR 2003, 14 = NZBau 2002, 669 = ZfBR 2003, 31; BauR 2000, 1754 = NJW 2000, 3277.
431) MDR 1998, 151.

konkreter beschriebene Leistung in Betracht kommen[432], während es dem Auftragnehmer beim Global-Pauschalvertrag meist schwer fallen wird, ein geändertes Bausoll oder eine Mehrleistung darzulegen und zu beweisen, weil insoweit das Leistungsziel im vertraglichen Vordergrund steht.[433]

Im Rahmen einer etwaigen Anpassung des Pauschalpreises wird in aller Regel eine bestimmte **Toleranzgrenze (Zumutbarkeitsgrenze)** zu berücksichtigen sein, da bei einem Pauschalpreisvertrag die Parteien nicht nur den Preis, sondern auch die entsprechenden Bauleistungen pauschalieren wollen und damit gewisse Risiken bewusst in Kauf nehmen. Diese von den Vertragsparteien daher zu tragenden Risiken sind aber nach Treu und Glauben nicht unbegrenzt, wie der BGH wiederholt bestätigt hat.[434]

1546

Die Toleranzgrenze kann nicht nach starren Prozentsätzen oder Regeln festgelegt werden,[435] zumal, wie erwähnt, es nicht entscheidend auf Mengenabweichungen bei einzelnen Positionen, sondern auf ein deutliches Missverhältnis zwischen der Gesamtbauleistung und dem Pauschalpreis ankommt. **Mengenabweichungen** fallen also **nur ins Gewicht**, wenn sie gleichzeitig dazu führen, dass die **Gesamtleistung in ein unzumutbares Missverhältnis zum Pauschalpreis** gerät.[436] Hieran sind nach der Rechtsprechung des BGH strenge Maßstäbe anzulegen. Man wird davon ausgehen können, dass Mengenabweichungen, soweit sie unter dem genannten Vorzeichen überhaupt relevant sind, zu einer Abänderung des Pauschalpreises erst dann führen können, wenn sie **über etwa 20 %** liegen.[437]

---

432) OLG Brandenburg, BauR 2015, 119.
433) So richtig *Putzier*, Rn. 349. Vgl. auch KG, IBR 2007, 64 – *Putzier*.
434) BGH, BauR 1972, 118; BauR 1974, 416 = NJW 1974, 1864; vgl. hierzu auch *Bamberger/Roth/Voit*, § 631 BGB, Rn. 75 f.
435) BGH, BauR 1996, 250 = NJW-RR 1996, 401 = MDR 1996, 145; *Kapellmann*, in: Kapellmann/Messerschmidt, § 2/B, Rn. 289.
436) OLG Düsseldorf, OLGR 1995, 52 („**unerträgliches Missverhältnis**").
437) BGH, *Schäfer/Finnern*, Z 2.311 Bl. 5 (Erhöhung um etwa 20 % noch zumutbar), das dort zitierte Urteil des BGH v. 27.6.1957 – VII ZR 293/56 – (Verdoppelung der Kosten noch nicht ausreichend); ferner: *Schäfer/Finnern*, Z 2.411 Bl. 28; OLG Brandenburg, BauR 2015, 119, 120; OLG Naumburg, IBR 2007, 10 – *Frank* u. IBR 2007, 180 – *Moufang*; OLG Hamm, BauR 2006, 1899; vgl. hierzu ferner OLG Düsseldorf, BauR 2001, 803, 806; OLG Hamm, BauR 1993, 88 (Abweichung von mehr als 20 %) u. BauR 1998, 132 = NJW-RR 1998, 598; OLG Hamburg, BB 1970, 688 (Minderleistung von etwa 15 % noch tragbar); *Vygen*, BauR 1979, 375, 385 m.w.Nachw.; OLG Düsseldorf, BauR 1974, 348 u. OLGR 1995, 52 (Risikorahmen bei mehr als 20 % überschritten, insbesondere, wenn Auftraggeber für Mengenansätze verantwortlich ist); OLG Köln, U v. 19.3.1970 – 14 U 197/69 – (Mehrkosten von 17 % noch keine unzumutbare Äquivalenzstörung); *Tempel*, JuS 1979, 494 (Opfergrenze bei Abweichung von 25 % erreicht); OLG Düsseldorf, BauR 1976, 363 (Überschreitung von mehr als 20 % erheblich); OLG München, NJW-RR 1987, 598 (Risikorahmen bei etwa 20 %); ebenso: OLG Frankfurt, NJW-RR 1986, 572 = MDR 1986, 407 sowie OLG Stuttgart, BauR 1992, 639; OLG Zweibrücken, BauR 1989, 746 (Überschreitung von 29 % unzumutbar); OLG Saarbrücken, NJW-RR 1999, 668 = MDR 1999, 863 = OLGR 1999, 122 (Abweichung muss jedenfalls über 10 % liegen); OLG Schleswig, BauR 2000, 1201 = OLGR 2000, 87 (Mengendifferenz von etwas mehr als 10 % ist hinzunehmen); *Zielemann*, Festschrift für Soergel, S. 301, 313; *Pauly*, MDR 1999, 1104, 1106.

Damit ist nur die **Mehrleistung zu vergüten**, die über den mit dem Pauschalpreis gewöhnlich abgegoltenen Risikorahmen **hinausgeht**.[438]

Der BGH[439] ist allerdings der Auffassung, dass es keine starre, der Beurteilung zugrunde zu legende Risikogrenze in Gestalt eines Prozentsatzes des vereinbarten Pauschalpreises gibt. Nach seiner Meinung kann auch nicht davon ausgegangen werden, dass ein Ausgleichsanspruch nur dann in Betracht kommt, wenn die zusätzliche Vergütung infolge der Änderung der Geschäftsgrundlage mehr als 20 % des Pauschalpreises beträgt. Vielmehr kommt es nach seiner Auffassung auf die **gesamten Umstände des Falles** an, „wobei insbesondere auch berücksichtigt werden muss, inwieweit der Auftraggeber durch irreführende Angaben in der Ausschreibung zu einer Fehlkalkulation des Auftragnehmers beigetragen hat; in solchen Fällen scheint es nicht von vornherein ausgeschlossen, dass diesem eine Mehrvergütung zuerkannt wird, die weniger als 20 % des vereinbarten Pauschalpreises ausmacht" (vgl. Rdn. 1530 a.E.).

Nach wohl herrschender Auffassung[440] kommt ein Ausgleich nur in Betracht, wenn die **Pauschale insgesamt** in dem vorerwähnten Rahmen überschritten wird. Unerheblich sind grundsätzlich Mengenabweichungen bei **einzelnen** Positionen, soweit dadurch nicht die **Opfergrenze der Gesamtpauschale** überschritten wird. Es ist also stets auf das **Verhältnis** von **Gesamtpreis** und **-leistung** abzustellen.

1547 Bei alledem ist aber stets zu berücksichtigen, dass die Vertragsparteien bei einer Pauschalpreisabrede etwaige (dem Vertrag vorangegangene) **Mengenangaben bewusst pauschalieren** wollten. Andererseits sind diese Mengenangaben bei der **Preisfindung** in aller Regel berücksichtigt worden. Daher ist in diesem Zusammenhang auch zu prüfen, wer für die entsprechenden Mengenangaben verantwortlich zeichnet.[441] Sind Mengenabweichungen ursächlich auf unrichtige Angaben des Auftraggebers zurückzuführen, können im übrigen Schadensersatzansprüche des Auftragnehmers unter dem Gesichtspunkt des Verschuldens bei Vertragsschluss bestehen. Ein Festhalten am Pauschalpreis kann insbesondere nicht in Betracht kommen, wenn beide Vertragsparteien die zu erbringenden Mengen deutlich falsch eingeschätzt haben; das kann jedoch nicht gelten, wenn der Auftragnehmer nur überschlägig kalkuliert hat. Im Übrigen können die Parteien das Pauschalierungsrisiko hinsichtlich der Mengen z.B. in der Weise regeln, dass bei Mengenabweichungen, die über 5 % hinausgehen, auf Verlangen ein neuer Preis gebildet werden muss.[442]

---

438) *MünchKomm-Busche*, § 631 BGB, Rn. 183 f.; OLG München, *SFH*, Nr. 42 zu § 16 Nr. 3 VOB/B; **a.A.:** OLG Düsseldorf, OLGR 1995, 52, 54, das sämtliche Mehrleistungen des Auftragnehmers im Rahmen der Anpassung des Pauschalpreises nach § 2 Nr. 7 Abs. 1 VOB/B umfassend ausgleichen will; das widerspricht jedoch Sinn und Zweck eines Pauschalpreisvertrages (die Frage wurde vom BGH, BauR 1996, 250 = NJW-RR 1996, 401 = MDR 1996, 145 in der Revisionsinstanz offen gelassen.
439) BauR 2011, 1646 = NZBau 2011, 553 = IBR 2011, 503 – *Berger*.
440) Beck'scher VOB-Komm/*Jansen*, B § 2 Nr. 7 Rn. 64; *Keldungs*, in: Ingenstau/Korbion, § 2 Abs. 7/B, Rn. 24; *Motzke*, BauR 1992, 146 ff.
441) Vgl. OLG Düsseldorf, OLGR 1995, 52, 54 (das vom Auftrag**geber** erstellte Leistungsverzeichnis weist weitgehend zu geringe Mengenansätze aus).
442) BGH, BauR 2004, 78 = NZBau 2004, 150 = IBR 2004, 59 – *Schulze-Hagen*.

Das OLG Düsseldorf[443] hält eine vom Auftraggeber gestellte Klausel für zulässig, wonach der Auftragnehmer anerkennt, Maße und Mengen der ihm vom Auftraggeber übergebenen Unterlagen, wie z.B. Leistungsverzeichnis, Baubeschreibung, Bauzeichnung, Massenberechnung, Statik usw. überprüft und „als richtig und ausreichend befunden zu haben". Diese Klausel sei nicht unbillig und verstoße auch nicht gegen § 307 BGB (früher § 9 AGB-Gesetz), weil sie „an die tatsächliche Möglichkeit der Kenntnisnahme von Fehlern bei ordnungsgemäßer und vollständiger Überprüfung der genannten Unterlagen anknüpfe."

Verändert sich der Leistungsinhalt, z.B. durch Abänderung des Bauentwurfes (Wegfall von Bauleistungen oder zusätzliche Bauleistungen), in **erheblichem Umfang**, ist eine Veränderung des Pauschalpreises nur unter folgenden Grundsätzen, die zur gefestigten Rechtsprechung des **BGH**[444] gehören, denkbar: **1548**

„Die auf einer Abänderung des Bauentwurfes beruhende, nicht unerhebliche Änderung des im Pauschalpreisvertrag vorgesehenen Leistungsinhalts rechtfertigt auch ohne neue Preisvereinbarung eine Anpassung der Pauschale an die veränderten Verhältnisse. Zwar hat eine Änderung der Bauausführung nicht grundsätzlich zur Folge, dass eine einmal getroffene Pauschalpreisvereinbarung überhaupt nicht mehr anwendbar wäre. Wird der geplante Bau aber in wesentlichem Umfang anders als ursprünglich vorgesehen errichtet, und kommt es dadurch zu erheblichen Änderungen des Leistungsinhalts, so rühren diese an die Grundlagen der Preisvereinbarung und können nicht ohne Auswirkung auf die ausgemachte Pauschale bleiben. Hier sind durch die spätere nochmalige Umplanung der Bauausführung die Leistungen für die zusätzlichen Appartements hinsichtlich der sanitären Installation und der Heizung nicht so ausgeführt worden, wie das vorgesehen war. Es liegt nach dem für das Revisionsverfahren als richtig zu unterstellenden Vortrag des Beklagten eine erhebliche Minderleistung vor. Das muss nach den Grundsätzen von Treu und Glauben dazu führen, dass der Beklagte an den für diese Leistungen vereinbarten Pauschalpreisen nicht festgehalten werden kann. Es muss vielmehr eine Anpassung an die tatsächlich ausgeführten Leistungen erfolgen. Das gilt nicht für den Fall, dass gegenüber dem Leistungsinhalt, der einer Pauschalpreisvereinbarung zu Grunde liegt, erhebliche zunächst nicht vorgesehene Leistungen hinzukommen, sondern auch dann, wenn ursprünglich vorgesehene Leistungen vereinbarungsgemäß in erheblichem Umfang entfallen oder durch andere Leistungen ersetzt werden."

Unbeachtlich ist bei einer unter diesen Gesichtspunkten in Betracht kommenden Anpassung des Pauschalpreises nach Auffassung des BGH, dass etwaige einschneidende Leistungsänderungen von den Parteien einverständlich vorgenommen worden sind: „Haben die Parteien an etwaige Auswirkungen auf den ausgemachten Pauschalpreis zunächst nicht gedacht und deshalb keine entsprechenden neuen Vereinbarungen getroffen, so hindert das nach Treu und Glauben eine Anpassung der ursprünglichen Absprache an die veränderten Verhältnisse nicht, nachdem sich der Umfang der Abweichungen herausgestellt hat."[445] **1549**

Ein etwaiger **Ausgleich** für Mehr- oder Minderleistungen beim Pauschalvertrag wird in aller Regel dadurch vollzogen, dass der **Pauschalpreis angehoben** oder **vermindert** wird. Mindert sich die Bauleistung im Einverständnis der Parteien, werden also z.B. Teile der Gesamtleistung überhaupt nicht ausgeführt, wird für den nicht ausgeführten Teil der Bauleistung ein Betrag abzusetzen sein, der seinem **1550**

---
443) SFH, Nr. 7 zu 2 Nr. 6 VOB/B (1973).
444) BauR 1974, 416, 417 = NJW 1974, 1864; OLG München, NJW-RR 1987, 598.
445) BGH, BauR 1972, 118, 119; OLG Hamburg, BB 1970, 688 m.Anm. *Meinert;* OLG Düsseldorf, DB 1978, 88.

Verhältnis zu den übrigen Leistungen im Rahmen der Pauschale entspricht.[446] Dabei ist stets sowohl beim BGB- wie auch beim VOB-Bauvertrag von den **Grundlagen der Preisermittlung für die vertraglich zunächst vorgesehenen Leistungen auszugehen**, also z.B. auch unter Aufrechterhaltung eines Kalkulationsirrtums des Auftragnehmers. Der vom Pauschalpreis in Abzug zu bringende Betrag ist nicht isoliert nach den hierfür in Betracht kommenden Einheitspreisen, sondern unter **Berücksichtigung des vereinbarten Pauschalpreises** zu bemessen.[447] Entsprechendes gilt für Mehrleistungen. Diese können im Einzelfall aber auch nach Einheitspreisen abzurechnen sein.[448] Lag der Pauschalpreisabrede ein Leistungsverzeichnis mit Mengenangaben zugrunde und haben die Parteien in einer besonderen Klausel vereinbart, dass bei „Massenabweichungen von mehr als 5 % die Vereinbarung eines neuen Pauschalpreises zu treffen" ist, so sind nach einer Entscheidung des OLG Köln[449] „sämtliche, die ursprünglich kalkulierten Werte übersteigenden Massen zu vergüten und nicht nur die 5 % übersteigenden Mehrmassen". Dem kann nicht gefolgt werden, weil die Parteien einvernehmlich eine „Bagatellabweichung" in Höhe bis zu 5 % hinnehmen wollten, sodass eine **Preisanpassung** nur für die 5 % übersteigenden Mengen in Betracht kommt.[450] Dafür sprechen auch Wortlaut und Zweck der Vereinbarung.

1551 Ist der vereinbarte **Leistungsinhalt völlig verändert** worden, ist die **Pauschalvereinbarung als hinfällig** zu betrachten; mangels einer anderen Absprache zwischen den Parteien wird die gesamte Bauleistung nunmehr **nach Aufmaß** und den **Einheitspreisen** zu berechnen sein, die in dem zugrundeliegenden Angebot des Auftragnehmers enthalten waren.[451] Dabei können zwischenzeitliche Lohnerhöhungen nicht berücksichtigt werden.

Weigert sich der **Auftraggeber**, der berechtigten Forderung des Auftragnehmers **nach Anpassung des Pauschalpreises** nachzukommen, kann dieser den Vertrag kündigen.[452] Dasselbe gilt für den Auftraggeber, wenn der Auftragnehmer die Änderung des Pauschalpreises verweigert.

1552 Regelungen in **AGB** des Auftraggebers sind unwirksam, wenn Ansprüche für vertraglich zunächst nicht geschuldete Leistungen nur auf vertraglicher Grundlage entstehen und zwar nur dann, wenn der Auftragnehmer ein Nachlassangebot eingereicht und der Auftraggeber dieses angenommen und schriftlich bestätigt hat, weil damit die Auftragnehmer unangemessen benachteiligt wird.[453] Dasselbe gilt wenn in einer Klausel sämtliche Nachforderungen ausgeschlossen sind, weil der Preis als Festpreis vereinbart worden ist.[454]

---

446) BGH, BauR 1972, 118; NJW 1974, 1864 = BauR 1974, 416; vgl. hierzu auch BGH, BauR 1999, 1021 = NJW 1991, 2661 = MDR 1999, 992 = ZfBR 1999, 310 (keine Anwendung von § 2 Abs. 4 VOB/B); *Vygen*, BauR 1979, 375, 378.
447) OLG Dresden, IBR 2008, 13 – *Schmitz*. Vgl. hierzu OLG Köln, *SFH*, Nr. 1 zu § 648 BGB.
448) BGH, *Schäfer/Finnern*, Z 2.300 Bl. 11; BGH, WM 1974, 929.
449) NJW-RR 1995, 274 = BauR 1994, 803 (LS).
450) Vgl. hierzu BGH, BauR 2004, 78 = NZBau 2004, 150 = IBR 2004, 59 – *Schulze-Hagen*.
451) *Schmidt*, BlGBW 1969, 189; OLG Düsseldorf, DB 1978, 88.
452) BGH, NJW 1969, 233.
453) BGH, BauR 2004, 488, 491.
454) BGH a.a.O.

e) Abrechnung bei Kündigung

Literatur

Leineweber, Kündigung bei Pauschalverträgen – Möglichkeiten und Problemlösungen für den Auftragnehmer im Zusammenhang mit der Abrechnung –, ZfBR 2005, 1110; *Kuhne/Kattenbusch*, Zur Abrechnung eines „Detail-Pauschalvertrages" bei freier Kündigung gemäß VOB/B, in: Festschrift für Blecken (2011); *Althaus*, Vergütung für erbrachte Leistungen beim gekündigten Pauschalpreisvertrag, NJW 2015, 2922; *Hille*, Abrechnung des gekündigten Pauschalpreisvertrages, NJW 2015, 2455.

1553 Wird ein **Pauschalpreisvertrag**, der **zum Teil bereits ausgeführt** worden ist, vom Auftraggeber aus wichtigem Grund oder gemäß § 649 BGB **gekündigt**, kann der Unternehmer für die erbrachten Leistungen nicht ohne Weiteres die aus dem Vertrag für den erreichten Bautenstand vorgesehenen Raten verlangen.[455] Die Verknüpfung von Teilleistungen mit Teilzahlungen sagt nach der zutreffenden Auffassung des BGH[456] nicht zwingend etwas darüber aus, dass die Vertragsparteien die einzelnen Teilleistungen mit den ihnen zugeordneten Raten bewerten wollten.

1554 Nach der Rechtsprechung des BGH[457] hat die **Abrechnung** eines durch Kündigung beendeten Pauschalpreisvertrages vielmehr nach folgenden Schritten und Maßstäben zu erfolgen:[458]

1. Ermittlung der **Leistung**:
   Der Auftragnehmer hat zunächst die **erbrachten** Leistungen festzustellen und von dem nicht erbrachten Teil abzugrenzen.[459]
2. Ermittlung der **Vergütung**:
   Für die erbrachten Leistungen ist ein entsprechender anteiliger Werklohn anzusetzen. Dabei ist „die Höhe dieser Vergütung nach dem Verhältnis des Wertes

---

455) BGH, NJW-RR 1998, 236 = ZfBR 1998, 32; BauR 1980, 356; OLG München, ZfBR 1982, 67, 69.
456) BauR 1999, 644 = NJW-RR 1999, 960 = ZfBR 1999, 211.
457) BGH, BauR 2002, 1403 = NZBau 2002, 507 = MDR 2002, 1307; BauR 2002, 1406 = NZBau 2002, 508 = MDR 2002, 1177; BauR 2001, 251 = NJW 2001, 521 = NZBau 2001, 85 = ZfBR 2001, 102 = MDR 2001, 212; BauR 2000, 1191, 1193 = ZfBR 2000, 471; BauR 2000, 726 = NJW 2000, 1257 = MDR 2000, 635 (Abrechnung über gleichwertige Leistungen); BauR 1997, 304 = NJW 1997, 733 = MDR 1997, 236 = BB 1997, 336; BauR 1998, 121 = NJW-RR 1998, 234 = ZfBR 1998, 78; BauR 1997, 643 = ZfBR 1997, 242; BauR 1995, 691 = ZfBR 1995, 297; BauR 1996, 846, 848; BauR 1998, 125; OLG Hamm, NJW 2015, 2970 (vgl. hierzu *Hille*, NJW 2015, 2455); IBR 2015, 123 – *Jahn*; OLG Bamberg, IBR 2013, 600 – *Franz*; OLG Düsseldorf, IBR 2015, 122 – *Jahn*; IBR 2009, 691; KG, KGR 1998, 41, 42; OLG Celle, BauR 2006, 2069; OLG Naumburg, BauR 2003, 896 = OLGR 2003, 312; OLG Dresden, BauR 2001, 419 u. OLG Köln, IBR 2014, 720 – *Weyer*; NJW-RR 1999, 745 = OLGR 1999, 57 (beide zur Abrechnung durch **Insolvenzverwalter**); OLG Naumburg, NJW-RR 2000, 391; OLG Düsseldorf, *Schäfer/Finnern*, Z 2.310 Bl. 9 sowie OLG München, ZfBR 1982, 67 (zur Prüfbarkeit einer solchen Rechnung); OLG Hamm, BauR 1992, 516; vgl. hierzu auch *Hille*, NJW 2015, 2455 sowie *Althaus*, NJW 2015, 2922.
458) Vgl. hierzu auch neuerdings *Hille*, NJW 2015, 2455 sowie *Althaus*, NJW 2015, 2922; ferner *Schmidt*, NJW 2015, 1159, 1160.
459) Allerdings kann der Auftragnehmer, der bis zur vorzeitigen Beendigung eines Pauschalpreisvertrages nur geringfügige Teilleistungen erbracht hat, ausnahmsweise die ihm zustehende Mindestvergütung nach einer Entscheidung des BGH, BauR 2005, 385 in der Weise abrechnen, dass er die gesamte Leistung als nicht erbracht zugrunde legt und von dem Pauschalpreis die hinsichtlich der Gesamtleistung ersparten Aufwendungen absetzt.

der erbrachten Teilleistung zum Wert der nach dem **Pauschalpreisvertrag** geschuldeten Gesamtleistung zu errechnen; der Unternehmer muss deshalb **das Verhältnis der bewirkten Leistung zur vereinbarten Gesamtleistung** und des **Pauschalansatzes für die Teillieferung zum Pauschalpreis** darlegen".[460)]
Der vereinbarte Pauschalpreis für die Gesamtleistung ist damit also stets Maßstab für die Bewertung der bewirkten Teilleistung.[461)]

Bei dieser notwendigen Abgrenzung zwischen erbrachten und nicht erbrachten Leistungen und deren Bewertung hat der Auftragnehmer seinen Vortrag so zu gestalten, dass es dem Auftraggeber möglich ist, sich sachgerecht zu verteidigen.[462)]

1555 Das **Wertverhältnis** der **erbrachten Teilleistung zur Gesamtleistung** kann im Einzelfall, muss aber nicht immer aufgrund eines **Aufmaßes**[463)] oder eines **Leistungsverzeichnisses** ermittelt werden. Letzteres ist z.B. dann nicht möglich, wenn es keine Ausschreibung mit Leistungsverzeichnis, sondern nur eine funktionale Ausschreibung im Rahmen eines Global-Pauschalpreisvertrages (vgl. hierzu Rdn. 1525) oder gar keine Ausschreibung gibt. In diesem Fall kann die geschuldete Vergütung nur nach den allgemeinen, vom BGH entwickelten Grundsätzen ermittelt werden. Dabei hat ggf. der Auftragnehmer die Grundlagen seiner **Kalkulation vorzulegen**.[464)] Aus der offen gelegten Kalkulation ist sodann – unter Umständen durch eine zusätzliche Schätzung nach § 287 ZPO – die richtige Vergütung zu ermitteln.[465)] Ist eine solche Kalkulation nicht erstellt worden, muss er sie **nachträglich erarbeiten**[466)] oder in anderer Weise darlegen, wie die erbrach-

---

460) Zur Prüfbarkeit der Abrechnung eines gekündigten Bauvertrages vgl. BGH, BauR 2003, 377 = NJW 2003, 581 = MDR 2003, 213 = NZBau 2003, 151. Ferner BGH, BauR 1999, 644 = NJW-RR 1999, 60 = ZfBR 1999, 211; BauR 1997, 304 = NJW 1997, 733 = MDR 1997, 236 = BB 1997, 336; BGH, BauR 1998, 121 = NJW-RR 1998, 236 = ZfBR 1998, 32; OLG München, IBR 2013, 266 – *Hummel*; OLG Köln, IBR 2013, 267 – *Gross*; OLG Düsseldorf, BauR 2010, 88; NJW-RR 2010, 827; *Löwe*, ZfBR 1998, 121, 123; *Glöckner*, BauR 1998, 669, 672.
461) So richtig *Althaus*, NJW 2015, 2922, 2923.
462) BGH, BauR 2004, 1441 = NZBau 2004, 549; BauR 2002, 1403; 2002, 1406; BauR 2001, 251 = NJW 2001, 521 = NZBau 2001, 85 = ZfBR 2001, 102 = MDR 2001, 212.
463) BGH, BauR 2002, 1403, 1405; BauR 1999, 632 = NJW 1999, 2036 = MDR 1999, 801 = ZfBR 2000, 38; OLG Düsseldorf, NJW-RR 1992, 1373; OLG Köln, BauR 1994, 413 (LS).
464) BGH, BauR 1997, 304 = NJW 1997, 733 = MDR 1997, 236 = BB 1997, 336; BauR 1999, 632 = NJW 1999, 2036 = MDR 1999, 801; BauR 1999, 1294 = NJW 1999, 3261 = ZfBR 2000, 30 = MDR 1999, 1378 (Aufschlüsselung unter Beibehaltung des Preisniveaus); OLG Hamm, NZBau 2015, 480, 482; KG, IBR 2010, 435 – *Althaus*; OLG Düsseldorf, IBR 2015, 122 – *Jahn*; BauR 2010, 88, 89; OLG Frankfurt, IBR 2010, 316 – *Rodemann*; OLG Celle, BauR 1998, 1016; LG Trier, NJW-RR 1992, 604; KG, IBR 2006, 194 (Angabe von pauschalen Beträgen für nicht erbrachte Leistungen – ohne Spezifikation und ohne Offenlegung der Kalkulation – reicht nicht aus.).
465) BGH, BauR 2006, 1753 = NZBau 2006, 637 (gilt auch für erstelltes Aufmaß); BauR 2003, 880; OLG Dresden, IBR 2005, 467 – *Schulze-Hagen*.
466) BGH, BauR 1997, 304 = NJW 1997, 733 = MDR 1997, 236 = BB 1997, 336; OLG Hamm, NZBau 2015, 480 („fiktive Kalkulation"); OLG Brandenburg, BTR 2005, 128 (nur Plausibilität gefordert); *Hille*, NJW 2015, 2455, 2456.

Der Pauschalpreisvertrag

ten Leistungen unter **Beibehaltung des Preisniveaus** (bei Vertragsschluss) zu bewerten sind.[467]

Das KG[468] hält in diesem Zusammenhang die Forderung nach einer aufgeschlüsselten **Nachkalkulation** für treuwidrig, wenn die nicht erbrachten Leistungen unter 2 % des Auftragsvolumens liegen. Auch der BGH[469] hat die **Notwendigkeit** der Nachkalkulation für folgenden Fall **eingeschränkt**: Hat der Unternehmer eine Leistung nicht in seinem Pauschalpreis einkalkuliert, weil er irrtümlich der Auffassung ist, sie sei nicht geschuldet, scheitert die Prüfbarkeit seiner nach einer Kündigung erstellten Schlussrechnung nicht daran, dass er keine Nachkalkulation vornimmt. Hat allerdings der Unternehmer bei der Kalkulation eines Pauschalpreises Leistungspositionen vergessen, muss er die daraus entstandene mangelnde Kostendeckung des Pauschalpreises auch bei der Abrechnung nach vorzeitiger Kündigung in Abzug bringen.[470] Kalkulationsfehler setzen sich daher in der Abrechnung der Teilleistungen nach Kündigung fort.

Ist es dem Auftragnehmer nicht mehr möglich, den Stand der von ihm bis zur Kündigung erbrachten Leistung durch ein Aufmaß zu ermitteln, weil der **Auftraggeber das Aufmaß dadurch vereitelt** hat, dass er das Bauvorhaben durch ein **Drittunternehmen hat fertig stellen** lassen, genügt der Auftragnehmer seiner Verpflichtung zur prüfbaren Abrechnung nach der Rechtsprechung des BGH,[471] wenn er alle ihm zur Verfügung stehenden Umstände dem Auftraggeber mitteilt, die Rückschlüsse auf den Stand der erbrachten Leistung ermöglichen. Dabei weist der BGH auch darauf hin, dass der Auftragnehmer seiner Darlegungslast in diesem Fall genügt, „wenn er Tatsachen vorträgt, die dem Gericht die Möglichkeit eröffnen, ggf. mit Hilfe eines Sachverständigen den Mindestaufwand des Auftragnehmers zu schätzen, der für die Erbringung seiner Leistung erforderlich war".

1556

Haben die Parteien einen Pauschalpreis (z.B. durch Abrundung) vereinbart, nachdem der Auftragnehmer ein **Angebot** mit Massen und Einheitspreisen abgegeben hatte, kann dieses Angebot ebenfalls ein „brauchbarer Anhaltspunkt" sein, um das Wertverhältnis zu ermitteln und damit auch die Vergütung für die bis zur Kündigung des Vertrages erbrachten Leistungen zu berechnen, wobei das Preisniveau der „abgerundeten Pauschale" bzw. eines Nachlasses[472] zu berücksichtigen ist.[473] Dazu weist der BGH[474] zu Recht darauf hin, dass die erforderliche nachträgliche Aufgliederung in Einzelleistungen und kalkulierte Preise in der Regel die Gesamtleistung erfassen muss, es sei denn, dass im Zeitpunkt der Kündigung nur noch geringfügige Leistungen nicht erbracht sind. Dabei ist aber zu beachten: Auch

1557

---

467) BGH, BauR 2001, 251 = NJW 2001, 521 = NZBau 2001, 85 = ZfBR 2001, 102 = MDR 2001, 212; BauR 2000, 1182 = NJW 2000, 2988 = NZBau 2000, 375 = ZfBR 2000, 472; vgl. hierzu auch BGH, BauR 2002, 1403, 1405. Ferner *Althaus*, NJW 2015, 2922, 2924.
468) KGR 1999, 253.
469) BGH, BauR 2004, 1441 = NZBau 2004, 549.
470) OLG Brandenburg, IBR 2006, 612 – *Putzier*.
471) BauR 2004, 1443.
472) OLG Brandenburg, IBR 2005, 665 – *Putzier*.
473) BGH, BauR 2000, 726 = NJW 2000, 1257 = MDR 2000, 635 (auch beim Pauschalpreisvertrag); BauR 1996, 846 = NJW 1996, 3270 = MDR 1997, 33; OLG Celle, BauR 1998, 1016; vgl. hierzu auch OLG München, IBR 2014, 260 – *Lichtenberg*.
474) BauR 2000, 1182 = NJW 2000, 2988 = NZBau 2000, 375 = ZfBR 2000, 472.

hier haben die Vertragsparteien bewusst Massen/Mengen pauschaliert. Die im Leistungsverzeichnis genannten Massen können daher nur ein **Anhaltspunkt** für die Ermittlung der erbrachten Leistungen sein. Entscheidend bleibt auch hier das Verhältnis der **erbrachten Teilleistungen** zur vereinbarten **Gesamtleistung**.[475]

> Hierzu ein **Beispiel:** Im Leistungsverzeichnis sind für eine Rohrverlegung in einem bestimmten Bereich 40 lfd. m zum ursprünglichen Einheitspreis angesetzt. Die Parteien schließen einen Pauschalpreisvertrag. Bis zur Kündigung hat der Auftragnehmer zwei Drittel der vereinbarten Gesamtrohrverlegung erbracht. Anhand eines Aufmaßes stellt sich heraus, dass dies bereits 40 lfd. m sind, aber noch 20 lfd. m fehlen. Das Leistungsverzeichnis, dessen Massen später nach dem Willen der Parteien im Rahmen der Ermittlung des Pauschalpreises pauschaliert wurden, war also ungenau.
>
> In diesem Fall kann der Auftragnehmer nicht 40 lfd. m zum ursprünglichen Einheitspreis abrechnen. Vielmehr muss er die nach dem Vertrag tatsächlich zu erbringende Gesamtrohrverlegung (60 m) zu der von ihm erbrachten Teilleistung (40 lfd. m) in Verhältnis setzen, sodass insoweit nur eine Vergütung in Höhe von zwei Drittel des vereinbarten Pauschalpreises in Betracht kommt.

1558 Hat der Auftragnehmer allerdings bis zur Kündigung nur **sehr geringfügige Teilleistungen erbracht**, lässt der BGH[476] es ausdrücklich zu, dass der Auftragnehmer die ihm zustehende Mindestvergütung in der Weise abrechnen kann, dass er die gesamte Leistung als nicht erbracht zugrunde legt und von dem Pauschalpreis die hinsichtlich der Gesamtleistung ersparten Aufwendungen absetzt. Für den umgekehrten Fall hat der BGH[477] entsprechend entschieden: Sofern lediglich ganz geringfügige Teile noch zum Zeitpunkt der Kündigung ausstehen und keine kalkulatorische Verschiebung zulasten des Auftraggebers verdeckt werden kann, kann der Auftragnehmer auch in der Weise abrechnen, dass die nicht erbrachte Leistung bewertet und von der Gesamtvergütung abgezogen wird. Darüber hinaus hält der BGH[478] die Abrechnung eines gekündigten Pauschalpreisvertrages für prüffähig, wenn der Auftragnehmer vom vereinbarten Pauschalpreis die Kosten abzieht, die dem Auftraggeber nach dessen eigenen Angaben für die Ausführung der bei Kündigung noch fehlenden Restleistung durch einen Drittunternehmer entstanden sind. Ferner eröffnet der BGH auch die Möglichkeit einer **Schätzung des Werklohns** nach § 287 ZPO, wenn ausreichende Grundlagen zur Ermittlung des Werklohns vorhanden sind.[479] Die Entscheidung des BGH[480] hat auch entsprechend für den umgekehrten Fall zu gelten, wenn der Unternehmer im Zeitpunkt der Kündigung des Vertrages nur noch geringfügige Leistungen zu erbringen hat, wobei das OLG Hamm[481] die Grenze der Geringfügigkeit dann als nicht überschritten ansieht, wenn der Umfang der noch zu erbringenden Leistungen unter

---

475) BGH, BauR 1998, 121. Vgl. hierzu OLG Düsseldorf, NZBau 2010, 369.
476) BauR 2005, 385; ebenso OLG Celle, IBR 2008, 427 – *Wolber*.
477) BauR 2015, 109 = NZBau 2015, 27; vgl. hierzu auch OLG Düsseldorf, BauR 2015, 517. Ferner *Hille*, NJW 2015, 2455, 2458.
478) BauR 2006, 519 m.Anm. *Schmitz*. Vgl. hierzu auch OLG Celle, NZBau 2009, 245 = OLGR 2009, 245.
479) NJW-RR 2006, 1455; ebenso OLG Dresden, IBR 2005, 467 – *Schulze-Hagen* sowie OLG Saarbrücken, IBR 2008, 426 – *Bolz*; ferner OLG Düsseldorf, BauR 2010, 88 (für Restvergütungsanspruch).
480) BauR 2005, 385.
481) NJW-RR 2006, 1392.

2 % des Auftragsvolumens liegt. Das OLG Celle[482] setzt die Geringfügigkeit noch bei 4 % der nicht ausgeführten Leistung an.

Verlangt ein Auftraggeber bei Kündigung eines Pauschalpreisvertrages die teilweise **Rückzahlung von Akontozahlungen**, gilt Folgendes: Anspruchsgrundlage für einen entsprechenden Zahlungsanspruch ist die vertragliche Abrede, nicht dagegen § 812 Abs. 1 BGB.[483] Insoweit hat er zur Schlüssigkeit seines Anspruchs lediglich die Höhe seiner Anzahlung und den Wert der bisher von dem Auftragnehmer erbrachten Leistungen nach den vorerwähnten Gesichtspunkten vorzutragen. Widerspricht der Auftragnehmer diesem Vortrag und schätzt er den Wert seiner Leistung und damit auch seines Werklohnanspruches höher ein, trifft ihn für diesen Einwand im Hinblick darauf, dass lediglich Akontozahlungen geleistet worden sind, die Darlegungs- und Beweislast (vgl. näher Rdn. 2427).[484] **1559**

Der **Anspruch des Auftraggebers** gegen einen Unternehmer auf **Abrechnung** seiner Leistung und ggf. Rückzahlung seiner überschüssigen Abschlagszahlungen entsteht erst nach Beendigung des Vertrages.[485]

Streiten die Vertragsparteien über eine **Anpassung** des vereinbarten Pauschalpreises, weil z.B. **Leistungen weggefallen** sind oder der Auftraggeber Materiallieferungen vorgenommen hat und diese Umstände auf die Preisbildung Einfluss haben können, ist nach BGH[486] eine Schlussrechnung, in die der Pauschalpreis eingestellt wurde, prüfbar. Es sind aber die angebotenen Beweise zur Anpassung des Pauschalpreises zu erheben. **1560**

Will der Auftragnehmer Ansprüche für die **nicht erbrachten Leistungen** gemäß § 649 Satz 2 BGB geltend machen, ist die Rechtsprechung des BGH zu berücksichtigen (vgl. hierzu im Einzelnen Rdn. 1724 ff.).

Die **Abrechnung eines gekündigten Pauschalvertrages** kann nach den vorangegangenen Ausführungen im Einzelfall nicht nur äußerst kompliziert, sondern auch gleichzeitig mit einem **erheblichen (zusätzlichen) Aufwand** für den Auftragnehmer – im Gegensatz zur Abrechnung eines abgewickelten Pauschalvertrages – verbunden sein. Das ist in der Regel auch mit einem großen Kostenaufwand für ihn verbunden. Nach allgemeiner Meinung hat diese unerwarteten und daher nicht in die Ursprungskalkulation eingeflossenen (Mehr-)Kosten der Auftraggeber zu tragen. Die Begründungen hierzu sind unterschiedlich. Zum Teil wird als Anspruchsgrundlage der Grundsatz der **Änderung der Geschäftsgrundlage**, zum Teil der der ergänzenden Vertragsauslegung herangezogen.[487] **1561**

---

482) BauR 2008, 100.
483) BGH, BauR 2008, 540 (auch zur Beweislast) = NZBau 2008, 256; BauR 1999, 635 = NJW 1999, 1867 = ZfBR 2000, 38 = MDR 1999, 671.
484) BGH, BauR 2003, 377; NJW 2003, 581 = MDR 2003, 213 = NZBau 2003, 151 (Widerlegung der schlüssigen Darstellung des Auftraggebers hinsichtlich einer Überzahlung durch Vorlage einer prüfbaren Schlussrechnung); OLG Düsseldorf, NZBau 2015, 296, 298; KG, BauR 1998, 348 = NJW-RR 1998, 451 = OLGR 1998, 41.
485) KG, OLGR 2009, 769; vgl. hierzu auch BGH, MDR 2008, 200 = IBR 2008, 98 – *Halfmeier*.
486) NJW-RR 2001, 311 = NZBau 2001, 138.
487) Vgl. hierzu *Dölle*, Festschrift für Werner, S. 169, 172 m.N.

Dölle[488] vertritt die Auffassung, dass sich der entsprechende Anspruch des Auftragnehmers auf Ersatz des erhöhten Abrechnungsaufwandes unmittelbar aus § 649 BGB, § 8 Nr. 1 VOB/B ergibt: Der Werklohn, der dem Auftragnehmer nach diesen Vorschriften zusteht, ist „rechnerisch korrigiert um den Abrechnungsmehraufwand zu erhöhen", weil „kündigungsbedingte Faktoren, die den Wert der Vergütung mindern oder erhöhen, Berücksichtigung finden" müssen.

Haben die Parteien eines Pauschalpreisvertrages ausdrücklich vereinbart, dass sich für den Fall zusätzlich auszuführender Massen die Vergütung ändern soll, kann sich der Auftraggeber später nicht darauf berufen, dass der Auftragnehmer die formularmäßig vereinbarte Schriftform nicht gewahrt hat, da die Schriftformklausel gegen § 307 BGB verstößt.[489]

Zum **Rückforderungsanspruch** des Auftraggebers bei Überzahlung, vgl. Rdn. 1216 u. Rdn. 1584 f.

4. Der GMP-Vertrag

Literatur

Gralla, Garantierter Maximalpreis – GMP-Partnering-Modelle, Stuttgart 2001.

Gralla, Neue Wettbewerbs- und Vertragsformen für die deutsche Bauwirtschaft, 1999, 118; *Moeser*, Der Generalunternehmervertrag mit einer GMP-Preisabrede, ZfBR 1997, 113; *Oberhauser*, Der Vertrag mit GMP-Abrede – Struktur und Vertragsgestaltung, BauR 2000, 1397; *Grünhoff*, Die Konzeption des GMP-Vertrags – Mediation und Value Engineering, NZBau 2000, 313; *Eschenbruch*, Construction Management, NZBau 2001, 585; *Kapellmann*, Ein Construction Management-Vertragsmodell, NZBau 2001, 592; *Biebelheimer/Wazlawik*, Der GMP-Vertrag – Der Versuch einer rechtlichen Einordnung, BauR 2001, 1639; *Thierau*, Das Bausoll beim GMP-Vertrag, Festschrift für Jagenburg (2002), 895; *Racky*, Partnerschaftsmodelle der deutschen Bauindustrie, insbesondere für den Bereich des privaten schlüsselfertigen Hochbaus, Ibr-online; *Sonntag/Hickethier*, Neuer Elan für Projektverträge: Lean Management im Bauwesen, Jahrbuch Baurecht, 2011, 159.

1562 Der **GMP-Vertrag (Garantierter Maximal-Preis)** ist eine Variante des Generalunternehmer-Vertrages, wobei in der Regel als Vertragsform der Pauschalvertrag[490] gewählt wird. Er ist weder im BGB noch in der VOB/B geregelt. Vielmehr ist er über den angloamerikanischen Rechtsraum zu uns gekommen. In Deutschland gewinnt er zunehmend bei Großprojekten an Bedeutung. Der GMP-Vertrag baut in besonderer Weise auf einer sehr engen partnerschaftlichen Zusammenarbeit zwischen Auftraggeber und Auftragnehmer auf.

In Hinblick auf das große Konfliktpotenzial der Interessen der Auftraggeberseite einerseits und den Interessen der Auftragnehmerseite andererseits und die damit verbundene allgemein festzustellende Streitbereitschaft beider Vertragsparteien bestehen Bedenken, ob sich dieses Vertragsmodell in der deutschen Baupraxis in Zukunft allgemein durchsetzen wird. Es wird hier nämlich von beiden Seiten ein **Höchstmaß von kooperativem Verhalten** gefordert, das deutlich über die vom BGH zum Ausdruck gebrachten Kooperationspflichten der Vertragsparteien bei

---

488) A.a.O., 169, 176.
489) OLG Düsseldorf, BauR 1998, 874.
490) Kombiniert mit Bestandteilen eines Selbstkostenerstattungsvertrages.

einer werkvertraglichen Zusammenarbeit hinausgeht.[491] Darüber hinaus steht insbesondere die Auftragnehmerseite diesem Vertragsmodell, wie die Erfahrung zeigt, eher skeptisch gegenüber, weil die Vertragsrisiken hierbei überwiegend auf sie abgewälzt werden. Sie sichert dies häufig durch einen übergroßen Risikozuschlag ab. Die Rechtsprechung hat sich bislang überhaupt noch nicht mit dem GMP-Vertrag beschäftigt.[492] Die Literatur hierzu ist noch überschaubar.[493]

1563 Der GMP-Vertrag ist in der Regel[494] durch folgende Merkmale gekennzeichnet:

* **Einbindung des Generalunternehmers** in einem **frühen (Planungs-)Stadium** des Bauvorhabens (z.B. nach Vorplanung) zur technischen und wirtschaftlichen Optimierung der Bauleistung; durch die frühzeitige Einbeziehung des Generalunternehmers soll das Know-how des Generalunternehmers bei der noch zu vervollständigenden Planung genutzt werden, um bei der anschließenden Bauausführung die anfallenden Baukosten zu verringern.[495]
* **Vereinbarung eines Höchstbetrages** für die zu zahlende Vergütung der Bauleistung
* **Gemeinsame Auswahl der Nachunternehmer**
* **Prinzip der „open books"** im Sinne einer absoluten Kostentransparenz: Offenlegung sämtlicher tatsächlich entstandener Baukosten
* **Bonusregelung** im Sinne einer Gewinnabführung des Generalunternehmers an den Auftraggeber.

Im Einzelnen:

1564 Bei dem GMP-Modell ist die **zweistufige Vertragsgestaltung** üblich.[496] Hat sich der Auftraggeber (ggf. nach einem allgemeinen Auswahlverfahren unter in Betracht kommenden Auftragnehmern) für einen geeigneten Generalunternehmer entschieden, schließen beide einen **Vertrag über Beratungsleistungen** des Generalunternehmers im planerischen Bereich mit einer entsprechenden Vergütungsregelung ab.[497] Dabei können beide Vertragsparteien bereits auf vom Auftraggeber erarbeiteten Eckdaten und bestimmten Planungsleistungen für das betreffende Bauvorhaben aufbauen. In dieser Phase schöpft sozusagen der Auftraggeber das technisch-planerische Know-how des Generalunternehmers im Hinblick auf die Wirtschaftlichkeit des Projekts durch dessen Beratungstätigkeit ab. Dabei stehen insbesondere Einsparungsmöglichkeiten (Kostenoptimierung) und die Klärung der vielfältigen Planungsmöglichkeiten im Vordergrund der Zusammenarbeit. Für die

---

491) BauR 2000, 409 = NJW 2000, 807 = NZBau 2000, 130 = ZfBR 2000, 170 = MDR 2000, 388.
492) Das kann insbesondere daran liegen, dass GMP-Verträge überwiegend im Hinblick auf den Kooperationsgedanken mit Schiedsgerichtsklauseln abgeschlossen werden.
493) Vgl. hierzu insbesondere *Grünhoff*, NZBau 2000, 313; Freiberger Handbuch/*Passarge/Warner*, § 1, Rn. 179; *Oberhauser*, BauR 2000, 1397 und Festschrift für Kraus, S. 151, 162; *Moeser*, ZfBR 1997, 113; *Thierau*, Festschrift für Jagenburg, S. 895.
494) Vgl. zu den verschiedenen GMP-Modellen *Gralla*, S. 104 ff.; *Biebelheimer/Wazlawik*, BauR 2001, 1639, 1640 sowie *Schneider*, in: Roquette/Otto, C Kapitel VI, S. 471.
495) *Biebelheimer/Wazlawik*, BauR 2001, 1639, 1640.
496) Vgl. hierzu *Oberhauser*, BauR 2000, 1397, 1398; *Grünhoff*, NZBau 2000, 313.
497) Denkbar ist auch, dass der Auftraggeber mit mehreren Auftragnehmern einen Vertrag über Beratungsleistungen abschließt und sich dann aus diesem Kreis der Auftragnehmer für den Generalunternehmer entscheidet, mit dem er den GMP-Vertrag abschließen will.

vom Generalunternehmer in diesem Stadium der Zusammenarbeit eingebrachten Planungsvarianten (im Sinne einer Optimierung) haftet dieser nach den Werkvertragsvorschriften des BGB.[498] Nach Abschluss der Planungsphase (meist einschließlich Entwurfs- und Genehmigungsplanung) schließen sodann der Auftraggeber und der Generalunternehmer den **eigentlichen GMP-Vertrag**.

> Aus dieser Vertragsgestaltung wird deutlich, dass der im GMP-Vertrag festgelegte Höchstpreis kein Wettbewerbspreis sein kann.[499] Es mag sein, dass sich der Auftraggeber (zunächst) mit seinen frühen Planungsüberlegungen (Eckdaten) an verschiedene Generalunternehmer, die aber bei diesem Auswahlverfahren nur ihre allgemeine Leistungsfähigkeit präsentieren können, wendet, um den für die weitere Zusammenarbeit geeigneten Auftragnehmer zu finden. Der garantierte Höchstpreis wird jedoch erst in der zweiten Phase der Zusammenarbeit, nämlich bei Abschluss des GMP-Vertrages mit dem (zunächst lediglich beratenden) Generalunternehmer vereinbart. Selbst wenn sich der Auftraggeber nach Abschluss der ersten (Planungs-)Phase noch mit anderen Generalunternehmern in Verbindung setzt, was durchaus möglich und in manchen Fällen auch sinnvoll erscheint, hat der in der ersten Phase beratende Generalunternehmer einen solchen Wettbewerbsvorsprung, dass der Auftraggeber meist nicht umhin kommt, diesem auch den Zuschlag zu erteilen.

1565 Um den Wettbewerb zu nutzen, werden auch einstufige GMP-Verfahren praktiziert: Hier erfolgt erst die übliche Ausschreibung; mit dem günstigsten Bieter (häufig mit interessanten Sondervorschlägen) wird dann der GMP-Vertrag abgeschlossen. Der Auftragnehmer hat nunmehr die Möglichkeit, in planerischer, qualitativer und quantitativer Hinsicht Einsparungspotenziale aufzuzeigen, die zum Vorteil beider Vertragsparteien im Rahmen einer entsprechenden Bonusregelung genutzt werden können. Denkbar ist in diesem Zusammenhang auch, dass der Auftraggeber einen GMP vorgibt und sodann den GMP-Partner im Wettbewerb ermittelt (sog. GMP-Budget-Methode).[500]

1566 Der im GMP-Vertrag festgelegte Höchstpreis[501] setzt sich üblicherweise einerseits aus der **Vergütung für die Nachunternehmer** (variabler Vergütungsanteil) und andererseits aus den **Eigenleistungen des Generalunternehmers** (auch Planungs- und Regieleistungen), den Gemein- und Geschäftskosten sowie Wagnis und Gewinn (fester Vergütungsanteil) zusammen. Die Vergütung für die Nachunternehmer wird häufig als Durchlaufposten vereinbart, sodass die entsprechende Abrechnung der Nachunternehmer von dem Generalunternehmer an den Auftraggeber unmittelbar (bis zum vereinbarten GMP-Höchstbetrag) weitergeleitet werden, ohne dass dadurch die einzelnen Rechtsbeziehungen verändert werden.[502]

1567 Auch beim GMP-Vertrag gilt der Grundsatz, dass Nachträge umso weniger in Betracht kommen, umso klarer und umfangreicher das vom Generalunternehmer zu leistende Bausoll beschrieben ist. Daher ist das Konfliktpotenzial insoweit identisch mit den sonst üblichen Generalunternehmer-Pauschalverträgen. Berechtigte Nachträge für Zusatz- und Änderungsleistungen (vgl. näher Rdn. 1542) führen

---

498) Gegebenenfalls kommt auch eine Haftungsteilung zwischen dem Generalunternehmer und dem vom Auftraggeber eingeschalteten Planer in Betracht, worauf *Oberhauser*, BauR 2000, 1397, 1404, zu Recht verweist.
499) So auch *Oberhauser*, BauR 2000, 1397, 1402.
500) *Gralla*, S. 124 ff.; *Biebelheimer/Wazlawik*, BauR 2001, 1639, 1640.
501) In der Praxis geben Auftraggeber häufig schon von Anfang an einen Maximalpreis vor und suchen auf dieser Vorgabe dann ihren GMP-Partner.
502) Vgl. hierzu *Moeser*, ZfBR 1997, 113, 116.

auch hier – nach den allgemeinen werkvertraglichen Grundsätzen – zur Anhebung des garantierten Maximal-Preises.

Ein Konfliktpotenzial kann die Beurteilung der Frage sein, wann der Generalunternehmer mit seinem Auftraggeber abzurechnen hat, wenn mit einem oder mehreren Nachunternehmern Streit über die berechtigte Vergütung besteht. Es empfiehlt sich insoweit eine entsprechende Vertragsregelung, um die Gesamtabrechnung nicht von möglicherweise langen Auseinandersetzungen mit den Nachunternehmern abhängig zu machen.

Wie die Beteiligung des Auftraggebers an der **Auswahl der Nachunternehmer** im Einzelnen zu erfolgen hat, hängt von der entsprechenden Abrede der Vertragsparteien ab. In Betracht kommen z.B. entweder Bestimmungs- bzw. Vetorechte des Auftraggebers oder rein unverbindliche Empfehlungen (Vorschlagsrechte) des Auftraggebers. Ein einseitiges Bestimmungsrecht des Auftraggebers kann für diesen mit Haftungsrisiken verbunden sein (z.B. hinsichtlich einer nicht sorgfältigen Auswahl des Nachunternehmers).

Mit der **„Open-books"-Regelung** muss dem Auftraggeber die Möglichkeit eingeräumt sein, die Einzelheiten vertraglicher Vereinbarungen und insbesondere die Abrechnung mit den Nachunternehmern zu überprüfen. Der gesamte Zeitraum von der Vergabe bis zur Abrechnung der Nachunternehmerleistung muss also (für den Auftraggeber) transparent sein. Daher hat der Auftraggeber aufgrund dieser Sonderregelung der Vertragsparteien stets einen **Anspruch auf Auskunft über die Abrechnung** der beauftragten Nachunternehmer.[503] Der GMP-Vertrag beinhaltet nämlich eine umfangreiche Kooperationsverpflichtung der Vertragsparteien, weil diese Vertragsform in besonderer Weise von einem gegenseitigen Vertrauen im Hinblick auf die Abrechnung nach **„gläsernen Taschen"** gekennzeichnet ist. Nur aufgrund der Auskunftsverpflichtung des Auftragnehmers ist der Auftraggeber in der Lage festzustellen, ob ihm ein Zahlungsanspruch gegenüber seinem Vertragspartner zusteht, weil Nachunternehmer günstiger als prognostiziert abgerechnet haben. Überdies hat der **Auftragnehmer dem Auftraggeber alle Unterlagen zu übergeben**, mit denen dieser die Abrechnung selbst erstellen kann.[504] 1568

Die vertragliche **Bonusregelung** zugunsten des Auftraggebers kann – sowohl hinsichtlich des Grundes wie auch der Höhe nach – sehr unterschiedlich sein. In der Regel wird das Maß der Unterschreitung des garantierten Maximal-Preises der Ansatz für den zu zahlenden Bonus sein, wobei das Aufteilungsverhältnis fest[505] oder (von der Höhe der Kosteneinsparungen abhängig) variabel sein kann. Die Bonusregelung kommt erst zum Zuge, wenn die tatsächlichen Herstellungskosten unter dem garantierten Maximal-Preis liegen. Liegen diese über dem garantierten Maximal-Preis, gehen die Differenzkosten zu Lasten des Generalunternehmers, da er das alleinige Risiko der Überschreitung trägt. 1569

---

503) OLG Dresden, IBR 2008, 709 – *Thierau*.
504) OLG Dresden, a.a.O.
505) Vgl. hierzu *Oberhauser*, BauR 2000, 1397, 1401.

5. Stundenlohnvertrag

Literatur

Mugler, Die Bindung der Vertragsparteien an ihre Vereinbarung über die Höhe der Vergütung bei Regiearbeiten am Bau, BB 1989, 859; *Losert,* Die Bedeutung der Unterschrift unter einem Stundenlohnzettel, ZfBR 1993, 1; *Korbion,* Stundenlohnarbeiten beim BGB-Bauvertrag, Festschrift für Soergel, 1993, 131; *Thamm/Möffert,* Stundenlohnzettel bei Werkverträgen aus wirtschaftsrechtlicher Sicht, BauRB 2004, 210; *Kuhn,* Die Verteilung der Darlegungs- und Beweislast bei der Geltendmachung von Schadensersatzansprüchen aufgrund falsch abgerechneter Stundenlohnarbeiten, ZfBR 2006 733; *Voit,* Die Bedeutung der Bestätigung von Aufmaß und Stundenlohnzetteln, Festschrift für Motzke (2006), 421; *Peters,* Das Gebot wirtschaftlichen Arbeitens beim Stundenlohnvertrag und beim Einheitspreisvertrag, NZBau 2009, 673; *Hamacher,* Stundenlohnarbeiten – übliche Vergütung oder Berücksichtigung der Preisermittlungsgrundlagen, BauR 2013, 682.

1570 Der Stundenlohnvertrag ist in der Baupraxis **die Ausnahme,**[506] der Einheitspreisvertrag die Regel;[507] daher trägt sowohl beim BGB- wie beim VOB-Vertrag derjenige, der nach Stundenlöhnen abrechnen will, die Beweislast, dass diese Berechnungsart vereinbart ist (vgl. Rdn. 1493).[508] Für den **VOB-Bauvertrag** bestimmt § 2 Abs. 10 VOB/B ausdrücklich, dass Stundenlohnarbeiten nur vergütet werden, wenn sie als solche vor ihrem Beginn **ausdrücklich vereinbart** worden sind.[509] Ist vor Beginn der Arbeiten eine solche Vereinbarung nicht getroffen worden, kann sie allerdings nachgeholt und damit geheilt werden. Die ausdrückliche Vereinbarung, dass die Werkleistung nach Stundenlöhnen abgerechnet werden soll, muss klar und unmissverständlich sein; mit Recht weist Korbion[510] darauf hin, dass es an einer solchen Vereinbarung fehlt, wenn in einer besonderen Position der Leistungsbeschreibung nur festgehalten ist, dass so genannte Regiestunden zu einem bestimmten Betrag verrechnet werden, ohne dass gleichzeitig eine bestimmte Leistung bezeichnet ist.

1571 **Die Abzeichnung von Stundenlohnzetteln** durch den Auftraggeber oder seinem Bauleiter[511] bedeutet in der Regel **kein Anerkenntnis,** dass die Arbeiten nach Stundenlohn **zu vergüten sind;** mit der Unterschrift wird nur anerkannt, dass die beschriebenen Leistungen nach Art und Umfang erbracht worden sind (vgl. näher

---

506) OLG Hamm, BauR 1994, 374, 376.
507) OLG Hamm, BauR 2002, 319, 320.
508) Vgl. BGH, BB 1957, 799; OLG München, IBR 2017, 66 – *Lichtenberg; Korbion,* Festschrift für Soergel, S. 131, 133.
509) Vgl. hierzu OLG Köln, BauR 1997, 356 (LS) = NJW-RR 1997, 150 (schlüssige Vereinbarung, dass Stundenlohnarbeiten für Zusatzleistungen abgerechnet werden sollen, wenn eine hochspezialisierte Werkleistung zu einem unverhältnismäßig niedrigen Pauschalbetrag in Auftrag gegeben wird und sich die Parteien einig waren, dass Stundenlohnarbeiten entstehen können).
510) Festschrift für Soergel, S. 131, 134.
511) BGH, BauR 2003, 1892, 1896 = ZfBR 2004, 37 = NZBau 2004, 31 = NJW-RR 2004, 92 (Die Ermächtigung eines Bauleiters oder Architekten, Stundenlohnnachweise abzuzeichnen, ist keine Vollmacht zum Abschluss einer Stundenlohnvereinbarung). Ebenso OLG Frankfurt, BauR 2017, 2017; OLG Düsseldorf, IBR 2009, 196 – *Karczewski,* sowie OLG Dresden, IBR 2007, 467 – *Althaus.* **A.A.:** OLG Oldenburg, BauR 2009, 1917.

Rdn. 1579 ff.).[512] Der BGH[513] hat in diesem Zusammenhang darauf hingewiesen, dass „die Abzeichnung von Stundenlohnzetteln nur dann ein Angebot zum Abschluss einer Stundenlohnvereinbarung ist, wenn sich aus den besonderen Umständen ergibt, dass die Unterzeichnung ein konkludentes rechtsgeschäftliches Angebot zur Änderung der ursprünglichen Vergütungsvereinbarung und zum Abschluss einer Stundenlohnvereinbarung für die in den Stundenlohnzetteln genannten Leistungen ist". Das gilt nach Auffassung des BGH[514] auch für den **Bestätigungsvermerk** eines Auftraggebers auf der Abrechnung, weil ein solcher Vermerk nicht ausreichend ist, um abweichend von dem schriftlichen Vertrag eine Stundenlohnvereinbarung zu begründen.

1572 Fehlt beim BGB-Bauvertrag eine entsprechende ausdrückliche Vereinbarung, wird man allerdings eine Abrechnung nach Stundenlöhnen immer dann als übliche Vergütung anzusehen haben, wenn es sich um **kleinere Leistungen**, insbesondere **Neben- oder Hilfsarbeiten**, wie z.B. das Herstellen von Schlitzen, das Stemmen von Durchbrüchen, Reinigungsarbeiten, Reparaturarbeiten, handelt.[515]

1573 Beim **BGB-Bauvertrag** werden Stundenlohnarbeiten zunächst nach den vertraglichen Vereinbarungen abgerechnet. Ist eine solche im Hinblick auf die Höhe des zu vergütenden Stundensatzes nicht nachweisbar, gilt die **übliche Vergütung** (§ 632 Abs. 2 BGB).

1574 Häufig wendet der Auftraggeber ein, dass die von dem Auftragnehmer in **Ansatz gebrachten Stunden** hinsichtlich der erbrauchten Vertragsleistung **unangemessen** sind. Zu der schwierigen Frage der Darlegungs- und Beweislast bezüglich der vom Auftragnehmer abgerechneten Stunden und deren Angemessenheit hat der BGH[516] grundsätzlich Ausführungen – allerdings zunächst zum Architektenrecht, wenig später auch zum Unternehmerrecht[517] – gemacht. Das Berufungsgericht hatte bei einem wirksam abgeschlossenen Stundenlohnvertrag dem Unternehmer die hieraus geltend gemachte Stundenlohnvergütung mit der Begründung versagt, dass dieser den für die Erbringung der Vertragsleistung angefallenen Zeitaufwand nicht schlüssig dargelegt habe, weil er nicht nachvollziehbar und plausibel vorgetragen habe, welche konkreten Tätigkeiten der Unternehmer mit welchem Stundenaufwand erbracht haben soll. Diese Begründung fand sich nicht selten in

---

512) BGH, BauR 2003, 1892, 1896 = ZfBR 2004, 37 = NZBau 2004, 31 = NJW-RR 2004, 92; BauR 1994, 760 = ZfBR 1995, 15 = NJW-RR 1995, 80; OLG Frankfurt, NZBau 2007, 720 (LS); OLG Dresden, BauR 2008, 364; OLG Nürnberg, IBR 1999, 516; *Dähne*, Festschrift für Jagenburg, S. 97, 105; **a.A.:** HansOLG Hamburg, BauR 2000, 1491 m. abl. Anm. *Vogel*; vgl. ferner OLG Düsseldorf, NZBau 2000, 378 = BauR 2000, 1383 (LS), wonach auch bei einem BGB-Stundenlohnvertrag nur die Stundenanzahl abgerechnet werden kann, die bei einer Ausführung „mit durchschnittlichem Arbeitstempo" angefallen wären.
513) BauR 2003, 1892, 1896 = ZfBR 2004, 37 = NZBau 2004, 31 = NJW-RR 2004, 92; BauR 1994, 760 = NJW-RR 1995, 80 = ZfBR 1995, 15; ebenso OLG Nürnberg, IBR 1999, 516 – *Moufang; Dähne*, Festschrift für Jagenburg, S. 97, 105; **a.A.:** OLG Hamburg, BauR 2000, 1491 m. abl. Anm. *Vogel*. Vgl. hierzu OLG Brandenburg, NZBau 2010, 433.
514) BauR 2004, 1291 = NZBau 2004, 548.
515) *Korbion*, a.a.O., S. 136.
516) BauR 2009, 1162 = IBR 2009, 336, 337 – *Schwenker* sowie BauR 2009, 1291 = NZBau 2009, 504 = NJW 2009, 3426; ebenso OLG Köln, BauR 2009, 257.
517) BauR 2009, 1291 = IBR 2011, 316 – *Müller-Stoy*. Ferner BGH, BauR 2017, 721 = IBR 2017, 121 – *Bolz*.

Entscheidungen der Instanzgerichte, wenn der Unternehmer lediglich vorträgt, wie viele Stunden für die entsprechende Vertragsleistung angefallen sind.

Der BGH kommt zu dem Ergebnis, dass das Berufungsgericht „die Struktur eines Stundenlohnvertrages verkennt und so im Ergebnis die Anforderungen überspannt, die an eine Abrechnung des vereinbarungsgemäß zu vergütenden Zeitaufwandes zu stellen sind". Er führt hierzu aus:

- Zur Begründung eines nach Zeitaufwand zu bemessenden Vergütungsanspruchs muss der Unternehmer grundsätzlich nur darlegen, **wie viele Stunden** für die Erbringung der **Vertragsleistung** angefallen sind.[518]
- Die Vereinbarung einer Stundenlohnvergütung für Werkleistungen begründet nach Treu und Glauben eine vertragliche **Nebenpflicht zur wirtschaftlichen Betriebsführung**, deren Verletzung sich nicht unmittelbar vertragsmindernd auswirkt, sondern einen vom Auftraggeber geltend zu machenden Gegenanspruch aus § 280 Abs. 1 BGB[519] entstehen lässt. Dessen tatsächliche Voraussetzungen muss der Auftraggeber nach allgemeinen Grundsätzen darlegen und beweisen. Das OLG Hamburg[520] hat dem Unternehmer bei der Beurteilung der Wirtschaftlichkeit der Leistungserbringung in einem Einzelfall einen Spielraum von 20 % eingeräumt.
- Der Unternehmer muss zu Art und Inhalt der nach **Zeitaufwand abgerechneten Leistungen** jedenfalls so viel vortragen, dass dem für die Unwirtschaftlichkeit der Leistungsausführung darlegungspflichtigen Auftraggeber eine sachgerechte Rechtswahrung ermöglicht wird. Insoweit trifft ihn eine sekundäre Darlegungslast.
- Welchen Sachvortrag der Unternehmer danach zur Erfüllung seiner sekundären Darlegungslast konkret zu führen ist, ist einer generalisierenden Betrachtung nicht zugänglich und muss im **Einzelfall** unter Berücksichtigung des jeweiligen Vorbringens der Gegenseite **beurteilt** werden. Maßstab hierfür ist das Informations- und Kontrollbedürfnis des Auftraggebers.

Dieser Gedankengang des BGH erscheint zunächst sehr kompliziert, ist aber wohl dogmatisch richtig, wenn man der Grundüberlegung des BGH folgt, dass dann, wenn der Unternehmer die vertragliche Nebenpflicht zur wirtschaftlichen Betriebsführung verletzt, der Auftraggeber einen Anspruch auf Schadensersatz als Gegenanspruch gemäß § 280 BGB hat.[521]

Danach ist ein Unternehmer grundsätzlich nicht verpflichtet, die von ihm abgerechneten Arbeitsstunden einzelnen Tätigkeiten zuzuordnen oder nach zeitlichen Abschnitten aufzuschlüsseln. Darauf verweist der BGH nochmals in seiner Begründung ausdrücklich, obwohl eine solche Zuordnung sinnvoll sein kann. Zur nachprüfbaren Darlegung des vergütungspflichtigen Zeitaufwandes sei dies – so der BGH – aber nicht erforderlich, „weil seine Bemessung und damit die im Vergütungsprozess erstrebte Rechtsfolge nicht davon abhängen, wann der Unternehmer welche Tätigkeiten ausgeführt hat". Eine entsprechende Darlegung muss nach

---

518) Ebenso OLG Schleswig, BauR 2016, 1924.
519) So schon BGH, BauR 2000, 1196.
520) IBR 2017, 82 – *Fuchs*.
521) Ebenso OLG Schleswig, BauR 2016, 381 – *Bolz* (Herabsetzung der bereits gezahlten Stundenlohnvergütung).

Auffassung des BGH nur dann vom Unternehmer vorgenommen werden, wenn die Vertragsparteien eine dementsprechend detaillierte Abrechnung rechtsgeschäftlich vereinbart haben. Das wird man bei der Vereinbarung der Vorlage von Stundenlohnzettel annehmen können (vgl. Rdn. 1582).

Es ist nach alledem zunächst allein Sache des Auftraggebers vorzutragen, woraus sich die Unwirtschaftlichkeit der Tätigkeit des Unternehmers ergibt,[522] wobei es ausreichend sein soll, wenn er das Gericht in die Lage versetzt, hierüber Beweis (z.B. durch Sachverständigengutachten) zu erheben. Die Angabe von Einzelheiten ist dazu nicht notwendig. Es genügt also, wenn der Auftraggeber „Tatsachen vorträgt, die den Anspruch auf Freistellung von überhöhten Stundenlohnforderungen rechtfertigen. Dafür reicht es aus, dass der Auftraggeber in ihm möglichem Umfang Anhaltspunkte darlegt, nach denen der vom Unternehmer für die feststellbar erbrachten Leistungen abgerechnete Zeitaufwand nicht den Grundsätzen einer wirtschaftlichen Leistungsausführung entspricht."

1575 Vereinbaren die Parteien eine Stundenlohnabrechnung entsprechend der Regelung des § 15 Abs. 3 VOB/B (vgl. näher Rdn. 1576), ist auch insoweit davon auszugehen, dass die Vorlage der **Stundenlohnzettel keine Bedingung** für die Abrechnungsfähigkeit der aufgewandten Stunden darstellt.[523] Die aufgewandten Stunden können deshalb auch in anderer Weise abgerechnet werden, wobei die Darlegungs- und Beweislast hierfür beim Auftragnehmer verbleibt.[524] Nach Auffassung des OLG Köln[525] gehört zur hinreichenden Abrechnung und Darlegung der Ersatzvornahmekosten regelmäßig die Vorlage der Stundenzettel des Drittunternehmers bzw. die Aufschlüsselung des Aufwands, wenn der Auftraggeber Mängel durch einen Drittunternehmer auf Stundenlohnbasis nachbessern lässt.

1576 § 15 VOB/B bestimmt für den **VOB-Bauvertrag**, wie die Vergütung berechnet wird. Danach werden Stundenlohnarbeiten grundsätzlich ebenfalls nach den vertraglichen Vereinbarungen im Hinblick auf die aufgewandte Arbeitszeit und das dabei verbrauchte Material abgerechnet. Sind in einem Vertrag über Stundenlohnarbeiten bestimmte Sätze für Stundenlohn und Materialkosten vereinbart, können daneben Kosten für Geräte und Fracht grundsätzlich nicht gesondert ersetzt verlangt werden.[526] Besteht keine vertragliche Vereinbarung für die Vergütung, gilt die ortsübliche Vergütung (§ 632 Abs. 2 BGB). Ist eine solche ortsübliche Vergütung nicht zu ermitteln, gibt § 15 Abs. 1 Nr. 2 VOB/B die insoweit heranzuziehenden Berechnungsmaßstäbe an.

Für die Vereinbarung einer **bestimmten Stundenlohnvergütung** bzw. die Höhe der ortsüblichen Vergütung trägt der **Auftragnehmer** die **Darlegungs- und Beweislast**.[527]

---

522) OLG München, BauR 2011, 1059 (LS).
523) OLG Düsseldorf, BauR 2014, 709 = IBR 2014, 14 – *Eimler*; OLG Köln, BauR 1996, 725, 726 = NJW-RR 1997, 150.
524) OLG Hamm, BauR 2011, 1168 (Zeugenbeweis) = NJW-RR 2011, 672 = IBR 2011, 252 – *Bolz*.
525) IBR 2016, 277 – *Kau*.
526) LG Köln, *Schäfer/Finnern*, Z 2.303 Bl. 19; *Korbion*, a.a.O., S. 136.
527) OLG Hamm, BauR 2002, 319, 320 m.Anm. *Keldungs*.

1577 Die VOB stellt folgende **Anforderungen an die Abrechnung nach Stundenlohnsätzen**:

* Die ausdrückliche Vereinbarung, dass nach Stundenlohn abgerechnet werden kann (§ 2 Abs. 10 VOB/B).[528]
* Dem Auftraggeber ist die Ausführung von **Stundenlohnarbeiten** vor Beginn vom Auftragnehmer **anzuzeigen**.
* Der Auftragnehmer hat dem Auftraggeber über die geleisteten Arbeitsstunden und den dabei erforderlichen, besonders zu vergütenden Materialaufwand je nach der Verkehrssitte werktäglich oder wöchentlich **Stundenlohnzettel** einzureichen.
* Der Unternehmer hat Stundenlohnrechnungen alsbald nach Abschluss der Stundenlohnarbeiten, längstens jedoch in Abständen von 4 Wochen einzureichen.

1578 Die **Anzeigepflicht** stellt **keine Anspruchsvoraussetzung dar**. Es handelt sich um eine Nebenpflicht des Auftragnehmers, deren Verletzung zu Schadensersatzansprüchen wegen einer Vertragsverletzung nach § 280 BGB führen kann.[529] Werden Stundenlohnzettel nicht oder verspätet dem Auftraggeber vorgelegt, und bestehen über den Umfang der Stundenlohnleistungen Zweifel, werden die Leistungen des Auftragnehmers nach § 15 Abs. 5 VOB/B in Verbindung mit Nr. 1 Abs. 2 abgerechnet, wobei der wirtschaftlich vertretbare Aufwand an Arbeitszeit und Verbrauch von Stoffen usw. ermittelt wird.[530] Die **Beweislast**, dass die Stundenlohnzettel verspätet eingereicht worden sind und dass deshalb berechtigte Zweifel an den Angaben über den Umfang der Stundenlohnarbeiten bestehen, trägt der **Auftraggeber**, wobei an die Beweisführung jedoch keine zu strengen Anforderungen zu stellen sind. Für die Abrechnungsfähigkeit von Stundenlohnarbeiten ist die **Vorlage von Stundenlohnzetteln** nach dem Aufbau des § 15 VOB/B **keine Bedingung**.[531]

1579 Die VOB/B verlangt in § 15 Abs. 3 von dem Auftraggeber, dass er die von ihm bescheinigten **Stundenlohnzettel** unverzüglich, spätestens jedoch innerhalb von 6 Werktagen nach Zugang, zurückgibt; andernfalls gelten die nicht fristgemäß zurückgegebenen Stundenlohnzettel als **anerkannt**.[532] In diesem Zusammenhang hat das OLG Saarbrücken[533] darauf hingewiesen, dass die Anerkenntnisfiktion des § 15 Abs. 3 VOB/B dann entfällt, wenn die Vorlage der Stundenlohnzettel so spät erfolgt, dass dem Auftraggeber eine Überprüfung der Richtigkeit des dokumentierten Stundenansatzes nicht mehr möglich ist. Insoweit trägt der Auftraggeber die Darlegungslast. Die Anerkenntnisfiktion bedeutet nur, dass eine **Umkehr der Beweislast** eintritt; auch insoweit kann also der Auftraggeber den Gegenbeweis füh-

---

[528] Vgl. hierzu BGH, BauR 2003, 1892 = ZfBR 2004, 37 = NZBau 2004, 31 = NJW-RR 2004, 92; KG, BauR 2005, 1179, 1181 (Abrechnung nach Stunden von AG nicht gerügt und Zahlungen geleistet); OLG Düsseldorf, IBR 2005, 669 – *Schalk* (Auftraggeber unterschreibt ständig Stundenlohnzettel: Vermutung der Stundenlohnvereinbarung).
[529] *Keldungs*, in: Ingenstau/Korbion, § 15 Abs. 3/B, Rn. 3, befürworten darüber hinaus eine entsprechende Anwendung von § 15 Nr. 5; vgl. hierzu auch *Korbion*, a.a.O., S. 144, 145.
[530] Siehe LG Mannheim, BauR 1982, 71.
[531] OLG Düsseldorf, BauR 2014, 709 = IBR 2014, 14 – *Eimler*; OLG Köln, BauR 1996, 725 = NJW-RR 1997, 150.
[532] Vgl. hierzu OLG Celle, NZBau 2002, 675.
[533] NZBau 2011, 422 = NJW-RR 2011, 745 = IBR 2011, 317 – *v. Rintelen*.

Stundenlohnvertrag

ren, dass die Stundenlohnzettel unrichtig sind und dass er von dieser Unrichtigkeit bisher keine Kenntnis hatte (vgl. näher Rdn. 2536). Eine vom Auftraggeber gestellte Klausel, nach der Stundenlohnarbeiten nur vergütet werden, wenn die Stundenlohnzettel spätestens am nächsten Tag der Bauleitung zur Unterschrift vorgelegt werden, ist gemäß § 307 Abs. 1 BGB nach Auffassung des OLG Düsseldorf[534] unwirksam, weil sie den Auftragnehmer unangemessen benachteiligt.

1580 Im Übrigen müssen die **Stundenlohnarbeiten im Einzelnen** – allerdings nur im Rahmen seiner sekundären Darlegungslast (vgl. Rdn. 1083 und 1574) – **substantiiert vorgetragen** werden.[535] Der Unternehmer muss also im Einzelnen darlegen, welcher Arbeiter auf welcher Baustelle an welchen Tagen wie viel Stunden gearbeitet und welche Arbeiten dieser erbracht hat. Die durchgeführten Arbeiten müssen auch nachvollziehbar und detailliert beschrieben werden, sodass ein Vermerk „Arbeiten nach Angaben" als nicht nachvollziehbar anzusehen ist;[536] solche Tagelohnzettel sind selbst dann nicht zu berücksichtigen, wenn der Architekt oder der Auftraggeber diese unterzeichnet hat.[537] Eine Werklohnklage, die auf eine unzureichende Stundenlohnabrechnung im vorerwähnten Sinne gestützt wird, ist nicht nur bei Geltung der VOB/B[538] sondern grundsätzlich als zurzeit unbegründet abzuweisen.

Das OLG Düsseldorf[539] hat dies noch einmal wie folgt zusammengefasst:

„Grundsätzlich sind bei Rapporten bzw. Stundenzetteln zwecks hinreichender Prüfbarkeit für den Auftraggeber der **genaue Zeitpunkt und Zeitraum** der **verrichteten Arbeiten anzugeben**; daneben ist die Baustelle zu bezeichnen und die **Leistung ist detailliert zu beschreiben**. Darüber hinaus ist die **Anzahl der geleisteten Stunden anzugeben**, die namentlich zu erfassenden Arbeitskräften zuzuordnen sind, wenn sich daraus – abhängig von den Abrechnungsvereinbarungen im Einzelfall – ein unterschiedlicher Stundenlohn (für Hilfskräfte oder Gesellen bzw. Meister) ergibt."

1581 Bei einem Stundenlohnvertrag kann der Auftragnehmer den Zeitaufwand für etwaige **An- und Abfahrten** zur und von der Baustelle grundsätzlich nicht bei seiner Abrechnung berücksichtigen, es sei denn, es liegt eine entsprechende Abrede der Vertragsparteien vor.[540] Im Baugewerbe ist die stundenweise Berechnung der **Fahrtkosten** nicht allgemein üblich, weil der Auftragnehmer die Fahrtkosten regelmäßig zum Gegenstand seiner Preiskalkulation macht und sie z.B. in die Stundenlohnhöhe einarbeitet.[541] Es bedarf also hinsichtlich der Fahrtkosten stets einer klaren vertraglichen Regelung, wenn die Fahrtkosten vergütungspflichtig sein sol-

---

534) BauR 2009, 1315.
535) OLG Hamm, BauR 2005, 1330 = NJW-RR 2005, 893; BauR 1994, 374, 376; OLG Karlsruhe, BauR 1995, 114.
536) KG, NZBau 2001, 26; OLG Frankfurt, NZBau 2001, 27 = NJW-RR 2000, 1470 = OLGR 2000, 305.
537) OLG Frankfurt, NZBau 2001, 27; OLG Karlsruhe, BauR 1995, 114; *Vygen*, Rn. 891.
538) So richtig OLG Frankfurt, NZBau 2001, 27; bedenklich daher KG, NZBau 2001, 26.
539) BauR 2014, 709 = IBR 2014, 14 – *Eimler*.
540) OLG Düsseldorf, BauR 2012, 1424 = IBR 2012, 377 – *Blatt*; LG Bonn, BauR 2001, 1267.
541) OLG Hamm, BauR 2011, 1168 (Zeugenbeweis) = NJW-RR 2011, 672 = IBR 2011, 252 – *Bolz*; AG Königstein, NJW-RR 1998, 49. **A.A.:** AG Stadthagen, IBR 2012, 192 – *Sudan* (für kleinere Stundenlohnarbeiten). Vgl. hierzu auch *Palandt/Sprau*, § 632 BGB, Rn. 6 sowie OLG Düsseldorf, BauR 2000, 1334.

len. Nach OLG Düsseldorf[542] kann der Unternehmer aber seinen Zeitaufwand für Materialbeschaffungen in Ansatz bringen, wenn Art und Umfang des Materials nicht vorhersehbar waren.

1582 **Unterschreibt** der Auftraggeber oder der von ihm bevollmächtigte Architekt (zur Vollmacht vgl. Rdn. 1376) allerdings dem Unternehmer (nachvollziehbare) **Stundenlohnzettel**, so stellt dies ein **deklaratorisches Schuldanerkenntnis** (vgl. Rdn. 2535) dar – mit der Folge einer **Umkehr der Beweislast:**[543] Dem Auftraggeber werden durch seine Unterschrift zwar nicht alle Einwendungen gegen die Richtigkeit der Stundenlohnzettel in Zukunft genommen; er ist jedoch grundsätzlich an die **unterschriebenen Stundenlohnzettel gebunden,** wenn er nicht beweisen kann, dass die Zettel unrichtig sind und er deren Unrichtigkeit bei der Unterzeichnung nicht gekannt hat (vgl. Rdn. 2535);[544] einer Irrtumsanfechtung gemäß § 119 BGB bedarf es nicht (vgl. hierzu Rdn. 2536). Die Unangemessenheit der aufgewandten Stunden (vgl. näher Rdn. 1573 f.) kann er in der Regel durch Sachverständigengutachten oder durch ein Aufmaß der Bauleistungen nachweisen.[545]

1583 Ist eine **Stundenlohnvereinbarung nicht wirksam** zustande gekommen, muss nach **Einheitspreisen** abgerechnet werden;[546] nur für geringfügige Arbeiten wird man ausnahmsweise auf Stundenlohnsätze zurückgreifen können (vgl. Rdn. 1570).

Stundenlohnklauseln sind im Übrigen stets an den §§ 305 ff. BGB zu messen. So ist u.a. die nachfolgende Klausel unwirksam, da sie den Subunternehmer unangemessen benachteiligt:[547]

> „Stundenlohnarbeiten werden nur vergütet, wenn sie vorher vom Generalunternehmer ausdrücklich angeordnet sind und entsprechende Stundenlohnberichte spätestens am der Durchführung folgenden Arbeitstag der Bauleitung des Generalunternehmers zur Anerkennung vorgelegt worden sind (absolute Anspruchsvoraussetzung)."

Eine Klausel in vom Auftraggeber gestellten **Allgemeinen Geschäftsbedingungen,** wonach Stundennachweise spätestens innerhalb einer Woche nach Erstellung vorzulegen sind, ansonsten der Anspruch „erlischt", hält einer Überprüfung nach § 307 BGB ebenfalls nicht stand.[548] Eine Klausel in den AGB eines Auftragnehmers, wonach „angefangene Stunden als volle berechnet werden" ist wirksam, weil sie eine kontrollfreie Preisvereinbarung darstellt und damit der Inhaltskontrolle

---

[542] BauR 2000, 1334.
[543] BGH, BauR 2000, 1196 = NJW 2000, 1107 = MDR 2000, 1001; OLG Köln, BauR 2009, 257 = IBR 2009, 314 – *Bröker*; OLG Celle, OLGR 2003, 261 (mit dem Hinweis, dass die Stundenzettel „die ausgeführten Arbeiten nach Art und Umfang detailliert beschreiben und die angefallenen Stunden nach Datum und Personen ausweisen" müssen) = NZBau 2004, 41; OLG Bamberg, OLGR 2004, 169; **a.A.:** wohl OLG Hamm, BauR 2002, 319 mit abl. Anm. von *Keldungs.* Vgl. hierzu auch *Voit,* Festschrift für Motzke, S. 421 (Bestätigung von Stundenlohnzetteln ist eine „quittungsähnliche" Beweiserklärung).
[544] Vgl. BGH, *Schäfer/Finnern,* Z 2.302 Bl. 22; NJW 1958, 1535; BauR 1970, 239 = NJW 1970, 2295; OLG Köln, BauR 2009, 257 = IBR 2009, 314 – *Bröker*; OLG Celle, OLGR 2003, 283, 284; siehe auch *Mugler,* BB 1989, 859.
[545] So auch OLG Hamm, BauR 2002, 319, 321.
[546] *Kleine-Möller/Merl,* § 12, Rn. 32. Vgl. hierzu auch OLG München, IBR 2017, 66 – *Lichtenberg.*
[547] LG München, Urt. v. 14.1.1991 – 7 O 17146/90 –.
[548] OLG Düsseldorf, BauR 1997, 660 = NJW-RR 1997, 784 = OLGR 1997, 189.

nicht unterzogen werden kann.[549] Das OLG Saarbrücken[550] hält eine Vertragsklausel in einem Stundenlohnvertrag, die einem Umzugsunternehmer erlaubt, „Pausenzeiten" und „Überstunden ab 17.00 Uhr" abzurechnen, für unwirksam wegen Verstoßes gegen § 307 Abs. 1 BGB (unangemessene Beteiligung des Vertragspartners des Verwenders).

6. Der Selbstkostenerstattungsvertrag

Der Unternehmer, der seinen Werklohn auf einen Selbstkostenerstattungsvertrag stützen will, muss eine entsprechende Vereinbarung, die in der Baupraxis äußerst selten ist, im Einzelnen darlegen und im Bestreitensfalle beweisen. Insbesondere hat der Unternehmer alle Kosten darzulegen, die er aufwenden musste, um die Leistung ordnungs- und vertragsgemäß erbringen zu können, da die tatsächlich erbrachten Leistungen auf der Grundlage der Selbstkosten die Basis der Abrechnung sind.[551]

7. Abschlagszahlungen

Literatur bis 1999

Hochstein, Zahlungsklage aus Zwischenrechnungen gem. § 16 Ziff. 1 VOB/B, BauR 1971, 7; *Pohlmann*, Fälligkeit nach der Bauträgerverordnung, BauR 1978, 351; *Klosak*, Probleme bei der Anwendung der Bauträgerverordnung in der Praxis, BB 1984, 1125; *Conrad*, Die vollständige Fertigstellung im Bauträgervertrag, BauR 1990, 546; *Scholtissek*, Abschlagszahlungen beim BGB- und VOB/B-Vertrag, MDR 1994, 534; *Locher*, Dritte Verordnung zur Änderung der Makler- und Bauträgerverordnung, NJW 1997, 1427; *Lange*, Abnahme im Bauträgervertrag und MaBV, BauR 1997, 216; *Reithmann*, Erwerber, Bauträger, Bank – Interessenausgleich im Bauträgervertrag, NJW 1997, 1816.

Literatur ab 2000

Deckers, Das neue Forderungssicherungsgesetz, 2009

Weishaupt, Verlangsamter Schuldnerverzug durch das Gesetz zur Beschleunigung fälliger Zahlungen?, NJW 2000, 1704; *Volmer*, Warum das Gesetz zur Beschleunigung fälliger Zahlungen fällige Zahlungen nicht beschleunigt, ZfIR 2000, 421; *Schmidt-Räntsch*, Gesetz zur Beschleunigung fälliger Zahlungen, ZfIR 2000, 337; *Pause*, Erwerb modernisierter, sanierter und ausgebauter Altbauten vom Bauträger, NZBau 2000, 234; *Schmid*, Der Bauträgervertrag vor dem Aus?, BauR 2000, 866; *Motzke*, Abschlagszahlungen, Abnahme und Gutachterverfahren nach dem Beschleunigungsgesetz, NZBau 2000, 489; *Kniffka*, Das Gesetz zur Beschleunigung fälliger Zahlungen – Neuregelung des Bauvertragsrechts und seine Folgen –, ZfBR 2000, 227; *Peters*, Das Gesetz zur Beschleunigung fälliger Zahlungen, NZBau 2000, 169; *Erkelenz*, Wieder einmal: Gesetz zur Beschleunigung fälliger Zahlungen, ZfBR 2000, 435; *Quadbeck*, Abschlagszahlungen im Bauträgerrecht – Auswirkungen der Neuregelung des § 632a BGB, MDR 2000, 1111; *Keldungs*, Der Vergütungsanspruch des Bauunternehmers im Lichte des Gesetzes zur Beschleunigung fälliger Zahlungen, OLGR-Kommentar 2001, K 1; *v. Craushaar*, Die Regelung des Gesetzes zur Beschleunigung fälliger Zahlungen im Überblick, BauR 2001, 471; *Kirberger*, Die Beschleunigungsregelungen unter rechtsdogmatischen und praxisbezogenem Blickwinkel, BauR 2001, 492; *Merkens*, Das Gesetz zur Beschleunigung fälliger Zahlungen: Praktische Möglichkeiten und Not-

---

549) OLG Frankfurt, ZIP 1983, 702, 704.
550) BauR 2017, 565 = IBR 2016, 644 – *Rodemann*.
551) Vgl. hierzu OLG Karlsruhe, IBR 2009, 72 (Klausel in einem Einheitspreisvertrag über Selbstkosten als Höchstgrenze für Nachträge).

wendigkeiten zur Realisierung von Forderungen aus Bauverträgen?, BauR 2001, 515; *Böhme*, Einige Überlegungen zum neuen § 632a BGB – Hat man das wirklich gewollt?, BauR 2001, 525; *Karczewski/Vogel*, Abschlagszahlungspläne im Generalübernehmer- und Bauträgervertrag – Einige Auswirkungen des Gesetzes zur Beschleunigung fälliger Zahlungen, BauR 2001, 859; *Pause*, Verstoßen Zahlungspläne gem. § 3 II MaBV gegen geltendes Recht?, NZBau 2001, 181; *Blank*, Das „Aus" für den Bauträgervertrag, ZflR 2001, 85; *Grziwotz*, Nachruf auf den Bauträgervertrag, OLGR-Kommentar, 2001, K 5; *Rösler*, Bauträgerfinanzierung nach der Bauträger-Entscheidung, ZflR 2001, 259; *Voppel*, Abschlagszahlungen im Baurecht und § 632a BGB, BauR 2001, 1165; *Wagner*, „Ratenzahlungs"-Vereinbarungen in Bauträgerverträgen nach der Entscheidung des BGH vom 22.12.2000, ZfBR 2001, 363; *Schmidt-Räntsch*, Rechtssicherheit für Bauträgerverträge, NZBau 2001, 356; *Wagner*, „Ratenzahlungs"-Vereinbarungen in Bauträgerverträgen nach der Entscheidung des BGH vom 22.12.2000, ZfBR 2001, 363; *v. Rintelen*, Abschlagszahlung und Werklohn, Jahrbuch Baurecht 2001, 25; *Rodemann*, § 632a BGB: Regelungsbedarf für Unternehmer, BauR 2002, 863; *Schreiber/Neudel*, Zur Frage der gerichtlichen Durchsetzbarkeit von fälligen Abschlagsforderungen nach Beendigung des Vertragsverhältnisses, BauR 2002, 1007; *Niemöller*, Der Abschlagszahlungsanspruch für eigens angefertigte oder angelieferte Stoffe oder Bauteile nach § 632a BGB – Mittel zur Zahlungsbeschleunigung, Festschrift für Jagenburg (2002), 689; *Voppel*, Abschlagszahlungen im Baurecht, BrBp 2004, 93; *Moufang*, Das Forderungssicherungsgesetz – Entwurf eines Gesetzes zur dinglichen Sicherung von Werkunternehmeransprüchen und zur verbesserten Durchsetzung von Forderungen, BauRB 2004, 147; *Otto/Spiller*, Überblick über das neue Forderungssicherungsgesetz, ZfIR 2008, 1; *Gehlen*, Das Gesetz zur Sicherung von Werkunternehmeransprüchen und zur verbesserten Durchsetzung von Forderungen, NZBau 2008, 612; *Hildebrandt*, Das neue Forderungssicherungsgesetz (FoSiG) – Ein erster kritischer Ausblick –, BauR 2009, 4; *Wagner*, Forderungssicherungsgesetz und Bauforderungssicherungsgesetz: Folgen für Bauträger und Bauträgerverträge, ZfBR 2009, 312; *Schmidt*, Die dynamische Verweisung des Forderungssicherungsgesetzes auf die VOB/B und ihre verfassungsrechtliche Bewertung, ZfBR 2009, 113; *Quack*, Die neue gesetzliche „Privilegierung" der VOB/B im neuen Forderungssicherungsgesetz, ZfBR 2009, 211; *Pause* Abschlagszahlungen und Sicherheiten nach § 632a BGB, BauR 2009, 898; *Kuhlmann*, Stehen wesentliche Mängel einer Werkleistung deren „Vertragsgemäßheit" im Sinne des § 632a Abs. 1 S. 1 BGB entgegen?, BauR 2012, 857.

a) Abschlagszahlungen beim BGB-Bauvertrag

1585 Das **BGB** kannte bislang grundsätzlich keine Abschlagszahlungen. In § 641 Abs. 1 Satz 2 BGB ist lediglich eine Regelung für den Werklohn von Bauleistungen enthalten, die in Teilen abzunehmen sind: Danach kann der Auftragnehmer einen entsprechenden anteiligen Werklohn verlangen, wenn eine Vergütung vertraglich für die einzelnen Teile bestimmt ist und eine Teilabnahme auch tatsächlich erfolgt. Für Abschlagszahlungen hatte sich in der Vergangenheit auch kein Handelsbrauch im Baugewerbe herausgebildet. Daher konnten beim BGB-Bauvertrag nur dann Abschlagszahlungen geltend gemacht werden, wenn sie von den Vertragsparteien ausdrücklich vereinbart worden waren, wofür der Auftragnehmer die Darlegungs- und Beweislast trug. Der BGH[552] hat allerdings die Auffassung vertreten, dass auch beim BGB-Bauvertrag im Einzelfall ein Anspruch des Auftragnehmers auf Abschlagszahlungen ausnahmsweise aus Treu und Glauben (§ 242 BGB) bestehen kann.

---

552) BauR 1985, 565 = NJW 1985, 2696; BGH, BauR 1985, 192 = NJW 1985, 855; vgl. hierzu auch *Motzke*, NZBau 2000, 498 m.w.Nachw.

Abschlagszahlungen

Durch das Gesetz zur Beschleunigung fälliger Zahlungen (vgl. Rdn. 1586 ff.) und das neue Werkvertragsrecht 2018 (vgl. Rdn. 1589 ff.) hat sich die Rechtslage bzgl. Abschlagszahlungen verändert.

aa) Rechtslage bis zum 31.12.1017

1586 Mit dem Gesetz zur Beschleunigung fälliger Zahlungen, das am 01.05.2000 in Kraft getreten ist, wurde mit § 632a BGB a.F. erstmals eine Regelung über Abschlagszahlungen auch für den BGB-Bauvertrag geschaffen.[553] Nach heftiger Kritik[554] an dieser missglückten, weil unpraktikablen Bestimmung, wurde sie im Rahmen des Forderungssicherungsgesetzes, das am 01.01.2009 in Kraft getreten ist, vollständig neu gefasst und erheblich (um die Absätze 2 bis 4) erweitert.

Nach der neuen Vorschrift des § 632a BGB gilt zunächst für Abschlagszahlungen nunmehr:
- Der Auftragnehmer kann von dem Auftraggeber für eine **vertragsgemäß erbrachte Leistung** eine Abschlagszahlung in der Höhe verlangen, in der der Auftraggeber durch die Leistung einen **Wertzuwachs** erlangt hat.
- Wegen **unwesentlicher Mängel** kann die Abschlagszahlung nicht verweigert werden. § 641 Abs. 3 BGB gilt entsprechend.
- Die Leistungen sind durch eine **Aufstellung** nachzuweisen, die eine **rasche und sichere Beurteilung der Leistungen** ermöglichen muss.
- Die vorerwähnten Bestimmungen gelten auch für erforderliche **Baustoffe oder Bauteile**, die angeliefert oder eigens angefertigt und bereit gestellt sind, wenn dem Auftraggeber nach seiner Wahl **Eigentum an den Stoffen oder Bauteilen** übertragen oder entsprechende **Sicherheit** hierfür geleistet wird.
- Ist der Auftraggeber ein **Verbraucher**, hat der Auftragnehmer nur dann einen Anspruch auf Abschlagszahlung, wenn er dem Auftraggeber eine **Sicherheit** gemäß § 632a Abs. 4 BGB leistet.

Hintergrund dieser neuen Regelung ist der Gedanke des Gesetzgebers, dass es dem Unternehmer aufgrund seiner grundsätzlichen Vorleistungspflicht heute nicht mehr zumutbar ist, seine Bauleistungen bis zur Abnahme – als Fälligkeitszeitpunkt für den Werklohn – in vollen Umfang vorzufinanzieren.[555]

Im Einzelnen:

aaa) Vertragsgemäße Leistung

1587 Bis zur Neufassung des § 632a BGB durch das Forderungssicherungsgesetz war fraglich, ob eine vertragsgemäße Leistung nur dann vorliegt, wenn die Leistung keinerlei Mängel, also auch keine unwesentlichen Mängel aufweisen darf. Eine

---

553) Vgl. hierzu im Einzelnen Rn. 1218 der Vorauflage.
554) Vgl. z.B. *Quack*, BauR 2001, 507, 512 („gänzlich missglückt" – „wundervolles Feld für Streitigkeiten"); *Kniffka*, ZfBR 2000, 227 238 („viele gesetzliche Unschärfen und Fehler" – „nicht nur Arbeitsbeschaffungsmaßnahme für Sachverständige, sondern auch für Juristen").
555) BT-Drucksache 15/3594, S. 14.

vollständige Mangelfreiheit als Voraussetzung für eine Abschlagszahlung zu fordern, war und ist aber praxisfern, da die Baupraxis lehrt, dass Bauleistungen während des Bauablaufs vielfach (zunächst) mit Mängeln behaftet sind. Das hat der Gesetzgeber – lernfähig wie er manchmal ist – selbst auch feststellen müssen und hat mit der Änderung dieser Vorschrift in Abs. 1 eine erfreuliche Klarstellung geschaffen: Danach ist eine Leistung nunmehr als vertragsgemäß anzusehen, wenn sie die **Beschaffenheit** im Sinne des § 638 Abs. 2 hat und **im Wesentlichen mangelfrei** erbracht ist. Gemäß § 632a Abs. 1 S. 2 kann eine Abschlagszahlung daher wegen unwesentlicher Mängel nicht verweigert werden. Das entspricht der gesetzlichen Einschränkung bei der Abnahme (§ 640 Abs. 1 S. 2 BGB). Zur **Abgrenzung von wesentlichen und unwesentlichen Mängeln** vgl. Rdn. 1834. Anders als bei § 640 BGB bezieht sich aber der Begriff „unwesentliche Mängel" in § 632a Abs. 1 BGB auf die erbrachte Teilleistung, für die eine Akontozahlung gefordert wird, also nicht auf das Gesamtwerk. Im Übrigen trägt der **Auftragnehmer die Darlegungs- und Beweislast**, dass seine Leistung **keine oder nur unwesentliche Mängel** aufweist.[556]

1588 Konsequent ist auch die Einfügung des Satzes 3 in § 632a Abs. 1 BGB, wonach § 641 Abs. 3 BGB entsprechend gilt: Danach ist die Höhe der Abschlagsforderung im Hinblick auf das dem Auftraggeber – bei vorhandenen, aber unwesentlichen Mängeln – zustehende **Zurückbehaltungsrecht** in Höhe des so genannten **Druckzuschlages** zu beschränken; dieser beträgt nach § 641 Abs. 3 BGB „in der Regel das Doppelte der für die Beseitigung des Mangels erforderlichen Kosten".

bbb) Erlangter Wertzuwachs

1589 Eine Abschlagszahlung kann gemäß § 632a BGB nur gefordert werden, wenn der Auftraggeber durch die Leistung des Auftragnehmers einen Wertzuwachs erlangt hat. Die Teilleistung des Auftragnehmers kann, muss aber nicht in das Eigentum des Auftraggebers (z.B. durch die Verbindung mit dem Grundstück gemäß § 946 BGB) übergegangen sein; die Vorschrift deckt daher auch tatsächliche Sachverhalte ab (z.B. Bodenaushub).[557] Andernfalls könnte beispielsweise ein Subunternehmer keine Abschlagszahlung fordern, wenn sein Auftraggeber nicht Grundstückseigentümer ist.[558] Insoweit muss es also ausreichen, dass der Generalunternehmer als Auftraggeber durch die Teilleistung des Subunternehmers einen Anspruch auf Abschlagszahlung erhält.[559] Nach Otto/Spiller[560] entsteht dieser Anspruch des Subunternehmers auch dann, wenn im Generalunternehmervertrag Abschlagszahlungen abbedungen sind, weil die Rechtsstellung des Subunternehmers nicht durch eine Vereinbarung zwischen Generalunternehmer und seinem Auftraggeber verschlechtert werden kann. Leupertz[561] weist in diesem Zusammenhang zu Recht da-

---

556) OLG Oldenburg, NJW-RR 2009, 233 = NZBau 2009, 381 = OLGR 2009, 197.
557) So zutreffend *Otto/Spiller*, ZfIR 2009, 1, 2 m.w.N.; *Halfmeier/Leupertz*, in: Prütting/Wegen/Weinreich, § 632a BGB, Rn. 8; *Palandt/Sprau*, § 632a BGB, Rn. 6.
558) *Palandt/Sprau*, § 632a BGB, Rn. 6; *Halfmeier/Leupertz*, in: Prütting/Wegen/Weinreich, § 632a BGB, Rn. 8.
559) *Otto/Spiller*, ZfIR 2009, 1, 2; *Halfmeier/Leupertz*, a.a.O.
560) A.a.O.
561) A.a.O.; ebenso *Palandt/Sprau*, § 632a BGB, Rn. 6.

rauf hin, dass man für die Werthaltigkeit der Teilleistungen darauf abzustellen habe, ob diese vom Auftraggeber eigenständig genutzt und für die funktionsgerechte Herstellung des jeweiligen Gesamtwerks/Bauwerks bzw. für die Erfüllung diesbezüglicher Vertragspflichten (Hauptunternehmer) verwendet werden können. Der Wertzuwachs kann, muss aber auch nicht dem Vertragswert entsprechen; im Einzelfall kann er auch unter dem Vertragswert liegen.[562]

bb) Rechtslage ab 1.1.2018

Durch das neue Werkvertragsrecht 2018 ist zunächst § 632a BGB geändert worden. Der neue Text Abs. 1 S. 1 und S. 2 dieser Vorschrift lautet nun:

1589a

> „Der Unternehmer kann von dem Besteller eine Abschlagszahlung in Höhe des Wertes der von ihm erbrachten und nach dem Vertrag geschuldeten Leistung verlangen. Sind die erbrachten Leistungen nicht vertragsgemäß, kann der Besteller die Zahlung eines angemessenen Teils des Abschlags verweigern. Die Beweislast für die vertragsgemäße Leistung verbleibt bis zu Abnahme beim Unternehmer."

Damit kommt es bei der Höhe bei der Abschlagszahlung **nicht mehr** wie bisher **auf den Wertzuwachs des Auftraggebers** (vgl. Rdn. 1589), der durch die Tätigkeit des Auftragnehmers entstanden ist, an. Dieser subjektiv zu ermittelnde Wertzuwachs hat in der Vergangenheit häufig zu Streit geführt. Nunmehr kommt es auf die **Höhe des Wertes der vom Auftragnehmer erbrachten und nach dem Vertrag geschuldeten Leistungen** an. Hinsichtlich des Anlasses für diese Änderung heißt es in der Begründung[563]:

> Im Rahmen des Forderungssicherungsgesetzes (FoSiG) wurde § 632a zum 1. Januar 2009 dahingehend geändert, dass die Höhe der Abschlagszahlung danach berechnet wird, welcher Wertzuwachs auf Seiten des Bestellers durch die bisher erfolgten Leistungen eingetreten ist. Diese Änderung stößt in der Praxis auf Probleme, da die Höhe des Wertzuwachses durch die vom Unternehmer vorgenommenen Leistungen im Einzelfall schwer zu ermitteln und daher zwischen den Parteien häufig umstritten ist. Entsteht ein Streit über den Wertzuwachs beim Besteller und bedarf es gegebenenfalls noch sachverständiger Hilfe zur Feststellung des Wertzuwachses, verhindert diese Ausgestaltung der Vorschrift, dass der vorleistende Unternehmer zeitnah Abschlagszahlungen für seine erbrachten Leistungen erhält. Die Vorschrift bedarf daher einer Modifikation, die es dem Unternehmer ermöglicht, die Höhe des jeweiligen Abschlags unkompliziert zu berechnen, und dem Besteller eine einfachere Überprüfung der Berechnung ermöglicht. Grundlage der Berechnung der Abschläge soll künftig der Wert der vom Unternehmer erbrachten Leistungen sein. Dieser Beträge lassen sich für den Unternehmer leichter ermitteln und auch für den Besteller in der Regel anhand des Angebots des Unternehmers überprüfen. Absatz 1 Satz 1 legt daher als Bezugsgröße für die Berechnung der Abschläge die vom Unternehmer erbrachte und nach dem Vertrag geschuldete Leistung fest. Durch die Änderung ist es möglich, dass der vom Besteller bezahlte Abschlag den gleichzeitig erfolgten Wertzuwachs im Einzelfall geringfügig übersteigt, da beispielsweise bei einem Bauvorhaben in bestimmten Bauphasen die Kosten für die Bauleistungen höher sind als der durch sie bewirkte Wertzuwachs an dem Grundstück. Dies wird sich jedoch mit den folgenden Abschlagszahlungen ausgleichen, teilweise auch umkehren. Diese minimale und nur punktuell eintretende Risikoerhöhung für den Besteller ist mit Blick auf die damit einhergehende wesentliche Vereinfachung der Berechnung der Abschlagszahlungen und die bestehenden bzw. neu eingeführten Vorschriften zum Schutz des Bestellers bei Verbraucherbauverträgen hinnehmbar. Beispielsweise begrenzt § 650l Absatz 1 BGB-E bei Verbraucherbauverträgen künftig den Gesamtbetrag

---

562) *Palandt/Sprau*, § 632a, Rn. 9.
563) BT-Drucksache 18/8486, S. 46/7.

der Abschlagszahlungen auf 90 Prozent der vereinbarten Gesamtvergütung. Im Übrigen hat der Unternehmer – wie bisher – dem Verbraucher bei der ersten Abschlagszahlung eine Sicherheit für die rechtzeitige Herstellung des Werks ohne wesentliche Mängel in Höhe von 5 Prozent der vereinbarten Gesamtvergütung zu leisten (§ 650l Absatz 2 BGB-E).

Bislang war Maßstab für eine Verweigerung des Auftraggebers ein wesentlicher Mangel (vgl. Rdn. 1587). Ob ein wesentlicher oder aber unwesentlicher Mangel vorliegt, hat häufig in der Vergangenheit zu Streit zwischen Auftraggeber und Auftragnehmer geführt. Daher stellt der Gesetzgeber nunmehr darauf ab, ob „die Leistungen nicht vertragsgemäß erbracht" worden sind. Soweit dies der Fall ist, kann der Auftraggeber „die Zahlung eines angemessenen Teils des Abschlags verweigern". Der entsprechende Abzug gilt nunmehr bei allen Abweichungen vom vertragsgemäßen Zustand, unabhängig davon, ob sie wesentlich oder unwesentlich sind.[564] Wie bisher bleibt die Beweislast unverändert. S. 3 des neuen Abs. 1 stellt damit lediglich klar, dass der Auftragnehmer nach wie vor die Beweislast (bis zur Abnahme) für eine vertragsgemäße Leistung trägt.

In der Begründung wird ebenfalls lediglich klargestellt, dass als **angemessener Abschlag** „in der Regel das Doppelte der voraussichtlichen Kosten der Bereicherung des nicht vertragsgemäßem Zustandes ist".[565] Aufgrund der Neuordnung des Werkvertragsrechts 2018 sind die Absätze 2 und 3 des § 632a BGB a.F. gestrichen worden und beim Bauträgervertrag (§ 650r – vgl. Rdn. 1611) sowie Verbrauchervertrag (§ 650m BGB n.F. – vgl. Rdn. 1592) eingeordnet worden.

> Der Bundesrat[566] hatte in seiner Stellungnahme darauf hingewiesen, dass der Auftraggeber nach § 632a Abs. 1 BGB letztlich allein mit der Behauptung, die erbrachten Leistungen seien nicht vertragsgemäß, die Zahlung eines angemessenen Teils des Abschlags verweigern kann. Um zu verhindern, dass der Auftraggeber, ohne weiteren substantiierten Vortrag die Abschlagszahlung verweigern oder reduzieren kann, regte der Bundesrat einen Rückgriff auf den in § 650g Abs. 1 BGB n.F. enthaltenen Rechtsgedanken an, wonach der Auftraggeber zumindest verpflichtet sein soll, gemeinsam mit dem Auftragnehmer eine Zustandsfeststellung (vgl. näher Rdn. 1835a) des Werks durchzuführen. Dies würde – so der Bundesrat – beiden Parteien auch eine Möglichkeit bieten, anlässlich der gemeinsamen Zustandsfeststellung noch zu einer einvernehmlichen Lösung zu gelangen und damit unnötige Rechtsstreitigkeiten zu vermeiden. Diesen sinnvollen Hinweis hat der Bundestag aber dann nicht aufgegriffen. Seine Begründung: „Den Parteien eine aufwendige und kostenträchtige Zustandsfeststellung aufzuerlegen, erscheint bei einem Streit um die Abnahme eher angemessen als bei einem Streit um eine Abschlagszahlung."[567]

cc) Nachweis der Leistung

1590 Akontorechnungen müssen nach § 632a Abs. 1 S. 4 BGB dem Auftraggeber eine **rasche und sichere Beurteilung der Leistungen** ermöglichen. Daran hat sich durch das neue Werkvertragsrecht 2018 nichts geändert. Dabei wurde davon abgesehen, die Prüfbarkeit der Akontorechnung zur Fälligkeitsvoraussetzung zu erheben.[568] Die Forderung des Gesetzgebers auf eine rasche und sichere Beurteilung der Leistung des Auftragnehmers nähert sich aber sicherlich dem Erfordernis der

---

564) Dito.
565) Dito.
566) BT-Drucksache 18/8486, S. 84.
567) BT-Drucksache 18/8486, S. 97.
568) *Pause*, BauR 2009, 898, 900.

Prüfbarkeit an.⁵⁶⁹⁾ Im Einzelfall ist jeweils zu prüfen, ob nach dem Empfängerhorizont (Auftraggeber) eine rasche und sichere Beurteilung der Leistung des Auftragnehmers, für die er eine Akontozahlung fordert, möglich ist. Eine Abnahme/Teilabnahme fordert § 632a BGB nicht.⁵⁷⁰⁾

dd) Zeitlicher Abstand

Auch nach der Neufassung der Vorschrift des § 632a BGB bleibt offen, in welchen zeitlichen Abständen der Auftragnehmer Abschlagszahlungen verlangen kann. Der Gesetzgeber hat insoweit bewusst auf eine entsprechende Regelung (wie z.B. in § 16 Abs. 1 Nr. 1 S. 1 VOB/B – „in möglichst kurzen Zeitabständen" – oder in § 15 Abs. 2 HOAI n.F. – „angemessene zeitliche Abstände" –) verzichtet.⁵⁷¹⁾ Daher ist es stets eine Frage des **Einzelfalls**, in welchem **zeitlichen Rhythmus** Abschlagszahlungen fällig gestellt und gefordert werden können. Dabei sind insbesondere der **Umfang** und der **Zeitfaktor** der zu erbringenden Leistung zu berücksichtigen. Jedenfalls darf sicherlich der Auftragnehmer nicht unverhältnismäßig oft Abschläge verlangen,⁵⁷²⁾ zumal er vorleistungsverpflichtet ist. Ähnlich wie in § 15 Abs. 2 HOAI 2013 wird ein Auftragnehmer nur in **angemessenen zeitlichen Abständen** entsprechende Abschlagszahlungen fordern können.

1591

ee) Verbrauchervertrag

Ist der Auftraggeber ein **Verbraucher**, hat der Gesetzgeber im Rahmen des Werkvertragsrechts 2018 mit Abs. 1 des § 650m BGB n.F. eine neue „Schutzschrift" für Verbraucher geschaffen:

„Verlangt der Unternehmer Abschlagszahlungen nach § 632a BGB, darf der Gesamtbetrag der Abschlagszahlung 90 Prozent der vereinbarten Gesamtvergütung einschließlich der Vergütung für Nachtragsleistungen nach § 650c BGB nicht übersteigen."

In der Begründung zu dieser Vorschrift⁵⁷³⁾ wird zu der neuen Vorschrift darauf hingewiesen, dass mit dieser Regelung „dem Risiko versteckter Vorleistungen in Form von überhöhten Abschlagszahlungen begegnet wird." Abs. 2 und Abs. 3 des § 650m BGB n.F. betreffen die Sicherheiten und entsprechen weitgehend den bisherigen Absätzen 3 u. 4 des § 632a BGB. Verlangt der Unternehmer Abschlagszahlungen nach § 632a BGB, ist eine Vereinbarung unwirksam.

Ferner ist dem Auftraggeber gemäß § 650m Abs. 2 BGB, der dem alten § 632a Abs. 3 entspricht, bei der **ersten Abschlagszahlung** eine **Sicherheit** für die rechtzeitige Erstellung des Werkes ohne wesentliche Mängel in **Höhe von 5 %** des Vergütungsanspruchs zu leisten. Ohne eine solche Sicherheit, die unaufgefordert erbracht werden muss, hat ein Auftragnehmer keinen Anspruch auf Abschlags-

1592

---

569) So auch *Halfmeier/Leupertz*, in: Prütting/Wegen/Weinreich, § 632a BGB, Rn. 10.
570) OLG Brandenburg, NJW-RR 2009, 233= NZBau 2009, 381 = OLGR 2009, 197.
571) BT-Drucksache 15/3594, S. 14.
572) *Deckers*, S. 49.
573) BT-Drucksache 18/8486, S. 64.

zahlung. Hat der Auftragnehmer die von ihm geschuldete Werkleistung abnahmereif erbracht, hat der Auftraggeber die Sicherheit zurückzugeben. Erhöht sich der Vergütungsanspruch infolge von Änderungen oder Ergänzungen des Vertrages um mehr als 10 %, ist dem Auftraggeber bei der nächsten Abschlagszahlung eine weitere Sicherheit in Höhe von 5 % des zusätzlichen Vergütungsanspruchs zu leisten (§ 650m Abs. 2 BGB). **Abs. 3 dieser Vorschrift** regelt dann die **Art der Sicherheit**. Hintergrund der gesetzlichen Regelung ist folgender: Zwar hat der Auftraggeber nur für bereits erbrachte Leistungen zu zahlen. Dies deckt aber sein tatsächlich bestehendes Sicherungsbedürfnis nicht voll ab. So könnten dem Auftraggeber erhebliche Mehraufwendungen entstehen, wenn das Bauwerk insbesondere im Falle der Insolvenz des Bauunternehmers nicht vollendet oder mangelhaft errichtet wird und er deshalb gezwungen ist, einen Dritten mit der Fertigstellung oder der Mangelbehebung zu beauftragen. Bei dem Sicherungsumfang will lehnt sich der Gesetzgeber an die Regelung in § 14 Abs. 2 VOB/A an, der eine entsprechende Regelung für Bauaufträge der öffentlichen Hand enthält.

Verlangt der Unternehmer Abschlagszahlungen nach § 632a BGB, ist gemäß Abs. 4 des neuen § 650m BGB eine Vereinbarung unwirksam, die den **Verbraucher** zu einer Sicherheitsleistung für die vereinbarte Vergütung verpflichtet, die die nächste Abschlagszahlung oder 20 % der vereinbarten Vergütung übersteigt. Gleiches soll gelten, wenn die Parteien Abschlagszahlungen vereinbart haben. § 650e BGB n.F. betrifft die Bauhandwerkersicherung.

ff) Sonstiges

1593 Nach § 632a Abs. 1 S. 5 BGB gelten die vorerwähnten Grundsätze für Abschlagszahlungen auch für **Baustoffe/Bauteile**, die **angeliefert** oder **eigens angefertigt** und bereit sind, wenn dem Auftraggeber nach seiner Wahl **Eigentum** an den Stoffen oder Bauteilen übertragen oder **entsprechende Sicherheit** hierfür geleistet wird. Hier hat sich der Gesetzgeber an das Modell des § 16 Abs. 1 Nr. 1 S. 3 VOB/B angelehnt. Mit der Eigentumsübertragung an den Stoffen oder Bauteilen ist wohl die Eigentumsübertragung nach § 929 BGB gemeint, wenn nicht bereits die Eigentumsübertragung durch Verbindung nach § 946 BGB auf den Grundstückseigentümer erfolgt ist,[574] was in der Baupraxis die Regel ist. Alternativ kann der Auftraggeber Sicherheit verlangen. Die Art der Sicherheit richtet sich grundsätzlich nach den § 232 ff. BGB. Nach dem geplanten Gesetzestext hat der Auftraggeber das Wahlrecht zwischen Eigentumsübertragung und Sicherheitsleistung. Nach Abs. 4 des § 632a BGB können Sicherheiten auch „durch eine Garantie oder ein sonstiges Zahlungsversprechen eines im Geltungsbereich dieses Gesetzes zum Geschäftsbetrieb befugten Kreditinstitutes oder Kreditversicherers geleistet werden".

1594 **Individualrechtlich** können die engen Grenzen, die § 632a BGB für eine Abschlagszahlung setzt, **abbedungen werden** (z.B. durch einen Zahlungsplan). In **AGB** ist dies grundsätzlich **nicht möglich**, weil anderenfalls von einem gesetz-

---

[574] Ebenso für die alte Fassung des § 632a BGB: *Palandt/Sprau*, § 632a BGB, Rn. 5; *Motzke*, NZBau 2000, 489, 492; vgl. hierzu insbesondere *Böhme*, BauR 2001, 525, 529, 530 sowie *Karczewski/Vogel*, BauR 2001, 859, 863 u. *Rodemann*, BauR 2002, 863, 868.

gebnerischen Leitgedanken abgewichen wird.[575] Soweit z.B. in AGB des Auftraggebers die Höhe der Abschlagszahlungen für erbrachte Leistungen unter 100 % verringert wird, ist eine solche Klausel unwirksam, weil sie vom Leitbild der gesetzlichen Regelung abweicht.[576] *Kniffka*[577] hält es für möglich, die Modalitäten der Abschlagszahlungen zu modifizieren und beispielsweise von der Vorlage einer prüfbaren Aufstellung oder Abrechnung abhängig zu machen bzw. die Fälligkeit von der Erbringung in sich abgeschlossener Teile des Werkes zu lösen.

Zu Abschlagszahlungen bei Bauträgerverträgen vgl. Rdn. 1611.

Bei **zu viel gezahlten Beträgen** hat der Auftraggeber Anspruch auf Auszahlung des Saldoüberschusses; Anspruchsgrundlage ist insoweit die **vertragliche Abrede**, nicht dagegen § 812 Abs. 1 BGB[578] (vgl. hierzu im Einzelnen Rdn. 1216). Nach Auffassung des KG[579] besteht ein Rückzahlungsanspruch jedoch nur, wenn der Vertrag beendet ist. Fordert der Auftraggeber geleistete Abschlagszahlungen wegen Überzahlung zurück, reicht es im Prozess aus, wenn eine nachvollziehbare eigene Abrechnung vorgelegt wird. Dem Auftragnehmer obliegt dann die Beweislast dafür, dass er trotzdem berechtigt ist, die erhaltene Zahlung zu behalten.[580]

Erfolgt keine Abrechnung des Auftragnehmers insoweit, kann der Auftraggeber **1595** den Auszahlungsanspruch mit einer eigenen Berechnung begründen. Das wird für den Auftraggeber allerdings mit großen Schwierigkeiten verbunden sein. Deshalb kann sich der Auftraggeber hierbei nach der Rechtsprechung des BGH auf den Vortrag beschränken, der seinem Kenntnisstand bei zumutbarer Ausschöpfung der ihm zur Verfügung stehenden Quellen entspricht;[581] im Einzelfall genügt er sogar seiner Darlegungspflicht, wenn er unter Bezug auf die Schlussrechnung des Auftragnehmers vorträgt, „dass sich daraus ein Überschuss ergebe oder nach Korrektur ergeben müsste":[582] In diesem Fall muss der Auftragnehmer diesem Vortrag bzw. dieser Berechnung des Auftraggebers entgegentreten und nachweisen, dass er berechtigt ist, die Abschlagszahlungen endgültig zu behalten. Doppelzahlungen kann der Auftraggeber jederzeit zurückfordern.[583]

---

575) So auch *Böhme*, BauR 2001, 525, 532 u. *Voppel*, BrBp 2004, 93, 98; zum Leitbildcharakter des § 632a BGB vgl. auch *Schmidt-Räntsch*, ZfIR 2000, 337.
576) BGH, IBR 2006, 212; vgl. hierzu entsprechende Klauseln bei *Markus/Kaiser/Kapellmann*, Rn. 810 ff.
577) *Kniffka*, ZfBR 2000, 227, 229.
578) BGH, BauR 2008, 540 = NZBau 2008, 256; BauR 2002, 938 = NJW-RR 2002, 1097 = NZBau 2002, 329; BauR 2015, 660; BauR 2002, 1407 = NZBau 2002, 562; BauR 1999, 635; OLG Düsseldorf, BauR 2003, 1587; OLG Oldenburg, OLGR 2004, 54; vgl. hierzu insbesondere *Gothe*, NZBau 2014, 270. Zur Ermittlung des Rückzahlungsanspruchs vgl. KG, NZBau 2009, 660 = IBR 2009, 508 – *Hebel*. Zur Darlegungslast OLG Brandenburg, IBR 2009, 507 – *Orthmann*.
579) NZBau 2009, 660 = IBR 2009, 508 – *Hebel*, ebenso LG Braunschweig, IBR 2009, 446 – *Schwenker*.
580) OLG Celle, NJW-Spezial 2010, 269 (für den Architektenvertrag).
581) BGH, BauR 1999, 635 = NJW 1999, 1867; BauR 2002, 938 = NZBau 2002, 329; BauR 2002, 1407 = NZBau 2002, 562.
582) BGH, BauR 2004, 1940 = IBR 2004, 676 – *Ganten* (unter Bezugnahme auf BGH, BauR 2002, 938 = NJW-RR 2002, 1097 = NZBau 2002, 329).
583) BGH, BauR 2002, 1257 = NZBau 2002, 390.

Durch Abschlagszahlung erkennt ein Auftraggeber die Berechtigung des geforderten Werklohns nicht an[584] (vgl. hierzu auch Rdn. 2550).

Zur **gerichtlichen Geltendmachung von Abschlagszahlungen,** wenn das Vertragsverhältnis **beendet** ist und der Auftragnehmer **Schlussrechnung** erteilt hat, vgl. Rdn. 1607.

b) Abschlagszahlungen beim VOB-Bauvertrag

Literatur

Kues/May, Abrechnung und Durchsetzbarkeit von Abschlagsforderungen beim VOB/B-Vertrag, BauR 2007, 1137.

1596 Beim **VOB-Bauvertrag** ist der Nachweis einer vertraglichen Vereinbarung von Abschlagszahlungen nicht erforderlich, da die VOB Abschlagszahlungen ausdrücklich vorsieht. Das gilt auch für einen Pauschalvertrag.[585] Nach § 16 Abs. 1 VOB/B hat der Bauherr auf Antrag des Unternehmers Abschlagszahlungen „in Höhe des Wertes der jeweils nachgewiesenen vertragsgemäßen Leistungen einschließlich des ausgewiesenen, darauf entfallenden Umsatzsteuerbetrages in möglichst kurzen Zeitabständen zu gewähren." Maßgebend für die Höhe der Abschlagszahlungen ist daher stets die vertragsgemäß erbrachte Bauleistung, wobei nach Abs. 1 Nr. 1 S. 3 als Leistungen auch die für die geforderte Leistung eigens angefertigten und bereitgestellten Bauteile sowie die auf der Baustelle angelieferten Stoffe und Bauteile gelten, wenn dem Auftraggeber nach seiner Wahl das Eigentum an ihnen übertragen ist oder entsprechende Sicherheit gegeben wird. Gemäß § 16 Abs. 1 Nr. 3 VOB/B, der durch die **VOB 2002** geändert wurde, sind Ansprüche auf Abschlagszahlungen binnen 21 Werktagen nach Zugang der Aufstellung fällig.

1597 Abschlagszahlungen im Rahmen eines VOB-Bauvertrages können daher nur verlangt werden, wenn

* eine der Abschlagszahlung **entsprechende Bauleistung** erbracht worden ist
* eine **prüfbare Aufstellung** dieser Bauleistung seitens des Unternehmers vorgelegt und schließlich
* der **Antrag** auf Abschlagszahlung vom Unternehmer gestellt wird.

c) Allgemeine Grundsätze

1598 Sowohl beim VOB- wie auch beim BGB-Bauvertrag kann der Unternehmer im Rahmen der Abschlagszahlungen neben dem Werklohn auch den darauf entfallenden **Umsatzsteuerbetrag** verlangen, der von ihm ausgewiesen werden muss. Für die VOB/B stellt dies § 16 Abs. 1 klar.

1599 Der **Unternehmer** trägt die **Beweislast** für die Voraussetzungen von Abschlagszahlungen. Soweit er Abschlagszahlungen geltend macht, muss er ferner seine Leistungen durch eine **prüfbare Aufstellung** nachweisen. Im Rahmen seiner Aufstel-

---

[584] St. Rspr.; zuletzt BGH, BauR 2004, 1940 = IBR 2004, 676 – *Ganten* sowie OLG Dresden, IBR 2014, 132 – *Matthei.*
[585] BGH, NJW 1991, 565 = BauR 1991, 81.

lung muss er die von ihm erbrachten Bauleistungen so darstellen, dass der Bauherr rasch und sicher die Leistungen beurteilen kann; einer umfangreichen spezifizierten Aufstellung bedarf es hierzu nicht.[586]

1600 Kann der Unternehmer eine Abschlagszahlung gemäß dem abgeschlossenen Bauvertrag verlangen, ist diese erst **fällig,** wenn eine entsprechende **Bauleistung** auch tatsächlich **erbracht** ist. Die Fälligkeit der **Abschlagszahlung hängt nicht** – wie die der Schlusszahlung – von einer **Abnahme** der Bauleistung ab.[587] Der Unternehmer kann grundsätzlich für seine vertragsgemäße Leistung die **volle Bezahlung** verlangen und nicht nur einen bestimmten Prozentsatz (z.B. 90 %), es sei denn, die Parteien haben etwas anderes (z.B. einen Einbehalt in Form einer Sicherheitsleistung) vereinbart.[588] Eine isolierte Durchsetzung der Vergütung für einzelne Positionen aus einer Abschlagsrechnung kommt nur in Betracht, wenn in deren Höhe ein positiver Saldo festgestellt werden kann.[589] Bezüglich eines **Skontoabzuges** bei Abschlagszahlungen vgl. Rdn. 1691.

1601 Abschlagszahlungen haben sowohl beim BGB- als auch beim VOB-Bauvertrag keinen Einfluss auf die Haftung und Gewährleistung. Insbesondere gelten **Abschlagszahlungen nicht als Abnahme** von Teilen der Bauleistung; auf diese Grundsätze weist § 16 Abs. 1 Nr. 4 VOB/B nochmals besonders hin.

1602 Abschlagszahlungen stellen auch **kein Anerkenntnis des Vergütungsanspruchs** des Unternehmers dar, solange nicht die Schlussrechnung erstellt ist,[590] da im Zeitpunkt der Abschlagszahlung die Höhe der endgültigen Forderung noch nicht feststeht: Mit der Abschlagszahlung wird zunächst auf eine erst noch festzustellende endgültige Forderung – also in Erwartung der Feststellung der Forderung[591] – gezahlt. Die entsprechende Zahlung hat also nur vorläufigen Charakter.[592] Endgültig wird der Vergütungsanspruch des Auftragnehmers damit erst durch die vom Auftraggeber geprüfte und anerkannte Schlussrechnung (für den VOB-Bauvertrag vgl. § 14 Abs. 3, § 16 Abs. 3 Nr. 1 VOB/B) festgestellt.[593] Im Rahmen der Schlussrechnung sind dann zu hohe oder zu geringe Abschlagszahlungen auszugleichen.[594] Daraus folgt nach Auffassung des BGH,[595] dass der Auftragnehmer „nach Erstellung der Schlussrechnung eine Überzahlung einer einzelnen Teilleistung nicht zurückgewähren muss, soweit er andere noch nicht oder nicht ausreichend vergütete Leistungen erbracht hat, auf die der durch Gegenleistungen nicht gedeckte Teil der Abschlagszahlung im Rahmen der Schlussabrechnung zu verrechnen ist; nur soweit die Summe der Voraus- und Abschlagszahlungen die ihm zustehende Gesamtvergütung übersteigt, ist er zur Rückzahlung verpflichtet." Die Darlegungs- und

---

586) OLG Bremen, OLGR 2003, 427 (Maßstab ist das „Verständnis eines Fachkundigen").
587) BGH, NJW 1979, 650, 651 = BauR 1979, 159, 161 = ZfBR 1979, 66.
588) OLG Düsseldorf, IBR 2015, 295 – *Amon*.
589) BGH, BauR 2009, 1724 = IBR 2009, 638 – *Kues*.
590) BGH, BauR 2004, 1146 = IBR 2004, 361 – *Miernik* = NZBau 2004, 386; OLG Hamm, IBR 2010, 258 u. BauR 2002, 1105; KG, *Schäfer/Finnern*, Z 2.410 Bl. 64; vgl. auch OLG Hamburg, OLGR 1996, 18; *Kues/May*, BauR 2007, 1137, 1138.
591) RG, DR 1943, 1068.
592) BGH, BauR 2004, 1146 = IBR 2004, 361 – *Miernik* = NZBau 2004, 386.
593) BGH, BauR 1986, 361, 366.
594) Zur Beweislast vgl. Rdn. 1918 u. OLG Düsseldorf, BauR 1977, 64.
595) A.a.O. (auch zur Haftung des Bürgen).

Beweislast dafür, dass der Auftragnehmer die Abschlagszahlungen behalten darf, trägt dieser.[596]

1603 Aus dem vorläufigen Charakter von Abschlagszahlungen ergibt sich die Verpflichtung des Auftragnehmers, nach Abschluss der Bauleistungen **Auskunft** darüber zu erteilen, ob die Abschlagszahlungen die endgültige Zahlungsverpflichtung abdeckt, weitere Zahlungen zu leisten sind oder Rückzahlungen in Betracht kommen.[597] Dies hat in der Regel durch eine Schlussabrechnung zu erfolgen, indem die endgültige Vergütung festgestellt wird. Den etwaigen **Anspruch auf Rückzahlung wegen Überzahlung** stützt der BGH nicht auf die §§ 812 ff. BGB, sondern auf eine stillschweigend zwischen den Parteien getroffene **Abrede**, wonach sich der Auftragnehmer zur Rückzahlung in Höhe des Überschusses an den Auftraggeber verpflichtet.[598]

Die ernsthafte und endgültige Weigerung des Bauherrn, eine angeforderte Abschlagszahlung zu entrichten, berechtigt den Unternehmer zur **fristlosen Kündigung** des Bauvertrages, ohne dass es einer Nachfristsetzung bedarf.

1604 Der Bauherr kann von den Abschlagszahlungen **Gegenforderungen** einbehalten (für den VOB-Bauvertrag vgl. § 16 Abs. 1 Nr. 2 VOB/B). Dabei ist unerheblich, ob es sich um vertragliche oder außervertragliche Gegenansprüche handelt.[599] Sie müssen jedoch aufrechenbar, also insbesondere fällig sein. Andere Einbehalte sind nur in den im Bauvertrag und in den gesetzlichen Bestimmungen vorgesehenen Fällen zulässig. Nach h.M. kann ein Auftragnehmer auch dann Abschlagszahlungen für eine vom Auftraggeber geforderte zusätzliche Leistung gemäß § 16 Abs. 1 VOB/B fordern, wenn eine Einigung über deren Vergütung nicht stattgefunden hat.[600]

1605 Die Abschlagszahlung setzt sowohl beim BGB- wie beim VOB-Bauvertrag eine **vertragsgemäße** Bauleistung voraus. Ist die Leistung nicht vertragsgemäß, z.B. mit Mängeln behaftet, kann der Bauherr Abzüge machen, bis der Unternehmer die Mängel beseitigt hat. Werkmängel geben dem Bauherrn auch bei Abschlagszahlungen ein **Leistungsverweigerungsrecht** (§ 320 BGB).[601] In welcher Höhe dieses Gegenrecht geltend gemacht werden kann, hängt von den besonderen Umständen des Einzelfalles ab. Um den notwendigen Druck auf die erforderliche Nachbesserung ausüben zu können, kann der Bauherr jedenfalls mehr als die zu erwartenden (geschätzten) Nachbesserungskosten zurückbehalten. Nach § 641 Abs. 3 BGB hat der Auftraggeber das Recht, „die Zahlung eines angemessenen Teils der Vergütung" zu verweigern, wobei in der Regel das Doppelte der für die Beseitigung des Mangels erforderlichen Kosten angesehen wird. Auch ein vereinbarter Sicher-

---

596) OLG Oldenburg, OLGR 2006, 82.
597) BGH, BauR 1999, 635 = ZfBR 1999, 196 = NJW 1999, 1867 = MDR 1999, 671; OLG Oldenburg, OLGR 2006, 82.
598) BGH, BauR 2008, 540 (auch zur Beweislast); BauR 2002, 1407 = NZBau 2002, 562; BauR 1999, 635 = ZfBR 1999, 196 = NJW 1999, 1867 = MDR 1999, 671; OLG Hamm, IBR 2010, 258 – *Kues*; OLG Düsseldorf, BauR 1999, 1477; zur **Darlegungs-** und **Beweislast**: BGH, BauR 2002, 938 = NZBau 2002, 329; OLG Köln, IBR 2017, 124 – *Eimler*; KG, IBR 2017, 125 – *Miernik*.
599) *Locher*, in: Ingenstau/Korbion, § 16 Abs. 1/B, Rn. 30.
600) BGH, BauR 2012, 1392 m.w.N.
601) BGH, BauR 1988, 474; NJW 1991, 565 = BauR 1991, 81 = ZfBR 1991, 67.

heitseinbehalt hindert nach Auffassung des BGH den Bauherrn grundsätzlich nicht, fällige Abschlagszahlungen wegen mangelhafter Werkausführung zu verweigern; der Unternehmer kann nicht einwenden, der Bauherr dürfe das Leistungsverweigerungsrecht nur wegen eines den Sicherheitseinbehalt wertmäßig übersteigenden Mängelbeseitigungsanspruchs geltend machen.[602]

Im Übrigen führen Mängel der Teilleistung bei einer Klage auf Abschlagszahlung nicht zur Klageabweisung mangels Fälligkeit, sondern zur Verurteilung **Zug um Zug** gegen Mängelbeseitigung (§ 322 Abs. 1 BGB).[603] Etwas anderes gilt für den Fall, dass Bauleistungen, die mit der Abschlagsrechnung abgerechnet werden, tatsächlich noch nicht erbracht worden sind; insoweit ist die entsprechende Klage mangels erbrachter Werkleistung abzuweisen. Dasselbe gilt, wenn gerügte Bauwerksmängel nicht mehr oder nur mit unverhältnismäßig hohem Aufwand beseitigt werden können und der Unternehmer aus diesem Grunde die Mängelbeseitigung verweigert; auch hier ist die Abschlagsforderung demgemäß zu mindern, sodass eine entsprechende Klage insoweit keinen Erfolg haben kann.[604] **1606**

Problematisch ist, ob die **gerichtliche Geltendmachung von Abschlagszahlungen** ausgeschlossen ist, wenn das **Vertragsverhältnis beendet** ist, der Unternehmer seine gesamte **Arbeit fertig gestellt** oder der Auftragnehmer **Schlussrechnung erteilt** hat. Nach h.M.[605] geht der Anspruch eines Unternehmers auf eine vereinbarte Abschlagszahlung **nach** Erteilung der Schlussrechnung unter. Dasselbe gilt, wenn das Vertragsverhältnis infolge einer **Kündigung beendet** ist[606] oder der Auftragnehmer seine Leistung **vollständig erbracht** oder endgültig eingestellt hat.[607] In beiden Alternativen ist die Leistung des Auftragnehmers „schlussrechnungsfähig", sodass es für einen Anspruch auf eine Abschlagszahlung keinen sinnvollen, aber **1607**

---

602) BGH, NJW 1981, 2801 = BauR 1981, 577.
603) BGH, a.a.O.; ferner: BGH, BauR 1979, 159 = NJW 1979, 650 = ZfBR 1979, 66; *Münch-Komm-Busche*, § 641 BGB, Rn. 38 m.w.Nachw.
604) BGH, NJW 1981, 2801 = BauR 1981, 577 = DB 1981, 2273 = ZfBR 1981, 265.
605) BGH, BauR 1991, 81, 82 = NJW 1991, 565 = ZfBR 1991, 67; BauR 1987, 453 = NJW-RR 1987, 724; BauR 1985, 456 = NJW 1985, 1840 = ZfBR 1985, 174; OLG Nürnberg, OLGR 2000, 253; OLG Hamm, BauR 2002, 1105; NJW-RR 1999, 528; OLG Jena, OLGR 1996, 257; OLG Celle, OLGZ 1975, 320; *Vygen*, Rn. 936; Beck'scher VOB-Komm/*Kandel*, B § 16 Abs. 1, Rn. 16 (Schlussrechnungsreife reicht aus); vgl. hierzu auch OLG Düsseldorf, ZIP 1996, 1749 (Abschlagszahlung/**Konkurs**) sowie OLG Bamberg, OLG 2004, 24; **a.A.:** OLG Bremen, BauR 1980, 579 = OLGZ 1980, 215; OLG Hamm, IBR 1996, 505 und BauR 1999, 776 sowie *Schreiber/Neudel*, BauR 2002, 1007 ff. Vgl. ferner OLG Celle, NZBau 2008, 324 – LS – (Klage aus einer Abschlagsrechnung bleibt ungeachtet einer zwischenzeitlich eingetretenen Schlussrechnungsreife zulässig, wenn noch keine Schlussrechnung erteilt ist und die Abschlagsforderung bereits vor Schlussrechnungsreife eingeklagt worden ist). Vgl. auch KG, IBR 2007, 670 – *Krebs*.
606) BGH, a.a.O.; OLG Düsseldorf, NZBau 2015, 296; OLGR 1998, 343 u. NJW-RR 1992, 1373 = BauR 1992, 813 (LS); OLG Hamm, BauR 2002, 638 = OLGR 2002, 151.
607) OLG Düsseldorf, NJW-RR 2000, 231; OLG Naumburg, NJW-RR 2000, 391; OLG Nürnberg, NZBau 2000, 509. **A.A.:** OLG Bamberg, BauR 2004, 1168 (Klage kann dann noch auf Abschlagrechnung gestützt werden, wenn zwar **Schlussrechnungsreife** vorliegt, die Schlussrechnung aber noch nicht gestellt ist) sowie OLG Köln, NZBau 2006, 45 (für den Fall, dass die Abschlagsforderung fällig und vor Abnahme und Erteilung der Schlussrechnung darüber bereits ein Rechtsstreit anhängig ist. Das soll insgesamt bei großen Bauvorhaben gelten, deren Abrechnung mit erheblichen Schwierigkeiten verbunden ist).

auch keinen notwendigen Raum mehr gibt.⁶⁰⁸⁾ Der **BGH**⁶⁰⁹⁾ hat dies zunächst für den **Fall der Abnahme und Erteilung der Schlussrechnung bestätigt:** Nach seiner Auffassung ist dann das Recht zur vorläufigen Abrechnung erloschen und damit gleichzeitig auch die Berechtigung, eine vorläufige Abrechnung durchzusetzen; **Verzugsfolgen** aus einer vorläufigen Abrechnung wirken dann auch nicht mehr fort, weil die Abschlagsforderung durch die endgültige Abrechnung zwangsläufig ihren selbstständigen Charakter verliert. Nichts anderes soll nach Meinung des BGH⁶¹⁰⁾ auch gelten, wenn die Abnahme erfolgt, die Leistung des Auftragnehmers fertig gestellt und die Frist abgelaufen, binnen derer der Auftragnehmer gemäß § 14 Abs. 3 VOB/B die Schlussrechnung einzureichen hat; daran soll sich nichts ändern, wenn eine Klage auf Abschlagszahlung bereits erhoben worden ist, weil diese Klage dann auf eine Schlussrechnung gestützt fortgeführt werden kann.

Ob bei gekündigtem Vertrag ausnahmsweise ein **„unbestrittenes Guthaben"** weiterhin als Abschlagszahlung verlangt werden kann, hat der BGH bisher offen gelassen; das wird man im Hinblick auf § 16 Abs. 3 Nr. 1 S. 3 VOB/B jedenfalls für den VOB-Bauvertrag, aber wohl auch für den BGB-Bauvertrag bejahen können.⁶¹¹⁾ Dasselbe gilt für ausdrücklich anerkannte Abschlagszahlungen. Offen gelassen hat der BGH bislang auch die Frage, ob der Auftragnehmer bei nicht beendetem Vertrag, aber nach erteilter Schlussrechnung noch einen Abschlag fordern kann.⁶¹²⁾ Kann der Auftragnehmer in einem solchen Fall eine Abnahme oder deren unberechtigte Verweigerung nicht nachweisen, kann er allerdings nach Auffassung des BGH den Anspruch auf Abschlagszahlung im Prozess jedenfalls hilfsweise geltend machen, weil der einmal begründete Anspruch auf Abschlagszahlung in diesem Fall fortbesteht.⁶¹³⁾ Das OLG Naumburg⁶¹⁴⁾ ist der Auffassung, dass grundsätzlich Abschlagszahlungen als unbestrittenes Guthaben auch nach Erteilung der Schlussrechnung noch geltend gemacht werden können. Nach zutreffender Auffassung des OLG Dresden⁶¹⁵⁾ verstößt ein Auftraggeber gegen Treu und Glauben, wenn er einerseits die Schlussrechnung des Auftragnehmers ungeprüft an diesen zurücksendet und damit zum Ausdruck bringt, dass er diese nicht gelten lassen will und andererseits sich bei einer anschließenden Klage auf Abschlagszahlung auf die Schlussrechnungsreife „beruft". Das OLG Köln⁶¹⁶⁾ ist der Auffassung, dass Abschlagszahlungen ungeachtet der inzwischen gestellten Schlussrechnung weiter ver-

---

608) OLG Naumburg, BauR 2012, 255 = NZBau 2011, 750 = NJW-RR 2011, 1389. Vgl. hierzu *Kues/May*, BauR 2007, 1137, 1141 f., die trotz Vorliegen einer „Schlussrechnungsreife" die Durchsetzbarkeit einer fälligen Abschlagsforderung bejahen; *Locher*, in: Ingenstau/Korbion, § 16 Abs. 1/B, Rn. 41.
609) BauR 2004, 1146 = IBR 2004, 361 – *Miernik* = NZBau 2004, 386; OLG Frankfurt, BauR 2009, 1771.
610) BauR 2009, 1724, 1729 = IBR 2009, 636 – *Kues* = NZBau 2009, 707 = NJW 2010, 227.
611) So auch OLG Naumburg, IBR 2003, 466 – *Kainz;* OLG Hamm, IBR 1996, 505; OLG Karlsruhe, IBR 1996, 405; *Locher*, in: Ingenstau/Korbion, § 16 Abs. 1/B, Rn. 41; a.A.: OLG Nürnberg, OLGR 2000, 253 = NZBau 2000, 509.
612) BauR 1991, 81 = NJW 1991, 565; BauR 1985, 456 = NJW 1985, 1840.
613) BauR 2000, 1482 = NJW 2000, 2818 = NZBau 2000, 507 = ZfBR 2000, 537 = MDR 2000, 1187.
614) OLGR 2003, 461 (mit Hinweisen zum Meinungsstand insoweit) = BauR 2004, 522.
615) IBR 2004, 559.
616) BauR 2006, 1143; ebenso *Locher*, in: Ingenstau/Korbion, § 16 Abs. 1/B, Rn. 41.

folgt werden können, wenn bereits vor Abnahme und Erteilung der Schlussrechnung ein Rechtsstreit über die Abschlagszahlung anhängig geworden ist.

In aller Regel wird man nach Vorlage der Schlussrechnung eine Klage auf Abschlagszahlung dahin umzudeuten haben, dass nunmehr ein **Teilbetrag** der Schlussrechnung geltend gemacht wird, da die Forderung auf Abschlagszahlung und diejenige auf (Teil)Schlusszahlung denselben Streitgegenstand betreffen: Der **Übergang vom** Anspruch auf **Abschlagszahlung** zum Anspruch auf **Schlusszahlung** ist daher auch **keine Klageänderung**.[617] Dadurch verliert die Streitfrage in den meisten Fällen an Gewicht. Ist nicht eindeutig erkennbar, welchen Teil der Schlussrechnung die Forderung auf Abschlagszahlung betrifft, ist dem Kläger ein entsprechender Hinweis zur Substantiierung seiner Forderung zu geben (§§ 139, 278 Abs. 3 ZPO).

1608

Die Auffassung des BGH zu der Frage, ob der Übergang vom Anspruch auf Abschlagszahlung zum Anspruch auf Schlusszahlung eine Klageänderung darstellt, war bislang unklar: Zu § 8 Abs. 2 HOAI a.F. vertrat der BGH die Meinung, dass die vorgenannte Umdeutung nicht möglich ist, weil es sich um unterschiedliche Streitgegenstände handelt.[618] Demgegenüber hat er zu § 16 Abs. 1 VOB/B darauf hingewiesen, dass „der Übergang **vom Anspruch auf Abschlagszahlung** zum (Teil-)Anspruch **auf Schlusszahlung**" keine Klageänderung nach § 264 ZPO darstellt, weil sich beide Ansprüche auf **denselben Lebenssachverhalt** beziehen.[619] Entsprechend hat der BGH bei der Vorlage **neuer Schlussrechnungen** entschieden, weil der Unternehmer damit einheitlich seinen Werklohnanspruch aus dem Bauvertrag verfolgt.[620]

Mit seinem Urteil vom 11.11.2004[621] hat sich der BGH dafür entschieden, beim Anspruch auf Abschlagszahlung und Anspruch auf Schlusszahlung **keine unterschiedlichen Streitgegenstände** und damit keine **Klageänderung** (auch in der Berufung) anzunehmen. Danach kann eine Klage auf Abschlagszahlung fortgeführt werden, wenn sie auf eine Schlussrechnung gestützt wird.[622] Stellt der in erster Instanz erfolgreiche Kläger in der Berufungsinstanz seine Abschlagszahlungsklage aufgrund bereits erstinstanzlich eingetretener Schlussrechnungsreife gemäß § 264 Nr. 3 ZPO auf eine höhere Schlusszahlungsklage um, liegt allerdings hinsichtlich der Erhöhung eine Klageerweiterung gemäß § 264 Nr. 2 ZPO vor, die mit der An-

---

617) So jetzt auch BGH, IBR 2009, 636 – *Kues*; BGH, BauR 2005, 400 = NZBau 2005, 158; bestätigt durch BGH, BauR 2006, 414 = NZBau 2006, 175; vgl. hierzu BGH, BauR 2004, 1146 = NJW-RR 2004, 957 = ZfBR 2004, 552; OLG Frankfurt, BauR 2013, 795; OLG Hamm, NJW-RR 1996, 593; OLG Frankfurt, BauR 2009, 1771; vgl. hierzu auch *von Rintelen*, Jahrbuch Baurecht 2001, 25.
618) BauR 1999, 267 = NJW 1999, 713 = MDR 1999, 221; ebenso: OLG Koblenz, OLGR 2000, 481.
619) BauR 1985, 456 = DB 1985, 1988; OLG Stuttgart, Beschl. v. 4.10.2011 – AZ 10 W 43/11; zur Frage der Klageänderung bei Vorlage mehrerer Schlussrechnungen vgl. OLG Naumburg, NJW-RR 2000, 391 u. OLG Hamm, BauR 2002, 1105.
620) BGH, BauR 2005, 1959 = NJW-RR 2005, 1687 = NZBau 2005, 692; BauR 2004, 115 = MDR 2004, 148 = ZfBR 2004, 58 = IBR 2003, 705 = NZBau 2004, 98 = NJW-RR 2004, 167; NZBau 2002, 614 = BauR 2002, 1588 = NJW-RR 2002, 1569; BauR 2001, 124, 125 = NZBau 2001, 146 = ZfBR 2001, 34 = MDR 2001, 83; NJW-RR 2004, 526; OLG Hamm, IBR 2008, 256 = *Kieserling*. Ebenso *Deckers*, NZBau 2007, 550; **a.A.:** *Schenkel*, MDR 2004, 790; einschränkend *Jansen*, NZBau 2008, 689.
621) BauR 2005, 400 = NZBau 2005, 158; bestätigt durch BGH, BauR 2006, 414 = NZBau 2006, 175 = NJW-RR 2006, 390; bestätigt mit BauR 2015, 1517, 1519.
622) BGH, BauR 2009, 1724, 1729 = IBR 2009, 636 – *Kues*.

schlussberufung innerhalb der Frist des § 254 Abs. 2 Satz 2 ZPO geltend gemacht werden muss.[623]

1609 Vereinbaren die Vertragsparteien **Voraus- oder Abschlagszahlungen,** ist der Auftragnehmer verpflichtet, seine Leistungen im Einzelnen abzurechnen.[624] Bei zu viel gezahlten Beträgen hat der Auftraggeber Anspruch auf Auszahlung des Saldoüberschusses; Anspruchsgrundlage ist insoweit die vertragliche Abrede, nicht dagegen § 812 Abs. 1 BGB.[625]

1610 Häufig vereinbaren die Parteien für die gesamte Vergütung einen **Zahlungsplan.** Soweit dies in AGB erfolgt, ist stets zu prüfen, ob der entsprechende Zahlungsplan den Auftragnehmer unangemessen benachteiligt, wenn der Auftraggeber die AGB gestellt hat. Überdies muss beachtet werden, welchen tatsächlichen Willen die Parteien bei Abschluss des Zahlungsplans verfolgt haben. So hat der BGH[626] einen Zahlungsplan in einem Bauvertrag, wonach die 12. Rate nach Fertigstellung der Leistung und die 13. und letzte Rate nach Beseitigung aller Mängel, Abnahme und Vorlage einer Gewährleistungsbürgschaft zu zahlen ist, dahingehend ausgelegt, dass die 13. Rate fällig wird, wenn die Abnahme trotz vorhandener Mängel erfolgt; gleichzeitig räumt der BGH dem Auftraggeber ein Leistungsverweigerungsrecht in Höhe des dreifachen Betrages der Mängelbeseitigungskosten ein.

Wird in **AGB** des Auftraggebers die Fälligkeit von Faktoren abhängig gemacht, auf die der Auftragnehmer keinen Einfluss hat, verstößt dies bei einem VOB-Bauvertrag gegen § 307 Abs. 2 BGB, weil ein Anspruch auf Abschlagszahlung nach § 16 Abs. 1 VOB/B nur auf die erbrachte Leistung und eine prüfbare Rechnung gestützt werden muss.[627]

Zur selbstständigen **Verjährung** von Abschlagszahlungen vgl. Rdn. 2839.

d) Abschlagszahlungen bei Bauträgerverträgen

Literatur

Basty, Der Bauträgervertrag, 7. Auflage, 2012.

Wagner, „Ratenzahlungs"-Vereinbarungen in Bauträgerverträgen nach der Entscheidung des BGH vom 22.12.2000, ZfBR 2001, 363; *Wagner,* Die Bezugsfertigkeits-„Rate" im Bauträgervertrage, BauR 2004, 569; *Basty,* „Vollständige Fertigstellung" im Bauträgervertrag, BTR 2004, 213; *Kesseler,* Das gesetzliche Leitbild des Bauträgervertrages – eine fehlgeleitete Diskussion, ZfIR 2006, 701. *Eisenried,* Zum Begriff der vollständigen Fertigstellung bei Bauträgerverträgen, BauR 2008, 754; *Wagner,* Forderungssicherungsgesetz und Bauforderungssicherungsgesetz: Folgen für Bauträger und Bauträgerverträge, ZfBR 2009, 312.

---

623) BGH, BauR 2015, 1517.
624) BGH, BauR 2002, 938 = NJW-RR 2002, 1097; BauR 1999, 635 = ZfBR 1999, 196 = NJW 1999, 1867 = MDR 1999, 671.
625) BGH, BauR 2002, 938 = NJW-RR 2002, 1097.
626) BauR 2004, 488 = NZBau 2004, 146 = IBR 2004, 126 – *Schulze-Hagen* = NJW 2004, 502.
627) LG Frankfurt/M., BauR 2008, 842.

Abschlagszahlungen

1611 In Verträgen mit **Bauträgern und Baubetreuungsunternehmen** wird in aller Regel mit den Erwerbern vereinbart, dass Zahlungen nach **Baufortschritt** zu leisten sind. Gleichzeitig werden die Raten im Einzelnen festgelegt. Soweit diese Unternehmen den Vorschriften der **Makler- und Bauträgerverordnung** (MaBV) unterliegen, sind sie bei der Annahme von Teilzahlungen an § 3 Abs. 2 **gebunden**[628] (vgl. hierzu aber Rdn. 1616). Etwas Anderes gilt allerdings dann, wenn der Bauträger gemäß der Ausnahmevorschrift des § 7 MaBV Sicherheiten im Sinne des § 2 MaBV leistet. Die MaBV dient dem **Schutz** des Auftraggebers (**Erwerbers**) vor Vermögensverlusten, sodass **andere Zahlungsvereinbarungen zum Nachteil** des Erwerbers im Zweifel **unwirksam** sind; durch den Zahlungsplan der MaBV soll nämlich sichergestellt bleiben, dass der Bauträger nicht in Abweichung vom gesetzlichen Leitbild des § 632a BGB Vorleistungen des Erwerbers fordert.[629] Deshalb sind auch **Abänderungen** des Zahlungsplans, wie er sich aus § 3 Abs. 2 MaBV ergibt, unzulässig, wenn sie auf eine **Teilung** der Rate oder auf eine **zusätzliche Rate** hinauslaufen.[630]

Mit § 632a Abs. 2 BGB a.F. wurde nunmehr die gesetzliche Legitimierung der Ermächtigungsnorm in Art. 244 EGBGB geschaffen. Im Rahmen des neuen Werkvertragsrechts 2018 ist diese Vorschrift unter § 650v BGB n.F. (Bauträgervertrag) ohne inhaltliche Veränderung eingeordnet worden. Auf der Basis dieser Ermächtigungsnorm hatte der Verordnungsgeber die „Verordnung über Abschlagszahlungen bei Bauträgerverträgen" (Hausbauverordnung) erlassen.[631] Nach § 1 dieser Verordnung können Abschlagszahlungen im Rahmen von Bauträgerverträgen nur nach den Vorschriften der MaBV gefordert werden. Das gesetzliche Leitbild des § 632a Abs. 1 BGB kommt daher insoweit nicht zur Anwendung.

1612 Kommt die MaBV nicht zur Anwendung, können die Vertragsparteien andere Ratenzahlungen vereinbaren, soweit sie nicht im Einzelfall den §§ 305 ff. BGB n.F. widersprechen.[632] In der **Baupraxis** werden aber durchweg **ähnliche** Baufortschrittzahlungen abgesprochen, wobei – je nach Liquidität des Unternehmens – die Prozentsätze des Ratenplans schwanken und gewisse Ratenabschnitte unterteilt werden.[633]

1613 In seiner viel beachteten Entscheidung vom 22.12.2000 hat der BGH[634] die vorangegangenen Ausführungen zunächst noch einmal bestätigt: Danach ist jede Abschlagszahlungsvereinbarung in einem Bauträgervertrag gemäß § 134 BGB insgesamt nichtig, wenn sie zu Lasten des Erwerbers von § 3 Abs. 2 MaBV abweicht und daher dem mit dieser Vorschrift bezweckten Schutz des Erwerbers zuwider-

---

[628] Vgl. hierzu *Basty*, Rn. 481 ff. Zur **Rechtsnatur** der MaBV: *Schmidt*, BauR 1997, 216, 219.
[629] *Basty*, Rn. 488 ff.
[630] Vgl. hierzu auch OLG Celle, BauR 2004, 1007.
[631] Vom 23.05.2001, BGBl 2001, I S. 981, geändert durch Art. 4 Nr. 1 Forderungssicherungsgesetz vom 23.10.2008, abgedruckt bei Palandt, Anh. zu S. 632a.
[632] Vgl. hierzu auch *Reithmann*, NJW 1997, 1816 ff.; OLG München, BauR 1998, 352, 353 (**Haftung des Notars**).
[633] Vgl. hierzu auch *Schmidt*, BauR 1997, 216, 217 (zur **Abnahme**).
[634] BauR 2001, 391 = NJW 2001, 818 = NZBau 2001, 132 = ZfBR 2001, 183 = NJW-RR 2001, 520 = ZfIR 2001, 111 = MDR 2001, 503. Bestätigt durch BGH, NJW 2007, 1947. Vgl. hierzu auch OLG Celle, OLGR 2004, 147 sowie *Marcks*, § 12 MaBV, Rn. 12, 13.

läuft;[635]) der übrige Vertragsinhalt bleibt aber von der Nichtigkeit der Abschlagszahlungsvereinbarung unberührt.

> Gleichzeitig hat der BGH die bisher umstrittene Frage geklärt, was an die Stelle einer nichtigen Abschlagszahlungsvereinbarung tritt. Nach Auffassung des BGH gilt nunmehr nicht die Regelung des § 3 Abs. 2 MaBV, weil dies eine unzulässige geltungserhaltende Reduktion darstellen würde, sondern das Werkvertragsrecht und damit die Vorschrift des § 641 BGB als Fälligkeitsregelung. Der BGH stützt diese Auffassung mit dem Hinweis, dass die Vorschrift des § 3 Abs. 2 MaBV als rein gewerberechtliche Vorschrift keine zivilrechtliche Ersatzregelung darstellt und daher auch nicht an die Stelle der nichtigen Abschlagszahlungsvereinbarung treten kann.
>
> Diese Entscheidung des BGH hat in der Literatur[636]) für viel Aufregung unter der Devise „der Bauträgervertrag vor dem Aus!" gesorgt. *Thode*[637]) hat in diesem Zusammenhang insbesondere in zahlreichen Vorträgen zudem die Auffassung vertreten, dass Abschlagszahlungsvereinbarungen in formularmäßigen Bauträgerverträgen nur vereinbart werden können, wenn diese dem restriktiven (neuen) Leitbildcharakter des § 632a BGB entsprechen.

1614 Im Hinblick auf die entstandene Rechtsunsicherheit hat der Verordnungsgeber schnell reagiert und den Versuch einer Klärung mit der vorerwähnten „Verordnung über Abschlagszahlungen bei Bauträgerverträgen" vom 23. Mai 2001[638]) gemacht. Gesetzliche Grundlage für den Erlass dieser Verordnung ist EGBGB EG 244, der ausdrücklich die Möglichkeit vorsieht, eine Regelung für den Hausbau unter Abweichung des § 632a BGB durch eine entsprechende Verordnung zu treffen; wie bereits erwähnt, stellt § 632a Abs. 2 BGB nunmehr die gesetzliche Legitimierung für diese Verordnung dar.

Nach der „Verordnung über Abschlagzahlungen bei Bauträgerverträgen" bleibt es dabei, dass der Besteller zur Leistung von Abschlagszahlungen entsprechend § 3 Abs. 2 MaBV und den Voraussetzungen des § 3 Abs. 1 MaBV vom Bauträger verpflichtet werden kann. Unter den Voraussetzungen des § 7 MaBV (Sicherheitsleistung für alle etwaigen Ansprüche des Bestellers auf Rückgewähr oder Auszahlung seiner Vermögenswerte) kann der Besteller auch abweichend von § 3 Abs. 1 und 2 MaBV zur Leistung von Abschlagszahlungen verpflichtet werden, wobei die Stellung weiter gehender Sicherheiten für die Abschlagszahlungen nicht vorgesehen zu werden braucht.[639])

1615 Der **Ratenplan** des § 3 Abs. 2 MaBV gilt für **Neu- und Altbauten**.[640]) Allerdings darf es sich bei der Altbausanierung („Modernisierung") nicht nur um geringfügige Renovierungsarbeiten oder Schönheitsreparaturen handeln.[641]) Voraussetzung der Fälligkeit ist in allen Fällen die **Mitteilung** des Notars, dass der Vertrag rechtswirk-

---

635) Das Saarländische OLG, NZBau 2000, 429 = OLGR 2000, 448, weist zu Recht darauf hin, dass ein Abweichen zum eigenen Nachteil des Bauträgers von § 3 Abs. 2 MaBV die Wirksamkeit der vereinbarten Ratenzahlungsschuld nicht berührt.
636) Vgl. hierzu *Blank*, ZfIR 2001, 85; *Schmid*, BauR 2001, 866; *Pause*, NZBau 2001, 181; *Grziwotz*, OLGR-Kommentar 2001, K 5; *Voppel*, BauR 2001, 1165.
637) ZfIR 2001, 345. Vgl. hierzu auch *Thode*, ZNotP 2006, 208; *Brambring*, ZfIR 2001, 257; *Grziwotz*, a.a.O.; *Jagenburg/Weber*, NJW 2001, 3453 ff., 3456; *Kesseler*, ZfIR 2006, 701; *Pause*, NZBau 2006, 342, 343.
638) BGBl. 2001, I S. 981; vgl. hierzu *Wagner*, ZfBR 2001, 363; ders. BauR 2001, 1313, 1319 u. *Schmidt-Räntsch*, NZBau 2001, 356; *Jagenburg/Weber*, a.a.O.; hinsichtlich der europarechtlichen und verfassungsrechtlichen Bedenken vgl. näher *Thode*, ZfIR 2001, 345; *Wagner*, BauR 2001, 1313, 1317 sowie ZfIR 2001, 422, 425; *Pause*, NZBau 2001, 603, 606.
639) Vgl. hierzu *Wagner*, ZfBR 2009, 312.
640) *Basty*, DNotZ 1991, 19, 23, 24.
641) Vgl. auch *Basty*, a.a.O.

sam geworden ist, die Freistellung gesichert und eine Auflassungsvormerkung eingetragen ist.

Der Ratenplan des § 3 Abs. 2 MaBV sieht insgesamt **13** Bauabschnitte vor, wobei es jedoch zulässig ist, in den Fällen des § 3 Abs. 1 „die Vermögenswerte" in bis zu **sieben** Teilbeträgen entsprechend dem Bauablauf zusammenzufassen.[642] Im Übrigen erwähnt der Ratenplan des § 3 Abs. 2 MaBV folgende Teilbeträge. **1616**

1. **30** vom Hundert der Vertragssumme in den Fällen, in denen Eigentum an einem Grundstück übertragen werden soll, oder **20** vom Hundert der Vertragssumme in den Fällen, in denen ein Erbbaurecht bestellt oder übertragen werden soll, nach Beginn der Erdarbeiten,
2. von der restlichen Vertragssumme
   – **40** vom Hundert nach Rohbaufertigstellung, einschließlich Zimmererarbeiten,
   – **8** vom Hundert für die Herstellung der Dachflächen und Dachrinnen,
   – **3** vom Hundert für die Rohinstallation der Heizungsanlage,
   – **3** vom Hundert für die Rohinstallation der Sanitäranlagen,
   – **3** vom Hundert für die Rohinstallation der Elektroanlagen,
   – **10** vom Hundert für den Fenstereinbau, einschließlich der Verglasung,
   – **6** vom Hundert für den Innenputz, ausgenommen Beiputzarbeiten,
   – **3** vom Hundert für den Estrich,
   – **4** vom Hundert für die Fliesenarbeiten im Sanitärbereich,
   – **12** vom Hundert nach Bezugsfertigkeit und Zug um Zug gegen Besitzübergabe,
   – **3** vom Hundert für die Fassadenarbeiten,
   – **5** vom Hundert nach vollständiger Fertigstellung.

In der Praxis entstehen immer wieder **Meinungsverschiedenheiten** zwischen den Vertragsparteien darüber, ob die **Voraussetzungen** für die Anforderung einer Rate durch den Bauträger „**erfüllt**" sind. Dies beruht vor allem darauf, dass die „**Fälligkeit**" der jeweiligen Rate **nicht** von einem **besonderen Nachweis** des Baufortschritts **abhängt**. **Teilt** der **Erwerber** – nach Zahlungsanforderung der Rate – **die Meinung des Bauträgers über den erreichten Baufortschritt nicht**, ist es seine Sache, dies (auf eigene Kosten) zu **überprüfen**. Grundsätzlich sind die Raten erst nach **vollständiger** Beendigung des jeweiligen Bauabschnittes fällig. Da es sich um zivilrechtliche Vereinbarungen handelt, können Begriffe des öffentlichen Rechts (wie z.B. **Gebrauchsabnahme, Rohbauabnahme** usw.) grundsätzlich bei der Bestimmung der einzelnen Zeitabschnitte nicht herangezogen werden. **1617**

Ist **eine Rate** des **Zahlungsplans nicht fällig**, wird auch die **Folgerate im Zweifel nicht fällig**, weil anzunehmen ist, dass die Parteien die einzelnen Raten zeitlich aufeinander aufbauen wollen. **1618**

Hinsichtlich der einzelnen „Bauabschnitte" gilt Folgendes:[643] **1619**

* Mit den **Erdarbeiten** ist begonnen, wenn der Mutterboden abgetragen wurde, nicht schon, wenn nur Bäume gefällt werden usw.[644]

---

642) Vgl. hierzu *Basty*, Rn. 485 ff.
643) Vgl. hierzu im Einzelnen *Marx*, § 3 MaBV, Rn. 32 ff. sowie *Basty*, Rn. 504 ff.
644) *Pohlmann*, BauR 1978, 351, 352; *Marcks*, § 3 MaBV, Rn. 30.

* Der **Rohbau** ist fertig gestellt, wenn alle Mauer-, Erd- und Betonarbeiten einschließlich der Zimmererarbeiten ausgeführt sind. Dazu gehört auch der Einbau von nichttragenden Zwischenwänden, Treppen und Schornsteinen. Die Ausführung einer vorgehängten Fassade gehört nicht dazu;[645] auch die Dacheindeckung muss nicht fertig gestellt sein, weil sie Gegenstand der dritten Rate ist.[646] Restarbeiten, die insbesondere von Nachfolgearbeiten abhängig sind, brauchen ebenfalls noch nicht erledigt zu sein. Die behördliche Rohbauabnahme muss nicht vorliegen.
* Die Herstellung der **Dachflächen** und **Dachrinnen** umfasst die entsprechenden Isolierungs-, Belags- und Klempnerarbeiten.[647]
* Die **Rohinstallation** der Heizungs-, Sanitär- und Elektroanlagen (Raten 4–6) erfordert ebenfalls den **kompletten** und **funktionstüchtigen Einbau** ohne Beiputzarbeiten.
* „Knackpunkt"[648] des Zahlungsplans ist die Rate „**Bezugsfertigkeit**"[649]: Die MaBV sieht vor, dass 12 % „nach Bezugsfertigkeit und Zug um Zug gegen Besitzübergabe" zu zahlen sind. **Bezugsfertig** ist ein Haus aber nur, wenn sein Bezug dem Erwerber auch „**zugemutet**" werden kann.[650] Das ist der Fall, wenn z.B. ein **sicherer Zugang** zum Haus besteht. Darüber hinaus muss nach dem Sinngehalt der Bestimmung aber davon ausgegangen werden, dass – mit **Ausnahme der Außenanlage** und der Beseitigung von **Mängeln, die nicht die Sicherheit** des Wohnens **beeinträchtigen – das gesamte Objekt**[651] fertig gestellt ist.[652] Der Außenputz muss, wie sich aus der nachfolgenden Rate („Fassadenarbeiten") ergibt, allerdings noch nicht aufgebracht sein.
Die behördliche Gebrauchsabnahme des Hauses braucht noch nicht vorzuliegen; dasselbe gilt hinsichtlich der privatrechtlichen Abnahmefähigkeit des Hauses. Da diese Rate eine **Zug-um-Zug-Leistung** (Zahlung durch den Erwerber) voraussetzt, Barzahlungen bei Übergabe aber in der Praxis nicht vorkommen, wird es ausreichen, wenn der Erwerber dem Bauträger **die (unwiderrufliche) Anweisung der Rate nachweist**.[653]
* **Vollständig fertig gestellt**[654] ist ein Haus erst, wenn nicht nur sämtliche Arbeiten erbracht sind, sondern auch alle wesentlichen **Mängel** behoben sind.[655] Eine

---

645) *Koeble*, a.a.O., Rn. 105.
646) *Marx*, § 3 MaBV, Rn. 36.
647) *Koeble*, a.a.O., Rn. 115e.
648) *Schmidt*, BauR 1997, 216, 220.
649) Vgl. hierzu OLG Celle, BauR 2005, 1176; Wagner, BauR 2004, 569 sowie *Marx*, § 3 MaBV, Rn. 40.
650) OLG Hamm, NZM 2007, 813 = IBR 2007, 561.
651) Vgl. hierzu BGH, BauR 2004, 1171 = NZBau 2004, 396 = ZfBR 2004, 559 = IBR 2004, 376 – *Weyer* = NJW-RR 2004, 954 (Keine Bezugsfertigkeit eines Einfamilienhauses, wenn die als Zugang zur Souterrainwohnung vorgesehene Außentreppe noch nicht fertig gestellt ist).
652) So jetzt auch OLG Koblenz, OLGR 2003, 105 sowie OLG Hamm, OLGR 2004, 58 sowie NZM 2007, 813 = IBR 2007, 561.
653) *Basty*, Rn. 125; zur praktischen Abwicklung s. im Übrigen: *Blank*, Zulässigkeit einer Notaranderkontoregelung für die letzte Kaufpreisrate im Bauträgervertrag, DNotZ 1997, 298.
654) Vgl. hierzu *Eisenried*, BauR 2008, 754.
655) Vgl. hierzu OLG Hamm, IBR 2008, 273 – *Basty* sowie OLG Düsseldorf, BauR 2003, 93 (vollständige Beseitigung der „Protokollmängel"); ferner BGH, BauR 2000, 881 = NJW

Abnahme indiziert die Fertigstellung.[656] Der Erwerber soll Leistungen nur erbringen müssen, sofern und soweit ein entsprechender Gegenwert von dem vorleistungspflichtigen Unternehmer/Bauträger erbracht worden ist. Das ist aber nicht der Fall, soweit bei der Übergabe noch erhebliche **Protokollmängel** vorliegen, die beseitigt werden müssen, oder sich erst nach der Übergabe des Hauses Mängel zeigen, die bei einer früheren Kenntnisnahme einer Bezugsfertigstellung und damit einer Abnahmepflicht des Erwerbers entgegengestanden hätten. Der von der MaBV verwandte Begriff der „Fertigstellung" deckt sich somit sachlich mit demjenigen der Abnahmefähigkeit i.S. des § 640 BGB.[657] Da Abnahmefähigkeit voraussetzt, dass die Bauleistung bis auf geringfügige Mängel oder restliche Arbeiten erbracht ist, kann eine vollständige Fertigstellung nicht angenommen werden, wenn nicht nach den anerkannten Regeln in der Baukunst gebaut wurde.[658] Wird damit der Werklohn wegen Mängeln nicht fällig, kann sich der Auftraggeber auch nach längerer Nutzung des Bauwerks noch auf die fehlende Fälligkeit berufen.[659]

e) AGB-Regelungen

Im Hinblick auf die gesetzliche Regelung des § 641 BGB (Fälligkeit des Werklohns bei Abnahme – Vorleistungspflicht des Auftragnehmers) hat die Rechtsprechung wiederholt davon **abweichende Zahlungsklauseln in AGB** wegen Verstoßes gegen das AGB-Recht (§§ 305 ff. BGB) für unwirksam erklärt.[660] **1620**

In AGB kann die gesetzliche Regelung des § 632a BGB grundsätzlich nicht abbedungen oder eingeschränkt werden, weil andernfalls von einem gesetzlichen Leitgedanken abgewichen wird (vgl. auch Rdn. 1594).

Grundsätzlich verstößt auch eine **übermäßig hohe Abschlagszahlung** in AGB des Auftragnehmers gegen § 307 BGB; das gilt insbesondere, wenn die Verpflichtung hierzu ohne Rücksicht auf Gewährleistungsansprüche oder sonstige Gegenforderungen des Auftraggebers besteht.[661]

Abschlagszahlungen müssen stets mit dem **Baufortschritt** in Einklang stehen.[662] Daher sind nur solche Vereinbarungen über **Abschlagszahlungen** in AGB **unbedenklich, die sich am jeweiligen Baufortschritt orientieren**.[663] Das gilt auch für VOB-Bauverträge. Zwar verstößt § 16 Abs. 1 Nr. 1 VOB/B (Abschlagszahlung **1621**

2000, 1403 sowie *Conrad*, BauR 1990, 546 ff. Zum Begriff der „vollständigen Fertigstellung" im Bauträgervertrag vgl. insbesondere *Basty*, BTR 2004, 213 sowie Rn. 514 ff.
656) BGH, BauR 2009, 1724.
657) Ebenso: BGH, WM 2002, 2411; OLG Hamm, BauR 2002, 641 = NZBau 2002, 218; OLGR 1994, 63; *Fischer*, WM 2003, 1, 3.
658) So OLG Köln, BauR 1983, 380; im Ergebnis ebenso: *Reithmann/Meichssner/von Heymann*, S. 77, Rn. 111 für Protokollmängel; *Pohlmann*, BauR 1978, 355; OLG Düsseldorf, BauR 1982, 168, 169; **a.A.:** *Warda*, MittBayNot 1988, 1, 13; *Marcks*, § 3 MaBV, Rn. 43; *Conrad*, BauR 1990, 546, 549.
659) BGH, BauR 2004, 670 = NZBau 2004, 210 = MDR 2004, 441.
660) Vgl. OVG Bremen, NJW-RR 1987, 600.
661) BGH, BauR 1986, 694 = NJW 1986, 3199.
662) BGH, a.a.O. m.w.Nachw.
663) OLG Schleswig, BauR 1994, 513.

nach Baufortschritt) nach allgemeiner Ansicht – bei einer isolierten Betrachtung – nicht gegen § 307 BGB; doch gilt auch insoweit, dass eine unangemessene Benachteiligung des Auftraggebers immer dann vorliegt, wenn in den AGB bei Vereinbarung der VOB eine übermäßig hohe Abschlagszahlung verlangt wird, der eine entsprechende Bauleistung des Auftragnehmers nicht gegenübersteht.[664] Dabei ist es stets eine Frage des Einzelfalls, ob eine Abschlagszahlung „übermäßig hoch" ist.

1622 Unter diesen Vorzeichen hält der BGH[665] eine Klausel in AGB für unwirksam, wonach bei Lieferung und Montage von Bauten auf der Baustelle „**90 % der Rechnungssumme bei Anlieferung**" fällig werden, weil damit die gesetzliche Vorleistungspflicht des Unternehmers ausgehöhlt und das Leistungsverweigerungs- und Zurückbehaltungsrecht des Auftraggebers ausgeschlossen bzw. unzumutbar eingeschränkt wird. Entsprechendes gilt bei einer formularmäßigen Bankgarantie für Abschlagszahlungen privater Bauherren nach Baufortschritt, deren Inanspruchnahme lediglich einen Bautenstandsbericht des Bauunternehmers voraussetzt.[666] Auch eine AGB-Bestimmung in einem finanzierten **Fertighausvertrag**, wonach **90 % des Werklohns** 14 Tage nach der Rohmontage des Hauses zur Zahlung fällig sind, ohne dass es auf den Wert der tatsächlich erbrachten Bauleistungen ankommt, verstößt gegen § 307 BGB und ist damit unwirksam.[667] Dasselbe gilt für den Fall, „dass die Kaufsumme für ein Fertighaus sowie zusätzliche Lieferungen und Leistungen zu 60 % am zweiten Aufstellungstag, weitere 30 % bei Inbetriebnahme der Heizungsanlage und die restlichen 10 % nach Fertigstellung der vertraglichen Leistungen vor Einzug fällig" werden sollen.[668]

1623 Die in AGB über die Errichtung und Veräußerung eines Bauwerks enthaltene Klausel, wonach der Veräußerer verlangen kann, dass der Erwerber ohne Rücksicht auf vorhandene Mängel vor Übergabe des bezugsfertigen Bauwerks noch nicht fällige Teile des Erwerbspreises nach Anweisung des Veräußerers hinterlegt, ist ebenfalls wegen Verstoßes gegen § 309 Nr. 2a BGB unwirksam; hierdurch wird nämlich dem Erwerber die Möglichkeit genommen, die restliche Vergütung wegen Baumängeln zurückzuhalten oder zu mindern, soweit Mängelbeseitigung nicht in Betracht kommt. Die Hinterlegungsklausel läuft also darauf hinaus, dem Erwerber das Leistungsverweigerungsrecht aus § 320 BGB zu nehmen oder einzuschränken.[669] Dem Erwerber von Miteigentum steht dieses Recht sowohl gegenüber Mängeln am **Sonder**- wie auch am **Gemeinschaftseigentum** zu.[670]

Der BGH[671] legt eine Regelung in einem Bauträgervertrag, wonach die letzte Rate vor Übergabe der Wohnungen zu zahlen ist, zuvor jedoch bei der Abnahme festgestellte Mängel zu beseitigen sind, dahingehend aus, dass die letzte Rate nicht vor Beseitigung der Mängel fällig wird. Nach zutreffender Auffassung des

---

664) OLG Hamm, NJW-RR 1989, 274 = BauR 1989, 751; OLG Schleswig, a.a.O.
665) BauR 1985, 192, 195 = ZfBR 1985, 134 (zu §§ 9/11 Nr. 2 AGB-Gesetz – jetzt §§ 307, 309 Nr. 2 BGB); vgl. hierzu auch OLG Köln, NJW-RR 1992, 1047.
666) BGH, BauR 1986, 455.
667) BGH, BauR 1986, 694 = NJW 1986, 3199; siehe ferner: BGH, NJW 1992, 1107.
668) BGH, BauR 1992, 226 = NJW 1992, 1107.
669) BGH, BauR 1985, 93 = ZfBR 1985, 40.
670) BGH, BauR 1984, 166.
671) BauR 2000, 881 = NJW 2000, 1403 = NZBau 2000, 243.

OLG Celle[672)] führen Fälligkeitsregelungen abweichend von § 3 MaBV zur Nichtigkeit dieser Klauseln nach § 134 BGB; dies hat gleichzeitig zur Folge, dass der Erwerber überhaupt keine Abschlagszahlungen, auch nicht nach § 632a BGB, zu leisten hat.

8. Sicherheitsleistungen

Literatur

Weise, Sicherheiten im Baurecht, 1999; *Schmidt/Winzen*, Handbuch der Sicherheiten am Bau, 2000.

Groß, Die Ablösung des Garantierückbehalts durch Bankbürgschaft, BlGBW 1970, 191; *Lüdtke-Handjery*, Die Sicherung von Geldforderungen des Bauunternehmers, DB 1972, 2193; *Weimar*, Ansprüche der Handwerker bei Insolvenz des Bauträgers, BauR 1975, 30; *Kahle*, Zur Frage der Sicherheitsleistung durch Einbehalt nach § 17 Nr. 6 VOB/B, BauR 1976, 329; *Daub*, Nochmals: Sicherheitsleistung durch Einbehalt, BauR 1977, 24; *Heiermann*, Die Sicherheitsleistung durch Bürgschaft nach der Verdingungsordnung für Bauleistungen, BB 1977, 1575; *Hahn*, Neue Rechtsprechung zur Sicherung von Bauforderungen, BauR 1980, 310; *Gehle*, Die Sicherheitsbürgschaft des Subunternehmers, BauR 1982, 338; *Steinbach*, Ablösung des Sicherheitseinbehaltes durch Gewährleistungsbürgschaft nach Vorausabtretung der Gewährleistungsansprüche, WM 1988, 809; *Korbion*, Besondere Sicherheitsleistungen im bauvertraglichen Bereich, Festschrift für Heiermann (1995), 217; *Kainz*, Zur Unwirksamkeit von Vertragserfüllungs- und Gewährleistungsbürgschaften „auf erstes Anfordern" in der deutschen Bauwirtschaft und die sich daraus ergebenden Rechtsfolgen, BauR 1995, 616; *Quack*, Der Eintritt des Sicherungsfalles bei den Bausicherheiten nach § 17 VOB/B und ähnlichen Gestaltungen, BauR 1997, 754; *von Wietersheim*, Vorsicht bei Gewährleistungseinbehalten, MDR 1998, 630; *Maas*, Auszahlung des Gewährleistungseinbehalts nach Bürgschaftsstellung, Festschrift für Vygen (1999), 327; *Schmeel*, Bürgschaften und Bauvertrag, MDR 2000, 7; *Thode*, Erfüllungs- und Gewährleistungssicherheiten in innerstaatlichen und grenzüberschreitenden Bauverträgen, ZfIR 2000, 165; *Hartung*, Gewährleistungseinbehalt und Ablösungsbefugnisse in Bauverträgen, NZBau 2000, 371; *Handschumacher*, Sicherheitseinbehalt und AGB-Gesetz/Gewährleistungsbürgschaft auf erstes Anfordern, BauR 2000, 1812; *Eichner*, Überlegungen zur Bedeutung von § 17 Nr. 6 Abs. 4 VOB/B für öffentlich-rechtliche Kreditinstitute, BauR 2001, 1665; *Kreikenbohm*, Der Verlust von Gewährleistungseinbehalten gemäß § 17 Nr. 6 VOB/B, BauR 2001, 1667; *Diehr*, Wirksamkeit von AGB über Vertragserfüllungsbürgschaften zu Gunsten des Auftraggebers gemessen an § 632a BGB und unter Berücksichtigung von § 648a BGB, ZfBR 2001, 435; *Joussen*, Der öffentliche Auftraggeber i.S. des § 17 Nr. 6 Abs. 4 VOB/B, BauR 2002, 371; *Schmidt*, Sind öffentlich-rechtliche Kreditinstitute öffentliche Auftraggeber gemäß § 17 Nr. 6 Abs. 4 VOB/B?, BauR 2002, 385; *Biebelheimer*, Der Anspruch auf Herausgabe einer als Austauschsicherheit gewährten Bürgschaft, NZBau 2002, 122; *Brauns*, Die Bürgschaft auf erstes Anfordern als Sicherungsmittel gemäß § 17 VOB/B, BauR 2002, 704; *Moufang/Kupjetz*: Zum formularvertraglichen Verzicht des Bürgen auf die Einreden aus § 768 BGB in bauvertraglichen Sicherungsabreden, BauR 2001, 1093; *Brauns*, Die jüngere Entwicklung der Rechtsprechung zum Ersetzungsrecht nach § 17 Nr. 3 VOB/B, BauR 2002, 1465; *Rodemann*, Sicherheitseinbehalt und Klage auf künftige Leistung, BauR 2002, 1477; *Maser*, Leistungsänderungen und Zusatzleistungen bei Vertragserfüllungsbürgschaft, Festschrift für Jagenburg (2002), 557; *Kleine-Möller*, Die Sicherung bauvertraglicher Ansprüche durch Bankbürgschaft und Bankgarantie, NZBau 2002, 585; *Munz*, Der verlängerte Eigentumsvorbehalt – ein geeignetes Sicherungsmittel in der Insolvenz des Bauunternehmers?, BauR 2003, 621; *Kern*, Die Neuregelung der Mängelansprüche und Sicherheitsleistung in den §§ 13 u. 17 VOB/B 2002, BauR 2003, 793; *Kuffer*, Sicherungsvereinbarungen im Bauvertrag, BauR 2003, 155; *Busz*, Die Ansprüche des Werkunternehmers bei nicht fristgemäßer Sicherheitsleistung des Auftraggebers, NZBau 2004, 10; *Rodemann*, Ablösung eines Sicherheitseinbehalts, BauR 2004, 1539; *Blank*, Das Ende der Vorauszah-

---

672) BauR 2004, 1007.

lungsbürgschaft nach § 7 MaBV, BTR 2005, 54; *Klein/Moufang*, Die Bürgschaft als bauvertragliche Sicherheit nach der aktuellen Rechtsprechung des VII. Zivilsenats des BGH, Jahrbuch Baurecht 2005, 27; *Vogel*, Bürgschaften in der Insolvenz, BauR 2005, 218; *Weise*, Die Vorauszahlungssicherheit, Festschrift für Thode (2005), 573; *Voit*, Einzahlung statt Auszahlung des Sicherheitseinbehalts nach Stellen einer Bürgschaft, ZfIR 2006, 407; *Hildebrandt*, Zur Unwirksamkeit vertraglicher Sicherungsabreden und zu den Möglichkeiten einer Verwertung der Sicherheit trotz unwirksamer Sicherungsabrede, BauR 2007, 203; *May*, Die Gewährleistungsbürgschaft (Mängelrechtebürgschaft) im Bauvertrag – das von den Bauvertragsparteien Vereinbarte ist nicht stets das vom Bürgen Geschuldete, BauR 2007, 187; *Schulze-Hagen*, Die Vertragserfüllungsbürgschaft – 10 Thesen zu aktuellen Themen, BauR 2007, 170; *Vogel*, Sicherungen beim Bauträgervertrag – einige unerkannte Probleme aus der Praxis, BauR 2007, 224; *Wölfing-Hamm/Hochstadt*, Sicherungsumfang der Bürgschaften einer Bau-ARGE bei Insolvenz eines Gesellschafters, NZBau 2007, 65; *Maxem*, Herausgabe und Verwertung von Bürgschaften nach Verjährung der Hauptschuld, NZBau 2007, 72; *Bräuer*, Der Verjährungsbeginn bei der Gewährleistungsbürgschaft, NZBau 2007, 477; *Krause-Allenstein*, Die Bau-ARGE – Haftung, Sicherheiten, Versicherung im Innen- und Außenverhältnis, BauR 2007, 617; *Hildebrandt*, Das Verbot der Fremdposition und die Erweiterung der Bürgenhaftung durch Anordnungen des Auftraggebers nach §§ 1 Nr. 3 und 4 VOB/B, BauR 2007, 1121; *Feldbahn*, Vertragliche Sicherheiten vs Mängelrechte des Auftraggebers, BauR 2007, 1466; *Hahne*, Fehlende förmliche Abnahme – Befreiung von der Bürgschaftsschuld?, BauR 2007, 1814; *Drasdo*, Rechtsfolgen des Verstoßes gegen MaBV-Normen, NJW 2007, 2741; *Lederer*, Überlegungen zur Rechtswirksamkeit von Sicherungsabreden für Mängelansprüche in auftraggeberseitig verwandten Klauseln, Jahrbuch Baurecht 2008, 175; *Schwenker*, Auswirkungen von Änderungsanordnungen auf Fristen, Vertragsstrafen und Sicherheiten, BauR 2008, 175; *Trapp/Werner*, Herausgabe von Vertragserfüllungs- und Gewährleistungsbürgschaft, BauR 2008, 1209; *Merkens*, Sicherung der Werklohnforderung bei Erbbaurecht?, NZBau 2009, 349; *Lembcke*, Bürgenshaftung im Kontext von Schiedsgutachten, NZBau 2009, 421; *Pause* Abschlagszahlungen und Sicherheiten nach § 632a BGB, BauR 2009, 898; *Funke*, Bei und nach Eingehung des Bauvertrages zu beachtende Anforderungen an die spätere Durchsetzbarkeit von Forderungen aus Vertragserfüllungs- und Gewährleistungsbürgschaften, BauR 2010, 969; *Sienz/Vogel*, Inanspruchnahme des Bürgen im Falle der Wandelung eines Bauträgervertrags, NJW 2010, 2703; *Banzhaf/Buchinger*, Offene Fragen bei der „Freigabe" von Gewährleistungsbürgschaften, NZBau 2010, 539; *Funke*, Bei und nach Eingehung des Bauvertrages zu beachtende Anforderungen an die spätere Durchsetzbarkeit von Forderungen aus Vertrags- und Gewährleistungsbürgschaften, BauR 2010, 969; *Pauly*, Die vertragswidrige Eigenverwendung des Sicherheitseinbehaltes beim Bauwerkvertrag – Untreue gegenüber dem Werkunternehmer?, BauR 2010, 1837; *Kainz*, Zur Problematik des Verjährungsbeginns bei Ansprüchen aus Bauhandwerkerversicherung, Bürgschaft und Gesamtschuldnerausgleich, BauR 2012, 420; *Roquette/Fußy*, Vertrauen ist gut, Sicherheit ist besser – Sicherheiten im Bauvertrag, NZBau 2013, 65; *Bräuer*, Verjährung von Ansprüchen aus einer Gewährleistungsbürgschaft, NZBau 2013, 148; *Pauly*, Durchsetzung von Werklohnansprüchen und Sicherheiten im Urkundenprozess, NZBau 2014, 145; *Mayr*, Der umfassende Ausschluss der Einrede der Aufrechenbarkeit (§ 770 Abs. 2 BGB) in AGB des Auftraggebers führt zum Entfall des Anspruchs auf Sicherheit!, BauR 2014, 621; *Oberhauser*, Klare Abgrenzung der Sicherungszwecke der Vertragserfüllungssicherheit und der Sicherheit für Mängelansprüche vermeidet eine Übersicherung des Auftraggebers, BauR 2015, 553; *Aschenbrenner*, Sicherheit nach § 632a Abs. 3 BGB und deren Verwertung beim Bauträgererwerb, BauR 2015, 1905; *Gartz*, Frühzeitige Herausgabe der Sicherheit für Mängelansprüche nach § 17 VIII Nr. 2 VOB/B, NZBau 2016, 346.

1624 Von dem Werklohn, der dem Bauunternehmer zusteht, ist u.U. bei Fälligkeit ein **Sicherheitsbetrag** abzusetzen. Dies setzt jedoch eine entsprechende ausdrückliche **Vereinbarung** eines Sicherheitseinbehaltes zwischen den Parteien voraus; andernfalls kann der Auftraggeber einen Sicherheitseinbehalt nicht verlangen. Dies gilt nicht nur für den BGB-, sondern auch für den VOB-Bauvertrag;[673] die Verein-

---

673) BGH, BauR 2000, 1498, 1499 = ZfBR 2000, 477; *Schmitz/Vogel*, ZfIR 2002, 509, 510; *Joussen*, in: Ingenstau/Korbion, § 17 Abs. 1 VOB/B, Rn. 1 m.w.Nachw.

barung der Geltung der VOB ersetzt noch nicht eine Vereinbarung zur Leistung einer Sicherheit. Das gilt umso mehr, als es weder einer Üblichkeit noch einem Handelsbrauch entspricht, dass stets eine Sicherheit auch ohne vertragliche Vereinbarung zu leisten ist.[674] Auch bei **Insolvenz** des Unternehmers kann der Auftraggeber nicht Sicherstellung durch Bürgschaft wegen bisher nicht bekannter, allenfalls möglicher Mängel des abgenommenen Werkes verlangen.[675] Die **Sicherungsabreden** sind von den vertragsgemäß übergebenen **Sicherheiten** und den hierzu gesondert zu behandelnden Vereinbarungen zu unterscheiden und rechtlich zu beurteilen. Daher trägt auch der **Auftraggeber** die Darlegungs- und Beweislast für eine vertraglich vereinbarte Sicherheitsleistung sowie deren Art und Umfang. Ist der Einbehalt eines bestimmten Sicherheitsbetrages vertraglich abgesprochen, ist eine etwaige Klage des Unternehmers, soweit sie die Höhe des Sicherheitsbetrages betrifft, **als zurzeit unbegründet** abzuweisen. Stellt der Unternehmer abredewidrig eine Bürgschaft nicht, kann der Auftraggeber kündigen.[676]

Die **Vereinbarung** einer Sicherheitsleistung muss klar und **eindeutig** sein;[677] insoweit reicht noch nicht die Bestimmung in einem Bauvertrag, dass von den Rechnungsbeträgen der Abschlagszahlung 5 % einbehalten werden. Eine solche Abrede stellt noch keine Sicherheitsvereinbarung für die Gewährleistungszeit dar.[678] Vereinbaren die Parteien, dass der Auftraggeber die „Sicherstellung der Werklohnforderung in geeigneter Form (z.B. durch Zahlungszusage der finanzierenden Bank) nachzuweisen" hat, beinhaltet diese Abrede keine Sicherheitsleistung in Form einer Bürgschaft oder Zahlungszusage der Bank des Auftraggebers gegenüber dem Auftragnehmer.[679] Darüber hinaus muss sich im Einzelfall aus der Sicherungsabrede eindeutig ergeben, auf welches Bauvorhaben sich diese bezieht.[680]

1625

Individuelle Vereinbarungen über Sicherheitsleistungen sind an den Bestimmungen der §§ 134, 138, 242 BGB zu messen. In der Regel werden Sicherheiten jedoch

1626

---

674) *Joussen*, in: Ingenstau/Korbion, § 17 Abs. 1 VOB/B, Rn. 3; *Kapellmann/Messerschmidt/Thierau*, § 17 VOB/B, Rn. 4.
675) BGH, BauR 1994, 544 (LS); zu den Ansprüchen des Unternehmers gegen den Insolvenzverwalter nach Insolvenz des Auftraggebers siehe OLG München, NJW-RR 1998, 992.
676) OLG Koblenz, IBR 2016, 632 – *Moufang*.
677) BGH, NZBau 2016, 556 = BauR 2016, 1475 (zur **Unwirksamkeit** einer 5 %-Erfüllungssicherheit in Kombination mit einer Sicherungsabrede über einen Einbehalt von 15 %); BGH, IBR 2016, 455 (zum **Verzicht** auf die Einrede des § 770 Abs. 1, 2 BGB – nur **Teilunwirksamkeit**); BGH, BauR 2017, 1202 = NZBau 2017, 275 (unwirksame Sicherungsklausel für die **Sicherstellung** der Gewährleistung); OLG Düsseldorf, BauR 2014, 848, 851 (**unterschiedliche Regelungen** in den Besonderen Vertragsbedingungen und dem Bauvertrag: selbstschuldnerische Bürgschaft/Bürgschaft auf erstes Anfordern); OLG Frankfurt, NZBau 2012, 116 = NJW-RR 2012, 149 (zur **Erstreckung** einer Bürgschaft auf eine **ARGE**); OLG München, BauR 2010, 681 – *Schulze-Hagen* (zur Auslegung und Feststellung der vertraglichen **Bürgschaftsgläubigerin**); OLG Celle, BauR 2014, 1484 = IBR 2013, 739 – *Steckhan* (zur Auslegung einer Bürgschaftserklärung).
678) BGH, NJW-RR 1988, 851.
679) OLG Karlsruhe, BauR 1998, 791.
680) OLG Düsseldorf, NJW-RR 2008, 38 (für den Fall mehrerer Bauvorhaben).

in **Allgemeinen Geschäftsbedingungen** vereinbart;[681] dies ist üblich und auch nicht überraschend. Allerdings müssen diese Absprachen über Sicherheitseinbehalte den §§ 305 ff. BGB standhalten, andernfalls entfällt der Anspruch auf eine Sicherheitsleistung.[682] Da das Werkvertragsrecht des BGB den Einbehalt eines Teils des Werklohns als Sicherheit für etwaige Gewährleistungsansprüche nicht vorsieht, sondern in § 641 BGB das Zug-um-Zug-Prinzip geregelt ist, verstößt eine **formularmäßig** vereinbarte 5 %ige Sicherheitsleistung gegen das Gebot von Treu und Glauben, wenn nicht gleichzeitig ein angemessener Ausgleich dafür geregelt wird;[683] der Ausgleich kann in der Weise erreicht werden, dass der Auftragnehmer die Sicherheitsleistung z.B. durch Bankbürgschaft oder Zahlung auf ein Sperrkonto ablöst.[684] Dabei stellt es wiederum eine unangemessene Benachteiligung des Unternehmers dar, wenn dem Unternehmer nur das Recht eingeräumt ist, den Einbehalt durch eine **Bürgschaft auf erstes Anfordern** abzulösen.[685] Der **Verzicht**

---

681) Zur **AGB** eines Einfamilienfertighausanbieters: BGH, BauR 2010, 1219 = IBR 2010, 451 – *Schmitz*; BGH, BauR 2010, 1219 = NZBau 2010, 495 = NJW 2010, 2272 u. OLG Celle, BauR 2010, 91 (**Bürgschaftsklausel**; Verpflichtung zur Stellung einer unbefristeten, selbstschuldnerischen Bürgschaft „spätestens acht Wochen vor dem vorgesehenen Baubeginn"); OLG München, IBR 2012, 515 – *Schmitz* (Verlängerung der Verjährungsfrist für eine Bürgschaftsforderung); zum (unwirksamen) Ausschluss der **Einrede** der Aufrechenbarkeit: LG Hamburg, BauR 2012, 1656; OLG Frankfurt, NZBau 2013, 773 = IBR 2013, 617 – *Ripke* (zur Unwirksamkeit einer **Austauschbürgschaft** auf erstes Anfordern); OLG Oldenburg, BauR 2014, 269 = IBR 2014, 84 – *Schwarz* (Auszahlung eines Sicherheitseinbehalts nur bei Gesamtabnahme; unwirksam).

682) BGH, IBR 2014, 735 – *Rodemann* (keine Gewährleistungsbürgschaften über 7 %); BGH, BauR 2014, 1145 = NZBau 2014, 348 = IBR 2014, 346 – *Schmitz* u. OLG Karlsruhe, IBR 2014, 23 – *Schmitz* (zur Unwirksamkeit sog. **Kombibürgschaften**); OLG München, IBR 2016, 693 – *Rodemann* (**Kumulation** von Vertragserfüllungs- und Mängelsicherheit auf 8 %); OLG Düsseldorf, IBR 2013, 738 – *Schwenker* (keine **Kumulation** von Vertragserfüllungs- und Gewährleistungssicherheit); ebenso, BauR 2016, 506 = IBR 2016, 396 – *Moufang* (keine Vertragserfüllungssicherheit über 10 % für Mängelansprüche nach Abnahme); OLG München, IBR 2013, 539 – *Ripke* (keine **Kombibürgschaft** über 8 %); OLG Köln, NZBau 2012, 499 (unterbliebene Regelung über die **Höchstdauer**); KG, BauR 2010, 1233; OLG Hamm, BauR 2010, 1946 (zu ZVB/E-StB 95; unwirksame Klausel über **Ablösung** einer Vertragserfüllungsbürgschaft); LG Hamm, BauR 2005, 1497. Zur **Unwirksamkeit** von Sicherungsabreden vgl. im Einzelnen *Lederer*, Jahrbuch Baurecht 2008, 175 ff.; *Kapellmann/Messerschmidt/Thierau*, § 17/B, Rn. 25 ff.; *Schmitz/Vogel*, ZfIR 2002, 509, 514 f.

683) BGH, BauR 1997, 829 = NJW 1997, 2598 = ZIP 1997, 1549 = ZfBR 1997, 292; OLG Rostock, BauR 2005, 1037 (auch bei der Möglichkeit vorzeitiger Freigabe).

684) BGH, BauR 2004, 325 m. abl. Anm. *Franz* = NJW 2004, 443; BGH, BauR 2004, 841 = NJW-RR 2004, 814; OLG Hamm, BauR 2006, 393; *Schmitz/Vogel*, ZfIR 2002, 509, 514, halten auch eine Klausel für unwirksam, wonach der Auftraggeber einen Einbehalt vornimmt, den der Auftragnehmer nur durch eine („normale") Bürgschaft ablösen kann, weil dem Auftragnehmer dadurch die Möglichkeit der Einzahlung auf ein gemeinsames Sperrkonto genommen wird, sodass auf den Auftragnehmer das Risiko der Insolvenz des Auftraggebers verlagert wird; ebenso: OLG Dresden, IBR 2002, 251 sowie OLG Frankfurt, BauR 2004, 1787.

685) BGH, BauR 2005, 1154; BauR 2005, 539; BauR 2004, 325; BauR 2002, 463 = IBR 2002, 73; BauR 2000, 1052 = ZfBR 2000, 332 = NZBau 2000, 285. **Wirksam**, wenn (nur) Ablösung durch **Bürgschaft** vorgesehen wird: LG Stuttgart, BauR 2014, 1004.

auf die Rechte aus den §§ 768[686)], 770[687)] und 776[688)] BGB kann in Allgemeinen Geschäftsbedingungen nicht umfassend vereinbart werden; er benachteiligt den Bürgen unangemessen (§ 307 Abs. 1 Satz 1 BGB).

1627 Verstößt eine Sicherungklausel gegen die Vorschriften der §§ 305 ff. BGB, ist die gesamte Sicherungsvereinbarung **unwirksam**[689)], lässt jedoch den Bestand des Bürgschaftsvertrages im Übrigen unberührt.[690)] Der Bürge kann indes bei einer Inanspruchnahme einwenden, dass die der Bürgschaftsübernahme zugrunde liegende Sicherungsvereinbarung unwirksam ist.[691)] Eine Umdeutung der Abrede im Wege der Auslegung auf einen wirksamen Gehalt würde gegen das **Verbot** der geltungserhaltenden Reduktion verstoßen (vgl. hierzu auch Rdn. 1663).[692)]

1628 Hat der Auftragnehmer vereinbarungsgemäß eine Sicherheit für Mängel geleistet, ist **streitig,** ob der Auftraggeber den restlichen Werklohn bei Eintritt eines Mangels mit der Begründung zurückbehalten darf, dass in der Gewährleistungsfrist noch **weitere** Mängel auftreten könnten, oder er in diesem Fall auf den Sicherheitseinbehalt zurückgreifen muss. Die h.M.[693)] vertritt den zuletzt genannten Stand-

---

686) BGH, ZfBR 2011, 754; BGH, BeckRS 2009, 22095 = BauR 2009, 1742; BGH, BauR 2009, 809 = ZfBR 2009, 446 = NJW 2009, 1664 = IBR 2009, 199 – *Schmitz*; OLG Köln, OLGR 244, 245; OLG Hamm, BauR 2010, 1946, 1948; OLG München, NZBau 2008, 582, 583; IBR 2009, 515 – *Vogel*; OLG Frankfurt, IBR 2008, 326 – *Döhler*; KG, IBR 2008, 513 – *Döhler*; OLG Köln, IBR 2008, 443 – *Vogel*; s. zur **Rückforderung** einer Avalprovision: Thüringer OLG, BauR 2012, 1806 (Anspruch aus § 812 Abs. 1 S. 2 Alt. 2); zur Erhebung der **Verjährungseinrede** OLG Celle, BauR 2009, 839, 840; zur Erhebung der Einrede der **Bereicherung** gemäß §§ 812 Abs. 2, 821 BGB: OLG Celle, BauR 2011, 1975; LG Wuppertal, IBR 2008, 440 – *Schmitz*.
687) *Brödermann*, in: Prütting/Wegen/Weinreich, § 770 BGB, Rn. 6 (jedenfalls für den Fall, dass die Gegenforderung des Hauptschuldners unbestritten oder rechtskräftig festgestellt ist; unter Hinweis auf BGH, NJW 2004, 2232, 2235); zur **Wirksamkeit** eines **Verzichts** auf die Rechte aus § 770 BGB: OLG Hamburg, IBR 2011, 269 – *Schmeel*; OLG Jena, IBR 2010, 82 – *Bolz*; LG Köln, IBR 2011, 332 – *Mayr*; zum **Ausschluss** von § 770 Abs. 2 BGB: OLG Nürnberg, IBR 2015, 135 – *Koos*; KG, IBR 2013, 740 – *Schmitz*; OLG Dresden, IBR 2014, 417 – *Schmitz*.
688) *Palandt/Sprau*, § 776 BGB, Rn. 3; vgl. hierzu auch LG München, IBR 2006, 619. Zu den Folgen der Aufgabe einer **weiteren** Sicherheit: BGH, IBR 2013, 616 – *Koppmann*.
689) BGH, NZBau 2017, 275 (formularmäßige Sicherungsabrede zum **Gewährleistungseinbehalt**); OLG München, IBR 2015, 486 – *Kohlhammer* (Unwirksamkeit einer AGB-Klausel, wonach der Bürge auf die **Verjährungseinrede** hinsichtlich der Hauptforderung **verzichten** muss); BGH, IBR 2015, 485 – *Vogel* (zu § 17 Nr. 8 Abs. 2 VOB/B 2002; nach Verjährung der Mängelansprüche kein **Zurückbehaltungsrecht** des Auftraggebers mehr); OLG Oldenburg, BauR 2014, 269 (AGB-Klausel zur **Ablösung** eines Sicherheitseinbehalts); OLG Celle, NZBau 2014, 696 = IBR 2014, 603 – *Rodemann* (Unwirksamkeit, wenn Abschlagszahlungen auf **90 %** begrenzt werden). BauR 2011, 677 = NZBau 2011, 229 = NJW 2011, 2125 (Abänderung von OLG München, BauR 2010, 1230); BGH, BauR 2009, 1742, 1743 = IBR 2009, 515 – *Vogel*; OLG Celle, BeckRS 2008, 13972 (AGB-Sicherungsklausel über **100 %**); LG Kiel, NZBau 2012, 504 (Gewährleistungseinbehalt ohne ein Austauschrecht).
690) BGHZ 147, 99, 104 = BauR 2001, 1093.
691) BGH, BauR 2009, 809, 814 = NJW 2009, 1664, 1666.
692) *Thode*, ZfIR 2000, 165, 168; *Joussen*, in: Ingenstau/Korbion, § 17 Abs. 1 VOB/B, Rn. 50 ff.; *Mansfeld*, in: Heiermann/Riedl/Rusam, § 17 VOB/B, Rn. 44.
693) BGH, BauR 2001, 1893 = NJW 2001, 3629 = NZBau 2001, 679; BauR 1997, 1026 = NJW 1997, 2958 = ZfBR 1997, 298; OLG Düsseldorf, BauR 1975, 348, 349; OLG Köln, SFH, Nr. 1 zu § 17 VOB/B.

punkt mit dem Hinweis, dass das **vertraglich** (ggf. nach § 17 Abs. 3 VOB/B) **vereinbarte Austauschrecht** ausschließt, dass der Gläubiger eine ordnungsgemäß ersetzte Sicherheit behält. Der BGH[694] weist in diesem Zusammenhang darauf hin, dass die „Gestellung einer Bürgschaft als Austauschsicherheit dahin auszulegen ist, dass sie unter der auflösenden Bedingung steht, der Auftraggeber werde seiner Verpflichtung zur effektiven Auszahlung eines Bareinbehaltes alsbald nachkommen". Verweigert dann der Auftraggeber vertragswidrig die alsbaldige Barauszahlung, tritt die auflösende Bedingung für die Gestellung der Bürgschaft mit der Folge ein, dass der Auftragnehmer die Bürgschaftsurkunde als ungerechtfertigte Bereicherung herausverlangen kann.[695]

1629 Hinsichtlich der verschiedenen **denkbaren Fallgestaltungen** bei der zeitlichen Abfolge von **Sicherungsfall sowie Ausübung des Austauschrechts** und der sich daraus ergebenden Folgen hat der BGH[696] verschiedene Fallgruppen gebildet und entsprechend Folgendes klargestellt:

„1. Bietet der Auftragnehmer dem Auftraggeber die Austauschbürgschaft zu einem Zeitpunkt an, in dem der Sicherungseinbehalt bereits verwertet ist, ist für einen Austausch kein Raum mehr. Das Austauschrecht ist mit der Verwertung entfallen. Der Auftraggeber muss die Bürgschaft zurückweisen.

2. Macht der Auftragnehmer von seinem Austauschrecht zu einem Zeitpunkt Gebrauch, in dem der **Sicherungsfall noch nicht eingetreten** ist, ist der Auftraggeber verpflichtet, die Bürgschaft entgegenzunehmen und den Sicherheitseinbehalt auszuzahlen. Kommt er dem nicht unverzüglich nach, verletzt er die Sicherungsabrede (BGH, Urteil v. 18.5.2000 – VII ZR 178/99 –, BauR 2000, 1501 = ZfBR 2000, 864). Auch wenn dann der Sicherungsfall eintritt, bleibt er zur Auszahlung verpflichtet. Den Anspruch auf eine Sicherheit verliert er dadurch nicht. Er muss sich mit der Austauschsicherheit begnügen.
Etwas anderes kann im Einzelfall gelten, wenn der Sicherungsfall unmittelbar bevorsteht, etwa weil eine zur Mängelbeseitigung gesetzte Frist kurz nach Eingang der zum Austausch übermittelten Bürgschaft abläuft.

3. Liegt **der Sicherungsfall bei Stellung der Bürgschaft dagegen bereits vor**, steht es im Belieben des Auftraggebers, ob er die Bürgschaft als Austauschsicherheit annimmt oder den Bareinbehalt verwertet. Die Wahrnehmung des Austauschrechts hindert den Auftraggeber nicht, bereits entstandene **geldwerte Gewährleistungsansprüche** durch Zugriff auf das Bardepot zu befriedigen. Wählt er die Verwertung, ist für einen Austausch kein Raum mehr. Er darf die Bürgschaft nicht entgegennehmen. Entscheidet sich der Auftraggeber für die Bürgschaft, muss er den Sicherheitseinbehalt auszahlen.
Mit Rücksicht auf die Auftragnehmerinteressen ist der Auftraggeber gehalten, sich dem Auftragnehmer gegenüber unverzüglich zu erklären, ob er den Sicherungseinbehalt verwertet. Der Auftragnehmer darf nicht hingehalten werden.

---

694) BauR 1997, 1026 = NJW 1997, 2958 = ZfBR 1997, 298; BauR 2002, 1533; s. auch: OLG Hamm, BauR 2013, 96, 102 = NZBau 2012, 698, 702; zum Austauschrecht umfassend: *Feldhahn*, BauR 2007, 1466 ff.; *Thode*, ZfIR 2000, 165, 169; *Brauns*, BauR 2002, 1465.
695) Vgl. hierzu auch OLG Hamm, IBR 2006, 330 – *Franz*.
696) BauR 2001, 1893 = NJW 2001, 3629 = NZBau 2001, 679; OLG Schleswig, IBR 2005, 256 – *Hildebrandt*; LG Hamburg, BauR 2004, 1634 m.Anm. *Groß*; *Feldhahn*, BauR 2007, 1466, 1467 m.w.Nachw.

Kommt der Auftraggeber dem Gebot, sich unverzüglich zu erklären, nicht nach, bleibt es bei dem Austauschrecht des Auftragnehmers. Der Auftraggeber muss den Sicherungseinbehalt auszahlen, die Bürgschaft kann er behalten."

Soweit die Einzelheiten des Austauschrechts (insbesondere Auszahlung eines Bareinbehaltes gegen Bürgschaft) vertraglich nicht geregelt sind, kann eine interessengerechte Auslegung der Austauschabrede nur dazu führen, dass die Parteien eine Zug-um-Zug-Ablösung gewollt haben. Bei einer Austauschabrede „**Bürgschaft gegen Auszahlung des Sicherheitseinbehaltes**" ist der Auftragnehmer daher lediglich verpflichtet – nach Ausübung seines Ablösungsrechts –, die Bürgschaft **Zug um Zug** gegen Auszahlung des Sicherheitseinbehaltes zu stellen. Das ist jedoch bestritten.[697]

1630

Die Zug-um-Zug-Ablösung kann durch folgende unkomplizierte und damit praktikable Abwicklungsvariante beim Austausch der vorerwähnten Sicherungsmittel erreicht werden:[698] Die bürgende Bank macht die Wirksamkeit der Bürgschaft davon abhängig, dass die vom Auftraggeber als Sicherheit zunächst einbehaltenen Geldbeträge auf einem bestimmten Konto der Bank oder des Gläubigers eingegangen sind. Eine entsprechende AGB-Klausel ist nach Auffassung des OLG Naumburg[699] weder überraschend noch stellt sie eine unangemessene Benachteiligung des Auftraggebers dar: „Denn durch die aufschiebende Bedingung kann die Bank sicherstellen, dass ihre Bürgschaftsverpflichtung erst entsteht, wenn der Auftraggeber die eigene vertragliche Werklohnzahlungsverpflichtung erfüllt hat und sie durch die Werklohnzahlung ihrerseits eine Sicherheit erhält, wodurch zugleich verhindert wird, dass eine Bürgschaft übergeben, der Sicherheitseinbehalt jedoch absprachewidrig zurückgehalten wird. Dies entspricht gerade den üblichen Mechanismen bei der Durchführung und Abwicklung von Bauverträgen und damit den Bedürfnissen der Praxis".

1631

Für eine mögliche **Aufrechnungslage** im Prozess gilt: Klagt der Auftragnehmer den Teil seiner Werkforderung ein, der den vom Auftraggeber vertragsgemäß einbehaltenen Sicherheitsbetrag übersteigt, kann der Auftraggeber gegenüber der eingeklagten Teilforderung mit einem Schadensersatzanspruch oder einem Minderungsanspruch nur aufrechnen, soweit diese Ansprüche den Sicherheitsbetrag überschreiten.[700]

1632

Durch die Vereinbarung einer Sicherheitsleistung werden grundsätzlich gesetzliche **Zurückbehaltungs- bzw. Leistungsverweigerungsrechte** nicht ausgeschlossen.[701] Die Geltendmachung dieser Rechte ist aber eingeschränkt. Der Auftrag-

1633

---

697) OLG Naumburg, OLGR 2004, 349 = IBR 2004, 498 – *Franz;* OLG Düsseldorf, BauR 2004, 506, 509 f.; OLG Dresden, BauR 2002, 1274, 1276; *Rodemann,* BauR 2004, 1539; **a.A.:** OLG Brandenburg, BauR 1998, 1267 = NJW-RR 1998, 1316; *Joussen,* in: Ingenstau/Korbion, § 17 Abs. 3 VOB/B, Rn. 20.
698) Vgl. hierzu *Roquette/Giesen,* NZBau 2003, 297 m.w.Nachw.
699) OLGR 2004, 349; ebenso: *Stammkötter,* BauR 2002, 875; *Joussen,* in: Ingenstau/Korbion, § 17 Abs. 3 VOB/B, Rn. 20.
700) BGH, NJW 1967, 94.
701) OLG Hamm, BauR 2013, 96, 100 = NZBau 2012, 698, 701; *Schmidt/Winzen,* S. 122; *Nicklisch/Weick,* § 17 VOB/B; *Kniffka/Koeble,* 10. Teil, Rn. 119; *Thierau,* in: Kapellmann/Messerschmidt, § 17 VOB/B, Rn. 12.

geber kann sich auf § 273 BGB (Zurückbehaltungsrecht) bzw. § 320 BGB (Einrede des nichterfüllten Vertrages) auch dann stützen, wenn ihm für seine Gegenansprüche, also insbesondere Gewährleistungsansprüche, bereits eine ausreichende Sicherheit gewährleistet worden ist (vgl. Rdn. 3007). Es ist unbeachtlich, dass der **Sicherheitseinbehalt** die Kosten der Mängelbeseitigung deckt:[702] „Während die Sicherheit dazu dient, die vertragsgemäße Ausführung der Leistung und die Gewährleistung sicherzustellen (§ 17 Abs. 1 Nr. 2 VOB/B), bezweckt die Leistungsverweigerung gemäß § 320 BGB über die Sicherung des Anspruches hinaus, auf den Auftragnehmer Druck auszuüben, damit er die ihm obliegende Leistung umgehend erbringt. Daher kann die Einrede des § 320 BGB nicht durch Sicherheitsleistung abgewendet werden (§ 320 Abs. 1 Satz 3 BGB)."[703] Der Auftragnehmer kann also nicht einwenden, der Auftraggeber dürfe das Leistungsverweigerungsrecht nur wegen eines den Sicherheitseinbehalt wertmäßig übersteigenden Mängelbeseitigungsanspruches geltend machen.[704]

1634 Eine Sicherheitsleistung ist aber **für die Höhe** einer berechtigten Leistungsverweigerung **nicht ohne Belang.** Verlangt der Bauherr zu Recht die Nacherfüllung beanstandeter Bauwerksmängel und macht er deshalb von seinem Leistungsverweigerungsrecht Gebrauch, ist zu berücksichtigen, dass das **Leistungsverweigerungsrecht** nach § 641 Abs. 3 BGB das Doppelte der für die Beseitigung des Mangels erforderlichen Kosten umfasst. Bei der Bemessung dieses Betrages ist der Sicherheitsbetrag einzubeziehen.[705]

1635 Da die Vereinbarung über den Sicherheitseinbehalt lediglich eine teilweise Stundung der Forderung des Unternehmers darstellt, kann eine Sicherung gemäß § 648 BGB (**Bauhandwerkersicherungshypothek**) für die gesamte Werklohnforderung verlangt werden.[706] Die zu sichernde Forderung ist also nicht um den zwischen den Vertragspartnern vereinbarten Sicherheitseinbehalt zu kürzen.[707] Entsprechendes gilt für die Sicherung aus § 648a BGB.

1636 Eine Vereinbarung über eine Sicherheitsleistung kann zugunsten des Bauherrn wie auch zugunsten des Unternehmers erfolgen. So kann auch der Unternehmer auf Vereinbarung einer Sicherheitsleistung durch den Bauherrn zur Abwicklung seines Vergütungsanspruchs bestehen. Dies kann z.B. der Fall sein, wenn der Bauherr nicht mit dem Eigentümer des Baugrundstücks identisch ist, sodass eine spätere Absicherung der Werklohnforderung des Unternehmers durch eine Bauhandwerkersicherungshypothek nicht in Betracht kommt (vgl. Rdn. 253 ff.). Auch durch § 17 VOB/B ist beim VOB-Bauvertrag eine Sicherheitsleistung zugunsten des Unternehmers nicht ausgeschlossen. In der Regel ist jedoch Gegenstand der Sicherheitsleistung die Absicherung der vertraglichen Interessen des Bauherrn gegenüber dem Unternehmer.[708]

---

702) BGH, BauR 1984, 166, 168; NJW 1981, 2801 = BauR 1981, 577 = DB 1981, 2273.
703) BGH, NJW 1981, 2801 = BauR 1981, 577 = DB 1981, 2273.
704) BGH, BauR 1984, 166, 168; NJW 1982, 2494 = BauR 1982, 579.
705) Vgl. BGH, BauR 1981, 577 = NJW 1981, 2801; *Schmidt/Winzen*, S. 122.
706) *Daub/Piel/Soergel/Steffani*, ErlZ B 17.7.
707) BGH, BauR 2000, 919 = NZBau 2000, 198.
708) Zur Sicherheitsbürgschaft des **Subunternehmers** s. *Gehle*, BauR 1982, 338 ff.; zur Verbürgung gegenüber einem **Bauträger** bei einer Dritthaftungsklausel: BGH, BauR 1982, 384.

1637 Nach § 17 Abs. 8 Nr. 1 VOB/B hat ein Auftraggeber eine nicht verwertete Sicherheit für die **Vertragserfüllung** zum vereinbarten Zeitpunkt, spätestens aber nach Abnahme und Stellung der Sicherheit für Mängelansprüche zurückzugeben, es sei denn, dass Ansprüche des Auftraggebers, die nicht von der gestellten Sicherheit für Mängelansprüche umfasst sind, noch nicht erfüllt wurden; dann darf ein entsprechender Teil der Sicherheit zurückgehalten werden. Die **Höhe** richtet sich hier nach den Mängelbeseitigungskosten unter Berücksichtigung des § 641 Abs. 3 BGB.[709] Eine nicht verwertete Sicherheit für Mängelansprüche ist, sofern kein anderer Rückgabezeitpunkt vereinbart wurde, nach Ablauf von zwei Jahren zurückzugeben (§ 17 Abs. 8 Nr. 2 Satz 1 VOB/B). Die Rückgabe der Sicherheiten kann im Übrigen nicht an (weitere) Voraussetzungen geknüpft werden, die den Unternehmer **unangemessen** benachteiligen (§ 307 Abs. 1 BGB).[710]

1638 Ein bestehendes **Zurückbehaltungsrecht** an einer **Bürgschaftsurkunde** führt zur **Abweisung** der auf Herausgabe der Urkunde gerichteten Klage, wenn die gesicherten Ansprüche auf Zahlung gerichtet sind; eine **Zug-um-Zug-Verurteilung** kommt insoweit nicht in Betracht. Ein Auftraggeber muss eine Sicherheit im Sinne des § 17 Abs. 1 VOB/B nicht herauszugeben, wenn die der Sicherheitsvereinbarung zu Grunde liegenden Mängelansprüche zwar verjährt sind, er aber die Mängel, auf denen die geltend gemachten Ansprüche beruhen, in **unverjährter Zeit gerügt** hat; in diesem Fall ist der Auftraggeber bei Eintritt des Sicherungsfalles sogar berechtigt, die Sicherheit zu verwerten.[711] Der Bürge kann sich im Übrigen nicht auf die dem Auftragnehmer zustehende Einrede der Verjährung berufen, wenn die Bürgschaft auch zur Sicherung verjährter Gewährleistungsansprüche dient.[712] Macht der Auftraggeber im Wege der **Abrechnung** der beiderseitigen Ansprüche im Rahmen eines Bauvertrages einen **Kostenvorschussanspruch** (§ 637 Abs. 3 BGB) zur Beseitigung von Mängeln geltend, kann er **daneben** die Sicherheit nicht mit der Begründung zurückbehalten, es sei noch ungewiss, ob der Kostenvorschuss zur Beseitigung der Mängel ausreichend sei.[713]

a) Zweck der Sicherheitsleistung

1639 **Zweck einer Sicherheit** zugunsten des Bauherrn ist meist die Sicherstellung der vertragsgemäßen **Bauausführung** und der **Mängelansprüche**. Die Parteien eines Bauvertrags können der Vereinbarung einer Sicherheitsleistung aber auch einen anderen Zweck verleihen.[714] Wird in dem Bauvertrag der Zweck der Sicherheitsleistung nicht auf bestimmte Ansprüche, z.B. Gewährleistungsansprüche, begrenzt, ist

---

709) Zutreffend wollen *Joussen*, in: Ingenstau/Korbion, § 17 Abs. 8 VOB/B, Rn. 10, nur bei einem Bareinbehalt i.S. des § 17 Abs. 6 VOB/B bei der Berechnung einer ggf. frei werdenden Sicherheit den Druckzuschlag in vollem Umfang einrechnen. Ebenso: OLG Oldenburg, BauR 2002, 328, 329 = ZfBR 2002, 152, 154.
710) *Joussen*, in: Ingenstau/Korbion, § 17 Abs. 8 VOB/B, Rn. 4; LG Berlin, NZBau 2001, 559, 561 (für Abhängigkeit von vorbehaltloser Annahme der Schlusszahlung).
711) BGH, BauR 1993, 335 = NJW 1993, 1131 = ZfBR 1993, 125; OLG Köln, ZfBR 1993, 285 = NJW-RR 1994, 16 sowie OLG Düsseldorf, BauR 1993, 736.
712) BGH, BauR 1993, 337 = NJW 1993, 1132 = ZfBR 1993, 120.
713) OLG Düsseldorf, BauR 1993, 736.
714) *Heiermann*, BauR 1976, 73; OLG Düsseldorf, BauR 1975, 348, 349.

davon auszugehen, dass grundsätzlich mit der Sicherheitsleistung **alle** Ansprüche aus dem Bauvertrag abgedeckt werden sollen (also z.B. Schadensersatzansprüche aus Nebenpflichtverletzungen [§§ 280 Abs. 1, 282, 241 Abs. 2 BGB] und Verzug [§§ 280 Abs. 1 u. 2, 286 BGB], Ansprüche auf eine Vertragsstrafe usw.).[715]

b) Art und Umfang der Sicherheitsleistung

Literatur

Biebelheimer, Der Anspruch auf Herausgabe einer als Austauschsicherheit gewährten Bürgschaft, NZBau 2002, 122; *Stammkötter*, Das Sperrkonto – Ein bequemer Weg zum Sicherheitseinbehalt?, BauR 2003, 1287; *Brauns*, Die jüngere Entwicklung der Rechtsprechung zum Ersetzungsrecht nach § 17 Nr. 3 VOB/B, BauR 2002, 1465; *Pauly*, Neue höchstrichterliche Rechtsprechung zur Frage des Sicherungsumfanges der MaBV-Bürgschaft, BauR 2004, 19; *Siegburg*, Zur formularmäßigen Vereinbarung eines Sicherheitseinbehaltes im Bauvertrag, ZfIR 2004, 89; *Berger*, Die Vertragserfüllungssicherheit, BauRB 2005, 86; *Blank*, Das Ende der Vorauszahlungsbürgschaft nach § 7 MaBV?, BTR 2005, 54; *Bräuer*, Der Verjährungsbeginn bei der Gewährleistungsbürgschaft, NZBau 2007, 477; *Hildebrandt*, Das Verbot der Fremddisposition und die Erweiterung der Bürgenhaftung durch Anordnungen des Auftraggebers nach §§ 1 Nr. 3 und 4 VOB/B, BauR 2007, 1121; *Hahne*, Fehlende förmliche Abnahme – Befreiung von der Bürgschaftsschuld?, BauR 2007, 1814; *Schwenker*, Auswirkungen von Änderungsanordnungen auf Fristen, Vertragsstrafen und Sicherheiten, BauR 2008, 175; *Lembcke*, Keine Haftung des § 648a BGB-Bürgen für Nachträge nach § 1 Nr. 3, 4 S. 1, 2 VOB/B?, NZBau 2010, 158; *Schwenker*, Bürgschaften und Nachtragsansprüche des Auftragnehmers, ZfBR 2010, 214; *v. Hayn-Haberman*, Bürgenhaftung bei Nachverträgen, NJW-Spezial 2010, 236; *Hilgers*, Zur Reichweite von Vertragserfüllungsbürgschaft und Bauhandwerkersicherung bei zusätzlichen und geänderten Leistungen, BauR 2016, 315; *von Kiedrowski*, Kombi-Bürgschaften – Vorteile und Risiken bei der vertraglichen Gestaltung und Abwicklung, BauR 2016, 320; *Oberhauser*, Durchsetzung von Ansprüchen aus Bürgschaften unter Berücksichtigung des Insolvenzfalles und Rückgabe der Bürgschaftsurkunde nach Erledigung, BauR 2016, 332.

1640 Die **Art** der Sicherheitsleistung kann von den Parteien im Rahmen ihrer Vertragsfreiheit vereinbart werden.

Ist eine Sicherheitsleistung vereinbart, gelten für den BGB-Bauvertrag die §§ 232 bis 240 BGB, in denen insbesondere die Mittel der Sicherheitsleistung aufgezählt sind (Hinterlegung von Geld oder Wertpapieren, Verpfändung von Forderungen oder beweglicher Sachen, Bestellung von Hypotheken oder Stellung eines tauglichen Bürgen). Auch für den **VOB-Bauvertrag** gelten die genannten Vorschriften, soweit in § 17 Abs. 2 bis 8 VOB/B nichts anderes bestimmt ist. Die Parteien können jedoch im Einzelfall Regelungen treffen, die von den §§ 232 ff. BGB und § 17 VOB/B abweichen. Die Vereinbarung einer **Bürgschaft auf erstes Anfordern** scheidet dagegen aus (§ 17 Abs. 4 Satz 3 VOB/B).[716]

1641 Ist im VOB-Bauvertrag nichts anderes vereinbart, kann nach § 17 Abs. 2 VOB/B Sicherheit durch Einbehalt oder Hinterlegung von Geld oder durch Bürgschaft eines in den Europäischen Gemeinschaften zugelassenen Kreditinstituts oder Kreditversicherers geleistet werden. Im Übrigen hat der **Unternehmer** die Wahl unter

---

715) BGH, NJW 1982, 2305 = BauR 1982, 506 = MDR 1983, 50.
716) BGH, BauR 2002, 463, 465; BGH, ZfBR 2007, 671; *Mansfeld*, in: Heiermann/Riedl/Rusam, § 17 VOB/B, Rn. 42; *Kniffka/Pause/Vogel*, § 641 BGB, Rd. 122 ff. Zu den Rechtsfolgen einer Abweichung: *Joussen*, in: Ingenstau/Korbion, § 17 Abs. 4 VOB/B, Rn. 74.

den verschiedenen Arten der Sicherheit;[717] er kann eine Sicherheit durch eine andere ersetzen, was in **AGB** nicht ausgeschlossen[718] oder eingeschränkt[719] werden darf. § 17 Abs. 4 und 5 VOB/B bestimmt sodann die Einzelheiten der Sicherheitsleistung durch **Bürgschaft** und **Hinterlegung** von **Geld**.[720] § 17 Abs. 6 regelt die Sicherheitsleistung durch Einbehalt von **Zahlungen**. Soweit nichts anderes vereinbart ist, hat der Unternehmer nach § 17 Abs. 7 Satz 1 VOB/B die Sicherheit binnen 18 Werktagen nach Vertragsabschluss zu leisten. Soll der Auftraggeber vereinbarungsgemäß die Sicherheit in Teilbeträgen von seinen Zahlungen einbehalten, so hat er den einbehaltenen Betrag dem Auftragnehmer mitzuteilen und binnen 18 Werktagen nach dieser Mitteilung auf ein **Sperrkonto**[721] einzuzahlen (§ 17 Abs. 6 Nr. 1 Satz 3); der Sicherheitseinbehalt ist damit im Ergebnis ein Aufschub der Fälligkeit eines entsprechenden Werklohnanspruchs.[722] Zahlt der Auftraggeber den einbehaltenen Sicherheitsbetrag nicht rechtzeitig ein, ist der Unternehmer – nach Setzen einer angemessenen Nachfrist[723] – berechtigt, die sofortige Auszahlung des einbehaltenen Betrags zu verlangen, er muss keine Sicherheit mehr leisten (§ 17 Abs. 6 Nr. 3 VOB/B); hat der Auftragnehmer bereits eine Sicherheit (Bürgschaft) gestellt, muss der Auftraggeber diese zurückgeben.[724] An wen die Bürgschaftsurkunde herauszugeben ist, war bestritten.[725] Durch die Nichtbefolgung der Einzahlung auf ein Sperrkonto verliert der Auftraggeber sein Zurückbehaltungsrecht aus dem Sicherungseinbehalt, **nicht** aber das Leistungsverweigerungsrecht aus § 320 BGB wegen **Mängeln**.[726] Die vorangegangenen Ausführungen gelten auch für den Fall, dass der Auftraggeber die Einzahlung auf ein Sperrkonto endgültig verweigert; auch in diesem Fall kann der Auftragnehmer die sofortige Auszahlung des Sicherheitseinbehalts ohne Nachfrist verlangen.[727]

Die **üblichen Formen der Sicherheitsleistungen** sind der **Einbehalt** von Werklohn und die Stellung einer **Bürgschaft**. Häufig vereinbaren die Vertragsparteien als Sicherheitsleistung zunächst den Einbehalt von Werklohn, der dann wiederum

1642

---

717) *Mansfeld*, in: Heiermann/Riedl/Rusam, § 17 VOB/B, Rn. 29 ff.
718) Siehe BGH, BauR 2002, 1392; OLG Hamm, ZfBR 1991, 71 = BauR 1991, 515 (LS); LG Kiel, NZBau 2012, 504 (Vereinbarung eines Gewährleistungseinbehalts ohne Austauschrecht).
719) BGH, BauR 2000, 1498; OLG Hamburg, BauR 1996, 904 (LS): Ablösung eines Sicherheitseinbehaltes „nur durch Bankbürgschaft"; BGH, NZBau 2011, 610 = NJW-RR 2011, 1526; OLG Dresden, BauR 2002, 807; *Kniffka/Pause/Vogel*, § 641 BGB, Rn. 109 ff.
720) Zur **Tauglichkeit** einer Bürgschaft s. OLG Celle, OLGR 1999, 114.
721) Sperrkonto i.S. von § 17 VOB/B ist ein „**Und-Konto**"; LG Leipzig, BauR 2001, 1920; KG, BauR 2003, 727.
722) OLG Düsseldorf, BauR 2014, 848 m.w.Nachw.
723) KG, BauR 2003, 727 (7 Tage reicht aus).
724) BGH, BauR 2006, 379 = NZBau 2006, 106; vgl. hierzu *Voit*, ZfIR 2006, 407; **a.A.:** OLG Brandenburg, NZBau 2001, 396, 397 = NJW-RR 2001, 955 (s. hierzu kritisch: *Biebelheimer*, NZBau 2002, 122 ff.); OLG Dresden, OLGR 2002, 87.
725) Vgl. KG, BauR 2006, 386, 388 (Herausgabe an Bürgen, aber auch an Sicherungsgeber); ebenso OLG Bamberg, BauR 2006, 2072; **a.A.:** OLG Düsseldorf, NJW-RR 2003, 668, 669 (nur an den Bürgen) = OLGR 2003, 366. Der **BGH** (NZBau 2009, 116, 117, Rn. 12) hat klargestellt, dass der **Unternehmer** gegen den Auftraggeber einen Anspruch auf Herausgabe der Bürgschaftsurkunde **an sich selbst** hat.
726) OLG Dresden, NJW-RR 2001, 1598, 1599 = BauR 2001, 1918.
727) BGH, BauR 2003, 1559 = EWiR, § 17 VOB/B 1/03, 1211 m.Anm. *Vogel*.

durch Bürgschaft abgelöst werden kann (z.B. „5 % Sicherheitseinbehalt auf 2 Jahre, Ablösung durch Bankbürgschaft möglich").[728]

1643 Bürgschaften werden meist in der Form von **Erfüllungs- (Ausführungs- bzw. Vertragserfüllungs-)** und/oder **Gewährleistungsbürgschaften** vereinbart und gestellt.[729] Nach h.M. ist allerdings die formularmäßige Vereinbarung einer Bürgschaft auf erstes Anfordern gemäß § 307 BGB unwirksam (vgl. hierzu näher Rdn. 1662).

1644 Die beiden Bürgschaftsformen (**Erfüllungs-** und **Gewährleistungsbürgschaft**) decken grundsätzlich unterschiedliche Bereiche ab:[730] So soll in aller Regel die **Erfüllungsbürgschaft** den Erfüllungszeitraum **bis** zur Abnahme,[731] die **Gewährleistungsbürgschaft** den Gewährleistungszeitraum **nach der Abnahme** erfassen.[732] Der BGH[733] differenziert allerdings insoweit zwischen dem VOB- und dem BGB-Bauvertrag: Bei letzterem sichert die **Gewährleistungsbürgschaft** die nach der Abnahme, aber auch die schon vor Abnahme bestehenden Ansprüche, während beim VOB-Bauvertrag diese Bürgschaft (nur) die Rechte des Auftraggebers aus § 13 VOB/B, nicht aber die aus § 4 Abs. 7 VOB/B abdeckt.[734] Dabei ist es grundsätzlich unerheblich, ob die Mängel vor oder nach der Abnahme aufgetreten sind[735] bzw. schon vor oder bei Abnahme erkennbar waren.[736] Wird eine Gewährleistungsbürgschaft „für die vertragsgemäße Erfüllung der Gewährleistungsverpflichtungen für fertig gestellte und mängelfrei abgenommene Arbeiten" übernommen, so wird damit an eine im Werkvertrag vereinbarte förmliche Abnahme angeknüpft; in diesem Fall können die Parteien des Werkvertrages keine andere

---

728) Zur Wirksamkeit solcher Klauseln vgl. insbesondere Rdn. **1668**.
729) Zur **kombinierten** Vertragserfüllungs- und Gewährleistungsbürgschaft siehe OLG Celle, IBR 2012, 453 – *Steckhan*; OLG Stuttgart, IBR 2010, 683 – *Joussen*; OLG München, IBR 2008, 445 – *Schmitz*; OLG Düsseldorf, BauR 2014, 112 (unzulässige Klausel). Zur **Vorauszahlungsbürgschaft**: OLG Celle, IBR 2017, 199 – *Rodemann* und NZBau 2010, 721; zur sog. **Zeitbürgschaft**: OLG Frankfurt, NZBau 2012, 646 = IBR 2012, 583 – *Schmitz*; zur **Umwandlung** einer Vertragserfüllungs- in eine Gewährleistungsbürgschaft: OLG Stuttgart, IBR 2010, 684 – *Joussen*.
730) Zur **Abgrenzung** von **Vertragserfüllungs-** und **Gewährleistungsbürgschaft**: OLG Celle, BauR 2011, 1975; OLG Stuttgart, NZBau 2000, 134, 135; *Thode*, ZfIR 2000, 165, 176 ff.; zum **Umfang** einer **Gewährleistungsbürgschaft**: BGH, BauR 1998, 332 = NJW 1998, 1140 = MDR 1998, 400; Saarländisches OLG, BauR 2001, 266; KG, KGR 2001, 8; OLG Düsseldorf, BauR 2002, 492; OLG Hamm, BauR 2002, 495; OLG Hamburg, BauR 2002, 645; zur Unwirksamkeit einer Bürgschaft über **7 %** der Auftragssumme: BGH, BauR 2015, 114 = ZfBR 2015, 45 = IBR 2014, 735 – *Rodemann*; zur Unwirksamkeit einer bauvertraglichen Rückgabeklausel zur Gewährleistungsbürgschaft: BGH, NZBau 2015, 359.
731) OLG Celle, BauR 2005, 1647 = NJW-RR 2005, 969 = OLGR 2005, 385. Zur Wirksamkeit einer **10 %-igen** Vertragserfüllungsbürgschaft im **unternehmerischen** Rechtsverkehr: LG Wiesbaden, BauR 2014, 1321.
732) Zu den Voraussetzungen bei Vereinbarung der **VOB/B**: BGH, (XI. ZS) BauR 2013, 230 (§ 13 Nr. 5 Abs. 2 VOB/B); OLG Karlsruhe, IBR 2011, 267 – *Heiliger*.
733) BGH, BauR 1998, 332 = ZfBR 1998, 144 = NJW 1998, 1140 = MDR 1998, 400; OLG Düsseldorf, OLGR 1998, 89.
734) **Anderer Ansicht**: OLG Frankfurt, NJW-RR 1988, 1365.
735) BGH, a.a.O.
736) OLG Frankfurt, BauR 1987, 101 = NJW-RR 1987, 82 = ZfBR 1986, 286. Vgl. hierzu auch BGH, IBR 1999, 59.

Abnahmemodalität (z.B. die Abrede einer schlüssigen oder fiktiven Abnahme) zu Lasten des Bürgen vereinbaren (§ 767 Abs. 1 Satz 3 BGB).[737]

Sowohl bei der Erfüllungs- wie auch bei der Gewährleistungsbürgschaft ist es geboten, den **Sicherungsfall** so konkret wie möglich zu **präzisieren**. Unter dem Sicherungsfall wird allgemein verstanden, von welchen Voraussetzungen oder Bedingungen die Verwertung der Sicherheit nach der Sicherungsvereinbarung abhängt.[738] Häufig fehlt es an einer klaren Regelung des Sicherungsfalles.[739] Dann bedarf es einer Auslegung unter Berücksichtigung des Wortlauts der Sicherungsabrede und des von den Vertragsparteien mit der Abrede verfolgten Zwecks.[740]

Der Gläubiger darf den Bürgschaftsbetrag grundsätzlich nur dann geltend machen, „wenn die gesicherte Hauptverbindlichkeit besteht und der von den Vertragsparteien vereinbarte oder vorausgesetzte Sicherungsfall eingetreten ist".[741] Mit Recht weist Quack[742] darauf hin, dass in aller Regel der Eintritt des Sicherungsfalles nicht gegeben ist, solange dem Gläubiger hinsichtlich des gesicherten Rechts keine Geldforderung zusteht, da die Verwertung von Sicherungsrechten regelmäßig auf Geld abzielt: „Die Sicherheit in Geld kann erst verwertet werden, wenn das gesicherte Recht eine Geldschuld ist bzw. geworden ist".

1645

Die **Sicherungsabrede** bedarf grundsätzlich **keiner Form**, es sei denn, der Bauvertrag steht in Verbindung mit einem formbedürftigen Vertrag. Das ist beispielsweise der Fall, wenn der Bauvertrag mit einem Grundstückskaufvertrag zusammenhängt; hier bedarf auch die Sicherungsabrede einer notariellen Beurkundung.[743]

1646

Mit einer **Erfüllungsbürgschaft** werden zum einen die **Rechtzeitigkeit** und die **Vollständigkeit** einer Werkleistung, zum anderen auch etwaige **Mängelrechte** des Auftraggebers in dem oben genannten Zeitraum abgesichert.[744] Umfasst werden von dieser Bürgschaftsform nicht nur Schadensersatzansprüche wegen Nichterfüllung bzw. statt der Leistung (insoweit auch Verlust geleisteter Vorauszahlungen),[745] sondern auch Schadensersatzansprüche aus Verzug gemäß § 286 BGB, aus Behinderung gemäß § 6 Abs. 6 VOB/B sowie Ansprüche aus § 5 Abs. 4 VOB/B.[746] Ferner erfasst die **Vertragserfüllungsbürgschaft** die Nichterfüllung aufgrund einer

1647

---

737) OLG Hamburg, BauR 1990, 745 = NJW-RR 1991, 1304; OLG Köln, BauR 2005, 1199; siehe hierzu: *Hahne*, BauR 2007, 1814 ff.; *Schwenker*, BauR 2008, 175, 178 f. m.w.Nachw. Zu den Auswirkungen von **Anordnungen** des Auftraggebers siehe *Hildebrandt*, BauR 2007, 1121 ff.; *May*, BauR 2007, 187, 191.
738) Siehe hierzu *Quack*, BauR 1997, 754 sowie *Thode*, ZfIR 2000, 165, 171 f.
739) *Hilgers*, BauR 2016, 315; *von Kiedrowski*, BauR 2016, 320.
740) BGH, BauR 2001, 109, 111 = NJW-RR 2001, 307, 308 = NZBau 2001,136, 137; OLG Celle, BauR 2011, 1975, 1976 (Abgrenzung von Erfüllungs- und Gewährleistungsbürgschaft). Vgl. hierzu auch *Kuffer*, BauR 2003, 155; *Thode*, ZfIR 2000, 165, 166 u. ZfBR 2002, 4 ff.
741) BGH, a.a.O.
742) BauR 1997, 754, 756; ebenso: *Joussen*, in: Ingenstau/Korbion, § 17 Abs. 1 VOB/B, Rn. 9.
743) *Thode*, ZfIR 2000, 165, 167 m. Hinw. auf BGH, NJW 1994, 2885 = ZfBR 1994, 281.
744) OLG Düsseldorf, BauR 1998, 553 = OLGR 1998, 89. Zur **befristeten** Erfüllungsbürgschaft: BGH, BauR 2000, 1865 = ZfBR 2000, 544. Zur **Unwirksamkeit** einer Formularsicherungsabrede: OLG München, BauR 2012, 1804 m.w.Nachw.
745) BGH, NJW 1988, 907.
746) Vgl. hierzu *Thode*, ZfIR 2000, 165, 176.

Insolvenz.[747] Die Haftung des **Zahlungsbürgen** umfasst wiederum auch Ansprüche des Auftragnehmers wegen **Leistungsänderungen** und **-anordnungen** gemäß § 1 Abs. 3, 4 Satz 1 VOB/B,[748] was aber für die (übliche) Bürgschaft nicht angenommen werden kann.[749]

1648 Ein vertraglicher Anspruch auf eine **Erfüllungsbürgschaft** entfällt nicht automatisch mit der Fertigstellung der Werkleistung, der Erstellung der Schlussrechnung oder der Erhebung von Mängelrügen.[750] Eine Vertragserfüllungsbürgschaft, die sich auch auf „**die Abrechnung**" erstreckt, umfasst nach OLG Hamm[751] in der Regel auch Ansprüche des Gläubigers auf Erstattung überhöhter **Abschlagszahlungen**.

Nach Auffassung des OLG Koblenz[752] sichert eine Erfüllungsbürgschaft nicht den „**Druckzuschlag**" ab, der dem Auftraggeber wegen eines Zurückbehaltungsrechtes zusteht, weil die entsprechende Bürgschaft nur das reine Erfüllungsinteresse abdeckt. Das **Überzahlungsrisiko** und damit entsprechende Rückzahlungsansprüche sind nach h.M. von einer Erfüllungsbürgschaft nur dann abgedeckt, wenn sich dies aus dem Inhalt und der Zweckbestimmung der Bürgschaft – ggf. durch Auslegung – ergibt.[753] Das gilt auch unter dem Gesichtspunkt, dass der BGH solche Rückforderungsansprüche nicht der ungerechtfertigten Bereicherung (§§ 812 ff. BGB) unterwirft, sondern als Erfüllungsansprüche ansieht.[754]

1649 Da die Erfüllungsbürgschaft nur die Forderungen absichert, die sich aus der Urkunde und dem zugrunde liegenden Bauvertrag ergeben, deckt sie grundsätzlich **keine zusätzlichen oder geänderten Leistungen**[755] oder von den Vertragsparteien des Bauvertrages geänderten Vertragsmodalitäten[756] ab.

1650 Verpflichtet sich eine Partei in Allgemeinen Geschäftsbedingungen eines Bauvertrages, eine **Vertragserfüllungsbürgschaft** zu stellen, so bestehen hinsichtlich der Wirksamkeit dieser Verpflichtung keinerlei Bedenken im Rahmen der §§ 307 ff.

---

747) BGH, NJW 1988, 907; zu Sicherheiten in der Insolvenz vgl. insbesondere *Thode*, ZfIR 2000, 165, 177.
748) OLG Schleswig, IBR 2009, 200 – *Schmitz*. Zur Wirksamkeit einer 100 %-Zahlungsbürgschaft: OLG Celle, IBR 2009, 711 – *Schwenker* u. BGH, IBR 2010, 501 – *Schmitz*.
749) BGH, ZfBR 2010, 255; s. hierzu: *Schwenker*, ZfBR 2010, 214 ff.
750) OLG Nürnberg, MDR 1989, 1099.
751) OLGR 1998, 37. Vgl. auch OLG Frankfurt, IBR 2000, 543 – *Gallois*.
752) BauR 2004, 349; OLG Oldenburg, BauR 2002, 328, 329 = ZfBR 2002, 152, 154.
753) BGH, BauR 1988, 220 = NJW 1988, 907 = ZfBR 1988, 119; BauR 1980, 574; *Joussen*, in: Ingenstau/Korbion, § 17 Abs. 1 VOB/B, Rn. 18; **a.A.:** *Locher*, Rn. 428; *Nicklisch/Weick*, § 17/B, Rn. 16. Zum Rückzahlungsanspruch des Auftraggebers bei einer Abschlagszahlungsbürgschaft vgl. BGH, BauR 1992, 632 = NJW-RR 1992, 1044 = ZfBR 1992, 262.
754) BGH, BauR 1999, 635, 639 = ZfBR 1999, 196.
755) BGH, BauR 2010, 609 = NZBau 2010, 167 für **Nachträge**; hierzu auch *Lembcke*, NZBau 2010, 158 ff.; *v. Hayn-Habermann*, NJW-Spezial 2010, 236; OLG Celle, BauR 2000, 932 – LS – (Erweiterung des geschuldeten Bausolls); *Maser*, Festschrift für Jagenburg, S. 557, 560; *Joussen*, in: Ingenstau/Korbion, § 17 Abs. 1 VOB/B, Rn. 30.
756) OLG Hamburg, BauR 1990, 745 = NJW-RR 1991, 1304 (Änderung der Abnahmevoraussetzungen); OLG Hamm, IBR 2000, 378 (Verlängerung der Ausführungsfrist); OLG Düsseldorf, BauR 1993, 747 (Verlängerung der Gewährleistungsfrist); vgl. auch BGH, NJW 2000, 2580.

BGB.⁷⁵⁷⁾ Die zulässige **Obergrenze** für die Sicherheitsleistung liegt höher als bei einer Mängelsicherheit (Gewährleistungsbürgschaft) und wird erst überschritten, wenn die Sicherheitsleistung **mehr** als 10 % der Auftragssumme ausmacht.⁷⁵⁸⁾

Nach § 3 Abs. 1 MaBV darf ein **Bauträger** Zahlungen des Erwerbers nur entgegennehmen, wenn bestimmte Mindestsicherungen erfüllt sind. Dazu zählt u.a. die Eintragung einer **Auflassungsvormerkung** an dem Vertragsobjekt (Satz 1 Nr. 2). Die Verpflichtung des Bauträgers, eine Bürgschaft zu stellen, muss daher auch Störungen des Gleichgewichts zwischen den Vorauszahlungen des Erwerbers und den Leistungen des Bauträgers umfassend auffangen.⁷⁵⁹⁾ Damit sichert die **§ 7-MaBV-Bürgschaft** nicht nur die Fertigstellung, sondern auch den Anspruch auf Verschaffung des Eigentums. Das ist besonders wichtig, wenn Zahlungen zu einem Zeitpunkt geleistet werden sollen, zu dem noch keine Auflassungsvormerkung eingetragen ist. Im Übrigen kann die **Bürgschaft** nach § 7 MaBV alle Geldansprüche des Erwerbers, die sich aus mangelhafter oder unterlassener Erfüllung des Vertrages sichern;⁷⁶⁰⁾ darunter fallen dann gfs. Vorschuss auf Mängelbeseitigungskosten, Erstattung der Aufwendungen für Mängelbeseitigung, Schadensersatz, Minderung, nicht jedoch Ansprüche von erwarteten Steuervorteilen und Nutzungen.⁷⁶¹⁾ Wird in einer Bürgschaft der Bank auf § 7 MaBV Bezug genommen („nach § 7 MaBV"), erlischt die Haftung aus der Bürgschaft erst nach **vollständiger** Fertigstellung.⁷⁶²⁾ Ist Bauträgervertrag nichtig, sichert die Bürgschaft den Rückgewähranspruch des Erwerbers.⁷⁶³⁾

1651

Mit einer **Gewährleistungsbürgschaft** sichert der Bürge grundsätzlich nur Ansprüche ab, die sich auf Mängel des Bauwerkes beziehen;⁷⁶⁴⁾ er haftet somit für das

1652

---

757) BGH, BauR 2000, 1498, 1501; s. auch: OLG Stuttgart, BauR 2012, 87; *Mansfeld*, in: Heiermann/Riedl/Rusam, § 17 VOB/B, Rn. 54. Zur **Unwirksamkeit** einer **Kumulation** von Vertragserfüllungs- und Gewährleistungsbürgschaft: LG Wiesbaden, NZBau 2012, 367 = IBR 2012, 392 – *Söhnlein*; OLG Celle, IBR 2012, 453 – *Steckhan*.
758) OLG München, BauR 2012, 1804 = 2012, 584 – *Söhnlein* (Vertragserfüllungsbürgschaft in Höhe von **15 %** des Nettopauschalfestpreises; OLG Frankfurt, IBR 2013, 274 – *Schmitz* u. OLG Köln, IBR 2012, 710 – *Schmitz* (Vertragserfüllungsbürgschaft über 10 % zuzüglich Stundungsvereinbarung zulasten des Unternehmers); OLG Düsseldorf, IBR 2010, 24 – *Schliemann* u. umfassend: *Joussen*, in: Ingenstau/Korbion, § 17 VOB/B, Rn. 38 m.w.Nachw.; s. ferner: BGH, BauR 2011, 677 = NZBau 2011, 93 = IBR 2011, 139 – *Schmitz*; OLG Celle, NZBau 2012, 574 (Verpflichtung zur Sicherheitsleistung in Höhe von 10 % nach Abnahme); OLG München, BauR 2012, 1804 = NZBau 2012, 647 = BeckRS 2012, 15904 (Erfüllungs- und Gewährleistungssicherheit von insgesamt 15 %).
759) BGH, BauR 2009, 644, 646 Rn. 15; BGHZ 175, 161, 165 = BauR 2008, 986; zur persönlichen Haftung des **Geschäftsführers** einer Bauträgergesellschaft (§ 823 Abs. 2 BGB): OLG München, BauR 2010, 1950.
760) Siehe hierzu aber BGH, NZBau 2011, 233 = BauR 2011, 510 = NJW 2011, 1347 für eine Bürgschaft nach § 7 MaBV, die (nur) **Zahlung nach Baufortschritt** vorsieht. Zu beachten ist, dass der § 7-MaBV-Bürge für Mängel am Gemeinschaftseigentum nur quotal entsprechend dem Anteil haftet (BGH, BauR 2007, 1227, 1232). Zur **Verjährung** der Forderung aus einer § 7 MaBV-Bürgschaft: BGH, NZBau 2010, 426 = IBR 2010, 148 – *Vogel*.
761) Vgl. BGH, NZBau 2011, 233, 234, Rn. 13 m.w.Nachw.; BGH, BauR 2002, 1547 = NJW 2002, 2563; *Blank*, BTR 2005, 54.
762) OLG Koblenz, IBR 2009, 34 – *Vogel*.
763) BGH, IBR 2008, 272 – *Schmitz*.
764) BGH, BauR 2013, 230 = NZBau 2013, 30, 31; BGH, BauR 1998, 332 = NJW 1998, 1140 = MDR 1998, 400.

"Geldinteresse" des Auftraggebers an der Durchführung der **Nacherfüllung** (§ 13 Abs. 5 Nr. 1 VOB/B; §§ 634 Nr. 1, 635 BGB), für Ansprüche auf **Kostenerstattung** (§§ 634 Nr. 2, 637 BGB bzw. § 13 Abs. 5 Nr. 2 VOB/B), aus **Minderung** (§ 634 Nr. 3, 638 BGB/§ 13 Abs. 6 VOB/B)[765)] und Schadensersatz wegen Nichterfüllung (§ 635 BGB a.F.) bzw. **Schadensersatz statt der Leistung** (§§ 280 Abs. 1, 281 BGB bzw. § 13 Abs. 7 VOB/B).[766)] Dies gilt auch für den **Kostenvorschussanspruch** (§ 637 Abs. 3 BGB).[767)]

1653 Häufig ist in Bauverträgen der Zusatz zu finden, dass die Bürgschaft gemäß „**Muster des Auftraggebers**" zu stellen ist. Der BGH[768)] hat für diesen Fall klargestellt, dass der Auftraggeber nicht berechtigt ist, die Sicherungsabrede durch das von ihm zu stellende Muster zu ändern; vielmehr wird der Inhalt der vertraglichen Sicherungsabrede durch den vorerwähnten Zusatz nicht berührt.

Der Sicherungsumfang einer Gewährleistungsbürgschaft erfasst auch Ansprüche wegen **Fertigstellungs- oder Restarbeiten**.[769)]

Die Ansprüche aus einer Gewährleistungsbürgschaft verjähren nach § 195 BGB in **drei Jahren**.[770)] Dem ist insbesondere seitens des Auftraggebers Aufmerksamkeit zu widmen.[771)] Diese Regelverjährung von drei Jahren für Ansprüche aus der Bürgschaft beginnt mit der Fälligkeit des Bürgschaftsanspruchs; diese tritt mit der Fälligkeit der Hauptschuld ein.[772)] Weitere Erfordernisse als der Eintritt des Sicherungsfalles sind bei einer selbstschuldnerischen Gewährleistungsbürgschaft nicht gegeben. Demgegenüber erfordert die Fälligkeit einer nicht selbstschuldnerischen Bürgschaft den Wegfall der Einrede des § 771 BGB; und bei einer Bürgschaft auf erstes Anfordern kann die Erklärung einer entsprechenden Anforderung als Fälligkeitsvereinbarung angenommen werden.[773)] Zu beachten ist, dass eine Hemmung der Verjährung gemäß § 203 Satz 1 BGB, die durch ernsthafte Verhandlungen zwi-

---

765) Vgl. BGH, NZBau 2001, 549, 551.
766) BGH, BauR 1998, 332 = NJW 1998, 1140; OLG Köln, BauR 1987, 222.
767) BGH, a.a.O.; BGH, BauR 1984, 406 = ZfBR 1984, 185 = WM 1984, 892; *Clemm*, BauR 1987, 123, 124; *Heiermann*, Festschrift für Soergel, S. 73.
768) BauR 2004, 841 = NZBau 2004, 323; s. auch OLG Brandenburg, VergabeR 2007, 2076.
769) OLG Köln, OLGR 1998, 285 = NJW-RR 1998, 1393, 1395; OLG Hamm, NJW-RR 1987, 686; OLG Karlsruhe, OLGR 2004, 70, 71.
770) BGH, BauR 2013, 230 = NZBau 2013, 30 = ZfBR 2013, 28 = IBR 2013, 23, 24, 77 – *Schmitz*; BGH, NZBau 2010, 426 = NJW 2010, 1284.
771) Siehe BGH, BauR 2015, 1652 = ZfBR 2015, 769 zur **Herausgabe** einer Gewährleistungsbürgschaft nach **Ablauf** der Sicherungszeit bei verjährten Mängelansprüchen; ferner: BGH, BauR 2015, 1154 = ZfBR 2015, 473; BGH, IBR 2015, 307 – *Parbs-Neumann* (Die Möglichkeit einer „**Teilenthaftung**" kann in AGB nicht ausgeschlossen werden); LG Lübeck, IBR 2015 – *Siegl* (Herausgabe der Bürgschaft nach **Verjährung** der Mängelansprüche).
772) OLG Frankfurt, BauR 2009, 840, 841 unter Hinweis auf BGH, NJW-RR 2004, 1190, 1191; *Kniffka/Schulze-Hagen*, § 634a BGB, Rn. 262 m.w.Nachw.; s. ferner: OLG Celle, BauR 2012, 958; OLG Karlsruhe, IBR 2010, 84 – *Heiliger*; LG Konstanz, IBR 2009, 455 – *Heiliger*;G Berlin, BauR 2007, 547 (Verjährung beginnt, wenn sich der Anspruch des Bestellers auf Nachbesserung in eine Geldschuld umgewandelt hat). Zum Beginn der Verjährung bei einer **Vertragserfüllungsbürgschaft**: OLG Stuttgart, IBR 2010, 27 – *Knickenberg*.
773) OLG Frankfurt, BauR 2009, 840, 841.

Sicherheitsleistungen

schen dem Hauptschuldner und dem Gläubiger[774] eintritt, auch gegenüber dem Bürgen wirkt.

Nimmt der Auftraggeber den Bürgen in Anspruch, trägt er bei der üblichen Gewährleistungsbürgschaft die **Darlegungs- und Beweislast** hinsichtlich der Voraussetzungen des Gewährleistungsanspruchs. Klagt der Auftraggeber eine **Teilforderung** gegen den Bürgschaftsschuldner ein und stützt er diese auf Ansprüche, die sich aus verschiedenen, voneinander unabhängigen Mängeln ergeben, hat er – wie bei einem entsprechenden Vorgehen gegen den Hauptschuldner – anzugeben, wie er die Klagesumme auf die Einzelansprüche verteilt oder in welcher Reihenfolge sie der Klageforderung zugeordnet werden sollen.[775]

1654

In der Praxis werden vielfach auch **Vorauszahlungsbürgschaften** vereinbart. Dagegen bestehen keine Bedenken. Das gilt auch für den VOB-Bauvertrag, obwohl diese Bürgschaftform in § 17 VOB/B nicht genannt ist. Vorauszahlungsbürgschaften werden häufig abgesprochen, um die Liquidität des Auftragnehmers – im Hinblick auf seine gesetzlich vorgesehene Vorleistungsverpflichtung – zu erhöhen; gleichzeitig erfolgt in der Regel ein Abschlag auf den vereinbarten Werklohn zu Gunsten des Auftraggebers. Die Vorauszahlungsbürgschaft sichert das Risiko des Auftraggebers ab, dass der Auftragnehmer seine Werkleistungen, die dem Wert der erbrachten Vorauszahlung entspricht, nicht oder nicht vollständig erbringt;[776] sie sichert jedoch keine Mängelansprüche ab.[777] Beim VOB-Bauvertrag kann der Auftraggeber gemäß § 16 Abs. 2 Nr. 1 VOB/B eine „ausreichende Sicherheit" für eine entsprechende Vorauszahlung verlangen. Die Verpflichtung zur Vorauszahlung kann individualvertraglich, nicht aber formularmäßig wegen der bereits erwähnten Vorleistungsverpflichtung des Auftragnehmers getroffen werden.[778]

1655

* **Rechtsprechungsübersicht**

Die vorrangig vor der VOB/B geltende Vertragsklausel in AGB des Auftraggebers, die vorsieht, dass von der Schlussrechnung ein Gewährleistungseinbehalt in Abzug gebracht wird, der durch eine nicht auf erstes Anfordern zahlbare **Bankbürgschaft abgelöst** werden kann, ist dahin auszulegen, dass die Verpflichtung des Auftraggebers zur **Einzahlung auf ein Sperrkonto** nach § 17 Abs. 6 VOB/B **nicht ausgeschlossen** ist: BGH, BauR 2006, 379 = NZBau 2006, 106. Zum **Rückforderungsanspruch** des Hauptschuldners gegen den Gläubiger bei zu Unrecht in Anspruch genommener Bürgschaft auf erstes Anfordern: BGH, ZfBR 1999, 88; zur **Sittenwidrigkeit** einer Bürgschaft: BGH, ZfBR 2000, 322; zur **Ablösung** eines Sicherheitseinbehalts und zum **Aufrechnungsverbot**: OLG Nürnberg, BauR 2001, 1119; zum Inhalt und zu den notwendigen **Bestandteilen einer Gewährleistungsbürgschaft**: BGH, BauR 1988, 220; OLG Köln, BauR 1987, 222; zur Inanspruchnahme einer Gewährleistungsbürgschaft im **Konkursfall**: AG Frankfurt, BauR 1988, 491; Sicherheitseinbehalt und Konkursverwalter: BGH, ZfBR 1999, 142. Zum Inhalt einer **Vorauszahlungsbürgschaft** bei einem VOB-Bauvertrag vgl. OLG Karlsruhe, BauR 1986, 227; zur **Vertragserfüllungsbürgschaft nach Schlussrechnung** vgl. OLG Nürnberg, NJW-RR 1989, 1296. Zur **Vertragsstrafe als Inhalt einer Ge-

1656

---

774) BGH, IBR 2010, 207 – *Schwenker*; demgegenüber hemmt die eine im Wege der Klage gemachte Hauptforderung des Bauherrn gegen den Unternehmer nicht die Bürgschaftsforderung (LG Darmstadt, IBR 2010, 685 – *Hickl*).
775) BGH, BauR 1998, 332 = NJW 1998, 1140 = MDR 1998, 400.
776) BGH, BauR 2000, 413; BauR 1999, 1023; *Franke/Kemper/Zanner/Grünhagen*, § 17/B, Rn. 33.
777) OLG Celle, BeckRS 2008, 08862 = NJW-Spezial 1008, 398.
778) Beck'scher VOB-Komm/*Motzke*, B § 16 Nr. 2, Rn. 23; *Leinemann*, § 16, Rn. 64.

währleistungsbürgschaft: BGH, NJW-RR 1990, 811; Gewährleistungsbürgschaft gegenüber Bauherrengemeinschaft: BGH, BauR 1992, 373. Zur **Tragweite einer Abschlagszahlungsbürgschaft**: BGH, NJW-RR 1992, 1044 = ZfBR 1992, 262 = BauR 1992, 632 (keine Absicherung eines Rückzahlungsanspruchs nach Überzahlung). Verwertung einer Gewährleistungsbürgschaft **nach Eintritt der Verjährung:** BGH, BauR 1993, 335. Zum Umfang einer **Höchstbetragsbürgschaft:** BGH, ZfBR 1996, 209 = NJW 1996, 1470 = MDR 1996, 809 = ZIP 1996, 702. Zum Umfang einer **Erfüllungsbürgschaft** hinsichtlich des Überzahlungsrisikos bei Abschlagszahlungen: bejahend OLG Hamm, OLGR 1998, 37; verneinend OLG Celle, BauR 1997, 1057. Zur Herausgabepflicht einer Gewährleistungsbürgschaft im Konkurs des Bestellers nach Austauschverweigerung: OLG München, NJW-RR 1998, 992. Zum Inhalt der Verpflichtung des Auftraggebers, die Werklohnforderung „sicherzustellen": OLG Karlsruhe, OLGR 1998, 200; zur **Einzahlungspflicht** einer **GmbH der öffentlichen Hand** auf ein Sperrkonto (nicht Verwahrgeldkonto): AG Erfurt, BauR 2001, 271. Zum **Schuldner des Rückforderungsanspruchs** aus einer Erfüllungsbürgschaft: OLG Hamm, BauR 2001, 967.

Zum Anspruch des Unternehmers auf **Herausgabe der Bürgschaft** an sich selbst: BGH, NZBau 2009, 116; OLG München, OLGR 2007, 834; kein **Herausgabeanspruch des Werkunternehmers,** wenn ihm Mängel am Bauwerk in unverjährter Zeit in hinreichender Weise gemäß § 13 Abs. 5 Nr. 1 VOB/B angezeigt wurden: OLG Dresden, BauR 2003, 111 m.Anm. *Handschumacher*; die Herausgabe der Gewährleistungsbürgschaft wegen **Verjährung** kann erst dann verlangt werden, wenn der **Bürge** die Verjährungseinrede erhoben hat: OLG Dresden, IBR 2013, 540 – *Zebisch*; Verjährungseinrede des Bürgen auch bei **Löschung des Hauptschuldners:** BGH, BauR 2003, 697; **Rückforderung der nicht auf ein Sperrkonto** eingezahlten Sicherheit: KG, NZBau 2003, 331. Trotz § 17 Abs. 6 Nr. 3 VOB/B kann der Auftraggeber die Auszahlung des einbehaltenen und nicht auf ein Sperrkonto gezahlten Sicherheitsbetrages verweigern, wenn und soweit ihm bereits ein **Leistungsverweigerungsrecht** wegen erkannter Mängel zusteht: KG, BauR 2003, 728 = NZBau 2003, 331. **Unwirksame Befristung nach Baufortschritten** für MaBV-Bürgschaft: OLG Frankfurt, NZBau 2003, 380. Der Auftragnehmer kann die **sofortige Auszahlung des Sicherheitseinbehaltes** ohne Nachfrist verlangen, wenn der Auftraggeber die Einzahlung auf ein **Sperrkonto endgültig verweigert** hat: BGH, BauR 2003, 1559 = NZBau 2003, 560 = IBR 2003, 534 – *Leitzke* = EWiR, § 17 VOB/B 1/03, 1211 m.Anm. *Vogel*. Eine Vermischung der Sicherheiten des § 3 MaBV und des § 7 MaBV in der Form, dass sich eine Bürgschaft nach § 7 mit Baufortschritt reduziert, ist unzulässig: BGH, BauR 2003, 1384 = NJW-RR 2003, 1171 = NZBau 2003, 498. Zur Abgrenzung zwischen Fertigstellungs- und Gewährleistungsbürgschaft: OLG Karlsruhe, IBR 2004, 14; Anspruch des Auftraggebers auf eine **neue Gewährleistungsbürgschaft,** wenn die ihm einvernehmlich übergebene Konzernbürgschaft aufgrund der **Insolvenz** des Mutterkonzerns unwirksam wird: LG Berlin, IBR 2004, 316 – *Meurer*. Bei **Abbrucharbeiten** ist ein vereinbarter Sicherheitseinbehalt bereits mit der Schlusszahlung – also vor Ablauf der Gewährleistungszeit – auszuzahlen, wenn feststeht, dass Mängel nicht mehr auftreten können: LG Hamburg, IBR 2004, 248 – *Hufer*. Die Vertragspartner eines Bauvertrages können durch eine **Abänderung der Sicherungsabrede** den Inhalt der Bürgschaftserklärung der Bank ohne deren Beteiligung nicht abändern: BGH, BauR 2005, 873; ebenso OLG Köln, OLGR 2005, 597.

Eine **Gewährleistungsbürgschaft** ist gemäß § 17 Abs. 8 S. 1 VOB/B auch dann nach Ablauf der vereinbarten Gewährleistungsfrist **herauszugeben,** wenn der Auftraggeber in unverjährter Frist Mängel gerügt und der Auftragnehmer die Mängelbeseitigungsleistung erbracht hat; dadurch verlängert sich die ursprünglich vereinbarte Verjährungsfrist für die Mängelansprüche nicht. Vielmehr beginnt mit der Abnahme der Mängelbeseitigungsleistung gemäß § 13 Abs. 5 Nr. 1 S. 3 VOB/B eine neue Verjährungsfrist für Mängel dieser Leistungen, sodass nur für diese Nachbesserungsleistung eine Sicherheitsleistung vereinbart werden kann, die dann aber nach den Mängelbeseitigungskosten zu berechnen ist: KG, BauR 2004, 1463. Der Gläubiger einer **verjährten** Bürgschaftsforderung kann grundsätzlich **nicht** mehr die **Herausgabe** der Bürgschaftsurkunde verlangen (BGH, BauR 2009, 243, 245). Die Parteien eines VOB-Bauvertrages können das **Austauschrecht** des Auftragnehmers **unter den verschiedenen Arten der Ausführungs- und Gewährleistungssicherheiten** durch die Vereinbarung einer bestimmten Sicherheitsleistung **ausschließen:** OLG Brandenburg, NJW-RR 2004, 1164. Austausch einer wertlos gewordenen **Konzernbürgschaft:** LG Berlin, BauR 2004, 1637. Dem Auftragnehmer steht ein Anspruch aus einer Bürgschaft auf erstes Anfordern wegen fälliger Abschlagszahlungen auch dann noch zu, wenn der **Bauvertrag** bereits vorzeitig **beendet** worden ist: OLG Braunschweig, BauR 2004, 1638. Im VOB-Vertrag hat der Auftragnehmer einen Anspruch aus § 17 Abs. 8 Nr. 2 VOB/B auf Rückgabe der Bürgschaftsurkunde an sich selbst und nicht nur an die bürgende Bank: OLG München, IBR 2007, 557.

Der Auftragnehmer kann bei Bereitstellung der vereinbarten Gewährleistungsbürgschaft die **Auskehr des Sicherheitseinbehaltes trotz aufgetretener Mängel** verlangen, wobei dies auch bei Mängeln gilt, die bereits vor Abnahme zu Tage getreten sind: OLG Hamm, BauR 2006, 851.

c) Bürgschaft auf erstes Anfordern

Literatur bis 1999

Schwärzel-Peters, Die Bürgschaft im Bauvertrag, 1992.

Hickl, Die Bürgschaft auf „erstes Anfordern" zur Ablösung eines Gewährleistungseinbehalts, BauR 1979, 463; *Horn*, Bürgschaften und Garantien zur Zahlung auf erstes Anfordern, NJW 1980, 2153; *Clemm*, Die Stellung des Gewährleistungsbürgen, insbesondere bei der Bürgschaft „auf erstes Anfordern", BauR 1987, 123; *Jedzig*, Aktuelle Rechtsfragen der Bankgarantie auf erstes Anfordern, WM 1988, 1469; *Weth*, Bürgschaft und Garantie auf erstes Anfordern, AcP 89, Bl. 189, 303; *Bydlinski*, Die Bürgschaft auf erstes Anfordern: Darlegungs- und Beweislast bei Rückforderung durch den Bürgen, WM 1990, 1401; *Zeller*, Probleme bei der Abtretung einer Garantie „auf erstes Anfordern", BB 1990, 363; *Heiermann*, Die Bürgschaft auf erstes Anfordern, Festschrift für Soergel (1993), 73; *Michalski*, Bürgschaft auf erstes Anfordern, ZBB 1994, 289; *Kainz*, Zur Unwirksamkeit von Vertrags- und Gewährleistungsbürgschaften „auf erstes Anfordern" in der deutschen Bauwirtschaft und die sich daraus ergebenden Rechtsfolgen, BauR 1995, 616; *Belz*, Gewährleistungsbürgschaft auf erstes Anfordern – und noch kein Ende, ZfBR 1998, 1; *Bomhard*, Die Gewährleistungsbürgschaft auf erstes Anfordern auf dem Prüfstand des Bundesgerichtshofs, BauR 1998, 179; *Beyer/Zuber*, Die Gewährleistungsbürgschaft auf erstes Anfordern im Bauvertragsrecht, MDR 1999, 1298; *Sienz*, Vereinbarung von Bürgschaften auf erstes Anfordern in AGB – ein Auslaufmodell?, BauR 2000, 1249; *Pasker*, Der Rückforderungsanspruch bei der Bürgschaft auf erstes Anfordern, NZBau 2000, 279; *Thode*, Erfüllungs- und Gewährleistungssicherheiten in innerstaatlichen und grenzüberschreitenden Bauverträgen, ZfIR 2000, 165; *Breyer*, Nochmals: Zur Frage der Wirksamkeit der Vereinbarung einer Bürgschaft auf erstes Anfordern in Allgemeinen Geschäftsbedingungen auf Basis einer Gesamtbetrachtung der betroffenen Rechtsverhältnisse, BauR 2001, 1192; *Stammkötter*, Bürgschaft auf erstes Anfordern unter gleichzeitigem Ausschluss der Einreden gemäß § 768 BGB, BauR 2001, 1295; *Schmidt*, Die Vertragserfüllungsbürgschaft auf erstes Anfordern in Allgemeinen Geschäftsbedingungen, BauR 2002, 21; *Vogel*, Rückforderungsprozess aus Bürgschaft auf erstes Anfordern im Urkundenverfahren, NZBau 2002, 131; *Kaufmann*, Die Verpflichtung aus Bürgschaften nach § 7 der Makler- und Bauträgerverordnung (MaBV) – Rechtsfragen zur Begründung, Umfang und Erlöschen unter Berücksichtigung der Schuldrechtsreform, BauR 2002, 977; *Schmitz/Vogel*, Die Sicherung von bauvertraglichen Ansprüchen durch Bürgschaft nach der Schuldrechtsreform, ZfIR 2002, 509; *Brauns*, Die Bürgschaft auf erstes Anfordern als Sicherungsmittel gemäß § 17 VOB/B, BauR 2002, 704; *Siegburg*, Die Bürgschaft auf erstes Anfordern im Bauvertrag, ZfIR 2002, 709; *Krakowsky*, Formularmäßige Bürgschaftsklauseln auf erstes Anfordern – „Freibrief" für Auftraggeber?, BauR 2002, 1620; *Kleine-Möller*, Die Sicherung bauvertraglicher Ansprüche durch Bankbürgschaft und Bankgarantie, NZBau 2002, 585; *Roquette/Giesen*, Vertragserfüllungsbürgschaft auf erstes Anfordern in Allgemeinen Geschäftsbedingungen, NZBau 2002, 547; *Joussen*, Zukunft der Vertragserfüllungsbürgschaft auf erstes Anfordern, BauR 2003, 13. *Hogrefe*, Zur Unwirksamkeit formularmäßiger Verpflichtungen zur Stellung von Vertragserfüllungs- und Mängelgewährleistungsbürgschaften „auf erstes Anfordern" in Bau-, Werk- und Werklieferungsverträgen und die sich daraus ergebenden Rechtsfolgen, BauR 1999, 111 und BauR 2003, 17; *Joussen*, Die Bürgschaft auf erstes Anfordern in AGB der öffentlichen Hand, BauR 2004, 582; *Voit*, Neue Entwicklungen im Recht der Erfüllungsbürgschaft auf erstes Anfordern, ZfIR 2004, 709; *Enaux*, Ergänzende Vertragsauslegung auch bei formularmäßigen Gewährleistungsbürgschaften auf erstes Anfordern? – Zur Übertragung der

Rechtsprechungsgrundsätze des Bundesgerichtshofes bei unwirksamen Vertragserfüllungsbürgschaften auf erstes Anfordern, Festschrift für Werner (2005), 259; *Oepen*, Auf erstes Anfordern versprochene Bürgschaften und Garantien NJW 2009, 1110.

Siehe auch weitere Literatur vor Rdn. 367.

1657 Die **Bürgschaft auf erstes Anfordern** ist heute eines der **wichtigsten** Sicherungsmittel in der Baubranche;[779] sie ist aber für den Schuldner sowie den Bürgen risikoreich. In der Rechtsprechung besteht daher zunehmend die Tendenz, das Risiko nicht ins Uferlose steigen zu lassen. Eine Erweiterung der Einwendungsmöglichkeiten ist festzustellen. Die im Einzelfall getroffene **Sicherungsabrede**, die der Bürgschaftserteilung zu Grunde liegt, ist von größter Bedeutung und in aller Regel prozessentscheidend. Grundsätzlich gilt: Der Bürgschaftsgläubiger darf den Bürgschaftsbetrag nur anfordern, wenn die gesicherte Hauptverbindlichkeit besteht und der von den (Werkvertrags-)Parteien vereinbarte und vorausgesetzte „Sicherungsfall" (vgl. Rdn. 1645) eingetreten ist.[780] Das ist anhand der Bürgschaftsurkunde, den vertraglichen Vereinbarungen und den Gesamtumständen, unter denen die Sicherungsabrede getroffen worden ist, im Streitfall festzustellen. Fehlt eine ausdrückliche Regelung des Sicherungsfalles, dann ist sie im Wege einer **ergänzenden Vertragsauslegung** unter Berücksichtigung des Zwecks der Besicherung und des Inhalts der vereinbarten Sicherheit zu ermitteln. Ist der von dem Bürgschaftsgläubiger nach dem Inhalt der Bürgschaftsurkunde geltend gemachte Anspruch durch die von dem Bürgen übernommene Verpflichtung gesichert, dann muss der Bürge allerdings sofort zahlen; alle Streitfragen werden damit in den sog. **Rückforderungsprozess** verlagert.[781] Auf der anderen Seite verpflichtet die Sicherungsabrede den Gläubiger natürlich, die Sicherheit nur dann anzufordern („zu verwerten"), wenn der Sicherungsfall eingetreten, das Einfordern also von der Sicherungsabrede gedeckt ist. Ein Gläubiger, der gegen diesen elementaren Grundsatz des Bürgschaftsrechts auf erstes Anfordern verstößt, machte sich nach altem Recht einer positiven Vertragsverletzung schuldig.[782] Nach dem SchRModG ist der Pflichtverstoß nach §§ 280 Abs. 1, 3, 281 BGB zu beurteilen. Gegenüber einem solchen Schadensersatzanspruch kann der Sicherungsnehmer nicht mit Gegenansprüchen aufrechnen oder ein Zurückbehaltungsrecht geltend machen; das verbietet das geschützte Liquiditätsinteresse des Schuldners.

1658 Wegen der besonderen Risiken, die eine Bürgschaft auf erstes Anfordern mit sich bringt, sieht § 17 Abs. 4 Satz 3 VOB/B für den **VOB-Bauvertrag** auch vor, dass der Auftraggeber als Sicherheit keine Bürgschaft fordern kann, die den Bürgen zur Zahlung **auf erstes Anfordern** verpflichtet. Die Verpflichtung zur Stellung einer Bürgschaft auf erstes Anfordern, die bei einem VOB-Bauvertrag trotz der vorerwähnten Bestimmung zwischen den Vertragsparteien vereinbart wird, ist stets auf ihre Wirksamkeit zu überprüfen, insbesondere wenn die Vereinbarung in Allgemeinen Geschäftsbedingungen erfolgt (vgl. hierzu Rdn. 1662).

---

779) Zur **Garantie** auf erstes Anfordern: OLG Stuttgart, IBR 2013, 25 – *Vogel*; zur **Vorauszahlungsbürgschaft** auf erstes Anfordern durch eine **niederländische Bank** s. Rechtsbank (Landgericht) Amsterdam, IBR 2009, 385 – *Buchholz*.
780) BGH, NJW 2002, 1493 = NZBau 2002, 270; BauR 2001, 109, 111.
781) BGH, ZfIR 2001, 452; BGH, ZIP 1998, 905, 906 = WM 1998, 1062, 1063; st. Rspr.
782) Vgl. statt vieler: BGH, BauR 2000, 1501, 1502 m.w.Nachw.

Sicherheitsleistungen

1659 Sind bei der Bürgschaft auf erstes Anfordern in der Regel alle Streitigkeiten tatsächlicher und rechtlicher Art, deren Beantwortung sich nicht von selbst ergibt, nach der Zahlung durch den Bürgen in einem sog. **Rückforderungsprozess** auszutragen, so können ausnahmsweise Einwände des Bürgen (oder Schuldners) gegen den Anspruch schon im **Erstprozess** beachtlich sein. Das ist der Fall, wenn sich deren Berechtigung aus dem unstreitigen Sachverhalt oder dem Inhalt der Vertragsurkunden ohne Weiteres ergibt.[783] Wer ersichtlich seine Rechtsposition missbraucht, verdient keinen Schutz; wer sich auf eine eingeräumte formale Stellung beruft, handelt arglistig.

1660 Darüber hinaus kann sich der Bürge bzw. Schuldner gegen jeden denkbaren **Rechtsmissbrauch** mit dem Einwand der unzulässigen Rechtsausübung wehren (vgl. Rdn. 373 ff.); hierbei kann im Einzelfall das **einstweilige Verfügungsverfahren** hilfreich sein (Rdn. 367 ff.).

1661 Nichts anderes gilt für den **Urkundenprozess**:[784] Ist der Bürge im Urkundenprozess unter Vorbehalt seiner Rechte verurteilt worden, kann er seine Einwände grundsätzlich nicht im Nachverfahren, sondern erst in einem **Rückforderungsprozess** geltend machen.[785] Der Bürge kann sich im Urkundenprozess auch nicht darauf berufen, mit dem Hauptschuldner sei die Stellung einer Bürgschaft auf erstes Anfordern nicht vereinbart worden.[786]

Das bedeutet, dass berechtigte Gläubiger immer nur das im Prozess darlegen müssen, was als Voraussetzung der Zahlung auf erstes Anfordern in der Sicherungsabrede vereinbart worden ist. Dazu gehört allerdings bei einer **Gewährleistungsbürgschaft** auf erstes Anfordern auch eine konkrete Mängelrüge.[787] Der Sicherungsfall einer im Bauvertrag vereinbarten Gewährleistungsbürgschaft ist regelmäßig nämlich erst gegeben, wenn der Bürgschaftsgläubiger einen auf Geldzahlung gerichteten Gewährleistungsanspruch hat.[788] Im Übrigen folgt die **eingeschränkte Darlegungslast** aus dem Zweck der Bürgschaft auf erstes Anfordern, nämlich dem Gläubiger sofort liquide Mittel zuzuführen. Dieser Zweck lässt sich nur erreichen, „wenn die Anforderungen an die Erklärung, welche die vorläufige Zahlungspflicht auslöst, streng formalisiert sind, d.h. sich auf das beschränken, was in der Verpflichtungserklärung als Voraussetzung der Zahlung genannt und für jeden ersichtlich ist."[789] Auch ein Verzug braucht nicht dargelegt zu werden.[790] Im

---

783) BGHZ 143, 381 = ZfIR 2000, 865, 867 = WM 2000, 715, 717; BGH ZfIR 2001, 452 m.Anm. *Siegburg* = MDR 2001, 1003.
784) Zur Geltendmachung des Werklohns im Urkundenprozess durch den **Bauunternehmer**: OLG Köln, IBR 2014, 584 – *Peters*.
785) Siehe OLG Brandenburg, IBR 2015, 487 – *Moufang* (zur Darlegungs- und Beweislast); BGH, NJW 2002, 1493 = NZBau 2002, 270; BGH, BauR 1996, 251 = ZIP 1996, 172 = ZfBR 1996, 139 = NJW 1996, 717.
786) OLG Hamm, NZBau 2000, 136.
787) OLG München, BauR 1995, 139 (LS) = OLGR 1994, 255; **a.A.:** OLG Köln, BauR 1998, 555 u. OLG Düsseldorf, OLGR 1998, 285.
788) BGH, NJW-RR 2001, 307 = MDR 2001, 84.
789) BGH, NJW 1994, 380 = ZfBR 1994, 70.
790) OLG Hamm, NJW-RR 1987, 686.

Rückforderungsprozess hat der Auftraggeber dann den Eintritt des Bürgschaftsfalles zu beweisen.[791)]

1662 Nach allgemeiner Meinung bestehen gegen die Vereinbarung einer Bürgschaft auf erstes Anfordern, die individualrechtlich erfolgt, keine Bedenken. Wegen der dargestellten erheblichen Gefahren, die auf den Bürgen und den Hauptschuldner insbesondere im Hinblick auf das Insolvenzrisiko (bei einer verwerteten Bürgschaft durch den Bürgschaftsnehmer) zukommen können, ist nach h.M.[792)] die **formularmäßige Vereinbarung** einer Vertragserfüllungs- oder Gewährleistungsbürgschaft auf erstes Anfordern gemäß § 307 BGB grundsätzlich **unwirksam** (qualitative Übersicherung); bei der Gewährleistungsbürgschaft gilt dies jedenfalls dann, wenn die Beibringung der Bürgschaft die einzige Möglichkeit für den Auftragnehmer darstellt, den Gewährleistungseinbehalt des Auftraggebers vor Ablauf der Gewährleistungsfrist abzulösen.[793)] Zum Teil wird allerdings die Meinung vertreten, dass die Forderung nach einer Bürgschaft auf erstes Anfordern jedenfalls gegenüber einem **Kaufmann**/Unternehmer auch in AGB wirksam ist, weil ein solches Sicherungsmittel im Handelsverkehr und insbesondere in der Baubranche gebräuchlich ist.[794)] Der BGH[795)] hat sich dieser Meinung nicht angeschlossen. Eine entsprechende Vereinbarung in AGB des **öffentlichen Auftraggebers** wurde in der Literatur und Rechtsprechung überwiegend für wirksam gehalten, weil beim öffentlichen Auftraggeber kein Insolvenzrisiko besteht.[796)] Eine solche Vereinbarung ist jedoch nach BGH[797)] unwirksam, weil dadurch das mit dieser Bürgschaft verbundene Liquiditätsrisiko einseitig auf den Auftragnehmer verlagert wird. Die entsprechende Klausel eines öffentlichen Auftraggebers kann auch nicht dahingehend ausgelegt werden, dass der Auftragnehmer nunmehr berechtigt ist, den Sicherheitseinbehalt durch eine selbstschuldnerische, unbefristete Bürgschaft abzulösen.[798)] Nach Auffassung des

---

791) BGH, NJW 1988, 906; NJW 1989, 1606, 1607; *Heiermann*, Festschrift für Soergel, S. 73, 77.
792) BGH, BauR 2002, 1239 m.Anm. *Sienz*; BGH, BauR 2002, 1533 = NJW 2002, 3098 = NZBau 2002, 559 = MDR 2002, 1365 = IBR 2002, 543; vgl. hierzu *Kuffer*, BauR 2003, 155, 161; *Siegburg*, ZfIR 2002, 709, 712; *Krakowsky*, BauR 2002, 1620 u. *Hogrefe*, BauR 2003, 17; OLG Hamm, BauR 2013, 96 = NZBau 2012, 698, 699; OLG Düsseldorf, BauR 2014, 848, 851; OLG Dresden, BauR 2003, 255 = OLGR 2002, 407; OLG München, BauR 1992, 234 = NJW 1992, 919 = NJW-RR 1992, 218; BauR 1995, 859 = NJW-RR 1996, 534; *Kapellmann/Messerschmidt/Thierau*, § 17/B, Rn. 142 ff.; *Joussen*, BauR 2003, 13; **a.A.:** OLG München, ZfBR 1996, 216; OLG Hamm, BauR 1998, 135; *Weise*, Rn. 273 a.E. Vgl. hierzu auch *Thierau*, Jahrbuch Baurecht 2000, 66, 84 m.w.Nachw.
793) BGH, BauR 2002, 1239 m.Anm. *Sienz*.
794) OLG Hamm, BauR 1998, 135; **a.A.:** *Hogrefe*, BauR 1999, 111, 113; *Thode*, ZfIR 2000, 165, 168.
795) BauR 2002, 1239, 1241 m.Anm. *Sienz*.
796) OLG Stuttgart, BauR 1994, 376; BauR 2003, 1239 = IBR 2003, 245 – *Rübartsch*; *Joussen*, BauR 2002/Heft 11a, 75; **a.A.:** KG, BauR 2004, 510; *Sienz*, BauR 2002, 1241, 1243; *Hogrefe*, BauR 2003, 17, 20; *Thode*, ZfIR 2000, 165, 168.
797) BauR 2004, 1143 = NZBau 2004, 322 = IBR 2004, 312 – *Hildebrandt* sowie BGH, BauR 2005, 539 = NZBau 2005, 219 = NJW-RR 2005, 458; ebenso OLG Karlsruhe, OLGR 2004, 191 = IBR 2004, 313 – *Hildebrandt*; KG, BauR 2004, 510 u. KG, BauR 2005, 116 = KGR 2004, 456 = IBR 2004, 499 – *Kimmich* (Beteiligung der öffentlichen Hand durch ein privatrechtlich organisiertes Unternehmen am Wohnungsbau).
798) BGH, BauR 2005, 539 = NZBau 2005, 219 = MDR 2005, 566.

BGH[799] ist eine solche Klausel eines öffentlichen Auftraggebers auch dann unwirksam, wenn der Sicherheitseinbehalt auf ein Verwahrgeldkonto zu nehmen ist. Im Übrigen ist die Übernahme solcher Bürgschaften grundsätzlich den Kreditinstituten vorbehalten.[800]

Da eine vorformulierte Vereinbarung (AGB) zur Stellung einer Bürgschaft auf erstes Anfordern unwirksam ist, kommt eine **geltungserhaltende Reduktion** oder eine ergänzende Vertragsauslegung auf eine einfache (z.B. unbefristete, selbstschuldnerische) Bürgschaft **nicht in Betracht**.[801] Allerdings hat der BGH[802] klargestellt, dass bei einer entsprechenden Unwirksamkeit dieser Form einer **Erfüllungsbürgschaft** die Bürgschaftsverpflichtung nicht ersatzlos wegfällt, sondern über den Weg der **ergänzenden Vertragsauslegung** als einfache Bürgschaft Bestand hat. Diese Entscheidung, die im Widerspruch zu der bisherigen Rechtsprechung steht,[803] wird damit begründet, dass der Wegfall jeglicher Sicherung „zu einem den Interessen der Parteien nicht mehr gerecht werdenden Ergebnis führen" würde, weil es „dem anerkennenswerten Interesse des Auftraggebers, den Unternehmer auch in Allgemeinen Geschäftsbedingungen zur Stellung einer Vertragserfüllungsbürgschaft zu verpflichten", entspreche und „ohne eine solche Sicherung der Auftraggeber möglicherweise nicht ausreichend geschützt" sei.

1663

Nach herrschender Meinung[804] sind die Grundsätze der ergänzenden Vertragsauslegung, die der BGH zur Vertragserfüllungsbürgschaft herangezogen hat, nicht auf **Gewährleistungsbürgschaften** bei unwirksamer Sicherungsabrede im Hinblick auf das Verbot der geltungserhaltenden Reduktion anzuwenden.

1664

Wird eine Bürgschaft auf erstes Anfordern gestellt, obwohl kein Anspruch auf eine solche Bürgschaft besteht, stellt sich die Frage, ob der Bürge einen **Anspruch**

1665

---

799) BauR 2006, 374 = NZBau 2006, 107 = NJW-RR 2006, 388 = ZfIR 2006, 518 m.Anm. *Toussaint*.
800) BGH, BauR 1990, 608; vgl. auch BGH, BauR 1992, 529.
801) BGH, BauR 2005, 1154; BauR 2005, 539.
802) BauR 2002, 1533 = NJW 2002, 3098 = NZBau 2002, 559 = MDR 2002, 1365 = IBR 2002, 543 = EWiR 2002, 785 (m. abl. Anm. *Schwenker*: „nichts anderes als eine geltungserhaltende Reduktion"); ebenso: OLG Düsseldorf, BauR 2016, 274, 277; siehe ferner: *Kuffer*, BauR 2003, 155, 161 u. *Siegburg*, ZfIR 2002, 709; BGH, BauR 2004, 500 = IBR 2004, 69 – *Vogel*; BGH, BauR 2016, 455 – *Schmitz* (Der Verzicht des Bürgen auf die Einreden des § 770 Abs. 1, 2 BGB führt zur **Teilunwirksamkeit**). Bezüglich einer Gewährleistungsbürgschaft auf erstes Anfordern in AGB hat der BGH eine ergänzende Vertragsauslegung dagegen nicht vorgenommen, sodass diese grundsätzlich unwirksam ist. Vgl. zu diesem Widerspruch insbesondere *Schulze-Hagen*, BauR 2003, 785 ff. sowie *Siegburg*, ZfIR 2002, 709, 712.
803) BGH, BauR 2005, 539 = NZBau 2005, 219 (für AGB eines öffentlichen Auftraggebers); hierzu *Joussen*, BauR 2003, 13, 16 u. *Brauns*, BauR 2002, 704, 712 m.w.N. Das OLG Düsseldorf, NZBau 2003, 674 = OLGR 2004, 65, will die Grundsätze der ergänzenden Vertragsauslegung, die der BGH zur Vertragserfüllungsbürgschaft herangezogen hat, nicht auf Gewährleistungsbürgschaften bei unwirksamer Sicherungsabrede anwenden. Gegen eine ergänzende Auslegung haben sich insoweit auch das OLG Celle, NZBau 2004, 214 = IBR 2004, 70, das OLG Hamm, IBR 2003, 536 u. BauR 2004, 1790, sowie das OLG München, BauR 2004, 1466 = IBR 2004, 135 – *Kaufmann* ausgesprochen.
804) BGH, BauR 2005, 539 = NZBau 2005, 219; OLG Düsseldorf, NZBau 2003, 674 = OLGR 2004, 65; OLG Celle, NZBau 2004, 214 = IBR 2004, 70; OLG Hamm, IBR 2003, 536 u. BauR 2004, 1790; OLG München, BauR 2004, 1466 = IBR 2004, 135 – *Kaufmann*; a.A.: OLG Rostock, IBR 2003, 349.

auf Herausgabe dieser Bürgschaft – ggf. Zug um Zug gegen Übergabe einer inhaltsgleichen Bürgschaft ohne Verpflichtung des Bürgen zur Zahlung auf erstes Anfordern – hat. Das hat der BGH[805] verneint. Der Gläubiger muss sich jedoch gegenüber dem Sicherungsgeber und dem Bürgen schriftlich verpflichten, die Bürgschaft nicht auf erstes Anfordern, sondern nur als selbstschuldnerische Bürgschaft geltend zu machen.

1666 * Rechtsprechungsübersicht
* Bei einer Bürgschaft auf erstes Anfordern entfällt das Recht, Zahlung auf erstes Anfordern zu verlangen, wenn sich der Gläubiger in **masseloser Insolvenz** befindet oder der Insolvenzverwalter Masseunzulänglichkeit angezeigt hat (BGH, BauR 2002, 1698 = NZBau 2002, 609 = IBR 2002, 608).
* Zum **Rückforderungs- und Freistellungsanspruch** des Hauptschuldners bei einer Bürgschaft auf erstes Anfordern (BGH, BauR 2003, 246 = NJW 2003, 352).
* Kein Anspruch des Unternehmers bei einem VOB-Vertrag aus einer Bürgschaft auf erstes Anfordern, wenn die **Werklohnforderung noch nicht fällig ist,** weil die Schlussrechnung nicht erteilt worden ist (BGH, NJW-RR 2003, 14 = NZBau 2002, 669).
* Eine **Vorauszahlungsbürgschaft** auf erstes Anfordern in AGB ist grundsätzlich wirksam (OLG Düsseldorf, BauR 2004, 1319 m. Hinw. auf BGH, BauR 2002, 123 = OLGR 2004, 399).
* Dem Auftragnehmer steht ein Anspruch aus einer Bürgschaft auf erstes Anfordern wegen fälliger **Abschlagszahlungen** auch dann noch zu, wenn der Bauvertrag bereits vorzeitig beendet worden ist (OLG Braunschweig, OLGR 2004, 287).
* Der aus einer Bürgschaft auf erstes Anfordern in Anspruch genommene Bürge kann sich im Erstprozess nicht darauf berufen, der Hauptschuldner sei nicht verpflichtet gewesen, eine Bürgschaft auf erstes Anfordern zu stellen, wenn er den zu Grunde liegenden Bauvertrag und die Sicherungsabrede bewusst nicht zur Kenntnis genommen hat; dies entspricht der bewussten Abweichung von der Sicherungsabrede (OLG Hamm, BauR 2007, 1061).
* Eine Klausel in AGB des Auftraggebers, die einen Einbehalt zur Sicherung der Gewährleistungsansprüche vorsieht, der durch Bürgschaft auf erstes Anfordern abgelöst werden kann, ist auch dann unwirksam, wenn dem Auftragnehmer die Befugnis eingeräumt wird, die Hinterlegung des Sicherheitseinbehaltes zu verlangen (BGH, BauR 2007, 1575).
* Rückforderung des Bürgen auf erstes Anfordern wegen fehlender **Prüfbarkeit** der **Schlussrechnung** (BGH, BauR 2007, 1722); der Einwand der fehlenden Prüfbarkeit ist ausgeschlossen, wenn er nicht innerhalb der zwei-Monatsfrist (nach Erhalt der Schlussrechnung) erhoben worden ist (OLG Schleswig, IBR 2009, 204 – *Schmitz*).

---

805) BauR 2003, 1386 = NJW 2003, 2605 = ZfIR 2003, 627 m.Anm. *Hildebrandt* = NZBau 2003, 493; bestätigt durch BGH, BauR 2004, 500 = NZBau 2004, 212 = IBR 2004, 69 – *Vogel*; **a.A.:** LG Essen, BauR 2003, 1584 (Herausgabeanspruch bejaht); ebenso KG, BauR 2004, 510.

d) Höhe der Sicherheitsleistung

Literatur

Groß, Die Umkehrsteuer des § 13b UStG und der Sicherheitseinbehalt nach § 17 VOB/B, BauR 2005, 1084; *Döhler*, Sicherheitseinbehalt und Umsatzsteuer, BauR 2006, 14; *Theurer*, Behandlung von Sicherheitseinbehalten in den Fällen der Umkehr der Umsatzsteuerschuldnerschaft nach § 13b Abs. 1 S. 1 Nr. 4 UStG, BauR 2006, 7; *Lederer*, Überlegungen zur Rechtswirksamkeit von Sicherungsabreden für Mängelansprüche in auftraggeberseitig verwandten Klauseln – Sind bauzeitbezogene Forderungen des Auftragnehmers bei der Ermittlung der Bezugsgröße zur Bestimmung der Höhe der Mängelhaftungsbürgschaft zu berücksichtigen?, Jahrbuch Baurecht 2008, 175.

1667 **Bezüglich des Umfangs der Sicherheitsleistung** sind die Parteien in ihrer Absprachemöglichkeit ebenfalls frei. § 9 Abs. 7 und 8 VOB/A setzen insoweit für den VOB-Bauvertrag lediglich Maßstäbe, an die sich die Vertragspartner halten sollen. Danach soll ganz oder teilweise auf Sicherheitsleistung verzichtet werden, wenn Mängel der Leistung voraussichtlich nicht eintreten oder wenn der Auftragnehmer hinreichend bekannt ist und genügende Gewähr für die vertragsgemäße Leistung und die Beseitigung etwa auftretender Mängel bietet. Die Sicherheit soll nicht höher bemessen und ihre Rückgabe nicht für einen späteren Zeitpunkt vorgesehen werden, als nötig ist, um den Auftraggeber vor Schaden zu bewahren. Sie soll 5 % der Auftragssumme nicht überschreiten. Wird die Leistung bei der Abnahme nicht beanstandet, soll die Sicherheit ganz oder zum größeren Teil zurückgegeben werden. Die Vertragsparteien können jedoch aus § 9 Abs. 7 und 8 VOB/A keine Ansprüche herleiten, selbst wenn die Anwendbarkeit des Teils A der VOB ausdrücklich vereinbart worden ist, da die Bestimmungen dieses Teils der VOB nur das dem Vertragsabschluss vorausgehende Geschehen regeln.[806] Das OLG Frankfurt[807] ist der Meinung, dass in Allgemeinen Geschäftsbedingungen auch vereinbart werden kann, dass der Auftraggeber 10 % des Rechnungsbetrages für die Dauer der Gewährleistungspflicht als Sicherheit einbehalten darf.

1668 Ist im Bauvertrag lediglich eine Sicherheitsleistung vereinbart, ohne den Umfang festzulegen, ist dieser nach den §§ 315, 316 BGB notfalls durch das Gericht zu bestimmen.[808] In der Regel wird bei der Berechnung der Sicherheitsleistung von der **Bruttoauftragssumme** (einschl. MwSt.) auszugehen sein, wenn nichts anderes vereinbart wurde.[809] Auch wird man bezüglich der Höhe einer Sicherheitsleistung davon ausgehen können, dass **5 % als Sicherheitseinbehalt branchenüblich** sind. Allerdings gibt es keine 5 %-Marke als Obergrenze für Vertragserfüllungssicherheiten; die zulässige Obergrenze ist in der Regel aber überschritten, sofern die Sicherheitsleistung mehr als 10 % der Auftragssumme (bei Vertragserfüllungssicherheiten) oder der Abrechnungssumme (bei Mängelsicherheiten) beträgt.[810] Die

---

806) OLG Stuttgart, BauR 1976, 435; **a.A.:** *Daub*, BauR 1977, 24, 25.
807) BauR 1993, 375 (LS).
808) Wie hier: *Nicklisch/Weick*, § 17/B, Rn. 18; Beck'scher VOB-Komm/*Joussen*, in: Ingenstau/Korbion, § 17 Abs. 1 VOB/B, Rn. 36.
809) *Joussen*, in: Ingenstau/Korbion, § 17 Abs. 1 VOB/B, Rn. 40. Zur Zulässigkeit einer Berechnungsgrundlage auf der Grundlage des § 13b UStG siehe OLG Köln, BeckRS 2010, 00036 = NJW-Spezial 2010, 110.
810) OLG Celle, BauR 2013, 480, 482; ferner: OLG München, BauR 2012, 1804; BGH, BauR 2011, 677; OLG München, BauR 2010, 1230 (10 % der Auftragssumme zuzüglich MWSt.

Tendenz geht jedoch dahin, dass es gerade in Bezug auf die Mängelhaftungssicherheiten auf eine Begrenzung von 5 % hinauslaufen muss.[811]

1669 Formularmäßige Vertragsbestimmungen über den Umfang der Sicherheitsleistung sind hinsichtlich ihrer Angemessenheit an § 307 Abs. 1 BGB zu beurteilen. Dabei ist vor allem zu berücksichtigen, dass nach dem gesetzlichen Leitbild entsprechend § 641 Abs. 1 BGB dem Auftragnehmer mit der Abnahme seiner Leistung der volle Werklohn zusteht; deshalb müssen Regelungen über einen Sicherheitseinbehalt schon dann unwirksam sein, wenn eine Höchstdauer für den Einbehalt nicht bestimmt ist.[812] Der BGH[813] hält darüber hinaus eine Bestimmung in Allgemeinen Geschäftsbedingungen eines Bauvertrages, wonach der Auftraggeber nach Abnahme des Bauwerks **5 %** der Auftragssumme für die Dauer einer fünfjährigen Gewährleistungspflicht als Sicherheit einbehalten darf, für unangemessen und damit unwirksam, wenn dem Auftragnehmer kein angemessener Ausgleich (z.B. nach den Regeln des § 17 VOB/B) zugestanden wird, weil dem Unternehmer für einen verhältnismäßig langen Zeitraum von fünf Jahren das gesamte Bonitätsrisiko des Auftraggebers zugemutet wird. In der möglichen Ablösung des Einbehalts durch Bürgschaft auf erstes Anfordern sieht der BGH keine ausreichende „Kompensation für die aus dem Einbehalt resultierenden Nachteile und Risiken".[814] Dagegen bietet nach Auffassung des BGH[815] die Möglichkeit eines Austausches des Sicherheitseinbehaltes von 5 % gegen eine selbstschuldnerische unbefristete Bürgschaft einen hinreichenden Ausgleich zu dem vertraglich vorgesehenen Einbehalt. Das ist jedoch nicht der Fall, wenn die Ablösung durch eine entsprechende Bürgschaft zusätzlich davon abhängig gemacht wird, dass keine wesentlichen Mängel vorhanden sind, weil der zunächst angemessene Ausgleich derart eingeschränkt wird, dass ein Verstoß gegen § 305 BGB anzunehmen ist.

Der BGH[816] hat auch eine Bestimmung in Allgemeinen Geschäftsbedingungen eines Bauvertrages für unwirksam erklärt, wonach der Auftraggeber 5 % der Auftragssumme bis zum Ablauf der Gewährleistung als Sicherheit einbehalten kann, die Einzahlung auf ein gemeinsames Sperrkonto gleichzeitig ausgeschlossen wird und wegen der Ablösung des Einbehalts auf eine Bürgschaft nach dem Muster des Auftraggebers verwiesen wird, weil im Rahmen der letzten Einschränkung (Muster des Auftraggebers) unklar ist, mit welcher Art der Bürgschaft der Gewährleistungseinbehalt vom Auftragnehmer ersetzt werden kann.[817]

---

bei Vertragserfüllungsbürgschaft zulässig); s. ferner: *Joussen*, in: Ingenstau/Korbion, § 17 Abs. 1 VOB/B, Rn. 38 m.w.Nachw.
811) *Lederer*, Jahrbuch Baurecht 2008, 175, 186; *Joussen*, in: Ingenstau/Korbion, a.a.O.; *Staudinger/Peters/Jacoby* (2014), § 641, Rn. 63.
812) BGHZ 154, 378 = NZBau 2003, 493; OLG Köln, NZBau 2012, 499, 500.
813) BGH, BauR 1997, 829 = NJW 1997, 2598; siehe ferner: BGH, BauR 2015, 114 = ZfBR 2015, 45 (zur **Übersicherung** von Gewährleistungsansprüchen in Höhe von 7 % der Auftragssumme).
814) A.a.O. („keine faire Alternative"); ebenso: OLG München, NJW-RR 1996, 534 = BauR 1995, 859 = OLGR 1995, 182.
815) BauR 2004, 325 m. abl. Anm. *Franz* = NZBau 2004, 145.
816) BauR 2000, 1052 = NZBau 2000, 285.
817) Vgl. hierzu *Siegburg*, ZfIR 2004, 89, 91.

Das OLG München[818] hält eine formularmäßige Bauvertragsklausel, die einen Gewährleistungseinbehalt von **10 %** der Bauauftragssumme auf fünf Jahre und einen Monat vorsieht, ebenfalls für unangemessen an, weil der Auftragnehmer entgegen der Regelung des § 641 Abs. 1 BGB übermäßig belastet werde. Nach OLG Braunschweig[819] ist eine formularmäßige Bestimmung, nach der der Auftragnehmer dem Auftraggeber für die Dauer der Gewährleistung ein Recht zum zinslosen Sicherheitseinbehalt einräumt, unangemessen und nach § 307 BGB unwirksam.

e) Zeitraum der Sicherheitsleistung

Literatur

Banzhaf/Buchinger, Offene Fragen bei der „Freigabe" von Gewährleistungsbürgschaften, NZBau 2010, 539.

1670 Als Zeitraum für die **Haftung** aus der Sicherheit kommt in aller Regel die Dauer der **Gewährleistungsfrist** für Baumängel in Betracht; der Bürge muss jedoch nur für die Gewährleistungspflicht einstehen, die im Zeitpunkt der Bürgschaftsübernahme vereinbart war. Später getroffene Vereinbarungen über eine Gewährleistungsfrist gehen nicht zu seinen Lasten.[820] Im Übrigen sind die Parteien aber bei der Bestimmung der Gewährleistungsfrist grundsätzlich frei. Vereinbaren die Parteien für die Sicherheitsleistung einen kürzeren Zeitraum als den der Gewährleistung, ist die Sicherheit freizugeben, wenn bei Ablauf der Frist für die Sicherheitsleistung keine Gegenansprüche des Bauherrn bestehen, weil z.B. kein Mangel aufgetreten ist, auch wenn der Auftragnehmer zwischenzeitlich illiquide geworden ist.[821] Allein die Möglichkeit, dass während der weiteren Gewährleistungsfrist noch Mängel auftreten können, reicht insoweit nicht aus, die vertraglich vereinbarte Frist der Sicherheitsleistung zu verlängern. Die vorgenannten Grundsätze gelten auch für den Fall, dass vor Fälligkeit des Sicherheitsbetrages über das Vermögen des Auftragnehmers das **Insolvenzverfahren** eröffnet wird.[822]

1671 Die Fälligkeit des Sicherheitseinbehaltes kann grundsätzlich nicht der Einflusssphäre eines **Dritten** zugeordnet werden.[823] Daher wird man folgende Klausel für unwirksam zu halten haben: „5 % der Netto-Gesamtabrechnungssumme werden fällig nach Ablauf der Gewährleistung und wenn zuvor auch von dem Auftraggeber des Bauherrn festgestellt worden ist, dass keine Mängel vorliegen." Der Auftragnehmer steht in keinerlei vertraglichen Beziehungen zu dem Auftraggeber des

---

818) NJW-RR 1996, 534 = BauR 1995, 859 = OLGR 1995, 182. Das OLG Frankfurt, BauR 1993, 375 (LS) u. *Schmitz/Vogel*, ZfIR 2002, 509, 514, halten jede Überschreitung des üblichen Satzes von 5 % der Schlussrechnungssumme für unangemessen, mit der Folge der Unwirksamkeit der Klausel.
819) NJW-RR 1995, 81; ähnlich OLG Düsseldorf, OLGR 1992, 185 = IBR 1992, 315.
820) Zutreffend: OLG Düsseldorf, BauR 1994, 747.
821) So richtig AG Köln, U.v. 30.10.1980 – 128 C 507/80; s. auch BGH, ZfBR 1982, 70 (Erlöschen einer Fertigstellungsbürgschaft); vgl. auch OLG Koblenz, AGBE Bauvertragsklauseln, § 9 Nr. 41.
822) OLG Hamm, BauR 1984, 537; LG Lüneburg, BauR 1998, 1018 = MDR 1998, 834, 835.
823) Ebenso: *Nicklisch/Weick*, § 17 VOB/B, Rn. 57 mit Hinweis auf LG Köln, *Schäfer/Finnern*, Z 2.50 Bl. 8.

Bauherrn, also dem Dritten. Er kann daher auch keinen Druck auf diesen Dritten ausüben. Ihm wird etwas aufgebürdet, worauf er keinen Einfluss hat.

Eine Bürgschaft mit einer **zeitlichen Begrenzung** kann nach der Rechtsprechung des BGH[824] eine **Zeitbürgschaft** oder eine **gegenständlich beschränkte Bürgschaft** darstellen: „Die zeitliche Begrenzung kann den Sinn eines Endtermins (§ 163 BGB) haben, nach dessen Ablauf die Verpflichtung des Bürgen erlöschen soll. Sie kann aber auch die Verbindlichkeit, für die der Bürge sich verbürgt, dahin näher bestimmen, dass der Bürge nur für die innerhalb einer bestimmten Zeit begründeten Verbindlichkeiten – für diese aber unbefristet – einstehen soll (BGH, NJW 1988, 908). Welche Art von Bürgschaft gewollt ist, muss auf Grund einer Auslegung der Bürgschaftsverpflichtung ermittelt werden."

1672 Wird ein Bauvertrag infolge einer **Kündigung** beendet, ist damit der Sicherheitseinbehalt nicht vorzeitig fällig. Wegen der erbrachten Teilleistungen bleibt es bei dem Recht zum Sicherheitseinbehalt, da Gewährleistungsansprüche grundsätzlich durch die Kündigung nicht berührt werden.[825] Dasselbe gilt bei einer einvernehmlichen Vertragsaufhebung.

1673 Für den VOB-Bauvertrag stellt § 17 Abs. 6 VOB/B Grundsätze für den Sicherheitseinbehalt auf, die für den Fall gelten, dass anderweitige Vereinbarungen von den Parteien des Bauvertrages nicht getroffen wurden.[826] Danach darf der Auftraggeber jeweils die Zahlung um höchstens 10 v.H. kürzen, bis die vereinbarte Sicherheitssumme erreicht ist. Reicht die Höhe dieses Betrages wegen bereits aufgetretener Baumängel nicht aus, kann der Bauherr weitere Beträge auf dem Wege des Zurückbehaltungsrechts einbehalten.

1674 Mangels anderweitiger Vereinbarung kann der Bauherr mit dem einbehaltenen Sicherheitsbetrag nicht arbeiten: Er hat vielmehr binnen 18 Werktagen nach der Mitteilung an den Bauunternehmer über den einbehaltenen Betrag diesen auf ein **Sperrkonto** bei dem vereinbarten Geldinstitut einzuzahlen.[827] Das Geldinstitut kann bei Vertragsabschluss, aber auch später bestimmt werden. Zahlt der Bauherr den einbehaltenen Betrag nicht rechtzeitig ein, so kann ihm gemäß § 17 Abs. 6 Nr. 3 der Auftragnehmer hierfür eine angemessene **Nachfrist** setzen.

1675 Öffentliche Auftraggeber sind berechtigt, den als Sicherheit einbehaltenen Betrag auf eigenes Verwahrgeldkonto zu nehmen (§ 17 Abs. 6 Nr. 4). Bei kleineren oder kurzfristigen Aufträgen ist es zulässig, dass der Auftraggeber den einbehaltenen Sicherheitsbetrag erst bei der Schlusszahlung auf ein Sperrkonto einzahlt (§ 17 Abs. 6 Nr. 2).

1676 Für den VOB-Bauvertrag ist bezüglich der Rückgabe der Sicherheiten § 17 Abs. 8 VOB/B zu beachten.[828] Dabei ist zwischen der Vertragserfüllungssicherheit und der Gewährleistungssicherheit zu unterscheiden. Nach § 17 Abs. 8 VOB/B hat ein Auftraggeber eine nicht verwertete Sicherheit für die Vertragserfüllung zum vereinbarten Zeitpunkt, spätestens nach Abnahme und Stellung der Sicherheit für Mängelansprüche, zurückzugeben; das gilt nur dann nicht, wenn Ansprüche des Auftraggebers, die nicht von der gestellten Sicherheit für Mängelansprüche umfasst, noch nicht erfüllt sind. Im letzteren Fall darf der Auftraggeber für diese Vertragserfüllungsansprüche einen entsprechenden Teil der Sicherheit zurückbehalten. Für die Gewährleistungssicherheit gilt § 17 Abs. 8 Nr. 2 VOB/B. Danach hat der Auftraggeber eine nicht

---

824) BGH, IBR 2004, 247 – *Schmitz* = WM 2004, 723 = BB 2004, 850.
825) OLG Düsseldorf, BauR 1979, 325.
826) BGH, BauR 1979, 525 = ZfBR 1979, 207.
827) LG Tübingen, BauR 1977, 207.
828) Eine Bürgschaft ist spätestens nach dem Wegfall des Sicherungszwecks zurückzugeben (OLG Düsseldorf, IBR 2017, 201 – *Koos*).

verwertete Sicherheit für Mängelansprüche nach Ablauf von zwei Jahren zurückzugeben, sofern die Parteien keinen anderen Rückgabezeitpunkt vereinbart haben. Soweit jedoch zu diesem Zeitpunkt die vom Auftraggeber geltend gemachten Ansprüche noch nicht erfüllt sind, darf er einen entsprechenden Teil der Sicherheit zurückhalten. Diese Neuregelung ist unter dem Licht der in § 13 Abs. 4 VOB/B eingeführten Regelverjährungsfrist von vier Jahren zu sehen.

Höhe, Zweck und Zeitraum der Sicherheitsleistung können im Übrigen von den Vertragsparteien im Einzelnen abweichend von § 17 VOB/B vereinbart werden; geschieht dies in AGB, darf keine übermäßige Sicherung eintreten.[829)] So hat das OLG Hamm[830)] entschieden, dass eine Klausel, wonach 5 % Rechnungssumme erst 60 Monate nach Fertigstellung aller Leistungen einschließlich eventueller Gewährleistungsansprüche fällig werden, unwirksam ist. 1677

9. Umsatzsteuer

Literatur

Strunz, Kriterien zur Abgrenzung von Teilleistungen in der Bauwirtschaft (§ 13 Abs. 1 Nr. 1a MWStG), BauR 1985, 146; *Wagner*, Bauleistungen im Bauträgerkaufvertrag umsatzsteuerpflichtig?, DStR 1996, 1873; *Lachmann/Amenda*, Rückforderung wegen unzulässiger Abwälzung der Umsatzsteuer – dargestellt am Beispiel der „Wendebauten", BauR 1997, 223; *Dittmann*, Umstellung langfristiger Verträge zum Stichtag der Umsatzsteueränderung, BB 1992, 1571; *Klenk*, Steckengebliebene Werkleistung im Umsatzsteuerrecht im Falle des § 649 BGB, BauR 2000, 638; *Hochstadt/Matten*, Umsatzsteuerrechtliche Probleme bei der Abwicklung von Bauverträgen, BauR 2003, 626; *Grabau*, Steuerschuldumkehr in der Bauwirtschaft, ZfIR 2004, 849; *Lingemann*, Der Übergang der Umsatzsteuerschuldnerschaft bei Bauleistungen auf den Leistungsempfänger, BauRB 2004, 343; *Eisolt*, Umsatzsteuer und Bauleistungen: BMF-Schreiben zu den Neuregulierungen der §§ 14, 14b und 13b UStG, NZBau 2005, 320; *Sterzinger*, Umsatzsteuerliche Beurteilung vorzeitig aufgelöster Werkverträge, NZBau 2010, 10.

Die Umsatzsteuer kann der Unternehmer nur gesondert (zusätzlich) verlangen, wenn er eine **ausdrückliche oder stillschweigende Vereinbarung** mit dem Bauherrn darlegen und **beweisen** kann.[831)] Auch für das Unternehmerrecht besteht in Rspr. und Lit. einhellige Auffassung, dass Mehrwertsteuer nach dem Umsatzsteuergesetz nur bei einer entsprechenden vertraglichen Vereinbarung verlangt werden kann.[832)] Dies gilt für alle Vergütungsarten, also nicht nur für den Pauschalpreis, in dem die Umsatzsteuer mangels anderer Vereinbarung grundsätzlich enthalten ist, sondern vor allem auch für vereinbarte Einheitspreise und Stundenlöhne.[833)] Eine vereinbarte Vergütung stellt also grundsätzlich einen **Bruttopreis** dar. 1678

---

829) Vgl. im Einzelnen *Joussen*, in: Ingenstau/Korbion, § 17 Nr. 1/B, Rn. 33.
830) NJW-RR 1988, 726; ZfBR 1991, 71; vgl. auch OLG München, BauR 1995, 859 = NJW-RR 1996, 534 = OLG 1995, 182; NJW-RR 1992, 218; OLG Karlsruhe, BauR 1989, 203 („Einbehalt von **5 %** auf **2 Jahre**" unwirksam); ähnlich: OLG Zweibrücken, NJW-RR 1994, 1363, 1366 (**5 %/1 Jahr**).
831) BGH, WM 1973, 677 (für das Kaufrecht); OLG Frankfurt, OLGR 1998, 238; *Grimme*, S. 192 m.w.Nachw.
832) Zum Wegfall der Geschäftsgrundlage (§ 313 BGB) beim **Irrtum** über die **Umsatzsteuerpflichtigkeit**: LG Dresden, NJW-RR 1997, 242 (Bauträgervertrag).
833) OLG Düsseldorf, BauR 1979, 352; OLG Hamm, DB 1973, 125; OLG Karlsruhe, NJW 1972, 451 = BauR 1972, 243; OLG Düsseldorf, BB 1972, 288 = BauR 1972, 121; OLG Köln, NJW 1971, 894; OLG Oldenburg, NJW 1969, 1486; OLG Bremen, BB 1971, 1384.

1679 Bei Bauverträgen zwischen Unternehmern gilt grundsätzlich nichts anderes, auch wenn sie im Handelsregister eingetragen und vorsteuerabzugsberechtigt sind.[834] Ausnahmsweise können daher vereinbarte Preise dann mit der Umsatzsteuer belastet werden, wenn ein entsprechender Handelsbrauch in der Weise zu bejahen ist, dass zwischen Unternehmern vereinbarte Preise Nettopreise darstellen; dies hängt von den jeweiligen regionalen Gegebenheiten ab.[835] **Beweispflichtig** für einen solchen Handelsbrauch ist derjenige, der sich hierauf stützen will.[836] Das OLG Frankfurt[837] hat beispielsweise einen entsprechenden Handelsbrauch verneint, wonach bei Preisvereinbarungen zwischen vorsteuerabzugsberechtigten Vertragspartnern die gesetzliche Mehrwertsteuer stets zusätzlich zu zahlen ist.

1680 Aus der **Anforderung der Umsatzsteuer** durch den Auftragnehmer **im Rahmen von Akontorechnungen** und der **entsprechenden Zahlung** durch den Auftraggeber allein lässt sich noch keine vertragliche Vereinbarung über die zusätzliche Zahlungsverpflichtung der Umsatzsteuer herleiten;[838] solange die Schlussrechnung noch nicht erstellt ist, sind Abschlagszahlungen kein Anerkenntnis des Vergütungsanspruchs (vgl. Rdn. 1602). Abschlagsforderungen und Abschlagsrechnungen haben ausschließlich vorläufigen Charakter. Es bleibt deshalb dem Auftragnehmer vorbehalten, im Rahmen der Schlussrechnung die endgültige Prüfung des Vergütungsanspruches des Auftragnehmers dem Grunde und der Höhe nach vorzunehmen.

Bauträgergeschäfte unterliegen nach einer Entscheidung des Bundesfinanzhofes[839] nicht der Umsatzsteuer, weil insoweit Grunderwerbssteuer anfällt; dies gilt auch dann, wenn die Wohnungseigentümer nachträglich die Ausführung von Sonderwünschen vereinbaren.

Die Höhe der Umsatzsteuer richtet sich nach dem zur Zeit der Abnahme der Bauleistung geltenden Steuersatz.[840] Vereinbaren die Vertragsparteien einen **bestimmten** Mehrwertsteuersatz, der auf den vereinbarten Nettopreis zusätzlich zu zahlen ist, kann es bei Änderung des Steuersatzes während der Bauausführung zweifelhaft sein, ob der Unternehmer auf die nach Änderung des Steuersatzes fällig werdenden Zahlungen den neuen Mehrwertsteuersatz verlangen kann.[841]

1681 **Umsatzsteuer** kann auf **Zinsen** nach der neueren Rechtsprechung nicht mehr verlangt werden.[842]

1682 Auf eine **Abschlagszahlung** ist grundsätzlich **Umsatzsteuer** zu zahlen, wenn diese vom Auftragnehmer gefordert wird. § 16 Abs. 1 Nr. 1 Satz 1 VOB/B spricht dies für den VOB-Bauvertrag nochmals ausdrücklich aus.

---

834) OLG Oldenburg, NJW 1969, 1486, 1487; OLG München, NJW 1970, 661; OLG Karlsruhe, NJW 1972, 451; *Honig*, BB 1975, 448; a.A.: *Keldungs*, in: Ingenstau/Korbion, § 2 Abs. 1/B, Rn. 16.
835) NJW 1971, 894, zur Frage des Handelsbrauchs auch OLG Düsseldorf, NJW 1976, 1268.
836) BGH, WM 1973, 677; NJW 1979, 540 = ZfBR 1979, 58 = MDR 1979, 600.
837) BauR 1997, 524.
838) OLG Düsseldorf, BauR 1985, 347 ff.
839) NJW-Spezial 2008, 451.
840) OLG Düsseldorf, NJW-RR 1996, 1485. Zu einer unklaren Umsatzsteuerklausel des öffentlichen Auftraggebers: OLG Stuttgart, BauR 1998, 559.
841) So aber OLG Celle, OLGR 1999, 269.
842) BGH, BauR 1985, 102, 103 m. Nachw.; vgl. hierzu *Ernst*, NJW 1986, 362.

Soweit der Auftragnehmer **Vergütung gemäß § 649 BGB/§ 8 Abs. 1 VOB/B** für die **nicht ausgeführte Bauleistung** zu Recht verlangt, kann er hierauf nach der Rechtsprechung des BGH (nach Vorlage beim Europäischen Gerichtshof[843]) nicht die Mehrwertsteuer beanspruchen, da insoweit kein umsatzsteuerrechtliches Austauschgeschäft vorliegt, weil die vorerwähnten Vorschriften nur **Entschädigungscharakter** haben und daher als Bemessungsgrundlage für die Umsatzsteuer ausscheiden.[844] Allerdings hat der BGH[845] entschieden, dass der gemäß **§ 642 BGB** zu zahlenden Entschädigung eine steuerbare Leistung des Unternehmers zugrunde liegt und damit Bemessungsgrundlage für den Umsatz ist, sodass **Umsatzsteuer** anfällt. Demgegenüber gewährt **§ 6 Abs. 6 VOB/B** dem Auftragnehmer einen Schadensersatzanspruch, dem keine steuerbare Leistung zugrunde liegt, sodass hierfür eine **Umsatzsteuerpflicht ausscheidet**.[846]

Auch auf sonstige Entschädigungsansprüche für nicht durchgeführte Werkverträge kann die Umsatzsteuer nicht verlangt werden.[847] Ob der Schadensersatzanspruch bei einer mangelhaften Werkleistung ebenfalls die voraussichtlich zu zahlende Mehrwertsteuer umfasst, auch wenn der Schaden noch nicht beseitigt worden ist, ist streitig.[848]

In vielen **Allgemeinen Geschäftsbedingungen** findet sich die Klausel, dass Änderungen des Umsatzsteuersatzes beide Parteien zur entsprechenden Preisanpassung berechtigen. Der BGH hält diese Klausel im Hinblick auf § 11 Nr. 1 AGB-Gesetz (jetzt § 309 Nr. 1 BGB) für nichtig, wenn sie im Geschäftsverkehr mit Nichtkaufleuten angewendet wird.[849] Daher kann eine solche Regelung gegenüber Nichtkaufleuten nur einzelvertraglich erfolgen. Gegenüber Kaufleuten wird man allerdings eine solche Gleitklausel als wirksam ansehen können.[850] Eine Klausel in Allgemeinen Geschäftsbedingungen, wonach sich die „angegebenen Preise immer zuzüglich Umsatzsteuer verstehen", verstößt zumindest im nichtkaufmännischen Bereich gegen § 307 BGB und ist daher unwirksam.[851] Nach einer Entscheidung des OLG Celle[852] verstößt eine Klausel, wonach Veränderungen der Mehrwertsteuer bis zur Fertigstellung des Bauvorhabens den Gesamtpreis betreffen und zu Lasten bzw. zu Gunsten des Bauherrn gehen, gegen § 309 Nr. 1 BGB und ist im nichtkaufmännischen Verkehr daher unwirksam.

1683

---

843) IStR 2007, 667 = BFH/NV 2007, Beilage 4, S. 424.
844) BauR 2008, 506 = NZBau 2008, 247 = NJW 2008, 1522. Vgl. hierzu *Sterzinger*, NZBau 2010, 10.
845) BauR 2008, 821 = NZBau 2008, 318 = NJW 2008, 1523.
846) BGH, a.a.O.
847) BGH, DB 1970, 2415, 2416.
848) Bejahend OLG Düsseldorf, IBR 2010, 21; OLG Brandenburg, IBR 2006, 136 ff.; OLG Stuttgart, IBR 2008, 265; verneinend OLG München, IBR 2009, 23; KG, BauR 2009, 107.
849) BGH, DB 1980, 1391 = BB 1980, 906.
850) Ebenso: *Dittmann*, BB 1992, 1571, 1573, der allerdings zu Recht eine **Umsatzsteuergleitklausel** für wirksam hält, wonach die Preise im Falle einer Umsatzsteuererhöhung angepasst werden können, wenn die Leistung nicht innerhalb von vier Monaten nach Vertragsabschluss erfolgt.
851) Vgl. BGH, WM 1973, 677; *Keldungs*, in: Ingenstau/Korbion, § 2 Abs. 1/B, Rn. 16.
852) BauR 2001, 1113 (zu § 11 Nr. 1 AGB-Gesetz).

1684 Nach § 13b Abs. 1, 2 und 5 UStG **schuldet der Leistungsempfänger die Umsatzsteuer** in folgenden Fällen (sog. **Steuerschuldumkehr**):

* Bei Werklieferungen und nicht unter § 13b Abs. 1 fallende sonstigen Leistungen eines im Ausland ansässigen Unternehmers, wenn der Leistungsempfänger ein Unternehmer oder eine juristische Person des öffentlichen Rechts ist.
* Bei Bauleistungen einschließlich Werklieferungen und sonstigen Leistungen, im Zusammenhang mit Grundstücken, die der Herstellung, Instandsetzung, Instandhaltung, Änderung oder Beseitigung von Bauwerken dienen (mit Ausnahme von Planungs- und Überwachungsleistungen), wenn der Leistungsempfänger ein Unternehmer ist, der nachhaltig entsprechende Leistungen erbringt, was im Regelfall durch eine entsprechende Bescheinigung der Finanzbehörden nachgewiesen wird.

Durch die Steuerschuldumkehr ist der Unternehmer (Auftragnehmer) daher in diesen Fällen verpflichtet, seine Leistungen **netto** zu berechnen, während der Leistungsempfänger (Auftraggeber) verpflichtet ist, die auf den in Rechnung gestellten Nettobetrag anfallende Umsatzsteuer im Rahmen seiner Umsatzsteuer-Voranmeldung anzumelden und an das Finanzamt abzuführen.[853] Kommt § 13b UStG zum Zuge, ist ein etwaiger Sicherheitseinbehalt von der Nettorechnungssumme zu berechnen und sodann auch von dieser Summe in Abzug zu bringen.[854]

10. Skontoabzug

Literatur

Inhuber, Das Skonto im Endverbrauchergeschäft, 1993.

Locher, Der Skontoabzug an Vergütungen für Bauleistungen, BauR 1980, 30; *Kronenbitter*, Der Skontoabzug in der Praxis der VOB/B, BB 1984, 2030; *Weyand*, Die Skontovereinbarung in einem der VOB unterliegenden Bauvertrag unter besonderer Berücksichtigung der VOB/A, BauR 1988, 58; *Nettesheim*, Skonto bei nur teilweiser Bezahlung innerhalb der Skontofrist, BB 1991, 1724; *Kainz*, Zur Wertung von Skontoangeboten bei öffentlichen Aufträgen, BauR 1998, 219; *Stellmann/Isler*, Der Skontoabzug im Bauvertragswesen – Ein dogmatischer und praktischer Leitfaden –, ZfBR 2004, 633; *Peters*, Skonti, NZBau 2009, 584; *Pauly*, Skontoabreden im Bauvertragsrecht, Allgemeine Rechtsgrundsätze statt Handelsbrauch, NZBau 2013, 198.

1685 Vom Rechnungsbetrag kann ein Skonto nur abgezogen werden, wenn die Vertragsparteien eine entsprechende **Vereinbarung** (Höhe des Skontos, Skontofrist) getroffen haben.[855] Dies stellt für den VOB-Bauvertrag § 16 Abs. 5 Nr. 2 VOB/B noch einmal klar. Einen **Handelsbrauch** oder eine **Verkehrssitte** für einen Skontoabzug **gibt es** auch in der Baubranche **nicht**.[856]

1686 Die Vereinbarung eines Skontoabzuges stellt in der Regel keine Rabattgewährung („Preisnachlass") dar, sondern das Angebot eines prozentualen Abzuges vom Rechnungsbetrag für eine sofortige bzw. kurzfristige Zahlung vor Fälligkeit.[857] In

---

853) Vgl. hierzu *Grabau*, ZfIR 2004, 849 sowie *Lingemann*, BauR 2004, 343.
854) *Theurer*, BauR 2006, 7; *Döhler*, BauR 2006, 14; **a.A.:** *Groß*, BauR 2005, 1084.
855) OLG Düsseldorf, BauR 1992, 783; vgl. hierzu auch OLG Hamm, NJW-RR 1994, 1474 (keine Skontoberechtigung als Folge ständiger Skontoeinbehalte). Zur **Beweislast:** BGH, NJW 1983, 2944 = BB 1983, 2141 (m.Anm. *Baumgärtel*).
856) *Peters*, NZBau 2009, 584, 585; so auch schon *Koeble*, BauR 1983, 323, 325; ferner *Pauly*, NZBau 2013, 198; OLG Düsseldorf, BauR 1992, 783; LG Aachen, NJW-RR 1986, 645.
857) OLG Köln, *SFH*, Nr. 2 zu § 641 BGB; OLG Düsseldorf, BauR 1992, 783; *Pauly*, NZBau 2013, 198; *Stellmann/Isler*, ZfBR 2004, 633; *Kainz*, BauR 1998, 219, 226 u. OLG Frankfurt,

welcher Form und Art die Skontovereinbarung erfolgt, ist unerheblich. Insbesondere sind die Parteien hinsichtlich der Zeitbestimmung als Voraussetzung für den Skontoabzug (Skontofrist) frei. Bei einer Skontoabrede wird die gesamte Vergütung aus dem Bauvertrag erfasst.[858] Der Auftraggeber, der einen Skontoabzug vornehmen will, trägt nicht nur für eine **entsprechende Abrede die Darlegungs- und Beweislast**, sondern auch für die **Rechtzeitigkeit der Zahlung** und damit den Beginn der Skontierungsfrist (Rechnungszugang).[859]

Häufig wird in der Baubranche zwar ein Skonto vereinbart, aber nichts darüber bestimmt, wann und auf welche Zahlungen ein Skontoabzug vorgenommen werden kann. Dies führt immer wieder zu Streitigkeiten.[860] **1687**

Eine **wirksame Abrede** über einen Skontoabzug setzt grundsätzlich voraus, dass die Parteien die **Modalitäten für den Skontoabzug** im Einzelnen festgelegt haben.[861] Das gilt insbesondere hinsichtlich der **Höhe** und der **Zahlungsfrist**.[862] Ob ein allgemeiner Hinweis auf die VOB/B insoweit ausreicht, erscheint bedenklich;[863] ein konkreter Hinweis, wonach „bei Zahlung nach § 16 VOB/B" ein entsprechender Skonto gewährt wird, ist dagegen wirksam, weil damit auf die dort genannten Zahlungsfristen verwiesen wird.[864] Dasselbe gilt, wenn das angebotene Skonto mit einem Hinweis „bei Einhaltung der Zahlung nach VOB/B" verbunden wird.[865]

Bestritten, aber abzulehnen ist in diesem Zusammenhang die Möglichkeit, ein Bestimmungsrecht des Auftraggebers aus § 316 BGB bei einer fehlenden Einigung über diese Skontomodalitäten anzunehmen.[866] Von einer unzureichenden und damit unwirksamen Einigung über das Zahlungsziel ist im Rahmen einer Skonto- **1688**

NJW-RR 1988, 1486 (zum „**verschleierten**" Preisnachlass): Skontogewährung nur sinnvoll, wenn sie eine Frist vorsieht, die kleiner als die Zahlungsfrist ist).

858) *Pauly*, NZBau 2013, 198, 200; *Kronenbitter*, BB 1984, 2030, 2032.
859) OLG Stuttgart, BauR 2012, 1104; OLG Düsseldorf, BauR 2001, 1268.
860) Vgl. hierzu *Weyand*, BauR 1988, 58; LG Mainz, *SFH*, Nr. 35 zu § 16 Nr. 3 VOB/B sowie LG Saarbrücken, *SFH*, Nr. 3 zu § 16 Nr. 5 VOB/B. *Stellmann/Isler*, ZfBR 2004, 633, 640 haben – innerhalb einer Checkliste – Beispiele für klare Skontoregelungen aus der Sicht des Auftraggebers sowie aus der Sicht des Auftragnehmers aufgezeigt.
861) Das gilt auch bei Vereinbarung eines Skontos im Rahmen eines Lastschrifteinzugs: vgl. hierzu BGH, NJW-RR 2009, 809 = IBR 2009, 315 – *Rodermann*. Vgl. zur Auslegung einer Skontoabrede OLG Frankfurt, BauR 2016, 674 = NZBau 2016, 103.
862) **Herrschende Meinung**; OLG Stuttgart, BauR 1998, 798 = OLGR 1998, 59; OLG Düsseldorf, BauR 1992, 783; LG Aachen, NJW-RR 1986, 645 m.Anm. *Kronenbitter*, BB 1986, 224; *Locher*, in: Ingenstau/Korbion, § 16 Abs. 5/B, Rn. 5; *Nettesheim*, BB 1991, 1724, 1725; *Kainz*, BauR 1998, 219, 225.
863) LG Aachen, a.a.O., das auch eine vereinbarte Zahlung „in angemessener Frist" nicht ausreichen lassen will, um eine wirksame Skontoabrede zu bejahen; ebenso: *Locher*, in: Ingenstau/Korbion, § 16 Abs. 5/B, Rn. 8 sowie *Pauly*, NZBau 2013, 198, 199.
864) OLG Karlsruhe, BauR 1999, 1028 = NJW-RR 1999, 1033 = MDR 1999, 930; **a.A.:** *Pauly*, NZBau 2013, 198, 200 m.w.Nachw.
865) OLG Köln, NJW-RR 2003, 741 = NZBau 2003, 377.
866) So aber *Locher*, in: Ingenstau/Korbion, § 16 Abs. 5/B, Rn. 8; *Kronenbitter*, BB 1984, 2032 u. BB 1986, 224; **a.A.:** LG Aachen, a.a.O.; *Stellmann/Isler*, ZfBR 2004, 633, 634; *Weyand*, BauR 1988, 58, 59; *Grimme*, S. 167 u. wohl auch OLG Stuttgart, BauR 1998, 798 = OLGR 1998, 59; *Pauly*, NZBau 2013, 198, 199.

absprache „bei Zahlung der Rechnung innerhalb 14 Tagen" auszugehen, weil damit nicht festgelegt wird, ab wann die 14-Tage-Frist laufen soll.[867]

Bestritten ist, wann eine Zahlung als rechtzeitig anzusehen ist. In Betracht kommt insoweit entweder der Zeitpunkt der Leistungshandlung des Schuldners (Zahlung) oder des Leistungserfolges (Eingang bei dem Gläubiger).[868] Da es für den Auftragnehmer bei der Vereinbarung einer Skontoabrede in erster Linie darauf ankommt, tatsächlich über das Geld zu verfügen, wird man Rechtzeitigkeit der Zahlung nur dann annehmen können, wenn das Geld auch tatsächlich beim Gläubiger eingegangen ist.[869] Bei Scheckzahlungen wird man unter dem vorgenannten Gesichtspunkt auf den Eingang der Schecks beim Gläubiger abzustellen haben.[870] Das ist jedoch umstritten. Der BGH[871] stellt demgegenüber auf die rechtzeitige Absendung des Schecks ab.

1689 Ist eine **Rechnung nicht prüffähig,** setzt sie nach Auffassung des OLG München[872] die Skontofrist nicht in Gang, sodass dem Auftraggeber die Skontierungsmöglichkeit erhalten bleibt; der Auftraggeber kann sich aber nicht auf die mangelnde Prüffähigkeit der Rechnung berufen, wenn er die vereinbarte Skontofrist verstreichen lässt, ohne den Auftragnehmer innerhalb der Skontierungsfrist darauf hinzuweisen, aus welchen Gründen er nicht innerhalb der vereinbarten Frist Zahlung leistet.[873]

Eine **berechtigte Aufrechnung** des Auftraggebers wahrt auch einen Skontoabzug.[874] Das gilt nicht, wenn eine **Barzahlungsklausel** vorliegt.[875]

1690 Nimmt ein Auftraggeber **nach Ablauf** der vereinbarten Skontofrist laufend Zahlungen unter Abzug des Skontos vor, so kann darin nach Auffassung des OLG Hamm[876] ein Angebot auf Änderung der Skontoabrede liegen. Allerdings erfolgt die Annahme dieses Angebots nicht allein dadurch, dass der Auftragnehmer die Zahlungen hinnimmt; vielmehr bedarf es einer objektiv erkennbaren Bestätigung des Annahmewillens durch den Auftragnehmer.

1691 Zweifelhaft ist weiter, ob bei fehlender Regelung ein Skontoabzug **nur im Rahmen der Schlusszahlung** oder auch bei anderen Zahlungsarten, insbesondere **Ab-**

---

867) LG Mainz, *SFH*, Nr. 35 zu § 16 Nr. 3 VOB/B; ebenso: *Locher,* in: Ingenstau/Korbion, § 16 Abs. 5/B, Rn. 8; **a.A.:** wohl OLG München, ZfBR 1988, 151, das stets den Beginn der Skontofrist mit dem Zugang der prüffähigen Rechnung beim Auftraggeber annimmt; ferner *Pauly*, NZBau 2013, 198, 200.
868) Vgl. hierzu die Nachweise bei *Pauly*, NZBau 2013, 198, 200.
869) So auch *Pauly*, NZBau 2013, 198, 200 m. Hinw. auf *Stellmann/Isler*, ZfBR 2004, 633, 638 sowie *Nettesheim*, BB 1991, 1724, 1726.
870) Wie hier *Pauly*, NZBau 2013, 198, 201.
871) BauR 1998, 398; ferner OLG Stuttgart, NZBau 2012, 437 = NJW 2012, 2360; Saarländisches OLG, OLGR 1998, 73; OLG Düsseldorf, BauR 2000, 729 = NJW-RR 2000, 545.
872) ZfBR 1988, 151; vgl. auch LG München, NJW-RR 1989, 852 (Auftraggeber hat mangelnde Prüffähigkeit selbst zu verantworten).
873) Ebenso: OLG Düsseldorf, BauR 2000, 729 = NJW-RR 2000, 545 = OLGR 2000, 121 = NZBau 2000, 78.
874) OLG Brandenburg, BauR 2015, 119, 121 (Aufrechnungserklärung innerhalb der Skontofrist notwendig). Vgl. hierzu m.w.N. *Stellmann/Isler*, ZfBR 2004, 633, 639 sowie *Pauly*, NZBau 2013, 198, 201 (auch zur Skontoabrede und ein Zurückbehaltungsrecht).
875) So OLG Düsseldorf, IBR 1996, 54.
876) NJW-RR 1994, 1474; siehe hierzu aber: OLG Stuttgart, OLGR 1998, 59, 60.

schlagszahlungen, erfolgen kann. Teilweise wird vertreten[877], dass in aller Regel ein vereinbarter Skonto nur bei der Schlusszahlung abgezogen werden darf. Dem kann nicht gefolgt werden. Maßgeblich ist zunächst, welche Vereinbarungen die Parteien getroffen haben.[878] Betrifft die Skontovereinbarung ganz allgemein die nach dem Vertrag zu leistenden Zahlungen, ist der Auftraggeber berechtigt, Skontoabzüge von allen Zahlungen, also auch Abschlagszahlungen, vorzunehmen.[879] Dasselbe gilt, wenn die Skontoabrede auf jede einzelne Rate eines Zahlungsplans Bezug nimmt.[880] Sinn und Zweck des Skontos sprechen dafür, dass jede pünktliche Teilzahlung skontierfähig ist. Leistet der Auftraggeber pünktlich innerhalb der Skontofrist Teilzahlungen und hat er das Recht zum Skontoabzug, ist nicht einzusehen, warum er nicht unmittelbar von der Zahlung den Skonto abziehen kann, auch wenn entsprechende Zahlungen nur vorläufige darstellen. Daran ändert sich nichts, wenn andere Zahlungen nicht fristgerecht erbracht worden sind.

Danach gilt: **1692**

* Wird eine vereinbarte **Abschlagszahlung** innerhalb der Skontofrist geleistet, kann grundsätzlich der zugesagte Skonto in Anspruch genommen werden. Unpünktliche andere Abschlagszahlungen oder eine verspätete Schlusszahlung führt nur hier zum Verlust des Skontos, nicht aber bei der Zahlung innerhalb der Skontofrist.[881]
* Wird nur die **Schlusszahlung,** nicht aber eine vereinbarte Abschlagszahlung pünktlich gezahlt, ist ein Skontoabzug auch nur bezüglich der Höhe der Schlusszahlung zulässig.[882]
* Erfolgen **Schlusszahlung oder Abschlagszahlungen nur zum Teil** innerhalb der Skontofrist – trotz berechtigter Forderung des Auftragnehmers –, ist kein Abzug eines Skontos (auch nicht teilweise) möglich. Es ist davon auszugehen, dass ein Auftragnehmer durchweg einen Skontoabzug nur einräumen will, wenn der Auftraggeber die gesamte berechtigte Forderung pünktlich zahlt.[883] Bei ei-

---

877) OLG München, NJW-RR 1992, 790; OLG Düsseldorf, BauR 1992, 783; *Schäfer/Finnern,* Z 2.310 Bl. 10; OLG Stuttgart, BauR 1990, 386 (LS) = ZfBR 1990, 123 (LS); *Locher,* in: Ingenstau/Korbion, § 16 Abs. 5/B, Rn. 6; *Vygen,* Rn. 920; *Locher,* BauR 1980, 30, 31; vgl. auch OLG Düsseldorf, BauR 1985, 333. Vgl. hierzu *Messerschmidt,* in: Kapellmann/Messerschmidt, § 16/B, Rn. 299.
878) OLG Brandenburg, IBR 2010, 130 – *Kues* = NJW-Spezial 2010, 76; *Pauly,* NZBau 2013, 198, 199.
879) KG, NZBau 2012, 233; OLG Brandenburg, IBR 2010, 130 – *Kues* = NJW-Spezial 2010, 76; *Pauly,* NZBau 2013, 198, 199 m.w.Nachw.; Beck'scher VOB-Komm/*Motzke,* B § 16 Nr. 5; Rn. 20. *Messerschmidt,* in: Kapellmann/Messerschmidt, § 16/B, Rn. 298.
880) BGH, BauR 2000, 1754 = NZBau 200, 467.
881) OLG Hamm, BauR 1999, 1028 = NJW-RR 1999, 1033 = MDR 1999, 930; OLG Hamm, BauR 1994, 774; OLG Karlsruhe, BauR 1999, 1028; OLG Köln, NJW-RR 1990, 525 = BauR 1990, 367; LG Konstanz, BauR 1980, 79; *Locher,* in: Ingenstau/Korbion, § 16 Abs. 5/B, Rn. 7; *Grimme,* S. 175; **a.A.:** OLG Düsseldorf, BauR 1981, 75.
882) BGH, BauR 2000, 1754 = NZBau 2000, 467; OLG München, NJW-RR 1992, 790. Vgl. hierzu *Messerschmidt,* in: Kapellmann/Messerschmidt, § 16/B, Rn. 299.
883) So auch OLG Stuttgart, BauR 2012, 1104; OLG Düsseldorf, BauR 2000, 729 = NJW-RR 2000, 545 = OLGR 2000, 121; NJWRR 2000, 1691 = NZBau 2000, 561 = OLGR 2001, 34; OLG Oldenburg, OLGR 1999, 100; *Kronenbitter,* BB 1984, 2030, 2032 u. *Nettesheim,* BB 1991, 1724, 1726; anders: OLG Hamm, NJW-RR 1995, 856 für die Klausel „Es wird ein Skontonachlass von 3 % auf **jede** Abschlags- und die Schlusszahlung gewährt, sofern diese

nem berechtigten **Einbehalt** (z.B. wegen Mängel) und im Übrigen fristgerechter Abschlagszahlung ist ein Skontoabzug berechtigt.[884] Fällt die Berechtigung für den Einbehalt einer Zahlung (z.B. durch Mängelbeseitigung) weg und zahlt der Auftraggeber nunmehr den vorgenommenen Einbehalt fristgerecht, kann insoweit auch ein Skontoabzug vorgenommen werden.[885] Im Übrigen weist der BGH[886] zutreffend darauf hin, dass dann, wenn die Parteien ein Skonto für jede einzelne Rate eines Zahlungsplans vereinbart haben, das Skonto für jede fristgerecht gezahlte Rate auch dann verdient ist, wenn andere Raten nicht fristgerecht geleistet werden.

1693 Im Übrigen ist Locher[887] der Auffassung, dass ein Auftraggeber nicht berechtigt ist, Skonto abzuziehen, wenn er vertraglich nicht oder noch nicht geschuldete Abschlagszahlungen (oder Vorauszahlungen) innerhalb der Skontofrist leistet, dagegen die Schlusszahlung verspätet erfolgt. Dies erscheint bedenklich.

Ein vereinbarter Skontoabzug ist bei einer freien Kündigung des Auftraggebers keine ersparte Aufwendung des Auftragnehmers.[888]

1694 Eine **Skontoregelung in AGB** eines VOB-Bauvertrages, die das Recht zum Skontoeinbehalt von dem Zeitraum abhängig macht, den der Architekt für die Rechnungsprüfung willkürlich bestimmt, ist (in AGB des Auftraggebers) wegen Verstoßes gegen § 307 BGB unwirksam.[889] Dasselbe gilt für eine Regelung in AGB, die den **Beginn** einer für einen Skontoanspruch bestimmten Zahlungsfrist auf den Abschluss der Prüfung der Schlussrechnung des Unternehmens durch den Auftraggeber festlegt.[890] Dagegen kann eine Skontierungsfrist vom Eingang einer prüfbaren Rechnung in AGB des Auftraggebers abhängig gemacht werden.[891] Das Verbot des Skontoabzugs (in AGB des **Auftragnehmers**) ist kein Verstoß gegen AGB-rechtliche Vorschriften, weil jedem Auftragnehmer grundsätzlich die vereinbarte oder übliche bzw. angemessene Vergütung für seine Leistung in voller Höhe zusteht. Dagegen können Skontoklauseln der **Auftraggeberseite** gegen § 307 BGB verstoßen. Eine Formularklausel in Vertragsbedingungen eines Auftraggebers, wonach vereinbarter Skonto von jedem Abschlags- und Schlussrechnungsbetrag abgezogen wird, für den die geforderten Zahlungsfristen eingehalten werden, verstößt nach Auffassung des BGH[892] gegen das **Transparenzgebot** und damit gegen § 307 BGB, weil unklar bleibt, in welchem Verhältnis die Klausel zu den übrigen Einzelabreden und den näher bezeichneten Rechnungen stehen soll, sodass die Gefahr

---

binnen acht Tagen seit Eingang einer jeweils prüfbaren Rechnung erfolgt." **A.A.:** auch *Locher*, in: Ingenstau/Korbion, § 16 Abs. 5/B, Rn. 7.
884) *Stellmann/Isler*, ZfBR 2004, 633, 637.
885) *Stellmann/Isler*, a.a.O.
886) BauR 2000, 1754 = NJW 2000, 3277.
887) A.a.O. und ihm folgend: *Locher*, in: Ingenstau/Korbion, § 16 Abs. 5/B, Rn. 7. **A.A.:** OLG Karlsruhe, BauR 1999, 1028.
888) BGH, BauR 2005, 1916 = NZBau 2005, 683.
889) OLG Frankfurt, NJW-RR 1988, 1485.
890) LG Berlin, BauR 1986, 700; OLG Stuttgart, OLGR 1998, 59, 60.
891) OLG Saarbrücken, IBR 2010, 131 – *Bolz*.
892) BGH, BauR 1996, 378 = NJW 1996, 1346 = MDR 1996, 791 = ZIP 1996, 678 = ZfBR 1996, 196; hierzu auch *Kainz*, BauR 1998, 219, 222 sowie *Stellmann/Isler*, ZfBR 2004, 633, 634 mit weiteren Beispielen bzgl. eines Verstoßes gegen das Transparenzgebot.

von Missverständnissen besteht. Die Vereinbarung eines ungewöhnlich hohen Skontos (in AGB des Auftraggebers) kann wegen unangemessener Benachteiligung zur Unwirksamkeit der Skontoregelung nach § 307 BGB führen.[893] Allerdings ist das OLG Saarbrücken[894] der Auffassung, dass einer in einem Bauvertrag enthaltenen Klausel, wonach der Auftraggeber zur 6 %igen Skontierung berechtigt ist, falls er innerhalb einer nach Eingang einer prüffähigen Rechnung in Lauf gesetzten Skontierungsfrist Zahlung leistet, keine Wirksamkeitsbedenken gemäß §§ 307 ff. BGB begegnen.

Nach OLG Köln[895] hat „die widerspruchslose Hinnahme von Skontoabzügen unter reibungsloser Fortsetzung der Geschäfte über einen langen Zeitraum den objektiven Erklärungswert", dass der Gläubiger mit den Abzügen, so wie sie praktiziert wurden, einverstanden ist.

11. Zinsen

Literatur

Gelhaar, Zur Höhe der gesetzlichen Verzugs- und Prozesszinsen, NJW 1980, 1372; *Ernst*, Verzugszinsen auch aus dem Mehrwertsteuerbetrag?, NJW 1986, 362; *Hahn*, Verzinsung von Rückforderungsansprüchen, BauR 1987, 269; *Blank*, Die AGB-rechtliche Zulässigkeit von Fälligkeitszinsen im Bauträgervertrag, DNotZ 1998, 339; *Henkel/Kesseler*, Die Neuregelung des Schuldnerverzuges durch das „Gesetz zur Beschleunigung fälliger Zahlungen", NJW 2000, 3089; *Volmer*, Warum das Gesetz zur Beschleunigung fälliger Zahlungen fällige Zahlungen nicht beschleunigt, ZfIR 2000, 421; *Pick*, Zur neuen Verzugsregelung für Geldforderungen, ZfIR 2000, 333; *Brambring*, Der neue § 284 Abs. 3 BGB – Nur ein Missverständnis?, ZfIR 2000, 245; *Kniffka*, Das Gesetz zur Beschleunigung fälliger Zahlungen – Neuregelung des Bauvertragsrechts und seine Folgen, ZfBR 2000, 227; *Bitter*, Gesetz zur „Verzögerung" fälliger Zahlungen – Kritische Anmerkung zum neuen § 284 Abs. 3 BGB –, WM 2000, 1282; *Risse*, Verzug nach 30 Tagen – Neuregelungen in § 284 Abs. 3 BGB, BB 2000, 1050; *Jani*, Neuregelungen des Zahlungsverzuges und des Werkvertragsrechts durch „Gesetz zur Beschleunigung fälliger Zahlungen" vom 30.3.2000, BauR 2000, 949; *Huber*, Das neue Recht des Zahlungsverzugs und das Prinzip der Privatautonomie, JZ 2000, 743; *Hammacher*, Zahlungsverzug und Werkvertragsrecht, BauR 2000, 1257; *Keldungs*, Der Vergütungsanspruch des Bauunternehmers im Lichte des Gesetzes zur Beschleunigung fälliger Zahlungen, OLGR-Kommentar 2001, K 1; *Fischer/Kröner/Oehme*, Nochmals: § 284 Abs. 3 BGB – Eine neue Regelung zum Schuldnerverzug –, ZfBR 2001, 7, 8; *Kirberger*, Die Beschleunigungsregelungen unter dogmatischem und praxisbezogenem Blickwinkel, BauR 2001, 492; *Glöckner*, Leitbild mit Verfalldatum, BauR 2001, 535; *Kesseler*, Das Gesetz zur Beschleunigung fälliger Zahlungen reformiert?, NJW 2001, 130; *Hildebrandt*, Teleologische Reduktion des § 284 III 1 BGB nicht notwendig, NJW 2001, 131; *Kiesel*, Verzug durch Mahnung bei Geldforderungen trotz § 284 III BGB, NJW 2001, 108; *Heinze*, Praxisvorschläge zur Bewältigung des Gesetzes zur Beschleunigung fälliger Zahlungen, NZBau 2001, 233 und 301; *Petershagen*, Der neue Basiszinssatz des BGH – Eine kleine Lösung der großen Schuldrechtsreform?, NJW 2002, 1455; *Schimmel/Buhlmann*, Schuldnerverzug nach der Schuldrechtsmodernisierung – Tatbestandsvoraussetzungen und Rechtsfolgen, MDR 2002, 609; *Garbe/Emden*, Die Verzinsung von Zahlungsforderungen bei VOB-Verträgen, BauR 2003, 1468; *Oelsner*, VOB/B 2012 – Verschärfung der Zahlungs- und Verzugsvorschriften in § 16, ZfBR 2012, 523.

---

893) Vgl. hierzu im Einzelnen *Stellmann/Isler*, ZfBR 2004, 633, 635, die insoweit die Höchstgrenze einer Vertragsstrafe (in AGB) heranziehen wollen (vgl. Rdn. 2582).
894) NJW 2010, 880.
895) IBR 2004, 189. Vgl. hierzu insbesondere *Stellmann/Isler*, ZfBR 2004, 633, 636.

1695 Dem Zinsanspruch des Unternehmers wird im Rahmen der Werklohnklage in Bauprozessen meist wenig Beachtung geschenkt. Häufig fehlt es an einem schlüssigen Vortrag.

1696 Beim **BGB-Bauvertrag** kann der Unternehmer nach § 641 Abs. 4 **Zinsen vom Zeitpunkt der Abnahme** der Bauleistung (vgl. Rdn. 1808) verlangen, sofern nicht die Vergütung gestundet ist (sog. Fälligkeitszinsen). In Literatur und Rechtsprechung ist allerdings streitig, ob die **Rechnungserteilung** beim BGB-Bauvertrag (über die Abnahme hinaus) **weitere Fälligkeitsvoraussetzung** ist (vgl. hierzu im Einzelnen Rdn. 1836 ff.).

1697 **Die Höhe** der Zinsen richtet sich zunächst nach § 246 BGB (4 %) bzw. § 352 HGB (5 %). **Höhere Zinsen** kann der Unternehmer nur bei **Zahlungsverzug** des Auftraggebers verlangen.[896] Der Zahlungsverzug ist sowohl durch das Gesetz zur Beschleunigung fälliger Zahlungen, das zum 1.5.2000 in Kraft getreten ist, als auch durch das Gesetz zur Modernisierung des Schuldrechts, das zum 1.1.2002 in Kraft getreten ist, neu geregelt worden.

1698 Nach § 286 Abs. 3 BGB kommt ein Schuldner einer Entgeltforderung nunmehr **spätestens in Verzug**, wenn er nicht innerhalb von 30 Tagen nach Fälligkeit und Zugang einer Rechnung oder gleichwertigen Zahlungsaufstellung Zahlung leistet. Dies gilt gegenüber einem Schuldner, der Verbraucher ist, allerdings nur, wenn auf diese Folgen in der Rechnung oder Zahlungsaufstellung besonders hingewiesen worden ist. Wenn der Zeitpunkt des Zugangs der Rechnung oder Zahlungsaufstellung unsicher ist, kommt der Schuldner, der nicht Verbraucher ist, spätestens 30 Tage nach Fälligkeit und Empfang der Gegenleistung in Verzug. Auf Schuldverhältnisse, die vor dem 1.1.2002 entstanden sind, ist nach Art. 229 § 5 EGBGB die bis zu diesem Tag geltende Fassung des § 284 Abs. 3 BGB – entsprechend der obigen Ausführungen – anzuwenden.

1699 Mit § 286 Abs. 3 BGB ist klar gestellt ist, dass ein **Verzug, z.B. durch Mahnung, auch vor Ablauf von 30 Tagen** eintreten kann. Wann es einer **Mahnung nicht bedarf**, regelt nunmehr **§ 286 Abs. 2 BGB** ausführlicher als bisher § 284 Abs. 2 BGB a.F. Nach wie vor tritt Schuldnerverzug ein, wenn eine Zeit nach dem Kalender bestimmt ist (§ 286 Abs. 2 Ziffer 1 BGB); daran hat sich nichts geändert. In der Ziffer 2 des Abs. 2 des § 286 BGB ist das Wort „Kündigung" (aus § 284 Abs. 2 Nr. 2 BGB a.F.) durch „Ereignis" ersetzt worden. Danach bedarf es einer Mahnung auch dann nicht, wenn der Leistung ein Ereignis vorauszugehen hat und eine angemessene Frist für die Leistung in der Weise bestimmt ist, dass sie sich von dem Ereignis an nach dem Kalender berechnen lässt. Beispiele: „Drei Monate nach Lieferung", „Drei Monate nach Kündigung", „Zwei Wochen nach Baubeginn" oder „Zwei Wochen nach Rechnungszugang". Damit ist die Ziffer 2 deutlich auf ähnliche Ereignisse wie die Kündigung ausgeweitet worden. Allerdings muss stets eine angemessene Zeit zwischen dem Ereignis und dem Verzug liegen. Klauseln wie „Zahlung sofort nach Lieferung", „Zahlung nach Baustandsmitteilung" oder „Zahlung nach Rohbaufertigstellung" genügen dem also nicht. Ist die Zeit zu kurz,

---

[896] Das OLG Düsseldorf, BauR 2004, 514, hält folgende Klausel nach § 11 Nr. 5b AGBG (jetzt § 309 Nr. 5b BGB) für unwirksam: „Rückständige Raten sind ab Fälligkeit – vorbehaltlich weiterer Ansprüche der Verkäuferin – mit 10 % p.a. zu verzinsen.".

gilt eine angemessene Frist. Hintergrund dieser Regelung ist, dass dem Schuldner wenigstens eine angemessene Zeit zur Verfügung stehen muss, um eine erhaltene Leistung oder Ware zu prüfen und die Zahlung zu bewirken (z.B. durch Überweisung). Die Zeit für die Leistung (Zahlung) muss stets durch Vertrag „bestimmt" sein (einschließlich der angemessenen Frist).

Neu ist auch die Ziffer 3 in Abs. 2 des § 286 BGB, wonach es einer Mahnung nicht bedarf, wenn der **Schuldner** die Leistung **ernsthaft und endgültig verweigert.** Das entspricht allerdings der bislang herrschenden Meinung, die diese Regelung aus § 242 BGB hergeleitet hat.

Eine Neuregelung findet sich auch in Ziffer 4 des Abs. 2 des § 286 BGB: Danach bedarf es einer Mahnung auch dann nicht, wenn „**aus besonderen Gründen** unter Abwägung der beiderseitigen Interessen der sofortige Eintritt des Verzuges gerechtfertigt ist". Auch diese Fallgruppe ist bereits in der Rechtsprechung anerkannt, sodass auch hier Richterrecht in das Gesetz eingeführt wurde.[897] Bei dieser Regelung denkt der Gesetzgeber z.B. an die Fallgestaltung, in der der Schuldner ein die Mahnung verhinderndes Verhalten an den Tag legt, insbesondere wenn er sich einer Mahnung gezielt entzieht[898] oder wenn er die Leistung zu einem bestimmten Termin selbst angekündigt und damit einer Mahnung zuvorgekommen ist, so genannte Selbstmahnung.[899]

Da es sich bei der Vorschrift über den Zahlungsverzug um ein (neues) gesetzgeberisches Leitbild handelt, kann diese Regelung in **AGB** nicht zu Lasten des Schuldners oder Gläubigers von dem jeweiligen Verwender abbedungen werden.[900] In Betracht kommt nur eine Änderung auf der Basis eines individuellen Aushandelns, weil es sich bei dieser Vorschrift um dispositives Recht handelt; dabei ist jedoch § 310 Abs. 3 Nr. 2 BGB zu berücksichtigen.

Beim **VOB-Bauvertrag** tritt gemäß § 16 Abs. 5 Nr. 3 VOB/B Verzug nach Ablauf der Prüfungsfrist sowie der entsprechenden **Nachfrist** (vgl. Rdn. 1708) ein, also ebenfalls nicht erst nach Ablauf der 30-Tages-Frist.[901]

Bezüglich der **Höhe der Verzugszinsen** sah das Beschleunigungsgesetz in § 288 Abs. 1 BGB zunächst vor, dass eine Geldschuld während des Verzuges mit 5 % über dem Basiszinssatz nach § 1 des Diskontsatz-Überleitungs-Gesetzes zu verzinsen ist, soweit sie nach dem 1.5.2000 fällig wurde. Das Gesetz zur Modernisierung des Schuldrechts hat auch hier eine Neuerung gebracht, die ab 1.1.2002 gilt: Nach § 288 Abs. 1 BGB beträgt der **Verzugszinssatz 5 % über dem Basiszinssatz,** so-

---

[897] Vgl. *Palandt/Grüneberg*, § 286 BGB, Rn. 25.
[898] OLG Köln, NJW-RR 1999, 4.
[899] OLG Köln, NJW-RR 2000, 73.
[900] Für den durch das Gesetz zur Beschleunigung fälliger Zahlungen eingefügten § 284 Abs. 3 BGB: *Siegburg*, Rn. 448; *Kirberger*, BauR 2001, 492, 496; *Hammacher*, BauR 2000, 1257, 1259; *Kniffka*, ZfBR 2000, 227, 228; *Brambring*, DNotZ 2000, 245, 251; *Jani*, BauR 2000, 949, 950; *Schimmel/Buhlmann*, MDR 2000, 737, 741; wohl auch *Fischer/Kröner/Oehme*, ZfBR 2001, 7, 8 mit einer Übersicht über den Stand der Literatur hierzu.
[901] Ebenso: *Heinze*, NZBau 2001, 233, 235. Allerdings hält diese Vorschrift nach Auffassung des OLG Köln, IBR 2014, 723 – *Rodemann*, einer AGB-rechtlichen Inhaltskontrolle nicht stand, wenn der Auftraggeber Verwender der VOB/B ist und die VOB/B nicht als Ganzes vereinbart wurde.

weit es sich um Verträge handelt, an denen **Verbraucher** beteiligt sind.[902] Der Basiszinssatz ist in § 247 BGB festgelegt und verändert sich zum 1. Januar und 1. Juli eines jeden Jahres um die Prozentpunkte, um welche die Bezugsgröße seit der letzten Veränderung des Basiszinssatzes gestiegen oder gefallen ist. Dabei ist Bezugsgröße der Zinsatz für die jüngste Hauptrefinanzierungsoperation der Europäischen Zentralbank vor dem 1. Kalendertag des betreffenden Halbjahres.

1704 Bei Rechtsgeschäften, an denen ein **Verbraucher nicht beteiligt** ist, beträgt der Zinssatz nach dem neuen § 288 Abs. 2 BGB sogar **8 %** über dem Basiszinssatz des § 247 BGB. Damit ist der Zinssatz nochmals für diese Fälle durch das Gesetz zur Modernisierung des Schuldrechts erheblich angehoben worden.

1705 Der Unternehmer kann ferner **Prozesszinsen** nach § 291 BGB geltend machen. Aufgrund der (auch nach Erlass des Beschleunigungsgesetzes und des Gesetzes zur Modernisierung des Schuldrechts verbliebenen) Verweisung in § 291 BGB auf § 288 BGB ist davon auszugehen, dass nunmehr der neue gesetzliche Verzugszinssatz auch für die Prozesszinsen gilt.[903] Macht allerdings der Auftraggeber ein ihm zustehendes Zurückbehaltungsrecht im Prozess geltend und wird er zur Zahlung nur Zug um Zug gegen Durchführung etwaiger Nachbesserungsarbeiten (Nacherfüllungsarbeiten) seitens des Unternehmers verurteilt, ist dessen Werklohnforderung nicht fällig im Sinne des § 291 Satz 1 Halbsatz 2 BGB, sodass auch keine Prozesszinsen (wie auch keine Fälligkeitszinsen) entstehen.[904]

1706 Der Unternehmer kann im Übrigen nach wie vor einen **höheren Verzugsschaden**, z.B. höhere Zinsen (Anlagezinsen/Kreditzinsen), **aus einem anderen Rechtsgrund** geltend machen (§ 288 Abs. 3 BGB). Will der Unternehmer einen höheren als den neuen gesetzlichen Zinssatz unter dem vorerwähnten Gesichtspunkt geltend machen, muss er seinen weiteren **Zinsverlust konkret darlegen und beweisen**. Insoweit genügt er seiner Darlegungslast, wenn er z.B. vorträgt, dass ihm zu dem verlangten Zinssatz laufend seit dem Datum des Verzugsbeginns Bankkredit in Höhe seines Vergütungsanspruches gewährt worden ist und er diesen Bankkredit bei rechtzeitiger Zahlung durch den Auftraggeber hätte tilgen können;[905] dagegen ist es nicht notwendig, dass der Unternehmer vorträgt, er habe gerade wegen der Nichtzahlung des Auftraggebers einen Bankkredit aufnehmen müssen.[906] Auf Verzugszinsen kann die Umsatzsteuer nicht gefordert werden.[907]

1707 Nach Auffassung des OLG Frankfurt[908] kann eine Arbeitsgemeinschaft in der Form einer BGB-Gesellschaft einen Verzugszinsschaden der Gesamthand nicht mit Inanspruchnahme von Bankkredit begründen, den lediglich ein einzelner Ge-

---

902) Zur Auslegung der Formulierung „5 % Zinsen über dem Basiszinssatz seit ..." vgl. OLG Hamm, BauR 2005, 1648.
903) Ebenso: *Kirberger*, BauR 2001, 492, 498 mit Hinweis auf *Krüger*, NJW 2000, 2407; *Merkens*, BauR 2001, 515, 522.
904) BGH, NJW 1971, 815 = BauR 1971, 124; OLG Düsseldorf, NJW 1971, 2310.
905) BGH, WM 1977, 172; OLG Düsseldorf, OLGR 1994, 292 (dem Vortrag der „Inanspruchnahme" von Bankkredit kommt „ein bestimmter und feststehender Inhalt zu, der die notwendige Verwendung von Zahlungseingängen zur Darlehnstilgung als eine schlüssig behauptete Tatsache zunächst einmal mit enthält"); LG Bielefeld, NJW 1972, 1995.
906) Zutreffend: *Locher*, in: Ingenstau/Korbion, § 16 Abs. 5/B, Rn. 33.
907) Vgl. BGH, BauR 1985, 102, 103 m. Nachw.
908) BauR 1989, 488.

sellschafter in seinem eigenen privaten oder auch gewerblichen Bereich aufgenommen hat.

Für den **Zinsanspruch** im Rahmen eines VOB-Vertrages gilt Folgendes:[909] Um einen Zinsanspruch geltend machen zu können, muss der Unternehmer gemäß § 16 Abs. 5 Nr. 3 VOB/B dem Auftraggeber nach Fälligkeit des Vergütungsanspruches (§ 16 Abs. 3 VOB/B) eine **angemessene Nachfrist** setzen. Einer Nachfrist bedarf es dann nicht, wenn sich der Auftraggeber ernstlich weigert,[910] rechtzeitig seinen Zahlungsverpflichtungen nachzukommen. Nach OLG Düsseldorf[911] liegt eine entsprechende ernstliche Weigerung auch dann vor, wenn der Auftraggeber mit einer ihm vermeintlich – tatsächlich jedoch nicht – zustehenden Forderung gegen den Werklohnanspruch des Auftragnehmers aufrechnet. Neben einer etwaigen Nachfrist bedarf es keiner besonderen Mahnung.[912]

1708

Für die **Höhe eines Zinsanspruches** des Auftragnehmers sind die durch die **VOB 2002** geänderten bzw. eingefügten Nr. 3 und 4 des § 16 Abs. 5 VOB/B maßgebend: Zahlt der Auftraggeber auch innerhalb der Nachfrist nicht, hat der Auftragnehmer vom Ende der Nachfrist an nunmehr einen Anspruch auf Zinsen in Höhe der in § 288 BGB angegebenen Zinssätze, wenn er nicht einen höheren Verzugsschaden nachweist. Die Höhe des Zinsanspruches ist damit an die durch das **SchRModG** erfolgte Neufassung des § 288 BGB gekoppelt worden (vgl. hierzu Rdn. 1703).

1709

> Bis zum Inkrafttreten der VOB 2002 konnte der Unternehmer Zinsen in Höhe von 5 % über dem Spitzenrefinanzierungszinssatz der Europäischen Zentralbank verlangen, es sei denn, er konnte einen anderen Schaden (höheren Zinssatz) nachweisen.

Ein Sonderfall ist durch die **VOB 2002** in der eingefügten Nr. 4 des § 16 Abs. 5 VOB/B geregelt: In den Fällen, in denen der Auftraggeber **unbestrittene Guthaben** aus Schlussrechnungen nicht innerhalb der Zwei-Monats-Frist auszahlt, kann der Auftragnehmer auch ohne Nachfristsetzung nach Zugang der Schlussrechnung Zinsen verlangen; die Zinshöhe richtet sich nach den in § 288 BGB angegebenen Zinssätzen, wenn der Auftragnehmer nicht einen höheren Verzugsschaden nachweist. Unbestritten sind Guthaben dann, wenn der Auftraggeber die vorgelegte Schlussrechnung geprüft und entsprechend festgestellt hat.[913]

1710

In der durch die **VOB 2002** ebenfalls neu eingefügten Nr. 5 des § 16 Abs. 5 VOB/B ist das **Recht der Arbeitseinstellung** entsprechend des früheren Abs. 3 des § 16 Abs. 5 VOB/B geregelt. Danach darf der Auftragnehmer in den Fällen der Nr. 3 und 4 des § 16 Abs. 5 VOB/B die Arbeiten bis zur Zahlung einstellen, sofern eine dem Auftraggeber zuvor gesetzte angemessene Nachfrist erfolglos verstrichen ist.

1711

Die in den „Zusätzlichen Vertragsbedingungen für die Ausführung von Bauleistungen – EVM(B) ZVB" enthaltene Klausel (wie sie von den Behörden der Bun-

1712

---

[909] Vgl. *Kratzenberg*, NZBau 2002, 177, 183.
[910] Vgl. BGH, BauR 1984, 181 = DB 1984, 716; OLG Düsseldorf, BauR 2003, 1579 = OLGR 2004, 6; BauR 1982, 593.
[911] BauR 2003, 1579 = OLGR 2004, 6.
[912] OLG Düsseldorf, BauR 1979, 162.
[913] Vgl. hierzu *Locher*, BauR 2002, Heft 11a, S. 63; ferner *Garbe-Emden*, BauR 2003, 1468, 1469.

desrepublik Deutschland verwandt werden), wonach der Auftragnehmer im Falle einer **Überzahlung** den zu erstattenden Betrag vom Empfang der Zahlung an mit 4 % zu verzinsen hat, benachteiligt den Vertragspartner des Verwenders entgegen den Geboten von Treu und Glauben unangemessen und ist daher unwirksam.[914] Dies gilt auch für die geänderte Fassung.[915]

Verzugszinsen können auch für **Abschlagszahlungen** gefordert werden. Der Verzug bei Abschlagsforderungen wird aber nach der Rechtsprechung des BGH[916] jedenfalls nach Abnahme und Erteilung der Schlussrechnung beendet, weil in diesem Fall die Berechtigung erloschen ist, eine vorläufige Abrechnung durchzusetzen (vgl. hierzu Rdn. 1607) und Verzugsfolgen hieraus fortwirken zu lassen: Die Abschlagsforderung verliert durch die endgültige Abrechnung zwangsläufig ihren selbstständigen Charakter und damit auch ihre Durchsetzbarkeit.

---

914) BGH, BauR 1988, 92 = NJW 1988, 258 = DB 1988, 109; *Dähne*, Festschrift für Korbion, S. 39, 53; *Hahn*, BauR 1987, 269; OLG München, BauR 1986, 702; **a.A.:** OLG München, DB 1986, 1565.
915) OLG Celle, BauR 1999, 1457 = OLGR 1999, 203.
916) BauR 2004, 1146 = IBR 2004, 361 – *Miernik* = NZBau 2004, 386.

V. Werklohnanspruch bei Kündigung und einvernehmlicher Vertragsaufhebung

Übersicht

	Rdn.		Rdn.
1. Kündigung des Auftraggebers/Bauherrn	1720	aa) Grundsätzliches	1752
a) Freies Kündigungsrecht	1720	bb) Die 3 Kündigungstatbestände beim VOB-Bauvertrag	1761
b) Besonderes Kündigungsrecht aus § 649 BGB n.F. (= § 650 BGB a.F.)	1743	2. Kündigung des Auftragnehmers/Unternehmers	1769
c) Außerordentliches Kündigungsrecht	1752	3. Einvernehmliche Vertragsauflösung .	1781

Literatur ab 1990[1]

Stickler/Fehrenbach, Die Kündigung von Bauverträgen, 2001.

Van Venrooy, Kündigung des Werkvertrags durch den Besteller nach § 649 Satz 1 BGB, JR 1991, 492; *E. Groß*, Die Abrechnung des Pauschalvertrages bei vorzeitig beendetem Vertrag, BauR 1992, 36; *Mugler*, Vergütungs- und Schadensersatzprobleme nach Kündigung von Werkverträgen am Beispiel von Bauverträgen, BB 1993, 1460; *Reus*, Die Kündigung durch den Auftraggeber gemäß § 8 VOB/B, BauR 1995, 636; *Schmidt*, Zur unberechtigten Kündigung aus wichtigem Grund beim Werkvertrag, NJW 1995, 1313; *Kniffka*, Abnahme und Gewährleistung nach Kündigung des Werkvertrages, Festschrift für von Craushaar (1997), 359; *Vygen*, Die Kündigung des Bauvertrages und deren Voraussetzungen, Jahrbuch Baurecht 1998, S. 1; *Kapellmann*, Die Berechnung der Vergütung nach Kündigung des Bau- oder Architektenvertrages durch den Auftraggeber, Jahrbuch Baurecht 1998, 35; *Kniffka*, Abnahme und Abnahmewirkungen nach der Kündigung des Bauvertrages – Zur Abwicklung des Bauvertrages nach der Kündigung unter besonderer Berücksichtigung der Rechtsprechung des Bundesgerichtshofes, ZfBR 1998, 113; *Löwe*, Die Vergütungsklage des Unternehmers nach Kündigung des Werkvertrages durch den Auftraggeber nach § 649 Satz 2 BGB unter Berücksichtigung der Entscheidungen des BGH vom 8.2.1996, 10.10.1996 und 7.11.1996, ZfBR 1998, 121; *Glöckner*, § 649 Satz 2 BGB – ein künstlicher Vergütungsanspruch?, BauR 1998, 669; *Kniffka*, Die neuere Rechtsprechung des Bundesgerichtshofs zur Abrechnung nach Kündigung des Bauvertrages, Jahrbuch Baurecht 2000, 1; *Voit*, Die außerordentliche Kündigung des Werkvertrages durch den Besteller, BauR 2002, 1776; *Boldt*, Die Kündigung des Bauvertrages aus wichtigem Grund durch den Auftraggeber nach neuem Recht, NZBau 2002, 655; *Böttcher*, Die Kündigung eines Werkvertrages aus wichtigem Grund nach dem Schuldrechtsmodernisierungsgesetz, ZfBR 2003, 213; *Kesselring*, Vereinbarungen zur Kündigung des Bauvertrages in Allgemeinen Geschäftsbedingungen, BTR 2006, 63; *Peters*, Die Fälligkeit des Werklohns bei einem gekündigten Bauvertrag, NZBau 2006, 559; *Basty*, Die Kündigung des Bauträgervertrages, Jahrbuch Baurecht 2007, 91; *Groß*, Das „Wagnis" in der Kündigungsvergütung, BauR 2007, 631; *Knychalla*, Abnahme nach Kündigung des Bauvertrages, Jahrbuch Baurecht 2007, 1; *Motzke*, Fälligkeit, Verjährungsbeginn und Abnahme bei gekündigten Bauvertrag, BTR 2007, 2; *Skauradszun/Eix*, Unterlassene Mitwirkung des Bestellers: Alternativen zur Kündigung, NZBau 2010, 86; *Vogel*, Die gesetzlichen Kündigungstatbestände, BauR 2011, 313; *Kirberger*, Teilkündigung, BauR 2011, 343; *Koenen*, Die Kündigung wegen und in der Insolvenz, BauR 2011, 352; *Stickler*, Rechtsfolgen der unberechtigten Kündigung des Bauvertrages, BauR 2011, 364; *Jansen*, Abnahme und Abrechnung nach Kündigung, BauR 2011, 371; *Peters*, Zu der Struktur und den Wirkungen einer auf § 649 BGB gestützten Kündigung des Bestellers, BauR 2012, 11; *Peters*, Vermögensverfall des Unternehmers als Kündigungsgrund, BauR 2014, 1218; *Bötzkes*, Die Abrechnung eines gekündigten Bauvertrages, BauR 2016, 429.

Seit dem **Inkrafttreten des neuen Werkvertragsrechts 2018** (1.1.2018) bedarf die **Kündigung des Bauvertrages** gem. § 650h BGB n.F. der **Schriftform**. Beim **1713**

---

[1] Literatur vor 2000 siehe 15. Auflage.

VOB-Bauvertrag gilt dasselbe (§ 8 Abs. 5, § 9 Abs. 2 VOB/B). Die Schriftform ist insoweit **Wirksamkeitsvoraussetzung**.[2] Nach Auffassung des OLG Frankfurt ist die schriftliche Form auch durch eine telekommunikative Übermittlung gewahrt; zu dieser zählen aufgrund des inzwischen modernen technischen Standards und der mittlerweile weiten Verbreitung, nicht nur das Telegramm oder Telefax, sondern auch die E-Mail und das Computerfax.[3] Die Kündigung muss dem Vertragsgegner zugehen. Ein auf §§ 281, 323 BGB gestütztes Schadensersatzverlangen, das wegen Fehlens der Voraussetzungen dieser Vorschrift nicht begründet ist, kann nicht in eine Kündigung umgedeutet werden.[4] Im Übrigen ist für das **Verhältnis** von §§ 281, 323 BGB zu den Kündigungsvorschriften Folgendes zu beachten: Der Auftraggeber kann auch bei einem VOB-Vertrag grundsätzlich **bis zur Abnahme** aus den vorerwähnten Vorschriften vorgehen, sofern nicht **bei Verzug** des Auftragnehmers die **Sonderregelungen** der §§ 5 Abs. 4, 8 Nr. 3 VOB/B eingreifen (vgl. hierzu Rdn. 2320, 2326).[5]

1714 Durch die Kündigung wird der **Bauvertrag für die Zukunft** – nicht aber für die Vergangenheit – **aufgehoben**.[6] Der Auftraggeber behält daher auch **nach Entziehung des Auftrages durch Kündigung** das Recht, die **Beseitigung von Mängeln** an den bis zur Kündigung bereits erbrachten Leistungen zu fordern.[7] Gleichzeitig ist der Auftragnehmer auch berechtigt, Mängel an dem von ihm erstellten Teilwerk zu beseitigen.[8] Aus diesem Grund ist der Sicherheitseinbehalt auch nicht vorzeitig fällig, wenn ein Bauvertrag infolge einer Kündigung beendet wird, da für die erbrachten Teilleistungen auch weiterhin Gewährleistungsansprüche in Betracht kommen (vgl. Rdn. 1672).

1715 Für eine **Kündigung ist kein Platz** mehr, wenn das Bauwerk **beendet oder abgenommen** ist. Damit kann sich der Bauherr nach Fertigstellung der Werkleistung seiner Abnahmeverpflichtung nicht dadurch entziehen, dass er den Bauvertrag kündigt. Nach der Kündigung des Bauvertrages kann der **Auftragnehmer Abschlagszahlungen nicht mehr verlangen**; vielmehr kann er seinen Werklohnanspruch nunmehr nur noch im Rahmen der Schlussabrechnung geltend machen (vgl. Rdn. 1607).

1716 Ist ein **Bauvertrag** unter einer **aufschiebenden Bedingung** abgeschlossen, kann der Auftraggeber bereits **vor Bedingungseintritt** von seinem **Kündigungsrecht** nach § 648 (früher § 649) BGB n.F. Gebrauch machen. Ob ein Anspruch des Un-

---

2) BGH, NJW 1973, 1463; OLG Köln, *SFH*, Nr. 4 zu § 8 VOB/B; OLG Celle, BauR 1973, 49 = MDR 1973, 136; *Kuffer*, in: Heiermann/Riedl/Rusam, § 9/B, Rn. 34; Beck'scher VOB-Komm/ *Motzke*, B § 8 Nr. 1, Rn. 17.
3) IBR 2016, 223 – *Weyer*.
4) OLG Karlsruhe, BauR 1994, 116 = NJW-RR 1993, 1368.
5) BGH, BauR 1996, 544, 545 = NJW-RR 1996, 853; BGH, NJW 1997, 50 (für Ansprüche nach §§ 634 ff. BGB); OLG Köln, OLGR 1996, 165.
6) BGH, ZfBR 1982, 160; *Vogel*, BauR 2011, 313, 314.
7) BGH, BauR 2001, 667 = NZBau 2001, 211 = ZfBR 2001, 177 (für den gekündigten Architektenvertrag); vgl. ferner: BGH, BauR 1989, 462, 464; BGH, NJW 1974, 646; WM 1974, 931; BauR 1974, 412; OLG Düsseldorf, BauR 1979, 325; *Kniffka*, Festschrift für von Craushaar, S. 359 ff. m.w.Nachw.
8) BGH, BauR 1987, 689 = NJW 1988, 140; BGH, BauR 1988, 82; OLG Frankfurt, IBR 2013, 208 – *Weyer*; einen Anspruch auf Ausführung der Leistung hat der Unternehmer jedoch nicht: KG, KGR 2002, 195.

ternehmers gemäß § 648 n.F. Satz 2 BGB/§ 8 Abs. 1 Nr. 2 VOB/B in diesem Fall besteht, wird unter Berücksichtigung des § 162 Abs. 1 BGB von den Umständen des Einzelfalles abhängen.[9]

Die **Kündigung** selbst ist als einseitiges Gestaltungsrecht **bedingungsfeindlich**. Sie ist auch nur bis zur Vollendung des Werks bzw. der Abnahme möglich.[10]

Auch eine **Teilkündigung** ist grundsätzlich möglich. Sie unterliegt im Rahmen des freien Kündigungsrechts nach § 648 BGB n.F./§ 8 Abs. 1 VOB/B keiner Beschränkung.[11] Zum Teil wird jedoch für eine berechtigte Teilkündigung in der Rechtsprechung[12] und Literatur[13] gefordert, dass diese nur bei in sich abgeschlossenen Teilleistungen möglich ist. Für den VOB-Bauvertrag wird nur im Falle der Kündigungsmöglichkeit nach § 8 Abs. 3 VOB/B gefordert, dass sich die Entziehung des Auftrages „auf ein in sich abgeschlossenen Teil der vertraglichen Leistung" beschränkt.[14] Für eine Teilkündigung aus wichtigem Grund verlangt Lang[15] ferner, dass diese nur „getrennt abrechenbare Teile der Gesamtleistung" betreffen kann. Von einer Teilkündigung kann nicht gesprochen werden, wenn nach dem Willen des Auftraggebers so genannte Eventual- oder Alternativpositionen nicht ausgeführt werden sollen. Diese in einem Angebot enthaltenen Bedarfspositionen sind zunächst vom Auftrag nicht erfasst, sondern werden erst dann beauftragt, wenn sie sich als sinnvoll oder notwendig erweisen, um das Bausoll zu erreichen.[16]

1717

Für den BGB-Bauvertrag ist die Möglichkeit einer Teilkündigung bei einer Kündigung aus wichtigem Grund mit dem **neuen Werkvertragsrecht 2018** in das BGB eingeführt worden (vgl. im Einzelnen Rdn. 1752 ff.), nämlich mit § 648a Abs. 2 BGB n.F.

Zur **Abrechnung eines Bauvertrages bei vorzeitiger Beendigung** (z.B. durch Kündigung) vgl. Rdn. 1721 ff., zu einer entsprechenden **Abrechnung eines Pauschalpreisvertrages** vgl. Rdn. 1553. Zur **Abnahme bei vorzeitiger Beendigung** des Bauvertrages vgl. Rdn. 1734, 1803.

---

9) Vgl. hierzu OLG Brandenburg, OLGR 1998, 113, das eine Anwendung des § 162 Abs. 1 BGB in diesem Fall grundsätzlich verneint. Vgl. ferner OLG Düsseldorf, IBR 2013, 11 – *Waldmann*.
10) *Vogel*, BauR 2011, 313, 314.
11) *Lang*, BauR 2006, 1956, 1957 m.w.Nachw.; Beck'scher VOB-Komm/*Motzke*, § 8 Nr. 1/B, Rn. 30. Wie hier auch *Lederer*, in: Kapellmann/Messerschmidt, § 8/B, Rn. 20 mit der Einschränkung, „soweit nicht unzumutbar ein einheitlicher technischer Produktionsablauf auseinander gerissen wird und dadurch unerträgliche Gewährleistungsvermischungen entstehen"; *Kapellmann*, in: Festschrift für Thode, S. 29, 38. Vgl. zur Teilkündigung beim Generalunternehmermodell *Eschenbruch*, Festschrift für Jagenburg, S. 179, 184. Vgl. ferner OLG Oldenburg, BauR 2000, 897 (Teilkündigung bei Wegfall von Leistungspositionen).
12) OLG München, BauR 2008, 1474 = NZBau 2009, 122; vgl. hierzu *Leidig/Hürter*, NZBau 2009, 106.
13) *Schalk*, in: Englert/Motzke/Wirth, § 649 BGB, Rn. 10 mit dem Hinweis, dass andernfalls die Abrechnung für die Praxis kaum mehr handhabbar sei; ebenso *MünchKomm-Busche*, § 649 BGB, Rn. 13 sowie *Kuffer*, in: Heiermann/Riedl/Rusam, § 8/B, Rn. 10. Vgl. hierzu auch *Kirberger*, BauR 2011, 343, 344.
14) Vgl. hierzu *Kirberger*, BauR 2011, 343, 347 ff. (auch zu den Folgen einer insoweit misslungenen Teilkündigung).
15) BauR 2000, 1956, 1958.
16) *Joussen/Vygen*, in: Ingenstau/Korbion, § 8 Abs. 1/B, Rn. 8.

1718 Da die Vertragsverhältnisse Auftraggeber–Hauptunternehmer einerseits und Hauptunternehmer – Subunternehmer andererseits (vgl. Rdn. 1315) stets rechtlich abzugrenzen sind, stellt sich die Frage, welche Konsequenzen sich für den Hauptunternehmer gegenüber seinem Subunternehmer ergeben, wenn sein Auftraggeber das Vertragsverhältnis vorzeitig beendet. Dabei ist im Einzelnen zu differenzieren: Liegt die **Beendigung** des Vertragsverhältnisses (ggf. durch Kündigung des Auftraggebers) im **Verantwortungsbereich des Hauptunternehmers,** hat dieser also den Kündigungsgrund zu vertreten, kommt nur eine Vertragsbeendigung gegenüber seinem Subunternehmer gemäß **§ 648 BGB n.F.** – mit den sich aus § 648 S. 2 BGB n.F. ergebenden Folgen – in Betracht. Eine anderslautende Regelung in Allgemeinen Geschäftsbedingungen des Hauptunternehmers wäre unwirksam, weil sie dem Grundgedanken des § 648 BGB n.F. widerspricht.[17] **Kündigt der Hauptunternehmer** seinem Subunternehmer – aus welchen Gründen auch immer – **nicht** (z.B. wegen der weitreichenden wirtschaftlichen Folgen des § 649 BGB), kann dieser nach §§ 642, 643 BGB vorgehen und (allerdings nur) eine **angemessene Entschädigung** verlangen. Etwas anderes gilt insgesamt nur dann, wenn der Nachunternehmer den Grund zur Beendigung des Vertragsverhältnisses Auftraggeber – Hauptunternehmer gesetzt hat.

1719 Fraglich erscheint die Fallgestaltung, bei der der Auftraggeber des Hauptunternehmers das Vertragsverhältnis mit diesem aus Gründen beendet die allein vom **Auftraggeber des Hauptunternehmers zu verantworten** sind (z.B. Insolvenz, Aufgabe oder wesentliche Änderung der Bauabsicht, Nichterwerb des Baugrundstücks, nicht ausreichende Finanzierung usw.). Hier stellt sich die Frage, welche Konsequenzen dies für das Subunternehmerverhältnis hat. Sicherlich ist dies für den Hauptunternehmer kein wichtiger Grund, das Vertragsverhältnis – ohne Vergütungsanspruch des Subunternehmers für nicht erbrachte Leistungen – zu lösen. Daher bleibt auch hier nur der **Weg des § 648 BGB n.F.,** den der Auftraggeber aber in der Regel wegen der Vergütungsregelung des § 649 S. 2 BGB insoweit nicht gehen wird. Bleibt damit der Auftraggeber passiv, erscheint es angemessen, dem Subunternehmer einen **Anspruch zumindest gemäß § 645 Abs. 1 BGB analog** zuzubilligen, wie es auch das OLG München[18] entschieden hat. Der BGH[19] hat eine Klausel für unwirksam angesehen, wonach sich der Hauptunternehmer in seinen Allgemeinen Geschäftsbedingungen das Recht vorbehält, vom Vertrag mit dem Subunternehmer zurückzutreten, „wenn die Arbeiten durch höhere Gewalt oder vom Auftraggeber des Hauptunternehmers eingestellt, gar nicht oder nur teilweise ausgeführt werden", ohne dem Nachunternehmer in diesem Fall die Rechte aus § 648 BGB n.F./§ 8 Abs. 1 VOB/B zuzugestehen. Nach Auffassung des OLG Stuttgart[20] ist ein Kündigender gehalten, auch nach einer bereits **erklärten** (z.B. fristlosen) **Kündigung erneut** in dem erforderlichen engen zeitlichen Zusammenhang zu kündigen, wenn ihm ein weiterer Kündigungsgrund bekannt wird. Nach Auffassung des OLG Frankfurt[21] ist der Anspruch aus § 648 BGB n.F. ausgeschlossen,

---

[17] *Motzke*, in: Graf von Westphalen, Klauselwerke/Subunternehmervertrag, Rn. 141.
[18] NJW-RR 1992, 348, 349; vgl. hierzu *Kleine-Möller/Merl*, § 3, Rn. 29 ff.
[19] BauR 1995, 234 (zu § 9 AGB-Gesetz).
[20] IBR 2012, 15 – *Hickl*.
[21] BauR 2012, 1242.

wenn der Unternehmer von dem die Leistung (wegen eigener Kündigung) ablehnenden Auftragnehmer zunächst statt der Leistung Schadensersatz verlangt.

1. Kündigung des Auftraggebers/Bauherrn

a) Freies Kündigungsrecht

Literatur

Reus, Die Kündigung durch den Auftraggeber gemäß § 8 VOB/B, BauR 1995, 636; *Quack*, Einige Probleme der Vergütungsabrechnung nach § 649 S. 2 BGB, Festschrift für von Craushaar (1997), 309; *Niemöller*, Vergütungsansprüche nach Kündigung des Bauvertrages, BauR 1997, 539; *Schiffers*, Baubetriebliche und durchführungstechnische Aspekte zur Berechnung der Vergütung nach auftraggeberseitiger freier Kündigung von Bauverträgen, Festschrift für Mantscheff (2000), S. 171; *Kniffka*, Die neue Rechtsprechung des Bundesgerichtshofes zur Abrechnung nach Kündigung des Bauvertrags, Jahrbuch Baurecht 2000, 1; *Acker/Roskosny*, Die Abnahme beim gekündigten Bauvertrag und deren Auswirkungen auf die Verjährung – Zugleich Anmerkung zum Urteil des Bundesgerichtshofs vom 19.12.2002, BauR 2003, 1279; *Helm*, Die freie Auftraggeberkündigung von Bauverträgen gemäß §§ 649 S. 1 BGB, 8 Nr. 1 VOB/B, Teil 1, BrBp 2004, 359 u. Teil 2, BrBp 2005, 2; *Markus*, § 649 S. 2 BGB: Die Anrechnung der tatsächlich ersparten Aufwendungen auf die kalkulierten Kosten, NZBau 2005, 417; *Drittler*, Freie Kündigung: Erspate Kosten sind grundsätzlich als tatsächliche Kosten abzuziehen, BauR 2006, 1215; *Lang*, Die „Teilkündigung", BauR 2006, 1956; *Motzke*, Fälligkeit, Verjährungsbeginn und Abnahme bei gekündigtem Bauvertrag, BTR 2007, 2; *Langen*, Praxisprobleme des gekündigten Schlüsselfertigbauvertrages, Festschrift für Kapellmann (2007), 237; *Messerschmidt*, Die Abnahme von Bauleistungen nach vorzeitiger Beendigung des Bauvertrages – Kritische Anmerkungen zur neuen Rechtsprechung des Bundesgerichtshofes, Festschrift für Kapellmann (2007), 309; *Heilfort*, Durchführung eines differenzierten Gemeinkostenausgleichs für Allgemeine Geschäftskosten im gestörten Bauablauf, BauR 2010, 1673; *Peters*, Zu der Struktur und den Wirkungen einer auf § 649 BGB gestützten Kündigung des Bestellers, BauR 2012, 1297; *Lichtenberg*, Zur Berücksichtigung einer Unterdeckung bei der Abrechnung nach freier (Teil-)Kündigung, BauR 2014, 615; *Franz*, Gemeinkostendeckung als Rechtsproblem – die juristische Sichtweise, BauR 2017, 380; *Kattenbusch*, Gemeinkostendeckung als Rechtsproblem – die baubetriebliche Sichtweise und Bewertung, BauR 2017, 406.

1720 Haben die Vertragsparteien keine besonderen Vereinbarungen getroffen, kann der Auftraggeber (Bauherr) den Bauvertrag nach § 649 BGB/§ 8 Abs. 1 VOB/B jederzeit kündigen. Man spricht insoweit von dem **freien** Kündigungsrecht des Auftraggebers im Gegensatz zum außerordentlichen Kündigungsrecht (vgl. Rdn. 1752). Die Kündigung kann hier ohne Einhaltung einer Frist und ohne besondere Begründung erfolgen. Der dabei verwandte Ausdruck (Annullierung, Rücktritt usw.) ist unerheblich. Entscheidend ist der zum Ausdruck gekommene Wille der endgültigen Loslösung vom Bauvertrag. Bei einem **Bauträgervertrag** kann der Erwerber den die Errichtung des Baues betreffenden Teil nicht nach § 648 BGB n.F. (früher § 649)/§ 8 Abs. 1 VOB/B, sondern nur aus **wichtigem Grund** kündigen.[22]

Für die Kündigung eines **VOB-Bauvertrages** schreibt § 8 Abs. 5/B die **Schriftform** vor. Die Kündigung eines Auftraggebers wegen Verzuges mit der Fertigstellung ist nach einer Entscheidung des Hanseatischen OLG[23] bei einem VOB-Bauvertrag in eine grundlose Kündigung gemäß § 8 Abs. 1 Abs. 1 VOB/B umzudeuten, wenn die Voraussetzungen des Verzuges nicht vorliegen und das erteilte Baustellen-

---

[22] BGH, BauR 1986, 208 = DB 1986, 534 = MDR 1986, 399.
[23] BauR 2004, 1618.

verbot den unbedingten Beendigungswillen des Auftraggebers erkennen lässt (vgl. ferner Rdn. 1757). Bei § 648 BGB n.F. und § 8 Abs. 1 VB/B handelt es sich um eine abschließende Regelung, sodass daneben ein Schadensersatzanspruch des Auftragnehmers wegen Nichterfüllung ausgeschlossen ist.[24] Dabei hat der Unternehmer die erbrachten und die nicht erbrachten Leistungen im Einzelnen vorzutragen und voneinander abzugrenzen.[25]

1721 Kündigt der Auftraggeber im Rahmen seines freien Kündigungsrechtes, kann der Auftragnehmer seinen **Werklohn grundsätzlich in voller Höhe** verlangen. Die vertragliche Vergütung vermindert sich jedoch in aller Regel entsprechend § 648 Satz 2 BGB n.F./§ 8 Abs. 1 Nr. 2 VOB/B: Der Auftragnehmer muss sich das **anrechnen lassen,** was er **infolge der Aufhebung** des Vertrages an Kosten **erspart** oder durch anderweitige **Verwendung seiner Arbeitskraft** und seines Betriebs **erwirbt** oder **zu erwerben böswillig unterlässt.** Die Anforderungen an den Vortrag zu den ersparten Aufwendungen hängen nach Auffassung des OLG Düsseldorf[26] vom Vertrag, seinem Abschluss und seiner Abwicklung sowie dem Informationsbedürfnis des Auftraggebers ab. Bei der Bestimmung des Zeitraumes, innerhalb dessen ein Gewinn aus anderweitiger Verwendung der Arbeitskraft erzielt worden sein kann, kommt es nach Auffassung des OLG Rostock[27] allein darauf an, welcher Zeitraum erforderlich gewesen wäre, um die vereinbarten aber in Folge der Kündigung nicht ausgeführten Leistungen bei ununterbrochener Arbeit auszuführen.

1722 Bei der Frage, ob der Auftragnehmer Ersparnisse hat, ist auf den jeweiligen Einzelfall abzustellen. Es ist die **Ersparnis** maßgeblich, die der Auftragnehmer jeweils **tatsächlich** hat. Sowohl § 648 Satz 2 BGB n.F. als auch § 8 Abs. 1 Nr. 2 VOB/B sehen nach der Rechtsprechung des BGH[28] keine Möglichkeit vor, auf die kalkulatorisch ersparten Aufwendungen abzustellen, weil nur auf diese Weise das Prinzip der „Vor- und Nachteilswahrung" gewährleistet ist. Ein **Rückgriff auf eine allgemein betriebswirtschaftliche Kostenkontrolle**[29] oder einen **branchenüblichen Gewinn**[30] ist daher **nicht möglich.** Der Unternehmer muss sich aber nicht gefallen lassen, „dass die Abrechnung ihm **Vorteile** aus dem geschlossenen Vertrag **nimmt.** Anderseits darf er keinen Vorteil daraus ziehen, dass ein für ihn ungünstiger Vertrag gekündigt worden ist".[31] Beim **Einheitspreisvertrag** gilt dies auch für die einzelnen Positionen des Leistungsverzeichnisses, da ungünstige und günstige Positionen nicht untereinander verrechenbar sind. Solange sich keine Anhaltspunkte für eine andere Kostenentwicklung ergeben, reicht es nach BGH[32] aus,

---

24) OLG Nürnberg, IBR 2006, 193 – *Asam*.
25) OLG Brandenburg, IBR 2008, 204 – *Sienz*.
26) IBR 2012, 135 – *Hummel*.
27) OLGR 2008, 532.
28) BauR 2005, 1916 = NZBau 2005, 683 = IBR 2005, 662 – *Thode*; vgl. hierzu *Markus*, NZBau 2005, 417 sowie *Drittler*, BauR 2006, 1215.
29) BGH, BauR 1996, 382 = NJW 1996, 1282.
30) BGH, BauR 1996, 846 = NJW 1996, 3270 = MDR 1997, 35.
31) BGH, BauR 1996, 382 = NJW 1996, 1282. Vgl. hierzu OLG Hamm, ZfBR 2006, 158 (Verlustgeschäft).
32) BauR 2005, 1916 = NZBau 2005, 683 = IBR 2005, 662 – *Thode*; vgl. hierzu *Markus*, NZBau 2005, 417 sowie *Drittler*, BauR 2006, 1215.

wenn der Auftragnehmer die Ersparnisse auf der Grundlage seiner ursprünglichen Kalkulation berechnet.

1723 Im Übrigen muss sich der Unternehmer nach Auffassung des BGH[33] auch so genannte **„Füllaufträge"** im Rahmen des anderweitigen Erwerbs anrechnen lassen.

Dabei ist jedoch Folgendes zu beachten: Nach richtiger Auffassung muss der **anderweitige Erwerb** einen **echten Ersatzauftrag** darstellen, „dessen Hereinnahme bei Fortbestand des Vertrages nicht möglich gewesen wäre".[34] Das OLG Frankfurt[35] hat deshalb auch zu Recht darauf hingewiesen, dass „zwischen der Kündigung und der anderen gewinnbringenden Beschäftigung ein **ursächlicher Zusammenhang** bestehen muss; der Auftragnehmer muss ausschließlich durch die Vertragskündigung in die Lage versetzt worden sein, einen anderweitigen Auftrag auszuführen und Gewinn aus ihm zu erzielen; konnte der Betrieb des Auftragnehmers neben dem gekündigten Auftrag weitere ausführen, so sind diese nicht anzurechnen". Ein **Füllauftrag** kann daher in der Regel nur dann festgestellt werden, wenn ein **Auftragnehmer** voll oder zumindest im **Grenzbereich von 100 % ausgelastet ist**, sodass er den weiteren Auftrag ohne die Kündigung nicht hätte annehmen können.[36] Ein Füllauftrag liegt jedoch nicht nur in den Fällen vor, in denen ein zusätzlicher Auftrag nur wegen der Kündigung angenommen und in dem Zeitraum ausgeführt werden kann, in dem der gekündigte Auftrag ausgeführt werden sollte, sondern auch dann, wenn dieser Zeitraum durch das Vorziehen bereits erteilter Aufträge ausgefüllt und für die dadurch zeitlich versetzt entstehende Lücke ein Zusatzauftrag angenommen werden kann.[37] Unter dem Gesichtspunkt des ursächlichen Zusammenhangs zwischen der Kündigung des Werkvertrages und der Erteilung eines Ersatzauftrages hat das OLG Saarbrücken[38] einen Auftrag, den der Auftraggeber nach Kündigung dem Auftragnehmer erteilt hat und diesen ausdrücklich als Füllauftrag bezeichnet hat, als anzurechnenden Ersatzauftrag i.S.d. § 648 Satz 2 BGB n.F. angesehen.

1724 Verlangt der Auftragnehmer eine **Vergütung** gemäß **§ 648 Satz 2 BGB n.F.**, ist eine darauf gestützte Klage nur **schlüssig**, wenn er zu den **ersparten Aufwendungen** oder zum **anderweitigen Erwerb** entsprechend **vorträgt**. Der Vergütungsanspruch des Auftragnehmers **besteht** von vornherein **nur abzüglich** der ersparten Aufwendungen und des Erwerbs durch anderweitige Verwendung der Arbeitskraft des Auftragnehmers. Der BGH[39] weist deshalb darauf hin, dass der **Anspruch** des Auftragnehmers § 648 Satz 2 BGB n.F. **„unmittelbar um die ersparten Aufwendungen verkürzt"** ist: „Was er sich in diesem Sinne als Aufwendungen anrechnen lässt, hat der **Unternehmer vorzutragen** und zu **beziffern**; denn in der Regel ist

---

33) BauR 1996, 382 = NJW 1996, 1282; OLG Saarbrücken, NZBau 2005, 693 = IBR 2005, 468 – *Schmitz*; vgl. hierzu *Kniffka*, § 649, Rn. 118; *Löwe*, ZfBR 1998, 121, 126 sowie *Glöckner*, BauR 1998, 669, 675, 681.
34) So auch BGH, BauR 2000, 126 = NJW 2000, 205 = NZBau 2000, 140 = MDR 2000, 27; *Jansen*, BauR 2011, 371, 377 (insbesondere zur Darlegungslast); *Lederer*, in: Kapellmann/Messerschmidt, § 8/B, Rn. 47; *Leinemann/Schirmer*, § 8/B, Rn. 51; LG Mosbach, IBR 1998, 290 (*Schulze-Hagen*). Vgl. hierzu auch OLG Saarbrücken, NZBau 2005, 693, 695 = IBR 2005, 468 – *Schmitz*. Wie hier auch OLG Hamm, OLGR 2006, 7.
35) BauR 1988, 599, 605; ebenso: *MünchKomm-Busche*, § 649 BGB, Rn. 27 sowie *Leupertz*, in: Halfmeier/Leupertz, bauvertragsrechtOnline, II 2011, § 649 BGB.
36) OLG Hamm, BauR 2006, 1310 = IBR 2006, 435 – *Schulze-Hagen*.
37) OLG Hamm, a.a.O.
38) BauR 2006, 854.
39) BauR 1998, 185, 186 = ZfBR 1998, 79; BGH, BauR 1999, 635 = NJW 1999, 1867 = MDR 1999, 671; BauR 1997, 304 = ZfBR 1997, 78; BauR 1996, 382 = NJW 1996, 1282; OLG Brandenburg, IBR 2009, 571 – *Konnertz*; OLG Düsseldorf, NJW-RR 1998, 670; OLG Köln, 1997, 479 = NJW-RR 1997, 1040 = OLGR 1997, 171; OLG Naumburg, OLGR 1995, 8; LG Trier, NJW-RR 1992, 604.

nur er dazu in der Lage." Entsprechendes gilt für den Erwerb durch anderweitige Verwendung der Arbeitskraft. Demgegenüber ist es Sache des **Auftraggebers,** im Einzelnen darzulegen und zu beweisen, dass **höhere** Ersparnisse oder mehr an anderweitigem Erwerb erzielt wurde, als der Auftragnehmer sich anrechnen lassen will.[40]

1725 Für Art und Umfang **einer streitigen Ersparnis** oder **eines streitigen anderweitigen Erwerbs** trägt demnach der Auftraggeber die **volle** Beweislast.[41] An Inhalt und Umfang der Substantiierungslast sind in aller Regel jedoch keine zu hohen Anforderungen zu stellen, da der Auftraggeber im Allgemeinen die der Kalkulation des Unternehmens dienenden Grundlagen nicht kennt.[42] Daher muss der Vortrag des Auftragnehmers zu den ersparten Aufwendungen und/oder einem anderweitigen Erwerb so ausgestaltet sein, dass der Auftraggeber diesen nachprüfen und hierzu sachgerecht Stellung nehmen kann, um ggf. höhere ersparte Aufwendungen vortragen und unter Beweis stellen zu können.[43] Dabei reicht die Angabe eines Prozentsatzes „für den entgangenen Gewinn" nicht aus, wenn der Auftragnehmer nicht im Einzelnen darlegt, auf welche Weise er diesen Prozentsatz ermittelt hat, zumal der Anspruch aus § 648 Satz 2 BGB n.F. nicht an den entgangenen Gewinn anknüpft.[44] Soweit der Auftraggeber vorträgt, dass der Auftragnehmer es böswillig unterlassen hat, seine **Arbeitskraft anderweitig** zu **verwenden,** reicht es aus, wenn der Auftraggeber einen vom Auftragnehmer abgelehnten **Ersatzauftrag** nachweist, soweit die Übernahme dem Auftragnehmer zumutbar war.[45]

1726 Es spricht ein Erfahrungssatz dafür, dass ein Unternehmer infolge der vorzeitigen Beendigung des Vertragsverhältnisses Ersparnisse gemacht hat. Ist allerdings der Betrieb des Unternehmers nicht ausgelastet, kann es sein, dass sich die Aufwendungen trotz der Kündigung nicht verringern lassen.[46] Seiner Darlegungspflicht kommt der Auftraggeber nicht schon nach, wenn er unsubstantiiert Ersparnisse behauptet und hierfür Sachverständigenbeweis antritt.[47] Von diesen Grundsätzen macht das KG[48] in den Fällen eine Ausnahme, in denen der Auftraggeber auch ohne Mithilfe des Auftragnehmers in der Lage ist, zur Höhe der von diesem ersparten Aufwendungen vorzutragen und Stellung zu nehmen. Ein solcher Ausnahmefall soll „zumindest dann gegeben sein, wenn der Besteller selbst Bauunternehmer ist und deshalb aufgrund eigener Sachkunde Kenntnis von den Marktverhältnissen und der bei vergleichbaren Bauunternehmen üblichen Kalkulation hat und wenn er darüber hinaus den fraglichen Auftrag zeitnah einem anderen Subunternehmer übertragen und mit diesem abgerechnet hat".

---

40) OLG Düsseldorf, BauR 2016, 518, 520.
41) BGH, BauR 2001, 666 = NJW-RR 2001, 385 = NZBau 2001, 202 = MDR 2001, 447; KG, KGR 1998, 314.
42) BGH, BauR 1978, 55; OLG Celle, OLGR 1998, 187; KG, KGR 1998, 314.
43) BGH, BauR 1999, 642 = NJW 1999, 1253 = ZfBR 1999, 191 = MDR 1999, 672; OLG Celle, BauR 1998, 1016 = NJW-RR 1998, 1170 = OLGR 1998, 187; KG, KGR 1998, 314.
44) KG, a.a.O.
45) BGH, BauR 1992, 379, 380.
46) BGH, a.a.O.
47) OLG Frankfurt, NJW-RR 1987, 979, 981.
48) KGR 1998, 314.

Kündigung des Auftraggebers/Bauherrn

1727 Im Streitfall wird der **Auftragnehmer** verpflichtet sein,[49] die Grundlagen seiner internen **Kalkulation** offen zu legen, sofern er den **entgangenen Gewinn** beansprucht.[50] Das gilt sowohl für den **Einheitspreis-**[51] wie für den **Pauschalpreisvertrag**.[52] Hat der Auftragnehmer seine Vergütung nur „im Kopf kalkuliert", so muss er die maßgeblichen Preisermittlungsgrundlagen nachträglich zusammenstellen und dabei die ersparten Aufwendungen konkret vortragen: „Anderenfalls wäre es dem für höhere Ersparnisse Darlegungsbelasteten, aber über die Einzelheiten des Betriebes des Unternehmers in der Regel nicht unterrichteten Besteller nicht möglich, hierzu sachgerecht Stellung zu nehmen."[53] Wie differenziert die Darstellung der Kalkulation der ersparten Aufwendungen (z.B. nach Einzelpositionen des Leistungsverzeichnisses oder Positionsgruppen) zu erfolgen hat, hängt von der Gestaltung des Vertrages im Einzelfall ab.[54] Auch der BGH[55] ist der Auffassung, dass die „Anforderungen an die Darstellung der Kalkulation des um die ersparten Aufwendungen verkürzten Vergütungsanspruches sich nicht schematisch festlegen lassen". Der Vortrag des Unternehmers muss jedoch stets so gestaltet sein, dass der Auftraggeber die Kalkulation überprüfen und ggf. höhere ersparte Aufwendungen substantiiert vortragen und unter Beweis stellen kann. Der entsprechende Vortrag des Unternehmers ist auch deshalb erforderlich, um dem Auftraggeber die Möglichkeit zu geben, die **vereinbarte Vergütung** dahingehend zu überprüfen, ob sie **auskömmlich** war oder nicht. Nach Auffassung des OLG Düsseldorf[56] kommt ein Anspruch des Unternehmers nach § 648 S. 2 BGB n.F. grundsätzlich nicht in Betracht, wenn der vereinbarte Preis (z.B. der vereinbarte Einheitspreis) unauskömmlich ist, weil er bei diesem Umstand allenfalls einen Verlust erspart hat.

Das OLG Hamm[57] hat sich zu dem entgangenen Gewinn bei einem **gekündigten Werkvertrag** geäußert, wenn der **Vertrag unauskömmlich kalkuliert** war. Das Gericht verneint in diesem Fall einen entgangenen Gewinn, weil die Abrechnung eines gekündigten Vertrages nicht dazu führen darf, dass der Unternehmer die Abrechnung dazu nutzt, sich bei einem insgesamt unauskömmlich kalkulierten Vertrag doch noch Vergütungsansprüche zu verschaffen, indem er einzelne Leistungspositionen, bei denen er „Geld mitgebracht hätte", außen vor lässt. Für die Berechnung eines entgangenen Gewinns sei daher nicht auf dem geplanten und

---

49) Zur **Hinweispflicht** des Gerichts: BGH, BauR 1999, 635 = NJW 1999, 1867 = MDR 1999, 671.
50) OLG Hamm, BauR 2016, 677.
51) BGH, BauR 1996, 382 = NJW 1996, 1282; ebenso: OLG Koblenz, OLGR 2000, 450; OLG Köln, BauR 1997, 479 = NJW-RR 1997, 1040 = ZfBR 1997, 255 = OLGR 1997, 171 für den **Fertighausvertrag**.
52) BGH, BauR 1998, 195 = ZfBR 1998, 79 u. BauR 1997, 304 = NJW 1997, 733 = MDR 1997, 236 = BB 1997, 336; BGH, BauR 1997, 846 = NJW 1996, 3270 = MDR 1997, 35, siehe auch: *Niemöller*, BauR 1997, 539 ff.
53) BGH, BauR 1997, 304 = NJW 1997, 733 = MDR 1997, 236 = BB 1997, 336; BauR 1996, 382 u. 412. Vgl. hierzu auch OLG Hamm, BauR 2016, 677 („fiktive Kalkulation").
54) Vgl. hierzu *Schmitz*, in: Kniffka, § 649, Rn. 120 ff.
55) BauR 1999, 642 = NJW 1999, 1253 = ZfBR 1999, 191 = MDR 1999, 672; vgl. hierzu auch: BGH, BauR 1999, 1292 = NJW-RR 1999, 1464 = ZfBR 1999, 339 = MDR 1999, 1318; *Kniffka*, Jahrbuch Baurecht 2000, 1, 9 ff.
56) BauR 2005, 719 = IBR 2005, 140 – *Reister*.
57) BauR 2011, 693. Ebenso *Lichtenberg*, BauR 2014, 615.

kalkulierten, sondern auf den tatsächlichen Ablauf abzustellen, den das Bauvorhaben genommen hat bzw. genommen hätte. Im Übrigen geht das OLG Hamm davon aus, dass es **keine Deckelung der anzurechnenden Ersparnisse** dahingehend gibt, dass die kalkulierten Kosten die Obergrenze der Ersparnis darstellen, sodass wenigstens der kalkulierte Gewinn erhalten bleibt.

1728 Der Auftragnehmer, dem gemäß § 648 BGB n.F. gekündigt wird, wird nach alledem eine umfangreiche **Darlegungs- und Beweislast** hinsichtlich seines „entgangenen Gewinns" aufgebürdet. Um dem Auftragnehmer insoweit die Abrechnung zu erleichtern, ist durch das **Forderungssicherungsgesetz** in § 648 S. 3 BGB n.F. eine **widerlegbare Vermutung** aufgenommen worden, wonach vermutet wird, dass dem Auftragnehmer 5 % der auf den noch nicht erbrachten Teil der Werkleistung entfallenden vereinbarten **Vergütung** zustehen. Allerdings stellt nach Auffassung des BGH[58] **§ 648 S. 3 BGB n.F. kein Leitbild** für die Vereinbarung von Vergütungspauschalen im Falle einer freien Kündigung dar (vgl. ferner Rdn. 1733).

1729 Bei der Kündigung von Teilleistungen, die ein **Generalunternehmer an Subunternehmer weiterleiten** will oder weitergeleitet hat, stellt sich die Frage, ob der Generalunternehmer als ersparte Aufwendungen stets die **kalkulierten Kosten (sog. Soll-Kosten) oder die tatsächlich angefallenen Kosten** (sog. Ist-Kosten) zu berücksichtigen hat.[59] Es ist wie folgt zu differenzieren:[60]

* **Vor der Subunternehmervergabe** sind grundsätzlich die kalkulatorischen Ansätze des Generalunternehmers heranzuziehen. Allerdings wird man dem Generalunternehmer den Einwand nicht verwehren können, dass die von ihm prognostizierten Kosten, die als ersparte Aufwendungen in Betracht kommen, zu hoch angesetzt worden sind; das ist z.B. durch Vorlage von Subunternehmer-Angeboten möglich, die dem Generalunternehmer im Zeitpunkt der Kündigung vorlagen. Das hat zur Folge, dass dem Generalunternehmer ein möglicher Vergabegewinn in diesem Fall verbleibt. Dem Auftraggeber ist seinerseits der Vortrag nicht genommen, dass die vom Generalunternehmer kalkulierten Beträge zu niedrig angesetzt sind. Für dieses Vorbringen trägt der Auftraggeber die Darlegungs- und Beweislast.

* Ist bereits vom Auftraggeber die gekündigte Teilleistung durch den Generalunternehmer an einen **Subunternehmer vergeben worden,** sind die ersparten Aufwendungen nicht auf der Basis der kalkulierten, sondern auf der Grundlage der tatsächlichen Subunternehmerkosten (sog. Ist-Kosten) in Ansatz zu bringen.[61] Damit ist gewährleistet, dass der Auftragnehmer durch die Kündigung keinen Nachteil, aber auch keinen Vorteil hat.[62] Ein bei der Beauftragung des Subunternehmers erzielter Vergabegewinn (gegenüber der ursprünglichen Kalkulation) verbleibt hier bei dem Generalunternehmer. Hat dieser geringere als

---

58) BauR 2011, 1331 = NZBau 2011, 407 = NJW 2011, 1954 = IBR 2011, 397 – *Schmitz*. Vgl. hierzu *Schmitz*, in: Kniffka, § 649, Rn. 142.
59) Vgl. hierzu insbesondere *Eschenbruch*, Festschrift für Jagenburg, S. 179, 185 ff.; *Dornbusch/Plum*, Jahrbuch Baurecht 1999, 168; *Vygen/Joussen/Schubert/Lang*, Rn. 548.
60) *Eschenbruch*, a.a.O., 191 ff.
61) BGH, BauR 1999, 1292, 1293; BauR 1999, 1294, 1297; *Kniffka*, Jahrbuch Baurecht 2000, 3, 10; *Eschenbruch*, a.a.O., 179, 192 m.w.N.
62) BGH, BauR 1999, 1291, 1293; *Kniffka*, a.a.O.

die kalkulierten Subunternehmerkosten, sind auch hier die tatsächlich entstandenen Kosten zu berücksichtigen. Die Differenz zwischen dem Vertragspreis und etwaigen ersparten Nachunternehmerkosten kann der Auftragnehmer auch dann in seine Abrechnung einstellen, wenn er für den Einsatz – entgegen § 4 Abs. 8 Nr. 1 VOB/B – keine Genehmigung hatte.[63] Allerdings ist der Auftragnehmer in aller Regel verpflichtet, dem Subunternehmer zu kündigen, sodass dieser nur gemäß § 648 S. 2 BGB n.F. abrechnen kann.[64]

1730 Der Einwand des Auftraggebers, der Anspruch des Unternehmers sei durch ersparte Aufwendungen oder durch anderweitigen Erwerb gemindert, ist **kein Gegenrecht,** das vom Gericht nur auf Einrede zu berücksichtigen ist;[65] das **Gericht hat** vielmehr den **Abzug von Amts wegen** zu prüfen. Folgt die Ersparnis oder der anderweitige Erwerb aus dem eigenen Vortrag des Auftragnehmers, ist ein Abzug auch dann vom vollen Werklohn abzusetzen, wenn sich der Auftraggeber darauf nicht beruft.[66] Ergeben sich die ersparten Aufwendungen oder der anderweitige Erwerb nur dem Grunde nach aus dem Vorbringen des Auftragnehmers, ist die Werklohnklage allerdings nicht schlüssig, weil zwar eine Ersparnis feststeht, die Höhe aber unklar bleibt. Eine solche Werklohnklage ist damit nur schlüssig, wenn der Auftragnehmer zu den ersparten Aufwendungen **und/oder** zu einem etwaigen anderweitigen Erwerb **dem Grund und der Höhe nach vorträgt,** wozu ihm im Rahmen eines richterlichen Hinweises (§§ 139, 278 Abs. 3 ZPO) Gelegenheit gegeben werden muss.

1731 **Zu den ersparten Aufwendungen** zählen in der Regel z.B.[67]

* **Materialkosten;** die Kosten für vom Unternehmer angeschafftes, aber noch nicht zur Herstellung des Bauwerks verwendetes Material zählen jedoch nur dann zu den ersparten Aufwendungen, wenn sich das Material in absehbarer (zumutbarer) Zeit anderweitig verwenden lässt, was bei individuell angefertigten Bauteilen selten der Fall sein wird:[68] die Möglichkeit, die Rücknahme des Baumaterials durch den Lieferanten im Kulanzwege zu erreichen, steht dem nicht gleich.[69] Dasselbe gilt hinsichtlich etwaiger auf die Baustelle bereits angelieferter, aber noch nicht eingebauter Bauteile. Schmitz[70] weist darauf hin, dass „untergeordnete Materialkosten wie Schreib, Zeichen-, Telefon- und Kopierkosten" von dem Unternehmer mit einer auf Erfahrungswerten beruhenden Pauschale als erspart abgezogen werden können.

---

63) OLG Celle, BauR 2008, 103, 106 = OLGR 2007, 844.
64) *Schmitz,* in: Kniffka, § 649, Rn. 110.
65) BGH, BauR 1996, 382 = NJW 1996, 1282; BauR 1986, 577; OLG Naumburg, OLGR 1995, 8; LG Trier, NJW-RR 1992, 604; *Soergel/Siebert-Soergel,* § 649 BGB, Rn. 14.
66) **Anderer Ansicht:** OLG Düsseldorf, NJW-RR 1998, 670, das in diesem Fall eine Klage auf die volle Vergütung als „unschlüssig" ansieht.
67) Vgl. hierzu *Lederer,* in: Kapellmann/Messerschmidt, § 8/B, Rn. 34 ff.
68) So auch OLG Köln, BauR 2004, 1953 = OLGR 2004, 184 = IBR 2004, 616 – *Reister;* OLG Düsseldorf, BauR 2000, 1334.
69) OLG Hamm, BauR 1988, 728; *Schmitz,* in: Kniffka, § 649, Rn. 109 (Nur kostenfrei stornierte Materialkosten sind erspart).
70) A.a.O.

* **Anteilige Baustellengemeinkosten**[71] bei Verkürzung der kalkulierten Bauzeit[72]
* **Baustellenbezogene Lohn- und Personalkosten,** soweit sie nach der Kündigung nicht mehr anfallen[73]: Der Auftragnehmer muss sich daher nicht solche Lohn- und Personalkosten grundsätzlich als erspart anrechnen lassen, die dadurch entstehen, dass er die Möglichkeit der Kündigung des Personals nicht wahrgenommen hat, weil § 648 Satz 2 BGB n.F. sowie § 8 Abs. 1 Nr. 2 VOB/B auf die tatsächliche Ersparnis abstellt. Nach herrschender Meinung ist der Auftragnehmer daher grundsätzlich nicht verpflichtet, sein Personal nur deshalb zu reduzieren, weil der Auftraggeber den Vertrag gekündigt hat.[74] Im Einzelfall, insbesondere bei längeren Zeiträumen wird man wohl doch zu einer Kündigungsverpflichtung des Auftragnehmers gemäß Treu und Glauben kommen müssen.[75]
* ein vom Auftragnehmer kalkulierter **Risikozuschlag,** wenn bis zur Kündigung lediglich Vorbereitungsmaßnahmen getroffen, also noch keine Teilleistungen erbracht wurden und damit „das Risiko sich nicht verwirklichen konnte".[76]
* **Nachunternehmerkosten** (vgl. Rdn. 1729 ff.)
* **Planungskosten,** soweit diese aufgrund der Kündigung entfallen.

Nicht zu den ersparten Aufwendungen zählen in der Regel z.B.

* **Ein etwaiger Gewinn**
* **Allgemeine Geschäftskosten**[77]
* **Baustelleneinrichtungs-Kosten**
* **Baustellenräumungs-Kosten**
* **Objektbezogene Finanzierungs-, Verpackungs- sowie Transportkosten,** wenn sie aufgrund der Kündigung nicht mehr anfallen
* Zuschlag für **Wagnis**[78]
* **Skonto**[79]

---

71) Vgl hierzu *Franz*, BauR 2017, 380 ff., 393.
72) BGH, BauR 1999, 1292 = NJW-RR 1999, 1464. Vgl. OLG Düsseldorf, BauR 2016, 518; hierzu *Heilfort*, BauR 2010, 1673.
73) Zur Frage, ob abgebaute Überstunden als ersparte Kosten anzusehen sind: *Althaus/Bartsch*, IBR 2009, 442 sowie *Drittler*, IBR 2009, 250.
74) BGH, NZBau 2000, 82; OLG Hamm, OLG 2006, 7; vgl. hierzu auch OLG Hamm, IBR 2006, 486 – *Schulze-Hagen; Lederer*, in: Kapellmann/Messerschmidt, § 8/B, Rn. 40.
75) So zutreffend *Kapellmann/Schiffers*, Bd. 2, Rn. 1376.
76) BGH, BauR 1998, 185 = NJW-RR 1998, 451 = ZfBR 1998, 79. **A.A.:** *Drittler*, IBR 2006, 1. Vgl. hierzu insbesondere *Groß*, BauR 2007, 631.
77) BGH, BauR 2000, 126, 128 = NJW 2000, 205 = MDR 2000, 27; BauR 1999, 642 = NJW 1999, 1253; OLG Düsseldorf, BauR 2016, 518, 522. Vgl. hierzu vor allen *Franz*, BauR 2017, 380 ff., 394, 401 sowie *Kattenbusch*, BauR 2017, 406; ferner *Franz/Althaus/Oberhauser/Berner*, BauR 2015, 1221; *Lederer*, in: Kapellmann/Messerschmidt, § 8/B, Rn. 37. *Heilfort*, BauR 2010, 1673. Zur Geltendmachung von Ansprüchen wegen ungedeckter allgemeiner Geschäftskosten im Rahmen des § 6 Abs. 6 VOB vgl. näher *Eschenbruch/Fandrey*, BauR 2011, 1223.
78) BGH, BauR 2016, 1153 = IBR 2016, 332 – *Schmitz* = NZBau 2016, 548; BGH, BauR 1998, 185 = NJW-RR 1998, 541 = ZfBR 1998, 79; **a.A.:** OLG Düsseldorf, BauR 2016, 518, 523 = IBR 2015, 538 – *Hinkel*; OLG München, NZBau 2013, 495 = IBR 2013, 410 – *Hummel*.
79) Vgl. hierzu *Schmitz*, in: Kniffka, § 649, Rn. 117.

Kündigung des Auftraggebers/Bauherrn

1732 Bei der Ermittlung des Vergütungsanspruchs aus § 648 Satz 2 BGB n.F. sind im Übrigen nach Auffassung des OLG Düsseldorf[80] die ersparten Aufwendungen nicht nur positionsbezogen abzurechnen; vielmehr ist den Fällen so genannter gemischter Kalkulation eine **Gesamtabrechnung** vorzunehmen. Darüber hinaus hat der BGH[81] zutreffend entschieden, dass der Auftragnehmer bei einer Kündigung nach § 648 BGB n.F. als Teil der Vergütung für nicht erbrachte Leistungen die Anzahlung verlangen kann, die er an einen Subunternehmer geleistet hat, wenn dessen Leistung aufgrund der Kündigung des Auftraggebers nicht mehr verwendbar ist.

1733 Soweit der Auftragnehmer nach erfolgter Kündigung nur einen **Teil** seiner Forderung einklagt, kann der Auftraggeber nicht verlangen, dass gerade auf diese Teilforderung die etwaigen Ersparnisse angerechnet werden.[82] Der Auftraggeber muss sich insoweit auf eine etwaige Kürzung der Restvergütung verweisen lassen. Macht der Auftragnehmer einen Anspruch auf die übliche Vergütung für die erbrachten Leistungen nach einer Kündigung des Auftraggebers geltend, richtet sich sein Anspruch nach § 632 BGB.[83]

Eine Klage auf Vergütung der erbrachten Leistungen nach einer Kündigung des Bauvertrages kann auch nach einer Entscheidung des BGH[84], wenn der Auftraggeber dem nicht widerspricht, auf eine Abrechnung gestützt werden, wonach vom vereinbarten Werklohn die unstreitigen Drittunternehmerkosten für die Fertigstellung des Bauwerks abgezogen werden. Ein Widerspruch gegen diese Abrechnung ist unbeachtlich, wenn der Auftraggeber nicht geltend macht, dadurch benachteiligt zu sein.

Durch das Forderungssicherungsgesetz, das am 1.1.2009 in Kraft getreten ist, ist § 648 BGB n.F. ein dritter Satz hinzugefügt: Dieser enthält eine **gesetzliche Vermutung**, dass der Anspruch nach § 648 S. 2 BGB n.F. **5 % der auf den noch nicht erbrachten Teil der Werkleistung entfallenden vereinbarten Vergütung** beträgt. Dabei wird nicht zwischen einem Bauunternehmer und einem Architekten unterschieden. Hintergrund dieser neuen gesetzlichen Regelung ist es, einem Auftragnehmer eine schnellere Durchsetzung von Vergütungsansprüchen zu erleichtern. Insoweit muss der Unternehmer zunächst eine Abgrenzung zwischen den erbrachten und den nicht erbrachten Leistungen vornehmen; er kann sodann die 5 % auf die vereinbarte Vergütung auf die nicht erbrachten Leistungen berechnen.[85] Will der Unternehmer mehr als 5 % fordern, trifft ihn die Darlegungs- und Beweislast.

In der Begründung[86] setzt sich der Gesetzgeber mit dem Einwand auseinander, dass eine solche Pauschale „zu einer Überforderung des Bestellers führen könnte", z.B. in einer Fallgestaltung, bei der der Unternehmer seine geschuldete Werkleistung überhaupt nicht erbringt und damit eine Kündigung des Auftraggebers provoziert. Zutreffend wird in der Begründung hierzu ausgeführt, dass der Auftraggeber in einem solchen Fall nach § 634 in Verbindung mit § 323

---

80) BauR 2005, 720.
81) BauR 2006, 2040, 2044 = NZBau 2006, 777 = IBR 2006, 660 – *Schmitz*.
82) RGZ 74, 197.
83) BGH, BauR 2000, 100 = NJW-RR 2000, 309 = NZBau 2000, 73 = ZfBR 2000, 46 = MDR 2000, 26.
84) BauR 2014, 1152.
85) BGH, BauR 2011, 1811.
86) BT-Drucksache 15/3594, S. 18.

Abs. 1 u. 2 BGB ohne Fristsetzung vom Vertrag zurücktreten kann, sodass § 648 BGB n.F. gar nicht anwendbar wäre.

1734 Wird das **Vertragsverhältnis vorzeitig**, also vor Fertigstellung der geschuldeten Leistung **aufgelöst** oder **gekündigt**, stellt sich die Frage, ob eine **Abnahme** des unvollendet gebliebenen Teilwerkes für die Fälligkeit des Werklohnanspruches grundsätzlich erforderlich ist. Das ist bislang von der herrschenden Rechtsauffassung verneint worden.[87] Der BGH[88] hat jedoch 2006 seine bisherige Rechtsprechung geändert und entschieden, dass nach Kündigung eines Bauvertrages die Werklohnforderung grundsätzlich **erst mit der Abnahme** der bis dahin erbrachten Werkleistung **fällig** wird.[89] Damit ist auch klargestellt, dass bei einem gekündigten Vertrag das Erfüllungsstadium nicht schon mit der Kündigung, sondern erst mit der Abnahme der durch die Kündigung beschränkten vertraglich geschuldeten Werkleistung beendet ist. Hinsichtlich der **Aufnahmefälle** vgl. Rdn. 1787 u. 1803. Im Übrigen hat die Abnahme beim gekündigten Vertrag die gleichen Wirkungen wie beim nicht gekündigten Vertrag (vgl. Rdn. 1810).

1735 Sowohl beim BGB- als auch beim VOB-Bauvertrag hat der gekündigte Auftragnehmer nach richtiger Auffassung des OLG Düsseldorf[90] keinen Anspruch darauf, dass der Auftraggeber die Bauarbeiten stoppt, um dem Auftragnehmer Gelegenheit für ein Aufmaß seiner erbrachten Leistungen zu geben.

§ 648 BGB n.F. sowie § 8 Abs. 1 VOB/B enthalten eine **abschließende Regelung** der Rechte des Unternehmers für den Fall der endgültigen Erfüllungsverweigerung (Kündigung) durch den Auftraggeber; Schadensersatzansprüche wegen Nichterfüllung sind dadurch ausgeschlossen.[91] Da es sich bei den Ansprüchen aus § 648 BGB n.F. nicht um einen Schadensersatzanspruch handelt, ist § 254 BGB nicht anwendbar.[92]

1736 Die Verschiebung des Baubeginns und damit auch der Bauzeit durch ein **Vergabenachprüfungsverfahren** fällt nach einer Entscheidung des OLG Jena[93] in den Verantwortungsbereich des Auftraggebers. Die Parteien sind in diesem Fall im Rahmen ihrer beiderseitigen Kooperationsverpflichtung gehalten, eine einvernehmliche Anpassung der Vertragstermine vorzunehmen. Sind durch die Verschiebung des Baubeginns dem Auftragnehmer Mehrkosten entstanden, hat er einen Anspruch auf eine entsprechende Mehrvergütung. Insoweit besteht wiederum eine Kooperationsverpflichtung zu Preisverhandlungen; lehnt der Auftraggeber eine solche Vereinbarung hinsichtlich des Mehraufwandes des Auftragnehmers ab, hat der Auftragnehmer

---

[87] BGH, BauR 1993, 469 = ZfBR 1993, 189; BauR 1987, 95 = NJW 1987, 382 = MDR 1987, 310; *Schäfer/Finnern*, Z 3.010 Bl. 20; OLG Oldenburg, OLGR 2003, 440; OLG Hamm, BauR 1981, 376; OLG Düsseldorf, BauR 1980, 276 u. BauR 1978, 404; OLG Köln, *SFH*, Nr. 1 zu § 648 BGB; OLG München, ZfBR 1982, 167, 168; a.A.: *Kniffka*, Festschrift für v. Craushaar, S. 359 ff.
[88] BauR 2006, 1294 = IBR 2006, 432 – *Schmitz* = NJW 2006, 2475 = NZBau 2006, 569; OLG Celle, IBR 2015, 476 – *Eimler*. Vgl. hierzu *Motzke*, BTR 2007, 2; *Messerschmidt*, Festschrift für Kapellmann, 309 sowie *Joussen*, in: Festschrift für Koeble, 15 ff. sowie *Vogel*, BauR 2011, 313.
[89] Vgl. hierzu *Thode*, ZfBR 2006, 638; *Hartmann*, ZfBR 2006, 737 sowie *Knychalla*, Jahrbuch Baurecht 2007, 1.
[90] BauR 2001, 1270.
[91] OLG Düsseldorf, BauR 1973, 114.
[92] OLG Düsseldorf, *Schäfer/Finnern*, Z 2.13 Bl. 19.
[93] BauR 2005, 1161.

ein Leistungsverweigerungsrecht: Kündigt daraufhin der Auftraggeber den Bauvertrag wegen nicht begonnener Bauausführung, ist seine Kündigung als freie Kündigung anzusehen.

Vereinbaren die Vertragsparteien eines Werkvertrages ein „kostenloses Rücktrittsrecht" bei Nichtfinanzierbarkeit für den Auftraggeber, ist eine solche Absprache nach LG München[94)] dahin auszulegen, dass den Auftraggeber, der von diesem Rücktrittsrecht Gebrauch macht, keine Zahlungspflichten treffen und der Auftragnehmer keinen Anspruch auf Schadensersatz einschließlich entgangenen Gewinn, keinen Anspruch auf Vergütung für erbrachte Architektenleistungen und auf „Vertreterkosten" hat.

1737 Nach einer Entscheidung des OLG München[95)] kann ein Auftraggeber die gesamte Auftragssumme eines Vertrages als vorläufig vereinbaren und über die Festlegung des Auftragsumfanges nach Vertragsschluss dann endgültig entscheiden; lässt der Auftraggeber daraufhin bestimmte Teilbereiche nicht ausführen, scheidet eine Teilkündigung – und damit auch eine Vergütung für nicht erbrachte Leistungen – aus. Eine solche Regelung kann allerdings nur individualrechtlich, nicht aber in AGB getroffen werden.[96)]

1738 Für Nachtragsleistungen steht dem Auftragnehmer nach Auffassung des OLG Celle[97)] bei einer Kündigung kein Anspruch auf entgangenen Gewinn gemäß § 648 BGB n.F. zu, weil diese nicht Gegenstand des gekündigten Vertrages und der ursprünglich vereinbarten Vergütung sind.

1739 Das **freie Kündigungsrecht** des Auftraggebers ist grundsätzlich **individualrechtlich abdingbar**[98)] und kann daher auch eingeschränkt werden. Die Parteien können insbesondere auch eine **andere Vergütungsregelung** für die nichterbrachten Bauleistungen treffen. Bei Änderungen oder Einschränkungen des freien Kündigungsrechts in **Allgemeinen Geschäftsbedingungen** sind die §§ 307, 308 Nr. 3 u. 7 sowie 309 Nr. 5 BGB zu berücksichtigen:[99)] In der Regel sind sie als unzulässig anzusehen, weil von einer gesetzlichen Regelung abgewichen wird.

Der BGH[100)] hält eine Klausel in **AGB** des **Auftragnehmers**, wonach die Kündigung des Vertrages **nur aus wichtigem Grund** möglich ist, für unwirksam, weil diese Klausel mit wesentlichen Grundgedanken der gesetzlichen Regelungen des § 649 Satz 1 BGB nicht zu vereinbaren ist (§ 307 Abs. 2 Nr. 1 BGB). Beschränkt der **Auftraggeber** in seinen AGB das Kündigungsrecht nur auf **einen wichtigen Grund** und fordert der Auftraggeber eine Kündigungsfrist für den Auftragnehmer z.B. von vier Wochen, so ist eine solche Klausel wegen der erwähnten Einschränkung der Kündigungsfrist unwirksam.[101)]

Soweit sich der **Auftraggeber** in seinen **Allgemeinen Geschäftsbedingungen** das Recht einräumt, bei **eigener Kündigung** ohne besonderen Grund **Werklohn nur für die tatsächlich erbrachte Leistung** zahlen zu müssen, wobei gleichzeitig

---

94) BauR 1996, 399.
95) IBR 2003, 234 – *Schulze-Hagen*.
96) So zutreffend *Schulze-Hagen*, IBR 2003, 234.
97) IBR 2010, 78.
98) *MünchKomm-Busche*, § 649 BGB, Rn. 4; *Joussen/Vygen*, in: Ingenstau/Korbion, § 8 Abs. 1/B, Rn. 25.
99) Vgl. hierzu BGH, BauR 2011, 1328 = NZBau 2011, 481 = NJW 2011, 3030 sowie BGH, NJW 2011, 1954.
100) BauR 1999, 1294 = NJW 1999, 3261 = ZfBR 2000, 291 = MDR 1999, 1378.
101) BGH, BauR 1990, 81, 83 = NJW-RR 1990, 156, 157.

weiter gehende Ansprüche des Auftragnehmers einschließlich etwaiger Schadensersatzansprüche ausgeschlossen sind, verstößt eine solche Klausel gegen § 307 BGB.[102] Sie ist ebenfalls mit dem Grundgedanken des § 648 Satz 1 BGB n.F. nicht in Einklang zu bringen. Unter diesem Gesichtspunkt ist auch eine vom **Auftragnehmer** gestellte Klausel, nach der dieser Anspruch auf die **volle Vergütung** ohne Rücksicht auf die erbrachten Leistungen hat, unwirksam.[103] Eine Klausel in AGB des **Auftraggebers**, wonach bei einer Kündigung des Auftraggebers gemäß § 648 BGB n.F. der Auftragnehmer die geschuldete Vergütung nur insoweit erhält, als die erbrachten Einzelleistungen vom Auftraggeber auch **tatsächlich verwertet** werden, verstößt ebenfalls gegen § 307 BGB und ist unwirksam; nach dieser Klausel wird dem Auftraggeber in unzulässiger Weise das Recht eingeräumt, über die Verwertung, die erst die Vergütungspflicht auslösen soll, einseitig zu bestimmen, sodass dem Auftragnehmer ein unkalkulierbares wirtschaftliches Risiko aufgebürdet wird.[104] Dagegen ist eine Klausel in AGB des **Auftraggebers**, wonach die Kündigung **schriftlich** erklärt werden muss, wirksam.[105] Unwirksam ist allerdings eine Klausel in AGB des **Auftraggebers**, wonach dieser berechtigt ist, einzelne Positionen des Angebotes zurückzuziehen, zu streichen, in den Massenansätzen zu vermindern oder zu vermehren, ohne dass der Auftragnehmer durch Minderleistungen Ersatzansprüche stellen kann, wobei auch eine Preisänderung bei solchen oder anderen Positionen nicht eintritt.[106] Damit werden nämlich Ansprüche des Auftragnehmers gem. § 649 BGB bei Teilkündigungen ausgeschlossen.

1740 Die Vereinbarung einer **pauschalierten Vergütung** im Rahmen des § 648 Satz 2 BGB n.F./§ 8 Abs. 1 Nr. 2 VOB/B ist – auch in AGB – **zulässig**. Sie darf aber – in AGB oder Formularverträgen – **nicht unangemessen** sein.[107] Insoweit hat der BGH[108] klargestellt, dass **Prüfungsmaßstab** für die Wirksamkeit einer Pauschale § 308 Nr. 7a BGB und § 309 Nr. 5b BGB in entsprechender Anwendung sind. Ins-

---

102) BGH, BauR 2007, 1724 = IBR 2007, 541 – *Schulze-Hagen*; BGHZ 92, 244 = NJW 1985, 631 = BauR 1985, 77 = MDR 1985, 222; BGH, BauR 1997, 1036, = NJW-RR 1997, 1513 = ZfBR 1998, 35 (Nichtannahmebeschluss zu OLG Hamburg, *SFH*, Nr. 10 zu § 3 AGB-Gesetz); OLG Zweibrücken, BauR 1989, 376 (LS) vgl. auch *Grüter*, DB 1980, 867; *Grimme*, S. 256.
103) BGH, NJW 1973, 1190.
104) OLG Zweibrücken, BauR 1989, 227, 229. Vgl. auch BGH, BauR 1997, 1036.
105) BGH, NJW-RR 1989, 625, 626.
106) BGH, BauR 1987, 694; OLG Düsseldorf, BauR 1992, 77 = NJW-RR 1992, 216; OLG München, BB 1984, 1386; OLG Frankfurt, NJW-RR 1986, 245 (bei Änderung des Gesamtleistungsumfanges über +mn; 10 %). Vgl. hierzu OLG Koblenz, BauR 1992, 379 = NJW-RR 1992, 850, 851 (keine Ansprüche des Auftragnehmers im Falle der Teilkündigung, wenn ihm ein gleichwertiger Ersatzauftrag angeboten wird).
107) BGH, BauR 1995, 546 = ZfBR 1996, 199; OLG Braunschweig, BauR 1998, 785, 787; *Vogel*, BauR 2011, 313, 325; *Löwe*, ZfBR 1998, 121, 127; *Glöckner*, BauR 1998, 669, 680; vgl. *Kniffka*, Jahrbuch Baurecht 2000, 1, 18, der unter Hinweis auf die Rechtsprechung des BGH eine Vergütungspauschale von 5 % für unbedenklich hält (BGH, BauR 1983, 266 = ZfBR 1983, 128), während eine Pauschale von 10 % ohne weitere Nachprüfung nicht hingenommen werden kann (BauR 1995, 546 = ZfBR 1995, 199); eine Pauschale von 18 % gilt als äußerst zweifelhaft (BGH, BauR 1985, 79, 82 = ZfBR 1985, 81).
108) BauR 2011, 1328 = NZBau 2011, 481 = IBR 2011, 571 – *Schmitz* sowie BGH, IBR 2011, 630 – *Schmitz* und BGH, IBR 2011, 631 – *Schmitz*.

Kündigung des Auftraggebers/Bauherrn   Rdn. 1740

besondere in **Fertighausverträgen** sind pauschalierte Abrechnungen nach Kündigung des Auftraggebers üblich.

* Pauschaliert der **Auftraggeber** in seinen AGB den entgangenen Gewinn, darf die Pauschale **nicht unangemessen niedrig** sein: Hierzu gibt es in der Rechtsprechung noch keine gesicherten Maßstäbe: Kritisch wird sicherlich eine Pauschale **unter 5 %** sein. Dagegen hat der BGH[109] eine Pauschale von 10 % für angemessen angesehen. Das OLG Koblenz[110] akzeptiert eine pauschalierte Vergütung von 15 % in AGB für den Fall der Kündigung durch den Auftraggeber.
* Wird die Bestimmung über eine Pauschalvergütung von dem **Auftragnehmer** in AGB „gestellt", so darf sie **nicht unangemessen hoch** sein; insoweit hat der BGH die volle Restvergütung (ohne Abzug ersparter Aufwendungen)[111], das OLG Stuttgart eine Pauschale von 25 %[112] sowie das OLG Hamm eine Pauschale von 30 %[113] für unzulässig erklärt. Bei 18 % hat der BGH[114] Bedenken angemeldet und die Klauseln für unwirksam erklärt, weil mit ihnen gleichzeitig der Nachweis abgeschnitten wurde, dass der Auftragnehmer höhere Ersparnisse oder einen höheren anderweitigen Erwerb hatte oder böswillig unterlassen hat (§ 309 Nr. 5 BGB). Mit ähnlicher Begründung hält das OLG Stuttgart[115] eine Pauschale in Höhe von 40 % für unangemessen, während der BGH eine Pauschale von 5 %[116] nicht beanstandet. Auch eine Schadenspauschale von 10 % in AGB eines Fertighausvertrages hat der BGH[117] für zulässig angesehen, wenn der Auftragnehmer daneben nicht noch weitere Ansprüche geltend machen kann. Das OLG Hamm[118] spricht einer Klausel eines Auftragnehmers die Wirksamkeit ab, wonach eine Pauschalvergütung bei Kündigung eines Vertrages über den Einbau eines Treppenlifts vor Produktionsbeginn in Höhe von 30 % des vereinbarten Preises fällig wird.

Im Übrigen muss eine Klausel hinsichtlich einer Pauschalvergütung klarstellen, dass die Pauschale nur anfällt, wenn der Auftragnehmer den Kündigungsgrund

---

109) BauR 2006, 1131, 1132 = NZ Bau 2006, 435.
110) IBR 2011, 196 – mit ablehnender Anm. *Schmitz*.
111) BGH, NJW 1970, 1596; NJW 1973, 1190.
112) BB 1985, 1420.
113) BauR 2010, 785.
114) BauR 1985, 79 = NJW 1985, 632 = ZfBR 1985, 81; vgl. auch OLG München, DB 1984, 114 (Unkostenpauschale von 5 %); OLG Celle, AGBE Nr. 2 zu § 10 Nr. 1 AGBG (40 % des Vertragswertes); LG München, AGBE Nr. 41 zu § 10 Nr. 1 AGBG (ebenfalls 40 %); vgl. hierzu auch BGH, BauR 2000, 1194 (Pauschale von 7,5 % des vereinbarten Gesamtpreises bei einer Kündigung bis zur Übergabe der Pläne an den Bauherrn für den Bauantrag mit Nachweisklausel für höhere Vergütung).
115) NJW 1981, 1105.
116) BauR 1978, 220 = NJW 1978, 1054; NJW 1983, 1489, 1491 = BauR 1983, 261 = BB 1983, 1051; BauR 1985, 77, 79 = NJW 1985, 632 = ZfBR 1985, 81; ferner OLG Koblenz, BauR 2000, 419 = NJW-RR 2000, 872 = NZBau 2000, 514.
117) BauR 2006, 1131 m.Anm. *Wellensiek* = NZBau 2006, 435; vgl. hierzu auch BGH, BauR 1999, 1294 = NJW 1999, 3261 = ZfBR 2000, 30 = MDR 1999, 1378 sowie BauR 1995, 546 = NJW-RR 1995, 749 = ZfBR 1995, 199; ebenso: OLG München, IBR 2010, 75 – *Wenkebach*; OLG Düsseldorf, BauR 2005, 1636; OLG Brandenburg, OLGR 1995, 18; OLG Rostock, BauR 1998, 409 (LS) = NJW-RR 1998, 310 (8 % bei Kündigung eines Fertighausvertrages); vgl. auch LG Berlin, BauR 1997, 176 (LS) = BB 1996, 2062.
118) IBR 2010, 133 – *Sienz*.

nicht zu vertreten hat; andernfalls ist sie gemäß § 307 Abs. 1 S. 1 BGB unwirksam.[119]) Ist einem Auftraggeber – im Rahmen einer vom Unternehmer gestellten Klausel – der Nachweis gestattet, dass die dem Unternehmer nach § 648 BGB n.F. zustehende Vergütung wesentlich niedriger ist als die Pauschale, kommt dadurch nach Auffassung des BGH[120]) „hinreichend klar und den Anforderungen des Gesetzes genügend zum Ausdruck, dass auch der Nachweis gestattet ist, dem Auftragnehmer stehe überhaupt keine Vergütung zu". In diesem Zusammenhang hat der BGH[121]) auch entschieden, dass eine Klausel, die den entgangenen Gewinn und die bis zur Kündigung getätigten Aufwendungen pauschaliert, einer Überprüfung anhand des § 308 Nr. 7a BGB nur dann standhält, wenn sie sich im Rahmen der gemäß § 648 S. 2 BGB n.F. typischerweise zu beanspruchenden Vergütung hält; werden mit der Pauschale 15 % des vereinbarten Werklohns geltend gemacht, sind für die Angemessenheitskontrolle dazu konkrete tatsächliche Feststellungen zu treffen.

1741 Ferner wird ergänzend die Rechtsprechung des BGH zum **Architektenrecht** zu beachten sein:[122]) Pauschalieren die Vertragsparteien die ersparten Aufwendungen mit einem **bestimmten Prozentsatz** – wie in Architektenverträgen allgemein üblich –, so muss jedenfalls eine von dem **Auftragnehmer gestellte AGB-Klausel** immer die Möglichkeit des Nachweises höherer ersparter Aufwendungen durch den Auftraggeber sowie die Möglichkeit, dass bei anderweitigem Erwerb i.S. des § 648 BGB n.F: ebenfalls ein Abzug gerechtfertigt ist, aufzeigen[123]) (Rdn. 1134 ff.). Der BGH hat eine in AGB des Unternehmers enthaltene Vergütungspauschalierung auf 15 % des Teilbetrages aus dem Gesamtpreis, der auf den Teil der Leistungen entfällt, die der Unternehmer bis zu einer freien Kündigung noch nicht ausgeführt hat, für unwirksam erklärt, wenn die Berechnung dieses Vergütungsteils von der Berechnung der Vergütung für erbrachte Leistungen abhängt und dies unklar geregelt ist.[124])

1742 Hat sich der Auftraggeber in den Vertragsbedingungen das Recht vorbehalten, einzelne Positionen des Leistungsverzeichnisses entfallen zu lassen, ist er nach OLG Düsseldorf[125]) nicht berechtigt, diese Leistungsteile selbst auszuführen; in der Erklärung des Auftraggebers, einzelne Leistungsteile (unter entsprechender Kürzung der vereinbarten Vergütung) selbst ausführen zu wollen, liege noch keine Teilkündigung des Werkvertrages, sondern „ein Angebot auf Vertragsänderung, das der Auftragnehmer nicht verpflichtet ist, anzunehmen". Dem kann indes nicht

---

119) OLG Düsseldorf, IBR 2011, 197 – *Heiliger*.
120) BauR 2011, 1328 = NZBau 2011, 481 = IBR 2011, 449 – *Schmitz*.
121) BGH, a.a.O.
122) BGH, BauR 1997, 156 = ZfBR 1997, 36; BauR 1998, 866 = ZfBR 1998, 236; BauR 1996, 412 = NJW 1996, 1751 = ZfBR 1996, 200; OLG Braunschweig, BauR 1998, 785.
123) BGH, BauR 1999, 1294 = NJW 1999, 3261 = ZfBR 2000, 30 = MDR 1999, 1378; hierzu *Schmitz*, in: Kniffka, § 649, Rn. 142; zur Auslegung einer Pauschalvergütungs-Klausel eines Fertighausherstellers in seinen AGB in Höhe von 5 % des vereinbarten Gesamtpreises mit dem ergänzenden Hinweis, „sofern er oder der Bauherr nicht im Einzelfall andere Nachweise erbringen": OLG Koblenz, BauR 2000, 419 = NJW-RR 2000, 872 = NZBau 2000, 514.
124) BauR 2011, 1331 = NZBau 2011, 407 = NJW 2011, 1954 = IBR 2011, 450 – *Schmitz*.
125) BauR 1988, 485 = NJW-RR 1988, 278; auch OLG Frankfurt, NJW-RR 1986, 245.

beigetreten werden, da Sinn dieser Vereinbarung allein die **Ausschaltung** der rechtlichen Folgen des § 648 BGB n.F. bzw. § 8 Nr. 1 VOB/B ist.

Zur Abrechnung eines **Pauschalpreisvertrages bei Kündigung** vgl. Rdn. 1554 ff. Zur **Mehrwertsteuer auf die Vergütung** gemäß § 648 BGB n.F./§ 8 Abs. 1 VOB/B für nicht ausgeführte Bauleistungen vgl. Rdn. 1682.

b) Besonderes Kündigungsrecht aus § 649 BGB n.F. (= § 650 BGB a.F.)

Literatur

Pahlmann, Die Bindungswirkung des unverbindlichen Kostenvoranschlags, DRiZ 1978, 367; *Köhler*, Die Überschreitung des Kostenvoranschlags, NJW 1983, 1633; *Werner*, Anwendungsbereich und Auswirkungen des § 650 BGB, Festschrift für Korbion (1986), 473; *Rohlfing/Thiele*, Überschreitung des Kostenvorschlags durch den Werkunternehmer, MDR 1998, 632; *Schenk*, Der Kostenvoranschlag nach § 650 BGB und seine Folgen, NZBau 2001, 470; *Popescu*, Die Bedeutung des § 650 BGB für Rechtsfolgen erheblicher Mengenabweichungen beim Einheitspreisvertrag, NZBau 2014, 201.

1743 Ein **besonderes** Kündigungsrecht hat der Auftraggeber gemäß § 649 BGB n.F. (vor dem neuen Werkvertragsrecht § 650 BGB) bei **wesentlicher Überschreitung eines Kostenanschlags**. Bauleistungen werden häufig nach Abgabe eines entsprechenden Kostenanschlags durchgeführt, in dem der Unternehmer seine Einheitspreise und die voraussichtlichen Mengen bekannt gibt. Die sich aus den Mengen und Einheitspreisen ergebenden Positionspreise und der Endpreis werden dann bei Auftragserteilung in aller Regel von den Parteien nicht festgeschrieben und damit auch nicht Vertragsbestandteil. Der Kostenanschlag muss aber dem Vertrag im Sinne einer Geschäftsgrundlage (§ 313 BGB) zugrunde gelegt worden sein.[126]

1744 Hat der Unternehmer den Endpreis nicht garantiert (im Sinne einer Verbindlichkeitserklärung), stellt der **Kostenanschlag** lediglich eine **unverbindliche Berechnung der voraussichtlichen Kosten** dar.[127] Ergibt sich bei Ausführung der Bauleistung, dass diese **nicht ohne wesentliche Überschreitung des Kostenanschlags ausgeführt** werden kann, kann der **Auftraggeber** den Vertrag nach § 649 Abs. 1 BGB n.F. **kündigen**. Der Unternehmer hat dann nur einen Anspruch auf einen der geleisteten Arbeit entsprechenden Teil des Werklohns und Ersatz der in der Vergütung nicht inbegriffenen Auslagen entsprechend § 645 BGB. Allerdings ist nach Auffassung des BGH[128] § 649 BGB n.F. weder unmittelbar noch entsprechend anwendbar, wenn die Überschreitung einer Kostenangabe des Unternehmers darauf zurückzuführen ist, dass der Auftraggeber dem Unternehmer unzutreffende Angaben über den Umfang des herzustellenden Werkes zur Verfügung gestellt hat.

1745 **Wann eine wesentliche Überschreitung** des Anschlages vorliegt, ist eine Frage des **Einzelfalls**. Dabei ist insbesondere zu berücksichtigen, mit welchem Genauigkeitsgrad der Unternehmer bezüglich der angebotenen Bauleistung seinen Kos-

---

126) BGH, NJW 1973, 140; OLG Frankfurt, NJW-RR 1989, 209. Vgl. hierzu auch OLG Celle, BauR 2000, 1493.
127) OLG Frankfurt, NJW-RR 1989, 209. Vgl. hierzu auch OLG Karlsruhe, BauR 2003, 1589 = OLGR 2003, 61 (bei wesentlichen Änderungen der Werkleistung ist das ursprüngliche Angebot nicht mehr als Kostenanschlag nach § 650 BGB anzusehen).
128) BauR 2011, 1034 = NZBau 2011, 290 = IBR 2011, 192 – *Vogel*.

tenanschlag hätte abgeben können. Entscheidend ist die Überschreitung des Endpreises, nicht einzelner Positionspreise. Bei einer Überschreitung von **mehr als 25 %** (als Anhaltspunkt für das Merkmal der Wesentlichkeit) wird man grundsätzlich das Kündigungsrecht des Auftraggebers zu bejahen haben.[129] Dabei sind zusätzliche Leistungen aufgrund von Änderungen oder Zusatzaufträgen des Auftragnehmers nicht zu berücksichtigen.

Köhler[130] lehnt die Bewertung der Überschreitung nach Prozentangaben ab und meint, eine Kostenüberschreitung sei „wesentlich", wenn „sie so erheblich ist, dass sie einen redlich denkenden Besteller zur Änderung seiner Dispositionen, insbesondere zur Kündigung, veranlassen kann". Dabei sollen folgende Kriterien Berücksichtigung finden: Eigenart der Werkleistung, Kosten-Nutzen-Verhältnis, Zeitpunkt der Erkennbarkeit der Kostenüberschreitung und Bestimmtheitsgrad des Kostenanschlags.[131]

1746 Nach § 649 Abs. 2 BGB n.F. ist der Unternehmer zum Schutze des Auftraggebers verpflichtet, diesem **unverzüglich anzuzeigen**, wenn eine **wesentliche Überschreitung** des Kostenanschlags zu erwarten ist, es sei denn, der Auftraggeber hat hiervon Kenntnis.[132] Das **Unterbleiben** dieser **Anzeige** stellt eine **schuldhafte Vertragsverletzung** des Unternehmers dar. Dies hat zur Folge, dass er dem Auftraggeber zum Schadensersatz aus Pflichtverletzung verpflichtet ist.[133] Er hat den Auftraggeber nunmehr so zu stellen, wie dieser stehen würde, wenn ihm die Überschreitung des Kostenanschlags rechtzeitig angezeigt worden wäre. Ein pflichtwidrig unterlassener Hinweis des Unternehmers führt allerdings zu keinem Schaden des Auftraggebers, wenn dieser auf den Werkerfolg angewiesen ist und ihn auch anderweitig nicht preisgünstiger hätte erreichen können.[134]

1747 **Umstritten** ist, ob der **Auftraggeber** stets die **Beweislast** dafür trägt, dass er nach einer rechtzeitigen Anzeige gekündigt hätte, ob der Auftragnehmer beweisen muss, dass der Auftraggeber trotz rechtzeitiger Anzeige nicht gekündigt hätte oder ob bei Verletzung der Anzeigepflicht stets von einer fiktiven Kündigung auszugehen ist.[135] Richtigerweise wird von dem Auftraggeber der Nachweis zu verlangen sein, dass er bei rechtzeitiger Anzeige die Kündigung ausgesprochen hätte. Zu Recht weisen *Köhler*[136] und das OLG Frankfurt[137] darauf hin, dass in diesem Fall an die Beweisführung aber keine allzu großen Anforderungen zu stellen sind. Die Schadensersatzverpflichtung entfällt, wenn der Auftragnehmer seinerseits nachweisen kann, dass der Auftraggeber trotz rechtzeitiger Anzeige nicht gekündigt hätte oder er auch ohne Anzeige von der wesentlichen Überschreitung Kenntnis hat-

---

129) Vgl. hierzu *Palandt/Sprau*, § 650, Rn. 2 (15–20 %); *Rohlfing/Thiele*, MDR 1998, 632; *Pahlmann*, DRiZ 1978, 367 (10 %), ebenso: *MünchKomm-Busche*, § 650 BGB, Rn. 10 (mehr als 10 %); *Schenk*, NZBau 2001, 470, 471 (10–25 %).
130) NJW 1983, 1633, 1634; vgl. hierzu auch *Rohlfing/Thiele*, MDR 1998, 632, 633.
131) Beck'scher VOB-Komm/*Jansen*, B Vor § 2, Rn. 198; *Stickler/Fehrenbach*, Rn. 142.
132) OLG Saarbrücken, BauR 2015, 838 = NZBau 2015, 161 = IBR 2015, 60 – *Rodemann*.
133) OLG Frankfurt, NJW-RR 1989, 209.
134) OLG Saarbrücken, BauR 2015, 838 = NZBau 2015, 161 = IBR 2015, 60 – *Rodemann*.
135) Vgl. hierzu *Köhler*, NJW 1983, 1633 mit einer Übersicht zum Meinungsstand.
136) A.a.O. (Vortrag von Umständen, die eine Kündigung nahe legen).
137) BauR 1985, 207 = OLGZ 1984, 198 („plausible Darlegung" der Kündigung genügt); ebenso: *Schenk*, NZBau 2001, 470, 472; LG Köln, NJW-RR 1990, 1498.

te.¹³⁸⁾ Konnte oder musste die Kostenüberschreitung vom Auftraggeber erkannt werden, ist ein **mitwirkendes Verschulden** bei der Höhe des Schadensersatzes zu berücksichtigen. Entsprechendes gilt, wenn der Auftraggeber von dritter Seite von der Kostenüberschreitung erfährt.¹³⁹⁾

1748 Die „**Abrechnung**" i.S. des § 649 Abs. 2 BGB n.F. (bei wesentlicher Überschreitung des Kostenanschlags und einer unterstellten Kündigung) ist allerdings **problematisch**: Grundsätzlich ist der Auftraggeber aufgrund seines Schadensersatzanspruches so zu stellen, wie er bei einer Anzeige und daraufhin ausgesprochenen Kündigung gestanden hätte.¹⁴⁰⁾ Der Auftragnehmer hat daher Anspruch auf den Teil der Vergütung, der der erbrachten Bauleistung – bezogen auf den fiktiven Zeitpunkt der Kündigung – entspricht (§§ 650 Abs. 1, 645 Abs. 1 BGB). Dies ist allgemeine Meinung. Allerdings trägt der Auftraggeber die Darlegungs- und Beweislast, was er nach einer entsprechenden Anzeige des Auftragnehmers veranlasst hätte; er muss also im Einzelnen vortragen, dass er dann tatsächlich gekündigt hätte und auch durch die Leistungen des Auftragnehmers nicht bereichert ist.¹⁴¹⁾

1749 **Umstritten** ist auch, ob der durch die **Weiterarbeit** (ggf. die Vollendung der Bauleistung) **dem Auftraggeber entstandene Vermögenswert** auf den Schadensersatzanspruch **anzurechnen** ist. Dies wird teilweise bejaht,¹⁴²⁾ was jedoch nicht überzeugt, weil andernfalls die Pflichtverletzung des Auftragnehmers (unterlassene Anzeige nach § 649 Abs. 2 BGB n.F.) keine rechtlichen und wirtschaftlichen Konsequenzen für ihn hätte.¹⁴³⁾ Es ist zu berücksichtigen, dass der Auftragnehmer durch seinen fehlerhaften Kostenanschlag gerade die eigentliche Ursache für die Kostenüberschreitung gesetzt hat.¹⁴⁴⁾ Durch die zweifache Pflichtverletzung (fehlerhafter Kostenanschlag – unterlassene Anzeige) wird dem Auftraggeber im Übrigen eine Leistung aufgedrängt, die er in diesem Umfang gar nicht haben wollte.

Der Auftragnehmer ist insoweit auch nicht schutzbedürftig; er hatte es in der Hand, die eingetretene Situation zu vermeiden. Wägt man daher die sich widerstreitenden Interessen von Auftragnehmer (Anspruch auf Werklohn für die **erbrachte** Leistung) und Auftraggeber (Schadensersatzanspruch wegen unterlassener Anzeige der wesentlichen Überschreitung des Kostenanschlags) ab, überwiegt der Schutz des Auftraggebers.

1750 Das OLG Frankfurt¹⁴⁵⁾ hatte zunächst offen gelassen, ob bei der Berechnung des Schadensersatzes des Auftraggebers aus einer Verletzung der Anzeigepflicht gemäß § 649 Abs. 2 BGB n.F. dieser verpflichtet ist, die Leistungen, die der Unter-

---

138) *MünchKomm-Busche*, § 650 BGB, Rn. 16.
139) *Schenk*, NZBau 2001, 470, 472 will in einem solchen Fall einen Anspruch auf Schadensersatz ausschließen, weil es an der Kausalität zwischen unterlassener Anzeige und Schaden in diesem Fall fehlen soll.
140) Vgl. hierzu OLG Naumburg, IBR 2011, 6 – *v. Rintelen*.
141) *v. Rintelen*, in: Kniffka, IBR-online-Kommentar, § 650 BGB, Rn. 29 f.
142) LG Köln, TranspR 1994, 317; *MünchKomm-Busche*, § 650 BGB, Rn. 18; *Glanzmann*, in: RGRK, § 650, Rn. 15.
143) Zutreffend: *Rohlfing/Thiele*, MDR 1998, 632, 635; *Pahlmann*, DRiZ 1978, 367; *Derleder* in: Alternativ-Kommentar BGB, § 650, Rn. 2 u. Beck'scher VOB-Komm/*Jansen*, B Vor § 2, Rn. 214.
144) OLG Frankfurt, BauR 1985, 207.
145) BauR 1985, 207.

nehmer nach der fiktiven Kündigung erbracht hat, entsprechend ihrem vollen Wert oder in Höhe der Kostenanschlagssumme zuzüglich einer zulässigen Überschreitungsquote zu vergüten ist, wenn er sie behalten will. In einer späteren Entscheidung weist das OLG Frankfurt[146] dann darauf hin, „dass bei der Bewertung dieses Vorteils nicht auf die objektive Werterhöhung des Werkgegenstands, sondern auf das subjektive Interesse des Bestellers an der Vollendung der Werkleistung abgestellt wird, wie das im Bereicherungsrecht für die aufgedrängte Bereicherung gilt". Die Problematik ist jedoch mehr theoretischer Natur: Wer eine Bauleistung behalten will, wird meist nicht überzeugend darlegen und beweisen können, dass er bei einem entsprechenden Hinweis durch den Auftragnehmer den Werkvertrag gekündigt hätte.

Nach richtiger Auffassung[147] hat der Auftragnehmer daher grundsätzlich nur einen **Anspruch auf eine Vergütung in Höhe des Kostenanschlags zuzüglich der zulässigen Überschreitung.**[148]

1751 Über die Grundsätze der ungerechtfertigten Bereicherung kann kein weiterer Ausgleich erfolgen, da die §§ 812 ff. BGB schon tatbestandlich aufgrund der werkvertraglichen Bindung der Parteien ausscheiden.[149]

Das OLG Frankfurt[150] setzt sich auch mit dieser Frage auseinander und führt aus: „Wenn die von dem Besteller, der die nach der fiktiven Kündigung erbrachten Werkleistungen nicht herausgeben kann oder will, dafür geschuldete Vergütung ihres Wertes nach den gleichen Grundsätzen berechnet wird, wie sie für die so genannte aufgedrängte Bereicherung gelten, führt dies im Ergebnis in vielen Fällen dazu, dass der Werkunternehmer trotz nicht angezeigter Überschreitung seines Kostenanschlags die volle Vergütung fordern kann. Dies wiederum würde die ohnehin häufig anzutreffende Unsitte der Werkunternehmer begünstigen, bewusst oder leichtfertig zu niedrige Kostenanschläge abzugeben, um erst einmal einen Auftrag zu erhalten und dann nach Ausführung der Arbeiten eine erheblich höhere Vergütung zu fordern. Der Auftraggeber muss dann unter Umständen mehr zahlen, als wenn er den Auftrag von vornherein einem teureren, aber realistischer kalkulierenden Anbieter erteilt hätte. Dieses Risiko für den Auftraggeber wird dadurch vermieden, dass die Vergütung des Werkunternehmers, bei Verletzung seiner Anzeigepflicht gemäß § 650 Abs. 2 BGB auf die bis zum Zeitpunkt der fiktiven Kündigung erbrachten Leistungen des Unternehmers, möglicherweise mit einem gewissen Zuschlag für eine hinzunehmende nicht wesentliche Überschreitung des Anschlags, beschränkt wird.

---

146) NJW-RR 1989, 209; LG Köln, NJW-RR 1990, 1498.
147) Wie hier: *Leupertz*, in: Halfmeier/Leupertz, bauvertragsrechtOnline, II/2011, § 650 BGB, Rn. A 6; *Rohlfing/Thiele*, MDR 1998, 632, 636; *Palandt/Sprau*, § 650 BGB, Rn. 3; *Schenk*, NZBau 2001, 470, 473; ähnlich: *Köhler*, NJW 1983, 1633, 1635, der allerdings zu diesem Ergebnis nur über ein Wahlrecht des Auftraggebers kommt, entweder dem Auftragnehmer die Bauleistung wieder zur Verfügung zu stellen oder aber gegen Vergütung zu behalten; da in der Baubranche ein Austausch der Leistungen in aller Regel wegen der vollzogenen Verbindung, Vermischung usw. nicht möglich ist, ist diese Auffassung nicht praktikabel.
148) **Anderer Ansicht:** OLG Celle, OLGR 2003, 261 (Ersatz der „tatsächlich vorhandenen Wertschöpfung"); BauR 2000, 1493; *Pahlmann*, DRiZ 1978, 367 u. Beck'scher VOB-Komm/*Jansen*, B Vor § 2, Rn. 277, wonach der Auftragnehmer nur in Höhe seines unverbindlichen Kostenanschlags eine Vergütung verlangen kann; dabei wird übersehen, dass der Schadensersatzanspruch im Hinblick auf die Unverbindlichkeit des Kostenanschlags erst bei Überschreitung der Toleranzgrenze entsteht. Das übersieht auch *v. Rintelen*, in: Kniffka, § 650 BGB, Rn. 28 ff., der bei der Schadensberechnung die Grundsätze der Vorteilsausgleichung heranziehen will.
149) Zutreffend: *Palandt/Sprau*, § 650 BGB, Rn. 2; OLG Frankfurt, BauR 1985, 207.
150) A.a.O.

Die Einbeziehung von bereicherungsrechtlichen Grundsätzen in die Abrechnung nach unterlassener Anzeige erscheint auch systematisch nicht geboten. § 650 Abs. 1 BGB verweist für den Fall, dass der Besteller aufgrund einer ordnungsgemäßen Anzeige der wesentlichen Überschreitung des Kostenanschlags den Vertrag deshalb kündigt, auf die Abwicklung nach § 645 BGB. Im Falle der unterlassenen Anzeige hat der Unternehmer zwar anders als im Falle des § 645 BGB weitere Werkleistungen erbracht. Entgegen der Ansicht von Köhler erscheint es jedoch nicht unbillig, dem Unternehmer für die nach dem fiktiven Kündigungszeitpunkt erbrachten Leistungen einen Vergütungsanspruch zu verweigern, weil er es durch ordnungsgemäße Erfüllung seiner vertraglichen Pflichten, nämlich der Anzeigepflicht gemäß § 650 Abs. 2 BGB, hätte vermeiden können, weitere Werkleistungen ohne Vergütungsanspruch zu erbringen."

§ 649 BGB n.F. ist auch in einem VOB/B-Vertrag anwendbar.[151]

c) Außerordentliches Kündigungsrecht

Literatur

Pöhner, Die Bedeutung der Baugenehmigung für den Bauvertrag, Baurechtl. Schriften, Bd. 35, 1997.

Schmidt, Zur unberechtigten Kündigung aus wichtigem Grund beim Werkvertrag, NJW 1995, 1313; *Lenzen*, Ansprüche gegen den Besteller, dem Mitwirkungspflichten unmöglich werden, BauR 1997, 210; *Niemöller*, Vergütungsansprüche nach Kündigung des Bauvertrages, BauR 1997, 539; *Adler/Everts*, Kündigungsrechte des Auftragnehmers trotz mangelhafter Werkleistung, BauR 2000, 1111; *Schmitz*, Kündigungsrecht des Auftragnehmers bei objektiv vorliegenden, vom Auftraggeber aber nicht zeitnah gerügten Mängeln?, BauR 2000, 1126; *Timmermans*, Kündigung des VOB-Vertrages bei Insolvenz des Auftragnehmers, BauR 2001, 321; *Genschow*, Einbehalte des Auftraggebers und die Pflicht zur Übersendung der Abrechnung gemäß § 8 Nr. 3 Abs. 4 VOB/B, BauR 2001, 323; *Handschumacher*, Der Vergütungsanspruch gemäß § 8 Nr. 3 Abs. 3 VOB/B, BauR 2001, 872; *Boldt*, Die Kündigung des Bauvertrages aus wichtigem Grund durch den Auftraggeber nach neuem Recht, NZBau 2002, 655; *Voit*, Die außerordentliche Kündigung des Werkvertrages durch den Besteller, BauR 2002, 1776; *Koenen*, Die Kündigung nach § 8 Nr. 2 VOB/B und deren Abrechnungsprobleme, BauR 2005, 202; *Kuhn*, Der Eigenantrag des Auftragnehmers als Voraussetzung einer Kündigung nach § 8 Nr. 2 Abs. 1 2. Var. VOB/B?, BauR 2005, 942; *Bitterich*, Kündigung vergaberechtswidrig zu Stande gekommener Verträge durch öffentliche Auftraggeber, NJW 2006, 1845; *Lang*, „Die Teilkündigung", BauR 2006, 1956; *Heerdt*, Die Kündigung gemäß § 8 Nr. 2 Abs. 2 VOB bei Vermögensverfall des Auftragnehmers, Festschrift für Ganten (2007), 155; *Feser*, Schadensersatz vs. Restwerklohn nach außerordentlicher Auftraggeberkündigung des Bauvertrages, BauR 2008, 1043; *Hebel*, Kündigung des Bauvertrages aus wichtigem Grund, BauR 2011, 330; *von Kiedrowski*, Zur Unwirksamkeit der Kündigung nach § 8 Abs. 2 Nr. 1 VOB/B wegen und in der Insolvenz des Auftragnehmers, BauR 2013, 1325; *Wagner*, Rechtsfolgen einer unberechtigten Kündigung des VOB/B-Vertrages aus wichtigem Grund durch den Auftraggeber, Jahrbuch Baurecht 2013, 77; *Peters*, Vermögensverfall des Unternehmers als Kündigungsgrund, BauR 2014, 1218; *Peters*, Die Kündigung des Werkvertrags aus wichtigem Grund, NZBau 2014, 681.

aa) Grundsätzliches

1752 Grundsätzlich kann jeder Bauvertrag vom Auftraggeber (aber auch vom Auftragnehmer, vgl. Rdn. 1773) aus wichtigem Grund gekündigt werden. Dies wurde von Rechtsprechung und Literatur aus dem Rechtsgedanken des § 242 BGB gefol-

---

151) Vgl. hierzu *v. Rintelen*, in: Kniffka, § 650 BGB, Rn. 54 ff.

gert.[152] Mit dem neuen Werkvertragsrecht 2018 ist die **Kündigung aus wichtigem Grund** erstmals in **§ 648a BGB n.F. gesetzlich geregelt** worden. Dabei ist insbesondere zu beachten, dass nach § 648a BGB n.F. die **Kündigung schriftlich** zu erfolgen hat.

Ein wichtiger Grund liegt nach dem neuen § 648a BGB vor, „wenn dem kündigenden Teil unter Berücksichtigung aller Umstände des Einzelfalls und unter Abwägung der beiderseitigen Interessen die Fortsetzung des Vertragsverhältnisses bis zur Fertigstellung des Werks nicht zugemutet werden kann". Damit hat der Gesetzgeber die herrschende Meinung in der Rechtsprechung und Literatur nachgebildet, wonach ein wichtiger Grund in einer schweren schuldhaften Verletzung oder einer sonstigen Zerstörung des vertraglichen Vertrauensverhältnisses besteht, welches die Fortsetzung des Vertrages für eine Vertragspartei unmöglich macht.[153] Ein solcher Kündigungsgrund kann auch dann bestehen, wenn die entsprechende Vertragsverletzung zwar noch nicht eingetreten ist, ihr Eintritt jedoch sicher ist, weil „dem Auftraggeber in aller Regel nicht zugemutet werden kann, die Vertragsverletzung abzuwarten, um dann erst die rechtlichen Konsequenzen daraus zu ziehen".[154]

Die **bisherige Rechtsprechung und Literatur** zur Kündigung aus wichtigem Grund (insbesondere der Kündigungsgründe, vgl. Rdn. 1757 u. 1774) **kann daher übernommen** werden.

Von einer Normierung einzelner Kündigungstatbestände (auch für den Fall der Insolvenz des Auftragnehmers) hat der Gesetzgeber (im Gegensatz zur VOB) mit der Begründung abgesehen, dass in diesem Fall „nicht alle denkbaren Konstellationen erfasst werden könnten."[155] Das geschah zu Recht, weil „das Leben einfach zu bunt und vielfältig ist". Das ergibt sich auch aus den nachstehend aufgeführten Beispielen für außerordentliche Kündigungen (vgl. Rdn. 1757 u. 1774).

1753 Die **Kündigung aus wichtigem Grund** gemäß § 648a BGB n.F. kann vertraglich – wie schon bisher vor Inkrafttreten des § 648a BGB n.F. – jedenfalls in AGB des Verwenders – **nicht ausgeschlossen** werden.[156] In der Kündigungserklärung muss der Grund bei der Kündigung grundsätzlich nicht benannt oder erläutert werden. Er kann auch nachgeschoben werden. Entscheidend ist, dass er zum Zeitpunkt der Kündigungserklärung vorgelegen hat.[157]

1754 Eine häufig sinnvolle (insbesondere bei Architektenverträgen) **Teilkündigung** ist sowohl beim BGB- als auch beim VOB-Bauvertrag zulässig. Für den BGB-Bau-

---

152) BGH, NJW 1951, 836; OLG Brandenburg, BauR 2003, 1734; *Palandt/Grüneberg*, § 314 BGB Rn. 2 ff.; *Palandt/Sprau*, § 649 BGB, Rn. 10. Vgl. hierzu auch *Peters*, NZBau 2014, 681; *Schuhmann*, BauR 2005, 293, 300; *Schmidt*, NJW 1995, 1313; *Niemöller*, BauR 1997, 539, 540; *Voit*, BauR 2002, 1776.
153) BGH, BauR 2004, 1613, 1615; OLG Schleswig, BauR 2011, 690.
154) BGH, BauR 2000, 409 = NJW 2000, 807 = ZfBR 2000, 170 = MDR 2000, 388 (Verletzung der Kooperationspflicht); BauR 2000, 1182, 1185; BauR 1996, 704 = ZfBR 1996, 267 (für den VOB-Bauvertrag).
155) BT-Drucksache 18/8486, S. 50.
156) Vgl. hierzu BGH, NJW 1999, 3261, 3262; OLG Düsseldorf, NJW-RR 2000, 166, 167; *Bamberger/Roth/Voit*, § 649 BGB, Rn. 29; *Oberhauser*, in Messerschmidt/Voit, § 649, Rn. 69.
157) *Oberhauser*, a.a.O., Rn. 65. „Zum Verlust schriftlich nicht miterwähnter Kündigungsgründe", vgl. OLG Stuttgart, BauR 2015, 1500 m.Anm. *Popescu*, BauR 2016, 577.

vertrag ist dies nun ausdrücklich in § 648a Abs. 2 BGB n.F., der mit dem neuen Werkvertragsrecht 2018 in das BGB eingeführt worden ist, geregelt. Dabei muss sich nunmehr die Teilkündigung **„auf einen abgrenzbaren Teil des geschuldeten Werks"** beziehen. In der Begründung wird insoweit als entscheidend darauf hingewiesen, dass die Vertragspartner eine klare Abgrenzung der von der Teilkündigung erfassten und der danach noch von einem anderen Werkunternehmer zu erbringenden Leistungen vornehmen können und der von der Kündigung betroffene Unternehmer in der Lage ist, die von ihm geschuldeten Leistungen ohne Beeinträchtigung zu erbringen.[158]

> § 8 Abs. 3 Nr. 1 S. 2 VOB/B sieht für den VOB-Bauvertrag ausdrücklich eine **Teilkündigung** in den Fällen des § 4 Abs. 7 und 8 Nr. 1 sowie § 5 Abs. 4 VOB/B vor, wobei die Entziehung des Auftrages „auf einen in sich abgeschlossenen Teil der vertraglichen Leistungen beschränkt werden"[159] kann.

1755 Nach § 648a Abs. 3 BGB n.F. gilt § 314 Abs. 2 und 3 BGB entsprechend: Nach § 314 Abs. 2 BGB ist die Kündigung erst nach erfolglosem **Ablauf** einer zur Abhilfe bestimmten **Frist** oder nach **erfolgloser Abmahnung** zulässig, wenn der wichtige Grund in der Verletzung einer Pflicht aus dem Vertrag besteht. Grundsätzlich besteht also eine Pflicht zur Fristsetzung zur Abhilfe. Diese Fristsetzung ist gemäß § 323 Abs. 2 BGB nur in Ausnahmefällen, die dort genannt werden, entbehrlich. Einer Fristsetzung mit Kündigungsandrohung bedarf es allerdings auch dann nicht, wenn eine Korrektur der Vertragsverletzung nicht mehr möglich ist oder eine so schwerwiegende Vertragsverletzung vorliegt, die das Vertrauensverhältnis endgültig zerstört hat und daher eine sofortige Beendigung des Vertrages rechtfertigt.[160] Im Rahmen der Kündigung und der Fristsetzung muss der anderen Vertragspartei klar und unmissverständlich deutlich gemacht werden, dass der Vertrag nach Fristablauf beendet werden wird.

1756 Mit Abs. 4 des § 648 BGB n.F. hat der Gesetzgeber eine sehr sinnvolle Regelung eingeführt: „Nach der Kündigung kann jede Vertragspartei von der anderen verlangen, dass sie an einer **gemeinsamen Feststellung des Leistungsstandes** mitwirkt". Eine entsprechende „Zustandsfeststellung" ist bei der Verweigerung der Abnahme durch den Auftraggeber in § 650f BGB n.F. geregelt worden (vgl. Rdn. 1835a). Die Feststellung des Leistungsstandes dient – nach der Begründung[161] – „allein der quantitativen Bewertung der bis zur Kündigung erbrachten Leistung und soll späterem Streit über den Umfang der erbrachten Leistungen vorbeugen", hat also „keine der Abnahme vergleichbaren Rechtsfolgen". Darüber hinaus soll mit § 648a Abs. 2 BGB n.F. ein „angemessener Anreiz geschaffen werden, um das notwendige Zusammenwirken der Vertragsparteien auch nach der Kündigung zu fördern". Verweigert allerdings eine Vertragspartei die Mitwirkung oder bleibt sie einem vereinbarten oder einem von der anderen Vertragspartei innerhalb einer angemessenen Frist bestimmten Termin zur Leistungsstandsfeststellung fern, trifft sie gemäß

---

158) BT-Drucksache 18/8486, S. 51.
159) Zu dem Begriff des „in sich abgeschlossenen Teils der vertraglichen Leistung" vgl. *Lang*, BauR 2006, 1956, 1959 m.w.N.
160) BGH, NJW 1996, 1108; OLG Hamburg, IBR 2016, 386 – *Kau*; OLG Stuttgart, NZBau 2016, 789; *Oberhauser*, a.a.O., Rn. 64; *Busche*, in Münch/Komm, § 649 BGB, Rn. 32. Vgl. hierzu auch OLG Düsseldorf, BauR 1995, 247 u. NJW-RR 1997, 625.
161) BT-Drucksache 18/8486, S. 51.

§ 648a Abs. 4 S. 2 BGB n.F. die Beweislast für den Leistungsstand zum Zeitpunkt der Kündigung. Das soll jedoch nicht gelten, wenn die Vertragspartei infolge eines Umstandes fernbleibt, den sie nicht zu vertreten und den sie der anderen Vertragspartei unverzüglich mitgeteilt hat.

Kündigt eine Vertragspartei aus wichtigem Grund, ist der Auftragnehmer gem. § 648a, Abs. 5 BGB n.F. nur berechtigt, die Vergütung zu verlangen, die auf den bis zur Kündigung erbrachten Teil des Werks entfällt. Allerdings wird durch Abs. 6 des § 648a Abs. 6 BGB n.F. klargestellt, dass durch die Kündigung nicht ausgeschlossen wird, Schadensersatz zu verlangen. Ein solcher Schadensersatzanspruch kann insbesondere dann bestehen, wenn der wichtige Grund von einer Vertragspartei schuldhaft herbeigeführt worden ist.[162]

Wird eine **Kündigung auf einen wichtigen Grund** gestützt, ist diese unwirksam, wenn ein entsprechender Grund nicht vorliegt. Allerdings ist nach Auffassung des BGH[163] eine solche Kündigung in der Regel dahin zu verstehen bzw. **umzudeuten**, dass auch eine **freie Kündigung** (§ 649 BGB) gewollt ist; will der Auftraggeber seine Kündigung nicht so verstanden wissen, muss der dies ggf. zum Ausdruck bringen.[164]

Zur **Abnahme** bei einem gekündigten Vertrag vgl. Rdn. 1734 ff.

1757 Beispiele für das **Kündigungsrecht des Auftraggebers** aus wichtigem Grund:

* Der **Auftragnehmer** fordert **zu Unrecht Abschlagszahlungen** und droht damit, andernfalls das **Montagepersonal stark zu reduzieren** (OLG München, IBR 2012, 572 – *Fuchs*) oder die Arbeit einzustellen (OLG Düsseldorf, NZBau 2015, 296).
* Der Auftragnehmer fordert die vom Auftraggeber benannten Unternehmen **nicht zur Angebotsabgabe** ein (OLG München, BauR 2011, 1864 – LS).
* Der **Auftragnehmer beginnt** mit den Arbeiten, obwohl noch **keine Baugenehmigung** vorliegt (OLG Celle, BauR 2016, 516 = IBR 2015, 474 = *Hummel*).
* Der Auftragnehmer beginnt mit den Arbeiten, obwohl die **Finanzierung** (hier KfW-Förderprogramm) – wie ihm bekannt ist – noch **nicht beantragt** ist (OLG Celle, BauR 2016, 516 = IBR 2015, 474 – *Hummel*).
* Der Auftragnehmer verweigert eine **berechtigte Anpassung des Bauvertrages** im Falle einer Störung der Geschäftsgrundlage (OLG Schleswig, NZBau 2011, 756 = IBR 2011, 572 – *Oberhauser*. Vgl. hierzu *Weyer*, Analyse in werner-baurecht.de).
* Der Auftragnehmer stellt unberechtigt die Arbeiten zur **Durchsetzung eines Nachtrags** ein und **unterlässt die Fortsetzung der Arbeiten** binnen einer angemessenen Frist (OLG Frankfurt, BauR 2012, 262 = NZBau 2012, 110 = NJW-RR 2011, 1655 = IBR 2011, 690 – *Schrammel*; vgl. hierzu OLG Hamm, IBR 2012, 321 – *Bolz*).

---

162) So die Begründung, BT-Drucksache 18/8486, S. 52.
163) BauR 2003, 1889 (für den Bauvertrag) = NZBau 2003, 665 = NJW 2003, 3474; NJW-RR 2004, 1539. Ebenso OLG Celle, IBR 2015, 205 – *A. Eich*. Vgl. hierzu aber KG, IBR 2012, 157 – *Lichtenberg* (Umdeutung nur, wenn sich Auftraggeber um jeden Preis vom Vertrag lösen will).
164) Vgl. hierzu KG, IBR 2012, 157 – *Lichtenberg*.

- Der Auftragnehmer **weicht** im Rahmen der technischen Bearbeitung von **vertraglichen Vorgaben** ab (OLG Celle, BauR 2005, 1336 = IBR 2005, 138 – *Jasper*).
- Der Auftragnehmer **stellt die Arbeiten aus Verärgerung über den „schwierigen" Auftraggeber ein**, obwohl er rechtlich nicht dazu befugt ist (OLG Hamm, NZBau 2015, 480).
- Der Auftragnehmer beauftragt entgegen den vertraglichen Vereinbarungen einen **Nachunternehmer**, der im **Nachunternehmerverzeichnis nicht benannt** worden ist (OLG Celle, BauR 2005, 1336 = OLGR 2005, 229 = IBR 2005, 139 – *Jasper*).
- Erklärt der **Auftragnehmer** seine **Leistungsbereitschaft** (zum Einbau eines Notstromaggregats) **nicht innerhalb einer vom Auftraggeber gesetzten Erklärungsfrist** mit Kündigungsandrohung, kann der Auftraggeber zur Kündigung aus wichtigem Grund gemäß § 5 Abs. 4, § 8 Abs. 3 VOB/B berechtigt sein (OLG Stuttgart, IBR 2007, 416 – *Schrammel*; vgl. auch LG Heidelberg, BR 2014, 200 – *Boisserée*).
- Der **Auftragnehmer** legt trotz Aufforderung des Auftraggebers keine **den Vorgaben des Auftraggebers geeignete und genehmigungsfähige Betonrezeptur** für die Herstellung und Lieferung von Blockstufenelementen vor (OLG Hamm, BauR 2007, 1247).
- Der Auftragnehmer setzt nur **unzureichend Arbeitskräfte** ein, sodass mit an Sicherheit grenzender Wahrscheinlichkeit der Fertigstellungstermin bzw. ein vereinbarter Zwischentermin nicht gehalten werden kann (OLG Köln, BauR 2008, 1145).
- Der Auftragnehmer kann die aufgrund einer Behinderung verlängerte **Vertragsfrist nicht einhalten** (OLG Düsseldorf, IBR 2009, 373 – *Karczewski*).
- Der Unternehmer fordert den Auftraggeber auf, **weitere Planunterlagen** (hier Schal- und Bewehrungspläne) beizubringen, obwohl der **Unternehmer selbst hierfür verantwortlich** ist (OLG Düsseldorf, IBR 2007, 125).
- Verletzt der Unternehmer im Rahmen seiner Kooperationspflicht gegenüber dem Bauherrn die Verpflichtung, **Mehrkosten**, die sich aus einer vom Bauherrn angeordneten Verschiebung des Baubeginns ergeben, **nachvollziehbar zu erläutern**, kann dies ein Grund zur außerordentlichen Kündigung durch den Bauherrn sein (KG, NJW-RR 2011, 818 = BauR 2011, 1498).
- Der Auftragnehmer hält entgegen den vertraglichen Vereinbarungen bei Ausführungsbeginn **kein entsprechend qualifiziertes und zertifiziertes Personal bereit** (OLG Stuttgart, IBR 2012, 14 – *Hummel*).
- Der Auftragnehmer **hält** eine **Vertragsfrist** aus von ihm zu vertretenden Gründen **nicht** ein, wobei diese Vertragsverletzung von so erheblichem Gewicht ist, dass eine Fortsetzung des Vertrages mit dem Unternehmer nicht zumutbar ist (BGH, BauR 2003, 880; hierzu OLG Düsseldorf, BauR 2009, 1445; OLG Koblenz, NZBau 2013, 36 – verzögerter Baubeginn).
- Der Auftragnehmer wirft dem Auftraggeber gegenüber Dritten **betrügerisches Verhalten** vor.
- Er verweigert die gemäß § 2 Abs. 7 Nr. 1 Satz 2 VOB/B begründete **Anpassung des Pauschalpreises** (BGH, NJW 1969, 233).
- Der Auftragnehmer **erfüllt nicht** seine **Abhilfepflicht gemäß § 5 Abs. 3** VOB/B (OLG Hamm, IBR 2010, 440 – *Schwenker*).

- Der Auftragnehmer **berät** den Auftraggeber im Rahmen der schlüsselfertigen Errichtung eines „Ausbauhauses" über die **Finanzierbarkeit** des Bauvorhabens **falsch** (OLG Hamm, BauR 1993, 482 = NJW-RR 1993, 717).
- Der Auftragnehmer hält an einer **Bauausführung entgegen den Regeln der Technik** fest (OLG Schleswig, BauR 2011, 690 = IBR 2011, 12 – *Schmitz*).
- **Zahlung von Schmiergeldern** durch den Auftragnehmer an Mitarbeiter des Auftraggebers.
- Ständiges **Ignorieren von Bauherrenwünschen**. Ständige Verletzung der allgemeinen Beratungs- und Aufklärungspflichten.
- Der Auftragnehmer ist für **besonders grobe Mängel** verantwortlich (OLG Bremen, OLGR 2000, 153 = NZBau 2000, 379 – LS –; OLG Koblenz, IBR 2014, 403 – *Münch*).
- Der Auftragnehmer **verstößt trotz Abmahnungen** des Auftraggebers mehrfach und nachhaltig **gegen eine Vertragspflicht** und sein Verhalten gibt im Übrigen einen hinreichenden Anlass für die Annahme, dass er sich auch in Zukunft nicht vertragstreu verhalten wird (BGH, BauR 1996, 704 = NJW-RR 1996, 1108 = ZfBR 1996, 267; OLG Brandenburg, IBR 2008, 207 – *Bolz*; NJW-RR 2013, 463).
- Der Auftragnehmer vermittelt dem Auftraggeber den Eindruck, er betreibe ein Fachunternehmen für ein bestimmtes Handwerk, also einen Meisterbetrieb, der kraft öffentlichen Rechts befugt ist, bestimmte Handwerkerarbeiten auszuführen; tatsächlich ist das Unternehmen aber **nicht in die Handwerksrolle** eingetragen (OLG Hamm, BauR 1988, 727).
- Der Auftragnehmer weigert sich, eine bestimmte von ihm vorgesehene Leistungsmenge (z.B. Schädlingsbekämpfungsmittel) auf einen Wert zu vermindern, der den anerkannten Regeln der Technik entspricht (OLG Hamm, BauR 2001, 1594).
- Dem **Auftragnehmer fehlt** der vom Auftraggeber geforderte **Eignungsnachweis**: Gesamtkündigungsrecht des Auftraggebers, auch wenn der Auftragnehmer nur bezüglich eines (von zwei vergebenen) Loses einen wichtigen Grund gesetzt hat (OLG Köln, NJW-RR 1994, 602).
- Der Auftragnehmer macht die **Weiterarbeit** ernsthaft und endgültig **von der Zahlung weiterer Vergütung abhängig**, obwohl er hierauf eindeutig keinen Anspruch hat (OLG Frankfurt, BauR 1988, 599, 604 = NJW-RR 1987, 979; vgl. hierzu auch OLG Hamm, BauR 2012, 1403; OLG Düsseldorf, NJW-RR 1996, 1170; BauR 1994, 521, das jedoch eine **grobe** Pflichtverletzung verneint, wenn eine im **Bauvertrag** vorgesehene Vereinbarung über die gesonderte Vergütung erforderlicher Mehrleistungen nicht zu Stande kommt).
- Die von dem Unternehmer zu erbringende **Leistung** (Lieferung und Installation eines Wintergartens) ist aufgrund bauplanungsrechtlicher Vorschriften **nicht genehmigungsfähig** (OLG Köln, OLGR 1996, 165).
- Der Auftragnehmer verletzt seine **Kooperationspflichten** gegenüber dem Auftraggeber, z.B. durch eine zu Unrecht erfolgte fristlose Kündigung, ohne den Versuch zu unternehmen, die vorhandenen Meinungsverschiedenheiten durch Verhandlungen einvernehmlich beizulegen (vgl. hierzu BGH, BauR 1996, 542 = NJW 1996, 2158 = ZfBR 1996, 269; BGH, BauR 2000, 409 = NJW 2000, 471 = NZBau 2000, 130); vgl. ferner OLG München, IBR 2014, 658 – *Dingler*; OLG Brandenburg, BauR 2003, 1734 = OLGR 2003, 553).

* Der Auftraggeber kündigt dem Hauptunternehmer den Bauvertrag: In diesem Fall ist der Hauptunternehmer in einem entsprechenden **gestaffelten Werkvertragsverhältnis** berechtigt, auch seinem **Subunternehmer** zu kündigen (BGH, BauR 2004, 1943 = NJW-RR 2004, 1498). Eine entsprechende Klausel im AGB ist aber dann unwirksam, wenn die Klausel so abgefasst ist, dass jede Beendigung des Hauptvertrages zwischen Auftraggeber und Hauptunternehmer (also z.B. auch eine einvernehmliche Aufhebung) darunter fällt.
* Der Auftragnehmer **hält eine Vertragsfrist** aus von ihm zu vertretenden Gründen **nicht ein** und die Vertragsverletzung ist „von so erheblichem Gewicht, dass eine Fortsetzung des Vertrages mit dem Auftragnehmer nicht zumutbar ist". Dasselbe gilt, wenn nicht nur zu erwarten, sondern sicher ist, dass der Auftragnehmer eine Vertragsfrist aus den vorerwähnten Gründen nicht einhalten wird (BGH, BauR 2000, 1182 = NJW 2000, 2988 = ZfBR 2000, 472 = NZBau 2000, 375).
* Der Auftragnehmer **verzögert die Wiederaufnahme** der Arbeiten (OLG Hamm, IBR 2005, 363 – *Leitzke*).
* Der Auftragnehmer **zieht zwei Monate** lang die **Arbeitskräfte von der Baustelle ab** und stellt – trotz vieler Gespräche der Vertragsparteien über den geschuldeten Leistungsumfang – nicht einmal die unstreitig noch zu erbringenden Teilleistungen fertig (OLG Oldenburg, NJW-RR 2005, 1104).
* Macht der Auftragnehmer den **Baubeginn davon abhängig**, dass der Auftraggeber einen **unberechtigten Nachtrag bzw. Mehrpreis anerkennt**, so liegt darin eine ernsthafte, endgültige und unberechtigte Erfüllungsverweigerung (OLG Brandenburg, IBR 2005, 302 – *Biebelheimer*).
* Auftragnehmer stellt **Insolvenzantrag** (OLG Celle, IBR 2014, 662 – *Rodemann*; OLG Düsseldorf, IBR 2014, 661 – *Scharfenberg*).
* Zur Kündigung **vergaberechtswidrig zu Stande gekommener Verträge** durch öffentliche Auftraggeber vgl. *Bitterich*, NJW 2006, 1845.
* Ein Auftraggeber hat ein Recht zur Kündigung eines Bauvertrages mit sofortiger Wirkung, wenn es ihm nicht zumutbar ist, den Vertrag unter Berücksichtigung aller Umstände des Einzelfalls fortzusetzen. Das kann der Fall sein, wenn es zu einer vom Auftragnehmer zu vertretenden ganz beträchtlichen Verzögerung des Bauvorhabens gekommen ist und es dem **Auftraggeber** bei der gebotenen Gesamtwürdigung nicht zugemutet werden kann, eine **weitere Verzögerung durch Nachfristsetzung hinzunehmen** oder eine solche von vornherein keinen Erfolg verspricht (BGH, IBR 2012, 320 *Schmitz*).

Wird eine Kündigung auf einen **wichtigen Kündigungsgrund** gestützt, **liegt dieser aber nicht vor**, ist die Kündigung als **unwirksam** anzusehen. Nach Auffassung des BGH[165] ist jedoch eine solche Kündigung **in der Regel dahin zu verstehen**, dass auch eine **freie Kündigung** (§ 649 BGB) **gewollt ist**; will der Auftrag-

---

[165] BauR 2003, 1889 = MDR 2004, 90 = NZBau 2003, 665 = NJW 2003, 3474 = ZfIR 2003, 939 m.Anm. *Schwenker;* ebenso OLG Zweibrücken, IBR 2017, 70 – *Weyer;* OLG Düsseldorf, BauR 2005, 1636; Hanseatisches OLG, BauR 2004, 1680, OLG Nürnberg, OLGR 2003, 419. Ebenso OLG Köln, IBR 2011, 692 – *Heiland*. Vgl. hierzu auch *Schwenker*, in: Schwenker/Kleineke/Rodemann, 17. Kapitel, Rn. 7 ff. sowie OLG Zweibrücken, IBR 2014, 400 – *Hummel*.

geber seine Kündigung nicht so verstanden wissen, muss er dies ggf. zum Ausdruck bringen.

1759 Einen **wichtigen Grund** stellt dagegen grundsätzlich **nicht** eine ausbleibende **Baugenehmigung** dar, wenn der Bauvertrag vor der Baugenehmigung abgeschlossen wurde.[166] Hier hat der Bauherr das Genehmigungsrisiko bewusst übernommen.[167] Dasselbe gilt bei reiner Bedenkenanmeldung des Auftragnehmers hinsichtlich der Bauausführungsplanung.[168] Die Geltendmachung eines Nachtrags wegen geänderter und zusätzlicher Leistungen berechtigt den Auftraggeber nach einer Entscheidung des OLG München[169] nicht dazu, einen Pauschalpreisvertrag aus wichtigem Grund zu kündigen. Das OLG Düsseldorf hat einen wichtigen Kündigungsgrund verneint, wenn der **Auftragnehmer** zu Unrecht auf eine mangelhafte **Vorunternehmerleistung** hinweist,[170] vertragswidrig einen Subunternehmer einsetzt[171] oder der **Auftraggeber** in Kenntnis seines Kündigungsrechts den Auftragnehmer zur **Fortführung** der Arbeiten auffordert.[172] Keinen wichtigen Grund zur Kündigung eines Werkvertrages stellen auch **Mängel einer Teillieferung** dar, sofern eine **Nachbesserung** noch möglich ist.[173] Im Einzelfall kann aber das **Vertrauen des Auftraggebers** in die Eignung und Zuverlässigkeit des Unternehmers **durch grobe Mängel** so erschüttert sein, dass dem Auftraggeber die **Fortsetzung des Vertrages nicht zugemutet** werden kann, sodass eine Kündigung aus wichtigem Grund berechtigt ist:[174] Letzteres ist insbesondere dann anzunehmen, wenn die bereits erbrachte Teilleistung so mangelhaft ausgeführt worden ist, dass eine mangelfreie weitere Werkleistung nicht erwartet werden kann. Bei einer Störung der Geschäftsgrundlage (Änderung bzw. Wegfall der Geschäftsgrundlage) kann ggf. auch eine Kündigung des Auftraggebers in Betracht kommen (vgl. hierzu Rdn. 2962).[175] Nach OLG Schleswig[176] gewähren Mängel in einer Größenordnung von insgesamt 5 % des Gesamtauftragsvolumens dem Auftraggeber nicht das Recht, den Bauvertrag fristlos aus wichtigem Grund zu kündigen. Ein wichtiger Grund zur Kündigung fehlt nach Auffassung des OLG Stuttgart[177], wenn der Auftraggeber in Kenntnis des Kündigungsgrundes dem Auftragnehmer eine Frist zur Fortführung der Arbeiten gesetzt hat, er also das Vertrauensverhältnis nicht schon als so zerstört angesehen hat, dass ihm eine Fortsetzung des Vertrages nicht mehr zumutbar war. Stammt ein nicht unerheblicher Teil eingetretener Verzögerung aus der Sphäre des Auftraggebers, ist eine außerordentliche Kündigung des Werkvertrages wegen eingetretener Verzögerungen durch den Auftraggeber nicht

---

166) Zur Bedeutung der **Baugenehmigung** für den Bauvertrag: *Pöhner*, Baurechtl. Schriften, Bd. 35.
167) Vgl. hierzu OLG München, BauR 1980, 274.
168) OLG Naumburg, IBR 2009, 136 – *Maas*.
169) IBR 2016, 333 – *Bolz*; ebenso OLG Zweibrücken, IBR 2017, 70 – *Weyer*.
170) BauR 1992, 381.
171) IBR 1998, 60 (*Schulze-Hagen*).
172) NJW-RR 1996, 1170; vgl. ferner: OLG Düsseldorf, NJW-RR 1997, 625 (kein Kündigungsrecht bei Mängeln ohne [erneute] Nachbesserungsforderung mit Ablehnungsandrohung).
173) OLG Düsseldorf, NJW-RR 1994, 892; vgl. auch OLG Celle, BauR 1995, 713, 714.
174) OLG Brandenburg, IBR 2011, 134 – *Bolz*.
175) Vgl. hierzu *Bamberger/Roth/Voit*, § 649, Rn. 22.
176) IBR 2012, 573 – *Weyer*.
177) NZBau 2016, 289.

gerechtfertigt, weil nur der seinerseits vertragstreue Auftraggeber zur außerordentlichen Kündigung berechtigt ist.[178]

Nach BGH[179] hält die in einem formularmäßigen Subunternehmervertrag enthaltene Klausel des Auftraggebers, ein wichtiger Kündigungsgrund liege insbesondere vor, wenn **„der Hauptvertrag endet"**, der Inhaltskontrolle nach § 307 BGB nicht stand, weil die Klausel dem Auftraggeber eine Handhabe bietet, sich auch dann von dem Subunternehmervertrag zu lösen, wenn er selbst die Beendigung des Hauptvertrages (durch Kündigung oder einvernehmliche Aufhebung) herbeigeführt hat, ohne dass die Grenzen zur Unzumutbarkeit einer Fortsetzung des Hauptvertrages überschritten worden wären. Das OLG Jena[180] hat einen **wichtigen Kündigungsgrund** zugunsten des Auftragnehmers bei der **Nichtverwirklichung eines öffentlichen Bauvorhabens abgelehnt,** weil in dem betreffenden Fall der Auftraggeber (ein Landkreis) keinerlei Einfluss auf die Verwirklichung nehmen konnte; dies war auch dem Auftragnehmer bei Vertragsabschluss bekannt, weil Träger des Bauvorhabens eine andere öffentliche Stelle (Bundesrepublik Deutschland) war. Der Entscheidung kann nicht gefolgt werden, weil – worauf Schulze-Hagen[181] zu Recht verweist – jeder Auftraggeber die Voraussetzung dafür schaffen muss, dass der Auftragnehmer den erteilten Auftrag ausführen kann. Der BGH[182] hat klargestellt, dass maßgeblicher **Zeitpunkt für das Vorliegen eines wichtigen Grundes** der Zeitpunkt der Kündigung ist. Überdies muss die Kündigung innerhalb **angemessener Frist** erfolgen, nachdem der Kündigende vom Kündigungsgrund Kenntnis erlangt hat.[183]

1760

Zur **Abnahme** bei einem gekündigten Vertrag vgl. Rdn. 1734 ff.

bb) Die 3 Kündigungstatbestände beim VOB-Bauvertrag

§ 8 Abs. 2 bis 4 VOB/B nennt ausdrücklich drei Kündigungstatbestände für den **VOB-Bauvertrag**, wonach der Auftraggeber aus einem wichtigen Grund, der in der Person des Unternehmers liegt, kündigen kann; gleichzeitig wird eine Vergütungsregelung für diese Fälle getroffen. Die Aufzählung stellt aber keine abschließende Regelung dar; vielmehr kann der Bauherr auch hier wegen sonstiger schwerer vertraglicher Pflichtverletzungen des Auftragnehmers den Bauvertrag kündigen.[184]

1761

* Der Auftraggeber kann den Bauvertrag kündigen, wenn der Unternehmer seine Zahlungen einstellt,[185] von ihm oder zulässigerweise vom Auftraggeber oder einem anderen Gläubiger das Insolvenzverfahren bzw. ein vergleichbares ge-

1762

---
178) OLG Zweibrücken, BauR 2017, 735.
179) BauR 2004, 1943 = NJW-RR 2004, 1498.
180) IBR 2004, 576.
181) A.a.O.
182) IBR 2008, 378 – *Schwenker.*
183) OLG Schleswig, IBR 2012, 574 – *Hummel.*
184) OLG Stuttgart, IBR 2016, 272 – *Münch;* OLG Karlsruhe, BauR 1987, 448.
185) Vgl. hierzu OLG Köln, BauR 2006, 1903 (keine Zahlungseinstellung i.S.d. § 8 Abs. 2 VOB/B, wenn der Auftragnehmer zweimal die eidesstattliche Versicherung abgegeben hat und Haftbefehl gegen sich hat ergehen lassen) sowie *Franke,* BauR 2007, 774; ferner *Peters,* BauR 2014, 1218.

setzliches Verfahren beantragt ist, ein solches Verfahren eröffnet wird oder dessen Eröffnung mangels Masse abgelehnt wird, § 8 Abs. 2 VOB/B (vgl. hierzu Rdn. 1308).[186] Von einer Zahlungseinstellung im Sinne von § 8 Abs. 2 VOB/B ist auszugehen, wenn der Unternehmer wegen eines voraussichtlich dauernden Mangels an Zahlungsmitteln erkennbar nicht in der Lage ist, seine wesentlichen und sofort fälligen Geldschulden zu erfüllen.[187] Kündigt der Auftraggeber, sind nach dem Wortlaut des § 8 Abs. 2 VOB/B die ausgeführten Leistungen entsprechend § 6 Abs. 5 VOB/B nach den Vertragspreisen abzurechnen; ob außerdem die Kosten zu vergüten sind, die dem Auftragnehmer bereits entstanden und in den Vertragspreisen des nicht ausgeführten Teiles der Leistung enthalten sind, ist im Hinblick auf den Wortlaut des § 8 Abs. 2 VOB/B bestritten.[188] Allerdings kann der Auftraggeber Schadensersatz wegen Nichterfüllung der nicht ausgeführten Leistungen verlangen (§ 8 Abs. 2 Nr. 2 Satz 2 VOB/B). Das OLG Frankfurt[189] hält allerdings die Regelung des § 8 Abs. 2 VOB/B nach § 119 InsO für unwirksam, wobei sich das Gericht auf die Entscheidung des BGH[190] aus dem Jahr 2013 stützt.

1763 Ein wichtiges Kündigungsrecht des Auftraggebers regelt § 8 Abs. 3 VOB/B. Danach kann der Auftraggeber den Bauvertrag kündigen, wenn der **Auftragnehmer die ihm gesetzte Frist zur Mängelbeseitigung** während der Bauausführung (§ 4 Abs. 7) bzw. zur **Vertragserfüllung**[191] im Falle der Verzögerung der Bauausführung (§ 5 Abs. 4 VOB/B) **fruchtlos verstreichen ließ**.[192] Ist die rechtzei-

---

186) Vgl. hierzu *Koenen*, BauR 2005, 202. Zur Rechtslage aufgrund der neuen **Insolvenzordnung:** *Heidland*, BauR 1998, 643, 667; *Koenen*, BauR 2005, 202, 204 u. *Timmermanns*, BauR 2001, 321. Zur Frage der **Wirksamkeit** des § 8 Abs. 2 vgl. BGH, IBR 2016, 346 – *Wellensiek*; ferner BGH, BauR 1986, 91 mit Anm. *Seiter* (BauR 1986, 336) = DB 1986, 378 = NJW 1986, 255; OLG Oldenburg, BauR 1987, 567 sowie *Vygen*, in: Ingenstau/Korbion, § 8 Abs. 2/B, Rn. 10 ff. Zur Frage, ob § 8 Abs. 2 Nr. 1 2. Altern. VOB/B nur den Eigeninsolvenzantrag des Auftragnehmers als Kündigungsgrund zulässt, vgl. *Kuhn*, BauR 2005, 942 m.w.N.
187) BGH, LM § 30 KO Nr. 6; OLG Köln, BauR 1996, 257 = NJW-RR 1996, 402.
188) **Dafür:** *Joussen/Vygen*, in: Ingenstau/Korbion, § 8 Abs. 2/B, Rn. 26 f.; *Kuffer*, in: Heiermann/Riedl/Rusam, § 8/B Rn. 56 f.; **dagegen:** OLG Köln, BauR 1996, 257, 258 = NJW-RR 1996, 402; *Niemöller*, BauR 1997, 539, 546; *Franke/Kemper/Zanner/Grünhagen*, § 8/B, Rn. 48.
189) NZBau 2015, 292 = IBR 2015, 254 – *Schmitz*.
190) NJW 2013, 1159 = IBR 2013, 278.
191) Entsprechendes gilt für § 4 Nr. 8 VOB/B. Zur Angemessenheit der Nachfrist für den Arbeitsbeginn im Rahmen des § 4 Nr. 7 VOB/B vgl. OLG Koblenz, BauR 1989, 729 = NJW-RR 1989, 1503.
192) Vgl. hierzu BGH, BauR 2002, 782 – Mehrfache Aufforderung zu unverzüglicher Abhilfe des unzureichenden Personaleinsatzes „unter letztmaliger Fristsetzung" und „Kündigungsandrohung" reicht aus; OLG Dresden, MDR 2003, 1174 („Nach unstreitigem Beginn der Arbeiten kann der Bauherr nicht mehr Frist für den Beginn der Ausführung gemäß § 5 Ziffer 4 VOB/B setzen, mit der Folge, dass der Bauherr gemäß § 8 Ziffer 3 VOB/B kündigen dürfte, wenn der Unternehmer nicht am in der Fristsetzung genannten Tag auf der Baustelle erscheint"). OLG Frankfurt, BauR 1988, 599; OLG Düsseldorf, BauR 1996, 115 = NJW-RR 1996, 730 (**kein** Kündigungsrecht, wenn der Auftragnehmer zu Recht eine Vergütungsanpassung gemäß § 2 Abs. 5 VOB/B oder aufgrund anderer Bestimmungen [z.B. § 6 Abs. 6 VOB/B oder § 242 BGB] verlangt, der Auftraggeber dies aber endgültig abgelehnt hat) vgl. hierzu auch: OLG Düsseldorf, BauR 1995, 706 m.Anm. *Knacke*, BauR 1996, 119 u. Saarländisches OLG, OLGR 1998, 237 sowie OLG Dresden, BauR 1998, 565 = NJW-RR 1998,

tige Erfüllung eines Bauvertrages durch Hindernisse ernsthaft in Frage gestellt, die im Verantwortungsbereich des Auftragnehmers liegen, und ist dem Auftraggeber ein weiteres Zuwarten nicht mehr zuzumuten, kann es ausnahmsweise genügen, wenn der Auftraggeber dem Auftragnehmer eine angemessene Frist setzt, die fristgerechte Erfüllbarkeit des Bauvertrages nachzuweisen, und gleichzeitig erklärt, dass er ihm nach fruchtlosem Ablauf der Frist den Auftrag entziehen werde.[193] Einer Auftragsentziehung gemäß § 8 Abs. 3 VOB/B in Verbindung mit § 4 Abs. 7 VOB/B steht nicht entgegen, dass die vereinbarte Fertigstellungsfrist für das Bauwerk erst später endet.[194]

Für die **Abrechnung der Vertragsleistung** gelten die Vorschriften des **§ 8 Abs. 3 Nr. 2 ff. VOB/B**.[195] Sie hat den gleichen Anforderungen zu genügen wie eine prüffähige Rechnung im Sinne des § 14 Abs. 1 VOB/B.[196] Eine Kündigung nach § 8 Abs. 3 VOB/B ist nach OLG Hamm[197] auch dann erforderlich, „wenn der Unternehmer eine Nachbesserung bereits ernsthaft und endgültig verweigert hat, die Nachbesserung gerade durch ihn für den Auftraggeber unzumutbar ist oder wenn inzwischen über sein Vermögen das Konkursverfahren eröffnet worden ist". Eine Kündigung nach § 8 Abs. 3 VOB/B ist nicht allein deshalb rechtsmissbräuchlich, weil die Mängelbeseitigungskosten relativ gering sind.[198]

Der Auftraggeber kann nach Entziehung des Auftrages nunmehr einen **Dritten** mit der **Fertigstellung beauftragen** und von dem Auftragnehmer die aufgrund der Ersatzvornahme entstandenen Mehrkosten[199] fordern. Die in § 8 Abs. 3 Nr. 4 VOB/B genannte Frist von 12 Werktagen für die Aufstellung über die entstandenen Mehrkosten ist nach h.M. keine Ausschlussfrist.[200] Die Aufstellung der Mehrkosten muss nicht stets den Anforderungen an eine prüfbare Rechnung gemäß § 14 Abs. 1 VOB/B entsprechen: Im Einzelfall können die Anforderungen auch geringer sein, wenn die Abrechnung den Kontroll- und Informationsinte-

---

672 (Kündigungsrechte des Auftraggebers/Auftragnehmers bei Nichteinigung über die Preisanpassung gemäß § 2 Abs. 5 VOB/B). Vgl. hierzu auch OLG Düsseldorf, BauR 2001, 262 (Anwendung des § 8 Abs. 3 VOB/B bei einverständlicher Vertragsaufhebung); ferner: OLG Saarbrücken, NJW-RR 1999, 460 (kein Kündigungsrecht des Auftragnehmers, wenn dieser die Ursache für den Zeitverzug gesetzt hat und eine Fristverlängerung gemäß § 6 Abs. 2 VOB/B nur daran scheitert, dass der Auftragnehmer seiner Anzeigepflicht nach § 6 Abs. 1 VOB/B nicht nachgekommen ist).
193) BGH, BauR 1983, 73.
194) OLG Düsseldorf, NJW-RR 1996, 1422.
195) Vgl. BGH, BauR 2003, 877 = NZBau 2003, 327 sowie BGH, BauR 1995, 545 (zur Vergütung **angelieferter,** aber noch nicht eingebauter Bauteile); OLG Köln, BauR 1996, 257 = NJW-RR 1996, 402 = OLGR 1996, 43 (Vergütungspflicht von **Vorbereitungskosten**).
196) OLG Celle, NJW-RR 1996, 343 m.w.Nachw.; vgl. hierzu aber OLG Celle, BauR 2006, 117 u. 535 = OLGR 2006, 48.
197) OLG Hamm, OLGR 1998, 184.
198) So richtig OLG Düsseldorf, NJW-RR 1996, 1422.
199) OLG Naumburg, BauR 2009; 1595 (zur Darlegungslast des Auftraggebers).
200) Der BGH, BauR 2000, 571 = NJW 2000, 1116 = ZfBR 2000, 174 = NZBau 2000, 131 = MDR 2000, 387, hat sich der Literaturmeinung insoweit angeschlossen; ebenso: OLG Nürnberg, BauR 2001, 415.

ressen des Auftragnehmers entspricht.²⁰¹⁾ Nach Auffassung des BGH²⁰²⁾ kann der Auftraggeber auch die Mehrkosten für Bauleistungen verlangen, die zwar im Zeitpunkt der Kündigung noch nicht vereinbart waren, die der Auftragnehmer jedoch gemäß § 1 Abs. 3 und 4 VOB/B nach einer entsprechenden Anordnung hätte durchführen müssen. Im Rahmen der Ersatzvornahme ist der Auftraggeber verpflichtet, den Mehraufwand in vertretbaren Grenzen zu halten; das folgt aus der Schadensminderungspflicht des Auftraggebers.²⁰³⁾

Der Vorschrift des § 8 Abs. 3 VOB/B kommt – über den Wortlaut hinaus – die Bedeutung einer **Generalklausel** „für Fälle grober Vertragsverletzung durch den Auftragnehmer" zu.²⁰⁴⁾ Das hat der BGH²⁰⁵⁾ bestätigt; denn ein Auftraggeber ist berechtigt, den VOB-Vertrag wegen „positiver Vertragsverletzung" **fristlos** aufzukündigen, wenn der Vertragszweck durch schuldhaftes Fehlverhalten des Auftragnehmers so gefährdet ist, dass es dem vertragstreuen Auftraggeber unzumutbar ist, den Vertrag fortzusetzen; eine fristlose Kündigung ist vor allem gerechtfertigt, wenn der Auftragnehmer trotz **Abmahnungen** des Auftraggebers **mehrfach** und **nachhaltig** gegen eine Vertragspflicht verstößt und damit die Annahme gerechtfertigt ist, dieser werde sich auch in Zukunft nicht vertragstreu verhalten. Dasselbe gilt für unberechtigte Bezichtigung von Straftaten, grobe Beleidigungen oder ernsthafte und endgültige Erfüllungsverweigerung des Vertrages (vgl. ferner die Kündigungsgründe bei Rdn. 1757).²⁰⁶⁾

Bis zum Beginn der Selbstvornahme können (ggf. andere) Kündigungsgründe nachgeschoben werden.²⁰⁷⁾

1764 **Nach Entziehung des Auftrages** hat der Auftraggeber zwei Möglichkeiten: Er kann einmal den noch **nicht vollendeten Teil**²⁰⁸⁾ der Leistungen zu Lasten des Unternehmers **durch einen Dritten ausführen lassen,**²⁰⁹⁾ wobei dem Auftraggeber Ansprüche auf Ersatz des etwa entstehenden weiteren Schadens verbleiben. Die Mehrkosten²¹⁰⁾ und weitere Schäden sind im Einzelnen abzurechnen (§ 8 Abs. 3 Nr. 4 VOB/B); der Auftraggeber hat einen Vorschussanspruch,²¹¹⁾

---

201) BGH, a.a.O.; im Übrigen gewährt diese Vorschrift nach Auffassung des BGH (BauR 2002, 1253) dem Auftragnehmer einen einklagbaren Anspruch auf Zusendung einer entsprechenden Aufstellung.
202) A.a.O. in Anm. 114.
203) Vgl. hierzu insbesondere OLG Nürnberg, BauR 2001, 415 (keine Pflicht des Auftraggebers, die Fertigstellung nach Einheitspreisen zu vergeben).
204) OLG Naumburg, OLGR 2007, 809; OLG Oldenburg, NJW-RR 2005, 1104 = OLGR 2005, 462; OLG Hamm, IBR 2005, 363 – *Leitzke*; OLG Düsseldorf, OLGR 2000, 70 (vertragswidriger Subunternehmereinsatz grundsätzlich kein wichtiger Kündigungsgrund); LG Aachen, NJW-RR 1988, 1174.
205) BauR 1996, 704 = MDR 1996, 901 = NJW-RR 1996, 1108.
206) OLG Brandenburg, IBR 2008, 315 – *Schrammel* (unberechtigte Arbeitseinstellung); OLG Düsseldorf, OLGR 2000, 70.
207) OLG Stuttgart, BauR 2015, 1500 = IBR 2015, 246 – *Bergmann-Streyl*.
208) BGH, BauR 1995, 545, 546 = ZfBR 1995, 198 = NJW 1995, 1837.
209) OLG Düsseldorf, BauR 1991, 216 (Erstattung der **tatsächlichen** Mehrkosten der Drittausführung); OLG Hamm, BauR 1996, 243, 244 u. NJW-RR 1997, 723.
210) Zur Abrechnung der Mehrkosten im Rahmen der Restfertigstellung vgl. KG, IBR 2009, 572, 573 – *Schmitz*.
211) BGH, ZfBR 1989, 213.

mit dem er u.U. aufrechnen kann.[212] Der Auftragnehmer, dem der Auftrag entzogen worden ist, kann nur den Anteil der vereinbarten Vergütung verlangen, der seinen bisher erbrachten Leistungen entspricht; angelieferte, aber noch nicht eingebaute Bauteile gehören dazu nicht.[213] Da die **Nutzung von Geräten, Gerüsten oder auf der Baustelle vorhandener anderer Einrichtungen sowie von angelieferten Stoffen oder Bauteilen** im Sinne des § 8 Abs. 3 Nr. 3 VOB/B erst nach der Kündigung erfolgt und sich unter Umständen über einen längeren Zeitraum erstreckt, wird die entsprechende Vergütungsforderung des gekündigten Auftragnehmers unabhängig von der Erteilung der Schlussrechnung fällig.[214] Sie ist ein **selbstständiger Rechnungsposten** und nach Beendigung der Nutzung gesondert in Rechnung zu stellen.

Der Auftraggeber ist aber auch berechtigt, auf die weitere **Ausführung** ganz zu **verzichten** und **Schadensersatz wegen Nichterfüllung** zu verlangen, wenn die Ausführung aus den Gründen, die zur Entziehung des Auftrages geführt haben, für ihn kein Interesse mehr hat.

Die Beauftragung des Dritten kann bereits vor Entziehung des Auftrages durch den Auftraggeber erfolgen; der Drittunternehmer darf jedoch erst nach der Auftragsentziehung mit den Arbeiten beginnen.[215] Die Kündigung nach § 8 Abs. 3 VOB/B kann wirksam erst nach fruchtlosem Ablauf der vorgenannten Frist ausgesprochen werden. **Fristsetzung, Androhung der Auftragsentziehung** einerseits und **Auftragsentziehung** andererseits, also die Kündigung, können **nicht in demselben Schreiben** vorgenommen werden; das Kündigungsrecht entsteht nämlich erst mit fruchtlosem Fristablauf,[216] es sei denn, dass der Auftragnehmer die Erfüllung des Vertrages schon vorher ernsthaft verweigert[217] oder schwerwiegend und schuldhaft gegen seine Vertragspflichten verstoßen hat, sodass die Vertrauensgrundlage des Bauvertrages erschüttert ist.[218] Nimmt der Auftraggeber nach Ablauf der gesetzten Frist (verbunden mit der Androhung der Entziehung des Auftrages) noch Arbeiten des Auftragnehmers an, kann er erst nach erneuter Fristsetzung nebst Androhung des Auftragsentzuges wirksam gemäß § 8 Abs. 3 VOB/B kündigen.[219]

1765 Schließlich kann der Auftraggeber den Bauvertrag auch kündigen, wenn Auftragnehmer aus Anlass der Vergabe eine Abrede getroffen hatte, die eine **unzulässige Wettbewerbsbeschränkung** darstellt (§ 8 Abs. 4 VOB/B). Die Kündigung ist innerhalb von 12 Werktagen nach Bekanntwerden des Kündigungsgrundes auszusprechen, wobei dieselben Folgen wie bei § 8 Abs. 3 VOB/B (s. oben) zum Zuge kommen.

Wird eine Kündigung auf die vorerwähnten außerordentlichen Kündigungsgründe gestützt, so ist diese unwirksam, wenn ein entsprechender Grund nicht vorliegt.

---

212) BGH, NJW-RR 1989, 406; OLG Hamm, BauR 1996, 243, 244.
213) BGH, BauR 1995, 545 = NJW 1995, 1837 = ZfBR 1995, 198 (aber u.U. Verpflichtung zur Übernahme bereits für das Bauwerk hergestellter Bauteile nach § 242 BGB).
214) BGH, BauR 2001, 254 = NJW 2001, 367; vgl. hierzu: *Handschumacher*, BauR 2001, 872.
215) Vgl. BGH, BauR 1977, 422 = NJW 1977, 1922.
216) BGH, NJW 1973, 1463; BGH, BauR 1985, 450, 452.
217) BGH, BauR 1985, 450, 452.
218) OLG Düsseldorf, NJW-RR 1994, 149.
219) OLG Saarbrücken, IBR 2005, 9 – *Putzier*; OLG Düsseldorf, a.a.O.

Allerdings ist nach Auffassung des BGH[220] eine solche Kündigung in der Regel dahin zu verstehen, dass auch eine **freie Kündigung** (§ 649 BGB) gewollt ist; will der Auftraggeber seine Kündigung nicht so verstanden wissen, muss er dies ggf. zum Ausdruck bringen.[221]

1766 Nach § 8 Abs. 5 VOB/B ist die Kündigung **schriftlich** zu erklären. Die **Schriftform** ist **Wirksamkeitsvoraussetzung** für eine Kündigung durch den Auftraggeber und gilt für alle in § 8 Abs. 1–4 aufgeführten Fallgestaltungen einer Kündigung durch den Auftraggeber.[222] Die Schriftform ist bei der Übersendung per **Telefax** gewahrt.[223] Die schriftliche Kündigung ist unwirksam, wenn ein **Formmangel** vorliegt (z.B. fehlende Unterschrift); sie führt jedoch zur einverständlichen Vertragsaufhebung, wenn der Auftragnehmer diese unwirksame Kündigung bestätigt.[224] Nach § 8 Abs. 6 VOB/B kann der Auftragnehmer nach der Kündigung Aufmaß und Abnahme der von ihm ausgeführten Leistungen verlangen; im Übrigen hat er unverzüglich eine prüfbare Rechnung über die ausgeführten Leistungen vorzulegen.

1767 Ein **weiterer Kündigungstatbestand** ist in **§ 6 Abs. 7 VOB/B** enthalten.[225] Danach kann jede Vertragspartei[226] den Bauvertrag schriftlich kündigen, wenn eine **Unterbrechung länger als drei Monate** gedauert hat. Gleichzeitig wird in § 6 Abs. 7 Satz 2 eine entsprechende Vergütungsregelung für diesen Fall der Kündigung genannt.

1768 Überträgt der Auftragnehmer **ohne Zustimmung** des Auftraggebers Leistungen an einen **Subunternehmer** kommt ebenfalls nach § 4 Abs. 8 in Verbindung mit § 8 Abs. 3 VOB/B eine Kündigung durch den Auftraggeber in Betracht.

Zur **Abrechnung** eines **gekündigten Pauschalpreisvertrages** vgl. Rdn. 1553 ff.

2. Kündigung des Auftragnehmers/Unternehmers

Literatur

Lenzen, Ansprüche gegen den Besteller, dem Mitwirkungspflichten unmöglich werden, BauR 1997, 210; *Hoffmann*, Die rechtliche Einordnung der Mitwirkungspflichten des Auftraggebers beim Bauvertrag, Festschrift für v. Craushaar (1997), 219; *Duffek*, Vergütungsanspruch des Unternehmers ohne Werkleistung, BauR 1999, 979; *Adler/Everts*, Kündigungsrechte des Auftragnehmers trotz mangelhafter Werkleistung, BauR 2000, 1111; *Schmitz*, Kündigungsrecht des Auftrag-

---

220) BauR 2003, 1889 = MDR 2004, 90 = NZBau 2003, 665 = NJW 2003, 3474 = ZfIR 2003, 936 m.Anm. *Schwenker;* ebenso OLG Nürnberg, OLGR 2003, 419; Hanseatisches OLG, BauR 2004, 1618 sowie OLG Bamberg, IBR 2016, 10 – *Fuchs.*
221) Vgl. hierzu *Wagner*, Jahrbuch Baurecht 2013, 77.
222) OLG Celle, OLGR 1999, 298; OLG Köln, *SFH*, Nr. 4 zu § 8 VOB/B.
223) OLG Düsseldorf, NJW 1992, 1050. Nach AG Rudolstadt, IBR 2004, 553, wird ein Anscheinsbeweis für den Zugang eines Telefaxes begründet, wenn der Sendebericht den Vermerk „Ok." trägt.
224) OLG Köln, BauR 2003, 1578.
225) Vgl. hierzu im Einzelnen BGH, BauR 2004, 1285 = NZBau 2004, 432; OLG Köln, OLGR 2000, 1 = NJW-RR 2000, 389.
226) BGH BauR 2006, 371 = NZBau 2006, 108 = NJW-RR 2006, 306 (Kündigungsrecht auch der Vertragspartei, aus deren Risiko die Ursache für die Unterbrechung der Bauausführung herrührt oder die diese zu vertreten hat, sofern ihr ein Festhalten an dem Vertrag nicht zuzumuten ist).

Kündigung des Auftragnehmers/Unternehmers

nehmers bei objektiv vorliegenden, vom Auftraggeber aber nicht zeitnah gerügten Mängeln? (Anm. zu OLG Celle, BauR 2000, 416), BauR 2000, 1126; *Bolz/Daniel*, Das Spannungsverhältnis der Kündigungsrechte des Auftragnehmers aus § 9 Abs. 1 lit. a VOB/B und § 6 Abs. 7 VOB/B, BauR 2008, 924; *Skauradszun/Eix*, Unterlassene Mitwirkung des Bestellers: Alternativen zur Kündigung, NZBau 2010, 86; *Kapellmann*, Die erforderliche Mitwirkung nach § 642 BGB, § 6a bis b VOB/B – Vertragspflichten und keine Obliegenheiten, NZBau 2011, 193; *Wagner*, Rechtsfolgen einer unberechtigten Kündigung des VOB/B-Vertrages aus wichtigem Grund durch den Auftraggeber, Jahrbuch Baurecht 2013, 77; *Glöckner*, § 642 BGB – Tatbestand und Rechtsfolgen im System des Leistungsstörungsrechts, BauR 2014, 368; *Leupertz*, § 642 BGB – Tatbestand und dogmatische Grundlagen, BauR 2014, 381; *Sienz*, Die Anwendung des § 642 BGB in der Praxis, BauR 2014, 390; *Gartz*, Durchsetzbarkeit der Vergütung aus wichtigem Grund, NZBau 2014, 267.

1769 Dem **Unternehmer** steht beim **BGB-Bauvertrag** ein Kündigungsrecht zunächst nach §§ 642, 643 BGB zu,[227] wenn

* der Auftraggeber seine **Mitwirkungspflichten verletzt**[228]

und

* der Unternehmer dem Auftraggeber eine **angemessene Frist zur Nachholung der Handlung** mit der Erklärung gesetzt hat, dass er den Vertrag kündige, wenn die Handlung nicht bis zum Ablauf der Frist vorgenommen wird.

Nach § 643 Satz 2 BGB gilt der Bauvertrag **als aufgehoben**, wenn die Handlung nicht bis zum Ablauf der Frist nachgeholt wurde, ohne dass es einer weiteren Erklärung des Auftragnehmers bedarf. Bestritten ist in diesem Zusammenhang, ob der Auftragnehmer seine Kündigungserklärung innerhalb der von ihm gesetzten Frist zur Nachholung der Mitwirkungshandlung durch den Auftraggeber zurücknehmen kann.[229]

1770 Einige **Mitwirkungshandlungen** des Auftraggebers nennt § 4 **VOB/B**; sie gelten auch für den **BGB-Bauvertrag**. Als Mitwirkungshandlungen, zu denen der Auftraggeber verpflichtet ist, kommen insbesondere in Betracht:

* Herbeiführung aller öffentlich-rechtlichen Genehmigungen und Erlaubnisse
* Aufrechterhaltung der allgemeinen Ordnung auf der Baustelle
* Pflicht zur Koordinierung aller am Bau Beteiligten
* Bereitstellung des Baugrundstückes, des Lager- und Arbeitsplatzes auf der Baustelle nebst Zufahrtswegen usw.
* Erbringung aller notwendigen Vorarbeiten
* Bereitstellen von Plänen und von sonstigen für die Ausführung erforderlichen Unterlagen.

---

[227] Vgl. hierzu insbesondere *Skauradszun/Eix*, NZBau 2010, 86; *Leupertz*, BauR 2010, 1999 und *Kapellmann*, NZBau 2011, 193; *Nicklisch*, BB 1979, 533 ff.; *Duffek*, BauR 1999, 979, 984; *Vygen*, Rn. 941 ff.

[228] OLG Brandenburg, BauR 2010, 1639; Vgl. ferner *Lenzen*, BauR 1997, 210 (auch zur Anwendung des § 645 BGB in diesem Fall); *Niemöller*, BauR 1997, 539, 540 u. *Hoffmann*, Festschrift für von Craushaar, S. 219 ff.; *Scheube*, Jahrbuch Baurecht 2006, 83; Zur Erforderlichkeit der Mitwirkungshandlung vgl. OLG Celle, BauR 2001, 1597. Vgl. ferner auch OLG Düsseldorf, IBR 2011, 452 – *Vogel*.

[229] Zum Meinungsstand: *Niemöller*, BauR 1997, 539, 541 sowie *Palandt/Ellenberger*, Einf. Vor § 158 BGB, Rn. 13.

Leupertz[230] nennt ferner folgende typische bauvertragliche Mitwirkungsobliegenheiten des Auftraggebers:
* Bereitstellung tauglicher Vorunternehmerleistungen
* Kooperative Bearbeitung und Bescheidung von Nachträgen
* Auswahlentscheidungen (Bemusterung)
* Abruf der geschuldeten Leistung
* Koordinierung unterschiedlicher Gewerke

Allerdings besteht nach Auffassung des OLG Brandenburg[231] keine Obliegenheit des Auftraggebers nach § 642 BGB, ein „für die Bauausführung auskömmliches Wetter zur Verfügung zu stellen".

Neben der Kündigung und dem damit verbundenen Vergütungsanspruch für die erbrachten Leistungen kann der Unternehmer einen **Entschädigungsanspruch** aus Verzug des Auftraggebers gemäß § 642 BGB geltend machen.[232] Dieser Anspruch umfasst **nicht entgangenen Gewinn und Wagnis**.[233] Nach OLG Nürnberg[234] macht die Androhung einer Kündigung nach § 643 BGB in der Regel eine Nachfristsetzung mit Ablehnungsandrohung nicht entbehrlich, wenn der Auftragnehmer Schadensersatz wegen Nichterfüllung anstrebt.

1771 Beim **VOB-Bauvertrag** gilt § 9 VOB/B. Hier sind für den Auftragnehmer zwei Kündigungsmöglichkeiten festgelegt. Der Auftragnehmer kann den Vertrag kündigen,
* wenn der Auftraggeber eine ihm obliegende Handlung unterlässt und dadurch den Auftragnehmer außerstande setzt, die Leistung auszuführen (Abs. 1)[235]
* wenn der Auftraggeber eine fällige Zahlung nicht leistet oder sonst in Schuldnerverzug[236] gerät (Abs. 2).

1772 Bei einer **mangelhaften Vorleistung** des Auftraggebers hat der Auftragnehmer nur dann ein Kündigungsrecht nach § 9 Abs. 1 VOB/B, wenn mit an Sicherheit grenzender Wahrscheinlichkeit feststeht, dass wegen der Vormängel die Werkleistung des Auftragnehmers mangelhaft sein oder zu einem erheblichen Schadenseintritt führen wird und der Auftraggeber sich weigert, geeignete Abhilfe zu schaffen.[237] Das gilt nicht, wenn der Auftraggeber trotz erkannter mangelhafter Vorleistung eine

---

230) BauR 2010, 1999.
231) IBR 2013, 668 – *Rokosny*.
232) Vgl. hierzu *Glöckner*, BauR 2014, 368, 370 f.; *Leupertz*, BauR 2014, 381; *Sienz*, BauR 2014, 390; *Niemöller* (BauR 1997, 539, 541) weist in diesem Zusammenhang zu Recht darauf hin, dass ein Auftraggeber sich im Ergebnis bessersteht, wenn er einen „ihm unliebsam gewordenen Werkvertrag" nicht selbst nach § 649 BGB kündigt, sondern statt dessen „den Unternehmer durch die nachhaltige Verweigerung der Mitwirkung zur Vertragserfüllung in die Kündigung treibt", weil er dann nur einem Entschädigungs- und nicht dem vollen Vergütungsanspruch gemäß § 649 Satz 2 BGB ausgesetzt ist.
233) BGH, NJW 2000, 1336, 1338 = MDR 2000, 578; OLG Nürnberg, OLGR 2003, 419, 420.
234) OLGR 2003, 419, 420.
235) Vgl. hierzu OLG Brandenburg, IBR 2016, 335 – *Fuchs* (Auftraggeber stellt kein baureifes Grundstück zur Verfügung).
236) Vgl. hierzu: OLG Düsseldorf, BauR 1995, 706 m.Anm. *Knacke*, BauR 1996, 119 sowie OLG Frankfurt, BauR 2007, 2071 (Auftraggeber zahlt nicht, obwohl der Auftragnehmer ihm die Freistellungserklärung des Finanzamtes übersandt hat).
237) OLG Düsseldorf, BauR 1988, 478.

entsprechende Anordnung zur Durchführung der Arbeiten erteilt und damit das Risiko einer mangelhaften Werkleistung übernimmt. Sind allerdings Drittinteressen berührt, wird man dem Unternehmer ein Kündigungsrecht zubilligen müssen, da er sich sonst vor einer unmittelbaren Inanspruchnahme durch geschädigte Dritte nicht schützen kann. Änderungsanordnungen und die Forderung nach zusätzlichen Leistungen gemäß § 1 Abs. 3 und 4 VOB/B rechtfertigen noch keine Kündigung des Auftragnehmers.[238]

Der **Auftragnehmer** ist jedoch **nicht** auf die vorerwähnten **Kündigungsrechte nach BGB und VOB beschränkt**. Vielmehr kann er (wie auch der Auftraggeber, vgl. Rdn. 1752 ff.) das Vertragsverhältnis mit dem Auftraggeber auch nach dem neuen § 648a BGB n.F., der durch das Werkvertragsrecht 2018 in das BGB eingeführt wurde, aus wichtigem Grund kündigen. Insoweit gelten die obigen Ausführungen unter Rdn. 1752 ff.). Vorher war das Kündigungsrecht aus wichtigem Grund auf § 242 BGB gestützt worden. Eine solche Kündigung aus **wichtigem Grund** ist insbesondere immer dann gegeben, wenn das für die Herstellung des Werkes unerlässliche Vertrauensverhältnis zwischen den Parteien durch eine **vertragliche Pflichtverletzung** des Auftraggebers nachhaltig gestört ist.[239] Das kann z.B. bei einer unwirksamen außerordentlichen Teilkündigung des Auftraggebers und seine nachfolgende nachdrückliche Weigerung, sich davon zu distanzieren, der Fall sein; in einem solchen Fall kann die Kündigung des Auftragnehmers aus wichtigem Grund berechtigt sein.[240] Das Recht zur **Kündigung aus wichtigem Grund** kann in **AGB nicht ausgeschlossen** werden. Nach § 650h BGB n.F. bedarf die Kündigung der Schriftform. **1773**

Beispiele für ein **Kündigungsrecht des Auftragnehmers** aus wichtigem Grund: **1774**

* Der Auftraggeber beharrt darauf, dass die Bauleistung entgegen den Regeln der Baukunst ausgeführt wird.[241]
* Der Auftraggeber zieht Arbeitnehmer des Unternehmers in größerem Umfang zur **Schwarzarbeit** während der regulären, vom Unternehmer bezahlten Arbeitszeit heran.[242]
* Der Auftraggeber spricht eine unzulässige **Teilkündigung einzelner Bauabschnitte** eines Bauvorhabens aus[243].
* Der Auftraggeber lässt – ohne rechtfertigende Gründe – die angebotene Mangelbeseitigung nicht zu.[244]
* Der Auftraggeber **verletzt seine Kooperationspflichten** gegenüber dem Auftragnehmer, z.B. durch eine zu Unrecht erfolgte fristlose Kündigung, ohne den

---

238) BGH, BauR 1997, 300 = NJW-RR 1997, 403 = WM 1997, 628 = MDR 1997, 345 = ZfBR 1997, 146.
239) BGH, BauR 2006, 1488; BB 1993, 160; ferner: BGH, NJW 1969, 233 = MDR 1969, 212 (Kündigungsrecht des Auftragnehmers unter dem Gesichtspunkt der Änderung oder des Wegfalls der Geschäftsgrundlage); OLG Zweibrücken, BauR 1995, 251 u. OLG Düsseldorf, BauR 1996, 151 (LS).
240) BGH, BauR 2009, 1736 = IBR 2009, 640 – *Schmitz*.
241) OLG München, *SFH*, Nr. 1 zu § 9 VOB/B.
242) OLG Köln, NJW 1993, 73 = BauR 1993, 80 = ZfBR 1993, 27.
243) OLG München, NZBau 2009, 122.
244) OLG München, NZBau 2013, 583.

Versuch zu unternehmen, die vorhandenen Meinungsverschiedenheiten durch Verhandlungen einvernehmlich beizulegen.[245]

* Der Auftraggeber **stellt Vergleichsantrag** gemäß § 13 InsO.[246]
* Der Auftraggeber ist bei fehlender Fristvereinbarung auf Verlangen des Auftragnehmers verpflichtet, dem Auftragnehmer die Leistung zu ermöglichen. Das **Unterlassen des Abrufs der Leistungen** berechtigt den Auftragnehmer zur Kündigung nach § 9 Abs. 1 Nr. 1 oder § 6 Nr. 7 VOB/B.[247]
* Eine unzulässige Teilkündigung durch den Auftraggeber kann dem Auftragnehmer einen Grund zur außerordentlichen Kündigung geben.[248]
* Die ernsthafte und endgültige Verweigerung der **Bezahlung einer fälligen Abschlagsrechnung** durch den Auftraggeber.[249]
* Die Zurückweisung berechtigter Mehrkosten durch den Auftraggeber.[250]
* Der Auftraggeber stört den Bauablauf durch **fortlaufende unberechtigte Eingriffe** derart, dass dem Auftragnehmer eine Fortsetzung des Vertragsverhältnisses nicht zuzumuten ist.[251]
* Der Auftraggeber **verweigert ernsthaft** und endgültig die **Annahme** der vom Unternehmer **angebotenen Leistung,** weil er sie zu Unrecht für nicht vertragsgemäß hält und teilt nicht konkret mit, welche Änderungen der Leistungsausführung er fordert.[252]
* Der Auftraggeber **lehnt endgültig** eine **Vergütungsanpassung gemäß § 2 Abs. 5 VOB/B** ab.[253]
* Ein **Bauträgervertrag** kann – entsprechend § 314 BGB – außerordentlich gekündigt werden, wenn eine Partei der anderen einen wichtigen Grund zur Kündigung gibt, insbesondere wenn sie schwerwiegend vertragsuntreu wird (OLG Düsseldorf, BauR 2012, 970).

1775 Die Kündigung nach § 9 VOB/B hat durch den Unternehmer auch stets **schriftlich** zu erfolgen. Auch hier ist die Schriftform **Wirksamkeitsvoraussetzung.** Die Kündigung ist zulässig, wenn der Auftragnehmer dem Auftraggeber ohne Erfolg eine **angemessene Frist zur Vertragserfüllung** gesetzt und erklärt hat, dass er nach fruchtlosem Ablauf der Frist den Vertrag kündigen werde (§ 9 Abs. 2 VOB/B); die **Fristsetzung** mit der Kündigungsandrohung ist in einem **gesonderten Schreiben** zu erklären. Erst dann kann der Unternehmer in **einem weiteren Schreiben** die Kündigung aussprechen, weil sein Kündigungsrecht erst mit dem fruchtlosen Fristablauf entsteht.

1776 **Leistet ein Auftraggeber** ohne Bekanntgabe von Gründen **keine Zahlungen** auf Abschlagsrechnungen, kann im Einzelfall eine Kündigung des Auftragnehmers

---

[245] Vgl. hierzu BGH, BauR 1996, 542 = NJW 1996, 2158 = ZfBR 1996, 269; BGH, BauR 2000, 409 = NJW 2000, 807 = NZBau 2000, 130.
[246] OLG München, BauR 1988, 605.
[247] OLG Düsseldorf, IBR 2011, 70 – *Bolz.*
[248] LG München, NZBau 2009, 122.
[249] BGH, NJW 1975, 1467; OLG Bremen, BauR 2010, 1762; OLG Koblenz, IBR 2012, 575 – *Luz.*
[250] OLG Schleswig, IBR 2012, 574 – *Hummel.*
[251] OLG Celle, OLGR 2006, 622.
[252] OLG Nürnberg, IBR 2006, 542 – *Merl.*
[253] OLG Bremen, BauR 2010, 1762.

aus wichtigem Grund berechtigt sein, auch wenn sich der Auftraggeber später – nach erfolgter Kündigung – auf ein objektiv bestehendes **Leistungsverweigerungsrecht** wegen vorhandener Baumängel stützt. Das hat das OLG Celle[254] so zu Recht entschieden und dem Auftragnehmer einen Entschädigungsanspruch aus § 642 BGB (allerdings nur einen solchen) zugesprochen. Es hat ausgeführt, dass ein Auftragnehmer in einem solchen Fall seine Entscheidung über eine etwaige Vertragskündigung in der vorhandenen zeitlichen Situation treffen muss. Deshalb müsse von dem Auftraggeber verlangt werden, dass dieser für seine Zahlungsverweigerung nachvollziehbare Gründe in einer Größenordnung angibt, die unter Berücksichtigung des so genannten Druckzuschlags die konkrete Zahlungsverweigerung nachvollziehbar erscheinen lässt.

Nach h.M. tritt ein Zahlungsverzug bei einem bestehenden Leistungsverweigerungsrecht bzw. Zurückbehaltungsrecht nicht ein; dabei spielt es beim Leistungsverweigerungsrecht keine Rolle, ob und wann dieses Recht geltend gemacht worden ist. Daher hat das OLG seine Entscheidung allein auf die **„empfindliche Störung des Vertrauensverhältnisses"** gestützt. Im Hinblick auf die Entscheidung des BGH[255] **zum kooperativen Verhalten der Vertragsparteien** während des Bestehens des Vertragsverhältnisses wird man dem zustimmen können.[256] Dabei hat der BGH insbesondere darauf hingewiesen, dass sich aus dem Kooperationsverhältnis Obliegenheiten und Pflichten zur Mitwirkung und gegenseitigen Information ergeben, um „entstandene Meinungsverschiedenheiten oder Konflikte nach Möglichkeit einvernehmlich" beizulegen. Aufgrund dieser richtigen Überlegungen kann man – auch bei objektiv bestehendem Leistungsverweigerungsrecht – eine Vertragspartei durch passives Verhalten nicht „ins offene Messer" laufen lassen, obwohl diese, was allerdings zu fordern ist, unter Kündigungsandrohung mit angemessener Frist abgemahnt hat.[257] Das gilt sowohl für den VOB-Bauvertrag wie auch für den BGB-Bauvertrag.

1777

Kündigt der Unternehmer wegen vertraglicher Pflichtverletzung oder nach § 9 VOB/B, hat er zur Begründung seines Vergütungsanspruches seine bisherige Leistung aufgrund der vereinbarten Preise darzulegen und gegebenenfalls zu beweisen. Daneben kann er Schadensersatz gegen den Bauherrn geltend machen. Macht der Auftragnehmer den Entschädigungsanspruch aus § 642 BGB geltend, hat er die nach § 642 Abs. 2 BGB angegebenen Grundlagen zur Berechnung des Entschädigungsanspruches darzulegen. Der Anspruch auf eine angemessene Entschädigung gemäß § 642 BGB umfasst die Abfindung für die Vorhaltung von Arbeitskraft, Gerät usw. sowie für Verwaltungsaufwendungen und entgangenen Gewinn.[258]

1778

---

254) BauR 2000, 416 = NJW-RR 2000, 234 = OLGR 1999, 366; vgl. hierzu *Adler/Everts*, BauR 2000, 1111 sowie *Schmitz*, BauR 2000, 1126.
255) BauR 2000, 409 = NJW 2000, 807 = MDR 2000, 388 = ZfBR 2000, 170; hierzu: *Grieger*, BauR 2000, 969.
256) Ähnlich und auch zustimmend: *Adler/Everts*, a.a.O.; **a.A.:** *Schmitz*, a.a.O.
257) U.U. verbunden mit einer Aufforderung zur Sicherheitsleistung gemäß § 648a BGB als das schwächere Rechtsmittel gegenüber der Kündigung.
258) OLG Celle, BauR 2000, 416 = NJW-RR 2000, 234 = OLGR 1999, 266; vgl. hierzu auch: BGH, *Schäfer/Finnern*, Z 2.511, Bl. 8 sowie OLG München, BauR 1980, 274, 275.

Die Kündigung eines Werkvertrags durch den Unternehmer lässt einen **Schadensersatzanspruch** des Bestellers wegen einer bis zur Kündigung erbrachten mangelhaften Teilleistung grundsätzlich **unberührt**.[259]

1779 Neben dem Kündigungsrecht gemäß § 9 VOB/B besteht auch für den Auftragnehmer (wie für den Auftraggeber) die Möglichkeit, den Bauvertrag schriftlich zu kündigen, wenn eine **Unterbrechung** länger als drei Monate gedauert hat (§ 6 Abs. 7 VOB/B). Der Grund für die Ausführungsunterbrechung darf jedoch nicht im Verantwortungsbereich des Kündigenden liegen.[260]

1780 Kündigt der Auftragnehmer zu Unrecht, also ohne sich auf die vorerwähnten Anspruchsgrundlagen stützen zu können, und weigert er sich – nach Aufforderung des Auftraggebers – endgültig, die Arbeiten wieder aufzunehmen, kann er sich erheblichen Schadensersatzansprüchen ausgesetzt sehen (z.B. Mehrkosten der Fertigstellung, Mängelbeseitigungskosten, Verzugskosten – insbesondere Mietausfall –). Diese Ansprüche kann der Auftraggeber bei endgültiger Erfüllungsverweigerung des Auftragnehmers erfolgreich geltend machen, ohne dass er selbst eine Kündigung aussprechen muss.[261]

Der **Auftraggeber** behält auch nach Entziehung des Auftrages durch Kündigung des Auftragnehmers das Recht, die **Beseitigung von Mängeln** an den bis zur Kündigung bereits erbrachten Leistungen zu **fordern**; im Übrigen wird aufgrund der Kündigung des Bauvertrages der Sicherheitseinbehalt nicht vorzeitig fällig (vgl. Rdn. 1672).

Der BGH[262] hat klargestellt, dass maßgeblicher **Zeitpunkt für das Vorliegen eines wichtigen Grundes** der Zeitpunkt der Kündigung ist. Überdies muss die Kündigung **innerhalb angemessener Frist** erfolgen, nachdem der Kündigende vom Kündigungsgrund Kenntnis erlangt hat.

Zur **Abrechnung** eines **gekündigten Pauschalpreisvertrages** vgl. Rdn. 1553 ff.

Zur **Abnahme** eines gekündigten Vertrages vgl. Rdn. 1734.

3. Einvernehmliche Vertragsauflösung

1781 Der **Bauvertrag kann** von den Parteien auch **im Einvernehmen beendet werden**. Dies ist formlos möglich. In aller Regel werden dann die Parteien auch eine entsprechende Absprache über den noch zu zahlenden Werklohn vornehmen. Für die einvernehmliche Aufhebung des Bauvertrages ist derjenige beweispflichtig, der sich hierauf beruft.[263] Stützt der Unternehmer seinen Vergütungsanspruch auf eine im Rahmen einer einvernehmlichen Vertragsauflösung vereinbarte Absprache, ist er hierfür beweispflichtig.

1782 Haben die Parteien im Rahmen einer einvernehmlichen Aufhebung des Vertrages keine Regelung hinsichtlich des zu zahlenden Werklohns getroffen, richten sich

---

259) BGH, IBR 2006, 507 – *Vogel*.
260) *Vygen*, Rn. 952 m.w.Nachw.
261) Vgl. BGH, BauR 2001, 1577 = NZBau 2001, 623.
262) IBR 2008, 378 – *Schwenker*.
263) OLG Celle, BauR 1973, 49 = MDR 1983, 136. Vgl. hierzu auch OLG Rostock, OLGR 2005, 4.

die Rechte des Auftragnehmers danach, welche Rechte dieser zum Zeitpunkt der Vertragsaufhebung geltend machen kann (z.B. Ansprüche aus §§ 648 BGB n.F./8 Abs. 1 VOB/B).[264] Wird jedoch der Bauvertrag wegen eines den Vertragszweck gefährdenden Verhaltens des Unternehmers (bzw. gemäß § 8 Abs. 2, 3 oder 4 VOB/B) gekündigt, ist in aller Regel der Werklohnanspruch des Unternehmers entsprechend (vgl. Rdn. 1755) zu kürzen, weil nicht davon auszugehen ist, dass der Auftraggeber, der zur Kündigung aus wichtigem Grund berechtigt ist, auf die damit verbundenen Rechte bei einer einvernehmlichen Vertragsauflösung verzichten wollte.[265] Auch nach einvernehmlicher Beendigung des Bauvertrages kann der Bauherr einen wichtigen Kündigungsgrund „nachschieben", sodass auch insoweit eine entsprechende Kürzung des Werklohns erfolgt.[266] Wird zwischen den Parteien ein **Aufhebungsvertrag** geschlossen, nachdem die Werkleistung **unmöglich** geworden ist, bestimmt sich nach der Rechtsprechung des BGH[267] die Vergütung des Unternehmers nicht nach § 648 BGB n.F.: Beruht die Unmöglichkeit auf einem von dem Auftraggeber gelieferten Stoff, richtet sich die Vergütung vielmehr nach § 645 BGB.

---

264) BGH, BauR 2005, 735 = NJW-RR 2005, 669 = ZfBR 2005, 755; NJW 1973, 1463 = BauR 1973, 319 = MDR 1973, 843; KG, BauR 2001, 1591, 1593; *Behre*, BauR 1976, 36, 37.
265) OLG Karlsruhe, NJW-RR 1993, 1368; *Vygen*, Rn. 940. Vgl. hierzu auch: OLG Düsseldorf, BauR 2001, 262.
266) BGH, NJW 1976, 518 = BauR 1976, 139 = MDR 1976, 306 für den Architektenvertrag.
267) BauR 2005, 735 = NJW-RR 2005, 669 = ZfBR 2005, 755.

VI. Fälligkeit des Werklohns

Übersicht

	Rdn.		Rdn.
1. BGB-Bauvertrag	1787	(3) Die schlüssige Abnahme	1823
a) Grundsätzliches	1787	(4) Abnahme durch Fristablauf (fiktive Abnahme)	1830
b) Die Durchgriffsfälligkeit (§ 641 Abs. 2 BGB)	1789	(5) Teilabnahme	1832
c) Abnahme	1798	dd) Die verweigerte Abnahme	1833
aa) Grundsätzliches	1798	d) Erteilung der Rechnung	1836
bb) Die Wirkungen der Abnahme	1810	aa) Rechtslage bis 31.12.2017	1836
cc) Die Arten der Abnahme	1815	bb) Rechtslage ab 01.01.2018	1844a
(1) Die ausdrücklich erklärte Abnahme	1816	2. VOB-Bauvertrag	1845
(2) Die förmliche Abnahme	1818	a) Abnahme	1846
		b) Prüfbare Abrechnung	1861

Literatur ab 2000[1]

Breyer/Bohn, § 641 Abs. 2 BGB – Durchgriffsfälligkeit oder Durchgriffszahlungspflicht?, BauR 2004, 1066; *Schubert*, Die Durchgriffsfälligkeit nach § 641, Abs. 2 BGB – eine wenig bekannte und unterschätzte Vorschrift – unter besonderer Berücksichtigung des Bauträgervertrages, ZfBR 2005, 219; *Gehlen*, Das Gesetz zur Sicherung von Werkunternehmeransprüchen und zur verbesserten Durchsetzung von Forderungen, NZBau 2008, 612; *Reichert*, Kann der bezahlte Hauptunternehmer gegenüber dem Subunternehmer die Zahlung wegen Mängeln verweigern?, BauR 2008, 749; *Christiansen*, Werklohnfälligkeit ohne Abnahme – Alternativen zur Rechtsfigur des „Abrechnungsverhältnisses" –, ZfBR 2010, 3; *Oelsner*, VOB/B 2012 – Verschärfung der Zahlungs- und Verzugsvorschriften in § 16, ZfBR 2012, 523; *Retzlaff*, Bauverträge ohne Abnahme, BauR 2016, 733; *Schmid/Senders*, Das Abrechnungsverhältnis im Werkvertragsrecht, NZBau 2016, 474.

1783 Zur Schlüssigkeit der Werklohnklage des Auftragnehmers gehört der Vortrag der Fälligkeit der Vergütung. Die **Art des Vortrags** des Unternehmers zur Fälligkeit richtet sich danach, ob ein **VOB- oder BGB-Bauvertrag** abgeschlossen ist (vgl. Rdn. 1787 ff. und 1845 ff.); insoweit ergeben sich zum Teil unterschiedliche Fälligkeitsvoraussetzungen.

Häufig wird die **Fälligkeit** des Werklohnanspruches von dem Eintritt eines **bestimmten, zusätzlichen „Ereignisses" abhängig** gemacht; tritt dieses nicht ein, wird der Anspruch nach den Grundsätzen über die Störung der Geschäftsgrundlage (§ 313 BGB) fällig, sofern ein längerer Zeitraum verstrichen, keine Chance für den Ereigniseintritt mehr gegeben und nach dem Willen der Parteien davon auszugehen ist, dass die Tätigkeit des Unternehmers bei dieser Fallgestaltung nicht „unentgeltlich" sein soll.[2] Dasselbe gilt, wenn der Bauherr den Eintritt der weiteren Fälligkeitsvoraussetzung durch sein eigenes pflichtwidriges Fehlverhalten wider Treu und Glauben vereitelt.[3]

Nicht selten finden sich in Bauverträgen auch Werkvertragsklauseln über das **Zahlungsziel**. In diesem Zusammenhang hat das OLG Köln[4] entschieden, dass ein Zahlungsziel von 90 Tagen in den Allgemeinen Geschäftsbedingungen eines unternehmerischen Auftraggebers einer Werkleistung eine unangemessene Benachteiligung des Auftragnehmers darstellt und unwirksam ist.

---

1) Literatur vor 2000 siehe 15. Auflage.
2) Vgl. hierzu OLG Oldenburg, NJW-RR 1997, 785 (für einen Architektenvertrag).
3) OLG Frankfurt, OLGR 1996, 195 (fehlende Überprüfung durch städtisches Revisionsamt des Bauherrn).
4) NJW-RR 2006, 670.

1784 In manchen Bauverträgen wird die **Fälligkeit** des Werklohnanspruches auch von **anderen (weiteren) Voraussetzungen abhängig** gemacht, die weder nach den Bestimmungen des BGB noch der VOB gefordert werden; werden diese in AGB des Auftraggebers festgelegt, sind sie an Maßstäben der §§ 305 ff. BGB zu messen. Sie scheitern dann regelmäßig an §§ 308, 309 BGB; so ist es insbesondere unzulässig, die Fälligkeit des Werklohns in AGB des **Auftraggebers** von folgenden Umständen abhängig zu machen:

1785
- **Gesamtfertigstellung** des Bauvorhabens, wenn dem Auftragnehmer nur ein Teilgewerk in Auftrag gegeben wird[5] (Rdn. 1803 ff.)
- Vorlage von **Mängelfreiheitsbescheinigungen** Dritter (Rdn. 1803 ff.)
- **öffentlich-rechtliche Gebrauchsabnahme** (Rdn. 1803)
- **Vorlage des Bautagebuches**[6]
- **Zahlung** des Auftraggebers an den Generalunternehmer für die Fälligkeit des Werklohnanspruches des Subunternehmers – sog. „Pay-when-paid" Klausel – (vgl. näher Rdn. 1413).

1786 Liegen die **Fälligkeitsvoraussetzungen** des BGB, der VOB oder der besonderen vertraglichen Abrede **nicht** vor, ist die **Werklohnklage** als **derzeit unbegründet** abzuweisen.[7] Allerdings kann es den Grundsätzen von Treu und Glauben widersprechen, „wenn sich der Auftraggeber auf ihm formal zustehende Fälligkeitseinwendungen auch dann noch beruft, wenn endgültig feststeht, dass nur noch eine Gesamtabrechnung des Vertrages vorzunehmen ist".[8]

Ist eine Werklohnklage im Vorprozess wegen mangelnder Fälligkeit (z.B. mangels prüffähiger Rechnung) als zurzeit unbegründet abgewiesen worden, ist § 269 Abs. 6 ZPO im Folgeprozess nicht anwendbar: Hat also der Kläger die entsprechende Fälligkeitsvoraussetzung geschaffen (z.B. durch Übersendung einer prüffähigen Rechnung), kann der Beklagte im Folgeprozess die Einlassung auf die nunmehr schlüssige Klage nicht bis zur Erstattung der Kosten des Vorprozesses verweigern.[9]

1. BGB-Bauvertrag

a) Grundsätzliches

1787 Soweit lediglich das BGB Anwendung findet, beurteilt sich die Fälligkeit der Vergütung des Unternehmers grundsätzlich nach § 641 BGB, wenn zwischen den Parteien keine Sonderregelungen getroffen worden sind. Der Unternehmer kann seinen **Werklohn somit nach Abnahme** der Bauleistung fordern.[10] Nach der ständigen Rechtsprechung des BGH gibt es hiervon **Ausnahmen:**

---

5) OLG München, BauR 1987, 554 = NJW-RR 1987, 661.
6) LG Koblenz, BauR 1995, 138 (LS).
7) Zur Rechtskraftwirkung einer Klageabweisung als zurzeit unbegründet: vgl. *Heinrich*, BauR 1999, 17 sowie *Deckers*, BauR 1999, 987.
8) OLG Karlsruhe, OLGR 1998, 17; auch OLG Celle, BauR 1996, 264 (fehlendes Aufmaß).
9) MDR 1998, 61.
10) Zu Bauverträgen ohne Abnahme vgl. *Retzlaff*, BauR 2016, 733 ff.

- Einer **Abnahme** als Fälligkeitsvoraussetzung für den Werklohnanspruch **bedarf es nicht**, wenn der Auftraggeber **nicht mehr Erfüllung des Vertrages**, sondern z.B. Minderung/Schadensersatz/Vorschuss[11] **für die Mangelbeseitigung** verlangt oder Gegenansprüche geltend macht, weil damit das Vertragsverhältnis in ein **Abrechnungsverhältnis**[12] umgewandelt wird.[13] Nach OLG Brandenburg[14] wird allerdings die Werklohnforderung nicht unabhängig von der Abnahme dadurch fällig, dass der Auftraggeber primär das Fehlen der Abnahme und sekundär eine Aufrechnung mit Schadensersatzansprüchen einwendet; die Aufrechnung begründet in diesem Falle kein Abrechnungsverhältnis.
- Dasselbe gilt für alle Fälle, in denen der Auftraggeber wegen Mängeln nur noch Ansprüche geltend macht, die auf Zahlung gerichtet sind (z.B. **Schadensersatz** oder **Kostenvorschuss**)[15], weil auch in diesen Fällen der Vertrag in ein Abrechnungsverhältnis umgestaltet wird.[16]
- Die Vergütung wird auch ohne Abnahme fällig, wenn sich der Auftraggeber mit der **Entgegennahme der Leistung** in **Annahmeverzug** befindet.[17]
- Ohne Abnahme werden auch Werklohnansprüche des Unternehmers fällig, wenn dieser die **Nacherfüllung** gemäß § 635 Abs. 3 BGB **zu Recht verweigert**.
- Eine Abnahme des Werks ist auch dann nicht erforderlich, wenn der **Auftraggeber** die **Abnahme ernsthaft und endgültig ablehnt** und damit zu verstehen gibt, dass er die Leistungen des Auftragnehmers nicht mehr annehmen will und das Vertragsverhältnis als endgültig beendet ansieht.[18]

1788 Grundsätzlich gehört damit zum Vortrag des Unternehmers im Rahmen seiner Werklohnklage, dass seine vertragliche Bauleistung erbracht und diese abgenommen oder die Abnahme zu Unrecht verweigert worden ist (vgl. im Einzelnen Rdn. 1798 ff.). Wird das **Vertragsverhältnis vorzeitig,** also vor Fertigstellung der geschuldeten Bauleistung, **aufgelöst oder gekündigt,** hat der Auftragnehmer einen **Anspruch** gegen den Auftraggeber auf **Abnahme**.[19]

Das Recht auf Abschlagszahlungen ergibt sich auch § 632a BGB (vgl. hierzu näher Rdn. 1585 ff.) Die Fälligkeit von **Abschlagszahlungen** hängt nicht von einer

---

11) OLG Celle, NZBau 2016, 748.
12) Vgl. zum Abrechnungsverhältnis *Schmid/Senders*, NZBau 2016, 474.
13) BGH, BauR 2006, 1294 = NJW 2006, 2475; BauR 2005, 1913 = NJW 2005, 3574; BauR 2003, 88 = NJW 2003, 288 = ZfIR 2002, 974; BauR 2002, 1399 = NJW 2002, 3019. OLG Düsseldorf, NZBau 2015, 292, 298; OLG Celle, NZBau 2016, 748; OLG Koblenz, IBR 2014, 331 – *Eimler*; OLG Saarbrücken, NZBau 2012, 113; OLG Brandenburg, IBR 2010, 315 – *Seibel* sowie IBR 2012, 445 – *Vogel*. Vgl. auch *Koeble*, BauR 2012, 1153 ff.
14) NZBau 2012, 292.
15) OLG Celle, BauR 2016, 1337.
16) BGH, BauR 2005, 1913; BauR 2003, 88 = NJW 2003, 288 = ZfIR 2002, 974; BauR 2002, 1399 = NJW 2002, 3019; BauR 2000, 98 = NJW 1999, 3710 = NZBau 2000, 23 = MDR 1999, 1500 = IBR 2000, 6 – *Schick*; OLG Hamm, NJW-RR 2011, 672 = IBR 2011, 252 – *Bolz*; *Christiansen*, ZfBR 2010, 3.
17) *Kleine-Möller/Merl/Glöckner*, § 12, Rn. 72.
18) BGH, BauR 2006, 1294, 1296 mit Hinweis auf BGH, NJW-RR 1998, 1027 (vgl. hierzu *Thode*, ZfBR 2006, 638). Ferner OLG Brandenburg, NZBau 2006, 713. Vgl. hierzu auch *Hildebrandt*, Kapitel 16, Rn. 97 ff. sowie *Koeble*, BauR 2012, 1155 f.
19) Vgl. hierzu näher Rdn. 1803.

Abnahme der Bauleistung ab.[20] Der Auftragnehmer ist nach § 641 BGB vorleistungspflichtig; daher sind auch Klauseln in AGB unwirksam, die auf eine Vorleistungspflicht des Auftraggebers hinauslaufen.[21]

Vereinbaren die Vertragsparteien als Sicherheitsleistung zunächst den **Einbehalt von Werklohn**, der dann wiederum durch Bürgschaft abgelöst werden kann, und verlangt der Unternehmer die Auszahlung des einbehaltenen Werklohns, so hat er zunächst die vereinbarte Gewährleistungsbürgschaft (als **weitere** Fälligkeitsvoraussetzung) zu stellen (vgl. Rdn. 1642 ff.).

b) Die Durchgriffsfälligkeit (§ 641 Abs. 2 BGB)

Literatur

Dingler/Langwieser, Probleme im Rahmen des § 641 Abs. 2 Satz 2 BGB, BauR 2010, 1650.

1789 Mit dem **Gesetz zur Beschleunigung fälliger Zahlungen**, das am 1.5.2000 in Kraft getreten ist, ist eine weitere wesentliche Neuerung hinsichtlich der Fälligkeit von Forderungen in das BGB gelangt, das vor allem für **Bauträger- und Generalübernehmerverträge** sowie alle **Dreiecksbeziehungen Bauherr/Hauptunternehmer/Subunternehmer** von großer Bedeutung ist. Nach dem neu geschaffenen § 641 Abs. 2 BGB wird die Vergütung des Unternehmers für ein Werk, dessen Herstellung der Auftraggeber einem Dritten versprochen hat, spätestens fällig, „wenn und soweit der Besteller von dem Dritten für das versprochene Werk wegen dessen Herstellung seine Vergütung oder Teile davon erhalten hat. Hat der Besteller dem Dritten wegen möglicher Mängel des Werkes Sicherheit geleistet, gilt dies nur, wenn der Unternehmer dem Besteller Sicherheit in entsprechender Höhe leistet". Mit dieser gesetzlichen Bestimmung wurde eine so genannte **„Durchgriffsfälligkeit"** geschaffen.[22] Sie gilt auch beim VOB-Vertrag.[23]

Das **Forderungssicherungsgesetz**, das am 01.01.2009 in Kraft getreten ist, hat die Vorschrift des § 641 Abs. 2 BGB nunmehr erweitert und damit die Durchgriffsfälligkeit – nach entsprechender Kritik in der Literatur[24] – verbessert: Danach greift die Durchgriffsfälligkeit nicht nur ein, wenn der Generalunternehmer bereits **Zahlungen erhalten** hat. Vielmehr reicht es schon aus, dass die Leistung von dem Dritten (Bauherrn) **abgenommen** worden ist oder als abgenommen gilt. Ferner wird der Werklohnanspruch des Auftraggebers im Rahmen der Durchgriffsfälligkeit auch fällig, wenn der Unternehmer dem Auftraggeber **erfolglos eine angemessene Frist zur Auskunft** über eine erfolgte Zahlung und/oder Abnahme bestimmt hat. Mit Letzterem wird dem berechtigten Interesse des Unternehmers Rechnung getragen, in Erfahrung zu bringen, ob eine Zahlung oder Abnahme erfolgt ist. In

---

20) BGH, NJW 1979, 650, 651 = BauR 1979, 159, 161 = ZfBR 1979, 66.
21) BGH, NJW 1986, 3199 = BauR 1986, 694; OVG Bremen, NJW-RR 1987, 600; OLG Hamm, NJW-RR 1989, 274.
22) Vgl. hierzu insbesondere *Motzke*, in: Englert/Motzke/Wirth (Hrsg.), § 641 BGB, Rn. 66 ff. sowie *Schubert*, ZfBR 2005, 219 ff.; *Breyer/Bohn*, BauR 2004, 1066 ff. sowie *Gehlen*, NZBau 2008, 612, 615.
23) OLG Celle, IBR 2015, 476 – *Eimler*.
24) Vgl. hierzu *Peters*, NZBau 2000, 169, 172 f. sowie NZBau 2002, 1, 7 sowie NZBau 2007, 1, 6, Fn. 30.

der Regel erfährt der Unternehmer nämlich nichts über Zahlungen des Dritten an den Auftraggeber über eine erfolgte oder fiktive Abnahme. Daher hat der Unternehmer gegenüber dem Auftraggeber einen berechtigten **Auskunftsanspruch**, den ihm nunmehr § 641 Abs. 2 Ziffer 3 BGB gibt, wobei die Verweigerung der mit angemessener Frist geforderten Auskunft zur Durchgriffsfälligkeit führt. Gibt der Auftraggeber trotz Abnahme keine klare oder eine falsche Auskunft, ist diese einer verweigerten Auskunft gleichzusetzen.[25]

Ziel dieser neuen Regelungen ist es, der immer wieder beobachteten Praxis entgegenzuwirken, dass der Bauträger/Generalübernehmer/Hauptunternehmer nach Herstellung der einzelnen Gewerke die Raten von seinem Auftraggeber/Erwerber einfordert und auch erhält, aber nicht an den Unternehmer weiterleitet, der das Werk tatsächlich hergestellt hat. Mit Eingang der für das jeweilige Gewerk anfallenden Vergütung/Raten beim Bauträger/Generalübernehmer/Hauptunternehmer wird nunmehr auch die Vergütung des Unternehmers fällig, der die Werkleistung erbracht hat. Der Unternehmer (Subunternehmer) hat allerdings keinen uneingeschränkten Zahlungsanspruch, wenn sein Auftraggeber (Bauträger/Generalübernehmer/Hauptunternehmer) Zahlung nur gegen Sicherheit erhalten hat. Dann kann er die Vergütung nur fordern, wenn er selbst in entsprechender Höhe Sicherheit leistet.

1790 Die **Durchgriffsfälligkeit** hat folgende **Voraussetzungen**:

* Der Unternehmer hat für seinen Auftraggeber Bauleistungen erbracht, die dieser einem Dritten schuldet. Es muss also **Leistungsidentität** in beiden Schuldverhältnissen bestehen.[26] Die Leistungsverpflichtung des Auftraggebers gegenüber dem Dritten muss damit an den Unternehmer „durchgestellt" worden sein.[27]

* Die **Leistungen** müssen vom Unternehmer **fertig gestellt** sein. Das ist der Begründung zum Regierungsentwurf zu entnehmen.[28] Die Regelung betrifft damit nur den Anspruch des Unternehmers auf die **abschließende Zahlung**. Sie gilt nicht für Forderungen auf Abschlagszahlungen.[29]

* Der **Auftraggeber** des Unternehmers muss von dem Dritten bereits **Zahlungen** für denselben Leistungsbereich **erhalten** haben
  oder das Werk des Auftraggebers wurde von dem Dritten **abgenommen** oder es **gilt als abgenommen**

---

25) *Leinemann* 2008, 3745, 3748; *Otto/Spiller*, ZfIR 2009, 1, 4; **a.A.:** *Palandt/Sprau*, § 641 BGB, Rn. 8 sowie *Halfmeier/Leupertz*, in: Prütting/Wegen/Weinreich § 641 BGB, Rn. 13 (nur Schadensersatzansprüche aus § 280 BGB), der dennoch bezüglich des Auskunftsanspruch von einem „scharfen Schwert" spricht.
26) *Niemöller*, S. 42; *Kniffka*, ZfBR 2000, 227, 231.
27) *Schubert*, ZfBR 2005, 219, 220, bejaht die Leistungsidentität auch dann, wenn der Hauptunternehmer sich vom Nachunternehmer für das Werk höhere Standards versprechen lässt als er selbst im Vertrag mit dem Dritten vereinbart hat; darüber hinaus soll die Vorschrift des § 641 Abs. 2 BGB auch dann zur Anwendung kommen, wenn der Hauptunternehmer das Objekt erst nach seiner Errichtung verkauft („Nachzüglerfall").
28) BT-Drucksache 14/1246, S. 7; *Niemöller*, a.a.O.; *Kniffka*, a.a.O., 231; *Oehme*, BauR 2001, 525, 534.
29) H.M. für viele *Motzke*, in: Englert/Motzke/Wirth (Hrsg.), § 641 BGB, Rn. 71 f.; **A.A.:** *Schubert*, ZfBR 2005, 219, 211 (differenzierend) und *Peters*, NZBau 2000, 169, 172.

oder der Unternehmer hat dem Auftraggeber **erfolglos eine angemessene Frist zur Auskunft** über die erfolgte Zahlung oder Abnahme bestimmt.

Hat der Auftraggeber dem Dritten wegen möglicher Mängel der Bauleistungen eine **Sicherheit** geleistet, tritt die Durchgriffsfälligkeit, wie bereits erwähnt, nur ein, wenn der Unternehmer seinerseits seinem Auftraggeber Sicherheit in entsprechender Höhe leistet (§ 641 Abs. 2 Satz 2 BGB).

Damit muss der entsprechende Werklohn, den der Auftraggeber erhalten hat, die Leistungen des Unternehmers betreffen (sog. Leistungsidentität). Ist eine solche Zuordnung möglich, ist es unerheblich, ob der Auftraggeber insoweit den vollen Werklohn für die fertig gestellte Leistung oder nur einen Teil erhalten hat; im letzteren Fall hat der Unternehmer einen fälligen Anspruch auf die von dem Dritten erfolgte Teilzahlung,[30] soweit Leistungsidentität gegeben ist.

In der Baupraxis wird aber zum einen die Feststellung der **Leistungsidentität in dem Dreiecksverhältnis** vielfach auf **Schwierigkeiten** stoßen; insoweit trägt der Unternehmer die Darlegungs- und Beweislast. Darüber hinaus wird es auch dem Unternehmer häufig schwer fallen nachzuweisen, dass die an seinen Auftraggeber gezahlte Vergütung seinen Leistungsbereich betrifft.[31] Schwierigkeiten wird es in diesem Zusammenhang auch immer dann geben, wenn mehrere Subunternehmer an einem Gewerk für den Auftraggeber gearbeitet haben und der Dritte an den Generalunternehmer eine Pauschalvergütung gezahlt hat.[32] Unter diesem Gesichtspunkt weist das OLG Düsseldorf[33] darauf hin, dass eine **vollständige Leistungsidentität** der Arbeiten des Nachunternehmers mit den vom Auftraggeber an den Dritten geschuldeten Arbeiten nach der Vorschrift des § 641 Abs. 2 BGB **nicht zu fordern ist**, sondern vielmehr eine partielle Identität der Leistungen ausreicht.

Ist die Fälligkeit des Werklohns des Unternehmers (z.B. durch Abnahme) vor Zahlung des Dritten eingetreten, gilt dieser Zeitpunkt unabhängig von der Regelung des § 641 Abs. 2 BGB. Die **Abnahme ist keine Voraussetzung** für die neu geschaffene Durchgriffsfälligkeit.[34] Haben allerdings die Parteien besondere Fälligkeitsvoraussetzungen vereinbart, sind diese einzuhalten: Das gilt insbesondere hinsichtlich der Vereinbarung einer prüfbaren Abrechnung. Liegt eine entsprechende Fälligkeitsvoraussetzung nicht vor, kann der Auftraggeber die Zahlung verweigern.[35]

Ist die Leistung des Unternehmers mit (möglicherweise erheblichen) **Mängeln behaftet**, hat der Auftraggeber aber den vollen Werklohn erhalten, kann dieser die Zahlung nicht mit dem Hinweis auf sein Recht der Abnahmeverweigerung gemäß § 640 BGB ablehnen. Vielmehr kann er – im Rahmen seines **Zurückbehaltungsrechts** – nur bezüglich der Mängel einen entsprechenden Einbehalt – nach der Fäl-

---

[30] So auch *Kniffka*, ZfBR 2000, 227, 231; *Bamberger/Roth/Voit*, § 641 BGB, Rn. 20.
[31] Zur Durchsetzung des Anspruchs aus § 641 Abs. 2 BGB und den entsprechenden prozessualen Fragen vgl. im Einzelnen *Schubert*, ZfBR 2005, 219, 225 f.
[32] So zu Recht *Gehlen*, NZBau 2008, 612, 615, der darauf hinweist, dass dem Unternehmer in einem solchen Fall auch über einen Auskunftsanspruch nicht geholfen wird, sodass § 641 Abs. 2 BGB keine praktische Bedeutung erlangen wird.
[33] BauR 2013, 1686 = IBR 2013, 402 – *Ludgen*.
[34] LG Lübeck, BauR 2003, 1423.
[35] *Bamberger/Roth/Voit*, § 641 BGB, Rn. 25.

ligkeit der Zahlung – vornehmen.[36] Der Höhe nach richtet sich dieser nach § 641 Abs. 3 BGB (also ggf. **mit Druckzuschlag**), weil auch der Auftraggeber des Unternehmers ein berechtigtes Interesse daran hat, dass der Unternehmer die Mängel schnell und umfassend beseitigt.[37] Als **angemessenen Druckzuschlag** sieht die vorerwähnte Vorschrift in der Regel **das Doppelte der für die Beseitigung des Mangels erforderlichen Kosten** an. Allerdings kann auch ein höherer Betrag gerechtfertigt sein, ein geringerer nur in besonders gelagerten Einzelfällen.[38]

1794 Wann der Auftraggeber seinem Dritten eine **Sicherheit** für mögliche Mängel gestellt hat, ist **unerheblich.** Als solche kommt eine während des Bauablaufs gestellte Sicherheit wie auch eine schon von vornherein (z.B. nach Abschluss des Bauvertrages) gestellte Sicherheit (Vertragserfüllungsbürgschaft/Gewährleistungsbürgschaft) in Betracht.[39] Die Sicherheit, die der Unternehmer zu stellen hat, muss nicht identisch sein mit der Sicherheit, die der Auftraggeber dem Dritten gegenüber gestellt hat.[40]

1795 Die vom Unternehmer nach § 641 Abs. 2 Satz 2 BGB ggf. zu stellende Sicherheit richtet sich nach den §§ 232 ff. BGB, weil eine andere oder spezielle Form der Sicherheit in der Vorschrift nicht festgelegt wurde. Im Übrigen ist dort auch nicht geregelt, in welcher **Höhe** der Unternehmer Sicherheit zu leisten hat. Diese kann sich nur auf die vom Unternehmer zu erbringende Leistung beziehen, da von dem Unternehmer nicht verlangt werden kann, eine Sicherheit zu stellen, die der Auftraggeber seinerseits dem Dritten z.B. für die Gesamtwerkleistung gegeben hat.[41]

Da die Durchgriffsfälligkeit unabhängig von der Abnahme eintritt, können die Fälligkeit des Werklohns einerseits und der Beginn der Gewährleistungsfrist andererseits auseinander fallen. Das ist aber hinzunehmen. Liegen die Voraussetzungen des § 641 Abs. 2 Satz 1 Nr. 2 BGB vor, wird der Vergütungsanspruch des Nachunternehmers unabhängig davon fällig, ob dessen Leistung abnahmereif erbracht worden ist oder nicht; für die Durchgriffsfälligkeit nach § 641 BGB genügt die Abnahme der Leistung des Hauptunternehmers durch dessen Vertragspartner – also dem Bauherrn – sowie ersatzweise auch jeder Sachverhalt, der zu einer Abnahmefunktion führt.[42]

---

36) Vgl. OLG Nürnberg, BauR 2004, 516 (Leistungsverweigerungsrecht trotz Durchgriffsfälligkeit) = NJW-RR 2003, 1526 = OLGR 2003, 336 = NZBau 2004, 47 = IBR 2003, 531 – *Schmitz*; ebenso OLG Bamberg, BauR 2009, 113; *Bamberger/Roth/Voit*, § 641, BGB, Rn. 24 mit ausführlicher Begründung; **a.A.:** *Kniffka*, ZfBR 2000, 227, 232; *Palandt/Sprau*, § 641, Rn. 8. Vgl. zum Meinungsstand *Schubert*, ZfBR 2005, 719, 723.
37) *Kniffka*, a.a.O., 232; *Siegburg*, Rn. 537.
38) So *Halfmeier/Leupertz*, in: Prütting/Wegen/Weinreich, § 641 BGB, Rn. 21.
39) *Niemöller*, S. 43; *Kniffka*, a.a.O., 232.
40) *Schubert*, ZfBR 2005, 219, 221.
41) Wie hier *Otto/Spiker*, ZfIR 2009, 1, 4; *Palandt/Sprau*, § 641 BGB, Rn. 8; *Kniffka*, a.a.O., 232, hält eine solche Forderung aber nicht für ausgeschlossen, weil der Hauptunternehmer ein Interesse daran hat, „dass Sicherheit in der Höhe geleistet wird, die er dem Auftraggeber gegeben hat. Denn er muss damit rechnen, dass er wegen eines vom Nachunternehmer produzierten Mangels aus dieser Sicherheit voll in Anspruch genommen wird".
42) OLG Celle, IBR 2015, 476 – *Eimler*.

1796 Die neue Durchgriffsfälligkeit hat **gesetzgeberische Leitbildfunktion** und kann zwar in Individualabreden, **nicht aber in AGB abbedungen** werden.[43]

1797 Aufgrund des Gesetzes gilt für die so genannte Durchgriffsfälligkeit folgende Einschränkung nach § 641 Abs. 2 S. 2 BGB: Hat der Auftraggeber (Bauträger/Generalunternehmer/Hauptunternehmer) des Unternehmers dem Dritten wegen möglicher Mängel des Werkes Sicherheit geleistet, ist die so genannte Durchgriffsfälligkeit davon abhängig, dass der Unternehmer seinerseits seinem Auftraggeber Sicherheit in entsprechender Höhe leistet. Auch insoweit soll das Forderungssicherungsgesetz eine Änderung bringen: Danach hat der Unternehmer bei der vorerwähnten Fallgestaltung seinem Auftraggeber eine „entsprechende" Sicherheit zu leisten. Mit dieser neuen Formulierung soll zum Ausdruck gebracht werden, dass nicht nur die Höhe, sondern auch die Art der Sicherheit derjenigen entsprechen soll, die der Auftraggeber des Unternehmers dem Dritten geleistet hat.

c) Abnahme

Literatur

Hildebrandt, Die Abnahme von Bauleistungen, 2. Auflage, 2012.

Literatur ab 2000[44]

Siegburg, Zur Klage auf Abnahme einer Bauleistung, ZfBR 2000, 507; *Siegburg*, Zur Abnahme als Fälligkeitsvoraussetzung beim Werklohnanspruch, ZfIR 2000, 841 u. 941; *Rester*, Kann der Unternehmer die Inbesitznahme der Werkleistung durch den die Abnahme verweigernden Besteller verhindern?, BauR 2001, 1819; *Basty*, Die Abnahme beim Bauträgervertrag, BTR 2002, 12; *Hildebrandt*, Die Abnahme des Gemeinschaftseigentums vom Bauträger nach der Schuldrechtsreform, BTR 2003, 211; *Henkel*, Die Pflicht des Bestellers zur Abnahme des unwesentlich unfertigen Werks, MDR 2004, 361; *Schmid*, Die „Abnahme des Gemeinschaftseigentums" oder: Der einzelne und die anderen Erwerber – Teil 1, BTR 2004, 150 u. Teil 2, BTR 2004, 217; *Hildebrandt*, Aufgedrängte Abnahme – Keine Abnahme gegen den Willen des Auftragnehmers vor Fertigstellung des Werks, BauR 2005, 788; *Leineweber*, Die isolierte Klage auf Abnahme oder Feststellung des Eintritts der Abnahmewirkungen, Festschrift für Werner (2005), 177; *Oppler*, Die Folgen der rechtswidrigen Nichtabnahme einer Bauleistung, Festschrift für Werner (2005), 185; *Meier-Stüting*, „Baubehelf" „Bauhilfsgewerk" und „Hilfsbauwerk": Die Diskussion geht weiter, BauR 2005, 316; *Hartmann*, Das Ende der Fälligkeit des Werklohnanspruches ohne Abnahme? – Ausblick zum Urteil des BGH vom 11.5.2006, VII ZR 146/04, ZfBR 6/2006, S. 561 ff. –, ZfBR 2006, 737; *Hartung*, Die Abnahme im Baurecht, NJW 2007, 1099; *Messerschmidt*, Die Abnahme von Bauleistungen nach vorzeitiger Beendigung des Bauvertrages – Kritische Anmerkungen zur neuen Rechtsprechung des Bundesgerichtshofes, Festschrift für Kapellmann (2007), 309; *Lotz*, Die Abnahme und das WEG – die Besonderheiten, BauR 2008, 740; *Hahne*, Fehlende förmliche Abnahme – Befreiung von der Bürgschaftsschuld?, BauR 2007, 1840; *Lliou/Schmidt*, Die Vorabnahme im Anlagenbauvertrag – Versuch einer Begriffsbestimmung, BauR 2007, 1660; *Sass*, Der hindernisreiche Weg zur Abnahme, Jahrbuch Baurecht 2008, 23; *Sonntag*, Die Abnahme im Bauvertrag, NJW 2009, 3084. *Christiansen*, Werklohn fällig ohne Abnahme – Alternativen zur Rechtsfigur des „Abrechnungsverhältnisses" –, ZfBR 2010, 3; *Joussen*, Die Fälligkeit des Werklohnanspruchs nach der Abnahme – Ein weithin ungelöstes Problem? Festschrift für Koeble (2010), S. 15; *Illies*, Der Abnahmeprozess im Anlagenbau, BauR 2011, 421; *Koeble*, Abnahmesurrogate, BauR 2012, 1153; *Sterner*, Teilabnahmen von Sonder- und Gemeinschaftseigentum im Bauträgervertrag, BauR 2012, 1160; *Peters*, Zur werkvertraglichen Abnahme, BauR 2013, 381; *Thierau*, Die Bedeutung

---

43) OLG Celle, IBR 2015, 476 – *Eimler.* So auch *Kniffka*, a.a.O., 232; *Palandt/Sprau*, § 641, BGB, Rn. 9. **A.A.:** *Schubert*, ZfBR 2005, 719, 725.
44) Literatur vor 2000 siehe 15. Auflage.

der Technischen Abnahme für die Abwicklung von Bauverträgen, BauR 2013, 372; *Pauly*, Zur „Vergemeinschaftung der Abnahme" von Wohnungseigentum – Neue Rechtsentwicklung in der Schnittmenge zwischen Bau- und Wohnungseigentumsrecht, ZfBR 2013, 3; *Messerschmidt/Leidig*, Rechtsfolgen unwirksamer Abnahmeklauseln zum Gemeinschaftseigentum in notariellen Bauträgerverträgen, BauR 2014, 1; *Werner*, Rechtsfolgen einer unwirksamen förmlichen Abnahme des Gemeinschaftseigentums im Rahmen eines Bauträgervertrages, NZBau 2014, 80; *Scheffelt*, Wirksame Abnahmevollmachten in Bauträgerverträgen, BauR 2014, 163; *Pause/Vogel*, Die Folgen einer unwirksamen Abnahmeklausel im Bauträgervertrag, BauR 2014, 764; *Wagner*, Abnahmeklauseln zum Gemeinschaftseigentum in notariellen Bauträgerverträgen – Die andere Sicht der Dinge –, ZfBR 2014, 328; *Weyer*, Werklohnklage ohne Abnahme, NZBau 2014, 421; *Pauly*, Die Abnahme gemeinschaftlichen Eigentums und die anschließende Rechtsverfolgung von Mängelansprüchen im Spiegel der Rechtsprechung, ZfBR 2014, 523; *Meier*, Die konkludent erklärte Abnahme, BauR 2016, 565; *Kedermann*, § 640 BGB – Eine Norm mit (un-)wesentlichen Mängeln, NJW 2015, 2381; *Breitling*, Abnahme und Zustandsfeststellung nach neuem Recht, NZBau 2017, 393; *Moufang*, Rechtsgeschäftliche Vereinbarungen im Abnahmeprotokoll, BauR 2017, 1253.

aa) Grundsätzliches

1798 Die Abnahme ist eine **Hauptpflicht** des Auftraggebers (§ 640 BGB), auf die „**isoliert**" **geklagt** werden kann.[45] Die Abnahme ist in der **Entgegennahme der Werkleistung und ihrer Billigung** als in der Hauptsache vertragsgerecht zu sehen (sog. zweigliedriger Abnahmebegriff);[46] sie hat als Willenserklärung rechtsgeschäftlichen Charakter.[47] Die Abnahme setzt voraus, dass die Bauleistung im Wesentlichen (bis auf geringfügige, also **unwesentliche Mängel**[48] [vgl. Rdn. 1833 f.] oder **Restarbeiten**[49]) erbracht ist.[50] Mit der Abnahme der Bauleistung durch den Bauherrn fällt gemäß § 641 BGB die Vorleistungspflicht des Unternehmers weg; sie entfällt nicht nur bei Abnahme eines mangelfreien Werks, denn die **Abnahme einer Leistung bedeutet nur die Anerkennung des Werks als eine der Hauptsache nach vertragsgemäße Erfüllung**.[51] Daher schließen das Vorhandensein und selbst die Rüge von Mängeln grundsätzlich die Abnahme nicht aus.[52] Eine Abnahme **unter einer Bedingung** erfüllt nicht die Verpflichtung des Auftraggebers zur Abnahme. Der Unternehmer kann eine unbedingte Abnahme verlangen.[53] Im Übrigen ist der Auftraggeber nicht berechtigt, die Abnahme vor der Fertigstellung des Wer-

---

45) BGH, BauR 1996, 386 = NJW-RR 1996, 1749; vgl. hierzu im Einzelnen: *Siegburg*, ZfBR 2000, 507 ff.
46) Vgl. hierzu: OLG Hamm, IBR 2009, 133 – *Karczewski*, sowie *Siegburg*, ZfIR 2000, 841 u. 941.
47) *Bamberger/Roth/Voit*, § 640, Rn. 5; *Havers*, in: Kapellmann/Messerschmidt, § 12/B, Rn. 28.
48) OLG Köln, IBR 2017, 244 – *Ludgen*. Das OLG Hamm, IBR 2009, 510, sieht eine fehlende Übergabe von Revisionsplänen und ein unzureichendes Bodengefälle in zahlreichen Bädern eines Gebäudes als wesentliche Mängel an.
49) Ebenso *Henkel*, NZBau 2004, 361, mit einer Übersicht zum Meinungsstand hinsichtlich der Abgrenzung zwischen Mängeln und Restarbeiten.
50) BGH, BauR 1970, 48; 1971, 60; 1972, 251, 252. Nach OLG Stuttgart, IBR 2013, 673, kann ein Auftraggeber eine Werkleistung abnehmen, obwohl wesentliche Restleistungen fehlen oder wesentliche Mängel vorhanden sind. Vgl. hierzu auch *Kniffka/Pause/Vogel*, ibr-online-kommentar Bauvertragsrecht, § 640, Rn. 25. Ferner *Hildebrandt*, BauR 2005, 788 ff.
51) BGHZ 48, 262; 50, 160, 162; WM 1970, 288; BauR 1974, 67, 68 = NJW 1974, 95.
52) BGHZ 54, 352, 354 = VersR 1971, 135; VersR 1972, 640; WM 1970, 1522; WM 1973, 995.
53) So richtig *Bamberger/Roth/Voit*, § 640, Rn. 14.

kes gegen den Willen des Auftragnehmers zu erteilen; das gilt sowohl für den VOB- als auch den BGB-Bauvertrag.[54] Die Abnahmewirkung trifft auch ein, wenn eine Abnahme „vorbehaltlich der laut Anlage im Protokoll aufgeführten Mängel" erklärt wird.[55] Nach Auffassung des BGH[56] und des OLG Köln[57] stehen **schwerwiegende Mängel** einer **wirksamen Abnahme nicht entgegen**, wenn der Auftraggeber eine ausdrückliche Abnahmeerklärung abgegeben hat.

Soweit sich der Auftragnehmer auf eine Abnahme stützt, reicht ein entsprechender Hinweis nicht aus; vielmehr hat der Auftragnehmer die Tatsachen vorzutragen, aus denen sich die Abnahme durch den Auftraggeber ergibt.[58] Hat eine Partei im Prozess **zugestanden**, dass die Bauleistung **abgenommen** worden ist, ist dies als **Geständnis** im Sinne des § 288 Abs. 1 ZPO anzusehen.[59] Bietet ein Auftraggeber die Abnahme, z.B. durch ein von ihm vorbereitetes Protokoll an, ist er hieran gebunden; er kann sich später nicht auf eine angeblich fehlende Abnahmefähigkeit berufen.[60] Erfolgt eine Abnahme in Verbindung mit einem Abnahmeprotokoll, in dem Mängel aufgeführt sind, stellt dies eine Abnahme unter Vorbehalt der aufgeführten Mängel dar.[61] Schickt eine Partei zu einem Abnahmetermin einen vollmachtlosen Vertreter, muss sie sich – nach einer Entscheidung des OLG Braunschweig[62] – dessen Erklärungen zurechnen lassen, sofern sie den in dem Abnahmeprotokoll enthaltenen Erklärungen nicht unverzüglich widerspricht.

1799

Die Abnahme kann wegen **Irrtum** oder **arglistiger Täuschung** grundsätzlich nicht angefochten werden, jedenfalls soweit es die Abnahme in Bezug auf **Mängel** und damit insoweit deren Wirkungen betrifft, weil das Werkvertragsrecht insoweit im Erfüllungs- und Gewährleistungsbereich Spezialregelungen vorsieht.[63] Anders verhält es sich mit Sachverhalten, die außerhalb des Erfüllungs- oder Mängelhaftungsbereichs liegen.[64] Eine Abnahmeerklärung kann auch nicht wegen Irrtums über die fehlende Abnahmereife angefochten werden, wenn ein Auftraggeber eine Abnahme trotz fehlender Abnahmereife ausdrücklich erklärt.[65]

1800

Das **gemeinsame Aufmaß** (vgl. Rdn. 2542) stellt grundsätzlich **keine Abnahme dar**. Auch der Prüfvermerk des Bauherrn oder seines Architekten unter der Schlussrechnung des Unternehmers ist keine Abnahme der Leistung des Unternehmers. Solange der Auftragnehmer das Werk ganz oder in besonders abnahmefähigen Teilen – entsprechend der vertraglichen Absprache – noch nicht übergeben hat,

1801

---

54) Vgl. hierzu *Hildebrandt*, BauR 2005, 788 ff.
55) OLG Hamm, IBR 2014, 72 – *Sterner*; OLG München, IBR 2014, 595 – *Ludgen*.
56) BauR 2016, 1812.
57) IBR 2016, 446 – *Bröker*.
58) *Siegburg*, ZfIR 2000, 941, 948.
59) OLG Frankfurt, NJW-RR 1994, 530 = OLGR 1994, 20.
60) OLG Hamburg, IBR 2003, 528 – *Buscher*.
61) OLG Schleswig, BauR 2008, 360; OLG Hamm, IBR 2008, 321 – *Graf*.
62) BauR 2013, 970.
63) *Oppler*, in: Ingenstau/Korbion, § 12/B, Rn. 19; *Groß*, Festschrift für Locher, S. 53, 64; *Havers*, in: Kapellmann/Messerschmidt, § 12/B, Rn. 28; *Bamberger/Roth/Voit*, § 640, Rn. 15.
64) *Oppler*, in: Ingenstau/Korbion, a.a.O.; s. im Übrigen: BGH, NJW 1983, 384 = BauR 1983, 77 = WM 1983, 90.
65) OLG München, BauR 2012, 813 = IBR 2012, 138 – *Wagner*.

hat der Auftraggeber es auch noch nicht abgenommen.[66] Eine Abnahme ist auch dann zu verneinen, wenn das Abnahmeprotokoll die Formulierung enthält, dass die Abnahme erteilt wird, wenn genau beschriebene Mengen beseitigt werden.[67]

1802 Lehnt der Bauherr grundlos die Abnahme ab,[68] so kann der Bauunternehmer den Bauherrn **auf Abnahme** und Zahlung des Werklohns **verklagen;** dabei reicht ein Zahlungsantrag aus, da mit ihm konkludent die Abnahme der Bauleistung begehrt wird. Klagt der Unternehmer mit der Behauptung, er habe die geschuldete Werkleistung vertragsgemäß erbracht, bedarf es auch keines ergänzenden Vortrags zur „**Abnahmefähigkeit**", solange der Bauherr keinen Sachvortrag vorträgt, der dem entgegensteht.[69] Denkbar ist allerdings auch eine – wenn auch in der Praxis nicht übliche – isolierte Klage auf Abnahme.[70]

Grundsätzlich trägt der Bauherr die **Kosten der Abnahme** (z.B. eines Sachverständigen).[71] Stellt sich allerdings bei der Abnahme heraus, dass der Bauunternehmer seiner Leistungspflicht nur unzureichend nachgekommen und die Leistung nicht abnahmereif ist, kann der Bauherr die Kosten aus dem Gesichtspunkt der vertraglichen Pflichtverletzung vom Bauunternehmer verlangen. Änderungswünsche des Auftraggebers berechtigen den Unternehmer eines BGB-Werkvertrages nicht, die bisher geleistete Arbeit vor Abnahme des Werks abzurechnen.[72]

Im **Anlagenbau** ist zu berücksichtigen, dass mit der Abnahme gemäß § 640 BGB in der Regel die Betriebstauglichkeit (Funktionstauglichkeit) der Anlage (noch) nicht festgestellt werden kann. Das ist vor allem bei größeren Anlagen – wie die Erfahrung zeigt – meist erst nach einem mehrmonatigen Probebetrieb möglich. Daher empfiehlt Illies[73] eine mehrstufige Überprüfung im Sinne eines **dreiteiligen Abnahmevorgangs**: Montageendbegehung – Inbetriebnahme – Probebetrieb. Eine Endabnahme ist dann erst nach einem erfolgreichen Probebetrieb anzunehmen, wobei die Vertragsparteien auch den Zeitraum des Probebetriebs einvernehmlich festzulegen hätten.

1803 Wird das **Vertragsverhältnis vorzeitig,** also vor Fertigstellung der geschuldeten Bauleistung, **aufgelöst oder gekündigt,** ist eine **Abnahme** der erbrachten Leistung **möglich;**[74] sie kann förmlich, aber auch konkludent, jedoch nicht fiktiv erfolgen

---

66) BGH, *SFH*, Nr. 10 zu § 640 BGB; anders: *Hochstein* in Anm., der übersieht, dass eine Übergabe in dem betreffenden Fall ausdrücklich vereinbart war und daher eine schlüssige Abnahme durch Inbesitznahme i.S. einer „Billigung" ausschied.
67) OLG Saarbrücken, IBR 2005, 419 – *Büchner.*
68) Vgl. *Groß,* Festschrift für Locher, S. 53, 56; *Willebrand/Detzer,* BB 1992, 1801 ff.; OLG Hamm, NJW-RR 1994, 474; ferner *Weyer,* NZBau 2014, 421.
69) BGH, BauR 1996, 386 = NJW 1996, 1749 = MDR 1996, 893; OLG Hamm, BauR 1993, 741 = ZfBR 1993, 289.
70) Zu Zulässigkeit einer isolierten Abnahmeklage s. BGH, BauR 1996, 386. Vgl. hierzu im Einzelnen *Leineweber,* Festschrift für Werner, S. 177, die im Einzelfall eine isolierte Klage auf Abnahme oder Feststellung des Eintritts der Abnahmewirkungen empfiehlt.
71) OLG München, NZBau 2012, 38, 42; LG Konstanz, NJW-RR 1997, 722 (Kostentragungspflicht des Unternehmers für **Mängelprüfung nach Abnahme**).
72) OLG Hamm, NJW-RR 1995, 313.
73) BauR 2011, 421. Vgl. hierzu auch *Lliou/Schmidt,* BauR 2007, 1660 sowie *Hilgers/Buscher,* Der Anlagenbauvertrag, Rn. 189 f.
74) Beck'scher VOB-Komm/*Motzke,* § 8 Nr. 6, Rn. 29 ff.; *Kniffka,* ZfBR 1998, 113 ff.; **a.A.:** OLG Düsseldorf, BauR 1978, 404.

(vgl. näher 1815).[75] Bei vorzeitiger Auflösung/Kündigung des Vertragsverhältnisses stellt sich aber die Frage, **ob eine Abnahme** des unvollendet gebliebenen Teilwerkes für die Fälligkeit des Werklohnanspruches grundsätzlich **erforderlich** ist. Das ist bislang von der herrschenden Rechtsauffassung verneint worden.[76] Nach anfänglichem Zögern[77] hat der BGH[78] nunmehr seine bisherige Rechtsprechung geändert und entschieden, dass **nach Kündigung** eines Bauvertrages **die Werklohnforderung** grundsätzlich **erst mit der Abnahme** der bis dahin erbrachten Werkleistung **fällig wird**. Das gilt – so der BGH – **nicht für die Ausnahmefälle**, in denen **nicht mehr Erfüllung des Vertrages**, sondern Minderung oder Schadensersatz verlangt oder die Abnahme des Werkes ernsthaft und endgültig abgelehnt wird. (vgl. Rdn. 1787 ff.)

Nach Auffassung des OLG Brandenburg[79] wird nach einer erfolgreich vom Auftraggeber durchgeführten Ersatzvornahme und Vorlage einer prüfbaren Schlussrechnung der Werklohnanspruch des Auftragnehmers – ohne Abnahme – fällig, weil eine Nacherfüllung unmöglich ist und sich der Auftraggeber aus diesem Grund auf eine fehlende Abnahme nicht berufen kann. Erfolgt bei einem Bauträgervertrag mit Generalunternehmervertrag eine Abnahme unter Beteiligung von Bauträgern, späteren Nutzern und Generalübernehmern, ist in Ermangelung entgegenstehender Erklärungen von einer Abnahme im Verhältnis aller Beteiligten auszugehen.[80]

Gibt der Auftraggeber ein **deklaratorisches Schuldanerkenntnis** hinsichtlich der **Zahlung einer Restvergütung** nach gestellter Schlussrechnung ab, wird damit eine möglicherweise **fehlende Abnahme** der Bauleistung **ersetzt**.[81]

Kann der Bauherr nach erfolgter Abnahme die Beseitigung von Mängeln verlangen, so hat er gegenüber dem fälligen Vergütungsanspruch des Bauunternehmers ein Leistungs-verweigerungsrecht gemäß § 641 Abs. 3 BGB mit der Folge, dass der Bauherr nur zur Zahlung der Vergütung „**Zug um Zug gegen Beseitigung der Mängel**" verurteilt werden kann; der Bauunternehmer kann daher die Vergütung nur verlangen und aus einem erwirkten Zahlungstitel vollstrecken, wenn er die erfolgte Nachbesserung nachweist.[82]

Nach der gesetzlichen Regelung der §§ 640 Abs. 1, 271 Abs. 1 BGB hat die **Abnahme sofort** zu erfolgen.[83] Im Gegensatz zu § 12 Abs. 1 VOB/B kennt das BGB

---

75) Vgl. hierzu insbesondere *Kniffka*, ZfBR 1998, 113 ff.
76) BGH, BauR 1993, 469 = ZfBR 1993, 189; OLG Hamm, BauR 1981, 376; OLG Düsseldorf, BauR 1980, 276 u. BauR 1978, 404; OLG München, ZfBR 1982, 167, 168.
77) BauR 2005, 1913 = IBR 2005, 663 – *Schmitz*.
78) BauR 2006, 1294 m. abl. Anm. *Buscher* = IBR 2006, 432 – *Schmitz* = NJW 2006, 2475 = NZBau 2006, 569; ablehnend auch *Peters*, NZBau 2006, 559; vgl. hierzu auch *Jansen*, BauR 2011, 371; *Thode*, ZfBR 2006, 638; *Hartmann*, ZfBR 2006, 737; *Knychalla*, Jahrbuch Baurecht 2007, 1. Für das Verjährungsrecht ebenso schon BGH, BauR 2003, 689 (Abnahme beendet erst das Erfüllungsstadium des gekündigten Vertrages) = NJW 2003, 1450 = NZBau 2003, 265; vgl. hierzu *Brügmann/Kenter*, NJW 2003, 2121; ferner *Acker/Roskosny*, BauR 2003, 1279 sowie *Motzke*, BTR 2007, 2.
79) BauR 2013, 246 = NZBau 2013, 166.
80) OLG Naumburg, IBR 2013, 281 – *Ludgen*.
81) KG, BauR 2002, 1567.
82) BGH, NJW 1973, 1792 = BauR 1973, 313 = WM 1973, 995; BGH, BauR 1980, 357.
83) Vgl. *Bartsch*, ZfBR 1984, 1, 4.

keine **Abnahmefrist.** Wird der **Zeitpunkt der Abnahme** in Bauverträgen **verschoben** oder vom Eintritt bestimmter Umstände abhängig gemacht,[84)] so ist stets zu prüfen, ob die Veränderung der Abnahmefrist, insbesondere in Allgemeinen Vertragsbedingungen, **unangemessen** und daher unwirksam ist.[85)] Dasselbe gilt, wenn die Verpflichtung zur Abnahme um einen längeren Zeitpunkt, z.B. sechs Monate, hinausgeschoben wird, obwohl die Leistung abnahmereif ist.[86)]

1806 Vertragliche Vereinbarungen, wonach die Abnahme von einer sog. **Mängelfreiheitsbescheinigung** eines Dritten (z.B. Erwerber einer Eigentumswohnung) abhängig gemacht wird, sind in aller Regel unwirksam.[87)] Entsprechende Vereinbarungen finden sich oft in Bauträgerverträgen. Da der Unternehmer zu dem Dritten in keiner vertraglichen Beziehung steht, kann er diesem gegenüber eine Mängelfreiheitsbescheinigung auch nicht durchsetzen, sodass dem Unternehmer etwas aufgebürdet wird, worauf er keinen Einfluss und im Konfliktfall auch keinen gerichtlichen Druck ausüben kann. Daher sind derartige Klauseln nicht nur in AGB, sondern auch in Individualverträgen unwirksam. Wird die **Abnahme** von der **öffentlichen Gebrauchsabnahme** oder einer sonstigen behördlichen Abnahme oder von der Zustimmung einer vorgesetzten Dienststelle, die nicht Vertragspartner ist, **abhängig gemacht,** ist die Klausel ebenfalls **unwirksam,** weil der Auftragnehmer auch hierauf keinen Einfluss hat.[88)]

Bei **umfangreichen Bauvorhaben** kommt es häufig zu einer **Vielzahl von Abnahmebegehungen**, die sich über mehrere Tage erstrecken. Nach Auffassung des KG[89)] reichen in solchen Fällen die jeweiligen Abnahmebescheinigungen für die betreffenden Bauteile als Nachweis für die erfolgte Gesamtabnahme aus. Aus der Anzahl der in den Begehungsprotokollen aufgelisteten Mängeln dann dabei grundsätzlich keine Aussage über die (fehlende) Abnahmefähigkeit der Leistung getroffen werden.

1807 Eine AGB-Klausel, durch die ein Bauträger seine Verpflichtung zur Abnahme aller Werkleistungen der jeweiligen Handwerker bis „**frühestens nach Bezugsfertigkeit der letzten Wohneinheit**" hinausschiebt, verstößt gegen §§ 307 Abs. 2 Nr. 1, 308 Nr. 1 BGB.[90)] Damit hat der Bauträger die Bestimmung des Abnahmezeitpunktes für frühe Arbeiten an dem Bauvorhaben (Erdaushub, Mauerarbeiten usw.) völlig in der Hand, indem er die Beauftragung der Nachfolgeunternehmer nach Belieben festlegt.

---

84) Vgl. z.B. OLG Düsseldorf, NJW-RR 1996, 146 (Regelung in AGB, dass die **Wirkungen** der Abnahme nicht vor einer ausdrücklichen „Bestätigung" durch den Auftraggeber eintreten können).
85) Vgl. BGHZ 107, 75 = BauR 1989, 322 (Parallelschaltung der Abnahme zum Subunternehmer).
86) OLG München, NJW-RR 1987, 661, 663.
87) Ebenso: OLG Köln, BauR 2016, 1780 = IBR 2016, 338 – *Koos* (abhängig von Mieter); OLG Düsseldorf, OLGR 1999, 74; *Bühl*, BauR 1984, 237, 239; *Jagenburg*, NJW 1977, 2146, 2147; s. ferner: LG Köln, *Schäfer/Finnern*, Z 2.50 Bl. 28; OLG Köln, *SFH*, Nr. 2 zu § 641 BGB; OLG Nürnberg, DB 1980, 1393.
88) OLG Düsseldorf, BauR 2002, 482 = OLGR 2002, 86; *Oppler*, in: Ingenstau/Korbion, § 12/B, Rn. 36.
89) IBR 2013, 139 – *Sterner*.
90) LG München I, *SFH*, Nr. 1 zu § 9 AGB-Gesetz.

1808 Häufig wird auch in **Subunternehmerverträgen** die Pflicht **des Generalunternehmers** zur Abnahme der Leistung des Subunternehmers „bis zur Gesamtabnahme des Bauwerks" hinausgeschoben oder von der Abnahme des speziellen Gewerks durch den Bauherrn (z.B. Bauträger) abhängig gemacht. Solche **Klauseln** sind in AGB unangemessen und daher **unwirksam,** wenn es für den Subunternehmer **völlig ungewiss ist,** wann die entsprechende Abnahme durch den Bauherrn erfolgt und er insoweit auch keine Einflussmöglichkeiten hat.[91] Der BGH[92] erkennt jedoch das berechtigte Interesse des „eingeklemmten" Generalunternehmers (vgl. Rdn. 1324) an der **Parallelschaltung des Abnahmezeitpunkts** im Generalunternehmervertrag einerseits und im Subunternehmervertrag andererseits grundsätzlich an:

„Das wird zum Beispiel zu bejahen sein, wenn der Generalunternehmer die vertragsgemäße Beschaffenheit der Subunternehmerleistung nicht isoliert, sondern nur im Zusammenhang mit einem erst nach dieser Leistung fertigzustellenden Werk eines anderen Subunternehmers beurteilen kann (vgl. LG Düsseldorf, AGBE II § 9 Nr. 16 S. 168; *Ingenstau/Korbion*, VOB, 11. Aufl., Anh. Rn. 140; *Locher*, NJW 1979, 2235, 2238; *Ulmer/Brandner/Hensen*, AGB-Gesetz, 5. Aufl., Anh. §§ 9–11 Rn. 725; *Graf von Westphalen*, in: Das AGB-Gesetz im Spiegel des Baurechts [1977], S. 60). Gleiches kann gelten, wenn der Generalunternehmer aus besonderen Gründen daran interessiert ist, die Dauer der Gewährleistungsverpflichtung seines Subunternehmers deckungsgleich mit der seiner eigenen Gewährleistungspflicht gegenüber seinen Kunden auszugestalten. Dann kann es unter eng begrenzten Voraussetzungen, insbesondere innerhalb eines bestimmten Zeitraums, zulässig sein, eine Abnahme der Subunternehmerleistung erst bei Abnahme des Gesamtwerkes vorzusehen, um auf diese Weise eine ‚Parallelschaltung' der Gewährleistungsfristen zu erreichen (vgl. *Ulmer/Brandner/Hensen*, a.a.O., Rn. 726; *Locher*, a.a.O., S. 2238). Der Senat hat denn auch eine – allerdings damals nicht umstrittene – Klausel in ‚Besonderen Vertragsbedingungen' eines Generalunternehmers nicht beanstandet, wonach die Abnahme der Subunternehmerleistung ‚erst mit Übergabe des Bauwerkes an den Bauherrn erfolgt' (Senatsurteil v. 19.12.1985 – VII ZR 267/84 = ZfBR 1986, 78 = BauR 1986, 202, 203).

Eine solche Klausel hält aber der Inhaltskontrolle nach dem AGBG nicht mehr stand, wenn sie den Subunternehmer entgegen den Geboten von Treu und Glauben unangemessen benachteiligt, insbesondere mit wesentlichen Grundgedanken der gesetzlichen Regelung, von der sie abweicht, nicht zu vereinbaren ist. Eine in einem Formularvertrag oder in Allgemeinen Geschäftsbedingungen enthaltene Abnahmeregelung ist deshalb gemäß §§ 9, 10 Nr. 1 AGBG unwirksam, wenn sie den Zeitpunkt der Abnahme für den Subunternehmer nicht eindeutig erkennen lässt, dieser Zeitpunkt also ungewiss bleibt, oder wenn sie die Abnahme auf einen nicht mehr angemessenen Zeitpunkt nach Fertigstellung der Subunternehmerleistung hinausschiebt."

Nach Auffassung des BGH ist der Zeitpunkt der Abnahme für den Subunternehmer immer dann **„ungewiss",** wenn er von den Handlungen **Dritter abhängig gemacht** wird, wie vorstehend beschrieben. Im Übrigen soll ein Zeitraum von vier bis sechs Wochen, um den die Abnahme nach der Fertigstellung der Werkleistung hinausgeschoben wird, noch als angemessen gelten.

---

91) BGH, BauR 1997, 202 = NJW 1997, 394 = MDR 1997, 238 = BB 1997, 176; BauR 1996, 378 = ZfBR 1996, 196; BauR 1995, 234 (für das Verhältnis Hauptunternehmer – Nachunternehmer); BauR 1989, 322; ebenso KG Berlin, BauR 2006, 386; OLG Düsseldorf, BauR 1984, 95; OLG Karlsruhe, BB 1983, 725; *Bartsch*, ZfBR 1984, 1, 4; *Bühl*, BauR 1984, 237, 238; *Oppler*, in: Ingenstau/Korbion, § 12/B, Rn. 36 sowie *Graf von Westphalen*, AGB-Klauselwerke/ *Motzke*, Subunternehmervertrag, Rn. 124 ff.
92) BauR 1989, 322; BGH, BauR 1995, 234; OLG Düsseldorf, BauR 1995, 111; OLG Oldenburg, OLGR 1996, 51.

1809 Ferner ist eine Klausel der Auftraggeberseite unwirksam, nach der die Verjährung erst „ab mängelfreier Abnahme" beginnen soll; dies führt zu einer unmittelbaren Erschwerung der Verjährung, wie sie in der Grundstruktur der gesetzlichen Regelung des § 634a BGB nicht vorgesehen ist.[93] Die Klausel eines Auftraggebers „Abnahme allein in schriftlicher Form" ist nur dann unbedenklich, wenn dadurch nicht die stillschweigende Abnahme abbedungen wird.[94] Zur sog. „Pay-when-paid"-Klausel in Subunternehmerverträgen vgl. Rdn. 1413.

Schließlich ist eine AGB-Klausel des Auftragnehmers „Der Rechnungsbetrag ist ohne Garantienachweis sofort ohne Abzug zu bezahlen" unwirksam, weil hierdurch § 640 BGB abbedungen wird; der Bauherr müsste nämlich selbst dann zahlen, wenn er an sich zur Abnahmeverweigerung berechtigt wäre.[95]

Klauseln in AGB eines **Bauträgers**, wonach die Leistungen des Unternehmers einer förmlichen Absprache im Zeitpunkt der Übergabe des Hauses bzw. des Gemeinschaftseigentums an den oder die Kunden des Bauträgers bedürfen („es sei denn, dass eine solche Abnahme binnen 6 Monaten seit Fertigstellung der Leistung des Auftragnehmers erfolgt"), benachteiligt in unangemessener Weise den Unternehmer/Auftragnehmer des Bauträgers.[96]

Darüber hinaus hat der BGH[97] folgende vom **Auftraggeber** gestellten AGB-Klauseln wegen des Verstoßes gegen das Transparenzgebot für unzulässig erklärt: „Der Auftragnehmer trägt außerdem die Kosten bzw. Gebühren für vorgeschriebene bzw. für vom Auftraggeber gewünschte Leistungsmessungen und/oder Abnahmen, die durch den TÜV, den VDS oder ähnliche Institutionen durchgeführt werden" sowie „Auf Verlangen des Auftraggebers hat der Auftragnehmer notwendige bzw. vom Auftraggeber erforderlich erachtete Prüfungen/Abnahmen bei unabhängigen Prüfinstituten/Gutachtern zu veranlassen ... Der Auftragnehmer hat keinen Anspruch auf eine besondere Vergütung/Kostenerstattung"; ferner: „Voraussetzungen für die Abnahme sind, dass der Auftragnehmer sämtliche hierfür erforderlichen Unterlagen, wie z.B. Revisions- und Bestandspläne, behördliche Bescheinigungen usw. dem Auftraggeber übergeben hat."

Als unwirksam wird man auch eine Klausel in **AGB des Unternehmers** ansehen müssen, die bei **Nichterscheinen des Auftraggebers** im Abnahmetermin das Werk **als abgenommen fingiert**.[98] Dasselbe gilt für AGB des Unternehmers, wonach die Abnahme **durch die Mitteilung der Fertigstellung fingiert** wird, sofern nicht dem Auftraggeber eine Frist gesetzt und auf die Folgen des Fristablaufs gesondert hingewiesen wird (Verstoß gegen § 308 Nr. 5 BGB).[99]

Wird eine Abnahme in AGB des Auftraggebers von der vorherigen Vorlage des ordnungsgemäß geführten **Bautagebuchs** abhängig gemacht, liegt ein Verstoß gegen § 307 Abs. 1 BGB mit der Folge vor, dass die entsprechende Klausel unwirksam ist.[100] Der BGH[101] hat ferner eine Klausel für unwirksam erklärt, nach der die **Abnahme durch Ingebrauchnahme ausgeschlossen** ist, falls der Auftraggeber sich außerdem einseitig vorbehält, einen Abnahmetermin durch seine Bauleiter festzusetzen, ohne dafür eine Frist oder eine sonstige Einwirkungsmöglichkeit des Auftraggebers in Bezug auf die Abnahme vorzusehen. Nach OLG Oldenburg[102] verstößt eine

---

93) OLG Düsseldorf, BauR 1987, 451.
94) Ebenso: *Donus*, S. 73. *Glatzel/Hofmann/Frikell*, S. 245 halten die Klausel grundsätzlich für unwirksam.
95) LG Frankfurt, NJW-RR 1987, 1003.
96) BGH, BauR 1989, 322.
97) BGH, BauR 1997, 1036 = NJW-RR 1997, 1513 = ZfBR 1998, 35 (Nichtannahmebeschluss zu OLG Hamburg, *SFH*, Nr. 10 zu § 3 AGB-Gesetz).
98) *Bamberger/Roth/Voit*, § 640 BGB, Rn. 12.
99) *Bamberger/Roth/Voit*, a.a.O.
100) *Oppler*, in: Ingenstau/Korbion, § 12/B, Rn. 36; *Glatzel/Hofmann/Frikell* S. 252 mit Hinweis auf LG Koblenz.
101) BauR 1996, 378 = NJW 1996, 1346.
102) OLGR 1996, 266.

Fälligkeit des Werklohns/BGB Rdn. 1809

Klausel gegen § 307 BGB, nach der der Auftraggeber **auch bei Vorhandensein erheblicher Baumängel** das Bauwerk bei **Einzug abzunehmen** hat und andernfalls Mängelbeseitigungsansprüche ausgeschlossen sind. Unwirksam ist auch eine Klausel der Auftraggeberseite, wonach die Abnahmewirkungen nur dann eintreten, wenn der Auftraggeber die Leistung förmlich abnimmt und die Abnahmefiktion des § 640 Abs. 1 Satz 3 BGB ausgeschlossen wird.[103] Das OLG Hamburg hat eine Klausel des Auftraggebers für unzulässig erklärt, nach der Voraussetzung für die Abnahme ist, dass der Auftragnehmer sämtliche hierfür erforderlichen Unterlagen, wie z.B. Revisions- und Bestandspläne, behördliche Bescheinigung usw. dem Auftraggeber übergeben hat.[104] Aufgrund des § 640 BGB ist eine Klausel des Auftraggebers ebenso unwirksam, wonach auch unwesentliche Mängel den Auftraggeber berechtigen, die Abnahme zu verweigern.

Die Klausel „*Voraussetzung für die Schlusszahlung ist eine mangelfreie Abnahme bzw., dass die bei der Abnahme festgestellter Mängel beseitigt worden sind*" ist in Allgemeinen Geschäftsbedingungen des Auftraggebers unwirksam, weil dann jeder noch so kleine Mangel die Fälligkeit der gesamten Vergütung hemmen würde.[105]

Nimmt der Auftraggeber das Werk des Auftragnehmers, der mit der Herstellung einen Subunternehmer beauftragt hat, als im Wesentlichen vertragsgerecht ab, so muss der Auftragnehmer dies nach OLG Köln[106] auch im Verhältnis zu seinem Subunternehmer gelten lassen.

Bestritten ist, ob der Auftraggeber dem Unternehmer eine Abnahme in dem Sinne „aufdrängen" kann, dass er gegen den Willen des Auftragnehmers ein Bauwerk oder ein Teil abnehmen kann, obwohl z.B. die vertraglichen Leistungen noch nicht vollständig erbracht[107] sind. Mit Kniffka[108] wird man aber davon ausgehen können, dass eine aufgedrängte Abnahme als Vertragsverletzung anzusehen ist.

Die rechtsgeschäftliche Abnahme ist von der rein **technischen Abnahme** streng zu trennen. Letztere hat nicht die Rechtswirkungen einer rechtsgeschäftlichen Abnahme.[109]

Eine **Teilabnahme** kennt das BGB für den Bauvertrag im Gegensatz zur VOB/B (vgl. Rdn. 1851) nicht. Lediglich im Architektenrecht ist durch das Werkvertragsrecht 2018 eine Teilabnahme neuerdings möglich (vgl. Rdn. 1172 f.).

Zur Abnahme von **Sonder-** und **Gemeinschaftseigentum** vgl. Rdn. 504 ff. sowie Rdn. 1821a. Zur **Abnahme** der Bauleistung durch den **Architekten** vgl. Rdn. 1346 f. Zur **verweigerten Abnahme** vgl. Rdn. 1833 ff. Zur Abnahme für einen **gekündigten Vertrag** vgl. Rdn. 1734.

---

[103] *Glatzel/Hofmann/Frickel*, S. 246.
[104] Zitiert bei *Glatzel/Hofmann/Frickell*, S. 248; ferner BGH, BauR 1997, 1036, 1038 = NJW-RR 1997, 1513.
[105] KG, NZBau 2014, 629 = IBR 2014, 463 – *Overbuschmann*; ebenso OLG Jena, IBR 2014, 462 – *Ludgen*.
[106] NJW-RR 1997, 756. Ähnlich: OLG Jena, IBR 1988, 520 für den Fall, dass der Subunternehmer an dem Abnahmetermin zwischen Auftraggeber und Hauptunternehmer teilnimmt; OLG Naumburg, MDR 2001, 1289.
[107] Vgl. hierzu im Einzelnen: *Schalk* in Englers/Motzke/Wirth, § 640 BGB, Rn. 29.
[108] IBR-Online in Onlinekommentar, § 640 BGB, Rn. 24.
[109] Vgl. hierzu im Einzelnen *Thierau*, BauR 2013, 372.

bb) Die Wirkungen der Abnahme

1810 Mit der Abnahme

- beschränkt sich der nunmehr bestehende Nacherfüllungsanspruch des Auftraggebers (Rdn. 2077) auf das konkrete abgenommene Werk. Erfüllung ist nunmehr ausgeschlossen (Rdn. 2085–2087 ff., 2139, 2140);
- geht die **Vergütungs- und Leistungsgefahr** über (Rdn. 1811 ff.);
- wird die Vergütung **fällig** (§ 641 BGB);
- tritt eine **Umkehr** der **Beweislast** ein; **vor** der Abnahme hat der Unternehmer[110] die Mängelfreiheit, **nach** der Abnahme der Auftraggeber das Vorhandensein eines Mangels zu beweisen; diese Beweislast kehrt sich nicht allein deshalb um, weil der Auftraggeber die Mängel der Werkleistung im Wege der Ersatzvornahme hat beseitigen lassen[111];
- kommt es für die Beurteilung, ob ein **Werk mangelhaft** ist, auf den Zustand des Werks zum **Zeitpunkt der Abnahme** an.[112]
- bei deren endgültiger Verweigerung (§ 640 Abs. 1 Satz 2 BGB) beginnt die Verjährung für **Gewährleistungsansprüche** zu laufen (§ 634a BGB; vgl. Rdn. 2862);
- tritt ein **Verlust von Rechten** bei **fehlendem Vorbehalt** ein: So kann der Auftraggeber eine verwirkte Vertragsstrafe nur geltend machen, wenn er sie bei der Abnahme ordnungsgemäß vorbehalten hat (Rdn. 2570; 2743);[113] ferner verliert der Auftraggeber das Nacherfüllungs-, Selbstbeseitigungs-, Rücktritts- und Minderungsrecht gemäß § 634 BGB, wenn er die Bauleistung des Auftragnehmers trotz Kenntnis der vorhandenen Mängel abnimmt, § 640 Abs. 2 BGB (vgl. Rdn. 2737 ff.). Allerdings wird insoweit die positive Kenntnis von Mängeln gefordert.[114]

1811 **Bis zur Abnahme** trägt damit der **Auftragnehmer** insbesondere die so genannte **Vergütungsgefahr** (§§ 644, 645 BGB):[115] Bei zufälligem Untergang, zufälliger Verschlechterung oder bei zufällig eintretender Unausführbarkeit der Bauleistung verliert der Unternehmer seinen Werklohnanspruch für die von ihm erbrachte Leistung. Gegebenenfalls ist er verpflichtet, seine Werkleistung neu herzustellen oder nachzubessern (vgl. Rdn. 2079). Das Risiko kann durch eine Bauleistungsversicherung abgedeckt werden. **Mit der Abnahme** geht die **Vergütungsgefahr auf den Auftraggeber über.** Der Gefahrübergang tritt auch dann ein, wenn der Auftraggeber in Verzug der Annahme der Bauleistung kommt.

---

110) BGH, BauR 2009, 237; BauR 1997, 129 = NJW-RR 1997, 339 = ZfBR 1997, 75 (auch im Falle einer **berechtigten** Verweigerung der Abnahme oder des Vorbehaltes gemäß § 640 Abs. 2 BGB).
111) BGH, BauR 2009, 237 = IBR 2009, 15 – *Horschitz*.
112) BGH, IBR 2016, 274 – *Manteufel*.
113) Vgl. LG Mannheim, BauR 1992, 233 für den Fall **förmlicher** Abnahme.
114) OLG München, IBR 2014, 136 – *Heiliger*.
115) Vgl. hierzu *Kaiser*, Festschrift für Korbion, S. 197; *Köhler*, BauR 2002, 27 (Graffiti-Schmierereien). Zur entsprechenden Anwendung des § 645 BGB: OLG München, *SFH*, Nr. 3 zu § 645 BGB (Generalunternehmer kann Bauunternehmer das Baugrundstück aus Gründen, die in der Person des Bauherrn liegen, nicht zur Verfügung stellen) sowie BGH, BauR 1997, 1021 = NJW 1998, 456 (Untergang oder Unmöglichkeit der Leistungen des Auftragnehmers aus Umständen, die in der Person des Auftraggebers liegen oder auf Handlungen des Auftraggebers zurückgehen).

Unabhängig von einer Abnahme ist eine **Werklohnforderung fällig**, wenn der Auftraggeber zwar einerseits behauptet, die Bauleistungen des Auftragnehmers seien noch nicht mangelfrei fertig gestellt und deshalb von ihm auch nicht abgenommen worden, er aber andererseits ausdrücklich weder Fertigstellung noch Mängelbeseitigung, sondern ausschließlich **Schadensersatz** und **Minderung** verlangt (vgl. hierzu Rdn. 1787), weil sich in diesen Fällen der Erfüllungsanspruch des Auftraggebers (Leistungsverhältnis) in ein reines Abrechnungsverhältnis umwandelt.[116] Dasselbe gilt, wenn der Auftraggeber grundlos die Abnahme ernsthaft und endgültig verweigert[117] (vgl. hierzu Rdn. 1833 ff., 1835).

Für den **zufälligen Untergang** und eine **zufällige Verschlechterung** des von dem Auftraggeber gelieferten Werkstoffes ist der Auftragnehmer dagegen nicht verantwortlich. Gemäß § 645 BGB kann der Unternehmer einen der geleisteten Arbeiten entsprechenden Teil der Vergütung und Ersatz der in der Vergütung nicht inbegriffenen Auslagen verlangen, wenn das Werk vor der Abnahme infolge eines Mangels des von dem Auftraggeber gelieferten Stoffes oder infolge einer von ihm für die Ausführung erteilten Anweisung untergegangen, verschlechtert oder unausführbar geworden ist, ohne dass ein Umstand mitgewirkt hat, den der Auftragnehmer zu vertreten hat. Der BGH[118] wendet diese Vorschrift in den Fällen entsprechend an, in denen die Leistung des Auftragnehmers aus Umständen untergeht oder unmöglich wird, die in der Person des Auftraggebers liegen oder auf Handlungen des Auftraggebers zurückgehen, auch wenn es insoweit an einem Verschulden des Auftraggebers fehlt. Darüber hinaus neigt die Rechtsprechung dazu, die Gefahrtragung des Auftragnehmers gemäß §§ 644, 645 BGB vor Abnahme der Bauleistung auf die Fälle zu beschränken, in denen es ihm auch tatsächlich möglich war, seine Leistungen mit zumutbarem Aufwand bis zur Abnahme zu schützen.[119]

Für den **VOB-Bauvertrag** ist insoweit § 12 Abs. 6 i.V. mit § 7 VOB/B zu berücksichtigen: Danach trägt ausnahmsweise der Auftraggeber bereits die **Vergütungsgefahr**, wenn „die ganz oder teilweise ausgeführte Leistung vor der Abnahme durch höhere Gewalt, Krieg, Aufruhr oder andere unabwendbare, vom Auftragnehmer nicht zu vertretende Umstände beschädigt oder zerstört" wird.[120] Im Übrigen gelten die Grundsätze des § 645 BGB auch für den VOB-Werkvertrag.

Eine Klausel in AGB des Auftraggebers, wonach Abnahmewirkungen im Verhältnis zwischen Generalunternehmer und Nachunternehmer erst mit der **Gesamt-**

---

116) BGH, BauR 2002, 1399 = NJW 2002, 3019; OLG Hamm, IBR 2016, 525 – *Zerwell*; OLG Brandenburg, NJW-RR 2013, 23; NJW-RR 2013, 81. OLG Koblenz, BauR 2003, 1728; OLG Düsseldorf, BauR 1999, 494; Entsprechendes gilt nach Auffassung des SchlHOLG, BauR 2001, 115, wenn ein Auftragnehmer seinem Auftraggeber die Nachbesserung (Nacherfüllung) einer an sich nicht abnahmereifen Bauleistung in einer den Annahmeverzug begründenden Weise anbietet, der Auftraggeber dieses Nachbesserungsangebot jedoch nicht annimmt.
117) OLG Frankfurt, IBR 2014, 722 – *Laux*; OLG Düsseldorf, IBR 2015, 411 – *Weyer*.
118) BGH, BauR 1997, 1019; NJW 1981, 391 = BauR 1981, 71 = ZfBR 1981, 18; *Oppler*, in: Ingenstau/Korbion, § 12/B, Rn. 47; zur **Sphärentheorie**: OLG Hamm, BauR 1980, 576.
119) Vgl. LG Berlin, BauR 1984, 180.
120) Zum „unanwendbaren Umstand" s. BGH, BauR 1997, 1019 = NJW 1997, 3018 u. BauR 1997, 1021 = NJW 1998, 456; OLG Frankfurt, BauR 1996, 394; OLG Bremen, BauR 1997, 854.

abnahme durch den Bauherrn eintritt, ist **unwirksam**[121], weil damit in unangemessener Weise der Zeitpunkt der Abnahme für den Nachunternehmer völlig ungewiss ist. Entsprechendes gilt, wenn in AGB des Auftraggebers die Abnahme erst zum Zeitpunkt der behördlichen Gesamtabnahme des Bauvorhabens erfolgt.[122] Das OLG Karlsruhe[123] hat zu Recht darauf hingewiesen, dass eine Regelung in einem vorformulierten Bauträgervertrag, wonach das Gemeinschaftseigentum durch einen vom Bauträger zu benennenden Sachverständigen abgenommen wird und der Erwerber diesem Sachverständigen eine unwiderrufliche Vollmacht erteilt, das Gemeinschaftseigentum abzunehmen, wegen unangemessener Benachteiligung des Erwerbers unwirksam ist.

cc) Die Arten der Abnahme

1815 Eine Abnahme der Werkleistung des Unternehmers und damit die Anerkennung sowie Billigung der Bauleistung kann in unterschiedlicher Weise erfolgen. Nachdem das Gesetz zur Beschleunigung fälliger Zahlungen mit Wirkung zum 1.5.2000 zwei neue Abnahmevarianten (Abnahme durch Fristablauf und Abnahme durch Erteilung einer Fertigstellungsbescheinigung) normiert hat, sind die einzelnen **Abnahmeformen** wie folgt zu unterscheiden:

* Die ausdrücklich erklärte Abnahme (vgl. Rdn. 1816)
* Die förmliche Abnahme (vgl. Rdn. 1818)
* Die Abnahme durch schlüssiges Verhalten (vgl. Rdn. 1823)
* Die Abnahme durch Fristablauf (vgl. Rdn. 1830)
* Die Teilabnahme (vgl. Rdn. 1833)

Das Gesetz sieht für die **Abnahme** – bis auf das Verfahren zur Erteilung der Fertigstellungsbescheinigung – **keine bestimmte Form** (z.B. förmliche Abnahme) vor. Sie kann jedoch zwischen den Parteien vertraglich **vereinbart** werden.[124]

Häufig werden bei der Abnahme Mängel festgestellt und dann ein entsprechender **Vorbehalt** erklärt. Auch eine solche Abnahme unter Vorbehalt von Mängeln kann als Abnahme zu sehen sein, wenn zum Ausdruck kommt, dass der Auftraggeber – trotz der Mängel – abnehmen will.[125]

Die frühere Möglichkeit einer Abnahme durch Fertigstellungsbescheinigung ist mit der ersatzlosen Streichung des § 641a BGB im Rahmen des Inkrafttretens des Forderungssicherungsgesetzes nicht mehr möglich (vgl. hierzu Rn. 1357 in der Vorauflage).

---

121) KG, BauR 2006, 386 = NZBau 2006, 315; vgl. hierzu auch BGH, BauR 1989, 322, 324 = NJW 1989, 1602, 1603.
122) OLG Düsseldorf, BauR 2002, 482, 483; vgl. hierzu auch BGH, BauR 1989, 322, 324 = NJW 1989, 1602, 1603.
123) IBR 2011, 641 – *Basty* = NJW 2012, 237.
124) Vgl. OLG Koblenz, BauR 2003, 96 (Abnahme durch Ausstellung einer entsprechenden Bescheinigung).
125) Vgl. hierzu OLG Rostock, OLGR 2007, 219.

(1) Die ausdrücklich erklärte Abnahme

Von einer ausdrücklichen Abnahme spricht man immer dann, wenn diese durch eine **Erklärung des Auftraggebers,** die in vielfältiger Hinsicht erfolgen kann, zum Ausdruck gebracht wird. Der Begriff der Abnahme braucht dabei nicht verwandt zu werden. Die Erklärung muss dem Unternehmer gegenüber abgegeben werden, sodass sie zugangsbedürftig ist. Da das BGB grundsätzlich keine bestimmten Förmlichkeiten für die Abnahme (mit Ausnahme der Abnahme durch Erteilung der Fertigstellungsbescheinigung, vgl. näher Rdn. 1829 ff.) kennt, bedarf auch die ausdrückliche Abnahme keiner besonderen Form.

Für eine ausdrückliche Abnahme reicht schon die mündliche oder schriftliche Erklärung des Auftraggebers oder seines bevollmächtigten Stellvertreters aus, dass er mit der Bauleistung **„einverstanden"** ist, dass die Bauleistung **„in Ordnung"** ist, dass man mit der Bauleistung **„zufrieden"** ist, dass man nunmehr mit der **„Nutzung beginnen"** werde usw. Dagegen liegt eine Abnahme nicht schon vor, wenn der Bauherr nur eine „vorläufige" Erklärung abgibt und sich eine weitere Überprüfung und „endgültige Abnahme" nach Mängelbeseitigung vorbehält.[126] Häufig werden zwischen den Parteien so genannte **„Vorabnahmen"** durchgeführt. Das BGB kennt diese Abnahmeform nicht. Sie hat daher auch keinerlei Wirkungen, es sei denn, dass die Parteien von der „Vorabnahme" rechtliche Wirkungen vertraglich abhängig gemacht haben.

Ein Unterfall der ausdrücklichen Abnahme ist die so genannte „förmliche Abnahme" (mit gemeinsamer Überprüfung der Bauleistung und Erstellung eines Protokolls). Auch diese Abnahmeform ist in § 640 BGB (im Gegensatz zu § 12 Abs. 4 VOB/B) nicht vorgesehen; sie muss daher zwischen den Parteien ausdrücklich vereinbart werden (vgl. hierzu näher Rdn. 1818).

(2) Die förmliche Abnahme

Die sog. förmliche Abnahme ist eine besondere Form der ausdrücklich erklärten Abnahme. Bei ihr erfolgt in der Regel eine **gemeinsame Überprüfung** der Bauleistung im Rahmen eines Abnahmetermins, wobei das Ergebnis **protokolliert** wird.[127] Erfolgt eine Abnahme in Verbindung mit einem Abnahmeprotokoll, in dem Mängel aufgeführt sind, stellt dies eine Abnahme unter Vorbehalt der aufgeführten Mängel dar.[128] Nach Auffassung des OLG Hamburg[129] ist die **Unterschrift** beider Vertragsparteien **keine Wirksamkeitsvoraussetzung** einer förmlichen Abnahme.

Im Gegensatz zur VOB/B (§ 12 Abs. 4) ist die förmliche Abnahme im BGB nicht geregelt. Da die Parteien aber besondere Formen und Regularien für das Ab-

---

126) OLG Köln, OLGR 1998, 127.
127) Zur Pflicht der Parteien, insbesondere des Auftraggebers, die Abnahmeniederschrift zu unterzeichnen, vgl. *Niemöller,* Festschrift für Vygen, S. 340. Zu den **kommunalrechtlichen Förmlichkeitsvorschriften,** die der BGH in st. Rspr. als Vertretungsregeln auslegt, die die Vertretungsmacht der handelnden Organe einschränken, und der Abnahme einer Bauleistung: BGH, BauR 1986, 444 m.w.Nachw.
128) OLG Schleswig, BauR 2008, 360. Vgl. hierzu auch OLG Hamm, BauR 2008, 677.
129) IBR 2012, 79 – *Bolz;* ebenso OLG Dresden, IBR 2016, 273 – *Lichtenberg.*

nahmeverfahren vertraglich vereinbaren können, ist die Vereinbarung einer förmlichen Abnahme auch bei einem BGB-Bauvertrag zulässig, wobei die entsprechende Abrede auch in **AGB/Formularverträgen möglich** ist.[130] Es reicht aber – beim BGB-Bauvertrag – nicht aus, dass eine Partei diese Variante der Abnahme – entsprechend § 12 Abs. 4 Nr. 1 Satz 1 VOB/B – einseitig verlangt.[131]

1819 Ist eine **förmliche Abnahme vereinbart**, kann sich der **Unternehmer grundsätzlich** (vgl. Rdn. 1820) **nicht auf eine konkludente Abnahme** durch den Auftraggeber stützen, denn jede Vertragspartei kann ein berechtigtes Interesse daran haben, dass beide Vertragsparteien gemeinsam die erbrachten Bauleistungen in Augenschein nehmen und zur Vermeidung von Beweisschwierigkeiten schriftlich dokumentieren.[132] Aus diesem Grund ist auch der Ausschluss einer „Abnahme durch Ingebrauchnahme" in AGB oder Formularverträgen wirksam, sofern die vereinbarte förmliche Abnahme „in angemessener Frist nach Fertigstellung der Leistung vorgesehen" wird.[133] Andernfalls ist der Ausschluss unwirksam.[134]

1820 Die Parteien können auf eine förmliche Abnahme jedoch einvernehmlich **verzichten,** was der **Unternehmer** im Streitfall zu **beweisen** hat.[135] Dieser Verzicht auf eine förmliche Abnahme kann auch durch schlüssiges Verhalten der Parteien (z.B. durch Erstellung der Schlussrechnung auf Anforderung des Auftraggebers) erfolgen[136] (vgl. hierzu Rdn. 1857 ff.). Nach Auffassung des OLG Düsseldorf[137] kann ein Verzicht bereits darin liegen, dass der Auftraggeber die fertige Bauleistung

---

130) BGH, BauR 1996, 378 = NJW 1996, 1346; *Siegburg*, Rn. 288. *Voit*, in: Bamberger/Roth, § 640, Rn. 11, weist zu Recht darauf hin, dass auch in AGB des Auftraggebers vereinbart werden kann, dass die Ingebrauchnahme nicht als Abnahme gilt, sondern eine förmliche Abnahme zu erfolgen hat; Voraussetzung ist jedoch, dass der Auftragnehmer in angemessener Frist die Abnahme herbeiführen kann. In den entsprechenden AGB des Auftraggebers muss der Auftragnehmer auf die Möglichkeiten des § 640 Abs. 1 Satz 3 BGB hingewiesen werden, wonach der Auftragnehmer eine Frist zur Abnahme setzen kann.

131) **Anderer Ansicht** wohl *Siegburg*, Rn. 283, der grundsätzlich die Regelung der förmlichen Abnahme gemäß § 12 Nr. 4 VOB/B auch für den BGB-Bauvertrag – jedenfalls sinngemäß – übernehmen will.

132) BGH, BauR 1996, 378 = ZfBR 1996, 196 = NJW 1996, 1346 = MDR 1996, 791 = ZIP 1996, 678; OLG Düsseldorf, OLGR 2007, 206; OLG Hamm, IBR 2007, 477 – *Bolz*; vgl. aber OLG Köln, MDR 2002, 877 = OLGR 2002, 247: Hat der Auftragnehmer – nach AGB des Auftraggebers – das Recht, eine förmliche Abnahme zu verlangen, ist eine stillschweigende Abnahme durch den Auftraggeber nicht ausgeschlossen.

133) BGH, a.a.O.

134) BGH, BauR 1989, 322, 324; BGH, BauR 1997, 302 = ZfBR 1997, 73 = NJW 1997, 394; OLG Düsseldorf, NJW-RR 1996, 146.

135) Vgl. hierzu vor allem BGH, NJW 1993, 1063 u. BGH, *Schäfer/Finnern*, Z 2.501 Bl. 2; OLG Dresden, IBR 2014, 335 – *Ludgen*; OLG Düsseldorf, IBR 2014, 71 – *Pause*; OLG Hamm, BauR 2009, 1600 (Verzichtswille erforderlich); OLG Stuttgart, BauR 1974, 344; LG Köln, *Schäfer/Finnern*, Z 2.50 Bl. 28; *Hochstein*, BauR 1975, 221; *Locher*, Rn. 148; *Bühl*, BauR 1984, 237, 238.

136) BGH, BauR 1977, 344 u. 348, 349; BGH, BauR 1979, 56, 57; OLG Düsseldorf, IBR 2013, 608 – *Sterner*; OLG Stuttgart, BauR 2010, 1083 = IBR 2010, 381 – *Koppmann*; KG, NZBau 2006, 436; OLG Karlsruhe, NJW-RR 2004, 745; *Havers*, in: Kapellmann/Messerschmidt, § 12/B, Rn. 20. Vgl. zum stillschweigenden Verzicht im Einzelnen *Kleine-Möller/Merl*, § 14, Rn. 63 ff.

137) *SFH*, Nr. 3 zu § 12 VOB/B; ähnlich: BauR 1981, 294; ebenso: OLG Bamberg, OLGR 1998, 41.

in Benutzung nimmt, ohne deutlich zu machen, dass er auf die förmliche Abnahme zurückkommen will. Dies erscheint jedoch zweifelhaft; die Benutzung muss sich zumindest über einen **längeren** Zeitraum erstrecken, in dem die vereinbarte förmliche Abnahme von keiner Vertragspartei verlangt[138)] oder in anderer Weise dokumentiert wird, dass die Parteien übereinstimmend auf die vereinbarte förmliche Abnahme nicht zurückkommen wollen.[139)] Dasselbe Gericht[140)] geht davon aus, dass die Vertragsparteien von einer vertraglich vereinbarten förmlichen Abnahme abrücken, wenn es in unmissverständlicher Weise zu einer konkludenten Abnahme kommt; letzteres bejaht das OLG Düsseldorf, „wenn der Auftraggeber die Rechnung des Auftragnehmers prüft und bezahlt, ein Schreiben des Auftragnehmers, in dem dieser auf eine aus seiner Sicht erklärte Abnahme hinweist, nicht beantwortet, er keine Mängelrügen erhebt und schließlich eine Gewährleistungsbürgschaft annimmt, die erst nach der Abnahme zu stellen ist". Das OLG München[141)] ist der Auffassung, dass die Leistung des Auftragnehmers als abgenommen anzusehen ist, wenn die Parteien eines Bauvertrages vereinbaren, das die förmliche Endabnahme spätestens innerhalb von 2 Wochen nach dem Abnahmeantrag des Auftragnehmers erfolgt und der Auftraggeber die Abnahme zunächst wegen Mängeln verweigert, dann aber auf die Anzeige der Mängelbeseitigung nicht reagiert.

Bedenken bestehen hinsichtlich der Auffassung des KG[142)], wonach davon auszugehen ist, dass auf die förmliche Annahme verzichtet wird, wenn nicht innerhalb der Frist des § 12 Abs. 5 Nr. 1 VOB/B kein Abnahmetermin anberaumt und die Abnahme auch nicht ausdrücklich verweigert wird. Nach Auffassung des OLG Hamm[143)] sind an die Feststellung eines konkludenten Verzichtswillens, von der vertraglich vereinbarten förmlichen Abnahme Abstand zu nehmen, erhebliche Forderungen zu stellen: Deshalb kann es auch nach über sechsjährige Ingebrauchnahme eines Gebäudes an einer konkludenten Abnahme fehlen.

Unerheblich ist im Übrigen, ob sich die Parteien bei dem **Verzicht bewusst** sind, dass eine förmliche Abnahme vorgesehen war oder ob sie die förmliche Abnahme „**vergessen**" haben.[144)] In Fällen der „vergessenen" förmlichen Abnahme ist es meist schwer, den Zeitpunkt der Abnahme zu bestimmen.[145)] Nach OLG Düsseldorf[146)] kann eine Bauleistung durch den **Ausgleich der Schlussrechnung** des Unternehmers stillschweigend abgenommen werden, wenn die Vertragsparteien **längere Zeit nach Ingebrauchnahme** des Werks nicht auf die im Bauver-

---

138) So auch OLG Jena, IBR 2005, 527 – *Müller*; OLG Düsseldorf, OLGR 2007, 206; BauR 1999, 404 = NJW-RR 1999, 529 = OLGR 1999, 310; NJW-RR 2011, 597; OLG Naumburg, NZBau 2013, 380, 381.
139) OLG München, BauR 2009, 1923; OLG Düsseldorf, NJW-RR 2011, 597.
140) IBR 2014, 71.
141) IBR 2014, 16.
142) IBR 2014, 336 – *Weber*; ferner NZBau 2006, 436.
143) IBR 2009, 700.
144) Vgl. OLG Düsseldorf, BauR 2011, 118 = IBR 2010, 670 – *Weyer*; OLG Karlsruhe, BauR 2004, 518 = OLGR 2004, 2; OLG Bamberg, OLGR 1998, 41; Kleine-Möller/Merl, § 14, Rn. 62; *Hochstein*, BauR 1975, 221; *Brügmann*, BauR 1979, 277; *Dähne*, BauR 1980, 223 sowie Rn. 1856 ff.
145) Vgl. KG, BauR 1988, 230, 231 (angemessene Frist bis zur Annahme einer Abnahme).
146) NJW-RR 2011, 597.

trag vereinbarte förmliche **Abnahme zurückkommen**. Das OLG Brandenburg[147] weist darauf hin, dass der Auftraggeber, der wesentliche Mängel oder Unvollständigkeiten gerügt hat, damit noch keinen Verzicht auf die vereinbarte förmliche Abnahme zum Ausdruck bringt. Kann ein Verzicht auf die förmliche Abnahme durch schlüssiges Verhalten festgestellt werden, treten die Abnahmewirkungen jedenfalls zum Zeitpunkt des Verzichts ein.[148]

1821 **Verzögert** eine Vertragspartei **die förmliche Abnahme** in unbilliger Weise und verstößt sie damit gegen Treu und Glauben, kann sie im Einzelfall nicht (mehr) auf der vereinbarten förmlichen Abnahme bestehen.[149] Auch bei der Abrede einer förmlichen Abnahme bleiben dem Unternehmer die Möglichkeiten eröffnet, eine Abnahme gemäß § 640 Abs. 1 Satz 3 BGB (Abnahme durch Fristablauf, Rdn. 1830) zu erreichen.[150] Erscheint der Auftraggeber zum vereinbarten Abnahmetermin nicht, lässt er aber danach weitere Arbeiten ausführen, sodass die von ihm gerügten Mängel nicht mehr festgestellt werden können, führt dies zu einer Umkehr der Beweislast.[151] Insoweit gelten die Ausführungen des BGH zur Umkehr der Beweislast, wenn der Auftraggeber zum gemeinsamen Aufmaßtermin grundlos nicht erscheint oder ein gemeinsames Aufmaß verweigert.[152] Ist zwischen den Parteien im Rahmen eines VOB-Bauvertrages ausdrücklich die förmliche Abnahme vertraglich vereinbart, muss keine Partei sie gemäß § 12 Abs. 4 Nr. 1 VOB/B nochmals „verlangen".[153]

Vereinbaren die Parteien eines Bauvertrages, dass die förmliche Endabnahme spätestens innerhalb von 2 Wochen nach dem Abnahmeantrag des Auftragnehmers erfolgt, gilt nach Auffassung des OLG München[154] die Leistung als abgenommen, wenn der Auftraggeber die Abnahme zunächst wegen Mängeln verweigert, dann aber auf die Anzeige der Mängelbeseitigung nicht reagiert.

1821a In **Bauträgerverträgen** findet man häufig die Regelung, dass die **Abnahme des Gemeinschaftseigentums** durch eine **Person** (z.B. einen **Sachverständigen**) erfolgt, die der Verkäufer auf seine Kosten beauftragt. Nach herrschender Auffassung[155] ist eine solche Klausel gemäß § 307 BGB unwirksam, weil die Käufer da-

---

147) NZBau 2012, 292 = NJW-RR 2012, 655.
148) *Kleine-Möller/Merl*, § 14, Rn. 66. *Havers*, in: Kapellmann/Messerschmidt, § 12/B, Rn. 21, sind der Auffassung, dass bei einer „vergessenen" förmlichen Abnahme selten „auf eine auf Verzicht gerichtete Willenserklärung" geschlossen werden kann. Dementsprechend treten nach ihrer Auffassung „auch die Wirkungen der Abnahme bereits dann ein, wenn anhand der konkludenten Handlungen (z.B. Ingebrauchnahme oder Zahlung) von einer Billigungserklärung des Auftraggebers ausgegangen werden kann".
149) BGH, BauR 1989, 727; BauR 1977, 344; ähnlich OLG Hamm, BauR 1993, 640 (LS), das diese Fallgestaltung über § 162 Abs. 1 BGB löst.
150) So auch *Havers*, in: Kapellmann/Messerschmidt, § 12/B, Rn. 7; **a.A.**: *Kiesel*, NJW 2000, 1673, 1678.
151) So zutreffend LG Hof, BauR 2006, 1009.
152) BauR 2003, 1207 = NJW 2003, 2678 = NZBau 2003, 497 = MDR 2003, 1174.
153) KG, BauR 2006, 1475.
154) BauR 2014, 280 = IBR 2014, 16 – *Pause*.
155) OLG Stuttgart, IBR 2015, 364 – *Vogel* und IBR 2015, 492 – *Lichtenberg*. OLG Frankfurt, IBR 2013, 746 – *Vogel*; OLG München, BauR 2009, 1444; OLG Karlsruhe, IBR 2011, 642 – online; OLG Koblenz, IBR 2003, 25; *Sturmberg*, BauR 2010, 163; *Blank*; Rn. 348, 350; *Basty*, Rn. 1013 ff.; vgl. hierzu auch *Pauly*, ZfBR 2013, 3; *Messerschmidt/Leidig*, BauR 2014,

mit unangemessen benachteiligt werden: Mit dieser Klausel erfolgt die Abnahme für und zu Lasten des Erwerbers durch eine Person, die der Bauträger allein auswählt, bezahlt und damit dieser (allein) nahesteht, ohne dass der Erwerber unmittelbaren Einfluss auf den Sachverständigen und die Abnahme des Gemeinschaftseigentums nehmen kann.

Entsprechendes gilt, wenn der Vertrag des Bauträgers vorsieht, dass eine förmliche Abnahme durch den von ihm eingesetzten ersten **Verwalter** erfolgt oder eine **TÜV-Organisation** zu erfolgen hat. Auch insoweit bestehen berechtigte Zweifel an der Neutralität dessen, der abnehmen soll, weil er „aus dem potenziellen Lager des Bauträgers stammt".[156] Diese Auffassung hat der BGH in einem Beschluss vom 12. September 2013 bestätigt.[157] Dies erfolgte im Rahmen der Zurückweisung einer Nichtzulassungsbeschwerde, weil die Rechtssache weder grundsätzliche Bedeutung hatte und wegen der Fortbildung des Rechts oder der Sicherung einer einheitlichen Rechtsprechung keine Entscheidung des Revisionsgerichts erforderlich war, also kein Revisionsgrund vorlag. Dennoch hat sich der BGH – was selten vorkommt – veranlasst gesehen, aus welchen Gründen auch immer, zu der in dem Verfahren entscheidenden Rechtsfrage ausführlich Stellung zu nehmen.

In dem der Entscheidung zugrunde liegenden Fall machte die Klägerin, eine Wohnungseigentümergemeinschaft, gegenüber einer Bauträgerin Gewährleistungsansprüche bezüglich des Gemeinschaftseigentums geltend. Die Bauträgerin hatte sich im Jahre 2001 zur Errichtung einer Wohnungseigentumsanlage verpflichtet; die Erwerbsverträge wurden vor dem Jahre 2002 geschlossen; der Zeitpunkt der Abnahme des Gemeinschaftseigentums war streitig. Die Abnahme des Gemeinschaftseigentums war in den Allgemeinen Geschäftsbedingungen des Erwerbsvertrages folgendermaßen geregelt:

„Für das Gemeinschaftseigentum findet im Regelfall eine gesonderte Abnahme statt. Der Käufer bevollmächtigt unter Befreiung von den Beschränkungen des § 181 BGB, und zwar jeden für sich allein, den nachgenannten vereidigten Sachverständigen, den nach dem Wohnungseigentumsgesetz für das Kaufobjekt bestellten Verwalter sowie den Verwaltungsbeirat mit der Abnahme des Gemeinschaftseigentums. Das Gemeinschaftseigentum ist somit abgenommen, wenn entweder alle Käufer oder anstelle von Käufern der Sachverständige oder der Verwalter oder der Verwaltungsbeirat das Gemeinschaftseigentum abnimmt."

Diese Klausel in den Allgemeinen Geschäftsbedingungen hält nach Auffassung des BGH einer Inhaltskontrolle am Maßstab des § 307 Abs. 1 Satz 1 BGB nicht stand. Der BGH schließt sich damit der nahezu einhelligen Rechtsauffassung in der Literatur und Rechtsprechung, die ausführlich zitiert wird, an. Er begründet seine Auffassung damit, dass der Bauträger die Möglichkeit hat, den Erstverwalter, der u.U. mit ihm wirtschaftlich oder rechtlich verbunden ist, bereits in der Teilungserklärung zu bestellen. Der BGH sieht insoweit zu Recht die Gefahr, dass ein solcher Verwalter „die Voraussetzungen der Abnahmefähigkeit des Gemeinschaftseigentums nicht neutral prüft, sondern zugunsten des Bauträgers verfährt, wodurch

---

1; *Werner*, NZBau 2014, 80; *Vogel*, NZM 2010, 377, 379 sowie *Scheffelt*, BauR 2014, 163; *Wagner*, ZfBR 2014, 328.

156) OLG München, IBR 2017, 81 – *Wenkebach*. OLG Düsseldorf, BauR 2013, 417; LG Hamburg, BauR 2010, 1953; **a.A.:** OLG Dresden, IBR 2013, 82 = IBR 2013, 280 – *Karczewski*; OLG Brandenburg, IBR 2013, 622 – *Rodemann*.

157) BauR 2013, 2020 = IBR 2013, 686 – *Vogel* = NZBau 2016, 351.

dieser entscheidenden Einfluss auf die Abnahme nehmen könnte". In der gesetzlichen Möglichkeit des Widerrufs der formularmäßig erteilten Vollmacht sieht der BGH keine Kompensation der unangemessenen Benachteiligung, zumal die Widerrufsmöglichkeit schon deshalb praktisch leerlaufen kann, weil der Erwerber von dem Abnahmetermin u.U. keine Kenntnis erlangt. Der BGH hat diese Rechtsprechung bestätigt für die Fallgestaltung, dass die Abnahme des Gemeinschaftseigentums durch den Bauträger selbst als Erstverwalter ermöglicht wird.[158] Etwas anderes kann gelten, wenn der Erwerber die Abnahme durch einen Sachverständigen anerkennt.[159]

Eine **konkludente Abnahme** des Erwerbs scheidet in diesem Zusammenhang aus. Eine Willenserklärung durch schlüssiges Verhalten setzt nämlich voraus, dass der Erklärende Handlungen vornimmt, die den Schluss auf einen bestimmten Rechtsfolgewillen zulassen. Das könnte in der vorliegenden Fallgestaltung die Ingebrauchnahme des Gemeinschaftseigentums sein.

Fraglich ist zunächst, ob der Erklärende ein Erklärungsbewusstsein[160] haben muss, also sich darüber im Klaren war, überhaupt etwas Rechtserhebliches zu äußern. Das ist vorliegend deshalb zweifelhaft, weil der Erwerber jedenfalls davon ausgegangen sein dürfte, eine Abnahmeerklärung nicht mehr abgeben zu müssen, weil die Abnahme durch den Bevollmächtigten erfolgt ist. Nach früher herrschender Auffassung liegt eine Willenserklärung nicht vor, wenn dem Erklärenden das Erklärungsbewusstsein fehlt.[161] Die heute herrschende Meinung sieht den Erklärenden hier stärker in der Verantwortung und hält ein Erklärungsbewusstsein jedenfalls dann für entbehrlich, wenn er bei Anwendung der gebotenen Sorgfalt erkennen konnte, dass sein Verhalten vom Erklärungsempfänger als Willenserklärung verstanden werden könnte.[162]

Die Frage, ob der Erwerber vorliegend bei Anwendung der gebotenen Sorgfalt hätte erkennen können, dass sein Verhalten (die Ingebrauchnahme des Gemeinschaftseigentums und/oder Zahlung des Kaufpreises) vom Bauträger als Abnahmeerklärung verstanden werden könnte, ist aber zu verneinen. Der Erwerber wird sich darauf verlassen haben und durfte sich darauf verlassen, dass die mit ihm in der notariellen Erwerbsurkunde vereinbarte Abnahmeprozedur rechtswirksam ist. Es würde die Anforderungen an die Sorgfaltspflichten des Erwerbers überspannen, wollte man ihn so behandeln, als habe er bei Anwendung der erforderlichen Sorgfalt erkennen können, dass tatsächlich eine wirksame Abnahmeerklärung noch nicht vorlag und deshalb sein Verhalten als Abnahme verstanden werden könnte.

Weitere Voraussetzung ist aber nach der heute herrschenden Meinung auch, dass der **Erklärungsempfänger die Erklärung** auch als **Erklärung verstanden hat** und in ihm ein **Vertrauen auf einen bestimmten Erklärungsinhalt** hervorgerufen worden ist.[163] Der Bauträger, der seinerseits von einer wirksamen Abnahme durch den Bevollmächtigten entsprechend den getroffenen vertraglichen Vereinbarungen

---

158) NZBau 2016, 629.
159) OLG Koblenz, IBR 2014, 150.
160) So LG München, BauR 2009, 701 und OLG München, BauR 2009, 1444.
161) *Canaris*, Vertrauenshaftung, 1971, S. 427 ff.
162) BGHZ 91, 324; BGHZ 109, 171, 177.
163) BGH, NJW 1995, 953; *Palandt/Ellenberger*, § 133 BGB, Rn. 11.

Fälligkeit des Werklohns/BGB — Rdn. 1821a

ausgeht, nimmt aber nicht an, dass der Erwerber durch die Ingebrauchnahme des Gemeinschaftseigentums etwas Rechtserhebliches, nämlich eine (erneute, schlüssige) Abnahme erklären will.[164]

Im Verhalten des Erwerbers, insbesondere der Ingebrauchnahme des Gemeinschaftseigentums usw., kann daher eine konkludente Willenserklärung durch schlüssiges Verhalten nicht gesehen werden.[165] Unter Berücksichtigung der vorgenannten Umstände stellt die Ingebrauchnahme von Gemeinschaftseigentum auch keine nachträgliche konkludente Genehmigung der Abnahmeerklärung eines vollmachtlosen Vertreters durch den Erwerber dar (§§ 180 S. 2 i.V.m. 177, 184 BGB).[166] Nach Auffassung des OLG Koblenz[167] kann allerdings ein Erwerber die erfolgte Abnahme des Gemeinschaftseigentums durch einen Sachverständigen für sich verbindlich anerkennen; eine solche Klausel in einem Bauträgervertrag soll nicht gegen §§ 307 BGB verstoßen, sondern wirksam sein. Das erscheint bedenklich.

Denkbar wäre aber das vom OLG Nürnberg[168] angesprochene Modell, wonach ein bestimmter Kreis der Erwerber bzw. Beiratsmitglieder die förmliche Abnahme selbst oder mit einem Sachverständigen zu vollziehen hat.[169] Wird damit allerdings die Abnahme durch den Erwerber selbst ausgeschlossen (unwiderrufliche Vollmacht), ist eine solche Klausel gemäß § 307 Abs. 2 Nr. 1 BGB ebenfalls unzulässig.[170] Das gilt auch, wenn in den Erwerberverträgen aller Eigentümer ausdrücklich vorgesehen ist, dass das Gemeinschaftseigentum durch eine von der Eigentümerversammlung zu bestimmende Person förmlich abzunehmen ist.[171]

Ist eine Abnahme der Leistung des Bauträgers – aufgrund der vorerwähnten unwirksamen Klauseln – nicht erfolgt, befindet sich das Vertragsverhältnis zwischen Bauträger und Erwerber im **Erfüllungsstadium**, sodass dem Erwerber z.B. noch Mängelansprüche vor Abnahme zustehen könnten. Das ist aber nach der Schuldrechtsmodernisierung nicht der Fall. Nach Wegfall des § 634 BGB a.F. können **Gewährleistungsansprüche** eines Erwerbers erst **nach Abnahme** geltend gemacht werden (vgl. Rdn. 2847 u. 2867).[172]

Stehen dem Auftraggeber daher Mängelrechte im Erfüllungsstadium (also vor Abnahme) nicht zu, so hat er nur einen Erfüllungsanspruch, der der dreijährigen Verjährung unterliegt (regelmäßige Verjährung).[173] Der BGH[174] ist allerdings –

---

[164] LG Hamburg, BauR 2010, 1953.
[165] BayOblG, IBR 2001, 425. **A.A.:** *Messerschmidt/Leidig*, BauR 2014, 1, 6, die hilfsweise in diesen Fällen von einem Übergang in ein Abwicklungsverhältnis ausgehen.
[166] Vgl. näher *Werner*, NZBau 2014, 80, 82.
[167] IBR 2014, 150 – *Karczewski*.
[168] BauR 2009, 1634 = IBR 2009, 358.
[169] Vgl. hierzu *Basty*, BauR 2012, 316, 320 ff.; BayOblG, IBR 2001, 425; *Rapp*, MittBayNot 2012, 169 – beck-online.
[170] OLG Düsseldorf, BauR 2013, 470.
[171] OLG Düsseldorf, IBR 2000, 123; vgl. hierzu aber *Basty*, Rn. 1008.
[172] BGH, BauR 2017, 875 = NZBau 2017, 216; BauR 2017, 879 sowie BeckRS 2017, 103136; OLG Köln, IBR 2013, 75 – *Fuchs* = NZBau 2013, 306; OLG Koblenz, IBR 2008, 81; *Voit*, BauR 2011, 1063.
[173] OLG Hamm, IBR 2008, 284; OLG Karlsruhe, IBR 2010, 282; OLG Stuttgart, IBR 2010, 283 (5 Jahre); vgl. hierzu auch *Werner*, NZBau 2014, 80, 83 sowie *Messerschmidt/Leidig*, BauR 2014, 1, 8.
[174] BauR 2016, 1031 = NJW 2016, 1572; NJW 2016, 2878; NJW 2016, 1143.

unter dem Gesichtspunkt des § 242 BGB – der Auffassung, dass sich der Bauträger auf die Verjährung nicht berufen kann (vgl. näher Rdn. 2878). **Die Geltendmachung von Mängelansprüchen** nach **jahrelanger Nutzung** des Gemeinschaftseigentums kann im Übrigen im Einzelfall **verwirkt** sein und **grundsätzlich gegen Treu und Glauben verstoßen.**[175]

Nach Ablauf der Verjährung des Erfüllungsanspruchs kann der Erwerber die Verjährung nicht dadurch unterlaufen, dass er (nunmehr) die Abnahme erklärt, da hierdurch ein rechtlicher Nachteil zu Lasten des Bauträgers entsteht. Dieser liegt darin, dass er sich nach der Abnahme nicht mehr auf die Verjährungsfrist der Erfüllungsansprüche berufen kann, sondern nunmehr Gewährleistungsansprüche über einen weiteren Zeitraum von fünf Jahren bedienen müsste.[176]

Nach Ablauf der Verjährung des Erfüllungsanspruchs kann der **Erwerber die Verjährung nicht dadurch unterlaufen,** dass er (nunmehr) **die Abnahme erklärt,** da hierdurch ein rechtlicher Nachteil zu Lasten des Bauträgers entsteht. Der in § 271 Abs. 2 BGB enthaltene Grundsatz, wonach im Zweifel der Schuldner auch vor Fälligkeit leisten kann, also hier der Erwerber vor Fälligkeit der von ihm geschuldeten Abnahme diese erklären kann, erfährt dann eine Ausnahme, wenn durch die vorzeitige Leistung der Gläubiger (Bauträger) durch die Vorausleistung ein vertragliches Recht verliert oder wenn seine rechtlich geschützten Interessen beeinträchtigt werden. In diesem Fall ist das Recht der Vorausleistung ausgeschlossen.[177] Müsste nämlich nun der Bauträger trotz fehlender Fertigstellung die Abnahme durch den Erwerber hinnehmen, geriete er in die Verpflichtung, einen festgestellten Mangel zu beseitigen – eine Pflicht, der ohne die Abnahme die Einrede der Verjährung entgegensteht. Hierin liegt eine Beeinträchtigung seines rechtlich geschützten Interesses, nämlich sich hinsichtlich der von ihm verlangten Erfüllung durch Mangelbeseitigung auf die Einrede der Verjährung berufen zu können.

Im Übrigen kann der **Einwand der Treuwidrigkeit** berechtigt sein, wenn über mehrere Jahre das Gemeinschaftseigentum genutzt wird und dann der Erwerber auf die förmliche Abnahme zurückgreifen will. Das kann mit Treu und Glauben im Einzelfall (langjährige Nutzung des Gemeinschaftseigentums und/oder vollständige Kaufpreiszahlung) nicht in Einklang zu bringen sein, sodass dieser Einwand in jedem Einzelfall stets zu prüfen ist.[178]

In diesem Zusammenhang hat der BGH klargestellt, dass eine von einem Bauträger in **Allgemeinen Geschäftsbedingungen** eines Erwerbsvertrages verwendete Klausel, die die „nach Entstehen der werdenden Wohnungseigentümergemeinschaft" und Abnahme des Gemeinschaftseigentums vertragsschließenden Erwerber („Nachzügler"), an eine durch **frühere Erwerber bereits erfolgte Abnahme** des

---

175) Vgl. hierzu LG München, IBR RS 2013, 3725 sowie *Werner*, NZBau 2014, 80, 84 und *Messerschmidt/Leidig*, NZBau 2014, 1, 3, 8.
176) Vgl. näher *Werner*, NZBau 2014, 80, 85 sowie *Messerschmidt/Leidig*, NZBau 2014, 1, 9 f.; ähnlich *Scheffelt*, BauR 2014, 163, 176 ff.
177) *Palandt/Grüneberg*, § 271, Rn. 11 m.w.Nachw.
178) Vgl. hierzu BGH, BauR 2004, 316, 322; BGH, BauR 1992, 232; BGH, NJW 1990, 43; OLG Jena, IBR 2005, 527 – *Müller*; OLG Bamberg, IBR 2006, 1421 – online; OLG Düsseldorf, NJW-RR 1999, 529; IBR 1993, 13; ferner *Havers*, in: Kapellmann/Messerschmidt, § 12 VOB, Rn. 20; *Sturmberg*, BauR 2010, 163, 167; *Basty*, a.a.O., Rn. 1030; *Häublein*, DNotZ 2002, 608, 626.

Gemeinschaftseigentums bindet, wegen mittelbarer Verkürzung der Verjährung gemäß § 309 Nr. 8b) ff. BGB **unwirksam ist**; gleichzeitig ist dem Bauträger als Verwender dieser von ihm gestellten unwirksamen Formularklausel nach Treu und Glauben verwehrt, sich darauf zu berufen, dass der Vertrag sich noch im Erfüllungsstadium befindet und deshalb ein Anspruch auf § 637 Abs. 3 BGB nicht besteht.[179]

In einer weiteren Entscheidung hat der BGH[180] klargestellt, dass folgende Formularklausel unwirksam ist, die von einem Bauträger in einem Erwerbsvertrag gegenüber Nachzügler-Erwerbern gestellt worden ist: „Die Abnahme des Gemeinschaftseigentums ist durch das Ingenieurbüro K … am 25.11.2002 erfolgt. Die Verjährungsfrist für Ansprüche und Rechte wegen Mängeln am Gemeinschaftseigentum läuft für den Käufer zum selben Termin ab wie für diejenigen Käufer, welche die gemeinschaftliche Abnahme durchgeführt haben." Damit wird dem Erwerber die Möglichkeit genommen, selbst oder durch Personen seines Vertrauens über die Abnahme des Gemeinschaftseigentums zu entscheiden, und auch diese Klausel mittelbar die Mängelverjährungsfrist verkürzt. Ein entsprechender Beschluss kann auch nicht in einer Eigentümerversammlung getroffen werden, weil die Eigentümerversammlung insoweit keine Beschlusskompetenz hat.[181] Auch eine von einem Bauträger in Allgemeinen Geschäftsbedingungen eines Erwerbsvertrages verwendete Klausel, die die Abnahme des Gemeinschaftseigentums durch den Bauträger selbst als Erstverwalter ermöglicht, ist nach Auffassung des BGH[182] unwirksam.

1822 Gegen eine Regelung in **AGB** des Auftraggebers, wonach eine förmliche Abnahme stattfindet, ist grundsätzlich nichts einzuwenden, weil der Auftraggeber an dieser Form der Abnahme ein berechtigtes Interesse hat, (z.B. Beweiserhebungsinteresse).[183] Der Abnahmezeitpunkt kann jedoch nicht beliebig in AGB des Auftraggebers hinausgeschoben oder von anderen als den gesetzlichen Voraussetzungen abhängig gemacht werden. Schwab[184] hat folgende unwirksame Regelungen in AGB des Auftraggebers unter Hinweis auf die Rechtsprechung zusammengestellt:

* „Der Abnahmetermin wird von der Bauleitung festgesetzt".[185]
* „Die förmliche Abnahme erfolgt im Zeitpunkt der Übergabe des Hauses an den Endkunden".[186]
* „Die Wirkung der Abnahme tritt erst bei ausdrücklicher Bestätigung durch den Auftraggeber ein unabhängig davon, wie lange er das hergestellte Werk bereits in Gebrauch genommen hat".[187]

---

179) BauR 2016, 2013 = NZBau 2016, 351 = IBR 2016, 290 – *Vogel*.
180) IBR 2016, 398 = NZBau 2016, 551.
181) BGH, a.a.O.
182) IBR 2016, 521 – *Langjahr*. Vgl. hierzu auch OLG München, BauR 2017, 1041 („Eine vom Bauträger in seinen Allgemeinen Geschäftsbedingungen eines Erwerbsvertrags verwendete Klausel, die die Abnahme des Gemeinschaftseigentums durch einen vom Bauträger bestimmbaren Erstverwalter ermöglicht, ist gem. § 307 Abs. 1 Satz 1 BGB unwirksam.")
183) BGH, NJW 1996, 1346; NJW 1997 394, 395.
184) Rn. 1238.
185) BGH, NJW 1996, 1346.
186) BGH, BauR 1997, 307, 303 = NJW 1997, 394, 395; OLG Düsseldorf, BauR 1999, 497.
187) OLG Düsseldorf, NJW-RR 1996,146.

* „Die Wirkungen der Abnahme treten erst mit der gesamten Abnahme des Bauwerkes ein".[188]
* „Die Abnahme erfolgt nach auftragsgemäßer Fertigstellung der Gesamtbaumaßnahme".[189]

(3) Die schlüssige Abnahme

1823 Die schlüssige (konkludente) Abnahme als besondere Abnahmeform ist im BGB nicht geregelt, aber nach allgemeiner Meinung zulässig. Sie setzt – wie die ausdrückliche Abnahme – ein vom Willen des Auftraggebers getragenes Verhalten voraus (Abnahmewillen). Daher ist eine stillschweigend erklärte und damit schlüssige Abnahme immer dann gegeben, wenn der Auftraggeber durch sein Verhalten zum Ausdruck bringt, dass er das Bauwerk als im Wesentlichen vertragsgerecht ansieht.[190] Insoweit sind aber unmissverständliche Verhaltensweisen erforderlich.[191] Die damit verbundene Anerkennung und Billigung der Bauleistung muss dem Auftragnehmer zum Ausdruck gebracht, zumindest erkennbar – wenn auch nur indirekt – vermittelt worden oder in anderer Weise zur Kenntnis gelangt sein.[192] Daher scheiden insoweit reine interne Vorgänge und damit auch reines Schweigen aus.[193] Der BGH[194] hat sich erst kürzlich erneut mit der schlüssigen Abnahme beschäftigt und folgendes ausgeführt:

... „Die Vollendung des Werks ist jedoch nicht ausnahmslos Voraussetzung für eine konkludente Abnahme, da es stets maßgeblich darauf ankommt, ob nach den gesamten Umständen das Verhalten des Auftraggebers vom Auftragnehmer dahin verstanden werden kann, er billige die erbrachte Leistung als im Wesentlichen vertragsgerecht. Das kann auch dann der Fall sein, wenn die Leistung Mängel hat oder noch nicht vollständig fertig gestellt ist (vgl. BGH, Urteile vom 18. Februar 2003 – **X ZR 245/00, BauR 2004,** 337, 339; vom 10 Juni 1999 – **VII ZR 170/98, BauR 1999, 1186, 1188 = ZfBR 1999, 327**; vom 25. Januar 1973 – **VII ZR 149/72, BauR 1973, 192,** 193). So hat der Bundesgerichtshof erst kürzlich entschieden, dass eine noch ausstehende Restleistung der Annahme einer konkludenten Abnahme des Architektenwerks dann nicht entgegensteht, wenn der Besteller bereit ist, das Werk auch ohne diese Restleistungen als im Wesentlichen vertragsgerecht zu akzeptieren (vgl. BGH, Urteil vom 26. September 2013, – **VII ZR 220/12, BauR 2013, 2031 Rn. 22 = NZBau 2013, 779**). Eine konkludente Ab-

---

188) OLG Düsseldorf, NJW-RR 1994,1298 (in AGB des Generalunternehmers im Vertrag mit seinen Subunternehmern).
189) OLG Düsseldorf, BauR 1984, 95.
190) BGH, BauR 1996, 386, 388; NJW 1993, 1063; NJW 1974, 95 = BauR 1974, 67 = MDR 1974, 220. Vgl. hierzu *Meier*, BauR 2016, 565.
191) Vgl. *Siegburg*, Rn. 254 sowie *Hildebrandt*, Kapitel 17, Rn. 22 ff.
192) BGH, IBR 2014, 216 (für die Abnahme einer Planungsleistung) – *Vogel*; BGH, NJW 1974, 95, 96; weiter gehend: *Siegburg*, Rn. 258 ff., eine schlüssige Abnahme immer dann verneint, wenn sich das Verhalten des Auftraggebers nicht gegenüber dem Unternehmen „abspielt", weil in diesem Fall der Auftragnehmer keine hinreichenden Schlussfolgerungen daraus ziehen kann, „ob der Auftraggeber eine tatsächliche Erklärung dahingehend abgeben will, er billige/anerkenne sein Werk als zumindest in der Hauptsache vertragsgemäß". Er sieht daher insbesondere in der reinen Ingebrauchnahme/Inbenutzungnahme einer Bauleistung allein noch keine schlüssige Abnahme. Das gelte auch bei Rechnungsstellung des Hauptunternehmers gegenüber seinem Auftraggeber; auch darin sei nicht „zwangsläufig" eine konkludente Abnahme der Werkleistung des Subunternehmers zu sehen (**a.A.:** OLG Düsseldorf, OLGR 1996, 1).
193) BGH, NJW-RR 1992, 1078 = ZfBR 1992, 264.
194) BGH, IBR 2014, 216 – *Vogel*.

nahme kommt dementsprechend in Betracht, wenn das Werk jedenfalls nach den Vorstellungen des Auftraggebers im Wesentlichen mangelfrei fertiggestellt ist und der Auftragnehmer das Verhalten des Auftraggebers als Billigung seiner erbrachten Leistung als im Wesentlichen vertragsgerecht verstehen darf."

Eine schlüssige Abnahme kommt z.B. in Betracht durch **1824**
* **die vorbehaltlose Zahlung** des restlichen Werklohns[195]
* die bestimmungsgemäße **Ingebrauchnahme**[196]
* den **Bezug des Hauses** (bzw. Übernahme des Bauwerks)[197]
* die Übergabe des **Hausschlüssels** an den Erwerber nach Besichtigung des Hauses[198]
* die **rügelose Benutzung** des Werks oder der Bauleistung (auch für weitere Arbeiten[199]
* die **Auszahlung des Sicherheitsbetrages**[200]
* die **Erstellung einer Gegenrechnung** durch den Auftraggeber[201]
* die **Veräußerung des Bauwerks**[202]
* die Unterschrift unter eine „Auftrags- und Ausführungsbestätigung" des Auftraggebers bei gleichzeitiger Rüge kleinerer Mängel[203]
* die Einwilligung in den **Abbau eines Gerüstes** (bzgl. der Putzer- oder Malerarbeiten am Haus)
* den **Einbehalt eines Betrages für gerügte Mängel** im Rahmen eines Schlussgespräches über die Restforderung des Auftragnehmers[204]
* weiteren Aufbau durch den Auftraggeber auf die Leistung des Unternehmers[205]

Von einer Abnahme durch **schlüssiges Verhalten** kann **im Einzelfall** auch ausgegangen werden, selbst wenn (noch) einzelne **Mängel** vorliegen, hierzu **Mängelrügen** erklärt werden oder ein **Mängelvorbehalt** im Abnahmetermin erfolgt.[206] Das ist anders zu beurteilen, wenn der Auftraggeber die Abnahme unter Hinweis auf Mängel, die ihn berechtigen, die Abnahme zu verweigern, ablehnt oder der **1825**

---

195) BGH, BauR 1970, 48; OLG Brandenburg, NZBau 2017, 290; LG Köln, *Schäfer/Finnern*, Z 2.33 Bl. 5; OLG München, *SFH*, Nr. 7 zu § 12 VOB/B (für Teilzahlung); OLG Köln, BauR 1992, 514, 515.
196) BGH, ZfBR 1985, 71 = BauR 1985, 200 = WM 1985, 288 = NJW 1985, 731; OLG Köln, NZBau 2013, 169; vgl. hierzu KG, IBR 2007, 476 – *Orthmann* sowie *Meier*, BauR 2016, 565, 569 ff.
197) BGH, NJW 1975, 1701 = BauR 1975, 344; vgl. aber BGH, *SFH*, Nr. 1 zu § 16 Ziff. 2 VOB/B (1952) u. OLG Düsseldorf, IBR 2014, 593 – *Vogel*; *SFH*, Nr. 9 zu § 640 BGB; OLG Hamm, BauR 1993, 604.
198) Vgl. hierzu: OLG Hamm, NJW-RR 1993, 340 = BauR 1993, 374 (LS).
199) Vgl. LG Regensburg, *SFH*, Nr. 6 zu § 641 BGB (Rechnung nach Aufmaß und Anschlussarbeiten).
200) BGH, *Schäfer/Finnern*, Z 2.50 Bl. 9.
201) OLG München, *SFH*, Nr. 4 zu § 16 Nr. 3 VOB/B.
202) BGH, NJW-RR 1996, 883, 884; a.A.: *Siegburg*, Rn. 259.
203) OLG Düsseldorf, BauR 1998, 126 = NJW-RR 1997, 1450 (Unterschrift der **Ehefrau**). Ähnlich OLG Karlsruhe, IBR 2010, 493 (Vereinbarung über streitige Mängel und Fälligkeit der Schlussrechnung).
204) OLG Koblenz, NJW-RR 1994, 786.
205) OLG Düsseldorf, BauR 2001, 423; *Kniffka*, ZfBR 1998, 113, 114.
206) BGH, IBR 2014, 216; OLG Düsseldorf, IBR 2015, 593 – *Vogel*; OLG Hamm, OLGR 1996, 207.

Auftraggeber durch Mängelrügen erkennen lässt, dass er das Werk nicht als vertragsgemäß gelten lässt.[207] Für die zuerst genannte Fallgestaltung hat der BGH[208] entschieden, dass der nach der Abnahmeverweigerung erfolgte Einzug bzw. die sonstige Nutzung des Bauwerks im Regelfall keine konkludente Abnahme darstellen (vgl. hierzu auch Rdn. 1827). Darüber hinaus kommt eine stillschweigende Abnahme grundsätzlich in der Regel dann nicht in Betracht, wenn die Werkleistung (noch) nicht vollständig erbracht worden ist;[209] der BGH[210] verneint bei einer solchen Fallgestaltung einen Abnahmewillen des Auftraggebers – trotz Übernahme des Werkes –, es sei denn, dass andere „gewichtige Umstände" hinzukommen. Ist eine konkludente Abnahme im Verhältnis zwischen **Generalunternehmer** und seinem Auftraggeber anzunehmen, kann daraus allein noch keine Abnahme der Werkleistungen des **Subunternehmers** im Verhältnis zum **Generalunternehmer** hergeleitet werden.[211]

1826 Soweit in einer bestimmungsgemäßen **Ingebrauchnahme** (Benutzung/Bezug) eine schlüssige Abnahme zu sehen ist, geht der **BGH**[212] zeitlich nicht von dem Beginn „der ersten überhaupt feststellbaren Nutzungshandlung" aus, sondern räumt dem Auftraggeber „vom Zeitpunkt der ersten Nutzungshandlung **eine gewisse Prüfungszeit**" ein, wobei die Angemessenheit dieser Prüfungszeit von den Umständen des Einzelfalles abhängt.[213] Bei einer der Nutzung vorangegangenen intensiven Überprüfung der Bauleistung kann nach Auffassung des OLG Düsseldorf[214] im Einzelfall schon im Zeitpunkt des Nutzungsbeginns eine konkludente Abnahme gesehen werden. Im Übrigen genügt bei einem einheitlichen Gebäude, das zu verschiedenen Zwecken genutzt wird (z.B. Wohn- und Geschäftshaus), die Aufnahme einer Nutzungsart, um eine schlüssige Abnahme anzunehmen. Stets muss sich aus dem Verhalten des Auftraggebers **eine Billigung** der Werkleistung

---

207) Für die 2. Fallgestaltung vgl. OLG Koblenz, IBR 2016, 700 – *Jürgens*.
208) BauR 1999, 1186 = NJW-RR 1999, 1246 = MDR 1999, 1061 = ZfBR 1999, 327.
209) BGH, NZBau 2016, 759 m.w.N.; OLG Celle, BauR 2014, 134, 137; OLG Düsseldorf, OLGR 2007, 206.
210) BauR 2004, 337.
211) OLG Celle, IBR 2015, 476 – *Eimler* (nur in „Ausnahmefällen"); OLG Düsseldorf, OLGR 1996, 1 sowie OLG Oldenburg, OLGR 1996, 52; **a.A.:** OLG Köln, NJW-RR 1997, 756.
212) BGH, BauR 2013, 2031 (6 monatige Prüfungsfrist grundsätzlich angemessen); BauR 2010, 795; BGH, ZfBR 1985, 71 = BauR 1985, 200 = WM 1985, 288 = NJW 1985, 731; vgl. auch BGH, NJW-RR 1992, 1078. Ebenso: OLG Karlsruhe, NZBau 2016, 643 = IBR 2016, 295 – *Wellensiek*; KG, IBR 2015, 606 – *Koenen*; OLG München, BauR 2005, 727; OLG Düsseldorf, OLGR 1994, 141 („angemessene Nutzungszeit"); OLG Hamm, OLGR 1995, 160 = NJW-RR 1995, 1233 u. OLGR 1998, 58; OLG Koblenz, BauR 1997, 482 = NJW-RR 1997, 782 (Abnahme einer Heizung, die nur für die Estricharbeiten und den weiteren Ausbau in Betrieb genommen wird).
213) Vgl. hierzu OLG Düsseldorf, BauR 2017, 1541; OLG Köln, NZBau 2013, 169; OLG München, BauR 2016, 846; OLG Düsseldorf, IBR 2017, 24 – *Sterner*; OLG Jena, IBR 2012, 324 – *Zanner*; OLG Hamm, OLGR 1997, 241; OLG Oldenburg, OLGR 1997, 223, 224; OLG Köln, *SFH*, Nr. 13 zu § 640 BGB (2-monatige Nutzungs- und Prüfungszeit bei einer Wärmepumpe, die im Sommer in Betrieb genommen wird); OLG Frankfurt, ZfBR 1990, 118 („angemessener Nutzungszeitraum"); OLG München, NJW 1989, 1286 (für Werklieferungsverträge im kaufmännischen Geschäftsverkehr: mit Ablauf der Untersuchungs- und Rügefrist des **§ 377 HGB**); *MünchKomm-Busche*, § 640 BGB, Rn. 21; *Bamberger/Roth/Voit*, § 640, Rn. 8. LG Kiel, IBR 2010, 16 – *Groß* (Abnahme einer Solaranlage im Winter).
214) *SFH*, Nr. 9 zu § 640 BGB.

des Auftragnehmers als in der Hauptsache vertragsgemäß folgern lassen. Das OLG Stuttgart[215] sieht in einer **vollständigen Zahlung** einer Schlussrechnung in der Regel **nur dann eine stillschweigende Abnahme**, wenn der Auftraggeber zuvor die Gelegenheit hatte, das **Werk** auf seine vollständige und vertragsgerechte Herstellung **zu untersuchen**; ohne die Möglichkeit einer Prüfung des Werks durch den Auftraggeber kann der Auftragnehmer redlicherweise nicht erwarten, dass sein Werk mit der Zahlung abgenommen werden soll.

Eine **konkludente Abnahme** kommt nicht in Betracht, wenn die **Leistung nur teilweise** und dazu noch **vertragswidrig ausgeführt** worden ist, weil hier von einer stillschweigenden Billigung der Vertragsleistung durch den Auftraggeber nicht ausgegangen werden kann, selbst wenn eine Inbenutznahme der Bauleistung vorliegt.[216] Auch in der Ankündigung und in der Durchführung einer **Ersatzvornahme** ist noch keine Abnahme einer Bauleistung zu sehen.[217] Aus dem Verhalten des Auftraggebers kann nicht der Schluss auf eine konkludente Abnahme gezogen werden, wenn er ausdrücklich auf eine förmliche Abnahme bestanden hat bzw. diese vereinbart worden ist.[218] Soweit der Auftraggeber ausdrücklich erklärt, dass das Werk nicht abnahmefähig sei, schließt dies eine anschließende konkludente Abnahme durch Ingebrauchnahme aus, wenn zwischen Mängelrüge und Ingebrauchnahme nicht nachgebessert wurde.[219] **1827**

In einer **Kündigung** kann ebenfalls keine **konkludente Abnahme** gesehen werden, weil der Auftraggeber mit der Kündigung nicht gleichzeitig die Erklärung abgibt, dass er das bis zur Kündigung erbrachte Werk als im Wesentlichen vertragsgerecht anerkennt.[220] Erfolgt der **Bezug** eines Gebäudes „**unter Druck**", weil z.B. das bisherige Haus geräumt werden muss, ist bei einem im Wesentlichen noch nicht fertig gestellten Haus ebenfalls nicht von einer stillschweigenden Abnahme auszugehen.[221] Hierfür trägt im Streitfall der Bauherr die Beweislast.[222] Dasselbe gilt, wenn die **Schlussrechnung** des Unternehmers lediglich **geprüft** oder eine Anlage nur probeweise in Betrieb genommen wird. Auch **Abschlagszahlungen** oder der Antrag auf Erteilung des **Gebrauchsabnahmescheins** stellen keine konkludente Abnahme dar.[223] Bei einer **Abnahmeverweigerung** kommt eine konkludente Abnahme nicht in Betracht, weil dem Auftraggeber ein Abnahmewille fehlt.[224] Eine stillschweigend erklärte Abnahme scheidet nach BGH[225] aus, „wenn der Besteller nach erfolglosem Ablauf einer Nachfrist mit Ablehnungsandrohung das **1828**

---

215) IBR 2012, 698 – *Koppmann*.
216) BGH, BauR 2011, 876; ZfBR 1995, 33; OLG Hamm, BauR 1996, 123 = NJW-RR 1996, 86 = OLGR 1995, 241.
217) BGH, BauR 1994, 242 = NJW 1994, 942 = ZfBR 1994, 81; OLG Hamm, a.a.O.
218) OLG Düsseldorf, OLGR 2007, 207.
219) OLG Stuttgart, BauR 2011, 1824 = IBR 2011, 453 – *Scheel*.
220) BGH, BauR 2003, 680 = NJW 2003, 1450 = NZBau 2003, 265.
221) BGH, *SFH*, Nr. 11 zu § 16 Ziff. 2 VOB/B (Bezug zur Abwendung drohender Mietausfälle); BGH, NJW 1975, 1701 = BauR 1975, 344; OLG Hamm, OLGR 1997, 241 u. BauR 2001, 1914.
222) OLG Düsseldorf, BauR 1992, 72.
223) *Oppler*, in: Ingenstau/Korbion, § 12 Abs. 1/B, Rn. 12 a.E.
224) So auch OLG Oldenburg, BauR 1994, 371 mit Hinweis auf BGH, NJW 1985, 731 = BauR 1985, 200.
225) BauR 1996, 386 = NJW 1996, 1749 = MDR 1996, 893 = ZIP 1996, 839 (LS zu 2).

mangelhafte Werk behalten will, eine Nachbesserung durch den Unternehmer jedoch untersagt und das Werk selbst oder durch Dritte nachbessert". Auch aus einem **Bestätigungsvermerk** des Auftraggebers auf der Abrechnung des Unternehmers folgert der BGH[226] keine schlüssige Abnahme, wenn keine weiteren Umstände hinzukommen.

1829 (nicht besetzt)

(4) Abnahme durch Fristablauf (fiktive Abnahme)

Literatur

Henkel, Werkvertrag – Der abschließende Charakter der Abnahmefiktion in § 640 Abs. 1 S. 3 BGB, MDR 2003, 913.

(a) Fiktive Abnahme gemäß § 640 Abs. 1 S. 3 BGB a.F. bis 31.12.2017

1830 Nach § 640 Abs. 1 Satz 3 BGB a.F. steht es der Abnahme gleich, wenn der **Auftraggeber** die Bauleistung **nicht innerhalb einer ihm vom Unternehmer bestimmten angemessenen Frist abnimmt**, obwohl er dazu verpflichtet ist. Damit wurde eine **weitere Abnahmefiktion**[227] beim BGB-Bauvertrag begründet und der vom Willen der Vertragsparteien getragenen Abnahme gleichgestellt, sodass auch alle Abnahmewirkungen (vgl. Rdn. 1810 ff.) eintreten. Die gesetzliche Regelung entspricht der bisherigen Rechtsprechung[228] und gilt auch für den VOB-Bauvertrag.[229] Durch das neue Werkvertragsrecht 2018 ist die fiktive Abnahme nach § 640 Abs. 1 S. 3 BGB a.F. gestrichen worden. Sie wurde durch die Einführung des Absatzes 2 neu gefasst (vgl. Rdn. 1831a).

Die Abnahmefiktion des § 640 Abs. 1 Satz 3 BGB a.F. hat folgende Voraussetzungen:

* Der **Auftraggeber** muss zunächst **verpflichtet sein**, das Werk **abzunehmen**; das ist er, wenn die Bauleistung fertig gestellt ist und nur unwesentliche Mängel (§ 640 Abs. 1 Satz 2 BGB) aufweist (vgl. Rdn. 1798).
* Der **Auftraggeber** muss vom Unternehmer **zur Abnahme aufgefordert** worden sein.
* Die vom Unternehmer für die Abnahme **gesetzte angemessene Frist muss abgelaufen** sein; ist die Frist unangemessen, wird eine angemessene Frist in Lauf gesetzt. Bei der Angemessenheit der Frist ist zu berücksichtigen, dass bei komplizierteren, technischen Gewerken dem Auftraggeber **die Möglichkeit der Prüfung und Erprobung** gegeben werden muss (vgl. hierzu Rdn. 1825).

---

226) BauR 2004, 1291 = NZBau 2004, 548.
227) Insbesondere *Motzke*, NZBau 2000, 489, 494 (bejahend) u. *Siegburg*, Rn. 520 (verneinend) beschäftigen sich mit der Frage, ob der Gesetzgeber hier wirklich eine echte Abnahmefiktion schaffen wollte. Vgl. hierzu auch *Weyer*, NZBau 2014, 421, 422.
228) BGH, NJW-RR 1998, 1027; BauR 1996, 360; OLG Düsseldorf, OLGR 1994, 75; vgl. hierzu auch *Willebrand/Detzer*, BB 1992, 1801 u. BGH, BauR 2003, 236 = NZBau 2003, 33.
229) **Herrschende Meinung**; für viele *Havers*, in: Kapellmann/Messerschmidt, § 12/B, Rn. 6. Ferner OLG Brandenburg, IBR 2011, 68 – *Bolz*.

Fälligkeit des Werklohns/BGB

Bei der zuletzt genannten Voraussetzung stellt sich die vom Gesetzgeber nicht geregelte Frage, ob es einer Fristsetzung bedarf, wenn der Auftraggeber die **Abnahme** bereits endgültig vor der Aufforderung zur Abnahme zu Unrecht **verweigert hat** (vgl. zur Abnahmeverweigerung auch Rdn. 1833 ff.). Da alles andere ein Beharren auf einer Förmlichkeit wäre, ist die Fristsetzung in einer solchen Fallgestaltung entbehrlich.[230]

1831 Maßgeblich für den Zeitpunkt der Abnahme ist hier der **Zeitpunkt der grundlosen Verweigerung der Abnahme**.[231] Dies ergibt sich aus dem der Vorschrift des § 162 BGB zu Grunde liegenden Gedanken (treuwidrige Verhinderung des Eintritts der Abnahmewirkung).[232]

Erhebt der Auftragnehmer Klage auf Vergütung, obwohl die Abnahmefiktion nach § 640 Abs. 1 Satz 3 BGB (z.B. wegen wesentlicher Mängel) nicht eingetreten ist, wird die Vergütung nicht – auch nicht teilweise – fällig, sodass die Klage als derzeit unbegründet abzuweisen ist.

Die **Abnahmefiktion** kann in Individual-Vereinbarungen, **nicht aber in AGB abbedungen werden**. Das Gleiche gilt für eine Änderung dieser Regelung, die dem gesetzlichen Leitbild des § 641 Abs. 1 Satz 3 BGB widerspricht.[233] Bei der Abnahmefiktion durch **Fristablauf** gilt die Regelung des § 640 Abs. 2 BGB nicht, sodass dem Auftraggeber alle Mängelansprüche erhalten bleiben.

(b) Fiktive Abnahme gemäß § 640 Abs. 2 BGB n.F. ab 1.1.2018

1831a Bei der alten Fassung der fiktiven Abnahme (vgl. Rdn. 1830) wurde vielfach beanstandet, dass der Auftraggeber die Abnahme nach Fristsetzung durch den Auftragnehmer verweigern konnte, ohne die von ihm beanstandeten Mängel zu benennen. Das neue Werkvertragsrecht 2018 hat dies geändert: Nunmehr muss der Auftraggeber bei einer Abnahmeverweigerung den oder die **Mängel konkret benennen**.

Darüber hinaus ist eine weitere Voraussetzung für die fiktive Abnahme geschaffen worden: Sie setzt nunmehr die **Fertigstellung des Werks** voraus. Durch dieses neue Kriterium soll nach der Begründung[234] „ein zu frühes Andienen des Werks unterbunden werden".

---

230) So auch: OLG Brandenburg, IBR 2003, 470 – *Moufang*; *Henkel*, MDR 2003, 913, 914; *Motzke*, NZBau 2000, 489, 495 unter Hinweis auf BGH, NJW-RR 1986, 211 u. 883, sowie *Thode*, ZfBR 1999, 119; ferner: *Kniffka*, ZfBR 2000, 227, 230; *Siegburg*, Rn. 522; *Niemöller*, S. 37; **a.A.:** *Palandt/Sprau*, § 640 BGB, Rn. 8; vgl. hierzu BGH, BauR 2003, 236 = NZBau 2003, 33.
231) **Herrschende Meinung:** BGH, *Schäfer/Finnern*, Z 3.010 Bl. 20; OLG Hamm, *SFH*, Nr. 15 zu § 640 BGB = NJW-RR 1988, 147; *Willebrand/Detzer*, BB 1992, 1801, 1802; ferner: OLG Hamm, NJW-RR 1994, 474; *Oppler*, in: Ingenstau/Korbion, § 12/B, Rn. 58; *Palandt/Sprau*, § 641 BGB, Rn. 2; *Grimme*, S. 62, u. vor allem *Groß*, Festschrift für Locher, S. 53, 57.
232) *Kleine-Möller/Merl*, § 14, Rn. 214 f.
233) *Niemöller*, a.a.O.
234) BT-Drucksache 18/8486, S. 49. Eine präzisere Klärung des Begriffs „Fertigstellung" durch den Gesetzgeber wäre sicherlich sinnvoll gewesen. So stellt sich z.B. die Frage, ob damit die Abnahmereife gemeint ist (verneinend *Breitling*, NZBau 2017, 393 ff.; bejahend *Kimpel*, NZBau 2016, 734 ff.

Nach der neuen Fassung der fiktiven Abnahme in § 640 Abs. 2 BGB n.F. kommt eine fiktive Abnahme daher nur unter folgenden Voraussetzungen in Betracht.

* **Fertigstellung des Werks.** Dafür trägt der Auftraggeber die Beweislast. Der Gesetzgeber hat nicht den Begriff der „vollständigen Fertigstellung" aus § 3 Abs. 2 S. 2 Nr. 2 der Makler- und Bauträgerverordnung (MaBV) übernommen. Eine Fertigstellung kann also auch gegeben sein, wenn noch Mängel des Werkes vorliegen.
* Der Auftraggeber muss nunmehr künftig im Rahmen der Abnahmeverweigerung **mindestens einen konkreten** Mangel angeben, gleich ob er wesentlich oder unwesentlich ist. Nach der Begründung[235]) zu § 640 Abs. 2 BGB n.F. muss der Auftraggeber nicht „alle Mängel angeben oder die Mängel im Detail darlegen". Der Auftraggeber kann daher später weitere Mängel bei der Prüfung der Abnahmereife vortragen.
* Wie bisher muss der Auftragnehmer den Auftraggeber **zur Abnahme auffordern** und ihm eine **angemessene Frist** hierzu setzen (vgl. Rdn. 1830).
* Ist der Auftragnehmer **Verbraucher**, treten die Rechtsfolgen des Abs. 2 S. 2 des § 640 BGB n.F. nur dann ein, wenn „der Unternehmer den Besteller zusammen mit der Aufforderung zur Abnahme auf die Folgen einer nicht erklärten oder ohne Angabe von Mängeln verweigerten Abnahme hingewiesen hat; der Hinweis muss in Textform erfolgen". Von dieser Vorschrift kann gemäß dem neuen § 650n BGB nicht zum Nachteil des Verbrauchers abgewichen werden.

Zur Obliegenheitsverletzung des Auftraggebers (keine Zustandsfeststellung) vgl. Rdn. 1835a.

(5) Teilabnahme

1832 Nach § 641 Abs. 1 Satz 2 BGB sind auch Teilabnahmen möglich. Eine Pflicht hierzu besteht – im Gegensatz zu § 12 Abs. 2 VOB/B – jedoch nicht; vielmehr bedarf es insoweit der **ausdrücklichen Vereinbarung** der Parteien.[236]) Voraussetzung für eine Teilabnahme ist, dass die Teilleistung in sich funktionsfähig ist.[237])

dd) Die verweigerte Abnahme

Literatur

Leitzke, Verweigerung der Abnahme – Tatbestand, Rechtsfolgen und praktische Möglichkeiten, BauR 2009, 146.

1833 Nach **h.M.** konnte der Auftraggeber beim BGB-Bauvertrag bislang die Abnahme auch bei unwesentlichen Mängeln verweigern.[238]) Dieses Abnahmeverweigerungsrecht entfiel nur, wenn

---

235) A.a.O.
236) Vgl. hierzu *Marbach,* Jahrbuch Baurecht 1999, 92 ff.
237) BGH, NJW-Spezial 2009, 732; BauR 1979, 159.
238) BGH, NJW 1973, 1792, 1793; NJW 1956, 627; OLG Hamm, NZBau 2002, 218; NJW-RR 1988, 147 = ZfBR 1987, 248 = *SFH,* Nr. 15 zu § 640 BGB; OLG Karlsruhe, MDR 1967, 669, 670; *Grimme,* S. 64; *Kaiser,* BauR 1982, 205, 209.

sich der Auftraggeber auf einen ganz unbedeutenden Mangel stützte und sich deshalb die Verweigerung der Abnahme als ein Verstoß gegen Treu und Glauben darstellte.[239]

Nach § 640 Abs. 1 Satz 2 BGB, der durch das Gesetz zur Beschleunigung fälliger Zahlungen mit Wirkung zum 1.5.2000 eingefügt wurde, kann nunmehr die Abnahme **„wegen unwesentlicher Mängel"** nicht verweigert werden.

Angeblich aus Beweislastgründen hat der Gesetzgeber insoweit sprachlich eine doppelte Verneinung gewählt und nicht die Fassung des § 12 Abs. 3 VOB/B übernommen.[240] Aus der Geschichte des gesetzgeberischen Ablaufs wird allerdings, worauf Motzke[241] zu Recht verweist, erkennbar, dass das Abnahmeverweigerungsrecht auf das Vorhandensein wesentlicher Mängel beschränkt werden sollte. Aufgrund der unterschiedlichen Fassungen in § 640 BGB und § 12 VOB/B ist schon jetzt abzusehen, dass sich eine Diskussion über die Frage ergeben wird, ob die Begriffe „wesentlich" oder „nicht unwesentlich" dieselbe Bedeutung haben oder damit eine Abstufung[242] hinsichtlich der Gewichtung verbunden ist. Der Gesetzgeber hat es offensichtlich – was schon überraschend ist – hingenommen, dass über eine solche Frage möglicherweise ein – völlig unnötiger, weil wenig sinnvoller – Streit provoziert wird.

Bei der **Abgrenzung zwischen wesentlichem und unwesentlichem Mangel**[243] wird man – entsprechend den Anregungen von Groß[244] – von **folgenden Kriterien** auszugehen haben (vgl. auch Rdn. 1852):[245] **1834**

* Umfang der Mängelbeseitigungsmaßnahmen, insbesondere Höhe der Mängelbeseitigungskosten[246]
* Auswirkung des Mangels auf die Funktionsfähigkeit der Gesamtwerkleistung[247]
* Maß der (möglicherweise auch nur optischen) Beeinträchtigung (Zumutbarkeitskriterium)

---

239) BGH, BauR 1996, 390 = NJW 1996, 1280; OLG Hamm, NZBau 2002, 218; NJW-RR 1990, 917; Willebrand/Detzer, BB 1992, 1801, 1803.
240) Motzke, NZBau 2000, 489, 493; Kniffka, ZfBR 2000, 227, 230; P. Siegburg, Rn. 499.
241) NZBau 2000, 489, 493.
242) So Motzke, a.a.O., 493; Peters, NZBau 2000, 169, 171, der einen wesentlichen Mangel für „schlimmer" hält als einen nicht unwesentlichen.
243) Vgl. insbesondere BGH, BauR 1981, 284 = NJW 1981, 1448 = ZfBR 1981, 138, wonach „ein Mangel unwesentlich ist, wenn er an Bedeutung so weit zurücktritt, dass er unter Abwägung der beiderseitigen Interessen für den Auftraggeber zumutbar ist, eine zügige Abwicklung des gesamten Vertragsverhältnisses nicht mehr aufzuhalten und deshalb nicht mehr auf den Vorteilen zu bestehen, die sich ihm vor vollzogener Abnahme bieten"; ebenso: Niemöller, S. 35 u. Cuypers, B, Rn. 17. Vgl. ferner: BGH, BauR 2000, 1482 = NJW 2000, 2818 = NZBau 2000, 507 = ZfBR 2000, 537 = MDR 2000, 1187 (Art und Umfang sowie Auswirkungen des Mangels als Abgrenzungskriterien) sowie OLG Frankfurt, IBR 2014, 596 – Amelsberg (mangelhafter Betonboden als wesentlicher Mangel); OLG Hamburg, IBR 2004, 6 – Weyer. Vgl. auch OLG Hamm, IBR 2004, 415 – Metzger (Wesentlicher Mangel: Der in der Baubeschreibung versprochene „rollstuhlgerechte" Aufzug hält nicht die Mindestmaße nach DIN 15306 und DIN 18025 ein).
244) Festschrift für Locher, S. 53, 55, der allerdings auch „einen evtl. Verschuldensgrad des Auftragnehmers an dem Zustandekommen des Mangels" als Maßstab heranziehen will, wofür es allerdings bei einer notwendigerweise objektiven Bestimmung des Begriffs keinen Ansatz gibt; zum Begriff des wesentlichen Mangels Oppler, in: Ingenstau/Korbion, § 12 Abs. 3/B, Rn. 2 ff. (mit Beispielen).
245) Wie hier OLG München, IBR 2009, 78 – Karczewski.
246) BGH, BauR 1981, 284, 286; BauR 2000, 1482 = NJW 2000, 2818 = NZBau 2000, 507 = ZfBR 2000, 537; Cuypers, B, Rn. 17.
247) Niemöller, S. 35.

Darüber hinaus kann im Einzelfall als weiterer allgemeiner Maßstab nach der Rechtsprechung des BGH[248] der Grundsatz von Treu und Glauben herangezogen werden. Danach ist von einem unwesentlichen, weil unbedeutenden Mangel auszugehen, wenn das **Interesse des Auftraggebers** an einer **Beseitigung vor Abnahme nicht schützenswert** ist und sich seine Verweigerung der Abnahme deshalb als Verstoß gegen Treu und Glauben darstellt. Nach Auffassung des OLG München[249] trägt der **Auftragnehmer die Darlegungs- und Beweislast**, dass der oder die Mängel unwesentlich sind. Das OLG Düsseldorf[250] weist daraufhin, dass der Begriff „wesentlich" ein objektives und ein subjektives Merkmal hat:

> „Der Begriff ‚wesentlich' hat ein objektives und subjektives Merkmal. Das objektive Merkmal ist die allgemeine Verkehrsauffassung, d.h. die Auffassung unbeteiligter Dritter darüber, ob der vorliegende Mangel unter Zugrundelegung des Vertragszwecks als empfindlich und deswegen als beachtlich anzusehen ist.
>
> Bei der subjektiven Seite ist das spezielle Interesse des Auftraggebers an der vertragsgerechten Leistung in Betracht zu ziehen. Das besondere Interesse des Auftraggebers ist nach Treu und Glauben allerdings nur dann zulasten des Auftragnehmers zu berücksichtigen, wenn es dem Auftragnehmer bekannt war oder hätte bekannt sein müssen."

Die vorangegangenen Ausführungen gelten auch hinsichtlich eines **„unwesentlich unfertigen"** Werkes. Auch bei unwesentlichen Restarbeiten trifft den Auftraggeber eine Abnahmepflicht, weil eine vernünftige Differenzierung zwischen Unfertigkeit und Mangelhaftigkeit kaum möglich ist, worauf Henkel[251] zutreffend hinweist.

Behauptet der Auftraggeber, dass ihm ein Abnahmeverweigerungsrecht i.S.d. § 640 Abs. 1 Satz 2 BGB aufgrund eines oder mehrerer Mängel zusteht, hat der **Unternehmer** die **Darlegungs- und Beweislast,** dass der oder die **Mängel unwesentlich** sind.[252] Eine **Vielzahl von unwesentlichen Mängeln** kann im Einzelfall allerdings zu einem wesentlichen Mangel gleichstehen.[253] Darüber hinaus hat das OLG Hamm[254] zu Recht entschieden, dass ein Mangel, aus dem sich ein **erhebliches Gefahrenpotenzial** ergibt, auch dann zur Verweigerung der Abnahme berechtigt, wenn die **Mängelbeseitigungskosten nur gering sind** und dies die Fälligkeit des restlichen Vergütungsanspruches in vielfacher Höhe ausschließt.

---

248) BauR 1996, 390; NJW 1981, 1448 = BauR 1981, 284 = ZfBR 1981, 130; vgl. hierzu auch OLG Dresden, BauR 2001, 949, wonach Abnahmereife vorliegt, „wenn vorhandene Restmängel nach allen Umständen des Einzelfalles an Bedeutung soweit zurücktreten, dass es unter Abwägung beiderseitiger Interessen dem Auftraggeber zumutbar ist, eine zügige Vertragsabwicklung nicht aufzuhalten und deshalb nicht mehr auf den Vorteilen zu bestehen, die sich ihm vor Abnahme bieten".
249) IBR 2009, 78 – *Karczewski.* Ebenso OLG Brandenburg, NZBau 2012, 292.
250) BauR 2009, 1317.
251) MDR 2004, 361 mit einer Übersicht über den Meinungsstand. Vgl. auch OLG Stuttgart, IBR 2010, 443 (Kein Recht zur Verweigerung der Abnahme bei fehlender oder mangelhafter Dokumentation).
252) *Peters,* a.a.O. 171.
253) OLG München, IBR 2009, 78 – *Karczewski. Schalk,* in: Englert/Motzke/Wirth (Hrsg.) § 640 BGB, Rn. 15.
254) BauR 2005, 731 (Fehlendes Geländer an einer Rampe eines Supermarktes) m. zustimmender Anm. *Kniffka.*

Fälligkeit des Werklohns/BGB

Eine **fehlende Dokumentation** (z.B. Dokumentation von Messprotokollen) stellt nach Auffassung des OLG Frankfurt[255] in der Regel lediglich einen unwesentlichen Mangel dar, der den Auftraggeber nicht dazu berechtigt, die Abnahme zu verweigern.

Eine (an sich) berechtigte **Verweigerung** der Abnahme durch den Auftraggeber ist **nicht (mehr) möglich**, wenn dieser das nicht abgenommene Werk **veräußert**, dadurch weitere Nachbesserungen verhindert und damit zum Ausdruck bringt, dass er nur noch an einer abschließenden Regelung des Rechtsverhältnisses interessiert ist.[256] Dasselbe gilt, wenn der Auftragnehmer die Nacherfüllung wegen unverhältnismäßiger Kosten gemäß § 635 Abs. 3 BGB zu Recht verweigert; auch hier geht der Vertrag in das Abrechnungsstadium über.[257]

Die **Abnahmewirkungen**[258] treten damit auch ein, wenn der Bauherr die Abnahme **grundlos endgültig verweigert**:[259] maßgeblich für den **Zeitpunkt der Abnahme** ist hier der **Zeitpunkt der grundlosen Verweigerung** der Abnahme.[260] Dies ergibt sich aus dem der Vorschrift des § 162 BGB zu Grunde liegenden Gedanken (treuwidrige Verhinderung des Eintritts der Abnahmewirkungen).[261] Hat der Auftragnehmer aufgrund der unberechtigten **Nichtabnahme** des Auftraggebers **Mehraufwendungen**, kann der Auftragnehmer diese nach § 304 BGB unter dem Gesichtspunkt des Annahmeverzuges ersetzt verlangen. Etwaige Zinsschäden sind nach den Regeln des Schuldnerverzuges zu ersetzen.[262]

Kann der Auftraggeber die Abnahme zu Recht verweigern, wird die **Vergütung nicht** – auch nicht teilweise – **fällig**,[263] sodass die Werklohnklage als derzeit unbegründet abzuweisen ist.[264] Das kommt jedoch nicht in Betracht, wenn eine Nacherfüllung nicht (mehr) möglich ist oder die Nacherfüllung zu Recht abgelehnt werden kann (vgl. oben). Verweigert der Auftraggeber zu Unrecht die Abnahme, kann der Auftragnehmer direkt auf Zahlung des Werklohns klagen, ohne zuvor die Abnahme betreiben zu müssen: Auch eine Herbeiführung der Abnahmefiktion gemäß § 640 Abs. 1 S. 3 BGB wäre als reine Förmelei anzusehen, worauf Leupertz[265] zu

---

255) IBR 2016, 206 – *Bölz*; ebenso OLG Köln, IBR 2016, 207 – *Karczewski*.
256) BGH, NJW-RR 1996, 883 sowie OLG Karlsruhe, OLGR 1998, 17, 19.
257) *Bamberger/Roth/Voit*, § 641 BGB, Rn. 6 m.w.N.
258) Vgl. Rn. 1810 ff.
259) BGH, IBR 2010, 489; OLG Schleswig, BauR 2010, 1640; OLG Dresden, IBR 2009, 701 – *Karczewski*; OLG Düsseldorf, OLGR 1994, 75; vgl. hierzu auch *Siegburg*, ZfBR 2000, 507, 509; *Willebrand/Detzer*, BB 1992, 1801 ff.; *Henkel*, MDR 2003, 913. Vgl. im Einzelnen hierzu *Oppler*, Festschrift für Werner, S. 185.
260) **Herrschende Meinung:** BGH, *Schäfer/Finnern*, Z 3.010 Bl. 20; OLG Hamm, NJW-RR 1988, 147; *Willebrand/Detzer*, BB 1992, 1801, 1802; ferner: OLG Hamm, NJW-RR 1994, 474; *Palandt/Sprau*, § 641 BGB, Rn. 2; *Grimme*, S. 62, u. vor allem *Groß*, Festschrift für Locher, S. 53, 57.
261) *Kleine-Möller/Merl*, § 14, Rn. 214 f.
262) So zutreffend *Oppler*, Festschrift für Werner, S. 185, 189.
263) OLG Karlsruhe, MDR 1967, 669 u. BauR 1995, 246; OLG Köln, *SFH*, Nr. 17 zu § 320 BGB; a.A.: *Siegburg*, Rn. 382.
264) OLG Nürnberg, OLGZ 67, 405; *Palandt/Sprau*, § 641 BGB, Rn. 1; *Fischer*, BauR 1973, 210.
265) In *Halfmeier/Leupertz*, bauvertragsrechtOnline, II/2011, § 641, Rn. A 8 (in werner-baurecht.de).

Recht hinweist. Die Nutzung eines Gebäudes ist unerheblich und führt insbesondere nicht zu einer konkludenten Abnahme, wenn der Auftraggeber vor Beginn der Nutzung oder innerhalb einer angemessenen Prüffrist Mängel rügt, die ihn zu einer Abnahmeverweigerung berechtigen, oder wenn das Bauwerk noch nicht vollständig fertiggestellt worden ist.[266]

Die **Weigerung der Abnahme**, also die ernsthafte und endgültige Ablehnung des Werkes, kann auch durch **schlüssiges Verhalten** erklärt werden.[267]

1835a Im Rahmen des neuen **Werkvertragsrechts 2018** ist mit § 650g eine neue Vorschrift hinsichtlich einer **Zustandsfeststellung des Werkes bei Verweigerung der Abnahme** durch den Auftragnehmer in das BGB eingefügt worden. Dadurch soll ein späterer Streit über den Zustand des Werks im Zeitpunkt des Abnahmeverlangens des Auftragnehmers vermieden werden. Mit der neuen Vorschrift wird zulasten des Auftraggebers eine Obliegenheit dahingehend geschaffen, dass er – bei einer Verweigerung der Abnahme unter Angabe von Mängeln – auf Verlangen des Auftragnehmers „an einer gemeinsamen Feststellung des Zustandes des Werks mitzuwirken hat", wobei diese gemeinsame Zustandsfeststellung **förmlich** erfolgen muss.[268] Bei der Verletzung dieser Obliegenheit durch den Auftraggeber kann die **Zustandsfeststellung vom Auftragnehmer** auch gemäß Abs. 2 **einseitig vorgenommen** werden. Allerdings kommt eine einseitige Zustandsfeststellung nicht in Betracht, wenn eine gemeinsame Zustandsfeststellung scheitert. Dann muss der Auftragnehmer gegebenenfalls andere Wege einleiten, z.B. die Einleitung eines selbstständigen Beweisverfahrens.

Ist das Werk dem Auftraggeber bereits „verschafft" worden und ist in der Zustandsfeststellung nach Abs. 1 oder 2 des § 650f BGB n.F. ein offenkundiger Mangel nicht angegeben, wird nach Abs. 3 dieser Vorschrift vermutet, dass dieser nach der Zustandsfeststellung entstanden und von dem Auftraggeber zu vertreten ist; diese Vermutung soll dann nicht gelten, wenn der Mangel nach seiner Art nicht vom Auftraggeber verursacht worden sein kann.

Diese Zustandsfeststellung stellt **keine Abnahme** dar, sondern ist nach der Begründung[269] lediglich eine „Dokumentation des Zustandes des Werkes, um späterem Streit vorzubeugen, und ist die Grundlage für eine modifizierte Gefahrtragung".

d) Erteilung der Rechnung

Literatur

U. Locher, Die Rechnung im Werkvertragsrecht, 1990.

Rother, Die Bedeutung der Rechnung für das Schuldverhältnis, AcP 164, 97; *Peters*, Handwerkerrechnung und ihre Begleichung, NJW 1977, 552; *Junker*, Die Bindung an eine fehlerhafte Rechnung, ZIP 1982, 1158; *Grimme*, Rechnungserteilung und Fälligkeit der Werklohnforderung, NJW

---

266) BGH, IBR 2016, 78.
267) OLG Düsseldorf, BauR 2010, 480.
268) BT-Drucksache 18/8486, S. 59. Vgl. zur Zustandsfeststellung im Einzelnen *Breitling*, NZBau 2017, 393.
269) Dito.

1987, 468; *Grimme*, Rechnung und Quittung bei der Abwicklung von Schuldverhältnissen, JR 1988, 177; *Eydner*, Die prüffähige Schlussrechnung als Fälligkeitsvoraussetzung der Vergütung im BGB-Bauvertrag?, BauR 2007, 1806.

aa) Rechtslage bis 31.12.2017

1836 **Zweifelhaft** war bislang, ob beim **BGB-Bauvertrag die Fälligkeit** des Werklohns neben der Abnahme auch **von der Erteilung einer Rechnung abhängig** ist. Das hat sich durch das Werkvertragsrecht 2018 geändert (vgl. Rdn. 1844a).

Beim VOB-Bauvertrag stellt sich das Problem nicht, da § 16 Abs. 3 Nr. 1 VOB/B als Fälligkeitsvoraussetzung ausdrücklich die Erteilung der Schlussrechnung nennt. Demgegenüber spricht § 641 BGB a.F. nur von dem Erfordernis der Abnahme. Überhaupt wird der Begriff der Rechnung in den Werkvertragsvorschriften des BGB nicht erwähnt. Die Beantwortung der hier gestellten Frage hat insbesondere für die Verjährung des Werklohns eine weit reichende Bedeutung: Wird als Fälligkeitsvoraussetzung auch beim BGB-Bauvertrag eine Schlussrechnung verlangt, liegt es grundsätzlich durch Erteilung der Schlussrechnung im Ermessen des Unternehmers, wann er die Fälligkeit eintreten und damit den Verjährungsablauf beginnen lassen will.

1837 Nach Auffassung des **BGH**[270] wird der Vergütungsanspruch schon **mit der Abnahme** „fällig im Sinne des Verjährungsrechtes". Dabei weist der BGH darauf hin, dass auch die Interessenlage des Auftraggebers nicht verlangt, „den Beginn der Verjährung zusätzlich von der im Belieben des Unternehmers stehenden Erteilung einer Rechnung abhängig zu machen": Etwas anderes soll nur dann gelten, wenn die Vertragsparteien **ausdrücklich** oder stillschweigend[271] **vereinbart** haben, dass der Werklohn erst **nach Erteilung einer Rechnung** verlangt werden kann; das kann sich auch aus den Umständen ergeben.[272] Mit dieser Entscheidung klärt der BGH ausdrücklich nur eine Teilfrage („fällig im Sinne des Verjährungsrechtes"). Es ist jedoch davon auszugehen, dass der BGH dieselben Grundsätze für die Fälligkeit der Vergütung im Rahmen des § 641 BGB a.F. wiederholen wird.[273]

Bei vereinbarten Voraus- oder Abschlagszahlungen in einem BGB-Werkvertrag hat allerdings der BGH[274] die vertragliche Verpflichtung des Unternehmers entnommen, seine Leistungen abzurechnen; der BGH rechtfertigt diese Verpflichtung des Unternehmers aus dem vorläufigen Charakter der Voraus- oder Abschlagszah-

---

270) BauR 1981, 199 m. zust. Anm. von *Weyer*, BauR 1981, 288 = DB 1981, 1133; BGH, BauR 1979, 62; vgl. zur BGH-Rechtsprechung *Eydner*, BauR 2007, 1806; ebenso: OLG Frankfurt, IBR 2016, 382 – *Ludgen*; OLG Dresden, IBR 2007, 16 – *Dingler*; OLG Frankfurt, NJW-RR 2000, 755 = OLGR 1999, 309 = MDR 2000, 154, das darauf hinweist, dass es „unerträglich" wäre, „wenn es im Belieben des Werkunternehmers stünde, durch Rechnungserstellung den Fälligkeitszeitpunkt und damit den Verjährungsbeginn zu manipulieren".
271) OLG Frankfurt, NJW-RR 2005, 169. OLG Düsseldorf, BauR 2011, 1829 = NJW 2011, 2593.
272) BGH, BauR 1889, 90; OLG Stuttgart, IBR 2004, 677.
273) So ist wohl auch die Entscheidung des BGH, BauR 2002, 938, 939 = NJW 2002, 1567 zu verstehen. Vgl. hierzu *Leupertz*, a.a.O.
274) BauR 2002, 938 = NJW 2002, 1567.

lungen. Im Einzelfall kann sich aber ergeben, dass die Vertragsparteien die Erteilung einer Rechnung als Fälligkeitsvoraussetzung ansehen.[275]

1838 Im **Schrifttum**[276] überwiegt die Meinung, dass grundsätzlich erst die Erteilung der Rechnung und nicht schon die Abnahme der Bauleistung den Werklohn fällig werden lässt. Die Rechtsprechung ist insoweit uneinheitlich[277]: Das OLG Hamm,[278] der 21. Zivilsenat des OLG Düsseldorf,[279] der 13. Zivilsenat des OLG Köln[280] und das OLG Frankfurt/M.[281] sind ebenfalls dieser Meinung. Demgegenüber vertreten das OLG Celle,[282] das OLG Oldenburg,[283] das OLG Stuttgart,[284] und der 11. Zivilsenat des OLG Köln[285] die gegenteilige Auffassung. Der 22. Zivilsenat des OLG Düsseldorf[286] hat insoweit entschieden, dass es auf die Abreden und das Verhalten der Vertragsparteien ankommt, ob die Schlusszahlung von der Erteilung einer Schlussrechnung abhängig sein soll. Das OLG Bamberg[287] hält auch beim BGB-Bauvertrag eine Rechnung,

---

275) Vgl. hierzu BGH, NJW-RR 1989, 148 = BauR 1989, 90 (vgl. auch OLG München, NJW 1988, 270 zum Handelskauf).
276) *Motzke*, in: Englert/Motzke/Wirth, § 641 BGB, Rn. 235; Bartmann, BauR 1977, 16; *U. Locher*, BauR 1986, 358; *Peters*, NJW 1977, 552 für die Fälle der üblichen Vergütung (§ 632 Abs. 2 BGB); so wohl auch: OLG Köln, NJW 1973, 2111; *Dähne*, BauR 1981, 233; *Locher*, Rn. 58; *Rother*, AcP 164, 105; *Hochstein* in Anm. zu BGH, SFH, Nr. 14 zu § 16 Nr. 3 VOB/B; *Bamberger/Roth/Voit*, § 641 BGB, Rn. 4, stellen auf die Üblichkeit der Rechnungserstellung ab; **a.A.:** *Eydner*, BauR 2007, 1806; *Grimme*, NJW 1987, 468 u. *Weyer*, BauR 1981, 288; *Locher*, in: Ingenstau/Korbion, § 14, Rn. 7; *Kaiser* (ZfBR 1982, 231, 232) meint, dass die Rechnungserteilung für den Eintritt der Fälligkeit nicht erforderlich, die Zahlungsverpflichtung des Auftraggebers aber „als aufschiebend bedingt (§ 158 Abs. 2 BGB) durch die Rechnungserteilung anzusehen" sei.
277) *Eydner*, BauR 2007, 1806, hat den Meinungsstand in der Rechtsprechung, aber auch im Schrifttum, ausführlich dargelegt. Er kommt abschließend zu der Auffassung dass eine Vergütungsforderung im BGB-Werkvertrag bereits mit der Abnahme fällig wird und in diesem Zeitpunkt auch zu verjähren beginnt. Eine prüffähige Abrechnung sei allein eine Frage der Klageschlüssigkeit.
278) SFH, Nr. 8 zu § 641 BGB.
279) BauR 1997, 1052, wonach es aber jedenfalls zur schlüssigen Darlegung der Vergütung einer **nachvollziehbaren Berechnung** bedarf (ebenso: OLG Hamm, BauR 1997, 656; anders im U.v. 21.12.1982, JurBüro 1983, 1901 = MDR 1983, 403). Offen gelassen von OLG Düsseldorf (23. Zivilsenat), BauR 1980, 366, wonach es auf die Erteilung einer Rechnung für den Verjährungsbeginn jedenfalls dann nicht ankommt, „wenn diese Rechnung dem Besteller erst zu einem Zeitpunkt zugeht, in dem seit der Abnahme die Verjährungsfrist bereits abgelaufen ist".
280) U.v. 29.3.1978 – 13 U 151/77 – und U.v. 10.1.1979 – 13 U 10/78; **a.A.:** OLG Köln, U.v. 8.7.1980 – 9 U 10/80 – und v. 6.3.1979 – 15 U 168/78; **a.A.:** ebenfalls: LG Regensburg, SFH, Nr. 6 zu § 641 BGB mit abl. Anm. *Hochstein*; OLG Celle, NJW 1986, 327 = MDR 1986, 56.
281) BauR 1997, 856; anders jetzt derselbe Senat OLGR 1999, 309.
282) BauR 1986, 356 m.w.Nachw. und abl. Anm. *U. Locher* = NJW 1986, 327 = MDR 1986, 56; **a.A.:** aber offensichtlich auch OLG Celle, BauR 1999, 496.
283) OLGR 1999, 50.
284) NJW-RR 1994, 17 (mit der Folge, dass eine AGB-Klausel in einem BGB-Bauvertrag unwirksam ist, wonach die letzte Rate des Pauschalpreises mit der Erstellung der Schlussrechnung fällig werden soll).
285) BauR 1996, 725.
286) BauR 1999, 655 = OLGR 1999, 94 = NJW-RR 1999, 527.
287) BauR 2003, 1227.

die dem Auftraggeber eine Prüfung ermöglicht, für unverzichtbar; die Prüffähigkeit der Rechnung soll allerdings – anders als beim VOB-Vertrag – hier nicht Fälligkeitsvoraussetzung für den Werklohnanspruch des Auftragnehmers sein.

Soll eine Forderung fällig sein, muss dem Schuldner auch die Höhe der Forderung bekannt sein. Mit der Abnahme der Bauleistung ist zwar die Höhe der Werklohnforderung bestimmbar, aber noch nicht bestimmt: So muss der Unternehmer z.B. im Rahmen eines Einheitspreisvertrages noch anhand eines Aufmaßes die tatsächlich angefallenen Mengen ermitteln, um über den vereinbarten Einheitspreis die Positionspreise feststellen zu können. Dasselbe gilt, wenn über § 632 Abs. 2 BGB die übliche Vergütung zu bestimmen ist. Erst mit Zugang einer prüffähigen Rechnung weiß der Auftraggeber, was von ihm gefordert wird; mit der Rechnung gibt der Auftragnehmer bekannt, welche Werklohnforderung er stellt. Dies gilt ebenso für den Stundenlohn- wie für den Pauschalpreisvertrag, wenn sich im Rahmen der Leistungsausführung Veränderungen gegenüber der vertraglich vorgesehenen Leistung ergeben.[288]

Von dem Erfordernis der Rechnungserstellung ist nur abzusehen, wenn im Zeitpunkt der Abnahme die Forderung des Unternehmers der **Höhe nach bestimmt** ist, z.B., weil die Parteien eine feste Preisabsprache im Rahmen eines Pauschalvertrages getroffen haben.[289]

Wird beim **BGB-Werkvertrag** die Erteilung der Rechnung durch den Auftragnehmer als Fälligkeitsvoraussetzung angesehen, so ist es folgerichtig zu fordern, dass die **Rechnung** auch **prüfbar** sein muss (vgl. hierzu Rdn. 1865 ff.), wobei der Auftraggeber mit dem **Einwand** fehlender Prüfbarkeit der Schlussrechnung ausgeschlossen ist, wenn er nicht **binnen zwei Monaten** nach dem Zugang der Schlussrechnung den Einwand erhoben hat. Das hat der BGH[290] nicht nur für den VOB-Werkvertrag, sondern auch für den BGB-Werkvertrag entschieden. Das OLG Düsseldorf[291] geht für diese Fallgestaltung davon aus, dass (entsprechend des § 14 Nr. 4 VOB/B) der Auftraggeber berechtigt sein kann, die Schlussrechnung auf Kosten des Unternehmers selbst zu erstellen, wenn dieser eine solche – vertraglich vorgesehene – Schlussrechnung nicht vorlegt.

Folgt man der Meinung, dass die Erteilung der Rechnung keine Fälligkeitsvoraussetzung darstellt, ist eine Werklohnklage nur schlüssig, wenn sich aus dem Vortrag des Auftragnehmers im Einzelnen ergibt, für welche vertraglich geschuldete und erbrachte Leistung Werklohn in welcher Höhe verlangt wird, weil nur dann der Auftraggeber den Werklohnanspruch im Einzelnen überprüfen kann.[292]

Die **Parteien** können sich ausdrücklich oder konkludent[293] darauf **einigen**, den Werklohn erst mit der **Erteilung einer Schlussrechnung**[294] oder mit einer „auf ei-

---

[288] Wie hier weitgehend: *Bartmann*, BauR 1977, 16 ff.; *Junker*, ZIP 1982, 1158, 1159; *U. Locher*, BauR 1986, 358; *Rother*, AcP 164, 97, 105.
[289] So wohl auch *Peters*, NJW 1977, 552.
[290] BauR 2007, 110 = NZBau 2006, 782.
[291] BauR 1999, 655.
[292] Vgl. OLG Hamm, BauR 1997, 656 = OLGR 1996, 113.
[293] Vgl. hierzu OLG Bamberg, OLGR 2003, 132.
[294] OLG Düsseldorf, BauR 1999, 655 = NJW-RR 1999, 527.

nem Aufmaß beruhenden Abrechnung"²⁹⁵⁾ **fällig werden zu lassen.** Erteilt der Unternehmer in diesem Fall die vereinbarte Schlussrechnung/Abrechnung nicht, tritt grundsätzlich keine Fälligkeit des Werklohns ein. Das OLG Düsseldorf²⁹⁶⁾ zieht allerdings insoweit eine Fälligkeit für den Fall in Betracht, dass der Auftraggeber dem Unternehmer eine angemessene Frist zur Vorlage der Schlussrechnung gesetzt hat und der Unternehmer dieser Obliegenheit nicht nachkommt. Das erscheint bedenklich.

Wurde dem Auftragnehmer ein Auftrag für durchzuführende Arbeiten auf der Grundlage eines Angebots nach Einheitspreisen erteilt und sollten später in Auftrag gegebene Zusatzarbeiten nach Stundenlohn abgerechnet werden, ist nach einer zutreffenden Entscheidung des OLG Frankfurt²⁹⁷⁾ von einer stillschweigenden Einigung der Parteien dahingehend auszugehen, dass der Werklohnanspruch des Unternehmers erst mit der Vorlage einer prüfbaren Schlussrechnung fällig sein sollte: „Wenn aber Vertragsparteien übereinstimmend die letztendliche Höhe des Zahlungsanspruchs des Unternehmers und dementsprechend die Zahlungspflicht des Bestellers von den bei Abschluss des Vertrages noch nicht feststehenden tatsächlichen Umständen des Umfangs der Bauausführung abhängig machen, so setzen sie voraus, dass diese Umstände nach Abschluss der Arbeiten von dem Auftragnehmer ermittelt und dem Auftraggeber als Abrechnung mitgeteilt werden." Das OLG Frankfurt stützt seine Auffassung auch auf den Umstand, dass der Auftragnehmer mehrere Abschlagsrechnungen erstellt hatte, was auch dafür spreche, dass die Parteien davon ausgegangen sind, dass die Forderung des Auftragnehmers erst mit der Erteilung einer prüfbaren Schlussrechnung fällig werden sollte.

1842 Da eine **Rechnungserteilung** keine Willenserklärung im rechtsgeschäftlichen Sinne darstellt, ist sie auch **nicht wegen Irrtums** nach § 119 BGB **anfechtbar.**²⁹⁸⁾ Der Auftragnehmer kann jedoch seine Schlussrechnung grundsätzlich korrigieren.

1843 Der **Unternehmer** ist **an seine Schlussrechnung** auch dann **nicht gebunden,** wenn er diese in Kenntnis der für die Berechnung maßgebenden Umstände erstellt hat.²⁹⁹⁾ Die Grundsätze, die der BGH bisher für die Honorarschlussrechnung des **Architekten** aufgestellt hat,³⁰⁰⁾ sind auf die Schlussrechnung des Unternehmers nicht ohne weiteres übertragbar. Dies hat der BGH³⁰¹⁾ auch für den **VOB-Vertrag** festgestellt und dabei betont, ein Unternehmer sei über die sich für Nachforderungen aus § 16 Abs. 3 Nr. 2 VOB/B ergebenden Beschränkungen hinaus grundsätz-

---

295) BGH, MDR 1989, 152.
296) BauR 1999, 655 = NJW-RR 1999, 527.
297) OLGR 2004, 377.
298) *Locher,* in: Ingenstau/Korbion, § 14 Abs. 1/B, Rn. 17 ff.; **a.A.:** *Peters,* NJW 1977, 552, 554.
299) OLG Hamm, IBR 2012, 253 – *Bolz;* OLGR 1997, 117; ebenso OLG Zweibrücken, NJW-RR 2003, 1023 = NZBau 2003, 440 = OLGR 2003, 258 (für den Fall, dass der Auftraggeber die Unvollständigkeit der Abrechnung „ohne weiteres erkennen" konnte); OLG Düsseldorf, IBR 2015, 536 – *Hinkel.* A.A.: OLG Frankfurt, NJW-RR 1993, 340 = BauR 1993, 374 (LS); *Stellmann/Schinköth,* ZfBR 2005, 3, 9. Vgl. hierzu auch *Kleine-Möller/Merl,* § 12, Rn. 183 ff.
300) Vgl. Rn. 794.
301) BauR 1988, 217 = DB 1988, 440 = NJW 1988, 910 mit zahlreichen Nachw.

lich nicht an seine Schlussrechnung gebunden.[302] Zudem hat der BGH[303] zu **„Verzichtsklauseln"** („Die Schlussrechnung muss vollständig und abschließend aufgestellt werden, Nachforderungen sind ausgeschlossen, und der Auftraggeber/Unternehmer verzichtet ausdrücklich auf alle Ansprüche, die nicht in der Schlussrechnung geltend gemacht werden") entschieden, dass diese – auch im kaufmännischen Verkehr – gemäß § 307 BGB – unwirksam sind. Dasselbe gilt für eine vom Auftraggeber gestellte AGB-Klausel: „Nachforderungen nach Einreichung der Schlussrechnung werden – gleichgültig aus welchem Grund – nicht mehr anerkannt."[304]

1844 Bei zuviel gezahlten Beträgen (z.B. bei Abschlags- oder Vorauszahlungen) hat der Auftraggeber einen Anspruch auf Auszahlung des Saldoüberschusses; Anspruchsgrundlage ist insoweit die vertragliche Abrede, nicht dagegen § 812 Abs. 1 BGB.[305] Sowohl beim VOB- als auch beim BGB-Werkvertrag ist ein Unternehmer aus der Vereinbarung über Abschlags- oder Vorauszahlungen verpflichtet, seine Leistungen gegenüber dem Auftraggeber im Einzelnen abzurechnen.[306]

Der Unternehmer kann vor Fertigstellung der Bauleistung die Bezahlung des Werklohns verlangen, wenn der Auftraggeber die Erfüllung des Vertrages grundlos und endgültig ablehnt; der Unternehmer ist dann nicht auf die Rechte aus den §§ 642, 643, 645 BGB beschränkt.[307]

Zur Abrechnung eines Bauvertrages bei vorzeitiger Beendigung (z.B. durch Kündigung) vgl. Rdn. 1553 (Pauschalpreisvertrag) sowie Rdn. 1721 ff.

In Bauverträgen findet sich häufig die Klausel: „Zahlungen auf Schlussrechnungen werden bis zu 95 % des Nettowertes geleistet. Der Rest ist durch eine kostenlose und befristete Gewährleistungsbürgschaft (Vorgabe der Befristung durch den AG) ablösbar". Eine solche Klausel hat der BGH[308] für unwirksam angesehen, weil der Zeitraum für den Einbehalt nicht geregelt ist und die Vertragsklausel dem Auftraggeber ermöglicht, die Bürgschaft nach seinem Belieben zu befristen.

bb) Rechtslage ab 01.01.2018

1844a Mit dem neuen Werkvertragsrecht 2018 ist die lang umstrittene Frage, ob die **Fälligkeit** beim BGB-Vertrag von der Erteilung einer **Schlussrechnung abhängig** ist, einer gesetzlichen Klärung zugeführt worden. Nach Inkrafttreten des neuen Werkvertragsrechts 2018 (01.01.2018) ist die Vergütung zu entrichten, wenn – neben der Abnahme – der Auftragnehmer dem Auftraggeber eine prüffähige Schlussrechnung

---

302) So auch OLG München, NJW-RR 1987, 598; anders noch WM 1984, 541.
303) BauR 1989, 461 = NJW 1989, 2124 = MDR 1989, 806.
304) BGH, BauR 1997, 1036 = NJW-RR 1997, 1513 = ZfBR 1998, 35 (Nichtannahmebeschluss zu OLG Hamburg, *SFH*, Nr. 10 zu § 3 AGB-Gesetz).
305) BGH, BauR 2002, 938; BauR 1999, 635 = ZfBR 1999, 196 = NJW 1999, 1867 = MDR 1999, 671; OLG Düsseldorf, BauR 1999, 1477 = NJW-RR 2000, 312 = NZBau 2000, 85.
306) BGH, BauR 2002, 938; vgl. hierzu aber OLG Karlsruhe, BauR 2002, 1704 (kein Anspruch des Auftraggebers insoweit bei längerem Zeitablauf nach Beendigung der Arbeiten).
307) BGH, DB 1968, 1215.
308) BauR 2003, 1385 = NZBau 2003, 493 = IBR 2003, 476 – *Schmitz* (zu § 9 AGB-Gesetz); vgl. hierzu auch OLG Hamm, BauR 2003, 1720 (Ablösung des Sicherheitseinbehalts von 5 % durch Bürgschaft auf erstes Anfordern – AGB des öffentlichen Auftraggebers).

erteilt hat. Damit ist neben der Abnahme eine **prüffähige** Schlussrechnung auch im BGB-Vertrag weitere **Fälligkeitsvoraussetzung** (§ 650g Abs. 4 BGB n.F.).

Gemäß § 650g Abs. 4 S. 2 BGB n.F. ist die Schlussrechnung prüffähig, „wenn sie eine übersichtliche Aufstellung der erbrachten Leistungen enthält und für den Besteller nachvollziehbar ist. Sie gilt als prüffähig, wenn der Besteller nicht innerhalb von 30 Tagen nach Zugang der Schlussrechnung begründete Einwendungen gegen ihre Prüffähigkeit erhoben hat". In der Begründung des Bundestages[309] heißt es hierzu:

„Da die Anforderungen an die Prüfbarkeit der Rechnung je nach Art und Komplexität des Auftrags sehr unterschiedlich ausfallen können, wird von einer detaillierteren gesetzlichen Regelung abgesehen. Gerade im Rahmen von Einheitspreisverträgen wird aber nur dann von einer prüffähigen Rechnung ausgegangen werden können, wenn sie eine Aufstellung enthält, wie oft die jeweiligen Einzelleistungen erbracht wurden. Je nach Art und Umfang der erbrachten Leistungen sind Mengenberechnungen, Zeichnungen und sonstige Belege beizufügen.

Um eine längere Unsicherheit zwischen den Parteien darüber zu vermeiden, ob eine vom Unternehmer vorgelegte Schlussrechnung die Voraussetzung der Prüffähigkeit erfüllt, sollen diesbezügliche Einwendungen nur innerhalb einer überschaubaren Frist möglich sein. Daher sieht § 650g Absatz 4 Satz 3 BGB – neu – vor, dass eine Schlussrechnung als prüffähig gilt, wenn der Besteller nicht innerhalb von 30 Tagen nach ihrem Zugang begründete Einwendungen gegen ihre Prüffähigkeit erhoben hat. Durch das Erfordernis begründeter Einwendungen wird erreicht, dass der Zweck der Vorschrift nicht dadurch umgangen werden kann, dass der Zahlungsschuldner sich lediglich pauschal auf eine fehlende Prüffähigkeit beruft und für den Unternehmer nicht erkennbar ist, welche Posten der Rechnung aus welchen Gründen beanstandet werden."

Hinsicht der **prüfbaren** Abrechnung kann auf die nachstehenden Ausführungen unter Rdn. 1865 zur VOB im Einzelnen verwiesen werden.

2. VOB-Bauvertrag

Literatur

Mantscheff, Prüfungsfähige Rechnungen, BauR 1972, 205; *Duffek*, Fälligkeit der Schlusszahlung nach VOB/B, BauR 1976, 164; *Hochstein*, Die Abnahme als Fälligkeitsvoraussetzung des Vergütungsanspruchs beim VOB-Bauvertrag, BauR 1976, 168; *Schmalzl*, Ist im VOB-Vertrag die Abnahme der Bauleistung zusätzliche Voraussetzung für die Fälligkeit der Schlusszahlung?, MDR 1978, 619; *Brügmann*, Die ursprünglich vereinbarte und später nicht durchgeführte förmliche Abnahme nach VOB, BauR 1979, 277; *Weidemann*, Fälligkeit des Werklohns trotz fehlender Abnahme bei einem VOB-Vertrag, BauR 1980, 124; *Schmitz*, Abnahme, Schlussrechnung und Schlusszahlung nach der VOB, DB 1980, 1009; *Dähne*, Die Schlussrechnung des Auftraggebers nach § 14 Nr. 4 VOB/B, BauR 1981, 233; *Kahlke*, Die Abnahme ist Fälligkeitsvoraussetzung auch beim VOB-Vertrag, BauR 1982, 27; *Scholtissek*, Abschlagszahlungen beim BGB- und VOB/B-Vertrag, MDR 1994, 534; *Peters*, Fälligkeit und Verzug bei den Zahlungsansprüchen des Bauunternehmers nach der VOB/B, NZBau 2002, 305; *Voppel*, Schlussrechnung und Schlusszahlung beim VOB-Vertrag, BrBp 2004, 180.

1845 Beim VOB-Bauvertrag ist die Regelung der Fälligkeit differenzierter: Die VOB/B enthält verschiedene Einzelregelungen, die jeweils nach Art der in Betracht kommenden Zahlungen unterschiedliche Fälligkeitstermine ergeben. § 16 VOB/B

---

[309] BT-Drucksache 18/11437, S. 49.

Fälligkeit des Werklohns/VOB   Rdn. 1845

ist im Juni 2012 insbesondere hinsichtlich der Fristenregelung neu gefasst worden.[310]

* **Abschlagszahlungen**
  Abschlagszahlungen sind gemäß § 16 Abs. 1 Nr. 1 und 3 VOB/B 21 Kalendertage (früher 18) nach Zugang einer Aufstellung über die geleisteten Arbeiten fällig (vgl. näher Rdn. 1585 ff.).
* **Vorauszahlungen**
  Die Fälligkeit von Vorauszahlungen richtet sich gemäß § 16 Abs. 2 VOB/B ausschließlich nach den vertraglichen Vereinbarungen der Parteien.
* **Teilschlusszahlungen**
  Die Fälligkeit von Teilschlusszahlungen ergibt sich aus § 16 Abs. 4 VOB/B: Es müssen also eine Teilabnahme und eine Teilschlussrechnung vorliegen, wobei eine Teilschlussrechnung nur bei Abgeschlossenheit der abgerechneten Bauteile zulässig ist.[311]
* **Stundenlohnvergütungen**
  Die Fälligkeit richtet sich nach § 15 Abs. 4 in Verbindung mit § 16 VOB/B (vgl. näher Rdn. 1570 ff.). Es kommen verschiedene Fälligkeitsregelungen in Betracht, die sich nach der jeweiligen Art und Zahlung bestimmen. Grundlegend für den Eintritt der Fälligkeit ist die Vorlage der Stundenlohnrechnungen.
  Wird mit den **Stundenlohnrechnungen** die gesamte Bauleistung abgerechnet, handelt es sich um eine Schlussrechnung, sodass die Fälligkeit nach § 16 Abs. 3 Nr. 1 VOB/B eintritt: Der Werklohn wird nach Beendigung der Prüfung der Schlussrechnung bzw. nach Ablauf der (jetzt) 30- bzw. 60-Tagefrist fällig. Werden die Stundenlöhne gemäß § 15 Abs. 4 in Abständen von 4 Wochen eingereicht, handelt es sich um Abschlagsrechnungen, sodass die Fälligkeit nach § 16 Abs. 1 Nr. 3 VOB/B eintritt: Der Werklohn ist spätestens nach Ablauf von (jetzt) 21 Tagen nach Zugang der Rechnung fällig. Entsprechendes gilt, wenn Stundenlöhne im Rahmen von Teilschlussrechnungen abgerechnet werden; insoweit gilt § 16 Abs. 4 VOB/B. Bei Vorauszahlungen auf Stundenlöhne ist § 16 Abs. 2 VOB/B maßgebend.
* **Schlusszahlung**
  Gemäß § 16 Abs. 3 wird die Schlusszahlung des Auftraggebers grundsätzlich nach Abnahme der fertig gestellten Bauleistung sowie spätestens innerhalb von 30 Tagen nach Zugang der Schlussrechnung (früher zwei Monate)[312] fällig: „Die Frist verlängert sich auf höchstens 60 Tage, wenn sie aufgrund der besonderen Natur oder Merkmale der Vereinbarung sachlich gerechtfertigt ist und ausdrücklich vereinbart wurde. Werden Einwendungen gegen die Prüfbarkeit unter Angabe der Gründe nicht bis zum Ablauf der jeweiligen Frist erhoben, kann der Auftraggeber sich nicht mehr auf die fehlende Prüfbarkeit berufen. Die Prüfung der Schlussrechnung ist nach Möglichkeit zu beschleunigen. Verzögert sie sich, ist das unbestrittene Guthaben als Abschlagszahlung sofort zu zahlen."
  Zur **vorbehaltlosen Annahme** der Schlusszahlung gemäß § 16 Abs. 3 VOB/B vgl. Rdn. 2750 ff.

---

310) Veröffentlicht am 13.7.2012 BAnzAT.
311) OLG Hamm, BauR 1997, 472 = OLGR 1997, 2.
312) Vgl. hierzu *Oelsner*, ZfBR 2012, 523.

a) Abnahme

Literatur

Hochstein, Die Abnahme als Fälligkeitsvoraussetzung des Vergütungsanspruchs beim VOB-Werkvertrag, BauR 1976, 168; *Groß*, Die verweigerte Abnahme, Festschrift für Locher (1990), 53; *Motzko/Schreiber*, Verweigerung der Bauabnahme bei einer Vielzahl kleiner Mängel – Möglichkeiten einer baubetrieblichen Bewertung –, BauR 1999, 24; *Niemöller*, Abnahme nach § 12 Nr. 4 VOB/B, Festschrift für Vygen (1999), S. 340; *Henkel*, Die ungeschriebenen Tatbestandsvoraussetzungen und die Rechtsnatur der „Abnahmefiktion" in § 12 Nr. 5 Abs. 1 und Abs. 2 VOB/B, Jahrbuch Baurecht 2003, 87.

1846 Die Abnahme der Bauleistung ist auch vom VOB-Bauvertrag **Fälligkeitsvoraussetzung** für die Schlusszahlung.[313] Daher gelten auch hier die allgemeinen Grundsätze zur Abnahme (vgl. Rdn. 1798 ff.). Auf die dort gemachten Ausführungen wird verwiesen. Insbesondere kann auch beim VOB-Vertrag die Abnahme sowohl **ausdrücklich** (vgl. Rdn. 1816 f. sowie 1818 ff.) oder durch **schlüssiges Verhalten** (vgl. hierzu Rdn. 1823 ff.) erfolgen. Die neue, mit dem **Gesetz zur Beschleunigung fälliger Zahlungen** eingefügte Abnahmevariante des § 640 Abs. 1 Satz 3 BGB (Abnahmefiktion bei **unberechtigter Verweigerung**)[314] gelten auch für den VOB-Bauvertrag (vgl. näher Rdn. 1833).[315]

1847 Die **VOB** kennt darüber hinaus **besondere Abnahmeformen**, insbesondere die im BGB nicht geltende fiktive Abnahme gemäß § 12 Abs. 5 VOB/B. Im Übrigen bestimmt § 12 VOB/B einige Sonderregelungen für die Abnahme beim VOB-Bauvertrag, die über die allgemeinen Abnahmebestimmungen des BGB hinausgehen. Auch beim VOB-Bauvertrag stellt die Abnahme einer Leistung nur die **Anerkennung des Werks als eine der Hauptsache nach vertragsgemäße Erfüllung** dar; das Vorhandensein und die Rüge von Mängeln schließt die Abnahme daher grundsätzlich nicht aus.

Die **VOB** kennt folgende **besondere Arten der Abnahme:**

* Abnahme der Gesamtleistung (Rdn. 1850)
* Teilabnahme (Rdn. 1851)
* förmliche Abnahme (Rdn. 1853)
* fiktive Abnahme (Rdn. 1854 ff.)

1848 Auf die Frage der Abnahme kommt es allerdings dann nicht entscheidend an, wenn der Bauherr gegenüber dem Werklohn des Auftraggebers einen **Schadensersatzanspruch** geltend macht. Damit gibt der Auftraggeber zu erkennen, dass er an einer weiteren Vertragserfüllung (Nacherfüllung) durch den Auftragnehmer nicht mehr interessiert ist, sodass eine endgültige Abrechnung über die erbrachte

---

313) BGH, NJW 1981, 822 = BauR 1981, 201 = DB 1981, 1134; BGH, NJW 1981, 1448 = BauR 1981, 284; OLG Hamm, NJW-RR 1989, 1180; OLG Köln, *SFH*, Nr. 2 zu § 641 BGB; OLG München, *SFH*, Nr. 4 zu § 16 Nr. 3 VOB/B; vgl. im Übrigen vor allem: *Kahlke*, BauR 1982, 27; *Schmitz*, DB 1980, 1009, 1010; *Weidemann*, BauR 1980, 124; *Hochstein*, BauR 1976, 168; **a.A.**: *Schmidt*, MDR 1965, 621, 622; *Fischer*, BauR 1973, 210, 211; *Duffek*, BauR 1976, 164; *Schmalzl*, MDR 1978, 619, 629.

314) So auch *Kraus*, BauR 2001, 513.

315) **Herrschende Meinung;** für viele *Kniffka*, ZfBR 2000, 227; *Oppler*, in: Ingenstau/Korbion, § 12/B, Rn. 25 ff.; *Motzke*, NZBau 2000, 489; *Havers*, in: Kapellmann/Messerschmidt, § 12/B, Rn. 6; **a.A.:** *Kiesel*, NJW 2000, 1673.

Bauleistung des Auftragnehmers einerseits und dem Schadensersatzanspruch des Auftraggebers andererseits zu erfolgen hat.³¹⁶⁾

1849 Wird das **Vertragsverhältnis vorzeitig**, also vor Fertigstellung der geschuldeten Bauleistung, gekündigt, hat der Auftragnehmer nach § 8 Abs. 6 VOB/B einen **Anspruch** gegen den Auftraggeber **auf Abnahme,** wenn die von ihm bis zur Kündigung erbrachte Leistung die Voraussetzung für die Abnahmepflicht des Auftraggebers erfüllt.³¹⁷⁾

1850 **Die Abnahme der Gesamtleistung** findet auf Verlangen des Unternehmers nach Fertigstellung des Werkes statt. Der Bauherr hat die Abnahme dann innerhalb von 12 Werktagen gemeinsam mit dem Unternehmer durchzuführen (§ 12 Abs. 1 VOB/B). Allerdings können die Parteien eine andere Frist vereinbaren. Die **Abnahmefrist** darf jedoch in AGB **nicht unangemessen weit hinausgeschoben** werden; eine Verlängerung der Abnahmefrist auf 24 Werktage hat der BGH noch als angemessen und daher wirksam angesehen.³¹⁸⁾ Eine Form für das Abnahmeverlangen des Unternehmers ist nicht vorgeschrieben. Mündliche Mitteilung reicht aus. Bei der Berechnung der Frist von 12 Werktagen zählen arbeitsfreie Samstage entsprechend § 193 BGB nicht mit, obwohl dies in der VOB nicht ausdrücklich gesagt ist.

1851 Eine **Teilabnahme** kann vom Unternehmer nur in seltenen Fällen verlangt werden. Nach § 12 Abs. 2 VOB/B sind auf Verlangen des Unternehmers **in sich abgeschlossene Teile** der Leistung sowie andere Teile der Leistung abzunehmen, wenn sie durch die weitere Ausführung des Bauwerks der Prüfung und Feststellung entzogen werden.³¹⁹⁾ Der Begriff des „in sich abgeschlossenen Teils" setzt voraus, dass die Teilleistung selbstständig funktionsfähig ist. Die Teilleistung muss damit soweit selbstständige Funktionen haben, dass unabhängig von anderen Leistungsteilen beurteilt werden kann, ob der betreffende Leistungsteil gebrauchsfähig ist.³²⁰⁾

1852 Beim VOB-Bauvertrag kann der Auftraggeber die **Abnahme verweigern,** wenn noch **wesentliche Mängel** vorliegen (§ 12 Abs. 3 VOB/B). Wann ein Mangel als „wesentlich" anzusehen ist, hängt von den Umständen des Einzelfalles ab. Maßgebender Zeitpunkt ist der des Abnahmetermins.³²¹⁾ Dabei sind Art und Umfang des Mangels (auch die voraussichtlichen Mängelbeseitigungskosten) sowie die Auswirkungen des Mangels zu berücksichtigen, wobei u.U. auch subjektive, erkenn-

---

316) BGH, NJW 1979, 549 = BauR 1979, 152 = BB 1979, 134 = DB 1979, 742; OLG Hamm, OLGR 1997, 74; OLGR 1998, 58; OLGR 1998, 184.
317) Vgl. hierzu auch Rdn. 1340.
318) NJW 1983, 816, 818 = BauR 1983, 161, 164; ferner: BGHZ 107, 75 = BauR 1989, 322; vgl. hierzu: *Bartsch*, ZfBR 1984, 1, 4.
319) BGH, BauR 1975, 423; OLG Düsseldorf, *SFH*, Nr. 14 zu § 12 VOB/B; vgl. auch OLG Düsseldorf, BauR 1996, 121 = NJW-RR 1996, 661 (zur **technischen Teilabnahme** nach bereits erfolgter rechtsgeschäftlicher Abnahme).
320) BGH, BauR 2009, 1736; vgl. hierzu *Hildebrandt* Kapitel 17, Rn. 87 ff.; ferner *Siegburg*, ZfIR 2000, 841, 844.
321) BGH, BauR 1992, 627 = ZfBR 1992, 216; OLG Düsseldorf, BauR 1997, 842 = NJW-RR 1997, 1178 = OLGR 1997, 224.

bare Vorstellungen einer Vertragspartei über die Bedeutung bestimmter Einzelheiten bei der Ausführung eine Rolle spielen können.[322]

Eine **zugesicherte Eigenschaft** kann, muss aber nicht einen wesentlichen Mangel darstellen.[323] Entsprechendes gilt für eine **vereinbarte Beschaffenheit** i.S. des § 633 Abs. 2 BGB n.F. Bei einer **Vielzahl von kleineren Mängeln**, die grundsätzlich als unwesentlich zu bezeichnen sind, kann aber im Einzelfall ein wesentlicher Mangel bei einer entsprechenden Gesamtschau angenommen werden.[324]

Beispiele aus der Rechtsprechung:

Wesentlicher Mangel: OLG Hamm, BauR 1989, 1180 (Gefälle eines Küchenbodens); BGH, NJW 1962, 1569 (Verarbeitung **anderer Holzart** als vereinbart); BGH, BauR 1992, 627 = NJW 1992, 2481 (**Risse** in Attika mit Auswirkung auf die Standsicherheit).

Kein wesentlicher Mangel: BGH, BauR 1981, 284 = ZfBR 1981, 139 (offene Fugenstellen in der Fassade); KG, BauR 1984, 529 (*kleine Unebenheiten* in einem Teppichboden); OLG Hamm, NJW-RR 1990, 957 (nicht ausreichend befestigte Dachziegel).

1853 In § 12 Abs. 4 VOB/B sind die Voraussetzungen für die **förmliche Abnahme** enthalten, eine Besonderheit, die nur die VOB kennt. Die förmliche Abnahme findet nur statt, wenn eine Vertragspartei es verlangt. Der Auftraggeber darf die förmliche Abnahme jedoch nicht ungebührlich verzögern; im anderen Falle verliert er nach § 242 BGB das Recht, sich auf förmliche Abnahme zu berufen (vgl. auch Rdn. 1818).[325]

1854 Eine weitere Besonderheit der VOB ist die **sog. fiktive Abnahme**. Sie ist nicht mit der Abnahme zu verwechseln, die durch konkludentes Verhalten des Auftraggebers zustande kommt und selbstverständlich auch beim VOB-Bauvertrag möglich ist (vgl. Rdn. 1818 und 1859). Hier nimmt der Bauherr die Bauleistung bewusst und mit Willen ab, wobei allerdings die Willenserklärung des Auftraggebers nicht ausdrücklich, sondern nur durch sein schlüssiges Verhalten erfolgt. Bei einem **gekündigten VOB-Werkvertrag** kommt eine **fiktive Abnahme** nach § 12 Abs. 5 VOB nicht in Betracht.[326] Bei der fiktiven Abnahme i.S. des § 12 Abs. 5 VOB/B wird eine Abnahme fingiert; sie tritt also u.U. unabhängig vom wirklichen Willen des Auftraggebers ein.[327] Daher sind insoweit **strenge Anforderungen** zu stellen. Nach § 12 Abs. 5 VOB/B sind dies:

* Ein **Abnahmeverlangen** (gemäß § 12 Abs. 1 oder Abs. 4) einer Vertragspartei fehlt.
* Eine **Abnahmeverweigerung liegt nicht vor**.[328]

---

322) OLG Hamm, BauR 1992, 240 = OLGR 1992, 6; NJW-RR 1990, 917 u. NJW-RR 1989, 1180; vgl. hierzu auch *Groß*, Festschrift für Locher, S. 53, 55 sowie *Willebrand/Detzer*, BB 1992, 1801, 1805.
323) BGH, BauR 1981, 284, 286 unter Hinweis auf BGH, NJW 1962, 1569 u. 1967, 388, 390.
324) KG, BauR 1984, 527. Zur **Beweislast:** *Wolter*, BauR 1998, 36, 50. Zur Bewertung einer Vielzahl kleiner Mängel: *Motzko/Schreiber*, BauR 1999, 24.
325) BGH, MDR 1989, 1094.
326) BGH, BGHZ 153, 344; OLG Celle, IBR 2015, 476 – *Eimler*.
327) BGH, NJW 1975, 1701 = BauR 1975, 344. Vgl. hierzu *Henkel*, Jahrbuch Baurecht 2003, 87 ff.
328) BGH, NZBau 2002, 437, 439; NJW 1979, 549, 550; BGH, SFH, Nr. 11 zu § 16 Nr. 2 VOB/B; OLG München, IBR 2013, 672 – *Eimler*; OLG Frankfurt, IBR 2004, 243; OLG Düsseldorf, NJW-RR 1997, 1178; OLG Hamburg, BauR 2003, 1590; OLG Celle,

Fälligkeit des Werklohns/VOB

* Die Bauleistung ist **im Wesentlichen fertig** gestellt, also abnahmefähig.[329]
* Der Unternehmer **teilt** dem Auftraggeber die **Fertigstellung** der Bauleistung schriftlich **mit**. Eine ausdrückliche Erklärung ist insoweit jedoch nicht erforderlich; so reicht z.B. die Übersendung der Schlussrechnung[330] aus, ebenso auch die Erklärung, dass die Baustelle nunmehr geräumt sei.[331] Erfolgt die Mitteilung gegenüber dem Architekten, muss er zur Abnahme bevollmächtigt sein.
* Der Auftraggeber lässt danach **12 Werktage verstreichen,** ohne dass er mit dem Unternehmer Verbindung wegen einer Abnahme aufnimmt. Wird die Abnahme fingiert, obliegt dem Auftraggeber die **Beweislast** dafür, dass eine Abnahme nicht verlangt worden ist.[332]

Eine **Abnahme** wird nach § 12 Abs. 5 Nr. 2 VOB/B schon nach Ablauf von **6 Werktagen fingiert,** wenn keine Abnahme verlangt wird (so nach Änderung durch die VOB 2002) und der Auftraggeber die Leistung oder einen Teil der Leistung **in Benutzung** genommen hat.[333] Der Fristablauf beginnt mit dem Beginn der Nutzung,[334] es sei denn, die Bauleistung weist grobe, ersichtliche Mängel auf oder die Nutzung (z.B. der Einzug) erfolgt aufgrund einer dem Auftragnehmer bekannten Zwangslage (vgl. Rdn. 1827).[335] Die Nutzung von Einzelteilen eines Bauwerkes zur Weiterführung des Baus gilt nicht als Abnahme. Bei **nicht abnahmereifer und deswegen vom Bauherrn zurückgewiesener Bauleistung** kommt eine fiktive Abnahme nicht in Betracht.[336] Dasselbe gilt für einen gekündigten VOB-Bauvertrag.[337] Mit der **Nutzung der Werkleistung** wird diese dann **nicht abgenommen,** wenn vor der Ingebrauchnahme fortlaufend **Mängel gerügt** wurden bzw. die Abnahme in der Vergangenheit wegen Mängeln verweigert wurde.[338] Überlässt ein Hauptauftragnehmer dem Auftraggeber die Leistung eines Nachunternehmers zur Benutzung und nutzt der Auftraggeber das Werk daraufhin, liegt nach Auffassung

1855

BauR 1997, 1049; OLG Hamm, NJW-RR 1989, 1180; OLG Köln, BauR 1998, 794, 797; *Havers,* in: Kapellmann/Messerschmidt, § 12/B, Rn. 98; **a.A.:** *Henkel,* Jahrbuch Baurecht 2003, 89, 128, 130 mit einer Übersicht über den Stand in Rechtsprechung und Literatur, S. 99 ff.

329) BGH, NJW 1979, 650 = BauR 1979, 159; OLG Düsseldorf, BauR 1976. 433; *Kniffka,* ZfBR 1998, 113, 115; vgl. hierzu insbesondere *Henkel,* Jahrbuch Baurecht 2003, 89, 91 mit weiteren umfangreichen Nachweisen.
330) OLG Düsseldorf, BauR 1997, 842 = NJW-RR 1997, 1178 = OLGR 1997, 224 (Übersendung einer Rechnung, aus der sich ergibt, dass der Auftragnehmer seine **gesamte** Leistung **abschließend** berechnen will); OLG Celle, BauR 1997, 844 („**Abschlagsrechnung**", mit der der Auftragnehmer seine **gesamte** Bauleistung abrechnet).
331) OLG Dresden, IBR 2008, 259 – *Leitzke;* OLG Frankfurt, BauR 1979, 326 (Vermerk auf der Schlussrechnung).
332) Vgl. OLG Stuttgart, NJW-RR 1986, 898 (für **Urkundenprozess** über die Werklohnforderung).
333) Vgl. hierzu OLG Frankfurt, BauR 2004, 1004 m. kritischer Anm. *Vygen* (keine fiktive Abnahme durch Inbenutznahme nach ausdrücklicher Abnahmeverweigerung, wenn die Werkleistung mangelhaft ist).
334) Vgl. BGH, NJW 1962, 1569; NJW 1971, 838 = BauR 1971, 126; NJW 1975, 1701 = BauR 1975, 344; OLG Karlsruhe, Justiz 1980, 325 (**Weiterbenutzung** während des Um- oder Anbaues).
335) OLG Düsseldorf, NJW-RR 1994, 408.
336) OLG Düsseldorf, BauR 1976, 433.
337) BGH, BauR 2003, 689 = NJW 2003, 1450 = NZBau 2003, 265.
338) OLG München, IBR 2013, 672.

des OLG Brandenburg[339] darin eine fiktive Abnahme der Nachunternehmerleistung gemäß § 12 Abs. 5 Nr. 2 VOB/B. Wird die fiktive Abnahme **formularmäßig ausgeschlossen**, hält dies einer Überprüfung nach § 307 BGB stand.[340]

1856 Vereinbaren die Parteien ausdrücklich eine **förmliche Abnahme** (vgl. im Einzelnen Rdn. 1818 ff.), kommt grundsätzlich eine **fiktive Abnahme** nach § 12 Abs. 5 VOB/B **nicht in Betracht**.[341] Dies gilt auch für die Fälle, in denen die Vertragsparteien auf die vereinbarte förmliche Abnahme bewusst oder unbewusst nicht zurückkommen (vgl. Rdn. 1820).[342] Kann hieraus im Einzelfall ein **Verzicht** der Vertragsparteien auf die Abnahmeförmlichkeiten geschlossen werden, soll nach teilweise vertretener Auffassung[343] die Abnahmefiktion des § 12 Abs. 5 VOB/B wieder Anwendung finden. Dabei wird jedoch allgemein die Abnahmewirkung nicht schon nach Ablauf der kurzen Frist des § 12 Abs. 5 VOB/B angenommen. Vielmehr soll sich die Länge der Frist nach den Grundsätzen von Treu und Glauben unter Berücksichtigung der Umstände des Einzelfalles richten.[344]

1857 Dieser Auffassung wird man bei besonders gelagerten Fällen nur im Ergebnis, nicht aber auf der Grundlage des § 12 Abs. 5 VOB/B folgen können. Wird zwischen Parteien eines Bauvertrages eine **förmliche Abnahme** vereinbart, wollen diese in aller Regel die strenge Abnahmefiktionswirkung der vorerwähnten Bestimmung, insbesondere unter Berücksichtigung der dort genannten kurzen Zeiten, ausschließen.[345] Kann aus ihrem späteren Verhalten ein **Verzicht auf die vereinbarte förmliche Abnahme** geschlossen werden, kommt zunächst allenfalls die Möglichkeit einer **Abnahme durch schlüssiges Verhalten** (vgl. Rdn. 1823) in Betracht.[346] Vielfach kann auch aus dem späteren Verhalten der Vertragsparteien eine solche konkludente Abnahme gefolgert werden.[347] Wird in einem VOB-Bauvertrag grundsätzlich die förmliche Abnahme für alle Fälle vertraglich vereinbart, muss nach Auffassung des KG[348] keine Partei die Abnahme gem. § 12 Abs. 4 Nr. 1 VOB/B „verlangen": Wird dann innerhalb der Frist des § 12 Abs. 5 Nr. 1 VOB/B kein Abnahmetermin anberaumt und die Abnahme auch nicht ausdrücklich verweigert, ist davon auszugehen, dass auf die förmliche Abnahme verzichtet wird,

---

339) IBR 2015, 477 – *Ludgen*.
340) BGH, BauR 1997, 302 = NJW 1997, 394 = MDR 1997, 238 = BB 1997, 176 = ZfBR 1997, 73.
341) BGH, BauR 1984, 166, 167; OLG Düsseldorf (23./24. ZS), *SFH*, Nr. 3 zu § 12 VOB/B; *Dähne*, BauR 1980, 223, 225, 226; OLG München, *SFH*, Nr. 7 zu § 12 VOB/B; **a.A.:** OLG Düsseldorf (23. ZS), *SFH*, Nr. 3 zu § 14 VOB/B sowie KG, IBR 2014, 336 mit abl. Anm. *Weber*.
342) *Brügmann*, BauR 1979, 277; *Dähne*, a.a.O.; *Hochstein*, BauR 1975, 221.
343) KG, BauR 1988, 230, 231; OLG Stuttgart, NJW-RR 1986, 898; OLG Düsseldorf (20. ZS), BauR 1981, 294.
344) KG, BauR 1988, 230, 231.
345) So auch OLG Düsseldorf, *SFH*, Nr. 3 zu § 12 VOB/B; **a.A.:** KG, BauR 1988, 230, 231; *Oppler*, in: Ingenstau/Korbion, § 12 Abs. 5/B, Rn. 5.
346) BGH, NJW 1993, 1063; OLG Düsseldorf, BauR 1997, 647; OLG Köln, BauR 1997, 309, 310; OLG München, *SFH*, Nr. 4 zu § 16 Nr. 3 VOB/B. **A.A.:** wohl OLG Brandenburg, NZBau 2012, 292.
347) So auch im Falle des OLG Düsseldorf, BauR 1981, 294 (Vorlage der Schlussrechnung und Zahlung, sodass ein Rückgriff des Gerichts auf § 12 Nr. 5 VOB/B unnötig war).
348) OLGR 2006, 565 = IBR 2006, 324 – *Miernik*.

sodass nach Ablauf von 12 Werktagen nach Erhalt der Schlussrechnung gem. § 12 Abs. 5 Nr. 1 VOB/B oder durch Inbenutznahme gem. § 12 Abs. 5 Nr. 2 VOB/B die Abnahme als erfolgt gilt.

1858 Der **BGH**[349] hat dies z.B. für den Fall angenommen, dass der Auftragnehmer die Schlussrechnung übersendet, ohne die förmliche Abnahme zu fordern, da er hiermit erkennbar zum Ausdruck bringt, dass er auf eine förmliche Abnahme keinen Wert legt. Verlangt der Auftraggeber dann mehrere Monate nach Erhalt der Schlussrechnung seinerseits keine förmliche Abnahme, ist davon auszugehen, dass beide Parteien übereinstimmend von der zunächst vorgesehenen förmlichen Abnahme abgesehen haben. Darüber hinaus könnte man daran denken, dass sich ausnahmsweise derjenige, der zwar eine förmliche Abnahme vereinbart hat, hierauf aber über einen längeren Zeitraum nicht zurückkommt, nach den Grundsätzen von Treu und Glauben nicht auf ein Fehlen der Abnahme berufen kann.[350] Hieran sind aber strenge Anforderungen zu stellen.[351]

1859 Die **fiktive Abnahme** hat dieselben rechtlichen Folgen wie die ausdrücklich oder konkludent erklärte Abnahme[352] (vgl. Rdn. 1810). Gilt die Bauleistung gemäß § 12 Nr. 5 VOB/B als abgenommen, kann der Auftraggeber die Abnahme auch nicht wegen wesentlicher Mängel „verweigern" und damit den Eintritt der Fälligkeit verhindern. Sein Nachbesserungsverlangen führt nunmehr lediglich dazu, dass er zur Zahlung des Werklohns **Zug um Zug** gegen Beseitigung der Mängel verurteilt wird.[353] Will der Bauherr Gewährleistungsansprüche hinsichtlich von Mängeln, die ihm bekannt sind, oder eine verwirkte Vertragsstrafe geltend machen, muss er sich diese Rechte innerhalb der Frist von 12 bzw. von 6 Werktagen gegenüber dem Unternehmer vorbehalten (vgl. insoweit näher Rdn. 2737 ff.); u.U. kann es aber genügen, wenn eine kurz **zuvor geäußerte Mängelrüge in dem vorgenannten Zeitraum erkennbar aufrecht erhalten** wird. Andernfalls sind die vorgenannten Rechte des Bauherrn verwirkt. Eine Vertragsstrafe kann nun nicht mehr geltend gemacht werden; im Rahmen seines Gewährleistungsrechts kann der Bauherr nur noch Schadensersatz nach § 13 Abs. 7 VOB/B verlangen, nicht aber noch Nachbesserung oder Minderung.

1860 Haben die Vertragsparteien anstelle der Abnahmefiktion des § 12 Abs. 5 VOB/B eine andere Regelung vereinbart, kann diese wiederum durch nachträgliches schlüssiges Verhalten (z.B. durch die vorbehaltlose Zahlung auf die Schlussrechnung) abbedungen werden.[354]

---

349) BB 1977, 869, 870.
350) Ebenso: BGH, NJW 1990, 43 = BauR 1989, 727 = ZfBR 1989, 251; OLG Düsseldorf, BauR 1997, 647, 648; siehe ferner: KG, BauR 1979, 256.
351) BGH, NJW 1993, 1063.
352) BGH, BauR 1975, 344 u. BauR 1971, 51.
353) BGH, BauR 1980, 357; NZBau 2002, 437, 439.
354) OLG Düsseldorf, BauR 1993, 507 (LS) = OLGR 1993, 164.

b) Prüfbare Abrechnung

Literatur

Schelle, Bindung an die Schlussrechnung auch beim VOB-Bauvertrag, BauR 1987, 272; *Welte*, Verwirkung von Einwendungen gegen die Schlussrechnung nach Ablauf der Prüfungszeit von zwei Monaten oder beweisrechtliche Konsequenzen?, BauR 1998, 384; *Heinrich*, Zur Rechtskraftwirkung der Abweisung einer Klage auf Architektenhonorar oder Bauunternehmerwerklohn als „zurzeit unbegründet", BauR 1999, 17; *Deckers*, Zur Rechtskraft des die Architektenhonorarklage als „zurzeit unbegründet" abweisenden Urteils, BauR 1999, 987; *Knacke*, Ist der Auftraggeber nach Ablauf der Zwei-Monats-Frist des § 16 Nr. 3 Abs. 1 VOB/B mit Einwendungen gegen die Schlussrechnung des Auftragnehmers ausgeschlossen?, Festschrift für Vygen (1999), S. 214; *Zanner*, Zur Verwirkung von Einwendungen des Auftraggebers bei Überschreitung der Prüfungsfrist aus § 16 Nr. 3 Abs. 1 Satz 1 VOB/B, BauR 2001, 1186; *Reck*, Klage auf Erteilung der VOB-Schlussrechnung, ZfBR 2003, 640; *Stellmann/Schinköth*, Schlussrechnung und Schlusszahlung nach der VOB/B – Eine Orientierung für die Praxis –, ZfBR 2005, 3; *Moufang*, Zur rechtlichen Bedeutung der in § 16 Nr. 3 Abs. 1 VOB/B geregelten Zwei-Monats-Frist, BauRB 2005, 55; *Jansen*, Vorlage einer neuen Schlussrechnung in der Berufungsinstanz, NZBau 2008, 689; *Schmidt*, Materiell-rechtliche Fragen zur Prüfbarkeit der Schlussrechnung des Werkunternehmers, NJW 2015, 1159.

1861 **Fälligkeitsvoraussetzung** ist beim VOB-Vertrag weiterhin, dass eine **prüfbare Abrechnung** vorliegt; § 14 VOB/B stellt insoweit besondere Erfordernisse auf.[355] Diese gelten auch für einen Pauschalpreis-[356] oder Festpreisvertrag.[357] Beim **Pauschalpreisvertrag** ist allerdings nur die Endsumme des vereinbarten Pauschalpreises im Rahmen der Schlussrechnung zu kennzeichnen[358] und die Zahlung von Abschlagszahlungen zu berücksichtigen,[359] es sei denn, die Vertragsleistung hat sich geändert[360] oder der Pauschalpreisvertrag wird vorzeitig beendet, sodass nunmehr eine Abrechnung der Teilleistung (ggf. nach Aufmaß) zu erfolgen hat (vgl. Rdn. 1553 ff.).[361]

1862 Der Anspruch des Auftraggebers gegen den Auftragnehmer auf Abrechnung seiner Leistungen und ggf. Rückzahlung seiner überschüssigen Abschlagszahlungen entsteht erst nach Beendigung des Vertrages. Davor ist nach Auffassung des KG[362] dieser Anspruch auch dann nicht gegeben, „wenn die weitere Durchführung des Bauvorhabens ins Stocken geraten ist und die vollständige Erfüllung des Vertrages damit bis auf weiteres ausbleiben wird: Die Rechte des Auftraggebers, dem an der Abrechnung seiner eventuell überhöhten Abschlagszahlungen gelegen ist, sind durch die Möglichkeit gewahrt, den Vertrag frei gemäß § 649 BGB oder – wenn

---

355) BGH, BauR 1987, 329 = ZfBR 1987, 146 = DB 1987, 1348; zutreffend: Beck'scher VOB-Komm/*Voit*, B § 14, Rn. 24 ff. Hinsichtlich der Durchsetzbarkeit eines Werklohns ohne Schlussrechnung in der **Insolvenz** des Auftragnehmers vgl. BGH, IBR 2005, 5 – *Schmitz*.
356) BGH, BauR 1989, 87 = NJW 1988, 836 = MDR 1989, 246; OLG München, BauR 1989, 749; OLG Hamm, BauR 1992, 516.
357) OLG Frankfurt, NJW-RR 1988, 983.
358) BGH, BauR 1979, 525 = DB 1979, 2369, 2370 = ZfBR 1979, 207, 208. Vgl. hierzu OLG München, BauR 2012, 807 = IBR 2012, 78 – *Sienz*.
359) OLG Düsseldorf, IBR 2013, 525 – *Bolz*; OLG Köln, NJW-RR 1990, 1171.
360) Vgl. OLG München, *Schäfer/Finnern*, Nr. 6 zu § 8 VOB/B.
361) OLG Köln, BauR 1994, 413 (LS).
362) OLGR 2009, 769.

Fälligkeit des Werklohns/VOB

ein Grund gegeben ist – fristlos zu kündigen oder eine Aufhebungsvereinbarung mit dem Vertragspartner zu schließen".

Der BGH[363] geht davon aus, dass für die **Fälligkeit des Werklohns** nach § 16 Abs. 2 Nr. 1 Satz 1 VOB/B der **Zeitpunkt maßgebend** ist, in welchem der Unternehmer die **Schlussrechnung erteilt hat**, nicht der – frühere – Zeitpunkt, in welchem er sie hätte erteilen können und müssen. Es kommt also stets auf die tatsächliche Erstellung der Schlussrechnung und nicht auf die Möglichkeit der Erstellung an. Dies gilt für alle Leistungsverträge.[364] Eine Rechnung ist für den Eintritt der Fälligkeit des Werklohns auch dann erforderlich, wenn der Auftraggeber vor Erteilung der Rechnung seine Zahlungsunwilligkeit ausdrücklich bekundet.[365]

1863

Bei **vorzeitiger Beendigung** eines VOB-Bauvertrages (z.B. durch Kündigung oder einvernehmlicher Aufhebung des Vertrages) bedarf es ebenfalls zur Fälligkeit der Vergütung für erbrachte Leistung oder vergütungsgleiche Forderungen (z.B. entgangener Gewinn oder Entschädigung) der Erteilung einer Schlussrechnung gemäß § 16 Abs. 3 Nr. 1 Satz 1 VOB/B.[366] Haben die Vertragsparteien mehrere Bauverträge für ein Vorhaben abgeschlossen, kann der Auftragnehmer auch diese Einzelverträge gesondert abrechnen; es bedarf insoweit keiner zusammenfassenden Schlussrechnung.[367]

1864

Zur **Abrechnung eines vorzeitig beendeten Bauvertrages**, vgl. im Einzelnen näher Rdn. 1721 ff. (Einheitspreisvertrag) und Rdn. 1554 ff. (Pauschalpreisvertrag). Zur **einheitlichen Fälligkeit sämtlicher (auch „vergessener") Forderungen** vgl. Rdn. 2839.

Was die VOB unter **„prüfbare Abrechnung"** versteht,[368] wird aus § 14 Abs. 1 Satz 2 bis 4 deutlich: Danach hat der Unternehmer die Rechnungen **übersichtlich aufzustellen** und dabei die **Reihenfolge der Posten entsprechend dem Auftrag einzuhalten** und die in den Vertragsbestandteilen enthaltenen Bezeichnungen zu verwenden.[369] Nach OLG Düsseldorf[370] ist eine Rechnung eines Unternehmers auch prüfbar, wenn die Rechnungspositionen in Verbindung mit dem Leistungsverzeichnis die berechneten Leistungen angeben und für die Stundenlohnarbeiten dem Auftraggeber die Stundenlohnzettel zugegangen sind; auch der Preisansatz ist nicht zu beanstanden, wenn die Preise aus dem Leistungsverzeichnis und dem Verhältnis des Angebotsendpreises zum Pauschalpreis errechenbar sind. Ist eine Schlussrechnung nicht nach den Positionen des Leistungsverzeichnisses aufgestellt, sondern

1865

---

363) BGH, BauR 1977, 354 = NJW 1977, 2075 (LS).
364) OLG Celle, BauR 1979, 433.
365) BGH, BauR 1970, 116.
366) BGH, BauR 1987, 95 = NJW 1987, 382; BauR 2000, 1191 = ZfBR 2000, 471; BauR 2001, 106 = MDR 2000, 1429 = ZfBR 2001, 33 = NZBau 2001, 19 (prüfbare Schlussrechnung auch bei endgültiger Leistungsverweigerung durch Auftraggeber); OLG Köln, BauR 1994, 413 (LS); LG Aachen, BauR 2001, 107; OLG Naumburg, NJW-RR 2000, 391; **a.A.:** OLG Köln, NJW-RR 1992, 1375 für den Fall, dass die vom Auftragnehmer erstellten Teilrechnungen alle ausgeführten Arbeiten enthalten.
367) BGH, BauR 2000, 1485 = NJW-RR 2000, 1469 = ZfBR 2000, 545.
368) Zur **Hinweispflicht** des Gerichts: BGH, BauR 1999, 635 = NJW 1999, 1867 = MDR 1999, 671.
369) OLG Brandenburg, BTR 2005, 128. Vgl. hierzu auch *Schmidt*, NJW 2015, 1159.
370) NJW-RR 2001, 808.

wird dort nur auf frühere Abschlagsrechnungen Bezug genommen, in denen aber die Leistungen prüfbar dargestellt sind, kann eine Prüffähigkeit der Rechnung ebenfalls nicht verneint werden.[371]

1866 Umfasst ein Bauvorhaben mehrere Gebäude, denen jedoch getrennte Verträge zu Grunde liegen, bedarf es nach der Auffassung des BGH[372] keiner „zusammenfassenden Schlussrechnung", sondern jedes Gebäude kann für sich getrennt abgerechnet werden. Die zum Nachweis von Art und Umfang der Leistung erforderlichen Mengenberechnungen, Zeichnungen und andere **Belege sind beizufügen**.[373] **Bestandszeichnungen, Revisionspläne** usw. **gehören nicht** zu den nach § 14 geforderten **Abrechnungsunterlagen**; sie können aber zur vertraglich geschuldeten Leistung des Auftragnehmers gehören, wenn sich dies aus den einschlägigen DIN-Normen oder aber aus dem Bauvertrag selbst ergibt.[374] Änderungen und Ergänzungen des Auftrags sind in der Rechnung besonders kenntlich zu machen; sie sind auf Verlangen getrennt abzurechnen. Der substantiierte Nachweis des Leistungsumfanges in dieser Form ist grundsätzlich nur beim Einheitspreisvertrag, nicht aber beim Pauschalvertrag erforderlich (vgl. Rdn. 1514 ff.).[375]

1867 Eine Schlussrechnung kann auch nur **teilweise nicht prüffähig** sein. Das hat nicht zur Folge, dass die gesamte Forderung nicht fällig ist. Vielmehr ist nach herrschender Auffassung der Teil der Forderung fällig, der prüfbar abgerechnet ist.[376]

1868 Bei alledem ist zu berücksichtigen, dass nach BGH[377] eine Abrechnung bereits dann **prüffähig** ist, wenn der **Auftraggeber in die Lage versetzt wird**, die Forderung, gemessen an den vertraglichen Vereinbarungen, **zu überprüfen**. Der Auftraggeber ist mit Einwendungen gegen die Prüffähigkeit der Schlussrechnung sowie die Richtigkeit der von dem Auftragnehmer Mengen und Massen nach Treu und Glauben allerdings ausgeschlossen, wenn er selbst **ein eigenes Aufmaß** erstellt und gegenüber seinem Auftragnehmer die Leistungen des Auftragnehmer abgerechnet hat und dabei die von dem Auftragnehmer abgerechneten Mengenangaben seinem eigenem Aufmaß zugrunde gelegt hat.[378]

---

371) BGH, BauR 1999, 1185 = NJW-RR 1999, 1180 = MDR 1999, 1133 = ZfBR 1999, 319. Vgl. hierzu auch OLG Brandenburg, BauR 2000, 583 = NZBau 2000, 511, wonach die fehlende Übereinstimmung der Reihenfolge der Rechnungspositionen mit der Reihenfolge der Positionen im Leistungsverzeichnis unschädlich ist, wenn hierdurch die Überprüfung der Rechnung nicht wesentlich erschwert wird.
372) BauR 2000, 1485 = NJW-RR 2000, 1469 = ZfBR 2000, 545 = NZBau 2000, 508.
373) OLG Brandenburg, BTR 2005, 128; OLG Düsseldorf, *SFH*, Nr. 3 zu § 14 VOB/B; LG Hanau, *SFH*, Nr. 4 zu § 14 VOB/B; OLG München, BauR 1989, 749; ferner: OLG Frankfurt, OLGR 2000, 286; anders BauR 1980, 578 (Beifügung entbehrlich, wenn Auftraggeber selbst Bauleiter und umfassende Kenntnis hatte).
374) Vgl. OLG Düsseldorf, *SFH*, Nr. 3 zu § 14 VOB/B; OLG Celle, BauR 1995, 261.
375) BGH, BauR 1979, 525 = MDR 1980, 136 = DB 1979, 2369.
376) BGH, BauR 2006, 678, 680 = NZBau 2006, 231 = NJW-RR 2006, 455; BauR 2004, 316; ebenso KG, KGR 2000, 148 = NZBau 2000, 340; vgl. aber OLG Frankfurt, OLGR 2002, 133 (Schlussrechnung insgesamt nicht prüfbar, wenn einzelne nicht prüfbare Positionen „im Verhältnis zur Gesamtrechnungssumme Gewicht haben").
377) NJW-RR 2005, 1103; vgl. hierzu OLG Koblenz, IBR 2013, 336 – *Peters*.
378) OLG Brandenburg, OLGR 2005, 222.

1869 Da die **Prüfbarkeit** der Schlussrechnung **Fälligkeitsvoraussetzung** für den Werklohn ist,[379] sind insbesondere die Aufstellung und Vorlage des **Aufmaßes** beim Einheitspreisvertrag (vgl. Rdn. 1494 ff.) Voraussetzungen für die Fälligkeit des Vergütungsanspruches.[380] § 14 Abs. 2 VOB/B verlangt nicht zwingend ein **gemeinsames Aufmaß** (vgl. Rdn. 1495, 1886, 2542). Die Vorschrift gibt nur eine sinnvolle Empfehlung für die Vertragsparteien. Haben sich die Vertragsparteien aber ausdrücklich auf ein gemeinsames Aufmaß geeinigt, stellt sich die Frage, ob die Fälligkeit des Werklohns hiervon abhängig gemacht wird. Der BGH[381] verneint dies mit dem Hinweis, dass das gemeinsame Aufmaß den Zweck hat, den Umfang der tatsächlich erbrachten Leistungen nach Zahl, Maß und Gewicht festzustellen und diese Feststellungen dem Streit der Vertragsparteien zu entziehen: Wenn eine Partei die Beteiligung an dem gemeinsamen Aufmaß verweigert, begibt sich diese (nur) „der Vorteile, die ein von beiderseitigem Einverständnis getragenes Aufmaß hat".[382] Soweit ein **Aufmaß nicht mehr vorgenommen werden kann**, genügt der Unternehmer seiner Darlegungslast, wenn der Tatsachen vorträgt, die dem Gericht die Möglichkeit eröffnen, ggf. unter Mithilfe eines Sachverständigen die für die Ausführung angefallene **Mindestvergütung zu schätzen**; im Übrigen stellt ein angebotener Beweis für den Umfang der erbrachten Arbeiten durch Einvernahme eines Zeugen, der die Arbeit begleitet hat, **keinen unzulässigen Ausforschungsbeweis** dar.[383]

1870 Die VOB/B ermöglicht einem Auftragnehmer gemäß § 16 Abs. 4 auch die Erstellung einer **Teilschlussrechnung**. Voraussetzung ist allerdings, dass ein „**in sich abgeschlossener Teil der Leistung**"[384] erbracht wurde und zudem eine Teilabnahme erfolgt ist. Teilschlussrechnungen sind der Praxis selten. Dies gilt umso mehr, als die Auslegung des Begriffs des „in sich abgeschlossenen Teils der Leistung" restriktiv ausgelegt wird.[385] Dieselbe Formulierung, verbunden mit den gleichen Abgrenzungsschwierigkeiten findet sich im Übrigen in § 12 Abs. 2 VOB/B sowie dem neu geschaffenen § 632a BGB. Sind die Voraussetzungen des § 16 Abs. 4 VOB/B gegeben, hat die Teilschlussrechnung dieselben Wirkungen wie die Schlussrechnung, insbesondere hinsichtlich der Fälligkeit und des Beginns der Verjährung der Forderung (vgl. Rdn. 1810).[386]

Abschlagsrechnungen können nach OLG Hamm[387] ausnahmsweise in ihrer Gesamtheit die Voraussetzungen der „Prüfbarkeit" im Sinne von § 14 Abs. 1

---

379) BGH, NJW-RR 1990, 1170 = BauR 1990, 605 = ZfBR 1990, 226; BauR 1979, 342, 343; OLG Celle, BauR 1996, 264; *Schmitz*, DB 1980, 1009, 1013; OLG München, *SFH*, Nr. 6 zu § 8 VOB/B = ZfBR 1982, 67, 68; LG Hanau, BauR 1979, 256.
380) OLG Brandenburg, BauR 2003, 542, 543; vgl. aber OLG Celle, BauR 1996, 264, wonach es dem Auftragnehmer gemäß § 242 BGB verwehrt ist, sich gegenüber einer prüfbaren Abrechnung nach mehr als einem Jahr noch auf das fehlende Aufmaß zu berufen; ähnlich: OLG Brandenburg, BauR 1998, 793.
381) BauR 1999, 1185 = NJW-RR 1999, 1180 = MDR 1999, 1133 = ZfBR 1999, 319.
382) Dem BGH folgen *Locher*, in: Ingenstau/Korbion, § 14 Abs. 2/B, Rn. 6.
383) BGH, BauR 2006, 2040, 2041 = NZBau 2006, 777 = IBR 2006, 661 – *Schmitz*. Vgl. hierzu auch *Knychalla*, Jahrbuch Baurecht 2007, 1, 10.
384) Vgl. hierzu BGH, BauR 2009, 1736.
385) Vgl. hierzu *Locher*, in: Ingenstau/Korbion, § 16 Abs. 4/B, Rn. 1 ff.
386) *Messerschmidt*, in: Kapellmann/Messerschmidt, § 16, Rn. 281, 282.
387) NJW-RR 1996, 593.

VOB/B erfüllen und als „Schlussrechnung genügen", wenn sie sämtliche vom Unternehmer ausgeführten Leistungen enthalten und sich deshalb eine weitere zusammenfassende Rechnung erübrigt.

1871 Die Abrechnung muss nicht so erstellt werden, dass sie für jedermann verständlich ist. Die Prüfbarkeit der Abrechnung ist vielmehr dann gegeben, wenn sie derjenige prüfen kann, der die Bauleitung hatte. Sie muss also **für den Fachkundigen** (z.B. der Architekt des Auftraggebers) **prüfbar** sein.[388] Die Wahl eines falschen Abrechnungsverfahrens ändert nichts daran; eine hierauf basierende Rechnung ist prüffähig.[389] Für die Wirksamkeit einer Schlussrechnung bedarf es auch nicht der handschriftlichen Unterzeichnung durch den Auftragnehmer.[390] Eine nicht prüfbare Schlussrechnung kann auch nicht durch einen gerichtlichen Sachverständigen (z.B. durch eigene Berechnung nach Erfahrungssätzen) prüfbar gemacht werden.[391]

1872 Der **BGH** hat im Übrigen in den letzten Jahren zu Recht **allgemein gültige Schranken hinsichtlich der Prüfbarkeit einer Schlussrechnung aufgebaut,** um zu verhindern, dass insoweit Prozesse von Auftragnehmern an zu hohen, abstraktobjektiven Anforderungen scheitern. Dabei stellt der BGH[392] nunmehr – entsprechend der Rechtsprechung zur Abrechnung von Architektenleistungen (vgl. Rdn. 1180 ff.) – im Wesentlichen auf den Empfängerhorizont und damit subjektive Elemente auf Seiten des Auftraggebers ab:

> „Die Prüfbarkeit einer nach diesen Grundsätzen aufgestellten Schlussrechnung ist nach der Rechtsprechung des Bundesgerichtshofs **kein Selbstzweck.** Die Anforderungen an die Prüfbarkeit ergeben sich vielmehr **aus den Informations- und Kontrollinteressen des Auftraggebers.** Diese bestimmen und begrenzen den Umfang der Differenzierung der für die Prüfbarkeit erforderlichen Angaben der Schlussrechnung. In welchem Umfang die Schlussrechnung aufgeschlüsselt werden muss, damit sie den Auftraggeber in die Lage versetzt, sie in der gebotenen Weise zu überprüfen, ist eine Frage des Einzelfalls, die abgesehen von den Besonderheiten der Vertragsgestaltung und der Vertragsdurchführung auch von den Kenntnissen und Fähigkeiten des Auftraggebers und seiner Hilfspersonen abhängt" (Urteil v. 29.4.1999 – VII ZR 127/98 –, BauR 1999, 1185 = ZfBR 1999, 319).

Zur **Prüfbarkeit der Schlussrechnung** vgl. auch die Ausführungen im **Architektenrecht unter Rdn. 1173 ff.**

1873 Will der Auftraggeber die **fehlende Prüfbarkeit der Schlussrechnung rügen,** hat dies in **substantiierter Form** zu erfolgen:[393] Der Auftraggeber muss also im Einzelnen vortragen, inwieweit ihm Informationen aus der Rechnung für eine Prüfbarkeit fehlen. Die fehlende Prüfbarkeit einer Schlussrechnung ist nicht von

---

388) BGH, BauR 2002, 468 = ZfBR 2002, 248 = MDR 2002, 272 = NZBau 2002, 90; NJW 1967, 342; OLG Bamberg, OLGR 2003, 299 = NZBau 2003, 570; OLG Hamm, BauR 1997, 656 = OLGR 1997, 113; OLG Oldenburg, BauR 1997, 523 (LS); OLG München, BauR 1993, 346; OLG Celle, BauR 1995, 261; *Schmitz,* DB 1980, 1009, 1011; OLG Düsseldorf, *SFH,* Nr. 3 zu § 14 VOB/B.
389) OLG Düsseldorf, BauR 1990, 609.
390) OLG Karlsruhe, OLGR 1998, 17.
391) OLG Bamberg, IBR 2003, 526 – *Miernik.*
392) BauR 2001, 251 = NJW 2001, 521 = NZBau 2001, 85 = ZfBR 2001, 102 = MDR 2001, 212; vgl. hierzu auch BGH, BauR 2002, 1403 u. BGH, BauR 2002, 1406; ferner OLG Koblenz, IBR 2013, 336 – *Peters;* OLG Brandenburg, BauR 2003, 542, 543.
393) OLG Brandenburg, IBR 2012, 252 – *Zanner.*

Amts wegen zu beachten;[394)] eine Überprüfung erfolgt erst auf den entsprechenden Einwand des Auftraggebers.

Im Einzelfall kann der **Einwand** der fehlenden Prüffähigkeit der Schlussrechnung **rechtsmissbräuchlich** sein. Der BGH hat dies wiederholt zum Ausdruck gebracht. Das geschah zum Teil in Entscheidungen zur Honorarschlussrechnung des Architekten. Diese Grundsätze gelten entsprechend für die Schlussrechnung des Unternehmers. Danach stellt der Einwand der fehlenden Prüffähigkeit einen Rechtsmissbrauch des Auftraggebers dar, **1874**

* wenn er die **Rechnung geprüft** hat[395)]
* wenn er die sachliche und rechnerische Richtigkeit der Schlussrechnung **nicht bestreitet,**[396)] also z.B. Angaben zu anrechenbaren Kosten fehlen, der Auftraggeber diese Kosten jedoch nicht in Zweifel zieht[397)]
* wenn ihm die **Überprüfung** trotz einzelner fehlender Angaben **möglich** war oder er die **notwendigen Kenntnisse** bereits anderweitig erlangt hat, sodass die Aufnahme in die Schlussrechnung „reine Förmelei" wäre[398)]
* wenn er den Mangel der Prüffähigkeit **verspätet** rügt.[399)]
* wenn sich der Auftragnehmer auf die eigene (wenn auch nicht prüfbare) **Abrechnung des Auftraggebers** stützt.[400)]

Hinsichtlich der Rechtsmissbräuchlichkeit bei einem **verspäteten Einwand der Prüffähigkeit** der Schlussrechnung ist auf Folgendes hinzuweisen: Der BGH[401)] hat diesen Grundsatz zunächst zur Prüffähigkeit einer Honorarschlussrechnung eines **Architekten** aufgestellt und dabei darauf hingewiesen, dass der Auftraggeber „den durch die Ausgestaltung der Prüffähigkeit als Fälligkeitsvoraussetzung eingeräumten Schutz verliert, wenn er seine Einwendungen gegen die Prüffähigkeit nicht in angemessener Frist erhebt". Es sei – so der BGH – „nach Treu und Glauben und dem auch nach Erbringung der Vorleistung des Werkunternehmers fortwirkenden Kooperationsgebot nicht zu vereinbaren, wenn der Auftraggeber die Beurteilung der Prüffähigkeit der Rechnung hinausschiebt, um diese später in Frage zu stellen". Nach dieser Entscheidung ist der Einwand der fehlenden Prüffähigkeit einer Rechnung nur dann rechtzeitig, wenn er binnen einer angemessenen Frist erfolgt, wobei es auf ein Verschulden des Auftraggebers nicht ankommt. Als angemessen für den Einwand der fehlenden Prüffähigkeit einer Honorarschlussrech-

---

394) OLG Brandenburg, IBR 2008, 501 – *Graf.*
395) BGH, BauR 2002, 468 = NZBau 2002, 90 = NJW 2002, 676 = IBR 2002, 68 – *Weise.* Ferner OLG Frankfurt, IBR 2017, 10 – *Bolz* (Auftraggeber korrigiert einzelne Positionen).
396) BGH, BauR 1997, 1065 = NJW 1998, 135 = ZfBR 1998, 25.
397) BGH, BauR 2000, 591 = NJW 2000, 808 = NZBau 2000, 204; BauR 2000, 124 = NJW 2000, 206 = NZBau 2000, 141.
398) BGH, BauR 2004, 316 = NZBau 2004, 216 = NJW-RR 2004, 445 = EWiR, § 18 HOAI 1/04, 559 mit Anm. *Wenner* = ZfIR 2004, 237 mit Anm. *Schwenker*, S. 232; BauR 2002, 468 = NZBau 2002, 90 = NJW 2002, 676 = IBR 2002, 68 – *Weise;* BauR 1999, 63, 64 = NJW-RR 1999, 95 = ZfBR 1999, 97.
399) BGH, BauR 2004, 316 = NZBau 2004, 216 = NJW-RR 2004, 445 = EWiR, § 18 HOAI 1/04, 559 mit Anm. *Wenner* = ZfIR 2004, 237 mit Anm. *Schwenker*, S. 232.
400) OLG Stuttgart, BauR 2017, 1533; OLG Jena, IBR 2013, 265 – *Böhm.*
401) BGH, a.a.O.

nung hält der BGH einen Zeitraum von zwei Monaten seit Zugang der Schlussrechnung.

Der BGH[402] hat diese Erwägungen auch auf einen Bauvertrag übertragen, dem die VOB zugrunde liegt, weil im VOB-Vertrag ebenso wie nach § 15 HOAI die Prüfbarkeit einer Schlussrechnung zur Fälligkeitsvoraussetzung erhoben wird:

> „Mit diesem Zweck ist es nicht vereinbar, wenn der Auftraggeber den **Einwand der fehlenden Prüfbarkeit** erst nach längerer Zeit erhebt. Ebenso wie beim Architektenvertrag hat der Einwand vielmehr binnen einer **Frist von zwei Monaten** nach Zugang der Schlussrechnung zu erfolgen. Versäumt der Auftraggeber die Frist, findet die Sachprüfung statt, ob die Forderung berechtigt ist. Er kann im Rahmen der Sachprüfung auch solche Einwendungen vorbringen, die er gegen die Prüfbarkeit der Rechnung hätte vorbringen können."[403]

Ist also der Zeitraum von zwei Monaten nach Zugang der Schlussrechnung abgelaufen, ohne dass der Auftraggeber entsprechend Stellung genommen hat, kann er mit dem Einwand fehlender Prüfbarkeit nicht mehr gehört werden, auch wenn die Rechnung tatsächlich nicht prüfbar ist.[404] Vielmehr ist die Werklohnforderung dann fällig geworden. Die Vorlage weiterer Schlussrechnungen ändert daran nichts. Die Fälligkeit von Werklohnforderung kann daher nicht dadurch beseitigt werden, dass neue nicht prüfbare Schlussrechnungen gelegt werden und der Auftraggeber entsprechende Einwendungen innerhalb einer Frist von zwei Monaten nach Erteilung der Schlussrechnung erhebt.[405] Die Frist von zwei Monaten gilt auch dann, wenn eine Schlussrechnung während eines laufenden Gerichtsverfahrens eingereicht wird.[406] Allerdings verliert der Auftraggeber damit nicht seine **sachlichen Einwendungen** gegen die Rechnung.

In diesem Zusammenhang weist der BGH[407] zur Darlegungslast des Auftraggebers darauf hin, dass allein die Rüge, die Rechnung sei nicht prüffähig, nicht ausreichend ist. Vielmehr hat der Auftraggeber die Teile der Rechnung und die Gründe zu bezeichnen, die nach seiner Auffassung zu dem Mangel der fehlenden Prüffähigkeit führen.

1875 Diese Überlegungen des BGH sind in die **neue VOB/B** eingeflossen. Mit der Ausgabe 2012 der VOB/B ist die Frist von zwei Monaten allerdings auf 30 bzw. 60 Tage korrigiert worden (vgl. hierzu Rdn. 1845 a.E.): Nach § 16 Abs. 3 Nr. 1 Satz 2 VOB/B kann der Auftraggeber sich daher nicht mehr auf die fehlende Prüfbarkeit berufen, wenn seine Einwendungen gegen die Prüfbarkeit unter Angabe der Gründe hierfür nicht spätestens innerhalb der 30- bzw. 60-Tagesfrist nach Zugang der Schlussrechnung erhoben wurden.

Rügt der Auftraggeber die fehlende Prüfbarkeit der Rechnungen nicht, findet eine endgültige Klärung der Werklohnforderung nunmehr statt. Der BGH[408] verweist in diesem Zusammenhang darauf, dass die Rechtslage in diesem Fall derjeni-

---

402) BauR 2004, 1937 = ZfIR 2005, 22 m.Anm. *Schwenker*.
403) BGH, a.a.O.
404) BGH, BauR 2006, 517 = NZBau 2006, 179 = NJW-RR 2006, 454; BGH, BauR 2006, 678 = NZBau 2006, 231 = NJW-RR 2006, 455.
405) BGH, BauR 2011, 831 = NJW 2011, 918 = IBR 2011, 188 – *v. Rintelen*.
406) BGH, BauR 2006, 517 = NZBau 2006, 179 = NJW-RR 2006, 454.
407) BauR 2004, 316 = NZBau 2004, 216 = NJW-RR 2004, 445 = EWiR, § 18 HOAI 1/04, 559 mit Anm. *Wenner* = ZfIR 2004, 237 mit Anm. *Schwenker*, S. 232.
408) BauR 2007, 1577 = IBR 2007, 531 – *Vogel*.

gen des Bürgerlichen Gesetzbuchs entspricht, nach dem die Erteilung einer prüfbaren Rechnung keine Fälligkeitsvoraussetzungen ist.

1876 Hält das Gericht eine Schlussrechnung für nicht prüffähig, hat es im Rahmen seiner **Hinweispflicht** – auch bei Vertretung des Auftragnehmers durch einen Prozessbevollmächtigten – hierauf unmissverständlich aufmerksam zu machen. Dabei müssen die entsprechenden Hinweise so präzise gestaltet sein, dass der Auftragnehmer hieraus die entsprechenden Schlussfolgerungen zur Ergänzung seines Sachvortrages und ggf. zur Korrektur seiner Rechnung ziehen kann.[409] Etwas anderes kann nur dann im Einzelfall gelten, wenn sich bereits aus dem substantiierten Vortrag der Gegenseite der fehlende Sachvortrag ergibt.

1877 Bei alledem ist stets vom Gericht und von den Parteien zwischen der **Prüffähigkeit** einer Rechnung und der **Richtigkeit** einer Rechnung zu unterscheiden, was häufig nicht geschieht:[410] So kann z.B. eine richtige Rechnung im Einzelfall nicht prüffähig, aber auch eine prüffähige Rechnung nicht richtig sein.

1878 Ist die Schlussrechnung im vorerwähnten Sinne **nicht prüfbar**, ist eine darauf gestützte Klage nur **als zurzeit unbegründet** und nicht wegen fehlender Substantiierung endgültig **abzuweisen**.[411] Damit hat der Auftragnehmer nunmehr Gelegenheit, seinem Auftraggeber eine neue prüffähige Schlussrechnung vorzulegen, um diese dann in einem neuen Prozessverfahren durchzusetzen. Da es sich insoweit um denselben Streitgegenstand handelt,[412] ist stets im Einzelfall zu prüfen, ob in dem Vorprozess die Vergütungsklage tatsächlich als derzeit unbegründet abgewiesen worden ist. Obwohl ein entsprechender Hinweis aus Gründen der Klarstellung der Tragweite der gerichtlichen Entscheidung sinnvoll erscheint, wird dies häufig im Tenor des Urteils nicht zum Ausdruck gebracht. Das ist jedoch unschädlich; es reicht aus, wenn sich diese Einschränkung des Urteils aus den Gründen ergibt.[413]

1879 Da die **Nutzung von Geräten, Gerüsten oder auf der Baustelle vorhandener anderer Einrichtungen** sowie von angelieferten Stoffen oder Bauteilen im Sinne des § 8 Abs. 3 Nr. 3 VOB/B erst **nach der Kündigung** erfolgt und sich unter Umständen über einen längeren Zeitraum erstreckt, wird die entsprechende Vergütungsforderung des gekündigten Auftragnehmers unabhängig von der Erteilung der Schlussrechnung fällig.[414] Sie ist ein selbstständiger Rechnungsposten und nach Beendigung der Nutzung gesondert in Rechnung zu stellen.

---

409) BGH, BauR 2007, 110, 111 = NZBau 2006, 782; BauR 1999, 635 = NJW 1999, 1867 = ZfBR 2000, 38 = MDR 1999, 671; OLG Koblenz, BauR 2001, 664. Zu den Auswirkungen auf das **Berufungsverfahren** nach neuem Recht: *Schwenker*, IBR 2002, 397, 399.
410) Hierauf verweist Koeble, in: *Kniffka/Koeble*, 12. Teil, Rn. 297 zu Recht.
411) BGH, BauR 2001, 106 = MDR 2000, 1429 = ZfBR 2000, 33 = NZBau 2001, 19; BauR 2000, 1191 = ZfBR 2000, 471 (keine endgültige Abweisung wegen fehlender Substantiierung); hierzu: *Heinrich*, BauR 1999, 17; *Deckers*, BauR 1999, 987 (beide zur Rechtskraftwirkung eines entsprechenden Urteils).
412) BGH, BauR 2000, 1191 = ZfBR 2000, 471; ferner: BauR 2001, 124 = ZfBR 2001, 34 (für die Architektenhonorarklage); NJW 1996, 3151.
413) BGH, BauR 2001, 124 = ZfBR 2001, 34; BauR 2000, 430 = NJW 2000, 653 = ZfBR 2000, 118.
414) BGH, BauR 2001, 245 = NJW 2001, 367 = MDR 2001, 152; hierzu: *Handschumacher*, BauR 2001, 872.

1880 Gemäß § 16 Abs. 3 Nr. 1 VOB/B wird der Anspruch auf die Schlusszahlung nach Prüfung und Feststellung der vom Auftragnehmer vorgelegten Schlussrechnung, spätestens innerhalb von 30 Tagen bzw. 60 Tagen fällig (vgl. Rdn. 1845 a.E.). Im Hinblick auf § 286 Abs. 1 BGB ist im Rahmen der **VOB** klargestellt, dass der Zugang der Schlussrechnung sowie der Ablauf der Prüffrist Fälligkeitsvoraussetzungen sind.[415] Ist die Prüfung **vor Ablauf der 30- bzw. 60-Tagefrist** beendet, wird die Schlusszahlung mit der Mitteilung des Prüfungsergebnisses an den Auftragnehmer fällig.[416] Die Prüfungsfrist kann nur in besonders gelagerten Ausnahmefällen überschritten werden.[417] **Verzögert** sich die Prüfung der Schlussrechnung, ist nach § 16 Abs. 3 Nr. 1 VOB/B das **unbestrittene Guthaben als Abschlagszahlung** (sofort) zu zahlen.[418] Der BGH[419] nimmt ein solches „Guthaben" aber nicht schon an, wenn **einzelne Positionen** der Schlussrechnung **unstreitig** sind; prüfbar berechnete und sachlich begründete oder unstreitige Einzelpositionen der Schlussrechnung können jedoch isoliert geltend gemacht werden, sofern „die Gesamtabrechnung des Vertrages ein entsprechendes unstreitiges oder prüfbar berechnetes und sachlich begründetes Guthaben ergibt."

1881 Im Rahmen der Überprüfung der Schlussrechnung durch den **Auftraggeber** trifft diesen nach OLG Nürnberg[420] eine **Mitwirkungspflicht:** Insbesondere hat der Auftraggeber die ihm übersandte Schlussrechnung nach Zugang unverzüglich daraufhin zu überprüfen, ob der Rechnung alle Unterlagen beiliegen, die für eine Prüfbarkeit notwendig sind. Soweit Unterlagen fehlen, hat er diese unverzüglich beim Auftragnehmer anzufordern. Andernfalls stellt sein Verhalten ein bewusstes Hinauszögern der Prüfung dar, sodass er sich nach Treu und Glauben nicht auf die mangelnde Fälligkeit der Schlussrechnung berufen kann, „wenn davon auszugehen ist, dass ihm die erforderlichen Unterlagen so rechtzeitig zugegangen wären, dass die Rechnungsprüfung im Rahmen der Fristen des § 16 Abs. 3 VOB/B hätte erfolgen können".

Ist der Auftragnehmer in der Lage, die Schlussrechnung prüffähig nur unter Verwendung von Unterlagen zu erstellen, die er dem Auftraggeber überlassen hat, kann er die **Herausgabe** der Unterlagen verlangen.[421]

1882 Nach § 16 Abs. 3 Nr. 1 Satz 4 und 5 ist die **Prüfung der Schlussrechnung** nach Möglichkeit zu **beschleunigen**, also die 30- bzw. 60-Tagefrist abzukürzen. Vielfach ist dies bei einfach gestalteten Schlussrechnungen auch möglich. Wird bei solchen Fallgestaltungen die vorerwähnte Frist vom Auftraggeber durch späte Prüfung oder durch eine späte Mitteilung des schon länger vorhandenen Prüfungsergebnisses voll ausgeschöpft, tritt Fälligkeit nicht zu dem früheren Zeitpunkt ein, zu dem

---

415) OLG Frankfurt, BauR 2013, 795, 796.
416) BGH, IBR 2006, 260 – *Vogel*; BauR 1982, 377, 378; NJW 1968, 1962; OLG München, *SFH*, Nr. 4 zu § 16 Nr. 3 VOB/B; OLG Düsseldorf, BauR 1981, 479.
417) Vgl. hierzu BGH, NJW 1969, 428.
418) BGH, BauR 1997, 468 = NJW 1997, 1444 = MDR 1997, 455. Vgl. hierzu *Nagel*, BrBp 2004, 418.
419) A.a.O.
420) BauR 1999, 1316 = NJW-RR 1999, 1619 = MDR 1999, 1261 = OLGR 1999, 348.
421) OLG Oldenburg, OLGR 2007, 178.

der Auftraggeber dem Auftragnehmer den geprüften Schlussrechnungsbetrag hätte mitteilen können.[422]

Hinsichtlich der Rechtsmissbräuchlichkeit bei einem **verspäteten Einwand der Prüffähigkeit** der Schlussrechnung, vgl. Rdn. 1874.

1883 Verweigert der Auftraggeber grundlos die Entgegennahme der Schlussrechnung, gilt sie als zugegangen.[423] Nach Auffassung des OLG Koblenz[424] stellt eine Schlussrechnung des Unternehmers, die keine Unterschrift trägt, keine Quittung i.S.d. § 368 BGB dar. Im Übrigen dient eine Schlussrechnung, die Abschlagsforderungen aufführt und mit 0 EUR abschließt, nicht als Beweis für erbrachte Zahlungen. Eine solche Schlussrechnung führt auch nicht zu einer Beweislastumkehr dahin, dass nunmehr der Unternehmer die Nichterfüllung der Werklohnforderung beweisen müsste.

1884 Legt der Auftragnehmer eine prüfbare Rechnung nicht vor, kann der Auftraggeber dem Auftragnehmer hierfür eine angemessene Frist setzen (§ 14 Abs. 4 VOB/B). Lässt der Auftragnehmer diese Frist verstreichen, kann der **Auftraggeber** die Rechnung **auf Kosten des Auftragnehmers** selbst **erstellen** lassen. Ein entsprechender Kostenerstattungsanspruch des Auftraggebers besteht jedoch nur, wenn sich die Rechnungserstellung durch den Auftraggeber an der vereinbarten Art der Vergütungsberechnung orientiert.[425] Erstellt der Auftraggeber die Rechnung, steht dem Auftragnehmer ebenfalls eine Prüfungsfrist gemäß § 16 Abs. 3 VOB/B zu.[426] Demgegenüber ist der BGH der Auffassung, dass die Fälligkeit der vom Auftraggeber abgerechneten Forderung schon zu dem Zeitpunkt eintritt, in dem die Rechnung dem Auftragnehmer zugeht.[427] Neben der Möglichkeit, selbst eine Schlussrechnung zu erstellen, kann der Auftraggeber auch **Klage auf Erteilung der VOB-Schlussrechnung** erheben.[428] § 14 Abs. 4 VOB/B steht dem nicht entgegen, weil es sich um eine Kann-Vorschrift handelt.[429] Zutreffend weist das OLG Celle[430] darauf hin, dass auch eine vom Auftraggeber nach § 14 Abs. 4 VOB/B selbst aufgestellte Schlussrechnung geeignet ist, die Wirkungen des § 16 Abs. 3 VOB/B (Schlusszahlungseinrede) auszulösen (vgl. hierzu Rdn. 2750 ff.).

Erstellt der Auftraggeber mit Hilfe eines Sachverständigen eine **Ersatzschlussrechnung**, nachdem der Auftragnehmer zu Unrecht die Leistungen eingestellt hatte und fristlos gekündigt worden war, sind die dafür verauslagten Kosten grundsätzlich als Schadensersatz erstattbar.[431]

---

422) So aber *Hochstein* in Anm. zu BGH, SFH, Nr. 21 zu § 16 Nr. 3 VOB/B.
423) **Herrschende Meinung;** *Palandt/Ellenberger*, § 130 BGB, Rn. 16; *MünchKomm-Förschler*, § 130 BGB, Rn. 31.
424) BauR 2006, 1315.
425) OLG Düsseldorf, BauR 1996, 740.
426) *Nicklisch/Weick*, § 16/B, Rn. 36. **A.A.** OLG Nürnberg, IBR 2016, 72 – *Oberhauser*.
427) BGH, BauR 2002, 313 = NZBau 2002, 91 = ZfBR 2002, 245 = MDR 2002, 273.
428) **Herrschende Meinung;** OLG Köln, BauR 2001, 1788; OLG Dresden, BauR 2000, 103; OLG Jena, OLGR 1999, 193 m.w.Nachw.; LG Aachen, BauR 2001, 107; *Locher*, in: Ingenstau/Korbion, § 14/B, Abs. 4, Rn. 1; **a.A.:** *Reck*, ZfBR 2003, 640 mit einer Übersicht über den Meinungsstand.
429) OLG Dresden, a.a.O.; OLG München, NJW-RR 1987, 146.
430) IBR 2005, 523 – *Schwenker*.
431) OLG Düsseldorf, IBR 2015, 124 – *Sturmberg*.

1885 Soweit ein Auftraggeber (Bauträger) in seinen **Allgemeinen Geschäftsbedingungen** den Beginn der Prüfungs- und Zahlungspflicht für die Schlussrechnung von der Vorlage der Abnahmeerklärung der **Erwerber** der Bauwerke abhängig macht, verstößt dies gegen § 307 BGB.[432] Auch in Individualverträgen sind solche Klauseln unwirksam, weil der Auftragnehmer auf die Abnahmeerklärungen der Erwerber keinerlei Einfluss nehmen kann. Nach Auffassung des OLG Köln[433] ist ein Zahlungsziel von 90 Tagen in den Allgemeinen Geschäftsbedingungen eines Auftraggebers eine unangemessene Benachteiligung des Auftragnehmers und daher unwirksam.

1886 Gemäß § 14 Abs. 2 VOB/B sind die für die Abrechnung notwendigen Feststellungen dem Fortgang der Leistung entsprechend möglichst gemeinsam vorzunehmen. Damit wird ein gemeinsames Aufmaß des Unternehmers mit dem Auftraggeber oder dessen Bevollmächtigten empfohlen. Der Architekt ist zum Anerkenntnis eines Aufmaßes in aller Regel bevollmächtigt, wenn ihm die Objektüberwachung übertragen worden ist (vgl. näher Rdn. 1347). Bei einem gemeinsamen Aufmaß tritt nach herrschender Meinung eine rechtliche Bindung hinsichtlich der von beiden Parteien gemeinschaftlich gemachten tatsächlichen Feststellungen über den Umfang der ausgeführten Arbeiten ein (siehe Rdn. 2543). Grundsätzlich stellt aber das gemeinsame Aufmaß noch kein Schuldanerkenntnis des aus dem Aufmaß sich ergebenden Anspruches dar (vgl. Rdn. 2547).

1887 Wie bereits hervorgehoben, kann der Auftraggeber im Einzelfall gemäß § 14 Abs. 4 VOB/B eine Rechnung erstellen.[434] Eine Verpflichtung hierzu besteht nicht.

1888 Auf eine Schlussrechnung als Fälligkeitsvoraussetzung für den Werklohn kann nur in ganz besonderen Ausnahmefällen nach Treu und Glauben verzichtet werden.[435] Der Unternehmer kann im Übrigen die Erstellung seiner **Rechnung nicht wegen Irrtums anfechten** (vgl. Rdn. 1842). Allerdings ist er nach BGH[436] **nicht an die von ihm erteilte Schlussrechnung gebunden** (vgl. Rdn. 1843). Zu „Verzichtsklauseln" in AGB vgl. Rdn. 1843.

Ist der Auftragnehmer aufgrund von Akontoleistungen **überzahlt**, hat der Auftraggeber einen Anspruch auf Auszahlung des Saldoüberschusses.[437] Anspruchsgrundlage ist insoweit **die vertragliche Abrede**, nicht dagegen § 812 Abs. 1 BGB.[438]

Nach richtiger Auffassung des OLG Düsseldorf[439] greift die **Rechtskraftwirkung** eines in einem Vorprozess ergangenen Urteils, durch das eine Werklohnklage

---

432) LG München, *SFH*, Nr. 1 zu § 9 AGBG.
433) BauR 2006, 1477 = NZBau 2006, 317 = OLGR 2006, 271 = NJW-RR 2006, 670.
434) Vgl. hierzu näher: *Dähne*, BauR 1981, 233; OLG Düsseldorf, BauR 1996, 740 u. BauR 1987, 336 (insbesondere zu dem sich daraus ergebenden **Kostenerstattungsanspruch**) sowie OLG Düsseldorf, OLGR 1995, 56 = NJW-RR 1995, 535 = BauR 1995, 258 (zu den Rechtsfolgen).
435) Vgl. BGH, NJW 1967, 2553 = MDR 1968, 40.
436) BauR 1988, 217 = DB 1988, 440 = NJW 1988, 910 mit einer Übersicht über den Meinungsstand.
437) Vgl. hierzu im Einzelnen BGH, BauR 1999, 635 = NJW 1999, 1867 = ZfBR 2000, 38 = MDR 1999, 671.
438) BGH, a.a.O.; OLG Düsseldorf, BauR 1999, 1477; NJW-RR 2000, 312 = NZBau 2000, 85; **a.A.:** OLG Naumburg, BauR 1999, 915. Zu Rückforderungsansprüchen öffentlicher Auftraggeber im VOB/B-Vertrag vgl. *Groß*, BauR 2008, 1052.
439) OLGR 1992, 6.

mangels Fälligkeit wegen fehlender Prüfbarkeit der Rechnung abgewiesen wurde, ein, wenn in einem Folgeprozess eine identische Rechnung mit lediglich verändertem Datum vorgelegt wird.[440)]

Damit ergeben sich für die Schlusszahlung folgende Fälligkeitsvoraussetzungen beim VOB-Bauvertrag: **1889**

1. Abnahme der Bauleistung
2. Prüfbare Schlussrechnung
3. Beendigung der Prüfung bzw. Ablauf der Fristen des § 16 Abs. 3.

Bei der vorbehaltlosen Annahme einer Schlusszahlung sind Nachforderungen seitens des Unternehmers ausgeschlossen (vgl. Rdn. 2750 ff.). Das gilt auch für den Fall, dass eine nicht prüfbare Schlussrechnung erteilt wurde.[441)]

Durch Vorlage **neuer Schlussrechnungen** (auch in einem Berufungsverfahren)[442)] wird der **Streitgegenstand nicht geändert.**[443)] Zum **Übergang vom Anspruch auf Abschlagszahlung zum Anspruch auf Schlusszahlung** vgl. Rdn. 1608.

Eine Klausel in **AGB des Auftraggebers**, wonach die Schlussrechnung vollständig und abschließend aufgestellt werden muss und Nachforderungen damit ausgeschlossen werden, ist unwirksam, weil damit der entsprechende Ausschluss von Nachforderungen den Auftragnehmer unangemessen benachteiligt.[444)] In AGB des Auftraggebers hat der BGH[445)] folgende Klausel für unzulässig erklärt:

„Nachforderungen nach Einreichung der Schlussrechnung werden – gleichgültig aus welchem Grund – nicht mehr anerkannt. Mit der Einreichung der Schlussrechnung durch den AN sind seine sämtlichen Forderungen geltend gemacht. Versäumt der AN die Berechnung erbrachter Lieferungen und Leistungen, so ist der AG auch ohne weitere Mitteilung an den AN von jeglicher Verpflichtung zur Bezahlung für eventuelle spätere Forderungen des AN befreit."

Zum **Rückforderungsanspruch** des Auftraggebers bei Überzahlung des Auftragnehmers vgl. Rdn. 1594 f. sowie Rdn. 1216.

---

440) So auch OLG Naumburg, NJW-RR 2000, 391.
441) BGH, BauR 1987, 329 = ZfBR 1987, 146 = DB 1987, 1348.
442) BGH, NJW-RR 2004, 526 = NZBau 2004, 272. **A.A.:** OLG Brandenburg, OLGR 2005, 21.
443) BGH, BauR 2005, 1959 = NJW-RR 2005, 1687; BauR 2004, 115 = MDR 2004, 148 = ZfBR 2004, 58 = IBR 2003, 705 = NZBau 2004, 98 = NJW-RR 2004, 167; NZBau 2002, 614 = BauR 2002, 1588 = NJW-RR 2002, 1569; BauR 2001, 124, 125 = NZBau 2001, 146 = ZfBR 2001, 34 = MDR 2001, 83; NJW-RR 2004, 526; OLG Hamm, IBR 2008, 256 – *Kieserling*. Ebenso *Deckers*, NZBau 2007, 550. **A.A.:** *Schenkel*, MDR 2004, 790, einschränkend *Jansen*, NZBau 2008, 689. Vgl. hierzu auch *Jansen*, NZBau 2008, 689.
444) BGH, NJW 1989, 2124, 2125; vgl. hierzu *Schwab*, Rn. 1203.
445) BauR 1997, 1036, 1038 = NJW-RR 1997, 1513; OLG Hamburg, ZfBR 1998, 35.

KAPITEL 6
Die Honorarklage des Sonderfachmannes

Übersicht

	Rdn.		Rdn.
I. Grundlagen	1891	III. Fälligkeit	1923
II. Umfang des Honorars	1904		

Literatur ab 2000[1]

Lischka, Honorierung von Leistungen bei der Technischen Ausrüstung gemäß HOAI, Teil IX, § 68 Anlagengruppe 6, Medizin- u. Labortechnik, BauR 2001, 29; *Seifert*, Zur Honorierung von neu hergestellten technischen Anlagen in Bestandsgebäuden, BauR 2001, 35; *Seifert*, Zur Honorarberechnung von selbstständigen Anlagen bei der Technischen Ausrüstung, Festschrift für Ganten (2007), 53.

Die Honorarklage des Sonderfachmannes gleicht in vielen Punkten der des **Architekten**, sodass im Folgenden weitgehend auf die Klage des Architekten (Rdn. 600 ff.) verwiesen werden kann. Der Sonderfachmann muss in seiner Honorarklage zunächst den **Abschluss eines entsprechenden Ingenieurvertrages** mit dem Bauherrn oder Architekten darlegen; darüber hinaus setzt die Schlüssigkeit der Klage die Behauptung voraus, dass das **Ingenieurwerk vertragsgemäß erbracht** und die **Fälligkeit** der vereinbarten oder sonst üblichen Vergütung eingetreten ist. **1890**

I. Grundlagen

Ob einem Sonderfachmann ein Honoraranspruch zusteht, beurteilt sich – wie beim Architekten – nach dem bürgerlichen Recht **(BGB)**; der Ingenieurvertrag ist in aller Regel als **Werkvertrag** anzusehen.[1] Gleichwohl muss der Sonderfachmann im Rahmen einer **Klage** Inhalt und Umfang des Auftrags bekannt geben, um eine sichere rechtliche Einordnung des Vertragstyps zu ermöglichen. Zu beachten ist im Übrigen, dass in Verträgen über Ingenieur- und Statikerleistungen die **VOB** nicht zur Vertragsgrundlage gemacht werden kann.[2] **1891**

Die **Rechtsstellung** des Sonderfachmannes zum Bauherrn bzw. zum Architekten hängt von seiner Beauftragung ab. In der **Regel** werden die Sonderfachleute un- **1892**

---

[1] Literatur vor 2000 siehe 15. Auflage.
[1] Für den **Statikvertrag:** BGHZ 48, 257 = NJW 1967, 2259 u. BauR 1972, 180 = NJW 1972, 625 = MDR 1972, 408 sowie OLG München, MDR 1969, 48; für den **Vermessungsingenieur:** BGHZ 58 = NJW 1972, 901 = BauR 1972, 255; OLG Düsseldorf, BauR 1992, 665 u. BauR 1975, 68; siehe ferner: *Trapp/Trapp*, BauR 1995, 57 ff.; KG OLGR 1997, 23; OLG Düsseldorf, NJWRR 1996, 269 für den **öffentlich bestellten** Vermessungsingenieur; für einen **Ingenieurvertrag** betr. die Projektierung der Installation: OLG München, NJW 1974, 2238 m.Anm. *Ganten*, NJW 1975, 391 u. OLG Stuttgart, BauR 1980, 82; für den **Geologen:** BGH, NJW 1979, 214 = BauR 1979, 76 = DB 1979, 983; für den **Elektroingenieur:** OLG Hamm, BauR 1990, 104; ferner: *Enseleit/Osenbrück*, Rn. 1 ff.
[2] Vgl. dazu OLG Hamm, BauR 1990, 104, 105 m. Nachw.

mittelbar für den **Bauherrn** tätig und auch von ihm unmittelbar beauftragt. Besteht ein solches unmittelbares Vertragsverhältnis zwischen dem Bauherrn und dem Sonderfachmann, ist dieser nicht Erfüllungsgehilfe des Architekten.[3] Umgekehrt kann aber der Sonderfachmann Erfüllungsgehilfe des Bauherrn gegenüber dem Architekten und Unternehmer sein.[4]

Ist der Vertrag zwischen dem Bauherrn und dem Sonderfachmann unmittelbar zustande gekommen, liegt im Verhältnis zum Architektenvertrag ein zweiter selbstständiger Werkvertrag vor, der auf eine verschiedenartige Leistung gerichtet ist. Dementsprechend ist der Sonderfachmann in diesem Fall dem Architekten **neben-** und nicht untergeordnet.[5]

1893 Häufig wird der **Sonderfachmann auch von dem Architekten beauftragt.** Dies kann einmal namens und im Auftrag des Bauherrn, zum anderen aber auch im eigenen Namen des Architekten erfolgen. Im ersten Fall bedarf es einer **Bevollmächtigung des Architekten** durch den Bauherrn; die originäre Architektenvollmacht umfasst nach herrschender Ansicht nicht die Beauftragung eines Sonderfachmannes (vgl. näher Rdn. 1341 ff.).[6] Hat der Architekt keine Vollmacht zur Beauftragung des Sonderfachmannes, haftet er als Vertreter ohne Vertretungsmacht.

Die **Vergabe von Sonderleistungen** im Namen und für Rechnung des **Architekten** ist im Baurecht durchaus üblich.[7] In diesem Fall besteht nur zwischen dem Architekten und dem Sonderfachmann ein Vertragsverhältnis. Soweit sich der Architekt hier des Sonderfachmannes bedient, um eigene Vertragspflichten aus dem Vertrag gegenüber dem Bauherrn zu erfüllen, ist der Sonderfachmann als **Erfüllungsgehilfe des Architekten** anzusehen.[8]

1894 Die **Darlegungslast** des Sonderfachmannes hinsichtlich des **Zustandekommens eines vergütungspflichtigen Ingenieurvertrages** ist nach den von der Rechtsprechung entwickelten Grundsätzen **erleichtert**: Derjenige, der sich der Dienste eines Sonderfachmannes bedient, schließt regelmäßig – zumindest stillschweigend – einen Ingenieurvertrag ab und muss daher mit einer Verpflichtung zur Zahlung eines Ingenieurhonorars rechnen. Insoweit wird auf die Ausführungen zum **Architektenvertrag** verwiesen (Rdn. 624 ff.), die uneingeschränkt auch auf die Beziehungen zwischen Bauherr und Ingenieur anwendbar sind. Das gilt auch für die Abgrenzung zwischen vertraglicher Bindung der Vertragsparteien einerseits und der honorarfreien **Akquisitionstätigkeit** des Ingenieurs andererseits (vgl. hierzu Rdn. 625 ff.). In diesem Zusammenhang hat das OLG Köln[9] zu Recht darauf hingewiesen, dass von einer **Akquisitionstätigkeit** des Sonderfachmannes auszugehen ist, wenn dieser auf

---

[3] BGH, BauR 2002, 1719 = NJW-RR 2002, 1531 = NZBau 2002, 616 = MDR 2002, 1432; vgl. hierzu auch OLG Karlsruhe, BauR 2002, 1884; *Schäfer/Finnern*, Z 3.01 Bl. 403; BGH, VersR 1967, 260.
[4] Vgl. OLG Düsseldorf, NJW 1974, 704 = BauR 1974, 357; OLG Oldenburg, BauR 1981, 399.
[5] Für den Statiker: BGH, BauR 1970, 62; BauR 1971, 265.
[6] Vgl. für den Statiker: BGH, *Schäfer/Finnern*, Z 3.01 Bl. 376; OLG Hamm, BauR 1992, 260; *Schmalzl*, MDR 1977, 622, 624; *Budnick*, S. 13.
[7] BGH, NJW 1972, 625.
[8] *Schmalzl*, MDR 1971, 350; *v. Lüpke*, BlGBW 1969, 41.
[9] NJW-RR 1998, 309 = BauR 1998, 408 (LS).

Anforderung des Bauherrn ein Angebot unterbreitet, das im Wesentlichen zur **Ermittlung** des anfallenden Honorars bestimmt ist, selbst wenn zur Abgabe dieses Angebotes umfangreiche Vorarbeiten erforderlich sind.

Verstößt der **Ingenieurvertrag** gegen das so genannte **Koppelungsverbot** von Grundstückserwerb und Ingenieurbindung, ist der Vertrag **unwirksam**;[10] nach § 3 des Gesetzes zur Regelung von Ingenieur- und Architektenleistungen vom 4. November 1971 ist eine Vereinbarung unwirksam, durch die der Erwerber eines Grundstücks sich im Zusammenhang mit dem Erwerb verpflichtet, bei der Planung oder Ausführung eines Bauwerks auf dem Grundstück die Leistung eines bestimmten Ingenieurs in Anspruch zu nehmen. Der Ingenieurvertrag ist dagegen wirksam, wenn gegen die Höchst- oder Mindestsätze der HOAI (vgl. § 7 Abs. 3 und 4 HOAI) verstoßen wird (vgl. näher Rdn. 727 ff.).

1895 Ist zwischen dem Sonderfachmann und dem Bauherrn oder Architekten eine bestimmte Vergütung ausdrücklich vereinbart, ist diese mündliche oder schriftliche Vereinbarung substantiiert darzulegen; ist der Ingenieurvertrag schriftlich abgeschlossen, reicht die Vorlage der Vereinbarung unter entsprechender Bezugnahme auf den Inhalt zur Substantiierung aus.

1896 Im Einzelfall ist stets der **tatsächliche Umfang der Beauftragung** des Sonderfachmannes zu prüfen, da es keinen Anscheinsbeweis für einen Vollauftrag gibt (vgl. hierzu im Einzelnen Rdn. 834 ff.). Der Sonderfachmann muss also im Einzelnen darlegen und beweisen, in welchem Umfang er beauftragt worden ist; insoweit gelten die Ausführungen zum Architektenvertrag entsprechend (vgl. hierzu Rdn. 840 ff.). Daher hat das OLG Düsseldorf[11] zu Recht entschieden, dass ein Auftraggeber – im Stadium der beginnenden Zusammenarbeit bei der Grundlagenermittlung – einen Vermessungsingenieur regelmäßig nicht mit solchen Leistungen (wie z.B. der Erstellung eines amtlichen Lageplanes) beauftragen will, „die erst bei der Verwirklichung des Bauvorhabens anfallen und rechtlich notwendig sind; eilt der Vermessungsingenieur dem Auftrag voraus, so arbeitet er auf eigenes Risiko".

Selbst wenn eine entsprechende Beauftragung vorliegt, kann auch ein **Sonderfachmann** – wie ein Architekt – mit seinen Leistungen **nicht „vorpreschen"**, sofern vorangegangene Leistungen noch nicht mit dem Bauherrn abgestimmt bzw. vom zuständigen Bauaufsichtsamt genehmigt worden sind: So darf z.B. ein Tragwerksplaner vor Erteilung der Baugenehmigung grundsätzlich nicht mit den Arbeiten der Leistungsphase 5 beginnen, es sei denn, dass er seinen Auftraggeber auf das damit verbundene Kostenrisiko ausdrücklich aufmerksam gemacht hat[12] (vgl. hierzu näher Rdn. 880 ff.).

1897 Soweit ein Auftraggeber behauptet, ein Sonderfachmann habe nur **unvollständige Teilleistungen** erbracht, ist – wie beim Architektenvertrag – zu beachten, dass auch der Ingenieurvertrag grundsätzlich **erfolgsbezogen** und nicht zeit- oder tätigkeitsbezogen ist. Aus der Beschreibung der Leistungsbilder für die jeweiligen Sonderfachleute in der HOAI ist nicht abschließend zu entnehmen, welche Grundleis-

---
10) BGH, BauR 1991, 114 = ZfBR 1991, 14; vgl. im Übrigen die Ausführungen zur **Architektenbindung** Rdn. **668** ff.
11) NJW-RR 1996, 269.
12) OLG Hamm, BauR 1994, 795 = NJW-RR 1995, 786 = OLGR 1994, 230.

tungen ein Sonderfachmann im Einzelfall zu erbringen hat, da diese Beschreibung nur allen denkbaren Aufgaben eines Sonderfachmannes Rechnung tragen soll.[13] Darüber hinaus verweist das OLG Düsseldorf[14] darauf, dass auch bei den Ingenieuren die einzelnen **Leistungsphasen aufeinander aufbauen**, sodass bei einer nachfolgenden Leistungsphase (z.B. Genehmigungsplanung) davon auszugehen ist, dass die vorausgegangenen Leistungsphasen (z.B. Vorplanung und Entwurfsplanung) ebenfalls von dem Sonderfachmann erbracht worden sind, weil sie „notwendig vorausgehende Entwicklungsschritte darstellen". Das gilt nur dann nicht, wenn die entsprechenden Vorarbeiten (vorangehende Leistungsphasen) ausnahmsweise bereits anderweitig erbracht worden sind.

1898 Die HOAI umfasste – bis zur Novellierung 2009 – folgende Ingenieurleistungen: **Städtebauliche** Leistungen (Teil V), **Landschaftsplanerische** Leistungen (Teil VI), Leistungen bei **Ingenieurbauwerken** und **Verkehrsanlagen** (Teil VII), **Verkehrsplanerische** Leistungen (Teil VII a), Leistungen bei der **Tragwerksplanung** (Teil VIII), Leistungen bei der **Technischen Ausrüstung** (Teil IX), Leistungen für **Thermische Bauphysik** (Teil X), Leistungen für **Schallschutz** und **Raumakustik** (Teil XI), Leistungen für **Bodenmechanik, Erd-** und **Grundbau** (Teil XII) sowie **Vermessungstechnische** Leistungen (Teil XIII).

Aufgrund der Novellierung der HOAI im Jahre 2009 regelt diese Verordnung nunmehr nur noch die **Kernbereiche der Planung**: Neben der Flächenplanung und der Objektplanung (Gebäude und Innenräume, Freianlagen, Ingenieurbauwerke, Verkehrsanlagen) sind im Bereich der Fachplanungen nur noch die Tragwerksplanung und die Technische Ausrüstung (TGA) übrig geblieben. Alle übrigen sog. **Beratungsleistungen (Umweltverträglichkeitsstudie, Bauphysik, Geotechnik** und **Ingenieurvermessung) sind nicht mehr in der HOAI** enthalten. Gemäß § 3 Abs. 1 HOAI sind die Honorare für Beratungsleistungen gemäß Anlage 1 zur HOAI nicht verbindlich geregelt. Das Honorar kann hier frei ohne jegliche Beschränkung vereinbart werden. Dies ist allerdings einer der Punkte, der von Seiten des Bundesrates ausdrücklich beanstandet worden ist. Es ist durchaus möglich, dass die vorerwähnten Beratungsleistungen in Kürze wieder in die HOAI mit Verbindlichkeitscharakter eingeführt werden.

Hinsichtlich des **sachlichen, persönlichen** und **räumlichen Anwendungsbereichs der HOAI** wird auf die Ausführungen unter Rdn. 603 ff. verwiesen.

1899 Ist die HOAI Grundlage der Ingenieurgebühren, richtet sich zunächst das **Honorar** nach der **schriftlichen Vereinbarung,** die die Parteien **bei der Auftragserteilung** im Rahmen der durch die HOAI festgesetzten **Mindest- und Höchstsätze** getroffen haben (§ 7 HOAI). Der Ingenieur als Kläger kommt daher seiner Darlegungs- und Beweislast für sein eingeklagtes Honorar durch Vorlage der entsprechenden Vereinbarungen nach.

1900 Die HOAI legt grundsätzlich auch für Ingenieurleistungen, soweit sie noch mit Verbindlichkeitscharakter in der Neufassung 2009 enthalten sind, **Mindest- und Höchstsätze** fest. Innerhalb der Mindest- und Höchstsätze sind die Vertragsparteien bei der Bestimmung der Honorarhöhe frei. Die in der HOAI festgesetzten **Mindestsätze** können nur **in Ausnahmefällen** durch **schriftliche Vereinbarung unterschritten** werden (§ 7 Abs. 3 HOAI). Im Übrigen hat die **HOAI Höchstpreischarakter.** Eine Überschreitung der in der HOAI festgelegten Höchstsätze ist nach § 7 Abs. 4 HOAI nur bei außergewöhnlichen oder ungewöhnlich lange

---

13) OLG Düsseldorf, BauR 1982, 597, 598 (für den Architektenvertrag).
14) OLGR 1998, 99 = NJW-RR 1998, 454; OLG Hamm, BauR 1998, 1277; ferner: KG, BauR 1996, 892; OLG Braunschweig, BauR 2002, 333 und Rdn. **783**.

dauernden Leistungen durch schriftliche Vereinbarung möglich (vgl. im Einzelnen Rdn. 751 ff. und 775 ff.).

Soweit von den in der HOAI festgelegten **Mindestsätzen abgewichen** werden soll, bedarf eine entsprechende Honorarvereinbarung der **Schriftform;** darüber hinaus muss die Honorarvereinbarung **bei Auftragserteilung** getroffen worden sein (vgl. näher zum Schriftformerfordernis Rdn. 788 ff. und zur Honorarvereinbarung bei Auftragserteilung Rdn. 793 ff.).

Wie die **anrechenbaren Kosten** als Grundlage zur Ermittlung des Honorars des Sonderfachmannes im Einzelnen anzusetzen sind, ergibt sich aus den jeweiligen Bestimmungen bei den entsprechenden Ingenieurleistungen. Beauftragt ein Ingenieur einen anderen **(Sub)**ingenieur mit Teilen seines Gesamtauftrages, so werden dessen Leistungen nach den anrechenbaren Kosten der **ihm** übertragenen Architektenleistungen berechnet; Bezugsgröße für das Honorar des (Sub)ingenieurs ist also das vorgegebene **Teil**gewerk, nicht dagegen die anteiligen anrechenbaren Kosten des Gesamtprojektes.[15]

1901 Anstelle der Gebührensätze der HOAI kann für die Leistungen des Ingenieurs auch ein **Pauschalhonorar** vereinbart werden. Dabei haben die Parteien jedoch den Mindestpreis- und Höchstpreischarakter der HOAI zu beachten (vgl. näher Rdn. 1087).

Die alte HOAI von 1996 sah darüber hinaus das sog. **Zeithonorar** in § 6 HOAI a.F. vor. Diese Vorschrift ist durch die Novellierung der HOAI im Jahre 2009 entfallen. Auftraggeber und Auftragnehmer können daher jederzeit für Planungsleistungen und Objektüberwachungsleistungen ein Zeithonorar vereinbaren, wobei lediglich der Mindestpreis- und Höchstpreischarakter der HOAI zu beachten ist (vgl. Rdn. 1081 ff.). Die **Nebenkosten** können entsprechend § 14 HOAI berechnet werden (vgl. Rdn. 1106 ff.).

1902 § 16 HOAI stellt klar, dass der Ingenieur als Auftragnehmer Anspruch auf Ersatz der **Umsatzsteuer** hat, die auf sein nach der HOAI berechnetes Honorar und auf die nach § 14 HOAI berechneten Nebenkosten entfällt.

Bezüglich des **Zinsanspruches** vgl. Rdn. 1118; zum Honorar bei **Kündigung** oder vorzeitiger Vertragsauflösung vgl. Rdn. 1112 ff.; zum Honorar für **Vorarbeiten** vgl. Rdn. 652 ff.

1903 Soweit **andere** in der HOAI **nicht genannte** Ingenieurleistungen erbracht werden, gelten die zum Teil erheblich einschränkenden Bestimmungen der HOAI nicht, sodass die Vertragsparteien hinsichtlich der Vereinbarung einer Vergütung **frei** sind; sie sind insbesondere an die Mindest- und Höchstsätze der HOAI nicht gebunden.[16]

---

15) BGH, BauR 1994, 787 = NJW-RR 1994, 1295 = ZfBR 1994, 280.
16) Vgl. hierzu Rdn. 607.

II. Umfang des Honorars

1904 Soweit der Sonderfachmann die Höhe der Vergütung darzulegen hat, muss er vor allem den **Berechnungsmodus substantiiert vortragen.** Ist ein **Pauschalhonorar** vereinbart, reicht es aus, wenn er die Pauschale vorträgt; er muss dann nicht noch irgendeine Spezifizierung vornehmen. Sinn der Pauschalvereinbarung ist es nämlich gerade, die sonst nach Einzelleistung vorzunehmende und oft recht schwierige Abrechnung zu vereinfachen und etwaige unerhebliche Mehr- oder Minderleistungen, die sich zwangsläufig bei der Abwicklung eines Auftrages ergeben und nicht immer im Einzelnen vorausbedacht werden können, außer Betracht zu lassen.[1]

Wird nach der **HOAI** abgerechnet, hat der Sonderfachmann innerhalb der einzelnen Leistungsbilder folgende **Grundangaben** darzulegen und zu beweisen:

1. Städtebauliche Leistungen und landschaftsplanerische Leistungen

Aus der Rechtsprechung:

Kiesgrubenrekultivierungsplan als landschaftspflegerischer Begleitplan (OLG Düsseldorf, NZBau 2003, 47).

1905 Die **Flächenplanung** (Bauleitplanung und Landschaftsplanung) ist in den §§ 17 ff. bzw. 22 ff. HOAI enthalten. Im Gegensatz zu der bisherigen Fassung der HOAI werden im Rahmen der Bauleitplanung (Flächennutzungsplan und Bebauungsplan) die Bereiche erfasst, die im ersten Teil des BauGB geregelt sind. Die Leistungsbilder des Flächennutzungsplans und Bebauungsplans sind in den §§ 18 und 19 HOAI dargestellt.

Die Leistungsbilder im Rahmen der Flächenplanung „Flächennutzungsplan", „Bebauungsplan", „Landschaftsplan" und „Grünordnungsplan" sind seit der Erstfassung der HOAI von 1976 nahezu unverändert geblieben. Mit der Fassung von 1985 kam in die HOAI die Leistungsbilder „Landschaftsrahmenplan", „Landschaftspflegerischer Begleitplan", „Pflege- und Entwicklungsplan" und „Umweltverträglichkeitsstudie" hinzu. Die Umweltverträglichkeitsstudie ist mit der HOAI-Novelle 2009 aus den Preisvorschriften der HOAI als sogenannte Beratungsleistung herausgenommen worden.

Dass die Inhalte der Flächenplanung in den letzten Jahrzehnten nahezu unverändert geblieben sind, erstaunt: Bei der Flächenplanung ist allgemein ein Wandel der Berufsbilder und der Berufspraxis festzustellen. Das folgt vor allem aus zunehmenden Anforderungen im Bereich der Umweltbelange, der anerkannten Regeln der Technik und des öffentlichen Rechts.

An der Grundstruktur der **Flächenplanung** hat sich auch nach der Novellierung 2013 nichts geändert. Die Systematik wurde beibehalten. Die Leistungen bei der Flächenplanung sind jetzt im Teil 2 der HOAI wie folgt erfasst:

---

1) Vgl. BGH, BauR 1974, 141.

- Abschnitt 1 Bauleitplanung
  § 18 Leistungsbild Flächennutzungsplan
  § 19 Leistungsbild Bebauungsplan
- Abschnitt 2 Landschaftsplanung
  § 23 Leistungsbild Landschaftsplan
  § 24 Leistungsbild Grünordnungsplan
  § 25 Leistungsbild Landschaftsrahmenplan
  § 26 Leistungsbild Landschaftspflegerischer Begleitplan
  § 27 Leistungsbild Pflege- und Entwicklungsplan

Demgegenüber sind die Grundleistungen im Rahmen der verschiedenen Leistungsbilder der Flächenplanung stark überarbeitet und zum Teil erweitert worden. Sie sind an die heutigen Planungserfordernisse angepasst worden. So wurde insbesondere der Grundleistungskatalog in den Leistungsbildern **Flächennutzungsplan** und **Bebauungsplan** an den Regelablauf eines Aufstellungsverfahrens nach dem Baugesetzbuch angepasst.

Die Grundleistungen im Leistungsbild **Landschaftsplan** sind ebenfalls umfangreich aktualisiert worden: Das war notwendig durch die Änderungen der naturschutzrechtlichen Anforderungen an die Landschaftsplanung, da nunmehr auch Planungsbeiträge der Erholungsplanung und der Biotopverbundplanung in den Landschaftsplan zu integrieren sind. Darüber hinaus war der Landschaftsplan auf seine Grundlagenfunktion für die strategische Umweltprüfung des Flächennutzungsplans auszurichten.

Das Leistungsbild **Grünordnungsplan** wurde im Rahmen der Novellierung der HOAI 2013 neu auf eine Grundlagenfunktion für die Umweltprüfung in der verbindlichen Bauleitplanung ausgerichtet, da in der Umweltprüfung des Bebauungsplans die Bestandsaufnahmen und Bewertungen des Grünordnungsplans heranzuziehen sind: Der Grünordnungsplan liefert die konkreten fachlichen Maßnahmen des Naturschutzes und der Landschaftspflege. Bei der Neufassung der Grundleistungen im Leistungsbild **Landschaftsrahmenplan** ist zu berücksichtigen, dass auch hier Planungsbeiträge der Erholungsplanung und der Biotopverbundplanung zu integrieren sind. Auch die Leistungsbilder **Landschaftspflegerischer Begleitplan** sowie **Pflege- und Entwicklungsplan** wurden grundlegend überarbeitet und aktualisiert.

Die Grundleistungen der **Flächenplanung** sind – seit der Novelle 2013 – nunmehr in den Anlagen 2–8 aufgeführt. Im Einzelnen:
- Anlage 2 Leistungsbild Flächennutzungsplan
- Anlage 3 Leistungsbild Bebauungsplan
- Anlage 4 Leistungsbild Landschaftsplan
- Anlage 5 Leistungsbild Grünordnungsplan
- Anlage 6 Leistungsbild Landschaftsrahmenplan
- Anlage 7 Leistungsbild Landschaftspflegerischer Begleitplan
- Anlage 8 Leistungsbild Pflege- und Entwicklungsplan

Die **entscheidende Korrektur** im Rahmen des Leistungsbildes **Flächenplanung** erfolgte bei den **Honoraren**. Zum Teil wurde die Honorarstruktur an die heutigen Planungserfordernisse angepasst, zum Teil wurden die extrem niedrigen Honoraransätze in den Honorartafeln beseitigt. Allgemein setzte sich bei der Novellierung die Auffassung durch, dass bei den entsprechenden Honorartafeln zum Leistungsbild Flächenplanung kein Unternehmen mehr wirtschaftlich arbeiten kann. Im Rahmen des Leistungsbildes Flächenplanung wurde daher nicht nur die Honorarstruktur verändert, sondern auch die Honoraransätze in den Honorartafeln deutlich angehoben.

In der **Flächenplanung** erfolgte insbesondere die Umstellung von **Verrechnungseinheiten** auf **Flächen** für die Bauleitplanung zum Leistungsbild Flächennutzungsplan und für die Landschaftsplanung zu den Leistungsbildern Grünordnungsplan und Landschaftspflegerischer Begleitplan. Das ist eine ganz wesentliche Veränderung der Honorarstruktur. Der Ansatz der Honorarberechnung nach Verrechnungseinheiten entfällt damit für diese Leistungsbilder. Nach der Begründung[2] ist Ziel dieser Veränderung, „die Honorarberechnung in der Flächenplanung durch den einheitlichen Ansatz nach der Größe des Plangebietes in Hektar und die Zuordnung zu Honorarzonen zu vereinfachen".

Bei allen Leistungsbildern der Flächenplanung wurden die Honorarzonen von 5 auf 3 reduziert.

Bei dem **Flächennutzungsplan** wurden in § 18 Abs. 1 HOAI 2013 die Leistungsphasen entsprechend dem Verfahrensablauf der Bauleitplanung nach dem Baugesetzbuch geordnet und auf drei Leistungsphasen beschränkt, die darüber hinaus neu bewertet wurden. Nach der entsprechenden Korrektur der Leistungsphasen sieht das Leistungsbild wie folgt aus:

– Leistungsphase 1 (Vorentwurf für die frühzeitigen Beteiligungen) 60 %
– Leistungsphase 2 (Entwurf zur öffentlichen Auslegung) 30 %
– Leistungsphase 3 (Plan zur Beschlussfassung) 10 %

Auch das Leistungsbild **Bebauungsplan** (§ 19 Abs. 1 HOAI 2013) ist strukturell gegenüber der HOAI 2009 überarbeitet worden. Es gibt nur noch drei Leistungsphasen, die wie folgt bewertet werden:

– Leistungsphase 1 (Vorentwurf für die frühzeitigen Beteiligungen) 60 %
– Leistungsphase 2 (Entwurf zur öffentlichen Auslegung) 30 %
– Leistungsphase 3 (Plan zur Beschlussfassung) 10 %

Beim Leistungsbild **Landschaftsplan** (§ 23 Abs. 1 HOAI 2013) ist die bisher erfolgte Spreizung der prozentualen Bewertungen der einzelnen Leistungsphasen entfallen. Die einzelnen Leistungsphasen werden nunmehr wie folgt bewertet:

– Leistungsphase 1 (Klären der Aufgabenstellung und Ermitteln des Leistungsumfangs) 3 %
– Leistungsphase 2 (Ermitteln der Planungsgrundlagen) 37 %
– Leistungsphase 3 (Vorläufige Fassung) 50 %
– Leistungsphase 4 (Abgestimmte Fassung) 10 %

Auch das Leistungsbild **Grünordnungsplan** ist überarbeitet worden. Der Grünordnungsplan hat nunmehr in § 24 Abs. 1 HOAI 2013 eine eigenständige Regelung erhalten. Die vier Leistungsphasen werden jetzt wie folgt bewertet, wobei auch insoweit die bisherige Spreizung der Prozentsätze aufgehoben wurde:

---

[2] BR-Drucks. 334/13, S. 145.

- Leistungsphase 1 (Klären der Aufgabenstellung und Ermitteln des Leistungsumfangs) 3 %
- Leistungsphase 2 (Ermitteln der Planungsgrundlagen) 37 %
- Leistungsphase 3 (Vorläufige Fassung) 50 %
- Leistungsphase 4 (Abgestimmte Fassung) 10 %

Das Leistungsbild **Landschaftsrahmenplan** ist gegenüber der HOAI 2009 überarbeitet worden. Die Bewertung der einzelnen Leistungsphasen erfolgte ebenfalls neu (§ 25 Abs. 1 HOAI 2013).

Die prozentuale Bewertung sieht jetzt wie folgt aus:
- Leistungsphase 1 (Landschaftsanalyse) 3 %
- Leistungsphase 2 (Landschaftsdiagnose) 37 %
- Leistungsphase 3 (Entwurf) 50 %
- Leistungsphase 4 (Endgültige Planfassung) 10 %

Auch die Leistungsbilder **Landschaftspflegerischer Begleitplan** (§ 26 Abs. 1 HOAI 2013) und **Pflege- und Entwicklungsplan** (§ 27 Abs. 1 HOAI 2013) sind insbesondere hinsichtlich der prozentualen Bewertung überarbeitet worden. Hier gelten für die jeweils vier Leistungsphasen dieselben Prozentsätze wie bei dem Leistungsbild Landschaftsrahmenplan.

Seit der Novellierung der HOAI 2009 fallen die früheren **Besonderen Leistungen** nicht mehr unter das verbindliche Preisrecht der HOAI, § 3 Abs. 3 (vgl. Rdn. 1070 ff.).

(nicht besetzt) **1906**

2. Leistungen bei Ingenieurbauwerken und Verkehrsanlagen

Literatur

Laux/Diegel, Die freie Vereinbarkeit des Honorars für die örtliche Bauüberwachung bei Ingenieurbauwerken und Verkehrsanlagen, BauR 2008,1376.

Im Abschnitt 3 des Teils 2 der neuen HOAI sind nunmehr nur noch die Ingenieurbauwerke geregelt: Die Verkehrsanlagen haben einen selbstständigen Abschnitt erhalten. Wesentliche Änderungen haben sich nicht ergeben. **1907**

In § 41 HOAI sind die **Ingenieurbauwerke** definiert, die von der HOAI erfasst sind.

Soweit der Sonderfachmann ein Honorar für Grundleistungen bei Ingenieurbauwerken verlangt, hat er folgende Bezugsgrößen für sein Honorar vorzutragen, um seinen Anspruch schlüssig darzulegen:
- Den vereinbarten **Honorarsatz**
- Die **Honorarzone** (§ 44 Abs. 2 ff. HOAI)
- Die **anrechenbaren Kosten** des Objekts (§ 42 HOAI)
- Die vertraglich erbrachten **Grundleistungen** (§ 43 HOAI i.V.m. Anlage K).

Mit der Novellierung der HOAI fallen die früheren **Besonderen Leistungen** nicht mehr unter das verbindliche Preisrecht der HOAI, § 3 Abs. 3 (vgl. Rdn. 1070 ff.) Bei **Umbauten** gilt § 36 HOAI entsprechend § 48 Abs. 6 HOAI.

Die Berücksichtigung der vorhandenen Bausubstanz im Rahmen der anrechenbaren Kosten ist mit der HOAI 2013 wieder eingeführt worden (vgl. Rdn. 988 f.)

Die Leistungen für **Verkehrsanlagen** sind nunmehr in den §§ 45 ff. HOAI geregelt. Verkehrsanlagen umfassen Anlagen des Straßenverkehrs, des Schienenverkehrs und des Flugverkehrs.

1908 Der Sonderfachmann hat für sein Honorar folgende Bewertungsmaßstäbe vorzutragen:

- Den vereinbarten **Honorarsatz**
- Die **Honorarzone** (§ 48 Abs. 2–5 HOAI)
- Die **anrechenbaren Kosten** des Objekts (§ 45 HOAI)
- Die vertraglich erbrachten **Grundleistungen** (§ 46 HOAI i.V.m. Anlage 13).

Aus der Rechtsprechung:
* Die in einem Auftrag enthaltenen Leistungen eines Ingenieurs für eine Anlage des Straßenverkehrs sind gemeinsam abzurechnen. Dies gilt auch dann, wenn der Planungsauftrag nicht umfassend ist, sondern nur Teilplanungsleistungen, die die Planung einzelner Gewerke betreffen, in Auftrag gegeben worden sind (BGH, BauR 2009, 521 = NZBau 2009, 259).
* Das Objekt im Sinne der §§ 3 Nr. 1, 52 Abs. 1 HOAI wird durch den Vertragsgegenstand bestimmt; das gilt auch hinsichtlich der Einordnung eines Objekts in eine Honorarzone (BGH, IBR 2009, 148 – *Bauermann*).
* Zuordnung eines Ingenieurbauwerkes zu einer bestimmten **Honorarzone** (OLG Karlsruhe, BauR 2002, 1570).
* **Getrennte Honorarabrechnung** für Abwasserentsorgungsanlagen einerseits und Lärmschutzwälle eines Autobahnabschnittes andererseits (KG, NZBau 2004, 620).
* Für eine Autobahn errichtete **Regenrückhaltebecken und Lärmschutzwälle** sind gesonderte Ingenieurbauwerke (§ 51 Abs. 1 HOAI) neben der Verkehrsanlage (§ 51 Abs. 2 HOAI a.F.) und sind dementsprechend getrennt von dieser abzurechnen (BGH, BauR 2004, 1963).
* Honorar für Planung der Straßenausstattung unterliegt der HOAI, § 51 Abs. 2 Nr. 1 a.F. (BGH, BauR 2006, 1010 = NZBau 2006, 384).

3. Tragwerksplanung

Literatur

Knüttel, Vergütung von Besprechungen für den Tragwerksplaner, BauR 2000, 356; *Steiner*, Tragwerksplanerhaftung unter Berücksichtigung der Tätigkeit des Prüfingenieurs/Prüfsachverständigen, ZfBR 2009, 632; *Mantscheff*, Ist die HOAI noch zeitgemäß für die Baustatik im Hochbau? In: Festschrift für Jochem (2014) S. 97.

1909 Im Rahmen der HOAI-Novelle 2013 sind auch die Vorschriften zur Tragwerksplanung erheblich verändert worden. In § 49 HOAI 2013 ist erstmalig der **Anwendungsbereich der Honorarregelung** zur Tragwerksplanung bestimmt. Gleichzeitig erfolgt auch eine Begriffsdefinition für das Tragwerk. Die neue Vorschrift des § 49 HOAI 2013 hat folgenden Wortlaut:

„(1) Leistungen der Tragwerksplanung sind die statische Fachplanung für die Objektplanung Gebäude und Ingenieurbauwerke.

(2) Das Tragwerk bezeichnet das statische Gesamtsystem der miteinander verbundenen, lastabtragenden Konstruktionen, die für die Standsicherheit von Gebäuden, Ingenieurbauwerken und Traggerüsten bei Ingenieurbauwerken maßgeblich sind."

Der Tragwerksplaner (Statiker) hat folgende Bewertungsmaßstäbe zur Höhe seines Honorars darzulegen, soweit er eine Vergütung für Grundleistungen geltend macht:

* den vereinbarten **Honorarsatz**
* die **Honorarzone** (§ 52 Abs. 2 HOAI in Verbindung mit Anlage 14.2)
* die **anrechenbaren Kosten** des Objekts (§ 50 HOAI in Verbindung mit § 6 HOAI)
* die vertraglich erbrachten **Grundleistungen** (§ 51 Abs. 5 HOAI in Verbindung mit Anlage 14.1)

Die **anrechenbaren Kosten** als Grundlage des Honorars sind jetzt in § 50 HOAI 2013 geregelt. Insgesamt wurde diese Regelung stark gestrafft: Während die Grundlagen zur Ermittlung der anrechenbaren Kosten bei Gebäuden und zugehörigen baulichen Anlagen unverändert geblieben sind (55 % der Baukonstruktionskosten und 10 % der Kosten der Technischen Anlagen), ist die Einzelaufstellung der zu berücksichtigenden anrechenbaren Kosten bei Ingenieurbauwerken im Rahmen des § 48 Abs. 3 HOAI 2009 entfallen. Nunmehr sind bei Ingenieurbauwerken 90 % der Baukonstruktionskosten und 15 % der Kosten der Technischen Ausrüstung anrechenbar. Als Grund für diese Neuregelung (§ 50 Abs. 3 HOAI 2013) wird in der Begründung[3] angegeben:

„Grund dafür ist, dass sich das Honorar für die Tragwerksplanung als Leistungsbild des Teils 4 gemäß § 6 Abs. 1 nach den anrechenbaren Kosten auf Grundlage der Kostenberechnung zu richten hat. Die Kostenaufgliederung in der Kostenberechnung ist an Bauteilen ausgerichtet. Anrechenbare Kosten nach Fachlosen können hieraus nicht abgeleitet werden."

Soweit der Tragwerksplaner die für seine Abrechnung benötigten anrechenbaren Kosten nicht selbst ermitteln kann, hat er gegenüber seinem Auftraggeber einen **Auskunftsanspruch**, weil dieser die Kosten von seinem Architekten erfahren kann[4].

Ermittelt der Statiker die anrechenbaren Kosten aufgrund eigener Schätzung und berechnet er hieraus sein Honorar, weil der Bauherr die Kosten trotz Auskunftsverlangens nicht vorlegt, kann der Rechnung nicht aus diesem Grund der Einwand der mangelnden Prüffähigkeit seitens des Auftraggebers entgegengesetzt werden.[5] Dies würde Treu und Glauben widersprechen, da der Auftraggeber der Kostenermittlung des Statikers die (richtige) Kostenberechnung entgegenhalten könnte.

Die **Grundleistungen** der Tragwerksplanung sind in der **Anlage 14.1** genannt. Gleichzeitig werden dort beispielhaft Besondere Leistungen aufgezählt. Bis auf einige wenige Ergänzungen und Korrekturen ist der Katalog der Grundleistungen im Rahmen der Novellierung der HOAI 2013 aber gleich geblieben. In den Leistungsphasen 2 und 3 wurde als letzte Grundleistung eine neue Regelung eingefügt, nämlich das „Zusammenfassen, Erläutern und Dokumentieren der Ergebnisse". In der Leistungsphase 3 wurden darüber hinaus weitere Korrekturen vorgenommen:

---
[3] BR-Drucks. 334/13, S. 165.
[4] OLG Hamm, BauR 1994, 795 = NJW-RR 1995, 786. Zur Ermittlung der anrechenbaren Kosten durch einen von dem Tragwerkplaner eingeschalteten Sachverständigen: KG, BauR 2002, 1279.
[5] OLG Hamm, NJW-RR 1991, 1430 u. BauR 1994, 795 = NJW-RR 1995, 786 = OLGR 1994, 230; vgl. hierzu auch OLG Düsseldorf, OLGR 1995, 34.

So erfolgte eine zusätzliche (4.) Grundleistung im Rahmen der Tragwerksplanung, nämlich das „Überschlägige Ermitteln der Betonstahlmengen im Stahlbetonbau, der Stahlmengen im Stahlbau und der Holzmengen im Ingenieurholzbau". Darüber hinaus hat der Tragwerksplaner nicht nur bei der Kostenberechnung, sondern auch bei der Terminplanung mitzuwirken, wie es nunmehr in der 7. Grundleistung der Leistungsphase 3 heißt. In der Leistungsphase 5 ist als letzte Grundleistung das „Fortführen der Abstimmung mit Prüfämtern und Prüfingenieuren oder Eigenkontrolle" eingefügt worden. Schließlich hat der Tragwerksplaner im Rahmen der Leistungsphase 6 (Vorbereitung der Vergabe) die „Leistungsbeschreibung als Ergänzungen zu den Mengenermittlungen als Grundlage für das Leistungsverzeichnis des Tragwerks" nicht aufzustellen, sondern nur dabei mitzuwirken.

Die **Prozentsätze der einzelnen Leistungsphasen** sind in § 51 HOAI 2013 geringfügig verändert worden. So wird in Zukunft die Leistungsphase 3 (Entwurfsplanung) mit 15 % (früher 12 %), die Leistungsphase 5 (Ausführungsplanung) mit 40 % (früher 42 %) und die Leistungsphase 6 (Vorbereitung der Vergabe) mit 2 % (früher 3 %) bewertet.

§ 51 Abs. 2 bis 4 HOAI 2013 bringt dann – zum Teil neue – Regelungen der prozentualen Bewertung der Leistungsphase 5 (Ausführungsplanung) in bestimmten Einzelfällen (z.B. keine Beauftragung von „Schalplänen" und bei „sehr enger Bewehrung").

Neu geregelt wurde – im Rahmen der HOAI-Novelle 2013 – die **Zuordnung der Honorarzonen** im Rahmen der Tragwerksplanung. Die bisherige Zuordnung in § 50 Abs. 2 und 3 der HOAI 2009 wurde gestrichen; gleichzeitig wird nunmehr in § 52 Abs. 2 HOAI 2013 auf die Anlage 14.2 verwiesen: Nach wie vor erfolgt aber damit eine Zuordnung zu den jeweiligen Honorarzonen nach dem statisch-konstruktiven Schwierigkeitsgrad anhand der nunmehr in der genannten Anlage dargestellten Bewertungsmerkmale, die allerdings im Einzelnen neu geordnet und zum großen Teil neu abgefasst wurden.

Für **Umbauten und Modernisierungen** kann bei einem durchschnittlichen Schwierigkeitsgrad gemäß § 52 Abs. 4 HOAI 2013 ein **Zuschlag** gemäß § 6 Abs. 2 Satz 3 HOAI 2013 bis 50 % schriftlich vereinbart werden. Insoweit gilt § 6 Abs. 2 Satz 4 HOAI 2013: Sofern keine schriftliche Vereinbarung getroffen wurde, wird unwiderleglich vermutet, dass ein Zuschlag von 20 % ab einem durchschnittlichen Schwierigkeitsgrad vereinbart ist. Im Übrigen verlangt die Vorschrift des § 52 Abs. 4 HOAI 2013 (nur) eine schriftliche Vereinbarung der Parteien. In der Begründung[6] wird allerdings darauf hingewiesen, dass diese schriftliche Vereinbarung bei Auftragserteilung zu erfolgen hat. Davon findet man allerdings in der Verordnung selbst nichts. Insoweit wird auf die obigen Ausführungen zu den gleichlautenden Texten bei Umbauten und Modernisierungen verwiesen (insbesondere S. 1507 f.).

Einen **Sonderfall** einer **zulässigen Unterschreitung der Mindestsätze** gemäß § 7 Abs. 3 HOAI enthält § 52 Abs. 5 HOAI 2013:

---

6) BR-Drucks. 334/13, S. 167.

Tragwerksplanung

„Steht der Planungsaufwand für Tragwerke bei Ingenieurbauwerken mit großer Längenausdehnung, die unter gleichen baulichen Bedingungen errichtet werden, in einem Missverhältnis zum ermittelten Honorar, ist § 7 Abs. 3 anzuwenden."

In diesen Fällen kann also der Mindestsatz durch schriftliche Vereinbarung bei Auftragserteilung unterschritten werden.

Die Honorare selbst für die Grundleistungen der Tragwerksplanung sind ebenfalls deutlich angehoben worden, wie sich aus der neuen Tabelle zu § 52 HOAI 2013 ergibt.

Aus der Rechtsprechung:

* **Genehmigung** der (ohne Vollmacht) vom Architekten erfolgten **Beauftragung** durch den Bauherrn bei Einreichung des Baugesuchs, wenn dieser die statische Berechnung beigefügt ist (OLG Celle, BauR 2000, 289).
* Ein Mangel eines Ingenieurwerks kann auch dann vorliegen, wenn die Planung zwar technisch funktionstauglich ist, aber gemessen an der vertraglichen Leistungsverpflichtung ein **übermäßiger Aufwand** betrieben wird (BGH BauR 2009, 1611 = NZBau 2009, 722).
  Zu den **Anforderungen an eine prüffähige Tragwerksplanung** gehört es, dass dem zuständigen Prüfingenieur die für die Prüfung der Tragwerksplanung erforderlichen Unterlagen und Nachweise vollständig und so rechtzeitig vorgelegt werden, dass diesem ausreichend Zeit zur Wahrnehmung seiner Prüfungsaufgabe zur Verfügung steht (OLG Brandenburg, BauR 2016, 866).
* Die Tragwerksplanung bedarf als Ingenieurleistung für den Verjährungsbeginn von Mängelansprüchen der **Abnahme gemäß § 640 BGB**, obwohl eine förmliche oder ausdrückliche Abnahme im Regelfall nicht stattfindet. Eine stillschweigende oder konkludente Abnahme kann in der vorbehaltlosen Schlusszahlung der Honorarrechnung des Ingenieurs oder auch in der billigenden Entgegennahme der Tragwerksplanung liegen (LG München, BauR 2009, 270).
* Wird ein Tragwerksplaner mit Ingenieurleistungen der Tragwerksplanung für die „Renovierung und Wiederaufbau" eines Fachwerkhauses beuftragt, ist seine Leistung mangelhaft, wenn es zu einer **„Kopfauslenkung"** (Wegkippen) einer Außenwand kommt, weil die Vorgaben der DIN 1052 (Holzbau) zur Holzfeuchte bei der Planung nicht ausreichend beachtet wurden (OLG Celle, BauR 2016, 2124).
* Die **Tausalzbeständigkeit** befahrbarer Tiefgaragendecken stellt eine Schnittstelle der Planungsaufgaben des Architekten und des Tragwerksplaners dar. Erkennt der Tragwerksplaner oder muss er erkennen, dass der Architekt ein insgesamt untaugliches Abdichtungskonzept plant, ist er dazu verpflichtet, den Bauherrn darauf hinzuweisen. Er darf den Bauherrn bei einer derart klaren Sachlage nicht „in ein offenes Messer laufen lassen" (OLG München, IBR 2016, 97 – *Schmidt*).
* Liegt einem Vertrag über die Genehmigungs- und Ausführungsplanung für das Tragwerk eine vom Auftraggeber vorgegebene Objektplanung und Entwurfsplanung für das Tragwerk zu Grunde, hat der Auftragnehmer seine Leistungen auf dieser Grundlage zu erbringen. Werden diese Vertragsgrundlagen geändert und ist infolge dessen eine Änderung der bereits abschließend erbrachten Leistungen der Genehmigungs- und Ausführungsplanung für das Tragwerk notwendig, so handelt es sich bei diesen notwendig werdenden Leistungen grundsätzlich nicht

um solche, die noch von den vertraglichen Leistungen erfasst sind, wenn dies im Vertrag nicht ausdrücklich anderweitig geregelt ist. Unter den vertraglichen Voraussetzungen können auch solche Leistungen gesondert zu vergüten sein, die deshalb notwendig wurden, weil der Auftragnehmer auf Anordnung des Auftraggebers Leistungen erbracht hat, obwohl die zu Grunde liegende Objektplanung und Entwurfsplanung für das Tragwerk noch nicht abgeschlossen war (BGH, IBR 2007, 563).

* Planungsleistungen des Tragwerksplaners im Rahmen der Ausführungsplanung, die auf Verlangen des Auftraggebers in Folge der von diesem veranlassten Änderung der Planung erbracht werden, ohne dass diese Änderung vom Auftragnehmer zu vertreten ist, stellen entsprechend der Auflistung der Besonderen Leistungen bei den jeweiligen Leistungsbildern in § 64 Abs. 3 HOAI a.F. eine **Besondere Leistung zur Ausführungsplanung** dar (OLG Düsseldorf, BauR 2009, 1616 = IBR 2009, 459 – *A. Eich*).

* Eine **vollzählige Ausführung aller Grundleistungen** ist **nicht unbedingt Voraussetzung** für das Entstehen des auf die jeweilige Leistungsphase anfallenden **Honorars** des Statikers (OLG Düsseldorf, IBR 2005, 598).

* Anspruch des Statikers auf Honorar (Mindestsatz) nach den Grundsätzen der **ungerechtfertigten Bereicherung** (OLG Celle, BauR 2000, 289).

* Ein **Honorar für Besondere Leistungen**, die zu den Grundleistungen hinzutreten (z.B. Änderungsleistungen gemäß § 64 Abs. 3 Ziffer 5 HOAI), kann vom Statiker nur bei schriftlicher Vereinbarung berechnet werden (OLG Oldenburg, IBR 2005, 551 – *Fischer*).

* Der mit der Tragwerksplanung beauftragte Ingenieur **hat dem ausführenden Unternehmen** besonders **schadenträchtige Details in einer jedes Risiko ausschießenden Weise**, z.B. durch eine Zeichnung, **zu verdeutlichen** (OLG Naumburg, BauR 2014, 1813).

* Eine **fehlerfreie Statik setzt voraus**, dass zu erwartende Bodensetzungen mit berücksichtigt werden; soweit sie von unvorhersehbaren Geländeanschüttungen beeinflusst sind, muss auch dieser Faktor mit einbezogen werden. Ein Statiker, der ein Hanggrundstück mit geplanten Anschüttungen bearbeitet, muss erkennen, dass ein Bodengutachten erforderlich ist, um die zu erwartenden und von ihm in seinen statischen Berechnungen zu berücksichtigenden Setzungen zu bestimmen (OLG Karlsruhe, IBR 2016, 404 – *Käseberg*).

* Zur **getrennten Abrechnung der Tragwerksplanung für mehrere Gebäude**, die mit einer **Tiefgarage** verbunden sind (OLG Köln, BauR 2007, 132).

* Ein (mündlicher) Auftrag, eine **überschlägige** statische Ermittlung vorzunehmen, betrifft allein das Leistungsbild „**Entwurfsplanung**" gemäß § 64 Abs. 3 Nr. 3 HOAI (KG, SFH, Nr. 1 zu § 62 HOAI).

* Ein Auftrag für die Tragwerksplanung gemäß **Leistungsphase** 4 des § 64 Abs. 3 HOAI umfasst grundsätzlich auch die vorausgehenden Leistungsphasen 1 bis 3, weil dies notwendig **vorausgehende Entwicklungsschritte** sind (OLG Düsseldorf, NJW-RR 1999, 1694 = OLGR 1999, 457; ebenso: OLG Hamm, BauR 1998, 1277); KG, BauR 1996, 892; OLG Braunschweig, BauR 2002, 333 (für den Architektenvertrag).

* Zur **Schätzung der anrechenbaren Kosten** bei der Tragwerksplanung, wenn der Bauherr seiner Auskunftspflicht über die Herstellungskosten nicht oder

Leistungen bei der Technischen Ausrüstung Rdn. 1913

nicht ausreichend nachkommt (OLG Düsseldorf, NJW-RR 1999, 1694 = OLGR 1999, 457).
* **Honoraranfragen** an Statiker, die so gestaltet sind, dass Angebote unter Unterschreitung der Mindestsätze der HOAI nahe gelegt werden, sind **wettbewerbswidrig** (OLG Düsseldorf, BauR 2001, 274).
* Bei der Abgrenzung im Rahmen des § 66 HOAI ist entscheidend, ob eine **Einheit im Sinne baulicher Selbstständigkeit** vorliegt; ein Gebäude kann durchaus mehrere Tragwerke haben, ohne dass § 66 HOAI anwendbar ist (OLG Rostock, MDR 2000, 1008 = OLGR 2000, 248 = NZBau 2000, 391).
* **Prüffähigkeit** einer Statikerhonorar-Schlussrechnung, wenn diese auf den Angaben des Bauherrn hinsichtlich der Baukosten aufbaut (OLG Köln, OLGR 2001, 250 = BauR 2001, 1476 [LS] = ZfBR 2001, 549).
* Der mündliche Auftrag an einen Tragwerksplaner zur Erstellung der Entwurfsplanung gemäß § 64 Abs. 3 Nr. 3 HOAI umfasst in der Regel auch Leistungen der Grundlagenermittlung und der Vorplanung (KG, BauR 2002, 1279), vgl. hierzu auch Rdn. 847 ff.
* Statikerhonorar für mehrere Häuser auf einer Grundplatte (KG, BauR 2002, 1730 = NZBau 2003, 46).
* Es ist **Aufgabe des Tragwerkplaners,** die **anrechenbaren Kosten** aufgrund der von dem Unternehmen eingereichten Rechnungen **zu ermitteln,** weil dies eine Voraussetzung für die dem Tragwerksplaner obliegende Rechnungslegung ist; der Bauherr ist daher nur verpflichtet, die zur Erstellung der Abrechnung erforderlichen Unterlagen dem Tragwerksplaner zugänglich zu machen (OLG Oldenburg, IBR 2004, 577).
* Die **statische Berechnung** des Tragwerkplaners muss so beschaffen sein, dass sie auch nach Erteilung der Baufreigabe und Baugenehmigung einer **Nachprüfung standhält** und keinen begründeten Anlass für ein baubehördliches Eingreifen gibt (OLG Dresden, IBR 2006, 37 – *Schulze-Hagen*).

4. Leistungen bei der Technischen Ausrüstung

Literatur

Lischka, Honorierung von Leistungen bei der Technischen Ausrüstung gemäß HOAI, Teil IX, § 68 Anlagegruppe 6, Medizin- u. Labortechnik, BauR 2001, 29; *Seifert*, Zur Honorierung von neu hergestellten technischen Anlagen in Bestandsgebäuden, BauR 2001, 35; *Schumann*, Neuere Entwicklung im Vertragsrecht des Anlagenbaus, BauR 2005, 293; *Seifert*, Zur Honorarabrechnung von selbstständigen Anlagen bei der Technischen Ausrüstung, Festschrift für Ganten (2007), 53; *Bönker*, Rechtsfragen der Technischen Gebäudeausrüstung, Festschrift für Kapellmann (2007), 21; *Gartz*, Anlagenabrechnung „versus" Objektabrechnung, BauR 2013, 1033.

Nach der Novellierung der HOAI 2009 umfasst die **Technische Ausrüstung** insgesamt **8 Anlagegruppen,** § 53 Abs. 2 HOAI. Der Anwendungsbereich der Technischen Ausrüstung wurde mit der HOAI-Novelle 2013 auch auf die Verfahrenstechnischen Anlagen (§ 53 Abs. 2 Anlagegruppe 7 HOAI 2013) ausgedehnt. Daneben wurde in der Anlagengruppe 8 auch die Automation von Ingenieurbauwerken aufgenommen. **1913**

§ 54 Abs. 1 und 2 HOAI 2013 regelt im Einzelnen, unter welchen Voraussetzungen die **Kosten der Anlagen jeder Anlagengruppe** i.S. des § 53 Abs. 2 zur Honorarberechnung zusammengefasst werden. Es bleibt bei dem bisherigen Grundsatz, dass jede einzelne Anlagengruppe eines Objekts getrennt abgerechnet werden kann; dies gilt für nutzungsspezifische Anlagen jedoch nur dann, wenn die Anlagen funktional gleichartig sind (§ 54 Abs. 1 Satz 2 HOAI 2013).

Im Übrigen erfolgte mit der HOAI-Novelle 2013 eine Anpassung an § 11 HOAI 2013 (Auftrag für mehrere Objekte) in § 54 Abs. 2 und 3 HOAI 2013, soweit es die Technische Ausrüstung betrifft.

Das **Leistungsbild** der Technischen Ausrüstung ist im Rahmen der letzten HOAI-Novellierung 2013 grundsätzlich unverändert geblieben, soweit es die Leistungsphasen im Einzelnen betrifft. Die prozentualen Ansätze im Rahmen der einzelnen Leistungsphasen sind aber deutlich verändert worden. Es gelten nunmehr folgende Prozentsätze für die einzelnen Leistungsphasen:
- Leistungsphase 1 (Grundlagenermittlung): 2 % (statt 3 %)
- Leistungsphase 2 (Vorplanung): 9 % (statt 11 %)
- Leistungsphase 3 (Entwurfsplanung) 17 % (statt 15 %)
- Leistungsphase 4 (Genehmigungsplanung) 2 % (statt 6 %)
- Leistungsphase 5 (Ausführungsplanung) 22 % (statt 18 %)
- Leistungsphase 6 (Vorbereitung der Vergabe) 7 % (statt 6 %)
- Leistungsphase 7 (Mitwirkung bei der Vergabe) 5 %
- Leistungsphase 8 (Bauüberwachung) 35 % (statt 33 %)
- Leistungsphase 9 (Objektbetreuung und Dokumentation) 1 % (statt 3 %)

Gemäß § 56 Abs. 5 HOAI 2013 kann für **Umbauten und Modernisierungen** bei einem durchschnittlichen Schwierigkeitsgrad ein **Zuschlag** gemäß § 6 Abs. 2 Satz 3 bis 50 % schriftlich vereinbart werden. Auch wenn dort über einen Mindestzuschlag nichts zu finden ist, gilt insoweit § 6 Abs. 2 Satz 4 HOAI 2013, wonach unwiderleglich vermutet wird, dass ein Zuschlag von 20 % ab einem durchschnittlichen Schwierigkeitsgrad vereinbart ist, wenn keine schriftliche Vereinbarung getroffen wurde. Soweit die Begründung[7] auch an dieser Stelle darauf verweist, dass die schriftliche Vereinbarung bei Auftragserteilung zu erfolgen hat, kann dem nicht gefolgt werden. In der Verordnung selbst ist dies als Anspruchsvoraussetzung nicht genannt (vgl. hierzu S. 1507 f. K).

In § 56 Abs. 6 HOAI 2013 wird – wie bei der Tragwerksplanung und dem Leistungsbild Ingenieurbauwerk – ausdrücklich ein zulässiger Ausnahmefall i.S. des § 7 Abs. 3 HOAI 2013 genannt: „Steht der Planungsaufwand für die Technische Ausrüstung von Ingenieurbauwerken mit großer Längenausdehnung, die unter gleichen baulichen Bedingungen errichtet werden, in einem Missverhältnis zum ermittelten Honorar, ist § 7 Abs. 3 anzuwenden". Danach können die Vertragsparteien in diesen Fällen den Mindestsatz einvernehmlich durch schriftliche Vereinbarung bei Auftragserteilung unterschreiten, ohne dass dies zu beanstanden ist.

Die Grundleistungen des Leistungsbildes Technische Ausrüstung sind in der Anlage 15.1 genannt. Gleichzeitig werden auch hier beispielhaft Besondere Leistungen aufgezählt. Der Grundleistungskatalog ist auch bei dem Leistungsbild Technische Ausrüstung verändert und in allen Leistungsphasen erweitert worden. Insbesondere wurde die bisherige Beschränkung verschiedener Grundleistungen auf ein Mitwir-

---
[7] BR-Drucks. 334/13, S. 170.

Leistungen bei der Technischen Ausrüstung

ken des Fachplaners (z.B. „Mitwirken" bei Vorverhandlungen bzw. Verhandlungen mit Behörden, „Mitwirken" bei der Kostenschätzung und Kostenberechnung, „Mitwirken" bei der Verhandlung mit Bietern, „Mitwirken" bei dem Aufstellen, Fortschreiben und Überwachen des Terminplans [Balkendiagramm], „Mitwirken" beim Aufmaß mit den ausführenden Unternehmen, „Mitwirken" beim Auflisten der Verjährungsfristen für Mängelansprüche usw.) aufgegeben. In der Vergangenheit – so die Begründung zur Anlage 15[8] – war das Leistungsbild darauf ausgerichtet, dass der Planer der Technischen Ausrüstung als Fachplaner in der Regel Beiträge für den Objektplaner liefert. Dabei wurde offensichtlich übersehen, dass in der Praxis häufig eigenständige Aufträge an den Fachplaner der Technischen Ausrüstung vergeben werden, ohne dass ein Objektplaner eingeschaltet ist. Die Korrektur ist richtig. Überdies ist der Begriff des „Mitwirkens" äußerst vage und lässt viel Spielraum im Einzelfall für die vom Fachplaner zu erbringende Leistung zu. Bei dem jetzigen Wegfall des „Mitwirkens" in einzelnen Leistungsphasen spielt es keine Rolle, ob sowohl ein Objektplaner als auch ein Fachplaner tätig werden.

In der Leistungsphase 6 wird als wesentlich neue Grundleistung ein bepreistes Leistungsverzeichnis vom Fachplaner verlangt, das einen nicht unerheblichen zusätzlichen Aufwand erfordert (vgl. hierzu S. 1536 f. K). In der Leistungsphase 9 wurde das Überwachen der Mängelbeseitigung von der bisherigen Grundleistung in eine Besondere Leistung umgepolt, weil der Aufwand für diese Grundleistung im Umfang nur schwierig kalkulierbar ist, wie es in der Begründung heißt. Mit dieser Veränderung soll die Überwachung der Mängelbeseitigung zukünftig als Besondere Leistung z.B. auf Zeithonorarbasis beauftragt werden können. Neu aufgenommen wurde allerdings als Grundleistung die „fachliche Bewertung der innerhalb der Verjährungsfristen für Gewährleistungsansprüche festgestellten Mängel", was natürlich auch mit einem nicht unerheblichen Aufwand verbunden ist (vgl. S. 1543K).

In der Anlage 15.2 findet man die Objektliste für die Zuordnung in die jeweilige Honorarzone. Das kann aufgrund der verschiedenen Anlagengruppen gemäß § 51 HOAI 2013 mit Schwierigkeiten verbunden sein, weil die Anlagen einer Anlagengruppe möglicherweise verschiedenen Honorarzonen zuzuordnen sind. Diese Fälle regelt unverändert nunmehr § 54 Abs. 3 HOAI 2013.

Auch die Honorare für die Leistungen bei der Technischen Ausrüstung sind nicht unerheblich erhöht worden, nämlich bis zu 33,27 % im unteren Bereich der anrechenbaren Kosten.

Gemäß § 54 Abs. 1 HOAI ist das Honorar für Leistungen bei der Technischen Ausrüstung nach den anrechenbaren Kosten der Anlagen einer Anlagengruppe zu berechnen. § 54 Abs. 2 HOAI stellt damit klar, dass Anlagen einer Anlagengruppe nicht getrennt, sondern einheitlich abzurechnen sind, wenn sie als Teil einer Gesamtmaßnahme in zeitlichem und örtlichem Zusammenhang geplant, betrieben und genutzt werden.

Soweit der Sonderfachmann für die entsprechenden Grundleistungen ein Honorar geltend macht, hat erfolgende Bezugsgrößen schlüssig darzulegen:
– Den vereinbarten **Honorarsatz**

1914

---
[8] BR-Drucks. 334/13, S. 200.

- Die **Honorarzone** (§ 56 Abs. 2 ff. HOAI in Verbindung mit Anlage 15.2)
- Die **anrechenbaren Kosten** der Anlagen einer Anlagengruppe (§ 54 HOAI)
- Die vertraglich erbrachten **Grundleistungen** (§ 55 HOAI i.V.m. Anlage 15).

Die Einordnung in eine Honorarzone erfolgt gemäß § 56 Abs. 2 und 3 HOAI.

* **Aus der Rechtsprechung:**
* Bei der Honorarermittlung der technischen Ausrüstung ist nicht die Anlage, sondern die Anlagengruppe maßgeblich. Werden Anlagen in getrennten Gebäuden geplant und sind diese Anlagen funktional eigenständig, bildet die jeweilige Anlage die Abrechnungseinheit. Auch dann, wenn Anlagen nicht einheitlich beauftragt werden, z.B. durch zeitliche Trennung, bildet die jeweilige Anlage die Abrechnungseinheit (OLG Düsseldorf, IBR 2016, 587 – *Kalte*).
* Ein mit der Vor- und Entwurfsplanung beauftragter TGA-Planer muss in seiner Planung die Festlegungen treffen, die für eine änderungsfreie Weiterplanung notwendig sind. Hierzu gehören u.a. sämtliche Angaben zu notwendigen Rohr- und Leitungsdurchführungen, um deren Berücksichtigung bei der weiteren Tragwerkplanung zu ermöglichen (OLG Frankfurt, IBR 2012, 717 – *Eix*).
* Wer mit der Planung gebäudetechnischer Anlagen beauftragt ist, hat Einrichtungen vorzusehen, die Wasser aufnehmen und das Abwasser kontrolliert entsorgen. In dem Zusammenhang muss er Abdichtungen der einzelnen Sanitärgegenstände zu angrenzenden Bauteilen planen (OLG Düsseldorf, BauR 2013, 1480; vgl. hierzu Analyse vom 15.8.2013 von Christiansen-Geiss in werner-baurecht.jurion.de).
* Planung von haustechnischen Anlagen in **mehreren selbstständigen Gebäuden**, wenn die Anlagen durch Kabel oder Leitungen miteinander verbunden sind: Berechtigung zur getrennten Abrechnung der Honorare für jede Anlage (KG, BauR 2001, 439 = KGR 2001, 26 = NZBau 2001, 338).
* Umfasst ein Planungsauftrag Leistungen der Technischen Ausrüstung in **mehreren Anlagengruppen** nach § 68 HOAI a.F., muss die Abrechnung solcher Leistungen gemäß § 69 Abs. 1 HOAI a.F. getrennt nach Anlagengruppen und den jeweiligen anrechenbaren Kosten der Anlagengruppen und der Honorartafel zu § 74 Abs. 1 HOAI a.F. erfolgen (BGH, NZBau 2012, 370 = IBR 2012, 269 – *Preussner*; OLG Düsseldorf, BauR 2016, 1342).
* Getrennte Honorarabrechnung bei **mehreren Anlagenteilen** oder Teilanlagen für verschiedene Gebäude: Die von einer zentralen Versorgungsanlage ausgehenden und dem Wärmetransport dienenden Netze sind nicht geeignet, die damit verbundenen Gebäude unter Abrechnungsgesichtspunkten zu einer Abrechnungseinheit zu verknüpfen; so versorgte Gebäude sind vielmehr selbstständig abzurechnen (OLG München, BauR 2005, 406 = IBR 2005, 99 – *Seifert*).
* Eine **Rauchgasentschwefelungsanlage** und eine **Bekohlungsanlage** sind **selbstständig** abrechnungsfähig (OLG München, BauR 2005, 406 = IBR 2005, 98 – *Seifert* u. IBR 2005, 1125 – *Seifert*; ebenso BGH, BauR 2006, 697 = IBR 2006, 210 – *Seifert*).
* Mehrere Anlagen (Hausstationen an einem Fernheiznetz) liegen dann vor, wenn jede für sich arbeiten kann, sofern sie mit der entsprechenden Energie versorgt wird (OLG Frankfurt, IBR 2005, 380 – *Seifert*).
* Zur Abrechnung von Planungsleistungen für selbstständige und unselbstständige Teile einer **Wärmeversorgungsanlage** (BGH, BauR 2006, 697 = NZBau 2006, 251).

- Für die Frage, ob **mehrere Anlagen** i.S. von § 69 Abs. 7 i.V.m. § 22 Abs. 1 HOAI a.F. vorliegen, kommt es darauf an, ob die Anlagenteile nach funktionellen und technischen Kriterien zu einer Einheit zusammengefasst sind. Nicht entscheidend ist, ob die Leistung für mehrere Gebäude erfolgt (BGH, BauR 2002, 817; vgl. hierzu auch *Vogelheim*, NZBau 2003, 430). Mehrere Anlagen bei der Technischen Ausrüstung liegen dann vor, wenn sie getrennt an das öffentliche Netz angeschlossen und allein betrieben werden können (OLG Frankfurt, OLGR 2003, 411).
- Die in DIN 276 in der Kostengruppe 457 aufgeführten Datennetze sind Bestandteil der Anlagengruppe Elektrotechnik i.S.d. § 68 Nr. 3 HOAI a.F. (KG, KGR 2004, 243).
- **Datennetze** gehören zur Anlagengruppe Elektrotechnik, gemäß § 68 Nr. 3 HOAI a.F.; Datenendgeräte sind in die Ermittlung der anrechenbaren Kosten einzubeziehen, wenn sie integraler Bestandteil der Planungsleistungen des Beauftragten Ingenieurs sind (KG, BauR 2004, 1801).

5. Thermische Bauphysik

Die Thermische Bauphysik gehört zu den sog. **Beratungsleistungen**, die mit der HOAI 2009 zum 18.09.2009 **aus den Preisvorschriften der HOAI herausgenommen worden** sind.

Gemäß § 3 Abs. 1 HOAI sind also die Honorare für die Thermische Bauphysik nicht mehr verbindlich geregelt. Das Honorar kann damit frei ohne jegliche Beschränkung vereinbart werden. Die Anlage 1 zur HOAI 2009 und 2013 enthält zwar noch Einzelheiten zur Thermischen Bauphysik (Grundleistungen, Besondere Leistungen, Honorarzone und Honorartafel). Da diese Angaben nur unverbindlichen Charakter haben, stellen sie nur eine Orientierungshilfe für die Parteien dar, wenn entsprechende Leistungen in Auftrag gegeben werden.

6. Schallschutz und Raumakustik

Schallschutz und Raumakustik gehören zu den **sog. Beratungsleistungen**, die mit der HOAI 2009 zum 18.09.2009 **aus den Preisvorschriften der HOAI herausgenommen** worden sind.

Gemäß § 3 Abs. 1 HOAI sind also die Honorare für Schallschutz und Raumakustik nicht mehr verbindlich geregelt. Das Honorar kann frei ohne jegliche Beschränkung vereinbart werden. Die **Anlage 1** enthält zwar noch Einzelheiten zum Schallschutz und zur Raumakustik (Grundleistungen, Besondere Leistungen, Honorarzone und Honorartafel). Da diese Angaben nur unverbindlichen Charakter haben, stellen sie nur eine **Orientierungshilfe** für die Parteien dar, wenn entsprechende Leistungen in Auftrag gegeben werden.

7. Bodenmechanik, Erd- und Grundbau

1919 Bodenmechanik, Erd- und Grundbau gehören zu den **sog. Beratungsleistungen**, die mit der HOAI 2009 zum 18.09.2009 **aus den Preisvorschriften der HOAI herausgenommen** worden sind.

1920 Gemäß § 3 Abs. 1 HOAI sind also die Honorare für Bodenmechanik, Erd- und Grundbau nicht mehr verbindlich geregelt. Das Honorar kann damit frei ohne jegliche Beschränkung vereinbart werden. Die **Anlage 1** enthält zwar noch Einzelheiten zu Bodenmechanik, Erd- und Grundbau (Grundleistungen, Besondere Leistungen, Honorarzone und Honorartafel). Da diese Angaben nur unverbindlichen Charakter haben, stellen sind sie nur eine **Orientierungshilfe** für die Parteien dar, wenn entsprechende Leistungen in Auftrag gegeben werden.

8. Vermessungstechnik

Literatur

Holthausen, Die Vergütung der Vermessungsingenieure, NZBau 2004, 479.

1921 Die Vermessungstechnik gehört zu den **sog. Beratungsleistungen**, die mit der HOAI 2009 zum 18.09.2009 **aus den Preisvorschriften der HOAI herausgenommen** worden sind.

1922 Gemäß § 3 Abs. 1 HOAI sind also die Honorare Für die Vermessungstechnik nicht mehr verbindlich geregelt. Das Honorar kann also frei ohne jegliche Beschränkung vereinbart werden. Die **Anlage 1** enthält zwar noch Einzelheiten zur Vermessungstechnik (Grundleistungen, Besondere Leistungen, Honorarzone und Honorartafel). Da diese Angaben nur unverbindlichen Charakter haben, stellen sie nur eine **Orientierungshilfe** für die Parteien dar, wenn entsprechende Leistungen in Auftrag gegeben werden.

III. Fälligkeit

Literatur
Koeble, Die Prüfbarkeit der Honorarrechnung des Architekten und der Ingenieure, BauR 2000, 785.

Das Honorar des Sonderfachmannes wird nach § 15 HOAI fällig, wenn folgende **1923**
Voraussetzungen gegeben sind:
* **Vertragsgemäße Leistungserbringung** (bis zum 16.7.2013, vgl. Rdn. 1165 ff.) bzw. **Abnahme** der Ingenieurleistungen (ab 17.7.2013, vgl. Rdn. 1172a ff.)
* Erstellung einer **prüffähigen Honorarschlussrechnung**
* **Überreichung** dieser Rechnung

Im Einzelnen wird auf die Rdn. 1163 ff. verwiesen. Soweit § 15 HOAI von einer prüffähigen Honorarschlussrechnung (vgl. hierzu Rdn. 1173 ff.) ausgeht, liegt diese nur vor, wenn die vorerwähnten Bewertungsmaßstäbe von dem Sonderfachmann in seiner Schlussrechnung berücksichtigt worden sind.[1] Der Prüffähigkeit der Rechnung eines Sonderfachmannes steht nicht entgegen, dass die maßgeblichen Bestimmungen der HOAI nicht genannt sind und die Rechnung wegen unrichtiger Zahlenangaben falsch ist.[2] Zu **Abschlagszahlungen** vgl. Rdn. 1208. Zum **Honorar bei Kündigung** und vorzeitiger Vertragsbeendigung vgl. Rdn. 1120 ff.

Legt der Sonderfachmann eine Schlussrechnung vor, ist er aufgrund der neueren Rechtsprechung des BGH nur noch eingeschränkt nach Treu und Glauben an den Betrag gebunden, den er mit seiner in Kenntnis der Umstände aufgestellten Schlussrechnung gefordert hat[3] (vgl. näher Rdn. 885 ff.). Eine **Bindung an die Schlussrechnung** ist grundsätzlich zu verneinen, wenn dem Sonderfachmann die für die Berechnung seines Honorars maßgeblichen Umstände, etwa die Rohbaukosten, nicht mitgeteilt worden sind, da die Kostenermittlung Bauherrenleistung ist.[4]

---

1) Zur Prüffähigkeit der Honorarschlussrechnung vgl. auch OLG Düsseldorf, BauR 1987, 465 u. OLG Hamm, BauR 1985, 592 (**Statiker**); OLG Stuttgart, BauR 1985, 587 m.Anm. *Beigel*; OLG Celle, BauR 1985, 591 (**anrechenbare Kosten**).
2) OLG Hamm, NJW-RR 1995, 786.
3) OLG Düsseldorf, BauR 1995, 140 (LS) = OLGR 1995, 34 u. OLGR 1998, 99.
4) OLG Hamm, BauR 1994, 795 = NJW-RR 1995, 786 = OLGR 1994, 230.

KAPITEL 7
Die Honorarklage des Projektsteuerers

Übersicht

	Rdn.		Rdn.
1. Die Leistungen des Projektsteuerers	1925	3. Das Honorar des Projektsteuerers	1935
2. Rechtsnatur des Projektsteuerungsvertrages	1929		

Literatur ab 2000[1]

Eschenbruch, Projektmanagement und Projektsteuerung, 3. Auflage, 2009; Projektmanagementleistungen in der Bau- und Immobilienwirtschaft, AHO-Schriftenreihe 3. Aufl. (Stand März 2009); *Schill*, Der Projektsteuerungsvertrag, 2000.

Eschenbruch, Projektsteuerung im Fokus der BGH-Rechtsprechung, NZBau 2000, 409; *Schill*, Die Entwicklung des Rechts der Projektsteuerung seit 1998, NZBau 2002, 201; *Neyheusel*, Rechtsfragen bei der „Baubegleitenden Qualitätsüberwachung", BauR 2004, 401; *Röhrich*, Die Honorierung der baubegleitenden Qualitätskontrolle aus der Sicht des Sachverständigen, BauR 2004, 413; *Fischer*, in: Thode/Wirth/Kuffer, § 14; *Pause*, Baucontrolling – Baubegleitende Qualitätsüberwachung, BTR 2004, 72; *Eschenbruch*, Die Fortentwicklung der deutschen Projektmanagementpraxis, NZBau 2004, 362; *Quack*, Projektmanagement als vertragsjuristische Aufgabe, Festschrift für Thode (2005), 99; *Eschenbruch*, Die Haftung des Projektleiters, Festschrift für Werner (2005), 247; *Bayat/Eschenbruch*, Der Projektmanagement-Mustervertrag BBR, NZBau 2008, 281; *Eschenbruch/Schneider*, Teilleistungsbewertung/Wägungstabelle zur Leistungs- und Honorarordnung, Projektmanagement der AHO-Fachkommission (Stand: März 2009, 3. Aufl.), BauR 2010, 389; *Cordes*, Sollte eine erfolgreiche Projektsteuerung bei großen Infrastrukturmaßnahmen mit einem Werkvertrag durchgeführt werden? – Eine pragmatische Betrachtung, in: Festschrift für Udo Blecken (2011), S. 315; *Saerbeck*, Die Abgrenzung der Pflichten des Architekten von denen des Projektsteuerers. In: Festschrift für Jochem (2014) S. 271; *Eschenbruch*, Die Stellung des Architekten im komplexen Projektmanagement bei Großbauvorhaben. In: Festschrift für Jochem (2014), S. 355.

1924 Bei **größeren** Bauvorhaben werden zunehmend **Projektsteuerer** neben Architekten, Sonderfachleuten und Unternehmern von der Auftraggeberseite hinzugezogen; denn von einer bestimmten Größenordnung des Projektes an sind Bauherren wegen der vielfältigen und komplizierten Geschehensabläufe häufig nicht mehr in der Lage, sämtliche Steuerungsleistungen selbst zu übernehmen.[2] Projektsteuerer werden dabei zum Teil mit „originären" Architektenaufgaben, zum Teil mit weiteren, darüber hinausgehenden Leistungen beauftragt.

In der alten Fassung der HOAI war die Projektsteuerung lediglich durch die Vorschrift des § 31 HOAI a.F. erfasst. Mit der Novellierung der HOAI zum 18.08.2009 ist auch diese Vorschrift – neben den Beratungsleistungen – aus der HOAI herausgenommen worden. In § 31 Abs. 1 HOAI a.F. war die Leistung des Projektsteuerers dadurch definiert, dass dieser „**Funktionen des Auftraggebers bei der Steuerung von Projekten mit mehreren Fachbereichen**" übernimmt. Darüber hinaus wurden beispielhaft mögliche Leistungen des Projektsteuerers aufgezählt; dabei standen die **Termin- und Kostenkontrolle** sowie die **Koordinierung** des Gesamtprojektes einschließlich aller Projektbeteiligten im Vordergrund. In Absatz 2 wurden dann bestimmte Anspruchsvoraussetzungen für das Honorar des Projektsteuerers genannt, die allerdings vom BGH für unzulässig erklärt worden waren (vgl. näher Rdn. 1935).

---

1) Literatur vor 2000 siehe 15. Auflage.
2) Bundesrats-Drucksache, 270/76, S. 39.

Die Gerichte hatten sich kaum mit den Vorschriften des § 31 HOAI a.F. und der Haftung des Projektsteuerers beschäftigen müssen. Das liegt einmal daran, dass das **Honorar** des Projektsteuerers nach § 31 Abs. 2 HOAI a.F. der Höhe nach **frei vereinbart** werden konnte (und in Zukunft auch vereinbart werden kann), zum anderen an der Schwierigkeit, die Leistungen des Projektsteuerers begrifflich eindeutig, transparent und abschließend vertraglich einzugrenzen (vgl. Rdn. 1925).

Das hat dazu geführt, dass zwischen den Auftraggebern und den Projektsteuerern kaum gestritten wird. Allerdings hat sich der BGH in zwei Entscheidungen zur **Rechtsnatur** des Projektsteuerungsvertrages und zum **Anwendungsbereich** des § 31 HOAI a.F. (vgl. Rdn. 1929) sowie zur Bestimmung des Absatzes 2 des § 31 HOAI a.F. geäußert (vgl. Rdn. 1935).

Seit der **HOAI 2009** gibt es **keine Regelung** mehr zu den Leistungen eines Projektsteuerers. Sie unterfallen daher auch unter diesem Gesichtspunkt nicht mehr unter das Preisrecht der HOAI.

Projektsteuerungsleistungen können **isoliert** oder im Zusammenhang mit Architektenleistungen sowie Leistungen von Sonderfachleuten übertragen werden. Das hat der BGH[3] in seiner Entscheidung zu § 31 HOAI a.F. klargestellt: Danach ist „der Anwendungsbereich von § 31 HOAI a.F. nicht auf den Fall beschränkt, dass ein Architekt oder Ingenieur neben preisrechtlich gebundenen Leistungen auch solche der Projektsteuerung übernimmt". Allerdings sind honorarrechtlich der Architektenvertrag einerseits und der Projektsteuerungsvertrag andererseits grundsätzlich zu trennen, weil die HOAI auf Projektsteuerungsverträge nicht anwendbar ist. Im Einzelfall ist die Honorarabrede eines Projektsteuerungsvertrages auf ihre Wirksamkeit zu prüfen, wenn der Projektsteuerungsvertrag zur Umgehung des Preisrechts der HOAI geschlossen wurde.[4]

Eine Honorarklage des Projektsteuerers ist **schlüssig**, wenn dieser

* die vertraglich **vereinbarten** und von ihm **erbrachten Leistungen** (vgl. Rdn. 1925),
* das hierfür **vereinbarte Honorar** (vgl. Rdn. 1935),
* die **Fälligkeit des Honorars** (vgl. Rdn. 1939)

vorträgt.

Ist der Projektsteuerungsvertrag **vorzeitig beendet** worden, wird hinsichtlich der Honorarermittlung und des entsprechenden Vortrags auf die Ausführungen zur Architektenhonorarklage verwiesen (vgl. Rdn. 1120 ff.).

1. Die Leistungen des Projektsteuerers

1925 Die Aufzählung der Leistungen, die in einem Projektsteuerer übertragen werden können, war in § 31 Abs. 1 S. 2 HOAI a.F. nur **beispielhaft** und damit nicht abschließend. Dem Projektsteuerer können also **weitere** Leistungen übertragen werden (z.B. die baubegleitende Qualitätskontrolle)[5]. Nach der Amtlichen Begründung[6] soll es insoweit entscheidend sein, „dass es sich um Funktionen des Auftraggebers handelt, nicht um Leistungen, die z.B. dem Architekten oder Ingenieur bereits nach

---

[3] BauR 1997, 497 = NJW 1997, 1694 = MDR 1997, 454 = BB 1997, 911.
[4] Vgl. hierzu OLG Hamm, IBR 2008, 336 – *Eschenbruch* = NZBau 2009, 48.
[5] Vgl. hierzu *Neyheusel*, BauR 2004, 401; *Röhrich*, BauR 2004, 413; *Pause*, BTR 2004, 72.
[6] Bundestags-Drucksache 270/76, S. 39.

Die Leistungen des Projektsteuerers

dem Leistungsbild Objektplanung obliegen". Damit dürfte z.B. die Übertragung der **Objektüberwachung** bei Gebäuden (Leistungsphase 8 des § 34 HOAI) auf den **Projektsteuerer** ausscheiden, weil es sich insoweit um eine **originäre Architektentätigkeit** handelt. Die Praxis sieht allerdings häufig anders aus.

Rechtliche Bedenken gegen die Wirksamkeit der Übertragung einer solchen Architektenleistung (oder anderer) bestehen insoweit allerdings nicht.[7] Ob es jedoch sinnvoll und dem Gesamtprojekt dienlich ist, einem Projektsteuerer auch die Objektüberwachung zu übertragen, ist eine andere Frage. Der Aufgabenbereich eines Projektsteuerers als Bauherrenvertreter ist entscheidend durch die **Koordinierung**, aber auch **Überwachung/Kontrolle** aller Projektbeteiligten, also auch des Architekten des Auftraggebers, geprägt. Der **BGH**[8] nennt als **charakteristische Aufgaben** des Projektsteuerers die Übernahme der „steuernden, koordinierenden und kontrollierenden Bauherrenfunktion". Übernimmt der Projektsteuerer auch die Objektüberwachung, stellt dies ein der Auftraggeberseite nicht nützliches In-sich-Geschäft dar: Der Projektsteuerer kann sich nicht selbst kontrollieren; der **Interessenkonflikt** ist **offensichtlich**. Dasselbe gilt, wenn dem Architekten auch die Projektsteuerung übertragen wird.[9]

Daher ist die Amtliche Begründung zu § 31 HOAI a.F.,[10] soweit es die oben genannte Abgrenzung der Aufgaben des Projektsteuerers zu anderen Projektbeteiligten betrifft, nicht einleuchtend: Absatz 1 Satz 2 dieser Vorschrift nannte zahlreiche Leistungen, die dem Projektsteuerer übertragen werden können, aber grundsätzlich „originäre" Architektenaufgaben darstellen und auch als Grundleistung in § 33 HOAI n.F. in Verbindung mit Anlage 11 genannt sind. Derartige – über die Objektüberwachung hinausgehende – Überschneidungen sind für ein Projekt nicht nur wenig nützlich, weil die betreffenden „Wertschöpfungen" doppelt honoriert werden, sondern insbesondere unter **haftungsrechtlichen** Gesichtspunkten auch **gefährlich**. Laufen z.B. die Kosten des Bauvorhabens „aus dem Ruder" und haben sowohl Projektsteuerer wie auch der Architekt die jeweiligen Kostenermittlungen und die Kostenkontrollen übernommen, wird die **Suche** nach dem insoweit **Verantwortlichen** in der Regel außerordentlich **erschwert**. Das gilt auch für andere Doppelbeauftragungen und damit Mehrfachkompetenzen, wie z.B. die Übernahme der Koordinierung aller Projektbeteiligten[11] oder der Zeitplanung.[12] Daher soll-

---

7) OLG Hamm, BauR 2008, 2062 = NZBau 2009, 48; *Locher*, in: Locher/Koeble/Frik, Einl. Rn. 417 nimmt ebenfalls keine Nichtigkeit an, wenn typische Projektsteuerungsaufgaben einerseits und typische Architektenleistungen andererseits einem Auftragnehmer übertragen werden; ebenso *Fischer*, in: Thode/Wirth/Kuffer, § 19, Rn. 65; **a.A.:** *Motzke/Wolff*, S. 482.
8) A.a.O.
9) Ebenso: *Locher/Koeble/Frik*, 9. Auflage, § 31 HOAI, Rn. 5; unkritisch hierzu *Fischer*, in: Thode/Wirth/Kuffer, § 19, Rn. 65.
10) Bundestags-Drucksache, 270/76, S. 39.
11) Einerseits im Sinne der Grundleistungen der Architekten in den verschiedenen Leistungsphasen des § 15 HOAI a.F./§ 34 HOAI n.F. in Verbindung mit Anlage 10, andererseits im Sinne von § 31 Abs. 1 Satz 2 Nr. 4 HOAI a.F. „Koordinierung und Kontrolle der Projektbeteiligten" als Tätigkeitsbereich des Projektsteuerers.
12) Einerseits im Sinne der Aufstellung eines Balkendiagramms als Grundleistung des Architekten gemäß § 15 Abs. 2 Nr. 8 HOAI a.F./§ 34 HOAI n.F. in Verbindung mit Anlage 10 bzw. als Besondere Leistung oder andererseits im Sinne der „Aufstellung und Überwachung von

ten die entsprechenden Tätigkeitsbereiche **klar getrennt** und eine **Personenidentität** zwischen Architekt und Projektsteuerer **vermieden** werden.

Mit der HOAI 2013 sind dem Architekten überdies – durch die Ausweitung des Leistungsbildes in § 34 HOAI i.V.m. Anlage 10 – zusätzliche Grundleistungen im Bereich der Kostenermittlungen und vor allem der Kostenkontrolle sowie in der Terminplanung und der Koordination übertragen worden, also Aufgaben, die bislang insbesondere vom Projektsteuerer zum Teil wahrgenommen wurden. Um Doppelbeauftragungen in diesen Bereichen zu vermeiden, ist es in Zukunft verstärkt geboten, insoweit klare Abgrenzungen bei der Beauftragung des Architekten einerseits sowie des Projektsteuerers andererseits vorzunehmen, soweit es den Leistungsumfang betrifft. Auch Eschenbruch[13] weist darauf hin, dass die Schnittstellen zwischen Objektplanung des Architekten und der Projektsteuerung neu ausgerichtet werden müssen, nachdem die „Projektmanagementaufgaben" des Architekten durch die HOAI 2013 erweitert und gestärkt wurden.

1927 Zum Aufgabenbereich und zur Stellung des Projektsteuerers gibt es zwischenzeitlich in der **Literatur** eine Fülle von Stellungnahmen.[14] Gleichzeitig hat es wiederholt Bemühungen gegeben, § 31 HOAI a.F. auszuweiten, soweit es das Leistungsbild und das Honorar des Projektsteuerers betrifft. Insbesondere der Deutsche Verband der Projektsteuerer e.V. hat – allerdings bislang erfolglos – in der Vergangenheit wiederholt **Vorschläge** für ein **Leistungsbild** und eine Honorarordnung „Projektsteuerung" gemacht. Die Fachkommission „Projektsteuerung" der AHO (Ausschuss des Ingenieurverbandes und Ingenieurkammern für die Honorarordnung e.V.), hat in ihrer Schriftenreihe ein umfangreiches Heft zum Leistungsbild und der Honorierung des Projektsteuerers herausgebracht[15], das mit der 4. Auflage auch die Erweiterungen der Architektenleistungen, die mit der HOAI 2013 erfolgt, berücksichtigt.

Die Beauftragung von Projektsteuerungs- sowie Projektleitungsaufgaben (sogenannte Projektmanagementleistungen) erfolgen im deutschen Markt überwiegend in Anlehnung oder Berücksichtigung dieser Leistungs- und Honorarordnung Projektmanagement AHO.

Danach umfasst das Leistungsbild der Projektsteuerung insgesamt **5 Handlungsbereiche**, die sich in

A Organisation, Information, Koordination, Dokumentation,
B Qualitäten, Quantitäten
C Kosten, Finanzierung
D Termine, Kapazitäten, Logistik und
E Verträge, Versicherungen

untergliedert.

Organisations-, Termin- und Zahlungsplänen" gemäß § 31 Abs. 1 Satz 2 Nr. 3 HOAI a.F. als Tätigkeitsbereich des Projektsteuerers.
13) Vorwort S. V und S. 51 ff.
14) Siehe die Literatur vor Rn. 1924.
15) Siehe Schriftenreihe des AHO Nr. 9, 4. Auflage 2014: „Leistungsbild und Honorierung", Projektmanagementleistungen in der Bau- und Immobilienwirtschaft.

Die Leistungen des Projektsteuerers

Die Handlungsbereiche erstrecken sich sodann auf die insgesamt **5 Projektstufen** der

1. Projektvorbereitung,
2. Planung,
3. Ausführungsvorbereitungen,
4. Ausführung,
5. Projektabschluss.

Auch wenn unter § 2 AHO-Leistungs- und Honorarordnung Projektmanagement in der Bau- und Immobilienwirtschaft Definitionsansätze für die Einzelleistungen des Projektsteuerers enthalten sind, muss in der Praxis festgestellt werden, dass die dort enthaltenen Definitionen für Mitwirken, Erstellen/Aufstellen, Abstimmen, Umsetzen, Fortschreiben, Prüfen, Überprüfen, Analysieren und Bewerten, Steuern sehr allgemein gefasst sind, sodass die Parteien des Projektsteuerungsvertrages grundsätzlich dazu gehalten sind, die wechselseitigen Vorstellungen zu den konkreten Tätigkeiten, die der Projektsteuerer ausüben soll, näher zu spezifizieren, um im Rahmen der Vertragsabwicklung Streitigkeiten über den Umfang der vom Projektsteuerer geschuldeten Leistungen zu vermeiden.

Gerade aus dem zuletzt genannten Heft aus der Schriftenreihe der AHO wird deutlich, mit welcher Fülle von Aufgaben ein Projektsteuerer im Einzelfall beauftragt werden kann. Darüber hinaus überschneiden sich die im Entwurf erwähnten Projektsteuerungsleistungen ebenfalls in vielfacher Hinsicht insbesondere mit den Aufgaben eines Architekten, aber auch mit denjenigen der Sonderfachleute. Das gilt umso mehr, als mit der HOAI-Novelle 2013 das Leistungsbild des Architekten im Bereich der **Kostenverfolgung** und der **Terminplanung** erheblich erweitert worden ist.

Zwischenzeitlich gibt es auch einen **Projektmanagement-Mustervertrag BBR** (Bundesamt für Bauwesen und Raumordnung), der allerdings ausschließlich für die Projektabwicklung der öffentlichen Hand nach der RBBau entworfen worden ist.[16] Er enthält Allgemeine Vertragsbestimmungen sowie Bestimmungen zu allgemeinen und spezifischen Leistungspflichten.

In vielen Projektsteuerungsverträgen übernehmen die Projektsteuerer Aufgaben, die eindeutig einer **rechtsbesorgenden und rechtsberatenden Tätigkeit** zuzuordnen sind.[17] Auch die Amtliche Begründung zu § 31 HOAI a.F.[18] geht hiervon aus, wenn es dort heißt, dass der Projektsteuerer „die Geschehensabläufe in technischer, rechtlicher und wirtschaftlicher Hinsicht zu koordinieren, zu steuern und zu überwachen hat". Zur rechtsbesorgenden Tätigkeit eines Projektsteuerers wird man insbesondere – neben anderen Aufgaben – das **Vertragsmanagement** und das **Nachforderungsmanagement** zu zählen haben. Dabei wird in der Regel der nach dem **Rechtsdienstleistungsgesetz** (RDG) **zulässige Rahmen** (Rechtsdienstleistungen als Nebenleistung, § 5 RDG) **überschritten**.[19] Das hat zur Folge, dass gegen ein

---

16) Vgl. hierzu *Bayat/Eschenbruch*, NZBau 2008, 281.
17) Vgl. hierzu *Eschenbruch* Rn. 961 ff.
18) Bundestags-Drucksache, 270/76, S. 39.
19) Vgl. hierzu insbesondere OLG Naumburg, BauR 2009, 1171 = NZBau 2009, 318 und OLG Dresden, IBR 2000, 133; *Fischer*, in: Thode/Wirth/Kuffer, § 19, Rn. 63; *Eschenbruch*, Rn. 975 ff.; *Kniffka*, ZfBR 1995, 10; *Heiermann*, BauR 1996, 48; *Wagner*, ZfBR 1996, 185.

gesetzliches Verbot (§ 3 RDG) verstoßen wird und der Vertrag, der eine unzulässige Rechtsbesorgung zum Inhalt hat, nach § 134 BGB nichtig ist.

Im Einzelfall[20] ist daher stets zu prüfen, ob sich der Projektsteuerer bei seiner rechtsberatenden und rechtsbesorgenden Tätigkeit – insbesondere im Hinblick auf den Umfang dieser Tätigkeit – noch im erlaubten Rahmen des RDG befindet; anderenfalls ist seine Tätigkeit unzulässig – mit der Folge, dass der entsprechende **Projektsteuerungsvertrag,** der die unzulässige Rechtsberatung zum Inhalt hat, gemäß § 134 BGB **nichtig** ist; ist die Leistung des Projektsteuerers allerdings – was in der Regel anzunehmen ist – teilbar, tritt Teilnichtigkeit des Vertrages ein, wobei § 139 BGB zu berücksichtigen ist.[21] Das OLG Köln[22] ist in diesem Zusammenhang der Auffassung, dass stets der **Schwerpunkt** der vereinbarten Tätigkeit des Projektsteuerers zu ermitteln ist. Übernimmt der Projektsteuerer auch das „Vertragsmanagement", überschreitet diese Tätigkeit nicht stets und zwingend den zulässigen Rahmen, den das Rechtsberatungsgesetz als erlaubnisfreie Tätigkeit zulässt, wenn die baufachliche und wirtschaftliche Betreuung mit Planungs-, Kontroll- und Koordinierungsaufgaben den Schwerpunkt der Tätigkeit des Projektsteuerers bildet.

1928
* Rechtsprechung:
* Pflicht des Projektsteuerers bei Übernahme des **Baumanagements Mehrkosten** infolge einer Bauinsolvenz prüfbar **abzurechnen:** OLG München, BauR 2003, 415 = IBR 2002, 674 – *Schill.*
* **Bewertung** eines von der Projektvorbereitung bis zur Auftragsvergabe reichenden **Leistungsanteils** aus einem bis zum Bauabschluss reichenden Projektsteuerungsauftrag – Hinzuziehung des Entwurfs einer Honorarordnung für die Projektsteuerung (DVP): Ansatz von 66 % des Auftragsumfanges (OLG Hamburg, NZBau 2003, 686).
* Gegenstand eines Projektsteuerungsvertrages sind typischerweise Aufgaben, die an sich – auch im Verhältnis zu einem eingeschalteten Architekten – dem Bauherrn obliegen, die dieser aber – z.B. wegen des Umfangs und der Komplexität des Bauvorhabens – nicht wahrnehmen will oder kann.
Gegenstand eines Projektsteuerungsvertrages kann damit auch die Organisation der an sich dem Bauherrn obliegenden Vergabe einschließlich der damit verbundenen Aufgaben sein; bei an die VOB/A gebundenen Bauherrn kann dazu auch die Pflicht gehören, die zu deren Einhaltung notwendigen Schritte durchzuführen.
Ist es Aufgabe des Projektsteuerers somit auch, den von dem Bauherrn eingeschalteten Architekten bei der Vergabe von Aufträgen zu überwachen und beanstandet er das vertragswidrige Verhalten des Architekten nicht, so haftet er dem Bauherrn, wenn es infolge dessen zum Widerruf von Fördermitteln kommt (OLG Düsseldorf, BauR 2015, 154 = NZBau 2014, 644).

---

20) Vgl. hierzu OLG Naumburg, BauR 2009, 1171 = NZBau 2009, 318; OLG Saarbrücken, NJW-Spezial 2009, 510; OLG Köln, IBR 2004, 632 – *Eschenbruch* (Schwerpunkt der Aufgabenstellung ist maßgeblich).
21) Vgl. hierzu *Eschenbruch,* Rn. 997 ff.; *Heiermann,* BauR 1996, 48, 56; *Kniffka,* ZfBR 1995, 10, 14.
22) BauR 2005, 741; ebenso *Eschenbruch,* Rn. 970 („überwiegend rechtlich oder wirtschaftlich bzw. technisch geprägt").

- **Honorarabzüge** wegen nicht erbrachter einzelner Tätigkeiten kommen nicht in Betracht, wenn sich die erbrachte Leistung des Projektsteuerers **nicht als mangelhaft** erweist (OLG Hamburg, NZBau 2003, 686).
- Der Bauherr genehmigt den von einem vollmachtlosen Projektsteuerer abgeschlossenen Bauvertrag konkludent, wenn sein Verhalten im Rahmen der Bauabwicklung gegenüber dem Auftragnehmer zum Ausdruck bringt, dass er für die vertragliche Verpflichtung einstehen und die Vergütung entrichten will (BGH, IBR 2005, 459 – *Schill* = NZBau 2005, 592).
- Vereinbart der Projektentwickler, dem Vermittlung, Verschaffung von Planungsrecht und Erarbeitung von Vermarktungskonzepten übertragen worden ist, für den Fall des Nichtverkaufs des Grundstücks durch den Eigentümer ein Honorar in Höhe eines Anteils (hier: 30 %) an der Wertsteigerung, kann dies zur **Beurkundungsbedürftigkeit** der Honorarvereinbarung führen (OLG Zweibrücken, IBR 2006, 622).
- Setzt der Auftraggeber einer Ingenieurleistung im Rahmen der ihn treffenden Obliegenheit, sich selbst vor Schäden offenkundiger oder bekannter Risiken der Ausführung einer Baumaßnahme zu bewahren, an seiner Stelle einen **Projektsteuerer** als Ansprechpartner und Entscheidungsträger ein, ist der Projektsteuerer im Verhältnis zu den anderen Baubeteiligten als **Erfüllungsgehilfe des Auftraggebers** anzusehen, sodass dieser für ein etwaiges Verschulden des Projektsteuerers einstehen muss (BGH, NZBau 2015, 367, 372).
- Erstellt der Projektsteuerer im Rahmen eines Kreditantrags zur Finanzierung der Baumaßnahme eine Übersicht der erwarteten Kosten zur Vorlage bei der Bank, müssen dort nicht Zweifelsfragen über die wirtschaftliche Realisierbarkeit oder gar wirtschaftlichere Lösungsvarianten erörtert werden (OLG München, IBR 2012, 333 – *Kipp*).

2. Rechtsnatur des Projektsteuerungsvertrages

Die Rechtsnatur des Projektsteuerungsvertrages ist bis heute nicht abschließend geklärt. Das ist nicht verwunderlich, weil es in der Baupraxis sehr unterschiedliche Projektsteuerungsverträge gibt. Dies ist wiederum auf die unterschiedlichen Tätigkeitsfelder und Vertragspflichten, die ein Projektsteuerer übernehmen kann, zurückzuführen, was bei der rechtlichen Auseinandersetzung häufig übersehen wird. Die rechtliche Zuordnung zum Dienst- oder Werkvertragsrecht ist insbesondere im Hinblick auf die **Haftung** des Projektsteuerers sowie die Kündigungsvoraussetzungen und die Kündigungsfolgen von wesentlicher Bedeutung.

Es ist **streitig**,[23] ob der Projektsteuerungsvertrag dem **Dienst-** oder dem **Werkvertragsrecht** möglicherweise auch dem Recht der Geschäftsbesorgung zuzuordnen ist. Der **BGH**[24] hatte zunächst lediglich eine **negative** Abgrenzung in der

---

23) Für **Dienstvertragsrecht**: OLG Celle, BauR 2004, 1347 (allerdings bei [nur] zeitlich befristeten, wirtschaftlichen und technischen Beratungsleistungen); *Motzke/Wolff*, S. 485 (Geschäftsbesorgungsvertrag mit Dienstvertragscharakter). Für **Werkvertragsrecht**: OLG Dresden, IBR 2003, 90 – *Eschenbruch*; *Heinrich*, S. 183; *Koeble*, in: Locher/Koeble/Frik, Einl. Rn. 425; *Neuenfeld*, § 31 HOAI, Rn. 15; Differenzierend: *Stemmer/Wierer*, BauR 1997, 935, 939; *Hartmann*, § 31 HOAI, Rn. 30. Vgl. hierzu KG, IBR 2016, 649 – *Eschenbruch*.
24) BauR 1995, 572 = NJW-RR 1995, 855 = ZfBR 1995, 189 = MDR 1995, 573.

Weise vorgenommen, dass allein aus der Vereinbarung eines Erfolgshonorars nicht geschlossen werden kann, dass ein Projektsteuerungsvertrag ein Werkvertrag ist.[25] Allerdings hat der BGH dabei gleichzeitig darauf hingewiesen, dass für die Einordnung in das Werkvertragsrecht „der Nachweis der Vereinbarung werkvertraglicher Erfolgsverpflichtung" gehört (z.B. Kosteneinsparungen).

1930 Im Hinblick auf die unterschiedliche Ausgestaltung der Leistungsinhalte der Projektsteuerungsverträge wird man entsprechend der neueren Rechtsprechung des BGH[26] stets **im Einzelfall** zu prüfen haben, ob – bei einer **Gesamtbetrachtung** des Vertrages – die **tätigkeitsbezogenen** oder die **erfolgsorientierten** Elemente des Vertrages **überwiegen** (Schwerpunkttheorie). **Im Zweifel** wird man jedoch davon ausgehen können, dass in Projektsteuerungsverträgen die **werkvertragliche Komponente** überwiegt: Mit den wichtigsten Projektsteuerungsaufgaben, nämlich der Sicherung und Steuerung von Kosten, Terminen und Qualitäten durch eigene Planungsleistungen sowie der Gesamtkoordinierung und Gesamtorganisation des Bauprojektes (im Sinne eines Generalmanagements[27]) schuldet der Projektsteuerer nicht nur eine eigene erfolgsbezogene Tätigkeit, sondern auch einen beachtlichen Anteil an einer **erfolgreichen Realisierung des Gesamtprojektes**.

1931 Im Einzelnen wird man u.a. folgende Grundsätze bei der rechtlichen Einordnung eines Projektsteuerungsvertrages zu beachten haben: **Reine** Beratungs-, Berichterstattungs- sowie Informationsleistungen haben **dienstvertraglichen** Charakter.[28] Dasselbe gilt für **reine** „Abstimmungsvorgänge" mit dem Auftraggeber oder „Unterstützungsmaßnahmen". Ein vielfach in Projektsteuerungsverträgen zu findendes Element der Leistungsbestimmung ist die **„Mitwirkung bei ..."** Dieses Leistungselement ist z.B. in dem von der Fachkommission „Projektsteuerung" der AHO vorgelegten Entwurf (vgl. oben Rdn. 1925) außerordentlich häufig zu finden (z.B. „Mitwirken bei der Erstellung der Grundlagen für das Gesamtprojekt hinsichtlich Bedarf nach Art und Umfang"; „Mitwirken beim Klären der Standortfragen"; „Mitwirken beim Festlegen des Rahmens für Investitions- und Baunutzungskosten"; „Mitwirken beim Durchsetzen von Vertragspflichten gegenüber den Beteiligten"; „Mitwirken beim Vertreten der Planungskonzeption mit bis zu fünf Erläuterungs- und Erörterungsterminen"; „Mitwirken bei Genehmigungsverfahren" usw.). Damit werden der Leistungsumfang, die Verantwortlichkeit, aber auch die Zielrichtung der Tätigkeit des Projektsteuerers als Auftragnehmer weitgehend – sicherlich von dem Projektsteuerer auch gewollt – **offen gelassen.** Aufgrund dieses unbestimmten Leistungsbegriffes wird man insoweit kaum eine erfolgsbezoge-

---

25) *Koeble*, in: Locher/Koeble/Frik, 9. Auflage, § 31 HOAI, Rn. 13 nennt diese Erkenntnis eine „Binsenwahrheit".
26) BauR 1999, 1317 = NJW 1999, 3118 = MDR 1999, 1260 = ZfBR 1999, 336; vgl. hierzu insbesondere *Eschenbruch*, NZBau 2000, 409, 410 sowie Rn. 921 ff.; ferner: BGH, BauR 2002, 315 u. NJW 2002, 3323 = ZfBR 2003, 24; KG, IBR 2016, 649 – *Eschenbruch*; OLG Naumburg, BauR 2009, 1171 = IBR 2009, 43 – *Eschenbruch*.
27) OLG Naumburg, BauR 2009, 1171 = IBR 2009, 43 – *Eschenbruch*; OLG Düsseldorf, IBR 2009, 594 – *Kirchhof* [Werkvertrag bei Ermittlung von Vorgaben für die Projektbeteiligten sowie deren Überwachung auf Einhaltung und ggf. steuerndes Eingreifen bei dem Bauprojekt]. OLG Frankfurt, IBR 2007, 317 – *Eschenbruch* [auch bei Qualitätskontrolle].
28) OLG Düsseldorf, BauR 1999, 508 (für Beratungs-, Informations- und Koordinierungsleistungen); OLG Dresden, NJW-RR 2000, 652 (für Beratungs- und Kontrollleistungen); ebenso: *Hartmann*, § 31 HOAI, Rn. 30.

ne Tätigkeit annehmen können, sondern diese Leistung jeweils der dienstvertraglichen Komponente des Projektsteuerungsvertrages zuzuordnen haben. Das wird auch für alle übrigen **„begleitenden Maßnahmen"** oder die **Dokumentationstätigkeit** des Projektsteuerers zu gelten haben.[29]

Die meist umfangreiche **Kontroll-** und **Überprüfungstätigkeit** des Projektsteuerers hat dagegen – entsprechend der Objektüberwachung des Architekten – **werkvertraglichen Charakter**.[30] Werkvertrag ist auch anzunehmen für folgende beispielhaft aufgeführte Leistungen des Projektsteuerers, weil es sich insoweit um eine ergebnis- und erfolgsorientierte Tätigkeit des Projektsteuerers handelt: die Erstellung und Fortschreibung eines **Organisationshandbuches**, die gesamte **Terminplanung**, die **Kostenermittlung** und **Kostenkontrolle**, die gesamte **Ablaufsteuerung**, die **Rechnungsprüfung** und die Durchführung der **Submission**. Dagegen ist die Vereinbarung eines bestimmten Zeitrahmens für die Tätigkeit des Projektsteuerers kein maßgebliches Kriterium für die rechtliche Zuordnung des Vertrages.[31] Entscheidend ist nicht, in welchem Zeitraum der Projektsteuerer für das Bauvorhaben tätig wird, sondern welche Leistungen der Projektsteuerer für den Auftraggeber übernimmt. Ist die „zentrale Aufgabe des Projektsteuerers" die technische Bauüberwachung (z.B. eines Generalübernehmers), ist nach BGH[32] **Werkvertragsrecht** anwendbar.

1932

Unter den vorerwähnten Gesichtspunkten wird man den Projektsteuerungsvertrag als **Werkvertrag** anzusehen haben, wenn der Projektsteuerer beispielsweise **Leistungen**, die in § 31 Abs. 1 Satz 2 HOAI a.F. aufgelistet waren, übernimmt.[33] Dasselbe hat wohl auch zu gelten, wenn dem Projektsteuerer alle Leistungen übertragen werden, die in dem Entwurf der Fachkommission „Projektsteuerung" der AHO (vgl. oben Rdn. 1927) enthalten sind, obwohl hier auch eine Fülle von reinen „Mitwirkungsleistungen" des Projektsteuerers genannt sind.

1933

Bei alledem ist zu berücksichtigen, dass die Parteien eines Projektsteuerungsvertrages es selbst in der Hand haben, für klare Rechtsverhältnisse zu sorgen und dadurch Zweifelsfragen auszuräumen, indem sie den Vertrag den werkvertraglichen Bestimmungen der §§ 633 ff. BGB anpassen.[34] Dabei kommen insbesondere die Vorschriften über die Haftung, die Kündigung, die Fälligkeit der Vergütung und die Bestimmungen der §§ 648 und 648a BGB in Betracht.

Handelt es sich bei dem Projektsteuerungsvertrag um einen Werkvertrag, steht der von dem Projektsteuerer erzielte Erfolg im Vordergrund: Deshalb können Honorarabzüge wegen möglicherweise nicht erbrachter Leistungen allenfalls dann in Betracht kommen, wenn trotz des eingetretenen Erfolgs wesentliche Leistungen nicht erbracht sind oder sich durch Weglassen einzelner Leistungen die Tätigkeit

---

29) Vgl.: OLG Düsseldorf, BauR 1999, 1049 = NJW 1999, 3129 = MDR 2000, 28 (Projektsteuerungsvertrag nach **DVP**-Modell ist **Dienstvertrag**).
30) Ebenso: *Stemmer/Wierer*, BauR 1997, 935, 937; *Schill*, S. 61; *Wirth/Hebel/Engelmann*, X. Teil, Rn. 143 ff.
31) So aber *Stemmer/Wierer*, BauR 1997, 935, 938.
32) BGH, BauR 1999, 1317 = NJW 1999, 3118 = MDR 1999, 1260 = ZfBR 1999, 336; BauR 2002, 315.
33) Offen gelassen von BGH, BauR 1999, 1317 = NJW 1999, 3118 = MDR 1999, 1260 = ZfBR 1999, 336.
34) Vgl. hierzu LG Düsseldorf, IBR 2001, 267.

insgesamt als mangelhaft erweist (vgl. hierzu die Ausführungen zum Architektenvertrag Rdn. 865 ff.).[35]

1934 Der BGH[36] hat sich mit den besonderen Charakteristika des Projektsteuerungsvertrages – im Zusammenhang mit einer **Kündigung** wegen Vertrauensstörung – beschäftigt.[37] Dabei hat er darauf hingewiesen, dass die Leistungen des Projektsteuerers „ein hohes Maß an Vertrauenswürdigkeit und Loyalität" erfordern: „Der Projektsteuerer übernimmt beratend oder handelnd die Wahrung der Qualitäts-, Termin- und Kostensicherung für den Auftraggeber. Er ist damit maßgeblich am Kernbereich der Investitionsentscheidung und des Investitionserfolges beteiligt. Für Leistungen dieser Art kann der Auftraggeber die Identifikation mit seinen Interessen, Loyalität und Vertrauenswürdigkeit erwarten". Unter diesen Voraussetzungen ist auch jeweils die Frage zu prüfen, ob der Projektsteuerungsvertrag vom Auftraggeber im Einzelfall aus **wichtigem Grund** gekündigt werden kann, wobei stets eine Abwägung der beiderseitigen Interessen der Vertragsparteien vorzunehmen ist: „Bei dieser Abwägung können u.a. bedeutsam sein der Zweck und die Art des Vertrages, insbesondere das Ausmaß an persönlichen Bindungen, das Erfordernis persönlichen Vertrauens in die Loyalität, Wahrheitsliebe, Leistungsfähigkeit und Leistungsbereitschaft des Vertragspartners. Ferner können zu berücksichtigen sein die Gefährdung von Vermögensinteressen und die Effektivität von Kontrollmöglichkeiten. Zu würdigen ist dabei nicht nur der gesetzliche Vertragstyp, sondern seine konkrete Ausgestaltung durch die Interessen und Vereinbarungen der Parteien."

3. Das Honorar des Projektsteuerers

Literatur

Eschenbruch, Die Anwendung des Preisrechts der HOAI auf Projektsteuerungsverträge, NZBau 2001, 308; *Baldringer*, Forderungsbegründung aus gekündigtem Projektsteuerungsvertrag, NZBau 2007, 421; *Eschenbruch/Schneider*, Teilleistungsbewertung/Wägungstabelle zur Leistungs- und Honorarordnung im Projektmanagement der AHO-Fachkommission (2014), BauR 2015, 400; *Wiesner*, Gesamtvergleich preisfreies und -gebundenes Vertragshonorar vs. HOAI-Mindestsatz?, BauR 2016, 1985.

1935 Gemäß § 31 Abs. 2, Hs. 1 HOAI a.F. durften Honorare für Projektsteuerungsleistungen nur berechnet werden, „wenn sie bei Auftragserteilung schriftlich vereinbart werden". Diese Bestimmung hat der **BGH**[38] für **nichtig** erklärt, weil sie nicht von der gesetzlichen Ermächtigung in Art. 10, §§ 1, 2 MRVG gedeckt ist. Die Entscheidung des BGH hat zur Folge, dass die in § 31 HOAI a.F. genannten einschränkenden Tatbestandselemente **„schriftlich"** und **„bei Auftragserteilung"** für die Honorarabrede der Vertragsparteien **ohne Bedeutung** sind. Der Projekt-

---

35) OLG Hamburg, NZBau 2003, 686 = NJW-RR 2003, 1670 = IBR 2003, 487 – *Eschenbruch*.
36) BauR 1999, 1469 = NZBau 2000, 29 = MDR 1999, 1377 = NJW 2000, 202; vgl. hierzu *Eschenbruch*, NZBau 2000, 409, 411 u. Rn. 923 sowie OLG Karlsruhe, BauR 2005, 1661 (Fristlose Kündigung aus wichtigem Grund, weil Projektsteuerer sich gegenüber Dritten äußert, dass der Auftraggeber seine Auftraggeberpflichten gegenüber ihm und Dritten nicht einhält) = NZBau 2006, 50.
37) Vgl. hierzu auch *Fischer*, in: Thode/Wirth/Kuffer, § 19, Rn. 66 f.
38) BauR 1997, 497 = NJW 1997, 1694 = MDR 1997, 454 = BB 1957, 911; vgl. hierzu auch *Quack*, BauR 1995, 27 ff.; *Kämmerer*, BauR 1996, 162 ff.; ferner: *Locher/Koeble/Frik*, 9. Auflage, § 31 HOAI, Rn. 20 ff.

steuerer hat daher grundsätzlich einen Honoraranspruch, wenn ihm Projektsteuerungsleistungen übertragen werden und er diese erbringt. Damit hatte die Bestimmung des § 31 Abs. 2 HOAI a.F., worauf Wenner[39] zu Recht verweist, ihren „Sinn verloren"; die allgemein geltende Vertragsfreiheit ist insoweit wiederhergestellt.

1936 Der **Höhe** nach sah die alte HOAI keine Preisregulierung vor. Nach § 31 Abs. 2 a.F. konnte das **Honorar frei vereinbart** werden. Daran hat sich durch die HOAI 2009 nichts geändert: Da die Leistungen des Projektsteuerers nicht mehr in der HOAI 2009 und der HOAI 2013 enthalten sind, unterfallen sie auch nicht mehr dem Preisrecht der HOAI. Hartmann[40] und Stemmer/Wierer[41] geben – allerdings sehr differenzierend – Anhaltspunkte für die in der Baupraxis übliche Vergütung eines Projektsteuerers. Die Fachkommission „Projektsteuerung" der AHO (vgl. Rdn. 1925) hat zur Ermittlung des Honorars des Projektsteuerers eine **Honorartafel**[42] erarbeitet, die ebenfalls als **Orientierungshilfe** für das marktübliche Honorar herangezogen werden kann. Nach OLG Hamburg[43] ist es angemessen, den von der Projektvorbereitung bis zur Auftragsvergabe reichenden Leistungsteil aus einem bis zum Bauabschluss reichenden Projektsteuerungsauftrag in Anlehnung an den Entwurf einer Honorarordnung für die Projektsteuerung (DVP) mit insgesamt 66 % des Auftragsumfanges anzusetzen.

1937 In zahlreichen Projektsteuerungsverträgen finden sich heute neben der Honorarvereinbarung so genannte **Bonus-/Malus-Regelungen**.[44] Gegen derartige Vereinbarungen ist grundsätzlich nichts einzuwenden. Sie setzen jedoch sinnvollerweise voraus, dass die **Kostenermittlung**, die **Kostensteuerung** und die **Kostenkontrolle** weitgehend in der Hand des Projektsteuerers liegen. Eine Bonusregelung kann beispielsweise vorsehen, dass der Projektsteuerer einen abgestuften Bonus des vereinbarten Honorars zusätzlich erhält, sofern die tatsächlichen Baukosten gemäß der mit dem Auftraggeber abgestimmten Kostenberechnungen **unterschritten** werden;[45] werden sie **überschritten**, verringert sich das Honorar im Rahmen einer möglichen Malusregelung dann ebenfalls, abgestuft unter Berücksichtigung einer Toleranzgrenze.

1938 Häufig werden **Projektsteuerungsleistungen zusammen mit Architektenleistungen** beauftragt und hierfür ein **einheitliches Pauschalhonorar** vereinbart, obwohl dies wenig sinnvoll ist (vgl. Rdn. 1925). So werden z.B. einem Projektsteuerer auch Vergabeleistungen (Leistungsphasen 6 und 7) oder Leistungen der Objektüberwachung (z.B. Prüfung von Rechnungen) übertragen. Dabei stellt sich dann die Frage, ob eine solche Abrede im Hinblick darauf wirksam ist, dass die entspre-

---

39) EWiR, § 31 HOAI, 1/97, 413, 414.
40) § 31 HOAI, Rn. 39.
41) BauR 1997, 935, 945.
42) Abgedruckt in Schriftenreihe des AHO Nr. 9 Untersuchungen zum Leistungsbild des § 31 HOAI und zur Honorierung für die Projektsteuerung, S. 21. Vgl. hierzu OLG Frankfurt, IBR 2009, 464 – *Eschenbruch* (m. Beisp. f. eine Verringerung des Honorars bei teilweise nicht erbrachten Leistungen).
43) NZBau 2003, 686 = NJW-RR 2003, 1670 = IBR 2003, 487.
44) Vgl. hierzu insbesondere die Beispiele für **Bonus-Malus-Regelungen** bei *Wirth/Eschenbruch*, IX. Teil, Rn. 40 ff. Ferner *Fischer*, in: Thode/Wirth/Kuffer, § 19, Rn. 60. Ferner OLG Hamm, IBR 2008, 402 – *Eschenbruch* (Erfolgshonorar).
45) Vgl. z.B. BGH, BauR 1995, 572 = NJW-RR 1995, 855 = ZfBR 1995, 189.

chenden Architektenleistungen dem Preisrecht der HOAI unterliegen, dagegen das Honorar für die Projektsteuerung frei vereinbart werden kann.[46] Soweit die Vertragsparteien ein Pauschalhonorar vereinbart haben, ist eine Überprüfung, ob sich das Honorar für den Architekten innerhalb der nach § 7 HOAI vorgegebenen preisrechtlichen Bestimmungen bewegt, nur schwer möglich. Insbesondere kann eine unwirksame Mindestsatzunterschreitung, eine nicht zulässige Mindestsatzüberschreitung (z.B. bei fehlender Schriftform) oder aber eine zu beanstandende Höchstsatzüberschreitung nicht ohne Weiteres festgestellt werden.[47]

Nach *Wiesner*[48] ist für preisfreie Vertragsleistungen neben preisgebundenen HOAI-Leistungen zu verlangen, dass diese den Raum üblicher Vergütung nicht verlassen:

„Der Wortlaut des § 632 BGB setzt voraus, dass die übliche Vergütung gilt, sofern kein anderweitiger Preis vereinbart ist. Demnach wird man einen zu niedrigen Preis für preisfreie Leistungen in Kombination mit preisgebundenen HOAI-Leistungen als Verstoß gegen ein gesetzliches Verbot, § 134 BGB, ansehen müssen. Folge ist, dass dann ein zu niedriger Vertragspreis unwirksam ist. Fehlt damit ein Vertragspreis, ist der Weg offen für die übliche Vergütung, § 632 BGB. Nur so lässt sich vermeiden, dass die Mindestsätze der HOAI faktisch unterlaufen werden."

Das liegt daran, dass die Vertragsparteien es aufgrund der einheitlichen Pauschale in der Hand haben, einen denkbaren Verstoß gegen § 7 HOAI bei Vereinbarung des Honorars für die Architektenleistungen durch das unbeschränkte Honorar für die Projektsteuerung zu kompensieren. Eine zu beanstandende Pauschalhonorar-Vereinbarung kommt daher unter diesem Gesichtspunkt z.B. überhaupt nur in der ungewöhnlichen Fallgestaltung in Betracht, bei der bereits das vereinbarte Honorar für beide Leistungsbereiche unter dem Mindestsatz für die entsprechenden Architektenleistungen liegt. Daher ist der Auffassung des OLG Nürnberg[49] nicht zu folgen, wonach das Honorar bei der Abrechnung – trotz einheitlichen Pauschalhonorars für beide Leistungen – **getrennt** werden muss, weil nur so eine Umgehung des § 7 HOAI vermieden wird. Eine solche Trennung ist nur dann erforderlich, wenn die Parteien ausdrücklich kein Honorar vereinbart haben oder der Auftragnehmer das von ihm behauptete Pauschalhonorar nicht darlegen oder beweisen kann, weil in diesem Fall die übliche Vergütung[50] allein in Betracht kommt. Für die Architektenleistungen gelten insoweit die Mindestsätze als übliche Vergütung (vgl. Rdn. 822); für die Projektsteuerung ist die übliche Vergütung dann gesondert nach den allgemeinen, bürgerlich-rechtlichen Grundsätzen gemäß § 632 Abs. 2 BGB (vgl. Rdn. 829) zu ermitteln.[51] In der **Praxis** werden derartige Leistungen entweder auf der **Basis eines prozentualen Pauschalanteils** (der Baukosten/Projektkosten) oder **nach Aufwand**, d.h. **nach Stundensätzen, Tages- oder Monatspauschalen**, vergütet.

Um ein Pauschalhonorar im obigen Sinne nach den Grundsätzen der HOAI überprüfen zu können, kann von Seiten des Gerichts auch folgende Überprüfung

---

46) Vgl. hierzu insbesondere *Wiesner*, BauR 2016, 1985.
47) Vgl. hierzu OLG Hamm, BauR 2008, 2062, 2064 = NZBau 2009, 48.
48) A.a.O.
49) BauR 2001, 438 = MDR 2001, 152 = NZBau 2001, 337 = MDR 2001, 152; kritisch hierzu auch: *Eschenbruch*, NZBau 2001, 308.
50) Vgl. hierzu insbesondere: BGH, BauR 2001, 104 = NJW 2001, 151 = ZfBR 2001, 104 = MDR 2001, 372.
51) Vgl. hierzu *Eschenbruch*, Rn. 1052 ff., 1062 ff.

vorgenommen werden: Das frei zu vereinbarende Projektsteuerungshonorar könnte einer **Üblichkeitsprüfung** unterworfen werden; hat man in dieser Weise ein übliches Honorar ermittelt, kann das Honorar für die Leistungen, die den Vorschriften der HOAI unterworfen sind, ohne Weiteres einer Überprüfung unterzogen werden, ob es sich im Rahmen der HOAI-Vorschriften hält.[52] Das OLG Oldenburg[53] hält einen Stundensatz von 110 EUR für Projektsteuerungsleistungen für üblich und angemessen.

Die Fälligkeit des Honorars des Projektsteuerers richtet sich nach den allgemeinen Regeln des BGB (vgl. hierzu Rdn. 1787 ff. und 1836 ff.) **1939**

Haben die Parteien ein Pauschalhonorar vereinbart, richtet sich die Abrechnung nach den Abrechnungsgrundsätzen eines gekündigten Pauschalvertrages (vgl. hierzu Rdn. 1120).[54] Der Projektsteuerer hat daher die erbrachten Leistungen im Einzelnen spezifiziert vorzutragen und von den nicht erbrachten Leistungen abzugrenzen. Eine zeitanteilige Ermittlung des Honorars kommt nur dann in Betracht, wenn eine entsprechende zeitanteilige Honorarvereinbarung ausdrücklich getroffen worden ist.[55] Dabei ist eine Vergütungsvereinbarung der Parteien mit einer prozentualen Aufteilung des Pauschalhonorars nach Leistungsphasen und Handlungsbereichen ggf. zu berücksichtigen. Die konkrete Aufteilung kann das Gericht nach § 287 Abs. 2 ZPO vornehmen.[56]

Vorschläge für eine Pauschalvergütung bringt Eschenbruch[57] nach Prozenten der anrechenbaren Kosten des Bauvorhabens.

---

52) Vgl. hierzu OLG Hamburg, IBR 2011, 413 – *Wiesner/Kalte*. Ferner *Boldt*, ZfBR 2012, 482.
53) IBR 2016, 20 – V. Werner.
54) BGH, a.a.O.
55) OLG Dresden, IBR 2003, 90 – *Eschenbruch*.
56) OLG Frankfurt, IBR 2009, 463 – *Eschenbruch*.
57) Rn. 1412 ff.

KAPITEL 8
Die Klage auf Mängelbeseitigung (Nacherfüllung)

Übersicht	Rdn.		Rdn.
I. Einleitung	1940	III. Die Mängelbeseitigungsklage	2065
II. Der Baumangel	1960		

I. Einleitung

Literatur

Hammacher, Prüf- und Hinweispflichten, 2013; *Bock/Zons*, Rechtshandbuch Anlagenbau, 2015; *Hilgers/Buscher*, Der Anlagenbauvertrag, 2005; *Lauer/Wurm*, Haftung des Architekten und Bauunternehmers, 6. Auflage 2012; *Schrammel/Kaiser/Nusser*, Facility Management – Recht und Organisation, 2013; *Samson-Himmelstjerna*, Gewährleistungsprobleme bei der Sanierung und Renovierung von Altbauten, Baurechtliche Schriften, Bd. 44, 1998; *Donus*, Der Fertighausvertrag, 1988; *Schmid*, Die Natur des Bauvertrags, Baurechtliche Schriften, Bd. 66, 2010; Ansprüche bei Mängeln und Fehlern am Bau, Partner im Gespräch (PiG), Band 89, 2011; Von der Planung zum Bauträgervertrag, Partner im Gespräch (PiG), Band 94, 2013.

bis 1999: *Koeble*, Die Rechtsnatur der Verträge mit Bauträgern (Baubetreuern), NJW 1974, 721; *Schmalzl*, Bauvertrag, Garantie und Verjährung, BauR 1976, 221; *Becker*, Zur Rechtsnatur der Verträge über Bausatzhäuser zum Selbstbauen, BauR 1980, 493; *Schlechtriem*, Haftung des Nachunternehmers gegenüber dem Bauherrn, ZfBR 1983, 101; *Kaiser*, Die handelsrechtliche Rügelast des Bestellers im Schnittpunkt zwischen HGB und privatem Baurecht, ZfBR 1983, 153; *Lück/Zimmermann*, Risiken der Gewährleistung und Garantie sowie deren rechtliche Problematik, Technologie und Recht (1983), Bd. 4, 217; *Deckert*, Zur Haftung eines Baubetreuers im Bauherrenmodell, ZfBR 1984, 55; *Köhler*, Zur Rechtsnatur der Mängelhaftung bei der Veräußerung neuerrichteter Bauwerke, NJW 1984, 1321; *Nicklisch*, Rechtsfragen des Subunternehmervertrages bei Bau- und Anlageprojekten im In- und Auslandsgeschäft, NJW 1985, 2361; *Koeble*, Zur Haftung des Treuhänders bei Baumodellen, Festschrift für Korbion, 215; *von Craushaar*, Risikotragung bei mangelhafter Mitwirkung des Bauherrn, ZfBR 1987, 14; *Reithmann*, Das Generalübernehmer- und Architektenmodell im Bauträger-Recht, WM 1987, 61; *Grziwotz*, Vertragliche Gewährleistungsregelungen im Bauträgerrecht, NJW 1989, 193; *Sturmberg*, Die Veräußerung selbst genutzter oder leerstehender Häuser und Eigentumswohnungen – werkvertragliche Gewährleistung ohne Ende?, NJW 1989, 1832; *Brych*, Kaufrechtliche Gewährleistung für Grundstücksmängel beim Bauträgerkauf?, Festschrift für Locher (1990), 1 = BauR 1992, 167; *Riedl*, Rechtliche Probleme bei der Veräußerung eines, vor allem renovierten und sanierten, Altbaus, Festschrift für Soergel (1993), 247; *Hochstein*, Untergang von Gewährleistungsansprüchen durch Veräußerung des Gegenstandes der Werkleistung?, Festschrift für Heiermann (1995), 121; *von Samson*, Werkvertragliche Gewährleistung beim Kauf einer sanierten oder renovierten Altbauwohnung vom Bauträger, BauR 1996, 58; *Duffek*, Selbstbau – Bausatzvertrag, BauR 1996, 465; *Glöckner*, Vertragsqualifikation als Schlüssel zur Gewährleistung des Bauträgers beim Sanierungsmodell, Festschrift für von Craushaar, 349; *Koeble*, Mängelansprüche bei Veräußerung des Eigentums, Festschrift für Vygen (1999), 319; *Vogelheim*, Die Behandlung von Sonderwünschen beim Bauträgervertrag, BauR 1999, 117; *Thode*, Werkleistung und Erfüllung im Bau- und Architektenvertrag, ZfBR 1999, 116.

ab 2000: *Pause*, Erwerb modernisierter, sanierter und ausgebauter Altbauten vom Bauträger, NZBau 2000, 234; *Michaelis des Vasconcellos*, Muss der Anlagenbauer alles wissen?, NZBau 2000, 361; *Adler/Everts*, Kündigungsrechte des Auftragnehmers trotz mangelhafter Werkleistung, BauR 2000, 1111; *Reithmann*, Mängelhaftung beim Sanierungs-Bauträgervertrag, ZfIR 2000, 602; *Meurer*, Baumängelprozess, Verfahrensvorbereitung und Auswahl der „richtigen Klageart", MDR 2000, 1041; *Grieger*, Die Kooperationspflicht der Bauvertragspartner im Bauvertrag: Anmerkung zu BGH, BauR 2000, 409 ff., BauR 2000, 969; *Kniffka*, Die Kooperationspflichten der Bauvertragspartner im Bauvertrag, Jahrbuch Baurecht 2001, 1; *Meurer*, Kooperationspflichten der Bauvertragsparteien, MDR 2001, 848; *Leitzke*, Keine Gewährleistung bei ungeklärter Mängelursache? NZBau 2002, 394; *Ulbrich*, Rügepflicht nach HGB bei Anwendung von Werkvertragsrecht?, NZBau 2002, 600; *Kieserling*, Mangelverantwortlichkeit mehrerer Baubeteiligter, NZBau 2002, 263; *Schuhmann*, Kooperationspflichten des Anlagenvertrages: Rechtliche Substanz und praktische Konsequenzen, BauR 2003, 162; *Pause*, Haftung bei Baucontrolling, BTR 2003, 185; *Lailach*, Kann der Auftraggeber vom Auftragnehmer die regelwidrige Ausführung verlangen?, BauR 2003, 1474; *Motzke*, Die Haftung des Bodengutachters, BTR 2004, 50; *Fuchs*, Der Schürmannbau-Beschluss: Der Anfang vom Ende der Kooperationspflichten der Bauvertragsparteien?, NZBau 2004, 65; *Schwarze*, Auswirkungen der bauvertraglichen Kooperationsverpflichtung, BauR 2004, 895; *Graf von Westphalen*, „Garantien" bei Lieferung von Maschinen und Anlagen – Todesstoß für Haftungsbeschränkungen durch §§ 444, 639 BGB, ZIP 2002, 545; *Ullmann*, Der Bauträgervertrag – quo vadit?, NJW 2002, 1073; *Litzenburger*, Das Ende des vollständigen Gewährleistungsausschlusses beim Kaufvertrag über gebrauchte Immobilien, NJW 2002, 1244; *Voit*, Die außerordentliche Kündigung des Werkvertrages durch den Besteller, BauR 2002, 1776; *Mankowski*, Werkvertragsrecht – Die Neuerungen durch § 651 BGB und der Abschied vom Werklieferungsvertrag, MDR 2003, 854; *Motzke*, Die Haftung des Bodengutachters, BTR 2004, 50; *Pause*, Baubeschreibung und Mängelhaftung bei Altbausanierungen, BTR 2004, 142; *Braun*, Gewährleistung und Haftung des Architekten, BTR 2004, 208 u. 250; *Henkel*, Die Pflicht des Bestellers zur Abnahme des unwesentlich unfertigen Werks, MDR 2004, 361; *Englert*, „Baubehelf", „Bauhilfsgewerk" und „Hilfsbauwerk": Abgrenzung und Rechtsprobleme, BauR 2004, 233; *Oechsler*, Praktische Anwendungsprobleme des Nacherfüllungsanspruchs, NJW 2004, 1825; *Woitkewitsch*, Sofortiges Rücktrittsrecht bei mangelhafter Nacherfüllung innerhalb der Frist, MDR 2004, 862; *Konopka/Acker*, Schuldrechtsmodernisierung: Anwendungsbereich des § 651 BGB im Bau- und Anlagebauvertrag, BauR 2004, 251; *Derleder*, Der Bauträgervertrag nach der Schuldrechtsmodernisierung, NZBau 2004, 237; *Leineweber*, Die isolierte Klage auf Abnahme oder Feststellung des Eintritts der Abnahmewirkungen, Festschrift für Werner (2005), 177; *Pause*, Veräußerung sanierter Altbauten, BTR 2005, 72; *Wellensiek*, Fortführung des Bauvertrags nach Insolvenzantrag des Auftragnehmers und nach Eröffnung des Insolvenzverfahrens, BauR 2005, 186; *Schuhmann*, Neuere Entwicklungen im Vertragsrecht des Anlagenbaus, BauR 2005, 293; *Schonebeck*, Die Abtretung von Mängelansprüchen, BauR 2005, 934; *Fischer*, Verjährung der werkvertraglichen Mängelansprüche bei Gebäudearbeiten, BauR 2005, 1073; *Grziwotz*, Neue Sachmängelhaftung beim Hauskauf?, ZfIR 2006, 77; *Vogel*, Auswirkungen und Einfluss des Gemeinschaftsrechts auf das private Baurecht, BauR 2006, 744; *Zirkel*, Sind Ausschlussfristen für erkennbare Mängel in AGB für werkvertragliche Leistungen passé?, NZBau 2006, 412; *Leupertz*, Baustofflieferung und Baustoffhandel: Im juristischen Niemandsland, BauR 2006, 1648; *Zahn*, Darlegungs- und Beweislast bei der Geltendmachung von Mängelrechten, BauR 2006, 1823; *Hammacher*, Basic-Engineering vs. Detail-Engineering, BauR 2007, 149; *Voit*, Erfolg, Leistungsbeschreibung und Vergütung im Bauvertrag, ZfIR 2007, 157; *Fuchs*, Die Mängelhaftung des Bauträgers bei der Altbausanierung, BauR 2007, 264; *Krause-Allenstein*, Die Bau-ARGE – Haftung, Sicherheiten, Versicherung im Innen- und Außenverhältnis, BauR 2007, 617; *Forster*, Die Verjährung der Mängelansprüche beim Kauf von Baumaterialien, NZBau 2007, 479; *Seibel*, Technische Normen als Bestandteil eines Bauvertrages, ZfBR 2007, 310; *Rohrmüller*, Erfüllungswahl des Insolvenzverwalters, NZBau 2007, 145; *Dickersbach*, Mindermengen als Mangel, Leistungsstörung oder ein Abrechnungsproblem?, BauR 2007, 592; *Mandelkow*, Technische Nachweise beim Bauen – Gesetzliche Verpflichtung statt inhaltsleerer Absichtserklärung!, BauR 2007, 1474; *Weise*, Der Riss in der Anspruchskette beim Nachunternehmereinsatz, NJW-Spezial 2007, 405; *Bönker*, Rechtsfragen der Technischen Gebäudeausrüstung, Festschrift für Kapellmann (2007), 21; *Ganten*, Garantiehaftung beim Baugrund- und Systemrisiko?, ebenda, 119; *Oblinger-Grauvogl*, Haftungsrisiken beim Einsatz von Subunternehmern – Der klassische Sitz zwischen den Stühlen, ebenda, 337; *Reimer*, Risiko und Chance – Tunnelbauversicherung, Jahrbuch Baurecht 2008, 225; *Aengenvoort*, Der Mangel als Vorteil? – Vorteilsausgleichung in der Nachunternehmerkette, BauR 2008, 16; *Popescu/Majer*, Gewährleistungsansprüche bei einem wegen Ohne-Rechnung-Abrede nichtigen Vertrags, NZBau 2008, 424; *Mundt/Karimi-Auer/Skalicki*, Spontanbrüche durch Nickelsulfid-Einschlüsse im Glasbau: Ein Fall der vertraglichen Risikoübernahme durch den Auftraggeber? BauR 2009, 14; *Voit*, Die Bedeutung des § 651 BGB im Baurecht, BauR 2009, 369; *Rath/Rath*, Gebietet die „Parkettstäbe-Entscheidung" des BGH eine

Neubestimmung des werkvertraglichen Nacherfüllungsanspruchs?, Festschrift für Quack (2009), 197; *Scheffelt*, Zur Zurechnung von Planungsverschulden – Zugleich Besprechung von BGH, Urteil vom 27.11.2008 – VII ZR 206/06, Festschrift für Quack, 207; *Preussner*, Bedarfsplanung nach DIN 18205: Der Schlüssel zur erfolgreichen Architektenplanung, BauR 2009, 415; *Boldt*, Reduzierte Haftung des bauaufsichtsführenden Architekten durch Mitverschulden des Bauherrn bei Fehlern des planenden Architekten, NZBau 2009, 494; *Messerschmidt/Hürter*, Kosten der Vor- und Nacharbeiten im Rahmen der Nacherfüllung beim Kaufvertrag – Notwendigkeit und Möglichkeit vertraglicher Vorsorge, BauR 2009, 1796; *Rudolph*, Zur Abgrenzung zwischen Kauf- und Werkvertragsrecht bei baubezogenen Lieferverträgen zwischen Nichtverbrauchern – oder: zur Abgrenzung zwischen Rechtsanwendung und Rechtspolitik, BauR 2009, 1806.

ab 2010: Sass, Die Symptomtheorie und der Beweis durch Sachverständige, Jahrbuch 2010, 217; *Putzier*, Ist die unverzügliche Rügepflicht gemäß § 377 HGB mit den Besonderheiten des Bauens vereinbar?, Festschrift für Koeble (2010), 193; *Rath*, Die wachsende Bedeutung des Kaufrechts am Bau – Auswirkungen auf die Arbeit des freiberuflich tätigen Architekten?, ebenda, 457; *Leupertz*, Der verpreiste Leistungsumfang und der geschuldete Erfolg, BauR 2010, 273; *Rodemann*, Haftung für Verarbeitungshinweise, ZfBR 2010, 523; *Popescu*, Der Anwendungsbereich des § 651 BGB im Lichte der BGH- und EuGH-Rechtsprechung, BauR 2010, 1485; *Wirth/Schmidt/Willner*, Nachvertragliche Pflichten der Baubeteiligten, Jahrbuch Baurecht 2010, 171; *Günther*, Ausschluss von Mängelrechten – Schärfere Rügepflichten bei Solar- und Windenergieanlagen?, NZBau 2010, 465; *Wagner*, Überlegungen zu §§ 651 Satz 1 BGB, 377, 381 Abs. 2 HGB, ZfBR 2010, 627; *Messerschmidt*, Die Balance von Rechten und Pflichten in der Mängelbeseitigung, BauR 2010, 323; *Faust*, Die Reichweite der Nacherfüllung, BauR 2010, 1818; *Gay*, Die Mängelhaftung des Baustoffherstellers, BauR 2010, 1827; *Ott*, Haftung bei aufeinander aufbauenden Leistungen, PiG Bd. 89 (2011), 61; *Engbers*, Die Haftung für Pflichtverstöße des Bedienungspersonals bei der Anmietung von Baumaschinen nebst Personalüberlassung, NZBau 2011, 199; *Weglage/Sitz*, Kaufrecht am Bau, Teil I: Die Rechtsfolgen des § 651 BGB, NZBau 2011, 457; Teil II: Die Rechtsfolgen für Architekten, ihre neuen Haftungsrisiken und die möglichen haftungsabwehrenden Vertragsgestaltungen, NZBau 2011, 523; *Lotz*, Die Rechtsnatur des Anlagenvertrages und seine Besonderheiten, BauR 2011, 746; *Schreiner/Pisal*, Regress des Werkunternehmers bei Materialmängeln, BauR 2011, 571; *Voit*, Die Rechte des Bestellers bei Mängeln vor der Abnahme, BauR 2011, 1063; *Popescu*, Werkvertragsähnliche Nacherfüllungspflicht des Verkäufers zum Aus- und Wiedereinbau der Kaufsache, BauR 2011, 1734 (s. hierzu: *Rodemann*, IBR 2011, 684); *Rodemann/Schwenker*, Gibt es im Kauf- und Werkvertragsrecht einen verschuldensunabhängigen Anspruch auf Ersatz der Aus- und Einbaukosten mangelhafter Baustoffe?, ZfBR 2011, 634; *Klaft/Runte*, Zur Rechtslage bei Nichterreichung von garantierten Leistungswerten im Anlagenbauvertrag, Jahrbuch Baurecht 2012, 135; *Sundermeier/Schlenke*, Allianz-Verträge – Paradigmenwechsel für die Vertragsgestaltung komplexer Großprojekte im Hoch-, Ingenieur- und Infrastrukturbau, ebenda, 167; *Rudolph*, Der Liefervertrag mit Montageverpflichtung – ein „Klassiker" in (teilweise) neuem Licht, BauR 2012, 557; *Leppich/Seibel*, Die Rechtsprechung des VII. Zivilsenats zum Bauvertrags- und Architektenrecht im Jahr 2011, BauR 2012, 578; *Kohlhammer*, Wer trägt das Baugrundrisiko?, BauR 2012, 845 (s. hierzu: *Rosse*, IBR 2012, 372); *Holzapfel/Dahmen*, Abschied vom Baugrundrisiko?, BauR 2012, 1015; *Matthies*, Mängelrechte in der Insolvenz des Bauunternehmers, BauR 2012, 1005; *Koeble*, Abnahmesurrogate, BauR 2012, 1153; *Peters*, Die Rechte des Bestellers während der Herstellung des Werkes, BauR 2012, 1297 (s. hierzu: *Gross*, IBR 2012, 562); *Leidig/Hürter*, Zusätzliche Vergütung für Reparaturarbeiten vor Abnahme, NZBau 2012, 688; *Leupertz*, Die Beschaffenheit des Baugrundes als Rechtsproblem bei der Abwicklung von Bauverträgen, Jahrbuch Baurecht 2013, 1; *Maase*, § 423 BGB und Abgeltungsvergleiche über Baumängel, BauR 2013, 527; *Averhaus*, Zur Planung der Beseitigung von planungsbedingten Baumängeln, BauR 2013, 1013; *Joussen*, Schadensersatzansprüche bei unklaren Leistungsbeschreibungen, BauR 2013, 1583; *Hammacher*, Obliegenheitsverletzung und Mitverschulden des Auftraggebers, wenn er die Werkstattpläne des Auftragnehmers nicht prüft?, BauR 2013, 1592 (s. hierzu: *Fuchs*, IBR 2013, 661); *Manteufel*, Grundlegende und aktuelle Fragen der Mängelhaftung im Bauvertrag, NZBau 2014, 195; *Maase*, Die gesamtschuldnerische Haftung des bauüberwachenden Architekten für Ausführungsmängel des Werkes, BauR 2014, 889; *Schlie*, Der Anspruch des Auftraggebers auf Herausgabe von Bauunterlagen, BauR 2014, 905; *Peters*, Mängelbeseitigung durch den Unternehmer nach freier Kündigung des Bestellers?, NZBau 2014, 333; *Schorn*, Schadensberechnung auf fiktiver Basis – wenn der Mangel nicht beseitigt wird, Der Bausachverständige 2015, 71; *Pauly*, Kostenerstattungs- und

Haftungsrisiko unberechtigter Mängelrügen – immer zu Lasten des Unternehmers?, BauR 2016, 3; *Mahnken*, Die VOB/B als Regelungsmodell für Anlagenbauverträge?, BauR 2016, 725, 918; *Mahnken/Kurtze*, Konsortien im Anlagenbau und das ICC Consortium Agreement 2016, NZBau 2017, 187; *Kainz*, Gewährleistung als Thema der neueren Rechtsprechung des BGH – Teil 1, BauR 2017, 799; Teil 2, 943; *Kniffka*, Die riskante Bauausführung – Haftung und Zurechnung, BauR 2017, 159; *Funke*, Durch interessengerechte Auslegung zu ermittelnde Reichweite der funktionalen Herstellungspflicht des Werkunternehmers, BauR 2017, 169.

1940 Das **Gewährleistungsrecht(„Mängel")recht** steht naturgemäß im **Vordergrund** der meisten Bauprozesse, weil wohl kaum ein Bauvorhaben ohne kleinere oder größere Mängel abgeschlossen werden kann. Unter **„Gewährleistung"** ist ganz allgemein das Einstehenmüssen eines Baubeteiligten für die ordnungsgemäße und vertragsgerechte Erfüllung der Leistungspflichten zu verstehen. Gewährleistung im engeren Sinne bedeutet, dass der Baubeteiligte für die **ordnungsgemäße und vertragsgerechte Beschaffenheit** des Werks zur Zeit der Abnahme einzustehen hat.

1941 Die Gewährleistung ist von dem häufig verwandten Begriff der **„Garantie"** zu trennen, wenn auch die Garantiehaftung letztlich wie die Gewährleistung in Bezug zur mangelfreien Werkleistung steht. Der Begriff der **Garantie** wurde nach altem Recht verschieden gebraucht.[1] Die Garantie konnte der gewöhnlichen Zusicherung einer Eigenschaft der Werkleistung gleichkommen. Dann hatte die Garantie keine besondere rechtliche Tragweite.[2] Die Übernahme der Garantie konnte aber auch bedeuten, dass das Werk die zugesicherten Eigenschaften „unbedingt" haben musste, sodass der Schuldner – wenn die entsprechenden Eigenschaften fehlten – diese auch ohne Verschulden zu vertreten hatte und deshalb auf Schadensersatz haftete; in diesem Fall spricht man von einer unselbstständigen Garantie,[3] die in § 276 Abs. 1 Satz 1 BGB angesprochen wird.[4] Durch die Übernahme einer solchen Garantie werden die gesetzlichen Verjährungsfristen nicht verlängert.[5]

1942 Darüber hinaus kann die Garantie aber auch die Übernahme der Gewähr für einen über die Vertragsmäßigkeit hinausgehenden, noch von anderen Faktoren abhängigen wirtschaftlichen Erfolg bedeuten; ist dies in **Ausnahmefällen** gewollt, was ggf. durch Vertragsauslegung zu ermitteln ist, so haben die Parteien einen selbstständigen Garantievertrag abgeschlossen.[6] In diesem Fall ist die Haftung des Schuldners erheblich erweitert, denn es wird ein Erfolg garantiert, der über die vertragsgemäße Bauleistung hinausgeht. Erfüllt der Schuldner sein Garantieversprechen nicht, so haftet er auf **Erfüllung** in **Geld**,[7] **ausnahmsweise** aber auch auf die Erbringung wei-

---

1) BGH, *Schäfer/Finnern*, Z 2.10 Bl. 51; *Schmalzl*, BauR 1976, 221, 223/224; *Lück/Zimmermann*, Technologie u. Recht (1983), S. 217 ff.; *Müller*, BauR 1985, 517 ff.
2) BGHZ, 65, 107 = NJW 1976, 43; OLG Hamm, BauR 2005, 1643.
3) Vgl. BGH, NJW 1979, 645 = ZfBR 1979, 98 = BauR 1979, 427; BGHZ 75, 75 = NJW 1979, 2036 = BauR 1979, 511 = ZfBR 1979, 204 (**Herstellergarantie**); BGH, BauR 1986, 437, 440 = NJW 1986, 1927; s. auch OLG Frankfurt, NJW-RR 1992, 280, 281.
4) Siehe *Schmidt-Kessel*, in: Prütting/Wegen/Weinreich, § 276 BGB, Rn. 31; danach entspricht bei Sachmängeln die Garantie im Sinne des § 276 Abs. 1 S. 1 BGB der früheren Zusicherungshaftung. Zu den **Beschaffenheitsgarantien**: *Staudinger/Peters/Jacoby* (2014), § 633 BGB, Rn. 169 ff.
5) BGHZ 75, 75 = BauR 1979, 511; OLG Hamm, BauR 2006, 1007, 1008.
6) Beispiel: OLG Stuttgart, NJW-RR 1989, 210 (**Garantie** für ordnungsgemäße Dachsanierung durch Fachingenieur).
7) *Kaiser*, Rn. 66g.

terer Bauleistungen, sofern sich der versprochene Garantieerfolg auf diese Weise noch herbeiführen lässt.[8] Welche Bedeutung einer Garantieerklärung den Umständen nach zukommt, unterliegt stets der tatrichterlichen Auslegung und ist demnach im Revisionsrechtzug nur beschränkt nachprüfbar.[9]

Das BGB erwähnt die „Garantie" in den §§ 276 Abs. 1 Satz 1, 442 Satz 2, 443, 444, 447 Abs. 1 sowie in § 639 BGB, der gerade für die Vertragsgestaltung im Anlagenbau Probleme aufwirft.[10] Nach § 639 BGB kann sich der Unternehmer auf einen **Haftungsausschluss** nicht berufen, wenn er „den Mangel arglistig verschwiegen oder **eine Garantie für die Beschaffenheit des Werkes übernommen** hat". Mit dieser Garantie kann, weil sie sich unzweifelhaft auf die Rechte aus § 634 BGB bezieht, eine **unselbstständige Garantie** gemeint sein;[11] das ist aber nicht unbestritten. Nach anderer Ansicht muss es sich um eine **unbedingte, verschuldensunabhängige Übernahme** eine „garantiemäßigen Zusicherungshaftung für die Beschaffenheit eines vom Unternehmer zu erstellenden Werks handeln".[12] Wäre dies zutreffend, könnte nicht ohne Weiteres angenommen werden, dass eine **„zugesicherte Eigenschaft"** im Sinne des alten Rechts ausreicht; denn das Versprechen, für alle Folgen des Fehlens einer zugesicherten Eigenschaft ohne Weiteres einstehen zu wollen, war gerade für das Werkvertragsrecht nach der Rechtsprechung des BGH nicht erforderlich. Da der Gesetzgeber[13] aber in der „Zusicherung" einer (bestimmten) Eigenschaft nach altem Recht nunmehr eine „Garantie" sehen will, muss jedenfalls für § 639 BGB davon ausgegangen werden, dass eine **unselbstständige Garantie** bzw. eine zugesicherte Eigenschaft nach altem Recht ausreicht.

Im Übrigen lässt auch das neue Recht die **selbstständige Garantieübernahme** durch einen Baubeteiligten zu;[14] insoweit kann deshalb auf die bisherige Rechtsprechung und Literatur zurückgegriffen werden. Liegt eine solche **selbstständige Garantie** vor, sind die §§ 633 ff. BGB nicht anzuwenden.[15]

1943

Die Vielfalt der tatsächlichen Vorgänge bei einem Bauvorhaben und der Umstand, dass ein Bauvorhaben ohne mehrere (selbstständige) Baubeteiligte (z.B. Architekt, Bauunternehmer und Sonderfachmann) nicht auskommt, bewirkt die große Schwierigkeit, bautechnische Vorgänge im Nachhinein zu prüfen. Dies beginnt schon damit, dass unter Umständen der **Bauschaden** erkennbar ist, nicht aber der eigentliche **Baumangel** ohne Weiteres festgestellt werden kann, weil verschiedene

1944

---

[8] *Merl*, in: Kleine-Möller/Merl/Glöckner, § 15, 225.
[9] BGH, *Schäfer/Finnern*, Z 2.300 Bl. 22; Z 2.10 Bl. 51; BauR 1970, 107.
[10] *Kniffka/Krause-Allenstein*, § 639 BGB, Rn. 8 m.w.Nachw.
[11] Wie hier: *Palandt/Sprau*, § 639, Rn. 5; *Oblinger-Grauvogl*, in: Wirth/Sienz/Englert, Teil II, § 639, Rn. 11.
[12] In diesem Sinne: *Voit*, in: Bamberger/Roth, § 639 BGB, Rn. 17; s. auch *Leupertz/Halfmeier*, in: Prütting/Wegen/Weinreich, § 639 BGB, Rn. 5 u. 6; *Englert*, in: Englert/Motzke/Wirth, § 639 BGB, Rn. 5; *Henssler/Graf von Westphalen*, Teil 6, § 639 BGB; *Graf von Westphalen*, ZIP 2002, 545, 547; *Staudinger/Peters/Jacoby* (2014), § 639 BGB, Rn. 18.
[13] Vgl. BT-Drucks. 14/6040, S. 132.
[14] *Dauner-Lieb/Thiessen*, ZIP 2002, 108; *Haas*, BB 2001, 1313, 1319; *Palandt/Sprau*, § 634, Rn. 26 u. § 639, Rn. 5. Zur **selbstständigen** Garantie: BGH, ZfBR 2000, 98.
[15] Wie hier: *Kniffka/Krause-Allenstein*, § 639 BGB, Rn. 9; *Palandt/Sprau*, § 634, Rn. 26. Zur Wirksamkeit von Freizeichnungsklauseln: *Graf von Westphalen*, ZIP 2001, 2107; ZIP 2002, 545 ff. (zu §§ 444, 639 BGB); *Gronstedt/Jörgens*, ZIP 2002, 52; *Dauner-Lieb/Thiessen*, ZIP 2002, 108 (zu § 444 BGB); *Staudinger/Peters/Jacoby* (2014), § 639 BGB, Rn. 19.

Schadensverursachungen in Betracht kommen.[16] Dies ist z.B. bei den häufig auftretenden **Feuchtigkeitsschäden** im Keller eines Bauvorhabens der Fall: Sie können auf eine mangelhafte Planung oder Isolierung, auf einen nicht einwandfreien Beton oder eine fehlerhafte Dränage usw. zurückzuführen sein.

1945 Steht nach eingehender Überprüfung der eigentliche Baumangel fest, braucht damit noch nicht der hierfür **Verantwortliche** gefunden zu sein. Die Baubeteiligten selbst versuchen vielfach, ein Versagen am Bau in Abrede zu stellen oder einem Dritten anzulasten. Mit anderen Worten: In der Regel beruft sich der Unternehmer „auf Planungsfehler des Architekten", die Architekten und/oder Sonderfachleute werden sich wechselseitig verantwortlich machen oder auf „Ausführungsfehler des Unternehmers" verweisen. Der Bauherr als Nichtfachmann ist dann überfordert. So kann ein Baumangel in den Verantwortungsbereich zweier oder auch mehrerer Baubeteiligter als **Gesamtschuldner** (z.B. Architekt bzw. Sonderfachmann und Unternehmer bei Planungsfehler und Ausführungsfehler) fallen[17] (vgl. im Einzelnen Rdn. 2474 ff.; insbesondere zum neuen Leistungsverweigerungsrecht des Architekten s. Rdn. 2475). Ist dies der Fall, ist der Baugläubiger grundsätzlich bei der Auswahl des Schuldners, gegen den er vorgehen will, frei.[18] Bei einem prozessualen Vorgehen bieten sich aber auch folgende Möglichkeiten für den Bauherrn an:

1946
- Es besteht die Möglichkeit, gegen **beide** Verursacher vorzugehen und diese **gesamtschuldnerisch** zu verklagen.[19] Dies ist vorteilhaft, wenn Unternehmer mit verschiedenen Gewerken jeweils fehlerhaft arbeiten und deren Mängel nur **einheitlich** beseitigt werden können.[20] Dies kann auch geboten sein, wenn **mehrere** Mangelverursacher feststehen, jedoch nicht geklärt werden kann, wer und mit welchem Verursachungsanteil verantwortlich ist.[21]
- Der Bauherr kann aber auch **nur einen** der beiden Baubeteiligten verklagen; dieser kann dann den anderen Mitverantwortlichen durch eine **Streitverkündigung** in den Prozess einbeziehen und ggf. im Rahmen einer späteren **Ausgleichsklage** (vgl. Rdn. 2474 ff.) ganz oder teilweise in Regress nehmen. Zu beachten bleibt, dass eine zulässige Streitverkündung, „alternative" Schuldnerschaft **voraussetzt**; liegt eine gesamtschuldnerische Haftung von Architekt und Unternehmer vor, ist eine Streitverkündung unzulässig (vgl. Rdn. 553).[22]

---

16) Gutes Beispiel: OLG Hamburg, BauR 2005, 1339 (Parkettboden auf Fußbodenheizung; für die sog. Blockabrisse und Parkettschollen kommen mehrere Ursachen in Betracht, die nicht alle dem Parkettleger zugerechnet werden können); s. auch: OLG Hamburg, BauR 2001, 1749 m. zust. Anm. *Wirth;* kritisch: *Leitzke,* BauR 2002, 394 ff.
17) Siehe hierzu grundlegend: *Stamm,* ZfBR 2007, 107 ff.; *Soergel,* BauR 2005, 239 ff.; *Glöckner,* BauR 2005, 251 ff. u. *Kniffka,* BauR 2005, 274 ff.
18) KG, BauR 2006, 400, 401.
19) Vgl. z.B. BGH, NJW-RR 2003, 1454 = BauR 2003, 1918.
20) BGH, BauR 2003, 1379 = NJW 2003, 2980 = NZBau 2003, 557 („gleichstufige Verbundenheit"); OLG Stuttgart, IBR 2004, 11; s. dazu auch *Stamm,* NJW 2003, 2940 ff.
21) Vgl. OLG Hamm, BauR 2009, 510 = NZBau 2009, 315 = IBR 2009, 84 – *Penzkofer* (zur Anwendung des § 830 Abs. 1 Satz 2 BGB).
22) BGH, BauR 1982, 514, 515; OLG Köln, NJW-RR 1991, 1535. Zur **Streitverkündungswirkung** im Bauprozess: OLG München, NJW 1986, 263 m.Anm. *Vollkommer.*

Bei einer vertraglich **wirksam**[23] vereinbarten **Subsidiärhaftung** (vgl. Rdn. 2733 ff.) hat der Bauherr allerdings zunächst eine bestimmte Rangfolge bei seinem Vorgehen zu beachten.

Demgegenüber ist bei einer „**alternativen Schuldnerschaft**" die Entscheidung des Bauherrn, wie und gegen wen vorzugehen ist, schwieriger: Hier fällt der Baumangel nur **entweder** in den Verantwortungsbereich des einen Baubeteiligten **oder** des anderen (z.B. entweder Ausführungsfehler des Rohbauunternehmers oder des Schreiners; entweder Planungsfehler des Statikers oder des Architekten). Lässt sich aufgrund widerstreitender Behauptungen der Baubeteiligten die Frage der Verantwortlichkeit nicht ohne Weiteres im vorprozessualen Bereich klären, so kann der Bauherr auch hier zwischen **zwei Prozesswegen** wählen: **1947**

* Er verklagt beide in Betracht kommende Verursacher; dabei geht er das Risiko ein, dass die Klage gegen einen der beiden Baubeteiligten mit Sicherheit kostenpflichtig abgewiesen wird; gleichzeitig bringt dieser Weg aber auch prozessuale Vorteile mit sich (z.B. Ausschaltung von Zeugen; schnellerer Abschluss des Verfahrens).
* Er erhebt Klage nur gegen einen der beiden Baubeteiligten; gleichzeitig **verkündet** er dem anderen den Streit, um dadurch wichtige Rechtspositionen (z.B. **Hemmung** der Verjährung) zu wahren, und geht später – bei ungünstigem Ausgang – gegen diesen in einem neuen Prozess vor (vgl. Rdn. 547 ff.).

Welchen Weg der Bauherr beschreiten soll, wird nur **im Einzelfall zu entscheiden** sein. Die zweite Alternative ist stets dann sinnvoll, wenn eine der Baubeteiligten mit größerer Wahrscheinlichkeit als Verantwortlicher in Betracht kommt.

Schließlich hat der Bauherr neben der Feststellung des Baumangels und des Verursachers die richtige Entscheidung über das im Klagewege geltend zu machende **Gewährleistungsrecht** im weiteren Sinne entsprechend dem abgeschlossenen VOB- oder BGB-Bauvertrag zu treffen sowie – ggf. – die Höhe des einzuklagenden **Schadensbetrages** festzulegen. **1948**

Für den Bauherrn, der sich auf das weite Feld der „Gewährleistung" begeben muss, kann dies angesichts der aufgezeigten Schwierigkeiten nur bedeuten, alle Möglichkeiten einer **vorprozessualen Aufklärung** und Beweissicherung zu ergreifen, um spätere Nachteile zu vermeiden. Dazu gehört z.B., dass der Bauherr oder sonstige Baubeteiligte bereits rechtzeitig vor Prozessbeginn durch **Privatgutachten** (vgl. Rdn. 148 ff.) oder **selbstständige Beweisverfahren** (vgl. Rdn. 1 ff.) die notwendigen Voraussetzungen für einen Bauprozess schafft. **1949**

Wie bei den Honorarklagen (vgl. Rdn. 600 ff.) hat der Bauherr bei einem prozessualen Vorgehen aus **Gewährleistung alle Tatsachen vorzutragen,** die den geltend gemachten Anspruch ausfüllen. Dazu gehört auch die Vorlage folgender **Unterlagen:** **1950**

* **Vertrag** mit Architekt, Bauunternehmer oder Sonderfachmann
* Sonstiger **Schriftverkehr** (wie z.B. Auftragsschreiben, Bestätigungsschreiben, die Vorkorrespondenz usw.), soweit er mit dem Vertragsschluss in sachlichem Zusammenhang steht und für die Gewährleistungsfrage von Bedeutung sein kann

---

23) Zu den Rechtsfolgen einer **unwirksamen AGB**-Klausel: BGH, BauR 1998, 335 (im Anschluss an BGH, BauR 1995, 542 = ZfBR 1995, 202 = NJW 1995, 1675).

* Gegebenenfalls **allgemeine** und **besondere Vertragsbestimmungen,** soweit sie Vertragsinhalt geworden sind
* **Leistungsverzeichnis** und u.U. Schlussrechnung des Gegners

1951 Zum **Klagevorbringen** gehört ferner die Angabe, ob die **VOB/B** vereinbart worden ist (vgl. dazu Rdn. 1239 ff.).[24] Häufig wird gerade dieser Hinweis in einer Klageschrift unterlassen, sodass das Gericht oftmals aufgrund des unterschiedlichen Gewährleistungsrechts nicht prüfen kann, ob eine Gewährleistungsklage überhaupt schlüssig ist oder nicht.

Es ist zu beachten:

Mängelansprüche gegen

* einen **Bauunternehmer,** auch Generalunternehmer[25] oder eine (Dach)**ARGE**[26] beurteilen sich in aller Regel nach den §§ 631 ff. BGB. Der Bauvertrag ist **Werkvertrag,** nur ausnahmsweise **Werklieferungsvertrag** (§ 651 BGB); die Vorschrift wurde durch das SchRModG neu gefasst und bringt in der praktischen Anwendung Probleme.[27] Durch den BGH[28] sind jedoch bereits zukunftsweisende **Abgrenzungskriterien** herausgearbeitet worden (Rdn. 197).
* einen **Architekten** richten sich ebenfalls in der Regel nach §§ 631 ff. BGB, nur **ausnahmsweise** finden die Vorschriften des Dienstvertragsrechts Anwendung.[29]

---

24) Zur Einbeziehung der **nichttechnischen** Teile der DIN 18299 ff. (**VOB/C**) siehe *Tempel*, NZBau 2003, 465 ff. u. *Schwenker*, IBR 2003, 647; zur Einbeziehung der **VOB/C**: *Quack*, ZfBR 2005, 731.

25) Zur Kommentierung des Generalunternehmervertrags: *Kyewski*, in: Roquette/Otto, S. 312 ff.

26) Zur **Haftung** der ARGE im Außenverhältnis: *Krause-Allenstein*, BauR 2007, 617, 621 ff.; zur **Rechtsnatur** der Bau-Arge: *Thierau/Messerschmidt*, NZBau 2007, 129 ff. m. Nachw.; zum **Dach-ARGE-Vertrag** s. ausführlich *Meier/Feldhahn*, in: Jagenburg/Schröder/Baldringer, Der ARGE-Vertrag, Anhang 2, S. 457 ff.; zum Arbeitsgemeinschaftsvertrag (ARGE-Vertrag 2005): *Oldigs*, in: Roquette/Otto, S. 669 ff.; zum Dach-Arbeitsgemeinschaftsvertrag (Nachdruck 2007): *Oldigs*, a.a.O., S. 777 ff.

27) **Zur Neufassung**: *Rudolph*, BauR 2012, 557 (s. hierzu: *Leidig*, IBR 2012, 245); *Lakkis*, NZBau 2012, 665 u. 737; *Weglage/Sitz*, NZBau 2011, 457 ff.; 523 ff.; *Wagner*, ZfBR 2010, 627; *Popescu*, BauR 2010, 1485; *Rudolph*, BauR 2009, 1806; *Schwenker*, ZfBR 2009, 735; *Voit*, BauR 2009, 369; *Leupertz*, BauR 2007, 1648; s. ferner: OLG Nürnberg, BauR 2007, 122 (Herstellung und Lieferung von Türen, auch nach speziellem Aufmaß, sind nach § 651 BGB zu beurteilen; auch zur Anwendung von §§ 377, 381 HGB bei beiderseitigem Handelsgeschäft; s. hierzu auch: OLG Brandenburg, NZBau 2012, 434 m.Anm. Virneburg; *Ulbrich/Ulbrich*, Festschrift für Thode, S. 181 ff.; *Mankowski*, NJW 2006, 865 ff.).

28) NJW 2009, 2877 = BauR 2009, 1581 = NZBau 2009, 644 = ZfBR 2009, 778 = IBR 2009, 575 – *Leidig* = BeckRS 2009, 23140, s. hierzu: *Popescu*, BauR 2010, 1485 ff.; OLG Rostock, BauR 2010, 1223; OLG Düsseldorf, BauR 2013, 259 (Lieferung herzustellender Anlagenteile).

29) Siehe zum **Architektenvertrag**: *Höß*, in: Roquette/Otto, S. 40 ff.; *Kniffka*, Einf. vor § 631 BGB, Rn. 61 ff.; BGH, BauR 2007, 1761 = NZBau 2007, 653 (zur Heranziehung der **Leistungsbilder** der HOAI); BGH, BauR 1995, 731; BGH, BauR 1995, 572 (**Projektsteuerungsvertrag**); BGH, NJW 1960, 431; NJW 1973, 1458 = BauR 1973, 332; NJW 1974, 898 = BauR 1974, 211 = BauR 1982, 79 = ZfBR 1982, 15. Für die Annahme eines **Dienstvertrages** bleibt nur Raum, wenn der Architekt nicht gestaltend an der Verwirklichung des Bauwerkes mitwirkt; *Schmalzl*, BauR 1977, 80, 83; s. ferner: *Leupertz/Halfmeier*, in: Prütting/Wegen/Weinreich, Vor §§ 631 BGB, Rn. 12.

Einleitung

* einen **Sonderfachmann** (Bauingenieure usw.) sind nach §§ 631 ff. BGB zu beurteilen. Der Sonderfachmann wird im Rahmen eines Werkvertrages tätig.[30]
* einen **Projektsteuerer** beurteilen sich nach Werkvertragsrecht, wenn bei einer Gesamtbetrachtung des Vertrages die tätigkeitsbezogenen oder erfolgsorientierten Elemente überwiegen.[31]
* einen **Baustofflieferanten** bestehen nicht nach werkvertraglichem Gewährleistungsrecht. Ob die Haftung des **Verkäufers** einer mangelhaften Sache (§ 439 Abs. 1 BGB) bei einem Verbrauchsgüterkauf auch die **Ausbau-** und die **Einbaukosten** der von ihm **nacherfüllten** Kaufsache umfasst, war zweifelhaft. Der EuGH hat durch Urteil vom 16.6.2011[32] über die Auslegung des Art. 3 Abs. 3 Unterabs. 1 und 2 der Richtlinie 1999/44/EG entschieden. Die sich daraus ergebenden Schlussfolgerungen für das deutsche Recht hat der BGH durch das Urteil vom 21.12.2011 klargestellt.[33] Nach dem neuen Recht 2018 ist nunmehr § 439 Abs. 3 BGB n.F. zu beachten, von dem in AGB nicht abgewichen werden kann (§ 309 Nr. 8b) cc) BGB n.F.).
* einen am **Anlagenbau** beteiligten Unternehmer richten sich ausnahmslos nach den im Einzelfall getroffenen Vereinbarungen.[34] Gleichwohl werden auch im Anlagenbau in der Regel Verträge geschlossen, die **Mustertexte** enthalten und deshalb den §§ 307 BGB unterliegen können. Ein Anlagenbauvertrag wird dem **Werkvertragsrecht** unterliegen, wenn – was für ihn typisch ist – die Schöpfung eines **Gesamterfolges** geschuldet wird.[35]

1952 Werden Gewährleistungsansprüche gegen **Betreuungsunternehmen** geltend gemacht, kann die rechtliche Einordnung der einzelnen Vertragstypen in der Regel nur nach Vorlage der entsprechenden Verträge sicher beurteilt werden.[36]

Soweit es sich um **Baubetreuungsverträge**[37] handelt, entsprechen die vertraglichen Leistungen des Baubetreuers weitgehend dem Leistungsbild des Architektenvertrages, sodass diese Vertragstypen grundsätzlich dem Werkvertragsrecht zu-

---

30) Zum **Bodengutachter** siehe *Motzke*, BTR 2004, 50 ff.; zum Baugrund- und Gründungsgutachten: OLG Celle, BauR 2006, 402; zur Sachwaltereigenschaft eines **Tragwerkplaners**: OLG Bamberg, BauR 2005, 1792 = IBR 2006, 508 – *Hebel* sowie Rdn. **2055** ff.
31) **Schwerpunkttheorie**; s. *Eschenbruch*, Rn. 892 ff.; *Kniffka*, Einf. vor § 631 BGB, Rn. 70; OLG Frankfurt, BauR 2007, 1107 (LS); *Schill*, NZBau 2005, 489, 491; *Weise*, NJW-Spezial 2007, 213. Zum **Projektsteuerungsvertrag** s. auch *Rodewoldt*, in: Roquette/Otto, S. 158 ff. u. S. 176 ff. (Kommentierung).
32) NJW 2011, 2269; s. hierzu auch *Schmidt*, in: Prütting/Wegen/Weinreich, § 439 BGB, Rn. 13 m.w.Nachw.
33) BauR 2012, 793 = ZfBR 2012, 341 = IBR 2012, 201, 202; s. ferner: BGH, BauR 2013, 239 = ZfBR 2013, 141 (zum Verbrauchsgüterkauf; keine Anwendung auf Kaufverträge zwischen Unternehmen oder zwischen Verbrauchern; ebenso: OLG Frankfurt, IBR 2012, 613 – *Schwenker*).
34) Zum nationalen und **internationalen Anlagenbau** siehe die umfassende Darstellung von *Mahnken/Kurtze*, NZBau 2017, 187 ff.; ferner: *Rieger/Groß*, NZBau 2017, 195 ff.
35) BGH, NJW 2006, 904; Palandt/Sprau, § 651 BGB, Rn. 4; s. ferner: *Lotz*, BauR 2011, 746 ff., *Benedict*, in: Roquette/Otto, S. 547, Rn. 7 f.; *Klaft/Runte*, Jahrbuch Baurecht 2012, 135, 138 Anm. 1 m.w.Nachw.; *Cremer*, in: Messerschmidt/Voit, C, Rn. 3.
36) Staudinger/Peters/Jacoby (2014), Vorb. vor §§ 631, Rn. 153 ff.
37) „Baubetreuung i.e.S."; dies ist in der Regel, wer gewerbsmäßig Bauvorhaben in **fremdem Namen** für fremde Rechnung wirtschaftlich vorbereitet oder durchführt (OLG Saarbrücken, BauR 2005, 890, 891 u. OLGR 2004, 210, 211). Das **Vertretungsverhältnis** ist also das kenn-

zuordnen sind.[38] Übernimmt ein Baubetreuer die Aufgaben eines Architekten, so haftet er auch wie ein Architekt.[39] Bei **Vollbetreuung** ist daher das Werkvertragsrecht der §§ 631 ff. BGB maßgebend. Daneben hat der Baubetreuungsvertrag **Geschäftsbesorgungscharakter,** sodass zusätzlich die Bestimmungen des Auftragsrechts Anwendung finden können.[40] Bei bloßer **Teilbetreuung** liegt ein **Werkvertrag** vor, wenn der Betreuer technische Leistungen erbringt.[41] Bei rein wirtschaftlicher Betreuung (sog. **finanzwirtschaftliche Baubetreuung**) ist dagegen ein **Dienstvertrag** mit Geschäftsbesorgungscharakter anzunehmen.[42] Kommt zu der wirtschaftlichen Teilbetreuung eine technische (z.B. planerische) Leistung hinzu, ist Werkvertragsrecht heranzuziehen, wenn das Schwergewicht der Leistungen auf dem technischen Bereich liegt.[43]

1953 Die rechtliche Beurteilung des Bauträgervertrags ist in der Vergangenheit Gegenstand vieler Diskussionen gewesen. Die vertragliche Leistung des Bauträgers besteht darin, dass sie sich aus der Grundstücksveräußerung und der Bauwerkserrichtung (als Gesamtleistung) zusammensetzt. Die Diskussion hat nun durch das **neue Bauvertragsrecht 2018** ein Ende gefunden. Mit den §§ 650u und 650r BGB n.F. ist der Bauträgervertrag nunmehr durch das Werkvertragsrecht 2018 in das BGB eingeführt worden. Gemäß § 650u Abs. 1 Satz 2 und 3 sowie Abs. 2 BGB n.F. gelten für den Bauträgervertrag hinsichtlich der **Errichtung oder des Umbaus** die Vorschriften der **§§ 631 ff. BGB** in der neuen Fassung; hinsichtlich des **Anspruchs auf Übertragung des Eigentums an dem Grundstück** oder auf Übertragung oder Bestellung des Erbbaurechts finden die Vorschriften über den **Kauf** Anwendung. Allerdings gelten bestimmte Vorschriften aus dem Werkvertragsrecht nicht für den Bauträgervertrag (vgl. im Einzelnen Rdn. 1228b). Das entspricht auch der bisherigen h.M. in Rechtsprechung und Literatur.[44]

1954 Nichts anderes gilt für den Erwerb von **Wohnungseigentum ("Eigentumswohnung").**[45] Zu beachten ist, das mehrere Unternehmer, die Eigentumswohnungen

---

zeichnende Merkmal: statt vieler: *Locher/Koeble*, Rn. 13; *MünchKomm-Busche*, § 631 BGB, Rn. 224.
38) BGH, BauR 1994, 776 = NJW 1994, 2825; *Koeble*, NJW 1974, 721; *Cremer*, in: Messerschmidt/Voit, C, Rn. 45; BGH, WM 1969, 1139; OLG Celle, NJW 1970, 1191; OLG Nürnberg, NJW 1972, 2126; *Pfeiffer*, NJW 1974, 1430; *Nicklisch*, Sonderbeilage 10/BB 1974, S. 11; kritisch: *Deckert*, ZfBR 1984, 55 ff.
39) BGH, ZfBR 2000, 548 = BauR 2000, 1762; OLG Köln, IBR 2006, 157 – *v. Rintelen* (Überwachung der Bauausführung).
40) § 675 BGB; BGH, BauR 1994, 776 = NJW 1994, 2825; BGH, WM 1969, 1139; s. auch BGH, NJW 1975, 869.
41) OLG Düsseldorf, IBR 2010, 32 – *Fuchs*. Zum **Umfang** der **Prüfungspflicht** des Baubetreuers (Überprüfung der Bauausführung mit den Flächenangaben im Prospekt): BGH, BauR 1991, 88 = NJW-RR 1991, 218.
42) BGH, BauR 2005, 1772, 1773 = NZBau 2005, 509, 510; OLG Saarbrücken, BauR 2005, 890, 892. Zur Haftung eines mit einer **wirtschaftlichen Betreuung** beauftragten Architekten: OLG Köln, IBR 2008, 167 – *Krause-Allenstein* (Bestandsdokumentation beinhaltet nicht die Untersuchung nach Schwammbefall eines Altbaus).
43) Zutreffend: *Locher/Koeble*, Rn. 20 m. Nachw.
44) Für viele BGH, NJW 2016, 1572 Tz. 26; ferner NJW 1986, 925; *Palandt/Sprau*, Vorb. v. § 633 Rn. 3; *Blank*, Rn. 1.
45) BGH, BauR 1976, 133 = NJW 1976, 515; BGH, NJW 1981, 2344 = BauR 1981, 571; BauR 1982, 58 ff.

Einleitung Rdn. 1955

derselben Wohnungseigentumsanlage veräußert haben, hinsichtlich des Gemeinschaftseigentums nur den Erwerbern gegenüber als Gesamtschuldner haften, mit denen sie einen Erwerbsvertrag abgeschlossen haben.[46] Übernimmt der Veräußerer in einem notariellen **Kaufvertrag** eine **Sanierungspflicht** (z.B. Erneuerung eines Terrassenbelages), gilt für diese Arbeiten Werkvertragsrecht.[47]

Sachmängelansprüche des Erwerbers eines „neuerrichteten" Bauwerks richten sich also nach Werkvertragsrecht; dabei kann nach ganz überwiegender Ansicht einem Bauträgervertrag nicht wirksam die VOB/B zugrunde gelegt werden.[48] Nach zutreffender Ansicht des OLG Saarbrücken[49] findet das Werkvertragsrecht auch dann Anwendung, wenn der Erwerb nicht unmittelbar von dem Bauträger, sondern von einem **Zwischenerwerber** erfolgt.

Umstritten war auch die Gewährleistungsverpflichtung beim Erwerb eines **sanierten** und **renovierten Altbaus** oder einer **Altbauwohnung.**[50] Übernimmt z.B. ein Bauträger, was durch **Vertragsauslegung**[51] zu ermitteln ist, **ausnahmsweise keine** Herstellungsverpflichtung, so unterliegt der Vertrag den kaufvertraglichen Regelungen.[52] Meist wird von dem Veräußerer jedoch eine **Herstellung** geschuldet; dann ist **Werkvertragsrecht** anzuwenden, sofern vertraglich Bauleistungen übernommen werden, die insgesamt nach **Umfang** und **Bedeutung Neubauarbeiten vergleichbar** sind.[53] Dabei ist zu beachten: Ist die Herstellungsverpflichtung **1955**

---

46) BGH, BauR 1994, 105 = MDR 1994, 167.
47) OLG Hamm, NZBau 2002, 36 (gegen OLG Düsseldorf, NJW-RR 1998, 1354); OLG Hamburg, BauR 1995, 242; siehe aber OLG Celle, NJW-RR 1996, 1416.
48) Siehe hierzu: *Basty*, Rn. 1114; *Pause*, Rn. 163 ff.; ferner: OLG Bamberg, OLGR 1999, 134 (Generalunternehmervertrag); OLG Celle, BauR 1993, 476; OLG Celle, BauR 1998, 802 (§ 13 Nr. 5 Abs. 2 VOB/B); *MünchKomm-Busche*, § 631 BGB, 229 sowie Rdn. **1017**.
49) IBR 2006, 448 – *Thode*.
50) Zur Haftung des Bauträgers für die **unsanierte** Bausubstanz: OLG Düsseldorf, BauR 2003, 1911 = IBR 2004, 20 – *Vogel* u. BauR 2004, 1014 (Haftung für unterbliebene Isolierung der Kellerräume); OLG Karlsruhe, IBR 2006, 149. Zu den **Sanierungsmodellen**: *Glöckner*, Festschrift für von Craushaar, S. 349 ff.; *von Samson*, BauR 1996, 58 ff.; *Koeble*, BauR 1992, 569 ff.; *Riedl*, Festschrift für Soergel, S. 247 ff.; *Samson-Himmeltjerna*, S. 13 ff.
51) Für die Frage, was der **Bauträger** im Einzelnen schuldet, ist nicht nur der **Prospekt** von großer Bedeutung, sondern u.U. sind bei dem Fehlen von näheren Angaben (z.B. über Wohnflächen) die **einseitigen Vorstellungen** des Erwerbers für den Inhalt des Vertrags maßgeblich, wenn der Bauträger in eigener oder ihm zurechenbarer Kenntnis des Willens des Erwerbers den Vertrag abgeschlossen hat (BGH, BauR 2008, 351, 352 = IBR 2008, 30 – *Müller-Stoye*); s. ferner BGH, BauR 2009, 1288 = NZBau 2009, 648 = IBR 2009, 447 – *Seibel* (**Schallschutz** bei Vereinbarung der **DIN 4109**); OLG München, NJW 2008, 592 (**Trittschallschutz**; Berücksichtigung des „Gepräges der Wohnanlage"); OLG München, BauR 2008, 80 (Luft- und Trittschallmängel); zur Einhaltung der anerkannten Regeln der Technik: *Albrecht/Weiß*, BTR 2008, 61, 63; *Schwenker*, in: Ganten/Kindereit, Rn. 178 m.w.Nachw.
52) BGHZ 98, 100 = BauR 1986, 723, siehe auch OLG Hamburg, NJW-RR 1989, 1497 u. BGHZ 108, 156 = BauR 1990, 221. Zum **vollständigen Gewährleistungsausschluss** bei einem Kaufvertrag über eine **gebrauchte Immobilie** siehe *Litzenburger*, NJW 2002, 1244 ff.
53) Siehe hierzu: BGH, BauR 2007, 1407 = NZBau 2007, 507 = ZfIR 2007, 540 m.Anm. *Moufang/Koos*; BauR 2007, 1036, 1037 = NZBau 2007, 371, 372; BGH BauR 2005, 542, 544 = NZBau 2005, 216 = ZfBR 2005, 263 = ZfIR 2005, 134 m.Anm. *Vogel* (Fall einer **Totalsanierung**); BGHZ 164, 225 = BauR 2006, 99, 100 = NZBau 2006, 113, 114 = ZfIR 2006, 50 m.Anm. *Thode* (Fall einer **Teilsanierung**); ferner: BGHZ 100, 391 = BauR 1987, 439 = NJW 1988, 490; BGH, BauR 1988, 464 = NJW 1988, 1972; BGHZ 108, 164 = NJW 1989, 2748 = BauR 1989, 597; BGH, BauR 1990, 466 = ZfBR 1990, 276; OLG Brandenburg, IBR 2013,

des Veräußerers Neubauarbeiten **nicht** vergleichbar, finden die werkvertraglichen Gewährleistungsregeln nur insoweit Anwendung, als die **Herstellungsverpflichtung** besteht und Mängel hierauf beruhen. Auf Teile, auf die sie sich nicht bezieht, findet das Kaufrecht Anwendung.[54] Im Übrigen ist es **nicht** gerechtfertigt, etwa **Abstriche** bei dem technischen Standard anzuerkennen.[55]

1956 Bei dem „Kauf" eines **Fertighauses**[56] gilt Folgendes:

Liefert der Fertighaushersteller nur die einzelnen Bauteile des Hauses an die Baustelle, ohne auch die Montage des Hauses selbst zu übernehmen, liegt ein reiner Kaufvertrag vor. Die Gewährleistungsansprüche beurteilen sich dann ausschließlich nach § 437 BGB. Übernimmt der Hersteller dagegen auch die **Errichtungsverpflichtung**, handelt es sich regelmäßig um einen reinen **Werkvertrag**, auf den § 505 BGB nicht anzuwenden ist.[57] Übernimmt der Fertighaushersteller die Herstellung des Kellers („**Unterkellerung**"), ist ebenfalls Werkvertragsrecht anzuwenden. Insoweit kann auch die Anwendung der VOB/B als Ganzes vereinbart werden. In gleicher Weise ist der auf Lieferung und Errichtung eines **Ausbauhauses** gerichtete Vertrag ein Werkvertrag.[58]

1957 Einen besonderen Stellenwert hat in der Vergangenheit die **Haftung** des **Treuhänders** bekommen. Der Treuhänder wird in **Bauherrenmodellen** oder in **Ersterwerbermodellen,** die im Wege der Bauträgerschaft durchgeführt werden, für den Erwerber (Betreuten) tätig. Der Aufgabenbereich ist je nach Vertragsgestaltung weit gefächert; in der Praxis hat man es in der Regel mit dem „**Basistreuhänder**"

---

543 – *Jansen*; OLG Karlsruhe, BauR 2008, 1147, 1148 (grundlegend zu sanierender Altbau); KG Berlin, BauR 2008, 1149 (Eigentumswohnung in Altbau); OLG Hamm, IBR 2009, 141 – *Hummel* (Veräußerung eines Erbbaurechts mit Herstellungsverpflichtung; Haftung auch für die vorhandene Altbausubstanz); OLG Nürnberg, BauR 2007, 413, 414; OLG Köln, OLGR 2000, 216 = ZfBR 2000, 336; OLG Frankfurt, NJW 1984, 2586 = BauR 1985, 323; OLG Hamm, BauR 1995, 846 = NJW-RR 1996, 213 u. BauR 2001, 1273; *Pause*, BTR 2005, 72 u. NZBau 2001, 603, 611 m.w.Nachw.

54) BGHZ, 164, 225 = BauR 2006, 99, 103; *Thode*, ZfIR 2006, 54, 55; *Fuchs*, BauR 2007, 264, 266 ff.

55) OLG Frankfurt, BauR 2008, 90, 92; OLG Hamm (19. Senat), OLGR 1997, 241; **a.A.:** OLG Hamm (17. Senat), BauR 1995, 846 = NJW-RR 1996, 213 = ZfBR 1996, 96; *Jagenburg*, NJW 1997, 2362, 2364; s. ferner: OLG Düsseldorf, BauR 2003, 1911 (u.a. für Schallschutz) u. OLGR 1998, 337 (für fehlende Kellerisolierung).

56) Zur Anwendung des HausTWG (§§ 312 ff. BGB) auf den Fertighausvertrag: BGH, BauR 2000, 1194 = ZfBR 2000, 413. Zu den Voraussetzungen eines wirksamen Vertragsabschlusses: OLG Zweibrücken, IBR 2009, 689 – *Langguth*.

57) BGHZ 87, 112 = NJW 1983, 1489 = BauR 1983, 266; BGH, BauR 2006, 1131 = NZBau 2006, 435 = NJW 2006, 2551 (Revision zu OLG Düsseldorf, BauR 2005, 1636); BGH, BauR 1983, 261 = ZfBR 1983, 125; OLG Frankfurt, OLGR 2006, 49, 50 (Vereinbarung der VOB/B ist wirksam); *Graba*, MDR 1974, 975 ff.

58) BGH, BauR 2006, 510 = NZBau 2006, 237 = ZfBR 2006, 240 = NJW 2006, 904 = ZfIR 2006, 576 m.Anm. *Moufang* (im Abschluss an BGHZ 87, 112); OLG Koblenz, IBR 2006, 449 – *Vogel* (Veräußerung eines gerade errichteten Ausbauhauses). Eine andere Beurteilung ist angezeigt, wenn der Hausbausatz lediglich zum **Selbsteinbau** geliefert wird. In diesem Fall spricht man auch von einem „**Bausatzvertrag**", der dem Kaufrecht unterliegt (*Thierau*, in: Kapellmann/Messerschmidt, Anhang VOB/B, Rn. 174). Siehe hierzu auch OLG Düsseldorf, NJW-RR 2002, 14; zu einem Grundstückskauf mit einer Planung und Baugenehmigung s. LG Köln, BauR 2000, 735.

Einleitung

zu tun, der umfassende Vertragspflichten gegenüber dem Betreuten übernimmt.⁵⁹⁾ Der Basistreuhänder ist – dem Architekten vergleichbar – **Sachwalter** des Bauherrn/Erwerbers und steht in seinem Lager.⁶⁰⁾ Die Rechtsnatur des Treuhandvertrages richtet sich wesentlich nach dem übernommenen Aufgabenbereich; in aller Regel wird ein **Dienstvertrag mit Geschäftsbesorgungscharakter** vorliegen.⁶¹⁾

Zu den **Mängeln** der Treuhänderleistung vgl. Rdn. 2060 ff.

Der Veräußerer eines **Erbbaurechts** haftet unabhängig von der gewählten Vertragsbezeichnung nach Werkvertragsrecht, wenn er hinsichtlich der auf dem Grundstück stehenden Bauwerke eine Herstellungsverpflichtung übernommen hat.⁶²⁾

Nicht selten werden Bauvorhaben ganz oder teilweise in **Schwarzarbeit** durchgeführt, obwohl dies nach dem Gesetz zur Bekämpfung der Schwarzarbeit⁶³⁾ als Ordnungswidrigkeit mit hohen Geldbußen geahndet werden kann. Durch dieses Gesetz soll verhindert werden, dass **Schwarzarbeiter** überhaupt unter Begründung beiderseitiger Rechte und Pflichten zu einem Leistungsaustausch herangezogen werden (s. auch Rdn. 1299, 2430 f.).⁶⁴⁾ Dem dient auch das Gesetz zur Eindämmung illegaler Betätigung im Baugewebe vom 30. August 2001.⁶⁵⁾ Es war lange umstritten, ob Schwarzarbeiterverträge zivilrechtlich wirksam sind oder nicht.⁶⁶⁾ Wird Nichtigkeit des Werkvertrages angenommen, hat der Schwarzarbeiter weder einen Anspruch auf Werklohn, noch kann der Bauherr Gewährleistungsansprüche gegen den Unternehmer wegen fehlerhafter Werkleistung erheben.⁶⁷⁾ Das OLG Düsseldorf⁶⁸⁾ hat allerdings vollzogene Leistungen nach den Grundsätzen der ungerechtfertigten Bereicherung ausgeglichen, sofern dies der übergeordnete Grundsatz von Treu und Glauben erforderte.

1958

---

59) Vgl. im Einzelnen: *Brych*, Festschrift für Korbion, S. 1, 5; *Koeble*, Festschrift für Korbion (1986), S. 215 ff.; *Pause*, Rn. 1137 ff.
60) Vgl. *Kürchner*, ZfBR 1988, 2 ff.
61) Zum Meinungsstand siehe: OLG Saarbrücken, OLGR 2004, 210, 211; *Koeble*, Festschrift für Korbion (1986), S. 217.
62) OLG Hamm, IBR 2009, 141 – *Hummel*; siehe ferner: BGH, NJW 1978, 370.
63) Gesetz zur Intensivierung der Bekämpfung der Schwarzarbeit und damit zusammenhängender Steuerhinterziehung vom 23. Juli 2004 (BGBl. 2004 I 1842).
64) Siehe OLG Düsseldorf, BauR 1993, 487; OLG Karlsruhe, NJW 1977, 2076 = Die Justiz 1977, 13; OLG Düsseldorf, BauR 1978, 412; zu den Verstoßtatbeständen: OLG Düsseldorf, BauR 1991, 631; LG Mainz, NJW-RR 1998, 48 (Nichteintragung in Handwerksrolle).
65) BGBl. I, S. 2267. Zur **Bauabzugssteuer** s. im Einzelnen: FG Berlin, NZBau 2002, 228 = NJW 2002, 1143; *Heidland*, NZBau 2002, 413; *Beck/Girra*, NJW 2002, 1079; *Eisolt*, NZM 2002, 1505 u. NZM 2001, 979; *Jebens*, NZBau 2001, 533.
66) **Verneinend:** *Schmidt*, MDR 1966, 463; *Wittmann*, BB 1964, 904; LG Karlsruhe, NJW 1975, 1420; OLG Koblenz, DB 1975, 2125; OLG Karlsruhe, NJW 1977, 2076, OLG Düsseldorf, BauR 1978, 412; **bejahend:** LG Mainz, NJW-RR 1998, 48; OLG Celle, JZ 1973, 246; OLG Köln, NJW-RR 1990, 251; OLG Hamm, MDR 1990, 243; s. auch *Sonnenschein*, JZ 1976, 497; *Tiedtke*, DB 1990, 2307; *Köhler*, JZ 1990, 466; zur Reform: *von Ebner*, ZRP 1978, 211.
67) So bereits: OLG Brandenburg, BauR 2007, 1586; OLG Karlsruhe, NJW 1977, 2076; OLG Düsseldorf, BauR 1987, 562, 565; *Tiedtke*, NJW 1983, 713, 715; **a.A.:** OLG Celle, JZ 1973, 246 = Nds Rpfl. 1973, 48.
68) BauR 1978, 412. Zur Anwendung des **§ 817 Satz 2 BGB:** OLG Brandenburg, BauR 2007, 1586, 1587; LG Mainz, NJW-RR 1998, 48; LG Bonn, NJW-RR 1991, 180, 181; LG Kiel, NJW-RR 1995, 981, 982; *Köhler*, JZ 1990, 466, 468/469; BGH, BauR 1990, 721.

Der BGH[69] hat nunmehr für die **novellierte** Fassung des sog. Schwarzarbeitgesetzes klargestellt, dass bei anfänglich vereinbarter **„Schwarzarbeit"** eine **vollständige Vertragsnichtigkeit** gegeben ist. Ferner führt eine nachträgliche Schwarzgeldvereinbarung zur Nichtigkeit des Vertrages (vgl. näher Rdn. 1299 ff.).[70]

1959 Der nur **einseitige** Verstoß berührt die vertraglichen Ansprüche **des Auftraggebers** dagegen im Zweifel nicht.[71] Zu beachten ist, dass der Abschluss eines Werkvertrages mit einem nicht in die Handwerksrolle eingetragenen „Unternehmer" allein noch nicht zur Nichtigkeit des Vertrages führt.[72] Ein Unternehmer, der seinem Auftraggeber auf Schadensersatz haftet, kann sich diesem gegenüber deshalb nicht auf ein Mitverschulden berufen, weil er ihn als „Schwarzarbeiter" beschäftigt habe.[73]

---

69) BGHZ 198, 141 = BauR 2013, 1852 = NZBau 2013, 627 = ZfBR 2013, 778 = NJW 2013, 3167 = IBR 2013, 609 – *Peters* (Ausschluss von **Gewährleistungsansprüchen**; s. hierzu auch: *Jerger*, NZBau 2013, 608; *Lorenz*, NJW 2013, 3167; *Stamm*, NZBau 2014, 131); BGH, BauR 2014, 1141 = NZBau 2014, 425 = IBR 2014, 327 – *Jansen*; Vorinstanz: OLG Schleswig, BeckRS 2013, 15290 = ZIP 2013, 1920 – Ausschluss von **Werklohnansprüchen**; s. hierzu auch *Jerger*, NZBau 2014, 415. Zu den Auswirkungen einer **„Ohne-Rechnung-Abrede"**: BGH, BauR 2008, 1301 = NZBau 2008, 434 u. BGH, BauR 2008, 1330 = NZBau 2008, 436; s. ferner Rdn. **1300** m.w.Nachw.
70) BGH, BauR 2017, 1199.
71) Vgl. BGH, NZBau 2002, 149; BauR 1985, 197 = ZfBR 1985, 116 = NJW 1985, 2403 m.Anm. *Canaris*; BGHZ 89, 369 = ZfBR 1984, 70 = NJW 1984, 1175 = BauR 1984, 290 = JR 1985, 148 m.Anm. *Schubert*; OLG Düsseldorf, BauR 2009, 1158, 1159; LG Mainz, NJW-RR 1998, 48; *Köhler*, JZ 1990, 466, 467, unter der Voraussetzung, dass der Auftragnehmer den Verstoß schuldlos oder fahrlässig **„nicht kennt"**.
72) *Palandt/Ellenberger*, § 134 BGB, Rn. 18 m. Nachw.
73) OLG Oldenburg, VersR 1998, 471 = IBR 1998, 335 – *Saerbeck*. Zur **„Schwarzarbeiterproblematik"** umfänglich: *Meier/Bülte*, BauR 2017, 1442 ff.

II. Der Baumangel

Übersicht

	Rdn.		Rdn.
1. Der Sachmangel	1960	d) Aufklärungs-, Hinweis-, Beratungs- und Auskunftspflichten des Architekten	2029a
2. Der Begriff der allgemein anerkannten Regeln der Baukunst/Technik	1966	5. Mängel des Unternehmerwerks	2030
3. Zur Substantiierung des Mangels	1979	a) Mangelbegriff	2030
4. Mängel des Architektenwerks	1983	b) Prüfungs- und Anzeigepflicht des Auftragnehmers	2037
a) Planungsfehler	1985	6. Mängel der Werkleistung von Sonderfachleuten	2055
b) Koordinierungsmängel	2008	7. Mängel des Treuhänderwerks	2060
c) Mangelhafte Objektüberwachung/Bauüberwachung	2011	8. Mängel des Projektsteuerers	2062

1. Der Sachmangel

Literatur

Dahmen, Schnittstellen zwischen privatem und öffentlichem Baurecht, 2013; *Ganten/Kindereit*, Typische Baumängel, 2010; *Seibel*, Baumängel und anerkannte Regeln der Technik, 2009; *Duve/Maffini*, Bautechnik für Juristen, 2008.

Nierwetberg, Die Beweislast für Sollbeschaffenheit und Qualitätsabrede im Sachmängelprozess, NJW 1993, 1745; *Oswald*, Die Beurteilung von optischen Mängeln, Jahrbuch Baurecht 1998, 357; *Schellhammer*, Die Haftung des Verkäufers für Sach- und Rechtsmängel – Neue Struktur und neuer Mangelbegriff, MDR 2002, 241; *Mundt*, Baumängel und der Mängelbegriff des BGB-Werkvertragsrechts nach dem Schuldrechtsmodernisierungsgesetz, NZBau 2003, 73; *Pause/Miehler*, Die Leistungsbeschreibung im Bauträger- und im Bauvertrag, BTR 2003, 162; *Putzier*, Symptomrechtsprechung und die Frage nach der Ursache eines Mangels – die Dreistufigkeit der Anspruchsvoraussetzungen für den Mängelbeseitigungsanspruch, BauR 2004, 1060; *Henkel*, Die Pflicht des Bestellers zur Abnahme des unwesentlich unfertigen Werks, MDR 2004, 361; *Sienz*, Der funktionale Mangelbegriff, Der Bausachverständige 2/2008, 67; *Lucenti*, Der „funktionale" Sachmangelbegriff des § 633 II BGB und die Aussichten auf eine Haftungsentschärfung, NJW 2008, 962; *Seibel*, Das Abweichen von Herstellervorschriften bei der Bauausführung, Der Bausachverständige 4/2009, 60; *Mundt/Karimi-Auer/Skalicki*, Spontbrüche durch Nickelsulfid-Einschlüsse im Glasbau: Ein Fall der vertraglichen Risikoübernahme durch den Auftraggeber?, BauR 2009, 14; *Seibel*, Welche Konsequenzen hat das bewusste Abweichen des Unternehmers von der Baubeschreibung für den Nacherfüllungsanspruch?, ZfBR 2009, 731; *Hammacher*, Die Beweislastverteilung bei Mangel der Funktionstauglichkeit, NZBau 2010, 91; *Leupertz*, Der verpreiste Leistungsumfang und der gesetzliche Erfolg, BauR 2010, 273; *Bolz*, Die Erfolgshaftung des Werkunternehmers, Jahrbuch Baurecht 2011, 107; *Motzke*, Die werkvertragliche Erfolgsverpflichtung – leistungserweiternde oder leistungsergänzende Funktion?, NZBau 2011, 705; *Gartz*, Zur Funktionalität verpflichtet!, NZBau 2012, 90; *Kohlhammer*, Wer trägt das Baugrundrisiko?, BauR 2012, 845 (s. hierzu: *Rosse*, IBR 2012, 373); *Holzapfel/Dahmen*, Abschied vom Baugrundrisiko?, BauR 2012, 1015 (s. hierzu: *Bolz*, IBR 2012, 433); *Peters*, Die Rechte des Bestellers während der Herstellung des Werkes, BauR 2012, 1297; *Seibel*, Welche Bedeutung haben Herstellungsvorschriften für die Baumangelbeurteilung, BauR 2012, 1025 (s. hierzu: *Leidig*, IBR 2012, 434); *Ludgen*, Unvereinbare Beschaffenheitsvereinbarungen – Voraussetzungen und Rechtsfolgen, Jahrbuch Baurecht 2013, 23 (s. hierzu: *Bolz*, IBR 2013, 195); *Reichert/Wedemeyer*, Öffentlich-rechtliche Bauvorschriften in der Mangelsystematik des privaten Baurechts, BauR 2013, 1; *Faust*, Die rechtliche Bedeutung von Herstellervorgaben, BauR 2013, 363; *Hörndler*, Erfüllungstauglichkeit und Verwendungsrisiko des Bauwerks – Mangelbegriff im Werkvertrags- und Mietrecht, PiG Bd. 94, 53; *Peters*, Der funktionale Mängelbegriff, NZBau 2013, 129; *Sass*, Herstellervorgaben und der „Mangel" der Werkleistung, BauR 2013, 1333; *Ziegler*, Rechtsetzung durch technische Normung?, DS 2014, 8; *Sass*, Technische Regeln und das Werkvertragsrecht, NZBau 2014, 137; *ders.*, Der Beweis durch Sachverständige im Mangelprozess und die Rechtsfrage, BauR 2014, 181; *Manteufel*, Grundlegende und aktuelle Fragen der Mängelhaftung im Bauvertrag, NZBau 2014, 195; *Ebersbach*, Vom Umgang mit materialbedingten Restrisiken, BauR 2015, 1239; *Funke*, Durch interessengerechte Auslegung zu ermittelnde Reichweite der funktionalen Herstellungspflicht des Werkunternehmers, BauR 2017, 169; *Lederer*, Die geschuldete Funktion des Werkerfolgs – Vom Dogma des Werkvertrags zum unerkannten Vorbild für das Kaufrecht, BauR 2017, 605; *Krause/Schroeder*, Absage an einen total-funktionalen Mangelbegriff – Leistungs- und Haftungsgrenzen arbeitsteilig zusammenwirkender Gewerke, NZBau 2017, 402.

1960 Die Haftung eines Baubeteiligten setzt voraus, dass die erbrachte Bauleistung **mangelhaft** ist. Nach § 633 BGB a.F. war der Unternehmer verpflichtet, das Werk so „herzustellen", dass es die „zugesicherten Eigenschaften" hatte und nicht mit Fehlern behaftet war, „die den Wert oder die Tauglichkeit zu dem gewöhnlichen oder dem nach dem Vertrage vorausgesetzten Gebrauch aufheben oder mindern". Nach der Rechtsprechung des BGH[1] war der Begriff des Baumangels subjektiv zu verstehen, d.h. das Werk war fehlerhaft, wenn es nicht die bei Vertragsschluss ausdrücklich oder stillschweigend vereinbarte Beschaffenheit aufwies. Es musste deshalb im Einzelfall geprüft werden, was der Unternehmer nach dem Vertrag im Hinblick auf die Bauleistung als Werkleistung schuldete.[2] Das SchRModG hat die Vorschrift des § 633 BGB geändert.[3] Der Unternehmer hat nunmehr nach § 633 Abs. 1 „dem Besteller das Werk frei von **Sach-** und **Rechtsmängeln** zu verschaffen." Die Gleichstellung von Sach- und Rechtsmängeln gilt auch hinsichtlich der Rechtsfolgen.

1961 Das Werk ist nach § 633 Abs. 3 BGB „frei von **Rechtsmängeln,** wenn Dritte in Bezug auf das Werk keine oder nur die im Vertrag übernommenen Rechte gegen den Besteller geltend machen können." Hat der Besteller die Rechte im Vertrag übernommen, liegt ein Rechtsmangel nicht vor.[4] Im Übrigen sind aber Rechte Dritter, die gegen den Besteller geltend gemacht werden können, auch dann ein „Rechtsmangel", wenn sie diesen in der (vereinbarten, nach dem Vertrag vorausgesetzten oder sogar gewöhnlichen) Verwendung **nicht** beeinträchtigen; dies ist allerdings nicht unbestritten.[5] Bloße Behauptungen Dritter reichen für die Annahme eines Rechtsmangels nicht aus.[6] „**Rechtsmängel**" werden im Werkvertragsrecht auch zukünftig keine große Rolle spielen;[7] so sind Rechtsmängel an der Werkleistung selbst kaum denkbar,[8] wenn man einmal von dem **Urheberrecht** eines Architekten absieht.[9] Al-

---

1) BGH, BauR 1999, 254, 256 = ZfBR 1999, 153 (Ebenflächigkeit eines Fußbodens); BGH, NZBau 2004, 269 = BauR 2004, 847 (Wohnfläche als „zentrales Beschaffenheitsmerkmal").
2) Zu dem **Sachmangelbegriff** nach **altem Recht** wird auf die 13. Auflage, Seite 965 ff. verwiesen.
3) BT-Drucks. 14/6040, S. 260 ff.
4) *Raab*, in: Dauner-Lieb u.a., Das neue Schuldrecht, § 9, Rn. 37.
5) Wie hier: *Grauvogl*, in: Wirth/Sienz/Englert, Teil II, § 633, Rn. 26 unter Hinweis auf die amtliche Begründung, BT-Drucks. 14/6040, S. 509 zu § 434 BGB; **a.A.:** AnwKom-BGB/*Raab*, a.a.O., Rn. 24.
6) *Chr. Teichmann*, JuS 2002, 417, 419.
7) *Benedict*, in: Roquette/Otto, S. 555, Rn. 24, weist jedoch zutreffend darauf hin, dass beim **Anlagenbauvertrag** angesichts des zunehmenden internationalen Wettbewerbs in den Hochtechnologiebranchen die vertragliche Regelung einer rechtsmangelfreien Vertragserfüllung immer größere Bedeutung erlangt.
8) *Heinemann*, ZfIR 2002, 167, 168; OLG München, NZBau 2006, 578 (fehlende Grunddienstbarkeitssicherung in Bezug auf Versorgungsleitungen ist ein Werkmangel).
9) *Kniffka*, § 633 BGB, Rn. 57; *Staudinger/Peters/Jacoby* (2014), § 633 BGB, Rn. 198. Zum einstweiligen Rechtsschutz auf Unterlassung eines **Teilabrisses** (Stuttgart 21): BGH, BauR 2012, 283; OLG Stuttgart, NZBau 2010, 639 = IBR 2010, 571 – *Bolz*.

lein für das **Bauträgerrecht** werden sie eine gewisse Bedeutung haben,[10] wenngleich sich ein Rechtsmangel kaum auf die Bauleistung, sondern auf das **Grundstück** beziehen wird, sodass nicht § 633 Abs. 3, sondern § 435 BGB einschlägig wäre.[11]

1962 Bedeutender als die Gleichstellung von Rechts- und Sachmangel ist die Betonung des **subjektiven Fehlerbegriffs** im neuen Recht. Nach § 633 Abs. 2 Satz 1 BGB ist ein Werk nur noch „frei von Sachmängeln, wenn es **die vereinbarte Beschaffenheit** hat". Soweit die Beschaffenheit „nicht vereinbart ist", ist das Werk mangelfrei,

* „wenn es sich für die nach dem Vertrag **vorausgesetzte**" (Satz 2 Nr. 1), sonst
* „für **die gewöhnliche Verwendung eignet** und eine Beschaffenheit aufweist, die bei Werken der gleichen Art **üblich** ist und die der Besteller nach der Art des Werkes **erwarten** kann." (Satz 2 Nr. 2).

Einem Sachmangel steht es gleich, wenn der Unternehmer ein anderes als das bestellte Werk oder das Werk in zu geringer Menge herstellt (§ 633 Abs. 2 BGB).[12] Damit hat das neue Recht einen **dreistufigen Mangelbegriff** vorgegeben.[13]

1963 Es liegt nahe anzunehmen, dass sich in Folge des von dem **BGH** vertretenen **subjektiven Mangelbegriffs** im Kern an der bisherigen Rechtslage nichts geändert hat.[14] Das ist aber in dieser Form so nicht ganz zutreffend, denn die **Brisanz** der Änderung liegt in der **Betonung** des subjektiven Fehlerbegriffs durch den Gesetzgeber: Das **Vereinbarte**, das durch eine interessengerechte **Auslegung** der im Vertrag zum Ausdruck gebrachten gegenseitigen Vorstellungen zu ermitteln ist, hat **höchste Priorität**,[15] und die mangelhafte Leistung bestimmt wesentlich den Begriff der **„Pflichtverletzung"** i.S. des § 280 BGB; denn eine Pflichtverletzung liegt vor, wenn sich der Schuldner anders verhält, als es seinen Pflichten aus dem Werkoder Architektenvertrag entspricht. Nichts anderes gilt für den **Sonderfachmann**,

---

10) Siehe OLG Düsseldorf, WuM 2001, 240 = IBR 2001, 427 (dingliches **Sondernutzungsrecht** an einem Stellplatz); BGH, NJW 1997, 1778 (Fehlen von **Sondereigentum**/Sondernutzungsrecht); BGH, NJW 2004, 364 (Wohnnutzungsverbot für Speicher als Rechtsmangel); *Basty*, Rn. 1043 ff.; *Palandt/Sprau*, § 633 BGB, Rn. 9.
11) Zutreffend: *Pause*, Rn. 647 m.w.Nachw.
12) Zu den Abgrenzungen (Mengenabweichung/Mangelhaftigkeit der Leistung) siehe *Miernik*, BauR 2005, 1698 ff.; *Dickersbach*, BauR 2007, 592 ff. Zur Haftung auf Grund einer **fehlerhaften Montageanleitung**: OLG Hamm, BauR 2006, 1149 = IBR 2006, 253 – *Seibel*; zur Aufklärungspflicht des Verkäufers: BGH, IBR 2007, 487 – *Wenkebach*.
13) Siehe: *Mundt*, NZBau 2003, 73, 75 ff.
14) *Popescu*, NZBau 2012, 137, 138; *Schudnagies*, NJW 2002, 396, 397: „keine wesentlichen Änderungen in der Gesetzessystematik und -anwendung"; a.A.: *Thode*, NZBau 2002, 297, 303.
15) Grundlegend: BGH, BauR 2009, 1288, 1289 = NZBau 2009, 648; BGH, NZBau 2007, 574 = BauR 2007, 1570 (**Schallschutz**); BGH, BauR 2013, 952 = NZBau 2013, 295 = NJW 2013, 114 = ZfBR 2013, 952; BGH, BauR 2013, 624 = ZfBR 2013, 245 = NZBau 2013, 244 = IBR 2013, 154 – *Ebersbach*; BGH, NZBau 2011, 415 Rn. 11 m.w.Nachw.; s. auch OLG Brandenburg, BauR 2014, 1005 (Heranziehung des **Werbematerials**; s. ferner: OLG München, BauR 2011, 1505 – **Verkaufsprospekt**); OLG Schleswig, IBR 2014, 89 – *Eilers* (Beachtung der örtlichen Gegebenheiten); OLG München, NZBau 2013, 703 = IBR 2013, 530 – *Hammacher*; OLG Naumburg, NZBau 2012, 442 (Altbau); OLG Düsseldorf, BauR 2012, 244 = NZBau 2011, 693 = IBR 2011, 565 – *Blatt*; OLG Koblenz, IBR 2011, 454 – *Dausner*; OLG Brandenburg, IBR 2007, 305; OLG Nürnberg, OLGR 2005, 646; BGH, NZBau 2004, 672, 673 = BauR 2004, 1941, 1943; *Leupertz/Halfmeier*, in: Prütting/Wegen/Weinreich, § 633 BGB, Rn. 21; *Staudinger/Peters/Jacoby* (2014), § 631 BGB, Rn. 173–175; *Hammacher*, NZBau 2010, 91; *ders.*, Prüf- u. Hinweispflichten, S. 104 ff.

für den **Projektsteuerer** oder einen **Bauträger**.[16] Damit lässt sich feststellen, dass der Unternehmer (aber auch ein Architekt oder Sonderfachmann) haftet, wenn die – nach bisheriger Rechtsprechung – vereinbarte **Soll-** von der **Ist**-Beschaffenheit abweicht.[17] Es kommt auch nicht darauf an, ob die erbrachte Leistung mit der vereinbarten „gleichwertig" oder besser ist;[18] und es muss noch nicht einmal die **Funktionstauglichkeit** des Werks beeinträchtigt sein[19] oder gar ein Verschulden des Unternehmers vorliegen.[20] Allerdings kann der Werkunternehmer durch den Auftraggeber nicht zu einer regelwidrigen, den Vorgaben der Bauordnung und den technischen Regelwerken widersprechenden Ausführung angehalten werden.[21]

1964 Hat das Werk die „vereinbarte Beschaffenheit", fehlt ihm aber gleichwohl die **Funktionstüchtigkeit**, so ist es allerdings nicht „mangelfrei"; denn zum einen kann das Tatbestandsmerkmal der „vereinbarten Beschaffenheit" nicht isoliert von den übrigen in § 633 Abs. 2 Satz 2 BGB aufgeführten Mangelkriterien gesehen werden.[22] Aus ihnen ergibt sich eindeutig, dass das Werk für eine „gewöhnliche Verwendung" geeignet sein und eine Beschaffenheit aufweisen muss, die **„üblich"** ist und von dem Besteller „nach der Art des Werkes" **erwartet** werden kann.[23] Zum anderen stünde eine andere Auslegung des § 633 Abs. 2 Satz 1 BGB auch eklatant im Widerspruch zur bisherigen Rechtslage; da der Unternehmer ein **funktionsgerechtes** Werk schuldet, liegt ein Mangel vor, wenn die Funktionstüchtigkeit beeinträchtigt ist, insbesondere also die Werkleistung nicht den **anerkannten Regeln**

---

16) BGH, BauR 2013, 624 = NZBau 2013, 244 = ZfBR 2013, 245 = IBR 2013, 154 – *Ebersbach* (mangelhafte **Schallschutzplanung**; Mitverschulden des Bauträgers); BGH, BauR 2012, 115 = NZBau 2011, 746; BGHZ 174, 110 = NZBau 2008, 109 = BauR 2008, 344; BGH, BauR 2007, 1570 = NZBau 2007, 574 = IBR 2007, 473–475 – *Schwenker* (**Schallschutz**; s. hierzu: *Gartz*, NZBau 2012, 90 ff.; *Boldt*, NJW 2007, 2960 ff.); BGH, BauR 2005, 542, 544 (**Altbausanierung**); OLG Stuttgart, BauR 2003, 1394 u. OLG Hamm, BauR 2003, 1398 (für **Bauträger**).
17) OLG Stuttgart, BauR 2007, 713, 714; OLG Hamm, IBR 2007, 421; OLG Celle, OLGR 2003, 117; AnwKom-BGB/*Raab*, § 633, Rn. 9; *Lorenz/Riehm*, Rn. 635.
18) Das Schadensersatzverlangen des Auftraggebers kann aber im Einzelfall einen **Verstoß** gegen Treu und Glauben (§ 242 BGB) darstellen (OLG Düsseldorf, NZBau 2012, 640, 642).
19) *Quack*, IBR 2001, 705, 706; BGH, NZBau 2002, 571 u. OLG Celle, BauR 2003, 1408 (für § 633 BGB a.F.); *Lauer/Wurm*, Rn. 79.
20) BGH, BauR 2006, 375 = NZBau 2006, 112 = NJW-Spezial 2006, 119 = ZfBR 2006, 153; *Palandt/Sprau*, § 633 BGB, Rn. 5 (für nicht erkennbar mangelhafte Zulieferungsteile).
21) **Anderer Ansicht:** OLG Dresden, BauR 2003, 1242 = NJW-RR 2003, 1314; siehe hierzu mit zutreffenden Erwägungen: *Lailach*, BauR 2003, 1474 ff.
22) BGH, BauR 2014, 1291, 1293; BGH, NZBau 2011, 746, 747 = BauR 2012, 115, 117 (Rn. 11); BGH, BauR 2009, 1288, 1290 = NZBau 2009, 648; BGHZ 174, 110 = BauR 2008, 344 = ZfBR 2008, 168 = NZBau 2008, 109 = IBR 2008, 77 – *Weyer*; BGH, BauR 2011, 517; OLG Saarbrücken, NZBau 2012, 113 = NJW-RR 2011, 1659 = IBR 2011, 695 – *Müller*; OLG Stuttgart, BauR 2010, 98; *Bolz*, Jahrbuch Baurecht 2011, 107, 110 m.w.Nachw. in Anm. 8; *Popescu*, NZBau 2012, 137, 138; s. aber *Motzke*, NZBau 2011, 705, 712, wonach die beschriebene Erfolgsverpflichtung des Unternehmers keine leistungsändernde oder leistungserweiternde Funktion beinhalten kann sowie *Popescu*, NZBau 2012, 137, 139 (zum Problem der Zuordnung fehlerhafter **Vorleistungen**).
23) Siehe hierzu: BGHZ 153, 279, 283 = BauR 2003, 533 = ZfBR 2003, 356 = NZBau 2003, 214 für § 13 Abs. 1 VOB/B; BGH, BauR 2009, 1288, 1290 u. OLG Stuttgart, BauR 2010, 98; OLG Brandenburg, IBR 2012, 16 – *Weyer*; OLG Hamm, IBR 2001, 259 – *Weyer*; OLG Stuttgart, IBR 2010, 447 – *Weyer*; OLG Karlsruhe, BauR 2007, 557, 558 (für den **Schallschutz**; s. auch *Boldt*, NJW 2007, 2960, 2961); OLG Nürnberg, BauR 2006, 2077 (Befestigung von Dachziegeln bei einem Steildach).

der **Technik** entspricht; denn nach der Rechtsprechung des BGH[24] verspricht ein Unternehmer zumindest stillschweigend bei Vertragsabschluss die Einhaltung der einschlägigen allgemein anerkannten Regeln der Technik. Daher gilt für die „vereinbarte" Beschaffenheit, was schon für das alte Recht entscheidend war: Der Unternehmer trägt grundsätzlich das **Erfüllungsrisiko** (§ 633 Abs. 1 BGB) für die versprochene Leistung, und zwar ohne Rücksicht auf den dafür erforderlichen Aufwand;[25] und diese Risikoverteilung wird durch die Ablieferung („Verschaffung") einer Leistung, die nicht zu einem funktionsgerechten und zweckentsprechenden Werk führt, in keiner Weise beseitigt oder beeinträchtigt **(funktionaler Mangelbegriff)**. Maßstab für das objektive Interesse des Bestellers an der ordnungsgemäßen Erfüllung ist und bleibt „der vertraglich vereinbarte **oder** der nach dem Vertrag vorausgesetzte Gebrauch des Werkes."[26] Es ist deshalb sachgerecht, dass die Rechtsprechung im Einzelfall trotz des abgestuften Mangelbegriffs die in § 633 Abs. 2 BGB aufgeführten Mangelkriterien **kumulativ** heranzieht, um zu sachgerechten Ergebnissen zu gelangen.[27] Übertriebene Erwartungen oder Anforderungen des Bestellers an die geschuldete Werkleistung sind in der Praxis nicht auszuschließen; ihnen ist mit dem Einwand der **Unverhältnismäßigkeit** angemessen zu begegnen: Die Geltendmachung der Kosten für eine Nacherfüllung verstößt gegen Treu und Glauben, wenn diese im Verhältnis zum Schaden grob unverhältnismäßig sind.[28]

Im Ergebnis ist für die Praxis davon auszugehen, dass die Frage, ob eine Werkleistung mangelhaft ist, ausschließlich nach **§ 633 Abs. 2 Satz 1 und Satz 2 Nr. 1** BGB beurteilt wird. § 633 Abs. 2 Satz 2 Nr. 2 wird demgegenüber keine Bedeutung

---

24) **BT-Drucks. 14/6040, Seite 261:** „Dass, soweit nicht etwas anderes vereinbart ist, die anerkannten Regeln der Technik einzuhalten sind, ist nicht zweifelhaft. Eine ausdrückliche Erwähnung bringt deshalb keinen Nutzen." Aus der **Rechtsprechung:** BGH, BauR 2013, 952 = ZfBR 2013, 355 = NZBau 2013, 295 = DS 2013, 229; BGHZ 139, 16 = NJW 1998, 2814; BGHZ 174, 110 = NZBau 2008, 109 = BauR 2008, 344 = ZfBR 2008, 168; BGH, BauR 2006, 2040 = NJW 2006, 3413 = BauR 2007, 36, 38; s. dazu auch: *Oberhauser/Manteufel*, Rn. 342 f.; *Seibel*, ZfBR 2009, 107 u. ZfBR 2007, 310 ff.; *Schwenker*, ZfBR 2007, 15; *Reichelt*, BauR 2007, 1483 ff. Zum Anspruch auf **technische Nachweise** (zum Schall-, Wärme- und Brandschutz pp.): *Mandelkow*, BauR 2007, 1474 ff.
25) BGH, BauR 2002, 613, 616; BGH, NZBau 2000, 74 = BauR 2000, 411 = ZfBR 2000, 121.
26) BGH, NZBau 2004, 672, 673 = BauR 2004, 1941, 1943; s. ferner: OLG Hamm, NZBau 2013, 110 = DS 2013, 75, 76 = IBR 2013, 19 – *Gross* (regelkonformes, jedoch nicht funktionstaugliches Wasserleitungssystem); OLG Celle, OLGR 2000, 114, 116 (für Ebenmäßigkeit eines Pflasters). Zur Wirksamkeit einer **Änderung** der vertraglich geschuldeten Werkleistung durch den bauüberwachenden **Architekten:** KG, BauR 2009, 107, 108.
27) Dies bestätigt der BGH durch das „Blockheizkraftwerk"-Urteil (NZBau 2008, 109 = BauR 2008, 344 = NJW 2008, 511; zutreffend: *Popescu*, NZBau 2012, 137, 138); s. auch: *Leupertz/Halfmeier*, in: Prütting/Wegen/Weinreich, § 633 BGB, Rn. 21 f. sowie *Gartz*, NZBau 2012, 90, 92 zu BGH, BauR 2012, 115 = NZBau 2011, 746. Zu den **Auswirkungen** der Blockheizkraftwerk-Entscheidung des BGH siehe (kritisch): *Sass*, NZBau 2013, 132, 140 f.; *Peters*, NZBau 2012, 129; *Ostendorf*, NZBau 2009, 360; *Staudinger/Peters/Jacoby* (2014), § 633, Rn. 184a f.; s. ferner: *Manteufel*, NZBau 2014, 195, 196; *Vorwerk*, BauR 2003, 1, 4; *Seibel*, Baumängel, Rn. 112.
28) Zutreffend: OLG Düsseldorf, NZBau 2001, 328, 329; s. ferner: *Lucenti*, NJW 2008, 962, 964; *Kniffka*, IBR 2002, 173, 175; im Ergebnis ebenso: *Lauer/Wurm*, Rn. 72. Das OLG Stuttgart (BauR 2007, 713, 715) hält in diesen Fällen die Geltendmachung des Mängelrechts für treuwidrig (§ 242 BGB).

gewinnen, weil es Verträge ohne einen irgendwie definierten „Verwendungszweck" in aller Regel nicht gibt.[29)] Zukünftig werden die vertraglichen Absprachen (**Beschaffenheitsvereinbarungen**), insbesondere damit die zur Grundlage des Vertrags gemachten **Leistungsverzeichnisse/Leistungsbeschreibungen** und **Baupläne** gemäß §§ 133, 157, 242 BGB dahin auszulegen sein, welcher „**Verwendungszweck**" vorgegeben und welcher Leistungserfolg (**Qualitätsstandard**) damit geschuldet war;[30)] eine Leistung muss jedenfalls nicht bereits deshalb mangelfrei sein, weil sie der Leistungsbeschreibung des Auftraggebers entspricht.[31)] Bei vermeintlichen **Widersprüchen** zwischen der **Baubeschreibung** und den **Plänen** hat eine an dem **objektiven Empfängerhorizont** orientierte **Vertragsauslegung** zu erfolgen; dem Wortlaut der Leistungsbeschreibung wird dabei gegenüber den Plänen Vorrang zukommen, wenn sie die Leistung im Einzelnen genau beschreibt und die Pläne insoweit keine weiteren Details enthalten.[32)] Es ist Sache des **Bestellers**/Auftraggebers, die geschuldete **Soll-Beschaffenheit darzulegen** und im Streitfall zu **beweisen**.[33)] Gibt der Auftraggeber ein genaues Leistungsprogramm vor, ist der Unternehmer im Einzelfall gehalten, auf Unzulänglichkeiten, die den Werkerfolg in Frage stellen,

---

29) Zutreffend: *Grauvogl*, in: Wirth/Sienz/Englert, Teil II, § 633, Rn. 22.
30) Siehe BGH, BauR 2012, 115 = NZBau 2011, 746; BGH, BauR 2007, 1570 = NZBau 2007, 574 = NJW 2007, 2983; BGH, BauR 2009, 1288 = NZBau 2009, 648 (**Schallschutz**); BGH, BauR 2007, 1036, 1038 = NZBau 2007, 371, 372 (Kurzexposé mit beiliegender Baubeschreibung); BGH, IBR 2010, 556 (**Anlagenbau**); BGH, BauR 2005, 542, 544 (**Altbausanierung**); BGH, JZ 1999, 797 m.Anm. *Teichmann/Schröder*; BGH, NZBau 2002, 324 = BauR 2002, 935 = ZfBR 2002, 482 (s. hierzu: *Motzke*, NZBau 2002, 641 ff.; *Quack*, ZfBR 2002, 641); ferner: OLG München, NZBau 2013, 703 (Missachtung der vereinbarten technischen Regel); OLG Schleswig, IBR 2014, 25 – *Eilers* (**Weiße Wanne**); OLG Düsseldorf, IBR 2013, 473 – *Röder* (Reihenhäuser mit **einschaligen** Trennwänden); OLG Brandenburg, BeckRS 2013, 17117 (gehobener Qualitätsstandard); OLG Düsseldorf, BauR 2012, 244 u. OLG Hamm, BauR 2012, 248 (Auslegung einer funktionalen **Leistungsbeschreibung**); OLG Hamm, IBR 2010, 557 – Schulz (**Heizungsbau**); OLG Frankfurt, BauR 2009, 656, 657 (fehlende Gebrauchstauglichkeit infolge eines bestehenden **Sicherheitsrisikos**; Befestigung von Deckenplatten); OLG Hamm, IBR 2007, 421 – *Frank* (Abweichung von der Leistungsbeschreibung); OLG Karlsruhe, BauR 2007, 394, 395; OLG München, BauR 2006, 689 = NZBau 2007, 107 (Einbau von Kunststofffenstern); OLG Köln, OLGR 2002, 70 = BauR 2002, 834 (LS); OLG Hamm, MDR 2003, 1227 (Auslegung von **Bauplänen**); OLG München, BauR 2003, 396 (zum **Begriff** der „umfassenden Modernisierung und Renovierung eines Altbaus in erforderlichem Umfang"; s. auch OLG Nürnberg, BauR 2007, 413 – Trockenlegung des Kellers; OLG Düsseldorf, BauR 2004, 1014 sowie *Pause*, BTR 2004, 142; *Fuchs*, BauR 2007, 264, 270 ff.); OLG Stuttgart, BauR 2007, 713 (**Fabrikatvereinbarung**); OLG Dresden, BauR 2003, 882 (zum **Abweichen** einer Auftragsbestätigung vom Leistungsverzeichnis); OLG Bremen, OLGR 2002, 147 (interessengerechte **Auslegung** eines unrichtigen Hinweises auf eine DIN-Norm); OLG Celle, BauR 2003, 1040 = OLGR 2003, 224 = BauRB 2003, 137 (zur Auslegung eines Leistungsverzeichnisses und Bedeutung der **DIN**-Vorschriften der **VOB/C** für die Bestimmung des Bau-Solls); OLG München, IBR 2004, 356. Zur **Bedeutung** der Leistungsbeschreibung (kritisch): *Leitzke*, BauR 2007, 1643 ff.; zur **Auslegung**: OLG Koblenz, IBR 2007, 234 – *Althaus*; *Ohler*, BauRB 2003, 185 ff.
31) OLG Düsseldorf, BauR 2002, 802, 803 = IBR 2002, 245 – *Metzger*.
32) Vgl. BGH, BauR 2003, 388; s. ferner: OLG Düsseldorf, BauR 2012, 1238 (zum **Widerspruch** zwischen Plänen und Leistungsverzeichnis).
33) OLG Brandenburg, BauR 2011, 1341; s. hierzu auch BGH, BauR 2012, 115 = NZBau 2011, 746 (Rn. 13) u. *Gartz*, NZBau 2012, 90, 91.

hinzuweisen.³⁴⁾ Im Ergebnis ist daher der Unternehmer bei verbindlichen Vorgaben des Auftraggebers, die für einen Mangel (mit)ursächlich waren, nur dann von seiner Verantwortlichkeit befreit, wenn er seiner **Prüfungs-** und **Hinweispflicht** hinreichend nachgekommen ist.³⁵⁾

2. Der Begriff der allgemein anerkannten Regeln der Baukunst/Technik

Literatur

Dahmen, Schnittstellen zwischen privatem und öffentlichem Baurecht, 2013; *Seibel*, Baumängel und anerkannte Regeln der Technik, 2009; *Ganten/Kindereit*, Typische Baumängel, 2010; *Marburger*, Die Regeln der Technik im Recht (1979); *Fischer*, Die Regeln der Technik im Bauvertragsrecht (1985); *Koch*, Grenzen der Rechtsverbindlichkeit technischer Regeln im öffentlichen Baurecht, 1986; *Bartis/Gusy*, Technische Normen im Baurecht, 1988; *Stammbach*, Verstoß gegen die anerkannten Regeln der Technik, 1997; *Locher-Weiß*, Rechtliche Probleme des Schallschutzes, 4. Auflage 2004.

Nicklisch, Wechselwirkungen zwischen Technologie und Recht, NJW 1982, 2633; *Kaiser*, Der richtige Beurteilungszeitpunkt bei einem Verstoß gegen die anerkannten Regeln der Technik, BauR 1983, 203; *Nicklisch*, Funktion und Bedeutung technischer Standards in der Rechtsordnung, BB 1983, 261; *Jagenburg*, Verpflichtung zur Leistungserbringung nach dem Stand der Technik, neuesten Stand der Technik usw., Technologie und Recht (1983), Bd. 4, 137; *Weber*, Das Verhältnis von DIN-Normen zu zugesicherten Eigenschaften und den anerkannten Regeln der Technik, ZfBR 1983, 151; *Medicus*, Mängelhaftung trotz Beachtung der anerkannten Regeln der Technik beim Bauvertrag nach der VOB/B, ZfBR 1984, 155; *Siegburg*, Anerkannte Regeln der Bautechnik – DIN-Normen, BauR 1985, 367; *Köhler*, Die haftungsrechtliche Bedeutung technischer Regeln, Beilage 4/1985, 10; *Eberstein*, Anerkannte Regeln der Technik und Allgemeine Technische Vorschriften für Bauleistungen (ATV/DIN-Normen), BB 1985, 1760; *Jagenburg*, Stand der Technik gestern, heute, morgen? Der für die anerkannten Regeln der Technik maßgebende Zeitpunkt, Festschrift für Korbion (1986), 179; *Pieper*, Die Regeln der Technik im Zivilprozess, BB 1987, 273; *Reim/Kamphausen*, Nochmals: DIN-Normen, bauaufsichtliche Zulassungsbescheide, Allgemein anerkannte Regeln der (Bau-)Technik und Haftungsrisiko, BauR 1987, 629; *Festge*, Die anerkannten Regeln der Technik – ihre Deutung bei dem vertraglichen Leistungsumfang, die vertragliche Vergütung und die Gewährleistung, BauR 1990, 322; *Jansen*, Regeln der Baukunst – Erfahrungen eines Gerichtssachverständigen, BauR 1990, 555; *Kroitzsch*, Sicherheits-DIN-Normen und Anscheinsbeweis, BauR 1994, 673; *Dresenkamp*, Die allgemein anerkannten Regeln der Technik am Beispiel des Schallschutzes, SchlHA 1994, 165; *Hecht/Nawrath*, Sind allgemein anerkannte Regeln der Technik ein zeitgemäßer bautechnischer Qualitätsstandard?, ZfBR 1996, 179; *Parmentier*, Die anerkannten Regeln der Technik im privaten Baurecht, BauR 1998, 207; *Stammbach*, Einhaltung der anerkannten Regeln der Technik als Ersatz-Leistungsmaßstab, BauR 1998, 482; *Kilian*, Offenbarung eklatanter Lücken in den Regeln der Bautechnik durch den Schadensfall Schürmannbau, BauR 1998, 969. *Stammbach*, Qualitätssicherung und Mängelgewährleistung, BauR 1999, 523; *Dresenkamp*, Die allgemein anerkannten Regeln der Technik am Beispiel des Schallschutzes, BauR 1999, 1079; *Englert/Grauvogl*, Die Anwendung der VOB/C im Bauvertrag. ATV

---

34) *Teichmann/Schröder*, JZ 1999, 799, 800; OLG Celle, BauR 2016, 840, 841; OLG Hamm, NZBau 2012, 642, 643 = DS 2012, 323, 325 (**Beratungspflicht** über vermeidbare Maßabweichungen bei einer Natursteinverlegung); OLG Celle, IBR 2014, 337 – *Seibel* (unterbliebene Prüfung des Bauzustandes; Fehlen einer Horizontalsperre); OLG München, BauR 2012, 1692 LS (umfassende **Aufklärung** über Risiken bei Abweichungen von den Regeln der Technik); KG, IBR 2012, 92 – *Michalczyk* (Hinweis auf Verwendungsrisiken von großformatigem Kalksandsteinmauerwerk). Zu den Voraussetzungen und zur Beweislast einer wirksamen **Risikoübernahme** durch den Auftraggeber: BGH, BauR 2013, 624 = NZBau 2013, 244 Rn. 25 f.
35) BGH, BauR 2012, 115, 117 (Rn. 14) = NZBau 2011, 746 = NJW 2011, 3780 m.Anm. *Voit*, NJW 2011, 3782.

DIN 18.300 – Erdarbeiten, Jahrbuch Baurecht 1999, 287. *Soergel*, Die Mangelverantwortung im Spannungsfeld zu den allgemein anerkannten Regeln der Technik, Festschrift für Mantscheff (2000), 193; *Kappertz*, Die Schwierigkeiten des Sachverständigen bei der Anwendung des Begriffs der allgemein anerkannten Regeln der Technik, Festschrift für Mantscheff (2000), 241; *Quack*, Vertragsauslegung und Auslegungsvorgaben in technischen Regelwerken, ZfBR 2002, 641; *Seibel*, „Stand der Technik", „allgemein anerkannte Regeln der Technik" und „Stand von Wissenschaft und Technik", BauR 2004, 266; *Schoch*, Allgemein anerkannte Regel der Technik im baulichen Schallschutz, BrBp 2004, 506; *Seibel*, Die Konkretisierung des Standes der Technik, BauR 2004, 774; *Ronellenfitsch*, Die Bedeutung technischer Regelwerke im Sachverständigenwesen, DS 10/2005, 289; *Quack*, Was ist eigentlich vereinbart, wenn die VOB/C nicht wirksam in den Vertrag einbezogen wurde?, ZfBR 2005, 731; *Seibel*, Mangelhafte Bauleistung und „allgemein anerkannte Regeln der Technik" – dargestellt anhand einzelner Beispiele aus der Rechtsprechung, ZfBR 2006, 523; *Voit*, Erfolg, Leistungsbeschreibung und Vergütung im Bauvertrag, ZfIR 2007, 157; *Boldt*, Wann liegt eine mangelhafte Schalldämmung im modernen Wohnungsbau vor?, NJW 2007, 2960; *Albrecht/Weiß*, Die Einhaltung der anerkannten Regeln der Technik in der Altbausanierung, BTR 1008, 61; *Bayerlein*, Zur rechtlichen Bedeutung von technischen Normen, DS 2008, 49; *v. Behr/Pause/Vogel*, Schallschutz in Wohngebäuden, NJW 2009, 1385; *Ziegler*, Eine Anerkannte Regel der Technik ist keine Anerkannte Regel der Technik – Überlegungen zur Funktion und Feststellung der Anerkannten Regeln der Technik im öffentlichen und privaten Baurecht, ZfBR 2009, 316; *Seibel*, Das Unterschreiten der „allgemein anerkannten Regeln der Technik" im Bauvertrag, ZfBR 2010, 217; *Sass*, Die Symptomtheorie und der Beweis durch Sachverständige, Jahrbuch Baurecht 2010, 217; *Locher-Weiß*, Schallschutz im Hochbau – quo vadis?, Festschrift für Koeble (2010), 153; *Pause*, Welche Regeln der Technik sind für die Beurteilung der Mangelfreiheit maßgeblich?, ebenda, 177; *Miernik*, Wirkt sich eine Änderung der anerkannten Regeln der Technik auf die Vergütung des Werkunternehmers aus?, BauR 2012, 151 (s. hierzu: *Bolz*, IBR 2012, 185); *Mischok/Hirsch*, Änderung der anerkannten Regeln der Technik im Planungsprozess – Zusatzhonorar für den Planer?, NZBau 2012, 480 (s. hierzu: *Bröker*, IBR 2012, 497); *Reichert/Wedemeyer*, Öffentlich-rechtliche Bauvorschriften in der Mangelsystematik des privaten Baurechts, BauR 2013, 1; *Pohlenz*, Anerkannte Regeln der Technik und Gebäudeschallschutz, BauR 2013, 352; *Thierau*, Die Bedeutung der Technischen Abnahme für die Abwicklung von Bauverträgen, BauR 2013, 372; *Ziegler*, Rechtsetzung durch technische Normung?, DS 2014, 8; *Sass*, Technische Regeln und das Werkvertragsrecht, NZBau 2014, 137; *Seibel*, Konkretisierung der „allgemein anerkannten Regeln der Technik" – insbesondere außerhalb von schriftlichen technischen Regelwerken, BauR 2014, 909 (s. hierzu: *Gross*, IBR 2014, 456); *Schorn*, Top-Thema: Maßtoleranzen am Bau, Der Bausachverständige 2015, 67.

1966 Der Begriff entstammt dem Strafrecht. Die allgemein anerkannten Regeln der Baukunst/Technik stellen die Summe der im Bauwesen anerkannten wissenschaftlichen, technischen und handwerklichen Erfahrungen dar, die durchweg bekannt und als richtig und notwendig anerkannt sind.[36] Das RG[37] hat in seiner bekannten und auch für das Zivilrecht maßgeblichen Entscheidung den Begriff der anerkannten Regeln der Baukunst dahin umschrieben, dass er nicht schon dadurch erfüllt sei, dass eine Regel bei völliger wissenschaftlicher Erkenntnis sich als richtig und unanfechtbar darstelle, sondern sie müsse auch allgemein anerkannt, d.h. durchweg in den Kreisen der betreffenden Techniker bekannt und als richtig anerkannt sein.

---

36) Zum **Meinungsstand** im Einzelnen siehe *Stammbach*, S. 57 ff. m. Nachw.; zur rechtlichen Einordnung der **Begriffe** „Stand der Technik", „allgemein anerkannte Regeln der Technik" und „Stand von Wissenschaft und Technik" siehe *Seibel*, Rn. 20; ZfBR 2008, 635; BauR 2004, 266 ff.
37) RGSt. 44, 76.

Anerkannte Regeln der Baukunst/Technik

Es ist damit also stets eine **echte Anerkennung in der Theorie und Praxis erforderlich**, und zwar **abgestellt auf den jeweiligen Einzelfall**.[38] Die anerkannte Regel der Technik muss in der Wissenschaft anerkannt und damit theoretisch richtig sein; sie muss wissenschaftlicher Erkenntnis entsprechen und sich in der Praxis durchgesetzt haben.[39] Nach überwiegender Auffassung reicht es aus, wenn eine **große Mehrheit** der maßgebenden Fachkreise von ihrer Richtigkeit und von der Anwendbarkeit in der Praxis ausgeht.[40]

Es ist nicht erforderlich, dass die Regeln der Baukunst **schriftlich** niedergelegt sind.[41] Anerkannte Regeln der Baukunst/Bautechnik enthalten die:

* **DIN-Normen** des Deutschen Instituts für Normung e.V.[42]

1967

---

38) **Herrschende Meinung**; vgl. vor allem *Stammbach*, S. 87 ff.; *Daub/Piel/Soergel/Steffani*, ErlZ B 4.61 ff.; *Riedl/Mansfeld*, in: Heiermann/Riedl/Rusam, § 4 VOB/B, Rn. 37 ff.; *Seibel*, Rn. 23; *Kleine-Möller/Merl*, § 15, Rn. 247 ff.; *Ringel*, BlGBW 1971, 41; *Tempel*, NZBau 2003, 465, 468; *Siegburg*, BauR 1985, 367, 372 ff.

39) OLG Brandenburg, BauR 2001, 283, 284; OLG Braunschweig, BauR 2000, 109, 110; OLG Hamm, NJW-RR 1998, 668, 669 u. BauR 1997, 309, 311 = OLGR 1996, 134, 135; OLG Celle, BauR 1984, 522 m.Anm. *Reim*; Zur Frage, ob die **3. WärmeschutzVO 1995**, die am 1.1.1995 in Kraft getreten ist, eine anerkannte Regel der Technik ist, siehe *Langen/Kus*, BauR 1995, 161 ff.

40) *Kleine-Möller/Merl*, § 15, Rn. 248; *Merkens*, in: Kapellmann/Messerschmidt, § 4 VOB/B, Rn. 54; *Seibel*, Rn. 23.

41) BGH, BauR 2014, 547 = NZBau 2014, 160 = ZfBR 2014, 143 = DS 2014, 123 Rn. 14; BGH, BauR 1995, 230, 231; BGH, BauR 1986, 447, 448 = NJW-RR 1986, 755 = ZfBR 1986, 171.

42) **Rechtsprechung** zu den **DIN-Normen**: BGH, BauR 2012, 1756 = NZBau 2010, 701; BauR 2009, 1288 = ZfBR 2009, 669 = NZBau 2009, 648 (**Schallschutz** bei Vereinbarung der DIN 4109); BGH, BauR 2007, 1570 = NZBau 2007, 574; LG Flensburg, IBR 2010, 325 – *Groß* (**Schallschutzstufen** II und III der VDI-Richtlinie **4100**/1994; Beiblatt 2 zu DIN **4109**; s. auch OLG Düsseldorf, IBR 2012, 83 – *Söns* [DIN 4109 – Anwendung auf **haustechnische Anlagen**]; OLG Karlsruhe, BauR 2007, 557 u. *Boldt*, NJW 2007, 2960 ff.); OLG Stuttgart, IBR 2008, 381 – *Weyer* (**DIN 18332** – Naturwerksteinarbeiten); OLG Köln, BauR 2007, 887, 889 (**DIN 4014**; Anforderungen an die Erkundung des **Baugrundes**); OLG Frankfurt, IBR 2009, 647 – *Weyer* (**DIN 4109**; Schallschutz für elektronische Rollläden); OLG Frankfurt, BauR 2002, 324 (**DIN 4109**; Schallschutz für Wohnungseingangstüren); OLG Hamm, IBR 2004, 415 („rollstuhlgerechter" Aufzug; Mindestmaße nach DIN 15.306 u. DIN 18.025); LG Hamburg, BauR 2003, 394 (**DIN 4109**; Schallschutz bei saniertem und ausgebautem Altbau); OLG Stuttgart, IBR 2008, 415 – *Weyer* (DIN 18157 Teil 1 Ziff. 7.3; Verlegung von **Granitplatten** im Dünnbett); OLG Stuttgart, NZBau 2006, 446, 447 (**DIN 4123**); BGH, BauR 2012, 490 = NZBau 2012, 102 (Angaben zur **Kontamination** von Bodenschichten; **DIN 18299** u. DIN 18300); OLG Karlsruhe, BeckRS 2013, 09389 = DS 2013, 368 (**Abrechnung** von Maurerarbeiten; DIN 18330 Nr. 5); OLG Braunschweig, BauR 2000, 109 (**DIN 4095**; 1973); OLG Karlsruhe, BauR 2003, 98 (**DIN 18202** – Ebenheitstoleranzen); OLG Hamm, NJW-RR 1998, 668 (**DIN 18.352**; Vorbehandlung von Kalksandsteinmauerwerk); OLG Frankfurt, NJW-RR 1988, 669 (**DIN 1988** Teil 7 Nr. 3.3; Mischinstallation); BGH, BauR 2002, 627, 628 (**DIN 1988** Teil 8 Nr. 5 Abs. 2; Absperrung der Versorgungsleitung); OLG Düsseldorf, BauR 1997, 140 (DIN **18.560**; Nenndicke; Urt. aufgehoben durch BGH, BauR 1998, 123); OLG Schleswig, *SFH*, Nr. 126 zu § 633 BGB; OLG Bamberg, OLGR 1999, 134 = NJW-RR 1999, 962 = BauR 1999, 650 m.Anm. *Kamphausen*; *ders.*, BauR 2001, 545; BGH, BauR 2000, 1770 u. OLG Hamm, BauR 1997, 876 (**DIN 18195**; drückendes Grundwasser; s. auch OLG Hamm, BauR 2011, 700, 701; OLG Naumburg, NZBau 2012, 442; OLG Düsseldorf, NZBau 2005, 406 – **Altbau**); OLG Frankfurt, IBR 2003, 71 (**Abdichtung** „nach DIN"); OLG Brandenburg, IBR 2008, 90 – *Weyer* u. OLG Celle, BauR 2003, 104 (**DIN 18195** Teil 4); OLG Brandenburg, BauR 2010, 100, 101 (Gebäudeabdichtung nach **DIN 18195** Teil 6); KG, IBR 2010, 445 – *Weyer* (**DIN 18318** Abschnitt 3.6; **Granitplattenbelag** in Fußgängerzone); OLG Düsseldorf, NJW-RR 1996, 146 (**DIN 18531**; Gebrauchstauglichkeitsnachweis); OLG Düsseldorf, OLGR 1996, 87

* einheitlichen technischen Baubestimmungen (ETB)[43)]
* Bestimmungen des Deutschen Ausschusses für Stahlbeton
* Bestimmungen des Verbandes Deutscher Elektrotechniker (VDE)[44)]
* Unfallverhütungsvorschriften der Berufsgenossenschaften[45)]
* Bestimmungen des Deutschen Vereins des Gas- und Wasserfaches (DVGW)
* von den Bauaufsichtsbehörden eingeführten technischen Baubestimmungen des Deutschen Instituts für Normung e.V.

1968 Die **DIN-Normen** sind **keine Rechtsnormen,** sondern „private technische Regelungen mit Empfehlungscharakter";[46)] sie geben wie die übrigen genannten Bestimmungen und Richtlinien nicht aus sich heraus die allgemein als gültig anerkannten Regeln der Technik wieder. Vielmehr geht der Begriff der anerkannten Regeln der Technik über die allgemeinen technischen Vorschriften (DIN-Nomen) hinaus, indem letztere den ersteren unterzuordnen sind. Ein Werkunternehmer oder der Architekt/Sonderfachmann muss deshalb immer über die „kodifizierten Festlegungen hinaus **die Gesamtheit der bewährten Konstruktionsgrundsätze** im Blick behalten und darf hiervon nicht grundlos in einer die Gefahr des Auftretens von Schäden begünstigenden Weise abweichen".[47)] DIN-Normen sind anerkannte Regeln der Technik nur dann, wenn sie auch dem allgemeinen Prüfungsmaßstab standhalten.[48)] DIN-Normen können deshalb, was im Einzelfall durch sachverständigen Rat zu überprüfen ist, die anerkannten Regeln der Technik widerspiegeln oder aber hinter ihnen zurückbleiben.[49)] Deshalb kommt es nicht darauf an, welche DIN-Norm gerade gilt, sondern darauf, ob die erbrachte Werkleistung zur Zeit der Abnahme den anerkannten Regeln entspricht. Aus diesem Grund ist in der Praxis auch für Sachverständige oftmals schwierig, die anerkannten Regeln der Technik für ein bestimmtes Gewerk verbindlich zu bestimmen;[50)] in keinem Fall darf aber die Prüfung unter-

---

(**DIN 18380,** Ausgabe 1988, Einregulieren einer **Heizung**); OLG Celle, BauR 2003, 912 (**DIN 18.356; Feuchtigkeitsmessung** des Estrichs durch Fußbodenverleger); OLG Celle, BauR 2003, 1592 (**DIN 68.368;** Holztreppe und Vereinbarung der Güteklasse I); OLG Nürnberg, IBR 2006, 567 – *Seibel* (**DIN 50930**); siehe ferner: *Frank,* BauRB 2003, 248 ff. Zu den **Änderungen** in der **VOB/C** im Jahre **2005:** NJW-Spezial 2004, 26.

43) Vgl. OLG Köln, BauR 1991, 759; *Siegburg,* Rn. 107 ff.
44) OLG Hamm, BauR 1990, 104 ff. Zur Zulässigkeit der Verwendung von „Hakennägeln" zur Befestigung von Elektroleitungen: LG Duisburg, IBR 2007, 246 – *Heisiep.*
45) OLG Köln, BauR 1999, 929; zur strafrechtlichen Verantwortlichkeit des Generalunternehmers für die Einhaltung der Unfallverhütungsvorschriften durch einen Subunternehmer s. OLG Karlsruhe, NJW 1977, 1930.
46) BGH, BauR 1998, 872, 873 = NJW 1998, 2814 = ZfBR 1998, 247; *Bayerlein,* DS 3/Der Bausachverständige 2008/49, 52. Zur urheberrechtlichen Stellung von DIN-Normen: *Schulze-Hagen/Fuchs,* BauR 2005, 1 ff. Zur Einordnung von **Herstellervorschriften**: *Seibel,* BauR 2012, 1025, 1029 f.; *Lauer/Wurm,* Rn. 103.
47) So zutreffend: OLG Celle, BauR 1990, 759, 760 m.Anm. *Reim* = NJW-RR 1991, 1175.
48) BGH, BauR 2009, 1288 = NZBau 2009, 648; BVerwG, Beschl. v. 30.9.1996 – 4 B 175/96, IBR 1997, 149 – *Kniffka.*
49) BGHZ 139, 16 = BauR 1998, 972 = ZfBR 1998, 247; s. ferner: OLG Celle, IBR 2012, 17 – *Schwenker;* OLG Bamberg, BauR 1999, 650, 651 m.Anm. *Kamphausen* u. OLG Schleswig, BauR 1998, 1100 m.Anm. *Jagenburg,* BauR 2000, 1060 zum Problem der **Bitumendickbeschichtung**; *Dresenkamp,* BauR 1999, 1079.
50) Vgl. z.B.: *Kilian,* BauR 1993, 664 ff. für die **Betonherstellung**; OLG Hamm, BauR 1994, 246 für den **Trittschallschutz** von Holzdecken; OLG Bamberg, BauR 1999, 650 m.Anm. *Kamphausen; ders.,* BauR 2001, 545 ff.; *Jagenburg/Pohl,* BauR 1998, 1075 ff.; *Schreiter,* BauR

lassen werden, ob die herangezogenen DIN-Normen (noch) den anerkannten Regeln der Technik entsprechen oder (schon) hinter diesen zurückbleiben. Ein Unternehmer, der weiß oder wissen muss, dass eine DIN-Norm **nicht** (mehr) als anerkannte Regel der Technik gilt, darf seinen Vertragspartner nicht im Unklaren lassen, sondern muss ihn darüber aufklären, welcher **Qualitätsstandard** bei Vereinbarung der in der DIN-Norm vorgegebenen technischen Ansätze **zu erwarten** ist.[51]

Allerdings ist anerkannt, dass DIN-Normen die **Vermutung** für sich haben, die allgemeinen Regeln der Technik wiederzugeben.[52] Diese Vermutung bedeutet eine echte **Beweislaständerung** mit der Folge, dass derjenige, der eine DIN-Norm sozusagen zu Fall bringen will, beweispflichtig ist.[53]

Kodifizierte Normen bringen somit folgende **Beweislastregeln:** Wer sich mit seiner Bauleistung an ein technisches Regelwerk **hält**, kann die widerlegliche Tatsachenvermutung ordnungsgemäßer Arbeit für sich in Anspruch nehmen. Im Schadensfall hat der Geschädigte **(Bauherr)** zu beweisen, dass der Unternehmer trotz Einhaltung von DIN-Normen anerkannte Regeln der Technik verletzt hat.[54] Die Nichteinhaltung eines technischen Regelwerkes stellt demgegenüber grundsätzlich (aber auch widerlegbar) einen Mangel dar, wobei dies allerdings von den konkreten Vereinbarungen der Vertragsparteien abhängen kann.[55] Ist demnach z.B. eine Bauleistung nicht entsprechend den Vorgaben einer DIN-Norm ausgeführt worden, spricht der Beweis des ersten Anscheins für eine schuldhaft mangelhafte Leistung des Unternehmers; diesem obliegt es dann darzulegen und zu beweisen, dass eingetretene Schäden nicht auf der Verletzung der DIN-Norm beruhen.[56]

Technische **Regelwerke** können aus der Natur der Sache heraus **nicht vollständig** sein und **bleiben**. Gerade das Verhältnis der DIN-Normen zu den anerkannten Regeln der Technik ist dadurch gekennzeichnet, dass sich die DIN-Normen **erkennbar** nur bei einer förmlichen **Fortschreibung „verändern"**, demgegenüber die **Regeln der Technik** sich im Laufe der Zeit gleichsam **lautlos weiterentwickeln**. Die Regeln der Technik haben eine Eigendynamik. Das bedeutet, dass DIN-Normen nicht aus sich heraus Regeln der Technik darstellen, sondern nur dann und solange,

---

1998, 1082 ff. zum Problem **bituminöser Abdichtungen**; OLG Düsseldorf, NJW-RR 1998, 1710 sowie OLG Köln, Köln, BauR 1997, 831 u. 1999, 426 zum **Hartlöten** von Kupferrohren bei problematischen Wasserverhältnissen; *Locher-Weiss*, BauR 2005, 17, 20 zum Entwurf DIN 4109–10 (Juni 2000) für den **Schallschutz**.

51) BGH, BauR 2009, 1288, 1290 m. Hinw. auf BGHZ 139, 244 = BauR 1999, 37; BGH, BauR 1996, 732; BGHZ 91, 206 = BauR 1984, 510 u. *Kögl*, BauR 2009, 156 ff.
52) BGH, BauR 2013, 1443 = NZBau 2013, 697 = ZfBR 2013, 561 (Rn. 25); OLG Hamm, NJW-RR 1995, 17 = BauR 1994, 767; OLG Stuttgart, BauR 1977, 129; *Daub/Piel/Soergel/Steffani*, ErlZ B 4.87; *Bohl/Döbereiner/Keyserlingk*, Rn. 66; *Fischer*, S. 71; *Seibel*, Rn. 150; *Stammbach*, BauR 1998, 482, 489; *ders.*, S. 190 ff.
53) Vgl. BGH, *Schäfer/Finnern*, Z 4.01 Bl. 50, 52; OLG München, NJW-RR 1992, 1523; OLG Stuttgart, BauR 1977, 129.
54) OLG Stuttgart, BauR 1977, 129; OLG Hamm, NJW-RR 1998, 668, 669.
55) OLG Hamm, NJW-RR 1995, 17 = BauR 1994, 767 = OLGR 1994, 218; BGH, BauR 1991, 514 (LS); OLG Düsseldorf, NJW-RR 1999, 1731, 1732; *Kroitzsch*, BauR 1994, 673 ff.
56) OLG Celle, BauR 2012, 517, 519; OLG Düsseldorf, BauR 2012, 1259, 1260; OLG Brandenburg, BauR 2010, 100, 101 = BeckRS 2009, 22800 = NJW-Spezial 2009, 605 = IBR 2009, 576 – *Seibel*; Thüringer OLG, BauR 2006, 1902, 1903.

wie sie deren Voraussetzungen erfüllen. So kann eine **veraltete** DIN-Norm, die über einen längeren Zeitraum nicht mehr fortgeschrieben wurde, unter Umständen auch nicht mehr als anerkannte Regel der Technik gelten; sie verliert ihre Bedeutung bei der Beurteilung der bautechnischen Vorgänge, da sie nicht mehr den Erkenntnissen von Theorie und Baupraxis entspricht.[57] Auf diesem Weg kann eine DIN-Norm aus dem Regelwerk ausscheiden. Daran ändert auch nichts, wenn DIN-Normen im Auftrage der obersten Bauaufsichtsbehörden als Einheitliche Technische Baubestimmungen ausgearbeitet und dann als Richtlinien eingeführt worden sind; denn baubehördliche Maßstäbe sind grundsätzlich nicht als Richtlinien dafür heranzuziehen, was zivilrechtlich eine anerkannte Regel der Baukunst/Technik darstellt. Bauaufsichtliche und zivilrechtliche Anforderungen an eine Bauleistung können nämlich von unterschiedlicher Qualität sein.[58]

1971 Ist somit davon auszugehen, dass die technische Entwicklung und die wissenschaftliche Erkenntnis in einem **ständigen Fortschritt** begriffen sind, so **ändern** sich die anerkannten **Regeln der Baukunst/Technik laufend.**[59] Das müssen die Baubeteiligten einkalkulieren. Die bauausführenden Kreise müssen sich jeweils über die fortlaufenden Entwicklungen **orientieren**[60] und ihrem **Auftraggeber rechtzeitig** über moderne Baumaßnahmen, die sich am Markt durchgesetzt haben, **informieren.**[61] Gleichzeitig obliegt es ihnen aber auch, auf die **Risiken** einer wissenschaftlich noch nicht hinreichend gesicherten „Brauchbarkeit" eines **neuen Baustoffes** oder **-methode hinzuweisen** bzw. im Hinblick auf die fehlende jahrelange Bewährung der Methode oder des Materials dem **Einsatz** in der Praxis dann besondere Aufmerksamkeit zu **widmen.**[62]

Ist eine Bestimmung eines schriftlichen Regelwerks **überholt,** weil sie nicht mehr dem aktuellen Stand entspricht, muss der bauausführende Unternehmer, Architekt oder Sonderfachmann von der nunmehr anerkannten, aber noch nicht schriftlich niedergelegten Regel ausgehen.[63]

1972 In der Baupraxis bleibt allerdings die **Schwierigkeit,** den **neuen technischen Erkenntnistand zuverlässig festzulegen,** wenn sich Fortschreibungen des (schriftlichen) Regelwerks verzögern oder ausbleiben.[64] Ein **DIN-Entwurf** (Gelbdruck) signalisiert in der Regel, dass **Vorsicht** hinsichtlich der Regeln der alten DIN-Norm geboten ist.

---

57) Siehe OLG Stuttgart, IBR 2008, 434 – *Weyer* (zu den Verlegearten nach der DIN 18157); *Bohl/Döbereiner/Keyserlingk*, Rn. 61.
58) *Bohl/Döbereiner/Keyserlingk*, Rn. 65.
59) Vgl. die beiden „**Flachdach**"-Entscheidungen des BGH: BGHZ 48, 130 = NJW 1968, 43 u. BGHZ 54, 352 = NJW 1971, 92; ferner: BGH, BauR 2007, 1570 = NJW 2007, 2983 (Schallschutz; s. auch *Boldt*, NJW 2007, 2960, 2962); BGH, BauR 1995, 230 = NJW-RR 1995, 472 = ZfBR 1995, 132 (**Schallschutz**); OLG Köln, BauR 1997, 831 („**hartgelötete Kupferrohre**"); *Jagenburg/Pohl*, BauR 1998, 1075 ff.
60) Siehe dazu: OLG Dresden, IBR 2010, 265 – *Schwering*; OLG Zweibrücken, OLGR 2007, 439, 441 = IBR 2007, 291 – *Siegburg*; OLG Hamm, BauR 2003, 567, 568; OLG Köln, IBR 2004, 29 – *Weyer;* OLG Köln, BauR 1997, 831; *Mischok/Hirsch*, NZBau 2012, 480, 481.
61) KG, NJW-RR 2001, 1385 = IBR 2002, 203 – *Wellensiek*.
62) OLG Brandenburg, BauR 2001, 283, 284; OLG Hamm, BauR 2006, 861 = IBR 2006, 152 (Materialwahl im Heizungsbau).
63) *Nicklisch*, BB 1982, 833, 835; s. schon BGH, BB 1978, 577.
64) Zu den einzelnen Konkretisierungsmöglichkeiten siehe *Seibel*, BauR 2004, 774 ff.

Anerkannte Regeln der Baukunst/Technik Rdn. 1972

Ein gutes Beispiel hierfür ist der **Schallschutz:** Die DIN 4109 aus dem Jahre 1962 entsprach schon in den 70er und 80er Jahren nach herrschender Ansicht[65] nicht mehr dem heutigen Stand der Technik: Waren nur deren Mindestanforderungen erfüllt, konnte die Bauleistung insgesamt nicht mehr als dem Stand der Technik/Baukunst entsprechend angesehen werden. In der Rechtsprechung vertraten z.B. die Oberlandesgerichte Frankfurt,[66] Köln,[67] Hamm,[68] Stuttgart,[69] Nürnberg[70] und Düsseldorf[71] sowie die Landgerichte Tübingen,[72] München[73] und Heilbronn[74] die Ansicht, dass die Mindestanforderungen der DIN 4109/1962 nicht mehr den modernen Wohnungsansprüchen entsprachen. Danach war die DIN 4109/1962 schon frühzeitig keine Regel der Technik mehr, obwohl sie über 25 Jahre nicht zurückgezogen worden war; teilweise wurde allerdings insoweit zwischen einfachem und **Komfort**-Wohnungsbau[75] sowie zwischen Luftschall-[76] und Trittschallschutz[77] unterschieden. Ein Gelbdruck der DIN 4109/1979 wurde bald nach dem Erscheinen zurückgezogen, weil insbesondere die Anforderungen hinsichtlich des Luftschallschutzes als zu hoch angesehen wurden.[78] Nach dem Entwurf DIN 4109/1984[79] erfolgte dann erst durch die DIN 4109 Ausgabe 1989 eine Anpassung an die Regeln der Technik/Baukunst.[80]

---

65) Vgl. dazu ausführlich *Bohl/Döbereiner/Keyserlingk*, Rn. 220 ff.; *Döbereiner*, BauR 1980, 296 ff.; *Bötsch/Jovicic*, BauR 1984, 564 ff.; OLG Karlsruhe, BauR 2007, 557, 559.
66) BauR 1980, 361; zum Problem auch BGH, BauR 1986, 447, 448 = ZfBR 1986, 171 sowie OLG Hamm, BauR 1988, 340 ff.
67) BauR 1981, 475.
68) OLG Hamm, BauR 2001, 1262; NJW-RR 1989, 602.
69) BauR 1977, 279.
70) BauR 1989, 740.
71) BauR 1991, 752; siehe ferner: OLG Düsseldorf, BauR 1993, 622 = NJW-RR 1994, 88.
72) *SFH*, Nr. 6 zu § 634 BGB.
73) Zitiert bei *Döbereiner*, BauR 1980, 296, 297.
74) Zitiert bei *Döbereiner*, a.a.O.
75) Vgl. dazu OLG München, BauR 2012, 266, 267 u. BauR 1992, 517; LG München I, *SFH*, Nr. 5 zu § 13 Nr. 6 VOB/B (1973); LG Nürnberg-Fürth, NJW-RR 1989, 1106.
76) Vgl. OLG München, BauR 1992, 517 u. BauR 1985, 453, 454; OLG Hamm, NJW-RR 1989, 602; OLG Düsseldorf, BauR 1993, 622.
77) Vgl. dazu vor allem *Wietrzichowski*, DAB 1982, 843 ff.; *Bötsch/Jovicic*, BauR 1984, 564 ff.; OLG Düsseldorf, BauR 1984, 178; OLG München, BauR 1992, 517 u. BauR 1985, 453 m.Anm. *Locher* sowie OLG Hamm, BauR 1987, 569.
78) *Bötsch/Jovicic*, BauR 1984, 564, 565; *Locher*, BauR 1985, 455; vgl. auch OLG Hamm, BauR 1988, 340, 341.
79) *Bötsch/Jovicic*, a.a.O.; vgl. auch OLG München, BauR 1992, 517, 518 u. *Locher*, a.a.O.
80) Zum **erhöhten Schallschutz** (Schallschutzstufen II u. III): BGH, BauR 2007, 1570 = NZBau 2007, 574 = NJW 2007, 2983 = IBR 2007, 475 – *Schwenker* (**Doppelhaushälften;** s. hierzu *Kögl*, BauR 2009, 154 ff.); OLG Stuttgart, IBR 2012, 152 – *Wronna* (DIN 4109/1989 als Mindestanforderung bei Umbau eines Bestandsgebäudes; **Mühle**); BGH, BauR 2009, 1288 = NZBau 2009, 648 = ZfBR 2009, 669 (siehe hierzu: *Seibel*, ZfBR 2010, 217; *Locher-Weiß*, BauR 2010, 368); s. auch BGH, BauR 2012, 1641 (Schallschutz im **Wohnungseigentum**); OLG Frankfurt, BauR 2008, 90 (Luft- und Trittschall; Eigentumswohnung im **sanierten Altbau**); OLG Koblenz, OLGR 2006, 6; OLG Karlsruhe, BauR 2007, 557; OLG Frankfurt, BauR 2005, 1327 („**hochwertiger Schalldämmwert**"); zu den Schallschutzanforderungen bei einem vom **Bauträger** sanierten und aufgestockten **Altbau**: LG Hamburg, BauR 2003, 394; zum Schallschutzmaßstab bei nachträglichem Dachgeschossausbau: BGH, IBR 2005, 57 – *Vogel;* zum Trittschallschutz von **Holzdecken:** OLG Hamm, BauR 2005, 743 u. OLG Naumburg, BauR 2000, 274 (**Planungsfehler** des Architekten); OLG Hamm, NJW-RR 1994, 282 = BauR 1994, 246 m.Anm. *Weiss*, S. 514, 515; zur Trittschalldämpfung im **Fertighaus:** OLG Düsseldorf, NJW-RR 1994, 341; zu den Schallschutzanforderungen bei sog. **Stadtvillen:** LG Berlin, *SFH*, Nr. 101 zu § 633 BGB; zum Mindestschallschutz von 57 dB bei **Wohnungstrennwänden:** OLG Stuttgart, BauR 1996, 718; zur Luftschallisolierung bei **Zweifamilienhaus** als **Wohnungseigentum;** Mindestschall-Dämmwert von 53 dB ausrei-

1973 Ähnlich sind die Probleme bei der DIN 4108 (Wärmeschutz im Hochbau) hinsichtlich der geometrischen **Wärmebrücken** gelagert.[81] Besonders kontrovers wurde bis vor kurzem die Frage der Zulässigkeit der Kerndämmung im Aufbau eines zweischaligen Mauerwerks diskutiert, da die Kerndämmung nicht durch die alte DIN 1053 gedeckt war, obwohl es eine große Zahl von Zulassungsbescheiden des Instituts für Bautechnik für entsprechende Dämmplatten gab (vgl. hierzu die Literatur vor Rdn. 1966); das OLG Hamm[82] sah z.B. in einer Kerndämmung noch keinen Verstoß gegen die anerkannten Regeln der Technik (trotz fehlender Bestimmung in der DIN 1053), wohl aber in einer Außenwandkonstruktion aus glasierten Klinkern in Verbindung mit einer Kerndämmung. Zwischenzeitlich ist die Kerndämmung als zulässige Bauart in die neugefasste DIN 1053 aufgenommen.

1974 Ein Werk ist schließlich auch fehlerhaft, wenn es dafür noch **keine** anerkannten Regeln der Technik gibt; für die Annahme eines Baumangels ist bereits ausreichend, dass eine **Ungewissheit** über die **Risiken** des **Gebrauchs** besteht.[83] Wer deshalb **neue, vom Stand der Technik abweichende Wege beschreitet,** muss als Fachunternehmer prüfen, dass er den gestellten Anforderungen gerecht wird.[84] Hierüber muss er auch den Auftraggeber **aufklären**.[85] Eine Hinweispflicht besteht für den Unternehmer auch, wenn eine Leistungsbeschreibung erkennbar gegen eine DIN-Norm verstößt.[86]

1975 Es ist bisher ebenfalls heftig **umstritten** gewesen, welcher **Zeitpunkt** für die Beurteilung maßgebend ist, ob die allgemein anerkannten Regeln der Technik eingehalten wurden. So ist z.T. auf den Zeitpunkt der **Bauplanung,** des **Vertragsabschlusses,** der **Ausführung** („Herstellung"),[87] auf den Zeitpunkt der **Abnahme**[88] und Übergabe bzw. den **Tag der letzten mündlichen Verhandlung** im Baumängelprozess

---

chend: OLG Düsseldorf, NJW-RR 1998, 19 = BauR 1997, 1046; OLG München, IBR 2004, 197 u. BauR 1999, 399 (**zweischalige** Haustrennwände bei Reihenhäusern); OLG Hamm, BauR 2001, 1757 (**Reihenmittelhaus**); OLG Frankfurt, BauR 2002, 324 = OLGR 2001, 273 = IBR 2002, 11 (Schallschutzanforderungen bei einer **Wohnungseingangstür**); LG Stuttgart, BauR 2006, 550 (Doppelhaus in **einschaliger** Bauweise; Planungsfehler). Siehe ferner: *Locher-Weiß,* BauR 2010, 368; *Seibel,* Der Bausachverständige 2/2010, 67; *v. Behr/Pause/Vogel,* NJW 2009, 1385; *Ruhe,* in: Ganten/Kindereit, Rn. 832 ff.; zur **technischen** Beurteilung: *Irmler,* ebenda, Rn. 879 ff.; zur **rechtlichen** Beurteilung: *Seibel,* Rd. 198 ff.

81) OLG Hamm, BauR 1983, 173; s. ferner: OLG Köln, IBR 2004, 29 – *Weyer* (fehlerhafte Wärmeschutzberechnung; fehlendes Verschulden des Ingenieurs bei Änderung der DIN 4108); zur 3. WärmeschutzVO 1995 siehe *Langen/Kus,* BauR 1995, 161.
82) BauR 1991, 247 = NJW-RR 1991, 731 mit abl. Anm. von *Erich J. Groß,* BauR 1992, 262 ff.
83) OLG Düsseldorf, NJW-RR 1996, 146, 147; OLG München, BauR 1984, 637 (monovalente Heizungsanlage); OLG Hamm, BauR 2006, 861 (Korrosionsschäden im Heizungsbau; Grauguss und Messing als Werkstoff).
84) Vgl. BGH (X. ZS), NJW-RR 1996, 789 (Anlagenbau).
85) Vgl. BGH, BauR 1987, 681 (**neuartige,** noch nicht erprobte Anlage); BGH, IBR 2002, 301 – *Schulze-Hagen* (**neuartiges Produkt**); OLG Brandenburg, BauR 2001, 283, 284 = ZfBR 2001, 111; OLG Saarbrücken, NJW-RR 1998, 93 (Hinweispflicht des **Architekten**); OLG München, NJW-RR 1992, 1523; OLG Oldenburg, OLGR 1996, 253 (Hinweispflicht des **Architekten**); *Lauer/Wurm,* Rn. 101.
86) Unzutreffend: OLG Koblenz, IBR 2007, 21 – *Weyer*.
87) *Stammbach,* S. 163.
88) Vgl. BGH, NJW 1998, 2814 = BauR 1998, 872 („im Allgemeinen"); OLG Dresden, IBR 2012, 90 – *Steeger* (für **Planungsleistungen** eines Ingenieurs); OLG Nürnberg, IBR 2011, 13 – *Bolz*; OLG Nürnberg, BauR 2006, 2077, 2078 = OLGR 2005, 646, 647; OLG Hamm, NJW-RR 1989, 602, 603; OLG Stuttgart, BauR 1980, 82, 83; OLG Köln, *SFH,* Nr. 62 zu § 635 BGB; *Herchen,* NZBau 2007, 139; *Weyer,* in: Kapellmann/Messerschmidt, § 13 VOB/B, Rn. 39; *Kaiser,* Rn. 68d.

abgestellt worden.[89)] **Spätere Erkenntnisse** der Bautechnik sollten nach überwiegender **Lehrmeinung** also nicht mehr berücksichtigt werden.[90)] Diese Betrachtung entsprach nicht der ständigen Rechtsprechung des BGH.[91)] Indes ist auch diese **Frage** für die Baupraxis weitgehend durch das Urteil des BGH vom 6. Mai 1985[92)] erledigt, weil allein darauf abzustellen ist, ob innerhalb der Gewährleistungsfrist ein Mangel **erkennbar** wird. Für die Bewertung der Ordnungsmäßigkeit einer Werkleistung ist auf den Zeitpunkt **der Abnahme** abzustellen;[93)] es sind aber „auch noch **nachträglich** erzielte **neuere** wissenschaftliche und/oder **technische Erkenntnisse** zu berücksichtigen".[94)] Erweist sich auf Grund der **neueren Erkenntnis** die erbrachte Werkleistung als mangelhaft, so ist der Unternehmer seinem Auftraggeber gewährleistungspflichtig.[95)] **Ändern** sich **nach einer Abnahme** die technischen Regeln (z.B. DIN-Normen), hat dies für den Unternehmer keine nachteiligen Folgen; seine bei Abnahme mangelfrei erbrachte Bauleistung bleibt es.[96)] Vom Unternehmer danach erbrachte Leistungen stellen daher für den Auftraggeber vergütungspflichtige **Zusatzarbeiten** dar, die (ohne Vergütungsregelung) als Sowiesokosten zu erstatten wären.[97)]

Hat der Unternehmer **nach Vertragsschluss**, aber während der Bauausführung **1976** erkennen können, dass sich die allgemein anerkannten Regeln „geändert" haben, seine Leistung bei Abnahme deshalb nicht (mehr) dem Stand der Technik entsprechen wird, muss er den **Auftraggeber** auf diesen Umstand hinweisen.[98)] Das gilt vor allem, wenn mit einer abgeänderten Bauausführung **Zusatzkosten** verbunden sind, die die Vertragsparteien bisher nicht berücksichtigt haben.[99)] In diesen Fällen scheidet ein Schadensersatzanspruch nach §§ 634 Abs. 4, 280, 281 BGB aus, es sei denn, die Änderung der anerkannten Regel der Technik war **voraussehbar** und hätte deshalb (bereits) berücksichtigt werden müssen.[100)] Ferner kommt eine Haftung in Betracht, wenn der Unternehmer einer (nach Abnahme entstandenen) Nacherfüllungspflicht nicht nachkommt. Der Bauherr muss ihm daher stets Gelegenheit zur

---

89) Vgl. dazu vor allem *Jagenburg*, Technologie und Recht (1983). S. 137 ff. sowie Festschrift für Korbion, S. 179 ff.
90) Vgl. *Tempel*, Vahlen, S. 155, 194; *Locher*, BauR 1974, 293, 299; LG Köln, *SFH*, Nr. 13 zu § 635 BGB.
91) BGH, NJW 1971, 92 = BauR 1971, 58 („Flachdach II"); BGHZ 48, 310 = NJW 1968, 43 („Flachdach I").
92) BauR 1985, 567 = ZfBR 1985, 276 = WM 1985, 1077.
93) BGH, NJW 1998, 2814; OLG Nürnberg, BauR 2006, 2077, 2078; OLG Hamburg, BauR 2005, 1339, 1340.
94) Zutreffend: OLG Nürnberg, BauR 2006, 2077, 2078 („**nachträgliches Aufspüren**"); OLG Köln, BauR 1991, 759 = NJW-RR 1991, 1077; OLG Köln, IBR 2004, 29 – *Weyer;* OLG Hamm, BauR 2003, 567 (ungeeigneter Baustoff); OLG Frankfurt, *SFH*, Nr. 65 zu § 635 BGB.
95) Zum **mangelnden Verschulden** i.S. des § 635 BGB a.F.: OLG Hamm, BauR 2003, 567, 568; OLG Köln, IBR 2004, 29.
96) OLG Hamburg, BauR 2005, 1339, 1341; *Lauer/Wurm*, Rn. 73.
97) Siehe: OLG Hamburg, BauR 2005, 1339, 1341; *Miernik*, BauR 2012, 151 ff.; *Herchen*, NZBau 2007, 139, 144; s. auch *Voit*, ZfIR 2007, 157, 158.
98) *Herchen*, NZBau 2007, 143; *Kapellmann/Schiffers*, Bd. 2, Rn. 571.
99) Ob und in welchem Umfang der **Auftraggeber** verpflichtet ist, **Zusatzkosten** zu erstatten, ist unklar; siehe hierzu: *Herchen*, NZBau 2007, 139, 143 zum Meinungsstand.
100) Siehe auch: OLG Zweibrücken, OLGR 2007, 439, 441.

Nacherfüllung geben, es sei denn, es liegen die Voraussetzungen vor, die eine Fristsetzung entbehrlich machen (vgl. Rdn. 2182).

1977 Ob eine anerkannte Regel der Baukunst/Technik verletzt ist, kann im Zweifelsfalle nur durch Einholung eines **Sachverständigengutachtens** geklärt werden.[101] Die Zivilgerichte sind an die technischen Regelwerke als „**antizipierte Sachverständigengutachten**" nicht gebunden.[102] Die Regelwerke können insoweit nur als Orientierungshilfe dienen.

1978 Die **europäische Baunormung** hat einen ganz erheblichen Einfluss auf die Regeln der Technik in Deutschland.[103] Auf vielen Gebieten des Bauwesens werden die zur Zeit gültigen nationalen Normen und Regelwerke ersetzt oder müssen nachhaltig geändert werden. Als jüngstes Beispiel kann auf die **EU-Bauproduktenverordnung** verwiesen werden, die am 1.7.2013 in Kraft getreten ist (s. Rdn. 2388).

3. Zur Substantiierung des Mangels

Literatur

Lange, Zum Umfang der Substantiierungspflicht im Zivilprozess, DRiZ 1985, 247; *Heyers*, Wirksame Beweisführung im Bauprozess, Festschrift für Korbion (1986), 147; *Marly*, Die Aufnahme einer Ausschlussfrist für Mängelanzeigen in Allgemeinen Geschäftsbedingungen, NJW 1988, 1184; *Hansen*, Die Substantiierungslast, JuS 1991, 588; *Weise*, Die Bedeutung der Mangelerscheinung im Gewährleistungsrecht, BauR 1991, 19; *Putzier*, Symptomrechtsprechung und die Frage nach der Ursache eines Mangels – die Dreistufigkeit der Anspruchsvoraussetzungen für den Mangelbeseitigungsanspruch, BauR 2004, 1060; *Hebel*, Haftung des Objektüberwachers für Baumangel, BauR 2006, 221; *Zahn*, Darlegungs- und Beweislast bei der Geltendmachung von Mängelrechten, BauR 2006, 1823; *Sass*, Die Symptomtheorie und der Beweis durch Sachverständige, Jahrbuch Baurecht 2010, 217; *Ehrich*, Die Symptomrechtsprechung – Grundlagen und Vorschläge zur Rechtfertigung, BauR 2010, 381.

1979 Die Frage, ob ein Bau- oder Architektenmangel vorliegt, kann stets nur für den Einzelfall und für jeden Baubeteiligten gesondert beantwortet werden. Im Streitfall hat der **Bauherr darzulegen,** welcher Baumangel aufgetreten ist und beseitigt werden soll.[104] Die **äußeren** Mangelerscheinungen eines Bauwerkteils lassen nicht immer den Schluss auf das Vorhandensein eines **bestimmten** Baumangels zu.[105]

An die Darlegungslast werden aber in der **Praxis** immer wieder **zu strenge Anforderungen** gestellt. Allzu schnell wird das Vorbringen eines Bauherrn zum Vorhandensein von Mängeln als „**unsubstantiiert**" zurückgewiesen. Damit ist aber Vorsicht geboten; der **Umfang** der jeweils **erforderlichen Substantiierung** lässt sich

---

101) BGH, BauR 2013, 1443 = NZBau 2013, 697 = ZfBR 2013, 561 (Rn. 26); BGH, BauR 2008, 1031, 1032; *Kniffka/Koeble*, 6.Teil, Rn. 35; s. auch *Daub/Piel/Soergel/Steffani*, ErlZ B 4.70; *Dresenkamp*, BauR 1999, 1079, 1081 u. SchlHA 1994, 165, 167.
102) Vgl. insoweit zutreffend: *Siegburg*, BauR 1985, 367, 387/388; *Dresenkamp*, a.a.O.
103) Vgl. dazu *Ehm*, DIN-Mitt. 1988, 599 ff.; *Wischers*, DIN-Mitt. 1988, 602 ff. Zur Umgestaltung des deutschen Bauvertragsrechts durch EG-Initiativen s. vor allem *Locher*, BauR 1992, 293 ff.
104) Vgl. BGHZ 62, 293, 295 = BauR 1974, 280; BGH, BauR 1982, 66, 67. Zu den Anforderungen an das Bestreiten eines Baumangels: BGH, BauR 2002, 85 = MDR 2002, 27. Zur Substantiierung der erforderlichen **Sanierungskosten:** BGH, BauR 2003, 385.
105) Vgl. OLG Düsseldorf, NJW-RR 1999, 1616 für behaupteten **Architektenfehler**.

Zur Substantiierung des Mangels

stets nur „aus dem Wechselspiel von Vortrag und Gegenvortrag bestimmen".[106] Widersprüchliche Darlegungen genügen niemals den Anforderungen an einen substantiierten Sachvortrag.[107] Für die Substantiierung von **Baumängeln** jeder Art gilt daher:

Der **Bauherr** muss den Baumangel so genau bezeichnen, dass der in Anspruch genommene Unternehmer oder Architekt weiß, was ihm vorgeworfen und was von ihm als Abhilfe erwartet wird.[108] Das bedeutet aber nach der Rechtsprechung des BGH,[109] dass der Bauherr nur vorzutragen braucht, dass ein konkreter Baumangel vorhanden ist, für den der Unternehmer oder Architekt einzustehen hat (z.B.: „Die Platten haben sich gelöst"). Der Besteller genügt also im Allgemeinen seiner Darlegungspflicht, wenn er einen Mangel, aus dem er Rechte herleitet, in seinem **äußeren Erscheinungsbild behauptet** und **belegt (Symptomtheorie)**.[110] Erforderlich ist somit nur eine hinreichend genaue Bezeichnung von Mangelerscheinungen, die einer fehlerhaften Leistung eines Baubeteiligten zugeordnet werden. Der Besteller ist nicht genötigt, auch die Gründe seiner Entstehung, also die Mängelursachen, im Einzelnen **anzugeben,**[111] zumal der Bauherr dem Unternehmer ohnehin nicht vorschreiben kann, wie dieser eine Nacherfüllung auszuführen hat. Dazu ist auch das Gericht grundsätzlich nicht befugt.[112] Die Frage, ob die Ursache der beschriebenen Mangelerscheinung z.B. auf einem Ausführungs- oder Planungsfehler beruht, ist „Gegenstand des Beweises und kein Erfordernis des Sachvortrags" (BGH).[113] Dem wegen einer unzureichenden Bauüberwachung auf Schadensersatz in Anspruch genommenen Architekten obliegt im Einzelfall eine **sekundäre Darlegungslast** hinsichtlich der Ausführung und zum Umfang seiner Kontrollen.[114]

1980

Der in der Praxis oftmals vorkommende richterliche Hinweis, der Bauherr möge „die angeblichen Mängel sowie die daraus hergeleiteten Rechte im Einzelnen spezifiziert darlegen", ist nur in Fällen angebracht, in denen ein Bauherr lediglich erklärt, eine Werkleistung sei mangelhaft, ohne aber die Mangelerscheinungen konkret zu

1981

---

106) BGH, BauR 1992, 265, 266.
107) BGH, NJW-RR 1992, 848.
108) BGH, BauR 1998, 632, 633; BGH, BauR 1982, 66, 67; OLG Celle, MDR 2001, 686 (für die Zug-um-Zug-Verurteilung).
109) Vgl. BGHZ 62, 293, 295; BGH, BauR 2003, 1247 = NZBau 2003, 501 = ZfBR 2003, 559; BauR 1999, 899 = ZfBR 1999, 255 = IBR 1999, 460 – *Weyer*; BauR 2000, 261 = ZfBR 2001, 216 = NZBau 2000, 73; BauR 2002, 613, 617; NJW 1972, 1280; BGH, *SFH*, Nr. 3 zu § 812 BGB; BGH, BauR 1980, 574, 576 (**Mängelliste);** BauR 1982, 66, 67; BauR 1985, 355, 357 = ZfBR 1985, 171; BGH, BauR 1988, 474; BGH, BauR 1989, 361 = (Aufsichtspflichtverletzung eines Architekten); BGH, BauR 1989, 603 ff. u. 606 ff.; BGH, BauR 1992, 500 = ZfBR 1992, 168 (bei **arglistigem Verschweigen** eines Mangels).
110) Siehe: BGH, BauR 2017, 106, 108; BGH, BauR 2005, 1626 = NZBau 2005, 638 = ZfBR 2005, 785; BauR 2003, 1247; BGH, BauR 1997, 1029 = ZfBR 1997, 297; OLG Düsseldorf, NZBau 2016, 295 sowie NZBau 2017, 278, 279; OLG München, IBR 2007, 419 – *Seibel*; OLG Hamm, NZBau 2004, 393, 394 = BauR 2004, 102, 103; *Putzier*, BauR 2004, 1060 ff.; *Hebel*, BauR 2006, 221, 227 für Architektenmängel.
111) BGHZ 48, 108, 110; BGH, BauR 2002, 613, 617; BauR 2002, 784, 785; BauR 2000, 261 – ständig.
112) Vgl. BGH, BauR 1973, 313, 317.
113) BauR 2003, 1247 u. 2002, 613, 617; BGH, BauR 1999, 899 = ZfBR 1999, 55 = NZBau 1999, 460.
114) Vgl. OLG Naumburg, NZBau 2003, 389.

umschreiben. Enthält eine Klage eine Sachdarstellung, die auf die Einzelheiten eingeht wie: die vertraglichen Grundlagen, Vertragsabwicklung, auf bestimmte Mängel und die zu ihrer Beseitigung erforderlichen Kosten, so ist eine solche Klage nicht „unsubstantiiert". Anders wäre es, wenn der Klagevortrag nicht erkennen lässt, ob eine bestimmte Voraussetzung eines geltend gemachten Anspruchs erfüllt ist, wie z.B. die Aufforderung zur Mängelbeseitigung, wenn Nachbesserungskosten verlangt werden.

1982 Wichtig ist immer, dass der Kläger nicht nur auf alle Tatbestandsmerkmale seines Anspruchs eingeht, sondern sie auch durch den **Vortrag von Einzelheiten** ausreichend anschaulich macht. Maßstab hierfür sind: Verständlichkeit für Gericht und Prozessgegner und die Möglichkeit, streitiges Vorbringen in einer Beweisfrage zu formulieren. Die **Anforderungen** an den Umfang dieser Darlegungslast dürfen aber **nicht überspannt** werden.[115] Bezeichnet eine Partei den Mangel so genau, dass ein Unternehmer/Architekt in der Lage ist, die Ordnungsmäßigkeit seiner Leistung zu überprüfen, muss das Gericht den Bauherrn gemäß § 139 ZPO näher darüber aufklären, wenn es eine weitere Spezifizierung des Vorbringens wünscht.[116] Das Gericht muss in diesem Falle der Partei genau sagen, wo nach seiner Ansicht noch **Lücken** im Vorbringen bestehen, die geschlossen werden sollen.

4. Mängel des Architektenwerks

Literatur

Thode/Wirth/Kuffer (Hrsg.), Praxishandbuch Architektenrecht, 2004; *Lauer/Wurm*, Haftung des Architekten und Bauunternehmers, 6. Aufl. 2012; *Löffelmann/Fleischmann*, Architektenrecht, 6. Auflage 2012; *Motzke/Preussner/Kehrberg/Kesselring* (Hrsg.), Die Haftung des Architekten 2015

Literatur ab 2000[*]

Steeger, Ist der Architekt seinem Auftraggeber zur Vorbereitung von Bauverträgen verpflichtet?, BauR 2001, 554; *Neuenfeld*, Die Rechtsprechung der Jahre 2000 und 2001 zum Architektenvertragsrecht, NZBau 2002, 13 (Teil 1) u. 80 (Teil 2); *Pause*, Haftung bei Baucontrolling, BTR 2003, 185; *Motzke*, Der Planervertrag – Auswirkungen der Schuldrechtsreform auf Pflichten- und Erfolgsbestimmung, BTR 2003, 57; *Motzke*, Die Haftung des Bodengutachters, BTR 2004, 50; *Knoche*, Weiße Wanne, Schwarze Wanne, Badewanne, BrBp 2004, 279; *Braun*, Gewährleistung und Haftung des Architekten, BTR 2004, 208 (Teil 1) u. 250 (Teil 2); *Putzier*, Wann beginnt die fünfjährige Gewährleistungsfrist für den Architekten?, NZBau 2004, 177; *Ziegler*, Vergütung des Architekten und Schadensersatz wegen Bauwerksmängeln und ihr Verhältnis zueinander, ZfBR 2004, 529; *Schwenker/Schramm*, Vergütungsprobleme bei nicht erbrachten Architektenleistungen, ZfIR 2004, 753; *Deckers*, Minderung des Architektenhonorars trotz plangerechter und mängelfreier Entstehung des Bauwerks, BauRB 2004, 373; *Lauer*, Verjährung des Mängelanspruchs und Sekundärhaftung im Architektenrecht, BauR 2004, 1639; *Motzke*, Architektenvertrag – Rechtspraxis und Parameter für eine Inhaltsvorgabe – Die Wende des BGH?, Festschrift für Werner (2005), 47; *Jochem*, Der geschuldete werkvertragliche Erfolg nach der Beschaffenheitsvereinbarung im Architektenvertrag, ebenda, 69; *Seifert*, Ermittlung des erbrachten Leistungsanteils des Architekten bei unvollständiger Objektüberwachung, ebenda, 145; *Motzke*, Die Mankohaftung

---

115) Vgl. BGH, BauR 1980, 574, 576; BauR 1985, 355, 357 = ZfBR 1985, 171; BGH, BauR 1988, 122; BGH, BauR 1992, 265 = NJW 1992, 278 = ZfBR 1992, 66.
116) Das gilt vor allem, wenn die (anwaltlich vertretene) Partei die Rechtslage ersichtlich falsch beurteilt; BGH, BauR 1990, 488, 490 = ZfBR 1990, 192; NJW 1989, 717 ff.; OLG Frankfurt, NJW 1989, 722.
*) Literatur vor 2000 vgl. 15. Auflage.

Mängel des Architektenwerks   Rdn. 1983

im Planervertrag – die HOAI und der Planervertrag nach einer Wende der Rechtsprechung?, NZBau 2005, 361; *Siemens*, Architektenhonorarkürzung bei unvollständig erbrachten Teilleistungen, BauR 2005, 1843; *Knip*, Rechtsprobleme des dynamischen Planungsprozesses, Festschritt für Thode (2005), 451; *Rath*, Der Architekt schuldet das Entstehen eines mangelfreien Bauwerks – Kritische Anmerkungen zu einer Neubestimmung, ebenda, 487; *Messerschmidt*, Der dreigliedrige Beschaffenheitsbegriff im Architektenrecht: Planungsziele, Planungsschritte und Planungstechnik, Festschrift für Motzke (2006), 269; *Seifert*, Zu den Leistungspflichten des Architekten bei der Kostenplanung, ebenda, 393; *Pauly*, Die Honorierung des Architekten im Falle fehlender bzw. unvollständiger Teilleistungen, NZBau 2006, 295; *Brückl*, Die Minderung des Architektenhonorars bei der Nichtbringung von Teilleistungen, NZBau 2006, 491; *Ziegler*, Die Teilleistung im Architektenvertrag, ZfBR 2006, 424; *Siemon*, Zur Bewertung der Einzelleistungen in den Leistungsphasen nach HOAI, BauR 2006, 905; *Preussner*, Die Leistungspflichten des Architekten, wenn eine konkrete Leistungsbeschreibung fehlt, BauR 2006, 898; *Scholtissek*, Die Schwierigkeiten der Teilabnahme beim Architektenwerk, NZBau 2006, 623; *Vetter*, Architektenhaftung und Bauwerksabdichtung, NZBau 2006, 682; *Hünnekens/Arnold*, Bauen in Überschwemmungsgebieten – Neuerungen durch das Hochwasserschutzgesetz, BauR 2006, 1232; *Jochem*, Architektenhaftung für Planungs- und Überwachungsfehler beim Bauen im Bestand, BauR 2007, 281; *Berding*, Haftung des Architekten für fehlerhafte Rechnungsprüfung, BauR 2007, 473; *Weise*, Typische Architektenleistungen keine Rechtsberatung, NJW-Spezial 2007, 165; *Scholtissek*, Rechtsberatung durch Architekt? (!), Festschrift für Ganten (2007), 65; *v. Rinteln*, Die Sekundärhaftung des Architekten – Bestandsaufnahme, Grenzen und Kritik, NZBau 2008, 209; *Preussner*, Bedarfsplanung nach DIN 18205: Der Schlüssel zur erfolgreichen Architektenplanung, BauR 2009, 415

Literatur ab 2010

Nossek/Klaft, Zurück zu den Ursprüngen – die Sekundärhaftung des Architekten in der Rechtsprechung des Bundesgerichtshofs, BauR 2010, 152; *Scholtissek*, Die Begrenzung der Sachwalterstellung (und der Haftung) des Architekten, NZBau 2010, 94; *Sienz*, Die Mängelrüge bei Planungsfehlern, BauR 2010, 840; *Bolz*, Das Baugrundrisiko – Begriffsdefinition und Risikoverteilung, BauR 2011, 163; *Reichert*, Die Haftung des Architekten, BauR 2014, 626; *Geck*, Naturalrestriktion durch den Architekten? In: Festschrift für Jochem (2014) S. 177; *Johannes Jochem*, Die Nacherfüllung des Architekten, Schadensersatz statt der Leistung und neben der Leistung. In: Festschrift für Jochem (2014), S. 213; *Lammert*, Haftungsfragen hinsichtlich öffentlich-rechtlicher (Planungs-)Erfordernisse, in: Festschrift für Jochem (2014), S. 159; *Putzier*, Das Selbstbeseitigungsrecht des Architekten in der praktischen Umsetzung, in: Festschrift für Jochem, S. 261.

Da der Architektenvertrag in der Regel ein **Werkvertrag** ist,[117] beurteilt sich die **1983** Frage, ob das Architektenwerk „mangelhaft" ist, nach den allgemeinen werkvertraglichen Bestimmungen, insbesondere aber nach den zwischen dem Auftraggeber und dem Architekten getroffenen **Vereinbarungen**;[118] auf die in der **HOAI** geregelten **Leistungsbilder** kann dazu zurückgegriffen werden; diese stellen dann eine **Auslegungshilfe** zur Bestimmung der geschuldeten Leistung dar.[119] Zu beachten ist, dass ein Architekt als geistiger Unternehmer jedoch nicht für jeden Mangel

---

117) Vgl. BGH, NJW 2002, 749 = ZfBR 2002, 243 = BauR 2002, 315; BGH, NJW 1966, 1713; 1976, 1175; BGH, ZfBR 1982, 15 = BauR 1982, 79 = MDR 1982, 313. Beispiel für einen **Dienstvertrag**: OLG Hamm, BauR 1995, 579. Zur Haftung bei **Gefälligkeit** (faktische Übernahme von Architektenleistungen): OLG Köln, NZBau 2006, 183, 184 = NJW-Spezial 2006, 121, 122 = IBR 2006, 38; OLG Celle, BauR 2002, 1427 = IBR 2002, 318 – *Schwenker*; s. auch Rdn. **1512**.
118) Zur Beschaffenheitsvereinbarung im Architektenvertrag s. *Jochem*, Festschrift für Werner, S. 69, 73 ff.; *Messerschmidt*, Festschrift für Motzke, S. 269, 276 ff. *Preussner*, in: Motzke/Preussner/Kehrberg/Kesselring (Hrsg.), I, Rn. 74 ff.
119) BGH BauR 2007, 1761 = NZBau 2007, 653 = IBR 2007, 564 – *Buchholz* (s. aber: BGH, BauR 1997, 154 = ZfBR 1997, 74; BGH, BauR 1997, 488 = ZfBR 1997, 185 sowie *Motzke*, BauR 1999, 1251 ff.).

des Bauwerkes haftet; nach der Rechtsprechung ist nämlich das sogenannte **Architektenwerk** streng von dem **„Bauwerk" zu trennen,** wenn auch diese Trennung nicht immer klar genug gezogen wird. An dieser Betrachtung hat sich durch das SchRModG nichts geändert. Besteht somit die Leistung des Architekten in seinem „Architekten"werk, so haftet er grundsätzlich auch nur für Mängel **seines** Werkes; es muss also eine **mangelhafte Planung** oder **Bauleitung** vorliegen. Nichts anderes gilt, soweit es um eine **mangelhafte Teilleistung** im Rahmen des vom Architekten geschuldeten **Gesamterfolgs** geht; auch insoweit kommt es auf die interessengerechte Auslegung der durch den konkreten Architektenvertrag begründeten Pflichten des Architekten an.[120] Hat der Auftraggeber danach, was die Regel ist, ein **berechtigtes Interesse** an den **Arbeitsschritten,** die der Architekt nach den Leistungsphasen des § 34 HOAI übernommen hat, und die z.B. als Vorgaben für die Unternehmer erforderlich sind, so sind die Arbeitsschritte auch als Teilerfolg **vereinbart** und geschuldet. Sie müssen dann auch grundsätzlich in den **Leistungsphasen** erbracht werden, denen sie in der HOAI zugeordnet sind.[121] Erbringt der Architekt deshalb einen solchen Teilerfolg im Einzelfall nicht, ist das geschuldete Werk mangelhaft und führt u.a. zur Reduzierung oder zum Fortfall des Honoraranspruchs.[122]

Baumängel sind deshalb nur dann (auch) **Mängel des Architektenwerkes,** wenn sie durch eine objektiv **mangelhafte Erfüllung der Architektenaufgaben** verursacht worden sind. Beanstandete **Einzel**leistungen des Architekten müssen also immer **zu einem Mangel des Architektenwerkes** geführt haben; das ist in der Rechtsprechung des **BGH**[123] wiederholt ausgesprochen worden. Zur Substantiierung eines solchen Mangels des Architektenwerkes, der sich im Bauwerk „realisiert" hat, reicht es aus, wenn der Auftraggeber die am Bauwerk sichtbaren Mangelerscheinungen bezeichnet und diese einer vom Architekten geschuldeten Leistung zuordnet.[124]

1984 Es ist daher stets im Einzelfall zu prüfen, ob der Mangel des Bauwerkes auf einer **vertragswidrigen** Leistung des Architekten beruht. Das wiederum beurteilt sich ausschließlich nach dem **Inhalt** seiner **Leistungspflicht** und ist unabhängig von ei-

---

120) Zur Verpflichtung des Architekten, notwendige **Pläne** in **digitalisierter Form** zu erstellen, siehe *Quadbeck*, BauRB 2004, 57 ff. u. Rn. 1062.
121) BGH, BauR 2005, 400, 405 = NZBau 2005, 158, 161.
122) BGH, BauR 2005, 400 = NZBau 2005, 158 = ZfBR 2005, 178 = ZfIR 2005, 190 m.Anm. *Averhaus*; BGH, BauR 2004, 1640 = NZBau 2004, 509 = IBR 2004, 513 = NJW 2004, 2588 = ZfBR 2004, 781 = ZfIR 2004, 753; OLG Karlsruhe, IBR 2007, 496 – *Götte*; OLG Hamm, IBR 2005, 506 = OLGR 2005, 368, 369; NZBau 2006, 584, 585; s. hierzu: *Motzke*, Festschrift für Werner, S. 47, 50 ff. u. NZBau 2005, 361 ff.; *Pauly*, NZBau 2006, 295 ff.; *Siemon*, BauR 2006, 905 ff.; *Brückl*, NZBau 2006, 491; *Schwenker/Schramm*, ZfIR 2004, 753 ff.; *Deckers*, BauRB 2004, 373 ff.; *Braun*, BTR 2004, 208, 210. Zur **Honorarkürzung** wegen nicht erbrachter **Grundleistungen** s. auch Rdn. 861 ff.
123) Vgl. BGH, VersR 1969, 473; BGHZ 45, 372 = NJW 1966, 1713; BGHZ 42, 16 = NJW 1964, 1791; BGHZ 31, 224 = NJW 1960, 431; BGHZ 48, 257, 310; BGH, WM 1971, 1271; BGH, VersR 1974, 261 = BauR 1974, 63, 64; BGH, BauR 1982, 79 = ZfBR 1982, 15; BGH, BauR 1989, 97, 100; vgl. auch OLG Braunschweig, VersR 1974, 436.
124) BGH, BauR 2003, 1247.

ner Haftung des Bauunternehmers.[125] Nach § 633 BGB hat (auch) der Architekt dem Bauherrn (Besteller) das Werk „frei von Sach- und Rechtsmängeln zu verschaffen", wobei es nach dem **subjektiven Fehlerbegriff** des § 633 BGB nunmehr vornehmlich auf die **„vereinbarte Beschaffenheit"** ankommt; diese hat „die höchste Priorität".[126] Es ist nicht zu verkennen, dass dieser (vorrangige) subjektive Mangelbegriff im **Einzelfall** zu einer deutlichen **Verschärfung** der Architektenhaftung beitragen kann.[127] Als Beispiel können die in der Baupraxis häufig vorkommenden Fälle der **Wohnflächenabweichung** genannt werden. Ein großzügiger „Toleranzrahmen" wird bei der Beurteilung dieser Fälle zukünftig nicht mehr zur Verfügung stehen; denn mit der Neuregelung wird auch für das Architektenrecht zu gelten haben, dass **jede Abweichung** von der **vertraglich vorgegebenen Soll-Beschaffenheit** einen Mangel der Architektenleistung beinhaltet.

Nichts anderes gilt für **ästhetische** und **gestalterische** Anforderungen, die der Besteller vorgibt. Es ist allerdings zu vermuten, dass Architektenverträge – wie bisher – den Inhalt der Architektenaufgabe nur unzureichend beschreiben werden; vor allem ist davon auszugehen, dass sich die Architekten häufig nicht bereit erklären werden, präzisere Angaben – etwa zu den voraussichtlichen Kosten des Bauvorhabens – zu machen. Daher wird bei der Beurteilung der Frage, ob eine Architektenleistung fehlerhaft erbracht ist, im Einzelfall auch auf § 633 Abs. 2 Satz 2 Nr. 1 BGB zurückzugreifen sein; danach ist das Architektenwerk mangelhaft, wenn es sich nicht **„für die nach dem Vertrag vorausgesetzte" Verwendung** eignet, **wobei auch hier die individuelle Zwecksetzung** entscheidend ist. Für den weiten Bereich der **Planungsmängel** ist allerdings davon auszugehen, dass si dem **subjektiven Mangelbegriff** (§ 633 Abs. 2 Satz 1 BGB) **zuzuordnen** sind. Nach der ständigen Rechtsprechung des **BGH**[128] schuldet der Architekt nämlich wie der Unternehmer ein **„mängelfreies und funktionstaugliches Werk"**. Das zweckentsprechende, funktionstaugliche Architektenwerk liegt damit aber in der Natur der Sache und wird für den Planungsbereich unzweifelhaft immer von den Parteien (zumindest konkludent) vorausgesetzt, es sei denn, es wird ausdrücklich etwas anderes vereinbart.

Vor Abnahme des Architektenwerkes trägt der **Architekt** die **Darlegungs-** und **Beweislast** für ein **mangelfreies** Werk, **nach** der Abnahme hat der **Auftraggeber** das Vorhandensein eines **Mangels** darzulegen und zu beweisen. Kommt es infolge **Kündigung** (§ 649 BGB) oder **Rücktritt** (§§ 634, 636, 323 u. 326 Abs. 5 BGB) nicht zu einer Abnahme der bisher erbrachten Leistungen, ist es Sache des Architekten, die **Mangelfreiheit** des Architektenwerkes zu beweisen.[129] Die von der HOAI vorgegebene Aufteilung der Leistungsphasen bedeutet, dass die **Haftung**

---

125) BGH, ZfBR 2004, 160 = BauR 2004, 111 = ZfIR 2004, 470; OLG Köln, BauR 2007, 910, 911. Zum Umfang einer Bautenstandsermittlung: KG, IBR 2006, 454 – *Laux*.
126) AnwKom-BGB/*Raab*, § 633, Rn. 13.
127) Siehe bereits für das alte Recht: BGH, BauR 2002, 1536, 1539 – höhere Gründung eines Bauwerks.
128) BGH, NJW 2001, 1276 = BauR 2001, 823 (**Architekt**); BGH, BauR 2000, 411 = NZBau 2000, 74 (**Unternehmer**); s. ferner: BGH, BauR 2002, 114 (**vereinfachtes Genehmigungsverfahren**); OLG Düsseldorf, NJW-RR 2001, 454.
129) BGH, BauR 1997, 1060 = NJW 1997, 3017.

des Architekten bei einem **beschränkten** Planungsauftrag auch nur auf die **Leistungsphasen begrenzt** ist, deren Ausführung ihm **übertragen** worden ist.[130]

Der **Architekt haftet** nach ganz herrschender Ansicht nicht **auf Vorschuss** bei einem **Planungs- und Baumangel**, der sich bereits im Bauwerk verwirklicht hat, denn **insoweit** ist der Architekt **nicht zur Nacherfüllung verpflichtet** (vgl. Rdn. 2164). Soweit das OLG Frankfurt[131] die Auffassung vertritt, dass ein gegen den Architekten gerichteter Schadensersatzanspruch wegen eines im Bauwerk verwirklichten Baumangels die Umsatzsteuer auf die Beseitigungskosten nur umfasse, wenn der Mangel tatsächlich schon beseitigt worden ist und der Auftraggeber bis dahin die Umsatzsteuer im Rahmen eines Vorschussanspruchs geltend machen könne, kann dem nicht gefolgt werden. Das OLG stützt sich zu Unrecht auf die entsprechende Entscheidung des BGH[132] für den Anspruch gegen den Unternehmer. Hier besteht ein Vorschussanspruch und der Auftraggeber kann – worauf der BGH ausdrücklich verwiesen hat – diesen Anspruch wählen, wenn er vermeiden will, in Höhe der Umsatzsteuer in Vorleistung zu gehen und das Insolvenzrisiko zu tragen. Ist dem Auftraggeber aber der Weg über die Vorschussklage verwehrt, kann er nicht auf die Möglichkeit einer Verjährungshemmung durch eine Feststellungsklage beschränkt werden, welche ihm keinen Zahlungstitel verschafft.

Die von einem Architekten als Alleinige Geschäftsbedingung gestellte Vertragsbestimmung in einem Architektenvertrag: „Wird der Architekt wegen eines Schadens am Bauwerk auf Schadensersatz in Geld in Anspruch genommen, kann er vom Bauherrn verlangen, dass ihm die Beseitigung des Schadens übertragen wird." ist nach Auffassung des BGH[133] wegen Verstoßes gegen § 307 Abs. 1 Satz 1 BGB unwirksam.

Zur Haftung aus so genannter **Baukostenüberschreitung** s. Rdn. 2278 ff.; zur **Sekundärhaftung** des Architekten s. Rdn. 2024.

Mängel des Architektenwerkes können in folgenden Bereichen auftreten:
- **Planung** (vgl. Rdn. 1984 ff.)
- **Koordinierung** des Bauvorhabens (vgl. Rdn. 2008 ff.)
- **Objektüberwachung** (vgl. Rdn. 2011 ff.)
- **Beratung usw.** des Bauherrn (vgl. Rdn. 2273 ff.).

Zu vertraglichen Haftungsbeschränkungen vgl. Rdn. 2693 ff.

1984a Mit dem neuen **Werkvertragsrecht 2018** hat der Gesetzgeber die **Gesamtschuld** bei einem Überwachungsfehler des Architekten und einem Ausführungsfehler des Bauunternehmers (vgl. Rdn. 2474) **eingeschränkt**. § 650t BGB n.F. hat folgenden Wortlaut:

„Nimmt der Besteller den Unternehmer wegen eines Überwachungsfehlers in Anspruch, der zu einem Mangel an dem Bauwerk oder an der Außenanlage geführt hat, kann der Unternehmer die Leistung verweigern, wenn auch der ausführende Bauunternehmer für den Mangel haftet und der Besteller dem bauausführenden Unternehmer noch nicht erfolglos eine angemessene Frist zur Nacherfüllung bestimmt hat."

---

130) OLG Celle, BauR 1983, 483, 484.
131) NZBau 2013, 232.
132) NJW 2010, 3085 = BauR 2010, 1752.
133) IBR 2017, 204 – *Vogel*.

Damit hat der Gesetzgeber einen „Vorrang der Nacherfüllung" im Rahmen des bestehenden Gesamtschuldverhältnisses zwischen Architekt und Bauunternehmer eingeführt, und zwar mit dem Ziel, „die überproportionale Belastung der Architekten und Ingenieure im Rahmen der gesamtschuldnerischen Haftung mit dem bauausführenden Unternehmer zu reduzieren".[134] Unter diesem Gesichtspunkt sieht das Gesetz nunmehr ein Leistungsverweigerungsrecht des gesamtschuldnerisch haftenden Architekten/Ingenieurs vor, wenn der Auftraggeber nicht zuvor den ausführenden Bauunternehmer erfolglos zur Nacherfüllung aufgefordert hat (vgl. im Einzelnen Rdn. 2474 ff.).

In manchen Architektenverträgen findet man die Klausel hinsichtlich eines **Selbsteintrittsrechts des Architekten**. Diese Klauseln haben in der Regel folgenden Wortlaut: „Wird der Architekt wegen eines Schadens am Bauwerk auf Schadensersatzentgelt in Anspruch genommen, kann er vom Bauherrn verlangen, dass ihm die Beseitigung des Schadens übertragen wird." Der BGH[135] hat diese Klausel wegen Verstoßes gegen § 307 Abs. 1 Satz 1 BGB für unwirksam erklärt.

a) Planungsfehler

Literatur ab 2000[136]

Lauer/Wurm, Haftung des Architekten und Bauunternehmers, NJW-praxis, 6. Auflage, 2012; *Motzke/Preussner/Kehrberg/Kesselring*, Die Haftung des Architekten, 9. Auflage 2008; Englert/Grauvogl/Maurer (Hrsg.), Handbuch des Baugrund- und Tiefbaurechts, 4. Auflage 2011.

Kesselring, Anforderungen an die Genehmigungsfähigkeit der Architektenplanung – Grenzfälle, Festschrift für Jack Mantscheff (2000), 3; *Schmidt*, Welche Folgen haben Ausschreibungsfehler des Architekten oder Ingenieurs?, BauR 2000, 1266; *Neuenfeld*, Die Grundlagenermittlung nach der HOAI, NZBau 2000, 405; *Miersch*, Die Konsequenz einer verweigerten Baugenehmigung für Kauf- und Werkverträge, JuS 2001, 1083; *Preussner*, Das Risiko bauplanungsrechtlicher Änderungen nach Einreichung des Bauantrages, BauR 2001, 697; *Fuchs*, Gewährleistungsfristen für Planungsleistungen nach dem geplanten Schuldrechtsmodernisierungsgesetz, NZBau 2001, 465; *Schwenker*, Die Schuldrechtsreform – Auswirkungen auf die Tätigkeit des Architekten, DAB 2002, 47; *Ziegler*, Zu den Pflichten des Bauherrn und seinem Mitverschulden bei der Planung des Bauvorhabens und der Überwachung der bauausführenden Unternehmer, ZfBR 2003, 523; *U. Locher*, Die Haftung des Planers für eine nicht genehmigungsfähige Planung, BauR 2002, 1303; *v.u.z. Franckenstein*, Formale Anforderungen an Bauvoranfragen, ZfBR 2002, 648; *Motzke*, Der Planervertrag – Auswirkungen der Schuldrechtsreform auf Pflichten- und Erfolgsbestimmung, BTR 2003, 57; *Schwenker*, „Riskante Planung" und Honoraranspruch, DAB 2003, 35; *Bönker*, Der Architekt als Baujurist? – Haftung für genehmigungsfähige Planung, NZBau 2003, 80; *Pause*, Haftung bei Baucontrolling, BTR 2003, 185; *Hertwig*, Haftung für Planungsfehler des Architekten, des Bauingenieurs und der Planungsbehörde, NZBau 2003, 359; *Jacob*, Was schuldet der Architekt: die „dauerhaft genehmigungsfähige Planung"?, BauR 2003, 1623; *Quadbeck*, CAD-Planung: Weitergabe den Bauherren?, BauRB 2004, 57; *Diercks*, Leistungspflichten des Architekten und Ingenieurs bei Beauftragung durch öffentliche Auftraggeber, BauR 2004, 149; *Löffelmann*, Gesamtschuld zwischen bauleitendem und planendem Architekt, Festschrift für Werner (2005), 219; *Knipp*, Rechtsprobleme des dynamischen Planungsprozesses, Festschrift für Thode (2005), 451; *Ziegler*, Der vom Besteller gestellte Stoff und der Werkerfolg der genehmigungsfähigen Planung, ZfBR 2005, 523; *Kirberger*, Haftung des Objektüberwachers auch für Planungsfehler?, BauR 2006, 239; *Vetter*, Architektenhaftung und Bauwerksabdichtung, NZBau 2006, 682; *Troidl*, Die Haftung des Architekten für eine

---

[134] So die Begründung in der BT-Drucksache 18/8486, S. 70.
[135] BauR 2017, 1061.
[136] Literatur vor 2000 siehe 15. Auflage.

„haltbare" Planung – muss er klüger sein als das Bauordnungsamt?, BauR 2007, 12; *Jochem*, Architektenhaftung für Planungs- und Überwachungsfehler beim Bauen im Bestand, BauR 2007, 281; *Sienz*, Zu den Auswirkungen eines Planungsfehlers auf die Geltendmachung von Mängelrechten beim Bauvertrag, Festschrift für Ganten (2007), 219; *Spiegels*, Die Haftung des Architekten für die öffentlich-rechtliche Genehmigungsfähigkeit seiner Planung, NZBau 2007, 270 *Grauvogl*, Baugrundrisiko – quo vadis?, Festschrift für Kapellmann (2007), 133; *Sienz*, Die Mängelrüge bei Planungsfehler, BauR 2010, 840; *Knacke/Schütz*, Das Konzept der „dauerhaft genehmigungsfähigen Planung" – Präzisierungen zur werkvertraglichen Erfolgshaftung des Architekten, Festschrift für Koeble (2010), S. 375; *Wagner*, Einstandspflicht des Architekten für die Genehmigungsfähigkeit seiner Planung – zugleich Besprechung des BGH-Urteils vom 10.2.2011 – VII ZR 8/10, ZfBR 2011, 535; *Mischok/Hirsch*, Änderung der anerkannten Regeln der Technik im Planungsprozess – Zusatzhonorar für den Planer?, NZBau 2012, 480; *Averhaus*, Zur Planung der Beseitigung von planungsbedingten Baumängeln, BauR 2013, 1013; *Miernik*, Zur Nacherfüllung beim Architekten- und Ingenieurvertrag, BauR 2014, 155; *Messerschmidt*, Planungsdefizite bei Großbaumaßnahmen. In: Festschrift für Jochem (2014), S. 419. *Siemens/Groß*, Sanierungsplanung notwendige Maßnahme bei komplexeren Mangelbeseitigungsarbeiten, BauR 2014, 778; *zu Dohna*, Umfang und Grenzen der Sekundärhaftung nach Rechtsprechung und Literatur, Festschrift für Neuenfeld (2016), S. 157.

1985 Die Planungsaufgaben des Architekten sind in § 34 HOAI in Verbindung mit Anlage 10 umrissen. Die **Planungsphase** beginnt mit der **Grundlagenermittlung** (Phase 1).[137] In ihr sollen die Probleme, die sich aus der Bauaufgabe, den Planungsanforderungen und Zielvorstellungen[138] ergeben, mit Hilfe der Grundleistungen untersucht, analysiert und geklärt werden.[139] Die **Beratungs- und Aufklärungstätigkeit** wird im Rahmen dieser Leistungsphase daher im Vordergrund stehen;[140] daraus folgt, dass der Architekt bereits in diesem frühen Stadium auf **Risiken** (z.B. hinsichtlich der Bebaubarkeit des Grundstücks und der Verwendung neuartiger Baustoffe) **hinweisen** muss (vgl. Rdn. 1991).[141] Vor allem muss der Architekt sich um den **wirtschaftlichen Rahmen** und die Finanzierungsmöglichkeiten erkundigen.[142]

1986 Im Rahmen der Grundlagenermittlung/Vorplanung ist es eine wesentliche Hauptleistungspflicht des Architekten, den **Baugrund** im Hinblick auf die **Grundwasserverhältnisse**, die **Bodenklasse** usw. zu prüfen, wenn ihm der Baugrund – z.B.

---

137) Die Grundlagenermittlung bewegt sich nur in den Grenzen des erteilten Auftrags (OLG Dresden, IBR 2007, 254 – *Käseberg*).
138) Vgl. hierzu OLG Frankfurt, BauR 2009, 129.
139) BGH, NZBau 2014, 568 m.w.N.; NZBau 2013, 515 = NJW 2013, 3442; Thüringer OLG, IBR 2002, 320 – *Völlink*. Preussner hat, in: Motzke/Preussner/Kehrberg/Kesselring (Hrsg.), J, Rn. 99, die von der Rechtsprechung aufgestellten Forderungen an die vom Architekten zu Beginn seiner Tätigkeit zu erbringenden Leistungen zusammengefasst.
140) Vgl. hierzu: *Neuenfeld*, NZBau 2000, 405 u. NZBau 2002, 13, 16; *Weyer*, BauR 1987, 131, 141 ff. Zu den Anforderungen an die **Rechtskenntnisse** des Architekten: *Troidl*, BauR 2007, 12 ff.; KG, OLGR 2006, 604, 605; BGH, MDR 1992, 648; OLG Hamm, IBR 2005, 334 – *Kieserling*. Zur sog. **Sachwalterhaftung**: OLG Karlsruhe, OLGR 2007, 249 m. Nachw.
141) BGH, BauR 2014, 1801; NJW-RR 1987, 1305 = BauR 1987, 681 = ZfBR 1987, 269; OLG Nürnberg, NZBau 2006, 320, 321 = BauR 2006, 2083 (Prüfung, ob grundsätzlich genehmigungsfähig); OLG München, OLGR 1992, 19, 20 = BauR 1992, 534; OLG Düsseldorf, BauR 1997, 159 u. BauR 1996, 287; LG Marburg, BauR 1996, 420 (**genehmigungsfähige Planung**).
142) BGH, BauR 2005, 400 = NZBau 2005, 158 = ZfBR 2005, 178; OLG Hamm, OLGR 2005, 368 (Kostenermittlung); LG Mönchengladbach, NZBau 2006, 318; *Locher/Koeble/Frik*, § 33 HOAI, Rn. 29.

durch Nachbarbebauungen – nicht bekannt ist.[143] Dieser Verpflichtung kommt der Architekt nach, wenn er seinem Bauherrn empfiehlt, ein entsprechendes **Bodengutachten** einzuholen, um – bei ungünstigen Bodenverhältnissen – ggf. besondere Gründungsmaßnahmen gegen Bodenfeuchtigkeit und insbesondere drückendes Wasser (z.B. durch Errichtung einer „weißen Wanne") frühzeitig zu planen. Empfiehlt der Architekt die **Einholung eines Baugrundgutachtens**[144] **zu spät** (z.B. erst nach der Entwurfsplanung), kann er für eine – aufgrund des Gutachtens notwendige – Umplanung kein zusätzliches Honorar verlangen, da er dem Bauherrn aufgrund seiner Pflichtverletzung auf Schadensersatz haftet.[145] Die Haftung des Architekten kann nach §§ 254, 278 BGB reduziert sein, wenn der Bauherr ihm ein unzureichendes Baugrundgutachten zur Verfügung gestellt hat.[146]

Nach ganz herrschender Meinung trägt grundsätzlich der **Bauherr** als Eigentümer des Grundstücks das **Baugrundrisiko** (vgl. hierzu auch Rdn. 1420, 1461 u. 2013 ff.).[147] Das wird aus § 645 BGB gefolgert: Der Baugrund gilt als „Stoff", den der Auftraggeber dem Auftragnehmer „zu liefern" hat. Deshalb wird das Baugrundrisiko in den Fällen, in denen etwaige (unvorhergesehene) Erschwernisse für beide Vertragsparteien nicht erkennbar waren, der Sphäre des Auftraggebers (Sphärentheorie[148]) zugewiesen.[149] Den Bauunternehmer trifft daher auch keine allgemeine Prüfungspflicht hinsichtlich des Baugrundes, wenn kein Anlass besteht, die Angaben des Auftraggebers in Zweifel zu ziehen.[150] Nach DIN 18300 Abschnitt 4.2.9 sind bei Erdarbeiten bodenwasser- und bodenmechanische Untersuchungen einschließlich Wasserstandsmessungen besonders zu vergütende Leistungen. Allerdings kann das Baugrundrisiko – wie sonstige Risiken[151] – auch dem Auftragnehmer übertragen werden.[152] Da dies eine ungewöhnliche Abrede darstellt, ist jeweils im Einzelfall zu prüfen, ob eine solche Verlagerung des Baugrundrisikos tatsächlich von den Vertragsparteien vereinbart worden ist.

Eine **Planungsverantwortung** hat der Architekt insbesondere **beim Bauen im Bestand**, das häufig besondere Schwierigkeiten und Risiken im Hinblick auf viele „Unbekannte" mit sich bringt; dabei hat er im Einzelnen zu prüfen, ob sich das vorhandene Gebäude für einen Umbau überhaupt eignet, ob also insbesondere der Zustand des Gebäudes und die vorhandene Bauunterlagen eine sichere Grundlage für das geplante (neue) Bauvorhaben sind.[153]

---

143) Vgl. hierzu die Rechtsprechungsnachweise in Rn. 1996 unter „unzureichende bzw. nicht erfolgte Bodenuntersuchungen" oder „Klärung der Grundwasserverhältnisse"; ferner *Kniffka/Koeble*, 12. Teil, Rn. 412 m.w.N.; *Englert*, in: Englert/Motzke/Wirth, § 645 BGB, Rn. 26 ff. sowie *Englert/Grauvogl/Maurer*, Rn. 32 ff.
144) OLG Zweibrücken, IBR 2010, 639 – *Lichtenberg*.
145) OLG Köln, NZBau 2009, 189; OLG Brandenburg, BauR 2005, 155. Vgl. hierzu *Preussner*, in: Motzke/Preussner/Kehrberg/Kesselring, K, Rn. 22 ff.
146) OLG Hamm, NZBau 2016, 763.
147) Vgl. insbesondere hierzu *Englert*, NZBau 2016, 131. Ferner *Englert/Grauvogl/Maurer* (Hrsg.), Handbuch des Baugrund- und Tiefbaurechts, 4. Aufl. 2011. *Lange*, Baugrundhaftung und Baugrundrisiko, 1997.
148) Vgl. hierzu *Palandt/Sprau*, § 645 BGB, Rn. 9.
149) *Keldungs*, in: Ingenstau/Korbion, § 2 Nr. 1 VOB/B, Rn. 13 ff.; *Englert*, BauR 1991, 537 sowie *Englert/Grauvogl/Maurer*, Rn. 549 ff. Zum „Systemrisiko" vgl. insbesondere *Englert*, in: Englert/Motzke/Wirth, § 645 BGB.
150) *Messerschmidt/Voit*, § 645 BGB, Rn. 8 u. 64, 65.
151) BGH, BauR 1997, 162 = NJW 1997, 61.
152) *Keldungs*, in: Ingenstau/Korbion, § 2 Abs. 1, Rn. 13; *Kuffer*, NZBau 2006, 1, 6. OLG Köln, BauR 2007, 887 (Sache der Auslegung des Vertrages).
153) OLG Köln, IBR 2016, 296 – *Fuchs*.

An die Grundlagenermittlung schließen sich die **Vorplanung** (Leistungsphase 2),[154] die **Entwurfsplanung** (Leistungsphase 3), die **Genehmigungsplanung** (Leistungsphase 4) und die **Ausführungsplanung** (Leistungsphase 5)[155] an. Das Planungsstadium endet mit der **Vorbereitung** der Vergabe[156] und **Mitwirkung bei der Vergabe** (Leistungsphase 6 und 7 HOAI).[157]

1987 Zentrale Leistung im Rahmen der **Vorplanung** ist das Erarbeiten eines Planungskonzepts „einschließlich Untersuchung der alternativen Lösungsmöglichkeiten nach gleichen Anforderungen mit zeichnerischer Darstellung und Bewertung, zum Beispiel versuchsweise zeichnerische Darstellungen, Strichskizzen, gegebenenfalls mit erläuternden Angaben". Hinzu kommen das „Integrieren der Leistungen anderer an der Planung fachlich Beteiligter" sowie eine Kostenschätzung nach DIN 276. Haftungsrechtlich stehen damit vor allem die **Koordinierungs-** sowie die **Beratungspflicht** hinsichtlich der Kosten im Vordergrund.[158] Eine fehlerhafte **Kostenschätzung** kann bereits zu erheblichen Schadensersatzansprüchen gegen den Architekten führen; dies gilt erst Recht für eine mangelhafte **Kostenberechnung,** die in Leistungsphase 3 (Entwurfsplanung) angesprochen wird (vgl. im Einzelnen Rdn. 2289 ff.).[159]

1988 Zu beachten ist jedoch, dass die Leistungen eines umfassend mit der Bauplanung betrauten Architekten „nicht unverbunden und insbesondere nicht losgelöst von der ihm obliegenden fortschreitenden Kostenermittlung" nebeneinander stehen. Vielmehr **bauen** die in § 33 HOAI in Verbindung mit Anlage 11 aufgezählten **Teilleistungen, ineinander verzahnt,** im Wege fortschreitender Konkretisierung und Verfeinerung des Aussagegehaltes **eine auf der anderen auf.**[160] **Fehler** in den **ersten** Leistungsphasen werden vielfach in **spätere** Leistungsphasen **„eingeschleppt"** (BGH). Das bedeutet, dass ein bauplanender Architekt jedenfalls bis zur **endgültigen Erbringung aller übernommenen Einzelleistungen** dem Bauherrn verpflichtet bleibt, die **Richtigkeit** und **Vollständigkeit** bereits erbrachter Teilleistungen **zu überprüfen,** bevor er sie in die nächste Leistungsphase zur Weiterverarbeitung übernimmt.[161]

---

154) Zur Mangelfreiheit eines **Vorentwurfs**: OLG Schleswig, IBR 2007, 498 – *Knipp*.
155) Zu den Anforderungen an eine **Ausführungsplanung**: OLG Celle, BauR 2007, 1602, 1603. Zur Ausführungsplanung bei einem **Teil-Abbruch**: OLG Stuttgart, NZBau 2006, 446.
156) Siehe z.B. OLG Karlsruhe, BauR 2006, 859 (Vertragsverletzung durch die Vergabe von Stundenlohnarbeiten).
157) Zur Haftung für einen **unzureichenden Vertragsentwurf** im Rahmen der Leistungsphase Vergabe: OLG Brandenburg, NZBau 2003, 684 = OLGR 2003, 522; zur Haftung wegen einer **unzureichenden Leistungsbeschreibung** (§ 9 VOB/A): OLG Celle, BauR 2004, 1971 = OLGR 2004, 547 = IBR 2004, 521 – *Schwenker*. OLG Schleswig, BauR 2008, 2066 (Architektenhaftung für Vereinbarung eines überhöhten Pauschalpreises um 35 %) = IBR 2009, 238 – *Krause-Allenstein*.
158) BGH, BauR 2005, 400, 402 (Kostenschätzung zur Unterstützung von Kredit- oder Förderanträgen).
159) Zur Kostenschätzung und Kostenberechnung s. auch *Steckel/Becker*, ZfBR 1989, 85, 86.
160) BGH, BauR 1986, 606 = ZfBR 1986, 235; s. auch BGH, BauR 2003, 1918 = NJW-RR 2003, 1454 = ZfBR 2003, 760.
161) BGH, a.a.O.; siehe aber BGH, BauR 1997, 1065 = ZfBR 1998, 25 für die **stufenweise** Beauftragung. Zur **unvollständigen** Ausführung von **Teilleistungen** siehe Rdn. **861 ff.**

Planungsfehler

1989 Weist die Planung einen Fehler auf, der bei der Verwirklichung zu einem Mangel am Bauwerk führt, so haftet dieser dem Architektenwerk unmittelbar an.[162] Nach der ständigen Rechtsprechung des BGH schuldet der Architekt eine **mängelfreie** und **funktionstaugliche** Planung;[163] ein **Planungsfehler** liegt deshalb auch vor, „wenn die geplante Ausführung des Bauwerks notwendigerweise zu einem Mangel des Bauwerks führen muss".[164] Aus diesem Grund setzt die Haftung des Architekten aus dem Gesichtspunkt eines Planungsverschuldens bereits frühzeitig ein.[165] Viele Tatbestände, die man geneigt wäre, erst der Haftung wegen Verletzung der örtlichen Bauaufsicht (Objektüberwachung) zuzuordnen, fallen nach der Rechtsprechung bereits unter die Haftung wegen „Planungsverschuldens". Das ist bedeutsam, weil der Bauherr im Rahmen des Planungsverschuldens gemäß §§ 278, 254 BGB für seinen Architekten einzustehen hat, sodass sich seine Ansprüche gegen einen **Unternehmer** im Einzelfall wesentlich verkürzen können.[166] Demgegenüber entfällt eine Haftung des Bauherrn über § 278 BGB für Fehler des Architekten bei der örtlichen Bauaufsicht; insoweit ist der Architekt nicht Erfüllungsgehilfe des Bauherrn (vgl. Rdn. 2292).[167]

1990 Der **Umfang** der vom Architekten zu erbringenden Planung ergibt sich stets aus dem zwischen Bauherr und Architekt abgeschlossenen Architektenvertrag sowie den **Anforderungen,** die erfüllt sein müssen, um ein zweckentsprechendes und funktionales Werk zu gewährleisten.[168] Kann dies erkennbar nicht gelingen, so obliegt es dem **Architekten,** darauf nachhaltig **hinzuweisen.**[169] Es hängt im Übrigen vom Einzelfall ab, wie **detailliert** die Planung des Architekten vorgenommen werden muss. Sind Details einer Bauausführung besonders **gefahrenträchtig,** müssen diese unter Umständen von dem Architekten im Einzelnen geplant und dem Unternehmer in einer jedes Risiko ausschließenden Weise verdeutlicht werden.[170]

---

162) BGH, BauR 2000, 128 = ZfBR 2000, 32.
163) BGH, BauR 2001, 823 = NJW 2001, 1276 = NZBau 2001, 270 = ZfBR 2001, 317.
164) *Schäfer/Finnern*, Z 3.01 Bl. 441 = NJW 1971, 92 m. abl. Anm. *Korbion*, BauR 1971, 59, 60.
165) Vgl. dazu *Stötter*, BauR 1978, 18 ff.; OLG Düsseldorf, NZBau 2005, 404, 405 (Mauerwerksabdichtung; s. hierzu auch *Vetter*, NZBau 2006, 682); OLG Köln, *SFH*, Nr. 9 zu § 635 BGB.
166) Zur Anwendung von §§ 254, 278 BGB bei der **selbstständigen** Beauftragung eines **Architekten** und eines **Sonderfachmannes**: BGH, BauR 2003, 1918 = NJW-RR 2003, 1454 = ZfBR 2003, 760.
167) Vgl. BGH, DB 1972, 184; BauR 1974, 205; BauR 1973, 190; *Stötter*, BauR 1978, 18, 19.
168) *Bönker*, NZBau 2003, 80, 81 ff.; *Schwenker/Schramm*, ZfIR 2004, 753, 758 ff.
169) OLG Düsseldorf, BauR 2005, 423 = NZBau 2006, 187 = NJW-Spezial 2006, 217 (Fehler eines Brandschutzgutachtens); OLG Düsseldorf, BauR 2000, 131 (vom Bauherrn vorgefertigte Planung); NZBau 2001, 35 = BauR 2000, 1515 (Risiken eines Bauantrages); *U. Locher*, BauR 2002, 1303, 1304.
170) BGH, BauR 2000, 1330 = NZBau 2000, 433 = ZfBR 2000, 484; s. auch: BGH, BauR 2000, 1217 = ZfBR 2000, 475 für **Altbausanierung;** OLG Stuttgart, NZBau 2006, 446, 447 (Teil-Abbruch und Sicherung des Restbauwerks erfordern eine schriftliche Planung); OLG Köln, NJW-RR 2002, 15 **(Hochwasserschutz);** OLG Düsseldorf, BauR 2002, 652 (**Bauwerksabdichtung** u. Drainagemaßnahmen); OLG Köln, BauRB 2003, 233 (zum Erfordernis einer besonders detaillierten Planung bei **Eigenleistungen** des Bauherrn).

Die Planung des Architekten ist nach der ständigen Rechtsprechung daher **fehlerhaft,** wenn sie

* nicht dauerhaft **genehmigungsfähig** ist[171)]
* nicht den **Regeln der Baukunst/Technik** entspricht[172)]
* **lückenhaft**[173)] ist bzw. wichtige Details überhaupt nicht geplant sind[174)] oder
* in **technischer** oder **wirtschaftlicher Hinsicht** nicht mit den vertraglichen Vereinbarungen übereinstimmt[175)]

1991 Ein **Planungsfehler** liegt vor, wenn der Bauplan (Entwurf) **nicht genehmigungsfähig** ist, was der Architekt gegebenenfalls durch eine **Bauvoranfrage** klären muss;[176)] denn der Architekt haftet von vornherein für die Einhaltung der geltenden bauordnungsrechtlichen und bauplanungsrechtlichen Vorschriften,[177)] wenn

---

171) BGH, BauR 2011, 869; BauR 2001, 667 = NZBau 2001, 211 = ZfBR 2001, 177; BauR 1999, 934; BauR 1999, 1195 = NJW-RR 1999, 1105 = ZfBR 1999, 315; BauR 2002, 114 = NZBau 2002, 41 = MDR 2002, 87 (**vereinfachtes Genehmigungsverfahren**); BGH, BauR 1998, 579; OLG Celle, BauR 2016, 860 (anders bei einvernehmlicher Risikoplanung); OLG Frankfurt, IBR 2012, 274 – *Michalczyk*; OLG Naumburg, BauR 2009, 119 = OLGR 2009, 158; OLG Düsseldorf, NZBau 2005, 702 (Einbringung von Recyclingmaterial; Versagung einer **wasserrechtlichen** Genehmigung); KG, NZBau 2007, 316 (Erwirkung einer **naturschutzrechtlichen** Befreiung wirft schwierige Rechtsfragen auf; keine Haftung des Architekten); OLG Hamm, NJW-RR 2002, 747 (LS); OLG Nürnberg, NJW-RR 2002, 670; OLG Düsseldorf, BauR 1996, 287 = NJW-RR 1996, 403; OLG Düsseldorf, BauR 1997, 159 = NJW-RR 1996, 1234; OLG Stuttgart, BauR 1996, 438 [LS]; OLG Jena, OLG-NL 1995, 105; OLG München, BauR 1992, 534 = NJW-RR 1992, 788; LG Göttingen, BauR 1996, 139, 140; LG Marburg, BauR 1996, 420. Vgl. hierzu insbesondere *Dammert*, in: Festschrift für Jochem, S. 159. Zum **Honoraranspruch** bei **versagter** Baugenehmigung: OLG Düsseldorf, IBR 2007, 255 – *Götte* und BauR 1986, 469; OLG Nürnberg, BauR 2002, 976; OLG Hamm, NJW-RR 2002, 747 (LS). Zur **erweiterten** Haftung des Architekten bei „**genehmigungsfreiem Bauen**": *Bönker*, NZBau 2003, 80, 81; *Ortloff/Rapp*, NJW 1996, 2346; *Schulte*, BauR 1996, 599; *Lauer/Wurm*, Rn. 546.
172) BGH, IBR 2014, 553 – *Fuchs* (Beachtung der anerkannten Regeln der Technik als Mindeststandard geschuldet); KG, NZBau 2002, 160 = ZfBR 2001, 474 = NJW-RR 2001, 1385; OLG Naumburg, BauR 2000, 274 (**Trittschallschutz**); OLG Koblenz, IBR 2005, 573 (Abdichtung gegen drückendes Wasser nach DIN 18195); LG Stuttgart, BauR 2006, 550 (Doppelhaus in einschaliger Bauweise).
173) BGH, BauR 2000, 1330 = NZBau 2000, 433 = ZfBR 2000, 484 (zum Erfordernis einer **Detailplanung** gegen drückendes Wasser); BGH, BauR 2003, 1918 = ZfBR 2003, 760 (Überprüfung des **Leistungsverzeichnisses** des **Generalunternehmers** auf grundlegende Planungsfehler; fehlende Abdichtung gegen drückendes Wasser).
174) BGH, NJW-RR 1988, 275.
175) BGH, BauR 2003, 1061 (Überschreitung der vereinbarten **Baukostenobergrenze**); BauR 1998, 356 = ZfBR 1998, 148; BGH, BauR 1998, 354 = NJW-RR 1998, 1064 (Beachtung der „**Wünsche**" oder „**Vorgaben**" des Bauherrn); OLG Dresden, BauR 2007, 726 (fehlerhafte Ausschreibung; Dispersionsklebstoff); OLG Hamm, BauR 2006, 861 = IBR 2006, 152 (**risikoreiche** Verbindung von Werkstoffen).
176) Vgl. OLG Karlsruhe, IBR 2006, 101 – *Eschenbruch* (zu den Folgen einer **Kündigung** durch den Auftraggeber); OLG Düsseldorf, BauR 1996, 287, 288; OLG Hamm, BauR 1996, 578, 580; OLG Köln, BauR 1993, 358; OLG Düsseldorf, *Schäfer/Finnern*, Z 3.01 Bl. 125; *Bönker*, NZBau 2003, 80, 83; *Maser*, BauR 1994, 180, 183; *Wussow*, BauR 1970, 65, 71; *Weyer*, NJW 1967, 1998; *Kretschmer*, NJW 1968, 534. Zu den Folgen eines **Verzichts** für den Bauherrn: OLG Celle, BauR 2002, 116.
177) BGH, BauR 2001, 667; OLG Oldenburg, IBR 2007, 255 – *Götte*; OLG Düsseldorf, BauR 1996, 287; OLG München, BauR 1992, 534 = NJW-RR 1992, 788; OLG Köln, IBR 2005,

nichts anderes vereinbart worden ist. Die Parteien eines Architektenvertrages können allerdings vereinbaren, „dass und in welchen Punkten der Auftraggeber das Risiko übernimmt, dass die vom Architekten zu erstellende Planung nicht genehmigungsfähig ist" („riskante Planung").[178] Die Übernahme eines von dem Architekten zu tragenden Risikos durch den Auftraggeber bedarf jedoch eindeutiger Vereinbarung.[179] Vgl. hierzu auch Rdn. 1993.

Der Architekt ist dem Bauherrn gegenüber verpflichtet, auf die Erteilung einer rechtmäßigen und **bestandskräftigen** Baugenehmigung hinzuwirken[180] sowie notwendige **Anpassungen** in der Planung **vorzunehmen,** die durch bauplanungsrechtliche Änderungen bedingt sind.[181] Das gilt auch, wenn die Baugenehmigung zu Unrecht erteilt und anschließend wirksam widerrufen wird; jede Planung ist so zu erstellen, dass keine Verwaltungsbehörde Anlass hat, die einmal erteilte Baugenehmigung aus wie immer gearteten Gründen zu widerrufen.[182] Der Architekt schuldet daher stets eine **dauerhaft genehmigungsfähige** Planung.[183] Damit hat der Architekt – nach ständiger Rechtsprechung des BGH[184] – seine vertraglich geschuldete Leistung in der Regel nicht erbracht, wenn zwar die Baugenehmigung zunächst erteilt wird, später jedoch – z.B. wegen Einsprüchen von Nachbarn oder sonstigen Dritten – aufgehoben wird. Die **Unterschrift** des Auftraggebers unter den Plänen allein bedeutet noch **keine Abnahme** oder **Billigung** als vertragsgemäße Leistung.[185] Im Ergebnis wird von dem Architekten viel abverlangt; nur sorgfältiges und auf umfassende Aufklärung bedachtes Handeln kann den Architekten

---

568 – *Biebelheimer* (Architekt übernimmt Planungsfehler des Vorgängers); s. ferner: U. Locher, BauR 2002, 1303 ff.; *Groß*, Haftungsrisiken, S. 183 ff.

178) BGH, NZBau 2003, 38 = BauR 2002, 1872, 1873 u. OLG Stuttgart, IBR 2004, 28 – *Büchner*; OLG Naumburg, BauR 2009, 119 = OLGR 2009, 158; s. ferner: OLG Nürnberg, NZBau 2006, 320, 321; KG, BauR 2002, 111.
179) OLG Düsseldorf, BauR 2006, 1924, 1926.
180) BGH, VersR 1983, 980; vgl. auch BGH, NJW 1985, 1692.
181) Vgl. hier im Einzelnen: *Preussner*, BauR 2001, 697 ff.; *Bönker*, NZBau 2003, 80.
182) BGH, BauR 1999, 934 = ZfBR 1999, 202 (**Anfechtung** durch Dritten); OLG Bamberg, IBR 2008, 527 – *Götte*; KG, OLGR 2006, 604, 605; OLG Celle, OLGR 2006, 357 = IBR 2006, 278 – *Baden*; OLG Düsseldorf, BauR 1997, 159 = NJW-RR 1996, 1234 = OLGR 1996, 239 (LS); OLG München, BauR 1992, 534 = NJW-RR 1992, 788.
183) BGH, BauR 2011, 869, 871 = NJW 2011, 1442 m.Anm. *Schwenker* = NZBau 2011, 360; ferner *Wagner*, ZfBR 2011, 535. BGH NZBau 2003, 38 = BauR 2002, 1872, 1873; BauR 1999, 1195 = NJW-RR 1999, 1105 = ZfBR 1999, 315; BGH, BauR 2001, 785 = NZBau 2001, 261; OLG Celle, NZBau 2016, 39 ; OLG Nürnberg, BauR 2002, 976 = NZBau 2003, 39; OLG Düsseldorf, BauR 2000, 1515 = NZBau 2001, 35 u. BauR 1996, 287; vgl. hierzu *Knacke/Schütz*, Festschrift für Koeble, 375 ff.; zu den **Planerpflichten** zwischen Werkvertragsrecht und öffentlichem Recht grundlegend: *Jacob*, BauR 2003, 1623 ff.; *Spiegels*, NZBau 2007, 270 ff.; *Troidl*, BauR 2007, 12 ff.; KG, OLGR 2006, 604, 605; einschränkend: KG, BauR 2006, 1928 = NZBau 2007, 316; OLG Stuttgart, NZBau 2007, 319 = IBR 2006, 682 – *Throm*; OLG Zweibrücken, BauR 1998, 1036 (Architekt schuldet nicht die Beantwortung **schwieriger Rechtsfragen**); s. ferner: OLG Hamm, BauR 2000, 1361 = NZBau 2000, 243; KG, BauR 2002, 111, 112.
184) BauR 2011, 869, 871 m.w.N. = NJW 2011, 1442 m.Anm. *Schwenker* = NZBau 2011, 360.
185) BGH, BauR 1999, 934 = NJW 1999, 2112 = ZfBR 1999, 202.

im Einzelfall vor großem Schaden bewahren.[186] **Erkennt ein Architekt**, dass die ihm beauftragte Planung **nicht genehmigungsfähig** ist, muss er dies seinem **Auftraggeber unverzüglich mitteilen**; nutzlose Aufwendungen, die der Bauherr infolge der pflichtgemäßen Mitteilung unterlassen hätte, muss der Architekt als Schaden ersetzen.[187]

1992 Der Architekt muss seine Planung (auch nach einer Kündigung) im Einzelfall **nachbessern**,[188] was jedoch Grenzen hat: So hält der **BGH**[189] eine Nachbesserung (Nacherfüllung) für „**unmöglich, wenn** der Mangel durch die technisch und rechtlich möglichen Maßnahmen nicht behoben werden kann oder wenn die zur Beseitigung der Mangelfolgen geeignete Maßnahme die Grundsubstanz oder die Konzeption des Werkes nicht unwesentlich verändert". Nichts anderes gilt, wenn eine **Baugenehmigung** zwar erteilt, diese aber **mit erheblichen** und für den Bauherrn **unwirtschaftlichen Auflagen** versehen wird;[190] der Auftraggeber eines Architektenvertrages ist auch nicht verpflichtet, die vereinbarte Planung nachträglich in der Weise zu ändern, dass die geänderte Planung dauerhaft genehmigungsfähig ist.[191] Demgegenüber sind allgemein **übliche** Auflagen, die keine grundsätzliche Änderung der Gesamtplanung bedeuten, von dem Bauherrn hinzunehmen.

Hat sich der **Mangel** der Planung bereits im **Bauwerk realisiert**, hat der Architekt nach der ständigen Rechtsprechung des BGH[192] **keinen Anspruch auf Nachbesserung** (Nacherfüllung), weil eine nachgebesserte Planung den Baumangel nicht beseitigen kann. Der Architekt ist damit weder berechtigt noch verpflichtet, seine Planung zu korrigieren – mit der Folge, dass der Auftraggeber auch ohne Fristsetzung einen Anspruch auf Ersatz des Schadens hat.[193]

Der Architekt schuldet insoweit auch **keine Sanierungsplanung**.[194] Etwas anderes kann im Einzelfall nur gelten, wenn die Nacherfüllung des mangelhaften Plans zur Beseitigung des Baumangels ganz oder teilweise beitragen kann.[195]

Wird die Baugenehmigung **versagt**, kann der Architekt **nicht** einwenden, sein Auftraggeber habe hiergegen ein **Rechtsmittel** einlegen müssen; eine solche Verpflichtung besteht nur, wenn die Baugenehmigung für den Auftraggeber erkennbar

---

186) Siehe z.B. den Fall des OLG Celle, BauR 2006, 1163 = OLGR 2006, 357 = IBR 2006, 278 – *Baden* (grobes Fehlverhalten durch unzureichende Einsicht in den amtlichen Bebauungsplan).
187) OLG München, BauR 2012, 674 = NZBau 2012, 45 = NJW-RR 2012, 23.
188) BGH, BauR 2001, 1667 = NZBau 2001, 211 = ZfBR 2001, 177; OLG Celle, IBR 2007, 574 – *Knipp*.
189) BauR 2001, 785, 788 = NZBau 2001, 261; ebenso: OLG München, BauR 1992, 534 = NJW-RR 1992, 788.
190) BGH, BauR 1998, 579 = NJW-RR 1998, 952; OLG München, MDR 1998, 711; *Preussner*, BauR 2001, 697.
191) BGH, BauR 2002, 1872, 1874.
192) BauR 2007, 2083 = IBR 2008, 102 – *Löffelmann*; *Averhaus*, BauR 2013, 1013, 1018; vgl. im Einzelnen zur Rechtsprechung des BGH in der Vergangenheit *Miernik*, BauR 2014, 155, 156.
193) A.A.: *Fuchs*, IBR 2014, 128.
194) A.A.: *Fuchs*, a.a.O.
195) So auch *Averhaus*, BauR 2013, 1013, 1018 und *Miernik*, BauR 2014, 155, 162 f.

zu Unrecht versagt worden ist, also eine **deutliche Fehlentscheidung** vorliegt.[196] Kann der Architekt allerdings nachweisen, dass ein **Dispens** hätte erteilt werden müssen, kann von einer fehlerhaften Planung nicht gesprochen werden. Den Architekten trifft deshalb im Einzelfall auch eine **konkrete Aufklärungs-** und **Hinweispflicht,** wenn **er** Bedenken gegen die Genehmigungsfähigkeit seiner Planung hat oder haben muss; denn er muss dem Auftraggeber Gelegenheit geben, sich rechtzeitig um anwaltlichen Rat zu bemühen.[197] Dies gilt auch für den Fall, dass die Planung des Architekten **eine Befreiung** von den **Festsetzungen eines Bebauungsplans** nach § 31 Abs. 2 BauGB erfordert; denn diese werden nach der Rechtsprechung in aller Regel **restriktiv gehandhabt.** Für die **sachgerechte** und **den Umständen angepasste Aufklärung** des Auftraggebers trägt der **Architekt** die Darlegungs- und Beweislast.[198]

Eine Planung ist schließlich mangelhaft, wenn die Baugenehmigung nur nach einer **grundlegenden Umplanung** oder durch umfangreiche Änderungen erreicht werden kann;[199] ein Bauherr muss sich nämlich nicht damit abfinden, dass durch erhebliche Planveränderungen letztlich ein „anderes" Gebäude gebaut werden soll, was nicht seinen Vorstellungen entspricht.

Ansprüche wegen fehlerhafter Planung sind zu **verneinen,** wenn sich der Bauherr mit der Planung und Ausführung **einverstanden** erklärt.[200] Dies setzt aber nach ständiger Rechtsprechung des BGH[201] voraus, „dass der Bauherr Bedeutung und Tragweite der Fehlerhaftigkeit der Planung erkannte. Das kann in der Regel nur angenommen werden, wenn der Architekt den Bauherrn aufgeklärt und belehrt hat".

Ein Architekt haftet für einen Planungsfehler **nicht,** wenn endgültig feststeht, dass der Bauherr wegen des in Rede stehenden Planungsmangels **keinen Werklohn** an den Unternehmer **zahlen** muss; dann hat der Bauherr nämlich insoweit keinen Schaden erlitten.[202]

Schließlich scheiden Ansprüche aus, wenn **Bauherr und Architekt bewusst** eine „riskante" Planung (z.B. mit dem Ziel einer „Maximalbebauung")[203] **eingehen** und damit die Gefahr, einen ablehnenden Baubescheid zu erhalten, in Kauf neh-

---

196) OLG Düsseldorf, BauR 1996, 287 = NJW-RR 1996, 403; *Maser*, BauR 1994, 180, 184, 186; *Kesselring*, Festschrift für Mantscheff, S. 3, 7.
197) Zutreffend: OLG Düsseldorf, NZBau 2001, 35 u. BauR 1997, 159, 160 = NJW-RR 1996, 1234; OLG Zweibrücken, OLGR 1998, 238. Zur **Hinweispflicht** bei **risikoreicher Planung:** *Koeble*, in: Locher/Koeble/Frik, § 34 HOAI, Rn. 109; *Kretschmar*, NJW 1968, 544; *Maser*, BauR 1994, 180, 183; *Wirth*, Jahrbuch Baurecht 1998, 87, 100; *U. Locher*, BauR 2002, 1303.
198) OLG Düsseldorf, BauR 2000, 1515.
199) OLG Düsseldorf, BauR 1986, 469; *Schäfer/Finnern*, Z 3.01, Bl. 125; *Morlock*, DAB 1990, 945; *Koeble*, in: Locher/Koeble/Frik, § 34 HOAI, Rn. 107 ff.
200) BGH, BauR 2011, 869, 871 m.w.N. = NJW 2011, 1442 m.Anm. *Schwenker* = NZBau 2011, 360. BauR 1994, 533 = NJW-RR 1994, 916 = ZfBR 1994, 207; OLG Stuttgart, BauR 2009, 1926 = IBR 2009, 37 – *Krause-Allenstein*; OLG Brandenburg, IBR 2006, 279. Der Abschluss einer **Haftpflichtversicherung** durch den **Auftraggeber** bedeutet keinen Haftungsausschluss für den Architekten (BGH, BauR 2006, 701 = IBR 2006, 214 – *Große*).
201) BGH, BauR 1996, 732 = NJW 1996, 2370.
202) BGH, a.a.O.
203) OLG Naumburg, BauR 2009, 119 = OLGR 2009, 158; OLG Köln, BauR 1993, 358; OLG Stuttgart, BauR 1997, 681, 682; *Kesselring*, a.a.O., S. 3, 10.

men.[204] In diesem Fall ist der Auftrag des Bauherrn „nur auf den Versuch, die Baugenehmigung zu erhalten, gerichtet".[205] Der Architekt hat aber seine vertraglich geschuldete Planungsleistung in diesem Fall nur dann erbracht, wenn er seinen Auftraggeber hinreichend über die **Risiken** der Genehmigungsfähigkeit, die Tragweite der Risiken und die **Möglichkeit** einer **Bauvoranfrage** aufgeklärt hat; in diesem Fall übernimmt der Auftraggeber das Risiko eines ablehnenden Bescheids (zur Belehrungspflicht vgl. Rdn. 2000).[206] Hat der Architekt seinen Auftraggeber ausreichend insoweit aufgeklärt, kann dies zum Ausschluss seiner Haftung trotz mangelhafter Planung führen.[207]

Das hat der BGH[208] wie folgt klargestellt:

„Die Parteien eines Architektenvertrages können im Rahmen der Privatautonomie vereinbaren, dass und in welchem Umfang der Auftraggeber rechtsgeschäftlich das Risiko übernimmt, dass die vom Architekten zu erstellende Planung nicht genehmigungsfähig ist. Da ein Architektenvertrag einem dynamischen Anpassungsprozess unterliegt, kann eine derartige vertragliche Risikoübernahme durch den Auftraggeber auch nach Vertragsschluss im Rahmen der Abstimmung über das geplante Bauvorhaben erfolgen. Voraussetzung für die vertragliche Risikoübernahme durch den Auftraggeber ist, dass dieser Bedeutung und Tragweite des Risikos erkannt hat, dass die Genehmigung nicht erteilt oder widerrufen wird. Das kann – sofern es nicht bereits offenkundig ist – in der Regel nur angenommen werden, wenn der Architekt den Auftraggeber umfassend über das bestehende rechtliche und wirtschaftliche Risiko aufgeklärt und belehrt hat und der Auftraggeber sich sodann auf einen derartigen Risikoausschluss rechtsgeschäftlich einlässt."

Ist die erteilte Baugenehmigung wegen eines erfolgreichen Drittwiderspruchs nicht bestandsfähig, ist ein **Mitverschulden des Auftraggebers** zu prüfen. So hat der BGH[209] entschieden, dass es **bauordnungsrechtliche Bedenken von solchem Gewicht** gegen die Zulässigkeit eines Bauvorhabens geben kann, dass der **Bauherr** ihretwegen **nicht ohne Weiteres auf die Rechtmäßigkeit der erteilten Baugenehmigung vertrauen darf**: Sind also dem Auftraggeber Umstände bekannt, aufgrund derer sich die Fehlerhaftigkeit der Genehmigungsplanung des Architekten aufdrängt, und macht er von der erteilten Baugenehmigung dennoch Gebrauch, verstößt er regelmäßig gegen die im eigenen Interesse bestehende Obliegenheit, sich selbst vor Schaden zu bewahren (§ 254 Abs. 1 BGB).

Für eine ordnungsgemäße Aufklärung bzw. die Entbehrlichkeit der Aufklärung des Auftraggebers trägt der Architekt die volle Darlegungs- und Beweislast.

---

204) BGH, BauR 2011, 869, 871 – vgl. hierzu *Wagner*, ZfBR 2011, 535; BauR 1999, 1195 = ZfBR 1999, 315; BGH, NJW 1985, 1692; OLG München, BauR 2008, 1335; OLG Bamberg, IBR 2008, 527 – *Götte*; OLG Düsseldorf, BauR 2010, 1255 (ausdrückliche Übernahme des Genehmigungsrisikos durch den Auftraggeber notwendig); BauR 1986, 469; *Bönker*, NZBau 2003, 80, 82; *Maser*, BauR 1994, 180, 183; *Kretschmar*, NJW 1968, 534; *Koeble*, in: Locher/Koeble/Frik, § 34, Rn. 109.
205) OLG Düsseldorf, BauR 1996, 287 = NJW-RR 1996, 403.
206) BGH, BauR 2011, 869, 871; vgl. hierzu insbesondere *Wagner*, ZfBR 2011, 535; OLG Karlsruhe, IBR 2016, 225 – *Meier*; OLG München, NZBau 2012, 45; OLG Naumburg, BauR 2009, 119 = OLGR 2009, 158; OLG Stuttgart, BauR 2009, 1926 (Aufklärung über Bedeutung und Tragweite des Risikos der Planung) = IBR 2010, 37 – *Krause-Allenstein*; OLG Düsseldorf, BauR 2000, 1515 = NZBau 2000, 35 u. BauR 1996, 287; OLG Oldenburg, IBR 2007, 255 – *Götte*; OLG Hamm, BauR 1996, 578; OLG Köln, BauR 1993, 358; s. auch Rdn. **790** ff.
207) Vgl. hierzu OLG München, IBR 2011, 34 – *Heiliger*.
208) BGH, BauR 2011, 869, 871 = NJW 2011, 1442 m.Anm. *Schwenker* = NZBau 2011, 350; ferner OLG Karlsruhe, IBR 2016, 225 – *Meier* sowie *Wagner*, ZfBR 2011, 535.
209) A.a.O.

Planungsfehler

1994 Ein Planungsentwurf ist immer mangelhaft, wenn er **fehlerhafte Konstruktionen** aufweist, technisch also nicht einwandfrei ist. Das ist vor allem der Fall, wenn der Architektenplan gegen **anerkannte Regeln der Baukunst/Technik** verstößt.[210] Für die Beurteilung der Mangelhaftigkeit der Entwurfsplanung ist dabei auf den **Zeitpunkt der Abnahme des Architektenwerks** abzustellen; die Planung ist fehlerhaft, wenn sie zum Zeitpunkt der Abnahme gegen die allgemein anerkannten Regeln der Technik verstößt.[211] Die Fehlerhaftigkeit wird allerdings in Einzelfällen oftmals erst innerhalb der Gewährleistungsfristen aufgrund neuer Erkenntnisse der Baubeteiligten festgestellt.

Häufig **verändern sich** nach Abschluss des Architektenvertrages **die anerkannten Regeln der Technik** (vgl. hierzu Rdn. 1966 ff.).[212] In diesem Fall ist es zunächst Pflicht des Architekten, den Auftraggeber auf die Änderung der anerkannten Regeln der Technik hinzuweisen. Plant der Architekt im Einvernehmen mit dem Auftraggeber um, passt er also die Planung an die neuen anerkannten Regeln der Technik an, stellt sich die Frage, ob der Architekt nunmehr einen Anspruch auf **zusätzliche Vergütung** hat. Das ist stets zu bejahen, es sei denn, dass die Änderung der anerkannten Regeln der Technik im Zeitpunkt des Vertragsschlusses voraussehbar war (vgl. hierzu Rdn. 1976).

1995 Eine mangelhafte Planung kann auch dann vorliegen, wenn Fehler des Architekten im Rahmen der **Leistungsphasen 6 und 7 (Vorbereitung der Vergabe/Mitwirkung bei der Vergabe)** gemacht werden. Nach zutreffender Auffassung des OLG Schleswig[213] hat ein Architekt im Rahmen der Vorbereitung der Vergabe die Pflicht, die Angebote eingehend zu prüfen und zu werten. Die Prüfung hat dabei rechnerisch, technisch und wirtschaftlich zu erfolgen. Eine Haftung des Architekten in diesen Leistungsphasen kommt auch dann in Betracht, wenn es durch unvollständige oder unrichtige Leistungsbeschreibungen später zu verteuernden Stundenlohnarbeiten oder Nachtragsaufträgen kommt.[214] Dasselbe gilt, wenn das entsprechende Material nicht besonders sorgfältig beschrieben wird und daraus für den Auftraggeber Schäden entstehen.[215] Nach Auffassung des OLG Karlsruhe[216] können Schadensersatzansprüche auf den Architekten zukommen, wenn er Arbeiten im Stundenlohn ausschreibt, die nach Mengen und Einzelpreisen billiger gewesen wäre. In Leistungsphase 7 (Mitwirkung bei der Vergabe) ist es Aufgabe des Architekten, die Angebote insbesondere hinsichtlich der Richtigkeit von Preisen und Mengen eingehend zu überprüfen; das gilt auch hinsichtlich von Spekulationsangeboten.[217]

---

210) OLG Naumburg, BauR 2000, 274 (mangelnder **Trittschallschutz**); OLG Düsseldorf, NZBau 2002, 43 = BauR 2001, 1468 **(Tragwerkplanung)**; BauR 1996, 287 = NJW-RR 1996, 403; OLG Bamberg, OLGR 2004, 103 (Nichtbeachtung einer **DIN-Norm**).
211) Vgl. OLG Dresden, IBR 2012, 90 – *Steeger*; OLG Nürnberg, NJW-RR 2011, 100.
212) Vgl. hierzu im Einzelnen *Miernik*, BauR 2012, 151; *Kalte/Wiesner*, IBR 2012, 1068 (nur online); *Mischok/Hirsch*, NZBau 2012, 480.
213) BauR 2010, 805.
214) BGH, NJW 1981, 2182, 2183.
215) OLG Düsseldorf, BauR 2001, 281 = NJW-RR 2001, 454.
216) BauR 2006, 859.
217) Vgl. hierzu im Einzelnen *Koeble*, in: Locher/Koeble/Frik, § 34 HOAI, Rn. 210; ferner OLG Nürnberg, BauR 2008, 387; OLG Schleswig, BauR 2007, 139.

Nach zutreffender Auffassung des OLG Nürnberg[218] macht sich ein Architekt schadensersatzpflichtig, wenn er im Rahmen seiner Tätigkeit bei der Mitwirkung der Vergabe von Bauaufträgen nicht auf die Vereinbarung einer fünfjährigen Gewährleistungsfrist hinwirkt.

1996 Beispiele für **Planungsfehler** im **technischen Bereich:**
* unzureichende **Abdichtung** gegen Bodenfeuchtigkeit (BGH, NZBau 2001, 270 = ZfBR 2001, 317; KG, BauR 2009, 676; OLG Koblenz, IBR 2006, 573; OLG Hamm, ZfBR 2002, 257 u. BauR 1997, 876; OLG Düsseldorf, IBR 2011, 649 – Fuchs sowie BauR 2005, 128 = OLGR 2004, 460; OLGR 2005, 192 = NZBau 2005, 406 [Altbau]; BauR 2002, 652 = OLGR 2002, 63 u. BauR 2001, 1780; Vetter, NZBau 2006, 682)
* Nicht Berücksichtigung eines **Abwasserkanals** und damit erhöhte Gründungskosten (OLG Düsseldorf, BauR 2008, 2070)
* **fehlende Abdichtung** gegen **drückendes Wasser** (BGH BauR 2008, 543 = NJW 2008, 1880; BauR 2003, 1918 = ZfBR 2003, 760; BauR 2001, 823 = NZBau 2001, 270 = ZfBR 2001, 317; BGH, NZBau 2000, 433 = ZfBR 2000, 484 = BauR 2000, 1330 m.Anm. Ulbrich, S. 1770; s. ferner: OLG Düsseldorf, NZBau 2015, 98; OLG Karlsruhe, BauR 2007, 1911 = Werner Baurecht Online mit Analyse Koeble; Kamphausen, BauR 2001, 545, 551; OLG Düsseldorf, NZBau 2005, 404; NZBau 2006, 54 [LS] = NJOZ 2005, 3924; OLG Celle, BauR 2001, 1778); zur Berücksichtigung von **Sowiesokosten** bei einem Schadensersatzanspruch gegen den planenden Architekten (OLG Karlsruhe, BauR 2006, 2066, 2068)
* unterbliebene Prüfung der **Abstandsflächen** (OLG Hamm, BauR 2000, 918 = NZBau 2000, 434)
* mangelhafte **Ausführungsplanung** (KG, IBR 2010, 402 = BauR 2010, 1112 [LS]; OLG Celle, BauR 1991, 243; OLG Köln, BauR 1998, 585, 588 – Estrich)
* **Mangelhafte Ausführungsplanung** eines Architekten für ein erkennbar verformungsanfälliges Haus (OLG Hamm, NZBau 2011, 48)
* fehlerhafte **Ausschreibung** (OLG Koblenz, BauR 1998, 169 = NJW-RR 1998, 20; OLG Dresden, BauR 2007, 726)
* **Auswahl** der richtigen **Baumaterialien** (OLG Hamm, NJW-RR 1990, 523)
* Willigt der Architekt in eine Änderung des von ihm zur Ausführung vorgesehenen Baumaterials ein und entspricht der dann verwendete Baustoff nicht den anerkannten Regeln der Technik, liegt ein Planungs- und keine Überwachungsfehler vor (OLG Karlsruhe, IBR 2016, 710 – Wronna).
* unübliche und außergewöhnliche **Baukonstruktion** – Verbleib eines **Restrisikos** (OLG Celle, BauR 1990, 759)
* unzureichende **Betonüberdeckung der Bewehrung** (OLG Stuttgart, BauR 2014, 865)
* **Bitumendickbeschichtung** bei einer Hanglage des Gebäudes und/oder bindigem Boden als Planungsfehler (OLG Bamberg, BauR 1999, 650 = NJW-RR 1999, 962 = OLGR 1999, 134; jedoch kein Mangel **bei nichtdrückendem Wasser** mit mäßiger Beanspruchung im Sinne der DIN 18.195 (OLG Schleswig, BauR 1998, 1100 m.Anm. Jagenburg, BauR 2000, 1060; s. auch OLG Hamm, NJW-RR 2002, 1669)

---

218) IBR 2010, 39 – *Steiniger*.

- Heranziehen eines Bauunternehmers für Betonarbeiten zur Einbringung eines **Blindbodens** (IBR 2011, 513 – Hein-Röder)
- **unzureichende bzw. nicht erfolgte Bodenuntersuchungen** (vgl. BGH, BauR 2013, 1472 = NZBau 2013, 515 – vgl. hierzu Analyse Christiansen-Geiss vom 13.8.2013 in werner-baurecht.jurion.de; BauR 1997, 488 = ZfBR 1997, 185 = NJW 1997, 2173; BGH, BauR 1996, 404 = NJW-RR 1996, 852 = ZfBR 1996, 198; ferner: OLG Hamm, NZBau 2016, 763; OLG Naumburg, IBR 2011, 471 – Fuchs; OLG Zweibrücken, IBR 2010, 639 – Lichtenberg; OLG Rostock, IBR 2012, 273 – Schwarz; OLG Zweibrücken, BauR 2010, 1085; OLG Köln, NZBau 2009, 189; OLG Düsseldorf, IBR 2008, 665 – Wolber; OLG Karlsruhe, IBR 2007, 378; OLG Hamm, BauR 1997, 1069 = ZfBR 1997, 308; OLG Düsseldorf, BauR 2002, 652 = OLGR 2002, 63 u. OLGR 1992, 300 = BauR 1993, 124 [LS]; OLG Jena, IBR 2002, 320 – Völlink; OLG Oldenburg, BauR 1981, 399; LG Aachen, VersR 1986, 777; BGH, ZfBR 1980, 287; von Craushaar, Festschrift für Locher, S. 9 ff.
- Planungsfehler beim **Brandschutz** eines Gebäudes (BGH, BauR 1994, 367 = ZfBR 1994, 125; OLG Frankfurt, BauR 2011, 1527)
- Einhaltung des **Brandschutzes** (OLG Celle, BauR 2013, 2036)
- Planungsfehler eines **Fliesenbelages**, wenn **aggressive Chemikalien** im Bauwerk zum Einsatz kommen (OLG Koblenz, NZBau 2013, 53)
- Zu **Chloridschäden** an einer Tiefgarage als Folge mangelhafter Planung des Architekten und des Statikers (OLG München, BauR 2011, 712 = NJW-RR 2011, 530; vgl. hierzu Analyse Christiansen-Geiss vom 17.10.2013 in werner-baurecht.jurion.de)
- zu geringe **Dachneigung** (LG Düsseldorf, SFH, Nr. 81 zu § 635 BGB)
- **Fehlen** eine **Dampfsperre** (BGH, Schäfer/Finnern, Z 3.00 Bl. 165; OLG Koblenz, BauR 1997, 502)
- **unzureichende Dehnungsfugen** (OLG Düsseldorf, IBR 2007, 502 u. BauR 1973, 272; KG IBR 2006, 509 – Gleitfugen)
- Auswirkungen von **Deckenbewegungen** auf Dämm- und Dichtungsschichten (BGH, BauR 1986, 112 = ZfBR 1986, 17 = NJW-RR 1986, 182)
- Abdichtung mittels **Dickbeschichtung**; Erfordernis einer **Detailplanung** (BGH, BauR 2000, 1770 = NZBau 2000, 434)
- **mangelhafte Dränage** und Außenmauerwerk (OLG Hamm, BauR 1991, 788; OLG Düsseldorf, OLGR 2002, 63; NZBau 2005, 404, 405)
- Verpflichtung zur Überprüfung der **Sickerfähigkeit** des Bodens bei Nichtplanung einer **Drainage** (OLG Frankfurt, BauR 2010, 1765).
- unzureichendes Entwässerungskonzept (**Rigolenlösung**; OLG Düsseldorf, NJW-RR 2003, 14); fehlerhafte Entwässerung der Betonsohle (OLG Düsseldorf, BauR 1998, 582)
- unzureichende Planung gegen **Feuchtigkeit in Türanlage** (OLG Düsseldorf, IBR 2013, 631 – Bolz)
- unterbliebener Hinweis auf die Notwendigkeit der **Frostbeständigkeit** von Klinkern (OLG Hamm, NJW-RR 1991, 731 = BauR 1991, 247 mit Anm. Groß, BauR 1992, 262)
- fehlerhafte Konstruktion eines **Flachdaches** (BGH, Urt. vom 25.3.1963 – VII ZR 211/61; OLG Frankfurt, BauR 1987, 322)
- unzureichende Reinigungsmöglichkeit von **Glasflächen** (OLG München, IBR 2006, 154 – Groß)

* Klärung der **Grundwasserverhältnisse** und des Baugrundes (BGH, BauR 2008, 543; OLG Düsseldorf, BauR 2015, 856 = IBR 2015, 150 – Preussner; OLG Rostock, IBR 2012, 273 – Schwarz; OLG Naumburg, BauR 2011, 1841 m.w.N.; OLG Zweibrücken, IBR 2010, 639 – Lichtenberg; OLG Frankfurt, NZBau 2008, 721 = IBR 2008, 659 – Feldmann; OLG Düsseldorf, BauR 2009, 277 = IBR 2008, 665 – Wolber; OLG Karlsruhe, IBR 2007, 378 – Karczewski; OLG München, NJW-Spezial 2008; 366; OLG Koblenz, IBR 2005, 573 – Krause-Allenstein; OLG Köln, BauR 1993, 756, 758 u. NJW-RR 1992, 1500; OLG Celle, BauR 1983, 483; OLG Düsseldorf, NZBau 2005, 402; BauR 2001, 277, 279; BauR 2000, 1358 = NZBau 2000, 474 = OLGR 2000, 467; NJW-RR 1996, 1300 = OLGR 1996, 240 = BauR 1996, 757 [LS] u. NJW-RR 1992, 156 = BauR 1992, 536; BauR 1991, 791 u. BauR 1985, 341; OLG Hamburg, VersR 1965, 623; siehe auch BGH, Schäfer/Finnern, Z 2.414.0 Bl. 9) sowie NJW-RR 1992, 1104
* Verpflichtung des Architekten, den notwendigen Schutz gegen **drückendes Grundwasser** zu planen (BGH, BauR 2008, 543 = NJW 2008, 1880; BauR 2000, 1330 = NZBau 2000, 433 = ZfBR 2000, 484)
* fehlerhafte **Höheneintragung** im Lageplan zur Genehmigungsplanung (BGH, BauR 2001, 983 = NZBau 2001, 332 = MDR 2001, 629 = ZfBR 2001, 316 = NJW-RR 2001, 787)
* Der Architekt ist nicht verpflichtet, sich über den **Höhenverlauf** einer noch in Planung befindlichen **Erschließungsstraße** zu erkundigen, wenn es keine Anhaltspunkte für einen künftigen Verlauf der Straße gibt, die der Planung entgegenstehen (OLG München, IBR 2007, 145 – Laux)
* **höhere Gründung** des Bauwerks als vereinbart (BGH, BauR 2002, 1536)
* keine Überprüfungspflicht bei Angaben der Gemeinde als Auftraggeber über die **Höhenlage** des städtischen Kanals (OLG Düsseldorf, NJW-RR 1999, 244 = OLGR 1999, 178); Höhenlage einer noch nicht gebauten Erschließungsstraße (OLG München, NZBau 2006, 123 = IBR 2007, 145 – Laux)
* **Holzkonstruktion** eines verglasten Wintergartens (OLG Düsseldorf, BauR 1997, 176 [LS])
* Mangelhafte Planung einer **Kellerabdichtung**, weil sich der Architekt nicht nach dem aufgrund langjähriger Beobachtung bekannten **höchsten Grundwasserstand** gerichtet hat (OLG Schleswig, IBR 2014, 745 – Chalupsky)
* Verwendung glasierter Steine bei **Kerndämmung** (OLG Hamm, NJW 1991, 731 = BauR 1991, 247 mit Anm. Groß, BauR 1992, 262)
* Zu **geringe Kopfhöhe bei einer Spindeltreppe** zwischen Dachgeschoss und Spitzboden (OLG Düsseldorf, NJW-RR 1999, 960)
* Notwendigkeit eines **korrosionsbeständigen Werkstoffes** (z.B. nichtrostender Stahl) für die Trinkwasserinstallation bei ungünstiger wasserchemischer Zusammensetzung des Trinkwassers (OLG München, IBR 2010, 700 – Fuchs).
* nicht klare und eindeutige Bestimmung des zu verwendenden **Materials** im Leistungsverzeichnis (OLG Düsseldorf, OLGR 2001, 33 = NZBau 2001, 214 = BauR 2001, 281)
* **zu tiefe Lage** eines Bürogebäudes (OLG Hamm, BauR 1989, 501)
* **lückenhaftes Leistungsverzeichnis** (OLG Dresden, BauR 2000, 1341 sowie NJW-RR 2014, 338)
* **Widersprüche** und Lücken **im Leistungsverzeichnis** (OLG Brandenburg, BauR 2015, 288)

Planungsfehler

- abgeböschte **Lichtgräben** (OLG Düsseldorf, NZBau 2001, 398)
- **unzureichende lichte Höhe eines Wohnraums** (OLG Hamm, BauR 1993, 729)
- falsche **Materialauswahl** (OLG München, NJW-RR 1988, 85 – falsche Glaswahl; hierzu auch OLG Hamm, NJW-RR 1988, 1174; OLG Dresden, BauR 2007, 726, 727 – ungeeigneter Dispersionsklebstoff; OLG Hamm, BauR 2006, 861 = IBR 2006, 152 – Korrosionsschäden im Heizungsbau)
- unzureichende Beachtung der **Nachbarbelange** (OLG Koblenz, OLGR 2003, 146)
- **Nachbargebäude** (Setzungen; OLG Düsseldorf, BauR 2004, 1026)
- **Nutzungsänderung** während der Bauerrichtung; Hinweispflicht bezüglich des **Schallschutzes** (OLG Stuttgart, IBR 2003, 145 – Löffelmann)
- Einbau von nicht genehmigungsfähigem **Recyclingmaterial** als Untergrundbefestigung (OLG Düsseldorf, NZBau 2005, 702)
- **Rissbildung** trotz Verwendung bauaufsichtlich zugelassenen Materials (KG, IBR 2012, 92)
- Nichteinbau eines **Rückstauventils** (OLG Hamm, NJW-RR 1993, 549)
- **unzureichende Schalldämmung** (BGH, BauR 2013, 624 = NZBau 2013, 244; vgl. hierzu Analyse Christiansen-Geiss vom 2.5.2013 in werner-baurecht-jurion; OLG Hamm, BauR 2005, 743; OLG Köln, OLGR 2002, 326 = BauR 2002, 1752 [LS]; OLG Düsseldorf, BauR 1993, 622 = NJW-RR 1994, 88; OLG Düsseldorf, BauR 1995, 137 [LS]; OLG Köln, OLGR 2002, 350; LG Nürnberg-Fürth, NJW-RR 2013, 465 [Trennwand]; LG Stuttgart, BauR 2006, 550 [Doppelhaus mit einschaliger Bauweise]; LG Hannover, IBR 2003, 207; vgl. hierzu auch OLG Karlsruhe, BauR 2008, 390)
- Prüfung der Anwendbarkeit des **Schmalseitenprivilegs** (OLG Hamm, BauR 1999, 1204 = NJW-RR 2000, 22 = OLGR 2000, 22; s. ferner: Boeddinghaus, BauR 2002, 1027 ff.)
- Architektenhaftung für Beeinträchtigung der **Standfestigkeit eines Nachbargrundstückes** (BGH, BauR 2008, 1016)
- Notwendigkeit der **Einschaltung eines Sonderfachmannes**: Hinweispflicht des Architekten (OLG Düsseldorf, BauR 2014, 1509)
- Der Objektplaner hat den **Standsicherheitsnachweis** zu prüfen (BGH, BauR 2014, 887 [25]).
- mangelhafte Planung einer **Tiefgarage** – „Befahren bedarf erheblicher Lenkkünste" (OLG München, BauR 2011, 542; ferner OLG Köln, NZBau 2011, 697 – LS) sowie IBR 2016, 352 – Schwarz) oder eines Tiefgaragenplatzes, der den öffentlich-rechtlichen Vorschriften nicht entspricht (OLG Köln, NZBau 2016, 646).
- **Trinkwasserversorgung** (verzinkte Stahlrohre; OLG Nürnberg, IBR 2006, 567 – Seibel)
- mangelnder **Trittschallschutz** in Wohngebäude als Planungsfehler (OLG Naumburg, BauR 2000, 274; OLG Düsseldorf, NJW-RR 2011, 170)
- **Überprüfung** der vom Bauherrn überreichten **Unterlagen**/Planung (OLG Düsseldorf, NJW-RR 1992, 156 u. BauR 2000, 131)
- Verpflichtung des Architekten, vor Einreichung der Planunterlagen beim Bauamt in einem **Überschwemmungsgebiet** Rücksprache mit der Wasserbehörde über die Zulässigkeit der geplanten Baumaßnahme zu nehmen (OLG Koblenz, BauR 2011, 139)

* unzureichende **Wärmedämmung** (BGH, WM 1981, 683 = BauR 1981, 395 = SFH, Nr. 27 zu § 635 BGB; OLG Köln, BauR 1987, 460; OLG Nürnberg, BauR 2015, 146 = IBR 2015, 614 – Preussner; OLG Hamm, BauR 1983, 183 [„**Wärmebrücken**-Urteil"] m.Anm. Kamphausen; dazu Mantscheff, BauR 1983, 435; Knüttel, BauR 1985, 54, 59; Kamphausen/Reim, BauR 1985, 397 ff.; ferner: OLG Celle, NJW-RR 1991, 1175; OLG Frankfurt, BauR 1991, 785 – Wärmedämmungsmaßnahmen bei **tragenden Bauteilen** fallen in den Verantwortungsbereich des **Statikers**)
* unzureichende **Wärmebedarfsberechnung** (Sonnenstudio; OLG Hamm, BauR 2003, 276)
* Drängt sich bei einer Glasfassade die Frage nach dem **Wärmeschutz** auf, hat der Architekt die Pflicht, die thermische Situation eines geplanten Gebäudes zu prüfen oder hierfür einen Fachplaner hinzuzuziehen (OLG Stuttgart, IBR 2009, 659 – Krause-Allenstein).
* **Hinweispflichten** des Architekten zur Isolierung von **Wasserrohren wegen Frostgefahr** (OLG Hamburg, NJW-RR 2001, 1534)
* **Hinweispflicht** des Architekten zur Beauftragung eines speziellen **Fachplaners** hinsichtlich der **bauphysikalischen Klimaverhältnisse im Innenbereich eines Bürogebäudes** (OLG Braunschweig, IBR 2015, 560 – Meier).
* Planungsanforderungen bei Verwendung **neuartiger Werkstoffe** (OLG Hamm, IBR 2006, 152 – Saerbeck)
* nicht ausreichend wärmegedämmte Dachelemente eines **Wintergartens** (OLG Düsseldorf, NJW-RR 1998, 810; zur Haftung bei **Schäden** eines **Wintergartens** s. ferner: OLG Köln, NJW-RR 2001, 1458; BGH, NZBau 2000, 525 = NJW-RR 2000, 1468)
* Auftrag über **schlechtere Verglasung,** als in der Baubeschreibung vorgesehen (OLG Hamm, NJW-RR 1988, 1174; Jagenburg, NJW 1990, 93, 96)
* Planungsfehler des Architekten bei **ungenauer Werkstoffangabe** – Brandschutz (OLG Frankfurt, NJW-RR 2008, 1194 = OLGR 2008, 873)
* Keine oder unzureichende Überprüfung der Werkplanung der bauausführenden Unternehmer (OLG Celle, IBR 2007, 436 – Löffelmann)
* Zementestrich **ohne Zusätze** für frei bewitterte Dachfläche ungeeignet (OLG Bamberg, OLGR 2004, 103).
* Verpflichtung des Architekten, den Bauherrn im Rahmen einer Gebäudesanierung über Fragen der **Bauwerksabdichtung zu beraten** (OLG Naumburg, NZBau 2012, 442).

1997 Ein Entwurf des Architekten ist ferner mangelhaft, wenn er nicht den zur Grundlage des Vertrages gemachten **wirtschaftlichen Voraussetzungen** entspricht;[219)] dazu zählt auch, wenn der Bauherr mit **unnötigen Leistungen** sowie übermäßigem

---

219) BGH, BauR 1996, 570 = ZfBR 1996, 208 = NJW 1996, 1889; OLG Düsseldorf, BauR 2004, 1024 = NZBau 2004, 453; OLG Naumburg, BauR 1998, 361 m.Anm. *Haß;* OLG Köln, BauRB 2003, 232 u. OLG Bamberg, OLGR 1998, 71 (**öffentliche Fördermittel**); OLG Hamm, BauR 2003, 923 (Krankenhausumbau; Einhaltung der Fördermittel-Richtlinien); BGH, BauR 1988, 734, 735 = ZfBR 1988, 261, 262; OLG Naumburg, BauR 1996, 889 = ZfBR 1996, 322; OLG Köln, BauR 1993, 756, 757 = ZfBR 1993, 380; BGH, BauR 1984, 420 = ZfBR 1984, 190; OLG Hamm, BauR 1987, 464.

Aufwand (vgl. Rdn. 1999) belastet wird.[220] Ob ein Planungsmangel vorliegt, entscheidet sich auch hier vornehmlich nach den vertraglichen Vereinbarungen.[221]

Daher ist es geboten, dass Auftraggeber und Architekt – z.B. in einer Präambel des Architektenvertrages – die **Sollbeschaffenheit des Bauwerks** im Sinne der Stufe 1 des § 633 Abs. 2 S. 1 BGB klar definieren und damit vereinbaren. Im Vordergrund steht dabei stets die gemeinsame **Klärung des Kostenrahmens**, der für das Bauwerk zur Verfügung steht (vgl. hierzu im Einzelnen Rdn. 2289 ff.). So hat der Architekt schon frühzeitig – u.U. schon in der Leistungsphase 1 (Grundlagenermittlung) – den Kostenrahmen der Planung mit dem Bauherrn abzustecken und diesen über die voraussichtlichen Baukosten zu beraten.[222] Dabei steht die Klärung des **Leistungsbedarf** und der Zielvorstellungen im Vordergrund.[223] Aufgabe der **Bedarfsplanung** ist es, die wesentlichen Projektgrundlagen, die Bedürfnisse, Vorstellungen, Wünsche und Möglichkeiten von Bauherren, Betreibern bzw. Nutzern zu erfassen, zu analysieren und an die Planer und Ausführenden verständlich weiterzugeben. Seit 1996 gibt es die DIN 18205 „Bedarfsplanung im Bauwesen", die bei der Ermittlung des Leistungsbedarfs eine erhebliche Hilfe darstellt.[224] In diesem Zusammenhang dürfen an den Architekten keine sich widersprechenden Anforderungen an ein wirtschaftliches Planen und Bauen gestellt werden. Das ist aber in Architektenverträgen häufig der Fall. Deshalb verstricken sich auch viele Architekten in dem sog. „Magischen Dreieck", das häufig die Anforderungen des Bauherrn an die Planung und Verwirklichung des Bauvorhabens wiedergibt: „**Hohe Qualität – Niedrige Kosten – Kurze Bauzeit**", weil es fast unmöglich ist, einen qualitativ hohen Standard zu erreichen und gleichzeitig die Baukosten gering zu halten sowie die Bauzeit einzuhalten oder gar zu verkürzen. Unter kostengünstigem Planen und Bauen darf – insbesondere bei Renditeobjekten – nicht nur die Einhaltung eines bestimmten Geldbetrages verstanden werden, sondern vielmehr unter Berücksichtigung des „Life-Cycle" eines Bauwerks

* eine möglichst hohe **Reduzierung der Baukosten** in Verbindung mit einer angemessenen **Rentabilität**
* unter Wahrung und Einhaltung eines angemessen **Qualitätsstandards**
* eine entsprechende **Architektur** und
* eine **effiziente Haustechnik** mit vertretbaren, natürlich möglichst niedrigen laufenden Betriebskosten (Energiekosten, Wartung und Verwaltung sowie Instandsetzungskosten)
* sowie zunehmend auch eine hohe **Umweltverträglichkeit** (sog. Greenbuildings).

---

[220] Siehe dazu: OLG Düsseldorf, BauR 1980, 376; OLG Saarbrücken, NJW 1967, 2359. Zur Pflicht des Architekten, frühzeitig den wirtschaftlichen Rahmen der Planung abzustecken: BGH, NJW-RR 1991, 664 = BauR 1991, 366.
[221] Vgl. OLG Karlsruhe, OLGR 2001, 411 = IBR 2002, 83 – *Lauer* (zum Auftrag des Architekten, eine **Rendite-** und **Wohnflächenoptimierung** zu erreichen) u. OLGR 2003, 397 (keine Verpflichtung des Architekten zu einer „bestmöglichen Planung"); OLG München, BauR 2004, 1806 = OLGR 2004, 349 = IBR 2004, 516 (keine Verpflichtung zur „kostengünstigsten Lösung" bei größerer Wohnanlage).
[222] BGH, BauR 2005, 400 = NZBau 2005, 158 = NJW-RR 2005, 318.
[223] BGH, BauR 1991, 366.
[224] Vgl. hierzu *Preussner*, BauR 2009, 415.

Die Wirtschaftlichkeit eines Bauwerks, also die richtige, zukunftsweisende Definition von Zielen und Investitionsinhalten, kann maßgeblich nur in einem frühen Stadium, nämlich der Bedarfsplanung und der Bauplanung beeinflusst werden, während dies im Rahmen der Bauausführung und der Nutzung kaum noch und ggf. nur mit hohem Kosteneinsatz möglich ist.

1998 Beispiele für **Planungsfehler** im **wirtschaftlichen** Bereich:

* **Ausfall** von **Steuervergünstigungen** (OLG Jena, IBR 2011, 596 – Helm; OLG Bremen, VersR 1973, 1050; OLG Köln, BauR 1993, 756 = NJW-RR 1993, 1493 = ZfBR 1993, 280: **Verlust** von Steuervorteilen durch Überschreitung einer bestimmten **Wohnflächenhöchstgrenze;** zur steuerlichen Anerkennung einer Einliegerwohnung: OLG Düsseldorf, NJW-RR 1990, 90 = BauR 1990, 493 – **Beratungspflicht** des Architekten; vgl. hierzu auch BGH, NJW 1978, 322)
* Fehlende **Optimierung der Nutzbarkeit** eines Bürogebäudes: Missverhältnis Nutzfläche/Verkehrsfläche (BGH, BauR 1998, 354 ff.)
* fehlende Eigenmittel (OLG Düsseldorf, Schäfer/Finnern, Z 3.01 Bl. 133)
* Verwendungszweck einer Garage (BGH, NJW 1962, 1764) oder einer Lagerhalle (BGH, MDR 1971, 1271; OLG Köln, SFH, Nr. 23 zu § 635 BGB)
* **Mietertragswünsche** des Bauherrn (BGH, VersR 1962, 641)
* **Rentabilität** eines Mehrfamilienhauses (BGH, NJW 1975, 1657 = BauR 1975, 434; BGH, BauR 1984, 420 = ZfBR 1984, 190 = SFH, Nr. 9 zu § 675 BGB)
* unsachgemäße Einbindung eines Gebäudes in die Umgebung (fehlende „**Repräsentationsfunktion**"; OLG Hamm, NJW-RR 1989, 470)
* **falsches Sicherungskonzept** (einbruchsicheres Schaufenster; OLG München, SFH, Nr. 58 zu § 635 BGB = NJW-RR 1988, 85)
* Vergabe von **Rohbauarbeiten** im **Stundenlohn** ohne Leistungsverzeichnis und ohne Vergleichsangebote (OLG Karlsruhe, IBR 2006, 405 – Roos)
* Fehlplanung hinsichtlich **Wohnfläche** (OLG Celle, BauR 2000, 1082; OLG Schleswig, BauR 2000, 1220 = MDR 2000, 1071; OLG Bremen, VersR 1973, 1050; OLG München, BauR 1973, 122; OLG Frankfurt, OLGZ 1984, 366; LG Stuttgart, BauR 1990, 496; s. auch OLG Hamm, BauR 2001, 984 [Haftung gegenüber dem Bauträger] u. NJW-RR 1997, 1551 – Berechnung nach **DIN 283**; OLG Düsseldorf, NJW 1981, 1445 zur **Berechnung** der Minderung)
* Überprüfung der Forderung des Unternehmers nach **zusätzlicher Vergütung** (BGH, MDR 1982, 48 = WM 1981, 903)
* **Vergabe** der Rohbauarbeiten im Stundenlohn (OLG Karlsruhe, IBR 2006, 405 – Roos)
* Ein Architekt macht sich schadensersatzpflichtig, wenn er im Rahmen seiner Tätigkeit bei der Mitwirkung bei der Vergabe von Bauaufträgen nicht auf die Vereinbarung einer fünfjährigen Gewährleistungsfrist hinwirkt (OLG Nürnberg, IBR 2010, 39 – Steiniger; vgl. hierzu Analyse Werner/Christiansen-Geiss vom 15.3.2010 in werner-baurecht.jurion.de).

1999 Ein Planungsfehler im wirtschaftlichen Bereich stellt auch das **schuldhafte Überschreiten** der von dem Architekten **veranschlagten Kosten** dar; allerdings kann es im Einzelfall schwierig sein, den Spielraum (Toleranzgrenze) zu bestimmen, bei dessen Überschreitung die mangelhafte Planung „beginnt" (vgl. näher

Rdn. 2278 ff.).²²⁵⁾ Ein Mangel des Architektenwerks kann aber selbst dann vorliegen, wenn die Planung technisch funktionstauglich ist und den vom Architekten genannten Kostenrahmen einhält; wird nämlich – gemessen an der vertraglichen Leistungsverpflichtung – **ein übermäßiger Aufwand getrieben** „oder die geschuldete Optimierung der Nutzbarkeit (beispielsweise: Nutzflächen/Verkehrsflächen) nicht erreicht", liegt ein Mangel vor, weil **Vorgaben** des Bauherrn, selbst wenn sie während des Planungsprozesses erfolgen, stets für den Architekten verbindlich sind.²²⁶⁾ Diesen wichtigen Grundsatz im Rahmen einer Planung hat der BGH²²⁷⁾ noch einmal kürzlich für ein Ingenieurwerk bestätigt; diese Ausführungen gelten aber auch für das Architektenwerk:

> „Ein Mangel eines Architektenwerks kann auch dann liegen, wenn die Planung zwar technisch funktionstauglich ist, aber gemessen an der vertraglichen Leistungsverpflichtung ein **übermäßiger Aufwand** betrieben wird (BGHZ 138, 87 = NJW 1998, 1064). Denn ein Vertrag über eine Planungsleistung ist regelmäßig dahingehend auszulegen, dass die Planung einen übermäßigen, nach den Umständen und insbesondere den Anforderungen der Technik **unnötigen Aufwand** vermeiden soll. Nichts anderes gilt für die Planungsleistung eines Ingenieurs. Sowohl der Architekt als auch der Ingenieur haben im Rahmen der vertraglichen Vereinbarung wirtschaftlich-finanzielle Gesichtspunkte ihres Auftraggebers zu beachten (BGH, NJW-RR 1988, 1361 = BauR 1988, 734 = ZfBR 1988, 261). Dabei gibt es zwar keine Verpflichtung, in jeder Hinsicht dessen allgemeine Vermögensinteressen wahrzunehmen und unter Berücksichtigung aller Möglichkeiten ‚so kostengünstig wie möglich' zu bauen (BGHZ 60, 1 = NJW 1973, 237). Der Planer hat aber im Rahmen der Wahrnehmung seiner vertraglichen Pflichten auf die wirtschaftlichen Vorgaben und Belange des Bauherrn Rücksicht zu nehmen.
>
> Auch bei Beachtung dieser Vorgaben kommt nur im Ausnahmefall lediglich eine bestimmte Planungslösung in Betracht. Regelmäßig ist eine **Vielzahl von denkbaren Varianten** innerhalb der Vorgaben, Gegebenheiten und Anforderungen vertretbar. Der Planer hat innerhalb der gezogenen Grenzen ein **planerisches Ermessen.**
>
> Das entbindet den Planer jedoch nicht davon, bei der Planung die wirtschaftlichen Interessen des Auftraggebers im Auge zu behalten und darauf zu achten, dass kein übermäßiger, nicht erforderlicher Aufwand betrieben wird (Löffelmann/Fleischmann, ArchitektenR, 5. Aufl., Rn. 258; Bindhardt/Jagenburg, Die Haftung des Architekten, 8. Aufl., § 6 Rn. 23, 82, 218, 358; Koeble, in: Kniffka/Koeble, Kompendium d. BauR, 3. Aufl., C 12. Teil, Rn. 407; Koeble, in: Locher/Koeble/Frik, HOAI, 9. Aufl., Einl., Rn. 56, 96; Wirth, in: Korbion/Mantscheff/Vygen, HOAI, 6. Aufl., Einf. Rn. 197; jew. m.w.Nachw.). Dies hat der BGH für den Fall eines überdimensionierten Fundaments und dadurch entstandene Mehrkosten bereits entschieden (BGH, VersR 1964, 1045)."

Das OLG Karlsruhe²²⁸⁾ hat allerdings in einer interessanten Entscheidung darauf hingewiesen, dass ein Architekt grundsätzlich **keine optimale Planung schuldet:**

> „Eine – ansonsten ordnungsmäßige, insbesondere den Regeln der Baukunst und Technik entsprechende genehmigungsfähige, vollständige und in sich stimmige planerische Leistung eines Architekten ist nicht schon dann mangelhaft, wenn die ‚optimale' Planungslösung nicht erreicht ist. Angesichts der Vielschichtigkeit des planerischen Vorgangs ist regelmäßig schon nicht objektiv feststellbar, welche von mehreren in Betracht kommenden Planungsalternativen ‚optimal' ist. Geschuldet wird deshalb lediglich eine durchschnittlich brauchbare, sachgerechte Planung. Erst bei Verfehlen dieser Qualität ist die Planung mangelhaft."

---

225) Vgl. hierzu: BGH, BauR 1997, 494 = ZfBR 1997, 195 = NJW-RR 1997, 850; OLG Stuttgart, BauR 1977, 426 u. BauR 1987, 462.
226) BGH, BauR 1998, 354 = NJW 1998, 1064 = ZfBR 1998, 149; BGH, NJW-RR 1998, 668.
227) BauR 2009, 1611 = NZBau 2009, 722 = IBR 2009, 521 – *Fischer* = NJW 2009, 2947 m.Anm. *Scholtissek*. OLG Schleswig, BauR 2010, 806 sowie *Popescu*, NZBau 2009, 692.
228) OLGR 2001, 411.

In einer älteren Entscheidung hat auch das OLG Hamm[229] in diesem Zusammenhang zutreffend darauf hingewiesen, dass eine Planungsleistung eines Architekten erst dann mangelhaft ist, wenn sie nicht mehr sachgerecht ist; es genügt nicht, dass die vorgelegte Planung nicht die bestmögliche Leistung ist, weil dem Architekten ein **Planungsermessen** zusteht. Dabei ist stets zu prüfen, welche Planung nach dem Inhalt des Architektenvertrages geschuldet war. Erst wenn die Grenzen des planerischen Ermessens überschritten werden, kann von einem Planungsmangel ausgegangen werden.[230]

In diesem Zusammenhang ist auch auf eine Entscheidung des OLG München[231] hinzuweisen, wonach kein Schaden des Bauherrn anzunehmen ist, selbst wenn der Architekt pflichtwidrig den Bauherrn nicht über die erhöhten Baukosten seiner Planung berät, aber die Grenzen des planerischen Ermessens nicht überschritten werden. Dabei ist das OLG München der Auffassung, dass eine geräumigere Planung von Tiefgaragenstellplätzen und Büroräumen im wirtschaftlichen Interesse des Bauherrn liegen kann.

2000 Der Architekt darf in seiner **Planung** nur eine **Konstruktion** vorsehen, bei der er völlig sicher ist, dass sie den zu stellenden **Anforderungen genügt;**[232] er hat grundsätzlich auch das beim Bau verwendete Material auf dessen Brauchbarkeit zu überprüfen und ggf. Bedenken gegenüber dem Bauherrn anzumelden. Allerdings ist die Verwendung von in der Praxis **noch nicht bewährten Baustoffen** nicht von vornherein ausgeschlossen; erforderlich ist nur, dass der Architekt das den Umständen nach ihm Zumutbare unternimmt, um zu klären, ob das ihm angebotene Material die für den Bau unerlässlichen Eigenschaften besitzt.[233] Entsprechendes gilt, wenn der planende Architekt feststellt, dass für seine spezielle Planung weder DIN-Normen noch technische Regeln oder Literatur existieren, die seine Planung in technischer Hinsicht stützen; auch hier muss der Architekt seinen Auftraggeber darüber aufklären, dass er „außerhalb bautechnisch gesicherter Erkenntnisse plant".[234] Das OLG Celle[235] hat zutreffend darauf hingewiesen, dass der Architekt schon im Planungsstadium auf Nachteile der vom Auftraggeber gewünschten Konstruktion

---

[229] NJW-RR 1989, 470.
[230] OLG München, BauR 2010, 929.
[231] BauR 2010, 929 = IBR 2010, 509 – *Löffelmann*.
[232] OLG Hamm, BauR 1997, 876. Ferner OLG München, BauR 2011, 1197 = IBR 2011, 595 – *Broker*; ferner IBRRS 2015, 0178 (Beschluss v. 20.12.2012, AZ 13 U 3128/12 Bau); OLG Celle, BauR 2010, 1993 (wonach der Architekt im Planungsstadium auf Nachteile der vom Bauherrn gewünschten [Fachwerk-]Konstruktion hinweisen muss, ihm allerdings sein Vorhaben nicht ausreden muss; ferner zur Vermutung beratungskonformen Verhaltens) = NZBau 2010, 573 = IBR 2010, 510 – *A. Eick*.
[233] BGH, BauR 1976, 66; OLG München, IBRRS 2015, 0718 (Beschluss v. 20.12.2012, AZ 13 U 3128/12 Bau); OLG Hamm, BauR 2006, 861 = IBR 2006, 152 – *Saerbeck* (Heizungsbau); KG, NZBau 2002, 160; Schmalzl, BauR 1977, 365 ff.; ferner: *Clasen*, BlGBW 1976, 152; *Schmidt*, WM 1977, 1102, 1114. Vgl. hierzu auch OLG Koblenz, NJW-Spezial 2011, 430.
[234] OLG Saarbrücken, NJW-RR 1998, 93 (Unterlassen dieser Aufklärung kann zum Verlust des Architektenhaftpflichtversicherungsschutzes führen); OLG Zweibrücken, IBR 1999, 523 – *Sienz*; OLG Oldenburg, OLGR 1996, 218. Vgl. hierzu OLG München, IBR 2011, 34 – *Heiliger*.
[235] BauR 2010, 1093 = NJW-RR 2010, 1395.

(z.B. Fachwerkkonstruktion) hinweisen muss, wobei er ihm allerdings „sein Bauvorhaben nicht ausreden muss".

Die **Belehrungspflicht** des Architekten hat aber hier **Grenzen:** Weist der Architekt den Bauherrn nachdrücklich auf die in einer bestimmten (meist kostengünstigeren) Konstruktion liegenden Risiken hin, besteht der Bauherr aber dann gleichwohl auf dieser Durchführung des Bauvorhabens, sind die nachteiligen Folgen nicht auf den Architekten abwälzbar.[236] Das KG[237] fordert im Übrigen von einem Architekten, dass er seinen Auftraggeber auch dann über moderne (kostengünstige) Baumaßnahmen, die behördlich genehmigt sind und sich am Markt durchgesetzt haben, informiert, wenn er Bedenken gegen diese Technik hat und deshalb an der herkömmlichen (kostenintensiveren) Maßnahme festhalten will.

Das **Unterlassen der erforderlichen Planung** steht der fehlerhaften Planung **2001** gleich, wenn es dadurch zu Baumängeln kommt.[238] Das gilt insbesondere für vom Architekten zu erbringende **Detailplanungen.**[239] Wie detailliert die Ausführungsplanung sein muss, hängt nach zutreffender Auffassung des OLG Celle[240] von den Umständen des Einzelfalles ab: Sind Details der Ausführung besonders schadensträchtig, müssen diese unter Umständen im Einzelnen geplant und den Unternehmern in einer jedes Risiko ausschließenden Weise verdeutlicht werden. Ob ein Architekt eine **schriftliche** Detailplanung vornehmen muss, hängt allerdings von den Umständen des Einzelfalles ab. Muss ein Architekt z.B. mit Versorgungsleitungen im Erdreich rechnen, so hat er dies bei seiner **Planung** zu berücksichtigen. Tut er dies nicht, und fallen deshalb zusätzliche Kosten (z.B. durch einen Verbau) an, ist seine Planung mangelhaft. Es kann aber im Einzelfall ausreichen, wenn der Architekt die erforderlichen planerischen Detailanweisungen den Unternehmern an Ort und Stelle **mündlich** erteilt.[241]

Ein Planungsfehler liegt nicht vor, wenn die von dem Architekten erbrachte Planungsarbeit nicht die objektiv günstigste ist. Entscheidend ist vielmehr allein, ob die **planerische Leistung des Architekten brauchbar ("sachgerecht")** ist.[242] Das ist eine Frage des Einzelfalles. So ist der vom Architekten erstellte Bauplan nicht „brauchbar", wenn er bei der Planung den zum Nachbarn erforderlichen Grenzabstand nicht eingehalten hat[243] oder einem Bürogebäude eine gewisse Repräsen-

---

236) Vgl. BGH, ZfBR 1980, 287 = BauR 1981, 76; BGH, NJW 1981, 2243 = BauR 1981, 479 = MDR 1982, 48.
237) NJW-RR 2001, 1385 = ZfBR 2001, 474 = NZBau 2002, 160 (Brandschutz mittels Deckenschotts statt Brandschutzklappen).
238) *Schmidt*, WM 1974, 294, 300; BGH, BauR 1974, 63 = VersR 1974, 261; OLG Bamberg, *SFH*, Nr. 59 zu § 635 BGB.
239) BGH, BauR 2000, 1330 = NZBau 2000, 433 = ZfBR 2000, 484; BGH, NJW-RR 1988, 275; OLG Celle, BauR 1992, 801 (Planung von Abdichtungsmaßnahmen); OLG Köln, NJW-RR 2002, 15; OLG Düsseldorf, OLGR 2002, 63; OLG Hamm, NJW-RR 1993, 549 (Nichteinbau eines Rückstauventils).
240) BauR 2013, 1289.
241) OLG Köln, VersR 1993, 1229.
242) Siehe hierzu: OLG Karlsruhe, BauR 2001, 1933 = OLGR 2001, 411 = IBR 2002, 83 – *Lauer*.
243) Vgl. OLG Düsseldorf, *Schäfer/Finnern*, Z 3.01 Bl. 125.

tationsfunktion fehlt.²⁴⁴⁾ Von einem in diesem Sinne unbrauchbaren Plan kann aber noch nicht ausgegangen werden, wenn es sich nur um jene **kleineren und unbedeutenden Mängel** handelt, die öfters von den Bauämtern aus öffentlich-rechtlicher Sicht beanstandet werden. Ein Architektenplan ist deshalb nur dann nicht brauchbar, wenn es sich um einen **gravierenden Verstoß** handelt.

Häufig übernehmen (meist mit dem Bauherrn befreundete) Architekten aus „**Gefälligkeit**" **Architektenleistungen**, insbesondere bauplanende oder -überwachende Tätigkeiten. In diesen Fällen ist zunächst zu prüfen, ob dadurch eine **vertragliche Bindung** mit rechtsgeschäftlichem Charakter zwischen Architekt und Bauherr zustande gekommen ist. Dabei sind nach Auffassung des BGH²⁴⁵⁾ die wirtschaftliche und rechtliche Bedeutung der Angelegenheit, vor allem für den begünstigten Bauherrn, ferner Art und Grund der Gefälligkeit sowie die Interessenslage zu würdigen. Eine vertragliche Bindung liegt nach BGH²⁴⁶⁾ nahe, wenn der Begünstigte sich erkennbar auf die Zusage verlässt und für ihn erhebliche Werte auf dem Spiel stehen. Ist unter diesen Gesichtspunkten ein Rechtsbindungswille der Parteien anzunehmen, haftet der Architekt nach den allgemeinen Haftungsgrundsätzen des BGB, auch wenn die Gefälligkeit ohne Honorarvereinbarung mit nur einem geringen Honorar²⁴⁷⁾ und/oder bei Nichtbestehen einer Haftpflichtversicherung²⁴⁸⁾ erbracht wird. Allerdings ist das OLG Dresden²⁴⁹⁾ der Auffassung, dass insbesondere bei beratenden Tätigkeiten aus Gefälligkeit unter Berücksichtigung des Einzelfalles eine stillschweigende Haftungsbegrenzung auf sog. „Sorgfalt in eigenen Angelegenheiten" angenommen werden kann; in diesem Fall haftet der Architekt nur für vorsätzliche oder grob fahrlässige Pflichtverletzungen (vgl. zur Objektüberwachung aus „Gefälligkeit" Rdn. 2029).

In diesem Zusammenhang ist auch auf ein Urteil des OLG Köln²⁵⁰⁾ zu verweisen, wonach dem Auftraggeber auch dann gegen den bauüberwachenden Architekten **Mängelansprüche** wegen unzureichender Bauüberwachung zustehen, wenn der **Architektenvertrag** aufgrund eines Verstoßes gegen das Kopplungsverbot **unwirksam** ist. Insbesondere soll sich der Architekt jedenfalls dann nicht auf Nichtigkeit des Vertrages berufen können, wenn sich der Auftraggeber aufgrund des Verhaltens des Architekten auf den Erhalt der Architektenleistungen eingerichtet hat.

2002 Bei einer **stufenweisen Beauftragung** des Architekten (vgl. Rdn. 694, 802) ist die Mangelhaftigkeit der Architektenleistung im Rahmen der **jeweiligen Vertragsstufe** zu prüfen, weil der Architekt insoweit einen **selbstständigen Werkerfolg**

---

244) OLG Hamm, NJW-RR 1989, 470.
245) NJW-RR 2006, 117, 120; NJW 1985, 1778 m.w.N.; vgl. auch OLG Brandenburg, BauR 2015, 288 = IBR 2015, 81 – *Klein*; OLG Stuttgart, IBR 2014, 615 – *Fuchs*.
246) NJW 1971, 1404; OLG Karlsruhe, IBR 2010, 155 – *Wenkebach* = BauR 2011, 729 (LS); ferner OLG Dresden, IBR 2016, 650 – *Eistert*; OLG Frankfurt, NJW-RR 2011, 459 = IBR 2011, 149 – *Schmidt*; OLG Köln, BauR 2008, 861 (Übernahme des Baugenehmigungsantrags und Bewehrungsabnahme aus Gefälligkeit) sowie NZBau 2006, 183; OLG Celle, BauR 2002, 1427 (Übernahme der Bauüberwachung aus Gefälligkeit).
247) OLG Naumburg, IBR 2013, 87 – *Boisserée*.
248) OLG Frankfurt, IBR 2011, 149 – *Schmidt* = NJW-RR 2011, 459.
249) IBR 2010, 699 – *Naumann*.
250) BauR 2015, 144 = IBR 2014, 680 – *Hebel*.

schuldet. Die Mangelhaftigkeit der Leistung einer Stufe besagt grundsätzlich noch nichts über die einer anderen (vorangegangenen oder späteren) Stufe. Folgerichtig hat der BGH[251] daher auch entschieden, dass der Architekt bei einer entsprechenden stufenweisen Beauftragung ein Honorar für eine mangelfreie Entwurfsplanung („hinreichende Genehmigungsaussicht") verlangen kann, auch wenn ihm die Erstellung einer genehmigungsfähigen Planung nicht gelingt. Allerdings ist ein solcher Sachverhalt in der Baupraxis kaum vorstellbar. Die maßgebliche, geistige Planungsleistung wird von einem Architekten in der Vor- und Entwurfsplanung erbracht. Die Genehmigungsplanung baut sodann auf diesen Leistungen auf, was auch aus den in § 34 HOAI in Verbindung mit Anlage 10 genannten Grundleistungen für die Genehmigungsplanung deutlich wird. Daher ist davon auszugehen, dass eine nicht genehmigungsfähige Planung in aller Regel eine mangelhafte Entwurfsplanung indiziert.

2003 Hat der Architekt für einen Planungsfehler einzustehen, kann er sich dem Bauherrn gegenüber nicht darauf berufen, dass ein Unternehmer die fehlerhaft geplante Bauleistung obendrein nicht fachgerecht ausgeführt hat.[252] Die Verantwortung des Architekten wird auch nicht dadurch eingeschränkt, dass der **Bauherr fachkundig** ist; so wie sich ein Unternehmer bei Ausführungsfehlern nicht darauf berufen kann, dass der Architekt ihn nicht ausreichend überwacht hat (Rdn. 2484), kann sich auch ein Architekt nicht mit dem Hinweis ganz oder teilweise entlasten, er sei nicht ausreichend von dem fachkundigen Bauherrn überprüft worden. Dies ist anders, wenn der Bauherr den Planungsmangel erkennt und die Umplanung an sich zieht.[253]

2004 Schaltet der **Bauherr** (von sich aus) einen **Sonderfachmann** ein, um eine **fachspezifische** Frage abzuklären, scheidet eine Haftung des Architekten grundsätzlich aus, wenn dieser Fachbereich nicht zum (allgemeinen) Wissensstand des Architekten gehört (vgl. hierzu näher Rdn. 2501).[254] Allerdings gilt (insoweit einschränkend) Folgendes: Die Einschaltung eines Sonderfachmannes entbindet den Architekten nicht von der eigenen Verantwortlichkeit; so kann eine **Haftung** des Architekten für die **Auswahl** und **Überprüfung** der Leistungen des Sonderfachmannes „nach dem Maß der von ihm als Architekten zu erwartenden Kenntnisse" in Betracht kommen.[255] Darüber hinaus muss sich ein Architekt vergewissern, das die Leistungen des Sonderfachmanns auf der Grundlage zutreffender und vollständiger bautechnischer Vorgaben vorgenommen worden sind; er muss also die jeweilige Planung auf offensichtliche Fehler und Unvollständigkeiten überprüfen, die für ihn als Architekt auch ohne Spezialkenntnisse erkennbar sind.[256] Die Planung des Sonderfachmannes muss in sich stimmig sein und mit der Planung des Architekten über-

---

251) BauR 1997, 1065 = ZfBR 1998, 25.
252) BGH, VersR 1970, 744 = BauR 1970, 244.
253) Vgl. hierzu BGH, NJW-RR 1989, 86.
254) BGH, BauR 1997, 488; OLG Köln, BauR 1999, 429 = NJW-RR 1998, 176 = OLGR 1998, 226 u. BauR 1994, 801 (LS); s. auch BGH, BauR 1996, 404 = NJW-RR 1996, 852 = ZfBR 1996, 198; OLG Braunschweig, IBR 2009, 461 – *Krause-Allenstein*. Vgl. aber OLG Celle, BauR 2014, 1169.
255) BGH, BauR 2001, 823 = NZBau 2001, 270 = ZfBR 2001, 317 = NJW 2001, 1276; OLG Düsseldorf, IBR 2016, 157 – *Klein*; OLG Bamberg, IBR 2004, 151 – *Büchner*; OLG Dresden, IBR 2003, 486 – *Hunger*.
256) OLG Köln, IBR 2011, 704 – *Eich*.

einstimmen.²⁵⁷⁾ Hat allerdings der **Architekt die bautechnischen Fachkenntnisse** oder sind sie von ihm zu erwarten,²⁵⁸⁾ begründet dies seine **(Mit-)Haftung;** deshalb ist im Einzelfall stets darauf abzustellen, ob dem Architekten die Prüfung der Leistung des Sonderfachmannes möglich war und ihm sich dabei Bedenken aufdrängen mussten. Nach der Rechtsprechung ist dies z.B. bei der Planung von Dehnungsfugen²⁵⁹⁾, bei der Beurteilung von Boden- und Gründungsgutachten²⁶⁰⁾ oder bei groben/offensichtlichen für ihn erkennbaren Mängeln der Statik²⁶¹⁾ der Fall. Im Einzelfall wird der Architekt auch verpflichtet sein, dem Bauherrn die Einschaltung eines Sonderfachmannes **anzuraten.**²⁶²⁾

Zieht der **Architekt** (ausnahmsweise) zur Erfüllung seiner **eigenen** vertraglichen Pflichten einen **Sonderfachmann** hinzu, ist dieser **sein Erfüllungsgehilfe,** mit der Folge, dass er auch für dessen Fehler haftet. Dies ist anders, wenn die Leistung des Sonderfachmanns nicht zu den primären Leistungspflichten des Architekten gehört, die ihm in Auftrag gegeben wurden.²⁶³⁾ In diesen Fällen kommt aber eine **Pflichtverletzung** in Betracht, sofern die fehlerhafte Leistung des Sonderfachmanns auf unzureichenden Vorgaben des Architekten beruht, so etwa, wenn er einen **unzuverlässigen Sonderfachmann auswählt** oder Mängel, die für ihn nach den zu erwartenden Kenntnissen erkennbar waren, unbeanstandet lässt.²⁶⁴⁾

2005 Da der Architekt grundsätzlich verpflichtet ist, einen **Bauherrn auf die negativen Konsequenzen** eines für die Planung **geäußerten Wunsches hinzuweisen,** muss er im Streitfall beweisen, das sich der Bauherr auch im Fall eines Hinweises für die tatsächlich realisierte Planung entschieden hätte²⁶⁵⁾ (vgl. hierzu Rdn. 2294, 2306 – beratungsgerechtes Verhalten). Berät der Architekt den Bauherrn nicht, und kommt es zu einem Planungsfehler, der bei ordnungsgemäßer Beratung und Aufklärung des Bauherrn unterblieben wäre, so trifft den Architekten stets die **volle Haftung.** Nur wenn der Bauherr sich trotz fachkundiger Aufklärung durch den Architekten mit der Planung und Ausführung einverstanden erklärt, scheidet eine Haftung des Architekten wegen Planungsverschulden aus.²⁶⁶⁾ In gleicher Weise entfällt eine Haftung des Architekten, wenn der Bauherr selbst (fehlerhafte) Planungsmaßnahmen vornimmt, der Architekt aber seine Haftung hierfür ausdrück-

---

257) OLG Braunschweig, IBR 2015, 560 – *Meier*.
258) OLG Köln, NJW-RR 1994, 1110 (Schäden an Fußbodenheizung); vgl. auch OLG Köln, OLGR 1998, 226 (mangelhaftes hydrologisches Gutachten) sowie OLG Hamm, NZBau 2011, 48.
259) LG Stuttgart, BauR 1997, 137.
260) BGH, BauR 1996, 404 = NJW-RR 1996, 852 = ZfBR 1996, 198.
261) OLG Jena, IBR 2008, 341 – *Käseberg*.
262) OLG Stuttgart, IBR 2009, 659 – *Krause-Allenstein* (Hinzuziehung eines Fachplaners für Wärmeschutz); OLG Frankfurt, BauR 2002, 678 (LS) = OLGR 2001, 336 (zur Notwendigkeit der Einschaltung eines Vermessungsingenieurs); OLG Braunschweig, IBR 2009, 461 – *Krause-Allenstein*.
263) BGH, BauR 2001, 823 = NZBau 2001, 270 = ZfBR 2001, 317 = NJW 2001, 1276; BGH, BauR 1997, 488 = NJW 1997, 2173 = MDR 1997, 542.
264) BGH, a.a.O.
265) Zutreffend: OLG Hamm, NJW-RR 1989, 470.
266) OLG München, NJW-RR 1988, 336; s. auch BGH, ZfBR 1980, 287 = BauR 1981, 76.

lich ablehnt.[267] Nach Auffassung des OLG Stuttgart[268] haftet ein Architekt auch dann nicht, wenn ihm der Auftraggeber (hier Bauträger) zur Einsparung einen sehr niedrigen Schallschutz vorgibt (einschalige statt einer doppelschaligen Bauweise).

2006 Der Schadensersatzanspruch des Bauherrn gegen den Architekten wegen eines Planungsfehlers ist grundsätzlich auf **Geld** gerichtet; seine Geltendmachung setzt **nicht** das fruchtlose Setzen einer **Nachfrist** voraus, wenn sich der **Planungsfehler bereits in dem Bauwerk verkörpert** hat und durch Nachbesserung der Planung nicht mehr ungeschehen gemacht werden kann.[269]

Zu den **Beratungs-, Hinweis-** und **Auskunftspflichten** siehe Rdn. 2275 ff.; zur Abgrenzung der Haftung von **Architekt** und **Sonderfachmann** auch Rdn. 2484; zur **Sekundärhaftung** des Architekten Rdn. 2024.

2007 Ist einem Architekten nur die Objektüberwachung übertragen worden, nicht aber die Planungsleistungen, erbringt er aber aus „Gefälligkeit" eine **bauplanende Tätigkeit**, kann er sich gegenüber dem Auftraggeber schadensersatzpflichtig machen. Insoweit gelten dieselben von der Rechtsprechung entwickelten Grundsätze wie zur „faktischen" Objektüberwachung (vgl. hierzu Rdn. 2029).[270]

Wird ein Genehmigungsantrag abgelehnt, kann dem Architekten – trotz eines Planungsfehlers – ein Honoraranspruch zustehen. Das gilt aber nur für die Leistungsphasen 1 und 2 (nicht für die Leistungsphasen 3 und 4), weil die Grundlagenermittlung die Vorplanung zur Klärung der Genehmigungsfähigkeit erforderlich sind und zum Gegenstand einer Bauvoranfrage gemacht werden können/sollten.[271]

b) Koordinierungsmängel

2008 Der Architekt muss – wie der Auftraggeber/Bauherr[272] – das Bauvorhaben koordinieren; er muss in **technischer, wirtschaftlich-kostenmäßiger** und vor allem **zeitlicher** Hinsicht für den reibungslosen Ablauf des Baugeschehens Sorge tragen.[273] Er hat dementsprechend das harmonische **Zusammenwirken** der verschiedenen Unternehmer und den zeitlich **richtigen Ablauf** der einzelnen **Baumaßnahmen** sicher-

---

267) Vgl. hierzu: BGH, BauR 1989, 97 = NJW-RR 1989, 86 ff.
268) NZBau 2012, 179.
269) Vgl. BGH, MDR 1981, 836 = BauR 1981, 395; OLG Hamm, BauR 1997, 876, 880; *Schmidt*, MDR 1982, 706, 709.
270) Vgl. hierzu insbesondere OLG Köln, BauR 2008, 861.
271) Vgl. hierzu OLG Oldenburg, BauR 2008, 705; OLG Nürnberg, BauR 2002, 976 = NZBau 2003, 39; OLG Düsseldorf, BauR 1996, 237 = NJW-RR 1996, 403 sowie BauR 1986, 469. Vgl. hierzu *Koeble*, in: Locher/Koeble/Frik, § 34 HOAI, Rn. 109.
272) Vgl. OLG Köln, NJW-RR 2002, 15 = NJW-RR 2001, 268; OLG Hamm, NJW-RR 1999, 319 u. OLG Düsseldorf, NJW-RR 1999, 1543 (**Koordinierungspflichten** des Bauherrn).
273) Vgl. dazu OLG Celle, BauR 2008, 1489, 1491; ferner OLG Celle, BauR 2006, 137 (verfrühte Anordnung zur Verlegung der Fliesen); OLG Celle, BauR 2004, 1173 = OLGR 2004, 320; OLG Köln, BauR 2003, 1730 (Hinwirken auf Frostschutzmaßnahmen); ferner: OLG Köln, BauR 1999, 768 u. OLGR 1994, 242 (Koordinierungspflichten des Architekten beim Auftreten von **Grundwasser** in der Baugrube); OLG Hamm, NZBau 2001, 691 = BauR 2001, 1761 = IBR 2001, 531 – *Kieserling* (Koordinierung der Gewerke des Fensterbauers und des Dachdeckers); OLG Koblenz, BauR 1997, 482 (**Inbetriebnahme** einer **Heizung** zum Zwecke des weiteren Ausbaus bei winterlichen Temperaturen).

zustellen.[274] Das ist in der Rechtsprechung wiederholt ausgesprochen worden;[275] daran wird auch im Schrifttum nicht gezweifelt.[276] Zu beachten ist, dass die Koordinierungspflicht bereits **im Planungsstadium** besteht, aber dort ihre Grenze findet, wo es sich um die Abstimmung der Leistungen von mehreren Sonderfachleuten (Spezialunternehmern) handelt, deren Fachbereiche der Architekt nicht zu beherrschen braucht.[277]

2009 Daneben besteht die Koordinierungspflicht **auch** bei der **Bauüberwachung (Bauaufsicht)**.[278] Ob eine mangelhafte Koordinierung dem Planungsbereich oder der örtlichen Bauführung (Bauaufsicht) zuzuordnen ist, kann im Einzelfall von großer Bedeutung sein: Fällt nämlich die unzureichende Koordinierung schon in den Bereich der Planung, hat sich der Bauherr ein Verschulden des Architekten gemäß §§ 278, 254 BGB gegenüber der bauausführenden Unternehmern anrechnen zu lassen.[279] Demgegenüber sind Fehler bei der Bauaufsicht **nicht** zulasten des Bauherrn zu berücksichtigen;[280] Gleiches gilt für die Fehler anderer Unternehmer.[281]

2010 Im Einzelfall mag es schwierig sein zu beurteilen, ob der Koordinierungsfehler des Architekten schon oder noch dem Planungsbereich zuzuordnen ist. Hochstein[282] meint, es komme entscheidend darauf an, ob der Unternehmer seine Leistungen bereits abgeschlossen habe, bevor der Architekt die daran anschließenden Arbeiten freigebe. Dem kann nicht gefolgt werden: Koordinierungsmängel sind rechtlich nicht danach zu beurteilen, was der Unternehmer tatsächlich erbracht hat, sondern ausschließlich daran zu messen, was dem Auftraggeber bzw. seinem Architekten gegenüber den bauausführenden Unternehmer obliegt. So schuldet der **Bauherr/Auftraggeber** dem Auftragnehmer/Unternehmer im Rahmen der Koordinierungspflicht, die in aller Regel der eingeschaltete Architekt übernimmt, dass **brauchbare** und **zuverlässige Pläne** zur Verfügung gestellt sowie **die notwendigen Entscheidungen** getroffen werden, die für einen **reibungslosen Bauablauf unentbehrlich** sind.[283]

---

274) Zur Terminhaftung: OLG Frankfurt, BauR 1991, 370.
275) Vgl. BGH, VersR 1970, 280 = WM 1970, 354; WM 1971, 1125 = NJW 1971, 1800; BGH, NJW 1972, 447 = BauR 1972, 112; NJW 1978, 322 = BauR 1978, 60.
276) Statt vieler: *Koeble*, in: Locher/Koeble/Frik, § 34 HOAI, Rn. 81, 123, 172, 180, 226, 231 f.
277) BGH, BauR 1976, 138.
278) Vgl. BGHZ 31, 224, 227 = NJW 1960, 431; BGHZ 68, 169, 174, 178 = NJW 1977, 898; BGH, VersR 1961, 751; 1962, 762; BauR 1976, 138, 139; NJW 1978, 322; OLG Stuttgart, NZBau 2007, 591, 592; OLG Köln, BauR 1999, 768 u. ZfBR 1989, 184.
279) OLG Hamm, NZBau 2001, 691 = BauR 2001, 1761 (dazu: *Kieserling*, NZBau 2002, 263); OLG Köln, NJW-RR 2002, 15 = OLGR 2001, 268; OLG Köln, *SFH*, Nr. 9 zu § 635 BGB.
280) Vgl. BGH, NJW 1972, 447; BGH, BauR 1989, 97 = NJW-RR 1989, 86 (ständig).
281) OLG Hamm, NZBau 2001, 691.
282) Anm. zu OLG Köln, *SFH*, Nr. 9 zu § 635 BGB.
283) OLG Köln, NJW-RR 2002, 15, 16; BGH, NJW 1972, 447, 448.

c) Mangelhafte Objektüberwachung/Bauüberwachung

Literatur

Clasen, Inwieweit haftet der mit der Bauleitung beauftragte Architekt für Planungsfehler, insbesondere bei Verwendung neuer Baustoffe?, BlGBW 1976, 152; *Neuenfeld*, Probleme der Leistungsphasen 8 und 9 des § 15 HOAI, BauR 1981, 436; *Jagenburg*, Umfang und Grenzen der Haftung des Architekten und Ingenieurs bei der Bauleitung, Aachener Bausachverständigentage, 1985, 9; *Olshausen*, Zur Leistungsverpflichtung des Objektplaners im Zusammenhang mit der Überwachung und Abnahme der Bewehrungsarbeit, BauR 1987, 365; *Motzke*, Überwachung und Abnahme der Bewehrung – Eine Aufgabe des Architekten?, BauR 1988, 534; *Glück/Wietsch*, Nochmals zum Thema Überwachung und Abnahme der Bewehrungsarbeiten, BauR 1988, 550; *Locher*, Schadensersatzansprüche gegen den Architekten wegen Nichtauflistung von Gewährleistungsfristen, BauR 1991, 135; *Lenzen*, Der bauleitende Architekt als Haftpflichtversicherer des planenden Architekten?, BauR 2000, 816; *Leitzke*, Die Pflichten des Architekten hinsichtlich der Mangelhaftung des Unternehmers, BauRB 2003, 241; *Lotz*, Der Bauleiter und Fachbauleiter im Sinne der Landesbauordnungen, BauR 2003, 957; *Neyheusel*, Rechtsfragen bei der „Baubegleitenden Qualitätsüberwachung", BauR 2004, 401; *Vogel*, Neue Tendenzen in der Rechtsprechung zur Haftung des Architekten – Nachweis der Verletzung der Bauaufsichtspflicht des Architekten durch Anscheinsbeweis?, ZfBR 2004, 424; *Lauer*, Verjährung des Mängelanspruchs und Sekundärhaftung im Architektenrecht, BauR 2004, 1639; *Seifert*, Ermittlung des erbrachten Leistungsanteils des Architekten bei unvollständiger Objektüberwachung, Festschrift für Werner (2005), 145; *Hormann*, Die Sekundärhaftung des Architekten, BTR 2005, 205; *Löffelmann*, Zum Umfang der „Planprüfungspflicht" des nur objektüberwachenden Architekten, Festschrift für Motzke (2006), 229; *Vetter*, Architektenhaftung und Bauwerksabdichtung, NZBau 2006, 682; *Hebel*, Haftung des Objektüberwachers für Baumängel, BauR 2006, 221; *Kirberger*, Haftung des Objektüberwachers auch für Planungsfehler?, BauR 2006, 239; *Jochem*, Architektenhaftung für Planungs- und Überwachungsfehler beim Bauen im Bestand, BauR 2007, 281; *Berding*, Haftung des Architekten für fehlerhafte Rechnungsprüfung, BauR 2007, 473; *Ruff*, Das Bautagebuch – ein „ungeliebtes", aber notwendiges Dokument, BauR 2009, 1160; *Scholtissek*, Die Begrenzung der Sachwalterstellung (und der Haftung) des Architekten, NZBau 2010, 94; *Weber*, Die Haftung für Verletzungen der vertraglichen Bauaufsichtspflicht – Eine Übersicht unter besonderer Berücksichtigung der Rechtsprechung des Bundesgerichtshofs und der Obergerichte, ZfBR 2010, 107; *Reinelt/Pasker*, Gilt die Sekundärhaftung des Architekten auch nach der Schuldrechtsmodernisierung?, BauR 2010, 983; *Scholtissek*, Ein Abgesang auf den Architekten als „Sachwalter" des Bauherrn – und zugleich auf dessen Sekundärhaftung –, Festschrift für Koeble (2010), S. 489; *Prote*, Zur Nachtragsprüfung durch Objektüberwacher, in: Festschrift für Udo Blecken (2011); *Jochem*, Die Sachwalterhaftung von Architekten und Ingenieuren – Eine Darstellung der Grundsätze der Rechtsprechung in der praktischen Anwendung, BauR 2012, 16; *Weingart*, Bestehen Kontrollpflichten des bauüberwachenden Architekten und des objektbetreuenden Architekten bei Ersatzvornahmearbeiten, BauR 2015, 1911.

2011 Die Haftung des Architekten wegen mangelhafter „Objektüberwachung" (§ 34 Nr. 8 HOAI) richtet sich nach den im Einzelfall **getroffenen Vereinbarungen**,[284] nicht nach der Höhe des Honorars.[285] Behauptete Mängel und/oder Schäden beru-

---

[284] Vgl. z.B. BGH, NJW 2002, 749 = MDR 2002, 214 (gutachtliche Erfassung von Baumängeln); BauR 2002, 1112 = NZBau 2002, 456; BauR 1998, 869; OLG Hamm, BauR 2003, 273 (für Bauüberwachung nur **„auf Anforderung"** des Auftraggebers); OLG Köln, BauR 1997, 343, 344 (unzureichende Prüfung von **Abschlagsrechnungen** i.R. der Objektüberwachung). Zur Haftung bei einer Objektüberwachung aus **Gefälligkeit:** OLG Celle, IBR 2002, 318 = BauR 2002, 1427; OLG Köln, NZBau 2006, 183. Zur Bindungswirkung eines **deklaratorischen Anerkenntnisses** des Haftpflichtversicherers im Prozess gegen den Architekten: LG Berlin, BauR 2003, 417.
[285] OLG Oldenburg, IBR 2007, 380 – *Fischer*; OLG Naumburg, BauR 2005, 1796.

hen insoweit immer auf der Verletzung einer vertraglichen **Hauptpflicht**.[286)] Diese basiert auch bei einem isolierten Bauüberwachungsvertrag auf einem Werkvertrag.[287)]

2012 Von der Objektüberwachung ist die Tätigkeit des Architekten als **verantwortlicher Bauleiter** nach den Landesbauordnungen zu unterscheiden; insoweit nimmt der Architekt die öffentlichen Pflichten gegenüber der Bauaufsichtsbehörde wahr.[288)]

2013 Die **Objektüberwachung** umfasst vor allem das Überwachen der Ausführung des Objekts auf Übereinstimmung mit der **Baugenehmigung**, den **Ausführungsplänen** und den **Leistungsbeschreibungen** mit den anerkannten **Regeln der Baukunst/Technik**[289)] und den einschlägigen Vorschriften sowie das **Koordinieren**[290)] der an dem Baugeschehen fachlich Beteiligten. Der bauleitende Architekt hat daher die ihm zur Verfügung gestellten Planungs- und Ausschreibungsunterlagen auf **Fehler** und **Widersprüche zu überprüfen;**[291)] das betrifft z.B. statische Unterlagen, insbesondere die Überwachung und Abnahme der Bewehrung entsprechend den Bewehrungsplänen des Statikers.[292)] Ferner hat er sich zu vergewissern, ob bei Erstellung dieser Unterlagen von den gegebenen tatsächlichen Verhältnissen ausgegangen worden ist.[293)] Dagegen gilt das nicht hinsichtlich etwaiger Unterlagen (z.B. Gutachten), die lediglich als Grundlage für die Erstellung der Planungsunterlagen gedient haben.[294)]

Der **bauleitende** Architekt kann sich grundsätzlich, wenn er seine Leistungspflichten, zu denen auch grundsätzlich die **Überprüfung der Planung** gehört,[295)] verletzt, gegenüber dem Bauherrn auf ein mitwirkendes Verschulden des **planenden** Architekten berufen (vgl. hierzu im Einzelnen Rdn. 2498).[296)]

---

286) OLG Düsseldorf, BauR 2004, 1331, 1335 = NZBau 2004, 454; OLG Stuttgart, BauR 2002, 1894; LG Deggendorf, BauR 2002, 340.
287) OLG Naumburg, BauR 2006, 2089.
288) Thüringer OLG vom 23.6.2009, AZ 5 U 12/09. Vgl. hierzu: *Lotz*, BauR 2003, 957 ff.; zum Begriff des „**Fachbauleiters**"; OLG Hamm, BauR 2001, 1782.
289) BGH, BauR 2000, 1513 = ZfBR 2000, 544 = NZBau 2000, 525; BauR 1978, 498 = ZfBR 1978, 17; BGH, BauR 1999, 187; OLG Celle, IBR 2007, 436 (Überprüfung der Werkplanung); OLG Naumburg, BauR 2006, 2089, 2090; OLG Frankfurt, BauR 2004, 1329; OLG Brandenburg, BauR 2001, 283, 285; OLG Bamberg, BauR 1996, 284 u. BauR 1991, 791; OLG Köln, BauR 1997, 505 = NJW-RR 1997, 597; s. auch OLG Hamm, NJW-RR 1991, 1045 (Beachtung von Regelwerken außerrechtlicher Institute, die „mit einem gewissen Nachdruck publiziert" werden, wie z.B. die Regeln des Zentralverbandes des Baugewerbes).
290) Vgl. OLG Köln, BauR 2004, 1730 (Frostschäden an Kaltwasserleitung); OLG Celle, OLGR 2004, 320.
291) OLG Karlsruhe, BauR 2004, 363; OLG Celle, IBR 2004, 26 – *Schwenker;* OLG Düsseldorf, BauR 2005, 423 (Brandschutzgutachten eines Sonderfachmanns); OLG Frankfurt, BauR 2004, 1329, 1330; OLG Hamm, NJW-RR 1991, 410 = BauR 1991, 368; OLG Düsseldorf, BauR 1998, 200 (LS) = NJW-RR 1998, 741.
292) OLG Hamm, NJW-RR 1990, 915 = ZfBR 1991, 26; OLG Stuttgart, NJW-RR 1989, 1428; vgl. auch BGH, VersR 1962, 762 u. VersR 1963, 878.
293) OLG Frankfurt, NJW-RR 1990, 1496.
294) OLG Hamm, NJW-RR 1991, 410 = BauR 1991, 368.
295) OLG Brandenburg, BauR 2013, 1478 = IBR 2013, 355 – *Wronna*.
296) BGH, BauR 2009, 515 = NZBau 2009, 185 = IBR 2009, 9 – *Schulze-Hagen;* OLG Celle, IBR 2004, 26 – *Schwenker;* OLG Karlsruhe, BauR 2003, 1921, 1922.

Bei der Tätigkeit als örtlicher Bauführer kommt im Übrigen die **Sachwalterstellung** des Architekten[297)] besonders deutlich zum Ausdruck. Als örtlicher Bauführer muss er die Baustelle und die dort tätigen Unternehmer oder Handwerker **im Griff** haben.[298)] Er muss die Arbeiten **gezielt überwachen** und **koordinieren**, um zu erreichen, dass das **Bauwerk frei von Mängeln und wie geplant durchgeführt** wird;[299)] von der **Zeitplanung** wird der bauaufsichtsführende Architekt deshalb nur entlastet, wenn diese von einem Projektsteuerer oder von einem Sonderfachmann tatsächlich übernommen wird.[300)] Besondere Aufmerksamkeit hat der Architekt auch solchen Baumaßnahmen zu widmen, bei denen sich im Verlauf der Bauausführung **Anhaltspunkte für Mängel** ergeben.[301)] Geäußerten Bedenken gegen die Bauausführung muss er nachgehen. Deshalb darf sich der Architekt nicht auf gelegentliche Baustellenbesuche beschränken, sondern er muss die **Überwachung der Bauleistungen regelmäßig** und **in angemessener**, jedoch auch **zumutbarer Weise** vornehmen.[302)] Dabei hat er sich durch häufige Kontrollen zu vergewissern, ob seinen Anweisungen auch sachgerecht gefolgt wird.[303)] Der **Umfang** der Bauaufsichtspflicht, also insbesondere die Häufigkeit der Baustellenbesuche, kann weder sachlich noch zeitlich generell bestimmt werden, sondern richtet sich nach den **Umständen des Einzelfalles.**[304)] Die Überwachungspflicht eines Architekten wird nicht dadurch gemindert, dass er einen Teil der Arbeiten nicht selbst vergeben hat.[305)] Das OLG Celle[306)] hat im Übrigen zutreffend auch darauf hingewiesen, dass ein Architekt nicht dazu verpflichtet ist, sich für den Bauherrn ständig persönlich „erreichbar" zu halten. Vielmehr könnten erforderliche Abstimmungen auch unter Zuhilfenahme moderner Kommunikationstechnologien erfolgen. Im Übrigen erstreckt sich die Aufsichtspflicht des Architekten auch auf Arbeiten, die der Bauherr eigenständig – in Abweichung von der Planung des Architekten – an Dritte vergeben hat.[307)]

---

297) Vgl. hierzu *Jochem*, BauR 2012, 16; *Scholtissek*, NZBau 2010, 94.
298) Vgl. im Einzelnen: *Neuenfeld*, BauR 1974, 17 ff.; BGH, BB 1956, 739; VersR 1965, 191; BauR 1971, 131; BauR 1971, 205; BauR 1974, 66; *Tempel*, Vahlen, S. 165.
299) Vgl. u.a. BGHZ 39, 261, 262; BGH, WM 1971, 680, 681 = BauR 1971, 206; BGH, BauR 1978, 498; BauR 1977, 428; BGH, BauR 1985, 229; OLG Naumburg, BauR 2005, 1796 (Altbausanierung; Beseitigung von **Hausschwamm**); OLG Naumburg, NZBau 2007, 453 (Natursteinverlegung; Abdichtungsarbeiten im Bad); OLG Karlsruhe, BauR 2004, 363; OLG Celle, BauR 2003, 104 (DIN 18195 Teil 4; **Abdichtung** gegen Erdfeuchte); KG, IBR 2016, 22 – *Schrodt*; NJW-RR 2000, 756 (**Wärmedämmung**; Dach); OLG Düsseldorf, OLGR 1997, 191 (Dach); BauR 1998, 582 (**Feuchtigkeit** im Wandbereich der Kelleraußentreppe) u. BauR 2002, 336 (**Isolierung**); OLG Köln, OLGR 2002, 165 (**Notdach**).
300) OLG Celle, BauR 2004, 1173, 1175 = OLGR 2004, 320.
301) BGHZ 125, 111 = BauR 1994, 392 = NJW 1994, 1276 = ZfBR 1994, 131.
302) OLG Celle, BauR 2003, 104, 105.
303) BGH, BauR 2001, 273 = ZfBR 2001, 106 = NZBau 2001, 213.
304) BGH, BauR 1994, 392; BGHZ 68, 169 = NJW 1977, 898; OLG Celle, BauR 2013, 1289; OLG München, NJW-RR 1988, 336; OLG Stuttgart, NZBau 2006, 446 = BauR 2006, 1772 (Abbruch- und Unterfangungsarbeiten); OLG Rostock, BauR 2006, 2092 (Sanierungsarbeiten an einem **Altbau**); OLG Schleswig, IBR 1998, 304 – *Horschitz* (Errichtung einer Stahlhalle).
305) BGH, BauR 2001, 273 (**Ausschachtung** und **Verbau**); BGH, BauR 2000, 1217 = NZBau 2000, 386 = ZfBR 2000, 475 (**Altbausanierung**).
306) IBR 2015, 204 – *A. Eich*.
307) OLG Saarbrücken, NZBau 2015, 501.

2015 Handwerkliche Selbstverständlichkeiten bei allgemein üblichen, gängigen und einfachen Bauarbeiten, deren Beherrschung durch den Bauunternehmer vorausgesetzt werden kann, sind im Zweifel nicht von dem Architekten zu überwachen;[308] insoweit darf er sich zu einem gewissen Grade auf die Zuverlässigkeit und ordnungsgemäße unternehmerische Bauausführung verlassen.[309] Bei einfachen, gängigen Tätigkeiten werden deshalb (wenige) **Stichproben** (z.B. hinsichtlich der Materialauswahl[310]) während der Bauausführung und eine Kontrolle an deren Ende im Zweifel ausreichen.[311] So hat das OLG Schleswig[312] entschieden, dass die Ausführung handwerklicher Selbstverständlichkeiten **„anlassbezogen" zu überprüfen** ist, wenn der Unternehmer aus grober Nachlässigkeit falsches Material (z.B. Verwendung von Klammern aus nicht rostendem Stahl trotz anderer Absprache) verwendet. Das ist anders, wenn es sich erkennbar um unzuverlässige, wenig sachkundige oder erkennbar unsichere Bauunternehmer handelt.[313] Erhöhte Aufmerksamkeit ist von dem Architekten zu erwarten, wenn die Arbeiten nicht nach seiner eigenen Planung, sondern nach den Vorgaben eines Dritten ausgeführt werden.[314]

Handwerkliche **Selbstverständlichkeiten** sind z.B.:
* **Putzarbeiten** (OLG Dresden, BauR 2012, 126; OLG Rostock, IBR 2009, 527 – Bröker; LG Köln, VersR 1981, 1191, anders LG Itzehoe, BauR 2006, 408, 409, wenn Putz abdichtende Funktion hat)
* **Eindecken eines Daches mit Dachpappe** (BGH, VersR 1969, 473)
* **Säubern von Schleifstaub** vor Verlegung von Platten (BGH, VersR 1966, 488)
* **Malerarbeiten** (OLG Frankfurt, IBR 2015, 312 – Preussner; OLG Rostock, IBR 2009, 527 – Bröker; KG, KGR 2001, 162 = NJW-RR 2001, 1167)
* **Verlegung von Platten** (OLG Frankfurt, IBR 2015, 312 – Preussner; OLG Hamm, NJW-RR 1990, 158 = ZfBR 1990, 141 = BauR 1990, 638)
* **Errichtung einer Klärgrube** (BGH, VersR 1974, 436)
* **Aufbringen von Estrich** (OLG Rostock, IBR 2009, 527 – Bröker).
* **Einfache Abdichtungsarbeiten** (OLG Stuttgart, BauR 2012, 1987).
* **Befestigung des Foliendaches** (OLG Celle, BauR 2013, 2063).

2016 In jedem Falle hat der Architekt aber die **wichtigen Bauabschnitte,** von denen das Gelingen des ganzen Werkes abhängt, **persönlich** oder durch einen **erprobten**

---

308) OLG Frankfurt, IBR 2015, 312 – *Preussner*; OLG München, IBR 2013, 691 – *Reichert*; OLG Dresden, BauR 2012, 126; OLG Rostock, IBR 2009, 527 – *Bröker*; OLG Köln, IBR 2007, 86 – *Baden* (Rohrdurchführungen); OLG Naumburg, NZBau 2003, 389, 390; OLG Hamm, BauR 2003, 273, 275 u. NJW-RR 1990, 158 = MDR 1990, 338. Vgl. hierzu aber OLG Düsseldorf, BauR 2013, 489.
309) OLG Düsseldorf, BauR 2013, 489; OLG München, NJW-RR 1988, 336, 337; *Neuenfeld*, BauR 1981, 441.
310) OLG Schleswig, IBR 2011, 530 – *Fedders* [Verklammerung der Dachsteine]; **a.A.:** OLG Dresden, BauR 2012, 126 [keine Prüfungspflicht hinsichtlich der Verwendung geeigneten Materials und der Vorbehandlung des Untergrundes bei Putzarbeiten]; OLG Dresden, IBR 2008, 661 – *Käseberg*.
311) KG, IBR 2016, 22 – *Schrodt*; OLG Frankfurt, IBR 2015, 312 – *Preussner*; OLG Hamm, BauR 2005, 897; BGH, BauR 1994, 392, 393.
312) IBR 2011, 530 – *Fedders*. Vgl. hierzu auch OLG Köln, BauR 2010, 808.
313) OLG München, NJW-RR 1988, 336, 337; s. auch OLG Düsseldorf, BauR 1998, 810, 811.
314) OLG Naumburg, BauR 2006, 554, 555 = IBR 2006, 36 – *Laux* (Pflasterarbeiten für Supermarkt; zu hoher Feinkornanteil der Tragschicht).

Erfüllungsgehilfen unmittelbar zu überwachen oder sich sofort nach der Ausführung der Arbeiten von deren Ordnungsmäßigkeit zu überzeugen;[315] je höher die Qualitätsanforderungen an das Baumaterial und an die Bauausführung sind, desto größer ist auch das Maß an Überwachung, das der Architekt aufbringen muss. Dies hat der BGH[316] ausdrücklich festgestellt; dem folgt die Literatur.

Im Rahmen der Objektüberwachung ist es auch Aufgabe des Architekten zu prüfen, ob die vom Unternehmer eingesetzten **Baustoffe** die notwendige **Qualität** für eine ordnungsgemäße Erfüllung der entsprechenden Bauleistung aufweisen.[317] Ist der Einsatz **bestimmter** Baustoffe vereinbart, hat er festzustellen, ob diese auch tatsächlich auf der Baustelle verwendet werden.[318] Ferner hat der Architekt zu **untersuchen,** ob die vom Unternehmer erbrachte Bauleistung (z.B. Betonarbeiten) für den Aufbau weiterer Leistungen (z.B. Einbringen von Estrich) geeignet ist. Dieser Pflicht kommt er in aller Regel durch Betrachten (z.B. auch von Herstellerangaben auf der Verpackung der Baustoffe), Nachmessen, Befühlen (z.B. Körnung eines Pflastersandes) oder einer normalen Belastungsprobe nach. Der nach dem Wechsel eines Baumaterials konstruktionsbedingte Eintritt von Rissen sowie eine fehlende Wärmedämmung fallen nach Auffassung des OLG Koblenz[319] nicht allein in den Verantwortungsbereich des Planers, sondern auch in den Pflichtenkreis des bauüberwachenden Architekten. Das folgt auch aus der Pflicht des objektüberwachenden Architekten, die Planung stets zu überprüfen.[320] Nur im **Einzelfall** kann eine **erhöhte Prüfungspflicht** des Architekten in Betracht kommen. Stellt der Architekt z.B. anhand von Zeitablauf und äußerem Erscheinungsbild des Betons fest, dass dieser Belegreife aufweist, ist er seiner Prüfungsverpflichtung nachgekommen; zu weiteren Prüfungen, insbesondere **Kernbohrungen,** ist er grundsätzlich nicht verpflichtet. Stellt er jedoch Feuchtigkeit am Beton fest, ist allerdings eine Prüfung durch ein Feuchtigkeitsgerät und dann ggf. weiteres Zuwarten oder ein Hinweis an den Auftraggeber, Betonproben (z.B. durch Kernbohrung) zu ziehen, notwendig. Bei der Überprüfung, ob ein Estrich für die Verlegung eines Teppichs oder eines Parketts geeignet ist, wird eine Besichtigung und ggf. eine Nagel-

---

315) BGH, BauR 2000, 1513 = NZBau 2000, 525; BauR 1994, 392; BGHZ 68, 169 = BauR 1977, 428; OLG Düsseldorf, BauR 2013, 489; OLG Hamm, BauR 2005, 897, 888 (**Spezialfußboden;** Punktbelastung durch Hochregale); KG, IBR 2006, 153 – *Großkopf* (vorgehängte Natursteineinfassade); OLG Hamm, IBR 2002, 149 – *Kieserling* (**Ringdränage**); BauR 2000, 757 (**Dachdeckerarbeiten**); OLG Hamm, IBR 2002, 149 (**Bitumendickbeschichtung**); OLG Celle, BauR 2003, 104 (**Abdichtung**); LG Krefeld, IBR 2004, 152 (Montage einer abgehängten Decke); OLG Köln, BrBp 2004, 167 (Horizontal- und Vertikalisolierung am Gebäudesockel); KG, BauR 2000, 1362; OLG Nürnberg, BauR 1997, 874 (**Einmessung** der Baugrube); OLG München, NJW-RR 1988, 336, 337; OLG Düsseldorf, BauR 1998, 810 (**Dacharbeiten**).
316) Vgl. BGH, BauR 1974, 66.
317) OLG Celle, BauR 2007, 729 (**Wärmedämmstoff**); KG, IBR 2006, 215 (Brandschutz; eingebautes **Dämmmaterial**); OLG Naumburg, BauR 2006, 554 = IBR 2006, 36 (**Unterbaumaterial** für Pflasterarbeiten); OLG Brandenburg, BauR 2001, 283 (**Folie** für Schwimmbad); *Hebel*, BauR 2006, 221, 226.
318) LG Itzehoe, BauR 2006, 408, 409.
319) IBR 2014, 222.
320) OLG Brandenburg, IBR 2013, 355; OLG Hamburg, IBR 2000, 131.

probe ausreichen, um die notwendige Festigkeit (kein Absanden) festzustellen.³²¹⁾ In gleicher Weise ist ein Architekt nicht verpflichtet, die Bewehrung von Betonfertigteil-Fassadenplatten mithilfe eines Bewehrungssuchgerätes auf den richtigen Sitz der im Inneren der Platten eingebrachten Armierung zu untersuchen.³²²⁾ Eine **erhöhte Objektüberwachung** nimmt das OLG Naumburg³²³⁾ auch an, wenn sich ein **Unternehmen** in einer **wirtschaftlichen Krise** befindet und die Insolvenz dieses Unternehmens droht: In diesem Fall hat der Architekt dem Rechnung zu tragen und seine Kontrollen auszudehnen.

2017 Der Architekt muss sein Augenmerk vor allem auf **schwierige** oder **gefahrenträchtige Arbeiten** richten; **typische Gefahrenquellen** und **kritische Bauabschnitte** müssen besonders beobachtet und überprüft werden.³²⁴⁾

Als schwierige bzw. gefährliche Arbeiten gelten u.a.:

* **Betonierungsarbeiten** einschließlich der Bewehrungsarbeiten³²⁵⁾
* **Ausschachtungsarbeiten**³²⁶⁾
* **Abbruch-** und **Unterfangungsarbeiten**³²⁷⁾
* **Isolierungs-** und **Abdichtungsarbeiten**³²⁸⁾
* **Dränagearbeiten**³²⁹⁾

---

321) Vgl. hierzu OLG Oldenburg, BauR 1999, 1476 = NJW-RR 2000, 21 = OLGR 2000, 34; OLG Bamberg, BauR 2007, 893, 894 („**Gitterritzprüfung**" nach Fertigstellung von Estricharbeiten vor Beginn der anschließenden Parkettverlegung; zur **Tauglichkeit** dieser Prüfung s. auch OLG Karlsruhe, BauR 2007, 393 = IBR 2007, 304 – *Steiger*); siehe auch OLG Stuttgart, BauR 2001, 671.
322) Zutreffend: OLG Stuttgart, BauR 1990, 385 = NJW-RR 1989, 1428.
323) NZBau 2003, 389.
324) BGH, BauR 2001, 273; BauR 1994, 392 = NJW 1994, 1276 = ZfBR 1994, 131; OLG Düsseldorf, BauR 2017, 575; OLG Frankfurt, NJW-RR 2009, 1320 = OLGR 2009, 811; OLG Saarbrücken, IBR 2006, 341 (**Glassonderkonstruktion**); OLG Hamm, BauR 2005, 897 (**Spezialfußboden**); OLG Stuttgart, IBR 2014, 286 – *Gartz*; BauR 2001, 671; OLG Celle, OLGR 1995, 170; *Lauer/Wurm*, Rn. 610.
325) BGH, BauR 1973, 255; BauR 1974, 66; WM 1971, 1056; *Schäfer/Finnern*, Z 3.01 Bl. 205 u. Z 3.01 Bl. 189; OLG Düsseldorf, IBR 2014, 744 – *Vogel*; OLG Rostock, IBR 2012, 654 – *Bröker*; OLG Düsseldorf, NJW-RR 1999, 244 = OLGR 1999, 178 (Herstellung des Kellers eines Neubaus als „**weiße Wanne**"); LG Stuttgart, Urt. v. 16.6.1993 – 13 O 34/93 (s. hierzu DAB 1994, 64).
326) BGH, BauR 2001, 273; OLG Köln, NJW-RR 1994, 89 = ZfBR 1994, 22.
327) OLG Frankfurt, NJW-RR 2009, 1320; OLG Stuttgart, NZBau 2006, 446, 449 = BauR 2006, 1772, 1777.
328) BGH, BauR 2000, 1330 = NJW 2000, 299 = NZBau 2000, 433 = ZfBR 2000, 484; OLG Stuttgart, IBR 2016, 404 – *Preussner*; OLG Düsseldorf, IBR 2016, 23 – *Luig* (Abdichtung einer Tiefgarage); OLG Hamm, BauR 2013, 1714 = NZBau 2013, 313; OLG Koblenz, BauR 2015, 293 (im Nassbereich eines Schwimmbads) = IBR 2015, 21 – *A. Eich*; ferner IBR 2015, 264 – *Klein*; IBR 2013, 632 – *Heiliger* (Dachabdichtung); OLG Dresden, BauR 2010, 1785; KG, BauR 2009.676; OLG Stuttgart, BauR 2008, 1658 (**Abdichtung von Balkonen und Loggien**); OLG Celle, BauR 2008, 2074 (**keine Abdichtung über Sohlplatte**); OLG Brandenburg, IBR 2009, 342 – *Steiger* (**Fensterabdichtung**); OLG Celle BauR 2007, 1602, 1603; OLG Hamm, BauR 2015, 1005; BauR 1990, 638; OLG Düsseldorf, *Schäfer/Finnern*, Z 2.01, Bl. 218; BauR 2001, 1780 = NZBau 2002, 45; NZBau 2002, 575; OLG Hamm, BauR 2002, 1882 = ZfBR 2002, 257, 263 (**Mauerwerksabdichtung; Bitumendickbeschichtung**); OLG München, BauR 2003, 278 (**Überprüfung einer weißen Wanne auf Dichtigkeit**); vgl. hierzu auch *Vetter*, NZBau 2006, 682 ff.
329) OLG Hamm, BauR 1995, 269.

- Dachdeckerarbeiten[330]
- Estricharbeiten[331]
- Verarbeitung **neuer Baustoffe** und **vorgefertigter Bauteile**[332]
- Verfüllung des Mauerwerks[333]
- **Dacharbeiten,**[334] insbesondere **Verankerung** des Daches[335]
- Außenputzarbeiten bei **Porenbeton-Mauerwerk**[336]
- **Sanierungsarbeiten,**[337] insbesondere an **Altbauten**[338]
- **Umbauten, Modernisierungen** und **Instandsetzungen**[339]
- **Abstützen von Giebelwänden**[340]
- Errichtung einer „weißen Wanne"[341]
- **Balkonsanierung**[342]
- Verlegung von **Natursteinfliesen** im Dickbettmörtel[343]
- **Schall- und Wärmeisolierungsarbeiten**[344]
- **Verfüllung von Arbeitsräumen**[345]
- **Bodenaustauscharbeiten** für fachgerechte Gründung[346]
- **Nachbesserungsarbeiten**[347]
- Ausführung von **Dampfsperrbahnen**[348] und **Wärmedämmung**[349]
- Ausführung einer **Glasfassaden-Konstruktion**[350]
- Putz- und Isolierungsarbeiten an der Fassade eines historischen Hauses[351]

---

330) BGH, BauR 2000, 1513, 1514 (**Traufe** eines Glasdaches); OLG Celle, BauR 2017, 589; OLG Schleswig, IBR 2011, 530 – *Fedders* (in Bereichen, in denen Undichtigkeiten auftreten können); OLG Celle, BauR 2007, 1602 (**Dachkonstruktion**) KG, NJW-RR 2000, 756 (**Wärmedämmungsarbeiten** am Dach); OLG Düsseldorf, OLGR 1997, 191.
331) OLG Bamberg, BauR 2007, 893, 894 (**Gitterritzprüfung** veranlasst; s. aber OLG Karlsruhe, BauR 2007, 393); OLG Stuttgart, BauR 2001, 671 (**Austrocknung** des Estrichs).
332) BGH, BauR 1976, 66.
333) BGH, BauR 1970, 62.
334) OLG Celle BauR 2007, 1602, 1603; OLG Düsseldorf, BauR 1998, 810.
335) BGH, BauR 1970, 62.
336) OLG Brandenburg, NZBau 2007, 723 = IBR 2007, 379 – *Baden*.
337) OLG Rostock, BauR 2006, 2092 = IBR 2007, 144 – *Ziller*; OLG Hamm, NJW-RR 1990, 915 = ZfBR 1991, 26.
338) BGH, BauR 2000, 1217 = NZBau 2000, 386 = ZfBR 2000, 473; OLG Naumburg, BauR 2005, 1796 (Beseitigung von **Hausschwamm**).
339) OLG Brandenburg, IBR 2008, 526 – *Heiliger*.
340) OLG Frankfurt, NZBau 2009, 718.
341) OLG Düsseldorf, IBR 2016, 709 – *A. Eich*.
342) OLG Düsseldorf, BauR 2017, 925 = IBR 2017, 267 – *Preussner*.
343) OLG Köln, IBR 2010, 158 – *Steiger*.
344) OLG Hamm, IBR 2014, 287 – *Schönlau* (Schallschutz bei der Errichtung von Doppelhaushälften); KG, BauR 2000, 1362 = NJW-RR 2000, 756 = KGR 2000, 139.
345) OLG Düsseldorf, BauR 2011, 1192.
346) OLG Düsseldorf, BauR 2013, 489.
347) OLG Celle, IBR 2013, 354 – *Bröker*.
348) OLG Köln, IBR 2013, 352 – *Schwarz*.
349) OLG Hamm, IBR 2013, 353 – *Heiliger*; OLG Nürnberg, BauR 2015, 146 = IBR 2014, 614 – *Preussner* (Wärmedämm-Verbundsystem).
350) OLG Hamm, BauR 2014, 1176; IBR 2014, 154 – *Wronna*.
351) OLG Celle, NZBau 2014, 444.

* **Bitumendickbeschichtung** bei **drückendem Wasser** oder **aufstauendem Sickerwasser**[352)]
* **Austrocknung des Bodenbelags** vor Verlegung von Fliesen[353)]

Bei **eigenmächtigem Abweichen** des Bauherrn von den planerischen Vorgaben muss der Architekt auf bestehende Bedenken hinweisen.[354)] Bei einer **geänderten Planung** muss er sicherstellen, dass sie bei der Bauwerkserrichtung „umgesetzt" wird.[355)] Die Bauaufsichtspflicht des Architekten **verschärft** sich demnach, wenn ein besonderes „Signal" vorliegt.[356)] Dies kann beispielsweise der Fall sein

* bei **unvorhergesehenen Schwierigkeiten** bei der Bauausführung[357)]
* bei **Nacherfüllungsarbeiten** oder
* bei Arbeiten, die **erfahrungsgemäß Mängel** mit sich bringen können[358)]
* bei Ausführung des Bauwerks nach den **Vorgaben eines Dritten**, nicht aber nach den eigenen Angaben des Architekten.[359)]
* bei Arbeiten, die durch **nachfolgende Arbeiten nicht mehr überprüft** werden können („**verdeckter**" Mangel).[360)]

2018 Daneben hat der Architekt eine **Koordinierungspflicht** hinsichtlich der Bauarbeiten (vgl. Rdn. 2008).[361)] Er muss im Übrigen den Bauherrn unmissverständlich darauf hinweisen, wenn er bei fortbestehendem Vertrag seine Bauaufsicht – aus welchen Gründen auch immer – einstellen will.[362)]

2019 Weitere **Rechtsprechung** zur Objektüberwachung:

* **Abbrucharbeiten** (Haftung des Bauleiters; OLG Hamm, IBR 2013, 478 – Boisserée; OLG Frankfurt, BauR 1991, 377 und OLG Oldenburg, BauR 1992, 258 = NJW-RR 1992, 409)
* keine **Abdichtung** gegen **drückendes Wasser** (BGH, BauR 2000, 1330 = NZBau 2000, 433 = ZfBR 2000, 484)
* **Abdichtung** gegen Grund- und Schichtenwasser (OLG Düsseldorf, BauR 2009, 277; OLG Düsseldorf, OLGR 1994, 130)
* **Abriss von Schornsteinen** an Altbau bei Anordnung, einzelne Schornsteinzüge von dem Abriss auszunehmen (KG, BauR 1999, 421)

---

352) OLG Brandenburg, IBR 2016, 158 – *Luig*.
353) OLG Hamm, BauR 2015, 1001 = IBR 2015, 439 – *Klein* und IBR 2015, 438 – *Käseberg*.
354) OLG Hamm, BauR 1995, 269, 270.
355) OLG Hamm, BauR 1993, 729, 730.
356) *Jagenburg*, NJW 1990, 93, 97; LG Köln, VersR 1981, 1191; LG Amberg, *SFH*, Nr. 3 zu § 4 Nr. 3 VOB/B (1973).
357) Vgl. z.B. OLG Düsseldorf, OLGR 1999, 155 (Verzicht des planenden Architekten auf eine Konterlattung bei einem Ziegeldach; besondere Überwachungspflicht bei Einbringen der Unterspannbahn und der Wärmedämmung zwischen den Sparren).
358) BGH, BauR 2001, 273; BGH, BauR 1994, 392 = NJW 1994, 1276; OLG Saarbrücken, NZBau 2015, 501; OLG Düsseldorf, OLGR 1994, 130 = BauR 1994, 546 (LS) u. OLGR 1992, 188.
359) BGH, BauR 2001, 273; BauR 2000, 1513 = NZBau 2000, 525.
360) KG, IBR 2016, 22 – *Schrodt*.
361) Vgl. BGHZ 31, 224, 227 = NJW 1960, 431; BGHZ 68, 169, 174, 178 = NJW 1977, 898; BGH, VersR 1961, 751; 1962, 762; BauR 1976, 138, 139; NJW 1978, 322.
362) BGH, BauR 1985, 229.

- Überprüfung der **Abschlagsrechnungen** darauf, ob sie fachtechnisch und rechnerisch richtig, die zugrunde gelegten Leistungen tatsächlich erbracht sind und den vertraglichen Vereinbarungen entsprechen (BGH, NZBau 2002, 456 = ZfBR 2002, 564)
- Objektüberwachung umfasst die Verfüllung der **Arbeitsräume** (OLG Düsseldorf, BauR 2010, 646).
- Abstützung einer **Baugrube** (BGH, Schäfer/Finnern, Z 4.01 Bl. 31 = VersR 1960, 1116)
- kein Fehler in der Objektüberwachung bei **ästhetischen Bedenken** des Bauherrn gegen die Höhe von Heizkörpern, die aber den Regeln der Technik entsprechen (OLG Frankfurt, BauR 2000, 598)
- Überprüfung der **Auflage der Konstruktion eines Flachdaches** (OLG Oldenburg, IBR 2008, 584 – Krause-Allenstein)
- **Auflagerung** von **Stahlträgern** (OLG Stuttgart, BauR 1975, 431)
- **Ausschachtungsarbeiten** (BGH, Schäfer/Finnern, Z 2.414.2 Bl. 63)
- fehlerhaft aufgebrachter **Außenputz** (OLG Hamm, BauR 2000, 757; s. auch OLG Brandenburg, IBR 2007, 379 – **Außenputz auf Porenbeton**)
- Überwachungspflicht für neuartige, noch **nicht erprobte Baustoffe** (BGH, BauR 1970, 177; OLG Bamberg, BauR 1996, 284 – Putz; OLG Köln, BauR 1990, 103)
- **Isolierung** von **Balkonen** und **Loggien** (BGH, BauR 1986, 112); OLG Hamm, BauR 2000, 757)
- Überwachung des **Baugrubenaushubs** hinsichtlich der Beeinträchtigung der Standfestigkeit des Nachbarhauses (OLG Köln, ZfBR 1994, 22 = OLGR 1993, 317)
- Falscher **Bautenstandsbericht** (BGH, NJW 2009, 217 = IBR 2008, 743 – Löffelmann; OLG Saarbrücken, IBR 2008, 660 – Vogel)
- Überwachung von **Betonnachbehandlung** (OLG München, NJW-RR 1988, 336)
- Unzureichende **Betonüberdeckung** (OLG Hamm, BauR 2008, 1023)
- zur Überwachung und Abnahme der **Bewehrung** (OLG Stuttgart, NJW-RR 1989, 1428; ferner: Motzke, BauR 1988, 534 und Glück/Witsch, BauR 1988, 550)
- **(keine)** Prüfungspflicht bei (mangelhaft bewehrten) **Betonfertigteil-Fassadenplatten** (OLG Stuttgart, BauR 1990, 384; vgl. hierzu aber LG Ulm, VersR 1989, 144)
- **Bitumendickbeschichtung** (OLG Hamm, BauR 2003, 273)
- Fehlender **Brandschutz** (OLG München, IBR 2017, 266 – Schwarz.
- **Dachrinne** (BGH, Schäfer/Finnern, Z 3.01 Bl. 172)
- **Dränage** (OLG Hamm, ZfBR 2002, 257)
- Befestigung abgehängter Decken (BGH, BauR 1971, 131, 132)
- **Dehnungsfugen** (OLG Düsseldorf, BauR 1973, 252; LG Stuttgart, BauR 1997, 137)
- **Einmessung** der Baugrube (OLG Nürnberg, NZBau 2007, 701 u. BauR 1997, 874)
- **Fachwerksanierung** (keine kraftschlüssige Herstellung von Bauteilen; OLG Hamm, NJW-RR 1990, 915 = ZfBR 1991, 26)
- **Frostschäden** (OLG Köln, BauR 2004, 1730 u. OLG Hamburg, NJW-RR 2001, 1534; Hinweis auf geeignete Frostschutzmaßnahmen)
- Überprüfung vor Verlegung eines Fußbodenbelags, ob das zu verlegende Material einheitlich „abgefast" ist (OLG Köln, BauR 2010, 808)

- Überprüfung der **Einbindetiefe des Fundaments** gemäß DIN 1054 im gewachsenen Boden (OLG Düsseldorf, OLGR 1994, 144 = NJW-RR 1995, 532)
- Überprüfung der Schraubverbindungen eines **Gerüstes** (BGH, NJW 1984, 360 = BauR 1984, 77)
- **Granitfußboden** (erhebliche technische und optische Mängel; erhöhte Überwachungspflicht des isoliert mit der Objektüberwachung beauftragten Architekten; OLG Naumburg, BauR 2006, 2089)
- **Grundkenntnisse** des Bauordnungsrechts, des Werkvertragsrechts und der VOB (BGH, NJW 1973, 1457; BGH, NJW 1978, 322)
- Bauvorhaben in **grundwassergefährdetem** Bereich (OLG Düsseldorf, BauR 1991, 791; OLG Köln, NJW-RR 1992, 1500)
- Einbau eines **Heizöltanks** (OLG Stuttgart, VersR 1970, 531 mit Anm. Ganten, S. 823)
- **Hochwasserschäden**; Gefahrenvorsorge (OLG Köln, IBR 2003, 146)
- Hinweis auf **fehlerhafte Bauausführung** durch den Unternehmer (BGH, Schäfer/Finnern, Z 3.01 Bl. 141)
- Überwachung von **Kellerabdichtung** (OLG Hamm, NJW-RR 1990, 158 = BauR 1990, 638 = MDR 1990, 338 = ZfBR 1990, 141)
- Überprüfung der **Leistungsbeschreibung** LG Würzburg, NJW-RR 1992, 89)
- Prüfungspflichten bei vorgehängter **Natursteinfassade** im Rahmen der Objektüberwachung (KG, IBR 2006, 153 – Großkopf)
- Zur Verpflichtung des Architekten, sich aussagefähige **Messprotokolle** bezüglich des **Boduntergrundes** für den weiteren Bodenbelag vorlegen zu lassen (OLG Frankfurt, IBR 2010, 99 – Steiger)
- Fehlerhafte Prüfung des **Materials für Tragschicht von Verkehrsflächen**. (OLG Naumburg, BauR 2006, 554).
- Zum **Mitverschulden** des Auftraggebers (Bauträgers) bei **eigenem** Planungsverschulden (OLG Celle, BauR 2003, 104, 105)
- Beaufsichtigung von **Nachbesserungsarbeiten** während der Bauausführung (BGH, BauR 1971, 205 = VersR 1971, 516)
- Erhöhte Anforderungen an Bauüberwachungen bei **Planabweichungen** (OLG Dresden, IBR 2009, 285 – Baden)
- **Planungsfehler** (Überprüfung durch den **bauüberwachenden** Architekten; OLG Bamberg, NJW-RR 1992, 91)
- **Pflasterarbeiten** – unzureichendes Material für die Tragschicht (OLG Naumburg, BauR 2006, 554 = IBR 2006, 36 – Laux)
- Mangelhafte **Rechnungsprüfung** (BGH, BauR 2002, 1112 u. BauR 1998, 869 = ZfBR 1998, 248; OLG Köln, BauR 1997, 543)
- Überprüfung einer **riskanten Planungslösung** durch Objektüberwacher (OLG Hamburg, IBR 2009, 660 – Knipp)
- zur Haftung des Architekten wegen Fehlens eines **Rückstauventils** (LG Kaiserslautern, BauR 1998, 824)
- Einbringen von **Stahlmatten** (BGH, NJW 1963, 1401)
- Aufsicht hinsichtlich der **Umsetzung der Statikerpläne** (OLG Hamm, NJW-RR 1990, 915 = ZfBR 1991, 26)
- Hat der Objektüberwacher nicht den **Untergrund** für das Pflaster geplant, obliegen ihm gesteigerte Prüfungspflichten (OLG Naumburg, IBR 2006, 36 – Laux)

- Überwachung der **Traufe** des Glasdaches eines Wintergartens als besonders schadensträchtiges Detail (BGH, BauR 2000, 1513 = NJW-RR 2000, 1468 = NZBau 2000, 525 = ZfBR 2000, 544)
- Überprüfung der **Befestigung** eine **Unterkonstruktion** der abgehängten Decke in sog. doppelter T-Form (OLG Celle, OLGR 1995, 170)
- Überprüfung der Gewerke auf qualitative **„Ausreifung"**, damit andere Gewerke darauf aufbauen können (OLG Hamm, NJW-RR 1991, 1045)
- Erstellung eines lückenhaften **Leistungsverzeichnisses** (OLG Dresden, NZBau 2014, 179)
- Überwachung der **Einhaltung des Leistungsverzeichnisses** durch den **Unternehmer** und Fertigung der Abrechnung (OLG München, Schäfer/Finnern, Z 3.01 Bl. 98 = BB 1958, 897)
- **Verdichtung** von Mörtel (OLG Düsseldorf, BauR 1984, 201)
- **Vermessung** des Gebäudes auf dem Grundstück (OLG Köln, MDR 1968, 1007; s. auch OLG Nürnberg, NZBau 2005, 701)
- unzureichende Baugrubenplanung (**Leitungsschäden** bei Ausschachtungsarbeiten; OLG Hamm, IBR 2004, 506)
- **Verfüllen einer Öltankgrube** (OLG Stuttgart, BauR 1973, 253)
- Mangelhafte Herstellung eines **Spezialfußbodens** (OLG Hamm, BauR 2005, 897).
- **Bloße Sichtprüfung** bei technischer Abnahme von Gemeinschafts- und Sondereigentum durch Architekten (OLG Celle, BauR 2008, 1925)
- Einbringung der **Wärmedämmung** (KG, NJW-RR 2000, 756 = KGR 2000, 139 = NZBau 2000, 347)
- Besondere Überwachungspflichten bei Herstellung des Kellers eines Neubaus als **„weiße Wanne"** (OLG Düsseldorf, NJW-RR 1999, 244 = OLGR 1999, 178)
- Überwachung der Qualität eines **Zementestrichs** (BGH, BauR 1994, 392 = NJW 1994, 1276)
- **Fehlende Detailplanung** erforderte intensivere Bauüberwachung (OLG Koblenz, IBR 2012, 339 – Berger).
- Der Architekt haftet dem Bauherrn auf Schadensersatz, wenn er **vor Ablauf** der **Gewährleistungsfristen** bei ordnungsgemäßer Erbringung der Objektbegehung **erkennbare Mängel nicht entdeckt** und nunmehr die Durchsetzung des Gewährleistungsanspruchs gegen den Unternehmer an der Verjährungseinrede des Unternehmers scheitert (OLG Braunschweig, BauR 2017, 905).

Allerdings darf die Überwachungspflicht des Architekten nicht überspannt werden; sie endet dort, wo ein **Spezialist** (Fachunternehmen) am Werk ist.[363] Nach gefestigter Rechtsprechung hängt das **Ausmaß der Überwachungspflicht**, die den Architekten als „Objektüberwacher" trifft, auch insoweit **von den Umständen des Einzelfalles** ab und dabei insbesondere davon, ob der Architekt den Unter-

---

363) Vgl. BGH, DB 1970, 15 für **Statikerarbeiten**; auch OLG Stuttgart, VersR 1975, 69; BGH, BauR 1976, 138; OLG Celle, BauR 2013, 1289; OLG Naumburg, IBR 2014, 223 (auch Verhältnis Architekt/Statiker); OLG Nürnberg, BauR 1990, 492; *Neuenfeld*, BauR 1981, 426, 441.

nehmer oder den Spezialisten als **zuverlässig** kennt, sodass er ihnen in gewissem Umfang vertrauen darf.[364)]

2021 Beauftragt der Bauherr einen **wenig sachkundigen Unternehmer,** so hat der Architekt einen besonderen Anlass, seine Arbeiten sorgsam zu überwachen. Er kann sich dann seiner Aufsichtspflicht nicht dadurch entziehen, dass er dem Bauherrn einfach mitteilt, er könne für die Arbeiten des Handwerkers keine Verantwortung übernehmen. Vielmehr muss der Architekt dann darauf hinwirken, dass auch von diesem Unternehmer eine mangelfreie Arbeit erbracht wird.[365)] Bei besonders **sachkundigen Abbruchunternehmen** (Abbruch alter Kasernengebäude) und „eigenverantwortlich durchzuführender Prüfungsmaßnahmen betreffend das Abbruchmaterial" ist dagegen nach Auffassung des OLG Schleswig[366)] die Überwachungsverpflichtung des Architekten darauf beschränkt sicherzustellen, dass die anzunehmende besondere Fachkenntnis im Einzelfall auch tatsächlich zum Tragen kommt. Handwerksunternehmen, die nicht vom Architekten, sondern unmittelbar von dem Bauherrn ausgewählt worden sind und deren Fachkunde, Leistungsfähigkeit und Zuverlässigkeit vom Architekten nicht beurteilt werden kann, sind im besonderen Maße zu überwachen; das gilt vor allem zu Beginn der Arbeiten.[367)]

Hat der Auftraggeber für einen **konkreten fachspezifischen Bereich** oder ein bestimmtes Gewerk einen **Sonderfachmann** mit der Objektüberwachung beauftragt, scheidet eine Haftung des Architekten in der Regel aus;[368)] allerdings kann im **Einzelfall** eine Haftung des Architekten in Betracht kommen, wenn z.B. Mängel für ihn offensichtlich werden oder das jeweilige Gewerk oder die betreffende Ausführung (z.B. Dehnungsfuge) auch in seinen Wissensbereich fällt oder die Überprüfung einer fachgerechten oder „leistungsverzeichniskonformen"[369)] Ausführung keine besonderen Kenntnisse erfordert (vgl. hierzu näher Rdn. 2941 ff. sowie Rdn. 2500). Darüber hinaus hat das OLG Köln[370)] zu Recht darauf hingewiesen, dass „auch das grundsätzlich berechtigte Vertrauen in die Kompetenz des Spezialisten" den bauleitenden Architekten nicht der Verpflichtung zur eigenverantwortlichen Kontrolle im Rahmen seiner Bauüberwachung enthebt; soweit Pläne Dritter (Spezialisten) zur Ausführung gelangen, „darf er diese nicht kritiklos übernehmen, soweit Kritik ihm möglich und zumutbar ist". **Fehlen** dem Architekten **bestimmte Unterlagen** zur Überprüfung einer Bauleistung (z.B. Herstellerrichtlinien), muss er diese ggf. anfordern und im Falle fehlender Vorlage den Bauherrn auf das damit verbundene Risiko hinweisen oder seine Tätigkeit einstellen.[371)] Im Übrigen hat der mit der Vollarchitektur beauftragte Architekt im Rahmen seiner

---

364) BGHZ 39, 261, 262 = NJW 1963, 1401; BGHZ 68, 169, 174 = NJW 1977, 898; BGH, LM § 909 Nr. 4a; BGH, BauR 1971, 205 = WM 1971, 680; OLG Naumburg, BauR 2006, 2089.
365) BGH, NJW 1978, 322 = BauR 1978, 60 = WM 1978, 33; s. aber OLG Hamm, BauR 2003, 273 = NJW-RR 2002, 1669 = OLGR 2002, 419 (bei Einsatz von Schwarzarbeitern und der Durchführung von Eigenleistungen).
366) IBR 2015, 673 – *Groß*.
367) OLG Naumburg, IBR 2006, 574.
368) OLG Celle, BauR 2013, 1289; OLG Celle, IBR 2013, 161 – *Rodemann*.
369) Vgl. OLG München, BauR 2003, 278.
370) OLGR 1994, 161; ebenso: OLG Koblenz, BauR 1997, 502, 504 sowie OLG Brandenburg, BauR 2001, 283, 286 = ZfBR 2001, 111.
371) OLG Naumburg, BauR 2005, 1796, 1797.

Überwachungspflicht zu prüfen, ob der Sonderfachmann die fachtechnische Abnahme durchgeführt hat.[372]

Nimmt der Architekt die Überwachungsaufgaben nicht persönlich vor, kann er sich nur durch einen **geeigneten Erfüllungsgehilfen** vertreten lassen.[373] Setzt sich der „Objektüberwacher" nicht mit seinen Anordnungen durch, muss er ggf. den Bauherrn informieren.[374]

Führt der **Auftraggeber** bestimmte Bauarbeiten in **Eigenleistung** aus, bleibt grundsätzlich die Pflicht des Architekten zur Überwachung auch **dieser** Leistung bestehen.[375] Allerdings darf der Architekt nach OLG Hamm[376] darauf vertrauen, dass der Bauherr die erforderlichen Kenntnisse und Fähigkeiten für das von ihm in Eigenleistung übernommene Gewerk besitzt; fehlt diese Fachkenntnis, und ist deshalb von einer Bauüberwachungspflicht des Architekten auszugehen, kommt diese im Einzelfall nur dann in Betracht, wenn der Auftraggeber dem Architekten „durch entsprechende Mitteilung und Aufforderung zur Anwesenheit konkret Gelegenheit" gibt, diese Bauaufsicht auszuüben.

Das OLG München[377] fasst die **Grundsätze zur Objektüberwachung** zutreffend wie folgt zusammen:

„Der Umfang der Bauaufsichtspflicht lässt sich weder sachlich noch zeitlich generell bestimmen, sondern richtet sich nach den Umständen des Einzelfalls. Dabei sind Bedeutung und Schwierigkeitsgrad der jeweiligen Arbeiten zu berücksichtigen (vgl. BGH, NJW 1978, 322; BGHZ 68, 169 = NJW 1977, 898). Übereinstimmung besteht darüber, dass den örtlichen Bauführer in Bezug auf handwerkliche Selbstverständlichkeiten bei allgemein üblichen, gängigen, einfachen Arbeiten keine Überwachungspflicht trifft (vgl. BGH, NJW 1971, 1130). In solchen Fällen braucht der Architekt nicht jeden Arbeitsvorgang zu kontrollieren, da er sich bis zu einem gewissen Grade auf die Zuverlässigkeit und ordnungsgemäße unternehmerische Bauausführung verlassen kann (vgl. BGH, VersR 1969, 473; Neuenfeld, BauR 1981, 441). Etwas anderes gilt dann, wenn es sich um unzuverlässige, wenig sachkundige oder erkennbar unsichere Bauunternehmer handelt. Vom Architekten kann nicht verlangt werden, dass er sich ständig auf der Baustelle aufhält und jede Arbeitsleistung überwacht.

Soweit eine Aufsichtspflicht besteht, darf er sich allerdings nicht nur auf Stichproben beschränken, sondern muss die Arbeiten in angemessener Weise überwachen und sich durch häufige Kontrollen vergewissern, ob seine Anordnungen sachgerecht erledigt werden (vgl. BGHZ 68,169 = NJW 1977, 898). Einer der entscheidenden Grundsätze für die Überwachungspflicht des Architekten ist, dass er die wichtigsten Bauabschnitte, von denen das Gelingen des ganzen Werks abhängt, persönlich oder durch einen erprobten sachkundigen Erfüllungsgehilfen unmittelbar zu überwachen oder sich sofort nach der Durchführung der Arbeiten von deren Ordnungsmäßigkeit zu überzeugen hat (vgl. BGH, BauR 1986, 112, zur Überwachung von Balkonabdichtungsmaßnahmen; BGH, NJW 1977, 898; BB 1973, 1191; BGHZ 68, 169 = NJW 1977, 898). Eine erhöhte Aufsichtspflicht besteht in den Fällen mit ‚Signalwirkung', wenn typische Gefahrenquellen bestehen, oder bei Bauarbeiten, bei denen erfahrungsgemäß häufig Mängel auftreten (vgl. Jagenburg, § 4 Rn. 112 bis 114). Grundsätzlich werden erhebliche Anforderungen an den Architekten gestellt, wenn es um die Ausführung wichtiger Bauvorgänge geht, wel-

---

[372] OLG Düsseldorf, NZBau 2012, 372 = BauR 2012, 1274.
[373] BGH, BauR 1973, 255; WM 1973, 1324; *Schmidt*, WM 1974, 294, 300.
[374] *Buschmann*, BlGBW 1966, 205, 207; *Neuenfeld*, BauR 1974, 17, 18.
[375] OLG Köln, BauR 2006, 861; OLG Düsseldorf, NZBau 2005, 408, 409. Zur Auslegung einer **Haftungsbeschränkungsklausel**: OLG Celle, OLGR 2006, 478.
[376] OLGR 1996, 206.
[377] NJW-RR 1988, 336, 337.

che für die Erreichung der Bauaufgabe in technischer Hinsicht von besonderer Bedeutung sind (vgl. Hesse/Korbion/Mantscheff, § 15 Rn. 15).

Zu den wichtigen und kritischen Arbeiten, die der Architekt genau kontrollieren muss, weil von ihnen in besonderem Maße das Gelingen des ganzen Werkes abhängt, gehören die Betonarbeiten. Das hat die Rechtsprechung in einer Vielzahl von Entscheidungen immer wieder betont (vgl. BGHZ 68, 169 = NJW 1977, 898; BGH, WM 1971, 1056). Je höher die Qualitätsanforderungen an das Baumaterial und die Bauausführung sind, desto größer ist auch das Maß der Überwachung, das der bauaufsichtführende Architekt aufbringen muss (vgl. BGHZ 39, 261 [262] = NJW 1963, 1401; Jagenburg, § 6 Rn. 116 m.w.Nachw.; Hesse, § 15 Rn. 33; Werner/Pastor, Der Bauprozeß, 5. Aufl., Rn. 1048, 1050)."

Der BGH hat seine bisherige Rechtsprechung wie folgt zusammengefasst:[378]

„Der die Bauaufsicht führende Architekt ist nicht verpflichtet, sich ständig auf der Baustelle aufzuhalten. Er muss jedoch die Arbeiten in angemessener und zumutbarer Weise überwachen und sich durch häufige Kontrollen vergewissern, dass seine Anweisungen sachgerecht erledigt werden (vgl. BGH, Urteil v. 15. 6.1978 – VIIZR15/78 –, BauR 1978, 498 = ZfBR 1978, 17). Bei wichtigen oder bei kritischen Baumaßnahmen, die erfahrungsgemäß ein hohes Mängelrisiko aufweisen, ist der Architekt zu erhöhter Aufmerksamkeit und zu einer intensiveren Wahrnehmung der Bauaufsicht verpflichtet (BGH, Urteil v. 26.9.1985 – VII ZR 50/84 –, BauR 1986, 112, 113 = ZfBR 1986, 17, 18). Dies gilt in besonderem Maße, wenn das Bauwerk nicht nach einer eigenen Planung des Architekten, sondern nach den Vorgaben eines Dritten ausgeführt wird (BGH, Urteil v. 6.7.2000 – VII ZR 82/98 – BauR 2000, 1513). Besondere Aufmerksamkeit hat der Architekt auch solchen Baumaßnahmen zu widmen, bei denen sich im Verlauf der Bauausführung Anhaltspunkte für Mängel ergeben (BGH, Urteil v. 10.2.1994 – VII ZR 20/93 – BGHZ 126, 111 = BauR 1994, 392 = ZfBR 1994, 131)."

2023 Zu den Pflichten des aufsichtsführenden Architekten gehört auch die **technische Abnahme** der Bauleistungen. Abweichungen und **Mängel** muss der Architekt feststellen und dem Bauherrn unverzüglich **mitteilen**.[379] Die Beseitigung der bei der Abnahme festgestellten Mängel hat er zu überwachen; dabei muss er die Mängelursachen im Einzelnen aufklären und den verantwortlichen Unternehmer rechtzeitig zur Mängelbeseitigung auffordern. Die Tätigkeitspflicht in diesem Bereich endet, wenn der Architekt die betreffenden Unternehmer mit **Fristsetzung zur Mängelbeseitigung** aufgefordert hat.

Bei der Abnahme muss ein Architekt nach Auffassung des BGH seinem Auftraggeber offenbaren, wenn er Teile der Ausführung des Bauwerkes bewusst vertragswidrig nicht überwacht hat; unterlässt er dies, so hat er einen Mangel seines Werkes arglistig verschwiegen (vgl. hierzu im Einzelnen Rdn. 2791 ff.). Unerheblich ist, ob der Architekt darauf vertraut hat, dass der Unternehmer mangelfrei gearbeitet hat.[380]

2024 Der Architekt kann bei der Mängelüberwachung in einen echten **Interessenkonflikt** geraten: Vielfach wird er nämlich feststellen müssen, dass es bei den festgestellten Mängeln um solche geht, für die er selbst (ebenfalls) einzustehen hat.

---

378) BauR 2001, 273 = ZfBR 2001, 106 = NZBau 2001, 213; ferner: BGH, BauR 2000, 1513 = NZBau 2000, 525 = ZfBR 2000, 544; OLG Dresden, BauR 2012, 126.
379) Zur **Auflistung** von Gewährleistungsfristen: OLG Stuttgart, IBR 2002, 428 – *Löffelmann*; AG Mülheim a.d.R., IBR 2006, 511.
380) IBR 2010, 575 – *Wellensiek*.

Der BGH[381] verpflichtet den Architekten, den Bauherrn über diesen Tatbestand nachhaltig aufzuklären (sog. **Sekundärhaftung** des Architekten):

„Das entgegenstehende Interesse des Architekten, sich eigener Haftung möglichst zu entziehen, vermag das Unterlassen zutreffender Unterrichtung des Bauherrn nicht zu rechtfertigen. Die dem Architekten vom Bauherrn eingeräumte Vertrauensstellung gebietet es vielmehr, diesem im Verlaufe der Mängelursachenprüfung auch **Mängel des eigenen Architektenwerks zu offenbaren**, sodass der Bauherr seine Auftraggeberrechte auch gegen den Architekten rechtzeitig vor Eintritt der Verjährung wahrnehmen kann."

Deshalb hat der umfassend beauftragte Architekt dem Bauherrn noch **nach** der Beendigung seiner eigentlichen Tätigkeit bei der Behebung von Baumängeln zur Seite zu stehen. Im Rahmen seiner Betreuungsaufgaben hat „er nicht nur die Auftraggeberrechte gegenüber den Bauunternehmern zu wahren; ihm obliegt auch die objektive Klärung der Mängelursachen, selbst wenn hierzu eigene Planungs- oder Aufsichtsfehler gehören. Als **Sachwalter** des Bauherrn schuldet er die unverzügliche und umfassende Aufklärung der Ursachen sichtbar gewordener Baumängel sowie die sachkundige Unterrichtung des Bauherrn vom Ergebnis der Untersuchung und von der sich daraus ergebenden Rechtslage."[382] Die Erfüllung dieser Pflichten betrifft allerdings nicht die Herstellung des eigentlichen Architektenwerkes, sondern lediglich eine **Nebenverpflichtung** des Architekten.[383] Nach Auffassung des OLG Koblenz[384] **entfällt die Verpflichtung zur Offenbarung** von eigenen Mängeln allerdings dann, wenn der **Bauherr anderweitig sachkundig** beraten und vertreten ist. Die eine Sekundärhaftung eines Architekten gegenüber seinem Auftraggeber begründende Pflichtverletzung bildet einen selbstständigen Haftungsgrund in diesem Vertragsverhältnis, den sich der vom Architekten beauftragte Fachplaner nicht zurechnen lassen muss.[385]

Verletzt der Architekt die vorerwähnten Pflichten, ergibt sich nach ständiger Rechtsprechung des BGH die Sekundärhaftung des Architekten mit der Folge, dass der Architekt sich nicht auf die Einrede der Verjährung bezüglich seiner Pflichtverletzung berufen kann. Die **Sekundärhaftung** des Architekten setzt allerdings seine **umfassende Beauftragung** voraus, weil er nur dann die zentrale Rolle einer Sach-

---

381) BGHZ 71, 144 = BauR 1978, 235; BGH, BauR 2007, 423, 424 = NZBau 2007, 108 = NJW-Spezial 2007, 121; BauR 2004, 1171, 1172 (ständig); OLG Düsseldorf, IBR 2015, 501 – *Eich*; OLG Stuttgart, BauR 2003, 1062, 1063 = OLGR 2003, 398; KG, BauR 1981, 79; s. hierzu: *v. Rintelen*, NZBau 2008, 209; *Locher/Koeble/Frik*, Einl. Rn. 204; *Hebel*, BauR 2006, 221, 236; *Lauer*, BauR 2004, 1639 ff. *Reinelt/Pasker*, BauR 2010, 983, 988, sind der Auffassung, dass für die Sekundärhaftung des Architekten „heute kein Raum mehr besteht". Ebenso *Scholtissek*, Festschrift für Koeble, 489 ff. Vgl. auch OLG Schleswig, NJW-RR 2010, 1031 (Sekundärhaftung nicht beim Bauträgervertrag) sowie *Jochem*, BauR 2012, 16. Zur Sekundärhaftung, vgl. ferner *zu Dohna*, Festschrift für Neuenfeld (2016), S. 157.
382) BGH, BauR 1985, 97 = NJW 1985, 238. Zur sog. „Sachwalterhaftung" s. OLG Karlsruhe, NZBau 2007, 451, 453 = OLGR 2007, 249, 250; *Lauer/Wurm*, Rn. 761 ff.
383) BGH, BauR 2007, 423, 424 = NZBau 2007, 108, 109; BGH, BauR 1986, 112 = ZfBR 1986, 17; BauR 1985, 232; OLG Celle, BauR 1984, 647; *Jagenburg*, NJW 1985, 2797, 2780; a.A.: *Lauer*, BauR 2004, 1639, 1641 ff. (Haftung nach §§ 634, 634a BGB). Zum **Ausgleichsanspruch** des Architekten gegen den Unternehmer bei Inanspruchnahme: OLG Zweibrücken, BauR 1993, 625; OLG Oldenburg, BauR 2002, 1866; *Kniffka*, BauR 2005, 274, 281; *Dammert*, Festschrift für Ganten, S. 3, 10.
384) IBR 2013, 160 – *Weller*.
385) BGH, NZBau 2016, 301.

walterposition[386] einnimmt. Daher sind die Grundsätze der Sekundärhaftung des Architekten insbesondere – nach Auffassung des BGH[387] – nicht anwendbar, wenn ihm nur die Aufgaben der Leistungsphasen 1 bis 6 des § 34 HOAI (Grundlagenermittlung bis Vorbereitung der Vergabe) übertragen worden sind. Gleiches hat zu gelten bei Übertragung der Leistungsphasen 1 bis 7 des § 34 HOAI (Grundlagenermittlung bis Mitwirkung bei der Vergabe). Dagegen setzt die Sekundärhaftung nicht voraus, dass dem Architekten auch die Leistungsphasen 4 und 9 des § 33 HOAI (Objektbetreuung und Dokumentation) übertragen worden ist.[388] Zur **Verjährung** der Sekundärhaftung des Architekten vgl. Rdn. 2874.

Hat der Bauherr selbst besondere Sachkenntnisse in Bauangelegenheiten, kann im Einzelfall die Sekundärhaftung des Architekten entfallen.[389] Eine Sekundärhaftung kommt grundsätzlich nicht in Betracht, wenn sich der Baumangel erst nach Ablauf der Verjährungsfrist zeigt.[390] Nach Auffassung des OLG Saarbrücken[391] scheidet eine Sekundärhaftung des Architekten aus, wenn es um typische Architektenfehler geht, z.B. um eine nicht genehmigte Planung und deren Umsetzung vor der Entscheidung über die Genehmigung, also die Haftung des Architekten „auf der Hand" liegt und damit seine vertraglichen Hauptleistungen verletzt. Der Anspruch umfasst vor allem den **Ersatz unnützer Kosten,** die der Bauherr aufgewendet hat (z.B. Kosten eines Beweissicherungsverfahrens oder eines Vorprozesses gegen einen nicht verantwortlichen Unternehmer).

Den **Auftraggeber** (Bauherrn) trifft grundsätzlich die **Darlegungs- und Beweislast** hinsichtlich eines **Fehlers** des Architekten im Rahmen der **Objektüberwachung**. Häufig wird insoweit auf den **Beweis des ersten Anscheins** (vgl. im Einzelnen Rdn. 3067 ff.) in dem Sinne zurückgegriffen, dass ein **Baumangel** schon den **ersten Anschein eines Bauüberwachungsfehlers** verursacht (mit der Konsequenz einer Beweislastumkehr).[392] Das kann aber in dieser Allgemeinheit nicht angenommen werden. Vielmehr kann der Beweis des ersten Anscheins in Bezug auf einen Bauüberwachungsfehler **nur bei Mängeln an Arbeiten** angenommen werden, die nach den von Rechtsprechung und Literatur entwickelten Grundsätzen in jedem Falle einer **umfangreichen Bauaufsicht** des Architekten bedürfen (vgl.

---

386) Vgl. hierzu *Scholtissek*, NZBau 2010, 94.
387) BauR 2009, 1607 = NZBau 2009, 789 = ZfIR 2009, 779 m.Anm. Schwenker = IBR 2009, 589 – *Schulze-Hagen*. *Nossek/Klaft*, BauR 2010, 152 und *Scholtissek*, NZBau 2010, 94. **A.A.** OLG Brandenburg, IBR 2017, 207 – *Käseberg* (Sekundärhaftung auch bei isolierter Beauftragung der Objektüberwachung).
388) BGH, IBR 2013, 750 – *Fuchs*; OLG Hamm, BauR 2006, 704 = NZBau 2006, 324, 346 m. Hinw. auf BGH, BauR 1996, 418 = NJW 1996, 1278; OLG München, BauR 2008, 1929; *v. Rintelen*, NZBau 2008, 209, 212.
389) BGH, BauR 1986, 112, 114 = NJW-RR 1986, 182. **A.A.:** OLG Hamm, IBR 2009, 341 – *Theissen* (Sekundärhaftung gilt auch gegenüber einem Bauherrn mit äußerst langjähriger Bauerfahrung).
390) KG, BauR 2008, 1025, 1027.
391) IBR 2009, 222 – *Weyer*; vgl. hierzu auch OLG Dresden, IBR 2010, 38 – *v. Rintelen*.
392) Vgl. hierzu BGH, BauR 2010, 1959; NZBau 2009, 185 = NJW 2009, 167; NJW 1973, 1789; NZBau 2002, 574 = NJW 2002, 2708; OLG Dresden, BauR 2010, 1785; ferner OLG Düsseldorf, BauR 2013, 489, 493 = IBR 2014, 744 – *Vogel*; OLG Celle, IBR 2011, 33 – *Schwenker*.

Rdn. 2017 ff.)³⁹³⁾. Das gilt daher nicht für Arbeiten, die als „handwerkliche Selbstverständlichkeiten" bezeichnet werden (Rdn. 2015); insoweit bleibt es dabei, dass der Auftraggeber darlegen und beweisen muss, dass im Einzelfall auch diese Arbeiten besonders bauüberwachungspflichtig waren und der Architekt seiner entsprechenden Verpflichtung nicht nachgekommen ist.³⁹⁴⁾ Sind in diesem Sinne aber die Grundsätze des ersten Anscheins heranzuziehen, ist es Aufgabe des Architekten, diesen Anschein zu widerlegen. Das kann er in der Weise tun, dass er im Einzelnen vorträgt, das er seiner Verpflichtung zu einer ordnungsgemäßen Bauaufsicht nachgekommen ist.³⁹⁵⁾ Im Übrigen kann nach Auffassung des BGH³⁹⁶⁾ der allein durch einen Baumangel verursachte Anschein einer Bauüberwachungspflichtverletzung nur ausnahmsweise den weitergehenden Anschein erwecken, der mit der Bauüberwachung beauftragte Architekt habe seine mit der Bauleitung befassten Mitarbeit unsorgfältig ausgesucht oder eingesetzt: „Ein solcher Anschein entsteht selbst bei schwerwiegenden Baumängeln jedenfalls dann nicht, wenn der sich hieraus ergebende Bauüberwachungsfehler seiner Art nach auch einem sorgfältig ausgewählten und eingesetzten Bauleiter unterlaufen kann".

Eine wichtige Grundleistung im Rahmen der Objektüberwachung ist auch die **2026** **Rechnungsprüfung**;³⁹⁷⁾ insoweit ist es Aufgabe des Architekten, Akonto- und Schlussrechnungen der Unternehmer insbesondere darauf zu überprüfen, ob

* die **eingesetzten** Preise mit den **vereinbarten** übereinstimmen³⁹⁸⁾
* die **eingesetzten** Mengen mit den **ausgeführten** bzw. denen des **Aufmaßes** in Einklang stehen
* **zusätzlich** berechnete Leistungen nicht bereits vom Hauptauftrag erfasst sind³⁹⁹⁾
* **Sonderkonditionen** (wie Rabatte, Skonti, Nachlässe, Stellung einer Erfüllungsbürgschaft usw.) berücksichtigt wurden⁴⁰⁰⁾
* die **abgerechneten** Werkleistungen **ordnungsgemäß erbracht** sind und den vertraglichen Vereinbarungen entsprechen.⁴⁰¹⁾

---

393) OLG Düsseldorf, BauR 2013, 489; OLG Köln, NZBau 2014, 302 (kein Anscheinsbeweis bei einzelnen Verklebungs- und Verschweißungsfehlern bei der Erstellung einer Dachdämmung) = IBR 2014, 285 – *Eix*; NZBau 2013, 375 (abgestellt wird auf „Art, Schwere und Erkennbarkeit, aber auch das Ausmaß baulicher Ausführungsmängel").
394) So auch: OLG Celle, BauR 2010, 1614; OLG Frankfurt, BauR 2010, 647; *Kesselring*, in: Motzke/Preussner/Kehrberg/Kesselring, N 60, 61.
395) OLG Celle, BauR 2010, 1614; OLG Frankfurt, BauR 2010, 647; *Kesselring*, a.a.O.
396) BauR 2010, 1959.
397) BGH, BGH, BauR 2002, 1112 = NZBau 2002, 456 u. BauR 1998, 869; OLG Dresden, IBR 2016, 708 – *Eistert*; OLG Hamm, BauR 2009, 123; OLG Naumburg, BauR 2007, 453, 455; OLG Köln, BauR 1997, 543; LG Fulda, BauR 1990, 642 (LS) = MDR 1988, 965; *Berding*, BauR 2007, 473 ff.; *Löffelmann/Fleischmann*, Rn. 707 ff. Zur **Verjährung** von Ansprüchen: BGH, BauR 2006, 396 = NZBau 2006, 122 = ZfBR 2006, 148. Zur Haftung aus einem **Prüfvermerk**: BGH, ZfIR 2002, 446 m.Anm. *Portz*. Die **fachtechnische** Überprüfung von Architektenleistungen durch ein anderes Architektenbüro stellt **keine** unerlaubte Rechtsberatung dar (BGH, BauR 2007, 576 = NZBau 2007, 182 = ZfBR 2007, 256). Zur **Nachtragsprüfung** vgl. *Prote*, in: Festschrift für Blecken (2011), S. 387 ff.
398) OLG Hamm, BauR 2009, 123 = NZBau 2009, 45 = IBR 2009, 42 – *Rohrmüller*.
399) BGH, BauR 1982, 185; BauR 1981, 482 = NJW 1981, 2182.
400) OLG Hamm, a.a.O.; ferner BauR 2010, 1090.
401) *Berding*, BauR 2007, 473.

2027 Der Architekt muss daher in jedem Fall vor Freigabe von Akontozahlungen (aber auch der Schlusszahlung) im Einzelnen prüfen, ob die abgerechneten Werkleistungen ordnungsgemäß erbracht und vertragsgemäß sind[402] sowie im Einklang mit dem zu erwartenden Gesamtvergütungsanspruch steht.[403] Nach Rechnungsprüfung hat der Architekt seinem Auftraggeber eine entsprechende Zahlungsempfehlung abzugeben.[404] Vor einer Inanspruchnahme des Architekten wegen fehlerhafter Rechnungsprüfung (Schadensersatzanspruch) ist grundsätzlich eine Aufforderung zur Nacherfüllung mit Fristsetzung erforderlich,[405] da es sich insoweit um eine Verletzung einer vertraglichen Hauptpflicht handelt. Das setzt jedoch voraus, dass eine „Nachbesserung" der fehlerhaften Rechnungsprüfung noch korrigierbar ist. Ist der Auftragnehmer aufgrund der mangelhaften Rechnungsprüfung bereits überzahlt, scheidet eine Nacherfüllung durch den Architekten infolge Unmöglichkeit aus; er ist dann zum Ersatz des entstandenen Vermögensschaden verpflichtet.[406] Ein gegen den Architekten wegen fehlerhafter Rechnungsprüfung bestehender Schadensersatzanspruch ist – nach Auffassung des OLG Hamm[407] – nicht deshalb ausgeschlossen, weil gegen den – inzwischen in Insolvenz geratenen Unternehmer ein Rückzahlungsanspruch besteht. Ein etwaiger Ersatzanspruch gegen den Architekten wegen fehlerhafter Rechnungsprüfung kommt nur **Zug um Zug** gegen **Abtretung der Rückzahlungsansprüche gegenüber dem jeweilgen Unternehmer** in Betracht.[408] Der Vermögensschaden des Auftraggebers gegenüber dem Architekten ist unmittelbar durch die Überzahlung des jeweiligen Unternehmers eingetreten und er hat auch unmittelbar zu entsprechenden Ersatzansprüchen gegenüber dem Unternehmer geführt, wie das OLG Frankfurt[409] zu Recht ausführt.

Der Bauherr hat **nach** Beendigung der Objektüberwachung bzw. nach Fertigstellung des Bauvorhabens gegenüber dem Architekten keinen Anspruch auf Herstellung von Ausführungsplänen, die dem tatsächlichen Stand der Ausführung (nach etwaigen Änderungen) entsprechen.

Mit der 4. HOAI-Novelle 91 hatte die frühere „**künstlerische Oberleitung**" der GOA als Einzelleistung zunächst wieder Eingang in die Gebührenordnung für Architekten gefunden:[410] Nach § 15 Abs. 3 HOAI a.F. kann das Überwachen der Herstellung des Objekts hinsichtlich der Einzelheiten der Gestaltung an einen Architekten als gesonderte und zusätzlich honorarpflichtige Leistung in Auftrag gegeben werden. Diese Regelung zur künstlerischen Oberleitung ist im Rahmen der HOAI-Novelle 2009 ersatzlos entfallen. Dennoch ist die Übertragung der künst-

---

[402] BGH, BauR 2002, 1112 = NZBau 2002, 456 = NJW-RR 2002, 1174; OLG Celle, BauR 2000, 1897.
[403] OLG Oldenburg, BauR 2010, 810 = IBR 2010, 157 – *Hummel*; OLG Köln, IBR 2007, 20.
[404] OLG Frankfurt, NZBau 2016, 498, 499 = IBR 2016, 351 – *Kubal*.
[405] OLG Düsseldorf, BauR 1973, 255; *Berding*, BauR 2007, 473, 474.
[406] *Berding*, a.a.O., weist zutreffend darauf, dass der Schadensersatzanspruch nicht davon abhängig ist, ob ein Rückzahlungsanspruch gegenüber dem Unternehmer realisierbar ist; insoweit ist § 255 BGB anzuwenden; ebenso: OLG Hamm, BauR 2009, 123.
[407] IBR 2008, 744 – *Rohrmüller*.
[408] OLG Frankfurt, NZBau 2016, 498 = IBR 2016, 351 – *Kubal*.
[409] NZBau 2016, 498 = IBR 2016, 351 – *Kubal* mit weiterer Rspr. und Lit.
[410] Siehe hierzu: *Geldmacher*, BauR 2003, 1294 ff.

Objektüberwachung

lerischen Oberleitung nach wie vor möglich.[411] Die Streichung der vorerwähnten Regelung hat somit keine Änderung der Rechtslage zur Folge. Hier zeigt sich der Grundsatz, von dem die HOAI 2009 ausgeht: Bindendes Preisrecht gilt nur noch in wenigen normierten Fällen; im Übrigen ist eine Honorarvereinbarung frei möglich. Da die Überwachungstätigkeit des Architekten insoweit bei der künstlerischen Oberleitung ganz auf den gestalterischen Bereich beschränkt ist, kann auch nur eine Haftung hinsichtlich dieses Aufgabenkreises in Betracht kommen, was jedoch selten der Fall sein wird.

Übernimmt der Architekt die **Leistungsphase 9** des § 34 HOAI, so hat er die Ansprüche des Bauherrn während der Gewährleistungsfristen gegenüber den Unternehmern nachhaltig zu wahren, jedoch längstens bis zum Ablauf von 5 Jahren seit der Abnahme der Bauleistungen. Insoweit gehört zum Aufgabenkreis des Architekten nach der HOAI 2013 aber lediglich die „**fachliche Bewertung** der innerhalb der Verjährungsfristen für Gewährleistungsansprüche festgestellten Mängel ... einschließlich notwendiger Begehungen". Die **Überwachung der Mängelbeseitigung** innerhalb der Verjährungsfrist ist im Rahmen der HOAI 2013 zu einer **Besonderen Leistung** mutiert. Die **Überwachung** der Mängelbeseitigung zielt auf eine **dauerhafte** und **vollständige Mängelbeseitigung** ab, weshalb der Architekt im Einzelfall (bei entsprechender Beauftragung der Besonderen Leistung) auch gehalten ist, Sonderfachleute heranzuziehen, um die Erfüllung dieser Verpflichtung zu gewährleisten.[412] Dagegen ist er grundsätzlich nicht gehalten, eine sachverständige Untersuchung zu veranlassen.[413] Notfalls muss er für die Einleitung eines **selbstständigen Beweisverfahrens** sorgen. **2028**

Nach zutreffender Auffassung des OLG Dresden[414] ist ein Architekt im Rahmen der Objektbetreuung grundsätzlich nicht verpflichtet, das nach seiner Planung errichtete und von ihm überwachte Bauvorhaben ohne konkrete Anhaltspunkte auf versteckte Mängel zu untersuchen.

Auch wenn dem Architekten nur die **Planung**, nicht aber die Objektüberwachung übertragen worden ist, kann er sich während der Bauausführungsphase gegenüber dem Auftraggeber schadensersatzpflichtig machen. Das kann insbesondere der Fall sein, wenn sich der Architekt – ohne Auftrag – „**viel um die Durchführung des Bauwerkes kümmert**",[415] der Architekt „dem Bauherrn während der Bauausführung auf Befragen **Ratschläge erteilt**"[416] oder in anderer Weise aus „**Gefälligkeit**"[417] – z.B. durch **Hinweise** bei Baustellenbesuchen[418] oder **Anweisungen** gegenüber Handwerkern – in das Baugeschehen eingreift. Insoweit führt der Architekt **2029**

---

411) Vgl. hierzu *Koeble*, in: Locher/Koeble/Frik, § 34 HOAI, Rn. 279 f.
412) OLG Hamm, IBR 2014, 155 – *Parbs-Neumann*; OLG Stuttgart, BauR 2003, 1062, 1063 = NZBau 2003, 446, 447 m.w.Nachw.
413) OLG Hamm, a.a.O.
414) IBR 2011, 531 – *Wronna*.
415) OLG Hamm, *Schäfer/Finnern*, Z 2.414 Bl. 37, 39.
416) BGH, VersR 1959, 904.
417) Vgl. hierzu OLG Köln, BauR 2008, 861 (für Planung aus „Gefälligkeit") sowie NZBau 2006, 183. OLG Brandenburg, IBR 2015, 81 – *Klein*. Ferner OLG Karlsruhe, BauR 2011, 729 (LS) = IBR 2010, 155 – *Wenkebach*. OLG Frankfurt, NJW-RR 2011, 459 = IBR 2011, 149 – *Schmidt*. Ferner *Lauer/Wurm*, Rn. 518 ff.
418) OLG Karlsruhe, IBR 2016, 298 – *Wellensiek* („Auskunftsvertrag").

eine „faktische" Objektüberwachung aus. Das hat zur Folge, dass ihn als „faktischen Bauleiter" auch **Beratungs- und Hinweispflichten** treffen, insbesondere wenn er gravierende Ausführungsfehler auf der Baustelle **erkennt;** andernfalls haftet er unter dem Gesichtspunkt der Verletzung einer sich aus dem Hauptvertrag (Planungsvertrag) ergebenden **Nebenpflicht.**[419] Vgl. hierzu insbesondere Rdn. 2001.

Allerdings sind hier die Umstände des Einzelfalles stets besonders zu beachten: Eine Haftung des Architekten kann insoweit nur eingeschränkt und bei **schwerwiegenden** Verstößen in Betracht kommen. So hat der Architekt zwar aufgrund seiner Beratungspflicht auf die von ihm **erkannten** Mängel hinzuweisen, er hat aber nicht für Mängel einzustehen, „die er bloß hätte erkennen können".[420] Nach Auffassung des OLG Dresden[421] kann allein aus dem Umstand, dass ein Baumangel auf einen gravierenden Bauausführungsfehler zurückzuführen ist, nicht geschlossen werden, dass der Architekt einen Fehler erkannt und dann arglistig verschwiegen hat.

Der **bauleitende Architekt** kann für seine Tätigkeit im Rahmen von **Mängelbeseitigungsarbeiten kein gesondertes Honorar** verlangen, weil die Überwachungstätigkeit eine Grundleistung im Rahmen der Objektüberwachung darstellt.[422]

Grundsätzlich steht es dem Auftraggeber frei, ob er wegen eines Mangels am Bauwerk den Unternehmer oder den Architekten, der seine Aufsichtspflicht verletzt hat, in Anspruch nehmen will[423] (vgl. hierzu aber Rdn. 1984a und ausführlich Rdn. 2474 ff. hinsichtlich des neuen Bauvertragsrechts 2018 und § 650t BGB n.F.). Das OLG Dresden[424] hat zu Recht darauf hingewiesen, dass sich die Inanspruchnahme eines Gesamtschuldners als rechtsmissbräuchlich darstellen kann. Ein solcher Fall liegt nach Auffassung des Gerichts vor, wenn der Auftraggeber den bauüberwachenden Architekten auf Schadensersatzanspruch in Anspruch nehmen will, er aber den zur Nachbesserung bereiten Bauunternehmer durch eine unberechtigte Auftragsentziehung an der Mangelbeseitigung gehindert hat. Insoweit ist auch der neue § 650t BGB zu berücksichtigen (vgl. hierzu im Einzelnen Rdn. 2474 ff.).

Häufig beauftragen Auftraggeber – insbesondere bei der Einschaltung von Generalunternehmer oder Generalübernehmer – einen Architekten (unter Umständen auch einen Sachverständigen oder Projektsteuerer) nicht mit der vollen Objektüberwachung, was auch sinnvoll ist, sondern nur mit einem **baubegleitenden Qualitätscontrolling**, im Sinne einer stichprobenartigen Überprüfung der erbrachten

---

[419] BGH, NJW-RR 2006, 117, 120; vgl. auch BGH, BauR 1996, 418 = ZfBR 1996, 155 = NJW 1996, 1278 = MDR 1996, 687; NJW 1971, 1404; NJW 1985, 1778 m.w.N.; OLG Hamm, BauR 2003, 273, 275. Zur Haftung bei „**Gefälligkeit**": OLG Köln, NZBau 2006, 183 = IBR 2006, 38 – *Biebelheimer* und BauR 2008, 861; OLG Stuttgart, IBR-online 2016, 3205; OLG Celle, BauR 2002, 1427. *Koeble*, in: Locher/Koeble/Frik, § 34 HOAI, Rn. 249 („faktischer Bauüberwacher").
[420] BGH, VersR 1959, 904, 905; OLG Köln, OLGR 2003, 77, 78 = BauR 2003, 771 (LS); OLG Hamm, BauR 2003, 273, 275.
[421] BauR 2015, 879.
[422] OLG Hamm, BauR 2015, 854 = NZBau 2015, 103; vgl. hierzu insbesondere *Weingart*, BauR 2015, 1911 mit einem Überblick zur Rechtsprechung u. Literatur.
[423] BGH, NZBau 2007, 721 = NJW-RR 2008, 176.
[424] NZBau 2017, 168.

Unternehmerleistungen.⁴²⁵⁾ Auch insoweit handelt es sich um einen **Werkvertrag**, weil das Qualitätscontrolling eine erfolgsbezogene Leistung ist.⁴²⁶⁾ Nach zutreffender Auffassung des OLG Brandenburg⁴²⁷⁾ haftet ein Controller für Baumängel wie ein bauüberwachender Architekt als Gesamtschuldner neben dem ausführenden Bauunternehmer. Für den Haftungsumfang des Controllers kommt es dabei grundsätzlich nicht auf die Höhe seines Honorars an. Bei der baubegleitenden Qualitätskontrolle empfiehlt es sich, den Umfang der vom Architekten zu erbringenden Leistung so umfassend und konkret wie möglich festzustellen, also klar fixierte Zahl und Bereiche der vorzunehmenden Überprüfungen.

Zu vertraglichen **Haftungsbeschränkungen** vgl. Rdn. 2693 ff.

d) Aufklärungs-, Hinweis-, Beratungs- und Auskunftspflichten des Architekten

Literatur

Hamacher, Prüf- und Hinweispflichten, GHC-Verlag, 2013.

Schröder, Die Dogmatik der Bedenkenanmeldung und deren Folgen, BauR 2015, 319; *Hummel*, Der Bedenkenhinweis in der praktischen Abwicklung von Bauverträgen, BauR 2016, 329.

2029a Den Architekten trifft als Sachwalter und den damit verbundenen besonderen Treuepflichten gegenüber dem Bauherrn – neben der Herstellung des eigentlichen Architektenwerks – eine Fülle von Nebenpflichten, insbesondere im Rahmen der vertraglichen Abwicklung des Bauvorhabens. In Betracht kommen insoweit Aufklärungs-, Hinweis-, Beratungs- und Auskunftspflichten.⁴²⁸⁾ Verletzt er diese Pflichten, hat der Auftraggeber einen **Schadensersatzanspruch nach §§ 280, 281 BGB** (vgl. näher, Rdn. 2273) oder aus **c.i.c.**

Allerdings können bereits im Vorfeld eines Vertrages zwischen Auftraggeber und Architekten diesen Aufklärungspflichten treffen. So ist ein Planer oder Objektüberwacher verpflichtet, schon bei den ersten Vertragsverhandlungen seinem (möglichen) Vertragspartner zu offenbaren, dass er nach den landesrechtlichen Vorschriften nicht befugt ist, die **Berufsbezeichnung „Architekt"** zu führen. Bei Verletzung dieser Pflicht hat der Auftraggeber gegebenenfalls einen Anspruch auf Vertragsaufhebung nach den Grundsätzen der c.i.c.⁴²⁹⁾ Darüber hinaus kommt eine Anfechtung wegen arglistiger Täuschung in Betracht.⁴³⁰⁾

---

425) Vgl. *Eschenbruch*, Rn. 347 und 923 ff.; vgl. hierzu auch *Vygen*, Festschrift für Jagenburg (2002), S. 933, 943.
426) BGH, NZBau 2002, 150 = NJW 2002, 749; BauR 1999, 1317, 1318 = NJW 1999, 3118 = IBR 1999, 423 – *Eschenbruch*.
427) NZBau 2016, 166.
428) Verl. hierzu insbesondere *Preussner*, Architektenrecht, Rn. 111 ff.
429) OLG Naumburg, BauR 1996, 889 m.w.N. = ZfBR 1996, 322,323, IBR 2006, 457 – Götte; OLG Hamburg, OLGR 1996, 306; OLG Düsseldorf, NJW-RR 1993, 1175 = BauR 1993, 632.
430) OLG Stuttgart, BauR 1979, 259; *Löffelmann/Fleischmann*, Rn. 23.

Es ist **nicht Aufgabe** des Architekten, **schwierige Rechtsfragen** zu klären. Allerdings ist er verpflichtet, insoweit den Bauherrn darauf hinzuweisen, Rechtsrat bei einem Juristen einzuholen. Von jedem Architekten wird jedoch die Kenntnis der Grundzüge des BGB – Werkvertragsrecht und der VOB/B verlangt[431]. So ist beispielsweise das OLG Nürnberg[432] zutreffend der Auffassung, dass der Architekt darauf hinwirken muss, dass in einem Bauwerksvertrag statt der kurzen Verjährungsfrist der VOB/B die übliche 5-jährige-BGB-Gewährleistungsfrist vereinbart wird. Nach BGH[433] gehört es zu den Beratungs- und Betreuungspflichten des Architekten, „durch nachdrückliche Hinweise an den Bauherrn sicher zu stellen, dass bei einer förmlichen Abnahme oder bis zum Ablauf der Fristen aus § 12 Abs. 5 S. 1 und 2 VOB/B oder sonstige für die Abnahme vereinbarter Fristen der erforderliche Vertragsstrafenvorbehalt nicht etwa versehentlich unterbleibt". Der Architekt muss nach OLG Hamm[434] auch z.B. wissen, dass Vertragsstrafen in Allgemeinen Geschäftsbedingungen nicht ohne Festlegung einer Obergrenze vereinbart werden können.

Dagegen trifft grundsätzlich den Architekten nach herrschender Meinung **keine Pflicht**, den Auftraggeber über die **Entgeltlichkeit seiner Tätigkeit** (vgl. Rdn. 624 ff., 644) sowie über die Höhe des Honorars bzw. über die Wirksamkeit der Honorarvereinbarung aufzuklären (Rdn. 645 f.)[435] Das gilt insbesondere hinsichtlich eines Formerfordernisses nach HOAI für die Honorarvereinbarung (vgl. Rdn. 766 ff.)[436] Ein Architekt ist auch **nicht verpflichtet**, über die **Vor- und Nachteile einer Finanzierung** (z.B. unter Einsatz von KfW-Darlehen) aufzuklären, weil er kein Finanzierungsberater ist.[437]

2029b Einzelne Pflichtverletzungen nach Rechtsprechung und Literatur:

- **Beratungspflicht** des Architekten hinsichtlich der **Genehmigungsfähigkeit** des Bauvorhabens in Leistungsphase 1 (BGH, BauR 2014, 1801 = IBR 2014, 552 – Fuchs; vgl. hierzu auch Rdn. 1992)
- Hinweispflicht des Architekten, dass er **nicht die notwendigen Spezialkenntnisse für ein Gewerk** (z.B. Wärmeschutz) hat, damit der Bauherr einen **Sonderfachmann hinzuziehen** kann (OLG Düsseldorf, NZBau 2014, 506).
- Ein Architekt muss den Bauherrn über den zur **Sanierung erforderlichen Gesamtaufwand** (von sich aus) aufklären (OLG Karlsruhe, IBR 2017, 85 – Boisserée).
- Planer müssen Hinweise erteilen, wenn sich aus Vorgaben des Auftraggebers Anhaltspunkte ergeben, die den Vertragszweck gefährden (OLG Köln, IBR 2016, 294 – Klein).

---

431) OLG Hamm, IBR 2005, 334; OLG Brandenburg, NJW-RR 2003, 1323.
432) BauR 2010, 649. Vgl. BGH NJW 1983, 871 f.
433) BauR 1979, 345 = NJW 1979, 1499. Ebenso OLG Bremen, IBR 2013, 89 – *Schwenker*. Vgl. hierzu OLG Saarbrücken, IBR 2007, 437; OLG Düsseldorf, BauR 2002, 1420 = NJW-RR 2002.1098.
434) IBR 2005, 334 – *Kieserling*.
435) OLG Stuttgart, BauR 1989, 630 = NJW 1989, 2402.
436) Vgl. hierzu *Kehrberg*, in: Motzke/Preussner/Kehrberg/Kesselring, D, Rn. 38 ff.
437) OLG Dresden, IBR 2013, 351 – *Käseberg*.

- Pflicht des Architekten zur **Offenbarung der Mängel des eigenen Architektenwerkes**. Bei Verletzung dieser Pflicht kommt eine Sekundärhaftung des Architekten in Betracht (vgl. näher, Rdn. 2024 f.)[438]
- Aufklärungspflicht über die **Beachtung öffentlich-rechtlicher Bauvorschriften** (BGH, NJW 1973, 1457; OLG München, BauR 1992, 534)
- Hinweispflicht bei **Kostenüberschreitung**, insbesondere bei Sonder- und Änderungswünschen des Auftraggebers (BGH, BauR 1997, 1067; vgl. näher Rdn. 2293 f., 2304)
- Beratungspflicht hinsichtlich **neuartiger, noch nicht erprobter Baustoffe** (BGH, BauR 1976, 66; OLG Hamm, BauR 2006, 861; KG, NZ Bau 2002, 160 BauR; OLG Saarbrücken, NJW-RR 1998, 93, 94; OLG Köln, BauR 1991, 103; Löffelmann/Fleischmann, Rn. 335; vgl. im Übrigen Rdn. 2000) oder unerprobter Techniken (Löffelmann/Fleischmann, Rn. 189). Vgl. hierzu auch Rdn. 2000.
- Hinweis des Architekten gegenüber seinem Auftraggeber, dass die **Planung „außerhalb bautechnisch gesicherter Erkenntnisse liegt"** (OLG Saarbrücken, NJW-RR 1998, 93; OLG Zweibrücken, IBR 1999, 523 – Sienz; OLG Oldenburg, OLGR 1996, 218)
- Hinweispflicht des Architekten auf **Erforderlichkeit eines Baugrundgutachtens** (OLG Naumburg, NZBau 2014, 364) = IBR 2014, 284 – Hebel; OLG Celle, IBR 2014, 354 – Meier.
- Der Architekt muss mit dem Auftraggeber **erörtern**, ob dieser trotz ihm bekannter **risikoreicher Bodenverhältnisse am Bauvorhaben festhalten will** (BGH, NJW 2013, 3442 = BauR 2013, 1472 = IBR 2013, 544 – Preussner)
- Aufklärungspflicht des Architekten, dass er **„gefahrträchtige Arbeiten"** nicht überwacht hat: Arglistiges Verschweigen eines Mangels seines Werks (OLG Koblenz, IBR 2013, 756 – Schudnagies)
- Bestehen Bedenken gegen die Planung, ist es Pflicht des Architekten frühzeitig den Auftraggeber auf die **Möglichkeit einer Bauvoranfrage** hinzuweisen (vgl. Rdn. 1993; ferner: Löffelmann/Fleischmann, Rn. 228)
- Hat der Architekt nicht die notwendigen Spezialkenntnisse, um Mängel zu untersuchen, hat er den Auftraggeber insoweit darauf hinzuweisen, dass eine **Fachfirma hinzuzuziehen** ist (Löffelmann/Fleischmann, Rn. 559)
- Der Architekt hat dem **Statiker** die für dessen Berechnung erforderlichen **Angaben zu den Grundwasserverhältnissen** zur Verfügung zu stellen (OLG Düsseldorf, IBR 2015, 151 – Preussner).
- Der Architekt ist verpflichtet, sich für die **Planung des Einbaus von Öfen** Angaben über die anstehenden Temperaturbelastungen zu verschaffen; wird ihm diese Auskunft nicht erteilt, hat er darauf hinzuweisen, dass er ohne diese Angaben ein rissfreies Bauwerk nicht sicherstellen kann (OLG Hamm, BauR 2015, 1872).
- Führen **Änderungswünsche** des Auftraggebers dazu, dass das Bauvorhaben nicht mehr genehmigungsfähig ist, hat der mit der Bauüberwachung betraute Architekt den Auftraggeber darauf hinzuweisen (OLG Brandenburg, IBR 2016, 652 – Weyer).

---

438) Vgl. hierzu: *Kehrberg*, in: Motzke/Preussner/Kehrberg/Kesselring, D, Rn. 49 ff.

- Der Architekt ist im Falle der **Ungenauigkeit einer Kostenschätzung** verpflichtet, den Bauherrn auf diese Ungenauigkeit **hinzuweisen**, wenn die Kostenschätzung Grundlage einer Investitions- und Finanzierungsentscheidung ist (OLG Hamm, BauR 2013, 1301 = NZBau 2013, 388 = IBR 2013, 286 – Berger)
- Hinweispflicht über das **Architektenhonorar** (OLG Köln, NJW-RR 1994, 340 = BauR 1994, 271; BGH, NJW 1964, 1024; OLG Düsseldorf, Schäfer/Finnern, Z 3.01 Bl 159; OLG Stuttgart, BauR 1989, 630 = NJW 1989, 2402; Knacke, BauR 1990, 395 ff.).
- Hinweispflicht des Architekten bei **riskanter Planung** (vgl. Rdn. 1991, 1993). Das gilt auch hinsichtlich eines wirtschaftlich riskanten Bauvorhabens (OLG Düsseldorf, BauR 2004, 1024).
- Hinweispflicht des Architekten bei schwierigem Befahren einer geplanten **Tiefgarage** (OLG München, BauR 2011, 542)
- Der Architekt muss im Planungsstadium auf **Nachteile** der vom Bauherrn gewünschten (Fachwerk-)**Konstruktion** hinweisen, ihn allerdings sein Vorhaben nicht ausreden (OLG Celle, BauR 2010, 1093)
- Hat der Architekt Bedenken hinsichtlich des **Baugrunds**, hat er dem Auftraggeber dies mitzuteilen und gegebenenfalls die Hinzuziehung eines Bodengutachters zu empfehlen (OLG München, IBR 2016, 156 – Heiliger; OLG Zweibrücken, BauR 2010, 1085; vgl. ferner Rdn. 1986 sowie 1996 unter „unzureichende bzw. nicht erfolgte Bodenuntersuchung")
- Aufklärungspflicht des Architekten bei **genehmigungsriskanter intensiver Bebauung** (OLG München, Urteil vom 12.09.2007 – Az. 27 U 154/07 in ibr-online.de; vgl. hierzu auch Rdn. 1993 „riskante Planung").
- Hinweispflicht über die Möglichkeit einer **zweckmäßigen Bauausführung** (OLG Köln, MDR 1963, 132; BGH, Schäfer/Finnern, Z 3.00 Bl. 134)
- Hinweispflicht über die Vermeidung **unnötiger Kosten** (BGH, Schäfer/Finnern, Z 3.01 Bl. 111)
- Beratungspflicht bei **Auswahl** der **Unternehmer** und der Baustofflieferanten (BGH, VersR 1965, 800)
- Hinweispflicht über die **Folgen und Risiken bei Abweichen von den anerkannten Regeln der Baukunst** (OLG München, BauR 2012, 1692; vgl. hierzu auch BGH, BauR 2011, 869 sowie Rdn. 1993 – „riskante Planung")
- Aufklärungspflicht des Architekten über **fehlende Wirtschaftlichkeit** der Baumaßnahme (OLG Düsseldorf, Urteil vom 22.01.2008 – Az. 23 U 88/07 in ibr-online.de)
- Aufklärungspflicht des Architekten über **Blend- und Wärmeschutz** (OLG Stuttgart, IBR 2009, 659 – Krause-Allenstein)
- Architekt muss gegebenenfalls auf **erforderliche Nachbareinwilligungen** hinweisen und Alternativen aufzeigen (OLG Frankfurt, IBR 2009, 94 – Seibel)
- Informationspflicht des Architekten gegenüber **Fachplaner** (OLG München, IBR 2006, 151 – Laux; OLG München, IBR 2005, 21 – Groß)
- Beratungspflicht des Architekten im Rahmen einer Gebäudesanierung hinsichtlich einer **Bauwerksabdichtung** (OLG Naumburg, IBR 2012, 275 – Fuchs)
- Hinweispflicht des Architekten hinsichtlich **nutzloser Aufwendungen** (OLG München, BauR 2012, 674 = IBR 2012, 211 – Berding)

- Hinweispflicht des Architekten bei Verwendung **großformatigen Kalksandsteinmauerwerks** und eingetretener Rissbildung – trotz Bauaufsichtlicher Zulassung dieses Materials (KG, IBR 2012, 92 – Michalczyk).
- Hinweispflicht bei Bedenken, ob der **Statiker** von den richtigen tatsächlichen Voraussetzungen bei seiner statischen Berechnung ausgegangen ist (BGH, VersR 1967, 260)
- Beratungspflicht bei der Durchführung von **Rechtsstreitigkeiten** gegen andere Baubeteiligte, insbesondere fachliche (technische) Ratschläge (BGH, BauR 1973, 321; BGH, ZfBR 1985, 119; OVG Münster, NJW 1966, 2232; OVG Lüneburg, NJW 1972, 840)
- Als Sachwalter des Bauherrn schuldet der Architekt die unverzügliche und umfassende Aufklärung der Ursachen sichtbar gewordener Baumängel sowie die **sachkundige Unterrichtung des Bauherrn vom Ergebnis der Untersuchung und der sich daraus ergebenden Rechtslage**. Das gilt auch dann, wenn die Mängel ihre Ursache auch in Planungs- oder Aufsichtsfehlern des Architekten haben (OLG Braunschweig, BauR 2017, 1399)
- **Verletzt** der bauleitende Architekt/Ingenieur seine **Aufklärungs- und Hinweispflichten**, so ist der Auftraggeber bei einem Schadensersatzanspruch so zu stellen, wie dieser stünde, wenn **er einen entsprechenden Hinweis erhalten** und dann auch **aufklärungsgerecht verhalten hätte** (BGH, BauR 2016, 2131).

Keine Pflichtverletzung nach Rechtsprechung und Literatur:

- Hinsichtlich **steuerlicher Gesichtspunkte** besteht grundsätzlich keine Beratungspflicht des Architekten gegenüber dem Auftraggeber (vgl. im Einzelnen: Locher/Koeble/Frik, § 34 HOAI, Rn. 84)
- **Keine Beratungspflicht** des Architekten hinsichtlich der Erlangung einer **Baufinanzierung** (vgl. Kehrberg, a.a.O., D, Rn. 17)
- Keine Beratungspflicht bei schwierigen Rechtsfragen (BGH, NJW 1985, 1692; OLG Stuttgart, BauR 2007, 160 = NZBau 2007, 319; Vogelheim in v. Berg/Vogelheim/Wittler, Rn. 443 und 455)
- **Keine Beratungspflicht** hinsichtlich von **Steuervergünstigungen** und Erlangung öffentlicher Fördermittel (BGH, BauR 1976, 570; OLG München, BauR 2001, 981, 982; vgl. hierzu Kehrberg, in Motzke/Preussner/Kehrberg/Kesselring, D, Rn. 26 und 27)

e) Deckungseinschränkungen und Deckungsausschlusstatbestände in der Architektenhaftpflichtversicherung

Literatur

Schmalzl/Krause-Allenstein, Berufshaftpflichtversicherung des Architekten und Bauunternehmers, 2. Auflage 2006; *Garbes*, Die Haftpflichtversicherung der Architekten/Ingenieure, 4. Auflage 2011; *Auer*, Das Leistungskürzungsrecht des Versicherers bei grob fahrlässigen Obliegenheitsverletzungen des Versicherungsnehmers nach § 28 Abs. 2 S. 2 VVG, 2012; *Krause-Allenstein*, Handbuch Bauversicherungsrecht, 2013; *Werner/Siegburg*, Die neue HOAI 2013, BauR 2013, 1499 ff.; *Sohn*, Anspruchsberechtigung und Fälligkeit des Deckungsanspruchs in der Architektenhaftpflichtversicherung, BauR 2014, 465 ff.; *Kniffka/Koeble*, Kompendium des Baurechts, 4. Auflage 2014; *Veith/Gräfe/Gebert*, Der Versicherungsprozess, 3. Auflage 2016.

2029c Die Anforderungen an das Berufsbild des Architekten sind sehr komplex. Hinzu kommt, dass mit Einführung der HOAI 2013 die Grundleistungen jeder Leistungsphase des Leistungsbildes Gebäude und Innenräume erheblich verändert und auch noch ausgeweitet wurden.[439] Die Ursachen für eine mögliche Architektenhaftung sind daher überaus vielfältig. Treten bei einem Bauprojekt Mängel auf, ist der Architekt – auch der Ingenieur – regelmäßig beliebter Adressat der Inanspruchnahme durch den Bauherrn. Oftmals hat sich zu diesem Zeitpunkt der Mangel des Architekten-/Ingenieurwerkes bereits im Bauwerk verkörpert, sodass der Bauherr – anders als bei der Inanspruchnahme des Unternehmers – ohne vorherige Fristsetzung zur Nacherfüllung Schadensersatz geltend machen kann.[440] Um existenzbedrohende Situationen zu vermeiden, sollten Architekten und Ingenieure deshalb für einen auskömmlichen Deckungsschutz Sorge tragen.

Bei der Berufshaftpflichtversicherung der Architekten und Ingenieure handelt es sich – anders als z.B. bei der Kraftfahrthaftpflichtversicherung gemäß Pflichtversicherungsgesetz (PflichtVG) – nicht grundsätzlich um eine Pflichtversicherung. Aufgrund entsprechender landesrechtlicher Regelungen[441] in Form von Architekten-/Ingenieurgesetzen etc. besteht jedoch mittlerweile in vielen Bundesländern die Pflicht zum Abschluss einer Berufshaftpflichtversicherung.[442] Bei Verstößen des Architekten/Ingenieurs gegen entsprechende landesrechtliche Vorschriften sind auch berufsrechtliche Konsequenzen zu erwarten.[443]

Grundlage der Berufshaftpflichtversicherung der Architekten und Ingenieure sind in der nachfolgenden Reihenfolge die Regelungen des jeweiligen Versicherungsvertrages, die „Besonderen Bedingungen und Risikobeschreibungen für die Berufshaftpflicht von Architekten, Bauingenieuren und Beratenden Ingenieuren" (BBR), die „Allgemeinen Versicherungsbedingungen für die Haftpflichtversicherung" (AHB) und weiterhin die Bestimmungen des Versicherungsvertragsgesetzes (VVG). Die vorstehenden Regelwerke haben teilweise eigenständige Regelungsbereiche, teilweise ergänzen die Regelwerke einander. Es gilt der Vorrang der spezielleren Regelungen gegenüber den allgemeinen Bestimmungen.[444]

---

439) Vgl. hierzu im Einzelnen *Werner/Siegburg*, BauR 2013, 1499, 1518 ff.
440) Für den Fall der gesamtschuldnerischen Haftung des objektüberwachenden Architekten/Ingenieurs mit dem ausführenden Unternehmen sieht § 650t BGB des neuen Werkvertragsrechts, das zum 1.1.2018 in Kraft tritt, aber jedenfalls ein Leistungsverweigerungsrecht des objektüberwachenden Architekten/Ingenieurs gegenüber dem Bauherrn vor, falls der Bauherr dem ausführenden Unternehmen noch nicht erfolglos eine angemessene Frist zur Nacherfüllung bestimmt hat.
441) In Nordrhein-Westfalen finden sich hierzu Regelungen im BauKaG NRW.
442) Vgl. hierzu die tabellarische Gesamtdarstellung (Länderübersicht) von *Garbes*, S. 202 ff.; Zu Fragen eines möglichen Direktanspruches gegen den Versicherer siehe im Übrigen *Sohn*, BauR 2014, 465 ff.
443) Vgl. in diesem Zusammenhang VG Mainz, IBR 2011, 174 – *Leinenbach* (Verhängung einer Geldbuße von 1.000 €); zur Frage der Auskunftspflicht des Architekten über seine Berufshaftpflichtversicherung siehe OVG Nordrhein-Westfalen, IBR 2013, 695 – *Schwentek*.
444) Vgl. unter anderem *Bock-Wehr*, in: Veith/Gräfe/Gebert, § 18 Rn. 2.

Die „Besonderen Bedingungen und Risikobeschreibungen für die Berufshaftpflicht von Architekten, Bauingenieuren und Beratenden Ingenieuren" (BBR)[445] untergliedern sich in 5 Teile:
- Teil A: Berufshaftpflichtversicherung
- Teil B: Haus- und Grundstücks-Haftpflichtversicherung
- Teil C: Umwelthaftpflicht-Basisversicherung zur Haus- und Grundstücks-Haftpflichtversicherung gemäß Teil B
- Teil D: Umweltschadens-Basisversicherung zur Haus- und Grundstücks-Haftpflichtversicherung gemäß Teil B
- Teil E: Objekt-Haftpflichtversicherung.

Die BBR enthalten spezielle Regelungen im Hinblick auf die o.g. Berufshaftpflicht. Der Teil A der BBR beinhaltet unter anderem Bestimmungen zum Gegenstand der Versicherung bzw. dem versicherten Risiko, zum Beginn und Umfang des Versicherungsschutzes und zu der Thematik „Ausschlüsse".

Bei den „Allgemeinen Versicherungsbedingungen für die Haftpflichtversicherung" (AHB) handelt es sich um die auf Grundlage des VVG und des BGB erstellten Allgemeinen Geschäftsbedingungen der Versicherer.[446] In allgemeiner Form sind hier unter anderem Beginn und Umfang des Versicherungsschutzes, die Beitragszahlung, die Dauer und das Ende des Vertrages (insbesondere die Kündigung), die Obliegenheiten des Versicherungsnehmers und wiederum auch Ausschlüsse geregelt.

Gemäß A 1 (1.1) der BBR gilt als versichert die gesetzliche Haftpflicht des Versicherungsnehmers für die Folgen von Verstößen bei der Ausübung der im Versicherungsschein beschriebenen Tätigkeiten/Berufsbilder. Vom Versicherungsschutz umfasst ist jede freiberufliche Tätigkeit, die dem Berufsbild des Architekten/Ingenieurs aus dem jeweiligen Leistungsbild der HOAI entspricht.[447] In zeitlicher Hinsicht besteht gemäß A 2 (2.1) der BBR für Verstöße Versicherungsschutz, die zwischen Beginn und Ablauf des Versicherungsvertrages begangen werden. Ein **Verstoß** ist ein objektiv fehlgesteuerter tatsächlicher Vorgang, also ein von einer gebotenen Norm abweichendes Tun oder Unterlassen, das eine schädliche Folge auslösen kann, aber nicht muss.[448] Zur Beantwortung der Frage, ob für einen Schadensersatzanspruch, der gegen einen Architekten/Ingenieur erhoben wird, Versicherungsschutz besteht, kommt es somit auf den Zeitpunkt an, zu dem **die Ursache für den eingetretenen Schaden gesetzt** wurde.[449] Zwischen Verstoßzeitpunkt und dem Zeitpunkt des Schadenseintritts können durchaus auch Jahre liegen.[450] Die **sorgfältige Prüfung des Verstoßzeitpunktes** ist vor allen Dingen dann von Bedeutung,

---

445) Hier wird abgestellt auf die vom Gesamtverband der Deutschen Versicherungswirtschaft e.V. (GDV) unverbindlich bekannt gegebenen BBR (Stand April 2011).
446) Die derzeit aktuellen Musterbedingungen des GDV datieren aus Februar 2016.
447) Vgl. auch *Schmalzl/Krause-Allenstein*, Rn. 449; *Bock-Wehr*, a.a.O., Rn. 86; *Koeble*, in: Kniffka/Koeble, 12. Teil, Rn. 865.
448) So *Garbes*, S. 3. mit Verweis auf OLG Nürnberg, VersR 1994, 1462.
449) Ist insoweit ein Unterlassen entscheidend, kommt es im Hinblick auf den Zeitpunkt des Verstoßes darauf an, wann der Schaden spätestens durch Handeln hätte vermieden werden können: so OLG Hamm, NJW-RR 2001, 391 = IBR 2001, 150 – *Ziller*.
450) Vgl. auch *Kuhn*, in: Krause-Allenstein, Kapitel 2, Rn. 254.

wenn es – wie in der Praxis häufig anzutreffen – in der Vergangenheit einen Wechsel des Versicherers gegeben hat.

Vom Versicherungsschutz sind gemäß A 1 (1.5) BBR unter anderem Personenschäden und sonstige Schäden (Sach- und Vermögensschäden gemäß Ziffer 1 und 2.1 AHB) umfasst.

Die Leistungspflicht des Versicherers umfasst gemäß Ziffer 5 (5.1) der AHB neben der Prüfung der Haftpflichtfrage die Abwehr unberechtigter Ansprüche und die Freistellung des Versicherungsnehmers von berechtigten Schadensersatzverpflichtungen. Aufgrund der Regelung unter Ziffer 5 (5.2) der AHB ist der Versicherer bevollmächtigt, alle ihm zur Abwicklung des Schadens oder der Abwehr der Schadensersatzansprüche zweckmäßig erscheinenden Erklärungen im Namen des Versicherungsnehmers abzugeben (**„Regulierungsvollmacht"**). Außerdem ist der Versicherer zur Prozessführung bevollmächtigt, falls es zu einem Schadensersatzprozess gegen den Versicherungsnehmer kommt; er führt den Rechtsstreit auf eigene Kosten im Namen des Versicherungsnehmers.[451] In der Praxis macht der Versicherer davon auch dadurch Gebrauch, dass er den Rechtsanwalt für die Rechtsvertretung im Schadensersatzprozess selbst auswählt.

Der Deckungsanspruch des Architekten/Ingenieurs verjährt im Rahmen der Regelverjährungsfrist gemäß §§ 195, 199 BGB (3 Jahre). Gemäß § 15 VVG wird der Lauf der Verjährungsfrist allerdings durch die Schadensmeldung bei der zuständigen Haftpflichtversicherung gehemmt. Die Hemmung endet erst, wenn der Versicherer seine ablehnende Entscheidung in Textform mitteilt.

Um seinen Versicherungsschutz nicht zu gefährden bzw. einzuschränken, muss der Architekt/Ingenieur grundsätzlich seinen Obliegenheiten im Rahmen des Versicherungsvertrages nachkommen. Aus den BBR und den AHB ergeben sich für die Architektenhaftpflichtversicherung zahlreiche Einschränkungen des Versicherungsschutzes bzw. Deckungsausschlusstatbestände.

Zu den wohl praxisrelevantesten Einschränkungen des Versicherungsschutzes bzw. Ausschlüssen[452]:

aa) Erfüllung und Erfüllungssurrogate gemäß Ziffer 1 (1.2) der AHB

2029d Gemäß Ziffer 1 (1.2) der AHB besteht unter anderem kein Versicherungsschutz für Ansprüche auf Erfüllung von Verträgen bzw. die an ihre Stelle tretende Ersatzleistung. Entsprechendes gilt für Ansprüche auf Nacherfüllung, Selbstvornahme, Rücktritt, Minderung und Schadensersatz statt der Leistung.

Hierunter fällt z.B. die seitens des Architekten/Ingenieurs geschuldete Nachbesserung betreffend die von ihm erstellten mangelhaften Planungsunterlagen. Insoweit handelt es sich regelmäßig – wie *Kuhn*[453] dies zutreffend ausdrückt – um die

---

451) Vgl. hierzu u.a. OLG Koblenz, IBR 2013, 1246 – *Schwenker*.
452) Eine sehr ausführliche Darstellung zu darüber hinaus bestehenden Einschränkungen des Versicherungsschutzes bzw. Deckungsausschlüssen findet sich bei *Kuhn*, a.a.O., Rn. 294 ff.
453) *Kuhn*, in: Krause-Allenstein, Kapitel 2, Rn. 223.

"originäre" Vertragserfüllung des Planers.⁴⁵⁴⁾ Schlägt sich hingegen – so zutreffend Koeble⁴⁵⁵⁾ – der Schaden „außerhalb des geistigen Architektenwerks" nieder, besteht grundsätzlich Deckungsschutz.

Nach zutreffender Entscheidung des OLG Köln⁴⁵⁶⁾ kann die Höhe eines vom Versicherungsschutz ausgenommenen Erfüllungsschadens im Übrigen nicht mit einer Feststellungsklage geltend gemacht werden, da es bei einer solchen Klage nicht um den Bestand eines streitigen Rechtsverhältnisses geht, sondern um eine reine Tatsachenfeststellung.

bb) Überschreitung der Bauzeit sowie eigener Fristen und eigener Termine gemäß A 4 (4.1) BBR

2029e Vom Versicherungsschutz ausgeschlossen sind gemäß A 4 (4.1) BBR Ansprüche wegen Schäden aus Überschreitung eigener Fristen und eigener Termine und daraus resultierender Bauzeitverlängerung. Insoweit sind in allererster Linie Ansprüche des Bauherrn gegen den Architekten/Ingenieur auf Ersatz von Vermögensschäden angesprochen, die darauf beruhen, dass der Architekt/Ingenieur **die für ihn maßgeblichen Termine bzw. Fristen** nicht eingehalten hat. Hingegen sind Vermögensschäden, die durch Bauverzögerungen oder Zeitüberschreitungen infolge eines Planungs- oder Objektüberwachungsfehlers des Architekten/Ingenieurs entstanden sind, von dieser Ausschlussklausel nicht erfasst.⁴⁵⁷⁾

cc) Überschreitung von Kostenschätzungen, Kostenberechnungen oder Kostenanschlägen gemäß A 4 (4.2) BBR

2029f Nach A 4 (4.2) BBR sind weiterhin Ansprüche des Bauherrn wegen Schäden aus der Überschreitung von Kosten vom Versicherungsschutz ausgenommen.⁴⁵⁸⁾ Mit dieser Klausel, die vom Gesamtverband der Deutschen Versicherungswirtschaft e.V. (GDV) in den Jahren 2009 und 2011 überarbeitet und ergänzt wurde, will die Versicherungswirtschaft vermeiden, das Risiko einer nicht sorgfältigen Kostenkalkulation des Architekten zu übernehmen und etwaigen Manipulationen zwischen Bauherr und Architekt/Ingenieur ausgeliefert zu sein.⁴⁵⁹⁾ Der Versicherer will mit dieser Regelung verhindern, „zum Nachfinanzierer"⁴⁶⁰⁾ des Bauwerks zu werden.

Nimmt der Bauherr den Architekten wegen Baukostenüberschreitung auf Schadensersatz in Anspruch, dürfte es in der Vielzahl der Fälle ohnehin am Vorliegen

---

454) Vgl. hierzu insbesondere BGH, BauR 2009, 527, 529 = NZBau 2009, 261 mit Verweis auf BGH VersR 2005, 110 ff.
455) *Koeble*, in: Kniffka/Koeble, 12. Teil, Rn. 879.
456) IBR 2017, 1015 (nur online) – *Schmidt*.
457) Siehe *Bock-Wehr*, a.a.O., Rn. 257; vgl. im Übrigen schon betreffend die Formulierung dieser Klausel in der bis zum Jahre 2009 geltenden Fassung der BBR: OLG Bamberg, IBR 1998, 217 – *Schmidt*.
458) Vgl. auch die Ausführungen von *Werner/Siegburg*, a.a.O., S. 1546 f.
459) Vgl. *Kuhn*, a.a.O., Rn. 476; *Bock-Wehr*, a.a.O., Rn. 262.
460) So *Bock-Wehr*, a.a.O.

eines Schadens fehlen.⁴⁶¹⁾ Insoweit ist im Übrigen darauf hinzuweisen, dass zwischenzeitlich einige Berufshaftpflichtversicherungen für die Abwehr von in diesem Zusammenhang in Rede stehenden Sowiesokosten im Rahmen der Versicherungspolice als Zusatzleistung jedenfalls Rechtsschutz anbieten und die Kosten für die Rechtsverteidigung des Architekten/Ingenieurs übernehmen.⁴⁶²⁾

Nicht etwa bereits jegliches Versäumnis eines Planers, das sich kostensteigernd auswirkt, fällt unter die o.g. Ausschlussregelung.⁴⁶³⁾ So werden z.B. Ansprüche des Bauherrn wegen Mehrkosten aufgrund vom Architekten/Ingenieur zu vertretenden Bauwerksmängeln von der o.g. Regelung nicht erfasst. Gleiches gilt im Hinblick auf Ansprüche wegen fehlerhafter Kostenfeststellung gemäß § 34 Abs. 3 Nr. 8 i.V.m. Anlage 10 HOAI, zumal diese Kostenermittlung nur dem Nachweis der tatsächlich entstandenen Kosten dient und somit nicht beeinflussbar ist.⁴⁶⁴⁾

dd) Bewusst gesetz-, vorschrifts- oder sonst pflichtwidriges Verhalten (Tun oder Unterlassen)

2029g Gleichfalls sind gemäß A 4 (4.6) BBR Ansprüche wegen Schäden vom Versicherungsschutz ausgeschlossen, die der Versicherungsnehmer oder ein Mitversicherter durch ein **bewusst gesetz-, vorschrifts- oder sonst pflichtwidriges Verhalten (Tun oder Unterlassen)** verursacht hat.

Insoweit ist Voraussetzung, dass der Versicherungsnehmer von Gesetz, Vorschrift bzw. sonstigen Pflichten **wissentlich und willentlich abgewichen** ist. Mit anderen Worten müssen dem Versicherungsnehmer die entsprechenden Gesetze, Vorschriften bzw. Pflichten positiv bekannt gewesen sein; zudem musste der Versicherungsnehmer wissen, wie ein pflichtgemäßes Alternativverhalten ausgesehen hätte.⁴⁶⁵⁾ Grundsätzlich ist der Versicherer für den Ausschlusstatbestand darlegungs- und beweisbelastet.⁴⁶⁶⁾ Auch ein anzunehmender Verstoß gegen elementares Wissen des Berufsstandes belegt für sich allein betrachtet noch nicht den für den Ausschlusstatbestand erforderlichen bewussten Pflichtverstoß.⁴⁶⁷⁾ Ist hingegen von einem Verstoß des Architekten gegen elementares Wissen des Berufsstandes auszugehen, kann im Rahmen der freien Beweiswürdigung auf indizielle Umstände abgestellt werden⁴⁶⁸⁾ bzw. kann die Darlegungslast auf den Architekten übergehen.⁴⁶⁹⁾

---

461) Vgl. Rdn. 2305 ff.
462) Vgl. auch *Kuhn*, a.a.O., Rn. 481.
463) Vgl. OLG Celle, BauR 2003, 1071 = IBR 2004, 289 – *Krause-Allenstein*.
464) Vgl. auch *Kuhn*, a.a.O., Rn. 486 m.w.N.
465) BGH, VersR 1991, 176 ff.; OLG Hamm, IBR 2007, 400 – *von Rintelen*; OLG Karlsruhe, NZBau 2006, 256 = VersR 2006, 783 = IBR 2006, 422 – *von Rintelen*; OLG Köln, BauR 1997, 343 ff.
466) BGH IBR, 2015, 226 f.
467) So zutreffend *Koeble*, in: Kniffka/Koeble, 12. Teil, Rn. 880; vgl. auch OLG Hamm, IBR 2007, 400 – *von Rintelen*: Bewusste Pflichtwidrigkeit bejaht bei Verstoß gegen sog. Elementarwissen und Hinzutreten von Indizien betreffend die bewusste Pflichtwidrigkeit (hier: langjährige Berufserfahrung des Architekten).
468) OLG Hamm, r + s 2007, 279 ff.
469) *Koeble*, a.a.O. m.w.N.

Nach einer jüngeren Entscheidung des BGH[470] greift der Deckungsausschluss für Schadenverursachung durch wissentliche Pflichtverletzung auch dann, wenn derselbe Schaden nicht nur durch eine wissentliche Pflichtverletzung, sondern (möglicherweise) auch durch weitere, nicht wissentliche Pflichtverletzungen mitverursacht worden ist.

Zu dem wohl praxisrelevantesten Ausschlusstatbestand der bewussten Pflichtwidrigkeit folgende Fälle aus der Rechtsprechung:

* Für den Ausschluss der Wissentlichkeit der Pflichtverletzung ist **der Versicherer darlegungs- und beweispflichtig.** Hierfür hat er – wenn es sich nicht um die Verletzung elementarer beruflicher Pflichten handelt, deren Kenntnis nach der Lebenserfahrung bei jedem Berufsangehörigen vorausgesetzt werden kann – Anknüpfungstatsachen vorzutragen, die als schlüssige Indizien für eine wissentliche Pflichtversicherung betrachtet werden können. Erst wenn dies geschehen ist, obliegt es dem Versicherungsnehmer aufzuzeigen, warum die vorgetragenen Indizien den Schluss auf eine wissentliche Pflichtverletzung nicht zulassen (BGH, IBR 2015, 226 – Krause-Allenstein).

* Das Unterlassen einer geotechnischen Untersuchung stellt einen objektiven Pflichtverstoß gegen die DIN 4020 dar, der zum Verlust des Versicherungsschutzes führen kann. Kann der Architekt nachweisen, dass er in der – wenn auch irrigen – Annahme handelte, die Bodenverhältnisse zu kennen, so dass geotechnische Untersuchungen entbehrlich seien, scheidet ein bewusst pflichtwidriges Verhalten aus (LG Bad Kreuznach, IBR 2014, 1333 – Stritter).

* Haftet ein Architekt dem Erwerber wegen eines dem Bauträger erteilten falschen Bautenstandsberichts, kann die Berufshaftpflichtversicherung die Deckung verweigern, wenn der Architekt bei der Erteilung des Bautenstandsberichts bewusst pflichtwidrig gehandelt hat. Ist der Bautenstandsbericht offensichtlich falsch, ergibt sich die bewusste Pflichtwidrigkeit des Architekten gerade daraus, dass Bautenstandsberichte nach ihrem Sinn und Zweck zur Fälligstellung von Zahlungsverpflichtungen Dritter bestimmt sind und Beweiskraft gegenüber den Erwerbern und deren finanzierendem Kreditinstitut haben sollen (OLG Dresden, IBR 2012, 610 – Fahrenbruch).

* Der Architekt, der die Kostenberechnung eines Mitarbeiters ungeprüft an den Bauherrn weiterleitet, obwohl er bemerkt, dass die Kostenberechnung erheblich unter den durch den Architekten selbst in den Leistungsverzeichnissen ermittelten Kosten liegt, handelt bewusst pflichtwidrig und verliert seinen Deckungsschutz aus der Berufshaftpflichtversicherung (OLG Düsseldorf, IBR 2009, 681 – Krause-Allenstein).

* Ein Verstoß gegen die Pflichtwidrigkeitsklausel gemäß Ziff. IV Nr. 5 der Besonderen Bedingungen und Risikobeschreibungen für die Berufshaftpflichtversicherung von Architekten, Bauingenieuren und Beratenden Ingenieuren (BBR) liegt nicht vor, wenn der Architekt irrtümlich von der Erschließung des Baugrundstücks ausgeht und deshalb das vereinfachte Baugenehmigungsverfahren gewählt hat (OLG Köln, IBR 2008, 297 – Becker).

* In der Haftpflichtversicherung besteht Leistungsfreiheit wegen bewusst pflichtwidrigen Verhaltens des Versicherten nur, wenn der Versicherte die verletzte

---

470) IBR 2015, 518 – *Schmidt* = r + s 2015, 386 f.

Pflicht gekannt und gewusst hat, wie er sich hätte verhalten müssen. Der dem Versicherer obliegende Beweis hierfür kann erbracht sein, wenn ein Versicherter (hier Architekt) **das Primär- oder Elementarwissen seines Berufs außer Acht gelassen** hat. Dies gilt erst recht für einen Versicherten mit langjähriger Berufserfahrung. Es gehört in diesem Sinn zum Elementarwissen eines Architekten, dass ein bloß deckendes Dach nur bei einer bestimmten Dachneigung geplant werden darf, und dass ohne eine solche Neigung eine Abdichtung vorzusehen ist (OLG Hamm, r + s 2007, 279 ff.).

* Die Errichtung eines Bauwerks ohne gültige Baugenehmigung stellt eine bewusste Pflichtwidrigkeit des Versicherungsnehmers dar (OLG Köln, NZBau 2006, 443 ff. = IBR 2006, 1517 – Roos).

* Die Annahme bewusst pflichtwidrigen Verhaltens setzt voraus, dass der Architekt die betreffenden Pflichten positiv gekannt hat und diese dann bewusst nicht eingehalten hat. Die Darlegungslast hierfür trifft den Versicherer. Bei einem Verstoß gegen sog. elementares Wissen dreht sich die Darlegungslast jedoch um (OLG Karlsruhe, NZBau 2006, 256 = VersR 2006, 783 = IBR 2006, 422 – von Rintelen).

* „Vorschriften" im Sinne der Pflichtwidrigkeitsklausel sind für einen größeren Personenkreis verbindliche Anordnungen wie technische Regelwerke und DIN-Normen. Weiß der Architekt nicht, dass in Kliniken die übliche Bettenlänge von 2,0 m bzw. 2,05 m seit den 90er Jahren auf 2,15 m bzw. 2,40 m geändert worden ist und hat er die Länge der in den betreffenden Kliniken verwendeten Betten pflichtwidrig nicht festgestellt, rechtfertigt dies nur den Vorwurf grober Fahrlässigkeit, nicht aber den der bewussten Pflichtwidrigkeit (LG Dresden, r + s 2005, 329 ff.).

* Der Berufshaftpflichtversicherer hat einem Statiker, der 1994 für den Neubau von vier Reihenhäusern Schallschutznachweise erstellte und dabei für die einschaligen Gebäudetrennwände ein Schalldämmmaß von 57dB errechnete, Versicherungsschutz gegen Regressansprüche des Auftraggebers, der wegen unzureichenden Schallschutzes in Anspruch genommen wird, zu gewähren, wenn der Statiker bei der Erstellung des Nachweises nicht bewusst pflichtwidrig gehandelt hat (OLG Karlsruhe, NJOZ, 2005, 1197 ff.).

* Der Risikoausschluss der bewussten Pflichtwidrigkeit in der Architektenhaftpflichtversicherung setzt auch bei technischen Regeln voraus, dass diese im Rahmen der Auftragserteilung zu beachten waren (OLG Karlsruhe, IBR 2003, 644 – Thesenvitz).

* Der Ausschlusstatbestand des § 5 Abs. 1 AVB 94 erfordert ein bewusst gesetz-, vorschrifts- oder sonst pflichtwidriges Verhalten des Architekten, wozu krasse Planungsfehler, die grob fahrlässig begangen werden, nicht ausreichen (OLG Celle, BauR 2003, 1071 f.).

* Eine Klausel, nach der in der Berufshaftpflichtversicherung für Architekten vom Deckungsschutz Ansprüche ausgeschlossen sind, die der Versicherungsnehmer oder ein Mitversicherter durch ein bewusst pflichtwidriges Verhalten verursacht hat, normiert **nicht eine verhüllte Obliegenheit, sondern eine echte Risikobeschränkung**. Der Versicherungsschutz ist ausgeschlossen, wenn der Architekt bei einem Bauvorhaben mit einer Vielzahl von Häusern kein Bodengutachten einholt, sondern sich auf im Ergebnis untaugliche Anfragen und die Anlegung einer Schürfgrube verlässt und die Kosten des ersparten Gutachtens auch nicht

zur Absicherung der Bauvorhaben gegen – tatsächlich vorhandenes – drückendes Wasser investieren lässt (OLG Oldenburg, IBR 1996, 518 – Knychalla).
* Grundsätzlich muss die Errichtung, Änderung, Nutzungsänderung und auch der Abbruch baulicher Anlagen genehmigt werden. Dieses Genehmigungserfordernis wird durch Ordnungswidrigkeitsvorschriften abgesichert. Ein Architekt, der ohne die erforderliche Genehmigung bauen lässt, verliert seinen Versicherungsschutz (OLG Saarbrücken, IBR 1993, 204 – Reineke).

ee) Rechtsprechung zu weiteren möglichen Einschränkungen/ Ausschlüssen

* Die in § 2 Abs. 2 Satz 2 Halbs. 1 VVG a.F. geregelte Freiheit vom Leistungsversprechen einer Rückwärtsversicherung setzt – ebenso wie eine für rückwirkenden Versicherungsschutz vertraglich vereinbarte Klausel „frei von bekannten Verstößen" – positive Kenntnis des Versicherungsnehmers davon voraus, dass bereits ein Versicherungsfall eingetreten oder ein ihn begründender Pflichtenverstoß geschehen ist. Deren Feststellung kann nicht durch die Erwägung ersetzt werden, der Versicherungsnehmer habe die betreffenden Umstände kennen müssen (BGH, IBR, 2015, 634 – Krause-Allenstein = BauR 2015, 280 ff.).
* Die Berufshaftpflichtversicherung des Architekten wird von der Leistung frei, wenn der Architekt maßgeblich an der Bauherren-GbR beteiligt ist (OLG Frankfurt, IBR 2011, 728 – Meier).
* Es gibt keine Veranlassung, bei einem einheitlichen Bauvorhaben nur von einem Versicherungsfall auszugehen. Nur durch die Anerkennung der grundsätzlichen Möglichkeit, dass mehrere Versicherungsfälle vorliegen können, lässt sich dem Sinn der Berufshaftpflichtversicherung entsprechen. Wenn der Architekt mehrere Fehler macht und seinem Auftraggeber dadurch mehrfach Schäden entstehen, muss die Versicherung damit korrespondieren und es muss zumindest in Betracht kommen, dass mehrfach Ansprüche gegen den Versicherer bestehen (OLG Celle, IBR 2011, 56 – Krause-Allenstein).
* Die Nachhaftung eines Architekten, der aus einer Architektengemeinschaft ausgeschieden ist, für ein nach seinem Ausscheiden begangenen haftungsbegründenden Verstoß eines in der Gemeinschaft verbliebenen Architekten, ist in der von der Architektengemeinschaft fortgesetzten Berufshaftpflichtversicherung mitversichert. Werden in einem solchen Fall der ausgeschiedene Architekt und die übrigen Mitglieder der Architektengemeinschaft gemeinsam als Gesamtschuldner in Anspruch genommen, wirkt die vom Haftpflichtversicherer einem Rechtsanwalt erteilte Vollmacht auch für und gegen das ausgeschiedene Mitglied (OLG Karlsruhe, IBR 2011, 55 – Bolz).
* In der Architektenhaftpflichtversicherung kommt es für die Frage, ob es sich bei den Kosten für die Beseitigung von Planungsmängeln um eine an die Stelle der Erfüllungsleistung tretende Ersatzleistung handelt, nicht darauf an, ob nach den fehlerhaften Plänen bereits gebaut worden ist und wie der Anspruch des Auftraggebers gegen den Architekten werkvertragsrechtlich einzuordnen ist (BGH, IBR 2009, 116 – Krause-Allenstein).

* Die in den Besonderen Bedingungen und Risikobeschreibungen für die Berufshaftpflichtversicherung von Architekten, Bauingenieuren und Beratenden Ingenieuren (BBR) enthaltene Klausel
  "IV. Mitversicherte Personen, Beauftragung freier Mitarbeiter sowie selbstständiger Büros; Mitversichert ist die gesetzliche Haftpflicht ... () ... . Aus der Beauftragung selbstständiger Architektur-/Ingenieurbüros, sofern hierfür ein Betrag aus der an diese Büros gezahlten Honorarsumme entrichtet wird, die persönliche gesetzliche Haftpflicht dieser Büros und deren Inhaber-/Mitarbeiter ist nicht versichert"
* führt dazu, dass Versicherungsschutz für Fehler von beauftragten selbstständigen Büros und deren Mitarbeitern nur dann besteht, wenn hierfür eine gesonderte Prämie gezahlt wird. Die Klausel ist weder überraschend, noch benachteiligt sie den Versicherungsnehmer unangemessen (KG, BauR 2007, 1928 = IBR 2008, 185 – Vogel).
* Die Prüfung der Wünsche potenzieller Kunden eines Bauträgers auf ihre baurechtliche Zulässigkeit ist versicherte Architektentätigkeit. Wird der Zweck von vom Bauträger aufgewandter (Vermessungs-/Notar-)Kosten verfehlt, ist darauf der Erfüllungsausschluss (AHB § 4 Abs. 6) nicht anzuwenden. Die Klausel A.II.3. RBB betreffend den Einschluss von Schäden am Bauwerk begründet keinen Ausschluss für anderweitige Schäden (OLG Hamm, IBR 2007, 454 – Krause-Allenstein).
* Nach Ziff. 6.2 c BBR A besteht für den Architekten kein Versicherungsschutz in der Berufshaftpflichtversicherung, wenn er Geschäftsführer eines Unternehmens ist, das beim selben Bauvorhaben Bauleistungen durch Subunternehmer ausführt. Der Versicherungsschutz für die Planungsleistungen entfällt auch dann, wenn der Architekt mit dem Besteller neben dem Bauvertrag für sein Unternehmen einen zusätzlichen Architektenvertrag abschließt (OLG Düsseldorf, BauR 2007, 601 = IBR 2007, 103 – Krause-Allenstein).
* Die Meldepflicht des Architekten erfordert nicht die ausdrückliche Geltendmachung von Schadensersatzansprüchen gegen ihn. Ein Verschulden des Architekten im Sinne von BBR A Ziff. II 2 b liegt auch dann vor, wenn die Schadensanzeige unterbleibt, obwohl Regressansprüche gegen ihn vorbehalten werden (LG Saarbrücken, IBR 2006, 1584 – Laux).
* Die Berufshaftpflicht eines Architekten ist nach der Klausel A Ziff. 6 BBR (Besondere Bedingungen und Risikobeschreibungen für die Berufshaftpflichtversicherung von Architekten, Bauingenieuren und Beratenden Ingenieuren) nicht versichert, wenn dieser Leistungen für die GmbH seiner Ehefrau erbringt. Hat der Architekt bei Beantragung der Berufshaftpflichtversicherung dem den Antrag aufnehmenden Agenten gegenüber klargestellt, dass er als Architekt überwiegend für eine GmbH tätig sein wolle, deren Alleingesellschafterin und Mitgeschäftsführerin seine Ehefrau und deren Geschäftsführer er selbst ist und wurde seitens des Versicherers zur Vermeidung einer Überraschung auf den Ausschlusstatbestand gemäß Klausel A Ziff. 6 BBR nicht hingewiesen, so kann sich der Versicherer auf diese Ausschlussklausel nicht berufen (OLG Düsseldorf, IBR 2003, 51 – Schulze-Hagen).
* Unterrichtet ein Architekt seinen Haftpflichtversicherer mit mehrmonatiger Verspätung von einem gegen ihn eingeleiteten Beweissicherungsverfahren und erst nach Urteilserlass von einem Rechtsstreit, so verliert der Architekt seinen Versicherungsschutz (OLG Saarbrücken, BauR 1991, 494 = VersR 1991, 872).

5. Mängel des Unternehmerwerks

Literatur (Technik)

Geburtig, Brandschutz im Bestand. Bürogebäude, 2012; *Geburtig/Schlegel*, Schäden durch mangelhaften Brandschutz, 2013; *Ganten/Kindereit*, Typische Baumängel, 2. Auflage 2014; *Duve/Maffini*, Bautechnik für Juristen, 2. Auflage 2013; *Frommhold/Hasenjäger*, Wohnungsbau-Normen, 26. Auflage 2012; *Avak/Conchon/Aldejohann*, Stahlbeton in Beispielen, 6. Auflage 2012; *Buja/Katzenbach*, Handbuch des Spezialtiefbaus, 3. Auflage 2012; *Dierks/Wormuth*, Baukonstruktion, 7. Auflage 2012; *Moll/Moll*, Schallschutz im Wohnungsbau, 2011; *Schneider*, Ingenieurmethoden im Brandschutz, 2. Auflage 2009; *Pistohl*, Handbuch der Gebäudetechnik, Band 1 u. 2, 8. Auflage 2013; *Aschenbrenner/Drasdo/Metzger/Sterns*, Baumängel und Bauschäden, 2. Auflage 2005.

Muth, Dränung zum Schutze erdberührter Bauteile, ZSW 1980, 251; *Grünbeck*, Milliardenschäden durch Korrosionen, ZSW 1981, 33; *Musewald*, Interne und externe Einflüsse auf die Entstehung von Rissen in Stahlbetonbauwerken, ZSW 1981, 49; *Ruffert*, Ist der Stahlbeton eine risikoreiche Bauweise?, ZSW 1981, 30; *Ruffert*, Die Analyse von Betonschäden, ZSW 1981, 279; *Witt*, Fehler beim Anodisieren von Aluminium (Eloxalfehler) für das Bauwesen und deren Begutachtung, ZSW 1981, 7; *Musewald*, Probleme bei der Ermittlung der Beton-Druckfestigkeit, ZSW 1982, 7; *Grunau*, Fugenabdichtungen im Hochbau, ZSW 1982, 194, 224; *Witt*, Bitumenkorrosion an Dachentwässerungssystemen, ZSW 1983, 36; *Weber*, Mauerfeuchtigkeit und deren Beseitigung, ZSW 1983, 202, 221; *Asendorf*, Die Behandlung von Rissen in Betonbauwerken, ZSW 1983, 273; *Körecke*, Beton- und Bauwerksanierung, ZSW 1984, 169; *Buss*, Planungs- und Ausführungsmängel im konstruktiven Mauerwerksbau, ZSW 1984, 241; *Fischer*, Wärmeschutz- und Wärmebrücken, ZSW 1985, 28; *Sauerbrunn*, Dämmstoffe für den baulichen Wärmeschutz, ZSW 1985, 49, 73; *Knüttel*, Wärmebrücken – technisch und rechtlich, BauR 1985, 54; *Schubert*, Rißbildung in Leichtmauerwerk – Ursachen und Planungshinweise zur Vermeidung, Aachener Bausachverständigentage, 1985, 68; *Ruffert*, Ursachen, Vorbeugung und Sanierung von Sichtbetonschäden, Aachener Bausachverständigentage, 1985, 100; *Heinemann*, Metall-Dachdeckung, ZSW 1987, 145; *van Oeteren*, Feuerverzinkung plus Beschichtung = Duplex-System, ZSW 1987, 113; *Engelfried*, Schadensdiagnose und Berechnungen als Entscheidungshilfen für Betoniermaßnahmen, ZSW 1988, 10, 34; *Grunau*, Typische Schäden am Verblendmauerwerk und deren Beseitigung, ZSW 1988, 29; *Grunau*, Rostflecken in Marmorfliesen, ZSW 1988, 72; *Kötz*, Der bauliche Schallschutz in der Praxis. Was bieten Neubauten an Innenschallschutz?, ZSW 1988, 89, 117; *Grunau*, Fehler bei der Instandsetzung von Stahlbetonpfeilern, ZSW 1989, 1; *Grunau*, Instandsetzung von Balkonen, ZSW 1989, 29; *Schwedler*, Schimmelpilzbildung ist selten eine Folge falschen Lüftens, BauR 1990, 664; *Schwedler*, Schimmelpilzbildung – Falsches Wohnverhalten oder geschädigte Bausubstanz?, BauR 1996, 345; *Zimmermann*, Wohnungseingangstüren mit Stahlumfassungszargen – fehlerhafter Einbau, DAB 1997, 575; *Ertel/Finkenberger*, Schalldämmung von Türen, DAB 1997, 371; *Roeke*, Wärmedämmende Ziegel für Außenmauerwerk, DAB 1997, 218; *Singhof/Schneider*, Zweigeteilter Sicherheitsstandard in den Technischen Regeln für Überkopfverglasungen?, BauR 1999, 465; *Goris*, Aktuelle Normung im Betonbau, BrBp 2003, 246; *Heine*, Dicht oder nicht dicht, das ist hier die Frage, BauR 2004, 874; *Schoch*, Allgemein anerkannte Regel der Technik im baulichen Schallschutz, BrBp 2004, 506; *Rautenbach/Kötteritzsch*, Ist die Abdichtung mit kunststoffmodifizierter Bitumenbeschichtung (KMB) nun regelrecht oder nicht?, DS 2005, 286; *Zieh/Müller*, Rissbildung in Massivbauteilen, DS 2005, 318; *Zöller*, Sind weiße Wannen ohne zusätzliche Abdichtung stets mangelhaft? – Nein!, IBR 2006, 7 (Interview zu LG Berlin, IBR 2006, 23); *Schwedler*, Schimmelpilzbildung – Falsches Wohnverhalten oder geschädigte Bausubstanz?, BauR 2006, 1514; *Lucenti/Westfeld*, Belüftungsanforderungen von Wohngebäuden und die Haftungsfolgen für Neu- und Altbauvorhaben, NZBau 2009, 291; *Zöller*, Grenzen des Wärmeschutzes, IBR 2012, 1; *Deitschun/Warscheid*, Richtlinie zum sachgerechten Umgang mit Schimmelpilzschäden in Gebäuden, DS 2012, 98; *Schmidt*, Die marktgerechte Berücksichtigung von Baumängeln und Bauschäden in der Verkehrsermittlung, DS 2012, 152; *Puche*, Terrassensanierung: Systemumstellung!, IBR 2012, 307; *Gerken*, DIN 1946–6: Mai 2009 – „Lüftung von Wohnungen", DS 2012, 276; *Puche*, Sanierung von Zinkgauben: Kleine Ursache, große Kosten!, IBR 2012, 559, 560; *Zöller*, Zweischaliges Mauerwerk: Entwässern? zur Fehlertoleranz von Sichtmauerwerk, IBR 2012, 625, 626; *Ackermann*, Risse in Bauwerken, Teil I: Grundlagen – Festigkeiten und Verformungen –

Zwangsspannungszustände – Bruchdehnungen, DS 1012, 381; Teil II: Rissverlauf und Beispiele, DS 2013, 21; Teil III: Deckendurchbiegungen, Kellergeschosswände mit Erddruck und Risse durch Vorgaben, DS 2013, 59; *Zöller*, Merkantiler Minderwert nach Mangelbeseitigung: Bald Standard?, IBR 2013, 1, 2; *ders.*, Zum Umgang mit Regeln bei der Beurteilung ausgeführter Bauleistungen am Beispiel bewitterter Treppen, IBR 2013, 127, 128; *Puche*, Dünne Kalkschlämme als Oberputz – Rohbau wie Sichtmauerwerk!, IBR 2013, 193, 194; *Zöller*, Neue Schallschutzklassen, in VDI 4100: Haben sich die Anforderungen verschärft?, IBR 2013, 257, 258; *ders.*, Mauerwerk aus großformatigen Steinen: Eine unerprobte Bauweise mit hohen Risiken?, IBR 2013, 391, 392; *Puche*, Anspruchsvolle Betonsohle: Nachbehandlung!, IBR 2013, 587, 588; *Zöller*, Müssen Altbaukeller Neubaustandard einhalten?, IBR 2013, 659, 660; *Ziegler*, Brandschutzplanung – Teil der Gebäudeplanung?, DS 2013, 305; *Zöller*, Gefälleloses Flachdach: ja, aber ... Der offensichtlich unausrottbare Streit über gefällelose Dächer, IBR 2014, 1, 2; *ders.*, Leckstellen in WU-Wannen – Maßnahmenempfehlungen gegen erst spät auffallende Undichtigkeiten, IBR 2014, 125, 126; *ders.*, Periodisch krumme Dächer: Wiederkehrende Bewegungen weit gespannter Holztragwerke, IBR 2014, 253; *Vigh*, ... und der Estrich?, DS 2014, 102; *Tale-Yazdi*, Prüfungen von technischen Anlagen und Einrichtungen in Gebäuden nach dem Bauordnungsrecht, DS 2014, 107; *Schlott*, Genügend häufige Kontrollen einer Gas- oder Heizungsanlage, DS 2014, 112; *Puche*, Putzsanierung: Vorschäden beachten!, IBR 2014, 319; *Zöller*, Rissfreie Putze? Zur Vertragsauslegung durch Sachverständige, IBR 2014, 389, 390; *Zöller*, Flachdächer aus Holz – neue Regeln und trotzdem Probleme?, IBR 2015, 343; *Honsinger*, Abdichtung von erdberührten Bauteilen – E DIN 1833 – Grundsätze und Bemessungskriterien, Der Bausachverständige 2015, 9; *Meichsner/Röhling*, Die Risiken einer vertraglichen Vereinbarung von Grenzwerten der Rissbreiten, Der Bausachverständige 2016, 10; *Hohmann*, Planmäßige Verpressung von Rissen und Sanierung von schadhaften Bauwerken, Der Bausachverständige 2016, 16; *Engelfried/Eisenkrein-Kreksch*, Weißlich getrübte Flecken auf eingefärbten Betonpflastersteinen eines Terrassenbelages, ebenda, 32; *Dormagen*, Gesündere und schadstoffarme Gebäude – Der Umgang mit Asbest und anderen Schadstoffen beim Bauen, Sanieren und Renovieren im Bestand, Der Bausachverständige 2017, 26.

Literatur (Recht)

Mantscheff, Unzureichender Wärmeschutz – Ansätze für eine Minderwert-Berechnung, BauR 1982, 435; *Bötsch/Jovicic*, Erhöhter Schallschutz und die anerkannten Regeln der Technik, BauR 1984, 564; *Hahn*, Verschleiß und Abnutzung im Bauvertragsrecht, BauR 1985, 521; *von Craushaar*, Risikotragung bei mangelhafter Mitwirkung des Bauherrn, BauR 1987, 14; *Schwedler*, Wer trägt die Verantwortung für Schimmelpilzbildung?, BauR 1990, 415; *Weise*, Die Bedeutung der Mangelerscheinung im Gewährleistungsrecht, BauR 1991, 19; *Kohler*, Werkmangel und Bestellerverantwortung, NJW 1993, 417; *Kamphausen*, Der optische Bau- und Wohnungsmangel, BauR 1995, 343; *Groß*, Beweislast bei in der Abnahme vorbehaltenen Mängeln, BauR 1995, 456; *Kilian*, Haftung für Bauwerksmängel und -schäden bedingt durch verwässerten Transportbeton, BauR 1995, 646; *Bügel/Tünnesen-Harmes*, Asbestsanierung von Gebäuden, BauR 1997, 373; *Klaft/Maxem*, Die Gewährleistung des Unternehmers für die Tauglichkeit von ihm verwendeter Baustoffe oder Produkte bei Anordnung des Bestellers nach § 13 Nr. 3 VOB/B, BauR 1999, 1074; *Blank*, Wohn- und Nutzflächenangaben im Bauträgervertrag, ZfIR 2001, 781; *Schellhammer*, Die Haftung des Verkäufers für Sach- und Rechtsmängel – Neue Struktur und neuer Mangelbegriff, MDR 2002, 241; *Maurer*, Die Anwendung der VOB/C im Bauvertrag – ATV 18303 – Verbauarbeiten, Jahrbuch Baurecht 2002, 277; *Stamm*, Die Gesamtschuld auf dem Vormarsch, NJW 2003, 2941; *Lailach*, Kann der Auftraggeber von dem Auftragnehmer die regelwidrige Ausführung verlangen?, BauR 2003, 1474; *Miernik*, Die Anwendbarkeit der VOB/B auf Planungsleistungen des Bauunternehmers, NZBau 2004, 409; *Hankammer/Krause-Allenstein*, Der Einfluss wartungsbedingter Bauteile auf die Gewährleistung des Unternehmers – Haftung für Abnutzung und Verschleiß?, BauR 2007, 955; *Motzke*, Der optische Mangel – Beurteilungsfragen im Gemenge von Technik- und Rechtsfragen, Festschrift für Ganten (2007), 175; *Sienz*, Der Funktionale Mangelbegriff, Der Bausachverständige 2/2008, 67; *Seibel*, Baumangel trotz Einhaltens technischer Vorschriften, Der Bausachverständige 6/2008, 59; *Mundt/Karimi-Auer/Skalicki*, Spontanbrüche durch Nickelsulfid-Einschlüsse im Glasbau: Ein Fall der vertraglichen Risikoübernahme durch den Auftraggeber?, BauR 2009, 14; *Ostendorf*, Von der Haftung für „funktionale Mängel" zur Haftung für Mängel außerhalb des Leistungsspektrums der Werkleistung, NZBau 2009, 360; *Rosse*, Erwiderung auf Mundt/Karimi-Auer/Skalicki, Spontanbrüche durch Nickelsulfid-Einschlüsse im Glasbau: Ein Fall der vertraglichen Risikoübernahme durch den Auftraggeber?, BauR 2009, 908; *Seibel*, Welche Konsequenzen hat das bewusste Abweichen des Unternehmers von der Baubeschreibung für den Nacherfüllungsanspruch?, ZfBR 2009, 731; *Popescu*, Mangel durch Verwendung über dem Mittelstand der Technik liegender Baustoffe?, NZBau 2009, 692; *Jansen*, Die berechtigte Funktionalitätserwartung des Bestellers und ihre Grenzen, Festschrift für Koeble (2010), 103; *Locher-Weiss*, Schallschutz im Hochbau – quo vadis?, ebenda, 153; *Pause*, Welche Regeln der Technik sind für die Beurteilung der Mangelfreiheit maßgeblich?, ebenda, 177; *Seibel*, Das Unterschreiten der „allgemein anerkannten Regeln der Technik" im Bauvertrag, ZfBR 2010, 217; *Ulrich*, Zur rechtlichen Bedeutung der Messung von Estrichfeuchte, BauR 2010, 1659; *Hammacher*, Die Beweislastverteilung bei Mangel der Funktionstauglichkeit, NZBau 2010, 91; *Bolz*, Das Baugrundrisiko – Begriffsdefinition und Risikoverteilung, BauR 2011, 163; *Peters*, Zu der Struktur und den Wirkungen einer auf § 649 BGB gestützten Kündigung des Bestellers, BauR 2012, 11; *Gartz*, Zur Funktionalität verpflichtet! – Die funktionale Mängelhaftung des Werkunternehmers (zu BGH, NZBau 2011, 622), NZBau 2012, 90; *Mäschle*, Sommerliche Aufheizung in Bürogebäuden – Zum Einfluss der Arbeitsstättenverordnung und der Arbeitsstättenrichtlinie auf das Leistungssoll bei der Klimatisierung von Büroräumen, BauR 2012, 166; *Seibel*, Welche Bedeutung haben Herstellervorschriften für die Baumangelbeurteilung?, BauR 2012, 1025; *Reichert/Wedemeyer*, Öffentlich-rechtliche Bauvorschriften in der Mangelsystematik des privaten Baurechts, BauR 2013, 1; *Peters*, Der funktionale Mängelbegriff, NZBau 2013, 129; *Sass*, Das Funktionstauglichkeitsdogma in der „Blockheizkraftwerk"-Entscheidung, NZBau 2013, 132 (s. hierzu: *Planker*, IBR 2013, 259); *Faust*, Die rechtliche Bedeutung von Herstellervorgaben, BauR 2013, 363; *Sass*, Herstellervorgaben und der „Mangel" der Werkleistung, BauR 2013, 1333; *Hammacher*, Obliegenheitsverletzung und Mitverschulden des Auftraggebers, wenn er die Werkstattpläne des Auftragnehmers nicht prüft?, BauR 2013, 1592; *Sass*, Technische Regeln und das Werkvertragsrecht, NZBau 2014, 137; *Diehr*, Der Wartungsvertrag – Einordnung in das Bau- und Vergaberecht, ZfBR 2014, 107; *Manteufel*, Grundlegende und aktuelle Fragen der Mängelhaftung im Bauvertrag, NZBau 2014, 195; *Sass*, Der Beweis durch Sachverständige im Mangelprozess und die Rechtsfrage, BauR 2014, 181; *Schlie*, Der Anspruch des Auftraggebers auf Herausgabe von Bauunterlagen, BauR 2014, 905; *Seibel*, Konkretisierung der „allgemein anerkannten Regeln der Technik" – insbesondere außerhalb von schriftlichen technischen Regelwerken, BauR 2014, 909; *Weyer*, Werklohnklage ohne Abnahme – Anforderungen an Ausschluss oder Darlegung und Beweis von Baumängeln, NZBau 2014, 421; *Ebersbach*, Vom Umgang mit materialbedingten Restrisiken, BauR 2015, 1239; *Althaus*, Funktion und Unmöglichkeit im Bauvertragsrecht – Zugleich Anmerkung zu BGH, Urteil v. 08.05.2014 – VII ZR 203/11 –, BauR 2014, 1291, BauR 2014, 1369; *Schorn*, Schadensberechnung auf fiktiver Basis – wenn der Mangel nicht beseitigt wird, Der Bausachverständige 2015, 71; *Deitschun*, Die anerkannten Regeln der Technik am Beispiel der Schimmelpilzfreiheit im Bauwesen, DS 2015, 77; *Hettler*, Schallschutzmangel: Warum ist der Vorsatzschale keine Mangelbeseitigung?, Der Bausachverständige 2017, 56; *Pfeifer*, Ungedämmte Leitungen im Estrich – Rohrwärmekorrektur nach VDI 2077 am Ende?, Der Bausachverständige 2017, 59; *Jaeger*, Die Bedeutung von DIN-Normen – in rechtlicher Hinsicht und anerkannte Regeln der Technik, Der Bausachverständige 2017, 62.

a) Mangelbegriff

Der **Bauunternehmer** hat wie der Architekt **seine Bauleistung** vertragsgemäß zu erbringen; er schuldet ein **mängelfreies** und **funktionstaugliches** Werk.[471] Die Gewährleistungspflicht des Werkunternehmers für einen objektiv festgestellten

---

471) BGHZ 174, 110 = BauR 2008, 344 = NZBau 2008, 109 = ZfBR 2008, 261 = NJW 2008, 511; BGH, BauR 2014, 547 = IBR 2014, 74 – *Seibel*; BGH, NZBau 2011, 746 = BauR 2012, 115; BGH, BauR 2006, 375 = NZBau 2006, 112 = ZfBR 2006, 153; BauR 2000, 411 = ZfBR 2000, 121 = NJW-RR 2000, 465; BauR 2001, 823 – **ständig**. Zur Haftung für Bauleistungen, die **ohne** Vergütung (**zusätzlich**) erbracht werden: OLG Koblenz, NZBau 2013, 585 = IBR 2013, 536 – *Boisserée* (**Balkonabdichtung**); OLG Schleswig, IBR 2006, 134 – *Steiger*.

Mangel setzt lediglich voraus, dass dieser Mangel **dem Werk des Unternehmers anhaftet**, d.h. also, **aus seinem Verantwortungsbereich herrührt**.[472] Der Unternehmer muss daher vor allem auch die **anerkannten Regeln der Technik** beachten.[473] Solche finden sich in den **schriftlichen** technischen Regelwerken (z.B. des Handwerks; in den einschlägigen DIN-Normen, insbesondere in der VOB/C sowie VDE-Bestimmungen)[474] Im Einzelfall ist jedoch stets zu prüfen, ob es für die in Rede stehenden Werkleistungen „eine **ungeschriebene** anerkannte Regel der Technik (gibt). Diese wäre ebenso maßgeblich wie eine ungeschriebene Regel".[475]

Von den allgemein anerkannten Regeln der Technik sind die sog. **Herstellervorschriften** – auch Hersteller- oder Verarbeitungsrichtlinien genannt – zu unterscheiden; ihre Bedeutung wird im Streitfall oftmals von den Baubeteiligten verkannt. So führt eine **Einhaltung** der Herstellervorgaben nicht zwangsläufig zur Mangelfreiheit des Werks;[476] fehlt es dem konkreten Werk z.B. an der notwendigen **Funktionstauglichkeit**, so ist es mangelhaft. Besondere Bedeutung haben Herstellervorgaben allerdings, wenn diese **sicherheitsrelevant** sind.[477] Dies gilt auch, wenn deren Einhaltung ausdrücklich vereinbart wird, weil sie insoweit **weitergehende Anforderungen** an die geschuldete Leistung stellen als die einschlägigen allgemein anerkannten Regeln der Technik.[478] In diesem Fall sind die Herstellervorgaben Bestandteil der Beschaffenheitsvereinbarung und bestimmen daher auch deren Inhalt. Ist dies nicht der Fall, sondern deckt sich die **Vorstellung** des Auftraggebers nur mit der **Erwartung**, dass mit den Herstellervorgaben die anerkannten Regeln der Technik „eingehalten" werden, begründet ein Abweichen von den Herstellervorgaben noch keinen Baumangel.[479] In diesem Fall wird die Erwartung des Bestellers, eine **mangelfreie** Werkleistung zu erhalten, trotz der Abweichung von den Herstellervorgaben nicht enttäuscht.[480]

---

472) BGH, NZBau 2010, 558; BGH, BauR 2014, 1291 (ESG-H Glasfassade); BGH, IBR 2014, 538 – *Manteufel* (Risiko von **Glasbrüchen**); *Ebersbach*, BauR 2015, 1239; OLG Celle, BauR 2016, 840; OLG Brandenburg, NZBau 2011, 557 m.Anm. *Ganten*; OLG Naumburg, BauR 2009, 1453.

473) BGH, BauR 2013, 952 = ZfBR 2013, 355 = IBR 2013, 269 – *Weyer*; BGH, BauR 1981, 577, 579 = WM 1981, 1108; BGH, BauR 1989, 462 = NJW-RR 1989, 849; OLG Nürnberg, BauR 2006, 2077, 2078; OLG Hamm, NJW-RR 1995, 17 = BauR 1994, 767; OLG Düsseldorf, NJW-RR 1996, 146 u. NJW-RR 1994, 1431; einschränkend für sanierten **Altbau:** OLG Hamm, BauR 1995, 846 = NJW-RR 1996, 213 = ZfBR 1996, 96.

474) *Leupertz/Halfmeier*, in: Prütting/Wegen/Weinreich, § 634 BGB, Rn. 23.

475) BGH, BauR 2014, 547, 549, Rn. 15 = NZBau 2014, 160 = ZfBR 2014, 143 = IBR 2014, 74 – *Seibel*; zur **Konkretisierung** von allgemein anerkannten Regeln, die nicht schriftlich fixiert sind: *Seibel*, BauR 2014, 909 ff. Zur **Beweislage:** *Sass*, BauR 2014, 181 ff.

476) *Staudinger/Peters/Jacoby* (2014), § 633, Rn. 179; *Kniffka*, § 633 BGB, Rn. 38; zu den Rechtsfolgen siehe auch OLG Hamm, IBR 2016, 391 – *Bergmann-Streyl*.

477) BGH, NZBau 2011, 415, 416 = IBR 2011, 399 – *Schulze-Hagen*; BGH, BauR 2009, 1589 = NZBau 2009, 647 = IBR 2009, 511 – *Seibel*; OLG Brandenburg, IBR 2011, 455 u. BauR 2008, 93; OLG Jena, IBR 2009, 134 – *Völkel*; OLG Frankfurt, IBR 2014, 540 – *Seibel*; OLG Köln, BauR 2005, 1681 u. BauR 2005, 389 = NJW-RR 2005, 1042; OLG Schleswig, BauR 2004, 1946 u. IBR 2010, 321 – *Völkel*; *Kniffka*, § 633 BGB, Rn. 35; *Seibel*, Der Bausachverständige 4/2009, 60 ff. u. BauR 2012, 1025 ff. m.w.Nachw.

478) *Bauer*, in: Motzke/Bauer/Seewald, 5 B, Rn. 40; BGH, NZBau 2011, 415 = NJW-RR 2011, 1240 = IBR 2011, 399 – *Schulze-Hagen*.

479) OLG Köln, BauR 2013, 257 = NZBau 2012, 781 = IBR 2012, 577 – *Weingart*.

480) Siehe auch *Kniffka*, § 633 BGB, Rn. 35 m.w.Nachw.

Mängel des Unternehmerwerks Rdn. 2030

Für den **VOB-Vertrag** gilt über den Verweis in §§ 1 Abs. 1 Satz 2, 4 Abs. 2 Nr. 1 Satz 1, 13 Abs. 1 VOB/B das Einhalten der allgemein anerkannten **Regeln der Technik** als vertraglich vereinbarte Leistungspflicht.[481] Der **Verstoß** gegen die Regeln der Technik bedeutet auch ohne einen Schadenseintritt einen Mangel;[482] gleichwohl kann im Einzelfall trotz Einhaltung der anerkannten Regeln der Technik ein Baumangel vorliegen.[483] Darüber hinaus: Zeigt sich aufgrund **späterer** Erkenntnisse, dass eine im Zeitpunkt der **Bauabnahme** als zutreffend angenommene Regel der Technik doch **unrichtig** war, ist die Werkleistung mangelhaft und muss innerhalb der Gewährleistungsfrist von ihm nachgebessert („nacherfüllt") werden, weil der Unternehmer ein **dauerhaft mangelfreies** Werk schuldet (Rdn. 1961 ff.). Lässt sich dies mit der in der vertraglichen Baubeschreibung vorgesehenen Konstruktion nicht erreichen, muss der Unternehmer ohne Aufpreis weitere aufwändigere Maßnahmen treffen.[484] Entspricht seine Leistung nicht diesen Anforderungen, so ist sie fehlerhaft, unabhängig davon, ob die anerkannten Regeln der Technik eingehalten wurden. Maßgebend ist allein, ob der Leistungsmangel den **angestrebten Erfolg beeinträchtigt** (vgl. Rdn. 1965).[485] Es ist den Parteien unbenommen, gegenüber Vorgaben einer DIN-Norm erhöhte Anforderungen an die werkvertragliche Ausführung zu stellen.[486] Soll im Einzelfall von einer anerkannten Regel der Technik **abgewichen** und eine andere Ausführungsart erfolgen, ist der Auftraggeber, auch wenn er selbst fachkundig ist, umfassend über die Risiken und denkbaren Folgen der Bauausführung **aufzuklären**.[487]

Ein Werk ist ferner mangelhaft, wenn es dafür noch keine anerkannte Regel der Technik gibt. Für die Annahme eines Mangels ist ausreichend, dass eine **Ungewissheit** über die **Risiken des Gebrauchs** besteht.[488] Bei der Ausführung seiner Leis-

---

481) *Teichmann/Schröder*, JZ 1999, 799, 800; *Merkens*, in: Kapellmann/Messerschmidt, § 4 VOB/B, Rn. 54 f.
482) BGH, NJW 1998, 2814 = BauR 1998, 872; BGH, NJW-RR 1989, 849; s. ferner: KG, IBR 2008, 509 – *Steiger*; OLG Celle, IBR 2006, 404; OLG Hamm, IBR 2004, 8 (Einhaltung eines DIN-gerechten Sicherheitsfaktors); OLG Düsseldorf, NJW-RR 1996, 146; s. aber OLG Koblenz, IBR 2014, 75 – *Weyer* u. OLG Nürnberg, MDR 2002, 1309 = OLGR 2002, 451 (**kein Mangel, wenn mit dem Verstoß „ein tatsächlich nachweisbares Risiko nicht verbunden ist"**).
483) OLG Brandenburg, IBR 2013, 733 – *Weyer* (Errichtung eines hochwertigen Gebäudes; schwer begehbare Treppen vom Keller zum Erdgeschoss); OLG Hamm, DS 2013, 75, 76 = NZBau 2013, 110 = IBR 2013, 19 – *Gross* (undicht gewordenes Wasserleitungssystem).
484) BGHZ 139, 244 = BauR 1999, 37 = NJW 1998, 3707 = JZ 1999, 797 m.Anm. *Teichmann/ Schröder*; BGH, BauR 1987, 207; OLG Celle, BauR 1998, 801 für **schlüsselfertige** Herstellung (Kellerabdichtung). Ein Unternehmer kann deshalb auch nicht mit dem Einwand gehört werden, er habe „den Werklohn zu niedrig kalkuliert" (vgl. BGH, BauR 1974, 125 = *Schäfer/Finnern*, Z 2.414.3 Bl. 8).
485) Vgl. BGHZ 91, 206 = BauR 1984, 510; BGH, BauR 1985, 567; BGH, BauR 1996, 702 = ZfBR 1996, 255 = NJW 1996, 2372 = *SFH*, § 13 Nr. 3 VOB/B (**fehlerhaftes Baumaterial**); BGH (X. ZS), NJW-RR 1997, 688; OLG Frankfurt, NJW 1983, 456 = BauR 1983, 156.
486) OLG Köln, NJW-RR 1994, 602 – Zur Vereinbarung von **geringeren Anforderungen**: Saarländisches OLG, NZBau 2001, 329 = OLGR 2011, 49.
487) OLG München, IBR 2012, 524 – *Bolz*.
488) BGH, BauR 2003, 533 = ZfBR 2003, 356 (Verwendung von minderwertigem Material); BGH, BauR 2006, 382 = NZBau 2006, 177 = IBR 2006, 131 (Funktionsbeeinträchtigung eines **Straßenbelags**); OLG Nürnberg, BauR 2006, 2077, 2078; OLG Oldenburg, BauR 1999, 502 = NJW-RR 1999, 241 (Schadstoffbelastung der Raumluft durch Parkett); OLG Düssel-

Rdn. 2031   **Baumangel**

tung hat der Unternehmer im Übrigen die **behördlichen Bestimmungen (Baugenehmigung, Auflagen** usw.) zu beachten.[489]

2031 Im Übrigen ist jeweils nach dem **Einzelfall** zu beurteilen, ob eine Bauleistung des Unternehmers mangelhaft ist oder nicht. **Schönheitsfehler**[490] können ebenso einen Mangel darstellen, wenn sie die „Wertschätzung" des Hauses berühren,[491] wie der bloße **Verdacht**, ein Mangel könne auch über seinen **sichtbaren Bereich hinaus** vorliegen.[492] Das Letztere wird vor allem in Betracht zu ziehen sein, wenn eine **Ungewissheit** über die **Risiken** des **Gebrauchs** besteht oder von dem Unternehmer nicht hinreichend ausgeräumt werden kann.[493] Stellt die Bauausführung („Konstruktion") z.B. eine **Neuentwicklung** dar, deren Dauerhaftigkeit erst über längere Zeit erprobt werden muss, so muss sich ein Bauherr mit solchen Risiken und Unwägbarkeiten nicht ohne weiteres abfinden.[494]

Normale **Abnutzung** oder **Verschleiß** ist dagegen nur ausnahmsweise ein Baumangel, so etwa, wenn eingebaute Teile innerhalb der Gewährleistungsfrist infolge

---

      dorf, NJW-RR 1996, 146, 147; OLG Düsseldorf, OLGR 1997, 42 (LS); OLG München, BauR 1984, 637 = ZIP 1984, 76; OLG Köln, NJW-RR 1991, 1077 = BauR 1991, 759 für eine „Finishlackierung", die die Ausdünstung von **Formaldehyd** „minimieren oder sogar ausschließen" kann; OLG Celle, BauR 1990, 759 = NJW-RR 1991, 1175 (**Wärmedämmung** an der Innenseite der tragenden Deckenkonstruktion); BGH, NJW-RR 1987, 1415 (Verkauf eines früher mit **Schwamm** befallenen Hauses); OLG Hamm, BauR 1992, 122 LS (Verfüllung einer Baugrube mit **Müllverbrennungsasche**); KG, OLGR 1993, 21 (für eine **elastische Verkittung** zwischen Hauswand und Anbau); OLG Koblenz, BauR 1995, 554, 555; *Postelt*, BauR 1985, 265, 268.

489) BGH, BauR 1998, 397 = NJW-RR 1998, 738 = MDR 1998, 530.
490) BGH, BauR 1981, 577 = ZfBR 1981, 265; *Kamphausen*, BauR 1995, 343 ff.; OLG Naumburg, BauR 2014, 1011 (optisch **uneinheitliches** Erscheinungsbild von Terrassendielen); OLG Hamm, NZBau 2010, 109 (Glasfassade); OLG Bamberg, BauR 2008, 1460 (Kissenförmiges Auswölben der Dämmstoffplatten; optischer Mangel der Fassade); OLG Frankfurt, IBR 2007, 20 – *Probst* (Algenbildungen an Dachziegeln). Im Einzelfall muss das **Gericht** durch **Augenscheinbeweis** feststellen, ob und inwieweit ein optischer Mangel vorhanden ist (OLG Stuttgart, BauR 2011, 1824).
491) BGH, BauR 2002, 613, 616; OLG Brandenburg, IBR 2013, 735 – *Karczewski* (**Vergilben** von Küchen- und Wohnzimmertüren); OLG Schleswig, IBR 2012, 326 – *Groß* (verschmutzte Leimholzbinder; Supermarkt); OLG Köln, IBR 2001, 501 – *Baden* (**optische** und **ästhetische** Beeinträchtigungen als Planungsmangel); OLG Düsseldorf, BauR 1991, 749, 750; OLG Hamm, NJW-RR 1991, 277 (**hässlicher Anblick** durch misslungene Verklinkerung); OLG Düsseldorf, BauR 1996, 712 (scheckiges Aussehen des **Granitplattenbelages**); OLG Celle, BauR 1996, 259, 260 (verneinend für gebrauchstauglichen **Industriefußboden**); OLG Celle, IBR 2003, 411 (verneinend für Neuverfugung eines Giebels); OLG München, OLGR 1996, 86 (Gelbfärbung eines **Carrara-Marmors**); OLG Hamm, OLGR 1997, 241 (Verschmutzung eines Fußbodens).
492) Vgl. BGH (V. ZS), BauR 1995, 844 (**Altlastenverdacht**); ferner: OLG Oldenburg, BauR 1999, 502 = NJW-RR 1999, 241 (**Schadstoffbelastung**); BGH, DB 1969, 877; DB 1972, 1476; *Schäfer/Finnern*, Z 2.10 Bl. 51, 53.
493) OLG Köln, BauR 2005, 151 (LS). Deshalb kann den **Veräußerer** eines Hauses auch eine besondere Aufklärungspflicht treffen, siehe z.B. BGH, NJW-RR 1987, 1415 für ein früher mit **Schwamm** befallenes Gebäude.
494) Zur Haftung wegen „**Gebrauchsrisiken**" infolge unsachgemäßer Handhabung durch Nutzer: OLG Frankfurt, IBR 2009, 81 – *Merl*.

Mängel des Unternehmerwerks Rdn. 2032

von Verschleiß oder Abnutzung nicht mehr **voll funktionsfähig** sind und deshalb den erstrebten Werkerfolg infrage stellen.⁴⁹⁵⁾

Beispiele für Unternehmermängel aus der Rechtsprechung: 2032

* unzureichende Sorgfalt bei **Abbrucharbeiten** (OLG Düsseldorf, NJW-RR 1999, 1468)
* waagerechte **Abdichtung** von Wänden gegen aufsteigende Feuchtigkeit aus Sperrmörtel (OLG Celle, BauR 1984, 522 u. IBR 2002, 406 – Groß)
* **Abdichtung** gegen drückendes Wasser (OLG Düsseldorf, BauR 2001, 1780); Abdichtung einer Durchführung in der Kelleraußenwand (Pfingsthochwasser; OLG München, NZBau 2002, 575); unzureichende Abdichtung im Anschlussbereich zwischen Sohlplatte und Wandelementen (OLG Hamm, NZBau 2012, 500)
* mangelhafte **Abriebfestigkeit** eines Bodens (BGH, BauR 1998, 123; Revisionsentscheidung zu OLG Düsseldorf, BauR 1997, 140)
* **Abtrennung** von Reihen-Fertiggaragen durch Drahtgitter statt massiver Wände – kein Mangel (OLG Düsseldorf, OLGR 1997, 173 = NJW-RR 1997, 1039)
* **Algen-** und Schimmelbildung bei einem Wärmedämmverbundsystem (LG München I, IBR 2008, 574 – Vogel; LG Darmstadt, IBR 2008, 436 – Seibel; ferner: OLG Frankfurt, IBR 2010, 560 – Maas)
* Verwendung von **Anhydrit-Estrich** (OLG Zweibrücken, BauR 1998, 345; s. auch OLG Bamberg, BauR 2007, 893, 894 zur notwendigen **Austrocknungszeit**)
* abredewidrige **Anschlussarbeiten** eines Handwerkers (OLG Frankfurt, OLGR 1996, 3)
* die Bauausführung verstößt gegen die **Arbeitsstättenverordnung** sowie die **Arbeitsstättenrichtlinien** (OLG Naumburg, BauR 2005, 1796, 1797.
* Zur Mangelhaftigkeit von **Recyclingmaterial** bei geringfügiger Konzentration mit **Asbest** (OLG Brandenburg, BauR 2004, 1313 = IBR 2004, 244 – Miernik)
* **Ausbau** des Dachgeschosses; fehlende Imprägnierung der vorhandenen **Dachsparren** (OLG München, NZBau 2011, 683 – Missachtung der Vorgaben der DIN 68800 Teil 3 – vorbeugender chemischer Holzschutz)
* **Ausbesserungsarbeiten am Dach** – Schutz des Eigentums des Auftraggebers (OLG Hamm, BauR 1993, 349)
* **Ausblühungen** am Giebel (OLG Celle, BauR 2003, 915)
* Übel riechende **Ausgasungen** (Teppichbodenkleber; OLG Frankfurt, NJW-RR 2000, 1188 = NZBau 2000, 380)
* fehlerhafte **Ausschachtung** (OLG Hamm, BauR 1992, 78; OLG Düsseldorf, OLGR 1993, 43 = BauR 1993, 254 [LS])
* fehlerhafte **Außendämmung** (OLG Stuttgart, BauR 1995, 850); Feuchtigkeitsflecken an der **Außenwand** (OLG Hamm, IBR 2013, 734 – Weyer)
* **Balkonaufbau** (OLG Hamm, BauR 1995, 852; Flachdachrichtlinien u. DIN 18.195); stehendes Wasser auf der Balkonfläche bedeutet Mangel (OLG Köln, IBR 2013, 677 – Scharlemann)

---

495) Vgl. dazu *Hahn*, BauR 1985, 521, 523; *Brych*, ZfBR 1989, 237.

- **Balkone aus Stahl** (Ausgewählte Probleme: u.a. Wandverankerung, Stützenverformungen, Korrosionsschutz; Geländerkonstruktion: Cegla/Bidmon, Der Bausachverständige 4/2008, 9 u. 5/2008, 17)
- **mangelhafter Baustoff**; zur Haftung des Verkäufers und des fehlerhaft arbeitenden Unternehmers (BGH, BauR 2013, 1131 = NZBau 2013, 492 = IBR 2013, 349 – Rodemann)
- zur **Brandschutzeigenschaft** bei Doppelhäusern (SchlHOLG, OLGR 1997, 254)
- Nichteinbau einer **Bewegungsfuge** in der Betonsohle beim Übergang vom Altbau zum Neubau (OLG Düsseldorf, NJW-RR 1995, 339)
- **Bewehrungsstärke** (OLG Koblenz, NZBau 2014, 293 – keine Beweisaufnahme ohne Anzeichen für Mängel)
- Mangel einer **Biofilter-Abluftreinigungsanlage** (OLG Oldenburg, OLGR 1999, 254)
- **Bitumendickbeschichtung** – Mangel bei einer Hanglage des Gebäudes und/oder bindigem Boden (OLG Bamberg, BauR 1999, 650 = NJW-RR 1999, 962 = OLGR 1999, 134; s. auch OLGR 2003, 407); Mangel bei vertikaler Abdichtung mit einer zweilagigen Bitumendickbeschichtung (OLG Brandenburg, IBR 2008, 90 – Weyer); kein Mangel bei nichtdrückendem Wasser mit mäßiger Beanspruchung i.S. der DIN 18.195 (OLG Schleswig, BauR 1998, 1100 m.Anm. Jagenburg, BauR 2000, 1060; siehe ferner: BGH, BauR 2000, 1330 = NJW 2000, 2991 = NZBau 2000, 433; OLG Celle, BauR 2001, 1778 sowie Rautenbach/Kötteritzsch, DS 2005, 286; Jagenburg/Pohl, BauR 1998, 1975 u. Schreiter, BauR 1998, 1082); OLG Düsseldorf, IBR 2010, 80 – Bröker (Neuherstellung ist nicht unverhältnismäßig)
- Sorgfaltspflichten eines Dachdeckers bei **Bitumenschweißarbeiten** (OLG Hamm, OLGR 1997, 45)
- Verlegung eines dampfdichten **Bodenbelags** auf einer ohne ausreichende Dampfsperre ausgeführten, nicht unterkellerten Betonsohle (OLG Düsseldorf, NJW-RR 1996, 305 = BauR 1995, 848; s. auch OLG Düsseldorf, IBR 2012, 31 – Wronna – zur Notwendigkeit einer **Horizontalabdichtung** bei wasserundurchlässiger Bodenplatte mit der Qualität WU 25)
- mangelhafte Verlegung von **Bodenfliesen**; Hohllagen und geringfügige Abplatzungen im Randbereich (Thüringisches OLG, BauR 2001, 1124)
- mangelhafte **Bodenverfestigung** (LG Essen, BauR 1984, 642)
- Verwendung einer **Dachbahn** ohne Gebrauchstauglichkeitsnachweis gemäß DIN 18.531 (OLG Düsseldorf, NJW-RR 1996, 146)
- mangelhafte mechanische Befestigung der **Dacheindeckung** (OLG Düsseldorf, BauR 1994, 245 = NJW-RR 1994, 281)
- **Dachkonstruktion** (BGH, NZBau 2000, 74 = BauR 2000, 141); zum **gefällelosen Flachdach**: Zöller, IBR 2014, 1, 2
- **Dachisolierung** mittels Unterschäumen (OLG Düsseldorf, BauR 1990, 610); Mineralwolle statt Dämmstoff (OLG Hamm, NZBau 2002, 218)
- **Dachöffnung**, Sorgfaltspflichten des Dachdeckers (OLG Frankfurt, NJW 1989, 233)
- **Dachsanierung** (OLG Hamm, BauR 1991, 756; BayObLG, MDR 1990, 552; zu Schutzpflichten des **Dachdeckers** gegen **Wassereinbruch**: OLG Celle, IBR 2003, 121; OLG Düsseldorf, BauR 2000, 1344)

Mängel des Unternehmerwerks Rdn. 2032

* Beeinträchtigung der Stabilität des **Dachstuhls** durch das Ansägen der Mittelpfette (OLG Düsseldorf, BauR 1996, 260)
* Mangel (**Dampfsperre** für eine Gewässerschutzbeschichtung in Lagerhalle) bei unvollständiger Leistungsbeschreibung durch den Auftragnehmer (OLG Düsseldorf, OLGR 1994, 214)
* Fehlen einer ausreichenden **Dampfsperre** des Warmdachs einer Lagerhalle (OLG Düsseldorf, BauR 1997, 355 [LS] = NJW-RR 1997, 976); Kondensatbildung bei einem **Umkehrdach** (OLG München, IBR 2006, 551 – Frank)
* Fehlende **Dehnungsfugen** (LG Stuttgart, BauR 1997, 137)
* Zu den Mängeln einer **Deponieentgasungsanlage** (setzungsbedingte Störungen; OLG München, NZBau 2004, 274 = BauR 2004, 680 = IBR 2004, 7 – Schulze-Hagen)
* **Dichtigkeitsprüfung** eines Wasserleitungssystems (LG Rostock, BauR 2000, 105)
* Mangel bei vereinbarter besonderer **Ebenflächigkeit eines Industriebodens,** die nur zu 99 % erreicht wurde (BGH, BauR 1999, 254 = NJW-RR 1999, 381 = ZfBR 1999, 153)
* mangelhafte Installation von Duschtassen; **mikrobieller Befall** (OLG Hamm, BauR 2011, 1348; s. auch OLG Schleswig, IBR 2011, 200 – *Weyer*: mangelhafte Verlegung eines Abflussrohrs; Haftung für **Pilzbefall**)
* **Einbaumöbel** – Geruchsbelästigung (LG Nürnberg-Fürth, BauR 1987, 214)
* **Einfrieren** von Wasserleitungen (BGH, NJOZ 2003, 682 = NZBau 2003, 329 – LS)
* **Einscheibensicherheitsglas** („Spontanbruch von ESG-Scheiben"; OLG Dresden, BauR 2010, 915 mit Anm. Mundt; s. ferner: OLG Braunschweig, BauR 2011, 1027 [Einbau von Hazalitscheiben als Mangel]; Mundt/Karimi-Auer/Skalicki, BauR 2009, 14 sowie Erwiderung von Rosse, BauR 2009, 908)
* **ESG-H Glasfassade** (uneingeschränkte Bruchsicherheit nicht zu verwirklichen; Auftraggeber hat ausschließlich einen **Schadensersatzanspruch**; BGH, BauR 2014, 1291)
* **Energiedach**/Latentspeicher-Einrichtung (OLG München, BauR 1984, 637)
* ordnungsgemäße **Entwässerung;** schlüsselfertige Errichtung verpflichtet zur Einholung der notwendigen Informationen (BGH, NZBau 2001, 446)
* das **Fehlen** eines vertraglich vorgesehenen **Entsorgungsnachweises** (Asbestwellplatten; BGH, BauR 2002, 613, 618)
* Beschädigung von **Fernmeldeanlagen** durch Tiefbauarbeiten (OLG Frankfurt, BauR 1994, 264)
* **Estrich** – mangelnde Verlegereife; Verantwortung von Estrichleger, Parkettleger und Architekten (OLG Bamberg, BauR 2007, 893)
* falsche statische Berechnung eines Unternehmers bei der Herstellung und Lieferung von **Fertigbauteilen** (OLG Hamm, BauR 1994, 633)
* nicht **farbbeständige** Betonsteine (OLG Köln, ZfBR 2002, 256 = BauR 2002, 801 = OLGR 2002, 24)
* **Fenstereinbau** (OLG Hamm, OLGR 2001, 828)
* **Fertigbauweise** eines verkauften Hauses – kein Mangel (OLG Düsseldorf, NJW 1989, 2001)
* **Fertighaus** – fehlerhafte Planung des Kellergeschosses; Abdichtung gegen drückendes Wasser (OLG Frankfurt, OLGR 2006, 49, 50)

- **Flachdach** (OLG Frankfurt, BauR 1987, 322; SFH, Nr. 65 zu § 635 BGB)
- Nichtbeachtung der **Fließrichtung des Oberflächenwassers** bei der Anlage eines Gartenteiches (OLG Köln, NJW-RR 1994, 917)
- **Fogging-Effekt** (Schwarzfärbung von Tapeten; OLG Celle, NZBau 2004, 442 = OLGR 2004, 319)
- **Formaldehyd** (OLG Brandenburg, BauR 2007, 1063, 1064 [Vereinbarung über formaldehydfreie Spanplatten]; OLG Köln, SFH, Nr. 89 zu § 633 BGB = NJW-RR 1991, 1077 = BauR 1991, 759 u. OLG Düsseldorf, NJW-RR 1991, 1495 – verneinend, wenn die Ausgasungen zu keinem höheren Grenzwert als 0,1 ml/m^3 Formaldehyd in der Raumluft führen); **Formaldehyd- und Lindanausdünstungen** eines Fertighauses (OLG Nürnberg, NJW-RR 1993, 1300; OLG Bamberg, OLGR 2000, 48 = MDR 2000, 97 = NZBau 2000, 338 [LS])
- **Fugenabriss** bei einem Pitchpine-Dielenboden (OLG Düsseldorf, BauR 1998, 1011)
- mangelhafte Einbindung von **Fundamenten** (OLG Düsseldorf, OLGR 1994, 144 = NJW-RR 1995, 532)
- **Fußbodenheizung** u. fehlerhafte Estrichkonstruktion (OLG Celle, BauR 1998, 802); zur „thermischen Behaglichkeit" einer Fußbodenheizung (OLG Düsseldorf, BauR 2014, 713 = IBR 2014, 77 – Rehbein)
- Minderbreite einer **Einzelgarage** (OLG Frankfurt, OLGR 2000, 206); zu den Anforderungen und zur Ausführung einer **Garagenzufahrt**; kein Einfahren in einem Zug (OLG München, IBR 2012, 579 – Reichert)
- zum Erfordernis eines **Gefälles** für eine Hof- und Zugangsfläche einer Wohnanlage (BGH, BauR 2014, 547 = NZBau 2014, 160 = ZfBR 2014, 143 = IBR 2014, 73 – Bolz; S. 74 – Seibel)
- zu geringe **Geschosshöhe** bei Wiederaufbau (OLG Celle, BauR 2001, 1122)
- kein Werkmangel einer an der **Grundstücksgrenze errichteten Garage** bei Nachbarwiderspruch gegen die erteilte Baugenehmigung (OLG Düsseldorf, NJW-RR 2000, 310 = OLGR 2000, 69)
- Streifen in **Glasscheiben** bei direkter Sonneneinstrahlung (LG Nürnberg-Fürth, IBR 2007, 480 – Seibel); **spontan brechendes Einscheiben-Sicherheitsglas** (BGH, BauR 2014, 1291 = ZfBR 2014, 560; OLG Stuttgart, IBR 2007, 361 – Knickenberg)
- **Grenzabstand**; dieser muss vom Unternehmer auch gegen die Weisung des Architekten eingehalten werden (OLG Oldenburg, IBR 2004, 495 – Fischer)
- mangelhafter **Granitplattenbelag** (OLG Düsseldorf, BauR 1996, 712)
- **Grundwasserbelastung** durch Giftstoffe (Cyanide) stellt bei einem zu Wohnzwecken genutzten Grundstück einen Sachmangel dar (§ 434 Abs. 1 Satz 2 Nr. 2 BGB; BGH, BauR 2013, 603)
- **Hartlöten von Kupferrohren** bei problematischen Wasserverhältnissen – Lochfraßrisiko (OLG Köln [11. Senat], BauR 1997, 831 = OLGR 1997, 76 = SFH, Nr. 10 zu § 13 Nr. 1 VOB/B [1973] u. OLG Köln [16. Senat], SFH, Nr. 15 zu § 13 VOB/B [1973])
- starke Rauchentwicklung eines **offenen Kamins** (Haftung des Schornstein- und Kaminbauers; OLG Brandenburg, NZBau 2013, 502)
- **Lösungsmittelgeruch** (OLG Köln, OLGR 2003, 62 = BauRB 2003, 43 = BauR 2003, 771 [LS] – Parkettversiegelung)

Mängel des Unternehmerwerks
Rdn. 2032

* **Hausschwammbefall** infolge verlorener Schalung im Kriechkeller (OLG Düsseldorf, NJW-RR 1994, 1240 = BauR 1995, 131); zur DIN-gerechten **Sanierung** (BGH, BauR 2013, 1443 = NZBau 2013, 697 = ZfBR 2013, 561)
* **Haustrennwände** – Schallschutz – (OLG Düsseldorf, BauR 1991, 752; OLG Hamm, BauR 1989, 735)
* Anschluss einer nicht komplett installierten **Heizung** an ein Fernheizsystem (BGH, BauR 1997, 306 = ZfBR 1997, 88 = SFH, Nr. 108 zu § 633 BGB) sowie das **Einfrieren** einer neu installierten Heizung (OLG Koblenz, BauR 1997, 482 = NJW-RR 1997, 782)
* **Einregulierung** einer **Heizungsanlage** (OLG Düsseldorf, OLGR 1996, 87; OLG Celle, BauR 1998, 802, 803; BGH, BauR 1998, 632; zum ordnungsgemäßen **Auf-** und **Abheizen** eines **Estrichs** (OLG Hamm, BauR 2001, 1120, 1121; OLG Düsseldorf, OLGR 1999, 267)
* zum **Frostschutz** der Heizungsrohre gegen **Einfrieren** (OLG Hamm, BauR 2002, 635)
* unzureichende Leistung einer **Heizungsanlage** (KG, KGR 2001, 160)
* fehlender Holzschutznachweis (OLG Rostock, NJW-RR 1995, 1422)
* **Hochdruckinjektionsverfahren** bei Isolierung eines Bauwerkes (OLG Köln, OLGR 1993, 17 = SFH, Nr. 85 zu § 635 BGB)
* **Holzboden** (OLG Brandenburg, BauR 2012, 299 LS; mangelhaft, wenn Holzbohlen mit Zwischenräumen von 1,6 bis 1,9cm verlegt werden)
* fehlende **Imprägnierung** (Dachsparren; OLG Köln, OLGR 2001, 222); zur Beschaffenheit eines Dachstuhls „aus Nadelschnittholz giftfrei imprägniert" (OLG Koblenz, NZBau 2013, 638 = IBR 2013, 531 – Röder, auch zur DIN 68800 – vorbeugender chemischer Holzschutz)
* Anforderungen an Konstruktion einer **Industrieabwasserbehandlungsanlage** (BGH, NJW-RR 1996, 340)
* Überschreiten der **Innenraumtemperatur** (Bedeutung der Arbeitsstätten-Richtlinien; KG, IBR 2012, 389 – Wellensiek m.w.Nachw.)
* **Isolierung** eines Bauwerkes gegen **aufsteigende Feuchtigkeit** durch ein Hochdruckinjektionsverfahren (OLG Köln, BauR 1993, 375 [LS] = NJW-RR 1994, 981)
* Unzureichende **Kabelverlegung** (OLG Hamm, BauR 1994, 371)
* fehlerhafter **Kachelofen** – Haftung gemäß §§ 635, 638 BGB (OLG Koblenz, NJW-RR 1995, 655; s. auch OLG Hamm, NJW-RR 2000, 651 – Unternehmerbescheinigung)
* Kanalsanierungsarbeiten mit einer **T-Punkt-Fräse** (OLG Hamm, BauR 1999, 915)
* **Kantenaufwölbungen** eines **Fertigparkettbodens** (OLG Düsseldorf, BauR 1998, 126 = NJW-RR 1997, 1450; s. auch OLG Bamberg, BauR 2007, 893)
* Sanierung eines feuchten **Kellers**; zur Prüfungs- und Hinweispflicht des Unternehmers (OLG Celle, BauR 2014, 1326 = IBR 2014, 337 – Seibel); Trockenlegung als dauerhaften Leistungserfolg (OLG Brandenburg, BauR 2014, 1155)
* **Kellerausgangstür** geht nach außen auf (OLG Koblenz, NJW-RR 1996, 1299 = BauR 1996, 719 = MDR 1996, 257)
* **Kerndämmung** ohne Luftschicht (OLG Hamm, BauR 1991, 247 m.Anm. Groß, BauR 1992, 262)

* **Klimatisierung** von Büroräumen und zur Bedeutung des Einflusses der **Arbeitsstättenverordnung** und der **Arbeitsstättenrichtlinie** (Mäschle, BauR 2012, 166, 171 ff. zur bisherigen Rechtsprechung)
* **Lötfehler** (Wassermehrverbrauch; OLG Saarbrücken, NJW-RR 2002, 1313)
* **Luftschallisolierung** bei Zweifamilienhaus als Wohnungseigentum (OLG Düsseldorf, BauR 1997, 1046 = NJW-RR 1998, 19)
* **Luft-** und **Wasserwärmepumpe** (OLG Düsseldorf, IBR 2012, 83 – Söns; zum Schutz vor **Lärm** und Nachbargrundstücken)
* **Lüftung von Wohnungen** (DIN 1946-6: Mai 2009) (hierzu: Holger Gerken, DS 2012, 276–278)
* **Müllverbrennungsasche** – fehlerhafte Verfüllung eines Hallenbodens (OLG Düsseldorf, NZBau 2005, 105)
* nicht volle **Nutzungsfähigkeit** eines Gebäudes – Büro im Keller nicht ganztägig nutzbar (BGH, BauR 1989, 219)
* **Oberflächenbeschichtung** (OLG Düsseldorf, BauR 1994, 762)
* **Optische Beeinträchtigung** bei punktuellen **Farbveränderungen** einer Schieferfassade (OLG Düsseldorf, NJW-RR 1994, 342); Haustürpodest aus Naturstein in kleinen statt großen Steinen (optischer Mangel, nur Minderung: OLG Hamm, BauR 2003, 1403)
* Verlegung der Dachsteine in **Pappdocken** bei wärmegedämmten Dächern (OLG Schleswig, BauR 2000, 1486)
* **Parkettverlegung** mit Ökokleber (OLG Koblenz, BauR 1996, 868 = NJW-RR 1996, 919)
* **Parkettverlegung; Schadstoffbelastung** der Raumluft (OLG Oldenburg, BauR 1999, 502 = NJW-RR 1999, 241); zur Parkettverlegung auf **Fußbodenheizung**; Fugenbreite/Aufheizprotokolle (OLG Hamm, BauR 2001, 1120); Blockabriss und Parkettschollen; zur **Darlegungsfrist** des Auftraggebers bei ungeklärter Ursache (OLG Hamburg, BauR 2005, 1339)
* **Pflasterklinker** (OLG Braunschweig, BauR 1991, 635)
* mangelhafter **Pflastersand** aufgrund nicht ausreichender Körnung (OLG Brandenburg, BauR 2001, 102)
* die **nicht DIN-gerechte Pflasterung** (OLG Celle, OLGR 2006, 509 = IBR 2006, 404 – Schwenker)
* **pilzresistentes** Fugenmaterial (LG Bonn, BauR 1992, 80)
* mangelhaftes Verbundsystem von hergestellten **Plattenfassaden** (OLG Düsseldorf, BauR 1997, 175 [LS])
* fehlende Rohrverbindung zwischen Innen- und Außenentwässerung (OLG Düsseldorf, BauR 1995, 854 = NJW-RR 1995, 1108)
* **Putzrisse** im Bereich von Rollladenkästen (OLG Hamm, BauR 1987, 720 [LS])
* zum Anspruch auf Herausgabe von **Revisionsunterlagen** für eine Heizungs-, Lüftungs- und Sanitärinstallation (OLG Brandenburg, NZBau 2012, 570 m.Anm. Lotz S. 572)
* **Ringdränage** (Fehlen einer ordnungsgemäßen Drän- und Filterschicht; Saarländisches OLG, BauR 2008, 1000)
* fehlende **Rückstausicherung** (Kellerüberflutung; OLG Hamm, OLGR 2003, 4 = NZBau 2002, 678 = NJW-RR 2002, 1673)

Mängel des Unternehmerwerks

Rdn. 2032

* **Schallbrücken** bei der Ausführung von Fliesenarbeiten durch schwimmenden Estrich sowie bei der Installation von Sanitäreinrichtungen (OLG Köln, NJW-RR 1994, 470; OLG Düsseldorf, NJW-RR 1994, 1046)
* Mängel im **Schallschutz** (BGH, BauR 2007, 1570 = NZBau 2007, 574 – **Doppelhäuser**); OLG Karlsruhe, IBR 2014, 201 – Müller (zum Schallschutz bei Errichtung eines **Wohn- und Geschäftshauses**); bei einer **Eigentumswohnung** (BGH, BauR 2009, 1288 = ZfBR 2009, 669); bei sog. **Stadtvillen** (LG Berlin, SFH, Nr. 101 zu § 633 BGB), **Wohnungseingangstüren** (OLG Frankfurt, BauR 2002, 324 = OLGR 2001, 273), Reihenhäusern ohne Realteilung des Grundstückes in der Rechtsform von Wohnungseigentum (OLG München, BauR 1999, 399), bei Nachbar-Reihenhäusern (OLG Hamm, BauR 2001, 1262 = NJW-RR 2001, 1460); s. ferner: Pohlenz, Anerkannte Regeln der Technik und Gebäudeschallschutz, BauR 2013, 352 ff.
* **Schallschutzmangel** bei einer **Doppelhaushälfte** (BGH, BauR 2007, 1570; hierzu: Kögl, BauR 2009, 154; Seibel, Der Bausachverständige 2010, 67; Boldt, NJW 2007, 2960); bei einer **Eigentumswohnung** – „Schallschutz nach DIN 4109" (BGH, BauR 2009, 1288); bei einer **Wohnungstreppe** (BGH, BauR 1995, 230 = SFH, Nr. 102 zu § 633 BGB); zum Installationsschallschutz im Wohnungsbau (LG Landshut, NZBau 2013, 51 = IBR 2012, 649); **schallentkoppeltes Rollgittertor** (LG Hamburg, BauR 1997, 839 = NJW-RR 1997, 917); mangelhafter Luftschallschutz (BGH, BauR 1998, 872 = ZfBR 1998, 247); zu den neuen Schallschutzklassen in **VDI 4100**: Zöller, IBR 2013, 257, 258
* **Schimmelbefall** (Altbau Baujahr 1984; Geyer, IBR 2008, 5)
* „**Schönheitsfehler**" (Gelbverfärbung des Marmors) als Mangel des Werks (OLG München, OLGR 1996, 86)
* Versottung eines **Schornsteins** – Pflichten des Heizungsbauers (LG Wiesbaden, BauR 1990, 364)
* **Schornsteinsanierung** (OLG Hamm, BauR 1989, 480)
* Anforderungen an **Schritt- und Trittsicherheit** (OLG Zweibrücken, BauR 1997, 153)
* zu den Planungserfordernissen eines **Schwimmbeckens** (OLG Dresden, IBR 2012, 589 – Wronna)
* **Shading-Befall** von Teppichboden (OLG Düsseldorf, NJW-RR 1991, 223)
* zur schlüssigen Darlegung einer fehlerhaften **Sprengung** (OLG Düsseldorf, BauR 1998, 569 u. 573)
* **Teichanlage**; fehlerhafte technische Ausstattungsteile (verendete Luxuskarpfen als Folgeschaden zu ersetzen: OLG Düsseldorf, IBR 2013, 533 – Parbs-Neumann)
* **Tragschicht** aus Müllverbrennungsasche (OLG Hamm, OLGR 2002, 419)
* Verwendung thermisch nicht getrennter **Trägerprofile** für eine Atriumüberdachung zur Schaffung zusätzlichen Wohnraums (OLG Düsseldorf, BauR 1994, 522)
* übel riechende Ausgasungen bei Verkleben eines **Teppichbodens** (OLG Frankfurt, NZBau 2000, 380)
* **teerölgetränkte Holzschwellen** (OLG Hamburg; NJW-RR 1995, 536)
* **Terrassenplatten** auf unzureichend befestigtem Untergrund (OLG Köln, NJW-RR 1995, 19 = OLGR 1995, 20)
* **Tiefbau**; Beschädigung von Kabeln (OLG Braunschweig, BauR 1999, 416)

- „Tiroler Warmluftofen" (OLG Frankfurt, NJW-RR 1994, 530)
- **Tiefgarage** (OLG Frankfurt, BauR 2003, 1591 = IBR 2003, 410; Anstoßgefahr; Tiefgaragenrampe zu steil – Baumangel: OLG Hamburg, IBR 2008, 331 – Esch; Tiefgaragenboden aus Stahlbeton, Risse: Probst, IBR 2008, 369)
- fehlender **Tragfähigkeitsnachweis** bei Dachstuhlhölzern (OLG Düsseldorf, BauR 2011, 1351)
- einschalige **Trennwände** bei Reihenhäusern bedeuten Baumangel (BGH, BauR 2013, 624 = NZBau 2013, 244 = ZfBR 2013, 245 = IBR 2013, 154 – Ebersbach; OLG Düsseldorf, IBR 2013, 473 – Röder)
- **Trinkwasserleitung** aus Kupfer (OLG Hamm, BauR 1991, 343); **Wasserleitungssystem aus Stahl** und **Messing** (OLG Frankfurt, NJW-RR 1998, 669; OLG Nürnberg, BauR 2006, 2087 = IBR 2006, 567 – verzinkte Stahlrohre)
- Einhaltung des richtigen **Trittschalldämmwertes** (OLG Hamm, BauR 1994, 246 m.Anm. Weiss, BauR 1994, 513 = NJW-RR 1994, 282 sowie OLG Düsseldorf, NJW-RR 1994, 341 = BauR 1994, 146 [LS])
- mangelhafte **Materialkombination bei Mischinstallation** (OLG Frankfurt, NJW-RR 1998, 669)
- **Veralgung** der Terrasse (OLG Koblenz, BauR 2003, 96)
- **Verpressanker** (KG, IBR 2009, 137 – Schalk; zu den Sorgfaltspflichten bei der Einbringung)
- **Vertikalabdichtung** einer Kellerwand (OLG Brandenburg, IBR 2008, 80 – Weyer; OLG Hamm, OLGR 1998, 166)
- **Versorgungsleitungen** (Sorgfaltspflichten des Unternehmers; OLG Hamm, IBR 2004, 506 – Saerbeck)
- Notwendigkeit der Erstellung einer „**weißen" Wanne,** wenn ein Bauwerk wegen der Grundwasserhöhe gegen drückendes Wasser geschützt werden muss (OLG Düsseldorf, OLGR 1998, 362)
- verrußte Glasscheiben eines **Warmluftkamins**: kein Mangel (OLG Köln, BauR 2013, 257 = IBR 2012, 577 – Weingart)
- Anforderungen an **Wärmedämmung** (OLG Stuttgart, BauR 1989, 474; zu den **Wärmedämm-Verbundsystemen** s. LG München I, IBR 2008, 574 – Vogel; Heinlein, IBR 2007, 227 u. Probst, IBR 2007, 229); zu Fassadenveralgungen: Zöller, IBR 2012, 371, 372
- **Wärmedämmung** der Außenwände (OLG Düsseldorf, BauR 1997, 175 [LS] = OLGR 1997, 41 [LS]); Wärmedämmung von Stahlbetonteilen, Wissensbereich eines Architekten (OLG Hamm, IBR 2013, 88 – Wronna)
- Verlauf von **Wasserleitungen**: Anforderungen an Überprüfung durch Tiefbauunternehmen (OLG Brandenburg, BauR 1999, 1041)
- **Wasserdichtigkeit** von Kelleraußenwänden (OLG Düsseldorf, IBR 1997, 195)
- **Weiße Wanne** (WU-Beton-Konstruktion) bei hochwertiger Nutzung; zusätzliche Abdichtung erforderlich? (LG Berlin, IBR 2006, 21; hierzu Zöller, IBR 2006, 7 ff.); keine weiße Wanne ohne Vereinbarung (OLG Schleswig, IBR 2014, 25 – Eilers); zur Anrechnung von **Sowiesokosten** bei einem Planungsfehler des Architekten (OLG Karlsruhe, BauR 2006, 2068)
- nicht ausreichend gedämmte Dachelemente eines **Wintergartens** (OLG Düsseldorf, NJW-RR 1998, 810); **Beratungspflicht** des Unternehmers hinsichtlich der **Nutzung** eines Wintergartens (OLG Düsseldorf, OLGR 1998, 318)

- Fehlerhaftigkeit eines **Wintergartens** bei Verwendung massiven Bauholzes (OLG Düsseldorf, OLGR 1997, 142; s. ferner: OLG Köln, NJW-RR 2001, 1458; OLG Dresden, NJW-RR 2002, 1314 – fehlende Dachentlüftung)
- Vorhandensein einer bestimmten **Wohnfläche** (BGH, BauR 1999, 648 = NJW 1999, 1859 = ZfBR 1999, 153: Wohnfläche von 53 m² statt vereinbarter 65 m²; BGH, NJW-RR 1998, 1169: Wohnflächenverminderung durch Schallschutznachbesserungen; LG Dresden, BauR 2000, 1886: Wohnflächenangabe als zugesicherte Eigenschaft; BGH, BauR 1997, 2874: **10 %** kleiner als geschuldet; BGH, BauR 1991, 230. Zur **Hinweispflicht** und zur Bemessung des Schadens: OLG Düsseldorf, BauR 1997, 477 = OLGR 1997, 42; siehe ferner: OLG Celle, BauR 1999, 663: **10 % Abweichung** nur Fehler, wenn Wohnfläche zugesichert war; **mehr als 10 %** stellt Mangel dar: OLG Celle, BauR 1998, 805 = NJW-RR 1999, 816; OLG Nürnberg, BauR 2000, 1883 = NZBau 2001, 316: keine Minderung bei Minderfläche von 8 % und „ca.-Zusatz" bei Wohnfläche. Zur **Auslegung** des Begriffs „**Wohnfläche**": OLG Rostock, OLGR 2000, 305; OLG Schleswig, BauR 2000, 1220: **exakte** Angabe einer Wohnfläche); zur Haftung des Architekten bei fehlerhafter Wohnflächenberechnung und deren Übernahme in den **Werbeprospekt** des Bauträgers: Saarländisches OLG, BauR 2001, 1936. Zur **Berechnung** der Minderung: OLG Köln, NZBau 2000, 562.
- **Wohnungseingangstür** (Mindesthöhe; LG Köln, IBR 2009, 704 – Völkel; zur Unterschreitung der geplanten **Raumhöhe** bei „ca.-Klausel" im Bauträgervertrag (LG Mainz, IBR 2001, 549 – Gallois).

Vor der Abnahme hat der **Unternehmer**[496] die Mangelfreiheit, **nach** der Abnahme der **Bauherr** das Vorhandensein eines Mangels zu beweisen.[497] Hat ein Unternehmer mangelhaft gearbeitet, so kann er sich nicht darauf berufen, der Architekt des Bauherrn habe ihn besser beaufsichtigen müssen; insoweit ist nämlich der Architekt nicht Erfüllungsgehilfe des Bauherrn.[498] Der Unternehmer kann von dem Bauherrn nicht verlangen, dass dieser ihn bei den Bauarbeiten überwacht oder überwachen lässt.[499] Gleichwohl kann ein **Auftraggeber** im Einzelfall verpflichtet sein, den Unternehmer auf besonders gefahrenerhöhende Umstände, die sich bei der Baudurchführung ergeben können, rechtzeitig **hinzuweisen**.[500]

2033

Für Mängel haftet der Unternehmer, unabhängig davon, auf welchem Umstand der Mangel beruht. Auch wenn er auf einen **Wunsch** des Bestellers zurückzuführen ist, ist die Haftung an sich gegeben: Die Tatsache, dass ein Mangel vorliegt, genügt zur Begründung der Haftung.[501]

2034

---

496) BGH, BauR 1997, 129 = NJW-RR 1997, 339 = ZfBR 1997, 75 (auch im Falle einer berechtigten Verweigerung der Abnahme oder des Vorbehaltes gemäß § 640 Abs. 2 BGB).
497) BGH, BauR 1998, 172 = ZfBR 1998, 26.
498) Vgl. BGH, WM 1971, 449; WM 1974, 200 u. Rdn. **1994**.
499) Vgl. *Huhn*, Vahlen, 123, 133, Anm. 28 m.w.Nachw.; *Daub/Piel/Soergel/Steffani*, ErlZ B 10.144.
500) Vgl. auch OLG Düsseldorf, BauR 2001, 264.
501) BGH, BauR 2005, 1314, 1316; BGH, JZ 1957, 442; BGH, BauR 1981, 577, 579; OLG Brandenburg, BauR 2003, 1054, 1055; LG Hanau, NJW-RR 1987, 1104; s. auch: OLG Karlsruhe, IBR 2002, 306 – *Rosse*.

2035 Dieser **Grundsatz** erfährt jedoch **Einschränkungen.** Beruht der Mangel auf einer ausdrücklichen **Anweisung** des Bauherrn oder seines Architekten,[502] so haftet der Unternehmer nicht, wenn er den Besteller (Bauherrn) auf die mit der Ausführung der Anweisung vorhandenen **Nachteile** (Bedenken) hingewiesen hat und „dieser auf der untauglichen Ausführung besteht. Die Darlegungs- und Beweislast für einen Tatbestand, der dazu führt, dass der Unternehmer von der Mängelhaftung befreit ist, trägt der Unternehmer" (BGH).[503] Für den Unternehmer ist somit zwar in erster Linie der Wille des Auftraggebers maßgebend, gleichwohl hat er für die erforderliche Sachkunde einzustehen.[504] Das bedeutet, dass auch nach der Vorschrift des § 13 Abs. 3 VOB/B die Haftung des Unternehmers nur in dem Maße eingeschränkt werden soll, in dem es „**bei wertender Betrachtung** gerechtfertigt ist".[505] Aus diesem Grunde kann z.B. „nicht jegliche Anordnung des Auftraggebers zu Baustoffen, aus denen sich ein Mangel ergibt, (bewirken), dass der Auftragnehmer umfassend von der Gewährleistung für diesen Mangel frei wird" (BGH); wenn von dem Auftraggeber nichts Konkretes festgelegt wird, bleibt die Haftung des Unternehmers bestehen.[506] Schlägt der Auftraggeber daher z.B. nur einen bestimmten Baustoff vor oder ist er mit der Verwendung durch den Unternehmer einverstanden, fehlt es an einer bindenden Anweisung.[507]

Darüber hinaus stellt eine generelle, „an sich geeignete Anordnung" des Auftraggebers noch keine **Risikoverlagerung** i.S. des § 13 Abs. 3 VOB/B dar. Der BGH hat insoweit wiederholt darauf hingewiesen, dass eine „die gesetzliche Risikoverteilung beim Werkvertrag abändernde Risikoübernahme eine **rechtsgeschäftliche Vereinbarung**" zwischen den Vertragsparteien voraussetzt; dies ist der Fall, wenn der Unternehmer vor der Ausführung der Leistung über das bestehende Risiko hinreichend aufklärt und der Besteller sich gleichwohl mit der Übernahme des Risikos ausdrücklich oder konkludent einverstanden erklärt.[508]

---

502) Zum Anordnungsrecht des Auftraggebers: *Luz*, BauR 2016, 1065 ff.; zum **Begriff** der „Anordnung": *Staudinger/Peters/Jacoby* (2014), § 633, Rn. 46 f.; zur **Auslegung** einer Anordnung: BGH, BauR 1996, 735 = ZfBR 1996, 258 = NJW-RR 1996, 1044; zur **Vorgabe** i.S. des § 13 Abs. 3 VOB/B: Thüringer OLG Jena, BauR 2011, 1173, 1174, 1176.
503) BGH, BauR 2012, 115 = NZBau 2011, 746, Rn. 15 m. Hinweis auf BGHZ 174, 110 = BauR 2008, 344, Rn. 26. Zu den Voraussetzungen der **Haftungsbefreiung** (§ 13 Abs. 3 VOB/B): *Mansfeld*, in: Heiermann/Riedl/Rusam, § 13 VOB/B, Rn. 30 ff.; *Kniffka/Krause-Allenstein*, § 634 BGB, Rn. 31 ff.; aus der **Instanzrechtsprechung:** OLG Brandenburg, BauR 2003, 1054; OLG Hamm, BauR 2003, 1570 (untauglicher Baustoff); OLG München, NZBau 2004, 274; OLG Dresden, BauR 2001, 424; OLG Düsseldorf, *SFH*, Nr. 5 zu § 4 Nr. 3 VOB/B (1973); OLG Köln, *SFH*, Nr. 7 zu § 13 Nr. 3 VOB/B (1973); OLG Düsseldorf, BauR 1988, 478 = NJW-RR 1988, 211; OLG Frankfurt, BauR 1983, 156; LG Hamburg, *SFH*, Nr. 9 zu § 13 Nr. 3 VOB/B (1973); OLG Stuttgart, BauR 1989, 475; OLG Köln, *SFH*, Nr. 15 zu § 13 Nr. 3 VOB/B (1973).
504) BGH, ZfBR 1987, 269 = WM 1987, 1303; NJW 1956, 787; LG Hanau, NJW-RR 1987, 1104.
505) BGH, BauR 1996, 702 = ZfBR 1996, 255 = NJW 1996, 2372 = ZIP 1996, 1305 (in Abweichung von BGH, BauR 1973, 188) – „Ausreißer"; OLG Karlsruhe, OLGR 2005, 692, 693.
506) Zum **Mitverschulden** des Auftraggebers bei fehlerhafter Vorgabe: OLG Dresden, BauR 2001, 424, 425.
507) BGH, BauR 2005, 1314, 1316 = NZBau 2005, 456, 457; OLG Nürnberg, IBR 2006, 251 – *Knychalla* (Freigabe nach **Bemusterung**); OLG Düsseldorf, IBR 2007, 73 – *Lichtenberg*.
508) BGH, BauR 2012, 115 = NZBau 2011, 746 (Rn. 19); BGH, BauR 2005, 1314, 1317; BGHZ 91, 206, 213 = BauR 1984, 510.

Die Vorschrift des § 13 Abs. 3 VOB/B basiert auf den Grundlagen des § 242 BGB; sie gilt daher sinngemäß auch für einen **BGB-Bauvertrag**.[509] Dies bedeutet: Der Unternehmer wird von seiner Haftung nur befreit, wenn er die ihm obliegenden Prüfungs- und Informationspflichten hinreichend beachtet.

Die **Prüfungs-** und **Hinweispflicht** aus § 4 Abs. 3 VOB/B wird durch die Rechtsprechung des BGH nicht berührt, sondern ist entsprechend angepasst:[510] Der Auftraggeber muss in jedem Fall über alle möglichen Nachteile aufgeklärt werden, wenn und soweit er selbst nicht sachverständig ist.[511] Erkennbar fehlerhafte Anordnungen, mögen sie auch noch so „speziell" sein, entlasten den Unternehmer nicht; sie verpflichten ihn zur Prüfung und Mitteilung, unter Umständen sogar zur Weigerung, diese Anordnung zu befolgen.[512] Nur wenn der Unternehmer der größeren Fachkenntnis des ihn Anweisenden vertrauen darf, ist er von der Verpflichtung zu eigener Prüfung und Mitteilung etwaiger Bedenken frei.[513]

Beharrt der Auftraggeber trotz des ausdrücklichen und nachhaltigen Hinweises auf die möglichen Nachteile auf der Erfüllung seiner Wünsche, so fällt im Regelfall für den Unternehmer die Haftung für Mängel, die sich aus der Anweisung ergeben, weg; denn insoweit liegt kein Werk des Unternehmers vor, die eingetretenen nachteiligen Folgen sind vielmehr allein durch den Bauherrn verursacht, nicht anders, als hätte er die schädlichen Maßnahmen durch eigene Tätigkeit herbeigeführt.[514] Hierfür muss er auch selbst einstehen; für eine Anwendung des § 254 BGB ist in einem solchen Falle kein Raum. Zu beachten ist, dass dem Unternehmer im Einzelfall ein **Leistungsverweigerungsrecht** zusteht, wenn die weitere Durchführung der Bauarbeiten eine Gefahr für Leib und Leben beinhaltet.[515]

Nicht erforderlich ist, dass der Unternehmer auch auf die in Betracht kommenden **Abhilfemaßnahmen** hinweist oder diese anrät. Der Hinweis auf mögliche nachteilige Folgen stellt vielmehr bereits klar, dass der Unternehmer die Verantwortung für die Folgen ablehnt und kein eigenes Werk, sondern das des Bestellers herstellen will und herstellt. Der Hinweis des Unternehmers schließt für sich allein die Mängelhaftung aus.[516] Das Einverständnis des Bauherrn in eine bestimmte Art der Nacherfüllung rechtfertigt noch nicht die entsprechende Anwendung des § 13 Nr. 3 VOB/B, es bedeutet vor allem noch **keinen Verzicht** auf bestehende Mängel-

---

509) BGHZ 174, 110 = BauR 2008, 344 = NZBau 2008, 109 = ZfBR 2008, 168; *Kniffka/Krause-Allenstein*, § 634 BGB, Rn. 32.
510) *Eichler*, BauR 1997, 903, 907 unter Hinweis auf BGH 1997, 131 = ZfBR 1997, 32 = NJW-RR 1997, 148.
511) Vgl. RGZ 64, 295; RG, Recht 1909 Nr. 2384; OLG München, HRR 1938, Nr. 1164; LG Köln, MDR 1954, 545; BGH, LM Nr. 3 zu § 633 BGB.
512) BGH, BauR 2005, 1314, 1316; BauR 2002, 946 (Bedenken gegen die Eignung des verwendeten Baustoffs); s. ferner: BGH, NJW 1956, 787; *Schäfer/Finnern*, Z 2.414 Bl. 129; Z 2.401 Bl. 21; Z 2.400 Bl. 33; VersR 1964, 517; BauR 1985, 77; OLG Düsseldorf, NZBau 2001, 401, 402.
513) BGH, WM 1977, 1172.
514) Vgl. OLG Köln, IBR 2006, 438 – *Schulze-Hagen* (für möglicherweise falschen Hinweis auf einen Ausschreibungsfehler).
515) OLG Karlsruhe, BauR 2005, 729, 731 (Verbauwand mit Hilfe einer sog. **Bodenvernagelung**).
516) So OLG Celle, NJW 1960, 102; vgl. hierzu auch *Piel*, Festschrift für Soergel, S. 240 m.w.Nachw. in Anm. 7.

ansprüche.[517] Unterbreitet der Unternehmer – über die bloße Bedenkenanmeldung hinaus – einen **Änderungsvorschlag**, der zu einem Mangel führt, kommt eine Haftung aus **Planungsverschulden** in Betracht.[518]

Im Einzelfall können sich darüber hinaus **nachvertragliche Hinweis-** und/oder **Aufklärungspflichten** für den Unternehmer ergeben.[519] Eine solche Pflicht besteht vor allem, wenn ein erheblicher Sachschaden droht oder Personen gefährdet sind.

b) Prüfungs- und Anzeigepflicht des Auftragnehmers

Literatur

Hammacher, Prüf- und Hinweispflichten, 2013; *Rehbein*, Auftraggeberanordnung und Risikoverteilung beim BGB-Bauwerkvertrag und VOB-Vertrag, Baurechtliche Schriften, Bd. 64, 2007.

Hochstein, Zur Systematik der Prüfungs- und Hinweispflichten des Auftragnehmers im VOB-Bauvertrag, Festschrift für Korbion (1986), 165; *Clemm*, Die rechtliche Einordnung der Prüfungs- und Hinweispflicht des Auftragnehmers im Bauvertrag (§ 4 Nr. 3 VOB/B) und die Rechtsfolgen ihrer Verletzung, BauR 1987, 609; *Piel*, Mitteilungen von Bedenken (§ 4 Nr. 3 VOB/B) und Beratung, Festschrift für Soergel (1993), 237; *Böhme*, (Teil-)Identische Nachbesserungspflichten von Vor- und Nachunternehmer, Festschrift für v. Craushaar (1997), 327; *Klaft/Maxem*, Die Gewährleistung des Unternehmers für die Tauglichkeit von ihm verwendeter Baustoffe oder Produkte bei Anordnung des Bestellers nach § 13 Nr. 3 VOB/B, BauR 1999, 1074; *Kieserling*, Rechtsprobleme beim Zusammentreffen empfindlicher Gewerke: Parkett auf feuchtem Untergrund, NZBau 2001, 485; *Leitzke*, Nochmals: Rechtsprobleme beim Zusammentreffen empfindlicher Gewerke, NZBau 2001, 672; *Kraus/Kraus*, Zur Rechtsnatur der Prüfungs- und Hinweispflicht im Bauvertragsrecht, Festschrift für Kapellmann (2007), 223; *Rauch*, Haftungsbefreiung durch Bedenkenanmeldung?, BauR 2009, 401; *Fuchs*, Die Prüf- und Hinweispflicht des Werkunternehmers und die Reaktion des Bestellers im Bauvertrag, Jahrbuch Baurecht 2009, 43; *Weyer*, Mängelhaftung: Vorunternehmer ist Erfüllungsgehilfe des Auftraggebers!, IBR 2010, 603; *Leupertz*, Leistungsumfang und der geschuldete Erfolg – Überlegungen zur Struktur des Bauvertrages, BauR 2010, 273; *Gartz*, Obliegenheitsverletzung des Bauherrn nach dem „Glasfassadenurteil" des Bundesgerichtshofs, BauR 2010, 703; *Seibel*, Die „Bedenkenhinweispflicht" des Bauunternehmers im Fall der vertraglichen Vereinbarung einer funktionsuntauglichen Werkleistung, ZfBR 2011, 529; *Wessel*, Besondere Risiken für Subunternehmer, ZfBR 2014, 119; *Liebheit*, Prüf- und Bedenkenhinweispflicht und nachvertragliche Nebenpflichten, Der Bausachverständige 2014, 52; *Hammacher*, Prüf- und Hinweispflichten für Auftraggeber und Auftragnehmer in Allgemeinen Technischen Vertragsbedingungen – Dargestellt am Beispiel der überarbeiteten ATV DIN 18335 „Stahlbauarbeiten", NZBau 2016, 20; *Steffen/Scherwitzki*, Der funktionale Mangelbegriff und die Vorunternehmerleistung, BauR 2016, 1815; *Popescu*, Vom falschen Dogma der Prüf- und Hinweispflicht, BauR 2017, 443.

2037 Die **Prüfungs- und Anzeigepflicht** des Auftragnehmers ist beim **VOB-Bauvertrag** vorgeschrieben (**§ 4 Abs. 3 VOB/B**),[520] beim BGB-Vertrag folgte diese Ver-

---

517) BGH, NJW 2002, 748, 749 = BauR 2002, 472 = NZBau 2002, 149; BauR 1997, 131, 132 = ZfBR 1997, 32; *Notthoff*, WiB 1997, 375.
518) OLG Celle, BauR 2000, 1073.
519) OLG Hamm, IBR 2014, 202 – *Bröker*, der zutreffend bemerkt, dass in einem solchen Fall aus Haftungsgründen der **Vertragspartner** oder ein ausdrücklich bevollmächtigter Dritter unterrichtet werden sollte.
520) Eine weitere Prüfungs- und Hinweispflicht enthält **§ 3 Abs. 3 Satz 2 VOB/B**, wonach der Unternehmer auf etwaige **Unstimmigkeiten** in den Ausführungsunterlagen sowie auf entdeckte oder vermutete **Mängel** hinzuweisen hat. Zur zeitlichen und sachlichen **Abgrenzung**

Prüfungs- und Hinweispflichten Rdn. 2038

pflichtung zunächst aus § 242 BGB.[521] Nach der Rechtsprechung des VII. Senats des BGH sind die Grundsätze des § 13 Abs. 3 VOB/B entsprechend anzuwenden; die **Erfüllung** der Prüfungs- und Hinweispflicht (§ 4 Abs. 3 VOB/B) schafft daher (nur) einen **Befreiungstatbestand**, für den der Unternehmer die Darlegungs- und Beweislast trägt.[522] Die Rechtsnatur der Prüfungs- und Hinweispflicht ist nach wie vor umstritten.[523] Zu beachten ist, dass jedenfalls die Verpflichtung des Unternehmers, verbindliche Vorgaben und Vorleistungen des Bestellers auf ihre Geeignetheit für die Herstellung einer von ihm geschuldeten Werkleistung zu überprüfen und auf Bedenken hinzuweisen, „Gegenstand seiner vertraglichen **Erfolgsverpflichtung**" ist.[524] Durch eine Verletzung der Prüfungs- und Hinweispflichten verliert der Unternehmer seinen Vergütungsanspruch für erbrachte **Mehrleistungen** allerdings noch nicht.[525]

Der Bauunternehmer hat **Bedenken** gegen die vorgesehene Art der Ausführung, **2038** gegen die Güte und Brauchbarkeit[526] der vom Auftraggeber gelieferten Stoffe[527] oder Bauteile oder gegen die Leistungen anderer Unternehmer[528] **unverzüglich** –

---

s. *Leinemann/Schoofs*, § 3 VOB/B, Rn. 27; *Bschorr*, in: Franke/Kemper/Zanner/Gründhagen, § 3 VOB/B, Rn. 26 ff.; *Hartung*, in: Beck'scher VOB-Kommentar, § 3 Abs. 3 VOB/B, Rn. 25 ff.; *Hammacher*, Prüf- und Hinweispflichten, 12.9.4, S. 139 ff. (Rechtsprechung des VII. Senats).
521) OLG Köln, NZBau 2016, 438; OLG Bremen, BauR 2001, 1599 = NJW-RR 2001, 1462 = IBR 2001, 664 – *Metzger*; OLG Hamm, NZBau 2001, 691; OLG Düsseldorf, BauR 1998, 126, 127 = NJW-RR 1997, 1450 u. OLGR 1999, 49.
522) BGHZ 174, 110 = BauR 2008, 344 = NJW 2008, 511 = NZBau 2008, 109 (Rn. 26); BGH, BauR 2016, 1033 = IBR 2016, 274 – *Manteufel* = NZBau 2016, 488 mit Anmerkung *Lührmann*, S. 489, 490; BauR 1973, 313 = NJW 1973, 1792; OLG Dresden, IBR 2015, 591 – *Pfau*; OLG Hamm, BauR 2010, 2123; OLG Düsseldorf, BauR 2013, 1889 = IBR 2013, 675 – *Völkel*.
523) *Hammacher*, Prüf- und Hinweispflichten, 1.1., S. 12 ff.; *Oppler*, in: Ingenstau/Korbion, § 4 Abs. 3 VOB/B, Rn. 4 (**Hauptpflicht**), s. ferner: OLG Karlsruhe, BauR 2003, 1593, 1594; *Fuchs*, Jahrbuch Baurecht 2009, 43, 46 f.; *Jagenburg*, NJW 1998, 2494, 2499; *Kaiser*, Rn. 48; *Bühl*, BauR 1992, 26; **a.A.:** OLG Frankfurt, BauR 1979, 326; *Mansfeld*, in: Heiermann/Riedl/Rusam, § 4 VOB/B, Rn. 47 (**Obliegenheit**); *Ott*, PiG Band 89, S. 61, 65 (**Nebenpflicht** nach § 241 Abs. 2 BGB); ebenso: *Staudinger/Peters/Jacoby* (2014), § 633, Rn. 65; BGH, BauR 2003, 1898, 1900 („Anspruch aus positiver Vertragsverletzung").
524) So ausdrücklich: *Leupertz/Halfmeier*, § 633 BGB, Rn. 22 unter Hinweis auf BGH, BauR 2011, 1652, 1653, Rn. 11 = IBR 2011, 574 – *Weyer*.
525) OLG Brandenburg, NJW-RR 2000, 1338.
526) BGH, BauR 1993, 79, 80; BGH, BauR 1987, 681 = NJW-RR 1987, 1305 = ZfBR 1987, 269; OLG Brandenburg, NZBau 2015, 92, 94 (zur Hinweispflicht des Unternehmers, dass ein Mangel noch **nicht vollständig** beseitigt wurde); OLG Hamm, BauR 2010, 2123, 2124 f. (Erstellung einer Heizungsanlage).
527) BGH, NJW 2000, 280 = BauR 2000, 262 = ZfBR 2000, 42 (vom **Besteller** angelieferte Sachen); LG Osnabrück, IBR 2007, 244 – *Schalk* (Baugrund beim **Brunnenbau**); OLG Bremen, BauR 2001, 1599 = IBR 2001, 664 – (**Bodenaustausch**); OLG Brandenburg, BauR 2001, 102 (vom **Hauptunternehmer** beigestellte Baustoffe).
528) Vgl. OLG Hamm, NZBau 2001, 502, 503 (Parkettleger muss Aufheizprotokolle des Heizestrichs überprüfen). „Unternehmer" ist auch der **Auftraggeber**, der Vorgewerke **selbst** ausgeführt hat (OLG Düsseldorf, IBR 2012, 511 – *Blatt*); ferner: OLG Stuttgart, BauR 2017, 750 (Hinweis auf einen Planungsfehler; Untätigkeit des Auftraggebers); OLG Brandenburg, IBR 2016, 143 – *Luig* (zur Prüfungs- und Anzeigepflicht, wenn ein **Fachingenieur** oder **Architekt** die Leistungen geplant und ausgeschrieben hat); OLG Celle, BauR 2017, 299 (Verstoß des **Nachfolgeunternehmers**).

möglichst schon vor Beginn der Arbeiten – und **schriftlich**529) mitzuteilen. Der Bedenkenhinweis muss dabei immer so **konkret** erfolgen, dass dem Auftraggeber die Tragweite einer Nichtbefolgung hinreichend klar wird;530) denn er dient auch dem **Zweck**, den Auftraggeber vor einem Schaden zu bewahren.531) Der Prüfungs- und Hinweispflicht kann der Unternehmer im Einzelfall auch dadurch nachkommen, indem er dem Auftraggeber ein **Nachtragsangebot** unterbreitet, das alle notwendigen Ergänzungen/Änderungen für eine ordnungsgemäße Werksherstellung enthält. Lehnt der Auftraggeber, der fachkundig (etwa durch ein Architekturbüro) vertreten ist, das Nachtragsangebot ab, kann der Unternehmer (u.U. auch wegen eines überwiegenden Mitverschulden des Auftraggebers) von einer Haftung befreit sein.532) Beim **VOB**-Vertrag sind darüber hinaus aber auch **mündliche Hinweise** nicht schlechthin unbeachtlich, sondern können im Einzelfall bei Nichtbefolgung ein **mitwirkendes Verschulden** des Auftraggebers begründen.533)

2039 Kommt der Unternehmer einer bestehenden Prüfungs- und Hinweispflicht **nicht** (schriftlich) nach, so ist er von der Sach- oder Rechtsmängelhaftung **nicht befreit** und kann, sofern die Voraussetzung einer Mängelhaftung bestehen, von dem Auftraggeber in Anspruch genommen werden.534) Die Prüfungs- und Hinweispflicht betrifft indes nur die von **dritter Seite** (z.B. Bauherr535), Architekt/Sonderfachmann536) oder andere Unternehmer537) vorgesehene oder durchgeführte Art der Ausführung, auf die sein Werk aufbaut, also vor allem **Vorarbeiten**,538) nicht die ei-

---

529) BGH, NJW 1975, 1217; BauR 1973, 190 = NJW 1973, 518; OLG Brandenburg, IBR 2012, 707 – *Weyer*; OLG Hamm, BauR 1995, 852 = NJW-RR 1996, 273; *Kaiser*, NJW 1974, 445. Beim **BGB-Vertrag,** bei dem die Prüfungs- und Hinweispflicht derjenigen der VOB entspricht, reicht der nur **mündliche** Hinweis aus.
530) OLG Düsseldorf, IBR 2016, 271 – *Kau*; OLG Celle, BauR 2016, 120, 122 f.; OLG Frankfurt, BauR 2009, 656, 658; OLG Celle, IBR 2014, 337 – *Seibel*.
531) BGH, BauR 1987, 79, 82. Zum **Umfang** der Prüfungs- und Hinweispflicht: OLG Stuttgart, BauR 2016, 280.
532) Vgl. OLG Brandenburg, BauR 2003, 1054, 1056.
533) Siehe BGH, NJW 1975, 1217; OLG Hamm, IBR 2013, 603 – *Lichtenberg*; OLG Koblenz, NZBau 2003, 681, 682 m.w.Nachw.
534) BGHZ 174, 110 = BauR 2008, 344 = ZfBR 2008, 168 = NZBau 2008, 109; s. ferner: BGH, BauR 2012, 116 = NZBau 2011, 746; BGH, BauR 1987, 79, 80; BauR 1983, 70 = ZfBR 1983, 16 = NJW 1983, 875; BGH, BauR 1985, 561, 563; OLG Hamm, BauR 2003, 1052 u. BauR 1995, 852; OLG Koblenz, BauR 1995, 395, 396; OLG Düsseldorf, BauR 1994, 762, 763.
535) Vgl. OLG Düsseldorf, BauR 1998, 340 [**Abstecken** der Hauptachsen] u. BauR 2002, 802 [Anstrich]; OLG Celle, IBR 2004, 12 [**Planung** durch Bauherrn; Diplom-Ingenieur].
536) BGH, BauR 1997, 131 = ZfBR 1997, 32 = NJW-RR 1997, 148 [fehlerhafte Wärmedämmung]; OLG Stuttgart, BauR 2005, 878 [Verstoß gegen DIN-Norm; lichte Höhe im Geräteraum]; OLG Bamberg, BauR 2002, 1708 [fehlerhafte Treppenanlage]; OLG Celle, BauR 2002, 812 [Sonderfachmann].
537) OLG Karlsruhe, IBR 2006, 88 – *Metzger* [zur Hinweispflicht gegenüber einem **Generalunternehmer,** der die Vorarbeiten fehlerhaft erbracht hat]; OLG Düsseldorf, BauR 2001, 638 = NZBau 2001, 407 [Hinweispflicht des Generalunternehmers gegenüber dem Bauherrn bei Bedenken des Subunternehmers].
538) OLG Düsseldorf, BauR 1993, 374 [LS] = NJW-RR 1993, 405; AG Nürnberg, NJW-RR 1993, 406; OLG Köln, OLGR 1995, 20. Wer erkennt, dass eine Vorleistung nicht plangerecht erbracht ist, muss sich frühzeitig um eine **Abstimmung** mit den anderen Handwerkern bemühen [OLG München, NZBau 2007, 107 = NJW-Spezial 2007, 120].

Prüfungs- und Hinweispflichten

gene Arbeit des Unternehmers;[539] für die eigenen Leistungen haftet er bereits nach § 4 Abs. 2 Nr. 1 VOB/B, § 633 BGB. Ein Unternehmer muss auch keine Bedenken anmelden, wenn die von dem Bauherrn oder Architekten vorgesehene Ausführung geeignet ist, den Bauerfolg zu gewährleisten, er aber über einen besseren Lösungsvorschlag verfügt.[540]

Die Prüfungs- und Anzeigepflicht nach § 4 Abs. 3 VOB/B hat in der Praxis große Bedeutung.[541] Der **Umfang** der Prüfungspflicht hängt entscheidend von den Umständen des **Einzelfalles** ab;[542] damit bestimmen sich der Rahmen der Prüfungs- und Hinweispflichten sowie ihre **Grenzen** vor allem nach dem Grundsatz der **Zumutbarkeit**.[543] Prüfungs- und Hinweispflichten werden dabei durch Regelungen in den DIN-Normen keineswegs abschließend umschrieben.[544] Deshalb kommt es konkret nicht nur auf die **Sachkenntnis** an, die von dem Auftragnehmer selbst erwartet werden kann, sondern auch darauf, ob sich dieser auf eine (im Einzelfall sogar besondere) Sachkunde des Auftraggebers oder seines Architekten verlassen und deshalb eigene Überprüfungen unterlassen bzw. nur eingeschränkt durchführen

2040

---

539) BGH, WM 1987, 140 = BauR 1987, 79; OLG Düsseldorf, BauR 1997, 475 mangelhafte **Planung** durch Unternehmer).
540) OLG Brandenburg, BauR 2015, 288, 292; OLG Düsseldorf, BauR 1992, 122 (LS).
541) Siehe hierzu: *Mansfeld*, in: Heiermann/Riedl/Rusam, § 4 VOB/B, Rn. 46 ff.; *Kniffka/Krause-Allenstein*, § 634 BGB, Rn. 34 ff.; *Nicklisch/Weick*, § 4/B, Rn. 51 ff.; *Zanner/Keller*, in: Franke/Kemper/Zanner/Grünhagen, § 4 VOB/B, Rn. 140; *Lauer/Wurm*, Rn. 464 ff.; *Seibel*, ZfBR 2011, 529, 532 f.; *Hochstein*, Festschrift für Korbion, S. 165 ff.; *Korbion*, BauRB 2003, 182 ff.; *Clemm*, BauR 1987, 609 ff.; *Motzke*, ZfBR 1988, 244 ff.
542) Siehe BGH, BauR 2012, 115 = NZBau 2011, 746 (Rn. 14 f.); BGH, BauR 2008, 344, 349; OLG Schleswig, IBR 2016, 137 – *Dick* (**Planungsfehler**); OLG München, IBR 2016, 136 – *Weyer* (Hinweis auf „Putzrisse" ist unzulänglich); OLG Düsseldorf, BauR 2016, 1495 = IBR 2016, 7 – *Bröker* (zur Hinweispflicht in Bezug auf Nachfolgegewerke); OLG Dresden, IBR 2015, 654 – *Käseberg*; NZBau 2016, 164; OLG Nürnberg, IBR 2014, 666 – *Bröker*; OLG Saarbrücken, IBR 2016, 459 – *Bröker* (zu den **Grenzen** der Hinweis- und Prüfpflicht); OLG Oldenburg, IBR 2016, 504 – *Berding* (**Angebotsberatung**); Thüringer OLG, BauR 2009, 1603 (Hinweis auf **unrichtiges Leistungsverzeichnis**); OLG Celle, IBR 2014, 332 – *Bröker* (Geeignetheit des **Baugrunds** bei Sanierung einer Straße; zur Überschreitung des zulässigen **Feinkornanteils**); OLG Naumburg, IBR 2014, 333 – *Gross* (zur fachgerechten **Schornsteinprüfung**; Errichtung eines Kachelofens); OLG Frankfurt, OLGR 2006, 332 (Prüfungspflicht eines Fertighausherstellers; **Tragfähigkeit** des Kellers); OLG Koblenz, IBR 2005, 13 – *Weyer* (**ungeeigneter Estrich**; Hinweispflicht des Fliesenlegers); OLG Düsseldorf, IBR 2006, 552 – *Hunger* (Betonbodenplatte; Hinweispflicht des Rohbauers auf **Risiken** durch **Temperaturwechsel**); OLG Brandenburg, BauR 2002, 1709; OLG Hamm, BauR 2003, 406 = NJW-RR 2003, 82 (keine allgemeine Untersuchung auf Asbestbelastung bei Hausumbau); OLG Celle, NJW-RR 2002, 594 (Prüfungspflicht des Zimmermanns hinsichtlich der **Geschossdeckenstatik**); OLG Hamm, BauR 2003, 1052 (Wärmedämmung betreffend Warmwasser-Behälter); OLG München, NZBau 2004, 274 (setzungsbedingte Störungen einer Deponieentgasungsanlage); OLG Düsseldorf, BauR 2002, 323 = NZBau 2002, 275; OLG Celle, BauR 2002, 812; OLG Bremen, BauR 2001, 1599 = NJW-RR 2001, 1464; OLG Hamm, NZBau 2001, 502.
543) BGH, BauR 1987, 79, 82; OLG Bamberg, BauR 2016, 2104; OLG Stuttgart, IBR 2013, 467 – *Sacher*; *Mansfeld*, in: Heiermann/Riedl/Rusam, § 4 VOB/B, Rn. 49; *Hammacher*, Prüf- und Hinweispflichten, 12.10, S. 144 ff.; s. ferner: OLG Bamberg, BauR 2009, 647 (zum **Baugrundrisiko** und zu den Bedenkenhinweisen des Unternehmers).
544) OLG Köln, IBR 2006, 323 – *Bolz*.

kann.⁵⁴⁵⁾ Zu beachten ist, dass die Prüfungs- und Hinweispflicht des Unternehmers aber nicht schon deshalb entfällt, weil sich der Auftraggeber die Sachkunde seines Bauleiters im Ergebnis zurechnen lassen muss.⁵⁴⁶⁾

Wird die Bauleistung von **Fachfirmen** mit besonderen Spezialkenntnissen ausgeführt, so **verstärkt** sich die Prüfungspflicht.⁵⁴⁷⁾ Wird der Bauherr von einem Architekten oder einer sonstigen fachkundigen Person (z.B. Fachingenieur) vertreten, so **mindert** sich u.U. die Pflicht des Auftragnehmers zur Nachprüfung, entbunden wird der Unternehmer von seiner Prüfungspflicht in der Regel jedoch nicht.⁵⁴⁸⁾ Die Prüfungspflicht des Unternehmers ist grundsätzlich **begrenzt** durch den Rahmen der vertraglichen Leistungspflicht und der nach objektiven Gesichtspunkten zu beurteilenden Sachkenntnis; dabei wird von dem Auftragnehmer nur das dem neuesten Stand der Technik entsprechende **Normalwissen** verlangt.⁵⁴⁹⁾ Nimmt der Bauherr **vorgesehene** Leistungen teilweise wieder **aus dem Vertrag heraus,** muss der Unternehmer prüfen, ob der nach wie vor geschuldete Werkerfolg auch mit dem reduzierten Leistungsumfang noch erreicht werden kann. Andernfalls hat er dem Bauherrn seine Bedenken mitzuteilen.⁵⁵⁰⁾ Darüber hinaus muss der **Unternehmer** auf die **Folgen** des **Wegfalls** einer **ursprünglich vereinbarten Bauleistung hinweisen,** wenn hierzu ein hinreichender Anlass besteht und z.B. erkennbar ist, dass der Bauleiter des Auftraggebers die aus dem Fehlen der Bauleistung erwachsenden **Gefahren** nicht erkannt und/oder nicht bedacht hat.⁵⁵¹⁾ In diesem Fall

---

545) OLG Düsseldorf, BauR 2012, 965 (Fehlen einer Baugenehmigung); OLG Köln, IBR 2012, 325 – *Heiliger;* OLG Jena, BauR 2011, 1173, 1175; OLG Koblenz, OLGR 2003, 237, 239; OLG Düsseldorf, BauR 2002, 323, 324; OLG Brandenburg, BauR 2001, 102, 105; OLG Celle, NZBau 2001, 98; OLG Bremen, BauR 2001, 1599 = NJW-RR 2001, 1463; LG Hamburg, IBR 2002, 413 – *Weyer;* LG Amberg, *SFH,* Nr. 3 zu § 4 Nr. 3 VOB/B; BGH, BauR 1987, 79, 80 = NJW 1987, 643; BGH, BauR 1989, 467 = NJW-RR 1989, 721 = ZfBR 1989, 164 (zur Prüfungs- und Hinweispflicht des Auftragnehmers, wenn der Architekt des Auftraggebers seine Planungsvorgaben mit statischen Erfordernissen begründet); s. auch *Seibert,* ZfBR 2011, 529, 531 (zu OLG Koblenz, Urt. vom 10.3.2011 – 5 U 1113/10, NJW-Spezial 2011, 302).
546) BGH, BauR 2001, 622, 623 = MDR 2001, 502, NZBau 2001, 200; BGH, BauR 1977, 420, 421.
547) OLG München, IBR 2011, 32 – *Fuchs* (zur Prüf- und Hinweispflicht des Planers bei vorgegebenem **Werkstoff**); OLG Köln, IBR 2016, 294 (zur Hinweispflicht eines **Planers**) und BauR 2007, 887, 889 = IBR 2007, 420 – *Bolz* (für **Unternehmen,** die auf die Herstellung von Pfahlbauten **spezialisiert** sind); *Merkens,* in: Kapellmann/Messerschmidt, § 4 VOB/B, Rn. 72.
548) BGH, BauR 2001, 622 = NZBau 2001, 200 = ZfBR 2001, 265; LG Berlin, BauR 1976, 130; OLG Saarbrücken, BauR 1970, 109, 110; *Merkens,* a.a.O, Rn. 73; **a.A.:** OLG Düsseldorf, NJW-RR 1995, 82 = BauR 1994, 764, wonach die Prüfungs- und Hinweispflicht des Auftragnehmers im Hinblick auf eine unklare oder widersprüchliche Leistungsbeschreibung „ohne Bedeutung" sei, wenn die Leistungsbeschreibung von einem **Fachingenieur** stamme. Zum Wegfall der Prüfungspflicht des Unternehmers bei **Spezialkenntnissen** des Auftraggebers: KG, IBR 2009, 209 – *Schulz;* OLG Saarbrücken, IBR 2008, 24 – *Bolz* (Bauseitige Betonlieferung; fachkundiger Generalunternehmer).
549) BGH, BauR 2002, 945, 946; BauR 1970, 57, 58; s. hierzu auch: OLG Frankfurt, IBR 2012, 141; OLG Naumburg, BauR 2009, 1453; OLG Brandenburg, BauR 2003, 1054, 1055; OLG Karlsruhe, BauR 1989, 793; *Merkens,* a.a.O, Rn. 72.
550) OLG Frankfurt, BauR 1985, 448.
551) BGH, BauR 2001, 622 = NZBau 2001, 200 = NJW-RR 2001, 520; BGH, BauR 1977, 420, 421.

Prüfungs- und Hinweispflichten

ist der Unternehmer gehalten, sich ggf. unmittelbar an den Auftraggeber zu wenden und ihn auf die Gefahren, die durch das Nichtausführen der (herausgenommenen) Arbeiten entstehen können, nachhaltig hinzuweisen.[552]

2041 Werden von dem Auftraggeber **Baustoffe oder Bauteile geliefert**, ist der Auftragnehmer verpflichtet, sich darüber Gewissheit zu verschaffen, dass diese zur Herstellung eines mangelfreien Werkes geeignet sind;[553] nichts anderes gilt hinsichtlich des **Baugrundes**, auf dem das Bauwerk errichtet wird.[554] Der BGH[555] macht diese Prüfungspflicht nicht davon abhängig, ob der Auftragnehmer dem Bauherrn vor der Anlieferung der Baustoffe oder Bauteile einen Hinweis über die notwendige Beschaffenheit gegeben hat; das Gleiche gilt, wenn der Bauherr es selbst „übernommen hatte, sich um die nötige Beschaffenheit zu kümmern". Der BGH spricht in diesem Zusammenhang von einer **originären Pflicht** des Werkunternehmers und einer entsprechenden Hinweispflicht des Auftragnehmers, wenn sich die Eignung der Baustoffe oder Bauteile nicht hinreichend zuverlässig feststellen lässt.

Der Auftragnehmer ist jedoch nicht verpflichtet, bei vom Auftraggeber angelieferten Baustoffen und Bauteilen Laboranalysen oder ähnliche umfangreiche Untersuchungen vorzunehmen. Allerdings kann es bei vorhandenen Bedenken seine Pflicht sein, den Auftraggeber auf die Notwendigkeit einer eingehenden Materialprüfung aufmerksam zu machen; das gilt insbesondere bei **neuen Baustoffen** oder **-teilen**.[556] Im Übrigen ist die Prüfungspflicht des Auftragnehmers durch die Erkennbarkeit aufgrund der eigenen Fachkunde beschränkt; daher reicht in der Regel die Prüfung durch Betrachten (z.B. auch von Herstellerangaben auf der Verpackung der Baustoffe), das Nachmessen (z.B. der Fenster), Befühlen (z.B. der Körnung eines Pflastersandes)[557] oder die normale Belastungsprobe aus.[558] Eine erhöhte Prüfungs- und Mitteilungspflicht kann allerdings im Einzelfall begründet sein.[559]

2042 Die Prüfungspflicht **entfällt**, wenn die Parteien die Pflichten aus § 4 Abs. 3 VOB/B wirksam **abbedungen** haben[560] oder der **Auftraggeber** im Verlauf der Bauausführung darauf **verzichtet**, dass die Bauleistung einer vereinbarten Qualität entspricht. Wichtig sind dabei wiederum die Fälle, bei denen der **Auftraggeber** das Ri-

---

552) OLG Köln, OLGR 2001, 268, 271 = NJW-RR 2002, 15.
553) BGH, BauR 2002, 262 = ZfBR 2000, 42 = NZBau 2000, 196; OLG Jena, BauR 2011, 1173; OLG Brandenburg, BauR 2002, 1709; KG, IBR 2016, 689 – *Bergmann-Streyl* (zur Produktüberprüfung durch den **Auftragnehmer**); zur Prüfungspflicht des Subunternehmers bei vom Hauptunternehmer beigestellten **Baustoffen** s. OLG Brandenburg, BauR 2001, 102.
554) OLG München, NZBau 2004, 274, 276 = BauR 2004, 680, 682 (für setzungsbedingte Störungen); s. auch LG Osnabrück, IBR 2007, 244 – *Schalk* (Brunnenbau). Zu den **Grenzen** der Prüfungs- und Hinweispflichten s. OLG Bamberg, BauR 2009, 647 (Errichtung eines **Abwasserkanals**); OLG Frankfurt, BauR 2010, 1765 (Überprüfung der **Sickerfähigkeit** von wieder einzubauendem **Aushubmaterial**).
555) BGH, a.a.O.
556) Siehe hierzu: BGH (X. ZS), BauR 2002, 945; *Leineweber*, Rn. 252.
557) OLG Brandenburg, BauR 2001, 102 = NZBau 2001, 322.
558) *Oppler*, in: Ingenstau/Korbion, § 4 Abs. 3/B, Rn. 40.
559) Vgl. BGH, BauR 1987 = NJW 1987, 643.
560) *Korbion*, BauRB 2003, 182, 183; *Kaiser*, BauR 1981, 311, 313 m. Nachw.

siko für eine bestimmte Bauausführung **übernimmt**.⁵⁶¹⁾ Dies kann durchaus auch stillschweigend geschehen.⁵⁶²⁾

2043 Die Prüfungs- und Anzeigepflicht erstreckt sich auf die **gesamte Bauausführung einschließlich der Planung.**⁵⁶³⁾ Sie besteht u.U. auch, wenn der Auftraggeber in **Eigenleistung** Vorarbeiten erbringt oder bereits erbracht hat.⁵⁶⁴⁾ Das hat für die Haftung des Unternehmers u.U. erhebliche Konsequenzen. Der Auftragnehmer (Unternehmer) muss die **Planungen** und **sonstigen Ausführungsunterlagen** grundsätzlich als Fachmann prüfen und Bedenken mitteilen: er hat stets im Rahmen seiner vertraglichen Leistungspflicht und seiner Möglichkeiten zu fragen, „ob die Planung zur Verwirklichung des geschuldeten Leistungserfolgs geeignet ist".⁵⁶⁵⁾ Bedient sich der Auftragnehmer eigener **Subunternehmer,** wird er im Rahmen seiner Prüfungs- und Hinweispflicht ggf. auf deren weitgehendes Fachwissen zurückgreifen müssen.⁵⁶⁶⁾ Auf **Widersprüche** in den ihm übergebenen **Architekten-** und **Statikerplänen** hat er ebenfalls hinzuweisen.⁵⁶⁷⁾ Das hat aber seine **Grenzen.** So gehört es nicht zum Pflichtenkreis des Unternehmers, die Erkenntnisse des **Architekten** oder **Sonderfachmannes** auf ihre Richtigkeit zu überprüfen, es sei denn, „ein Fehler springt ins Auge".⁵⁶⁸⁾ Erkannte Mängel müssen den Unternehmer veranlassen, die Planungsunterlagen auf **weitere** Mängel „besonders sorgfältig zu überprüfen"

---

561) Vgl. BGH, VersR 1972, 457; BGHZ 91, 206 = BauR 1984, 510; OLG Düsseldorf, *SFH*, Nr. 3 zu § 12 VOB/B; *Kaiser*, a.a.O.; s. ferner: OLG Düsseldorf, BauR 2002, 323 = NZBau 2002, 275.
562) Vgl. OLG Hamm, BauR 2003, 1570, 1571 (für verbindliche Vorgabe eines generell untauglichen Baustoffs; s. auch OLG Brandenburg, IBR 2007, 550 – *Bolz*); OLG Düsseldorf, BauR 2004, 99, 100; OLG Frankfurt, BauR 2004, 1727, 1738.
563) OLG Celle, BauR 2016, 120; OLG Braunschweig, IBR 2015, 414 – *Boisserée*; BGH, ZfBR 2003, 352 = BauR 2003, 690; NJW 1973, 518; BauR 1975, 420, 421; *SFH*, Nr. 13 zu § 16 Nr. 3 VOB/B (1973) = ZfBR 1981, 82; BauR 1998, 397 (Erkundigung bezüglich Baugenehmigung und etwaiger Auflagen); OLG Oldenburg, BauR 2004, 1972 = NZBau 2005, 48 (Planungsfehler; Unterschreiten der Grenzabstände); OLG Koblenz, IBR 2005, 12 – *Büchner;* OLG Dresden, BauR 2003, 262 (**Planung**); BauR 2000, 1341 = NZBau 2000, 333 (Hinweis auf **unvollständiges Leistungsverzeichnis**); OLG Hamburg, NJW-RR 2001, 1534 (Erfordernis von **Frostschutzmaßnahmen**). Es besteht **keine** Hinweispflicht zum **Pflegeaufwand** (OLG Hamm, OLGR 1997, 66, 67) oder zur „**Servicefreundlichkeit**" (OLG Düsseldorf, NJW-RR 1997, 1283; Klimageräte). Zur Haftung trotz Bedenkenanzeige: KG, IBR 2002, 247 – *Bach*.
564) OLG Hamm, BauR 2011, 700; *Merkens*, in: Kapellmann/Messerschnidt, § 4 VOB/B, Rn. 90 m.w.Nachw.
565) BGH, BauR 1991, 79, 80 = ZfBR 1991, 61; OLG Celle, BauR 2016, 120; OLG Koblenz, OLGR 2003, 237, 239; OLG Köln, BauR 2007, 887, 889 (Baugrundverhältnisse); OLG Brandenburg, OLGR 2002, 182; OLG Düsseldorf, OLGR 1996, 140 (Überprüfung einer **Teilleistung;** Elektroinstallation).
566) Vgl. OLG Dresden, BauR 2003, 262, 264.
567) OLG Stuttgart, BauR 1995, 850, 851 (Die Werkpläne des Architekten sehen eine Außendämmung vor, die Schalpläne des Statikers dagegen nicht); s. auch OLG Düsseldorf, BauR 2000, 1339.
568) OLG Köln, NZBau 2015, 777, 778; ferner: NZBau 2016, 438 und BauR 2007, 887, 889 = OLGR 2007, 75, 76; OLG Brandenburg, BauR 2002, 1709 = OLGR 2002, 181, 182; OLG Düsseldorf, BauR 2004, 99, 100; OLG Bamberg, IBR 2001, 111 – *Luz;* OLG Celle, BauR 2002, 812 = OLGR 2002, 37 u. 2001, 1 = NZBau 2001, 98 (Beschränkung auf „offenkundige" Fehler); OLG Düsseldorf, OLGR 1994, 267 u. BauR 1995, 247, 249; OLG Hamm, BauR 1994, 632, 633.

(BGH). Unterlässt er in diesen Fällen den Hinweis auf die von ihm erkannten Mängel, haftet er allein und kann sich nicht auf ein mitwirkendes Verschulden des Auftraggebers oder seines Architekten berufen.[569] Eine Quotierung (§ 254 BGB) kommt daher nur in Betracht, wenn der Unternehmer seiner allgemeinen Hinweispflicht fahrlässig nicht nachgekommen ist.[570] Bei einer falschen Planvorgabe durch den Auftraggeber und einem unterlassenen Hinweis des Unternehmers nach § 4 Abs. 3 VOB/B sind die Nachbesserungskosten nach OLG München[571] grundsätzlich zu teilen.

2044 Allerdings betrifft die Prüfungs- und Anzeigepflicht aus § 4 Abs. 3 VOB/B nach richtiger Ansicht nur solche mangelhaften **Vorleistungen anderer** Unternehmer, die die **eigenen** Leistungen des **anzeigepflichtigen** Unternehmers berühren;[572] zwischen der Vorleistung und der eigenen Leistung des Unternehmers muss deshalb ein **natürlicher Sachzusammenhang** bestehen.[573] Dieser reicht aber auch aus.[574]

2045 Für Vorleistungen eines anderen Unternehmers, der unabhängig von dem Nachfolgeunternehmen gearbeitet hat, kommt eine Prüfungs- und Hinweispflicht allenfalls in Betracht, wenn er als **Fachmann** einen Mangel der Vorarbeit hätte erkennen können.[575] Die Hinweis- und Prüfungspflichten sind in einem solchen Fall von vornherein **begrenzt**; so ist es z.B. nicht die Aufgabe des Nachunternehmers, die ordnungsgemäße Umsetzung eines **Plankonzepts** in Bezug auf die **Vorleistung** zu überprüfen.[576] Er hat auch nicht die Pflicht, fehlerhafte Vorleistungen anderer Unternehmer **nachzubessern**.[577] Soweit in DIN-Normen Prüfungspflichten ge-

---

569) Vgl. OLG Bamberg, BauR 2002, 1708. Bedenken äußert *Tomic*, BauR 1992, 34 ff.; im Ergebnis anderer Ansicht OLG Köln, BauR 1990, 729, 730.
570) OLG Hamm, BauR 1990, 731, 732 = NJW-RR 1989, 982.
571) BauR 2011, 1832, 1834.
572) Siehe hierzu: BGH, MDR 2001, 985 = NJW-RR 2001, 1102; OLG Brandenburg, BauR 2015, 288, 290; OLG Celle, IBR 2017, 126 – *Miernik*; OLG Koblenz, BauR 2015, 1347, 1349; OLG Rostock, IBR 2010, 20 – *Feldmann*; OLG München, IBR 2009, 325 – *Weyer*; OLG Düsseldorf, IBR 2009, 323 – *Cramer* (**Gerüstbauer**; keine Hinweispflicht bei fehlendem Standsicherheitsnachweis); OLG Frankfurt, IBR 2009, 324 – *Stritter* (**Parkettverleger** – keine Hinweispflicht bezüglich Einbringung einer Dampfsperre im Falle einer Parkettverlegung auf schwimmendem Estrich); OLG Bremen, IBR 2008, 382 – *Heiland* (Estrichleger; Prüfungspflicht hinsichtlich einer **Abdichtung** des Bodens); OLG Koblenz, NZBau 2003, 681 = BauR 2004, 1728; OLG Düsseldorf, BauR 2000, 1339 = NJW-RR 2000, 1411 = NZBau 2000, 435; OLG Hamm, BauR 1997, 309 = OLGR 1997, 134 (**Dachdecker**); OLG Rostock, OLGR 1997, 37; OLG Oldenburg, BauR 1985, 449; vgl. auch *Jagenburg*, NJW 1986, 3118, 3128.
573) Vgl. z.B.: OLG Düsseldorf, BauR 2000, 421 = OLGR 2000, 100 u. NJW-RR 1993, 405; *Kaiser*, BauR 1981, 311, 315.
574) Im Ergebnis daher auch unzutreffend: OLG Köln (OLGZ 1980, 9), das eine Prüfungspflicht des Fliesenlegers bezüglich der Putz-Vorarbeiten verneint.
575) BGH, NJW 1957, 442; BGH, LM Nr. 3 zu § 633 BGB; BGH, *Schäfer/Finnern*, Z 2.410 Bl. 31; BGH, NJW 1960, 1813; OLG Hamm, BauR 2011, 700, 701; OLG Celle, BauR 2003, 912; OLG Düsseldorf, OLGR 1999, 45. Zum Umfang der Prüfungspflicht: BGH, MDR 2001, 985 (Fliesenleger).
576) Zutreffend: OLG Celle, BauR 1996, 259 (für Estrichleger; mangelhafter Unterboden) sowie OLG Düsseldorf, BauR 1997, 840 = NJW-RR 1998, 20 = OLGR 1998, 4 LS (für Putzer; zu feuchtes Eichenholz; Fachwerk).
577) OLG München, BauR 1996, 547; OLG Koblenz, IBR 2005, 13; *Korbion*, BauRB 2003, 182, 184.

genüber Vorleistungen anderer Unternehmer enthalten sind, wird zu beachten sein, dass es sich hierbei durchweg nicht um abschließende Regelungen handelt, sondern um beispielhafte Aufzeichnungen.[578]

2046 Die Mitteilung von Bedenken hat schriftlich zu erfolgen. Allerdings sind nur **mündlich** geäußerte Bedenken nicht unbeachtlich: Der Unternehmer kann, wenn der Bauherr trotz zuverlässiger mündlicher Belehrung seine Hinweise nicht befolgt, sich hinsichtlich der darauf beruhenden Mängel auf ein **mitwirkendes Verschulden** des Bauherrn berufen. Das ist einhellige Auffassung.[579] Im Einzelfall können mündliche Bedenken die Haftung des Unternehmers für Baumängel zum Teil oder in Ausnahmefällen ganz ausschließen,[580] aber nur dann, wenn die Bedenken gegenüber dem **richtigen Adressaten** und so eindeutig geltend gemacht werden, dass diesem die Tragweite einer Nichtbefolgung klar wird; auch das ist unbestritten.[581] Darüber hinaus wird im Einzelfall stets zu prüfen sein, ob der Bauherr die ihm zumutbare Sorgfalt zum Schutze eigener Interessen (§ 4 Abs. 3 Halbsatz 2 VOB/B) angewendet, insbesondere vorhandene Informationen sinnvoll ausgewertet hat. Setzt sich ein Bauherr z.B. über ein Fachgutachten mit bestimmten Empfehlungen hinweg, kann das ein so schwerwiegendes Planungsverschulden darstellen, dass der beauftragte Unternehmer – selbst bei unterbliebener oder unzureichender Belehrung – billigerweise nicht allein für den Baumangel verantwortlich gemacht werden kann.[582] Verstößt ein Unternehmer in grober Weise gegen seine Prüfungs- und Hinweispflicht, kann er sich **im Einzelfall** allerdings nicht auf ein mitwirkendes Verschulden des Auftraggebers mit der Begründung berufen, dieser habe ebenfalls die Vorleistung nicht überprüft.[583]

2047 Der **Bauherr** als Auftraggeber ist immer der richtige Adressat.[584] Auch der **Architekt** ist im Regelfall bevollmächtigt, eine solche Erklärung entgegenzunehmen; denn er vertritt in den die technischen Angelegenheiten betreffenden Dingen den Bauherrn gegenüber dem Unternehmer. Anders ist es aber, wenn es sich um Fehler handelt, die der Architekt selbst begangen hat oder wenn er sich den **berechtigten Einwendungen** des Unternehmers verschließt. Dann muss sich der Unternehmer an den Auftraggeber selbst wenden.[585] Unterlässt er dies, läuft er im Streitfall Ge-

---

578) BGH, NZBau 2001, 495 = ZfBR 2001, 457 = NJW-RR 2001, 1102.
579) BGH, WM 1978, 218; BauR 1975, 278, 279 = NJW 1975, 1217; OLG Hamm, IBR 2013, 603 – *Lichtenberg*; OLG Düsseldorf, BauR 2009, 1317, 1318; OLG Koblenz, BauRB 2003, 132; OLG Hamm, NJW-RR 1996, 273 u. BauR 1995, 852; OLG Düsseldorf, BauR 1994, 245 u. *SFH*, Nr. 3 zu § 12 VOB/B; OLG Frankfurt, BauR 1979, 326; *Kaiser*, BauR 1981, 311, 317.
580) BGH, BauR 1978, 54; WM 1978, 218.
581) BGH, BauR 1975, 286 = NJW 1975, 1217; BGH, BauR 1978, 54; OLG Hamm, BauR 1995, 852; OLG Düsseldorf, BauR 2009, 1317, 1319; BauR 2004, 99, 100 u. BauR 1996, 260 = NJW-RR 1996, 401.
582) BGH, ZfBR 1984, 173 = BauR 1984, 395.
583) OLG Düsseldorf, BauR 2000, 421 = OLGR 2000, 100.
584) Vgl. auch OLG Köln, MDR 1983, 226; siehe aber OLG Celle, BauR 2002, 93 (Hinweis gegenüber dem **Baubetreuer** reicht aus).
585) BGH, BauR 1978, 139; BGH, BauR 1978, 54; BGH, NJW 1969, 653, 655; BGH, BauR 1989, 467, 469 = NJW-RR 1989, 721; BGH, BauR 1997, 301 = ZfBR 1997, 150; OLG Düsseldorf, NZBau 2001, 401, 402 = BauR 2001, 638 u. BauR 1995, 244, 245; OLG Frankfurt, NJW-RR 1999, 461; OLG Oldenburg, OLGR 1998, 124; LG Amberg, *SFH*, Nr. 4 zu § 4 Nr. 3 VOB/B; *Kaiser*, NJW 1974, 445.

fahr, nicht nachweisen zu können, dass der Auftraggeber hinreichend um das Mängelrisiko wusste. Nichts anderes gilt, wenn der Unternehmer mit einem bevollmächtigten Bauleiter zu tun hat.[586)]

Zwischen dem Unternehmer der Vorleistung und dem nachfolgenden Unternehmer besteht im Allgemeinen auch keine Gesamtschuld.[587)] Dies ist anders, wenn Vor- und Nachunternehmer wegen Mängel gewährleistungspflichtig sind, die ihre Ursache zumindest teilweise in **beiden** Gewerken haben und die wirtschaftlich sinnvoll nur auf eine einzige Weise beseitigt werden können; bei „**gleichstufiger Verbundenheit**" der beiden Unternehmer im Rahmen ihrer Gewährleistungspflicht ist im Ergebnis ein „**einheitlicher Erfolg**" geschuldet und damit **Gesamtschuld** gegeben.[588)] Der Vorunternehmer ist im Verhältnis zum Nachfolgeunternehmer auch **kein Erfüllungsgehilfe des Bauherrn**; Fehler des Vorunternehmers können dem Bauherrn deshalb in aller Regel nicht zugerechnet werden.[589)] Dies gilt nicht, wenn aufgrund besonderer Umstände davon auszugehen ist, dass der Bauherr dem Nachfolgeunternehmer gerade für die mangelfreie Erbringung der Vorleistungen einstehen will,[590)] oder beide Unternehmer eine **Zweckgemeinschaft** bilden, die darauf gerichtet ist, eine einheitliche Bauleistung zu erbringen.[591)] Hieran ist zu denken, wenn die Unternehmer nicht exakt voneinander trennbare Arbeitsabläufe schulden. Zu beachten ist, dass der Hauptunternehmer gegenüber seinem Subunternehmer für das Planungsverschulden des **Architekten** seines Auftraggebers (Bauherrn) einstehen muss; ein Planungsverschulden des Architekten schlägt also nach § 278 BGB über „den eigentlichen Bauherrn und über den Hauptunternehmer bis auf den Subunternehmer haftungsmindernd durch".[592)] **2048**

Verstößt ein Nachunternehmer gegen die ihm obliegende Prüfungs- und Hinweispflicht, so muss er bei einem **Mängelbeseitigungsverlangen** des Bestellers allerdings nur seine **eigenen** Bauleistungen durch Nacherfüllung in einen vertragsgemäßen Zustand bringen; eine Nachbesserungsverpflichtung hinsichtlich der von ihm nicht angezeigten fehlerhaften **Vorleistung** besteht nicht.[593)] Dementsprechend kann er bei einem **Schadensersatzanspruch** auch nur mit solchen Kosten **2049**

---

586) BGH, NZBau 2004, 150, 152 = BauR 2004, 78, 82.
587) § 421 BGB; vgl. BGH, BauR 1975, 130; OLG Oldenburg, OLGR 2004, 6; OLG Hamm, BauR 1995, 852, 853 = NJW-RR 1996, 273, 274; *MünchKomm-Busche*, § 631 BGB, 40; **a.A.:** OLG Hamm, BauR 2003, 101, 104 (Haftung „jedenfalls wie Gesamtschuldner").
588) BGH, BauR 2003, 1379, 1380 = NJW 2003, 2980; s. ferner: *Stamm*, NJW 2003, 2940 ff.; OLG Oldenburg, BauR 2007, 717 = NZBau 2007, 104, 106 (zur Haftung des Estrich- und Fliesenlegers).
589) Vgl. *MünchKomm-Busche*, § 631 BGB, Rn. 42 m.w.Nachw. in Anm. 96. Ebenso ist der Nachunternehmer kein Erfüllungsgehilfe des Auftraggebers gegenüber dem **Vor**unternehmer (OLG Frankfurt, BauR 2011, 1506, 1507; OLG Karlsruhe, BauR 2003, 99, 100).
590) **Str.**; so BGH, BauR 1985, 561 = ZfBR 1985, 282 = *SFH*, Nr. 3 zu § 6 Nr. 6 VOB/B (1973) mit krit. Anm. *Hochstein*.
591) OLG Hamm, BauR 1995, 852, 853 = NJW-RR 1996, 273; siehe auch Rdn. **2478**.
592) BGH, NJW 1987, 644 = BauR 1987, 86; OLG Hamm, BauR 2003, 1570, 1571; OLG Stuttgart, BauR 1997, 850.
593) BGH, WM 1972, 800, 801; OLG Koblenz, IBR 2005, 13 – *Weyer*; OLG Karlsruhe, NJW-RR 2003, 963 = OLGR 2003, 133; OLG Hamm, BauR 1995, 852, 853 = NJW-RR 1996, 273; OLG München, BauR 1996, 547 u. NJW-RR 1988, 20; auch *Kaiser*, BauR 1981, 311, 317.

belastet werden, die seine eigene Leistung betreffen;[594)] ihm können nicht Kosten für Leistungen aufgebürdet werden, zu denen er vertraglich gar nicht verpflichtet war. Zu ersetzen sind aber unter Umständen Kosten, die mit der Vorarbeit sachlich zusammenhängen und erst durch die unterbliebene Anzeige zum Tragen kommen. Das trifft vor allem für zwischenzeitliche **Preissteigerungen** zu, die der Nachunternehmer zu tragen hat, wenn die Beseitigung der Mängel des Vorunternehmers bei unverzüglicher Mitteilung billiger hätte ausgeführt werden können.[595)]

2050 Der Unternehmer haftet auch nicht dafür, dass auf seine Werkleistung eine mangelhafte Bauleistung **aufgebracht** wird, sodass das gesamte Bauwerk nicht brauchbar wird.[596)] Der Unternehmer muss aber seine Leistung immer so erbringen, dass sie eine **geeignete Grundlage** für die darauf aufzubauende weitere Leistung ist.[597)] Ein Unternehmer kann aber davon ausgehen, dass ein **Nachfolgeunternehmer**, der auf seiner Werkleistung aufbaut, diese ebenfalls nach den anerkannten Regeln der Baukunst/Technik vornimmt. Nichts anderes gilt, wenn der **Bauherr selbst die Nachfolgearbeiten** ausführt; auch in diesem Falle kann der Unternehmer im Zweifel darauf vertrauen, dass der Bauherr die Arbeiten nach den Regeln der Technik vornimmt. Nur in **Ausnahmefällen** wird der Unternehmer daher verpflichtet sein, die Arbeiten des Bauherrn zu überprüfen.[598)] Die Werkleistung des Unternehmers ist nur mangelhaft, wenn sie überhaupt nicht geeignet ist, die nach den anerkannten Regeln der Bautechnik ausgeführte, darauf aufgebaute Werkleistung des anderen Auftragnehmers zu tragen.[599)]

2051 Hat der Vorunternehmer allerdings **Anhaltspunkte** dafür, dass die Nachfolgearbeiten nicht einwandfrei ausgeführt werden oder ausgeführt werden können, ist er verpflichtet, den nachfolgenden Handwerker oder den Architekten darauf hinzuweisen, wie bei den nachfolgenden Arbeiten verfahren werden muss.[600)] Der BGH[601)] hat jedoch hierzu bemerkt, dass die Pflicht des ersten Unternehmers nur „ausnahmsweise" bestehe, auf die Beschaffenheit seiner Vorleistung hinzuweisen. Ein solcher Hinweis könne nach Treu und Glauben nur verlangt werden, wenn er-

---

594) OLG Koblenz, IBR 2005, 13 – *Weyer* (dazu zählen Sachverständigenkosten); OLG Hamm, BauR 1994, 371, 372.
595) Zum **Umfang** des Ersatzanspruchs s. auch OLG Düsseldorf, *Schäfer/Finnern*, Z 2.0 Bl. 11 und OLG München, NJW-RR 1988, 20.
596) BGH, BauR 1983, 70 = ZfBR 1983, 16; WM 1970, 354; OLG Düsseldorf, BauR 2016, 1495, 1497; OLG Oldenburg, OLGR 1995, 98 für Kanalisationsarbeiten; OLG Köln, BauR 1990, 729 für mangelhafte Estricharbeiten; OLG Stuttgart, OLGR 2000, 171; *Schmidt*, Beilage Nr. 4/WM 1972, S. 2.
597) Vgl. BGH, VersR 1970, 280, 281; BauR 1975, 341, 342; OLG München, IBR 2012, 512 – *Manteufel*; OLG Oldenburg, OLGR 2007, 12, 13 (unzureichender Verbund zwischen Verlegemörtelschicht und Granitplatten durch Verwendung einer ungeeigneten Spachtelmasse); OLG Köln, NJW-RR 1994, 1045, 1046.
598) Zutreffend: OLG Oldenburg, OLGR 1995, 98, 99; OLG Düsseldorf, IBR 2012, 511 – *Blatt*.
599) BGH, BauR 1970, 57.
600) Zutreffend: OLG Düsseldorf, NZBau 2016, 98, 100; OLG München, IBR 2012, 512 – *Manteufel*; OLG Oldenburg, BauR 2007, 717, 718 = NZBau 2007, 104, 105 u. OLG Bamberg, BauR 2007, 893, 894 (für den **Estrichleger**); OLG Karlsruhe, BauR 1971, 56; OLG Oldenburg, OLGR 1995, 98, 99; s. auch: OLG Zweibrücken, IBR 2012, 448 – *Bischop*.
601) BauR 1983, 70, 72 = NJW 1983, 875; BauR 1975, 341, 342; s. auch: OLG Zweibrücken, IBR 2012, 448 – *Bischop*.

Prüfungs- und Hinweispflichten

kennbar die Gefahr bestehe, dass der zweite Unternehmer auch bei Anwendung der anerkannten Regeln der Technik nicht zu erkennen vermöge, ob die Vorleistung des anderen Unternehmers für ihn eine geeignete Arbeitsgrundlage sei und in welcher Weise er seine eigene Leistung fachgerecht der Vorleistung anzupassen habe, um Mängel zu vermeiden. Es ist allerdings in der Regel nicht die Aufgabe des Vorunternehmers, auf eine hinreichende **Koordinierung** der nachfolgenden Arbeiten hinzuwirken.[602] Dies ist anders, wenn der Vorunternehmer mit eventuellen **Risiken** rechnen muss, weil dem nachfolgenden Unternehmer nicht hinreichend bekannt ist, welche Materialien von dem Vorunternehmer verwandt worden sind.[603]

Baut ein **Auftraggeber** selbst auf dem Gewerk **seines Auftragnehmers** auf und erbringt er weitere Bauleistungen, können Ersatzansprüche des Auftraggebers wegen Mängel gemäß § 254 Abs. 2 BGB **beschränkt** sein; denn er verletzt die ihm obliegende eigene Sorgfaltspflicht, wenn er die Leistungen seines Auftragnehmers „ungeprüft übernimmt".[604]

2052 Hat der Unternehmer einmal auf Mängel aufmerksam gemacht, und ist die **Planung** daraufhin **geändert** worden, so muss er erneut prüfen, ob nach der nunmehr vorgesehenen Art der Ausführung das Bauwerk mangelfrei erstellt werden kann; andernfalls kann die Werkleistung des nachfolgenden Unternehmers trotz der einmal geäußerten Bedenken mangelhaft sein.[605]

2053 Hat der Unternehmer pflichtgemäß auf Bedenken gegen die vorgesehene Ausführung hingewiesen, hat er keinen Anspruch darauf, dass der Bauherr auch seinen Bedenken Rechnung trägt.[606] **Verzögert** allerdings der **Auftraggeber** die (nunmehr) von ihm zu treffenden Entscheidungen, wird dem Unternehmer ein **Kündigungsrecht** nach § 9 Abs. 1 Nr. 2 VOB/B zustehen, wenn mit an Sicherheit grenzender Wahrscheinlichkeit feststeht, dass wegen der Vormängel die Werkleistung des Unternehmers mangelhaft sein wird oder zu einem erheblichen Schadenseintritt führt.[607] Dem **Auftraggeber** steht **kein Kündigungsrecht** aus wichtigem Grunde zu, wenn ein **Unternehmer** (auch unberechtigt) seiner Hinweispflicht nachkommt[608] und abwartet, wie sich der Auftraggeber verhält.[609]

2054 Rechtsprechungsübersicht

* Zur Pflicht des Unternehmers, bei einem Hausumbau auf **Asbestbelastung** zu achten (OLG Hamm, BauR 2003, 406 = NJW-RR 2003, 82)
* Prüfungspflicht des mit der Herstellung des **Oberbelages auf Außenbalkonen** beauftragten Unternehmers im Hinblick darauf, ob der vorhandene Aufbau der Balkonflächen die erforderliche **Abdichtung** gegen Niederschläge gewährleistet

---

602) OLG Köln, BauR 1990, 729, 730; ebenso: *Tomic*, BauR 1992, 34.
603) OLG Oldenburg, OLGR 2007, 12, 14; s. auch OLG Bamberg, NJW-RR 2006, 891 = NJW-Spezial 2006, 359.
604) BGH, BauR 2003, 1213, 1215 = NZBau 2003, 495 = NJW-RR 2003, 1238 = ZfBR 2003, 560.
605) Vgl. BGH, NJW 1974, 188 = BauR 1974, 128.
606) Vgl. OLG Düsseldorf, NJW-RR 1988, 211 = BauR 1988, 478.
607) Vgl. *Oppler*, in: Ingenstau/Korbion, § 4 Abs. 3 VOB/B, Rn. 79.
608) Zutreffend: OLG Naumburg, IBR 2009, 136 – *Maas*; OLG Düsseldorf, BauR 1995, 247, 248 (auch zu den Ausnahmen) u. BauR 1992, 381.
609) OLG Dresden, BauR 1998, 565, 566.

und als Grundlage des herzustellenden Oberbelages taugt (OLG Düsseldorf, BauR 1994, 281 [LS])
* Zur Aufklärungs- und Hinweispflicht bei Ausführung von **Abdichtungsarbeiten** (Bitumendickbeschichtung; OLG Hamm, BauR 2003, 273, 275 für Bauüberwachung durch Architekt)
* Zur Prüfungs- und Hinweispflicht des Unternehmers für die von dem **Besteller** zur Verfügung gestellten **Bauteile** (BGH, NZBau 2010, 558)
* Bodengutachten (Unternehmer muss Widerspruch zwischen textlicher Bewertung und Diagrammermittlungen erkennen; OLG Celle, IBR 2004, 184 – Bolz)
* **Betonbodenplatte**; Risiken aus Temperaturwechseln (OLG Düsseldorf, IBR 2006, 552 – Hunger)
* Zum notwendigen **Hinweis** auf den **Einbau** einer in den Plänen nicht vorgesehenen **Dränage** (OLG Frankfurt, NJW-RR 1999, 461); zum Hinweis auf ein **fehlendes Gefälle** der **Dichtungsschicht** eines Balkons (OLG Düsseldorf, BauR 2000, 421 = OLGR 2000, 100)
* Errichtung einer **Kälteanlage**; Prüf- und Hinweispflichten des Elektrikers bezüglich der Dimensionierung der elektrotechnischen Anlage (OLG Naumburg, IBR 2012, 706 – Parbs-Neumann)
* Prüfungs- und Hinweispflicht des Auftragnehmers bei der Verwendung thermisch **nicht getrennter Trägerprofile** für eine Atriumüberdachung zur Schaffung zusätzlichen Wohnraums (OLG Düsseldorf, BauR 1994, 522)
* Prüfungs- und Anzeigepflicht des Unternehmers trotz Planung der Ausführung des Werks durch einen vom Auftraggeber beauftragten Fachingenieur (OLG Düsseldorf, BauR 1994, 545 [LS])
* Umfang der Prüfungs- und Hinweispflicht bei einem unklaren und widersprüchlichen Leistungsverzeichnis über **lüftungstechnische Anlagen,** das von einem Fachingenieur erstellt worden ist (OLG Düsseldorf, BauR 1994, 669 [LS] = NJW-RR 1995, 82)
* Zur Prüfungspflicht des **Installateurs** – Rückstausicherung (BGB, NZBau 2011, 612); zur Hinweispflicht des **Rohrleitungsbauers**; fehlende Eignung von Edelstahlrohren infolge höherer **Korrosionsanfälligkeit** (OLG Frankfurt, IBR 2013, 15 – Hammacher)
* Zur **Quotierung** beim Zusammentreffen eines Planungsfehlers des Architekten mit der Nichtanmeldung von Bedenken nach § 4 Abs. 3 VOB/B durch den Unternehmer (OLG Bamberg, BauR 2002, 1708; OLG Karlsruhe, NZBau 2003, 102; OLG Köln, NZBau 2003, 103; OLG Naumburg, IBR 2004, 519 u. NZBau 2003, 391 = OLGR 2003, 312; OLG Hamm, BauR 1994, 145)
* Zu den Pflichten eines **Tiefbauunternehmers,** sich vor der Durchführung von Erdarbeiten über Existenz und Verlauf unterirdisch verlegter Versorgungsleitungen zu erkundigen, insbesondere bei Vorhandensein privater Leitungen (OLG Köln, BauR 1998, 1987 [LS])
* Prüfungs- und Hinweispflichten des Auftragnehmers bei der Planung und Ausführung einer „**alternativen**" **Wärmegewinnung** für ein Einfamilienhaus (BGH, BauR 1993, 79 = NJW-RR 1993, 26 = ZfBR 1993, 20); zur Überprüfung einer **Wärmebedarfsberechnung** eines Fachplaners durch den **Heizungsbauer** (OLG Jena, IBR 2013, 534 – Schrammel)
* Ein Unternehmer, der einen **Terrassenbelag** aufbringen soll, ist nicht verpflichtet, mit einer **Sonde** zu prüfen, ob das Erdreich unter der Terrasse ordnungsgemäß

Prüfungs- und Hinweispflichten Rdn. 2054

nach der Aufschüttung verdichtet worden ist; jedoch ist ihm eine Grobprüfung mittels einer Eisenstange oder eines sog. Frosches zumutbar (AG Nürnberg, NJW-RR 1993, 406 = BauR 1993, 373 [LS]; ferner: OLG Köln, NJW-RR 1995, 19)

* Prüfungs- und Hinweispflicht bezüglich der **Vorbehandlung des Untergrundes** vor Aufbringung eines Anstriches (OLG Köln, NJW-RR 1994, 533 = OLGR 1994, 93; vgl. auch OLG Köln, NJW-RR 1994, 1045)
* **Beschichtung** eines Stahldaches; **Mithaftungsquote**, wenn der Auftraggeber die Art des Anstrichs vorgegeben hat (OLG Dresden, BauR 2001, 425)
* Keine Prüfungs- und Hinweispflicht eines Nachfolgeunternehmers, wenn die **Überprüfung des Vorgewerkes** nur mit technischen Hilfsmitteln möglich ist und diese nicht zur Verfügung stehen – Risse im Putz der Gefache eines Fachwerkbaues durch zu feuchtes Eichenholz (OLG Düsseldorf, BauR 1997, 840 = NJW-RR 1998, 20)
* Überprüfungspflicht ob die **Unterkonstruktion** (Dachsparren aus gewöhnlichem Bauholz) für die Aufnahme dem Unternehmer in Auftrag gegebener Überdachungen (in Leichtmetallprofile einzufassende Glasscheiben) geeignet ist (OLG Düsseldorf, NJW-RR 1993, 405 = OLGR 1993, 194)
* **Plattenbehandlung** (OLG Hamm, NJW-RR 1992, 155)
* Prüfungs- und Hinweispflicht des **Pflasterers** (OLG Brandenburg, BauR 2001, 102 sowie OLG Düsseldorf, BauR 2001, 638)
* **Klinkerfassade**; Hinweis auf die Gefahr von Farbunterschieden (**Fugenglattstrich**; OLG Düsseldorf, NZBau 2002, 275 = BauR 2002, 323)
* Aufklärungspflicht des Unternehmers beim Einbau eines **Treppen- bzw. Behindertenlifts** (OLG Nürnberg, NJW-RR 1993, 694)
* Keine Hinweispflicht des Auftragnehmers bei einem nicht erkannten und nicht bekannten **Systemfehler** eines vom Auftraggeber vorgeschriebenen Baustoffes – Schalungssteine (OLG Düsseldorf, NJW 1993, 1433)
* Keine Prüfungspflicht des Auftragnehmers hinsichtlich der **Geeignetheit von vorgegebenen Materialien** im Rahmen von technischen Versuchen oder sonstigen Materialprüfungsmethoden (OLG Karlsruhe, BauR 1988, 598 = NJW-RR 1988, 405)
* Zur Hinweispflicht des Auftragnehmers auf **denkmalpflegerische Gesichtspunkte** – Erneuerung von Fenstern (OLG Köln, BauR 1986, 581; s. auch OLG Frankfurt, BauR 1990, 90 = NJW-RR 1989, 981)
* Hinweispflicht des Auftragnehmers hinsichtlich der Auswirkung einer **baulichen Umgestaltung** (LG Berlin, BauR 1983, 462)
* Hinweispflicht des Auftragnehmers auf **alternative Sanierungsmöglichkeiten** (OLG Hamm, OLGR 1994, 257)
* Prüfungs- und Hinweispflicht des **Fliesenlegers** bezüglich der Vorarbeiten (BGH, BauR 2001, 1414 = NZBau 2000, 495; OLG Hamm, BauR 1990, 731)
* Prüfungs- und Hinweispflicht von **Heizungsbauer** und **Estrichleger** (OLG Köln, BauR 1990, 729)
* Hinweispflicht bei der **Verwendung neuer Werkstoffe** – Lichtbetonelemente für Fassaden (OLG Hamm, NJW-RR 1990, 523)
* Aufklärungspflicht des Auftragnehmers über **fehlende Fachkenntnisse** (KG, OLGR 1994, 229)

* Hinweispflicht des Auftragnehmers auf ungeeignetes **Fremdmaterial** (Bauschutt) bei **Arbeitsraumverfüllung** (OLG Düsseldorf, NJW-RR 1995, 214 = BauR 1995, 244)
* Hinweispflicht des Auftragnehmers, wenn er erkennt, dass die ihm in Auftrag gegebene **Werkleistung** als Grundlage für **Folgeleistungen** anderer Unternehmer **nicht geeignet** ist (OLG Köln, SFH, Nr. 40 zu § 631 BGB; s. ferner: OLG Oldenburg, BauR 2007, 717 = NZBau 2007, 104 für **Estrichleger**; **Unverträglichkeit** von Spachtelmasse und Verlegemörtel)
* Hinweispflicht des **Dachdeckers** hinsichtlich der von anderen Unternehmern vorgenommenen **Abdichtung der Kehlbereiche** (OLG Hamm, BauR 1997, 309 = OLGR 1996, 134)
* Prüfungspflicht des **Parkettlegers** auf Restfeuchte im Estrich (OLG Celle, BauR 2003, 912; OLG Düsseldorf, BauR 1998, 126 = NJW-RR 1997, 1450; s. auch OLG Bamberg, BauR 2007, 893, 894)
* Lastannahme der Statik (Bedenkenhinweis durch den **Zimmerer**; OLG Celle, BauR 2002, 812 = OLGR 2002, 37).

6. Mängel der Werkleistung von Sonderfachleuten

Literatur

Dahmen, Schnittstellen zwischen privatem und öffentlichem Baurecht, 2013.

Steiner, Tragwerksplanerhaftung unter Berücksichtigung der Tätigkeit des Prüfingenieurs/Prüfsachverständigen, ZfBR 2009, 632; *Neuenfeld*, Die Rechtsprechung des Jahres 2009 zum Architekten- und Ingenieurvertragsrecht – Teil 2, NZBau 2010, 543; *Leupertz*, Mitwirkung und Obliegenheit im Bauvertragsrecht, BauR 2010, 1999; *Ott*, Haftung bei aufeinander aufbauenden Leistungen, PiG Band 89 (2011), 61; *Jochem*, Die Sachwalterhaftung von Architekten und Ingenieuren – Eine Darstellung der Grundsätze der Rechtsprechung in der praktischen Anwendung, BauR 2012, 16 (siehe hierzu: *Berger*, IBR 2012, 62); *Neuenfeld*, Die Rechtsprechung des Jahres 2011 zum Architekten- und Ingenieurvertragsrecht – Teil 2, NZBau 2012, 620; *Keldungs*, Die Rechtsprechung der Oberlandesgerichte zum privaten Baurecht 2012, BauR 2013, 1165; *Fischer/Krüger*, Was sind Objekte? – Abgrenzung von Architekten- und Ingenieurleistungen im Hinblick auf die Leistungen und die Abrechnung, BauR 2013, 1176 (s. hierzu: *Bröker*, IBR 2013, 517); *Holthausen*, Lageplan zur Bauvorlage: Öffentliche Aufgabe des öffentlich bestellten Vermessungsingenieurs?, NZBau 2013, 421; *Engbers*, Das Mitverschulden des Bauherrn im Verhältnis zu seinem Architekten und sonstigen Sonderfachleuten, NZBau 2013, 618; *Schlemmer*, „Annahmen" eines Tragwerksplaners zum Baugrund – Die Haftung der Baubeteiligten für eine fehlerhafte Statik, Festschrift für Jochem, 2014, 285; *Miernik*, Zur Nacherfüllung beim Architekten- und Ingenieurvertrag, BauR 2014, 155.

2055 Baumängel sind dann zugleich Mängel der Werkleistung eines Sonderfachmannes, wenn sie durch eine objektiv mangelhafte Erfüllung der Aufgaben des Sonderfachmannes verursacht worden sind.[610] Dem Sonderfachmann können daher auch

---

610) Siehe z.B.: BGH, BauR 2013, 1468 = NZBau 2013, 519 = ZfBR 2013, 654 = IBR 2013, 474–476 – *Preussner* (**Tragwerksplaner**; mangelhafte Gebäudestatik und zum Mitverschulden des Auftraggebers gemäß §§ 254, 278 BGB); OLG Naumburg, IBR 2015, 495 – *Preussner* (Haftung des Architekten und des Statikers für das Fehlen notwendiger **Dehnungsfugen**); KG, IBR 2012, 335 – *Boisserée* (fehlerhafte **Unterfangung**; Rissschäden am unterfangenen **Nachbargebäude**); OLG Stuttgart, BauR 2014, 865 = IBR 2014, 290 – *Schellenberg* (zu geringe Betonüberdeckung; Haftung des **Tragwerksplaners**); OLG Brandenburg, BauR 2014, 1343 (Tragwerkplaner als **Erfüllungsgehilfe** des Bauherrn; OLG Stuttgart, BauR 2013,

Hinweispflichten obliegen.⁶¹¹⁾ Insoweit ergibt sich keine grundlegende Abweichung zu den Mängeln des Architektenwerks; denn nicht jeder Bauwerksmangel ist zugleich ein Mangel des Werks des Architekten oder Sonderfachmannes (**eingeschränkte Werkvertragstheorie;** vgl. Rdn. 1984). Ob ein Mangel der Werkleistung des Sonderfachmannes vorliegt, beurteilt sich (auch nach dem neuen Recht) **nicht** nach den Vorschriften der HOAI; diese enthalten öffentliches Preisrecht und daher auch keine „normativen Leitbilder für den Inhalt von Architekten- und Ingenieurverträgen".⁶¹²⁾ Beurteilungsmaßstab sind daher vornehmlich die ggf. durch Auslegung zu ermittelnden vertraglichen Vereinbarungen, die allzu oft nur unzureichend beschrieben werden,⁶¹³⁾ sowie die **bautechnischen Anforderungen,** die erfüllt sein müssen, um ein dauerhaft mangelfreies und funktionstaugliches Werk zu erhalten.⁶¹⁴⁾ Dies gilt umso mehr, wenn Beiträge der Fachplaner oder von Sonderfachleuten als Grundlage für eine weitere Architektenplanung dienen und damit gleichsam **Vorleistungen** für das gesamte Architektenwerk darstellen.⁶¹⁵⁾ Für Fehlleistungen der Fachplaner oder Sonderfachleute wird dann im Einzelfall auch eine **Mithaftung** des Bauherrn über §§ 254, 278 BGB in Betracht kommen.⁶¹⁶⁾ Deshalb obliegt es auch dem **Sonderfachmann,** die jeweils gültigen **an-**

2047 (Haftung des **Vermessungsingenieurs;** Auspflocken der Baugrube und Einschneiden des Schnurgerüstes; zur Haftung der **öffentlich bestellten** Vermessungsingenieure gemäß § 839 BGB oder nach vertraglichen Grundsätzen: BGH, NZBau 2013, 175 = ZfBR 2013, 281 = NJW 2013, 60 = DS 2013, 68 = IBR 2013, 85 – *Thiel;* hierzu (ablehnend): *Holthausen,* NZBau 2013, 421); OLG Frankfurt, IBR 2014, 491 – *Thiel* (Haftung des **Prüfingenieurs**); OLG Köln, IBR 2014, 490 – *Wronna* (Haftung des **Vermessungsingenieurs** u. des Architekten); OLG Frankfurt, BauR 2011, 1527, 1528 (fehlerhafte **Brandschutzplanung;** Ingenieurvertrag; zur Haftung des **Tragwerkplaners:** OLG Celle, IBR 2013, 627 – *Fuchs*); OLG Stuttgart, BauR 2009, 846 (fehlerhafte Planung der Bewehrung für eine Bodenplatte; zur **Tragwerkplanung** für eine Tiefgarage s. ferner: OLG München, BauR 2009, 270, 273); OLG Celle, BauR 2010, 487 (**Konstruktion** und **Ausführung** einer **Mobilfunkanlage;** gesamtschuldnerische Haftung von Architekt und Tragwerkplaner); OLG Celle, IBR 2007, 572 – *Baden* (Sonderfachmann für **Wärmeschutz**); OLG Düsseldorf, BauR 2002, 506 u. OLG Karlsruhe, BauR 2002, 1884 (Tragwerkplanung); OLG Frankfurt, BauR 2000, 598; *Schmidt,* Beilage Nr. 4/WM 1972, S. 29.
611) OLG Saarbrücken, NZBau 2017, 159 (zur **Nebenpflicht** eines **Statikers;** Warnung vor Ungeeignetheit der beabsichtigten Bauausführung); OLG Frankfurt, BauR 2008, 553 = IBR 2008, 342 – *Digel.*
612) BGH, BauR 2003, 1918, 1919 = NJW-RR 2003, 1454, 1455; BauR 1999, 187, 188 = ZfBR 1999, 92; s. auch OLG Celle, IBR 2012, 93 – *Schwenker.*
613) *Kniffka,* § 633 BGB, Rn. 71.
614) Liegt den Verträgen der Sonderfachleute eine **Planung** des Objekts zugrunde, sind deren Vorgaben, wenn nichts anderes ausdrücklich vereinbart wurde, die Grundlage der von dem Sonderfachmann zu erbringenden Leistungen (BGH, BauR 2007, 1761 = NZBau 2007, 653 = NJW 2008, 285; *Kniffka,* a.a.O.).
615) *Ott,* PiG Band 89 (2011), 60, 63. Zum **Mitverschulden** des Auftraggebers für Fehler seines eingeschalteten **Architekten:** BGH, BauR 2013, 1468 Rn. 21 f.m.w.Nachw.; zum Mitverschulden des Auftraggebers für Fehler seines **Tragwerkplaners:** OLG Brandenburg, BauR 2014, 1343; zum Mitverschulden des **Auftraggebers** bei Kenntnis eines offenkundigen Baurisikos: BGH, BauR 2013, 1472 = ZfBR 2013, 662 = NZBau 2013, 515 = IBR 2013, 545, 546 – *Preussner;* s. hierzu auch: *Engbers,* NZBau 2013, 618 ff.
616) BGHZ 179, 55 = BauR 2009, 515 = NZBau 2009, 257 („Glasfassaden"); OLG Brandenburg, IBR 2014, 289 – *Boisserée. Ott,* a.a.O., S. 64.

erkannten Regeln der Baukunst/Technik zu beachten.[617] Seine Planung darf – wie beim Architekten – gemessen an der vertraglichen Leistungsverpflichtung auch keinen übermäßigen Aufwand betreiben.[618] Für **ästhetische** und **gestalterische** Gesichtspunkte ist der Sonderfachmann in aller Regel dagegen nicht zuständig.[619]

2056 Als Grundsatz lässt sich somit feststellen, dass der **Sonderfachmann** (z.B. ein Tragwerkplaner oder ein Bodengutachter) in seinen maßgeblichen **Pflichten** und in seiner **Haftung** einem Architekten gleichgestellt ist;[620] so hat der Bauingenieur, der mit der Planung und örtlichen Bauaufsicht für den mit öffentlichen Mitteln geförderten Ausbau einer Straße betraut worden ist, wie ein Architekt auf die im öffentlichen Bauwesen bestehenden wirtschaftlichen Vorgaben Rücksicht zu nehmen. Er muss deshalb Mengen und Baukosten möglichst genau ermitteln. Werden Bauleistungen regelwidrig ausgeführt, muss der Tragwerkplaner die anstehende Mängelbeseitigung detailliert vorgeben und kontrollieren;[621] erkennt er eine „evident falsche Planung" des Architekten, muss er den Bauherrn umgehend darauf hinweisen.[622] Versäumt er dies, kommt eine Haftung aus §§ 634 Nr. 4, 636, 280, 281 BGB in Betracht.[623] Übernimmt ein Bauingenieur Architektenleistungen (trotz fehlender Eintragung in die Architektenliste), muss er dies bei den Vertragsverhandlungen offenbaren.[624]

2057 In der Praxis bestehen allerdings **Schwierigkeiten,** im Einzelfall den **Pflichtenkreis** zwischen dem Architekten und einem Sonderfachmann zutreffend **abzugrenzen.**[625] So gehört es z.B. nach dem LG Aachen[626] zu den Aufgaben des Architekten und nicht des Statikers (Tragwerkplaners) zu überprüfen, ob der Stati-

---

617) OLG Dresden, IBR 2012, 90 – *Steeger*. Zum hohen Haftungsrisiko bei fehlerhafter Beurteilung siehe OLG Dresden, IBR 2006, 37 – *Schulze-Hagen*.
618) BGH, BauR 2009, 1611 = NJW 2009, 2947.
619) OLG Frankfurt, a.a.O., für zu groß geplante Heizkörper.
620) BGH, BauR 2003, 1918 **(Bodengutachter)**; BGH, BauR 1988, 734 = DB 1988, 2454 = NJW-RR 1988, 1361; OLG Saarbrücken, NZBau 2017, 159, 161; OLG München, NZBau 2011, 236 = BauR 2011, 712; OLG Dresden, IBR 2006, 37 – *Schulze-Hagen* (unterlassener Standsicherheitsnachweis durch Tragwerkplaner); OLG Düsseldorf, IBR 2006, 455 – *Krause-Allenstein* (Ingenieur; Planung eines Sondervorschlages im Rahmen des Vergabeverfahrens); OLG Stuttgart, BauR 2009, 846 (fehlerhafte **Bewehrung der Bodenplatte** einer Tiefgarage); OLG Düsseldorf, BauR 2002, 506 **(Tragwerkplaner)**; BauR 1997, 685 **(Hinweispflicht** des Tragwerkplaners) u. BauR 1994, 395 (zum **Verschulden**); OLG Hamm, BauR 2000, 293.
621) OLG Naumburg, IBR 2014, 357 – *Naumann*.
622) OLG München, BauR 2016, 695, 697 m.w.Nachw.
623) BGH, a.a.O.
624) OLG Naumburg, IBR 2005, 457 – *Götte*.
625) *Locher/Koeble/Frik*, Einl., Rn. 328 ff. Architekt und Ingenieur sind während der Vertragsdurchführung zur **Kooperation** verpflichtet (OLG Koblenz, IBR 2010, 153 – *Fuchs*; Berechtigung des Auftraggebers zur **fristlosen Kündigung** bei Pflichtverletzung); s. auch OLG Celle, BauR 2010, 487. Zur **Abgrenzung** der Pflichten zwischen dem **Statiker** und dem **Prüfstatiker**: OLG Stuttgart, BauR 2011, 1358; zur Abgrenzung der Aufgabenbereiche des Tragwerkplaners und des Architekten: OLG München, BauR 2016, 695; OLG Celle, NZBau 2012, 246 m.Anm. *Kesselring* u. OLG Köln, BeckRS 2011, 18225 = NZBau 2011, 697 (LS).
626) VersR 1986, 777; s. auch OLG Karlsruhe, OLGR 2007, 747; OLG Stuttgart, BauR 1996, 748, 749 bei Verletzung der **Koordinierungspflichten**.

Mängel der Werkleistung von Sonderfachleuten

ker von den tatsächlich gegebenen Bodenverhältnissen ausgegangen ist.[627] Das OLG Köln[628] meint, nicht der Tragwerkplaner, sondern der Architekt habe die **Wärmedämmung** zu planen. Auf der anderen Seite muss der Tragwerkplaner die ihm überlassenen **Architektenpläne** genauestens beachten und mangelfrei umsetzen.[629] Auf erkannte **Fehler** der Architektenplanung muss er **hinweisen**.[630] Dagegen ist die vom BGH für das Architektenrecht entwickelte sog. **Sekundärhaftung** (Rdn. 2024) auf den Tragwerkplaner nicht ohne weiteres anwendbar; dieser hat nämlich in der Regel keine Aufgaben, „die die gesamte Koordinierung und Überwachung sowie Betreuung des Bauvorhabens betreffen".[631] Dies ist anders, wenn er vertraglich besondere **Betreuungs-** und **Aufklärungspflichten** übernimmt;[632] das gilt auch für jeden anderen Sonderfachmann.[633]

Richtig ist, dass eine Prüfung der Planung (Ausführungsplanung) durch den **Prüfingenieur** den Architekten nicht von seiner Verantwortung für einen Planungsfehler entbindet.[634] Auf der anderen Seite braucht der Architekt aber auch den Sonderfachmann im Allgemeinen nicht zu überprüfen.[635] Wird z.B. der Statiker (Tragwerkplaner) im Auftrag des Bauherrn tätig, so haftet der Architekt nicht für die Richtigkeit der statischen Berechnungen, weil er sich auf die Fachkenntnisse des Sonderfachmannes verlassen darf; statische **Spezialkenntnisse** werden von einem Architekten nicht erwartet.[636] Nur dort, wo der Architekt die bautechnischen Fachkenntnisse (auch) haben muss (z.B. Anordnung und Ausbildung von Dehnungsfugen),[637] wird ein „**Mitdenken**" von dem Architekten erwartet werden können. Gehört deshalb die bautechnische Frage zum Wissensbereich eines Architekten, wird dieser sich im Einzelfall **vergewissern** müssen, ob der Sonderfachmann entsprechend den örtlichen Gegebenheiten **zutreffende bautechnische Vorgaben** gemacht hat.

2058

---

627) Vgl. auch OLG Köln; *SFH*, Nr. 55 zu § 635 BGB, das u.U. von dem Architekten die Zuziehung eines Sonderfachmannes verlangt. Siehe aber OLG Karlsruhe, BauR 2002, 1884 (Eine fachgerechte Tragwerksplanung ist nur unter Berücksichtigung der Baugrundverhältnisse möglich, über die sich der Tragwerkplaner ggf. sachgerechte Informationen besorgen muss). Zu den Pflichten des Tragwerkplaners im Rahmen der **Genehmigungsplanung** (§ 64 Abs. 3 Nr. 4 HOAI a.F.; § 49 Abs. 1 u. Anlage 13 HOAI 2009) s. OLG Koblenz, BauR 2005, 422. Zur Haftung von Architekt und Bodengutachter bei **Feuchtigkeitsschäden:** BGH, BauR 2003, 1918 = NJW-RR 2003, 1454.
628) BauR 1987, 460; vgl. aber OLG Frankfurt, BauR 1991, 785 u. OLG Stuttgart, BauR 1996, 748 für ein Unternehmen, das die Statik erstellt.
629) Vgl. z.B.: OLG Düsseldorf, BauR 2002, 506 (Befestigung einer Wellblechfassadenverkleidung); OLG Hamm, BauR 2000, 293 (Ausführungsplanung des Architekten).
630) OLG Frankfurt, BauR 2000, 598, 599.
631) BGH, BauR 2011, 1840 = NZBau 2011, 691 = NJW 2011, 3086; BGH, BauR 2002, 108 = ZfBR 2002, 61 = NZBau 2002, 42 = MDR 2002, 86; **a.A.:** OLG Bamberg, BauR 2005, 1792, 1794 = IBR 2007, 508 – *Hebel* (für einen Tragwerkplaner, der auch eine **Bewehrungsabnahme** schuldet). Siehe hierzu auch *Rintelen*, NZBau 2008, 209, 213.
632) BGH, BauR 2014, 127 = NZBau 2014, 47 = ZfBR 2014, 50, Rn. 34 m.w.Nachw.
633) Vgl. insoweit OLG Karlsruhe, BauR 2005, 893, 896 für umfassenden Ingenieurvertrag.
634) BGH, *Schäfer/Finnern*, Z 3.01 Bl. 400; OLG Düsseldorf, NJW-RR 1997, 1312.
635) OLG Köln, BauR 1988, 241, 243.
636) OLG Stuttgart, BauR 2009, 846; LG Stuttgart, BauR 1997, 137, 138; OLG Köln, BauR 1998, 585, 586; OLG Köln, BauR 1998, 812, 813 für Bodengutachter.
637) Zur **gesamtschuldnerischen** Haftung von Architekt und Tragwerkplaner für das Fehlen von Dehn(Gleit)fugen: KG, IBR 2006, 509 – *Fischer*.

Ein Auftraggeber des Sonderfachmannes haftet nur ausnahmsweise für Fehler seines Architekten; das ist z.B. der Fall, wenn es zu den Pflichten des Bauherrn gehört, dem Tragwerkplaner Unterlagen über die Beschaffenheit des Baugrundstückes zur Verfügung zu stellen und dies fehlerhaft durch den Architekten geschieht. In diesem Fall kann der Architekt als Erfüllungsgehilfe des Bauherrn angesehen werden.[638]

2059 ∗ Rechtsprechungsübersicht

Zur **gesamtschuldnerischen** Haftung von Tragwerksplaner und ausführendem Bauunternehmen – Risse am Nachbargebäude (KG, BauR 2012, 1150 LS); zur (unwirksamen) Verkürzung der Verjährungsfrist in einem Ingenieurvertrag (BGH, BauR 2014, 127 = NZBau 2014, 47 = ZfBR 2014, 50 = IBR 2013, 751, 752 – *Preussner*); zur „Geringfügigkeit" eines Mangels (BGH, IBR 2014, 696 – *Schwenker*); zur Überprüfungspflicht von Werkstattplänen des Auftragnehmers durch den Architekt und Tragwerksplaner (OLG Hamm, IBR 2013, 412 – *Hammacher*); **Vermessungsfehler** eines Vermessungsingenieurs (BGH, BauR 2012, 116 = NZBau 2011, 746; BGH, BauR 1972, 255 = NJW 1972, 901; KG, KGR 1996, 164; OLG Hamm, BauR 1992, 78; OLG Düsseldorf, NJW-RR 1996, 269; OLG Hamm, NZBau 2006, 788); **übermäßiger Aufwand** als Mangel (hier: übermäßige Bewehrung; BGH, BauR 2009, 1611); **Schallschutzmängel** (OLG Stuttgart, IBR 2008, 401 – *Wolber*); unzureichende **Bewehrungsabnahme** durch den Tragwerksplaner (OLG Bamberg, BauR 2005, 1793, 1794 = IBR 2006, 508 – *Hebel*); Risse an zwei Außenwänden; angebliche Fehler der statischen Berechnung (BGHZ 48, 257 = NJW 1967, 2259); zur Haftung des **nicht** mit der Grundlagenermittlung beauftragten Fachingenieurs für die **Unwirtschaftlichkeit** der funktionstauglichen Klimaanlage (OLG Frankfurt, IBR 2008, 342 – *Digel*); zur Haftung von Sonderfachmann und Unternehmer für eine Tauwasserbildung an einem Glasdach (OLG Braunschweig, IBR 2009, 400 – *Krause-Allenstein*); **Verteuerung** des Bauvorhabens (OLG Stuttgart, BauR 1971, 63); **besondere Gründungsmaßnahmen** aufgrund des Architektenplanes, fehlerhafte statische Berechnung (BGH, BauR 1971, 265); zur Untersuchung der **Baugrundverhältnisse** (OLG Koblenz, BauR 2005, 422 = IBR 2005, 705; OLG Rostock, IBR 2005, 225; LG Dresden, BauR 2003, 925; OLG Karlsruhe, BauR 2002, 1884; OLG Stuttgart, BauR 1996, 748 u. BauR 1973, 124; BGH, *Schäfer/Finnern*, Z 3.01 Bl. 403; BGH, WM 1971, 682; BGH, VersR 1970, 825; OLG Köln, *SFH*, Nr. 55 zu § 635 BGB; ferner: *Locher/Koeble/Frik*, Einl., Rn. 349; *Bindhardt*, BauR 1974, 376 ff.); **Dehnungsfugen** (OLG Düsseldorf, BauR 1973, 252; OLG Köln, BauR 1988, 241; OLG Nürnberg, NJW-RR 1990, 1357; BGH, BauR 1971, 265; s. aber OLG Düsseldorf, BauR 1973, 252; OLG Karlsruhe, VersR 1969, 355 – Aufgabe des Architekten); allgemein zu den vertraglichen **Pflichten des Tragwerkplaners** (OLG Naumburg, IBR 2014, 357 – *Naumann* – detaillierte Vorgabe, wie die Mängelbeseitigung erfolgen muss; OLG Dresden, IBR 2006, 37 – statische Berechnung; **Standsicherheitsnachweis**; IBR 2006, 628 – Prüfung der **Haftzugfestigkeit** des Betons; OLG Düsseldorf, BauR 1997, 685; OLG Stuttgart, BauR 1973, 64); **untragbare Verteuerung des Baues** (BGH, Urt. v. 28.2.1966 VII 287/63); **Mängel der Schal- und Bewehrungspläne** als unmittelbarer Folgeschaden der mangelhaften Statik (OLG Stuttgart, BauR 1973, 259); **Giebelmauer** in das Nachbargrundstück (BGH, *Schäfer/Finnern*, Z 3.01 Bl. 421); **Grundstücksvertiefung** – Schaden am Nachbargrundstück (OLG Düsseldorf, BauR 1975, 71); **falsche Gründung** des Bauwerks, Statiker als **Erfüllungsgehilfe** des Bauherrn (OLG Oldenburg, BauR 1981, 399); **keine Verpflichtung zur Überprüfung** der Architektenplanung auf allgemeine **Gebrauchsfähigkeit** (OLG Köln, NJW-RR 1986, 183); **fehlerhafte statische Berechnungen** (OLG Nürnberg, *SFH*, Nr. 56 zu § 635 BGB); Garantie eines Fachingenieurs für die ordnungsgemäße Durchführung einer **Dachsanierung** (OLG Stuttgart, NJW-RR 1989, 210); **fehlender Hinweis** eines Statikers bezüglich der Verletzung seiner **Planungsvorgaben** (OLG Hamm, NJW-RR 1990, 91); **fehlerhafte Mengen- und Kostenermittlung** (BGH, NJW-RR 1988, 1362); **Risse** in Wänden eines Überlaufbeckens (OLG Nürnberg, NJW-RR 1990, 1357); fehlerhafte **Wärmeschutzplanung** (OLG Celle, IBR 2007, 572 – *Baden*); mangelhafte **Wärmedämmmaßnahmen** (OLG Frank-

---

638) BGH, BauR 2013, 1468, NZBau 2013, 519, Rn. 21 f.; OLG Karlsruhe, BauR 2002, 1882, 1885 m. Nachw.

furt, BauR 1991, 785); fehlerhafte **Wärmeschutzberechnung** (OLG Köln, IBR 2004, 29); Haftung des **Elektroingenieurs** (OLG Hamm, BauR 1990, 104); Hinweispflicht des Statikers (nur) hinsichtlich konstruktiver Belange (OLG Hamm, NJW-RR 1992, 1302); statische Überprüfung der **konstruktiven Verbindung** nichttragender und tragender Teile – mit **Kragplatten** starr verbundene Fassadenteile (OLG Düsseldorf, BauR 1994, 395 = NJW-RR 1994, 477); mangelhafte Überprüfung der verwandten **Baustoffe** durch den bauüberwachenden **Ingenieur** (OLG Bamberg, BauR 1996, 284); Überprüfung der **vorhandenen Bausubstanz** durch **Tragwerkplaner** (OLG Düsseldorf, BauR 1997, 685); **Planungsmängel** des Sonderfachmannes bei einer Raumluftanlage für eine Wäscherei; fehlerhafte **Wärmerückgewinnungsanlage** (OLG Düsseldorf, NJW-RR 1996, 17); mangelhafte Informationsbeschaffung durch **Bodengutachter** (OLG Köln, BauR 1998, 411 [LS]); zur **Hinweispflicht** des Tragwerkplaners bei fehlerhaftem Baugrundgutachten (Thüringer OLG, OLGR 1998, 453); Planung und Berechnung einer **Sohlplatte** durch den Tragwerkplaner bei schwierigen Bodenverhältnissen (OLG Düsseldorf, OLGR 1998, 362); **Lochfraß** in Kupferrohren (OLG Köln, BauR 1999, 426); verzinkte Stahlrohre für **Trinkwasserversorgung** (OLG Nürnberg, IBR 2006, 567); Prüfung des **Schmalseitenprivilegs**, § 6 Abs. 6 BauO NRW, ist **nicht** Aufgabe des Vermessungsingenieurs (OLG Hamm, BauR 1999, 1204 = NJW-RR 2000, 22); zu große Heizkörper (OLG Frankfurt, BauR 2000, 598 – kein Planungsfehler des Sonderfachmanns, wenn diese den Regeln der Technik entsprechen); zum **fehlerhaften Vergabevorschlag** und dadurch bedingte Zuschusskürzung (OLG München, BauR 2001, 981); zur Haftung des Tragwerkplaners bei Planung einer **Bodenplatte** mit Entwässerungsrinnen und Dehnungsfugen (OLG Düsseldorf, BauR 2001, 1468 = NZBau 2002, 42); zum Beginn der **Verjährungsfrist** für Ansprüche gegen den Tragwerksplaner (OLG Bamberg, BauR 2005, 1792, 1793 u. OLG Stuttgart, IBR 2004, 150 – *Maser*).

7. Mängel des Treuhänderwerks

Literatur

Pause, Bauträgerkauf und Baumodelle, 5. Auflage 2011; *Basty*, Der Bauträgervertrag, 7. Auflage 2012.

Koeble, Zur Haftung des Treuhänders bei Baumodellen, Festschrift für Korbion (1986), 215; *Mauer*, Besonderheiten der Gewährleistungshaftung des Bauträgers, Festschrift für Korbion, 301; *Vogelheim*, Die Behandlung von Sonderwünschen beim Bauträgervertrag, BauR 1999, 117; *Pause*, Die Entwicklung des Bauträgerrechts und der Baumodelle seit 1998, NZBau 2001, 603 (Teil 1) u. 661 (Teil 2).

Der **Treuhänder** im Bauherren oder Ersterwerbermodell hat eine dem Architekten vergleichbare Stellung, sein Aufgabenbereich ist weit gefächert.[639] Gerade dem **Basistreuhänder** obliegen in der Regel **umfassende Vertragspflichten** gegenüber dem Betreuten; so hat er meist den Abschluss der Verträge vorzunehmen und ist im Zweifel mit der gesamten rechtsgeschäftlichen Abwicklung des Bauherrenmodells für den Erwerber („Bauherrn") beauftragt.[640] In dieser Funktion ist der Basistreuhänder – dem Architekten vergleichbar – **Sachwalter** des Bauherrn und steht in seinem Lager.[641]

2060

---

[639] Vgl. *Brych*, Festschrift für Korbion, S. 1, 5; *Koeble*, Festschrift für Korbion, S. 215 ff.; *Pause*, Rn. 1137, 1176 ff.; *Wirth/Kromik*, VII. Teil, Rn. 116 ff.; *Staudinger/Peters/Jacoby* (2014), Vorb. zu §§ 631 ff., Rn. 160 ff.; Zur Anwendung des früheren **RBerG** auf den umfassenden **Treuhandvertrag**: BGH, IBR 2005, 56 – *Eschenbruch*; zur Anwendung des Rechtsdienstleistungsgesetzes **(RDG)**: *Pause*, Rn. 1146; *Basty*, Rn. 180 (insbesondere zur **Unwirksamkeit** einer dem Treuhänder erteilten **Vollmacht**).

[640] Vgl. dazu vor allem *Pause*, Rn. 1139 ff. u. Rn. 1176 ff. (Hauptpflichten des Treuhänders).

[641] Vgl. *Kürschner*, ZfBR 1988, 2 ff.

2061 Der Treuhänder ist nach ständiger Rechtsprechung des BGH[642] verpflichtet, „**die Interessen der Erwerber (Treugeber) gewissenhaft zu wahren**". In Bezug auf die **technische** Bauwerkserrichtung übernimmt der Treuhänder allerdings keine eigenen Verpflichtungen; er kann also auch nicht – neben dem Architekten oder Unternehmer – aus Sachmängelhaftung wegen Baumängel in Anspruch genommen werden.[643]

Es treffen den Treuhänder jedoch vor allem während der Bauphase umfassende **Beratungs-, Aufklärungs-** und **Hinweispflichten.** So gehört es nach der Rechtsprechung des BGH[644] zu den vertraglichen Pflichten des Treuhänders, den Bauherrn rechtzeitig über **nachteilige Entwicklungen** des Bauvorhabens zu **unterrichten,** insbesondere über Schwierigkeiten, das Bauwerk wie geplant zu errichten. Der Treuhänder muss daher stets durch entsprechende Aufklärung, Beratung und Hinweise die Planverwirklichung sicherstellen.[645] Deshalb kann z.B. eine Haftung des Treuhänders in Betracht kommen, wenn sich Minderflächen der Eigentumswohnungen[646] in der Bauphase abzeichnen, der Treuhänder trotz Kenntnis von diesem Umstand aber nichts unternimmt, insbesondere den Bauherrn nicht unterrichtet, sodass ihm ein Schaden[647] entsteht. Des Weiteren ist der Treuhänder verpflichtet, alles in seiner Macht Stehende zu tun, um **Kostenüberschreitungen** zu verhindern.[648]

Rechtsprechung:

* **Prüfungs-** und **Hinweispflichten** des Treuhänders im Bauherrenmodell (BGH, NJW 1990, 2664 = BauR 1990, 749 = ZfBR 1990, 238; BauR 1991, 88 = NJW-RR 1991, 218 – Flächenangaben im Prospekt)
* Zur Pflicht des Treuhänders/Baubetreuers, bei der Abnahme **Mängel** zu rügen und den Bauherrn hiervon zu unterrichten (OLG Saarbrücken, OLGR 2004, 210 = BauRB 2004, 162)
* Pflicht zur Wahrung **steuerlicher Vorteile** (BGH, NJW-RR 1991, 660 = ZfBR 1991, 112)
* Pflichtverletzung des Treuhänders bei **Weiterleitung** des Kaufpreises (BGH, NJW 1992, 2221 = BauR 1992, 523 = SFH, Nr. 26 zu § 675 BGB)

---

642) Vgl. BGH, BauR 2002, 621; NJW-RR 1989, 1102; BGHZ 102, 220 = NJW 1988, 1663 = ZfBR 1988, 79 = BauR 1988, 103; BGH, BauR 1988, 502 = NJW-RR 1988, 915 = *SFH*, Nr. 17 zu § 675 BGB; BGH, BauR 1988, 99; *Kürschner*, ZfBR 1988, 2, 3 m.w.Nachw.
643) Vgl. *Koeble*, a.a.O., S. 220; *Pause*, Rn. 1228 ff. m. Nachw.
644) Vgl. BGH, NJW-RR 1988, 915; OLG Karlsruhe, WM 1988, 1068 = ZIP 1988, 1258; s. auch: OLG Köln, BauR 1991, 626 (Kauf eine **Altbauimmobilie**); OLG Stuttgart, NJW-RR 1988, 276; OLG Frankfurt, NJW-RR 1988, 618; OLG Köln, NJW-RR 1989, 529.
645) OLG Köln, Urt. v. 20.9.1988 – 15 U 67/88; OLG Köln, BauR 1997, 314 (Einbau einer in der Baubeschreibung vorgesehenen Deckenkonstruktion).
646) Ist die **Wohnfläche** einer Eigentumswohnung ca. 10 % kleiner als im Vertrag angegeben, liegt nach KG, NJW-RR 1989, 459 ein Fehler vor, der zur Minderung des Erwerbspeises berechtigt; vgl. ferner: OLG Düsseldorf, NJW 1981, 1455 (**Berechnung** des Minderwertes); OLG München, ZMR 1978, 365 sowie BGH, BauR 1991, 356 = NJW-RR 1991, 662 = *SFH*, Nr. 22 zu § 675 BGB.
647) Zum Beispiel, der Generalunternehmer wird insolvent; siehe auch BGH, NJW-RR 1988, 915 = *SFH*, Nr. 17 zu § 675 BGB.
648) BGH, BauR 1988, 103.

- Haftung des Treuhänders bei **Gewährleistungsausschluss** ohne sachverständige Prüfung des Bauzustandes (OLG Köln, BauR 1991, 626)
- zur **gesamtschuldnerischen** Haftung von **Baubetreuer** und **Treuhänder** (OLG Düsseldorf, NJW-RR 1992, 914 = BauR 1992, 653)
- zur **Aufklärungspflicht** eines Bautreuhänders, der vor Erfüllung der vertraglich festgelegten Voraussetzungen den Baubeginn veranlasst (BGH, BauR 1994, 380 = NJW 1994, 1864)
- zur Haftung des Treuhänders bei Einsatz eines **fachlich** und **finanziell ungeeigneten Generalübernehmers** (BGH, BauR 1994, 639)
- Haftung des Baubetreuers für unzureichende Beratung zur **Verjährungsvereinbarung** (LG Oldenburg, NJW-RR 1992, 154)
- Pflichten des Baubetreuers bei der **wirtschaftlichen Betreuung** eines Bauvorhabens (OLG Köln, OLGR 1996, 261)
- Unzulässige **Änderung der Zweckbestimmung** eines Bauherrenmodells (OLG Köln, NJWRR 1996, 469 = OLGR 1996, 2)
- **Aufklärungspflichten** und **Prospekthaftung** des Treuhänders im Bauherrenmodell (OLG Köln, OLGR 1996, 237 u. OLGR 2005, 5 [Bauträgermodell]; zur **Prospekthaftung** beim Bauherrenmodell: BGH, BauR 2001, 253 = NJW 2001, 436 – Bauträgermodell; NJW 1990, 2461 = BauR 1990, 612; NJW 1994, 2226 = BauR 1994, 635; zur Berechung des Steuerschadens: BGH, ZfBR 1996, 201)
- Haftung des Baubetreuers **wie ein Architekt,** wenn er entsprechende Aufgaben übernimmt (BGH, BauR 2000, 1762 = NJW-RR 2000, 1547 = ZfBR 2000, 548; s. auch: OLG München, BauR 1999, 399)
- Zur Reichweite und den Auswirkungen einer summenmäßigen **Haftungsbeschränkung** (BGH, BauR 2002, 621 = NZBau 2002, 94 = MDR 2002, 80).

8. Mängel des Projektsteuerers

Literatur

Eschenbruch, Projektmanagement und Projektsteuerung, 3. Auflage 2009; *Kapellmann*, Juristisches Projektmanagement, 2. Auflage 2007.

Schill, Die Entwicklung des Rechts der Projektsteuerung seit 1998, NZBau 2002, 201; *Eschenbruch*, Die Haftung des Projektleiters, Festschrift für Werner (2005), 247; *Schill*, Die Entwicklung des Rechts der Projektsteuerung seit 2002, NZBau 2005, 489; *Weise*, Neues vom Projektsteuerungsvertrag, NJW-Spezial 2007, 213; *Baldringer*, Forderungsbegründung aus gekündigtem Projektsteuerungsvertrag, NZBau 2007, 421; *Neuenfeld*, Die Rechtsprechung des Jahres 2008 zum Architekten- und Ingenieurvertagsrecht – Teil 2, NZBau 2010, 24; *Saerbeck*, Die Abgrenzung der Pflichten des Architekten von denen des Projektsteuerers, Festschrift für Jochem, 2014, 271.

Projektsteuerer finden insbesondere bei Großprojekten immer mehr Betätigungsfelder (Rdn. 1924 ff.);[649] gleichwohl hielt sich die Anzahl der einschlägigen Entscheidungen zum Recht des Projektmanagements in Grenzen,[650] was sich indes in den letzten Jahren geändert hat.[651]

---

649) Instruktiv: *Eschenbruch*, BauR 2004, 1 ff.; *Locher/Koeble/Frik*, Einl., Rn. 400 ff.
650) Vgl. u.a. *Korbion/Möllers*, Baurecht, Teil 14, Rn. 11 m. Nachw. in Anm. 6.
651) Zur Entwicklung: *Eschenbruch*, NZBau 2004, 362 ff.

Die **Haftung** des Projektsteuerers hängt von seinem (vertraglich) übernommenen oder (durch seinen Tätigkeitsbereich) objektiv bestimmten **Pflichtenkreis** ab (Rdn. 1925).[652] Danach bestimmt sich wesentlich auch die rechtliche **Einordnung** als Dienst- oder Werkvertrag (Rdn. 1929).[653] Überwiegt die werkvertragliche Komponente seiner Tätigkeit (z.B. bei Kontroll- und Überwachungsleistungen), gelten die allgemeinen Haftungsregeln des Werkvertragsrechts.[654] Damit sind Fehlverhalten an dem (neuen) Mangelbegriff des § 633 BGB zu messen.

2063 Zu beachten ist, dass es im Einzelfall zu **Überschneidungen** mit dem Leistungsbild anderer an dem Bauvorhaben Beteiligter kommen kann; das ist vor allem der Fall, wenn in Bezug auf die **plan-** und **ausführungsgerechte Verwirklichung** des Bauvorhabens **gleichartige** Vereinbarungen von dem Auftraggeber getroffen werden. Es liegt deshalb auf der Hand, dass das Berufsbild des Projektsteuerers, das ohne scharfe Konturen ausgestattet ist, im Einzelfall schwierige **Abgrenzungsfragen** birgt. Gerade die Haftungsfragen der Baubeteiligten bedingen daher, dass das Leistungsbild der Beteiligten **konkret** vereinbart oder doch jedenfalls umschrieben wird. **Unzulänglichkeiten** oder Ungereimtheiten gehen im Zweifel zu Lasten des **Auftraggebers,** weil es ihm obliegt, die Leistungsbereiche hinreichend konkret abzustecken. Im Streitfall ist es an ihm, die vertragswidrige und damit mangelhafte Werkleistung **darzulegen** und/oder zu **beweisen.** Fällt eine Schadensursache dagegen in den Verantwortungsbereich des Projektsteuerers, hat er zu beweisen, dass er die Pflichtverletzung nicht zu vertreten hat.[655]

2064 Übernimmt der Projektsteuerer „**ein Bündel**" von verschiedenen Aufgaben und überwiegen dabei die erfolgsorientierten, so schuldet er einen werkvertraglichen „Erfolg".[656] Die Bündelung eröffnet damit aber auch über den Begriff der **Zweckgemeinschaft** ein Argument für eine **gesamtschuldnerische Haftung** mit anderen Baubeteiligten (Baubetreuer, Architekt, Sonderfachmann). Handelt der Projektsteuerer „wie ein Architekt", so haftet er auch entsprechend.[657] Eine haftungs-

---

652) OLG München, IBR 2012, 333 – *Knipp* (zu den Voraussetzungen eines **Beratungsfehlers**; Angaben in einem Kreditvertrag); OLG Naumburg, BauR 2009, 1171, 1172 = NZBau 2009, 318, 321 = IBR 2009, 44 – *Eschenbruch*; OLG Düsseldorf, IBR 2009, 594 – *Kirchhof*. Zur Haftung eines bei der Projektentwicklung tätigen **Projektmanagers**: OLG Düsseldorf, IBR 2006, 458 – *Eschenbruch*; *Staudinger/Peters/Jacoby* (2014), Vorb. zu §§ 631 ff., Rn. 38.

653) Zur **Rechtsnatur**: BGH, BauR 2007, 724, 725 = NZBau 2007, 315, 316; BGH, BauR 1999, 1317 = ZfBR 1999, 336; OLG Düsseldorf, IBR 2009, 594 – *Kirchhof*; OLG Celle, NZBau 2004, 684; OLG Frankfurt, BauR 2007, 1107 (LS); *Fischer*, in: Thode/Wirth/Kuffer, § 19 Rn. 55 ff.; *Schill*, NZBau 2002, 201; *Eschenbruch*, Rn. 892 ff.; *Locher/Koeble/Frik*, Einl., Rn. 420 ff.; *Korbion/Möllers*, a.a.O., Rn. 62 ff. Zur Anwendung der früheren **RBerG**: OLG Saarbrücken, IBR 2009, 529 – *Eschenbruch*; BGH, IBR 2005, 56 – *Eschenbruch*; OLG Naumburg, BauR 2009, 1171, 1173 = NZBau 2009, 318; OLG Köln, BauR 2004, 1994 (LS). Zu den **Grenzen** rechtsberatender Tätigkeit auf Grund des **Rechtsdienstleistungsgesetzes** (RDG); OLG Naumburg, BauR 2009, 1171 = IBR 2009, 45 – *Eschenbruch*, Rn. 961 ff.; s. auch: *Locher/Koeble/Frik*, Einl., Rn. 445.

654) Zutreffend: *Neuenfeld/Baden/Dohna/Groscurth*, § 31, Rn. 16; *Locher/Koeble/Frik*, a.a.O., Rn. 425 m.w.Nachw. in Anm. 1114.

655) OLG München, IBR 2006, 458 – *Eschenbruch*.

656) OLG Naumburg, BauR 2009, 1171, 1172.

657) Vgl. BGH, BauR 2000, 1762 = ZfBR 2000, 548 = NZBau 2000, 523; *Eschenbruch*, Rn. 1130 ff.

rechtliche Gesamtschuldnerschaft mit dem planenden und/oder bauüberwachenden Architekten/Sonderfachmann ist deshalb denkbar.[658]

---

658) Siehe *Soergel*, BauR 2005, 239, 249 ff.; *Eschenbruch*, Rn. 1643 ff. m. Nachw.; **a.A.:** *Korbion/Möllers*, a.a.O., Rn. 118 ff.

III. Die Mängelbeseitigungsklage

Übersicht

	Rdn.		Rdn.
1. Begriffsbestimmungen und Grundsätzliches	2066	a) Die Klage gegen den Unternehmer vor Abnahme der Bauleistung	2137
2. Die Klage des Auftraggebers auf Nacherfüllung nach dem BGB	2077	b) Die Klage des Auftraggebers nach Abnahme	2150
3. Mitverschulden des Auftraggebers und seine Zuschusspflicht (Sowiesokosten)	2088	10. Die Klage auf Nacherfüllung gegen den Architekten	2162
4. Umfang der Nacherfüllung	2091	a) Der Neuherstellungsanspruch des Auftraggebers gegen den Architekten	2165
5. Die Kosten der Nacherfüllung	2095		
6. Die verweigerte Nacherfüllung („unverhältnismäßige Kosten")	2100	b) Der Anspruch auf Nacherfüllung (§ 635 BGB)	2166
7. Die Selbstvornahme (§ 637 Abs. 1 BGB)	2106	c) Zum Nacherfüllungsrecht des Architekten	2169
8. Der Kostenvorschussanspruch (§ 637 Abs. 3 BGB)	2114	d) Fristsetzung	2172
a) Voraussetzung und Umfang	2114	e) Die Mitwirkungspflicht des Architekten bei der Nacherfüllung durch den Unternehmer	2173
b) Vorschuss und Verjährung	2125		
c) Die Abrechnung des Vorschusses	2132		
9. Die Klage des Auftraggebers auf Nacherfüllung nach der VOB	2137		

Literatur

Eisenmann, Ersatzansprüche nach Werk- und Kaufvertragsrecht bei Verwendung mangelhafter Baumaterialien, DB 1980, 433; *Kaiser*, Rechtsbehelfe des Werkbestellers vor der Abnahme bei Nachbesserungspflichtverletzungen durch den Unternehmer, ZfBR 1980, 109; *Baumgärtel*, Die Beweislastverteilung für die Haftung des Unternehmers und des Architekten, ZfBR 1981, 1; *Brandt*, Zum Leistungsumfang bei schlüsselfertigen Bauen nach Baubeschreibung in Bezug auf technisch notwendige, aber nicht ausdrücklich vereinbarte Teilleistungen, insbesondere bei der Nachbesserung, BauR 1982, 524; *Soergel*, Mängelansprüche bei vorzeitiger Vertragsbeendigung wegen höherer Gewalt, Festschrift für Korbion (1986), 427; *Peters*, Der Einwand des Mitverschuldens gegenüber Erfüllungsansprüchen, JZ 1995, 754; *Unruh*, Zur Rechtsnatur des Nachbesserungsanspruchs nach BGB und VOB, Festschrift v. Craushaar, 367; *Thode*, Werkleistung und Erfüllung im Bau- und Architektenvertrag, ZfBR 1999, 116; *Leitzke*, Keine Gewährleistung bei ungeklärter Mängelursache?, BauR 2002, 394; *Gross*, Gewährleistungsmanagement in der Baupraxis, BauRB 2003, 154; *Brügmann/Kenter*, Abnahmeanspruch nach Kündigung von Bauverträgen, NJW 2003, 2121; *Derleder*, Der Wechsel zwischen den Gläubigerrechten bei Leistungsstörungen und Mängeln, NJW 2003, 998; *Kenter/Brügmann*, Dominierendes Bestimmungsrecht des Auftraggebers, BauR 2004, 395; *Suffel*, Baustoffkauf bei Händler oder Hersteller – unterscheiden sich die Mängelansprüche?, BrBp 2004, 480; *Woitkewitsch*, Sofortiges Rücktrittsrecht bei mangelhafter Nacherfüllung innerhalb der Frist, MDR 2004, 862; *Grams*, Zum (Schuld-)Anerkenntnis im Baurecht, BauR 2004, 1513; *Schneeweis*, Das Baustellenverbot und seine rechtlichen Auswirkungen, BrBp 2005, 9; *Pott*, Prozessuale Präklusion von Baumängelrechten, NZBau 2005, 680; *Mundt*, Zur angemessenen Nachbesserungsfrist bei witterungsabhängigen Nachbesserungsarbeiten, BauR 2005, 1397; *Weyer*, Das Mängelbeseitigungs-, Nacherfüllungs-„Recht" des Auftragnehmers – nicht nur ein Problem der Terminologie, BauR 2006, 1665; *Sienz*, Das Dilemma des Werkunternehmers nach fruchtlosem Ablauf einer zur Mängelbeseitigung gesetzten Frist, BauR 2006, 1816; *Rohrmüller*, Erfüllungswahl des Insolvenzverwalters, NZBau 2007, 145; *Grams*, Beweisvereitelung durch Baumängelbeseitigung?, BTR 2008, 7; *Popescu/Majer*, Gewährleistungsansprüche bei einem wegen Ohne-Rechnung-Abrede nichtigen Vertrages, NZBau 2008, 424; *Kaiser*, Pflichtwidriges Mangelbeseitigungsverlangen, NJW 2008, 1709; *Knoche*, Das Kooperationsgebot beim Gesamtschuldverhältnis zwischen bauleitendem Architekten und Werkunternehmer, BauR 2008, 1782; *Jochem/Jochem*, Ist der Unternehmer vor Durchführung der Nacherfüllung verpflichtet, einen Sanierungsplan vorzulegen?, Festschrift für Franke (2009), 157; *Rath*, Die wachsende Bedeutung des

Kaufrechts am Bau – Auswirkungen auf die Arbeit des freiberuflich tätigen Architekten?, Festschrift für Koeble (2010), 457; *Peters*, Regelungsbedarf im Baurecht, NZBau 2010, 211; *Motzke*, Aufgabenzuweisung bei durch Planungsfehler und unterlassene Prüfung und Bedenkenmitteilung verursachten Mängeln, BauR 2011, 153; *Matthies*, Mängelrechte in der Insolvenz des Bauunternehmers, BauR 2012, 1005 (s. hierzu: *Scharfenberg/Wellensiek*, IBR 2012, 435); *Leidig/Hürter*, Zusätzliche Vergütung für Reparaturarbeiten vor Abnahme, NZBau 2012, 688; *Koeble*, Abnahmesurrogate, BauR 2012, 1153; *Peters*, Die Rechte des Bestellers während der Herstellung des Werkes, BauR 2012, 1297 (s. hierzu: *Gross*, IBR 2012, 562); *Nehm*, Rücktritt bei Nachfristsetzung vor Fälligkeit? (zu BGH, NZBau 2012, 638), NZBau 2013, 23; *Kaiser*, Fernwirkungen des europarechtlich geprägten Kaufrechts auf das Baurecht, BauR 2013, 139; *Averhaus*, Zur Planung der Beseitigung von planungsbedingten Baumängeln, BauR 2013, 1013 (s. hierzu: *Bolz*, IBR 2013, 545); *Maase*, § 423 BGB und Abgeltungsvergleiche über Baumängel, BauR 2013, 527; *Manteufel*, Grundlegende und aktuelle Fragen der Mängelhaftung im Bauvertrag, NZBau 2014, 195; *Siemens/Groß*, Sanierungsplanung notwendige Maßnahme bei komplexeren Mängelbeseitigungsarbeiten, BauR 2014, 778; *Peters*, Mängelbeseitigung durch den Unternehmer nach freier Kündigung des Bestellers, NZBau 2014, 333; *Schmid/Senders*, Das Abrechnungsverhältnis im Werkvertragsrecht, NZBau 2016, 474; *Fuchs*, Der Planervertrag als Vertrag mit Teilverschaffungsverpflichtung – Abschied von der Teilerfolgsrechtsprechung des BGH, BauR 2016, 345; *Voit*, Mangelrechte vor der Abnahme nach den Grundsatzentscheidungen des BGH, NZBau 2017, 521.

Die auf **Mängelbeseitigung** gerichtete Klage des Bauherrn steht unter dem besonderen Gebot, durch einen ausreichend substantiierten Klagevortrag dem Gericht die Tatsachen zu vermitteln, die erforderlich sind, um das auf Beseitigung von Baumängeln gerichtete Klagebegehren rechtlich richtig einordnen zu können; denn der Anspruch auf Mängelbeseitigung kann verschiedene rechtliche und damit tatsächliche Voraussetzungen haben, die die prozessuale Darstellung des Klagevorbringens beeinflussen. **2065**

1. Begriffsbestimmungen und Grundsätzliches

„Mängelbeseitigung" ist ein **Oberbegriff**, der allgemein jede Behebung eines Baumangels umfasst. Das alte Werkvertragsrecht benutzte diesen Ausdruck u.a. in § 633 Abs. 2 Satz 1 („kann der Besteller die Beseitigung des Mangels verlangen"). Auch die VOB/B spricht von „Beseitigung des Mangels" (§ 13 Abs. 5 Nr. 1 Satz 1 VOB/B). Der Begriff „Beseitigung des Mangels" gibt für die rechtliche Einordnung des Verlangten allerdings noch nichts her. Dies gilt auch für den Begriff „Nachbesserung", der auch heute noch vielfach benutzt wird. In § 633 Abs. 1 BGB/§ 13 Abs. 1 S. 1 VOB/B heißt es nunmehr, der Unternehmer habe das Werk frei von Sach- und Rechtsmängeln **„zu verschaffen"**. Der **(Neu)herstellungs-** und der **Mängelbeseitigungsanspruch** sind begrifflich streng zu trennen: Verlangt der Besteller „Nacherfüllung", „so kann der Unternehmer nach seiner Wahl den Mangel beseitigen oder ein neues Werk herstellen" (§ 635 Abs. 1 BGB). **2066**

Die Trennung zwischen dem Neuherstellungs- und dem Nacherfüllungsanspruch ist auch für den **VOB-Bauvertrag** bedeutsam; die VOB/B hat allerdings dem (verschuldensunabhängigen) Mängelbeseitigungsanspruch in § 4 Abs. 7 Satz 1 und § 13 Abs. 5 im Gegensatz zum BGB nach h.A. eine andere rechtliche Ausgestaltung gegeben. Ist der Nacherfüllungsanspruch nach dem BGB grundsätzlich als Erfüllungsanspruch anzusehen, der Ausfluss des Rechts des Bestellers auf Erfüllung des **2067**

Vertrages gemäß § 631 Abs. 1 BGB ist,[1)] wird im Rahmen der VOB/B nur der Mängelbeseitigungsanspruch des § 4 Abs. 7 Satz 1 VOB/B als Erfüllungsanspruch angesehen,[2)] während § 13 Abs. 5 Nr. 1 VOB/B demgegenüber ein echtes Mängelrecht (vgl. Rdn. 2150 ff.) enthalten soll, der ebenfalls auf Nachbesserung/Nacherfüllung, d.h. auf Mängelbeseitigung, ausgerichtet ist.[3)]

2068 Damit ergibt sich nach herrschender Ansicht folgende **Einteilung**:

Mängelbeseitigung ist allgemein die Herstellung eines vertragsgemäßen Zustandes eines Bauwerks, und zwar entweder durch **Erfüllung** der ursprünglich durch den Bauvertrag übernommenen Herstellungs-/Verschaffungspflicht (§§ 631 Abs. 1, 633 Abs. 1 BGB) oder ausnahmsweise im Rahmen der **Gewährleistung** als sekundäre Herstellungspflicht.

Die Klage des Auftraggebers, die auf Mängelbeseitigung gemäß §§ 634 Nr. 1, 635 Abs. 1 BGB und gemäß § 4 Abs. 7 Satz 1 VOB/B gerichtet ist, stellt sich damit im eigentlichen Sinne als eine „**Erfüllungs**"-**Klage** dar.[4)] Zu beachten ist, dass ein **Erfüllungsanspruch** nicht bereits dadurch erlischt, dass der Auftraggeber die Abnahme verweigert und Schadensersatz wegen „Mangelhaftigkeit" verlangt. Solange die Werkleistung nicht abgenommen ist, besteht Anspruch auf Erfüllung.[5)] Nichts anderes gilt für den **gekündigten** Bauvertrag; auch sein „Erfüllungsstadium" endet erst mit der **Abnahme.**[6)] Macht der Besteller wegen einer nicht rechtzeitigen Fertigstellung des Bauwerkes Schadensersatz geltend, muss der Unternehmer darlegen und beweisen, dass ihn kein Verschulden trifft.[7)] Die Beweislast für Ersparnisse des Gläubigers trägt grundsätzlich der Schuldner.[8)]

2069 Daraus folgt: **Bis** zur Abnahme besteht der Erfüllungsanspruch, sodass sich die Rechte des Bestellers nach dem **allgemeinen Leistungsstörungsrecht** richten. Der Besteller muss deshalb die Bauleistung nicht abnehmen, sondern er kann (nach Fristsetzung zur Fertigstellung und anschließend zur Mängelbeseitigung) unmittelbar auf die Vorschriften der §§ 280, 281, 323 BGB zurückgreifen.[9)] Der Ablauf der

---

1) Vgl. *Ganten*, BauR 1971, 161; *Kaiser*, NJW 1973, 1911; BGH, WM 1971, 685 = NJW 1971, 838, 839; BGH, NJW 1958, 706; NJW 1963, 805; *Schmalzl*, BauR 1971, 172.
2) Er erfordert daher auch kein Verschulden (*Heiermann/Riedl/Rusam/Mansfeld*, § 4 VOB/B, Rn. 86).
3) *Muffler*, BauR 2004, 1356, 1357; *Lauer/Wurm*, Rn. 140.
4) Indes bestehen durchaus noch Unterschiede zum Erfüllungsanspruch (*Staudinger/Peters Jacoby* (2014), § 634, Rn. 27.
5) BGH (X. ZS), ZfBR 1997, 35 = NJW 1997, 50; OLG Hamm, BauR 2003, 106, 107. Zur Anwendung der **allgemeinen Vorschriften** §§ 280 ff. BGB (Schadensersatz) und §§ 323 ff. BGB (Rücktritt) s. *Palandt/Sprau*, Vorb. vor § 633 BGB, Rn. 7; *Peters*, BauR 2012, 1297, 1300 ff.; *Leupertz/Halfmeier*, § 633 BGB, Rn. 5; *Voit*, BauR 2011, 1063, 1066 f.; *Bauer*, in: Motzke/Bauer/Seewald*, 5 B, Rn. 105 m.w.Nachw. Zur **Beweislast** des Unternehmers für den Nichtablauf einer angemessenen Herstellungsfrist: BGH, NZBau 2004, 155 = ZfBR 2004, 157. Zu den sog. **Abnahmesurrogaten** und deren Rechtsfolge: *Koeble*, BauR 2012, 1153.
6) BGH, BauR 2003, 689 = NZBau 2003, 265 = BauRB 2003, 68 – *Frank*, BGH BauR 2017, 875, BauR 2017, 879.
7) BGH, BauR 2001, 946 = NJW-RR 2001, 806; zum Umfang des Anspruchs: BGH, ZfBR 2000, 168.
8) BGH, BauR 2001, 1903 = NJW 2001, 3535.
9) Vgl. *Palandt/Sprau*, Vorb. vor § 633 BGB, Rn. 7; *Lauer/Wurm*, Rn. 131; *Leupertz/Halfmeier*, in: Prütting/Wegen/Weinreich, § 633 BGB, Rn. 5 m. Nachw.; siehe hierzu auch: *Fuchs*, BauR 2016, 345, 354; OLG Hamm, BauR 2016, 677, 684 m.w.Nachw.

Fristen bewirkt auch keinen Untergang des Erfüllungsanspruchs, sondern erst das Verlangen eines Schadensersatzes (§ 281 Abs. 4 BGB).

Im Ergebnis ist damit die Position des Auftraggebers durch das SchRModG gestärkt; die Fristsetzung allein bewirkt nunmehr bereits das, was die Fristsetzung mit Ablehnungsandrohung nach altem Recht bewirken sollte: Der Unternehmer muss jetzt nach dem Fristablauf bereits damit **rechnen**, dass der Auftraggeber von den ihm zustehenden Möglichkeiten (Bestehen auf Erfüllung oder Beendigung der Erfüllungsphase) Gebrauch macht. Auf der anderen Seite muss diese Rechtssituation noch kein Nachteil sein; denn der Unternehmer kann die Erfüllung solange noch herbeiführen, bis der Auftraggeber das Erfüllungsstadium beendet.

Entscheidendes Kriterium für die **Anspruchsänderung** ist in jedem Falle die **2070** **Abnahme** der Werkleistung.[10] Hierdurch tritt eine Konkretisierung des Leistungsgegenstandes ein, was für den Fortbestand des Neuherstellungsanspruches von Bedeutung ist. Der **Nacherfüllungsanspruch** wiederum erlischt, sobald der Besteller mit der Selbstvornahme (§ 637 BGB) beginnt, Schadensersatz nach §§ 634 Nr. 4, 636, 280, 281 BGB von dem Unternehmer verlangt oder von seinen Gestaltungsrechten (**Rücktritt** bzw. **Minderung**) Gebrauch macht.[11]

Das in der Praxis oftmals ausgesprochene „**Baustellenverbot**" des Auftraggebers **2071** muss noch **keinen Verlust** des Nacherfüllungsanspruchs begründen; **kündigt** dieser z.B. das Vertragsverhältnis und verweist er den Unternehmer von der Baustelle, bleiben die Nacherfüllungspflicht des Unternehmers und das Recht des Auftraggebers, die Vergütung bis zur Mängelbeseitigung zu verweigern (§ 320 BGB), bestehen.[12] Beruft sich der Auftraggeber auf sein **Leistungsverweigerungsrecht,** so gibt er damit dem Unternehmer zu erkennen, dass „er zum Zweck der Mängelbeseitigung das Betreten der Baustelle zulässt."[13] Eine vertragswidrige Weigerung des Auftraggebers, die Nacherfüllung zuzulassen, erfüllt allein noch nicht die Voraussetzungen der Verwirkung;[14] und auch das **Angebot** einer Minderung im Rahmen eines (später gescheiterten) Vergleichsgesprächs führt nicht zum Verlust des Mängelbeseitigungsrechts.[15] Verweigert der Auftraggeber die **Besichtigung** der gerügten Mängel, gerät er in **Annahmeverzug**, verliert dadurch allerdings noch

---

10) Auch eine **mangelhafte** Werkleistung kann abgenommen werden, mit der Folge, dass auch noch nicht erbrachte Teilleistungen in eine Schlussrechnung eingestellt werden können (OLG Stuttgart, IBR 2013, 673 – *Junk*). Zur Bedeutung der Abnahme s. auch *Neuenfeld*, NZBau 2012, 620, 621; *Hartung*, NJW 2007, 1099 ff.; zur **Verjährung** von Mängelansprüchen: OLG Brandenburg, IBR 2014, 338 – *Karczewski*.
11) Vgl. AnwKom-BGB/*Raab*, § 634 BGB, Rn. 13. Das ist nicht der Fall, wenn die Voraussetzungen eines solchen Gestaltungsrechts nicht gegeben sind (BGH, BauR 1976, 57; *Kniffka/Krause-Allenstein*, § 634 BGB, Rn. 40).
12) OLG Brandenburg, IBR 2006, 554 – *Putzier*; s. auch OLG Hamm, IBR 2007, 306 – *Miernik*.
13) BGH, ZfBR 2005, 49 = BauR 2004, 1616 = NZBau 2004, 611 = IBR 2004, 494 – *Hildebrandt*; zu den **Auswirkungen** des **Baustellenverbots**: *Schneeweiss*, BrBp 2005, 9 ff. u. *Schrader*, BrBp 2005, 27 ff.
14) BGH, BauR 2003, 1892, 1898.
15) BGH, BauR 2004, 670 = NZBau 2004, 210. Der Auftraggeber kann keine Nacherfüllung verlangen, wenn er nur ein Parteigutachten vorlegt, obwohl mit dem Unternehmer die Einholung eines **Schiedsgutachtens** vereinbart war (OLG Celle, BauR 2004, 113, 115).

nicht sein Nacherfüllungsrecht.16) Daher kann er sich auch auf ein Leistungsverweigerungsrecht berufen.

Der **Auftraggeber** verliert seinen Mängelbeseitigungsanspruch (nach Abnahme) auch nicht dadurch, dass er zunächst einen (erfolglosen) eigenen Nachbesserungsversuch unternimmt, es sei denn, die sachgerechte Nacherfüllung durch den Unternehmer wird dadurch unmöglich gemacht oder wesentlich erschwert. Im Übrigen kann aber **fehlerhaftes Vorgehen** des Auftraggebers bei der Geltendmachung eines Nacherfüllungsanspruchs zu einem **Anspruchsverlust** führen.17) Fordert der Auftraggeber eine Maßnahme zu einer Mängelbeseitigung, die von dem Unternehmer nicht geschuldet wird, kann nach der Rechtsprechung des BGH18) gleichwohl das **Ersatzvornahmerecht** entstehen. Werden die Mängelansprüche des Unternehmers gegen seinen **Subunternehmer** an den Auftraggeber **abgetreten**, geschieht dies in der Regel nur erfüllungshalber und führt deshalb nicht zum Erlöschen des Mangelbeseitigungsanspruchs gegen den Unternehmer.19)

2072 Wichtig ist, dass dem Anspruch des Auftraggebers auf Nacherfüllung somit ein **Mängelbeseitigungs„recht"** des Unternehmers gegenübersteht.20) Dieser hat die vertragliche Befugnis, die Nacherfüllung selbst und aufgrund seiner eigenen fachmännischen Entschließung vornehmen zu können.21) Der Unternehmer entscheidet somit, welche Maßnahmen zur Herstellung des vertraglich geschuldeten Werks zu unternehmen sind, und er hat die **Wahl** „zwischen allen geeigneten Maßnahmen".22) Dies ist in § 635 BGB ausdrücklich festgeschrieben, was sachgerecht ist; denn der Unternehmer kann in der Tat leichter als der Auftraggeber entscheiden, ob ein Mangel besser durch Nacherfüllung oder Neuherstellung beseitigt werden kann.23) Schlägt der Unternehmer nach Aufforderung zur Nacherfüllung eine **geeignete Mängelbeseitigung**24) vor, verhält sich der Besteller widersprüchlich, wenn er deren Ausführung nicht zulässt, was wiederum Auswirkungen auf seine Mängel-

---

16) BGH, BauR 2004, 1616. Zum Annahmeverzug wegen fehlerhafter Zurückweisung der angebotenen Nacherfüllung: BGH, BauR 2010, 1935 = NZBau 2010, 748 = ZfBR 2011, 28 = IBR 2010, 558 – *Schwenker*.
17) Siehe hierzu: OLG Brandenburg, IBR 2008, 91 – *Sienz* (**unberechtigtes** Verlangen einer bestimmten Mängelbeseitigungsmaßnahme); OLG Celle, IBR 2009, 327 – *Karczewski* (**Beharren** auf Neuherstellung).
18) BGH, BauR 2013, 1129 = NZBau 2013, 430 = ZfBR 2013, 454 = IBR 2013, 340, 341 – *Weyer*.
19) OLG Frankfurt, NJW-RR 1992, 280, 281.
20) Zur rechtlichen Qualität dieses „Rechts": OLG Düsseldorf, BauR 2017, 122; OLG Hamm, IBR 2007, 306 – *Miernik*; *Jansen*, BauR 2005, 1089, 1091; *Weyer*, BauR 2006, 1665, 1667.
21) OLG Düsseldorf, NZBau 2016, 295; BGH, BauR 2013, 1129 = NZBau 2013, 430; BGH, BauR 2010, 1583 = ZfBR 2010, 664 = NJW 2010, 2571; *Seidel*, JZ 1991, 391, 392 m. Nachw.; *Muffler*, BauR 2004, 1356, 1357.
22) BGH, BauR 1998, 123, 124 = NJW 1998, 2051 = ZfBR 1998, 77; OLG Düsseldorf, BauR 2013, 107, 109; KG, BauR 2006, 1757 = OLGR 2006, 884 (Abdichtung einer Tiefgarage); *Weyer* (IBR 2006, 548) hält die Entscheidung des KG zutreffend für nicht überzeugend, soweit dem Besteller der Ersatz **höherer Wartungskosten** versagt wird.
23) Vgl. *Raiser*, NZBau 2001, 598, 599 u. *Preussner*, BauR 2002, 231, 234, der zutreffend darauf hinweist, dass der Auftraggeber die von dem Unternehmer gewählte Art der Nacherfüllung **zurückweisen** kann, wenn dies für ihn **unzumutbar** ist.
24) Maßgebend für Art und Umfang bleibt indes stets das **vertraglich** geschuldete Werk (OLG Brandenburg, IBR 2009, 263 – *Orthmann*).

ansprüche haben kann.[25] Beruhen Ausführungsmängel auf einer fehlerhaften **Planung** des von dem Auftraggeber eingeschalteten Architekten, hat der Unternehmer Anspruch auf die Vorlage einer entsprechenden **Sanierungsplanung**.[26]

Im **Einzelfall** kann der Unternehmer jedoch auch **zu einer bestimmten Nacherfüllung** verpflichtet sein, wenn nur durch diese der Mangel nachhaltig beseitigt und der vertraglich geschuldete Zustand erreicht werden kann.[27] **Einigen** sich die Vertragsparteien auf eine **bestimmte Nacherfüllung**, bedeutet dies noch nicht den Verzicht auf bestehende Gewährleistungsansprüche;[28] verlangt der Auftraggeber eine **untaugliche** Beseitigungsmaßnahme, also eine solche, die den bestehenden Zustand nicht verbessert, so hat dies auf die Verpflichtung des Unternehmers zur Nacherfüllung ebenfalls noch keinen Einfluss; dieser haftet – bis hin zur Neuherstellung – auch weiterhin auf Mängelbeseitigung.[29] Dem Unternehmer wird allerdings ein Leistungsverweigerungsrecht einzuräumen sein, wenn er seinen Mängelbeseitigungsarbeiten wegen der dem Auftraggeber obliegenden Vorleistungen oder wegen des Fehlens von bauseitigen Voraussetzungen nicht sinnvoll nachkommen kann und dadurch die Schaffung eines mangelfreien Zustands nicht erreicht werden könnte.[30]

Im Übrigen ist immer auf die schutzwürdigen Interessen des Auftragebers abzustellen, insbesondere, wenn die Nacherfüllung von dem Unternehmer ungebührlich verzögert wird. Das Recht des Unternehmers auf Nacherfüllung wird im Regelfall entfallen, wenn er die ihm gesetzte Frist zur Mängelbeseitigung verstreichen lässt.[31]

2073 Auf der anderen Seite ist auch der Auftraggeber nicht berechtigt, dem Unternehmer das Nacherfüllungsrecht (grundlos) zu versagen;[32] stellt z.B. der Unternehmer

---

25) BGH, BauR 2004, 501, 502.
26) OLG Hamm, IBR 2011, 260 – *Bolz*. Zur **Haftung** des Bauherrn wegen Mitverschuldens: OLG Düsseldorf, IBR 2011, 201 – *Fuchs*.
27) Siehe BGH, BauR 2013, 1129 = NZBau 2013, 430 = ZfBR 2013, 454 im Anschluss an BGH, BauR 2011, 1336 = NZBau 2011, 413 = ZfBR 2011, 550 = NJW 2011, 1872 = IBR 2011, 398 – *Schulze-Hagen*; BGH, BauR 1997, 638 = ZfBR 1997, 249 (für **Schallschutzmängel**); BGHZ 149, 289 = NZBau 2002, 266 = BauR 2002, 794; OLG Stuttgart, IBR 2012, 258 – *Manteufel*; OLG Celle, NZBau 2009, 123 = BauR 2009, 655 = OLGR 2009, 87 = IBR 2009, 18 – *Schwenker* (**zum Verlust** des **Vergütungsanspruchs** des Unternehmers, der sich auf **Unverhältnismäßigkeit** beruft und nicht leistet; die vom Unternehmer angeschafften Fenster waren zu klein; den Einsatz mit Aufdoppelungsprofilen lehnte der Auftraggeber ab); OLG Hamm, BauR 2006, 850, 851 = OLGR 2006, 224 (Entfernung eines fehlerhaften Deckenputzes u. Herstellung tapezierfähiger glatter Unterschichten).
28) BGH, BauR 2002, 472 = NZBau 2002, 149; OLG Celle, IBR 2011, 77 – *Schwenker*; zur **Unwirksamkeit** eines **Vergleichs** über die Mängelbeseitigung s. OLG Düsseldorf, IBR 2013, 22 – *Bolz*; zum „**Verzicht**" des Bauherrn auf eine vertraglich geschuldete Leistung: OLG Köln, BauR 1997, 314.
29) BGH, BauR 1998, 123 = ZfBR 1998, 77 (Abänderung der Vorinstanz: OLG Düsseldorf, BauR 1997, 140).
30) Zutreffend: OLG Düsseldorf, BauR 2004, 99, 101.
31) BGH, BauR 2003, 693; KG, BauR 1990, 472 = MDR 1990, 339; s. hierzu: *Sienz*, BauR 2006, 1816 ff.; *Kenter/Brügmann*, BauR 2004, 395 ff.
32) Der Auftraggeber ist berechtigt, ein Angebot des Unternehmers sorgfältig zu prüfen; zur **Ablehnung** eines Angebots auf Mängelbeseitigung eines sich **in Verzug** befindlichen Unternehmers: OLG Brandenburg, IBR 2009, 263 – *Orthmann*.

nach Vorlage eines Privatgutachtens durch den Bauherrn die Mängel und die Verpflichtung zur Nacherfüllung nicht infrage, bietet er vielmehr deren umgehende Beseitigung an, so ist der Auftraggeber verpflichtet, die Nacherfüllung hinzunehmen, sofern dies nicht im Einzelfall **unzumutbar** erscheint. Die unberechtigte Verweigerung der Nacherfüllung lässt jedenfalls die **Vor**leistungspflicht des Unternehmers entfallen.[33] Lehnt der Bauherr die Mängelbeseitigung „definitiv" ab, reicht das wörtliche Angebot des Unternehmers aus, um einen Annahmeverzug des Bauherrn zu begründen.[34] Im Übrigen kann der **Unternehmer** auf Werklohn **nach Empfang der Gegenleistung klagen**, sofern die Parteien über die **Art** der angebotenen Nacherfüllung streiten.[35]

2074 Streiten sich die Vertragsparteien über eine Gewährleistungspflicht, kann im Einzelfall ein **entgeltlicher Werkvertrag** zu Stande kommen, z.B. wenn der Bauherr dem (vermeintlich verantwortlichen) Unternehmer einen entsprechenden **Auftrag** zur Mängelbeseitigung erteilt hat.[36] Einen solchen Nachweis wird der Unternehmer aber nur selten führen können; handelt es sich eindeutig um Mängelbeseitigungsarbeiten, die der Herstellung eines vertragsgemäßen Zustandes dienen, kommt eine **Doppelvergütung** grundsätzlich nicht in Betracht.[37] Es bedarf in diesen Fällen eines **konkreten Hinweises** darauf, dass von dem Auftraggeber in die **Übernahme** der für die Mängelbeseitigung entstandenen Kosten **eingewilligt** wird, wenn sich später die fehlende Verantwortlichkeit des Auftragnehmers für die beanstandeten Mängel herausstellt.[38] In einem vorbehaltlosen neuen Auftrag kann deshalb nur in Ausnahmefällen ein **Verzicht** auf etwaige Mängelrechte aus dem ursprünglichen Werkvertrag gesehen werden.[39] Der Anspruch des Auftraggebers auf

---

33) Vgl. dazu: BGH, BauR 2004, 1616; BauR 2004, 1891; OLG Düsseldorf, BauR 1998, 1011, 1013 = NJW-RR 1998, 1030; OLG Koblenz, NJW-RR 1996, 1299; OLG Hamm, BauR 1996, 123.
34) OLG Düsseldorf, a.a.O. u. OLG Hamm, NJW-RR 1992, 667.
35) BGH, NZBau 2002, 266 = BauR 2002, 794 = MDR 2002, 512 = NJW 2002, 1262.
36) Siehe hierzu: BGH, NZBau 2012, 432 = NJW 2012, 2105 = IBR 2012, 248 – *Fuchs*; BGH, NZBau 2005, 453 =NJW-RR 2005, 1179 sowie die Stellungnahme von *Leidig/Hürter*, NZBau 2012, 688; OLG Celle, BauR 2012, 655; BauR 2003, 265 = IBR 2003, 240 – *Groß*; OLG Karlsruhe, BauR 2003, 1241 = OLGR 2003, 327 = IBR 2003, 353 – *Lott*; OLG Düsseldorf, BauR 2001, 1608. Zur **Abgrenzung** einer **zusätzlichen** Leistung zu einem bestehenden Werkvertrag von einem selbstständigen Auftrag: BGH, ZfBR 2002, 350 = BauR 2002, 618 = NZBau 2002, 215. Zur **Schadensersatzpflicht** des Bauherrn wegen **unberechtigter** Inanspruchnahme eines Baubeteiligten auf Mängelbeseitigung: OLG Düsseldorf, NJW-RR 1999, 746; s. ferner: *Malotki*, BauR 1998, 682 ff.; *Moufang/Koos*, BauR 2007, 300 ff.; LG Leipzig, IBR 2006, 137 – *Bolz*; zur Ersatzpflicht des **Hauptunternehmers** gegenüber dem Nachunternehmer: LG Essen, BauR 2010, 1603 = IBR 2011, 19 – *Berding*; s. auch: LG Kassel, IBR 2008, 209 – *Heiliger*; OLG Brandenburg, IBR 2008, 208. Zur **Vergütungspflicht** eines (vermeintlichen) Zusatzauftrages über Mängelbeseitigungsarbeiten: OLG Celle, BauR 2005, 106; zum **Aufwendungsersatzanspruch** aus Geschäftsführung ohne Auftrag (Nachunternehmer beseitigt fremden Mangel): OLG Nürnberg, IBR 2012, 72 – *Roskosny*. Zum Abschluss eines **entgeltlichen Auftrags** (Zusatzvergütung für eine Reparatur): BGH, IBR 2012, 248 – *Fuchs*.
37) BGH (X. ZS), BauR 2005, 1317, 1319 m.Anm. *Quack* = NZBau 2005, 453, 454; Urt. v. 10.6.2003 – X ZR 86/01 = IBR 2003, 600; OLG Brandenburg, IBR 2008, 208 – *Bolz*.
38) OLG Düsseldorf, BauR 2007, 1902, 1903 m.w.Nachw.
39) OLG Düsseldorf, BauR 1995, 254, 256 = NJW-RR 1995, 402 (**Erlassvertrag**); dazu auch *Malotki*, BauR 1998, 682, 683.

Ersatz der für die Mängelbeseitigung erforderlichen Kosten erlischt im Übrigen nicht mit der Veräußerung des Grundstücks.⁴⁰⁾

In der Praxis sind demgegenüber **Sanierungsvereinbarungen**⁴¹⁾ zwischen Auftraggeber und gewährleistungspflichtigem Unternehmer nicht selten.⁴²⁾ Wird in einer solchen Sanierungsabrede **eine bestimmte Art und Weise der Mängelbeseitigung** festgelegt,⁴³⁾ kann der Auftraggeber von dieser Vereinbarung gemäß § 323 BGB zurücktreten, wenn der Unternehmer seinen übernommenen Verpflichtungen nicht fristgerecht oder nur unzureichend nachkommt. In diesem Falle leben die ursprünglichen Mängelansprüche wieder auf.⁴⁴⁾ Zeigen sich weitere, bislang nicht bekannte Mängel, die das Konzept der Sanierungsvereinbarung infrage stellen, entfällt die **Geschäftsgrundlage** (§ 313 BGB), sodass auf die Mängelrechte zurückgegriffen werden kann.⁴⁵⁾ Zu beachten ist, dass Sanierungsvereinbarungen im Einzelfall im Rahmen eines **Insolvenzverfahrens** als anfechtbare Rechtshandlungen gewertet werden können; so kann nach der Rechtsprechung des BGH⁴⁶⁾ ein inkongruentes Deckungsgeschäft vorliegen, wenn sich Auftraggeber und Unternehmer unter Verzicht auf eine Nacherfüllung auf eine Ermäßigung des Werklohns verständigen, die außerhalb des objektiv erforderlichen Mängelbeseitigungsaufwandes liegt.

Treffen die Parteien einen **Abgeltungsvergleich**, wonach zum Ausgleich sämtlicher Mängelrechte an den Auftraggeber ein Vergleichsbetrag gezahlt wird, treten mit der Zahlung die **Abnahmewirkungen** ein.⁴⁷⁾

Wird von dem Unternehmer angeboten, den beanstandeten Mangel aus „**Kulanz**" beseitigen zu wollen, kann ein solches Angebot nicht ohne weiteres zurückgewiesen

---

40) OLG Frankfurt, BauR 2012, 507, 508 f. m.w.Nachw.; **a.A.:** OLG Köln, BauR 1993, 734 = ZfBR 1993, 231.
41) Zum Begriff „Sanierung" zutreffend: OLG Hamm, IBR 2016, 86 – *Kau.*
42) BGH, NZBau 2012, 432 (Reparaturauftrag und **Vertragsauslegung**); BGH, NJW-RR 2003, 737 (Nachbesserungsvereinbarung nach Erklärung der Wandelung); OLG Stuttgart, IBR 2012, 387 (deklaratorisches **Anerkenntnis** hinsichtlich der Mängel und Nachbesserungspflicht); OLG Schleswig, BauR 2012, 815 = IBR 2012, 388 – *Bolz* (Vereinbarung über eine neue Dachkonstruktion; **Mehrkosten** zulasten des Unternehmers); OLG Celle, IBR 2012, 129 – *Stein* (Aufforderung zur Reparatur); OLG Dresden, IBR 2012, 450 – *Manteufel* (Sanierungsvereinbarung umfasst nur die bekannten Mängeln); OLG Düsseldorf, BauR 2012, 815 (Vereinbarung über eine qualitativ höherwertige Neuherstellung); zu einer Nachbesserungsvereinbarung unter Vorbehalt der **Kostentragung**: BGH, BauR 1999, 252 = NJW 1999, 416 u. OLG Düsseldorf, BauR 2007, 1902; zu einer Vereinbarung zwischen **gleichgeschalteten** Unternehmern: OLG Nürnberg, NZBau 2002, 218 u. LG Regensburg, BauR 2002, 642; zu einer Vereinbarung zwischen **Haupt-** und **Subunternehmer**: OLG Düsseldorf, NJW-RR 1999, 1249; zur Wirksamkeit eines **Vergleichs** einzelner Wohnungseigentümer mit dem Bauträger: OLG Hamm, ZfBR 2001, 475 = MDR 2001, 1110 = IBR 2002, 262 – *Kieserling;* zur **Unwirksamkeit** eines **Prozessvergleichs**: OLG Hamm, BauR 2000, 1231.
43) Zum Beispiel: Aufbringung eines zweilagigen Außenputzes einschließlich Gewebeeinlage auf eine mangelhafte, weil nicht schlagregendichte Klinkerfassade; vgl. OLG Düsseldorf, BauR 1994, 373.
44) OLG Düsseldorf, BauR 1994, 373 = NJW-RR 1994, 719.
45) OLG Bamberg, BauR 1998, 1117 (LS) = IBR 1998, 341 – *E.J. Groß*; OLG Dresden, IBR 2012, 450 – *Manteufel* (Vereinbarung umfasst nur bereits bekannte Mängel).
46) BGH, BauR 2004, 1448, 1451 = NZBau 2004, 504 = ZfBR 2004, 679.
47) OLG München, IBR 2009, 274 – *Vogel* (Vergleich zwischen dem Bauträger und den Erwerbern einer Wohnanlage. Der **Insolvenzverwalter** scheitert mit seiner Klage gegen den Architekten des Bauträgers wegen **Verjährungseintritts**).

werden, wenn damit eine vertragsmäßige Leistung erreicht wird.[48] Die Mängelbeseitigung aus Kulanz, die regelmäßig mit den Worten **„ohne Anerkennung einer Rechtspflicht"** verbunden wird, stellt kein Anerkenntnis im Sinne des § 212 Abs. 1 Ziff. 1 BGB dar, sodass **ein Neubeginn** der Verjährungsfrist **nicht** eintritt.[49] Das muss von dem Auftraggeber bei der Abwicklung einer auf Kulanzbasis erfolgten Mängelbeseitigung beachtet werden. Im Übrigen kann eine **unberechtigte** Mängelrüge im Einzelfall zu einem **Schadensersatzanspruch** des Unternehmers führen.[50] Wer vor Abnahme im Wege der Selbstvornahme Mängel beseitigt, ohne deren Vorliegen hinreichend zu dokumentieren, läuft Gefahr, wegen Verletzung einer Kooperationspflicht Beweisverluste zu erleiden.[51]

2. Die Klage des Auftraggebers auf Nacherfüllung nach dem BGB

Literatur

Clemm, Abgrenzung zwischen (kostenloser) Nachbesserung und (entgeltlichem) Werkvertrag, BB 1986, 616; *Kaiser*, Aktuelle Rechtsfragen im Privaten Baurecht, ZfBR 1986, 252; *Kohler*, Werkmangelrechte, Werkleistunganspruch und Leistungsstörungsrecht, BauR 1988, 278; *Böhme*, (Teil-)Identische Nachbesserungspflichten von Vor- und Nachunternehmer, Festschrift v. Craushaar (1997), 327; *Malotki*, Die unberechtigte Mangelbeseitigungsaufforderung; Anspruch des Unternehmers auf Vergütung, Schadens- oder Aufwendungsersatz, BauR 1998, 682; *Huber*, Der Nacherfüllungsanspruch im neuen Kaufrecht, NJW 2002, 1004; *Brügmann/Kenter*, Abnahmeanspruch nach Kündigung von Bauverträgen, NJW 2003, 2121; *Acker/Roskosny*, Die Abnahme beim gekündigten Bauvertrag und deren Auswirkungen auf die Verjährung, BauR 2003, 1279; *Moufang/Koos*, Unberechtigte Mängelrügen nach Abnahme: Untersuchungspflicht und Ansprüche des Unternehmers, BauR 2007, 300; *Grams*, Beweisvereitelung durch Baumängelbeseitigung?, BTR 2008, 7; *Skamel*, Nacherfüllung und Schadensersatz beim Einbau mangelhafter Sachen, NJW 2008, 2820; *Rath/Rath*, Gebietet die „Parkettstäbe-Entscheidung" des BGH eine Neubestimmung des werkvertraglichen Nacherfüllungsanspruchs?, Festschrift für Quack (2009), 197; *Peters*, Die Beweislast für Mangelhaftigkeit oder Mangelfreiheit des Werks, NZBau 2009, 209; *Seibel*, Welche Konsequenzen hat das bewusste Abweichen des Unternehmers von der Baubeschreibung für den Nacherfüllungsanspruch?, ZfBR 2009, 731; *Faust*, Die Reichweite der Nacherfüllung im Baurecht, BauR 2016, 1818; *Voit*, Nacherfüllungsanspruch und Nacherfüllungsbefugnis im Gesamtschuldnerausgleich, BauR 2011, 392; *Voit*, Mängelrechte vor der Abnahme nach den Grundsatzentscheidungen des BGH, NZBau 2017, 521.

2077 In der Vergangenheit wurde in der Literatur und Rechtsprechung z.T. sehr kontrovers diskutiert, in wieweit vor einer Abnahme überhaupt die Sonderregelungen der Mängelhaftung, wie etwa die Selbstvornahme oder die Minderung, zur Anwendung gelangen können. Durch Urteile vom 19. Januar 2017[52] hat der BGH die Streitfrage nunmehr grundsätzlich geklärt. Ein Besteller kann danach Mängelrechte

---

48) OLG Koblenz, IBR 2009, 579 – *Orthmann*. Zur **Rechtsverbindlichkeit** einer Nachbesserungszusage **„aus Kulanz"**: OLG München, BauR 2011, 1835 = NZBau 2011, 493 = IBR 2011, 458 – *Amelsberg*.
49) OLG München, BauR 2011, 1835, 1836; OLG Nürnberg, BauR 2008, 107, 109 = IBR 2008, 384 – *Stangl*; OLG Jena, IBR 2010, 23 – *Heiland*.
50) BGH, BauR 2008, 671, 673 = NJW 2008, 1147 für das **Kaufrecht**; s. hierzu *Kaiser*, NJW 2008, 1709 ff. Zur Kostentragungspflicht bei **unberechtigter** Mängelrüge s. Rdn. **2074**, Anm. 42.
51) BGH, BauR 2009, 237 = NZBau 2009, 117 (**Beweisvereitelung**).
52) BGH, BauR 2017, 875 = NZBau 2017, 216; BGH, BauR 2017, 879; BeckRS 2017, 103136; hierzu: *Voit*, NZBau 2017, 521 sowie Rdn. **2847**.

nach § 634 BGB erst **nach Abnahme** des Werks mit Erfolg geltend machen. Zugleich stellt der BGH aber klar, dass Mängelrechte nach § 634 Nr. 2 bis 4 BGB auch **ohne Abnahme** geltend gemacht werden können, wenn der Besteller nicht mehr die (Nach-)Erfüllung des Vertrags verlangen kann und das Vertragsverhältnis in ein **Abrechnungsverhältnis** übergegangen ist.

Wegen der Bedeutung dieser drei Urteile zitieren wir aus dem 3. Urteil[53] auszugsweise wie folgt:

Die Frage, ob die Mängelrechte aus § 634 BGB vom Besteller schon vor Abnahme geltend gemacht werden können, ist in Rechtsprechung und Schrifttum umstritten (vgl. zum Streitstand: Jordan, Der zeitliche Anwendungsbereich des allgemeinen Leistungsstörungsrechts und der besonderen Gewährleistungsrechte beim Kauf-, Werk- und Mietvertrag, 2015, S. 129 ff.; K. Jansen, Die Mangelrechte des Bestellers im BGB-Werkvertrag vor Abnahme, 2010, S. 35 ff.).

Der Senat hat diese Frage bislang ausdrücklich offen gelassen (vgl. BGH, Urteile vom 8. Juli 2010 – VII ZR 171/08, BauR 2010, 1778 Rn. 28 = NZBau 2010, 768; vom 24. Februar 2011 – VII ZR 61/10, BauR 2011, 1032 Rn. 17 a.E. = NZBau 2011, 310; vom 6. Juni 2013 – VII ZR 355/12, NJW 2013, 3022 Rn. 16; vom 25. Februar 2016 – VII ZR 49/15 Rn. 41, zur Veröffentlichung in BGHZ vorgesehen). Es entspricht aber der Rechtsprechung des Senats, dass im Grundsatz die Abnahme des Werks den maßgebenden Zeitpunkt markiert, ab dem die Mängelrechte des Bestellers aus § 634 BGB eingreifen (BGH, Urteile vom 6. Juni 2013 – VII ZR 355/12, aaO; vom 25. Februar 2016 – VII ZR 49/15, aaO).

...

(3) Der Senat entscheidet nunmehr, dass der Besteller Mängelrechte nach § 634 BGB grundsätzlich erst nach Abnahme des Werks mit Erfolg geltend machen kann. Soweit sich aus den Entscheidungen vom 11. Oktober 2012 (VII ZR 179/11 und VII ZR 180/11, BauR 2013, 81 = NZBau 2013, 99 und juris) etwas anderes ergeben könnte, hält der Senat daran nicht fest. Das beruht auf folgenden Erwägungen:

(a) Ob ein Werk mangelfrei ist, beurteilt sich grundsätzlich im Zeitpunkt der Abnahme. Bis zur Abnahme kann der Unternehmer grundsätzlich frei wählen, wie er den Anspruch des Bestellers auf mangelfreie Herstellung aus § 631 Abs. 1 BGB erfüllt. Könnte der Besteller bereits während der Herstellungsphase Mängelrechte aus § 634 BGB geltend machen, kann das mit einem Eingriff in dieses Recht des Unternehmers verbunden sein. Allerdings stehen dem Besteller in der Herstellungsphase Erfüllungsansprüche und Rechte des allgemeinen Leistungsstörungsrechts zur Verfügung, die unter Umständen schon vor Fälligkeit bestehen können, wie § 323 Abs. 4 BGB zeigt.

(b) Bereits der Begriff „Nacherfüllung" in § 634 Nr. 1, § 635 BGB spricht dafür, dass die Rechte aus § 634 BGB erst nach der Herstellung zum Tragen kommen sollen. Die Erfüllung des Herstellungsanspruchs aus § 631 Abs. 1 BGB tritt bei einer Werkleistung regelmäßig mit der Abnahme ein, § 640 Abs. 1 BGB, so dass erst nach Abnahme von „Nacherfüllung" gesprochen werden kann.

(c) Aus dem nur für den Nacherfüllungsanspruch geltenden § 635 Abs. 3 BGB folgt, dass zwischen dem auf Herstellung gerichteten Anspruch aus § 631 Abs. 1 BGB und dem Nacherfüllungsanspruch Unterschiede bestehen. § 635 Abs. 3 BGB eröffnet dem Unternehmer bei der geschuldeten Nacherfüllung nach § 634 Nr. 1 BGB weitergehende Rechte als § 275 Abs. 2 und 3 BGB. Herstellungsanspruch und Nacherfüllungsanspruch können demnach nicht nebeneinander bestehen.

(d) Dafür, dass die Abnahme die Zäsur zwischen Erfüllungsstadium und der Phase darstellt, in der anstelle des Herstellungsanspruchs Mängelrechte nach § 634 BGB geltend gemacht werden können, spricht zum einen die Regelung in § 634a Abs. 2 i.V.m. Abs. 1 Nr. 1 und 2 BGB, wonach die Verjährung von Mängelrechten in den meisten Fällen mit der Abnahme beginnt.

---

53) BGH, BeckRS 2017, 103136.

Zum anderen stellt die Abnahme auch im Übrigen eine Zäsur dar, da mit ihr die Fälligkeit des Werklohns eintritt (§ 641 Abs. 1 BGB), die Leistungsgefahr auf den Besteller übergeht (§ 644 Abs. 1 Satz 1 BGB) und die Beweislast für das Vorliegen von Mängeln sich umkehrt, soweit kein Vorbehalt nach § 640 Abs. 2 BGB erklärt wird.

(e) Die Auslegung der werkvertraglichen Vorschriften dahingehend, dass dem Besteller die Mängelrechte nach § 634 BGB grundsätzlich erst nach Abnahme zustehen, führt zudem zu einem interessengerechten Ergebnis.

(aa) Vor der Abnahme steht dem Besteller der Herstellungsanspruch nach § 631 Abs. 1 BGB zu, der ebenso wie der Anspruch auf Nacherfüllung aus § 634 Nr. 1 BGB die mangelfreie Herstellung des Werks zum Ziel hat. Der Besteller kann diesen Anspruch einklagen und, falls notwendig, im Regelfall nach § 887 ZPO vollstrecken.

Die Gefahr des zufälligen Untergangs des Werks verbleibt beim Unternehmer, der Werklohn wird nicht fällig und die Beweislast für das Vorliegen von Mängeln geht nicht auf den Besteller über, solange er den Herstellungsanspruch nach § 631 Abs. 1 BGB geltend macht.

(bb) Die Interessen des Bestellers sind durch die ihm vor der Abnahme aufgrund des allgemeinen Leistungsstörungsrechts zustehenden Rechte angemessen gewahrt: etwa Schadensersatz neben der Leistung nach § 280 Abs. 1 BGB, Schadensersatz statt der Leistung nach §§ 281, 280 BGB, Schadensersatz wegen Verzögerung der Leistung, § 280 Abs. 2, § 286 BGB, Rücktritt nach § 323 BGB oder Kündigung aus wichtigem Grund entsprechend § 314 BGB.

Der Schadensersatzanspruch statt der Leistung gemäß § 281 Abs. 1 BGB ist zwar anders als die Mängelrechte nach § 634 Nr. 2 und 3 BGB verschuldensabhängig (§ 280 Abs. 1 Satz 2 BGB). Eine den Schadensersatzanspruch begründende Pflichtverletzung liegt aber auch vor, wenn der Unternehmer die Frist aus § 281 Abs. 1 Satz 1 BGB verstreichen lässt (vgl. zum Kaufrecht: BGH, Urteil vom 29. April 2015 – VIII ZR 104/14, NJW 2015, 2244 Rn. 12; Urteil vom 17. Oktober 2012 – VIII ZR 226/11, BGHZ 195, 135 Rn. 11 ff.).

Der Besteller hat hiernach die Wahl, ob er die Rechte aus dem Erfüllungsstadium oder aber die grundsätzlich eine Abnahme voraussetzenden Mängelrechte aus § 634 BGB geltend macht. Ein faktischer Zwang des Bestellers zur Erklärung der Abnahme für ein objektiv nicht abnahmefähiges Werk besteht damit entgegen verbreiteter Meinung nicht. Im Übrigen wird der Besteller, der eine Abnahme unter Mängelvorbehalt erklärt, über § 640 Abs. 2, § 641 Abs. 3 BGB geschützt.

bb) Der Besteller kann in bestimmten Fällen berechtigt sein, Mängelrechte nach § 634 Nr. 2 bis 4 BGB ohne Abnahme geltend zu machen.

(1) Das ist zu bejahen, wenn der Besteller nicht mehr die Erfüllung des Vertrags verlangen kann und das Vertragsverhältnis in ein Abrechnungsverhältnis übergegangen ist. Macht der Besteller gegenüber dem Unternehmer nur noch Schadensersatz statt der Leistung in Form des kleinen Schadensersatzes geltend oder erklärt er die Minderung des Werklohns, so findet nach der bisherigen Rechtsprechung des Bundesgerichtshofs zum alten Schuldrecht eine Abrechnung der beiderseitigen Ansprüche statt (vgl. BGH, Urteil vom 11. Mai 2006 – VII ZR 146/04, BGHZ 167, 345 Rn. 26; Urteil vom 10. Oktober 2002 – VII ZR 315/01, BauR 2003, 88, 89, juris Rn. 11 = NZBau 2003, 35; Urteil vom 16. Mai 2002 – VII ZR 479/00, BauR 2002, 1399, 1400, juris Rn. 13; jeweils m.w.N.). An dieser Rechtsprechung hält der Senat auch nach Inkrafttreten des Schuldrechtsmodernisierungsgesetzes jedenfalls für den Fall fest, dass – wie vorliegend – der Unternehmer das Werk als fertiggestellt zur Abnahme anbietet. Verlangt der Besteller Schadensersatz statt der Leistung nach § 281 Abs. 1, § 280 Abs. 1 BGB, ist der Anspruch auf die Leistung nach § 281 Abs. 4 BGB ausgeschlossen. Nichts anderes gilt, wenn der Besteller im Wege der Minderung nur noch eine Herabsetzung des Werklohns erreichen will. Auch in diesem Fall geht es ihm nicht mehr um den Anspruch auf die Leistung und damit um die Erfüllung des Vertrags.

Nacherfüllung nach dem BGB

Bezüglich der letzten Ausführungen des BGH zu möglichen Ausnahmefällen hat der BGH in zwei weiteren Entscheidungen[54] geklärt, dass diese auch für den Vorschussanspruch gelten können, wenn der Auftraggeber ausdrücklich oder konkludent zum Ausdruck bringt, unter keinen Umständen mehr mit dem Unternehmer, der ihm das Werk als fertiggestellt zur Abnahme angeboten hat, zusammenarbeiten zu wollen.

2078 Die Geltendmachung von Ansprüchen aus Nacherfüllung setzt somit grundsätzlich die Abnahme voraus.

Der Auftraggeber ist gemäß § 640 Abs. 1 BGB verpflichtet, die von dem Unternehmer als fertiggestellt angebotene Bauleistung abzunehmen, oder eindeutig darzulegen, aus welchen Gründen er sie nicht als vertragsgemäß abnimmt. Der Auftraggeber, der gegen den Unternehmer auf Nacherfüllung von Werkmängeln klagt, muss nach der Abnahme neben dem Baumangel auch den Nachweis führen, dass er sich das Recht auf Nacherfüllung bei der Abnahme vorbehalten hat, § 640 Abs. 2 BGB. Nichts anderes gilt bei einer konkludenten Abnahme.[55]

Zu beachten ist, dass, abweichend von § 13 Abs. 5 Abs. 1 Nr. 3 VOB/B,[56] das BGB **keine** Abnahme der **Mangelbeseitigungsleistungen** kennt. § 640 Abs. 2 BGB kann insoweit also keine Anwendung finden.[57]

2079 Es kann nach der Abnahme nur noch Beseitigung des Mangels verlangt werden.[58] Der Mängelbeseitigungsanspruch beschränkt sich damit auf das abgenommene Werk,[59] wenngleich dem Unternehmer eine **Neuherstellung** nicht versagt werden kann, soweit berechtigte Interessen des Bestellers nicht entgegenstehen.[60] Die Neuherstellung ist eine Alternative zur Mängelbeseitigung, wobei die Abgrenzung im Einzelfall schwierig ist. Das Risiko, hier die richtige Wahl zu treffen, liegt allerdings beim Unternehmer. Es versteht sich indes, dass der Unternehmer bei seiner Entscheidung die **Interessen** des **Auftraggebers** angemessen berücksichtigen muss. Er ist deshalb auch im Einzelfall gehalten (§ 242 BGB), auf eine Neuherstellung zu verzichten, wenn eine Mängelbeseitigung („Nachbesserung") ausreicht und der Auftraggeber mit guten Gründen darauf besteht. Allerdings kann der **Nacherfüllungsanspruch** des Auftraggebers auch nach der Abnahme des Werks auf Neuherstellung gerichtet sein, wenn nur auf diese Weise die Mängel nachhaltig zu beseitigen sind.[61]

Kann eine Werkleistung **nicht** durch eine bloße Nacherfüllung zur mangelfreien Werkleistung gebracht werden, muss der Unternehmer die Kosten einer **Neuher-**

---

54) BauR 2017, 875 = NZBau 2017, 216; BauR 2017, 879.
55) BGH, NZBau 2010, 318, 319 = BauR 2010, 795, 797; OLG Düsseldorf, IBR 2008, 569 – *Leitzke*.
56) Vgl. dazu BGH, *SFH*, Nr. 15 zu § 13 Nr. 4 VOB/B (1973).
57) Vgl. OLG München, MDR 1984, 141.
58) Die Nacherfüllung muss indes die zum Zeitpunkt ihrer Vornahme geltenden **anerkannten Regeln der Technik** einhalten (OLG Stuttgart, NZBau 2012, 42 = IBR 2011, 697 – *Weyer*).
59) BGH, NJW 1973, 1792 = BauR 1973, 313.
60) *Palandt/Sprau*, § 634 BGB, Rn. 3 für die **Nacherfüllung**.
61) BGHZ 96, 111 = BauR 1986, 93 = ZfBR 1986, 23.

stellung auf sich nehmen.⁶²⁾ Die Grenze ist hier die **Zumutbarkeit**; eine Neuherstellung kann (nur) verweigert werden, wenn der Vorteil, den sie im Einzelfall gewährt, gegenüber dem erforderlichen Kostenaufwand geringwertig ist.⁶³⁾

Eine Neuherstellung kann von dem Unternehmer verweigert werden, wenn sie einen unverhältnismäßigen Aufwand erfordert (§ 635 Abs. 3 BGB). Die Neuherstellung eines **Leistungsteils** gilt nur als „Nachbesserung".⁶⁴⁾ Die Teilerneuerung kommt nicht in Betracht, wenn Gefahr besteht, dass die vorhandenen Fehler auf bisher nicht betroffene Teile des Werks übergreifen.⁶⁵⁾

2080 Der Unternehmer muss immer die **Ursachen** der Mängel **abklären** und **dauerhaft beseitigen**, er darf sich nicht nur mit der Beseitigung von Folgeerscheinungen begnügen.⁶⁶⁾ Eine Nacherfüllung muss mit anderen Worten dem geschuldeten Vertragserfolg entsprechen.⁶⁷⁾ Ist das nicht der Fall, gerät der Besteller nicht in Annahmeverzug und kann nach Ablauf der Frist zur Selbstvornahme schreiten. Übernimmt der Unternehmer bei der Vertragsausführung Aufgaben, die er nach dem Vertrag **nicht schuldet**, so kann er gleichwohl haften. Nichts anderes gilt, wenn Bauleistungen aus „**Gefälligkeit**" erbracht werden.⁶⁸⁾

2081 Die Ursachen der Mängel sind unerheblich;⁶⁹⁾ eine mangelfreie Herstellung ist nicht schon deshalb „unmöglich", wenn sie mit Schwierigkeiten verbunden ist. Leistungserschwernisse, die von vornherein erkennbar sind, fallen deshalb immer in den **Risikobereich** des Unternehmers.⁷⁰⁾ Die **Zurechnung** des Mangels entfällt jedoch, wenn dieser auf die Leistungsbeschreibung des Bauherrn,⁷¹⁾ auf die von diesem gelieferten Stoffe oder Bauteile oder die Beschaffenheit der **Vorleistung** eines anderen Unternehmers zurückzuführen ist und der Unternehmer eine ihm obliegende Prüfungs- und Hinweispflicht erfüllt hat (vgl. Rdn. 2037 ff.). Die **Erheblichkeit** des Mangels spielt ebenfalls keine Rolle,⁷²⁾ wenn auch die Beseitigung im **Einzelfall** wegen eines unverhältnismäßigen Kostenaufwandes verweigert werden kann.

---

62) BGH, BauR 2013, 1129 = NZBau 2013, 430; BGH, BauR 2011, 1336 = ZfBR 2011, 413; OLG Frankfurt, IBR 2006, 198 – *Fries*; OLG Brandenburg, BauR 2002, 1562, 1563; OLG Dresden, BauR 1998, 787, 790 = NJW-RR 1998, 882.
63) Vgl. BGH, SFH, Nr. 70 zu § 633 BGB („nur optische Beeinträchtigung eines Hallenfußbodens"); OLG Düsseldorf, BauR 1977, 418, 419; **a.A.:** *Mandelkow*, BauR 1996, 656, 659.
64) Vgl. RGZ 95, 329.
65) BGH, BauR 1984, 510 = ZfBR 1984, 222 = NJW 1984, 2457.
66) BGH, BauR 2006, 1468 = NZBau 2006, 641 = ZfIR 2006, 621 m.Anm. *Thode* = IBR 2006, 487 – *Schwenker* (**Schimmelpilzbefall**); OLG Brandenburg, IBR 2007, 70 – *Merl* (**Austausch von formaldehyd-belasteten Bauteilen**); OLG Düsseldorf, BauR 2002, 1564, 1565.
67) OLG Frankfurt, IBR 2006, 198 – *Fries* (Asphaltbelag mit Blasenbildung).
68) Vgl. BGH, BauR 1996, 418, 419 = NJW 1996, 1278 = ZfBR 1996, 155 (für **Architekten**); OLG Koblenz, NZBau 2013, 585 = IBR 2013, 536 – *Boisserée* (Dachdecker): OLG Celle, BauR 2002, 1427 = IBR 2002, 318 – *Schwenker;* OLG Oldenburg, BauR 2002, 1715 (für Deliktsansprüche); SchlHOLG, IBR 1997, 20 – *Baden*.
69) *Staudinger/Peters/Jacoby*, § 633 BGB, Rn. 130 m. Nachw.
70) OLG Düsseldorf, NJW-RR 1999, 894 = BauR 1999, 918.
71) Siehe hierzu: OLG Düsseldorf, NZBau 2002, 274 = BauR 2002, 644.
72) *Staudinger/Peters/Jacoby*, § 633 BGB, Rn. 130.

Nacherfüllung nach dem BGB

2082 Der Unternehmer, der den Mangel eines Werks beseitigen muss, trägt die hierfür notwendige Aufwendungen (§ 635 Abs. 2 BGB); er ist deshalb auch verpflichtet, die **Schäden** zu beheben, die dadurch eintreten, dass zur **Vorbereitung** der Nacherfüllung Sachen des Auftraggebers beschädigt werden oder in die **Gewerke** anderer Unternehmer eingegriffen werden muss;[73] dabei handelt es sich nicht um einen Schadensersatzanspruch. Vielmehr gehört die Verpflichtung zu den Erfüllungspflichten des Unternehmers. Der BGH[74] hat z.B. insoweit bereits für das alte Recht ausgeführt, dass die Wiederherstellung von aufgeschlagenen Badezimmerwänden der dem Unternehmer auferlegten Nachbesserungspflicht entspreche. Der Unternehmer muss deshalb bei einer Nacherfüllung stets jede Beeinträchtigung beseitigen, die dem Eigentum des Auftraggebers zugefügt werden muss, um die Behebung des Werkmangels zu ermöglichen.[75] Das schließt die Verpflichtung ein, im Einzelfall Drittunternehmer einzuschalten, um die vertragswidrige Leistung in Ordnung zu bringen; den dadurch entstehenden Kostenaufwand hat der Unternehmer ebenso zu tragen wie die Kosten für die Behebung der eigenen mangelhaften Werkleistung.[76] Zu diesen zählen vor allem auch diejenigen Kosten, die der Unternehmer aufbringen muss, um den Mangel in seinen Ursachen abzuklären – wie z.B.: Aufstellen einer Abfangkonstruktion, großflächiges Herausschneiden von schadhaften Stellen, Gutachten eines Materialprüfungsamtes.[77] Die Voraussetzungen der §§ 634 Nr. 4, 636, 280, 281 BGB müssen deshalb nicht vorliegen.[78]

2083 Wird der Bauvertrag vorzeitig durch **Kündigung** beendet, bleibt der Unternehmer grundsätzlich verpflichtet, aber auch berechtigt, Mängel an dem von ihm erstellten Teilbauwerk zu beseitigen.[79] Der Unternehmer trägt die **Darlegungs-** und **Beweislast** dafür, dass sein bis zur Kündigung erbrachtes Werk mangelfrei ist.[80] Ist die Mängelbeseitigung nur durch eine **Neuherstellung** möglich, scheidet eine Mängelbeseitigung aus.[81]

Einigen sich die Parteien eines Werkvertrages in einem außergerichtlichen **Vergleich** über die von dem Unternehmer geschuldete Art der Nacherfüllung, hat diese Vereinbarung in der Regel keine „umschaffende Wirkung"; der Anspruch auf

---

73) OLG Naumburg, NZBau 2012, 237 = IBR 2012, 144 – *Küpper*.
74) NJW 1963, 805; BGH, BauR 1978, 402, 403; BauR 1979, 333 = NJW 1979, 2095; BGH (X. ZS), NJW-RR 1999, 813, 814.
75) OLG Karlsruhe, BauR 2005, 1485, 1487 = OLGR 2005, 571, 572.
76) *MünchKomm-Busche*, § 635 BGB, Rn. 13; OLG Naumburg, IBR 2012, 144 – *Küpper*.
77) BGH, NJW-RR 1999, 813, 814; OLG Hamm, BauR 1995, 109.
78) *Palandt/Sprau*, § 635 BGB, Rn. 6 m. Nachw.
79) BGH, BauR 1987, 689 = ZfBR 1987, 238 (im Anschluss an BauR 1985, 456); OLG Brandenburg, IBR 2006, 554 – *Putzier*; OLG Hamm, BauR 1995, 397 = OLGR 1995, 88; OLG Düsseldorf, NJW-RR 1995, 155; OLG Dresden, BauR 1998, 787, 789 = NJW-RR 1998, 882, 883; *Kniffka*, ZfBR 1998, 113, 117. Zur **Kündigung** eines Bauträgervertrages und **Abrechnung** bei verweigerter Mängelbeseitigung durch die Eigentümergemeinschaft: OLG Saarbrücken, OLGR 2002, 67.
80) OLG Celle, BauR 1995, 393 (für Kündigung nach § 8 Nr. 3 VOB/B); BGH, BauR 1993, 469, 472.
81) OLG Dresden, BauR 1998, 787, 790 = NJW-RR 1998, 882.

Nacherfüllung unterliegt daher weiterhin der **Verjährung** nach den einschlägigen Vorschriften des BGB bzw. der VOB/B.[82]

2084 Erweist sich sowohl eine Neuherstellung als auch die Mängelbeseitigung durch Nacherfüllung als **objektiv unmöglich** (§ 275 Abs. 1 BGB), was aus Schwierigkeiten einer Neuherstellung oder Nacherfüllung noch nicht folgen kann,[83] ist der Unternehmer i.S. des Werkvertrags von seiner Leistungspflicht zwar befreit, ihn trifft bei anfänglicher Unmöglichkeit indes die **Schadensersatzpflicht** nach § 311a Abs. 2 BGB. Die Vorschrift des § 311a Abs. 1 BGB erfasst die **objektiven** und **subjektiven** Leistungshindernisse: Der **Schadensersatzanspruch** des Auftraggebers besteht im Ersatz des positiven Interesses (Schadensersatz statt der unmöglichen Leistung) oder im Aufwendungsersatz nach § 284 BGB.[84] Rechtsprechung zur objektiven oder subjektiven Unmöglichkeit i.S. des § 275 Abs. 1 BGB ist nur spärlich vorhanden. Das OLG München hat im Urteil vom 24.1.2012[85] zur „subjektiven Unmöglichkeit" **einer Nacherfüllung** zutreffend dargelegt, dass diese nur vorliege, „wenn der Schuldner die Leistung keineswegs erbringen" könne; das Leistungshindernis müsse daher für ihn **„unüberwindbar"** sein. Das sei aber nicht der Fall, wenn der Schuldner der Mithilfe **Dritter** bedürfe. Zudem sei es höchstrichterliche Rechtsprechung[86], „dass eine ordnungsgemäße Mängelbeseitigung auch durch andere als die geschuldeten Maßnahmen möglich (sei), wenn der geschuldete Erfolg damit erreicht" werde.

2085–2087 (nicht besetzt)

3. Mitverschulden des Auftraggebers und seine Zuschusspflicht (Sowiesokosten)

Literatur

Früh, Die „Sowieso-Kosten", 1991; *Haerendel*, Sowieso-Kosten und weitere zusätzliche Kosten infolge Fehlplanung, Baurechtliche Schriften, Bd. 47, 1999.

Laum, Zur Zuschusspflicht des mitverantwortlichen Bauherrn bei der Nachbesserung, BauR 1972, 140; *Bühl*, Der Kostenzuschussanspruch des Auftragnehmers, BauR 1985, 502; *Früh*, Die Kostenbeteiligungspflicht des Bauherrn bei der Mängelbeseitigung unter besonderer Berücksichtigung der sogenannten „echten Vorteilsausgleichung" (Abzug „neu für alt"), BauR 1992, 160; *Berger*, Vorteilsausgleich nach der Rechtsprechung des BGH, Abzug neu-für-alt, Sowieso-Kosten – Wem gebührt die „Habenseite der Schadensbilanz"?, BauR 2013, 325.

---

[82] BGH, BauR 1987, 692; BGH, BauR 1997, 131 = ZfBR 1997, 32 = NJW-RR 1997, 148; zur Verjährung nach **fehlgeschlagenem** Nachbesserungsversuch: OLG Celle, IBR 2006, 492 – *Schwenker*; zum **Neubeginn** der Verjährung nach Beseitigung des Mangels: LG Koblenz, NJW-RR 2007, 272, 273; zu den Wirkungen eines **gerichtlichen** Vergleichs: *Maase*, BauR 2013, 527 ff.; OLG Köln, BauR 1993, 744, 745 (**Gesamtwirkung**, wenn der Vergleich mit dem im Innenverhältnis allein haftenden Gesamtschuldner abgeschlossen wird).

[83] *Staudinger/Peters/Jacoby* (2014), § 635 BGB, Rn. 7 unter Hinweis auf OLG Düsseldorf, NJW-RR 1999, 894.

[84] Zu Änderungen der Haftung nach neuem Recht: *Kniffka/Jansen/von Rintelen*, § 631 BGB, Rn. 212.

[85] NZBau 2012, 364, 365 = BauR 2012, 1256, 1257 = IBR 2012, 452 – *Fuchs*.

[86] Das OLG München (a.a.O.) verweist auf BGH, NJW 1981, 1448. Zur **Unmöglichkeit** der Leistung: *Wagner*, ZfIR 2002, 353, 355.

Mitverschulden und Zuschusspflicht

2088 Beruht der Mangel auf einer ausdrücklichen **Anweisung** des Auftraggebers bei der Bauausführung,[87] ist der Unternehmer nicht zur Nacherfüllung verpflichtet, wenn er den Auftraggeber auf die nachteiligen Folgen hingewiesen hat (vgl. Rdn. 2035 ff.). Eine Aufklärung ist dem Unternehmer geboten, wenn der Auftraggeber erkennbar nicht sachverständig ist.[88] Beharrt der Auftraggeber bei der Bauausführung auf die Erfüllung seiner Wünsche, ist der Unternehmer nach dem Auftreten von Baumängeln nicht zur Nacherfüllung verpflichtet, weil es sich insoweit nicht um ein „Werk des Unternehmers" handelt. Für eine Anwendung von § 254 BGB ist deshalb kein Raum.[89]

Hat der Auftraggeber selbst oder sein Architekt/Sonderfachmann als **Erfüllungsgehilfe** (§ 278 BGB) die Entstehung des Mangels mitverursacht, kann der Unternehmer einen **Zuschuss** zu den Kosten der Nacherfüllung verlangen.[90] Die Verpflichtung des Auftraggebers zur Übernahme eines mitverursachten Nachbesserungsaufwands beruht „als **vertraglicher Nebenanspruch** letztlich auf dem Gedanken von **Treu** und **Glauben**, § 242 BGB" (BGH).

2089 Darüber hinaus erwächst dem Unternehmer ein Anspruch auf Erstattung von **Mehrkosten**, wenn im Zuge der Nacherfüllung Leistungen erforderlich werden, die er nach dem Vertrag nicht zu erbringen hatte, dann aber, weil sie zur ordnungsgemäßen Ausführung nötig sind, zusätzlich doch erbringen muss.[91] Der BGH kürzt deshalb den Aufwendungs- bzw. Schadensersatzanspruch des Auftraggebers stets um die **(Mehr)kosten**, um die die Bauleistung (das Werk) bei einer ordnungsgemäßen Ausführung von vornherein teurer gewesen wäre. Bei der Bezifferung dieser „**Sowiesokosten**" sind diejenigen Mehraufwendungen zu ermitteln, die bei Befolgung des „jetzt vorgesehenen Konzepts entstanden wären".[92] Keinen Anspruch auf Mehrkosten hat der Unternehmer, wenn er nach dem Vertrag einen bestimmten Erfolg zu einem bestimmten Preis versprochen hat und sich die vertraglich vorgesehene Ausführungsart später als unzureichend darstellt.[93] Der Unternehmer kann sich also auf diese Weise nicht aus der Verantwortung stehlen.[94] Deshalb ist in solchen Fällen immer sorgfältig der Vertragsinhalt, vor allem anhand des Leis-

---

87) Sie setzt stets eine eindeutige Aufforderung des Bauherrn voraus, die Werkleistung in bestimmter Weise auszuführen (*Mansfeld*, in: Heiermann/Riedl/Rusam, § 4 VOB/B, Rn. 16; s. ferner: OLG Hamm, BauR 1992, 123 [LS]).
88) Vgl. RGZ 64, 295; OLG Köln, MDR 1954, 545; BGH, JZ 1957, 442.
89) Vgl. OLG Celle, NJW 1960, 102 m. Nachw.
90) BGHZ 90, 344, 348 = BauR 1984, 395; BGH, BauR 2010, 1583, 1584 = IBR 2010, 441 – *Löffelmann*; OLG Naumburg, IBR 2009, 451 – *Merl*; s. hierzu auch: OLG Frankfurt, BauR 2013, 974, 975.
91) *Palandt/Sprau*, § 635 BGB, Rn. 7; s. auch OLG Düsseldorf, NJW-RR 2011, 1589 für **Mehrkosten**, die infolge nach der Abnahme gestiegener gesetzlicher und/oder technischer Anforderungen anfallen.
92) BGH, BauR 1993, 722; BGH, BauR 1984, 510 = ZfBR 1984, 222; OLG Stuttgart, NZBau 2012, 42, 43 = IBR 2011, 697 – *Weyer*; s. Rdn. **2952**.
93) Vgl. BGH, BauR 1987, 207; OLG Braunschweig, BauR 2008, 1323; OLG Stuttgart, NJW-RR 2011, 1589; *Palandt/Sprau*, § 635 BGB, Rn. 7; *Lauer/Wurm*, Rn. 168; OLG Karlsruhe, NJW-RR 1999, 1694.
94) BGH, BauR 1990, 84 = ZfBR 1990, 16; BGH, BauR 1990, 360 (für Sanierung einer Hangbefestigung); BGH, BauR 1989, 462, 467.

tungsverhältnisses des Auftraggebers festzustellen; dann können auch bei nur pauschalen Leistungen durchaus Abzüge wegen Sowiesokosten in Betracht kommen.[95]

2090 Die Zuschusspflicht des mitverantwortlichen Auftraggebers führt dazu, dass der Auftraggeber in Höhe seines **quotalen Haftungsanteils** an den zum Zwecke der Mängelbeseitigung erforderlichen Aufwendungen des Unternehmers, die dieser gemäß § 635 Abs. 2 BGB oder gemäß § 13 Abs. 5 Nr. 1 Satz 1 VOB/B zu tragen hat, beteiligt wird. Auf Verlangen des Unternehmers hat der Auftraggeber daher auch eine **Sicherheit** (z.B. Bankbürgschaft) zu stellen;[96] der Auftraggeber muss den Zuschussbetrag vor Durchführung der Mängelbeseitigung also nicht zahlen. Bietet der Unternehmer die Mängelbeseitigung vorprozessual ordnungsgemäß an, so kommt der Besteller in **Annahmeverzug**, wenn er dem berechtigten Verlangen nach einer Zuschusszahlung in Form einer Sicherheitsleistung nicht nachkommt oder die Verpflichtung hierzu bestreitet. Geht der Auftraggeber hin und lässt stattdessen die Nacherfüllung durch einen **Drittunternehmer** vornehmen, steht ihm ein Ersatzanspruch gegen den gewährleistungspflichtigen Unternehmer nicht (mehr) zu.[97]

Der **Zuschussanspruch** muss von dem Unternehmer geltend gemacht werden,[98] sei es im Wege des **Zurückbehaltungsrechts**, durch **Aufrechnung** oder nach einer Mängelbeseitigung und Abrechnung der von ihm für die Nacherfüllung aufgewandten Kosten durch eine **Zahlungsklage**, sofern sich die Parteien nicht über die Berechtigung der Zuschussforderung und/oder deren Höhe verständigen können.[99] Führt der Unternehmer die Nacherfüllungsarbeiten selbst oder durch einen Drittunternehmer durch, müssen von ihm in einer **Zahlungsklage** die tatsächlich aufgewandten Kosten der Mängelbeseitigung **dargelegt** und **bewiesen** werden. Die **Höhe** des Zuschusses richtet sich dabei grundsätzlich nur nach den im Rahmen der Erforderlichkeit im Zeitpunkt ihrer Ausführung bei dem Unternehmer tatsächlich angefallenen **Selbstkosten** der Mängelbeseitigung; auf die im Zeitpunkt der tatsächlichen Mängelbeseitigung bestehende **allgemeine „Preissituation"** darf nicht abgestellt werden.[100]

Erlangt der Besteller durch eine Nacherfüllung des Unternehmers einen „Vorteil" (z.B. eine **Wertverbesserung**), der durch die vertraglichen Verpflichtungen des Unternehmers nicht geschuldet ist, sind die Grundsätze der Vorteilsausgleichung anzuwenden (vgl. Rdn. 2946 ff.).[101]

---

95) OLG Düsseldorf, BauR 1991, 747 = NJW-RR 1992, 23, 24 (für senkrechte Isolierung des Kellermauerwerks bei einem Pauschalvertrag).
96) BGHZ 90, 354 = BGH BauR 1984, 395 = ZfBR 1984, 173; OLG Nürnberg, BauR 2000, 273; OLG Hamm, NJW-RR 1996, 272 u. BauR 1991, 756.
97) OLG Hamm, BauR 1991, 756, 759.
98) OLG Hamm, NJW-RR 1996, 272, 273 u. BauR 1979, 247, 248; s. auch *Bühl*, BauR 1985, 502 ff.
99) Vgl. insoweit den Fall des BGH, BauR 2010, 1583 = NZBau 2010, 556 = ZfBR 2010, 664 = NJW 2010, 2571 = IBR 2010, 441 – *Löffelmann*.
100) BGH, a.a.O., S. 1585, Rn. 21.
101) OLG Dresden, IBR 2008, 147 – *Vogel*; OLG Karlsruhe, OLGR 2005, 571, 573.

4. Umfang der Nacherfüllung

2091 Dem Unternehmer ist es überlassen, in welchem Umfang und auf welche Weise er einen Baumangel beseitigen will.[102] Er trägt das Risiko seiner Arbeit, und er muss daher grundsätzlich auch allein entscheiden können, auf welche Weise er die Mängel dauerhaft beseitigen will.[103] Dieses Recht schließt im Einzelfall die Verpflichtung des Unternehmers ein, zusätzliche Maßnahmen zu ergreifen, um den Werkerfolg sicherzustellen.[104] Ein Unternehmer muss sich daher nur ausnahmsweise, wenn Treu und Glauben dies erfordert, **Weisungen** von Seiten des Auftraggebers unterwerfen.[105] Das ist beispielsweise der Fall, wenn der Unternehmer eine völlig **unzureichende** Nacherfüllung plant, bei der von vornherein abzusehen ist, dass sie nicht zu einer nachhaltigen Mängelbeseitigung führen kann. Auf untaugliche Nachbesserungsversuche braucht sich der Auftraggeber also nie einzulassen. Ein weiteres Beispiel wäre das Anbieten einer nicht DIN-gerechten Lösung durch den Unternehmer. Erklärt sich der Bauherr mit einer bestimmten Art der Nachbesserung **einverstanden**, liegt darin in der Regel noch kein Verzicht auf bestehende Mängelrechte, insbesondere bei Fehlschlagen der Nacherfüllung auf den Anspruch auf **Neuherstellung**.[106]

2092 Im Regelfall kann der Auftraggeber aber nicht auf die Vornahme **bestimmter** Mängelbeseitigungsarbeiten klagen. Hiervon macht das OLG Köln[107] eine Ausnahme: Ist zwischen den Parteien streitig, ob eine Nacherfüllung durch **Ausbesserung** oder nur durch **Auswechseln** von mangelhaften Bauteilen erfolgen kann, soll der Auftraggeber „auf Auswechseln" klagen können; dieser muss in diesem Falle allerdings nachweisen, dass ein Ausbessern unzureichend wäre.

2093 Etwas anderes gilt auch, wenn sich der Auftraggeber bereit erklärt, den Unternehmer aus seiner Haftung für den Baumangel zu entlassen, soweit er sich an die **Nacherfüllungswünsche** des Bestellers im Einzelnen gehalten hat.[108] Der Umfang der Nacherfüllung durch den Unternehmer kann im Übrigen nur so weit gehen, wie dieser für den Baumangel verantwortlich ist. Dabei ist niemals der vereinbarte Werklohn für den Umfang der Nacherfüllungspflicht maßgebend, sondern die anerkannten Regeln der Baukunst/Technik.[109]

---

102) OLG Celle, BauR 2013, 614 = IBR 2013, 21 – *Amelsberg*; OLG Naumburg, BauR 2012, 237, 238 = IBR 2012, 144 – *Küpper*.
103) Vgl. BGH, BauR 1976, 430, 432; siehe auch BGH, NZBau 2004, 153 = IBR 2004, 64 – *Miernik* (Vorlage eines Sanierungskonzepts); OLG Celle, BauR 2010, 1613, 1616; *Boldt*, NJW 2007, 2960, 2963 (Schallschutz).
104) OLG Hamm, NZBau 2004, 393, 394 = BauR 2004, 102, 104.
105) Ebenso: OLG Düsseldorf, NZBau 2014, 165, 166; OLG Koblenz, BauRB 2005, 291 = IBR 2005, 368 – *Biebelheimer* (Vorlage eines **Bauzeitenplans** und Bereitschaft zur Nachtarbeit bei Mängelbeseitigungsarbeiten in einem Krankenhaus); *Lauer/Wurm*, Rn. 156.
106) BGH, BauR 2002, 472, 473 = NJW 2002, 748; BGH, BauR 1997, 131 = ZfBR 1997, 32; OLG Celle, BauR 2010, 1613, 1617.
107) BauR 1977, 275, 276.
108) BGH, Urt. v. 5.5.1969 – VII ZR 26/69; Urt. v. 19.3.1964 – VII ZR 137/62; zitiert bei *Schmidt*, Beilage Nr. 4/WM 1972, S. 3.
109) Vgl. z.B. OLG Düsseldorf, BauR 1971, 262, betreffend die Vorbehandlung des Untergrundes bei Anstreicherarbeiten.

2094 Der Auftraggeber muss in seiner Klage den Werkmangel so **genau bezeichnen**, dass ihn der Bauunternehmer beseitigen kann[110] (vgl. Rdn. 1979 ff.).

Die Beifügung von Anordnungen im Urteilstenor, wie die Beseitigung technisch von dem Unternehmer vorzunehmen ist, hat zu unterbleiben (vgl. Rdn. 3216). Die Beifügung solcher Anordnungen ist jedoch unschädlich, wenn der Unternehmer mit der Beseitigung des Baumangels auf bestimmte Weise einverstanden ist.[111] Verlangt der Auftraggeber entgegen diesen Grundsätzen mit seinem Klageantrag **bestimmte** Mängelbeseitigungsarbeiten, ist das unbeachtlich und hat auf die Zulässigkeit oder Begründetheit der Klage keinen Einfluss. Die im Klageantrag des Klägers aufgenommenen Mängelbeseitigungsmaßnahmen sind vielmehr nur als Anregung zu werten, die das Gericht unbeachtet lässt. Im Urteilstenor wird daher grundsätzlich nur die allgemeine Verpflichtung des Beklagten, einen näher beschriebenen Baumangel zu beseitigen, aufgenommen. Streiten die Parteien im Rahmen eines Mängelbeseitigungsbegehrens, welche Maßnahmen zur Mängelbeseitigung erforderlich sind, dann kann der Urteilsausspruch die erforderlichen Mängelbeseitigungsmaßnahmen benennen.[112]

5. Die Kosten der Nacherfüllung

2095 Die **Kosten** der **Nacherfüllung** trägt der Unternehmer (§ 635 Abs. 2 BGB). Das sind zunächst alle Kosten, die für die Behebung eines Baumangels selbst **erforderlich** werden; dazu zählen auch die für die Mängelbeseitigung erforderlichen Kosten von **Vor-** und **Nebenarbeiten**.

Der **BGH**[113] hat den Umfang der Nacherfüllung wie folgt beschrieben:

„Der zur Mängelbeseitigung verpflichtete Unternehmer hat aber nicht nur die dazu erforderlichen **Aufwendungen**, insbesondere Transport-, Wege-, Arbeits- und Materialkosten, zu tragen; er muss auch **Schäden** am sonstigen Eigentum des Bestellers beheben, die im Zuge der Nachbesserung zwangsläufig entstehen (BGHZ 72, 33 = *SFH*, Nr. 6 zu § 635 BGB). So hat der Bundesgerichtshof die Mauer-, Putz-, Steinemaillier-, Maler-, Reinigungs- und Architektenarbeiten, die im Zusammenhang mit der Nachbesserung einer fehlerhaft verlegten Abflussleitung notwendig geworden waren, zu den Aufwendungen gerechnet, die, wie sich aus dem **Umfang** der Nachbesserungspflicht ergebe, vom Unternehmer zu tragen seien (NJW 1963, 80, 806). Als **Mängelbeseitigungskosten** hat der Senat demgemäß in einem Falle, in dem der Unternehmer Isolierungsarbeiten nachzubessern hatte, auch die Aufwendungen für die hierzu erforderlichen **Nebenarbeiten** bezeichnet, insbesondere für den Ausbau der Kellertüren, der Ölheizung, der Öltanks, der Kellertreppen, Abmontieren und Wiederanbringen der Elektroanschlüsse sowie Anpassen und Wiedereinbau der Kellertüren (Urteil vom 29.11.1971 – VII ZR 101/70 = WM 1972, 800, insoweit in NJW 1972, 47 nicht abgedruckt). Zu den vom Unternehmer zu ersetzenden Kosten hat der Senat ferner die Aufwendungen gezählt, die **bei der Nachbesserung** von Rohrleitungen durch folgende **Nebenarbeiten entstanden** waren: Aufspüren der Schadstellen, Freilegung der Leckstellen der Rohre durch Entfernen der Isolierung, Verfüllen des Rohrgrabens, Verdichten des Erdreichs und Wiederherstellung der im Zuge der

---

110) BGH, BauR 1988, 474.
111) BGH, BauR 1973, 313 = WM 1973, 1598; *Schmidt*, WM 1974, 294.
112) OLG Hamm, NZBau 2004, 393, 395 = BauR 2004, 102, 104; LG Aachen, NJW-RR 1988, 1176.
113) NJW 1979, 2095; BGH, NJW-RR 1999, 813; OLG Naumburg, BauR 2012, 237 = IBR 2012, 144 – *Küpper*; OLG Celle, BauR 2010, 1613, 1617 (Gerüstkosten); *Leupertz/Halfmeier*, in: Prütting/Wegen/Weinreich, § 635, Rn. 5.

Mängelbeseitigung aufgerissenen Straßendecke (BGHZ 58, 332, 339 = *Schäfer/Finnern*, Z 2.414 Bl. 281). Entsprechend hat er in einem Fall entschieden, in dem Asphaltschichten zum Zwecke der Mängelbeseitigung entfernt und im Anschluss an die Nachbesserung der Fahrbahnisolierung wieder aufgetragen werden mussten (BGH, Urteil vom 16.5.1974 – VII ZR 35/72 = BauR 1975, 130, 133).

Zur vollständigen Mängelbeseitigung hätte deshalb hier gehört, dass die Beklagte alle Arbeiten entweder selbst oder durch andere Unternehmer ausführte, die zur **Wiederherstellung** des vor Beginn der Nachbesserung bestehenden Zustandes erforderlich waren. Die Beklagte schuldete also außer den vom Berufungsgericht für notwendig gehaltenen Maßnahmen (Entfernung des Teppichbodens, Aufstemmen des Estrichs und Ausräumen der Perlite-Schüttung) auch den **Abtransport** des Bauschutts sowie die Verlegung des neuen Estrichs und des neuen Teppichbodens. Sie schuldete ferner die Herstellung des Zementestrichs in Heizraum und Flur sowie die Malerarbeiten, soweit diese durch die Nachbesserung veranlasst waren, etwa weil der bei der Entfernung des alten Estrichs aufgewirbelte Staub auch die Tapeten und Decken der Räume in Mitleidenschaft gezogen hatte. Die Beklagte schuldete weiter die **Reinigung** des Teppichbodens, sofern dieser, wie der Kläger behauptet hat, bei der Schadensbeseitigung beschmutzt worden ist. Sie schuldete schließlich den Ersatz der **Nebenkosten**, soweit diese – etwa aufgrund von Telefongesprächen mit Handwerkern – zur Vorbereitung und Durchführung der Nachbesserung erforderlich geworden waren."

Fraglich ist, ob zu den Kosten der Nacherfüllung auch der **Verdienstausfall** des Auftraggebers oder **Vergütungen** zählen, die ihm bei der Durchführung der Nachbesserung bzw. Nacherfüllung entstehen. Ein Auftraggeber, der eine mangelhafte Werkleistung feststellt, wird daran interessiert sein, bereits frühzeitig seinen **Architekten**, einen **Privatgutachter** oder auch einen **Rechtsanwalt** einzuschalten, der ihm bei der Durchsetzung der Nacherfüllungsansprüche behilflich ist. **2096**

Der BGH[114] hat klargestellt, dass der Anspruch auf Ersatz des in der Zeit **bis** zur Nacherfüllung und während derselben entstandenen **Verdienstausfalls** von vornherein neben dem Anspruch auf Nacherfüllung steht und nicht davon abhängig ist, ob der Besteller die zur Herbeiführung der sonstigen Rechtsfolgen vorgeschriebene Frist gesetzt habe. Diese Beurteilung gilt unverändert für das neue Recht.[115]

Nicht anderes kann für **Vergütungen** gelten, die der Auftraggeber einem **Architekten** zahlt, der bei der Nacherfüllung mitwirkt (vgl. Rdn. 2024). Allerdings ist dabei zu beachten: Hat der Architekt den Mangel mitverursacht, und schaltet der Auftraggeber deshalb einen anderen Architekten ein, können insoweit entstandene Kosten nur dem verantwortlichen (ersten) Architekten, nicht aber auch dem zur Nacherfüllung verpflichteten Unternehmer angelastet werden. Nach der HOAI gehört das Überwachen der Beseitigung von Mängeln entweder zu den Grundleistungen der Objektüberwachung (§ 34 Abs. 3 Nr. 8 HOAI 2013)[116] oder zu den Grundleistungen der Objektbetreuung und Dokumentation (§ 34 Abs. 3 Nr. 9 HOAI 2013).[117] **2097**

Für eine Klage des Auftraggebers auf Erstattung der Kosten ist wichtig, dass dieser sich in jedem Falle auf einen **Anscheinsbeweis** hinsichtlich der Erforderlichkeit der Einschaltung eines Architekten bei der Mängelbeseitigung berufen kann: Mitwirkung bei der Mängelbeseitigung durch einen Architekten ist im Zweifel stets **2098**

---

114) BGH, BauR 1985, 83, 84 = ZfBR 1985, 33 = NJW 1985, 381.
115) *Palandt/Sprau*, § 635 BGB, Rn. 6.
116) Siehe hierzu: *Locher/Koeble/Frik*, § 34 HOAI, Rn. 213 ff.
117) *Locher/Koeble/Frik*, a.a.O., Rn. 261 ff.

weitere Bauleitung durch den Architekten. Die werkvertragliche Bauleistung des Unternehmers wurde weitgehend während der Bauausführung bereits unter der Bauleitung des Architekten vorgenommen; umso mehr muss sie es, wenn die Werkleitung des Unternehmers mangelhaft ist und dies sich erst nach der Abnahme herausstellt. Es ist deshalb in aller Regel Sache des Unternehmers, die Notwendigkeit der durch Einschaltung eines Architekten bei der Bauleitung entstandenen Kosten substantiiert infrage zu stellen.

2099 Der Unternehmer muss demgegenüber alle für seine Nacherfüllungsarbeiten notwendigen eigenen sowie fremden **Aufwendungen** tragen, die der **unmittelbaren Mängelbeseitigung** dienen. Dies gilt für Gutachterkosten ebenso wie für Honorare, die er z.B. im Rahmen einer notwendigen Umplanung an einen Architekten oder Sonderfachmann entrichten muss.

6. Die verweigerte Nacherfüllung („unverhältnismäßige Kosten")

Literatur

Mandelkow, Die Unverhältnismäßigkeit der Nachbesserung, BauR 1996, 656; *Maultzsch*, Zum zeitlichen Anwendungsbereich der kauf- und werkvertraglichen Mängelrechte am Beispiel der §§ 439 Abs. 3, 635 Abs. 3 BGB, ZGS 2003, 411; *Weyer*, Werkvertragliche Mängelhaftung nach neuem Recht: Probleme bei Minderung und Schadensersatz, Jahrbuch Baurecht 2004, 245; *Seibel*, Welche Konsequenzen hat das bewusste Abweichen des Unternehmers von der Baubeschreibung für den Nacherfüllungsanspruch?, ZfBR 2009, 71.

2100 Der **Unternehmer** war nach altem Recht berechtigt, die Beseitigung des Mangels zu verweigern, wenn sie einen **unverhältnismäßigen Aufwand** erforderte; dies musste von dem Unternehmer erklärt und begründet werden.[118] War der Einwand berechtigt, standen dem Auftraggeber die Gewährleistungsansprüche ohne weitere Fristsetzung zu.[119]

Was unter einem **unverhältnismäßigem** Aufwand zu verstehen war, hat der BGH[120] wie folgt beschrieben:

> „Unverhältnismäßig sind die Aufwendungen für die Beseitigung eines Werkmangels dann, wenn der damit in Richtung auf die Beseitigung des Mangels erzielte Erfolg oder Teilerfolg bei Abwägung aller Umstände des Einzelfalles in keinem vernünftigen Verhältnis zur Höhe des

---

118) OLG Düsseldorf, BauR 1987, 572, 573 = NJW-RR 1987, 1167.
119) Vgl. BGH, DB 1973, 67.
120) BGHZ 59, 365 = BauR 1973, 112; BGH, BauR 2002, 613 = ZfBR 2002, 345; BauR 1996, 858 = ZfBR 1996, 313; BauR 1997, 638 = ZfBR 1997, 249; s. ferner: OLG Düsseldorf, BauR 2016, 131 (**optische** Mängel); OLG Hamburg, BauR 2015, 264 (**keine** Unverhältnismäßigkeit bei einem objektiven berechtigten Interesse an einer ordnungsgemäßen Erfüllung); OLG Stuttgart, IBR 2014, 339 – *Heiliger*; OLG Celle, OLGR 2007, 281 = IBR 2007, 132 – *Steiger* (Fehlen einer frostsicheren Gründung); OLG Frankfurt, IBR 2007, 20 – *Probst* (grünlich verfärbte Dachziegel); OLG Düsseldorf, NZBau 2005, 105, 106 (Verfüllung eines Hallenbodens mit Müllverbrennungsasche); OLG Karlsruhe, BauR 2007, 394, 397 = OLGR 2005, 692 (ungenügende Vertikaleinfederung von Straßenbahnschienen); OLG Schleswig, IBR 2006 – *Steiger* (Unebenheiten eines Fußbodens); OLG Celle, OLGR 2006, 509 (Pflasterarbeiten; langsamer Abfluss von Regenwasser); OLG Celle, IBR 2003, 15 – *Kamphausen* (Pflasterarbeiten; Farbabweichungen); OLG Hamm, NJW-RR 2003, 965 (optischer Mangel an Türschwellen); OLG Oldenburg, OLGR 2000, 114, 115; OLG Düsseldorf, BauR 1998, 126, 127; OLG Celle, BauR 1998, 401; OLG Hamm, BauR 1993, 729, 731.

Verweigerte Nacherfüllung

dafür gemachten Geldaufwandes steht. In einem solchen Falle würde es Treu und Glauben (§ 242 BGB) widersprechen, wenn der Besteller diese Aufwendungen dem Unternehmer anlasten könnte. Das wäre für den Unternehmer nicht zumutbar."

2101 Nach neuem Recht darf die Nacherfüllung gemäß § 635 BGB verweigert werden, wenn sie unter den Voraussetzungen der Bestimmungen in § 275 Abs. 2, 3 BGB **nicht zugemutet** werden kann oder wenn sie im vorstehenden Sinne mit **„unverhältnismäßigen Kosten"** verbunden wäre.[121] Trotz der sprachlichen Neufassung des § 635 Abs. 3 BGB entspricht er sachlich § 633 Abs. 2 Satz 3 BGB a.F., sodass die hierzu ergangene (umfangreiche) Rechtsprechung weiterhin herangezogen werden kann. Bemerkenswert ist jedoch, dass die Instanzgerichte sehr oft die klaren Vorgaben des BGH ignoriert haben mit der Folge, dass der BGH nach wie vor mit dem Problem der „Unverhältnismäßigkeit" beschäftigt wird.[122]

2102 Die Frage der **„Verhältnismäßigkeit"** kann weder allein aufgrund der Höhe der Mängelbeseitigungskosten noch aufgrund einer Relation dieser Kosten zu den Herstellungskosten der mangelhaften Bausache entschieden werden.[123] Der Einwand der **Unverhältnismäßigkeit** ist nach der Rechtsprechung des BGH deshalb nur „dann gerechtfertigt, wenn das Bestehen auf ordnungsgemäßer Vertragserfüllung mit Rücksicht auf das objektive Interesse des Bestellers an der ordnungsgemäßen Erfüllung im Verhältnis zu dem dafür erforderlichen Aufwand unter Abwägung aller Umstände ein Verstoß gegen Treu und Glauben ist."[124] Maßgebend ist deshalb auf die Umstände des **Einzelfalles** abzustellen; besteht nur ein objektiv **geringes Interesse** des Auftraggebers an einer mangelfreien Vertragsleistung und steht diesem ein ganz erheblicher und deshalb (vergleichsweise) unangemessener Kostenaufwand gegenüber, kann von einer „Unverhältnismäßigkeit" gesprochen werden. Ein objektiv berechtigtes Interesse an der vertragsgemäßen Erfüllung wird demgegenüber einem Einwand der Unverhältnismäßigkeit auch dann entgegenstehen, wenn die Nacherfüllung hohe Kosten verursacht.[125] So werden **Verstöße** gegen die anerkannten Regeln der Technik im Zweifel keine Mängelbeseitigungsverweigerung wegen Unverhältnismäßigkeit rechtfertigen.[126] Im Rahmen der notwendi-

---

121) Zur **Unverhältnismäßigkeit** der Mängelbeseitigung s. OLG Oldenburg, BauR 2016, 124, 128; OLG Düsseldorf, BauR 2014, 851, 858; OLG Zweibrücken, IBR 2013, 52 – *Bolz* (zum Interesse eines öffentlichen Auftraggebers); OLG München, NZBau 2013, 583, 584 (Bau einer geringfügig zu kleinen Halle); OLG Celle, BauR 2012, 509. Zum **Verlust** des Vergütungsanspruchs, wenn sich der Unternehmer **vor** Leistungserbringung auf Unverhältnismäßigkeit beruft: OLG Celle, BauR 2009, 655 = NZBau 2009, 123 = OLGR 2009, 87 = IBR 2009, 91 – *Schwenker*.
122) BGH, BauR 2015, 1842; BauR 2006, 377 = NZBau 2006, 110 = ZfBR 2006, 154 = IBR 2006, 85 – *Sienz*; BGH, BauR 2006, 382 = NZBau 2006, 177 = IBR 2006, 131 – *Vogel*.
123) BGH, BauR 1995, 540, 541; OLG Düsseldorf, BauR 1998, 126, 127 = NJW-RR 1997, 1450.
124) Zum Unverhältnismäßigkeitsmaßstab: BGH, BauR 2013, 81, 82 f.; BGH, BauR 2002, 613, 616 = ZfBR 2002, 345 = NZBau 2002, 338; OLG Hamburg, BauR 2015, 264, 267 f.; OLG Rostock, IBR 2009, 714 – *Vogel* (zum Rückbauverlangen eines Erwerbers nach **jahrelanger Duldung** der mangelhaften Bauausführung); OLG Stuttgart, BauR 2011, 1824, 1827; OLG Hamm, BauR 2001, 1262, 1265 = NJW-RR 2001, 1460 (**Schallschutz**); OLG Düsseldorf, BauR 2001, 1922 (**Wärmedämmung**); OLG Nürnberg, IBR 2001, 607 – *Groß*.
125) BGH, BauR 2006, 377, 378; OLG Frankfurt, IBR 2014, 267 – *Laux* (Mängelbeseitigung durch Abriss und Neuerrichtung eines Hauses).
126) OLG Schleswig, IBR 2013, 73 – *Weyer* (Verstoß gegen Brandschutzbestimmungen); OLG Hamm, IBR 2013, 83 – *Langjahr* (unfachgemäße Abdichtung der Außenwände einer

gen Gesamtabwägung aller Umstände kann auch zu Lasten des Unternehmers berücksichtigt werden, ob und in welchem Ausmaß er die Mängel verschuldet hat.[127] Nach der Rechtsprechung des BGH soll es dem Unternehmer sogar erlaubt sein, **bei grob fahrlässigem** oder **vorsätzlichem Handeln** den Unverhältnismäßigkeitseinwand zu erheben.[128] In der **Praxis** wird und muss bei einem anzusetzenden Verschulden des Unternehmers der Einwand der Unverhältnismäßigkeit scheitern, wenn das **Interesse** des Auftraggebers an einer vertragsgemäßen Ausführung als „nicht gering bewertet" werden kann. Dies kommt in der Entscheidung des BGH vom 10. April 2008 hinreichend zum Ausdruck.[129]

Beispiele für Unverhältnismäßigkeit sind: geringfügige Messdifferenzen an Bauteilen, die ohne technischen Nachteil bleiben;[130] unerhebliche Farbabweichungen,[131] überhaupt geringfügige **Schönheitsfehler**, die nur das ästhetische Empfinden und nicht die „Wertschätzung" des Hauses berühren.[132] So führen Florverwerfungen oder Florverkantungen („Shadding") nicht zu Haltbarkeitsbeeinträchtigungen, sondern nur zu einem optischen Mangel.[133] Wird dagegen die Bauleistung durch die beabsichtigte Nachbesserung in ihrem Charakter verändert (z.B. die feinkörnige Oberflächenstruktur eines Edelkratzputzes geht durch einen nachträglichen Anstrich verloren), so muss der Bauherr dies nicht hinnehmen;[134] überhaupt hängt die Verweisung des Bauherrn auf eine Minderung anstelle von Nacherfüllung wesentlich auch von der **konkreten Nutzung** des Bauwerks ab.[135] Ein Unternehmer

---

Tiefgarage); OLG Celle, IBR 2013, 421 – *Eix* (unzureichende Bauüberwachung; keine Einredemöglichkeit); OLG Düsseldorf, IBR 2010, 80 – *Bröker* (fehlerhafte Dickbeschichtung; Mindeststärke nicht erreicht); OLG Schleswig, IBR 2002, 406 – *Groß* (Verwendung einer zu dünnen Kunststofffolie im Abdichtungssystem); bedenklich daher z.B. OLG Celle, OLGR 2004, 85 (Unzumutbarkeit trotz mangelhafter Gründung).

127) BGH, BauR 2009, 1151, 1152 = MDR 2009, 798 = ZfBR 2009, 562, 563 = IBR 2009, 319 – *Schulze-Hagen;* BGH, BauR 2006, 377 = NZBau 2006, 110 = ZfBR 2006, 154 = NJW-RR 2006, 453; BGH, BauR 2002, 613, 616; BGH, BauR 1995, 540 = ZfBR 1995, 197.
128) **Anderer Ansicht:** OLG Düsseldorf, BauR 2001, 1922, 1923; BauR 1993, 82, 85; BauR 1987, 572 = NJW-RR 1987, 1167; *Mandelkow*, BauR 1996, 656, 658.
129) BauR 2008, 1140, 1141 = NZBau 2008, 575 = ZfBR 2008, 476 = IBR 2008, 316 – *Vogel*.
130) *Kaiser*, Rn. 88; s. ferner: *Kniffka/Krause-Alleinstein*, § 635 BGB, Rn. 45 f.m.w.Nachw.
131) BGH, *SFH*, Nr. 70 zu § 633 BGB (optische Beeinträchtigung eines **Hallenbodens**); OLG Frankfurt, NJW-RR 1994, 1340 (**Einbauküche**).
132) OLG Stuttgart, IBR 2014, 339 – *Heiliger;* OLG Koblenz, BauR 2009, 1761, 1763; OLG Dresden, IBR 2009, 705 – *Karczewski;* OLG Hamm, NJW-RR 2003, 965; OLG Celle, IBR 2003, 411 – *Quack;* OLG Düsseldorf, BauR 1998, 126, 127; NJW-RR 1994, 342; BauR 1993, 733 u. BauR 1991, 749, 750; OLG Celle, BauR 1998, 401, 402; kritisch: *Mandelkow*, BauR 1996, 656, 657; unzutreffend: OLG Karlsruhe, IBR 1997, 65 – *Weyer* = BauR 1997, 356 (LS) (für optische Mängel eines Parkettfußbodens bei einem angenommenen Wertverlust von 30 %).
133) OLG Düsseldorf, NJW-RR 1991, 223 = MDR 1991, 250.
134) Wie hier: OLG Hamm, BauR 2005, 1324, 1327 (Kunstharzputz statt mineralischer Kratzputz).
135) BGH, BauR 1995, 540, 541; OLG Köln, OLGR 1991, 58, 59 für **Geräuschentwicklung** im Dach einer Lagerhalle; OLG Hamm, BauR 1993, 729 für zu **kleine Wohnfläche** und zu **niedrige Deckenhöhe**; OLG Köln, ZfBR 1993, 287 für nicht berücksichtigte **Sonderwünsche**; OLG Düsseldorf, NJW-RR 1994, 341 für Trittschallverbesserung um 8 dB; OLG Nürnberg, NJW 1993, 1300 für **Formaldehyd-** und **Lindanausdünstungen**; OLG Hamm, OLGR 1994, 98 für **lichte Breite** einer Flurnische; OLG Celle, BauR 1998, 401 für optische Beeinträchtigung einer Marmortreppe im **Treppenhaus**; OLG Celle, OLGR 2006, 509 für nicht DIN-gerechte Herstellung der Pflasterung.

kann also nicht einwenden, die ordnungsgemäße Mängelbeseitigung werde für ihn zu teuer, insbesondere ist nicht entscheidend, wie sich die erforderlichen Mängelbeseitigungskosten zur Höhe seines Werklohns verhalten.[136] Aus diesem Grunde ist auch die Entscheidung des OLG Köln[137] abzulehnen, das bei erheblichen Mängeln der **Schallisolierung** nur einen Minderungsanspruch gewährt. Hat der Bauherr, was für den Schallschutz ohne weiteres anzusetzen ist, ein berechtigtes Interesse an einer ordnungsgemäßen Erfüllung des Vertrages, weil die **Funktionsfähigkeit** des Werkes **spürbar** beeinträchtigt ist, kann von einer Unverhältnismäßigkeit der Nachbesserungskosten nicht ausgegangen werden.[138]

2103 Im Übrigen ist von Bedeutung: Der Unternehmer kann die Nacherfüllung „unbeschadet des § 275 Abs. 2 und 3 **verweigern**, wenn sie nur mit unverhältnismäßigen Kosten möglich ist." Die Vorschrift des § 275 Abs. 1 wird in § 635 Abs. 3 nicht erwähnt; es ist aber unzweifelhaft, dass der Anspruch auf Nacherfüllung entfällt, wenn die Beseitigung des Mangels **objektiv** oder **subjektiv unmöglich** ist.[139] Die Vorschrift des § 275 Abs. 2 BGB entspricht wiederum der früheren Regelung des § 633 Abs. 2 Satz 3 und sie begründet für den Unternehmer ein Leistungsverweigerungsrecht, während § 635 Abs. 3 BGB im Übrigen bestimmt, dass die Nacherfüllung verweigert werden kann, wenn sie nur **mit unverhältnismäßigen Kosten möglich** ist. Mit dieser Formulierung wird aber nicht hinreichend deutlich, welcher Anwendungsbereich § 635 Abs. 3 neben § 275 Abs. 2 noch verbleibt.[140]

2104 Lehnt der Unternehmer die Nacherfüllung zu Unrecht ab,[141] bedarf es nicht mehr der besonderen Aufforderung des Auftraggebers oder einer **Fristsetzung** i.S. der §§ 634 Nr. 4, 636, 280, 281 BGB.[142] Vielmehr kann dieser sofort den Rücktritt erklären oder Minderung oder Schadensersatz verlangen. Einer vorherigen Fristsetzung bedarf es (ebenfalls) nicht, wenn der Auftraggeber Schadensersatz statt der Leistung verlangt, weil der Unternehmer sich **zu Recht** auf eine Unverhältnismäßigkeit der Mängelbeseitigung beruft.[143] Der BGH stellt indes klar, dass dann bei der **Schadensberechnung** der durch § 635 Abs. 3 BGB bezweckte **Schutz** des Werkunternehmers berücksichtigt werden müsse; dies führt im Ergebnis dazu, „dass der Besteller mangelbedingten Schadensersatz nur in Höhe der **Verkehrswertminderung** beanspruchen kann, wenn der Unternehmer die Nacherfüllung zu Recht gemäß § 635 III BGB als unverhältnismäßig verweigert hat".

---

136) *Mandelkow*, BauR 1996, 656 m. Nachw.
137) *SFH*, Nr. 4 zu § 13 Nr. 6 VOB/B (1973); vgl. auch OLG München, BauR 1985, 453, 454; **a.A.:** OLG Stuttgart, BauR 1996, 718.
138) Siehe auch BGH, BauR 1996, 858 = ZfBR 1996, 313; BGH, BauR 1997, 638, 639 = ZfBR 1997, 249.
139) Instruktiv: BGH, BauR 2014, 1291, 1294 = NZBau 2014, 492 = ZfBR 2014, 560 (ESG-Scheiben); s. ferner: *Raab*, in: Dauner-Lieb u.a., Das neue Schuldrecht, § 9, Rn. 42 unter Hinweis auf die BT-Drucks. 14/6040, S. 265; *Canaris*, JZ 2001, 499, 501.
140) *Raab*, in: Dauner-Lieb u.a., Das neue Schuldrecht, § 9, Rn. 46.
141) Vgl. dazu OLG Frankfurt, NJW 1970, 1084; OLG Stuttgart, BB 1971, 239.
142) BGH, *Schäfer/Finnern*, Z 3.003.3 Bl. 5; Z 2.414.1 Bl. 8 betreffend § 13 Nr. 5 Abs. 2 VOB/B.
143) BGH, BauR 2013, 81 = ZfBR 2013, 36 = NZBau 2013, 99 m.Anm. *Grobe*; s. auch OLG Düsseldorf, BauR 2014, 1158. Zur Höhe einer vom Besteller geltend gemachten **Minderung** bei Unverhältnismäßigkeit der Mängelbeseitigung: LG Heidelberg, NZBau 2014, 362.

Hat der Auftraggeber dem Unternehmer eine Frist gesetzt, so ist er hieran auch zunächst gebunden; er muss also das tatsächliche Ergebnis der Mängelbeseitigung (Nacherfüllung) abwarten und kann nicht in hypothetischer Betrachtung eines zu erwartenden Misserfolges dem Unternehmer weitere Bemühungen um Beseitigung des Mangels verweigern.[144] Einem an sich zuverlässigen Unternehmer muss die Gelegenheit gegeben werden, gegebenenfalls auch **zwei** oder **drei Versuche** zu unternehmen, um die Mängel zu beseitigen.[145] Die jahrelange Hinnahme einer abweichenden Bauausführung durch den Auftraggeber oder einen Erwerber allein begründet noch nicht den Unverhältnismäßigkeitseinwand.[146]

2105 Der **Auftraggeber** kann eine Mängelbeseitigung nur bei **Unzumutbarkeit** verweigern. Lehnt dieser die Mängelbehebung „wegen unverhältnismäßigen Aufwands" ab, verliert er seine Mangelansprüche.[147] Der Auftraggeber hat auch keinen Anspruch auf Nacherfüllung, wenn er zuvor notwendige **Vorarbeiten** anderer Unternehmer nicht ausführen lässt oder es ablehnt, insoweit anfallende **Ohnehinkosten** den nacherfüllungspflichtigen Unternehmern zu ersetzen.[148]

7. Die Selbstvornahme (§ 637 Abs. 1 BGB)

Literatur

Hesse, Ersatz unnötiger Nachbesserungskosten, BauR 1972, 197; *Blomeyer*, Die Kosten erfolgloser Nachbesserungsversuche des Auftraggebers, ZfBR 1985, 155; *Greiner*, Genügt ein fristbewehrtes Nachbesserungsverlangen des Bestellers für das Entstehen des Ersatzvornahmerechts gem. § 633 Abs. 3 BGB?, ZfBR 2000, 295; *Knütel*, Zur „Selbstvornahme" nach § 637 Abs. 1 BGB n.F., BauR 2002, 689; *Kenter/Brügmann*, Dominierendes Bestimmungsrecht des Auftraggebers, BauR 2004, 395; *Harms*, Die „doppelte" Fristsetzung zur Mängelbeseitigung – Wirksames Instrument oder rechtliches nullum?, BauR 2004, 745; *Katzenstein*, Kostenersatz bei eigenmächtiger Selbstvornahme der Mängelbeseitigung nach § 326 Abs. 2 Satz 2 BGB, ZGS 2004, 144; *Dötsch*, Rechte des Käufers nach eigenmächtiger Mängelbeseitigung, MDR 2004, 975; *Dauner-Lieb/Dötsch*, § 326 II 2 BGB (analog) bei der Selbstvornahme?, NZBau 2004, 233; *Weise*, Ersatzansprüche nach eigenmächtiger Selbstvornahme der Nacherfüllung?, NJW-Spezial 2005, 261; *Mundt*, Zur angemessenen Nachbesserungsfrist bei witterungsabhängigen Nachbesserungsarbeiten, BauR 2005, 1397; *Zanner*, Ersatzvornahme zur Mängelbeseitigung – Darf der Auftraggeber die Ersatznahme einleiten, wenn eine gesetzte Frist zum Beginn der Mangelbeseitigungsarbeiten fruchtlos verstrichen ist?, Festschrift für Quack (2009), 309; *Kuhn*, Die Verjährung des Selbstvornahmerechts, ZfBR 2013, 523 (s. hierzu: *Schwenker*, IBR 2013, 662); *Weingart*, Bestehen Kontrollpflichten des bauüberwachenden Architekten und des objektbetreuenden Architekten bei Ersatzvornahmearbeiten?, BauR 2015, 1911.

2106 War ein Unternehmer mit der Beseitigung des Mangels in **Verzug**, so konnte der Auftraggeber nach altem Recht (§ 633 Abs. 3 BGB) den Mangel selbst beseitigen (Ersatzvornahme) und den Ersatz der erforderlichen Aufwendungen verlangen (Kostenerstattungsanspruch). Nach neuem Recht ist – von Ausnahmen abgesehen (§ 637 Abs. 2 BGB) – grundsätzlich eine konkrete Nacherfüllungsfrist erforderlich,

---

144) OLG Frankfurt, MDR 1983, 755.
145) Vgl. BGH, BauR 1985, 83, 84.
146) Siehe auch: OLG Frankfurt, IBR 2014, 267 – *Laux*; **a.A.**: OLG Rostock, IBR 2009, 715 – *Vogel*.
147) *MünchKomm-Soergel*, § 633 BGB, Rn. 137.
148) OLG München, BauR 2003, 720.

Selbstvornahme (§ 637 Abs. 1 BGB)

die auch eingehalten werden muss. Wird deshalb ein (noch) bestehendes Nacherfüllungsrecht des Unternehmers durch eine unberechtigte („**voreilige**") Ersatzvornahme ausgeschaltet, besteht kein Anspruch auf Ersatz der Mängelbeseitigungskosten.[149] Die für das neue Recht diskutierte (analoge) Anwendung von § 326 Abs. 2 Satz 2 BGB bei **eigenmächtiger** Selbstvornahme durch den Auftraggeber[150] wird sich angesichts der klaren Rechtsprechung des BGH nicht durchsetzen.[151] Es besteht kein Anlass, **ersparte Aufwendungen** des Unternehmers auf dessen Vergütungsanspruch anzurechnen; ebenso wenig können Erstattungsansprüche aus Geschäftsführung ohne Auftrag oder Bereicherungsrecht geltend gemacht werden.[152]

2107 Nach neuem Recht muss der Unternehmer nicht mehr in Verzug gesetzt werden; das „**Selbstvornahmerecht**" nach § 637 Abs. 1 BGB entsteht, wenn der Unternehmer die ihm gesetzte angemessene Nacherfüllungsfrist fruchtlos verstreichen lässt.[153] Es kommt nicht darauf an, ob die Nacherfüllung schuldhaft unterblieben ist. Nach dem fruchtlosen Ablauf der Nacherfüllungsfrist muss der Auftraggeber auch nicht mehr das Angebot des Unternehmers zur Mängelbeseitigung annehmen,[154] es sei denn, der Auftraggeber verhält sich widersprüchlich.[155]

Ist die Nacherfüllung von dem Unternehmer zu Recht **verweigert** worden, z.B. weil sie unmöglich ist (§ 275 Abs. 1 BGB) oder einen unverhältnismäßigen Aufwand erfordert (§ 635 Abs. 3 BGB), ist auch das Recht des Auftraggebers auf Selbstvornahme und von dem Unternehmer den Ersatz unverhältnismäßig hoher Aufwendungen zu verlangen ausgeschlossen.[156] Eine **Fristsetzung** ist unter den Voraussetzungen der §§ 637 Abs. 2, 323 Abs. 2 BGB im Einzelfall entbehrlich. Die **Unzumutbarkeit** der Nacherfüllung kann sich im Falle des § 637 BGB nur auf die Nacherfüllung gerade durch den Unternehmer beziehen.[157] Das sind die Fälle, in

---

149) OLG Naumburg, NZBau 2012, 237, 238 = IBR 2012, 144 – *Küpper*; OLG Frankfurt, NZBau 2012, 497, 498; *Kniffka*, ZfBR 1998, 113, 117 m. Hinweis auf BGH, BauR 1983, 459 = ZfBR 1983, 230; s. auch BGH, BauR 2009, 237 = NZBau 2009, 117 (**Beweisvereitelung** infolge unzureichender Dokumentation bei der Selbstvornahme); BGH, BauR 1988, 82 = ZfBR 1988, 38; BGH, BauR 2005, 1021 m.Anm. *Kniffka*.
150) Vgl. hierzu u.a.: *Katzenstein*, ZGS 2004, 144 ff.; *Dauner-Lieb/Dötsch*, NZBau 2004, 233 ff.
151) *Schwenker*, IBR 2004, 497; BGH, BauR 2005, 1021, 1023 für das Kaufrecht; OLG Düsseldorf, NZBau 2014, 165, 168 für das Werkvertragsrecht.
152) OLG Düsseldorf, NZBau 2014, 165, 168; OLG Jena, OLGR 2007, 626, 628; s. aber *Weise*, NJW-Spezial 2005, 261 u. *Bamberger/Roth/Voit*, § 637 BGB, Rn. 17, die allerdings ersparte Aufwendungen anrechnen wollen.
153) Eine **zu kurz** bemessene Frist setzt eine im Einzelfall angemessene in Gang. Verlangt der Besteller mit der Fristsetzung sachlich „**zu viel**" an Mängelbeseitigung, so sind die **Grundsätze** zur Unwirksamkeit von **Mahnungen** bei Zuvielforderung entsprechend anzuwenden (BGH, BauR 2006, 524 = NZBau 2006, 116 = NJW 2006, 769). Maßnahmen, die der Besteller vornimmt, um **nachteilige Auswirkungen** auf die Gebrauchstauglichkeit teilweise zu beseitigen, stellen noch keine Selbstvornahme dar (BGH, NZBau 2009, 507 = ZfBR 2009, 572 = BauR 2009, 1295; Einbau längerer Türen bei einem mit zu geringer Höhe eingebrachten Estrichbelag).
154) BGH, BauR 2004, 501, 503 = NZBau 2004, 153, 155; BauR 2003, 693 = NZBau 2003, 267; zum **Prognoserisiko** bei Durchführung einer Ersatzvornahme siehe OLG Oldenburg, BauR 2016, 687, 688.
155) BGH, BauR 2004, 501, 503 = ZfBR 2004, 252 (erneute Aufforderung zur Nachbesserung nach Fristablauf).
156) *Westermann/Maifeld*, S. 260.
157) AnwKom-BGB/*Raab*, § 637 BGB, Rn. 7; *Westermann/Maifeld*, S. 261.

denen das **Vertrauen** des Auftraggebers in den **Erfolg** der Nacherfüllung oder an die **Zuverlässigkeit** des Unternehmers nachhaltig erschüttert ist.[158] Liegen die Voraussetzungen des § 637 Abs. 1 und 2 BGB nicht vor, besteht kein Anspruch auf Kostenerstattung.[159] Daher gilt: Wird ein (noch) bestehendes Nacherfüllungsrecht des Unternehmers durch eine unberechtigte („voreilige") Ersatzvornahme ausgeschaltet, besteht kein Anspruch auf Ersatz.

2108 Dem Unternehmer ist grundsätzlich eine **angemessene Frist** für die Mängelbeseitigung einzuräumen,[160] es sei denn, dass der Auftragnehmer die Mängelbeseitigung ablehnt oder andere Gründe vorliegen, die eine Fristsetzung entbehrlich machen (vgl. hierzu Rdn. 2182).[161] Die Dauer dieser Frist muss sich nach dem Einzelfall ausrichten.[162] Zu berücksichtigen sind jeweils: die **Vorbereitungszeit** für die Materialbeschaffung, für die Einholung eines sachverständigen Rates, für die Einrichtung der Baustelle sowie für die Koordinierung notwendiger Arbeiten anderer Unternehmer. Daneben ist das Interesse des Auftraggebers an der zügigen und nachhaltigen Mangelbehebung angemessen zu werten. Ist das Bauwerk noch nicht abgeschlossen oder drohen Folgeschäden, so wird die dem Unternehmer zu gewährende Zeitspanne für die Mängelbeseitigung geringer sein als bei einem fertiggestellten Gebäude. Entscheidendes Gewicht hat jeweils die **Art** des Mangels. Handelt es sich bei der erforderlichen Mangelbehebung um **umfangreiche** und **schwierige Arbeiten**, bei denen noch weitere Baumängel zutage treten können, muss von einem Unternehmer erwartet und verlangt werden, dass er bei einer entsprechenden Aufforderung des Auftraggebers, die Nacherfüllungsarbeiten in Angriff zu nehmen, „schleunigst, jedenfalls binnen zumutbarer Frist, mit der Nachbesserung beginnt und sie zügig vollendet"[163].

2109 Reagiert der Unternehmer – etwa nach Vorlage des den Werkmangel aufzeigenden Sachverständigengutachtens und der mehrfachen Aufforderung, mit der Nacherfüllung zu beginnen – nicht, ist es dem Auftraggeber in der Regel nicht zuzumuten, noch eine – in ihrer Angemessenheit kaum abschätzbare – „**Vornahmefrist**" zu setzen und diese erst ablaufen zu lassen, bevor zur Selbsthilfe gegriffen und Klage auf Kostenvorschuss erhoben wird.[164] Der Auftraggeber kann in diesem Fall berechtigten Anlass zur Sorge haben, der Unternehmer werde sich seiner Pflicht

---

158) An eine Ersatzvornahme **ohne** vorherige Fristsetzung sind hohe Anforderungen zu stellen (OLG Düsseldorf, IBR 2011, 326 – *Parbs-Neumann*; s. auch OLG Koblenz, IBR 2010, 387 – *Weyer* – für Reparaturauftrag an einen Kfz-Fachbetrieb).
159) Siehe für das **Kaufrecht**: BGH, BauR 2005, 1021 m.Anm. *Kniffka*; für den **VOB/B-Vertrag**: OLG Naumburg, IBR 2012, 144 – *Küpper* u. IBR 2007, 241 – *Heiland*; OLG Jena, OLGR 2007, 626 = IBR 2007, 128 – *Heiland* (auch zum Vergütungsanspruch des Unternehmers).
160) OLG Stuttgart, IBR 2010, 326 – *Weyer*; OLG Naumburg, BauR 2010, 1238. Zur Bedeutung der Frist als **Vornahmefrist** siehe: OLG Düsseldorf, BauR 2002, 1564, 1565; *Knütel*, BauR 2002, 689 ff.
161) Vgl. BGH (X. ZS), NZBau 2002, 332, 334 = BauR 2002, 940, 943; s. auch: OLG Düsseldorf, NZBau 2014, 165, 166 m.w.Nachw.
162) BGH, NZBau 2007, 506 = BauR 2007, 1410; OLG Frankfurt, IBR 2011, 339 – *Röder*; *Mundt*, BauR 2005, 1397 ff.; *Lauer/Wurm*, Rn. 197.
163) BGH, ZfBR 1982, 211, 212 = BauR 1982, 496 (**Undichtigkeit** eines Daches).
164) Siehe hierzu insbesondere *Knütel*, BauR 2002, 689 ff.

Selbstvornahme (§ 637 Abs. 1 BGB)

zur Mängelbeseitigung entziehen.[165] Das Selbstvornahmerecht aus § 637 Abs. 1 BGB besteht deshalb immer schon dann, wenn der Auftraggeber nicht mehr das erforderliche Vertrauen zu dem Unternehmer haben kann (vgl. Rdn. 2182). Das ist auch der Fall, wenn der Auftraggeber davon ausgehen muss, der Unternehmer werde die erforderlichen Nachbesserungen nicht ordnungsgemäß durchführen.[166] Der nach § 637 Abs. 1 BGB gegebene Kostenerstattungsanspruch entsteht aber erst, wenn der Vertrauensverlust eingetreten ist.[167]

2110 Einigen sich die Parteien nach Fristsetzung auf einen bestimmten Abzug von der Werklohnforderung und stellt sich danach heraus, dass weitere („zusätzliche") Mängelbeseitigungskosten erforderlich werden, muss der Auftraggeber den Unternehmer vor der Ersatzvornahme erneut mit Fristsetzung zur Nacherfüllung auffordern.[168]

2111 Der **Kostenerstattungsanspruch** aus § 637 Abs. 1 BGB, dessen Anspruchsvoraussetzungen der Auftraggeber im Streitfall darlegen und beweisen muss, ist ein Folgeanspruch des Mängelbeseitigungsanspruchs; er erlischt, wenn das Gebäude zwangsversteigert wird.[169] Zu den Kosten, die der Unternehmer erstatten muss, gehören die **eigenen Aufwendungen** des Auftraggebers,[170] die Kosten für die Feststellung der Mängel durch einen Drittunternehmer[171] sowie die angefallene Mehrwertsteuer.[172] Ein **entgangener Gewinn** wird demgegenüber von dem Aufwendungserstattungsanspruch nach § 637 Abs. 1 BGB nicht erfasst.[173]

Es dürfen immer nur die „erforderlichen" Aufwendungen in Rechnung gestellt werden.[174] Das beurteilt sich nach **objektiven** Gesichtspunkten, doch dürfen hieran nicht zu enge Voraussetzungen geknüpft werden, weil der Unternehmer „als doppelt vertragsuntreuer Auftragnehmer" (Korbion) nur in begrenztem Maße schutzwürdig ist.[175] Deshalb kommt dem Auftraggeber bei einer klageweisen Durchsetzung seines Erstattungsanspruchs aus § 637 BGB hinsichtlich der Höhe des Anspruchs wie-

---

165) BGH, BauR 1975, 137; BGH, ZfBR 1982, 211, 212.
166) Vgl. BGHZ 46, 242 = NJW 1967, 388; BGH, *Schäfer/Finnern*, Z 2.414.1 Bl. 8; *Kaiser*, BlGBW 1974, 17.
167) BGH, NJW 1972, 526, 527; KG, BauR 2008, 521, 522; *Kaiser*, NJW 1973, 176, 177; *Kaiser*, BlGBW 1974, 17.
168) OLG Düsseldorf, BauR 1997, 851, 854 (für § 633 Abs. 3 BGB a.F.).
169) OLG Bremen, MDR 1990, 339 = NJW-RR 1990, 218 (dann nur Anspruch nach § 635 BGB).
170) BGHZ 59, 328 = NJW 1973, 46; *Lauer/Wurm*, Rn. 214; *Schmidt*, WM 1974, 294.
171) OLG Frankfurt, BauR 1983, 156 = NJW 1983, 456; OLG Köln, NJW-RR 1995, 211 (für Ausschachtungsarbeiten).
172) Ist der Bauherr zum **Vorsteuerabzug** berechtigt, umfasst der Aufwendungsersatzanspruch **nicht** die Mehrwertsteuer (OLG Hamm, OLGR 1996, 207; OLG Düsseldorf, BauR 1996, 396, 398 = NJW-RR 1996, 532).
173) OLG Dresden, BauR 2001, 424, 425 m.w.Nachw.
174) BGH, BauR 1991, 329 = NJW-RR 1991, 789; BGH, BauR 1989, 97; OLG Düsseldorf, BauR 2013, 262, 265 u. BauR 2012, 960, 963; OLG Celle, IBR 2004, 129 – *Rosse*; OLG Köln, *SFH*, Nr. 34 zu § 633 BGB; *Blomeyer*, ZfBR 1985, 155 u. OLG Düsseldorf, NJW-RR 1998, 527 = OLGR 1998, 219 LS (Kosten der **erfolglosen** Nachbesserung durch den Bauherrn).
175) OLG Düsseldorf, BauR 1996, 151 (LS) u. IBR 1996, 60 – *Groß* (Ein bis zu 50 % höherer Preis des Ersatzunternehmers ist nicht zu beanstanden); s. ferner: OLG Düsseldorf, BauR 2013, 262, 265 (Ersatz von Aufwendungen, die sich nachträglich als **erfolglos** erweisen); OLG Dresden, NZBau 2000, 333, 336 u. BauR 2001, 809, 811.

derum ein **Anscheinsbeweis** zugute: Die Erforderlichkeit der aufgewandten Kosten[176] ist nach der Erfahrung der täglichen Baupraxis zu beurteilen und als richtig zu unterstellen, sodass es dem Unternehmer zunächst obliegt, das Gegenteil darzulegen und gegebenenfalls zu beweisen.[177] Ein Auftraggeber ist auch nicht gehalten, im Interesse des säumigen oder nachbesserungsunwilligen Unternehmers besondere Anstrengungen zu unternehmen, um den preisgünstigsten Drittunternehmer zu finden; er muss nicht mehrere Angebote einholen oder gar eine Ausschreibung vornehmen.[178] Über den Anspruch auf Ersatz der Mängelbeseitigungskosten kann nicht durch Teilurteil entschieden werden, wenn der Anspruchsgrund für die Gesamtforderung streitig ist und daher die Gefahr eines dem Teilurteil widersprechenden Schlussurteils besteht.[179]

Bei der Ermittlung des Kostenerstattungsanspruchs aus § 637 Abs. 1 BGB sind im Einzelfall auch die Grundsätze über die Vorteilsausgleichung (**„Sowiesokosten"**) zu berücksichtigen, was z.B. die Anrechnung von steuerlichen Vergünstigungen einschließt.[180] In gleicher Weise kann im Einzelfall ein mitwirkendes Verschulden des Bestellers oder seines Erfüllungsgehilfen (§§ 254, 278 BGB) zu berücksichtigen sein.[181]

2112 Beginnt der Unternehmer fristgerecht mit der Nacherfüllung, stellt er die Arbeiten aber nicht fertig oder verzögert er die Mängelbeseitigung, muss der Auftraggeber den Unternehmer nach Auffassung des OLG Celle[182] eine neue angemessene Frist setzen.

2113 Die **Art** der Nacherfüllung darf der Auftraggeber grundsätzlich dem **Drittunternehmer** überlassen.[183] Der Unternehmer kann deshalb auch nicht einwenden, der Drittunternehmer habe so und nicht anders verfahren dürfen.[184] Der zum Ersatz der Kosten verpflichtete Unternehmer muss gegebenenfalls auch die Kosten für eine wegen anderer Materialwahl um ein Drittel teurere Mängelbeseitigung tragen.[185] Die Aufwendungsersatzpflicht des Unternehmers endet demnach erst dort, wo die Grenze der Erforderlichkeit eindeutig und unzweifelhaft überschritten wird;[186] in diesen Fällen kann sich der Auftraggeber nicht auf einen Anscheinsbeweis stützen. Macht der Unternehmer geltend, der Bauherr habe „im Wege der Mängelbeseiti-

---

176) Zum Beispiel: Stundenlohnvergütungen, Materialkosten, Nebenkosten.
177) OLG Dresden, NZBau 2000, 333, 336; OLG Düsseldorf, BauR 1996, 396, 398; OLG Hamm, OLGR 1997, 85, 87.
178) OLG Düsseldorf, IBR 2011, 693 – *Blatt*; OLG Köln, SFH, Nr. 27 zu § 633 BGB; *Weyer*, in: Kapellmann/Messerschmidt, § 13 VOB/B, Rn. 300.
179) Saarländisches OLG, OLGR 2001, 49.
180) OLG Düsseldorf, BauR 1996, 396, 398.
181) BGHZ 90, 354 = NJW 1984, 1679; OLG Stuttgart, IBR 2014, 475 – *Fuchs* (Planungsfehler); OLG Rostock, NZBau 2010, 110, 112.
182) BauR 1983, 260, 261.
183) Siehe OLG Dresden, NZBau 2000, 333; *Weyer*, in: Kapellmann/Messerschmidt, § 13 VOB/B, Rn. 300.
184) OLG Düsseldorf, BauR 1974, 61; s. auch OLG Brandenburg, IBR 2007, 551 – *Seibel* (untaugliche Nachbesserungsmaßnahme).
185) Vgl. OLG Frankfurt, NJW-RR 1988, 918.
186) OLG Bamberg, OLGR 2005, 408, 409; OLG Karlsruhe, NJW-RR 2005, 248 = NJW-Spezial 2005, 120, 121; OLG Düsseldorf, BauR 1996, 151 (LS) u. 1974, 61; OLG Köln, OLGR 1992, 35, 36; zur Anwendung des **§ 254 BGB** siehe OLG Köln, SFH, Nr. 27 zu § 633 BGB.

gungsarbeiten" nicht eine durchschnittliche (**übliche**), sondern eine **weit überdurchschnittliche** Leistung ausgeführt, so trägt er hierfür die **Darlegungs-** und **Beweislast**.[187]

8. Der Kostenvorschussanspruch (§ 637 Abs. 3 BGB)

Literatur

Ehrhardt-Renken, Kostenvorschuss zur Mängelbeseitigung, 1986; *Achilles-Baumgärtel*, Der Anspruch auf Kostenvorschuss im Gewährleistungsrecht, 1998.

Kaiser, Kostenerstattungs- und Vorschussanspruch des Bauherrn wegen Mängelbeseitigungskosten, BlGBW 1974, 17; *Renkl*, Die Abrechnung des Vorschusses in Bausachen, BauR 1984, 472; *Grunsky*, Prozessuale Probleme bei Geltendmachung des Vorschussanspruchs zur Mängelbeseitigung, NJW 1984, 2545; *Mantscheff*, Zur Abrechnung des Vorschusses auf die Mängelbeseitigungskosten, zugleich zu BGH, BauR 1984, 406, BauR 1985, 389; *Kniestedt*, Nochmals: Zinsen auf Kostenvorschüsse gemäß § 633 III BGB und § 13 Nr. 5 VOB/B?, DRiZ 1986, 342; *Kohler*, Kostenvorschuss und Aufrechnung oder Zurückbehaltungsrecht als Verteidigung gegen Werkvergütungsansprüche, BauR 1992, 22; *Haase*, Kann ein Auftraggeber mit seinem Anspruch auf Zahlung eines Kostenvorschusses zur Mängelbeseitigung gegen den Werklohnanspruch seines Auftraggebers aufrechnen?, ZfBR 1998, 173; *Mauer*, Zur Abrechnung des Vorschussanspruchs nach Werkvertragsrecht, Festschrift für Mantscheff (2000), 123; *Motzke*, Kostenvorschuss nach Laune des säumigen Unternehmers, Festschrift für Mantscheff, 137; *Achilles-Baumgärtel*, Keine Klageänderung beim Übergang vom Kostenvorschuss- zum Schadensersatzanspruch, BauR 2001, 1953; *Gross*, Die Wirkungen des Kostenvorschussurteils im Abrechnungsrechtsstreit, Festschrift für Jagenburg (2002), 253; *Koeble*, Rückforderung des Vorschusses? Ein Märchen!, ebenda, 371; *Enaux*, Der Vorschussanspruch nach der Schuldrechtsreform, Festschrift für Kraus (2003), 15; *Hochstadt*, Umsatzsteuerliche Probleme bei der Abwicklung von Bauverträgen, BauR 2003, 626; *Weller*, Der Kostenvorschussanspruch gegen den Architekten, BauR 2003, 1816; *Weyer*, Anspruch auf Rückzahlung eines Mängelbeseitigungsvorschusses ohne Abzug unstreitiger Aufwendungen für die Selbstvornahme?, BauR 2009, 28; *Gartz*, Kostenrisiko bei Vorschussansprüchen, BauR 2011, 21.

a) Voraussetzung und Umfang

2114 Ist der Auftraggeber berechtigt, Mängel des Bauwerks auf Kosten des Unternehmers[188] selbst oder durch Dritte beseitigen[189] zu lassen, kann er von dem nachbesserungspflichtigen Unternehmer einen die **voraussichtlichen Mängelbeseitigungskosten deckenden Vorschuss** verlangen. Dieser zunächst für § 13 Abs. 5 Nr. 2 VOB/B entwickelte Grundsatz gilt uneingeschränkt für den BGB-Vertrag und war für das alte Recht aus §§ 242, 669 BGB a.F. herzuleiten. Das SchRModG hat dann den Vorschussanspruch in § 637 Abs. 3 BGB kodifiziert. Es besteht Einigkeit, dass § 637 Abs. 3 BGB die bisherige Rechtslage bestätigt, wenn auch nach neuem Recht ein Verzug des Unternehmers mit der Nacherfüllung nicht mehr erforderlich ist. Auf die bisher von der Rechtsprechung entwickelten Grundsätze zum Vorschuss-

---

187) BGH, BauR 1992, 758 = NJW-RR 1992, 1300; OLG Celle, BauR 2010, 912, 915.
188) Zum Kostenvorschussanspruch wegen eines Architektenfehlers gegen den **Generalunternehmer** s. OLG Düsseldorf, NZBau 2003, 445.
189) Kommt eine Mangelbeseitigung nur durch **Neuherstellung** in Betracht (Rdn. **1553, 1559**), stand dies schon nach altem Recht einem Vorschussanspruch nicht entgegen (BGH, NJW 1992, 3297 = BauR 1993, 96).

anspruch kann deshalb uneingeschränkt zurückgegriffen werden.[190] Ein Anspruch des Auftraggebers auf einen angemessenen Kostenvorschuss zur Durchführung einer Selbstvornahme kann bei einem BGB-Bauvertrag bereits **vor** der Abnahme bestehen.[191]

Der Vorschussanspruch des Auftraggebers wird nicht dadurch berührt, dass der Bauauftrag **vor** Abnahme der Werkleistung wegen Verweigerung der Mängelbeseitigung wirksam **entzogen** wird.[192] Der Vorschussanspruch steht auch einem Hauptunternehmer gegen seinen Subunternehmer zu.[193]

Der Kostenvorschussanspruch umfasst die „mutmaßlichen Nachbesserungskosten";[194] das sind die voraussichtlich **erforderlichen Mängelbeseitigungs-** oder **Neuherstellungskosten**, gegebenenfalls mit einem 20 %igen Fremdunternehmerzuschlag bei Abrechnung auf Gutachterbasis.[195] In die Berechnung des Kostenvorschusses sind weiter einzubeziehen: **Regiekosten**, sofern sie spezifiziert begründet werden,[196] Kosten notwendiger **Vor-** und **Nacharbeiten**,[197] Kosten für eine sachgerechte **Untersuchung** und **Feststellung** der vorhandenen Mängel, insbesondere also Sachverständigenkosten und nach OLG Köln[198] sogar Hotelkosten. Ein merkantiler **Minderwert** ist dagegen **nicht** einzubeziehen.[199] Der Kostenvorschussanspruch umfasst auch die **Mehrwertsteuer**.[200]

2115 Voraussetzung für die Durchsetzbarkeit des Kostenvorschussanspruchs ist zunächst, dass der Besteller sein Recht auf Nacherfüllung (§ 635 BGB) noch nicht verloren hat.[201] Hat der Bauherr z.B. die mangelhafte Werkleistung vorbehaltlos

---

190) AnwKom-BGB/*Raab*, § 637, Rn. 10; *Palandt/Sprau*, § 637, Rn. 8 ff.
191) OLG München, IBR 2012, 257 – *Jenssen*.
192) BGH, BauR 1989, 462 = ZfBR 1989, 213; Beck'scher VOB-Kommentar/*Kohler*, § 13 Abs. 5, Rn. 129. Nach Durchführung der Ersatzvornahme hat bei einem gekündigten Werkvertrag gfs. eine **Abrechnung** zu erfolgen (s. auch OLG Düsseldorf, BauR 2010, 88).
193) BGH, NJW 1990, 1475 = BauR 1990, 358; OLG Schleswig, NJW-RR 1988, 1105.
194) BGH, BauR 2001, 789 = NZBau 2001, 313 = ZfBR 2001, 319; BGH, BauR 1997, 129 = ZfBR 1997, 75; OLG Frankfurt, OLGR 2000, 102; OLG Hamm, BauR 1998, 1019, 1020.
195) SchlHOLG, OLGR 1997, 254, 25; zustimmend: *Korbion/Frank*, Baurecht, Teil 20, Rn. 172; einschränkend: OLG München, IBR 2016, 690 – *Kau* (wenn es eine „möglichst genaue Kostenermittlung" fordert); OLG Düsseldorf, IBR 2017, 311 – *Lichtenberg* (Vorschuss gegebenenfalls nur in Mindesthöhe).
196) OLG Hamm, BauR 2016, 677, 685; OLG Köln, OLGR 2000, 39, 41. Das OLG Celle (IBR 2007, 260 – *Wolber*) beschränkt die **Regiekosten**, indem sie bei Einschaltung eines Architekten oder Ingenieurs eine Erstattung nur nach Maßgabe der **HOAI** zulässt; anders das OLG München (IBR 2007, 261 – *Röder*), das insoweit eine **Pauschale** von 10 %–15 % für denkbar hält.
197) OLG Düsseldorf, NJW-RR 1997, 274.
198) IBR 2011, 15 – *Schwenker*.
199) BGH, BauR 1997, 129, 131 = ZfBR 1997, 75, 76 = NJW-RR 1997, 339; *Bamberger/Roth/Voit*, § 637 BGB, Rn. 12.
200) OLG Stuttgart, BauR 2016, 146, 148; OLG Brandenburg, IBR 2014, 19 – *Parbs-Neumann*.
201) OLG Koblenz, BauR 2014, 1497, 1498; *Raab*, in: Dauner-Lieb u.a., Das neue Schuldrecht, § 9, Rn. 53; *Palandt/Sprau*, § 637, Rn. 11. Die **Beseitigung** nachteiliger Auswirkungen auf die **Gebrauchsfähigkeit** durch den Auftraggeber ist noch keine (voreilige) Selbstvornahme (BGH, BauR 2009, 1295 = ZfBR 2009, 572 = NZBau 2009, 507 = IBR 2009, 376 – *Weyer*; ebenso: OLG Stuttgart, BauR 2011, 1824, 1827).

Kostenvorschussanspruch (§ 637 Abs. 3 BGB)

abgenommen (§ 640 Abs. 2 BGB),[202] so ist der Nacherfüllungsanspruch verloren. Es entfällt dann auch das Selbstvornahmerecht mit der daraus resultierenden Pflicht des Unternehmers, einen Vorschuss zu leisten. In diesem Fall hat der Auftraggeber nur noch die sich aus § 634 BGB ergebenden Mängelrechte, er kann also die Kosten einer Nacherfüllung nur noch als **Schadensersatz** verlangen.[203] Erhebt der Auftraggeber in diesem Fall gleichwohl eine „Vorschussklage", wird das Gericht einen Hinweis gemäß § 139 ZPO dahin erteilen, dass nur eine Schadensersatzklage möglich ist.[204] Will der Auftraggeber einen **Vorschuss** haben, wird er dem Unternehmer deshalb stets nur eine Frist zur Mängelbeseitigung setzen; auch einer (vorherigen) **Mängelanzeige** bedarf es nicht.[205] Ebenso wenig ist die Fristsetzung zur Nacherfüllung erforderlich, wenn sie auch sonst aus besonderen Gründen entbehrlich wäre (vgl. Rdn. 2182).[206] In diesem Fall entfällt das Selbstvornahmerecht und damit der Kostenvorschussanspruch erst, wenn der Auftraggeber Schadensersatz von dem Auftragnehmer verlangt.[207]

Nach Fristablauf oder nach einer Verurteilung zur Vorschusszahlung bieten Unternehmer oftmals an, ihrer Nachbesserungsverpflichtung nunmehr nachzukommen.[208] Für den VOB-Vertrag ist anerkannt, dass das einmal entstandene Selbstvornahmerecht des Auftraggebers nicht deshalb entfällt, weil sich der Unternehmer doch noch nachträglich zur Mängelbeseitigung bereit erklärt.[209] Nichts anderes gilt für den BGB-Vertrag; hat der Unternehmer die Frist zur Nacherfüllung (fruchtlos) verstreichen lassen, ist der Auftraggeber nach Rechtsprechung des BGH[210] nicht (mehr) verpflichtet, das Angebot des Auftragnehmers zur Nacherfüllung anzunehmen.

Ein Vorschuss scheidet aus, soweit die Mängelbeseitigung bereits durch einen Fremdunternehmer vorgenommen und von ihm abgerechnet wurde[211] oder wenn Grund zu der Annahme besteht, das der Auftraggeber die Mängel nicht beseitigen will, sondern in Wirklichkeit eine Minderung der Vergütung oder Schadensersatz

2116

---

202) Siehe auch BGH, BauR 2010, 795 = NZBau 2010, 318 = NJW-RR 2010, 748 (für **konkludente** Abnahme einer Architektenleistung); OLG Hamm, NJW-RR 1996, 213, 214.
203) BGHZ 74, 258, 260 = BauR 1979, 420, 421; BGH, BauR 1987, 209; OLG Köln, OLGR 2002, 24, 25 u. OLGR 2001, 222; OLG Düsseldorf, BauR 1995, 854. Die Parteien können **nach Ablauf** einer zur Nacherfüllung gesetzten Frist jederzeit eine neue vereinbaren, sodass auch für diese **weitere** Nachbesserungsverpflichtung eine Vorschusszahlung in Betracht kommen kann (vgl. OLG Düsseldorf, BauR 1994, 249 u. OLG Köln, NJW-RR 2001, 1386 für das alte Recht).
204) BGH, BauR 2004, 1477, 1478.
205) OLG Stuttgart, BauR 1996, 717 = NJW-RR 1997, 149.
206) BGH, BauR 2000, 1479 = NZBau 2000, 421 (für VOB-Vertrag); OLG Düsseldorf, BauR 2001, 645, 646 u. 1996, 260 = NJW-RR 1996, 401; OLG Koblenz, NJW-RR 1999, 603 (bei Mängelverweisung durch Generalunternehmer); OLG Köln, OLGR 2000, 39, 41; OLG Celle, BauR 1994, 250, 251.
207) Vgl. insoweit für das alte Recht: OLG Köln, NJW-RR 2001, 1386, 1387; für das neue Recht: *Enaux*, Festschrift für Kraus, S. 15, 23.
208) Vgl. OLG Koblenz, NJW-RR 1996, 1299; OLG Köln, OLGR 2000, 39, 42; siehe hierzu grundlegend: *Motzke*, Festschrift für Mantscheff, S. 137 ff.
209) OLG Düsseldorf, BauR 1980, 75; KG, NJW-RR 1990, 217.
210) BauR 2003, 693.
211) BGH, BauR 1982, 66, 67; OLG Düsseldorf, BauR 2010, 88, 90; OLG Koblenz, NJW-RR 1990, 981, 982; BGH, NJW 1990, 1475 für das Verhältnis von Haupt- zu Subunternehmer.

anstrebt, obwohl deren weitergehende Voraussetzungen möglicherweise nicht gegeben sind.[212] Der Vorschuss ist ferner zu versagen, wenn der Auftraggeber die Mängelbeseitigungsarbeiten nicht in einer überschaubaren Zeit ausführen[213] oder sogar auf eine ausreichende Sicherheit des Unternehmers zurückgreifen kann; hat der Auftraggeber den Werklohn **zurückbehalten** und reicht dieser aus, um die vorhandenen Baumängel sachgerecht zu beseitigen, ist er auf die Möglichkeit der **Aufrechnung** mit dem Vorschussanspruch zu verweisen.[214] Dies gilt auch, wenn der Vergütungsanspruch des Unternehmers bereits **verjährt** ist.[215] Reicht die Aufrechnung mit dem Vergütungsanspruch nicht aus, um die Mängelbeseitigungskosten abzudecken, kann der Auftraggeber nach Verrechnung den erforderlichen Restvorschuss gegebenenfalls einklagen.[216] Zu beachten bleibt, dass der Auftraggeber allerdings nicht auf einen **Sicherheitseinbehalt (§ 17 VOB/B)**[217] oder eine **Gewährleistungsbürgschaft** verwiesen werden kann; die Gewährleistungsbürgschaft soll den Auftraggeber nämlich in aller Regel während der gesamten Gewährleistungsfrist absichern;[218] für eine **Vertragserfüllungsbürgschaft**[219] gilt im Rahmen ihres Anwendungsbereichs nichts anderes.

2117 Der Vorschuss ist somit im Wege der **Klage, Widerklage** oder **Aufrechnung**,[220] nicht aber durch einstweilige Verfügung geltend zu machen.[221] Er ist von dem Unternehmer bei Verzug oder Rechtshängigkeit zu verzinsen,[222] und zwar (in der Regel) nach §§ 288 Abs. 1, 291 BGB oder § 352 HGB.[223] Verzugszinsen können aber nur verlangt werden, wenn der Unternehmer auch zur Zahlung des Vorschusses angemahnt worden ist. Es reicht nicht aus, wenn lediglich die Nachbesserungsfrist abgelaufen ist.[224]

2118 Ist das Werk nicht nachbesserungsfähig, kommt vielmehr nur eine **Neuherstellung** in Betracht (vgl. Rdn. 2085–2087), können über den Vorschuss die Kosten der Neuherstellung beansprucht werden; das folgt aus der Gleichwertigkeit der beiden Ansprüche.

---

212) Vgl. BGH, BauR 1984, 406 = ZfBR 1984, 185 = NJW 1984, 2456; OLG Celle, BauR 2001, 1753; OLG Düsseldorf, BauR 1988, 607, 608; OLG Köln, BauR 1988, 483.
213) OLG Nürnberg, NZBau 2003, 614; OLG Düsseldorf, BauR 2004, 1630, 1631.
214) BGHZ 54, 244, 246 = BauR 1970, 237, 238; BGH, BauR 2000, 881, 885; BGH, BauR 1989, 199; BGHZ 47, 272, 273; OLG Karlsruhe, BauR 2006, 540, 542; OLG Hamm, OLGR 1998, 90, 91; OLG Oldenburg, BauR 1994, 371 = NJW-RR 1994, 529; OLG Düsseldorf, BauR 1993, 736.
215) OLG Hamm, OLGR 1997, 117, 118.
216) OLG Karlsruhe, OLGR 1983, 464; *Locher/Koeble*, Rn. 197.
217) Streitig: *Kleine-Möller/Merl*, § 15, Rn. 398 m. Nachw.
218) OLG Hamm, OLGR 1996, 126 = NJW-RR 1996, 1046; vgl. auch BGH (IX. ZS), BauR 1998, 332 = MDR 1998, 400.
219) Zur Abgrenzung von der Gewährleistungsbürgschaft: OLG Karlsruhe, OLGR 1998, 117 = NJW-RR 1998, 533; OLG Düsseldorf, OLGR 1998, 89.
220) Str.; vgl. dazu im Einzelnen: *Kohler*, BauR 1992, 22 ff.; wie hier: BGH, BauR 1993, 96, 98 = ZfBR 1993, 25; OLG Celle, BauR 1994, 250; BGH, BauR 1989, 199; OLG Düsseldorf, BauR 1984, 543; LG München, NJW-RR 1990, 30 (Erwerb einer Eigentumswohnung).
221) Vgl. OLG Düsseldorf, BauR 1972, 323, 324.
222) Vgl. BGHZ 77, 60 = WM 1980, 958; BGH, WM 1983, 759; *Kniffka/Krause-Allenstein*, § 637 BGB, Rn. 70.
223) OLG München, BauR 1996, 547, 548.
224) BGHZ 77, 60.

2119 Eine **Gewährleistungsbürgschaft** kann nach dem mit ihr verfolgten Sicherungszweck den Anspruch des Auftraggebers auf Leistung eines Vorschusses für die voraussichtlichen Mängelbeseitigungskosten umfassen.[225] Der Vorschussanspruch ist abtretbar,[226] setzt aber im Weiteren nicht voraus, dass der Abtretungsempfänger etwa eine Mängelbeseitigung durchführen lassen will. Maßgebend ist, ob der Auftraggeber des Unternehmers das Werk nachbessern will und kann.[227] Die Aufrechnung mit einem abgetretenen Vorschussanspruch ist zulässig.[228]

2120 Herrscht zwischen den Parteien Streit, wie eine Nacherfüllung vorgenommen werden muss, ist dies **im Vorschussprozess** auszutragen. Eine Vorschusszahlung scheidet von vornherein aus, wenn die Maßnahmen, für die der Auftraggeber einen Vorschuss begehrt, überhaupt nicht geeignet sind, den geschuldeten Werkerfolg herbeizuführen.[229] Im Übrigen ist die Frage, wie die Nacherfüllung vorzunehmen ist, für die Höhe des auszuurteilenden Vorschusses durchaus wesentlich.[230] Der Auftraggeber, der insoweit darlegungspflichtig ist, kann sich zur Spezifizierung seines Vorbringens auf **Kostenvoranschläge** von Fachunternehmen oder **Privat- bzw. Beweissicherungsgutachten** berufen.[231] Im Übrigen ist aber zu beachten, dass an die Darlegung der Höhe eines Vorschussanspruchs nicht die gleich strengen Anforderungen zu stellen sind wie bei den Kosten einer Ersatzvornahme. Die Höhe der voraussichtlichen Mängelbeseitigungskosten muss von dem Auftraggeber nicht etwa durch ein vorprozessuales Sachverständigengutachten ermittelt werden.[232] Es reicht aus, wenn er die Kosten schätzt und bei Bestreiten ein Sachverständigengutachten als Beweis anbietet.[233] Kann der Auftraggeber ohne eine sachverständige Beratung die ungefähre Höhe des angemessenen Vorschusses nicht angeben oder seriös schätzen, ist er sowohl zur Erhebung einer **unbezifferten Leistungsklage** wie auch zur Einreichung einer **Feststellungsklage** befugt.[234] Im Übrigen wird das Gericht in aller Regel den angemessenen Kostenvorschuss nach § 287 ZPO festsetzen.

2121 Der Auftraggeber, der von dem Unternehmer den Vorschuss beansprucht, muss sich das Fehlverhalten seines Architekten bei der Planung oder Koordinierung als **Mitverschulden** (§§ 254, 278 BGB) anrechnen lassen.[235] Der Gesichtspunkt der **Vorteilsausgleichung** ist ebenfalls zu berücksichtigen;[236] „Sowieso"-Kosten

---

225) BGH, BauR 1984, 406 = ZfBR 1984, 185.
226) Vgl. BGH, BauR 1989, 199, 200 = ZfBR 1989, 98 m. Nachw.
227) *Kaiser*, Rn. 79; *Achilles-Baumgärtel*, S. 99.
228) BGH, BauR 1989, 199, 200; Beck'scher VOB-Kommentar/*Kohler*, § 13 Abs. 5, Rn. 140.
229) Vgl. OLG Frankfurt, BauR 1997, 481 = OLGR 1997, 40.
230) Vgl. z.B.: BGH, BauR 2002, 86, 87 (Dachsanierung).
231) Siehe: OLG Hamburg, IBR 2013, 737 – *Amelsberg* (voller Kostenvorschuss trotz **Teilbesichtigung** durch den Sachverständigen; OLG Stuttgart, NZBau 2011, 617 m.w.Nachw.
232) BGH, BauR 2001, 789 = NZBau 2001, 313 = ZfBR 2001, 319 = IBR 2001, 254 – *Weyer*; OLG Düsseldorf, BauR 2011, 554; s. hierzu auch *Gartz*, BauR 2011, 21, 23 f.
233) BGH, a.a.O., mit Hinw. auf BGH, BauR 1999, 631, 632 = ZfBR 1999, 193.
234) Wie hier OLG Koblenz, IBR 2014, 59 – *Peters*; OLG Hamm, BauR 1998, 1019, 1020; Beck'scher VOB-Kommentar/*Kohler*, § 13 Abs. 5 VOB, Rn. 152; einschränkend: *Renkl*, BauR 1984, 476 u. *Kaiser*, Rn. 84e.
235) OLG Stuttgart, BauR 2014, 1792, 1793; OLG Köln, NJW-RR 2002, 15 = OLGR 2001, 268; OLG Düsseldorf, MDR 1984, 756.
236) OLG Dresden, BauR 2008, 693, 694.

(Rdn. 2089) führen zu einer Anspruchsminderung und beschränken von vornherein den Kostenvorschuss.[237] Daraus folgt aber zugleich, dass über ihre Höhe im Regelfall erst dann abschließend befunden werden kann, wenn endgültig feststeht, welche Maßnahmen zur Mängelbehebung erforderlich sind.[238]

2122 Gegenüber einem (berechtigten) Kostenvorschussanspruch des Auftraggebers kann der Unternehmer kein Leistungsverweigerungsrecht mit der Begründung geltend machen, dieser müsse zunächst notwendige **Vorarbeiten** ausführen lassen; denn diese Vorarbeiten gehen kostenmäßig zu Lasten des Auftraggebers und berühren daher auch nicht die Vorschusspflicht des gewährleistungspflichtigen Unternehmers.[239]

2123 Verlangen mehrere Wohnungseigentümer die Zahlung eines Vorschusses (an den Verwalter), kann der beklagte Bauträger nach der Entscheidung des BGH vom 26. September 1991[240] nicht mit restlichen Vergütungsansprüchen aufrechnen.

2124 Der Auftraggeber muss nachweisen, dass er den ihm gezahlten Vorschuss zur Mängelbeseitigung benötigt hat.[241] Wird der Vorschuss **nicht, zweckwidrig** oder auch nur **teilweise verbraucht**, ist er sofort **zurückzuzahlen**.[242] Der Anspruch des **Unternehmers** auf **Rückzahlung** des Vorschusses **verjährt** in der regelmäßigen Verjährungsfrist von **drei** Jahren; die Frist beginnt mit dem Schluss des Jahres, in dem der Anspruch entstanden ist und die subjektiven Voraussetzungen des § 199 Abs. 1 Nr. 2 BGB vorliegen.[243]

b) Vorschuss und Verjährung

2125 Im Wesen des Vorschusses liegt, dass er einer umfassenden Mängelbeseitigung dienen soll, dann aber auch nichts Endgültiges sein kann. Es entspricht seinem Zweck, dass der Besteller eine **Nachzahlung** beanspruchen darf, wenn der gezahlte oder im Wege der Verrechnung einbehaltene Vorschuss für eine nachhaltige Mängelbeseitigung nicht ausreicht. Fordert der Auftraggeber eine Nachzahlung, wird der Unternehmer u.U. versuchen, Einwendungen gegen den Vorschussanspruch vorzubringen, die bisher noch nicht zur Sprache gekommen sind. Das betrifft vor allem den Einwand der **Rechtskraft** eines (ersten) Vorschussurteils wie die Einrede der **Verjährung** (siehe hierzu Rdn. 2895 ff.).

2126 Der **Vorschussanspruch** selbst unterliegt den allgemeinen Verjährungsbestimmungen; § 634a BGB betrifft alle Mängelrechte des Bestellers gemäß § 634 BGB,

---

237) BGH, BauR 2002, 86, 88; OLG Karlsruhe, BauR 2005, 1485, 1487 = OLGR 2005, 571, 573 u. NJW-RR 1999, 1694 = BauR 1999, 1032; OLG Düsseldorf, NJW-RR 1996, 532, 533; *Achilles-Baumgärtel*, S. 74.
238) OLG Stuttgart, BauR 2010, 1599, 1602; BGH, BauR 1988, 468.
239) OLG Celle, BauR 1994, 773, 774.
240) BGH, BauR 1992, 88 = NJW 1992, 435; OLG Karlsruhe, BauR 1990, 622 für **Schadensersatzansprüche** der Wohnungseigentümer.
241) BGHZ 47, 272 = NJW 1967, 1366; OLG Köln, *SFH*, Nr. 4 zu § 13 Nr. 7 VOB/B (1952).
242) BGH, BauR 2010, 614 = IBR 2010, 134 – *Schulze-Hagen*; BGH, BauR 1984, 406, 408; ferner: BGH, BauR 1977, 271, 274; OLG Düsseldorf, BauR 1980, 75, 77; OLG Köln, *SFH*, Nr. 2 zu § 4 Ziff. 2 VOB/B (1952); *Kaiser*, Rn. 84a.
243) BGH, BauR 2010, 618 = NZBau 2010, 236 = ZfBR 2010, 353 = NJW 2010, 1195 = IBR 2010, 137 – *Schulze-Hagen*.

Kostenvorschussanspruch (§ 637 Abs. 3 BGB)

und darunter fällt, auch wenn er nicht besonders erwähnt wird, der **Vorschussanspruch** nach § 637 Abs. 3 BGB.[244] Im Übrigen sind bei der **Kostenvorschussklage** prozessuale Besonderheiten zu berücksichtigen. Nach der Rechtsprechung des BGH[245] enthält das Urteil, mit dem dem Auftraggeber ein Vorschuss auf die Mängelbeseitigungskosten zugesprochen wird, regelmäßig die **Feststellung**, dass der Auftragnehmer zur Tragung der **gesamten** Mängelbeseitigungskosten verpflichtet ist; dieser muss deshalb auch etwaige – den bereits gezahlten Vorschuss übersteigende – **höhere** Selbstvornahmekosten tragen (Folge aus § 197 Abs. 1 Nr. 3 BGB). Die Vorschussklage umfasst daher immer den Vorschussanspruch „in der Höhe, in der er zur Beseitigung des Mangels sachlich erforderlich ist" (BGH). Eines (zusätzlichen) Feststellungsantrages bedarf es nach dieser Rechtsprechung also insoweit nicht.[246] Dies gilt auch, soweit es um die Verpflichtung zum Ersatz von **Mangelfolgeschäden** geht;[247] gleichwohl wird teilweise aus **anwaltlicher Vorsorge** dazu geraten, bei einer Vorschussklage zusätzlich einen Feststellungsantrag hinsichtlich der **Mangelfolgeschäden** zu stellen.[248] Die Hemmung betrifft jedoch immer bei Ansprüchen wegen Sachmängeln die **Mangelursachen** und nicht nur die erkennbar gewordenen Mangelerscheinungen.[249]

Rechnet der Besteller im Werklohnprozess des Unternehmers mit einem Kostenvorschussanspruch auf, werden die die Werklohnforderung übersteigenden Gewährleistungsansprüche durch die **Aufrechnung** nicht gehemmt.[250]

Darüber hinaus ist zu beachten, dass sich die hemmende Wirkung des Vorschusses immer nur auf **denselben Mangel** beziehen kann. Die Nachforderung („Erhöhung") muss stets die Beseitigung des Mangels betreffen, für den der Vorschuss von dem Unternehmer gezahlt worden ist.[251] Die Hemmungswirkung scheidet aus, wenn die Nachforderung einen **anderen** Mangel betrifft, der nicht Gegenstand des ersten Vorschussbegehrens war.[252] Allerdings richtet sich die Tragweite einer Hemmung der Verjährung – wie bei einem Mängelbeseitigungsverlangen und einem selbstständigen Beweisantrag (vgl. Rdn. 100) – nicht nach den jeweils näher bezeichneten Mangelerscheinungen, sondern nach den der Werkleistung anhaftenden Mängeln selbst, soweit sie Ursache der angeführten Mangelerscheinungen sind **(Symptomtheorie)**.[253]

---

244) *Kniffka/Krause-Allenstein*, § 637 BGB, Rn. 72; *Palandt/Sprau*, § 634a, Rn. 5.
245) BauR 2008, 2041 = NZBau 2009, 120 = NJW 2009, 60; OLG München, BauR 2014, 859, 860 = IBR 2014, 248 – *Weyer*.
246) OLG Düsseldorf, NZBau 2017, 280, 281; *Kniffka/Krause-Allenstein*, § 637 BGB, Rn. 76, 80 m.w.Nachw.
247) Anderer Ansicht: *Kniffka/Krause-Allenstein*, a.a.O., Rn. 81 unter Hinweis auf § 213 BGB.
248) *Weyer*, in: Kapellmann/Messerschmidt, § 13 VOB/B, Rn. 180 a.E. unter Hinweis auf *Hänsel/Flache*, NJW-Spezial 2008, 716, 717.
249) *Palandt/Ellenberger*, § 204 BGB, Rn. 14, unter Hinweis auf BGB, NJW-RR 1989, 208. Zur Bedeutung der Mangelerscheinung s. auch *Weise*, BauR 1991, 19 ff. m.w.Nachw.
250) Vgl. BGH, BauR 1986, 576 = MDR 1987, 47.
251) BGH, BauR 1989, 83; BGH, NZBau 2005, 514 = ZfBR 2005, 551 = BauR 2005, 1070.
252) Vgl. *Kaiser*, Festschrift für Locher, S. 109, 113.
253) BGH, BauR 1998, 632; BauR 1997, 1029 = ZfBR 1997, 297; BGH, BauR 1997, 1065 = ZfBR 1998, 25 (für Architektenvertrag).

Ob die Nachforderung denselben Mangel betrifft, ist im Einzelfall nach dem Sachvortrag der Parteien und einer evtl. veranlassten Sachverständigenbegutachtung zu beurteilen.

2128 Zweifelhaft ist die **Rechtskraftwirkung** eines Vorschussurteils.[254]

Nach § 322 Abs. 1 ZPO ist ein Urteil insoweit der Rechtskraft fähig, als darin über den durch Klage oder Widerklage erhobenen „Anspruch" entschieden ist. Maßgebend für den Umfang der Rechtskraft ist somit der **Streitgegenstand**.[255] Dieser wird von dem Grund des zur Entscheidung gestellten Anspruchs und dem zugehörigen Lebenssachverhalt bestimmt, aus dem dieser Anspruch hergeleitet wird. Lässt die Urteilsformel den Streitgegenstand und damit den Umfang der Rechtskraft nicht erkennen, sind Tatbestand und Entscheidungsgründe, erforderlichenfalls auch das Parteivorbringen, ergänzend heranzuziehen.[256]

Unterscheidet sich der Streitgegenstand des neuen Prozesses von dem des Vorprozesses, wird also ein seinem Wesen nach anderer Sachverhalt vorgetragen, steht der neuen Klage – auch wenn das Klageziel äußerlich unverändert geblieben ist – die materielle Rechtskraft des Urteils im früheren Rechtsstreit nicht entgegen.[257] Stellt der Kläger dagegen im neuen Prozess denselben prozessualen Anspruch zur Entscheidung, handelt es sich also um den Streitgegenstand des Vorprozesses, ist das Gericht durch die Rechtskraft des früheren Urteils an einer (anderen) Sachentscheidung gehindert.[258]

2129 Für das Vorschussrecht folgt daraus:

Vorschuss und **Schadensersatz** betreffen jeweils einen **anderen Lebenssachverhalt** (Streitgegenstand). Macht ein Auftraggeber Schadensersatz geltend, hat das Gericht deshalb keine Möglichkeit, diesem Begehren unter dem Aspekt eines Vorschusses stattzugeben, der Übergang von einem zum anderen Anspruch ist immer eine **Klageänderung**.[259] Macht der Auftraggeber im Verlauf eines Rechtsstreits statt des Vorschusses nunmehr die Erstattung der **tatsächlichen Kosten** geltend, stellt dies keine Klageänderung, „sondern eine **Anpassung** der Klage an die geänderten Abrechnungsverhältnisse, die gemäß § 264 Nr. 3 ZPO zu beurteilen ist", dar.[260]

Auf der anderen Seite folgt bereits aus der Natur des Vorschusses, dass ein Vorschussurteil nur eine begrenzte Rechtskraftwirkung haben kann, soweit es um den **Betrag** selbst geht. Der Vorschussbetrag kann und soll durch die Rechtskraft des

---

[254] Siehe hierzu: *Groß*, Festschrift für Jagenburg, S. 253 ff.; *Grunsky*, NJW 1984, 2545; OLG München, SFH, Nr. 4 zu § 209 BGB; BGH, BauR 1987, 235; OLG München, BauR 1986, 729.
[255] BGHZ 85, 367, 374.
[256] BGH, NJW 1981, 2306; 1983, 2032 m. Nachw.
[257] BGH, NJW 1981, 2306.
[258] BGH, WM 1975, 1181; BGH, DB 1986, 109 = BauR 1986, 117.
[259] BGH, BauR 1998, 369 = ZfBR 1998, 89; OLG Köln, BauR 2002, 826 = OLGR 2002, 55; BauR 1996, 548; OLG Koblenz, NJW-RR 1997, 1299; OLG Zweibrücken, BauR 1992, 770; **a.A.:** OLG Brandenburg, BauR 2001, 1938 = NZBau 2001, 325; zustimmend: *Achilles-Baumgärtel*, BauR 2001, 1953 ff.
[260] BGH, BauR 2010, 494 = ZfBR 2010, 246 = IBR 2010, 189, 190 – *Rodemann* (im Anschluss an BGH, BauR 2006, 717 = ZfBR 2006, 347).

Urteils nicht endgültig festgeschrieben werden.²⁶¹⁾ Macht der Auftraggeber bei seiner Klagebegründung deutlich, dass es sich um **eine Vorschussklage** handelt, ist er grundsätzlich nicht gehindert, eine weitere Nachzahlung zu fordern, auch wenn sich die erste Vorschussklage ausdrücklich nur auf einen Teil der an sich erforderlichen Mängelbeseitigungskosten bezog. Das ist anders, wenn der Begrenzung des Anspruchs auf einen Teil der Mängelbeseitigungskosten die Bedeutung eines Verzichts auf weiteren Vorschuss beikommt; dafür müssen aber besondere Anhaltspunkte vorliegen.²⁶²⁾

Eine andere Frage ist, ob dem Unternehmer **Einwendungen** abgeschnitten werden können, die in dem ersten Vorschussprozess nicht vorgetragen wurden. **2130**

Es gilt: Die Rechtskraft des (ersten) Vorschussurteils lässt die Berücksichtigung von Einwendungen des Unternehmers, die das Bestehen des festgestellten Vorschussanspruchs betreffen und sich auf vorgetragene Tatsachen stützen, die schon zur Zeit der letzten Tatsachenverhandlung vorgelegen haben, nicht zu.²⁶³⁾ So kann der Unternehmer z. B. nicht damit gehört werden, eine von dem Auftraggeber nach einem bestimmten Kostenanschlag in Aussicht genommene Nacherfüllung sei „unangemessen", wenn er sich zu dem im Prozess vorgelegten Kostenanschlag nicht weiter geäußert hat; beanstandet der Unternehmer im Vorschussprozess eine bestimmte Nachbesserungsmethode und den darauf abgestimmten Kostenanschlag eines Drittunternehmers nicht, kann er später – im Abrechnungsprozess – nicht mit dem Einwand gehört werden, die Mängelbeseitigungskosten seien „zu hoch".²⁶⁴⁾ Er kann auch nicht mehr vortragen, der Anspruch auf Nacherfüllung habe von vornherein „nicht bestanden", etwa, weil eine Abnahme erfolgt und dabei Mängel nicht vorbehalten worden seien (§ 640 Abs. 2 BGB), sodass der Auftraggeber nur noch Schadensersatz fordern könne. Nichts anderes gilt, wenn der Auftraggeber zulässigerweise vom Vorschuss- zum Schadensersatzanspruch übergegangen ist.²⁶⁵⁾

Die Rechtskraft des Vorschussurteils kann sich dagegen nicht auf „**neue Umstände**" erstrecken. Der BGH²⁶⁶⁾ hat bestätigt, dass neue Umstände jedenfalls nach dem **Rechtsgedanken des § 767 Abs. 2 ZPO** zu berücksichtigen sind. „Neue" Umstände sind in jedem Fall: Erfüllung, Erlass oder Verzicht nach Urteilserlass, aber auch Einwendungen zur Angemessenheit der vorgenommenen Mängelbeseitigung im Rahmen eines Abrechnungsprozesses, wenn der Vorschuss nur auf einer Schätzung des Gerichts nach § 287 ZPO basierte.²⁶⁷⁾ Nichts anderes gilt für Sowiesokos- **2131**

---

261) Vgl. *Hochstein*, Anm. zu OLG München, *SFH*, Nr. 4 zu § 209 BGB; OLG Düsseldorf, NZBau 2000, 381; OLG München, BauR 1994, 516, 517 = NJW-RR 1994, 785; siehe auch BGH, BauR 2001, 789, 790 = NZBau 2001, 313; *Groß*, Festschrift für Jagenburg, S. 254; *Mauer*, Festschrift für Mantscheff, S. 128.
262) Im Ergebnis unzutreffend daher: OLG München, *SFH*, Nr. 4 zu § 209 BGB.
263) OLG Köln, OLGR 2005, 250, 251 = BauRB 2005, 232; OLG Düsseldorf, OLGR 1993, 163 = BauR 1993, 508 (LS); *Groß*, Festschrift für Jagenburg, S. 253, 261 ff.; s. ferner: OLG Düsseldorf, BauR 2012, 1680, 1681.
264) LG Hannover, MDR 1984, 229; Beck'scher VOB-Kommentar/*Kohler*, § 13 Abs. 5, Rn. 145.
265) OLG Düsseldorf, OLGR 1993, 163.
266) BauR 1985, 569, 570; OLG Köln, a.a.O.
267) Vgl. LG Hannover, MDR 1984, 229.

ten, die anspruchsmindernd zu berücksichtigen sind.[268] Mit dem Einwand, der Auftraggeber habe nach dem „Vorschussurteil" treuwidrig das (nachträgliche) Mängelbeseitigungsangebot zurückgewiesen, wird ein Unternehmer nur in Ausnahmefällen gehört werden können.[269]

c) Die Abrechnung des Vorschusses

2132 Da der Vorschuss nichts Endgültiges ist, muss er **abgerechnet** werden. Der Auftraggeber muss deshalb dem Unternehmer vollständig Auskunft über die Verwendung des Vorschusses geben;[270] der Unternehmer kann entsprechend § 259 BGB **Rechenschaftslegung** verlangen und auch darauf klagen.[271] Der Auftraggeber muss nachweisen, dass er den Vorschuss zur zweckentsprechenden Nacherfüllung **verwendet** hat; den nicht benötigten Teil des Vorschusses muss er dem Unternehmer zurückzahlen. Der Rückzahlungsanspruch folgt aus dem vertraglichen Charakter des Vorschussanspruchs, er ist nicht aus § 812 BGB herzuleiten.[272] Für die Abrechnung gelten die gleichen Grundsätze wie zum Kostenerstattungsanspruch: **Eigenleistungen** des Auftraggebers sind bei der Abrechnung zu berücksichtigen.

2133 Zweifelhaft ist, in welcher **Zeit** der Auftraggeber die Nacherfüllung **vornehmen** und eine Abrechnung erteilen muss. Hermann Korbion[273] hat hier schon frühzeitig von einem „Richtwert" gesprochen, den er bei einem halben, „äußerstenfalls bei einem Jahr" angesiedelt hat. Maßgebend werden aber allein die Umstände des Einzelfalls sein:[274] So hat der Auftraggeber kleinere oder einfache Nachbesserungen unverzüglich ausführen zu lassen; umfängliche oder schwierige Mängelbeseitigungen, die u.U. sogar einer Beratung oder ergänzenden Planung durch einen Architekten bedürfen, können dagegen noch nach dem von Korbion genannten Zeitraum in Angriff genommen werden. Ferner dürfen Witterungseinflüsse bei der Mängelbeseitigung ebenso einkalkuliert werden wie die Terminplanung des Drittunternehmers, den der Bauherr beauftragen will. Nur Verzögerungen, die von dem Auftraggeber in vertretbarer Weise verursacht werden, gehen zu seinen Lasten[275] und sind bei der Abrechnung zu berücksichtigen. Macht der Auftraggeber den Vorschussanspruch im Wege einer **Aufrechnung** (gegen den Vergütungsanspruch des Unternehmers) geltend, muss er nicht sofort zur Mängelbeseitigung schreiten, sondern kann zu-

---

268) Vgl. BGH, BauR 1988, 468.
269) Vgl. dazu OLG Koblenz, BauR 1998, 845 = OLGR 1997, 212 = NJW-RR 1997, 1176 sowie Rdn. **2115**.
270) Zum Auskunftsanspruch: *Achilles-Baumgärtel*, S. 41, 91; *Mauer*, Festschrift für Mantscheff, S. 126.
271) Vgl. AG Bonn, BauR 1995, 857.
272) BGHZ 183, 366 = BauR 2010, 614 = NZBau 2010, 233 = ZfBR 2010, 350 (Rn. 13) (Revisionsurteil zu OLG Oldenburg, BauR 2008, 1641; s. dazu auch *Weyer*, BauR 2009, 28 ff.); OLG Schleswig, NJW-RR 1988, 1105; *Mauer*, Festschrift für Mantscheff, S. 124, 125.
273) *Ingenstau/Korbion* (13. Aufl.), § 13/B, Rn. 555; s. auch OLG Oldenburg, BauR 2008, 1641 = OLGR 2009, 89 = IBR 2008, 570 – *Graf*; OLG Nürnberg, NZBau 2003, 614; s. aber BGH, BauR 2010, 614 (Rn. 29).
274) BGH, BauR 2010, 614 = NZBau 2010, 233 = ZfBR 2010, 350; BGH, BauR 1984, 406; OLG Braunschweig, BauR 2003, 1234, 1235; OLG Celle, IBR 2002, 308; KG, ZfBR 1984, 132 = BauR 1984, 527; AG Bonn, BauR 1995, 857, 859.
275) Vgl. auch OLG Frankfurt, BauR 1983, 156, 161 = NJW 1983, 456.

nächst den rechtskräftigen Abschluss des Rechtsstreits (über die Aufrechnung) abwarten.[276]

Der **Rückzahlungsanspruch**[277] des Unternehmers setzt keine Kündigung oder Fristsetzung voraus; er entsteht vielmehr entsprechend der Zweckbindung des Vorschusses nach Ablauf der angemessenen Frist für seine Verwendung.[278] Hat der Auftraggeber den Vorschuss verspätet verwendet, so hat er ihn nur mit den Kosten der Mängelbeseitigung abzurechnen, die bei rechtzeitiger Verwendung entstanden wären. Im Übrigen fällt eine Verzögerung nicht entscheidend ins Gewicht, wenn „feststeht, dass weitere Kosten alsbald entstehen" (BGH).

Mit der Geltendmachung und Erfüllung des Vorschussanspruches ist der Auftraggeber keineswegs endgültig gebunden und auf diesen Anspruch beschränkt.[279] Die Entgegennahme des Vorschusses führt nicht zu einer Konzentration seiner Rechte auf den Nacherfüllungsanspruch unter Ausschluss aller übrigen Mängelrechte; der Auftraggeber ist daher nicht gehindert, gegenüber einem Rückgewähranspruch des Unternehmers mit einem Schadensersatzanspruch gemäß §§ 634 Nr. 4, 280, 281 BGB **aufzurechnen**.[280]

2135 Verbraucht der Auftraggeber den Vorschuss nicht vollständig zur Mängelbeseitigung, ist er deshalb auch nicht gehindert, den überschießenden Betrag zurückzuhalten, wenn sich nach der Vorschussanforderung weitere Mängel zeigen. Der überschießende Vorschuss kann zwar nicht „automatisch" für die weitere Mängelbeseitigung verwendet werden, der Auftraggeber kann sich aber gegenüber einem evtl. Rückzahlungsbegehren des Bauunternehmers auf ein **Leistungsverweigerungsrecht** (§ 320 BGB) berufen.[281] Der Auftraggeber muss, wenn eine Einigung über die Verwendung des überbezahlten Vorschusses mit dem Unternehmer nicht zu erzielen ist, sich einen Titel auf Vorschuss wegen der weiteren Mängel besorgen. Bis dahin darf er den einbehaltenen Vorschuss nicht zur Mängelbeseitigung verwenden (Gesichtspunkt der Zweckgebundenheit des gezahlten Vorschusses).

2136 Die auf einen Kostenvorschuss gezahlten Verzugs- (§§ 284 Abs. 1, 286 Abs. 1 BGB) oder Prozesszinsen (§§ 291, 288 Abs. 1 Satz 2 BGB, § 352 Abs. 1 HGB[282]) bleiben bei der Abrechnung des Kostenvorschusses nach Mängelbeseitigung grundsätzlich außer Betracht.[283] Dies gilt nicht, wenn der Vorschuss wegen zweckwidriger Verwendung von dem Unternehmer zurückgefordert werden kann oder sich

---

276) OLG Celle, BauR 1994, 250, 251.
277) Zum Rückzahlungsanspruch des Nachunternehmers gegen den **Generalunternehmer**: OLG Düsseldorf, IBR 2006, 436 – Schröder (kein Anspruch, wenn Generalunternehmer den Vorschuss an den Bauherrn weiterleitet).
278) BGH, BauR 2010, 614, 615 (Rn. 20); Achilles-Baumgärtel, S. 80/81; Mantscheff, BauR 1985, 389, 396.
279) BGHZ 105, 103 = BauR 1988, 592 = NJW 1988, 2728; BGH, BauR 1989, 201 = NJW-RR 1989, 405.
280) BGH, BauR 2010, 614, 616 (Rn. 17); BGH, BauR 1989, 201 = NJW-RR 1989, 405.
281) Der BGH (BGHZ 54, 244 = NJW 1970, 2019 = BauR 1970, 237) hat anerkannt, dass die Leistungsverweigerung aus § 320 BGB neben dem Anspruch auf Vorschuss denkbar ist. Die Vorschusszahlung beendet die Vorleistungspflicht des Bauunternehmers noch nicht.
282) OLG Karlsruhe, BauR 2006, 540, 543 = IBR 2006, 135 – Metzger.
283) BGHZ 94, 330 = BauR 1985, 569; BGH, BauR 1988, 592, 594; OLG Koblenz, BauR 2014, 1497, 1499; **a.A.**: KG, BauR 1983, 468.

im Nachhinein ergibt, dass der Vorschuss zu hoch war. Zur Abklärung vermeintlicher Rückforderungsansprüche kann der Unternehmer auf Auskunft und Rechnungslegung klagen (§ 666 BGB analog). Es empfiehlt sich, eine Stufenklage einzureichen. Ist der Unternehmer im Besitz aller notwendigen Informationen, um seinen Rückzahlungsanspruch zu beziffern, kann er sofort auf Rückzahlung klagen. Wendet der Auftraggeber ein, er habe in der Vergangenheit nicht nacherfüllen können, so trägt er hierfür die Beweislast.

9. Die Klage des Auftraggebers auf Nacherfüllung nach der VOB

Literatur

Wussow, Die Baumängelhaftung nach der VOB, NJW 1967, 953; *Dähne*, Der Übergang vom Erfüllungs- zum Gewährleistungsanspruch in der VOB, BauR 1972, 136; *Ehe*, Die Bauleitung für Nachbesserungsarbeiten nach § 13 VOB, BB 1972, 1387 = BlGBW 1973, 46; *Kaiser*, Abnahmeverweigerung des Auftraggebers nur bei einem wesentlichen Mangel (§ 12 Nr. 3 VOB/B)?, ZfBR 1983, 1; *Baden*, Die Befugnis des Unternehmers zur Mängelbeseitigung beim BGB- und VOB-Vertrag. Zur Funktion der Ablehnungsandrohung auch bei § 13 Nr. 5 Abs. 2 VOB/B, BauR 1986, 28; *Clemm*, Mängelbeseitigung auf Kosten des Auftragnehmers vor der Abnahme des Bauwerks nach der VOB/B, BauR 1986, 136; *Müller-Foel*, Ersatzvornahme beim VOB-Bauvertrag vor Abnahme auch ohne Kündigung?, NJW 1987, 1608; *Unruh*, Zur Rechtsnatur des Nachbesserungsanspruchs nach BGB und VOB, Festschrift von Craushaar (1997), 367; *Kaiser*, Der Anspruch auf Ersatz der Fremdnachbesserungskosten nach §§ 4 Nr. 7; 8 Nr. 3 VOB/B, ZfBR 1999, 64; *Grauvogl*, Die Erstattung von Kosten der Ersatzvornahme vor der Abnahme beim VOB-Bauvertrag, Festschrift für Vygen (1999), 291; *Rintelen*, Die Nachbesserungsbefugnis des Unternehmers nach Fristablauf gem. § 13 Nr. 5 Abs. 2 VOB/B, Festschrift für Vygen, 374; *Schneider*, VOB-Vertrag – Anwendbarkeit des § 641a BGB, MDR 2001, 192; *Tempel*, Die Einbeziehung der VOB/B und VOB/C in den Bauvertrag, NZBau 2003, 465; *Brügmann/Kenter*, Abnahmeanspruch nach Kündigung von Bauverträgen, NJW 2003, 2121; *Acker/Roskosny*, Die Abnahme beim gekündigten Bauvertrag und deren Auswirkungen auf die Verjährung, BauR 2003, 1279; *Kenter/Brügmann*, Dominierendes Bestimmungsrecht des Auftraggebers, BauR 2004, 395; *Miernik*, Die Anwendbarkeit der VOB/B auf Planungsleistungen des Bauunternehmers, NZBau 2004, 409; *Hildebrandt*, Aufgedrängte Abnahme – Keine Abnahme gegen den Willen des Auftragnehmers vor Fertigstellung des Werkes, BauR 2005, 788; *Tomic*, Verjährung des Kostenerstattungsanspruchs (§§ 4 Nr. 7, 8 Nr. 3 VOB/B), BauR 2006, 441; *Sienz*, Das Dilemma des Werkunternehmers nach fruchtlosem Ablauf einer zur Mängelbeseitigung gesetzten Frist, BauR 2006, 1816; *Weingart*, Bestehen Kontrollpflichten des bauüberwachenden Architekten und des objektbetreuenden Architekten bei Ersatzvornahmearbeiten?, BauR 2015, 1911; *Bötzkes*, Die Abrechnung eines gekündigten Bauvertrages, BauR 2016, 429.

a) Die Klage gegen den Unternehmer vor Abnahme der Bauleistung

2137 Die VOB/B kennt **drei Arten** von Mängelbeseitigungsansprüchen:

§ 4 Abs. 6 enthält zunächst einen **vorweggenommenen Mängelbeseitigungsanspruch.** Stoffe oder Bauteile, die dem Vertrag oder den Proben nicht entsprechen, sind auf Anforderung des Auftraggebers innerhalb einer von ihm bestimmten (angemessenen) Frist von der Baustelle zu entfernen.[284] Geschieht es nicht, hat der

---

[284] Die Angemessenheit bestimmt sich nach der Zeit, die zur Beseitigung der beanstandeten Stoffe und Bauteile unter normalen Bedingungen erforderlich oder üblich ist (*Mansfeld*, in: Heiermann/Riedl/Rusam, § 4 VOB/B, Rn. 80).

Bauherr ein **Selbsthilferecht** (§ 4 Abs. 6 Satz 2 VOB/B); er kann die Stoffe oder Bauteile auf Kosten des Unternehmers entfernen oder für dessen Rechnung veräußern. Das Selbsthilferecht des Bauherrn ist von einem **Verzug** des Unternehmers nicht abhängig.[285] Die Beseitigungspflicht besteht nur bis zum Einbau der Baumaterialien;[286] danach hat der Auftraggeber die Rechte aus § 4 Abs. 7 VOB/B.[287] Die Vorschrift des § 4 Abs. 6 VOB/B kann in der Praxis eigentlich nur bei einem größeren Bauvorhaben (mit einer Vielzahl vorgefertigter Bauteile) Bedeutung haben; denn hier besteht in der Regel durch eine fachkundige Bauüberwachung die Gewähr, dass vertragswidrige Bauteile von der Baustelle entfernt werden.[288]

2138 In § 4 Abs. 7 Satz 1 VOB/B wird vorgesehen, dass der Auftragnehmer (Unternehmer) Leistungen, „die schon während der Ausführung als mangelhaft oder vertragswidrig erkannt werden, auf eigene Kosten durch mangelfreie zu ersetzen" hat; ein **Auftraggeber** kann, wie nach einer Abnahme, auch hier keine bestimmte Art der Nacherfüllung oder vertragsgerechten Herstellung verlangen. Dies ist ihm nur möglich, wenn die vertragsgemäße Leistung auf andere Weise nicht zu erreichen ist.[289] Daneben enthält § **13 Abs. 5 Nr. 1 Satz 1 VOB/B** einen auf Mängelbeseitigung ausgerichteten Anspruch. Während die Nacherfüllung (§§ 634 Nr. 1, 635 BGB) nach dem BGB vor und nach der Abnahme stets unmittelbarer Inhalt der Erfüllungspflicht ist, hat die VOB/B für die Zeit vor und nach der Abnahme unterschiedliche Anspruchsgrundlagen geschaffen: Für die Zeit **vor** der Abnahme ist die Nachbesserungspflicht des Unternehmers Erfüllungspflicht, **nach** der Abnahme echte Gewährleistungspflicht. Das ist einhellige Auffassung.[290]

2139 § **4 Abs. 7 Satz 1 VOB/B** erfasst demnach alle Fälle, die nach dem Beginn der Bauausführung und vor der Abnahme des Bauwerks als mangelhaft oder vertragswidrig erkannt werden. Ob der Bauherr und/oder der Unternehmer diese Kenntnis erlangen, spielt keine Rolle.[291] Zu beachten ist, dass der Unternehmer auch nach einer (vorzeitigen) Beendigung seines Bauvertrags infolge Kündigung gleichwohl weiterhin berechtigt ist, die Mängel an dem von ihm (bisher erstellten Werk) selbst zu beseitigen.[292]

Der Begriff des **Mangels** entspricht dem des § 13 Abs. 1 VOB/B. Die Vorschrift des § 13 Abs. 1 ist dem Wortlaut des § 633 BGB n.F. angepasst worden.[293] Beim Mangelbegriff der VOB/B steht wie für das BGB nunmehr die **Parteiverein-**

---

[285] Beck'scher VOB-Kommentar/*Junghenn*, § 4 Abs. 6, Rn. 33; *Mansfeld*, in: Heiermann/Riedl/Rusam, § 4 VOB/B, Rn. 81; *Nicklisch/Weick*, § 4/B, Rn. 85.
[286] *Merkens*, in: Kapellmann/Messerschmidt, § 4/B, Rn. 137; *Nicklisch/Weick*, § 4/B, Rn. 82.
[287] Zur **analogen** Anwendung des Rechtsgedankens des § 4 Abs. 6 VOB/B auf den **BGB-Bauvertrag**: Beck'scher VOB-Kommentar/*Junghenn*, § 4 Abs. 6, Rn. 7 m.w.Nachw.
[288] Beck'scher VOB-Kommentar/*Junghenn*, a.a.O., Rn. 20.
[289] BGH, BauR 2013, 1129 = NZBau 2013, 430 = ZfBR 2013, 454 = IBR 2013, 340, 341 – *Weyer*.
[290] Siehe BGH, BauR 2012, 643, 645; BGH, BauR 2005, 383, 384; BauR 1982, 277; BGH, NJW 1971, 838 = BauR 1971, 126; BGHZ 51, 275; Beck'scher VOB-Kommentar/*Kohler*, § 4 Abs. 7, Rn. 16 f.m.w.Nachw.; *Hereth*, NJW 1959, 483; *Huhn*, S. 123, 145; *Dähne*, BauR 1972, 136, 137; *Jagenburg*, NJW 1971, 1425, 1426.
[291] *Kaiser*, Rn. 23d.
[292] OLG Naumburg, IBR 2009, 702 – *Schmitz*.
[293] Siehe hierzu: *Jung*, ZGS 2003, 68; *Weyer*, BauR 2003, 613, 615.

barung im Vordergrund;[294] die Vorschrift des § 13 Abs. 1 enthält eine Definition der mangelhaften Leistung, die auch für § 4 Abs. 7 VOB/B gilt. Ist die Beschaffenheit nicht vereinbart, so ist die Leistung zur Zeit der Abnahme frei von Mängeln, a) wenn sie sich für die **nach dem Vertrag vorausgesetzte**, sonst b) für die **gewöhnliche Verwendung eignet** und eine Beschaffenheit aufweist, die bei Werken der gleichen Art **üblich** ist und die der Auftraggeber nach der Art der Leistung **erwarten** kann.

Eine Werkleistung ist demnach in erster Linie vertragswidrig, wenn sie nicht dem Vereinbarten entspricht (Rdn. 1963 ff.). Die vertragswidrige Leistung ist damit in aller Regel auch eine mangelhafte.[295] Der Mangel oder die Vertragswidrigkeit muss dem Unternehmer jedoch stets zuzurechnen sein, wobei der Prüfungs- und Hinweispflicht besondere Bedeutung zukommt (vgl. Rdn. 2037 ff.). Zu beachten ist auch für die Neufassung des § 13 Abs. 1 VOB/B, dass eine Beeinträchtigung des „nach dem Vertrag vorausgesetzten Gebrauch" vorliegt, wenn die mit der vertraglich geschuldeten Ausführung erreichbaren **technischen** Eigenschaften, die für die Funktion des Werkes von Bedeutung sind, durch die vertragswidrige Ausführung nicht erreicht werden und damit die **Funktion** des Werkes gemindert wird.[296]

2140 Mit der **Abnahme** tritt dann eine Anspruchsänderung ein.[297] Das gilt auch für den gekündigten Bauvertrag.[298] Dann ist der Bauherr auf die Mängelansprüche aus § 13 Abs. 5 VOB/B beschränkt, was für die Verjährung von Bedeutung wird.[299] Das gilt auch dann, wenn sich der Bauherr bei der Abnahme Ansprüche wegen Mängel nach § 4 Abs. 7 VOB/B vorbehalten hat.[300] Sie wirken nicht fort, sondern wandeln sich in einen Mängelanspruch nach § 13 Abs. 5 VOB/B um.[301] In der Kündigung selbst liegt noch keine (konkludente) Abnahme durch den Auftraggeber;[302] der Auftragnehmer hat aber einen Anspruch auf Abnahme, wenn die von ihm bis zur

---

294) Vgl. OLG Celle, OLGR 2006, 509 = IBR 2006, 404 – *Schwenker* (Vereinbarung einer „DIN-gerechten Ausführung").
295) BGH, BauR 2004, 1941, 1943; BGHZ 153, 279, 283 = BauR 2003, 533, 534 = NZBau 2003, 214, 215; *Mansfeld*, in: Heiermann/Riedl/Rusam, § 4 VOB/B, Rn. 88.
296) Vgl. BGH, BauR 2003, 533, 534 für § 13 Nr. 1 VOB/B a.F.; s. hierzu auch Rdn. **1964**.
297) **Herrschende Ansicht**; BGH, BauR 2012, 643, 645 = NZBau 2012, 157, 158; BGH, BauR 1982, 277; *Kleine-Möller/Merl*, § 12, Rn. 756. Nach BGHZ 50, 160 = NJW 1968, 1524 ist als Endzeitpunkt die „**Abnahmereife**" maßgebend. Ist die Leistung des Unternehmers noch mit wesentlichen Mängeln (vgl. dazu BGH, *SFH*, Nr. 6 zu § 12 VOB/B 1973; OLG Hamm, BauR 1992, 210; OLG Stuttgart, BauR 1979, 432) behaftet, so kann der Bauherr die Abnahme verweigern und weiterhin die Ansprüche aus § 4 Abs. 7 VOB/B geltend machen.
298) BGH, BauR 2003, 690, 692 = NJW 2003, 1450 = ZfBR 2003, 352; s. hierzu: *Brügmann/Kenter*, NJW 2003, 2121 ff.; *Acker/Roskosny*, BauR 2003, 1279 ff.
299) **Beseitigt nach** Abnahme der Unternehmer vorhandene Mängel, ist die Gewährleistungsfrist **gehemmt**, bis die Mängelbeseitigungsarbeiten abgenommen worden sind (BGH, BauR 2008, 2039 = NZBau 2008, 764 = NJW 2009, 985). Danach beginnt die (neue) Frist des § 13 Abs. 5 Satz 3 VOB/B.
300) Zum Vorbehalt vgl. BGH, BauR 1975, 344; *Jagenburg*, BauR 1974, 361.
301) BGH, BauR 1982, 277, 279 = NJW 1982, 1524; BGH, NZBau 2003, 265, 266 = BauR 2003, 689, 691 = ZfBR 2003, 352.
302) Die **Verjährungsfrist** für die Mängelrechte beginnt bei einer **vorzeitigen Kündigung** erst mit der Abnahme oder einer endgültigen Abnahmeverweigerung (BGH, BauR 2010, 1778 = NZBau 2010, 768 = NJW 2010, 3573; BGH, BauR 2012, 643, 645, Rn. 16 = IBR 2012, 140 – *Schulze-Hagen* – für den Anspruch auf Ersatz der Mängelbeseitigungskosten nach § 8 Abs. 3 Nr. 2 Satz 1 VOB/B).

Kündigung erbrachten Leistungen die Voraussetzungen für eine Abnahmepflicht des Auftraggebers erfüllen, also keine wesentlichen Mängel vorliegen.[303]

Der Auftraggeber, der noch während der Bauausführung auf „Mängelbeseitigung" klagt, braucht nur vorzutragen, dass eine Abnahme noch nicht erfolgt ist und Mängel vorliegen, die das Gesamtziel der vertraglichen Leistung gefährden oder unmöglich machen. Den beanstandeten Baumangel muss der Auftraggeber in seiner Klageschrift allerdings hinreichend bestimmt beschreiben, damit der in Anspruch genommene Unternehmer weiß, inwieweit seine Bauleistung mangelhaft sein soll. Hieran dürfen allerdings keine zu strengen Anforderungen gestellt werden (**Symptomtheorie**);[304] denn der Bauunternehmer ist bei entsprechenden Hinweisen auf eine angebliche mangelhafte Werkleistung gehalten, die Ordnungsgemäßheit seiner Leistung selbst zu überprüfen (vgl. oben Rdn. 1979 ff.). **2141**

Im Streitfall ist es Sache des beklagten Unternehmers, eine ordnungsgemäße Vertragserfüllung darzutun und zu beweisen.[305] Kann er diesen Beweis nicht führen, wird er zur Mängelbeseitigung zu verurteilen sein. Auch insoweit ist dem Unternehmer zu überlassen, wie er den Baumangel beseitigen will. Dass er evtl. zur Neuherstellung der gesamten Werkleistung verpflichtet ist, entspricht der herrschenden Ansicht[306] und auch dem neuen Recht. Dieser Verpflichtung kann er im Einzelfall nur unter den von ihm zu beweisenden Voraussetzungen des § 635 Abs. 3 BGB, der analoge Anwendung findet,[307] entgehen (vgl. Rdn. 2100 ff.). Der Auftraggeber hat in diesem Fall ein Recht zur **Minderung** der Vergütung oder bei Verschulden des Unternehmers Anspruch auf Schadensersatz nach § 4 Abs. 7 Satz 2 VOB/B.[308] **2142**

Im Übrigen ergeben sich bei der Klage auf Mängelbeseitigung nach § 4 Abs. 7 Satz 1 keine Abweichungen gegenüber dem Nacherfüllungsanspruch (§ 635 BGB).[309] Es muss aber im Einzelfall eine mangelhafte oder vertragswidrige **Leistung** des Unternehmers vorliegen. Die vertragswidrige Leistung muss dem geschuldeten Werk selbst anhaften, sodass die verspätete Fertigstellung allein noch nicht unter § 4 Abs. 7 VOB/B fällt.[310] **2143**

Beseitigt der Unternehmer den schon während der Bauausführung erkannten oder gerügten Mangel nicht, kann ihm der Auftraggeber gemäß § 4 Abs. 7 Satz 3 eine **angemessene Frist** mit der Androhung setzen, ihm nach deren fruchtlosem Ablauf den Auftrag zu entziehen. Ohne Einhaltung des in § 4 Abs. 7 Satz 3 VOB/B vorgeschriebenen Weges ist der Auftraggeber nicht befugt, die Mängel auf Kosten des **2144**

---

303) Vgl. BGH, ZfBR 2003, 352, 354 = BauR 2003, 689, 692.
304) Vgl. im Einzelnen: *Weise*, BauR 1991, 19 ff. sowie Rdn. **1980**, Anm. 120.
305) Vgl. BGHZ 23, 288; *Groß*, BauR 1995, 456; vgl. aber OLG Köln, *Schäfer/Finnern*, Z 2.414.1 Bl. 22, wo der Bauherr den Unternehmer vor Abnahme der Bauleistung wie einen Dritten mit der Mängelbeseitigung beauftragt hat und nicht nach § 4 Nr. 7 vorgegangen ist: Hier hat der Bauherr die Beweislast.
306) Vgl. OLG Karlsruhe, BauR 1995, 246 (**Estrich**); OLG München, OLGZ 1971, 8; *Nicklisch/Weick*, § 4/B, Rn. 97; vgl. im Einzelnen Rdn. **2085–2087**.
307) Bestr.; anders: *Kaiser*, Rn. 26, der § 242 BGB heranziehen will.
308) *Nicklisch/Weick*, § 4/B; Rn. 99; *Vygen*, Rn. 491.
309) Siehe daher zum **Umfang** der Nacherfüllung Rdn. **2091** ff.; zum Mitverschulden und zur **Zuschusspflicht** (Sowiesokosten) des Auftraggebers Rdn. **2177** ff.; zur **Selbstvornahme** Rdn. **2106** ff. und zu den **Kosten** der Nacherfüllung Rdn. **2095** ff.
310) *Kaiser*, Rn. 23e.

Auftragnehmers durch einen anderen Unternehmer beseitigen zu lassen.[311] Eine zu kurz bemessene Frist ist nicht wirkungslos, sondern setzt eine den Verhältnissen entsprechende Frist in Gang.[312] Der Auftraggeber muss dem Unternehmer auch die Möglichkeit einräumen, die Nachbesserung in der angemessenen Frist vorzunehmen (Vornahmerecht des Unternehmers).[313] Hat der Unternehmer in diesen Fällen die ihm gesetzte Frist fruchtlos verstreichen lassen, ist der Bauherr zur Entziehung des Auftrags berechtigt, was rechtlich eine **Kündigung** des Bauvertrages bedeutet (§ 8 Abs. 3 VOB/B).[314]

2145 Die **Auftragsentziehung** nach §§ 4 Abs. 7 Satz 3, 8 Abs. 3 VOB/B setzt voraus, dass eine solche auch **angedroht** worden ist. Setzt der Bauherr nur eine Frist zur Mängelbeseitigung, droht er ihm jedoch nicht an, ihm den Auftrag nach fruchtlosem Ablauf der Frist zu entziehen, kann eine „Auftragsentziehung" nur als Kündigung nach § 8 Abs. 1 Nr. 1 VOB/B, § 649 BGB gewertet werden.[315] Die Kündigungsvorschriften der §§ 4 Abs. 7, 4 Abs. 8, 5 Abs. 4 VOB/B sehen – im Gegensatz zum neuen Werkvertragsrecht – eine Ablehnungsandrohung (vor der Kündigung) vor. Im Beschluss des Vorstandes des Deutschen Vergabe- und Vertragsausschusses wird insoweit darauf verwiesen, dass „die Regelung der ‚Leistungsablehnungsandrohung' die **Umsetzung** des im Bauvertragsrecht geltenden **Grundsatzes von Treu und Glauben**" und „außerdem **Ausdruck** des im Bauvertragsrecht zwischen den Parteien bestehenden **Kooperationsverhältnisses**" sei.

2146 Im Übrigen kann der Auftraggeber auch bei einem Verzug des Unternehmers mit der Mängelbeseitigung gemäß § 4 Abs. 7 VOB/B den Ersatz von **Fremdnachbesserungskosten** nur verlangen, wenn er den Auftrag nach § 8 Abs. 3 VOB/B entzogen hat.[316] Das entspricht praktischem Bedürfnis; denn der Sinngehalt der VOB-Vorschriften macht deutlich, dass Streitigkeiten zwischen altem und neuem Unternehmer vermieden werden sollen. Bei der Bauabwicklung soll nichts „ineinandergehen".[317] Von der Einhaltung des vollständigen Weges nach §§ 4 Abs. 7, 8 Abs. 3 VOB/B ist der Auftraggeber allerdings befreit, wenn der Unternehmer eine Nacherfüllung bereits ernsthaft und endgültig verweigert[318] hat oder wenn die Nacherfüllung gerade durch den (beauftragten) Unternehmer für den Bauherrn unzumutbar ist.[319]

---

311) OLG Düsseldorf, IBR 2012, 193 – *Fuchs*; OLG Koblenz, BauR 2004, 1012.
312) OLG Celle, BauR 1984, 409; *Kaiser*, Rn. 31.
313) OLG Frankfurt, MDR 1984, 755.
314) Zur **Darlegungs-** und **Beweislast** für die Verursachung von Baumängeln: BGH, NZBau 2014, 221, 223.
315) BGH, BauR 1987, 689 = NJW 1988, 140; BGH, BauR 1988, 82; OLG Celle, BauR 2003, 1406 (**Anrechnung** der Drittnachbesserungskosten als ersparte Aufwendungen analog § 8 Abs. 1 Nr. 2 VOB/B).
316) BGH, BauR 1997, 1027 = ZfBR 1998, 31; BGH, BauR 1986, 573 = ZfBR 1986, 226; s. auch OLG München, IBR 2010, 17 – *Hildebrandt*; OLG Düsseldorf, BauR 2010, 232, 234; **a.A.:** *Nicklisch/Weick*, § 4/B, Rn. 113b und c; OLG Koblenz, IBR 2005, 16 – *Bolz*; OLG Celle, BauR 1984, 409, 410.
317) BGH, BauR 1986, 573, 575; ebenso: OLG Düsseldorf, BauR 1994, 369, 370.
318) BGH, BauR 2009, 99 = NZBau 2009, 354 = ZfBR 2009, 141 = IBR 2009, 14 – *Sienz*.
319) BGH, BauR 1986, 573, 575.

2147 Der Auftraggeber kann von dem Unternehmer **nach** der Auftragsentziehung auch **einen Kostenvorschuss** auf die voraussichtlichen Mängelbeseitigungskosten verlangen (vgl. im Einzelnen Rdn. 2114 ff.).[320]

2148 Ansprüche des Auftraggebers aus Mängeln der erbrachten Werkleistungen bestehen auch nach einer Auftragsentziehung/Kündigung weiter, wobei es keinen Unterschied macht, ob diese auf §§ 8 Abs. 1 Nr. 1 VOB/B, 649 BGB oder auf §§ 8 Abs. 3 Nr. 1, 4 Abs. 7, 5 Abs. 4 VOB/B gestützt ist; der **Unternehmer** ist daher auch bei einer Auftragsentziehung gemäß §§ 4 Abs. 7, 8 Abs. 3 Nr. 1 VOB/B verpflichtet, Mängel an dem von ihm erstellten Teilwerk zu beseitigen.[321] Behauptet er, sein (bis dahin fertiggestelltes) Gewerk sei mangelfrei, trägt er hierfür die Darlegungs- und Beweislast.[322] Wird dem Unternehmer, obwohl er nachbesserungsbereit ist oder sogar schon mit der Nacherfüllung begonnen hat, „**Baustellenverbot**" erteilt, kann die Vorleistungspflicht des Unternehmers entfallen, sodass er sofort auf (uneingeschränkte) Zahlung des Werklohns klagen kann.[323]

2149 Die **Kündigung** des Bauvertrages nach § 8 Abs. 3 VOB/B kann wirksam erst nach dem fruchtlosen Ablauf der Mängelbeseitigungsfrist ausgesprochen werden. Sie muss schriftlich erfolgen.[324] Fristsetzung, Androhung der Auftragsentziehung und Auftragsentziehung selbst (Kündigung des Bauvertrages) können nicht in demselben Schreiben vorgenommen werden; denn das Kündigungsrecht entsteht erst mit dem fruchtlosen Ablauf der Frist.[325]

b) Die Klage des Auftraggebers nach Abnahme

2150 Nach der **Abnahme** der Bauleistung ist der Auftraggeber auf den **Mängelanspruch** aus § 13 Abs. 5 Nr. 1 Satz 1 VOB/B beschränkt, wenn er von dem Unternehmer **die Beseitigung** eines Baumangels verlangt. Nach richtiger Ansicht ist § 13 Abs. 5 Nr. 1 Satz 1 VOB/B ein echter Mängelanspruch,[326] der im Übrigen mit der Veräußerung des Grundstücks untergehen soll.[327]

2151 Der Auftraggeber muss die vertragswidrige – d.h. mangelhafte – Werkleistung des Unternehmers in seiner Klageschrift darlegen und beweisen, wobei sich die Unaufklärbarkeit der Ursachen nach der erfolgten Abnahme im Einzelfall zu sei-

---

320) BGH, BauR 1989, 462 = ZfBR 1989, 213 = NJW-RR 1989, 849; OLG Celle, BauR 1994, 250; *Achilles-Baumgärtel*, S. 64 zum Meinungsstand.
321) BGH, BauR 1987, 689 = NJW 1988, 140; OLG Jena, OLGR 2007, 626, 628.
322) OLG Celle, BauR 1995, 394; *Groß*, BauR 1995, 456, 457.
323) OLG Düsseldorf, NJW-RR 1995, 155 = OLGR 1994, 190; OLG Dresden, BauR 1998, 787, 789; s. ferner Rdn. **1546**.
324) OLG Celle, BauR 1973, 49.
325) BGH, NJW 1973, 1463 = BauR 1973, 319.
326) **Bestr.:** wie hier: OLG Düsseldorf, NZBau 2001, 562, 563; *Lauer/Wurm*, Rn. 192; **a.A.:** *Kaiser*, Rn. 71, 71a, 75; *Nicklisch/Weick*, § 13/B, Rn. 13: modifizierter Erfüllungsanspruch. Der Meinungsstreit ist letztlich bedeutungslos (*Weyer*, in: Kapellmann/Messerschmidt, § 13 VOB/B, Rn. 8).
327) So OLG Köln, BauR 1993, 734 = ZfBR 1993, 231 = NJW-RR 1993, 1367 (bedenklich); vgl. hierzu auch grundlegend: *Hochstein*, Festschrift für Heiermann, S. 121 ff.

nen Lasten auswirken kann.³²⁸⁾ Auch insoweit kann sich aber das Klagevorbringen durch das Bestehen eines **Anscheinsbeweises** erheblich für den Auftraggeber verkürzen:³²⁹⁾ Durch den konkreten Hinweis auf ein mangelhaftes Ergebnis der Unternehmerleistung hat der Auftraggeber seiner Darlegungslast hinreichend genügt (vgl. Rdn. 1979 ff. und 3068 ff.).

2152 Der Mängelbeseitigungsanspruch aus § 13 Abs. 5 Nr. 1 Satz 1 VOB/B setzt entgegen dem Wortlaut der Vorschrift nicht voraus, dass der Auftraggeber die Beseitigung der Mängel **schriftlich** verlangt.³³⁰⁾ Die Schriftform ist nur bedeutsam, wenn sich der Auftraggeber seine Mängelansprüche auch nach dem Eintritt der Verjährung erhalten will.³³¹⁾ Zu beachten ist, dass nach § 13 Abs. 5 Nr. 1 Satz 2 der Anspruch auf Beseitigung der gerügten Mängel in **2** Jahren, gerechnet vom Zugang des schriftlichen Verlangens an, jedoch nicht vor Ablauf der Regelfristen nach Abs. 4 oder der an ihrer Stelle vereinbarten Frist verjährt. Satz 3 bestimmt, dass nach der Abnahme der Mängelbeseitigungsleistung für diese Leistung eine Verjährungsfrist von 2 Jahren neu beginnt, die jedoch nicht vor Ablauf der Regelfristen nach Abs. 4 oder der an ihrer Stelle vereinbarten Frist endet. Damit kann (höchstens) eine Verjährungsfrist von nahezu sieben Jahren erreicht werden.³³²⁾

2153 Die **Aufforderung** zur Mängelbeseitigung muss **hinreichend bestimmt** sein; denn der Auftragnehmer muss zweifelsfrei ersehen können, was er im Einzelnen nachbessern soll.³³³⁾ Der Auftraggeber muss also den Mangel so genau bezeichnen, dass er beseitigt werden kann. An die Pflicht des Auftraggebers zur Bezeichnung des Mangels dürfen aber keine allzu strengen Anforderungen gestellt werden; so reicht es aus, wenn die Mangelerscheinungen hinreichend genau bezeichnet werden (**Symptomtheorie**).³³⁴⁾ Und schließlich muss die Aufforderung zur Mängelbeseitigung innerhalb der gesetzten Frist klar und unmissverständlich sein. Die Aufforderung an den Unternehmer, seine „Bereitschaft zur Mängelbeseitigung zu erklären",

---

328) Vgl. hierzu: Hans OLG Hamburg, BauR 2001, 1749 m.Anm. *Wirth* = IBR 2001, 180 – *Putzier*; *Leitzke*, BauR 2002, 394 ff. Zur Frage, ob dies auch für die bei der Abnahme **vorbehaltenen** Mängel gilt: *Groß*, BauR 1995, 456 ff.; *Marbach/Wolter*, BauR 1998, 36 ff.
329) Vgl. z.B. OLG Koblenz, NJW-RR 1988, 532 (für Wasserrohrbruch durch Frostschaden).
330) *Wirth*, in: Ingenstau/Korbion, § 13 Abs. 5 VOB/B, Rn. 106; *Weyer*, in: Kapellmann/Messerschmidt, § 13 VOB/B, Rn. 191; *Lauer/Wurm*, Rn. 192; **a.A.**: *Clasen*, BlGBW 193, 28, 29; *Huhn*, S. 146 jeweils m.w.Nachw. Zur Wirksamkeit einer Mängelrüge per **E-Mail**: OLG Frankfurt, NZBau 2012, 503.
331) BGH, BauR 2007, 700 = NZBau 2007, 243 = ZfBR 2007, 340; BGH, NJW 1974, 1188 = BauR 1974, 280; Schleswig-Holsteinisches OLG, BauR 2012, 815, 816; *Kaiser*, Rn. 72.
332) Offen ist, ob die Regelung des § 13 Abs. 5 Nr. 1 Satz 2 VOB/B einer **isolierten Inhaltskontrolle** nach § 309 Nr. 8 lit. b ff. BGB standhält (s. hierzu OLG Hamm, BauR 2009, 1913, 1914; *Schenke*, BauR 2008, 1972, 1978; *Mansfeld*, in: Heiermann/Riedl/Rusam, § 13 VOB/B, Rn. 90).
333) OLG Düsseldorf, BauR 2002, 963, 965 u. BauR 2001, 645; OLG Brandenburg, NJW-RR 2000, 1620, 1621; *Donner*, in: Franke/Kemper/Zanner/Grünhagen, § 13 VOB/B, Rn. 116; *Merl*, Festschrift für Soergel, S. 217, 222 (zum Erfordernis, auch die lokale Mangelstelle zu bezeichnen).
334) BGH, BauR 1998, 632; BGH, NJW 1998, 135 = ZIP 1997, 1967 (für **Architektenmangel**); BGH, BauR 1997, 1029 = NJW-RR 1997, 1376; BGH, BauR 1989, 603 = ZfBR 1989, 202; OLG Düsseldorf, NZBau 2016, 295, 296.

reicht nicht aus;[335] auch eine Streitverkündung vermag ein konkretes Mängelbeseitigungsverlangen nach § 13 Abs. 5 Nr. 1 Satz 1 VOB/B nicht zu ersetzen.[336] In gleicher Weise reicht das bloße Weiterreichen einer Mängelrüge durch die Hauptunternehmer an seinen Nachunternehmer als Mängelbeseitigungsaufforderung nicht aus.[337]

Eine Aufforderung nach § 13 Abs. 5 Nr. 1 Satz 1 VOB/B kann im Einzelfall **entbehrlich** sein (vgl. im Einzelnen Rdn. 2182); sie ist es z.B., wenn der Auftraggeber aus dem Verhalten des Unternehmers zweifelsfrei erkennen muss, dass der Unternehmer einer Aufforderung zur Mängelbeseitigung nicht nachkommen wird[338] oder diese bereits eindeutig abgelehnt hat.[339] Die Aufforderung zur Mängelbeseitigung entfällt schließlich, wenn sich der Unternehmer als völlig unzuverlässig erwiesen hat und mit Sicherheit zu erwarten ist, dass ihm eine ordnungsgemäße Mängelbeseitigung nicht gelingt. Das alles hat der Auftraggeber zu beweisen, sofern der Unternehmer dies im Prozess bestreiten sollte. Der Auftraggeber kann einer Werklohnklage des Unternehmers seinen Anspruch auf Nacherfüllung nicht mehr entgegenhalten, wenn er während des Laufs der von ihm zur Nacherfüllung gesetzten Frist erklärt hat, er wünsche keine Nacherfüllung mehr; dann entfällt auch die Möglichkeit, mit dem Anspruch auf Vorschuss der Mängelbeseitigungskosten aufzurechnen.[340]

2154

Dem Unternehmer bleibt es überlassen, wie er die Mängel beseitigt (vgl. Rdn. 2091); er ist jedoch gehalten, alle notwendigen Maßnahmen zu ergreifen, um das Werk in allen Einzelheiten und in seiner Gesamtheit dauerhaft so zu erstellen, wie es nach dem Bauvertrag von ihm geschuldet wird.[341] Dazu kann im Einzelfall gehören, dass der Unternehmer zu einer vollständigen Neuherstellung seiner Werkleistung verpflichtet ist, wenn nur auf diese Weise Mängel nachhaltig beseitigt werden können.[342] Der Unternehmer hat im Rahmen der Mängelbeseitigung/Neuherstellung auch alle **Schäden** zu beheben, die dem Auftraggeber an seinem sonstigen Eigentum zwangsläufig entstehen.[343]

2155

Der Unternehmer hat alle Kosten zu tragen, die im Rahmen einer Nacherfüllung anfallen (vgl. Rdn. 2095);[344] dazu zählen auch Kosten, die ihm durch die Einschal-

---

335) OLG Frankfurt, NZBau 2012,497; OLG Stuttgart, BauR 2010, 1083, 1084 = BeckRS 2010, 10754 = NJW-Spezial 2010, 301 = IBR 2010, 327 – *Koppmann*; OLG Düsseldorf, BauR 2002, 963, 965.
336) OLG Oldenburg, IBR 2004, 199 – *Miernik*.
337) OLG Stuttgart, BauR 2010, 1083 = IBR 2010, 327 – *Koppmann*.
338) BGHZ 46, 242; BGH, WM 1974, 932.
339) OLG Düsseldorf, BauR 2001, 645, 646; BauR 2002, 963, 965.
340) OLG Hamburg, BauR 1979, 331, 332.
341) BGH, BauR 1978, 402; BGH, ZfBR 1979, 150 = BauR 1979, 333; OLG Düsseldorf, NJW-RR 1993, 477.
342) BGHZ 96, 111 = BauR 1986, 93; OLG Karlsruhe, BauR 2007, 394, 397; OLG München, NJW 1987, 1234 (Estricharbeiten).
343) BGH, NJW 1963, 805, 806; BGH, BauR 1978, 402, 403. Schäden an **anderen Gewerken** können im Wege des Schadensersatzes nach § 13 Abs. 7 VOB/B geltend gemacht werden (auch ohne Fristsetzung nach § 13 Abs. 5); vgl. BGH, BauR 1986, 211.
344) Zur Kostenerstattung für ein **Privatgutachten**: OLG Köln, DS 2013, 152 (Kontrolle der durchgeführten Mängelbeseitigung).

tung eines Architekten oder Privatgutachters entstehen (vgl. Rdn. 2099). Zum Mitverschulden und zur Zuschusspflicht des Auftraggebers vgl. Rdn. 2088 ff.

2156 Kommt der Unternehmer der Aufforderung des Auftraggebers zur Nacherfüllung nicht in einer angemessenen Frist nach,[345] kann der Bauherr die Mängel auf Kosten des vertragswidrigen Unternehmers beseitigen („Eigennachbesserung"/ **„Selbstvornahmerecht"**).[346] Im Gegensatz zum alten Recht ist ein **Verzug** des Unternehmers mit der Nacherfüllung nicht mehr erforderlich; es reicht nunmehr, wie in § 13 Abs. 5 Nr. 2 VOB/B bestimmt, aus, dass der Auftraggeber zur Mängelbeseitigung auffordert, eine angemessene Frist setzt und diese erfolglos abgelaufen ist. Daher kommt es auch nicht auf ein Verschulden des Unternehmers an.[347] Es bedarf auch keiner Ablehnungsandrohung.[348]

2157 § 13 Abs. 5 Nr. 2 VOB/B ist eine abschließende Regelung: Wichtig ist, dass die Fristsetzung nach § 13 Abs. 5 Nr. 2 VOB/B nur bei einer **endgültigen Verweigerung** der Mängelbeseitigung **entbehrlich** ist; sie kann also nicht etwa nach einer Selbstvornahme **nachgeholt** werden.[349] Lässt der Auftraggeber daher die Mängel des Bauwerks ohne eine vorherige Nachbesserungsaufforderung selbst vorschnell beseitigen, steht ihm ein Kostenerstattungsanspruch unter keinem rechtlichen Gesichtspunkt zu,[350] insbesondere sind Ansprüche aus ungerechtfertigter Bereicherung[351] (§§ 812 ff. BGB; vgl. Rdn. 2415 ff.) und aus Geschäftsführung ohne Auftrag[352] ausgeschlossen. Dabei ist der Rückgriff auf solche Ansprüche auch insoweit ausgeschlossen, als sie Kosten des Auftraggebers betreffen, die er mangels Mahnung und Fristsetzung nicht als Schaden wegen Nichterfüllung geltend machen kann.[353] Dem Auftraggeber steht es daher auch nicht frei, im Falle eines Streits über seine Kostenbeteiligung („**Zuschusspflicht**"; vgl. Rdn. 2089, 2671 ff., 2405 ff.) unverzüglich zur Fremdnachbesserung zu schreiten und die Abrechnung einer späteren gerichtlichen Auseinandersetzung zu überlassen.

2158 Diese Grundsätze gelten aber nicht uneingeschränkt: Werden durch die mangelhafte Arbeit des Unternehmers Schäden an einem anderen Gewerk verursacht, so erstreckt sich die Pflicht des Unternehmers auf Nacherfüllung aus § 13 Abs. 5 Nr. 1 Satz 1 VOB/B hierauf nicht. Diese Schäden können nur Gegenstand eines verschuldensabhängigen Schadensersatzanspruches sein (§ 13 Abs. 7 Nr. 3 VOB/B).[354]

---

345) Vgl. dazu vor allem OLG Düsseldorf, BauR 1982, 587, 589 u. Rdn. **1521, 1616**.
346) *Weingart*, BauR 2015, 1911, 1916.
347) *Kaiser*, Rn. 80b m.w.Nachw. in Anm. 13.
348) KG, MDR 1990, 339 = NJW-RR 1990, 217; *Kaiser*, Rn. 80b, Anm. 11.
349) Siehe OLG Stuttgart, IBR 2010, 388 – *Weyer* (für den **Schadensersatzanspruch** nach § 13 Abs. 7 Nr. 3 Satz 1 VOB/B).
350) **Herrschende Meinung;** vgl. BGH, BauR 1977, 350; BGH, NJW 1966, 39; BGH, BauR 1986, 211; OLG Düsseldorf, BauR 1982, 587, 590; *Festge*, BauR 1973, 274.
351) BGH, LM § 812 BGB Nr. 68.
352) BGH, LM § 633 BGB Nr. 14.
353) BGH, BauR 1977, 350, 351 betr. die Räumung von Bauschutt und Aufräumung des Bauplatzes.
354) Vgl. BGH, BauR 1986, 211 = NJW 1986, 922.

Die **Fristsetzung** zur Nacherfüllung ist nur in Ausnahmefällen entbehrlich[355]) **2159** (vgl. im Einzelnen Rdn. 2182). Verweigert der Unternehmer z.B. ernsthaft und endgültig eine Nacherfüllung, so kann er das damit begründete Recht des Auftraggebers, die Mängelbeseitigung nunmehr selbst auf Kosten des Unternehmers durchzuführen, nicht dadurch zum Erlöschen bringen, dass er eine nachträgliche Bereitschaft zur Mängelbehebung erklärt; der Auftraggeber muss sich hiermit schon einverstanden erklären.[356]) In gleicher Weise erlischt das Nachbesserungsrecht des Unternehmers, wenn er die ihm gemäß § 13 Abs. 5 Nr. 2 VOB/B gesetzte angemessene Frist zur Mängelbeseitigung verstreichen lässt.[357])

Hält sich der Auftraggeber an § 13 Abs. 5 Nr. 1 VOB/B, kann er alle Kosten er- **2160** stattet verlangen, die ihm selbst oder durch die Einschaltung eines Drittunternehmers bei der Mängelbeseitigung erwachsen sind.[358]) Der Auftraggeber kann auch die Erstattung des Werts seiner eigenen Arbeitsleistung verlangen.[359]) Der Anspruch auf Ersatz der Kosten einer Mängelbeseitigung ist im Übrigen nicht von der Vorlage einer prüffähigen Rechnung durch den Auftraggeber abhängig.[360])

Dem Auftraggeber steht ferner ein **Kostenvorschussanspruch** gegen den Unter- **2161** nehmer zu (vgl. näher Rdn. 2114 ff.). Bis zur Mängelbeseitigung hat der Auftraggeber im Übrigen gegenüber dem Vergütungsanspruch des Unternehmers ein **Leistungsverweigerungsrecht** (vgl. Rdn. 2999 f.).

10. Die Klage auf Nacherfüllung gegen den Architekten

Literatur

Brandt, Pflichten des Architekten nach Fertigstellung und Übergabe des Bauwerks, BlGBW 1969, 109; *Brandt*, Die Mängelhaftung beim sog. Architektenwerk, BauR 1970, 25; *Bindhardt*, Zur Beseitigung des Mangels am Bauwerk durch den Architekten, BauR 1970, 29; *Ganten*, Neue Ansätze im Architektenrecht, NJW 1970, 687; *Kaiser*, Mängelbeseitigungspflicht des Architekten, NJW 1973, 1910; *Ganten*, Gibt es doch eine gesetzliche Subsidiärhaftung des bauleitenden Architekten?, BauR 1975, 177; *Ganten*, Recht und Pflicht des Architekten zur Nachbesserung seines (mangelhaften) Werkes, Festschrift für Korbion (1986), 85; *Braun*, Gewährleistung und Haftung des Architekten, BTR 2004, 208 (Teil 1) u. 250 (Teil 2); *Weller*, Der Kostenvorschussanspruch gegen den Architekten, BauR 2003, 1816; *Oechsler*, Praktische Anwendungsprobleme des Nacherfüllungsanspruchs, NJW 2004, 1825; *Schwenker/Schramm*, Vergütungsprobleme bei nicht erbrachten Architektenleistungen, ZfIR 2004, 753; *Preussner*, Architekt und Nacherfüllung, Festschrift für Ganten (2007), 37; *Motzke*, Aufgabenzuweisung bei durch Planungsfehler und unterlassene Prüfung und Bedenkenmitteilung verursachten Mängeln, BauR 2011, 153; *Averhaus*, Zur Planung der Beseitigung von planungsbedingten Baumängeln, BauR 2013, 1013; *Geck*, Naturalrestitution durch den Architekten?, Festschrift für Jochem, 2014, 177; *J. Jochem*, Die Nacherfüllung des Architekten, Schadensersatz statt der Leistung und neben der Leistung, ebenda, 213; *Putzier*, Das

---

355) BGH, BauR 1985, 198 = WM 1985, 287; BauR 1983, 258 = NJW 1983, 1731; ZfBR 1982, 211, 212 = BauR 1982, 496; BGH, WM 1974, 932 = BauR 1975, 137; OLG Düsseldorf, BauR 1980, 75; OLG Frankfurt, NJW-RR 1989, 409, 410.
356) OLG Düsseldorf, BauR 1980, 75, 76. Zum Eigennachbesserungsrecht des Bauherrn bei einer zunächst „überzogenen" Mängelbeseitigungsaufforderung: OLG Frankfurt, NJW-RR 1989, 409.
357) KG, MDR 1990, 339 = NJW-RR 1990, 217.
358) OLG Düsseldorf, NJW-RR 1993, 477; *Kaiser*, Rn. 83 ff.
359) BGH, MDR 1973, 129.
360) BGH, NJW-RR 2000, 19 = NZBau 2000, 14.

Selbstbeseitigungsrecht des Architekten in der praktischen Umsetzung, ebenda, 261; *Miernik*, Zur Nacherfüllung beim Architekten- und Ingenieurvertrag, BauR 2014, 155 (s. hierzu: *Fuchs*, IBR 2014, 218).

2162 Ist der Architektenvertrag ausnahmsweise rechtlich als Dienstvertrag anzusehen (vgl. Rdn. 653),[361] scheidet eine Haftung des Architekten nach §§ 631 ff. BGB aus; die Pflicht zur Beseitigung von Architektenmängeln kann dann nur als Pflichtverletzung beurteilt werden. Das entspricht der ständigen Rechtsprechung und ist auch anerkannte Lehrmeinung.[362] Es kommt demnach nur eine Schadensersatzverpflichtung nach §§ 280 Abs. 1, 3, 281, 249 BGB in Betracht.

2163 Dem Bauherrn kommt bei einem Prozess eine wichtige Erleichterung der Beweisführung zugute: Bei feststehendem Eintritt der Schadensursache im Verantwortungsbereich des Architekten hat dieser den Beweis für seine Schuldlosigkeit zu führen; denn Schlechterfüllung bedeutet bei einem Dienstvertrag eine Pflichtverletzung, auf die die Vorschrift des § 280 Abs. 1 Satz 2 BGB Anwendung findet; dem Bauherrn kann nicht zugemutet werden, über Fragen Beweis zu führen, die seinem Gefahrenkreis und seiner Sachkenntnis völlig entzogen sind. Der Architekt hat in aller Regel die Sachkenntnis, nicht der Bauherr.

2164 Der Architektenvertrag ist nach gefestigter Rechtsprechung in der Regel jedoch **Werkvertrag**,[363] sodass auf die Haftung grundsätzlich auch die Vorschriften der §§ 631 ff. BGB uneingeschränkte Anwendung finden. Das ist mit der Einbeziehung des Architektenvertrags in das Werkvertragsrecht durch das **neue Bauvertragsrecht 2018** auch klargestellt worden (vgl. näher Rdn. 672 ff.). Gleichwohl hat sich bisher gezeigt, dass die Nacherfüllungspflicht des Architekten nicht die gleiche praktische Bedeutung hat wie diejenige des Unternehmers: Der Architekt haftet nach herrschender Ansicht nur ausnahmsweise auf **Nacherfüllung**.[364] Ein **Kostenvorschussanspruch** des Auftraggebers ist daher, wenn sich der Architektenfehler bereits im Bauwerk „verwirklicht" hat, ausgeschlossen;[365] eine gleichwohl erhobene „Vorschussklage" kann sinnvoll dann nur als Klage auf Zahlung von Schadensersatz verstanden werden.[366]

---

361) Vgl. OLG Celle, BauR 2004, 1800 (Wirtschaftliche Beratung und technische Betreuung). Für die **Abgrenzung** von Dienst- und Werkvertrag ist der im Vertrag zum Ausdruck kommende **Wille** der Parteien maßgebend (BGH, ZfBR 2003, 24, 25 für Forschungs- und Entwicklungsleistungen).
362) Vgl. z.B. BGHZ 28, 251 = NJW 1959, 34; BGH, NJW 1957, 262 (LS); *Tempel*, JuS 1964, 346, 351.
363) BGHZ 31, 224 = NJW 1960, 431; BauR 1974, 211 = NJW 1974, 898; BGHZ 82, 100 = BauR 1982, 79 = ZfBR 1982, 15; OLG Düsseldorf, NJW-RR 1998, 741; OLG Bamberg, BauR 1996, 284 (bauüberwachender Ingenieur); KG, BauR 1988, 624, 625 (für Teilplanung); OLG Düsseldorf, NZBau 2003, 445 = OLGR 2003, 115 für Generalunternehmer, deren Architekten-(Planung und Bauüberwachung) und Unternehmerleistungen „in einer Hand" obliegen.
364) Die Fragen der **Nacherfüllung** durch einen Architekten werden **kritisch** oder **ablehnend** betrachtet: *Miernik*, BauR 2014, 155; *Geck*, Festschrift für Jochem (2014), 177; *Putzier*, ebenda, 261; *Averhaus*, BauR 2013, 1013; *Hess*, Haftung, S. 69 ff.; *Kaiser*, NJW 1973, 1920; *Ganten*, NJW 1970, 687, 691; Pflichtverletzung, S. 95 ff.; Festschrift für Korbion, S. 85 ff.
365) OLG Celle, BauR 2014, 134, 136.
366) BGH, BauR 2004, 1477, 1478 = ZfBR 2004, 777 = NZBau 2004, 512.

a) Der Neuherstellungsanspruch des Auftraggebers gegen den Architekten

Die Vorschrift des § 635 BGB ist uneingeschränkt anwendbar, solange die Architektenleistung noch nicht im Bauwerk verwirklicht worden ist; so kann ein Planungsfehler, der zu einem **Baumangel geführt** hat, nicht mehr allein durch eine Nacherfüllung beseitigt werden.[367] Bei fehlerhafter Architektenleistung kann der Auftraggeber demnach in jedem Fall so lange von dem Architekten Herstellung einer fehlerfreien Arbeit verlangen, wie der Unternehmer noch nicht mit der Ausführung des Bauvorhabens begonnen hat. Das entspricht der herrschenden Ansicht.[368] Im Gegensatz zum Unternehmerrecht ist hier also nicht die Abnahme der Architektenleistung, sondern die **Umsetzung** der Architektenleistung in die gegenständliche Bauleistung durch den Unternehmer der entscheidende Zeitpunkt für das Erlöschen des Herstellungsanspruchs.

2165

b) Der Anspruch auf Nacherfüllung (§ 635 BGB)

Da der übliche Architektenvertrag als Werkvertrag anzusehen ist, sollte angenommen werden, dass der Architekt grundsätzlich wie der Unternehmer zur Nacherfüllung („Mängelbeseitigung") verpflichtet ist, wenn Mängel am Bauwerk eintreten. Eine Nachbesserungspflicht des Architekten hat der BGH[369] auch zunächst angenommen, seine Rechtsprechung dann jedoch grundlegend geändert: Der BGH[370] geht in ständiger Rechtsprechung davon aus, dass das Ziel der gesamten Tätigkeit eines Architekten zwar ist, das „Bauwerk zu erstellen". Der Architekt haftet – als „geistiger Unternehmer" – jedoch nicht für alle Mängel des Bauwerks; er schuldet das Bauwerk nicht als körperliche Sache. Nicht jeder Mangel am Bauwerk stellt sich daher als Mangel des Architektenwerks dar; nur diejenigen Mängel, die auf einer vertragswidrigen Erfüllung der dem Architekten obliegenden Aufgaben zurückzuführen sind, können Mängelrechte begründen.[371] Nach der Rechtsprechung des BGH ist daher **das Bauwerk** von dem (geistigen) **Architektenwerk** begrifflich scharf zu **trennen** (vgl. Rdn. 1984).[372]

2166

Deshalb soll auch der Architekt nach der Rechtsprechung des BGH grundsätzlich nicht verpflichtet sein, die Mängel am **Bauwerk** nachzubessern; denn eine Beseitigung der Baumängel am Bauwerk selbst kann nicht eine Nacherfüllung des Architektenwerks sein.[373] Die „geistige" Leistung des Architekten lässt sich nach der

2167

---

367) BGH, BauR 2007, 2083 = ZfBR 2008, 160 = NZBau 2008, 187; BGH, BauR 2000, 128 = NZBau 2000, 22; *Kniffka/Krause-Allenstein*, Rn. 73 ff. m.w.Nachw.
368) Vgl. OLG Bamberg, BauR 1996, 284, 285 (**Ingenieurvertrag** für Bauoberleitung und örtliche Bauleitung); OLG München, NJW-RR 1988, 336.
369) VersR 1960, 738, 739; ebenso: *Frotz*, VersR 1965, 212, 213 Anm. 6.
370) BGHZ 31, 224, 227 = NJW 1960, 431; *Kaiser*, NJW 1973, 1910, 1911.
371) OLG Naumburg, NZBau 2003, 389.
372) Vgl. BGH, NJW 1962, 390; NJW 1962, 1499; NJW 1964, 1791; BGHZ 43, 230 = NJW 1975, 1175.
373) Vgl. BGH, BauR 1996, 735, 737 = NJW-RR 1996, 1044; BGH, NJW 1962, 390; NJW 1963, 1401; BGHZ 42, 16 = NJW 1964, 1791; BGHZ 48, 257 = NJW 1967, 2259; WM 1971, 1372 = BauR 1972, 62; NJW 1974, 367 = BauR 1974, 137; OLG Bamberg, BauR 1996, 284, 285.

Verwirklichung des Bauwerks nicht mehr beheben;[374] eine Nacherfüllung kommt deshalb nur insoweit in Betracht, als noch **nicht** nach dem fehlerhaften Plan gebaut worden ist. Diese Grundsätze gelten im Einzelfall auch für die Leistungen anderer Baubeteiligter, wie **Tragwerkplaner** oder **Projektsteuerer**; werden ihre Leistungen als Teil eines **dynamischen Planungs-** und **Kontrollprozesses** in den jeweiligen Bauphasen erbracht, denen sie zuzuordnen sind, können **Mängel** oftmals nachträglich nicht mehr korrigierbar sein. Der **Nacherfüllungsanspruch** nach §§ 634 Nr. 1, 635 BGB ist damit aber infolge Unmöglichkeit untergegangen (§ 275 Abs. 1 BGB).[375] Für den Auftraggeber bedeutet dies wiederum, dass er einen Architekten oder Sonderfachmann nur dann zur Nacherfüllung mit angemessener Fristsetzung auffordern muss, sofern eine Korrektur der erbrachten Leistungen noch technisch und/oder rechtlich möglich ist. Dies folgt aus dem Nacherfüllungsrecht des Auftraggebers und des Architekten bzw. Sonderfachmannes.[376]

Dasselbe gilt für eine mangelhafte **Bauüberwachung** (vgl. Rdn. 2011). Auch diese Tätigkeiten können, wenn sie nicht einwandfrei erbracht werden, nicht mehr nachgeholt werden.[377] Eine Nacherfüllung durch den Architekten scheidet ebenfalls aus, wenn der Bauunternehmer die Mangelbehebung endgültig verweigert[378] oder aus Rechtsgründen hierzu selbst nicht mehr verpflichtet ist.[379] Der Rechtsprechung des BGH hat sich das Schrifttum weitgehend angeschlossen,[380] wenngleich zu Recht die Auffassung vertreten wird, dass der Architekt im Einzelfall verpflichtet sein kann, durch eine **Änderung** seine Pläne die **Voraussetzung** für eine erfolgreiche Nacherfüllung durch den Unternehmer zu schaffen.[381] Es ist jedoch nicht zu verkennen, dass die neuere Literatur für einen grundlegenden Wandel in der **BGH-Rechtsprechung** plädiert.[382]

2168 Eine Ablehnungsandrohung als Voraussetzung für eine Selbstvornahme- bzw. ein Mängelrecht (Schadensersatz, Minderung oder Rücktritt) ist nicht erforderlich. Der Besteller muss daher, solange die Planung sich noch nicht im Bauwerk verwirklicht hat, nur eine Frist zur Nacherfüllung setzen. Diese ist (wie auch sonst) entbehrlich, wenn die Nacherfüllung der Architektenleistung objektiv und subjektiv unmöglich ist (§ 275 Abs. 1 BGB), faktische Unmöglichkeit vorliegt (§ 275 Abs. 3 BGB) oder unzumutbar ist (§ 275 Abs. 3 BGB)[383] sowie nur mit unverhältnismäßi-

---

374) Vgl. BGHZ 42, 16, 18; BGHZ 48, 257, 261 ff.; BGH, BauR 1996, 735, 737 = ZfBR 1996, 258; BGH, BauR 1988, 592; BGH, BauR 1989, 97, 100 = ZfBR 1989, 24; OLG Düsseldorf, BauR 1998, 582, 583 = OLGR 1998, 236, 237.
375) OLG Naumburg, NZBau 2009, 318, 326 = BauR 2009, 1171 – *Eschenbruch*, Rn. 1543 für **Projektsteuerungsleistungen**.
376) *Kniffka/Koeble*, 12. Teil, Rn. 372.
377) OLG Düsseldorf, BauR 2012, 1274; OLG Bamberg, BauR 1996, 284, 285; OLG Oldenburg, *SFH*, Nr. 10 zu § 8 HOAI; OLG München, NJW-RR 1988, 336.
378) *MünchKomm-Soergel*, § 633 BGB a.F., Rn. 135.
379) Siehe aber *Kaiser*, Rn. 250 in Anm. 50.
380) Vgl. *Kaiser*, BlGBW 1974, 221, 222; *Bindhardt*, BauR 1970, 29; *Brandt*, BauR 1970, 25, 27; kritisch: *Ganten*, NJW 1970, 687, 691; Pflichtverletzung, S. 95 ff.
381) *Locher*, Festschrift v. Craushaar, S. 21 ff.; *Daub/Piel/Soergel/Steffani*, ErlZ B 13.30; vgl. auch OLG Hamm, MDR 1978, 225, soweit Dispensantrag möglich ist; *Kaiser*, Rn. 270.
382) Siehe hierzu die Literaturübersicht vor Rdn. **2162**.
383) Siehe den Fall des OLG Naumburg, BauR 2010, 1641 (LS) = IBR 2011, 151 – *Eich*: Kostenüberschreitung, Wegfall von Bauteilen als Nacherfüllung?

gem Kostenaufwand erbracht werden kann. Dem Auftraggeber bleibt unbenommen, die werkvertraglichen **Mängelrechte** (Minderung, Rücktritt oder Schadensersatz) geltend zu machen.[384]

c) Zum Nacherfüllungsrecht des Architekten

Literatur

Locher, Das Schadensbeseitigungsrecht des Architekten und Ingenieurs, Festschrift von Craushaar (1997), 21; *Achilles-Baumgärtel*, Zum Nachbesserungs-/Schadensbeseitigungsrecht der Architekten nach Bauwerksverwirklichung, BauR 2003, 1125; *Löffelmann/Ihle*, Das Selbstbeseitigungsrecht des Architekten, BauR 2008, 579; *Putzier*, Das Selbstbeseitigungsrecht des Architekten in der praktischen Umsetzung, Festschrift für Jochem, 2014, 261; *Miernik*, Zur Nacherfüllung beim Architekten- und Ingenieurvertrag, BauR 2014, 155.

2169 Hat sich die mangelhafte Architektenleistung noch nicht im Bauwerk verwirklicht,[385] ist sie also nachholbar („nachbesserungsfähig"), steht dem Mangelbeseitigungsanspruch des Auftraggebers ein Recht des Architekten auf Nacherfüllung gegenüber. Dieses Recht erlischt grundsätzlich, wenn die Architektenleistung nicht mehr korrigierbar ist.[386] Gleichwohl kommen Rechtsprechung und Schrifttum in **Ausnahmefällen** auch insoweit noch zu einem Nacherfüllungsrecht des Architekten:

In „besonderen Fällen" soll nämlich der Architekt berechtigt sein, im Rahmen seiner Schadensersatzverpflichtung (§§ 634 Nr. 4, 280, 281 BGB) selbst für die Mängelbeseitigung (Nacherfüllung) zu sorgen.[387] Zu einem Nacherfüllungs**recht** kommt die herrschende Ansicht über eine Anwendung des § 254 BGB. So soll der auf Schadensersatz in Anspruch genommene Architekt dem Bauherrn ein Mitverschulden in Form eines Verstoßes gegen die Schadensminderungspflicht (§ 254 Abs. 2 BGB) entgegenhalten können, wenn der Auftraggeber dem Architekten nicht Gelegenheit gegeben hat, selbst für die Mängelbeseitigung zu sorgen.[388] Das Mitverschulden des Auftraggebers kann sich allerdings praktisch nur auf die Höhe des Schadensersatzanspruchs auswirken;[389] der Architekt muss nachweisen, dass er in der Lage gewesen wäre, die Baumängel mit einem wesentlich geringeren Kos-

---

384) Bei Inanspruchnahme eines **bauaufsichtsführenden** Architekten wegen eines übersehenen **Planungsmangels** muss sich der Auftraggeber das Verschulden seines Planers zurechnen lassen (BGH, BauR 2009, 515 = NZBau 2009, 185; OLG Frankfurt, NZBau 2009, 599).
385) OLG Brandenburg, BauR 2012, 983, 984 = NZBau 2012, 507, 508 (Überwachung von Mängelbeseitigungsarbeiten); OLG Hamm, IBR 2009, 216 – *Krause-Allenstein* u. BauR 2012, 530 (fehlerhafte Kostenermittlung; LS 5).
386) Siehe: BGH, BauR 2007, 2083, 2084 = NZBau 2008, 187 (s. hierzu: *Weise/Hänsel*, NJW-Spezial 2008, 45, 507; OLG München, IBR 2012, 211 – *Berding* (Die vertraglich vereinbarten Planungsziele können nicht in eine genehmigungsfähige Planung umgesetzt werden).
387) Siehe *Kniffka/Krause-Allenstein*, § 635 BGB, Rn. 75; *Achilles-Baumgärtel*, BauR 2003, 1125; *Locher*, Festschrift v. Craushaar, S. 21, 23.
388) Vgl. BGHZ 43, 227 = NJW 1965, 1175; BGH, NJW 1978, 1853 = BauR 1978, 498; BGH, BauR 1996, 735, 737 = ZfBR 1996, 258; OLG Braunschweig, BauR 2002, 333, 334; OLG Hamm, BauR 1995, 413 = ZfBR 1995, 142 (für den Fall der Kündigung); siehe auch LG Kiel, BauR 1999, 427, 428.
389) *Locher*, Festschrift v. Craushaar, S. 21, 23; *Wussow*, JB 1967, 93 ff.; *Bindhardt*, BauR 1970, 29, 30.

tenaufwand zu beseitigen.[390] Ein weiterer Ausnahmefall soll vorliegen, wenn der Architekt seine Haftung anerkennt, sich zur Beseitigung des Mangels bereit erklärt und jemanden an der Hand hat, der die Mängel vorschriftsmäßig und preiswert beseitigt.[391]

2170 Dieser Auffassung des BGH zum Nacherfüllungsrecht des Architekten in Ausnahmefällen ist zuzustimmen.[392] Rechtlich handelt es sich hierbei nicht um einen Anspruch des Auftraggebers auf Nacherfüllung, der einklagbar wäre, sondern nur um ein Recht des Architekten. Hess[393] bezeichnet dieses Recht des Architekten als ein „dem Architekten gemäß § 242 BGB gegenüber dem Schadensersatzbegehren zuzubilligenden Einwand der unzulässigen Rechtsausübung". Die von dem Architekten vorgeschlagenen Mängelbeseitigungsmaßnahmen müssen nach der Rechtsprechung erfolgversprechend sein;[394] dabei spielt die Frage der **Zumutbarkeit** für den Auftraggeber eine große Rolle.[395]

2171 Ein **vertraglich** ausgestaltetes Nachbesserungsrecht des Architekten sah früher § 12 Nr. 1 Satz 2 des Muster-Architektenvertrages vor,[396] jedoch enthalten zum Teil auch neuere Formular-Architektenverträge durchaus solche Nachbesserungsrechte.[397] In dem inzwischen von der Bundesarchitektenkammer zurückgezogenen Einheitsarchitektenvertrag (1994) hieß es: „Wird der Architekt wegen eines Schadens am Bauwerk auf Schadensersatz in Geld in Anspruch genommen, kann er vom Bauherrn verlangen, dass ihm die Beseitigung des Schadens übertragen wird." Der BGH[398] hat bereits früher festgestellt, dass der Bauherr den Architekten auf dieses Recht nur **hinzuweisen** braucht;[399] es ist dann Sache des Architekten, sein Wahlrecht (Schadensersatz oder Nacherfüllung) auszuüben. Das Nacherfüllungsrecht des Architekten gibt dem Bauherrn nicht die Befugnis, selbst die Schadensbeseitigung durch den Architekten fordern zu können mit den sich aus § 637 Abs. 1. BGB ergebenden Folgen.[400]

---

390) Vgl. BGH, *Schäfer/Finnern*, Z 3.01 Bl. 378; *Bindhardt/Jagenburg*, § 4 Rn. 48.
391) Vgl. BGH, VersR 1968, 152; s. auch KG, NZBau 2004, 337, 338.
392) *Bohl/Döbereiner/Keyserlingk*, Rn. 88; *Locher/Koeble*, Rn. 189; s. aber *Preussner*, Festschrift für Ganten, S. 37, 43; *Lauer/Wurm*, Rn. 178 ff.
393) Haftung, S. 77.
394) BGH, BauR 1972, 62.
395) Zu weitgehend *Achilles-Baumgärtel*, BauR 2003, 1125, 1127, wonach der Architekt „es entsprechend einem Bauunternehmer in der Hand haben muss, die Art der Mängelbeseitigung vorzugeben".
396) Vgl. dazu KG, BauR 1972, 384.
397) Vgl. z.B. OLG Celle, BauR 1999, 676 für eine **formularmäßige** Klausel, nach der der Architekt verlangen kann, „mit der Beseitigung der Schäden/Mängel ganz oder teilweise" beauftragt zu werden. Zum Nachbesserungsrecht des Architekten nach **§ 5.5 AVA** zum Einheitsarchitektenvertrag (1992) siehe OLG Hamm, BauR 1995, 269; KG, NZBau 2004, 337, 338; zur AGB-rechtlichen Überprüfung von **Schadensbeseitigungsklauseln** siehe *Locher*, Festschrift v. Craushaar, S. 21, 24 ff.
398) BauR 1981, 395 = ZfBR 1981, 173; OLG Hamm, BauR 1995, 269.
399) Siehe auch OLG Celle, BauR 1999, 676, 677 (dem Architekten ist Gelegenheit zu geben, von seinem Wahlrecht auf Selbsteintritt Gebrauch zu machen); anders: OLG Hamm, NJW-RR 1992, 467 = BauR 1992, 800 (Nachfrist i.S. des § 634 Abs. 1 BGB a.F. erforderlich).
400) BGH, BauR 1987, 343, 348 = ZfBR 1987, 135.

d) Fristsetzung

Die Ansprüche des Auftraggebers gegen den Architekten bestimmen sich bis zur Abnahme der vereinbarten Architektenleistung nach den allgemeinen Vorschriften der §§ 323, 280, 281 BGB (s. hierzu die neue Rechtsprechung des BGH unter Rdn. 2077 ff.). Das bedeutet, dass der Auftraggeber dem Architekten grundsätzlich eine angemessene Frist zur Beseitigung etwaiger Mängel setzen muss. Die Fristsetzung ist in den Fällen des § 323 Abs. 2 entbehrlich. Nach Abnahme gelten die Gewährleistungsrechte des § 634 BGB.

2172

Hat sich der Mangel bereits im Bauwerk verwirklicht, kommt eine Nachbesserung nicht mehr in Betracht: Der Architekt haftet nunmehr unmittelbar ohne Fristsetzung auf Schadensersatz.

Nichts anderes gilt im Falle der **Kündigung** des Architektenvertrags: Durch die Kündigung des Architektenvertrags verliert der Architekt grundsätzlich noch nicht sein Nacherfüllungsrecht; der Bauherr muss ihm deshalb zumindest in Kenntnis setzen, solange das Architektenwerk (Planung) noch nacherfüllungsfähig ist.[401]

e) Die Mitwirkungspflicht des Architekten bei der Nacherfüllung durch den Unternehmer

Die Mitwirkungspflicht des Architekten, die von dem Bauherrn einklagbar ist, beruht, auch wenn der Architekt den Mangel nicht verursacht hat, auf dem Gesichtspunkt der Nachwirkung des Architektenvertrages. Somit handelt es sich um einen vertraglichen Erfüllungsanspruch des Bauherrn, der seine Grundlage in §§ 631 Abs. 1, 633 Abs. 1 BGB a.F. fand und nunmehr aus dem Begriff der mangelfreien „Verschaffung" (§ 633 Abs. 1 BGB) abzuleiten ist.

2173

Es ist anerkannt, dass der Architekt im Rahmen seiner vertraglichen Verpflichtung von dem Auftraggeber auf Mitwirkung bei der Nacherfüllung durch den Unternehmer in Anspruch genommen werden kann.[402] *Ganten*[403] weist insbesondere auf den Fall hin, dass Unternehmer und Architekt einen Konstruktionsfehler verursacht haben. Hier wird der Unternehmer oftmals nicht in der Lage sein, die Nacherfüllung allein vorzunehmen. Er wird dann der Beratung durch einen Architekten bedürfen.

Der BGH[404] hat die Mitwirkungspflicht des Architekten anerkannt, wenn er ausführt, dass der Architekt nach der Fertigstellung des Bauwerkes und Abnahme seines Architektenwerkes aufgrund der nachvertraglichen Verpflichtung gehalten sei, den Unternehmer durch Fristsetzung zur Mängelbeseitigung anzuhalten.[405]

2174

---

401) BGH, BauR 2001, 667 = NZBau 2001, 211; OLG Düsseldorf, NZBau 2002, 686, 687 = BauR 2002, 1583, 1585; *Neuenfeld*, NZBau 2002, 13, 17; OLG Hamm, BauR 1995, 413 = OLGR 1995, 87 = NJW-RR 1995, 724.
402) *Bindhard/Jagenburg*, § 7, Rn. 2 ff.
403) NJW 1970, 687, 691.
404) NJW 1973, 1457 = BauR 1973, 321 m. krit. Anm. *Locher*.
405) Vgl. dazu vor allem *Brandt*, BlGBW 1969, 109 ff.; zu den Kosten, die durch die Tätigkeit des Architekten im Rahmen der Mängelbeseitigung entstehen: OLG Nürnberg, BauR 1974, 69 m. Nachw.

Dem OLG Düsseldorf[406] zuzustimmen, dass die Mitwirkungspflicht des Architekten in dem Augenblick endet, wo der Unternehmer endgültig die Mängelbeseitigung verweigert.

Die „Mitwirkungspflicht" des Architekten stellt unzweifelhaft eine (leistungsbezogene) Hauptpflicht des Architekten dar.[407] Für Fehler, die ihm bei dieser Tätigkeit unterlaufen, haftet er gemäß § 634 BGB.[408]

---

406) BauR 1972, 385.
407) *Lauer*, BauR 2003, 1639, 1641; *Ganten*, Festschrift für Korbion, S. 85, 89.
408) *Lauer*, a.a.O.; s. auch Rdn. **1511**.

KAPITEL 9
Die Gewährleistungsklage (Mängelrechte) des Bauherrn

Übersicht

	Rdn.		Rdn.
I. Die Mängelrechte des Bauherrn nach BGB	2175	II. Die Mängelrechte des Bauherrn nach der VOB	2225

I. Die Mängelrechte des Bauherrn nach BGB

Übersicht

	Rdn.		Rdn.
1. Das Verhältnis der Mängelrechte zueinander	2177	3. Der Rücktritt (§§ 634 Nr. 3, 323 BGB)	2185
2. Notwendiger Vortrag bei allen Gewährleistungsklagen	2181	4. Die Minderung	2192
		5. Schadensersatz (§§ 634 Nr. 4, 636, 280, 281 BGB)	2215

Literatur

Hauger, Fischen 1998: Die Rechte des Wohnungseigentümers auf Wandelung, Minderung und Schadensersatz bei Baumängeln, NZM 1999, 536; *Meurer*, Baumängelprozess – Verfahrensvorbereitung und Auswahl der „richtigen Klageart", MDR 2000, 1041; *Achilles-Baumgärtel*, Keine Klageänderung beim Übergang vom Kostenvorschuss- zum Schadensersatzanspruch, BauR 2001, 1953; *Wagner*, Leistungsstörung im Baurecht nach der Schuldrechtsmodernisierung, ZfIR 2002, 353; *Voppel*, Das Gesetz zur Modernisierung des Schuldrechts und das Leistungsstörungsrecht beim Werkvertrag, BauR 2002, 843; *Brügmann*, Einige Aspekte der Rechtsstellung des Auftragnehmers bei Leistungsstörungen nach der Schuldrechtsmodernisierung, Festschrift für Jagenburg (2002), 63; *Merl*, Schuldrechtsmodernisierungsgesetz und werkvertragliche Gewährleistung, Festschrift für Jagenburg, 597; *Vorwerk*, Mängelhaftung des Werkunternehmers und Rechte des Bestellers nach neuem Recht, BauR 2003, 1; *Wertenbruch*, Die Anwendung des § 275 BGB auf Betriebsstörungen beim Werkvertrag, ZGS 2003, 53; *Kannowski*, Mangelfolgeschäden vor und nach der Schuldrechtsreform. Das Beispiel außergerichtlicher Anwaltskosten bei Baumängeln, BauR 2003, 170; *Hochstadt*, Umsatzsteuerliche Probleme bei der Abwicklung von Bauverträgen, BauR 2003, 628; *Schmeel*, Aktuelle Entwicklungen im Bauvertragsrecht – Gewährleistung und Haftung, MDR 2003, 601; *Acker/Gracia-Scholz*, Die Ansprüche des Auftragnehmers bei Beschädigung der Werkleistung vor Abnahme, BauR 2003, 1457; *Derleder*, Der Wechsel zwischen den Gläubigerrechten bei Leistungsstörungen und Mängeln, NJW 2003, 998; *Henkel*, Die Pflicht des Bestellers zur Abnahme des unwesentlich unfertigen Werks, MDR 2004, 361; *Suffel*, Baustoffkauf bei Händler oder Hersteller – unterscheiden sich die Mängelansprüche, BrBp 2004, 480; *Braun*, Gewährleistung und Haftung des Architekten, BTR 2004, 208 u. 265; *Schonebeck*, Die Abtretung von Mängelansprüchen, BauR 2005, 934; *Zahn*, Darlegungs- und Beweislast bei Geltendmachung von Mängelrechten, BauR 2006, 1823; *Thürmann*, Der Ersatzanspruch des Käufers für Aus- und Einbaukosten einer mangelhaften Kaufsache, NJW 2006, 3457; *Moufang/Koos*, Unberechtigte Mängelrügen nach Abnahme: Untersuchungspflicht und Ansprüche des Unternehmers, BauR 2007, 300; *Putzier*, Welche rechtliche Qualität haben die bei der Abnahme erklärten Mängelvorbehalte?, Festschrift für Ganten (2007), 203; *Sienz*, Zu den Auswirkungen eines Planungsfehlers auf die Geltendmachung von Mängelrechten beim Bauvertrag, ebenda, 219; *Feldhahn*, Vertragliche Sicherheiten vs. Mängelrechte des Auftraggebers, BauR 2007, 1466; *Schulze-Hagen*, Die Ansprüche des Erwerbers gegen den Bauträger wegen Mängel am Gemeinschaftseigentum, ZWE 2007, 113; *Wenzel*, Die Zuständigkeit der Wohnungseigentümergemeinschaft bei der Durchsetzung von Mängelrechten der Ersterwerber, NJW 2007, 1095; *Forster*, Die Verjährung der Mängelansprüche beim Kauf von Baumaterialien, NZBau 2007, 479; *Schneider/Katerndahl*, Ein- und Ausbaukosten mangelhafter Kaufsachen im unternehmerischen Rechtsverkehr, NJW 2007, 2215;

Popescu/Majer, Gewährleistungsansprüche bei einem wegen Ohne-Rechnung-Abrede nichtigen Vertrags, NZBau 2008, 424; *Folnović*, Sind werkvertragliche Mängelansprüche in der Herstellungsphase des Werks ausgeschlossen?, BauR 2008, 1360; *Kraus*, Mängelhaftungsrechte vor Abnahme im BGB-Bauvertrag – einige Überlegungen de lege ferenda, Festschrift für Franke (2009), 209; *Peters*, Die Beweislast für Mangelhaftigkeit oder Mangelfreiheit des Werks, NZBau 2009, 209; *Pause*, WEG-Novelle und Mängelansprüche aus dem Bauträgervertrag, NZBau 2009, 425; *Joussen*, Mängelansprüche vor der Abnahme, BauR 2009, 319; *Kraus*, Mängelhaftung vor Abnahme im BGB-Bauvertrag – einige Überlegungen de lege ferenda, Festschrift für Franke (2009) 209; *Rath*, Die wachsende Bedeutung des Kaufrechts am Bau – Auswirkungen auf die Arbeit des freiberuflich tätigen Architekten?, Festschrift für Koeble (2010), 457; *Scholtissek*, Die Begrenzung der Sachwalterstellung (und der Haftung) des Architekten, NZBau 2010, 94; *Gartz*, Obliegenheitsverletzungen des Bauherrn nach dem „Glasfassadenurteil" des Bundesgerichtshofs, BauR 2010, 703; *Günther*, Ausschluss von Mängelrechten – Schärfere Rügepflichten bei Solar- und Windenergieanlagen?, NZBau 2010, 465; *Messerschmidt*, Die Balance von Rechten und Pflichten in der Mängelbeseitigung, BauR 2010, 323; *Voit*, Die Rechte des Bestellers bei Mängeln vor der Abnahme, BauR 2011, 1063 (s. hierzu *Bolz*, IBR 2011, 501); *Popescu*, Zehn Jahre Schuldrechtsreform, NZBau 2012, 137; *Matthies*, Mängelrechte in der Insolvenz des Bauunternehmers, BauR 2012, 1005; *Kaiser*, Fernwirkungen des europarechtlich geprägten Kaufrechts auf das Baurecht, BauR 2013, 139; *Halfmeier*, Grundstrukturen des bauvertraglichen Schadensersatzes, BauR 2013, 320; *Kainz*, Gewährleistung als Thema der neueren Rechtsprechung des BGH – Teil 1, BauR 2017, 798; Teil 2, BauR 2017, 943.

2175 Neben Erfüllung (Klage auf Neuherstellung oder Mängelbeseitigung) standen dem Auftraggeber nach altem Recht beim BGB-Bauvertrag der Anspruch auf Wandelung, Minderung oder Schadensersatz wegen Nichterfüllung wahlweise zur Verfügung. An die Stelle der Wandelung ist der **Rücktritt** (§§ 634 Nr. 3, 636, 323 und § 326 Abs. 5 BGB) getreten. Schon seit Inkrafttreten des SchRModG (§ 218 Abs. 1 BGB) ist allerdings ein Rücktrittsrecht **ausgeschlossen**, „wenn der Anspruch auf die Leistung oder der Nacherfüllungsanspruch verjährt ist und der Schuldner sich hierauf beruft." Gleiches gilt im Rahmen des § 635 Abs. 3 BGB. Der Anspruch auf **Schadensersatz** beurteilt sich nach dem allgemeinen Leistungsstörungsrecht (§§ 634 Nr. 4, 636, 280, 281, 283 sowie § 311a BGB). Darüber hinaus kann anstelle des Schadensersatzes auch der Ersatz **„vergeblicher Aufwendungen"** verlangt werden (§§ 634 Nr. 4, 284 BGB).[1]

2176 Im Prozess hat der Auftraggeber, wenn er sich auf Mängelrechte beruft, zunächst darzustellen, dass die Abnahme erfolgt ist oder das Vertragsverhältnis sich in ein Abrechnungsverhältnis verwandelt hat. Gewährleistungsansprüche setzen grundsätzlich die Abnahme voraus (s. Rdn. 2077 ff.). Sodann hat er im Einzelnen darzulegen, woraus er diese Mängelrechte ableitet; da in der Praxis oftmals verschiedenartige Mängel behauptet werden, können u.U. auch unterschiedliche Mängelrechte in Betracht kommen.[2] Deshalb ist es Aufgabe des Bestellers, hinreichend vorzutragen, welche Mängelrechte er bei dem jeweiligen Baumangel geltend macht und wer dafür verantwortlich ist; dies kann im Einzelfall im Hinblick auf die konkreten Angaben zu den erforderlichen **Sanierungskosten** von Bedeutung sein.[3] Das Gericht ist gehalten, im Rahmen des § 139 ZPO auf **Unzulänglichkeiten** im Parteivorbringen **hinzuweisen**; es darf eine Partei nicht an dem buchstäblichen Sinn eines Wortes festhalten, sondern muss gerade in Bezug auf das geltend gemachte Mängelrecht

---

1) Zum **Wechsel** zwischen den Gläubigerrechten: *Derleder*, NJW 2003, 998, 1003.
2) BGH, NJW 1991, 2630, 2632.
3) BGH, BauR 2003, 385.

den wirklichen Parteiwillen erforschen, wobei allerdings dem gestellten **Antrag** immer besondere Bedeutung beizumessen ist.[4]

1. Das Verhältnis der Mängelrechte zueinander

Der Besteller hat kein Wahlrecht zwischen der Klage auf Herstellung bzw. Mängelbeseitigung einerseits und der Gewährleistungsklage andererseits, da der Anspruch auf Nacherfüllung im Rahmen des BGB noch keinen Gewährleistungsanspruch darstellt.[5] Der Anspruch auf Mängelbeseitigung (Nacherfüllung) und die Ansprüche auf **Schadensersatz** bzw. diejenigen aus **Rücktritt** und **Minderung** schließen sich gegenseitig aus und können deshalb nicht gleichzeitig und gleichrangig geltend gemacht werden.[6] Die Gewährleistungsvorschriften des Werkvertragsrechts sind daher **Sonderregelungen**.[7] Allerdings erlischt der **Nacherfüllungsanspruch** (nach der Abnahme) erst, wenn der Auftraggeber von seinem **Mängelrecht Gebrauch** macht, also sein Rücktritts- oder Minderungsrecht **ausübt** oder Schadensersatz **verlangt**.[8] Dies gilt nicht, wenn der Besteller nach §§ 634 Nr. 4, 280 Abs. 1 BGB u.a. Schadensersatz für **Mangelfolgeschäden** an anderen Rechtsgütern begehrt, die nicht durch Nacherfüllung hätten vermieden werden können; in diesem Fall können die sonstigen Mängelrechte des § 634 BGB weiterhin geltend gemacht werden.[9]

Demgegenüber kann der Auftraggeber für ein prozessuales Vorgehen **innerhalb der einzelnen Mängelrechte frei wählen** (elektive Konkurrenz, § 262 BGB).[10] Er kann sich also für den Rücktritt, die Minderung oder für Schadensersatz entscheiden und bei mehreren Mängeln den jeweils in Betracht kommenden Anspruch geltend machen.

Darüber hinaus kann der Auftraggeber aber auch noch grundsätzlich nach einer Klageerhebung und der damit stattgefundenen Entscheidung für ein Mängelrecht auf ein anderes überwechseln, sofern dessen Voraussetzungen im Einzelfall erfüllt sind. Dies gilt z.B. für den Übergang von der zunächst verlangten Nacherfüllung zu einem Minderungs- oder Schadensersatzanspruch. Allerdings handelt es sich dann

---

4) Siehe hierzu instruktiv: BGH, BauR 2000, 423 = MDR 2001, 267 (zur Auslegung einer als „Vorschussklage" bezeichneten Klage gegen einen Architekten); siehe ferner: BGH, NZBau 2005, 585, 586 = ZfIR 2005, 734 m.Anm. *Schwenker* (die auf Ersatz von Mängelbeseitigungskosten gerichtete Schadensersatzklage wird als **Aufwendungsersatz** gemäß § 633 Abs. 3 BGB a.F. zugesprochen).
5) BGH, MDR 1963, 382; NJW 1971, 838 = BauR 1971, 126; OLG Frankfurt, NJW-RR 1987, 979 (für Nachbesserung und Minderung); OLG Köln, BauR 2002, 826 = OLGR 2002, 55, 56 (für Schadensersatz und Kostenvorschuss; § 637 Abs. 3 BGB).
6) Zum Verhältnis der Mängelrechte zueinander s. *Leupertz/Halfmeier*, § 634 BGB, Rn. 2 ff.; *Palandt/Sprau*, Vorb. vor § 633 BGB, Rn. 6 ff.
7) Zur (ausnahmsweisen, aber nach wie vor sehr **umstrittenen**) **Anwendung** der **§§ 634 ff. BGB vor Gefahrübergang/Abnahme** s. *Palandt/Sprau*, Vorb. vor § 633 BGB, Rn. 7; *Kniffka/Krause-Allenstein*, § 634 BGB, Rn. 8 ff.; *Glöckner*, in: Glöckner/v. Berg, § 634 BGB, Rn. 20 ff.; s. auch Rdn. 2069, Anm. 12–15.
8) Zum **Erlöschen** des Nacherfüllungsanspruchs unter den Voraussetzungen der §§ 275 Abs. 2, 3 und § 635 Abs. 3 BGB siehe Rdn. **2082, 2103**.
9) *Palandt/Sprau*, § 634 BGB, Rn. 8; *Leupertz/Halfmeier*, § 634 BGB, Rn. 4.
10) *Palandt/Sprau*, § 634 BGB, Rn. 2.

um eine **Klageänderung,**[11] die jedoch stets – also auch ohne Einwilligung des Gegners – als zulässig, weil **sachdienlich,** anzusehen ist.[12] Änderungen bei den Rechnungsposten bedeuten dagegen nur eine veränderte Begründung desselben Anspruchs.[13]

Zu beachten ist, dass der Auftraggeber auch mit der Geltendmachung und Erfüllung des **Kostenvorschussanspruchs** nicht endgültig gebunden und auf diesen Anspruch beschränkt wird; ihm bleiben vielmehr weitergehende Mängelrechte, insbesondere also Schadensersatzansprüche wegen eventueller Mangelfolgeschäden erhalten.[14] Dies gilt auch, wenn der Auftraggeber die Erstattung von **Selbstvornahmekosten** (§§ 634 Nr. 2, 637 Abs. 1 BGB) geltend macht;[15] ausgeschlossen sind in diesem Fall allerdings Rücktritt und Minderung, da die **Beseitigung** des Mangels den Rechtsgrund für diese Mängelrechte entfallen lässt.[16]

2179 Nach rechtskräftiger Abweisung einer Wandelungsklage (nach altem Recht) konnte der Besteller z.B. erneut eine Minderungsklage oder Klage auf Schadensersatz erheben und umgekehrt. Für das **Rücktrittsrecht** sieht § 325 BGB nunmehr ausdrücklich vor, dass der Besteller nach erklärtem Rücktritt immer noch auf den Schadensersatz statt der (ganzen) Leistung gemäß §§ 634 Nr. 4, 280, 281 übergehen kann.[17] Rücktritt und Minderung schließen dagegen einander aus.[18]

2180 Der Besteller kann schließlich die Mängelrechte prozessual im **Eventualverhältnis (Haupt-** und **Hilfsantrag)** geltend machen.[19] Dies muss der Besteller im Rahmen seines Vortrags deutlich zum Ausdruck bringen und das Eventualverhältnis im Einzelnen erläutern (z.B. wird mit dem Hauptantrag Nacherfüllung und mit dem Hilfsantrag Schadensersatz verlangt).[20]

2. Notwendiger Vortrag bei allen Gewährleistungsklagen

2181 Der Auftraggeber muss grundsätzlich, gleich welches Mängelrecht verfolgt wird, zunächst die allen Ansprüchen/Rechten gemeinsamen Voraussetzungen vortragen.

---

11) OLG Köln, NZBau 2013, 306, 307 u. OLG Karlsruhe, BauR 2006, 540 (Übergang vom Vorschussanspruch auf Schadensersatz); OLG Düsseldorf, BauR 2004, 1813, 1814; OLG Dresden, NJW-RR 2000, 1337; *Kaiser*, Rn. 18k; LG Mönchengladbach, NJW-RR 1992, 1524; **a.A.:** OLG Brandenburg, NJW-RR 2001, 386 (Abweichung von BGH, BauR 1998, 369 = NJW-RR 1998, 1006); zustimmend: *Achilles-Baumgärtel*, BauR 2001, 1953 ff. Zum Übergang von Vorschuss auf Kostenerstattung in der **Berufung:** BGH, BauR 2006, 717.
12) *Lauer/Wurm*, Rn. 325; OLG Hamm, BB 1978, 64, 65 für den Wechsel vom Wandelungsbegehren zum Schadensersatz wegen Nichterfüllung. Die Zulässigkeit der Klageänderung im **Berufungsverfahren** beurteilt sich nach § 533 Nr. 1 ZPO (OLG Köln NZBau 2013, 306, 307).
13) BGH, BauR 1996, 427 = ZfBR 1996, 137.
14) *Palandt/Sprau*, § 634 BGB, Rn. 4.
15) Siehe hierzu auch: OLG Naumburg, BauR 2010, 1238.
16) *Leupertz/Halfmeier*, in: Prütting/Wegen/Weinreich, § 634 BGB, Rn. 4.
17) AnwKom-BGB/*Dauner-Lieb*, § 325, Rn. 2; *Medicus/Stürner*, in: Prütting/Wegen/Weinreich, § 325 BGB, Rn. 1. Der Schadensersatz ist nach der **Differenzmethode** zu ermitteln (*Palandt/ Grüneberg*, § 325 BGB, Rn. 2).
18) *Leupertz/Halfmeier*, in: Prütting/Wegen/Weinreich, § 634 BGB, Rn. 5.
19) BGH, *Schäfer/Finnern*, Z 2.414 Bl. 128; *Palandt/Sprau*, § 634 BGB, Rn. 11.
20) Zur **einredeweise** Geltendmachung der Gewährleistungsansprüche des Bauherrn: BGH, DB 1963, 12, 13; *Siegburg*, BauR 1992, 419 ff.

Notwendiger Sachvortrag

Rücktritt, Minderung und **Schadensersatz statt der Leistung** setzen nur voraus, dass „dem Schuldner erfolglos eine angemessene Frist zur Leistung oder Nacherfüllung bestimmt" worden ist (§ 323 Abs. 1 BGB). Die Fristsetzung muss eindeutig und angemessen sein.[21] Eine zu kurze Frist ist nicht unwirksam, sondern sie setzt eine dem Einzelfall angepasste **angemessene** Frist in Lauf.[22]

Einer **Fristsetzung** als Voraussetzung für die in § 634 BGB vorgesehenen Mängelrechte bedarf es nur in **Ausnahmefällen** nicht;[23] dies folgt aus §§ 635 Abs. 3, 636 BGB sowie aus der allgemeinen Vorschrift des § 323 Abs. 2 Nr. 1–3 BGB. Danach ist eine Fristsetzung u.a. **entbehrlich**: **2182**

* wenn ein Schaden bereits eingetreten und durch Nacherfüllung nicht mehr beseitigt werden kann.[24]
* wenn der Unternehmer von seinem **Leistungsverweigerungsrecht** aus § 635 Abs. 3 BGB Gebrauch macht, was ernsthaft und endgültig geschehen muss. Es reicht, wenn der Unternehmer sich zu Unrecht auf § 635 Abs. 3 BGB beruft.[25]
* die Nacherfüllung für den Auftraggeber **unzumutbar** oder **fehlgeschlagen** ist (§ 636, 637 Abs. 2 Satz 1 BGB). Ein Fehlschlagen der Nacherfüllung liegt erst vor, wenn die Mängelbeseitigung des Unternehmers nicht zu einem **dauerhaften Erfolg** führt.[26]
* die Leistung **ernsthaft** und **endgültig** verweigert wird (§§ 636, 281 Abs. 2, 323 Abs. 2 Nr. 1 BGB).[27] Hier wäre eine Fristsetzung eine nutzlose Förmelei.[28] An das Vorliegen der endgültigen Leistungsverweigerung sind jedoch strenge Anforderungen zu stellen.[29] Bloße Meinungsverschiedenheiten allein genügen in der Regel nicht.[30] Eine ernste und endgültige Verweigerung kann im Einzelfall insbesondere auch in dem **Klageabweisungsantrag** des Unternehmers gesehen werden,[31] wie überhaupt die gesamte prozessuale Einlassung des Unternehmers kritisch zu würdigen ist.[32] Zeigt der Unternehmer „Gesprächsbereitschaft", liegt im Zweifel eine endgültige Verweigerung der Nacherfüllung noch nicht vor;[33]

---

21) BGH, BauR 2006, 979, 982 = NZBau 2006, 371, 372 = IBR 2006, 322 – *Schulze-Hagen*; BGH, BauR 2007, 1410 = NZBau 2007, 506 (zur Angemessenheit nach Annahmeverzug).
22) BGH, NJW 1985, 2640; AnwKom-BGB/*Dauner-Lieb*, § 323 BGB, Rn. 11 m. Hinw. auf die BT-Drucks. 14/6040, S. 138.
23) Siehe auch OLG Düsseldorf, IBR 2016, 84 – *Weyer*.
24) BGH, BauR 2012, 494, 495.
25) AnwKom-BGB/*Raab*, § 636 BGB, Rn. 11.
26) Die **Anzahl** der Nacherfüllungsversuche hängt entscheidend vom Einzelfall ab (*Palandt/Sprau*, § 636, Rn. 15; *Lauer/Wurm*, Rn. 203).
27) Zum Zurückweisen jeglicher Verantwortung als **Leistungsverweigerung**: OLG Karlsruhe, IBR 2012, 18 – *Hein-Röder*; s. auch: OLG Celle, BauR 2016, 530, 531; OLG Düsseldorf, BauR 2012, 1429, 1431 u. BauR 2014, 1014, 1015 = NZBau 2014, 165, 166 m.w.Nachw.
28) OLG Rostock, BauR 2006, 1481. Zur Entbehrlichkeit einer Fristsetzung im Fall einer Betriebseinstellung (**Insolvenzfall**): KG, IBR 2011, 135 – *Miernik*.
29) BGH, NJW 1986, 661; s. auch OLG Düsseldorf, BauR 2014, 1014, 1015 = NZBau 2014, 165, 166 u. BauR 2011, 121 ff.; KG, IBR 2009, 20 – *Leidig*.
30) *Preussner*, in: Thode/Wirth/Kuffer, § 9, Rn. 108.
31) BGH, NZBau 2003, 149, 150 = BauR 2003, 386; BGH, BauR 1984, 181; OLG Düsseldorf, BauR 2002, 963, 965 sowie *Fischer*, BauR 1995, 452, 454.
32) BGH, BauR 2002, 310, 311 = NZBau 2002, 89, 90; BGH, BauR 1982, 496, 497; OLG München, IBR 2012, 257 – *Jenssen*; OLG Hamm, BauR 2004, 1958, 1959.
33) OLG Düsseldorf, NJW-RR 1999, 1396; OLG Koblenz, BauR 2009, 1633.

ebenso ist ein **Hinweis** auf die Notwendigkeit eines selbstständigen Beweisverfahrens („es wird zu klären sein, ob hier ein Mangel besteht") keine ernsthafte und endgültige Erfüllungsverweigerung.[34] **Verweigert** dagegen der Unternehmer ernsthaft und endgültig eine Nacherfüllung, so kann er das damit begründete Recht des Bestellers auf Selbstvornahme (§ 637 BGB) nicht dadurch zum Erlöschen bringen, dass er eine **nachträgliche** Bereitschaft zur Mängelbehebung erklärt; der Besteller muss sich hiermit schon einverstanden erklären.[35]

* wenn das **Vertrauen** des Auftraggebers auf ordnungsgemäße Durchführung der Nacherfüllung (z.B. wiederholte erfolglose Versuche oder schwerste Mängel[36]) **erschüttert** ist und er ein **besonderes Interesse** daran hat, dass entweder eine Nacherfüllung durch einen anderen Unternehmer vollzogen oder dass unmittelbar der Anspruch auf Rücktritt oder Minderung oder Schadensersatz geltend gemacht wird.[37] Zu beachten ist allerdings, dass die **Unbrauchbarkeit** der Werkleistung allein noch nicht den zwingenden Schluss rechtfertigt, die Frist sei entbehrlich.[38] Beruft sich der Unternehmer z.B. auf geäußerte Bedenken gegen die Bauausführung (§§ 4 Abs. 3, 13 Abs. 3 VOB/B), ist dieser Einwand nur beachtlich, wenn der Hinweis schriftlich erfolgte; mündliche Hinweise reichen nur, wenn sie inhaltlich klar und vollständig waren.[39]
* wenn die Mängelbeseitigung in einer angemessenen Frist durch den Unternehmer nicht möglich oder **Gefahr** im Verzug ist.[40]
* wenn es um den Ersatz von Schäden an Gewerken **anderer** Handwerker geht.[41]
* wenn der Unternehmer unzumutbare Bedingungen stellt[42] oder nur **ungeeignete** Mängelbeseitigung anbietet.[43]
* wenn der Unternehmer die Nacherfüllung von einer **Zuschusszahlung** (Sicherheitsleistung) des Bauherrn abhängig machen will, die den Bauherrn treffende Belastung (Sowiesokosten; Mitverursachungsquote) aber nicht substantiiert darlegt und sich auf Verlangen des Bauherrn weigert, seinen Zuschussanspruch durch ein Sachverständigengutachten zu untermauern. Findet sich der Unternehmer dazu nicht bereit, kann der Bauherr ohne weitere Fristsetzung auf Kosten des Unternehmers zur Fremdnachbesserung übergehen.[44]

---

34) Zutreffend: OLG Düsseldorf, NZBau 2014, 165, 166.
35) OLG Hamm, BauR 1995, 140, 241 = NJW-RR 1995, 213; OLG Düsseldorf, BauR 1980, 75, 76.
36) OLG Düsseldorf, BauR 2011, 121, 125; siehe aber OLG Frankfurt, IBR 2009, 135 – *Leidig*; eine grob fehlerhafte Ausführung kann einen Vertrauensverlust nicht mehr begründen, wenn sich der Auftraggeber auf eine Mängelbeseitigung durch den Unternehmer einlässt.
37) Vgl. BGH, DB 1951, 1009; BGHZ 42, 242, 245; BGH, NJW-RR 1998, 1268 (zahlreiche Nachbesserungsversuche).
38) *Kniffka*, ZfBR 1998, 113, 177; OLG Koblenz, BauR 2002, 1110 („dilettantische" Schreinerarbeit).
39) OLG Düsseldorf, BauR 1996, 260; siehe aber: OLG Düsseldorf, OLGR 1998, 319, 320 u. BauR 1997, 312, 313 = NJW-RR 1997, 20, 21 (Fristsetzung entbehrlich, wenn sich der Unternehmer „bei der Bauausführung als derart unzuverlässig erwiesen hat, dass [dem Bauherrn] die Vornahme der Mängelbeseitigung durch diese[n] nicht zugemutet werden kann").
40) OLG Düsseldorf, NJW-RR 1993, 447.
41) OLG Hamm, NZBau 2001, 691, 693.
42) Vgl. KG, OLGR Berlin 1996, 109 (LS).
43) OLG Celle, BauR 1994, 250 = NJW-RR 1994, 1174.
44) BGH, BauR 1984, 395, 400.

Notwendiger Sachvortrag

* wenn besondere Umstände vorliegen, die unter Abwägung der beiderseitigen Interessen die sofortige Geltendmachung des Schadensersatzanspruches rechtfertigen (§§ 281 Abs. 2 2 Alt., 323 Abs. 2 Nr. 3 BGB).
* wenn es sich um den **Ersatz von Schäden** handelt, die durch eine Nacherfüllung von vornherein nicht hätten verhindert werden können, ihr also nicht **zugänglich** waren.[45]
* wenn die Beseitigung des Mangels **objektiv unmöglich** ist, wie z.B. bei **Planungs-** und/oder **Überwachungsfehlern** des Architekten **nach Errichtung** des Baues.[46] Unmöglichkeit liegt vor, wenn die Mangelbeseitigung aus **bautechnischen**[47] oder **rechtlichen** Gründen nicht durchführbar ist. Nach OLG Bremen[48] ist dies bei Veräußerung des Gebäudes ohne Abtretung der Mängelrechte und bei einer **Zwangsversteigerung** der Fall. Objektive Unmöglichkeit liegt noch nicht vor, wenn es nur dem konkreten Unternehmer nicht möglich ist, den Mangel zu beheben, generell aber eine solche Möglichkeit durchaus besteht;[49] dies gilt auch für den Fall der **Insolvenz**[50] wie der **Betriebsaufgabe**.[51] Da der Unternehmer grundsätzlich nicht selbst nacherfüllen muss[52] und auch bei einer Betriebsaufgabe davon auszugehen ist, „dass er nicht ohne weiteres einen Dritten mehr finden" kann, um einer ihn noch treffenden Nacherfüllungspflicht nachzukommen, wird der Besteller ihm oder nach einer Insolvenzeröffnung dem Insolvenzverwalter eine angemessene Frist setzen müssen.

Stützt sich der Auftraggeber auf Fallgestaltungen, in denen es **einer Fristsetzung nicht** bedarf, ist neben den übrigen Voraussetzungen für die Entstehung eines Mängelrechts die Entschließung des Auftraggebers erforderlich, statt Nacherfüllung z.B. Schadensersatz zu verlangen. Diese Entschließung muss dem Unternehmer mitgeteilt werden.[53]

2183

Erklärt sich ein Unternehmer deshalb „entgegen seiner anfänglichen Haltung ernsthaft zur Nachbesserung" bereit, so ist auch eine Fristsetzung nicht (mehr) entbehrlich; in diesem Falle muss der Besteller vielmehr eine Frist nach §§ 634 Nr. 4, 636, 280, 281 Abs. 1 Satz 1 BGB setzen, wenn er einen Schadensersatzanspruch durchsetzen will.[54] Im Übrigen ist der Auftraggeber vor Fristablauf berechtigt, Schadensersatz statt der Leistung zu verlangen, sofern feststeht, dass die dem Auftragnehmer gesetzte angemessene Frist von diesem nicht eingehalten wird; in die-

---

45) BGH, BauR 2003, 386, 387; BauR 2002, 1847.
46) BGHZ 43, 227, 232; BGH, BauR 2001, 667 = NJW-RR 2001, 383; Saarländisches OLG, NZBau 2002, 98, 99; OLG Celle, OLGR 1998, 201, 202.
47) OLG Düsseldorf, BauR 1995, 848, 849 = NJW-RR 1996, 305, 306 (unbrauchbarer Bodenbelag); OLG Rostock, BauR 1997, 654, 656 (Tragekonstruktion).
48) MDR 1990, 339 = NJW-RR 1990, 218.
49) So zutreffend: *MünchKomm-Soergel*, § 634 BGB a.F., Rn. 14.
50) Vgl. OLG Düsseldorf, BauR 2005, 1342 (Insolvenz des **Generalunternehmers**); Celle, BauR 1995, 856; OLG Hamm, BauR 1984, 537; OLG Düsseldorf, NJW-RR 1993, 1110; zur „Unzumutbarkeit" einer Nacherfüllung bei Insolvenz des **Generalunternehmers**: BGH, BauR 2006, 1884 = NZBau 2006, 635 = ZfBR 2006, 776 = IBR 2006, 559 – *Schmitz*.
51) BGH, BauR 1985, 198 = ZfBR 1985, 79.
52) BGHZ 88, 240, 247.
53) BGH, NJW 1976, 143 = BauR 1976, 57; BGH, BauR 1990, 725, 726 = ZfBR 1990, 275.
54) BGH, BauR 1990, 725 = ZfBR 1990, 275.

sem Fall ist ein weiteres Zuwarten dem Auftraggeber nicht zumutbar.[55] Eine (unterbliebene) Fristsetzung muss nicht nachgeholt werden, wenn der Unternehmer die Nacherfüllung in der Klageerwiderung endgültig verweigert.[56]

2184 Die **Beweislast** für eine angemessene Fristsetzung und den ergebnislosen Fristablauf trägt der Auftraggeber; trägt er vor, dass es **keiner** Fristsetzung bedurfte, ist er ebenfalls beweispflichtig.[57] Wendet der Unternehmer ein, er habe fristgemäß den unstreitigen Baumangel ordnungsgemäß beseitigt, so ist er beweispflichtig. Durch eine Sicherungsabtretung verliert der Zedent regelmäßig noch nicht die Befugnis, dem Unternehmer eine Frist zu setzen.[58]

3. Der Rücktritt (§§ 634 Nr. 3, 323 BGB)

Literatur

Gaier, Das Rücktritts(folgen)recht nach dem Schuldrechtsmodernisierungsgesetz, WM 2002, 1; *Kohler*, Das Rücktrittsrecht in der Reform, JZ 2001, 325; *Arnold*, Das neue Recht der Rücktrittsfolgen, Jura 2002, 154; *Wagner*, Leistungsstörung im Baurecht nach der Schuldrechtsmodernisierung, ZfIR 2002, 353; *Acker/Konopka*, Schuldrechtsmodernisierung: Wandelung weicht Rücktritt im Werkvertragsrecht – Folgen für den Bauvertrag, BauR 2002, 1307; *Brügmann*, Einige Aspekte der Rechtsstellung des Auftragnehmers bei Leistungsstörungen nach der Schuldrechtsmodernisierung, Festschrift Jagenburg (2002), 63; *Voit*, Die außerordentliche Kündigung des Werkvertrages durch den Besteller, BauR 2002, 1776 (= Festschrift für Honsell, 2002, 415); *Böttcher*, Die Kündigung eines Werkvertrages aus wichtigem Grund nach dem Schuldrechtsmodernisierungsgesetz, ZfBR 2003, 213; *Arnold*, Rücktritt und Schadensersatz, ZGS 2003, 427; *Lorenz*, Arglist und Sachmangel – Zum Begriff der Pflichtverletzung in § 323 V 2 BGB, NJW 2006, 1925; *Drasdo*, Anrechnung der Nutzungsvorteile beim großen Schadensersatz, NJW-Spezial 2006, 529; *Kleine/Scholl*, Das Konkurrenzverhältnis primärer und sekundärer Gläubigerrechte – Pflichtverletzungen im Allgemeinen Schuldrecht, NJW 2006, 3462; *Nehm*, Rücktritt bei Nachfristsetzung vor Fälligkeit?, NZBau 2013, 23.

2185 Die Klage auf Wandelung hatte nur geringe Bedeutung, weil es in der Regel nicht möglich ist, die erbrachte Werkleistung zurückzugewähren.[59] Dasselbe galt hinsichtlich des sich im Bauwerk verkörpernden Architektenwerks, wenn der Architekt mit sämtlichen Architektenleistungen beauftragt und das Bauwerk ganz oder zum Teil errichtet wurde. Etwas anderes galt nur z.B. für den **Sonderfachmann** oder für den **Architekten,** der lediglich mit der Planung beauftragt und dessen Pla-

---

55) BGH, BauR 2002, 1847, 1848 = NZBau 2002, 668 = ZfBR 2003, 30 unter Hinweis auf den Rechtsgedanken des § 323 Abs. 4 BGB.
56) Vgl. BGH, BauR 2003, 386 für das alte Recht.
57) OLG Düsseldorf, NZBau 2014, 165, 166; *Kaiser*, Rn. 81, Anm. 29 m. Nachw.
58) BGH, NZBau 2002, 331 = ZfBR 2002, 472 = BauR 2002, 792 = IBR 2002, 243 – *Weyer*.
59) Thüringer OLG, BauR 2003, 260 (mangelhafter **Fenstereinbau**); KG, OLGR 1994, 220 (mangelhafte Fertigteillaube); OLG Koblenz, NJW-RR 1989, 336 (**mangelhafte Hoftoranlage**); OLG München, BauR 1984, 637 (**mangelhafte Heizung**); OLG Braunschweig, OLGR 1996, 133 (Wandelung einer **Küche** wegen Farbabweichungen; Anrechnung von **Gebrauchsvorteilen**). Zur Wandelung eines Vertrages über die Lieferung und Anbringung einer **Leuchtreklame:** OLG Hamm, BauR 1995, 240 = NJW-RR 1995, 213 = OLGR 1994, 217; eines Kaufvertrages über **Innentüren:** OLG Düsseldorf, NJW-RR 1998, 1038; eines Werkvertrages über **Möbel:** OLG Koblenz, BauR 2002, 1110.

nung noch nicht – auch nicht teilweise – im Bauvorhaben verwirklicht wurde und dessen geistige Leistung dem Bauwerk also noch nicht zugute gekommen war.[60]

Eine praktische Bedeutung hatte die Wandelung nur für das **Bauträgerrecht**;[61] dort wurde sie sogar sehr oft formularmäßig ausgeschlossen, was gegen § 11 Nr. 10 lit. b AGB-Gesetz verstieß.[62] Hier war eine Rückgabe, z.B. der planerischen Arbeiten einerseits und des Honorars andererseits, ohne weiteres möglich; mit der Rückgabe der Unterlagen hatte es dann „sein Bewenden".[63] **2186**

Nutzungsvorteile, die der Bauherr zog, waren auszugleichen;[64] eine **Nutzungsausfallentschädigung** kam dagegen in aller Regel nicht in Betracht.[65] **2187**

Das SchRModG hat die Wandelung durch das (verschuldensunabhängige) Gestaltungsrecht des **Rücktritts** ersetzt; bei einer nicht vertragsgemäßen Leistung kann der Auftraggeber, insbesondere also der Erwerber einer Eigentumswohnung[66] oder eines Hauses, unter den Voraussetzungen der §§ 634 Nr. 3, 636, 323 BGB bzw. §§ 634 Nr. 3, 636, 326 Abs. 5 BGB vom Vertrag **zurücktreten** (siehe Rdn. 486). Nichts anderes gilt für einen Architektenvertrag. Voraussetzung für den Rücktritt ist (nur) eine erfolglos gebliebene „allgemessene Frist zur Leistung oder Nacherfüllung". Wie die Wandelung nach altem Recht kann auch der **Rücktritt** (vor allem in Bauträgerverträgen) durch eine Individualvereinbarung **ausgeschlossen** werden; demgegenüber ist dies – vor allem in den Erwerberverträgen – nicht durch Allgemeine Geschäftsbedingungen möglich.[67] **2188**

Ob das **Rücktrittsrecht**, das im Werkvertragsrecht wenig sinnvoll erscheint, zukünftig eine größere Rolle spielen wird als der Wandelungsanspruch, bleibt abzuwarten. Vor allem sind die Folgen eines Rücktritts vom Vertrag zu bedenken;[68]

---

60) Vgl. OLG Düsseldorf, Der Architekt 1967, 276.
61) Zur Wandelung eines **Bauträgervertrags:** OLG Karlsruhe, BauR 2007, 155 LS (zur Berechnung des **Nutzungsvorteils** des Erwerbers; s. hierzu auch BGH, BauR 2006, 103; **großer Schadensersatzanspruch**); OLG Celle, BauR 2007, 720 = NZBau 2007, 175 = OLGR 2006, 621 (zum **Freistellungsanspruch** des Bauträgers gegen den verantwortlichen Unternehmer von dem Wandelungsanspruch des Erwerbers; s. hierzu auch *Schnapp*, NZBau 2007, 177 u. *Weyer*, NZBau 2007, 281); OLG Rostock, IBR 2004, 510 (**Rückabwicklung** im Wege des großen Schadensersatzes); LG Tübingen, *SFH*, Nr. 6 zu § 634 BGB; OLG Köln, BauR 1986, 219 = NJW 1986, 330; OLG Düsseldorf, BauR 2001, 1605 = NJW-RR 2001, 1462 (zum Ersatz von Mangelfolgeschäden nach der Wandelung des Bauträgervertrags); *Klaft/Maxem*, BauR 2000, 477 ff. Zur fristlosen Kündigung des Bauvertrags wegen erheblicher Baumängel: OLG Koblenz, IBR 2014, 403 – *Münch*; zur **Abrechnung** eines **gekündigten** Bauträgervertrags: Saarländisches OLG, OLGR 2002, 67.
62) Vgl. BGH, BauR 2007, 111 = NZBau 2007, 781; BauR 2006, 1747 = NZBau 2006, 706.
63) BGH, BauR 2007, 571, 573 = NZBau 180, 182 (für Wandelung eines **Ingenieurvertrags**).
64) Vgl. OLG Braunschweig, OLGR 1996, 133, 134; OLG Köln, OLGR 2002, 69 (Wandelung einer Küche; Ermittlung der Nutzungsvorteile).
65) Vgl. OLG Düsseldorf, NJW-RR 1998, 1038 (Kaufvertrag über Innentüren).
66) Vgl. LG/OLG Oldenburg, BauR 2004, 1950. Zum Rücktritt vom Vertrag über die Errichtung eines **Wintergartens**: OLG Bremen, IBR 2006, 196 – *Vogel*.
67) BGH, BauR 2007, 111 = NZBau 2007, 781.
68) Zu den **Risiken** eines Rücktritts vom Architektenvertrag: *Preussner*, in: Thode/Wirth/Kuffer, § 9, Rn. 113 ff. Siehe ferner: BGH, NJW 2009, 1262 = IBR 2009, 206 – *Rodemann* (**Vertragsverletzung** durch unbegründeten Rücktritt); BGH, IBR 2009, 387 – *Vogel* (**Notarfehler** führt zum Verlust einer eingetragenen Vormerkung); BGH, BauR 2009, 1147 (zum **Schadensersatzanspruch** nach einem unberechtigten Rücktritt).

so führt der Verlust des Erfüllungsanspruchs auch zum Verlust aller akzessorischen Sicherheiten.[69] Ohne Zweifel ist im Einzelfall das Gestaltungsrecht des Rücktritts aber ein größeres **Druckmittel** als die Wandelung; denn zukünftig bleibt dem Auftraggeber die **Wahl** zwischen Rücktritt und Schadensersatz erhalten (§ 325 BGB).[70] Zudem geht nach der Rechtsprechung des BGH[71] auch das einmal begründete Rücktrittsrecht nicht dadurch unter, dass der Gläubiger zunächst weiterhin eine Erfüllung verlangt; gleichwohl ist denkbar, dass die Ausübung des Rücktrittsrecht im Einzelfall nach § 242 BGB ausgeschlossen ist, weil sie zur Unzeit erfolgt.[72]

Erklärt der Auftraggeber den Rücktritt,[73] beseitigt die Vorschrift des § 325 BGB (nicht nur für den Anwalt) eine böse Regressfalle,[74] sondern sie ermöglicht dem Auftraggeber nach dem Rücktritt noch die Geltendmachung eines **Schadensersatzes statt der Leistung** (§§ 280 Abs. 1, 3, 281, 283 BGB).[75] Demgegenüber waren nach altem Recht zwar Ansprüche aus culpa in contrahendo denkbar, ein Schadensersatz wegen Nichterfüllung nach § 635 BGB schied nach dem Rücktritt indes aus.[76] Ein weiterer Vorteil besteht für den Auftraggeber: Er kann den Rücktritt (mit der Fristsetzung) androhen oder nach Fristablauf erklären, auch wenn den Unternehmer oder Architekten kein Verschulden an der mangelhaften Leistung trifft.

Der Rücktritt ist **ausgeschlossen**, wenn bei erbrachter Leistung „die Pflichtverletzung unerheblich ist" (§ 323 Abs. 5 Satz 2 BGB). Für das Kaufrecht hat der BGH[77] entschieden, dass eine Unerheblichkeit im Sinne der Vorschrift „in der Regel zu verneinen ist, wenn dem Verkäufer arglistiges Verhalten zur Last fällt". Demgegenüber wird man auch für das Werkvertragsrecht nicht auf den „Verstoß gegen Verhaltenspflichten", „sondern auf die objektive Störung, also den Mangel" abzustellen haben.[78] Entsprechend § 281 Abs. 1 Satz 3 BGB ist eine umfassende

---

69) *Kniffka/Koeble*, 7. Teil, Rn. 11; s. ferner: *Boldt*, Rn. 214 ff.
70) Siehe hierzu: *Arnold*, ZGS 2003, 427, 428.
71) BGH (V. ZS), BauR 2006, 1134 = IBR 2006, 230 – *Schwenker*.
72) Siehe hierzu: *Kniffka/Krause-Allenstein*, § 636 BGB, Rn. 4 unter Hinweis auf OLG Düsseldorf, IBR 2010, 677 – *Lichtenberg*.
73) Die Wirksamkeit eines Rücktritts ist nicht davon abhängig, dass die **Rücktrittsgründe** bereits in der Rücktrittserklärung angegeben werden (OLG Brandenburg, NZBau 2011, 687, 689 = NJW-RR 2012, 88).
74) Vgl. BGH, NJW 1995, 451; OLG Düsseldorf, BauR 2003, 266.
75) *Kleine/Scholl*, NJW 2006, 3462, 3464. Der Auftraggeber kann trotz Rücktritt auch den sog. **kleinen Schadensersatz** geltend machen (bestr.; *Derleder*, NJW 2003, 998; *Palandt/Grüneberg*, § 325 BGB, Rn. 2 m.w.Nachw.; **a.A.:** *Gsell*, JZ 2004, 643; *Kleine/Scholl*, a.a.O., S. 3465; *Medicus/Stürner*, in: Prütting/Wegen/Weinreich, § 325 BGB, Rn. 4 m.w.Nachw.).
76) Vgl. OLG Düsseldorf, NJW-RR 2001, 1462, 1463 = BauR 2001, 1605.
77) BGHZ 167, 119 = BauR 2006, 1137, 1139 = NJW 2006, 1960, 1961; **a.A.:** mit beachtlichen Gründen: *Lorenz*, NJW 2006, 1925; s. auch BGH, BauR 2010, 1074, 1075 (zum **Erlöschen** des Rücktrittsrechts bei einer Nacherfüllung innerhalb der gesetzten Frist).
78) Siehe hierzu: BGH, BauR 2011, 1817, 1819 = IBR 2011, 730 – *Schwenker*; BGH (VIII. ZS), IBR 2007, 417 – *Schwenker* (Autokauf); OLG Naumburg, BauR 2008, 1156 (Rückabwicklung einer Eigentumswohnung wegen Mängel); KG, IBR 2007, 363 – *Karczewski* (unbehebbare **optische Mängel** einer Einbauküche; OLG Frankfurt, IBR 2008, 211 – *Weyer* (Störung einer Heizungsanlage; s. auch: OLG Stuttgart, BauR 2010, 98); OLG Nürnberg, NJW 2005, 2019, 2020; OLG Celle, BauR 2007, 729, 731 (für eine unzureichende **Bauüberwachung**); *Preussner*, in: Thode/Wirth/Kuffer, § 9, Rn. 107. Zum Rücktrittsrecht nach Erbringung von

Interessenabwägung, die die Bedeutung des Mangels und seinen Beseitigungsaufwand berücksichtigt, erforderlich. Es wird deshalb auch immer der Einzelfall entscheiden, sodass mit an den Mängelbeseitigungskosten geknüpften festen Prozentsätzen nicht gearbeitet werden kann.[79]

2189 Der **Rücktritt** ist weiterhin **ausgeschlossen,** wenn der Auftraggeber für den Umstand, der ihn zum Rücktritt berechtigen würde, allein oder überwiegend verantwortlich ist.[80] Nach der amtlichen Begründung muss demnach die Verantwortlichkeit des Auftraggebers so überwiegen, dass § 254 BGB – im Falle eines Schadensersatzverlangens – den Anspruch ausschließen würde.[81] Das wäre bei einer Verantwortungsquote von (mindestens) 80 % der Fall. Ein Rücktritt scheidet ebenfalls aus, wenn dem Auftraggeber mangelnde Vertragstreue vorzuwerfen ist,[82] er insbesondere also gegen die ihm obliegende **Informations-** und **Kooperationspflichten** verstößt.[83]

2190 Die **Wirkungen** des Rücktritts regeln die §§ 346, 347 BGB.[84] Der Rücktritt wandelt das bisherige Vertragsverhältnis in ein **Rückgewähr-** und **Abwicklungsverhältnis** um; Werklohn- und Honoraransprüche entfallen. Erbrachte Vergütungen, Abschlags- oder Honorarzahlungen sind von dem Unternehmer/Architekten/Sonderfachmann zurückzuzahlen.[85] Erbrachte Bauleistungen sind, soweit dies technisch problemlos möglich ist, **abzubauen** und zu **entfernen.**[86] Eine „Rückgewähr" kommt nach § 346 Abs. 1 BGB indes nicht in Betracht, soweit diese „oder die Herausgabe nach der Natur des Erlangten ausgeschlossen ist". Das kann für Bau- oder Architektenleistungen, die sich bereits im Bauwerk verkörpern, ohne weiteres angesetzt werden. Deshalb sind alle Werkleistungen, die ohne Zerstörung nicht zurückgegeben werden können, im Zweifel durch **Wertersatz** auszugleichen, der sich an der **Gegenleistung** (des Unternehmers oder Architekten) orientiert

---

Teilleistungen (Anwendung von § 323 Abs. 5 Satz 1 BGB): KG, IBR 2007, 383 – *Vogel* (Rücktritt von einem Architektenvertrag wegen **verspäteter Planvorlage**).

79) Ebenso: *Kniffka/Krause-Allenstein*, § 636 BGB, Rn. 9; s. auch OLG Düsseldorf, IBR 2012, 146 – *Söns*; **a.A.:** OLG Bamberg, BauR 2009, 284 = IBR 2009, 452 – *Heiliger*; s. auch OLG Karlsruhe, Urt. vom 13.11.2008 – 9 U 150/08, ibr-online.
80) Beispiele: schuldhaft **fehlerhafte** Anordnungen und Vorgaben des Bestellers; Planungsfehler des Architekten (§ 278 BGB), sofern im Einzelfall das Verschulden des Bestellers deutlich im Rahmen der Abwägung (§ 254 BGB) überwiegt; *Leupertz/Halfmeier*, in: Prütting/Wegen/Weinrich, § 634 BGB, Rn. 10 m. Nachw.
81) *Palandt/Grüneberg*, § 323 BGB, Rn. 29.
82) *Palandt/Grüneberg*, a.a.O.
83) BGH, NJW 2000, 807 = NZBau 2000, 130 = ZfBR 2000, 170; BGHZ 133, 44 = NJW 1996, 2158; OLG Koblenz, BauR 2015, 1849; OLG Köln, NJW-RR 2002, 15; OLG Düsseldorf, NZBau 2000, 427 = IBR 2002, 161 – *Niepmann*.
84) Zu den Voraussetzungen eines **Teilrücktritts**: BGH, BauR 2010, 222.
85) OLG Celle, BauR 2007, 729, 731 (Rückzahlung des auf die mangelhafte Objektüberwachung entfallenden Honorarteils).
86) OLG Bremen, IBR 2006, 196 – *Vogel* **(Wintergarten)**. Zur Erstattung der **Aus-** und **Einbaukosten** gekaufter und mangelhafter Baumaterialien: OLG Karlsruhe, MDR 2005, 135; OLG Köln, BauR 2006, 687 = OLGR 2006, 143 = IBR 2006, 140 – *Seibel*; LG Deggendorf, IBR 2007, 426 – *Schmitz* = BauR 2006, 1457 (LS); *Schneider/Katerndahl*, NJW 2007, 2215 ff. *Thürmann*, NJW 2006, 3457 ff., geht zutreffend davon aus, dass der Käufer den Ersatz der Aus- und Einbaukosten nur nach **Schadensersatzrecht** beanspruchen kann.

(§ 346 Abs. 2 Satz 2 BGB).[87] Das kann bei Vorliegen mangelhafter Werkleistung zu Unbilligkeiten führen; es wird daher auch ein differenzierender Maßstab anzulegen sein:[88] Mangelhafte Werkleistungen unter Abzug des Mängelbeseitigungsaufwands oder des Minderwerts bei der Wertberechnung sind daher durch analoge Anwendung des § 638 Abs. 3 BGB zu berücksichtigen.[89] Hat die Leistung des Werkunternehmers deshalb keinen Wert, ist auch kein Ersatz durch den Auftraggeber zu leisten.[90]

2191 Mit der Ausübung des Gestaltungsrechts durch den Besteller ist dieser an seine Wahl gebunden. Der Anspruch auf Erfüllung erlischt. Nacherfüllung und Minderung können nicht mehr geltend gemacht werden; und auch eine Selbstvornahme scheidet aus. Unberührt bleibt der **Schadensersatzanspruch** statt der Leistung (§§ 281, 283, 311a BGB), und zwar nach zutreffender Ansicht in Form des kleinen oder großen Schadensersatzes.[91] Wählt der Besteller den Schadensersatz statt der Leistung, so ist er so zu stellen, wie er bei einer ordnungsgemäßen Ausführung des Bauvorhabens gestanden hätte. Dieser Anspruch umfasst im Einzelfall daher: den Abriss der mangelhaften Bauleistungen, die Kosten für die Einholung eines Privatgutachtens sowie den Ersatz der fiktiven Kosten für die Neuerrichtung des mangelhaften Bauwerkteils. Verlangt der Besteller Schadensersatz statt der ganzen Leistung („**großer**" Schadensersatzanspruch), erfolgte eine Rückabwicklung (§§ 281 Abs. 5, 346 ff. BGB).[92]

4. Die Minderung

Literatur

Aurnhammer, Verfahren zur Bestimmung von Wertminderungen bei (Bau-)Mängeln und (Bau-)Schäden, BauR 1978, 356; *Schmidt-Morsbach*, Wertminderung bei Betonflächen, BauR 1982, 328; *Mantscheff*, Unzureichender Wärmeschutz – Ansätze für eine Minderwert-Berechnung, BauR 1982, 435; *Schulz*, Ermittlung von Mietminderungen, BauR 1990, 151; *Cuypers*, Zur Berechnung des Minderungsbetrages beim Bauvertrag, BauR 1993, 541; *Kamphausen*, Der optische Bau- und Wohnungsmangel, BauR 1995, 343; *Mortensen*, Das Ermitteln von Wertminderungen für eine spezielle Gruppe von Baumängeln, BauR 1998, 73; *Oswald*, Die Beurteilung von optischen Mängeln, Jahrbuch Baurecht 1998, 357; *Isenmann*, Wohnflächenberechnung, NZM 1998, 749; *Knüttel*, Minderwertberechnungen, Festschrift für Vygen (1999), 311; *Blank*, Wohn- und Nutzflächenangaben im Bauträgervertrag, ZfIR 2001, 781; *Gaier*, Die Minderungsberechnung im Schuldrechtsmodernisierungsgesetz, ZRP 2001, 336; *Pauly*, Zur Frage der Berechnung des Min-

---

[87] BGH, BauR 2011, 1654 (Bestätigung von BGHZ 178, 355) = NZBau 2011, 613 = ZfBR 2011, 751 = IBR 2011, 569 – *Vogel*; OLG Brandenburg, BauR 2010, 1639 (LS) = IBR 2010, 496 – *Bolz*.
[88] AnwKom-BGB/*Hager*, § 346 BGB, Rn. 41.
[89] BGH, BauR 2011, 1654, 1655 (Rn. 11) m.w.Nachw.
[90] AnwKom-BGB/*Hager*, a.a.O.; *Kniffka/Krause-Allenstein*, § 636 BGB, Rn. 20.
[91] Bestr.: *Palandt/Sprau*, § 634 BGB, Rn. 5; *Preussner*, in: Thode/Wirth/Kuffer, § 9, Rn. 110.
[92] Zur **Rückabwicklung** im Wege des **großen** Schadensersatzes (Anrechnung der Nutzungsvorteile) s. *Drasdo*, NJW-Spezial 2006, 529; BGH, BauR 2006, 828 = NZBau 2006, 312; BGH (V. ZS), BauR 2006, 983 (Wert der Eigennutzung); BGH, BauR 2006, 1736 = NZBau 2006, 642 = ZfBR 2006, 668 (zum **Ausschluss** des großen Schadensersatzanspruchs wegen Unverhältnismäßigkeit der Aufwendungen).

derungsbetrages und des Minderwertes beim Bauvertrag am Beispiel von Schallschutzmängeln, BauR 2002, 1321; *Schießer*, Flächenberechnung bei Bauwerken, MDR 2003, 1401; *Blank*, Wohnflächenberechnung nach neuem Recht, ZfIR 2004, 320; *Schwenker/Schramm*, Vergütungsprobleme bei nicht erbrachten Architektenleistungen, ZfIR 2004, 753; *Weise*, Architektenhonorar bei Nichterfüllung einer geschuldeten Teilleistung, NJW-Spezial 2004, 213; *Deckers*, Minderung des Architektenhonorars trotz plangerechter und mängelfreier Entstehung des Bauwerks, BauRB 2004, 373; *Orlowski*, Minderung des Architektenhonorars bei Minderleistungen, BauRB 2005, 279; *Miernik*, Vertragswidrige Leistung: Herabsetzung des Werklohns nach § 2 VOB/B und/oder Minderung nach § 13 VOB/B?, BauR 2005, 1698; *Siemens*, Architektenhonorarkürzung bei unvollständig erbrachten Teilleistungen, BauR 2005, 1843; *Motzke*, Die Mankohaftung im Planervertrag – die HOAI und der Planervertrag nach einer Wende der Rechtsprechung?, NZBau 2005, 361; *Motzke*, Architektenvertrag – Rechtspraxis und Parameter für eine Inhaltsvorgabe – Die Wende des BGH?, Festschrift für Werner (2005), 47; *Ziegler*, Die Teilleistung beim Architektenvertrag, ZfBR 2006, 424; *Dickersbach*, Mindermenge als Mangel, Leistungsstörung oder ein Abrechnungsproblem?, BauR 2007, 592; *Dahmen*, Zum merkantilen Minderwert bei Gebäuden, BauR 2012, 24; *Peters*, Zur Funktion der Minderung, NZBau 2012, 209; *Günther*, Merkantiler Minderwert trotz Mängelbeseitigung: Kann man ein Bauwerk wie einen Unfallwagen behandeln?, IBR 2012, 691; *Vuia*, Die Rolle des Sachverständigen bei der Ermittlung des merkantilen Minderwerts, DS 2014, 25; *Diehr*, Der merkantile Minderwert im Baurecht, ZfBR 2015, 427; *Walter/Korves*, Der merkantile Minderwert beim Immobilienkauf, NJW 2016, 1985.

Die **Minderung** führt zur **Herabsetzung** der **Vergütung** des Unternehmers oder Architekten[93] (§§ 634 Nr. 3, 638 BGB). Nach altem Recht bestand ein **Anspruch** auf Minderung; demgegenüber hat das SchRModG diesen (bisherigen) Anspruch durch ein (verschuldensunabhängiges) **einseitiges Gestaltungsrecht** des Bestellers ersetzt. Durch die Bezugnahme auf das Rücktrittsrecht in § 638 Abs. 1 Satz 1 BGB ist klargestellt, dass sämtliche Voraussetzungen des Rücktrittsrechts vorliegen müssen, bevor der Auftraggeber die Vergütung oder das Architektenhonorar mindern kann.[94] Im Gegensatz zum Rücktritt (§ 323 Abs. 5 Satz 2 BGB) ist die **Minderung** – wie bisher – auch **bei unerheblichen Mängeln** möglich.[95] Im Übrigen setzt die Minderung in der Regel voraus, dass dem Unternehmer erfolglos eine angemessene **Frist** zur Nacherfüllung gesetzt worden ist.[96] Die Fristsetzung ist **entbehrlich**, wenn sie es auch für den Rücktritt wäre; ein Auftraggeber wird daher ohne Fristsetzung mindern können, wenn eine Nacherfüllung für ihn **unzumutbar** ist.[97] Eine Minderung bietet sich in der Regel vor allem an, wenn ein

2192

---

[93] Zu den Voraussetzungen siehe BGH, BauR 2004, 1640 = NZBau 2004, 509 = NJW 2004, 2588; OLG Schleswig, NZBau 2017, 283, 286.
[94] AnwKom-BGB/*Raab*, § 638 BGB, Rn. 4; *Westermann/Maifeld*, S. 263; *Voppel*, BauR 2002, 843, 852; *Teichmann*, JuS 2002, 417, 420. **Mindert** der Besteller, kann er **Schadensersatz statt der Leistung** bzw. einen **Aufwendungsersatzanspruch** aus § 284 BGB nicht mehr geltend machen, weil eine dem § 325 BGB entsprechende Vorschrift fehlt (*Palandt/Sprau*, § 634 BGB, Rn. 5 m. Nachw.).
[95] Siehe aber KG, IBR 2009, 649 – *Schwenker* (zu geringfügigen, kaum wahrnehmbaren Mängeln; Ebenheitsabweichungen des Bodens im Dachgeschoss).
[96] Zur Minderung des **Architektenhonorars** ohne vorherige Fristsetzung: OLG Brandenburg, IBR 2014, 423 – *Rodemann*.
[97] Zum Begriff der „**Unmöglichkeit**" siehe Rdn. **2233** ff. Zur **Unzumutbarkeit** vgl. OLG Celle, *Schäfer/Finnern*, Z. 2.414 Bl. 88; LG München, *SFH*, Nr. 5 zu § 13 Nr. 6 VOB/B.

Haus oder die Eigentumswohnung nicht die vereinbarte **Wohnfläche**[98]) ausweist oder **Schallschutzmängel**[99]) vorhanden sind.

2193 Für die **Berechnung** der Minderung war beim **BGB**-Bauvertrag nach altem Recht der **Zeitpunkt** der Abnahme maßgebend. Das neue Recht hat eine wesentliche (und für das Bauwesen unglückliche) Regelung gebracht; nach § 638 Abs. 3 Satz 1 BGB ist nunmehr auf den Zeitpunkt „des Vertragsschlusses" abzustellen, sodass die im Gesetz ausdrücklich erwähnte **Schätzung** der Minderung (§ 638 Abs. 3 Satz 2 BGB) naturgemäß größere Bedeutung als bisher gewinnen wird.[100]) Der Umfang der Minderung kann von dem Auftraggeber in der Regel nur noch geschätzt werden. Es muss daher zukünftig in aller Regel für die Höhe des Minderwertes ein **Sachverständigengutachten** eingeholt werden; denn eine gerichtliche Schätzung (§ 287 ZPO) muss erkennen lassen, in welcher Weise z.B. die notwendigen Mängelbeseitigungskosten bei der Schätzung des Minderungsbetrages berücksichtigt worden sind.[101])

2194 Das Bauherr hat bei der Minderungsklage alle Umstände vorzutragen, aus denen sich der Minderwert der Bau- oder Architektenleistung berechnet. Die Höhe des Minderungsanspruches ergibt sich nach der Rechtsprechung des BGH[102]) in aller Regel aus

* den **Kosten** der etwaigen **Mängelbeseitigung**
* zuzüglich eines etwaigen verkehrsmäßigen (merkantilen)[103])

---

98) BGH, NZBau 2004, 269 = BauR 2004, 1640 = ZfIR 2004, 324 m.Anm. *Basty* u. *Vogel* (vereinbarte Wohnfläche als zentrales **Beschaffenheitsmerkmal**); BGH, BauR 1991, 230; BGH, NJW 1997, 129 (Wohn- u. Nutzfläche); OLG Koblenz, BauR 2006, 1758, 1760; OLG Karlsruhe, BauR 2007, 1459 (LS); OLG Düsseldorf, NJW 1981, 1455 = BauR 1981, 475 **(zu klein ausgeführtes Dachgeschoss**; siehe auch OLG Düsseldorf, BauR 1997, 477, 478 = NJW 1997, 853 – Schadensersatzanspruch aus Verschulden bei Vertragsschluss gegen **Bauträger**; BGH, BauR 1997, 1030, 1031 – eine Abweichung von **10 %** ist ein Mangel; s. ferner: OLG Celle, BauR 1998, 805, 807 = NJW-RR 1999, 816 u. BauR 1999, 663); s. ferner: OLG Celle, BauR 2001, 1753, 1755 (zum **Minderungsanspruch** des Sondereigentümers); OLG Celle, BauR 2001, 1122 (zu geringe Geschosshöhe); OLG Nürnberg, BauR 2000, 1883 (Minderfläche von 8 %); BGH, WM 1984, 941 (Minderung wegen unzutreffender vertraglicher Flächenangabe); OLG Düsseldorf, SFH, Nr. 4 zu § 13 Nr. 1 VOB/B (1973) (Minderung für Abweichung von Baubeschreibung). Zum Begriff „Wohnfläche" im **Prospekt** s. BGH, NJW-RR 1991, 1120; OLG Hamm, BauR 2001, 984; *Blank*, ZfIR 2001, 781.
99) Zur **Minderung** bei **Schallschutzmängeln**: LG Berlin, SFH, Nr. 101 zu § 633 BGB (5–7,5 % des Kaufpreises); zum **Schadensersatzanspruch** wegen einer Wohnflächenminderung infolge von Schallschutznachbesserungen: BGH, NJW-RR 1998, 1169. Zur Berücksichtigung des Minderungsanspruchs wegen unverhältnismäßigen Aufwands i.R. eines **Mehrkostenerstattungsanspruchs** nach berechtigter Kündigung: OLG Celle, BauR 2009, 111, 112; s. ferner: OLG Düsseldorf, IBR 2009, 24 – *Völkel*.
100) Zum Teil wird weiterhin auf den Zeitpunkt der **Abnahme** oder denjenigen, zu dem der Unternehmer die Werkleistung zu erfüllen hat, abgestellt. Dies soll aufgrund „berichtigender **Auslegung**" auch für § 638 Abs. 3 BGB gelten (*Weyer*, in: Kapellmann/Messerschmidt, § 13 VOB/B, Rn. 361; a.A.: *Palandt/Sprau*, § 638 BGB, Rn. 5: „nur noch bei entsprechender Vereinbarung"; zweifelnd: *Leupertz/Halfmeier*, § 638 BGB, Rn. 5).
101) BGH, NJW-RR 1997, 688, 689 = BauR 1997, 700 (LS).
102) BGHZ 58, 181, 184 = NJW 1972, 821 = BauR 1972, 242; BGH (X. ZS), NJW-RR 1997, 688, 689; OLG Schleswig, NZBau 2017, 283, 286; OLG Oldenburg, BauR 2007, 1428, 1429.
103) BGH, NZBau 2013, 159 = NJW 2013, 525 = IBR 2013, 70 – *Vogel* sowie BauR 2003, 533, 535 m. Nachw; zur **Bemessung** und **Schätzung** eines **merkantilen** Minderwerts: *Diehr*,

und eines ggf. verbleibenden technischen **Minderwertes**[104] (vgl. Rdn. 2248/2249)

Kann die Nacherfüllung ausnahmsweise wegen Unmöglichkeit oder „Unverhältnismäßigkeit" des Aufwandes[105] von dem Unternehmer verweigert werden, sollen die Kosten der Mängelbeseitigung unberücksichtigt bleiben;[106] der Minderwert wäre dann auf andere Weise zu berechnen, etwa anhand des sog. Zielbaumverfahrens[107] oder einer Nutzwertanalyse.[108]

Die Vorschrift des § 638 Abs. 3 Satz 1 BGB hat für das neue Recht hinsichtlich **2195** der **Berechnung** des Minderungsbetrages die bisher gemäß §§ 634 Abs. 4, 472 Abs. 1 BGB a.F. geltende Regelung übernommen; nach neuem Recht ist daher – wie bisher – „die Vergütung in dem Verhältnis herabzusetzen, in welchem zur Zeit des Vertragsschlusses der Wert des Werkes in mangelfreiem Zustand zu dem wirklichen Wert gestanden haben würde." Die Nacherfüllungskosten sind damit auch der **Maßstab** für die Minderungsberechnung. **Korrekturen** sind nur angebracht, wenn ein **auffälliges Missverhältnis** zum Gesamtwert besteht oder **erhebliche**

ZfBR 2015, 427, 429, 430; OLG München, BauR 2014, 1018 = IBR 2014, 483 – *Krause-Allenstein* (umfangreiche **Dachsanierung**); OLG Hamm, IBR 2010, 555 – *Amelsberg* (mangelhafte Abdichtung des Kellers); OLG Hamm, BauR 2006, 113; zur Abgrenzung vom Schadensersatz für die Beeinträchtigung der Sachsubstanz: OLG Saarbrücken, BauR 2007, 738, 740; zum **merkantilen** Minderwert bei Gebäuden trotz kompletter **Neuherstellung**: *Dahmen*, BauR 2012, 24, 28; s. auch OLG Stuttgart, Der Bausachverständige 4/2011, 77 = IBR 2011, 133 – *Nickl* (merkantiler Minderwert verbleibt trotz **ordnungsgemäßer Sanierung**; Undichtigkeiten im Dachbereich); OLG Naumburg, BauR 2011, 1841, 1842, 1844 (fehlerhafte Abdichtung gegen drückendes Wasser; ferner: OLG Hamm, NJW-RR 2010, 1392).

104) *Diehr*, ZfBR 2015, 427; OLG Düsseldorf, BauR 1989, 126, 128 = NJW-RR 1997, 1450 (**Parkettboden**); OLG Hamm, NJW-RR 1989, 602 = BauR 1989, 735 u. OLG Nürnberg, BauR 1989, 740 (**Schallschutz**); LG Nürnberg-Fürth, NJW-RR 1989, 1106 (**Schallschutz**); OLG Celle, *Schäfer/Finnern*, Z 2.414 Bl. 88; OLG Braunschweig, BauR 1981, 70; **a.A.:** OLG Düsseldorf, BauR 1993, 733 (**nur** Minderwert, wenn die Mängelbeseitigung wegen unverhältnismäßigen Aufwandes nach § 633 Abs. 2 Satz 3 BGB verweigert wird).

105) Siehe z.B.: BGH (V. ZS), DS 2013, 100 (Beschädigung einer 7 m hohen Thujenabpflanzung: Errechnung der Wertminderung des Grundstücks nach der „**Methode Koch**"); LG Heidelberg, NZBau 2014, 362, 363 = IBR 2014, 143 – *Koenen*. *Thode* (ZfIR 2006, 621, 622) weist allerdings nachdrücklich darauf hin, dass dieser Einwand zu oft und unrichtig von den Instanzgerichten zugelassen wird. Siehe hierzu Rdn. 1574 ff.

106) NZBau 2015, 778, 779; OLG Zweibrücken, BauR 2006, 690, 691; OLG Celle, BauR 1998, 401, 402.

107) *Aurnhammer*, BauR 1978, 356; hiergegen zu Recht **kritisch:** *Lauer/Wurm*, Rn. 250. Zur Anwendung des **Aurnhammerschen Zielbaumverfahrens** in der Rechtsprechung: SchlHOLG, BauR 2000, 1486; OLG Stuttgart, BauR 1989, 611 m.Anm. *Kamphausen*; OLG Karlsruhe, BauR 1994, 378 m.Anm. *Kamphausen*; s. ferner: *Zehfeld*, Festschrift für Vygen (1999), S. 380 ff.

108) OLG Zweibrücken, a.a.O., für Natursteinfliesen; OLG Celle, a.a.O., für **optische** Beeinträchtigungen eines Marmorbodens im Treppenhaus; OLG Celle, IBR 2003, 15 für optische Mängel einer Hofpflasterung. Zur **Berechnung** einer Minderung bei Unterschieten der **Wohnfläche**: BGH, NZBau 2004, 269 = BauR 2004, 847 = ZfIR 2004, 324 m.Anm. *Basty* u. *Vogel;* OLG München, IBR 2012, 457 – *Röder* (Flächenabweichung bei Altbausanierung) und NJW-RR 1996, 1417; OLG Hamburg, BauR 1980, 469; LG Berlin, BauR 2004, 1022 (zur Berechnung der Wohnfläche; Anwendung der **DIN 283**); OLG Celle (13. Senat), NJW-RR 1999, 816 Nr. 15 u. (6. Senat), BauR 1998, 805 = NJW-RR 1999, 816 Nr. 16 (Dachgeschoss).

Preissteigerungen gegenüber dem Zeitpunkt des Vertragsschlusses zu verzeichnen sind.[109] Hat der Auftraggeber im Einzelfall mehr „als die geminderte Vergütung" gezahlt, besteht ein (vertraglicher) **Rückzahlungsanspruch** (§ 638 Abs. 4 Satz 1 BGB).

2196 Ist eine Werkleistung für den Bauherrn **wertlos**, kann er im Wege der Minderung die Rückzahlung der gesamten Vergütung verlangen;[110] ist bei **völliger Unbrauchbarkeit** des Werkes noch keine Vergütung gezahlt, mindert sich der Vergütungsanspruch auf Null.[111] Ist eine Mängelbeseitigung nicht möglich und können daher ihre Kosten auch nicht bestimmt werden, ist die Vergütung in dem Verhältnis herabzusetzen, in dem der Wert der mangelfreien Leistung zum Wert der mangelhaften Leistung steht. Es ergibt sich dabei folgende **Relation:**[112] Wert des mangelfreien Bauwerkes: Wert des mangelhaften Bauwerkes = voller Vergütungsanspruch: geminderten Werklohn.

2197 Schwieriger sind die Dinge, wenn es um die Kürzung von Honoraransprüchen eines **Architekten** geht, der nach Auffassung seines Auftraggebers „**Teilleistungen**" nicht erbracht haben soll.[113] Nach der neueren Rechtsprechung des BGH[114] sind Inhalt und Umfang der durch den konkreten Architektenvertrag **geschuldeten „Arbeitsschritte"**, die für den von dem Architekten geschuldeten Werkerfolg erforderlich sind, durch interessengerechte **Auslegung** zu ermitteln. In der Regel handelt es sich um solche, die den Auftraggeber in die Lage versetzen zu überprüfen, ob der **Architekt** dem Unternehmer oder Sonderfachmann die für eine **vertragsgerechte Umsetzung** der **Planung** notwendigen Vorgaben gemacht hat.[115] Defizite der so ermittelten Architektenleistung führen zu einer Reduzierung des Honorars, wenn die allgemeinen Voraussetzungen der Gewährleistungshaftung vorliegen.[116] Es ist deshalb Sache des Auftraggebers, im Einzelfall darzulegen, welche „**Arbeitsschritte**" als Teilerfolg geschuldet, welche nicht erbracht und wie diese zu bewerten sind.[117] Und solange eine **Nacherfüllung** durch den Architekten in Betracht kommt, wird ihm hierzu Gelegenheit gegeben werden müssen. Im Übrigen hat der BGH[118] aber klargestellt, dass eine **Fristsetzung** als Voraussetzung für die Min-

---

109) OLG Düsseldorf, BauR 2012, 1429, 1432; *Palandt/Sprau*, § 638 BGB, Rn. 4 m.w.Nachw.
110) OLG Düsseldorf, IBR 2011, 633 – *Karczewski*.
111) BGH, NJW 1965, 152; OLG Köln, NJW-RR 1991, 1077 (bei Formaldehydemission, ebenso: OLG Nürnberg, NJW-RR 1993, 1300, 1303; OLG Hamm, OLGR 1994, 39, 40); OLG Saarbrücken, NJW 1970, 1192 = BauR 1970, 109; OLG Köln, NJW-RR 1993, 666: Minderung auf **Null**, wenn die im wesentlichen auf die Ästhetik zielende Restaurierung einer älteren Hausfassade völlig misslingt; OLG Nürnberg, IBR 1998, 334 – *Schulze-Hagen* (fehlgeschlagene vorläufige Asbestsanierung).
112) Berechnungsbeispiele bei OLG Frankfurt, BauR 1974, 139.
113) Siehe hierzu u.a.: *Locher/Koeble/Frik*, § 8 HOAI, Rn. 29 ff.; *Löffelmann/Fleischmann*, Rn. 839 ff.; *Preussner*, in: Thode/Wirth/Kuffer, § 9, Rn. 35 ff.; *Lauer/Wurm*, Rn. 861 ff. sowie die Literatur vor Rdn. **2192**.
114) BGHZ 159, 376 = BauR 2004, 1640 = NZBau 2004, 509 = NJW 2004, 2588; BGH, BauR 2005, 400 = NZBau 2005, 158 = ZfBR 2005, 178.
115) *Schwenker/Schramm*, ZfIR 2004, 753, 759.
116) Zur Minderung des Architektenhonorars wegen unterlassener Führung eines Bautagebuches: BGH, NZBau 2011, 622, 623 = IBR 2011, 588 – *Preussner*.
117) OLG Celle, BauR 2006, 1161, 1162.
118) BauR 2005, 400 = NZBau 2005, 158 = ZfIR 2005, 190 m.Anm. *Averhaus*.

derung entbehrlich ist, wenn der Besteller „das Interesse an der Leistung deshalb verloren hat, weil die Leistung ihren vertraglich vorgesehenen Zweck nicht mehr erfüllen kann"; und das treffe für **Kostenschätzungen, Kostenberechnungen** und **Kostenanschläge**, die erst nach Durchführung des Bauvorhabens aus Anlass der Honorarberechnung vorgelegt würden, ohne weiteres zu. Die **Bewertung** eines im Einzelfall fehlenden Arbeitsschrittes ist schwierig und noch ohne gesicherte rechtliche Konturen. Die HOAI selbst enthält hierzu keine Berechnungen; gegen die Anwendung der Steinfort-Tabelle werden grundlegende Bedenken erhoben.[119] Und auch die übrigen veröffentlichten **Bewertungstabellen**[120] sind zwar Orientierungshilfen, erforderlich ist aber letztlich die Erstellung einer objektbezogenen Punktezuteilung, die die geschuldeten Teilerfolge nach ihrer Bedeutung gewichtet.[121]

Bei der Minderung handelt es sich um eine Verrechnungsart, nicht dagegen um eine Aufrechnung: Die Minderung betrifft die gesamte Werklohnforderung, sie zielt dagegen nicht nur auf den eingeklagten Teilbetrag ab. Dies hat zur Folge, dass sich der Bauherr gefallen lassen muss, wenn ein Minderungsanspruch zunächst von dem nicht eingeklagten Teil der Werklohnforderung des Unternehmers oder Architekten abgesetzt wird.[122] Der Bauherr kann daher nicht verlangen, dass eine Minderung gerade auf den eingeklagten Teil der Werklohnforderung einwirkt. **2198**

Wird die Bauleistung des Unternehmers oder Architekten trotz Kenntnis von Baumängeln abgenommen, gehört zum Vortrag des Bauherrn, dass er sich sein Minderungsrecht **vorbehalten** hat. Dieser Vorbehalt des Bauherrn ist als Einwendung von Amts wegen zu prüfen (vgl. Rdn. 2742). **2199**

Der Bauherr kann seinen wegen eines Werkmangels bestehenden Anspruch auf Minderung an einen Dritten **abtreten**.[123]

Dem Bauherrn kann auch bei einer Minderung entgegengehalten werden, dass dieser oder sein Architekt den Baumangel **mitverursacht** hat. Das folgt zwar nicht aus einer unmittelbaren Anwendung des § 254 BGB, ergibt sich aber über § 242 BGB als Ausfluss des Grundsatzes von Treu und Glauben (vgl. Rdn. 2922 ff.). **Sowiesokosten** und die Grundsätze der **Vorteilsausgleichung** sind bei der Berechnung einer Minderung (zugunsten des gewährleistungspflichtigen Unternehmers) zu berücksichtigen (vgl. Rdn. 2946 ff.). Dies kann in der werkvertraglichen **Leistungskette** bedeuten, dass sich ein Auftraggeber nach dem Rechtsgedanken der Vorteilsausgleichung gehindert sieht, seinerseits **Minderungsansprüche** gegen sei- **2200**

---

[119] *Locher/Koeble/Frik*, § 8 HOAI, Rn. 30; für Anwendung: OLG Hamm, BauR 2007, 1773; OLG Celle, BauR 2005, 1790 im Anschluss an BGH, BauR 2005, 588.
[120] Siehe *Koeble*, in: Locher/Koeble/Frik, Einl. Rn. 147 m.w.Nachw.; *Löffelmann/Fleischmann*, Rn. 925.
[121] *Löffelmann/Fleischmann*, Rn. 95, 96. Zu den Leistungsbeschreibungen mit **Bewertung** der **Teilleistungen** s. grundlegend: *Wingsch*, 2. Auflage 2007. Siehe zur Kürzung des **Architektenhonorars** wegen „fehlender" Leistungen u.a.: BGH, NZBau 2011, 622 u. OLG Celle, BauR 2006, 1161 (kein **Bautagebuch**: Minderung um 0,5 %); OLG Hamm, BauR 2006, 1766 = IBR 2006, 506 – *Seifert* u. BauR 2005, 1350 (unterbliebene **Kostenermittlung**; s. ferner: BGH, BauR 2005, 400).
[122] BGH, NJW 1971, 1800 = BauR 1971, 260.
[123] BGH, BauR 1985, 686 = ZIP 1985, 1141 = NJW 1985, 2822.

nen Subunternehmer geltend zu machen, wenn feststeht, dass er von seinem Auftraggeber nicht mehr in Anspruch genommen wird.[124]

2201–2214 (unbesetzt)

5. Schadensersatz (§§ 634 Nr. 4, 636, 280, 281 BGB)

Literatur

Medicus, Der Regierungsentwurf zum Recht der Leistungsstörungen, ZfBR 2001, 507; *Raiser*, Das Werkvertragsrecht nach dem Regierungsentwurf eines Schuldrechtsmodernisierungsgesetzes, NZBau 2001, 598; *Kaiser*, Rückkehr zur strengen Differenzmethode beim Schadensersatz wegen Nichterfüllung?, NJW 2001, 2425; *Voit*, Die Änderungen des allgemeinen Teils des Schuldrechts durch das Schuldrechtsmodernisierungsgesetz und ihre Auswirkungen auf das Werkvertragsrecht, BauR 2002, 145; *Sienz*, Die Neuregelungen im Werkvertragsrecht nach dem Schuldrechtsmodernisierungsgesetz, BauR 2002, 181; *von Wilmowsky*, Pflichtverletzungen im Schuldverhältnis, JuS 2002, Beil. 1/2002; *Preussner*, Das neue Werkvertragsrecht im BGB 2002, BauR 2002, 231; *Schudnagies*, Das Werkvertragsrecht nach der Schuldrechtsreform, NJW 2002, 396; *Peters*, Die Schuldrechtsmodernisierung und das private Baurecht, ZfBR 2002, 108; *Peters*, Das Baurecht im modernisierten Schuldrecht, NZBau 2002, 113; *Pfeiffer*, Systemdenken im neuen Leistungsstörungs- und Gewährleistungsrecht, ZGS 2002, 23; *Zimmer*, Das neue Recht der Leistungsstörungen, NJW 2002, 1; *Schwarze*, Unmöglichkeit, Unvermögen und ähnliche Leistungshindernisse im neuen Leistungsstörungsrecht, Jura 2002, 73; *Otto*, Die Grundstrukturen des neuen Leistungsstörungsrechts, Jura 2002, 1; *Krause*, Die Leistungsverzögerung im neuen Schuldrecht, Jura 2002, 217 u. 299; *Mattheus*, Schuldrechtsmodernisierung 2001/2002 – Die Neuordnung des allgemeinen Leistungsstörungsrechts, JuS 2002, 209; *Recker*, Schadensersatz statt der Leistung – oder: Mangelschaden und Mangelfolgeschaden, NJW 2002, 1247; *Mayerhöfer*, Die Integration der positiven Forderungsverletzung in das BGB, MDR 2002, 549; *Wagner*, Mangel- und Mangelfolgeschäden im neuen Schuldrecht?, JZ 2002, 475; *von Olshausen*, Einrede- und Aufrechnungsbefugnisse bei verjährten Sachmängelansprüchen, JZ 2002, 385; *Voppel*, Das Gesetz zur Modernisierung des Schuldrechts und das Leistungsstörungsrecht beim Werkvertrag, BauR 2002, 843; *Wagner*, Leistungsstörung im Baurecht nach der Schuldrechtsmodernisierung, ZfIR 2002, 353; *Münch*, Die „nicht wie geschuldet" erbrachte Leistung und sonstige Pflichtverletzungen, Jura 2002, 361; *Reinkenhof*, Das neue Werkvertragsrecht, Jura 2002, 433; *Grunewald*, Schadensersatz für Mangel- und Mangelfolgeschäden, in: Dauner-Lieb u.a. (Das neue Schuldrecht in der Praxis, 2003), 313; *Gsell*, Aufwendungsersatz nach § 284 BGB, ebenda, 321; *Heinrichs*, Die Pflichtverletzung, ein Zentralbegriff des neuen Leistungsstörungsrechts, Festschrift für Honsell, 2003, 503; *Kannowski*, Mangelfolgeschäden vor und nach der Schuldrechtsreform. Das Beispiel außergerichtlicher Anwaltskosten bei Baumängeln, BauR 2003, 170; *Mankowski*, Wie setzt man eine Nachfrist richtig?, ZGS 2003, 451; *Reim*, Der Ersatz vergeblicher Aufwendungen nach § 284 BGB, NJW 2003, 3662; *Gieseler*, Die Strukturen des Leistungsstörungsrechts beim Schadensersatz und Rücktritt, JR 2004, 133; *Lorenz*, Schadensersatz statt der Leistung, Rentabilitätsvermutung und Aufwendungsersatz im Gewährleistungsrecht, NJW 2004, 26; *Kohler*, Nutzungsvergütung in Fällen der §§ 439 Abs. 4 und 635 Abs. 4 BGB?, ZGS 2004, 48; *Klein*, Mietminderung und Baumängel: Ein alltägliches Ärgernis, BauR 2004, 1069; *Ziegler*, Vergütung des Architekten und Schadensersatz wegen Bauwerksmängeln und ihr Verhältnis zueinander, ZfBR 2004, 529; *Putzier*, Wann beginnt die fünfjährige Gewährleistungsfrist für den Architekten?, NZBau 2004, 177; *Knütel*, Wider die Ersatzfähigkeit „fiktiver" Mängelbeseitigungskosten, BauR 2004, 591; *Knacke*, Vae victis – oder die Haftung des Architekten auf Ersatz der Prozesskosten des Bauherrn wegen falscher Empfehlung, BauR 2004, 1852; *Weyer*, Werkvertragliche Mängelhaftung nach neuem Recht: Weitere Probleme beim Schadensersatz, Jahrbuch Baurecht 2005, 1; *Kuhn*, Die Verteilung der Darlegungs- und Beweislast bei der Geltendmachung von Schadensersatzansprüchen aufgrund falsch abgerechneter Stundenlohnarbeiten, ZfBR 2006, 733; *Moufang/Klein*, Unberechtigte Mängelrügen nach Abnahme: Untersuchungspflicht und Ansprüche des Unternehmers, BauR 2007, 300; *Jansen*, Die Begrenzung

---

124) BGH, BauR 2011, 683, 684 = NZBau 2011, 232, 233 = IBR 2011, 129 – *Karczewski*.

Schadensersatz (§§ 634 Nr. 4, 636, 280, 281 BGB)

des „kleinen Schadensersatzanspruchs", BauR 2007, 800; *Weise,* Der Riss in der Anspruchskette beim Nachunternehmereinsatz, NJW-Spezial 2007, 405; *Schiemann,* Vorteilsanrechnung beim werkvertraglichen Schadensersatz, NJW 2007, 3037; *Weyer,* Schadensberechnung und Vorteilsausgleich beim Schadensersatz wegen Mängeln in der werkvertraglichen Leistungskette, NZBau 2007, 695; *Mehring,* Der Anspruch auf großen Schadensersatz im Werkvertragsrecht, ZGS 2009, 310; *Christiansen,* Werklohnfälligkeit ohne Abnahme – Alternativen zur Rechtsfigur des „Abrechnungsverhältnisses", ZfBR 2010, 3; *Nossek/Klaft,* Zurück zu den Ursprüngen – die Sekundärhaftung des Architekten in der Rechtsprechung des Bundesgerichtshofs, BauR 2010, 152; *Schwenker,* Bundesgerichtshof ändert Rechtsprechung zur Berechnung eines Schadensersatzanspruchs wegen eines Baumangels – Anmerkung zu BGH, Urteil vom 22.7.2010 – VII ZR 176/09, ZfBR 2010, 631; *Ziegler,* Umsatzsteuer bei werkvertraglichen Schadensersatzansprüchen – Aufgabe des Äquivalenzprinzips im werkvertraglichen Schadensrecht? – Anmerkung zu BGH, Urteil vom 22.7.2010 – VII ZR 176/09, ZfBR 2010, 635; *Ostendorf,* Die Abgrenzung zwischen Schadensersatz statt und neben der Leistung – Versuch einer Neubetrachtung, NJW 2010, 2833; *Bergmann/Streyl,* Ziviles Baurecht – Aktuelle Rechtsentwicklungen, PiG Bd. 89, 77; *Popescu,* Die baurechtliche Rechtsprechung des BGH zur Schadensberechnung auf fiktiver Basis am Beispiel der nicht angefallenen Umsatzsteuer, NZBau 2011, 131; *Zahn,* Werkvertragliche Mängelrechte und Umsatzsteuer, BauR 2011, 1401; *Popescu,* Sekundäransprüche des Bestellers beim Verzug des Bauträgers mit der Fertigstellung des Bauvorhabens, BauR 2012, 1314; *Halfmeier,* Grundstrukturen des bauvertraglichen Schadensersatzes, BauR 2013, 320; *Weyer,* Werkvertraglicher Schadensersatz nur in Höhe der tatsächlichen Mangelbeseitigungskosten?, NZBau 2013, 269 (s. hierzu: *Rodemann,* IBR 2013, 394); *Geck,* Naturalrestitution durch den Architekten? – Zum Inhalt des Schadensersatzanspruchs gegen den Architekten bei Baumängeln infolge von Planungs- und Überwachungsfehlern, Festschrift für Jochem, 2014, 177; *J. Jochem,* Die Nacherfüllung des Architekten, Schadensersatz statt der Leistung und neben der Leistung, ebenda, 213; *Miernik,* Zur Nacherfüllung beim Architekten- und Ingenieurvertrag, BauR 2014, 155 (s. hierzu: *Fuchs,* IBR 2014, 128); *Jansen,* Schadensersatz trotz vorbehaltloser Abnahme in Kenntnis des Mangels?, NZBau 2016, 688; *Steffen/Lüders,* Geltung der BGH-Rechtsprechung zu Mängelrechten in der Leistungskette auch im Dreiecksverhältnis, NZBau 2016, 484.

2215 Die Klage des Bauherrn auf Schadensersatz wegen Nichterfüllung nach altem Recht (§ 635 BGB a.F.) hatte von allen Gewährleistungsrechten die größte Bedeutung, wenn sie auch gegenüber der Vorschussklage zunehmend an Bedeutung verloren hatte. Das SchRModG hat mit der Schaffung des zentralen Begriffs der **„Pflichtverletzung"** den Haftungstatbestand des § 635 BGB a.F. beseitigt. Schadensersatzansprüche des **Bestellers** richten sich nunmehr, soweit sie ihre Grundlage in Werk-, Architekten- oder Erwerberverträge haben, die nach dem 31.12.2001 geschlossen wurden, nur noch nach dem **allgemeinen Leistungsstörungsrecht** (§ 634 Nr. 4 BGB). Durch die Einbindung des werkvertraglichen Schadensersatzrechts in das allgemeine Leistungsstörungsrecht sollen vor allem die **Abgrenzungsschwierigkeiten**, wie sie § 635 BGB a.F. zu den Ansprüchen aus positiver Vertragsverletzung bereitete, endgültig beseitigt werden,[125] wenngleich gerade dies bezweifelt worden ist.[126] Zu beachten ist, dass die Unterscheidung zwischen **Mangel-** und **Mangelfolgeschaden** auch für das neue Recht beachtlich bleibt; letztere richten sich nach § 280 Abs. 1 BGB.[127]

---

[125] Vgl. *Voppel,* BauR 2002, 843, 852; *Chr. Teichmann,* JuS 2002, 417, 421; *Jaeger,* ZGS 2002, 236 m.w.Nachw.

[126] Siehe hierzu: *Wagner,* JZ 2002, 475, 481; *von Caemmerer,* Schuldrechtsmodernisierung 2002, S. XXVIII; **a.A.:** Palandt/Sprau, § 634 BGB, Rn. 6; Leupertz/Halfmeier, Rn. 16 u. 19: Der kleine Schadensersatzanspruch erfasst auch evtl. nahe oder entferntere Mangelfolgeschäden.

[127] *Kniffka/Krause-Allenstein,* § 636, Rn. 42; Palandt/Sprau, § 634 BGB, Rn. 8; *Lauer/Wurm,* Rn. 270 ff.; s. aus der **Rechtsprechung**: BGH, NJW 1972, 625, 626 (Körperverletzung durch

Der **Grundtatbestand** der Leistungsstörung ist die „Pflichtverletzung", die die Fälle der **Unmöglichkeit**, des **Verzugs**, der **Mangel-** und **Mangelfolgeschäden** und der sonstigen (bislang als positive Vertragsverletzung behandelten) Fallgruppen erfasst.[128] Demgegenüber gilt für die Ansprüche wegen **anfänglicher Unmöglichkeit** bzw. **anfänglichem Unvermögen** die eigenständige Regelung des § 311a BGB;[129] **Verspätungsschäden** wiederum werden nur unter den Voraussetzungen des Verzugs ersetzt (§§ 280 Abs. 2, 286 BGB).

Die werkvertragliche Vorschrift des § 634 Nr. 4 BGB verweist für den „**Schadensersatz**" auf §§ 280, 281, 283 und § 311a BGB sowie für den Ersatz „**vergeblicher Aufwendungen**" auf § 284 BGB. Zu beachten ist, dass sich diese Verweisungen nur auf Ansprüche wegen der Herstellung („Verschaffung") eines **mangelhaften Werks** beziehen. Daraus folgt, dass **Sach-** und **Rechtsmängel** i.S. des § 633 BGB stets eine **Pflichtverletzung** darstellen. Die Vorschrift des § 634 Nr. 4 BGB will indes den Anwendungsbereich wegen „**anderer**" Pflichtverletzungen nicht einschränken;[130] hat man es mit solchen zu tun, sind Schadensersatzansprüche insoweit vielmehr **direkt** aus §§ 280, 281 BGB herzuleiten.

2216 Geht es dagegen um eine mangelhafte Werk- oder Architektenleistung i.S. des § 633 BGB, so folgt der Schadensersatzanspruch wegen des Mangels stets aus §§ 634 Nr. 4, 636, 280, 281, 249 BGB (**Schadensersatz statt der Leistung**).[131] Sofern nicht die Ausnahmen der §§ 281 Abs. 2, 636 BGB eingreifen,[132] setzt ein erfolgreiches Vorgehen gegen den Unternehmer oder Architekten zunächst eine **angemessene Fristsetzung** (ohne Ablehnungsandrohung) voraus; denn einem Unternehmer oder Architekten soll – wie nach altem Recht (§ 634 Abs. 1 Satz 1 BGB a.F.) – zunächst die **Möglichkeit** gegeben werden, seinen Leistungspflichten **vertragsgemäß** nachzukommen. Kommt der Unternehmer/Architekt aufgrund der ihm gesetzten Frist seiner Nacherfüllungspflicht nach, so bleibt ein dem Auftraggeber (gleichwohl) entstandener Schaden nach § 280 BGB ausgleichspflichtig, es sei denn, es handelt sich um Sowiesokosten. Allerdings wird in der Praxis jeweils zu prüfen sein, ob dem Architekten überhaupt noch eine Nacherfüllung möglich ist; nach der ständigen Rechtsprechung des BGH ist ihm jedenfalls dann keine Gelegenheit zur Nacherfüllung zu geben, wenn sich der Mangel seiner Leistung bereits „im Bauwerk verkörpert" hat.[133]

Sturz auf mangelhafter Treppe); BGHZ 58, 305 = NJW 1972, 1195; BGH, NJW 1982, 2244 (**Brandschäden**); BGH, BauR 1972, 127 (fehlerhafte Montage einzelner Rohrteile; Schäden durch auslaufendes Öl); BGHZ 115, 32 = NJW 1991, 2418 = ZfBR 1991, 260 (mangelhafte Überwachungsanlage; **Einbruchsschäden**); Saarländisches OLG, OLGR 2002, 41 fehlerhaft verlegte Wasserleitung; **Wassermehrverbrauch**).

128) *A. Teichmann* (BB 2001, 1485, 1486) bezeichnet daher die Pflichtverletzung zutreffend als „terminologischen Oberbegriff".
129) *Canaris*, JZ 2001, 499, 507; s. ferner: *Schwarze*, Jura 2002, 73, 80; *Mattheus*, JuS 2002, 209, 213.
130) *Preussner*, BauR 2002, 231, 237.
131) Zur Anwendung des § 249 Abs. 2 Satz 2 BGB: OLG Hamm, BauR 2012, 1109, 1113; *Weyer*, Jahrbuch Baurecht 2005, 1, 4 ff. Zur **Verjährung** des Anspruchs: OLG Düsseldorf, BauR 2012, 823, 828; OLG Brandenburg, BauR 2012, 983, 984 = NZBau 2012, 507, 508 (Verjährungsbeginn bei einem **Vollarchitektur**-Vertrag).
132) Die Vorschrift des § 283 BGB wird demgegenüber wahrscheinlich geringere Bedeutung haben.
133) BGH, NZBau 2008, 187 m.Anm. *Scholtissek* = ZfBR 2008, 160.

Schadensersatz (§§ 634 Nr. 4, 636, 280, 281 BGB)

Liegt in der Erbringung der mangelhaften Werkleistung die „Pflichtverletzung", so obliegt es dem **Auftraggeber**, diese substantiiert darzulegen und zu beweisen; dem Unternehmer/Architekten obliegt es dagegen, den Nachweis zu führen, dass er den Mangel nicht zu vertreten hat (§ 280 Abs. 1 Satz 2 BGB).[134] **2217**

In der mangelhaften Werkleistung wird ein Auftraggeber in aller Regel auch eine „verzögerte" Werkleistung sehen; gleichwohl kann Schadensersatz wegen „**Verzögerung**" der Werkleistung nur unter den (weiteren) Voraussetzungen des § 286 BGB verlangt werden.[135] Im Übrigen ist zu beachten: Solange der Auftraggeber den Schadensersatz aus §§ 634 Nr. 4, 636, 280, 281 BGB nicht geltend gemacht hat, besteht der **Erfüllungsanspruch** und damit auch die Erfüllungsmöglichkeit aus §§ 631, 633 BGB fort. Der Erfüllungsanspruch erlischt, wenn der Auftraggeber den Schadensersatz statt der Leistung verlangt (§ 281 Abs. 4 BGB), was aber eine eindeutige Erklärung gegenüber dem Unternehmer/Architekten voraussetzt. Dieser muss unzweifelhaft **erkennen** können, dass nur noch Schadensersatz statt der Leistung geltend gemacht wird. Hat der Auftraggeber zunächst einen „**Rücktritt**" erklärt, hindert dies ihn allerdings nicht, gleichwohl noch auf Schadensersatz statt der Leistung zu wechseln (§ 325 BGB).

Behält der Besteller das Werk und verlangt er wegen der **mangelhaften** Werk- oder Architektenleistung Schadensersatz statt der Leistung (§ 281 Abs. 1 Satz 1 BGB), so handelt es sich um den **kleinen Schadensersatzanspruch**. Dabei ist zu beachten, dass zwischen dem eigentlichen Mangelschaden und dem Mangelfolgeschaden, der an **anderen Rechtsgütern** des Auftraggebers entsteht, auch weiterhin zu unterscheiden ist. Letztere sind nach zutreffender Ansicht[136] nämlich nicht nach § 281 BGB zu ersetzen, sondern §§ 634 Nr. 4, 280 Abs. 1 Satz 1 BGB zu beurteilen. Dieser Ersatzanspruch tritt folglich **neben** den Anspruch auf Nacherfüllung, sodass er – wie nach altem Recht – auch keiner vorherigen Fristsetzung bedarf. Nichts anderes gilt für diejenigen **Schäden**, die durch eine Nacherfüllung **nicht beseitigt** werden können. Somit erfasst der Schadensersatz **statt** der Leistung als sog. kleiner Schadensersatzanspruch (§ 281 Abs. 1 BGB) die Mangelschäden, die in der Sache selbst liegen und bei einer gelungenen Nacherfüllung dem Auftraggeber nicht entstanden wären.[137] Das sind in aller Regel die tatsächlichen oder fiktiven **Mängelbeseitigungskosten**[138] sowie der eingetretene technische und merkantile **Minderwert**.[139] **2218**

---

134) Der Entlastungsbeweis entfällt, wenn eine **Garantie** oder ein **Beschaffungsrisiko** von dem Unternehmer übernommen worden ist.
135) Vgl. statt vieler: *Westermann/Maifeld*, S. 267; *Bamberger/Roth/Voit*, § 636 BGB, Rn. 61.
136) Anw-Kom-BGB/*Raab*, § 636 BGB, Rn. 32; *Heinrichs*, Festschrift für Schlechtriem, S. 512; *Kannowski*, BauR 2003, 170, 179; s. auch OLG Bamberg, BauR 2009, 1455, 1456; **a.A.:** *Leupertz/Halfmeier*, in: Prütting/Wegen/Weinreich, § 634, Rn. 19.
137) Siehe BGH, BauR 1991, 744 = NJW-RR 1991, 1429; BGHZ 59, 365 = BauR 1973, 112; OLG Karlsruhe, OLGR 2002, 187, 188; OLG Düsseldorf, BauR 1998, 126, 128 (**mangelhafte Unternehmerleistung**) u. BauR 1993, 241 (für mangelhafte **Bauaufsicht** durch den Architekten); OLG Düsseldorf, BauR 1992, 106; LG Konstanz, NJW-RR 1997, 722 (Kosten für die „Suche" nach den Ursachen des Mangels); *Palandt/Sprau*, § 634 BGB, Rn. 8 m.w.Nachw.
138) OLG Düsseldorf, BauR 2012, 960, 963 m.w.Nachw.
139) BGH, NJW 2002, 141 (**Gutachterkosten**); OLG Düsseldorf (merkantiler und technischer Minderwert); *Halfmeier/Leupertz*, § 634 BGB, Rn. 19 m.w.Nachw.

Entscheidet sich ein Besteller, was in der Praxis die Regel ist, für den kleinen Schadensersatzanspruch, steht ihm abweichend von § 249 Abs. 1 BGB ausschließlich ein **Geldanspruch** zu. Dieser umfasst neben den Mängelbeseitigungskosten auch die **Folgeschäden**, wie z.B. Sachverständigenkosten über Ursachen und Ausmaß eines Schadens[140)] und auch einen **Nutzungsausfall**.[141)]

2219 Ob dem Auftraggeber ein Schadensersatzanspruch wegen entgangener Gebrauchsvorteile („Nutzungsausfallentschädigung") zusteht, kann im Einzelfall durchaus zweifelhaft sein.[142)] Der Große Senat des BGH hat zwar durch Beschluss vom 9. Juli 1986[143)] entschieden, dass die vorübergehende Nutzungsbeeinträchtigung (Gebrauchsverlust) infolge eines **deliktischen** Eingriffs jedenfalls bei einem vom Eigentümer selbst bewohnten Hauses einen ersatzfähigen Vermögensschaden darstellen kann. Es war jedoch zunächst zweifelhaft, ob und inwieweit die Grundsätze des Großen Senats des BGH auch auf das **bauvertragliche** Schadensersatzrecht übertragen werden können. Der für Bausachen zuständige VII. Zivilsenat des BGH hat im Fall der mangelbedingten, vorübergehenden Unbenutzbarkeit eines Schwimmbades einen Vermögensschaden **verneint**,[144)] er billigte dann aber dem **Erwerber** eines Hauses oder einer Eigentumswohnung mit einem Kraftfahrzeugabstellplatz in einer Tiefgarage eine Entschädigung für den Nutzungsausfall zu.[145)] Der V. Zivilsenat des BGH[146)] bejahte einen Vermögensschaden wiederum nur, wenn die Wohnung/das Haus für die eigenwirtschaftliche Lebenshaltung von **„zentraler Bedeutung"** ist.

Das ist für die Räume einer Wohnung problemlos anzusetzen;[147)] Der VII. Zivilsenat betont in seiner Entscheidung vom 20.2.2014, dass der längere Entzug der Gebrauchsmöglichkeit einer zum Eigengebrauch erworbenen Eigentumswohnung einen Vermögensschaden begründet, insbesondere auch, wenn eine solche Wohnung wegen des **Verzugs** des Bauträgers mit der Übergabe **noch nicht genutzt** werden kann. Voraussetzung für einen Anspruch auf Nutzungsentschädigung ist

---

140) BGH, BauR 2002, 86 = NZBau 2002, 31 = NJW 2002, 141; OLG Düsseldorf, BauR 2010, 1248 – *Kniffka/Koeble*, 6.Teil, Rn. 161.
141) *Kniffka/Krause-Allenstein*, § 636 BGB, Rn. 51 ff.
142) Zum Schadensersatzanspruch bei verspätet hergestelltem **Wohnungseigentum**: OLG Stuttgart, IBR 2010, 393 – *Weyer* (verneinend, wenn eine angemessene **Mietwohnung** zur Verfügung stand).
143) BGHZ 98, 212 = NJW 1987, 50 m.Anm. *Rauscher* = BauR 1987, 312; dazu *Medicus*, NJW 1989, 1889.
144) BGH, BauR 1980, 271 = JR 1981, 14 m. krit. Anm. *Hommelhoff*. Ebenso: OLG Köln, OLGR 1992, 173 für die nur vorübergehende Beeinträchtigung eines Hauses „infolge Einsicht vom Nachbarhaus"; s. ferner: OLG Stuttgart, BauR 2010, 1240, 1241 = IBR 2010, 393 – *Weyer*; OLG Saarbrücken, BauR 2007, 738 = OLGR 2007, 4 = NJW-RR 2006, 1528 = IBR 2006, 670 – *Lichtenberg* (kein Nutzungsausfall bei Abriss des Balkons).
145) BauR 1986, 105 = ZfBR 1986, 26 = DB 1986, 530 = NJW 1986, 427.
146) ZfBR 1993, 183, 184; NJW 1992, 1500; s. auch NJW 2009, 2674 (Hauskauf); BGH, BauR 1987, 318 = NJW 1987, 771; BGH, NJW 1988, 251 (Ferienhaus); OLG Köln, OLGR 2003, 62 (Lösungsmittelgeruch nach Parkettversiegelung); OLG Stuttgart, NJW-RR 2000, 1617 = BauR 2001, 643 (Nutzungsentschädigung bei **Schallschutzmängeln** eines Neubaus).
147) BGH, BauR 2014, 989 = NZBau 2014, 280 = IBR 2014, 275; BGH, BauR 2014, 1300 = ZfBR 2014, 558 = IBR 2014, 404 – *Manteufel*. Siehe ferner: OLG Karlsruhe, IBR 2013, 272 – *Heiland* (Schadensersatz umfasst auch die **Miete** für eine **Ersatzwohnung**).

Schadensersatz (§§ 634 Nr. 4, 636, 280, 281 BGB)

jedoch auch hier, dass der Nutzungsausfall zu einer **fühlbaren** Gebrauchsbeeinträchtigung geführt hat.[148]

Können Räume (z.B. Hobby- oder Kinderspielkeller) nach den Bestimmungen der Landesbauordnung nur zeitweilig genutzt werden, scheidet ein Vermögensschaden von vornherein aus.[149] In gleicher Weise scheidet ein Nutzungsausfall für eine nicht genutzte Terrasse und einen nicht nutzbaren Garten aus.[150] Der Bauherr muss die Wohnung/das Haus auch stets selbst bewohnen wollen; es reicht deshalb nicht aus, wenn Angehörige oder Besucher des Bauherrn die Räumlichkeiten nicht benutzen können.[151] Im Übrigen muss sich ein Bauherr grundsätzlich um eine „baldmögliche" Behebung des Baumangels bemühen, wenn er wegen eines mangelbedingten Nutzungsausfalls Schadensersatz verlangt.[152]

2220 Der Schadensersatzanspruch kann nur den Schaden erfassen, der dem Ersatzberechtigten selbst entstanden ist;[153] insoweit kommt jedoch ein **Freistellungsanspruch** für den ersatzberechtigten Besteller der Werkleistung in Betracht.

Ein **Beispiel** soll dies verdeutlichen:[154]

> Ein Architekt baut schlüsselfertig. Er schließt mit einem „Bauherrn" einen Vertrag über die schlüsselfertige Herstellung, und er verpflichtet sich, das Haus zunächst in eigenem Namen und für eigene Kosten erstellen zu lassen. Dementsprechend vergibt der Architekt („der Besteller") die Bauarbeiten an einen Generalunternehmer, der mangelhaft baut, Nachbesserungsansprüche des Architekten aber grundlos ablehnt.

In diesem Beispielsfall bestehen Rechtsverhältnisse zwischen dem „Bauherrn" und dem Architekten sowie zwischen dem Architekten und dem Generalunternehmer.[155] Der Architekt kann seinen Schaden gegenüber dem Generalunternehmer geltend machen. Sofern infolge der mangelhaften Werkleistung Schäden bei dem „Bauherrn" entstanden sind, kann sich dieser nur an den Architekten halten. In diesem Falle kann der Architekt von seinem Vertragspartner, dem Generalunternehmer, verlangen, dass dieser ihn von den Ansprüchen des Dritten („Bauherrn") freistellt. Mit diesem **Freistellungsanspruch** kann der Architekt **nicht gegenüber dem Werklohnanspruch des Generalunternehmers aufrechnen**, weil es insoweit an der Gleichartigkeit i.S. des § 387 BGB fehlt. Will der Architekt **aufrechnen**,

---

148) BGH, a.a.O., Rn. 17 m.w.Nachw.
149) OLG Düsseldorf, BauR 1992, 96, 97; OLG Düsseldorf, ZfBR 2000, 184 (kein Nutzungsausfall für Hobbyraum bei Nichtbenutzbarkeit infolge wiederholter Überschwemmungen – Fehlen eines Rückstauventils).
150) OLG Hamm, BauR 2006, 113; *Kniffka/Koeble*, Teil 6, Rn. 210.
151) BGHZ 117, 260 = NJW 1992, 1500; OLG Düsseldorf, NJW-RR 1998, 89, 91 (für Stahlhalle).
152) BGH, BauR 1995, 692 = MDR 1995, 795; BGH, BauR 1974, 205; OLG Düsseldorf, NJW-RR 1998, 89, 91.
153) OLG Düsseldorf, BauR 2014, 728 (zum **Rückgriff** des Hauptunternehmers gegen seinen Nachunternehmer).
154) Siehe auch: BGH, NZBau 2008, 121 = IBR 2008, 35 – *Schwenker* (Freistellungsanspruch unter Gesamtschuldnern); OLG Celle, NZBau 2007, 175 = BauR 2007, 720 (Freistellungsanspruch des Bauträgers); OLG Hamm, BauR 2002, 635.
155) Vgl. auch *Kniffka*, BauR 1998, 55 ff.

müsste er zuvor eine Verrechnung mit dem „Bauherrn" vornehmen, sodass der Schaden nunmehr bei ihm läge.[156)]

Der Weg über die Freistellung hat in der Praxis deutliche Vorteile: Zum Wesen des Freistellungsanspruchs gehört es nämlich, von seinem Vertragspartner auch unbegründete Ansprüche des Dritten abzuwehren. Und eine Verletzung der Freistellungsverpflichtung führt nicht dazu, dass der Freizustellende auf seine Gefahr zu prüfen hat, ob die Ansprüche des Dritten zu Recht bestehen. Die Gefahr des Missgriffes trägt vielmehr der Schädiger. Verweigert also der zur Freistellung Verpflichtete die Freistellung und überlässt er damit dem Freizustellenden die Entscheidung der Frage, ob dem Dritten Ansprüche zustehen oder nicht, so muss er die daraufhin getroffene Entscheidung hinnehmen. Der zur Freistellung Verpflichtete kann dann gegenüber dem Anspruch des Freizustellenden nicht mehr unter nachträglicher Aufrollung der Frage, ob der Anspruch des Dritten berechtigt ist, einwenden, dass die Forderung des Dritten zu Unrecht befriedigt worden sei.[157)] Der BGH verlangt aber, dass dem Freistellungsschuldner Gelegenheit gegeben worden ist, seiner Freistellungsverpflichtung durch Verhandlungen mit dem Drittgläubiger nachzukommen.

2221 Demgegenüber kann bei der sog. **Drittschadensliquidation** von dem Schädiger eingewandt werden, dem Dritten sei ein Schaden überhaupt nicht entstanden. Inwiefern die Grundsätze der Drittschadensliquidation bei der Verletzung bauvertraglicher Pflichten aber überhaupt zur Anwendung kommen können, ist eine im Einzelfall schwierige Frage.[158)] *Locher/Löffelmann*[159)] haben sich damit beschäftigt. Sie bejahen im Ergebnis zutreffend nur in **Ausnahmefällen** die Anwendung der Grundsätze über die Drittschadensliquidation, da in der Regel „keine Diskrepanz zwischen dem aus dem Vertrag berechtigten Gläubiger und dem Träger des geschützten Interesses" bestehe. In der Tat ist der normale Werk- oder Architekten-/Statikervertrag nur jeweils im Interesse des Vertragspartners geschlossen,[160)] sodass auch die wechselseitigen Verpflichtungen nicht drittbezogen sein können. Bei einem General- oder Bauträgervertrag ist die Sachlage nicht anders.[161)] Auch

---

156) Zur Frage, ob sich ein Architekt oder Unternehmer gegenüber dem Generalunternehmer **Vorteile** aus einer **Abgeltungsvereinbarung mit dem Bauherrn anrechnen lassen** muss, siehe OLG Koblenz, NJW-RR 1998, 453 u. *Kniffka*, BauR 1998, 55, 56.
157) Vgl. BGH, NJW 2002, 2382; BGH, NJW 1970, 1594, 1596. Zum Freistellungsanspruch bei Belastung mit einem Gewährleistungsanspruch des Bauherrn: BGH, NJW-RR 1989, 1043, 1044.
158) Siehe hierzu: BGH, BauR 2016, 852 = NZBau 2016, 304 (Drittschadensliquidation nach mangelhafter **Architektenleistung**); OLG München, BauR 2012, 91 = NZBau 2012, 38 (auch zur Schadensberechnung); OLG Hamm, BauR 2002, 635 (für Ansprüche des Estrichlegers gegen den Heizungsbauer); LG Regensburg, BauR 2002, 642 (Beschädigung der Werkleistung durch einen anderen Unternehmer).
159) NJW 1982, 970; vgl. auch *Kaiser*, Rn. 97a m.w.Nachw.
160) *Locher/Löffelmann*, a.a.O., lehnen daher zu Recht LG Freiburg, BauR 1980, 467, ab.
161) Vgl. *Feudner*, BauR 1984, 257; anders: *Werth*, BauR 1976, 80, 89; *Nicklisch/Weick*, § 13/B, Rn. 62. Zur **Drittschadensliquidation** nach **Abtretung** durch den Besteller: OLG Dresden, BauR 2007, 555, 556; OLG Köln, *SFH*, Nr. 11 zu § 286 ZPO; zur Drittschadensliquidation bei Schadensersatzansprüchen unter **nachgeschalteten** Bauhandwerkern: OLG Düsseldorf, NJW-RR 1996, 591; OLG Hamm, BauR 2002, 635 (Drittschadensliquidation des Estrichlegers gegen den Heizungsbauer).

der Nachfolgeunternehmer ist nicht Träger des durch den Vertrag zwischen Bauherr und Vorunternehmer geschützten Interesses.[162]

In der Praxis wird von dem anspruchsberechtigten **Besteller**, der nicht Unternehmer im Sinne des § 2 UStG ist,[163] regelmäßig die **Umsatzsteuer** für die voraussichtlichen Mängelbeseitigungsaufwendungen in Ansatz gebracht.[164] Ob dies berechtigt ist, wenn die Schadensbehebung überhaupt noch nicht stattgefunden hat, ist unterschiedlich beantwortet worden. Die **Unternehmer** haben deshalb auch nicht nachgelassen, durch Hinweis auf § 249 Abs. 2 Satz 2 BGB einen Anspruch des Bestellers zu verneinen. Durch Urteil vom 29.9.2009 hat das OLG München[165] den Anspruch auf Zahlung der Umsatzsteuer bejaht, weil § 249 Abs. 2 Satz 2 BGB nicht anwendbar sei. Mit dem **Revisionsurteil** vom 22.7.2010 hat der BGH[166] jedoch entschieden, dass ein **vor** der Mängelbeseitigung geltend gemachter Anspruch auf Schadensersatz statt der Leistung wegen der Mängel an einem Bauwerk **nicht** die auf die voraussichtlichen Mangelbeseitigungskosten entfallende **Umsatzsteuer** umfasse. Zwar sei die Vorschrift des § 249 Abs. 2 Satz 2 BGB auf den werkvertraglichen Schadensersatzanspruch nicht anwendbar; unter Hinweis auf die Erwägungen des Gesetzgebers[167] hält es der BGH „auch bei einem werkvertraglichen Anspruch auf Schadensersatz statt der Leistung gemäß § 634 Nr. 4, § 280 Abs. 1, Abs. 3, § 281 BGB **für eine Überkompensation des Schadens des Bestellers**, wenn die nicht angefallene Umsatzsteuer berücksichtigt wird." Hat der Besteller die Mängelbeseitigung durchgeführt und die gesetzliche Umsatzsteuer an den Drittunternehmer **gezahlt**, ist der gewährleistungspflichtige Unternehmer zur Erstattung verpflichtet. Will ein Besteller **vor** einer Mängelbeseitigung verhindern, dass er bei einer Mängelbeseitigungsmaßnahme in **Vorleistung** mit der Umsatzsteuer treten muss, verweist der BGH ihn auf die Möglichkeit eines **Vorschussanspruchs** nach § 637 Abs. 3 BGB. Und bei drohender Verjährung könne er auch eine **Feststellungsklage** erheben, um sich die Möglichkeit einer **späteren** Mängelbeseitigung auf Kosten des Unternehmers zu erhalten.

Das neue Recht kennt darüber hinaus – wie das alte Recht – aber auch noch den **großen Schadensersatzanspruch**; er heißt nunmehr **Schadensersatz statt der ganzen Leistung** (§ 281 Abs. 1 Satz 2 und 3 BGB). In der Praxis hat der große Schadensersatzanspruch vor allem im Bauträgerrecht Bedeutung;[168] vielfach ver-

---

162) BGH, BauR 1985, 561, 564 m. Nachw.
163) Siehe hierzu: *Leupertz/Halfmeier*, in: Prütting/Wegen/Weinreich, § 631 BGB, Rn. 37.
164) Zum Ersatz der USt. bei einem **vor** dem 1.8.2002 geschlossenen Bauvertrag: OLG München, NZBau 2011, 683.
165) 28 U 3123/09 = IBR 2009, 449 – *Schwenker*; ebenso: OLG Düsseldorf, Urteil vom 25.6.2009 – 1–21 U 101/08 = BeckRS 29345 = NJW-Spezial 2009, 765 = IBR 2010, 21; OLG Celle, IBR 2010, 450; OLG Stuttgart, BauR 2008, 2056; *Weyer*, in: Kapellmann/Messerschmidt, § 13 VOB, Rn. 374; **a.A.:** OLG München (13. Senat), IBR 2009, 23, KG Berlin, BauR 2009, 107.
166) BauR 2010, 1752 = NJW 2010, 3085 = IBR 2010, 554 – *Schulze-Hagen*; OLG Stuttgart, IBR 2011, 638 – *Gentner*; siehe hierzu *Zahn*, BauR 2011, 1401 ff. Zur **Änderung** der Bemessungsgrundlagen für die Umsatzsteuer aufgrund einer Vergütungsminderung: BFH, IBR 2011, 637 – *Schwenker*; zur **Umsatzsteuer** auf Planungshonorar bei **Verrechnung** mit einem Schadensersatzanspruch: BGH, NZBau 2012, 44.
167) BT-Drucks. 14/7752 S. 13.
168) Siehe z.B. BGH, BauR 2012, 648 = ZfBR 2012, 356 = IBR 2012, 204 – *Vogel*.

suchen Erwerber bei gravierenden Mängeln den Erwerbervertrag im Wege des großen Schadensersatzes **rückabzuwickeln**. Das ist vielfach erfolgreich, weil dieser große Schadensersatzanspruch nicht durch AGB ausgeschlossen werden kann (siehe Rdn. 491).

Verlangt der Auftraggeber Schadensersatz statt der ganzen Leistung, so läuft dies auf die **Rückzahlung erbrachter** Vergütungen/Honorare sowie auf den **Ersatz von Mehrkosten** hinaus. Bei diesem Schadenersatzanspruch wird demnach das **Gesamtwerk** von dem Auftraggeber **zurückgewiesen** und statt dessen der Ersatz des durch die Pflichtverletzung entstandenen Schadens geltend gemacht.[169] Indes hat das SchRModG die Möglichkeit des großen Schadensersatzes erheblich eingeschränkt; nach § 281 Abs. 1 Satz 3 kann Schadensersatz statt der ganzen Leistung nur verlangt werden, wenn die Pflichtverletzung und damit der Mangel **erheblich** ist. Dementsprechend ist nach der Rechtsprechung des BGH ein Anspruch auf großen Schadensersatz zu versagen, wenn ein Mangel so geringfügig ist, dass der Besteller gegen Treu und Glauben verstößt, wenn er ihn durchsetzen will.[170] Liegt nur eine „**Teilleistung**" vor, so kommt dieser Schadensersatz nur in Betracht, wenn der Auftraggeber „an der Teilleistung kein Interesse hat", was er nur in den seltensten Fällen wird nachweisen können. Eine (bloß) mangelhafte Leistung ist noch keine „Teilleistung" i.S. des § 281 Abs. 1 Satz 2 BGB.[171]

2224 Für die **Schadensberechnung** ist zu beachten, dass vor allem **Vorteile** auf den Schaden anzurechnen sind;[172] dies gilt vor allem für den Wert der Nutzung. Ist das Bauobjekt vermietet, sind die tatsächlichen Mieteinnahmen abzüglich des Erhaltungsaufwands maßgebend.[173] Bei der eigengenutzten Wohnung muss der Vorteil in ein Verhältnis zum Wert der mit dem Erwerb getätigten Investition gesetzt und zeitanteilig linear ermittelt werden.[174]

---

[169] Zum Anspruch auf Herausgabe mangelhafter Bauteile: OLG Celle, IBR 2012, 200 – *Schwenker*.
[170] BauR 2009, 1288, 1291 = IBR 2009, 449 – *Seibel*.
[171] Siehe: *Palandt/Grüneberg*, § 281 BGB, Rn. 36; OLG Köln, NJW-RR 2002, 15.
[172] *Drasdo*, NJW-Spezial 2006, 529. Zur Berechnung des großen Schadensersatzanspruchs: BGH, BauR 2009, 1140 = ZfBR 2009, 453 = IBR 2009, 272 – *Weyer*; BGH, BauR 2012, 648 = ZfBR 2012, 356 = IBR 2012, 204 – *Vogel* (zur **Anrechnung** von Steuervorteilen bei der Rückabwicklung); BGH, BauR 2011, 1164; BGH, BauR 2008, 1450 = IBR 2008, 516 – *Schulze-Hagen*; BGH, BauR 2010, 225 = ZfBR 2010, 131; OLG Karlsruhe, IBR 2010, 89 – *Weyer*; OLG Hamm, BauR 2009, 861 (LS) = IBR 2009, 265 – *Müller-Stoye*.
[173] BGH, NJW 1982, 1279; *Vogel*, ZfIR 2006, 12.
[174] BGH, IBR 2006, 32.

II. Die Mängelrechte des Bauherrn nach der VOB

Übersicht

	Rdn.		Rdn.
1. Das Verhältnis der Mängelrechte zueinander..................	2227	aa) Der kleine Schadensersatzanspruch nach § 13 Abs. 7 Nr. 3 Satz 1 VOB/B.......	2247
2. Die Minderung (§ 13 Abs. 6 VOB/B)	2233	bb) Der große Schadensersatzanspruch nach § 13 Abs. 7 Nr. 3 Satz 2 VOB/B.......	2255
3. Der Schadensersatzanspruch aus § 13 Abs. 7 bzw. § 4 Abs. 7 Satz 2 VOB/B	2242	b) Der Schadensersatzanspruch aus § 4 Abs. 7 Nr. 2 VOB/B ...	2260
a) Der Anspruch aus § 13 Abs. 7 VOB/B.................	2242		

Literatur

Nicklisch, Mitwirkungspflichten des Bestellers beim Werkvertrag, insbesondere beim Bau- und Industrieanlagenvertrag, BB 1979, 533; *Hesse*, Vereinbarung der VOB für Planungsleistungen, ZfBR 1980, 259; *Schmidt*, § 13 VOB/B im Bauträgervertrag, BauR 1981, 119; *Heinrich*, Die Einwirkung der VOB auf den BGB-Bauvertrag im Bereich des Mängelrechts, BauR 1982, 224; *Baden*, Die Befugnis des Unternehmers zur Mängelbeseitigung beim BGB- und VOB-Vertrag. Zur Funktion der Ablehnungsandrohung auch bei § 13 Nr. 5 Abs. 2 VOB/B, BauR 1986, 28; *Clemm*, Mängelbeseitigung auf Kosten des Auftragnehmers vor der Abnahme des Bauwerks nach der VOB/B, BauR 1986, 136; *Müller-Foell*, Ersatzvornahme beim VOB-Bauvertrag vor Abnahme auch ohne Kündigung?, NJW 1987, 1608; *Kniffka*, Abnahme und Abnahmewirkungen nach der Kündigung des Bauvertrages – Zur Abwicklung des Bauvertrages nach der Kündigung unter besonderer Berücksichtigung der Rechtsprechung des Bundesgerichtshofes, ZfBR 1998, 113; *Adler/Everts*, Kündigungsrechte des Auftragnehmers trotz mangelhafter Werkleistung, BauR 2000, 1111; *Quack*, VOB/B als Ganzes und die Modernisierung des Schuldrechts, ZfBR 2002, 428; *Siegburg*, Der Baumangel nach der geplanten VOB/B 2002, Festschrift für Jagenburg (2002), 837; *Kratzenberg*, Der Beschluss des DVA-Hauptausschusses zur Neuherausgabe der VOB 2002 (Teile A und B), NZBau 2002, 177; *Tempel*, Ist die VOB/B noch zeitgemäß?, NZBau 2002, 465 (Teil 1) u. 532 (Teil 2); *Kemper*, Die Neuregelung der Mängelansprüche in § 13 VOB/B – 2002, BauR 2002, 1613; *Voppel*, Die AGB-rechtliche Bewertung der VOB/B nach dem neuen Schuldrecht, NZBau 2003, 6; *Weyer*, § 13 VOB/B 2002: Viele Änderungen und was wirklich Neues? BauR 2003, 613; *Brügmann/Kenter*, Abnahmeanspruch nach Kündigung von Bauverträgen, NJW 2003, 2121; *Miernik*, Die Anwendbarkeit der VOB/B auf Planungsleistungen des Bauunternehmers, NZBau 2004, 409; *Moufang/Klein*, Die Bedeutung der VOB/C für die Leistungspflichten der Bauvertragspartner, Jahrbuch Baurecht 2004, 71; *Weyer*, Werkvertragliche Mängelhaftung nach neuem Recht: Probleme bei Minderung und Schadensersatz, ebenda, 245; *Gebauer*, Die AGB-rechtlich entprivilegierte VOB/B, BauR 2004, 1843; *Mundt*, Zur angemessenen Nachbesserungsfrist bei witterungsabhängigen Nachbesserungsarbeiten, BauR 2005, 1397; *Tomic*, Verjährung des Kostenerstattungsanspruchs (§§ 4 Nr. 7, 8 Nr. 3 VOB/B), BauR 2006, 441; *Zahn*, Darlegungs- und Beweislast bei der Geltendmachung von Mängelrechten, BauR 2006, 1823; *Knychalla*, Abnahme nach Kündigung des Bauvertrages, Jahrbuch Baurecht 2007, 1; *Zeitler*, § 12 VOB/B „in Ordnung"? – Inhaltskontrolle der Mängelvorbehaltsklausel des § 12 Nr. 5 Abs. 3 VOB/B, ebenda, 115; *Schwenker*, Ist die VOB/B auch in Verbraucherverträgen privilegiert?, ZfBR 2007, 529; *Matties*, Mängelrechte in der Insolvenz des Bauunternehmers, BauR 2012, 1005; *Leidig/Hürter*, Zusätzliche Vergütung für Reparaturarbeiten vor Abnahme, NZBau 2012, 688; *Peters*, Weisungen des Bestellers nach VOB/B und BGH, NZBau 2012, 615; *Weyer*, Nochmals: § 13 Abs. 3 VOB/B in der isolierten Inhaltskontrolle, BauR 2013, 389; *Diehr*, Der Wartungsvertrag – Einordnung in das Bau- und Vergaberecht, ZfBR 2014, 107; *Joussen*, Vereinbarung der VOB/B bei Werklieferungsverträgen, BauR 2014, 1195.

2225 Das System der Mängelrechte innerhalb der VOB hat sich schon immer in wesentlichen Punkten von dem des BGB unterschieden; das gilt auch nach dem SchRModG und für die **VOB/B 2009**. Diese enthält insoweit eine abschließende Regelung; so war u.a. nach herrschender Ansicht im Anwendungsbereich der VOB die Wandelung (nach altem Recht) ausgeschlossen.[1] Die VOB/B kennt auch kein **Rücktrittsrecht** wie das neue Werkvertragsrecht (§ 634 Nr. 3 BGB)[2]; vielmehr sehen die Vorschriften der VOB/B für den Fall der **Leistungsstörung** (nach Fristsetzung mit Leistungsablehnungs-[Auftragsentziehungs-]Androhung) **Kündigung** und **Schadensersatz** vor. Hiergegen bestehen aber keine durchgreifenden Bedenken, weil das Regelungsziel, nämlich die Beendigung des Vertrags und die Abrechnung der erbrachten Leistungen auf der Basis der Vertragspreise, in beiden Systemen identisch ist.[3]

Als Mängelansprüche kommen beim VOB-Bauvertrag daher nur in Betracht:
* der Anspruch auf Mängelbeseitigung (**Nacherfüllung**) (§ 13 Abs. 5 Satz 1 VOB/B),[4] bzw. **Ersatzvornahme** (§ 13 Abs. 5 Nr. 2 VOB/B)[5]
* das Recht auf **Minderung** (§ 13 Abs. 6 VOB/B)
* der Anspruch auf **Schadensersatz** (§ 13 Abs. 7; § 4 Abs. 7 Satz 2 VOB/B)

Bei dem Anspruch aus § 4 Abs. 7 Satz 1 VOB/B auf Mängelbeseitigung vor Abnahme der Bauleistung handelt es sich allerdings nicht um einen Gewährleistungs-, sondern um einen echten Erfüllungsanspruch;[6] erst die **Abnahme** beendet – auch nach einer Kündigung – das Erfüllungsstadium. Damit hat die Abnahme u.a. die wichtige Konsequenz, dass dem Auftraggeber statt der Ansprüche aus § 4 Abs. 7 nur noch die umgewandelten Ansprüche aus § 13 Abs. 5 bis 7 Nr. 1–3 VOB/B zustehen.[7] Somit ist nach Abnahme auch ein Zurückgreifen auf die allgemeinen Vorschriften über die Leistungsstörung ausgeschlossen.[8]

2226 Wie bei der Gewährleistungsklage aufgrund eines BGB-Bauvertrages hat der Auftraggeber auch hier im Rahmen seiner Klage genau zu differenzieren und im Einzelnen anzugeben, welche Ansprüche er gegenüber dem Unternehmer verfolgt, da die Voraussetzungen innerhalb der einzelnen Mängelrechte unterschiedlich sind. Der allgemeine Hinweis, Mängelansprüche geltend zu machen, reicht nicht aus. Bei mehreren Baumängeln ist jeweils anzugeben, welcher Mangelanspruch bei dem einzelnen Baumangel geltend gemacht wird.

---

1) OLG Karlsruhe, BauR 1971, 55; OLG Koblenz, NJW 1962, 741; *Weyer*, in: Kapellmann/Messerschmidt, § 13 VOB/B, Rn. 371 m.w.Nachw.; offen gelassen von BGHZ 42, 232 = NJW 1965, 152. Zum Ausschluss der Wandelung in einem **Bauträgervertrag** durch Vereinbarung der VOB: OLG Hamm, NJW-RR 1998, 1031, 1032; OLG Koblenz, NJW-RR 1995, 1004; OLG Köln, BauR 1986, 219 = NJW 1986, 330.
2) *Weyer*, in: Kapellmann/Messerschmidt, § 13 VOB/B, Rn. 371 m.w.Nachw. in Anm. 1956.
3) *Kratzenberg*, NZBau 2002, 177, 179; im Ergebnis ebenso: *Weyer*, in: Kapellmann/Messerschmidt, § 13 VOB/B, Rn. 346; *Leinemann/Schliemann*, § 13 VOB/B, Rn. 433; *Heiermann/Riedl/Rusam/Kuffer*, Einf. zu §§ 8 u. 9 VOB/B, Rn. 26; kritisch: *Kiesel*, NJW 2002, 2064, 2067; **a.A.:** *Donner*, in: Franke/Kemper/Zanner/Grünhagen, § 13 VOB/B, Rn. 226.
4) Zwar entspricht die Vorschrift im Wesentlichen § 637 BGB, gilt aber ausschließlich für die Zeit nach Abnahme und stellt nach (bestrittener) Ansicht einen echten **Gewährleistungsanspruch** dar (s. Rdn. 1622).
5) Zur Ersatzvornahme **während** der Bauausführung: BGH, BauR 2000, 1479 = ZfBR 2000, 479; BGH, BauR 2009, 99 = NZBau 2009, 173.
6) *Keller*, in: Franke/Kemper/Zanner/Grünhagen, § 4 VOB/B, Rn. 245 m.w.Nachw.
7) BGH, BauR 2003, 689, 692.
8) OLG Düsseldorf, NZBau 2001, 562 = NJW-RR 2001, 1387, 1388 für § 13 Nr. 5 Abs. 2 VOB/B.

1. Das Verhältnis der Mängelrechte zueinander

Im Gegensatz zum BGB-Werkvertragsrecht kann der Auftraggeber bei einem prozessualen Vorgehen innerhalb der einzelnen Gewährleistungsrechte nicht frei wählen. Vielmehr besteht eine **bestimmte Rangfolge**.

Grundsätzlich stellt das Gewährleistungsrecht der VOB den Mangelbeseitigungsanspruch des Auftraggebers gegenüber dem Unternehmer in den Vordergrund: Der Unternehmer soll durch eine Nacherfüllung die Möglichkeit erhalten, den durch ihn verursachten Mangel selbst zu beheben und damit einen vertragsgemäßen Zustand dauerhaft herbeizuführen (§ 4 Abs. 7 Satz 1, § 13 Abs. 5 Nr. 1 Satz 1 VOB/B; vgl. Rdn. 2137 ff.). Nur ausnahmsweise steht dem Bauherrn das „Ersatzrecht" auf Minderung zu, wenn die Beseitigung des Mangels **unmöglich** oder **unzumutbar** ist oder einen **zu hohen Kostenaufwand** erforderlich macht. Der **Mangelbeseitigungs-(Nacherfüllungs-)anspruch** und das Recht auf Minderung stehen also dem Auftraggeber nicht wahlweise, sondern (zunächst) nur alternativ zu.[9]

Neben den beiden vorgenannten Mängelrechten kann der Auftraggeber außerdem **Schadensersatz** gemäß § 13 Abs. 7 Nr. 3 VOB/B vom Unternehmer verlangen, wenn sein Schaden nicht durch Nacherfüllung oder Minderung abgedeckt ist. Es handelt sich dann um eine Art Zusatzanspruch; der Schadensersatzanspruch ergänzt die beiden übrigen Mängelrechte der VOB.[10] Dabei ist zu berücksichtigen, dass ein Nacherfüllungs- und Minderungsanspruch nur den Mangel an der geschuldeten **Bauleistung** selbst betreffen kann, während der Schadensersatzanspruch des § 13 Abs. 7 Nr. 3 VOB/B auch dann zum Zuge kommt, wenn daneben noch ein Schaden an einem bauwerksfremden Rechtsgut eingetreten ist (vgl. Rdn. 2242 ff.).

Es ist deshalb denkbar und in der Praxis auch fast die Regel, dass der Auftraggeber wegen desselben Baumangels auf mehrere Mängelrechte zurückgreifen muss. Dies kann der Fall sein, wenn eine Nacherfüllung nur **teilweise** erfolgt ist. Dann kann der Auftraggeber bezüglich des Teils des Baumangels Minderung verlangen, dessen Beseitigung unmöglich ist. Ferner kann er wegen weitergehender Schäden, die sich aus dem Baumangel ergeben, im Rahmen des § 13 Abs. 7 Nr. 3 VOB/B Schadensersatz beanspruchen.[11] Liegen im Einzelfall mehrere (abgrenzbare) Mängel vor, kann für jeden einzelnen Mangel ein anderes Mängelrecht in Erwägung zu ziehen sein.

Die **Schadensersatzansprüche** aus § 13 Abs. 7 Nr. 3 VOB/B und § 4 Abs. 7 Satz 2 VOB/B schließen sich ebenfalls gegenseitig aus; sie können also nur **alternativ** in Betracht kommen. Der Schadensersatzanspruch aus § 4 Abs. 7 Satz 2 VOB/B stellt (nach altem Recht) einen Schadensersatzanspruch aus positiver Vertragsverletzung dar und nicht einen solchen wegen Nichterfüllung.[12] Die Sonderregelung

---

9) Beide Ansprüche stehen nebeneinander, soweit trotz ordnungsgemäßer Nacherfüllung ein Minderwert verbleibt.
10) BGH, BauR 1980, 461 = NJW 1980, 1953; *Kleine-Möller/Merl*, § 15, Rn. 925 ff.; *Bauer*, in: Motzke/Bauer/Seewald, 5, Rn. 323 ff.; Beck'scher VOB-Kommentar/*Kohler*, § 13 Abs. 7, Rn. 22.
11) *Weyer*, Jahrbuch Baurecht 2004, 245, 262.
12) BGH, BauR 1972, 172; BGH, BauR 1978, 306; *Kniffka*, ZfBR 1998, 113, 118; *Dähne*, BauR 1973, 268; *Heyers*, BauR 1974, 24.

des § 4 Abs. 7 Satz 2 VOB/B betrifft im Gegensatz zu § 13 Abs. 7 Nr. 3 VOB/B Schadensersatzansprüche für noch **nicht** abgenommene oder noch nicht fertiggestellte Werkleistungen. Er kann also nur **bis** zur Abnahme geltend gemacht werden; **nach** der Abnahme kommen grundsätzlich nur Ansprüche aus § 13 Abs. 7 Nr. 3 VOB/B in Betracht.[13] Hiervon wird jedoch eine Ausnahme gemacht: Ist der Baumangel, der den Schaden verursacht hat, bereits vor der Abnahme beseitigt worden, und ist der damit verbundene weitere Schaden noch nicht ausgeglichen, so kann dieser Schaden gemäß § 4 Abs. 7 Satz 2 VOB/B auch noch nach der Abnahme klageweise geltend gemacht werden.[14]

2231 Da die Mängelrechte innerhalb der VOB keinen gleichrangigen Charakter haben, ist ein **Wechsel** von einem Gewährleistungsanspruch zum anderen nach Klageerhebung oder im Berufungsverfahren in jedem Fall eine **Klageänderung** (§ 263 ZPO).[15] Sie kann aber im Einzelfall, also auch ohne Einwilligung des Gegners, **sachdienlich** sein: Verlangt der Auftraggeber zunächst Nacherfüllung, stellt sich später jedoch die Unmöglichkeit einer Mängelbeseitigung heraus, und begehrt der Auftraggeber nunmehr eine Minderung, ist der Wechsel von dem Nacherfüllungs- zum Minderungsanspruch als sachdienlich anzusehen, weil damit der Streit um den geltend gemachten Bauschaden beendet werden kann, ohne dass ein neuer Prozess geführt werden muss.

2232 Dasselbe gilt für den Wechsel vom Nacherfüllungsanspruch oder Minderungsrecht zum Schadensersatzanspruch: Allerdings ist ein derartiger Wechsel bezüglich **desselben** Schadens nicht denkbar, weil sich der Schadensersatzanspruch nach § 13 Abs. 7 Nr. 3 VOB/B nur auf solche Schäden bezieht, die nicht schon durch eine Nacherfüllung oder eine Minderung ausgeglichen sind oder ausgeglichen werden können. Da aber derselbe Baumangel Ausgangspunkt aller drei Gewährleistungs-(Mängel-)ansprüche ist, wird bei einem entsprechenden Wechsel kein völlig neuer Streitstoff zur Entscheidung gestellt. Allerdings wird es im Einzelfall maßgeblich darauf ankommen, ob für die Entscheidung über den neuen Anspruch auf Schadensersatz auch eine neue Beweiserhebung notwendig wird, während im Übrigen der Prozess ohne Klageänderung entscheidungsreif wäre. Im letzten Fall können der Wechsel der Mängelrechte und damit eine Klageänderung unter Umständen nicht als sachdienlich angesehen werden.

2. Die Minderung (§ 13 Abs. 6 VOB/B)

Literatur

Kaiser, Die Minderung nach § 13 Nr. 6 VOB/B – Grundsätzliche Rechtsfragen, ZfBR 1991, 87; *Cuypers*, Zur Berechnung des Minderungsbetrages beim Bauvertrag, BauR 1993, 541; *Lorenz*, Rechtsgrundlagen des Anspruchs „aus Minderung", JuS 1993, 727; *Mandelkow*, Die Unverhältnismäßigkeit der Nachbesserung, BauR 1996, 656; *Mortensen*, Das Ermitteln von Wertminderungen für eine spezielle Gruppe von Baumängeln, BauR 1998, 73; *Isenmann*, Wohnflächenberech-

---

13) BGH, BauR 1998, 332, 333; BGHZ 51, 275, 276; OLG Oldenburg, OLGR 2000, 114, 115; OLG Düsseldorf, *Schäfer/Finnern*, Z 2.50 Bl. 15; *Dähne*, BauR 1973, 272.
14) Vgl. näher *Dähne*, BauR 1973, 268; *Heyers*, BauR 1974, 24.
15) OLG Karlsruhe, BauR 2006, 540 (Übergang vom Vorschussanspruch auf Schadensersatz); s. aber: OLG Brandenburg, NJW-RR 2001, 386 (Abweichung von BGH, BauR 1998, 369 = NJW-RR 1998, 1006).

Minderung (§ 13 Abs. 6 VOB/B)

nung, NZM 1998, 749; *Knüttel*, Minderwertberechnungen, Festschrift für Vygen (1999), 311; *Pauly*, Zur Frage der Berechnung des Minderungsbetrages und des Minderwertes beim Bauvertrag am Beispiel von Schallschutzmängeln, BauR 2002, 1321; *Weyer*, Werkvertragliche Mängelhaftung nach neuem Recht: Probleme bei Minderung und Schadensersatz, Jahrbuch Baurecht 2004, 245; *Miernik*, Vertragswidrige Leistung: Herabsetzung des Werklohns nach § 2 VOB/B und/oder nach § 13 VOB?, BauR 2005, 1698; *Weyer*, Minderung durch den Insolvenzverwalter des Generalunternehmers gemäß § 13 Nr. 6 1. Alt. VOB/B: § 13 Nr. 5 Abs. 1 Satz 2 VOB/B anwendbar?, BauR 2007, 755.

Siehe ferner die Literatur vor Rdn. 2192.

Das SchRModG hat den bisherigen Anspruch auf Minderung (§§ 634, 472 ff. BGB a.F.) durch ein **Gestaltungsrecht** ersetzt (§ 634 Nr. 3 BGB), was mit der Neufassung der VOB 2002 nunmehr auch Bestandteil der VOB-Verträge ist: Nach § 13 Abs. 6 Satz 1 VOB/B kann der Auftraggeber „**durch Erklärung**" gegenüber dem Auftragnehmer die Vergütung mindern (§ 638 BGB)", sofern die Beseitigung des Mangels für den Auftraggeber „**unzumutbar**" oder „**unmöglich**" ist oder einen unverhältnismäßig hohen Aufwand erfordern würde und deshalb von dem Auftragnehmer verweigert wird. Die Berechnung erfolgt entsprechend § 638 Abs. 3 BGB.

Auch für die Vorschrift des § 13 Abs. 6 VOB/B gilt unverändert: Solange der Auftraggeber noch einen Anspruch auf Nacherfüllung hat, scheidet ein Recht auf Minderung aus.[16] Da die VOB im Übrigen eine abschließende Regelung darstellt, ist ein Rückgriff auf das gesetzliche Minderungsrecht nach § 638 Abs. 1 BGB nicht möglich.[17] Darüber hinaus besteht auch neben dem Recht auf Minderung kein Rücktrittsrecht, selbst wenn die Minderung im Einzelfall auf eine 100 %ige Herabsetzung des Werklohns hinausliefe.[18]

Daher gehört zum Vortrag des Auftraggebers bei einem Vorgehen nach der VOB, soweit er Minderung der Vergütung verlangt:

* die Beseitigung des Mangels ist **unmöglich** (§ 13 Abs. 6 1. Alt. VOB/B), und zwar sowohl durch den Unternehmer (§ 13 Abs. 5 Nr. 1 VOB/B) als auch durch den Auftraggeber im Wege des Selbsthilferechts (§ 13 Abs. 5 Nr. 2 VOB/B)

oder

* die Beseitigung des Mangels erfordert einen **unverhältnismäßig hohen Aufwand** und wird deshalb vom Unternehmer **verweigert** (§ 13 Abs. 6 2. Alt. VOB/B); oder ausnahmsweise

* die Beseitigung des Mangels ist für den Auftraggeber **unzumutbar** (§ 13 Abs. 6 VOB/B)

Einer **Fristsetzung** des Auftraggebers gegenüber dem Unternehmer bedarf es in diesen Fällen im Gegensatz zu § 638 BGB nicht.

---

16) *Leinemann/Schliemann*, § 13 VOB/B, Rn. 359; *Daub/Piel/Soergel/Steffani*, ErlZ B 13.474 für das alte Recht.
17) BGH (IX. ZS), BauR 2006, 1884 = NZBau 2006, 635; *Leinemann/Schliemann*, § 13/B, Rn. 363.
18) Der Beschluss des Vorstandes des Deutschen Vergabe- und Vertragsausschusses vom 2. Mai 2002 hat dies (zutreffend) besonders hervorgehoben. S. hierzu: *Kratzenberg*, NZBau 2002, 177, 183; *Kiesel*, NJW 2002, 2064, 2069; zur **Rückabwicklung** des Erwerbs einer Eigentumswohnung im Rahmen eines großen Schadensersatzanspruchs: OLG Naumburg, BauR 2008, 1156, 1158.

2234 Wird das Ansinnen nach einer Minderung auf das Tatbestandsmerkmal „Unmöglichkeit" der Mängelbeseitigung gestützt, so muss diese unzweifelhaft eine **objektive** sein; eine nur subjektive – auch finanzielle – Unmöglichkeit reicht nicht aus.[19] Objektive Unmöglichkeit beurteilt sich stets nach **technischen** Gesichtspunkten;[20] es muss also im Grunde jedem Unternehmer unmöglich sein, den Mangel in bautechnischer Hinsicht nachhaltig zu beseitigen. Dementsprechend liegt eine **subjektive Unmöglichkeit,** die nicht zur Minderung berechtigt, vor, wenn schon ein anderer Unternehmer die Mängelbehebung vornehmen kann, oder wenn Leistungserschwernisse auftreten, die von vornherein erkennbar waren.[21]

2235 Die **rechtliche Unmöglichkeit** der Nacherfüllung wird allerdings der objektiven gleichzusetzen sein. Nach OLG Bremen[22] liegt z.B. eine (rechtliche) „Unmöglichkeit" vor, wenn das Gebäude zwangsversteigert ist. Kommt nach Lage der Dinge nur eine **Neuherstellung** der Bauleistung in Betracht, kann von einer „Unmöglichkeit" im Sinne des § 13 Abs. 6 VOB/B noch nicht gesprochen werden.[23]

2236 Lässt sich der Mangel nur **teilweise** beheben, kann Minderung nur für den Teil des Mangels verlangt werden, der nicht behoben werden kann.[24] Maßgebend ist dabei aber, ob im Einzelfall durch eine teilweise mögliche Mängelbeseitigung eine unzumutbare Teiltauglichkeit erreicht worden ist. Ob die Mängelbeseitigung ganz oder nur teilweise unmöglich ist, kann nur aufgrund der Umstände des Einzelfalles beurteilt werden.

2237 Ist der Mangel objektiv behebbar, so kann der Auftraggeber weiterhin Minderung verlangen, wenn die Nachbesserung nur mit einem **unverhältnismäßig hohem Aufwand** möglich ist und gerade aus diesem Grunde der Unternehmer die Mängelbeseitigung ablehnt. Thode[25] hat zu Recht darauf hingewiesen, dass bei den Instanzgerichten eine weit verbreitete fehlerhafte „Vorstellung von der Unverhältnismäßigkeit der Nachbesserung" bestehe; denn nach der ständigen Rechtsprechung des BGH[26] ist dieser Einwand im Ausgangspunkt überhaupt nur gerechtfertigt, „wenn einem objektiv geringen Interesse des Bestellers an einer mangelfreien Vertragsleis-

---

19) *Daub/Piel/Soergel/Steffani,* ErlZ B 13.476; *Kaiser,* Rn. 87; *Wirth,* in: Ingenstau/Korbion, § 13 Abs. 6/B, Rn. 25. Zur Darlegungs- und Beweislast: *Leinemann/Schliemann,* § 13 VOB/B, Rn. 377 ff.
20) BGHZ 68, 208 = BauR 1977, 203 (nicht korrigierbares Gründungsniveau); OLG Frankfurt, OLGR 2000, 206 (Minderbreite einer Einzelgarage); OLG Rostock, BauR 1997, 654 (statisch wirksame Tragekonstruktion für einen Wintergarten); OLG Braunschweig, BauR 1981, 70 (Sichtmauerwerk – **optische Mängel**; siehe dazu: *Oswald,* Jahrbuch Baurecht 1998, S. 357 ff.; *Mandelkow,* BauR 1996, 656 ff.; *Schmidt-Morsbach,* BauR 1982, 328 ff.; *Kamphausen,* BauR 1995, 343 ff.); OLG Düsseldorf, BauR 1984, 294 **(fehlende Genehmigungsfähigkeit);** OLG Düsseldorf, BauR 1982, 587 **(wirtschaftliche Gesichtspunkte unbeachtlich).**
21) OLG Düsseldorf, IBR 1999, 160 – *Metzger.*
22) MDR 1990, 339 = NJW-RR 1990, 218; *Kapellmann/Messerschmidt/Weyer,* § 13 VOB/B, Rn. 321.
23) *Donner,* in: Franke/Kemper/Zanner/Grünhagen, § 13/B, Rn. 187; *Nicklisch/Weick,* § 13/B, Rn. 198.
24) Vgl. OLG Köln, *Schäfer/Finnern,* Z 2.414.2 Bl. 1; *Nicklisch/Weick,* § 13/B, Rn. 199, die allerdings zutreffend darauf hinweisen, dass eine Gesamtminderung in Erwägung zu ziehen ist, wenn eine teilweise Mängelbeseitigung keinen Vorteil bringt.
25) ZfIR 2006, 621, 622.
26) BGH, BauR 2006, 377, 378 = ZfBR 2006, 154, 155.

Minderung (§ 13 Abs. 6 VOB/B)

tung ein ganz erheblicher und deshalb vergleichsweise unangemessener Aufwand gegenübersteht."

Was unter **unverhältnismäßig hohem Aufwand** zu verstehen ist, hat der BGH[27] im Übrigen schon für das alte Recht wie folgt umschrieben (s. auch Rdn. 2101 ff.):

„Nach § 633 Abs. 2 Satz 3 BGB (a.F.) kann der Unternehmer die Beseitigung eines Mangels verweigern, wenn sie einen unverhältnismäßigen Aufwand erfordert. Dies ist nach der Rechtsprechung des Senats (vgl. Urteil vom 4.7.1996 – VII ZR 24/95 = BauR 1996, 858 = ZfBR 1996, 313 m.w.Nachw.) der Fall, wenn mit der Nachbesserung der in Richtung auf die Beseitigung des Mangels erzielbare Erfolg bei Abwägung aller Umstände des Einzelfalles in keinem vernünftigen Verhältnis zur Höhe des dafür erforderlichen Aufwandes steht. Unverhältnismäßigkeit ist danach in aller Regel nur anzunehmen, wenn einem objektiv geringen Interesse des Bestellers an einer völlig ordnungsgemäßen vertraglichen Leistung ein ganz erheblicher und deshalb vergleichsweise unangemessener Aufwand gegenübersteht. Hat der Besteller hingegen objektiv ein berechtigtes Interesse an einer ordnungsgemäßen Erfüllung, kann ihm regelmäßig nicht wegen hoher Kosten die Nachbesserung verweigert werden."

Entscheidend ist deshalb nicht allein der hohe Aufwand für eine Mängelbeseitigung, sondern das Verhältnis von Aufwand und Erfolg der Mängelbeseitigung. Dabei ist immer die **Art der konkreten Nutzung** des Bauwerks sowie vor allem das damit verbundene objektiv berechtigte Interesse des Bestellers an einer mangelfrei erbrachten Leistung angemessen zu berücksichtigen.[28] Wird die **Funktionsfähigkeit** des geschuldeten Werkes entscheidend („spürbar") beeinträchtigt, kann eine Mängelbeseitigung nicht wegen „hoher Kosten" verweigert werden.[29] Anders kann dies bei **geringfügigen** Schönheitsfehlern (z.B. geringe Maßdifferenzen an Bauteilen ohne technischen Nachteil; unerhebliche Farbabweichungen) sein;[30] jedoch kommt

---

27) BauR 1997, 638 = ZfBR 1997, 249 = NJW-RR 1997, 1106; siehe ferner: BGH, BauR 2002, 613, 616 = ZfBR 2002, 345 = NZBau 2002, 338; BGH, BauR 1995, 540, 541; BauR 1991, 606, 608; NJW 1973, 138, 139 = BauR 1973, 112 = *Schäfer/Finnern*, Z 2.414 Bl. 298; OLG Düsseldorf, BauR 2009, 1317, 1318; OLG Celle, OLGR 2000, 114, 115; OLG Düsseldorf, BauR 1999, 404, 406 u. NJW-RR 1994, 342; BauR 1993, 82, 85 u. 733; OLG Hamm, BauR 1980, 462, 469 u. OLGR 1992, 312 (ein Kostenaufwand von 120.000 DM zur Schaffung der ausreichenden lichten Höhe des Dachgeschosses durch Höhersetzung des gesamten Daches ist **unverhältnismäßig**); ferner: OLG Köln, BauR 1990, 733 (**keine** Unverhältnismäßigkeit bei technisch durchführbarer Auswechselung von Heizungsrohren für eine Fußbodenheizung).
28) BGH, BauR 2006, 377 = NZBau 2006, 154 = IBR 2006, 85 – *Sienz* (**Abdichtung** von Bädern; Nichteinhaltung von Schallschutzanforderungen); BauR 2006, 382 = NZBau 2006, 177 (**Funktionsbeeinträchtigung**; Straßenbelag); s. auch **zutreffend**: OLG Hamm, IBR 2004, 21 – *Kamphausen*; OLG Schleswig, IBR 2006, 86 – *Steiger* (Fußboden; deutliches **Gefälle**); OLG Nürnberg, BauR 2007, 413, 417 (**Altbausanierung**; Trockenlegung des Kellers); OLG Bamberg, IBR 2006, 197 – *Frank* (funktionsuntüchtige Dachkonstruktion); OLG Köln, OLGR 1992, 58 (für Geräuschentwicklung im Dach einer Lagerhalle); siehe ferner: OLG Hamm, NJW-RR 2001, 146 = BauR 2001, 1262, 1265 (**Schallschutz**); OLG Düsseldorf, BauR 2001, 1922 (**Wärmedämmung**); OLG Nürnberg, IBR 2001, 607 – *Groß*.
29) BGH, BauR 2006, 377 = NZBau 2006, 154; BauR 1996, 858 = ZfBR 1996, 313 = NJW 1996, 3269 (für einen nicht ausreichend tragfähigen Hotelaufzug); OLG Düsseldorf, BauR 2014, 851, 858 und BauR 2009, 1317, 1318; **bedenklich**: OLG Celle, OLGR 2006, 509 = IBR 2006, 404 – *Schwenker* (keine DIN-gerechte Pflasterarbeit); OLG Celle, IBR 2007, 132 – *Steiger* (fehlende frostsichere Gründung); OLG Celle, IBR 2006, 132 – *Karczewski* (Rostbeseitigung).
30) LG Heidelberg, NZBau 2014, 362 = IBR 2014, 143 – *Koenen* („Hohlklingen" des Parkettfußbodens); OLG Celle, BauR 2003, 915 (**Ausblühungen** am Giebel) u. BauR 1996, 259 (**Farbabweichungen** eines Industriefußbodens); OLG Hamm, BauR 2003, 1403 = NJW-RR 2003,

es auch hierbei stets auf den **Einzelfall** an. Wer zum Beispiel in einer „Luxuswohnung" einen sehr teuren Marmorboden verlegen lässt, muss sich nicht mit einer (teilweise) matten statt glänzenden Polituroberfläche zufriedengeben, wenn die Räumlichkeiten ganz wesentlich von der Bodengestaltung (z.B. Lichteinflüsse) geprägt werden.

Lehnt der Unternehmer die Nachbesserung zu Recht wegen eines „unverhältnismäßig hohen Aufwandes" ab, bemisst sich der dem Auftraggeber zustehende Minderungsbetrag nicht nach den fiktiven Mängelbeseitigungskosten, sondern nach dem **angemessenen Ausgleichsbetrag für den Wertverlust** des Werkes.[31] Verwendet der Unternehmer z.B. im Verhältnis zur geschuldeten Leistung ein minderwertigeres Material, dann ist die Vergütung „um den Vergütungsanteil zu mindern, der der Differenz der erbrachten und der geschuldeten Ausführung entspricht";[32] zusätzlich kann der Auftraggeber eine Minderung für den **technischen** und **merkantilen Minderwert** beanspruchen. Der Minderungsbetrag ist gegebenenfalls, sofern greifbare Anhaltspunkte bestehen, gemäß § 287 ZPO zu schätzen.[33]

2239 Der Auftraggeber trägt die **Beweislast** für die **Unmöglichkeit** der Mängelbeseitigung, wenn er sich im Rahmen der Minderungsklage auf die erste Alternative des § 13 Abs. 6 VOB/B stützt[34] und der Unternehmer dies bestreitet. Dasselbe gilt für die zweite Alternative: Der Auftraggeber trägt die Beweislast – bei einem **Bestreiten** des Unternehmers – für die **Verweigerung** der Mängelbeseitigung durch den Unternehmer wegen unverhältnismäßig hoher Aufwendungen. Streiten die Parteien darüber, ob die Voraussetzungen der „Unverhältnismäßigkeit" gegeben sind, ist der Auftragnehmer darlegungs- und beweispflichtig.[35]

2240 Neben diesem Regeltatbestand kann **ausnahmsweise** Minderungsklage nach der VOB erhoben werden, wenn eine Nacherfüllung dem Auftraggeber **unzumutbar** ist.[36] Da es sich insoweit um einen Ausnahmetatbestand handelt und die VOB grundsätzlich vom Nacherfüllungsrecht des Unternehmers ausgeht, sind hier

---

965 (Haustürpodest in kleinen statt großen Steinen); OLG Düsseldorf, BauR 1998, 126 (**Kantenaufwölbungen** eines Fertigparkettfußbodens bis zu 0,5 mm); OLG Celle, BauR 1998, 401 = OLGR 1998, 318 (**Farbabweichungen** einer Marmortreppe); OLG Koblenz, BauR 2003, 1728, 1729 = NZBau 2003, 681, 682 (für Dachstuhl einer Scheune); OLG Düsseldorf, NJW-RR 1994, 342; OLG Frankfurt, BauR 1988, 611; OLG München, VersR 1965, 366; OLG Stuttgart, BauR 1994, 519, 521; *Schmalzl*, NJW 1965, 129, 135; *Wussow*, NJW 1967, 953, 955; kritisch: *Mandelkow*, BauR 1996, 656 ff.

31) BGH, BauR 2003, 533, 534 = NZBau 2003, 214 = NJW 2003, 1188; OLG Oldenburg, BauR 2016, 124, 129; OLG München, OLGR 1992, 133 (bei kalkulierten Mängelbeseitigungskosten von 20.000 DM bis 25.000 DM Minderungsbetrag von 15.000 DM zugesprochen); s. ferner: OLG Celle, BauR 1998, 401, 402; OLG Düsseldorf, BauR 1999, 498 = OLGR 1999, 76 (Grad der optischen Beeinträchtigung).

32) BGH, BauR 2003, 533, 535 = NZBau 2003, 214, 215.

33) BGH, BauR 1997, 700 (LS) = NJW-RR 1997, 688 = *SFH*, Nr. 24 zu § 634 BGB für das alte Recht. § 638 Abs. 3 Satz 2 BGB n.F. sieht ausdrücklich eine **Schätzung** vor.

34) *Lauer/Wurm*, Rn. 265; *Kapellmann/Messerschmidt/Weyer*, § 13 VOB/B, Rn. 330; *Nicklisch/Weick*, § 13/B, Rn. 212; *Baumgärtel*, Beweislast, § 13 VOB/B, Rn. 14.

35) BGH, BauR 2002, 613, 617 = MDR 2002, 450; OLG Karlsruhe, OLGR 2005, 692, 694.

36) BGH (IX. ZS), BauR 2006, 1884, 1885 = NZBau 2006, 635 = ZfBR 2006, 776 = NJW 2006, 2919 m.Anm. *Huber* = IBR 2006, 550 – *Schmitz*; zur Unzumutbarkeit: *Heiermann/Riedl/Rusam/Mansfeld*, § 13 VOB/B, Rn. 149; *Donner*, in: Franke/Kemper/Zanner/Grünhagen, § 13 VOB/B, Rn. 167.

Minderung (§ 13 Abs. 6 VOB/B)

strenge Anforderungen an die Unzumutbarkeit zu stellen. Dabei sind sowohl objektive wie auch subjektive Maßstäbe anzuwenden; entscheidend ist, dass die Umstände, an die eine „Unzumutbarkeit" geknüpft werden, ausschließlich in der Sphäre des Auftraggebers liegen.[37] Als solche Tatbestände kommen deshalb z.B. in Betracht: **vollständiger Auszug** aus dem bereits bezogenen Bauwerk oder starke Beeinträchtigung der Benutzbarkeit des Bauwerks; berechtigte Zweifel an erfolgreicher Nacherfüllung („Experimentieren"); wiederholte erfolglose Nachbesserungen; ungewöhnliche Lärmbelästigungen; Eintritt eines hohen Schadens (z.B. Produktionsausfall einer Firma) usw.[38] Der Auftraggeber trägt insoweit die **Beweislast**.

Bei der **Berechnung des Minderwerts** wird auch beim VOB-Vertrag angesichts des eindeutigen Wortlauts des § 638 Abs. 3 BGB nicht mehr auf den Zeitpunkt der Abnahme, sondern auf denjenigen „zur Zeit des Vertragsschlusses" abzustellen sein.[39] Im Übrigen gelten die Berechnungsmodalitäten wie beim BGB-Bauvertrag, § 638 Abs. 3 BGB (vgl. Rdn. 2192 ff.).

* **Berechnungsbeispiele aus der Rechtsprechung**: OLG Koblenz, BauR 2006, 1758, 1760 zur Anwendung der II. BerechnungsVO für Fälle vor dem 1.1.2004; OLG Düsseldorf, NJW-RR 1997, 853 = BauR 1997, 477 u. NJW 1981, 1455 (Berechnung der Minderung wegen **zu klein ausgeführten Dachgeschosses**; dazu auch: OLG Celle, BauR 1998, 805; LG Ravensburg, BauR 1992, 216 u. OLG München, ZMR 1978, 365 – Abweichung der Nutz- und Wohnfläche einer Eigentumswohnung von **Prospektangaben**);[40] OLG Stuttgart, BauR 1989, 611 m.Anm. *Kamphausen* (Ermittlung des Minderwertes aufgrund des sog. **Zielbaumverfahrens**); OLG Düsseldorf, BauR 1998, 126 (Berechnung des technischen Minderwertes eines **Parkettfußbodens;** 30 % des Werklohnes); OLG Celle, BauR 1998, 401 (Berechnung des Minderwertes infolge optischer Beeinträchtigung einer **Marmortreppe; „Nutzwertanalyse"**).

Der Auftraggeber kann seinen wegen des Werkmangels bestehenden **Anspruch/Recht** auf Minderung abtreten.[41] Zum **technischen** und **merkantilen Minderwert** vgl. Rdn. 2249.

---

[37] Hat z.B. der **Auftraggeber** gegen den (Gemein-)Schuldner nur eine **Insolvenzforderung** (wegen der Mängel), ist dem Insolvenzverwalter eine Beseitigung der Mängel durch den **Nachunternehmer** unzumutbar (BGH, a.a.O.).

[38] Vgl. BGHZ 92, 308 = BauR 1985, 83 = NJW 1985, 381; BauR 2006, 1884 = NZBau 2006, 635; OLG Dresden, IBR 2002, 407 – *Keßler*; OLG Frankfurt, NJW-RR 1991, 665; OLG Celle, *Schäfer/Finnern*, Z 2.414 Bl. 88; LG München, *SFH*, Nr. 5 zu § 13 Nr. 6 VOB/B; LG Nürnberg-Fürth, NJW-RR 1986, 1466.

[39] **Streitig**; vgl. zum Meinungsstand: *Weyer*, Jahrbuch 2004, 245, 246 ff. m. Nachw. sowie oben Rdn. 2193.

[40] Zur **Berechnung** der **Nutzfläche** einer Eigentumswohnung: OLG Celle, BauR 1998, 805 u. BauR 1999, 663; LG Dresden, BauR 2000, 1886; OLG Koblenz, NZBau 2000, 562; OLG München, BauR 1980, 470 sowie OLG Hamburg, BauR 1980, 469 – Heranziehung der DIN 283.

[41] BGH, BauR 1985, 686 = NJW 1985, 2822; *Lauer/Wurm*, Rn. 148.

3. Der Schadensersatzanspruch aus § 13 Abs. 7 bzw. § 4 Abs. 7 Satz 2 VOB/B

Literatur

Schmalzl, Gedanken zur Rechtsnatur des Schadensersatzanspruches aus § 13 Nr. 7 VOB/B, BauR 1971, 72; *Dähne*, Rechtsnatur und Verjährung des Schadensersatzanspruches in § 4 Nr. 7 Satz 2 VOB/B, BauR 1973, 267; *Kaiser*, Umfang der Schadensersatzhaftung wegen Verzuges des Auftragnehmers nach der VOB Teil B, NJW 1974, 1310; *Kaiser*, Die Mängelhaftung nach VOB/B: Abgrenzung von den Ansprüchen aus positiver Vertragsverletzung, ZfBR 1990, 213; *Weyer*, Werkvertragliche Mängelhaftung nach neuem Recht: Weitere Probleme beim Schadensersatz, Jahrbuch Baurecht 2005, 1; *Schiemann*, Vorteilsanrechnung beim werkvertraglichen Schadensersatz, NJW 2007, 3037; *Dahmen*, Zum merkantilen Minderwert bei Gebäuden, BauR 2012, 24; *Diehr*, Der merkantile Minderwert im Baurecht, ZfBR 2015, 427.

a) Der Anspruch aus § 13 Abs. 7 VOB/B

2242 Die Vorschrift des § 13 Abs. 7 ist durch die VOB 2002 neu gefasst worden; nach § 13 Abs. 7 Nr. 1 VOB/B haftet der Unternehmer „bei schuldhaft verursachten Mängeln für Schäden aus der Verletzung des **Lebens**, des **Körpers** oder der **Gesundheit**";[42] nach Nr. 2 hat er bei „**vorsätzlich** oder **grob fahrlässig** verursachten Mängeln" für **alle Schäden** einzustehen. Mit diesen beiden neu gefassten Absätzen ist § 309 Nr. 7 BGB Rechnung getragen worden. Im Übrigen sind die Bestimmungen im neuen § 13 Abs. 7 Nr. 3 VOB/B 2002 zusammengefasst worden. Für die **Baupraxis** werden weiterhin allein § 13 Abs. 7 Nr. 3 Satz 1 und 2 VOB/B von Bedeutung sein; da eine inhaltliche Änderung nicht vorgenommen wurde, kann auf die bisherigen Grundsätze zurückgegriffen werden. Danach ergibt sich Folgendes:

§ 13 Abs. 7 Nr. 3 VOB/B erfasst zwei unterschiedliche Schadensersatzansprüche, nämlich in § 13 Abs. 7 Nr. 3 Satz 1 VOB/B den **kleinen Schadensersatzanspruch** und in § 13 Abs. 7 Nr. 3 den **großen Schadensersatzanspruch**. Während der kleine Schadensersatzanspruch die Schäden an der baulichen Anlage selbst erfasst, betrifft der große Schadensersatzanspruch alle darüber hinausgehenden Schäden, die auf eine mangelhafte Leistung des Unternehmers zurückgehen.[43] Die Vorschrift des § 13 Abs. 7 Nr. 3 VOB gibt dem Auftraggeber damit einen **zusätzlichen Anspruch** auf Schadensersatz, der neben dem Anspruch auf Nacherfüllung bzw. Minderung besteht.[44] Der Auftraggeber kann damit neben der Nacherfüllungs- oder Minderungsklage gleichzeitig Klage auf Schadensersatz erheben. Mit der zuletzt genannten Klage kann er dann den Schaden ersetzt verlangen, der durch eine Nacherfüllung des Baumangels oder eine Minderung der Vergütung des Unternehmers nicht ausgeglichen werden kann.[45] Während der Schadensersatzanspruch aus § 4 Abs. 7 Satz 2 VOB/B nur für Forderungen **bis** zur Abnahme gilt, betrifft § 13

---

[42] Zum erstattungsfähigen Schaden bei einer **Unbewohnbarkeit** des Hauses infolge Schimmelpilz: OLG Schleswig, IBR 2009, 22 – *Leitzke*.
[43] *Lauer/Wurm*, Rn. 316; *Kapellmann/Messerschmidt/Weyer*, § 13 VOB/B, Rn. 398.
[44] Vgl. BGH, BauR 2002, 86, 87; *Jagenburg*, NJW 1991, 2874, 2882; *Leinemann/Schoofs*, § 13/B, Rn. 394; OLG Hamm, BauR 1995, 109.
[45] BGH, BauR 2002, 86, 87 (Gutachterkosten); OLG Köln, *Schäfer/Finnern*, Z 2.414.2 Bl. 1.

Schadensersatzanspruch (§ 13 Abs. 7 VOB/B)

Abs. 7 Nr. 3 VOB Ansprüche für abgenommene bzw. fertiggestellte Werkleistungen.[46]

Für den Anspruch aus § 13 Abs. 7 Nr. 3 ist nicht erforderlich, dass zunächst nachgebessert oder gemindert worden ist.[47] Es genügt, dass der Nacherfüllungs- oder Minderungsanspruch besteht, weil in aller Regel auch ohne tatsächlich durchgeführte Nacherfüllung oder Minderung festgestellt werden kann, welche Schäden an dem Bauwerk entstanden sind, die durch eine mögliche Nacherfüllung oder Minderung nicht ausgeglichen werden können. **2243**

Zweifelhaft war, ob auch die notwendigen **Mängelbeseitigungskosten** als **Schadensersatz** nach § 13 Nr. 7 VOB/B a.F. geltend gemacht werden konnten. Die herrschende Ansicht[48] bejahte dies; der BGH[49] folgte dem. Verlangt wurde allerdings, dass die Voraussetzungen des § 13 Abs. 5 Nr. 2 VOB/B erfüllt waren, wenn sich der verlangte Schadensersatz mit den Mängelbeseitigungskosten nach § 13 Abs. 5 Nr. 2 VOB/B deckte; in diesem Falle musste der Auftraggeber also (mit Fristsetzung) erfolglos die Beseitigung des Baumangels verlangt haben;[50] indes waren auch insoweit die Ausnahmefälle zu beachten.[51] Außerdem hat der BGH klargestellt, dass eine **vorbehaltlose Abnahme** der Bauleistung den Schadensersatzanspruch aus § 13 Nr. 7 VOB/B a.F. unberührt ließ, und zwar auch insoweit, als es um die Mängelbeseitigungskosten ging.[52] Schließlich konnte nach der Rechtsprechung des BGH[53] Schadensersatz nach § 13 Nr. 7 VOB/B a.F. sofort verlangt werden, wenn es sich um Schäden handelte, die von vornherein einer Nachbesserung nicht zugänglich waren (z.B. entgangener Gewinn oder Gerichtskosten) oder ein anderes als das geschuldete Werk betrafen.[54] Für die neu strukturierte Vorschrift des § 13 Abs. 7 Nr. 2 VOB/B 2009 gilt nichts anderes.[55] **2244**

---

46) Zur Abgrenzung der Schadenshaftungsnormen s. auch: Beck'scher VOB-Kommentar/*Kohler*, § 13 Abs. 7, Rn. 5 ff. m.w.Nachw.
47) OLG Hamm, BauR 1995, 109 u. NJW-RR 1991, 277.
48) Vgl. *MünchKomm-Soergel*, § 635 BGB, Rn. 71; *Siegburg*, Rn. 203; *Hochstein*, Festschrift für Heiermann, S. 123; *Siegburg*, Rn. 331.
49) BGH, BauR 1980, 460 = NJW 1980, 1952 = ZfBR 1980, 191; BGH, ZfBR 1982, 122, 123 = BauR 1982, 277, 279 = NJW 1982, 1524. Siehe ferner: OLG Stuttgart, BauR 2009, 990; OLG Frankfurt, OLGR 2005, 429, 430; OLG München, NZBau 2003, 675; OLG Celle, OLGR 2000, 114, 115 u. BauR 1996, 263; OLG Rostock, BauR 1997, 654, 656; OLG Hamm, NJW-RR 1991, 277; KG, BauR 1977, 424; OLG Köln (15. Senat), *SFH*, Nr. 4 zu § 13 Nr. 7 VOB/B 1952; **a.A.**: OLG Köln (16. Senat), *Schäfer/Finnern*, Z 2.414.2 Bl. 1 m. abl. Anm. *Hochstein*; *Nicklisch/Weick*, § 13/B, Rn. 225, die einen Anspruch nur geben, wenn infolge unterbliebenen Vorbehalts bei der Abnahme die Mängelbeseitigung ohnehin ausgeschlossen ist (vgl. BGH, ZfBR 1982, 122, 123 = BauR 1982, 277, 279).
50) BGH, ZfBR 1978, 77 = *SFH*, Nr. 3 zu § 812 BGB; OLG Düsseldorf, BauR 1997, 312, 313 = NJW-RR 1997, 30 u. NJW-RR 1997, 976 = BauR 1997, 355 (LS); LG Hamburg, NJW-RR 1997, 917; OLG Celle, OLGR 2000, 114, 115.
51) OLG Hamm, BauR 2004, 1958 = NJW-RR 2004, 1386; OLG München, NZBau 2003, 675; *Weyer*, in: Kapellmann/Messerschmidt, § 13 VOB/B, Rn. 379.
52) BGHZ 77, 134 = NJW 1980, 1952; BGH, ZfBR 1982, 122, 123; *Doerry*, ZfBR 1982, 189, 194.
53) *SFH*, Nr. 6 zu § 635 BGB; NJW 1985, 381 = BauR 1985, 83; ZfBR 1986, 27 = BauR 1986, 103; *Kaiser*, Rn. 118.
54) Vgl. BGH, BauR 1986, 211 = NJW 1986, 922 = JZ 1986, 397 m.Anm. *Stoll*; BGH, BauR 1989, 469 = *SFH*, Nr. 66 zu § 635 BGB.
55) Siehe hierzu auch: Beck'scher VOB-Kommentar/*Kohler*, § 13 Abs. 7, Rn. 110 ff.

2245 Die **Rechtsnatur** des Schadensersatzanspruches aus § 13 Nr. 7 VOB/B (a.F.) war in Rechtsprechung und Literatur umstritten. Das neue Schuldrecht sieht nun einen „**kleinen**" bzw. „**großen**" Schadensersatzanspruch vor (§§ 634 Nr. 4, 636, 280 Abs. 1 Satz 1, 281 Abs. 1 Satz 1 bzw. § 281 Abs. 1 Satz 3 BGB). Damit entspricht § 13 Abs. 7 VOB/B in alter und neuer Fassung, wenn auch nicht deckungsgleich, den gesetzlichen Vorgaben. Der Unterschied besteht – wie bisher – darin, dass nach der VOB/B das Vorliegen eines **wesentlichen Mangels** bzw. einer **erheblichen** Beeinträchtigung der Gebrauchsfähigkeit verlangt wird, was nach dem BGB nicht vorausgesetzt ist.[56]

Wie der Schadensersatzanspruch aus §§ 634 Nr. 4, 636, 280, 281 BGB ist auch derjenige aus § 13 Abs. 7 Nr. 3 VOB/B in aller Regel auf **Entschädigung in Geld** gerichtet. Würde man von dem Unternehmer Naturalherstellung verlangen, würde dies auf die Erfüllung der bauvertraglich geschuldeten Leistung hinauslaufen, obwohl es sich hierbei gerade um einen Schadensersatzanspruch handelt und daher schon begrifflich nur ein Schadensausgleich in Geld in Betracht kommen kann. Nimmt der Auftraggeber eine mangelhafte Werkleistung vorbehaltlos ab, obgleich er Kenntnis von dem Baumangel hat, so kann er in diesem Fall Schadensersatz wegen des Mangels überhaupt nur noch in Geld verlangen.[57]

2246 Der **Umfang** des Schadensersatzspruches nach § 13 Abs. 7 Nr. 3 VOB/B richtet sich jeweils danach, ob die Voraussetzungen des Absatzes 3 Satz 1 oder 2 VOB/B vorliegen. Da Absatz 3 Satz 2 VOB/B einen weitreichenden Schadensersatzanspruch gibt, wird er allgemein als „**großer** Schadensersatzanspruch" bezeichnet, während bei Absatz 3 Satz 1 VOB/B von dem „**kleinen** Schadensersatzanspruch" gesprochen wird.

aa) Der kleine Schadensersatzanspruch nach § 13 Abs. 7 Nr. 3 Satz 1 VOB/B

2247 Zum Vortrag des Auftraggebers bei einem prozessualen Vorgehen gegen den Unternehmer auf Zahlung eines Schadensersatzes nach § 13 Abs. 7 Nr. 3 Satz 1 VOB/B gehören folgende Ausführungen:

* ein **wesentlicher Baumangel,** der die Gebrauchsfähigkeit der Bauleistung erheblich beeinträchtigt
* ein hierdurch eingetretener **Schaden** an der baulichen Anlage, zu deren Herstellung, Instandhaltung oder Änderung die bauvertragliche Leistung dient
* ein **Verschulden** des Unternehmers oder seines Erfüllungsgehilfen[58]

---

56) Zum Begriff „wesentlich": *Weyer*, a.a.O., Rn. 383; *Mansfeld*, in: Heiermann/Riedl/Rusam, § 13 VOB/B, Rn. 184; *Donner*, in: Franke/Kemper/Zanner/Grünhagen, § 13 VOB/B, Rn. 191 m.w.Nachw. Aus der Rechtsprechung: OLG Hamm, BauR 2013, 1688 (zu den Ursachen eines **Halleneinsturzes**).
57) BGH, NJW 1974, 143; OLG Hamm, NJW-RR 1991, 277.
58) Hierzu zählen z.B. nicht die Baustofflieferanten (OLG Hamm, BauR 1998, 1019, 1020 mit Hinw. auf BGH, NJW 1978, 1157 = BauR 1978, 304; OLG Celle, BauR 1996, 263, 264).

Wann ein **gebrauchsbeeinträchtigender Baumangel** vorliegt, ist **Tatfrage**;[59] rechtlicher Maßstab ist § 13 Abs. 1 VOB/B. Dabei können nicht nur objektive, sondern auch subjektive Gesichtspunkte, nämlich ein besonderes Interesse des Auftraggebers an einer vertragsgerechten Ausführung der Bauleistung, eine Rolle spielen, soweit diese dem Unternehmer bekannt gewesen sind oder hätten bekannt sein müssen.[60]

2248 Ein **Mangel** im Sinne des § 13 Abs. 7 Nr. 3 Satz 1 VOB/B kann auch vorliegen, wenn **Herstellerrichtlinien** (Herstelleranweisungen) bei der Bauausführung missachtet werden und dadurch eine **Risikoungewissheit** bei dem Besteller eintritt (s. Rdn. 2030).[61] Vor allem ist aber von einem Mangel auszugehen, wenn nicht nur ein technischer, sondern auch ein erheblicher merkantiler Minderwert verursacht wird.[62] Der Auftraggeber kann eine Minderung für einen merkantilen Minderwert verlangen, „wenn die vertragswidrige Ausführung im Vergleich zur vertragsgemäßen eine geringere Verwertbarkeit zur Folge hat, weil die maßgeblichen Verkehrskreise ein im Vergleich zur vertragsgemäßen Ausführung geringeres Vertrauen in die Qualität des Gebäudes haben."[63] Das muss im Einzelfall festgestellt werden.[64] Der **merkantile Minderwert** ist damit Schaden an der baulichen Anlage und nach § 13 Abs. 7 Nr. 3 Satz 1 VOB/B auszugleichen, wobei unerheblich ist, ob der Auftraggeber die Absicht hat, das Bauwerk überhaupt einmal zu veräußern.[65] Für einen erstattungsfähigen Minderungsbetrag wegen eines technischen oder merkantilen Minderwertes ist die Mehrwertsteuer nicht anzusetzen.[66]

2249 **Beispiele aus der Rechtsprechung** für die Bewertung eines **merkantilen** bzw. **technischen Minderwertes**

* nach Beseitigung von Rissen im Innen- und Außenputz: BGH, NZBau 2013, 159 = NJW 2013, 525 = IBR 2013, 70 – *Vogel*

---

59) Vgl. z.B. OLG Celle, BauR 1996, 263 = OLGR 1995, 267 (**Estrich**); OLG Düsseldorf, NJWRR 1997, 976 = BauR 1997, 355 [LS] (Fehlen einer ausreichenden Dampfsperre); OLG Düsseldorf, BauR 1997, 312 = NJW-RR 1997, 20 (unzureichende **Verglasung** eines **Wintergartens**); LG Hamburg, NJW-RR 1997, 917 (**schallentkoppelter** Einbau von **Garagentoren**); OLG Nürnberg, NJW-RR 1993, 1300 (Formaldehyd- und Lindanausdünstungen); s. ferner: *Weyer*, in: Kapellmann/Messerschmidt, § 13 VOB/B, Rn. 358.
60) OLG Düsseldorf, BauR 2009, 1317; OLG Stuttgart, BauR 2009, 990 u. BauR 1979, 432; *Kaiser*, Rn. 99.
61) Siehe u.a.: BGH, NZBau 2011, 415, 416 = IBR 2011, 399 – *Schulze-Hagen*; BGH, BauR 2009, 1589 = IBR 2009, 511 – *Seibel*; OLG München, IBR 2016, 79 – *Weyer*; OLG Frankfurt, IBR 2014, 540 – *Seibel*; OLG Hamm, IBR 2016, 391 – *Bergmann/Streyl*; OLG Brandenburg, IBR 2011, 455 u. BauR 2008, 93; OLG Jena, IBR 2009, 134 – *Völkel*; OLG Frankfurt, BauR 2008, 847; OLG Köln, BauR 2005, 1681 u. BauR 2005, 389 = NJW-RR 2005, 1042; OLG Schleswig, BauR 2004, 1946 u. IBR 2010, 321 – *Völkel*.
62) BGH, BauR 2003, 533, 535 = NZBau 2003, 214, 215; BauR 1995, 388, 389 = NJW-RR 1995, 591 = ZfBR 1995, 388; BGH, NJW 1971, 615 = BauR 1971, 124; BGH, BauR 1986, 103 = ZfBR 1986, 27; OLG Saarbrücken, BauR 2007, 738, 740; *Weyer*, in: Kapellmann/Messerschmidt, § 13 VOB/B, Rn. 384; Beck'scher VOB-Kommentar/*Kohler*, § 13 Abs. 7, Rn. 134 m.w.Nachw.
63) BGH, BauR 2003, 533, 535 = NZBau 2003, 214, 215.
64) Vgl. BGH, BauR 1979, 158; BGH, BauR 1995, 388, 389 = NJW-RR 1995, 591 (für herabgesetzte Tragkraft von Geschossdecken); OLG Hamm, IBR 2004, 107.
65) BGH, BauR 1986, 103, 104.
66) OLG München, BauR 2004, 1806, 1807.

* bei mangelhafter **Schallisolierung**; OLG Hamm, NJW-RR 1989, 602 = BauR 1989, 735; LG Nürnberg-Fürth, NJW-RR 1989, 1106; OLG Nürnberg, BauR 1989, 740; OLG Köln, SFH, Nr. 4 zu § 13 Nr. 6 VOB/B
* bei fehlenden waagerechten **Abdichtungen** gegen aufsteigende Bodenfeuchtigkeit: OLG Stuttgart, BauR 1989, 611
* bei fehlerhaft geplanter **Heizungsanlage**: BGH, BauR 1991, 744 = ZfBR 1991, 265 = NJW-RR 1991, 1428
* bei **Sichtmauerwerk**: OLG Braunschweig, BauR 1981, 70 (vgl. hierzu auch Schmidt-Morsbach, BauR 1981, 328)
* bei Verwendung **minderwertigen** und **vertragswidrigen Materials**: BGH, Schäfer/Finnern, Z 2.414 Bl. 2
* bei mangelhaftem **Mauerwerk** (Flecken und Ausblühungen): OLG Celle, Schäfer/Finnern, Z 2.414 B. 88
* bei zu geringer lichter **Durchgangshöhe** im Treppenhaus: OLG Düsseldorf, Schäfer/Finnern, Z 2.414 Bl. 81
* bei erhöhten **Heizungskosten** aufgrund mangelhafter Werkleistung: LG Hamburg, VersR 1969, 814
* bei mangelhaftem **Rohbau**: BGH, Schäfer/Finnern, Z 2.510 Bl. 12
* bei mangelhafter **Einmessung** und Absteckung des Hauses durch Vermessungsingenieur: BGH, NJW 1972, 901; vgl. auch OLG Düsseldorf, BauR 1975, 68
* bei zu gering bemessener **Tragfähigkeit** einer **Geschossdecke** – technischer und merkantiler Minderwert: BGH, NJW-RR 1995, 591

2250 Das nach § 13 Abs. 7 Nr. 3 Satz 1 VOB/B verlangte weitere Merkmal des **Verschuldens** des Unternehmers umfasst Vorsatz und alle Abstufungen der Fahrlässigkeit. Für den Nachweis der Schadensverursachung kann es im Rahmen dieser Vorschrift genügen, dass ein erwiesener Mangel der Leistung mitursächlich für den eingetretenen Schaden ist, auch wenn die Mitverursachung durch andere Umstände nicht mit letzter Sicherheit auszuschließen ist.[67]

2251 § 13 Abs. 7 Nr. 3 Satz 1 VOB/B deckt auch Nachteile ab, die trotz erfolgter oder möglicher Nachbesserung bzw. trotz Minderung der Vergütung fortbestehen. Der Bauherr hat insoweit den Schaden substantiiert darzulegen. Dabei wird der Schadensersatzanspruch zwar einerseits nicht auf Schäden begrenzt, die nur an der mangelhaften Bauleistung auftreten. Andererseits muss der Schaden aber „an der baulichen Anlage", also am **Gesamtbauwerk**, aufgetreten sein, wo der betreffende Unternehmer nicht unmittelbar gearbeitet hat. Damit ist insoweit eine klare Abgrenzung gezogen: Der Schaden muss sich mittelbar oder unmittelbar in irgendeiner Weise entweder an der eigentlichen Bauleistung oder am Gesamtbauwerk zeigen.[68]

---

[67] BGH, BauR 1975, 130; Beck'scher VOB-Kommentar/*Kohler*, § 13 Abs. 7, Rn. 161.
[68] Siehe: Beck'scher VOB-Kommentar/*Kohler*, § 13 Abs. 7 Rn. 99; OLG Koblenz, OLGR 2003, 237, 241; *Kaiser*, Rn. 114 m. Nachw.

2252 Unter § 13 Abs. 7 Nr. 3 Satz 1 VOB/B fallen beispielsweise folgende **Schäden:**

Alle Kosten, die zur **Beseitigung** der am Bauwerk in seiner Gesamtheit aufgetretenen Schäden notwendig sind,[69] wie z.B. Feuchtigkeitsschäden, die durch mangelhafte Isolierung aufgetreten sind, Schwammbefall durch mangelhafte Dränage, beschädigter Parkettboden durch undichtes Wasserrohr, Risse im Mauerwerk durch mangelhafte Fundamentarbeiten; ferner alle Kosten, die für eine Schadensminderung eingesetzt werden müssen;[70] der technische und merkantile Minderwert,[71] Kosten für die Beseitigung einer unbrauchbaren, nicht nachbesserungsfähigen Bauleistung;[72] Gutachterkosten zur Feststellung von Schäden.[73]

2253 Schäden, die zwar eine Folge der mangelhaften Bauleistung sind, sich aber nicht am Gesamtbauwerk zeigen (sog. entferntere Mangelfolgeschäden nach altem Recht), werden nur von § 13 Abs. 7 Nr. 3 Satz 2 VOB/B erfasst.[74] Dementsprechend bezieht die herrschende Meinung unter § 13 Abs. 7 Nr. 3 Satz 1 VOB/B auch **Mietausfälle, Zinsverluste** usw. ein, weil auch hier ein Schaden vorliege, der auch nach altem Recht jedenfalls eng und unmittelbar mit der mangelhaften Bauleistung zusammenhängt.[75]

2254 Der Auftraggeber trägt die **Beweislast** für den Baumangel im Sinne des § 13 Abs. 7 Nr. 3 Satz 1 VOB/B und des dadurch eingetretenen Schadens sowie seines Umfanges; er muss erforderlichenfalls beweisen, dass der Schaden, dessen Ersatz er beansprucht, durch die Nacherfüllung oder die Minderung nicht ausgeglichen ist oder ausgeglichen werden kann. Ist der Beweis gelungen, so ist es Sache des Unternehmers, sich zu entlasten, also darzutun, dass die mangelhafte Bauleistung nicht auf sein Verschulden zurückgeht.[76] Ein **Mitverschulden** des Auftraggebers ist nur bei der Höhe des Schadensersatzanspruches zu berücksichtigen.[77]

bb) Der große Schadensersatzanspruch nach § 13 Abs. 7 Nr. 3 Satz 2 VOB/B

2255 Will der Auftraggeber einen Schaden geltend machen, der über den in § 13 Abs. 7 Nr. 3 Satz 1 VOB/B erfassten Schaden hinausgeht und der ursächlich auf einen Baumangel zurückzuführen ist, so kann dies beim VOB-Bauvertrag nur im

---

69) Beck'scher VOB-Kommentar/*Kohler*, § 13 Abs. 7 Rn. 155; *Mansfeld*, in: Heiermann/Riedl/Rusam, § 13 VOB/B, Rn. 169 ff.
70) Ebenso: *Nicklisch/Weick*, § 13/B, Rn. 245.
71) BGH, NJW 1971, 615 = VersR 1971, 446 = BauR 1971, 124; OLG Hamm, BauR 2006, 113, 115 (merkantiler Minderwert); *Nicklisch/Weick*, § 13/B, Rn. 241, 242; **a.A.:** *Kaiser*, Rn. 119.
72) Ebenso: *Nicklisch/Weick*, § 13/B, Rn. 250.
73) **Herrschende Meinung:** BGH, NJW 1971, 99 = BauR 1971, 51; OLG Rostock, BauR 1997, 654, 656; LG Hamburg, BauR 1997, 839; s. ferner: OLG Celle, BauR 1996, 263 = OLGR 1995, 267 (Aufwendungen, um an die mangelhafte Werkleistung „heranzukommen"); OLG Hamm, BauR 1995, 109 (Kosten eines Materialprüfungsamtes).
74) Wie hier: *Wirth*, in: Ingenstau/Korbion, § 13 Abs. 7 VOB/B, Rn. 118; *Mansfeld*, in: Heiermann/Riedl/Rusam, § 13 VOB/B, Rn. 204.
75) BGH, BauR 1973, 381; IBR 2004, 491 – *Weyer*; Beck'scher VOB-Kommentar/*Kohler*, § 13 Abs. 7 Rn. 150; *Hochstein*, BauR 1972, 8; *Nicklisch/Weick*, § 13/B, Rn. 246; *Kaiser*, Rn. 110.
76) Beck'scher VOB-Kommentar/*Kohler*, § 13 Abs. 7, Rn. 161.
77) OLG Hamm, BauR 2013, 1688, 1689.

Rahmen des § 13 Abs. 7 Nr. 3 Satz 2 VOB/B erfolgen. Daneben werden aber Ansprüche aus einer Pflichtverletzung aus §§ 241 Abs. 2, 282 BGB des Unternehmers[78] durch § 13 Abs. 7 Nr. 3 Satz 2 nicht ausgeschlossen.[79]

2256 Da § 13 Abs. 7 Nr. 3 Satz 2 alle auch **entfernteren und mittelbaren Mangelfolgeschäden** betrifft,[80] gehört zum Vortrag des Auftraggebers insoweit auch der wesentliche Baumangel an der Bauleistung des Unternehmers, der die Gebrauchsfähigkeit des Bauwerks erheblich beeinträchtigt. Dagegen muss der Schaden nicht an der baulichen Anlage eingetreten sein, sondern er kann sich auch an bauwerksfremden Rechtsgütern zeigen.

2257 Beruht der wesentliche Mangel auf einem Verstoß gegen die **anerkannten Regeln der Technik** oder in dem Fehlen einer vertraglich vereinbarten Beschaffenheit, so besteht ein Schadensersatzanspruch nur, wenn ein Verschulden des Unternehmers gegeben ist; allerdings reicht insoweit leichte Fahrlässigkeit aus.[81]

2258 Zum großen Schadensersatzanspruch nach § 13 Abs. 7 Nr. 3 Satz 2 VOB/B gehören insbesondere der **Nutzungsausfall**, die Kosten, die durch die Aufnahme von **Zwischenkrediten** anfallen bei Verzögerungen durch Baumängel, **Zinsverluste**,[82] Schäden an Einrichtungsgegenständen, Kosten für die anderweitige Unterbringung von Mietern, Kosten für eine Nachtragsbaugenehmigung und Vorprozesskosten.[83]

2259 Der Auftraggeber trägt auch hier die **Beweislast** hinsichtlich des Baumangels und des ursächlich damit zusammenhängenden Schadens sowie dessen Umfang. Darüber hinaus hat er die besonderen Voraussetzungen des Abs. 3 zu beweisen, also insbesondere die grobe Fahrlässigkeit des Unternehmers. Soweit es um die Frage geht, ob der Unternehmer den Schaden durch eine Haftpflichtversicherung gedeckt hat oder hätte decken können, obliegt dem Auftraggeber die Beweislast. Zwar ist es für den Auftraggeber kaum möglich und auch kaum zumutbar, den Beweis für das Vorliegen einer Versicherung zu führen; er kann aber ohne weiteres den Nachweis der Möglichkeit eines entsprechenden Versicherungsschutzes erbringen, ohne dass hierfür die internen Versicherungsverhältnisse des Unternehmers bekannt sein müssen.

b) Der Schadensersatzanspruch aus § 4 Abs. 7 Nr. 2 VOB/B

Literatur

Soergel, Mängelansprüche bei vorzeitiger Vertragsbeendigung wegen höherer Gewalt, Festschrift für Korbion (1986), 427; *Kaiser*, Der Schadensersatzanspruch nach § 4 Nr. 7 Satz 2 VOB/B – Grundsätzliche Rechtsfragen, BauR 1991, 391.

---

78) Zum Beispiel: Der Bauherr stürzt über eine mangelhaft abgesicherte, halbfertige Treppe oder einen nicht abgedeckten Schacht; der Unternehmer beschädigt bei Anlieferung von Baustoffen eine Glasscheibe.
79) BGH, BauR 1970, 51, 53.
80) OLG Koblenz, OLGR 2003, 237, 241.
81) *Donner*, in: Franke/Kemper/Zanner/Grünhagen, § 13 VOB/B, Rn. 179, 202; BGH, *Schäfer/Finnern*, Z 2.414.3 Bl. 11 = BauR 1975, 130.
82) **Anderer Ansicht:** *Kaiser*, Rn. 110.
83) Vgl. KG, BauR 1988, 229.

Schadensersatz (§ 4 Abs. 7 Satz 2 VOB/B)

2260 Dieser Schadensersatzanspruch kann im Rahmen der Sonderregelung des § 4 Abs. 7 Satz 2 VOB/B nur **bis** zur Abnahme der Werkleistung geltend gemacht werden.[84] Die Regelung des § 4 Abs. 7 Satz 2 VOB/B gewährt dem Auftraggeber für die Zeit **vor** Abnahme der Werkleistung einen Anspruch auf Ersatz des Schadens, der ihm dadurch entsteht, dass der Auftragnehmer „den Mangel oder die Vertragswidrigkeit zu vertreten" hat.[85] Der Schadensersatzanspruch ist die Folge der Verpflichtung des Auftragnehmers zur Mängelbeseitigung nach § 4 Abs. 7 Satz 1 VOB/B.[86] Der Anspruch erfasst vor allem den Schaden, der bei aufrechterhaltenem Vertrag trotz der Mängelbeseitigung verbleibt;[87] er betrifft die **engeren** und **entfernteren Mangelfolgeschäden** des Auftraggebers.[88] Sofern der Ersatz von Mängelbeseitigungskosten gefordert wird, ist nach §§ 4 Abs. 7 S. 3, 8 Abs. 3 VOB/B grundsätzlich eine Fristsetzung und die Auftragsentziehung vor Beginn der Fremdnachbesserung erforderlich.[89]

Damit können vor allem auch **Verzugsschäden** geltend gemacht werden, die darauf beruhen, dass der Unternehmer vertragswidrig eine **Mängelbeseitigung verzögert** oder überhaupt **unterlässt**.[90] Beseitigt der Unternehmer während der Bauausführung die Mängel nicht, so ist der dem Auftraggeber entstandene **Mietausfallschaden** ersatzfähig; § 4 Abs. 7 Satz 2 VOB/B enthält insoweit auch eine Spezialregelung zu § 6 Abs. 6 VOB/B, sodass die in dieser Regelung enthaltenen Beschränkungen des Schadensersatzanspruchs nicht anwendbar sind.[91]

Im Übrigen ist zu beachten:

Ist ein Mangel **vor** Abnahme **beseitigt** worden, aber ein mit dem Mangel verbundener Schadensersatzanspruch (z.B. Kosten für ein Privatgutachten) bis zur Abnahme noch nicht ausgeglichen worden, so kann der Schadensersatzanspruch aus § 4 Abs. 7 Satz 2 VOB/B auch noch **nach** einer Abnahme geltend gemacht werden, weil § 13 Abs. 7 Nr. 3 VOB/B immer nur diejenigen Schäden betrifft, die nach Abnahme noch nicht beseitigt wurden.

Der Schadensersatzanspruch aus § 4 Abs. 7 Satz 2 VOB/B richtet sich nach § 249 ff. BGB.[92] Der Auftraggeber kann deshalb gemäß § 252 BGB **bei aufrechterhaltenem Vertrag** für die Verzugszeit als entgangenen Gewinn auch Mietausfälle verlangen.[93]

---

84) Siehe: BGH, BauR 1999, 254, 257 = NJW-RR 1999, 381, 382; OLG Celle, BauR 1995, 713, 714; *Nicklisch/Weick,* § 4 VOB/B, Rn. 107.
85) Instruktiv: OLG München, NZBau 2013, 703 und BauR 2011, 1832 (auch zum Mitverschulden).
86) *Leinemann/Sterner,* § 4 VOB/B, Rn. 118; *Nicklisch/Weick,* § 4/B, Rn. 96.
87) BGHZ 50, 160, 165; *Lauer/Wurm,* Rn. 312.
88) BGH, BauR 2000, 1479 m.Anm. *Klein,* BauR 2000, 1863; OLG Köln, IBR 2012, 259 – *Weyer; Keller,* in: Franke/Kemper/Zanner/Grünhagen, § 4 VOB/B, Rn. 263.
89) BGH, BauR 1997, 1027 = ZfBR 1998, 31; BGH, BauR 1999, 254, 257; OLG Rostock, BauR 2007, 1260. Eine Kündigung ist entbehrlich, wenn der Unternehmer mit der Fremdnachbesserung einverstanden ist (BGH, BauR 1986, 573 = ZfBR 1986, 226).
90) BGH, BauR 2000, 1189 = ZfBR 2000, 465 = NZBau 2000, 422. Zum Schadensersatzanspruch des Auftraggebers bei **unberechtigter Kündigung des Auftragnehmers** und endgültiger Leistungsverweigerung: BGH, BauR 2001, 1577 = ZfBR 2001, 468.
91) BGH, a.a.O., m.w.Nachw.
92) BGH, BauR 2000, 1189; BGH, NJW 1966, 1524.
93) BGH, a.a.O.

2261 Der Anspruch setzt **adäquate Ursächlichkeit** zwischen Schaden und Mangel oder Vertragswidrigkeit sowie ein **Verschulden** des Unternehmers voraus. Der Anspruch ist im Gegensatz zu § 13 Abs. 7 VOB/B im Umfang nicht begrenzt.[94] Hat der Unternehmer vor Abnahme den Mangel beseitigt, ist aber der dem Bauherrn dennoch verbliebene Schaden nicht ausgeglichen, so wird allerdings der nach § 4 Abs. 7 Satz 2 VOB/B bestehende Schadensersatzanspruch der **kurzen** Verjährungsfrist des § 13 Abs. 4 VOB/B unterworfen.[95] Der Anspruch aus § 4 Abs. 7 Satz 2 VOB/B besteht auch, wenn die Beseitigung des Baumangels wegen eines unverhältnismäßig hohen Kostenaufwandes von dem Bauherrn nicht verlangt werden kann (vgl. Rdn. 2237).

Das SchRModG hatte auf § 4 Abs. 7 Satz 2 VOB/B keinen Einfluss; eine Änderung dieser Vorschrift war nicht angezeigt und ist auch nicht vorgenommen worden. Da der Gesetzgeber auch für das neue Werkvertragsrecht des BGB die **Kündigung** beibehalten hat (§ 649 BGB), ist gegen das „Kündigungsmodell" der VOB/B nichts einzuwenden.

---

[94] BGHZ 48, 78; 50, 160 = NJW 1968, 1524 = MDR 1968, 750; *Kaiser*, Rn. 28b, Anm. 3 m. Nachw.
[95] BGHZ 54, 352 = NJW 1971, 99.

KAPITEL 10
Besondere Fallgestaltungen außerhalb der Gewährleistung

Übersicht

		Rdn.			Rdn.
I.	Die Einbeziehung Dritter (§ 328 BGB)	2262	V.	Zum Anwendungsbereich deliktsrechtlicher Vorschriften (§§ 823 ff. BGB)	2350
II.	(Neben)Pflichtverletzung im Sinne von §§ 280 Abs. 1, 241 Abs. 2 BGB	2273	VI.	Verschulden bei Vertragsschluss (§ 311 Abs. 2 BGB) und Dritthaftung (§ 311 Abs. 3 BGB)	2391
III.	Die Baukostenüberschreitung durch den Architekten	2278	VII.	Geschäftsführung ohne Auftrag	2409
IV.	Verzögerte Bauausführung/Behinderungen	2317	VIII.	Ungerechtfertigte Bereicherung	2415

I. Die Einbeziehung Dritter (§ 328 BGB)

Übersicht

	Rdn.		Rdn.
1. Vertrag zu Gunsten Dritter	2262	2. Vertrag mit Schutzwirkung zu Gunsten Dritter	2263

Literatur

Bayer, Der Vertrag zugunsten Dritter – Neuere Dogmengeschichte – Anwendungsbericht – dogmatische Strukturen (1995); *Sutschet*, Der Schutzanspruch zugunsten Dritter (1999); *Plötner*, Die Rechtsfigur des Vertrages mit Schutzwirkung für Dritte und die sog. Expertenhaftung (2003).

Heiseke, Zur Schutzwirkung eines Schuldvertrages gegenüber dritten Personen, NJW 1960, 77; *Larenz*, Zur Schutzwirkung eines Schuldvertrages gegenüber dritten Personen, NJW 1960, 78; *Lorenz*, Die Einbeziehung Dritter in vertragliche Schuldverhältnisse – Grenzen zwischen vertraglicher und deliktischer Haftung, JZ 1960, 108; *Berg*, Verträge mit Drittschutzwirkung und Drittschadensliquidation, JuS 1977, 363; *Feudner*, Generalunternehmer/Drittschadensliquidation, BauR 1984, 257; *Bindhardt*, Zur Haftung des Architekten für Drittschaden, BauR 1984, 581; *Sass*, Die Zurechnung von Mitverschulden des Vertragsgläubigers bei der Schadensentstehung zu Lasten des in den Schutzbereich eines Vertrages einbezogenen Dritten nach §§ 254 Abs. 2 S. 2, 278 BGB, VersR 1988, 768; *Steinmeyer*, Der Vertrag mit Schutzwirkung für Dritte und die Produzentenhaftung, DB 1988, 1049; *Canaris*, Schutzwirkungen zugunsten Dritter bei „Gegenläufigkeit" der Interessen, JZ 1995, 441; *Wienands*, Haftungsfragen beim echten Vertrag zugunsten Dritter – zugleich ein Beitrag zu § 278 BGB, JABl. 1995, 854; *Martiny*, Pflichtorientierter Drittschutz beim Vertrag mit Schutzwirkung für Dritte – Eingrenzung uferloser Haftung, JZ 1996, 19; *Vogel*, Das magische Dreieck – die Freigabeerklärung der Globalbank des Bauträgers und der Schutz des Erwerbers in der Bauträgerinsolvenz, BauR 1999, 992; *Saar*, Grenzen des „vertraglichen Drittschutzes" – BGH, NJW 1996, 2927, JuS 2000, 220; *Rohfing*, Drittbezogenheit und Dritthaftung – Die Rechtsprechung des BGH im Überblick, MDR 2002, 254; *Westermann*, Vertragliche Dritthaftung im neuen Schuldrecht, Festschrift für Honsell (2002), 137; *Medicus*, Die „Identität des Schadens" als Argument für den Ersatz von Drittschäden, Festschrift für Schlechtriem (2003), 613; *Finn*, Zur Haftung des Sachverständigen für fehlerhafte Wertgutachten gegenüber Dritten, NJW 2004, 3752; *Zimmermann*, Sachverständigenhaftung für Mangelfolgeschäden einer falsch durchgeführten Begutachtung, DS 11/2007, 328; *Zugehör*, Uneinheitliche Rechtsprechung des BGH zum (Rechtsberater-)Vertrag mit Schutzwirkung zu Gunsten Dritter, NJW 2008, 1105; *Sohn*, Die Haftung des Architekten für unrichtige Bautenstandsberichte, Festschrift für Quack (2009), 221; *Zenner*, Der Vertrag mit Schutzwirkung zu Gunsten Dritter – Ein Institut im Lichte seiner Rechtsgrundlage, NJW 2009, 1030.

1. Vertrag zu Gunsten Dritter

2262 **Echte** Verträge zu Gunsten Dritter (§ 328 BGB), durch den dieser einen eigenen **originären** Anspruch gegen den Schuldner erwirbt,[1]) sind auch im Bauwesen denkbar; so ist im Einzelfall durch **Vertragsauslegung** (§§ 133, 157, 242 BGB) zu ermitteln, ob ein in diesem Sinne „echter" Vertrag zu Gunsten Dritter vorliegt. Dabei ist unter Heranziehung der Auslegungsregel des § 328 Abs. 2 BGB auf die Umstände des Einzelfalles abzustellen, wobei insbesondere auch der Zweck der einschlägigen Vereinbarungen miteinbezogen werden muss.

So kann der Kaufvertrag zwischen einer Wohnungsbaugesellschaft und einem Käufer, in dem die Verpflichtung des Käufers aufgenommen ist, das Haus nur bis zu einer bestimmten Höhe zu bauen,[2]) als Vertrag zu Gunsten Dritter (z.B. **Nachbar** des Käufers) angesehen werden.[3])

An einen Vertrag zu Gunsten Dritter ist immer zu denken, wenn einem Käufer eines Grundstücks **Auflagen** hinsichtlich der **Baugestaltung** gemacht werden (z.B. keine Mauer zum Nachbargrundstück, sondern nur einen Drahtzaun zu errichten oder eine Sträucherhecke zu pflanzen).

Auch in der **Herstellergarantie** kann ein Vertrag zu Gunsten Dritter liegen.[4]) Der Vergleich, den ein Auftraggeber mit einem Unternehmer über bestehende **Mängelrechte** abschließt, stellt noch keinen Vertrag zu Gunsten des Architekten dar.[5])

2. Vertrag mit Schutzwirkung zu Gunsten Dritter

2263 Der große Unterschied bei der Haftung für Hilfspersonen im Vertragsrecht (§ 278 BGB) und im Recht der unerlaubten Handlung (§ 831 BGB) rechtfertigt in Bausachen vielfach die Annahme, dass die Vertragschließenden bei Schadensfällen auch **unbeteiligten Dritten** die weitergehenden Vertragsrechte zugute kommen lassen wollen. Die Rechtsprechung hat sich dementsprechend in der Vergangenheit auch wiederholt mit dem Problem auseinandergesetzt, ob dem **Werk-** oder dem **Architektenvertrag** eine **Schutzwirkung zu Gunsten unbeteiligter Dritter** zukommt. Die Bejahung dieser Frage hatte für den geschädigten Dritten den Vorteil, dass er seine Schadensersatzansprüche als **eigenen vertraglichen Schadensersatzanspruch**

---

1) Siehe hierzu: BGH, NJW 2006, 1434; NJW 2005, 3778.
2) BGH, NJW 1975, 344, 345 = MDR 1975, 305.
3) **Weitere Beispiele:** OLG Karlsruhe, NJW 1956, 913 – **Siedlungsvertrag:** LG Bonn, NJW 1970, 1083 – **Unterlassung** der Weitergabe einer Bauhandwerkerbindung an den Grundstücksverkäufer; s. auch BGH, *Schäfer/Finnern*, Z 4.01 Bl. 72; OLG Koblenz, *Schäfer/Finnern*, Z 2.10 Bl. 38 für eine **Zahlungsvereinbarung;** OLG Hamm, NJW-RR 1996, 627 – Maklervertrag; OLG Koblenz, BauR 1997, 1054, 1055 – Vereinbarung über **Mängelabgeltung** zwischen Bauherr und Subunternehmer. Zur **Baufortschrittsanzeige** als Vertrag zu Gunsten Dritter s. *Schwenker*, in: Thode/Wirth/Kuffer, § 4, Rn. 152. Zur **Bürgschaftsverpflichtung** als Vertrag zu Gunsten Dritter s. *Hildebrandt*, BauR 2007, 203, 212 ff.
4) Siehe BGH, BauR 2008, 673 (**Stellplatzbebauungsverpflichtung** für mehrere Eigentümer durch einen städtischen Vertrag); BGHZ 75, 75 = ZfBR 1979, 204 = BauR 1979, 511 = NJW 1979, 2036 (Herstellergarantie betreffend **Spezial-Fensterglas**).
5) OLG Hamm, MDR 1990, 338.

aus dem Gesichtspunkt der positiven Forderungsverletzung geltend machen konnte, sodass die für ihn günstigen Normen der §§ 278, 282 BGB zur Anwendung kamen. Auch hinsichtlich der Verjährung war seine Rechtsposition günstiger; die 30-jährige Verjährungsfrist des § 195 BGB fand uneingeschränkte Anwendung.[6]

Es ist die Ansicht vertreten worden, dass die Grundsätze über den Vertrag mit Schutzwirkung zu Gunsten Dritter nunmehr von § 311 Abs. 3 Satz 2 BGB erfasst werden bzw. werden sollten.[7] Dem ist nicht zu folgen.[8] Der Gesetzgeber hat die Rechtsfigur des Vertrages zu Gunsten Dritter (z.B. in der Regierungsbegründung) nicht weiter angesprochen.[9] Nach den Vorstellungen des Gesetzgebers soll durch §§ 311 Abs. 3, 241 Abs. 2 – basierend auf dem bisherigen Richterrecht[10] – vor allem **die Inanspruchnahme besonderen Vertrauens durch einen Vertreter oder Handlungsgehilfen**, die sog. **Eigenhaftung** des **Vertreters** auf Grund eines **eigenen wirtschaftlichen Interesses**, sowie die **Sachwalterhaftung** geregelt werden.[11] Im Hinblick auf die neuere Rechtsprechung des BGH,[12] wonach eine Einbeziehung Dritter in den Schutzbereich eines Vertrages auch dann in Betracht kommt, wenn ein „Vertrauenstatbestand" im Einzelfall nicht vorliegt, ist anzunehmen, dass die Vorschrift des § 311 Abs. 3 BGB über den vom Gesetzgeber angesprochenen Bereich hinaus nicht auch die Rechtsfigur des Vertrages mit Schutzwirkung zu Gunsten Dritter ausgedehnt wird.[13] Rechtsgrundlage der Schutzwirkung zugunsten Dritter ist daher eine gebotene **ergänzende Vertragsauslegung**;[14] deshalb sind die bisherigen Grundsätze uneingeschränkt weiterhin gültig.

2264

Grundsätzlich steht die vertraglich geschuldete Leistung nur allein dem **Gläubiger** des Vertrages zu. In Rechtsprechung und Lehre ist aber allgemein anerkannt, dass auch Dritte, an einem Vertrag nicht unmittelbar beteiligte Personen in den **Schutzbereich des Vertrages** einbezogen werden können. Ihnen ist der Schuldner dann zwar nicht zur Leistung, wohl aber u.U. zum **Schadensersatz** verpflichtet.[15]

2265

In diesem Zusammenhang hat auch die Vorschrift des § 618 BGB in Bausachen eine besondere Bedeutung: Stellt ein Bauherr (Besteller) dem Unternehmer **Arbeitsgeräte** zur Verfügung (z.B. Gerüste, Baumaschinen und dgl. mehr), so ist auf

2266

---

6) Vgl. OLG Düsseldorf, *Schäfer/Finnern*, Z 5.1 Bl. 31; **a.A.:** *Kaiser*, Rn. 97b.
7) Siehe hierzu grundlegend: *Westermann*, Festschrift für Honsell, S. 137 ff.; *Haferkamp* in: Dauner-Lieb u.a., Das neue Schuldrecht in der Praxis, S. 171, 177 ff.; *Medicus*, Festschrift für Schlechtriem, S. 613, 622 ff.; *Eckebrecht*, MDR 2002, 425 ff.; *Teichmann*, DB 2001, 1485, 1492; *Canaris*, JZ 2001, 499, 520; *Kamphausen*, BauR 2006, 1208, 1213.
8) Vgl. auch BGH, NJW 2006, 830, 835, der insoweit von „Schadensersatzansprüchen aus § 280 Abs. 1 BGB nach den Grundsätzen der Rechtsprechung über den Vertrag mit Schutzwirkung zu Gunsten Dritter" spricht.
9) *Lieb*, a.a.O.
10) *Sienz*, in: Wirth/Sienz/Englert, Teil I, Rn. 192.
11) *Sienz*, a.a.O.
12) BauR 2002, 814 = NJW 2002, 1196; BauR 2001, 426 = NJW 2001, 514; OLG Hamm, OLGR 2004, 93, 94 m.w.Nachw.
13) In diesem Sinne: *Westermann*, a.a.O., S. 148/149; *Medicus*, a.a.O., S. 623.
14) *Palandt/Grüneberg*, § 328 BGB, Rn. 14 unter Hinweis auf BGHZ 56, 273 u. NJW 2012, 3165.
15) Vgl. BGHZ 49, 450, 453; BGH, NJW 2009, 217, 218 = ZfIR 2009, 22 m.Anm. *Haverland* (Drittschützende Architektenhaftung für unrichtige **Bautenstandsberichte**); s. ferner: BGH, IBR 2012, 52 – *Ulrich* (Haftung des privaten **Sachverständigen** gegenüber Dritten); BGH, BauR 2002, 814 = ZfBR 2002, 485 = ZfIR 2002, 446 m.Anm. *Portz* (Bautenstandsbestätigung; Haftung des **Architekten**); KG, BrBp 2004, 80 – *Bereska*; OLG Koblenz, OLGR 1999, 459 (Ansprüche des **Nachbarn** bei Schäden am Nachbargrundstück); OLG Hamm, BauR 2004, 864, 865 (Architektenvertrag).

einen solchen Bauvertrag die Vorschrift des § 618 BGB sinngemäß anzuwenden.[16] Dem Bauherrn obliegt in diesen Fällen die Pflicht, dem Werkunternehmer ein verkehrssicheres Arbeitsgerät zur Verfügung zu stellen. Das bedeutet aber wiederum nach der Rechtsprechung, dass nicht nur der unmittelbare Vertragsgegner (Unternehmer), sondern auch Dritte, die das von dem Bauherrn gestellte Arbeitsgerät benutzen, wie z.B. die **Arbeitnehmer** des Unternehmers, in den Schutzbereich des Bauvertrages einbezogen sind; denn in diesen Fällen ist der Unternehmer für diese Dritte in aller Regel auch verantwortlich, weil deren Schädigung ihn selbst trifft.[17]

2267 Aus § 618 BGB ist ganz allgemein der Grundsatz herauszulesen, dass auch der Bauherr (Besteller) alles zu unternehmen hat, damit die **Arbeitnehmer des Unternehmers** auf dem Baugelände gefahrlos arbeiten können. Verletzt der Bauherr diese seine Fürsorgepflicht, haben die Arbeitnehmer des Unternehmers einen vertraglichen Schadensersatzanspruch gegen den Bauherrn (§§ 280, 282 BGB).[18] Unter den geschützten Personenkreis fallen auch die von dem Unternehmer eingeschalteten **Subunternehmer;**[19] allerdings kann ihnen gegenüber, sofern sie selbstständige Unternehmer sind, eine Ersatzpflicht wirksam ausgeschlossen werden.

Im Übrigen stellte sich aber unabhängig von § 618 BGB bei jedem Bauvertrag die Frage, ob nicht stets der „normale" **Werkvertrag**, auch derjenige nach der VOB, grundsätzlich als **Vertrag mit Schutzwirkung zu Gunsten Dritter** anzusehen ist.

2268 Ein **Vertrag** mit **Schutzwirkung zu Gunsten Dritter** wird allgemein angenommen, „wenn die Auslegung des Vertrags zwischen dem Schuldner und dem Gläubiger ergibt, dass nach seinem Sinn und Zweck und nach Treu und Glauben der Gläubiger den Dritten in die ihm dem Schuldner gegenüber obliegende Schutzpflicht einbeziehen wollte, weil er für dessen ‚Wohl und Wehe' verantwortlich ist und wenn dieses Interesse des Gläubigers dem Schuldner erkennbar oder gar bekannt war".[20] Ein solcher Vertrag mit Schutzwirkungen zu Gunsten Dritter ist aber auch dann anzunehmen, wenn sich aus den **Umständen** des Falles **konkrete Anhaltspunkte** für einen auf den Schutz des Dritten gerichteten **Parteiwillen** ergeben; denn es steht den Parteien frei, ausdrücklich oder stillschweigend den Schutzbereich des Vertrages auch auf Dritte zu erstrecken.[21] Nach neuerer Rechtsprechung sind in die Schutz-

---

[16] BGHZ 5, 62 = NJW 1952, 458; 26, 365, 370 = NJW 1958, 710; BGH, VersR 1963, 1076; BGH, BauR 1995, 731; OLG Düsseldorf, SFH, Nr. 3 zu § 847 BGB u. NJW-RR 1995, 403; OLG Stuttgart, NJW 1984, 1904; dazu Schünemann, JuS 1984, 927; Lewer, JZ 1983, 336 ff.
[17] Vgl. insoweit BGHZ 56, 269 = NJW 1971, 1931; BGH, VersR 1955, 740; NJW 1956, 1193; NJW 1959, 1676; s. auch RGZ 164, 397, 399.
[18] Nach altem Recht aus positiver Vertragsverletzung; s. BGH, VersR 1970, 831. Zum Anspruch des **Unternehmers**: OLG Stuttgart, NJW 1984, 1904 (kein Ersatz bloßer „Reflexschäden").
[19] BGHZ 56, 269; hierzu auch OLG Düsseldorf, NJW-RR 1995, 403.
[20] BGHZ 56, 269 = NJW 1971, 1931, 1932; vgl. auch BGH, NJW 1975, 867 = VersR 1975, 522; NJW 1959, 1676; LM § 254 (E) BGB Nr. 2; BGHZ 33, 247 = NJW 1961, 211; NJW 1964, 33; NJW 1965, 1757 u. 1955; NJW 1968, 1929; BGH, NJW-RR 1986, 484 (**Auskunftsvertrag**); BGH, NJW 1996, 2927; OLG Brandenburg, BauR 2010, 1590 (**Baugrundgutachten**); OLG Jena, IBR 2012, 148 – Feldmann (Abbrucharbeiten; Einbeziehung des **Nachbarn** in den Schutzbereich des zwischen dem Auftraggeber und Unternehmer abgeschlossenen Bauvertrags); OLG Hamm, BauR 2007, 561; OLG Düsseldorf, BauR 2006, 1054.
[21] BGH, ZfBR 2005, 40 (Schutzbereich eines **Wertermittlungsvertrages**); BauR 1985, 571, 572 = ZfBR 1985, 215; s. ferner: BGH, BauR 2002, 814 = NZBau 2002, 229 = NJW 2002, 1196 = ZfIR 2002, 446 m.Anm. Portz u. BGH, BauR 2005, 1052 = NZBau 2005, 397 = IBR

wirkungen eines Vertrages im Wege der **ergänzenden Vertragsauslegung** indes Dritte einbezogen, wenn der Gläubiger an deren Schutz ein **besonderes Interesse** hat und wenn Inhalt und Zweck des Vertrages erkennen lassen, dass diesem Interesse Rechnung getragen werden soll, und die Parteien daher den Willen haben, zu Gunsten dieses Dritten eine **Schutzpflicht** des Schuldners zu begründen.[22] Hieran wird es in der Regel fehlen, wenn der Dritte das Gutachten weder angefordert noch sonst von dessen Inhalt Kenntnis erlangt hat. Das Vertrauen auf die bloße Existenz des Gutachtens genügt nicht.[23]

In diesem Sinne kann auch der „normale" **Werk-** oder **Architektenvertrag**[24] **2269** Schutzwirkungen zu Gunsten Dritter haben. Besondere Schwierigkeiten bestehen indes in der **Abgrenzung des Personenkreises**, der geschützt werden soll: Zwar kommt ein Vertrag mit Schutzwirkungen für Dritte auch in Betracht, wenn die zu schützenden Personen nicht „bekannt" sind; vorausgesetzt wird nämlich nur, dass **der zu schützende Personenkreis objektiv abgrenzbar** oder **bestimmbar** ist.[25] Es kann aber keineswegs der Sinn des Bauvertrages sein, allen beliebigen Dritten, denen aus der unsorgsamen Ausführung der dem Vertragsschuldner obliegenden Leistungspflichten ein Schaden entsteht, aus dem Vertrag einen Ersatzanspruch zu geben. Dies hieße, die besondere Verantwortlichkeit des Vertragsschuldners zu einer Haftung gegenüber jedermann auszuweiten.[26] Die Rechtsprechung des BGH[27] hat dementsprechend auch wiederholt hervorgehoben, dass Ausweitungen der Vertragswirkungen nur **in mehr oder weniger engen Grenzen** in Betracht kommen können.

2005, 333 (**Bautenstandbestätigung** eines Architekten); BauR 2001, 426 = ZfBR 2001, 164 = NJW 2001, 514 (**Bodengutachten**); BGH, NJW 2007, 1061 (**Abwasserkanalisation**; Verletzung von Schutz- und Obhutspflicht bei Bauarbeiten; Schutz des Mieters); KG, BrBp 2004, 80 (Bauvertrag über **Vertiefungsarbeiten**); OLG Stuttgart, BauR 2000, 427 = OLGR 2000, 67; OLG Rostock, BauR 2001, 1127, 1128; OLG Koblenz, OLGR 1999, 459 = NJW-RR 2000, 544 = NZBau 2000, 292 (Schäden am Nachbargrundstück); OLG Celle, BauR 2000, 580 = NJW-RR 1999, 1693; AG Dülmen, NZBau 2002, 395 = NJW-RR 2001, 1596 (**Doppelhaushälfte**).

22) BGHZ 138, 257, 261 = NJW 1998, 1948; BGH, ZfBR 2005, 40, 41; BGH, NJW 1987, 1758, 1759; OLG Brandenburg, BauR 2010, 1590, 1591; OLG Düsseldorf, BauR 2005, 1054, 1056; *Stürner*, in: Prütting/Wegen/Weinreich, vor §§ 328 ff., Rn. 23 u. 24.
23) BGH, NJW 2009, 217, 218 = ZfIR 2009, 22 m.Anm. *Haverland*; OLG Brandenburg, BauR 2010, 1590 m.w.Nachw.
24) Vgl. OLG Hamm, BauR 2004, 864 (**verneinend** für einen Schadensersatzanspruch des Erwerbers gegen den Subunternehmer des Bauträgers) u. BauR 2004, 528, 529 = NZBau 2004, 161 = OLGR 2004, 93, 94 (**bejahend** für Architektenvertrag; Schutzwirkung zugunsten des Bauherrn bei besonderem Interesse); OLG Celle, BauR 2006, 133 (**bejahend** für Werkvertrag; Schutzwirkung zugunsten des Bestellers und seiner Mitarbeiter).
25) BGH, BauR 1998, 189, 193; BGH, BauR 1990, 501 = ZfBR 1990, 178; BauR 1985, 704 (auch zur **Beweislast**) u. NJW 1984, 355; OLG Oldenburg, OLGR 1997, 103, 104; OLG Düsseldorf, BauR 1996, 276 = NJW-RR 1996, 591; OLG Hamm, NJW-RR 1987, 725; *Kaiser*, Rn. 97b; LG Kaiserslautern, SFH, Nr. 4 zu § 328 BGB; LG Tübingen, BauR 1990, 497.
26) *Martiny*, JZ 1996, 19 ff.; *Larenz*, NJW 1956, 1193; *Littbarski*, Rn. 187; s. hierzu auch: OLG Hamm, NZBau 2013, 305 = NJW-RR 2013, 267 = IBR 2013, 80 – *Michalczyk* (keine drittschützende Wirkung des Vertrags über Sicherheits- und Gesundheits-Koordination zugunsten der auf der Baustelle tätig werdenden **Handwerker**).
27) Vgl. BGHZ 51, 91, 96 = NJW 1969, 269; BGH, ZfBR 2005, 40, 42 = BauR 2005, 122, 125 = NJW 2004, 3035 (hierzu: *Finn*, NJW 2004, 3752); BGH, SFH, Nr. 1 zu § 328 BGB; BGH, BauR 1984, 189 = NJW 1984, 355; BGH, NJW 1996, 2927.

An einer **Schutzbedürftigkeit** eines Dritten wird es in der Regel **fehlen,** wenn der Dritte wegen des Sachverhalts, aus dem er seinen Anspruch herleitet, einen inhaltsgleichen Anspruch gegen den Gläubiger hat.[28]

2270 Nach der Rechtsprechung fallen unter den **Schutzbereich** des Werkvertrages:
- die **Familienangehörigen des Bestellers** (Bauherrn) (BGH, MDR 1956, 534 = VersR 1956, 500–6-jährige **Tochter** des Bauherrn, offengelassen vom BGH, BauR 1990, 501, 502 = ZfBR 1990, 1078 = MDR 1990, 808 = NJW-RR 1990, 726; BGH, Schäfer/Finnern, Z 4.01 Bl. 40 – **Ehemann;** siehe ferner: BGH, BauR 1994, 621 = ZfBR 1994, 209 = NJW 1994, 2231; OLG Nürnberg, MDR 1974, 401 – **Eigentümerin** des Grundstücks **bei Auftragsvergabe durch Ehemann**).
 Voraussetzung der Haftung ist allerdings, dass der Dritte „gerade in seiner Eigenschaft als Familienangehöriger des Auftraggebers mit der Bauleistung des Auftragnehmers in Berührung kommt" (BGH, BauR 1994, 621 = NJW 1994, 2231 = ZfBR 1994, 209 mit Hinweis auf BGH, BauR 1990, 501 = ZfBR 1990, 178).
- die **Mieter** des Bauherrn sowie deren Angehörige (BGH, VersR 1979, 1009; OLG Stuttgart, VersR 1983, 891 – für **Brandschaden** durch Schweißarbeiten; AG Köln, VersR 1984, 1179 – Schornsteinfegervertrag; **Rußschäden** eines Mieters; kritisch Herding/Schmalzl, Haftung, S. 507; BGH, NJW 1964, 33 – offengelassen; OLG Köln, BB 1976, 669 – **Heizungswartungsvertrag;** verneinend: OLG Hamm, NJW-RR 1987, 725, wenn die Mängelansprüche des Mieters im Mietvertrag beschränkt worden sind; BGH, VersR 1987, 159 = BauR 1987, 116, wenn Haftung des Architekten gegenüber dem Bauherrn für Folgeschäden ausgeschlossen ist, sowie BGH, BauR 1990, 501 = ZfBR 1990, 178 für einen gewerblichen Mieter. Dieser sei durch seine vertraglichen Ansprüche gegen den Vermieter (§ 538 BGB) ausreichend geschützt (ebenso: BGH, BauR 1994, 621, 622 = NJW 1994, 2231 = ZfBR 1994, 209). Siehe ferner: OLG Oldenburg, OLGR 1997, 103 – kein Anspruch des Mieters, wenn Elektroarbeiten in Räumen ausgeführt werden, die **neben** dem Mietobjekt liegen, und diese Arbeiten dem Mieter auch **nicht zugute kommen;** BGH, NJW 1996, 2927 – kein Vertrag zu Gunsten Dritter, wenn **gleichgeschaltete Werkverträge** mehrerer Auftraggeber vorliegen; OLG Stuttgart, BauR 2000, 427 = OLGR 2000, 67 – kein Anspruch, wenn vertragliche Ansprüche aus § 538 BGB gegenüber dem Vermieter zur Seite stehen.
- die **Hausangestellten** (RGZ 127, 224)
- der **Vermieter** (BGH, NJW 1954, 874 = VersR 1954, 223)
- der **Grundstückseigentümer** (KG, NJW 1958, 185 – bei Trümmerbeseitigung; verneinend: BGH, VersR 1962, 86 bei Rohrverlegung; zust. Böhmer, VersR 1962, 518; s. auch: OLG Celle, BauR 2000, 580 = NJW-RR 1999, 1693 – **Subunternehmervertrag** hat Schutzwirkung zu Gunsten des Bauherrn/Eigentümers)
- die **Arbeitnehmer** des Bestellers (BGHZ 55, 11, 18)
- der **Nachbar** (AG Dülmen, NZBau 2002, 395 – fehlerhafte Dacharbeiten bei einer Doppelhaushälfte; OLG Jena, U.v. 31.3.2010 – 7 U 593/09 – Schäden durch Abbrucharbeiten; KG, BrBp 2004, 80 – für Vertrag über **Vertiefungsarbeiten;**

---

[28] Zutreffend: OLG Stuttgart, IBR 2012, 364 – *Bröker*; OLG Köln, NZBau 2003, 101, 102 = OLGR 2002, 403; OLG Brandenburg, BauR 2010, 1590, 1591; OLG Stuttgart, Urt. v. 20.12.2011 – 6 U 107/11 (BauR 2012, 690 LS) für einen **Anpassungsanspruch** der von einem Sachverständigen als Schiedsgutachter i.S. der §§ 317, 319 BGB bestimmten Leistung.

Vertrag mit Schutzwirkung zu Gunsten Dritter   Rdn. 2271

wohl unzutreffend, weil sich Ersatzansprüche für den Nachbarn unmittelbar aus §§ 823 Abs. 2, 909 BGB herleiten lassen; das gilt auch für OLG Koblenz, OLGR 1999, 459 = NJW-RR 2000, 544 = NZBau 2000, 292; OLG Düsseldorf, NJW 1965, 539 – bei fehlerhafter Herstellung eine Kommunmauer; a.A. Hodes, in Anm. das.)

* die **Betriebsangehörigen** eines Unternehmers (BGH, LM Nr. 5 zu § 157 [D] BGB = BB 1965, 1107 m. zust. Anm. Köpke)

Ferner fallen unter den Schutzbereich:

* der **Kreditgeber** (BGH, BauR 2005, 122 = ZfBR 2005, 40; BauR 1998, 189; BGH, ZfBR 1982, 159; vgl. auch BGH, BauR 1984, 189 = NJW 1984, 355; hierzu vor allem Littbarski, NJW 1984, 1667 ff.; auch Müssig, NJW 1989, 1697 ff.; BGH, ZfBR 1985, 121 sowie OLG Frankfurt, NJW-RR 1989, 337)

* der **Käufer** (BGH, ZfBR 1995, 75; s. hierzu auch OLG Düsseldorf, BauR 2005, 1054 u. BGH, BauR 2001, 431) und auch der **Bürge** (BGH, BauR 1998, 189) bei einem unrichtigen **Wertgutachten** (s. ferner: OLG Hamm, OLGR 1992, 323 für **Baugrundgutachten**; verneinend: OLG Dresden, NJW-RR 1997, 1456 = BB 1997, 1556 für einen nicht öffentlich vereidigten und bestellten Sachverständigen), ferner: ein **Bauträgerunternehmen** (BGH, BauR 2001, 426 = ZfBR 2001, 164 für ein **Bodengutachten**)

* der **Erwerber** aus einem **unrichtigen Bautenstandsbericht** eines Architekten (BGH, BauR 2008, 2058 = NZBau 2009, 126 = ZfBR 2009, 44 = IBR 2008, 743; OLG Dresden, IBR 2012, 591 – *Löffelmann*; siehe auch BGH, BauR 2002, 814 = NZBau 2002, 229 = ZfBR 2002, 485 sowie Sohn, Festschrift für Quack, S. 221 ff. m.w.Nachw.

* der **Ersteller von Bauzeichnungen**, die er unter Verwendungsvorbehalt dem Auftragnehmer des Bauherrn überlassen hat (BGH, BauR 1985, 571)

* der **Erwerber im Bauherrenmodell** (zur Haftung des Architekten, der als Sachverständiger mit der **Zwischen-** und **Schlussabnahme** der **Wohnungen** beauftragt wird: LG Kaiserslautern, SFH, Nr. 4 zu § 328 BGB)

Es fallen **nicht unter den Schutzbereich**: 2271

* andere Bauunternehmer (LG Stuttgart, MDR 1961, 936 LS; BGH, NJW 1970, 38, 40; Acker/Garcia-Scholz, BauR 2003, 1457, 1464; s. ferner: BGH, NJW 1971, 753 betreffend **Architektenvertrag**; OLG Düsseldorf, BauR 1996, 276, 277 = NJW-RR 1996, 591 für Unternehmervertrag; OLG Köln, VersR 1969, 810 – örtliche Bauaufsicht eines Architekten; KG, BauR 1973, 116)

* der Bauherr aus einem **Subunternehmervertrag** (OLG Hamm, BauR 2007, 561; OLG Rostock, IBR 2003, 22 – Schulze-Hagen; Feudner, BauR 1984, 247, 258/259; für Einbeziehung: Schlechtriem, ZfBR 1983, 101, 103; Kaiser, Rn. 97b)

* der Erwerber aus dem Auftrag zur Erstattung eines **Baugrundgutachtens** durch den Verkäufer (OLG Hamm, OLGR 1992, 323)

* der **Erwerber** aus dem von dem **Bauträger** abgeschlossenen Bauvertrag (OLG Hamm, OLGR 2004, 78)

* der **Ersteigerer** bei der Beauftragung eines Sachverständigen zur Erstellung eines Wertgutachtens im **Zwangsversteigerungsverfahren** (s. BGH, BauR 2003, 1599 = NJW 2003, 2825; OLG Celle, BauR 2004, 1481; LG Marburg, BauR 2000, 765 m.Anm. Bandte; OLG Frankfurt, BauR 2000, 1521 m.Anm. Turner sowie Anm.

Bandte, BauR 2001, 128; s. ferner: OLG Stuttgart, BauR 2006, 712 m.Anm. Klöters)
* Besucher des Bauherrn oder des Mieters (Herding/Schmalzl, Haftung, S. 507)
* der Gewerbebetrieb, der von der Beschädigung eines Stromkabels betroffen ist (BGH, SFH, Nr. 1 zu § 328 BGB = BB 1977, 1419 = BauR 1977, 435 sowie OLG Köln, VersR 1984, 340).
* ein Dritter aus einem **Begutachtungsvertrag** mit dem Eigentümer; der dem Gutachter erteilte Auftrag erstreckt sich regelmäßig nicht auf die Suche nach verborgenen **Baumängeln** (OLG Frankfurt, BauR 2014, 1194 (LS).

2272 Fällt der Dritte nach der bisherigen Rechtsprechung in den Schutzbereich des Vertrages, so erwächst ihm auch ein **unmittelbarer Schadensersatzanspruch** gegen den Unternehmer (Auftragnehmer);[29] der Anspruch bemisst sich nach §§ 249 ff. BGB.[30] Ein geschädigter Dritter muss sich jedoch ein eigenes Mitverschulden sowie Mitverschulden des Vertragspartners des Schädigers gemäß § 254 BGB anrechnen lassen,[31] auch wenn der Vertragspartner nicht gesetzlicher Vertreter oder Erfüllungsgehilfe des Geschädigten ist. **Abweichende** Vereinbarungen sind insoweit aber möglich.[32]

Der geschädigte Dritte muss sich jedoch nicht alle Nachteile entgegenhalten lassen, die sich aus dem Verhalten des **Vertragsgläubigers** ergeben können. Der Rechtsgedanke des § 334 BGB, der auf den Vertrag mit Schutzwirkung zu Gunsten Dritter entsprechende Anwendung findet, kann vor allem in Fällen nicht zum Tragen kommen, in denen die Interessen des **Dritten** und des **Vertragspartners** „gegenläufig" sind.[33]

Die Haftung des Schädigers erstreckt sich auf **Personen- und Sachschäden**,[34] und zwar insoweit auch auf **Vermögensschäden**.[35] Bei Verletzung eines der durch § 253 Abs. 2 BGB geschützten Rechtsgüter kann auch ein **Schmerzensgeldanspruch** bestehen.

---

29) BGH, NJW 1976, 712, 713; OLG Oldenburg, OLGR 1997, 103, 104; s. oben Anm. 7.
30) BGH, BauR 2001, 426, 428 = ZfBR 2001, 164 (Bodengutachten).
31) BGH, BauR 1998, 189, 191 (ständig).
32) BGHZ 127, 378, 384; BGH, BauR 1998, 189, 192 = NJW 1998, 1059 („**konkludente Abbedingung** von § 334 BGB").
33) Vgl. hierzu BGH, ZfBR 1995, 75 = BB 1995, 170 = NJW 1995, 392 für den Fall, dass der **Verkäufer** eines Hauses die **Unrichtigkeit** des Wertgutachtens **arglistig herbeigeführt** hat; ferner: *Canaris*, JZ 1995, 441 ff.
34) BGH, VersR 1965, 997, 998; BGHZ 49, 350, 355; BGH, *Schäfer/Finnern*, Z 4.01 Bl. 40.
35) Vgl. BGH, BauR 1994, 621, 622 = ZfBR 1994, 209 = NJW 1994, 2231; NJW 1970, 38, 40.

II. (Neben)Pflichtverletzung im Sinne von §§ 280 Abs. 1, 241 Abs. 2 BGB

Literatur

Nicklisch, Mitwirkungspflichten des Bestellers beim Werkvertrag, insbesondere beim Bau- und Industrieanlagenvertrag, BB 1979, 533; *Bindhardt*, Pflichten und Verantwortung des Architekten gegenüber den Nachbarn seines Bauherrn, BauR 1983, 422; *Vygen*, Rechtliche Beratungs- und Hinweispflichten des Architekten und Bauingenieurs beim Abschluss von Bauverträgen und bei der Vertragsabwicklung unter besonderer Berücksichtigung einer Vertragsstrafenvereinbarung im Bauvertrag, BauR 1984, 245; *Prinz zu Hohenlohe-Öhringen*, Die Rechtsprechung zur Auskunftshaftung, BB 1986, 894; *Motzke*, Prüfungs-, Aufklärungs- und Überwachungspflichten des Unternehmers, ZfBR 1988, 244; *Müssig*, Falsche Auskunftserteilung und Haftung, NJW 1989, 1697; *Knacke*, Aufklärungspflicht des Architekten über die Vergütungspflicht und das Honorar seiner Leistungen, BauR 1990, 395; *Lachmann*, Die Rechtsfolgen unterlassener Mitwirkungshandlungen des Werkbestellers, BauR 1990, 409; *Locher*, Schadensersatzansprüche gegen den Architekten wegen Nichtauflistung von Gewährleistungspflichten, BauR 1991, 135; *Wirth/Schmidt/Willner*, Nachvertragliche Pflichten der Baubeteiligten, Jahrbuch Baurecht 2010, 171; *Skauradszun/Eix*, Unterlassene Mitwirkung des Bestellers: Alternativen zur Kündigung?, NZBau 2010, 86; *Lembcke*, Kooperative Sekundärpflicht – Anspruch auf ADR-Verfahren im Bauvertrag? – Jahrbuch 2011, 89; *Popescu*, Zehn Jahre Schuldrechtsreform, NZBau 2012, 137.

2273 Da im Werkvertragsrecht das **allgemeine Leistungsstörungsrecht** gilt, wird der Begriff der „positiven Vertragsverletzung" mit seiner Unterscheidung zwischen Haupt- und Nebenpflichten nicht mehr benutzt. Maßgebend ist allein noch der Begriff der **„Pflichtverletzung"** (§ 280 Abs. 1 Satz 1 BGB), der alle Leistungsstörungen von der Unmöglichkeit bis zur Verletzung leistungsbezogener oder leistungsbegleitender „Nebenpflichten" abdeckt.[1] Die Vorschrift des § 280 unterscheidet nicht zwischen Haupt- und Nebenpflichten. Letztere gibt es allerdings nach neuem Recht. Die Schwierigkeit besteht darin, diese von den eigentlichen „Hauptpflichten" abzugrenzen, die dem **Mängelhaftungsrecht** zuzuordnen sind.[2] Die Zuordnung als Haupt- und Nebenpflicht kann indes im Einzelfall von großer Bedeutung sein; zum Beispiel, wenn es um **versicherungsrechtlichen** Schutz geht. Hat ein Architekt oder Unternehmer sich versicherungsrechtlich nur gegen Ansprüche aus „**Gewährleistung**" abgesichert, sind Ansprüche, die auf der Verletzung einer „**Nebenpflicht**" beruhen, nicht abgedeckt.[3] Das kann im Einzelfall für den Betroffenen

---

[1] *Leupertz/Halfmeier*, in: Prütting/Wegen/Weinreich, § 631 BGB, Rn. 26 ff.; *Palandt/Grüneberg*, § 242 BGB, Rn. 23 ff.; *Palandt/Sprau*, § 631 BGB, Rn. 13, 15 m.w.Nachw.

[2] *Popescu*, NZBau 2012, 137, 140; *Rudolph/Koos*, in: Beck'scher VOB-Kommentar, § 17 Abs. 1 Rn. 166 ff.; *Preussner*, in: Thode/Wirth/Kuffer, § 9, Rn. 39 (für das Leistungsbild des Architekten); *Pause*, Rn. 871 ff. (für das Bauträgerrecht); zur **Sekundärhaftung** des Architekten als Haupt- und/oder Nebenpflicht: *Wirth/Schmidt/Willner*, Jahrbuch Baurecht 2010, 171, 193 f. Aus der **Rechtsprechung** instruktiv: OLG Köln, IBR 2014, 17 – *Koenen* (zur Unterscheidung einer **erfolgs-** von einer **verhaltensbezogenen** Nebenpflicht); s. ferner: OLG Koblenz, IBR 2013, 572 – *Schwenker* (zur Begrenzung der Haftung bei Lieferung; keine Haftung des Verkäufers für mangelhafte Montage).

[3] Probleme können auch im Zusammenhang mit einer bestehenden **Sicherungsabrede** auftreten; s. *Jahn*, in: Motzke/Bauer/Seewald, § 3, 127.

missliche Folgen haben, zumal die neuere Rechtsprechung des BGH den Bereich der „**Hauptpflichten**" deutlich erweitert hat.[4]

2274 Der **mangelbedingte** Schadensersatzanspruch des Auftraggebers ist über § 634 Nr. 4 BGB in den Vorschriften der §§ 280, 281 BGB geregelt; zugleich werden aber auch die Verletzungen **leistungsbezogener** (Neben)Pflichten in den §§ 280, 281 BGB zusammengefasst. Hat demnach ein Bauschuldner die **fehlerhafte Werkleistung** oder die **Verletzung** einer **leistungsbezogenen Pflicht** zu vertreten, so hat der Besteller einen Schadensersatzanspruch aus §§ 280, 281 BGB. Für diese Fallgruppen ist zu beachten, dass dem Unternehmer/Architekt oder Sonderfachmann immer erfolglos eine angemessene Frist zur Leistung/Nacherfüllung gesetzt werden muss, es sei denn, sie ist im Einzelfall gemäß § 281 Abs. 2 1. Halbsatz entbehrlich oder der Schaden, der durch die Pflichtverletzung endgültig entstanden ist, wäre durch eine rechtzeitige Nacherfüllung nicht beseitigt worden.[5]

2275 Der Begriff der „Pflicht" aus dem Schuldverhältnis (§ 280 Abs. 1 BGB) umfasst indes nicht nur die angesprochenen leistungsbezogenen Pflichten, sondern auch **sonstige Pflichten**; damit ist die **nicht mit der werkvertraglichen Gewährleistung zusammenhängende Fallgruppe** angesprochen.[6] Deshalb ist Raum für eine Haftung nur insoweit, als es um **die Verletzung nicht leistungsbezogener Pflichten**, insbesondere aber um die Verletzung sog. **Schutzpflichten** (§ 241 Abs. 2 BGB) geht.[7] Rechtsfolge einer solchen Pflichtverletzung ist ein Schadensersatzanspruch (direkt) aus § 280 Abs. 1 Satz 1 BGB, wobei sich der Umfang der Ersatzpflicht nach §§ 249 ff. BGB richtet. Zu beachten ist, dass nicht jede Verletzung einer „Nebenpflicht" i.S. des § 241 Abs. 2 BGB zu einer Beendigung des Vertrages führen soll; vielmehr sind nach § 282 BGB insoweit strenge Anforderungen zu stellen. Ein **Rücktritt** vom Vertrag kommt nur unter den Voraussetzungen des § 324 BGB in Betracht.

2276 Zu den „**Schutzpflichten**" i.S. des § 241 Abs. 2 BGB gehören nicht die **Beratungs- und Aufklärungspflichten**, wenn sie den **leistungsbezogenen** bzw. **leistungsbegleitenden** Pflichten zuzuordnen sind.[8] Dies mag anders sein, wenn sie sich (zugleich) auf das **Integritätsinteresse** i.S. des § 241 Abs. 2 BGB beziehen und damit dem Schutzzweck der Norm unterfallen.[9] Demgegenüber fallen die eigentlichen **Schutzpflichten** unzweifelhaft unter § 241 Abs. 2 BGB und lösen bei einer Pflichtverletzung den Ersatzanspruch aus §§ 280, 241 Abs. 2, 282 BGB aus. Hierzu

---

[4] Siehe BGH, BauR 2009, 1585, 1587 (Abgrenzung zum Verzögerungsschaden; Ersatz für einen **Nutzungsausfall**); *Wirth*, in: Ingenstau/Korbion, a.a.O., Rn. 193; s. ferner: *Skauradszun/Eix*, NZBau 2010, 86, 88 (zur **Mitwirkungshandlung** als Vertragspflicht i.S. des § 280 BGB; s. hierzu auch *Leupertz*, BauR 2010, 1999, 2002).

[5] Schadensersatz **neben** der Leistung; *Palandt/Grüneberg*, § 280 BGB, Rn. 18.

[6] *Lauer/Wurm*, Rn. 250.

[7] *Löffelmann/Fleischmann/Ihle*, Rn. 1992; *Lauer/Wurm*, Rn. 393 ff. Zum Rücksichtnahmegebot des § 241 Abs. 2: *Preussner*, in: Thode/Wirth/Kuffer, § 9, Rn. 182 m. Nachw.

[8] *Bamberger/Roth*, § 280 BGB, Rn. 17, der zutreffend darauf verweist, dass z.B. die **Erhaltungs-, Obhuts-** und **Mitwirkungspflichten** zu den **leistungsbezogenen** Nebenpflichten zählen. Zu den **Aufklärungs-, Überwachungs-, Informations-** und **Hinweispflichten** als leistungsbezogene Nebenpflichten s. *Leupertz/Halfmeier*, in: Prütting/Wegen/Weinreich, § 631 BGB, Rn. 27 m.w.Nachw.

[9] *Bamberger/Roth*, § 241 BGB, Rn. 89; s. *Leupertz/Halfmeier*, in: Prütting/Wegen/Weinreich, § 634, Rn. 15.

(Neben)Pflichtverletzungen Rdn. 2277

zählt im Übrigen auch die **Verkehrssicherungspflicht**, sodass sich im Einzelfall für den Geschädigten auch ein **vertraglicher** Schadensersatzanspruch ergeben kann.[10]

Die **Abgrenzung** zwischen den **leistungs-** und den **nicht leistungsbezogenen** Nebenpflichten kann im Einzelfall schwierig sein. In der Regel wird eine leistungsbezogene Nebenpflicht im Sinne des § 281 BGB vorliegen, wenn eine **Fristsetzung** sachgerecht und damit eine letzte Warnung für den Schuldner möglich und sinnvoll ist.[11]

Die Vorschrift des § 241 BGB unterscheidet zwischen den leistungs- und den nicht leistungsbezogenen Nebenpflichten; die letzteren sind solche, die mit der versprochenen Werkleistung, sei es durch Unternehmer, Architekten, Sonderfachleute oder auch Bauträger, nicht in einem unmittelbaren Zusammenhang stehen. Für den baurechtlichen Bereich sind damit vor allem die Schutz- und Rücksichtnahmepflichten von Bedeutung.[12]

2277

---

10) OLG Celle, BauR 2006, 133 = IBR 2005, 558 – *Hänsel*; OLG Düsseldorf, BauR 2012, 1970 = IBR 2013, 149 – *Luig*; *Palandt/Grüneberg*, § 280 BGB, Rn. 28 unter Hinweis auf BGH, NJW-RR 2013, 534 = WM 2013, 692.
11) *Bamberger/Roth*, § 281 BGB, Rn. 9; *Lauer/Wurm*, Rn. 283 a.E.
12) OLG Bremen, BauR 1997, 1045 (Pflicht des Unternehmers, Bauleistungen vor Beschädigung und/oder Diebstahl durch Dritte zu schützen); OLG Düsseldorf, BauR 1992, 377 (Prüfung durch Unternehmer, ob das Befahren einer Hoffläche mit schwerem Baugerät möglich ist).

III. Die Baukostenüberschreitung durch den Architekten

Übersicht

	Rdn.		Rdn.
1. Baukostengarantie	2281	c) Das Recht des Architekten auf Nachbesserung/Nacherfüllung	2301
2. Baukostenüberschreitung	2284	d) Verschulden des Architekten	2303
a) Vorgabe eines bestimmten Baukostenbetrages	2285	e) Der Schaden des Bauherrn/Auftraggebers	2305
b) Pflichtverletzung des Architekten	2289		

Literatur

Lauer, Die Haftung des Architekten bei Bausummenüberschreitung (1993); *Miegel*, Die Haftung des Architekten für höhere Baukosten sowie für fehlerhafte und unterlassene Kostenermittlungen (1995); *Budnick*, Architektenhaftung für Vergabe-, Koordinierungs- und Baukostenplanungsfehler, 1988; *Seifert*, Praxis des Baukostenmanagements, 2000; *Krause-Allenstein*, Die Haftung des Architekten für Bausummenüberschreitung und sein Versicherungsschutz, Baurechtliche Schriften, Bd. 55, 2001.

Locher, Die Haftung des Architekten für Bausummenüberschreitung, NJW 1965, 1696; *Koenig*, Wann haftet der Architekt für eine Überschreitung der veranschlagten Bausumme?, VersR 1968, 237; *Hesse*, Honorarabrechnung und vom Architekten verschuldete Mehrkosten, BauR 1970, 148; *Beeg*, Kosten- und Termingarantie durch den Architekten, BauR 1973, 71; *Dostmann*, Die fehlerhafte Schätzung der Baukosten durch den Architekten, BauR 1973, 159; *Schniewind*, Baukostenüberschreitung beim Bauherrenmodell, BB 1983, 2196; *Steinert*, Schadensberechnung bzw. Vorteilsausgleichung bei der schuldhaften Bausummenüberschreitung des Architekten. Zur Ermittlung des Verkehrswertes bebauter Grundstücke, bei denen die Eigennutzung im Vordergrund steht, BauR 1988, 552; *Littbarski*, Die Überschreitung von Vor- und Kostenanschlägen aus deckungsrechtlicher Sicht, Festschrift für Locher (1990), 167; *Lauer*, Zur Haftung des Architekten bei Bausummenüberschreitung, BauR 1991, 401; *Werner*, Die Haftung des Architekten und Ingenieure wegen Baukostenüberschreitung, Schriftenreihe der Deutschen Gesellschaft für Baurecht, Band 20 (1993), 36; *Gauch*, Die Haftung des Architekten für die Überschreitung seines Kostenvoranschlages, Festschrift für Heiermann (1995), 79; *Hartmann*, Zur Legende vom Toleranzrahmen bei Kostenermittlungen des Architekten, BauR 1995, 151; *Stefan*, Schadensersatz gegen Planer wegen fehlerhafter Baukostenermittlung und Verlust öffentlicher Förderung, BauR 1997, 62; *Miegel*, Baukostenüberschreitung und fehlerhafte Kostenermittlung – Zwei neue Entscheidungen des Bundesgerichtshofs, BauR 1997, 923; *Jochem*, Die Kostenplanung im Leistungsbild des Architekten, Festschrift von Craushaar (1997), 1; *Anker/Adler*, Die echte Bausummenüberschreitung als ein Problem des Schadensrechtes, BauR 1998, 465; *Schwenker*, Die Haftung des Architekten im Kostenbereich, DAB 2003, 35; *Böhme*, Einige Überlegungen zum vereinbarten Kostenlimit. Wie wirkt es sich auf das geschuldete Honorar aus – und warum?, BauR 2004, 397; *Quack*, Baukosten als Beschaffenheitsvereinbarung und die Mindestsatzgarantie der HOAI, ZfBR 2004, 315; *Eichberger*, Die Haftung des Architekten bei Bausummenüberschreitung, BrBp 2004, 236; *Seifert*, Zu den Leistungspflichten des Architekten bei der Kostenplanung, Festschrift für Motzke (2006), 394; *Schotten*, Zur Einstandspflicht des Architekten für die Gesamtbaukosten bei vereinbarter Kostenobergrenze, Festschrift für Koeble (2010), S. 499; *Jochem*, Baukostengarantie und HOAI, NZBau 2013, 352; *Bräuer*, Die Bedeutung von Kostenvorstellungen des Auftraggebers für den Architekten, NZBau 2013, 417; *Thierau*, „Kostenexplosion" bei Großbauvorhaben, Ursachen und Gegenmaßnahmen, BauR 2013, 673; *Scholtissek*, Wirtschaftlichkeit – und Erörterungspostulat in der HOAI – Preisrecht oder Leistungsinhaltsbestimmung? Jahrbuch Baurecht 2013, 159; *Fahrenbruch*, Beweislast für Vereinbarung einer Baukkostenobergrenze, NJW 2017, 362; *Retzlaff*, Architektenhonorar und Baukostengrenze, NZBau 2017, 131; *Weingart*, Architektenhonorardeckelung durch Baukostenobergrenze, BauR 2017, 952.

2278 Die Praxis zeigt, dass Architekten und Ingenieure der **Kostenermittlung** in der **Planungsphase** sowie der **Kostenkontrolle** während der **Ausführungsphase** nicht immer die notwendige Aufmerksamkeit schenken. Das ist umso erstaunlicher, als sich hieraus ergebende Ansprüche des Auftraggebers in der Regel von der Haftpflichtversicherung nicht gedeckt sind.[1] Nach neueren Bedingungswerken[2] können Kostenüberschreitungen in begrenztem Rahmen gedeckt sein.

Nicht selten wird von Bauherren in **Bauprozessen** vorgetragen, der Architekt habe die **geschätzten Baukosten** erheblich überschritten, weshalb er auf Schadensersatz hafte.[3] Das Vorbringen reicht allerdings in den meisten Fällen nicht aus; denn in der Regel fehlt es an einer eingehenden und differenzierten Sachdarstellung des Bauherrn.

Nach der **Neuordnung des Leistungsstörungsrechts** durch das **SchRModG** kommt es nur noch auf die Pflichtverletzung des Architekten als solche an, ohne dass es (grundsätzlich) einer Differenzierung zwischen der Verletzung von Hauptpflichten und Nebenpflichten bedarf. Seinen Schadensersatzanspruch gegen den Architekten kann der Bauherr bei einer entsprechenden Pflichtverletzung nunmehr auf §§ 634 Nr. 4, 636, 280 BGB stützen.[4]

2279

Nach der **HOAI** hat der Architekt gemäß § 34 HOAI in Verbindung mit Anlage 10 die **Kosten nach dem jeweiligen Leistungsstand** entsprechend der DIN 276 **zu ermitteln**. Er hat dabei zu fertigen[5]:
* eine **Kostenschätzung** im Rahmen der Vorplanung (Leistungsphase 2)
* eine **Kostenberechnung** im Rahmen der Entwurfsplanung (Leistungsphase 3)
* Erstellung von **bepreisten Leistungsverzeichnissen** im Rahmen der Vorbereitung der Vergabe (Leistungsphase 6)
* eine **Kostenfeststellung** im Rahmen der Objektüberwachung (Leistungsphase 8).

2280

Überdies hat der Architekt auch (in der Leistungsphase 1 – Grundlagenermittlung) einen **Kostenrahmen** zu erstellen bzw. an einem solchen mitzuwirken. Im Einzelnen:

2280a

Das Klären der Aufgabenstellung im Rahmen der **Leistungsphase 1** (Grundlagenermittlung) umfasst auch **die Abfrage des Architekten bei seinem Bauherrn zu den finanziellen Rahmenbedingungen**. Wie der BGH in einer Entscheidung nochmals ausdrücklich betont hat, verletzt der Architekt regelmäßig seine Vertragspflichten, wenn er **ohne verlässliche Kenntnis von den wirtschaftlichen Möglichkeiten des Auftraggebers die Planung erstellt**.[6] Zudem sind auch die vom Bauherrn gegenüber dem Architekten zum Ausdruck gebrachten Kostenvor-

---

[1] Vgl. hierzu BGH, BauR 1986, 606; OLG Celle, IBR 2003, 332 – Baden; *Krause-Allenstein*, S. 269 ff. (noch zur Ausschlussklausel nach Zf. IV 2 BBR); **Bock-Wehr**, in: Veith/Gräfe, Der Versicherungsprozess, 2. Auflage 2010, Rn. 252 ff.; *Schmalz/Krause-Albenstein*, Rn. 557 ff.
[2] Siehe hierzu 13.8 VGHAI.
[3] Zur Haftung im Kostenbereich siehe allgemein: *Koeble*, in: Locher/Koeble/Frik, Einl. Rn. 162 ff.; *Koeble*, in Kniffka/Koeble, 12. Teil, Rn. 455 ff.; *Böhme*, BauR 2004, 397; *Lauer*, S. 3 ff. *Groß*, Haftungsrisiken, S. 238 ff.; *Löffelmann/Fleischmann*, Rn. 2122 ff.; *Pott/Frieling*, Rn. 479 ff.; *Locher*, Rn. 277 ff.; *Locher/Koeble*, Rn. 252 ff.; *Miegel*, S. 3 ff.; *Jochem*, Festschrift v. Craushaar, S. 1, 12 ff.; *Krause-Allenstein*, S. 47 ff.; *Budnick*, S. 52 ff.; *Schwenker*, DAB 2003, 35 ff.
[4] *Lauer/Wurm*, Rn. 658.
[5] Vgl. zu den Leistungspflichten des Architekten bei der Kostenplanung *Seifert*, Festschrift für Motzke, S. 393.
[6] BGH, BauR 2013, 982 sowie BGH, BauR 2013, 1143 = IBR 2013, 284 – *Preussner*. Vgl. ferner OLG Düsseldorf, BauR 2016, 2120 (Klärung der Finanzierbarkeit); OLG Hamm, BauR 2013, 1301.

stellungen in dem Sinne verbindlich, dass sie vorbehaltlich einer Änderung den Planungsrahmen bestimmen und jedenfalls dann regelmäßig zum Vertragsinhalt werden, wenn der Architekt ihnen nicht widerspricht.[7] Diese Kostenvorstellungen des Bauherrn sind auch dann beachtlich, wenn sie nicht eine genaue Bausummenobergrenze, sondern nur Angaben zur ungefähren Bausumme enthalten, mit denen ein Kostenrahmen abgesteckt wird.[8] Das OLG München[9] hat in diesem Zusammenhang entschieden, dass der nur mit den Leistungsphasen 6–8 beauftragte Architekt sich zur Erfüllung der von ihm als Grundleistung geschuldeten Pflicht zur Kostenkontrolle schon vor der Auftragserteilung des Bauherrn an den Bauunternehmer über den vom Bauherrn gewollten Kostenrahmen von diesem informieren lassen muss.

Zu beachten ist bei alledem, dass der Architekt die von ihm zu erfragenden wirtschaftlichen Rahmenbedingungen auf Grundlage des Kostenrahmens gemäß DIN 276/1 2008 zu erfassen hat. Soweit er mit dem Bauherrn keine abweichende Vereinbarung getroffen hat, schuldet der Architekt die Einhaltung der allgemein anerkannten Regeln der Technik. Bei der DIN 276/1 2008 handelt es sich um eine allgemein anerkannte Regel der Technik zur Erfassung von Kosten im Hochbau. Mit der Novellierung der DIN 276 im Jahre 2006 wurde der sogenannte Kostenrahmen als zusätzliche Kostenermittlung unter Ziffer 2.4.1 in die DIN 276 eingeführt. Danach stellt der Kostenrahmen die Ermittlung der Kosten auf Grundlage der Bedarfsplanung (des Bauherrn) dar. Auf diese DIN-Norm wird auch in der Regelung des § 4 Abs. 1 HOAI 2013 ausdrücklich Bezug genommen. Der Kostenrahmen dient also als Grundlage für die Entscheidung über die Bedarfsplanung sowie für die grundsätzlichen Wirtschaftlichkeits- und Finanzierungsüberlegungen und zur Festlegung der Kostenvorgabe durch den Bauherrn.

Aus den vorstehenden Ausführungen folgt, dass der mit dem Vollleistungsbild und damit auch mit den Kostenermittlungen sowie der Kostenverfolgung beauftragte Architekt im Rahmen der 1. Grundleistung der Leistungsphase 1 einen **Kostenrahmen** zu erstellen hat.

Dies gilt umso mehr, als der Architekt die Ergebnisse der Leistungsphase 1 gemäß der unten erörterten letzten Grundleistung in dieser Leistungsphase nicht nur zusammenfassen sondern auch erörtern muss. Weiterhin hat er sie auch zu dokumentieren. Diese Dokumentation der wirtschaftlichen Rahmenbedingungen kann ebenfalls nur auf Basis des Kostenrahmens der DIN 276/1–2008 erfolgen.

Bei dem Kostenrahmen handelt es sich um eine zusätzliche Kostenermittlung, die weder im Leistungsbild der HOAI 2009 noch in Anlage 10.1 HOAI 2013 ausdrücklich beschrieben ist.

2280b Nach dem allgemeinen Grundsatz, dass Grundleistungen abschließend aufgezählt sind, ist davon auszugehen, dass der Kostenrahmen bisher nicht verpreist ist und zukünftig wohl auch nicht verpreist werden soll, wenn er, was zu konstatieren ist, im Leistungsbild nicht ausdrücklich aufgezählt wird. Dass der Verordnungsgeber der HOAI 2013 den Kostenrahmen nicht übersehen hat, ergibt sich aus der neuen Grundleistung g) der Leistungsphase 2. Dort wird als

---

7) Vgl. BGH, BauR 2013, 1143 = IBR 2013, 284 – *Preussner*. Ebenso OLG Düsseldorf, BauR 2016, 2120.
8) Vgl. BGH, a.a.O.
9) BauR 2015, 1703.

neue Kostenkontrolle der Vergleich der Kostenschätzung mit den finanziellen Rahmenbedingungen (dies entspricht dem Kostenrahmen) eingeführt. Fraglich ist also, warum der Verordnungsgeber der HOAI 2013 den Kostenrahmen nicht als Grundleistung eingeführt und damit auch nicht verpreist hat. Vermutlich wurde der Kostenrahmen dort als Bauherrnaufgabe gesehen. Der Verordnungsbegründung kann zu diesem Punkt jedoch keine Erläuterung entnommen werden. Damit ist unklar, ob es sich bei dem Kostenrahmen um eine im Leistungsbild der Leistungsphase 1 „vergessene" Grundleistung des Architekten handelt oder aber um eine Besondere Leistung des Architekten.

Zur Vermeidung von Streitigkeiten erscheint es im Zuge der Vertragsgestaltung zwingend geboten, insoweit eine klare Zuordnung vorzunehmen. In Anbetracht der Tatsache, dass der Kostenrahmen nach dem Verständnis der DIN 276 Bestandteil der Ermittlungssystematik der Kosten beim Hochbau ist, liegt es nahe, diese Leistung nicht als Bauherrnaufgabe, sondern als Architektenaufgabe, d.h. als Grundleistung, anzusehen. Dies gilt umso mehr, als der Architekt hier der Sachnähere sein dürfte. Gerade baufachtechnische Laien dürften mit der Erstellung eines Kostenrahmens auf Grundlage der DIN 276 schlicht überfordert sein, weil ihnen eine Übertragung, d.h. Aufteilung und Zuordnung der eigenen Kostenvorstellungen auf die Systematik der DIN 276 nicht möglich ist.

Zudem erscheint es wenig sinnvoll, im Rahmen der Kostenermittlung zwischen dem Kostenrahmen und der Kostenschätzung eine Schnittstelle zwischen Bauherrn/Auftraggeber einerseits und dem Architekten andererseits zu schaffen, die wiederum Streitpotential bergen kann. Auch aus diesem Grund erscheint es geboten, die Kostenermittlungen und Kostenverfolgungen durchgehend beim Architekten zu belassen.

Ferner ist zu berücksichtigen, dass die Erstellung eines Kostenrahmens für den unter lit. g) der Leistungsphase 2 gemäß HOAI 2013 vorgesehenen Vergleich der finanziellen Rahmenbedingungen mit der Kostenschätzung eine denklogische Voraussetzung ist. D.h. der Kostenrahmen ist grundsätzlich erforderlich, damit der Architekt diese Grundleistung der Leistungsphase 2 überhaupt erbringen kann. Nur dann, wenn die Kostenermittlungen auf der gleichen Grundlage, nämlich der DIN 276, erstellt wurden, kann eine Kostenvergleich sinnvoll durchgeführt werden.

Entsprechend den vorstehenden Ausführungen ist daher festzustellen, dass es sich bei der Erstellung des Kostenrahmens um eine Grundleistung der Leistungsphase 1 handelt. Im Zuge des Abschlusses von Architektenverträgen ist zu empfehlen, den Grundleistungskatalog durch vertragliche Vereinbarung klarstellend zu ergänzen, d.h. die Grundleistung „Kostenrahmen nach DIN 276" sollte durch eine vertragliche Regelung in den Katalog der Grundleistungen der Leistungsphase 1 ausdrücklich aufgenommen werden.

Bei einer entsprechenden vertraglichen Regelung ist folgendes zu beachten: Der Erstellung des Kostenrahmens werden insbesondere die nachstehend benannten Informationen zugrunde gelegt:
– quantitative Bedarfsangaben, z.B. Raumprogramm mit Nutzeinheiten, Funktionselemente und deren Flächen;
– qualitative Bedarfsangaben, z.B. bautechnische Anforderungen, Funktionsanforderungen, Ausstattungsstandards;
– gegebenenfalls auch Angaben zum Standort.

Im Kostenrahmen müssen im Übrigen innerhalb der Gesamtkosten mindestens die Bauwerkskosten gesondert ausgewiesen werden, die vom Architekten in das Gerüst der Kostengruppen der DIN 276 zu übertragen sind (vgl. DIN 276–1 2008 Ziffer 3.4.1).

Mit dem **Werkvertragsrecht 2018** ist dem Architekten schon in einem sehr frühen Stadium des Architektenvertrages eine neue Leistung im Rahmen der sogenannten

Zielfindungsphase gem. § 650o BGB aufgebürdet worden: Soweit wesentliche Planungs- und Überwachungsziele noch nicht vereinbart sind, hat der Architekt zunächst eine Planungsgrundlage zur Ermittlung dieser Ziele zu erstellen; sodann hat er dem Auftraggeber diese Planungsgrundlage zusammen mit einer **Kosteneinschätzung** für das Bauvorhaben zur Zustimmung vorzulegen (vgl. im Einzelnen Rdn. 1159a ff.). Auch diese Kosteneinschätzung soll dem Auftraggeber eine grobe Einschätzung der zu erwartenden Kosten für seine Finanzierungsplanung geben.[10]

Die **Kostenermittlung muss um so genauer** und **sorgfältiger** sein, **je weiter das Bauvorhaben fortgeschritten** ist. Während nach der DIN 276 die Kostenschätzung nur zur überschlägigen Ermittlung der Gesamtkosten dient, sind im Rahmen der Kostenberechnung bereits die angenäherten Gesamtkosten zu ermitteln; der Kostenanschlag dient dann zur genauen Ermittlung der tatsächlich zu erwartenden Kosten. Die Kostenfeststellung selbst ist das Ergebnis der tatsächlich entstandenen Kosten und kann zur Feststellung einer Bausummenüberschreitung dienen.

Im Übrigen hat der Architekt eine ständige **Kostenkontrolle** vorzunehmen (vgl. § 34 HOAI i.V.m. Anlage 10).

Im Einzelfall ist unter Berücksichtigung aller **Gesamtumstände** zu prüfen, **ob** und mit **welchem „Verbindlichkeitsgrad"** eine Kostenabrede getroffen worden ist;[11] hierbei ist zu unterscheiden die

* Vereinbarung einer **Baukostengarantie** (Rdn. 2281 ff.)
* Absprache über eine **Kostenobergrenze** (Rdn. 2295)
* Einigung über einen **Kostenrahmen** als „Orientierung" (Rdn. 2295).

1. Baukostengarantie

2281 Von dem Fall der Bausummenüberschreitung ist zunächst die **Baukostengarantie**[12] (Vorgabe einer **Bausummenhöchstgrenze**)[13] streng zu trennen. Übernimmt ein Architekt eine **ausdrückliche Garantie** bezüglich der Einhaltung der veranschlagten Baukosten, haftet er stets auf **Erfüllung** seiner vertraglichen Zusagen. Dabei ist unerheblich, ob ihn ein Verschulden an der Überschreitung trifft oder nicht. Für alle Mehrkosten, die z.B. durch eigene Fehlkalkulation oder Preissteigerungen entstehen, haftet er mit der Einschränkung, dass geänderte Wünsche, Zusatzwünsche oder ein sonstiges Verhalten des Bauherrn, das zu einer Überschreitung der Garantiesumme führt, auch zu seinen Lasten geht.

Bei einer Baukostengarantie übernimmt der Architekt nicht eine Garantie für die Erfüllung eigener Leistung, sondern er **garantiert die Einhaltung der Kosten fremder Leistungen**, nämlich der der Unternehmer, Baustofflieferanten usw.[14] Dies ist von erheblicher Bedeutung: Der Bauherr haftet dann bei Überschreitung der Bausumme im Außenverhältnis gegenüber den Unternehmern, Baustofflieferfe-

---

[10] So die Begründung, BT-Drucksache 18/8486, S. 67.
[11] Vgl. OLG Düsseldorf, BauR 1993, 356 = NJW-RR 1993, 285.
[12] Vgl. hierzu *Jochem*, NZBau 2013, 352 ff.
[13] OLG Düsseldorf, BauR 1996, 293, 295; OLG Celle, BauR 1998, 1030.
[14] OLG Hamm, BauR 2012, 1981.

ranten usw., während er im Innenverhältnis dem Architekten gegenüber einen Anspruch auf Erfüllung des übernommenen Garantieversprechens hat.[15] Da es sich insoweit um einen Erfüllungs- und keinen Schadensersatzanspruch handelt, kommen auch die Grundsätze über die Vorteilsausgleichung (vgl. Rdn. 2307 ff.) nicht zum Zuge.

Ob ein **echter Garantievertrag** vorliegt, ist **Auslegungsfrage**.[16] Verspricht der Architekt gegenüber dem Bauherrn, für die Einhaltung einer bestimmten Bausumme einzustehen, kann seine Erklärung einen unterschiedlichen Inhalt haben, der stets im Einzelfall festzustellen ist.[17] Der echte Garantievertrag wird aufgrund der damit für den Architekten verbundenen Risiken nur in seltenen **Ausnahmefällen** gegeben sein.[18] Zur Annahme eines Garantievertrages bedarf es einer **klaren** und **unmissverständlichen** Vereinbarung der Vertragsparteien.[19] Eine Baukostengarantie muss sich inhaltlich immer auf ein bestimmtes Bauvorhaben „mit einem bestimmten Bauvolumen (beziehen), die sie konstituiert".[20] Deshalb kann z.B. aus der Bezifferung der „geschätzten Herstellungskosten" in der Honorarvereinbarung allein noch nicht die „Garantie" des Architekten zur Einhaltung eines Baukostenlimits entnommen werden.[21] Wegen den erheblichen Folgen, die sich aus einer Baukostengarantie ergeben können, spricht die Nichterwähnung einer solchen „Garantie"verpflichtung im Architektenvertrag entscheidend gegen deren Vereinbarung.[22] Dasselbe gilt hinsichtlich der Mitteilung des Architekten, für das Bauvorhaben werde ein bestimmter €-Betrag ausreichen, oder mit dem Betrag könne das Bauwerk mit Sicherheit erstellt werden.[23] Auch die Regelung in einem Architektenvertrag, der zufolge der Architekt das Baukostenbudget des Bauherrn zu beachten und die kalkulierten Kosten unbedingt einzuhalten hat, stellt (noch) keine Baukostengarantie dar.[24]

2282

Allgemein wird zwischen einer **selbstständigen** (totalen) **und einer unselbstständigen** (beschränkten) **Baukostengarantie** unterschieden.[25] Von einer selbst-

---

15) BGH, BauR 1971, 270, 272; BauR 1987, 225 = NJW-RR 1987, 337; OLG Nürnberg, JR 1962, 181.
16) BGH, BauR 2013, 485, 487; VersR 1971, 1041, 1042; OLG Koblenz, NZBau 2002, 231; Vgl. auch OLG Koblenz, BauR 2015, 879 = IBR 2015, 202 – *Fuchs. Locher*, NJW 1965, 1696.
17) BGH, NJW 1960, 1567; OLG Düsseldorf, BauR 1996, 293, 295 u. BauR 1993, 356; OLG Celle, OLGR 1998, 1030.
18) Ebenso: OLG Köln, IBR 2017, 439 – *Fahrenbruch*; OLG Naumburg, BauR 2010, 1641 = IBR 2010, 640 – *A. Eich*; OLG Köln, NZBau 2009, 189; OLG Frankfurt, BauR 2008, 555; OLG Celle, IBR 2003, 260 – *Weyer*; OLG Hamm, BauR 2012, 530 = IBR 2011, 592 – *Berger*; BauR 1993, 628 = NJW-RR 1994, 211; NJW-RR 1995, 1109, 1110; vgl. ferner: *Miegel*, S. 21; *Beeg*, BauR 1973, 71.
19) OLG Düsseldorf, IBR 2015, 139 – *Böhme*; OLG Köln, IBR 2009, 40 – *A. Eich*; OLG Düsseldorf, BauR 2003, 1604; LG Aachen, BauR 2012, 1673; LG Köln, BauR 1999, 270; OLG Celle, OLGR 1998, 1030; OLG Düsseldorf, BauR 1996, 293; OLG Karlsruhe, BauR 1993, 109; OLG Frankfurt, BauR 1993, 626; LG Konstanz, IBR 1998, 32 – *Preussner*. Zur Baukostengarantie des **Baubetreuers** vgl. BGH, NJW-RR 1987, 274 sowie *Locher/Koeble*, Rn. 392 ff.
20) OLG Düsseldorf, BauR 1995, 411, 412.
21) OLG Düsseldorf, NJW-RR 1993, 285 = BauR 1993, 356.
22) Zutreffend: OLG Düsseldorf, BauR 1996, 293, 295.
23) Vgl. OLG Koblenz, NZBau 2002, 231; *Miegel*, S. 21.
24) OLG Düsseldorf, BauR 2013, 632 = IBR 2013, 350 – *Fuchs*.
25) Vgl. hierzu BGH, BauR 1970, 107.

ständigen Garantie wird gesprochen, wenn der Architekt auch für unvorhersehbare Geschehensabläufe haften will;[26] bei der unselbstständigen Bausummengarantie will der Architekt zwar auch verschuldensunabhängig, aber nur für typische Geschehensabläufe einstehen.

Werden im Architektenvertrag selbstständige oder unselbstständige Garantien vom Architekten übernommen, sind diese nur dann wirksam, wenn sie individuell ausgehandelt werden und transparent sind.[27]

2283 Da der Architekt bei einem echten Garantievertrag für die Überschreitung der Baukosten haftet, kann er sein **Honorar** auch nur von der vereinbarten Bausumme berechnen, nicht dagegen von den (tatsächlichen) Baukosten.[28]

Eine **Haftung** des Architekten für die Überschreitung eines Baukostenlimits **entfällt** allerdings auch bei Vorliegen eines echten Garantievertrages, wenn der Bauherr die Überschreitung der Baukosten anerkennt; dies kann etwa durch die **Unterschrift** unter sämtliche Bauvorlagen, insbesondere der **Neuberechnung** der Baukosten, erfolgen.[29] In gleicher Weise wird eine Baukostengarantie **gegenstandslos,** wenn die ursprüngliche Planung einvernehmlich **geändert** und in erweitertem Umfang ausgeführt wird.[30]

Die Übernahme einer **Baukostengarantie** durch den Architekten und gleichzeitiger Abrede, dass er bei einer Kostenunterschreitung die Minderkosten als Prämie erhält, stellt **weder eine Grundleistung noch eine Besondere Leistung im Sinne der HOAI** dar – mit der Folge einer möglichen freien Honorarvereinbarung.[31]

2. Baukostenüberschreitung

2284 Liegt eine vertragliche Baukostengarantie nicht vor, kommt eine **Haftung** des Architekten unter dem Gesichtspunkt der „Überschreitung der Baukosten" (Rdn. 2279) in Betracht; der Auftraggeber kann den Architektenvertrag aber auch aus wichtigem Grund **kündigen,** wenn ihm ein Festhalten am Vertrag nicht mehr zuzumuten ist.[32] Bei einer Baukostenüberschreitung kann der Architekt im Übrigen sein **Honorar** nur nach den **veranschlagten** Baukosten (ggf. zuzüglich Toleranzrahmen, vgl. Rdn. 2295) berechnen (Rdn. 2315).[33]

Bei der gerichtlichen Durchsetzung eines Schadensersatzanspruches wegen „Baukostenüberschreitung" muss der Bauherr folgende **„Hürden"** beachten und dem-

---

26) Vgl. BGH, BauR 1987, 225 = NJW-RR 1987, 337; OLG Nürnberg, JR 1962, 181.
27) *Jochem,* NZBau 2013, 352/3.
28) BGH, DB 1970, 1685. Das ist **anders,** wenn der Auftraggeber eine Bausummenhöchstgrenze nicht substantiiert darlegen und nachweisen kann; OLG Düsseldorf, BauR 1996, 293, 295.
29) Vgl. LG Dortmund, BauR 1971, 277.
30) OLG Düsseldorf, BauR 1995, 411 = NJW-RR 1995, 1361 (geänderte Raumaufteilung; Verlegung von Küche und Bad; Schaffung neuer Sanitärräume und Errichtung eines Wintergartens).
31) BGH, BauR 2013, 485 = NZBau 2013, 172 = IBR 2013, 84 – *Preussner.* Vgl. hierzu *Jochem,* NZBau 2013, 352.
32) Vgl. hierzu OLG Naumburg, BauR 1996, 889 = OLGR 1996, 191 = ZfBR 1996, 322 u. NJW-RR 1996, 1302 = ZfBR 1996, 213; OLG Köln, BauR 1997, 1080 (LS); *Miegel,* S. 82 ff.
33) OLG Naumburg, a.a.O.; OLG Köln, a.a.O.

entsprechend seinen Vortrag ausrichten, wenn er gegenüber seinem Architekten erfolgreich sein will:

* **Vorgabe** eines bestimmten **Baukostenbetrages**
* **Pflichtverletzung** des Architekten
* **Nacherfüllungsrecht** des Architekten
* **Verschulden** des Architekten
* eingetretener **Schaden**.
* **Kausalität** zwischen Pflichtverletzung und Schaden. Insoweit trägt der Bauherr die volle Darlegungs- und Beweislast.[34]

a) Vorgabe eines bestimmten Baukostenbetrages

Der Auftraggeber muss daher zunächst vortragen,[35] 2285

* dass die Parteien die bestimmte **Kostengrenze** als „Beschaffenheit des Architektenwerkes" (vgl. näher Rdn. 2295 ff.) vereinbart haben[36]

oder

* dass dem Architekten eine entsprechende **Vorgabe** seitens des Auftraggebers gemacht wurde[37]

oder

* das der Auftraggeber eine für den Architekten erkennbare **konkrete Kostenvorstellung** (Kostenrahmen) hat[38]

oder

* dass bei beiden Parteien eine **gemeinsame Kostenvorstellung oder -vorgabe** darüber bestand, mit welchen Baukosten das Bauvorhaben verwirklicht werden soll.

Der Auftraggeber, der Ansprüche wegen einer Baukostenüberschreitung gegenüber dem Architekten geltend machen will, hat zunächst substantiiert darzulegen, dass es die **Vorgabe eines bestimmten Baukostenbetrages** im Architektenvertrag

---

34) OLG Karlsruhe, IBR 2008, 586 – *Lichtenberg*.
35) BGH, BauR 1997, 494 = NJW-RR 1997, 850; OLG Stuttgart, BauR 2000, 1893 = OLGR 2000, 422; OLG Düsseldorf, OLGR 1998, 317.
36) BGH, BauR 2003, 566 = NZBau 2003, 381 = MDR 2003, 453 = NJW-RR 2003, 593; vgl. hierzu OLG Düsseldorf, IBR 2016, 403 – *A. Eich*; OLG Brandenburg, BauR 2011, 1999 = NZBau 2011, 623 = IBR 2011, 648 – *Wronna* = NJW-RR 2011, 1315. *Böhme*, BauR 2004, 397, *Quack*, ZfBR 2004, 315, *Matuschak*, DAB 2004, 58 und *Schwenker*, EWiR, § 631 BGB 1/04; ferner BGH, BauR 2003, 1061 = IBR 2003, 315 – *Quack* = NZBau 2003, 388 = ZfIR 2003, 1035 m.Anm. *Gsell*; BauR 1999, 1319 = NJW 1999, 3554 = ZfBR 2000, 28 = MDR 1999, 1438; BauR 1997, 494 = NJW-RR 1997, 850; OLG Frankfurt, IBR 2007, 573 – *Krause-Allenstein* (Kostenermittlung angepasst an Finanzierungsvorgabe des Bauherrn); OLG Braunschweig, BauR 2003, 1066, 1068; OLG Stuttgart, BauR 2000, 1893 = OLGR 2000, 422; vgl. auch OLG Brandenburg, BauR 1999, 1202 = OLGR 1999, 257; *Wirth/Hebel/Engelmann*, 1. Buch, X. Teil, Rn. 316 ff.; *Lauer/Wurm*, Rn. 659.
37) OLG Dresden, IBR 2003, 556 – *Leupertz* = OLGR 2003, 551; OLG Naumburg, OLGR 2001, 410.
38) BGH, BauR 1999, 1319 = NJW 1999, 3554 = ZfBR 2000, 28 = MDR 1999, 1438; **a.A.:** *Krause-Allenstein*, S. 66.

oder außerhalb des Architektenvertrages gibt.[39] Etwas anderes kann nur dann gelten, wenn sich die Vereinbarung der Kostenobergrenze als Beschaffenheit des Architektenwerkes eindeutig aus den übrigen Umständen ergibt.[40] Ergibt sich die Vorgabe bestimmter Baukosten nicht aus dem Architektenvertrag, spricht nach zutreffender Ausführung des Saarländischen OLG[41] die Vermutung der Vollständigkeit und Richtigkeit einer Privaturkunde gegen eine solche Vorgabe im Sinne einer Vereinbarung. Zur **Beweislast** einer Obergrenze oder Kostenvorgabe vgl. Rdn. 2296.

Wie diese Kostenvorstellung oder -vorgabe zum Ausdruck kam, ist unerheblich; entscheidend ist, dass Bauherr und Architekt von eine **bestimmten Kostenbasis ausgegangen** sind und dies auch zur Grundlage ihres Vertrages gemacht haben. Das wird immer wieder übersehen.

2286 Eine gemeinsame Kostenvorstellung ist allerdings nicht **nur** in einer (konkret) ermittelten Bausumme zu sehen („Baukosten: 1.520.000 €"), sondern kann vor allem **in der Vorgabe eines bestimmten Kostenrahmens** liegen („verfügbare Mittel für den Hausbau: 430.000 €").[42] Ein solcher Kostenrahmen kann sich dabei vor allem aus den **Finanzierungsmöglichkeiten** des Bauherrn oder dem **Verwendungszweck** des Bauwerks ergeben.[43] Findet eine Kostenermittlung nicht statt, oder kann der Bauherr auch sonst nicht nachweisen, dass ein gemeinsamer Kostenrahmen vorgegeben war, scheidet ein Ersatzanspruch von vornherein aus.[44] Das hat der BGH[45] erst kürzlich bestätigt. Für eine Kostenvorgabe trägt der Auftraggeber die volle Darlegungs- und Beweislast.[46]

Beispielsfälle für eine Kostenvorgabe:

* der Auftraggeber gibt dem Architekten den Auftrag, ein Haus mit einer **bestimmten** Wohnfläche zu einem „**maximalen**" Preis von X € im Sinne einer Kostenobergrenze oder eines verbindlichen Kostenrahmens (vgl. Rdn. 2295) zu bauen;[47]
* der Auftraggeber stimmt einer Vorplanung eines Architekten mit entsprechender **Kostenschätzung** zu; auf dieser Basis wird dann der Architektenvertrag abgeschlossen;
* im **Architektenvertrag** wird ein **Zirkabetrag** hinsichtlich der Baukosten ausdrücklich erwähnt (vgl. aber Rdn. 2287);[48]

---

39) OLG Celle, IBR 2017, 265 – *Bröker*; OLG Hamburg, IBR 2011, 470 – *Lichtenberg*; OLG Köln, IBR 2009, 40 – *A. Eich*. Vgl. hierzu auch OLG Frankfurt, BauR 2008, 555 (eine konkludent getroffene Beschaffenheitsvereinbarung hinsichtlich eines Baukostenlimits kann sich aus den Finanzierungsmöglichkeiten des Bauherrn ergeben, wenn diese dem Architekten bekannt sind) = IBR 2007, 573 – *Krause-Allenstein*.
40) OLG Karlsruhe, IBR 2008, 524 – *Lichtenberg*.
41) BauR 2005, 1957 = IBR 2005, 691 – *Knipp*.
42) Schleswig, IBR 2009, 340 – *Miegel*.
43) OLG Hamm, BauR 1987, 464, 465; OLG Frankfurt, BauR 2008, 555 = IBR 2007, 573 – *Krause-Allenstein*; *Löffelmann/Fleischmann*, Rn. 2139.
44) OLG Celle, BauR 2004, 359.
45) BauR 1997, 494 = NJW-RR 1997, 850.
46) OLG Karlsruhe, IBR 2008, 524 – *Lichtenberg*; OLG Düsseldorf, IBR 2007, 693 – *Gotte*.
47) Vgl. OLG Düsseldorf, NJW-RR 1999, 1696; BauR 1988, 237; OLG Brandenburg, BauR 1999, 1202 = OLGR 1999, 257.
48) BGH, BauR 2003, 566 = NZBau 2003, 281 = MDR 2003, 453; vgl. hierzu *Böhme*, BauR 2004, 397.

Baukostenüberschreitung

* der Architekt gibt ein **Honorarangebot** ab, in dem die Baukosten im Einzelnen angegeben sind; daraufhin erteilt der Auftraggeber dem Architekten den Planungsauftrag;[49]
* eine (möglicherweise gemeinsame) Kostenvorstellung manifestiert sich in der **Korrespondenz** zwischen Architekt und Auftraggeber (z.B. vom Auftraggeber beabsichtigte Investitionen oder den – dem Architekten bekannten – Finanzierungsmöglichkeiten des Auftraggebers).[50]
* Die Kostenermittlungen des Architekten im Rahmen der Planung (Kostenschätzung, Kostenberechnung, Kostenanschlag) und Freigabe des Auftraggebers für den weiteren Planungsschritt.[51]
* Im Architektenvertrag wird die Gesamtkostenzusammenstellung mit dem Zusatz „die Kostenermittlung ist auf 5 % genau ermittelt" ergänzt.[52]
* Dem Architekten ist das Investitions- und Finanzierungskonzept des Auftraggebers vor Vertragsschluss bekannt.[53]

Angaben zu einem Kostenrahmen oder gar einer vereinbarten Baukostenobergrenze können allerdings nicht einem **Bauantrag** entnommen werden, weil der Bauantrag anderen Zwecken als einer Vereinbarung eines Kostenrahmens dient und im Übrigen mit dem Bauantrag der Architekt keine für den Bauherrn bestimmte Willenserklärung abgibt.[54] Auch aus einer Kostenangabe im Rahmen einer Angebotseinholung ergibt sich noch keine Kostenobergrenze als Beschaffenheitsvereinbarung des Architektenwerks.[55]

Wie **verbindlich der Kostenrahmen** im Einzelfall zwischen den Vertragsparteien sein sollte, ist im Rahmen des Vortrages des Auftraggebers hinsichtlich der Pflichtverletzung des Architekten zu prüfen (vgl. hierzu Rdn. 2295).[56] Vereinbaren

2287

---

49) Mit Recht weist das OLG Stuttgart (OLGR 2000, 422) darauf hin, dass Baukostenangaben in Abschlagsrechnungen keinen Hinweis auf einen Kostenrahmen geben, weil diese „einzig und allein der Festlegung" des bis dahin entstandenen Architektenhonorars dienen.
50) OLG Naumburg, BauR 1996, 889 = OLGR 1996, 191; OLG Frankfurt, BauR 2008, 555; vgl. hierzu auch BGH, BauR 1994, 268 = NJW 1994, 856 = ZfBR 1994, 119.
51) *Lauer/Wurm*, Rn. 668 ff.
52) OLG Köln, BauR 2008, 697.
53) OLG Frankfurt, NZBau 2012, 306.
54) BGH, BauR 2013, 1143 = IBR 2013, 284 – *Preussner* = NZBau 2013, 386; BGH, BauR 2003, 566 m.Anm. *Böhme*, BauR 2004, 397 = NZBau 2003, 281 = MDR 2003, 453; BGH, BauR 1997, 494 = NJW-RR 1997, 850; vgl. hierzu aber OLG Köln, BauR 2002, 978; OLG Hamm, NJW-RR 1986, 1150 = BauR 1987, 464 sowie OLG Stuttgart, BauR 2000, 1893 = OLGR 2000, 422, 424 (Baukosten im Bauantrag nur „Indiz" für gewissen Kostenrahmen).
55) OLG Zweibrücken, IBR 2009, 219 – *Seifert*. Vgl. hierzu Werner Baurecht Online mit Analyse *Koeble*.
56) Vgl. BGH, BauR 1997, 494 = NJW-RR 1997, 850; *Miegel*, S. 53 ff., will (zur Rechtslage vor dem SchRModG) entgegen der herrschenden Meinung eine Haftung des Architekten für eine Bausummenüberschreitung nur bejahen, wenn zwischen Bauherr und Architekt eine „Kostenvereinbarung" im Sinne einer Eigenschaftszusicherung (jetzt Beschaffenheitsvereinbarung) getroffen wurde. Folgerichtig verneint er gleichzeitig jeglichen Toleranzrahmen zugunsten des Architekten (vgl. Rdn. 2295 ff.). Die Auffassung von *Miegel* ist nicht praxisgerecht: Mit dieser Mindermeinung werden nur die Fallgestaltungen im Sinne eines Kostenlimits/Kostenobergrenze (vgl. Rdn. 2287 ff.) gelöst, nicht aber die in der Baupraxis viel häufiger vorkommenden Fälle, in denen die Vertragsparteien gemeinsame Vorstellungen über einen Kostenrahmen im Sinne der vorerwähnten Beispiele haben und dies auch zur Grundlage ihres Vertrages machen.

die Parteien, dass sich die **Baukosten** in einem **gewissen Von-Bis-Bereich** bewegen sollen und können, stellt dies eine Beschaffenheitsvereinbarung in der Weise dar, dass der obere Wert des Kostenrahmens nicht überschritten werden darf.[57]

In Rechtsprechung und Literatur wurde eine Kostenvereinbarung rechtlich unterschiedlich beurteilt: Zum Teil wurde die Meinung vertreten, dass es sich insoweit um eine **zugesicherte Eigenschaft** im Sinne des § 633 BGB a.F. handelt, teilweise wurde sie als **Beschaffenheitsvereinbarung** angesehen. Nachdem auf den Begriff der zugesicherten Eigenschaft im Rahmen der Definition eines Sachmangels durch das **SchRModG** (Neufassung des § 633 Abs. 2 BGB) verzichtet wurde, braucht auf diesen Abgrenzungsstreit nicht mehr eingegangen zu werden, zumal sich der BGH[58] schon früh für die Rechtsfigur der Beschaffenheitsvereinbarung im Sinne der Neufassung des § 633 BGB entschieden hatte.

Das OLG Celle[59] geht von einer „gewährleistungsrechtlich relevanten Beschaffenheitsvereinbarung" aus, wenn im Vertrag ein bestimmter „Kostenrahmen" vereinbart worden ist, die beiden folgenden im Vordruck vorgesehenen Felder zu den Toleranzen nicht ausgefüllt sind und gleichzeitig vereinbart worden ist, dass dann, wenn die Vertragspartner keine anderweitige Regelung getroffen haben, der Kostenrahmen ohne Toleranz gilt. Dagegen ergibt sich aus einer Kostenangabe im Rahmen einer Angebotseinholung noch keine Kostenobergrenze als Beschaffenheitsvereinbarung des Architektenwerks.[60]

Der BGH[61] geht davon aus, dass auch bei einer Abrede einer **„Circa-Bausumme"** eine Beschaffenheitsvereinbarung vorliegt. Gleichzeitig weist er darauf hin, dass damit die vereinbarte Bausumme „die Obergrenze der anrechenbaren Kosten" für die Honorarberechnung darstellt. Dem kann nicht gefolgt werden: Der BGH übersieht zunächst, dass die Bausumme und die anrechenbaren Kosten streng zu trennende Begriffe darstellen. Darüber hinaus lässt die Vereinbarung einer „Circa-Bausumme" schon vom Wortlaut her einen nicht unerheblichen Spielraum zu (sicherlich von 10 bis 20 %), der natürlich auch bei der Honorarberechnung zu Gunsten des Architekten zu berücksichtigen ist. Zwischenzeitlich hat der BGH[62] seine Auffassung korrigiert und darauf hingewiesen, dass eine mit „circa" bezeichnete Baukostensumme für den Planer insoweit beachtlich ist, als sie ungefähr einzuhalten ist; inwieweit eine „Circa-Angabe" Planungsspielraum „nach oben" lässt, hängt von den Umständen des Einzelfalles ab (vgl. hierzu Rdn. 2289).

Auch wenn es die Pflicht des Architekten ist, die wirtschaftlichen Belange des Auftraggebers während der Planung und Ausführung zu beachten (vgl. Rdn. 2289), ist es grundsätzlich nicht seine Sache, sondern die des **Auftraggebers, bestimmte Baukosten** im Rahmen eines Kostenrahmens **vorzugeben;** will der Auftraggeber dem Architekten ein „Kostenkorsett" anlegen, muss **er** und nicht der Architekt initiativ werden.[63]

---

57) BGH, BauR 1997, 494, 495; *Jochem/Kaufhold*, § 6 HOAI, Rn. 45.
58) BauR 1997, 494 = NJW-RR 1997, 850; BauR 1999, 1319 = NJW 1999, 3554 = ZfBR 2001, 28 = MDR 1999, 1438; vgl. hierzu insbesondere: OLG Schleswig, OLGR 2002, 272.
59) BauR 2009, 997.
60) OLG Zweibrücken, IBR 2009, 219 – *Seifert*.
61) BauR 2003, 566 = NZBau 2003, 381 = MDR 2003, 453 = NJW-RR 2003, 593; **a.A.:** OLG Saarbrücken, NZBau 2012, 120; vgl. hierzu *Böhme*, BauR 2004, 397; *Quack*, ZfBR 2004, 315 und *Schwenker*, EWiR, § 631 BGB 1/04.
62) BauR 2013, 1143 = IBR 2013, 284 – *Preussner* = NZBau 2013, 386.
63) *Werner*, Schriftenreihen der Dt. Gesellschaft für Baurecht, Band 20, S. 36, 44; vgl. auch *Miegel*, S. 17.

Baukostenüberschreitung

Gibt der Auftraggeber dem Architekten im Rahmen eines Planungsauftrages einen bestimmten Kostenrahmen vor, ist der Auftrag im vereinbarten Leistungsumfang (z.B. Leistungsphasen 1 bis 5: Grundlagenermittlung bis Ausführungsplanung) wirksam zu Stande gekommen und steht nicht unter einer aufschiebenden Bedingung.[64]

Vereinbaren die Parteien eines Architektenvertrages einen **maximalen Baukostenbetrag** allerdings als **Bezugsgröße für die Honorarbemessung**, lässt sich nach zutreffender Auffassung des OLG Frankfurt[65] daraus nicht ohne weiteres die Vereinbarung einer verbindlichen Kostenobergrenze oder eines Kostenrahmens ableiten: Wegen der sich aus einer Baukostenobergrenze ergebenden Gefahr von Schadensersatzansprüchen bedarf eine solche Vereinbarung einer nachvollziehbaren Festlegung der Grundlage der Baukostenobergrenze. Von der Vereinbarung eines verbindlichen Kostenrahmens kann auch dann nicht ausgegangen werden, wenn der Architekt schon in der Kostenschätzung zum Abschluss der Leistungsphase 2 höhere Kosten angegeben hat, ohne dass der Auftraggeber dem ausdrücklich entgegengetreten ist.[66]

Mit der HOAI-Novelle 2009 ist mit § 6 Abs. 2 HOAI das so genannte **Baukostenvereinbarungsmodell** geschaffen worden (vgl. hierzu im Einzelnen Rdn. 991): Liegt zum Zeitpunkt der Beauftragung des Architekten noch keine Planung vor, können die Vertragsparteien schriftlich vereinbaren, dass das Honorar auf der Grundlage der anrechenbaren Kosten einer Baukostenvereinbarung nach den Vorschriften der HOAI berechnet wird. Die Baukostenvereinbarung im Sinne dieser Vorschrift ist damit eine Abrede für eine (alternative) Ermittlung der Kosten des Honorars des Architekten. Davon ist aber die Frage zu trennen, ob damit auch eine Vereinbarung im Sinne einer **Kostenobergrenze** als Beschaffenheitsabrede im Rahmen des Architektenvertrages getroffen worden ist. **Das kann, muss aber nicht sein** und bedarf einer eingehenden Prüfung des Willens der Parteien bei Vertragsschluss im Einzelfall. Sinnvoll erscheint es, dies von vornherein in der Vereinbarung in dem einen oder anderen Sinne klarzustellen.[67] Der BGH hat zwischenzeitlich das Modell der Baukostenvereinbarung gemäß § 6 Abs. 2 HOAI für **unwirksam** erklärt (vgl. hierzu Rdn. 991).

2288

Ist von der Vereinbarung einer Kostenobergrenze auszugehen, erhält der Architekt sein **Honorar** grundsätzlich nur auf der Basis der entsprechenden anrechenbaren Kosten dieser **vereinbarten Obergrenze**.[68] Im Einzelfall ist stets zu prüfen, ob sich eine vereinbarte Kostenobergrenze nur auf die Festlegung des Honorars beziehen soll.[69] Die Beweislast für die Vereinbarkeit einer Baukostenobergrenze trägt der Auftraggeber.[70]

---

64) Zutreffend: OLG Düsseldorf, NJW-RR 1999, 1696; wenn es allerdings offenbar davon ausgeht, dass sich der Auftrag in einem solchen Fall zunächst auf die Leistungsphasen 1 und 2 erstreckt, kann dem nicht gefolgt werden. Kann der Architekt den Kostenrahmen nicht einhalten, so stellt dies eine Nichterfüllung seiner Leistungspflicht (mit den sich daraus ergebenden rechtlichen Konsequenzen) dar.
65) IBR 2008, 663 – *Schmidt*.
66) OLG Hamburg, IBR 2011, 470 – *Lichtenberg*.
67) So auch *Koeble*, in: Locher/Koeble/Frik, § 6, Rn. 54.
68) BGH, BauR 2003, 566; OLG Köln, IBR 2007, 1201; kritisch hierzu *Jochem*, NZBau 2013, 352, 355; vgl. ferner *Jochem/Kaufhold*, § 6 HOAI, Rn. 47.
69) Vgl. hierzu *Jochem/Kaufhold*, § 6 HOAI, Rn. 55.
70) OLG Düsseldorf, BauR 2016, 2120, 2122. *Fahrenbruch*, NJW 2017, 362.

b) Pflichtverletzung des Architekten

2289 Zu den wichtigsten Aufgaben des Architekten gehört es, die Kosten des Bauvorhabens im Planungsverfahren richtig zu ermitteln und diese Kostenermittlung dann auch im Rahmen der Bauausführung so umzusetzen, dass es nicht zu unvertretbar hohen Kostenüberschreitungen kommt. Dabei hat der Architekt stets die wirtschaftlichen Belange des Auftraggebers zu beachten.[71] **Erhöhte** Aufmerksamkeit muss der Architekt den Kosten widmen, wenn das Bauvorhaben erkennbar als **Renditeobjekt** geplant wird.[72]

Der Architekt bewegt sich damit – auch ohne ausdrückliche Vereinbarung eines Kostenrahmens oder einer Kostenobergrenze – **nicht in einem wirtschaftlich freien Raum**. Vielmehr gehört es zu den grundlegenden Aufgaben des Architekten, auch **von sich aus frühzeitig** (ggf. schon bei der Grundlagenermittlung[73] und der Vorplanung[74]) den Kostenrahmen der Planung abzustecken[75] und den Bauherrn zutreffend über die voraussichtlichen Baukosten zu beraten[76] (vgl. auch Rdn. 2293). Er muss also von Beginn an die Planung und Bauausführung des Bauvorhabens auf die wirtschaftlichen Interessen des Auftraggebers ausrichten, auch wenn er nach der Rechtsprechung des BGH[77] „allgemein" nicht verpflichtet ist, in jeder Hinsicht die Vermögensinteressen des Bauherrn wahrzunehmen und unter Berücksichtigung aller Umstände „so kostengünstig wie möglich" zu bauen. Ist der **Auftraggeber** des Architekten eine **Gemeinde**, die für die Durchführung der zu planenden Maßnahme auf **Fördermittel** angewiesen ist, muss der Planer nach einer Entscheidung des OLG Brandenburg[78] im **besonderen Maße die Finanzierbarkeit** der zu planenden Maßnahme **im Blick behalten**. Das OLG München[79] ist der Auffassung, dass der nur mit den Leistungsphasen 6 bis 8 beauftragte Architekt sich zur Erfüllung der von ihm als Grundleistung geschuldeten Pflicht zur Kostenkontrolle schon vor der Auftragserteilung des Bauherrn an die Bauunternehmer über den vom Bauherrn gewollten Kostenrahmen von diesem informieren lassen muss.

Diese Grundsätze hat der BGH[80] noch einmal in einer wichtigen Entscheidung zusammengefasst:

> „Die Planungsleistung eines Architekten entspricht nicht der vereinbarten Beschaffenheit, wenn sie ein Bauwerk vorsieht, dessen Errichtung höhere Herstellungskosten erfordert, als sie von den Parteien des Architektenvertrags vereinbart sind. Der Architekt ist verpflichtet, die Planungsvorgaben des Auftraggebers zu den Herstellungskosten des Bauwerks zu beachten.

---

71) OLG Hamm, BauR 2012, 1981, 1982.
72) OLG Naumburg, BauR 1996, 889 = OLGR 1996, 191 = ZfBR 1996, 322; vgl. ferner BGH, BauR 1975, 434 u. BauR 1984, 420.
73) BGH, IBR 2013, 982 = IBR 2013, 285 – *Fuchs*; OLG Hamm, BauR 2012, 530 = IBR 2011, 592 – *Berger*; LG Mönchengladbach, NZBau 2006, 318.
74) OLG Hamm, BauR 2012, 1981.
75) BGH, BauR 2005, 400 = NZBau 2005, 158; BauR 1991, 366 = NJW-RR 1991, 664 = ZfBR 1991, 104; OLG Düsseldorf, IBR 2004, 435 – *Franz*; BauR 1998, 880.
76) BGH, BauR 2005, 400 = NZBau 2005, 158 = NJW-RR 2005, 318.
77) BauR 1996, 570, 571; BauR 1973, 120.
78) IBR 2015, 148 – *Wronna*.
79) IBR 2015, 265 – *Heiliger*.
80) BauR 2013, 1143 = IBR 2013, 284 – *Preussner* = NZBau 2013, 386. Vgl. hierzu *Bräuer*, NZBau 2013, 417, 420.

Dabei muss er nicht nur genau vereinbarte Baukostenobergrenzen einhalten (vgl. dazu BGH, Urteil vom 23. Januar 2003 – VII ZR 362/01, BauR 2003, 566 = NZBau 2003, 281 = ZfBR 2003, 359; Urteil vom 13. Februar 2003 – VII ZR 395/01, BauR 2003, 1061 = NZBau 2003, 388 = ZfBR 2003, 452). Vielmehr ist er auch verpflichtet, die ihm bekannten Kostenvorstellungen des Auftraggebers bei seiner Planung zu berücksichtigen (BGH, Urteil vom 24. Juni 1999 – VII ZR 196/98, BauR 1999, 1319 = ZfBR 2000, 28). Solche Kostenvorstellungen muss er grundsätzlich im Rahmen der Grundlagenermittlung erfragen. Denn der Architekt ist bereits in diesem Planungsstadium gehalten, den wirtschaftlichen Rahmen für ein Bauvorhaben abzustecken (BGH, Urteil vom 11. November 2004 – VII ZR 128/03, BauR 2005, 400 = NZBau 2005, 158 = ZfBR 2005, 178; Urteil vom 17. Januar 1991 – VII ZR 47/90, BauR 1991, 366 = ZfBR 1991, 104). Insbesondere beim privaten Auftraggeber, dessen wirtschaftliche Verhältnisse nicht offen liegen und der die ihm aufgrund seiner Bauvorstellungen entstehenden Kosten regelmäßig schlecht einschätzen kann, ist eine gründliche Aufklärung notwendig. Der Architekt verletzt regelmäßig seine Vertragspflichten, wenn er ohne verlässliche Kenntnis von den wirtschaftlichen Möglichkeiten des privaten Auftraggebers die Planung eines Wohnhauses vornimmt. Er muss diese aufklären und darf nicht ohne Rücksicht auf die finanziellen Verhältnisse des privaten Auftraggebers planen (Kniffka, Bauvertragsrecht, § 633 Rn. 99).

Inwieweit der Auftraggeber seine Kostenvorstellungen ausreichend zum Ausdruck gebracht hat, muss durch Würdigung im Einzelfall ermittelt werden. Eine Erklärung, die Baukosten sollten maximal einen bestimmten Betrag nicht überschreiten, bringt die einzuhaltende Kostenvorstellung ausreichend zum Ausdruck (a.A. Locher/Koeble/Frik, HOAI, 11. Aufl., Einleitung Rn. 185). Nicht zwingend notwendig ist, dass der Auftraggeber dem Architekten gegenüber die Kostenvorstellungen selbst äußert. Es kann nach den Umständen des Einzelfalles ausreichen, dass diese Vorstellungen von den am Aufklärungsgespräch mit dem Architekten beteiligten Familienmitgliedern geäußert werden und der Auftraggeber ihnen nicht widerspricht oder anderweitig zum Ausdruck bringt, dass dies auch seine Vorstellungen sind. Die vom Auftraggeber im Rahmen der Grundlagenermittlung dem Architekten gegenüber zum Ausdruck gebrachten Kostenvorstellungen sind in dem Sinne verbindlich, dass sie vorbehaltlich einer Änderung den Planungsrahmen bestimmen und jedenfalls dann regelmäßig zum Vertragsinhalt werden, wenn der Architekt ihnen nicht widerspricht (vgl. Löffelmann/Fleischmann, Architektenrecht, 6. Aufl., Rn. 2137). Jedenfalls sind sie beachtlich, wenn der Architekt erklärt, das schaffe er schon (a.A. Locher/Koeble/Frik, HOAI, 11. Aufl., Einleitung Rn. 185, unter Berufung auf OLG Düsseldorf, BauR 2002, 1583). Es ist das Wesen des Architektenvertrags, dass nicht alle Planungsvorgaben bereits beim Abschluss des Vertrages feststehen, sondern erst im Laufe des Planungsprozesses entwickelt und zum Vertragsinhalt werden. Zu solchen im Laufe des Planungsprozesses zu entwickelnden Planungsdetails gehören auch die Kostenvorstellungen des Auftraggebers hinsichtlich der Errichtung des Bauwerks, wenn sie nicht bereits bei Abschluss des Vertrags zum Ausdruck gebracht worden sind. Diese Kostenvorstellungen sind auch dann beachtlich, wenn sie nicht eine genaue Bausummenobergrenze enthalten, sondern nur Angaben zur ungefähren Bausumme (tendenziell abweichend Locher/Koeble/Frik, HOAI, 11. Aufl., Einleitung Rn. 185). Derartige Angaben stecken im Regelfall einen Kostenrahmen ab, den der Auftraggeber nicht überschreiten will. Gibt er seiner Kostenvorstellung mit einer Angabe Ausdruck, die eine mit ‚circa' bezeichnete Summe enthält, so ist diese Bausumme für den Planer insoweit beachtlich, als sie ungefähr einzuhalten ist. Inwieweit eine ‚circa-Angabe' Planungsspielraum ‚nach oben' lässt, hängt von den Umständen des Einzelfalles ab. Der Architekt ist im Laufe des Planungsprozesses gehalten, Zweifel über den Grenzbereich der vom Auftraggeber noch hingenommenen Herstellungskosten auszuräumen (vgl. auch Wirth, in: Korbion/Mantscheff/Vygen, HOAI, 6. Aufl., Einführung Rn. 237). Dazu kann zum Beispiel die von ihm anzustellende Kostenschätzung dienen. Hält diese sich in dem Rahmen, der von der ‚circa-Angabe' abgedeckt sein könnte, so darf der Architekt jedenfalls nach einem entsprechenden Hinweis auf die Problematik des Kostenrahmens regelmäßig darauf vertrauen, dass der Auftraggeber den in den Kostenermittlungen dargestellten Herstellungskosten widerspricht und seine bislang noch unpräzise Angabe verdeutlicht (vgl. auch Löffelmann/Fleischmann, Architektenrecht, 6. Aufl., Rn. 2140; OLG Celle, BauR 2008, 122, 123). Ist das nicht der Fall, darf der Architekt die weitere Planung auf der Grundlage der Kostenschätzung entwickeln. Gleiches gilt für die Kostenberechnung, wenn bis dahin nicht bereits der Vertragsinhalt auch hinsichtlich der Herstellungskosten festgelegt ist. Dagegen sind Angaben in einem

Bauantrag in der Regel nicht geeignet, den Inhalt des Architektenvertrags zu bestimmen. Sie können lediglich Indiz für einen bestimmten Vertragsinhalt sein (BGH, Urteil vom 13. Februar 2003 – VII ZR 395/01, BauR 2003, 1061 = NZBau 2003, 388 = ZfBR 2003, 452)."

Mit einer frühzeitigen Kostenermittlung soll dem Bauherrn ermöglicht werden, ggf. eine einfachere Ausführung zu wählen oder das Bauvorhaben ganz fallenzulassen.[81]

Erstellt der Architekt **Kostenschätzungen zu besonderen Zwecken** (z.B. zur Unterstützung von Kreditanträgen oder zur Sicherung von Förderungsmöglichkeiten), hat der Architekt nach der Rechtsprechung des BGH[82] den Auftraggeber im Rahmen seiner Beratungspflicht darüber aufzuklären, dass diese keine geeignete Grundlage für die Investitionsentscheidung als solche sein können, weil sie unter Umständen großzügig, fehlerhaft oder ungenau sein können; das betrifft auch die Kostenangabe im Bauantrag. Das gilt nur dann nicht, wenn der Auftraggeber „positive Kenntnis von den aufzuklärenden Umständen hat und auch in der Lage ist, die Konsequenzen für die weitere Planung und Durchführung des Bauvorhabens selbstständig zu erkennen, sodass er einer Beratung durch den Architekten nicht bedarf".

Wie erwähnt (vgl. Rdn. 2280), hat der **Architekt** im Rahmen des Planungs- und Ausführungsablaufs des Bauvorhabens **vier Kostenermittlungen nach DIN 276 zu erstellen,** um auf diese Weise den Auftraggeber – je nach Stand des Bauvorhabens – über die Baukosten zu unterrichten und ihm die Möglichkeit von Korrekturen zu eröffnen.

2290 Diesen Sinn verfolgt auch die durch die fünfte Änderungsverordnung in die HOAI (§ 34 HOAI n.F. in Verbindung mit Anlage 11 neu eingeführte Grundleistung der „Kostenkontrolle" des Architekten; danach hat der Architekt in folgenden Leistungsphasen Kostenkontrollen durchzuführen:

* **Leistungsphase 2** (Vorplanung): Kostenschätzung und Vergleich mit den finanziellen Rahmenbedingungen.
* **Leistungsphase 3** (Entwurfsplanung): Kostenkontrolle und Vergleich mit der Kostenschätzung.
* **Leistungsphase 6** (Vorbereitung der Vergabe): Ermittlung der Kosten auf der Grundlage vom Planer bepreister Leistungsverzeichnisse.
* **Leistungsphase 7** (Mitwirkung bei der Vergabe): Vergleichen der Ausschreibungsergebnisse mit den vom Planer bepreisten Leistungsverzeichnissen oder der Kostenberechnung.
* **Leistungsphase 8** (Objektüberwachung): Kostenkontrolle durch Überprüfen der Leistungsabrechnung der bauausführenden Unternehmen im Vergleich zu den Vertragspreisen sowie die Kostenfeststellung.

Auch durch diese (in der HOAI nunmehr festgeschriebenen) Überprüfung der Kostenentwicklung wird die Forderung an den Architekten deutlich, stets die wirtschaftlichen Belange des Auftraggebers im Auge zu behalten und die Planung und Bauausführung danach auszurichten.[83] Dazu war der Architekt allerdings bereits vor der Änderung der HOAI ohnehin verpflichtet.

Im Einzelfall ist aber **sorgfältig zu prüfen, worauf** sich die Kostenermittlung des Architekten, soweit sie erfolgte, in der Sache bezogen hat. Da der **Architekt immer nur die zum Zeitpunkt der Kostenermittlung realistischen Kosten zu er-**

---

[81] OLG Hamm, BauR 2012, 530 = IBR 2011, 592 – *Berger* sowie BauR 2012, 1981, 1982.
[82] BauR 2005, 400 = NZBau 2005, 158.
[83] Vgl. hierzu BGH, BauR 1998, 354; OLG Stuttgart, OLGR 2000, 422.

mitteln braucht,[84] ist den Absprachen der Baubeteiligten, insbesondere also den **Planvorgaben** (z.B. „**Ausbaustandards**") des Bauherrn, besonderes Gewicht beizumessen.[85] **Bestehen** in Bezug auf die (tatsächlichen) Planvorgaben bei dem **Architekten** allerdings **Unklarheiten,** so gehört es zu seinen Aufgaben, „**schon zur Ermittlung der Grundlagen den Leistungsbedarf abzuklären und zur Vorplanung die Grundlagen zu analysieren und die Zielvorstellungen abzustimmen**".[86]

2291 Die Pflichtverletzung des Architekten selbst kann z.B. in Folgendem liegen:

* **ungünstige Vertragsabschlüsse** mit Unternehmern;
* **teurere Ausführung** aus ästhetischen Gründen ohne Aufklärung des Bauherrn über die Verteuerung;
* **Vergessen von Einzelpositionen** im Leistungsverzeichnis oder sonstige Ausschreibungsfehler;[87]
* **unterlassene Kostenermittlung** und/oder Kostenkontrolle;[88]
* **mangelhafte Kostenermittlung** (z.B. zu niedrig berechnete Kubatur,[89] zu niedrig angesetzter Kubikmeterpreis,[90] im Rahmen der Kostenschätzung oder Kostenberechnung;[91]
* **ungenaue Kostenschätzung**;[92]
* eine Planung, die nach bestehenden **baurechtlichen Vorschriften keine Aussicht auf Erfolg** hat;
* **mangelhafte Bodenuntersuchungen** und dadurch verursachte spätere Mehrkosten für Tiefergründungen; unzureichende Berücksichtigung geländebedingter Schwierigkeiten, z.B. rutschgefährdete Hanglage;[93]
* **unnötiger, übermäßiger Aufwand** im Rahmen der Planung (z.B. Missverhältnis von Nutzflächen zu Verkehrsflächen).[94]

2292 Häufig geben Auftraggeber dem Architekten neben einem Kostenrahmen auch ein **Raum- und Funktionsprogramm** vor. Bemüht sich nun der Architekt, dieses Programm im Rahmen der Leistungsphasen 1 und 2 (Grundlagenermittlung und Vorplanung) umzusetzen, muss er dabei aber nach Beendigung der Vorplanung aufgrund der Kostenschätzung feststellen, dass der vorgegebene Kostenrahmen auf der Basis des gewünschten Raumprogramms nicht eingehalten werden kann, kann von einer pflichtwidrigen Kostenüberschreitung nicht gesprochen werden;[95] dies ergibt

---

84) OLG Köln, NJW-RR 1993, 986 = OLGR 1993, 146.
85) Vgl. BGH, BauR 1991, 366; OLG Düsseldorf, BauR 1995, 411; OLG Köln, NJW-RR 1993, 986.
86) BGH, BauR 1991, 366 = NJW-RR 1991, 664 = ZfBR 1991, 104.
87) OLG Hamm, BauR 2005, 130.
88) OLG Naumburg, OLGR 2001, 410. *Koeble,* in: Locher/Koeble/Frik, Einl. Rn. 174.
89) OLG Köln, NJW-RR 1994, 981.
90) BGH, BauR 1997, 494 = NJW-RR 1997, 850.
91) BGH, BauR 2013, 982; BauR 1997, 494 = NJW-RR 1997, 850 („absolut unrealistischer" Kubikmeterpreis); OLG Düsseldorf, BauR 2009, 1323.
92) OLG Hamm, BauR 2013, 1301.
93) LG Tübingen, *Schäfer/Finnern,* Z 3.005 Bl. 3.
94) BGH, BauR 2009, 1611 = NZBau 2009, 722 = IBR 2009, 521 – *Fischer* = NJW 2009, 2947 m.Anm. *Scholtissek.* Vgl. hierzu Werner Baurecht Online mit Analyse *Werner/Christiansen-Geiss* sowie OLG Schleswig, BauR 2010, 806 sowie *Popescu,* NZBau 2009, 692. BauR 1998, 354.
95) OLG Stuttgart, BauR 1977, 426, 428.

sich aus folgender Überlegung: Die **Kostenschätzung** ist die letzte Grundleistung im Rahmen der Vorplanung (als erster Planungsschritt). Erst jetzt kann der Architekt feststellen, ob das gewünschte **Raum-** und **Funktionsprogramm** auf der Basis des vorgegebenen Kostenrahmens umgesetzt werden kann. Ein früheres Eingreifen des Architekten ist unter Kostengesichtspunkten nicht denkbar, weil sich erst aus der Planung und damit der Umsetzung des gewünschten Raum- und Funktionsprogramms die Kubatur ergibt, die wiederum Basis für die Kostenschätzung nach DIN 276 ist (überschlägige Ermittlung der Gesamtkosten z.B. auf der Basis des Kostenrichtwertes €/m³ anhand möglichst genauer Bedarfsangaben wie z.B. Flächen, Nutzeinheiten, Rauminhalten und Planungsunterlagen).

Gibt also der Auftraggeber ein bestimmtes Raum- und Funktionsprogramm vor, ergeben sich folgende **Prioritäten** des **Vorgehens:** Zunächst die Umsetzung dieses Programms und sodann die Ermittlung der sich aus dieser Umsetzung ergebenden Baukosten. Damit kann der **Auftraggeber** nunmehr das **weitere** (planerische) **Vorgehen bestimmen:** Dabei kann er gegebenenfalls das zunächst geforderte Raum- und Funktionsprogramm „**herunterfahren**", um dadurch das Ziel der Einhaltung des Kostenrahmens zu erreichen, oder aber unter Aufrechterhaltung des vorerwähnten Programms sein Budget **aufstocken** und einen neuen Kostenrahmen vorgeben. Verringert der Auftraggeber das zunächst geforderte Raum- und Funktionsprogramm, hat der Architekt zudem einen Anspruch darauf, dass seine bisherige Leistung (Grundlagenermittlung und Vorplanung) auf der Basis des umfangreicheren Raum- und Funktionsprogramms und der damit verbundenen anrechenbaren Kosten honoriert wird.[96]

2293 Bei **verteuernden Sonder- und Änderungswünschen** des Bauherrn ist der Architekt u.U. verpflichtet, den Bauherrn über anfallende Mehrkosten und damit die Überschreitung der bisherigen Kostenermittlung aufzuklären. Ist eine (im Einzelfall gebotene) Aufklärung unterblieben, kann eine Entlastung des Architekten nur angesetzt werden, wenn er beweist, dass der Bauherr trotz einer entsprechenden Aufklärung weitergebaut und nicht auf die Sonder- oder Änderungswünsche verzichtet hätte. Durch eine **richtige Beratung** im Rahmen der Kostenermittlung muss dem Bauherrn die Möglichkeit gegeben werden, eine einfachere Bauausführung durchzuführen oder das Bauvorhaben sogar fallen zu lassen, wenn die Ermittlung der Baukosten ergibt, dass über die finanziellen Möglichkeiten des Bauherrn hinausgegangen wird.[97]

Ein Schadensersatzanspruch wegen unzutreffender Baukostenermittlung kann im Einzelfall ausscheiden, wenn der Auftraggeber nach der Kostenschätzung oder der Kostenberechnung des Architekten **umfangreiche Umgestaltungen** vornehmen lässt.[98]

2294 Die vorerwähnte „**Warnpflicht**" des Architekten ist aber immer **eingeschränkt oder besteht nicht,** wenn sich die Verteuerung des Bauvorhabens bereits aus den **Gesamtumständen der Auftragsvergabe ergibt,** insbesondere also dem **Bau-**

---

96) So zutreffend auch KG, KGR 2003, 222.
97) OLG Düsseldorf, BauR 2013, 632; OLG Köln, NJW-RR 1993, 986, 987, OLG Stuttgart, BauR 1987, 462, 463; OLG Düsseldorf, BauR 1995, 411; *Lauer,* BauR 1991, 401, 412.
98) BGH, IBR 2013, 285 – *Fuchs.*

Baukostenüberschreitung

herrn ohne Weiteres erkennbar ist.[99] Dies wird bei **grundlegenden** baulichen Änderungen oder Qualitätsverbesserungen, die der Bauherr gegenüber dem ursprünglichen Ausbaustandard veranlasst, immer der Fall sein. Zu Recht hat auch das OLG Braunschweig[100] darauf hingewiesen, dass die Pflichtverletzung eines Architekten „durch Unterlassung von baubegleitenden Kostenermittlungen" noch nicht den Anspruch des Auftraggebers auf Schadensersatz rechtfertigt; vielmehr muss der Auftraggeber beweisen, „dass er nicht oder jedenfalls billiger gebaut hätte, wenn ihm die zur Schätzzeit realistischen Baukosten mitgeteilt worden wären". Nach Auffassung des Gerichts „verbietet sich dabei eine typisierende Betrachtungsweise, wonach davon auszugehen ist, dass sich der Auftraggeber bei der geschuldeten Aufklärung sachgerecht verhalten hätte".

Auch das OLG Hamm[101] hat in diesem Zusammenhang entschieden, dass die **Vermutung beratungsgerechten Handelns** beim Streit darüber nicht gilt, ob der Bauherr das Bauvorhaben bei rechtzeitiger Information über drohende Kostenüberschreitung abgebrochen hätte:

„Ein Schadensersatzanspruch des Bauherrn wegen fehlender Kostenermittlung oder sonst falscher Beratung des Architekten zur Kostenentwicklung setzt voraus, dass der Bauherr die Ursächlichkeit der Vertragsverletzung für den Schaden nachweist (vgl. etwa: BGH, NJW-RR 1997, 850 = BauR 1997, 494; OLG Braunschweig, OLG-Report 2003, 227). Dabei kann sich der Bauherr im Rahmen der Architektenhaftung wegen Baukostenüberschreitung nicht auf eine Vermutung für ein beratungsgerechtes Verhalten stützen. Vielmehr entzieht sich jeder typisierenden Betrachtung, wie sich ein Bauherr verhält, der von seinem Architekten pflichtgemäß über die Höhe der zu erwartenden Baukosten aufgeklärt wird. Denn die Entscheidung ist von vielen unterschiedlichen individuellen Faktoren abhängig. Es ist deshalb auch etwa bei ganz erheblicher Kostenüberschreitung nicht ohne weiteres davon auszugehen, dass bei pflichtgemäßer Aufklärung das Bauvorhaben unterblieben wäre (BGH, NJW-RR 1997, 850 = BauR 1997, 494; OLG Hamm, NZBau 2004, 560 = BauR 2005, 130; OLG Braunschweig, OLG-Report 2003, 227; OLG Stuttgart, OLG-Report 2000, 422)."

Dem haben sich in letzter Zeit auch das OLG Oldenburg[102] und das OLG Köln[103] angeschlossen.

2295 Rechtsprechung und Literatur billigen im Übrigen dem Architekten bei der Ermittlung der voraussichtlichen Baukosten einen gewissen **Spielraum** zu, **bevor eine objektive Pflichtverletzung des Architekten angenommen** wird. Dabei wird berücksichtigt, dass jedes Bauvorhaben mit vielen Unsicherheitsfaktoren und Unwägbarkeiten verbunden ist. Unter diesem Gesichtspunkt sind auch die Kostenprognosen eines Architekten aufgrund seiner Kostenermittlungen zu betrach-

---

99) OLG Düsseldorf, BauR 2013, 632; OLG Koblenz, BauR 2008, 851, 854; OLG Köln, NZBau 2005, 467, 470; vgl. hierzu auch OLG Düsseldorf (NJW-RR 1999, 1696), das zu Recht darauf hinweist, dass der Architekt erst auf der Grundlage der **Leistungsphase 2** (Vorplanung) im Rahmen einer Kostenschätzung die voraussichtlichen Kosten überschlägig ermitteln kann.
100) OLGR 2003, 227.
101) BauR 2013, 1301 = NZBau 2013, 388 = NJW-RR, 2013, 795 = IBR 2013, 286 – *Berger*; vgl. ferner OLG Hamm, BauR 2005, 130 = NZBau 2004, 560. Ebenso OLG Oldenburg, BauR 2013, 1712. Vgl. hierzu BGH, BauR 2013, 1472, 1475; BauR 1997, 494, 497. **A.A.:** OLG Celle, BauR 2010, 1993 zum Grundsatz der Vermutung beratungsgerechten Verhaltens (bejahend für das Baurecht) = IBR 2010, 510 – *A. Eich* = NZBau 2010, 573 = NJW-RR 2010, 1395.
102) BauR 2013, 1712.
103) NJDZ 2015, 1400.

ten.[104] Schon der meist längere Zeitablauf bei einem Bau kann zu unvermeidbaren Mehrkosten führen: So können z.B. DIN-Vorschriften während eines Bauvorhabens geändert werden und einen aufwändigeren Bau notwendig machen; auch unvorhersehbare Mehrpreis- und Lohnsteigerungen können zu einer Verteuerung führen. Streiks, ungünstige Wetterverhältnisse oder nachbarrechtliche Probleme können ebenfalls eine Unterbrechung des Baus und damit Mehrkosten verursachen. Deshalb ist man sich einig, dass Kostenermittlungen des Architekten **bis zu einer angemessenen Grenze** überschritten werden dürfen, ohne dass von einer Fehleinschätzung des Architekten gesprochen werden kann (Toleranzrahmen).[105]

Allerdings ist immer zu prüfen, ob sich die Vertragsparteien auf eine **bestimmte/ strikte Kostengrenze**[106] im Sinne einer „**Beschaffenheitsvereinbarung**" („Kostenobergrenze", „Kostenhöchstgrenze", „Baukosten nicht mehr als … €" usw.) **konkret geeinigt** haben[107] oder ob die angesetzten Baukosten nur einen gewissen Kostenrahmen als **Orientierung** darstellen sollten, also dem Architekten ein gewisser Spielraum eingeräumt wurde. **Nur im letzten Fall** kommt für den Architekten ein **Toleranzrahmen** in Betracht, während die Überschreitung einer **konkret vereinbarten Kostenobergrenze** (Kostenlimits) bereits als **Pflichtverletzung** des Architekten anzusehen ist.[108] Bei der Festlegung einer Baukostenobergrenze bedarf es im Übrigen stets einer klaren Darlegung, was Grundlage der Baukostenobergrenze sein soll.[109] Für die Vereinbarung einer **(starren) Obergrenze** trägt der **Auftraggeber** die **Darlegungs- und Beweislast**.[110]

In diesem Zusammenhang hat der BGH[111] darauf hingewiesen, dass eine Kostenangabe in einem **Bauantrag** noch nicht als eine „Bestimmung des vom Architekten einzuhaltenden Kostenrahmens" anzusehen ist, weil der Bauantrag anderen Zwecken dient als der Vereinbarung einer konkreten Kostengrenze. Deshalb kann auch eine zunächst niedrigere vertragliche Kostenvorgabe nicht durch einen im

---

104) BGH, BauR 1997, 494 = NJW-RR 1997, 850.
105) So auch BGH, BauR 1988, 734, 736 = NJW-RR 1988, 1361; OLG Stuttgart, OLGR 2000, 422, 424; *Budnick*, S. 118.
106) Vgl. hierzu OLG Naumburg, BauR 2010, 1641 (LS) = IBR 2010, 640 – *A. Eich*; OLG Düsseldorf, BauR 1994, 133 = NJW-RR 1994, 18; BauR 1993, 356 = NJW-RR 1993, 285; OLG Frankfurt, BauR 1993, 628; *Jochem*, § 6 HOAI, Rn. 45 ff.
107) Vgl. hierzu OLG Brandenburg, BauR 2011, 1999 = NZBau 2011, 623 = IBR 2011, 648 – *Wronna*.
108) So zutreffend: BGH, BauR 1997, 494 = NJW-RR 1997, 850 (anders noch: BGH, BauR 1994, 268 = NJW-RR 1994, 856 = ZfBR 1994, 119); ebenso OLG Brandenburg, BauR 2011, 1999 = NZBau 2011, 623 – IBR 2011, 648 – *Wronna*. OLG Koblenz, BauR 2008, 851; OLG Düsseldorf, BauR 2006, 547; OLG Köln, OLGR 2007, 402; vgl. hierzu OLG Naumburg, IBR 2005, 31 (mit der Folge, dass ein Honorar für erbrachte Leistungen nicht verdient ist); OLG Schleswig, OLGR 2002, 272; *Krause-Allenstein*, S. 110 ff.; *Miegel*, BauR 1997, 923, 926; OLG Düsseldorf, NJW-RR 1999, 1496. Ferner *Koeble*, in: Locher/Koeble/Frik, Einl. Rn. 185 ff. *Bräuer*, NZBau 2013, 417, 419.
109) So zu Recht *Jochem/Kaufhold*, § 6 HOAI, Rn. 45.
110) BGH, NJW 2016, 386; *Fahrenbruch*, NJW 2017, 364; *Bräuer*, NZBau 2013, 417, 419.
111) BauR 1997, 494 = NJW-RR 1997, 850; BauR 2003, 1061 = IBR 2003, 315 – *Quack*. Ebenso OLG Celle, IBR 2006, 626 – *Schwenker* = OLGR 2007, 39 (auch keine Kostenobergrenze).

Bauantrag aufgeführten höheren Betrag „abgelöst" werden (vgl. Rdn. 2286 a.E.).[112]

Macht der Auftraggeber während der Planungsphase **wechselnde Kostenvorgaben**, ohne sich auf eine davon festzulegen, wird in aller Regel nur von einem Kostenrahmen, nicht aber von einer Kostenobergrenze auszugehen sein.[113] Dasselbe gilt, wenn die Parteien sich zunächst auf eine Obergrenze der einzuhaltenden Baukosten einigen, sich aber später im Rahmen weiterer Kostenermittlungen auf **neue Baukosten** einigen, **ohne dass der Hinweis auf eine Obergrenze** erfolgt. In diesem Fall ist nicht mehr von einer Beschaffenheitsvereinbarung auszugehen, sondern von einem Kostenrahmen, der eine Toleranzgrenze zulässt. Daher spricht nach zutreffender Auffassung des OLG Celle[114] gegen die Vereinbarung einer festen Kostenobergrenze in einem Architektenvertrag, dass der Auftraggeber einer nachfolgenden höheren Kostenschätzung nicht entgegentritt, sondern diese akzeptiert. Das OLG Celle[115] hat ebenfalls zutreffend entschieden, dass von einer Baukostenobergrenze im Vertrag nicht ausgegangen werden kann, wenn ein schriftlicher Architektenvertrag veranschlagte Baukosten in Höhe von 350.000,00 € vorsieht, während die früher erstellte Kostenschätzung bereits voraussichtliche Baukosten von ca. 475.000,00 € enthielt, soweit es in der Zwischenzeit nicht zu kostensenkenden Planungsänderungen gekommen ist. Dasselbe Gericht[116] geht allerdings von einer vertraglichen Beschaffenheitsvereinbarung im Sinne eines Kostenlimits bei folgender Fallgestaltung aus: Dem Architektenvertrag lag ein Vordruck zugrunde; eine mit der Überschrift „Kostenrahmen" versehene Position wurde dahingehend ausgefüllt, dass die Parteien einen Kostenrahmen von 161.000,00 € brutto vereinbarten, gleichzeitig aber die folgenden vorgesehenen Felder für Toleranzen nicht ausgefüllt hatten. Der letzte Satz der Position lautet dahin, dass dann – wenn die Vertragsparteien keine anderweitige Regelung getroffen haben – der Kostenrahmen ohne Toleranz einschließlich der Baunebenkosten als Bruttobetrag gilt.

Im Übrigen darf der Architekt aus der **Überschreitung** einer vereinbarten Baukostenobergrenze **keine Vorteile für seine Honorarberechnung** ziehen.[117]

Daher kann der Architekt nur auf der **Basis einer vertraglich vereinbarten Kostenobergrenze** oder einer Kostenvorgabe eines Kostenrahmens (bei letzterem einschließlich Toleranz) sein Honorar berechnen, weil die **Kostenobergrenze** bzw. die entsprechende verbindliche Kostenvorgabe gleichzeitig auch die **Obergrenze der anrechenbaren Kosten für die Honorarberechnung darstellt**.[118] So hat der

---

112) BGH, BauR 2003, 1061 = IBR 2003, 315 – *Quack;* BauR 1999, 1319 = NJW 1999, 3554 = ZfBR 2000, 28 = MDR 1999, 1438; BauR 1997, 494 = NJW-RR 1997, 850. Vgl. hierzu auch OLG Celle, IBR 2006, 626 – *Schwenker* = OLGR 2007, 39.
113) OLG Dresden, IBR 2003, 556 – *Leupertz;* OLGR 2003, 551.
114) IBR 2003, 626.
115) BauR 2008, 122.
116) OLG Celle, BauR 2009, 997 = NJW-RR 2009, 1177 – NZBau 2009, 663 = IBR 2009 217 – *Schwenker.*
117) OLG Stuttgart, BauR 2010, 1260; OLG Hamm, BauR 2006, 1766 = IBR 2006, 570 – *Moufang.* Ebenso OLG Köln, NZBau 2004, 467.
118) BGH, BauR 2003, 566 = NZBau 2003, 281 = NJW-RR 2003, 593. Ferner OLG Saarbrücken, NZBau 2012, 120, 123 = NJW-RR 2011, 1465 und OLG München, NJW-RR 1996, 341. Vgl. hierzu auch OLG Köln, BauR 2013, 1708.

BGH[119] inzwischen auch bestätigt und darauf hingewiesen, „dass der auf die Nichteinhaltung einer Obergrenze gestützte Schadensersatzanspruch des Auftraggebers dazu führt, dass der Architekt den sich aus der Honorarordnung für Architekten und Ingenieure ergebende Honoraranspruch auf der Grundlage der anrechenbaren Kosten insoweit nicht geltend machen kann, als dieser das Honorar überschreitet, welches sich ergäbe, wenn die anrechenbaren Kosten der vereinbarten Baukostenobergrenze entsprochen hätten (dolo-agit-Einwand § 222 BGB)".

In der RBBau, die für Verträge der öffentlichen Hand zur Anwendung kommt, ist unter § 5.3 die Abrede einer Kostenobergrenze vorgesehen:

> 5.3 Kosten
> 5.3.1 Die Baukosten für die Baumaßnahme dürfen den Betrag von …… EUR brutto/EUR netto nicht überschreiten. Die genannten Kosten umfassen die Kostengruppen 200 bis 600 nach DIN 276–1: 2008–12, soweit diese Kostengruppen in der ES-Bau/KVM-Bau/HU-Bau/AA-Bau erfasst sind. Der Auftragnehmer hat seine Leistungen so zu erbringen, dass diese Kostenobergrenze eingehalten wird.
> Unabhängig von der Beachtung der Projektziele hat der Auftragnehmer bei allen Leistungen die Grundsätze der Wirtschaftlichkeit und Sparsamkeit nicht nur in Bezug auf die Baukosten, sondern auch im Hinblick auf den Betrieb des Gebäudes zu achten. Unter Wahrung der Vorgaben des Auftraggebers sind die künftigen Bau- und Nutzungskosten möglichst gering zu halten; Baukosten dürfen nicht mit der Folge eingespart werden, dass die Einsparungen durch absehbare höhere Nutzungskosten (insbesondere Betriebs- und Instandsetzungskosten) aufgezehrt werden.

Ob die Vertragsparteien wirklich eine Kostenobergrenze im vorgenannten Sinn vereinbart haben, kann nur unter Berücksichtigung aller Umstände (Vertrag, Schriftverkehr usw.) festgestellt werden.[120] Wegen der Bedeutung einer solchen Vereinbarung ist jedoch davon auszugehen, dass diese grundsätzlich schriftlich (z.B. im Architektenvertrag) getroffen wird. Daher wird man im Zweifelsfall (ohne eine eindeutige Absprache) nur die Vereinbarung eines Kostenrahmens ansetzen können, der grundsätzlich gegen die Vereinbarung einer bestimmten Bausumme als Obergrenze spricht; das gilt auch, wenn die Parteien die Bausumme mit einer „Circa"-Angabe versehen.[121]

Ändert sich die Leistungsbeschreibung, ist im Einzelfall zu prüfen, ob die Vertragsparteien die **Kostenobergrenze beibehalten** wollten. Kann das nicht geklärt werden, hat – nach Auffassung des OLG Brandenburg[122] – eine nachträgliche Änderung der Leistungsbeschreibung ein „Entfallen der vereinbarten Kostengrenze nur bei einer durch diese veranlassten deutlichen Kostensteigerung hinsichtlich der von dem Kostenrahmen erfassten Baukosten zur Folge".

Nach Auffassung des OLG Köln,[123] des OLG München[124] sowie des OLG Saarbrücken[125] trifft den **Architekten die Beweislast** dafür, dass eine **bestimmte**

---

119) BauR 2017, 134 (hierzu kritisch *Retzlaff*, NZBau 2017, 131 sowie *Weingart*, BauR 2017, 952).
120) Vgl. hierzu OLG Düsseldorf, BauR 1993, 356 = NJW-RR 1993, 285; OLG Karlsruhe, BauR 1993, 109.
121) OLG Saarbrücken, NZBau 2012, 120 = NJW-RR 2011, 1485.
122) NZBau 2011, 623, 625.
123) OLG Köln, BauR 2013, 1708.
124) NJW-RR 1996, 341, 343.
125) NZBau 2012, 120, 123 = NJW-RR 2011, 1465.

Obergrenze/Kostenvorgabe für die Baukosten **nicht vereinbart** worden ist oder diese höher lag, wenn der Bauherr eine bestimmte Obergrenze/Kostenvorgabe behauptet. Das ist jedoch umstritten.[126] Mit Recht weist das OLG Saarbrücken[127] im Übrigen in diesem Zusammenhang aber darauf hin, dass in diesem Fall dem Auftraggeber eine gesteigerte Darlegungslast hinsichtlich der behaupteten Vereinbarung einer Obergrenze/Kostenvorgabe nach Ort, Zeit und Höhe obliegt, um den Architekten nicht vor unüberwindbare Hürden zu stellen.

Bei einer noch unklaren Aufgabenstellung bestimmt die Vorgabe einer Baukostenobergrenze nach LG Mönchengladbach[128] den Inhalt der von dem Architekten zu erbringenden Leistungen auch bei einem Vollarchitekturvertrag, sodass sich der Auftrag zunächst nur auf die Leistung bis zur Vorplanung erstreckt.

Die **Abgrenzung** zwischen einer **Baukostengarantie** (vgl. Rdn. 2281) und der Vereinbarung einer **festen Kostenobergrenze** kann im Einzelfall schwierig sein, weil auch diese einen garantieähnlichen, weil erfolgsbezogenen Aspekt hat;[129] dennoch handelt es sich um rechtlich zu differenzierende Abreden, deren Verletzungen auch zu unterschiedlichen Folgen führen: Werden die Baukosten nicht eingehalten, führt die Garantiehaftung zu einem Erfüllungsanspruch (vgl. Rdn. 2281), die Vereinbarung eines Kostenlimits zur werkvertraglichen Haftung gemäß §§ 634, 636, 280 BGB, was im Hinblick auf die Grundsätze über die Vorteilsausgleichung von erheblicher Bedeutung sein kann. **2297**

Bevor Überlegungen hinsichtlich des Toleranzrahmens angestellt werden, sind die tatsächlichen Baukosten um diejenigen Beträge zu bereinigen, die auf **Sonder- und Änderungswünsche** des Bauherrn, **nicht vorhersehbare Mehrkosten** (z.B. teurere Gründungsmaßnahmen, mit denen nicht gerechnet werden konnte) usw., entfallen.[130]

Wann die dem Architekten eingeräumte **Toleranzgrenze** überschritten wird, ist schwer zu sagen. **Rechtsprechung** und **Literatur** geben hier verschiedene „**Faustregeln**" an.[131] **2298**

Der **BGH** hat die Fehleinschätzung eines Architekten von **27,7 %**[132] und **16 %**[133] noch als für den Bauherrn „tragbar" bezeichnet; bei einer Bausummenüberschreitung von **104 %** bejaht der BGH dagegen die Pflichtverletzung des Architek-

---

126) **A.A.:** Stuttgart, BauR 2010, 1260 m.w.N.; ferner *Ihle*, in: Löffelmann/Fleischmann, Rn. 2170; *Koeble*, in: Locher/Koeble/Frik, Einl. Rn. 185.
127) A.a.O.
128) NZBau 2006, 318; ebenso OLG Düsseldorf, NJW-RR 1999, 1696.
129) Hierauf verweist zu Recht *Miegel*, S. 19.
130) BGH, BauR 1997, 494 = NJW-RR 1997, 850; OLG Düsseldorf, BauR 2013, 632; OLG Schleswig, OLGR 2002, 272; OLG Stuttgart, OLGR 2000, 422; OLG Köln, NJW-RR 1993, 986.
131) Vgl. hierzu insbesondere *Budnick*, S. 120 ff.
132) VersR 1957, 298. *Doerry* (Festschrift für Heiermann, S. 49, 53) weist zutreffend darauf hin, dass dieses Urteil „einen ganz besonders gelagerten Fall, nämlich den einer offensichtlich ganz überschlägigen Schätzung", betraf. Vgl. auch BGH, NJW-RR 1987, 337.
133) BauR 1994, 268 = ZfBR 1994, 119 = NJW 1994, 856.

ten.¹³⁴⁾ Das LG Freiburg¹³⁵⁾ hat sogar eine Überscheitung von **58 %** noch als hinnehmbar betrachtet; das OLG Zweibrücken¹³⁶⁾ sieht eine Kostenüberschreitung von etwa **35 %** gegenüber der von dem Architekten im Rahmen der Vorplanung erstellten Kostenschätzung bei einer **Altbausanierung** noch innerhalb der Toleranzgrenze. Derselben Meinung ist das OLG Hamm¹³⁷⁾ bei einer Baukostenüberschreitung von **14,86 %**.

Das LG Tübingen¹³⁸⁾ stellt demgegenüber eine Vertragsverletzung bei einer Überschreitung des Kostenansatzes um etwa **140 %** fest. Schmalzl¹³⁹⁾ und das OLG Stuttgart¹⁴⁰⁾ stellen als Faustregel die Grenze von **30 %** auf. Glaser¹⁴¹⁾ und Dostmann¹⁴²⁾ wollen bei einer Überschreitung des Kostensatzes von **40** bis **50 %** eine Pflichtverletzung annehmen, Locher¹⁴³⁾ bei einer Überschreitung von mehr als **20 bis 30 %**. Das OLG Celle¹⁴⁴⁾ nimmt nach einer Überschreitung eines vereinbarten Kostenrahmens um 50 % einen Mangel des Architektenwerkes an.

2299 Bei der Festlegung der Toleranzgrenze ist darauf abzustellen, „**mit welchem Verbindlichkeitsanspruch sich der Architekt** zur Kostenvoraussicht **geäußert** hat".¹⁴⁵⁾ Bei einer überschlägigen, nur als vorläufig bezeichneten vorvertraglichen **Kostenprognose (Kostenüberschlag oder Grobkostenschätzung)** kommt eine objektive Pflichtverletzung des Architekten nur im Falle einer **besonders groben** Fehleinschätzung in Betracht, die sicherlich deutlich **über 30 %** liegen muss,¹⁴⁶⁾ weil hier das eigentliche Planungskonzept noch nicht vorliegt, sondern nur allgemeine Wünsche und Erwartungen des Auftraggebers bestehen. Im Übrigen sind die oben erwähnten, von der **HOAI** in § 33 HOAI in Verbindung mit Anlage 11 genannten Kostenermittlungsarten der DIN 276 zu berücksichtigen. Danach wird die **Kostenschätzung** bereits im Rahmen der Vorplanung, also in einem frühen Stadium des Bauvorhabens erstellt und dient in erster Linie als vorläufige Grund-

---

134) BGH, VersR 1971, 1041, 1042 = NJW WM 1971, 1371; BGH, NJW 1971, 1840 (mehr als 100 %); ebenso: OLG Hamm, NJW-RR 1986, 1150 = BauR 1987, 464.
135) MDR 1955, 151; dagegen zu Recht *Locher*, Rn. 279; vgl. auch OLG Hamm, DB 1986, 1172: Überschreitung der Kostenschätzung von 660.000 DM auf 920.000 DM laut Kostenanschlag lässt noch nicht auf einen Fehler des Architektenwerks oder eine Pflichtverletzung des Architekten schließen (auch kein Kündigungsgrund).
136) BauR 1993, 375 (LS). Vgl. hierzu LG Aachen, BauR 2012, 1673, 1676.
137) BauR 1991, 246.
138) *Schäfer/Finnern*, Z 3.005 Bl. 3.
139) Haftung, Rn. 86.
140) BauR 1977, 426.
141) Der Architekt 1960, 383.
142) BauR 1973, 159, 161.
143) Rn. 279; *Locher/Koeble*, Rn. 256.
144) BauR 2009, 997 = NJW-RR 2009, 1177 = NZBau 2009, 663.
145) So zutr. *Ganten*, BauR 1974, 78, 83.
146) BGH, NJW 1971, 1840, 1842; BGH, *Schäfer/Finnern*, Z 3.01 Bl. 70; BGH, BauR 1987, 225, 227. Vgl. hierzu insbesondere KG, KGR 2003, 322 (bei einer **Grobkostenschätzung** – ohne Kostenvorgabe, verbindlichen Kostenrahmen oder feste Kostenobergrenze – als Anhaltspunkt für einen Kostenrahmen [zur Orientierung] ist einem Architekten ein erheblicher Toleranzrahmen bei seiner Planung zuzubilligen). Das OLG Stuttgart (OLGR 2000, 422) ist der Auffassung, dass Kostenangaben im Baugesuch und in den Abschlagsrechnungen des Architekten als „vorläufig" angegebene Kosten keinen zuverlässigen Hinweis auf die Vereinbarung eines Kostenrahmens geben.

Baukostenüberschreitung

lage für Finanzierungsüberlegungen. Hier ist der Architekt gezwungen, besonders vorausschauend tätig zu werden, ohne differenzierte Basiswerte zu haben, da sich das Bauvorhaben erst abzuzeichnen beginnt. Aus diesem Grund wird man **keine zu hohen Anforderungen an** die Genauigkeit dieser Kostenermittlungsart stellen können.[147] Andererseits wird jedoch vom Architekten zu verlangen sein, dass der dem Bauherrn die „Risikospanne" innerhalb seiner Kostenschätzung deutlich macht und diese dem Bauherrn mitteilt, damit er seinen Finanzierungsplan – jedenfalls in groben Zügen – hierauf abstellen kann. Den Toleranzrahmen wird man daher im Bereich der **Kostenschätzung** bei etwa **30 %** ansiedeln können.[148]

Etwas anderes gilt jedoch bei der **Kostenberechnung** innerhalb der Entwurfsplanung und insbesondere dem Kostenanschlag bei der Mitwirkung bei der Vergabe. Der Genauigkeitsgrad hat bei diesen beiden Kostenermittlungsarten gegenüber der Kostenschätzung **wesentlich höher** zu liegen. Sie müssen besonders sorgfältig erstellt werden, zumal nunmehr dem Architekten nähere Kenntnisse über die Bauabwicklung zur Verfügung stehen. Bei der **Kostenberechnung** wird im Allgemeinen von einem **Toleranzrahmen** von **20 bis 25 %** und bei dem Kostenanschlag von **10 bis 15 %** auszugehen sein.[149]

2300

Somit wird deutlich, dass **der Genauigkeitsgrad der Kostenermittlungsart dem Baufortschritt entsprechend zuzunehmen** hat. Im Übrigen wird sich die dem Architekten zuzubilligende Toleranzgrenze nach dem **Einzelfall** zu richten haben;[150] dabei sind alle Umstände, wie z.B. die Art des Bauvorhabens (Großbauvorhaben oder Einfamilienhaus)[151] oder Leistungsfähigkeit des Bauherrn, zu berücksichtigen. Dagegen wird man bei einem **Umbau**[152] oder einer Altbausanierung[153] einem Architekten eine eher großzügige Toleranzgrenze einräumen können, weil mit ihm viele Unwägbarkeiten verbunden sind.[154] Angemessen erscheinen **30 bis 35 %**.[155]

Der BGH[156] differenziert hinsichtlich des Toleranzrahmens neuerdings nach der **Schwere** der vom Architekten zu vertretenden Pflichtverletzung: Danach können dem Architekten Toleranzen „jedenfalls nicht für **grobe** Fehler, wie die vergessene Mehrwertsteuer und unrealistische Kubikmeterpreise" zugestanden werden. Im Einzelfall ist deshalb auch die Pflichtverletzung des Architekten bei der Einräumung eines Toleranzrahmens zu bewerten. Das OLG München[157] hat eine Pflicht-

---

147) Im Ergebnis ebenso: BGH, BauR 1988, 734 = NJW-RR 1988, 1361; *Lauer*, BauR 1991, 401, 403.
148) Vgl. hierzu OLG Koblenz, BauR 2008, 851 (30–40 %) sowie LG Aachen, BauR 2012, 1673, 1676.
149) Zutreffend: OLG Köln, BauR 2002, 978; *Koeble*, in: Locher/Koeble/Frik, Einl. Rn. 176; s. auch *Jochem*, Festschrift von Craushaar, S. 1, 15.
150) BauR 1997, 494 = NJW-RR 1997, 850.
151) BGH, BauR 1988, 734.
152) Darauf verweist auch: *Koeble*, in: Locher/Koeble/Frik, Einl., Rn. 176.
153) Ebenso OLG Dresden, IBR 2003, 556 – *Leupertz* (keine Pflichtverletzung im Rahmen einer Altbausanierung bei einer Überschreitung der Obergrenze des Kostenrahmens von 31 %) = OLGR 2003, 551.
154) Ebenso: OLG Stuttgart, OLGR 2000, 422; *Lauer*, S. 21; **a.A.:** *Miegel*, S. 99.
155) OLG Schleswig, IBR 2009, 340 – *Miegel*.
156) BauR 1997, 335 = NJW-RR 1997, 402; ebenso: OLG Köln, BauR 2002, 978 sowie OLG Frankfurt, IBR 2012, 336 – *Boisserée*.
157) BauR 2007, 2100.

verletzung des Architekten bei **Umbau und Sanierung** eines Gebäudes angenommen, weil dieser nicht „auf erhebliche Unsicherheiten in der Kostenschätzung und Kostenberechnung und Toleranzen" hingewiesen hat, weil Sanierung und Umbau im Altbaubestand erfahrungsgemäß Baumaßnahmen sind, „die in hohem Maße des Risiko erheblicher Kostensteigerungen mit sich bringen".

c) Das Recht des Architekten auf Nachbesserung/Nacherfüllung

2301 Liegt eine Pflichtverletzung des Architekten vor, so kann dem Auftraggeber ein Schadensersatzanspruch aus §§ 634, 636, 280 f. BGB (wegen einer Bausummenüberschreitung) im Einzelfall nur zustehen, wenn er dem Architekten **zuvor** gemäß § 635 BGB eine Frist zur Nacherfüllung (Nachbesserung) gesetzt hat.[158] Dem Architekten muss also stets Gelegenheit gegeben werden, durch **neue** planerische Bemühungen die Baukosten auf den vorgegebenen oder ins Auge gefassten Betrag zu „senken".

Das wird in der Praxis oftmals übersehen; solange eine **„Korrektur"**, also eine Umplanung, zu einer **mangelfreien (kostendeckenden)** Bauerrichtung führen kann, ist eine „Nachbesserungs"aufforderung durch den Auftraggeber nicht entbehrlich. Behauptet der Auftraggeber, eine „Nachbesserung" der Planung sei **„nicht mehr möglich"**, trägt er hierfür die Darlegungs- und Beweislast.[159]

Allerdings kann das **Nachbesserungsrecht des Architekten begrenzt** sein. Nur das Ergebnis einer **zumutbaren Nachbesserung** hat der Auftraggeber zu dulden. Darauf hat das OLG Naumburg[160] zutreffend hingewiesen: So kommt z.B. ein nachträgliches Weglassen von Bauteilen als dem Auftraggeber zumutbare Maßnahme zur Einhaltung der vorgegebenen konkreten Kostengrenze oder eines Kostenrahmens nur dann in Betracht, wenn die Planung ausgewogen bleibt, der Charakter des Bauvorhabens nicht wesentlich verändert wird und anzunehmen ist, dass der Auftraggeber von Anfang an damit einverstanden wäre, eine Verringerung der Baukosten durch Entfallen von Bauteilen in dieser Form zu akzeptieren. Ist das nicht der Fall, ist die Nachbesserung untauglich und braucht vom Auftraggeber nicht hingenommen zu werden.

Auch das OLG Hamm[161] geht davon aus, dass eine Nachbesserungsfähigkeit im Hinblick auf eine fehlerhafte Kostenermittlung nur dann besteht, „wenn Modifizierungen in der Planung zu einer dem Bauherrn noch zumutbaren und vom Vertragsgegenstand noch gedeckten Planungsabweichung führen". Ist dies nicht der Fall, ist eine Aufforderung des Bauherrn gegenüber dem Architekten zur Nachbesserung entbehrlich.

---

158) OLG Schleswig, IBR 2009, 340 – *Miegel*; OLG Celle, BauR 2004, 359; OLG Köln, BauR 2002, 978; OLG Schleswig, OLGR 2002, 272; OLG Stuttgart, OLGR 2000, 422; OLG Düsseldorf, BauR 2002, 1583 = NZBau 2002, 686 = IBR 2003, 85; BauR 1988, 237; OLG Hamm, BauR 1995, 413 = ZfBR 1995, 142 = NJW-RR 1995, 724; *Miegel*, S. 80.
159) OLG Düsseldorf, BauR 1994, 133 = NJW-RR 1994, 18. Vgl. auch OLG Frankfurt, BauR 2008, 555, 558; OLG Celle, BauR 2009, 997 = NJW-RR 2009, 1177 = NZBau 2009, 663; OLG Naumburg, BauR 2010, 1641 (LS) = IBR 2011, 151 – *A. Eich*.
160) BauR 2010, 1641 (LS) = IBR 2011, 151 – *A. Eich*.
161) BauR 2012, 530 = IBR 2011, 593 – *Berger*.

Kennt der Auftraggeber sämtliche Umstände der Kostenentwicklung, muss er deshalb mindestens **bis** zur Leistungsphase 7 (Mitwirkung bei der Vergabe) – möglicherweise sogar noch in der Leistungsphase 8 (Objektüberwachung) – dem Architekten Gelegenheit geben, die Planung zu ändern und den beiderseits erwarteten („machbaren") Baukosten anzupassen. Kosteneinsparungen können nämlich durch verschiedene Maßnahmen erreicht werden: durch **Umplanung,** Einholung anderer (weiterer) **Kostenangebote** und vor allem durch Verzicht auf eine aufwändige Ausstattung.

Will der Auftraggeber diesen Weg nicht gehen, sondern seinem Architekten (aus wichtigem Grund) **kündigen,** so muss er ebenfalls zuvor dem Architekten Gelegenheit geben (§ 635 BGB), eine mangelfreie Planung vorzulegen, die zur Einhaltung des vorgegebenen Kostenlimits führen kann, es sei denn, es liegen im Einzelfall ausnahmsweise die Voraussetzungen des § 280 Abs. 2 BGB vor (vgl. Rdn. 2182).[162] **2302**

d) Verschulden des Architekten

Hat der Bauherr die objektive Pflichtverletzung des Architekten (unter Berücksichtigung der Überschreitung der Toleranzgrenze) dargelegt und bewiesen, hat dieser nunmehr den Beweis zu führen, dass ihn ein Verschulden an der Bausummenüberschreitung nicht trifft, da die der Pflichtverletzung und dem Schaden zu Grunde liegende Kostenermittlung aus seinem Verantwortungsbereich entstanden sind.[163] Der **Architekt** hat also das aufgrund der objektiven Pflichtverletzung vermutete **Verschulden** im Rahmen der Beweislastumkehr **zu widerlegen** (z.B. Änderungs- und Zusatzwünsche des Bauherrn; Insolvenzen von Bauunternehmen; nicht vorhersehbare Änderungen des Standes der Technik; nicht zu verantwortende Bauzeitverzögerungen; nicht voraussehbare Lohn- und Materialpreiserhöhungen; Auflagen des Bauamtes; nicht vereinbarte Eigenleistungen des Bauherrn und damit verbundene Verzögerungen des Baus usw.). **2303**

Bei **verteuernden Sonder- und Änderungswünschen** des Bauherrn ist der Architekt u.U. verpflichtet, den Bauherrn über anfallende Mehrkosten und damit die Überschreitung der bisherigen Kostenermittlung **aufzuklären.** Eine entsprechende Hinweis- und Warnpflicht des Architekten entfällt, wenn sich die Verteuerungen für den Bauherrn erkennbar bereits aus den Gesamtumständen ergeben.[164] Ist eine (im Einzelfall gebotene) Aufklärung unterblieben, kann eine Entlastung des Architekten nur angesetzt werden, wenn er beweist, dass der Bauherr trotz einer entsprechenden Aufklärung weitergebaut und nicht auf die Sonder- und Änderungswünsche verzichtet hätte. Durch eine **richtige Beratung** im Rahmen der Kostenermittlung muss dem Bauherrn die Möglichkeit gegeben werden, eine ein- **2304**

---

162) OLG Düsseldorf, BauR 2002, 1583 = NZBau 2002, 686 = IBR 2003, 85; BauR 1988, 237; OLG Hamm, BauR 1987, 464 = NJW 1986, 1150 u. DB 1986, 1172.
163) BGH, VersR 1971, 1041, 1042; WM 1970, 1139; LG Tübingen, *Schäfer/Finnern*, Z 3.005 Bl. 6; vgl. hierzu auch OLG Düsseldorf, OLGR 1998, 317 (**keine** Verantwortlichkeit des Architekten, wenn der Bauherr Unternehmeraufträge **selbst** unterschrieben hat); *Dostmann*, BauR 1973, 159, 161; *Lauer*, BauR 1991, 401, 405; **a.A.:** *Locher*, BauR 1974, 293, 296 sowie Rn. 280.
164) OLG Köln, NJW-RR 1993, 986.

fachere Bauausführung durchzuführen oder das Bauvorhaben sogar fallen zu lassen, wenn die Ermittlung der Baukosten ergibt, dass über die finanziellen Möglichkeiten des Bauherrn hinausgegangen wird.[165] Vgl. hierzu auch Rdn. 2293.

Nach OLG Frankfurt[166] können erhebliche Verstöße gegen die vertragliche Verpflichtung zur Ermittlung und Fortschreibung der voraussichtlichen Baukosten eine Schadensersatzpflicht des Architekten begründen, wenn die Wertsteigerung des Baugrundstücks hinter den nachweislich aufgewandten Bankkosten zurückbleibt.

e) Der Schaden des Bauherrn/Auftraggebers

2305 Die **eigentliche Problematik** der durch den Architekten schuldhaft verursachten Bausummenüberschreitung liegt **in der Schadensermittlung.** Dem wird in aller Regel zu wenig Beachtung geschenkt.

Worin bei Baukostenüberscheitungen der Schaden des Bauherrn besteht oder bestehen kann, ist in Rechtsprechung und Literatur umstritten.[167]

2306 Der **Schaden** besteht zunächst in der Höhe der **über** der Toleranzgrenze liegenden **Baukosten**, es sei denn die Parteien haben eine bestimmte Kostengrenze im Sinne einer Beschaffenheitsvereinbarung festgelegt (vgl. Rdn. 2295), sowie abzüglich der vom Architekten nicht zu verantwortenden Mehrkosten. Daher sind **nicht** die später **tatsächlich entstandenen Kosten** mit den **veranschlagten Kosten** (nebst Toleranzrahmen) zu vergleichen, sondern mit den zum Zeitpunkt der Kostenermittlung zu **erwartenden realistischen** Kosten.[168] Ferner kann der Schaden die durch die Bausummenüberscheitung notwendig werdende Aufnahme eines **Zusatzkredites** mit der damit verbundenen **Zinsbelastung** angesehen werden (Finanzierungsmehraufwand).[169]

Ein Schaden kann, worauf Locher[170] zutreffend verweist, dann nicht angenommen werden, wenn der Bauherr „bei rechtzeitiger Kenntnis der späteren Bausummenüberschreitung keine Maßnahme getroffen hätte und der Bau genauso fortgeführt worden wäre, wie dies tatsächlich geschehen ist".[171] Auf die **Vermutung eines beratungsgerechten Verhaltens** kann sich der Bauherr allerdings insoweit **nicht stützen** (vgl. hierzu auch Rdn. 2293 f.).[172] Vielmehr trägt er die Beweislast,

---

[165] OLG Stuttgart, BauR 1977, 426, 428.
[166] NZBau 2012, 306.
[167] Hierzu vor allem: *Steinert*, BauR 1988, 552; *Lauer*, BauR 1991, 401, 405 ff.; *Anker/Adler*, BauR 1998, 465 ff.
[168] OLG Köln, NJW-RR 1993, 986.
[169] OLG Frankfurt, BauR 2008, 555, 558. Vgl. hierzu *Locher/Koeble*, Rn. 260; *Dostmann*, BauR 1973, 159; siehe aber OLG Celle, OLGR 1998, 158 (LS).
[170] Rn. 435; ebenso OLG Stuttgart, BauR 1971, 63; OLGR 2000, 422, 425; OLG Köln, OLGR 1993, 146 = NJW-RR 1993, 986.
[171] *Budnick*, S. 136, ordnet diese Fallgestaltung dem „Einwand des rechtmäßigen Alternativverhaltens" zu.
[172] BGH, BauR 1997, 494 = NJW-RR 1997, 850 = ZfBR 1997, 195 („Wie sich ein Bauherr, der von seinem Architekten pflichtgemäß über die Höhe der zu erwartenden Baukosten aufgeklärt wird, verhält, entzieht sich jeder typisierenden Betrachtung"); OLG Hamm, BauR 2013, 1301 = NZBau 2013, 388 = IBR 2013, 286 – *Berger*; NZBau 2004, 560; OLG Oldenburg, IBR 2013, 287 – *Schwenker*.

dass er bei richtiger und rechtzeitiger Aufklärung nicht oder billiger gebaut hätte.[173] Nach einer Entscheidung des OLG München[174] ist kein Schaden des Bauherrn anzunehmen, selbst wenn der Architekt pflichtwidrig den Bauherrn nicht über die erhöhten Baukosten seiner Planung berät, aber die Grenzen des planerischen Ermessens nicht überschritten werden. Dabei ist das OLG München der Auffassung, dass eine geräumigere Planung von Tiefgaragenstellplätzen und Büroräumen im wirtschaftlichen Interesse des Bauherrn liegen kann.

Ein „**Schaden**" des Bauherrn ist nach der ständigen Rechtsprechung des **BGH**[175] jedoch zu **verneinen,** wenn „der dort zu seinen Lasten gehende Mehraufwand zu einer **Wertsteigerung** des Objekts geführt hat". Dieser Grundsatz gilt auch für die Kosten der **Finanzierung** zusätzlicher Baukosten. Der Schaden besteht deshalb nicht ohne Weiteres in dem Zinsbetrag, den der Bauherr aufwenden muss. „Vielmehr ist ebenso wie bei dem zusätzlichen Aufwand selber zu prüfen, ob den Finanzierungskosten Vorteile gegenüberstehen, die es ganz oder teilweise ausschließen, einen Schaden anzunehmen."[176] **2307**

Im Ergebnis muss der Bauherr sich daher im Zweifel **alle Wertvorteile** auf seinen Schaden anrechnen lassen, soweit sie für ihn einen echten „**Vorteil**" darstellen; insoweit gelten die Regeln der **Vorteilsausgleichung**[177] (vgl. Rdn. 2946 ff.). In welcher Höhe der Bauherr den Wertzuwachs gegen sich gelten lassen muss, wird ganz von den Umständen des **Einzelfalles** abhängen. **2308**

Die **Steigerung des Verkehrswertes** wird in der Regel der „Vorteil" sein, den der Bauherr bei seiner Schadensberechnung zu seinen Lasten in Abzug bringen muss. Anerkannt ist, dass der gestiegene Verkehrswert des Objekts immer der **Gesamtbaumaßnahme** gegenübergestellt werden muss, sodass nicht etwa nur der Betrag der behaupteten „Kostenüberschreitung" heranzuziehen ist.[178] Unter Berücksichtigung der Funktion der Vorteilsausgleichung, einen gerechten Ausgleich zwischen den bei einem Schadensfall widerstreitenden Interessen von Schädiger und Geschädigten herbeizuführen,[179] wird die **Wertsteigerung des Gesamtaufwandes von dem dem Architekten anzulastenden Mehraufwand abzuziehen** sein. **2309**

Ein Bauherr wird in der Regel auch nicht geltend machen können, die Anwendung der Grundsätze über die Vorteilsausgleichung scheide aus, weil die Gesamt- **2310**

---

173) OLG Dresden, IBR 2009, 218 – *Vogel; Miegel*, S. 65.
174) Urteil vom 30.09.2008 – Az.: AZ 9 U 5366/07.
175) BGH, BauR 1997, 335 = NJW-RR 1997, 402; BauR 1997, 494 = NJW-RR 1997, 850; BauR 1994, 268, 270 = NJW 1994, 856 = MDR 1994, 275; BGH, BauR 1979, 74; OLG Köln, NZBau 2005, 467, 470; OLG Celle, BauR 1998, 1030, 1031; OLG Hamm, BauR 2013, 1301 = NZBau 2013, 388 = NJW-RR 2013, 795 = IBR 2013, 286 – *Berger*; NJW-RR 1994, 211 = BauR 1993, 628; OLG Köln, NJW-RR 1993, 986; kritisch: *Lauer*, BauR 1991, 401, 410.
176) BGH, BauR 1994, 268, 270; vgl. auch *Anker/Adler*, BauR 1998, 465, 467 m.w.Nachw. in Anm. 13; OLG Celle, OLGR 1998, 158 (LS).
177) BGH, BauR 2015, 515; BauR 1997, 335 = NJW-RR 1997, 402; BauR 1997, 494 = NJW-RR 1997, 850; OLG Hamm, BauR 2013, 1301 = NZBau 2013, 388 = NJW-RR 2013, 795 = IBR 2013, 286 – *Berger*; OLG Karlsruhe, BauR 2008, 586 – *Lichtenberg*; vgl. hierzu auch *Miegel*, BauR 1997, 923, 926 u.S. 68 ff.; **a.A.:** *Lauer*, S. 62 ff.; *Anker/Adler*, BauR 1998, 465, 468.
178) BGH, BauR 1979, 74; OLG Hamm, NJW-RR 1994, 212 a.E.; OLG Köln, NJW-RR 1993, 986, 987.
179) BGH, NJW 1990, 2360.

baumaßnahme **so nicht gewollt** und für ihn deshalb auch **nicht „von Nutzen"** gewesen sei:[180] Die Anrechnung der eingetretenen (Wert)vorteile verbietet sich nach einhelliger Auffassung **nur,** wenn der Bauherr den ihm zufallenden Vermögenszuwachs **finanziell nicht tragen kann** oder er sich durch eine notwendig gewordene Mehrfinanzierung **in einer die Opfergrenze übersteigenden Weise persönlich einschränken** müsste.[181] Das ist nicht der Fall, wenn der Bauherr die durch die Auftragsvergabe verursachten „Mehr"kosten problemlos durch eine weitere Finanzierung auffangen kann.

Der BGH[182] will **unbillige,** möglicherweise auch **unerträgliche Ergebnisse,** die sich aus der Anwendung des Rechtsgedankens der Vorteilsausgleichung ergeben, über die Grundsätze von **Treu und Glauben korrigieren,** weil auch die Vorteilsausgleichung auf diesen Grundsätzen beruhe: „Dementsprechend findet ein Vorteilsausgleich dort seine Grenzen, wo das Ergebnis dem Zweck des Ersatzanspruchs zuwiderläuft, d.h. dem Geschädigten nicht mehr zuzumuten ist und den Schädiger unangemessen entlastet."

Der BGH[183] hat sich erst kürzlich mit dem Thema des Vorteilsausgleichs bei der Überschreitung einer mit dem Architekten vereinbarten Baukostenobergrenze beschäftigt und ausgeführt:

1. Nach der ständigen Rechtsprechung des Bundesgerichtshofs zur Überschreitung einer mit dem Architekten vereinbarten Bausumme kann zwar ein Schaden in den überschießenden Baukosten bestehen. Der Bauherr erleidet jedoch insoweit keinen Schaden, als der zu Lasten gehende Mehraufwand zu einer Wertsteigerung des Objekts geführt hat. Um diesen Schaden festzustellen, ist die Vermögenslage des Bauherrn mit und ohne die Pflichtverletzung des Architekten zu vergleichen. Maßgeblicher Zeitpunkt für die Schadensberechnung ist, wie auch sonst bei der Ermittlung eines Schadens, der Schluss der letzten mündlichen Tatsachenverhandlung.

Führen diese Maßstäbe zur Schadensberechnung unter Berücksichtigung etwaiger Vorteile im Einzelfall zu einem Ergebnis, das dem Zweck des Ersatzanspruchs zuwiderläuft, das heißt, dem Geschädigten nicht mehr zuzumuten ist und den Schädiger unangemessen entlastet, ist ein Vorteilsausgleich, dessen Grundsätze aus Treu und Glauben entwickelt wurden, zu begrenzen.

2. Die Erwägungen des Berufungsgerichts genügen diesen Grundsätzen nicht.

a) Im Ansatz noch zutreffend geht das Berufungsgericht davon aus, dass die Kläger ihren Schaden auf der Grundlage der Pflichtverletzung des Beklagten

---

180) *Miegel,* S. 76, ist der Auffassung, dass bei nicht notwendigen Mehrkosten, die vom Architekten eigenmächtig veranlasst und vom Bauherrn nicht gewollt waren, eine Anrechnung der Vorteile nicht erfolgen darf.
181) OLG Hamm, NJW-RR 1994, 211, 212; OLG Köln, NJW-RR 1993, 986, 987; *Locher,* Rn. 284 m.w.Nachw. Vgl. hierzu auch OLG München, BauR 2007, 2100, 2102.
182) BauR 1997, 335 = NJW-RR 1997, 402 mit Hinweis auf BauR 1984, 510. Vgl. auch LG Potsdam, IBR 2010, 91 – *Randhahn,* wonach ein Vorteilsausgleich im Sinne einer Wertsteigerung des Objekts nicht in Betracht kommt, wenn bereits vor dem Abschluss des Architektenvertrages das zu errichtende Objekt „vom Reißbrett" zu einem festgelegten Preis verkauft wurde.
183) BauR 2015, 1515 = NZBau 2015, 477.

geltend machen, während der Bauausführungsphase nicht rechtzeitig auf die drohende Überschreitung der Baukostenobergrenze hingewiesen zu haben.

b) Das Berufungsgericht vergleicht aber nicht auf der Grundlage dieser Pflichtverletzung zwei Vermögenslagen miteinander, und zwar einerseits die Vermögenslage einschließlich des Grundstückswerts ohne Pflichtverletzung und andererseits die Vermögenslage einschließlich des Grundstückswerts mit Pflichtverletzung. Um einen entsprechenden Vergleich vornehmen zu können, bedürfte es der Feststellung, welche Gewerke die Kläger kostengünstiger gestaltet oder nicht durchgeführt hätten, um auf diesem Hintergrund durch einen Sachverständigen den Grundstückswert zu ermitteln. Entsprechende Feststellungen hat das Berufungsgericht nicht getroffen.

Bei der Bemessung des Verkehrswertes ist im Übrigen von dem **Ertragswert** auszugehen, sofern das Gebäude im engeren Sinne zur **Ertragserzielung** (z.B. bei einer Vermietung oder Verpachtung) bestimmt ist;[184] daneben ist jedoch auch der **Sachwert** (insbesondere bei einem selbst genutzten **Einfamilienhaus**) zu berücksichtigen.[185] Bei der Beantwortung der Frage nach einer etwaigen Wertsteigerung des Hauses durch die unerwarteten Mehrkosten werden das Gericht und die Parteien nicht auf das Urteil eines **Sachverständigen** verzichten können, der dann den Wert des Bauwerks im Verhältnis zu den Gesamtbaukosten festzustellen hat. **2311**

Soll die **Wertsteigerung** eines Gebäudes **nach Umbaumaßnahmen** ermittelt werden, muss nach der Rechtsprechung des BGH[186] der Wert des von der früheren Bebauung weiter verwendeten Teiles errechnet und vom Gesamtwert abgezogen werden. Damit wird der Bauherr bei **Umbauten, Modernisierungen, Instandsetzungen** wie der Sachverständige vor eine kaum lösbare Aufgabe gestellt. In diesem Zusammenhang hat der BGH[187] darauf hingewiesen, dass es keinen Erfahrungssatz gibt, wonach ein Umbau regelmäßig mehr Kosten als Wertsteigerung mit sich bringt.

Die vorgenannten Grundsätze gelten auch für die Kosten der **Finanzierung** zusätzlicher Baukosten (vgl. Rdn. 2306).[188] Gegenüber einem „Finanzierungsschaden" des Bauherrn wird von dem Architekten oftmals geltend gemacht, dieser müsse sich (etwaige) **Steuervorteile** anrechnen lassen. Hierzu ist zu bemerken: Steuervorteile – wie die Abzugsfähigkeit von Schuldzinsen nach dem EStG – sind im Wege des **Vorteilsausgleichs** regelmäßig schadensmindernd **zu berücksichtigen**.[189] Allerdings muss bei einer Anrechnung geprüft werden, ob der Bauherr einen (verbleibenden) Schadensersatz (in gleicher Höhe) nachversteuern muss. **2312**

Ob der Bauherr schließlich eine „Wertsteigerung" im Einzelfall aus dem Gesichtspunkt der **„aufgedrängten Bereicherung"** abwehren kann, ist zweifelhaft.[190] **2313**

---

184) BGH, BauR 1970, 246; BauR 1979, 74; OLG Düsseldorf, BauR 1974, 356, 358.
185) BGH, a.a.O.; OLG Stuttgart, BauR 2000, 1893 = OLGR 2000, 422, 425; OLG Celle, BauR 1998, 1030, 1031; OLG Koblenz, NZBau 2002, 231.
186) BauR 1997, 494 = NJW-RR 1997, 850; OLG Köln, NZBau 2005, 467, 470.
187) A.a.O.
188) BGH, BauR 1994, 268, 270; OLG Celle, BauR 1998, 1030, 1031.
189) Vgl. BGH, NJW 1989, 3150.
190) Vgl. OLG Hamm, BauR 1993, 628; OLG Köln, NJW-RR 1993, 986; *Löffelmann/Fleischmann*, Rn. 2168, 2169; *Locher*, NJW 1965, 1696, 1698 u. Rn. 283.

Von einer aufgedrängten Bereicherung mit der Folge, dass der Wertzuwachs dem Bauherrn nicht anzurechnen ist, wird man sprechen können, wenn der Bauherr in finanzieller Hinsicht nicht in der Lage ist, die Mehrbelastungen, insbesondere die Finanzierung der Mehrkosten, zu tragen (vgl. Rdn. 2310).[191] Dasselbe wird in der Regel gelten, wenn feststeht, dass der Bauherr bei Kenntnis der verteuernden Maßnahmen oder Umstände eine einfachere Bauausführung gewählt, einsparende Maßnahmen eingeleitet oder sogar das Bauvorhaben fallengelassen hätte.[192]

2314 Fraglich ist, welcher **Zeitpunkt** für die Festlegung der **Wertsteigerung** gilt, weil es grundsätzlich im Rahmen von gerichtlichen Auseinandersetzungen für die Feststellung der Schadenshöhe auf den Zeitpunkt der **letzten mündlichen Verhandlung** (in der Tatsacheninstanz) ankommt. Das kann jedoch bei längeren Verfahren mit mehreren Instanzen dazu führen, dass ein zunächst vorhandener Schaden durch zwischenzeitlich erfolgte Baukostensteigerungen und damit verbundenen Wertsteigerungen des Gebäudes auf Null sinken kann. Der BGH[193] sieht darin jedoch keinen Grund, „von dem eine Schadensberechnung allgemein zu Grunde gelegten Schluss der **letzten mündlichen Verhandlung** in Schadensfällen" abzurücken, weil „bei jeder Schadensberechnung mit Vorteilsausgleich sich die am Ende verbleibende Schadenssumme im Verlaufe eines Gerichtsverfahrens vergrößern oder verkleinern kann".

Steht fest, dass eine Wertsteigerung vom **Auftraggeber** zu berücksichtigen ist, trägt er die **Darlegungs- und Beweislast,** dass die tatsächlich aufgewendeten **Baukosten höher** als die ermittelte **Wertsteigerung** sind und daher eine Vorteilsausgleichung nicht in Betracht kommt.[194]

Darüber hinaus trifft den **Auftraggeber auch die Darlegungs- und Beweislast,** dass die **Pflichtverletzung** des Architekten den **eingetretenen Schaden verursacht** hat.[195] Der BGH verkennt nicht, dass der Auftraggeber dabei vor Schwierigkeiten gestellt werden kann, weil der erforderliche Nachweis jedenfalls teilweise nur über die Darstellung eines hypothetischen Ablaufs erfolgen kann (z.B. Vortrag und Nachweis tatsächlich nicht getroffener Entscheidungen zur Gestaltung des Bauvorhabens bei früherer Information durch den Architekten über die voraussichtlichen Kosten); dennoch sind insoweit ein spezifizierter Vortrag und entsprechender Nachweis notwendig. Im Einzelfall wird man mit Plausibilitätsüberlegungen helfen können. Das OLG Stuttgart[196] hat in diesem Zusammenhang zu Recht darauf hingewiesen, dass ein Schadensersatzanspruch des Bauherrn an der Ursächlichkeit der mangelhaften Kostenkontrolle für die erhöhten Kosten scheitert, wenn der Bauherr „trotz Kenntnis der davonlaufenden Kosten einfach an der Fertigstellung des Bauvorhabens in der bisherigen Art" festhält und sogar noch weitere unnötige Kosten verursacht.

---

191) Vgl. hierzu: OLG Hamm, NJW-RR 1994, 211, 212; *Locher/Koeble*, Rn. 268.
192) OLG Stuttgart, BauR 1977, 426, 428; siehe aber BGH, BauR 1979, 74, 76 u. OLG Köln, NJWRR 1993, 986, 988.
193) BauR 1997, 335 = NJW-RR 1997, 402 = ZfBR 1997, 145 mit einer Übersicht über den Meinungsstand in der übrigen Rechtsprechung und Literatur.
194) BGH, BauR 1997, 494 = NJW-RR 1997, 850.
195) BGH, a.a.O.; OLG Hamm, BauR 2013, 1301 = NZBau 2013, 388 = IBR 2013, 286 – *Berger*; BauR 2005, 130; OLG Oldenburg, IBR 2013, 287 – *Schwenker*; *Stefan*, BauR 1997, 62, 67.
196) OLGR 2000, 422; ebenso: OLG Köln, NJW-RR 1993, 986 sowie OLG Karlsruhe, BauR 1993, 109.

Baukostenüberschreitung

2315 Haftet der Architekt für die überschrittenen Baukosten, kann er auch nur von den veranschlagten Baukosten (ggf. zuzüglich Toleranzrahmen) sein **Honorar** berechnen. Dies ist eine natürliche Folge seiner Haftung für die von ihm verschuldete Überschreitung der zunächst veranschlagten oder limitierten Baukosten.[197] Darüber hinaus kann die planerische Überschreitung verbindlich festgelegter Kosten dazu führen, dass nur die Leistungsphasen 1 und 2, nicht aber die Leistungsphase 3 abgerechnet werden können.[198]

Der Fall ist **anders**, wenn der Architekt seine **Kostenkontrollpflichten** – z.B. bei der Entwurfsplanung („Kostenkontrolle durch Vergleich der Kostenberechnung mit der Kostenschätzung") und der Mitwirkung bei der Vergabe („Kostenkontrolle durch Vergleich des Kostenanschlags mit der Kostenberechnung") – **rechtzeitig** erfüllt, insbesondere den Bauherrn über erhöhte Baukosten ausreichend informiert und damit „gewarnt" hat. Nach vielen Formularverträgen trifft im Übrigen den Architekten ausdrücklich eine „Auskunftspflicht"; danach hat der Architekt den Bauherrn unverzüglich zu unterrichten, wenn erkennbar ist, dass die ermittelten Baukosten überschritten werden. Die **Erwartung**, dass die Kostenberechnung „nicht zutreffe und das Bauvorhaben mit geringeren Kosten zu erstellen sei", ist im Übrigen nicht schutzwürdig.[199]

2316 **Kündigt** der Bauherr den Architektenvertrag, weil das geplante Bauwerk nur mit wesentlicher Überschreitung der veranschlagten Baukosten auszuführen wäre (vgl. die Rechtsprechungsübersicht in Rdn. 1152), so ist der Architekt, wenn er die Kostenüberschreitung **nicht** zu vertreten und auch keine Kostengewähr übernommen hat, nicht auf die Vergütung für das von ihm bereits Geleistete beschränkt (vgl. Rdn. 1120 ff.); § 650 BGB ist in einem solchen Fall nicht entsprechend anwendbar.[200]

Besteht der Schaden des Auftraggebers aufgrund der Baukostenüberschreitung in der **Nichtverwendbarkeit** der Planung, so hat der Architekt seinen Auftraggeber allerdings im Wege des Schadensersatzes von seiner Honorarforderung freizustellen.[201] Allerdings besteht ein Schadensersatzanspruch des Auftraggebers auf Ersatz für den Honoraranspruch des Architekten für die Leistungsphasen 1 und 2 (Grundlagenermittlung und Vorplanung) nur dann, wenn der Auftraggeber hinreichend darlegt, dass für ihn diese Vorplanung gänzlich unbrauchbar war, also keine Verwendung finden konnte; dies ist in der Regel nicht der Fall, wenn sich die Planung noch nicht auf ein bestimmtes Gebäude fokussiert hatte.[202]

---

197) BGH, BauR 2003, 566 = NZBau 2003, 281 = MDR 2003, 453; BGH, BauR 1970, 246; vgl. ferner OLG Köln, NZBau 2005, 467; OLG Hamm, OLGR 2006, 496; OLG Hamm, BauR 1995, 415 = NJW-RR 1995, 1109; *Hesse*, BauR 1970, 148; OLG Köln, BauR 1997, 1080 (LS); *Jochem*, Festschrift v. Craushaar, S. 1, 17; **a.A.**, aber abzulehnen: *Miegel*, S. 85.
198) Vgl. hierzu OLG Hamburg, IBR 2011, 470 und 473 – *Lichtenberg*; OLG Frankfurt, BauR 1993, 627.
199) OLG Hamm, BauR 1995, 415, 416.
200) BGH, NJW 1973, 140 = BauR 1973, 119 = DB 1973, 127.
201) OLG Frankfurt, BauR 1993, 626.
202) OLG Brandenburg, BauR 2011, 1999.

IV. Verzögerte Bauausführung/Behinderungen

Übersicht

	Rdn.		Rdn.
1. Ansprüche des Bauherrn/ Auftraggebers	2318	2. Ansprüche des Unternehmers/ Auftragnehmers	2329
a) BGB-Bauvertrag	2319	a) Bauzeitverlängerung	2331
b) VOB-Bauvertrag	2325	b) Schadensersatz	2332
		c) Vergütungsanpassung	2349

2317 Bauvorhaben werden – vor allem in Zeiten einer Hochkonjunktur – vielfach vom Unternehmer, Architekten, Sonderfachmann oder Baubetreuer **zeitlich verzögert**; aber auch der Auftraggeber kann für eine Bauverzögerung verantwortlich sein. Die Gründe hierfür sind mannigfach. Oftmals werden **vertraglich vereinbarte Termine** verschleppt oder angemessene Fristen nicht eingehalten. Gleichfalls kann es infolge **verspäteter** bzw. **mangelhafter Vorunternehmerleistungen** (vgl. Rdn. 2037 ff.) zu erheblichen Bauverzögerungen kommen. Es liegt in der Natur der Sache, dass durch derartige Bauverzögerungen erhebliche Schäden (z.B. erhöhte Zinsbelastung, Lohnkosten, Mietausfälle) drohen, aber auch in der Regel entstehen, die niemand tragen will. Bruns[1] hat sich mit der Bauzeit als Rechtsproblem ausführlich auseinandergesetzt. Dabei weist er zutreffend darauf hin, „dass die rechtliche Würdigung von bauzeitrelevanten Sachverhalten ohne Informationen aus baubetrieblicher Zuarbeit kaum zu bewältigen ist", andererseits aber „der Baubetrieb nur aufgrund klarer rechtlicher Vorgaben überhaupt in der Lage ist, diese Zuarbeit zu erbringen". Dass Planung und Steuerung des Bauablaufs für die Bauzeit von wesentlicher Bedeutung sind, haben im Einzelnen Roquette/Viering/Leupertz[2] anschaulich und instruktiv dargelegt.

Bezüglich etwaiger **Honoraransprüche** des **Architekten/Sonderfachmannes bei verlängerter Bauzeit** vgl. Rdn. 783 ff. u. 1030.

1. Ansprüche des Bauherrn/Auftraggebers

Literatur:[3]

Vygen/Joussen/Lang/Rasch, Bauverzögerung und Leistungsänderung, 7. Auflage 2015; *Kapellmann/Messerschmidt*, VOB Teile A und B, 5. Auflage, 2015; *Roquette/Viering/Leupertz* (Hrsg.), Handbuch Bauzeit, 3. Auflage 2016; *Leinemann*, VOB/B, 6. Auflage 2016; *Ingenstau/Korbion*, VOB Teile A und B, 20. Auflage 2017.

Bruns, Bauzeit als Rechtsproblem, ZfIR 2006, 153 u. 235; *W. Langen*, Die Bauzeit im Rahmen der Vertragsgestaltung, NZBau 2009, 145; *Roquette/Fußy*, Orientierung im Ursachendschungel – Behandlung von Mehrfachursachen bei gestörten Bauabläufen, BauR 2009, 1506; *Kapellmann*, Beschleunigungen, NZBau 2009, 538; *Diederichs/Streckel*, Beurteilung gestörter Bauabläufe – Anteil der Verursachung durch Auftraggeber und Auftragnehmer, NZBau 2009, 1; *Leinemann*, Die Ermittlung und Berechnung von Ansprüchen aus gestörtem Bauablauf, NZBau 2009, 624; *Tomic*, Vergabeverzögerung – Bauzeitänderung, NZBau 2010, 5; *Oberhauser*, Störungen des Leistungsgefüges – durch Einwirkungen der Vertragsparteien und durch sonstige Baugeschehen, BauR 2010, 308; *Eschenbruch/v. Rintelen*, Bauablaufstörung und Terminfortschreibung nach der VOB/B,

---

[1] ZfIR 2006, 153 u. 235.
[2] Vgl. Handbuch Bauzeit, S. 5 ff.
[3] Literatur vor 2000 siehe 15. Auflage.

Ansprüche des Bauherrn/Auftraggebers   Rdn. 2318

NZBau 2010, 401; *Langen,* Mehrfachkausalität für Mangelentstehung und Bauzeitverzögerung, BauR 2011, 381; *Jansen,* Die Bedeutung baubetrieblicher Gutachten im Vergütungsprozess – Warum ist die gerichtliche Durchsetzung von Nachtragsforderungen so schwierig? – Anforderungen an den Inhalt baubetrieblicher Gutachten, DS 2013, 91; *Mechnig/Völker/Mack/Zielke,* Ist das Bauzeitlabyrinth ein Irrgarten? Bauzeitverlängerungsansprüche mit dem Adaptionsverfahren schlüssig und bauablaufbezogen visualisieren, NZBau 2014, 85 *Tomic,* Bauzeit und zeitabhängige Kosten, 2014.

Wird die **vereinbarte**[4] Ausführungsfrist oder die angemessene Leistungszeit[5] **2318** **von dem Auftragnehmer** nicht eingehalten, so bietet sowohl das BGB als auch die VOB/B dem **Auftraggeber/Bauherrn** mehrere Rechtsbehelfe wahlweise an.[6] Der **Bauherr** kann zunächst **Klage auf Erfüllung des Bauvertrages** erheben. Er kann dann mit dem Urteil nach § 281 BGB vorgehen bzw. das Urteil nach § 887 ZPO vollstrecken. Diesen Weg wird der Bauherr aber nur beschreiten, wenn das Bauvorhaben zum Erliegen gekommen ist und er ein besonderes Interesse an der Vertragserfüllung hat, was jedoch selten der Fall sein wird. In der Regel werden bei verzögerter Fertigstellung deshalb **Schadensersatzansprüche** und **Vertragsstrafen** (vgl. Rdn. 2565 ff.) für den Bauherrn im Vordergrund der Überlegung stehen.

Ist eine **Frist** für den **Beginn** des vertraglich geschuldeten Bauwerkes und/oder eine Fertigstellungsfrist **nicht** von den Vertragsparteien **vereinbart,** hat der Unternehmer im Zweifel nach Vertragsschluss mit der Herstellung **alsbald zu beginnen** und sie **in angemessener Zeit zügig zu Ende** zu führen, § 271 BGB.[7] Mit Ablauf einer angemessenen Fertigstellungsfrist tritt dann Fälligkeit der Leistung ein.[8] Das OLG Düsseldorf[9] stellt für den Zeitpunkt der Fertigstellung im Sinne der Fälligkeit der Leistung darauf ab, in welcher Zeit die Fertigstellung bei nach dem vom Bauvertrag vorausgesetzten Bauablauf möglich war.

Der Auftraggeber ist grundsätzlich verpflichtet, dem Auftragnehmer auf sein Verlangen hin die Leistung zu ermöglichen.[10] Bei einer Leistung „auf Abruf" darf der Auftraggeber nach OLG Düsseldorf[11] den Abruf der Leistung nicht auf unbestimmte Zeit hinausschieben; bei der Bestimmung der Fälligkeit für den Abruf werden im Bau häufig vorkommende Verzögerungen berücksichtigt. In diesem Zu-

---

4) Vgl. hierzu OLG Koblenz, NZBau 2013, 500 = IBR 2013, 404 – *Küpper* (Die Vereinbarung, dass die Arbeiten „ab sofort innerhalb von 90 Arbeitstagen" auszuführen sind und „in ca. 4 Wochen" beginnen sollen, genügt nicht für eine kalendermäßige Bestimmtheit des Arbeitsbeginns; ferner OLG Celle, BauR 2005, 1176 (Die Angabe „Fertigstellungstermin Ende Mai" ist gleichfalls keine verbindliche Vertragsfrist, weil die zeitliche Einordnung zu ungenau ist). Eine verbindliche „Ausführungsfrist" kann **nicht einseitig** von dem **Auftraggeber** neu festgesetzt werden: OLG Köln, BauR 1997, 318 = OLGR 1996, 174.
5) Eine Zeitangabe mit dem Zusatz „und je nach Witterung" ist nicht hinreichend bestimmt: OLG Düsseldorf, NJW-RR 1998, 89.
6) Vgl. im Einzelnen *Vygen/Joussen* in: Vygen/Joussen/Lang/Rasch, Teil A, Rn. 238–351.
7) BGH, BauR 2001, 946 = NZBau 2001, 389 = ZfBR 2001, 322 = NJW-RR 2001, 806 = MDR 2001, 864; OLG Düsseldorf, IBR 2017, 243 – *Bolz;* OLG Hamburg, IBR 2012, 13 – *Bolz.* Zur vereinbarten Bauzeit vgl. insbesondere *Langen,* NZBau 2009, 145 (Ausführungsfristen, Ausführungsbeginn, Bauablauf und Einzelfristen sowie Fertigstellungsfrist).
8) BGH, NJW-RR 1990, 442, 444; NJW-RR 1997, 622, 624.
9) IBR 2017, 243 – *Bolz.*
10) OLG Düsseldorf, IBR 2011, 70 – *Bolz.*
11) IBR 2009, 375 – *Konnertz.*

sammenhang ist die Auffassung des OLG Düsseldorf[12] von Bedeutung, das entschieden hat, dass ein Verstoß gegen § 9 Nr. 2 VOB/A a.F. vorliegt, wenn die Bauzeit an einen noch nicht feststehenden tatsächlichen Zuschlagstermin gekoppelt wird, da die vertragliche Ausführungszeit über den vorgesehenen Zuschlagstermin hinaus völlig offen bleibt. Dem Bieter wird insoweit mit einer solchen Absprache ein ungewöhnliches Wagnis aufgebürdet, auf das er keinen Einfluss hat.

Streiten die Parteien, ob die Werkleistung fällig ist, nachdem der Auftraggeber die Leistung verlangt hat, ist es nach der Rechtsprechung des BGH[13] Sache des Auftragnehmers, „darzulegen und im Bestreitensfalle zu beweisen, dass aufgrund einer rechtsgeschäftlichen Festlegung oder der Umstände des Falles erst zu einem bestimmten späteren Zeitpunkt zu leisten ist; dies trifft auch bei Streit zu, wann im konkreten Fall die angemessene Fertigstellungsfrist tatsächlich abgelaufen und deshalb Fälligkeit eingetreten ist".

Ein Architekt kann nicht nur verantwortlich gemacht werden, wenn er **mit seiner Planung** in Verzug kommt;[14] er ist auch verpflichtet, im Rahmen der **Objektüberwachung** dafür zu sorgen, dass das Bauvorhaben in der vorgesehenen Zeit realisiert wird. Das Leistungsbild Gebäudeplanung der HOAI 2013 weist darüber hinaus betreffend die Terminplanung zahlreiche weitere Leistungspflichten des Architekten aus. So hat der Architekt nunmehr in der Leistungsphase 2 (Vorplanung) einen Terminplan mit den wesentlichen Vorgängen des Planungs- und Bauablaufs zu erstellen, der in den Leistungsphasen 3, 5 und 8 durch den Architekten fortzuschreiben/zu überwachen ist. Darüber hinaus ist im Rahmen der Leistungsphase 6 (Vorbereitung der Vergabe) vorgesehen, dass der Architekt nunmehr auch einen Vergabeterminplan aufzustellen hat.[15]

Häufig vereinbaren die Vertragsparteien für den **Baubeginn** eine bestimmte Frist. Das kann auch im Rahmen einer Bauverpflichtung des Eigentümers mit Rückübertragungsanspruch bei Verletzung dieser Bauverpflichtung der Fall sein.[16] Bloße Vorbereitungsmaßnahmen für den Bau (wie z.B. das Freimachen und Herrichten des Baugrundstücks, das Einzäunen des Grundstücks, die Einrichtung der Baustelle, das Lagern von Geräten, Baumaterial und Ähnlichem) können nicht als Baubeginn angesehen werden.[17] Dagegen wird man den Aushub einer Baugrube als Baubeginn ansehen können.[18] Dasselbe gilt, wenn für das konkrete Bauwerk bestimmte Fertigteile (Maßfenster, -türen, -gauben etc.) hergestellt werden.[19] Ein sich um über drei Monate verzögernder Baubeginn berechtigt beim VOB/B-Vertrag beide Vertragsparteien zur Kündigung.[20] Falls vom Zeitpunkt des Baubeginns die Verbindlichkeit des Fertigstellungstermins abhängt, werden Endtermin und Vertragsstrafe hinfällig, wenn der Auftragnehmer aufgrund einer vom Auftraggeber zu vertretenden

---

12) BauR 2011, 1969.
13) BauR 2004, 331 = NZBau 2004, 155.
14) Zu den in diesem Fall entstehenden deckungsrechtlichen Konsequenzen vgl. Rdn. 2029e.
15) Vgl. insoweit die Ausführungen von *Werner/Siegburg*, Die neue HOAI 2013, BauR 2013, 1499, 1547 f.
16) OLG Zweibrücken, ZfIR 2002, 988.
17) **A.A.:** *Bruns*, ZfIR 2006, 153, 155.
18) OLG Zweibrücken, a.a.O.
19) Zutreffend *Bruns* ZfIR 2006, 153, 155.
20) OLG Naumburg, IBR 2017, 130 – *Münch*.

Ansprüche des Bauherrn/Auftraggebers

Rdn. 2318

Verzögerung nicht mit der fristgerechten Erbringung seiner Leistungen beginnen kann.[21]

Das OLG Koblenz[22] hat entschieden, dass die Vereinbarung der Parteien, dass der Bauunternehmer die Arbeiten „ab sofort innerhalb von 90 Arbeitstagen" auszuführen hat und diese „in ca. 4 Wochen" beginnen sollen, nicht für eine kalendermäßige Bestimmtheit des Arbeitsbeginns genügt, so dass dann insoweit **kein verbindlicher Vertragstermin** angenommen werden kann. Nach dem OLG München[23] führt auch die Festlegung eines Ausführungszeitraums „von 26 Werktagen ab Beginn" nicht zu einer kalendermäßig festgelegten Fertigstellungsfrist, weil damit nicht eindeutig geregelt ist, ab wann diese Frist zu laufen beginnt.

Falls die Parteien keine verbindliche Ausführungsfrist vereinbart haben, ist dem Auftragnehmer auf sein Verlangen hin Auskunft über den voraussichtlichen Beginn der Arbeiten zu erteilen; ein zu langes Hinauszögern der Aufforderung zum Beginn der Ausführung ist dem Auftragnehmer nicht zumutbar[24]. Haben die Parteien keine Vertragstermine vereinbart, kann der Auftraggeber die Leistung sofort verlangen, wenn weder eine Zeit für die Leistung bestimmt noch aus den Umständen zu entnehmen ist (§ 271 Abs. 1 BGB); etwaige branchenspezifische Vorlaufzeiten für die Disposition sind allerdings zu berücksichtigen.[25]

Ein **Fertigstellungstermin „acht Monate nach Baugenehmigung"** ist – so der BGH[26] – als hinreichend bestimmte Ereignisfrist im Sinne des § 286 Abs. 2 Nr. 2 BGB anzusehen. Ganz grundsätzlich bedarf es insoweit – vor allem im Rahmen Allgemeiner Geschäftsbedingungen – hinreichend bestimmter bzw. bestimmbarer Regelungen. Mit „oder" bzw. „und/oder" verknüpfte Sachverhalte sind nach dem OLG Düsseldorf[27] in Allgemeinen Geschäftsbedingungen weder hinreichend klar noch verständlich.

Verstreicht der vertraglich vereinbarte Fertigstellungstermin ohne Verschulden des Auftragnehmers, tritt Verzug des Auftragnehmers grundsätzlich erst nach einer entsprechenden Mahnung durch den Auftraggeber ein.[28] Ist dem Auftragnehmer erfolglos eine angemessene Frist gesetzt worden, lässt der Auftraggeber aber nach Ablauf der gesetzten Frist weitere Arbeiten des Auftragnehmers erbringen, ohne in unmittelbarem Anschluss an die abgelaufene Frist die Kündigung zu erklären, ist nach zutreffender Auffassung des OLG Saarbrücken[29] eine erneute Fristsetzung notwendig. Haben die Vertragspartner eine bestimmte Bauzeit zwar vereinbart, beginnt aber der Auftragnehmer mit seinen Bauleistungen vorzeitig, kann er nach einer Entscheidung des OLG Düsseldorf[30] wegen einer sich daraus ergebenden Unterbrechung infolge noch nicht fertig gestellter, notwendiger Vorunternehmer-

---

21) OLG München, IBR 2015, 10 – *Berger*.
22) NZBau 2013, 500 = IBR 2013, 404 – *Küpper*.
23) IBR 2015, 537 – *Berger*.
24) OLG Frankfurt, IBR 2015, 183 – *Fuchs*.
25) LG Heidelberg, IBR 2014, 727 – *Bolz*.
26) IBR 2016, 74 – *Berger*.
27) IBR 2017, 242 – *Oberhauser* = IBRRS 2017, 0952.
28) BGH, BauR 2003, 1215 = NJW-RR 2003, 1238 = NZBau 2003, 498; vgl. auch OLG Brandenburg, IBR 2013, 607 – *Bräuer*.
29) NZBau 2003, 673.
30) MDR 2002, 1432.

leistungen weder einen Schadensersatzanspruch gemäß § 6 Abs. 6 VOB/B noch einen Entschädigungsanspruch gemäß § 642 BGB geltend machen.

Das Landgericht Darmstadt[31] hat zuletzt zutreffend ausgesprochen, dass die Frage nach der Umsetzbarkeit eine Bauzeitenplanes kein zulässiges Thema in einem selbständigen Beweisverfahren sein kann.

Für den VOB-Bauvertrag nennt § 5 VOB/B bestimmte Regelungen für den Beginn und die Ausführung des Bauwerks (vgl. Rdn. 2325 ff.).

Als **Schaden** kann der Auftraggeber alle verzögerungsbedingten Mehraufwendungen geltend machen (z.B. erhöhte Baukosten, Zinsausfallschäden, entgangene Fördermittel bzw. Steuervergünstigungen, erhöhte Finanzierungskosten, zusätzliches Architektenhonorar, Gutachterkosten, höhere Materialkosten usw.).[32] Falls der Geschädigte in seiner zentralen Lebensführung hierdurch fühlbar beeinträchtigt ist, kommt bei der verzögerten Fertigstellung eines Wohnhauses weiterhin auch die Geltendmachung einer Nutzungsausfallentschädigung in Betracht.[33]

Häufig ist nicht nur eine Partei verantwortlich für eine zeitliche Störung des Bauablaufs. Das ist z.B. der Fall, wenn **beide Parteien** unabhängig voneinander **Ursachen für eine entsprechende Störung** gesetzt haben und jeder Beitrag auch allein ursächlich für eine Bauverzögerung war. Man spricht insoweit von einer **konkurrierenden Kausalität**. Davon zu unterscheiden ist die Fallgestaltung, dass beide Parteien **kumulativ** für die Bauverzögerung verantwortlich sind, also die Bauverzögerung nur durch die beiderseitigen Beiträge verursacht wurde (**sog. kumulative Kausalität**).[34] In all diesen Fällen muss stets im Einzelnen untersucht werden, welcher Partei und ggf. in welchem Umfang die Bauablaufstörung ursächlich zuzuordnen ist, also in welchem Umfang sich der einzelne Beitrag auf die Störung ausgewirkt hat. Das ist in der Baupraxis ein schwieriges Unterfangen für die Parteien und stellt an die Darlegungslast entsprechend hohe Anforderungen, die häufig nur mit einem baubetrieblichen Gutachten zu lösen sind.[35]

a) BGB-Bauvertrag

2319 Die Ansprüche des Bauherrn im Rahmen eines BGB-Bauvertrages richten sich nach den Vorschriften des allgemeinen Schuldrechts. Sofern die jeweiligen Voraussetzungen vorliegen, kann der Bauherr vom Vertrag zurücktreten (§ 323 BGB) bzw. Schadensersatz (§§ 280, 281 BGB) verlangen, wobei der Rücktritt auch neben der Geltendmachung von Schadensersatz möglich ist (§ 325 BGB).

Will der Bauherr beim **BGB-Bauvertrag** wegen einer verzögerten Bauausführung nach § 323 BGB **zurücktreten**, ist folgendes zu beachten:

---

31) IBR 2016, 500 – *Dietrich*.
32) Vgl. hierzu *Bruns*, ZfIR 2006, 235 ff., 238.
33) BGH BauR 2014, 1300 ff.
34) Vgl. hierzu insbesondere *Roquette/Fußy*, BauR 2009, 1506 ff. sowie *Leinemann*, NZBau 2009, 563, 566 sowie NZBau 2009, 624, 632 ff.
35) Vgl. in diesem Zusammenhang u.a. die Ausführungen von *Jansen*, DS 2013, 91 und weiterhin *Mechnig/Völker/Mack/Zielke*, NZBau 2014, 85.

- Der Auftragnehmer muss einen vertraglich vereinbarten Termin nicht eingehalten bzw. nicht unverzüglich im Sinne des § 271 BGB mit der Erbringung seiner Leistung begonnen haben.
- Ein Rücktritt vom Bauvertrag setzt weiter voraus, dass dem Unternehmer **eine angemessene Nachfrist** zur Leistung oder Nacherfüllung gesetzt worden ist. Angemessen ist eine Frist, in der die Fertigstellung der geschuldeten Leistung unter größten Anstrengungen des Unternehmers erfolgen kann.[36] Setzt der Auftraggeber eine zu kurze Frist, wird nach allgemeiner Meinung eine angemessene Frist in Lauf gesetzt. Der Bauherr kann nicht zurücktreten, wenn er die Frist zur Leistung vor deren Fälligkeit gesetzt hat. Das gilt auch für den Fall, dass bereits vor Fälligkeit ernsthafte Zweifel an der Leistungsfähigkeit bzw. der Leistungswilligkeit des Auftragnehmers bestehen.[37]
- Eine Fristsetzung ist nur in den in § 323 Abs. 2 BGB genannten Ausnahmefällen entbehrlich, insbesondere wenn der Unternehmer die Leistung endgültig und ernsthaft verweigert[38] oder der Unternehmer seine Vertragspflichten in einem Maße schlecht erfüllt hat, dass dem Bauherrn ein Festhalten am Vertrag nicht mehr zugemutet werden kann oder schließlich die Herstellung in einer angemessenen Frist aufgrund der gegebenen Umstände überhaupt nicht mehr möglich ist.[39] Eine vorherige Fristsetzung vor Rücktritt hat das OLG München[40] zuletzt für den Fall eines erkennbar eilbedürftigen Vorhabens (Einheben von Spezialglasscheiben in ein neu zu errichtendes Delfinarium), bei dem es dem Unternehmer auch nach mehreren Anläufen nicht gelungen war, den geschuldeten Erfolg fristgemäß herbeizuführen, für entbehrlich gehalten.
Eine ernsthafte und endgültige Leistungsverweigerung wird nach einer Entscheidung des BGH[41] hingegen nicht schon allein durch die Erklärung des Auftragnehmers begründet, er werde zum Fälligkeitszeitpunkt nicht leisten können.
- Hat eine teilweise Erfüllung des Vertrages für den Bauherrn kein Interesse, so kann er von dem **ganzen** Vertrag zurücktreten.[42] Eine Fristsetzung ist auch dann entbehrlich, wenn bis zum vereinbarten Fertigstellungszeitpunkt der vereinbarten Leistung nur geringfügige Bauleistungen erbracht sind.[43] Der Bauherr trägt für diese Ausnahmefälle die **Beweislast**.[44]
- Das Rücktrittsrecht **entfällt** gemäß § 242 BGB bei **unerheblichen** Verzögerungen.[45] Ein Rücktritt ist ferner dann ausgeschlossen, wenn der Bauherr die Verzögerungen selbst zu vertreten hat[46] bzw. gemäß § 323 Abs. 6 BGB für den Um-

---

36) BGH, NJW 2006, 2254, 2257; OLG Stuttgart, BauR 2003, 108; OLG Hamm, BauR 2010, 1737, 1738 m. Anm. *Schultz*.
37) BGH, IBR 2012, 447 – *Bolz*.
38) BGH, WM 1969, 399, 400; s. auch BGH, WM 1985, 392; BGH, BauR 1985, 450; OLG Düsseldorf BauR 1985, 452 (zu abweichenden AGB).
39) Vgl. BGH, NJW-RR 1992, 1141.
40) IBR 2014, 726 – *Boisserée*.
41) IBR 2012, 447 – *Bolz*.
42) BGH, WM 1973, 1020.
43) OLG Hamm, BauR 2010, 1737 (zum vereinbarten Fertigstellungszeitpunkt sind noch nicht einmal 2/3 der Bauleistung erbracht).
44) *Baumgärtel*, Beweislast, § 636 BGB, Rn. 2.
45) BGH, NJW 1974, 360; s. auch OLG Köln, *SFH*, Nr. 7 zu § 8 VOB/B (1973).
46) Vgl. BGH, NJW-RR 1992, 1141.

stand, der ihn zum Rücktritt berechtigen würde, allein oder weit überwiegend verantwortlich ist.
* Der Rücktritt vom Vertrag steht dem Anspruch auf Ersatz des bis zum Rücktritt entstandenen Verzugsschadens nicht entgegen.[47]

2320 Im Übrigen ist für die Anwendung des § 323 BGB zu beachten:
* Es muss trotz Fälligkeit und Fristsetzung (bzw. Entbehrlichkeit einer entsprechenden Fristsetzung) eine Nichtleistung des Unternehmers gegeben sein.[48] Dabei ist es **unerheblich,** ob es sich um die nicht rechtzeitige Erfüllung einer **Hauptleistungs- oder Nebenleistungspflicht** handelt. Bei der Verletzung einer Nebenpflicht (§ 241 Abs. 2 BGB) ist allerdings § 324 BGB zu berücksichtigen; insoweit ist ein Rücktritt nur möglich, wenn dem Bauherrn ein Festhalten am Vertrag nicht mehr zuzumuten ist.
* Der Auftraggeber muss dem Unternehmer grundsätzlich eine **angemessene Frist zur Vertragserfüllung** setzen. Ausnahmen ergeben sich aus § 323 Abs. 2 BGB.
* Der **Auftraggeber** muss sich **selbst vertragsgetreu** verhalten haben.[49]

Das Rücktrittsrecht[50] hat in der Baupraxis allerdings eher eine geringe Bedeutung; da eine Rückabwicklung der erbrachten Bauleistungen in aller Regel nicht möglich und auch nicht sachdienlich ist, wird es kaum in Betracht kommen.

Befindet sich der Unternehmer im **Schuldnerverzug,** was nach erfolgter und fruchtloser Fristsetzung im Rahmen des Vorgehens nach § 323 Abs. 1 BGB wegen einer zugleich konkludent erklärten Mahnung im Sinne des § 286 Abs. 1 BGB in der Regel der Fall sein dürfte, kann der Bauherr seinen Verzugsschaden auf zwei Wegen beanspruchen: Er kann diesen Schaden als Rechnungsposten in den „Nichterfüllungsschaden" einbeziehen[51] oder gemäß § 280 Abs. 2 BGB geltend machen.[52] Ein Auftragnehmer kommt allerdings dann nicht in Verzug, wenn ihm ein Zurückbehaltungsrecht zusteht, weil der Auftraggeber z.B. berechtigte Abschlagszahlungen nicht geleistet hat.

Zu beachten ist, dass eine Bauleistung nicht nach dem Kalender[53] bestimmt ist, § 286 Abs. 2 Nr. 1 BGB, wenn sich ein vertraglich vereinbarter Fertigstellungstermin infolge einer von dem Bauherrn zu vertretenden Arbeitsunterbrechung oder durch Zusatzaufträge[54], Änderungsleistungen, Mehrmengen usw., die dem Risikobereich des Auftraggebers zuzuordnen sind, verschiebt.[55] Ist die Baustelle von

---

47) BGHZ 88, 46 = WM 1983, 1054 = NJW 1984, 42; dazu auch *Tiedtke*, NJW 1984, 767.
48) *MünchKomm-Ernst*, § 323 BGB, Rn. 2 und 46; OLG Düsseldorf, BauR 2002, 484 (kein Verzug des Auftragnehmers, wenn der Auftraggeber trotz einer Leistungsänderung durch Änderung des Bauentwurfes diese bestreitet sowie eine Preisänderung grundsätzlich ablehnt und der Auftragnehmer deshalb die Arbeiten nicht fortführt).
49) BGH, NJW-RR 1991, 898; BGH, NJW-RR 1996, 853; OLG Düsseldorf, BauR 1998, 341.
50) Wie auch das frühere Wandelungsrecht des § 634 BGB a.F.
51) So schon RGZ 94, 206; 105, 281; ferner BGH, NJW 1975, 1740; NJW 1953, 337; OLG Hamm, NJW 1983, 1332.
52) BGH, *SFH*, Nr. 1 zu § 284 BGB.
53) Soll eine in einem Bauvertrag vereinbarte Ausführungsfrist erst ab dem tatsächlichen Arbeitsbeginn laufen, ist die Leistung nicht „nach dem Kalender" bestimmt; BGH, NJW 1986, 2049.
54) OLG Düsseldorf, BauR 2000, 1336 = NZBau 2000, 430 = OLGR 2000, 397.
55) Vgl. insoweit auch OLG Celle, IBR 2017, 16 – *Schulz*.

dem Unternehmer unzureichend besetzt, hat der Auftraggeber ihn ebenfalls durch ein hinreichend bestimmtes Abhilfeverlangen in Verzug zu setzen.[56] Der Unternehmer kommt dann erst wieder durch eine Mahnung des Bauherrn in Verzug. Gleiches gilt für den Fall, dass die Leistung des Auftragnehmers bei einer kalendermäßig bestimmten Frist für die Fertigstellung durch von ihm nicht zu vertretende Umstände verzögert wird.[57]

2321 Der **Regelfall** ist, dass der **Bauherr** bei einem Verzug des Auftragnehmers **einen anderen Unternehmer** mit der Fertigstellung **betraut** und alsdann von dem in Verzug geratenen Unternehmer den eingetretenen gesamten Verzögerungsschaden ersetzt verlangt, der sich meist auf die **Erstattung erhöhter Baukosten** sowie des **entgangenen Gewinns**[58] in Form von Zinsverlusten oder verspäteter Nutzungsmöglichkeit erstreckt.[59] Zum ersatzfähigen Verzögerungsschaden gehört bei der Errichtung einer Photovoltaikanlage auch die entgangene Einspeisevergütung.[60]

2322 Solange eine **Baugenehmigung**[61] nicht erteilt ist, kann der Unternehmer mit der Erfüllung seiner Bauleistungen allerdings nicht in Verzug geraten, weil der Anspruch des Bauherrn auf Herstellung des Werkes noch nicht fällig ist; dabei ist unerheblich, ob der Unternehmer von dem Fehlen der Baugenehmigung Kenntnis hatte oder nicht.[62] Gleiches gilt, wenn der Bauherr die ihm nach dem Vertrag obliegenden Vorleistungen noch nicht erbracht hat.[63]

2323 (nicht besetzt)

2324 Bei Verzugseintritt kann der Bauherr gegenüber dem Vergütungsanspruch des Unternehmers die Einrede des nichterfüllten Vertrages erheben (vgl. Rdn. 2999 ff.).

Die vorerwähnten Grundsätze gelten nicht nur für das Vertragsverhältnis Bauherr/Unternehmer, sondern auch für die **vertraglichen Beziehungen** zwischen dem **Bauherrn und seinem Architekten** oder Sonderfachmann.

Oftmals sind Fertigstellungstermine strafbewehrt. Ist dies der Fall, hat der Auftraggeber auch Ansprüche auf eine **Vertragsstrafe** (vgl. hierzu Rdn. 2565 ff.).[64]

---

56) OLG Düsseldorf, a.a.O.
57) KG, IBR 2014, 534 – *Berger*.
58) Zum entgangenen Gewinn bei Produktionsausfällen vgl. OLG Köln, IBR 2009, 374 – *Lehmann*.
59) Zum Verzugsschaden des Käufers einer **Eigentumswohnung** s. BGH, NJW 1978, 1805 = BB 1978, 1034 = DB 1978, 1733; zur **Anrechnung ersparter Aufwendungen:** BGH, WM 1983, 790 = BauR 1983, 465; zum **Verzugsschaden** bei Fertigstellung eines **Miethauses** s. BGH, NJW-RR 1990, 980 u. BGH, BauR 1993, 600 sowie hierzu *S. Kapellmann*, BauR 1997, 48.
60) OLG Dresden, IBR 2016, 9 – *Dick*.
61) Zur Bedeutung der Baugenehmigung für den Bauvertrag: *Pöhner*, Baurechtl. Schriften, Bd. 35, 1997.
62) BGH, BauR 1974, 274; auch BGH, WM 1985, 392; vgl. auch OLG Düsseldorf, IBR 2015, 298 – *Asam sowie Döring*, in: Ingenstau/Korbion, § 5 Abs. 1–3, B, Rn. 9.
63) Zur Anwendung von § 278 BGB in diesem Falle: *Walzel*, BauR 1984, 569 ff.
64) Kein Anspruch auf Vertragsstrafe, wenn aufgrund vom Bauherrn zu vertretenden erheblichen Verzögerungen eine durchgreifende Neuorganisation des Bauablaufs erforderlich wird: OLG Düsseldorf, IBR 2017, 17 – *Oberhauser*; KG IBR 2014, 468 – *Berger* und OLG Köln, IBR 2013, 606 – *Ludgen*.

b) VOB-Bauvertrag

2325 Für den **VOB-Bauvertrag** gelten bei einer nicht rechtzeitigen Erfüllung der Leistungspflicht durch den Unternehmer ausschließlich die §§ 5, 6 Abs. 6 und 8 Abs. 3 VOB/B; das Rücktrittsrecht nach § 323 BGB ist insoweit **ausgeschlossen**.[65] Das setzt jedoch voraus, dass die VOB auf die entsprechende Leistung, die der Unternehmer nicht rechtzeitig erfüllt hat, überhaupt anwendbar ist; das trifft z.B. auf – vom Unternehmer übernommene – **Planungsleistungen** nicht zu, sodass § 323 BGB zur Anwendung kommt.[66]

Der Bauherr kann aus einer verzögerten Bauausführung nur dann Rechte herleiten, wenn eine der folgenden Voraussetzungen erfüllt ist:

* Der Unternehmer **verzögert den Beginn** der Bauausführung. Das ist immer dann gegeben, wenn der Unternehmer eine verbindliche Vertragsfrist gemäß § 5 Abs. 1 VOB/B nicht einhält oder gemäß § 5 Abs. 2 VOB/B trotz Aufforderung nicht fristgerecht mit der Bauausführung beginnt.[67]
* Der Unternehmer gerät mit der **Vollendung** der Ausführung in **Verzug**. Er trägt im Übrigen die Beweislast dafür, dass er die Verzögerung nicht zu vertreten hat (§ 286 Abs. 4 BGB), während der Bauherr die Voraussetzungen für den Verzug nach § 286 BGB i.V. mit § 5 Abs. 1 bis 3 VOB/B nachweisen muss. Dabei ist zu berücksichtigen, dass der Unternehmer nicht in Verzug geraten kann, wenn der Bauherr seiner **Vorleistungspflicht** (z.B. Zahlung einer Werklohnrate) nicht nachkommt; das **Bestehen** einer Vorleistungspflicht hindert in jedem Fall den Eintritt des Verzugs, auch wenn sich der Unternehmer hierauf nicht berufen hat.[68]
* Der Unternehmer schafft trotz Aufforderung durch den Bauherrn **keine Abhilfe**, obwohl **Arbeitskräfte, Geräte, Gerüste, Stoffe oder Bauteile so unzureichend** sind, dass die Ausführungsfristen offenbar nicht eingehalten werden können (§ 5 Abs. 3 VOB/B).[69]

2326 In diesen Fällen hat der **Bauherr/Auftraggeber** folgende Möglichkeiten:

* Er kann – bei Aufrechterhaltung des Bauvertrages – **Schadensersatz** gemäß §§ 6 Abs. 6, 5 Abs. 4 VOB/B verlangen.[70] Insoweit kann er den nachweislich entstandenen Schaden, den entgangenen Gewinn gemäß § 6 Abs. 6 VOB/B aber nur bei Vorsatz oder grober Fahrlässigkeit des Unternehmers, geltend machen.[71]

Die Beschränkung des Schadensersatzes unter Ausschluss des entgangenen Gewinns entfällt, wenn die Bauverzögerung auf einen **Baumangel** zurückzuführen

---

65) BGH, *Schäfer/Finnern*, Z 2.13 Bl. 26; OLG Köln, *SFH*, Nr. 7 zu § 8 VOB/B (1973); OLG Düsseldorf, BauR 1992, 541 (LS); Vgl. auch *Franz* in: Leinemann, VOB/B, § 8, Rn. 6.
66) BGH, BauR 1996, 544 = NJW-RR 1996, 853.
67) Vgl. hierzu OLG Koblenz, NJW-RR 1989, 1503 sowie *Vygen/Joussen* in: Vygen/Joussen/Lang/Rasch, Teil A, Rn. 48 ff.
68) BGH, BauR 1996, 544 = NJW-RR 1996, 853; ferner *Vygen/Joussen* in: Vygen/Joussen/Lang/Rasch, Teil A, Rn. 260 f. m.w.N.
69) Vgl. hierzu auch OLG Hamm, BauR 2011, 1169.
70) Vgl. hierzu OLG Düsseldorf, NJW-RR 2000, 231.
71) Hinsichtlich der Darlegungslast vgl. OLG Düsseldorf, BauR 2001, 812 = NJW-RR 2001, 1028. Zur Darlegung des Kausalzusammenhangs vgl. BGH, BauR 2002, 1249 = NZBau 2002, 381 sowie *Diederichs/Streckel*, NZBau 2009, 1 ff.

ist, die Voraussetzungen des § 4 Abs. 7 Satz 2 oder § 13 Abs. 7 VOB/B also gegeben sind.[72)] **Entgangener Gewinn** kann auch geltend gemacht werden, wenn der Unternehmer die Erfüllung des Bauvertrages ernsthaft und endgültig verweigert, ohne hierzu berechtigt zu sein: In diesem Falle verzögert der Unternehmer den Bau nicht, sondern sucht ihn zu vereiteln;[73)] das gilt auch dann, wenn der Bauherr am Vertrag festhält und die Erfüllung durch den Unternehmer durchsetzt, anstatt Schadensersatz wegen Nichterfüllung zu verlangen. Auch bei grob fahrlässigem oder vorsätzlichem Verhalten des Unternehmers kommt eine Haftungsbegrenzung nicht in Betracht.

Als **Verzugsschaden** kommen alle mittelbaren und unmittelbaren Schäden in Betracht, die auf eine schuldhaft verzögerte Bauleistung des Unternehmers zurückzuführen sind (z.B. höhere Materialkosten, zusätzliches Architektenhonorar, Gutachterkosten, entgangene Fördermittel oder Steuervergünstigungen, Mietausfallschäden[74)], Aufwendungen für Hotelunterbringung bzw. eine länger in Anspruch genommene Mietwohnung, usw.). Ob dem Bauherrn/Auftraggeber ein Schadensersatzanspruch für entgangene Gebrauchsvorteile („Nutzungsausfallentschädigung") zusteht, ist nach wie vor durchaus zweifelhaft.[75)] Für die Geltendmachung von Ansprüchen aus Bauzeitverlängerung im Rahmen eines Verzuges ist im Regelfall eine baubetriebliche Auseinandersetzung mit den Folgen eingetretener Störungen notwendig.[76)] **2327**

§ 5 Abs. 4 VOB/B gewährt dem Bauherrn/Auftraggeber wahlweise neben dem Anspruch auf Schadensersatz ein **Kündigungsrecht,** dessen Voraussetzungen (vgl. Rdn. 2325) jedoch nicht mit denen des Schadensersatzanspruchs bei Aufrechterhaltung des Vertrages identisch sind.[77)] Der Bauherr muss dem Unternehmer eine **angemessene Nachfrist**[78)] zur Vertragserfüllung mit dem Hinweis setzen, dass er ihm nach fruchtlosem Fristablauf den Auftrag entziehe (§ 8 Abs. 3 VOB/B).[79)] Fristsetzung und **Kündigungsandrohung** müssen dabei verbunden sein. Eine derartige Fristsetzung ist nur ausnahmsweise entbehrlich.[80)] Erst nach Ablauf der Frist ist die Kündigung **schriftlich** auszusprechen;[81)] die Schriftform **2328**

---

72) BGH, BauR 1976, 126 = DB 1976, 620; BGH, NJW 1975, 1701, 1703 = BauR 1975, 344, 346.
73) BGH, BauR 1976, 126 = NJW 1976, 517; BGH, ZfBR 1980, 229 = BauR 1980, 465; Vgl. auch *Vygen/Joussen* in: Vygen/Joussen/Lang/Rasch, Teil A, Rn. 275 f. m.w.N., die auf eine positive Vertragsverletzung abstellen, die nach Treu und Glauben keine Anspruchsbeschränkung rechtfertigt.
74) Vgl. hierzu auch OLG Köln, IBR 2017, 185 – *Böhme*.
75) Vgl. dazu die Nachweise in Rdn. 1687.
76) Vgl. hierzu *Leinemann/Kues/Reister/Silbe* in: Leinemann, VOB/B, § 6, Rn. 202 ff.; *Diederichs/Streckel*, NZBau 2009, 1.
77) *Vygen/Joussen* in: Vygen/Joussen/Lang/Rasch, Teil A, Rn. 287.
78) Vgl. hierzu OLG Koblenz, NJW-RR 1989, 1503 (angemessene Nachfrist für den Beginn der Arbeiten).
79) Zu den Voraussetzungen der Kündigung und dem Umfang des Ersatzanspruches im Einzelnen: OLG Köln, *SFH*, Nr. 4 zu § 8 VOB/B (1973); KG, ZfBR 1984, 132 (zum Kostenvorschussanspruch); OLG Karlsruhe, BauR 1987, 448 (fortlaufende Bauverzögerung als positive Vertragsverletzung); OLG Düsseldorf, *SFH*, Nr. 1 zu § 8 VOB/B; OLG Düsseldorf, BauR 1995, 706 m. Anm. *Knacke*, BauR 1996, 119.
80) *Langen* in: Kapellmann/Messerschmidt, § 5 VOB/B, Rn. 129 m.w.N.
81) BGH BauR 1973, 319.

gemäß § 8 Abs. 6 VOB/B ist bei Übersendung eines **Telefaxschreibens** gewahrt.[82] Andernfalls ist sie im Regelfall wirkungslos.[83] Das Kündigungsrecht kann bei geringfügigen Verzögerungen nach § 242 BGB entfallen.[84] Dem Auftraggeber steht ein Kündigungsrecht nicht zu, wenn der Auftragnehmer zu Recht eine **Vergütungsanpassung** (z.B. gemäß §§ 2 Abs. 5, 6 Abs. 6 VOB/B) verlangen kann, der Auftraggeber dies aber (endgültig) **verweigert**.[85]

Nach Kündigung des Auftrags ist der Bauherr gemäß § 8 Abs. 3 Nr. 2 VOB/B berechtigt, den noch **nicht vollendeten Teil** der Leistung zu Lasten des Unternehmers durch einen Dritten ausführen zu lassen, wobei die Ansprüche des Bauherrn auf Ersatz des etwa entstehenden **weiteren Schadens** bestehen bleiben. Bei der Beauftragung des **Dritten** ist der Bauherr lediglich durch § 254 BGB eingeschränkt; so ist er z.B. nicht verpflichtet, mit dem Dritten denselben Vertragstyp (z.B. Einheitspreis- oder Pauschalpreisvertrag), der Grundlage der Vertragsbeziehungen mit dem Vorgänger war, zu wählen. Er ist auch **nicht** gehalten, etwa eine **Ausschreibung** vorzunehmen oder sich für den **billigsten** Anbieter zu entscheiden, sondern kann jeweils den Unternehmer beauftragen, den er für vertrauenswürdig und leistungsfähig hält.[86] Auch wenn eine Ersatzvornahme erfahrungsgemäß im Regelfall teurer ist als die ursprüngliche Leistung, gebietet es die Schadensminderungspflicht gemäß § 254 BGB, die Kosten der Ersatzvornahme gleichwohl auf das notwendige Maß zu beschränken.[87]

Macht der Bauherr die durch die Einschaltung des Drittunternehmers entstandenen Mehrkosten geltend, hat er **eine prüfbare Abrechnung** vorzulegen, die einerseits die Kosten berücksichtigt, die bei der Auftragsdurchführung durch den ursprünglichen Auftragnehmer entstanden **wären** und andererseits die Kosten aufführt, die durch den Drittunternehmer angefallen sind.[88]

* Der Bauherr ist im Übrigen gemäß § 8 Abs. 3 Nr. 2 Satz 2 VOB/B berechtigt, auf die weitere Ausführung zu verzichten und Schadensersatz wegen Nichterfüllung zu verlangen, wenn er an der Ausführung aus Gründen, die zur Kündigung geführt haben, kein Interesse mehr hat. § 8 Abs. 3 VOB/B stellt eine **abschließende** Regelung dar und schließt deshalb einen Rücktritt nach § 323 BGB aus.[89]
* Ein Sonderkündigungsrecht gewährt § 6 Abs. 7 VOB/B: Dauert eine Unterbrechung des Bauvorhabens länger als drei Monate, so kann der Auftraggeber (wie auch der Auftragnehmer) nach Ablauf dieser Zeit den Vertrag schriftlich kündigen.[90]

---

82) BGH NJW – RR 1996, 866 f.; OLG Düsseldorf, NJW 1992, 1050.
83) Vgl. aber BGH BauR 2000, 1479 und BauR 2001, 1577, wonach eine schriftliche Kündigungserklärung entbehrlich sein kann, wenn der Auftragnehmer endgültig und ernsthaft die Erfüllung verweigert hat – hierzu kritisch: *Langen* in Kapellmann/Messerschmidt, § 5 VOB/B, Rn. 134.
84) BGH, NJW 1974, 360.
85) OLG Düsseldorf, BauR 1996, 115 = NJW-RR 1996, 730 = OLGR 1995, 271 (LS).
86) *Franz*, in: Leinemann, VOB/B, § 8, Rn. 155 m.w.N.
87) So zutreffend: *Vygen/Joussen* in: Vygen/Joussen/Lang/Rasch, Teil A, Rn. 325.
88) Vgl. hierzu OLG Düsseldorf, BauR 2010, 88; OLG Celle, NJW-RR 1996, 343.
89) OLG Düsseldorf, *SFH*, Nr. 1 zu § 8 VOB/B.
90) Vgl. hierzu BGH, BauR 2004, 1285 = EWiR 2004, 887 (Kündigungsrecht auch vor Beginn der Arbeiten auf der Baustelle und bei Unzumutbarkeit des Festhaltens am Vertrag). Ferner

Die vorgenannten Rechte hat der Bauherr nicht, wenn die Voraussetzungen des § 6 Abs. 1, 2, 4 VOB/B (Behinderung des Unternehmers) und des § 9 VOB/B (Kündigungsrecht des Unternehmers) vorliegen.[91] Auch beim VOB-Bauvertrag bleibt dem Bauherrn im Übrigen die Einrede des nichterfüllten Vertrages (Rdn. 2999 ff.) erhalten.

Der Auftraggeber hat zudem ein Recht zur Kündigung des Bauvertrages mit sofortiger Wirkung, wenn es für ihn nicht zumutbar ist, den Vertrag mit dem Auftragnehmer unter Berücksichtigung aller Umstände des Einzelfalles fortzusetzen. Hiervon kann zum Beispiel ausgegangen werden, wenn es zu einer vom Auftragnehmer zu vertretenden ganz beträchtlichen Verzögerung des Bauvorhabens gekommen ist und es dem Auftraggeber bei der gebotenen Gesamtwürdigung nicht mehr zumutbar ist, eine weitere Verzögerung durch Nachfristsetzung hinzunehmen oder eine solche von vornherein keinen Erfolg verspricht.[92] Eine außerordentliche Kündigung kann aber nur dann in Betracht kommen, wenn der Auftraggeber seinerseits vertragstreu war. Hiervon ist dann nicht auszugehen, wenn ein nicht unerheblicher Teil eingetretener Verzögerungen aus der Sphäre des Auftraggebers stammt.[93]

2. Ansprüche des Unternehmers/Auftragnehmers

Literatur:[94]

Kaiser, Die konkurrierende Haftung von Vor- und Nachunternehmer – Besprechung des Urteils des Oberlandesgerichts Düsseldorf v. 29.6.1999 (– 21 U 127/98 –), BauR 2000, 177; *Siegburg*, Vorunternehmer als Erfüllungsgehilfe des Auftragnehmers, BauR 2000, 182; *v. Gehlen*, Haftung des Auftraggebers bei einem durch seinen Vorunternehmer verursachten Baustillstand, ZfBR 2000, 291; *Kraus*, Bauverzögerung durch Vorunternehmer, BauR 2000, 1105; *Kleine-Möller*, Die Haftung des Auftraggebers gegenüber dem behinderten Nachfolge-Unternehmer, NZBau 2000, 401; *I. Jagenburg*, Vorunternehmer – Kein Erfüllungsgehilfe des Auftragsgebers, Festschrift für Mantscheff (2000), 99; *Reister*, Baubetriebliche Abwägung zur Arbeitseinstellung beim Bauvertrag, NZBau 2001, 1; *Kemper*, Nachträge und ihre mittelbaren Bauzeitauswirkungen, NZBau 2001, 238; *Oberhauser*, Formelle Pflichten des Auftragnehmers bei Behinderungen, BauR 2001, 1177; *Diehr*, Zum Verhältnis von Vergütungs- und Schadensersatzanspruch des Auftragnehmers wegen Bauzeitstörungen nach der VOB/B, BauR 2001, 1507; *Stamm*, Die Frage nach der Eigenschaft des Vorunternehmers als Erfüllungsgehilfe des Bauherrn im Verhältnis zum Nachunternehmer: Ein Problem der Abgrenzung von Schuldner- und Annahmeverzug – Zugleich eine Besprechung von BGH, BauR 1985, 561 ff., und BGH, BauR 2000, 722 ff., BauR 2002, 1; *Leineweber*, Mehrkostenforderungen des Auftragnehmers bei gestörtem Bauablauf, Jahrbuch Baurecht 2002, 107; *Roquette*, Praktische Erwägungen zur Bauzeit bei Vertragsgestaltung und baubegleitender Beratung, Jahrbuch Baurecht 2002, 33; *Döring*, Die Vorunternehmerhaftung und § 642 BGB, Festschrift für Jagenburg (2002), 111; *Lang-Rasch*, Allgemeine Geschäftskosten bei einer Verlängerung der Bauzeit, Festschrift für Jagenburg (2002), 417; *Heilfort*, Praktische Umsetzung bauablaufbezogener Darstellungen von Behinderungen als Grundlage der Schadensermittlung nach § 6 Nr. 6 VOB/B, BauR 2003, 457; *Marbach*, Der Anspruch des Auftragnehmers auf Vergütung der Kosten der Bearbeitung von Nachtragsforderungen im VOB-Bauvertrag, BauR 2003, 1794; *Thode*, Nachträge wegen gestörtem Bauablaufs im VOB/B-Vertrag – eine kritische Bestandsaufnahme, ZfBR 2004,

---

OLG Düsseldorf, IBR 2009, 698 – *Bröker* (Voraussetzungen für eine Unterbrechung i.S.d. § 6 Nr. 7 VOB/B); OLG Köln, NJW-RR 2000, 389 = OLGR 2000, 1.
91) Vgl. z.B. OLG Saarbrücken, BauR 1998, 1010.
92) BGH, IBR 2012, 320 – *Schmitz*.
93) OLG Zweibrücken, BauR 2017, 735 ff.
94) Literatur vor 2000 siehe 15. Auflage.

214; *Zanner/Keller*, Das einseitige Anordnungsrecht des Auftraggebers zu Bauzeit und Bauablauf und seine Vergütungsfolgen, NZBau 2004, 353; *Reister*, Bauzeitnachträge nach § 2 Nr. 5 VOB/B, § 6 Nr. 6 VOB/B und § 642 BGB, Festschrift für Thode (2005), 125; *Roquette/Laumann*, Dichter Nebel bei Bauzeitclaims – Navigationshilfen zur Darlegungs- und Beweislast sowie zur Schätzung, BauR 2005, 1829; *Bruns*, Bauzeit als Rechtsproblem, Teil 1 – Einführung und Ansprüche des Auftragnehmers, ZflR 2006, 153; *Boldt*, Bauverzögerungen aus Verantwortungsbereich des Auftraggebers: Ist § 6 Nr. 6 VOB/B bedeutungslos?, BauR 2006, 185; *Duve/Richter*, Kausalitätsfragen bezüglich eines gestörten Bauablaufes, BauR 2006, 608; *Jochem*, Der Planungsstopp des Auftraggebers und seine Rechtsfolgen für den Architektenvertrag, Festschrift für Motzke (2006), 137; *Scheube*, Die rechtliche Einordnung der Auftraggebermitwirkung im VOB/B-Bauvertrag und ihre Folgen, Jahrbuch Baurecht 2006, 83; *Koppmann*, Verträge am Bau: Gestaltung von Nachtragsvereinbarungen bei Auswirkung von Vertragsänderungen auf die Bauzeit, IBR 2006, 599; *Krebs/Schuller*, Die „Kosten der Nachtragsbearbeitung" bei bauzeitbezogenen Ansprüchen, BauR 2007, 636; *Roquette*, Der Streit um des Kaisers Bart – Sind Bauzeitclaims noch justiziabel? in Baumanagement und Bauökonomie (2007), 305; *Schilder*, Die Liquidation von „Behinderungsschäden" über § 642 BGB, BauR 2007, 450; *Roskosny/Bolz*, Rechtsnatur und die Berechnung des Entschädigungsanspruchs aus § 642 BGB, BauR 2006, 1804; *Roquette/Schweiger*, Die Mär vom Vorbehalt – kein Ausschluss von Bauzeitansprüchen durch Abschluss von Nachtragsvereinbarungen, BauR 2008, 734; *Kimmich*, Beschleunigung von Bauabläufen und Anspruchsgrundlagen: Ist die Forderung nach Einhaltung der Vertragsfristen eine konkludente Beschleunigungsanordnung?, BauR 2008, 263; *Diederichs/Streckel*, Beurteilung gestörter Bauabläufe – Anteil der Verursachung durch Auftraggeber und Auftragnehmer, NZBau 2009, 1; *M. Werner*, Das Mehrkostenrisiko bei Bauzeitverzögerung wegen verzögerter Zuschlagserteilung in Folge durchgeführter Nachprüfungsverfahren, Festschrift für Franke (2009), 313; *Pauly*, Zu Wesen und Umfang der Mehrvergütungsansprüche des Auftragnehmers im Falle eines nach verlängerter Zuschlagsfrist erteilten Zuschlags, BauR 2009, 560; *Kapellmann*, Beschleunigungen, NZBau 2009, 538; *Leinemann*, Zum Inhalt und Umfang des Vergabeverfahrensrisikos, BauR 2009, 1032; *Drittler*, Zuschlagsverzögerung, Anpassung von Ausführungszeit und Preis: Anspruchsausfüllende Nachweise der Kausalität und der Höhe, BauR 2010, 143; *Leinemann*, Die neue Rechtsprechung des BGH zum Vergabeverfahrensrisiko, NJW 2010, 471; *Peters*, Die behindernde Wirkung eines Nachprüfungsverfahrens, NZBau 2010, 156; *Tomic*, Vergabeverzögerung – Bauzeitänderung, NZBau 2010, 5; *Tomic*, Vergütungsneutraler Zuschlag mit verändertem Bauende, BauR 2010, 845; *Hänsel*, Verzögerte Vergabe: Mehrkostenersatz bei gleichen Ausführungsfristen, NJW-Spezial 2010, 428; *Leupertz*, Mitwirkung und Obliegenheit im Bauvertragsrecht, BauR 2010, 1999; *Hager*, Ein Vorschlag zur ganzheitlichen Betrachtung Allgemeiner Geschäftskosten von Leistungsänderungen und Behinderungen bei VOB/B-Verträgen, BauR 2010, 1137; *Hildebrandt*, Die Auswirkungen von Vergabeverzögerungen nach der Rechtsprechung des VII. Zivilsenats des BGH aus dem Jahre 2009 für die Praxis, Festschrift für Iwan, S. 183 ff.; *Wilhelm/Götze*, Bauzeit- und kostenrechtliche Behandlung von außergewöhnlichen Witterungseinflüssen, NZBau 2010, 721; *Keldungs*, Die Bedeutung von Produktivitätsverlusten im Zusammenhang mit Bauzeitnachträgen, Jahrbuch Baurecht 2011, 1; *Sundermeier*, Allgemeine Geschäftskosten in Bauunternehmen: Entstehung und Erlös; Ausgleich von Deckungsfehlbeträgen, BauR 2010, 1145; *Lang*, Die Wahrheit über Pufferzeiten bei Bauverzögerungen aus baubetrieblicher Sicht, Jahrbuch Baurecht 2011, 41; *Fuchs/Schottke*, Wem „gehört" der Puffer? Die richtige Berücksichtigung eines ex ante Puffers bei der Terminfortschreibung in Folge von Störungen und die Aufzehrung eines Puffers lex post, Jahrbuch Baurecht 2011, 63; *Kapellmann*, Die erforderliche Mitwirkung und § 642 BGB, § 6 VI VOB/B – Vertragspflichten und keine Obliegenheiten, NZBau 2011, 193; *Kayser/Pfarr*, Achtung: Mehrvergütungsfalle! Auswege in der Vergabekonzeption und ihre Grenzen, NZBau 2011, 584; *Diehr*, Gesetzliche Entschädigungen nach § 642 BGB im VOB-Vertrag unter besonderer Berücksichtigung der Schlechtwetterproblematik, ZfBR 2011, 627; *Genschow/Stelter*, Störungen im Bauablauf, 2004; *Kapellmann/Schiffers*, Vergütung, Nachträge und Behinderungsfolgen beim Bauvertrag, Band 1, 6. Auflage 2011; *Eschenbruch/Fandrey*, Zur Geltendmachung von Ansprüchen wegen ungedeckter allgemeiner Geschäftskosten im Rahmen des § 6 Abs. 6 VOB/B, BauR 2011, 1223; *Kau/Hänsel*, Verzögerte Vergabe – Schadenersatz für die Verzögerung des Zuschlags?, NJW 2011, 1914; *Zimmermann*, Auswirkungen auf die Vergütung von Allgemeinen Geschäftskosten (AGK) bei Verlängerung der Bauzeit, NZBau 2012,1; *Markus*, Zur Ermittlung der Mehrvergütung bei verzögerter Vergabe, NZBau 2012, 414; *Althaus*, Preisfortschreibung von Baustellengemeinkosten bei Kalkulation mit vorbestimmten Zuschlägen, BauR 2012, 1841; *Kues/Lüders*, Die Behandlung von Allgemeinen Geschäftskosten bei gestörten Bauabläufen, BauR 2012, 1847; *Merkens*, Nachtragsbearbeitungskosten: „Dauerbrenner" in der Baupraxis, NZBau 2012, 529; Beck'scher VOB-Kommentar, Teil B, 3. Auflage 2013; *Diederichs/Peine*, Unterdeckung Allgemeiner Geschäftskosten nach § 6 VI VOB/B oder § 642 BGB aus baubetrieblicher Sicht, NZBau 2013, 1; *Jahn/Klein*, Nachtragsbearbeitungskosten als direkte Kosten beim VOB/B-Vertrag, NZBau 2013, 473; *Keldungs*, Beschleunigungsvereinbarungen, Beschleunigungsanordnungen – Rechtsfolgen, BauR 2013, 1917; *Breyer*, Bauzeitliche Folgen aus geänderten und zusätzlichen Leistungen gemäß §§ 2 Abs. 5 und 2 Abs. 6 VOB/B, BauR 2013, 1924; *Markus*, Zeitreserven („Puffer") im gestörten Bauablauf, NZBau 2014, 92; *Glöckner*, § 642 BGB – Tatbestand und Rechtsfolgen im System des Leistungsstörungsrechts, BauR 2014, 368; *Leupertz*, § 642 BGB – Tatbestand und dogmatische Grundlagen, BauR 2014, 381; *Sienz*, Die Anwendung des § 642 BGB in der Praxis, BauR 2014, 390; *Hartwig*, Der Entschädigungsanspruch aus § 642 BGB, BauR 2014, 1055; *Tomic*, Bauzeit und zeitabhängige Kosten, 2014; *Markus*, Anforderungen an die Begründung von Ansprüchen wegen bauzeitverlängernder Behinderungen, NZBau 2014, 688; *Vygen/Joussen/Lang/Rasch*, Bauverzögerungen und Leistungsänderung, 7. Auflage, 2015; *Kapellmann/Messerschmidt*, VOB Teile A und B, 5. Auflage, 2015; *Roquette/Viering/Leupertz* (Hrsg.), Handbuch Bauzeit, 3. Auflage 2016; *Leinemann*, VOB/B, 6. Auflage 2016; *Luz*, Anordnungsrecht des Auftraggebers gem. § 1 Abs. 3 VOB/B zur Verkürzung der Bauzeit? Eine Bestandsaufnahme, BauR 2016, 1065 ff.; Ingenstau/Korbion, VOB Teile A und B, 20. Auflage 2017; *Maase*, Das bauzeitliche Bestimmungsrecht des Bestellers gem. §§ 157, 242 BGB – Teil 1; BauR 2017, 781 ff.

Unter den Begriff „Behinderungen" im Sinne des § 6 VOB/B sind alle Ereignisse **2329** zu fassen, die auf die Ausführung der Leistung verzögernd einwirken;[95] auch der Begriff „hindernde Umstände" gemäß § 6 VOB/B ist weit zu fassen: Es macht keinen Unterschied, ob sie von „außen" kommen (vgl. hierzu die in § 6 Abs. 2 Nr.1b) und c) VOB/B genannten Fallgestaltungen) oder der Vertragspartner selbst, der auf Schadensersatz in Anspruch genommen wird, die Ursache hierfür gesetzt hat.[96]

Bauverzögerungen, für die der Auftraggeber einzustehen hat, können unter anderem auf folgenden Gründen beruhen:

* **Fehlen** von öffentlich-rechtlichen **Genehmigungen**,[97]
* **keine, unvollständige oder verspätete Übergabe** bzw. Freigabe von Ausführungsplänen, Montage- und Werkstattzeichnungen oder Detailplänen sowie der Statik,[98]
* **Planänderungen/Umplanungen** auf Veranlassung des Auftraggebers,[99]
* **keine oder verspätete Bereitstellung eines baureifen Grundstückes** oder einer entsprechenden Zufahrt oder bestimmter bauseits zu liefernder Baumaterialien oder bauseits zu erbringender Vorleistungen,
* **mangelhafte Koordination der Baustelle** und des gesamten Bauvorhabens,
* **Baustopp** durch Nachbareinsprüche,

---

95) BGHZ 48, 78, 81 = NJW 1967, 2262. Zur Begriffsbestimmung „Behinderung" vgl. im Einzelnen *Roquette/Viering/Leupertz*, Rn. 504 ff.; *Markus* in: Kapellmann/Messerschmidt, § 6, Rn 1.; *Döring* in: Ingenstau/Korbion, § 6, Rn. 2; *Berger* in: Beck'scher VOB-Kommentar, vor § 6 VOB/B, Rn. 32; *Leinemann/Kues* in: Leinemann, § 6 VOB/B, Rn. 8.
96) OLG Koblenz, NJW-RR 1988, 851.
97) Vgl. aber auch OLG Dresden, IBR 2016, 1067 – *Haentjes*.
98) OLG Saarbrücken, BauR 1998, 1010; OLG Celle, BauR 2005, 1483; vgl. hierzu: BGH, BauR 2002, 1249 = NZBau 2002, 381.
99) OLG Köln, IBR 2015, 592 – *Bolz*; OLG Frankfurt, BauR 1999, 49; OLG Nürnberg, BauR 2001, 409 = NZBau, 2000, 518 = OLGR 2000, 116 = MDR 2000, 227.

* nicht rechtzeitige oder nur verzögerlich beschaffte **Nachtragsbaugenehmigung** während der Bauarbeiten,[100]
* **keine oder verspätete Erfüllung von Mitwirkungsverpflichtungen** des Auftraggebers[101] (z.B. verspätetes Abstecken der Hauptachse des Bauwerks[102] oder nicht rechtzeitige Entscheidung nach Bemusterung[103] bzw. über die Ausführung von Bedarfspositionen oder Alternativausführungen),
* **Zusatzaufträge**,
* **Planungsstopp** des Auftraggebers,[104]
* **Bauzeitverschiebung** durch verzögertes Vergabeverfahren[105] bzw. **Vergabenachprüfungsverfahren**[106] (vgl. Rdn. 2330)
* **keine (aber notwendige) Anordnungen** zur vertragsgemäßen Ausführung,
* unrichtige Erfassung von Mengen.

Aufgrund derartiger, dem Bauherrn zuzurechnender, Bauverzögerungen kommt es regelmäßig zu **Behinderungen** und/oder **Unterbrechungen** in der **Bauausführungsphase**.

Einen Unterfall der Behinderung stellt die **Verletzung einer gebotenen Mitwirkungspflicht** des Auftraggebers dar; in diesem Fall stehen dem Auftragnehmer Ansprüche aus den §§ 642, 643 BGB zu:[107] Der Auftragnehmer kann eine **angemessene Entschädigung** verlangen und/oder – nach Fristsetzung und bei entsprechender Erklärung gemäß § 643 BGB – kündigen.[108] Die Verletzung der Mitwirkungspflicht des Auftraggebers gemäß § 642 BGB stellt nach allgemeiner Meinung lediglich eine sogenannte **Gläubigerobliegenheit** dar.[109] Kann eine Mitwirkungspflicht darüber hinaus auch als **Vertragspflicht** des Auftraggebers angesehen werden, löst ihre Verletzung Ansprüche des Unternehmers aus Pflichtverletzung gemäß §§ 280 ff. BGB aus, die durch §§ 642, 643 BGB nicht ausgeschlossen sind. Bei der Übernahme einer Vertragspflicht durch den Auftraggeber (über die Zahlung des Werklohns und die Abnahme hinaus) können vom Auftragnehmer auch Ansprüche unter dem Gesichtspunkt des Schuldnerverzuges gemäß §§ 286 ff. BGB geltend gemacht werden.[110] Ist der Auftraggeber in Annahmeverzug, kommen schließlich auch Ansprüche nach §§ 293, 304 BGB in Betracht.

---

100) Vgl. BGH, BauR 1974, 247; BauR 1976, 128; OLG Hamm, BauR 2003, 1042.
101) OLG Düsseldorf, BauR 1998, 341.
102) OLG Düsseldorf, BauR 1998, 340 = NJW-RR 1998, 739.
103) OLG Dresden, IBR 2012, 12 – *Gross*.
104) Vgl. hierzu *Jochem*, Festschrift für Motzke, S. 137 ff.
105) Vgl. OLG Brandenburg, IBR 2017, 184 – *Kues*.
106) Vgl. hierzu BGH, BauR 2011, 503 = NZBau 2011, 96; BauR 2010, 1929 = NZBau 2010, 628 m. Anm. *Markus*; BauR 2010, 1921 = NZBau 2010, 622; BauR 2009, 1131 = NZBau 2009, 311; BauR 2009, 1896 = NZBau 2009, 777; BauR 2009, 1901 = NZBau 2009, 771 sowie BauR 2009, 1908 = NZBau 2009, 781; kritisch: OLG Jena, BauR 2005, 1161 (Kooperationsverpflichtung der Vertragsparteien zur Anpassung der Vertragstermine).
107) Vgl. *Leupertz*, BauR 2010, 1999; *Wilhelm/Götze*, BauR 2010, 721 sowie *Diehr*, ZfBR 2011, 627 (insbesondere zur Schlechtwetterproblematik).
108) Für den VOB-Bauvertrag vgl. *Scheube*, Jahrbuch Baurecht 2006, 83.
109) *Leupertz*, BauR 2014, 382, 386; *Peters*, NZBau 2011, 641; *Palandt/Sprau*, § 642 BGB, Rn. 1.
110) Vgl. hierzu *Leineweber*, Jahrbuch Baurecht 2002, 107, 112 ff.

Die „Bereitstellung" eines bestimmten Wetters ist keine dementsprechende Mitwirkungshandlung des Auftraggebers,[111] weil der Auftraggeber das Wetter nicht beeinflussen kann.[112] In einer jüngeren Entscheidung hat der BGH[113] bekräftigt, dass es vorbehaltlich abweichender Vereinbarungen **keine dem Auftraggeber obliegende erforderliche Mitwirkungshandlung** im Sinne des § 642 BGB ist, während der Dauer des Herstellungsprozesses **außergewöhnlich ungünstige Witterungseinflüsse** auf das Baugrundstück in Form von Frost, Eis und Schnee, mit denen nicht gerechnet werden musste, abzuwehren.[114]

Hinsichtlich verlängerter Ausführungsfristen gilt für den VOB-Bauvertrag § 6 Abs. 2. Für einen BGB-Bauvertrag wird Entsprechendes zu gelten haben.[115]

Ein Anspruch aus einer Behinderung setzt voraus, dass die **Bauzeit sich verlängert** hat.[116] Mitunter werden keine konkreten Bauzeiten in Werkverträgen vereinbart. Ohne Festlegung einer Bauzeit gilt die für die **Erstellung notwendige Zeit**, die in jedem Einzelfall zu ermitteln ist, wobei stets eine angemessene Fertigstellungsfrist in Ansatz zu bringen ist.[117] Nach einer Entscheidung des OLG Brandenburg[118] scheiden Vergütungs-, Schadenersatz- oder Entschädigungsansprüche wegen eines gestörten Bauablaufs aus, wenn kein verbindlicher Bauzeitenplan für die Arbeiten an Ort und Stelle vereinbart wurde.

Treten Verzögerungen in der (ordnungsgemäßen) Bauausführung ein, können dem Unternehmer/Auftragnehmer Ansprüche erwachsen auf:

* **Bauzeitverlängerung** (siehe hierzu Rdn. 2331 ff.)
* **Schadensersatz** (siehe hierzu Rdn. 2332 ff.)
* **Vergütungsanpassung** (siehe hierzu Rdn. 2349 ff.).

Daneben können **Kündigungsrechte** bei einer längeren Unterbrechung in Betracht kommen, wie dies z.B. § 6 Abs. 7 VOB/B bei einer Unterbrechung von länger als drei Monaten vorsieht.[119] Der Ausschluss des Kündigungsrechts nach dieser Vorschrift ist in AGB unwirksam.[120] Ein Kündigungsrecht des Auftragnehmers im Sinne des § 9 Abs. 1 Nr. 1 VOB/B kommt auch dann in Betracht, wenn der Auftraggeber die ihm obliegende Nebenpflicht verletzt, dem Auftragnehmer

---

111) OLG Brandenburg, IBR 2013, 668 – *Roskosny*.
112) So LG Cottbus – IBR 2012, 191 – *Laumann*.
113) BauR 2017, 1361 ff. – IBR 2017, 302 f. – *Bolz*.
114) Zum Ausschluss von Vergütungsansprüchen für den Zeitraum der Verlängerung der Leistungszeit durch Schlechtwettertage in Allgemeinen Geschäftsbedingungen des Bauherrn siehe OLG Zweibrücken, IBR 2017, 140 – *Jahn*.
115) Bezüglich bauzeit- und kostenrechtlicher Behandlung von außergewöhnlichen Witterungseinflüssen vgl. *Wilhelm/Götze*, NZBau 2010, 721.
116) Bei der Frage, ob die Bauzeit sich verlängert hat, handelt es sich nicht um ein Rechtsverhältnis, das durch eine Feststellungsklage geklärt werden könnte: vgl. LG Hamburg, IBR 2012, 242 – *Roskosny* („Elbphilharmonie").
117) Vgl. hierzu *Bruns*, ZfIR 2006, 153, 154.
118) IBR 2016, 76 – mit (kritischer) Anmerkung *Bolz/Mechnig*.
119) Vgl. hierzu BGH, BauR 2004, 1285 = EWiR 2004, 887 (Kündigungsrecht auch vor Beginn der Arbeiten auf der Baustelle und bei Unzumutbarkeit des Festhaltens am Vertrag); ferner OLG Naumburg, IBR 2017, 130 – *Münch*; OLG Köln, OLGR 2000, 1 = NJW-RR 2000, 389; LG Bonn, NJW-RR 1999, 458.
120) OLG Frankfurt, BauR 1999, 774.

auf Anfrage eine nach Treu und Glauben für beide Vertragsparteien zumutbare Frist für die Ausführung des Bauvorhabens zu nennen.[121]

2330 Bislang war vielfach diskutiert worden, ob ein Auftragnehmer (Bieter) Ansprüche (und ggf. auf welcher Grundlage) aufgrund eines Mehraufwandes hat, wenn sich **Verzögerungen** durch das **vergaberechtliche Nachprüfungsverfahren** nach Ablauf der ursprünglichen Bindefrist des entsprechenden Angebots ergeben. Das wurde überwiegend bejaht und aus den Grundsätzen über den Wegfall der Geschäftsgrundlage (§ 313 BGB) oder unmittelbar aus § 242 BGB (Kooperationspflicht der Vertragsparteien) gefolgert.

Mit seiner Grundsatzentscheidung vom 11.05.2009 hat der BGH[122] die vorerwähnte Fallgestaltung einer Klärung zugeführt. Danach gilt:

* Der **Bauvertrag** kommt **mit dem Zuschlagsschreiben** zunächst zu den Bedingungen unverändert **zustande**, die Gegenstand der Ausschreibungsunterlagen und des Angebotes des Bieters waren, und zwar auch dann, wenn die im Vertrag vorgesehene Ausführungsfrist durch den verspäteten Zuschlag obsolet geworden ist.[123]
* Die **Leistungszeit** ist aber im Wege der **ergänzenden Vertragsauslegung** unter Berücksichtigung der Umstände des Einzelfalles **anzupassen**.
* **Besonderheiten**, wie etwa Bauerschwernisse oder -erleichterungen durch jahreszeitliche Verschiebungen, sind unter Berücksichtigung der schutzwürdigen Interessen beider Parteien und vor dem Hintergrund, dass der Auftragnehmer der Bindefristverlängerung zugestimmt hat, **zu berücksichtigen**.
* Der vertragliche **Vergütungsanspruch** ist in Anlehnung an die **Grundsätze des § 2 Abs. 5 VOB/B** anzupassen.[124]

Diese Rechtsprechung hat der BGH in drei weiteren Entscheidungen vom 10.09.2009 bestätigt und fortgeführt. So hat der BGH[125] klargestellt, dass ein Mehrvergütungsanspruch nicht allein daraus hergeleitet werden kann, dass sich im Hinblick auf die spätere Zuschlagserteilung die Kalkulationsgrundlage geändert hat, wenn in einem Vergabeverfahren aufgrund öffentlicher Ausschreibung nach VOB/A

---

121) OLG Celle, OLGR 2003, 343.
122) BauR 2009, 1131 = NZBau 2009, 370 m. Anm. *Kapellmann* = IBR 2009, 311 u. 312 – *Kus*. Vgl. hierzu *Kayser/Pfarr*, NZBau 2011, 584; *Hildebrandt*, Festschrift für Iwan (2010), S. 183 ff.; *Peters*, NZBau 2010, 156; *Drittler*, BauR 2010, 143; *Tomic*, NZBau 2010, 5; *M. Werner*, Festschrift für *Franke*, 313; *Leinemann*, NJW 2010, 471 u. Rn. 308 ff.; *Pauly*, BauR 2009, 560; Vgl. ferner auch die Vorinstanz KG, NZBau 2008, 180 m. Anm. *Kapellmann*. Ebenso OLG Naumburg, BauR 2009, 980. Siehe hierzu jetzt auch BGH, BauR 2012, 939.
123) Das gilt nach BGH, BauR 2010, 1929 = NZBau 2010, 628 m. Anm. *Markus* = IBR 2010, 550 – *v. Rintelen* u. BauR 2010, 1921 = NZBau 2010, 622 = IBR 2010, 549 u. 551 – *v. Rintelen*, auch dann, wenn der Auftraggeber im Zuschlagsschreiben eine neue Bauzeit erwähnt. Vgl. hierzu auch BGH, BauR 2011, 503 = NZBau 2011, 96.
124) Darauf verweist der BGH im Einzelnen (auch zur Ermittlung der Mehrkosten) nochmals in BauR 2010, 1929 = NZBau 2010, 628 m. Anm. *Markus* = IBR 2010, 550 – *v. Rintelen* u. BauR 2010, 1921 = NZBau 2010, 622 = IBR 2010, 549 u. 551 – *v. Rintelen*. Zur Berechnung des Mehrvergütungsanspruchs in diesem Fall vgl. OLG Celle, BauR 2011, 1659 = IBR 2011, 393 – *Lorenz*. Zum Schadensersatz für die Verzögerung des Zuschlags vgl. auch *Kau/Hänsel*, NJW 2011, 1914.
125) BauR 2009, 1896 = NZBau 2009, 777. Vgl. hierzu *Leinemann*, Rn. 320 ff. u. 338 ff.

der Zuschlag nach Verlängerung der Bindefrist durch die Bieter später erteilt wird, als in der Ausschreibung vorgesehen war. Da die Bieter der Verlängerung der Bindefrist zugestimmt haben, ohne einen Preisänderungsvorbehalt zu erklären, sind die Kalkulationsgrundlagen – nach zutreffender Auffassung des BGH – grundsätzlich keine Geschäftsgrundlage des später geschlossenen Vertrages.

Diese Ausführungen hat der BGH mit einem weiteren Urteil[126] bestätigt und darauf hingewiesen, dass für die in Anlehnung an die Grundsätze des § 2 Abs. 5 VOB/B zu ermittelnde Höhe des Vergütungsanspruchs, der auf einer durch eine verzögerte Vergabe verursachte Bauzeitverschiebung beruht, grundsätzlich nur diejenigen **Mehrkosten** maßgeblich sind, die ursächlich **auf die Verschiebung der Bauzeit zurückzuführen** sind.[127] Dabei ist zu berücksichtigen, dass ein **Mehrvergütungsanspruch** in Anlehnung an die Grundsätze des § 2 Abs. 5 VOB/B dem der Verlängerung der Bindefrist zustimmenden Bieter wegen einer verzögerten Vergabe grundsätzlich nur erwachsen kann, wenn diese eine **Änderung der Leistungspflichten** zur Folge hat. Das OLG Celle[128] hat in diesem Zusammenhang darauf hingewiesen, dass bei der Anpassung des Mehrvergütungsanspruchs nach den Grundsätzen des § 2 Abs. 5 VOB/B der neue Preis anhand der **Urkalkulation** des Unternehmers unter Berücksichtigung der preiserhöhenden Faktoren sowie unter Beibehaltung der bisherigen Parameter der Preisermittlung zu bestimmen ist (vgl. hierzu Rdn. 1480).

Ferner hat der BGH[129] in einem dritten Urteil ausgeführt, dass eine tatrichterliche Auslegung nicht zu beanstanden ist, die darin lediglich den Vorbehalt der Durchsetzung möglicher vertraglicher Ansprüche, nicht jedoch eine Abstandnahme von dem abgegebenen Angebot sieht, wenn es der Bieter in einem vergaberechtlichen Verhandlungsverfahren im Rahmen von Verhandlungen mit dem Auftraggeber über die durch eine Zuschlagverzögerung bedingte Anpassung seines Angebots hinsichtlich der Bauzeit bei der Ankündigung von verzögerungsbedingten Mehrvergütungsansprüchen belässt. Deshalb können vertragliche Ansprüche bei einer solchen Auslegung ausgeschlossen sein, wenn der Bieter die bestehende **Möglichkeit nicht genutzt** hat, den **Abschluss des Vertrages** von einer **Anpassung des Preises** für die durch die Bauzeitverschiebung entstandenen **Mehrkosten abhängig zu machen**.

Mit seiner Entscheidung vom 08.03.2012 hat der BGH[130] seine o.g. Grundsatzentscheidung noch einmal bestätigt und darauf hingewiesen, dass in Anwendung der o.g. Grundsätze einem Unternehmer gegenüber dem Auftraggeber ein Mehrvergütungsanspruch in Höhe des Betrages zustehen kann, der sich aus der Differenz zwischen den tatsächlich durch die Beauftragung eines Nachunternehmers

---

126) BauR 2009, 1901 = NZBau 2009, 771 m. Anm. *Kapellmann*. Vgl. hierzu auch BGH, BauR 2010, 455 = NZBau 2010, 102 sowie BGH, BauR 2010, 1921 = NZBau 2010, 622 m. Anm. *Markus* = IBR 2010, 55 und *Hödl*, Jahrbuch Baurecht 2010, 261; vgl. ferner BGH, BauR 2012, 939 = NZBau 2012, 287.
127) Vgl. auch OLG Dresden, IBR 2013, 405 – *Asam*.
128) NZBau 2011, 614 m.Anm. *Markus* = NJW 2011, 3307. Vgl. auch OLG Düsseldorf, BauR 2012, 651.
129) BauR 2009, 1908 = NZBau 2009, 781 = NJW 2010, 521. Vgl. hierzu *Tomic*, BauR 2010, 845.
130) BauR 2012, 939 ff.

entstandenen Kosten und denjenigen Kosten ergibt, die für ihn bei Einhaltung der ursprünglichen Bauzeit durch die Annahme des bindenden Angebots eines günstigeren Nachunternehmers entstanden wären.[131]

Im Übrigen hat der BGH[132] klargestellt, dass eine **einfache Bindefristverlängerung** durch einen Bieter nur die Bedeutung hat, dass das ursprüngliche Vertragsangebot „**inhaltlich konserviert**" und die rechtsgeschäftliche Bindefrist an das Angebot gemäß § 148 BGB verlängert werden soll. Nach einem entsprechenden Vertragsschluss ist dann das Verhalten der Parteien dahin auszulegen, „dass sie den Vertrag zwar bereits bindend schließen, über neue, dem eingetretenen Zeitablauf Rechnung tragende Fristen oder Termine und ihre Folgen auf die Vergütung jedoch noch eine Einigung herbeiführen wollen."

Soweit der verspätete Zuschlag aufgrund einer schuldhaften Pflichtverletzung des Auftraggebers im Rahmen des **Vergabeverfahrens** erfolgt, kommt neben dem Anspruch auf Anpassung der Vergütung ein grundsätzlich auf den Ersatz des negativen Interesses gerichteter **Schadensersatzanspruch** in Betracht.[133]

Erteilt im Rahmen eines öffentlichen Vergabeverfahrens über Bauleistungen der Auftraggeber den Zuschlag auf das Angebot des Bieters unter Herausnahme einzelner Leistungen, ohne dass entsprechendes in der Ausschreibung vorgesehen ist, liegt darin gemäß § 150 Abs. 2 BGB die Ablehnung des Angebotes verbunden mit einem neuen Angebot des Auftraggebers. Enthält letzteres wegen der Verzögerung des Vergabeverfahrens eine neue Bauzeit und bringt der Auftraggeber unmissverständlich zum Ausdruck, dass er den Vertrag mit diesen Fristen zu dem angebotenen Preis bindend schließen will, kann das Angebot nicht dahin ausgelegt werden, der Zuschlag sei auf eine Leistung zur ausgeschriebenen Bauzeit erteilt worden.[134] Ein derartiges modifiziertes Angebot des Auftraggebers ist regelmäßig nicht dahin auszulegen, dass stillschweigend das Angebot unterbreitet werden soll, die Vergütung wegen dem Auftragnehmer infolge der Bauzeitänderung etwa entstehender Mehrkosten in Anlehnung an die Grundsätze des § 2 Abs. 5 VOB/B anzupassen. Nimmt der Bieter das modifizierte Angebot an, muss er die Leistung vielmehr in der neuen Bauzeit zu den vereinbarten Preisen erbringen.[135]

a) Bauzeitverlängerung

Literatur:[136]

Kapellmann, Beschleunigungen, NZBau 2009, 538; *Eschenbruch/v. Rintelen*, Bauablaufstörung und Terminfortschreibung nach der VOB/B, NZBau 2010, 401; *Markus*, Zeitreserven („Puffer")

---

131) Vgl. hierzu auch *Markus*, NZBau 2012, 414; siehe ferner: LG Mainz, IBR 2014, 1023 – Kus.
132) BauR 2010, 455 = NZBau 2010, 102 = IBR 2010, 128 – *Franz*. Vgl. auch LG Gera, IBR 2008, 257 – *Asam*.
133) BGH, BauR 2009, 1901 = NZBau 2009, 771, 775; vgl. hierzu auch *Hödl*, Jahrbuch Baurecht 2010, 261; *Leinemann*, NJW 2010, 471, 476; *ders.*, BauR 2009, 1032, 1035; *Hänsel*, NJW-Spezial 2010, 428.
134) BGH NZBau 2012, 694; NZBau 2010, 622; NZBau 2010, 628 = BauR 2010, 1929; NZBau 2011, 97 = BauR 2011, 503.
135) BGH, NZBau 2012, 694.
136) Literatur vor 2000 siehe 15. Auflage.

Ansprüche des Unternehmers/Auftragnehmers — Rdn. 2331

im gestörten Bauablauf, NZBau 2014, 92; *Vygen/Joussen/Lang/Rasch*, Bauverzögerungen und Leistungsänderung, 7. Auflage, 2015; Ingenstau/Korbion, VOB/B, 20. Auflage 2017.

Für den VOB-Bauvertrag bestimmt § 6 Abs. 2 VOB/B, in welchen konkreten **2331** Fällen vertraglich vereinbarte **Ausführungsfristen verlängert** werden, wenn der Auftragnehmer in der ordnungsgemäßen Ausführung seiner Leistung behindert ist.[137]

Nach einer Entscheidung des OLG Dresden[138] können zudem auch unvorhersehbare Mehrmengen, die eine Preisanpassung nach § 2 Nr. 3 VOB/B begründen und den Bauablauf entscheidend beeinflussen, eine Verlängerung der Ausführungsfristen nach sich ziehen. Nach dem OLG Nürnberg[139] ist eine Klausel in Allgemeinen Geschäftsbedingungen des Auftragnehmers, wonach sich die Ausführungsfrist verlängert, wenn der Auftraggeber fällige Abschlagszahlungen nicht innerhalb einer Woche nach Rechnungsstellung leistet, unwirksam, weil der Auftraggeber keinen Einfluss darauf hat, wann der Auftragnehmer die Abschlagsrechnung fertigt und an den Auftraggeber übermittelt. Nach dem LG Karlsruhe[140] ist **§ 6 Abs. 2 Nr. 2 VOB/B**, wonach Witterungseinflüsse während der Bauzeit, mit denen bei Angebotsabgabe normalerweise nicht zu rechnen ist, nicht als Behinderungen gelten, **auf Tagesbaustellen**, die nur ein oder zwei Tage andauern, oder auf Bauarbeiten in Sperrpausen bei Gleisbaumaßnahmen, die nur wenige nächtliche Stunden als Bauzeit vorsehen, **nicht anwendbar**.

Gemäß § 6 Abs. 4 VOB/B wird die Bauzeitverlängerung nach der **Dauer der Behinderung**, jedoch mit einem **Zuschlag** für die **Wiederaufnahme** der Arbeiten und die etwaige Verschiebung in eine ungünstigere Jahreszeit berechnet. Können die Vertragsfristen nach § 6 Abs. 4 VOB/B – insbesondere bei kleineren oder zeitlich klar abgrenzbaren und damit bestimmbaren Behinderungszeiträumen – **fortgeschrieben** werden, ist eine gesonderte Vereinbarung neuer Ausführungsfristen nicht erforderlich.[141] Das folgt aus § 6 Abs. 2 und 4 VOB/B, die grundsätzlich eine solche erneute Einigung der Vertragsparteien nicht vorsehen. Etwas anderes kann gelten, wenn Behinderungen dazu führen, dass der **gesamte Zeitplan völlig umgeworfen** und daher eine **durchgreifende Neuordnung** des Bauablaufes- und Zeitplanes **notwendig** wird: In diesem Fall fällt die vereinbarte Ausführungsfrist mit der Folge weg, dass die Vertragsparteien neue vertragliche Ausführungsfristen vereinbaren müssen. Eine entsprechende Verpflichtung ergibt sich aus der so genannten **Kooperationspflicht** beider Vertragsparteien.

---

137) Vgl. im Einzelnen *Döring*, in: Ingenstau/Korbion, § 6 Abs. 2, B, Rn. 1 ff.; *Vygen/Joussen* in: Vygen/Joussen/Lang/Rasch, Teil A, Rn. 352 ff.
138) IBR 2015, 593 – *Franz*.
139) IBR 2014, 467 – *Scheel*.
140) IBR 2016, 1069 – *Bolz*.
141) So auch: OLG Düsseldorf, BauR 1997, 1041 = NJW-RR 1997, 1516; Beck'scher VOB-Komm/Berger, B, § 6 Abs. 4, Rn. 10 f.; a.A.: *Döring*, in: Ingenstau/Korbion, § 6 Abs. 4, B, Rn. 6 ff., wonach stets eine neue Ausführungsfrist vereinbart werden muss.

Sind in einem Bauzeitenplan so genannte **Zeitpuffer** vorhanden, können diese nach Auffassung des OLG Düsseldorf[142]) vom Auftraggeber solange nicht zur Kompensation einer eingetretenen Verzögerung herangezogen werden, wie der Auftragnehmer sie selbst zum Auffangen eigener Leistungsverzögerungen benötigt.

In der Baupraxis stehen Verlängerungen der Bauzeit durch Zusatzaufträge, Änderungsleistungen oder Mengenmehrungen, die dem Risikobereich des Auftraggebers zuzuordnen sind, im Vordergrund.

Will der Auftragnehmer nach einem verzögerten Zuschlag (vgl. hierzu Rdn. 2330) in einem offenen **Vergabeverfahren Mehrkosten** wegen einer hierdurch verursachten Verlängerung der Bauzeit in Anlehnung an § 2 Abs. 5 VOB/B geltend machen, muss er die tatsächlichen Auswirkungen dieser Behinderung auf den Bauablauf konkret darlegen.[143]) Eine Anordnung des Auftraggebers gemäß § 2 Abs. 5 VOB/B kann auch die Bauzeit betreffen.[144])

Da die VOB-Regelungen insoweit allgemein gültige Rechtsgrundsätze wiedergeben, können die Bestimmungen des § 6 Abs. 2 und 4 VOB/B auch auf den **BGB-Bauvertrag** entsprechend angewendet werden.[145])

b) Schadensersatz

Literatur

Reister, Bauzeitnachträge nach § 2 Nr. 5 VOB/B, § 6 Nr. 6 VOB/B und § 642 BGB, Festschrift für Thode (2005), S. 125; *Roquette/Laumann*, Dichter Nebel bei Bauzeitclaims – Navigationshilfen zur Darlegungs- und Beweislast sowie zur Schätzung, BauR 2005, 1829; *Boldt*, Bauverzögerungen aus dem Verantwortungsbereich des Auftraggebers: Ist § 6 Nr. 6 VOB/B bedeutungslos?, BauR 2006, 185; *Roskosny/Bolz*, Die Rechtsnatur des Entschädigungsanspruchs aus § 642 BGB und seine Berechnung, BauR 2006, 1804; *Scheube*, Die rechtliche Einordnung der Auftraggebermitwirkung im VOB/B-Bauvertrag und ihre Folgen, Jahrbuch Baurecht 2006, 83; *Schrammel*, Der Anspruch des Auftragnehmers auf seine Beschleunigungsvergütung bei Verletzung von Mitwirkungshandlungen des Auftraggebers, Festschrift für Motzke (2006), 367; *Wirth/Würfele*, Bauzeitverzögerung: Mehrvergütung gemäß § 2 Nr. 5 VOB/B oder Schadensersatz gemäß § 6 Nr. 6 VOB/B, Jahrbuch Baurecht 2006, 119; *Kapellmann*, Beschleunigungen, NZBau 2009, 538; *Vygen*, Der Entschädigungsanspruch gemäß § 6 Nr. 6 Satz 2 VOB/B (2006), Festschrift für Kapellmann (2007), 449; *Diederichs/Streckel*, Beurteilung gestörter Bauabläufe – Anteile der Verursachung durch Auftraggeber und Auftragnehmer, NZBau 2009, 1; *Hager*, Ein Vorschlag zur ganzheitlichen Betrachtung allgemeiner Geschäftskosten bei Leistungsänderungen und Behinderungen bei VOB-Verträgen, BauR 2010, 1137; *Sundermeier*, Allgemeine Geschäftskosten bei Bauunternehmen: Entstehung und Erlös; Ausgleich von Deckungsfehlbeträgen, BauR 2010, 1145; *Kapellmann/Schiffers*, Vergütung, Nachträge und Behinderungsfolgen beim Bauvertrag, Band 1, 6. Auflage 2011; *Keldungs*, Die Bedeutung von Produktivitätsverlusten im Zusammenhang mit Bauzeitnachträgen,

---

142) BauR 2011, 1862 (LS) = IBR 2011, 505 – *Webeler*. Vgl. hierzu auch *Markus*, NZBau 2014, 92; *Lang*, Jahrbuch Baurecht 2011, 41 sowie *Schottke*, Jahrbuch Baurecht 2011, 63. Vgl. zu den Pufferzeiten *Lang/Rasch* in: Vygen/Joussen/Lang/Rasch, Teil B, Rn. 126 ff.
143) Vgl. hierzu BGH, BauR 2010, 1921 = NZBau 2010, 622 = IBR 2010, 549 u. 551 – *v. Rintelen* sowie BGH, BauR 2011, 503 = NZBau 2011, 96; ferner OLG Brandenburg, IBR 2011, 394.
144) OLG Hamm, BauR 2013, 956 = IBR 2013, 136 – *Esch*.
145) So auch *Vygen/Joussen* in: *Vygen/Joussen/Lang/Rasch*, Teil A, Rn. 352 ff.

Ansprüche des Unternehmers/Auftragnehmers   Rdn. 2332

Jahrbuch Baurecht 2011, 1; *Havers*, Bauzeitnachträge: Produktivitätsverlust aus rechtlicher Sicht, Jahrbuch Baurecht 2011, 21; *Lang*, Die Wahrheit über Pufferzeiten bei Bauverzögerungen aus baubetrieblicher Sicht, Jahrbuch Baurecht 2011, 41; *Fuchs/Schottke*, Wem „gehört" der Puffer? – Die richtige Berücksichtigung eines ex ante Puffers bei der Terminfortschreibung in Folge von Störungen und die Aufzehrung eines Puffers lex post, Jahrbuch Baurecht 2011, 63; *Zimmermann*, Auswirkungen auf die Vergütung von Allgemeinen Geschäftskosten (AGK) bei Verlängerung der Bauzeit, NZBau 2012, 1; *Merkens*, Nachtragsbearbeitungskosten: „Dauerbrenner" in der Baupraxis, NZBau 2012, 529; *Jahn/Klein*, Nachtragsbearbeitungskosten als direkte Kosten beim VOB/B-Vertrag, NZBau 2013, 473; *Keldungs*, Beschleunigungsvereinbarungen, Beschleunigungsanordnungen – Rechtsfolgen, BauR 2013, 1917; *Glöckner*, § 642 BGB – Tatbestand und Rechtsfolgen im System des Leistungsstörungsrechts, BauR 2014, 368; *Leupertz*, § 642 BGB – Tatbestand und dogmatische Grundlagen, BauR 2014, 381; *Sienz*, Die Anwendung des § 642 BGB in der Praxis, BauR 2014, 390; *Markus/Kaiser/Kapellmann*, AGB-Handbuch Bauvertragsklauseln, 4. Auflage 2014; *Markus*, Anforderungen an die Begründung von Ansprüchen wegen bauzeitverlängernden Behinderungen, NZBau 2014, 688 ff.; *Pauly*, Entschädigungsansprüche des Werkunternehmers im Falle des Auftretens witterungsbedingter Stillliegezeiten?, BauR 2014, 1213 ff.; *Kapellmann/Messerschmidt*, VOB A und B, 5. Auflage 2015; *Vygen/Joussen/Lang/Rasch*, Bauverzögerungen und Leistungsänderung, 7. Auflage, 2015; *Roquette/Viering/Leupertz* (Hrsg.), Handbuch Bauzeit, 3. Auflage 2016; *Leinemann*, VOB/B, 6. Auflage 2016; *Nicklisch/Weick/Jansen/Seibel*, VOB/B, 4. Auflage 2016; *Schiffers/Sindermann*, Baubetriebliche Umsetzungsmöglichkeiten der Anforderungen von § 6 VOB/B bezüglich zeitlicher Ansprüche des Auftragnehmers, NZBau 2016, 667 ff.; *Kornet*, Die Behandlung von AGK in gestörten Bauabläufen, BauR 2016, 1386 ff.; *Ingenstau/Korbion*, VOB/B, 20. Auflage 2017; *Heilfort*, Vorgehensweise zum Nachweis von Bauablaufstörungen auf Grundlage der aktuellen Rechtsprechung, BauR 2017, 178 ff.

Die Baupraxis zeigt, dass es für einen Auftragnehmer **sehr schwierig** ist, die Voraussetzungen für einen Schadensersatzanspruch wegen Behinderung erfolgreich darzulegen und zu beweisen. Meist scheitern entsprechende Verfahren bereits an einem nicht ausreichend substantiierten Vortrag des Auftragnehmers hinsichtlich der konkreten Darstellung der jeweiligen Behinderung.[146]   **2332**

Für den **VOB-Bauvertrag** gibt § 6 VOB/B die Vorgaben für einen Schadensersatzanspruch wegen Behinderung und Unterbrechung der Ausführung: Ein Schadensersatzanspruch nach § 6 Abs. 6 VOB/B kann nur dann mit Erfolg durchgesetzt werden, wenn der Auftragnehmer als Kläger im Einzelnen vortragen und nachweisen kann, dass

* über den vom Auftragnehmer geltend gemachten **Zeitraum** eine **Behinderung** tatsächlich vorgelegen und diese Behinderung als Folge eine **Verzögerung** der Arbeiten des Auftragnehmers (ggf. im gesamten Bauablauf) bewirkt hat.[147]
* diese Behinderung nach § 6 Abs. 1 VOB/B vom Auftragnehmer unverzüglich schriftlich **angezeigt** worden ist oder dem Auftraggeber **offenkundig** bekannt war[148]

---

146) Vgl. hierzu: BGH, BauR 2002, 1249 = NZBau 2002, 381 = NJW-RR 2002, 2716; OLG Frankfurt, IBR 2016, 8 – *Sienz*; OLG Hamm, IBR 2014, 725 – *Bolz/Mechnig*; OLG Köln, IBR, 2014, 257 – *Malotki*; KG, BeckRS 2011, 1770; OLG Celle, OLGR 2002, 28; LG Stuttgart, IBR 2015, 1107 – *Woltag*.
147) Vgl. hierzu auch OLG Hamm, BauR 2004, 1304 = NZBau 2004, 439 = IBR 2004, 237 – *Kieserling*.
148) Vgl. im Einzelnen Rdn. 2335.

* die hindernden Umstände vom **Auftraggeber** im Sinne einer schuldhaften Verletzung einer Mitwirkungspflicht (nicht Verletzung einer nur Mitwirkungsobliegenheit[149]) **zu vertreten** sind[150]
* die Behinderung einen **Schaden** des Auftragnehmers **verursacht** hat.[151]

2333 Häufig haben Auftragnehmer bereits große Schwierigkeiten, die erste der vorgenannten Voraussetzungen substantiiert vorzutragen, weil es an einer entsprechenden **Dokumentation über die behindernden Umstände** (z.B. verspätete Übergabe von Ausführungsplänen[152]) und vor allem **deren Folgen**, also Auswirkungen (Bauzeitverlängerung) fehlt.[153]

In diesem Zusammenhang haben das OLG Düsseldorf[154] und das OLG Köln[155] zu Recht darauf hingewiesen, dass zur Darlegung eines Schadensersatzanspruches gemäß § 6 Abs. 6 VOB/B die Angabe des geplanten und des tatsächlichen Baubeginns nicht ausreicht; vielmehr sind der gesamte geplante und der tatsächliche Zeitablauf gegenüberzustellen. Damit sind die Soll-Bauabläufe vor der Behinderung mit den Ist-Bauabläufen konkret zu vergleichen.[156] Eine Behinderung des Auftragnehmers ist im Sinne des § 6 Abs. 6 VOB/B anzunehmen, wenn der Auftraggeber nach einer **Bemusterung** das vorgeschlagene, den vertraglichen Vorgaben entsprechende Produkt **nicht rechtzeitig** zur Ausführung **freigibt**.[157]

Nicht selten wird von den Auftragnehmern allein aus der verlängerten Bauzeit auf eine „Behinderung" geschlossen; eine verlängerte Bauzeit kann jedoch immer verschiedene Ursachen haben, wobei die „Behinderung" des Unternehmers nur eine der denkbaren Möglichkeiten ist.

---

149) Vgl. hierzu *Scheube*, Jahrbuch Baurecht 2006, 83 [insbesondere zu den Abgrenzungskriterien].
150) Vgl. BGH, BauR 1997, 1021 = DB 1997, 2481 = NJW 1998, 456; OLG Düsseldorf, BauR 1991, 337 u. BauR 1995, 706. Vgl. hierzu ferner OLG Düsseldorf, BauR 2002, 1551 = MDR 2002, 1432 (kein Schadensersatz wegen Behinderung noch nicht fertiggestellter Vorunternehmerleistungen bei vorzeitigem Baubeginn durch den Auftragnehmer).
151) OLG Hamm, BauR 2004, 1304 = NZBau 2004, 439 = IBR 2004, 237 – *Kieserling*.
152) Vgl. hierzu OLG Düsseldorf, IBR 2011, 651 – *Fuchs*; vgl. zur Bedeutung einer strukturierten und vollständigen Dokumentation des Unternehmers auch *Schiffers/Sindermann*, NZBau 2016, 667.
153) Vgl. hierzu: BGH, BauR 2002, 1249 = NZBau 2002, 381 („Konkrete bauablaufbezogene Darstellung der jeweiligen Behinderungen unumgänglich") m.Anm. *Heilfort*, BauR 2003, 457 (zur praktischen Umsetzung bauablaufbezogener Darstellungen von Behinderungen; OLG Hamm, IBR 2004, 237 – *Kieserling*; *Grieger*, BauR 1987, 378, 379 sowie *Plum*, Sachgerechter und prozessorientierter Nachweis von Behinderungen und Behinderungsfolgen beim VOB-Vertrag, Baurechtl. Schriften, Bd. 37, 1997, S. 81 ff. Eine systematische Zusammenstellung von denkbaren Behinderungsfolgen ist bei Kapellmann/Schiffers, Bd. 1, Rn. 1419 ff., zu finden. Vgl. zum Nachweis der Auswirkungen von Verzögerungen auch *Reister*, Festschrift für Thode, S. 125, 128.
154) NJW-RR 1998, 671 = OLGR 1998, 255.
155) IBRRS 2014, 1002 ff. = NZBau 2014, 626 = NJW 2014, 3039.
156) Vgl. hierzu im Einzelnen *Roquette/Viering/Leupertz*, Rn. 1288 ff.
157) OLG Dresden, IBR 2012, 12 – *Gross*.

Ansprüche des Unternehmers/Auftragnehmers　　　　　　　　　　　Rdn. 2333

Der BGH hat 2002 unter Hinweis auf seine bisherige Rechtsprechung[158] in diesem Zusammenhang den insoweit notwendigen Vortrag des Auftragnehmers wie folgt zusammengefasst:[159]

> „Der Auftragnehmer hat in einem Prozess unter anderem schlüssig darzulegen, dass er durch eine Pflichtverletzung des Auftraggebers behindert worden ist. Der Senat hat bereits in seinem ersten Urteil in dieser Sache darauf hingewiesen, dass es grundsätzlich nicht ausreicht, eine oder mehrere Pflichtverletzungen vorzutragen. Der Auftragnehmer muss vielmehr substantiiert zu den dadurch entstandenen Behinderungen seiner Leistung vortragen. Dazu ist in der Regel eine konkrete, bauablaufbezogene Darstellung der jeweiligen Behinderung unumgänglich. Demjenigen Auftragnehmer, der sich durch Pflichtverletzungen des Auftraggebers behindert fühlt, ist es zuzumuten, eine aussagekräftige Dokumentation zu erstellen, aus der sich die Behinderung sowie deren Dauer und Umfang ergeben. Ist ein Auftragnehmer mangels einer ausreichenden Dokumentation der Behinderungstatbestände und der sich daraus ergebenden Verzögerungen zu einer den Anforderungen entsprechenden Darstellung nicht in der Lage, geht das grundsätzlich nicht zulasten des Auftraggebers (BGH, Urt. v. 21.3.2002 – VII ZR 224/00, BauR 2002, 1249 = NZBau 2002, 381 = ZfBR 2002, 562, dazu EWiR 2002, 639 [Schwenker])."

Darüber hinaus hat der BGH zutreffend klargestellt, dass die Frage, ob eine Pflichtverletzung des Auftraggebers zu einer Behinderung des Auftragnehmers geführt hat, die haftungsbegründende Kausalität und damit den konkreten Haftungsgrund betrifft, sodass insoweit § 287 ZPO nicht anwendbar ist.[160] Vielmehr kann der Auftragnehmer Darlegungs- und Beweiserleichterungen nach § 287 ZPO nur in Anspruch nehmen, soweit es um die nicht mehr dem Haftungsgrund zuzuordnenden Folgen einer Behinderung, z.B. für den weiteren Bauablauf, geht (vgl. näher Rdn. 2342).[161]

Auf der Klägerseite wird oftmals der Versuch unternommen, im Nachhinein aus dem vorhandenen, meist lückenhaften Schriftverkehr, den Bautagebüchern oder Besprechungsprotokollen die hindernden Umstände und die damit verbundene zeitliche Verzögerung nachzuweisen. Dabei werden dann allgemeinübliche „**Reibungsverluste**", insbesondere auf Großbaustellen, mit **tatsächlichen Behinderungen verwechselt**. Oder es werden die Folgen etwaiger hindernder Umstände für den gesamten Bauablauf (wie z.B. Kosten wegen Leerlaufzeit, Wartezeiten, Stillstandzeiten, Mehrkosten wegen verlängerter Bauzeit, Beschleunigungskosten usw.) in nicht ausreichendem Maße vorgetragen. Gerade insoweit kommen Auftragnehmer vielfach in Darlegungs- und Beweisnot.

---

158) BGH, BauR 2002, 1249 = NZBau 2002, 381 = NJW-RR 2002, 2716.
159) BGH, BauR 2005, 857 = NJW 2005, 1653 = MDR 2005, 922 = IBR 2005, 246 – *Schulze-Hagen*. *Roquette/Laumann* (BauR 2005, 1829 ff.) haben zur Darlegungs- und Beweislast bei Bauzeitenclaims des Auftragnehmers, zu den Hinweispflichten des Gerichts und zur Frage, in welchem Umfang eine Schadensschätzung nach § 287 ZPO möglich ist, umfangreiche Ausführungen gemacht.
160) BGH, a.a.O.; ferner OLG Nürnberg, BauR 2001, 401 = NZBau 2000, 518 = OLGR 2000, 227.
161) BGH, a.a.O. sowie BGH, BauR 2005, 861 = NJW 2005, 1650 = IBR 2005, 247 – *Vogel*; OLG Köln, NZBau 2014, 2578 – *Malotki*; vgl. *Roquette*, in Baumanagement und Bauökologie, S. 305, 310, 313 sowie hierzu *Roquette/Laumann*, BauR 2005, 1829 ff. Zu Kausalitätsfragen bezüglich eines gestörten Bauablaufs vgl. *Duve/Richter*, BauR 2006, 608 sowie *Reister*, Festschrift für Thode, S. 125, 129 und *Bruns*, ZfIR 2006, 153, 172.

2334 Viele **hindernde Umstände** können vor allem auf **Großbaustellen** in irgendeiner Form vom Auftragnehmer durch Umstellung des Bauablaufs **abgefangen oder ausgeglichen** werden – wie es auch § 6 Abs. 3 VOB/B verlangt –, sodass die Behinderung tatsächlich keine Verzögerung des Bauablaufs und in der Regel auch keine Mehrkosten als Folge auslöst: Wird eine Putzerfirma bei einem mehrstöckigen Hochhaus in einem Stockwerk behindert und kann das Unternehmen ohne Weiteres auf ein anderes Stockwerk ausweichen, hat die unstreitige Behinderung keine Folgen für den Auftragnehmer. Mit Recht weist daher auch der BGH[162] darauf hin, dass gerade auf Großbaustellen häufig noch andere Einsatzmöglichkeiten für Personal und Gerät bestehen, weshalb nicht jede Behinderung zwangsläufig zu entsprechenden Produktionseinbußen führen muss.

2335 Vielfach fehlt es an der **Offenkundigkeit einer Behinderung** oder einer entsprechenden **Anzeige** des Auftragnehmers im Sinne des § 6 Abs. 1 VOB/B. Als eine Behinderungsanzeige kann nur eine schriftliche oder auch mündliche[163] Mitteilung gegenüber dem Auftraggeber oder (ggf.) dem bauaufsichtsführenden Architekten[164] angesehen werden, in der der Auftraggeber mit hinreichender Klarheit über die **Gründe** und die **Art der Verzögerung** bzw. der **Behinderung** sowie über die **Auswirkungen für die Zukunft (Bauzeit) konkret informiert** wird: Die Regelung des § 6 Abs. 1 VOB/B verfolgt nämlich den Zweck, dem Auftraggeber Kenntnis von bevorstehenden oder bereits eingetretenen hindernden Umständen, die den zeitlichen Ablauf des Bauvorhabens betreffen, zu verschaffen und ihm die Möglichkeit der Abhilfe und Ausübung seiner Befugnisse nach § 4 Abs. 1 Satz 1 VOB/B zu geben. Der Auftragnehmer hat also z.B. Angaben darüber zu machen, ob und wann genau Arbeiten, die nach dem konkreten Bauablauf angestanden hätten, nicht wie vorgesehen ausgeführt oder Geräte und Arbeiter in bestimmtem oder bestimmbarem Umfang wegen der angegebenen Behinderung nicht oder nur mit verminderter Intensität eingesetzt werden konnten.[165] Eine solche konkrete Anzeige unterbleibt meist aufgrund der Hektik des Baugeschehens. Die Anzeige braucht sich dagegen nicht auf den ungefähren Umfang bzw. die ungefähre Höhe der zu erwartenden Ersatzansprüche zu erstrecken.[166]

---

162) BauR 1986, 347, 348 = ZfBR 1986, 130 = NJW 1986, 1684; vgl. auch OLG Düsseldorf, NJWRR 1998, 671 = OLGR 1998, 255 (Überstunden); ferner BGH, BauR 2002, 1249 = NZBau 2002, 381. Vgl. hierzu auch *Reister*, Festschrift für Thode, S. 125, 129.

163) **Herrschende Meinung**; OLG Koblenz, NJW-RR 1988, 851; OLG Köln, BauR 1981, 472; *Döring*, in: Ingenstau/Korbion, § 6 Abs. 1, B, Rn. 5; *Leinemann/Kues* in: Leinemann, VOB/B, § 6, Rn. 19 m.w.N.

164) Ob eine Behinderungsanzeige grundsätzlich auch gegenüber dem objektüberwachenden Architekten des Auftraggebers abgegeben werden kann, ist **streitig**, aber abzulehnen; wie hier: *Vygen/Joussen* in: *Vygen/Joussen/Lang/Rasch*, Teil A, Rn. 401; **a.A.:** *Markus* in: Kapellmann/Messerschmidt, § 6, Rn. 9; *Döring*, in: Ingenstau/Korbion, § 6 Abs. 1, B, Rn. 8 f.; *Jagenburg*, BauR 1978, 180, 186.

165) Vgl. zum notwendigen Inhalt der Behinderungsanzeige auch OLG Hamm, IBR 2013, 670 – *Vogel*.

166) BGH, NJW-RR 1990, 403 = BauR 1990, 210 = ZfBR 1990, 138; **a.A.:** OLG Koblenz, NJW-RR 1988, 851.

Der BGH[167] hat diese strengen Maßstäbe an den Inhalt der Behinderungsanzeige bestätigt und dabei auf den Zweck dieser Anzeige verwiesen:

„Diese Anzeige dient dem Schutz des Auftraggebers. Sie dient der Information des Auftraggebers über die Störung. Der Auftraggeber soll ferner gewarnt und ihm die Möglichkeit eröffnet werden, Behinderungen abzustellen. Er soll zugleich vor unberechtigten Behinderungsansprüchen geschützt werden. Die rechtzeitige und korrekte Behinderungsanzeige erlaubt ihm nämlich, Beweise für eine in Wahrheit nicht oder nicht im geltend gemachten Umfang bestehende Behinderung zu sichern. Nur wenn die Informations-, Warn- und Schutzfunktion im Einzelfall keine Anzeige erfordert, ist die Behinderungsanzeige wegen Offenkundigkeit entbehrlich."

Diese Grundsätze hat das OLG Düsseldorf[168] in jüngerer Vergangenheit bekräftigt und weiterhin darauf abgestellt, dass der Unternehmer mitteilen muss, ob und wann seine Arbeiten nicht bzw. nicht wie vorgesehen ausgeführt werden können, sowie weiterhin alle Tatsachen darzulegen hat, aus denen sich für den Auftraggeber mit hinreichender Klarheit und erschöpfend die Behinderungsgründe ergeben.

Eine Klausel in **AGB des Auftraggebers**, wonach Behinderungsanzeigen auch dann der Schriftform bedürfen, wenn die Behinderung offenkundig ist, wird vom BGH[169] als wirksam angesehen.

Fehlt eine Behinderungsanzeige, hat der Auftragnehmer substantiiert vorzutragen, dass die hindernden Umstände **offenkundig** waren. An den Vortrag und den Nachweis sind strenge Anforderungen zu stellen, da es sich um einen **Ausnahmetatbestand** handelt.[170] Insoweit kann allerdings ggf. der Wahrnehmungsstand des bauaufsichtsführenden Architekten oder eines anderen vom Auftraggeber mit der Wahrnehmung seiner Interessen beauftragten Dritten ausreichen.[171]

2336

Offenkundigkeit ist immer gegeben,[172]
* wenn der Auftraggeber über die Behinderung und ihre Auswirkungen auf den Baufortschritt mit der erforderlichen Sicherheit unterrichtet ist, oder
* die hindernden Umstände so in Erscheinung getreten sind, dass sie für einen im Bauwesen Tätigen oder sogar in Bausachen unerfahrenen Laien nicht verborgen bleiben konnten, also allgemeinkundig waren, d.h. einer beliebig großen Zahl von Menschen bekannt oder ohne weiteres zuverlässig wahrnehmbar waren.[173]

Fehlt die Voraussetzung der Offenkundigkeit und wird die Anzeigepflicht vom Auftragnehmer verletzt, kann er keine eigenen Rechte aus einer Behinderung geltend machen. Allerdings **bleibt dem Auftragnehmer bei der Abwehr von Ansprüchen** des Auftraggebers (z.B. Schadensersatzansprüche aus Verzug) der **Ein-**

---

167) BauR 2000, 722 = NJW 2000, 1336 = NZBau 2000, 187 = ZfBR 2000, 248 = MDR 2000, 578.
168) BauR 2015, 1168 ff.
169) BGH, NJW-RR 1989, 625.
170) *Vygen/Joussen* in: Vygen/Joussen/Lang/Rasch, Teil A, Rn. 403; *Döring*, in: Ingenstau/Korbion, § 6 Abs. 1, B, Rn. 10.
171) So jedenfalls *Döring*, in: Ingenstau/Korbion, § 6 Abs. 1, B, Rn. 15; *Vygen/Joussen* in: Vygen/Joussen/Lang/Rasch, Teil A, Rn. 403.
172) Vgl. OLG Koblenz, NJW-RR 1988, 852; *Döring*, in: Ingenstau/Korbion, § 6 Abs. 1, B, Rn. 11 f.
173) Vgl. OLG Düsseldorf, BauR 1988, 487, 488 (Baustopp wegen Fehlens der Baugenehmigung).

wand erhalten, dass er **keine Ursache** für die Behinderung gesetzt oder diese **nicht verschuldet** hat, wenn er seine Anzeigepflicht nicht nachgekommen ist.[174] Für die Verteidigung gegenüber Ansprüchen des Auftraggebers sieht § 6 Abs. 1 VOB/B erkennbar keine Anzeigepflicht vor.

Nach OLG Stuttgart[175] schließt eine unterlassene Behinderungsanzeige des Unternehmers dessen Ansprüche aber dann nicht aus, wenn die Behinderung ohnehin nicht beseitigt werden kann.

2337 Der Auftraggeber haftet sowohl für eigenes **Verschulden** wie auch das Verschulden eines Erfüllungsgehilfen (§§ 276, 278 BGB).[176] Ob ein Verschulden des Auftraggebers an der Behinderung vorliegt, ist jeweils im Einzelfall zu prüfen.[177] Als vom Auftraggeber zu verantwortende Bauablaufstörungen kommen z.B. in Betracht: verspätete Planübergaben, Planungsänderungen, verspätete Freigabe der Baustelle, notwendige, aber nicht vorgesehene Arbeiten auf dem Grundstück, die im Einflussbereich des Auftraggebers liegen.[178] Für höhere Gewalt (z.B. durch Hochwasser/außergewöhnliche Regenfälle überflutete Baugrube oder Baustelle) haftet der Auftraggeber nicht, wobei geringstes eigenes Verschulden bei der Entstehung des außergewöhnlichen Ereignisses höhere Gewalt ausschließt.[179] Da der Auftraggeber dem Auftragnehmer keine Bauaufsicht schuldet (vgl. Rdn. 2494), kann der Auftragnehmer aus einer unterlassenen oder unzureichenden Bauaufsicht keine Vertragsverletzung des Auftraggebers herleiten.[180]

Nach h.M. trifft den anspruchstellenden **Auftragnehmer** die **Darlegungs-** und **Beweislast** für die objektiven Voraussetzungen der Behinderung oder Unterbrechung, während der **Auftraggeber**, in dessen Sphäre das Hindernis liegt, darlegen und beweisen muss, dass ihn **kein Verschulden** trifft.[181]

Zwar verbleibt eine **Vertragsstrafe** aufgrund ihres akzessorischen Charakters grundsätzlich bei dem jeweiligen Vertragsverhältnis; ein General-(Haupt-)Unternehmer kann jedoch die verwirkte Strafe als Verzugsschaden gemäß § 6 Abs. 6

---

174) OLG Saarbrücken, BauR 1998, 1010; *Sonntag* in: Nicklisch/Weick/Jansen/Seibel, § 6/B, Rn. 25; *Oberhauser*, BauR 2001, 1177, 1180; **a.A.:** *Kapellmann*, Festschrift für Vygen, S. 194, 206.
175) IBR 2013, 465 – mit (kritischer) Anmerkung *Hummel*.
176) *Döring* in: Ingenstau/Korbion, § 6 Abs. 6, B, Rn. 13; *Leinemann/Kues* in: Leinemann, VOB/B, § 6, Rn. 143; OLG Düsseldorf, BauR 1996, 862, 864; BauR 1991, 337 (die Zurechnung der Behinderung zur Risikosphäre des Auftraggebers reicht nicht aus); ferner: BauR 1992, 765.
177) BGH, BauR 1997, 1021 = NJW 1998, 546 = DB 1997, 2481 (Verstoß des Auftraggebers gegen eine dem Auftragnehmer gegenüber bestehende vertragliche Schutzpflicht – Hochwasserschutz). Vgl. im Einzelnen vor allem Kapellmann/Schiffers, Bd. 1, Rn. 1344 ff. Zur Arbeitsbehinderung durch Grundwasser: OLG Köln, NJW-RR 1995, 19; zur Behinderung durch Bodenerschwernisse: OLG Hamm, NJW-RR 1994, 406.
178) Vgl. hierzu OLG Düsseldorf, BauR 1999, 491 (Asbestentsorgung als Behinderung des Auftragnehmers bei fehlender Ausschreibung der Asbestummantelung, mangelhafte Koordinierung auf der Baustelle).
179) *Sonntag* in: Nicklisch/Weick/Jansen/Seibel, VOB/B, § 6 Rn. 8; vgl. auch *Döring* in: Ingenstau/Korbion, § 6 Abs. 2, B, Rn. 19.
180) BGH, BauR 1997, 1021 = NJW 1998, 546 = DB 1997, 2481.
181) OLG Düsseldorf, BauR 1999, 491; BauR 1997, 646 = OLGR 1997, 174; *Döring*, in: Ingenstau/Korbion, § 6 Abs. 6, B, Rn. 23 m.w.N.

Ansprüche des Unternehmers/Auftragnehmers Rdn. 2338

VOB/B gegenüber seinem Subunternehmer geltend machen, wenn der Verzug darauf zurückzuführen ist, dass der Subunternehmer eine vertragliche Pflicht schuldhaft verletzt hat[182] (vgl. hierzu näher Rdn. 2559).

Der **Vorunternehmer** ist nach Auffassung des BGH[183] grundsätzlich **nicht der Erfüllungsgehilfe des Auftraggebers,** sodass sich Letzterer ein **Verschulden des Vorunternehmers im Verhältnis zum Nachfolgeunternehmer** nicht als eigenes Verschulden anrechnen lassen muss. Die Entscheidung des BGH ist in der Literatur vielfach auf Kritik gestoßen.[184] Etwas anderes gilt nur, wenn den Auftraggeber insoweit ein Koordinierungsverschulden oder den Architekten des Auftraggebers in anderer Weise eine schuldhafte Pflichtverletzung trifft[185] oder der Auftraggeber dem Nachfolgeunternehmer ausnahmsweise für die mangelfreie Erbringung der Vorleistungen einstehen will.[186] Eine **Einstandspflicht des Auftraggebers** im vorerwähnten Sinne kommt ausnahmsweise in Betracht, wenn dieser sich verpflichtet, die **Vorleistung** zu einem bestimmten Zeitpunkt in geeigneter Form **zur Verfügung zu stellen,** dabei reicht aber die Vereinbarung von Vertragsfristen allein hierfür noch nicht aus.[187] Trotz der Kritik hält der BGH grundsätzlich an seiner Rechtsprechung heute noch fest. Allerdings hat der BGH seine ebenfalls früher vertretene Ansicht nunmehr aufgegeben, dass eine Haftung des Auftraggebers gegenüber dem Nachfolgeunternehmer bei (auch mangelbedingter) Verzögerung der Arbeiten des Vorunternehmers auch aus § 642 BGB[188] nicht in Betracht kommt.[189]

Der **BGH** gesteht dem Nachfolgeunternehmer damit zumindest den **verschuldensunabhängigen Entschädigungsanspruch aus § 642 BGB** bei Gläubigerver-

2338

---

182) BGH, BauR 1998, 330.
183) BGH, BauR 2000, 722 = NJW 2000, 1336 = NZBau 2000, 187 = MDR 2000, 578; vgl. hierzu insbesondere *Döring*, Festschrift für Jagenburg, S. 111 ff.; ferner BGH, BauR 1985, 561 = NJW 1985, 2475; vgl. zu diesen Entscheidungen des BGH insbesondere *Stamm*, BauR 2002, 1 f.; ebenso: OLG Düsseldorf (5. Zivilsenat), BauR 2001, 264 = OLGR 2001, 38; OLG Celle, OLGR 2001, 102; OLG Frankfurt, OLGR 1996, 212; OLG Nürnberg, BauR 1994, 517 m.Anm. *Dähne;* OLG Köln, Urt. v. 10.1.1992 – 20 U 71/91 –; *Kraus*, BauR 1986, 17, 26; **a.A.:** OLG Düsseldorf (21. Zivilsenat), BauR 1999, 1309 = NJW-RR 1999, 1543 = MDR 2000, 153 = OLGR 1999, 483 (m.Anm. *Kniffka* sowie *Kaiser*, BauR 2000, 177 sowie *Siegburg*, BauR 2000, 182); OLG Celle, BauR 1994, 629 m. zustimmender Anm. *Vygen;* OLG Köln, BauR 1986, 582 = NJW 1986, 71; *Vygen*, BauR 1989, 387 ff.; *Grieger*, BauR 1990, 406 ff.; *Baden*, BauR 1991, 30 ff.
184) Vgl. hierzu *Kapellmann/Schiffers*, Bd. 1, 1368 ff.; *Kaiser*, BauR 2000, 177; *v. Craushaar*, Festschrift für Vygen, S. 154 ff.; *Stamm*, BauR 2002,1; Vgl. ferner Rdn. 2936 a.E.
185) So auch BGH, BauR 1985, 561 = NJW 1985, 2475; *Kapellmann/Schiffers*, Bd. 1, Rn. 1363.
186) BGH, BauR 2000, 722 = NJW 2000, 1336 = NZBau 2000, 187 = MDR 2000, 578; vgl. hierzu *Kraus*, BauR 2000, 1105 ff.; *Kleine-Möller*, NZBau 2000, 401 ff.; *v. Gehlen*, ZfBR 2000, 291 ff.; *I. Jagenburg*, Festschrift für Mantscheff, S. 99 ff.
187) BGH, a.a.O. mit Hinweis auf OLG Celle, BauR 1994, 629 („Behelfsbrücke") u. BGH, ZfBR 1992, 31 („Deponieverwaltung"). In beiden Fällen hatte der BGH die vertragliche Verpflichtung des AG gegenüber dem Nachunternehmer zu einer bestimmten Vorleistung (im OLG-Celle-Fall durch Nichtannahme der Revision) bejaht.
188) Zu Ansprüchen aus § 642 BGB bei Bauverzögerungen vgl. im Einzelnen *Boldt*, BauR 2006, 185 sowie *Schilder*, BauR 2007, 450.
189) BGH, BauR 2000, 722 = NJW 2000, 1336 = NZBau 2000, 187 = MDR 2000, 578; BauR 2003, 531; vgl. hierzu *Döring*, Festschrift für Jagenburg, S. 111, 112; *Stamm*, BauR 2002, 1, 4; *Boldt*, BauR 2006, 185.

zug zu:[190] Danach kann der Nachfolgeunternehmer zwar keinen Anspruch auf Schadensersatz, jedoch einen Anspruch auf angemessene Entschädigung fordern, wenn der Auftraggeber durch das Unterlassen einer bei Herstellung der Bauleistung erforderlichen Mitwirkungshandlung (als nicht selbstständig einklagbare Gläubiger-Obliegenheit)[191] in Annahmeverzug[192] kommt.[193] Dabei hat der BGH klargestellt, dass Annahmeverzug immer dann vorliegt, wenn

* der Auftraggeber seine Mitwirkungshandlung nicht oder nicht rechtzeitig erbringt,
* der Unternehmer seinerseits leisten darf, zur Leistung bereit und im Stande ist und seine Leistung wie geschuldet anbietet.

Zu einem „ordnungsgemäßen Angebot" des Nachfolgeunternehmers gehört bei einem VOB-Bauvertrag auch, dass dieser gemäß § 6 Abs. 1 VOB/B anzeigt, dass er wegen hindernder Umstände zur Leistungserbringung nicht im Stande ist. Dabei hat der Nachfolgeunternehmer seine Behinderung konkret schriftlich anzuzeigen (vgl. Rdn. 2335). Allerdings erfasst der Anspruch auf angemessene Entschädigung gemäß § 642 BGB nach der Entscheidung des BGH nicht Wagnis und entgangenen Gewinn.[194]

Mit seiner neuerlichen Rechtsprechung hat der BGH einen auch für die Baupraxis begrüßenswerten Weg geöffnet, unbillige Ergebnisse im Verhältnis Auftraggeber – Nachfolgeunternehmer, die sich aus der Nichtanwendung des § 278 BGB ergeben, über § 642 BGB zu korrigieren. Da § 6 Abs. 6 VOB/B nach Auffassung des BGH[195] keine abschließende Regelung von Leistungsstörungen, die zu Verzögerungen führen, darstellt, kann der Anspruch aus § 642 BGB beim VOB-Bauvertrag bei aufrecht erhaltenem Vertrag auch neben etwaigen Ansprüchen aus § 6

---

[190] Vgl. hierzu im Einzelnen *Roskosny/Bolz*, BauR 2006, 1804 (Rechtsnatur und die Berechnung des Entschädigungsanspruchs aus § 642 BGB) sowie *Roquette*, in Baumanagement und Bauökologie, S. 305 ff., 311; ferner zum Umfang und zur Berechnung des Entschädigungsanspruches vgl. *Döring*, Festschrift für Jagenburg, S. 111, 116; ferner *von Craushaar*, Festschrift für Kraus, S. 3 ff.; OLG Braunschweig, BauR 2004, 1621; OLGR 2004, 434 (Anspruch aus § 642 Abs. 1 BGB umfasst nicht Wagnis und Gewinn – Gerätestillstandskosten können im Rahmen dieses Anspruchs nicht unter Ansatz der Baugeräteliste ermittelt werden) = IBR 2004, 364 – *Leitzke*; OLG Köln, IBR 2004, 411 – *Malotki* (kein Anspruch aus § 642 BGB für den Ersatz von Mehrkosten infolge Überstundenableistung wegen gestörten Bauablaufs) = OLGR 2004, 263.
[191] **Herrschende Meinung:** BGH, a.a.O.; vgl. hierzu insbesondere *Kleine-Möller*, NZBau 2000, 401, 402 sowie *I. Jagenburg*, Festschrift für Mantscheff, S. 99 ff.; *Scheube*, Jahrbuch Baurecht 2006, 83.
[192] Nach BGH, BauR 2003, 531 = MDR 2003, 502 = NZBau 2003, 325, reicht für ein „wörtliches Angebot" nach § 295 BGB aus, dass der Auftragnehmer seine Mitarbeiter auf der Baustelle zur Verfügung hält und zu erkennen gibt, dass er bereit und in der Lage ist, seine Leistung zu erbringen.
[193] Ob dem Nachfolgeunternehmer daneben auch Ansprüche aus § 2 Abs. 5 VOB/B zustehen, wird vom BGH (a.a.O.) zu Recht nicht angesprochen, weil es in dem entschiedenen Fall an einer Anordnung im Sinne des § 2 Nr. 5 VOB/B fehlte, was auch in ähnlichen Fallkonstellationen die Regel sein wird.
[194] Hiervon abweichend: KG, IBR 2017, 129 – *Popescu*; siehe auch *Kleine-Möller*, NZBau 2000, 401, 404.
[195] BGH, a.a.O.; OLG Braunschweig, BauR 2001, 1739; **a.A.:** OLG Rostock, BauR 1999, 402, 403.

Ansprüche des Unternehmers/Auftragnehmers

Abs. 6 VOB/B geltend gemacht werden.[196] Das gilt ganz allgemein und nicht nur für das Verhältnis Auftraggeber – Nachfolgeunternehmer.[197]

§ 6 Abs. 6 Satz 2 VOB/B stellt zwischenzeitlich ausdrücklich klar, dass dem Auftragnehmer der Anspruch auf angemessene Entschädigung nach § 642 BGB grundsätzlich verbleibt. Voraussetzung ist allerdings, dass die Anzeige nach § 6 Abs. 1 Satz 1 VOB/B erfolgt oder Offenkundigkeit nach Abs. 1 Satz 2 gegeben ist. Damit wird allerdings der Anspruch aus § 642 BGB entsprechend eingeschränkt.[198]

Im Übrigen setzt die Entschädigung des Unternehmers gemäß § 642 BGB eine nachvollziehbare Darlegung des Annahmeverzuges und auch der damit verbundenen Auswirkungen auf den Bauablauf voraus. Die aus einer Behinderung abgeleitete Bauzeitverlängerung muss möglichst konkret dargelegt werden. Erforderlich ist auch im Rahmen der Anspruchsbegründung gemäß § 642 BGB eine baustellenbezogene Darstellung der Ist- und Sollabläufe, anhand derer die Bauzeitverlängerung nachvollziehbar wird.[199] Nach einer beachtenswerten Entscheidung des OLG Köln aus dem Jahr 2014[200] muss der Unternehmer im Hinblick auf den Anspruch dem Grunde nach darlegen und beweisen, dass die Bauzeit mit den kalkulierten Mitteln bei ungestörtem Bauablauf eingehalten worden wäre und er selbst zur Zeit der Behinderung leistungsbereit war, also keine von ihm selbst verursachten Verzögerungen vorlagen und Umstände gegeben waren, die gegen eine Behinderung sprechen, wie z.B. in Form der Umstellung von Bauabläufen oder Inanspruchnahme von Pufferzeiten.[201] In einer weiteren Entscheidung aus dem Jahre 2015 hat das Oberlandesgericht Köln[202] ausgesprochen, dass der Unternehmer, wenn er eine Entschädigung wegen Bauzeitverzögerung beansprucht, eine **Gegenüberstellung der gesamten betrieblichen Situation** hinsichtlich sämtlicher Einnahmen und Ausgaben betreffend aller von ihm geplanter und außerdem aller tatsächlich auch durchgeführten Arbeiten bzw. der jeweils veränderten Positionen für den kompletten Ausführungszeitraum – einmal fiktiv ohne die Bauzeitverzögerung und einmal mit dieser – vorlegen muss.[203] Demgegenüber hat das KG[204] zuletzt in einer bemerkenswerten jüngeren Entscheidung den Standpunkt eingenommen, dass an die Schlüssigkeit des Sachvortrages des Unternehmers geringere Anforderungen zu stellen sind. So stehe dem Unternehmer eine Entschädigung gemäß § 642 BGB dann zu, wenn ihm durch Annahmeverzug des Auftraggebers ein Vermögensnachteil entstanden sei. Habe der Unternehmer Entsprechendes dargelegt, sei – so das KG – eine weitergehende bau-

---

196) Ist der Vertrag gekündigt, ergibt sich dies aus § 9 Nr. 3 VOB/B, der ausdrücklich auf § 642 BGB verweist.
197) Vgl. hierzu insbesondere *Boldt*, BauR 2006, 185; ferner *Reister*, Festschrift für Thode, S. 125, 132.
198) Vergleiche zum Anwendungsbereich des § 642 BGB in diesem Zusammenhang insbesondere *Roquette/Viering/Leupertz*, Rn. 751 ff.
199) Vgl. OLG Frankfurt, IBR 2016, 8 – *Sienz*; KG, IBR 2012, 75 – *Leinemann* = BauR 2012, 951 ff.; ferner KG, IBR 2013, 406 – *Krebs*; OLG Hamm, IBR 2013, 726 – *Vogel*; LG Freiburg, IBR 2017, 365 – *Woltag*.
200) IBR 2014, 257 – *Malotki*; vgl. hierzu auch die Anmerkungen von *Markus*, NZBau 2014, 688 f.
201) Vgl. hierzu auch *Heilfort*, BauR 2017, 178 ff.
202) IBR 2015, 297 (Nichtzulassungsbeschwerde zurückgewiesen) – *Bolz*.
203) Vgl. auch LG Stuttgart, IBR 2015, 1107 – *Woltag*.
204) BauR 2017, 923 = IBR 2017, 128 – *Bolz*.

ablaufbezogene Darstellung der Bauarbeiten zur Anspruchsbegündung nicht erforderlich.

Eine Behinderungsanzeige setzt ein Anspruch gemäß § 642 BGB[205] beim BGB-Vertrag nicht zwingend voraus.[206]

Im Rahmen einer schlüssigen Anspruchsdarlegung müssen vom Unternehmer selbst verursachte Verzögerungen ebenso berücksichtigt werden, wie die Erteilung von Nachträgen.[207] Auch im Rahmen einer baubetrieblichen Störungsdarlegung sind die beauftragten Nachträge mit ihren Auswirkungen zu berücksichtigen. Ein baubetriebliches Gutachten, in dem ein Bauzeitverlängerungsanspruch auf der Grundlage herausgegriffener Aspekte des Baugeschehens und anhand einer arbeitswissenschaftlichen Schätzung errechnet wird, ist nach dem KG[208] nicht geeignet, einen derartigen Anspruch zu begründen.

Die **Darlegungs- und Beweislast** für die Merkmale des Annahmeverzuges des Auftraggebers mit Ausnahme der Frage der Leistungsbereitschaft und des Leistungswillens trägt der Unternehmer; hinsichtlich seiner Leistungsbereitschaft und seines Leistungswillens trifft ihn aber die sekundäre Darlegungslast.[209] Liegt schlüssiger Sachvortrag des Auftragnehmers vor, muss im Übrigen eine hinreichende Befassung mit entscheidungserheblichem Gegenvortrag des Bauherrn erfolgen.[210] Als Anspruchsgrundlage für die Vergütung von Beschleunigungsmaßnahmen scheidet § 642 BGB hingegen aus.[211]

Instruktive und ausführliche Darlegungen zu Tatbestand, dogmatischen Grundlagen und Anwendung des § 642 BGB finden sich bei *Glöckner*,[212] *Leupertz*[213], *Sienz*,[214] und *Hartwig*.[215] Mit der Frage möglicher Entschädigungsansprüche des Unternehmers im Falle des Auftretens witterungsbedingter Stillliegezeiten hat sich *Pauly*[216] auseinandergesetzt.

Ob ein Anspruch gemäß § 642 BGB **von § 648a BGB erfasst** sein kann, wird in der Literatur kontrovers beurteilt.[217] Das Landgericht Halle[218] und das Landgericht Berlin[219] haben diese Frage zuletzt mit zutreffender Begründung unter Abstellung auf den Gesetzeswortlaut verneint.

---

205) Zur Entschädigung nach § 642 BGB beim VOB-Vertrag unter besonderer Berücksichtigung der Schlechtwetterproblematik siehe auch: *Diehr*, ZfBR 2011, 627.
206) Vgl. OLG Düsseldorf, IBR 2013 – *Roskosny*.
207) OLG Köln, IBR 2015, 121 – *Althaus* = BauR 2015, 850 ff.
208) IBR 2010, 437 – *Schulz*.
209) OLG Frankfurt IBR 2016, 138 – *Vogel*; siehe hierzu auch OLG Brandenburg, IBR 2016, 330 – *Bolz*.
210) So zuletzt BGH, IBR 2016, 256 – *Manteufel*.
211) Vgl. OLG Brandenburg, IBR 2012, 381 – *Bolz*.
212) BauR 2014, 368.
213) BauR 2014, 381.
214) BauR 2014, 390.
215) BauR 2014, 1055.
216) BauR 2014, 1213 ff.
217) Vgl. Palandt/Sprau, § 648a, Rn. 15 m.w.N.
218) IBR 2016, 1138 – *Siemer*.
219) IBR 2017, 251 – *Pfisterer*.

2339 Auch erhebliche **Mengenmehrungen, Zusatzaufträge** oder **Änderungsleistungen** können zu Bauzeitverlängerungen führen. Kommt es dadurch zu Behinderungen des Bauablaufes, ist es umstritten, ob neben Ansprüchen aus § 2 Abs. 3, 5 und 6 VOB/B auch Schadensersatzansprüche gemäß § 6 Abs. 6 VOB/B in Betracht kommen.[220] Nachträge werden in der Regel vorwiegend auf § 2 Abs. 3, 5 und 6 VOB/B gestützt. Im Hinblick auf die vorerwähnten Ausführungen erscheint es für Auftragnehmer ratsam, bei Abgabe ihrer Nachtragsangebote klarzustellen, ob damit – neben der leistungsbezogenen Mehrvergütung – auch etwaige bauzeitbedingte Mehrkosten erfasst sind oder erst später gesondert geltend gemacht werden,[221] da die Auswirkungen auf die Bauzeit im Zeitpunkt der Nachtragsbeauftragung meist noch nicht überschaubar sind. Wird ein solcher Vorbehalt nicht erklärt, kann in der Regel davon ausgegangen werden, dass das Nachtragsangebot sämtliche Mehrleistungen umfasst und damit zusätzliche, bauzeitbezogene Kosten durch einen späteren Nachtrag nicht mehr nachgeschoben werden können.[222]

Bei den **Kosten einer Nachtragsbearbeitung** bei bauzeitbezogenen Ansprüchen (vgl. Rdn. 1471) handelt es sich vorrangig um ein Vergütungsproblem[223]. Sie sind in die Preise der Nachtragsaufträge einzukalkulieren[224]. Schadensersatzansprüche können etwa dann in Betracht kommen, wenn der Auftraggeber den Auftragnehmer mit Erstellung von Nachträgen für zusätzliche Leistungen „überschüttet", die entsprechenden Nachtragsaufträge aber dann nicht erteilt.[225]

Hat der **Auftragnehmer die objektiven Voraussetzungen** der Behinderung dargelegt und bewiesen, trägt der **Auftraggeber nunmehr seinerseits die Darlegungs- und Beweislast,** dass ihn **kein Verschulden** trifft.[226] Ist die Behinderung oder Unterbrechung von **beiden** Vertragsparteien **zu vertreten,** gilt § 6 Abs. 6 VOB/B entsprechend, wobei die beiderseitigen Verschuldens- und Verursachungsbeiträge nach § **254 BGB**[227] gemäß § 287 ZPO geschätzt werden.

2340 Auch die Darstellung und der Nachweis des eingetretenen Schadens gemäß § 6 Abs. 6 VOB/B stellen den Auftragnehmer in der Regel, insbesondere im Hinblick

---

220) Hierzu und insbesondere zur Abgrenzung der Ansprüche aus § 2 Abs. 5 VOB/B einerseits und § 6 Abs. 6 VOB/B andererseits vgl. im Einzelnen Rdn. 1457–1468 sowie 2349.
221) So richtig: *Kemper*, NZBau 2001, 238, 241, sowie *Koppmann*, IBR 2006, 599.
222) So OLG Brandenburg, IBR 2011, 395 – *Althaus*; OLG Düsseldorf, BauR 1996, 267, *Bruns*, ZfIR 2006, 153, 163; **a.A.:** *Roquette/Schweiger*, BauR 2008, 734, 739 (Vorbehalt muss zur Rechtswahrung nicht erklärt werden – Unternehmer kann grundsätzlich bauzeitbezogene Folgekosten fordern) und wohl auch *Kapellmann/Schiffers*, Bd. 1, Rn. 943. Vgl. hierzu auch KG, IBR 2012, 76 – *Leinemann*.
223) *Kapellmann/Schiffers*, Band 1, Rn. 1108 ff.; **a.A.:** *Krebs/Schuller*, BauR 2007, 636; vgl. hierzu auch *Merkens*, NZBau 2012, 529, der den Aufwand für die Nachtragsbearbeitung für nicht vergütungspflichtig hält.
224) So zutreffend *Marbach*, BauR 2003, 1794, 1799; vgl. in diesem Zusammenhang auch *Jahn/Klein*, NZBau 2013, 473.
225) Zur Frage der Erstattungsfähigkeit vorprozessual für die Abwehr eines Bauzeitennachtrags angefallener Privatgutachterkosten: OLG Köln, NZBau 2016, 128 ff.
226) OLG Düsseldorf, BauR 1997, 646 = OLGR 1997, 174; BauR 1988, 487; BauR 1991, 774; OLG Köln, BauR 1986, 582 = NJW 1996, 71; *Vygen*, BauR 1983, 414, 420; vgl. hierzu auch: BGH, BauR 1979, 324 = ZfBR 1979, 724.
227) BGH, BauR 1993, 600 = NJW 1993, 2674 = ZfBR 1993, 214.

auf die Rechtsprechung des BGH,[228)] vor große Schwierigkeiten. Die Literatur beschäftigt sich schon seit längerem mit der Problematik des Schadensnachweises im Falle der Behinderung.[229)]

2341 Nach § 6 Abs. 6 VOB/B ist der **nachweislich entstandene unmittelbare Schaden** zu ersetzen, **nicht aber der entgangene Gewinn**[230)] (dieser nur bei Vorsatz oder grober Fahrlässigkeit). Die infolge des Verzugs angefallenen **Finanzierungskosten** sind nicht dem entgangenen Gewinn zuzuordnen, sondern stellen einen nach § 6 Abs. 6 VOB/B ersatzfähigen Verzögerungsschaden dar.[231)] Nach der Rechtsprechung des BGH[232)] muss der Auftragnehmer den **Schaden konkret darlegen** und unter Beweis stellen. Der **BGH** hat die **abstrakte Schadensdarlegung** für § 6 Abs. 6 VOB/B (z.B. durch baubetriebliche Gutachten unter Berücksichtigung allgemeiner Erfahrungssätze[233)]) ausdrücklich **abgelehnt**. Mit Recht weist der BGH darauf hin, dass auch die Verhältnisse auf Großbaustellen es von vornherein nicht unmöglich machen, einen Behinderungsschaden konkret darzulegen, weil im Rahmen der dort ohnehin üblichen **Dokumentation** des Bauablaufs in Form von Tagesberichten und dergleichen die Behinderungen und die sich hieraus ergebenden Folgen, wie etwa Leerarbeit und Leerkosten, mit festgehalten werden können.[234)] Gleichzeitig hält der BGH die so genannte **Äquivalenztheorie** (**Gegenüberstellung** des vom Auftragnehmer bei der Kalkulation zugrunde gelegten ungestörten Bauablaufs – Soll 1 – und dem so genannten störungsmodifizierten Bauablauf – Soll 2 –) für den Schadensnachweis nur für bedingt geeignet, weil es sich insoweit um eine sehr verallgemeinernde, vom Einzelfall losgelöste, weitgehend auf fiktiven Elementen beruhende Berechnungsmethode handelt.

Fehlt eine solche (umfassende) Dokumentation der Behinderungs-Sachverhalte und deren Folgen, sind entsprechende Ansprüche kaum erfolgreich durchzusetzen.[235)]

Weil die Dokumentation von so erheblicher Bedeutung ist, schlägt Lang[236)] vor, auf größeren Baustellen eine zusätzliche Stelle nach dem Vorbild des englischen Quantity Surveyor (QS) zu schaffen, der sich von Beginn eines gestörten Bauablaufs

---

228) IBR 2002, 354 = BauR 2002, 124; IBR 2005, 246 = BauR 2005, 857.
229) Vgl. hierzu: *Diederichs*, BauR, Beilage zu Heft 1/1998; *Grieger*, BauR 1985, 524, 525; *Kapellmann/Schiffers*, BauR 1986, 615 ff.; *Schubert/Lang*, Bauwirtschaft 1985, 1011 ff. und 1045 ff.; *Olshausen*, Festschrift für Korbion, S. 323; *Döring*, in: Ingenstau/Korbion, § 6 Abs. 6, B, Rn. 41 ff.; *Lang*, Festschrift für Vygen, S. 220.
230) BGH, NJW 1993, 2674 = BauR 1993, 600 (Finanzierungskosten für ein zur Vermietung bestimmtes Gebäude fallen nicht unter den Begriff des entgangenen Gewinns).
231) BGH, BauR 2000, 1188 = NJW-RR 2000, 1186 = NZBau 2000, 387 = ZfBR 2000, 466.
232) BGHZ 97, 163 = NJW 1986, 1684 = BauR 1986, 347 = ZfBR 1986, 130; OLG Nürnberg, BauR 2001, 409 = NZBau 2000, 518 = OLGR 2000, 116 = MDR 2000, 227; OLG Braunschweig, BauR 2001, 1739, 1745 („ganz konkreter Nachweis"); OLG Karlsruhe, BauR 1995, 113; OLG Düsseldorf, NJW-RR 1998, 670; dazu vor allem *Kapellmann/Schiffers*, BauR 1986, 615 ff.; *Ganten*, BauR 1987, 22 ff.; *Grieger*, BauR 1987, 378 ff.; Vygen/Joussen in: *Vygen/Joussen/Lang/Rasch*, Teil A, Rn. 721 ff.
233) Vgl. hierzu *Diederichs/Streckel*, NZBau 2009, 1.
234) Vgl. zur notwendigen Dokumentation insbesondere *Reister*, NZBau 2001, 1 ff., sowie *Lang*, Festschrift für Vygen, S. 220.
235) Siehe hierzu auch OLG Köln, IBR 2014, 257 – *Malotki*.
236) Festschrift für Vygen, S. 220, 222.

Ansprüche des Unternehmers/Auftragnehmers Rdn. 2342

an „schließlich mit dieser Thematik befasst". Zu Recht weist er darauf hin, dass lediglich über eine „qualitativ hochwertige Dokumentation der Behinderungs-/Störungssachverhalte" Schadensforderungen erfolgreich durchgesetzt werden können. Die exakte Tiefe des Nachweises von Bauzeitverzögerungen richtet sich dabei nach dem Einzelfall. Auf jeden Fall muss die Dokumentation so gestaltet sein, dass die behaupteten Behinderungen/Störungen und deren Folgen nachgewiesen und belegt werden können. Er resümiert: Da häufig eine entsprechende umfassende Dokumentation fehlt, werden Sachverständige „oftmals bei behinderten und gestörten Bauabläufen vor die fast unlösbare Aufgabe gestellt, fachlich fundiert die Ursache und die baubetrieblichen und finanziellen Folgen aufzuzeigen". Im Übrigen zeigt er Möglichkeiten der baubetrieblichen Nachweise von Behinderungen/Störungen (sehr konkret) auf. Das KG[237] hat in diesem Zusammenhang darauf hingewiesen, dass ein baubetriebswirtschaftliches Privatgutachten, das den Anspruch auf Entschädigung wegen Baubehinderung nachweisen will, ungeeignet ist, wenn daraus nicht die Konsequenz gezogen wird, bestimmte Behinderungen bestimmten Verzögerungsfolgen zuzuordnen.

2342 Allerdings kann nach der Rechtsprechung des BGH[238] die Vorschrift des § 287 ZPO dem Auftragnehmer die **Darlegungslast erleichtern:** Denn danach darf die Klage „nicht wegen lückenhaften Vorbringens abgewiesen werden, wenn der Haftungsgrund … unstreitig oder bewiesen, ein Schadenseintritt zumindest wahrscheinlich ist und greifbare Anhaltspunkte für eine **richterliche Schadensschätzung** vorhanden sind". Pauschal und allgemein gehaltene Darlegungen schließen eine Schätzung nach § 287 ZPO aus.[239]

Das hat der BGH auch noch einmal bestätigt:[240]

aa) „Dagegen unterliegen weitere Folgen der konkreten Behinderung der Beurteilung nach § 287 ZPO, soweit sie nicht mehr zum Haftungsgrund gehören, sondern dem durch die Behinderung erlittenen Schaden und damit dem Bereich der haftungsausfüllenden Kausalität zuzuordnen sind. Es unterliegt deshalb der einschätzenden Bewertung durch den Tatrichter, inwieweit eine konkrete Behinderung von bestimmter Dauer zu einer Verlängerung der gesamten Bauzeit geführt hat, weil sich Anschlussgewerke verzögert haben. Auch ist § 287 ZPO anwendbar, soweit es darum geht, inwieweit verschiedene Behinderungen Einfluss auf eine festgestellte Verlängerung der Gesamtbauzeit genommen haben. Aus diesem Grund hat der Senat eine Schätzung nach § 287 ZPO für möglich gehalten, inwieweit ein Verhalten des Auftragnehmers einerseits und dasjenige des Auftraggebers andererseits einen auf eine Bauzeitverzögerung zurückzuführenden Schaden verursacht haben.

---

237) IBR 2010, 437 – *Schulz*.
238) BauR 1986, 347 = NJW 1986, 1684 = ZfBR 1986, 130; OLG Düsseldorf, BauR 1996, 862, 865 m.Anm. *Kapellmann*; vgl. hierzu auch *Diederichs*, BauR, Beil. zu Heft 1/1998; *Vygen/Joussen* in: Vygen/Joussen/Lang/Rasch, Teil A, Rn. 805 ff.
239) OLG Brandenburg, IBR 2011, 394 – *Althaus*; vgl. hierzu auch OLG Köln, IBR 2014, 2578 – *Malotki*.
240) BauR 2005, 861 = NJW 2005, 1650 = IBR 2005, 247 – *Vogel*; vgl. hierzu insbesondere *Roquette/Laumann*, BauR 2005, 1829 ff.

bb) Die Darlegungserleichterung aus § 287 ZPO führt nicht dazu, dass der Auftragnehmer eine aus einer oder mehreren Behinderungen abgeleitete Bauzeitverlängerung nicht möglichst konkret darlegen muss. Vielmehr ist auch insoweit eine baustellenbezogene Darstellung der Ist- und Sollabläufe notwendig, die die Bauzeitverlängerung nachvollziehbar macht. Zu diesem Zweck kann sich der Auftragnehmer der Hilfe graphischer Darstellungen durch Balken- oder Netzpläne bedienen, die ggf. erläutert werden. Eine nachvollziehbare Darstellung einer Verlängerung der Gesamtbauzeit kann jedoch nicht deshalb als unschlüssig zurückgewiesen werden, weil einzelne Teile dieser Darstellung unklar oder fehlerhaft sind. Denn sie bleibt in aller Regel trotz der Unklarheit oder Fehlerhaftigkeit in einzelnen Teilen eine geeignete Grundlage, eine Bauzeitverlängerung ggf. mit Hilfe eines Sachverständigen zu schätzen. Auf dieser Grundlage hat die Klägerin zwar die aus den jeweiligen Behinderungen abgeleitete Verzögerung der Gesamtbauzeit möglichst konkret darzulegen. Ihr kommen jedoch die Erleichterungen des § 287 ZPO zugute."

Häufig kann ein **Auftragnehmer** einen **Behinderungszeitraum** zeitlich **wieder ausgleichen** und dadurch auch die vorgegebene Bauzeit einhalten. Daraus ergeben sich aber keine höheren Anforderungen an die Darlegungslast hinsichtlich des Schadens. Zu Recht weist der BGH[241] insoweit darauf hin, dass auch dann, wenn durch Behinderungen verloren gegangene Zeit wieder aufgeholt wird, dies meist nur durch Einsatz zusätzlicher Arbeitskräfte, Maschinen und Geräte möglich ist; wird dies von einem Auftragnehmer behauptet, dann ist damit grundsätzlich auch ein entsprechender Schaden schlüssig dargetan.

2343 Als **störungsbedingte Schadensposten**[242] kommen in Betracht:

* **Stillstandskosten**[243] (z.B. Baustellensicherung, An- und Abtransport abziehbarer Geräte, Instandhaltung, Vorhaltung und Wartung nicht abziehbarer Geräte[244] bzw. Neueinrichtung der Baustelle, Kosten des Wiederanlaufens der Baustelle, Kosten für nicht anderweitig einsetzbares Personal, Akkordausfallentschädigungen[245] usw.)

* **Mehrkosten wegen verlängerter Bauzeit** (z.B. zeitabhängige Gemeinkosten der Baustelle[246]; Vorhaltekosten für Geräte, Schalung, Baustellenunterkünfte und Maschinen[247] sowie Preiserhöhungen bei Subunternehmerleistungen oder

---

[241] A.a.O.; *Kapellmann/Schiffers*, Bd. 1, Rn. 1476 ff., machen in diesem Zusammenhang zu Recht darauf aufmerksam, dass ein einmal entstandener Schaden nachträglich nicht mehr „wegfallen" könne; Stillstandszeiten seien – z.B. durch Nichtanfall von einkalkulierten Schlechtwettertagen – aufholbar, „einmal entstandene Stillstandskosten bleiben bestehen".

[242] Vgl. hierzu insbesondere *Döring* in: Ingenstau/Korbion, § 6 Abs. 6, B, Rn. 39 ff. m.w.N.; *Sonntag* in: Nicklisch/Weick/Jansen/Seibel, VOB, § 6, Rn. 91 ff.; *Roquette/Viering/Leupertz*, Rn. 908 ff.; *Vygen/Joussen* in: Vygen/Joussen/Lang/Rasch, Teil A, Rn. 721; *Plum*, Sachgerechter und prozessorientierter Nachweis von Behinderungen und Behinderungsfolgen beim VOB-Vertrag, Baurechtl. Schriften, Bd. 37, S. 105 ff. sowie *Reister*, NZBau 2001, 1 ff.

[243] Vgl. hierzu BGH, BauR 1997, 1021 = NJW, 1998, 546 = DB 1997, 2481.

[244] Vgl. hierzu *Hagen*, BauR 1991, 284.

[245] OLG Düsseldorf, BauR 1996, 862, 865 m. Anm. *Kapellmann*.

[246] Vgl. insoweit auch *Althaus*, BauR 2012, 1841.

[247] BGH, BauR 1976, 128 = MDR 1976, 392; OLG Düsseldorf, BauR 1988, 487; BauR 2003, 892 = OLGR 2003, 215 = IBR 2003, 238 – *Leitzke* (Schätzung nach der Baugeräteliste möglich); KG, ZfBR 1984, 129, 131; *Hagen*, BauR 1991, 284; *Dähne*, BauR 1978, 429; vgl. hierzu

Ansprüche des Unternehmers/Auftragnehmers Rdn. 2343

sonstiger Mehraufwand[248] sowie Produktivitätsverluste, z.B. aus Witterungsgründen, häufiges Umsetzen des Arbeitsplatzes, durch fachfremden Personaleinsatz usw.[249]

* **zusätzliche allgemeine Geschäftskosten**[250] sowie Wagnis und Gewinn; Löhne und Gehälter,[251] Lohn- und Materialpreissteigerungen[252]
* durch den Verzug angefallene **Finanzierungskosten**[253]
* **Sonstige Nebenkosten** (z.B. Sachverständigenkosten).

Einseitige Beschleunigungsmaßnahmen[254] des Auftragnehmers (z.B. Einsatz zusätzlicher Arbeitskräfte, Überstundenzuschläge, Umstellung auf andere Bauverfahren, zusätzliche Geräte- und Energiekosten usw.), die über die in § 6 Abs. 3 VOB/B enthaltene allgemeine Schadensminderungspflicht hinausgehen und mit Mehrkosten verbunden sind, können grundsätzlich als Schaden nur im Einzelfall in Betracht kommen. Allerdings geht § 2 Abs. 8 VOB/B (Leistung ohne Auftrag) als Vergütungsregelung der Bestimmung des § 6 Abs. 6 VOB/B vor.[255] Soweit die Beschleunigungsmaßnahmen auf **Veranlassung/Anordnung des Auftraggebers** erfolgen, ist § 2 Abs. 5 VOB/B die Anspruchsgrundlage für etwaige Mehrkosten des Auftragnehmers.[256] Fordert der Auftraggeber den Auftragnehmer zur Einhaltung vertraglich festgelegter Fristen auf, stellt dies keine Beschleunigungsanord-

---

Lang-Rasch, Festschrift für Jagenburg, S. 417 ff. sowie *Reister/Silbe*, in: Leinemann, § 2 VOB, Rn. 379 ff.
248) OLG Düsseldorf, NJW-RR 1998, 739 (Mehraufwand durch Veränderung der Grundlagen der Vergütung).
249) Vgl. hierzu *Keldungs*, Jahrbuch Baurecht 2011, 1 ff.; *Havers*, Jahrbuch Baurecht 2011, 21 ff.; *Reister*, S. 470 ff.
250) **Bestr.**; wie hier; BGH, BauR 1976, 128, 130; KG, ZfBR 1984, 129, 132; *Döring*, in: Ingenstau/Korbion, § 6 Abs. 6, B, Rn. 39; **a.A.:** und alle allgemeinen Geschäftskosten als Schaden einbeziehend: OLG Düsseldorf, BauR 1988, 487, 490; OLG München, BauR 1992, 74, 76; *Drittler*, BauR 2008, 1217 u. BauR 1999, 825; *Kapellmann/Schiffers*, Bd. 1, Rn. 1423 ff.; vgl. hierzu auch *Lang/Rasch*, Festschrift für Jagenburg, S. 417 ff. Vgl. zum Meinungsstand insbesondere *Diederichs/Peine*, NZBau 2013, 1; *Kues/Lüders*, BauR 2012, 1847; *Zimmermann*, NZBau 2012, 1 ff.; *Eschenbruch/Fandrey*, BauR 2011, 1223 ff.; *Roquette/Viering/Leupertz*, Rn. 944 ff. sowie *Hager*, BauR 2010, 1137 und *Sundermeier*, BauR 2010, 1145; ferner: *Kornet*, BauR 2016, 1386 ff.; **zur Darlegungslast** insoweit siehe insbesondere: OLG Köln, IBR 2015, 184 – *Malotki* = BauR 2015, 1498 ff. sowie LG Mainz, IBR 2016, 1024 – *Stritter* = BauR 2016, 719 f. = NZBau 2016, 496 ff.
251) KG, ZfBR 1984, 129, 131.
252) Zur Frage der Erstattung von Stahlpreiserhöhungen und der damit einhergehenden Darlegungspflicht des Unternehmers siehe OLG Köln, IBR 2014, 258 – *Malotki*; vgl. ferner auch OLG Oldenburg, BauR 2013, 793.
253) BGH, BauR 2000, 1188 = NJW-RR 2000, 1186 = NZBau 2000, 387 = ZfBR 2000, 466.
254) Zu den Mitwirkungshandlungen des Auftraggebers an den vereinbarten, beschleunigten Bauablauf vgl. *Schrammel*, Festschrift für Motzke, S. 367. Zu Beschleunigungsanordnungen des Auftraggebers und einseitigen Beschleunigungen des Auftragnehmers sowie zu Beschleunigungsvereinbarungen vgl. insbesondere *Kapellmann*, NZBau 2009, 538 und *Roquette*, Jahrbuch Baurecht 2002, 33, 67.
255) *Kapellmann/Schiffers*, Bd. I, Rn. 1472, weisen allerdings zu Recht daraufhin, dass Beschleunigungsmaßnahmen dem mutmaßlichen Willen des Auftraggebers nicht entsprechen, wenn die Beschleunigungskosten höher als die Kosten bei verlängerter Bauzeit sind.
256) OLG Dresden, IBR 2015, 652 – *Franz*; OLG Jena, IBR 2005, 658 – *Schultz*; *Markus* in: Kapellmann/Messerschmidt, § 6/B, Rn. 32 sowie *Kapellmann*, NZBau 2009, 538, 539; vgl. hierzu insbesondere *Roquette/Viering/Leupertz*, Rn. 861 ff.; OLG Köln, IBR 2005, 583 –

nung dar, da damit keine Vertragserweiterung oder -veränderung, sondern nur eine Vertragserfüllung verlangt wird.[257] Andererseits ist der Auftragnehmer grundsätzlich nicht verpflichtet, ohne eine Anordnung des Auftraggebers irgendwelche Beschleunigungsmaßnahmen vorzunehmen, wenn die Störung des Bauablaufs ausschließlich aus der Sphäre des Auftraggebers herrührt.[258] Vereinbaren die Parteien einvernehmlich eine Beschleunigung, richtet sich die Höhe der Vergütung für die Beschleunigung nach der entsprechenden Vereinbarung.[259] Für den Abschluss entsprechender Beschleunigungsvereinbarungen mit Vergütungsabrede im Falle des Eintritts von Verzögerungen bei Großbauvorhaben plädiert Keldungs.[260] Wird im Rahmen der Beschleunigungsvereinbarung keine Vergütung vereinbart, gilt für die Festlegung der Vergütung für den VOB-Bauvertrag § 2 Abs. 5 VOB/B.[261]

2344 **Zeitunabhängige Kosten** (wie z.B. Steuern, Versicherung, sonstige Abgaben) können nicht als Schaden geltend gemacht werden, da sie durch eine Veränderung der Bauzeit nicht ohne weiteres eine Erhöhung erfahren. Nach § 287 ZPO ist eine **Schadensschätzung** nach üblichen Kalkulationskosten (z.B. für Maschinen und Geräte) nicht ausgeschlossen;[262] dabei kann auch die so genannte **Baugeräteliste** herangezogen werden.[263] Das setzt jedoch bei Baugeräten usw. die Darlegung und den Nachweis voraus, dass ohne das Schadensereignis eine andere Nutzung erfolgt wäre.[264]

Das OLG Braunschweig hat in diesem Zusammenhang zu Recht darauf hingewiesen, dass der Auftragnehmer, der einen „**Gerätestillstandsschaden**" geltend macht, im Einzelnen darzulegen hat, „bis zu welchem Zeitpunkt bei störungsfreiem Ablauf jedes Gerät gebraucht worden wäre, ob und wo es anschließend eingesetzt worden wäre und wie lange es infolge des Stillstandes auf der Baustelle tatsächlich eingesetzt wurde und eingesetzt werden musste und welche Folgen dies für den nachfolgend geplanten Geräteeinsatz hatte".[265]

2345 Sind sowohl der Auftragnehmer als auch der Auftraggeber für die Verzögerung verantwortlich, so ist der dadurch entstandene Verzögerungsschaden entsprechend dem jeweiligen Verschuldens- und Verursachungsbeitrag gemäß § 254 BGB zu tei-

---

Eschenbruch. Vgl. hierzu auch OLG Koblenz, IBR 2007, 237 – *Althaus*; vgl. ferner zur Art der Berechnung (Kalkulationsgrundlage): *Breyer*, BauR 2013, 1924.
257) OLG Hamm, IBR 2014, 724 – *Oberhauser*; OLG Koblenz, IBR 2007, 237 – *Althaus*; OLG Schleswig, IBR 2007, 359 – *Althaus*; vgl. hierzu im Einzelnen *Kimmich*, BauR 2008, 263, der dann, wenn der Auftraggeber die eingetretene Verzögerung zu verantworten hat, eine konkludente Beschleunigungsanordnung annehmen will.
258) *Roquette,* Jahrbuch Baurecht 2002, 33, 67.
259) Vgl. im Übrigen zu der Thematik Beschleunigung von Architekten- und Ingenieurleistungen: *Messerschmidt*, BauR 2016, 745 ff.
260) BauR 2013, 1917.
261) Vgl. hierzu im Einzelnen *Roquette/Viering/Leupertz*, Rn. 842 ff.
262) OLG Düsseldorf, BauR 1988, 487, 489; vgl. hierzu *Vygen/Joussen in:* Vygen/Joussen/Lang/Rasch, Teil A, Rn. 810 ff.; kritisch *Grieger*, BauR 1987, 378.
263) Vgl. hierzu OLG Hamm, IBR 2004, 237 – *Kieserling;* OLG Düsseldorf, BauR 1988, 487; KG, ZfBR 1984, 129, 131; *Vygen/Joussen* in: Vygen/Joussen/Lang/Rasch, Teil A, Rn. 811; *Kapellmann/Schiffers*, BauR 1986, 620 ff.; *Clemm*, DB 1985, 2599; *Olshausen*, Festschrift für Korbion, S. 334; *Dähne*, BauR 1978, 429.
264) KG, ZfBR 1984, 129, 131; *Dähne*, BauR 1978, 429.
265) BauR 1994, 667 = OLGR 1994, 195.

Ansprüche des Unternehmers/Auftragnehmers   Rdn. 2346–2348

len, wobei im Einzelfall § 287 ZPO für die Beurteilung der Verursachungsbeiträge heranzuziehen ist.[266] Im Übrigen trifft den Auftragnehmer stets die Pflicht zur Schadensminderung.[267]

2346   **Umsatzsteuer** kann der Auftragnehmer auf seinen Schadensersatzanspruch nach § 6 Abs. 6 VOB/B grundsätzlich nicht verlangen[268] (vgl. im Einzelnen Rdn. 1682). Hingegen ist eine gemäß § 642 BGB zu zahlende Entschädigung Entgelt und daher umsatzsteuerpflichtig.[269]

2347   Die vorgenannten Grundsätze über einen Schadensersatzanspruch des Auftragnehmers wegen Behinderung nach § 6 Nr. 6 VOB/B gelten grundsätzlich auch für einen **BGB-Werkvertrag**. Allerdings entfallen insoweit die VOB-spezifischen Besonderheiten: zum einen die schriftliche und unverzügliche Anzeigepflicht des Auftragnehmers bei einer Behinderung und damit auch die Folgen ihrer Unterlassung gemäß § 6 Abs. 1 VOB/B, zum anderen die Einschränkungen des Schadensersatzanspruches gemäß § 6 Abs. 6 VOB/B (entgangener Gewinn bei Vorsatz oder grober Fahrlässigkeit).[270] Dem Auftraggeber muss aber der behindernde Umstand bekannt gemacht worden oder bekannt gewesen sein, weil dem Auftraggeber die Möglichkeit der Abhilfe gegeben sein muss; dabei kann auch der Grundsatz der Offenkundigkeit herangezogen werden.

Das KG[271] hatte sich mit einer Fallgestaltung zu beschäftigen, bei der als **Position** in einem **Leistungsverzeichnis** ein Einheitspreis für jeden **Monat der Bauzeitverlängerung** abgefragt worden war. Das KG hat dies **nicht als Bedarfsposition** angesehen, weil eine Bauzeitverlängerung aufgrund tatsächlicher Umstände und nicht durch eine entsprechende Zusatzbeauftragung entsteht, sodass die Abrede des Einheitspreises für jeden Monat der Bauzeitverlängerung als unbedingt vereinbart anzusehen ist.

2348   Soweit in **Formularverträgen oder Allgemeinen Geschäftsbedingungen** der Schadensersatzanspruch des Auftragnehmers eingeschränkt oder ausgeschlossen wird, werden entsprechende Klauseln in aller Regel gegen § 307 BGB verstoßen.[272]

c) Vergütungsanpassung

Literatur

Reichert, Die heilige Kuh: Das Anordnungsrecht gem. § 1 Abs. 3 VOB/B und die Nachtragsvergütung gem. § 2 Abs. 5 VOB/B – AGB-rechtswidrig und unwirksam?, BauR 2015, 1549 ff.; *Luz*, Anordnungsrecht des Auftraggebers gem. § 1 Abs. 3 VOB/B zur Verkürzung der Bauzeit? Eine

---

266) BGH, BauR 1993, 600 = NJW 1993, 2674.
267) BGH, BauR 1997, 1021.
268) BGH, NZBau 2008, 318; *Leinemann/Kues* in: Leinemann, VOB/B, § 6, Rn. 189 m.w.N.; *Roquette/Viering/Leupertz*, Rn. 1022; *Vygen/Joussen* in: Vygen/Joussen/Lang/Rasch, Teil A, Rn. 818; a.A.: *Markus*, in: Kapellmann/Messerschmidt, § 6/B, Rn. 77.
269) OLG Düsseldorf, BauR 2013, 1866 = IBR 2013, 523 – *Roskosny*; *Roquette/Viering/Leupertz*, Rn. 1022; *Vygen/Joussen* in: Vygen/Joussen/Lang/Rasch, Teil A, Rn. 857; a.A.: *Hartwig*, BauR 2014, 1055, 1069 f.
270) Ebenso: *Vygen/Joussen* in: Vygen/Joussen/Lang/Rasch, Teil A, Rn. 40 f.
271) IBR 2004, 482 – *Schulze-Hagen*.
272) Vgl. im Einzelnen hierzu *Kapellmann/Schiffers*, Bd. 1, Rn. 1645 ff.; OLG München, BauR 1987, 554, 556.

Bestandsaufnahme, BauR 2016, 1065 ff.; *Maase*, Das bauzeitliche Bestimmungsrecht des Bestellers gem. §§ 157, 242 BGB – Teil 1; BauR 2017, 781 ff.; *Orlowski*, Das neue Anordnungsrecht des Bestellers, BauR 2017, 1427 ff.

2349 Neben dem vorgenannten Schadensersatzanspruch können weitere Ansprüche in Betracht kommen, die eine Anpassung der Vergütung zum Ziel haben:[273] z.B. Ansprüche aus § 2 Abs. 3, 4, 5, oder 6 VOB/B oder § 642 BGB unter dem Gesichtspunkt der Störung der Geschäftsgrundlage (§ 313 BGB). Allerdings ist im Einzelfall stets zu prüfen, ob die entsprechenden Anspruchsvoraussetzungen gegeben sind. Behinderungsbedingte Mehraufwendungen (Mehrvergütungen) des Auftragnehmers können daher von den vorerwähnten Vorschriften nur dann erfasst werden, wenn die entsprechenden Voraussetzungen erfüllt sind; im Übrigen fallen sie grundsätzlich nur unter § 6 Abs. 6 VOB/B.[274] Die **Abgrenzung von § 6 Abs. 6 und § 2 Abs. 5 VOB/B** ist deshalb von großer Bedeutung, weil die Anwendung der zuletzt genannten Vorschrift von **keinem Verschulden** des Auftraggebers abhängig ist, während dies bei § 6 Abs. 6 VOB/B der Fall ist.

Eine **Anordnung** im Sinne des § 2 Abs. 5 VOB/B kann auch dann angenommen werden, wenn der Auftraggeber Anordnungen erlässt, die den **zeitlichen Bauablauf** betreffen (Anordnung eines späteren Baubeginns, eines Baustopps, der Bearbeitung nur eines Teilbereiches, des Verlassens der Baustelle, der Verringerung der Baustellenbesetzung); das ist jedoch umstritten (vgl. hierzu Rdn. 1457 f.).[275]

Während der VOB/B das Anordnungsrecht des Bestellers bekannt ist (§§ 1 Abs. 3 und 4 VOB/B), wird **mit dem neuen Werkvertragsrecht 2018** gemäß § 650b BGB erstmals[276] auch für den BGB – Werkvertrag ein solches Anordnungsrecht bei Bauverträgen normiert.[277] Möglich sind hiernach **Anordnungen des Bestellers,** die entweder auf eine **Änderung des vereinbarten Werkerfolges (§ 650b Abs. 1 Nr. 1)**[278] oder eine **Änderung, die zur Erreichung des vereinbarten Werkerfolges notwendig ist (§ 650b Abs. 1 Nr. 2)**[279], abzielen. Nach der hier vertretenen Auffassung werden aufgrund des weit gefassten Wortlauts des neuen § 650b Abs. 1 BGB derartige Anordnungen gleichfalls den zeitlichen Bauablauf betreffen können (Vgl. weiterhin Rdn. 1453c).

Ändert der Auftraggeber den **Bauinhalt** durch Anordnungen oder durch zusätzliche, im Vertrag nicht vorgesehene Leistungen, sind grundsätzlich nur die Bestim-

---

273) KG, BauR 2008, 833; siehe ferner *Seufert*, Bauzeitverzögerungen und Mehrforderungen der Unternehmer an die kommunalen Auftraggeber nach § 6 Nr. 6 VOB/B, 1987.
274) Vgl. hierzu Rdn. 1457 ff.
275) BGH, BauR 1985, 561 = NJW 1985, 2475; KG, BauR 2001, 407; *Diehr*, BauR 2001, 1507 m.w.N. Vgl. zum Streitstand insbesondere *Roquette/Viering/Leupertz*, Rn. 693 ff.; *Reichert*, BauR 2015, 1549 ff.; *Luz*, BauR 2016, 1065 ff. und *Maase*, BauR 2017, 781 ff.
276) Vgl. zur bis dahin geltenden Rechtslage betreffend die Frage eines möglichen bauzeitlichen Bestimmungsrechtes des Bestellers beim BGB-Vertrag: *Maase*, BauR 2017, 781 ff.
277) Vgl. hierzu auch *Orlowski*, BauR 2017, 1427 ff.
278) Eine solche Änderung des Werkerfolges ist nicht an bestimmte Ziele gebunden; sie kann auch lediglich darauf zurückzuführen sein, dass sich die Vorstellungen des Bestellers geändert haben: siehe BT-Drucks. 18/8486, S. 53.
279) Hiernach ergehende Anordnungen dienen dazu, den vereinbarten Werkerfolg zu erreichen: siehe BT-Drucksache 18/8486, a.a.O.

mungen des § 2 Abs. 5 bzw. Abs. 6 VOB/B anwendbar,[280)] weil diese Vorschriften alle mit einer Änderungsanordnung oder zusätzlichen Leistung verbundenen Mehrkosten erfassen.

Da Leistungsänderungen oder Anordnungen des Auftraggebers in der Regel nicht die üblichen Ursachen für eine Behinderung des Auftragnehmers sind, wird die Anwendung des § 2 Abs. 5 VOB/B und damit eine entsprechende Vergütungsanpassung häufig ausscheiden.[281)]

Eine **Vergütungsanpassung** im Sinne einer vorzeitigen Abrechnung sieht § 6 Abs. 5 VOB/B bei einer **voraussichtlichen längeren Unterbrechung** vor, ohne dass die Leistung dauernd unmöglich wird. In diesem Fall sind die ausgeführten Leistungen nach den Vertragspreisen abzurechnen und außerdem die Kosten zu vergüten, die dem Auftragnehmer bereits entstanden und in den Vertragspreisen des nicht ausgeführten Teils der Leistung enthalten sind. Dauert die Unterbrechung länger als drei Monate, hat jeder Vertragsteil nach § 6 Abs. 7 VOB/B die Möglichkeit der Kündigung.

Das LG Hamburg[282)] hat zu Recht folgende vom Auftragnehmer gestellte **Klausel für unangemessen** (weil gegen den Grundsatz von Treu und Glauben verstoßend) und deshalb für unwirksam erklärt: „Sollte sich der Baubeginn aus Gründen verzögern, die der Auftragnehmer nicht zu vertreten hat, hat er das Recht, die Festpreisbindung um maximal 2 % zu erhöhen, ohne dass es eines Nachweises bedarf." Damit werden einseitig die Interessen des Auftragnehmers berücksichtigt, weil die Klausel keinen Bezug zu einer konkreten Kostensteigerung hat und auch nicht berücksichtigt, dass die Verzögerung durch Dritte verursacht sein kann.

Eine Klausel in AGB des Auftraggebers, wonach Massenmehrungen und -minderungen und Zusatzleistungen nicht zu einer Verlängerung der Ausführungstermine berechtigen, ist wegen Verstoßes gegen § 309 Nr. 7 BGB unwirksam.[283)] Dasselbe gilt hinsichtlich folgender Klausel in AGB des Auftraggebers: „Eine Verlängerung der für die Leistungen des Auftragnehmers vorgesehenen Ausführungszeit kommt unter keinen Umständen in Betracht."[284)] Nach OLG Dresden[285)] können unvorhersehbare Mehrmengen, die eine Preisanpassung nach § 2 Abs. 3 VOB/B begründen und den Bauablauf entscheidend beeinflussen, eine Verlängerung der Ausführungsfristen nach sich ziehen.

---

280) So richtig *Kapellmann/Schiffers*, Bd. 1, Rn. 1324 ff.; siehe auch OLG Düsseldorf, BauR 1995, 706 m.Anm. *Knacke*, BauR 1996, 119.
281) BGH, BauR 1985, 561 = ZfBR 1985, 282; OLG Celle, BauR 1995, 552; *Piel*, Festschrift für Korbion, S. 349; *Clemm*, DB 1985, 2597; *Kapellmann/Schiffers*, Bd. 1, Rn. 1332 ff.
282) BauR 1996, 553 u. 867.
283) Markus/Kaiser/Kapellmann, Rn. 430.
284) OLG Karlsruhe, BauR 1994, 145 =NJW-RR 1993, 1435.
285) IBR 2015, 593 – *Franz*.

V. Zum Anwendungsbereich deliktsrechtlicher Vorschriften (§§ 823 ff. BGB)

Übersicht

	Rdn.		Rdn.
1. Mangelhafte Werkleistung als Eigentumsverletzung	2350	b) Die Verkehrssicherungspflicht des Bauherrn	2362
2. Verletzung der Verkehrssicherungspflicht	2352	c) Die Verkehrssicherungspflicht des Architekten	2368
a) Die Verkehrssicherungspflicht des Bauunternehmers	2355	3. Bauforderungssicherungsgesetz (BauFordSiG)	2375
		4. Produkthaftung	2385

1. Mangelhafte Werkleistung als Eigentumsverletzung

Literatur

Schlechtriem, Gewährleistung und allgemeine Verantwortlichkeit des Werkunternehmers, JZ 1971, 449; *Ganten*, Gedanken zum Deliktsrisiko des Architekten, BauR 1973, 148; *Freund/Barthelmess*, Eigentumsverletzung durch Baumängel, NJW 1975, 281; *Rathjen*, Haftung des Architekten wegen Gefährdung der Sicherheit von Grundpfandrechten durch Abbruch- oder Umbaumaßnahmen?, DB 1977, 389; *Schmidt-Salzer*, Delikthaftung des Herstellers für Schäden an der gelieferten Sache, BB 1983, 534; *Brüggemeier*, Die vertragsrechtliche Haftung für fehlerhafte Produkte und der deliktsrechtliche Eigentumsschutz nach § 823 Abs. 1 BGB, VersR 1983, 501; *Reinicke/Tiedtke*, Stoffgleichheit zwischen Mangelunwert und Schäden im Rahmen der Produzentenhaftung, NJW 1986, 10; *Grunewald*, Eigentumsverletzungen im Zusammenhang mit fehlerhaften Werkleistungen, JZ 1987, 1098; *Kniffka*, Die deliktische Haftung für durch Baumängel verursachte Schäden, ZfBR 1991, 1; *Bottke/Mayer*, Krankmachende Bauprodukte, ZfBR 1991, 183 und 233; *Foerste*, Deliktische Haftung für Schlechterfüllung?, NJW 1992, 27; *Hinsch*, Eigentumsverletzungen an neu hergestellten und an vorbestehenden Sachen durch mangelhafte Einzelteile, VersR 1992, 1053; *Otto*, Submissionsbetrug und Vermögensschaden, ZRP 1996, 300; *Katzenmeier*, Produkthaftung und Gewährleistung des Herstellers teilmangelhafter Sachen, NJW 1997, 486; *Koch*, Neues zur Produzentenhaftung bei der Errichtung von Gebäuden, NZBau 2001, 649; *Haß*, Schadensersatz und Schmerzensgeld wegen Baumängeln, NZBau 2001, 122; *Staudinger*, Das Schicksal der Judikatur zu „weiterfressenden Mängeln" nach der Schuldrechtsreform, ZGS 2002, 145; *Boisserée*, Gebäudeschäden wegen mangelhaftem Baugrund – zur Eigentumsverletzung im Rahmen einer deliktischen Haftung des Bodenveräußerers bei Bauwerkserrichtung durch den Erwerber, Festschrift für Jagenburg (2002), 45; *Acker/Garcia-Scholz*, Die Ansprüche des Auftragnehmers bei Beschädigung der Werkleistung vor Abnahme, BauR 2003, 1457; *Armbrüster*, Eigentumsschutz durch den Beseitigungsanspruch nach § 1004 I 1 BGB und durch Deliktsrecht, NJW 2003, 3087; *Koepfer*, Asbest: Rechtliche Risiken und Verantwortlichkeiten, BauR 2005, 28; *Lange*, Beschädigung von Nachbargrundstücken durch Tiefbauarbeiten, BauRB 2005, 92; *Steffen*, Der Kabelschaden und die Beschädigungen anderer Versorgungsleitungen, BauR 2007, 966.

2350 Nach ständiger Rechtsprechung des BGH ist bei einem gleichen **Rangverhältnis** von Delikts- und Vertragsrecht jeder Anspruch nach seinen Voraussetzungen, seinem Inhalt und seiner Durchsetzung stets **selbstständig** zu beurteilen; er folgt also immer seinen eigenen Regeln.[1] Vor allem kann und darf die Anspruchskonkurrenz im Einzelfall nicht zu einer Aushöhlung vorrangiger vertraglicher Regelungen führen.[2] Nach einhelliger Meinung sind Ansprüche aus § 823 Abs. 1 BGB gegen einen

---

1) BGH (X. ZS), BauR 2005, 96 = ZfBR 2005, 176 = IBR 2005, 79 – *Saerbeck*.
2) BGHZ 96, 221 = BauR 1986, 211; BauR 2005, 96, 97; *Weyer*, in: Kapellmann/Messerschmidt, § 13 VOB/B, Rn. 448.

Mangelhafte Werkleistung als Eigentumsverletzung   Rdn. 2350

Unternehmer oder Architekten wegen mangelhafter **Bauwerkserrichtung** nicht gegeben.[3] Eine unerlaubte Handlung liegt vielmehr nach der Rechtsprechung des BGH nur vor, wenn durch die fehlerhafte Bauleistung in eine bereits vorhandene und vorher **unversehrt** gewesene Sache des Bauherrn oder eines Dritten (z.B. Mieter)[4] eingegriffen wird. Die **mangelhafte Errichtung** eines Bauwerks selbst ist also für **sich allein** noch **keine Eigentumsverletzung;** denn „darin erweist sich lediglich ihr Mangelunwert".[5] Das ist ständige Rechtsprechung des BGH.[6] Nach seiner Ansicht liegt nur ein **Vermögensschaden** vor.[7]

Nach der Rechtsprechung des BGH[8] liegt aber eine Eigentumsverletzung vor, wenn auf Sachen eingewirkt wird, „**die überhaupt nicht in das auszuführende Werk einbezogen waren**". Der Mangel muss sich also gerade auf die schon vorhandenen, bis dahin unversehrt gewesenen Teile des zu behandelnden Gegenstandes ausgewirkt und diese dadurch beschädigt haben. Eine Eigentumsverletzung ist auch zu bejahen, wenn nur ein **selbstständig abgrenzbares Einzelteil** mit Gesamtfunktion mangelhaft ist und zu einem Schaden an der im Übrigen einwandfreien Gesamtanlage führt.[9]

---

3) BGHZ 162, 86 = BauR 2005, 705 = NZBau 2005, 287 = ZfBR 2005, 366 = IBR 2005, 220 (für **Architektenhaftung**; s. auch BGH, BauR 2011, 287 = NZBau 2011, 156; BGH, BauR 2004, 1798); BGH, NJW 1970, 38, 41; BGHZ 96, 221 = BauR 1986, 211, 214; OLG Frankfurt, IBR 2010, 154 – *Wolber*; OLG Bamberg, BauR 1987, 211; OLG Koblenz, BauR 1998, 351; OLG Koblenz, IBR 2014, 141 – *Sacher* u. BauR 1998, 351 (für Haftung des **Subunternehmers**).

4) BGH, BauR 1990, 501 = NJW-RR 1990, 726 = ZfBR 1990, 178 (für Haftung des **Unternehmers**); BGH, NJW 1991, 562 = ZfBR 1991, 17 = BauR 1991, 111 u. ZfBR 1987, 75 = NJW 1987, 1013 (für Haftung des **Architekten**); s. ferner: BGH, BauR 2001, 800 = NZBau 2001, 266 (zur Haftung des **Voreigentümers** wegen Grundstücksauffüllung mit Schlacke); OLG Oldenburg, BauR 2001, 647 = NJW-RR 2001, 459 (Haftung des Lackherstellers gegenüber Fensterhersteller); OLG Koblenz, MDR 1998, 591.

5) BGH, BauR 1992, 388, 391; OLG Jena, NZBau 2012, 704; OLG München, OLGR 1995, 2, 3; *Graf von Westphalen*, ZIP 1992, 532.

6) Grundlegend: BGHZ 39, 366 = MDR 1963, 754 = NJW 1963, 1827 = LM § 823 (Bb) BGB Nr. 6 m.Anm. *Rietschel*; BGHZ 96, 221 = BauR 1986, 211 = ZfBR 1986, 67 = NJW 1986, 922 = JZ 1986, 397 m.Anm. *Stoll*; BGHZ 105, 346, 355 („Fischfutter"); BGH, NJW 1990, 908 („Weinkorken"); BGH, BauR 1992, 388 = NJW 1992, 1225 = ZIP 1992, 485 („Kondensator").

7) Vgl. BGH, NJW 1965, 534; BGHZ 55, 392, 395 = NJW 1971, 1131; BGH, VersR 1972, 274 = BauR 1972, 114 = MDR 1972, 316.

8) BauR 1973, 381 = NJW 1973, 1752 = WM 1973, 1139 = *Schäfer/Finnern*, Z 4.01 Bl. 77; vgl. auch BGH, ZfBR 2004, 549; BauR 1972, 379, 380; BauR 1977, 277 = JR 1978, 59 m.Anm. *Schubert*; BGH, WM 1978, 328 = *SFH*, Nr. 1 zu § 823 BGB; BGH, *SFH*, Nr. 5 zu § 477 BGB; BGH, NJW 1981, 2248; BGH, BauR 1985, 102. **Wie der BGH haben entschieden:** OLG Jena, NZBau 2012, 704; OLG Rostock, OLGR 2003, 22 – *Schulze-Hagen*; OLG Koblenz, BauR 1998, 351 = NJW-RR 1998, 374 = OLGR 1998, 99 (Beschädigung der Außenisolierung durch Beifüllarbeiten); OLG München, OLGR 1955, 2; OLG Köln, NJW-RR 1995, 337, 338; OLG Düsseldorf, OLGR 1994, 120 (LS) u. LG Hannover, VersR 1994, 552 (für Verschmutzungen); OLG Karlsruhe, NJW 1956, 913; OLG München, NJW 1975, 438 m.Anm. *Freund/Barthelmess*; LG Koblenz, NJW 1977, 812; OLG Bamberg, BauR 1987, 211.

9) Vgl. BGH, DB 1978, 1878 sowie *Kaiser*, Mängelhaftungsrecht, Rn. 162; *Schlechtriem*, ZfBR 1992, 95, 100; OLG Jena, NZBau 2012, 704, 705. Zur Eigentumsverletzung durch Beeinträchtigung der „bestimmungsgemäßen Brauchbarkeit" eine Sache: BGH, BauR 1994, 358 = VersR 1994, 319; BGH, BauR 1995, 401.

Nichts anderes gilt, wenn **in ein Bauwerk** (z.B. in einen nur teilweise – aber mangelfrei – errichteten Rohbau) **mangelhafte Teile eingefügt** werden.[10] Werden auf diese Weise einwandfreie Teile mit mangelbehafteten verbunden und dabei durch einen Mangel andere Teile oder sogar die gesamte neue Sache beschädigt oder unbrauchbar, so liegt für denjenigen, in dessen Eigentum bisher die einzelnen (unversehrten) Teile standen, eine Eigentumsverletzung an diesen Teilen und an der neuen Sache vor.[11]

2351 Das Nutzungs- und Äquivalenzinteresse ist nach der Rechtsprechung des BGH von dem sog. **Integritätsinteresse** zu unterscheiden, das allein nach § 823 Abs. 1 BGB geschützt wird.[12] Deliktische Ansprüche werden daher nur in Betracht zu ziehen sein, wenn der zu ersetzende Schaden nicht mit dem bloßen Unwert der Sache stoffgleich ist.[13] Ist die Sache wegen des Mangels von vornherein (völlig) wertlos oder kann der Mangel in wirtschaftlich vertretbarer Weise behoben werden, geht die (vertragliche) Mängelhaftung nach BGB oder VOB/B als speziellere Regelung vor.[14] Deshalb scheidet ein Anspruch aus § 823 Abs. 1 BGB aus, wenn mit ihm im Ergebnis ausschließlich Kosten für die Mängelbeseitigung geltend gemacht werden sollen.[15] Allerdings liegt eine Eigentumsverletzung vor, wenn bei der (erforderlichen) **Mangelbeseitigung** Teile, die im Eigentum des Bestellers sind, **zerstört** werden müssen; „damit liegt hinsichtlich der **fehlerfreien Teile** eine Eigentumsverletzung vor" (BGH).

Im Ergebnis muss deshalb im Einzelfall immer bedacht werden, dass vorrangige vertragliche Regelungen nicht ausgehöhlt werden. Ein Bauherr, der die Voraussetzungen für den werkvertraglichen Anspruch auf Ersatz von Fremdnachbesserungskosten oder auf Schadensersatz nicht erfüllt (z.B., weil er dem Unternehmer keine Gelegenheit zur Nacherfüllung gegeben hat), kann nicht auf dem Umweg des § 823 BGB zum Schadensersatz kommen.[16]

Besteht ein deliktischer Ersatzanspruch nach § 823 Abs. 1 BGB, so beschränkt sich der **Ersatzanspruch** auf den Betrag, der zur Herstellung des ursprünglichen Zustandes erforderlich ist; dieser Anspruch ist **kein Vorschussanspruch**, der nach Schadensbeseitigung abzurechnen ist.[17] Der Ersatzanspruch nach § 823 Abs. 1 BGB ist immer von dem im Rahmen des Gewährleistungsrechts bestehenden Schadensersatzanspruch nach §§ 634 Nr. 4, 280 BGB abzugrenzen: Sind z.B. die Kosten für die Wiederherstellung einer infolge von Auffüllarbeiten beschädigten Außen-

---

10) BGH, BauR 1992, 388 = NJW 1992, 1225 mit Hinweis auf BGH, NJW 1981, 2250 = BauR 1981, 495 u. BGH, BauR 1985, 102.
11) So ausdrücklich BGH, BauR 1992, 388, 392 = NJW 1992, 1225; OLG Köln, NJW-RR 1995, 337, 338, das eine Eigentumsverletzung für den Fall annimmt, dass der Unternehmer einen erkannten oder erkennbaren Mangel nicht beseitigt.
12) BGHZ 162, 86 = NZBau 2005, 287 = BauR 2005, 705, 708.
13) BGH, BauR 2001, 800, 801 = NJW 2001, 1346, 1347; BauR 1992, 388 = NJW 1992, 1225; BauR 1985, 595, 596; MDR 1998, 842 m.Anm. *Lenz*; OLG Frankfurt, IBR 2010, 154 – *Wolber*; s. auch: *Boisserée*, Festschrift für Jagenburg, 45, 4917; *Graf von Westphalen*, MDR 1998, 805 ff.; OLG München, OLGR 1995, 2; LG Hagen, NJW-RR 1988, 1179.
14) *Kniffka/Koeble*, 6. Teil, Rn. 17; *Landrock*, JA 2003, 981, 985; *Koch*, NZBau 2001, 649, 652; *Kaiser*, Rn. 162; *Littbarski*, Rn. 219; *Graf von Westphalen*, ZIP 1992, 532 m. Nachw.
15) BGH, BauR 2005, 705, 708 = NZBau 2005, 287 = NJW 2005, 1423.
16) BGH, BauR 1986, 211 = ZfBR 1986, 67; OLG Bamberg, BauR 1987, 211.
17) BGH, BauR 1997, 324.

isolierung zu ersetzen, so umfasst der Anspruch aus § 823 Abs. 1 BGB die Kosten, die durch das Freilegen der Baugrube, das Säubern der Kellerwände sowie durch die Reparatur der Außenisolierung entstanden sind, während die Kosten der erneuten Beifüllarbeiten i.R. der Gewährleistung erstattungsfähig bleiben.[18]

Besteht (ausnahmsweise) ein Ersatzanspruch nach § 823 Abs. 1 BGB, so gilt für diesen die **regelmäßige** Verjährungsfrist des § 195 BGB. Der **Fristbeginn** richtet sich nach § 199 Abs. 1 und 3 BGB.[19]

2. Verletzung der Verkehrssicherungspflicht

Literatur

Siegburg, Haftung von Architekt und Bauherr für Bauunfälle, 1997; *Freifrau von Berchem*, Die neue Baustellenverordnung, 2000; *Kollmer*, Baustellenverordnung, Kommentar, 2. Auflage 2004; *Kesselring*, Verkehrssicherungspflichten am Bau, Baurechtliche Schriften, Bd. 57, 2002.

König, Wer haftet für Unfälle auf der Baustelle: der Architekt, der Bauunternehmer, der Bauherr oder alle?, VersR 1971, 701; *von Bar*, Entwicklungen und Entwicklungstendenzen im Recht der Verkehrs(sicherungs)pflichten, JuS 1988, 169; *Riedmaier*, Die neuere Rechtsprechung zur Verkehrssicherungspflicht, VersR 1990, 1315; *Benike*, Deliktische Haftung mehrerer nach § 830 BGB, Jura 1996, 127; *Deckert*, Die Verkehrssicherungspflichten, Jura 1996, 348; *Möllers*, Verkehrspflichten gegenüber Kindern, VersR 1996, 153; *Littbarski*, Zu den Rechtsproblemen der Baustellensicherheitsrichtlinie, DAB 1996, 1672; *Hötzel*, Baukontrollen zur Erfüllung der Verkehrssicherungspflicht, NJW 1997, 1757; *Kollmer*, Die neue Baustellenverordnung, NJW 1998, 2634; *Kleinhenz*, Die Verordnung über Sicherheit und Gesundheitsschutz auf Baustellen (Baustellenverordnung), ZfBR 1999, 179; *Moog*, Von Risiken und Nebenwirkungen der Baustellenverordnung, BauR 1999, 795; *Rozek*, Zur Rechtsstellung des Sicherheitskoordinator nach der Baustellenverordnung, BauR 1999, 1394; *Schmidt*, Die Baustellenverordnung – Leistungen, rechtliche Einstufung der Tätigkeit und Honorar des S + G-Koordinators, ZfBR 2000, 3; *Meyer*, Die Haftung des Sicherheits- und Gesundheitsschutzkoordinators nach der Baustellenverordnung, NZBau 2003, 607; *Motzke*, Verkehrssicherheit in Fußballstadien, NZBau 2004, 297; *Kesselring*, Der SiGeKo nach der Baustellenverordnung, BTR 2005, 99; *Heil*, Die strafrechtliche Verantwortung der Sicherheits- und Gesundheitsschutzkoordinatoren oder: „Die üblichen Verdächtigen", NZBau 2005, 545; *von Wietersheim*, Die Baustellenverordnung, BauRB 2005, 303; *Meyer*, Obergerichtliche Rechtsprechung zur Baustellenverordnung, BauR 2006, 597; *Wesser*, Verkehrssicherung: Kein Kinderspiel (Besprechung von BGH, Urt. v. 3.6.2008 – VI ZR 233/07, NJW 2007, 3775), NJW 2008, 3761; *Kessler*, Keine Beweiserleichterungen bei der Haftung des Sicherheits- und Gesundheitsschutzkoordinators, BauR 2017, 957

Bauarbeiten eröffnen ein weites Feld von Gefahrenquellen für Dritte.[20] Das hat zur Folge, dass alle Baubeteiligten aus dem Gesichtspunkt der Verkehrssicherungspflicht **Schutzmaßnahmen** ergreifen müssen, damit Schäden von **Personen** und **Sachen** verhindert werden. Diesem Ziel dient auch die Richtlinie **89/391/EWG** „über die Durchführung von Maßnahmen zur Verbesserung der Sicherheit und des Gesundheitsschutzes der Arbeitnehmer bei der Arbeit" (sog. **Rahmenrichtlinie**)[21]

2352

---

18) Zutreffend: OLG Koblenz, BauR 1998, 351.
19) *Staudinger*, ZGS 2002, 145, 146. Bei Verletzung eines höchstpersönlichen Rechtsgutes gilt § 199 Abs. 2 BGB.
20) Siehe hierzu auch *Wirth*, in: Ingenstau/Korbion, § 10 Abs. 2 VOB/B, Rn. 38 ff. Zum Ersatz eines Brandschadens durch **Schweißarbeiten:** OLG Düsseldorf, BauR 2011, 835 = IBR 2011, 466 – *Wolber* (**Düsseldorfer Flughafenbrand**); OLG Oldenburg, BauR 2002, 1715.
21) ABl. EG Nr. L 183 vom 12. Juni 1989, S. 1.

sowie vor allem die Richtlinie **92/57/EWG** vom 24. Juni 1992 „über die auf zeitlich begrenzte oder ortsveränderliche Baustellen anzuwendenden Mindestvorschriften für die Sicherheit und den Gesundheitsschutz (Achte Einzelrichtlinie im Sinne des Art. 16 Abs. 1 der Richtlinie 89/391/EWG)".[22] Diese **„Baustellensicherheitsrichtlinie"** statuiert in Art. 3 drei Vorgaben: Art. 3 Abs. 1 sieht die Bestellung eines Sicherheitskoordinators (SiGeKo) vor. Art. 3 Abs. 2 betrifft die Erstellung sog. Sicherheits- und Gesundheitsschutzpläne (SiGePlan), und Art. 3 Abs. 3 schreibt ab einem gewissen Umfang die Vorankündigung der geplanten Arbeiten vor. Durch Urteil vom 7.10.2010[23] hat der **EuGH** klargestellt, dass die Pflicht, vor Eröffnung der Baustelle einen Sicherheits- und Gesundheitsschutzplan zu erstellen, für alle Baustellen gilt, auf denen Arbeiten mit **besonderem Gefahrenpotential** i.S. des Anhangs II der Richtlinie ausgeführt werden sollen. Auf die Zahl der auf der Baustelle anwesenden Unternehmen soll es dabei nicht ankommen.

Die Richtlinie 92/57/EWG führte im Rahmen der nationalen Umsetzung zur **Baustellenverordnung** vom 10.6.1998.[24] Diese basiert auf § 19 Arbeitsschutzgesetz und dient dementsprechend der Verbesserung des **Arbeitsschutzes** auf Baustellen, bei denen die voraussichtliche Dauer der Arbeiten mehr als 30 Arbeitstage beträgt und auf der mehr als 20 Beschäftigte gleichzeitig tätig werden oder der Umfang der Arbeiten voraussichtlich 500 Personentage überschreitet.[25] Ansprüche aus der Verletzung von Verkehrssicherungspflichten kommen danach vor allem in Betracht, wenn der **Sicherheits-** und **Gesundheitsschutzkoordinator** schuldhaft gebotene Sicherungspflichten verletzt.[26]

2353 Im **nationalen** Recht hat sich in jahrzehntelanger Rechtsentwicklung der Grundsatz der (allgemeinen) Verkehrssicherungspflicht herausgebildet; ihm liegt der Gedanke zu Grunde, dass derjenige, der eine **Gefahrenquelle** schafft, d.h. sie selbst schafft oder andauern lässt, auch für die daraus entstehenden Schäden einzustehen hat, wenn er nicht die ihm zumutbaren Sicherungsvorkehrungen zum Schutze anderer Personen oder Sachen getroffen hat.[27] Grundlage dieser allgemeinen Rechts-

---

22) ABl. EG Nr. L 245 vom 26. August 1992, S. 6 ff.; abgedruckt bei *Siegburg*, S. 73 ff.
23) IBR 2010, 626 – *Brugger*.
24) BGBl. I, 1281; s. hierzu u.a.: *Meyer*, BauR 2006, 597 ff.; *Hebel*, in: Thode/Wirth/Kuffer, § 17, Rn. 44 ff.; *Kollmer*, NJW 1998, 2634 ff.; *Rozek*, BauR 1999, 1394 ff.; *Moog*, BauR 1999, 795 ff.; *Schmidt*, ZfBR 2000, 3 ff.
25) Die **Baustellenverordnung** gilt ferner für Baustellen, auf denen Beschäftigte mehrerer Arbeitgeber tätig werden und besonders gefährliche Arbeiten i.S. des Anhangs II der Baustellenverordnung ausgeführt werden; *Freifrau von Berchem*, S. 1, 2. Zur **Koordinierungspflicht** bei nacheinander durchzuführenden Arbeiten: VGH Bayern, BauR 2013, 1734 Nr. 2 (LS).
26) Siehe hierzu: OLG Köln, NZBau 2017, 353; OLG Celle, BauR 2006, 133 = IBR 2005, 558 – *Hänsel*; OLG Bamberg, NZBau 2003, 615 = NJW-RR 2003, 238 = IBR 2004, 143 – *Langenecker; Meyer*, NZBau 2003, 607 ff.; *Freifrau von Berchem*, S. 42 ff., die zutreffend insoweit auf die zur (allgemeinen) Verkehrssicherungspflicht entwickelten Rechtsgrundsätze verweist. Zur Rechtsnatur des Vertrages: OLG Köln, IBR 2004, 628 (Dienstleistungsvertrag; **str.**; siehe die Nachw. bei *Meyer*, BauR 2006, 597, 604 in Anm. 31); zur **drittschützenden Wirkung**: OLG Celle, IBR 2005, 558 – *Hänsel*; s. hierzu auch *Meyer*, a.a.O., S. 601.
27) BGHZ 5, 378, 380; 34, 206, 209; FamRZ 1975, 29; BGH, ZfBR 1997, 85 = BauR 1997, 148. Zur Verkehrssicherungspflicht bei der Gestaltung von **Treppen** (Gerichtsgebäude): OLG Stuttgart, NJW-RR 2004, 21; zur Verkehrssicherungspflicht für **Treppenhäuser** in öffentlichen Gebäuden: OLG Karlsruhe, OLGR 2003, 407; bei größeren **Schwimmbadrutschen:** OLG Celle, NJW-RR 2004, 20.

pflicht ist § 823 BGB.[28] Die Verletzung der Verkehrssicherungspflicht setzt **schuldhaftes Verhalten** und eine entsprechende **Ursächlichkeit** hinsichtlich des eingetretenen Schadens voraus.[29] Die Verkehrssicherungspflicht verlangt im Einzelfall sogar **"ein Mehr"** an Sorgfalt, als z.B. nach einer behördlichen Genehmigung verlangt wird.[30] Für verfassungsmäßig berufene **Vertreter** kann die Haftung der Verkehrssicherungspflichten, auch für einen Organisationsmangel, problemlos aus § 31 BGB begründet werden.[31] Im Übrigen wird nach § 831 BGB auch für die **Verrichtungsgehilfen** gehaftet, wobei sich der Baubeteiligte dadurch entlasten kann, dass er eine sorgfältige Auswahl und eine regelmäßige Überwachung des Verrichtungsgehilfen nachweist.[32]

Die Vielfalt der Einzelfallentscheidungen in der Rechtsprechung zeigt, dass es außerordentlich schwierig ist, die **Grenzen** einer Verkehrssicherungspflicht im Allgemeinen und für das Bauwesen im Besonderen zu ziehen. Eine rechtlich gebotene Verkehrssicherung umfasst nach der ständigen Rechtsprechung des **BGH** immer „diejenigen Maßnahmen, die ein **umsichtiger** und **verständiger, in vernünftigen Grenzen** vorsichtiger Mensch **für notwendig** und **ausreichend hält**, um andere vor Schäden zu bewahren".[33] Darin liegt eingeschlossen, dass nicht „jeder abstrakter Gefahr vorbeugend begegnet werden kann" (BGH). Dies gilt auch für das Bauwesen; deshalb müssen auch hier immer nur solche Vorkehrungen getroffen werden, die im Einzelfall geeignet sind, eine Schädigung anderer „tunlichst abzuwenden".[34] Des Weiteren steht im Bauwesen die Schwierigkeit im Vordergrund, den insoweit **tatsächlich Verantwortlichen** unter den Baubeteiligten festzustellen und insbesondere die **Verantwortungsbereiche** zwischen Unternehmer, Subunternehmer,[35] Bauherr[36] und Architekt sachgerecht abzugrenzen: Die Verkehrssicherungspflicht trifft bei einem Bauvorhaben im Grundsatz denjenigen, der

2354

---

28) OLG Brandenburg, BauR 2016, 1192, 1194 = IBR 2016, 149 – *Michalczyk*. Ein im Einzelfall zu prüfender **vertraglicher Schadensersatzanspruch** findet seine Grundlage in den §§ 631, 280 Abs. 1, 249 BGB (siehe: OLG Düsseldorf, BauR 2012, 1970 = IBR 2013, 149 – *Luig*).
29) Zur Kausalität und deren **Unterbrechung:** OLG Nürnberg, BauR 1999, 419 (Dacheinsturz); zum **Anscheinsbeweis:** BGH, NJW 1994, 945; OLG Düsseldorf, BauR 2012, 1970 = IBR 2013, 149 – *Luig* (**Schweißarbeiten**); OLG Hamm, BauR 2013, 113, 114 = IBR 2012, 394 – *Amelsberg* (**Sturz** des Bauherrn vom Baugerüst); OLG Celle, BauR 2013, 621, 622 = IBR 2013, 347 – *Rosse/Hassel* (**Beschädigung** eines Abwasserrohres). Zu dem Einwand des „rechtmäßigen Alternativverhaltens": OLG Naumburg, BauR 2013, 1692, 1693; zur Haftung bei **alternativen** Schadensursachen: OLG Brandenburg, BauR 2014, 566.
30) OLG Karlsruhe, BauR 2007, 569, 571; OLG Naumburg, a.a.O.
31) BGHZ 24, 200, 213; BGH, NJW 1980, 2810; OLG Karlsruhe, BauR 2007, 569, 571.
32) Vgl. BGH, *Schäfer/Finnern*, Z 4.13 Bl. 65, 114; Z 4.01 Bl. 27, 67; *Lauer/Wurm*, Rn. 407. Zum Begriff des „**Verrichtungsgehilfen**": OLG Düsseldorf BauR 1996, 136 u. BauR 1998, 351.
33) BGH, NZBau 2007, 309; BauR 2006, 829 = NZBau 2006, 235 (zur Erkundungspflicht über Versorgungsleitungen auf einem Privatgrundstück).
34) BGH, a.a.O., unter Hinweis auf BGH, MDR 1979, 216; NJW-RR 2003, 1459 u. NJW 2006, 610; s. auch BGH (4 StR), NJW 2009, 240, 241. Zu den **eingeschränkten** Sicherungspflichten bei der Erstellung eines **Swimmingpools** innerhalb eines abgeschlossenen Gartens: OLG Stuttgart, NZBau 2013, 775, 776 = IBR 2013, 745 – *Feldmann*.
35) Vgl. OLG Köln, BauR 2004, 1321; KG, BauR 2000, 118.
36) Vgl. OLG Hamm, BauR 2002, 1552 (**Richtfest**).

die Baustelle „**beherrscht**" und dadurch unmittelbar in der Lage ist, Gefahren zu sehen und sie gleichzeitig abzuwenden.

a) Die Verkehrssicherungspflicht des Bauunternehmers

Literatur

Wussow, Schadensersatzanspruch des Tiefbauunternehmers bei Beschädigung öffentlicher, unterirdischer Versorgungsleitungen – Versicherbarkeit des Risikos, BauR 1972, 270; *Berr*, Grundsätze der Baustellenabsicherung an Straßen aus rechtlicher Sicht, DAR 1984, 6; *Maurer*, Beschädigung von Versorgungsleitungen bei Tiefbauarbeiten – Rechtsprechung und Haftungsquoten, BauR 1992, 437; *Saller*, Die Haftung des Baugeräteunternehmers für Schäden an Erd- und Freileitungen, BauR 1995, 762; *Schulze*, Die Beschädigung von Erdkabeln und sonstigen Erdleitungen der Energieversorgungsunternehmen durch unerlaubte Handlungen Dritter, insbesondere durch Tiefbauunternehmen, VersR 1998, 12; *Dausner*, Die Leistungsbeschreibung und VOB – Pflichten des Auftraggebers zur Vermeidung von Schäden an Leitungen –, BauR 2001, 713; *Lange*, Beschädigung von Leitungen und Sparten im Tiefbau, BauRB 2005, 29; *Dressler*, Die Baustelle als „gemeinsame Betriebsstätte" – die Entwicklung der Rechtsprechung des Bundesgerichtshofs zur Haftungsprivilegierung nach § 106 Abs. 3, 3. Alt. SGB VII, Festschrift für Thode (2005), 521; *Steffen*, Der Kabelschaden und die Beschädigung anderer Versorgungsleitungen, BauR 2007, 966.

2355   In Rechtsprechung und Literatur ist man sich einig, dass **nach Baubeginn** in erster Linie den **Unternehmer**[37] die Verkehrssicherungspflicht trifft, da er mit seinen Bauarbeiten die Gefahrenquelle unmittelbar schafft und auch die tatsächliche Verfügungsgewalt hat, um die notwendigen und zumutbaren Sicherungsmaßnahmen zu treffen und für geordnete Verhältnisse auf der Baustelle zu sorgen; ihn trifft die Hauptverantwortung für die Sicherheit auf der Baustelle („**primäre**" Verkehrssicherungspflicht).[38] Die Bedeutung, die der Einhaltung von Verkehrssicherungspflichten zukommt, verlangt von dem Unternehmer, dass er sich **vor Beginn** seiner Baustellentätigkeit hinreichend über bestehende Gefahrenlagen informiert. Dies macht die Entscheidung des Oberlandesgerichts Düsseldorf vom 11. Januar 2011 über die Verantwortlichkeit für den Großbrand am Düsseldorfer Flughafen deutlich.[39] Der Unternehmer kann zwar seine Verkehrssicherungspflicht im Einzelfall **delegieren**; dies setzt jedoch stets eine **klare Absprache** voraus, die „eine Ausschaltung von Gefahren zuverlässig sicherstellt".[40] Gleichwohl bleiben auch dann dem

---

[37] Zur Haftung des **Nachunternehmers**: OLG Brandenburg, BauR 2016, 1192 = IBR 2016, 149 – Michalczyk; zum **Subunternehmer**: OLG Frankfurt, BauR 1992, 258 ff.; OLG Koblenz, OLGR 2008, 293; BGH (4 StR), NJW 2009, 240, 241; zum **Generalunternehmer**: OLG Brandenburg, BauR 2011, 273; OLG Frankfurt, NZBau 2013, 112. Zur Haftung der (untergeordneten) **Arbeitskräfte**: OLG Hamm, NJW-RR 1999, 1324 ff.

[38] BGH, NJW 1970, 2290, 2291; BlGBW 1971, 129; BauR 1991, 111; OLG Celle, BauR 2006, 388, 389; SchlHOLG, BauR 1999, 1485; OLG Düsseldorf, OLGR 1998, 28; OLG Düsseldorf, NJW-RR 1995, 403, 404; OLG Bamberg, VersR 1971, 233.

[39] BauR 2011, 835 = IBR 2011, 466 – *Wolber*; s. ferner: OLG Frankfurt, IBR 2009, 379 – *Heisiep* (Überprüfung der Standsicherheit freigelegter Giebelwände).

[40] Zutreffend: OLG Zweibrücken, NJW-RR 2012, 94 = IBR 2012, 23 – *Amelsberg* (**Haftung des Generalunternehmers** gegenüber einem Mitarbeiter des Nachunternehmers); OLG Brandenburg, BauR 2003, 119, 120; s. auch OLG Celle, BauR 2006, 133, 135 = IBR 2005, 558 – *Hänsel* (für Einschaltung eines Sicherheits- und Gesundheitskoordinators; Haftung des **Unternehmers** nach § 278 BGB); s. auch OLG Frankfurt, IBR 2008, 329 – *Dausner* (Bauunternehmer überträgt das Aufstellen eines Krans an eine fachkundige Firma; auch der Betrieb er-

Verkehrssicherungspflicht des Unternehmers

Unternehmer **Kontroll- und Überwachungspflichten,** die sich darauf richten, ob der übernehmende Unternehmer die übertragenen Sicherungsmaßnahmen auch tatsächlich (zuverlässig) ausführt.[41]

Die Verkehrssicherungspflicht des Unternehmers bezieht sich sowohl auf die eigenen **Betriebsangehörigen,**[42] den **Eigentümer,**[43] den **Besitzer** oder **Erbbauberechtigten** eines Grundstücks wie auch auf den Schutz **Dritter** (Fußgänger,[44] Autofahrer,[45] Radfahrer,[46] vor allem **Kinder,**[47] Baustellenbesucher,[48] Baustofflieferanten,[49] die übrigen **Bauhandwerker,**[50] den **Mietern** des Bauherrn[51] sowie die Nachbarn[52]). Art und Umfang der Verkehrssicherungspflicht richten sich jeweils nach den tatsächlichen Gegebenheiten auf der Baustelle, der Größe der Verkehrsgefahr und den von dem einzelnen Unternehmer auszuführenden Arbeiten.[53] Wer

---

folgt durch **Fremdfirma**); BGH, NJW 2009, 240 = IBR 2009, 118 – *Trüg* (Verantwortlichkeiten bei einem **arbeitsteiligen** Vorgehen; Gebäudeeinsturz).

41) BGHZ 110, 114, 121; BGH, NJW 1996, 2646; OLG Brandenburg, a.a.O., S. 120 (auch zum **Umfang** der Kontroll- u. Überwachungspflicht); s. auch: OLG Karlsruhe, IBR 2008, 64 – *Seibel* (Balkonabsturz, 38 Jahre nach der Bauerrichtung); OLG Brandenburg, IBR 2011, 337 – *Amelsberg* (Tiefbauarbeiten).
42) BGH, *Schäfer/Finnern,* Z 4.13 Bl. 117.
43) Vgl. OLG Düsseldorf, BauR 2001, 633 (Einbau **kontaminierten Bodens** in einen Golfplatz).
44) SchlHOLG, OLGR 1995, 35 [Tiefbaufirma].
45) OLG Saarbrücken, IBR 2014, 481 – *Michalczyk*.
46) Vgl. OLG Karlsruhe, IBR 2005, 202 – *Böhme*.
47) Vgl. BGH, ZfBR 1997, 85 = BauR 1997, 148 = NJW 1997, 582 [nicht umfriedeter **Löschwasserteich**]; VersR 1965, 877 u. 453; 1957, 805; 1975, 87; ferner: OLG Rostock, MDR 2000, 764; OLG Stuttgart, MDR 1975, 841; VersR 1977, 64; OLG Hamm, VersR 1984, 244 [Sicherung des **Rohbaues** gegen unbefugtes Klettern]; OLG München, VersR 1988, 961; OLG Nürnberg, BauR 1991, 781 [Absicherung eines **Gerüstes** gegenüber Passanten].
48) Siehe BGH, NJW 1985, 1078 = BauR 1985, 237; auch OLG Bamberg, VersR 1974, 552; OLG Hamm, BauR 1992, 658 u. OLGR 2002, 190 [Richtfest].
49) BGH, DB 1975, 1792.
50) BGH, VersR 1974, 272; OLG Brandenburg, BauR 2003, 119 u. BauR 2001, 656; OLG Koblenz, BauR 1999, 182 = NJW-RR 1999, 1617; OLG Celle, BauR 1992, 251. Zu den **unfallversicherungsrechtlichen Haftungsprivilegien der §§ 104 ff. SGB VII,** insbesondere zu betrieblicher Tätigkeit „auf einer gemeinsamen Betriebsstätte" [§ 106 Abs. 3, 3. Alt. SGB VIII]: *Dressler,* Festschrift für Thode, S. 521 ff.; BGH, BauR 2007, 1267, 1270 = NZBau 2007, 449; BauR 2006, 108 = NZBau 2005, 576; VersR 2003, 1260; OLG Zweibrücken, IBR 2012, 23 – *Amelsberg*; OLG Rostock, IBR 2011, 521 – *Amelsberg*; OLG Koblenz, NZBau 2008, 511 = OLGR 2009, 293, 294 = IBR 2008, 117 – *Riegelsberg* [Baustellenunfall des vom Auftraggeber beauftragten Bauleiters]; OLG Frankfurt, NZBau 2006, 185; OLG Celle, BauR 2006, 133, 136 = IBR 2005, 558 – *Hänsel*; OLG Hamm, OLGR 2006, 683, 684; OLG Brandenburg, IBR 2006, 501 – *Völkel*. Zur Anwendung von **§ 104 Abs. 1 SGB VII** und zur Bindungswirkung des **§ 108 SGB VII**: BGH, BauR 2007, 1734 [Unfall eines arbeitsähnlichen Gastes bei Richtfest des Bauherrn].
51) Vgl. BGH, BauR 1990, 501 = NJW-RR 1990, 726; BGH, BauR 1991, 111 = ZfBR 1991, 17; OLG Hamm, NJW-RR 1999, 1324 sowie *Kniffka,* ZfBR 1991, 1 ff. m. Nachw.
52) BGH, *Schäfer/Finnern,* Z 4.01 Bl. 31.
53) BGH, VersR 1967, 752; VersR 1967, 393; BGH, NJW 1971, 1213; OLG Stuttgart, NZBau 2013, 775; OLG Köln, IBR 2004, 568 – *Büchner* (Verkehrssicherungspflicht des Generalunternehmers gegenüber Mitarbeitern des Subunternehmers); OLG Düsseldorf, BauR 2011, 835, 843; OLG Brandenburg, BauR 2001, 656 (zur Verkehrssicherungspflicht des Dachdeckers gegenüber einem Dritten, der das unfertige Dach für **Abgabe eines Angebots** betritt); KG, VerkMitt. 1977, 59; OLG Düsseldorf, OLGR 1998, 28 u. OLG Köln, OLGR

aber die zum Schutz Dritter notwendigen, nach den allgemeinen Sicherungserwartungen geeigneten Maßnahmen getroffen hat, um bestehende Gefahren abzuwehren, muss nicht auch mit einer ausgesprochenen fernliegenden Verhaltensweise anderer rechnen.[54] Die **Grenze** zwischen abhilfebedürftigen Gefahrenquellen und hinzunehmenden Erschwernissen wird entscheidend von den **Sicherungserwartungen** des Verkehrs bestimmt, soweit sie sich im Vernünftigen halten. Abhilfebedürftig sind deshalb auch immer nur solche Gefahren, die für einen die normale Sorgfalt beachtenden Benutzer nicht oder nicht rechtzeitig erkennbar sind und auf die er sich nicht oder nicht rechtzeitig einzustellen vermag.[55] Eine Pflichtverletzung des verkehrssicherungspflichtigen Unternehmers scheidet aus, wenn auf eine Gefahrenquelle **ausdrücklich hingewiesen** wird, der Geschädigte die bestehenden Gefahren **kennt** und sie gleichwohl **missachtet**.[56] Eine Haftungserweiterung durch eine Bauvertragsklausel wäre im Zweifel unangemessen.[57]

2357 **Maßstab** für Art und Umfang von Verkehrssicherungspflichten sind damit vor allem die einschlägigen **DIN-Normen,** wie z.B. die DIN 4420 für Leitergerüste,[58] oder die betreffende **Unfallverhütungsvorschrift der Berufsgenossenschaft;**[59] die Verletzung von DIN-Normen oder Unfallverhütungsvorschriften kann im Einzelfall auf die Verletzung von Verkehrssicherungspflichten hindeuten.[60] **Unfallverhütungsvorschriften** konkretisieren die im Verkehr erforderliche Sorgfalt und be-

---

1996, 94 (**Benutzer** eines Gerüsts); OLG Hamm, BauR 1986, 479 (für Gewerke, die nach einem Konkurs von dem Unternehmer **übernommen** werden).

54) SchlHOLG, OLGR 1995, 35, 36; LG Karlsruhe, NJW-RR 1996, 1239 (vorhandene Schwelle); s. auch OLG Naumburg, IBR 2013, 743 – *Vogelheim* (für Baggerarbeiten im Außenbereich können für den Bereich privater Gelände geringere Sorgfaltspflichten gelten).

55) Zutreffend: OLG Hamm, BauR 1999, 1325 (Höhendifferenz einer Treppenstufe in einem noch **nicht fertiggestellten Neubau**); OLG Düsseldorf, BauR 2001, 658 (**Gerüst**).

56) LG Coburg, IBR 2015, 137 – *Michalczyk*.

57) LG Frankfurt, BauR 2001, 635, 636.

58) OLG Stuttgart, NJW-RR 2000, 752 u. OLG Düsseldorf, OLGR 1998, 28 (DIN 4420). Zur Konkretisierung der Verkehrssicherungspflicht auf Grund der **Kabelschutzanweisung:** BGH, NJW 1971, 1314; OLG Bremen, BauR 2004, 524; AG München, BauR 2003, 744 (Beschädigung einer Telekommunikationsanlage).

59) Vgl. BGH, BauR 1997, 148 = ZfBR 1997, 85 (für **DIN 14 240**); BGH, *Schäfer/Finnern*, Z 4.13 Bl. 93, 123; BGH, NJW 1985, 1078 = BauR 1985, 237; BGH, BauR 1989, 109 = NJW-RR 1989, 339; BGH, BauR 1996, 558, 561; OLG Rostock, IBR 2011, 521 (UVV § 12 BVG C 22 u. Punkt 5.3.5 der DIN 4420 Teil 1: **Seitenschutz** zur Verhinderung von Abstürzen; s. auch OLG Zweibrücken, IBR 2012, 23); OLG Düsseldorf, BauR 2011, 835 (§ 30 Abs. 1 UVV VBG 15; **Schweißarbeiten** in brandgefährdeten Bereichen; Düsseldorfer Flughafenbrand); OLG Hamm, OLGR 2006, 683 (Pionier-Aufzug; Befestigung von Lasten gemäß § 34 UVV **BGV D 7**); OLG Köln, BauR 2004, 1321 (zum Verhältnis von General- zum Subunternehmer) u. BauR 2003, 723 (Schutzmaßnahmen für Arbeiten in einer Umspannstation; DIN 57105); SchlHOLG, BauR 2001, 974; OLG Düsseldorf, OLGR 1999, 30; OLG Karlsruhe, VersR 1997, 1155 m.Anm. *Otto* (**DIN 18 920** – „Schutz von Bäumen, Pflanzenbeständen und Vegetationsflächen bei Baumaßnahmen"); OLG Brandenburg, BauR 2003, 119 u. 1231 = NZBau 2003, 441 (Absturzsicherung; UVV **VBG 37**); OLG Celle, *SFH*, Nr. 36 zu § 823 BGB; OLG Schleswig, BauR 1991, 487; OLG Frankfurt, BauR 1992, 255 u. 1989, 237; OLG Karlsruhe, VersR 1985, 297; OLG Saarbrücken, VersR 1973, 182; OLG Stuttgart, VersR 1973, 28; BGH, VersR 1970, 344; OLG Karlsruhe, VersR 1988, 1071; LG Göttingen, BauR 1992, 528.

60) OLG Brandenburg, BauR 2003, 119, 120; SchlHOLG, BauR 1999, 1485, 1487; BGH, NJW 1997, 582, 584.

Verkehrssicherungspflicht des Unternehmers　　　　　　　　　　Rdn. 2358

gründen bei ihrer Verletzung deshalb auch einen **Anscheinsbeweis** für die Ursächlichkeit.[61] Allerdings begründet nach der Rechtsprechung des BGH[62] nicht jeder Verstoß schon für sich eine schwere Verletzung der Sorgfaltspflicht; entscheidend ist, ob es sich um eine Unfallverhütungsvorschrift handelt, die sich mit Vorrichtungen zum Schutz der Arbeiter vor tödlichen Gefahren befasst und somit elementare Sicherungspflichten zum Inhalt hat. Darüber hinaus sind nach der neueren Rechtsprechung des BGH[63] „sowohl auf die Werkleistungen des Architekten als auch auf diejenigen des Bauunternehmers **haftungsrechtlich im Kern dieselben Grundsätze anzuwenden, die für die Herstellung und den Vertrieb von Produkten gelten,** welche zur Abwehr bestimmter Gefahren in den Verkehr gegeben, in dieser Funktion aber untauglich sind." Es wird daher im Einzelfall zu prüfen sein, ob der (Bau)Leistung auch die Aufgabe zukommt, Gefahren von absolut geschützten Rechtsgütern abzuwenden. Schließlich kann eine Haftung auf § 823 Abs. 2 BGB **(Verletzung eines Schutzgesetzes)** gestützt werden, soweit Vorschriften der Landesbauordnungen die allgemeine Verkehrssicherungspflicht näher ausgestalten.[64] Im Einzelfall ist auch an eine Haftung nach **§§ 836, 837 BGB** zu denken.[65]

Neben dem Unternehmer kann auch ein Angestellter oder Arbeiter des Unternehmers verkehrssicherungspflichtig sein, wenn dieser am Bau eine solche **Leitungsfunktion** ausübt, dass er dadurch in seinem Arbeitsbereich praktisch den Unternehmer ersetzt (vgl. § 831 Abs. 2 BGB); als solcher kommt z.B. der **Bauleiter,**[66] der **Polier** des Rohbauunternehmers oder der **Schachtmeister** in Betracht, wenn sie den Bau in eigener Verantwortung leiten.[67] Im Übrigen gilt aber, dass sich der (primär) Verkehrssicherungspflichtige seiner Verantwortung nicht durch die Einschaltung einer **Hilfsperson,** für die er nur nach § 831 BGB haftet, entziehen kann.[68] Der **Entlastungsbeweis** nach § 831 Abs. 1 Satz 2 BGB gelingt in der Praxis zudem selten; so ist das Maß der bei der Auswahl des Verrichtungsgehilfen zu beachtenden Anforderungen nach dem Gefahrenpotenzial der Verrichtung zu

2358

---

61) OLG Stuttgart, NJW-RR 2000, 752, 753.
62) BGH, BauR 2001, 968.
63) So BGH, BauR 1990, 501, 503. Zu diesem Gesichtspunkt siehe vor allem auch *Jagenburg,* Festschrift für Locher, S. 93 ff. m. Nachw.
64) Siehe z.B. BayObLG, NJW-RR 1996, 657 (zur Anbringung eines Treppengeländers nach der Bayerischen BauO).
65) Vgl. BGH, BauR 1999, 1035 = NJW 1999, 2593; BauR 1997, 673 = ZfBR 1997, 241 = NJW 1997, 1853 **(Gerüst);** OLG Hamm, IBR 2011, 143 – *Bröker* (Ablösen von Gebäudeteilen infolge eines Sturmtiefs); OLG Koblenz, BauR 2003, 1595 **(Gerüst);** OLG Hamm, BauR 1996, 408 **(Turmdrehkran).** § 836 BGB eröffnet aber im Einzelfall keine über § 823 BGB hinausgehende Haftung (OLG Celle, BauR 2006, 388, 391).
66) Vgl. AG Erfurt, IBR 2004, 604 – *Hugger.*
67) BGH, DB 1975, 1792; OLG Naumburg, NZBau 2005, 108 (zu den Anforderungen an einen Entlastungsbeweis gemäß § 831 Abs. 1 Satz 2 BGB); OLG Brandenburg, BauR 2002, 1553 **(Generalunternehmer);** OLG Braunschweig, BauR 1999, 416, 417; OLG Koblenz, NJW-RR 1999, 1617; OLG Frankfurt, BauR 1999, 1324, 1325; LG Osnabrück, NZBau 2001, 214; OLG Rostock, BauR 2001, 1127, 1128; OLG Düsseldorf, BauR 2001, 269; BayObLG, DAR 1976, 301. Zur Anwendung des **§ 831 Abs. 2** auf den **Geschäftsführer** einer GmbH: OLG Frankfurt, BauR 1991, 377, 378; OLG Hamm, OLGR 2006, 683, 684; OLG München, BauR 1999, 1037. Zur Anwendung von **§ 31 BGB:** OLG Frankfurt, BauR 1992, 255, 256.
68) Vgl. OLG Nürnberg, OLGR 2000, 349; OLG Stuttgart, NJW-RR 2000, 752, 754 = BauR 2000, 748, 750.

bestimmen.⁶⁹⁾ Darüber hinaus ist von dem Geschäftsherrn zu erwarten, dass er im Einzelfall konkret darlegt, in welcher Weise der Verrichtungsgehilfe über den Einsatz der Arbeiten **unterrichtet** und **überwacht** worden ist. Im Einzelfall wird es auch der Darlegung bedürfen, inwieweit der Verrichtungsgehilfe in der Lage war, die Bedeutung und das Gefahrenpotenzial der von ihm vorzunehmenden Arbeiten zu erkennen. Der **Subunternehmer,** der zur Durchführung der Bauarbeiten eingeschaltet wird, ist im Allgemeinen kein Verrichtungsgehilfe des Bauunternehmers.⁷⁰⁾

Verkehrssicherungspflichten hat der von dem Unternehmer bestellte „**Bauleiter**" im Sinne der Landesbauordnungen; denn er muss insbesondere auf den sicheren bautechnischen Betrieb achten.⁷¹⁾

2359 Die Verkehrssicherungspflicht **endet** grundsätzlich mit dem **ordnungsgemäßen** Abschluss der Arbeiten („Räumen der Baustelle");⁷²⁾ wer eine Baustelle verlässt, muss daher dafür sorgen, dass bestehende Gefahrenquellen hinreichend abgesichert werden.⁷³⁾ Nichts anderes gilt bei einem vorzeitigen Abbruch der Bautätigkeit, auch wenn dies im Einverständnis des Bauherrn/Auftraggebers geschieht. Damit endet eine Verkehrssicherungspflicht des Unternehmers bei **Fortbestehen** der von ihm geschaffenen Gefahrenquellen erst dann, wenn die Verpflichtung von einem anderen tatsächlich und ausdrücklich übernommen wird.⁷⁴⁾ Die **Abnahme** (oder die Begleichung der Werklohnforderung) durch den Bauherrn/Auftraggeber ändert für sich allein deshalb noch nichts an der (weiterbestehenden) Verkehrssicherungspflicht des Unternehmers oder Architekten;⁷⁵⁾ nur ein wirksamer **Haftungsausschluss** kann daher den Unternehmer gegenüber dem Bauherrn von der Verkehrssicherungspflicht befreien.⁷⁶⁾

2360 **Wer einen von mehreren Beteiligten** (z.B. Bauherr, Architekt, Bauunternehmer) aus dem Gesichtspunkt des § 830 Abs. 1 Satz 2 BGB für einen Schaden **verantwortlich machen will,** ist nicht von dem Nachweis befreit, dass der in Anspruch genommene zumindest auch eine Gefahrenquelle gesetzt hat, die den Schaden ver-

---

69) Vgl. OLG Köln, BauR 2004, 1321, 1324 (Kranführer).
70) BGH, NJW 1994, 2756 = ZfBR 1994, 270; KG, BauR 2000, 118.
71) OLG Düsseldorf, IBR 2005, 258 – *Wittmann*; OLG Brandenburg, BauR 2003, 119, 122; LG Frankfurt, IBR 2005, 204 (keine Haftung gegenüber den Baubeteiligten für Mangelfreiheit des Bauwerks).
72) OLG Düsseldorf, OLGR 2000, 310; OLG Bremen, VersR 1978, 873; OLG München, VersR 1980, 240; OLG Schleswig, MDR 1982, 318; OLG Hamm, BauR 1992, 658; OLG Köln, NZV 1995, 22; OLG Celle, *SFH*, Nr. 36 zu § 823 BGB. Zur Verkehrssicherungspflicht des Unternehmers, der seine Arbeiten **vorläufig** zum Abschluss gebracht hat: OLG Nürnberg, IBR 2008, 155 – *Kammerbauer*).
73) OLG Brandenburg, BauR 2016, 1192; OLG München, MDR 2005, 1050 = IBR 2005, 203 – *Böhme*; *Lauer/Wurm*, Rn. 410; *Palandt/Sprau*, § 823 BGB, Rn. 191 m.w.Nachw.
74) BGH, BauR 1997, 148 = ZfBR 1997, 85, 87; OLG Köln, BauR 1996, 730 = NJW-RR 1996, 151 (Überlassung zur zeitweisen Benutzung); OLG Düsseldorf, NJW-RR 1996, 1362 (unzureichend gesicherte **Schachtöffnung**); OLG Köln, BauR 1974, 359 = OLGZ 1973, 210; OLG Hamm, BauR 1992, 658.
75) BGH, ZfBR 1997, 85, 87 = BauR 1997, 148, 151.
76) Vgl. OLG Koblenz, BauR 1979, 176.

Verkehrssicherungspflicht des Unternehmers Rdn. 2361

ursacht oder mitverursacht haben kann;[77] nur wenn mindestens zwei Schädiger vorhanden sind und jeder von ihnen eine Verkehrssicherungspflichtverletzung begangen hat, greift die Vermutung des § 830 Abs. 1 Satz 2 BGB.

Rechtsprechungsübersicht zur Verkehrssicherungspflicht des **Unternehmers** 2361

* Zu den Anforderungen an eine hinreichende **Absturzsicherung** (OLG Koblenz, BauR 2014, 1019 = IBR 2014, 272 – *Wolber*; OLG Brandenburg, BauR 2003, 119 u. 1231, 1232)
* Freigabe einer unfertigen **Außentreppe** (OLG Hamm, BauR 2003, 127)
* Bauarbeiten an einer **Bahnstrecke** (BGH, VersR 2002, 330)
* Verkehrssicherungspflicht gegenüber **Baustellenbesuchern,** denen der Bauherr den Zugang zum Bau gestattet (BGH, NJW 1985, 1078 = BauR 1985, 237 u. OLG Hamm, OLGR 2002, 190 – Richtfest)
* Zur **Beweislast** s. BGH, VersR 1965, 1055; OLG Stuttgart, NJW-RR 2000, 752 = BauR 2000, 748 (Anscheinsbeweis); OLG Frankfurt, VersR 1972, 105; BGH, MDR 1974, 217 u. 263; OLG Hamm, BauR 2013, 113 = IBR 2012, 394 – *Amelsberg* (Anscheinsbeweis); OLG Celle, BauR 2013, 621 (Anscheinsbeweis); OLG Düsseldorf, BauR 2012, 1970 = IBR 2013, 149 – *Luig* (Anscheinsbeweis)
* Zur Verkehrssicherungspflicht bei **Brennschneidearbeiten** an Steigleitungen: OLG Brandenburg, OLG-NL 1999, 152
* Zur Verkehrssicherungspflicht eines **Bauträgers**: OLG München, BauR 1999, 1037
* Verkehrssicherungspflicht bei **Anlieferung** von Baumaterialien – Standsicherheit einer LKW-Abkippstelle (OLG Brandenburg, BauR 1996, 562); Sicherungspflichten bei dem **Abladen** von Baustahlmatten von einem LKW (OLG Frankfurt, BauR 2008, 538); zur Haftung des **Baustofflieferanten**: OLG Koblenz, BauR 2003, 1740
* Zur Übertragung von Verkehrssicherungspflichten durch den **Baulastträger**: OLG Celle, NVwZ-RR 1997, 81
* Verkehrssicherungspflicht gegenüber Dritten auch bei **Einverständnis** des Bauherrn in die mangelhafte Bauleistung (OLG Düsseldorf, NJW 1973, 249 = VersR 1973, 259)
* Zur Sorgfaltspflicht des Tiefbauunternehmers bei **Erkundungsbohrungen** (OLG Bamberg, IBR 2003, 418 – *Ulbrich*)
* Erschließungsarbeiten; **Kellerüberflutung** bei Fehlen einer Rückstausicherung (OLG Hamm, NZBau 2002, 678)
* Zur Sorgfaltspflicht des **Tiefbauunternehmers**: BGH, BauR 2006, 829 = NZBau 2006, 235 (Versorgungsleitung auf **Privatgrundstück**); BGH, BauR 1983, 95; NJW 1971, 1313; NJW 1968, 1279; OLG Hamm, BauR 2006, 2080 (zur Übernahme der **Erkundungspflicht** durch Subunternehmer); OLG Brandenburg, BauR 2011, 273 = IBR 2010, 687 – *Amelsberg* (Beschädigung von **Trinkwasserleitung**); OLG Dresden, IBR 2011, 23 – *Böhme* (**Ferngasleitung**); LG Tübingen, IBR 2010, 456 – *Storz*; OLG Hamm, BauR 2005, 418 (**Wasserleitung**); OLG Karlsruhe, IBR 2005, 202 – *Böhme* (Bauarbeiten im öffentlichen Straßenraum); OLG München, IBR 2005, 203 – *Böhme* (Pflichten eines **Subunternehmers**);

---

77) BGH, VersR 1975, 714; OLG Düsseldorf, BauR 2001, 633, 635; OLG Bamberg, BauR 2001, 661, 662.

OLG Naumburg, NZBau 2005, 108 = IBR 2004, 569 = BauRB 2004, 326 (**Gasleitung**); OLG Koblenz, IBR 2005, 672 – Miernik (Leitungsschäden durch Bohrarbeiten); OLG Bremen, BauR 2004, 524 = IBR 2004, 507 (Versorgungskabel); OLG Naumburg, BauR 2013, 1692 (Beschädigung eines **Telekommunikationskabels**); OLG Brandenburg, MDR 2003, 747 (Stromkabel), OLG Koblenz, BauR 2002, 1412; OLG Nürnberg, NJW-RR 1997, 19 (Subunternehmer); OLG Hamm, IBR 2007, 24 – Saerbeck u. OLG Köln, NJW-RR 1992, 983 (Tiefbauarbeiten auf einem **Privatgrundstück**); LG Köln, VersR 1970, 664; OLG Saarbrücken, VersR 1973, 182; OLG Hamm, NJW-RR 1987, 1507; VersR 1972, 1147; LG Essen, VersR 1970, 357; OLG Düsseldorf, BauR 1995, 721 u. VersR 1969, 1051; BGH, Schäfer/Finnern, Z 4.13 Bl. 93; Z 4.01 Bl. 7; Z 4.13 Bl. 7; OLG Düsseldorf, BauR 1998, 808 (Fernmeldekabel); OLG Düsseldorf, NJW-RR 1998, 674 (Elektrokabel); OLG Brandenburg, BauR 1999, 1041 (Wasserleitungen)

* Umfang der Sorgfaltspflicht bei **Abbrucharbeiten**: OLG Düsseldorf BauR 1994, 267; OLG Frankfurt, VersR 1980, 634 u. BauR 1991, 377 (zur Haftung eines Bauleiters); OLG Köln, SFH, Nr. 10 zu § 823 BGB (Arbeiten an einem Bach); OLG Braunschweig, BauR 1991, 486 (Staubanfall); **Fischsterben** infolge von Wasserverunreinigung – s. dazu auch BGH, VersR 1986, 92 (Anwendung von § 22 WHG)

* Zum Schadensersatz für **Datenverlust** infolge Unterbrechung eines Mittelspannungskabels (OLG Oldenburg, IBR 2012, 149 – Illies); zum Schadensersatzanspruch wegen einer Beschädigung von **Lichtwellenleiterkabeln** (OLG Stuttgart, BauR 2013, 1137; OLG Stuttgart, IBR 2011, 274 – Storz u. OLG Rostock, IBR 2011, 275 – Amelsberg).

* Zur Sorgfaltspflicht beim Austausch von **Fassadenplatten**: OLG Nürnberg, OLGR 2000, 349

* **Freibad**; Sicherungspflicht des Betreibers für eine **Rutsche** (OLG Celle, NJW 2006, 3284)

* Zur Sicherungspflicht bei der **Fundamenterstellung**: OLG Hamm, BauR 2003, 1233 = OLGR 2003, 182

* Verkehrssicherungspflicht bei **Gerüstbau**: BGH, Schäfer/Finnern, Z 4.13 Bl. 34, Bl. 99 u. Z 4.12 Bl. 1; BGH, BauR 1999, 1035 = NJW 1999, 2593 u. 1997, 1853 = SFH, Nr. 5 zu § 836 BGB = ZfBR 1997, 241 = BauR 1997, 673 (Anwendung der **§§ 836, 837 BGB**); OLG Koblenz, BauR 1997, 328 (fehlende Bügelsicherung); KG, BauR 1996, 884; OLG Frankfurt, BauR 1993, 614 u. BauR 1992, 255; OLG Nürnberg, BauR 1991, 781 (gegenüber Passanten); OLG Stuttgart, NJW-RR 2000, 752 (unzureichende Fangbreite); BauR 1990, 112; OLG Düsseldorf, BauR 2001, 658; OLGR 1998, 28 u. OLG Köln, OLGR 1996, 94 (Benutzer), LG Hanau, ZfS 1993, 255; LG Osnabrück, BauR 1985, 709

* Zur Verkehrssicherungspflicht eines **Dachdeckers**: OLG Hamm, OLGR 2006, 683 (Benutzung eines Anlegeaufzugs/„**Pionieraufzug**"); OLG Brandenburg, BauR 2001, 656; OLG Düsseldorf, VersR 1987, 414; zu **Abdeckmaßnahmen** an Dachöffnungen: OLG Celle, BauR 1992, 251; zur Abdeckung eines **Deckendurchbruchs**: OLG Koblenz, NJW-RR 1999, 1617

* Verkehrssicherungspflicht bei **noch nicht fertig gestelltem Treppenhausfenster**: BGH, Schäfer/Finnern, Z 4.13 Bl. 102; bei noch **offenem Treppenloch**: OLG Celle, SFH, Nr. 36 zu § 823 BGB

Verkehrssicherungspflicht des Unternehmers — Rdn. 2361

* Turmdrehkran; Entlastungsbeweis des Unternehmers: BGH, Schäfer/Finnern, Z 4.13 Bl. 114
* Zur Verkehrssicherungspflicht nach **Arbeitsschluss:** BGH, Schäfer/Finnern, Z 4.01 Bl. 54 und Bl. 60
* **Lagerung** von Baumaterialien: OLG Hamm, Schäfer/Finnern, Z 4.13 Bl. 21; s. auch OLG Hamm, OLGR 2001, 276 (Abstellen eines Baufahrzeugs; Walze)
* Haftung bei **Warnschild** für unbefugtes Betreten: BGH, Schäfer/Finnern, Z 4.13 Bl. 42 = NJW 1957, 499; OLG Hamm, BauR 1992, 658
* Verkehrssicherungspflicht (des Tiefbauunternehmers) gegenüber **witterungsbedingten Gefahren:** OLG Bamberg, VersR 1974, 552 sowie OLG Stuttgart, BauR 1995, 720 **(Hochwasser)**
* **Versorgungsleitungen:** BauR 2006, 829 = NZBau 2006, 235 u. ZfBR 1996, 85 = BauR 1996, 131 = NJW 1996, 387 (private Versorgungsleitung – **Antennenkabel);** OLG Hamm, BauR 2003, 920 (Einsatz einer **Erdrakete**); OLG Bremen, BauR 2004, 524 (Öldruckkabel); OLG Bamberg, IBR 2003, 418 (Erkundungsbohrungen); OLG Braunschweig, BauR 1999, 416 (maschinelles Einpflügen von Elektrokabeln); OLG Düsseldorf, BauR 2002, 326 u. BauR 2001, 269 (Kabelschaden); OLG Brandenburg, BauR 1999, 1041 (Wasserleitungen); OLG Koblenz, OLGR 2000, 184 (Erdarbeiten in einem Waldgebiet; keine Erkundigungspflicht des Unternehmers); OLG Hamm, BauR 2005, 418 (**Wasserleitung**; Haftungsverteilung bei unzureichender Architektenplanung u. Unternehmerhaftung); OLG Düsseldorf, BauR 1998, 808 **(Fernmeldekabel);** OLG Hamm, BauR 1996, 407 = ZfBR 1996, 218 (private Ver- und Entsorgungsleitungen im öffentlichen Straßengrund); BGH, BauR 1983, 95 = ZfBR 1983, 124 = SFH, Nr. 13 zu § 823 BGB; BauR 1985, 706; BGH, NJW-RR 1990, 1172; OLG Köln, BauR 1995, 122; OLG Düsseldorf, BauR 1995, 721 u. OLGR 1996, 216 **(Gasleitung);** BauR 1993, 486; OLG Frankfurt, BauR 1994, 388; OLG Frankfurt, NJW-RR 1996, 276 u. BauR 1993, 264; OLG Naumburg, NJW-RR 1994, 784; OLG Hamburg, BauR 1990, 376; OLG Köln, SFH, Nr. 41 zu § 823 BGB u. VersR 1987, 513 sowie Maurer, BauR 1992, 437 ff.; Saller, BauR 1995, 762 ff.; Schulze, VersR 1998, 12 ff. u. Steffen, BauR 2007, 966 ff.
* **Fahrbahnverschmutzungen:** BGH, VersR 1975, 714; OLG Köln, NJW-RR 1990, 862 = DAR 1990, 267 = MDR 1990, 629 (Haftung des Unternehmers bei vertraglicher Übernahme der Reinigung des Baustellenbereichs)
* **Richtfest:** OLG Hamm, BauR 2003, 918 = BauR 2002, 1552 (Generalunternehmer)
* Verkehrssicherungspflicht bei Anlage eines **Schwimmbeckens:** OLG Köln, BauR 1974, 359
* Zur Sicherungspflicht des Unternehmers bei provisorischem Hochlegen eines Stahlträgers: OLG Karlsruhe, VersR 1985, 297
* Zur Haftung bei **Schweißarbeiten** und **Brand:** BGH, VersR 1974, 705; BGH, BauR 1979, 266 = NJW 1979, 864; OLG Frankfurt, BauR 2001, 971; OLG Oldenburg, BauR 1993, 100; OLG Düsseldorf, BauR 1996, 280 u. BauR 1993, 233; OLG Celle, BauR 1990, 626 (Schweißarbeiten bei starkem Wind)
* Schutzpflichten bei der **Anlieferung** von Baumaterial: BGH, MDR 1975, 1011; siehe auch OLG Düsseldorf, BauR 1990, 110 (zur Instruktionspflicht bei Fertigkaminen; Verursachung eines **Brandschadens**)

* Zur Haftung des Unternehmers bei **Lagerung von Baumaterialien** auf einem Nachbargrundstück: OLG Düsseldorf, BauR 1993, 506 (LS) = OLGR 1993, 130; siehe ferner: LG Saarbrücken, NVZ 1993, 236
* Zur schlüssigen Darlegung einer fehlerhaften **Sprengung**: OLG Düsseldorf, OLGR 1998, 51 (LS)
* Zu den Anforderungen an die Schritt- und Trittsicherheit eines **Parkettbodens** in einem Konzertsaal: OLG Zweibrücken, BauR 1997, 153
* Zur Anwendung der §§ **836, 837 BGB**: BGH, BauR 1999, 1035 = NJW 1999, 2593 u. BauR 1997, 673 = ZfBR 1997, 241 **(Gerüst)**; OLG München, BauR 2001, 973 u. OLG Hamm, BauR 1996, 408 **(Turmdrehkran)**; OLG Koblenz, NJW-RR 1998, 673 (Schaufensterscheibe)
* Verkehrssicherungspflicht des **Straßenbauunternehmers**: OLG Brandenburg, BauR 2014, 566; OLG Düsseldorf, OLGR 2000, 310; OLG Celle, VersR 1989, 157; OLG Nürnberg, MDR 1975, 319; OLG Frankfurt, VersR 1982, 170 (Rissebildung in alten Häusern durch Kanalisationsarbeiten); KG, VRS 65, 167 (Bodenwelle); OLG Stuttgart, BauR 1995, 720 **(Hochwasserschaden)**
* Haftung bei **falscher Beschilderung** einer Baustelle: OLG Karlsruhe, VersR 1976, 668
* **Überschwemmungsschäden** durch Baustelleneinrichtung: OLG Köln, IBR 2015, 359, 360 – *Berding*: **Kanalsanierung; Ausschluss** der Haftung gegenüber **Dritten** nach § 839 i.V. mit Art. 34 Satz 1 GG); BGH, BauR 1976, 291 = VersR 1976, 776; durch Lagerung von Bauaushub: BGH, BauR 1983, 285; ferner: BGH, BauR 1985, 593 (Erdarbeiten); OLG Karlsruhe, BauR 2001, 663 (keine Haftung für Schäden durch Rückstau)
* Sicherungsvorkehrungen bei Verlegen von Kunststoffböden mittels **feuergefährlicher** Klebstoffe: OLG Köln, VersR 1976, 1163
* Benutzung von Ladenräumen durch **Mieter,** bevor Bauarbeiten vollständig beendet sind: OLG Celle, VersR 1977, 479
* Zur Verkehrssicherungspflicht bei **Malerarbeiten** in einem Treppenhaus: OLG Düsseldorf, BauR 1993, 617 = NJW-RR 1993, 1309
* Verkehrssicherungspflicht des Unternehmers für den Ladeplatz von Schiffen, die zur Abfuhr von Aushubmaterial eingesetzt werden: BGH, Schäfer/Finnern, Z 2.20 Bl. 25 = BauR 1977, 432
* Sicherung des **Straßenverkehrs**: OLG Saarbrücken, IBR 2014, 481 – *Michalczyk* (Aufstellen eines **Verkehrszeichens**; Sicherung eines über die Straße verlegten Wasserschlauchs); KG, VerkMitt. 1977, 59; OLG Karlsruhe, VersR 1979, 383; BGH, VersR 1982, 576; OLG Düsseldorf, DAR 1983, 356 u. BauR 1992, 121 (LS)
* Sicherungspflicht des Unternehmers gegenüber den am Bau tätigen Dachdeckern (Anbringung von „**Flatterleinen**"): BGH, BauR 1979, 531 = VersR 1970, 1107
* Zur Haftung gegenüber **Subunternehmern**: OLG Düsseldorf, NJW-RR 1995, 403 = BauR 1995, 139 (LS)
* Zur Verkehrssicherungspflicht des Unternehmers, der in einer **Baugrube** Schalenbretter abstellt: OLG Hamm, BauR 1988, 247
* Zur Haftung für **Verrichtungsgehilfen**: OLG Düsseldorf, BauR 1998, 351 u. 1996, 136; LG Göttingen, VersR 1981, 760 m.Anm. Bar; OLG Braunschweig, BauR 1999, 416; OLG Frankfurt, BauR 1999, 1324

- Zur Sicherung der **Baugrube:** OLG Zweibrücken, BauR 1993, 615; OLG München, BauR 1989, 763; LG Heidelberg, VersR 1989, 1106 (Aufstellen von Leitkegeln)
- Verwendung von **Stahlabdeckungen:** OLG Karlsruhe, NZV 1990, 230 (LS)
- Einsatz einer **Vibrationswalze:** OLG Hamm, NJW-RR 1991, 601 = BauR 1991, 632
- Zum Anspruch auf eine pauschale **Wertminderung** bei einem (Strom)Kabelschaden: AG Meinerzhagen, IBR 2004, 109 – Thesenvitz; zum Anspruch auf eine **Auslagenpauschale** für Aufwendungen des Geschädigten: BGH, NZBau 2012, 494 = IBR 2012, 393 – Rodemann
- Zum Anspruch auf einen **Komplettaustausch** der im Erdreich verlegten Lichtwellenleiterkabel: OLG Hamm, IBR 2013, 744 – Rosse

b) Die Verkehrssicherungspflicht des Bauherrn

Literatur

Otto, Die Haftung des Bauherrn, BlGBW 1973, 181; *Otto*, Zur Verkehrssicherungspflicht des Architekten, BauR 1974, 179; *Maaß*, Anmerkungen zu der Verkehrssicherungspflicht des Hauseigentümers bei sogenannten Dachlawinen, DAR 1983, 313; *Birk*, Ersatzpflicht für Dachlawinenschäden, NJW 1983, 2911; *Kullmann*, Die außervertragliche Haftung des Bauherrn in der Rechtsprechung des Bundesgerichtshofes, Festschrift für Korbion (1986), 235; *Möllers*, Verkehrspflichten gegenüber Kindern, VersR 1996, 153; *Dausner*, Die Leistungsbeschreibung und VOB – Pflichten des Auftraggebers zur Vermeidung von Schäden an Leitungen, BauR 2001, 713; *Müller*, Verkehrssicherungspflichten des Bauherrn und Haftung für Drittschäden aus § 823 Abs. 1 BGB, BauR 2002, 1789.

In der Rechtsprechung und Literatur ist man sich weitgehend einig, dass grundsätzlich **zunächst** jeder **Bauherr** selbst verkehrssicherungspflichtig ist,[78] da er Veranlasser der Baumaßnahmen ist und damit auch die Gefahrenquellen schafft;[79] Anspruchsgrundlage für einen Ersatzanspruch ist insoweit § 823 Abs. 1 BGB. Darüber hinaus besteht im Einzelfall die Notwendigkeit, eine **Mitverschulden** des Bauherrn gemäß § 254 BGB zu prüfen, das sich insbesondere aus seiner sog. **sekundären Versicherungspflicht** ergeben kann.[80]

2362

Der Bauherr bleibt verkehrssicherungspflichtig auch in den Fällen, in denen er die Bauarbeiten **in eigener Regie** durchführt, er also keine Unternehmer heranzieht, sondern den Bau selbst oder mit Hilfe von Bekannten, Verwandten oder Nachbarn erstellt.[81] Der Bauherr, der in eigener Verantwortung arbeitet, muss demnach dafür sorgen, dass Dritte und insbesondere die ihm helfenden Personen

---
78) BGH, BauR 2002, 627, 629 (Wasserversorgungsunternehmen); NJW 1961, 600; BB 1954, 175; NJW 1958, 627, 629; BauR 1976, 441, 442; OLG Hamm, NZBau 2014, 435 = IBR 2014, 349 – Michalczyk; OLG Brandenburg, IBR 2008, 1112; OLG Karlsruhe, IBR 2008, 64 – Seibel (Balkonabsturz); OLG Bamberg; NJOZ 2006, 1198 = BauR 2007, 448 (LS); OLG Celle, BauR 2006, 388; OLG Brandenburg, BauR 2002, 1555, 1556; SchlHOLG, BauR 1999, 1485, 1486; OLG Koblenz, BauR 2000, 907; OLG Hamm, NJW-RR 1996, 1362 = VersR 1997, 124; OLG München, NJW-RR 1994, 1241; *Müller*, BauR 2002, 1789 ff.; *Gaisbauer*, BlGBW 1970, 129; *Schmalzl*, BauR 1981, 505 ff.
79) OLG Düsseldorf, BauR 1973, 395; OLG Düsseldorf, OLGR 1998, 28 **(Gerüst)**.
80) Siehe hierzu instruktiv: OLG Düsseldorf, BauR 2012, 1970, 1977 = IBR 2013, 149 – *Luig*.
81) Beispielsfall: BGH, BauR 2001, 968; s. auch SchlHOLG, BauR 2001, 974, 977.

keinen Schaden erleiden, der seine Ursache in einer nicht sachgemäßen und gefährlichen Bauausführung hat. Darüber hinaus umfasst die Verkehrssicherungspflicht grundsätzlich auch solche Gefährdungen, die sich aus dem unsachgemäßen Verhalten oder vorsätzlichen Eingreifen **Dritter** ergeben können.[82]

Die Verkehrssicherungspflicht des Bauherrn **verkürzt** sich indes grundsätzlich, soweit er die Durchführung der Bauleistungen **Fachleuten** überträgt. Dies gilt jedenfalls uneingeschränkt, wenn ein als zuverlässig bekanntes Bauunternehmen beauftragt wird.[83] Schaltet der Bauherr Unternehmer ein und überlässt er ihnen z.B. ein von ihm oder durch ein Drittunternehmen erstelltes **Gerüst**, so entbindet dies den Unternehmer nicht von der **(eigenen)** Verpflichtung, **zuvor** die Standsicherheit des Gerüsts zu überprüfen (Nr. 9.1 der Unfallverhütungsvorschriften DIN 4420).[84] Zudem sind die Unternehmer für die Beachtung der Unfallverhütungsvorschriften stets selbst verantwortlich.[85] Im Übrigen beurteilen sich **Inhalt** und **Umfang** der dem Bauherrn im Einzelfall obliegenden Verkehrssicherungspflicht nach der **Erkennbarkeit** der Gefahr und nach der **Sach- und Fachkunde** des jeweiligen Bauherrn bzw. des Geschädigten.[86]

2363 Von den seltenen Fällen der Baumaßnahmen in Eigenregie abgesehen, kann der Bauherr grundsätzlich durch Beauftragung eines als **zuverlässig** geltenden und **sachkundigen Unternehmers** oder eines kompetenten **Architekten** von einer **Schadensersatzpflicht befreit** sein, weil im Allgemeinen keine (weiteren) Aufsichtspflichten mehr für ihn bestehen.[87] Mehr kann nämlich einem unkundigen Bauherrn nicht zugemutet werden. Er kann als Laie in der Regel nicht erkennen, ob alle Vorsichtsmaßnahmen getroffen worden sind. Vielmehr muss er sich grundsätzlich darauf verlassen können, dass der Unternehmer, der die erforderlichen Spezialkenntnisse hat, schon von sich aus alle notwendigen Sicherheitsvorkehrungen auf der Baustelle ergreift. So braucht auch ein Bauherr seine Baustelle nicht laufend zu kontrollieren, um beispielsweise festzustellen, ob das Grundstück nach Beendigung der Arbeiten von dem Unternehmer stets ordnungsgemäß abgesichert wird. Dies ist allein Sache des Unternehmers, der insoweit auch grundsätzlich die alleinige **Verantwortung** für etwaigen Schaden tragen wird.[88] Eine Haftung aus § 831 Abs. 1 BGB lässt sich in der Praxis nicht begründen; denn die mit der Bauplanung, Bauausführung und Bauüberwachung beauftragten Personen gelten **nicht** als Verrichtungsgehilfen des Bauherrn; sie erbringen ihre Leistungen selbstständig.[89]

---

82) BGH, BauR 2002, 627, 629.
83) OLG Hamm, NZBau 2014, 435 mit Hinweis auf BGH, NJW 1969, 2140, 2141; BGHZ 120, 124 = NJW 1993, 1647.
84) OLG Düsseldorf, OLGR 1998, 28.
85) OLG Düsseldorf, BauR 1999, 185 = NJW-RR 1999, 318; BGHZ 68, 175, 176.
86) OLG Hamm, NZBau 2014, 435; OLG Düsseldorf, BauR 2012, 1970, 1977 u. OLGZ 1984, 239; OLG Köln, BauR 2003, 723, 724; *Müller*, BauR 2002, 1789, 1791 m. Nachw.
87) BGH, BauR 1982, 399; VersR 1960, 824; BauR 1976, 441 = NJW 1976, 954; OLG Celle, BauR 2006, 388, 389; SchlHOLG, BauR 2001, 974, 976; OLG Koblenz, BauR 2000, 907; OLG Düsseldorf, NJW 1961, 1925; OLG Köln, VersR 1959, 113, 114; OLG Hamm, NJW-RR 1996, 1362 = VersR 1997, 124; VersR 1985, 481; NJW 1969, 2211 u. BauR 1992, 658, 659; LG Düsseldorf, *Schäfer/Finnern*, Z 4.13 Bl. 25; *Müller*, a.a.O., S. 1792.
88) Vgl. OLG Zweibrücken, BauR 2003, 1742; zu den **Grenzen** der Sicherungspflicht des Unternehmers vgl. LG Aachen, VersR 1972, 449; KG, VerkMitt. 1972, 43.
89) Vgl. OLG Celle, BauR 2006, 388, 390; *Müller*, BauR 2002, 1789 m.w.Nachw. in Anm. 5.

Verkehrssicherungspflicht des Bauherrn

2364 Eine **Verantwortung** (und damit Ersatzpflicht) bleibt aber **dann aufrechterhalten**, wenn der Bauherr **Anlass zu Zweifeln** haben muss, ob der Unternehmer den Gefahren und Sicherungsanforderungen an der Baustelle in gebührender Weise Rechnung getragen hat.[90] Selbstverständlich bedarf es keiner eingehenden Überprüfung; hier sind keine allzu hohen Anforderungen an den Bauherrn zu stellen.[91] Besucht ein Bauherr seine Baustelle nur selten, so belastet dies allein noch nicht; der Bauherr bleibt aber nur stets dann zum Eingreifen verpflichtet, wenn ihm der verkehrsunsichere Zustand der Baustelle – auch bei einem gelegentlichen Besuch – ohne weiteres hätte auffallen müssen. In diesem Falle muss er den Unternehmer unverzüglich auffordern, die Gefahrenquelle umgehend zu beseitigen. Zumutbare Sicherungsmaßnahmen muss er an Ort und Stelle selbst vornehmen. Im Einzelfall muss von ihm durch geeignete **Stichproben** überprüft werden, ob der Unternehmer seiner Verkehrssicherungspflicht hinreichend nachgekommen ist, insbesondere, wenn er zuvor auf eine unzureichende Absicherung hingewiesen worden ist.[92]

2365 Der Bauherr ist deshalb stets zu **persönlichem Eingreifen** verpflichtet, wenn bei Tätigkeiten, die mit **besonderen Gefahren** verbunden sind, diese auch von ihm erkannt und durch eigene Anweisungen abgestellt werden können.[93] Es entlastet dabei einen Bauherrn auch nicht ohne weiteres, dass der öffentlichen Hand (z.B. Baugenehmigungsbehörde, Straßenbaubehörde, Amt für Agrarordnung und dgl.) ihrerseits Fehler oder Versäumnisse unterlaufen.[94] Ist ein **angestellter Architekt** für den Bauherrn tätig, folgt aus seinem Fehlverhalten eine eigene Haftung des Bauherrn.[95]

2366 Um sein erhebliches Haftungsrisiko einzuschränken, muss sich jeder Bauherr vor der Bauausführung sorgfältig um einen sachkundigen Unternehmer, Bauingenieur und Architekten bemühen. Sorgt er hierfür nicht oder lässt er eine ihm bekannte oder erkennbare Gefahrenquelle nicht rechtzeitig beseitigen, ist er dem Geschädigten gegenüber ersatzpflichtig und haftet neben den Bauausführenden auf Schadensersatz. Ihm steht dann nur noch die Möglichkeit offen, sich im Innenverhältnis an seinem Unternehmer oder Architekten schadlos zu halten.

---

[90] Zum Beispiel schnelle Baudurchführung: enge räumliche und verkehrstechnisch schwierige Verhältnisse an der Baustelle; vgl. OLG Düsseldorf, NJW 1961, 1925; BGH, BauR 1981, 302 u. BauR 1982, 399 = VersR 1982, 595 (§ 909 BGB); OLG Zweibrücken, BauR 2003, 1742; OLG Brandenburg, BauR 2002, 1555, 1557 (bezüglich Gerüsterweiterung); OLG Hamm, VersR 2003, 473 = OLGR 2003, 181 u. OLG Hamm, BauR 1992, 658, 659; OLG Hamm, NJW-RR 1996, 1362 = ZfS 1996, 6 (unzureichend gesicherte Schachtöffnungen).

[91] OLG Celle, BauR 2006, 388, 390 (keine Überprüfungspflicht hinsichtlich Statik eines Gerüsts); zu strenge Anforderungen stellt das OLG Düsseldorf (BauR 1973, 395; ablehnend: *Bindhardt*, BauR 1973, 396; ähnlich aber *Otto*, BauR 1974, 179). Besitzt der Bauherr **besondere** Fähigkeiten, kann von ihm auch eine **gesteigerte** Sorgfalt verlangt werden (BGH, BauR 1994, 646, 648).

[92] Vgl. insoweit OLG Hamm, NJW-RR 1996, 1362, 1363 = VersR 1997, 124; OLG Frankfurt, BauR 1998, 153 (für **Architekten**).

[93] OLG Düsseldorf, BauR 2011, 835, 856; OLG Zweibrücken, BauR 2003, 1742; SchlHOLG, BauR 2001, 974, 976 m. Nachw.

[94] BGH, BauR 1981, 302, 303; OLG Köln, *SFH*, Nr. 10 zu § 823 BGB.

[95] OLG Düsseldorf, BauR 2011, 835, 856.

2367 Rechtsprechungsübersicht zur Verkehrssicherungspflicht des **Bauherrn**:

* **Abwassergrube:** OLG Düsseldorf, NJW-RR 2002, 306
* Haftung bei **Abbrucharbeiten:** OLG Frankfurt, VersR 1980, 634; OLG Karlsruhe, VersR 1994, 446 (Entfernung des Geländers eine Tribüne); OLG Frankfurt, BauR 1991, 377 (Haftung des Bauleiters)
* Haftung bei einem unzureichend gesicherten **Bauzaun** (OLG Hamm, OLGR 2003, 181 = VersR 2003, 473)
* Haftung bei ungesicherten Abdeckrosten: BGH, VersR 1976, 294; BGH, NJW 1990, 1236
* Zur Haftung bei **Dacharbeiten:** SchlHOLG, BauR 2001, 974
* Zur Verkehrssicherungspflicht hinsichtlich **Dachlawinen:** LG Koblenz, VersR 1986, 351; OLG Karlsruhe, NJW-RR 1986, 1404; LG Hannover, ZMR 1987, 226; LG München I, DAR 1987, 56; OLG Hamm, NJW 1987, 412; OLG Dresden, OLGR 1997, 121
* Zur Haftung eines Energieversorgungsunternehmens (OLG Köln, BauR 2003, 723 – Malerarbeiten in einer **Umspannstation**)
* Verkehrssicherungspflicht der **Bundesbahn:** BGH, BauR 2002, 951 = ZfBR 2002, 353; BauR 1994, 263 u. VersR 1981, 482 (Unebenheit der **Bahnsteigkante**) sowie der Deutschen **Telekom:** OLG Karlsruhe, NJW 1994, 1291
* Verkehrssicherungspflicht bei schwierigen **Unterfangungsarbeiten:** BGH, MDR 1976, 1010 = BauR 1976, 441 = VersR 1976, 954
* Verkehrssicherungspflicht bei Schaufensterbeleuchtung vor Baubeendigung: OLG München, NJW-RR 1994, 1241
* Zur Haftung der **Wohnungseigentümer untereinander:** OLG Frankfurt, OLGR 1993, 33
* Verkehrssicherungspflicht für **Glaswände** im Fußgängerbereich: OLG Köln, SFH, Nr. 32 zu § 823 BGB; für Treppenhausverglasung aus **gewöhnlichem Fensterglas:** BGH, NJW 1994, 2232 = ZfBR 1994, 211 = BauR 1994, 646; für die Befestigung von **Schaufensterscheiben:** OLG Düsseldorf, OLGZ 1984, 289
* Zur Haftung bei **leerstehendem** Haus (Brandstiftung): OLG Hamm, NJW-RR 1987, 1315
* Rutschgefahr durch Bodenfliesen im **Hallenbad:** OLG Hamm, NJW-RR 1989, 736
* Verkehrssicherungspflicht für **Hallen-Parkettfußboden:** OLG Hamm, OLGR Hamm 1993, 53
* Haftung für Erschütterungen durch Baustellenverkehr mit Schwertransportern: BGH, BauR 1981, 302; BGH, BauR 1982, 399; VersR 1982, 595 (Schäden am Nachbargrundstück durch Einsatz einer Rüttelwalze)
* Zur Verkehrssicherungspflicht bei privaten Grundstücken: OLG Düsseldorf, VersR 1982, 47 (Schlammablagerung); OLG Bamberg, BauR 2001, 661 (Lagerung von Pflastersteinen).
* Zur Haftung für scharfkantig abgesetzte **Niveauunterschiede** von mehr als 2 cm im Gehwegbereich: OLG Hamm, VersR 1988, 467 = NJW-RR 1987, 412; zur Haftung eines Supermarktes für die auf dem Boden einer Tiefgarage angeschraubte dunkelfarbige Holzleiste: OLG Köln, BauR 1991, 783
* **Richtfest:** BGH, BauR 1983, 387 u. OLG Hamm, BauR 2003, 918 (= BauR 2002, 1552)

- Zur Haftung für die durch **Steinschlag** ausgehenden Gefahren: OLG Köln, NJW-RR 1990, 539 = MDR 1990, 340
- Zur Haftung für **Stromschlag** eines Bauarbeiters (§ 618 BGB): OLG Köln, NZBau 2013, 706
- Zerstörung eines **Stromkabels:** OLG Düsseldorf, SFH, Nr. 19 zu § 254 BGB
- Gefährdung durch **Gartenteich:** OLG Hamburg, OLGR 1996, 38 (LS); OLG Koblenz, NJW-RR 1995, 1426, OLG Oldenburg, FamRZ 1994, 1454; OLG Karlsruhe, MDR 1990, 339; zur Verkehrssicherungspflicht in Bezug auf ein in den Erdboden eingelassenes **Schwimmbecken:** OLG Köln, SFH, Nr. 30 zu § 823 BGB; zur Gefährdung durch nichtumfriedeten **Löschwasserteich:** BGH, ZfBR 1997, 85 = BauR 1997, 148 = SFH, Nr. 46 zu § 823 BGB = NJW 1997, 582
- **Treppen** in Gaststätten: OLG Hamm, VersR 1994, 1081
- Haftung der Gemeinde für **Überschwemmungsschäden** aus Abwasserkanalisation: OLG Karlsruhe, BauR 2001, 120
- Ungenügende Absicherung eines **Treppenschachtes:** BGH, BauR 2001, 968
- Keine Hinweispflicht auf Gefahren durch **Hochspannungsleitungen** bei Dachdeckerarbeiten: OLG Hamm, BauR 1992, 793
- Für die Einhaltung der **Unfallverhütungsvorschriften** ist der Unternehmer verantwortlich: OLG Düsseldorf, OLGR 1999, 30
- Zur Haftung des Warenhausbetreibers (**Rutschgefahr** durch PVC-Belag?): OLG Düsseldorf, BauR 2007, 1591
- Haftung des Wasserversorgungsunternehmens (**Absperrung** der Versorgungsleitung): BGH, BauR 2002, 627

c) Die Verkehrssicherungspflicht des Architekten

Literatur

Schmalzl, Die Haftung des „verantwortlichen Bauleiters" im Sinne der Landesbauordnung, NJW 1970, 2265; *Bindhardt*, Folgt eine Verkehrssicherungspflicht des Architekten aus der Übernahme der örtlichen Bauführung?, VersR 1972, 901; *Ganten*, Gedanken zum Deliktsrisiko des Architekten, BauR 1973, 148; *Bindhardt*, Über die Rechtsprechung des BGH zur Verkehrssicherungspflicht des Architekten, BauR 1975, 376; *Kullmann*, Zur Verkehrssicherungspflicht eines mit der örtlichen Bauführung oder der Bauleitung betrauten Architekten, BauR 1977, 84; *Schmalzl*, Die Verkehrssicherungspflicht des Architekten, NJW 1977, 2041; *Reuter*, Die Haftung des Architekten bei Schädigung Dritter, DAB 1997, 1689.

Nicht einheitlich wird die Verkehrssicherungspflicht des **Architekten** in Rechtsprechung und Literatur[96] behandelt. Dies beruht vor allem darauf, dass der Architekt weder auf der Baustelle den Verkehr eröffnet noch dort die unmittelbare (tatsächliche) Verfügungsgewalt hat. Die HOAI hat zu keinem Zeitpunkt im Hinblick auf die Verkehrssicherungspflicht des Architekten neue Gesichtspunkte gebracht; vielmehr blieben die alten Streitfragen offen.[97] **2368**

Einig ist man sich darin, dass der Architekt in der Regel nicht verkehrssicherungspflichtig ist, wenn ihm nur die **Planbearbeitung** und die **Oberleitung** über- **2369**

---

[96] Vgl. dazu vor allem *Schmalzl*, NJW 1977, 2041 ff.; *Locher*, Rn. 722 ff.
[97] So auch *Schmalzl*, NJW 1977, 2041 ff.; *Neuenfeld*, BauR 1981, 436, 445.

tragen wurden.⁹⁸⁾ Es gibt jedoch **Ausnahmen;** so hat Schmalzl⁹⁹⁾ bereits darauf hingewiesen, dass auch der nur planende Architekt jedenfalls dann verkehrssicherungspflichtig wird, wenn er auf der Baustelle Maßnahmen **anordnet,** die für **Dritte** gefährlich werden. Darüber hinaus ist ein Architekt jedoch dann als „verkehrssicherungspflichtig" anzusehen, wenn von seiner Planung erkennbar Gefahren ausgehen können; diesen muss er vorbeugen und/oder sie gegebenenfalls abwehren.¹⁰⁰⁾ Das galt uneingeschränkt schon für den Anwendungsbereich der GOA; dies ist nach den Leistungsbildern der Gebäudeplanung des § 34 HOAI 2013 nicht anders.

2370 Demgegenüber hat der Architekt eine Verkehrssicherungspflicht, wenn er als **„verantwortlicher Bauleiter"** im Sinne der Landesbauordnung tätig wird.¹⁰¹⁾ Das ist allerdings keine inhaltlich gesteigerte Verkehrssicherungspflicht.¹⁰²⁾

2371 Zweifelhaft war, ob den Architekten eine Verkehrssicherungspflicht traf, wenn ihm nach der GOA die **technische Oberleitung und/oder die örtliche Bauaufsicht** übertragen wurde. Die herrschende Meinung¹⁰³⁾ ging davon aus, dass den Architekten insoweit keine generelle („primäre") Verkehrssicherungspflicht gegenüber Dritten trifft. Der BGH¹⁰⁴⁾ sprach zunächst nur von einer „gewissen Verkehrssicherungspflicht" des Architekten, hat dann aber durch die Entscheidung vom 10. März 1977¹⁰⁵⁾ die Verkehrssicherungspflicht des mit der örtlichen Bauaufsicht betrauten Architekten wie folgt beschrieben:

> „Darüber hinaus hat der BGH wiederholt entschieden, dass eine Haftung des mit der örtlichen Bauaufsicht beauftragten Architekten auch wegen Verletzung von Verkehrssicherungspflichten (§ 823 I BGB) und Schutzgesetzen (§ 823 II BGB) in Betracht kommt. Zwar hat zunächst der Bauherr dafür zu sorgen, dass von seinem Bauvorhaben keine Gefahren ausgehen, durch die Dritte Schäden erleiden können, und er wird von seiner Verantwortlichkeit nicht immer schon dadurch befreit, dass er Bauplanung, Bauaufsicht und Bauausführung einem bewährten Architekten sowie einem zuverlässigen und leistungsfähigen Bauunternehmer überträgt (BGH, BauR 1976, 441 [442]). Mit der Übernahme der Bauführung trifft aber auch den Architekten die Pflicht, nicht nur seinen Auftraggeber, sondern auch Dritte vor solchen Schäden zu bewahren, die im Zusammenhang mit der Errichtung des Bauwerks entstehen können. Der BGH hat demgemäß in einem Fall, in dem der Bauherr dem bekl. Architekten Bauleitung und Bauführung übertragen hatte und die Brandmauer des auf dem Nachbargrundstück stehenden Hauses infolge unsachgemäßer Bodenvertiefung (vgl. § 909 BGB) eingestürzt war, die unzureichende örtliche Bauaufsicht, nicht die Bauleitung als entscheidenden Haftungsgrund angesehen (LM § 909 BGB Nr. 4a).

---

98) *Groß*, Haftungsrisiken des Architekten, S. 112; *Neuenfeld*, BauR 1981, 436, 444; *Siegburg*, S. 17, 19.
99) BauR 1981, 505, 508.
100) Vgl. OLG Frankfurt, BauR 1997, 330, 332 (Planung für **Hanggrundstück**).
101) Vgl. BGH, BauR 1984, 77 = NJW 1984, 360 = ZfBR 1984, 79; NJW 1977, 898 = BauR 1977, 428; VersR 1968, 470; NJW 1970, 2290, 2291; OLG Brandenburg, BauR 2003, 119, 122; OLG Karlsruhe, BauR 1997, 675; OLG Köln, NJW-RR 1995, 156 = OLGR 1994, 160 = MDR 1994, 687; LG Frankenthal, MDR 1958, 337 = VersR 1958, 811; OLG Hamm, BauR 1980, 378; OLG Koblenz, BauR 1979, 176.
102) BGH, NJW 1977, 898 = BauR 1977, 428.
103) Siehe dazu *Kullmann*, BauR 1977, 84 m.w.Nachw.
104) BGH, VersR 1964, 279; BGH, DB 1975, 1792.
105) BGHZ 68, 169 = NJW 1977, 898 = BauR 1977, 428; siehe ferner: BGH, BauR 2015, 488 = ZfBR 2015, 147; BGH, VersR 2007, 948; BGH, ZfBR 1997, 85, 87/88 = BauR 1997, 148, 152; BGH, BauR 1991, 111 = NJW 1991, 562 = ZfBR 1991, 17.

Verkehrssicherungspflicht des Architekten

Im Regelfall braucht der Architekt allerdings nur diejenigen Verkehrssicherungspflichten zu beachten, die dem Bauherrn als dem mittelbaren Veranlasser der aus der Bauausführung fließenden Gefahren obliegen (OLG Köln, VersR 1969, 810 [811]). In erster Linie ist der Unternehmer verkehrssicherungspflichtig: Er hat für die Sicherheit der Baustelle zu sorgen, die Unfallverhütungsvorschriften wenden sich nur an ihn (BGH, VersR 1956, 31; 358 [360]). Selbst verkehrssicherungspflichtig wird der mit der örtlichen Bauaufsicht beauftragte Architekt indessen, wenn Anhaltspunkte dafür vorliegen, dass der Unternehmer in dieser Hinsicht nicht genügend sachkundig oder zuverlässig ist, wenn er Gefahrenquellen erkannt hat oder wenn er diese bei gewissenhafter Beobachtung der ihm obliegenden Sorgfalt hätte erkennen können. Der als Bauführer tätige Architekt muss also gewisse Gefahren auch bemerken; er darf seine Augen nicht verschließen, um auf diese Weise jeglichem Haftungsrisiko aus dem Wege zu gehen (so mit Recht *Ganten*, BauR 1973, 153; vgl. auch *Korbion/Scherer*, Gesetzliches BauhaftungsR, Anm. B 80 ff.). Die vom BerGer. getroffene Unterscheidung in ‚primäre' Verkehrssicherungspflichten und ‚sekundäre' Kontrollpflichten (*Bindhardt*, S. 165; *Schmalzl*, Die Haftung des Architekten und des Bauunternehmers, Rn. 81) hilft hier nicht weiter.

Diese Wahrnehmungspflicht des bauführenden Architekten besteht freilich nur dort, wo es um die Einhaltung der für die **Herstellung des Bauwerks** maßgeblichen technischen Regeln und behördlichen Vorschriften geht. Dazu **können** auch Unfallverhütungsvorschriften gehören, nämlich insoweit, als sie der Sache nach zu den Regeln der Baukunst gehören (BGH, VersR 1962, 358 [360]); *Scherer*, Bau und Bauindustrie – Baubetriebswirtschaft Baurecht – 1965, 17 f.). Wenn beispielsweise § 44 der Unfallverhütungsvorschriften der Südwestlichen Bau-Berufsgenossenschaft Karlsruhe (Ausgabe 1955) bestimmt, dass neben Bauwerken neue tiefergehende Grundmauern und der Bodenaushub stückweise und erst nach Vornahme der nötigen Absteifungen und sachgemäßer Sicherung der Bauwerke auszuführen sind, sowie dass das Unterfangen (Unterfahren) von Wänden nur in Abschnitten von nicht ehr als 1,25 m Länge erfolgen darf, so handelt es sich hierbei auch um eine technische Regel i.S. des § 19 IV GOA. Der Senat hat demgemäß erst kürzlich einen Architekten schon aufgrund eines Planungsverschuldens als mitverantwortlich dafür angesehen, dass ein Gebäude infolge von Ausschachtungsarbeiten einstürze, bei denen jene Sicherungsvorkehrungen nicht beachtet worden waren (Urteil v. 27.1.1977 – VII ZR 301/75).

Innerhalb des derart durch vertrags- und deliktsrechtliche Pflichten gezogenen Kreises ist der bauführende Architekt dem Bauherrn gegenüber auch für die Einhaltung des Bauordnungsrechts verantwortlich. Er hat dafür zu sorgen, dass das Bauaufsichtsamts den Bauherrn nicht deshalb in Anspruch nimmt, weil etwa technische Regeln der Baukunst oder im Bauschein erteilte Auflagen missachtet worden sind. Auch insoweit hat der Architekt daher als Vertreter des Bauherrn das Recht und die Pflicht, dem Unternehmer Weisungen zu erteilen und sich bei Gefahr im Verzuge unmittelbar an die einzelnen Arbeiter und Angestellten zu wenden (vgl. § 4 Nr. 1 III VOB/B). Wird aufgrund seines Verschuldens gegen den Bauherrn eine Geldbuße verhängt oder wird die Bauausführung deshalb vorübergehend oder sogar endgültig eingestellt, so hat der Architekt dem Bauherrn Schadensersatz wegen positiver Vertragsverletzung zu leisten."

2372 Der mit der Objektüberwachung (**Bauüberwachung**) betraute[106] Architekt ist verpflichtet, die **konkret erkannten Gefahren** auf der Baustelle zu beseitigen (**sekundäre** Verkehrssicherungspflicht).[107] Deshalb wird der Architekt selbst ver-

---

[106] Eine für den Bauherrn honorarpflichtige Tätigkeit des Architekten ist nicht Voraussetzung einer Haftung; es genügt, dass der Architekt die Überwachung eines zu errichtenden Objekts **gefälligkeitshalber** übernimmt (OLG Stuttgart, BauR 2006, 1493, 1494; OLG Hamm, BauR 2002, 1427, 1428; zur Architektenhaftung bei **Gefälligkeit** s. auch OLG Köln, BauR 2008, 861). Zur Haftung des Architekten nach § 634 Nr. 4 i.V. mit §§ 636, 280, 281, 283 BGB wegen Verletzung seiner ihm obliegenden Verkehrssicherungspflicht: OLG Celle, NZBau 2008, 383, 384 = BauR 2008, 863.

[107] Siehe hierzu: BGH, ZfBR 2015, 147, 148; BGH, BauR 2007, 1267, 1268 = NZBau 2007, 449; BauR 1984, 77 = NJW 1984, 360; OLG Hamburg, IBR 2015, 617 – *Chalupsky*; OLG Ko-

kehrssicherungspflichtig, wenn **Anhaltspunkte** dafür vorliegen, dass ein Unternehmer nicht genügend sachkundig oder zuverlässig ist; der als örtlicher Bauführer tätige Architekt muss demnach gewisse Gefahren auch bemerken, er darf insbesondere seine Augen nicht verschließen, um auf dieser Weise jeglichem Haftungsrisiko aus dem Weg zu gehen.[108] Diese Pflicht kann für ihn erst enden, wenn er seine Pflicht aus § 34 Abs. 3 Nr. 9 HOAI auf der Baustelle wahrgenommen hat.[109] Bei der **Objektbegehung** zur Mängelfeststellung muss der Architekt das (Bau)werk einer gründlichen Prüfung unterziehen.[110] Erkennbare Gefahrenbereiche sind dabei von dem Architekten aufzunehmen und umgehend durch die Verantwortlichen beseitigen zu lassen. Unaufschiebbare Maßnahmen muss der Architekt demgegenüber selbst veranlassen.

Im Ergebnis ist es deshalb grundsätzlich die Aufgabe der Bauleitung, die aus dem Ablauf und der Verkettung der Bauvorgänge resultierenden Gefahren zu beherrschen; das ist nicht die Aufgabe der einzelnen Bauarbeiter.[111]

Zu beachten ist, dass den nur mit der örtlichen Bauaufsicht betrauten Architekten „**primäre**" Verkehrssicherungspflichten treffen, wenn **er selbst Maßnahmen an der Baustelle veranlasst**, die sich als Gefahrenquellen erweisen können, sei es, dass die Auftragserteilung schon unmittelbar Gefahren für andere begründen kann oder dass solche Gefahren nicht von vornherein ausgeschlossen sind.[112] Die Verkehrssicherungspflicht des bauaufsichtführenden Architekten besteht deshalb immer dort, wo es gilt, besonders gefahrträchtige Fehler des Bauunternehmers zu verhindern.[113]

2373 Besondere Beachtung ist der deliktischen Verantwortlichkeit des Architekten zu schenken, wenn es nicht nur um die Erfüllung der gegenüber dem Bauherrn zu erfüllenden Vertragspflichten geht, sondern es sich um diejenigen Verkehrspflichten

---

blenz, NZBau 2008, 511, 513 = OLGR 2008, 293, 295; OLG Stuttgart, NZBau 2007, 591 592; OLG Hamm, NZBau 2003, 161 (Außentreppe; unzureichendes **Geländer**); OLG Frankfurt, NZBau 2006, 185, 186 (**Konstruktionsmängel** von Baugerüsten); KG, BauR 1999, 421 (**Abriss** von Schornsteinen); OLG Frankfurt, BauR 1999, 1324 (Baggereinsatz bei Gebäudeabriss) u. BauR 1999, 1488 (**Beschädigung** des Gebäudes); OLG Stuttgart, BauR 2006, 1493 u. NJW-RR 2000, 752 (**Gerüstunfall**); OLG Nürnberg, ZfBR 1996, 43 = BauR 1996, 135 (Abschweißen von Stahlträgern); OLG Hamm, BauR 1992, 658, 660; OLG Frankfurt, BauR 1998, 152 m. abl. Anm. *Vogel/Vogel*; OLG Stuttgart, BauR 1990, 112 (Baugerüst); OLG Düsseldorf, BauR 1996, 731 (lose Kabelverlegung) u. NJW-RR 1995, 403, 404 (**Begehbarkeit** einer Verschalung); *Locher/Koeble/Frik*, § 34 HOAI, Rn. 252; *Lauer/Wurm*, Rn. 421; *Neuenfeld*, BauR 1981, 436, 443 ff.; *Siegburg*, S. 20 ff.

108) Zutreffend: OLG Stuttgart, NJW-RR 2000, 752, 754 = BauR 2000, 748 m. Nachw.
109) *Neuenfeld*, BauR 1981, 436, 445 für den Fall der Überwachung von Nachbesserungsarbeiten des schon genutzten Gebäudes.
110) *Locher/Koeble/Frik*, § 34 HOAI, Rn. 263.
111) OLG Hamm, BauR 1999, 60, 61; s. auch OLG Celle, BauR 2001, 1925.
112) BGH, BauR 2007, 1267, 1268 = NZBau 2007, 449, 450; BauR 1984, 77 = NJW 1984, 360 (Veränderung eines von einem Fachunternehmer erstellten **Gerüsts** durch einen Hilfspolier); SchlHOLG, BauR 1999, 1485, 1487; OLG Düsseldorf, BauR 1996, 731; zu den Anforderungen an die Sicherheit eines **Gerüsts** vgl. BGH, BauR 1989, 504; BGH, BauR 1997, 673 = NJW 1997, 1853; OLG Koblenz, BauR 1997, 328; KG, BauR 1996, 884 (erhöhte Anforderung durch Wind); OLG Frankfurt, BauR 1992, 255; OLG Nürnberg, BauR 1991, 781.
113) Vgl. vor allem KG, BauR 1999, 421 (Abriss von Schornsteinen während der **Heizperiode**).

Bauforderungssicherungsgesetz (BauFordSiG)

gegenüber **Dritten** handelt, die mit dem Bauwerk **bestimmungsgemäß in Berührung** kommen; denn diese können im Regelfall (ebenfalls) darauf vertrauen, dass der Architekt seine – auch ihrem Schutz – dienenden Aufgaben ordnungsgemäß erfüllt.114)

* **Rechtsprechung** zur Verkehrssicherungspflicht des **Architekten:** **2374**
Besondere **Brandgefahr** durch alukaschierte Polystyrolplatten (OLG Düsseldorf, BauR 2011, 835 = IBR 2011, 466 – Wolber); Sturz auf einer fehlerhaften Wendeltreppe (BGH, DB 1970, 2215); unterbliebene Einholung eines **statischen Gutachtens** über Haltbarkeit einer Kupole-Decke (OLG Stuttgart, BauR 1974, 352 sowie BGH, VersR 1964, 1250; NJW 1971, 1130 = VersR 1971, 644); Sturz in eine Baugrube (OLG Hamm, BauR 1980, 389); **Feuchtigkeitsschäden** an Sachen von Mietern des Bauherrn (BGH, NJW 1987, 1013 = BauR 1987, 116; BGH, ZfBR 1991, 17 = BauR 1991, 111 = NJW 1991, 562; Verkehrssicherungspflicht für im Kircheninnern aufgestelltes **Gerüst;** Haftung des für die Kirchengemeinde tätigen Bauingenieurs (BGH, NJW-RR 1989, 921 = ZfBR 1989, 249); Haftung für einen **Gerüstaufbau** (OLG Frankfurt, BauR 1992, 255 u. OLG Stuttgart, BauR 1990, 112; s. auch BGH, BauR 1997, 673); Haftung für einen unzulänglich gesicherten **Pumpenschacht** (OLG Hamm, BauR 1992, 658); Schutz der Eigentümer und Nutzer des Nachbargrundstückes vor schädigenden Auswirkungen des Bauwerks – verantwortlicher Bauleiter (OLG Köln, OLGR 1994, 160 = NJW-RR 1995, 156); Abrutschen eines Hangs durch Aushub der Baugrube; **fehlender Standsicherheitsnachweis** (OLG Frankfurt, BauR 1997, 330 = VersR 1997, 360); **Beschädigung** eines Vordaches mit Auswirkungen auf dessen Tragfähigkeit (OLG Frankfurt, BauR 1999, 1488); zur **Ursächlichkeit** einer Pflichtverletzung (OLG Düsseldorf, BauR 2002, 509); zur Haftung bei Leitungsschäden infolge von Ausschachtungsarbeiten (OLG Hamm, IBR 2004, 506 – Saerbeck); **unfertige Verschalungsarbeiten** auf dem Dach; unverschlossene Stelle wird mit Dachpappe abgedeckt (BGH, BauR 2007, 1267).

3. Bauforderungssicherungsgesetz (BauFordSiG)

Literatur

Stammkötter, Bauforderungssicherungsgesetz, 3. Auflage 2009; *Hagenloch*, Handbuch zum Gesetz über die Sicherung von Bauforderungen (GSB), 1991; *Hofmann/Koppmann*, Die neue Bauhandwerkersicherung 2009, 5. Auflage 2009; *Busch*, Delikte nach dem Gesetz über die Sicherung der Bauforderungen (GSB), in: Greeve/Leipold, Handbuch des Baustrafrechts, 2004; *Bruns*, in: Glöckner/v. Berg, Bauforderungssicherungsgesetz, 2. Auflage 2015.

Lüdtke-Handjery, Die Sicherung von Geldforderungen des Bauunternehmers, DB 1972, 2193; *Schlenger*, Schadensersatz bei zweckfremder Verwendung von Baugeld, ZfBR 1983, 104; *Korsukewitz*, Das GSB – Eine vergessene Anspruchsgrundlage, BauR 1986, 383; *Maritz*, Das GSB – eine beschränkte Sicherheit für Bauunternehmen, BauR 1990, 401; *Scorl*, Eigenart und zivilrechtliche Bedeutung des Gesetzes über die Sicherung von Bauforderungen, Festschrift für von Craushaar

---

114) BGH, NJW 1987, 1013 = BauR 1987, 116; BGH, NJW 1991, 562; OLG Frankfurt, BauR 1997, 330 (**fehlender Standsicherheitsnachweis**); OLG Stuttgart, NZBau 2007, 591 591; OLG München, BauR 1998, 152, 153; OLG Hamm, NJW-RR 1993, 594, 595 (Wassereinbruch); OLG Köln, OLGR 1994, 160 (Anschluss eines Regenfallrohrs an das Kanalanschlussrohr).

(1997), 317; *Stammkötter*, Das Gesetz über die Sicherung der Bauforderungen – eine schlafende Chance, BauR 1998, 954; *Stammkötter/Heerdt*, Rechtsfolgen der Verletzung der Baubuchführungspflicht des § 2 des Gesetzes über die Sicherung der Bauforderungen, BauR 1999, 1362; *Bruns*, Wer ist Baugeldempfänger nach dem Gesetz über die Sicherung der Bauforderungen?, NZBau 2000, 180; *Schmidt*, Ansprüche des Auftragnehmers aus dem Gesetz über die Sicherung von Bauforderungen, BauR 2001, 150; *Liepe*, Vergütung mit Hilfe des Staatsanwaltes – zivilrechtliche Anspruchsverfolgung im strafrechtlichen Adhäsionsverfahren, BauR 2001, 157; *Bruns*, Zur haftungsrechtlichen Bedeutung des Gesetzes über die Sicherung der Bauforderungen, Jahrbuch Baurecht 2001, 49; *Schmid*, Das Gesetz über die Sicherung von Bauforderungen, BauRB 2003, 93; *Heerdt*, Der Schutz des Erwerbers beim Bauträgervertrag nach dem Gesetz über die Sicherung der Bauforderungen, BauR 2004, 1661; *Möller*, Die Haftung des Generalunternehmers nach dem GSB als unmittelbare Haftung des Geschäftsführers/Vorstandes, BauR 2005, 8; *Stammkötter/Reichelt*, Das GSB und die Haftung der Banken, ZfBR 2005, 429; *Drasdo*, Die Sicherung von Baugeldforderungen, NJW-Spezial 2006, 97; *Kainz*, Der Schutz der Bauhandwerkerforderung – ein Jahrhunderte langes Dauerthema am Beispiel des Gesetzes über die Sicherung der Bauforderungen (GSB) und hierzu denkbarer anderer Alternativen, Festschrift für Motzke (2006), 145; *Vogel*, Einige Überlegungen zur Schadenshaftung von Organen bei Verstößen gegen die Baugeldverwendungspflicht, ebenda, 409; *Wagner*, Forderungssicherungsgesetz und Bauforderungssicherungsgesetz: Folgen für Bauträger und Bauträgerverträge, ZfBR 2009, 312; *Wittjen*, Praktische Folgen des neuen Bauforderungssicherungsgesetzes, ZfBR 2009, 418; *Hänsel/Flache*, Reform des BauFordSiG – Werden Treuhandkonten nun doch Pflicht?, NJW-Spezial 2009, 572; *Gartz*, Die neuen Baugeldempfänger des BauFordSiG, NZBau 2009, 630; *Joussen*, Der Nachunternehmer im Anwendungsbereich des Bauforderungssicherungsgesetzes, NZBau 2009, 737; *Stammkötter*, Bauforderungssicherungsgesetz, BauR 2009, 1521; *Leidig*, Die neuerliche Änderung des Bauforderungssicherungsgesetzes, NJW 2009, 2919; *Bruns*, Das BauFordSiG – ein Gesetz wird 100 Jahre alt, Jahrbuch Baurecht 2010, 1; *Illies*, BauFordSiG: Nur Entnahmerecht für Eigenleistung kann Vorfinanzierung verhindern, BauR 2010, 546; *ders.*, BauFordSiG: Auch den Nachunternehmer trifft die Baugeldverwendungspflicht, IBR 2010, 68; *Ziegler*, Zur Frage der Unzulässigkeit einer Aufrechnung gegen Baugeldforderungen, ZfBR 2010, 533; *Kölbl*, Generalunternehmer in der Falle? Praktische Auswirkungen der Änderungen des Baugeldbegriffs, NZBau 2010, 220; *Stammkötter*, Das BauFordSiG: Die aktuelle Entwicklung, BauR 2010, 2012; *Gaier/Harks*, Verfassungsrechtliche Fragen zum Forderungssicherungsgesetz, PiG Bd. 89 (2011), 101; *Schmidt*, Zur aktuellen Diskussion über das Bauforderungssicherungsgesetz, BauR 2011, 1230; *Hammacher*, Anwendbarkeit des Bauforderungssicherungsgesetzes für vor 2009 geschlossene Verträge, NZBau 2011, 713; *Stickler*, Die Anwendbarkeit des BauFordSiG auf Bauverträge mit Auslandsbezug, BauR 2012, 1716; *Illies*, BauFordSiG: Verunsicherung statt Sicherung, BauR 2013, 1342; *Joussen*, Der Architekt/Ingenieur im Anwendungsbereich der gesetzlichen Bauhandwerkersicherung, Festschrift für Jochem, 2014, 235; *Floeth*, Der lediglich mit einzelnen Teilen des Baus beauftragte Unternehmer als Baugeldempfänger i.S. des § 1 Abs. 3 Satz 1 Nr. 2 BauFordSiG, BauR 2014, 915; *ders.* Die Abtretung des Anspruchs auf Zahlung von Baugeld als Verstoß gegen die Baugeldverwendungspflicht, NZBau 2014, 753.

2375 Das Gesetz über die Sicherung von Bauforderungen vom 1. Juni 1909 (GSB)[115] ist ein wenig bekanntes, jedoch „neuentdecktes" Gesetz, dessen zivilrechtliche Bedeutung nach der Reform nicht mehr unterschätzt werden kann.[116] Durch das

---

115) RGBl. S. 449; zuletzt geändert durch Art. 1 Änderungsgesetz vom 29. Juli 2009 (BGBl. I S. 2436). Zur Entstehungsgeschichte und Entwicklung des BauFordSiG: *Stammkötter*, Einleitung, Rn. 1–56; *Gaier/Harks*, PiG Bd. 89, 101, 102 f. Zur **Anwendbarkeit** des am 1.1.2009 in Kraft getretenen BauFordSiG: BGH, NZBau 2010, 746 = BauR 2010, 2107 = NJW 2010, 3365 = IBR 2010, 628 – *Koppmann* (Anwendung der Art. 170 EGBGB); s. hierzu: *Hammacher*, NZBau 2011, 713, 714. Zu den Auswirkungen einer **Insolvenz** auf einen Schadensersatzanspruch: OLG Brandenburg, IBR 2012, 84 – *Koppmann*.
116) Die Tathandlung muss dementsprechend nach dem 31.12.2008 erfolgt sein (BGH, BauR 2013, 599 – Bestätigung von OLG Koblenz, BeckRS 2011, 02787).

Bauforderungssicherungsgesetz (BauFordSiG)   Rdn. 2376

Forderungssicherungsgesetz ist das Gesetz von 1909 geändert worden; die bisherigen §§ 2, 3 und 6 wurden aufgehoben. Damit entfällt u.a. die Pflicht zur Führung eines Bautagebuchs. Im Übrigen wurde die Bezeichnung des Gesetzes geändert worden; es heißt nunmehr **Bauforderungssicherungsgesetz (BauFordSiG)**.[117)] Vor allem in der **Insolvenz** eines Generalunternehmers war die durch die Rechtsprechung begründete Haftung der **gesetzlichen Vertreter**, die persönlich haftbar sind, oftmals die einzige Chance, den ausstehenden Werklohn zu erhalten; in aller Regel fielen **Subunternehmer** in der Insolvenz des Generalunternehmers aus. Nur ein Schadensersatzanspruch nach §§ 823 Abs. 2 BGB, 1, 5 GSB gegen die vertretungsberechtigten Organe des Generalunternehmers konnte im Einzelfall dann noch helfen.[118)]

Zu beachten ist auch, dass dem „**Baugeld**" im Sinne des **GSB** noch keine echte Treuhandeigenschaft zukommt. Ist das Baugeld **ausgezahlt** und nicht auf einem besonderen Treuhandkonto verbucht, unterliegt es auch der **Pfändung** durch andere Gläubiger.[119)] Hieraus folgt das OLG Hamm[120)] zu Recht, dass der Insolvenzverwalter die **Verwendungspflicht** des § 1 Abs. 1 GSB **nicht im eröffneten Insolvenzverfahren** beachten müsse; diese ende oder ruhe vielmehr mit der Eröffnung.[121)]

Das **BauFordSiG** will demgegenüber in seiner jetzigen Ausgestaltung einen wesentlichen Beitrag zur **Forderungsrealisierung** leisten und versteht sich insoweit als sinnvolle Ergänzung zu den Sicherungsmitteln der §§ 648, 648a BGB.[122)] Die (erweiternde) Änderung des Baugeldbegriffs wird in der Bauindustrie jedoch äußerst kontrovers diskutiert, weil vor allem **Generalunternehmer**, die ausnahmslos mit Nachunternehmern zusammenarbeiten, mit erheblichen Problemen für ihr Liquidationsmanagement konfrontiert sind.[123)] Es wurden deshalb nachhaltig Änderungen des BauFordSiG gefordert.[124)]

Die wichtigste und für die Praxis allein bedeutsame Vorschrift ist **§ 1 BauFordSiG**   **2376** über die Allgemeinen Sicherungsmaßregeln. Die Vorschrift des § 1 Abs. 1 ist nach einhelliger Auffassung ein Schutzgesetz im Sinne des § 823 Abs. 2 BGB.[125)] Durch die Strafvorschrift des § 2 BauFordSiG wird darüber hinaus noch die Schutzfunk-

---

117) Zu der Reform: *Bruns*, Jahrbuch Baurecht 2010, 1; *Wittjen*, ZfBR 2009, 418; *Gartz*, NZBau 2009, 630.
118) Hans. OLG Hamburg, BauR 2010, 639; *Möller*, BauR 2005, 8, 9; s. auch *Korsukewitz*, BauR 1986, 383, 387.
119) BGH, NJW 1988, 263, 265; Hans. OLG Hamburg, BauR 2010, 639; OLG Hamm, OLGR 2007, 159, 160.
120) OLG Hamm, OLGR 2007, 159.
121) Ob etwas anderes gilt, wenn der Insolvenzverwalter die **Erfüllung** des Bauvertrags nach § 103 Abs. 1 InsO **wählt**, ist offen; das OLG Hamm meint unter Hinweis auf BGH, NZI 2001, 533, 536, der BGH „neige" dazu.
122) *Stammkötter*, Einl., Rn. 55. Zur **Änderung** des **BauFordSiG** durch Art. 1 Änderungsgesetz vom 29.7.2009 (BGBl. I S. 2436) s. *Stammkötter*, BauR 2009, 1521; *Wittjen*, ZfBR 2009, 418, 422 f.
123) *Kölbl*, NZBau 2010, 220, 221 m.w.Nachw.
124) Zur aktuellen Diskussion: *Schmidt*, BauR 2011, 1230 ff.
125) Vgl. BGH, BauR 1991, 237; OLG Hamm, NZBau 2015, 425; OLG Hamburg, BauR 2003, 1058; OLG Dresden, BauR 2002, 486 u. BauR 2000, 585; OLG Naumburg, OLGR 2001, 97; OLG Düsseldorf, NJW-RR 1996, 1363; *Hagenloch*, Rn. 279; *Stammkötter*; § 1 BauFordSiG, Rn. 138.

tion des § 1 Abs. 1 verdeutlicht.¹²⁶⁾ § 1 BauFordSiG statuiert die Verpflichtung des Empfängers von **Baugeld**, dieses „zur Befriedigung solcher Personen, die an der Herstellung oder dem Umbau des Baues auf Grund eines Werk-, Dienst- oder Kaufvertrags beteiligt sind, zu verwenden. Eine anderweitige Verwendung des Baugeldes ist bis zu dem Betrag statthaft, in welchem der Empfänger aus anderen Mitteln Gläubiger der bezeichneten Art bereits befriedigt hat."¹²⁷⁾ Wer als **Baubetreuer** des Bauvorhabens zur Verfügung über die Finanzierungsmittel des Bestellers ermächtigt worden ist, unterliegt derselben Verpflichtung aus Satz 1. Handelt der Empfänger des Baugeldes dieser Verpflichtung – **vorsätzlich**¹²⁸⁾ – zuwider, so ist er den am Bau beteiligten Unternehmen u.U. nach § 823 Abs. 2 BGB zum Schadensersatz verpflichtet.¹²⁹⁾

2377 Der **Begriff** des Baugeldes ist in § 1 Abs. 3 BauFordSiG neu definiert worden. Danach muss es sich um Geldbeträge handeln, „1. die zum Zweck der Bestreitung der Kosten eines Baues oder Umbaues in der Weise gewährt werden, dass zur Sicherung der Ansprüche des Geldgebers eine Hypothek oder Grundschuld an dem zu bebauenden Grundstück dient oder die Übertragung eines Eigentums an dem Grundstück erst nach gänzlicher oder teilweiser Herstellung des Baues erfolgen soll, oder 2. die der Empfänger von einem Dritten für eine im Zusammenhang mit der Herstellung des Baues oder Umbaues stehende Leistung, die der Empfänger dem Dritten versprochen hat, erhalten hat, wenn an dieser Leistung andere Unternehmer (§ 14 des Bürgerlichen Gesetzbuchs) aufgrund eines Werk-, Dienst- oder Kaufvertrags beteiligt waren".

Der Begriff des Baugeldes ist damit wesentlich durch **die besondere Sicherung des Geldgebers** und den der **Kredithingabe** zugrunde liegenden **Absprachen** gekennzeichnet.¹³⁰⁾ Nicht jeder aus Anlass des konkreten¹³¹⁾ Bauvorhabens gewährte

---

126) *Stammkötter*, § 2 BauFordSiG, Rn. 2. Zum Straftatbestand des **§ 5 GSB** siehe BGH, NZBau 2001, 445. Zum (personellen) **Schutzbereich** des Gesetzes: LG Erfurt, NZBau 2014, 296 m.Anm. *Floeth*.
127) Mit dem OLG Dresden (BauR 2005, 1649, 1650 m. zust. Anm. *Orlowski*; ablehnend: *Handschumacher*, S. 1650, 1651) ist davon auszugehen, dass die **Verwendungspflicht** des § 1 Abs. 1 Satz 1 GSB wegen des Schutzcharakters des Gesetzes auch bei einem **unwirksamen Vertrag** besteht. Dies gilt auch für § 1 BauFordSiG (*Stammkötter*, § 1 BauFordSiG, Rn. 394).
128) BGH, ZfBR 1996, 257 = BauR 1996, 709; ZfBR 1982, 75; OLG Bamberg, BauR 2003, 1056; OLG Hamburg, BauR 1994, 123, 126.
129) Zu den Voraussetzungen eines **Arrestverfahrens**: OLG Celle, BauR 2002, 1869. Zur **Verjährung** der Ansprüche: OLG Düsseldorf, IBR 2004, 317 – *Stammkötter*; s. dazu (zutreffend): OLG Dresden, IBR 2007, 79 – *Stammkötter* (i.S. des § 852 BGB a.F. ist auch die **Kenntnis** über das Vorliegen und die Verwendung des Baugeldes erforderlich; nichts anderes gilt für § 199 Abs. 1 Nr. 2 BGB). Zur **Löschung** eines Architekten aus der **Architektenliste** wegen Zweckentfremdung von Baugeldern: VGH Baden-Württemberg, IBR 2009, 717 – *Hunger*.
130) BGH, BauR 2013, 599 = NZBau 2013, 293 m.Anm. *Hammacher* = NJW-RR 2013, 393 = IBR 2013, 214 – *Illies*; OLG München IBR 2012, 203 – *Woelfert*. Zur „**Vermutung**" im Sinne des § 1 Abs. 3 Satz 2 **GSB**: OLG Celle, OLGR 2006, 738, 739 = IBR 2007, 29 – *Schwenker*. Nach § 1 Abs. 4 **BauFordSiG** besteht nunmehr eine **gesetzliche** Vermutungsregelung **zulasten** des Empfängers der Geldbeträge, wobei sich die Vermutung nur auf die Baugeldeigenschaft und den Verstoß gegen die Verwendungspflicht, nicht jedoch auf die Höhe des Baugeldes bezieht (*Stammkötter*, § 1 BauFordSiG, Rn. 471).
131) Bei **mehreren** Bauvorhaben ist das Baugeld für jedes einzelne Objekt zu ermitteln (OLG Bamberg, IBR 2008, 218 – *Stammkötter*).

Bauforderungssicherungsgesetz (BauFordSiG)

Betrag ist „Baugeld". Geldmittel, die nur zum Erwerb des Grundstücks zur Verfügung gestellt werden, fallen ebenso wenig unter den Begriff des Baugeldes wie Betriebsmittelkredite.[132] Die von einem Kreditgeber aus Anlass eines Bauvorhabens bereit gestellten Mittel sind nur dann Baugeld, wenn sie zur Bestreitung der Kosten des Baues bestimmt sind, die Vereinbarungen in dem (dinglich gesicherten) Kreditvertrag also (ausdrücklich oder schlüssig) vorsehen, dass der Kredit gewährt wird, damit der Darlehnsnehmer seine Verbindlichkeiten gegenüber Personen tilgen kann, die an der Herstellung des Baues aufgrund eines Werk- oder Werklieferungsvertrags beteiligt sind.[133] Die **Herstellungskosten** sind damit „Baugeld";[134] im Streitfall muss der **Baugeldanteil** gegebenenfalls mit Hilfe eines Sachverständigen **konkret** ermittelt werden. Gezahlte **Guthabenzinsen** können Baugeld sein, nicht dagegen Umsatzsteuererstattungen.[135] Auch der grundbuchmäßig abgesicherte **Überziehungskredit** stellt in Höhe des nicht abgerufenen Betrages Baugeld dar und ist ebenso wie **Kaufpreiszahlungen** der Erwerber zu berücksichtigen.[136] Demgegenüber sind wiederum öffentliche Fördermittel, die als verlorene Zuschüsse gewährt werden, selbst kein Baugeld.[137] Der Baugeldqualität steht nicht entgegen, **wann** die Grundschuld im Grundbuch eingetragen wird; entscheidend ist nur, dass sich der Darlehensnehmer (Erwerber/Bauherr) mit der Bank in den Darlehensverträgen über die Absicherung des Darlehns durch eine Grundschuld oder Hypothek geeinigt hat.[138] Die Baugeldeigenschaft wird auch **nicht** dadurch aufgehoben, dass die zur Sicherheit des Baudarlehens eingetragene **Grundschuld** nachträglich **gelöscht** wird.[139]

2378 Kosten eines Baues im Sinne des § 1 Abs. 3 Nr. 1 BauFordSiG sind zum einen die Aufwendungen für die Errichtung eines **Neubaues** und die Kosten für **Um-** und **Ausbau** sowie Sanierung eines bereits errichteten Gebäudes;[140] darüber hinaus ist der Begriff „Bau" im Sinne des § 1 BauFordSiG jedoch nach der Rechtsprechung des BGH „gleichbedeutend mit dem Begriff des Bauwerks".[141] In diesem Zusammenhang ist aber zu beachten, dass nur solche Gläubiger unter den Schutzbereich des Gesetzes fallen, deren Leistungen einen unmittelbaren Beitrag zur Herstellung des Bauwerks bilden, was sich in der Regel in der Schaffung von Mehrwert äußert;[142]

---

[132] BGH, NZBau 2001, 445, 446. Zur Frage, ob Zahlungen auf öffentlich-rechtliche Gebühren unter den Begriff des „Baugeldes" fallen, s. OLG Schleswig, NZBau 2008, 646.

[133] BGH, NZBau 2001, 455, 446; s. ferner: OLG Stuttgart, BauR 2012, 96 = IBR 2011, 583 – *Stammkötter* (**Kontokorrentkredit** ist Baugeld); OLG München, IBR 2012, 203 – *Woelfert*; OLG Schleswig, BauR 2009, 1322; OLG Hamburg, BauR 2003, 1058, 1059; OLG Karlsruhe, BauR 1990, 630; OLG Frankfurt BauR 2000, 1507.

[134] OLG Stuttgart, IBR 2005, 325 – *Stammkötter*; OLG Bremen, BauR 1993, 235; OLG Dresden, BauR 2000, 585, 586; BGH, BauR 2000, 1505, 1506 = ZfBR 2000, 482 = MDR 2000, 1243; BGH, NZBau 2001, 445, 446 u. OLG Dresden, BauR 2007, 1067 zum **modifizierten Baugelddarlehen**.

[135] OLG Frankfurt, BauR 2000, 1507.

[136] OLG Hamm, BauR 2006, 123 = IBR 2006, 444 – *Stammkötter*.

[137] BGH, BauR 2000, 1505 = ZfBR 2000, 482 = NZBau 2000, 426 = MDR 200, 1243 (Bestätigung von OLG Dresden, OLGR 1999, 380).

[138] BGH, NJW-RR 1991, 728, 729; *Hagenloch*, Rn. 26 m. Nachw.

[139] KG, IBR 2004, 425 – *Stammkötter*.

[140] OLG Hamburg, BauR 1994, 123, 124 m. Nachw.

[141] BGH, BauR 2013, 599 = NZBau 2013, 293 = ZfBR 2013, 343 Rn. 6.

[142] OLG Celle, BauR 2007, 410 = OLGR 2006, 738, 739 = IBR 2007, 29 – *Schwenker*.

hierzu zählen u.a. die Anfertigung von Plänen, die Bauaufsicht und Bauleitung des Gebäudes, Maßnahmen des Tief- und Straßenbaus, aber auch z.B. die Errichtung der Außenanlagen durch einen Garten- und Landschaftsbauer.[143]

2379 Das BauFordSiG hat in der Baupraxis vor allem Bedeutung, wenn **Empfänger** des Baugeldes eine **juristische Person** (z.B. GmbH) ist, bei der „nichts mehr zu holen" ist. In diesen Fällen hat es für den Auftragnehmer (Unternehmer) großes Gewicht, dass – neben der Gesellschaft – grundsätzlich auch die **Geschäftsführer** oder Vorstandsmitglieder der Gesellschaft **persönlich** haften.[144] Zu beachten ist, dass **Baugeldempfänger** nicht nur der **Bauherr** selbst ist,[145] der sich grundpfandrechtlich gesicherte Geldbeträge zum Zwecke der Bauerrichtung auszahlen lässt, sondern auch solche **Unternehmen**, die der Bauherr, was die Regel ist, zur Durchführung des Bauvorhabens einschaltet.[146] Wer Baugeldempfänger ist, bestimmt allein die durch den Schutzzweck des Gesetzes gebotene **wirtschaftliche** Betrachtung.[147] Der BGH[148] hat jedoch bereits für das GSB klargestellt, dass der lediglich mit einem **Teil des Baues beauftragte Unternehmer** oder **Nachunternehmer nicht** Empfänger von Baugeld ist; er unterliege hinsichtlich seines Werklohns nicht der Verwendungspflicht des § 1 Abs. 1 Satz 1 GSB. Dies war vor allem für Nachunternehmer bedeutsam, die ihrerseits von solchen Unternehmern gewerksbezogen beauftragt worden sind. Damit erstreckte sich der Schutzbereich des § 1 Abs. 1 GSB zwar nach der Rechtsprechung des BGH auch auf **„Nachmänner"**, denen als **Subunternehmer** die Herstellung des Gebäudes oder von Teilen des Gebäudes übertragen wurde;[149] allerdings reicht dieser Schutz „nur so weit, als der Generalunternehmer, von dem der Subunternehmer seinen Auftrag erhielt, seinerseits Anspruch auf das Baugeld hat" (BGH). Nunmehr wird jedoch im Hinblick auf § 1 Abs. 3 Satz 1 Nr. 2 **BauFordSiG** diskutiert, ob auch Nachunternehmer und die mit Teilgewerken beauftragten Unternehmer Baugeldempfänger sein können, die dann einer entsprechenden Verwendungspflicht und möglichen Haftungsfolgen unterliegen.[150]

---

143) *Stammkötter*, § 1 BauFordSiG, Rn. 32 u. 46 f.; OLG München, BauR 2012, 671 (für Architektenleistungen).
144) Vgl. u.a. BGH, NJW-RR 1990, 914 = BauR 1990, 241; BGH, BauR 2010, 2107, 2108; BGH, BauR 1982, 193, 195; OLG München, NZBau 2013, 171 = IBR 2013, 27 – *Stammkötter*; OLG Hamburg, IBR 2011, 22 – *Stammkötter* (Geschäftsführer u. Generalbevollmächtigter); Thüringer OLG, BauR 2010, 1770 = IBR 2010, 505; Hans. OLG Hamburg, BauR 2010, 639, 641; OLG Schleswig, BauR 2009, 1322; OLG Stuttgart, OLGR 2004, 298 = IBR 2004, 424 – *Rosse*; OLG Bamberg, BauR 2003, 1056; OLG Hamburg, BauR 2003, 1058; OLG Dresden, BauR 2000, 585; OLG Düsseldorf, NJW-RR 1996, 1363; OLG Hamburg, OLGR 1997, 68, 69.
145) Siehe hierzu: OLG Dresden (3. Senat), NZBau 2002, 393 u. (6. Senat), BauR 2002, 1871.
146) OLG Düsseldorf, BauR 1989, 234, 235 m.Anm. *Zange*; *Bruns*, NZBau 2000, 180.
147) So zutreffend: *Bruns*, a.a.O.; BGH, BauR 2010, 2107, 2108; s. ferner: LG Limburg, NZBau 2014, 44, 45 = IBR 2014, 148 – *Stammkötter* u. *Floeth*, BauR 2014, 925 (zur **Subunternehmerproblematik**); OLG München, IBR 2012, 203 – *Woelfert*; OLG Celle, BauR 2006, 685 = OLGR 2006, 45, 46; OLG Stuttgart, OLGR 2004, 298 = KG, OLGR 2001, 290, 291.
148) BGH, BauR 2000, 573 = ZfBR 2000, 178 = NZBau 2000, 129 = MDR 2000, 325 = NJW 2000, 956; KG, a.a.O., S. 291.
149) BGH, NJW-RR 1990, 342 = BauR 1990, 246; OLG Dresden, BauR 2002, 486, 487.
150) Siehe hierzu: *Joussen*, NZBau 2009, 737; *Gartz*, NZBau 2009, 630, 631; *Stammkötter*, BauR 2009, 1521, 1523; *Kölbl*, NZBau 2010, 220, 221 m.w.Nachw.; s. auch OLG Schleswig, BauR 2009, 1322 = IBR 2009, 30 – *Wagner*.

Bauforderungssicherungsgesetz (BauFordSiG)   Rdn. 2380

Im Ergebnis ist § 1 BauFordSiG jedenfalls nicht nur auf **Generalunternehmer**,[151] sondern vor allem auch auf **Bauträger** und **Generalübernehmer** anzuwenden.[152] Darüber hinaus wird der **Fertighaushersteller** (als Verkäufer von so genannten schlüsselfertigen Häusern) ebenfalls als Baugeldempfänger eingestuft, weil er über den Erwerber („Käufer") oder unmittelbar von einem Kreditinstitut entsprechend dem Baufortschritt Baugelder erhält. Es ist unerheblich, inwiefern der Fertighaushersteller selbst an der Herstellung des Fertighauses beteiligt ist.[153] Schließlich unterliegt auch der von dem Auftraggeber **bevollmächtigte Baubetreuer** der Baugeldverwendungspflicht (§ 1 Abs. 1 Satz 2 BauFordSiG).[154]

Der Schadensersatzanspruch aus §§ 823 Abs. 2 BGB, 1 Abs. 1 BauFordSiG richtet sich in der Regel gegen den **Geschäftsführer** der Baugesellschaft.[155] Daneben kommt die gesamtschuldnerische Haftung **Dritter** in Betracht, die sich an der Zweckentfremdung von Baugeld durch den Geschäftsführer einer GmbH beteiligt haben (§§ 823 Abs. 2 BGB, 2 BauFordSiG, 27 StGB).[156] Ein kreditgebendes **Bankinstitut** macht sich allerdings nicht der Beihilfe zur zweckwidrigen Verwendung von Baugeld schuldig, wenn es **weisungsgemäß** über das Baugeldkonto hereingegebene Zahlungsaufträge ausführt.[157] Eine zweckwidrige Verwendung von Baugeld liegt aber vor, wenn **auf Veranlassung** der kontoführenden **Bank** von einem im Soll stehenden Baugeldkonto eine Überweisung auf das im Soll stehende **Geschäftskonto** des Bauträgers vorgenommen wird und der Bank bekannt ist, das Baugeldkonto durch anstehende Zahlungen der Erwerber auf den vereinbarten Kaufpreis ausgeglichen wird;[158] eigenmächtiges Handeln ist der Bank nicht erlaubt.

2380

---

151) Siehe BGH, BauR 2010, 2107; OLG Hamm, BauR 2006, 123, 124; OLG Stuttgart, IBR 2005, 325 – *Stammkötter*; *Kölbl*, NZBau 2010, 220, 223 f.
152) BGH, NJW-RR 1991, 141 = BauR 1991, 96, 97; BGH, NJW-RR 1990, 342; OLG Celle, BauR 2006, 685 = OLGR 2006, 45, 46 u. BauR 2002, 1869; OLG Hamburg, BauR 2003, 1058, 1059; OLGR 1997, 68, 69 u. BauR 1994, 123, 124; OLG Düsseldorf, NJW-RR 1996, 1363, 1364; *Korsukewitz*, BauR 1986, 383, 384. Zum Schutz des **Erwerbers** beim Bauträgervertrag: *Heerdt*, BauR 2004, 1661 ff.
153) BGH, VersR 1986, 167; *Korsukewitz*, BauR 1986, 383, 384; *Scorl*, Festschrift für v. Craushaar, S. 317, 325; *Stammkötter*, BauR 1998, 954, 957; OLG Düsseldorf, OLGR 1996, 141 (LS).
154) OLG Düsseldorf, IBR 2004, 505 – *Stammkötter*.
155) BGH, NJW-RR 1990, 280; OLG Schleswig, BauR 2009, 1322; OLG München, BauR 2005, 884 = IBR 2005, 257 – *Vogel* u. BauR 2002, 1107; OLG Stuttgart, OLGR 2004, 298; OLG Bamberg, IBR 2008, 218 – *Stammkötter* u. BauR 2003, 1056, 1057; OLG Dresden, NZBau 2000, 136 u. BauR 2002, 486; OLG Düsseldorf, NJW-RR 1996, 1363; OLG Hamburg, BauR 1994, 123, 126; OLG Karlsruhe, BauR 1992, 791.
156) Vgl. OLG Karlsruhe, BauR 1992, 791, 792 = ZfBR 1992, 277; OLG Frankfurt, BauR 1992, 813 (LS) sowie *Jagenburg*, NJW 1995, 91, 104 für Haftung des **Bauherrn**.
157) Zutreffend: OLG Karlsruhe, IBR 2004, 140 – *Stammkötter*; OLG Frankfurt, BauR 2000, 1507; s. auch OLG München, NJW-RR 1991, 279 = BauR 1991, 482; BGH, BauR 1990, 108; zur **Haftung der Banken** (insbesondere aus Vertrag mit Schutzwirkung zugunsten Dritter); *Joussen*, in: Ingenstau/Korbion, Anhang 1, Rn. 317; *Stammkötter/Reichelt*, ZfBR 2005, 429 ff.; s. hierzu auch die Anmerkung von *Vogel*, IBR 2005, 490.
158) LG Bielefeld, BauR 2003, 398.

2381 Der **Baugläubiger** hat einen Verstoß gegen die Verwendungspflicht des § 1 Abs. 1 BauFordSiG **darzulegen** und zu **beweisen**.[159] Zur **Substantiierung** seiner auf § 823 Abs. 2 i.V. mit §§ 1, 2 BauFordSiG gestützten Schadensersatzklage gehört daher die Behauptung, das Baugeld sei **vorsätzlich zweckwidrig** verwendet worden und es liege auch „Baugeld" i.S. des § 1 Abs. 3 BauFordSiG vor.[160] In der Regel genügt jedoch bereits der Nachweis, dass der Verwendungspflichtige Baugeld in mindestens der Höhe der Forderung des Baugläubigers empfangen hat und von diesem Geld nichts mehr vorhanden ist, ohne dass eine fällige Forderung des Gläubigers befriedigt worden ist;[161] zudem genießt der Unternehmer eine Beweiserleichterung, wenn die **Vermutungsregelung** des § 1 Abs. 4 BauFordSiG Anwendung findet.[162] Es ist dann die Sache des **Baugeldempfängers**, die (anderweitige) ordnungsgemäße Verwendung des Baugeldes, d.h. seine Auszahlung an andere Baugläubiger oder den (hälftigen angemessenen) Wert der **Eigenleistungen** (§ 1 Abs. 2 BauFordSiG),[163] darzulegen.[164] In der Praxis geschieht dies in der Regel nur pauschal, indem behauptet wird, die Gelder seien z.B. „direkt von den Banken" an Subunternehmer gezahlt worden. **Erforderlich** ist stets eine **substantiierte Darlegung** und **Aufschlüsselung** dahin, welche Zahlungen auf das Bauwerk geleistet worden sind und in welcher Art und Weise empfangenes Baugeld an die jeweiligen Bauhandwerker weitergeleitet worden ist. Kann der **Baugeldempfänger** die vollständige Verwendung des Geldes für die Befriedigung von der an der Herstellung des Baues beteiligten Personen **nachweisen**, treffen ihn keine weitergehenden Nachweispflichten.[165]

Zu beachten ist, dass es eine Verpflichtung, das Baugeld oder Teile hiervon anteilig oder nach einer bestimmten Rangordnung zu verwenden, nach dem Gesetz nicht gibt; das BauFordSiG schützt vielmehr insoweit alle Baugläubiger ohne Rücksicht

---

159) OLG Bamberg, IBR 2008, 218 – *Stammkötter*. Zum Recht auf **Grundbucheinsicht** zur Vorbereitung einer Schadensersatzklage: LG Stuttgart, BauR 2001, 1294; zum Einsichtsrecht nach § 810 **BGB**: *Illies*, BauR 2013, 1342, 1343 m.w.Nachw.
160) BGH, BauR 2010, 2107, 2109; BGH, BauR 1996, 709 = ZfBR 1996, 257 = NJW-RR 1996, 976; OLG Stuttgart, OLGR 2004, 298; *Drasdo*, NJW-Spezial 2006, 97, 98 m.w.Nachw.
161) BGH, NZBau 2002, 392 = MDR 2002, 513 = BauR 2002, 620; OLG Stuttgart, OLGR 2004, 298, 299; OLG Hamburg, BauR 2003, 1058, 1060; OLG Dresden, BauR 2000, 585, 587; BauR 2002, 486, 488; = NZBau 2002, 493; LG Schwerin, BauR 2002, 806; s. ferner (kritisch): *Möller*, BauR 2005, 8, 12 ff.
162) OLG Schleswig, IBR 2014, 670 – *Groß*; OLG München, IBR 2015, 197 – *Illiess*; OLG Jena, NZBau 2012, 574, 575; OLG Stuttgart, IBR 2005, 325 – *Stammkötter*.
163) Siehe hierzu: OLG Jena, IBR 2010, 505 – *Stammkötter*; OLG Dresden, BauR 2007, 1067, 1070 u. NZBau 2000, 136, 137. Zu den **Eigenleistungen** zählen die von dem Baugeldempfänger selbst erbrachten **Architekten-, Tragwerks-** und sonstigen Bauleistungen einschließlich die hierauf entfallende Umsatzsteuer. Zu den Voraussetzungen des § 1 Abs. 2 BauFordSiG s. im Übrigen: *Stammkötter*, Rn. 251 ff.; OLG Dresden, BauR 2002, 486, 488 ff.
164) Vgl. BGH, BauR 2010, 2107, 2110; BGH, BauR 2002, 620, 621; NJW-RR 1991, 141, 142 = BauR 1991, 96, 98 = ZfBR 1991, 59, 60; OLG Jena, NZBau 2012, 575, 576 = IBR 2012, 456 – *Weber*; OLG Celle, OLGR 2006, 45, 47; OLG Stuttgart, OLGR 2004, 298, 299; OLG Bamberg, BauR 2003, 1056, 1057 = NJW-RR 2003, 960; OLG Hamburg, BauR 2003, 1058, 1060; OLG Celle, BauR 2002, 1869; OLG München, BauR 2002, 1107; OLG Dresden, NJW-RR 1999, 1469 = NZBau 2000, 341 (LS); BauR 2002, 486, 488 u. NZBau 2002, 393, 394; OLG Hamburg, BauR 1994, 123, 125; OLG Düsseldorf, NJW-RR 1996, 1363, 1364.
165) BGH, BauR 2010, 2107, 2110.

auf die Zuordnung ihrer Leistung zu einer bestimmten Zahlungsrate.[166)] Wird das Bauvorhaben von dem Bauherrn **teils mit Eigenmitteln, teils mit Baugeld** i.S. von § 1 Abs. 3 BauFordSiG finanziert, sind die weiteren Baugeldempfänger nicht verpflichtet, Baugläubiger vorrangig aus den erhaltenen Eigenmitteln zu befriedigen und das Baugeld zurückzuhalten, um die vollständige Befriedigung aller Baugläubiger zu gewährleisten.[167)]

Nach zutreffender Ansicht muss im Zeitpunkt der missbräuchlichen Verwendung **2382** des Baugeldes auch eine **fällige** (Bau)Forderung (des Geschädigten) vorliegen.[168)]

Für die Darlegung einer ordnungsgemäßen Verwendung des Baugeldes reicht es auch nicht aus, den Ausfall eines Baugläubigers mit der Behauptung zu begründen, dieser (und ein eingetretener Konkurs) beruhe ausschließlich „auf einer fehlerhaften Kalkulation" – etwa infolge einer unzutreffenden Einschätzung der Bodenverhältnisse; denn aus einem solchen Vortrag ergibt sich noch nicht, „dass zum Zeitpunkt der Fälligkeit der Forderung (des ausgefallenen Baugläubigers) alle Baugelder zulässigerweise an andere Bauhandwerker ausgekehrt und somit verbraucht gewesen sind."[169)]

Der Verstoß gegen § 1 Abs. 1 BauFordSiG, § 823 Abs. 2 BGB muss **vorsätzlich 2383** erfolgen; ein **bedingter** Vorsatz reicht aus.[170)] Im Einzelfall wird es darauf ankommen, **konkrete** Umstände darzulegen, aus denen der Schluss gezogen werden kann, dass dem Baugeldempfänger Anhaltspunkte dafür vorlagen, dass es sich bei dem von dem Bauherrn empfangenen Geldern um Fremdmittel handelte, die durch eine Grundschuld oder Hypothek an dem zu bebauenden Grundstück gesichert waren.[171)] Wird ein **Geschäftsführer** der GmbH (Baugeldempfängerin) in Anspruch genommen, liegt ein **bedingter** Vorsatz bereits dann vor, wenn dieser das Vorliegen von Baugeld billigend in Kauf nimmt; das ist der Fall, wenn er sich keine näheren Kenntnisse darüber verschafft, wie der Geldgeber (Bauherr) die Mittel zur Bestreitung der Baukosten aufgebracht hat. Sind z.B. an die GmbH **hohe Beträge** geflossen, muss der Geschäftsführer die Begründung von Baugeld als wahrscheinlich in Betracht ziehen; denn ab einer gewissen Größenordnung ist bei nahezu allen Bauvorhaben ernsthaft mit der Inanspruchnahme von (dinglich gesicherten) Fremdmitteln zu rechnen.[172)] Ein (bedingt) vorsätzliches Handeln liegt auch darin, wer in

---

166) BGH, BauR 1990, 241 = NJW-RR 1990, 914.
167) OLG Dresden, NZBau 2000, 136, 138 m. Nachw.; BauR 2002, 486, 489; *Hagenloch*, Rn. 305.
168) Vgl. BGH, BauR 1991, 96 = NJW-RR 1991, 141; OLG Dresden, BauR 2005, 1346, 1348 u. BauR 2002, 1871; weitergehender: OLG Hamburg, OLGR 1997, 68, 69.
169) So zutreffend: OLG Hamburg, BauR 1994, 123, 126; siehe ferner: OLG Bremen, BauR 1993, 235.
170) BGH, ZfBR 2002, 349 = MDR 2002, 513 = IBR 2002, 127; OLG München, NZBau 2013, 171 = NJW-RR 2013, 212 = NJW 2013, 1749 (LS) = IBR 2013, 27 – *Stammkötter*; OLG Celle, BauR 2006, 685 = OLGR 2006, 45, 47; OLG Stuttgart, OLGR 2004, 298, 300; OLG Bamberg, BauR 2003, 1056, 1058 = NJW-RR 2003, 960; OLG Hamburg, BauR 2003, 1058, 1060; OLG München, BauR 2002, 1107; OLG Dresden, BauR 2000, 585, 587.
171) OLG Celle, BauR 2006, 685 = OLGR 2006, 45, 47; OLG Hamburg, BauR 2003, 1058, 1060; OLG Brandenburg, OLG-NL 1999, 241.
172) Zutreffend: OLG Celle, BauR 2016, 513, 515; OLG Stuttgart, OLGR 2004, 298, 300; OLG Hamburg, BauR 2003, 1058, 1060; OLG Dresden, BauR 2007, 1067, 1071; BauR 2000,

Kenntnis von empfangenem Baugeld einen Verstoß gegen die Verwendungspflicht billigend in Kauf nimmt oder sich zumindest damit abfindet.[173]

2384 Voraussetzung für einen **Schaden** ist, dass der Unternehmer mit seiner fälligen Forderung gegen seinen Auftraggeber ausgefallen ist; ein ersatzfähiger Schaden liegt daher nur vor, wenn die Werklohnforderung **wegen der zweckwidrigen Verwendung von Baugeld nicht erfüllt** wird bzw. nicht mehr erfüllt werden kann.[174] Der Baugläubiger muss also seine Forderung nicht mehr realisieren können.[175] Wird Baugeld zweckwidrig verwendet, **entfällt** nach dem Beschluss des BGH vom 26. April 2013[176] ein ersatzfähiger Schaden des Unternehmers, sofern an ihn pflichtgemäß geleistete Zahlungen **anfechtungsrechtlich** keinen Bestand gehabt hätten. Im Übrigen richtet sich der Schadensersatzanspruch betragsmäßig nach den §§ 249 ff. BGB; daraus ergibt sich zwangsläufig, dass **Mängel** der erbrachten Leistung den Schaden **mindern**.[177] In gleicher Weise führt ein berechtigter **Sicherheitseinbehalt** zu einer Reduzierung der Ersatzforderung.[178] Dies gilt erst recht für ein Mitverschulden des Baugläubigers.[179] Ein Ersatzanspruch **verjährt** nach §§ 195, 199 BGB; maßgebend ist demnach die **Kenntnis** von den anspruchsbegründenden Umständen und der Person des Schädigers.[180] Die erforderliche Kenntnis vom Schaden und auch der Person des Ersatzpflichtigen ist anzusetzen, wenn der Geschädigte die Erhebung einer Schadensersatzklage, auch in Form einer Feststellungsklage, Erfolg versprechend erheben kann.[181]

4. Produkthaftung

Literatur

Winkelmüller/van Schewick/Müller, Bauproduktrecht und technische Normung, 2015; *Klein*, Produkthaftung bei Baustoffen und Bauteilen, Baurechtliche Schriften, Bd. 18, 2. Auflage 1990.

Keilholz, Die Bedeutung der EG-Produkthaftpflichtrichtlinie 1985 für das private Baurecht, BauR 1987, 259; *Micklitz*, Holzschutzmittelprozesse: Stand der Rechtsprechung, NJW 1989, 1076; *Bottke/Maer*, Krankmachende Bauprodukte, ZfBR 1991, 183 u. 233; *Ganten*, Der Baumangelbegriff – Standortbestimmung und Ausblick auf europarechtliche Entwicklungen, Festschrift für Soergel (1993), 35; *Kullmann*, Die Rechtsprechung des BGH zum Produkthaftpflichtrecht in den Jahren 1992 bis 1994, NJW 1994, 1698; *Wandt*, Produkthaftung mehrerer und Regress, BB 1994, 1436;

585, 587 u. BauR 2001, 486, 490; *Hagenloch*, Rn. 306 u. BGH, IBR 2002, 127 – *Schulze-Hagen*.
173) BGH, NJW-RR 1989, 1045; OLG Celle, BauR 2007, 410, 412 = OLGR 2006, 738, 740.
174) Zum maßgebenden **Zeitpunkt** des **Schadenseintritt**: OLG Hamm, NZBau 2014, 433.
175) OLG Dresden, BauR 2002, 1871 m.w.Nachw.
176) BGH, BauR 2013, 1446 = NZBau 2013, 577 = IBR 2013, 471 – *Schmitz* (Vorinstanz: OLG Brandenburg, NZBau 2012, 166 = NZI 2012, 156 m.Anm. *Cymutta*, NZI 2012, 160); s. auch OLG Dresden, IBR 2014, 273 – *Illies*); ferner: BGH, BauR 2013, 589 = NZBau 2013, 225 = ZfBR 2013, 237 = IBR 2013, 147 – *Stammkötter* (unterbliebener Abruf fälliger **Darlehensbeträge**; keine Haftung des Vorstands einer Stiftung).
177) OLG München, BauR 2005, 884 = IBR 2005, 257 – *Vogel* (für Schadensersatzanspruch nach §§ 823 Abs. 2 BGB, 1, 5 GSB).
178) OLG Celle, BauR 2006, 685 = OLGR 2006, 45, 48.
179) OLG Dresden, BauR 2005, 1346, 1348 (unterlassene Anmeldung der Forderung im Insolvenzverfahren).
180) Zur **Verjährung** grundlegend: OLG Dresden, BauR 2007, 1067, 1071 m.w.Nachw.
181) OLG München, IBR 2012, 22 – *Stammkötter*.

Produkthaftung

Honsell, Produkthaftungsgesetz und allgemeine Deliktshaftung, JuS 1995, 211; *Littbarski*, Herstellerhaftung ohne Ende – ein Segen für den Verbraucher?, NJW 1995, 217; *Fuchs*, Die deliktische Haftung für fehlerhafte Bauprodukte, BauR 1995, 747; *Michalski*, Das Produkthaftungsgesetz, Jura 1995, 505; *Wieckhorst*, Vom Produzentenfehler zum Produktfehler des § 3 ProdHaftG, VersR 1995, 1005; *Niebling*, Gewährleistung und Produkthaftung bei fehlender CE-Kennzeichnung, DB 1996, 80; *Johannsen/Rademacher*, Produkthaftungsrisiken im Handel und Lösungsansätze, BB 1996, 2636; *Katzenmeier*, Produkthaftung und Gewährleistung des Herstellers teilmangelhafter Sachen, NJW 1997, 486; *Büge/Tünnesen-Harmes*, Braucht die Baustoffindustrie (zertifizierte) Qualitätssicherungssysteme?, BauR 1997, 250; *Kullmann*, Die Rechtsprechung des BGH zum Produkthaftpflichtrecht in den Jahren 1995–1997, NJW 1997, 1746; *Graf von Westphalen*, Neue Aspekte der Produzentenhaftung, MDR 1998, 805; *Michalski*, Produktbeobachtung und Rückrufpflicht des Produzenten, BB 1998, 961; *Bremenkamp/Buyten*, Deliktische Haftung des Zulieferers für Produktionsschäden?, VersR 1998, 1064; *Kullmann*, Die Rechtsprechung des BGH zum Produkthaftpflichtrecht in den Jahren 1997–1998, NJW 1999, 96; *Müller*, Verkehrspflichten des Händlers beim Vertrieb von gefährlichen Produkten, JZ 1999, 24; *Koch*, Neues zur Produzentenhaftung bei der Errichtung von Gebäuden, NZBau 2001, 649; *Landrock*, Das Produkthaftungsrecht im Lichte neuerer Gesetzgebung und Rechtsprechung, JA 2003, 981; *Jarras*, Probleme des Europäischen Bauproduktenrechts, NZBau 2008, 145; *Thielecke*, Die staatliche Überwachung von Bauprodukten nach dem Bauproduktengesetz und dem Geräte- und Produktsicherheitsgesetz, ZfBR 2008, 640; *Molitoris/Klindt*, Produkthaftung und Produktsicherheit, NJW 2008, 1203; *Molitoris*, „Kehrtwende" des BGH bei Produktrückrufen?, NJW 2009, 1049; *Quack*, Zum Problem der Evaluierung technischer Regeln, BauR 2010, 863; *Gay*, Die Mängelhaftung des Baustoffherstellers, BauR 2010, 1827; *Wirth*, Die Auswirkungen der neuen EU-BauPV in der Praxis, NZBau 2013, 193; *ders.*, Das Ü-Zeichen ist tot. Es lebe das Ü-Zeichen? – Zur Unzulässigkeit nationaler Zulassungen und Kennzeichen im Bereich des europäisch harmonisierten Bauproduktenrechts, insbesondere der EU-PV, BauR 2013, 405; *ders.*, Die Europäische Bauproduktenverordnung – Problemstellungen der Leistungserklärung und der CE-Kennzeichnung im Bereich des europäischen harmonisierten Bauproduktenrechts der EU-BauPV, BauR 2013, 703; *Eisenberg*, Das neue Bauproduktenrecht – Bekanntes, Neues, Ungeklärtes, NZBau 2013, 675; *Hildner*, Neuer Rechtsrahmen für Bauprodukte, DS 2013, 218; *Wirth*, Nationale Restregelungen bei harmonisierten europäischen Normen zur Sicherstellung der nationalen Verwendbarkeit von Bauprodukten? Es lebe das Ü-Zeichen auch insoweit fort? – Erneut zur Unzulässigkeit nationaler Zulassungen und Kennzeichen im Bereich des europäischen harmonisierten Bauproduktenrechts, insbesondere der EU-BauPV, BauR 2013, 1951; *Halstenberg*, Die bauaufsichtliche Einführung der Eurocodes – ein Problem für das Vertragsrecht?, BauR 2014, 431; *Schucht*, Vorrang des europäischen Bauproduktenrechts vor nationalen Regimen der Produktverwendung, NZBau 2015, 592; *Winkelmüller/van Schewick*, Harmonisierte Bauprodukte zwischen Rechts- und Bauwerksicherheit – Anmerkungen zur Umsetzung des EuGH-Urteils zu deutschen Zusatzanforderungen, BauR 2015, 1602; *Hille*, Die Haftung des Baustoffherstellers für fehlerhafte Produktberatung, BauR 2016, 411; *Haltenberg*, Die Neuordnung des Bauproduktenrechts in der Musterbauordnung, BauR 2016, 1428; *ders.*, Die aktuellen Entwicklungen im Bauproduktenrecht und die zivilrechtlichen Konsequenzen, BauR 2017, 356; *Ziegler*, Harmonisierte Normen sind Teil des Unionsrechts – Konsequenzen für die Arbeit des (gerichtlichen) Sachverständigen, DS 2017, 117; *ders.*, Das private Baurecht im Kontext des europäischen Bauproduktenrechts, NZBau 2017, 325; *Leineweber*, Die EU-Rechtsprechung zu Bauprodukten und deren Konsequenzen für deutsche Bauverträge, BauR 2017, 1099.

2385 Es kommt immer wieder vor, dass **Mängel** der werkvertraglichen Leistung nicht in Fehlern des Unternehmers oder Architekten zu suchen sind, sondern durch ein **mangelhaftes Produkt** verursacht werden. Die Folge sind meistens erhebliche Mängelaufwendungen. Zuweilen kommt es aber auch vor, dass durch die verwandten Bauprodukte **gesundheitliche Schäden** bei dem **Endverbraucher** (Bauherr, Familienangehörige oder Mieter) auftreten; in diesem Zusammenhang sind vor allem **As-**

best und **Holzschutzmittel** in die Diskussion geraten.[182] Die krankmachenden oder sonst belastenden **Bauprodukte,** die unter dem Begriff **„sick-building-Syndrom"** erörtert werden,[183] stellen einen bedeutenden **Teilaspekt** der Produkthaftung dar. Die Rechtsprechung hat sich gerade in den letzten Jahren immer öfter mit der Haftung für **fehlerhafte Bauprodukte** beschäftigt.[184]

2386 Die **Produkthaftung** will immer (nur) einen Ausgleich schaffen für **sozialadäquate „Warengefahren",** damit also für jene Rechtsgutverletzungen, die ihren Ursprung in einer „abnormen" Beschaffenheit der Waren haben; die Produkthaftung dient damit dem Schutz des Bestellers vor einer Rechtsgutverletzung **außerhalb** der Vertragsleistung. Das ist wichtig, weil eine vertragliche „Produkthaftung"[185] auch nach neuem Schuldrecht kaum an Bedeutung gewinnen kann.[186] Grundlage der Haftung sind vor allem das **Produkthaftungsgesetz** vom 15. Dezember 1989,[187] das **Bauproduktengesetz** vom 15. August 1992[188] sowie (daneben) die Vorschrift des **§ 823 BGB.** Während die **Vertragshaftung** (§§ 433 ff.; §§ 631 ff. BGB) in erster Linie das Interesse des Auftraggebers (Bauherrn) „an der Gebrauchstauglichkeit eines Produkts" schützen soll, geht es bei der **Produkthaftung** (Deliktshaftung) „in erster Linie um das **Integritätsinteresse**".[189]

2387 Die Haftung des **„Herstellers"** (Produzenten, Baustofflieferanten)[190] kommt aus produktionsrechtlichen Gesichtspunkten immer nur in Betracht, wenn das Rechtsgut durch ein **Verhalten** des **Herstellers kausal** und **widerrechtlich** ausgelöst worden ist, „also durch das von ihm in den Verkehr gegebene Produkt".[191]

2388 Dem Produkthersteller obliegt die Pflicht, nur solche Produkte in den Verkehr zu bringen, die von der Konstruktion und Zusammensetzung her die Gewähr dafür bie-

---

182) Vgl. dazu *Micklitz*, NJW 1989, 1076 ff.; OLG Düsseldorf, NZBau 2000, 383 = NJW-RR 2000, 610 u. NJW-RR 1999, 32. Zum Schmerzensgeldanspruch nach § 8 ProdHaftG n.F.: *Jaeger/Luckey*, S. 70 ff.
183) *Botke/Mayer*, ZfBR 1991, 183 ff., 233 ff.; *Kullmann*, BauR 1993, 153 ff.
184) OLG Celle, BauR 2003, 396 (**Unterspannbahn**); OLG Stuttgart, VersR 2001, 465 (**Holzschutzmittel**); OLG Düsseldorf, NZBau 2000, 431 (Müllverbrennungsasche) u. BauR 1991, 104 = NJW-RR 1991, 288 (**Fertigputz**); OLG Köln, OLGR 2002, 189 (**Pflasterfugenmörtel**) u. BauR 1991, 108 = NJW-RR 1991, 285 (**Bolzen** von Hebeankern für Fertigbetonteile); OLG Karlsruhe, BauR 1992, 285 (**Brandschutzmörtel**); BGH, BauR 1994, 258 u. BGH, BauR 1995, 401 (**Gewindeschneidemittel**); BGH, BauR 1995, 524 (**Zementlack**); OLG Karlsruhe, BauR 1994, 525 (**Kabelstrumpf**); LG Berlin, NJW-RR 1996, 501 (**Teppichboden**); BGH, NJW 1996, 2507 (**Lack**); OLG Oldenburg, NJW-RR 1997, 1520 m.Anm. *Lenz*, WiB 1997, 1159, u. OLG Frankfurt, NJW-RR 1997, 1519 (**Rohrreinigungsmittel**).
185) Zum Beispiel aus §§ 437 Nr. 3, 440, 280 ff. BGB bzw. aus Verletzung vertraglicher Schutz- und Nebenpflichten nach §§ 280, 241 Abs. 2 BGB.
186) *Landrock*, JA 2003, 981.
187) BGBl. I 2198; zuletzt geändert durch das 2. Gesetz zur Änderung schadensersatzrechtlicher Vorschriften vom 19.7.2002, BGBl. I 2674.
188) Zur **Umsetzung** des Europäischen Bauproduktenrechts in Deutschland siehe *Jarass*, NZBau 2008, 145 ff.
189) BGH, BauR 1994, 258, 259; *Palandt/Sprau*, § 3 ProdHaftG, Rn. 1.
190) Vgl. hierzu: *Koch*, NZBau 2001, 649, 653 m.w.Nachw. in Anm. 36.
191) *Kullmann*, BauR 1993, 153, 154. Zur Haftung des **Quasi-Herstellers** (§ 4 Abs. 1 Satz 2 ProdHaftG): OLG Celle, BauR 2003, 396; zur **Beweislast**: BGH, NJW 1999, 1028 u. NJW 1996, 2507 = ZIP 1996, 1436.

ten, dass sie gefahrlos „verwendet" werden können. Der Benutzer muss deshalb auf die Gefahren durch entsprechende **Hinweise** aufmerksam gemacht werden.[192] Der Hersteller muss sein Produkt in der Praxis **überprüfen** und **sicherstellen,** dass bisher unbekannte Gefahren und Risiken unterbleiben bzw. rechtzeitig dem Benutzer bekannt werden; so reicht es nicht aus, (nur) „DIN-Normen zu erfüllen, wenn die technische Entwicklung darüber hinausgegangen ist."[193]

Wichtig ist, dass das **Produktsicherheitsrecht** durch die (neue) **EU-Bauproduktenverordnung,** die am 1.7.2013 in Kraft getreten ist, in Bewegung geraten ist.[194] Die zivilrechtliche Auswirkungen auf die unmittelbar am Bau Beteiligten sind bereits Gegenstand gerichtlicher Entscheidungen.[195] **Hersteller, Baustoffhändler,** aber auch **Bauherrn, Architekten** und **Bauunternehmen** müssen sich darauf einrichten, dass sich die Anforderungen an bauliche Anlagen wesentlich ändern, was wiederum das gesamte **Gewährleistungsrecht** beeinflusst.[196]

2389 Wichtig ist, dass das **Produkthaftungsgesetz** vom 15. Dezember 1989 die von der Rechtsprechung entwickelte Haftung nach § 823 Abs. 1 und 2 BGB nicht verdrängt (§ 15 Abs. 2 ProdHaftG).[197] Das Gesetz selbst gilt im Übrigen nicht für Schäden, die an **gewerblichen** Bauwerken hervorgerufen werden.[198] Der Herstellerbegriff nach § 4 ProdHaftG betrifft nur den **Unternehmensträger,** in der Regel also eine juristische Person oder Personengesellschaft, ausnahmsweise eine natürliche Person als Einzelunternehmer. Eine Haftung von Organpersonen (z.B. Geschäftsführer) oder Mitarbeiter scheidet aus.

2390 Das „**Produkt**" i.S. des Produkthaftungsgesetzes ist (stets) eine **bewegliche** Sache, mag sie auch wesentlicher Bestandteil des Bauwerks werden (§ 2 ProdHaftG);[199] die (werkvertragliche) **Unternehmerleistung** selbst ist aber kein „Produkt" i.S. dieses Gesetzes.[200] Ansprüche kommen daher von vornherein nur gegen den Hersteller von **Baustoffen, Bauteilen** sowie von **Bauzubehör** in Betracht. Die

---

192) OLG Düsseldorf, NJW 1997, 2333; OLG Oldenburg, NJW-RR 1997, 1520 m.Anm. *Lenz,* WiB 1997, 1159; OLG Karlsruhe, BauR 1994, 525, 528; BGH, NJW 1994, 932 = BB 1994, 597 = ZIP 1994, 374; zur **Instruktionspflicht** des Herstellers über die sachgemäße Verwendung von Stahlnägeln: OLG Düsseldorf, NJW-RR 1996, 20; zum ungenügenden Hinweis auf die ätzende Wirkung eines Rohrreinigungsmittels: OLG Oldenburg, NJW-RR 1997, 1520; OLG Köln, Urt. vom 23.6.2004 – 11 U 136/03 (Schleierbildung durch Pflasterfugenmörtel).
193) BGH, NJW 1994, 3349; zur **Produktbeobachtungspflicht:** BGH, BauR 1995, 401, 403; OLG Frankfurt, NJW-RR 1999, 25 u. NJW-RR 1997, 1519 (Rohrreinigungsmittel); *Kunz,* BB 1994, 450 ff.
194) Siehe hierzu: *Eisenberg,* NZBau 2013, 675, 677 f.; *Wirth,* BauR 2013, 405, 408 f.
195) *Eisenberg,* a.a.O., S. 680, der darauf hinweist, dass ein harmonisiertes Bauprodukt „insbesondere dann mangelhaft (ist), wenn ihm in der Vertriebskette keine oder keine ordnungsgemäße Leistungserklärung beigefügt ist oder die CE-Kennzeichnung fehlt oder nicht korrekt ist". Siehe hierzu auch LG Mönchengladbach, IBR 2015, 483 – *Kau* (Bauprodukte **ohne CE-Kennzeichnung** führen im Ergebnis zu einer **mangelhaften** Werkleistung).
196) Siehe hierzu bereits *Halstenberg,* BauR 2016, 1428, 1430; *Wirth,* NZBau 2013, 193, 195 f.
197) **Herrschende Ansicht:** OLG Oldenburg, BauR 2001, 647 = NJW-RR 2001, 459 (Haftung aus dem Gesichtspunkt des „**weiterfressenden Fehlers**"); *Wirth/Kortz,* 1. Buch, VIII, Rn. 57; *Klein,* S. 4 ff., 34 ff.; *Soergel,* Festschrift für Locher, S. 235.
198) *Locher,* a.a.O.; *Klein,* S. 20 ff.
199) Siehe u.a.: BGH, NJW 1985, 194; NJW 1992, 41; BauR 1994, 524.
200) Zutreffend: *Soergel,* Festschrift für Locher, S. 235, 238.

Ersatzpflicht nach dem Produkthaftungsgesetz betrifft schließlich nur solche Schäden, die durch das fehlerhafte Baumaterial kausal verursacht werden, demnach den **Sekundärschaden.** Vom Geltungsbereich des Produkthaftungsgesetzes sind somit Schäden an der (gelieferten) Sache selbst ausgeschlossen.[201] Das ist nicht unbestritten. Da nach dem Wortlaut des § 2 ProdHaftG ein Produkt auch ein Teil einer anderen Sache sein kann, wird z.T. die Auffassung vertreten, dass der Hersteller des fehlerhaften Teils auch für Schaden an dem Gesamtprodukt haftet, weil es sich insoweit um eine „andere Sache" handele. Nach dieser Meinung soll die Rechtsprechung des BGH zu den **„weiterfressenden" Schäden** damit auch auf § 1 Abs. 1 Satz 2 ProdHaftG übertragbar sein.[202] Nicht zu ersetzen ist der Schaden, der darin besteht, dass etwa das fehlerhafte Bauteil im Wege des Austauschs **ersetzt** werden muss.

Ansprüche auf Schadensersatz können von dem **Eigentümer,** einem **Leasingnehmer,**[203] aber auch von einem **Besitzer** (z.B. Mieter)[204] geltend gemacht werden.

---

201) § 1 Abs. 1 Satz 2 ProdHaftG; siehe *Klein,* S. 22; *Soergel,* Festschrift für Locher, S. 239.
202) Vgl. *Landrock,* JA 2003, 981, 982 m.w.Nachw. in Anm. 17; **anders** die wohl herrschende Meinung: s. *Schaub,* in: Prütting/Wegen/Weinreich, § 1 ProdHaftG, Rn. 6 m.w.Nachw.
203) BGHZ 116, 22 = MDR 1992, 234.
204) OLG Köln, OLGR 2002, 189 = IBR 2003, 77 – *Weyer.*

VI. Verschulden bei Vertragsschluss (§ 311 Abs. 2 BGB) und Dritthaftung (§ 311 Abs. 3 BGB)

Übersicht

	Rdn.		Rdn.
1. Verschulden bei Vertragsschluss (§§ 311 Abs. 2, 241 Abs. 2, 280 BGB)	2391	3. Dritthaftung (§ 311 Abs. 3 BGB)	2406
2. Fallgestaltungen	2395	4. Die Rechtsfolgen	2407

1. Verschulden bei Vertragsschluss (§§ 311 Abs. 2, 241 Abs. 2, 280 BGB)

Literatur

Littbarski, Das Verhältnis der Ansprüche aus culpa in contrahendo zu den Ansprüchen aus den §§ 633 ff. BGB, JZ 1978, 3; *Hahn*, Haftung aus „culpa in contrahendo" bei der Vergabe im Baurecht, BauR 1978, 426; *Scheffler*, Haftung des Baubetreuers gegenüber seinen Geschäftspartnern bei Nichtzustandekommen einer Bauherrengemeinschaft?, DB 1982, 633; *Lampe-Helbig/Zeit*, Die Anwendung der zivilrechtlichen Haftung aus culpa in contrahendo auf die Vergabe von Bauleistungen nach der VOB/A durch die öffentliche Hand, BauR 1988, 659; *Feber*, Schadensersatzansprüche aus culpa in contrahendo bei VOB/A-Verstößen öffentlicher Auftraggeber, BauR 1989, 553; *Wettke*, Die Haftung des Auftraggebers bei lückenhafter Leistungsbeschreibung, BauR 1989, 292; *Küpper*, Schadensersatz aus culpa in contrahendo beim gescheiterten Abschluss eines formbedürftigen Vertrages, DB 1990, 2460; *Mandelkow*, Qualifizierte Leistungsbeschreibung als wesentliches Element des Bauvertrages, BauR 1996, 31; *Lange*, Zur Bedeutung des Anspruchs aus culpa in contrahendo bei unvollständigen, unklaren oder fehlerhaften Leistungsbeschreibungen, z.B. bei unzureichend beschriebenem Baugrund, Festschrift von Craushaar (1997), 271; *Schuhmann*, Das Vergütungsrisiko des Subunternehmers im Anlagenbau bei konkretisierungsbedürftiger Leistungsbeschreibung, BauR 1998, 228; *Dähne*, Auftragnehmeransprüche bei lückenhafter Leistungsbeschreibung, BauR 1999, 289; *Schelle*, Schadensersatz wegen rechtswidriger Aufhebung einer Ausschreibung, BauR 1999, 1233; *Leonhard*, Der Ersatz des Vertrauensschadens im Rahmen der vertraglichen Haftung, AcP 1999, Bd. 199, 660; *Roquette*, Vollständigkeitsklauseln: Abwälzung des Risikos unvollständiger oder unrichtiger Leistungsbeschreibungen auf den Auftragnehmer, NZBau 2001, 57; *Bruns*, Zur Dritthaftung aus culpa in contrahendo, ZfBR 2002, 644; *Quack*, Das ungewöhnliche Wagnis im Bauvertrag, BauR 2003, 26; *Quack*, Warum § 9 VOB/A keine Anspruchsgrundlage für vertragliche Kompensationsansprüche des erfolgreichen Bieters sein kann, ZfBR 2003, 107; *Häublein*, Der Beschaffenheitsbegriff und seine Bedeutung für das Verhältnis der Haftung aus culpa in contrahendo zum Kaufrecht, NJW 2003, 388; *Oberhauser*, Die Bedeutung des § 9 VOB/A für das Bauvertragsrecht – dargestellt am Bauen im Bestand, BauR 2003, 1110; *Dähne*, Sekundärer Rechtsschutz gegen Vergabeverstöße – Welcher Schaden ist zu ersetzen?, NZBau 2003, 489; *Markus*, Ansprüche des Auftragnehmers nach wirksamer Zuschlagserteilung bei „unklarer Leistungsbeschreibung" des Auftraggebers, Jahrbuch Baurecht 2004, 1 (= BauR 2004, 180); *Prieß*, Die Leistungsbeschreibung – Kernstück des Vergabeverfahrens, NZBau 2004, 20 (Teil 1) u. 87 (Teil 2); *Erdl*, Unklare Leistungsbeschreibung des öffentlichen Auftraggebers im Vergabe- und im Nachprüfungsverfahren, BauR 2004, 166; *Roquette/Paul*, Pauschal ist Pauschal!, BauR 2004, 736; *Quack*, Enthält die VOB/A wegen Verweisung auf sie in der VergabeVO Normen des Bauvertragsrechts?, BauR 2004, 1492. *Wertenbruch*, Zur Haftung aus culpa in contrahendo bei Abbruch von Vertragsverhandlungen, ZIP 2004, 1525; *Noch*, Die Leistungsbeschreibung im Spannungsverhältnis zwischen Dispositionsfreiheit der Vergabestelle und subjektiven Rechten der Bieter, BauRB 2005, 344; *Wagner*, Haftung der Bieter für Culpa in contrahendo in Vergabeverfahren, NZBau 2005, 436; *Horn/Graef*, Vergaberechtliche Sekundäransprüche, NZBau 2005, 505; *Englert*, Die Ausschreibungsvorgaben zum Baugrund für den öffentlichen Auftraggeber nach § 9 VOB/A, Festschrift für Thode (2005), 3; *Quack*, Ist § 9 VOB/A wirklich rigoros bieterschützend oder vielleicht doch nicht so sehr?, BauR 2005, 1080; *Franz/Kaminsky*, Änderung der Ausführungsplanung bei Großbauvorhaben vom bauausführenden Auftragnehmer einzukalkulieren?, BauR 2005, 1209; *Theisen*, Rechtsfolgen eines Schadensersatzanspruchs aus culpa in contrahendo, NJW 2006, 3102; *Gröning*, Ersatz des Vertrauensschadens ohne Vertrauen? – Zur Dogmatik des vergaberechtlichen Schadensersatzanspruchs auf das negative Interesse, VergabR 2009, 839;

Fischinger/Lettmaier, Sachmangel bei Asbestverseuchung – Anwendbarkeit der c.i.c. neben den §§ 434 ff. BGB (= Besprechung zu BGH, Urteil vom 27.3.2009, NJW 2009, 2120), NJW 2009, 2496; *Joussen*, Schadensersatzansprüche bei unklaren Leistungsbeschreibungen, BauR 2013, 1583.

2391 Bei jedem Bauvorhaben finden im **Vorfeld** des Vertragsabschlusses zwischen allen Baubeteiligten vielfach Verhandlungen statt, die u.U. trotz des noch nicht abgeschlossenen Bauvertrages rechtserheblich sein können. Bei Anbahnung von Vertragsverhandlungen sind die Partner aus dem zwischen ihnen bestehenden Vertrauensverhältnis verpflichtet, von sich aus ungefragt solche Tatsachen und Verhältnisse anzuzeigen, die für die Entschlüsse des anderen Vertragspartners offensichtlich von Bedeutung sein können.

Jeder Vertragspartner hat damit schon vor Abschluss des Vertrages **bestimmte Sorgfaltspflichten,** wie z.B. **Mitteilungs-, Offenbarungs-** und **Hinweispflichten,** vor allem in Hinblick auf solche Tatsachen, die den **Vertragszweck gefährden** können. Verhält sich ein Vertragspartner in diesem Sinne pflichtwidrig, kann er sich schon vor Abschluss des Vertrages aus dem Gesichtspunkt des Verschuldens bei Anbahnung von Vertragsverhandlungen oder bei Vertragsschluss (**„culpa in contrahendo"**) **schadensersatzpflichtig** gemacht haben; dabei ist unbedeutend, ob es später tatsächlich zu einem wirksamen Vertragsabschluss kommt oder nicht.[1] Enttäuschtes Vertrauen in das Verhalten des anderen Partners ist dabei die Grundlage des Schadensersatzanspruchs wegen **Verschuldens bei Vertragsschluss.**[2]

2392 Die „culpa in contrahendo", ein in langer Rechtsentwicklung bewährtes Rechtsinstitut, ist durch das SchRModG kodifiziert worden (§§ 311 Abs. 2, 241 Abs. 2, 280 BGB), und zwar deshalb, weil der Gesetzgeber hierfür im Hinblick auf das zukünftige europäische Schuldrecht einen besonderen Bedarf sah.[3] Die Regelung selbst ist kritisiert worden, weil sie wenig konkrete Inhalte hat. So wird in § 311 Abs. 2 BGB nur das **Entstehen** des Schuldverhältnisses ganz allgemein geregelt, und auch die durch Verweisung heranzuziehende Vorschrift des § 241 Abs. 2 BGB stellt letztlich nur ein **„ausfüllungsbedürftiges Blankett"** zur Verfügung.[4] Darüber hinaus bestimmt § 311 Abs. 3, dass ein Schuldverhältnis mit Pflichten nach § 241 Abs. 2 BGB auch zu Personen entstehen kann, die **nicht selbst Vertragspartei** werden sollen. Ein solches Schuldverhältnis ist dabei insbesondere anzunehmen, „wenn der **Dritte in besonderem Maße Vertrauen für sich in Anspruch nimmt** und dadurch die Vertragsverhandlungen oder den Vertragsschluss **erheblich beeinflusst"** (sog. **Dritthaftung**).

2393 Es war allerdings nicht die Absicht des Gesetzgebers, die c.i.c. neu zu schreiben; deshalb kann die bisherige Rechtsprechung und Literatur zum alten Recht bedenkenfrei herangezogen werden, wobei im Einzelfall die Zuordnung der bekannten Fallgruppen zu den Ziffern Nr. 1–3 des § 311 Abs. 2 problematisch sein kann.[5] Die Rechtsprechung wird daher, so steht zu vermuten, im Zweifelsfall auf eine konkrete Zuordnung zu einer der Ziffern des § 311 Abs. 2 BGB verzichten und diese Vorschrift in ihrem Gesamtzusammenhang zitieren; das wird auch nicht wei-

---

1) Zur **Vertragsauflösung** als Schadensersatz: OLG Karlsruhe, IBR 2013, 224 – *Weyer*.
2) BGH, NJW 1966, 499; BGH, ZfBR 1981, 66 = WM 1981, 308. Zur Anwendung der c.i.c. auf den Vertrag zu Gunsten Dritter (§ 328 BGB): BGH, NJW 2005, 3778.
3) BT-Drucks. 14/6040, S. 162; *Lieb*, in: Dauner-Lieb u.a., Das Neue Schuldrecht, § 3, Rn. 3; AnwKom-BGB/*Krebs*, § 311, Rn. 4.
4) AnwKom-BGB/*Krebs*, § 241, Rn. 6.
5) So weist *Lieb* (a.a.O., Rn. 36) zutreffend darauf hin, dass „die Konstellationen mit Drittbeteiligten wahrscheinlich in die Dritthaftungsregelung des Abs. 3 ausgelagert" werden; s. auch: *Canaris*, JZ 2001, 511, 520.

Fallgestaltungen | Rdn. 2394–2395

ter zu beanstanden sein, weil die Tatbestände des § 311 Abs. 2 Nr. 1–3 durchaus ineinander übergehen können.[6)]

Auch für das neue Recht gilt: Ansprüche aus §§ 280, 311 Abs. 2, 3, 241 Abs. 2, 249 BGB scheiden aus, sofern sie sich auf einen (späteren) **Mangel** des Werks stützen. Die Mängelrechte sind nämlich **Sondervorschriften,** sofern die **vorvertraglichen Verstöße zu einem Mangel** des Werks **geführt** haben.[7)] Ein **Rücktritt** vom Vertrag hindert den Auftraggeber dagegen nicht, Ansprüche aus c.i.c. geltend zu machen.[8)] **2394**

2. Fallgestaltungen

Enttäuschtes Vertrauen gibt es in allen Baubereichen,[9)] wie die nachfolgende **Rechtsprechungsübersicht** belegt: **2395**

* Verletzung einer **vorvertraglichen Offenbarungspflicht** durch einen **Architekten** (OLG Düsseldorf, BauR 1970, 119); unterbliebener Hinweis eines Architekten auf fehlende **Architekteneigenschaft** (vgl. OLG Naumburg, ZfBR 1996, 322, 323; OLG Hamburg, OLGR 1996, 306; OLG Köln, BauR 1980, 372; OLG Düsseldorf, BauR 1993, 630; BauR 1982, 86; BauR 1970, 119; BauR 1973, 239); zur Täuschung eines Architekten über den **Auslandssitz** des (Schein-)Auftraggebers (BGH, BauR 2002, 1396 = NZBau 2002, 569 = NJW-RR 2002, 1309); unterbliebene Aufklärung über **Architektenhonorar** bei Konkurrenzangebot (OLG Karlsruhe, BauR 1984, 538); Aufklärungspflicht des Architekten über die **Entgeltlichkeit** seiner Tätigkeit (OLG Stuttgart, BauR 1989, 630; = NJW 1989, 2402; vgl. hierzu Knacke, BauR 1990, 395); unterlassene Aufklärung des Architekten über die Voraussetzung einer wirksamen Pauschalhonorarvereinbarung, die die **Mindestsätze** unterbietet, und zum **Schaden** (BGH, BauR 1997, 1062, 1064 = NJW-

---

6) Siehe hierzu vor allem: *Rieble,* in: Das neue Schuldrecht in der Praxis, S. 137, 140 ff.; AnwKom-BGB/*Krebs,* § 311, Rn. 17 ff. sowie *Lieb,* a.a.O., Rn. 37.
7) Siehe BGH, ZfBR 2009, 460, 461; BGH, NJW-RR 2011, 462; BGH, BauR 1976, 59; *Palandt/ Grüneberg,* § 311 BGB, Rn. 14; *Nicklisch/Weick,* Vor § 13 VOB/B, Rn. 31 m.w.Nachw.
8) BGH, DB 1976, 958.
9) Zur Haftung aus Verschulden bei Vertragsschluss bei sog. **Bauherrenmodellen** s. ausführlich *Rosenberger,* ZfBR 1981, 253, 255 ff. und *Scheffler,* DB 1982, 633 (bei Nichtzustandekommen einer Bauherrengemeinschaft). Zur sog. **Prospekthaftung** bei **Bauherrenmodellen:** *Kniffka/ Koeble,* Teil 11, Rn. 330 ff.; KG, BauR 2011, 277 (**Aufklärungspflicht** gegenüber Anlegern; unterlassener Hinweis auf drückendes Wasser – Unwirksamkeit einer **Sanierungsvereinbarung**); BGH, BauR 2004, 330 = ZfBR 2004, 163 = NZBau 2004, 98 = BauRB 2004, 62 (**Verjährungsfrist** beim Bauträgermodell); BGH, DB 1990, 1913 (**Werbeprospekte**); BGH, IBR 2006, 473, 474 – *Thode* (Anrechnung von Steuervorteilen); OLG Bremen, OLGZ 1985, 322 (Verjährung von Prospekthaftungsansprüchen aus **Werbung** für Bauherrenmodelle); BGH, BauR 2001, 253 = NJW 2001, 436 (Bauträgermodell); BGH, NJW 1995, 1025 = WM 1995, 344 (zu den Prospektverantwortlichen); BGH, NJW 1990, 2461; BGH, BauR 1991, 91 = ZfBR 1991, 24 u. NJW 1992, 228 = WM 1991, 2092 (zur Haftung der **Initiatoren**); OLG Hamm, IBR 2005, 639 – *Graßnack* (**Hausprospekt** eines Hotels); OLG Köln, *SFH,* Nr. 59 zu § 276 BGB u. BGH, NJW 2001, 1203 (geschlossener **Immobilienfond**). Zur Haftung eines **Kreditinstituts:** BGH, NJW 1992, 2146 = ZfBR 1992, 266 u. NJWRR 1992, 373 = ZfBR 1992, 267 = NJW 1992, 2148; BGH, NJW 1993, 2433 (**Anlageberatung;** dazu auch *Hoppmann,* VersR 1994, 1037); BGH, NJW 1991, 1108 (Aufklärungspflicht des **Anlagevermittlers**); BGH, BauR 2004, 997 (prospektierte Kapitalanlage; **Immobilienfond**). Zur **Prospekthaftung** ferner *Pause,* Rn. 879 ff.; *Lux,* ZfBR 2003, 633 ff.

RR 1997, 1448); zur Haftung des Architekten aus c.i.c. wegen eines fehlerhaften **Baukostenvoranschlags** LG Tübingen, VersR 1978, 554)
* Zur umfänglichen Hinweispflicht einer **Bank**: Diese muss den kreditsuchenden **Kunden** beim Erwerb einer Eigentumswohnung auf eine erkannte **Sittenwidrigkeit** der Kaufpreisvereinbarung sowie auf eine erkannte **arglistige Täuschung** des Verkäufers ungefragt hinweisen (BGH, ZfBR 2007, 248, 249); zur Aufklärungspflicht eines **Kreditinstituts** gegenüber Erwerbern/Darlehnsnehmern über die Sanierungsbedürftigkeit des Objekts (BGH, NJW 1988, 1583; s. auch BGH, NJW-RR 1990, 876)
* Unrichtige **Auskunft** des **Verkäufers** über die Bodenfestigkeit (BGH, ZfBR 1981, 66 = WM 1981, 308); zur **mündlichen** Zusage eines Grundstücksverkaufs und zum Schaden durch Einschaltung eines **Architekten** (BGH, BauR 1978, 218 = BB 1977, 1018); unterlassene Aufklärung über die tatsächlichen Eigentumsverhältnisse an dem eingefriedeten Vorgartenbereich des Kaufobjekts (BGH, BauR 2012, 646); unterlassene Aufklärung des Verkäufers über **Asbest** (BGH, NJW 2009, 2120); über schikanöses Nachbarverhalten und **Hellhörigkeit** des Gebäudes (BGH, DB 1991, 1374); Aufklärungspflicht über Gefahren bei einer Vertragsdurchführung – Erklärung über **undurchlässige Bodenschicht** (BGH, WM 1977, 756); Aufklärung über **Geruchsbelästigung** durch Klärwerk (BGH, NJW-RR 1988, 10); Aufklärung über die Notwendigkeit des Einbaus einer **Feuerleiter** vor dem einzigen Fenster der Wohnung (BGH, BauR 1989, 216 = NJW 1989, 1793; dazu Tiedtke, JZ 1989, 569); zur Haftung des **Käufers,** wenn sein Verhandlungsgehilfe ohne sein Wissen den Eindruck eines **Scheingeschäfts** erweckt (OLG München, NJW-RR 1993, 1168 = MDR 1993, 535); Hinweis auf die **Anzeigebedürftigkeit** eines Fensteraustausches (OLG Frankfurt, NJW-RR 1989, 981); Hinweis des Auftragnehmers darüber, dass er mit dem Baubetreuer des Auftraggebers eine **Provisionsabsprache** getroffen hat (BGH, DB 1991, 1322); zur Haftung bei falschen Angaben über Erschließungskosten (BGH, NJW-RR 1994, 76 = WM 1993, 2220); unterbliebener Hinweis auf erhöhte Deponiegebühren durch Gemeinde (OLG Stuttgart, BauR 1997, 855 = NJW-RR 1997, 1241); unterbliebener Anbau eines Außenfahrstuhls nach Besitzübergang (BGH, NZM 2001, 427); zur Aufklärungspflicht des Verkäufers einer Eigentumswohnung (BGH, BauR 2001, 1428); zu den Aufklärungspflichten beim Verkauf einer Heizungsanlage als Selbstbausatz (OLG Nürnberg, MDR 2001, 1104); zur Haftung des Grundstücksverkäufers für falsche Angaben eines **Maklers,** der die Vertragsverhandlungen geführt hat (OLG Hamm, BauR 2002, 1563)
* Fehlerhafte Beratung durch eine Fachfirma für Bautenschutz (OLG Celle, BauR 2009, 1442)
* Zur Aufklärungspflicht **des Unternehmers** bei Abschluss eines **Hausbauvertrages** (OLG Celle, BauR 2003, 884) und des **Bauträgers** über die Genehmigungsfähigkeit von **Sonderwünschen** (BGH, ZfIR 2002, 975)
* Vorvertragliche **Aufklärungspflicht** des Unternehmers hinsichtlich der technischen Möglichkeiten einer bestimmten Konstruktion (OLG Köln, NJW-RR 1993, 1432)
* **Öffentlich-rechtliche Körperschaften** unterliegen der Haftung aus Verschulden bei Vertragsverhandlungen für das Fehlverhalten ihrer Organe (BGHZ 92, 164 = NJW 1985, 1778; BGH, BauR 2005, 1918 = NZBau 2006, 171 = NJW 2006, 60 = IBR 2006, 10 – Schulze-Hagen; Haftung aus unterbliebenem Hinweis auf die für

die Stadt geltenden **Vertretungsregelungen**; OLG Düsseldorf, NJW-RR 1990, 1046 – Verletzung vorvertraglicher Pflichten des öffentlichen Auftraggebers bei öffentlicher Ausschreibung); s. ferner: OLG Frankfurt, NZBau 2012, 505; OLG Brandenburg, IBR 2005, 330 – Bormann (zum Verstoß gegen Formvorschriften der Gemeindeordnung; unwirksamer Architektenvertrag); BGH, NVwZ 1982, 145 (privatrechtlicher Vertrag; unterbliebener Hinweis auf Bedenken gegen eine planungsrechtliche Zulässigkeit des Bauvorhabens)

* Verkauf von angeblichem Bauland durch eine **Gemeinde** (OLG Köln, MDR 1965, 482)
* Ansprüche wegen **faktischer Bausperre** (BGH, MDR 1979, 36)
* Ansprüche bei **Dissens** (Thüringer OLG, NZBau 2004, 438)
* Ansprüche wegen einer **Verkaufszusage** (BGH, BB 1977, 1018 = BauR 1978, 218 – Bebauungsentwürfe)
* **Ausschreibung** einer Baumaßnahme („schlüsselfertiges Hallenbad") **ohne gesicherte Finanzierung** (OLG Düsseldorf, NJW 1977, 1064)
* Schadensersatz wegen **unrichtiger Finanzierungsberatung** (Ausbauhaus; OLG Hamm, BauR 1993, 482; siehe auch OLG Köln, OLGR 1996, 261)
* Ersatzansprüche aus einem **Architektenwettbewerb** (OLG Düsseldorf, BauR 1998, 163; OLG Nürnberg, BauR 1998, 360; OLG Hamm, OLGR 1996, 29)
* Zum Schutz **nicht urheberrechtsgeschützter** Bauzeichnungen unter dem Gesichtspunkt der culpa in contrahendo: Nestler, BauR 1994, 589 ff.
* Fehlerhafter Baukostenvoranschlag (LG Tübingen, VersR 1978, 554)
* Verschulden bei Vertragsschluss bei **öffentlich-rechtlichem Vertrag** (BGH, WM 1978, 1082 – Folgelastenvertrag; BGH, MDR 1980, 653 – Erschließungsvertrag)
* Aufklärungspflicht über **Genehmigungsbedürftigkeit** von Bauvorhaben (OLG Stuttgart, BauR 1980, 67; s. auch BGH, BauR 1979, 447 u. NVwZ 1982, 145 – Hinweis auf Bedenken gegen die planungsrechtliche Zulässigkeit eines Bauvorhabens; zum **Denkmalschutz:** OLG Frankfurt, NJW-RR 1989, 981)
* Schadensersatzpflicht einer öffentlich-rechtlichen Körperschaft für Erklärungen von Verhandlungsvertretern **ohne Beachtung der öffentlich-rechtlichen Form- und Zuständigkeitsvorschriften** (OLG Frankfurt, OLGR 1994, 110)
* Schadensersatzpflicht wegen eines unterlassenen Hinweises auf die **fehlende Passivlegitimation** (BGH, BauR 2001, 1421)
* Das Verschweigen der Zahlung vom **Schmiergeld** durch den **Unternehmer** (OLG Stuttgart, BauR 2007, 420)
* **Steuernachteil** wegen fehlgeschlagenes **Abschreibungsgeschäft** (OLG München, OLGZ 1983, 461 – Anspruch verneint)
* Kosten der Angebotsausarbeitung bei **Aufhebung** eines **Ausschreibungsverfahrens** (BGH, WM 1981, 654 = ZfBR 1981, 182; s. auch OLG Düsseldorf, BauR 1982, 53; OLG Nürnberg, NJW 1986, 437)
* **Rechenfehler** im Angebot (OLG Düsseldorf, NJW-RR 1997, 1452 u. BauR 1980, 474 – Anwendung der VOB/A war ausgeschlossen; s. auch LG Rottweil, VersR 1980, 1178 [falsche Maße eines Fassadenbauunternehmers]; vgl. auch OLG Köln, NJW 1985, 1475); **Kalkulationsirrtum** und Hinweispflicht des Auftraggebers (BGH, NJW 1998, 3192; BauR 1980, 63 = NJW 1980, 180; dazu kritisch: Hundertmark, BB 1982, 16 ff.; siehe ferner: OLG Naumburg, IBR 2005, 41; AG Brandenburg, BauR 2002, 478, 479; OLG Koblenz, OLGR 2002, 90, 92; OLG Köln, NJW

1985, 1475 – c.i.c. bei Zuschlag trotz Hinweis auf Kalkulationsfehler); ferner: BGH, BauR 1983, 368 u. OLG Köln, BauR 1995, 98 = OLGR 1994, 285 sowie 1985, 1475; kein Festhalten an fälschlich angegebenem Preis (LG Aachen, NJW 1982, 1106); kein Festhalten an stark unterkalkuliertem Angebot (LG Siegen, BauR 1985, 213)

* Zum Verwendungsrisiko von **Baustoffen** und zur Haftung des Verkäufers (OLG Hamm, BauR 2011, 700)
* Zur Haftung aus **culpa in contrahendo** bei **Vergabeverstößen**: BGH, NZBau 2011, 498 = ZfBR 2011, 669 (Weiterentwicklung von BGHZ 139, 280, 283; Abstellen auf die Verletzung von **Rücksichtnahmepflichten** durch Missachtung von Vergabevorschriften); OLG Stuttgart, VergabeR 2011, 144 m.Anm. *Finke/Hagebrauck* (zu den Verhaltenspflichten des Bieters; zum **Konkurrenzverhältnis** von c.i.c. und Gewährleistungsrecht); OLG Naumburg, VergabeR 2011, 252 (c.i.c.-Erstattung von **Anwaltskosten**); BGH, BauR 2011, 1813 = VergabeR 2011, 703 (c.i.c.; es ist auf die Verletzung von Rücksichtnahmepflichten durch Missachtung von Vergabevorschriften abzustellen; s. ferner: BGH, VergabeR 2012, 842 m.Anm. *Noch*); BGH, BauR 2007, 120, 121 = NZBau 2007, 58, 59 (zum **Anwendungsbereich** der c.i.c. und des eigenständigen Anspruchs aus § 126 Satz 1 GWB); BGH, BauR 2006, 1140 = NZBau 2006, 456 = ZfBR 2006, 501 = IBR 2006, 408 (Der **private** Anbieter haftet wie ein öffentlicher Auftraggeber, sofern die Ausschreibung nach den Regeln der VOB/A durchführt); BGH, NZBau 2001, 637 (Schadensersatz bei fehlerhaftem Vergabeverfahren); BGH, BauR 2000, 254 (**kein** Ersatzanspruch, wenn **Aufhebungsgrund** nach § 26 Nr. 1 VOB/A gegeben ist); BGH, 1998, 1232 (Aufhebung einer Ausschreibung **ohne** Aufhebungsgrund verpflichtet Schadensersatz, sofern Bieter bei Fortsetzung des Verfahrens den Zuschlag erhalten hätte); BauR 1998, 1232; BGH, BauR 1997, 636 = ZfBR 1997, 244 = NJW-RR 1997, 1106 (Einwand des **rechtmäßigen Alternativverhaltens**); BGH, BauR 1993, 214 = NJW 1993, 520 (Ersatz des **positiven Interesses** bei VOL/A-widriger Auftragsvergabe); BGHZ 60, 221 = Schäfer/Finnern, Z 2.13 Bl. 43; OLG Koblenz, OLGR 2004, 1 (**Verjährung**) u. NJW-RR 1999, 747; OLG Hamm, BauR 2003, 538 (Vergabe durch den **Landschaftsverband**; Haftung der Bundesrepublik Deutschland); OLG Jena, IBR 2002, 433 – *Dähne*; OLG Oldenburg, BauR 2002, 1268; OLG Schleswig, NZBau 2000, 207; OLG Brandenburg, OLGR 2000, 192; OLG Köln, NJW-RR 1999, 316; OLG Nürnberg, BauR 1997, 825 = NJW-RR 1997, 854 (unzulässiges **Nachverhandeln**; s. auch OLG Celle, ZfBR 1997, 40 m.Anm. *Höfler* = BauR 1996, 860); OLG Düsseldorf, BauR 1996, 98 = OLGR 1995, 207 (**unzulässige Herausnahme** einzelner Teile aus den Angeboten); LG Leipzig, NZBau 2007, 59 (ungerechtfertigter **Verfahrensausschluss** eines Bieters; Anwaltskosten sind erstattungsfähiger Schaden); LG Köln, BauR 2005, 1044 (unzulässige Preisverhandlung des Projektsteuerers des öffentlichen Auftraggebers)
* Zum Schadensersatzanspruch wegen **erzwungener Zusatzaufträge** (keine Vergütungspflicht des Auftraggebers): KG, NZBau 2004, 100.

2396 Im **Einzelnen** ist Folgendes zu **beachten**:

Errechnet der **Architekt** fahrlässig zu niedrige Gesamtbaukosten und veranlasst er dadurch den Bauherrn zum Abschluss des Architektenvertrags und zur Errichtung des Bauwerks, so haftet der Architekt aus Verschulden bei Vertragsschluss auf

Ersatz des **Vertrauensschadens**; die in Musterverträgen übliche Klausel, dass sich die Haftung des Architekten auf den Ersatz des unmittelbaren Schadens am Bauwerk beschränkt, gilt nicht für diesen Fall.[10] Der Bauherr kann deshalb verlangen, so gestellt zu werden, als wenn er den Vertrag nicht geschlossen hätte. Entspricht der Wert des Hauses den Baukosten, fehlt ein ersatzfähiger Schaden.[11]

Auch zwischen **Auftraggeber/Bauherr** und **Unternehmer** bestehen im **Vorfeld des Bauvertrages** zahlreiche Sorgfaltspflichten, die von beiden Personen zu beachten sind.[12] Dies gilt namentlich für **öffentliche Auftraggeber**,[13] wenn diese die ihnen aufgrund der VOB Teil A sowie des **§ 97 Abs. 7 GWB** obliegenden Pflichten im Rahmen der **Vergabe von Bauarbeiten** gegenüber Anbietern (Unternehmern) verletzen; dabei ist eine Fülle von Verletzungstatbeständen denkbar, da bei dem Ausschreibungsverfahren der **Grundsatz der Gleichbehandlung** stets gewahrt bleiben muss. Nach § 97 Abs. 7 GWB hat ein Unternehmer „Anspruch darauf, dass der Auftraggeber die Bestimmungen über das Vergabeverfahren einhält". Die subjektiven Rechte der Bewerber nach § 97 Abs. 7 GWB sind europarechtlich zu verstehen.[14] Die Vorschriften der §§ 97 ff. GWB gelten nur für die Vergabe von **öffentlichen** Aufträgen, die die vorgeschriebenen **Schwellenwerte** überschreiten.

Nach der ständigen Rechtsprechung des BGH[15] „kommt durch **eine den Regeln der VOB/A folgende Ausschreibung** und **die Beteiligung eines Bieters am Ausschreibungsverfahren** zwischen den Verhandlungspartnern ein vertragsähnliches Vertrauensverhältnis zustande, das zu gegenseitiger **Rücksichtnahme** verpflichtet und auf beiden Seiten Sorgfaltspflichten begründet, deren schuldhafte Verletzung zu Schadensersatzansprüchen" unter dem Gesichtspunkt des Verschuldens bei Vertragsschluss führen kann. Nach der neueren Rechtsprechung des BGH[16] knüpft der aus § 280 Abs. 1 i.V. mit § 241 Abs. 2 und § 311 Abs. 2 Nr. 1 BGB hergeleitete Schadensersatzanspruch seinem Wortlaut nach an die Verletzung einer aus dem Schuldverhältnis herrührenden Rücksichtnahmepflicht. Daraus folgert der BGH, dass „für das Recht der öffentlichen Auftragsvergabe auch kein Bedürfnis dafür (besteht), **das Vertrauen** des Bieters etwa als ungeschriebenes Tatbestands-

---

10) BGH, NJW 1971, 1840.
11) LG Freiburg, *Schäfer/Finnern*, Z 3.01 Bl. 23.
12) Siehe hierzu ausführlich *Bühl*, BauR 1992, 26, 28 ff.
13) BGH, NZBau 2011, 498; BGH, NZBau 2007, 523; NZBau 2004, 517 = IBR 2004, 635 – *Quack*; OLG Düsseldorf, BauR 2013, 1682, 1684 (Ersatz von **Planungskosten**); OLG Frankfurt, NZBau 2012, 505 = IBR 2012, 397 – *Stein* (Aufwendungsersatz für erbrachte **Architektenleistungen**); BGH, NJW 2001, 3698; BauR 2000, 254 (**Vergabeverfahren**); BGH, ZfBR 1992, 269 (für **Missachtung** von **Formvorschriften**); OLG Hamm, BB 1972, 243; BGH, WM 1978, 1082 (**Folgelastenvertrag**); BGH, MDR 1979, 36 (**faktische Bausperre**); BGH, MDR 1980, 653 (**Erschließungsvertrag**); LG Weiden, NJW 1985, 1476 (**rechtswidrige Aufhebung einer Ausschreibung**).
14) *Kraus*, BauR 2000, 1545, 1553; OLG Brandenburg, BauR 1999, 1175.
15) BauR 2000, 254 = NJW 2000, 661; BauR 1998, 1232 = NJW 1998, 3636; BauR 1997, 636 = BB 1997, 1608 = NJW-RR 1997, 1106; BauR 1994, 236. Zum Schadensersatzanspruch eines Bieters, wenn er wegen Bedenken gegen die Rechtmäßigkeit des Verfahrens **kein Angebot** abgegeben, sondern sich mit einer Rüge begnügt hat: OLG Naumburg, IBR 2011, 100 – *Schwenker*.
16) BGH, NZBau 2011, 498, 500, Rn. 15. Zu dem (selteneren) Fall der Geltendmachung eines Schadensersatzanspruchs des **Auftraggebers** gegen den Bieter: OLG Stuttgart, VergabeR 2011, 144 m.Anm. *Finke/Hangebrauck*, S. 158/159.

merkmal weiter zu fordern." Ein **übergangener Bieter** erleidet bei unkorrekter Bauvergabe einen Anspruch auf **entgangenen Gewinn,** wenn er **bei ordnungsgemäßer Durchführung** des Ausschreibungs-(Vergabe-)Verfahrens **auch den Zuschlag erhalten hätte,** was er darlegen und beweisen muss.[17]

2399 Im Falle einer **unzulässigen Aufhebung** der Ausschreibung (Vergabe) durch den öffentlichen Auftraggeber kann der **Bieter** Schadensersatz ebenfalls nur verlangen, wenn ihm mit hinreichend hoher Wahrscheinlichkeit ohne die unzulässige Aufhebung der Zuschlag erteilt worden wäre.[18] Hebt der öffentliche Auftraggeber die Ausschreibung auf und belässt er es in der Folgezeit bei dem bisherigen Zustand, kommt ein Schadensersatzanspruch für einen Bieter im Zweifel nicht in Betracht.[19]

Ein Ersatzanspruch scheidet für den Bieter von vornherein **aus,** wenn er sich als **unzuverlässig** i.S. des § 6a VOB/A 2009 erwiesen hat. Das ist z.B. der Fall, wenn er durch **Manipulationen** einen unzulässigen (Wettbewerbs)vorsprung zu erreichen sucht.[20] Ebenso entfällt ein Anspruch, wenn der Bieter zwar das niedrigste Angebot unterbreitet, dies aber unter Berücksichtigung der tatsächlich auszuführenden Mengen nicht mehr der Fall ist.[21] Keinen Ersatzanspruch hat der Bieter, der trotz des preislich niedrigsten Angebots der wiederholten Aufforderung, seine **Qualifikation** nachzuweisen, nicht nachkommt.[22]

2400 Nicht jede Pflichtverletzung des öffentlichen Auftraggebers löst einen Schadensersatzanspruch des Bieters aus culpa in contrahendo aus; erforderlich ist stets, dass **der Verstoß** im Einzelfall gerade zu einem **Schaden** des übergangenen Bieters geführt hat.[23] Bei der Beantwortung dieser Frage kann vor allem die Berufung des öffentlichen Auftraggebers („Schädigers") auf ein rechtmäßiges **Alternativverhalten** zu beachten sein.[24]

Dieser Einwand des Schädigers geht in der Sache dahin, dass der Schaden auch bei einem rechtmäßigen Verhalten „entstanden wäre". Die Erheblichkeit dieses Einwands, für den der **öffentliche Auftraggeber darlegungs-** und **beweispflichtig** ist, muss immer nach dem **Schutzbereich** der jeweils verletzten Norm beurteilt werden;[25] der Einwand ist nur erheblich, wenn der Grund (z.B. für eine Auf-

---

17) BGHZ 120, 281 = BauR 1993, 214; BGH, ZfBR 2003, 145; BauR 1998, 1232; BGH, BauR 1985, 75 = ZfBR 1985, 74; BGH, BauR 1984, 631 = ZfBR 1984, 225; OLG Koblenz, IBR 2014, 231 – *Nonhoff;* OLG Hamm, OLGR 2006, 105, 106; OLG Celle, BauR 2005, 712; OLG Düsseldorf, IBR 2006, 349 – *Weihrauch;* OLG Stuttgart, BauR 2003, 1420, 1421; OLG Dresden, IBR 2004, 264 – *Wittchen;* OLG Celle, ZfBR 1997, 40 m.Anm. *Höfler*= BauR 1996, 860 = NJW-RR 1997, 662; OLG Köln, BauR 1998, 118.
18) BGH, BauR 1998, 1238 = NJW 1998, 3640; s. auch: BGH, BauR 2003, 240; OLG Stuttgart, BauR 2003, 1420; OLG Celle, BauR 2003, 709 = OLGR 2003, 100 u. OLG Düsseldorf, BauR 2002, 808 (für den **entgangenen Gewinn).**
19) BGH, BauRB 2004, 170 = IBR 2004, 262 – *Dähne.*
20) BGH, BauR 1994, 98; s. ferner: BGH, BauR 2002, 1236; OLG Oldenburg, BauR 2002, 1268.
21) OLG Düsseldorf, NJW-RR 1994, 224 = BauR 1994, 240.
22) OLG Düsseldorf, NJW-RR 1993, 1046.
23) BGH, BauR 1997, 636 = ZfBR 1997, 244; BGH, BauR 2002, 1082 m.w.Nachw.
24) BGH, a.a.O. unter Berufung auf BGHZ 120, 281 = BauR 1993, 214; s. auch: OLG Düsseldorf, BauR 1996, 98.
25) BGHZ 120, 281 = BauR 1993, 214, 216; BauR 1997, 244.

hebung der Ausschreibung) dem öffentlichen Auftraggeber **nachträglich bekannt** geworden ist. Es schadet nicht, wenn er den Grund **vor** Beginn der Ausschreibung (nur) „hätte erkennen können". Als Schadensersatz kann das **negative,** aber auch das **positive Interesse,** also der entgangene Gewinn, beansprucht werden.26) Dem öffentlichen Auftraggeber, der einen Bieter wegen Unzuverlässigkeit ausschließt, steht gegen diesen **kein Schadensersatzanspruch** in Form eines Differenzausgleichs zu.27)

Darüber hinaus gewährt § 126 Satz 1 GWB eine weitere (eigenständige) Anspruchsgrundlage, die ein Verschulden des öffentlichen Auftraggebers nicht voraussetzt. Anspruchsgegner können insoweit alle Auftraggeber i.S. des § 98 GWB sein; anspruchsberechtigt sind alle Unternehmen, die den Zuschlag nicht erhalten haben.28) Die Vorschrift erweitert den Kreis der Anspruchsberechtigten; damit sind bereits Bieter mit „echter Chance" erfasst und nicht nur diejenigen, die bei einer ordnungsgemäß durchgeführten Ausschreibung den Zuschlag erhalten hätten.29) Voraussetzung für einen Schadensersatzanspruch aus § 126 Satz 1 ist jedoch, dass der Bieter ohne den Vergaberechtsverstoß eine **echte Chance gehabt** hätte, den Zuschlag zu erhalten. An einer echten Chance fehlt es jedoch, „wenn die Leistungsbeschreibung fehlerhaft war und es deshalb an einer Vergleichbarkeit der abgegebenen Angebote und damit an einer Grundlage für die Beurteilung der echten Chance fehlt" (BGH). Letztlich hat jeder Bieter, der bei Geltung der VOB/A nicht in die engere Wahl nach § 16 Abs. 6 Nr. 3 VOB/A 2009 gekommen wäre, keine echte Chance auf die Erteilung des Zuschlags gehabt. Dann scheiden Ersatzansprüche von vornherein aus. **2401**

Der **Unternehmer** ist grundsätzlich verpflichtet, mit dem **Eigentum des Bauherrn,** das in seinen Gewahrsam gelangt oder seiner Einwirkung unmittelbar ausgesetzt ist, **sorgfältig umzugehen** und es vor Schaden zu bewahren.30) Dies gilt sowohl vor als auch **nach** Abschluss eines Werkvertrages.31) Verletzt der Unternehmer vor Abschluss des Bauvertrages seine insoweit bestehenden **Obhuts-** und **Fürsorgepflichten,** so kann der Bauherr Schadensersatz aus dem Gesichtspunkt des Verschuldens bei Vertragsverhandlungen geltend machen. **2402**

Die **Ablehnung des Vertragsabschlusses** eines Baubeteiligten **nach Vorverhandlungen** hat grundsätzlich noch keine Schadensersatzpflicht zur Folge. Dies gilt auch dann, wenn der Partner, der die Vertragsverhandlungen abbricht, weiß, **2403**

---

26) Siehe BGH, NZBau 2007, 523, 524; BauR 1998, 1232; BGH, BauR 1993, 214; OLG Zweibrücken, BauR 2004, 1454, 1455; OLG Jena, IBR 2002, 433 – *Dähne*; OLG Düsseldorf, BauR 1986, 107 u. BauR 1996, 98, 99; *MünchKomm-Busche*, § 631 BGB, Rn. 137. Zum Schadensersatzanspruch aus §§ 823, 826 BGB: *Verfürth,* in: Kulartz/Kus/Portz, § 126 GWB, Rn. 66 ff.
27) BGH, BauR 2002, 79; s. auch OLG Naumburg, IBR 2005, 41 – *Weyand* (kein Anspruch bei Kalkulationsirrtum und unterbliebenem Zuschlag). *Wagner* (NZBau 2005, 436 ff.) hält Ansprüche aus c.i.c. gegen den Bieter für möglich. Zur Pflichtverletzung des Bieters, der trotz bindenden Vertragsangebots sich weigert, sich hieran festhalten zu lassen: BGH, BauR 2006, 514 = NZBau 2006, 390.
28) *Verfürth,* in: Kulartz/Kus/Portz, § 126 GWB, Rn. 2.
29) Siehe BGH, BauR 2007, 120, 121 = NZBau 2007, 58, 59.
30) BGH, VersR 1973, 1069; s. ferner zu den **Schutzpflichten:** OLG Düsseldorf, BauR 2001, 1760 (Notabdichtung eines Daches); BauR 2000, 1344; LG Rostock, BauR 2000, 105 (§ 4 Abs. 5 VOB/B); OLG Hamburg, NJW-RR 2001, 1534 (§ 4 Abs. 3 VOB/B).
31) BGH, NJW 1977, 376 = BauR 1977, 202 = BB 1977, 121.

dass der andere Partner bereits in der Hoffnung auf einen Vertragsabschluss Aufwendungen gemacht hat;[32] ein Schadensersatzanspruch kann jedoch dann bestehen, wenn der den Vertragsabschluss ablehnende Teil schuldhaft **Vertrauen** auf das spätere zustande kommen des Bau- oder Architektenvertrages bei seinem Gesprächspartner erweckt hat, z.B. durch übertriebene Zusicherung im Rahmen der Vertragsverhandlungen.[33] Ein Architekt, der im Vertrauen auf die mündliche Zusage eines anderen fest mit dem käuflichen Erwerb eines Grundstücks rechnet und in dieser Erwartung Pläne für die Bebauung des Grundstückes entwirft, kann – falls der andere seine Zusage nicht einhält und die Arbeit sich deshalb als vergeblich erweist – nur dann unter dem Gesichtspunkt des Verschuldens bei Vertragsverhandlungen Schadensersatzansprüche geltend machen, wenn er nachweist, dass er seine Arbeitskraft sonst anderweitig gewinnbringend hätte einsetzen können.[34]

In gleicher Weise kommen Schadensersatzansprüche des **Architekten** in Betracht, wenn er bei einem „**Architektenwettbewerb**" (Siehe Rdn. 661 ff.) zu Unrecht **ausgeschlossen** oder als „**Preisträger**" bei der Verwirklichung des Bauvorhabens nicht berücksichtigt wird.[35]

2404 Da es sich bei der Haftungsgrundlage des Verschuldens bei Vertragsschluss um ein vertragsähnliches Vertrauensverhältnis handelt, wird von den Parteien auch für das Verschulden von **gesetzlichen Vertretern** oder **Erfüllungsgehilfen** gehaftet, § 278 BGB.[36] Dieser Grundsatz trifft im Baurecht vor allem den Fall, dass der Architekt Vertragsverhandlungen im Auftrag des Bauherrn führt und hierbei schuldhaft Nebenpflichten gegenüber einem Bauhandwerker verletzt. Da der Architekt bei der Begründung des Vertragsverhältnisses als Interessenvertreter seines Auftraggebers, des Bauherrn, auftritt, kann er selbst nicht – sondern nur der Bauherr – für etwaige Versäumnisse bei Abschluss des Vertrages verantwortlich gemacht werden.

---

32) BGH, BauR 2001, 623, 624 = NJW-RR 2001, 381, 382; NJW-RR 1989, 627; BauR 2001, 623; NJW 1967, 2199; BGH, DB 1989, 1022; OLG Dresden, ZIP 2001, 604; OLG Köln, OLGR 1999, 169; OLG Koblenz, NJW-RR 1997, 974; OLG Hamburg, MDR 1980, 494.
33) Vgl. hierzu vor allem: BGH, BauR 2013, 601, 602 (Vertragsabschluss durch **vollmachtlosen Vertreter**); BGH, WM 1962, 936, 937 = BB 1962, 816 unter II 1; BGH, WM 1967, 1010, 1011 = NJW 1967, 2199; BGH, WM 1972, 772; NJW 1975, 1774 = BB 1975, 1128 unter I 3; BGH, NJW-RR 1988, 988; NJW-RR 1989, 627 = ZIP 1989, 514, 515; BGH, NJW 1996, 1884 = BB 1996, 1238; OLG Celle, BauR 2012, 1793 = IBR 2012, 547 – *Eix*; *Weber*, Haftung für in Aussicht gestellten Vertragsabschluss, AcP 192 (1992), S. 390 ff.; *Gehrlein*, VersR 1997, 928, 929. Zum Ersatzanspruch bei einem sog. **Schwarzkauf**: LG Hannover, MDR 1978, 1021; bei **formbedürftigem** Vertrag: OLG Hamburg, MDR 1980, 494; OLG Koblenz, OLGR 1998, 52 (LS).
34) BGH, *Schäfer/Finnern*, Z 3.010 Bl. 29 = BB 1977, 1018.
35) Vgl. hierzu u.a. BGH, NJW 1983, 442 (Ausschluss von **Teilnahme am Architektenwettbewerb**); OLG Dresden, IBR 2005, 261 – *Diesch* (zur **Verjährung** eines Schadensersatzanspruchs); OLG Düsseldorf, BauR 1998, 163 m.Anm. *von Rintelen*; OLG Nürnberg, BauR 1998, 360; OLG Köln, BauR 1982, 396 (Ausschluss vom **Architektenwettbewerb**); OLG Hamm, NJW-RR 1996, 662 (**Preisträger**); BGH, NJW 1987, 2369 u. BGHZ 88, 343 = NJW 1984, 1533 (**Preisträger**); zu den Voraussetzungen der **Abstandnahme** von einer Absichtserklärung, weitere Architektenleistungen zu übertragen: BGH, BauR 2004, 1326 = NZBau 2004, 450 = BauRB 2004, 265 (Fortführung von BGHZ 88, 373 u. NJW 1987, 2369); s. hierzu: *Schudnagies*, BauR 2005, 1244 ff. (ablehnend hierzu: *Müller-Wrede*, IBR 2005, 559).
36) BGH, NJW 1984, 1505.

Dritthaftung

2405 Handelt ein **Architekt ohne Vollmacht** (§ 179 BGB), kommt u.U. eine Haftung des Bauherrn aus culpa in contrahendo in Betracht, wenn er mit eigenen, gegenüber dem Unternehmer geäußerten Wünschen in die Vertragsbeziehungen zwischen Architekt und Unternehmer eingreift.[37] Handelt der Architekt ohne Wissen des Bauherrn und ohne dazu bevollmächtigt zu sein, scheidet eine Haftung aus culpa in contrahendo in der Regel aus.[38]

Die **Verletzung** des vertragsähnlichen Vertrauensverhältnisses muss **schuldhaft** erfolgen. Wird das Verschulden im Rahmen von **Allgemeinen Geschäftsbedingungen** eingeschränkt, ist § 309 Nr. 7b BGB zu berücksichtigen: Danach ist der Ausschluss einer Begrenzung der Haftung für einen Schaden, der auf einer grob fahrlässigen Verletzung von Pflichten bei den Vertragsverhandlungen durch den Verwender oder auf einer vorsätzlichen oder grob fahrlässigen Pflichtverletzung eines gesetzlichen Vertreters oder Erfüllungsgehilfen des Verwenders beruht, unwirksam.

3. Dritthaftung (§ 311 Abs. 3 BGB)

Literatur

Westermann, Vertragliche Dritthaftung im neuen Schuldrecht, Festschrift für Honsell (2002), 137; *Bruns*, Zur Dritthaftung aus culpa in contrahendo, ZfBR 2002, 644.

2406 Die Haftung aus Verschulden bei Vertragsschluss trifft grundsätzlich nur die Parteien des angebahnten Vertrages. Nach der ständigen Rechtsprechung des BGH haftet der **Vertreter** oder Verhandlungsgehilfe aber **ausnahmsweise** persönlich, wenn er an dem Vertragsschluss ein unmittelbares **eigenes wirtschaftliches Interesse** hat oder wenn er ein **besonderes persönliches Vertrauen** in Anspruch genommen und hierdurch die Vertragsverhandlungen oder den Vertragsschluss **wesentlich beeinflusst hat**.[39] Diese an strenge Anforderungen orientierte Rechtsprechung des BGH hat das SchRModG in § 311 Abs. 3 BGB aufgegriffen. Die Vorschrift spricht zwar insoweit nur von der Inanspruchnahme **besonderen Vertrauens;** es ist indes unbestritten,[40] dass auch die bisherige Fallgestaltung des „**eigenen wirtschaftlichen Interesses**" von der Regelung erfasst wird. Damit kann auch weiterhin auf die Grundsätze zurückgegriffen werden, die der BGH[41] in ständiger Rechtsprechung vertritt; danach ist eine Haftungserstreckung „wegen besonderen wirtschaftlichen Eigeninteresses" nur dann angezeigt, wenn „der Vertreter eine so enge Beziehung

---

37) Vgl. LG Göttingen, *Schäfer/Finnern*, Z 2.13 Bl. 1.
38) OLG Köln, BauR 1993, 243.
39) BGHZ 14, 318; 56, 81, 83 = NJW 1971, 1309; BGH, BauR 2002, 1396; BGH, BauR 1972, 246 = NJW 1972, 942; BGH, *SFH*, Nr. 1 zu § 278 BGB; NJW 1986, 586; NJW-RR 1991, 1242; BGH, NJW 1997, 1233; OLG Zweibrücken, BauR 2004, 1454; OLG Hamm, BauR 2004, 1472, 1474; OLG Braunschweig, BauR 2004, 1784 = NZBau 2004, 676; OLG Celle, IBR 2002, 255 – *Metzger*; OLG Bremen, OLGZ 1985, 322 (für Vermittler bei einem Bauherrenmodell); OLG Hamm, NJW-RR 1996, 39 (Verhandlungsgehilfen); s. auch: OLG Frankfurt, NZBau 2012, 505, 506.
40) *Palandt/Grüneberg*, § 311, Rn. 61; *Henssler/Graf von Westphalen*, § 311, Rn. 26; *Langenecker*, in: Wirth/Sienz/Englert, § 311, Rn. 8; *Canaris*, JZ 2001, 499, 520; *Bruns*, ZfBR 2002, 644.
41) BGH, BauR 2002, 1396, 1397 = ZfBR 2002, 681, 682 = NZBau 2002, 569.

zum Vertragsgegenstand hat, dass er wirtschaftlich gleichsam in eigener Sache handelnd erscheint" (BGH). Das ist vor allem bei einem **Scheingeschäft** denkbar.

4. Die Rechtsfolgen

2407 Ansprüche aus Verschulden bei Vertragsschluss werden in aller Regel zu einer **Schadensersatzklage** führen (§§ 280 Abs. 1, 241 Abs. 2, 249 BGB). Ein Anspruch auf **Anpassung** des Vertrages besteht nicht.[42] Dagegen kann eine **vorvertragliche Schutzpflichtverletzung** zu einem **Rücktrittsrecht** nach § 324 BGB führen, wenn der Geschädigte diese erst **nach** Vertragsschluss entdeckt.[43]

Der **Schadensersatzanspruch** aus §§ 280 Abs. 1, 241 Abs. 2, 249 BGB geht (wie bisher) grundsätzlich nur auf das sogenannte **negative Vertrauensinteresse**.[44] Der Geschädigte ist also so zu stellen, als wenn die begonnenen Vertragsverhandlungen nicht geführt oder der Vertrag nicht abgeschlossen worden wäre. Wird z.B. eine falsche **Auskunft** erteilt,[45] so kann Befreiung von dem im Vertrauen auf die Richtigkeit der Auskunft geschlossenen Kaufvertrag und Ersatz der nutzlos erbrachten Aufwendungen verlangt werden.[46] Wird bei dem Abschluss eines Architektenvertrages mit einem Architekturbüro der klärende Hinweis unterlassen, dass die Sachbearbeiterin des Projekts **keine** Architektin ist, scheidet ein **Vergütungsanspruch** über § 249 Abs. 1 Satz 1 BGB aus.[47] Kommt eine Haftungserstreckung wegen besonderen wirtschaftlichen Eigeninteresses in Betracht, so sind u.U. die Kosten eines Vorprozesses und der Wert von nicht vergüteten Bauleistungen als **ersatzfähiger Schaden** anzuerkennen.[48]

Das sog. **Erfüllungsinteresse** kann nur verlangt werden, wenn der Geschädigte nachweisen kann, dass der Bauvertrag ohne das Verschulden des anderen Partners bei der Vertragsanbahnung **wirksam** zustande gekommen wäre. Er ist dann so zu stellen, als wäre der Bauvertrag wirksam abgeschlossen worden; insoweit trifft den **Geschädigten** aber die volle **Darlegungs-** und **Beweislast**. Häufig geht das Erfüllungsinteresse auch auf Ersatz des **entgangenen Gewinns,** der allerdings nur schwerlich nachzuweisen sein wird.[49]

2408 Der Anspruch aus Verschulden bei Vertragsschluss verjährt gemäß §§ 195, 199 BGB. Damit ist die Verjährung für Ansprüche aus Verschulden bei Vertragsschluss länger als die des § 634a BGB.

---

42) BGH, BauR 2006, 1740 mit krit. Anm. *Ganten* = NJW 2006, 3139 = NZBau 2006, 573; s. hierzu auch *Theisen*, NJW 2006, 3102 ff.; OLG Nürnberg, BauR 2007, 882, 885.
43) AnwKom-BGB/*Krebs*, § 311, Rn. 38. Es bedarf deshalb auch nicht der Konstruktion einer **Vertragsauflösung** über § 249 BGB (so: *Langenecker*, in: Wirth/Sienz/Englert, § 311, Rn. 9; siehe aber OLG Karlsruhe, IBR 2013, 224 – *Weyer* zum Schadensersatzanspruch auf Rückgängigmachung des abgeschlossenen Architektenvertrags).
44) BGH, BauR 2006, 1740, 1743 = NJW 2006, 3141; NJW 2001, 2875, 2876 = BauR 2001, 1433, 1436; NJW 1957, 193; VersR 1962, 562; BB 1981, 996; OLG Nürnberg, BauR 2007, 882, 883 (zum Differenzschaden bei durchgeführten BGB-Werkvertrag).
45) Zum Beispiel: Falsche Auskunft über die Bodenfestigkeit (BGH, ZfBR 1981, 66).
46) BGH, NJW 1962, 1196, 1198; NJW 1974, 849, 852.
47) OLG Naumburg, ZfBR 1996, 322, 324; OLG Köln, BauR 1980, 372.
48) Vgl. BGH, BauR 2002, 1396, 1398 = ZfBR 2002, 681, 683.
49) BGH, NJW 1964, 661; *Gehrlein*, VersR 1997, 929, 930.

VII. Geschäftsführung ohne Auftrag

Literatur

Gold, GoA bei nichtigen Werkverträgen?, JABl. 1994, 205; *Einsele*, Geschäftsführung ohne Auftrag bei nichtigen Verträgen?, JuS 1998, 401; *Malotki*, Die unberechtigte Mängelbeseitigungsaufforderung; Ansprüche des Unternehmers auf Vergütung, Schadens- oder Aufwendungsersatz, BauR 1998, 682; *Locher*, Die Abwicklung des unwirksamen Architektenvertrags, Festschrift für Vygen (1999), 28; *Joussen*, Die Abwicklung fehlerhafter/nichtiger Bauverträge, Festschrift für Vygen, 182; *Kemper/Schaarschmidt*, Die Vergütung nicht bestellter Leistungen nach § 2 Nr. 8 VOB/B, BauR 2000, 1651; *Leupertz*, Der Anspruch des Unternehmers auf Bezahlung unbestellter Bauleistungen beim BGB-Bauvertrag, BauR 2005, 775; *Oberhauser*, Ansprüche des Auftragnehmers auf Bezahlung nicht „bestellter" Leistungen beim Bauvertrag auf der Basis der VOB/B, BauR 2005, 919; *Moufang/Koos*, Unberechtigte Mängelrügen nach Abnahme: Untersuchungspflicht und Ansprüche des Unternehmers, BauR 2007, 300; *Thole*, Die Geschäftsführung ohne Auftrag auf dem Rückzug – Das Ende des „auch fremden" Geschäfts?, NJW 2010, 1243; *Tomic*, Beschleunigung zwischen Theorie und Praxis, BauR 2011, 1234; *Joussen*, Mehrvergütungsansprüche bei geänderten Baugrundverhältnissen – Zum Vorrang der Auslegung, NZBau 2013, 465.

2409 In der Rechtsprechung mehren sich die Fallgestaltungen, in denen Unternehmer, Architekten oder Sonderfachleute auf das Rechtsinstitut der Geschäftsführung ohne Auftrag (GoA) zurückgreifen, um **Vergütungen** für erbrachte Leistungen durchzusetzen.[1] Die Vorschriften über die GoA (§§ 677 ff. BGB) können immer dann herangezogen werden, wenn Baubeteiligte Leistungen erbringen, zu denen sie weder (wirksam) beauftragt noch in anderer Weise verpflichtet waren.[2] Ist dies der Fall, kann ein **Aufwendungsersatzanspruch** erfolgreich nach §§ 683, 670 BGB geltend gemacht werden, sofern die Übernahme der Geschäftsführung, also die Erbringung der Bauleistung, dem **Interesse und dem wirklichen oder mutmaßlichen Willen des Bauherrn** entsprachen. Das ist stets eine Frage des Einzelfalles.[3] Besteht ein solcher Anspruch, scheiden Ansprüche aus ungerechtfertigter Bereicherung (§§ 812 ff. BGB) aus, weil die berechtigte GoA den rechtlichen Grund für die entsprechende Leistung bzw. den Eingriff darstellt.[4]

---

1) Zum Erstattungsanspruch des Unternehmers bei einer unberechtigten **Mängelrüge** des Auftraggebers: *Moufang/Koos*, BauR 2007, 300 ff. (keine Ansprüche aus GoA). Zur Erstattung von **Beschleunigungskosten** des Unternehmers gemäß § 2 Abs. 8 Nr. 3 VOB/B i.V. mit §§ 683, 670 BGB: *Tomic*, BauR 2011, 1234, 1241 m.w.Nachw.
2) Siehe hierzu grundlegend: *Leupertz*, BauR 2005, 7755 ff. (**BGB-Bauvertrag**); *Heiermann/Riedl/Rusam/Kuffer*, § 2 VOB/B, Rn. 260 ff.; *Oberhauser*, BauR 2005, 919 ff. (**VOB/B-Vertrag**); ferner: OLG Rostock, IBR 2009, 258 – *Rohrmüller* (zur Begrenzung des Anspruchs); LG Frankfurt, IBR 2012, 8 – *Linse* (Baugrundrisiko); OLG Düsseldorf, BauR 1996, 270, 271 = NJW-RR 1996, 592 für (echte) Zusatzleistungen; s. ferner: OLG Brandenburg, NZBau 2009, 313; BGH, ZfBR 2005, 56, 58 (fehlende Vollmacht); BGH, BauR 2001, 1412 für Ersatzanspruch eines vollmachtlosen Architekten; OLG Hamburg, BauR 2003, 253 für Aufwendungsersatzanspruch des Erwerbers gegen den Bauträger.
3) Vgl. hierzu näher *Kapellmann/Messerschmidt*, § 2 VOB/B, Rn. 309 ff.; *MünchKomm-Seiler*, § 683 BGB, Rn. 2 ff.; OLG Celle, BauR 2012, 1797, 1798 = BauR 2013, 467 (zum Anspruch des **Nachunternehmers** auf Vergütung für unerwartete Massenmehrungen); OLG Hamburg, BauR 2003, 253, 255; OLG Frankfurt, BauR 2003, 1045 = NZBau 2003, 378 = OLGR 2003, 360 (für **eilbedürftige** und **notwendige** Arbeiten); OLG Naumburg, BauR 1999, 915 (Erstattung von **Sanierungsarbeiten**); OLG Koblenz, BauR 1995, 254, 256.
4) BGH, BauR 1994, 110 = NJW 1993, 3196 = ZfBR 1994, 15; *Palandt/Sprau*, Einf. v. § 677 BGB, Rn. 10.

2410 Ein „Interesse" des Bauherrn ist in der Regel zu bejahen, wenn die Geschäftsbesorgung nützlich (sachlich **vorteilhaft**) ist,[5] z.B. der Abriss einer baufälligen Kommunmauer[6] oder die Fortführung eines Baues bei unwirksamem Werkvertrag („Investitionsruine").[7] Dem „mutmaßlichen" Willen geht ein tatsächlich (ausdrücklich oder konkludent) geäußerter Wille vor.[8] Unter dem mutmaßlichen Willen wird derjenige verstanden, den der Geschäftsherr bei objektiver Beurteilung aller Umstände im Zeitpunkt der Übernahme des Geschäftes geäußert haben würde.[9] Dabei wird in aller Regel der dem Interesse des Geschäftsherrn entsprechende Wille maßgeblich sein.[10] Tätigkeiten in der **Akquisitionsphase** rechtfertigen in aller Regel keinen Anspruch aus GoA, wenn die Hoffnung auf Abschluss eines Vertrages enttäuscht wird.[11]

2411 Auch bei **Nichtigkeit** eines **Bau- oder Architektenvertrages** (z.B. wegen Verstoßes gegen die guten Sitten oder gegen ein gesetzliches Verbot) kann nach der Rechtsprechung des BGH[12] „unbeschränkt auf die Grundsätze der §§ 677 ff. BGB zurückgegriffen werden, wenn ihre sonstigen Voraussetzungen gegeben sind". Darüber hinaus hat der BGH zu Recht darauf hingewiesen, dass die Anwendbarkeit der Vorschriften nicht allein deshalb ausscheidet, weil sich der Geschäftsführer zur Geschäftsführung für verpflichtet hält. Gemäß §§ 683, 670 BGB kann der Unternehmer bei nichtigem Vertrag, aber berechtigter GoA, **die übliche Vergütung verlangen,** soweit der Vertragspreis nicht niedriger ist.[13]

2412 § 2 Abs. 8 VOB/B sieht für den **VOB-Bauvertrag eine Sonderregelung** vor. Nach dieser Bestimmung werden Bauleistungen des Unternehmers, die dieser **ohne Auftrag** oder unter **eigenmächtiger Abweichung** vom Bauvertrag ausführt, **nicht vergütet.** Der Auftragnehmer hat sie auf Verlangen innerhalb einer angemessenen Frist zu beseitigen; sonst kann es auf seine Kosten geschehen. Ferner haftet der Auftragnehmer für andere Schäden, die dem Auftraggeber hieraus entstehen.1

Einen Vergütungsanspruch hat der Unternehmer nach § 2 Abs. 8 Nr. 2 VOB/B nur,

* wenn der Bauherr die Leistungen nachträglich anerkennt[14]

---

5) *Palandt/Sprau,* § 683 BGB, Rn. 4; *MünchKomm-Seiler,* § 683 BGB, Rn. 4.
6) BGHZ 16, 12.
7) BGH, WM 1996, 2159; siehe ferner: OLG Düsseldorf, BauR 1996, 270 = NJW-RR 1996, 592 (Vergütung zusätzlicher Leistungen).
8) Vgl. OLG Hamm, NJW-RR 1991, 730; BauR 1992, 519.
9) OLG München, NJW-RR 1988, 1013; *MünchKomm-Seiler,* § 683 BGB, Rn. 10 m.w.Nachw.
10) BGH, NJW-RR 1989, 970; NJW 1971, 609, 612.
11) OLG Nürnberg, NJW-RR 1987, 405 (für Initiator eines Bauherrenmodells).
12) BGH, BauR 1994, 110 = NJW 1993, 3196 = ZfBR 1994, 15; OLG Dresden, IBR 2003, 424 – *Handschumacher;* vgl. *Gold,* JAB. 1994, 205; ferner: BGH, NJW 2000, 1107 = WM 2000, 973; BauR 1993, 98 = NJW-RR 1993, 200 u. BauR 1992, 761; OLG Köln, WM 1985, 983 (Haftung des Treuhänders gegenüber Bauherrengemeinschaft bei nichtigem Treuhandvertrag); OLG Jena, OLGR 2003, 65, 66.
13) BGH, BauR 1994, 110 = NJW 1993, 3196 = ZfBR 1994, 15; OLG Frankfurt, MDR 1987, 234 (Haftung einer Gemeinde bei **nichtigem** Werkvertrag); OLG Rostock, IBR 2009, 257 – *Rohrmüller.*
14) Dies kann auch durch schlüssiges Verhalten geschehen; Schleswig-Holsteinisches OLG, BauR 2010, 1937, 1940; s. ferner: OLG Koblenz, IBR 2013, 335 – *Bolz;* OLG Brandenburg, NZBau 2011, 680, 681; *Heiermann/Riedl/Rusam/Kuffer,* § 2 VOB/B, Rn. 274, 275; *Keldungs,*

Geschäftsführung ohne Auftrag

oder wenn die Leistungen für die Erfüllung des Vertrages **notwendig** waren, dem **mutmaßlichen Willen** des Auftraggebers entsprachen und ihm **unverzüglich angezeigt** wurden (§ 2 Abs. 8 Nr. 2 Satz 2).[15]

Bei der Ausnahme in Nr. 2 Satz 2, die an drei Voraussetzungen geknüpft ist, handelt es sich um einen vertraglichen Vergütungsanspruch eigener Art.[16] Dieser Vergütungsanspruch hat aber in der Praxis durch die im Jahre 1996 erfolgte Einfügung des § 2 Abs. 8 Nr. 3 keine große Bedeutung; nach Nr. 3 bleiben nämlich die Vorschriften des BGB über die **Geschäftsführung ohne Auftrag** (§§ 677 ff. BGB) „unberührt". Im Ergebnis läuft dies darauf hinaus, dass man über die Vorschriften der GoA – bei geringeren Anspruchsvoraussetzungen – praktisch zum selben Ergebnis wie nach § 2 Abs. 8 Nr. 2 Satz 2 VOB/B gelangt.[17]

Der Anspruch aus § 2 Abs. 8 Nr. 3 Satz 2 VOB/B hat drei Voraussetzungen: Die **2413** Leistung muss für die Erfüllung des Vertrages notwendig sein. „**Notwendig**" ist eine Leistung nach allgemeiner Meinung, wenn der Erfolg der entsprechenden Bauleistung nur durch die durchgeführte Maßnahme fachgerecht erreicht werden kann.[18] Dabei sind objektive Gesichtspunkte maßgebend, wobei eine enge Auslegung geboten ist.[19] Die Leistung muss darüber hinaus auch dem „**mutmaßlichen Willen**" des Auftraggebers entsprechen und ihm **unverzüglich angezeigt** worden sein. „**Mutmaßlich**" ist nach der Rechtsprechung[20] „derjenige Wille des Auftraggebers, der bei objektiver Beurteilung aller gegebenen Umstände von einem verständigen Betrachter vorauszusetzen ist". Eine Bauleistung, die eine Erfüllung des Vertrags lediglich erleichtert oder verbessert, reicht nicht aus.[21] Erfolgt keine **unverzügliche Anzeige** der Bauleistung gegenüber dem Auftraggeber oder Architekten,[22] entfällt der Vergütungsanspruch.[23] Eine Anzeige ist nach Treu und Glauben entbehrlich, wenn der Auftraggeber von der bevorstehenden Durchführung oder Verwirklichung der Arbeiten bereits anderweitig Kenntnis erlangt hat. Beim **BGB**-Vertrag gelten die Vor-

---

in: Ingenstau/Korbion, § 2 Abs. 8 VOB/B, Rn. 22; BGH, NZBau 2002, 153, 154 = BauR 2002, 465, 466; ferner: BGH, *SFH*, Nr. 3 zu § 2 Nr. 8 VOB/B (1990).

15) Zur Entbehrlichkeit der Ankündigung: OLG Düsseldorf, IBR 2005, 2 – *Stern*.
16) *Nicklisch/Weick*, § 2/B, Rn. 103.
17) *Kapellmann/Messerschmidt*, § 2 VOB/B, Rn. 304.
18) Vgl. für viele: *Kemper/Schaarschmidt*, BauR 2000, 1651, 1655; *Nicklisch/Weick*, § 2/B, Rn. 104; OLG Frankfurt, BauR 2003, 1045 = NJW-RR 2003, 964 = MDR 2003, 1413 (eilbedürftige und notwendige Arbeiten); BGH, *Schäfer/Finnern*, Z 2.310 Bl. 28 (notwendige Arbeiten zur verkehrssicheren Herstellung einer Straße); AG Brandenburg, BauR 2002, 478, 481.
19) Kein Anspruch, wenn ein Unternehmer i.R. seiner **Gewährleistungsverpflichtung** tätig wird und hierbei Mängel beseitigt, die vor der Abnahme durch einen Dritten verursacht wurden (OLG Hamm, NJW-RR 1998, 163 = BauR 1998, 345).
20) BGH, ZfBR 2004, 256 = BauR 2004, 495 = NZBau 2004, 207; s. auch: OLG Brandenburg, BauR 2012, 1649; OLG Celle, BauR 2012, 1797.
21) *Kuffer*, in: Heiermann/Riedl/Rusam, § 2 VOB/B, Rn. 277 a.E.
22) Eine Anzeige gegenüber dem nur mit der **Bauüberwachung** betrauten Architekten reicht **nicht** aus: OLG Düsseldorf, NZBau 2001, 334; s. aber OLG Hamm, BauR 1978, 146; OLG Stuttgart, BauR 1977, 291, 292.
23) BGH, NJW 1978, 1631 = BauR 1978, 314; *Leinemann/Schliemann*, § 2/B, Rn. 344 m.w.Nachw.

schriften der §§ 677 ff. BGB direkt.[24] Aufwendungsersatzansprüche aus Geschäftsführung ohne Auftrag gegenüber einem Dritten scheiden auch hier aus, wenn ein wirksamer Vertrag vorliegt, der die Entgeltfrage umfassend regelt.[25]

2414 * Rechtsprechungsübersicht:
* Zum Vergütungsanspruch des Unternehmers für **Zusatzleistungen** aus berechtigter Geschäftsführung ohne Auftrag: OLG Jena, OLGR 2003, 65; OLG Köln, NJW-RR 1999, 526
* Kein Anspruch des **Architekten** für eine **Bauvoranfrage** („isolierte" Besondere Leistung) aus §§ 677 ff., 812 BGB bei fehlender schriftlicher Honorarvereinbarung (OLG Hamm, BauR 1997, 507; ebenso: OLG Schleswig, BauR 1997, 509 für künstlerische Oberleitung, § 15 Abs. 3 HOAI)
* Der **Aufwendungsersatzanspruch** aus GoA kann durch einen **Abzug** „neu für alt" gemindert werden (BGH, ZMR 2012, 999, 1000 m.w.Nachw.)
* Zum **Umfang** eines Ersatzanspruchs aus §§ 684, 812, 818 Abs. 2 BGB: BGH, BauR 2001, 1412, 1414
* Anspruch des **Nießbrauchers** gegen den Eigentümer bei Sanierung des Flachdaches ohne Einholung seines Einverständnisses (OLG Koblenz, NJW-RR 1995, 15 = MDR 1994, 1115)
* **Mutmaßlicher Wille einer Gemeinde** bei nicht wirksamer Vertretung im Rahmen der Vergabe einer (weiteren) Bauleistung (BGH, WM 1974, 600; vgl. auch OLG Düsseldorf, OLGR 1992, 5, 7)
* GoA gegenüber eine **Wohnungseigentümergemeinschaft** (OLG Karlsruhe, BauR 1990, 611 u. OLG Köln, ZfBR 1995, 141 – Einbau neuer Fenster ohne Zustimmung der übrigen Eigentümer und des Verwalters; s. ferner: BayObLG NZM 2000, 299 – Instandsetzungsmaßnahme durch einen Wohnungseigentümer)
* Keine GoA bei **Akquisitionstätigkeit eines Betreuers** (OLG Düsseldorf, BauR 1992, 413, 414; OLG Nürnberg, NJW-RR 1987, 405 für Initiator eines Bauherrenmodells)
* Anspruch auf Ersatz von **Aufwendungen eines Architekten,** die von ihm nicht zu vertreten sind (BGH, BauR 1992, 26)
* Kein Anspruch des Auftraggebers aus GoA bei **voreiliger Nachbesserung,** ohne dem Auftragnehmer vorher Nachbesserung zu ermöglichen (OLG Frankfurt, NJW-RR 1987, 979)
* Der **Erbbauberechtigte** haftet weder aus ungerechtfertigter Bereicherung noch Geschäftsführung ohne Auftrag, noch aus § 951 BGB, wenn eine Fertighausfirma aufgrund Vertrages mit einem Dritten ein Haus auf dem der Erbbauberechtigten gehörenden Grundstück errichtet (OLG Hamm, NJW-RR 1992, 1105)

---

24) Zu den **Voraussetzungen** der Geschäftsführung ohne Auftrag s. *Kemper/Schaarschmidt,* BauR 2000, 1651, 1660 ff.; BGH, BauR 2004, 333, 335 = ZfBR 2004, 154 = NZBau 2004, 34 = NJW-RR 2004, 81; OLG Düsseldorf, NZBau 2001, 334, 336 = NJW-RR 2001, 14 = OLGR 2001, 65; OLG Hamm, NJW-RR 1998, 163 für Ansprüche des Unternehmers gegen den Auftraggeber, wenn gleichzeitig Mängel eines **Folgeunternehmers** beseitigt werden.
25) BGH, NZBau 2004, 387 = BauR 2004, 1151 = ZfBR 2004, 554 = IBR 2004, 355 – *Hildebrandt;* BGH, NZBau 2004, 34 = BauR 2004, 333; OLG Hamm, BauR 2004, 865; OLG Celle, BauR 2004, 1302; OLG Oldenburg, OLGR 2003, 263.

Geschäftsführung ohne Auftrag

* Dem **Bauhandwerker,** der aufgrund vermeintlicher Vertragsbeziehungen mit dem Bauherrn Bauleistungen erbringt, kann ein Anspruch aus Geschäftsführung ohne Auftrag gegen diesen zustehen, selbst wenn sich der Bauherr darauf beruft, die Bauleistungen seien aus seiner Sicht von einem Dritten (Bauträger) erbracht worden (OLG Hamm, NJW-RR 1991, 1303 = OLGR 1991, 8; **a.A.:** OLG Oldenburg, OLGR 2000, 263 = MDR 2000, 1373 für den Fall, dass der Handwerker seine Werkleistungen auf Veranlassung eines Dritten erbringt, dem eine Vollmacht zur Verpflichtung des Bauherrn fehlte; s. auch BGH, IBR 2004, 299 – Bolz)
* Zum **Aufwendungsersatzanspruch** des Unternehmers bei einer **unberechtigten Mängelbeseitigungsaufforderung** des Bauherrn: Malotki, BauR 1998, 682 ff.; OLG Düsseldorf, IBR 2007, 479 – Bolz; BauR 2001, 1608 u. NJW-RR 1999, 746 (zum Schadensersatzanspruch)
* Hat eine **Wohnungsverwaltungsgesellschaft** in Unkenntnis der Tatsache, dass die Wohnungseigentümergemeinschaft bei Abschluss des Verwaltervertrages nicht rechtswirksam vertreten war, die Hausverwaltung besorgt, steht ihr aus Geschäftsführung ohne Auftrag gegen die Wohnungseigentümergemeinschaft ein Anspruch auf Aufwendungsersatz zu (BGH, NJW-RR 1989, 970)
* Der **Initiator eines Bauherrenmodells** erhält seine auf die Gründung einer Bauherrengemeinschaft zielende und in der Vorbereitung und Förderung des Bauvorhabens bestehende Tätigkeit vom Bauherrn weder unter dem Gesichtspunkt der GoA noch unter dem der ungerechtfertigten Bereicherung eine Vergütung, wenn er entgegen seiner Erwartung nicht zu einem Funktionsträger im Rahmen des Bauherrenmodells bestellt wird (OLG Nürnberg, NJW-RR 1987, 405)
* Der vom Bauherrn auf Nachbesserung/Gewährleistung in Anspruch genommene **Vorunternehmer** kann vom Nachunternehmer aus Geschäftsführung ohne Auftrag Zahlung in Höhe des Betrages verlangen, in dem der Nachunternehmer zur Mängelbeseitigung verpflichtet war und durch die Nachbesserung/Gewährleistung des Vorunternehmers befreit wird (OLG Hamm, NJW-RR 1992, 849 = BauR 1992, 519 u. NJW-RR 1991, 730)
* **§ 13 Abs. 5 VOB/B** enthält eine **abschließende Regelung** des Anspruches des Bauherrn auf Ersatz der Mängelbeseitigungskosten. Daneben bestehen keine Ansprüche aus Bereicherung oder Geschäftsführung ohne Auftrag (BGH, BauR 1977, 351; OLG Köln, SFH, Nr. 34 zu § 13 Nr. 5 VOB/B)
* Das Ausführen einer **Eventualposition** ohne Anordnung des Auftraggebers stellt eine auftragslose Leistung dar. Solche Leistungen werden gemäß § 2 Nr. 8 Abs. 1 Satz 1 VOB/B grundsätzlich nicht vergütet. Führt der Auftragnehmer ohne Auftrag eine Eventualposition aus, so kann er – wenn die VOB/B nicht als Ganzes vereinbart ist – Ansprüche aus § 677 BGB oder § 812 BGB geltend machen (OLG Karlsruhe, BauR 1993, 506 [LS])
* Zum Schadensausgleich zwischen dem Auftraggeber und zwei Werkunternehmern (**„Nebenschuldnern"**), wenn beide Gewerke mangelhaft sind und einer der Unternehmer die Mängel beseitigt, siehe OLG Hamm, BauR 1994, 371
* Zum Anspruch eines **Trägers öffentlicher Verwaltung** auf Ersatz von **Sanierungskosten** zur **Absicherung** eines **Hanggrundstückes** gegen einen planenden Architekten siehe OLG Frankfurt, BauR 1997, 330.

VIII. Ungerechtfertigte Bereicherung

Übersicht

	Rdn.		Rdn.
1. Fallgestaltungen/Übersicht	2415	c) Rückzahlungsanspruch des öffentlichen Auftraggebers	2429
2. Zu den bereicherungsrechtlichen Voraussetzungen	2417	d) Bereicherungsausgleich bei „Schwarzarbeit"	2430
a) Bereicherungsausgleich bei unwirksamem Architektenvertrag	2420	3. Schaffung eines Familienwohnheims und Vermögensausgleich nach einer Scheidung	2432
b) Ausgleich von Überzahlungen	2427		

Literatur

Dähne, Rückforderungen im Bauvertragsrecht, 1986.

Breetzke, Der Bau auf dem Mietgrundstück als Verwendung, NJW 1954, 171; *Klauser*, Aufwendungsersatz bei Neubauten und werterhöhenden Verwendungen auf fremdem Grund und Boden, NJW 1965, 513; *Huber*, Bereicherungsansprüche beim Bau auf fremdem Boden, JuS 1970, 342 und 515; *Dauner*, Der Kondiktionsausschluss gemäß § 817 Satz 2 BGB, JZ 1980, 495; *Weyer*, Gründe für eine Nichtigkeit des Architektenvertrages und dessen Abwicklung, BauR 1984, 324; *Beigel*, Ersatzansprüche des vollmachtlos handelnden Architekten gegen den Bauherrn, BauR 1985, 40; *Kern*, Der Bereicherungsanspruch bei skontierten Überzahlungen von Abschlagszahlungen nach der VOB/B, BB 1985, 1494; *Hahn*, Verzinsung von Rückforderungsansprüchen, BauR 1989, 143; *Kern*, Der geprellte Schwarzarbeiter, JuS 1993, 193; *Eidenmüller*, Wertersatz für rechtsgrundlos erbrachte Bauleistungen, JZ 1996, 889; *Malotki*, Die unberechtigte Mängelbeseitigungsaufforderung: Ansprüche des Unternehmers auf Vergütung, Schadens- oder Aufwendungsersatz, BauR 1998, 682; *Joussen*, Die Abwicklung fehlerhafter/nichtiger Bauverträge, Festschrift für Vygen, 1999, 182; *Wilhelm*, Die Kondiktion der Zahlung des Bürgen oder Garanten „auf erstes Anfordern" im Vergleich zur Zession, NJW 1999, 3519; *Armgardt*, Der Kondiktionsausschluss des § 817 S. 2 BGB im Licht der neuesten Rechtsprechung des BGH, NJW 2006, 2070; *Armgardt*, Rückforderungsansprüche bei Überzahlung auf eine abgetretene Werklohnforderung, BauR 2006, 1834; *Hildebrandt*, Zur Unwirksamkeit vertraglicher Sicherungsabreden und zu den Möglichkeiten einer Verwertung der Sicherheit trotz unwirksamer Sicherungsabrede, BauR 2007, 203; *Moufang/Koos*, Unberechtigte Mängelrügen nach Abnahme: Untersuchungspflicht und Ansprüche des Unternehmers, BauR 2007, 300; *Orlowski*, Ohne Rechnung = Ohne Rechte?, BauR 2008, 1963; *Luz*, Das Wucher-Urteil des Bundesgerichtshofs – Einzelfallentscheidung oder allgemeingültig?, BauR 2009, 878; *Stemmer*, Sittenwidrigkeit außerordentlich überhöhter Einheitspreise; Preisfortschreibungen unterhalb der Grenze der Sittenwidrigkeit, BauR 2009, 883; *Kraft/Adamski*, Schwarzarbeit am Bau – Übersicht, Gefahren und Lösungsansätze, NZBau 2011, 321; *Gartz*, Anfechtungsrisiko bei Direktzahlungen des Auftraggebers nach § 16 Abs. 6 VOB/B, BauR 2012, 571; *Scholtissek*, Übersetzte Architektenhonorarabrechnung und Rückforderungsansprüche des Auftraggebers, NZBau 2013, 87; *Jerger*, Von der Nichtigkeit zur Wirksamkeit zurück zur Nichtigkeit des gesamten Vertrags bei Schwarzarbeit, NZBau 2013, 608; *Stamm*, Die Rechtsvereinheitlichung der Schwarzarbeiterproblematik im Lichte der neuesten Rechtsprechung des BGH zum reformierten Schwarzarbeiterbekämpfungsgesetz, NZBau 2014, 131; *Koeble*, Rückforderung überzahlter Architektenhonorare, Festschrift für Jochem, 2014, 251; *Dölle*, Konsequent (aber falsch?): Der BGH und die Schwarzarbeit, BauR 2015, 393; *Fricke*, Schwarzgeldabrede im Werkvertrag – Keine Rechnung? Keine Ansprüche!, BauR 2015, 1244; *Jerger*, Nachträgliche Schwarzgeldabreden und deren Auswirkungen auf den Werkvertrag, NZBau 2016, 137; *Popescu*, Entwicklungen und Tendenzen in Fällen bauvertraglicher Schwarzarbeit, ZfBR 2017, 321; *Peters*, Der preiswerte Maler – Die Hinterziehung der Umsatzsteuer, NZBau 2017, 200; *Meier/Bülte*, Schwarzarbeiterproblematik, BauR 2017, 1442.

1. Fallgestaltungen/Übersicht

2415 Bereicherungsrechtliche Gesichtspunkte spielen in Bauprozessen durchaus eine Rolle, vor allem in folgenden **Fallgestaltungen:**

* Der **Bau-** oder **Architektenvertrag** ist nicht zustande gekommen oder kann im Streitfall nicht bewiesen werden,[1] wegen **Dissenses** über die Höhe der Vergütung **nichtig**[2] oder einfach **sittenwidrig**.[3]
* Der Bauvertrag ist **nichtig**, weil er gegen ein **gesetzliches Verbot** verstößt (§ 134 BGB).[4] In der Praxis sind das vor allem: Verstoß gegen das Gesetz zur

---

1) Siehe OLG Braunschweig, BauR 2017, 761, 763 (Haftung einer Kommune bei Verwertung von Ingenieurleistungen); OLG Düsseldorf, IBR 2013, 155 – *Wellensiek* (Bauherr verwertet **Planungsleistungen**; s. auch: OLG Naumburg, IBR 2014, 26 – *Käseberg*; KG, IBR 2013, 688 – *Stein*); KG, IBR 2012, 444 – *Oberhauser* (Wertersatzanspruch eines **Werkunternehmers** unter Berücksichtigung, dass keine Mängelrechte des Auftraggebers bestehen); KG, IBR 2012, 444 – *Oberhauser*; OLG München, NZBau 2011, 487; OLG Koblenz, OLGR 1999, 234 (gekündigter **Fertighausvertrag**); OLG Hamm, BauR 1974, 420 („fehlender" Bauvertrag). Zur bereicherungsrechtlichen Abwicklung eines **formnichtigen** Architektenvertrages: OLG Brandenburg, BauR 2012, 546 (LS) u. IBR 2010, 401 – *Berding*.
2) OLG Koblenz, NJW-RR 1995, 156 = BauR 1995, 252; OLG Düsseldorf, BauR 2001, 1608 (Reparaturauftrag); OLG Bremen, OLGR 2009, 88 (versteckter **Dissens** über die Höhe der Vergütung).
3) BGHZ 196, 299 = BauR 2013, 1116 = NZBau 2013, 366 = ZfBR 2013, 456 = IBR 2013, 330 – *Jansen* (sittenwidriger Einheitspreis für Nachträge; § 2 Abs. 6 Nr. 2 VOB/B; sowie BGHZ 196, 355 = BauR 2013, 1121 = NZBau 2013, 369 = ZfBR 2013, 459 = IBR 2013, 329 – *Jessen* u. 331 – *Bergmann-Streyl*); BGH (V.ZS), BauR 2010, 219 (Sittenwidrigkeit einer Veräußerung einer übertuerten, zu sanierenden **Eigentumswohnung**); BGHZ 179, 213 = BauR 2009, 491 = NZBau 2009, 232 = ZfBR 2009, 341 = IBR 2009, 127 – *Rohrmüller* (**sittenwidrig**, wenn spekulativ überhöhter Einheitspreis; s. hierzu auch *Stemmer*, BauR 2009, 883; OLG Düsseldorf, IBR 2014, 531 – *Völkel* [Werklohn liegt 156 % über den **Nachunternehmerangeboten**]; OLG Jena, BauR 2010, 1224: 800-fach überhöhter Einheitspreis); OLG Hamm, IBR 2013, 401 – *Kues* (erhebliche Abweichung der angefallenen Mengen von den Ansätzen in dem Leistungsverzeichnis; die tatsächliche Gesamtmenge ist mit dem üblichen Einheitspreis zu multiplizieren); OLG Oldenburg, OLGR 1996, 63 („**umweltschädigender**" Werkvertrag); OLG Rostock, BauR 2007, 417 (**Schmiergeldzahlung**; s. auch OLG Frankfurt, BauR 2009, 1604 = IBR 2009, 639 – *Trüg*); LG Nürnberg-Fürth, BB 1973, 777 (**Wucher**); zur Nichtigkeit wegen eine **unzulässigen Provisionsabrede**: OLG Düsseldorf, BauR 1990, 618; *Eidenmüller*, JZ 1996, 889, 890 m.w.Nachw. in Anm. 1. Zum Bereicherungsanspruch des Unternehmers bei einer **unberechtigten Mängelbeseitigungsaufforderung** durch den Auftraggeber: OLG Frankfurt, NZBau 2012, 106, 108. Zur Sittenwidrigkeit einer Vergütungsvereinbarung eines **Rechtsanwalts**: OLG München, IBR 2012, 618 – *Schwenker*.
4) Zur **Nichtigkeit** von **Abschlagszahlungsvereinbarungen** in einem **Bauträgervertrag** siehe Rdn. **1611** ff. Zahlungen entgegen § 3 MaBV können nach § 817 Satz 1 BGB zurückverlangt werden (OLG Koblenz, NJW-RR 1999, 671 = IBR 1999, 363 – *Basty*; s. aber OLG Stuttgart, NZBau 2006, 508 = OLGR 2006, 333: kein Anspruch, wenn das Bauvorhaben abgenommen und der Erwerbspreis insgesamt fällig geworden ist). Zur Anwendung von **§ 813 Abs. 2 BGB** bei einer „vorfälligen" Zahlung durch einen Erwerber: BGH, IBR 2007, 428 – *Basty*; OLG Stuttgart, IBR 2005, 329 – *Basty* u. BauR 2007, 406 m.Anm. *Koch*; zur Anwendung des § 813 Abs. 2 BGB bei einem Grundstückskauf und separatem Bauvertrag: BGH, BauR 2007, 1235.

Bekämpfung der **Schwarzarbeit**[5] oder das **Arbeitnehmerüberlassungsgesetz**.[6]
* Eine vertragliche **Sicherungsabrede** ist unwirksam.[7]
* Eine Lohngleitklausel ist nicht nach § 3 WährG genehmigt („Pfennigklausel").[8]
* Ein Bauvertrag kann nach § 311b Abs. 1 BGB, 125 Satz 1 BGB nichtig sein; Vereinbarungen, die für sich allein nicht formbedürftig sind, müssen dann **notariell beurkundet werden,** wenn sie mit dem Grundstücksvertrag eine **rechtliche Einheit** bilden.[9] Das schließt bei einem **Bauträgervertrag** alle Abreden ein, die Gegenstand der vertraglichen Pflichten der Parteien werden sollen. Eine **Baubeschreibung**, die Vertragsinhalt ist, muss daher beurkundet werden.[10]
* Zur bereicherungsrechtlichen Rückabwicklung eines wegen Verstoßes gegen das **kartellrechtliche Schriftformerfordernis (§ 34 GWB)** unwirksamen Lizenzvertrages siehe BGH, BauR 1997, 868.
* Ein Bereicherungsanspruch für eine **eigenmächtige** Instandsetzung oder Instandhaltung eines **Gemeinschaftseigentums** ist nur dann begründet, wenn die Maßnahmen ohnehin hätten vorgenommen werden müssen.[11] Bei einem (auch einseitigen) Verstoß gegen § 1 Abs. 2 Nr. 2 Schwarz-ArbG i.V. mit § 134 BGB ist ein Anspruch auf Wertersatz gemäß § 817 Satz 2 BGB ausgeschlossen.

---

5) Siehe Gesetz zur Intensivierung der Bekämpfung der **Schwarzarbeit** und damit zusammenhängender Steuerhinterziehung vom 23. Juli 2004 (BGBl. I, 1842); BGH, BauR 2013, 1852 = NZBau 2013, 627 = ZfBR 2013, 778 = IBR 2013, 609 – *Peters*; BGH, BauR 2014, 1141 = NZBau 2014, 425 (s. hierzu: *Jerger*, NZBau 2014, 425); BGH, NZBau 2017, 350 = IBR 2017, 246 – *Bolz* u. OLG Stuttgart, NZBau 2016, 173 = BauR 2016, 669 (zur nachträglichen Schwarzgeldabrede; ablehnend: *Jerger*, NZBau 2016, 137); OLG Schleswig, IBR 2013, 595 – *Wieseler* (nichtig auch bei „teilweiser" Schwarzgeldabsprache; s. ferner: BGH, NZBau 2008, 436 = BauR 2008, 1330 = ZfBR 2008, 572 = IBR 2008, 397 – *Leitzke* (**Ohne-Rechnung-Abrede**; s. dazu *Orlowski*, BauR 2008, 1963 ff.); KG, BauR 2007, 762 (LS); OLG Brandenburg, BauR 2007, 1586; OLG Düsseldorf, BauR 2009, 1158 = IBR 2009, 254 – *Böhme*; OLG Naumburg, IBR 2013, 399 – *Ludgen* (zur „geplanten" Steuerhinterziehung; Vertrag zwischen Bauträger und Generalunternehmer); s. auch Rdn. 1296.
6) BGH, BauR 1980, 186 = ZfBR 1980, 77; LSG Baden-Württemberg, IBR 2013, 150 – *Peters* (Überlassung von Arbeitskräften; Abgrenzung zum Werkvertrag). Zum Umfang des Anspruchs des **Verleihers**: BGH, NJW 2000, 1557; NJW 2000, 785; BGH, BauR 1984, 519 = ZfBR 1984, 122; OLG Naumburg, BauR 2005, 447 (LS); OLG Celle, BauR 2004, 1010, 1012; OLG Karlsruhe, BauR 1990, 482, 483.
7) Zu den **Rechtsfolgen** (u.a. Rückgabe der Bürgschaft, Bereicherungseinrede nach §§ 812 Abs. 1 Satz 1, 821 BGB) siehe *Hildebrandt*, BauR 2007, 203 ff.
8) OLG Dresden, BauR 2007, 400 (auch zur Verwirkung).
9) BGH, ZfBR 1994, 14, 15 = BauR 1994, 110; OLG Köln, OLGR 2000, 459; OLG Düsseldorf, OLGR 2001, 335, 336.
10) BGHZ 162, 157 = NZBau 2005, 278 = BauR 2005, 866 = ZfBR 2005, 370. Ist der Bauträgervertrag **nichtig,** hat der Erwerber einen Bereicherungsanspruch gegen die finanzierende **Bank** auf Rückzahlung des Betrages, den er an diese gezahlt hat, um entsprechend deren **Freistellungserklärung** lastenfreies Eigentum zu erwerben.
11) BGH, ZMR 2016, 210, 212 f.; BGH, BauR 2014, 1141 = NJW 2014, 1805 = NZBau 2014, 425; hierzu (ablehnend): *Dölle*, BauR 2015, 393.

Fallgestaltungen/Übersicht Rdn. 2415

* Schließlich sind die Fälle praktisch bedeutsam, in denen der **Bau-**[12] oder **Architektenvertrag**[13] erfolgreich wegen Irrtums, arglistiger Täuschung oder widerrechtlicher Drohung **angefochten** wird.
* Zur Verjährung eines Bereicherungsanspruchs bei Verstoß gegen das **Koppelungsverbot** des § 11 Abs. 2 Satz 2 **BauGB** siehe BGH, NJW 2010, 297 = BauR 2010, 227.
* Das den Eigentumserwerb finanzierende Kreditinstitut kann von dem Erwerber, der die Rückabwicklung des nach dem **Rechtsberatungsgesetz** unwirksamen Darlehnsvertrags begehrt, nicht die Übereignung der Eigentumswohnung verlangen (BGH, NJW 2007, 3127).
* Ein Architekt wird erfolgreich aus § 179 BGB als **vollmachtloser** Vertreter in Anspruch genommen und macht einen **Ersatzanspruch** aus §§ 684, 812, 818 Abs. 2 BGB geltend.[14]
* Der Unternehmer beseitigt **vermeintliche** Mängel, für die er aber nicht gewährleistungspflichtig ist[15] oder er verlangt nach einer unberechtigten Mängelrüge die Erstattung der ihm entstandenen Kosten.[16]
* Es wird ein Ausgleichsanspruch wegen „**Bauens auf fremdem Grund und Boden**" geltend gemacht: So errichtet z.B. der Kläger auf dem Grundstück des Beklagten ein Gebäude in der Erwartung, das Grundstück zu Eigentum erwerben zu können; diese Erwägung erfüllt sich aber nicht, sodass der Kläger Ersatzansprüche begehrt.[17] Dazu gehören im Weiteren auch die Fälle, die besonders in Zeiten von Rezessionen die Gerichte beschäftigen: Der **Lieferant von Baustoffen** versucht, von dem Grundstückseigentümer die Begleichung der Bausofflieferungen zu erlangen, weil sein Vertragspartner und Abnehmer der Materialien (z.B. von Fertigbeton, Bewehrungseisen, Bausteine pp.), nämlich der Bauunternehmer, diese zwischenzeitlich verbaut hat, infolge von Zahlungsunfähigkeit aber nichts mehr von ihm zu holen ist.[18]
* Bereicherungsrechtliche Gesichtspunkte können aber auch bei anderen Rechtsverhältnissen – z. B bei einem **Mietverhältnis** – aktuell werden. So entstehen vor

---

12) Vgl. z.B. OLG Saarbrücken, OLGZ 1981, 248 (arglistige Täuschung durch Angebot zu überhöhten Preisen); OLG Hamm, NJW-RR 1990, 523 (Anfechtung wegen Nichteintragung in Handwerksrolle; OLG Köln, BauR 2001, 1271 (unterbliebener Hinweis auf die **fehlende Sach- und Fachkunde**).
13) Vgl. OLG Düsseldorf, BauR 1982, 86; OLG Nürnberg, BauR 1998, 1273 = NJW-RR 1998, 1713 u. OLG Stuttgart, BauR 1979, 259 (arglistige Täuschung über **fehlende Architekteneigenschaft**).
14) BGH, BauR 2001, 1412, 1414.
15) OLG Düsseldorf, BauR 2001, 1608, 1609, s. auch OLG Düsseldorf, NJW-RR 1999, 746 (kein Schadensersatzanspruch) sowie *Malotki*, BauR 1998, 682 ff.
16) Siehe hierzu *Moufang/Koos*, BauR 2007, 300, 302.
17) Siehe BGH, ZfBR 2013, 773, 774 (auch zur Verjährung des Anspruchs, S. 775 Rn. 14); BGH, NZBau 2001, 553; BGH, ZfBR 1996, 36 = NJW 1996, 52 = BauR 1996, 133; BGH, DB 1966, 262; BGH, NJW 1970, 136; BGH, *Schäfer/Finnern*, Z 3.00 Bl. 70; OLG Schleswig, SchlHA 1995, 319; OLG Hamm, NJW-RR 1992, 1105 (**Erbbaurecht**); kritisch: *Prütting*, in: Prütting/Wegen/Weinreich, § 812 BGB, Rn. 47.
18) Vgl. BGHZ 40, 272 = NJW 1964, 399; BGH, BauR 1991, 93 = NJW-RR 1991, 343 (**verlängerter Eigentumsvorbehalt**) sowie OLG Hamm, MDR 1974, 313. Zum Anspruch des Unternehmers gegen den **Grundstückseigentümer**, der sein Grundstück an den Bauherrn **verkauft**, aber noch **nicht aufgelassen** hat: OLG Nürnberg, NJW-RR 1998, 1171.

allem bei längerfristigen Mietverhältnissen oftmals Meinungsverschiedenheiten, wenn ein Mieter während der Vertragszeit **bauliche Änderungen** vorgenommen hat, für die er nunmehr einen Wertausgleich beansprucht.[19] Erhebliche Beträge können auch in Rede stehen, wenn ein Mieter mit einer „**Ankaufsmöglichkeit**" Wert erhaltende oder Wert erhöhende Baumaßnahmen auf fremdem Grund und Boden durchführt.[20]

* Ein Bereicherungsanspruch („**Rückforderungsanspruch**") besteht für den Bürgen **(Bank)**, der aufgrund einer Gewährleistungsbürgschaft „**auf erstes Anfordern**" (vgl. dazu Rdn. 367 ff.) auf Zahlung in Anspruch genommen worden ist.[21]
* Eine Bereicherung ist nicht ohne weiteres gegeben, wenn der **Verwalter** ohne vorherige Herbeiführung eines Eigentümerbeschlusses auf Kosten der Eigentümergemeinschaft an der Wohnung eines Eigentümers Wert verbessernde Baumaßnahmen (hier: Schallschutztür) vornehmen lässt.[22]
* Der Bereicherungsanspruch der Wohnungseigentümergemeinschaft gegen einen Architekten, der **nicht** auf die Vertretungsbefugnis des Verwalters nach den Grundsätzen der **Anscheins-** und **Duldungsvollmacht** vertrauen durfte, ist begründet, sofern die Leistungen des Architekten nicht verwertet werden und nicht verwertet werden können.[23]
* Ein Handwerker, der Arbeiten an einem Gebäude in der vagen Aussicht ausführt, von dem Grundeigentümer als **Erbe** eingesetzt zu werden, hat keine Bereicherungsansprüche, wenn sich diese Aussicht zerschlägt.[24]
* Ein Bauherr baut nach den Plänen eines nicht von ihm beauftragten Architekten oder Tragwerkplaners.[25]

---

19) Vgl. OLG Düsseldorf, OLGR 2000, 280 (verlorener Baukostenzuschuss); OLG München, NJW-RR 1997, 650 = ZMR 1997, 236; OLG Hamburg, MDR 1974, 584; zu den **Aufbauleistungen des Meisters** s. BGH, WM 1970, 1142; NJW 1967, 2255 (Umbau einer Gaststätte); OLG Hamm, WM 1970, 1359 (Gaststätte); BGHZ 41, 157 = NJW 1964, 1125 – dazu: *Eichler*, JuS 1965, 479 ff.; BGH, NJW 1967, 1223; *Huber*, JuS 1970, 518.
20) BGH, ZfBR 1996, 36 = BauR 1996, 133 = NJW 1996, 52; s. auch BGH, NZBau 2001, 553.
21) BGH, BauR 1989, 342 = NJW 1989, 1606 (auch zur Darlegungs- und Beweislast); OLG Hamm, BauR 2001, 967 (**Vertragserfüllungsbürgschaft**); OLG Hamm, BauR 1994, 775 = ZfBR 1994, 223 = NJW-RR 1994, 1073 (Rückforderung wegen **Verjährung** der Gewährleistungsansprüche); zum **Aussonderungsrecht** bezüglich eines Herausgabeanspruchs einer Bürgschaftsurkunde siehe LG Bremen, NJW-RR 2004, 168. Zum Rückforderungsanspruch des **Unternehmers** nach Inanspruchnahme einer Bürgschaft auf erstes Anfordern: OLG Celle, BauR 2004, 1794. Zum Anspruch eines **Kreditinstituts** auf Übereignung einer finanzierten Eigentumswohnung: BGH, NJW 2007, 3127.
22) BayObLG, MDR 1978, 936.
23) KG, IBR 2012, 398 – *Bolz*.
24) KG, MDR 1984, 492; OLG Koblenz, VersR 1996, 238 (zur **Vererblichkeit** eines Bereicherungsanspruchs); vgl. aber BGH, NJW-RR 1986, 155 (Ausgleichsanspruch bei nahen **Verwandten**) u. OLG Karlsruhe, NJW 1990, 126 (Bereicherungsanspruch des **Sohnes** wegen Verbesserungsarbeiten am bereits veräußerten Haus der Mutter). Für den **Vater**, der auf dem Grundstück des **Verlobten** seiner Tochter Arbeitsleistungen erbracht hat, besteht nach Auflösung des Verlöbnisses kein Bereicherungsanspruch (LG Gießen, NJW-RR 1994, 1410; anders: OLG Düsseldorf, NJW-RR 1996, 517; OLG Oldenburg, NJW 1994, 1539 u. OLG Köln, NJW 1994, 1540 für **Geldzuwendung** durch **Schwiegereltern**).
25) Es sei denn, der Bauherr erlangt die Befugnis, auf der Grundlage der genehmigten Bauvorlage zu bauen, durch Zuschlag im Zwangsversteigerungsverfahren (vgl. hierzu OLG Karlsruhe, GRUR 1985, 534). Zur unberechtigten Verwendung von **statischen** Berechnungen: LG Arnsberg, BauR 2012, 521 m.Anm. *Sangenstedt*.

Anspruchsvoraussetzungen — Rdn. 2416–2417

* Bereicherungsausgleich für **Nutzungsvorteile** vor Kenntnis des Wandelungsrechts.[26]
* Ein Bereicherungsausgleich nach §§ 951 Abs. 1, 812 Abs. 1, 818 Abs. 2 BGB kommt in Betracht, wenn eine **halbscheidige Giebelwand** vom Nachbarn als „Abschlusswand" genutzt wird; errichtet der Nachbar eine „völlig eigenständige" Mauer, scheidet ein Bereicherungsanspruch indes aus.[27]
* Ein Bereicherungsanspruch ist bei einer „Störer"haftung (**Bodenkontamination**) nicht ausgeschlossen (BGH, NJW-RR 1996, 845).
* Die Herausgabe **gemeinschaftsbezogener** Minderungsanteile durch einen Wohnungseigentümer an die Eigentümergemeinschaft kann aus § 816 Abs. 1 Satz 1 BGB begründet sein (KG, NZBau 2004, 437).
* Zur Sittenwidrigkeit eines außergerichtlichen **Vergleichs**: OLG Düsseldorf, BauR 2012, 106.

2416 Hat ein **Bauträger** seine **Mängelansprüche** gegenüber den von ihm beauftragten Unternehmern an den Erwerber des von ihm erstellten Bauwerks (wirksam) **abgetreten** und hat er dann auf Verlangen des Erwerbers die Mängelbeseitigung doch selbst in die Hand genommen, kann der Bauträger Bereicherungsansprüche nach den §§ 267, 812 BGB gegen den verantwortlichen Unternehmer geltend machen. Ein Bereicherungsanspruch setzt jedoch voraus, dass der Bauträger mit der Mängelbeseitigung nicht nur eine (möglicherweise) eigene Schuld gegenüber den Unternehmern (z.B. wegen mangelhafter Planung oder Bauaufsicht) erfüllt und erfüllen will; vielmehr muss er zumindest auch die Verbindlichkeiten des Unternehmers gegenüber den Erwerbern aus den diesen abgetretenen, ursprünglich dem Bauträger zustehenden Mängelansprüchen erfüllen wollen. Da der Bereicherungsanspruch auf Herausgabe dessen gerichtet ist, was der Unternehmer erlangt, also erspart hat, weil er durch den Bauträger von den Mängelansprüchen der Erwerber befreit worden ist, setzt der entsprechende Anspruch voraus, dass im Zeitpunkt der Mängelbeseitigung durch den Bauträger auch die materiellen Voraussetzungen der Mängelrechte erfüllt waren.[28]

2. Zu den bereicherungsrechtlichen Voraussetzungen

2417 Bei der bereicherungsrechtlichen Beurteilung bauspezifischer Rechtsvorgänge müssen die **Kondiktionstatbestände** stets sorgfältig beachtet werden; gerade die Unterscheidung zwischen der **Leistungs-** und **Nichtleistungs(Eingriffs)kondiktion** ist bei der Lösung baurechtlicher Streitfälle im Einzelfall von großer Bedeutung. Dabei ist immer von dem **Vorrang** der Leistungskondiktion auszugehen.[29] Der Vorrang der Leistungskondiktion ist besonders von Bedeutung bei dem **Ein-**

---

26) Siehe dazu OLG Braunschweig, OLGR 1996, 133, 134 (Einbauküche).
27) Vgl. OLG Köln, OLGR 1996, 43.
28) BGH, BB 1978, 582 = DB 1978, 1073.
29) BGH, NJW 1964, 399; NJW 1999, 1393; KG, NZBau 2004, 619; OLG Düsseldorf, BauR 2009, 1470; OLG Hamm, BauR 2004, 865, 866 = OLGR 2004, 79, 80; *Festge*, BauR 1973, 274, 277.

bau von **Materialien** durch einen Unternehmer.[30] Der lediglich die Eingriffsdiktion ausgleichende § 951 BGB ist in der Regel subsidiär gegenüber einem Bereicherungsanspruch aus Leistungskondiktion.[31] Daneben können auch Ansprüche aus §§ 951, 812 BGB vor allem durch mündliche Absprachen über Änderungen oder Ergänzungen des Bauvertrags bei vereinbarter Schriftform („Mehrleistungen sollen nach Einheitspreisen bezahlt werden, sofern ein entsprechender schriftlicher Auftrag erteilt wird") wirksam abbedungen werden.[32]

Die sog. **Nichtleistungs-** oder **Eingriffskondiktion** kommt in Bausachen in Betracht, sofern der Bereicherungsschuldner in sonstiger Weise etwas auf Kosten eines anderen erlangt hat. Etwas erlangt hat derjenige, der einen **Vermögensvorteil** erworben hat. Ein solcher Vorteil kann vor allem in dem **Verbrauch** einer fremden Sache[33] liegen, wenn der Verbraucher dadurch eigene Aufwendungen erspart hat. In der Praxis ist aber stets darauf zu achten, auf wessen Kosten der Vorteil erlangt worden ist; nur dieser kann den Bereicherungsanspruch geltend machen. Bei der Nichtleistungs- oder Eingriffskondiktion darf der Kondiktionsgegenstand dem Bereicherungsschuldner nicht auf dem Umweg über das Vermögen eines Dritten zugeflossen sein, sondern muss sich bis zum kondiktionsauslösenden Vorgang **im Vermögen** des **Bereicherungsgläubigers** befunden haben; insoweit dient nach der Rechtsprechung des BGH[34] das Kriterium der **Unmittelbarkeit** der **Vermögensverschiebung** u.a. dazu, die **Parteien** der Eingriffskondiktion **festzulegen.**

Demgegenüber ist nach der Rechtsprechung unter **Leistung** i.S. des § 812 Abs. 1 BGB eine **bewusste** und **zweckgerichtete Vermehrung** fremden Vermögens zu verstehen.[35] Die jeweilige **Zweckbestimmung** richtet sich dabei, wenn die Zweckvorstellungen des Zuwendenden und des Zuwendungsempfängers auseinandergehen, nicht nach dem inneren Willen des Zuwendenden; maßgebend ist vielmehr, als wessen Leistung sich die Zuwendung bei objektiver Betrachtungsweise aus der **Sicht des Zuwendungsempfängers** darstellt.[36] Deshalb hat der von einem vollmachtlosen Vertreter beauftragte Unternehmer keinen Bereicherungsanspruch gegen den Bauherrn, wenn der vollmachtlose Vertreter dem Bauherrn gegenüber zur Erbringung der Bauleistung vertraglich verpflichtet war.[37]

---

30) Zum **Schadensersatzanspruch** aus § 823 Abs. 1 BGB wegen des Einbaus von unter **Eigentumsvorbehalt** gelieferten Baumaterialien: OLG Stuttgart, NJW-RR 1998, 740; zur Ersatzpflicht des Unternehmers, der wegen drohender **Insolvenz** eingebautes Material wieder entfernt: OLG Düsseldorf, SFH, Nr. 52 zu § 823 BGB.
31) Vgl. *Palandt/Sprau*, § 812 BGB, Rn. 2; BGH, NZBau 2001, 553 (Bereicherungsansprüche eines Mieters; condictio ob rem); OLG Stuttgart, NJW-RR 1998, 1171 (Anspruch gegen Grundstückseigentümer wegen Bebauung des dem **Auftraggeber** noch **nicht aufgelassenen** Grundstücks); OLG Hamm, NJW-RR 1992, 1105.
32) LG Hamburg, BauR 1974, 344.
33) BGH, BauR 2002, 775 (Bauwasser).
34) BGHZ 94, 160, 195.
35) BGHZ 40, 272, 277; BGHZ 58, 184, 188; BGHZ 105, 365; BGH, BauR 2005, 866, 867 = ZfBR 2005, 370, 371 = NZBau 2005, 278 (**Bauträgervertrag**); BauR 2002, 1245, 1246 = NZBau 2002, 562, 563; BauR 1998, 1113 m.Anm. *Kaiser*, BauR 1999, 901.
36) **Herrschende Meinung:** BGHZ 122, 46 = NJW 1993, 1578; BGH, BauR 2005, 866, 867; NJW 1999, 1393; NJW 1974, 1132 u. ZfBR 1978, 82; KG, NZBau 2004, 619; *Kaiser*, BauR 1999, 901, 903.
37) OLG Nürnberg, MDR 1964, 55.

Anspruchsvoraussetzungen

Stets muss auf Seiten des Beklagten eine **Bereicherung** vorliegen. Das muss der Kläger dartun. Dazu reicht z.B. nicht ein Vorbringen nach dem Motto, die Bauarbeiten seien für den Beklagten „wertvoll, weil erbracht". Vielfach wird auf den **Wert des Grundstücks** in seinem Zustand vor dem Beginn der Bauarbeiten des Klägers mit dem Wert abgestellt, den das Grundstück zu dem Zeitpunkt hatte, als der Kläger seine Bauarbeiten einstellte oder abschloss.[38] Das kann aber dazu führen, dass der begonnene, aber noch nicht abgeschlossene Umbau eines Einfamilienhauses **keine** Bereicherung des Grundstückseigentümers darstellt.[39] Die Rechtsprechung des **BGH** stellt bei dem Bau auf fremdem Grund und Boden zwar auch auf eine objektiv zu bemessende **Steigerung** des **Verkehrswertes** des Grundstücks ab.[40] Das ist aber nicht immer der Fall: Entspricht z.B. die dem Auftraggeber als Grundstückseigentümer **erbrachte** Leistung seiner **Planung** und **nutzt** er sie, so muss er auch **die ersparten Aufwendungen** erstatten. Er wird dann grundsätzlich (in diesen Fällen) dasjenige als Wertersatz zu leisten haben, was er bei einer **wirksamen** (oder im Fall des § 179: **eigenen**) Auftragsvergabe für die Arbeiten hätte aufwenden müssen.[41] Steht eine rechtsgrundlos erbrachte **Architekten-** oder **Ingenieurleistung** in Rede, liegt eine Bereicherung gegebenenfalls darin, dass der Bauherr die Leistungen **verwertet** und damit **Aufwendungen erspart** hat.[42] Wird ein **Fertighausvertrag** gekündigt, ist die Klausel „Bestellung trotz Kündigungsvorbehalt ... kein Rückforderungsrecht, wenn Bauvorhaben nicht durchgeführt" unwirksam, wenn die für die Planungsleistungen gezahlte Vergütung das nach der HOAI tatsächlich geschuldete Honorar um ein Vielfaches übersteigt; dem Erwerber steht deshalb ein Bereicherungsanspruch zu.[43]

2418

Bereicherungsansprüche sind **ausgeschlossen** in Fällen, die anderweitig abschließend geregelt sind:

2419

* § 2 Abs. 6 VOB/B (Vergütung für **zusätzliche** Leistungen). Sind seine Voraussetzungen nicht erfüllt, besteht auch kein Anspruch aus §§ 812 ff. BGB.[44]
* § 2 Abs. 8 VOB/B (**nicht bestellte** Leistungen).
* § 13 Abs. 5 VOB/B (Ersatz von Mängelbeseitigungskosten). Auch insoweit handelt es sich um eine abschließende Regelung.[45]
* Minderungsansprüche nach BGB und VOB.[46]

---

[38] Im Ergebnis ebenso: OLG Karlsruhe, NJW 1990, 126; **a.A.:** *Eidenmüller*, JZ 1996, 889, 892 (nur, wenn Nichtigkeit des Vertrages auf einem Gesetzes- und Sittenverstoß beruht); offen gelassen von OLG Koblenz, BauR 1995, 252, 254 (Berechnung des Wertes von Malerarbeiten **alternativ** nach der Werterhöhung des Grundstücks und dem **Wert** der **üblichen Vergütung**).

[39] Vgl. OLG Hamburg, MDR 1970, 926. Zur Bereicherung für Wertverbesserung des Schallschutzes s. BayObLG, MDR 1978, 936.

[40] Siehe BGH, ZfBR 2013, 773, 775 (Der Anspruch aus § 812 Abs. 1 Satz 2 BGB geht lediglich auf die Abschöpfung des **Wertzuwachses**, den das Grundstück infolge der Baumaßnahmen erfahren hat).

[41] BGH, BauR 2002, 1245, 1247 = NZBau 2002, 562 = ZfBR 2002, 565; BauR 2001, 1412 = ZfBR 201, 455 = NZBau 2001, 571.

[42] Vgl. OLG Nürnberg, BauR 1998, 1273 = NJW-RR 1998, 1171.

[43] OLG Koblenz, OLGR 1999, 238, 239.

[44] *Keldungs*, in: Ingenstau/Korbion, § 2 Abs. 6 VOB/B, Rn. 18.

[45] Vgl. BGH, NJW 1966, 39, 40, *Schäfer/Finnern*, Z 2.414 Bl. 146; Z 3.13 Bl. 49; Z 2.414.3 Bl. 19; *Festge*, BauR 1973, 274.

[46] *Festge*, a.a.O.

a) Bereicherungsausgleich bei unwirksamem Architektenvertrag

Literatur

Bultmann, Zur „Entreicherung" des Bauherrn bei Architektenleistungen aufgrund nichtigen Vertrags gemäß § 818 Abs. 3 BGB, BauR 1995, 335; *Locher*, Die Abwicklung des unwirksamen Architektenvertrags, Festschrift für Vygen (1999), 28; *Scholtissek*, Ausräumen einer Fehlannahme zum Architektenhonorar, NZBau 2007, 229.

2420 Ist ein **Architekten-** oder **Ingenieurvertrag unwirksam,** kommt ein **Bereicherungsanspruch** des Architekten **nur in Betracht,** wenn nicht im Einzelfall auf die Grundsätze der **Geschäftsführung ohne Auftrag** (§ 677 ff. BGB) zurückgegriffen werden kann (vgl. Rdn. 2409 ff.); in diesem Fall scheidet eine bereicherungsrechtliche Rückabwicklung aus.[47]

Richten sich die Ausgleichsansprüche nach den §§ 812 ff. BGB, ist (für den Architektenvertrag) Folgendes zu beachten:

Bei der Abwicklung eines unwirksamen Architektenvertrages muss eine **Verrechnung** der beiderseitig erbrachten Leistungen erfolgen **(Saldotheorie).**[48] Den Honorarzahlungen des Auftraggebers ist somit der **Wert** der vom Architekten erbrachten Leistungen gegenüberzustellen. Der Wert der Architektenleistung bestimmt sich dabei nach der insoweit **üblichen** bzw. **angemessenen** Vergütung.[49] Hat der Architekt Leistungen erbracht, so kann sein Anspruch aus ungerechtfertigter Bereicherung insoweit nicht höher sein als der Betrag, der ihm bei Wirksamkeit des Vertrages zustehen würde.[50] Darüber hinaus muss der **Auftraggeber** aber infolge der Architektenleistungen entsprechende (eigene) **Auslagen erspart** haben. Dies hat der **BGH**[51] zunächst für den Fall eines Verstoßes gegen Art. 1 §§ 1, 5 RBerG entschieden und dies später auf einen Verstoß gegen das sog. Koppelungsverbot (Art. 10 § 3 MRVG) übertragen.[52] In der Entscheidung vom 23. Juni 1994[53] hat der BGH diese Grundsätze bekräftigt und wie folgt zusammengefasst: „Nach ständiger Rechtsprechung kann ein Architekt, der aufgrund eines nichtigen Vertrages Leistungen erbracht hat, vom Auftraggeber nach Bereicherungsgrundsätzen den Wert der von ihm erbrachten Leistungen ersetzt verlangen, sofern der Auftraggeber entsprechende Auslagen erspart hat. Dem Architekten steht mangels Bereicherung des Auftraggebers kein Bereicherungsanspruch zu, wenn die erbrachten Architektenleistungen vom Auftraggeber nicht verwertet wurden und dieser entsprechende Auslagen auch nicht erspart hat."

---

47) BGH, BauR 1994, 110 = NJW 1993, 3196; OLG Koblenz, BauR 1995, 252, 254 = NJW-RR 1995, 156.
48) BGH, BauR 1997, 868, 871; OLG Nürnberg, BauR 1998, 1273 = NJW-RR 1998, 1171.
49) OLG Brandenburg, IBR 2010, 401 (Wertersatz nach den **Mindestsätzen**). Ein Architekt, dessen Tätigkeit über das **Akquisitionsstadium** nicht hinausgeht, kann deshalb keinen Bereicherungsanspruch haben (insoweit zutreffend: OLG Celle, OLGR 2006, 435, 436).
50) OLG Nürnberg, a.a.O.
51) BGH, NJW 1978, 322 = BauR 1978, 60; OLG Düsseldorf, *SFH*, Nr. 6 zu Art. 10 § 3 MRVG.
52) BGH, BauR 1982, 83 = DB 1992, 644.
53) BauR 1994, 651, 653 = DtZ 1994, 339; (kritisch): *Bultmann*, BauR 1995, 335 ff.; s. ferner: OLG Hamm, MDR 1986, 410 (bei der Bemessung der Bereicherung des Bauherrn ist zu berücksichtigen, wenn dieser die Leistungen von dritter Seite zu geringeren Kosten oder sogar kostenlos hätte erhalten können).

Anspruchsvoraussetzungen

Liegt eine „Bereicherung" auf Seiten des Auftraggebers vor, ist die Ermittlung des **2421** Ausgleichsbetrages zuweilen schwierig: Allerdings ist die „Bereicherung" des Architekten einfach zu ermitteln: Sie besteht regelmäßig in den Zahlungen des Bauherrn. Demgegenüber ist die **Bereicherung des Bauherrn** im Einzelfall schwieriger festzustellen, da im Zweifel der Wert (§ 818 Abs. 2 BGB) der von dem Architekten erbrachten Leistungen zu bestimmen ist. Die Bereicherung richtet sich somit zunächst danach, was der Architekt für den Bauherrn erbracht hat. Hat der Bauherr z.B. aufgrund der Planung des Architekten eine **Baugenehmigung** erhalten, so ist er um diese Leistung bereichert, weil die Baugenehmigung „regelmäßig nur aufgrund eines wirksamen, eine Vergütungspflicht begründenden Vertrages zu erhalten ist".[54] Der Bauherr hat daher im Zweifel die Kosten erspart, die er einem anderen Architekten aufgrund eines wirksamen Vertrages hätte zahlen müssen. Erbringt der Architekt Leistungen darüber oder darunter, so ist entsprechend zu verfahren, wobei jedoch stets zu berücksichtigen ist, ob die Architektenleistungen für den Bauherrn **brauchbar** sind. Weisen die Arbeiten des Architekten **Mängel** auf, sind sie für den Bauherrn also **wertlos**, liegt eine Bereicherung überhaupt nicht vor.[55] Macht der Bauherr Aufwendungen, um eine mangelhafte Arbeit des Architekten doch noch zu verwirklichen, so entfällt insoweit eine Bereicherung (§ 818 Abs. 3 BGB). Der Einwand des Bauherrn, er habe mit einem anderen Architekten anders gebaut, reicht aber noch nicht aus, um eine Bereicherung nachträglich entfallen zu lassen; insoweit bedarf es vielmehr im Einzelfall der genauen Darlegung, dass ein anderer Architekt die gesamten Leistungen erneut erbracht hat, dass eine weitere Baugenehmigung erteilt worden ist und der Bauherr die von dem Architekten geforderten Gebühren ohnehin hätte bezahlen müssen.[56]

Der Wert der vom Architekten erbrachten Leistungen ist nach der Höhe der üblichen bzw. angemessenen Vergütung zu bestimmen.[57] Deshalb ist bei einem nichtigen Architektenvertrag auf die **Mindestsätze** zurückzugreifen,[58] weil sie als „übliche" und auch angemessene Vergütung anzusehen sind (vgl. Rdn. 821 ff.). In der Praxis bedeutet dies, dass bei Vereinbarung der Mindestsätze in einem Architektenvertrag offen bleiben kann, ob der Architektenvertrag wirksam ist oder nicht: Für die Vergütungspflicht ist die Frage der Wirksamkeit ohne Bedeutung, da der Architekt in jedem Falle bei der Wertermittlung die übliche Vergütung für seine erbrachten Architektenleistungen in Ansatz bringen kann.[59] Allerdings sind im Rahmen des § 818 Abs. 3 BGB die durch die unzulässige Architektenverbindung **zunächst vereitelten Vorteile des Bauherrn auszugleichen;** der Bauherr muss stets nur die **2422**

---

[54] Vgl. BGH, BauR 1982, 83, 85 = MDR 1982, 480; OLG Düsseldorf, *SFH*, Nr. 6 zur Art. 10 § 3 MRVG.
[55] Vgl. BGH, BauR 1982, 83, 86 (eine **unbrauchbare** Leistung bewirkt keine Bereicherung); ebenso: BGH, BauR 1998, 193, 198; OLG Hamm, BauR 1986, 710.
[56] BGH, BauR 1982, 83, 86. Nach der Entscheidung des BGH können Kosten eines Änderungsantrages oder der Umplanung jedoch bereicherungsmindernd geltend gemacht werden.
[57] OLG Düsseldorf, *SFH*, Nr. 6 zu Art. 10 § 3 MRVG.
[58] Siehe OLG Düsseldorf, IBR 2013, 155 – *Wellensiek*; OLG Celle, OLGR 2000, 323 = IBR 2000, 128 – *Schwenker*; OLG Dresden, IBR 2003, 424; OLG Hamm, BauR 1986, 710; NJW-RR 1986, 449 = BauR 1986, 711 sowie BauR 1992, 271 (LS): Mindestsätze; siehe auch: *Weyer*, BauR 1984, 324, 331 m.w.Nachw. in Anm. 77 sowie *Löffelmann/Fleischmann*, Rn. 872.
[59] Im Ergebnis ebenso: BGH, BauR 1982, 83 = ZfBR 1982, 20.

Kosten des Architekten ersetzen, die er auch ohne die unzulässige Architektenbindung gehabt hätte.[60]

2423 Haben die Parteien demgegenüber ein **höheres Honorar** als die Mindestsätze **vereinbart,** ist der Architektenvertrag aber wegen Koppelungsverbots unwirksam, so ist nur der Wert der entsprechenden **Mindestsätze** zu berücksichtigen, weil die übliche Vergütung maßgebend ist. In gleicher Weise braucht sich auch der Architekt nur die Mindestsätze entgegenhalten zu lassen, wenn der Bauherr etwa einen anderen Architekten zur Fertigstellung herangezogen hat und dessen (höhere) Honorierung bereicherungsmindernd (§ 818 Abs. 3 BGB) einbringen will.[61] Eine Ausnahme wird man zulassen müssen, wenn der Bauherr den Nachweis erbringt, dass die Leistungen des eingeschalteten zweiten Architekten nur bei Vereinbarung der höheren Gebührensätze zu erhalten waren.

2424 Vereinbaren die Parteien das **Unterschreiten der Mindestsätze** (vgl. Rdn. 751 ff.), ist der Architektenvertrag aber unwirksam, so sind bei der Wertermittlung ebenfalls die Mindestsätze als übliche Vergütung heranzuziehen.[62]

2425 In der Praxis wird jedoch zunehmend die Frage bedeutsam, ob einem Bereicherungsausgleich – vor allem zugunsten des Architekten – die Vorschrift des § 817 Satz 2 BGB entgegensteht;[63] denn in der heutigen Baupraxis ist die **Kenntnis** von dem **Koppelungsverbot** und seinen Folgen bei den Architekten weitgehend **vorauszusetzen.** Nach ständiger Rechtsprechung des BGH genügt für die Anwendung des § 817 BGB nicht schon der objektive Verstoß gegen ein gesetzliches Verbot; der Architekt muss sich vielmehr auch des Verstoßes bewusst gewesen sein und ihn trotzdem gewollt haben.[64] Daran konnte man bisher die Anwendung des § 817 Satz 2 BGB scheitern lassen.[65] Der BGH[66] hat aber darüber hinaus ausdrücklich offen gelassen, ob § 817 BGB überhaupt bei einem Koppelungsverbot anzuwenden ist.

Das wird im Ergebnis zu verneinen sein, weil § 817 von seiner Zielrichtung her schon nicht eingreift: Das Rückforderungsverbot des § 817 Satz 2 bezieht sich nur auf das, „was aus den vom Gesetz missbilligten Vorgängen geschuldet" wird. Dagegen bleiben Bereicherungsansprüche unberührt, die sich „aus nicht zu beanstandenden Leistungen ergeben, selbst wenn sie demselben tatsächlichen Verhältnis entstammen".[67] Das Koppelungsverbot, das für den Architekten keinen Strafcharakter haben soll, will den Käufer nur in der freien Wahl seines Architekten oder

---

60) So zutreffend: OLG Hamm, NJW-RR 1986, 449 = BauR 1986, 711 (für Architektenleistungen, die ohne die Architektenbindung von Verwandten des Bauherrn **kostenlos** erbracht worden wären).
61) Vgl. dazu auch Rdn. **775** ff.
62) Vgl. *Locher/Koeble/Frik*, § 7 HOAI, Rn. 20. Zur Frage, ob der Architekt im Einzelfall bei Fehlen einer schriftlichen Honorarvereinbarung an einen gewährten Nachlass **gebunden** ist, siehe OLG Düsseldorf, BauR 1982, 390 = NJW 1982, 1451 u. Rdn. **885**.
63) Zur Anwendung der Vorschrift bei „**Schmiergeldzahlungen**": OLG Rostock, BauR 2007, 417, 419.
64) Vgl. BGHZ 75, 299, 302 = BauR 1980, 186, 187; BGHZ 50, 90, 92.
65) Vgl. z.B. OLG Düsseldorf, *SFH*, Nr. 6 zu Art. 10 § 3 MRVG; BGH, BauR 1982, 83. Für Anwendung: LG Kiel, NJW-RR 1995, 981, 982; *Werner*, Festschrift für Locher, 1990, S. 289, 299.
66) BGH, BauR 1982, 83 ff.
67) BGHZ 75, 299 ff.; BGHZ 50, 90, 92.

Anspruchsvoraussetzungen

Ingenieurs nicht behindern; es sollen möglichst die wirtschaftlichen Nachteile, die sich aus einer Architektenverbindung für den Erwerber ergeben können, verhindert werden. Dann genügt es, wenn der Architektenvertrag nichtig ist, sodass der Architekt nicht zum Zuge kommen und auch keinen Gewinn **aus dem Koppelungsgeschäft** erzielen kann. Hat der Architekt bereits Leistungen erbracht, besteht jedoch keine Veranlassung, dem Architekten einen Bereicherungsausgleich für dasjenige zu versagen, was der Bauherr dadurch erspart hat, dass er sonst einen anderen, dazu **befugten** Architekten mit **denselben** Arbeiten hätte betrauen müssen und diesem auch eine entsprechende Vergütung gezahlt hätte.[68]

Unabhängig von den vorgenannten Erwägungen ist bei einem Verstoß gegen das gesetzliche **Koppelungsverbot** stets zu prüfen, ob dem Bauherrn gegen den Architekten ein Schadensersatzanspruch aus dem Gesichtspunkt des **Verschuldens bei Vertragsschluss** zusteht, der dazu führen kann, dass der Bauherr vom Architekten den vollen Honorarvorschuss (trotz erbrachter Leistungen durch den Architekten) zurückverlangen kann. Das Verschulden des Architekten kann darin gesehen werden, dass er den Bauherrn darauf hinweisen musste, dass eine Koppelung von Grundstücksvertrag und Architektenvertrag rechtswidrig ist.[69]

2426

b) Ausgleich von Überzahlungen

Literatur

Scholtissek, Übersetzte Architektenhonorarabrechnung und Rückforderungsansprüche des Auftraggebers, NZBau 2013, 87; *Koeble*, Rückforderung überzahlter Architektenhonorare, Festschrift für Jochem, 2014, 251; *Gothe*, Die Rückforderung überzahlter und doppelt gezahlter Abschlagszahlungen, NZBau 2014, 270.

Vorschuss-, Abschlags- oder Vorauszahlungen, die zu Überzahlungen führen, sind, wie der BGH[70] klar gestellt hat, nicht nach §§ 812 ff. BGB auszugleichen, vielmehr ergibt sich der **Zahlungsanspruch** aus der **vertraglichen Abrede** selbst.[71] Dieser besteht in Höhe der Überzahlung. Hinsichtlich der **Darlegungs- und Beweislast** ist dabei Folgendes zu beachten:

2427

---

68) *Weyer*, BauR 1984, 324, 331; **a.A.:** LG Kiel, NJW-RR 1995, 981, 982.
69) OLG Düsseldorf, BauR 1975, 138, 141.
70) BGH, BauR 2013, 117 = NZBau 2012, 783 = NJW 2012, 3569 = IBR 2012, 714 – *Preussner* (s. hierzu auch: *Scholtissek*, NZBau 2013, 87 ff.); BGH, BauR 2008, 540, 542 = NZBau 2008, 256 m.Anm. *Vogel*; BGH, ZfBR 2005, 63 = BauR 2004, 1940 = NZBau 2005, 41; BGH (X. ZS), BauR 2002, 1257, 1259; BGH (VII. ZS), BauR 2002, 1407 = ZfBR 2002, 673 = NZBau 2002, 562; BauR 2002, 938 = NZBau 2002, 329 = ZfBR 2002, 479; OLG Bremen, NZBau 2014, 229, 230 = IBR 2014, 133 – *Luz* (Rückerstattung einer doppelt geleisteten Abschlagszahlung; s. auch KG, NZBau 2001, 636 für Ingenieurleistungen); OLG Hamm, IBR 2010, 258 – *Kues*; OLG Düsseldorf, NZBau 2000, 85; OLG Dresden, OLGR 2000, 265. Zu beachten ist, dass der Auftraggeber des Architekten **Vorschüsse** nur zurückverlangen kann, wenn die (von den Architekten geschuldete) Abrechnung eine **Überzahlung** ergibt; BGH, BauR 1990, 379, 381. Rückzahlungsansprüche wegen einer überhöhten Stundenlohnvergütung sind **nach** der Schlussabrechnung aus § 812 Abs. 1 Satz 1 1. Alt. BGB herzuleiten (OLG Schleswig, IBR 2011, 318 – *Rohrmüller*).
71) Wurde die Werklohnforderung **abgetreten** und erfolgte die Überzahlung an den Zessionar, richtet sich der (vertragliche) Rückzahlungsanspruch (weiterhin) gegen den Vertragspartner/Zedenten (OLG Jena, BauR 2005, 767 LS; s. hierzu *Armgardt*, BauR 2006, 1834 ff.).

2428 Hat die **Forderung** des Bauunternehmers vor der Zahlung des Bauherrn **bereits festgestanden oder** sollte die Zahlung des Bauherrn **die Anerkennung** – sei es der Forderung, sei es des Teils der Forderung, die bezahlt werden sollte – darstellen, so handelt es sich bei dem Rückforderungsbegehren des Bauherrn materiell um die Rückforderung eines zur Erfüllung einer Verbindlichkeit gezahlten Betrages. In diesem Falle ist der **Bauherr** beweispflichtig für den Rückforderungsanspruch.[72] Stand die **Forderung** des Bauunternehmers **zur Zeit der Zahlung** jedoch **noch nicht fest**, sollte die Zahlung des Bauherrn auch keine Anerkennung enthalten, so ist auf eine erst **noch festzustellende Forderung** gezahlt worden. Der Bauherr fordert damit also einen Betrag zurück, den er in Erwartung der Feststellung der Forderung (etwa durch prüfbare Schlussrechnung), aber nicht in ihrer Anerkennung gezahlt hat. Mit dem BGH[73] ist hinsichtlich der **Darlegungslast** Folgendes zu beachten: Liegt eine **Schlussrechnung** des Unternehmers **nicht** vor und wird sie auch trotz angemessener Fristsetzung (§ 14 Abs. 4 VOB/B) von dem Unternehmer nicht erstellt, kann die Überzahlung durch den **Auftraggeber/Bauherrn** mit einer **eigenen** Berechnung **begründet** werden; denn eine Pflicht, selbst eine prüffähige Rechnung zu erstellen, besteht nicht. Es ist dann Sache des **Unternehmers** oder **Architekten**[74] darzulegen und zu beweisen, „dass die Feststellung zu seinen Gunsten ausgefallen ist oder ausfallen müsste".[75] Nichts anderes gilt, wenn ein Einheits- oder Pauschalpreisvertrag vorzeitig durch **Kündigung beendet** wird und nunmehr der Bauherr erbrachte **Akontozahlungen** (oder einen Teil hiervon) **zurückverlangt**; streiten die Parteien über den **Umfang** („**Wert**") der erbrachten Bauleistungen, so obliegt dem Unternehmer/Architekten die Darlegungs- und Beweislast, dass der Wert seiner Leistungen und/oder sein Werklohnanspruch (gemäß § 649 Satz 1 BGB) **höher** ist als die insgesamt erbrachten Voraus- und/oder Abschlagszahlungen des Bauherrn.[76] Legt der Unternehmer bei einem VOB-Vertrag oder der Architekt eine prüffähige Schluss- bzw. Honorarrechnung nicht vor, wird dem Zahlungsanspruch des Auftraggebers im Zweifel daher stattzugeben sein.[77]

---

72) Vgl. BGH, BauR 1999, 635, 640; KG, NZBau 2001, 636, 637 u. BauR 1998, 348, 350 = KGR 1998, 41, 43; zu den Anforderungen an die Beweisführung s. auch BGH, BauR 1991, 223.
73) BGH, BauR 2008, 540, 543; BGHZ 140, 365, 373 = BauR 1999, 635; OLG Düsseldorf, BauR 2003, 1587.
74) OLG Celle, IBR 2010, 400 – *Schwenker*; OLG Dresden, OLGR 2000, 265, 266; OLG Köln, BauR 1995, 583; OLG Düsseldorf, OLGR 1998, 340 = BauR 1998, 887.
75) RG, Deutsches Recht 1943, 1068; BGH, NJW 1989, 161; OLG Karlsruhe BauR 2007, 1770; OLG Düsseldorf, BauR 1994, 272, 273; OLG Köln, Urt. v. 11. November 1976 – 18 U 219/75.
76) Vgl. BGH, BauR 2003, 337, 338 (Widerlegung durch eine prüfbare Schlussrechnung); BauR 2002, 938 = NZBau 2002, 329; BGHZ 140, 365 = BauR 1999, 635, 640; BGH, BauR 1997, 468 = ZfBR 1997, 186; OLG Celle, IBR 2010, 400 – *Schwenker*; OLG Frankfurt, BauR 2001, 1748; OLG Naumburg, BauR 1999, 915 = IBR 1999, 576 – *Weyer*; OLG Brandenburg, IBR 1998, 108 – *Horschitz*; KG, BauR 1998, 348 = KGR 1998, 41; **a.A.**: OLG Düsseldorf, BauR 1977, 64; s. auch *Peters*, NJW 1977, 552, 556. Zur Darlegungs- und Beweislast hinsichtlich einer **unter Vorbehalt** geleisteten Zahlung: OLG Düsseldorf, BauR 1989, 336.
77) Zutreffend: OLG Köln, BauR 1995, 583 (bei fehlender Abrechnung des Architekten); ebenso: OLG Düsseldorf, BauR 1994, 272, 273 u. OLG Düsseldorf, BauR 1998, 887 = OLGR 1998, 340; **a.A.**: LG Berlin, BauR 2000, 294.

Abschlagsforderungen unterliegen einer eigenen und damit selbstständigen **Verjährungsfrist**, die am Schluss des Jahres nach der Übergabe einer prüffähigen Abschlagsrechnung zu laufen beginnt.[78] Sie beträgt drei Jahre (§§ 195, 199).

c) Rückzahlungsanspruch des öffentlichen Auftraggebers

Literatur

Zimmermann, Verjährungsbeginn von Rückzahlungsansprüchen der öffentlichen Auftraggeber, BauR 2007, 1798; *Groß*, Rückforderungsansprüche öffentlicher Auftraggeber im VOB-Vertrag, BauR 2008, 1052.

Abrechnungen mit öffentlichen Auftraggebern stehen in aller Regel unter dem vertraglichen **Vorbehalt einer Rückforderung.** Ist ein solcher Vorbehalt vertraglich nicht vereinbart, kann der öffentliche Auftraggeber bei späterer Feststellung der **Überzahlung** durch die zuständige **Rechnungsprüfungsbehörde** eine Rückforderung aus dem Gesichtspunkt der **ungerechtfertigten Bereicherung** geltend machen.[79] Hat der Auftraggeber die Rechnungsprüfung einem **Dritten** übertragen, muss er sich im Hinblick auf § 199 BGB das **Wissen** oder die grobfahrlässige **Unkenntnis** des Beauftragten **zurechnen** lassen.[80]

Zu beachten ist, dass nicht jede „andere Berechnung" der Rechnungsprüfungsbehörde einen bereicherungsrechtlichen Rückzahlungsanspruch zu begründen vermag. So liegt eine bereicherungsrechtlich auszugleichende „Überzahlung" nicht schon dann vor, wenn die vergütete Leistung „nicht oder nicht vollständig erbracht wurde"; vielmehr ist nach OLG Hamburg[81] „**Voraussetzung, dass die in Rede stehende Vergütung nicht geschuldet** ist, weil die damit bezahlte Leistung von einer anderen Position mitumfasst ist, sie nach den Vereinbarungen **nicht berechenbar** bzw. bei richtiger Vertragsauslegung anders zu berechnen oder überhaupt nicht vertraglich vereinbart ist (vgl. BGH, NJW-RR 1992, 727)."

Einem Bereicherungsanspruch steht auch ein gemeinsames **Aufmaß** der Vertragsparteien nicht entgegen, weil Einwendungen dieser Art von vornherein nicht

---

[78] *Löffelmann/Fleischmann*, Rn. 1601 unter Hinweis auf BGH, BauR 1999, 267, 268.
[79] BGH, NJW-RR 1992, 727 = BauR 1992, 371; BauR 1975, 424 = BB 1975, 990; BGH, BauR 1980, 180 = NJW 1980, 880 = WM 1980, 135; BGH, BauR 1992, 760, 763; OLG München, NZBau 2013, 317 = BauR 2013, 985 (s. hierzu: *Koeble*, Festschrift für Jochem, S. 254 f.; *Scholtissek*, NZBau 2013, 87, 89); OLG Karlsruhe, BauR 2003, 1244; OLG Frankfurt, BauR 2000, 1062 (Erdarbeiten) u. BauR 1997, 323 = NJW-RR 1997, 526; OLG Köln, BauR 1979, 252 = SFH, Nr. 8 zu § 242 BGB. Siehe ferner: OLG Köln, OLGR 2000, 481 (unwirksame **Lohngleitklausel**); BGH, BauR 1988, 92; *Groß*, BauR 2008, 1052, 1054; *Hahn*, BauR 1989, 143; OLG München, BauR 1986, 702 u. LG München, BauR 1989, 486 (zum Anspruch auf **Verzinsung**); LG Tübingen, BauR 1989, 487 (zur Darlegungs- und Beweislast hinsichtlich der Berechtigung von **Skontoabzügen**). Zum Bereicherungsanspruch wegen falscher Anwendung der zu Grunde liegenden Aufmaß- und Abrechnungsvorschriften s. OLG Düsseldorf, NZBau 2007, 648 m.Anm. *Moufang*.
[80] BGH, BauR 2008, 1303 = NZBau 2008, 501 = IBR 2008, 373 – *Ulbrich*; OLG Düsseldorf, BauR 2007, 1753 = NZBau 2007, 648 m.Anm. *Moufang/Koos*; s. ferner: OLG Celle, BauR 2010, 106 = IBR 2009, 569 – *Schonebeck*; OLG Dresden, IBR 2007, 67 – *Müller*. Zur **Verjährung** und **Verwirkung** s. ferner: *Groß*, BauR 2008, 1052, 1057 f. m.w.Nachw.
[81] OLGR 1996, 113, 115.

vom Zweck eines Aufmaßes erfasst werden;⁸²⁾ ebenso bedeutet die **Rücksendung** der geprüften Schlussrechnung mit dem **Vermerk** „rechnerisch richtig – fachtechnisch richtig – sachlich richtig" **kein Anerkenntnis,** das den öffentlichen Auftraggeber bindet. Die der Schlusszahlung des öffentlichen Auftraggebers zu Grunde liegende „Prüfung" steht vielmehr unter dem **Vorbehalt** der nach öffentlichem Haushaltsrecht gebotenen staatlichen Rechnungsprüfung.⁸³⁾

Ein Bereicherungsanspruch des öffentlichen Auftraggebers kann im Einzelfall nach **§ 814 BGB** ausgeschlossen sein; für die Kenntnis des Nichtbestehens eines Rechtsgrundes i.S. des § 814 BGB kommt es stets auf das Wissen des Mitarbeiters des öffentlichen Auftraggebers an, der die Zahlungen veranlasst hat.⁸⁴⁾ Darüber hinaus kann ein Rückforderungsanspruch des öffentlichen Auftraggebers **verwirkt** sein.⁸⁵⁾ Das hat jedoch auch für den Rückforderungsanspruch eines privaten Bauherrn zu gelten. Nach Auffassung des BGH setzt dies jedoch die Schaffung eines bestimmten Vertrauenstatbestandes voraus.⁸⁶⁾

d) Bereicherungsausgleich bei „Schwarzarbeit"

2430 Es war (bisher) zweifelhaft, ob und inwieweit ein Bereicherungsausgleich bei einem wegen Verstoßes gegen das **Schwarzarbeitsgesetz**⁸⁷⁾ nichtigen Werkvertrag noch erfolgen kann. Da hier in der Regel ein bewusster Verstoß gegen das Gesetz vorliegt, könnte ein Bereicherungsanspruch des Unternehmers an § 817 Satz 2 BGB scheitern.⁸⁸⁾

Der BGH⁸⁹⁾ hat für die frühere Fassung des Gesetzes betont, dass das Gesetz „in erster Linie nicht den Schutz eines oder beider Vertragspartner, vielmehr vor allem die Wahrung öffentlicher Belange" verfolge; die Gewährung eines bereicherungsrechtlichen Ausgleichs stehe der „generalpräventiven Wirkung" des Gesetzes demnach nicht entgegen. Die Entscheidung des BGH vom 1.8.2013⁹⁰⁾ betraf indes die novellierte Fassung des Gesetzes zur Bekämpfung der sog. Schwarzarbeit; und

---

82) BGH, BauR 1992, 371 = NJW-RR 1992, 727; vgl. auch OLG Düsseldorf, NJW-RR 1992, 217.
83) Zutreffend: OLG Frankfurt, BauR 1997, 323, 324 = NJW-RR 1997, 526 m.w.Nachw.
84) OLG Köln, OLGR 2000, 481, 484; OLG Hamm, OLGR 1995, 209 = NJW-RR 1996, 1312; s. auch OLG Stuttgart, IBR 2006, 541 – *Stemmer*.
85) Vgl. hierzu: BGH, BauR 2013, 117, 119; BGH, BauR 2003, 379, 380; BGH, BauR 1980, 180; BGH, BauR 1975, 424; BGH, *Schäfer/Finnern*, Z 2.212 Bl. 17; OLG Köln, *Schäfer/Finnern*, Z 3.022 Bl. 6; BauR 1979, 252; LG Landshut, BauR 2002, 966; LG Düsseldorf, BauR 1998, 1106 = NJW-RR 1999, 315; LG München, NJW-RR 1989, 852; LG Köln, *SFH*, Nr. 4 zu § 242 BGB; AG Hamburg, *SFH*, Nr. 16 zu § 242 BGB; *Peters*, NJW 1977, 552, 556; *Dähne*, BauR 1974, 164; BGH, BauR 1982, 283 = ZfBR 1982, 113.
86) BGH, BauR 2014, 839 = ZfBR 2014, 356 = NZBau 2014, 237 = ZfBR 2014, 356 = IBR 2014, 217 – *Preussner*.
87) Zur Verfassungsmäßigkeit des SchwArbG: OLG Celle, NJW 2004, 2396.
88) So OLG Schleswig, IBR 2013, 595 – *Wieseler*; OLG Köln, NJW-RR 1990, 251; LG Bonn, NJW-RR 1991, 180; OLG Koblenz, DB 1975, 2125; OLG Düsseldorf, BauR 1978, 412; siehe auch *Armgardt*, NJW 2006, 2070 ff.; einschränkend: BGH, NJW 1990, 2542.
89) BGH, BauR 1990, 721 = ZfBR 1990, 271; KG, BauR 2007, 1419 = IBR 2007, 182 – *Karczewski*; OLG Düsseldorf, BauR 1993, 487, 489 = NJW-RR 1993, 884; **a.A.:** LG Mainz, NJW-RR 1998, 48 (kein Werklohnanspruch).
90) BGH, BauR 2013, 1852 = NZBau 2013, 627 = ZfBR 2013, 778 = IBR 2013, 609 – *Peters*.

der BGH stellte ausdrücklich klar, dass bei einer anfänglich vereinbarten Schwarzgeldabrede eine **vollständige Vertragsnichtigkeit** eintritt. Wechselseitige Vertragsansprüche, wie Werklohn oder Mängelrechte, bestehen deshalb nicht;[91] die Nichtigkeitsfolge könne „allenfalls **in ganz engen Grenzen** durch eine Berufung auf **Treu und Glauben** überwunden werden".[92] Im Übrigen hat der BGH[93] entschieden, dass ein Werkvertrag auch dann nichtig ist, wenn er **nachträglich** so abgeändert wird, dass er nunmehr von dem Verbot des SchwarzArbG erfasst wird. Keine Nichtigkeit des Werkvertrages besteht, wenn nur eine Partei ohne das Wissen des Vertragspartners gegen das Gesetz verstößt.[94]

2431 Ansprüche aus ungerechtfertigter Bereicherung nach §§ 812 BGB, die der BGH bei Erbringung **mangelhafter** Leistungen nicht ausschließen will, könnten, wenn überhaupt, nicht über das hinausgehen, was „**als Entgelt vereinbart**" worden ist.[95] In der Regel sind jedoch erhebliche **Abschläge** zu machen, insbesondere, weil Gewährleistungsansprüche des Auftraggebers nicht bestehen. Sind bereits Mängel sichtbar geworden, sind sie im Rahmen der Saldierung in die Ausgleichsrechnung einzubeziehen[96]; das OLG Düsseldorf[97] gewährt darüber hinaus einen mindestens **15 %igen** Abschlag. Nunmehr ist zu beachten: Durch **Gesetz** vom 6. März 2017, das am **10.3.2017** in Kraft getreten ist,[98] wird für Auftraggeber die Möglichkeit geschaffen, die in § 21 SchwarzArbG genannten Bewerber von der Teilnahme an einem Wettbewerb um die Vergabe öffentlicher Aufträge (Bauaufträge, Liefer- und Dienstleistungsverträge) **auszuschließen**.

3. Schaffung eines Familienwohnheims und Vermögensausgleich nach einer Scheidung

Literatur (Auswahl)

Schmidt, Ehegatten-Miteigentum oder „Eigenheim-Gesellschaft"?, AcP 82 (Bd. 182), 481; *Tiedtke*, Güterrechtlicher und schuldrechtlicher Ausgleich bei Scheidung der Ehe, DNotZ 1983, 161; *Frank*, Gesellschaften zwischen Ehegatten und Nichtehegatten, FamRZ 1983, 541; *Diederichsen*, Die nichteheliche Lebensgemeinschaft im Zivilrecht, NJW 1983, 1017; *Rogalski*, Rechtsfragen der nichtehelichen Lebensgemeinschaft, AnwBl. 1983, 358; *Joost*, Zuwendungen unter Ehegatten und Bereicherungsausgleich nach der Scheidung, JZ 1985, 10; *Steinert*, Vermögensrechtliche Fragen während des Zusammenlebens und nach Trennung Nichtverheirateter, NJW 1986, 683; *Schlüter/Belling*, Die nichteheliche Lebensgemeinschaft und ihre vermögensrechtliche Abwicklung, FamRZ 1986, 405; *Graba*, Das Familienheim beim Scheitern der Ehe, NJW 1987, 1721; *Morhard*, Unbenannte Zuwendungen zwischen Ehegatten – Rechtsfolgen und Grenzen der Vertragsgestaltung, NJW 1987, 1734; *Koch*, Schuldentilgung nach Auflösung einer nichtehelichen Lebensgemeinschaft, FamRZ 1987, 240; *Battes*, Neue Rechtsprechung zum nichtehelichen Zusammenleben, JZ 1988, 908; *Weber*, Die vermögensrechtliche Auseinandersetzung nichtehelicher Lebensgemeinschaften,

---

91) Der Auftraggeber hat deshalb keinen **Rückzahlungsanspruch** (OLG Jena, IBR 2016, 131 – Peters).
92) BGH, a.a.O., Rn. 30 m.w.Nachw.
93) BGH, BauR 2017, 1199 = NZBau 2017, 350.
94) OLG Düsseldorf, BauR 2016, 1774, 1775.
95) OLG Nürnberg, NJW-RR 1998, 1713.
96) BGH, BauR 1990, 721.
97) BauR 1993, 487; das KG, BauR 2007, 1419, 1421 setzt einen Abschlag von 7,5 % an.
98) Gesetz zur Stärkung der Bekämpfung der Schwarzarbeit und illegalen Beschäftigung (BGBl. I 2017, 399).

JR 1988, 309; *Knoche*, Sind nichteheliche Lebensgemeinschaften im Privatrecht wie Familien zu behandeln?, MDR 1988, 743; *Coester-Waltjen*, Die Lebensgemeinschaft – Strapazierung des Parteiwillens oder staatliche Bevormundung?, NJW 1988, 2085; *Krause*, Abwicklungsprobleme bei der nichtehelichen Lebensgemeinschaft, JuS 1989, 455; *Schotten*, Die ehebedingte Zuwendung – ein überflüssiges Rechtsinstitut?, NJW 1990, 2841; *Nickl*, Der familienrechtliche Verteilungsmaßstab beim Gesamtschuldnerausgleich, NJW 1991, 3124; *Jaeger*, Zur rechtlichen Deutung ehebezogener (sog. unbenannter) Zuwendungen und zu ihrer Rückabwicklung nach Scheitern der Ehe, DNotZ 1991, 431; *Tiedtke*, Güterrechtlicher Ausgleich bei Zuwendungen von Ehegatten untereinander und Wegfall der Geschäftsgrundlage bei Scheidung der Ehe, JZ 1992, 334; *Schreiber*, Vertragsgestaltungen in der nichtehelichen Lebensgemeinschaft, NJW 1993, 624; *Kollhosser*, Ehebezogene Zuwendungen und Schenkungen unter Ehegatten, NJW 1994, 2313; *Meincke*, Zuwendungen unter Ehegatten, NJW 1995, 2769; *Langenfeld*, Ehebezogene Zuwendungen an Schwiegerkinder, ZEV 1995, 289; *Wever*, Die Vermögensauseinandersetzung der Ehegatten: schuldrechtliche Ausgleichsansprüche, FamRZ 1996, 905; *Weimar*, Ausgleichsansprüche bei Auflösung nichtehelicher Lebensgemeinschaften?, MDR 1997, 713; *Grziwotz*, „Unbedachte" Zuwendungen unter Ehegatten und nichtehelichen Partnern, MDR 1998, 129; *Mayer*, Hausbau durch nichteheliche Lebenspartner auf dem Grundstück eines Partners – ein Grundfall der Vertragsgestaltung, ZEV 1999, 384; *Langenfeld*, Abgrenzung von ehebezogenen Zuwendungen und Leistungen innerhalb einer Ehegatteninnengesellschaft, ZEV 2000, 14; *Milzer*, Der Interessenausgleich bei gemeinsamen Bauvorhaben nichtehelicher Lebenspartner, NJW 2008, 1621; *Freiherr von Proff*, Ende des Ausgleichsverbots bei gescheiterter nicht ehelicher Lebensgemeinschaft, NJW 2008, 3266; *Schramm*, Rückforderungsansprüche von Schwiegereltern, NJW-Spezial 2010, 452.

2432 Die **Anschaffung** eines **Familienwohnheims** oder einer **Eigentumswohnung** stellt nicht nur in der **Ehe,** sondern auch in der **nichtehelichen Lebensgemeinschaft** einen bedeutenden wirtschaftlichen Faktor dar. Es ist deshalb verständlich, wenn nach dem Scheitern der Ehe oder der Lebensgemeinschaft Ausgleichsansprüche von demjenigen geltend gemacht werden, der wesentlich zu der Schaffung des Familienheimes durch Arbeit und Geld beigetragen hat.[99] Die **Rechtsprechung** hat zunächst versucht, **Zuwendungen** unter **Eheleuten** nach der Scheidung über Bereicherungsansprüche auszugleichen.[100] Zum Teil wurden Bereicherungsansprüche aber auch

---

99) **Siehe aus der umfänglichen Rechtsprechung u.a.:** BGH, NJW 1974, 1554 (**Geldzuwendung** zum Erwerb des Grundstücks); BGH, NJW 1982, 1093 (Schaffung eines Familienheims; Anwendung der Grundsätze über den Wegfall der Geschäftsgrundlage); BGH, NJW 1983, 1055 (Bezahlung von **Handwerkerrechnung** nach Trennung); BGH, NJW 1985, 313 = ZMR 1985, 44 = FamRZ 1985, 150 = MDR 1985, 666 (Aufwendungen eines Ehegatten für Haus der Schwiegermutter); BGH, FamRZ 1983, 791 (**Lebensgemeinschaft**; Zuwendung von **Bauspargutenhaben** und **Arbeitsleistungen** zum Bau); BGH, FamRZ 1983, 1213 (**Lebensgemeinschaft**; Zurverfügungstellung von Umbaumitteln); BGH, WM 1985, 1268 – Schaffung von Renditeobjekten; BGH, NJW-RR 1991, 1154 (Bereicherungsanspruch der **Eltern** nach Zwangsversteigerung des Hauses); OLG Oldenburg, NJW 1992, 1461 (Zuschüsse durch **Eltern**; Rückzahlungsanspruch nach den Grundsätzen über den **Wegfall der Geschäftsgrundlage**); LG Düsseldorf, NJW 1993, 541 (**Verjährung** des Ausgleichsanspruchs wegen unbenannter Zuwendung); BGH, NJW-RR 1993, 774 (Lebensgemeinschaft; Erwerb von Grundvermögen durch einen Partner); SchlHOLG, OLGR 1997, 60 (zum Bereicherungsausgleich geschiedener Ehegatten nach einer **Teilungsversteigerung**). Zum Ausgleichsanspruch zwischen den **Partnern** s. *Palandt/Sprau*, § 812 BGB, Rn. 89; zum Ausgleich von Zuwendungen **von Dritten** oder **an Dritte**, a.a.O., Rn. 90 m.w.Nachw.; ferner: *Palandt/Grüneberg*, § 313 BGB, Rn. 50; *Prütting*, in: Prütting/Wegen/Weinreich, § 812 BGB, Rn. 37 m.w.Nachw.
100) Vgl. BGH, NJW 1968, 245 = FamRZ 1968, 23 (bejahend); BGH, NJW 1972, 580; NJW 1974, 1554; BGHZ 82, 227; BGH, FamR 1982, 910 (verneinend); vgl. dazu im Einzelnen auch: *Joost*, JZ 1985, 10 ff.; *Meincke*, NJW 1985, 2769; *Wever*, FamRZ 1996, 905.

nicht in Erwägung gezogen, sondern auf die Grundsätze über den Wegfall (Störung) der Geschäftsgrundlage zurückgegriffen.[101] Beide Anspruchsgrundlagen sind aber in den Hintergrund gedrängt. Entweder war im Einzelfall eine **Innengesellschaft** zwischen den Eheleuten anzusetzen.[102] Dann brauchte der Vermögensinhaber bei Auflösung dieser Innengesellschaft den anderen Beteiligten, seinen Ehepartner, auch nur in Geld abzufinden.[103] Oder der BGH half im Einzelfall mit einem **familienrechtlichen Vertrag besonderer Art,** der nach dem Scheitern der Ehe einen **Ausgleichsanspruch** wegen Wegfalls (Störung) der Geschäftsgrundlage gewährt.[104] Dieser Ausgleichsanspruch besteht auch im Güterstand der Zugewinngemeinschaft.[105] In dem Scheitern der Ehe liegt der Wegfall der Geschäftsgrundlage.[106] Haben **Verlobte** vor der Eheschließung erhebliche Aufwendungen zur Schaffung eines Familienheimes erbracht, so können, wenn später die zwischenzeitlich geschlossene Ehe scheitert, Ausgleichsansprüche bestehen.[107]

2433 Ausgleichsansprüche können auch bei Scheitern der **nichtehelichen Lebensgemeinschaft** bestehen.[108] Der BGH hat nunmehr klargestellt, dass sich Ausgleichsansprüche nach den Grundsätzen über den Wegfall (Störung) der Geschäftsgrundlage (§ 313 BGB) oder aus § 812 Abs. 1 Satz 2 2. Alt BGB ergeben können.[109] Schließen die Parteien **bei** oder **nach** Auflösung der nichtehelichen Lebensgemeinschaft eine **Vereinbarung** über den Ausgleich von erbrachten Geld- und/oder Bauleistungen, so besteht dagegen ein vertraglicher Ausgleichsanspruch, der im Streitfall nach der Wertsteigerung des Grundstücks zu bemessen sein wird. Nichts anderes

---

101) Vgl. BGH, NJW 1972, 580; NJW 1974, 1554; *Joost*, JZ 1985, 10, 11 m.w.Nachw. in Anm. 10.
102) Vgl. BGH, NJW 1995, 3383 = WM 1995, 1365; BGH, NJW-RR 1988, 260; BGH, NJW 1982, 170 = DB 1982, 109; BGH, NJW 1983, 840; NJW 1983, 2375; siehe ferner: *Lothmann*, BB 1987, 1014.
103) BGH, NJW 1983, 2375.
104) BGH, FamRZ 1982, 910.
105) BGHZ 65, 320; 68, 299; 82, 227.
106) BGH, NJW 1972, 580; NJW 1974, 1554; zuletzt: BGHZ 82, 227. Zum **Ausgleichsanspruch nach § 426 BGB:** BGH, NJW-RR 1993, 1474 (Erlösverteilung eines zur Zwangsversteigerung anstehenden Grundstücks); BGH, NJW 1988, 133; BGH, NJW-RR 1986, 1196 = FamRZ 1986, 881; OLG Köln, NJW-RR 1994, 899 u. NJW-RR 1992, 1286; LG Hildesheim, NJW-RR 1992, 1285; LG Frankfurt, NJW-RR 1990, 1412 u. OLG Hamm, NJW-RR 1990, 1413; OLG Schleswig, FamRZ 1990, 165; OLG Düsseldorf, FamRZ 1991, 945 u. 1443; OLG Celle, FamR 1991, 948.
107) Vgl. dazu BGH, NJW 1992, 427; OLG Köln, FamRZ 1991, 816 (Anwendung von § 812 BGB nicht ausgeschlossen).
108) Vgl. hierzu u.a.: *Freiherr von Proff*, NJW 2008, 3266, 3267 f.; *Grziwotz*, MDR 1998, 129 ff.; *Weimar*, MDR 1997, 713 ff.; *Rogalski*, AnwBl. 1983, 366 ff., jeweils m.w.Nachw.
109) Siehe BGH, NJW 2008, 3282 u. BGH, NJW 2008, 3277 (diese werden besprochen von *Freiherr von Proff*, NJW 2008, 3266, 3267 f.); siehe ferner: BGH, NJW 1997, 3371; BGH, NJW 1996, 2727 = WM 1996, 1496; BGH, NJW-RR 1996, 1473; OLG Stuttgart, NJW-RR 1993, 1975 u. Justiz 1985, 201 (**§ 812 Abs. 1 Satz 2 BGB**); BGH, NJW 1992, 906; 1986, 51 = WM 1985, 1268; BGH, NJW-RR 1993, 774 = FamRZ 1993, 993 (**entsprechende Anwendung der §§ 730 ff. BGB**); OLG Hamm, FamRZ 1990, 625 = NJW-RR 1990, 1233 (**kein Ausgleichsanspruch;** ebenso LG Essen, MDR 1990, 243); siehe ferner: *Steinert*, NJW 1986, 683, 688; OLG Oldenburg, NJW 1986, 1817 (**Kreditaufnahme**); LG Aachen, NJW-RR 1988, 450 (kein Ersatzanspruch gegen den Nachlass). Zu den **Ausgleichsansprüchen** des **Erben** gegen den überlebenden Partner: BGH, NJW 2008, 443 m.Anm. *Freiherr von Proff*.

gilt, wenn (ausnahmsweise) gesellschaftsrechtliche Grundsätze zur Anwendung gelangen können.[110]

2434 Im Übrigen hat der BGH[111] seine bisherige Rechtsprechung **geändert**, soweit es um **Zuwendungen** der **Schwiegereltern** geht. Im konkreten Fall ging es um Geldbeträge, die sie ihrem Schwiegersohn vor dessen Eheschließung zur Verfügung gestellt hatten; außerdem verlangte der Schwiegervater einen finanziellen Ausgleich für Instandsetzungsarbeiten an der Wohnung des Beklagten. Zu den bereicherungsrechtlichen Aspekten führt der BGH u.a. aus:

> „[48] In seiner bisherigen Rechtsprechung hat der Senat es zwar abgelehnt, allein um der Ehe des eigenen Kindes Willen erfolgte schwiegerelterliche Zuwendungen auf der Grundlage von Bereicherungsansprüchen wegen Zweckverfehlung rückabzuwickeln (*Senat*, BGHZ 129, 259 [264] = NJW 1995, 1889). Eine Rückabwicklung nach § 812 I 2 Alt. 2 BGB kam danach nur in Betracht, wenn zwischen Zuwendungsempfänger und Zuwendendem eine Willensübereinstimmung bezüglich eines über die bloße Verwirklichung der ehelichen Gemeinschaft hinausgehenden Zweckes erzielt wurde, beispielsweise über den künftigen Miteigentumserwerb des eigenen Kindes des Zuwendenden (vgl. *Senat*, BGHZ 115, 261 [262 f.] = NJW 1992, 427). Insoweit galt also nichts anderes als in Ansehung der bereicherungsrechtlichen Rückabwicklung ehebedingter Zuwendungen unter Ehegatten (vgl. *Senat*, BGHZ 115, 261 [262] = NJW 1992, 427 m.w.Nachw.).
>
> [49] Auch an dieser Rechtsprechung hält der Senat nicht fest (vgl. bereits zu Zuwendungen unter den Partnern eine nichtehelichen Lebensgemeinschaft *Senat*, NJW-RR 2005, 1142 = FamRZ 2009, 849 [850]; BGHZ 177, 193 [206 ff.] = NJW 2008, 3277).
>
> [50] Allein der Aspekt der größeren Flexibilität einer Abwicklung nach den Grundsätzen des Wegfalls der Geschäftsgrundlage vermag nicht zu rechtfertigen, warum stattdessen nicht Bereicherungsansprüche wegen Zweckverfehlung gegeben sein können, sofern deren tatbestandliche Voraussetzungen vorliegen. Auch sind Fälle denkbar, in denen (künftige) Schwiegereltern mit ihrer Schenkung ehebezogene Zwecke verfolgen, hierüber mit dem Empfänger der Leistung eine Willensübereinstimmung erzielen, und in denen dieser Zweck infolge des Scheiterns der Ehe nicht erreicht wird. Insbesondere kann der verfolgte Zweck i.S. des § 812 I 2 Alt. 2 BGB darin bestehen, dass der Zuwendungsgegenstand dem eigenen Kind der Schwiegereltern dauerhaft zugute kommt, indem dessen Ehe fortbesteht (vgl. *OLG Köln* FamRZ 1994, 1242 [1244]; *OLG Hamm*, FamRZ 1990, 1232; vgl. auch *Joost*, JZ 1985, 10 [17], zur unbenannten Zuwendung unter Ehegatten). Allein dadurch, dass die Ehe eine gewisse Zeit Bestand hatte und das eigene Kind der Schwiegereltern in dieser Zeit von der Schenkung profitierte, wird ein derartiger Zweck in solchen Fällen noch nicht vollständig erreicht, sodass Ansprüche aus Bereicherungsrecht nicht stets unter Hinweis auf die Zweckerreichung abgelehnt werden können (vgl. aber noch *Senat*, BGHZ 115, 261 [264] = NJW 1992, 427; *BGHZ* 84, 361 [363] = NJW 1982, 2236 jew. zum Zweck der Schaffung eines Familienheims).
>
> [51] Zwar wird eine entsprechende Zweckvereinbarung vielfach nicht festgestellt werden können. Eine Zweckabrede i.S. des § 812 I 2 Alt. 2 BGB setzt positive Kenntnis von der Zweckvorstellung des anderen Teils voraus, ein bloßes Kennenmüssen genügt nicht (*Senat*, BGHZ 115, 261 [263] = NJW 1992, 427). Hinzu kommt, dass die Beteiligten im Zeitpunkt der Schenkung nicht selten die Möglichkeit eines späteren Scheiterns der Ehe nicht in ihre Überlegungen aufnehmen. In diesen Fällen mag zwar dennoch eine gemeinsame Vorstellung vom Fortbestand der ehelichen Lebensgemeinschaft vorliegen, welche die Geschäftsgrundlage der Schenkung bildet; eine entsprechende Zweckvereinbarung kommt jedoch von vornherein nicht in Betracht (vgl. *Hausmann/Hohloch*, Das Recht der nichtehelichen Lebensgemeinschaft, 2. Aufl., 4. Kap. Rn. 142; *Kühne*, FamRZ 1968, 356 [358])."

---

110) Siehe hierzu: BGH, MDR 2003, 1233, 1234.
111) BGH, NJW 2010, 2202 m.Anm. *Schmitz*; BGH, NJW 2012, 523; siehe ferner: *Palandt/Sprau*, § 812 BGB, Rn. 90 m.w.Nachw.

KAPITEL 11
Besondere Klagearten

Übersicht	Rdn.			Rdn.
I. Die Klage aus Urheberrecht des Architekten	2435	IV.	Die Klage auf Vertragsstrafe	2554
II. Die Ausgleichsklage der Baubeteiligten nach § 426 BGB	2474	V.	Die Nachbarklage	2597
III. Anerkenntnisse im Baurecht	2523	VI.	Die Duldungsklage des Bauherrn gegen den Mieter	2642

I. Die Klage aus Urheberrecht des Architekten

Übersicht	Rdn.		Rdn.
1. Urheberrechtsschutz des Architekten	2437	3. Änderung der Planung und des Bauwerkes	2457
2. Verwertungsrecht des Bauherrn	2446	4. Umfang des Anspruchs bei Urheberrechtsverletzungen	2471

Literatur

Beigel, Urheberrecht des Architekten 1984; *Prinz*, Urheberrecht für Ingenieure und Architekten, 2001; *Binder/Messer*, Urheberrecht für Architekten und Ingenieure, 2. Auflage, 2014.

Hesse, Urheberrecht des Architekten, BauR 1971, 209; *Ulmer*, Die Werke der Baukunst in urheberrechtlicher Sicht, Der Architekt 1969, 77; *Neuenfeld*, Aktuelle urheberrechtliche Probleme der Architektenschaft, Der Architekt 1969, 82; *Neuenfeld*, Ausgewählte Fragen des Urheberrechts für Architekten, BauR 1975, 365; *Gerlach*, Das Urheberrecht des Architekten und die Einräumung von Nutzungsrechten nach dem Architektenvertrag, GRUR 1976, 613; *Ern*, Urheberrechtliche Ansprüche des Architekten wegen Verwendung seiner Planung, ZfBR 1979, 136; *Wolfensberger*, Leistungsverzeichnis und Urheberrecht, BauR 1979, 457; *Neuenfeld*, Die Ansprüche des Architekten im Konkurs des Auftraggebers, BauR 1980, 230; *Meyer/Reimer*, Architektenwettbewerbe und Urheberrecht, BauR 1980, 291; *Nordemann*, Ersatz des immateriellen Schadens bei Urheberrechtsverletzungen, GRUR 1980, 434; *v. Gamm*, Der Architekt und sein Werk – Möglichkeiten und Grenzen des Urheberrechts, BauR 1982, 97; *Schack*, Geistiges Eigentum contra Sacheigentum, GRUR 1983, 56; *Herold*, Der Urheberschutz im Bauwesen, BlGBW 1984, 225; *Walchshöfer*, Der persönlichkeitsrechtliche Schutz der Architektenleistung, ZfBR 1988, 104; *Berg*, Der Schutz der Leistungen der Architekten und Projektanten im Urheberrecht der DDR, Festschrift für Locher (1990), 393; *Nestler*, Der Schutz nichturheberrechtsfähiger Bauzeichnungen, BauR 1994, 589; *Heath*, Verwertungsverträge im Bereich der Baukunst, Urhebervertragsrecht, Festgabe für Schricker (1995), 459; *Pepe*, Aktuelle Tendenzen in der Entwicklung des Urhebervertragsrechts, NJW 1996, 1394; *Erdmann*, Sacheigentum und Urheberrecht, Festschrift für Piper (1996), S. 655; *Wedemeyer*, Änderung von Werken der Baukunst – zu Ansprüchen des Urhebers, Festschrift für Piper (1996), S. 787; *Schweer*, Zum Vertrags- und Urheberrecht des Architekten bei gestalterischen Änderungswünschen des Bauherrn, BauR 1997, 401; *Göpfert*, Der Architekt als „technischer Zeichenstift"? Das Urheberrecht des Architekten contra das Urheberrecht des Bauherrn, BauR 1999, 312; *Locher*, Überlegungen zu drei neueren Entscheidungen zum Urheberrecht des Architekten, Festschrift für Mantscheff (2000), S. 15; *Bruns*, Das Zurückbehaltungsrecht des Architekten an den von ihm gefertigten Plänen, BauR 1999, 529; *Lauer*, Herausgabe der für den Weiterbau erforderlichen Pläne und Zurückbehaltungsrecht des Architekten, BauR 2000, 812; *Schulze*, Vernichtung von Bauwerken, Festschrift für Dietz (2001), 177; *Werner*, Gedanken zu aktuellen Themen des Urheberrechts des Architekten, Festschrift für Kraus (2003), 403; *Werner*, Ästhetische Architektur – Eine Voraussetzung für den Urheberrechtsschutz?, BauR 2004, 750; *v. Schildt-Lutzenburger*, Können auch Gebäudeteile und Gebäudekomplexe Urheberrechte eines Architekten begründen?, BTR 2004, 202; *Werner*, Abriss eines Bauwerks: Eingriff in das Urheberrecht des Architekten?, BauR 2004, 1675; *Schulze*, Urheberrecht des Architekten – Teil I, NZBau 2007, 537, Teil II NZBau 2007, 611; *Schlecht*, Urheberrecht des Architekten, BTR 2008, 72; *Neumeister/v. Gamm*, Ein Phönix: Das Urheberrecht der Architekten, NJW 2008, 2678; *Prinz*, Interessenabwägung im Urheberrecht – eine Aufgabe für Mediation, Festschrift für Franke (2009), 269; *Fuchs*, Der Anspruch des Architekten auf angemessene Vergütung, BauR 2009, 1367; *Neuenfeld*, Aktuelle Entwicklungen im Architekten-Urheberrecht, Festschrift für Koeble (2010), S. 433; *Neuenfeld*, Bewegung im Architekten-Urheberrecht, BauR 2011, 180; *Pauly*, Urheberrechtliche Schutzvoraussetzungen von Bauwerken – Allgemeine Rechtsentwicklung zum case law, NZBau 2011, 645; *Meier*, Urheberrecht des Architekten – Im Grundsatz alles geklärt?, BauR 2012, 867; *Hönes*, Rechtsfragen zum urheberrechtlichen Denkmalschutz, BauR 2014, 477; *Neuenfeld*, Rückschritte im Urheberrecht der Architekten. In: Festschrift für Jochem (2014), S. 449; *Mahr/Schöneich*, Bestandsaufnahme und Ausblick zum Urheberrecht an Zweckbauten, BauR 2014, 1395; *Czernik*, Die Gebäudephotografie – ungeahnte rechtliche Herausforderung, ZfIR 2015, 242; *Peifer*, Kunst, Gestaltungshöhe und Gebrauchszweck – Neuigkeiten auch für die Werke der Architektur, Festschrift für Neuenfeld, 2016, S. 217; *Obergfell*, Grenzbereiche der Inspiration. Freie Benutzung oder abhängige Bearbeitung im Architektururheberrecht, Festschrift für Neuenfeld, 2016, 229.

2435 Wird das **Urheberrecht** eines **Architekten** durch den Bauherrn oder einen Dritten verletzt, kann der Architekt bei objektiv widerrechtlichen Verletzungen **Beseitigung** der Beeinträchtigung verlangen oder bei Wiederholungsgefahr auf **Unterlassung** klagen; liegen eine fahrlässige oder vorsätzliche Urheberrechtsverletzung vor, kann der Architekt außerdem **Schadensersatz** geltend machen (§ 97 UrhG). Diese Ansprüche setzen jedoch voraus, dass der Architekt darlegen und beweisen kann, dass seine Leistung durch das Urheberrechtsgesetz geschützt ist. In aller Regel wird er dieses nur mit Hilfe eines Sachverständigengutachtens nachweisen können, es sei denn, dass sich das Gericht selbst in der Lage sieht, die urheberrechtliche Schutzfähigkeit zu beurteilen.[1)]

Urheberrechtliche **Ansprüche des Architekten** (als Schöpfer eines Werkes i.S.d. § 7 UrhG) setzen daher voraus, dass

* ein **urheberrechtlich geschütztes Werk** des Architekten vorliegt und
* eine **Verletzung** dieses Urheberrechts gegeben ist.

Nur eine **natürliche Person** kann **Schöpfer eines Werkes** und damit Urheber im Sinne des Urhebergesetzes sein. Eine juristische Person, ein Verein oder eine Handelsgesellschaft (z.B. GmbH, AG usw.) kommen daher als Urheber nicht in Betracht. Als Persönlichkeitsrecht ist das **Urheberrecht nicht übertragbar** (§ 29 S. 2 UrhG). Dagegen kann das **Nutzungsrecht am Urheberrecht** übertragen werden (vgl. Rdn. 2446 ff.). Das gilt auch im Rahmen von **Arbeits- und Dienstverhältnissen**: Der Arbeitgeber kann also an den im Rahmen eines Angestelltenverhältnisses geschaffenen, urheberrechtlich geschützten Werken keine alleinige Urheberschaft, sondern nur Miturheberschaft (wenn er an der Schöpfung des Werkes mitgearbeitet hat) erwerben. Allerdings kann ihm das Nutzungsrecht von dem alleinigen Urheber (Angestellten) übertragen werden. Für diesen Vortrag trägt der **Architekt** die **Beweislast**.[2)]

---

1) Vgl. OLG Karlsruhe, GRUR 1985, 534; OLG München, GRUR 1987, 290; ferner: BGH, GRUR 1980, 853.
2) Vgl. hierzu *Nestler*, BauR 1994, 589 ff.; *v. Gamm*, BauR 1982, 97, 106; ferner BGH, NJW 1982, 108.

Die Klage aus Urheberrecht des Architekten

Besteht kein Urheberrechtsschutz, können Schadens- oder Abwehransprüche des Planverfassers bzw. Werkherstellers nur nach den Vorschriften des **UWG** und unter Umständen auch nach den **§§ 823, 826, 1004 BGB**[3] oder aufgrund **vertraglicher Abreden** (auch Auslobungsbedingungen)[4] in Betracht kommen.

Neuenfeld[5] vertritt die Auffassung, dass es nur ein „Gerechtigkeitsgebot" sei, „wenn jemand durch Verwendung einer fremden Leistung Kosten sparen will, diesen ungerechtfertigten Vorteil abzuschöpfen". Er bejaht damit grundsätzlich einen Anspruch des Architekten aus ungerechtfertigter Bereicherung nach § 812 BGB gegenüber dem „Nachahmer".

Bei diesem Bemühen, zu einem für Architekten wünschenswerten Ergebnis zu gelangen, wird übersehen, dass die **Nachahmung fremder Leistungen grundsätzlich nicht rechtswidrig** ist, es sei denn, Sonderschutzrechte wie das Urheberrechtsgesetz verbieten dies. Fortschritt und Fortentwicklung basieren stets auf der Übernahme vorhandener Erkenntnisse Dritter. Auch deshalb ist die Nachahmung fremder sonderrechtlich nicht geschützter Werkleistungen grundsätzlich nicht zu beanstanden. Nach herrschender Auffassung sind Nachbauten, die Kopie von Plänen, der Umbau von Bauwerken, die keinen Schutz nach dem Urheberrechtsgesetz haben, erlaubt und frei.[6]

Die Auffassung von Neuenfeld würde darauf hinauslaufen, grundsätzlich alle fremden Arbeitsergebnisse, die „mit Mühe und Kosten" errungen wurden und die der Nachahmer entsprechend erspart, zu schützen. Es ist aber eine in der Vergangenheit gewachsene Erkenntnis in Rechtsprechung und Literatur, dass allein „Mühen und Kosten" keinen Anspruch auf Rechtsschutz geben,[7] weil nicht die Arbeit als solches schutzwürdig ist, sondern das Ergebnis der Arbeit. Überdies würde der direkte Weg über § 812 BGB zu einer Umgehung aller Sonderschutzrechte, die insoweit in Betracht kommen (hier in erster Linie das Urheberrechtsgesetz), führen.

2436 Ansprüche des Planverfassers bzw. Werkerstellers nach den Vorschriften der §§ 823, 826, 1004 BGB gegen eine Nachahmung eines urheberrechtlich nicht geschützten Werkes werden nur selten gegeben sein.[8] Der Schutz über die Vorschriften des UWG ist erheblich eingeschränkt: Rechtsprechung und Literatur gehen von dem **wettbewerblichen Grundsatz der Nachahmungsfreiheit** aus.[9] Die Nachahmungsfreiheit basiert auf dem im UWG normierten Gedanken der Wettbewerbsfreiheit, die nur durch Sondergesetze, wie durch das Urheberrechtsgesetz, eingeschränkt werden kann. Die Grenze der Nachahmungsfreiheit und damit die Schwelle zum unlauteren Wettbewerb ist nur dann erreicht, wenn besondere – außerhalb des urheberrechtlichen Tatbestandes liegende – Umstände hinzutreten, die **das Verhalten des Nachahmers als sittenwidrig** erscheinen lassen.[10] Nach allgemeiner Meinung unterliegt aus den vorgenannten Gründen auch die **sklavische Nachahmung** – ein schöner, aber wenig aussagekräftiger Begriff – im Sinne des sklavischen Nachbaus grundsätzlich keinem Sonderschutz. Es müssen vielmehr

---

3) Vgl. hierzu OLG Celle, BauR 2000, 1069 (kein Schadensersatzanspruch eines Bauunternehmers, der nicht urheberrechtlich geschützte Planungsleistungen erbringt, die von einem Dritten verwertet werden); ferner *Nestler*, BauR 1994, 589 ff. sowie *Locher*, BauR 1995, 146, 150.
4) *Weinbrenner/Jochem/Neusüß*, S. 226 zu 7.3.2 GRW.
5) Handbuch des Architekten, Bd. 1 III, Rn. 121.
6) Vgl. hierzu OLG Düsseldorf, GRUR 1999, 72 = OLGR 1999, 14 ff.; LG München I, WRP 1978, 571.
7) Vgl. hierzu OLG Düsseldorf, WRP 1995, 1032.
8) Vgl. hierzu *Nestler*, BauR 1994, 589 ff.
9) Vgl. hierzu OLG Oldenburg, NZBau 2008, 715, 717; OLG Düsseldorf, WRP 1995, 1032 ff.; *Schricker*, Urheberrecht, Einl. Rn. 43.
10) OLG Oldenburg, NZBau 2008, 715, 717; *Schricker*, a.a.O., Einl. Rn. 40; *Binder/Kosterhon*, Rn. 417 ff.

weitere Umstände gegeben sein, um auch hier ein Verhalten annehmen zu können, das den Tatbestand einer unlauteren Wettbewerbshandlung erfüllt. Grundsätzlich ist auch der sklavische Nachbau als solcher also nicht unlauter.[11] In der Baupraxis sind Fallgestaltungen, die einen Verstoß gegen das UWG darstellen, zwar denkbar, aber äußerst selten vorzufinden: Hierzu kann man beispielsweise das Erschleichen oder die sonstige widerrechtliche Verschaffung der zum Nachbau erforderlichen Unterlagen und sonstigen Erkenntnisse z.B. durch Bestechung eines Mitarbeiters eines anderen Architekturbüros[12] oder die Behinderung durch systematisches Nachahmen usw. zählen.[13]

Bei alledem ist allerdings nach Auffassung des BGH[14] Folgendes zu berücksichtigen: „Bei Plänen, die nicht **urheberrechtsschutzfähig** sind, bestimmt sich nach dem **Vertragsinhalt, ob und** in **welchem Umfang dem Auftraggeber eine Nutzung** der vom Architekten erstellten Pläne schuldrechtlich **gestattet ist** und ob und in **welchem Umfang** es dem Architekten schuldrechtlich untersagt ist, die Pläne **nochmals zu verwerten**". Fehlt eine ausdrücklich vertragliche Regelung, kann sich eine derartige stillschweigende Gestattung oder eine derartige stillschweigende Unterlassungsvereinbarung „aus dem Vertragszweck, aus den Begleitumständen und aus dem schlüssigen Verhalten der Vertragsparteien ergeben."

Unter Berücksichtigung dieser Ausführungen hat der BGH folgerichtig weiterhin[15] zutreffend entschieden:

„Beauftragt ein Bauträger einen Architekten mit den Leistungsphasen 1–4 nach § 15 Abs. 2 HOAI a.F. (jetzt § 34 HOAI 2013) für die Errichtung eines Bauwerks auf einem bestimmten Grundstück und sind die **Pläne nicht urheberrechtsschutzfähig**, so ist der Architektenvertrag, sofern sich nicht aus den Umständen etwas anderes ergibt, dahin auszulegen, dass es dem Bauträger gestattet ist, die erstellten Pläne für die **einmalige Errichtung des betreffenden Bauwerks** auf dem konkreten Grundstück – sei es auch im Wege der Weiterübertragung der Errichtungsbefugnis auf einen Dritten – **verwenden zu dürfen**, und dass der Architekt eine Zweitverwertung der Pläne, bezogen auf die Errichtung des geplanten Bauwerks auf dem konkreten Grundstück, zu unterlassen hat".

Das OLG Karlsruhe[16] hat einen wettbewerbswidrigen Verstoß bei der Weitergabe und damit weiteren Verwendung von Architektenplänen bejaht, die mit einem sog. **Vertraulichkeitsvermerk** versehen waren. Unter einem Vertraulichkeitsvermerk versteht man einen schriftlichen Hinweis auf Zeichnungen, dass diese geistiges Eigentum des Planherstellers sind und die Verwertung dieser Unterlagen für ein anderes Bauvorhaben seiner schriftlichen Genehmigung bedarf.

Wegen des kaum wirksamen Schutzes urheberrechtlich nicht geschützter Pläne empfehlen deshalb Binder/Kosterhon[17], auf Pläne einen solchen Vertraulichkeitsvermerk einzutragen oder eine solche Vertraulichkeit zu vereinbaren. Auch der

---

11) *Schricker*, a.a.O., Einl. Rn. 42.
12) BGH, GRUR 1961, 40; vgl. hierzu *Binder/Kosterhon*, Rn. 439 ff. u. 472 ff. („Vorlagenfreibeuterei").
13) Vgl. weitere Beispiele bei *Schricker*, a.a.O., Einl. Rn. 43.
14) BauR 2013, 628, 630 = IBR 2013, 153 – *Preussner*.
15) A.a.O.
16) WRP 1986, 632; zum Vertraulichkeitsvermerk vgl. auch *Binder/Kosterhon*, Rn. 420 und 450 ff. sowie Rn. 483 ff.
17) Rn. 484 („Sämtliche vom Auftragnehmer an den Auftraggeber überlassenen Unterlagen dürfen ohne vorherige Genehmigung des Auftragnehmers weder veröffentlicht, vervielfältigt, ge-

1. Urheberrechtsschutz des Architekten

Versuch, der teilweise in der Literatur vorgenommen wird,[18] ein Abwehrrecht gegen Nachahmung über das allgemeine Persönlichkeitsrecht zu schaffen, wird in der Praxis kaum zum Erfolg führen.

1. Urheberrechtsschutz des Architekten

Die **Schutzfähigkeit** einer architektonischen Leistung bestimmt sich nach dem Werkbegriff des § 2 Abs. 1 Nr. 4 und 7 UrhG. Danach können Bauwerke („Werke der Baukunst") sowie Zeichnungen, Pläne, Skizzen usw. für Bauwerke urheberrechtlich geschützt sein. Ein solcher Schutz kommt aber nur in Betracht, wenn die entsprechende Leistung des Architekten eine „persönliche geistige Schöpfung" darstellt (§ 2 Abs. 2 UrhG).[19] Das kann insbesondere auch schon im Rahmen einer Vorplanung in Betracht kommen, weil hier in der Regel bereits die kreativen, eigenschöpferischen Leistungen des Architekten weitestgehend erbracht werden.[20]

2437

Ob ein Werk schutzfähig ist oder nicht, kann nicht von den Parteien vereinbart werden. Vielmehr ist dies der Dispositionsbefugnis der Parteien entzogen. Im Übrigen ist die Schutzfähigkeit von Amts wegen zu überprüfen.[21]

Bauwerke, Baupläne, Entwürfe oder technische **Konstruktionszeichnungen** genießen Urheberrechtsschutz, wenn sie eine **originelle eigenschöpferische Darstellungsweise**, also „**eine ausreichende schöpferische Individualität**"[22], erkennen lassen. Bei der Beurteilung von Plänen, Zeichnungen etc. ist unbeachtlich, ob das Bauwerk als solches ein einfaches, unkünstlerisches Bauvorhaben darstellt.[23] Reine **Leistungsbeschreibungen** oder Ausschreibungsunterlagen sind dagegen in aller Regel urheberrechtlich nicht geschützt.[24] Etwas anderes kann nur gelten, wenn eine von der üblichen Ausdrucksweise (vorbekannten Formenschatz) deutlich abweichende, **eigenschöpferische Formulierung (individuelle Darstellung)** zu bejahen ist und/oder ein **besonderer, origineller Aufbau** (Einteilung, Anordnung, Form des Leistungsverzeichnisses) gegeben ist.[25] Daran wird es aber meist fehlen, da Ausschreibungsunterlagen durchweg eine reine Zusammenstellung von technischen Angaben, Beschreibungen und Anweisungen darstellen. Der wissenschaftliche oder technische Inhalt der Darstellung ist ohnehin bei der Prüfung der

2438

ändert noch für einen anderen als den in diesem Vertrag vereinbarten Zweck genutzt werden").
18) Vgl. *Prinz*, 34.
19) Zur Verletzung des Persönlichkeitsrechts des Architekten bei **nicht** urheberrechtlich geschützten Werken: *Walchshöfer*, ZfBR 1988, 104 ff.
20) OLG Jena, BauR 1999, 672.
21) BGH, GRUR 1991, 533; OLG Stuttgart, ZUM 2011, 173, 179 – „Stuttgart 21".
22) BGH, BauR 2008, 1911 (Kircheninnenraum) = NZBau 2008, 710 = IBR 2008, 582 = ZUM 2008, 862. LG Potsdam, IBR 2010, 217 – *Schlecht*.
23) OLG Hamm, GRUR 1967, 608; vgl. ferner BGH, GRUR 1979, 464, 465 (**Flughafenpläne**); OLG Karlsruhe, BauR 1980, 374; BGH, NJW 1955, 1918 (**Pläne** für die Aufteilung und Bebauung eines Siedlungsgeländes); OLG Hamm, BauR 1981, 300 (**Grundrissplan**).
24) BGH, NJW 1985, 1631 = ZfBR 1984, 234 = BauR 1984, 423 = DB 1984, 2028 = GRUR 1984, 659 m.Anm. *Rojahn; Wolfensberger*, BauR 1979, 457; LG Köln, NZBau 2015, 126.
25) BGH, a.a.O.; ferner BGH, ZUM-RD 2002, 578 (Urheberrechtsschutz für technisches Regelwerk); vgl. hierzu *Prinz*, S. 6 ff.

Individualität nicht zu berücksichtigen, da er nach dem Urheberrechtsgesetz keinen Schutz genießt. Entsprechendes wird für Sachverständigengutachten gelten.[26]

2439 In einer grundlegenden und immer wieder herangezogenen Entscheidung stellt der **BGH**[27] hinsichtlich der Urheberschutzfähigkeit folgende **Grundsätze** auf:

„... ist unter ‚Kunstwerk' eine eigenpersönliche, geistige Schöpfung zu verstehen, die mit Darlegungsmitteln der Kunst durch formgebende Tätigkeit hervorgebracht ist und deren ästhetischer Gehalt einen solchen Grad erreicht hat, dass nach dem im Leben herrschenden Anschauungen noch von Kunst gesprochen werden kann, und zwar ohne Rücksicht auf den höheren oder geringeren Kunstwert und ohne Rücksicht darauf, ob das Bauwerk neben dem ästhetischen Zweck noch einem praktischen Zweck dient."

Daraus wird deutlich, dass nicht jedes Werk eines Architekten durch das Urheberrechtsgesetz geschützt ist. Entscheidend ist stets, ob im Einzelfall ein **künstlerisch gestalteter Bau** vorliegt und das Bauwerk neben der **originellen, eigenschöpferischen (individuellen)** Darstellung eine gewisse **Gestaltungshöhe** (Schöpfungshöhe) aufweist. Das Bauwerk muss sich also **von der Masse des durchschnittlichen, routinemäßigen, üblichen und alltäglichen Bauschaffens**[28] **abheben** und nicht nur das Ergebnis eines rein handwerklichen oder routinemäßigen Schaffens darstellen.[29] Die besonderen gestalterischen Planungselemente müssen damit „über das vom Technisch-Konstruktiven oder vom Gebrauchszweck her Vorgegebene oder Übliche hinausgehen und die Individualität zum Ausdruck bringen", wie das OLG Karlsruhe[30] zutreffen betont.

Entscheidend für die urheberrechtliche Beurteilung ist damit die **Originalität** und die **Individualität** des Architektenwerks. Nach Auffassung des OLG Oldenburg[31] kann eine eigenschöpferische Leistung auch in einer **ungewöhnlichen, schöpferischen Kombination bekannter und bereits anderswo verwendeter Komponenten** liegen, bei der durch das Zusammenfügen etwas **Neues** oder jedenfalls **Besonderes** geschaffen worden ist, das sich von einem **Durchschnittsprodukt abhebt**. Dieser Auffassung ist auch der BGH[32], wonach „die Verwendung allgemein bekannter, gemeinfreier Gestaltungselemente urheberrechtsschutzfähig sein kann, wenn dadurch eine besondere eigenschöpferische Wirkung und Gestaltung erzielt wird". Das kann durch besondere gestalterische Elemente erreicht werden, die dem Bauwerk ein eigenschöpferisches Gepräge geben, etwa durch die Größe von Bauelementen, Proportionen, Verteilung der Baumassen, Gliederung und Ge-

---

26) Vgl. hierzu KG, IBR 2011, 441 – *Lehmann*.
27) BGHZ 24, 55, 63; vgl. auch OLG Karlsruhe, GRUR 1985, 534.
28) BGH, GRUR 2008, 984, 985 – *St. Gottfried*.
29) BGH, IBR 2011, 27 – *Schwenker* (Lärmschutzwand); BauR 2008, 1911 = NZBau 2008, 710 = IBR 2008, 582 = ZUM 2008, 862 = GRUR 1982, 107, 109 (Kircheninnenraum-Gestaltung) sowie ZUM 1999, 146 (Treppenhausgestaltung); OLG Karlsruhe, NZBau 2013, 712, 715 = IBR 2013, 694 – *U. Eix*; OLG Celle, BauR 2011, 1187; OLG Hamm, ZUM 2006, 641, 643; LG Düsseldorf, IBR 2013, 359 – *Knoche*; LG München I, NZBau 2007, 49 sowie ZUM-RD 2008, 493; LG Köln, IBR 2007, 438; LG Leipzig, BauR 2005, 1502, 1506 mit Hinweis auf Schricker, § 2, Rn. 98; OLG Stuttgart, IBR 1996, 470.
30) NZBau 2013, 712, 715 = IBR 2013, 694 – *U. Eix*.
31) IBR 2008, 520 – *Graf* = NZBau 2008, 715.
32) BGH, BauR 2008, 1911 = NZBau 2008, 710 = IBR 2008, 582 = ZUM 2008, 862 (Kircheninnenraum als Werk der Baukunst).

staltung der Fassaden, Einbindung in das Gelände und die Umgebungsbebauung oder andere besondere Gestaltungselemente.[33]

Löwenheim[34] stellt mit dem neuen Schrifttum infrage, ob die Gestaltungshöhe ein Merkmal der Schutzfähigkeit darstellt, weil die Gestaltungshöhe lediglich „den quantitativen Aspekt der Individualität" beschreibt. Neben der Individualität komme daher der Gestaltungshöhe keine selbstständige schutzbegründende Funktion zu. Allerdings misst er andererseits der Gestaltungshöhe eine Bedeutung hinsichtlich des Schutzumfanges eines Werkes bei.

Neuenfeld[35] baut die Hürde zum Urheberrechtsschutz deutlich niedriger als die herrschende Meinung auf: Nach seiner Auffassung reicht es aus, dass „ein Bauwerk oder ein Teil eines Bauwerks oder Pläne eine gewisse Individualität aufweisen und den Bereich eines anspruchslosen Zeugnisses verlassen".

2440 Für den urheberrechtlichen Schutz wird nicht verlangt, dass das Bauwerk künstlerischen Zwecken zu dienen bestimmt ist; der **Gebrauchszweck** schließt den Urheberrechtsschutz nicht aus.[36] Deshalb können auch technische **Zweckbauten** (Wohnheime, Wohnhäuser, Brücken, Schwimmbäder, Kindergärten, Museen, Schulen, Kirchen, Fabrikgebäude, Brücken usw.) geschützt sein,[37] was jedoch bei reinen Zweckbauten selten der Fall sein wird.[38] Zu Recht weist Heath[39] darauf hin, dass „das Schöne sich auch mit dem Nützlichen paaren darf, ohne des urheberrechtlichen Schutzes entraten zu müssen". Stets muss sich aber im Bauwerk ein persönliches schöpferisches Schaffen des Architekten offenbaren.[40] Es muss eine besondere geistige und individuelle Leistung des Architekten vorliegen, wobei es auf den **Gesamteindruck** und die gesamte Gestaltung des Bauwerks ankommt.[41] Auf einen höheren oder geringeren Kunstwert kommt es nicht an.[42]

2441 Wann ein Bauwerk gleichzeitig ein Kunstwerk i.S. des Urheberrechtsgesetzes ist, kann nicht mit einer Formel beantwortet werden. Dabei sind vielfältige Kriterien maßgebend. Die Gerichte werden insoweit vor eine nicht immer leichte Aufgabe gestellt.

Hesse[43] weist darauf hin, dass nicht der Wille und die Absicht des Architekten maßgeblich sind, sondern allein das Ergebnis seiner Arbeit, wobei eine Gesamtbetrachtung des geschaffenen Gegenstandes vorzunehmen ist; auch ein Teil eines Bauwerks kann Kunstschutz genießen. Auch Reihen-Typen-Bauwerke können

---

33) BGH, GRUR 1989, 416.
34) *Schricker/Löwenheim*, § 2, Rn. 24 u. 25. Vgl. hierzu auch *Pauly*, NZBau 2011, 645, 648.
35) BauR 2011, 180, 181 m.w.N.
36) BGH, IBR 2011, 27 – *Schwenker* (Lärmschutzwand); BGH, GRUR 1982, 369 (Allwetterbad); BGH, GRUR 1979, 464, 465 (Flughafenpläne); OLG Oldenburg, NZBau 2008, 715 (Blockhausbauweise); OLG Hamm, BauR 1981, 300.
37) BGHZ 24, 53 sowie BGH, NJW-RR 1988, 1204 (Vorentwurf II); OLG Schleswig, GRUR 1980, 1972; vgl. hierzu OLG Karlsruhe, GRUR 1985, 534; LG München, IBR 2003, 482 – *Keller* sowie *Mahr/Schöneich*, BauR 2014, 1395.
38) OLG Karlsruhe, NZBau 2013, 712 (für „übliche Wohnhäuser"); OLG Celle, BauR 2000, 1069.
39) Festgabe für Schricker, S. 459, 462.
40) Vgl. OLG Karlsruhe, NZBau 2013, 712, 715; OLG Hamm, BauR 1997, 507 = OLGR 1997, 64.
41) Zum **angestellten** Architekten als Urheber vgl. *Locher*, Rn. 556 m.w.Nachw.
42) BGH, GRUR 1959, 289, 290; Rn. 41; OLG München, GRUR 1987, 290.
43) BauR 1971, 209, 213.

schutzfähig sein.[44] v. Gamm[45] meint, dass die Grenze zur Urheberrechtsschutzfähigkeit bei einem Bauwerk erst dann überschritten wird, wenn „ein bedeutendes Überragen der Durchschnittsgestaltertätigkeit" durch eine eigenschöpferische Prägung gegeben ist. Löwenheim[46] weist auf die Rechtsprechung des BGH hin, wonach die Frage, ob die erforderliche Gestaltungshöhe vorliegt, die zum Urheberrechtsschutz führt, in zwei Schritten zu beurteilen ist. Zunächst ist „der Gesamteindruck der konkreten Formgestaltung mit den vorbestehenden Gestaltungen" zu vergleichen und zu prüfen, ob diese Formgestaltung überhaupt individuelle Züge aufweist. Ist eine solche schöpferische Individualität zu bejahen, ist in einem zweiten Schritt zu fragen, ob diese die erforderliche Gestaltungshöhe hat, um einen Urheberrechtsschutz anzunehmen.

Locher[47] plädiert dafür, dass es an der Zeit sei, bei der Begriffsbestimmung eines baukünstlerischen Werkes auf die **Ästhetik** ganz **zu verzichten,** weil heute eine Reihe von Künstlern (auch Architekten) gerade keinen „ästhetischen Gehalt" ihrer Arbeit zu erreichen suchen. Entscheidend sei nur die gewisse Gestaltungshöhe und Individualität des Bauwerks. Die Einführung des Begriffs „ästhetischer Gehalt" in der Definition des „Kunstwerkes", wie es der BGH[48], aber auch die neuere Rechtsprechung[49] fordere, sei „unglücklich und unscharf". Darüber hinaus könne der ästhetische Wert einer (möglicherweise „schrecklichen") Architektur „gleich Null sein"; soweit hier eine eigenschöpferische, individuelle Arbeit vorläge, könne trotzdem Urheberrechtsschutz bestehen. Den Ausführungen von Locher kann beigepflichtet werden, weil mit der Berücksichtigung der Ästhetik gleichzeitig eine künstlerische, subjektive Bewertung verbunden ist und damit doch – entgegen der zitierten Auffassung des BGH – eine Einordnung in ein „höheres" oder „geringeres" Kunstwerk erfolgt. Auch Pauly[50] hat sich dafür ausgesprochen, das Kriterium der Ästhetik bei der Beurteilung des Urheberrechtsschutzes fallen zu lassen.

Es gibt keine objektiven, allgemein-gültigen Anwendungsbedingungen für den Begriff der Ästhetik. Kunst und Ästhetik sind keine Synonyme. Kunst ist nicht in jedem Falle ästhetische Kunst, wenn man bei Letzterem nur von „schöner Kunst" ausgeht, deren Ziel ausschließlich das Hervorrufen angenehmer Empfindungen ist. Schönheit ist nicht konstitutiv für eine ästhetische Kunst.[51] Hesse[52] hat schon früher darauf hingewiesen, dass die Begriffe „künstlerisch" und „ästhetisch" nicht synonym sind und „die Kunst den Bereich der Ästhetik nicht erschöpft, wie sich andererseits Kunst nicht stets aus der Begriffswelt der Ästhetik erschöpfend erfassen lässt". Auch Ahlberg[53] lehnt vehement die Ästhetik als Wertungsfaktor für den Urheberrechtsschutz mit dem Hinweis ab, dass sich die Ästhetik in einem ständigen Entwicklungsprozess befindet. Unter diesen Vorgaben sollte auf den Begriff der Ästhetik im Zusammenhang mit Baukunst verzichtet werden, jedenfalls solange in Rechtsprechung und Literatur keine Einigkeit über die Zuordnung des Begriffs „Ästhetik" in der Baukunst besteht. Nur wenn man das Ziel der Kunstästhetik dahingehend definiert, dass es dabei um das Begreifen und Erklären der Eigentümlichkeit des Kunstwerkes einerseits sowie andererseits das vom Künstler provo-

---

44) *Locher*, Rn. 543; *Hesse*, BauR 1971, 209, 215.
45) BauR 1982, 97, 102 mit Hinweis auf BGH, GRUR 1959, 289.
46) § 2, Rn. 28 mit Nachw. aus der Rechtsprechung des BGH; ebenso: OLG Düsseldorf, NZBau 2000, 88 = IBR 2000, 181.
47) Festschrift für Mantscheff, S. 15, 16; ebenso *Prinz*, S. 16.
48) Zuletzt NZBau 2008, 710, aber auch schon BGHZ 24, 55, 63 – siehe Rdn. 2439.
49) Vgl. z.B. OLG Hamm, ZUM 2006, 641; OLG Hamm, BauR 1999, 1198; OLG Jena, BauR 1999, 672; OLG Saarbrücken, GRUR 1999, 420; KG, ZUM 2002, 590, 591; LG Leipzig BauR 2002, 818.
50) NZBau 2011, 645, 647.
51) Vgl. hierzu *Werner*, BauR 2004, 750.
52) BauR 1971, 209, 211 f.
53) In *Möhring/Nicolini*, § 2, Rn. 84.

zierte Hervorrufen von sinnlichen – angenehmen wie unangenehmen – Empfindungen geht, kann der Begriff „ästhetisch" beibehalten werden. So ist es nur folgerichtig, dass manche Gerichte, wie z.B. das OLG Karlsruhe[54], das OLG Celle[55] und das OLG München[56] auf den ästhetischen Gehalt als Voraussetzung für die Schutzfähigkeit erkennbar verzichten und zu Recht nur darauf abstellen, dass sich in dem Bauwerk eine hinreichende schöpferische, individuelle Gestaltungskraft verwirklicht hat. Auch beim BGH ist ein Umdenken erkennbar: Für den Computer-Programmbereich hat er darauf hingewiesen, dass „ein ästhetischer Gehalt in einer den Schönheitssinn ansprechenden Bedeutung" von § 2 Abs. 2 UrhG nicht verlangt wird.[57] Allerdings hat der BGH noch 2008[58] entschieden, dass „für die Feststellung der Schöpfungshöhe eines Werks der Baukunst der ästhetische Eindruck maßgeblich ist, den das Werk nach dem Durchschnittsurteil des für Kunst empfänglichen und mit Kunstfragen einigermaßen betrauten Menschen vermittelt".

Soweit zum Teil in Literatur und Rechtsprechung die Auffassung vertreten wird, dass man die **Handschrift des Architekten erkennen muss,** also Ähnlichkeitsbedingungen vorausgesetzt werden, gibt es bei Erstlingswerken eines Architekten insoweit Probleme. Die persönliche Handschrift bei einem Bauwerk zeigt sich frühestens beim zweiten verwirklichten Projekt, weil das Erstlingswerk mit nichts als mit sich selbst verglichen werden kann. Damit müsste jedes Erstlingswerk eines Architekten urheberrechtlich unerkannt bleiben und nur bei der Wiederholung in gleicher Manier das erste Artefakt posthum als urheberrechtlich geschütztes Werk bewertet werden können. Daher sollte auf diese Voraussetzung neben der Individualität eines Bauwerks verzichtet werden. Andernfalls würde man auch jedem Architekten die Freiheit nehmen, sich weiter zu entwickeln und seine Gestaltungskraft durchaus unterschiedlich zum Ausdruck zu bringen.

2442 Die originelle, eigenschöpferische Darstellungsweise kann sich einmal aus der **Gesamtgestaltung** des Bauwerks, zum anderen aber auch aus **Einzeldetails** des Bauwerks,[59] wie z.B. der Fassadengestaltung,[60] dem Dachaufbau, dem Grundriss, Anordnung der Fenster,[61] der Innengestaltung eines Treppenhauses[62] oder einer Kirche,[63] der Zuordnung und Differenzierung bestimmter Baumaterialien oder Gebäudeteile, der Einordnung in die Umgebung oder eines Erdgeschossgrundrisses,[64] ergeben.[65] Ist nur ein **Einzeldetail des Bauwerks urheberrechtlich geschützt,** so begründet das noch **kein Urheberrecht für das gesamte Gebäude.**[66] Auch die Zuordnung von Einzelgebäuden (z.B. Reihenhausanlage) oder Baukörpern i.S. eines „Ensembles" kann urheberrechtsschutzfähig sein.[67] Die Verwendung all-

---

54) GRUR 1985, 534 und OLGR 1998, 151.
55) OLGR 1994, 199.
56) GRUR 1977, 555, 556.
57) BGHZ 94, 276, 286.
58) BauR 2008, 1911= NZBau 2008, 710 = IBR 2008, 582 = ZUM 2008, 862 (Kircheninnenraum als Werk der Baukunst).
59) LG Leipzig, BauR 2005, 1502, 1506. Vgl. hierzu auch *v. Schildt-Lutzenburger,* BTR 2004, 202.
60) BGH, BauR 1989, 348 unter Hinweis auf BGHZ 61, 88, 94 = GRUR 1973, 663 – Wählamt; RGZ 82, 333, 336 - **Fassadengestaltung;** OLG Jena, BauR 1999, 672 („burgenartiger Charakter" einer Fassade).
61) BGH, BGHZ 61, 88 = GRUR 1973, 663 – Wählamt.
62) BGH, BauR 1999, 272 = NJW 1999, 790 = MDR 1999, 623.
63) BGH, GRUR 1982, 107, 109 – Kircheninnenraumgestaltung.
64) BGH, GRUR 1988, 533 – Vorentwurf II – u. BGH, BauR 1989, 348 - **Bauaußenkante.**
65) Vgl. hierzu vor allem *v. Gamm,* BauR 1982, 97, 102, 103; *Prinz,* S. 13 ff.
66) OLG Düsseldorf, BauR 2016, 156.
67) OLG München, ZUM 2001, 339; LG München I, NZBau 2007, 49, 50; *Beigel,* a.a.O., Rn. 38; *v. Schildt-Lutzenburger,* BTR 2004, 202, 205.

gemein bekannter, „gemeinfreier" Gestaltungselemente kann urheberrechtsschutzfähig sein, wenn dadurch eine besondere eigenschöpferische Wirkung und Gestaltung erzielt wird.[68] Dabei kann z.B. die Anpassung an die unmittelbar umgebende Landschaft von Bedeutung sein.[69]

> v. Schildt-Lutzenburger[70] hat sich mit dem urheberrechtlichen Schutz von **Gebäudekomplexen** sehr eingehend auseinandergesetzt. Sie weist – unter Zusammenstellung der Literatur und Rechtsprechung zu dieser Frage – darauf hin, dass ein Urheberrechtsschutz nur dann zu bejahen ist, wenn die Verbindung einer Vielzahl von Gebäuden zu einem einheitlichen, zusammengehörigen Werk, also einem übergeordneten Ganzen geführt hat; die jeweiligen Gebäude müssen somit integrierende Teile eines Gesamtkonzeptes und nicht ein „ungeordnetes Sammelsurium" sein: „Es muss vielmehr ein ‚geschlossenes System der Verweisung', eine ‚innere Verbindung' erzeugt werden, bei der sich die einzelnen Gebäude stimmig aufeinander beziehen und bei der die Umgebung eines jeden Gebäudes durch das Vorhandensein des anderen mitbestimmt wird."

2443 Das OLG Schleswig[71] ist der Auffassung, dass an die Anforderungen, die ein Bauwerk als schöpferisch eigentümlich kennzeichnen und ihm mithin den **Rang einer persönlich geistigen Schöpfung** geben, regelmäßig ein **strenger Maßstab** anzulegen ist. Demgegenüber weist Goldmann[72] zu Recht darauf hin, dass nach der Rechtsprechung keine zu überzogenen „Anforderungen an die Individualität und Schöpfungshöhe bei Bauwerken gestellt werden dürfen" und der Kunstschutz eher großzügig bejaht werden sollte. In aller Regel ist davon auszugehen, dass Pläne und Bauwerke eines Architekten nicht urheberrechtlich geschützt sind. Vielfach liegt eine entsprechend zu schützende Individualität der architektonischen Leistung nicht vor, da insbesondere bei **Wohnhäusern**,[73] **Bürohäusern** und **öffentlichen Bauten** die reine **Funktionalität** im Vordergrund steht. Dadurch kann der Architekt durchweg seine eigenschöpferische Gestaltungskraft und seine künstlerische Individualität nicht entfalten, sodass seine rein funktionsbezogenen Bauwerke keinen Urheberrechtsschutz genießen.[74] Im Übrigen ist der Architekt auch nicht verpflichtet, ein urheberrechtsschutzfähiges Bauwerk zu planen und ausführen zu lassen.[75]

Das OLG Oldenburg[76] hat die herrschende Meinung zum Urheberrechtsschutz von Gebäuden wie folgt auf den Punkt gebracht:

> „… Entscheidende Voraussetzung für den urheberrechtlichen Schutz ist auch bei Bauwerken und den sie vorbereitenden Planungen, dass eine **eigenpersönliche schöpferische Leistung** im

---

68) BGH, BauR 2008, 1911 = NZBau 2008, 710 = IBR 2008, 582 = ZUM 2008, 862 (Kircheninnenraum). GRUR 1988, 690, 692 – Kristallfiguren; BGH, BauR 1989, 348. Vgl. hierzu OLG Oldenburg, NZBau 2008, 715 („im Einzelfall kann die für den Urheberrechtsschutz erforderliche eigenschöpferische Leistung … auch in einer ungewöhnlichen schöpferischen Kombination bekannter und bereits anderswo verwendeter Komponenten liegen, bei der durch das Zusammenfügen etwas Neues oder jedenfalls Besonderes geschaffen worden ist, das sich vom Durchschnittsprodukt abhebt").
69) Vgl. BGHZ 24, 55, 66 ff. – **Ledigenheim**.
70) BTR 2004, 202, 205.
71) GRUR 1980, 1072, wonach für die Frage der Urheberrechtsfähigkeit nicht die Auffassung der Fachleute, sondern die „der kunstempfänglichen Laien" maßgebend sei.
72) GRUR 2005, 639, 640 u. *Fahse*, GRUR 1996, 331, 335 sowie *Neuenfeld*, Handbuch des Architekten, Band 1, III Rn. 16 ff.
73) Vgl. hierzu OLG Karlsruhe, NZBau 2013, 712.
74) *Gerlach*, GRUR 1976, 613, 614.
75) *v. Gamm*, BauR 1982, 97, 108.
76) Urt. v. 15.04.2009 – AZ 50 1630/07.

Sinne des § 2 Abs. 2 UrhG vorliegt, die über eine Lösung einer fachgebundenen technischen Aufgabe durch Anwendung der einschlägigen technischen Lösungsmittel hinausgeht. Einer Architektenleistung, die sich in den üblichen, allseits bekannten Lösungen für eine bei entsprechenden Wohnhäusern übliche Raumaufteilung und eine gebräuchliche, standardmäßige äußere sowie innere Gestaltung erschöpft und die auch keine Besonderheiten in der Anpassung des Bauobjekts und die auch keine Besonderheiten in der Anpassung des Bauobjekts an Umgebung und Landschaft aufweist, kann Urheberrechtsschutz nicht zukommen. Übliche Wohnhäuser und vergleichbare Zweckbauten sind daher meist nicht schutzfähig (vgl. OLG München, GRUR 1987, 2, 190 – „Wohnanlage"; OLG Karlsruhe, GRUR 1985, 534, 535 – „Architektenplan"; Schricker/Loewenheim, § 2 UrhG, Rn. 153). Es ist vielmehr erforderlich, dass **besondere gestalterische Elemente** hinzutreten, die dem Bauwerk ein eigenschöpferisches Gepräge geben, etwa durch die Größe von Bauelementen, Proportionen, Verteilung der Baumassen, Gliederung und Gestaltung der Fassaden, Einbindung in das Gelände und die Umgebungsbebauung oder andere besondere Gestaltungselemente (vgl. BGH, GRUR 1989, 416 – „Bauaußenkante"; Schricker/Loewenheim, § 2 UrhG, Rn. 152). Die danach erforderliche eigenschöpferische Leistung kann auch bei einer Verwendung allgemein bekannter, gemeinfreier Gestaltungselemente vorliegen, wenn jedenfalls durch eine **schöpferische, kreative Komposition solcher Elemente** eine besondere **eigenschöpferische Wirkung und Gestaltung erzielt wird** (vgl. BGH, GRUR 1989, 416, 417 – „Bauaußenkante"; BGH, GRUR 1988, 690, 692 – „Kristallfiguren"; Fromm/Nordemann/Vinck, Urheberrecht, 9. Aufl., § 2 UrhG, Rn. 70; Schricker/Loewenheim, § 2 UrhG Rn. 152). ..."

Zusammengefasst kann festgestellt werden, dass nach herrschender Meinung folgende Voraussetzungen für den Urheberrechtsschutz gegeben sein müssen:

– Das Werk muss eine **persönliche geistige Schöpfung** wiedergeben
– Das Werk muss eine originelle, also **eigenschöpferische Individualität** aufweisen
– Es muss sich von der **Masse des alltäglichen Bauschaffens** abheben
– Das Werk muss eine **gewisse Gestaltungshöhe** (Schöpfungshöhe) haben

Haben mehrere Architekten Beiträge an einem urheberrechtlichen Gesamtwerk geleistet, ist jeder Beitrag isoliert durch das UrhG geschützt (z.B. Planung eines Bauwerks und einer Außenanlage). Lassen sich allerdings die einzelnen Werkanteile i.S. des UrhG nicht gesondert verwerten, so sind sie als **Miturheber** des Werkes anzusehen; ihre Rechte ergeben sich dann aus § 8 UrhG. Bei der gemeinsamen Planung eines Bauwerks (z.B. im Rahmen eines Wettbewerbes) wird die letzte Alternative und damit die Miturheberschaft die Regel sein (zur Klagebefugnis von Miturhebern vgl. Rdn. 2468).[77]

Sind **auf den Plänen mehrere Personen** in der üblichen Weise **als Urheber** bezeichnet, werden sie – auch im Verhältnis zueinander – bis zum Beweis des Gegenteils als **Miturheber** des Werks angesehen; allerdings begründet der Vermerk mehrerer Personen auf der Planung nur eine Vermutung für die Urheberschaft an der in diesem Entwurf verkörperten Gestaltung, nicht auch eine Vermutung der Urheberschaft am Werk selbst, wie es im Gebäude verkörpert ist, das unter Benutzung des Plans errichtet worden ist.[78] In diesem Zusammenhang ist allerdings § 10 UrhG (Vermutung der Urheberschaft) zu berücksichtigen (vgl. auch Rdn. 2468).

---

[77] OLG Hamburg, BauR 2007, 1086 = NZBau 2007, 381. Zur Bedeutung des Architektenvermerks für Urheberschaft vgl. BGH, BauR 2003, 561 („Staatsbibliothek") = NZBau 2003, 158 = IBR 2003, 83 – *Werner* = GRUR 2003, 231. Vgl. auch OLG Hamburg, IBR 2007, 147 – *Putzier*.
[78] BGH, ZUM 2009, 521 (Kranhäuser) = NZBau 2009, 724 = IBR 2009, 715 – *Fuchs*; OLG Hamm, BauR 2012, 524 = IBR 2011, 707 – *Fuchs* = ZUM 2011, 920.

Lässt sich ein **Architekt** bei seiner Planung **von anderen Personen** (angestellten Architekten usw.) **unterstützen**, kommt es auf Art und Umfang der Unterstützung an. Ist die unterstützende Person nicht auf den Plänen verzeichnet, trägt diese die Darlegungslast für Art und Umfang der Unterstützung. Soweit die unterstützende Person sich z.B. an die Vorlage des Architekten hält und keinen eigenen Beitrag leistet, kann sie nicht als Urheber angesehen werden.[79] Wird ein Architekt (z.B. in Wettbewerbsunterlagen) nur als „Mitarbeiter" benannt, spricht dies noch nicht für eine Miturheberschaft.[80]

Ein Miturheber kann auch allein prozessual vorgehen und insbesondere klagen; er muss allerdings die Leistung an alle Miturheber verlangen.[81]

2444 Nach den allgemeinen Darlegungs- und Beweisregeln obliegt es nach zutreffender Auffassung des LG Köln[82] dem Urheber, nicht nur das betreffende Werk vorzulegen oder darzustellen, sondern grundsätzlich auch die konkreten Gestaltungselemente, aus denen sich die urheberrechtliche Schutzfähigkeit ergeben soll, darzulegen und ggf. zu beweisen. Bei der Beurteilung, ob ein urheberrechtlich geschütztes Werk vorliegt, bedarf es nicht unbedingt der Hinzuziehung eines **Sachverständigen**;[83] sofern das Gericht die notwendige Beurteilungserfahrung hat, darf es sich auch auf seinen eigenen Eindruck verlassen.[84]

Der **Urheberschutz** für das Bauwerk bzw. seine Planung **endet** gemäß § 64 UrhG siebzig Jahre nach dem Tod des Urhebers.

Im Bau- und Architektenrecht sind im Wesentlichen folgende Rechte des Urheberarchitekten zu nennen:

- Recht auf **Erstveröffentlichung**, § 12 UrhG
- Recht auf **Anerkennung** der Urheberschaft, § 13 UrhG (vgl. Rdn. 2454)
- Recht auf **Unterlassung einer Änderung oder einer Entstellung** des Werks, § 14 sowie § 39 UrhG (vgl. Rdn. 2457 ff.)
- **Vervielfältigungsrecht** (Nachbaurecht), § 16 UrhG (vgl. Rdn. 2452)
- Recht auf **Übertragung von Nutzungsrechten**, §§ 31 ff. UrhG (vgl. Rdn. 2456)
- Recht auf **Zugang zum Werk**, § 25 UrhG (vgl. Rdn. 2455).

2445 Rechtsprechung zur Urheberrechtsfähigkeit von Architektenleistungen:
OLG Hamm, BauR 1981, 300 (**Grundrissplan**); OLG Hamm, GRUR 1967, 608 (**Entwürfe** für Bauvorhaben des **öffentlich geförderten** Wohnungsbaus); OLG München, OLGZ 1969, 430 (Entwürfe für **Einfamilienhäuser**); BGH, BauR 1982, 178 = GRUR 1982, 107 (**Innenraumgestaltung einer Kirche**); OLG Hamburg, UFITA 1977, Bd. 79, 343 (**Bauentwürfe**); OLG München, GRUR 1974, 484 (Betonstrukturplatten zur Verkleidung von **Fassaden**); OLG Schleswig, GRUR

---

79) BGH, GRUR 1952, 257 (Krankenhauskartei). Vgl. hierzu *Dreyer/Schulze*, § 7, Rn. 9 sowie § 8, Rn. 6 ff.
80) Zur Abgrenzung zwischen Urheber und „Gehilfe" im Rahmen eines Anstellungsvertrages vgl. *Neuenfeld/Baden/Dohna/Groscurth*, III, Rn. 40).
81) *Neuenfeld/Baden/Dohna/Groscurth*, III, Rn. 35 m.w.N.
82) ZUM-RD 2008, 88.
83) LG Nürnberg-Fürth, IBR 2004, 325 – *Werner*.
84) OLG Hamm, ZUM 2006, 641, 643; OLG München, GRUR 1987, 290; vgl. ferner BGH, GRUR 1980, 853 u. LG Hannover, BauR 1987, 584.

Urheberrechtsschutz des Architekten   Rdn. 2445

1980, 1072; BGH, NJW 1955, 1918 (**Pläne** für die Aufteilung und Bebauung eines **Siedlungsgeländes**); BGH, GRUR 1979, 464, 465 (**Flughafenpläne**); BGH, BauR 1984, 423 = DB 1984, 2028 = GRUR 1984, 659 = NJW 1985, 1631 (**Ausschreibungsunterlagen** für den Bau einer Pipeline); OLG Karlsruhe, GRUR 1985, 534 (**Bauplan**); OLG Hamm, MDR 1986, 150 (keine Schutzfähigkeit einer **Aufbauanleitung** für ein Stahlrohrgerüst – Darstellungsschema); OLG Frankfurt, BauR 1986, 446 = DB 1986, 691 = GRUR 1986, 244 (**Verwaltungsgebäude**); OLG München, GRUR 1987, 290 (**Pläne einer Wohnanlage**); LG Hannover, BauR 1987, 584 und OLG Celle, BauR 1986, 601 (bei vorzeitiger **Beendigung der Architektenverträge**); BGH, GRUR 1988, 533 = NJW-RR 1988, 1204 (**Erdgeschossgrundriss** im Rahmen eines Vorentwurfs); BGH, BauR 1989, 348 (**Baufluchtlinie, Bauaußenkante**); OLG Düsseldorf, GRUR 1990, 189, 191 (**Grünskulptur/Garten- und Parkanlagen**); OLG München, OLGR 1992, 24 (**schlüsselfertige Häuser**); LG Gera, BauR 1995, 866 (Erstellung eines Bebauungsplans und anschließende Planung einer Wohnanlage); KG, KGR 1997, 3 (**Planerische Gestaltung des Innenraums** zwischen einem Altbau und einer ellipsenförmigen Mediothek); OLG Jena, BauR 1999, 672 („burgenartiger Charakter" einer Fassade).

OLG Düsseldorf, NZBau 2000, 88 = IBR 2000, 181 (**Hotelneubau**: Grundriss in der Form eines Andreaskreuzes noch keine innovative Schöpfung, da Kreuz-, H- oder X-Formen immer wieder verwandt werden); OLG Hamm, BauR 1999, 1198 (Urheberrechtsschutz für **Einfamilienhaus**); BGH, BauR 2000, 438 = NJW-RR 2000, 185 = MDR 2000, 596 (Urheberrechtsschutz an **technischen Zeichnungen und Ausschreibungstexten**); OLG Celle, BauR 2000, 1069 (kein Urheberrechtsschutz für reine **Zweckbauten**); KG, ZUM 2001, 590 = IBR 2003, 139 – Werner (Urheberrechtsschutz für **Gartenanlage**); LG Leipzig, BauR 2002, 818 = ZUM 2002, 11 (Urheberrechtsschutz für eine **WC-Anlage** an einer Autobahn-Rastanlage); OLG München, ZUM-RD 2003, 257 = NZBau 2003, 449 (Urheberrechtsschutz für ein **Zweifamilienhaus**); OLG München, IBR 2003, 547 – Werner (kein Urheberrechtsschutz, wenn Planung zu einem **neuen Gesamteindruck** führt); LG München, IBR 2003, 482 – Keller (Urheberrechtsschutz für **Lagerhalle** mit doppelt geschwungenem Dach) = ZUM-RD 2003, 556 = NZBau 2004, 52; Österreichischer Oberster Gerichtshof, ZUM-RD 2003, 415 (nicht ein Architektur-Stil genießt Schutz, sondern der jeweilige Gegenstand, den dieser Stil prägt – **Miturheberschaft am „Hundertwasser-Haus"**). LG München I, ZUM-RD 2003, 556 (zur Beurteilung, ob eine **zulässige freie Benutzung** [§ 24 UrhG] oder eine **abhängige Bearbeitung** vorliegt); LG Nürnberg-Fürth, IBR 2004, 326 – Werner (Urheberrechtsschutz auch für **nicht realisierte Planung**); LG Leipzig, BauR 2005, 1502, 1506 (Kein urheberrechtlicher Schutz eines **Teils des Bauwerkes**, das als solches diesen genießt – Parkettbelag in einem Bauteil); LG München I, ZUM 2006, 490 (Kein Urheberrechtsschutz für **übliche Wohnhauspläne**); BGH, BauR 2006, 2051 (Kein Urheberrecht für **Vergabehandbuch**; § 5 Abs. 1 UrhG); LG Köln, IBR 2007, 438 – Schüller (Urheberrechtsschutz auch für **Entwurfspläne 1: 500**); LG Berlin, NZBau 2007, 324 (**Hauptbahnhof Berlin**) = IBR 2007, 253 – *Werner* = ZUM 2007, 424; BGH, BauR 2008, 1911 (**Kircheninnenraum** als Werk der Baukunst; Interessenabwägung bei Änderungswünschen der Kirchengemeinde) = IBR 2008, 582 = ZUM 2008, 862 = NZBau, 2008, 710; LG Köln, IBR 2007 438 = ZUM-RD 2008, 88 (Urheberrechtsschutz für **Entwurfsplanung eines funktionalen Bauwerks**); OLG Oldenburg,

NZBau 2008, 715 (Kein Urheberrechtsschutz für einfaches Holzhaus); OLG Stuttgart, ZUM 2011, 173 = IBR 2011, 28 – *Fuchs* sowie BGH, BauR 2012, 283, hierzu Analyse Werner (16.12.2011) in werner-baurecht.de (Urheberrechtsschutz Hauptbahnhof Stuttgart); BGH, BauR 2012, 283 („Stuttgart 21" – Beeinträchtigung des Urheberrechts durch Teilabriss?).

Die **Veröffentlichung** der urheberrechtlich geschützten Architektenzeichnung ohne Einwilligung des Architekten auf einer fremden Homepage **verstößt gegen das Urheberrecht** des Architekten (LG Potsdam, BauR 2010, 531). **Zugangsbefugnis** des Urheberarchitekten zwecks Herstellung von Fotografien (LG Düsseldorf, BauR 1980, 86); Recht auf **Anbringung der Urheberbezeichnung** am Werk (BGH, GRUR 1995, 245); Schulergänzungsbau als **Entstellung** des Architektenwerks – „Strehle-Schulzentrum" (LG München I, NZBau 2007, 49 = IBR 2007, 148 – Werner); Recht des Urhebers **auf unveränderte Errichtung seines Entwurfs** (LG Berlin, NZBau 2007, 324 = IBR 2007, 253 – Werner = ZUM 2007, 424). **Miturheberschaft** am Bauwerk/Urhebervermutung bei Plänen (OLG Hamm, IBR 2011, 707 – Fuchs = ZUM 2011, 920). Die **einmalige Präsentation** eines Architektenplanes ist keine Urheberrechtsverletzung (OLG Frankfurt, IBR 2014, 362 – *Knoche*).

2. Verwertungsrecht des Bauherrn

Literatur

Heath, Verwertungsverträge im Bereich der Baukunst, Urhebervertragsrecht, Festgabe für Schricker (1995), 459; *Schulze*, Vernichtung von Bauwerken, Festschrift für Dietz (2001), 177.

2446 Mit Abschluss des Architektenvertrages überträgt der Architekt grundsätzlich nicht sein **Urheberrecht** an den Bauplänen oder dem Bauwerk auf seinen Auftraggeber (Bauherrn), weil das **Urheberrecht** gemäß § 29 Satz 2 UrhG (**Urheberpersönlichkeitsrecht**) **nicht übertragbar** ist. In Betracht kommt nur die Übertragung des Nutzungsrechts am Urheberrecht.

Dabei ist zunächst zu berücksichtigen, dass der Architekt ein besonderes, zusätzliches Honorar für die Nutzung von urheberrechtlich geschützten Plänen nicht verlangen kann, soweit dadurch der Höchstpreischarakter der HOAI verletzt wird.[85]

Der Architekt kann im Übrigen das Nutzungsrecht an seinem Urheberrecht auf den Auftraggeber **ausdrücklich** (z.B. im Architektenvertrag) übertragen. Ob der Architekt im Rahmen seines Vertragsverhältnisses mit dem Auftraggeber das Nutzungsrecht **schlüssig** auf seinen Auftraggeber übertragen hat, ist stets im Einzelfall zu prüfen.[86] Dabei ist wie folgt zu differenzieren:

* Wird dem Architekten **nur die Leistungsphase 1** (Grundlagenermittlung) **und/oder 2 (Vorplanung)** übertragen, kann **nicht ohne weiteres auf eine stillschweigende Übertragung** der urheberrechtlichen Nutzungsbefugnis **geschlossen werden**, weil eine Grundlagenermittlung und eine Vorplanung nicht unmittelbar

---

[85] OLG Nürnberg, NJW-RR 1989, 407, 409; OLG München, BauR 1995, 434 (LS) = OLGR 1995, 14 = NJW-RR 1995, 474.
[86] Vgl. hierzu OLG Jena, BauR 1999, 672.

darauf abzielt, auch in Wirklichkeit umgesetzt zu werden[87]; vielmehr dient die Erstellung einer Vorplanung als Einzelauftrag „im allgemeinen zunächst der Vorklärung des Bauvorhabens, der näheren Konkretisierung und Klärung der Bauabsichten, der Rentabilitätsberechnung und der Vorprüfung".[88] Dabei ist auch zu berücksichtigen, dass in den Leistungsphasen der Grundlagenermittlung und vor allem der Vorplanung bei architektonisch anspruchsvollen Bauten der eigentliche „schöpferische Wurf", also die geniale Bauidee entsteht. Mit Recht weist das OLG Jena[89], darauf hin, dass der Architekt für eine Vorplanung nur einen verhältnismäßig geringen Prozentsatz aus der Gesamtvergütung, nämlich 7 %, erhält und daher nicht davon ausgegangen werden kann, „dass sämtliche kreativen Gestaltungselemente des Architekten, die notwendigerweise bereits in einem frühen Stadium offen gelegt werden müssen, abgegolten sind und vom Auftraggeber später ohne eigenen Kostenaufwand und ohne Vergütung für den Architekten weiter verwendet werden können". Ist also der Architekt nur in dem oben angegebenen, begrenzten Umfang beauftragt worden, kann er eine zusätzliche Vergütung für die Nutzungsbefugnis seiner Planung verlangen.

* Ist der Architekt **nur** mit der Planung im Rahmen **der Leistungsphasen 1 bis 4** (Grundlagenermittlung, Vorplanung, Entwurfsplanung und Genehmigungsplanung) oder **1 bis 3** (Grundlagenermittlung, Vorplanung und Entwurfsplanung) oder **zusätzlich mit der Ausführungsplanung** beauftragt, ist davon auszugehen, dass die Nutzung eines (etwaigen) Urheberrechts **unentgeltlich mit übertragen wurde**, also durch die vereinbarten Honorarsätze der HOAI abgegolten wurde.[90] Das ist spätestens mit der Bezahlung des Honorars für die vorgenannten Leistungsphasen anzunehmen.[91] Dies folgt aus der insoweit geltenden **Zwecküber-**

---

87) Allgemeine Meinung: BGH, NJW 1984, 2818 = BauR 1984, 416 = ZfBR 1984, 194 = GRUR 1984, 656 m.Anm. *Vinck*, der zu Recht darauf hinweist, dass es auch kein befriedigendes Ergebnis wäre, „wenn gerade bei architektonisch anspruchsvollen Bauten der Bauherr den urheberrechtlich relevanten Teil der Leistung des Architekten – die schöpferische, vielleicht sogar geniale ‚Bauidee' – für eine im Verhältnis zu der gesamten Leistung des entwerfenden und bauausführenden Architekten geringe Gegenleistung ‚stillschweigend' erwerben könnte"; BGHZ 24, 55; OLG Celle, BauR 2011, 1187 sowie NJW-RR 2000, 191; OLG Jena, BauR 1999, 672; OLG Hamm, BauR 1999, 1198; *Neuenfeld*, BauR 2011, 180, 184; *Fuchs*, BauR 2009, 1367, 1373 m.w.N.; *J.B. Nordemann* in *Fromm/Nordemann*, § 31, Rn. 140; *v. Gamm*, BauR 1982, 97, 111; *Loewenheim*, § 71, Rn. 24.
88) BGH, NJW 1984, 2818 = BauR 1984, 416 = ZfBR 1984, 194 = GRUR 1984, 656.
89) BauR 1999, 672; ebenso OLG Celle IBR 2011, 277 – *Schwenker*.
90) BGH, NJW 1975, 1165 = BauR 1975, 363 sowie BGH, BauR 1988, 361 – Vorentwurf II und BGH, GRUR 1982, 369, 371; OLG Frankfurt, ZUM 2007, 306 = IBR 2007, 82 – *Fuchs*; OLG Hamm, BauR 2012, 690 (LS); OLG München, NJW-RR 1995, 474; OLGR 1995, 14; OLG Nürnberg, NJW-RR 989, 407; *v. Gamm*, BauR 1982, 114; *Vygen*, in: Korbion/Mantscheff/Vygen, § 4 HOAI, Rn. 68, der jedoch bei Übertragung der Leistungsphasen 1–3 des § 15 HOAI dies nicht annehmen will; ebenso *Binder/Messer*, Rn. 372 sowie *Dreier/Schulze*, Vor § 31, Rn. 262 sowie Loewenheim, § 71, Rn. 28 und OLG Celle, BauR 2011, 1187 = IBR 2011, 277 – **Schwenker**; a.A.: *Neuenfeld*, BauR 1975, 373 und BauR 2011, 180, 184; *Schulze*, NZBau 2007, 537, 541; *Binder/Kosterhon*, Rn. 345; vgl. auch OLG Nürnberg, BauR 1980, 486 zu § 9 Nr. 2 Allg. Vertragsbestimmungen zum Einheitsarchitektenvertrag; *Heath*, Festgabe für *Schricker*, S. 469; *Beigel*, Rn. 68.
91) OLG Jena, BauR 1999, 672; *J.B. Nordemann*, in: Fromm/Nordemann, § 31, Rn. 140.

tragungstheorie[92]: Danach überträgt der Architekt mit Abschluss des Architektenvertrages ausdrücklich oder zumindest gemäß dem Sinn und Zweck des Vertrages stillschweigend die urheberrechtlichen Befugnisse an seinen Plänen auf den Bauherrn, soweit dieser sie zu Errichtung des Bauwerks benötigt.[93] Die vorgenannten Ausführungen gelten auch für den Fall, dass die vorerwähnte Beauftragung erfolgt und über eine Fortsetzung des Vertragsverhältnisses noch gesondert verhandelt werden soll, sodass von vornherein die Möglichkeit der Einschaltung eines anderen Architekten für die weiteren Leistungsphasen in Betracht kommt, wenn z.B. diese Verhandlungen über die Fortsetzung des Vertragsverhältnisses nicht erfolgreich beendet werden können. Das OLG Frankfurt[94] weist in diesem Zusammenhang auf einen Sonderfall hin: Wird ein Architekt zunächst nur mit der Genehmigungsplanung beauftragt, soll ihm aber im Falle der Durchführung des Bauvorhabens auch die Ausführungsplanung übertragen werden, kann ohne nähere Anhaltspunkte nicht von einer Übertragung des urheberrechtlichen Nachbaurechts an den Bauherrn ausgegangen werden.

Wird der Architekt mit der **Vollarchitektur** (Leistungsphasen 1 bis 8/9) beauftragt, ist grundsätzlich davon auszugehen, dass der Architekt **schlüssig** die **Nutzungsrechte** mit Vertragsschluss auf den Auftraggeber **überträgt**.[95] Dabei ist gleichgültig, ob der Architektenvertrag auch abgewickelt oder vorzeitig gekündigt wird.[96] Denn Sinn und Ziel eines solchen Vertrags ist stets, dass das Bauvorhaben nach den Plänen des Architekten auch verwirklicht wird, sodass davon auszugehen ist, dass die Nutzung eines etwaigen Urheberrechts unentgeltlich bzw. durch die Honorarsätze der HOAI abgegolten und mit übertragen ist. Das hat zur Folge, dass grundsätzlich ein besonderes, zusätzliches Honorar für die Nutzungsbefugnis nicht verlangt und auch nicht vereinbart werden kann, soweit hierdurch der Höchstpreischarakter der HOAI verletzt würde.[97] Das ist jedoch umstritten. Es wird auch die Auffassung vertreten, dass bei einer Vollarchitektur der Architekt dem Auftraggeber keine Nutzungsrechte an seinem Urheberrecht schlüssig einräumt, weil der Vertrag dahingehend auszulegen ist, dass der Architekt im Rahmen der Abwicklung des Vertragsverhältnisses das Nachbau- bzw. Vervielfältigungsrecht (§ 16 UrhG), nämlich die Realisierung des Bauwerks, selbst ausübt.[98]

---

92) Vgl. hierzu BGH, NJW 1995, 3252, 3253 sowie NJW-RR 2007, 1530 = GRUR 2007, 693, 695; ferner BGH, BauR 1981, 298.
93) OLG Jena, BauR 1999, 672; Fuchs, BauR 2009, 1367, 1373 m.w.N.
94) NZBau 2007, 322. Ebenso *J.R. Nordemann*, in: Fromm/Nordemann, § 31 Rn. 140.
95) Herrschende Meinung; vgl. für viele OLG Nürnberg, NJW-RR 1989, 407 u. BauR 1980, 486; *Koeble*, in: Locher/Koeble/Frik, Einl. Rn. 297; **a.A.:** *Heath*, Festgabe für *Schricker*, S. 459, 468/469; *Beigel*, Rn. 64 u. *v. Gamm*, BauR 1982, 111 unter Hinweis auf die Wahlamtsentscheidung des BGH, NJW 1973, 1696. Zur Einräumung von Nutzungsrechten bei Erweiterungsbauten vgl. *Binder/Kosterhon*, Rn. 343.
96) BGH (7. ZS), NJW 1975, 1165 = BauR 1975, 363; OLG Frankfurt, BauR 1982, 295; LG Köln, SFH, Nr. 1 zu § 97 UrhG; **a.A.:** BGH (1. ZS), GRUR 1973, 663, 665 = BauR 1973, 1696; *v. Gamm*, BauR 1982, 97, 112; *Ern*, ZfBR 1979, 136, die alle im Falle eines Architektenwechsels bezüglich der Übertragung von Nutzungsrechten auf den jeweiligen Baufortschritt abstellen wollen.
97) OLG Nürnberg, NJW-RR 1989, 407, 409; OLG München, BauR 1995, 434 (LS) = NJW-RR 1995, 474.
98) OLG Frankfurt, IBR 2007, 82; Fuchs, BauR 2009, 1367, 1371 m.w.N.; *Schulze*, NZBau 2007, 539, 541 m.w.N.; *J.B. Nordemann*, in: Fromm/Nordemann, § 31, Rn. 14; *Schulze*, in *Dreier/*

So sind Binder/Kosterhon[99] der Auffassung, dass für einen Architekten bei der Beauftragung der Vollarchitektur keine Veranlassung besteht, dem Bauherrn Nutzungsrechte zur Realisierung des Bauvorhabens einzuräumen, weil er ja bei Ausführung seiner Planung von seinem eigenen Urheberrecht Gebrauch macht.[100]

Folgt man dieser Auffassung hat dies insbesondere Konsequenzen bei der Frage, ob bei vorzeitiger Vertragsbeendigung (zum Beispiel durch Kündigung) der Bauherr das Bauwerk ohne Einwilligung des Architekten fortsetzen kann. Nach richtiger Auffassung von Binder/Kosterhon[101] kommt es insoweit auf den Stand der Realisierung des Bauwerks an: Danach hat der Architekt die Fortführung jedenfalls dann – und zwar ohne Honoraranspruch – zu dulden, „wenn das Bauwerk bereits so weit vollendet ist, dass die eigenschöpferische Formgestaltung durch die Entwurfsverfasser darin bereits zum Ausdruck kommt."[102] Noch ungeklärt ist die rechtliche Beurteilung, wenn der Architekt als Entwurfsverfasser den Kündigungsgrund selbst zu vertreten hat.[103] Auch der 1. sowie der 7. Zivilsenat des BGH sind sich zu der zuvor erörterten Frage nicht einig.[104]

2447

Viele Bauherren, vor allem aus dem Bereich der öffentlichen Hand sind neuerdings bemüht, sich ohne größere finanzielle Aufwendungen geistige, meist urheberrechtlich geschützte Leistungen von Architekten anzueignen und zu verwerten. Der Weg geht dabei neuerdings über so genannte **„Workshops zur Ideenfindung"** z.B. für ein bestimmtes städtebauliches Vorhaben.[105] Dazu werden bekannte Architektenbüros eingeladen. Von ihnen werden umfangreiche Architektenleistungen gefordert (z.B. Übersichtspläne, städtebauliche Konzepte, Funktionsgrundrisse, Schnitte usw.). Gefordert wird darüber hinaus vor allem aber eine damit verbundene individuelle, eigenschöpferische Idee mit möglichst hohem Gestaltungsgrad. Gezahlt wird in der Regel nur eine Aufwandsentschädigung, die weit unter den Mindestsätzen der HOAI liegt. Gleichzeitig räumen aber die Workshopteilnehmer in den allgemeinen Teilnahmebedingungen dem Veranstalter alle Nutzungsrechte nach dem UrhG ein. Derartige Klauseln sind nicht nur als überraschende Bestimmungen unwirksam, sondern sie stellen auch eine unangemessene Benachteiligung des Architekten dar. Die von dem Veranstalter des Workshops geforderte „Idee" stellt in der Regel eine vorplanerische Leistung dar. In der Idee spiegelt sich im Wesentlichen die schöpferische Kraft des Architekten wider. Die Idee ist sozusagen der geistige Wurf der Architekten und damit die eigentliche schöpferische Leistung. Diese Leistung kann nicht gegen eine Aufwandsentschädigung abgegolten werden, wenn gleichzeitig sämtliche Nutzungs- und möglicherweise auch Änderungsrechte an den Veranstalter übertragen werden. Etwas anderes gilt nur, wenn der jeweilige Architekt mit der weiteren Planung beauftragt oder ihm ein Entgelt für die Übertragung der Nutzungsbefugnis seiner geschützten architektonischen Leistung gezahlt wird.

2448

Aus der Teilnahme eines Architekten an einem **Architekten-Wettbewerb** ergibt sich noch keine Übertragung von Nutzungsrechten[106], es sei denn, in den von den

2449

Schulze Vor § 31, Rn. 263: *Ern*, ZfBR 1979, 136, 138; *v. Gamm*, BauR 1982, 97, 111; *Schulze*, in Löwenheim, § 71, Rn. 21.
99) 2. Teil, Rn. 341 unter Hinweis auf BGH, GRUR 1973, 663, 665 – Wählamt.
100) Ebenso *Schulze*, in: Dreier/Schulze, § 31, Rn. 137 unter Hinweis auf BGH, GRUR 1984, 656, 658 – Vorentwurf.
101) *Binder/Kosterhon*, 2. Teil, Rn. 354.
102) *Binder/Kosterhon*, 2. Teil, Rn. 354.
103) Vgl. hierzu *Neuenfeld*, BauR 2011, 180, 184 f.
104) Vgl. hierzu *Schulze*, NZBau 2007, 539, 541 sowie *Dreier/Schulze*, Vor § 31, Rn. 263 und *v. Gamm*, BauR 1982, 97, 112 ff.
105) Vgl. hierzu im Einzelnen *Werner*, Festschrift für Kraus, S. 370 ff.
106) So auch *Schulze*, in: Dreier/Schulze, Vor § 31, Rn. 270.

Architekten akzeptierten Wettbewerbsbedingungen ist die Nutzungseinräumung ausdrücklich vorgesehen.[107] Allerdings verstoßen formularmäßige Nutzungseinräumungen in den Teilnahmebedingungen des Auslobers grundsätzlich gegen § 307 Abs. 2 BGB, es sei denn, dass eine angemessene Vergütung hierfür vorgesehen wird.[108]

Zur **Übertragung eines urheberrechtlichen Nutzungsrechts** im Verhältnis eines **Landesbediensteten** zu seinem **Dienstherrn** hat der BGH[109] Folgendes entschieden: Unter normalen Umständen kann nicht davon ausgegangen werden, dass ein Landesbediensteter, der in Erfüllung seiner Dienstpflichten ein urheberrechtlich geschütztes Werk geschaffen und seinem Dienstherrn hieran ein ausschließliches Nutzungsrecht eingeräumt hat, damit seine stillschweigende Zustimmung gegeben hat, dass der Dienstherr anderen Bundesländern zur Erfüllung der ihnen obliegenden oder übertragenen Aufgaben Unterlizenzen gewährt oder das Nutzungsrecht auf sie weiterüberträgt.

Ist von der Übertragung des urheberrechtlichen Nutzungsrechtes auszugehen, kann der Architekt die **Herausgabe** von Plänen (und Bauunterlagen), die für die Durchführung eines Bauvorhabens dringend erforderlich sind, **nicht von der Begleichung** einer dem Bauherrn übersandten (Abschlags-)Rechnung **abhängig** machen; ein **Leistungsverweigerungs-** oder **Zurückbehaltungsrecht** steht ihm nicht zu, weil er hinsichtlich der Nutzungsbefugnis seiner Pläne **vorleistungspflichtig** ist.[110] Er ist deshalb verpflichtet, seinem Auftraggeber **Mutterpausen** zur Verfügung zu stellen, wenn er an den Originalunterlagen ein Urheberrecht beansprucht.[111]

2450 In manchen Allgemeinen Vertragsbestimmungen zum Architektenvertrag findet sich die Regelung, wonach der Bauherr grundsätzlich nicht berechtigt ist, das Bauwerk ohne Mitwirkung des Architekten zu beenden.[112] Hat der Architekt die Vertragsbeendigung nicht zu vertreten, kann der Architekt nach dieser vertraglichen Bestimmung (trotz Übertragung des Nutzungsrechtes auf den Bauherrn) von diesem verlangen, dass er entweder den Weiterbau nach den Plänen des Architekten ohne seine Beteiligung unterlässt (§ 1004 BGB) oder ihn am Weiterbau beteiligt.[113]

2451 Das **Verwertungsrecht des Auftraggebers,** das ihm vom Architekten ausdrücklich oder stillschweigend übertragen wurde, hat in der Regel seine Schranken in der **einmaligen Realisierung** der Planung. Eine **Nachbaubefugnis** – im Sinne einer Vervielfältigung – steht dem **Bauherrn** daher ohne Einwilligung des Architekten grundsätzlich **nicht** zu (§ 53 Abs. 4 UrhG).[114] Dies gilt auch für **Erweiterungsbauten,** die bei der Planung der Erstbauten nur allgemein einbezogen waren,[115] wenn die Erweiterung unter Übernahme der vorhandenen Gestaltungsmerkmale des

---

107) Kritisch hierzu *Meyer/Reimer*, BauR 1980, 291, 296.
108) So auch *Schulze*, in: Dreier/Schulze, Vor § 31, Rn. 270.
109) BauR 2011, 878 = IBR 2011, 90 – *Schwenker*.
110) OLG Frankfurt, BauR 1982, 295; OLG Köln, BauR 1999, 189 = OLGR 1998, 138, 139 = NJWRR 1998, 1097.
111) OLG Köln, BauR 1999, 189 = OLGR 1998, 138, 139 = NJW-RR 1998, 1097.
112) Vgl. hierzu OLG Nürnberg, BauR 1980, 486 u. *Beigel*, a.a.O., Rn. 78.
113) OLG Nürnberg, BauR 1980, 486.
114) *Gerlach*, GRUR 1976, 613, 619; *v. Gamm*, BauR 1982, 97, 116; *Prinz*, S. 57 f.; vgl. auch BGH, GRUR 1982, 369 **(Nachbaurecht bei Kündigung)**.
115) BGH, BauR 1981, 298 = ZfBR 1981, 30. Ferner LG Hannover, BauR 2006, 410.

Hauptgebäudes, die die Urheberrechtsfähigkeit begründen, erfolgt.[116] Dieser Grundsatz des Verbotes des Nachbaus kommt ausnahmsweise nicht in Betracht, wenn aus Sinn und Zweck des Architektenvertrages, insbesondere aber aus der Honorierung, erkennbar wird, dass die Planung sich nicht auf ein Bauvorhaben, sondern auf eine Reihe von Bauwerken bezieht.[117] Nach der **Zweckübertragungstheorie**[118] überträgt der Urheber im Zweifel nicht mehr an Rechten, als der Vertragspartner benötigt, um sein Vertragsziel zu erreichen (vgl. Rdn. 2446).

2452 Der **Architekt** selbst ist grundsätzlich **zum Nachbau befugt** (§ 16 UrhG – **Vervielfältigungsrecht**). Nur im Einzelfall können vertragliche Belange des Auftraggebers unter Berücksichtigung von Treu und Glauben dem entgegenstehen.[119] Hat beispielsweise ein Architekt ein Einfamilienhaus besonders individuell gestaltet, wäre es in aller Regel treuwidrig, wenn er das gleiche Haus in unmittelbarer Nachbarschaft nochmals errichtet.[120]

2453 Der **Architekt** hat auch gem. § 12 Abs. 1 UrhG allein das Recht, zu bestimmen, ob und wie sein Werk zu **veröffentlichen** ist. Nur ihm steht das Recht zu, Abbildungen des Bauwerks zu verbreiten (§§ 16, 17 UrhG).[121] Etwas anderes kann sich aus § 59 UrhG ergeben (Bauwerke an öffentlichen Plätzen).[122] In vielen Architekten-Formularverträgen ist der Bauherr zwar zur Veröffentlichung des vom Architekten geplanten Bauwerks berechtigt, er hat dabei jedoch den Namen des Architekten anzugeben.

2454 Das Recht auf **Anbringung** einer **Urheberbezeichnung** an dem Bauwerk steht jedem planenden Architekten zu (§ 13 UrhG), sofern es sich bei dem von ihm geplanten Bauwerk um ein urheberrechtlich geschütztes Werk der Baukunst i.S. des § 2 Abs. 1 Nr. 4 UrhG handelt.[123] Dieses Recht kann jedoch im Einzelfall durch Vertrag zwischen Architekt und Bauherr **eingeschränkt** werden; „soweit sich **Verkehrsgewohnheiten** oder **allgemeine Branchenübungen** gebildet haben, ist davon **auszugehen**, dass **diese** beim Abschluss von Verwertungsverträgen mangels abweichender Abreden **stillschweigend** zugrunde gelegt werden" (BGH). Bei der Prüfung dieser Frage sind keine zu geringen Anforderungen zu stellen.

Der BGH setzt der Architekten-Urheberbezeichnung nach § 13 Satz 2 UrhG im Übrigen **deutliche Grenzen,** soweit es um die **Art, Form** und **Ausgestaltung**

---

116) So zutreffend LG Hannover, BauR 2006, 410 = IBR 2005, 693 – *Schröder* (bestätigt durch Beschluss des OLG Celle vom 2.2.2005 – 13 U 317/04).
117) *Hesse,* BauR 1971, 209, 219.
118) BGH, NJW 1995, 3252 = ZfBR 1996, 81.
119) Vgl. hierzu näher *Gerlach,* GRUR 1976, 613, 619, 620.
120) *Hesse,* BauR 1971, 209, 219; *v. Gamm,* BauR 1982, 97, 116; *Locher,* Rn. 361.
121) Zur Anerkennung der Urheberschaft gemäß § 13 UrhG: *Beigel,* Rn. 140 ff.
122) Vgl. hierzu BGH, IBR 2003, 680 – *Werner* (Hundertwasserhaus). Danach ist das Recht, ein an einer öffentlichen Straße oder einem öffentlichen Platz stehendes Bauwerk durch Lichtbild zu vervielfältigen und zu verbreiten, bereits nach § 59 Abs. 1 Satz 2 UrhG auf die äußere Ansicht beschränkt. Im Übrigen entspricht es – so der BGH mwN – einhelliger Auffassung im Schrifttum, dass sich dieses Recht stets nur auf die Teile des Gebäudes bezieht, die von der Straße oder dem Platz aus zu sehen sind. Vgl. hierzu auch *Czernik,* ZfIR 2015, 242 („Gebäudefotografie").
123) BGH, BauR 1994, 784 = NJW 1994, 2631 = ZfBR 1994, 268 = WRP 1994, 754 = BB 1994, 1654; OLG München, NJW-RR 1995, 474. Vgl. hierzu *Neuenfeld/Baden/Dohna/Groscurth,* III, Rn. 65 ff.

geht: „Bei der gebotenen Berücksichtigung der Interessen des Bauherrn ist davon auszugehen, dass dieser **keine reklamehafte Ausgestaltung** der Urheberbezeichnung zu dulden braucht; dies vor allem dann, wenn die Ausgestaltung angesichts ihres Werbecharakters einen Verstoß gegen § 1 UWG darstellt."

2455 Aus dem Urheberrecht des Architekten kann sich auch ein **Zugangsrecht** zum Bauwerk nach Fertigstellung ergeben. § 25 UrhG schränkt dieses Recht jedoch auf bestimmte Maßnahmen ein.[124] Daher soll nach OLG Düsseldorf dem Architekten nicht das Recht zustehen, das vollendete Bauwerk zu betreten, um Eingriffe des Bauherrn in das Bauwerk und damit verbundene Urheberrechtsverletzungen zu überprüfen.[125] Man wird aber im Einzelfall eine solche Zugangsbefugnis als nachvertragliches Recht des Architekten bejahen müssen, um auf diese Weise Schadensersatzansprüche aus § 97 UrhG vorbereiten zu können. Der Architekt wird sicherlich auch berechtigt sein, nach Beendigung des Vertrages das Bauwerk oder die bauliche Anlage in Abstimmung mit dem Bauherrn zu betreten, um fotografische oder sonstige Aufnahmen zu fertigen.[126]

2456 Wird das Bauwerk später **zerstört** oder **beschädigt**, steht dem Bauherrn das Recht zu, das Werk nach den **alten Plänen unverändert wiederherzustellen**. Dabei ist eine erneute Hinzuziehung des Architekten nach überwiegender Meinung nicht erforderlich.[127] Die **Wiederherstellungsbefugnis** ohne Beauftragung des Urheber-Architekten schließt auch die (erneute) Zahlung einer Nutzungsvergütung aus. Aus der Übertragung des Eigentums an einem Grundstück, für das ein Architekt Baupläne erstellt hat, kann im Zweifel noch nicht geschlossen werden, dass der Erwerber das Verwertungsrecht (Nachbaurecht) erhalten soll.[128] Nur in Ausnahmefällen soll nach OLG Karlsruhe[129] auch ohne den ausdrücklich erklärten Willen des Urheber-Architekten seine Zustimmung zur Übertragung des Nutzungsrechtes i.S. des § 34 Abs. 1 UrhG anzunehmen sein.[130]

Nach der herrschenden Meinung kann ein Architekt – wie dargelegt – grundsätzlich **Nutzungsrechte an seinem Urheberrecht übertragen** (§ 31 ff. UrhG). Streitig ist aber, ob Nutzungsrechte übertragen werden können, die die **Urheberpersönlichkeitsrechte im engeren Sinne** betreffen. Zu diesen Rechten, die dem „Kernbereich" des Urheberrechts zugeordnet werden, zählen insbesondere das Veröffentlichungsrecht des § 12 UrhG, das Recht auf Bestimmung der Urheberbezeichnung des § 13 UrhG und schließlich das Änderungsrecht des § 39 UrhG.[131] Nach der herrschenden Theorie der „gebundenen Übertragung" wird allerdings die Ausübung dieser

---

124) Vgl. hierzu LG Düsseldorf, BauR 1980, 86 (**Zugangsrecht** des Architekten zur **Herstellung einer Fotoserie**). Vgl. zum Zugangsrecht im Einzelnen *Neuenfeld/Baden/Dohna/Groscurth*, III, Rn. 69 ff.
125) BauR 1979, 260; vgl. hierzu *Beigel*, Rn. 150.
126) Vgl. OLG Hamburg, *Schulze*, OLGZ Nr. 174.
127) Vgl. zum Meinungsstand vor allem *Gerlach*, GRUR 1976, 613, 620.
128) BGHZ 24, 55, 70.
129) BauR 1980, 374 = DB 1980, 1380.
130) Zu Fragen des Urheberrechts des Architekten im Konkurs (bzw. der Insolvenz) des Bauherrn: *Beigel*, a.a.O., Rn. 83 u. *Neuenfeld*, BauR 1980, 230 ff. Zur Verwendung von Planungsunterlagen aus einem **Angebotsverfahren** ohne Einwilligung des Verfassers siehe LG Stuttgart, BauR 1994, 650 u. *Nestler*, BauR 1994, 589 ff.
131) Vgl. hierzu *Neuenfeld/Baden/Dohna/Groscurth*, III, Rn. 48 ff.

vorerwähnt genannten persönlichkeitsrechtlichen Befugnisse als möglich erachtet. Im Übrigen wird heute entgegen der bisher herrschenden Meinung vielfach die Auffassung vertreten, dass Urheberpersönlichkeitsrechte und damit auch das Recht aus § 14 UrhG, eine Entstellung eines Bauwerks zu verhindern, übertragen werden können.[132] Dieser Meinung ist auch der BGH.[133] Dem kann zugestimmt werden. Insbesondere im Zusammenhang mit der Einräumung von Nutzungsrechten können also auch persönlichkeitsrechtliche Befugnisse übertragen werden. Damit sind im Kernbereich des Urheberpersönlichkeitsrechts vertragliche Dispositionen rechtlich möglich.[134]

3. Änderung der Planung und des Bauwerkes

Literatur

Nahme, Veränderungen an urheberrechtlich geschützten Werken der Baukunst und Gebrauchskunst, GRUR 1966, 474; *Grohmann*, Das Recht des Urhebers, Entstellungen und Änderungen seines Werks zu verhindern, Diss. Erlangen, 1971; *Movsession*, Darf man Kunstwerke vernichten?, UFITA Bd. 95 (1983), 77; *v. Gamm*, Der Architekt und sein Werk – Möglichkeiten und Grenzen des Urheberrechts, BauR 1982, 97; *Bindhardt*, Erweiterung und Veränderung des Bauwerks und Urheberrecht des Architekten, BauR 1989, 412; *Neuenfeld*, Die Zulässigkeit von Eingriffen in das Urheberrecht des Architekten, Festschrift für Locher (1990), 403; *Schweer*, Zum Vertrags- und Urheberrecht des Architekten bei gestalterischen Änderungswünschen des Bauherrn, BauR 1997, 401; *Schricker*, Die Einwilligung des Urhebers in entstellende Änderungen des Werkes, Festschrift für Hubmann, 409; *Schilcher*, Der Schutz des Urhebers gegen Werkveränderungen, Diss. München, 1988; *Schöfer*, Die Rechtsverhältnisse zwischen dem Urheber eines Werkes der bildenden Kunst und dem Eigentümer des Originalwerkes, Diss. München, 1984; *Erdmann*, Sacheigentum und Urheberrecht, Festschrift für Piper (1996), 655; *Wedemeyer*, Änderung von Werken der Baukunst – zu Ansprüchen des Urhebers, Festschrift für Piper (1996), 787; *Schulze*, Vernichtung von Bauwerken, Festschrift für Dietz (2001), 177; *Werner*, Gedanken zu aktuellen Themen des Urheberrechts des Architekten, Festschrift für Kraus (2002), 366; *Goldmann*, Urheberpersönlichkeitsrechte des Architekten im Konflikt mit Umbauvorhaben, GRUR 2005, 639; *Prinz*, Interessenabwägung im Urheberrecht – Eine Aufgabe für Mediation, Festschrift für Franke (2009), 269; *Elmenhorst/von Brühl*, Wie es Euch gefällt? Zum Antagonismus zwischen Urheberrecht und Eigentümerinteressen, GRUR 2012, 126 – beck-online; *Wandtke/Czernik*, Der urheberrechtliche Integritätsschutz von Bau(kunst)-werken und dessen Probleme in der Rechtsanwendung, GRUR 2014, 835 – beck-online.

Der Urheber einer Planung oder eines Bauwerks hat – wie jeder Urheber – **2457** „grundsätzlich ein Recht darauf, dass das von ihm geschaffene Werk, in dem seine individuelle künstlerische Schöpferkraft ihren Ausdruck gefunden hat, der Mit- und Nachwelt in seiner unveränderten individuellen Gestaltung zugänglich gemacht wird (§§ 11, 14 UrhG)", wie es der BGH[135] zum Ausdruck gebracht hat.

Daher ist der Urheberarchitekt durch § 14 UrhG gegen eine **Entstellung** oder eine **andere Beeinträchtigung** seines Werks geschützt; dabei muss die Beein-

---

[132] *Loewenheim/Rojahn*, Handbuch des Urheberrechts, § 34, Rn. 14; *Schricker/Wild*, § 97, Rn. 91; *Möhring/Nicolini/Lütje*, § 97, Rn. 78; *Metzger*, GRUR Inc 2003, 9 – beck-online; *Dietz/Peukert*, vor §§ 12, Rn. 26.
[133] BauR 1999, 272 = MDR 1999, 623.
[134] *Metzger*, a.a.O.
[135] BauR 1999, 272 = NJW 1999, 790 = MDR 1999, 623.

trächtigung geeignet sein, seine berechtigten geistigen oder persönlichen Interessen am Werk zu gefährden.

* Darüberhinaus verbietet § 39 Abs. 1 UrhG grundsätzlich eine Änderung des geschützten Werkes eines Architekten; nach Absatz 2 dieser Bestimmung sind lediglich Änderungen zulässig, zu denen der Architekt als Urheber seine Einwilligung nach Treu und Glauben nicht versagen kann.[136]

Beide vorerwähnten Bestimmungen stehen als Schutzvorschriften zugunsten des Architekten selbstständig nebeneinander. Ihr Unterschied besteht nach der Auffassung des BGH darin, „dass das Recht gegen Änderungen sich gegen eine Verletzung des Bestandes und der Unversehrtheit des Werkes selbst in seiner konkret geschaffenen Gestaltung, dagegen das urheberpersönlichkeitsrechtlich ausgestaltete Recht gegen Entstellung sich gegen eine Beeinträchtigung der geistigen und persönlichen Urheberinteressen auch durch Form und Art der Werkwiedergabe und -nutzung richtet".[137]

2458 **Entstellung** stellt **jede Verzerrung** oder **Verfälschung** der **Wesenszüge** des Werkes dar (vgl. auch Rdn. 2461).[138] Damit ist eine Entstellung stets anzunehmen, wenn eine besonders schwerwiegende Beeinträchtigung des Werkes im Auge des Durchschnittsbetrachters vorliegt, die geeignet ist, die geistigen und persönlichen Interessen des Urhebers an dem Werk zu beeinträchtigen.[139] Der Begriff der Werksänderung i.S. des § 39 UrhG setzt im Gegensatz zu § 14 UrhG grundsätzlich einen **Eingriff in die Bausubstanz** voraus.[140] Als solche kommen vor allem Umbauten,[141] Erweiterungen[142] oder Verkleinerungen, ferner Farbänderungen z.B. an der Fassade, Korrekturen der Oberflächenstruktur der Fassade, Reklame-Installationen usw.,[143] nicht aber der Abriss (vgl. näher Rdn. 2463 ff.),[144] in Betracht. Nach OLG Hamm[145] setzt allerdings eine Beeinträchtigung der berechtigten geistigen und persönlichen Interessen des Urhebers an seinem Werk nicht notwendig voraus, dass das Werk selbst verändert wird.

---

136) Zum Recht des Auftraggebers, Änderungen eines urheberrechtlich geschützten Werkes während der Planung oder nach Beendigung der Planung zu verlangen, vgl. *Schweer*, BauR 1997, 401 ff.
137) NJW 1983, 639, 640 = BauR 1982, 178, 181 = GRUR 1982, 107; zum Entstellungsverbot vgl. auch *Neuenfeld*, Festschrift für Locher, S. 403, 408, 409.
138) OLG Hamm, ZUM-RD 2011, 343, 346; LG München, IBR 2005, 610 – *Fuchs* = NJW 1982, 655; vgl. hierzu *Beigel*, a.a.O., Rn. 21, sowie *Dustmann*, in: Fromm/Nordemann, § 14 UrhG, Rn. 9. Vgl. zum Entstellungsverbot im Einzelnen *Neuenfeld/Baden/Dohna/Groscurth*, III, Rn. 88 ff.
139) Vgl. hierzu auch *Dreier/Schulze*, § 14, Rn. 37 m. Beispielen aus der Rechtsprechung, bei denen eine Entstellung bejaht bzw. verneint wurde.
140) BGH, a.a.O., unter Hinweis auf BGH, NJW 1974, 1381 = BauR 1974, 428 = GRUR 1974, 675. Ebenso OLG Hamm, ZUM-RD, 2011, 343 sowie LG Leipzig, ZUM 2005, 487, 493.
141) Vgl. hierzu LG München, a.a.O.; LG Berlin, UFITA 3, 258.
142) Vgl. BGH, NJW 1974, 1381 = BauR 1974, 428 = GRUR 1974, 675 (**Schulerweiterung**) u. BGH, BauR 1981, 298 (**Werkshallenerweiterung**); weitere Nachweise bei *Mestmäcker/Schulze*, § 39, UrhG 2.
143) Vgl. hierzu *Wandtke/Bullinger*, § 14, Rn. 29 f.
144) **Herrschende Meinung;** anders: *Walchshöfer*, ZfBR 1988, 104, 106.
145) IBR 2011, 347 – *Schwenker*.

Änderung der Planung und des Bauwerkes

Gemeinsam ist den Vorschriften des § 39 UrhG und des § 14 UrhG, dass sie das Spannungsverhältnis der urheberrechtlichen Interessen des Architekten und der Eigentumsrechte des Auftraggebers zum Inhalt haben: Einerseits sollen die **berechtigten Belange des Urheber-Architekten** an der **Erhaltung** des von ihm geschaffenen Werkes geschützt werden, andererseits sollen auch die **meist wirtschaftlichen Interessen des Auftraggebers** und sein Recht, sein **Eigentum grundsätzlich frei zu nutzen**, nicht unberücksichtigt bleiben.[146] Nach h.M. gibt es keine Vorrangigkeit der Interessen des Eigentümers, noch denen des Urhebers.[147] Welcher Interessensphäre in diesem Spannungsverhältnis der Vorrang zu geben ist, bleibt eine Frage des Einzelfalles. Meist ist es sehr schwierig, hier die richtige Entscheidung zu treffen.

Stets ist eine **Interessenabwägung** vorzunehmen,[148] um den Konflikt zwischen den Urheber- und den Eigentümerbelangen zu lösen.[149] Unerheblich ist bei der Abwägung, ob die Veränderung des Werks eine Verbesserung oder Verschlechterung des Werkeindrucks mit sich gebracht hat; daraus folgt, dass der Urheber die Veränderung nicht notwendig hinnehmen muss, auch wenn die Veränderung ihrerseits urheberrechtlichen Schutz genießt[150]. Je größer allerdings die Gestaltungshöhe ist, desto stärker sind die persönlichen Bindungen des Urhebers an sein Werk und desto eher ist eine Gefährdung der urheberpersönlichkeitsrechtlichen Interessen anzunehmen.[151]

Hesse[152] weist zu Recht darauf hin, dass der Architekt solche Änderungen dulden muss, „wenn sie durch den ursprünglichen Zweck, durch gesetzliche Vorschriften, durch die technische und soziale Entwicklung (Wohnkomfort) geboten sind". Als solche zulässige technisch bedingte Änderung nennt er den „Einbau zusätzlicher Anlagen für Heizung, Beleuchtung, Aufzüge, Klimaanlagen, soziale Einrichtung". **2459**

Locher[153] meint, dass dem Urheberrecht des Architekten nur dann der Vorrang zu geben ist, wenn seine urheberrechtlichen Interessen „ernsthaft gefährdet" seien; bestehen verschiedene zumutbare Gestaltungsmöglichkeiten, so soll es dem Eigentümer grundsätzlich zumutbar sein,

---

146) Vgl. hierzu OLG Stuttgart, IBR 2011, 28 – *Fuchs* („Stuttgart 21") = ZUM 2011, 173; OLG Hamm, BauR 1984, 298 (Veränderung der **Fassade** eines **Zweckbaues** durch Sonnenschutz-Jalousetten) sowie OLG Frankfurt, GRUR 1986, 244 = BauR 1986, 466 (Änderung des **Daches** und der **Fassade** eines **Verwaltungsgebäudes**); LG Hamburg BauR 1991, 645 (**Einbau neuer Fenster**); LG Gera, BauR 1995, 866 (**Wohnanlage**); KG, OLGR Berlin 1997, 3, 6 (planerische Veränderung eines **Aufzugsschachtes**).
147) BGH, ZUM 1999, 146 – Treppenhausgestaltung.
148) Vgl. hierzu OLG Hamm, ZUM-RD 2011, 343; KG, OLGR Berlin 1997, 3, 6 und insbesondere *Prinz*, S. 35 ff. sowie *Wandtke/Bullinger*, § 14, Rn. 32 ff. Zur Veränderung der vom Architekten geplanten **Farbgebung**: KG, *Schulze*, KGZ Nr. 45; *Schulze*, in: Dreier/Schulze, § 14, Rn. 16 ff.
149) BGH, BauR 2008, 1911 = NZBau 2008, 710 = IBR 2008, 582 = ZUM 2008, 862 (Kircheninnenraum als Werk der Baukunst; Interessenabwägung bei Änderungswünschen der Kirchengemeinde); BauR 1999, 272 = NJW 1999, 790 = MDR 1999, 623 = JZ 1999, 577 m.Anm. *Sack*. Vgl. hierzu *Goldmann*, GRUR 2005, 639, 642. Ferner LG München, IBR 2005, 610 – *Fuchs*.
150) BGH, ZUM 1999, 146 – Treppenhausgestaltung; OLG Hamm, ZUM 2006, 641, 645.
151) BGH, BauR 2008, 1911 = NZBau 2008, 710 = IBR 2008, 582 = ZUM 2008, 862 (Kircheninnenraum als Werk der Baukunst; Interessenabwägung bei Änderungswünschen der Kirchengemeinde).
152) BauR 1971, 209, 220 m.w.Nachw.
153) Rn. 359; ebenso: LG Hamburg, BauR 1991, 645.

diejenige zu wählen, „die das Bauwerk am wenigsten berührt und in das Urheberrecht des Architekten am geringsten eingreift". Im Übrigen dürfe das Urheberrecht des Architekten „nicht dazu führen, Bauwerke vom technischen Fortschritt auszuschließen".

Gerlach[154] und Möhring/Nicolini[155] sind der Auffassung, dass zunächst einmal das Recht des Urhebers auf Erhalt der Werksintegrität bei der Interessenabwägung Vorrang hat, weil bei Werkänderungen sein zentrales urheberpersönlichkeits-rechtliches Interesse, das Wesen seiner individuellen Werkschöpfung, infrage stehe. Im Übrigen kommt es nach Gerlach[156] auf den Rang des Werks einerseits und die Tragweite wie die Dringlichkeit der Änderung andererseits an: „Je geringer die künstlerische Individualität des Werks ist, je weniger dessen charakteristische Züge von der Änderung betroffen werden, je nötiger sich diese erweist, desto eher ist sie zulässig. Und diese Änderung muss grundsätzlich gerade durch das Gebrauchsinteresse, den Gebrauchszweck bestimmt sein, also zu dessen Erhalt, Sicherung oder Verbesserung dienen. Dabei spielt dann allerdings auch die Wirtschaftlichkeit der Gebrauchs- und (Be-)Nutzungsmöglichkeit eine Rolle. Insofern kommen etwa infolge veränderter Anforderungen modernisierende Umbauten, desgleichen Ausbauten und Erweiterungen in Betracht, beispielsweise zur Schaffung angemessener Wohnverhältnisse bei einem Wohngebäude, zur Steigerung der Rationalisierung der Produktion bei einem Fabrikgebäude, zur ausreichenden Erfüllung der quantitativ und qualitativ gesteigerten Versorgungsaufgaben bei Einrichtungen der öffentlichen Hand (Schulen usw.)."

2460 Bei der jeweiligen **Abwägung der Interessen** des Urheberarchitekten einerseits und den Interessen des Auftraggebers andererseits sind daher insbesondere **folgende Kriterien zu berücksichtigen:**

* **Künstlerischer Rang des Bauwerks** (individueller Schöpfungsgrad)[157],
* **Gebrauchszweck** des Bauwerks,[158]
* **qualitative und quantitative Stärke des Eingriffs** in das Bauwerk[159],
* **technische Notwendigkeit des Eingriffs** im Hinblick auf den Gebrauchszweck des Bauwerks (Mängelbehebung, Erweiterung, Anpassung an den technischen Fortschritt usw.),
* **Art des Bauwerks** (Wohnhaus, Fabrik- oder Bürogebäude),
* **Dringlichkeit der Änderung** sowie Auswirkungen der geplanten Änderung auf den künstlerischen Gesamteindruck[160]
* **Länge der verbleibenden Schutzfrist** (grundsätzliche Dauer: 70 Jahre nach dem Tod des Urhebers).[161]

Das OLG Stuttgart[162] hat in einer beachtenswerten Entscheidung zu diesen Grundsätzen ausführlich Stellung genommen, die im Rahmen der Abwägung der

---

154) GRUR 1976, 613, 622 m.w.Nachw.; im Ergebnis ebenso: *Bindhardt*, BauR 1989, 412, 413.
155) § 39 UrhG, Anm. 9.
156) A.a.O.
157) BGH, BauR 2008,1911 = NZBau 2008, 710 = IBR 2008, 582 = ZUM 2008, 862 (Kircheninnenraum als Werk der Baukunst; Interessenabwägung bei Änderungswünschen der Kirchengemeinde); OLG Stuttgart, ZUM 2011, 173 („Stuttgart 21") = IBR 2011, 28 – *Fuchs*.
158) BGH, a.a.O.
159) BGH, a.a.O.
160) Vgl. hierzu *Goldmann*, GRUR 2005, 639, 643.
161) BGH, BauR 2012, 283 („Stuttgart 21") mit Analyse *Werner* (20.12.2011) in werner-baurecht.jurion.de = IBR 2012, 29 – *Fuchs*; GRUR 2008, 984; GRUR 1989, 106; OLG Stuttgart, IBR 2011, 28 – *Fuchs* = ZUM 2011, 173 („Stuttgart 21"); kritisch hierzu *Neuenfeld*, NZBau 2011, 592; *Elmenhorst/von Brühl*, GRUR 2012 126 – beck-online. **A.A.** *Wandtke/Czernik*, GRUR 2014, 835 – beck-online.
162) IBR 2011, 28 – *Fuchs* = ZUM 2011, 173 („Stuttgart 21").

Änderung der Planung und des Bauwerkes

Urheberinteressen einerseits und der Interessen des Eigentümers zu berücksichtigen sind:

„(2) **Ein maßgeblicher und wesentlicher Abwägungsfaktor ist der individuelle Schöpfungsgrad, der Rang des Werkes**, denn das Interesse des Urhebers an der unveränderten Erhaltung seines Werkes wird von der Schöpfungshöhe beeinflusst – je größer die Gestaltungs-, Schöpfungshöhe ist, desto stärker sind die persönlichen Bindungen des Urhebers an sein Werk, ist das Erhaltungsinteresse höher zu bewerten (BGH ZUM 2008, 862 Tz. 27 – St. Gottfried; GRUR 1974, 675, 676 – Schulerweiterung; *Erdmann*, in: FS Piper, 1996, S. 655, 682). Je individueller und einmaliger, einzigartiger das Wert ist, desto weniger sind Änderungen zugelassen …

Das künstlerische Ansehen des Urhebers soll dabei aber nach einer Auffassung in der Literatur keine Rolle spielen (*Bullinger*, in: Wandtke/Bullinger, Praxiskommentar zum Urheberrecht, 3. Aufl. 2009, § 14 Rn. 17). Die Rechtsprechung berücksichtigt demgegenüber zu Recht den Rang der Werke auch mit Blick auf das künstlerische Ansehen des Urhebers (BGH GRUR 1989, 106, 107 – Oberammergauer Passionsspiele II; GRUR 1992, 107, 109, 110 – Kircheninnenraumgestaltung; OLG München GRUR 1986, 460, 461 – Unendliche Geschichte).

(3) Das **Erhaltungsinteresse hängt auch von der Art und dem Ausmaß des Eingriffs ab**, beispielsweise auf eine Veränderung der Gesamtwirkung (BGH ZUM 2008, 862 Tz. 28 – St. Gottfried; GRUR 1999, 230, 231 f. – Treppenhausgestaltung; GRUR 1974, 675, 676 – Schulerweiterung; *Schulze*, NZBau 2007, 611, 613). Deshalb ist zu fragen, ob das Werk in seinen wesentlichen Zügen verändert wird (BGH GRUR 1971, 35, 37 – Maske in Blau). Auch eine Entstellung im Sinne von § 14 UrhG muss sich auf den künstlerischen Gesamteindruck und damit auf die diesen prägenden schutzfähigen Gestaltungselemente beziehen (BGH GRUR 1982, 107, 110 – Kircheninnenraumgestaltung). Wenn Gesamtcharakter, Grundkonzeption und künstlerische Substanz des Werks erhalten bleiben, ist der Eingriff zu dulden (BGH GRUR 1974, 675, 677 – Schulerweiterung).

(4) Die **Urheberinteressen können Jahre und Jahrzehnte nach dem Tod des Urhebers an Gewicht verlieren**, sie schwächen sich im Laufe der Jahre immer mehr ab und haben nicht notwendig dasselbe Gewicht wie zu Lebzeiten des Urhebers (BGH ZUM 2008, 862 Tz. 29 – St. Gottfried; GRUR 1989, 106, 107 – Oberammergauer Passionsspiele II; in der Literatur wird auch von Verblassung, Abschwächung gesprochen).

Insoweit sind tatsächliche Feststellungen erforderlich, das sich das Urheberinteresse verringert hat (BGH ZUM 2008, 862 Tz. 29 – St. Gottfried).

(5) Weitere (über die Rechte aus Art. 14 GG hinausgehende) grundrechtlich geschützte Interessen des Eigentümers sind ebenfalls zu beachtende Abwägungskriterien (BGH ZUM 2008, 862 Tz. 30–35 – St. Gottfried).

(6) Der Gebrauchszweck und die bestimmungsgemäße Verwendung des Bauwerks spielen bei Werken der Baukunst eine wesentliche Rolle, denn der Urheber muss mit wechselnden Bedürfnissen des Eigentümers und des Lebens rechnen. Der Urheber eines Bauwerks weiß, dass der Eigentümer das Bauwerk für einen bestimmten Zweck verwenden möchte; er muss daher damit rechnen, dass sich aus wechselnden Bedürfnissen des Eigentümers ein Bedarf nach Veränderungen ergeben kann (BGH ZUM 2008, 862 Tz. 38 – St. Gottfried; GRUR 1999, 420, 426 – Verbindungsgang; GRUR 1974, 675, 676 – Schulerweiterung). Das soll aber nicht bedeuten, dass stets solche Änderungen erlaubt sind, die der bestimmungsgemäße Gebrauchszweck erfordert, weil sich dann eine Interessenabwägung erübrigen würde – erforderlich ist auch insoweit eine auf den konkreten Einzelfall bezogene Interessenabwägung (BGH GRUR 1974, 675, 677 f. – Schulerweiterung).

In der Literatur wird ausgeführt, wenn der Gebrauchszweck aufrechtzuerhalten sei, seien Änderungen eher zuzulassen, würden Änderungen aus **nutzungserhaltenden, wirtschaftlichen oder technischen Gründen** keine erheblichen Entstellungen bewirken, setze sich in der Regel das Eigentümerinteresse durch (*Wandtke/Grunert*, in: Wandtke/Bullinger, Praxiskommentar zum Urheberrecht, 3. Aufl. 2009, § 39 Rn. 22; *Honschek*, GRUR 2007, 944, 947; OLG München ZUM 1996, 165, 166 – Dachgauben). Bauwerke dürften grundsätzlich abgerissen werden, zumal es dem Eigentümer vorbehalten bleiben müsse, mit seinem Grundstück nach Belieben zu verfahren (*Schulze*, in: Dreier/Schulze, UrhG, 3. Aufl. 2008, § 14 Rn. 28).

(7) Zu berücksichtigen sind auch **Modernisierungsinteressen**.

(8) Auch wirtschaftliche Gesichtspunkte können von Bedeutung sein, etwa die Veränderung eines Flachdachs in ein geneigtes Dach nach aufgetretenen Wasserschäden (OLG München ZUM 1996, 165, 166 – Dachgauben; *Wedemeyer*, in: FS Piper, 1996, S. 787, 788; *Bullinger*, in: Wandtke/Bullinger, Praxiskommentar zum Urheberrecht, 3. Aufl. 2009, § 14 Rn. 35).

(9) In die Abwägung dürfen grundsätzlich auch Allgemeininteressen einfließen, allerdings ist insoweit eine differenzierte Betrachtung geboten (vergleiche dazu nachfolgend unter VI. 1.).

(10) Bloße ästhetische und geschmackliche Gründe berechtigen nicht zu einer Veränderung, sie sind gegenüber dem Erhaltungsinteresse des Urhebers unbeachtlich (BGH ZUM 2008, 862 Tz. 36 – St. Gottfried; GRUR 1999, 230, 232 – Treppenhausgestaltung) ..."

Die Nichtzulassungsbeschwerde hat der BGH[163] zurückgewiesen und das OLG Stuttgart im Wesentlichen bestätigt. Dabei weist der BGH insbesondere darauf hin, dass die Urheberinteressen Jahre oder Jahrzehnte nach dem Tod des Urhebers nicht notwendig dasselbe Gewicht wie zu seinen Lebzeiten haben, also diese im Laufe der Jahre verblassen. Ferner hat der BGH darauf hingewiesen, dass es im Rahmen der Abwägung der Interessen zwischen Urheberarchitekt und Eigentümer bei dem Bauwerk „Stuttgart 21" nur noch darum geht, ob dem **betreffenden Urheber die geplanten Änderungen** des von ihm geschaffenen Bauwerks **zuzumuten** sind,[164] wenn sich der Eigentümer für eine bestimmte Planung entschieden hat. Ob und ggf. in welchem Umfang der Eigentümer im Rahmen der Interessenabwägung auch öffentliche Belange für sich reklamieren kann, hat keine grundsätzliche Bedeutung und bedarf daher auch keiner Klärung.

Der BGH[165] hat für eine Schule, die wegen gestiegenen Raumbedarfs erweitert werden musste, Änderungen auch ohne die Einschaltung des Architekten und ohne Berücksichtigung der früheren Architektenpläne erlaubt, sofern keine „**Entstellung**" des Gebäudes bewirkt wird und die Änderung auch unter Abwägung der Interessen von Architekt und Eigentümer zumutbar erscheint. Schack[166] weist darauf hin, dass in der Regel die wirtschaftlichen Interessen des Eigentümers, nicht dagegen rein ästhetische Gesichtspunkte die Änderung des Bauwerks rechtfertigen können.

2461 Ist unter der vorgenannten **Interessenabwägung** oder aufgrund einer Einwilligung des Architekten das Recht des Auftraggebers zu einer Änderung des urheberrechtlich geschützten Werkes zu bejahen, **endet** dieses bei einer **Entstellung** des Werkes.[167] Diese Grenze darf also grundsätzlich vom Auftraggeber bei der Ände-

---

163) BauR 2012, 283 mit Analyse *Werner* (16.12.2011) in werner-baurecht.jurion.de = IBR 2012, 29 – *Fuchs*. Zustimmend insbesondere *Elmenhorst/von Brühl*, GRUR 2012, 126 – beck-online. **A.A.** *Wandtke/Czernik*, GRUR 2014, 835 – beck-online.
164) Ebenso OLG Dresden, IBR 2013, 225 – *Wellensiek*.
165) BGHZ 62, 331, 335, ähnlich: OLG Frankfurt, BauR 1986, 466 = DB 1986, 691 = GRUR 1986, 244 (Verwaltungsgebäude); OLG Hamburg, UFITA 81/1978, 263, 269 (Bautechnische Änderungen an Reihenhäusern); OLG München, ZUM 1996, 165, 167 (Nachträgliche Veränderung von Dachgauben im Zuge eines Dachausbaus); vgl. hierzu *Neuenfeld*, Festschrift für Locher, S. 403 m.w.Nachw.
166) Rn. 357.
167) LG München, ZUM-RD 2008, 493 sowie NZBau 2007, 49 = IBR 2007, 148 – *Werner*; LG Hamburg, NZBau 2007, 50; LG Berlin, NZBau 2007, 324 (Hauptbahnhof Berlin) = IBR 2007,253 – *Werner* = ZUM 2007, 424; LG München I, IBR 2005, 610 – *Fuchs*; LG Hannover, Urteil vom 14.2.2007 – AZ 18 O 384/05; *Neuenfeld*, BauR 2011, 180, 183. *Schulze*,

Änderung der Planung und des Bauwerkes   Rdn. 2462

rung oder Ergänzung des Werkes nicht überschritten werden. Dieser Auffassung ist auch der BGH.[168] Das ist jedoch umstritten. Nach anderer Meinung[169] steht auch das Entstellungsverbot – wie auch das Verbot anderer Beeinträchtigungen – unter dem Vorbehalt der Güterabwägung zwischen den Interessen des Urhebers und des Werknutzungsberechtigten oder eines Dritten.

Nach Dustmann[170] ist für eine Entstellung eine „tiefgreifend verändernde, verfälschende, verzerrende oder zerstückelnde Einwirkung" erforderlich, sodass das Werk eine andere Aussage, Färbung und Tendenz erhält. Damit ist eine Entstellung stets anzunehmen, wenn eine besonders schwerwiegende Beeinträchtigung des Werkes im Auge des Durchschnittsbetrachters vorliegt, die geeignet ist, die geistigen und persönlichen Interessen des Urhebers an dem Werk zu beeinträchtigen.[171] Liegt eine Entstellung unter diesen Gesichtspunkten vor, bedarf es damit keiner Abwägung der Interessen des Urhebers an der Erhaltung seines Werkes einerseits und dem Änderungsinteresse des Eigentümers, wie es bei der sonstigen Beeinträchtigung – wie oben dargestellt – der Fall ist.

Dass die – vom Urheberarchitekten im Einzelfall hinzunehmende – **Grenze einer zu duldenden Beeinträchtigung** (auch bei einer schlüssig oder ausdrücklich erteilten Änderungsgenehmigung) bei einer **Werkentstellung grundsätzlich überschritten** wird, ist weiteren Entscheidungen des BGH[172] zu entnehmen. Insbesondere in seiner Entscheidung aus dem Jahre 1985[173] hat der BGH sehr deutlich zum Ausdruck gebracht, dass das Recht gegen Entstellungen nach § 14 UrhG zu den „unverzichtbaren urheberpersönlichkeitsrechtlichen Befugnissen" gehört. Das gilt – so der BGH[174] – vor allem bei „gröblichen Entstellungen".

Die Urheberrechte des Architekten sind im Übrigen vor allem bei **Instandsetzungen** und **Reparaturen** weitgehend eingeschränkt.[175] Einen Anspruch auf einen Wiederaufbau eines zerstörten Bauwerks hat der Architekt nicht.[176] Sind in der Planung bauliche Details, die zur Fertigstellung des Bauwerks notwendig sind, nicht oder noch nicht ausgearbeitet, ist der Architekt nur im Ausnahmefall berech-   2462

NZBau 2007, 611, 612, 614, 616; *Plankemann*, DAB, 2007, 52; *Neuenfeld*, Festschrift für *Locher*, S. 403, 409; *A. Nordemann*, in: Fromm/Nordemann, § 39, Rn. 7 a.E.
168) BGH, BauR 1974, 428, 429 = NJW 1974, 1381 = BGHZ 62, 331, 335; ebenso LG München, IBR 2005, 610 – *Fuchs* u. 611 – *Gribel*; **a.A.**: wohl *Hesse*, BauR 1971, 209, 220.
169) OLG Stuttgart, IBR 2011, 28 – *Fuchs* = ZUM 2011, 173 („Stuttgart 21"); *Schulze*, in: Dreier/Schulze, § 14, Rn. 8 m.w.N.; *Dustmann*, in: Fromm/Nordemann, § 14, Rn. 21 ff.; *Neumeister/v. Gamm*, NJW 2008, 2678 ff., 2680, 2681; *Goldmann*, GRUR 2005, 639, 642; *Dietz/Peukert* in *Loewenheim*, § 16 Rn. 103 ff.
170) In Fromm/Nordemann § 14 Rn. 9 m.w.N. aus der Rechtsprechung.
171) OLG Stuttgart, IBR 2011, 28 – *Fuchs* = ZUM 2011, 173 („Stuttgart21"); *Schulze*, in: Dreier/Schulze, § 14 Rn. 8.
172) BauR 1999, 272, 275 = NJW 1999, 790; NJW 1987, 1404, 1405 = MDR 1986, 731 = GRUR 1986, 458 – Oberammergauer Passionsspiele.
173) NJW 1987, 1404, 1405 = MDR 1986, 731 = GRUR 1986, 458 – Oberammergauer Passionsspiele; ebenso LG München I, NZBau 2007, 49, 50.
174) GRUR 1971, 269, 271.
175) OLG Frankfurt, GRUR 1986 = BauR 1986, 466; OLG Hamm, BauR 1984, 298; *Hesse*, BauR 1971, 209, 219; *v. Gamm*, § 14 UrhG, Rn. 13; *Barta/Markiewicz*, GRUR Int. 1986, 705 (zur Restaurierung von Bauwerken); *Schulze*, in *Loewenheim*, § 71 Rn. 45 ff.
176) *Möhring/Nicolini*, § 39 UrhG, Anm. 11 m.w.Nachw. Zum Recht der **Zerstörung** vgl. LG München I, NJW 1983, 1205; zum **Wiederaufbau:** *Beigel*, a.a.O., Rn. 100.

tigt, die Ausführung der Details in einer bestimmten, vom Bauherrn gewünschten Weise zu untersagen.[177]

Ein Eingriff i.S. des § 14 UrhG (Entstellung oder andere Beeinträchtigung) in das urheberrechtlich geschützte Werk des Architekten kann auch durch eine rein ästhetische (also nicht nutzungsbedingte) Umgestaltung eines Gebäudes erfolgen. Auch davor ist der Urheberarchitekt geschützt, sodass er bauliche Veränderungen unter diesem Gesichtspunkt verhindern kann. Der BGH[178] hat in diesem Zusammenhang darauf hingewiesen, dass sich der Schutz des Urhebers durch das urheberrechtliche Änderungsverbot nicht nur gegen künstlerische Verschlechterung richtet, „sondern auch gegen andere Verfälschungen der Wesenszüge des Werkes in der Form wie es anderen dargeboten wird. Daraus kann sich auch ein Anspruch gegen Umgestaltungen ergeben, die für sich genommen als Schaffung eines neuen urheberrechtlich schutzfähigen Werkes anzusehen sind." Zu Recht weist der BGH allerdings darauf hin, dass auch in einem solchen Fall die Interessen des Urheberarchitekten einerseits und die Interessen des Eigentümers an der Erhaltung des neuen Werkes gegeneinander abzuwägen sind.

2463 **Urheberrechtsverletzungen** kommen häufig vor, wenn das **Vertragsverhältnis** mit einem Architekten **nach Vollendung der Planung beendet** wird (z.B. durch Kündigung wegen erkennbarer Baukostenüberschreitung) und ein anderer Architekt mit der Erstellung des Bauwerks aufgrund der vorhandenen Planung beauftragt wird, dieser aber nunmehr (z.B. zur Einsparung von Kosten) Detailänderungen in der Planung vornimmt.[179] Hier kann nicht unberücksichtigt bleiben, dass Änderungen dringend geboten (Einhaltung des gesteckten Kostenrahmens) und vom Urheberarchitekten auch zu verantworten (Kostenüberschreitung) sind.[180]

Ansprüche des Architekten wegen **Entstellung** seines urheberrechtlich geschützten Werkes sind allerdings **während des Planungszeitraums eingeschränkt;** insoweit kann der Architekt Ansprüche im Einzelfall nur geltend machen, wenn seine Planung vom Auftraggeber genehmigt, damit also zur Realisierung freigegeben und als abgeschlossen anzusehen ist, was der Architekt im Einzelfall darzulegen und zu beweisen hat.[181] Das folgt aus der Überlegung, dass ein Bauherr durchaus das Recht hat, auf die Planung des Architekten Einfluss zu nehmen; können sich der Architekt und der Bauherr z.B. **nicht** auf eine **bestimmte** Detailplanung **einigen,** hat der Architekt keinen Anspruch darauf, dass das entsprechende Detail nach seiner Planung ausgeführt wird.[182] Eine Entstellung scheidet daher schon begrifflich wäh-

---

177) OLG Düsseldorf, BauR 1979, 260; vgl. ferner BGHZ 55, 77, 80 (Hausanstrich).
178) BauR 1999, 272 = NJW 1999, 790 = MDR 1999, 623 (Änderung der Treppenhausgestaltung eines Dienstleistungszentrums durch Einbindung einer Skulptur – Wesentlicher Eingriff in die vorgegebene Werkgestalt). Vgl. hierzu insbesondere: *Locher*, Festschrift für Mantscheff, S. 15, 19.
179) BGH, GRUR 1980, 853 (zur Frage, ob das für Urheberrecht zuständige Gericht aus eigener Sachkunde eine etwaige Urheberrechtsverletzung – bei einem Architektenwechsel – beurteilen kann); vgl. ferner OLG Nürnberg, BauR 1980, 486.
180) Vgl. hierzu *Gerlach*, GRUR 1976, 613, 627.
181) KG, OLGR Berlin 1997, 3, 5; LG Berlin, IBR 2007, 253 – *Werner* (Hauptbahnhof Berlin) = NZBau 2007, 324 = ZUM 2007, 424.
182) BGH, NJW 1971, 556; KG, OLGR Berlin 1997, 3; OLG Köln, *Schäfer/Finnern*, Z 3.01 Bl. 81.

Änderung der Planung und des Bauwerkes

rend der laufenden Planungsphase aus, denn es kann nichts „entstellt" werden, was noch nicht (abschließend) entstanden ist.

Der **Architekt** genießt aber im Rahmen seiner Planung grundsätzlich **„Gestaltungsfreiheit"**, die seiner künstlerischen Individualität entspricht,[183] zumal diese in der Regel auch Anlass für den Auftraggeber war, gerade ihn zu beauftragen. Eine Konfliktsituation in gestalterischer Hinsicht kann der Auftraggeber dadurch vermeiden, dass er sich vor der Beauftragung des Architekten „mit dessen künstlerischen Eigenarten und dessen Auffassung vertraut" macht.[184] Die Gestaltungsfreiheit des planenden Architekten hat jedoch **Grenzen: Vertragliche Absprachen** oder vom Auftraggeber bei Vertragsabschluss geäußerte Vorstellungen hinsichtlich der Gestaltung des Gebäudes haben stets **Vorrang**;[185] und auch während der Planung ist der Auftraggeber grundsätzlich nicht verpflichtet, sich den künstlerischen Vorstellungen des Architekten unterzuordnen, weil allein ihm das Recht zusteht, Planungsvorgaben – auch in gestalterischer Hinsicht – zu machen.[186] Etwas anderes kann gelten, wenn sich die Vertragsparteien auf eine bestimmte Planung geeinigt haben, weil damit nur noch diese geschuldet wird.[187]

2464

Der Architekt kann seine **Einwilligung in die Entstellung** seines urheberrechtlich geschützten Werkes geben; ob dies im Rahmen einer pauschalen Vorabeinwilligung in jede Änderung oder nur im konkreten Einzelfall möglich ist, ist zweifelhaft,[188] da jeder Übertragungsakt eng auszulegen ist. Nach Dustmann[189] ist eine Einwilligung in entstellende Änderungen in jedem Fall durch den Verzicht auf die Geltendmachung eines bereits entstandenen Abwehranspruchs möglich. Individualrechtlich wird eine solche Einwilligung jedenfalls als zulässig anzusehen sein,[190] während gegen eine entsprechende vom Auftraggeber gestellte Klausel Bedenken bestehen.

2465

Nach herrschender Rechtsauffassung hat der **Urheberarchitekt keinen Anspruch** gegenüber dem Eigentümer (Bauherrn) auf die **Erhaltung seines Gebäudes.** Er kann sich zwar gegen entstellende Veränderungen, z.B. durch Anbauten, wehren. Die Vernichtung durch **Abriss** ist aber nach herrschender Meinung durch das Urheberrechtsgesetz nicht geschützt.[191] Wie bei anderen Kunstwerken (Gemälden, Skulpturen usw.) gibt es auch bei Bauwerken **kein Vernichtungsverbot.**

Wandtke/Bullinger[192] weisen zutreffend darauf hin, dass der Gesetzgeber trotz der beeinträchtigenden Wirkung der Werkvernichtung zu Lasten des Urheberarchitekten kein Verbot in § 14 UrhG mit aufnehmen wollte; der Eigentümer eines Bauwerks ist daher auch nicht verpflichtet, ein Werk zu erhalten oder zu restaurieren. So kann er beispielsweise auch ein Werk verfallen

---

183) BGHZ 19, 382.
184) BGH, a.a.O.
185) *Schweer*, BauR 1997, 401, 407.
186) *MünchKomm-Soergel*, a.a.O.
187) Vgl. hierzu *Schweer*, BauR 1997, 401, 403.
188) Vgl hierzu *Wedemeyer*, Festschrift für Piper, 787, 792 m.w.N.; unklar insoweit *Schulze*, in: Dreier/Schulze, § 14, Rn. 41. Vgl. hierzu auch *Schulze*, NZBau 2007, 611, 616.
189) In Fromm/Nordemann, § 14 Rn. 24.
190) *Wedemeyer*, Festschrift für Piper, S. 787, 791; vgl. hierzu auch OLG Celle, BauR 1986, 601. Anderer Ansicht: *Schricker*, Festschrift für Hubmann, S. 409, 417.
191) RGZ, 79, 397, 401 (Fresco-Gemälde); KG, GRUR 1981, 742, 743; LG Hamburg, NZBau 2007, 50, 52. *Neuenfeld*, BauR 2011, 180, 181 f.m.w.N.; *Wandtke/Bullinger*, § 14 Rn. 22 ff.; *Beigel*, Rn. 123; *Dustmann*, in: Fromm/Nordemann, § 14, Rn. 33 ff. *Neuenfeld*, Handbuch des Architekten, Band 1, III, Rn. 94, mit w. Nachw.; *Locher*, Festschrift für Mantscheff, S. 15, 21; *Heath*, Festschrift für Schricker, S. 459, 472; *Schack*, Rn. 360; vgl. hierzu *Werner*, Festschrift für Kraus, S. 403, 404.
192) § 14, Rn. 22 sowie 41 ff.

lassen, ohne dass sich der Urheberarchitekt dagegen wehren kann. Insbesondere Locher[193] hat die Erhaltungsverpflichtung des Eigentümers eines urheberrechtlich geschützten Bauwerkes mit dem Hinweis verneint, dass das Eigentum bei der Abwägung der beiderseitigen Interessen stets vorrangig sei. Eine andere Ansicht würde auf die Devise hinauslaufen: „Einmal gebaut, immer gebaut". Im Übrigen diene das Werk des Urheberarchitekten in den Fällen des Abrisses zwar einerseits nicht mehr seiner Imagebildung und Darstellung seiner Fähigkeiten, es werde aber auch andererseits nicht verfälscht. Locher weist ferner zu Recht darauf hin, dass es nicht von ungefähr sei, dass es keine veröffentlichte Entscheidung in der Rechtsprechung gebe, die „in einem Abriss eines – aufgrund urheberrechtlich geschützter Pläne eines Architekten gebauten – Bauwerkes durch den Eigentümer eine Urheberrechtsverletzung" sieht. Schulze[194] weist ebenfalls zutreffend darauf hin, dass sich der Urheberrechtsschutz nur dort auswirken kann, „wo noch etwas Schutzfähiges vorhanden ist".

Lediglich eine Mindermeinung in der juristischen Literatur[195] vertritt insoweit eine einschränkende Rechtsmeinung. Danach ist die Vernichtung zwar keine Entstellung, aber eine besonders starke Form der anderen Beeinträchtigung i.S. des § 14 UrhG. Allerdings wird auch von dieser Mindermeinung eingeräumt, dass eine Vernichtung jedenfalls dann möglich ist, wenn besondere wirtschaftliche Interessen des Eigentümers bestehen und diese gegenüber den Interessen des Urheberarchitekten an der Erhaltung des Bauwerks überwiegen.

Prinz[196] ist der Meinung, dass „die im Urheberrechtsgesetz geschützte Reputation des Urhebers aufgrund einer Werkzerstörung in Mitleidenschaft gezogen werden kann". Er stützt sich dabei auf die Verletzung des allgemeinen, vom **Grundgesetz geschützten Persönlichkeitsrechts des Architekten.** Das **Bundesverfassungsgericht** hatte sich erst kürzlich mit einer entsprechenden Fallgestaltung zu beschäftigen, bei der der Bauherr entschieden hatte, ein im Bau begriffenes Gebäude nicht zu vollenden, sondern die bereits vorhandenen Bauteile abzureißen. Darin sah der Architekt eine ehrverletzende Rufschädigung. Im Beschluss vom 24.11.2004 hat das Bundesverfassungsgericht[197] entschieden, dass der **Abriss eines Gebäudes sowie die Ablehnung des Bauherrn, das Gebäude zu vollenden, in der Regel nicht zu einer Verletzung des Persönlichkeitsrechts eines Architekten führt**; dabei weist das Gericht darauf hin, dass die in diesem Zusammenhang behauptete Ehrverletzung und die angeblich damit verbundene Grundrechtsverletzung vom Architekten nicht ausreichend dargetan worden ist. Ob in einem anders gelagerten Fall ausnahmsweise eine Verletzung des Persönlichkeitsrechts möglich ist, hat das Gericht ausdrücklich offen gelassen.

2466 Allerdings sind **zwei Ausnahmen** denkbar, bei denen der Weg für einen Abriss versperrt sein kann. So ist zunächst eine Vernichtung eines urheberrechtlich geschützten Bauwerkes dann nicht möglich, wenn dieses gleichzeitig dem **Denkmalschutz** unterliegt.[198] Zum anderen – und das ist die weitaus gewichtigere Alternative – kann ein Verbot der Vernichtung in Betracht kommen, wenn das Bauwerk

---

[193] A.a.O.
[194] Festschrift für Dietz, S. 177, 210.
[195] *Weißhöfer*, ZfBR 1988, 104; *Dustmann*, in: Fromm/Nordemann, § 14 Rn. 31 ff., 76; *Schricker/Dietz*, § 14, Rn. 38; *Dreier/Schulze*, § 14, Rn. 27 f.; *Prinz*, S. 32 ff. u. 45 ff.; *Erdmann*, Festschrift für Piper, S. 655, 673; *Hertin*, in: Fromm/Nordemann, § 14, Rn. 18.
[196] S. 45.
[197] IBR 2005, 22 – *Werner* (Architekt Peter Zumthor „Internationales Besucher- und Dokumentationszentrum Berlin – Topographie des Terrors").
[198] Vgl. hierzu *Moench*, BauR 1993, 420.

Änderung der Planung und des Bauwerkes

Teil eines urheberrechtlich geschützten Gesamtwerkes ist und nur eine **Teilzerstörung** vom Eigentümer beabsichtigt ist und dadurch die Integrität oder optische Kontinuität des Gesamtwerkes berührt wird.[199] Häufig haben mehrere Bauwerke eine **Ensemblewirkung,** sodass sie (möglicherweise) nicht nur als Einzelgebäude Urheberrechtsschutz genießen, sondern **Elemente eines geschützten Gesamtwerkes** darstellen, weil die kompositorische Anordnung bzw. Zuordnung der Einzelgebäude und/oder ihre eigentümliche, ungewöhnliche Einfügung in die Landschaft eine individuelle, eigenschöpferische Architektenleistung darstellt.[200]

Ist eine solche **schützenswerte Ensemblewirkung** eines Gesamtwerkes bestehend aus mehreren Bauwerken zu bejahen, ist bei einem beabsichtigten Teilabriss eines oder mehrerer Gebäude stets zu prüfen, ob dadurch die urheberrechtlich geschützte Gesamtkonzeption, also die verwirklichte, schützenswerte Idee der Gesamtanlage beeinträchtigt wird.[201] Das ist immer dann der Fall, wenn den verbliebenen Gebäuden noch eine Aussagekraft zukommt, die an das ursprüngliche, geschützte Gesamtwerk erinnert. Von einer unzulässigen **Teilvernichtung** ist also stets auszugehen, wenn der verbleibende Rest des Ensembles durch bestimmte Merkmale auf das frühere Werk verweist.[202] Entsprechendes gilt für die Teilvernichtung eines einzelnen Bauwerks.[203]

2467

Ist der Bauherr berechtigt, Änderungen vorzunehmen, braucht er den Urheberarchitekten weder mit den entsprechenden Aufgaben zu beauftragen noch ihm ein Sonderhonorar für die Änderungsbefugnis zu zahlen. Ein **Mitwirkungsrecht** des Architekten besteht insoweit nicht.[204]

Ob im Einzelfall eine Entstellung eines urheberrechtlich geschützten Werkes anzunehmen ist, wird ein Architekt in der Regel nur mit Hilfe eines **Sachverständigengutachtens** darlegen und nachweisen können.[205]

Nach § 8 Abs. 2 Satz 3 UrhG ist **jeder Miturheber allein** befugt, sich **gegen Änderungen** oder **Entstellungen** zu wehren. Bereits ein geringfügiger eigenschöpferischer Beitrag zu einem gemeinsam geschaffenen Werk, der sich nicht gesondert verwerten lässt, begründet nach § 8 Abs. 1 UrhG die Miturheberschaft.[206] Sind auf Plänen mehrere Personen in der üblichen Weise als Urheber bezeichnet, werden sie

2468

---

199) LG Hamburg, NZBau 2007, 50 („Bleiben durch Abrissmaßnahmen lediglich die konstruktive Grundkonstruktion des Kernelements und die von diesem auskragenden Geschossdecken erhalten, liegt kein urheberrechtlich geschütztes Bauwerk mehr vor"); LG Stuttgart, ZUM-RD 2010, 491 sowie OLG Stuttgart, Urt. v. 07.10.2010 – AZ 4 U 106/10. *Dustmann,* in: Fromm/Nordemann, § 14, Rn. 34.
200) Vgl. BGH, ZUM 1988, 245, 246 m. Hinw. auf BGHZ 24, 55, 64 ff. – *Ledigenheim.*
201) Vgl. hierzu *Werner,* Festschrift für Kraus, S. 403, 406.
202) OLG München, ZUM 2001, 339 (geplanter Abriss eines Kirchenschiffes als Bestandteil eines preisgekrönten Pfarrzentrums, das sich aus verschiedenen Gebäuden zusammensetzt).
203) Vgl. hierzu LG Hamburg, NZBau 2007, 50, 52 (Teilabriss des „Astra-Hochhauses" in Hamburg bis auf die statische Konstruktion des Kernelements und der auskragenden Geschossdecken – zulässige Teilvernichtung, weil nichts mehr auf das frühere Gebäude verweist).
204) **Herrschende Meinung;** *Gerlach,* GRUR 1976, 613, 623 m.w.Nachw.; *Hesse,* BauR 1971, 209; **a.A.:** *Neuenfeld,* BauR 1975, 373 sowie *Neuenfeld/Baden/Dohna/Groscurth,* III, Rn. 92, 93. *Ulmer,* Der Architekt 1969, 81.
205) KG, OLGR Berlin 1997, 3, 5.
206) BGH, ZUM 2009, 521 (Kranhäuser) = NZBau 2009, 724 = IBR 2009, 715 – *Fuchs.*

gemäß § 10 Abs. 1 UrhG – auch im Verhältnis zueinander – bis zum Beweis des Gegenteils als Miturheber des Werkes angesehen.[207]

Nach § 28 UrhG geht das Urheberrecht auf die **Erben** des Urhebers über. Dies gilt insbesondere für das Urheberpersönlichkeitsrecht und damit auch das Änderungsverbot.[208] Bei einer **Erbengemeinschaft** sind die §§ 2032 ff. BGB zu berücksichtigen, insbesondere § 2038 Abs. 2 BGB, wonach eine gemeinschaftliche Verwaltung des Nachlasses durch alle Miterben stattfindet. Damit sind **Miterben** nur **gemeinsam klagebefugt.** Das OLG Hamm[209] nimmt eine Klagebefugnis eines einzelnen Miterben zutreffend jedoch dann an, wenn es sich „lediglich um die Aktualisierung der bestehenden Herrschaftslage" geht, also z.B. den Rückbau eines geänderten, urheberrechtlich geschützten Bauwerks. Die Klagebefugnis der oder des Miterben wird auch nicht dadurch beeinträchtigt, dass seit dem Tode des Urheberarchitekten ein gewisser Zeitraum der Schutzdauer des Urheberrechts nach § 64 UrhG verstrichen ist, weil grundsätzlich das Urheberrecht erst 70 Jahre nach dem Tode des Urhebers erlischt und bis dahin also ungeschmälert fortbesteht (64 UrhG) wie das OLG Hamm[210] zutreffend zum Ausdruck gebracht hat.

2469 Auftraggeber vereinbaren mit Architekten in der Regel, dass sie ohne Zustimmung des Architekten Um- oder Erweiterungsbauten oder sonstige Änderungen an dem Bauwerk vornehmen dürfen. Ob ein solches Änderungsrecht in AGB ohne Verstoß gegen die §§ 305 ff. BGB vereinbart werden kann, ist allerdings umstritten.[211]

Das LG Hannover[212] hat folgende (übliche) Klausel eines Auftraggebers für unzulässig erklärt:

> „Der Auftraggeber darf die Unterlagen für die im Vertrage genannte Baumaßnahme ohne Mitwirkung des Auftragnehmers nutzen und ändern; dasselbe gilt auch für das ausgeführte Werk. Der Auftraggeber wird den Auftragnehmer von wesentlichen Änderungen eines nach dem Urheberrecht geschützten Werkes – soweit zumutbar – anhören, ohne, dass sich hieraus ein Mitwirkungsrecht ergibt."

Zu Recht weist das LG Hannover in diesem Zusammenhang darauf hin, dass der Urheber zwar dem Nutzungsberechtigten vertraglich Abänderungsbefugnisse einräumen kann. Der Kern des urheberrechtlichen Persönlichkeitsschutzes, wie er in dem Entstellungsverbot (vgl. Rdn. 2457 f.) gemäß § 14 UrhG verankert ist, ist aber unantastbar und einer pauschalen Zustimmung im Voraus nicht zugänglich, Da die vorgenannte Klausel in ihrer Allgemeinheit auch eine Änderungsmaßnahme zulässt, die eine Entstellung beinhaltet, ist diese Klausel als unzulässig anzusehen.

---

207) BGH, a.a.O.
208) BGH, ZUM 1989, 84 – Oberammergauer Passionsspiele II.
209) ZUM 2006, 641, 648.
210) ZUM 2006, 641, 647.
211) Vgl. hierzu im Einzelnen *Goldmann*, GRUR 2005, 639, 645, 646. Ferner BGH, GRUR 1999, 230 = NJW 1999, 790 (Treppenhausgestaltung) und *Schulze*, in: Loewenheim, § 71, Rn. 45.
212) IBR 2007, 620 – *Schwenker*.

Rechtsprechung zur Änderung und Entstellung einer Planung und eines 2470
Bauwerks
- BGH, GRUR 1974, 675, 677 (**Schulerweiterung** – Keine Entstellung oder Beeinträchtigung);
- BGH, GRUR 1982, 107, 110 (Aufstellung eines beweglichen **Orgelspieltisches in einem Kirchenraum** – keine Entstellung oder Beeinträchtigung);
- LG Berlin, IBR 2007, 253 (Änderung einer **Gewölbedecke zu Flachdecke** – Hauptbahnhof Berlin);
- OLG Frankfurt, GRUR 1986, 244, 245 (Änderung eines **Flachdaches** in ein flach geneigtes **Zeltdach** mit Kupferverkleidung – keine Entstellung oder Beeinträchtigung);
- OLG München, ZUM 1996, 165, 167 (**Veränderung von Dachgauben** im Rahmen eines Dachausbaues – keine Entstellung oder Beeinträchtigung);
- BGH, BauR 1999, 274 = NJW 1999, 790 = MDR 1999, 623 (**Änderung der Treppenhausgestaltung** eines Dienstleistungsraums durch Einbindung einer Skulptur – wesentlicher Eingriff in die vorgegebene Werkgestaltung);
- OLG München, ZUM 2001, 339 (**Geplanter Abriss eines Kirchenschiffs** als Bestandteil eines Pfarrzentrums);
- KG, NJW-RR 2001, 1201, 1202 (Große **Stahlplastik in einem geschützten Garten** als Beeinträchtigung);
- OLG Hamm, ZUM 2006, 641 (Urheberrechtsverletzung durch **Umgestaltung eines Kircheninnenraums**);
- LG Hamm, NZBau 2007, 50 (Reichweite des Architektenurheberrechts bei **Teilabriss eines Hochhauses** – „Astra-Hochhaus");
- OLG München, IBR 2008, 97 (Keine Entstellung eines **Schulzentrums durch Schulergänzungsbau**);
- BGH, BauR 2008, 1911 = NZBau 2008, 710 = IBR 2008, 582 = ZUM 2008, 862 (Kircheninnenraum als Werk der Baukunst; **Interessenabwägung bei Änderungswünschen der Kirchengemeinde**);
- LG München l, ZUM 2009, 172 (Entstellung eines Werks des Baukunst durch **Bebauung der Umgebung**);
- BGH, BauR 2012, 283 („Stuttgart 21" – Beeinträchtigung der Urheberpersönlichkeitsrechte durch Teilabriss).

4. Umfang des Anspruchs bei Urheberrechtsverletzungen

Literatur

Wedemayer, Änderung von Werken der Baukunst – zu Ansprüchen des Urhebers, in: Festschrift für Piper (1996), 787.

Wird das Urheberrecht des Architekten verletzt, hat dieser gemäß § 97 UrhG 2471 folgende Möglichkeiten, gegen den Verletzter vorzugehen.[213] Er kann:

* vom Verletzer die Beseitigung der Beeinträchtigung verlangen (**Beseitigungsanspruch**)
* bei Wiederholungsgefahr auf Unterlassung klagen (**Unterlassungsanspruch**)

---
[213] Vgl. hierzu im Einzelnen *Delahaye*, GRUR 1986, 217.

- den Verletzer auf Schadensersatz in Anspruch nehmen, wenn diesem Vorsatz oder Fahrlässigkeit nachgewiesen werden kann (**Schadensersatzanspruch**), wobei ein Rechtsirrtum nicht entschuldigt;[214] dieser Anspruch umfasst auch den Ersatz des Nichtvermögensschadens, soweit dies der Billigkeit entspricht
- anstelle des Schadensersatzanspruches vom Verletzer die Herausgabe des Gewinns, den der Verletzer durch die Verletzung des Urheberrechts erlangt hat, und Rechnungslegung über diesen Gewinn verlangen (**Herausgabeanspruch**).[215]

2472 Andere gesetzliche Vorschriften bleiben unberührt. In Betracht kommen daher vor allem Ansprüche aus den §§ 812 ff. BGB (ungerechtfertigte Bereicherung),[216] da Ansprüche aus den §§ 823 ff. BGB, § 1004 BGB, §§ 687 ff. BGB und dem UWG in der Regel von § 97 UrhG mitumfasst sind.[217]

2473 Im Rahmen des Schadensersatzes kann der Architekt entweder seinen Schaden (Honorar) konkret nach § 97 Abs. 2 Satz 1 UrhG i.V.m. § 249 BGB unter Einschluss des entgangenen Gewinns berechnen[218] oder eine angemessene **Lizenzgebühr** verlangen (§ 97 Abs. 2 Satz 3 UrhG).[219] Bei Letzterem wird der Abschluss eines Lizenzvertrages fingiert[220]; diese Methode beruht auf dem Gedanken, dass der Verletzer nicht besser, aber auch nicht schlechter dastehen soll als er im Falle einer ordnungsgemäßen Erlaubnis (vertraglich vereinbarte Nutzungseinräumung) durch den Urheber gestanden hätte.[221] Die fiktive Lizenzgebühr wird damit in Analogie zur Höhe der angemessenen Vergütung bestimmt, die im Falle eines Vertragsabschlusses zu den üblichen Bedingungen zu zahlen gewesen wäre:[222] Der Geschädigte kann den Betrag verlangen, den der Schädiger als angemessene Vergütung zu entrichten gehabt hätte, wenn er die Erlaubnis zur Nutzung des verletzten Rechts eingeholt hätte.[223] Das wird in der Regel die Honorierung für die Leis-

---

214) BGH, GRUR 1988, 533, 535.
215) Vgl. hierzu BGH, NJW 2001, 2173 = GRUR 2001, 329; OLG Düsseldorf, NJW 2004, 609.
216) Ebenso OLG Oldenburg, GRUR-Prax 2013, 545.
217) Zutreffend: *Nordemann*, in: Fromm/Nordemann, § 97 UrhG, Rn. 3; vgl. auch *Nestler*, BauR 1994, 589 ff. sowie *Binder/Messer*, S. 223 ff.
218) OLG München, GRUR 1987, 290, 292.
219) BGH, GRUR 1988, 533, 535; BGH, GRUR 1990, 1008 – **Lizenzanalogie:** vgl. auch BGH, BauR 2000, 438 = NJW-RR 2000, 185 = MDR 2000, 596 (angemessene Lizenzgebühr wegen der Verletzung der Urheberrechte an technischen Zeichnungen und Ausschreibungstexten); LG Köln, IBR 2007, 438 – *Schüller*; OLG Jena, BauR 1999, 672, 675 (Lizenzanalogie; HOAI-Honorar abzüglich 40 % für ersparte Aufwendungen); ebenso *Wandtke/Bullinger*, § 97, Rn. 69 ff.; *Nordemann*, in: Fromm/Nordemann, § 97, Rn. 86 ff. sowie *Dreier*, in: Dreier/Schulze, § 97 Rn. 61 ff. Vgl. hierzu auch OLG Frankfurt, ZUM 2007, 306. *Goldmann*, GRUR 2005, 639, 644, weist darauf hin, dass die Anwendung der Lizenzanalogie als Methode der Schadensersatzermittlung bei der Verletzung von Urheberpersönlichkeitsrechten umstritten ist, wenn der Urheber in die Änderung keinesfalls eingewilligt hätte; dabei wird insbesondere auf *Wedemayer*, Festschrift für Piper (S. 787, 799) verwiesen. OLG Nürnberg, BauR 1998, 168 (Urheberrechtsverletzung bei Fertighausplanung); *Locher*, Rn. 554; vgl. hierzu *Delahaye*, a.a.O. **A.A.:** LG München, IBR 2005, 610 – *Fuchs* (keine Lizenzanalogie, nur Schmerzensgeld bei einer Einstellung, das nach § 287 Abs. 1 ZPO der Billigkeit entsprechend festzulegen ist).
220) *J.B. Nordemann*, in: Fromm/Nordemann, § 97, Rn. 87.
221) BGH, GRUR 1990, 1008, 1009.
222) BVerfG, ZUM 2009, 479, 481.
223) OLG Celle, BauR 2011, 1187.

tungen sein, die er erbracht haben würde, wäre er mit der Veränderung beauftragt worden.[224] Bezüglich des Umfangs der beabsichtigten oder durchgeführten Veränderungen steht dem Urheberarchitekten gegenüber dem Bauherrn ein **Auskunftsanspruch** zu.[225]

Beide Wege werden in aller Regel zum selben Ergebnis führen. Der **Schaden** (oder die Lizenzgebühr) ist auf **der Grundlage der HOAI zu berechnen**,[226] wobei die Honorarsätze der HOAI nicht unmittelbar übernommen werden können.[227] Bei der Berechnung auf Grundlage der Lizenzanalogie hat der Verletzer dasjenige zu zahlen, was vernünftige Parteien bei Abschluss eines fiktiven Lizenzvertrages in Kenntnis der wahren Rechtslage und der Umstände des konkreten Einzelfalles als angemessene Lizenzgebühr vereinbart hätten.[228] Dabei sind nur diejenigen Teilleistungen zu beachten, die unter Berücksichtigung des Urheberrechts des Architekten zu übertragen waren; dies werden in der Regel nur die **urheberrechtsrelevanten Planungs-Leistungsphasen 1, 2, 3 und 5** (also Grundlagenermittlung, Vorplanung, Entwurfsplanung und Ausführungsplanung) einschließlich der künstlerischen Oberleitung[229] sein.[230]

Hinsichtlich der anzusetzenden **anrechenbaren Kosten** ist allerdings nach Auffassung des OLG Jena[231] nur die **Nettobausumme** zu berücksichtigen, die dem **schutzfähigen Werkteil** zuzuordnen ist; ist also das Werk des Urheberarchitekten nicht in seiner Gesamtheit urheberrechtschutzfähig, ist nur ein entsprechender Anteil in Ansatz zu bringen. **Abzuziehen** sind jeweils die **ersparten Aufwendungen** des Architekten, die konkret zu ermitteln sind (vgl. näher Rdn. 1122 ff.).[232] Dabei wird zum Teil die (aber abzulehnende) Auffassung vertreten, dass insoweit eine – nach der früheren, aber vom BGH schon 1996 aufgegebenen Rechtsprechung zu § 649 BGB (vgl. Rdn. 1133 ff.) – Pauschale von 40 % für die ersparten Aufwendun-

---

224) *Neuenfeld*, BauR 2011, 180, 186.
225) Vgl. hierzu im Einzelnen *Neuenfeld*, BauR 2011, 180, 187.
226) OLG Nürnberg, BauR 1998, 168 = NJW-RR 1998, 47; LG Nürnberg-Fürth, IBR 2004, 326 – *Werner*, vgl. hierzu *Plankemann*, DAB 2004 48 *Wedemayer*, Festschrift für Piper, S. 787, 803.
227) OLG Hamm, BauR 1999, 1198; OLG Nürnberg, BauR 1998, 168.
228) LG Köln, Urteil vom 08.10.2007 – AZ: 28 O 72/05, Werner Baurecht Online mit Analyse *Werner*.
229) OLG Hamm, BauR 1999, 1198 (auch 5 % aus der Leistungsphase 8); ebenso LG Hannover, BauR 2006, 410 u. OLG Celle, NJW-RR 2000, 191.
230) OLG Oldenburg, GRUR-Prax 2013, 545; OLG Celle, NJW-RR 2000, 191 (Leistungsphasen 1, 2, 3, 5); ebenso OLG Hamm, BauR 1999, 1198, 1201 sowie OLG Nürnberg, BauR 1998, 168 = NJW-RR 1998, 47; OLG München, NJW-RR 1995, 474 (Leistungsphasen 1–4); OLG Jena, BauR 1999, 672, 675 (Leistungsphasen 3–5); OLG Köln, BauR 1991, 647 (Leistungsphasen 1–8); OLG Thüringen, BauR 1999, 672; LG Oldenburg, GRUR-Prax 2013, 545 (wie hier); LG Köln, ZUM 2008, 88 ff. *Neuenfeld*, BauR 2011, 180, 186; vgl. hierzu auch *Koeble*, in: Locher/Koeble/Frik, Einl. Rn. 302.
231) OLG Jena, BauR 1999, 672, das sich auch insoweit mit den Entscheidungen des BGH, GRUR 1973, 663, 666 – Wählamt – und GRUR 1988, 533, 535 = BauR 1988, 361 – Vorentwurf II – im Einzelnen auseinandersetzt; LG Köln, ZUM 2008, 88 ff.; vgl. hierzu auch OLG Nürnberg, NJW-RR 1998, 47.
232) BGH, NJW 1973, 1696; OLG Jena, BauR 1999, 672; OLG Hamm, BauR 1974, 432; OLG Köln, BauR 1991, 647; OLG Hamburg, BauR 1991, 645; zur Schadensberechnung vgl. auch *Ern*, ZfBR 1979, 136, 139.

gen in Ansatz gebracht werden können.²³³⁾ In erster Linie ist vielmehr darauf abzustellen, was im konkreten Einzelfall von dem Architekten zu den ersparten Aufwendungen vorgetragen werden kann. Sind hier keine konkreten Darlegungen möglich oder erfolgt, dann steht es dem Gericht grundsätzlich frei, die Höhe des Schadensersatzanspruches und damit auch die Höhe der ersparten Aufwendungen gem. § 287 ZPO zu schätzen.²³⁴⁾ Es ist dann nicht zu beanstanden, wenn ein Gericht einen Abzug von 40 % macht, zum Teil sind allerdings die ersparten Aufwendungen des Architekten geringer.

Bezüglich des Gebührensatzes gilt Folgendes: Wenn es zwischen den Parteien keinerlei Anhaltspunkte gibt, ist von der üblichen Vergütung auszugehen. Grundsätzlich gelten die Mindestsätze in diesen Fällen als die übliche Vergütung (vgl. Rdn. 821), allerdings ist zu bedenken, dass es sich um urheberrechtlich geschützte Werkleistungen handelt und der Urheberarchitekt für seine besondere, eigenschöpferische Leistung in der Regel einen höheren Satz verlangt.

Neben den Ansprüchen auf Ersatz von Vermögensnachteilen, die nach der Lizenzanalogiemethode berechnet werden können, gibt es weiterhin auch die Möglichkeit, bei Urheberrechtsverletzungen einen **immateriellen Schaden** geltend zu machen. Es kommt deshalb jeweils im Einzelfall darauf an, festzustellen, welches Klageziel verfolgt wird, ob also ein Schadensersatzanspruch nach § 97 Abs. 1 UrhG oder aber ein **Schmerzensgeld** nach § 97 Abs. 2 UrhG (z.B. bei Entstellungen) geltend gemacht wird.²³⁵⁾ Die Höhe eines Schmerzensgeldes kann – nach LG München²³⁶⁾ – nach billigem Ermessen festgesetzt werden (§ 287 ZPO). Nach OLG Düsseldorf²³⁷⁾ ist der Anspruch auf Erstattung eines immateriellen Schadens auf die Person des Urhebers beschränkt: Der **Anspruch** kann also **nicht vom Erben** des Urhebers geltend gemacht werden.²³⁸⁾

---

233) OLG Jena, BauR 1999, 672, 675; OLG Nürnberg, NJW-RR 1998, 47; OLG Köln, BauR 1991, 647; **a.A.:** wie hier *Koeble*, in: Locher/Koeble/Frik, Einl. Rn. 302.
234) LG Köln, ZUM 2008, 88 ff., 92.
235) Zum Schmerzensgeld vgl. LG München, IBR 2005, 610 – *Fuchs* (nur bei schwerwiegenden Urheberrechtsverletzungen).
236) A.a.O.
237) BauR 2013, 1002 (LS) = IBR 2013, 358 – *Gay*.
238) So auch OLG Hamburg, NJW-RR 1995, 562 – beck-online mit weiteren Nachweisen. **A.A.** *Wandtke/Czernik*, GRUR 2014, 835 – beck-online, S. 6 ff.

II. Die Ausgleichsklage der Baubeteiligten nach § 426 BGB

Übersicht

	Rdn.		Rdn.
1. Grundsatz der gleichrangigen Haftung der verantwortlichen Baubeteiligten	2474	c) Gesamtschuld von Architekt, Sonderfachmann und Unternehmer	2497
2. Das Gesamtschuldverhältnis als Voraussetzung für den Ausgleichsanspruch	2477	d) Gesamtschuld von planendem und objektüberwachendem Architekten	2498
a) Gesamtschuld mehrerer Unternehmen	2478	e) Gesamtschuld von Architekt und Sonderfachmann	2500
b) Gesamtschuld von Architekt und Unternehmer	2481	f) Gesamtschuld mehrerer Sonderfachleute	2505
aa) Planender Architekt und Unternehmer	2481	g) Weitere Gesamtschuldverhältnisse	2506
bb) Objektüberwachender Architekt und Unternehmer	2492	3. Der Ausgleichsanspruch	2507
cc) Quotierung	2493	4. Haftungsbegünstigung eines gesamtschuldnerisch haftenden Baubeteiligten und Gesamtschuldnerausgleich	2513

Literatur:[1)]

Zerr, Gesamtschuldverhältnis im Bauwesen, NZBau 2002, 241; *Soergel*, Die möglichen Gesamtschuldverhältnisse von Baubeteiligten, BauR 2005, 239; *Glöckner*, Ausgewählte Probleme der gesamtschuldnerischen Haftung Baubeteiligter wegen Leistungsstörungen bei der Erstellung des Bauwerks, BauR 2005, 251; *Kniffka*, Gesamtschuldnerausgleich im Baurecht, BauR 2005, 274; *Reichelt/Staab*, Zur Entstehung des Gesamtschuldnerausgleichsanspruchs und zu einer Verjährung am Beispiel der Architektenhaftung, BTR 2006, 11; *Klein/Moufang*, Die Haftung des Architekten in der Gesamtschuld, Jahrbuch Baurecht 2006, 165; *Peters*, Die zeitlichen Dimensionen des Ausgleichs zwischen mehreren für einen Baumangel verantwortlichen Personen, NZBau 2007, 337; *Dammert*, Haftungsverbund zwischen Bauunternehmer und Planer, Festschrift für Ganten (2007), 3; *Knoche*, Das Kooperationsgebot beim Gesamtschuldverhältnis zwischen bauleitendem Architekten und Werkunternehmer, BauR 2008, 1782; *Sohn/Holtmann*, Die neuere Rechtsprechung des BGH zur Gesamtschuld, BauR 2010, 1480; *Leupertz*, Mitwirkung und Obliegenheit im Bauvertragsrecht, BauR 2010, 1999; *Krause-Allenstein*, Beschränkung des Gesamtschuldnerausgleichs durch Haftungsfreizeichnung des Auftraggebers, BauR 2010, 2009; *Voit*, Nacherfüllungsanspruch und Nacherfüllungsbefugnis im Gesamtschuldnerausgleich, BauR 2011, 392; *Ganten*, Erlass und Vergleich durch und mit Gesamtschuldnern, BauR 2011, 404; *Schlemmer*, „Annahmen" eines Tragwerksplaners zum Baugrund – Die Haftung der Baubeteiligten für eine fehlerhafte Statik, in: Festschrift für Jochem (2014), S. 286; *Tomic*, Haftungsfallen im Zusammenhang mit der Gesamtschuld, in: Festschrift für Jochem (2014), S. 325; *Preussner*, Steter Tropfen höhlt den Stein – Zum Gesamtschuldverhältnis zwischen Architekt und Unternehmer, BauR 2014, 751 ff.; *Maase*, Die gesamtschuldnerische Haftung des bauüberwachenden Architekten für Ausführungsmängel des Werkes, BauR 2014, 889 ff.; *Sass*, Die Gesamtschuld ist alles schuld? – Ein Rechtsinstitut unter falschem Verdacht!, BauR 2014, 1378 ff.: *Langen*, Gesamtschuld der Planungs- und Baubeteiligten – Eine kritische Bestandsaufnahme (Teil 1), NZBau 2015, 2 ff. sowie (Teil 2), 71 ff.; *Meier/Leidner*, Gesamtschuld von überwachendem Architekten und Werkunternehmer: Kein Recht zur zweiten Andienung?, BauR 2016, 1375 ff.; *von Kiedrowski*, Gesamtschuldnerische (Mängel-)Haftung mehrerer Werkunternehmer, NJW 2016, 129 ff.; *Jochem*, Vorauseilender Gehorsam der Gerichte schon vor Inkrafttreten der Bauvertragsrechtsreform?, NZBau 2017, 346 ff.; *Sohn*, Inanspruchnahme des Architekten bei nachbesserungsbereitem Bauunternehmer, NJW 2017, 1515 ff.; *Deckers*, Das neue Architekten- und Ingenieurvertragsrecht im Bürgerlichen Gesetzbuch, ZfBR 2017, 523 ff.

---

1) Literatur vor 2000 siehe 15. Auflage.

1. Grundsatz der gleichrangigen Haftung der verantwortlichen Baubeteiligten

2474 An der Errichtung von Bauvorhaben wirken im Regelfall unterschiedliche Baubeteiligte (z.B. Bauunternehmer, Architekt, Sonderfachmann, Projektsteuerer/Baubetreuer) mit. Eine erfolgreiche Bauwerkserrichtung setzt eine koordinierte Zusammenarbeit aller dieser Baubeteiligten voraus. Pflichtverletzungen einzelner Baubeteiligter können sich ohne weiteres auch auf den Leistungsbereich der anderen Baubeteiligten auswirken. Daher können auftretende Baumängel auch häufig in den Verantwortungsbereich mehrerer Baubeteiligter fallen. Aus diesem Grunde ist der Gesamtschuldnerausgleich im Baurecht von ganz erheblicher praktischer Relevanz.

Folgende Fallgestaltungen sind denkbar:

* Zwei oder mehrere **Unternehmer** haben einen Schaden am Bauwerk zu vertreten[2] (vgl. Rdn. 2478 ff.).
* Sowohl der **Architekt** als auch der **Unternehmer** haben ein und denselben Baumangel verschuldet, z.B., wenn der Architekt mangelhaft plant und der Unternehmer nach dem Planungsfehler – in Kenntnis oder schuldhafter Unkenntnis – arbeitet (vgl. Rdn. 2481)[3] oder wenn der Unternehmer eine mangelhafte Leistung erbracht und der Architekt dies im Rahmen seiner Bauüberwachung schuldhaft nicht erkannt hat (vgl. Rdn. 2492).[4]
* Für einen Baumangel sind der **Architekt** und ein **Sonderfachmann** verantwortlich[5] (vgl. Rdn. 2500 ff.).
* Sowohl der **Unternehmer,** der **Architekt** als auch ein **Sonderfachmann** haften für den eingetretenen Baumangel[6] (vgl. Rdn. 2497).
* Für einen Baumangel haften **zwei** Architekten/Sonderfachleute, nämlich der **planende** und der objektüberwachende **Architekt/Sonderfachmann**[7] (vgl. Rdn. 2498 ff.).

---

2) Vgl. BGH, BauR 1975, 130; OLG Düsseldorf, IBR 2015, 661 – *Weyer*; OLG Celle, IBR 2010, 1368 – *Schwenker*; OLG Hamm, NJW 1996, 273; BauR 1992, 519 u. NJW-RR 1991, 730.
3) Vgl. unter anderem OLG Saarbrücken, IBR 2016, 452 – *Berding*; OLG Düsseldorf, IBR 2014, 410 – *Weyer*; OLG Düsseldorf, BauR 2013, 1283 ff.; OLG Hamm, IBR 2013, 681/Nichtzulassungsbeschwerde verworfen – *Lichtenberg*; OLG Frankfurt, IBR 2013, 212 – *Dietrich*; OLG Jena, IBR 2013, 17/Nichtzulassungsbeschwerde vom BGH zurückgewiesen – *Weyer*; OLG Düsseldorf, BauR 2012, 1244 ff.; OLG Frankfurt, IBR 2011, 94 – *Weyer*; OLG Hamm, BauR 2001, 828.
4) Vgl. unter anderem OLG Düsseldorf, BauR 2013, 1879 ff.; OLG Stuttgart, IBR 2012, 150 – *Weyer*; OLG Celle, IBR 2008, 508 – *Schalk*.
5) Vgl. BGH, VersR 1971, 667; OLG Jena, IBR 2017, 29 – *Heiliger*; OLG Köln NZBau 2016, 646 ff. = IBR 2016, 352 – *Schwarz*; OLG Düsseldorf, IBR 2013, 420 – *Fuchs* = BauR 2013, 1480; OLG München, IBR 2011, 206 – *Fuchs*; OLG Karlsruhe, MDR 1971, 45; OLG Düsseldorf, BauR 1973, 252; OLG Köln, MDR 1986, 408. Zur gesamtschuldnerischen Haftung des baubegleitenden Qualitätsüberwachers neben anderen Baubeteiligten vgl. *Vygen*, Festschrift für Jagenburg, S. 933, 947.
6) Vgl. OLG Karlsruhe, BauR 2008, 1027; für starke Rissbildungen vgl. z.B. BGH, BauR 1971, 265 = WM 1971, 682; OLG Düsseldorf, BauR 1974, 357; für fehlende Dehnungsfuge: LG Stuttgart, BauR 1997, 137.
7) OLG Koblenz, IBR 2014, 222/Nichtzulassungsbeschwerde zurückgewiesen – *Wronna*; OLG Köln, NJW-RR 1997, 597 = OLGR 1997, 58; OLG Bamberg, NJW-RR 1992, 91.

Grundsatz der gleichrangigen Haftung Rdn. 2474

* Für einen Baumangel sind **mehrere Sonderfachleute** verantwortlich (vgl. Rdn. 2505).[8]
* **Baubetreuer** und **Treuhänder** wirken zusammen und begehen gemeinsam eine Pflichtverletzung gegenüber dem Bauherrn[9] (vgl. Rdn. 2506).

Die Gesamtschuldnerschaft von Baubeteiligten hat gemäß § 421 BGB zur Folge, dass jeder Schuldner im Außenverhältnis für den Gesamtschaden haftet – unabhängig vom Gewicht des eigenen Verursachungsbeitrages.[10] Etwas anderes gilt nur dann, wenn sich ein Gesamtschuldner auf ein mitwirkendes Verschulden des Auftraggebers gemäß § 254 BGB berufen kann.

Im Übrigen steht es grundsätzlich im freien Ermessen des Bauherrn, an wen er sich wegen des eingetretenen Schadens hält. Eine **rechtliche Rangordnung** dergestalt, dass sich der Bauherr zunächst an einen bestimmten Baubeteiligten als Verursacher des Schadens wenden muss, gab es jedenfalls in der Vergangenheit **nicht**.[11]

Die Inanspruchnahme eines Gesamtschuldners kann allerdings ausnahmsweise gegen Treu und Glauben verstoßen und rechtsmissbräuchlich sein. So hat der BGH[12] schon in der 60-er Jahren ausgesprochen, dass der Bauherr gegenüber dem Architekten gegen seine Schadensminderungspflicht aus § 254 Abs. 2 Satz 1 BGB verstoßen kann, wenn er von diesem Schadensersatz verlangt, „ohne zuvor gegen den Unternehmer einen außer Zweifel stehenden Erfolg versprechenden Nachbesserungsanspruch (§ 633 Abs. 2 BGB) geltend zu machen" (jetzt § 635 BGB). Auch danach hat der BGH[13] ähnlich entschieden: Er weist darauf hin, dass der Auftraggeber ausnahmsweise gehindert ist, „einen Architekten wegen eines Bauaufsichtsfehlers in Anspruch zu nehmen, wenn und soweit er auf einfachere, insbesondere billigere Weise von dem Unternehmer die Beseitigung des Mangels verlangen kann".

Hingegen kann der wegen mangelhafter Bauüberwachung in Anspruch genommene Architekt dem Auftraggeber nicht grundsätzlich entgegenhalten, dass er – trotz Kenntnis von Baumängeln – Zahlungen an den Unternehmer geleistet und Sicherheiten freigegeben hat; dies kann nur dann im Einzelfall gelten, wenn sich das Verhalten des Auftraggebers als treuwidrig darstellt und damit den Einwand der Arglist begründet.[14]

Nach einer erst kürzlich ergangenen Entscheidung des OLG Dresden[15] ist die Inanspruchnahme des objektüberwachenden Architekten durch den Bauherrn wegen eines Objektüberwachungsfehlers dann **als treuwidrig** anzusehen, wenn die

---

[8] Vgl. OLG Frankfurt, IBR 2001, 434 – *Sienz*; OLG Stuttgart, BauR 1996, 748.
[9] OLG Düsseldorf, NJW-RR 1992, 914.
[10] Vgl. auch KG, BauR 2006, 400 = IBR 2006, 156 – *Großkopf*; *Glöckner*, BauR 2005, 251.
[11] Nach Auffassung von *Knoche* (BauR 2008, 1782 ff.) kann sich im Einzelfall aber aus dem **Kooperationsgebot** eine rechtliche Rangfolge ergeben.
[12] NJW 1962, 1499 u. NJW 1963, 1401.
[13] BauR 2007, 1875 = NZBau 2007, 721 = IBR 2007, 571 – *Schwenker* (Ein Schadensersatzanspruch gegen den Architekten kann allein deshalb nicht verneint werden, weil der Auftraggeber entgegen der Empfehlung des Architekten Werklohn wegen Mängel der Bauausführung nicht einbehalten hat).
[14] KG, BauR 2006, 400; *Hebel*, BauR 2006, 221, 232.
[15] IBR, 2016, 712 – *Käseberg* = BauR 2017, 899 ff.

ausführende Firma nachbesserungsbereit ist und der Bauherr daher auf einfachere, billigere Art und Weise die Mangelbeseitigung erlangen kann.[16]

Gleichfalls hat das OLG Stuttgart[17] in Anknüpfung an die o.g. Rechtsprechung des BGH ausgesprochen, dass es dem Bauherrn jedenfalls **bis zur Grenze der Treuwidrigkeit** freistehe, ob er wegen eines Mangels am Bauwerk den Unternehmer oder den Architekten, der seine Objektüberwachungspflicht verletzt hat, in Anspruch nehmen will. Eine unmittelbare Inanspruchnahme des Architekten sei – so das OLG Stuttgart – aber nicht treuwidrig, wenn der mit dem Architekten in einem einer Gesamtschuld ähnlichen Verhältnis haftende Unternehmer seine Einstandspflicht für Mängel des Bauwerks für den Fall der gesamtschuldnerischen Haftung mit dem objektüberwachenden Architekten bestreitet.

Keinesfalls kann aber auch unter Berücksichtigung der vorstehenden Entscheidungen davon ausgegangen werden, dass die Inanspruchnahme des Architekten in derartigen Konstellationen „vorschnell" als treuwidrig angesehen werden könnte. Diesem Einwand stehen nach alter Gesetzeslage vielmehr nach wie vor „hohe Hürden" entgegen.

Der Gesetzgeber hat nunmehr für den Fall der gesamtschuldnerischen Haftung des objektüberwachenden Architekten/Ingenieurs mit dem ausführenden Unternehmen **mit dem am 1.1.2018 in Kraft tretenden Gesetz zur Reform des Bauvertragsrechts**[18] eine ausdrückliche Änderung vorgesehen. Gemäß **des neuen § 650t BGB** kann der objektüberwachende Architekt/Ingenieur gegenüber dem Bauherrn dann die Leistung verweigern, wenn auch das ausführende Unternehmen für den Mangel haftet und der Bauherr diesem noch nicht erfolglos eine angemessene Frist zur Nacherfüllung bestimmt hat. Insoweit handelt es sich um **ein gesetzliches Leistungsverweigerungsrecht des Architekten**. In prozessualer Hinsicht handelt es sich hierbei – so zutreffend Deckers[19] – um eine Einrede.

§ 650t BGB normiert gleichfalls – was uneingeschränkt zu begrüßen ist – ein Recht des ausführenden Unternehmens „zur zweiten Andienung".[20] Ziel der Regelung ist es, eine überproportionale Belastung der Architekten und Ingenieure im Rahmen der gesamtschuldnerischen Haftung mit dem bauausführenden Unternehmer jedenfalls zu reduzieren und einen Interessenausgleich zwischen Architekten und Ingenieuren einerseits und Bauunternehmern andererseits zu schaffen.[21]

2475 Grundsätzlich folgt keineswegs aus „der Natur der Sache", dass der Architekt neben dem Unternehmer nur subsidiär haftet[22] (zur sog. **„Subsidiaritätsklausel"** im Architektenvertrag vgl. Rdn. 2733 ff.). Auch hat die zeitliche Rangfolge des Abschlusses der einzelnen Verträge des Bauherrn mit dem Architekten, dem Unter-

---

16) Vgl. hierzu auch *Jochem*, NZBau 2017, 346 ff. und *Sohn*, NJW 2017, 1505 ff.
17) BauR 2016, 1792 ff. = IBR 2016, 299 f.- *Preussner*.
18) Mit den per 1.1.2018 in Kraft tretenden Regelungen gemäß § 650p – § 650t BGB enthält das BGB erstmals einen eigenen Untertitel für den Architektenvertrag und Ingenieurvertrag.
19) ZfBR 2017, 523, 543.
20) Vgl. in diesem Zusammenhang auch den Aufsatz von Meier/Leidner, BauR 2016, 1375 ff., zum Gesetzesentwurf des BM der Justiz zur Novellierung des Bauvertragsrechts.
21) Vgl. BT-Drucksache 18/8486, 70 f.
22) BGH, BauR 2007, 1875 = NZBau 2007, 721 = IBR 2007, 571 – *Schwenker*; NJW 1962, 1499 = VersR 1962, 742; MDR 1963, 669; *Soergel*, BauR 2005, 239, 243; *Wussow*, NJW 1974, 10.

nehmer oder auch dem Sonderfachmann auf die Frage des Vorliegens eines Gesamtschuldverhältnisses keinen Einfluss.[23] Gleichfalls besteht kein überzeugender Grund dafür, dass der Unternehmer als der Ausführende grundsätzlich vor anderen möglichen Gesamtschuldnern haftet. haftet.[24] Eine Ausnahme insoweit ergibt sich allerdings unter Berücksichtigung des neuen § 650t BGB.

In einem formularmäßigen Architektenvertrag (Architekt als Verwender) ist folgende Klausel (**„Quotenklausel"**) unwirksam, weil durch sie das Leitbild einer gesamtschuldnerischen Haftung zwischen Architekt und Unternehmer beseitigt und das Ergebnis eines Regressprozesses zu Lasten des Geschädigten vorweggenommen würde[25]: „Wird der Architekt für einen Schaden in Anspruch genommen, für den auch ein Dritter einzutreten hat, haftet er nur in dem Umfang, in dem er im Verhältnis zu dem Dritten haftbar ist".

Besteht ein Gesamtschuldverhältnis, kann ein Gesamtschuldner den anderen nach Befriedigung des Gläubigers im Rahmen seines Ausgleichsanspruchs (vgl. Rdn. 2507 ff.) in Rückgriff nehmen (**Rückgriffsklage**); es besteht aber auch schon vor der Leistung an den Gläubiger für den Gesamtschuldner die Möglichkeit, den anderen Gesamtschuldner auf anteilige Mitwirkung an der Befriedigung des Gläubigers in Anspruch zu nehmen (**Freistellungsklage**). Das setzt allerdings die Fälligkeit der Schuld gegenüber dem Gläubiger voraus.[26] (Vgl. Rdn. 428)

2476

2. Das Gesamtschuldverhältnis als Voraussetzung für den Ausgleichsanspruch

Literatur:[27]

Lenzen, Der bauleitende Architekt als Haftpflichtversicherer des planenden Architekten, BauR 2000, 816; *Stamm*, Die Gesamtschuld auf dem Vormarsch, NJW 2003, 2940. *Glöckner*, Ausgewählte Probleme der gesamtschuldnerischen Haftung Baubeteiligter wegen Leistungsstörungen bei der Erstellung des Bauwerks, BauR 2005; 251; *Soergel*, Die möglichen Gesamtschuldverhältnisse von Baubeteiligten, BauR 2005, 239; *Kniffka*, Gesamtschuldnerausgleich im Baurecht, BauR 2005, 274; *Reichelt/Staab*, Zur Entstehung des Gesamtschuldnerausgleichsanspruchs und zu seiner Verjährung am Beispiel der Architektenhaftung, BTR 2006, 11; *Langen*, Mehrfachkausalität bei Mängeln und Bauzeitverzögerungen, BauR 2011, 381; *Voit*, Nacherfüllungsanspruch und Nacherfüllungsbefugnis im Gesamtschuldnerausgleich, BauR 2011, 392; *Lauer/Wurm*, Haftung des Architekten und Bauunternehmers, 6. Auflage 2012; *von Kiedrowski*, Gesamtschuldnerische (Mängel-)Haftung mehrerer Werkunternehmer, NJW 2016, 129 ff.; *Langen*, Gesamtschuld der Planungs- und Baubeteiligten – Eine kritische Bestandsaufnahme (Teil 1), NZBau 2015, 2 ff. sowie (Teil 2), 71 ff.

Nimmt der Bauherr einen Baubeteiligten wegen eines Bauschadens in Anspruch, kann dieser im Rahmen einer Haftungsausgleichsklage über **§ 426 BGB** nur dann

2477

---

23) BGH, VersR 1965, 804.
24) BGH, BauR 2007, 1875 = NZBau 2007, 721 = IBR 2007, 571 – *Schwenker*; VersR 1968, 152; vgl. auch OLG Dresden, IBR 2014, 488/Nichtzulassungsbeschwerde vom BGH zurückgewiesen – *Preussner*); *Soergel*, BauR 2005, 239 ff., 243; vgl. hierzu ferner auch: *Maase*, BauR 2014, 889, 904.
25) OLG Oldenburg, IBR 2009, 221 – *Schwenker* = BauR 2008, 1670; OLG Naumburg, BauR 2005, 1796, 1798; OLG München NJW-RR 1988, 336, 338.
26) BGH, NJW 1986, 978.
27) Literatur vor 2000 siehe 15. Auflage.

Rückgriff bei dem anderen Baubeteiligten nehmen, wenn die Voraussetzungen eines **Gesamtschuldverhältnisses** gegeben sind. Dies ist im Einzelfall unter Berücksichtigung der von der Rechtsprechung und Literatur entwickelten Grundsätze zu prüfen. Denkbar sind die nachstehend aufgeführten Gesamtschuldnerkonstellationen.

a) Gesamtschuld mehrerer Unternehmen

2478 Keine größeren Schwierigkeiten ergeben sich in aller Regel für den Fall, dass bei Vorliegen eines Baumangels **mehrere Unternehmer** für eine Gesamtschuldnerschaft in Betracht kommen. Grundsätzlich gilt, dass bei der Annahme eines **Gesamtschuldverhältnisses mehrerer Bauunternehmer** oder Bauhandwerker im Ausgangspunkt eher Zurückhaltung geboten ist, da sie **in aller Regel voneinander getrennte Bauleistungen** erbringen, ohne dass eine zweckgerichtete Verbindung ihrer Bauleistungen besteht.[28] Ein Gesamtschuldverhältnis ist hier aber dann anzunehmen, wenn diese **eine Zweckgemeinschaft im Sinne einer Erfüllungsgemeinschaft** (hinsichtlich ihrer gleichen primären Leistungspflichten) bilden, die darauf gerichtet ist, **ein und dieselbe Bauleistung** zu erbringen.[29] Dabei ist bei der Abgrenzung, ob einheitliche oder unterschiedliche Bauleistungen vorliegen, großzügig zu verfahren.[30] Zudem wird in Rechtsprechung und Literatur[31] auch eine gesamtschuldnerische Haftung eines Vor- und Nachunternehmers angenommen, die wegen **Mängeln** gewährleistungspflichtig sind, die **ihre Ursache zumindest teilweise in beiden Gewerken** haben und die wirtschaftlich sinnvoll **nur auf eine einzige Weise beseitigt werden können**. Dabei weist der BGH darauf hin, dass das maßgebliche Kriterium in der gleichstufigen Verbundenheit der beiden Unternehmer im Rahmen ihrer Gewährleistungspflicht zu sehen ist, gemeinsam und in vollem Umfang für die von ihnen mitverursachten Mängel einstehen zu müssen, sofern nur eine Sanierungsmöglichkeit in Betracht kommt. Damit schulden Vor- und Nachunternehmer einen einheitlichen Erfolg.[32] Das war im Vorfeld der o.g. Entscheidung umstritten.

2479 Von einem Gesamtschuldverhältnis kann nicht ausgegangen werden, wenn verschiedene **Bauleistungen nur aufeinander aufbauen** und damit schon zeitlich nacheinander geschuldet werden **(Vor- und Nachunternehmer)**,[33] es sei denn, die vorerwähnte, vom BGH entschiedene Fallgestaltung (vgl. Rdn. 2478) oder eine

---

28) Vgl. OLG Celle, BauR 2010, 1613 = IBR 2010, 1368 – *Schwenker*; OLG Hamm, BauR 1990, 643 (LS); ferner insbesondere *Glöckner*, S. 60 ff.; *Weise*, BauR 1992, 685, 689; *Langen*, BauR 2011, 381, 385.
29) OLG Celle, BauR 2010, 1613 = IBR 2010, 1368 – *Schwenker*.
30) OLG Hamm, NJW-RR 1996, 273 (gemeinsame Nachbesserung eines Werkmangels).
31) BGH, BauR 2003, 1379 = NZBau 2003, 557 = IBR 2003, 468 – *Kapellmann*; OLG Düsseldorf, IBR 2015, 661 – *Weyer*; OLG Celle, BauR 2010, 1613 = IBR 2010, 1368 – *Schwenker*; *Stamm*, NJW 2003, 2940 und *Glöckner*, BauR 2005, 251, 263 sowie *Lauer/Wurm*, Rn. 893; OLG Frankfurt, IBR 2005, 473 – *Kimmich*; OLG Stuttgart, IBR 2004, 11 – *Wellensiek* sowie BauR 2009, 990.
32) Vgl. zum Meinungsstand in der Literatur BGH, a.a.O.
33) OLG Celle, BauR 2010, 1613; OLG Düsseldorf, NJW-RR 1998, 527 = BauR 1998, 199 [LS] (kein Gesamtschuldverhältnis mehrerer Unternehmer bei nacheinander erbrachten, abgrenzbaren Teilleistungen); *Oppler*, in: Ingenstau/Korbion, § 4 Abs. 3/B, Rn. 58; *Diehl*, Festschrift

Das Gesamtschuldverhältnis als Voraussetzung   Rdn. 2480

Verletzung von **Prüfungs-** und **Hinweispflichten** des Bauunternehmers gegenüber der Vorleistung[34] (vgl. Rdn. 2037 ff.) liegt vor.

Ein **Gesamtschuldverhältnis** besteht grundsätzlich **nicht** zwischen **Haupt-** und **Nachunternehmer.**[35] Der Hauptunternehmer hat zwar das Verschulden des Nachunternehmers als seines Erfüllungsgehilfen zu vertreten; jedoch sind beide für ihre Gewährleistung nicht Gesamtschuldner des Bauherrn oder anderer Baubeteiligter. Der Nachunternehmer haftet lediglich dem Hauptunternehmer, dieser wiederum dem Bauherrn. Im Übrigen muss sich der **Hauptunternehmer** regelmäßig das Planungsverschulden des Architekten seines Auftraggebers gegenüber seinem **Subunternehmer** anrechnen lassen.[36] **2480**

Tritt ein **Bauherr** im Rahmen eines Veräußerungsvertrages seine Gewährleistungsansprüche gegenüber Dritten an den **Erwerber** ab und werden von diesem später Mängel geltend gemacht, sind die Voraussetzungen einer Gesamtschuld zwischen Bauherrn (Veräußerer) und seinen Auftragnehmern (Dritten) zweifelhaft.[37] So verneint auch das Landgericht München I[38] in Ermangelung einer Gleichstufigkeit zutreffend das Vorliegen einer Gesamtschuld zwischen Bauträger und den übrigen Baubeteiligten gegenüber den Erwerbern, wenn der Bauträger seine Gewährleistungsansprüche, die ihm gegenüber den anderen Baubeteiligten zustehen, an die Erwerber abgetreten hat. Eine Gesamtschuld zwischen einem Nachunternehmer und dem vom Bauherrn beauftragten Architekten ist allerdings dann anzunehmen, wenn ein Generalunternehmer seine Gewährleistungsansprüche gegen den ausführenden Nachunternehmer an den Bauherrn abgetreten hat.[39]

Ein Gesamtschuldverhältnis kann weiterhin nicht zwischen Unternehmer und **Baustofflieferant,**[40] der im Auftrag des Bauherrn Baumaterial anliefert, konstruiert werden. Die erforderliche Zweckgemeinschaft kann insoweit nicht angenommen werden, da der Baustofflieferant grundsätzlich keinen unmittelbaren vertraglichen Einfluss auf die zu verwirklichende Bauleistung hat.[41] Etwas anderes kann für das Verhältnis des bauausführenden Unternehmers und des **Baustoffherstellers gelten,** also beim Zusammentreffen produkthaftungsrechtlicher sowie vertraglicher Schadensersatzansprüche.[42]

Beispiel aus der Rechtsprechung zur Haftung bzw. Haftungsverteilung der Baubeteiligten:

* Maßgeblich für die Feststellung einer Gesamtschuld mehrerer Werkunternehmer ist die Abgrenzung, ob sie voneinander völlig getrennte Bauleistungen erbringen,

---

für Heiermann, S. 37, 45, 47; **a.A.:** *Kniffka,* BauR 2005, 274, 275, soweit sich die Mängelbeseitigungsarbeiten decken.
34) BGH, BauR 1975, 130; *Kniffka,* BauR 2005, 274, 275; *Soergel,* BauR 2005, 239, 248.
35) BGH, BauR 1981, 383 = DB 1981, 1924 = WM 1981, 773 = ZfBR 1981, 169; vgl. hierzu *Knacke,* BauR 1985, 270, 273; *Glöckner,* S. 70.
36) BGH, BauR 1987, 88; OLG Stuttgart, BauR 1997, 850.
37) Vgl. hierzu *Blaesing* in Anm. zu OLG Düsseldorf, ZfBR 1983, 92, 93.
38) IBR 2015, 1099 – *Koppmann.*
39) OLG Brandenburg, IBR 2017, 432 – *Boisserée.*
40) Wie hier: *Klein/Moufang,* Jahrbuch Baurecht 2006, 165, 179; *Brügmann,* BauR 1976, 383, 389; *Wirth,* in: Ingenstau/Korbion, Vor § 13/B, Rn. 234.
41) *Soergel,* BauR 2005, 239, 249.
42) *Soergel,* BauR 2005, 239, 249.

ohne dass eine zweckgerichtete Verbindung ihrer Werkleistungen besteht, oder ob sie **eine Zweckgemeinschaft im Sinne einer Erfüllungsgemeinschaft** (hinsichtlich ihrer primären gleichartigen Leistungspflichten) bilden, die **darauf gerichtet ist, eine „einheitliche Bauleistung"** zu erbringen. Eine gesamtschuldnerische Haftung ist bei mehreren Werkunternehmern (insbesondere im Rahmen von Vor- und Nachgewerken) anzunehmen, die wegen Mängeln gewährleistungspflichtig sind, die ihre Ursache zumindest teilweise in mehreren Gewerken haben und die sinnvoll nur auf eine einzige Weise im Sinne eines „einheitlichen Erfolgs" beseitigt werden können. Dies gilt auch, wenn die bei blower-door-Tests sachverständig festgestellten Mängel der Luftdichtigkeit einer Gebäudehülle ihre Ursachen zumindest teilweise in verschiedenen Gewerken haben. Im Rahmen der Gesamtschuld ist im Werkvertragsrecht § 830 Abs. 1 S. 2 BGB entsprechend anwendbar (OLG Düsseldorf, IBR 2015, 661 – Weyer).[43]

b) Gesamtschuld von Architekt und Unternehmer

Literatur:

Kniffka, Gesamtschuldnerausgleich im Baurecht, BauR 2005, 274; *Braun*, Gesamtschuldnerausgleich im Baurecht bei Überwachungs- und Ausführungsverschulden, Festschrift für Motzke (2006), 23; *Oppler*, Zu den Planlieferpflichten des Auftraggebers, Festschrift für Motzke (2006), 315; *Klein/Moufang*, Die Haftung des Architekten in der Gesamtschuld, Jahrbuch Baurecht 2006, 165; *Voit*, Nacherfüllungsanspruch und Nacherfüllungsbefugnis im Gesamtschuldnerausgleich, BauR 2011, 392; *Putzier*, Warum die Überwachung der handwerklichen Arbeit durch den Architekten nicht zur gesamtschuldnerischen Haftung für Ausführungsmängel führen kann, BauR 2012, 143; *Averhaus*, Zur Planung der Beseitigung von planungsbedingten Baumängeln, BauR 2013, 1013 ff.; *Langen*, Gesamtschuld der Planungs- und Baubeteiligten – Eine kritische Bestandsaufnahme (Teil 1), NZBau 2015, 2 ff. sowie (Teil 2), 71 ff.); *Gautier/Zerhusen*, Koordination, Integration, Prüfung und Freigabe – was schuldet der Architekt in Bezug auf die Werkstatt- und Montagepläne der ausführenden Unternehmen und die Schalpläne des Tragwerksplaners?, BauR 2015, 410 ff.

aa) Planender Architekt und Unternehmer

2481 Ein Gesamtschuldverhältnis ist zwischen **planendem Architekten** und **Unternehmer** anzunehmen, wenn der Baumangel auf einen Planungsfehler des Architekten und einen Ausführungsfehler des Unternehmers zurückzuführen ist.

2482 Die Annahme eines Gesamtschuldverhältnisses und damit eine Ausgleichspflicht zwischen Architekt und Unternehmer ist nicht davon abhängig, **welche Erfüllungs- oder Gewährleistungsrechte** im Einzelnen dem Bauherrn aus den §§ 634 ff. BGB oder den entsprechenden Bestimmungen der VOB/B gegenüber dem Unternehmer oder Architekten zustehen. Ein Gesamtschuldverhältnis wird von der Rechtsprechung vielmehr für alle Fallmöglichkeiten angenommen, in denen Architekt und Unternehmer jeweils gewährleistungspflichtig sind.[44] Der Zweck dieser Gemeinschaft ist es, dass Architekt und Unternehmer **jeder auf seine Art** – bei ei-

---

[43] Kritisch hierzu *von Kiedrowski*, NJW 2016, 129 ff.
[44] BGH, NJW 1969, 653 = VersR 1969, 331; OLG Rostock, IBR 2005, 226 – *Baden*; *Soergel*, BauR 2005, 239, 242.

ner Leistungsstörung – für die Beseitigung desselben Schadens einzustehen haben, den der Bauherr dadurch erleidet, dass jeder von ihnen seine vertraglich geschuldeten Pflichten mangelhaft erfüllt.[45]

Ein Gesamtschuldverhältnis ist daher auch anzunehmen, wenn der **Architekt** aufgrund eines Baumangels auf **Schadensersatz** in Anspruch genommen wird, während der **Bauunternehmer** wegen desselben Baumangels an sich zunächst nur **nachbesserungspflichtig** (§ 635 BGB; §§ 4 Abs. 7, 13 Abs. 5 VOB/B) und nur unter bestimmten weiteren Voraussetzungen schadensersatzpflichtig gemacht werden kann.[46] Trotz dieser rechtlich verschiedenen Haftungsverhältnisse bei Architekt und Unternehmer und trotz der sicherlich insoweit zu Recht bestehenden rechtsdogmatischen Bedenken wird auch hier ein Gesamtschuldverhältnis zwischen Architekt und Bauunternehmer angenommen, weil beide Haftungsverhältnisse „hart an der Grenze zur inhaltlichen Gleichheit" liegen.[47] Dem Unternehmer konnte auf diese Weise in der Vergangenheit sein grundsätzliches Nachbesserungsrecht entzogen werden, wenn – was in der Praxis auf Basis der derzeitigen Rechtslage nicht selten vorkommt – der Bauherr seine Gewährleistungsrechte sofort beim (berufshaftpflichtversicherten) Architekten sucht und sich dieser erst im Folgenden im Rahmen der Ausgleichsmöglichkeiten nach § 426 BGB an den Unternehmer wendet. In diesem Fall wird die vom Unternehmer an sich nur geschuldete Mängelbeseitigung, die begrifflich auf eine Naturalleistung geht, im Rahmen der Verwirklichung des Ausgleichsanspruchs aus § 426 Abs. 1 BGB in eine Geldleistung umgewertet. Aufgrund des im neuen Werkvertragsrecht 2018 verankerten **§ 650t BGB** wird entsprechendes betreffend die Konstellation Unternehmer und objektüberwachender Architekt/Ingenieur zukünftig nicht mehr möglich sein. Eine erfolgreiche Inanspruchnahme des objektüberwachenden Architekten/Ingenieurs kann nach § 650t BGB immer erst dann in Betracht kommen, wenn dem bauausführenden Unternehmer zuvor erfolglos eine angemessene Frist zur Nacherfüllung gesetzt worden ist. **2483**

Eine gesamtschuldnerische Verpflichtung zwischen Architekt und Bauunternehmer fehlt, wenn die Schadensersatzpflicht des Architekten allein darauf beruht, dass er es pflichtwidrig unterlassen hat, die Gewährleistungsansprüche des Bauherrn gegen den Unternehmer **rechtzeitig** durchzusetzen.[48] Entsprechendes hat das OLG Düsseldorf[49] zuletzt noch einmal zutreffend bekräftigt.

Der **planende Architekt** ist stets **Erfüllungsgehilfe des Bauherrn** gegenüber dem **Unternehmer**.[50] Daher kann der in Anspruch genommene Unternehmer **2484**

---

45) Vgl. *Soergel*, BauR 2005, 239 ff., 241; *Glöckner*, BauR 2005, 251 ff., 262 („Haftungsgesamtschuld" bzw. „Schadensersatz-Gesamtschuld").
46) Ebenso OLG Frankfurt, IBR 2011, 94 – *Weyer* = BauR 2011, 729 (LS); *Soergel*, BauR 2005, 239 ff., 242; vgl. hierzu *Voit*, BauR 2011, 392 ff.
47) BGH, NJW 1965, 1175; BauR 1971, 60; ferner BGH, BauR 2002, 1536 = NJW 2002, 3543; **a.A.**: *Tempel*, Vahlen, S. 214; zweifelnd *Ganten*, BauR 1975, 182; OLG Zweibrücken, BauR 1993, 625.
48) OLG Zweibrücken, NJW-RR 1993, 1237 = ZfBR 1993, 222 = BauR 1993, 625; OLG Oldenburg, BauR 2002, 1866: *Glöckner*, BauR 2005, 251, 262.
49) IBR 2015, 613 f.- *Preussner*.
50) St. Rspr. des BGH, vgl. z.B. BauR 2009, 515 = NZBau 2009, 185, 188 = IBR 2009, 92 – *Schulze-Hagen*; ferner OLG Celle, BauR 2010, 1613.

dem Bauherrn ggf. ein mitwirkendes Verschulden gemäß § 254 BGB entgegenhalten, weil der Bauherr verpflichtet ist, dem Unternehmer eine mangelfreie Planung für die Bauausführung zur Verfügung zu stellen.[51] Hinsichtlich der Haftung des planenden Architekten und des ausführenden Unternehmers sowie eines entsprechenden prozessualen Vorgehens ist wie folgt zu differenzieren:

2485 Ist ein Baumangel ausschließlich auf **Planungsfehler** des Architekten zurückzuführen, die für den **Bauunternehmer nicht erkennbar** sind, besteht keine Grundlage für eine gesamtschuldnerische Haftung von Unternehmer und Architekt gegenüber dem Bauherrn.[52] Der Bauherr kann Ansprüche wegen Baumängeln, die allein – ohne ein mitwirkendes Verschulden des Unternehmers – in den planerischen Verantwortungsbereich des Architekten fallen, nicht erfolgreich gegenüber dem Bauunternehmer geltend machen.

2486 Etwas anderes gilt, wenn Ursache des Baumangels neben der **fehlerhaften Bauplanung** auch der Umstand ist, dass der **Unternehmer den Planungsfehler fahrlässig nicht erkannt hat oder zwar erkennt,** aber z.B. eine **entsprechende Mitteilung** gemäß § 4 Abs. 3 VOB/B **unterlässt.**[53] Hier sind sowohl der Architekt als auch der Unternehmer Schadensverursacher und haften als Gesamtschuldner:[54]

2487 ∗ Zieht der **Bauherr** in diesem Fall den **Architekten** zur Verantwortung, haftet dieser in vollem Umfang; er kann sich auf eine Mitverantwortung des Unternehmers nicht stützen, weil der Bauunternehmer im Verhältnis zum planenden Architekten nicht Erfüllungsgehilfe des Bauherrn ist.[55] Der Architekt kann sich dann aber im Rahmen des internen Ausgleichs an den Unternehmer halten, wobei allerdings die unten erörterten Grundsätze über die Haftungsverteilung gerade in derartigen Fallgestaltungen zu berücksichtigen sind (vgl. Rdn. 2493 ff.).

2488 ∗ Wendet sich dagegen der **Bauherr** zunächst an den **Bauunternehmer,** entsteht das Problem der Ausgleichspflicht zwischen planendem Architekt und Unternehmer praktisch nicht: Der **Bauunternehmer** kann im Prozess des Bauherrn gegen ihn einwenden, dass sich der Bauherr gemäß §§ 254, 278 BGB das **planerische Fehlverhalten des Architekten als seines Erfüllungsgehilfen anrechnen lassen muss**[56] (vgl. näher Rdn. 2936 ff.). Nach st. Rspr. des BGH gehört es – wie bereits erwähnt – zu den Pflichten des Bauherrn gegenüber dem Unternehmer,

---

51) OLG Naumburg, BauR 2009, 1453; OLG Düsseldorf, IBR 2011, 201 – *Fuchs;* *Oppler,* Festschrift für Motzke, S. 315.
52) OLG Frankfurt, NJW 1974, 62; s. auch *Wussow,* NJW 1974, 9, 16 u. *Kaiser,* BauR 1984, 32, 37.
53) BGH, NJW 1969, 653 u. BGH, NJW 1991, 276 = BauR 1991, 79 = WM 1991, 201 = BB 1991, 24; OLG Hamm, IBR 2013, 681 – *Lichtenberg;* OLG Düsseldorf, IBR 2013, 680 – *Schneider* = BauR 2013, 2043 ff.; OLG Düsseldorf, BauR 2013, 1283 ff.; OLG Koblenz, IBR 2005, 12 – *Büchner;* OLG Oldenburg, BauR 2004, 1972; OLG Düsseldorf, OLGR Düsseldorf 1992, 5 (keine Mitverantwortung des Unternehmers, wenn er die mangelhafte Planung des Architekten „für geeignet, wenn auch nicht für die beste Lösung" hält); OLG Köln, BauR 1993, 744.
54) Vgl. hierzu auch *Kaiser,* BauR 1984, 32, 37, 38.
55) *Soergel,* BauR 2005, 239 ff., 244; *Lauer/Wurm,* Rn. 891.
56) BGH, BauR 1984, 395, 397; BauR 1971, 265, 269; BGH, BauR 1978, 405 = NJW 1978, 2393; OLG Karlsruhe, OLGR 2002, 291; OLG Düsseldorf, BauR 1994, 281 (LS).

Das Gesamtschuldverhältnis als Voraussetzung

diesem eine ordnungsgemäße Planung zur Verfügung zu stellen.[57] Der Bauunternehmer kann deshalb – wenn überhaupt – nur mit dem Teil des Schadens zur Verantwortung gezogen werden, der auch von ihm im Innenverhältnis zum Architekten zu tragen ist, sodass der Bauunternehmer später vom Architekten auch keinen Ausgleich verlangen kann.[58] Der bauleitende Architekt ist dagegen kein Erfüllungsgehilfe des Bauherrn gegenüber dem ausführenden Unternehmer (vgl. hierzu Rdn. 2492).

Die gesamtschuldnerische Haftung von planendem Architekt und Unternehmer hindert also nicht daran, dem Bauherrn wegen des mitwirkenden Verschuldens des Architekten einen Anspruch auf Ersatz des vollen Schadens gegenüber dem Bauunternehmer zu versagen.[59] Der Unternehmer kann nicht auf seinen Ausgleichsanspruch gegen den Architekten außerhalb des Rechtsstreits zwischen Bauherr und Bauunternehmer verwiesen werden.[60] Der **Unternehmer** haftet hier von vornherein nur mit einer **Quote** und die **gesamtschuldnerische** Haftung besteht dann **in Höhe dieser Quote**[61]: Der Bauherr muss sich wegen des weiteren Schadens an seinen Architekten halten, wobei der mit der Quote in Anspruch genommene Unternehmer nach Auffassung des OLG Bremen[62] sowie Glöckner[63] keinen Ausgleichsanspruch mehr gegenüber dem Architekten geltend machen kann. Kniffka[64] ist anderer Meinung.

2489

Bei der Abwägung der Verantwortungsbeiträge in dieser Fallgestaltung (mangelhafte Planung des Architekten) ist die Prüfungs- und Bedenkenhinweispflicht des Unternehmers zu berücksichtigen. Darauf hat auch der BGH[65] hingewiesen: Nimmt also der Bauherr den ausführenden Unternehmer wegen eines Baumangels, der auf einer mangelhaften Planung beruht, auf Gewährleistung in Anspruch, muss „bei der Bewertung der beiderseitigen Verursachungsbeiträge der Bedeutung der Verpflichtung des Unternehmers Rechnung getragen werden, über die Vertragswidrigkeit der Planung aufzuklären". Allerdings wird in diesen Fällen im Rahmen der tatrichterlichen Würdigung dem Bauherrn die überwiegende Verantwortung auferlegt werden können und müssen, da der Architekt mit der fehlerhaften Planung die eigentliche Ursache für den Mangel gesetzt hat und der Auftraggeber sich das Planungsverschulden des Architekten als seines Erfüllungsgehilfen anrechnen lassen muss.[66]

2490

---

57) BGH, NJW 1972, 447; OLG Frankfurt, NJW 1974, 62.
58) OLG Bremen, BauR 1988, 744 m.Anm. *Meschede*; vgl. hierzu auch *Schmalzl*, Festschrift für Locher, S. 225, 229.
59) BGH, BauR 1970, 57, 59 = VersR 1970, 280.
60) *Locher/Koeble/Frik*, Einl. 218.
61) BGH, a.a.O.; ferner: BauR 1971, 265, 270; OLG Karlsruhe, IBR 2007, 418 – *Horschitz*; OLG Bremen, BauR 1988, 744 m.Anm. *Meschede*; OLG Düsseldorf, BauR 1994, 281 (LS); vgl. auch OLG Frankfurt, NJW-RR 1999, 461.
62) BauR 1988, 744.
63) BauR 2005, 251, 268.
64) BauR 2005, 274, 290 (auch zur Bindungswirkung einer Streitverkündung in diesem Fall).
65) BauR 2005, 1016 = NJW-RR 2005, 891 = IBR 2005, 306 – *Hildebrandt* = NZBau 2005, 400; ferner BauR 1991, 79, 80. Vgl. hierzu auch *Kniffka*, BauR 2005, 274, 277.
66) Zur Frage, wer die Beseitigung des planungsbedingten Baumangels zu planen hat, vgl. *Averhaus*, BauR 2013, 1013 ff.

Führt allerdings der Unternehmer den fehlerhaften Plan eines Architekten aus, obwohl er **genau erkennt,** dass der Planungsfehler mit Sicherheit zu einem Mangel des Bauwerks führen muss, ohne den Auftraggeber selbst darauf hingewiesen zu haben, kann er sich nach Treu und Glauben gegenüber dem Bauherrn auf ein mitwirkendes Verschulden des Architekten als Erfüllungsgehilfe des Bauherrn in der Regel nicht berufen (vgl. auch Rdn. 2495).[67]

2491 Werden bei dieser Fallgestaltung Architekt und Unternehmer als Gesamtschuldner in einem Verfahren verklagt, ist also der Architekt in vollem Umfang, der Unternehmer eingeschränkt (entsprechend der verbleibenden Quote zu seinen Lasten) als Gesamtschuldner zu verurteilen. Wird der Bauunternehmer auf **Schadensersatz** in Anspruch genommen, verringert sich seine Haftung auf einen **Geldbetrag,** der seinem Haftungsanteil **quotenmäßig** entspricht. Beruft sich der Unternehmer auf sein Recht zur Nacherfüllung, hat er in Höhe der quotenmäßigen Mithaftung des Bauherrn/Architekten einen sog. **Zuschussanspruch.**[68] Dieser führt dazu, dass der Bauunternehmer nur zur Mängelbeseitigung Zug um Zug gegen Zahlung des betreffenden Kostenzuschusses zu verurteilen ist.[69] Im außerprozessualen Bereich hat der nachbesserungsbereite Bauunternehmer insoweit grundsätzlich nur einen Anspruch auf Sicherheitsleistung in angemessener Höhe.[70] Fallen **Planungsfehler des Architekten** sowie **Ausführungsmängel des Unternehmers** zusammen und **scheidet aber eine Aufteilung** der Mängelbeseitigungskosten **nach Verursachungsbeiträgen** aus, so haften Architekt und Unternehmer für die gesamten Kosten als Gesamtschuldner.[71] Eine solche Konstellation liegt vor, wenn der Ausführungsfehler auch ohne den Planungsmangel und umgekehrt zum vollen Schaden geführt hat. Mit einem solchen Fall hatte sich u.a. auch das OLG Dresden[72] zu befassen: Hier war der gesamte Schaden bei Dachdeckerarbeiten sowohl durch einen Planungsfehler des Architekten (falsche Holzart) als auch durch einen Ausführungsfehler des Unternehmers (falsche Trägerart) entstanden, sodass eine Quotenhaftung nicht in Betracht kam. Etwas anderes gilt dann, wenn z.B. der Planungsfehler des Architekten zum vollen, der Ausführungsfehler des Unternehmers aber nur teilweise zum Schaden geführt hat.

Die vorerwähnten Grundsätze gelten entsprechend, wenn eine **mangelhafte Planungsleistung** eines **Sonderfachmannes** (Statiker, Bodengutachter usw.) als Erfüllungsgehilfe des Auftraggebers vorliegt und der **Unternehmer** den **Planungsfehler fahrlässig nicht erkannt** oder zwar festgestellt, aber einen entsprechenden Hinweis gegenüber dem Auftraggeber unterlassen hat.[73]

---

67) BGH, BauR 1973, 190; OLG Karlsruhe, OLGR 2005, 124 m.w.N.; OLG Rostock, IBR 2005, 226 – *Baden*; *Kniffka*, BauR 2005, 274, 277.
68) Vgl. BGH, BauR 1984, 395.
69) BGH, BauR 1984, 401, 404; OLG Düsseldorf, BauR 1979, 246; **a.A.:** OLG Hamm, BauR 1979, 247.
70) BGH, BauR 1984, 395.
71) BGH, BauR 1995, 231 = ZfBR 1995, 83; OLG Jena, IBR 2013, 17 – *Weyer*; OLG Frankfurt, NZBau 2013, 232 = IBR 2013, 212 – *Dietrich*.
72) NJW-RR 1999, 170 = OLGR 1999, 27; zustimmend: *Siegburg*, 1485.
73) Vgl. z.B. OLG Hamm, BauR 1992, 78 (fehlerhafte Vermessungsarbeit – fehlerhafte Ausschachtung).

Das Gesamtschuldverhältnis als Voraussetzung Rdn. 2491

Beispiele aus der Rechtsprechung zur Haftung der Baubeteiligten bzw. der Haftungsverteilung:

* Ein Auftragnehmer ist auch dann **von der Mängelhaftung befreit**, wenn er ordnungsgemäß gemäß § 4 Abs. 3 VOB/B Bedenken mitteilt, aber der Auftraggeber untätig bleibt und darauf nicht reagiert. Betrifft der ordnungsgemäße Bedenkenhinweis des ausführenden Bauunternehmens einen Planungsmangel, **besteht kein Gesamtschuldverhältnis** zwischen dem Planer und dem ausführenden Bauunternehmer. Es liegt auch kein Fall der gestörten Gesamtschuld vor (OLG Stuttgart, NZBau 2017, 83 ff. = IBR, 2017, 78 f. – Manteufel).
* Übersehen Architekt und Zimmermann **Hausbockbefall**, können die Haftungsquoten mit **zwei Dritteln für das Planungsverschulden und einem Drittel für die mangelhafte Werkleistung** bemessen werden (OLG Saarbrücken, IBR 2016, 452 – Berding).
* Ist ein Mangel auf **falsche Planungsvorgaben** des Auftraggebers zurückzuführen und hat der Auftragnehmer seine Prüfungs- und Hinweispflichten verletzt, sind die Mängelbeseitigungskosten grundsätzlich hälftig zu teilen (OLG Braunschweig, IBR 2015, 414 – Boisserée).
* Gibt der Planer ein **ungeeignetes Herstellungsverfahren** vor und muss der erfahrene Auftragnehmer um die Bedeutung dieses Herstellungsverfahrens für die Mangelfreiheit wissen, haften der **Unternehmer mit 75 %** und der Auftraggeber bzw. dessen **Planer mit 25 %** (OLG Brandenburg, IBR 2014, 2591 – Boisserée).
* Wenn ein Planungsverschulden des Architekten und ein Fehler des Auftragnehmers zusammenkommen, der als Fachmann die **fehlerhafte Planungsvorgabe** hätte erkennen und darauf hinweisen müssen, haftet der Auftragnehmer nur zu einer Quote. Der Architekt hat in diesen Fällen in aller Regel den größeren Anteil zu tragen (OLG Düsseldorf, IBR 2013, 680/Nichtzulassungsbeschwerde vom BGH zurückgewiesen – Schneider = BauR 2013, 2043 ff.).
* Zu den Verantwortlichkeiten des Architekten/Generalplaners einerseits und der ausführenden Baufirma andererseits für infolge von **Rissbildungen in einer Tiefgarage** aufgetretene **Chloridschäden** (OLG München, BauR 2013, 1901 ff.).
* Ein Planungsverschulden des Architekten geht nicht vollständig zu Lasten des Auftraggebers, wenn es an einem wirksamen Bedenkenhinweis fehlt. Insoweit kann ein **Planungsfehler mit zwei Dritteln** und der **fehlende Bedenkenhinweis mit einem Drittel** bewertet werden – verfahrensgegenständlich waren Pflaster- und Entwässerungsarbeiten (OLG Hamm, IBR 2013, 681/Nichtzulassungsbeschwerde verworfen – Lichtenberg).
* Der Auftragnehmer ist nicht für den Mangel seines Werkes verantwortlich, wenn dieser auf verbindliche Vorgaben des Auftraggebers oder auf von diesem gelieferte Stoffe oder Bauteile oder auf Vorleistungen anderer Unternehmer zurückzuführen ist und der Auftragnehmer seine **Prüfungs- und Hinweispflicht erfüllt** hat. Der Rahmen der Prüfungs- und Hinweispflicht und ihre Grenzen ergeben sich aus dem Grundsatz der Zumutbarkeit, wie sie sich nach den besonderen Umständen des Einzelfalls darstellt. Was hiernach zu fordern ist, bestimmt sich in erster Linie durch das vom Auftragnehmer zu erwartende Fachwissen und durch alle Umstände, die für den Auftragnehmer bei hinreichend sorgfältiger Prüfung als bedeutsam erkennbar sind (OLG Stuttgart, IBR 2013, 467/Nichtzulassungsbeschwerde vom BGH zurückgewiesen – Sacher).

* Die Gewichtung des Anteils der Mithaftung des Auftraggebers ist – unter Berücksichtigung der **Prüfungs- und Bedenkenhinweispflicht des Auftragnehmers** einerseits und der Planungsverantwortung des Auftraggebers andererseits – von den Umständen des Einzelfalles abhängig. Ein **jeweils hälftiges Mitverschulden** ist anzunehmen, wenn der Architekt durch die fehlerhafte Planung/Ausschreibung schuldhaft einen maßgeblichen Ursachenfaktor dafür gesetzt hat, dass der Werkerfolg nicht bzw. nicht vollständig bzw. mangelfrei erreicht worden ist und der Werkunternehmer den Planungsfehler nach seinem Vorbringen – zumindest ansatzweise – erkannt und trotzdem ohne hinreichenden Bedenkenhinweis der Bauausführung zugrunde gelegt hat (OLG Düsseldorf, BauR 2013, 1283 ff.).
* Der Unternehmer kann dem Bauherrn ggf. ein mitwirkendes Verschulden entgegenhalten, wenn der Bauherr dem Unternehmer eine mangelfreie Planung für die Bauausführung zur Verfügung zu stellen hat, jedoch Planungsfehler vorliegen. Der Unternehmer haftet im Rahmen der gesamtschuldnerischen Haftung dann lediglich in Höhe einer Quote. Ausnahmsweise haftet der Unternehmer trotz eines Planungsfehlers des Architekten gesamtschuldnerisch auf die gesamten Mängelbeseitigungskosten, wenn der Schaden sowohl durch Planungsfehler des Architekten als auch durch Ausführungsfehler des Unternehmers entstanden ist und der Ausführungsfehler auch ohne den Planungsmangel selbstständig zum vollen eingetretenen Schaden beigetragen hat (OLG Frankfurt, NZBau 2013, 232 = IBR 2013, 212 – Dietrich).
* Führen **sowohl Planungs- als auch Ausführungsfehler** zu einem Mangel, haften Architekt und Unternehmer gesamtschuldnerisch. Die gesamtschuldnerische Haftung ist **auf eine Quote begrenzt**, wenn unterschiedliche Verursachungsbeiträge des Architekten bzw. Unternehmers vorliegen. Ist eine Aufteilung der Verursachungsbeiträge nicht möglich, haftet der Bauunternehmer als Gesamtschuldner mit dem Architekten für den gesamten Schaden (OLG Jena, IBR 2013, 17/Nichtzulassungsbeschwerde vom BGH zurückgewiesen – Weyer).
* Dass die Planung und Objektüberwachung dem vom Bauherrn beauftragten Architekten obliegen, enthebt eine Baufirma nicht der Verpflichtung, auf unzulängliche Vorarbeiten und offen zu Tage liegende Planungs- und sonstige Fehler hinzuweisen und insoweit Bedenken anzumelden. Zur **Abwägung der Verursachungsbeiträge**, wenn der Architekt mit dem geschädigten Bauherrn außergerichtlich einen Abfindungsvergleich geschlossen hat und bei der Baufirma Regress nimmt (hier: 1/3 zu Lasten der Baufirma) (OLG Koblenz, NZBau 2012, 649 ff. = IBR 2012, 641 – Jenssen).
* Der Tragwerksplaner und das ausführende Bauunternehmen haften für **Risse am Nachbargebäude** als Gesamtschuldner, wenn der Schaden auf eine falsche Planung und auf einen Ausführungsfehler zurückzuführen ist. Hat der Tragwerksplaner mit der **fehlerhaften Planung** die wesentliche Ursache gesetzt, kann sein Haftungsanteil **mit 75 %** bewertet werden. Der Architekt muss über keine besonderen Kenntnisse im Bereich der Tragwerksplanung verfügen (KG, IBR 2012, 335 – Boisserée).
* Verwendet der Unternehmer für den vorgesehenen Zweck **ungeeignetes Material** und weist nicht auf dessen fehlende Eignung hin, ist seine Leistung mangelhaft. Die Planung des Architekten ist schon deshalb fehlerhaft, weil er den falschen Unternehmer für die Ausführung eines Betonbodens statt der Trocken-

Das Gesamtschuldverhältnis als Voraussetzung   Rdn. 2491

schüttung ausgewählt hat. **Haftungsverteilung 1/3 Unternehmer und 2/3 Architekt** (OLG Karlsruhe, IBR 2011, 513 – Hein-Röder)
* Haben der bauplanende Architekt und der Bauunternehmer vereinbart, dass in ihrem Verhältnis der Bauunternehmer dem Bauherrn allein haftet, hindert diese Vereinbarung den Bauunternehmer nicht, dem Bauherrn, der von ihm Schadensersatz verlangt, das Mitverschulden des Architekten entgegen zu halten (OLG Celle, BauR 2010, 924).
* Unterlässt der **Architekt** eine nach **DIN 4123 erforderliche Baugrunduntersuchung** und kommt es deshalb bei Unterfangungsarbeiten zu Gebäudeschäden, hat der Architekt gegen den Unternehmer keinen Regressanspruch im Rahmen des Gesamtschuldnerausgleichs (OLG Karlsruhe, IBR 2008, 461 – Kothe).
* Bei von Anfang an nicht geplanten **Sicherungsmaßnahmen gegen Wasserschäden** im Zuge von Dacharbeiten (mit damit einhergehenden Öffnungen der Dachhaut) beträgt das dem Auftraggeber anzulastende Mitverschulden aufgrund eines **Planungsfehlers seines Architekten 75 %** (OLG Frankfurt, IBR 2008, 224 – Steiger).
* Haftung des Architekten bei **Planungsfehler zu 1/3** und des **ausführenden Unternehmens zu 2/3**, wenn der **Unternehmer bei ordentlicher Prüfung den Planungsfehler hätte** erkennen und durch einen Hinweis sowie die anschließende ordnungsgemäße Ausführung den Mangel hätte vermeiden können (OLG Karlsruhe, OLGR 2005, 121 m.w.N.; ebenso schon BGH, BauR 1991, 79; vgl. hierzu auch BGH, NJW-RR 2005, 891).
* Macht sich der Planer wegen eines **Verstoßes gegen die Abstandsvorschriften** der Bauordnung gegenüber seinem Auftraggeber schadensersatzpflichtig, kann er bei dem Bauunternehmer Rückgriff nehmen, der den **Verstoß erkannt** und dennoch ordnungswidrig gebaut hat. **Haftungsverteilung zu 50 % zwischen Architekt und Bauunternehmer bei einem Planungsfehler**, den der Unternehmer erkannt hat und trotzdem der Bauausführung zugrunde gelegt hat (OLG Oldenburg, NZBau 2005, 48).
* Haftungsverteilung für **Planungsverschulden des Architekten 100 %, für Verletzung der Hinweispflicht 0 %** (OLG Celle, IBR 2004, 12, mit kritischer Anmerkung von Weyer).
* Zur Haftungsverteilung zwischen Bauherr und Bauunternehmer bei **Eindringen von drückendem Wasser im Keller:** Bauherr zu einem Viertel wegen Planungsfehler seines Architekten, Unternehmer zu drei Viertel wegen Verletzung der Hinweispflicht und Weiterbau trotz Kenntnis des Wassereintritts ohne Verständigung des Architekten (OLG Karlsruhe, BauR 2003, 917).
* **Überwiegende Verantwortung eines Architekten,** der eine „Mönch-Nonne-Deckung" ausschreibt, weil eine solche mit einem besonders hohen Risiko des Wassereintritts verbunden ist (2/3) – Mitverantwortung des Dachdeckers (1/3) wegen Verletzung der Prüfungs- und Hinweispflicht (OLG Naumburg, NZBau 2003, 391 = OLGR 2003, 312).
* **Zusammentreffen von Planungsfehler des Architekten** (Anordnung von Kellerfensteröffnungen – entgegen DIN 18 195 – nicht 30 cm über dem höchsten zu erwartenden Grundwasserstand) und **Ausführungsfehler des Unternehmers** (Anlegung der Kellerfensteröffnungen um weitere 17 cm tiefer): Haftung von Architekt und Unternehmer zu **jeweils 50 %** (OLG Hamm, BauR 2001, 828).

* **Unzureichende Tragfähigkeit der Pflasterung einer Gebäudeumfahrung:** Planungsfehler des Architekten und Verletzung der Prüfungs- und Hinweispflicht des Unternehmers wiegen gleich schwer (OLG Düsseldorf, BauR 2001, 638, 642).
* Haftung des **Gartenbauunternehmers,** der mit der Gestaltung der Lichtgräben-Böschungen, deren Abstützung durch Kantsteine und der Kiesabdeckung des Raumes zwischen Kantsteinen und Kellerwand beauftragt worden ist, aber seinen Auftraggeber nicht auf die (für ihn leicht erkennbar) fehlerhafte Architektenplanung (Böschungsanlage im Souterrain-Bereich ohne Wasser-Versickerungsmöglichkeiten) und die Verfüllung der Arbeitsräume mit nicht sickerfähigem Material hinweist, wobei sich der **Auftraggeber das Planungsverschulden seines Architekten zu 50 %** anrechnen lassen muss (OLG Düsseldorf, NZBau 2001, 398).
* Bei **Straßenschäden** durch **planerische Unterdimensionierung,** Anlieferung eines Sandes **falscher Körnung** durch den Auftraggeber und eine **mangelhafte Verdichtung** dieses Bausandes durch den Unternehmer entfällt auf die **fehlerhafte Planung eine Quote von 30 %** und auf die beiden anderen Ursachen jeweils eine von 35 % für den entstandenen Schaden (OLG Brandenburg, NZBau 2001, 322).
* Bei **Schalungsbrand** in der Nähe eines Abgasrohres: **Hälftige Schadenteilung** zwischen Unternehmer wegen eines Ausführungsmangels und Architekt wegen eines Planungsmangels (OLG Düsseldorf, NJW-RR 1997, 975).

bb) Objektüberwachender Architekt und Unternehmer

2492 Nach der Rechtsprechung des BGH ist ferner davon auszugehen, dass auch der objektüberwachende **Architekt** und der **Unternehmer** trotz verschiedener vertraglicher Verpflichtungen – also fehlender Leistungsidentität (im Sinne gleicher, primärer Leistungspflichten) – gegenüber dem Bauherrn **Gesamtschuldner** i.S. des § 421 BGB sind, soweit sie für einen **Mangel** am Bauwerk haften; das ist immer der Fall, wenn einerseits der Unternehmer eine mangelhafte Werkleistung erbringt, andererseits der Architekt seine vertraglichen Pflichten bei der Beaufsichtigung des Bauvorhabens verletzt hat.[74] Dabei ist stets zu beachten, dass der Unternehmer im Verhältnis zum bauleitenden Architekten grundsätzlich nicht Erfüllungsgehilfe des Bauherrn ist.

Der objektüberwachende Architekt ist – im Gegensatz zum planenden Architekten – kein Erfüllungsgehilfe des Bauherrn gegenüber dem ausführenden Unter-

---

74) So grundlegend: BGHZ 43, 227 = NJW 1965, 1175; vgl. auch OLG Hamm, BauR 2000, 1363; OLG Braunschweig, BauR 1991, 355 sowie OLG Düsseldorf, NJW-RR 1994, 1240. *Glöckner* (S. 54 ff. u. BauR 1997, 529 ff.) meint allerdings, der BGH habe durch die Entscheidung vom 9.5.1996 (BauR 1996, 732 = ZfBR 1996, 264 = NJW 1996, 2370 = WM 1996, 1819) die Grundsatzentscheidung (BGHZ 43, 227) „ohne Begründung oder Auseinandersetzung rückgängig gemacht"; vgl. zu der Thematik weiterhin auch *Putzier* (BauR 2012, 143), der die nicht überzeugende These vertritt, dass der bauüberwachende Architekt mangels Eingriffsrechts letztlich keine Möglichkeit hat, Art und Weise der Arbeitsausführung des Handwerkers zu bestimmen, sodass ihm die fehlerfreie Arbeit des Handwerkers nicht abverlangt werden kann, weshalb eine gesamtschuldnerische Haftung des bauüberwachenden Architekten gemeinsam mit dem Handwerker wegfallen sollte.

nehmer.[75)] Eine **quotenmäßige Haftungsverteilung** im Erstprozess des Bauherrn gegen den Unternehmer **kommt daher nicht in Betracht,** wenn der Baumangel auf einen **Ausführungsfehler** des Bauunternehmers und einen Objektüberwachungsfehler des **Architekten** zurückzuführen ist. Der Unternehmer kann aus der mangelhaften Bauüberwachung des Architekten kein zu Lasten des Bauherrn gehendes mitwirkendes Verschulden herleiten.

Der Architekt erfüllt mit der Ausübung der Bauüberwachung nicht eine dem Bauherrn obliegende Pflicht; der Unternehmer kann vom Bauherrn nicht verlangen, dass dieser ihn bei den Bauarbeiten überwacht und überwachen lässt.[76)] Wird im Erstprozess der objektüberwachende Architekt vom Bauherrn zur Verantwortung gezogen, kann der Architekt ebenfalls nicht auf die Mängelverursachung durch den Unternehmer verweisen und damit eine quotenmäßige Haftungsverteilung erreichen, weil dieser im Verhältnis zum objektüberwachenden Architekten nicht Erfüllungsgehilfe des Bauherrn ist.[77)]

Für den Fall der gesamtschuldnerischen Haftung des objektüberwachenden Architekten/Ingenieurs mit dem ausführenden Unternehmen hat der Gesetzgeber mit dem **Gesetz zur Reform des Bauvertragsrechts,** das am 1.1.2018 in Kraft tritt, eine bedeutsame Änderung vorgesehen. Gemäß des **neuen § 650t BGB** kann der objektüberwachende Architekt/Ingenieur gegenüber dem Bauherrn dann **die Leistung verweigern,** wenn auch das bauausführende Unternehmen für den Mangel haftet und der Bauherr diesem noch nicht erfolglos eine angemessene Frist zur Nacherfüllung bestimmt hat. Dieser Umstand ändert zwar grundsätzlich nichts an dem Bestehen einer Gesamtschuld; der Architekt kann sich unter den gegebenen Umständen aber zunächst auf ein ihm gegenüber dem Bauherrn zustehendes (gesetzliches) Leistungsverweigerungsrecht berufen.

Beispiele aus der Rechtsprechung zur Haftung der Baubeteiligten bzw. der Haftungsverteilung:

* Architekt und Bauunternehmer haften für die von ihnen gemeinsam zu verantwortenden Baumängel als Gesamtschuldner, und zwar auch dann, wenn der Architekt nach den Vorschriften des BGB auf Schadenersatz, der Bauunternehmer dagegen nach den Regeln der VOB/B auf Nachbesserung, Wandelung oder Minderung haftet. Versäumt es der Architekt hingegen, etwaige (Bau-)Gewährleistungsansprüche des Auftraggebers gegen den Bauunternehmer zu sichern und sie insbesondere nicht verjähren zu lassen, besteht kein Gesamtschuldverhältnis. Denn die Pflicht zur Wahrung der Rechte des Bauherrn trifft allein den Architekten (OLG Düsseldorf, IBR 2015, 613 – Preussner).

---

75) St. Rspr. des BGH, zuletzt BGH, BauR 2009, 515 = NZBau 2009, 185 = IBR 2009, 92 – *Schulze-Hagen*. Ferner OLG Celle, BauR 2010, 1613; OLG Brandenburg, IBR 2009, 722 – *Maas*.
76) BGH, BauR 1997, 1021, 1025; BauR 1973, 190, 191; OLG Celle, BauR 2010, 1613 = IBR 2010, 678 – *Schwenker*; OLG Koblenz, OLGR 2007, 809 (Ausnahme: Grobe Überwachungspflichtverletzung); OLG Köln, BauR 1996, 548; OLG Stuttgart, VersR 1970, 531; BGH, NJW 1972, 447 = VersR 1972, 275; LG Tübingen, NJW-RR 1989, 1504; *Soergel*, BauR 2005, 239, 244; *Locher/Koeble/Frik*, Einl. 218.
77) OLG Celle, OLGR Nord 25/2010 Anm. 1; *Zerr*, NZBau 2002, 243; *Soergel*, BauR 2005, 239, 243.

* Ein gesamtschuldnerisch haftender Architekt kann dem Bauherrn im Außenverhältnis nicht erfolgreich entgegenhalten, er habe sich bei der gesamtschuldnerisch haftenden **Rohbauunternehmerin**, als diese noch nicht insolvent war, schadlos halten können (OLG Düsseldorf, BauR 2013, 1879 ff.).
* Die Planung der Bauleistungen obliegt beim VOB-Vertrag grundsätzlich dem Auftraggeber. Schlägt der Auftragnehmer aber die Ausführung einer geänderten Leistung vor, muss er die hierzu erforderlichen Planungsleistungen selbst erbringen. Den **mit der Bauüberwachung beauftragten Bauleiter** des Auftraggebers treffen **keine Prüfungs- und Hinweispflichten** in Bezug auf die Planung des Auftragnehmers (OLG Brandenburg, IBR 2013, 679 – Boisserée).
* Dass die Planung und Objektüberwachung dem vom Bauherrn beauftragten Architekten obliegt, enthebt eine Baufirma nicht der Verpflichtung, auf unzulängliche Vorarbeiten und offen zu Tage liegende Planungs- und sonstige Fehler hinzuweisen und insoweit Bedenken anzumelden. Zur Abwägung der Verursachungsbeiträge, wenn der Architekt mit dem geschädigten Bauherrn außergerichtlich einen Abfindungsvergleich geschlossen hat und bei der Baufirma Regress nimmt (hier: 1/3 zu Lasten der Baufirma) (OLG Koblenz, NZBau 2012, 649 ff. = IBR 2012, 641 – Jenssen).
* Für Mängel an einem Bauwerk, die infolge eines **unzureichenden Baugrundes** entstehen, haften der Rohbauunternehmer und der bauleitende Architekt regelmäßig gesamtschuldnerisch (OLG Celle, OLGR 2008, 677 = IBR 2008, 508 – Schalk).
* Gesamtschuldnerausgleich zwischen **Architekt** (Verletzung der Koordinationspflicht) und **Gerüstbauer** (unzureichender Gerüstbau) nach Gerüstunfall; Haftungsverteilung jeweils 50 % (OLG Stuttgart, NZBau 2007, 591).
* Ein **offensichtlicher Verstoß eines Architekten gegen die anerkannten Regeln der Baukunst** (hier: Die Verlegung der Fliesen angeordnet zu haben, als der Estrich dafür noch nicht trocken genug sein konnte) wiegt so viel schwerer als ein etwaiger Verstoß des Fliesenlegers, dass dessen Haftung im Ergebnis ausscheidet (OLG Celle, BauR 2006, 137).
* Der Bauunternehmer haftet für von ihm verursachte Mängel grundsätzlich allein. In Ausnahme dazu kommt eine **Mithaftung des überwachenden Architekten bei besonders schwerwiegenden Aufsichtsfehlern** oder im Rahmen der Überwachung besonders fehlerträchtiger Bauabschnitte (OLG Stuttgart, BauR 2006, 1772 = IBR 2006, 283 und außerdem IBR 2011, 150) in Betracht.
* Bei **unzureichender Aufklärung** des Architekten des Auftraggebers über die **örtlichen Gegebenheiten und Rahmenbedingungen** seiner Arbeit einerseits und Ausführungsschaden des Unternehmers andererseits ist die Quote von 3/4 zu Lasten des Auftraggebers, der sich das Verschulden des Architekten anlasten lassen muss, anzusetzen (OLG Koblenz, BauR 2006, 1160).

cc) Quotierung

2493 Für eine **Quotierung**, soweit eine solche in Betracht kommt, oder für das **Innenverhältnis** zwischen **planendem/bauüberwachendem Architekten** und **ausführendem Bauunternehmer** gilt Folgendes:

Das Gesamtschuldverhältnis als Voraussetzung

Bei der Abgrenzung, wer der eigentliche Schadensverursacher ist, ist als **Orientierungshilfe** zu berücksichtigen, dass **Planungsfehler** grundsätzlich in den Verantwortungsbereich des **Architekten und Sonderfachmannes, Ausführungsfehler** dagegen in den Verantwortungsbereich des **Unternehmers** fallen. So kann der Architekt, der durch einen Planungsfehler die eigentliche Schadensursache gesetzt hat, gegenüber dem Bauunternehmer voll bzw. überwiegend ausgleichspflichtig sein.[78]

Ist der Baumangel dagegen auf einen **Ausführungsfehler des Unternehmers** zurückzuführen, den der **Architekt** im Rahmen **seiner Bauüberwachung lediglich nicht erkannt** hat, so trifft den **Unternehmer** grundsätzlich die **zumindest überwiegende, wenn nicht gar im Einzelfall die alleinige Haftung**,[79] denn der Unternehmer kann – wie bereits erwähnt – weder dem Bauherrn noch dessen Architekten gegenüber einwenden, er sei bei seinen Arbeiten nicht ausreichend überwacht worden.

Ein Unternehmer ist für den von ihm verursachten Mangel grundsätzlich immer **selbst** verantwortlich. Eine andere Bewertung ist allerdings angebracht, „wenn der Aufsichtsführende kraft einer besseren, von dem Auftragnehmer nicht zu erwartenden Sachkunde die Mangelhaftigkeit allein oder jedenfalls besser feststellen konnte als dieser, was vor allem für den Bereich der Ausführung von für die Gesamtbaumaßnahme wichtigen, besonders schadensanfälligen Bauteilen gilt."[80] Das OLG Stuttgart bejaht eine Mithaftung des überwachenden Architekten bei Ausführungsmängeln im Innenverhältnis, wenn es sich um besonders schwerwiegende Überwachungsfehler bzw. besonders fehlerträchtige Bauabschnitte handelt[81] oder eine Überwachung aufgrund der besonderen Schadensgeneigtheit in besonderem Maße geboten war.[82] Nach dem OLG Karlsruhe[83] haftet regelmäßig derjenige in geringerem Umfang, der lediglich seine Aufsichtspflicht verletzt hat, gegenüber demjenigen, der an der Herstellung beteiligt war.

Instruktiv ist die Entscheidung des OLG Düsseldorf vom 21. November 2014[84], in der es heißt:

---

[78] BGH, BauR 2005, 1016 = NJW-RR 2005, 891 = IBR 2005, 306 – *Hildebrandt* = NZBau 2005, 400; NJW 1969, 653 = MDR 1969, 385, *Soergel*, BauR 2005, 239, 244; *Diehl*, Festschrift für Heiermann, S. 37, 45; vgl. auch OLG Düsseldorf, BauR 1995, 131 sowie *Braun*, Festschrift für Motzke, S. 23, 35.

[79] OLG Stuttgart, IBR 2016, 464 – *Preussner*: Nichtzulassungsbeschwerde verworfen: BGH, BauR 2016, 1531; BGH, NJW 1971, 752 = MDR 1971, 381; OLG Koblenz, OLGR 2007, 809; OLGR 2008, 495 (es sei denn, es kommt ein Planungsfehler des Architekten hinzu); OLG Stuttgart, IBR 2006, 446; 283 – *Knipp* = NZBau 2006; OLG Koblenz, IBR 2005, 221 – *Maas*; *Braun*, Festschrift für Motzke, S. 23 ff., 33; vgl. hierzu auch BGH, BauR 2002, 1423; ferner: OLG Köln, BauR 1993, 744, 745; LG Tübingen, NJW-RR 1989, 1504; *Schmalzl*, Haftung, 242 m.w.Nachw.; vgl. auch OLG Düsseldorf, BauR 1984, 201; **a.A.**: *Ganten*, BauR 1978, 187, 195; *Hebel*, BauR 2006, 221, 234. Vgl. zur Quotierung nach Verursachungsanteilen und bei mehreren Gesamtschuldnern, *Kniffka*, BauR 2005, 274, 276 sowie *Braun*, Festschrift für Motzke, S. 23, 29.

[80] OLG Stuttgart, IBR 2016, 464 – *Preussner*; OLG Braunschweig, BauR 1991, 355.

[81] IBR 2011, 150 – *Weyer*; IBR 2006, 283 – *Knipp* = NZBau 2006, 446.

[82] IBR 2016, 464 – *Preussner*.

[83] IBR 2014, 1350 – *Wellensiek*.

[84] IBR 2015, 130 f.- *Schäfer*.

„Ist ein Baumangel auf den **Ausführungsfehler eines Unternehmens** zurückzuführen, den der **Architekt bei der Bauüberwachung nicht erkannt** hat, **trifft den Unternehmer regelmäßig die überwiegende und im Einzelfall sogar die alleinige Haftung**. Bei der Ausgleichspflicht im Innenverhältnis zwischen dem Werkunternehmer und dem planenden bzw. bauüberwachenden Architekten („Gesamtschuldnerinnenausgleich") fallen Planungsfehler grundsätzlich in den Verantwortungsbereich des Architekten, Ausführungsfehler hingegen in den Verantwortungsbereich des Unternehmers. Erst wenn der bauüberwachende Architekt eine Koordinierungspflicht verletzt, die faktisch einem Planungsfehler gleichkommt, erhöht sich seine Haftungsquote im Innenverhältnis".

2494 Im Innenverhältnis trifft die Haftung nicht immer vollständig den für die Entstehung des Baumangels primär Verantwortlichen. Im Einzelfall kann eine **quotenmäßige Haftungsverteilung** oder gar in besonderen Fällen die alleinige Haftung des sekundär Verantwortlichen in Betracht kommen;[85] daran ist zu denken, wenn dessen vertragliche Pflichtverletzung **besonders schwerwiegend** ist.[86] Zu beachten ist auch, dass der befriedigende Gesamtschuldner sich bei den anderen Gesamtschuldnern nur in Höhe ihrer Quote schadlos halten kann, weil es keine „Innengesamtschuld" gibt.[87]

2495 Führt z.B. ein **Unternehmer den fehlerhaften Plan oder eine mangelhafte Ausschreibung eines Architekten** aus, obwohl er genau **erkennt**, dass der **Planungs- oder Ausschreibungsfehler,** der dem Architekten unterlaufen ist, mit Sicherheit zu einem Mangel des Bauwerks führen muss, ohne den Bauherrn selbst vorher darauf hingewiesen zu haben, kann in diesem besonderen Fall unter Umständen den Bauunternehmer im Innenverhältnis die alleinige oder zumindest die überwiegende Schadensersatzverpflichtung treffen.[88] Erkennt der Unternehmer zwar die fehlerhafte Planung im Rahmen der Bauausführung nicht, hätte er sie aber pflichtgemäß erkennen können, trifft ihn hier zumindest ein Haftungsanteil, wenn auch der Architekt in der Regel den größten Anteil zu tragen hat, z.B., wenn der Planungsfehler besonders offenkundig war.[89] In diesem Fall geht das KG[90] in einer jüngeren Entscheidung unter Abstellung auf die bei einem Fachmann seines Gebietes zu erwartenden Kenntnisse – sehr weitgehend – sogar von einer vollen Haftung des Unternehmers aus. Der Unternehmer ist nur entlastet, wenn er auf Planungen und Ausführungsunterlagen vertraut hat und auch vertrauen durfte.[91]

---

85) Vgl. *Wussow*, NJW 1974, 9, 15; OLG Hamm, OLGR Hamm 1992, 291.
86) OLG Stuttgart, IBR 2011, 150 – *Weyer* (Bauüberwachungsfehler bei einem besonders fehlerträchtigen Bauabschnitt) und IBR 2006, 283 – *Knipp*; LG Tübingen, BauR 1990, 497, 498.
87) *Kniffka*, BauR 2005, 274, 278.
88) BGH, BauR 1991, 79 = NJW-RR 1991, 276; NJW 1973, 518 = BauR 1973, 190; vgl. im Einzelnen hierzu u. zum Nachstehenden: *Soergel*, Festschrift für Heiermann, S. 309, 311 = ZfBR 1995, 165, 166; ferner OLG Karlsruhe, OLGR 2002, 291.
89) Vgl. hierzu z.B. OLG Naumburg, NZBau 2003, 391 = OLGR 2003, 312 (Planungsfehler des Architekten bei der Ausschreibung einer **„Mönch-Nonne-Deckung"** und Verletzung der Prüfungs- und Hinweispflicht durch den Dachdecker); OLG Hamm, BauR 1992, 78 (vom Vermessungsingenieur offensichtlich fehlerhaft festgelegtes **Schnurgerüst** – unzureichende Ausschachtung der Baugrube); OLG Stuttgart, BauR 1992, 806 (Verletzung der Hinweis- und Prüfungspflicht durch Unternehmer bei Planungsfehlern des Architekten) sowie *Soergel*, a.a.O. (Planungsfehler: 70 %; Verletzung der Mitteilungspflicht: 30 %).
90) IBR 2017, 194 – *Luig*.
91) BGH, BauR 1991, 79 = NJW-RR 1991, 276 m.w.N.

Das Gesamtschuldverhältnis als Voraussetzung

Haben der bauplanende Architekt und der Bauunternehmer vereinbart, dass in ihrem Verhältnis der Bauunternehmer dem Bauherrn allein haftet, hindert diese Vereinbarung nach Auffassung des OLG Celle[92] den Bauunternehmer nicht, dem Bauherrn, der von ihm Schadensersatz verlangt, das Mitverschulden des Architekten entgegen zu halten.

2496

c) Gesamtschuld von Architekt, Sonderfachmann und Unternehmer

Eine gesamtschuldnerische Haftung kommt auch in Betracht, wenn **Architekt, Sonderfachmann und Bauunternehmer** einen Mangel verursachen, der jeweils aus ihrem **Verantwortungsbereich** stammt.[93] Insoweit gelten die vorgenannten Grundsätze entsprechend.

2497

Dabei ist insbesondere zu berücksichtigen, dass es dem Bauunternehmer nicht verwehrt ist, dem Bauherrn die Pflichtverletzung von Architekt und Sonderfachmann entgegenzuhalten, weil diese Erfüllungsgehilfen des Bauherrn sind, soweit eine mangelhafte Planung vorliegt: Der Bauherr ist verpflichtet, dem ausführenden Unternehmer eine einwandfreie Planung vorzulegen. Geschieht dies nicht, kann der Bauunternehmer bei Inanspruchnahme den Einwand des mitwirkenden Verschuldens nach § 254 BGB erheben, sodass er nur in Höhe einer Quote haftet. Das gilt nicht, wenn Ausführungsfehler und eine mangelhafte Bauaufsicht zusammenfallen (vgl. näher Rdn. 2492).

Auch soweit der **Projektsteuerer bzw. der „technische Baubetreuer"** Verantwortung hinsichtlich der Mangelfreiheit der Planung/Bauausführung (zum Beispiel durch eine entsprechende Qualitätskontrolle) übernimmt, kann eine gesamtschuldnerische Haftung mit den Planern sowie Unternehmern in Betracht kommen.[94] Eine gesamtschuldnerische Haftung des Projektsteuerers mit dem Architekten ist zudem denkbar, wenn der Bauherr Zuwendungen zurückerstatten muss, weil bei der Verwendung der Zuwendungen Vergabevorschriften verletzt wurden oder die Vergabe nicht ordnungsgemäß dokumentiert werden kann.[95]

Beispiele aus der Rechtsprechung zur Haftung der Baubeteiligten bzw. der Haftungsverteilung:

* Der mit der **Ausführung von Heizungs-, Klima-, Lüftungs- und Kältetechnikleistungen** beauftragte Auftragnehmer muss nicht erkennen, dass die genehmigte Gesamthöhe des Gebäudes durch die Lüftungsanlage überschritten ist, selbst wenn die ihm überlassenen Pläne konkrete Angaben zur Gesamthöhe enthalten. Insoweit kann sich der Auftragnehmer auf die Vorgaben des Fachplaners verlassen. Ist ein Baumangel (hier: falsche Höhenlage der Lüftungsrohre) auf die Vorgaben des Fachplaners zurückzuführen, kommt eine gesamtschuldnerische

---

92) BauR 2010, 924.
93) Vgl. insoweit BGH, BauR 1971, 265; OLG Braunschweig, NZBau 2009, 393; OLG Brandenburg, NZBau 2008, 652 (Fußbodenheizung) = NJW-RR 2008, 1335; OLG Karlsruhe, MDR 1969, 49 u. MDR 1971, 45; *Oppler*, in: Ingenstau/Korbion, § 4 Abs. 2/B, Rn. 15; *Brügmann*, BauR 1976, 383, 389.
94) Ebenso *Soergel*, BauR 2005, 239 ff., 249; zum „technischen Baubetreuer": OLG Köln, IBR 2006, 157 – *von Rintelen*.
95) Vgl. OLG Düsseldorf, IBR 2014, 557 f.- *Eschenbruch* = BauR 2015, 154 ff.

Haftung des Auftragnehmers mit den „Planern" für die Beseitigung des Gesamtmangels „falsche Höhenlage Rohre" nicht in Betracht (OLG Köln, IBR 2015, 544 f.-Stoltefuß).

* Es entlastet den **Planer einer elektrotechnischen Anlage** bei einer Unterdimensionierung der Kabelquerschnitte mangels Berücksichtigung von Reduktionsfaktoren nicht, dass ihm Kabellisten des Errichters der Kälteanlagen nicht oder nicht rechtzeitig vorgelegen haben sollen (OLG Naumburg, IBR 2013, 33 – Fuchs).
* Haben **Planungsfehler eines Ingenieurs** zu Mängeln des Bauwerks geführt, die bei der Beseitigung von Ausführungsfehlern, welche der Ingenieur nicht mitverursacht hat, mit beseitigt worden sind, haftet der Ingenieur als Gesamtschuldner mit dem Bauunternehmer in Höhe der Kosten, die fiktiv für die Beseitigung der durch die Planungsfehler verursachten Mängel angefallen wären (OLG Jena, IBR 2011, 594 – Weyer).
* Nimmt der Bauherr, der zugleich der bauleitende Architekt ist, einen Bauhandwerker und einen Sonderfachmann wegen Baumängeln in Anspruch, so können beide diesen Ansprüchen entgegenhalten, den Bauherrn treffe ein Überwachungsverschulden, und sie haften deshalb nur zur Hälfte (OLG Brandenburg, IBR 2008, 1167 – Weyer).
* Wird bei der **Errichtung einer Tiefgarage** das **Fundament** der Giebelwand einer auf dem **Nachbargrundstück** stehenden Scheune **unterfangen**, ohne zuvor den Baugrund zu untersuchen, und entstehen unmittelbar nach Abschluss der Unterfangungsarbeiten Risse an der Giebelwand der Scheune, haften für den Schaden (Einsturz der Giebelwand) Architekt, Bauunternehmer und Statiker als Gesamtschuldner: Im Innenverhältnis steht dem bauleitenden Architekten gegen den Bauunternehmer kein Ausgleichsanspruch zu, wenn der Einsturz der Scheune allein oder jedenfalls so überwiegend dem Architekten oder dem Statiker gemäß § 254 BGB anzulasten ist, dass demgegenüber ein etwaiger Verursachungsbeitrag des Bauunternehmers und ein etwaiges geringes Mitverschulden zurücktreten und der Beitrag des Statikers weder dem Architekten noch dem Bauunternehmer zuzurechnen ist (OLG Karlsruhe, BauR 2008, 1027).
* Quotenmäßige Verantwortlichkeit von Bauunternehmer, Architekt und Statiker bei **fehlender Dehnungsfuge** (LG Stuttgart, BauR 1997, 137, 139).

d) Gesamtschuld von planendem und objektüberwachendem Architekten

Literatur:

Löffelmann, Gesamtschuld zwischen bauleitendem und planendem Architekten, Festschrift für Werner (2005), 219; *Löffelmann*, Zum Umfang der „Planprüfungspflicht" des nur objektüberwachenden Architekten, Festschrift für Motzke (2006), 229; *Boldt*, Reduzierte Haftung des bauaufsichtsführenden Architekten durch Mitverschulden des Bauherrn bei Fehlern des planenden Architekten, Boldt, NZBau 2009, 494; *Schwenker/Wessel*, Bauherr, bauplanender und bauaufsichtsführender Architekt – Wer haftet für mangelhafte Planung, ZfIR 2009, 279; *Gartz*, Obliegenheitsverletzungen des Bauherrn nach dem Glasfassadenurteil des Bundesgerichtshofs, BauR 2010, 703; *Langen*, Gesamtschuld der Planungs- und Baubeteiligten – Eine kritische Bestandsaufnahme (Teil 1), NZBau 2015, 2 ff. sowie (Teil 2), 71 ff.

2498 Eine rechtliche Zweckgemeinschaft ist auch zwischen planendem und objektüberwachendem Architekten anzunehmen, so dass auch sie als Gesamtschuldner

Das Gesamtschuldverhältnis als Voraussetzung

haften, soweit sie für den Baumangel aufgrund der Planung bzw. Objektüberwachung verantwortlich sind.[96] Der Auftraggeber muss sich dabei das planerische Fehlverhalten des Architekten als seines Erfüllungsgehilfen gegenüber dem objektüberwachenden Architekten anrechnen lassen (§§ 254, 278 BGB), weil es Aufgabe des Bauherrn ist, dem objektüberwachenden Architekten einwandfreie Pläne und Unterlagen zur Verfügung zu stellen.[97]

Der BGH[98] vertritt seit seinem **Glasfassadenurteil** ebenfalls die Auffassung, dass sich der Auftraggeber das planerische Fehlverhalten seines planenden Architekten gegenüber dem objektüberwachenden Architekten im Rahmen eines Mitverschuldens anrechnen lassen muss. Allerdings geht der BGH einen anderen Weg und löst die Fallgestaltung über **eine Obliegenheitsverletzung des Bauherrn**:

Nach Auffassung des BGH trifft den Auftraggeber regelmäßig eine Obliegenheit gegenüber dem bauaufsichtsführenden Architekten, diesem einwandfreie Pläne zur Verfügung zu stellen, weil der bauaufsichtsführende Architekt seine Aufgaben nur auf der Grundlage mangelfreier Pläne sinnvoll wahrnehmen könne:

> „Es kommt nicht darauf an, ob ein Besteller den von ihm beauftragten bauaufsichtsführenden Architekten die Vorlage von Plänen in dem Sinne schuldet, dass die Lieferung fehlerhafter Pläne als Verletzung einer Leistungspflicht einzuordnen wäre. Denn in seinem Vertragsverhältnis zum bauaufsichtsführenden Architekten trifft den Besteller jedenfalls eine Obliegenheit, diesem mangelfreie Pläne zur Verfügung zu stellen. Nimmt der Besteller den bauaufsichtsführenden Architekten wegen eines Bauwerkmangels in Anspruch, der darauf zurückzuführen ist, dass die gelieferten Pläne mangelhaft sind und der bauaufsichtsführenden Architekt dies pflichtwidrig nicht bemerkt hat, muss er sich gemäß §§ 254 Abs. 1, 278 BGB das mitwirkende Verschulden des planenden Architekten als seines Erfüllungsgehilfen zurechnen lassen."

Die **Höhe der Quote,** mit der der objektüberwachende Architekt haftet, richtet sich nach dem Umfang seiner Pflichtverletzung. Dabei gelten die von Rechtsprechung und Literatur aufgestellten Grundsätze zur Haftung des planenden Architekten und ausführenden Bauunternehmers für Planungs- und Ausführungsfehler entsprechend (vgl. hierzu Rdn. 2481 ff.). **2499**

Muss sich der Auftraggeber das planerische Fehlverhalten des Architekten gegenüber dem bauleitenden Architekten anrechnen lassen, ergibt sich folgende prozessuale Situation für den Erstprozess:

* Zieht der Auftraggeber den objektüberwachenden Architekten zur Verantwortung, kann dieser einwenden, dass sich der Auftraggeber gemäß §§ 254, 278 BGB das Fehlverhalten des planenden Architekten als seines Erfüllungsgehilfen

---

96) BGH, BauR 1989, 97 = NJW-RR 1989, 86; OLG Koblenz, IBR 2014, 222 – Wronna; LG Bayreuth, BauR 2009, 127; OLG Köln, NJW-RR 1997, 597 = OLGR 1997, 58; *Locher/Koeble/Frik,* Einl. 221.

97) Wie hier: OLG Celle, BauR 2010, 1613; BauR 2003, 104; *Klein/Moufang,* Jahrbuch Baurecht 2006, 165, 176; *Locher/Koeble/Frik,* Einl. 221; *Kirberger,* BauR 2006, 239; *Lenzen,* BauR 2000, 816, 819; *Löffelmann,* Festschrift für Werner, S. 219, 228 und Festschrift für Motzke, S. 229, 233; *Soergel,* BauR 2005, 239, 246.

98) BauR 2009, 515 = NZBau 2009, 185 = IBR 2009, 92 – *Schulze-Hagen;* vgl. hierzu auch *Leupertz,* BauR 2010, 1999 ff., 2006; außerdem Werner Baurecht online mit Analyse *Werner/Christiansen-Geiss;* ferner *Gartz,* BauR 2010, 703; *Schwenker/Wessel,* ZfIR 2009, 279; *Boldt,* NZBau 2009, 494; *Hensel/Flache,* NJW-Spezial 2009, 140. Vgl. ferner OLG Frankfurt, NZBau 2009, 599 = IBR 2009, 402 – *Glaser-Lüß* = OLGR 2009, 728 = NJW-RR 2009, 1244; OLG Düsseldorf, IBR 2011, 201 – *Fuchs*.

anrechnen lassen muss. Der bauleitende Architekt haftet hier von vornherein nur mit einer Quote und die gesamtschuldnerische Haftung (mit dem planenden Architekten) besteht dann in Höhe dieser Quote; der Auftraggeber muss sich wegen des weiteren Schadens dann an den planenden Architekten halten.

* Verklagt der Auftraggeber den planenden Architekten, haftet dieser in vollem Umfang. Der planende Architekt kann nämlich gegenüber den Ansprüchen seines Auftraggebers im Außenverhältnis nicht den Einwand erheben, dass der Mangel seiner Planung bei ordnungsgemäßer Bauüberwachung durch den objektüberwachenden Architekten verhindert worden wäre (vgl. Rdn. 2492); insoweit ist der objektüberwachende Architekt nicht Erfüllungsgehilfe des Auftraggebers gegenüber dem planenden Architekten, da seine Verpflichtung, erkannte oder erkennbare Planungsfehler umgehend anzuzeigen, nur gegenüber dem Auftraggeber, nicht auch gegenüber dem vom Auftraggeber beauftragten planenden Architekten besteht.[99] Demgegenüber muss sich der Auftraggeber ein Fehlverhalten des objektüberwachenden Architekten gegenüber dem planenden Architekten nicht anrechnen lassen. Insoweit ist der objektüberwachende Architekt nicht Erfüllungsgehilfe des Auftraggebers: Der planende Architekt kann daher – wie der Unternehmer (vgl Rdn. 2492) – aus der mangelhaften Bauaufsicht des objektüberwachenden Architekten kein zu Lasten des Auftraggebers gehendes mitwirkendes Verschulden herleiten.

Die vorerwähnten Grundsätze gelten entsprechend, wenn eine **mangelhafte Planungsleistung** eines **Sonderfachmannes** (Statiker, Bodengutachter usw.) als Erfüllungsgehilfe des Auftraggebers vorliegt und der **Unternehmer** den **Planungsfehler fahrlässig nicht erkannt** oder zwar festgestellt, aber einen entsprechenden Hinweis gegenüber dem Auftraggeber unterlassen hat.[100]

Mit einem Sonderfall hatte sich das OLG Karlsruhe[101] zu beschäftigen: Der Bauherr hatte zunächst einen Architekten mit der Vollarchitektur beauftragt und ihm dann vor Vollendung des Bauwerks gekündigt; sodann beauftragte er einen zweiten Architekten – ebenfalls mit der Vollarchitektur. In diesem Fall muss sich nach zutreffender Auffassung des OLG Karlsruhe der Bauherr einen Planungsfehler des Erstarchitekten bei Inanspruchnahme des Zweitarchitekten wegen Mängeln des Bauwerks nicht anrechnen lassen.

Beispiele aus der Rechtsprechung zur Haftung der Baubeteiligten bzw. der Haftungsverteilung:

* Der nach dem Wechsel eines Baumaterials „konstruktionsbedingte Eintritt von Rissen" sowie eine **fehlende Wärmedämmung** fallen nicht allein in den Verantwortungsbereich des Planers, sondern auch in den Pflichtenkreis des bauüberwachenden Architekten (OLG Koblenz, IBR 2014, 222/Nichtzulassungsbeschwerde vom BGH zurückgewiesen – Wronna).

---

[99] BGH, BauR 1989, 97 = NJW-RR 1989, 86; *Soergel*, BauR 2005, 239, 246; vgl. hierzu *Schmalzl*, Festschrift für Locher, 1990, S. 225, 229.
[100] Vgl. z.B. KG, IBR 2012, 335 – *Boisserée* (Tragwerksplaner/Bauunternehmer bei Rissen am Nachbargebäude) und OLG Hamm, BauR 1992, 78 (fehlerhafte Vermessungsarbeit – fehlerhafte Ausschachtung).
[101] NJW-Spezial 2010, 238 = IBR 2010, 281 – *Wellensiek*.

* Es ist Aufgabe des bauaufsichtsführenden Architekten, für eine mangelfreie Realisierung des Bauprojekts Sorge zu tragen. Hierzu gehört die **Überprüfung der Pläne** dahingehend, ob auf ihrer Grundlage eine mangelfreie Errichtung des Bauwerks möglich ist. Bei der Umsetzung der Planung hat der bauaufsichtsführende Architekt die Übereinstimmung der Pläne mit den technischen und sonstigen Vorschriften zu prüfen. Im Innenverhältnis ist deshalb der bauaufsichtsführende Architekt gegenüber dem Planer zum Schadensausgleich verpflichtet (OLG Brandenburg, BauR 2013, 1478 ff. = IBR 2013, 355 – Wronna).
* Zur Haftungsverteilung **zwischen planendem** und **bauaufsichtführendem** Architekten im Innenverhältnis: Der planende Architekt als Primärschädiger hat den Schaden intern allein zu tragen (OLG Frankfurt, BauR 2004, 1329).

e) Gesamtschuld von Architekt und Sonderfachmann

Literatur: 2500

Gautier/Zerhusen, Koordination, Integration, Prüfung und Freigabe – was schuldet der Architekt in Bezug auf die Werkstatt- und Montagepläne der ausführenden Unternehmen und die Schalpläne des Tragwerksplaners?, BauR 2015, 410 ff.

Im Einzelfall kann auch ein Gesamtschuldverhältnis von Architekt und Sonderfachmann gegeben sein, wenn beide mangelhafte Planungsleistungen erbringen und diese zu einem Mangel am Bauwerk führen[102].

Insoweit gilt im Grundsatz Folgendes:

Der Architekt haftet **nicht** für Bereiche, die dem **Sonderfachmann in Auftrag** gegeben wurden, und wenn „die konkrete fachspezifische Frage nicht zum Wissensbereich des Architekten gehört"; denn von einem **Architekten** kann eine „**Mit**"-**prüfung** – neben dem Sonderfachmann – **nur** dort **erwartet** werden, wo er **über die notwendigen fachspezifischen Kenntnisse verfügt**:[103] Eine Haftung kann allerdings dann in Betracht kommen, wenn das Erkennen eines Mangels, der von einem Sonderfachmann verursacht wurde, keine fachspezifischen Kenntnisse

---

102) Vgl. OLG Jena, IBR 2017, 29 – *Heiliger*; OLG Köln NZBau 2016, 646 ff. = IBR 2016, 352 – *Schwarz*; OLG Düsseldorf, BauR 2016, 1946 ff.; OLG München, BauR 2016, 695 ff.; OLG Naumburg, IBR 2015, 495 – *Preussner*; OLG Köln, IBR 2014, 490/Nichtzulassungsbeschwerde vom BGH zurückgewiesen – *Wronna*); OLG Düsseldorf, BauR 2013, 1480 ff. = IBR 2013, 420 – *Fuchs* (TGA-Planer/Objektplaner); OLG München, NJW-RR 2011, 530 = IBR 2011, 206 – *Fuchs* = NZBau 2011, 236.
103) BGH, BauR 2001, 823 = NZBau 2001, 270 = ZfBR 2001, 317 = NJW 2001, 1276; OLG Köln, IBR 2012, 155 – *Wellensiek*; KG, IBR, 2010, 509 – *Fischer* (fehlende Gleitfugen im Gebäude); OLG Düsseldorf, BauR 2007, 1914 (fehlende Dehnungsfugen bei Balkonbrüstung) = NZBau 2008, 388; OLG Bremen, IBR 2008, 281 – *Krause-Allenstein* (Haustechnik); OLG Jena, IBR 2008, 341 – *Käseberg*; OLG Braunschweig, IBR 2009, 461 – *Krause-Allenstein* (Tauwasser aus einer Glasdachkonstruktion); OLG Bremen, OLGR 2007, 37; OLG Köln, NJW-RR 1994, 1110 (Schäden an einer Fußbodenheizung); OLG Brandenburg, IBR 2005, 222 – *Knipp* (Architekt – Baugrundgutachter); vgl. hierzu auch *Oppler,* in: Ingenstau/Korbion, § 4 Abs. 2/B, Rn. 19 ff.); OLG Karlsruhe, NZBau, 2007, 451, 453 (Überprüfung der Planung eines Sonderfachmannes durch den Architekten „bezieht sich lediglich auf offensichtliche Fehler").

erfordert.[104] Dies gilt entsprechend für das Verhältnis Sonderfachmann – Architekt (Rdn. 2941 ff.).

Es ist daher im Einzelfall entscheidend darauf abzustellen, ob dem Architekten eine Überprüfung der Leistungen des Sonderfachmannes (und umgekehrt) überhaupt möglich und zumutbar ist und ob sich ihm dabei Bedenken aufdrängen mussten.[105] Nach Auffassung des OLG Jena[106] sind Mängel der Statik im Regelfall nicht erkennbar, wenn sie nicht einmal vom besser ausgebildeten Prüfstatiker erkannt werden. Nach einer weiteren Entscheidung des OLG Jena[107] muss der Architekt für Leistungen eines Sonderfachmannes (hier: Gründungsberatung) nicht einstehen, sofern die spezifische Fragestellung nicht zu seinem Wissensbereich gehört. Wenn der Fehler im Gutachten des Sonderfachmanns für den Architekten allerdings nach den ihm zu erwartenden Kenntnissen erkennbar war, haftet der Architekt neben dem Sonderfachmann. Nach dem OLG Köln[108] darf sich der Architekt grundsätzlich auf die Berechnungen eines Statikers verlassen. Er muss sich jedoch vergewissern, dass diese auf Grundlage zutreffender und vollständiger bautechnischer Vorgaben vorgenommen worden sind und sie zumindest auf Fehler oder Unvollständigkeiten überprüfen, die für ihn als Architekten auch ohne Spezialkenntnisse erkennbar sind. Davon umfasst ist die Prüfung, ob der Statiker seinen Berechnungen den maßgebenden Stand der Architektenplanung zugrunde gelegt hat. Das OLG Naumburg[109] hat ausgeführt, dass der Architekt auf die statischen Berechnungen des – von ihm beauftragten – Tragwerksplaners nur vertrauen darf, wenn Letzterer allein über die besonderen Fachkenntnisse verfügt. Ansonsten hat der Architekt die Leistungen des Sonderfachmannes im Rahmen der von ihm zu erwartenden Kenntnisse zu prüfen.

2501 Nach früherer Rechtsprechung des BGH[110] galt, dass der Sonderfachmann (z.B. Statiker) – anders als der planende Architekt – regelmäßig nicht als **Erfüllungsgehilfe** des Auftraggebers anzusehen ist. Ein **Verschulden** seines Sonderfachmannes sollte sich **der Auftraggeber daher nicht anrechnen** lassen müssen, wenn er gegen den Architekten vorging: So musste sich beispielsweise der Bauherr seinem Architekten gegenüber ein Verschulden des Statikers bei der Anfertigung einer mangelhaften Statik nicht zurechnen lassen. Entsprechendes galt, wenn mangelhafte Planungsleistungen und/oder Koordinierungsleistungen von **verschiedenen** Sonderfachleuten vorlagen. Der **BGH** ging damit in der Vergangenheit grundsätzlich davon aus, dass **Statiker und Architekt gesamtschuldnerisch in voller Höhe**

---

[104] OLG Düsseldorf, BauR 2016, 1946 ff.; OLG München, NZBau 2002, 575, 576; OLG Bremen, IBR 2008, 281 – *Krause-Allenstein*. Vgl. hierzu BGH, NZBau 2003, 567.
[105] OLG Düsseldorf, BauR 2016, 1946 ff.; OLG Jena, IBR 2017, 29 – *Heiliger*; BGH, BauR 1996, 404 = NJW-RR 1996, 852 = ZfBR 1996, 198 (für **Gründungsgutachten**). OLG Düsseldorf, IBR 2009, 462 – *Karczewski*; OLG Stuttgart, BauR 2009, 846 = IBR 2008, 664 – *Löffelmann*; OLG Frankfurt IBR 2009, 593 – *Bröker*; OLG Düsseldorf, BauR 2007, 1914 = NZBau 2008, 388 (Rissbildungen bei Verwendung verschiedener Baustoffe); OLG Düsseldorf, NZBau 2009, 390 (Kachelofen).
[106] IBR 2008, 341 – *Käseberg*.
[107] IBR 2017, 29 – *Heiliger*.
[108] IBR 2011, 704 – *Eich*.
[109] IBR 2014, 223 – *Fuchs*.
[110] BauR 2002, 1719 = NJW RR 2002, 1531 =NZBau 2002, 616 = MDR 2002, 1432; BauR 2003, 1613 und 1918 = NJW RR 2003, 1454.

Das Gesamtschuldverhältnis als Voraussetzung

haften, wenn mit ihnen selbstständige Verträge abgeschlossen worden sind. Er räumte jedoch ein, dass jedenfalls im Einzelfall der Statiker „ausnahmsweise" Erfüllungsgehilfe des Auftraggebers sein kann.[111] Das hatte der BGH[112] auf alle Sonderfachleute ausgedehnt: Danach war der Sonderfachmann regelmäßig nicht Erfüllungsgehilfe des Auftraggebers in dessen Verhältnis zum Architekten, wenn der Bauherr einen Architekten und einen Sonderfachmann in selbstständigen Verträgen beauftragt. Entsprechendes sollte für den Architekten im Vertragsverhältnis zwischen Bauherr und Sonderfachmann gelten.

Ein großer Teil der Rechtsprechung[113] und des Schrifttums[114] war nicht dieser Auffassung. Mit seinem Glasfassadenurteil hat der BGH[115] zwischenzeitlich im Hinblick auf die Frage der Zurechnung von Drittbeteiligten ganz grundsätzlich ein erhebliches Umdenken in die Wege geleitet.

Seine dem Glasfassadenurteil zugrunde liegenden Überlegungen hat der BGH in der jüngeren Vergangenheit konsequent sinngemäß in weiterer Rechtsprechung fortgeführt. So hat der BGH[116] im Jahr 2013 entschieden, dass – soweit es um die Obliegenheit des Bauherrn geht, ordnungsgemäße Informationen beizustellen – auch **der planende Architekt im Verhältnis zum Tragwerksplaner** als **Erfüllungsgehilfe des Bauherrn** anzusehen ist.

Im Jahr 2016 hat der BGH[117] entsprechendes für den Fall bekräftigt, dass **der mit der Gebäudeplanung beauftragte Architekt dem Außenanlagenplaner Pläne zur Verfügung** zu stellen hatte.

In allen vorerwähnten Konstellationen trifft den Bauherrn die Mitwirkungsobliegenheit, den anderen fachlich Beteiligten die jeweils erforderlichen ordnungsgemäßen Planungen der anderen Beteiligten zur Verfügung zu stellen. Kommt es infolge einer Verletzung der entsprechenden Mitwirkungsobliegenheit des Bauherrn zu einer mangelhaften Werkleistung des „Nachfolgeplaners", ist das dementsprechende Planungsverschulden dem Bauherrn anspruchsvermindernd gemäß §§ 254, 278 BGB anzurechnen.

Im gleichen Kontext sind mittlerweile auch diverse OLG-Entscheidungen ergangen.[118]

---

111) BGH, BauR 2002, 1719 = NJW-RR 2002, 1531 = NZBau 2002, 616 = MDR 2002, 1492; ebenso OLG Köln, BauR 2007, 910, 911 = IBR 2007, 205 – *Bolz*.
112) BauR 2003, 1918 = NZBau 2003, 567 = NJW-RR 2003, 1454 = ZfIR 2003, 902 m. zustimmender Anm. *Wenner*. Vgl. hierzu: *Glöckner*, BauR 2005, 251, 270.
113) OLG Frankfurt, NJW-RR 1990, 1496; OLG Celle, BauR 1985, 244; OLG Düsseldorf, BauR 2001, 277, 281; BauR 1981, 399 u. NJW 1974, 704 = BauR 1974, 357; OLG Oldenburg, VersR 1981, 541 = BauR 1981, 399; LG Stuttgart, BauR 1997, 137, 139; BAG, DB 1974, 1679. Vgl. hierzu OLG Karlsruhe, BauR 2002, 1884 (Statiker ist Erfüllungsgehilfe des Bauherrn, wenn sich dieser verpflichtet hat, dem Architekten Unterlagen über die Beschaffenheit des Baugrundstückes zur Verfügung zu stellen.
114) *Soergel*, BauR 2005, 239, 247; ferner die von OLG Düsseldorf, BauR 1971, 399 u. *Schmalzl*, Festschrift für Locher, S. 225, 231, zitierte Literatur.
115) BauR 2009, 515 ff.
116) NZBau, 519 ff.= BauR 2013, 1468 ff.
117) BauR 2016, 1943 ff.
118) OLG München, NZBau 2017, 295 ff. (planender Architekt/ausschreibender Architekt); OLG München, IBR 2017, 266 – *Schwarz* (planender Architekt/objektüberwachender Ar-

2502 Auch die Abgrenzung der **Aufgaben- und Verantwortungsbereiche des Architekten** und des **Statikers** (Tragwerksplaners) im Rahmen des § 426 BGB ist nicht immer einfach.[119] **Das OLG Stuttgart**[120] **hat in einer Entscheidung die vertraglichen Pflichten des Statikers wie folgt zusammengefasst:**

> „Die allgemeine Aufgabe des Statikers zerfällt in zwei – allerdings wieder ineinandergreifende – Teile, nämlich in eine konstruktive und in eine rechnerische Aufgabe. Der Statiker hat einmal im Rahmen der Architektenpläne die Konstruktionsart und die Konstruktionsstärken aller tragenden Teile so festzulegen, dass das Gebäude unter der im Vertrag vorgesehenen Beanspruchung standsicher ist. Will er dabei in der Konstruktion von bereits allgemein anerkannten Regeln abweichen, so hat er dies eingehend und stichhaltig zu begründen. Seine Konstruktion hat er in Arbeitsplänen festzulegen.
>
> Zum anderen hat der Statiker die Standsicherheit der baulichen Anlage um sämtliche Einzelteile rechnerisch nachzuweisen. Es versteht sich von selbst, dass dabei die Pläne mit den Berechnungsgrundlagen übereinstimmen müssen. Der Statiker kann sich also bei der Anordnung in den Ausmaßen der tragenden Teile des Bauwerks nicht einfach auf seine Erfahrung verlassen. Er hat die Richtigkeit dieser Erfahrung jeweils rechnerisch zu beweisen. Der rechnerische Nachweis ist Ausfluss seiner Aufgabe, eine objektiv den öffentlichen Anforderungen an die Sicherheit eines Bauwerks entsprechende, ohne Einschränkung genehmigungsfähige Bauanlage vorzubereiten."

Als Gesamtschuldner sind der Architekt und der Statiker im Übrigen nur dann anzusehen, wenn sie vom Bauherrn selbstständig beauftragt worden sind (vgl. Rdn. 1891 ff.) und durch die fehlerhafte Erfüllung ihrer besonderen Vertragspflichten einen Baumangel verursacht haben.[121]

Dabei ist zu berücksichtigen, dass vom Architekten z.B. die zur Überprüfung einer statischen Berechnung erforderlichen **Spezialkenntnisse** nicht zu erwarten sind.[122] Wenn auch demnach den Architekten keine besondere Prüfungspflicht trifft, so ist er dennoch verpflichtet, die statischen Berechnungen einzusehen und festzustellen, ob der Statiker von den gegebenen tatsächlichen Verhältnissen und den entsprechenden technischen Vorgaben ausgegangen ist.[123] Stellt er dabei Feh-

---

chitekt); OLG Karlsruhe, IBRRS 2017, 1405 ff. (planender Architekt/objektüberwachender Architekt); OLG Hamm, IBR 2016, 466 – *Kneip* (Bodengutachter/planender Architekt).

119) Vgl. hierzu OLG Celle, NZBau 2012, 246 – *Kesselring*; OLG Köln, BauR 2011, 2004; OLG Köln, BauR 1988, 241; OLG Köln, BauR 1986, 717 = NJW-RR 1986, 1083 = MDR 1986, 408; LG Aachen, BauR 1986, 603; OLG Celle, BauR 1985, 244; OLG Nürnberg, BauR 1990, 492; OLG Stuttgart, BauR 1973, 64; OLG München, VersR 1977, 380; OLG Düsseldorf, BauR 1974, 357; OLG Frankfurt, BauR 1991, 785 (bei Wärmedämmmaßnahmen); OLG Hamm, NJW-RR 1992, 1302; *Oppler*, in: Ingenstau/Korbion, § 4 Abs. 2/B, Rn. 19.

120) OLG Stuttgart, BauR 1973, 64; vgl. ferner: OLG München, VersR 1977, 380; LG Aachen, VersR 1986, 777 (zur Überprüfung der Statikerleistung durch den Architekten); OLG Köln, *SFH*, Nr. 7 zu § 278 BGB (zur **Abgrenzung** zwischen Architekten- und Statikerleistung bei mangelhafter Wärmedämmung).

121) Vgl. OLG Celle, NJW-RR 2010, 238 (gemeinsame Haftung bei Spezialkonstruktion – Mobilfunksendeanlage); OLG München, IBR 2011, 206 – *Fuchs*.

122) OLG Düsseldorf, BauR 2016, 1946 ff.; BGH, BauR 1971, 265, 267.

123) OLG Düsseldorf, BauR 2016, 1946 ff.; BGH, BauR 1970, 62; BauR 1971, 265, 267; vgl. auch OLG Celle, BauR 2013, 2036 ff. = IBR 2013, 627 – *Fuchs*; OLG Koblenz, NJW-RR 1997, 595; LG Stuttgart, BauR 1997, 137; OLG Frankfurt, ZMR 1994, 321 sowie NJW-RR 1990, 1496; vgl. hierzu auch *Knacke*, BauR 1985, 270, 272. Ferner OLG Hamm, IBR Werkstatt – Beitrag vom 8.9.2010 (u.U. Nachfrage des Architekten beim Statiker erforderlich).

Das Gesamtschuldverhältnis als Voraussetzung

ler fest, hat er seine Bedenken gegenüber dem Bauherrn anzumelden.[124] Das gilt auch für grobe oder offensichtliche, für ihn erkennbare Mängel der Statik.[125]

Der Tragwerksplaner seinerseits hat über die bloße rechnerische Überprüfung von Plänen hinaus auch eine Beurteilung der Gesamtsituation vorzunehmen, wobei Architekt und Tragwerksplaner beide in der erforderlichen Weise zusammenwirken müssen, damit der Vertragserfolg gewährleistet werden kann.[126] Das hat das OLG Köln[127] jüngst noch einmal bekräftigt und ausgeführt, dass zur Beratung in statisch-konstruktiver Hinsicht auch die Berücksichtigung von Folgen der Tragwerksplanung für die Wirtschaftlichkeit und Gebrauchsfähigkeit des Bauwerks gehört.

Nach dem OLG Naumburg[128] gehört die Anlegung von Dehnungsfugen im Baukörper zu den konstruktiven Aufgaben, so dass für deren Einplanung in erster Linie der Tragwerksplaner verantwortlich ist. Daneben besteht aber auch – so das OLG Naumburg – eine Mithaftung des planenden Architekten und – falls die Dehnfugen nicht in den Bauzeichnungen vorgesehen sind – des die Objektüberwachung durchführenden Architekten, weil sich der Bauherr bei der Beauftragung eines Tragwerkplaners und eines Architekten darauf verlassen darf, dass diese in der erforderlichen Art und Weise zusammenwirken.

Bei einer Quotierung bzw. im **Innenverhältnis** wird man auch hier davon auszugehen haben, dass **Fehler in der Statik** grundsätzlich in den Verantwortungsbereich des **Tragwerkplaners** fallen und ihn daher unter Umständen voll ausgleichspflichtig gegenüber dem Architekten machen.[129] So hat der Statiker insbesondere die Konstruktionsart und die Stärken aller tragenden Teile im Rahmen der Architektenpläne verbindlich festzulegen und rechnerisch nachzuweisen, um die Standsicherheit der baulichen Anlage zu gewährleisten;[130] dabei haftet er auch für die Einhaltung des von ihm angegebenen Stahlbedarfs.[131] Demgegenüber ist die Untersuchung der **Baugrundverhältnisse** – als Voraussetzung für die Erstellung einer richtigen Statik – in aller Regel Sache des Architekten, nicht des Statikers.[132] Bei begründeten Zweifeln trifft allerdings den Statiker eine Hinweispflicht.[133]

2503

---

124) OLG Düsseldorf, BauR 2016, 1946 ff.; vgl. auch *Oppler*, in: Ingenstau/Korbion, § 4 Abs. 2/B, Rn. 22.
125) OLG Jena, IBR 2008, 341 – *Käseberg*.
126) OLG Köln, BauR 2011, 2004.
127) NZBau 2016, 646 ff. = IBR 2016, 352 – *Schwarz*.
128) IBR 2015, 495 – *Preussner*.
129) OLG Köln, BauR 1988, 241.
130) Vgl. hierzu OLG Stuttgart, BauR 1973, 64.
131) BGH, WM 1972, 424.
132) BGH, VersR 1967, 260; OLG Düsseldorf, BauR 2001, 277 = NJW-RR 2002, 1262 = OLGR 2000, 398; OLG Oldenburg, BauR 1981, 399; LG Aachen, BauR 1986, 603 = VersR 1986, 777; vgl. auch *Schlemmer*, Festschrift für Jochem, S. 285, 301 ff.; ferner: OLG Celle, BauR 1983, 483 sowie OLG Köln, BauR 1987, 460 (zur Abgrenzung zwischen Architekten- und Statikerleistung bei mangelhafter Planung einer **Wärmedämmung**).
133) BGH, BauR 1971, 265, 268; LG Aachen, a.a.O.; OLG Stuttgart, BauR 1973, 124; vgl. auch *Schlemmer*, Festschrift für Jochem, S. 285, 301 ff.

2504 Die vorerwähnten Ausführungen gelten für das Verhältnis zwischen **Architekt** und den übrigen **Sonderfachleuten** entsprechend;[134] der Architekt darf sich daher grundsätzlich auf die Fachkenntnisse des vom Auftraggeber eingeschalteten Sonderfachmannes verlassen. Eine „Mit"-prüfung ist von dem Architekten nur zu erwarten, wenn er selbst die konkreten fachspezifischen Kenntnisse besitzt oder jedenfalls haben muss.[135] Verwendet der Architekt die von einem Sonderfachmann erstellten Ausschreibungsunterlagen, übernimmt er damit nicht grundsätzlich schon die Verantwortung für das fremderstellte Leistungsverzeichnis und die zugrunde liegende Planung.[136]

Beispiele aus der Rechtsprechung zur Haftung der Baubeteiligten bzw. der Haftungsverteilung:

* Die Planung eines Architekten ist in Bezug auf einen Tiefgaragenstellplatz mangelhaft, wenn dieser den maßgebenden öffentlich-rechtlichen Vorschriften nicht entspricht und nicht mit einem Mittelklassefahrzeug nutzbar ist. Der Architekt haftet gegenüber seinem Auftraggeber für diesen Planungsmangel auch dann, wenn dieser auf Falschangaben des gesondert beauftragten Tragwerkplaners zu vermeintlichen statischen Erfordernissen beruht. Als Verschulden kommt in Betracht, dass der Architekt den Auftraggeber nicht über die Konsequenzen der statisch motivierten Planungsvariante für die Nutzbarkeit des Stellplatzes unterrichtet hat. Auch der Tragwerksplaner hat eine Beurteilung der Gesamtsituation vorzunehmen. Zur Beratung in statisch-konstruktiver Hinsicht gehört die Berücksichtigung von Folgen der Tragwerksplanung für die Wirtschaftlichkeit und Gebrauchsfähigkeit des Bauwerks. Der auf der Falschangabe des Tragwerksplaners beruhende Planungsfehler des Architekten begründet kein die Haftung des Tragwerkplaners minderndes Mitverschulden des Auftraggebers (OLG Köln NZBau 2016, 646 ff. = IBR 2016, 352 – Schwarz).
* Die Gründungsberatung ist eine werkvertragliche Leistung. Der geschuldete Erfolg besteht in der Abgabe einer mangelfreien Gründungsempfehlung. Der Architekt muss für Leistungen eines Sonderfachmannes nicht einstehen, sofern die spezifische Fragestellung nicht zu seinem Wissensbereich gehört. Er haftet jedoch neben dem Sonderfachmann, wenn der Fehler im Gutachten des Sonderfachmanns für ihn nach den von einem Architekten zu erwartenden Kenntnissen erkennbar war (OLG Jena, IBR 2017, 29 – Heiliger).
* Auf die fachliche Richtigkeit der DIN 18195 bezüglich eines Oberflächenschutzes durch Asphaltmastix durften Architekten und Tragwerksplaner 1996 nicht mehr vertrauen, da bereits zu dieser Zeit in Fachkreisen bekannt war, dass ein Oberflächenschutz durch Asphaltmastix objektiv funktionsuntauglich ist. Der Architekt, der dies plant, begeht einen Planungsfehler. Der Tragwerksplaner haftet dem Bauherrn gegenüber auf Schadensersatz als Gesamtschuldner mit dem

---

[134] OLG Hamm, IBR 2005, 30 – *Biebelheimer*.
[135] OLG Düsseldorf, BauR 2016, 1946 ff.; OLG Köln, NJW-RR 1994, 1110 (Verhältnis Architekt und Sonderfachmann für **Heizung**); vgl. auch OLG Hamm, NJW-RR 1992, 1302 sowie OLG Düsseldorf, OLGR 1994, 267 (Überprüfung der Vorgaben hinsichtlich des **Trittschallschutzes**).
[136] OLG Karlsruhe, NZBau 2007, 451.

Das Gesamtschuldverhältnis als Voraussetzung Rdn. 2504

Architekten, wenn er es unterlässt, den Bauherrn auf die evident falsche Planung des Architekten hinzuweisen (OLG München, BauR 2016, 695 ff.).

* Architekt und Sonderfachmann können als Gesamtschuldner haften, wenn beide mangelhafte Planungsleistungen erbringen und diese zu einem Mangel am Bauwerk führen. Der Architekt haftet nur für solche dem Sonderfachmann in Auftrag gegebene Bereiche nicht, bei denen konkrete fachspezifische Fragen nicht zum Wissensbereich des Architekten gehören. Der Architekt braucht zwar den Sonderfachmann im Allgemeinen nicht zu überprüfen, sondern darf sich grundsätzlich auf dessen Fachkenntnisse verlassen. Statische Spezialkenntnisse werden von einem Architekten insoweit nicht erwartet. Muss indes der Architekt solche bautechnischen Fachkenntnisse haben, ist ein „Mitdenken" vom Architekten zu erwarten und er muss sich vergewissern, ob der Sonderfachmann zutreffende bautechnische Vorgaben gemacht hat. Es ist entscheidend darauf abzustellen, ob dem Architekten eine Überprüfung der Leistungen des Sonderfachmanns möglich und zumutbar war und ob sich ihm dabei Bedenken aufdrängen mussten (OLG Düsseldorf, BauR 2016, 1946 ff.).

* Die bauphysikalischen Klimaverhältnisse im Innenbereich eines Bürogebäudes sind üblicherweise von einem speziellen Fachplaner zu planen. Unterlässt es der Bauherr, mit diesen Leistungen einen Fachingenieur zu beauftragen, hat der Objektplaner den Bauherrn auf die damit verbundene Planungsunsicherheit hinzuweisen. Die Erstellung der Vorgaben für die Planung der Revisionsöffnungen ist grundsätzlich Sache des Fachplaners für die Bereiche Heizung, Lüftung und Sanitär, wenn diese Fachingenieurleistungen aus dem mit dem Objektplaner geschlossenen Architektenvertrag ausgenommen wurden. Auch wenn die Planung der Revisionsklappen Gegenstand der Architektenleistung ist, müssen die dafür erforderlichen Angaben über die Notwendigkeit sowie die örtliche Lage und die Dimensionen der Revisionsklappen vom Fachingenieur für technische Gebäudeausrüstung vorgegeben werden. Der Fachplaner für den Bereich Heizung, Lüftung, Sanitär ist deshalb gehalten, den Objektplaner über die Notwendigkeit und Lage der Revisionsklappen zu informieren. Der mit der Objektplanung beauftragte Architekt hat die Planung des Fachplaners lediglich daraufhin zu überprüfen, ob sie mit seiner Planung übereinstimmt, in sich stimmig ist und keine offensichtlichen Fehler enthält (OLG Braunschweig, IBR 2015, 560 – Meier).

* Die Anlegung von Dehnungsfugen im Baukörper gehört zu den konstruktiven Aufgaben. Für deren Einplanung ist in erster Linie der Statiker verantwortlich, daneben der planende und – falls sie nicht in den Bauzeichnungen vorgesehen sind – auch der die Bauleitung oder die Bauaufsicht führende Architekt. Der Bauherr darf sich bei der Beauftragung eines Statikers und eines Architekten darauf verlassen, dass diese in der erforderlichen Art und Weise zusammenwirken (OLG Naumburg, IBR 2015, 495 – Preussner).

* Ein Vermessungsingenieur hat sich bei der **Vermessung** an den Vorgaben zu orientieren, die im Bebauungsplan festgesetzt sind. Der Architekt hat eine Pflicht zur Überprüfung, ob die Vermessung nach zutreffenden Vorgaben erfolgte und der Einmessplan mit der genehmigten Planung übereinstimmt (OLG Köln, IBR 2014, 490/Nichtzulassungsbeschwerde vom BGH zurückgewiesen – Wronna).

* Ein Tragwerksplaner ist kein Fachmann für den Brandschutz. Aufgabe des Statikers ist es lediglich, statische Berechnungen und Feststellungen dem Bauherrn bzw. dessen Architekten vorzuschlagen. Der Bauherr oder sein Architekt ent-

scheiden dann über die tatsächliche Umsetzung der aufgezeigten Möglichkeiten, also über das „Ob" und „Wie". Der Architekt muss prüfen, ob und wie die Möglichkeiten der Statik mit den Wünschen des Auftraggebers und den **Brandschutzvorschriften** kompatibel gemacht werden können, nicht aber der Tragwerksplaner (OLG Celle, BauR 2013, 2036 ff. = IBR 2013, 627/Nichtzulassungsbeschwerde vom BGH zurückgewiesen – Fuchs).

* Im Rahmen der **Ausführungsplanung** ist ein stetiger Austausch zwischen Objektplaner und TGA-Planer erforderlich. Der TGA-Planer hat als Spezialist die fachspezifischen Gefahren der von ihm geplanten Einrichtungen abzuschätzen und ihnen durch gezielte Maßnahmen entgegenzuwirken. Hierzu hat er die Ausführungspläne des Architekten kritisch im Hinblick auf seine fachspezifischen Anforderungen zu bewerten und darauf zu achten, dass diese Anforderungen berücksichtigt werden. Der Objektplaner hat seinerseits die Fachleistungen zu koordinieren und in seine Planung zu integrieren. **TGA-Planer und Objektplaner** haften für Planungsfehler als Gesamtschuldner, weil ihr Zusammenwirken notwendig ist, um eine Grundlage für die Ausführung des Bauwerks zu schaffen (OLG Düsseldorf, BauR 2013, 1480 ff. = IBR 2013, 420 – Fuchs).

* Die Ausführungsplanung des Architekten für ein erkennbar verformungsanfälliges Haus ist mangelhaft, wenn sie die nötigen konstruktiven Vorgaben zur Verhinderung von Rissen nicht enthält. Der Architekt darf sich grundsätzlich nicht unbesehen darauf verlassen, dass der Tragwerksplaner des Bauherrn von diesem mit der Erstellung nötiger **Verformungsberechnungen** beauftragt ist und er diese Aufgabe erfüllt hat. Ein Verschulden des Statikers führt nicht zu einer Minderung des dem Bauherrn gegen den Architekten zustehenden Schadensersatzanspruchs; der Statiker ist im Verhältnis zum Architekten nicht Erfüllungsgehilfe des Bauherrn (Abgrenzung zu BGHZ 179, 55 = NJW 2009, 582 (Glasfassade)) (OLG Hamm, NZBau 2011, 48 = BauR 2011, 1687, 1689).

* Wenn ein mit der Bauüberwachung eines Spezialgewerkes (hier: Glasfassade) beauftragter Architekt vorschlägt, Sonderfachleute zur Bauüberwachung beizuziehen, führt dies nicht ohne weiteres zu seiner Haftungsfreistellung. Führen die Sonderfachleute nur einmal monatlich Stichproben durch, bleibt der Architekt für die Bauüberwachung verantwortlich. Die notwendigen Fachkenntnisse muss er sich gegebenenfalls durch Befragen der Sonderfachleute beschaffen. Daneben kommt eine eigene Haftung der Sonderfachleute in Betracht, sodass diese mit dem Architekten gesamtschuldnerisch haften (OLG Frankfurt, IBR 2009, 593 – Bröker).

* Der Architekt kann sich grundsätzlich auf das Sonderwissen des Tragwerksplaners verlassen. Bei groben oder offensichtlichen, für ihn erkennbaren Mängeln der Statik haftet der Architekt als Gesamtschuldner neben dem Tragwerksplaner. Für einen Architekten sind Mängel der Statik im Regelfall nicht erkennbar, wenn sie nicht einmal vom besser ausgebildeten Prüfstatiker erkannt werden (OLG Jena, IBR 2008, 341 – Käseberg).

* Bei **eingestürzter Spundwand** aufgrund einer falschen Einschätzung der Boden- und Grundwasserverhältnisse: 40 %-Anteil des Gutachters wegen seines mangelhaften Gutachtens, 40 %-Anteil des Statikers aufgrund seiner Kenntnisse der stark wechselnden Bodenverhältnisse und der damit verbundenen „Sachnähe", 20 %-Anteil des Architekten wegen eines Koordinierungsverschuldens – zu kurzer Zeitabschnitt zwischen Durchführung der Probebohrungen des Gutach-

ters einerseits und der Einbringung der Spundwand andererseits (OLG Stuttgart, BauR 1996, 748).

f) Gesamtschuld mehrerer Sonderfachleute

2505 Auch mehrere Sonderfachleute können als Gesamtschuldner für einen Bauschaden in Betracht kommen, der aufgrund fehlerhafter Planung oder Bauaufsicht entsteht. Hier gelten die vorgenannten Überlegungen entsprechend.[137]

g) Weitere Gesamtschuldverhältnisse

2506 Auch zwischen **Baubetreuer** und **Treuhänder** wird in der Regel, z.B. bei Abwicklung eines Bauherrenmodells ein Gesamtschuldverhältnis vorliegen.[138] Ein Gesamtschuldverhältnis zwischen Baubeteiligten ist ferner anzunehmen, wenn sie gegenüber dem Bauherrn oder einem **Dritten** (z.B. Nachbarn) außerhalb der Gewährleistung haften. Als Anspruchsgrundlage kommen hier z.B. die §§ 823 ff. (z.B. Verletzung der Verkehrssicherungspflichten), 830, 840, 909 BGB, eine Vertragsverletzung oder der Verzug in Betracht.[139]

Beispiel aus der Rechtsprechung zur Haftung der Baubeteiligten bzw. der Haftungsverteilung:

* Bei **Schäden durch Kanalbauarbeiten** kann dem Eigentümer ein Schadensersatzanspruch gegen das ausführende Unternehmen zustehen; gleichzeitig kann dem Eigentümer auch ein Entschädigungsanspruch gegen die auftraggebende Gemeinde (analog § 906 Abs. 2, § 909 BGB) zustehen: In einem solchen Fall haften Unternehmer und Gemeinde als Gesamtschuldner (OLG Koblenz, IBR 2011, 639 – Lichtenberg); das gilt auch bei Straßenbauarbeiten (OLG Brandenburg, IBR 2011, 640 – Michalczyk).

3. Der Ausgleichsanspruch

Literatur:[140]

Kieserling, Mangelverantwortlichkeit mehrerer Baubeteiligter, NZBau 2002, 263; *Kniffka*, Gesamtschuldnerausgleich im Baurecht, BauR 2005, 274; *Hebel*, Berücksichtigung von Sowieso-Kosten im Gesamtschuldnerausgleich, Festschrift für Koeble (2010), S. 93 ff.; *Weise*, Gesamtschuld und Verjährung, NJW-Spezial 2011, 108; *Kainz*, Zur Problematik des Verjährungsbeginns bei Ansprüchen aus Bauhandwerkersicherung, Bürgschaft und Gesamtschuldnerausgleich, BauR 2012, 420: *Langen*, Gesamtschuld der Planungs- und Baubeteiligten – Eine kritische Bestandsaufnahme (Teil 1), NZBau 2015, 2 ff. sowie (Teil 2), 71 ff.; *Zahn*, Verjährungsbeginn des Ausgleichsanspruches bei Ge-

---

137) Vgl. hierzu OLG Frankfurt, IBR 2001, 434 – Sienz **(Statiker/Bodengutachter)**.
138) Vgl. OLG Düsseldorf, NJW-RR 1992, 914 (enge Verzahnung der Aufgaben) = BauR 1992, 653.
139) Vgl. LAG Rheinland-Pfalz, NZA 1984, 163 (gesamtschuldnerische Haftung eines Unternehmers aus Vertrag und seines Bauarbeiters aus unerlaubter Handlung gegenüber dem Bauherrn) sowie BGH, BauR 1994, 621 (gesamtschuldnerische Haftung von Bauunternehmer und Vermieter gegenüber Mieter).
140) Literatur vor 2000 siehe 15. Auflage.

samtschuld zwischen Architekt und Bauunternehmer – auch bei § 650t BGB n.F. –, BauR 2017, 1262 ff.

2507 Der **Ausgleichsanspruch** gem. § 426 Abs. 1 BGB ist ein **selbstständiger Anspruch und verjährt in 3 Jahren gemäß §§ 195, 199 Abs. 1 BGB**. Vor Inkrafttreten des **SchRModG** (1.1.2002) betrug die Verjährungsfrist insoweit noch 30 Jahre.[141] Damit hat sich die Frist für die Geltendmachung des Ausgleichsanspruches erheblich verkürzt. Insoweit ist – insbesondere anwaltliche – Vorsicht geboten. Dies gilt insbesondere deshalb, weil nach der Rechtsprechung des BGH der Ausgleichsanspruch bereits mit der Begründung der Gesamtschuld (in Verbindung mit den Voraussetzungen nach § 199 BGB) entsteht, worauf Kniffka[142] zutreffend verweist.[143]

Der zahlende Gesamtschuldner kann neben dem eigenen (eigenständigen) Ausgleichsanspruch gemäß **§ 426 Abs. 1 BGB (gesetzlicher Ausgleichsanspruch)** auch aus **übergegangenem Recht gemäß § 426 Abs. 2 BGB** gegen einen weiteren Gesamtschuldner vorgehen. Dieser (weitere) Anspruch des zahlenden Gesamtschuldners verjährt in der Frist, die für den übergegangenen Anspruch gilt, also in der Regel in fünf Jahren gemäß § 634a BGB, wenn keine andere vertragliche Regelung getroffen worden ist.

Die Verjährungsfristen gemäß § 426 Abs. 1 BGB und § 426 Abs. 2 BGB können also durchaus **unterschiedlich** sein, sodass Vorsicht geboten ist. Das gilt insbesondere unter dem Gesichtspunkt, dass im Rahmen der Architektenhaftung und der Unternehmerhaftung unterschiedliche Verjährungsabläufe (z.B. wegen unterschiedlichen Beginns der Verjährung) in Betracht kommen. Darüber hinaus hat die rechtlich unterschiedliche Beurteilung des Anspruchs aus § 426 Abs. 1 BGB einerseits und § 426 Abs. 2 BGB andererseits unter einem anderen Gesichtspunkt wesentliche Bedeutung: Geht der zahlende Gesamtschuldner nach § 426 Abs. 2 BGB vor, erfolgt nicht nur ein gesetzlicher Forderungsübergang, sondern mit dem Übergang der Forderung gehen auch akzessorische Sicherheiten auf ihn über (§ 401 BGB). Ist beispielsweise der Anspruch des Auftraggebers gegen den Auftragnehmer durch eine Bürgschaft abgesichert, geht der Anspruch gegen den Bürgen ebenfalls auf den zahlenden Gesamtschuldner über. Der zahlende Gesamtschuldner kann daher nunmehr auch den Bürgen in Anspruch nehmen. Das hat z.B. für den Fall Bedeutung, dass der weitere Gesamtschuldner insolvent geworden ist.

Der Ausgleichsanspruch eines Gesamtschuldners, der den Anspruch des Gläubigers erfüllt hat, wird grundsätzlich nicht davon berührt, dass der Anspruch des Gläubigers gegen den anderen Gesamtschuldner verjährt ist.[144] Wird ein Gesamtschuldner gemäß § 426 Abs. 1 S. 1 BGB von einem anderen Gesamtschuldner auf Ausgleich in Anspruch genommen, kann dieser dem nicht entgegenhalten, der aus-

---

141) St. Rspr.; BGH, BauR 1971, 60; BGH, NJW 1972, 942 = BauR 1972, 246. Vgl. hierzu: *Glöckner*, BauR 2005, 251.
142) BauR 2005, 274, 286, 287 m.w.N.
143) Vgl. hierzu auch *Zahn*, BauR 2017, 1262 ff.
144) BGH, BauR 2009, 1609 = IBR 2009, 592 – *Schulze-Hagen* = NJW-Spezial 2009, 604. Ferner BGH, BauR 1972, 246 = NJW 1972, 942 = MDR 1972, 596.

Der Ausgleichsanspruch Rdn. 2507

gleichsberechtigte Gesamtschuldner hätte mit Erfolg die Einrede der Verjährung gegenüber dem Gläubiger erheben können.[145]

Sind allerdings die Ansprüche des Bauherrn gegen die Baubeteiligten (z.B. Unternehmer und Architekt) verjährt, kann der Bauherr auch nicht mittels einer Abtretung des Ausgleichsanspruchs aus § 426 Abs. 1 BGB gegen einen der Baubeteiligten erfolgreich vorgehen; denn die Abtretung des Ausgleichsanspruchs aus § 426 Abs. 1 BGB durch einen Baubeteiligten kann nicht zu dem Ergebnis führen, dass der andere Baubeteiligte, der dem Bauherrn wegen Verjährungseintritts (§ 634a BGB; § 13 Abs. 4 VOB/B) ebenfalls nicht mehr unmittelbar haftet, dennoch über den Ausgleichsanspruch aus § 426 Abs. 1 BGB in Anspruch genommen werden kann. Dies folgt aus der entsprechenden Anwendung des § 399 BGB. Für die Voraussetzungen des Ausgleichsanspruchs ist derjenige **beweispflichtig**, der ihn gegen den anderen Gesamtschuldner verfolgt.[146]

Der **Ausgleichsanspruch** nach § 426 Abs. 1 BGB **entsteht** nicht etwa erst mit der Befriedigung des Gläubigers, sondern – wie der BGH[147] zutreffend entschieden hat – als Mitwirkungs- und Befreiungsanspruch bereits **mit Begründung des Gesamtschuldverhältnisses im Sinne des § 199 BGB**.[148] Das ist derjenige Zeitpunkt, zu dem die mehreren Ersatzpflichtigen dem Geschädigten ersatzpflichtig werden. Von einer Anspruchsentstehung im Sinne des § 199 BGB ist auszugehen, wenn der Anspruch geltend gemacht und notfalls im Wege der Klage – sei es auch nur durch Feststellungsklage – durchgesetzt werden kann.[149] Das hat der BGH[150] kürzlich noch einmal ausdrücklich bestätigt.

Es ist insoweit also nicht auf den Zeitpunkt der Abnahme der Werkleistung oder der Befriedigung des Auftraggebers abzustellen, sondern auf den Zeitpunkt der Realisierung des Mangels, den mehrere Baubeteiligte zu vertreten haben.[151] So entsteht nach OLG München[152] bei Vorliegen von Planungsfehlern sowohl des Architekten als auch des Statikers die Gesamtschuldsituation mit der baulichen Verwirklichung der mangelhaften Planung. Nach OLG Frankfurt[153] kommt es für die Fälligkeit des Ausgleichsanspruchs zwischen Gesamtschuldnern nicht darauf an, ob der Ausgleichsverpflichtete (das ausführende Unternehmen) zur Nachbesserung aufgefordert wurde.

Eine grob fahrlässige Unkenntnis im Sinne des § 199 Abs. 1 Nr. 2 BGB aller Umstände, die einen Ausgleichsanspruch nach § 426 Abs.1 BGB begründen, liegt

---

145) BauR 2010 = IBR 2010, 79 – *Schwenker*.
146) BGH, VersR 1965, 804.
147) IBR 2017, 104 – *Rodemann*; BauR 2008, 381 = NZBau 2008, 121 = NJW-RR 2008, 256 = IBR 2008, 35 – *Schwenker* NZBau 2010, 43; NZBau 2010, 45 = BauR 2009, 1609; IBR 2009, 592 – *Schulze-Hagen*.
148) Vgl. hierzu ferner auch OLG Frankfurt, IBR 2013, 159 – *Sacher*.
149) BGH, NZBau 2010, 43.
150) IBR 2017, 104 f. – *Rodemann*.
151) Vgl. auch *Kainz*, BauR 2012, 420, 429.
152) NJW-RR 2011, 530 = IBR 2011, 206 – *Fuchs* = NZBau 2011, 236; vgl. hierzu auch: *Weise*, NJW-Spezial 2011, 108.
153) IBR 2011, 205 – *Siebert* = NJW-Spezial 2011, 142; vgl. hierzu auch: *Kainz*, BauR 2012, 420, 429.

im Übrigen nach dem OLG Düsseldorf[154] schon dann vor, wenn sich der Anspruchsberechtigte die Kenntnis in zumutbarer Weise ohne nennenswerte Mühe beschaffen kann, die auf der Hand liegenden Erkenntnismöglichkeiten jedoch nicht ausnutzt.

Dem Zeitpunkt der Entstehung der Gesamtschuld kommt im Hinblick auf einen möglichen Gesamtschuldnerausgleich insbesondere seit dem Jahreswechsel 2011/2012 wegen der Regelung des § 199 Abs. 4 BGB besondere Bedeutung zu. § 199 Abs. 4 BGB regelt eine kenntnisunabhängige Verjährungshöchstfrist von 10 Jahren ab Entstehung des Anspruchs und bezieht sich auf Ansprüche, die ansonsten der regelmäßigen Verjährung gemäß § 199 Abs. 1 BGB unterliegen.[155] Zu beachten ist, dass die Ultimo-Regel des § 199 Abs. 1 Satz 1 BGB für die Höchstfrist des § 199 Abs. 4 BGB nicht gilt,[156] sodass bei einer ab dem Jahre 2002 entstandenen Gesamtschuld im Anwendungsbereich des § 199 Abs. 4 BGB die Verjährungsfrist taggenau zu berechnen ist. Zur **Verjährung des Ausgleichsanspruchs** im Einzelnen vgl. auch Rdn. 2884.

2508 Das OLG Saarbrücken[157] hat zuletzt in prozessualer Hinsicht klarstellend ausgesprochen, dass eine gesamtschuldnerische Haftung nicht etwa durch Prozesstrennung oder die Eröffnung des Insolvenzverfahrens eines mitverklagten Gesamtschuldners endet. Ein **Ausgleichsanspruch** gegen den anderen Gesamtschuldner besteht grundsätzlich nur, wenn ein Gesamtschuldner den Bauherrn **über die ihm zurechenbare Quote** im Rahmen des § 426 BGB hinaus **befriedigt**.[158]

Falls einer der Gesamtschuldner – etwa aufgrund Abtretung – die Forderung des Gläubigers erworben hat, muss er von seiner Forderung gegenüber den anderen Gesamtschuldnern den auf ihn entfallenden Ausgleichsbetrag abziehen. Zur Vermeidung eines „Regresskarussells" haften ihm die anderen Gesamtschuldner im Übrigen nur pro rata („Konfusion").[159]

Der vom geschädigten Bauherrn mit einer Klage in Anspruch genommene Architekt oder Unternehmer hat wegen der ihm auferlegten **Prozesskosten** keinen Ausgleichsanspruch gegen den anderen Gesamtschuldner.[160]

An dem vorstehenden Grundsatz kann sich auch dann nichts ändern, wenn die Gesamtschuldner gemeinsam verklagt und deshalb auch gemäß § 100 Abs. 4 ZPO gesamtschuldnerisch zu den Kosten des Rechtsstreits verurteilt worden sind.[161]

Nur ausnahmsweise schließt die Rechtsprechung einen Anspruch auf Erstattung von Prozesskosten gegen den Mitschuldner nicht aus, wenn dieser den vom Gläubiger zunächst in Anspruch genommenen Gesamtschuldner durch Verweigerung oder verzögerliche Erfüllung seiner Pflicht zur anteiligen Befriedigung des Gläubi-

---

154) BauR 2016, 140 ff.
155) *Palandt/Ellenberger*, § 199 BGB, Rn. 43.
156) BGH NJW 2010, 1956; *Palandt/Ellenberger*, § 199 BGB, Rn. 42.
157) NZBau 2017, 159 ff. = BauR 2017, 1389 ff.
158) OLG München, MDR 1972, 239; *Kniffka*, BauR 2005, 274; 278; *Ganten*, BauR 1978, 187, 189.
159) Vgl. insoweit auch BAG NJW 1986, 3104; *Palandt/Grüneberg*, § 425, Rn. 7.
160) BGH, BauR 2003, 1379, 1380 = NZBau 2003, 557; vgl. hierzu *Stamm*, NJW 2003, 2940, 2943.
161) BGH, NJW 1974, 693.

Der Ausgleichsanspruch

gers gezwungen hat, ein ungünstiges Prozessrisiko einzugehen oder sich einer offensichtlich berechtigten Klage auszusetzen.[162] Unter entsprechenden besonderen Voraussetzungen (z.B. Verzug hinsichtlich der Befreiungspflicht) kann deshalb ein Schadensersatzanspruch bestehen.[163]

Sowiesokosten sind bei Quotelung im Verhältnis der Gesamtschuldner untereinander zu berücksichtigen.[164]

Leistet ein Gesamtschuldner, der mit einer anderen Partei zur Zahlung verurteilt ist, nach Schluss der letzten mündlichen Verhandlung und vor Einlegung eines Rechtsmittels den Urteilsbetrag, stellt sich die Frage der **Beschwer der anderen Partei,** wenn diese sich in dem Verfahren gegen die Inanspruchnahme gewehrt hat und deshalb Rechtsmittel gegen das Urteil einlegen will. Diese hat der BGH[165] mit dem Hinweis bejaht, dass die Zahlung des einen Gesamtschuldners grundsätzlich nicht geeignet ist, den Rechtsstreit zwischen dem Kläger und dem anderen Gesamtschuldner zu erledigen. Entsprechendes hat der BGH[166] zwischenzeitlich bekräftigt: Die Beschwer einer Partei, die zusammen mit einer anderen Partei als Gesamtschuldner verurteilt worden ist, entfällt nicht schon dadurch, dass die andere Partei den Urteilsbetrag bezahlt. Das OLG Saarbrücken[167] hat sich dieser Rechtsprechung kürzlich angeschlossen. Hiernach bleibt trotz vorbehaltloser Erfüllung der Gesamtschuld durch einen der verklagten Gesamtschuldner nach Erlass des erstinstanzlichen Urteils die Berufung des anderen erstinstanzlich mitverurteilten Gesamtschuldners zulässig, wenn dieser seine Mithaftung in Abrede stellt. Dem ist insbesondere auch unter dem Gesichtspunkt einer möglichen Inanspruchnahme des anderen Gesamtschuldners gemäß § 426 BGB zu folgen.

Ob auf den **Bürgen** eines Gesamtschuldners, der den **Gläubiger befriedigt,** der **Ausgleichsanspruch** nach § 426 Abs. 2 BGB übergeht, ist bestritten. Nach herrschender Meinung ist dies nicht der Fall, weil § 426 BGB nur das Rechtsverhältnis unter den Gesamtschuldnern regelt. Der BGH[168] hat insoweit aber zutreffend eine ergebnisorientierte Lösung gefunden: Befriedigt ein Bürge, der sich für einen Gesamtschuldner verbürgt hat, gehen die Ansprüche des ursprünglichen Gläubigers gegen die Gesamtschuldner nicht unter, sondern bleiben erhalten und gehen im Wege der cessio legis nach § 774 BGB i.V.m. § 401 Abs. 1 Satz 1 BGB auf den Bürgen über, soweit der Schuldner, für den die Bürgschaft übernommen worden war, von den übrigen Gesamtschuldnern Ausgleich verlangen kann.

2509 Nach **§ 426 Abs. 1 Satz 1 BGB** sind **Gesamtschuldner** im Verhältnis zueinander grundsätzlich zu **gleichen Teilen** verpflichtet. § 426 Abs. 1 Satz 1 BGB ist jedoch nur eine Grundregelung (Quotierung nach Kopfteilen) und gilt nur dort, wo ein

---

162) BGH BauR 2003, 1379, 1381 m.w.N.
163) BGH BauR 2003, 1379, 1381; OLG Neustadt, NJW 1963, 494; *Kniffka*, BauR 2005, 274, 279; vgl. hierzu ferner *Knacke*, BauR 1985, 270, 275.
164) Vgl. hierzu *Hebel*, Festschrift für Koeble, 93 ff.
165) BauR 2000, 771 = NJW 2000, 1120 = MDR 2000, 471.
166) Werkstattbeitrag IBR vom 18.01.2011, Beschluss vom 7.12.2010 – VI ZB 87/09.
167) IBR 2016, 1107 – *Berding*.
168) NJW 1966, 1912; NJW 1976, 2135; *Palandt/Sprau,* § 774 BGB, Rn. 8. Vgl. hierzu kritisch auch *Reinecke,* NJW 1966, 2141; *Schlechtriem,* Festschrift für Caemmerer, S. 1013, 1029 f.; *MünchKomm-Habersack,* § 765 BGB, Rn. 108. Vgl. ferner auch OLG Hamm, OLGZ 90, 336, 338 m.w.N.

anderer Verteilungsmaßstab nicht in Betracht kommt. Der Umfang der Ausgleichspflicht hängt im Einzelfall stets von den jeweiligen Umständen – insbesondere von dem jeweiligen **Aufgaben-** und **Verantwortungsbeitrag** – ab. Dabei ist entsprechend § 254 BGB (vgl. Rdn. 2922 ff.) zu prüfen, inwieweit der Schaden unter Berücksichtigung des jeweiligen Aufgabenbereichs vorwiegend von dem Architekten, Bauunternehmer, dem Sonderfachmann oder einem Dritten als Gesamtschuldner verursacht bzw. verschuldet worden ist.[169] Bezüglich einer etwaigen Quotierung im Außenverhältnis bzw. im Innenverhältnis wird auf die obigen Ausführungen im Rahmen der einzelnen Gesamtschuldverhältnisse verwiesen.

2510 Für die Voraussetzungen des Ausgleichsanspruchs ist der Anspruchsberechtigte darlegungs- und beweisbelastet. Beweisbelastet für eine von den Kopfanteilen abweichende günstigere Verteilung ist derjenige, der sich darauf beruft.[170]

Die **Verteilung und das Maß der Verantwortlichkeit** für den Schaden im Rahmen bzw. in entsprechender Anwendung des § 254 BGB gehören dem Gebiet der **tatrichterlichen Würdigung** an. Die Prüfung kann beispielsweise zu dem Ergebnis führen, dass eine Quotierung unter den Gesamtschuldnern erfolgt oder aber der eine Gesamtschuldner von jeder Haftung frei wird, während dem anderen der Schaden ganz auferlegt wird.[171]

Das gilt beispielsweise für die Fallgestaltung, dass der vorsätzlich handelnde Gesamtschuldner im Verhältnis zu dem Gesamtschuldner, der nur fahrlässig handelte, allein haftet.[172]

Aurnhammer[173] und Kamphausen[174] haben versucht, das Problem der Schadensquote durch Aufstellen verschiedener Schemata zu lösen. Die Vielfalt der möglichen Schadensursachen und Verantwortungsbereiche bei Bauvorhaben lässt jedoch eine Schematisierung der Schadensquote nicht zu. Es wird stets im Einzelfall zu entscheiden sein, in welchem Maße einzelne Beteiligte für einen eingetretenen Bauschaden herangezogen werden können.

2511 In einigen **Architektenformularverträgen** findet sich hinsichtlich der Haftung mehrerer Baubeteiligter (einschließlich des Architekten) folgender Passus („**Quotenklausel**"):

„Wird der Architekt für einen Schaden in Anspruch genommen, für den auch ein Dritter einzutreten hat, so haftet er nur in dem Umfang, in dem er im Verhältnis zu dem Dritten haftbar ist."

Mit dieser Formulierung wird praktisch eine gesamtschuldnerische Haftung des Architekten ausgehöhlt.[175] Der Anspruch des Bauherrn gegen den Architekten wird von vornherein auf die Höhe seines Verantwortungsbeitrages (im Innenverhältnis der Gesamtschuldner zueinander) auch dem Bauherrn gegenüber gekürzt. Dem Bauherrn wird gleichzeitig das Risiko der Insolvenz der ausführenden Firma aufgebürdet. Der Bauherr wird daher in diesen Fällen stets gezwungen sein, den mitverantwortlichen Unternehmer allein oder zusätzlich zu verklagen, um nicht zwei Gerichtsverfahren anhängig machen zu müssen. Zur Wirksamkeit solcher Klauseln vgl. Rdn. 2733 ff.

---

169) BGH, NJW 1969, 653 = MDR 1969, 385.
170) *Palandt/Grüneberg*, § 426 BGB, Rn. 8.
171) Vgl. BGH, NJW 1971, 752 = MDR 1971, 381; ferner OLG Düsseldorf, NJW-RR 1994, 1240; OLG Koblenz, IBR 2011, 403 – *Weyer*.
172) Vgl. hierzu *Braun*, Festschrift für Motzke, S. 23, 27.
173) VersR 1974, 1060; s. auch *Ganten*, BauR 1978, 187 ff.
174) BauR 1996, 174 ff.
175) Vgl. OLG München, NJW-RR 1988, 336, 338.

Der Ausgleichsanspruch   Rdn. 2511

Aufgrund der rechtlichen Bedenken zu dieser Klausel wird nunmehr häufig folgender Passus verwendet (vgl. hierzu Rdn. 2735):

„Wird der Architekt wegen eines Schadens in Anspruch genommen, für den auch ein Dritter einzustehen hat, kann er verlangen, dass der Bauherr gemeinsam mit ihm sich außergerichtlich erst bei dem Dritten ernsthaft um die Durchsetzung seiner Ansprüche auf Nachbesserung und Gewährleistung bemüht."

Hingegen hat der BGH[176] in einer jüngeren Entscheidung aus dem Jahr 2017 die folgende, von einem Architekten als Allgemeine Geschäftsbedingung gestellte, Vertragsbestimmung (**„Selbstbeseitigungsrechtsklausel"**) wegen Verstoßes gegen § 307 Abs. 1 Satz 1 BGB für unwirksam erachtet:

„Wird der Architekt wegen eines Schadens am Bauwerk in Anspruch genommen, kann er vom Bauherrn verlangen, dass ihm die Beseitigung des Schadens übertragen wird".

Der BGH[177] hat folgende Klausel **in AGB-Formularverträgen des Auftraggebers** für unwirksam erklärt: „Kommt neben dem Auftragnehmer auch ein Dritter als Schadensverursacher in Betracht, haftet dennoch der Auftragnehmer gegenüber dem Auftraggeber als Gesamtschuldner". Durch diese Regelung wird dem Auftragnehmer der Einwand genommen, dass **andere** Personen das Allein- oder Mitverschulden trifft; das Haftungsrisiko wird dementsprechend in **unzumutbarer Weise** einseitig zum Nachteil des Auftragnehmers verschoben (Verstoß gegen § 307 BGB).[178] Soweit in **Allgemeinen Geschäftsbedingungen** (Formularverträgen) vom Auftraggeber ein **Verzicht** des Auftragnehmers enthalten ist, bei mangelhafter Bauleistung Ausgleichsansprüche gegen den Architekten oder andere Erfüllungsgehilfen des Auftraggebers geltend zu machen, ist eine solche Klausel nach § 307 BGB unwirksam; wenn in AGB vereinbart ist, dass im Rahmen der Gewährleistung der Architekt oder der Unternehmer nur **subsidiär** haften soll, ist die Verbotsnorm des § 309 Nr. 8b BGB zu beachten.

Wegen des möglichen Ausgleichsanspruchs ist es aus Gründen anwaltlicher Vorsorge angebracht, dass der verklagte Gesamtschuldner dem/den möglichen anderen Gesamtschuldner(-n) den **Streit verkündet,** um die materiell-rechtlichen und prozessualen Folgen der Streitverkündung auszulösen.[179] Eine derartige Vorgehensweise ist fraglos zulässig, da Ausgleichsansprüche unter Gesamtschuldnern Ansprüche auf Schadloshaltung im Sinne des § 72 Abs. 1 ZPO sind.[180] Durch eine entsprechende Vorgehensweise wird der spätere Ausgleichsanspruch gegen den/die anderen potentiellen Gesamtschuldner gesichert bzw. dessen Geltendmachung erleichtert (vgl. Rdn. 549).

In der Praxis tritt der Gesamtschuldner, dem der Streit verkündet wurde, nicht immer auf der Seite des Streitverkünders, sondern mitunter auf der Seite der Gegenpartei bei. Das insoweit erforderliche rechtliche Interesse gemäß § 66 Abs. 1 ZPO und die Zulässigkeit einer derartigen Vorgehensweise sind deshalb anzunehmen, weil der Streithelfer selbst zur unterstützten Partei in einem Rechtsverhältnis

---

176) IBR 2017, 204 – *Vogel*.
177) BauR 1997, 1036, 1038.
178) OLG Hamburg, a.a.O.
179) Zur Zulässigkeit bei Gesamtschuldnerschaft BGH, BauR 2008, 711 = IBR 2008, 88 – *Schwenker*; OLG Celle, IBR 2008, 304 – *Schwenker*; vgl. ferner *Glöckner*, BauR 2005, 251, 253 sowie *Reichelt/Staab*, BTR 2006, 11, 16.
180) BGH, IBR 2015, 400 f. – *Jenssen* = BauR 2015, 1360 ff.

steht, aufgrund dessen dieser möglicherweise als Gesamtschuldner haftet. Der Streithelfer hat also ein entsprechendes rechtliches Interesse daran, dass das Verfahren gegen den anderen Schuldner Erfolg hat.[181]

Eine auf Gesamtschuldnerinnenausgleich (Freistellung und/oder Zahlung) gerichtete Widerklage des seitens seines Auftraggebers klageweise auf Schadensersatz in Anspruch genommenen Gesamtschuldners gegen einen anderen Gesamtschuldner ist hingegen unzulässig.[182]

2512 (nicht besetzt)

4. Haftungsbegünstigung eines gesamtschuldnerisch haftenden Baubeteiligten und Gesamtschuldnerausgleich

Literatur:[183]

Zerr, Gesamtschuldverhältnisse im Bauwesen, NZBau 2002, 241; *Stamm*, Neue Lösungsansätze zur Bewältigung der gestörten Gesamtschuld im Verhältnis zwischen Bauunternehmer und Architekt, BauR 2004, 240; *Stamm*, Die Bewältigung der „gestörten Gesamtschuld", NJW 2004, 811; *Kirberger*, „Gestörter" Gesamtschuldnerausgleich bei Bestehen eines Mängelbeseitigungsrechts – Eine kritische Betrachtung –, Festschrift für Koeble (2010), S. 115; *Krause-Allenstein*, Beschränkung des Gesamtschuldnerausgleichs durch Haftungsfreizeichnung des Auftraggebers, BauR 2010, 2009; *Ganten*, Erlass und Vergleich durch und mit Gesamtschuldnern, BauR 2011, 404; *Maase*, § 423 BGB und Abgeltungsvergleiche über Baumängel, BauR 2013, 527 ff., *Tomic*, Haftungsfallen im Zusammenhang mit der Gesamtschuld, in: Festschrift für Jochem (2014), S. 325; *Langen*, Gesamtschuld der Planungs- und Baubeteiligten – Eine kritische Bestandsaufnahme (Teil 1), NZBau 2015, 2 ff. sowie (Teil 2), 71 ff.

2513 Architekten- und Bauverträge unterscheiden sich bezüglich der Haftung häufig in wesentlichen Punkten. Der gesamtschuldnerische Ausgleichsanspruch zwischen Architekt und Unternehmer kann daher **zu rechtlichen Schwierigkeiten** führen, wenn der Bauherr entweder mit dem Architekten oder dem Unternehmer **besondere Vereinbarungen** trifft, die eine **Erleichterung** oder gar den **Ausschluss** der Haftung eines dieser Baubeteiligten betreffen.[184] Dann ergibt sich die Frage, wie sich derartige **haftungsbefreiende** oder **haftungserleichternde Abreden** des Bauherrn mit einem Gesamtschuldner auf den Ausgleichsanspruch des anderen (nicht begünstigten) Gesamtschuldners auswirken.[185] Diese Frage stellt sich auch, wenn bei einem der beiden Vertragsverhältnisse (Bauherr und Architekt einerseits, Bauherr und Unternehmer andererseits) gesetzliche Haftungsbeschränkungen oder Haftungsausschlüsse gelten.

---

181) BGH, BauR 2016, 705 ff. = IBR 2016, 124 f. – *Käseberg*; vgl. auch OLG München, IBR 2017, 235 f. – *Irl*.
182) Vgl. insoweit OLG Köln, NZBau 2013, 675 ff. = BauR 2013, 2054 ff. = IBR 2013, 322 – *Wessel* betreffend die Widerklage des wegen Objektüberwachungsmängeln in Anspruch genommenen Architekten gegen den gleichfalls wegen des Baumangels verklagten Unternehmer.
183) Literatur vor 2000 siehe 15. Auflage.
184) Grundlegend hierzu *Glöckner*, S. 105 ff. sowie *Klein/Moufang*, Jahrbuch Baurecht 2006, 165, 193 und *Dammert*, Festschrift für Ganten, S. 3.
185) Vgl. hierzu auch die Ausführungen von *Tomic*, Festschrift für Jochem, S. 325; siehe hierzu außerdem: KG, IBR 2014, 477 – *Werner*.

Haftungsbegünstigung/Gesamtschuldnerausgleich

Im Baurecht kommen insoweit z.B. folgende Tatbestände **in Betracht:** **2514**

* die Vereinbarung, dass die Haftung für Mängel am Bauwerk auf einen geringeren Zeitraum als die gesetzlichen Verjährungsfristen beschränkt wird;
* die vertragliche **Freistellung** oder **Beschränkung** eines gesamtschuldnerisch haftenden Baubeteiligten von der Haftung, ohne dass die Haftung des anderen Baubeteiligten dadurch berührt werden soll;
* der Abschluss eines **Vergleichs** oder **Erlassvertrages**, der einen gesamtschuldnerisch haftenden Baubeteiligten gegenüber den Übrigen erheblich begünstigt;[186]
* die vielfach in den Architektenverträgen enthaltene Absprache:
  a) dass der Architekt gegenüber dem Bauherrn nur **subsidiär** oder quotal haften soll (Subsidiaritätsklausel/Quotenklausel);
  b) dass sich die Haftung nur auf den **Ersatz des unmittelbaren Schadens** am Bauwerk beschränkt;
  c) dass die Haftung sich auf Schäden beschränkt, die der Architekt dem Grunde und der Höhe nach durch **Versicherung** seiner gesetzlichen Haftpflicht gedeckt hat oder innerhalb der von der Versicherungsaufsichtsbehörde genehmigten allgemeinen Versicherungsbedingungen bei einem deutschen Versicherer zu tarifmäßigen, nicht auf außergewöhnliche Verhältnisse abgestellten Prämien und Prämienzuschlägen hätte decken können;
  d) dass der Architekt für Schäden, die **nicht versicherbar** sind, **nur bis zu Höhe des Honorars** für die Leistungsphase haftet, in die der Pflichtverstoß fällt;
* die **Haftungsfreistellung des Unternehmers** nach § 104 SGB VII;
* die Vereinbarung einer vom Gesetz abweichenden **Beweislastverteilung** zugunsten eines Gesamtschuldners, aber zuungunsten der anderen gesamtschuldnerisch haftenden Baubeteiligten.

In all diesen Fällen hat einer der gesamtschuldnerisch haftenden Baubeteiligten **2515** aufgrund einer vertraglichen Vereinbarung mit dem Bauherrn oder aufgrund gesetzlicher Bestimmungen Haftungsvorteile vor den anderen Baubeteiligten. Der BGH[187] spricht in diesem Zusammenhang von einem „**gestörten** oder **hinkenden Gesamtschuldnerausgleich**".

Zur Beantwortung der Frage, welchen Einfluss diese Haftungsvorteile auf den **2516** Ausgleichsanspruch des nicht begünstigten Gesamtschuldners haben, sind von Rechtsprechung und Literatur **verschiedene Lösungswege** erarbeitet worden.

Grundsätzlich wird zunächst allgemein zu Recht die Erwägung abgelehnt, dass der nicht privilegierte und an der Verantwortung nur teilweise beteiligte Gesamtschuldner den vollen Schaden tragen soll, ohne sich an den anderen haftungsbegünstigten Gesamtschuldner gem. § 426 BGB halten zu können. Haftungsbegünstigte Vereinbarungen des Gläubigers mit einem Gesamtschuldner dürfen nicht

---

[186] Vgl. hierzu OLG Celle, BauR 2008, 1489; OLG Hamm, BauR 1990, 638 = ZfBR 1990, 141 = MDR 1990, 338 sowie NJWRR 1988, 1174 (Prüfung der Drittwirkung eines **Vergleichs**); OLG Köln, OLGR 1992, 169 u. BauR 1993, 744: ferner: *Maase*, BauR 2013, 527 ff.

[187] BauR 2010, 622 – vgl. hierzu *Krause-Allenstein*, BauR 2010, 2009; NJW 1973, 1648 = VersR 1973, 836 = JR 1974, 150; NJW 1987, 2669; hierzu: *Wurm*, JA 1986, 177 ff.; *Glöckner*, S. 106 und BauR 2005, 251, 272.

zu Lasten Dritter gehen.[188] Ferner besteht Einigkeit, dass grundsätzlich eine irgendwie geartete Haftungsbegünstigung nur zwischen den Parteien wirkt, die diese vertraglich vereinbart haben; etwas anderes kann nur dann gelten, wenn die Vertragsschließenden erkennbar etwas anderes gewollt haben.[189] In diesem Zusammenhang vertritt das OLG Dresden[190] die Auffassung, dass z.B. einem Vergleich zwischen Auftraggeber und Unternehmer dann Gesamtwirkung zugunsten des bauüberwachenden Architekten beizumessen ist, wenn der Unternehmer im Innenverhältnis mit dem Architekten allein verpflichtet ist, den Schaden zu tragen. Das entspricht der herrschenden Meinung.[191]

2517 Im Übrigen gehen jedoch die Meinungen in Rechtsprechung und Literatur auseinander.[192] Der BGH vertritt die Auffassung, dass ein Ausgleichsanspruch des zahlenden Gesamtschuldners nach § 426 Abs. 1 BGB auch dann besteht, wenn der andere Gesamtschuldner dem Geschädigten (Bauherrn) selbst wegen eines vertraglichen oder gesetzlichen Haftungsausschlusses oder einer Haftungserleichterung nicht – oder nicht mehr – haftet.[193] Diesen Grundsatz hat der BGH bisher ausdrücklich auf folgende Fallgestaltungen angewendet:

* **Verjährungseintritt** bei einem Gesamtschuldner,[194]
* nachträglicher **Erlass** gegenüber einem Gesamtschuldner,[195]
* **Vergleich** mit einem Gesamtschuldner,[196]
* im **Voraus getroffene Abreden** über einen **Haftungsverzicht** oder eine **Haftungsbeschränkung** (z.B. im Architektenvertrag).[197]

Der BGH misst damit gesetzlichen oder vertraglich vereinbarten Haftungsvorteilen eines Gesamtschuldners nur **Wirkungen im Außenverhältnis**, also zwi-

---

188) BGH, NJW 1986, 1097; NJW 1989, 2386; OLG Hamm, BauR 1997, 1056; *Kniffka*, BauR 2005, 274, 280; *Eberz*, BauR 1995, 442, 444.
189) OLG Celle, BauR 2008, 1489; *Maase*, BauR 2013, 527, 535.
190) BauR 2005, 1954 = IBR 2005, 472 – *Schulze-Hagen*.
191) BGH, NJW 2000, 1942 ff., 1943; Vgl. hierzu auch BGH, BauR 2010, 622 = MDR 2010, 317; OLG Köln, BauR 1993, 744.
192) Siehe im Einzelnen *Stamm*, BauR 2004, 240; *Glöckner*, S. 108 ff. sowie BauR 2005, 251 ff., 272 sowie *Kniffka*, BauR 2005, 274, 279 ff.
193) BGHZ 58, 216 = NJW 1972, 942 = BauR 1972, 246; *Kniffka*, BauR 2005, 274, 280. Etwas anderes kann u.U. gelten, wenn die Haftungsbegrenzung zwischen den Gesamtschuldnern selbst ausgehandelt wurde; vgl. hierzu OLG Hamm, BauR 1990, 638; OLG Düsseldorf, ZfBR 1983, 92 m.Anm. *Blaesing* sowie BGH, NJW 1989, 2386 u. BGH, NJW 1990, 1361. Etwas anderes gilt auch nach der Rechtsprechung des BGH, BauR 2010, 622 = MDR 2010, 317, wenn mehrere Gesamtschuldner eine Haftungseinheit in dem Sinne bilden, dass auf sie nur eine gemeinsame Quote entfällt, sie also für den Gesamtschuldnerausgleich so behandelt werden als wären sie eine Person (z.B. Schuldner und Erfüllungsgehilfe).
194) BGH, BauR 1971, 60 = WM 1971, 101; vgl. hierzu BGH, NZBau 2001, 195, 196 sowie *Kniffka*, BauR 2005, 274, 280 (auch bei verjährungsverkürzenden Vereinbarungen).
195) BGHZ 47, 376, 379. Vgl. hierzu aber OLG Celle, OLGR 2007, 797 = IBR 2008, 92 – *Schwenker*.
196) BGH, 1986, 1086, 1097; NJW 1972, 943; ebenso OLG Celle, BauR 2009, 1161 = IBR 2008, 344 – *Schwenker* = OLGR 2008, 431. *Locher/Koeble/Frik*, Einl. 199; *Kniffka*, BauR 2005, 274, 282; siehe aber OLG Köln, OLGR 1992, 169 (für einen Darlehensvertrag). Vgl. hierzu *Dammert*, Festschrift für Ganten S. 3, 13. A.A.: *Klein/Moufang*, Jahrbuch Baurecht, 2006, 203 ff.
197) BGHZ 58, 216 = NJW 1972, 942. Etwas anderes gilt nur, wenn die Vertragsschließenden das ganze Schuldverhältnis aufheben wollten (BGHZ 155, 265 ff.).

Haftungsbegünstigung/Gesamtschuldnerausgleich

schen den Vertragsparteien, bei, während er im Innenverhältnis zwischen den Gesamtschuldnern eine Ausgleichspflicht des haftungsbegünstigten Gesamtschuldners trotz der vertraglich ihm zustehenden Haftungsvorteile bejaht (Lösung zu Lasten des Haftungsbegünstigten).

Allerdings kann ein Vergleich zwischen einem Gläubiger und einem Gesamtschuldner, der einen Erlass zugunsten dieses Gesamtschuldners beinhaltet, grundsätzlich auch nach der Rechtsprechung des Bundesgerichtshofes[198] Wirkungen für einen anderen Gesamtschuldner haben: Das gilt aber nur dann, wenn mit dem Erlass zwischen dem Gläubiger und dem betreffenden Gesamtschuldner das ganze Schuldverhältnis aufgehoben werden sollte.

Hierzu hat der BGH[199] wie folgt ausgeführt:

„Ein zwischen dem Gläubiger und einem Gesamtschuldner vereinbarter Erlass wirkt für die übrigen Schuldner nur dann, wenn die Vertragsschließenden das ganze Schuldverhältnis aufheben wollten (§ 423 BGB). Ein entsprechender übereinstimmender Parteiwille muss sich aus dem Inhalt der Willenserklärungen durch Auslegung feststellen lassen. Im Zweifel hat der Erlass nur Einzelwirkung. Dies gilt auch dann, wenn der Gläubiger seine Ansprüche gegen die Gesamtschuldner an einen Dritten abtritt und dieser nur gegenüber einem Gesamtschuldner vergleichsweise einen Anspruchsverzicht erklärt; denn die Interessenlage der Beteiligten ändert sich dadurch nicht. Sie ist so zu beurteilen, als hätte der ursprüngliche Gläubiger vergleichsweise über seinen Anspruch verfügt … . Ein Wille der Vergleichsparteien, das Schuldverhältnis insgesamt aufzuheben, kann sich im Einzelfall daraus ergeben, dass der Erlass gerade mit dem Gesamtschuldner vereinbart wird, der im Innenverhältnis unter den Gesamtschuldnern die Verbindlichkeit allein tragen müsste (OLG Köln, NJW-RR 1992, 1398)"

Dasselbe gilt bei einem entsprechenden Erlass mit einem Gesamtschuldner, der im Innenverhältnis die Verbindlichkeit allein tragen müsste.[200]

Zuletzt hat das OLG Braunschweig[201] noch einmal bekräftigt, dass die Frage, ob ein Vergleich eine Gesamtwirkung auch für den anderen Gesamtschuldner haben soll, durch Vertragsauslegung zu ermitteln ist.[202] Hiernach soll dem Vergleich mit einem Gesamtschuldner im Zweifelsfall keine Gesamtwirkung zukommen; etwas anderes gelte nur dann, wenn sich aus dem Vergleich ausdrücklich oder den Umständen nach ergebe, dass der Gläubiger den Willen hatte, auch gegenüber dem nicht am Vergleich beteiligten Gesamtschuldner auf weitergehende Ansprüche zu verzichten und ihn deshalb nicht mehr in Anspruch zu nehmen.

Die Literatur lehnt die o.g. Auffassung des BGH überwiegend ab und schlägt eine andere Lösungsmöglichkeit vor:[203] Danach soll sich der Anspruch des Bauherrn gegen den nicht privilegierten Gesamtschuldner um den Verantwortungsteil des haftungsbegünstigten Gesamtschuldners mindern. Dadurch hat der Bauherr gegen den nicht haftungsbegünstigten Gesamtschuldner einen Anspruch nur insoweit, als im Innenverhältnis eine Leistungspflicht zwischen den Gesamtschuldnern

---

198) NJW 2000, 1942; ebenso OLG Frankfurt, NZBau 2011, 170.
199) NJW 2000, 1942, 1943.
200) OLG Karlsruhe, NJW-RR 2010, 1672.
201) BauR 2015, 2000 ff.
202) Vgl. insoweit auch OLG Hamm, BauR 1997, 1056.
203) Hierzu insbesondere *Glöckner*, S. 110 ff.; *Glöckner*, BauR 2005, 251, 272 f. sowie *Kniffka*, BauR 2005, 274, 279 ff.; Vgl. ferner auch Palandt/Grüneberg, § 426, Rn. 18 ff. m.w.N. Trotz Bedenken im Ergebnis dem BGH zustimmend *Lauer/Wurm*, Rn. 921 ff.; im Ergebnis offen gelassen *Langen*, NZBau 2015, 71, 77.

besteht. Der Schadensersatzanspruch des Bauherrn wird also von vornherein auf die Höhe des Verantwortungsanteils des nicht privilegierten Gesamtschuldners gekürzt, sodass eine Ausgleichspflicht des anderen Gesamtschuldners nicht mehr in Betracht kommt.[204] Die Auffassung der Literatur wird mit einer ergänzenden Auslegung der Haftungsbegünstigung oder der Haftungsfreistellung begründet, die als pactum de non petendo zugunsten des Zweitschädigers aufgefasst werden kann.

2519 Der in der Literatur überwiegend vertretenen Meinung (Lösung zu Lasten des Geschädigten) ist zuzustimmen. Die Lösung des BGH lässt etwaige haftungsbegünstigende Vereinbarungen zwischen dem Bauherrn und einem anderen gesamtschuldnerisch haftenden Baubeteiligten zu Unrecht im Wesentlichen unberücksichtigt. Sie unterläuft sozusagen diese Vereinbarungen im Regressfall, weil im Innenverhältnis der Schaden unter den Gesamtschuldnern doch nach Quoten verteilt werden soll und damit der an sich vom Bauherrn bewusst begünstigte Baubeteiligte dennoch zur Haftung herangezogen werden kann. Darüber hinaus ist nicht einzusehen, aus welchen Gründen z.B. der haftungsbegünstigte Unternehmer, wenn er den Baumangel gemeinsam mit dem Architekten verschuldet, schlechter stehen soll als bei alleiniger Verantwortung;[205] im letzteren Fall könnte sich der Unternehmer voll auf die mit dem Bauherrn vertraglich vereinbarte oder gesetzliche Haftungsbegünstigung berufen, während ihm dies bei einer gesamtschuldnerischen Mithaftung des Architekten nicht möglich sein soll.

2520 Die Auffassung des BGH führt damit zu unbefriedigenden Ergebnissen. Dagegen bringt die Kürzung des Schadensersatzanspruches des Bauherrn auf die dem Verantwortungsbeitrag des haftungsbegünstigten Gesamtschuldners entsprechende Quote eine sachgerechte und billige Lösung: Die gesetzliche oder vertraglich vereinbarte Haftungsbegünstigung eines Gesamtschuldners wird – ohne unbillige Rückbelastung – respektiert, der Geschädigte wird nicht, obwohl er unter Umständen mit einem Gesamtschuldner eine haftungserleichternde Vereinbarung getroffen hat, dadurch besser gestellt, dass noch ein anderer Schädiger mitverantwortlich ist, und schließlich der Zweitschädiger nicht dadurch benachteiligt, dass einem anderen mitverantwortlichen Schädiger eine Haftungsbegünstigung zukommt, obwohl er unter Umständen nur in geringem Maße mitverantwortlich ist.

2521 Im Übrigen hat der BGH seine Auffassung für den Fall der gesetzlichen Haftungsfreistellung eines Gesamtschuldners selbst durchbrochen und sich für diesen Fall der Literatur angeschlossen.[206] Danach kann der Geschädigte einen außerhalb des Sozialversicherungsverhältnisses stehenden Zweitschädiger insoweit nicht auf

---

[204] So z.B.: *Kaiser*, ZfBR 1985, 101, 107; *Medicus*, JZ 1967, 398; *Keuk*, AcP 168, 175 u. JZ 1972, 528; *Haase*, JR 1972, 376; *Thiele*, JuS 1968, 149; *Palandt/Grüneberg*, § 426 BGB, Rn. 18; a.A.: *Zerr*, NZBau 2002, 241, 244; *Wussow*, Haftung, S. 169; *Pott/Frieling*, 585; *Knacke*, BauR 1985, 270, 277; s. ferner: *Hager*, NJW 1989, 1640, 1642; *Muscheler*, JR 1994, 441 u. *Diehl*, Festschrift für Heiermann, S. 37, 46.

[205] Hierauf weist *Palandt/Grüneberg*, § 426 BGB, Rn. 20 zu Recht hin; ebenso: *Keuk*, JZ 1972, 528 u. *Hager*, NJW 1989, 1642.

[206] BGH, BauR 2008, 1311; BauR 2007, 1267; NJW 1990, 1361; NJW 1973, 1648 = VersR 1973, 836 = JR 1974, 150 m.Anm. *Gitter*; ferner: BGHZ 54, 177 = NJW 1970, 1546; NJW 1976, 1975; NJW 1987, 2669; vgl. hierzu auch BGH, NZBau 2005, 576; ebenso OLG Karlsruhe, BauR 2002, 1555.

Haftungsbegünstigung/Gesamtschuldnerausgleich

Schadensersatz in Anspruch nehmen, als der für den Unfall mitverantwortliche Unternehmer ohne seine Haftungsfreistellung (§ 104 SGB VII) im Verhältnis zu dem Zweitschädiger (§§ 426, 254 BGB) für den Schaden aufkommen müsste.[207]

Der BGH billigt damit also für den Fall, dass ein Bauarbeiter auf der Baustelle einen Unfall erleidet und die Haftung seines Arbeitgebers, des Unternehmers, nach § 104 SGB VII ausgeschlossen ist, z.B. dem Architekten, der als Zweitschädiger in Anspruch genommen wird, keinen Ausgleichsanspruch gegen den haftungsbegünstigten Unternehmer zu;[208] dabei weist der BGH selbst darauf hin, dass andernfalls „der Schutzzweck der Privilegierungsvorschriften vereitelt würde, die auf eine endgültige Freistellung der privilegierten Personen abzielen".[209] Gleichzeitig kürzt der BGH den Anspruch des geschädigten Bauarbeiters gegen den Zweitschädiger um den dem Verantwortungsbeitrag des privilegierten Schädigers (Unternehmers) entsprechenden Anteil; der Zweitschädiger haftet also nur in Höhe der Schadensquote, die sich aus seinem Mitverschulden ergibt. Aus welchen Gründen der BGH den Fall eine gesetzlichen Freistellung eines Gesamtschuldners nach § 104 SGB VII anders beurteilt als die Fälle einer vertraglichen oder sonstigen gesetzlichen Haftungsbegünstigung eines Gesamtschuldners, ist nicht einzusehen.[210]

2522 Die hier vertretene Auffassung gilt auch für den Fall einer vertraglich wirksam vereinbarten **Quotenklausel** im Rahmen eines Architektenvertrages. Eine derartige Vereinbarung stellt eine Haftungsbeschränkung zugunsten des Architekten dar. Wird der Unternehmer in Anspruch genommen, so wird der Ersatzanspruch des Geschädigten von vornherein auf das verkürzt, was der Unternehmer ohne die Haftungsbeschränkung des Architekten im Innenverhältnis zu tragen hätte, nämlich auf die Höhe seines Verantwortungsbeitrags zu dem Bauschaden. Der BGH hat diesen Fall noch nicht entschieden. Er würde aber wohl bei Fortsetzung seiner bisherigen Rechtsprechung den Unternehmer ebenfalls voll haften lassen und ihm einen Ausgleichsanspruch gegen den Architekten zubilligen, wodurch die Quotenklausel im Innenverhältnis unberücksichtigt bleiben würde.

Der BGH[211] hat zuletzt entschieden, dass **das Verbot gemäß § 1 Abs. 2 Nr. 2 SchwarzArbG** dann zur Nichtigkeit des Bauvertrages gemäß § 134 BGB führt, wenn der Unternehmer vorsätzlich gegen dieses Verbot verstößt und der Bauherr den Verstoß des Unternehmers kennt und bewusst zum eigenen Vorteil ausnutzt. In diesem Fall stehen dem Bauherrn – so der BGH – **keine Mängelansprüche** gegenüber dem Unternehmer zu.

Bei dieser Konstellation handelt es sich aus Sicht des vom Bauherrn in Anspruch genommenen Architekten/Ingenieurs allerdings um **keinen Fall des „gestörten" oder „hinkenden" Gesamtschuldnerausgleichs**, da der Unternehmer dem Bauherrn aufgrund der anzunehmenden Nichtigkeit des Bauvertrages nichts schuldet, mithin im Verhältnis zum Architekten/Ingenieur auch **nicht als Gesamtschuldner** im Sinne des § 421 BGB anzusehen ist. Gerade soweit der objektüberwachende Ar-

---

[207] Siehe insoweit ferner BGH, BauR 2015, 488 ff.
[208] So schon BGH, NJW 1967, 982 = VersR 1967, 250; *Palandt/Grüneberg*, § 426 BGB, Rn. 23.
[209] BGH, NJW 1973, 1648.
[210] Ebenso: *Gitter*, JR 1974, 152.
[211] NZBau 2013, 627 ff. = IBR 2013, 609 – *Peters*.

chitekt/Ingenieur von dieser Thematik betroffen ist, stellen sich an dieser Stelle gleichwohl zahlreiche Rechtsfragen.

In der Praxis wird man in diesen Fallgestaltungen zunächst kritisch prüfen müssen, ob im Zusammenhang mit aufgrund des nichtigen Bauvertrages entstandenen Baumängeln tatsächlich ein Objektüberwachungsversäumnis des Architekten/Ingenieurs anzunehmen ist und worin genau dieses besteht. Ist hiernach von einem Objektüberwachungsfehler des Architekten/Ingenieurs auszugehen, stellt sich die Frage, ob der Architekt/Ingenieur gegenüber dem Bauherrn wegen der **vom Bauherrn mitverursachten Nichtigkeit des Bauvertrages** erfolgsversprechend Rechte herleiten kann.

Diese Frage ist nach der hier vertretenen Auffassung zu bejahen. Zu berücksichtigen ist insoweit, dass das dem Architekten/Ingenieur gemäß § 650t BGB (n.F.) zustehende **gesetzliche Leistungsverweigerungsrecht** zu seinen Lasten **zwangsläufig ins Leere läuft**; zudem ist dem Architekten/Ingenieur gegenüber dem Unternehmer aufgrund der Nichtigkeit des Bauvertrages **jeglicher Gesamtschuldnerausgleich verwehrt**.

Unter Berücksichtigung **der Grundsätze von Treu und Glauben (§ 242 BGB) und des Mitverschuldens (§ 254 BGB)** kommt eine Handhabung dieser Konstellation analog der hier vertretenen Lösung betreffend den gestörten Gesamtschuldnerausgleich in Betracht (Lösung zu Lasten des Geschädigten). Dementsprechend ist der Anspruch des Bauherrn gegenüber dem Architekten/Ingenieur unmittelbar um den (eigentlichen) Verantwortungsanteil des Unternehmers – möglicherweise sogar auf null – zu reduzieren.

III. Anerkenntnisse im Baurecht

Übersicht

	Rdn.		Rdn.
1. Allgemeines	2523	d) Der Prüfvermerk unter der Schlussrechnung des Bauunternehmers	2539
2. Rechtliche Formen des Anerkenntnisses	2524	e) Das gemeinsame Aufmaß als Anerkenntnis	2542
3. Einzelfälle	2530	f) Sonstige Fälle	2549
a) Das Anerkenntnis zur Mängelbeseitigung	2531	4. Rechtsprechungsübersicht	2552
b) Die Anerkennung von Stundenlohnarbeiten	2532		
c) Der Anerkenntnisvermerk des Bauherrn unter der Honorarrechnung des Architekten	2537		

1. Allgemeines

In Bauprozessen wird vielfach das „Anerkenntnis" des Bauherrn als **sekundäre** Anspruchsgrundlage für den Werklohnanspruch des Unternehmers oder für das Honorar des Architekten vorgetragen. Meist beschränkt sich der Vortrag allerdings auf den Hinweis, der Bauherr habe „im Übrigen auch den Werklohn des Unternehmers oder das Honorar des Architekten anerkannt". Dabei wird dann das **gemeinsame Aufmaß** zwischen Unternehmer und Bauherr (oder dessen Architekt), der **Prüfvermerk** auf der Schlussrechnung des Architekten und auch, soweit es um Stundenlohnarbeiten geht, die **Unterschriftsleistung** unter den Stundenlohnzetteln als Grundlage des „Anerkenntnisses" angeführt. Auf „Anerkenntnis" wird vielfach schließlich der Mängelbeseitigungsanspruch gestützt; es wird dann vorgetragen, der Unternehmer habe eine **Zusage** gemacht, die Bauschäden auf seine Kosten zu beseitigen. Eine nähere Erläuterung, insbesondere eine rechtliche Subsumtion, erfolgt in der Regel nicht.

2523

2. Rechtliche Formen des Anerkenntnisses

Literatur

Crezelius, Konstitutives und deklaratorisches Anerkenntnis, DB 1977, 1541; *Grams*, Zum (Schuld)Anerkenntnis im Baurecht, BauR 2004, 1513; *Kniffka*, Das beweiserleichternde Schuldbekenntnis in Bausachen, Festschrift für Kapellmann (2007), 209; *Leitmeier*, Das kausale Schuldanerkenntnis – eine verzichtbare Rechtsfigur, NZBau 2013, 681.

Das Anerkenntnis kommt auch im Bauwesen in verschiedenen Formen vor. Zunächst kann ein Anerkenntnis in Form eines **rein tatsächlichen Verhaltens** eines der Baubeteiligten gegenüber den Gläubigern einer Bauforderung (z.B. wiederholte **Nachbesserungsversuche** des Unternehmers)[1] abgegeben werden (vgl. hierzu Rdn. 2909 u. 2911); das sind die Fälle des § 212 BGB. Hier sind nicht rechtsgeschäftliche Handlungen des Schuldners gegenüber dem Gläubiger gemeint, vielmehr rein **tatsächliche** Verhaltensformen, die unzweifelhaft darauf schließen lassen, dass der Schuldner selbst von dem Bestehen der Forderung unzweideutig

2524

---

[1] BGH, NJW-RR 1994, 373 = BauR 1994, 103 = WM 1994, 307.

ausgeht. Sie führen zu einem **Neubeginn** (früher Unterbrechung) **der Verjährung** (vgl. hierzu Rdn. 2909 ff.). Als Fallgestaltungen kommen insoweit z.B. in Betracht: **Stundungsbegehren, Zinszahlungen,** Angebot einer bestimmten Verrechnungsform, **Abschlagszahlungen,**[2] u.U. auch Vergleichsangebote,[3] **Sicherheitsleistungen.**[4] Die Erklärung der Aufrechnung mit einer bestimmten Bauforderung gegen eine unbestrittene Bauforderung enthält allerdings nach Auffassung des BGH[5] grundsätzlich kein die Verjährung unterbrechendes Anerkenntnis der letzteren i.S. des § 208 BGB a.F. Der Gesetzgeber des **SchRModG** hat daher auch **nicht die Aufrechnung** als Unterfall des Anerkenntnisses in § 212 BGB n.F. erwähnt (vgl. hierzu Rdn. 2909).

2525 Das Bewusstsein des Verpflichteten hinsichtlich des Bestehens der Schuld wird durch **Vorbehalt** (z.B. bei einer Abschlagszahlung) „ohne Anerkennung einer Rechtspflicht" nicht ohne Weiteres ausgeschlossen, soweit andere Umstände dafür sprechen.[6] Rein tatsächliche Verhaltensformen stellen in der Regel auch keine Willenserklärungen dar, sodass sie nicht wegen Irrtums anfechtbar sind. Erreicht ein Vertragspartner das „Anerkenntnis" durch arglistiges Verhalten, wird er sich auf dieses Anerkenntnis allerdings nicht stützen können.

2526 Daneben kommt das Anerkenntnis als **rechtsgeschäftliche Handlung** in Betracht, und zwar in Form des sog. **deklaratorischen** und **konstitutiven** Schuldanerkenntnisses. Welche Rechtsform gegeben ist, hängt vom Willen der Parteien im Einzelfall ab und ist Auslegungssache.[7]

2527 Das **konstitutive (abstrakte) Schuldanerkenntnis** ist in § 781 BGB geregelt und bedarf grundsätzlich der Schriftform.[8] Hier wird ein neuer, **selbstständiger Rechtsgrund** geschaffen, der neben die Forderung eines Baubeteiligten tritt; die neue Schuld ist unabhängig von dem bisherigen Verpflichtungsgrund (Bauvertrag oder Architektenvertrag) und wird damit zu einer besonderen Anspruchsgrundlage. Das konstitutive Schuldanerkenntnis setzt voraus, dass die Parteien sich über Streitpunkte oder Ungewissheiten einigen wollten und geeinigt haben, die aus ihrer Sicht nach den Umständen des Einzelfalles klärungs- und regelungsbedürftig waren.[9] Das konstitutive Schuldanerkenntnis ist von den Parteien nur selten ge-

---

2) OLG Koblenz, BauR 2013, 1492 (LS). Siehe auch OLG Köln, OLGR 1994, 269 (Übersendung eines **Verrechnungsschecks**).
3) Vgl. BGH, VersR 1965, 958 u. WM 1970, 549.
4) Siehe *Palandt/Ellenberger*, § 212 BGB, Rn. 3.
5) BauR 1972, 179; BGH, NJW 1969, 1108 u. OLG Koblenz, KTS 1980, 105 **für Mangeleinwand**.
6) BGH, VersR 1969, 567 u. 1972, 398; vgl. aber OLG Köln, VersR 1967, 463.
7) Vgl. BGH, *Schäfer/Finnern*, Z 2.223 Bl. 4; zur Abgrenzung s. BGH, NJW 1980, 1158 sowie OLG Düsseldorf, BauR 2010, 1767 und BauR 2010, 1767; ferner *Kniffka*, in: Festschrift für *Kapellmann*, S. 209 ff. und *Grams*, BauR 2004, 1513 ff. (zu den Auslegungsgesichtspunkten 1517/1518).
8) Wird das abstrakte Schuldanerkenntnis aufgrund einer Abrechnung oder im Wege des Vergleichs oder von einem Kaufmann abgegeben, ist die Erklärung ausnahmsweise formfrei (§ 782 BGB, § 350 HGB).
9) BGH, BauR 2003, 1892, 1897 = NZBau 2004, 31 = ZfBR 2004, 37; OLG Düsseldorf, BauR 2010, 1638.

wollt[10]) und bedarf daher im Einzelfall einer sorgfältigen Prüfung aller Umstände.[11])

Zum anderen kann das Anerkenntnis nur die Bedeutung haben, dass das Entstehen oder Bestehen der geltend gemachten Forderung des Architekten oder Bauunternehmers „bestätigend anerkannt" wird (sog. **deklaratorisches Schuldanerkenntnis**). Ist nach dem Willen der Parteien nur die bloße Bestätigung einer Schuld im bisherigen Umfang gewollt, bedarf dies keiner besonderen Form. Eine nicht bestehende Schuld wird durch ein schuldbestätigendes Anerkenntnis nicht begründet. Das deklaratorische Schuldanerkenntnis ist der Regelfall in der baurechtlichen Praxis.

Die **rechtlichen Wirkungen** des deklaratorischen Schuldanerkenntnisses richten sich nach dem Willen der Parteien. In der Regel ist allerdings Zweck dieses Schuldanerkenntnisses, die Schuld dem Streit der Parteien zu entziehen und festzulegen;[12]) damit werden dem Anerkennenden alle – auch rechtshindernde und rechtsvernichtende – **Einwendungen abgeschnitten,** die er bei Abgabe seiner Erklärung kannte oder mit denen er zumindest rechnete;[13]) dagegen bleiben die Einwendungen bestehen, die ihm unbekannt waren.[14])

Allein die **Zahlung des Werklohns** auf eine geprüfte Rechnung rechtfertigt nach BGH[15]) noch **nicht** die Annahme eines **deklaratorischen Schuldanerkenntnisses**.

In jedem Fall bewirkt ein deklaratorisches Schuldanerkenntnis eine **Umkehr der Beweislast:** Der Bestätigende trägt nunmehr die Beweislast dafür, dass der Gläubiger keinen Anspruch gegen ihn hat und das ihm dies nicht bekannt war.[16])

Das bestätigende Anerkenntnis ist auch als einseitiges, nicht vertragsgemäßes Anerkenntnis denkbar; es hat dann aber nur den Charakter eines Beweismittels.[17]) Schließlich kann ein Schuldanerkenntnis aufgrund einer Abrechnung oder im Wege des Vergleichs (§ 779 BGB) erteilt werden;[18]) hierzu bedarf es keiner besonderen Form.

---

10) Vgl. BGH, NJW-RR 1986, 649.
11) BGH, BauR 1995, 726 = ZfBR 1995, 263 = NJW-RR 1995, 1361; OLG Hamm, BauR 2002, 1105.
12) BGH, BauR 1999, 1021, 1022 und BauR 1999, 1308 = MDR 1999, 1191; ferner JZ 1968, 633 = WM 1968, 472; BauR 1977, 138; BauR 1995, 232 = ZfBR 1995, 82 = NJW 1995, 960; OLG Naumburg, NJW-RR 1995, 154 (die **Absetzung** einer **Vertragsstrafe** in der Schlussrechnung ist als deklaratorisches Schuldanerkenntnis zu werten).
13) BGH, MDR 1968, 485; KG, *Schäfer/Finnern*, Z 2.412 Bl. 16 u. NJW 1971, 1219.
14) BGH, NJW 1971, 220; BauR 1977, 138.
15) BauR 2007, 700 = NJW-RR 2007, 530.
16) RGZ 67, 262; BGH, *Schäfer/Finnern*, Z 2.414 Bl. 198.
17) *Palandt/Sprau*, § 781 BGB, Rn. 3 ff.
18) Zum so genannten einfachen Anerkenntnis ohne Rechtsfolgewillen vgl. *Grams*, BauR 2004, 1513, 1516.

3. Einzelfälle

2530 Die Feststellung des Inhalts eines Anerkenntnisses und seine Auslegung sind jeweils Sache des **Tatrichters**.[19] Typische Fallgestaltungen sind:

a) Das Anerkenntnis zur Mängelbeseitigung

2531 Bei Auftreten von Baumängeln werden zwischen den Baubeteiligten vielfach zunächst Verhandlungen darüber geführt, welche Ursachen die Mängel haben und wer hierfür verantwortlich ist. Dabei kommt es dann vor, dass einer der Baubeteiligten, um dem Streit ein Ende zu bereiten, eine verbindliche **Zusage** macht, die Schäden auf seine Kosten zu beseitigen. Später will er sich dann von seiner Zusage mit dem Hinweis distanzieren, der eingetretene Schaden sei nicht auf seine mangelhafte Bauleistung zurückzuführen.

Die Erklärung eines Unternehmers gegenüber dem Bauherrn, einen Baumangel auf seine Kosten zu beheben,[20] stellt durchweg ein **deklaratorisches Anerkenntnis** dar, wenn nicht besondere Umstände im Einzelfall eine andere Beurteilung (Nachbesserung aus Kulanz oder zur gütlichen Beilegung eines Streits) notwendig machen.[21] Dies hat zur Folge, dass aus einer „Zusage" zur Mängelbeseitigung kein selbstständiger Anspruch hergeleitet werden kann, wenn der Unternehmer nicht ohnehin für die Kosten des eingetretenen Schadens haftet. Aufgrund des Anerkenntnisses trifft ihn jedoch im Prozess die **Beweislast,** dass der Bauschaden nicht auf einer mangelhaften Werkleistung beruht. Der Unternehmer muss also den Beweis erbringen, dass der Bauherr keinen Anspruch auf Mängelbeseitigung besitzt und ihm dies auch bewusst war, als er das Anerkenntnis des Unternehmers entgegennahm. Diese Beweislastverteilung kann gerade bei den im Bauprozess vielfach auftretenden Beweisschwierigkeiten von ausschlaggebender Bedeutung sein. Darüber hinaus hat ein solches Anerkenntnis den Neubeginn der Verjährung zur Folge (vgl. Rdn. 2909 u. 2911). Das gilt auch für den Fall der wiederholten **Nachbesserungsversuche**.[22] Allerdings liegt ein Anerkenntnis nicht vor, wenn der Unternehmer nach Aufforderung des Auftraggebers zwar eine Mängelbeseitigung vornimmt, dabei jedoch deutlich zum Ausdruck bringt, dass er nach seiner Auffassung nicht zur Mängelbeseitigung verpflichtet ist.[23]

b) Die Anerkennung von Stundenlohnarbeiten

2532 Der Stundenlohnvertrag (vgl. Rdn. 1572) ist in der Baubranche seltener. Erbringt der Unternehmer Werkarbeiten im **Stundenlohn,** ist es üblich und sinnvoll, dass er dem Bauherrn Stundenlohnzettel einreicht und sich diese von dem Bauherrn unterschrieben lässt.

---

19) BGH, BauR 1974, 356.
20) Zur Tragweite einer solchen Verpflichtung: BGH, BauR 1990, 356 = ZfBR 1990, 172; ferner OLG Düsseldorf, NJW-RR 1994, 1362; OLG Köln, NJW-RR 1995, 211.
21) BGH, *Schäfer/Finnern*, Z 2.414 Bl. 198; OLG Hamm, MDR 1991, 243; *Weise*, BauR 1991, 19, 28.
22) Vgl. zur früheren Rechtslage (Unterbrechung der Verjährung): BGH, NJW-RR 1994, 373 = BauR 1994, 103; NJW-RR 1988, 684 = BauR 1988, 465 = ZfBR 1988, 213.
23) BGH, BauR 2012, 1789 = NZBau 2012, 697.

Beim VOB-Bauvertrag gilt insoweit § 15 VOB/B, insbesondere Abs. 3: Danach muss jeder Unternehmer die Ausführung von Stundenlohnarbeiten **vor Beginn anzeigen.** Über die geleisteten Arbeitsstunden und die dabei verwendeten, besonders zu vergütenden Stoffe, Bauhilfs- und Betriebsstoffe, Geräte, Gerüste, Werkzeuge und dergleichen sind, wenn nichts anderes vereinbart ist, je nach der Verkehrssitte werktäglich oder wöchentlich Listen **(Stundenlohnzettel)** einzureichen. Beim VOB-Bauvertrag ist also die Einreichung von Stundenlohnzetteln für den Unternehmer Pflicht. Der Bauherr muss dann seinerseits die Stundenlohnzettel mit der Unterschrift versehen an den Unternehmer unverzüglich zurückgeben.

Werden die Stundenlohnzettel von dem Bauherrn **unterschrieben** zurückgereicht, so hat er die Leistungen des Unternehmers anerkannt. Beanstandungen gegen die auf den Zetteln vermerkten Leistungen des Unternehmers kann der Bauherr auf den zurückgegebenen Stundenlohnzetteln vermerken. Der Bauherr kann aber seine Beanstandungen auch dem Unternehmer gesondert schriftlich mitteilen. Reicht der Bauherr die Stundenlohnzettel nach Ablauf von 6 Werktagen nach der Einreichung nicht zurück, und erhebt er auch keine schriftlichen Einwendungen innerhalb dieser Frist, so gelten die Stundenlohnzettel als anerkannt.

2533 Es ist jedoch zu beachten, dass Tagelohnzettel die durchgeführten Arbeiten **nachvollziehbar beschreiben** müssen, sodass ein bloßer Vermerk „**Arbeit nach Angabe**" nicht ausreicht; nicht nachvollziehbare Tagelohnzettel sind auch dann nicht zu berücksichtigen, wenn der Architekt sie unterzeichnet hat (vgl. hierzu auch Rdn. 1582).[24]

2534 Die Gefahr und die Schwierigkeiten der durch Unterschriftsleistung erfolgten „Anerkennung" der Stundenlöhne durch den Bauherrn sind von der Rechtsprechung lange Zeit nicht erkannt worden: Dem Bauherrn oder seinem Bevollmächtigten ist, wenn sie nicht ständig auf der Baustelle anwesend sind, eine echte Kontrolle der tatsächlich erbrachten Stunden nicht möglich; der Bauherr und auch sein Architekt sind überfordert, wenn sie vor Unterschriftsleistung unter den Stundenlohnzetteln feststellen sollen, ob ein **Missverhältnis** zwischen den **geleisteten Stunden** und der **erbrachten Bauleistung** gegeben ist oder ob die Stunden tatsächlich erbracht sind. So werden dann die Stundenlohnzettel häufig ohne größere Kontrollmöglichkeit unterschrieben, und erst bei der Abrechnung entstehen Zweifel, ob das Verhältnis zwischen den berechneten Stundenlöhnen und der erbrachten Gesamtleistung angemessen ist.

2535 Der BGH[25] hat diesen Schwierigkeiten Rechnung getragen: **Unterschreibt der Bauherr die Zettel,** so hat dies nicht die rechtliche Wirkung, dass dem Bauherrn nunmehr alle Einwendungen gegen die Richtigkeit der Stundenlöhne in Zukunft genommen sind. Es wird also **keine selbstständige Verbindlichkeit** zwischen Unternehmer und Bauherr in der Weise geschaffen, dass sich der Bauherr nunmehr durch die Unterschrift unter die Stundenlohnzettel verpflichtet, die ausgewiesenen Lohnarbeiten unabhängig von dem Bestehen eines Schuldgrundes i.S. des § 781 BGB zu bezahlen. Vielmehr handelt es sich nur um ein **bestätigendes Schuldanerkenntnis.**[26] Deshalb ist der **Bauherr an die unterschriebenen Stundenlohnzettel grundsätzlich gebunden,** es sei denn, er kann **beweisen,** dass die Zettel **unrichtig**

---

[24] OLG Karlsruhe, BauR 1995, 114.
[25] NJW 1970, 2295 = BauR 1970, 239.
[26] OLG Köln, IBR 2009, 314 – *Bröker*; OLG Bamberg, OLGR 2004, 169; OLG Celle, NJW-RR 2003, 1243 = OLGR 2003, 361 = IBR 2003, 290 – *Schwenker*; vgl. auch BGH, NJW 1958, 1553; Hans. OLG Hamburg, BauR 2000, 141.

sind **und** dass er deren **Unrichtigkeit oder Unangemessenheit bei der Unterzeichnung nicht erkannt hat.**[27] Dies gilt auch für den Fall des Anerkenntnisses gemäß § 15 Abs. 3 VOB/B.[28]

2536 Die **unterschriebenen Stundenlohnzettel** haben deshalb die Wirkung einer **Beweislastumkehr** (vgl. auch Rdn. 1579): Nicht der Unternehmer muss die von ihm erbrachten Stunden beweisen, sondern der **Bauherr** muss den Beweis für die **Unrichtigkeit** der beanstandeten Stundenlohnzettel erbringen.[29] Der Unternehmer genügt seiner Beweislast durch Vorlage der unterschriebenen Stundenlohnzettel. Der Bauherr kann gegenüber von ihm unterschriebenen Stundenlohnzetteln u.U. durch ein Aufmaß der erbrachten Leistungen oder durch ein Sachverständigengutachten den Nachweis erbringen, dass die Angaben in den Stundenlohnzetteln übersetzt sind.[30] Insoweit bedarf es jedoch eines substantiierten Vortrages hinsichtlich der Unrichtigkeit der Höhe der vom Unternehmer angesetzten Stunden; es genügt nicht, der durch Stundenlohnzettel zugestandenen Gesamtstundenzahl eine andere Gesamtstundenzahl gegenüber zu stellen.[31]

Allerdings hat der BGH[32] auch entschieden, dass die Abzeichnung von Stundenlohnzetteln und die damit verbundene Anerkennungswirkung nur **Art und Umfang der erbrachten Leistungen** betreffen; sieht der Bauvertrag keine Stundenlohnarbeiten vor, kann eine nachträgliche stillschweigende Vereinbarung solcher Arbeiten in der Regel nicht allein aus der Unterzeichnung von Stundenlohnnachweisen hergeleitet werden,[33] jedenfalls nicht ohne entsprechende Vertretungsmacht des Unterzeichnenden; die bloße **Ermächtigung** eines Bauleiters, die Stundenlohnnachweise abzuzeichnen, reicht insoweit noch nicht aus.

---

27) Ebenso: KG, BauR 2003, 726; OLG Düsseldorf, BauR 2000, 1383 (LS) = NZBau 2000, 378 = OLGR 2000, 367 (Stundenlohnarbeiten können nur mit der Stundenanzahl abgerechnet werden, die bei einer Ausführung „mit durchschnittlichem Arbeitstempo" angefallen wären) u. OLGR 1994, 215; OLG Celle, NZBau 2002, 675, 677; ferner OLG Celle, NJW-RR 2003, 1243 = OLGR 2003, 261 = IBR 2003, 290 – *Schwenker* (Werkunternehmer trägt die Darlegungs- und Beweislast dafür, „dass die Stunden im Rahmen einer wirtschaftlichen Betriebsführung erbracht wurden und einen wirtschaftlich vertretbaren Aufwand an Arbeitszeit darstellen"); *Keldungs*, in: Ingenstau/Korbion, § 15 Abs. 3/B, Rn. 21.
28) BGH, *Schäfer/Finnern*, Z 2.303 Bl. 4.
29) BGH, BauR 2000, 1196 = NJW 2000, 1107 = MDR 2000, 1001; BauR 1994, 760; BauR 1970, 239; OLG Köln, IBR 2009, 314 – *Bröker*; OLG Oldenburg, IBR 2005, 415 – *Putzier*; *Franke/Kempe/Zanner/Grünhagen*, § 15/B, Rn. 34; *Keldungs*, in: Ingenstau/Korbion, § 15 Abs. 3/B, Rn. 21; **a.A.:** wohl OLG Hamm, BauR 2002, 319 mit abl. Anm. *von Keldungs*.
30) OLG Hamm, BauR 2002, 319, 321; OLG Düsseldorf, OLGR 1994, 215, 216.
31) Schleswig-Holsteinisches OLG, BauR 2011, 1661, 1664; KG, KGR 2002, 361; OLG Karlsruhe, BauR 2003, 737.
32) BauR 2003, 1892, 1896 = NZBau 2004, 31 = ZfBR 2004, 37 = NJW-RR 2004, 92; BauR 1994, 760 = ZfBR 1995, 15 = NJW-RR 1995, 80; OLG Celle, NZBau 2002, 675, 678; OLG Düsseldorf, OLGR 1994, 215.
33) **Anderer Ansicht:** Hans. OLG Hamburg, BauR 2000, 1491 m. abl. Anm. *Vogel*.

Einzelfälle

Auch beim Stundenlohnvertrag ist der Auftragnehmer verpflichtet, auf eine **wirtschaftliche Betriebsführung** zu achten.[34] Der BGH[35] hat kürzlich zur Angemessenheit der aufgewandten Stunden wichtige Ausführungen gemacht (vgl. hierzu Rdn. 1083 und Rdn. 1574 ff.).

Die Anerkenntniswirkung **verspätet eingereichter Stundenlohnzettel** (§ 15 Abs. 3 S. 2 VOB/B) entfällt nur dann, wenn dem Auftraggeber aufgrund der verspäteten Vorlage eine Überprüfung des dokumentierten Stundenansatzes nicht mehr möglich ist.[36]

c) Der Anerkenntnisvermerk des Bauherrn unter der Honorarrechnung des Architekten

2537 Der vom Bauherrn unterzeichnete Anerkenntnisvermerk unter einer Honorarrechnung des Architekten kann verschiedene Bedeutung haben; auch insoweit ist der Parteiwille entscheidend. Der BGH[37] hat einem entsprechenden Vermerk des Bauherrn den Charakter eines **deklaratorischen Anerkenntnisses** zugesprochen. Die Bedeutung des Vermerks kann sich in der Bestätigung der Forderung erschöpfen; in diesem Fall folgt aus dem Anerkenntnis nur eine **Umkehrung der Beweislast.** Der Vermerk wird aber auch – wie in aller Regel – bedeuten, dass dem Bauherrn sämtliche bisher entstandenen Einwendungen abgeschnitten werden mit Ausnahme solcher, von denen er nichts gewusst oder mit denen er nicht gerechnet hat.

2538 Da die HOAI Höchstpreischarakter (vgl. Rdn. 785) hat, ist allerdings ein Anerkenntnis über die zulässigen Honorarsätze hinaus unwirksam: Trotz Anerkenntnis kann der Architekt in diesem Fall vom Bauherrn nur die Höchstgrenze verlangen. Etwas anderes gilt lediglich dann, wenn der Bauherr das überhöhte Honorar anerkennt und auch zahlt, obwohl ihm der Verstoß gegen den Höchstpreischarakter bekannt ist; dann kann er das anerkannte und gezahlte überhöhte Honorar nach § 817 Satz 2 BGB nicht zurückverlangen (vgl. Rdn. 2425 ff.).

d) Der Prüfvermerk unter der Schlussrechnung des Bauunternehmers

Literatur

Hochstein, Der Prüfvermerk des Architekten auf der Schlussrechnung, BauR 1973, 333.

2539 Dem **Prüfvermerk** unter der Schlussrechnung des Unternehmers kann verschiedene rechtliche Bedeutung zukommen.[38] Meist lauten die Prüfvermerke auf der

---

34) OLG Celle, BauR 2003, 1224 = NZBau 2004, 41 = NJW-RR 2003, 1243 = OLGR 2003, 261 = IBR 2003, 290 – *Schwenker*; OLG Düsseldorf, NJW-RR 2003, 455, 456; vgl. hierzu auch KG, KGR 2002, 361; OLG Karlsruhe, BauR 2003, 737; OLG Bamberg, BauR 2004, 1623 = OLGR 2004, 169.
35) BauR 2009, 1162 = IBR 2009, 336, 337 – *Schwenker* sowie BauR 2009, 1291 = NZBau 2009, 504. Ferner OLG Köln, BauR 2009, 257 sowie OLG Hamm, BauR 2002, 319.
36) OLG Saarbrücken, IBR 2011, 317 – *v. Rintelen* = NJW-RR 2011, 745 = NZBau 2011, 422.
37) BauR 1974, 356 = WM 1974, 410.
38) Vgl. OLG Bamberg, *Schäfer/Finnern*, Z 2.412 Bl. 3, das in dem Vermerk „Anerkannt: fachtechnisch richtig und festgestellt auf DM …" ein selbstständiges Schuldanerkenntnis i.S. des § 781 BGB sieht; vgl. hierzu auch *Hochstein*, BauR 1973, 333, 334.

Schlussrechnung: „Sachlich und rechnerisch richtig. Festgestellt auf ... €." Hochstein[39)] hat sich mit diesem Prüfvermerk eingehend befasst; auf seine zutreffenden Ausführungen kann verwiesen werden. Danach stellt der Prüfvermerk als **Wissenserklärung** grundsätzlich nur den Nachweis für die durchgeführte **rechnerische Prüfung** und **Feststellung der Einzelpositionen** (Mengen- und Einheitspreise) und des Gesamtergebnisses dar; dagegen kommt dem Prüfvermerk kein rechtsgeschäftlicher Erklärungswert zu.[40)] Dies gilt auch, wenn die Schlussrechnung mit dem Prüfvermerk dem Unternehmer zugesandt wird.[41)] Der BGH[42)] hat daher insoweit entschieden, dass der Auftraggeber grundsätzlich auch dann nicht daran gehindert ist, „die von dem Auftragnehmer einseitig ermittelten Massen im Prozess zu bestreiten, wenn er zuvor die in der Schlussrechnung des Auftragnehmers abgerechneten Massen durch einen Prüfvermerk bestätigt hat". Grundsätzlich gilt damit, dass durch die Übersendung der geprüften Schlussrechnung (noch) kein kausales Schuldanerkenntnis vom Auftraggeber abgegeben wird; der Auftraggeber kann also Einwendungen gegen die von ihm geprüfte Schlussrechnung grundsätzlich auch nach Übersendung der geprüften Schlussrechnung vorbringen.[43)]

2540 Etwas anderes gilt, wenn die besonderen Umstände des **Einzelfalls** (z.B. die Form und der Inhalt des Prüfvermerks, die Vorkorrespondenz usw.) ausnahmsweise darauf schließen lassen, dass die Parteien über die tatsächlichen Feststellungen hinaus rechtsgeschäftliche Erklärungen (z.B. im Sinne eines kausalen Schuldanerkenntnisses) haben abgeben wollen.[44)]

2541 Wurde der **Prüfvermerk von dem Architekten** auf die Schlussrechnung nach erfolgter Prüfung gesetzt, gelten die vorgenannten Grundsätze: Mit der Prüfung der Schlussrechnung erfüllt der Architekt lediglich eine Aufgabe, zu der er gegenüber dem Bauherrn verpflichtet ist;[45)] der Unternehmer kann hieraus in aller Regel nichts herleiten.[46)] Das gilt auch dann, wenn der Auftraggeber die von dem Architekten geprüfte und abgezeichnete Schlussrechnung an den Auftragnehmer weiterleitet.[47)] Im Übrigen kann grundsätzlich **nicht** davon ausgegangen werden, dass der Architekt bevollmächtigt ist, für den Bauherrn verbindliche **rechtsgeschäftliche** Erklärungen im Rahmen von Schuldanerkenntnissen oder Vergleichen abzuge-

---

39) *Hochstein*, BauR 1973, 333, 334.
40) BGH, BauR 2006, 2040 = NZBau 2006, 777; BauR 2005, 94, 96 = NZBau 2005, 148; BauR 2002, 613 = NZBau 2002, 338; OLG Düsseldorf, BauR 2016, 1324; BauR 2003, 887 = NJWRR 2003, 455; OLG Karlsruhe, BauR 1998, 403 = IBR 1998, 286 – *Weyer*; OLG Hamm, OLGR 1996, 136 (Prüfvermerk auf **Zwischenrechnung**).
41) *Hochstein*, BauR 1973, 333, 336.
42) BauR 2003, 1892, 1897 = NZBau 2004, 31 = ZfBR 2004, 37; vgl. hierzu auch OLG Düsseldorf, NJW-RR 2003, 455.
43) OLG Düsseldorf, IBR 2015, 242 – *Heiliger*.
44) Siehe hierzu: BGH, BauR 2003, 1892, 1897 = ZfBR 2004, 37 = NZBau 2004, 31; BauR 2002, 814 = NZBau 2002, 229 = ZfIR 2002, 446 m.Anm. *Portz* (Prüfvermerk und Haftung i.R. eines Vertrages mit Schutzwirkung zu Gunsten Dritter); OLG Düsseldorf, BauR 2015, 668 = IBR 2015, 242 – *Heiliger*; OLG Karlsruhe, BauR 1998, 403 = IBR 1998, 286 – *Weyer*.
45) OLG Düsseldorf, BauR 2001, 806; *Keldungs*, in: Ingenstau/Korbion, § 2 Abs. 8/B, Rn. 23.
46) BGH, BauR 2005, 94 (reine Wissensklärung des Architekten gegenüber seinem Auftraggeber) = NJW-RR 2005, 246 = NZBau 2005, 148 = IBR 2005, 74 – *Völkel*; OLG Köln, IBR 2013, 137 – *Bolz*; OLG Hamm, BauR 1996, 739 = OLGR 1996, 136.
47) BGH, BauR 2005, 94 = NJW-RR 2005, 246 = NZBau 2005, 148.

ben. Hakt der Bauherr oder der Architekt die einzelnen Positionen der Schlussrechnung ab, liegt darin weder ein konstitutives noch ein deklaratorisches Anerkenntnis.[48] Allerdings kann nach der Rechtsprechung des BGH[49] der Prüfvermerk eines vom Auftraggeber beauftragten Bauleiters hinsichtlich der **Darlegungs- und Beweislast bedeutsam** sein: Hat der Auftraggeber die einseitig vom Unternehmer ermittelten Massen, z.B. durch einen Prüfvermerk seines Bauleiters, bestätigt und ist aufgrund nachfolgender Arbeiten eine Überprüfung dieser Mengen nicht mehr möglich, muss der Auftraggeber zum Umfang der von ihm zugestandenen Mengen vortragen und beweisen, dass diese nicht zutreffen.

Die Mitteilung eines **öffentlichen Auftraggebers** über das Ergebnis der Prüfung und Feststellung der Schlussrechnung gemäß § 16 Abs. 3 Abs. 1 VOB/B stellt ebenfalls **kein** Schuldanerkenntnis hinsichtlich des mitgeteilten Schlusszahlungsbetrages dar, da dieser Kreis von Auftraggebern nach öffentlichem Haushaltsrecht der staatlichen Rechnungsprüfung unterliegt.[50]

Die vorgenannten Ausführungen gelten entsprechend, wenn eine dem Auftraggeber zugegangene Rechnung durch dessen Architekten beanstandungslos geprüft wird, aber kein Prüfvermerk erfolgt. Auch aus der Prüfung einer Abschlagsrechnung durch den Architekten des Auftraggebers ergibt sich kein Anerkenntnis oder eine Beweislastumkehr.[51]

e) Das gemeinsame Aufmaß als Anerkenntnis

Literatur

Voit, Die Bedeutung der Bestätigung von Aufmaß und Stundenlohnzetteln, Festschrift für Motzke (2006), 421.

2542 Das gemeinsam erstellte und anerkannte **Aufmaß** von Bauherr oder Architekt einerseits und Unternehmer andererseits dient dazu, den Umfang der **tatsächlich** ausgeführten Bauleistungen festzustellen (vgl. § 14 Abs. 2 VOB/B). Dadurch können unterschiedliche Auffassungen schon an Ort und Stelle geklärt werden. Den Wunsch nach einem gemeinsamen Aufmaß kann sowohl der Unternehmer als auch der Bauherr stellen. Der Unternehmer ist bei besonderen Leistungen (z.B. Verfüllung einer Baugrube) auch hierzu verpflichtet, wenn das Aufmaß bei Weiterführung der Arbeiten nur noch schwer feststellbar ist.[52] Von einem **gemeinsamen** Aufmaß kann nur gesprochen werden, wenn **beide Vertragsparteien** (oder ihre Bevollmächtigten) an dem Aufmaß **mitwirken.** Führt nur eine Vertragspartei in Anwesenheit der anderen Partei das Aufmaß durch und behält sich diese eine Überprüfung vor, stellt dies kein gemeinsames Aufmaß dar. Einigen sich die Parteien auf ein gemeinsames Aufmaß zur Festlegung bestimmter Bauleistungen **vor** Beginn der Arbeiten, ist grundsätzlich davon auszugehen, dass auch dieses Aufmaß der endgültigen Abrechnung dienen soll.[53]

---

48) OLG Frankfurt, AnwBl. 1975, 163; OLG Köln, DB 1977, 1739.
49) BGH, BauR 2006, 2040 m. Hinw. auf BGH, BauR 2003, 1892, 1897 = ZfBR 2004, 37 = NZBau 2004, 31.
50) OLG Celle, BauR 1999, 1457 = OLGR 1999, 203; OLG Frankfurt, BauR 1997, 323 = NJW-RR 1997, 526 = OLGR 1996, 243; *Dähne*, Festschrift für Korbion, S. 39, 43 ff.
51) OLG Düsseldorf, BauR 2001, 806 (vgl. hierzu auch Rdn. 2041).
52) Vgl. OLG Köln, NJW 1973, 2111.
53) OLG Braunschweig, BauR 2001, 412 = OLG 2000, 296.

Beim Aufmaß werden in erster Linie die Leistungen nach Zahl, Maß und Gewicht festgestellt; darüber hinaus wird aber auch der leistungsmäßige Wert des Objektes (z.B. Mauersteinqualität usw.) überprüft. Dagegen **umfasst** das Aufmaß **nicht die Prüfung,** ob die **Leistung vertragsgemäß** ist. Diese Prüfung erfolgt im Rahmen der Abnahme. Sie setzt nach zutreffender Ansicht des OLG Hamm[54] nicht eine „körperliche Aufmaßnahme vor Ort" voraus, sondern es genügt, wenn sich die Parteien z.B. anhand von Aufmaßplänen darüber einig sind, dass eine bestimmte Leistung nach Maß, Zahl und Gewicht erbracht ist.

2543 Bei einem gemeinsamen Aufmaß tritt nach h.M. grundsätzlich eine **rechtliche Bindung** hinsichtlich der von beiden Parteien gemeinschaftlich gemachten tatsächlichen Feststellungen über den **Umfang der ausgeführten Arbeiten** ein.[55] Eine Vertragspartei kann daher später grundsätzlich nicht mehr einwenden, dass die tatsächlich ausgeführten Mengen den Feststellungen des gemeinsamen Aufmaßes nicht entsprechen. Das gilt auch für den Fall, dass die Parteien **vor Beginn der Arbeiten** ein gemeinsames Aufmaß nehmen.[56] Die Bindungswirkung des gemeinsamen Aufmaßes kann nur noch dadurch ausgeräumt werden, dass eine Vertragspartei (wie bei unterzeichneten Stundenlohnzetteln) nachweist, dass die Feststellungen **unrichtig** sind und sie die Unrichtigkeit bzw. die insoweit in Betracht kommenden Tatsachen bei Vornahme des Aufmaßes **nicht gekannt** hat.[57] Aus diesem Grund ist eine Klausel in **AGB/Formularverträgen unwirksam** (§ 307 BGB), nach der sich der Auftraggeber (Bauherr) die **Nachprüfung** eines Aufmaßes (ausdrücklich) **vorbehält,** „auch wenn das gemeinsame Aufmaß von beiden Vertragspartnern unterschrieben ist".

2544 Die rechtliche Einordnung des gemeinsamen Aufmaßes ist im Einzelnen streitig. Jedenfalls enthält das einverständliche Aufmaß rechtlich einen **Vertrag,** die Aufmaßfeststellungen als Rechtsgrundlage anzuerkennen.[58] Sind allerdings die in Betracht kommenden **Aufmessungsbestimmungen** (DIN-Vorschriften) nicht berücksichtigt und ist daher ein falsches Ergebnis erzielt worden, kommt ggf. eine Bindung an das gemeinsame Aufmaß nicht in Betracht.[59] Voraussetzung ist aber, dass der Vertragspartei, die sich vom Aufmaß lösen will, das Abweichen von den Aufmaßbestimmungen nicht bekannt war.

2545 Auch der **öffentliche Auftraggeber** ist an ein **gemeinsames Aufmaß gebunden;** die staatliche Rechnungsprüfungsbehörde kann daher gemeinsame Aufmessungen

---

54) NJW-RR 1991, 1496.
55) BGH, NJW 1974, 646 = BauR 1974, 210; BGH, *Schäfer/Finnern,* Z 2.302 Bl. 22; OLG Oldenburg, BauR 1997, 523 (LS); vgl. auch BGH, BauR 1999, 1185 = NJW-RR 1999, 1180 = ZfBR 1999, 226 = MDR 1999, 1133; OLG Düsseldorf, BauR 1991, 772; KG, *Schäfer/Finnern,* Z 2.302 Bl. 6; OLG Köln, MDR 1968, 148; OLG Karlsruhe, BauR 1972, 381; *Nicklisch/Weick,* § 14/B, Rn. 21.
56) OLG Braunschweig, BauR 2001, 412 = OLGR 2000, 296.
57) OLG Hamm, NJW-RR 1991, 1496; *Locher,* in: Ingenstau/Korbion; § 14 Abs. 2/B, Rn. 9; *Voit,* Festschrift für Motzke, S. 421 ff.
58) Zur **Bindungswirkung** s. auch OLG Stuttgart, BauR 1972, 317; BGH, *Schäfer/Finnern,* Z 2.310 Bl. 4.
59) BGH, BauR 1975, 211; OLG München, NJW-RR 1987, 1500.

nicht einseitig abändern.[60] Deshalb ist die Klausel in den von der öffentlichen Hand durchweg verwandten „Zusätzlichen Vertragsbedingungen der Finanzverwaltung für die Ausführung von Bauleistungen" (ZVB) bedenklich, wonach die Schlussrechnung zu berichtigen ist, wenn nach Annahme der Schlusszahlung Fehler, auch Aufmaßfehler, in den Unterlagen der Abrechnung festgestellt werden.[61] Abrechnungen mit einem öffentlichen Auftraggeber stehen allerdings stets unter dem vertraglichen **Vorbehalt der Überprüfung durch die staatliche Rechnungsprüfung;** daher wird dem öffentlichen Auftraggeber „durch ein gemeinsames Aufmaß nicht der Einwand abgeschnitten, die Leistung sei von einer anderen Position mitumfasst, sei nach den Vereinbarungen nicht berechenbar, bei richtiger Vertragsauslegung anders zu berechnen oder sei überhaupt nicht vertraglich vereinbart".[62]

In dem gemeinsamen Aufmaß muss im Übrigen noch **kein Anerkenntnis** des aus dem Aufmaß sich ergebenden **Anspruchs** liegen.[63] Daher bleiben grundsätzlich dem Bauherrn Einwendungen gegen den Werklohnanspruch des Unternehmers erhalten, soweit sie nicht die gemeinsam festgestellten Aufmaßwerte betreffen. **2546**

Im Übrigen kommt es auf die Umstände des **Einzelfalles** an: Nur in besonders gelagerten Fällen kann es sich bei einem gemeinsamen Aufmaß z.B. um ein Schuldanerkenntnis aufgrund eines **Vergleichs** i.S. der §§ 782, 781 BGB handeln.[64] Je nach Fallgestaltung kann hier auch ein **deklaratorisches Schuldanerkenntnis** mit der Folge der **Beweislastumkehr** und u.U. mit der Wirkung vorliegen, dass Einwendungen tatsächlicher und rechtlicher Art für die Zukunft ausgeschlossen sind, soweit diese bekannt waren oder zumindest mit ihnen gerechnet werden musste.[65] Nach Auffassung des BGH[66] lässt sich allein aus der Vereinbarung, gemeinsam das Aufmaß zu nehmen, noch nicht schließen, dass damit die Parteien auch eine Vereinbarung über die Fälligkeit des Werklohns getroffen haben; das erscheint bedenklich (vgl. hierzu näher Rdn. 1869). **2547**

Wird das gemeinsame Aufmaß von dem Architekten und dem Unternehmer erstellt, ist es ebenfalls für den Bauherrn in dem erwähnten Umfang bindend; die „originäre" Vollmacht des Architekten umfasst grundsätzlich die für den Bauherrn rechtsverbindliche Feststellung der Aufmaßwerte, also der tatsächlichen vom Unternehmer erbrachten Leistungen, nicht dagegen das Anerkenntnis des sich aus dem Aufmaß ergebenden Anspruchs (vgl. Rdn. 1346). **2548**

Da es sich bei den gemeinsamen Feststellungen innerhalb eines Aufmaßes um rechtsgeschäftliche Willenserklärungen handelt, können sie wegen Irrtums nach § 119 BGB angefochten werden.[67]

---

60) BGH, BauR 1975, 211; OLG Frankfurt, IBR 2016, 267 – *Althaus*; *Locher*, in: Ingenstau/Korbion, § 14 Abs. 2/B, Rn. 10.
61) Vgl. hierzu BGH, BauR 1975, 424 = MDR 1975, 836; ferner: OLG München, NJW-RR 1987, 1500.
62) BGH, NJW-RR 1992, 727 = BauR 1992, 371, 372 = ZfBR 1992, 162.
63) BGH, NJW 1974, 646; vgl. hierzu auch *Grams*, BauR 2004, 1513, 1520; **a.A.:** *Huhn*, Vahlen, S. 138.
64) Vgl. OLG Bamberg, *Schäfer/Finnern*, Z 2.412 Bl. 3; OLG Stuttgart, BauR 1972, 317.
65) KG, NZBau 2012, 233; OLG Karlsruhe, BauR 1972, 381; KG, *Schäfer/Finnern*, Z 2.412 Bl. 16; OLG Düsseldorf, BauR 1991, 772; OLG Hamm, NJW-RR 1991, 1496.
66) BauR 1999, 1185 = NJW-RR 1999, 1180 = MDR 1999, 1133.
67) *Nicklisch/Weick*, § 14/B, Rn. 23; *Locher*, in: Ingenstau/Korbion, § 14 Abs. 2/B, Rn. 15.

f) Sonstige Fälle

2549 Beim VOB-Bauvertrag werden Leistungen, die der Unternehmer ohne Auftrag oder unter eigenmächtiger Abweichung vom Vertrag ausführt, nicht vergütet. Etwas anderes gilt nach § 2 Abs. 8 Nr. 2 VOB/B, wenn der Bauherr diese Leistungen nachträglich anerkennt. Ob aber ein Anerkenntnis vorliegt, ist aus den Umständen des Einzelfalls zu entnehmen. Das Anerkenntnis bedarf nicht der Form des § 781 BGB, sondern kann auch mündlich oder durch schlüssige Handlungen erfolgen.[68]

2550 **Abschlagszahlungen** stellen grundsätzlich **kein Anerkenntnis** des Gesamtwerklohns dar, wenn eine Schlussrechnung noch nicht vorliegt.[69] Auch eine **Beweislastumkehr** zugunsten des Auftragnehmers kann hieraus **nicht gefolgert** werden.[70] Eine Abschlagsrechnung stellt grundsätzlich eine **vorläufige Rechnung** dar; sie stellt die erbrachten Leistungen (noch) nicht abschließend fest. Deshalb ist auch die Zahlung auf eine entsprechende Abschlagsrechnung nur vorläufig, sodass hieraus von dem Auftragnehmer keine rechtlichen Konsequenzen gezogen werden können. Mit einer Abschlagszahlung behält sich der Auftraggeber daher das Recht vor, Rückzahlung zu verlangen, wenn das Ergebnis der Schlussrechnung ihn dazu berechtigt. Werden **Zusatzarbeiten,** für die ein Auftrag nicht erteilt war, von dem Auftragnehmer in Rechnung gestellt, stellt die Zahlung von Abschlagsrechnungen ebenfalls noch **kein** Anerkenntnis i.S. des § 2 Abs. 8 Nr. 2 Satz 1 VOB/B dar; allerdings kann ein solches dadurch erfolgen, dass der Auftraggeber das Bauvorhaben einschließlich der Zusatzarbeiten **abnimmt** und die Zusatzarbeiten im **Abnahmeprotokoll aufgeführt** sind.[71]

Im Übrigen ist ein Anerkenntnis auch nicht anzunehmen, wenn ein Bauherr zum Zeitpunkt der Zahlung noch nicht wusste, dass die Schlussrechnung auf einem vertragswidrigen Aufmaß beruhte.[72] Auch aus der beanstandungslosen Prüfung einer Abschlagsrechnung durch den Architekten des Auftraggebers kann kein Anerkenntnis der Rechnungspositionen oder eine entsprechende Beweislastumkehr zugunsten des Auftragnehmers gefolgert werden.[73] Dasselbe gilt für den Fall, dass der Auftraggeber einen Sachverständigen oder Architekten (nur) mit der Prüfung der Abrechnung von Leistungen i.S. des § 2 Abs. 8 Nr. 2 Satz 1 VOB/B beauftragt.[74] Nach zutreffender Auffassung des OLG Köln[75] stellt allerdings die **Zahlung auf eine Abschlagsrechnung** des Auftragnehmers ein deklaratorisches Schuldanerkenntnis dar: Das Schuldanerkenntnis des zahlenden Auftraggebers hat zum Inhalt, dass er sich selbst als Vertragspartner des Auftragnehmers sieht, wobei zugleich anerkannt ist, dass ein Auftrag besteht, der über die in den Abschlagsrechnungen aufgeführten Werkleistungen hinausgeht.

---

68) *Keldungs*, in: Ingenstau/Korbion, § 2 Abs. 8/B, Rn. 22.
69) BGH, BauR 2004, 1940 = IBR 2004, 676 – *Ganten;* KG, BauR 2005, 1179, 1182; OLG Düsseldorf, BauR 2001, 806; OLG Hamm, BauR 2002, 1105 (Das gilt auch für die Zusage einer Abschlagszahlung).
70) OLG Düsseldorf, BauR 2001, 806.
71) OLG Hamburg, OLGR 1996, 18. Vgl. auch KG, IBR 2009, 372 – *Asam*.
72) KG, *Schäfer/Finnern*, Z 2.410 Bl. 63.
73) OLG Düsseldorf, BauR 2001, 806.
74) BGH, BauR 2002, 465 = NZBau 2002, 153 = ZfBR 2002, 254.
75) OLGR 2006, 597 = IBR 2006, 609 – *Biebelheimer*.

Die Begleichung einer Rechnung **ohne Vorbehalt** stellt ein (bestätigendes) Anerkenntnis dar, wenn die Umstände darauf schließen lassen.[76] Der BGH[77] ist unter Bezugnahme auf eine ältere Entscheidung jedoch der Auffassung, dass die Prüfung einer Rechnung, die Bezahlung einer Rechnung oder auch die Bezahlung nach Prüfung für sich genommen nicht erlauben, ein deklaratorisches Schuldanerkenntnis anzunehmen. Eine Begründung für diese Auffassung gibt der BGH allerdings nicht. Allerdings bedeutet die vorbehaltlose Zahlung **mehrerer** Rechnungen nicht, dass damit **Einwendungen** hinsichtlich **zukünftiger** Rechnungen ausgeschlossen sind; dies gilt selbst dann, wenn die berechneten Arbeiten sachlich zusammenhängen.[78]

Behält sich der Bauherr bei der Abnahme Vertragsansprüche zu Protokoll vor, **2551** und wird das Protokoll von **beiden** Parteien unterzeichnet, so erkennt der Unternehmer mit seiner Unterschrift nicht das rechtswirksame Bestehen der Vertragsstrafenansprüche an.[79] Erteilt der Bauherr nach Vorlage der Schlussrechnung durch den Bauunternehmer selbst Schlussabrechnung – u.U. auf eigenen „Schlussabrechnungs"-Formularen – kann hierin im Einzelfall ein deklaratorisches Schuldanerkenntnis gesehen werden.[80] Eine Bestätigung des Auftraggebers, die von ihm gerügten Mängel seien ordnungsgemäß beseitigt worden, schließt im Übrigen weitere Gewährleistungsansprüche nicht aus.[81]

4. Rechtsprechungsübersicht

Ein Anerkenntnis ist zu **verneinen**: **2552**

* wenn eine Zahlung aufgrund einer **Verurteilung** erfolgt (BGH, NJW 1972, 1043, 1044).
* wenn gegen eine unbestrittene Forderung mit einer bestrittenen Forderung **aufgerechnet** wird (BGH, NJW 1972, 525 = BauR 1972, 179 u. BGH, NJW 1989, 2469).
* wenn **nur eine Abnahme** der Werkleistung hinsichtlich der Zusatzarbeiten im Sinne des § 2 Nr. 8 Abs. 2 S. 1 VOB/B erfolgt (OLG Brandenburg, IBR 2011, 627).
* wenn der Auftraggeber **erklärt,** er wolle die Schlussrechnung auf ihre **Richtigkeit prüfen** und feststellen, ob er sie **bezahlen kann** (OLG Hamburg, OLGE 24, 273), es sei denn, die Prüfung der Rechnung wird auf die Höhe beschränkt (RGZ 135, 9, 11).
* **Wirkungen** eines deklaratorischen Anerkenntnisses können jedenfalls nur solche Einwendungen **ausschließen**, die der Auftraggeber – insbesondere bei Annahme einer konkludenten (Anerkenntnis) – zur Erklärung durch die Schluss-

---

76) BGH, NJW 1995, 3311, 3312 = BauR 1995, 889 (LS). Vgl. hierzu im Einzelnen *Kniffka*, in: Festschrift für Kapellmann, S. 209, 211 (weitere Umstände für ein kausales Anerkenntnis notwendig).
77) BauR 2007, 700 = NZBau 2007, 242 = IBR 2007, 120 – *Schulze-Hagen*. So auch OLG Frankfurt, IBR 2010, 15 – *Schwenker*.
78) BGH, a.a.O.
79) OLG Koblenz, *Schäfer/Finnern*, Z 2.411 Bl. 52.
80) LG Köln, *Schäfer/Finnern*, Z 2.50 Bl. 28.
81) OLG München, MDR 1984, 141.

zahl im Einzelfall – **kannte bzw. zumindest kennen musste** (OLG Düsseldorf, NZBau 2015, 288).

* wenn sich der Bauherr bei der Abnahme **Vertragsstrafenansprüche** im Protokoll vorbehält und das Protokoll von beiden Parteien unterzeichnet wird. Damit erkennt der Unternehmer nicht das rechtswirksame Bestehen von Vertragsstrafenansprüchen an (OLG Koblenz, *Schäfer/Finnern*, Z 2.411 Bl. 52).
* bei reinen **Vergleichsverhandlungen,** die in der Regel unter Aufrechterhaltung der gegenseitigen Rechtsstandpunkte geführt werden (BGH, WM 1970, 548, 549).
* wenn der Verpflichtete zusagt, nach Mängelbeseitigung den restlichen Werklohn zu zahlen (BGH, NJW 1969, 1108).
* wenn der Auftraggeber lediglich auf eine geprüfte Rechnung den Werklohn zahlt (BGH, BauR 2007, 700).
* wenn Vertragspartnern der **öffentlichen Hand** nach Überprüfung der Schlussrechnung Zahlungen angewiesen werden. Die den Unternehmern in aller Regel bekannte Tatsache, dass die behördliche Tätigkeit durch Rechnungsprüfungsbehörden überwacht wird, spricht entscheidend dafür, dass Dienststellen der öffentlichen Hand im Zusammenhang mit der Überprüfung von Rechnungen und der Anweisung von Zahlungen in aller Regel weder Vergleiche abschließen noch Schuldanerkenntnisse geben wollen, insbesondere nicht durch schlüssiges Verhalten (BGH, BauR 1982, 283; BauR 1979, 249 = ZfBR 1979, 109; LG Tübingen, BauR 1989, 487; vgl. hierzu Dähne, Festschrift für Korbion [1986], S. 39, 43 ff.).
* wenn aus „**Kulanzgründen**" eine Nachbesserung erfolgt (BGH, WM 1978, 36). Im Übrigen ist jedoch bei einer Durchführung der Nachbesserung von einem Anerkenntnis der Schadensverantwortlichkeit auszugehen (vgl. hierzu BGH, NJW 1988, 254; OLG Hamm, MDR 1990, 243; Thamm, BB 1988, 1477).
* wenn Zahlung unter **Vorbehalt** erfolgt (OLG Düsseldorf, BauR 1989, 336, 337).
* wenn dem **Auftragnehmer** durch den öffentlichen Auftraggeber das Ergebnis der **Schlussrechnungsprüfung mitgeteilt** wird (OLG Frankfurt, OLGR 1996, 244).
* Eine Erklärung des Auftraggebers kann nur dann eine Anordnung darstellen, wenn ihm bewusst ist, dass er die vom Bauunternehmer vertraglich geschuldete Leistung ändert. Fehlt es daran, ist die Entgegennahme der abweichenden Leistung nicht als Anerkenntnis zu werten (OLG Brandenburg, NJW-RR 2011, 1470).

2553 Ein Anerkenntnis ist **anzunehmen:**

* wenn der Auftraggeber „die sofortige Zahlung" verspricht, sobald er das Geld auf dem Konto habe (KG, IBR 2017, 8 – *Rehbein*).
* wenn der **Bauherr** nach Vorlage der Schlussrechnung durch den Bauunternehmer selbst **Schlussabrechnung** erteilt (LG Köln, Schäfer/Finnern, Z 2.50 Bl. 28).
* wenn ein Auftraggeber eine **Nachtragsposition** im Rahmen der Schlussrechnungsprüfung **nur der Höhe der Vergütung (nicht aber die Menge des betreffenden Position) nach** beanstandet (OLG Düsseldorf, BauR 2013, 1447 = IBR 2013, 403 – *Blatt* = NZBau 2013, 578).
* wenn der Auftragnehmer nach einem Wasserschaden ein sog. Maßnahmenprotokoll erstellt, in dem die weitere Vorgehensweise zur Schadensbeseitigung und die

Kostenübernahme durch den Auftragnehmer festgelegt werden (OLG Brandenburg, BauR 2016, 1335).
* wenn eine Rechnung **ohne Einwendungen bezahlt** wird, wobei für ein (bestätigendes) Schuldanerkenntnis die jeweiligen Umstände des Einzelfalles zu berücksichtigen sind (BGH, NJW 1979, 1306 [LS] = WM 1979, 694, 695; NJW-RR 1986, 324; NJW 1995, 3311, 3312).
* wenn der Auftraggeber den Unternehmer bezüglich der **Zahlung „auf spätere Zeiten vertröstet"** (MünchKomm-Feldmann, § 208 BGB, Rn. 12). Im Übrigen ist hier je nach Lage des Falles zu unterscheiden.
* wenn ein **Vergleich angeboten** wird, mit dem die grundsätzliche Haftung des Verpflichteten nicht in Frage gestellt wird (BGH, VersR 1965, 958, 959; zu Vergleichsverhandlungen vgl. BGH, VersR 1969, 328, 330).
* wenn die **Haftpflichtversicherung** des Architekten die Verantwortlichkeit des Architekten dem Grunde nach anerkennt – deklaratorisches Anerkenntnis der Versicherung zu Lasten des Architekten gemäß § 5 Nr. 7 AHB (OLG Hamm, BauR 2000, 757; LG Berlin, BauR 2003, 417).
* wenn um **Stundung** gebeten oder eine entsprechende **Stundungsvereinbarung** getroffen wird (BGH, NJW 1978, 1914; MünchKomm-Feldmann, § 208 BGB, Rn. 11).
* wenn sich der Unternehmer nach **Mängelbeseitigung zur jährlichen neuen Feststellung** des Schadens bereit erklärt (BGH, WPM 1969, 1085, 1087).
* wenn der Anspruch dem **Grunde nach anerkannt** wird. Hier liegt ein Anerkenntnis bezüglich der gesamten Forderung vor, auch wenn die Anerkennung der Höhe nach ausdrücklich vorbehalten wird (vgl. hierzu BGH, VersR 1960, 831; VersR 1974, 571). Etwas anderes gilt nur bei ausdrücklichem Teilanerkenntnis.
* wenn der Auftragnehmer „um **wohlwollende Prüfung** der wirtschaftlichen Lage bittet" (Palandt/*Ellenberger*, § 208 BGB, Rn. 4).
* wenn der Auftraggeber anderweitig **Verrechnung anbietet.**
* wenn der **Auftraggeber** anhand der vom Auftragnehmer erteilten Schlussrechnung **seinerseits eine Abrechnung** erstellt und nach Abschluss seiner Prüfung daraufhin vorbehaltlos eine Zahlung leistet oder eine Schlusszahlung in bestimmter Höhe nach Mängelbeseitigung ankündigt (OLG Düsseldorf, BauR 1997, 1025 = NJW-RR 1998, 376 = OLGR 1998, 71 [LS]) oder der Auftraggeber in einem Prüfvermerk vorprozessual bestätigt, dass die Schadensersatzforderung im Umfang des nach der Prüfung festgestellten Betrages als berechtigt angesehen und nicht bestritten werde (offen gelassen OLG Zweibrücken, BauR 2002, 1857: Erklärung des Auftraggebers gegen sich selbst mit der prozessualen Wirkung der Umkehr der Beweislast unter Hinweis auf BGH, BauR 1977, 138).

IV. Die Klage auf Vertragsstrafe

Übersicht

	Rdn.		Rdn.
1. Vertragsstrafe für nicht erfüllte Bauleistung	2565	3. Der Vorbehalt der Vertragsstrafe	2570
2. Vertragsstrafe für nicht ordnungsgemäße Bauleistung	2567	4. Die Höhe der Vertragsstrafe	2578
		5. Prozessuales	2595
		6. Weitere Rechtsprechung	2596

Literatur ab 2000[1]

Reuter, Vertragsstrafen im privaten Baurecht, 2009; *Niebuhr*, Vertragsstrafe, Schadensersatz und Entschädigung bei Bauverzögerungen, 2006. *Bschorr/Zanner*, Die Vertragsstrafe im Bauwesen, 2003.

Roquette/Knolle, Eine vom Generalunternehmer an den Bauherrn zu zahlende Vertragsstrafe kann als Verzugsschaden gegenüber dem Subunternehmer geltend gemacht werden, BauR 2000, 47; *Kemper*, Die Vereinbarung von Vertragsstrafe bei Fristüberschreitung in Allgemeinen Geschäftsbedingungen, BauR 2001, 1015; *Leinemann*, Vertragsstrafe – Der einzig sichere Weg zum Gewinn am Bau?, BauR 2001, 1472; *Oberhauser*, Kann sich der bewusst nach dem AGB-Gesetz taktierende Kunde auf die Unwirksamkeit einer formularmäßigen Klausel berufen?, BauR 2002, 15; *Sohn*, „Die durchgereichte Vertragsstrafe", Festschrift für Jagenburg (2002), 853; *Lau*, Die Vertragsstrafenabrede in BGB-Werkverträgen und VOB-Bauverträgen. Ein stumpfes Schwert?, Jahrbuch Baurecht 2003, 53; *Kreikenbohm*, Nachträge und Vertragsstrafen, BauR 2003, 315; *Kirberger*, Die „durchgereichte" Vertragsstrafe, Festschrift für Kraus (2003), 101; *Frerick*, Vertragsstrafenklauseln in auftraggeberseitigen Allgemeinen Geschäftsbedingungen, ZfBR 2003, 536; *Roquette/Laumann*, AGB-Vertragsstrafen dürfen 5 % der Auftragssumme nicht überschreiten – Vertrauensschutz für Altfälle orientiert sich an der Auftragssumme – Besprechung des BGH-Urteils vom 23.1.2003, BauR 2003, 1271; *Wolter*, Neue Obergrenze für Vertragsstrafe in AGB – Anmerkung zu dem Versäumnisurteil des Bundesgerichtshofs vom 23.1.2003, BauR 2003, 1274; *Vogel*, Die Vertragsstrafe des privaten Baurechts, ZfIR 2005, 373; *Oberhauser*, Vertragsstrafe und Regressmöglichkeiten gegenüber Dritten, BauR 2006, 219; *Schuhmann*, Terminsicherung im Anlagenbau: Vertragsstrafe oder pauschalierter Schadensersatz, ZfBR 2009, 307; *Schwenker*, Auswirkungen von Änderungsanordnungen auf Fristen, Vertragsstrafen und Sicherheiten, BauR 2008, 175; *Hafkesbrink/Schoofs*, Die Geltung der Vertragsstrafenregelung bei Vereinbarung von neuen Terminen, BauR 2010, 133; *Knütel/Rieger*, Pönalen wegen Verzugs oder Minderleistung in Individualvereinbarungen und AGB, NZBau 2010, 285; *Mayr*, Welche Termine können in AGB des Bestellers noch wirksam vertragsstrafenbewehrt werden und wenn ja, wie?, BauR 2013, 1192; *Pauly*, Die vermeintliche Hinfälligkeit von Vertragsstrafen im gestörten oder geänderten Baustellenablauf, NZBau 2016, 251; *Luft*, Die Vertragsstrafe im VOB/B-Bauvertrag, NJW 2016, 2470; *Retzlaff*, Aktuelle Fragen der Vertragsstrafe im Baurecht, BauR 2015, 384.

2554 In einem Bauvertrag oder gesondert von diesem kann eine **Vertragsstrafe** als **zusätzliche Leistung** für den Fall vereinbart werden, dass der Vertragspartner seine vertragliche Leistung überhaupt **nicht** oder **nicht in gehöriger Weise** erbringt. Die Vertragsstrafe stellt ein rechtmäßiges **Druckmittel** dar, um die Erfüllung der vertraglichen Bauleistungen zu erreichen.[2] Gleichzeitig wird dem Auftraggeber der **Nachweis eines Schadens** in Höhe der Vertragsstrafe **erspart**.

---

1) Literatur bis 2000 siehe 15. Auflage.
2) OLG Dresden, BauR 2001, 949 m.Anm. *Althoff;* OLG Köln, OLGR 1995, 177 für Vertragsstrafe im Bauträgervertrag.

Die Klage auf Vertragsstrafe

Gesetzliche Grundlage der Vertragsstrafe sind die §§ 339 bis 345 BGB; beim VOB-Bauvertrag gilt grundsätzlich § 11 VOB/B. Die Regelungen im BGB und in der VOB sind bis auf die Fristberechnung für den Fall, dass die Vertragsstrafe nach Tagen berechnet wird (vgl. Rdn. 2585), identisch.

2555 Die Vertragsstrafe ist vom **pauschalierten Schadensersatz** zu unterscheiden.[3] Dabei ist die Bezeichnung nicht maßgeblich; vielmehr kommt es auf die **Zielrichtung** an, die mit der Vereinbarung verfolgt wird. Während bei der Vertragsstrafe der Druck auf die ordnungsgemäße Erfüllung im Vordergrund steht, wird mit einer **Schadensersatzpauschalierung** eine vereinfachte Durchsetzung eines als bestehend vorausgesetzten Schadensersatzanspruches beabsichtigt.[4] Ein pauschalierter Schadensersatz setzt damit voraus, dass überhaupt ein Schaden vorhanden ist, wobei dann die Schadenshöhe von dem Gläubiger nicht bewiesen werden muss. Eine Vertragsstrafe ist demgegenüber auch dann verwirkt, wenn ein Schaden nicht eingetreten ist.

Die Vertragsstrafe ist von dem **selbstständigen Strafversprechen** zu trennen;[5] bei diesem fehlt eine erzwingbare Hauptverbindlichkeit. Hier wird die Strafe vielmehr für den Fall versprochen, dass eine **bestimmte Handlung vorgenommen** oder **unterlassen** wird, ohne dass sich der Versprechende zu dieser Handlung oder Unterlassung verpflichtet. Auf das selbstständige Strafversprechen sind die §§ 339 ff. BGB – mit Ausnahme von §§ 343 Abs. 2 und 344 BGB – nicht anwendbar.[6]

2556 Eine Vertragsstrafe kann nur geltend gemacht werden, wenn sie **ausdrücklich vereinbart** ist. Einer besonderen Form bedarf es grundsätzlich nicht. Die Vertragsstrafe kann für den Fall der Nichterfüllung oder der nicht gehörigen, insbesondere verspäteten Erfüllung vereinbart werden. Sie ist **bei Verzug verwirkt** (§ 339 BGB). Behauptet der Auftragnehmer, er habe den Verzug nicht zu vertreten, trifft ihn insoweit die Darlegungs- und Beweislast.[7] Nimmt der Bauherr die Leistung des Bauunternehmers ab, kann er die **Vertragsstrafe** nur geltend machen, wenn er sich das Recht dazu bei der Abnahme **vorbehält** (§ 341 Abs. 3 BGB, § 11 Abs. 4 VOB/B; vgl. hierzu Rdn. 2576). Abweichende Regelungen können von den Vertragsparteien grundsätzlich in Individualvereinbarungen getroffen werden; dies gilt nicht für § 343 BGB (Herabsetzung einer verwirkten Vertragsstrafe durch Urteil).[8]

2557 Die Vertragstrafe muss **klar** und **unmissverständlich vereinbart** werden: Enthalten der Text des Bauvertrages und der Inhalt der zusätzlich vereinbarten Vertragsbedingungen Widersprüchliches zum Inhalt und zur Höhe der vereinbarten Vertragsstrafe und ist durch Auslegung keine Klärung herbeizuführen, ist der

---

3) Zur **Abgrenzung** von **pauschaliertem Schadensersatz und Vertragsstrafe** vgl. *Schuhmann*, ZfBR 2009, 307, *Knütel/Rieger*, NZBau 2010, 285 sowie *Beuthien*, Festschrift für Larenz, 1973, S. 459 ff.; OLG Köln, NJW 1974, 1953; BGHZ 49, 84, 88; BGH, NJW 1970, 29, 32; BayObLG, DB 1981, 1615; *Nicklisch/Weick*, § 11/B, Rn. 9. Zur Abgrenzung zwischen Vertragsstrafe und „**Wagnispauschale**" vgl. OLG Düsseldorf, NJW-RR 1993, 667.
4) Für viele *Knütel/Rieger*, NZBau 2010, 285, 286.
5) Vgl. hierzu OLG Köln, OLGR 2004, 45; OLG Hamm, BauR 1995, 548 m. abl. Anm. *Rieble*.
6) BGH, NJW 1982, 759; BGH, NJW 1970, 1915, 1960; NJW 1971, 93, 94; NJW 1971, 557 u. NJW 1980, 1622, 1623.
7) BGH, BauR 1999, 645 = NJW 1999, 1108 = MDR 1999, 540 = ZfBR 1999, 188.
8) *Kleine-Möller*, BB 1976, 442, 444.

Vertragsstrafenanspruch in aller Regel ausgeschlossen.[9] Zu Recht weist das OLG Hamm[10] darauf hin, dass eine Vertragsstrafenvereinbarung der Auslegung bedarf, ob sie bei der Verzug mit der Fertigstellung der geschuldeten Leistungen, bei fehlender Abnahmereife, bei fehlender Bezugsfertigkeit, bei nicht fristgerechter Inbetriebnahme oder fehlender Mangelfreiheit verwirkt sein soll.

Die **Vereinbarung** einer Vertragsstrafe bedarf grundsätzlich **keiner Form.** Soweit die Hauptverbindlichkeit einem Formzwang unterliegt, gilt dieser auch für die Vertragsstrafenvereinbarung.[11]

2558 Eine Vereinbarung, wonach die Vertragsstrafe auch dann verwirkt sein soll, wenn die Leistung des Vertragspartners aus Gründen unterbleibt, die **von seinem Willen unabhängig (auch verschuldensunabhängig)** sind, ist zulässig.[12] Eine solche Vereinbarung kommt einer Garantie gleich; mit ihr wird § 339 Satz 1 BGB (Verzug des Auftragnehmers als Voraussetzung) abbedungen.[13] Um eine entsprechende garantieähnliche Abrede annehmen zu können, muss jedoch eine inhaltlich klare und eindeutige Absprache verlangt werden; wenn allerdings eine verschuldensunabhängige Regelung in **Allgemeinen Geschäftsbedingungen** enthalten ist,[14] verstößt sie – auch im kaufmännischen Verkehr – gegen § 307 BGB.[15] Vereinbaren die Parteien eine Vertragsstrafe ohne Bezug auf ein Verschulden (z.B. für die Überschreitung der Ausführungsfrist durch den Unternehmer), wird aber gleichzeitig die VOB/B vereinbart, ist mit der Einbeziehung der VOB/B in den Vertrag regelmäßig eine verschuldensabhängige Vertragsstrafen-Abrede getroffen worden.[16]

Im Einzelfall kann eine – auch individuell vereinbarte – Vertragsstrafe **sittenwidrig** sein.[17]

2559 Die Verpflichtung zum **Vorbehalt** der Vertragsstrafe bei Abnahme kann abbedungen werden (vgl. näher Rdn. 2576). Nach Auffassung des OLG Zweibrücken[18] ist eine **Berufung auf eine Vertragsstrafe rechtsmissbräuchlich,** wenn der Auf-

---

9) BGH, IBR 2009, 643 – *Schmitz*, LG Baden-Baden, BauR 1995, 138 (LS); vgl. auch OLG München, OLGR 1998, 181 (Verfallklausel ist keine Vertragsstrafe).
10) BauR 2008, 1643.
11) BGH, NJW 1970, 1916; NJW 1980, 1622; *Palandt/Grüneberg*, § 339 BGB, Rn. 11; *Langen*, in: Kapellmann/Messerschmidt, § 11/B, Rn. 13.
12) BGH, BauR 2002, 1086, 1087; NJW-RR 1997, 686 = MDR 1997, 439 = WM 1997, 560; BauR 1975, 209, 210; OLG Saarbrücken, IBR 2014, 259 – *Heiliger*; OLG Düsseldorf, IBR 2005, 8 – *Oberhauser*; OLG Köln, BauR 2001, 1105; *Kleine-Möller*, BB 1976, 442, 444; OLG Naumburg, OLGR 1995, 217; vgl. hierzu *Reuter*, S. 54 und 89 ff.
13) Vgl. hierzu OLG Düsseldorf, BauR 1975, 57.
14) Vgl. OLG Hamm, OLGR 1997, 16 (unklare formularmäßige Regelung, die die Vertragsstrafe allein an die Fristüberschreitung knüpft).
15) OLG Frankfurt, BauR 1999, 51; OLG Oldenburg, OLGR 2000, 113 = BauR 2001, 812; OLG Düsseldorf, BauR 1997, 1041 = NJW-RR 1997, 1516 u. NJW-RR 1997, 1378, 1380; *Döring*, in: Ingenstau/Korbion, § 11 Abs. 1/B, Rn. 3; *Oberhauser*, BauR 2002, 15; **a.A.:** *Wolf/Horn/Lindacher*, § 23, Rn. 281; *Palandt/Grüneberg*, § 339 BGB, Rn. 15 (bei „wichtigem Grund" möglich); ebenso: OLG Celle, NJW-RR 1988, 946; OLG Hamm, OLGR 1997, 16 (Voraussetzung für Wirksamkeit: Vorliegen eines „rechtfertigenden Grundes"); OLG Düsseldorf, NJW-RR 1997, 1378, 1380; OLG Köln, OLGR 1998, 127.
16) BGH, BauR 2004, 1611; BauR 2002, 1086; BauR 2002, 782; OLG Celle, BauR 2003, 1413.
17) Vgl. hierzu OLG Celle, BauR 2001, 1108.
18) IBR 2006, 246 – *Dausner*.

Die Klage auf Vertragsstrafe   Rdn. 2559

tragnehmer wegen fehlender oder zu spät zur Verfügung gestellter Planunterlagen, zahlreicher Änderungsanordnungen des Auftraggebers und aufgrund der Vielzahl sonstiger zusammentreffender Umstände, welche vom Auftraggeber verursacht sind, Arbeitsabläufe ständig umstellen muss. Der Umstand, dass eine Vertragsstrafe vereinbart worden ist, ohne dass die Voraussetzungen des § 12 Abs. 1 Satz 1 VOB/A objektiv vorlagen, rechtfertigt es nicht, der vereinbarten Vertragsstrafe ihre Wirkung zu nehmen.[19]

Eine Vertragsstrafenabrede ist nach OLG Düsseldorf[20] unwirksam, wenn eine **Ausführungsfrist erst nach Ablauf der Frist** vereinbart wird, weil eine Vertragsstrafe in erster Linie als Druckmittel die Erfüllung der hauptsächlichen Verpflichtung des Schuldners sichern soll. Nach Auffassung des Thüringer OLG Jena[21] ist ein **öffentlicher Auftraggeber** nach Treu und Glauben gehindert, sich auf eine Vertragsstrafenvereinbarung zu berufen, wenn er nicht darlegen kann, dass ihm durch die Überschreitung der vereinbarten Vertragsfrist tatsächlich erhebliche **Nachteile** entstehen. Das begründet das Gericht damit, dass öffentliche Auftraggeber verpflichtet sind, sich an die Vorschriften der VOB/A zu halten; nach § 12 Abs. 1 Satz 1 VOB/A sind aber Vertragsstrafen für die Überschreitung von Vertragsfristen nur dann auszubedingen, wenn die Überschreitung erhebliche Nachteile verursachen kann. In diesem Zusammenhang hat der BGH[22] darauf hingewiesen, dass ein Verstoß gegen § 12 Abs. 1 Satz 1 VOB/A der Geltendmachung der Vertragsstrafe nach den Grundsätzen von Treu und Glaube nur entgegensteht, wenn der Auftragnehmer das Verhalten des Auftraggebers bei Abgabe des Angebots als widersprüchlich werten durfte und er in seinem schutzwürdigen Vertrauen darauf, dass der Auftraggeber sich an diese Regelung halten werde, enttäuscht worden ist.

Da die Vertragsstrafe **akzessorischen** Charakter hat,[23] verbleibt sie auch grundsätzlich bei dem jeweiligen Vertragsverhältnis. Ist beispielsweise im **Auftragsverhältnis Auftraggeber–Generalunternehmer** eine Vertragsstrafe vereinbart worden, kann diese bei Verwirkung nicht ohne weiteres an den **Subunternehmer** „weitergereicht" werden, wenn dieser für die Verwirkung verantwortlich ist.[24] Der General-(Haupt-)Unternehmer kann die verwirkte Strafe nur als **Verzugsschaden** gemäß § 6 Abs. 6 VOB/B bzw. §§ 280 Abs. 2, 286 BGB gegenüber seinem Subunternehmer geltend machen, sofern der Verzug darauf zurückzuführen ist, dass der Subunternehmer seine vertraglichen Pflichten schuldhaft verletzt hat.[25] Allerdings

---

19) BGH, BauR 2006, 1128.
20) BauR 1979, 153.
21) BauR 2001, 1446.
22) IBR 2006, 385.
23) Vgl. hierzu *Reuter*, S. 27 ff.
24) BGH, BauR 1998, 330 = NJW 1998, 1493; OLG Düsseldorf, BauR 2012, 1418; vgl. hierzu *v. Wietersheim*, BauR 1999, 526, *Roquette/Knolle*, BauR 2000, 47 sowie *Oberhauser*, BauR 2006, 210.
25) BGH, a.a.O.; ferner: BGH, BauR 2000, 1050 (auch wenn die Vertragsstrafe fast 70 % des Vergütungsanspruchs erreicht) = NJW-RR 2000, 684 = ZfBR 2000, 259 = NZBau 2000, 195; vgl. ferner BGH, BauR 2002, 1086, 1088 (bei Vergleich zwischen Generalunternehmer und Auftraggeber); OLG Düsseldorf, BauR 2012, 1418; IBR 2005, 8 – *Oberhauser* (nur bei wirksamer Vertragsstrafenvereinbarung); OLG Naumburg, OLGR 1998, 313; ebenso: *Siegburg*, EWiR, § 286 Abs. 1 BGB, 1/96, 1111; **a.A.:** OLG Dresden, NJW-RR 1997, 83 = ZfBR 1997, 89 = OLGR 1997, 36; OLG Frankfurt, OLGR 1997, 91 u. OLGR 1996, 242; *Vygen/Schubert/*

kann der General-(Haupt-)Unternehmer im Einzelfall verpflichtet sein, seinen Subunternehmer „auf die Gefahr eines für den Subunternehmer ungewöhnlich hohen Schadens wegen einer auf den Hauptunternehmer bei Vertragsausführung zukommenden Vertragsstrafe aufmerksam zu machen" (§ 254 Abs. 2 BGB).[26] Ein rein **formularmäßiges „Durchstellen"** oder die **„Übernahme"**[27] einer im Auftragsverhältnis Auftraggeber – General-(Haupt-)Unternehmer vereinbarten Vertragsstrafe wird grundsätzlich gegen § 307 BGB verstoßen.[28] Zur Schadensminderungspflicht des General-(Haupt-)Unternehmers gehört es im übrigen, das Notwendige zu veranlassen, dass die verwirkte, aber unverhältnismäßig hohe Vertragsstrafe auf einen angemessenen Betrag herabgesetzt wird (§ 343 Abs. 1 BGB).

2560 In **Allgemeinen Geschäftsbedingungen** sind nach h.A. **Vertragsstrafenversprechen grundsätzlich als zulässig anzusehen.**[29] **Der BGH**[30] hat dies ausdrücklich bestätigt. Allerdings ist bei Vertragsstrafenversprechen in AGB § 309 Nr. 6 BGB zu beachten: Danach ist eine Bestimmung unwirksam, durch die dem Verwender für den Fall der Nichtabnahme oder verspäteten Abnahme der Leistung, des Zahlungsverzugs oder für den Fall, dass der andere Vertragsteil sich vom Vertrag löst, Zahlung einer Vertragsstrafe versprochen wird.

2561 Die Bestimmungen der §§ 305 ff. BGB verbieten damit formularmäßige Vertragsstrafenversprechen nur in beschränktem Umfang. Darüber hinaus können jedoch Vertragsstrafenversprechen wegen Verstoßes gegen die Generalklausel in § 307 BGB (Unangemessene Benachteiligung des Vertragspartners des Verwenders entgegen den Geboten von Treu und Glauben) unwirksam sein. Dies ist dem jeweiligen Einzelfall zu entnehmen.[31] **Unwirksam** ist nach der Auffassung des KG[32] eine Klausel, die die Verwirkung einer Vertragsstrafe für den Fall vorsieht, dass der Unternehmer ohne Zustimmung des Auftraggebers **Nachunternehmer** einsetzt.[33] Eine Vertrags-

---

Lang, Rn. 121. Vgl. hierzu *Sohn*, Festschrift für Jagenburg, S. 855 m.w.Nachw. sowie *Kirberger*, Festschrift für Kraus, S. 101 ff. *Roquette/Knolle*, BauR 2000, 47.
26) BGH, BauR 1998, 330 = NJW 1998, 1493; BauR 2000, 1050 = NJW-RR 2000, 684 = ZfBR 2000, 259 = NZBau 2000, 195; hierzu insbesondere: *Roquette/Knolle*, BauR 2000, 47, 49 u. *Sohn*, Festschrift für Jagenburg, S. 855, 862 sowie *Oberhauser*, BauR 2006, 210 ff., 214, sowie *Reuter*, S. 165.
27) KG, BauR 2004, 1162 = KGR 2004, 259.
28) Vgl. hierzu im Einzelnen *Reuter*, S 158 ff.; *Kniffka*, BauR 1998, 55. Offen gelassen von OLG Dresden, NJW-RR 1997, 83 = ZfBR 1997, 89 = OLGR 1997, 36. Vgl. hierzu KG, BauR 2004, 1162 = KGR 2004, 259.
29) OLG Düsseldorf, BauR 1979, 153 (unter Vollkaufleuten). *Heiermann/Riedl/Rusam* (§ 11/B, Rn. 4) sind allerdings der Meinung, dass die entsprechende Vertragsstrafenklausel im Bauvertrag oder in den Vertragsbedingungen so hervorgehoben werden muss, dass sie „unschwer festgestellt werden kann". Vgl. hierzu im Einzelnen *Reuter*, S. 57 ff. In AGB unwirksame Klauseln finden sich bei *Glatzel/Hofmann/Frikell*, S. 230 ff.
30) BGH, BauR 1998, 1084 = NJW 1998, 3488 = MDR 1998, 1339 = ZfBR 1998, 308; NJW 1983, 385 = BauR 1983, 80 = ZfBR 1983, 78; BGH, BauR 1976, 279; vgl. auch OLG Köln, BauR 1995, 708.
31) Zu einer Vertragsstrafe in „Bewerbungsbedingungen für die Vergabe von Bauleistungen": OLG Frankfurt, BauR 1987, 324 = ZfBR 1987, 152.
32) KGR 2001, 380 = BauR 2002, 101 [auch zur unangemessenen Höhe der Vertragsstrafe von 3 %].
33) Zur Vertragsstrafe bei **Wettbewerbsabreden** vgl. OLG Frankfurt, BauR 1987, 325 und *Langen*, in: Kapellmann/Messerschmidt, § 11/B, Rn. 20.

strafe ist dagegen auch dann wirksam vereinbart, wenn die Voraussetzungen des § 12 Abs. 1 Satz 1 VOB/A nicht objektiv vorlagen.[34]

Sieht ein Klauselwerk eine durch Ankreuzen auszuübende Option vor, ob der Verwender einen Vertragsstrafenanspruch gegen seine Vertragspartner vorsehen will, ist nach Auffassung des BGH[35] „vorbehaltlich besonderer Umstände des Einzelfalls" keine Vertragsstrafe vereinbart, wenn die Ankreuzoption nicht ausgeübt wird. Dies soll insbesondere dann gelten, wenn der Verwender die übrigen Felder insoweit ausfüllt (z.B. Fertigstellungstermin, Prozentzahl der Vertragsstrafe usw.). Deshalb ist die Auffassung des BGH bedenklich.

2562 Die **Nichtigkeit einer Vertragsstrafenklausel** in Allgemeinen Geschäftsbedingungen ist insbesondere anzunehmen, wenn die Vertragsstrafe **unangemessen hoch** ist (vgl. Rdn. 2580 ff.).

2563 § 340 Abs. 2 und § 341 Abs. 2 BGB sind in **Allgemeinen Geschäftsbedingungen** nicht abdingbar: Der Verwender muss sich daher die Vertragsstrafe auf einen etwaigen Schadensersatzanspruch anrechnen lassen.[36] Dies gilt auch im kaufmännischen Verkehr.[37] In der Rechtsprechung[38] wird darauf hingewiesen, dass Vertragsstrafen für **geringste** Vertragsverletzungen sowie verschuldensunabhängige Vertragsstrafen[39] grundsätzlich unter dem Verdacht der Unwirksamkeit nach § 307 BGB stehen. Dagegen lässt der BGH eine Bestimmung in Allgemeinen Geschäftsbedingungen zu, wonach der Auftraggeber sich eine Vertragsstrafe nicht schon bei der Abnahme vorbehalten muss, sondern sie noch bis zur Schlusszahlung geltend machen darf (vgl. Rdn. 2575).[40] Wird in einer Vertragsstrafenklausel wegen der strafbewehrten Fristen auf eine weitere Klausel Bezug genommen, in der die Fertigstellungsfrist neben anderen Fristen gesondert aufgeführt ist, so liegt nach der Rechtsprechung des BGH[41] insoweit eine trennbare Regelung der Vertragsstrafe vor, die einer eigenständigen Inhaltskontrolle unterzogen werden kann.

2564 Eine **Bürgschaft** für die Ausführung aller in einem Bauvertrag übernommenen Verpflichtungen des Unternehmers (Hauptschuldners) umfasst auch einen Anspruch des Auftraggebers auf eine Vertragsstrafe, wenn der Unternehmer sich nicht nur zur Durchführung bestimmter Bauarbeiten, sondern auch zur Einhaltung fester Termine unter Absprache einer Vertragsstrafe bei deren Nichteinhaltung verpflichtet hat.[42] Dies gilt nicht, wenn die Bürgschaft ausdrücklich „für die Herstel-

---

34) BGH, BauR 2006, 1128 = NZBau 2006, 504.
35) BauR 2013, 1673 = NZBau 2013, 567 = IBR 2013, 462 – *Weller*. Vgl. zu einer unklaren und daher unwirksamen Klausel der Deutschen Bahn hinsichtlich einer Vertragsstrafe, KG, BauR 2014, 1489 = IBR 2014, 469 – *Franz*.
36) BGH, NJW 1975, 163; OLG Düsseldorf, BauR 2003, 94; OLG Karlsruhe, BB 1983, 725.
37) BGH, NJW 1985, 53, 56.
38) Vgl. BGH, DB 1984, 1673.
39) Sowohl beim **BGB**- wie auch beim **VOB**-Bauvertrag; vgl. hierzu: OLG Frankfurt, BauR 1999, 51; OLG Hamm, BauR 1997, 661 = OLGR 1996, 145 u. BauR 1997, 663 = OLGR 1997, 16; BGH, NJW 1979, 105; *Kemper*, BauR 2001, 1015, 1016; **a.A.**: für den **VOB**-Bauvertrag: OLG Frankfurt, BauR 1999, 789.
40) NJW 1979, 212 = BauR 1979, 50 = BB 1979, 69 = ZfBR 1979, 15; **a.A.**: OLG Köln, *Schäfer/Finnern*, Z 2.414.1 Bl. 22.
41) BauR 2014, 551 = IBR 2014, 70 – *Berger*.
42) BGH, NJW 1982, 2305 = BauR 1982, 506 = ZfBR 1982, 216.

lung und etwaige Gewährleistungsansprüche" bei einem Bauwerk übernommen wurde;[43] dann ist das Risiko der Vertragsstrafe von der Bürgschaft nicht abgedeckt.

Bei der Vergabe von Bauleistungen nach VOB/A ist § 9 Abs. 5 zu berücksichtigen. Danach sind Vertragsstrafen für die Überschreitung von Verjährungsfristen nur zu vereinbaren, wenn die Überschreitung erhebliche Nachteile verursachen kann. Gleichzeitig ist die Strafe „in angemessenen Grenzen" zu halten.

1. Vertragsstrafe für nicht erfüllte Bauleistung

2565 Ist eine Vertragsstrafe für den Fall versprochen, dass die Bauleistung oder eine andere Handlung[44] nicht erfüllt wird, so kann die Vertragsstrafe statt der Erfüllung, aber nicht neben der Erfüllung des Bauvertrages verlangt werden (§ 340 Abs. 1 BGB). Eine Bauleistung ist nicht erfüllt, wenn sie nicht abnahmefähig, also mit wesentlichen **Mängeln** behaftet ist (Rdn. 1810, 1852).[45] Hat sich der Bauherr für die Vertragsstrafe entschieden und diese verlangt, ist der Anspruch auf Erfüllung ausgeschlossen.

2566 Hat der Bauherr einen Anspruch auf Schadensersatz wegen Nichterfüllung (aus Verzug, verschuldeter Unmöglichkeit oder sonstiger Pflichtverletzung), kann er die verwirkte **Strafe als Mindestbetrag des Schadens** verlangen. Die Geltendmachung eines weiteren Schadens ist nicht ausgeschlossen (§ 340 Abs. 2 BGB). Dies gilt nur, wenn die vereinbarte Vertragsstrafe in Geld besteht; ist eine andere Form als Vertragsstrafe vereinbart worden, ist der Anspruch auf Schadensersatz ausgeschlossen, wenn die Vertragsstrafe verlangt wird (§ 342 BGB).

2. Vertragsstrafe für nicht ordnungsgemäße Bauleistung

2567 Ist die Vertragsstrafe für den Fall einer nicht gehörigen Erfüllung der vertraglichen Pflicht verabredet – z.B. einer **nicht fristgerechten Erfüllung,** eine Schlechterfüllung oder nur teilweisen Erfüllung –, kann die **Vertragsstrafe neben der Erfüllung** verlangt werden (§ 341 Abs. 1 BGB). Werden etwaige sonstige Schadensersatzansprüche begehrt, so kann die Vertragsstrafe ebenfalls als Mindestbetrag des Schadens (wie im Fall der Nichterfüllung) geltend gemacht werden; darüber hinaus kann dann der weitere Schaden verlangt werden. Die verwirkte Strafe muss sich der Auftraggeber jedoch grundsätzlich auf seinen möglicherweise höheren Schadensersatzanspruch wegen Nichterfüllung anrechnen lassen.[46] Eine Klausel in **AGB/Formularverträgen,** nach der Schadensersatzansprüche wegen Nichterfüllung durch die Vertragsstrafe nicht berührt werden, ist unwirksam, soweit damit die Anrechnung

---

[43] BGH, NJW 1980, 1459 = WM 1980, 741 (für den Fall einer **Überzahlung**).

[44] Thüringer OLG Jena, OLGR 1999, 193 (Vertragsstrafe wegen nicht rechtzeitiger Erteilung der Schlussrechnung).

[45] OLG München, BauR 2007, 1055; KG, BauR 1984, 529; *Döring,* in: Ingenstau/Korbion, § 11 Abs. 1/B, Rn. 13; *Kleine-Möller,* BB 1976, 442, 446; OLG Naumburg, NZBau 2000, 139 (keine Vertragsstrafe für verzögerte Baufertigstellung bei nur kleineren Mängeln, wenn die Parteien die Bezugsfertigkeit dahin definiert haben, dass geringfügige Mängelbeseitigungsarbeiten ihr nicht entgegenstehen).

[46] *Döring,* in: Ingenstau/Korbion, § 11 Abs. 1/B, Rn. 12.

ausgeschlossen sein soll.⁴⁷⁾ Das gilt auch für Klauseln, nach denen neben der Vertragsstrafe Schadensersatz wegen Nichterfüllung verlangt werden kann.⁴⁸⁾ Die Erteilung der Schlussrechnung ist im Übrigen nicht Voraussetzung für den Anspruch auf Vertragsstrafe.⁴⁹⁾

Gemäß § 339 Satz 1 BGB, § 11 Abs. 2 VOB/B ist die **Vertragsstrafe verwirkt**, wenn der Auftragnehmer mit der ordnungsgemäßen Bauleistung in **Verzug** kommt (vgl. zur nicht fristgemäßen Erfüllung auch Rdn. 2317). Eine Vertragsstrafe wegen nicht rechtzeitiger Erfüllung setzt voraus, dass zwischen den Parteien **feste, verbindliche Termine** vereinbart worden sind.⁵⁰⁾ Dies gilt vor allem hinsichtlich des Endes einer etwaigen Frist; werden nur unverbindlich festgelegte Fristen überschritten, ist die Vertragsstrafe nicht verwirkt. Das OLG Düsseldorf⁵¹⁾ hat bei einer Vertragsklausel, wonach „die Arbeiten in der Zeit vom … bis … ausgeführt werden sollen", eine Verbindlichkeit der vereinbarten Frist verneint. Dagegen soll eine Vertragsstrafe wegen Verzuges auch ohne Mahnung bereits dann verwirkt sein, wenn die Vertragspartner im Bauvertrag einen bestimmten Kalendertag für den Beginn der Bauausführung und eine Fertigstellungsfrist von 30 Arbeitstagen für die Erstellung des Gewerks vereinbart haben, der Unternehmer aber das Gewerk nicht zu dem sich daraus nach dem Kalender ergebenden Endtermin (§ 284 Abs. 2 BGB) abnahmereif fertiggestellt hat.⁵²⁾ Hängt die Verbindlichkeit des Fertigstellungstermins vom Zeitpunkt des Baubeginns ab, wie dies allgemein üblich ist, werden nach Auffassung des OLG München⁵³⁾ Endtermin und Vertragsstrafe hinfällig, wenn mit der Ausführung aufgrund auftraggeberseits bedingter Verzögerungen nicht fristgerecht begonnen werden kann. 2568

Nach Auffasung des BGH⁵⁴⁾ hat ein **Auftragnehmer**, der sich gegen eine Vertragsstrafe wegen verspäteter Fertigstellung auf ein **fehlendes Verschulden an der Fristüberschreitung** beruft, zur Erfüllung seiner Darlegungslast **konkrete Angaben zu der Behinderung** durch nicht in seiner Risikosphäre liegenden Umstände zu machen; hierfür genügt nicht die bloße Benennung der Umstände, vielmehr muss in der Regel eine **konkrete, bauablaufbezogene Darstellung der jeweiligen Behinderung erfolgen**.

Soweit die Vertragsstrafe an die **Fertigstellung** der Leistung anknüpft, ist diese verwirkt, wenn sich die Leistung zum vereinbarten Zeitpunkt **nicht als abnahmereif** darstellt.⁵⁵⁾ Ist die Vertragsstrafe an die **Bezugsfertigkeit** des Gebäudes gekoppelt, ist maßgeblich, ob zum vereinbarten Zeitpunkt ein Bezug des Objektes zumutbar ist (vgl. hierzu näher Rdn. 1619).

---

47) BGH, NJW 1975, 163 = MDR 1975, 223.
48) BGH, a.a.O.; OLG Hamm, NJW-RR 1987, 468.
49) OLG Düsseldorf, NZBau 2002, 226.
50) Vgl. hierzu BGH, BauR 2002, 782.
51) BauR 1982, 582.
52) OLG Düsseldorf, *SFH*, Nr. 10 zu § 11 VOB/B.
53) IBR 2015, 10 – *Berger*.
54) BauR 2016, 499 = NZBau 2016, 93 = IBR 2016, 74.
55) BGH, BauR 1999, 645, 648; OLG Dresden, BauR 2001, 949; OLG München, IBR 2007, 187 – *Frank*; *Langen*, in: Kapellmann/Messerschmidt, § 11/B, Rn. 24. Vgl. hierzu OLG Hamm, BauR 2008, 1643.

Häufig werden im Bauvertrag selbst keine Fristen für den Beginn und die Fertigstellung der Bauleistung genannt. Entweder wird auf einen den sonstigen Bauunterlagen beigefügten **Bauzeitenplan** oder einen zukünftig noch einvernehmlich zu erstellenden Bauzeitenplan verwiesen. Die in solchen Bauzeitenplänen enthaltenen Einzelfristen sind dann Vertragsfristen und damit für die Vertragsstrafe verbindlich, wenn dies ausdrücklich im Vertrag vereinbart ist.[56]

Zu **Änderungen des Zeitplans/Fertigstellungstermins** und/oder **einvernehmlicher Änderung der Ausführungsfrist** vgl. Rdn. 2588 ff. sowie 2331.

2569 Eine Klausel in **AGB**, nach der eine Vertragsstrafe schon bei bloßer **Verspätung** oder Überschreitung der Ausführungsfrist, also **ohne Verzug** des Auftragnehmers, fällig wird, verstößt gegen § 309 Nr. 4 u. § 307 BGB.[57] In Allgemeinen oder Besonderen Vertragsbedingungen der öffentlichen Hand findet sich häufig die Klausel, wonach der Auftragnehmer eine Vertragsstrafe von 3 % des Auftragswertes zu zahlen hat, wenn er Leistungen ohne Zustimmung des Auftraggebers an Nachunternehmer vergibt. Das Kammergericht[58] ist zu Recht der Auffassung, dass eine solche Regelung als überraschende Klausel gemäß § 305c BGB nichtig ist, insbesondere wenn sie in dem gesamten Klauselwerk versteckt positioniert ist; darüber hinaus benachteiligt die Klausel den Auftragnehmer unangemessen und ist deshalb gemäß § 307 BGB unwirksam, weil die Klausel verschuldensunabhängig ist, überdies den gemäß § 339 BGB erforderlichen Verzug nicht vorsieht und schließlich die Höhe der Strafe unangemessen erscheint. Ist die Vertragsstrafe für den Fall des Verzuges vereinbart worden, kann diese nur für den Zeitraum verlangt werden, in dem der Erfüllungsanspruch besteht. Setzt der Auftraggeber dem Auftragnehmer daher eine Frist zur Erfüllung mit dem Hinweis, dass er nach Ablauf dieser Frist die Erfüllung ablehne, ist das vertragliche Erfüllungsverhältnis in ein Abwicklungsverhältnis umgewandelt, sodass die Vertragsstrafe nur bis zum Ablauf der gesetzten Frist zu berechnen ist.[59] Nach Auffassung des OLG Nürnberg[60] ist die Festlegung einer kumulativ zu berechnenden Vertragsstrafe von 0,2 % der Bruttoauftragssumme für jeden Werktag des Verzuges bei Beginn und Fertigstellung in Allgemeinen Geschäftsbedingungen eines Auftraggebers unwirksam, und zwar auch dann, wenn eine Maximalgrenze von 5 % vereinbart worden ist.

3. Der Vorbehalt der Vertragsstrafe

Literatur

Reinicke/Tiedtke, Der Vorbehalt des Rechts auf die bereits erlangte Vertragsstrafe, DB 1983, 1639.

Hedermann, § 640 HGB – Eine Norm mit (un-)wesentlichen Mängeln?, NJW 2015, 2381; *Kögl*, Verlust der Mängelrechte bei fehlendem Vorbehalt nach § 640 Abs. 2 BGB – eine bedeutungslose

---

56) OLG Köln, BauR 1997, 818; vgl. hierzu auch *Bschorr/Zanner*, S. 42.
57) OLG Hamm, BauR 1997, 663 = OLGR 1997, 16 (auch mit Zusatz „Bauseitige Verzögerungen haben nur aufschiebende Wirkung"); OLG Bamberg, BauR 1990, 475 (selbst wenn der Vertragspartner des Verwenders **Kaufmann** ist).
58) BauR 2001, 1101 m.Anm. *Leinemann*.
59) Vgl. hierzu OLG Düsseldorf, BauR 2003, 259 = OLGR 2003, 97.
60) IBR 2010, 383 – *Scheel*.

Vorbehalt der Vertragsstrafe

Vorschrift oder doch eine verhängnisvolle Falle?, BauR 2016, 1844; *Jansen*, Schadensersatz trotz vorbehaltlicher Abnahme in Kenntnis des Mangels, NZBau 2016, 688; *Weyer*, Kein Vorbehalt der Vertragsstrafe bei Aufrechnung vor Abnahme, NJW 2016, 609; *Franz*, Vertragsstrafenvorbehalt nach einer durch den Auftraggeber erklärten Aufrechnung mit dem Vertragsstrafenanspruch, NZBau 2016, 210.

Die Vertragsstrafe kann bei dieser letzten Fallgestaltung (nicht ordnungsgemäße Bauleistung) nur verlangt werden, wenn der Bauherr sich diese **bei der Abnahme** (Annahme) der Bauleistung **vorbehalten** hat; ein entsprechender Vortrag gehört zur schlüssigen Begründung eines Vertragsstrafenanspruchs.[61] Dies gilt sowohl für den BGB-Bauvertrag (§ 341 Abs. 3 BGB) als auch für den VOB-Bauvertrag (§ 11 Abs. 4 VOB/B). Die beiden vorgenannten Vorschriften werden allgemein eng ausgelegt.[62] Der Vorbehalt muss **bei der Abnahme** der Leistung ausgesprochen werden, nicht vorher und nicht nachher; andernfalls entfällt der Anspruch auf die Vertragsstrafe.[63] Nach bisheriger Auffassung des BGH[64] reichte es bisher auch nicht aus, dass der Bauherr mit seinem Vertragsstrafenanspruch **zunächst aufrechnet**, sich aber dann bei der Abnahme später seinen entsprechenden Anspruch wegen der verwirkten **Vertragsstrafe nicht vorbehält**.[65] Mit seiner Entscheidung vom 5.11.2015[66] hat der BGH nunmehr eine Kehrtwendung gemacht. Er gibt seine bisherige Rechtsprechung, die in der Literatur immer wieder auf Widerspruch gestoßen war,[67] ausdrücklich auf. Danach ist der Vorbehalt der Vertragsstrafe bei Abnahme gem. § 341 Abs. 3 BGB jedenfalls dann nicht erforderlich, wenn der Auftraggeber bereits vor Abnahme die Aufrechnung mit der Vertragsstrafe erklärt hat und der Anspruch der Vertragsstrafe in Folge dessen bereits vollständig erloschen ist.

Bei einer **Teilabnahme** ist ein Vorbehalt der Vertragsstrafe nur dann zu erklären, wenn sich die Vertragsstrafenvereinbarung auf den von der Teilabnahme erfassten Teil der Gesamtleistung bezieht. Ist dagegen die Vertragsstrafe **für die nicht rechtzeitige Erbringung** der Gesamtleistung vereinbart worden, ist der Vorbehalt bei der Abnahme der letzten Teilleistung zu erklären.[68] Erst zu diesem Zeitpunkt steht fest, ob und in welcher Höhe eine Vertragsstrafe angefallen ist.[69] Auch wenn eine sog. Vorabnahme in der Baubranche häufig vertraglich vorgesehen und durchgeführt wird, bedarf es dabei noch keines Vorbehaltes, weil das Gesetz eine solche Abnahmeform nicht vorsieht.[70]

---

[61] OLG Frankfurt, OLGR 2005, 893.
[62] BGH, NJW 1971, 883 = MDR 1971, 473; OLG Düsseldorf, BauR 1977, 281.
[63] St. Rspr.; BGH, NJW 1983, 385 = BauR 1983, 80; NJW 1977, 897 = BauR 1977, 280; BauR 1974, 206; ferner: LG Köln, BauR 1972, 57 m.Anm. *Jagenburg*; OLG Hamm, BauR 1976, 63.
[64] BauR 1997, 640 = NJW 1997, 1982 = ZIP 1997, 1034 = EWiR 1997, 489 (m.Anm. *Rieble*; **a.A.:** OLG Düsseldorf, BauR 2001, 112 = NZBau 2001, 91 = OLGR 2001, 29, das bereits einen „zeitnahen" Vorbehalt ausreichen lassen will (ein bis zwei Tage vor Abnahme).
[65] BGH, BauR 1983, 77 = WM 1983, 90; vgl. hierzu *Reinicke/Tiedtke*, DB 1983, 1639; ferner: OLG Celle, MDR 1972, 142; *Döring*, in: Ingenstau/Korbion, § 11 Abs. 4/B, Rn. 3.
[66] BauR 2016, 499 = NZBau 2016, 93 = IBR 2016, 74.
[67] Vgl. hierzu *Weyer*, NJW 2016, 609 sowie *Franz*, NZBau 2016, 210.
[68] OLG Düsseldorf, *SFH*, Nr. 6 zu § 11 VOB/B.
[69] Vgl. auch OLG Köln, OLGR 1996, 177 = BauR 1995, 708 für die nicht rechtzeitige Fertigstellung von **Außenanlagen**.
[70] OLG Düsseldorf, BauR 2001, 112, 113 = NZBau 2001, 91.

2571 Der **Architekt** des Bauherrn benötigt zur wirksamen Erklärung des Vorbehalts eine ausdrückliche **Vollmacht** (vgl. Rdn. 1345 ff.).[71] In Fällen, in denen dem Architekten die Vereinbarung einer Vertragsstrafe bekannt ist oder bekannt sein muss, gehört es nach Auffassung des BGH[72] zu seinen Beratungs- und Betreuungspflichten, „durch nachdrückliche Hinweise an den Bauherrn sicherzustellen, dass bei einer förmlichen Abnahme oder bis zum Ablauf der Fristen aus § 12 Abs. 5 Abs. 1 und 2 VOB/B oder sonstiger für die Abnahme vereinbarter Fristen der erforderliche Vertragsstrafenvorbehalt nicht etwa versehentlich unterbleibt". Im Übrigen ist zur Abgabe der Vorbehaltserklärung und zu ihrer Entgegennahme im Zweifel jeder zur Durchführung der förmlichen Abnahme bevollmächtigte Vertreter der Vertragspartner befugt.[73]

2572 Ob der Vorbehalt der Vertragsstrafe auch bei der **fiktiven Abnahme** (§ 640 Abs. 1 S. 3 BGB/§ 12 Abs. 5 VOB/B) notwendig ist, ist in der Literatur umstritten, wohl aber zu bejahen.[74] Gerade in diesen Fällen wird der Vorbehalt der Vertragsstrafe häufig nicht beachtet (vgl. Rdn. 1854). Nach Auffassung des OLG Düsseldorf[75] genügt es für die Annahme eines wirksamen Vorbehalts der Vertragsstrafe bei einer fiktiven Abnahme der Werkleistung gemäß § 12 Abs. 5 Abs. 2 VOB/B durch Inbenutzungnahme, wenn der Auftraggeber wenige Tage vor dem Einzug und der Fertigstellung der Leistung die Geltendmachung der Vertragsstrafe dem Auftragnehmer gegenüber schriftlich angekündigt hat. Erfolgt die Abnahme durch **schlüssiges Verhalten,** muss der Vorbehalt „bei dem Verhalten, das der Billigung der Leistung angesehen werden kann", erklärt werden.[76]

Der Auftraggeber muss den Vorbehalt der Vertragsstrafe auch für die Abnahmefiktion des § 640 Abs. 1 Satz 3 BGB – **Abnahme durch Fristablauf** – erklären, da diese Abnahmefiktion einer Abnahme gleichgestellt ist (vgl. Rdn. 1830).

2573 Wird über die **Abnahmeverhandlungen** eine **Niederschrift** gefertigt, so reicht es aus, dass in diesem Protokoll der Vorbehalt der Rechte auf die Vertragsstrafe durch den Bauherrn zum Ausdruck kommt, da die Niederschrift **und** die Unterschriftsleistung einen Teil der Abnahme darstellen.[77] Allerdings kann dies wohl nur dann gelten, wenn die Baustellenbesichtigung und die Fertigung der Niederschrift in einem

---

71) Vgl. auch OLG Stuttgart, BauR 1975, 432; *Döring,* in: Ingenstau/Korbion, § 11 Abs. 4/B, Rn. 12.
72) NJW 1979, 1499 m.Anm. *Ganten,* S. 2513 = BauR 1979, 345; vgl. hierzu: OLG Bremen, IBR 2013, 89; OLG Düsseldorf, BauR 2002, 1420 = NJW-RR 2002, 1098 (anders bei eigener Sachkunde des Auftraggebers).
73) BGH, BauR 1987, 92 = NJW 1987, 380 = MDR 1987, 309.
74) Vgl. hierzu insbesondere *Hedermann,* NJW 2015, 2381 mit einer Übersicht zum Stand wie hier Palandt/*Sprau,* § 640 BGB, Rn. 13; *Kupczyk,* NJW 2012, 3353, 3354 f.; **a.A.** OLG Celle, BauR 2004, 381; *Messerschmidt,* in: Messerschmidt/Voit, § 640 BGB Rn. 295; *Hartung,* NJW 2007, 1099, 1101; *Halfmeier/Leupertz,* in: Prütting/Wegen/Weinreich, § 640 BGB, Rn. 14 („anders beim VOB/B-Vertrag"); *Kögl,* BauR 2016, 1844 (Anm. 2).
75) BauR 1985, 327; anders: OLG Düsseldorf, NJW-RR 1994, 408, wonach bei einer Abnahme gem. § 12 Nr. 5 Abs. 2 VOB/B durch Bezug des errichteten Hauses der Vorbehalt wegen einer Vertragsstrafe **innerhalb** von sechs Werktagen nach Beginn der Benutzung erklärt werden muss; ein vorher ausgesprochener Vorbehalt soll wirkungslos sein.
76) So zutreffend: *Kuffer,* in: Heiermann/Riedl/Rusam, § 11/B, Rn. 65.
77) BGH, BauR 1974, 206.

engen zeitlichen Zusammenhang stehen.[78] Das LG Tübingen[79] steht in diesem Zusammenhang sogar auf dem Standpunkt, dass bei einer **förmlichen Abnahme** i.S. des § 12 Abs. 4 VOB/B eine vorbehaltene Vertragsstrafe nur dann wirksam ist, wenn sie in das Abnahmeprotokoll aufgenommen wurde; ein in das Abnahmeprotokoll nicht aufgenommener Vorbehalt soll rechtlich keine Wirkung haben.[80] Behält sich der Bauherr im Abnahmeprotokoll seine Vertragsstrafenansprüche vor, erkennt der Unternehmer mit seiner Unterschrift unter das Protokoll noch nicht das rechtswirksame Bestehen der Ansprüche an.[81] Kommt der Bauherr nach Fertigstellung nicht mehr auf die förmliche Abnahme zurück und treten unter Berücksichtigung des Gesetzes von Treu und Glauben die **Abnahmewirkungen** nach § 12 Abs. 5 VOB/B ein,[82] läuft er Gefahr, berechtigte Vertragsstrafenansprüche zu verlieren, wenn er sie nicht bis zum Eintritt der Abnahmewirkung nach § 12 Abs. 5 VOB/B vorbehalten hat.[83]

Der Vorbehalt einer Vertragsstrafe kann auch in eine formularmäßig vorbereitete **Abnahmeniederschrift** aufgenommen und mit deren Unterzeichnung erklärt werden.[84] Hat zwischen den Vertragsparteien eine förmliche Abnahme stattgefunden, über die ein Abnahmeprotokoll erst zwei Wochen später erstellt und dann von beiden Parteien unterzeichnet wird, so ist nach Meinung des OLG Düsseldorf[85] in der Regel davon auszugehen, dass die in dem Protokoll enthaltenen Erklärungen, auch der Vorbehalt der Vertragsstrafe, **bei** der Abnahmeverhandlung abgegeben worden sind. **2574**

Hat nach der **Kündigung** des Auftraggebers gem. § 8 Abs. 3 VOB/B ein anderer Unternehmer das Werk fertiggestellt, und ist dieses dann durch Benutzung gem. § 12 Abs. 5 Abs. 2 VOB/B abgenommen worden, bedarf es zur Erhaltung einer vom ersten Auftragnehmer geschuldeten Vertragsstrafe keines Vorbehalts gem. § 11 Abs. 4 VOB/B bei dieser Abnahme.[86] Ein Vorbehalt ist aber erforderlich bei einer vom Auftragnehmer nach § 8 Abs. 6 VOB/B erwirkten Abnahme. **2575**

Wird eine vorbehaltslose Annahme vom Auftraggeber erklärt, kann er sie wegen Irrtums gem. § 119 BGB nicht anfechten, weil der Rechtsverlust nicht infolge der falschen Erklärung, sondern kraft Gesetzes eingetreten ist.[87]

---

78) BGH, a.a.O.; BauR 1987, 92 = NJW 1987, 380 = MDR 1987, 309; OLG Düsseldorf, BauR 1982, 582 = *SFH*, Nr. 7 zu § 11 VOB/B.
79) NJW 1973, 1875.
80) Ebenso: *Döring*, in: Ingenstau/Korbion, § 11 Abs. 4/B, Rn. 10.
81) OLG Koblenz, *Schäfer/Finnern*, Z 2.411 Bl. 52.
82) Vgl. dazu *Oppler*, in: Ingenstau/Korbion, § 12 Abs. 5/B, Rn. 4.
83) KG, BauR 1988, 230, 231; *Oppler*, in: Ingenstau/Korbion, § 12 Abs. 5/B, Rn. 5.
84) BGH, BauR 1987, 92 = NJW 1987, 380 = MDR 1987, 309.
85) BauR 1986, 457.
86) BGH, *SFH*, Nr. 3 zu § 8 VOB/B.
87) So richtig *Vogel*, ZfIR 2005, 373, 384; ebenso *Bschorr/Zanner*, 106.

2576 Die Verpflichtung zum Vorbehalt einer Vertragsstrafe ist durch Individualvereinbarungen, **nicht aber in Allgemeinen Geschäftsbedingungen, vollständig abdingbar.**[88] Dies gilt auch gegenüber **Kaufleuten.**[89] Deshalb ist eine Bestimmung in Allgemeinen Geschäftsbedingungen, wonach eine Vertragsstrafe schon bei bloßer Verspätung oder Überschreitung der Ausführungsfristen fällig wird, unwirksam.[90] Der **Zeitpunkt,** in dem die Vertragsstrafe geltend gemacht werden muss, kann jedoch auch in Allgemeinen Geschäftsbedingungen **verschoben** werden.[91] So kann vereinbart werden, dass sich der Auftraggeber eine Vertragsstrafe nicht schon bei der Abnahme vorbehalten muss, sondern sie noch bis zur **Schlusszahlung** geltend machen darf.[92] Allerdings wird man das nur in diesem zeitlichen Rahmen als zulässig ansehen können. In Rechtsprechung[93] und Literatur[94] wird insoweit die Meinung vertreten, dass unter „Schlusszahlung" jeweils die **Fälligkeit der Schlusszahlung** zu verstehen ist; andernfalls hätte der Auftraggeber in der Hand, den Auftragnehmer lange Zeit im Ungewissen zu lassen. Dagegen verstößt eine Bestimmung, wonach die Vertragsstrafe ohne vorherigen Vorbehalt noch bis zum Ablauf der Gewährleistungsfrist geltend gemacht werden kann, gegen § 307 BGB.[95] Dasselbe gilt – auch für den kaufmännischen Verkehr – hinsichtlich einer Klausel in Allgemeinen Geschäftsbedingungen, wonach die verwirkte Vertragsstrafe „der Einfachheit halber von der Schlussrechnung abgezogen" werden kann.[96]

2577 Eines **Vorbehaltes** bei der Abnahme der Leistung **bedarf es nicht,** wenn in diesem Zeitpunkt der **Anspruch im Prozessweg** verfolgt wird.[97] Der BGH begründete dies zu Recht damit, dass nicht einzusehen sei, „wie der Gläubiger sich den Strafanspruch noch deutlicher vorbehalten sollte, als indem er um diesen Anspruch prozessiert". Ein **Vorbehalt** ist auch bei einer **Kündigung** des Bauvertrages **nicht erforderlich.**[98] Unterwirft sich ein Schuldner in einer notariellen Urkunde wegen

---

88) BGH, BauR 1997, 1036 = NJW-RR 1997, 1513 = ZfBR 1998, 35; BGH, NJW 1983, 385 = BauR 1983, 80; NJW 1971, 883 = BauR 1971, 122; **für AGB;** OLG Düsseldorf, BauR 1994, 414 (LS): KG, BauR 1988, 230; OLG Köln, *Schäfer/Finnern,* Z 2.424.1 Bl. 22; OLG Hamm, BB 1975, 853; OLG Karlsruhe, BB 1980, 600; *Döring,* in: Ingenstau/Korbion, § 11 Abs 1/B, Rn. 15; *Nicklisch/Weick,* § 11, Rn. 25 m.w.Nachw. Vgl. hierzu *Reuter,* S. 120 ff.
89) BGH, a.a.O.
90) OLG Düsseldorf, BauR 1985, 327.
91) OLG Düsseldorf, NJW-RR 2001, 1387 = OLGR 2001, 427.
92) BGH, BauR 2000, 1758 = NJW-RR 2000, 1468 = NZBau 2000, 509 = ZfBR 2000, 551; BauR 2003, 870 = NJW 2003, 1805 = ZfIR 2003, 411, 415 = NZBau 2003, 321; NJW 1983, 385 = BauR 1983, 80; NJW 1979, 212 = BauR 1979, 56 = ZfBR 1979, 15 = BB 1979, 69; OLG Hamm, NJW-RR 1987, 468; *Döring,* in: Ingenstau/Korbion, § 11 Abs. 1/B, Rn. 15; **a.A.:** LG München I, *SFH,* Nr. 1 zu § 9 AGB-Gesetz; OLG Hamm, BB 1975, 852; *Ulmer/Brandner/Hensen,* Anh. §§ 9–11, Rn. 727.
93) KG, BauR 2000, 575; OLG Düsseldorf, NJW-RR 2001, 1387 = OLGR 2001, 427; **a.A.:** offensichtlich der BGH, a.a.O., der den Begriff „Schlusszahlung" bislang ohne diese Einschränkung verwendet hat.
94) *Langen,* in: Kapellmann/Messerschmidt, § 11/B, Rn. 115; *Döring,* in: Ingenstau/Korbion, § 11 Abs. 1/B, Rn. 15; Beck'scher VOB-Komm/*Bewersdorf,* B, § 11 Nr. 4, Rn. 40; *Vygen/Schubert/Lang,* Rn. 54; *Kemper,* BauR 2001, 1015, 1020; *Bschorr/Zanner,* S. 105.
95) OLG Nürnberg, MDR 1980, 398.
96) BGH, BauR 1984, 643 = ZfBR 1984, 272.
97) BGH, BauR 1975, 55 in Abweichung von RG, JW 1911, 400 Nr. 8; OLG Zweibrücken, IBR 2015, 475 – *Berger;* OLG Düsseldorf, *SFH,* Nr. 6 zu § 11 VOB/B.
98) BauR 1981, 373.

einer Vertragsstrafe der sofortigen Zwangsvollstreckung, so ist damit in der Regel nicht stillschweigend das Erfordernis eines Vorbehalts nach § 341 BGB abbedungen.[99]

Wird die **Abnahme** vom Auftraggeber zu Recht oder zu Unrecht **verweigert,** bedarf es nicht eines entsprechenden Vorbehalts.[100] Auch bei einer Ersatzvornahme nach § 637 BGB ist die Erklärung des Vorbehalts zur Wahrung des Rechts auf die Vertragsstrafe nicht erforderlich.[101]

Bei alledem ist zu beachten, dass bei **vorbehaltloser Abnahme** der verschuldensunabhängige **Anspruch auf Schadensersatz gem. 634 Nr. 4 BGB bestehen bleibt**; dies ergibt sich aus § 640 Abs. 2 BGB.[102]

4. Die Höhe der Vertragsstrafe

Literatur

Kapellmann/Langen/Schiffers, Bemessung von Vertragsstrafen für verzögerte Baufertigstellung in AGB, BB 1987, 560; *Weyer*, Verteidigungsmöglichkeiten des Unternehmers gegenüber einer unangemessen hohen Vertragsstrafe, BauR 1988, 28; *Greiner*, Die „Auftragssumme" bei Vereinbarung einer Vertragsstrafe, ZfBR 1999, 62; *Minuth*, Das Verhältnis von Tagessatz zu Obergrenze als neues Kriterium bei der AGB-Prüfung einer Vertragsstrafenklausel?, NZBau 2000, 322; *Kemper*, Die Vereinbarung von Vertragsstrafe bei Fristüberschreitung in Allgemeinen Geschäftsbedingungen, BauR 2001, 1015; *Pauly*, Zur Problematik der Vertrauensschutzgrenze bei alten Bauvertragsstrafenklauseln – Zugleich Besprechungen des BGH-Urteils v. 8.7.2004 – VII ZR 24/03 –, BauR 2005, 1229; *Hafkesbrink/Schoofs*, Die Geltung der Vertragsstrafenregelung bei Vereinbarung von neuen Terminen, BauR 2010, 133.

Die **Höhe** der Vertragsstrafe kann grundsätzlich zwischen den Vertragsparteien **frei vereinbart** werden,[103] doch kann das Gericht auf Antrag des Unternehmers die Vertragsstrafe auf einen angemessenen Betrag herabsetzen, wenn die verwirkte Strafe unverhältnismäßig hoch ist (§ 343 BGB). Diese Vorschrift ist zwingendes Recht und nicht abdingbar. Ob eine Vertragsstrafe unangemessen hoch ist, hängt von den Umständen des jeweiligen Einzelfalles ab, insbesondere von der wirtschaftlichen Lage der Vertragsparteien, dem Grad des Verschuldens des Unternehmers,[104] der Höhe des eingetretenen oder zu erwartenden Schadens. Darüber hinaus setzt § 443 BGB ein wirksames Vertragsstrafenversprechen voraus. Ein solches ist nicht gegeben, wenn z.B. die vereinbarte Vertragsstrafe im Hinblick auf die Höhe sittenwidrig ist.[105] Die Vorschrift des § 343 BGB findet keine Anwendung bei Kaufleuten (§§ 348, 351 HGB).[106]

2578

---

99) BGH, DB 1979, 883 = WM 1979, 555.
100) BGH, BauR 1997, 640 = NJW 1997, 1982 = ZIP 1997, 1034 = EWiR 1997, 489 (m.Anm. *Rieble*).
101) BGH, a.a.O.
102) Vgl. hierzu *Jansen*, NZBau 2016, 688 sowie *Kögl*, BauR 2016, 1844.
103) Die Grenze bestimmt sich nach § 138 BGB; vgl. hierzu *Weyer*, BauR 1988, 28, 29.
104) Vgl. LG Berlin, NJW 1996, 1142.
105) Vgl. hierzu OLG Celle, BauR 2001, 1108 (**individuell** vereinbarte Vertragsstrafe von 15 % der Vertragssumme **sittenwidrig**, wenn aufgrund der konkreten vertraglichen Ausgestaltung mit einer Verwirkung zwangsläufig gerechnet werden muss).
106) **Herrschende Meinung;** vgl. *Weyer*, BauR 1988, 28, 32 (auch beim VOB-Bauvertrag); *Döring*, in: Ingenstau/Korbion, § 12/A, Rn. 16.

Steht eine vereinbarte Vertragsstrafe in einem **außerordentlichen Missverhältnis zur Bedeutung der Zuwiderhandlung**, ist ihre Herabsetzung nach Auffassung des BGH[107] nach dem Grundsatz von Treu und Glauben gemäß § 242 BGB geboten, auch wenn eine Verringerung der Vertragsstrafe wegen unverhältnismäßiger Höhe nach § 343 BGB gemäß § 348 BGB ausgeschlossen ist; in diesem Fall ist die Vertragsstrafe nicht auf die nach § 343 BGB angemessene Höhe, sondern auf das Maß zu reduzieren, das ein Eingreifen des Gerichts nach § 242 BGB noch nicht rechtfertigen würde.

2579 Eine Vertragsstrafe kann in Form eines **pauschalen Geldbetrages** oder eines **prozentualen Anteils der Auftragssumme vereinbart** werden. Ist eine Vertragsstrafe in Höhe eines Prozentsatzes vereinbart und kommt der Unternehmer lediglich mit einem bestimmten Teil der Gesamtleistung in Verzug, so errechnet sich die verwirkte Vertragsstrafe nach der vereinbarten Gesamtvergütung und nicht nur von demjenigen Teil der gesamten Vergütung, der dem verspätet fertiggestellte Anteil an der Gesamtleistung entspricht.[108] Meist wird jedoch eine Abrede zwischen den Parteien getroffen, dass die Vertragsstrafe nach Tagen (bis zur endgültigen Fertigstellung der Bauleistung) bemessen sein soll („je Tag verspäteter Fertigstellung gilt eine Vertragsstrafe in Höhe von 100 € bis zur endgültigen Fertigstellung als vereinbart").

2580 Nach der Rechtsprechung des BGH[109] hält eine Vertragsstrafenklausel der Inhaltskontrolle nicht Stand,

* wenn die Vertragsstrafen-Abrede **keine Begrenzung nach oben** (Gesamthöhe) aufweist

oder

* wenn der vereinbarte **Tagessatz** der Vertragsstrafe **unangemessen hoch** ist

oder

* wenn der vereinbarte **Tagessatz im Verhältnis zu der festgelegten Gesamthöhe** der Vertragsstrafe unangemessen ist.

Nach BGH muss jede in **AGB** enthaltene Vertragsstrafe, deren Höhe sich nach einem bestimmten Vomhundertsatz der Auftragssumme je Kalender-, Werk- oder Arbeitstag richtet (auch wenn der Vomhundertsatz verhältnismäßig niedrig ist, z.B.: **0,15 % je Werktag**) eine **Begrenzung nach oben** aufweisen.[110] Eine angemessene

---

107) BauR 2009, 501.
108) *Döring*, in: Ingenstau/Korbion, § 12/A, Rn. 20; § 12/A, Rn. 18; **a.A.:** OLG München, *Schäfer/Finnern*, Z 2.411 Bl. 59.
109) Vgl. hierzu *Kemper*, BauR 2001, 1015.
110) BauR 2000, 1049 = NJW 2000, 2106 = ZfBR 2000, 331 = MDR 2000, 827 = NZBau 2000, 327; BauR 1989, 327 = NJW-RR 1989, 527 = ZfBR 1989, 102; BauR 1989, 459 = NJW-RR 1989, 916; BauR 1988, 86 = NJW-RR 1988, 146 = DB 1988, 108; OLG Düsseldorf, IBR 2013, 463 – *Karczewski*; OLG Brandenburg, BauR 2007, 897; OLG Hamm, OLGR 1995, 52; OLG Oldenburg, OLGR 1994, 332 (auch zur Haftung des Architekten bei unwirksamer Vereinbarung).

Höhe der Vertragsstrafe Rdn. 2581

Grenze nach oben[111]) ist schlechthin, also nicht nur bei größeren,[112]) sondern auch bei **kleineren**[113]) Bauaufträgen **unverzichtbar**. Das gilt auch dann, wenn der Vertragspartner des Verwenders Kaufmann ist.[114])

Unter diesem Gesichtspunkt hat der BGH[115]) eine Klausel mit einem **Tagessatz** von **0,1 %** sowie **0,2 %** bei einer **Obergrenze** von **10 %** der Angebotssumme bislang (vgl. zur neuen Obergrenze Rdn. 2582) als wirksam angesehen.[116]) Auch **Tagessätze** von **0,15 %**[117]), **0,2 %**[118]) und **0,3 %**[119]) wurden vom BGH – in z.T. älteren Entscheidungen – grundsätzlich nicht beanstandet. Dagegen wurden Tagessätze von 1,5 % (ohne Obergrenze)[120]) sowie 0,5 % (trotz Obergrenze)[121]) für unwirksam erachtet.

Da es nach der Rechtsprechung keine verbindlichen Prozentsätze gibt, ist stets auf die Umstände des **Einzelfalles** bei der Beurteilung der Angemessenheit der Vertragsstrafe abzustellen. Insoweit hat der BGH[122]) allerdings grundlegende Ausführungen gemacht: **2581**

---

111) Vgl. hierzu LG München, ZfBR 1990, 117 (Unwirksamkeit einer Klausel in AGB, wonach der Auftragnehmer bei Verzug eine Vertragsstrafe von **0,5 %** der Auftragssumme je Kalendertag, höchstens jedoch 20 % der Auftragssumme, zu zahlen hat); OLG Hamm, OLGR 1992, 276 (Beschränkung auf **40 %** der Bruttovergütung); OLG Zweibrücken, BauR 1994, 509 = NJWRR 1994, 1363 (Unwirksamkeit einer AGB-Klausel, die eine Vertragsstrafe von **0,2 %** der Vertragssumme pro Werktag bei einer Höchstgrenze von 20 % der Vertragssumme inklusive Mehrwertsteuer vorsieht); OLG Saarbrücken, NJW-RR 2001, 1030 (Unwirksamkeit einer Vertragsstrafe in AGB mit Obergrenze von 12 % der Auftragssumme – insbesondere bei öffentlichem Auftraggeber).
112) BGH, BauR 1988, 86 = NJW-RR 1988, 146 = DB 1988, 108.
113) BGH, ZfBR 1989, 102 = BauR 1989, 327 = NJW-RR 1989, 527; ferner: BGH, BauR 1989, 459 = NJW-RR 1989, 916; OLG Bamberg, BauR 1990, 475, 477 (Begrenzung nach oben auch bei „auffallend niedriger" Vertragsstrafe).
114) BGH, BauR 1988, 86 = NJW-RR 1988, 146; OLG Nürnberg, BB 1983, 1307.
115) BauR 1987, 92 = NJW 1987, 380 = MDR 1987, 309; BauR 2001, 791 = NZBau 2001, 257; ebenso OLG Düsseldorf, NZBau 2002, 226.
116) *Kapellmann/Langen/Schiffers*, BB 1987, 560, sind der Meinung, dass die Grenze „nach oben" bei 20 % der Nettoabrechnungssumme gezogen werden sollte, wenn die Vertragsstrafe höher als 0,1 % je Arbeitstag ist. Bei geringeren Vertragsstrafen sollte es nach ihrer Auffassung keine Höchstgrenze geben. Im Übrigen differenzieren sie hinsichtlich des angemessenen Prozentsatzes je Arbeitstag auch im Hinblick auf die Nettoabrechnungssumme und geben insoweit genaue Prozentsätze an, obwohl der BGH darauf hingewiesen hat, dass eine allgemein gültige Bestimmung der zulässigen Strafhöhe nicht möglich ist, sondern vielmehr entscheidend darauf abgestellt werden muss, welche Sachverhalte die jeweilige Strafklausel erfasst (BGH, BauR 1983, 80, 83 = NJW 1983, 385, 387; vgl. auch *Weyer*, BauR 1988, 28, 30; *Korbion/Locher*, Rn. 159).
117) BauR 1988, 86 = NJW-RR 1988, 146 (aber beanstandet, wegen fehlender Begrenzung).
118) BauR 1976, 279 (allerdings ohne Obergrenze).
119) BauR 2008, 508 = NZBau 2008, 376 = IBR 2008, 143 – *Vogel* (vgl. hierzu aber Rn. 2596); ebenso: Thüringer OLG, OLGR 1999, 193; **a.A.:** OLG Dresden, BauR 2001, 949 mit Anm. *Althoff*.
120) BGH, BauR 1981, 374 = ZfBR 1981, 182.
121) BGH, BauR 2002, 1086 = NJW-RR 2002, 806 = NZBau 2002, 383; ebenso BGH, NZBau 2002, 385 sowie OLG Köln, IBR 2012, 137 – *Bolz* und OLG Brandenburg, BauR 2003, 1404.
122) BauR 2000, 1049 = NJW 2000, 2106 = ZfBR 2000, 331 = MDR 2000, 827 = NZBau 2000, 327; **a.A.:** OLG Dresden, BauR 2000, 1881, 1882. Kritisch hierzu: *Minuth*, NZBau 2000, 322.

„Die zulässige Ausgestaltung einer in Allgemeinen Geschäftsbedingungen vereinbarten Vertragsstrafe lässt sich allgemein gültig nicht bestimmen. Es gibt jedoch einen Rahmen für wirksame Strafklauseln. Dieser ergibt sich aus dem doppelten Zweck der Vertragsstrafe. Sie soll als Druckmittel den Schuldner anhalten, seine Leistung ordnungsgemäß zu erbringen. Zugleich soll sie den Gläubiger in den Stand setzen, sich bei Verletzung der sanktionierten Vertragspflichten jedenfalls bis zur Höhe der Vertragsstrafe ohne Einzelnachweis schadlos zu halten. (Vgl. BGH, Urteil v. 18.11.1982 – VII ZR 305/81 –, BauR 1983, 80 = BGHZ 85, 305, 312 m.w.N.)

Die Druckfunktion erlaubt durchaus eine spürbare Vertragsstrafe. Mit ihr kann deutlich gemacht werden, welches Gewicht sowohl dem Termin als auch der Dauer seiner Überschreitung beigemessen wird, und entschieden darauf hingewirkt werden, dass Verzögerungen unterbleiben oder in Grenzen gehalten werden. Das Maß der Vertragsstrafe muss nach den in Betracht kommenden Auswirkungen bestimmt werden (BGH, a.a.O., 314, 315; Urteil v. 12.3.1981 – VII ZR 293/79 –, BauR 1981, 374). Gerade bei Bauverträgen mit hoher Auftragssumme ist darauf zu achten, dass sich die Vertragsstrafe in wirtschaftlich vernünftigen Grenzen hält. (BGH, Urteil v. 22.10.1987 – VII ZR 167/86 –, BauR 1988, 86).

Der weitere Zweck, dem Gläubiger den Einzelnachweis eines Schadens zu ersparen, weist in dieselbe Richtung. Die Vertragsstrafe muss sich innerhalb voraussichtlicher Schadensbeträge halten. Entgegen der Auffassung des Berufungsgerichts kommt es nicht auf den individuellen Schaden des Vertragsstrafengläubigers an. Die Inhaltskontrolle nach § 9 Abs. 1 AGBG beruht auf einer allgemeinen Interessenabwägung. Maßgeblich ist eine überindividuell-generalisierende, von den konkreten Umständen des Einzelfalles absehende Betrachtungsweise. (Vgl. *Ulmer/Brandner/Hensen*, AGBG, 8. Aufl., § 9 Rn. 78; *Wolf/Horn/Lindacher*, AGBG, 3. Aufl., § 9 Rn. 51, jeweils m.w.N.) Dementsprechend kommt es darauf an, ob allgemein bei Verträgen der von den Parteien geschlossenen Art Nachteile zu erwarten sind, welche die Ausgestaltung der Vertragsstrafe als angemessen erscheinen lassen.

Diese Grundsätze sind nicht nur für die Beurteilung der in der Strafklausel vorgesehenen Gesamthöhe maßgeblich, sondern ebenso für den Tagessatz. Dieser bestimmt das Zeitmaß: Ein hoher Tagessatz lässt die Vertragsstrafe schneller anwachsen und die Obergrenze erreichen als ein niedriger Tagessatz. Die Bemessung der Zeitspanne, in der eine ansonsten unproblematische Vertragsstrafe ganz oder teilweise verfällt, kann dazu führen, dass die Zwecke der Vertragsstrafe verfehlt werden und diese den Zusammenhang mit den Verzugsauswirkungen verliert. Eine solche Folge ist unzulässig."

2582 Dementsprechend hat der BGH[123] eine Vertragsstrafe von **0,5 %, höchstens** jedoch **5 % der Auftragssumme** für **unwirksam** erklärt. Dabei hat er darauf hingewiesen, dass hier die Obergrenze schon nach 10 Tagen erreicht wird und deshalb dem Auftragnehmer aufgrund des schnellen Fristablaufs keine Möglichkeit bleibt, zu reagieren und die Verwirkung der vollen Vertragsstrafe durch erhöhten Arbeitsaufwand zu vermeiden („Die bei einer angemessen gestalteten Vertragsstrafenklausel mit jedem Tag des Verzuges steigende Dringlichkeit der Erledigung kann nicht entstehen"). Ähnlich hat das OLG Naumburg[124] entschieden und eine Vertragsstrafenklausel in Höhe von **1 % der Abrechnungssumme pro Werktag** für unwirksam erklärt, auch wenn in einem solchen Fall eine Obergrenze von 10 % der Abrechnungssumme festgelegt wurde. Das Schleswig-Holsteinische OLG[125] hat

---

123) BGH, a.a.O.; bestätigt von BGH, NZBau 2013, 222 m.Anm. Bräuer = ZfBR 2013, 230 = IBR 2013, 69 – *Berger*. Vgl. hierzu auch *Mayr*, BauR 2013, 1192. Ebenso: BGH, BauR 2002, 791 bei einer Obergrenze von 10 % („Der Tagessatz von 0,5 % der Auftragssumme übt einen wirtschaftlich nicht mehr vertretbaren Druck auf den Auftragnehmer aus").
124) OLGR 1999, 297.
125) BauR 2005, 1641.

eine Vertragsstrafe von 0,3 % je Werktag mit Obergrenze 10 % ebenfalls als unangemessen und daher unwirksam angesehen.

Wie aus den vorangegangenen Ausführungen (insbesondere der Rspr. des BGH) deutlich wird, hat der BGH bislang eine Obergrenze von 10 % mit einem Auftragsvolumen bis zu ca. 13 Mio. DM (!) grundsätzlich unbeanstandet gelassen,[126] es sei denn, dass die Tagessätze zu hoch angesetzt waren. Der BGH[127] hat zwischenzeitlich diese Rechtsprechung aufgegeben und entschieden, dass eine in **Allgemeinen Geschäftsbedingungen** des Auftraggebers enthaltene Vertragsstrafenklausel in einem Bauvertrag den Auftragnehmer unangemessen benachteiligt, wenn sie eine **Höchstgrenze von über 5 %** der Auftragssumme vorsieht; er begründet seine Auffassung damit, dass sich die Druck- und Kompensationsfunktion der Vertragsstrafe in wirtschaftlich vernünftigen Grenzen halten muss. Sollte die Höchstgrenze von 5 % der Auftragssumme im Einzelfall nicht ausreichen, bleibe es den Parteien unbenommen, individuell eine höhere Obergrenze zu vereinbaren.

Wegen des berechtigten Vertrauensschutzes in die bisherige Rspr. hat der BGH in dieser Entscheidung erneut[128] einen Übergangszeitraum angegeben: danach besteht grundsätzlich Vertrauensschutz hinsichtlich der Zulässigkeit einer Obergrenze von bis zu 10 % für Verträge mit einer Auftragssumme von bis zu ca. 13 Mio. DM, die vor dem Bekanntwerden dieser Entscheidung geschlossen worden sind.[129] Zwischenzeitlich hat der BGH[130] ferner entschieden, dass eine in AGB des Auftraggebers enthaltene Vertragsstrafenklausel mit einer Obergrenze von 10 % in einem Bauvertrag mit einer für die Vertragsstrafe maßgeblichen Abrechnungssumme ab 15 Mio. DM auch dann unwirksam ist, wenn der Vertrag vor dem Bekanntwerden der vorerwähnten Entscheidung geschlossen worden ist. Bei Verträgen unterhalb einer Abrechnungssumme von 15 Mio. DM kann Vertrauensschutz nur für Verträge in Anspruch genommen werden, die bis zum 30.6.2003 geschlossen worden sind.

Grundsätzlich können auch **Zwischenfristen** mit einer Vertragsstrafe sanktioniert werden.[131] Allerdings: Eine Vertragsstrafenregelung in AGB-Formularverträgen des Auftraggebers, die bei einem Bauvertrag Vertragsstrafen an die **Überschreitung von Zwischenfristen** knüpft, kann nach einer Entscheidung des OLG Bremen[132] unwirksam sein, „wenn durch zahlreiche Zwischenfristen bei einer Überschreitung der ersten Frist eine sehr hohe Vertragsstrafe erreicht werden kann". Auch der

---

126) Vgl. BGH, BauR 2001, 791; BauR 2000, 1049 = NJW 2000, 2106; BauR 1987, 92, 98 = ZfBR 1987, 35.
127) BauR 2003, 870 = NZBau 2003, 321 = MDR 2003, 804 = NJW 2003, 1805 = ZfIR 2003, 411 m.Anm. *Schwenker;* ferner BGH, IBR 2008, 376 – *Schulze-Hagen;* OLG Bamberg, BauR 2013, 102 (5 % Obergrenze „pro Gewerk" unwirksam) = IBR 2013, 12 – *Berger;* **a.A.:** OLG Köln, IBR 2013, 14 – *Müller;* vgl. hierzu auch *Reuter,* S. 130 ff.; *Frerick,* ZfBR 2003, 536; *Roquette/Laumann,* BauR 2003, 1271; *Wolter,* BauR 2003, 1274. Ebenso OLG Oldenburg, BauR 2005, 887 = OLGR 2005, 71.
128) Wie schon in der Entscheidung zur ergänzenden Vertragsauslegung bei unwirksamen Formularklauseln, vgl. BGH, BauR 2002, 1533 = NJW 2002, 3098 = MDR 2002, 1365 = NZBau 2002, 559 = IBR 2000, 543.
129) BGH, BauR 2003, 870 = NZBau 2003, 321 = NJW 2003, 1805.
130) BauR 2004, 1609 = IBR 2004, 561 – *Vogel.*
131) Vgl. hierzu insbesondere *Retzlaff,* BauR 2015, 384, 385 f.
132) NJW-RR 1987, 468; ebenso: OLG Naumburg, IBR 2012, 136 – *Ludgen;* OLG Nürnberg, NZBau 2010, 566 m.Anm. *Boldt;* OLG Jena, BauR 2003, 1416; OLG Hamm, BauR 2000, 1202 = OLGR 2000, 149 = MDR 2000, 881; OLG Koblenz, BauR 2000, 1338 = NJW-RR 2000, 1042 = NZBau 2000, 330; *Luft,* NJW 2016, 2470, 2471. Vgl. hierzu auch *Kemper,* BauR 2001, 1015, 1018 sowie *Retzlaff,* BauR 2015, 384/5.

BGH[133] hat „Bedenken" gegen die **Kumulierung von Einzelvertragsstrafen für Zwischenfristen** angemeldet, selbst wenn der jeweils vereinbarte Tagessatz (z.B. 0,3 %) für die Bemessung der Vertragsstrafe als angemessen anzusehen ist **(sog. Kumulierungsverbot)**. Der BGH begründet seine berechtigten Bedenken damit, dass bei nur geringfügigen Verzögerungen innerhalb des vereinbarten und mit einer Vertragsstrafe bewehrten Bauzeitenplans die gesamte Vertragsstrafe (z.B. in Höhe von 5 %) unabhängig davon verwirkt ist, ob der Endtermin eingehalten wird. Eine solche Vertragsstrafenregelung kann nur dann wirksam sein, wenn **der Vereinbarung der Zwischenfristen** eine über die Absprache **hinausgehende Bedeutung zukommt**.[134] Das kann beispielsweise der Fall sein, wenn innerhalb eines Bauvorhabens die Durchführung der Nachfolgegewerke von der schrittweisen und durch Zwischentermine abgesicherten Leistungserbringung der Vorgewerke abhängig ist.[135] Im Übrigen ist aber davon auszugehen, dass eine solche Vertragsstrafe unwirksam ist, wenn die vom BGH genannte Konsequenz nicht vertraglich abbedungen oder abgeschwächt wird.

Eine Klausel hält der BGH[136] auch für unwirksam, soweit sie die Vertragsstrafe für einen Zwischentermin an die gesamte Auftragssumme anknüpft, die auch durch Leistungen erwirtschaftet wird, die nach dem Zwischentermin erbracht werden. Nach Ansicht des BGH[137] berührt allerdings die Unwirksamkeit der vorerwähnten Vertragsstrafenklauseln nicht die Wirksamkeit der hiervon trennbaren Vertragsstrafenklausel zur Überschreitung des Termins zur Fertigstellung des gesamten Werkes. Die Vertragsstrafenregelung in AGB für eine Bauzeitüberschreitung, die dem Auftragnehmer das Schlechtwetterrisiko zuweist, bei nachträglichen Sonderwünschen keine Bauzeitverlängerung vorsieht und auch keine Begrenzung der Höhe enthält, ist nach Auffassung des OLG Köln[138] mit § 307 BGB unvereinbar.

2584 Nach dieser Rechtsprechung wird man Vertragsstrafenvereinbarungen in Allgemeinen Geschäftsbedingungen/Formularverträgen nur noch dann – auch im kaufmännischen Verkehr – als wirksam betrachten können,

* wenn die Vertragsstrafe eine **vertretbare Höhe** unter Berücksichtigung der Umstände des jeweiligen Einzelfalles aufweist oder
* wenn die Vertragsstrafe **betragsmäßig** oder prozentual nach oben angemessen **begrenzt** wird[139] (z.B. „höchstens bis zu X € oder Y% der Auftragssumme") oder

---

133) BauR 1999, 645 = NJW 1999, 1108 = MDR 1999, 540 = ZfBR 1999, 188; BauR 2001, 791 = NZBau 2001, 257; ferner: BGH, BauR 2001, 945 = NJW 2001, 1346 = NZBau 2001, 257 = ZfBR 2001, 316; vgl. hierzu OLG Nürnberg, BauR 2010, 1591; OLG Jena, OLGR 2002, 334 = MDR 2002, 1245 = NJW-RR 2002, 1178. Vgl. hierzu auch *Reuter*, S. 139 ff. sowie *Langen*, in: Kapellmann/Messerschmidt, § 11/B, Rn. 77 ff.
134) BGH, NZBau 2013, 222 m.Anm. Bräuer = ZfBR 2013, 230 = IBR 2013, 69 – *Berger*.
135) Zum Kumulierungsverbot bei verschiedenen Bauabschnitten vgl. BGH, BauR 2003, 870, 875 = NZBau 2003, 321 = ZfIR 2003, 411 m.Anm. *Schwenker*, sowie BGH, BauR 1999, 645, 646 = ZfBR 1999, 18.
136) IBR 2013, 69 – *Berger*.
137) BauR 2001, 791 = NZBau 2001, 257 = NJW-RR 2001, 738.
138) NJW-RR 1988, 654.
139) Vgl. OLG Hamm, NJW-RR 1992, 1206 (0,5 % der Bruttoauftragssumme je Kalendertag, beschränkt auf 40 % der Bruttovergütung; unangemessene Höhe der absoluten Begrenzung); ebenso: OLG Oldenburg, OLGR 1998, 271; ferner: OLG Düsseldorf, BauR 1982,

* wenn die Vertragsstrafe **zeitlich angemessen begrenzt** wird (z.B. „höchstens bis zu X Arbeitstagen Verzug").

Eine „geltungserhaltende Reduktion" in der Weise, dass Unwirksamkeit einer Klausel nur eintritt, wo Unangemessenheit vorliegt, wird vom BGH[140] ausdrücklich abgelehnt. Der BGH weist zu Recht darauf hin, dass aufgrund der Unwirksamkeit unangemessen hoher Vertragsstrafenklauseln eine richterliche Herabsetzung gemäß § 343 BGB nicht in Betracht kommen kann.

Vorformulierte Vertragsbedingungen eines Bauvertrages bleiben im Übrigen auch dann Allgemeine Geschäftsbedingungen i.S. der §§ 305 ff. BGB, wenn der Verwender die im Formular zunächst offen gelassene Höhe der Vertragsstrafe vor Vertragsschluss ausfüllt („1 %"), es sei denn, dass die auf diese Weise eingefügte Vertragsbedingung zwischen den Vertragsparteien im Einzelnen ausgehandelt wurde.[141]

Hängt die Höhe der prozentual festgelegten Vertragsstrafe von der Brutto-Schlussrechnungssumme ab, scheitert eine Berechnung nicht an einer fehlenden Schlussrechnung, wenn die Parteien einen Pauschalfestpreis vereinbart haben und damit die Brutto-Schlussrechnungssumme von vornherein feststeht.[142] Im Übrigen steht es den Parteien frei, die **Bezugsgröße der Vertragsstrafe** zu bestimmen. Um dem Transparenzgebot Rechnung zu tragen, ist es aber insoweit erforderlich, die Bemessungsgrundlage für den Tagessatz der Vertragsstrafe eindeutig zu bestimmen.[143] Das kann z.B. in der Weise geschehen, dass auf die **Auftragssumme**, also auf die vor Ausführung des Auftrages vereinbarte Vergütung, oder auf die **Schlussrechnungssumme** Bezug genommen wird. Bei einer unklaren Regelung hinsichtlich der Bemessungsgrundlage kann die Vertragsstrafenklausel wegen des Verstoßes gegen das Transparenzgebot unwirksam sein.[144] Haben die Parteien insoweit keine ausdrückliche Vereinbarung getroffen, richtet sich die Vertragsstrafe nach der **beauftragten (Netto-)Gesamtvergütung**, nicht dagegen nach dem Anteil der noch nicht ausgeführten Leistung der Vergütung.[145]

Das LG Osnabrück[146] hält eine Vertragsstrafenregelung für intransparent, wenn neben dem Begriff „Auftragssumme" auch noch der Begriff „Endbetrag der Auftragssumme" für die Höhe der Vertragsstrafe maßgeblich sein soll, weil unter dem Begriff „Endbetrag der Auftragssumme" nach dem objektiven Empfängerhorizont die Summe sämtlicher Aufträge zu verstehen ist, die bis zum Ende der Ausführung angefallen sind.

582, 583; OLG Düsseldorf, BauR 1985, 327 (200 DM je Kalendertag ohne Obergrenze); OLG Frankfurt, CR 1994, 355; OLG Zweibrücken, BauR 1994, 509, 511 = NJW-RR 1994, 1362 (Obergrenze von 20 % der Bruttovertragssumme unangemessen).
140) BGH, BauR 1981, 374 = DB 1981, 1663 = ZfBR 1981, 182 = WM 1981, 523 sowie BGH, NJW 1983, 385 = BauR 193, 80.
141) OLG Nürnberg, BB 1983, 1307.
142) So zutreffend: OLG Düsseldorf, NJW-RR 2001, 1597.
143) BGH, BauR 2008, 508 = NZBau 2008, 376.
144) BGH, a.a.O.; vgl hierzu auch LG Kleve, IBR 2012, 323 – *Franz*.
145) *Bschorr/Zanner*, S. 61; *Vogel*, ZfIR 2005, 373, 378.
146) IBR 2011, 629 – *Schliemann*.

2585 Für die **Berechnung der Frist** gilt Folgendes:

Beim BGB-Bauvertrag werden grundsätzlich die **Sonn-** und **Feiertage** sowie **Samstage** mitgerechnet. Stets kommt es aber auf die Abrede im Einzelfall an, da die Bemessungsgrundlage der Vertragsstrafe nach Arbeitstagen, nach Werktagen oder nach Kalendertagen einvernehmlich erfolgen kann. Kapellmann/Langen/Schiffers[147] halten allerdings die Anknüpfung der Vertragsstrafe an Kalendertage in AGB oder Formularverträgen für unbillig i.S. von § 307 BGB, weil die Vertragsstrafe hier auch an Sonn- und Feiertagen verwirkt wird, obwohl der Unternehmer – von Sondererlaubnissen abgesehen – an diesen Tagen gar nicht arbeiten darf.

2586 Im Übrigen gelten die §§ 187 ff. BGB. Ist die VOB vereinbart, so zählen bei der Berechnung der Vertragsstrafe nur die Werktage, nicht dagegen die Sonn- und Feiertage, wenn die Vertragsstrafe nach Tagen bemessen ist (§ 11 Abs. 4 VOB/B). Arbeitsfreie Samstage zählen insoweit allerdings als Werktage, sodass sie bei der Berechnung der Vertragsstrafe mitzuzählen sind;[148] dies geht aus § 11 Abs. 3 VOB/B eindeutig hervor, da die VOB von einer 6-Tage-Woche spricht. In § 11 Abs. 3, 2. Halbsatz ist nämlich die Regelung getroffen, dass bei einer Bemessung der Vertragsstrafe nach Wochen jeder Werktag einer angefangenen Woche „als ⅙ Woche gerechnet" wird.

2587 In der Regel wird in Bauverträgen eine Vertragsstrafe für die **nicht fristgerechte Vertragserfüllung** vereinbart. Entweder wird dann ein Zeitplan nach Kalendertagen, -wochen oder -monaten (z.B. „Fertigstellung 6 Monate nach Baugenehmigung" oder „11 Wochen nach Baubeginn") oder nach Datum („Fertigstellung bis zum …") abgesprochen. Verzögert sich dann der Beginn oder der Ablauf des Bauvorhabens, kommt es meist zwischen den Vertragsparteien zu einer Auseinandersetzung, ob die Vertragsstrafenabrede überhaupt noch eingreift bzw. in welcher Höhe sie zu berechnen ist.

2588 Insoweit gelten folgende **Grundsätze:**[149]

Wird der **gesamte Zeitplan** durch Umstände völlig **umgeworfen**, die vom Auftragnehmer nicht zu vertreten sind, **entfällt** ein Anspruch auf die **Vertragsstrafe** ganz.[150] Insoweit kommen z.B. in Betracht: umfangreiche **Sonderwünsche**, ver-

---

147) BB 1987, 560, 561.
148) Sofern nicht das Ende der Frist auf einen Samstag fällt (§ 193 BGB); BGH, WM 1979, 1045; BGH, BauR 1978, 485 = DB 1978, 2313 = ZfBR 1978, 75; *Döring*, in: Ingenstau/Korbion, § 11 Abs. 3/B, Rn. 3; **a.A.:** *Brügmann*, BauR 1978, 22.
149) Vgl. hierzu insbesondere *Pauly*, NZBau 2016, 251.
150) BGH, BauR 1999, 645, 648 = NJW 1999, 1108 = MDR 1999, 540 = ZfBR 1999, 188; BauR 1974, 206 sowie NJW 1966, 971 = MDR 1966, 495; OLG Köln, IBR 2013, 606 – *Ludgen*; OLG Düsseldorf, IBR 2017, 17 – *Oberhauser*; BauR 2012, 1418 sowie BauR 1983, 582; OLG Dresden, IBR 2009, 574 – *Karczewski*; *Retzlaff*, BauR 2015, 384, 387; *Schwenker*, BauR 2008, 175; *Döring*, in: Ingenstau/Korbion, § 11 Abs. 3/B, Rn. 9; *Weyer*, BauR 1988, 28, 32; *Kemper*, BauR 2001, 1015, 1019; OLG Hamm, OLGR 1997, 16, 18, das darauf hinweist, dass eine Klausel (wie z.B. „Bauseitige Verzögerungen haben nur aufschiebende Wirkung") unwirksam ist, weil es Treu und Glauben widerspricht, den Auftragnehmer in einem solchen Fall an der Vertragsstrafenvereinbarung festzuhalten; **a.A.:** *Börgers*, BauR 1997, 917, 921; *Langen*, in: Kapellmann/Messerschmidt, § 11/B, Rn. 27 ff.; Beck'scher VOB-Komm/ *Bewersdorf*, B, § 11 Nr. 1, Rn. 40 ff.; *Hafkesbrink/Schoofs*, BauR 2010, 133, 134; wohl auch *Pauly*, NZBau 2016, 251.

Höhe der Vertragsstrafe

zögerte **Baugenehmigung,** umfangreiche Nachträge, **Baustopp** durch Architektenwechsel oder Bauaufsichtsbehörde, Unterbrechung des Bauvorhabens auf Wunsch des Bauherrn, **Planungsänderungen,** berechtigte **Einstellung der Arbeiten** durch den Unternehmer, **Änderungsanordnungen** des Auftraggebers über die zu verwendenden Materialien,[151] **Behinderungen** des Auftragnehmers (vgl. § 6 Abs. 2 VOB/B). Den Auftragnehmer trifft die Darlegungs- und Beweislast für seine Behauptung, dass der Zeitplan z.B. durch die vorerwähnten Umstände so gestört wurde, dass ein Anspruch auf Vertragsstrafe nicht (mehr) in Betracht kommt.[152] Dabei hat der Unternehmer nach OLG Köln[153] „konkrete, zeit- und mengenmäßig fassbare, durch die Verschiebung verursachte Behinderungen vorzutragen". Der völlige Wegfall einer vereinbarten Vertragsstrafe setzt allerdings voraus, dass die vom Auftragnehmer nicht zu vertretenden Umstände zu einer **erheblichen zeitlichen Beeinträchtigung** der Bauabwicklung geführt haben.[154]

Im Übrigen hat die Verletzung der Pflicht zur Anzeige einer Behinderung gem. § 6 Abs. 1 VOB/B zur Folge, dass die Ausführungsfrist nicht verlängert und eine vereinbarte Vertragsstrafe verwirkt wird.[155] Beim **VOB**-Bauvertrag ist ferner § 6 Abs. 2 u. 4 VOB/B zu berücksichtigen; die dort angegebenen Fallgestaltungen für die Verlängerung von Ausführungsfristen gelten auch für den **BGB**-Bauvertrag, weil es sich insoweit um die Wiedergabe eines allgemein gültigen Rechtsgedankens handelt.[156] Die Beeinträchtigung muss immer so gravierend sein, dass sie sich für den Auftragnehmer „fühlbar" ausgewirkt hat und dieser zu einer durchgreifenden Neuordnung des ganzen Zeitablaufs gezwungen wird.[157] Ob dies vorliegt, ist stets eine Frage des Einzelfalls, die auch unter Berücksichtigung des Grundsatzes von Treu und Glauben zu beurteilen ist.

2589

Dabei ist auch zu berücksichtigen, dass **gewisse Terminverschiebungen im Baugewerbe nicht ungewöhnlich** sind (z.B. wegen ungünstiger Witterungsbedingungen) und sich der Unternehmer möglicherweise hierauf einstellen muss.[158] Andererseits haben Verzögerungen auf einer Baustelle, insbesondere bei größeren Bauunternehmern mit mehreren Baustellen zu gleicher Zeit, Eingriffe in den ganzen Organisationsplan des Unternehmers zur Folge. Kommt es beispielsweise zu einer Bauunterbrechung auf einer Baustelle, ist der Unternehmer gezwungen, die Baustelle zu räumen und seine Mitarbeiter auf die anderen vorhandenen Baustellen zu verteilen. Kann dann wieder weitergearbeitet werden, kann der Bauherr nicht erwarten, dass dies unverzüglich geschieht, weil sich der Unternehmer nunmehr

2590

---

151) OLG Hamm, BauR 1996, 392 = NJW-RR 1996, 1364 (Aufrechterhaltung der Materialänderungsanordnung trotz Anzeige des Auftragnehmers, dass er wegen der Lieferfristen des neuen Materials den vereinbarten Fertigstellungstermin nicht einhalten kann). Vgl. hierzu insbesondere *Vogel*, ZfIR 2005, 373, 380.
152) BGH, BauR 1999, 645 = NJW 1999, 1108 = MDR 1999, 540 = ZfBR 1999, 188; OLG Köln, OLGR 2001, 143.
153) BauR 2001, 454 (LS) = OLGR 2001, 143.
154) OLG Düsseldorf, BauR 1975, 57; OLG Hamm, OLGR 1995, 52, 53; vgl. hierzu *Börgers*, BauR 1997, 917.
155) OLG Rostock, IBR 2006, 15 – *Oberhauser*.
156) So auch Beck'scher VOB-Komm/*Motzke/Berger*, B Vor § 6, Rn. 8.
157) BGH, NJW 1966, 971 = MDR 1966, 495; BGH, MDR 1969, 1019 = BB 1969, 1058; BGH, *Schäfer/Finnern*, Z 2.411 Bl. 24; OLG Hamm, a.a.O.
158) Vgl. BGH, BauR 1973, 48 u. OLG Düsseldorf, BauR 1971, 263.

hierauf einstellen muss und seine gesamte Organisation erneut ändern muss. So können im Einzelfall auch kurzfristige Bauunterbrechungen, die nicht im Verantwortungsbereich des Auftragnehmers liegen, zu einem Wegfall der Vertragsstrafe führen; dies gilt insbesondere dann, wenn im Zeitpunkt der Unterbrechung nicht abzusehen ist, wann weitergearbeitet werden kann. Bei **nachträglich vereinbarten zusätzlichen Leistungen** oder Mengenüberschreitungen, die ins **Gewicht fallen,** sowie umfangreichen Nachtragsaufträgen wird eine **Vertragsstrafenabrede** in aller Regel ebenfalls **nicht mehr zum Zuge kommen.**[159]

2591 Sind die **Umstände,** die zu dieser **Verzögerung des Zeitplanes** geführt haben und nicht vom Auftragnehmer zu vertreten sind, **nicht so einschneidend,** aber doch erheblich, verlängert sich lediglich die Frist für die Berechnung der Vertragsstrafe entsprechend.[160] Dies gilt auch für Fälle, bei denen der Unternehmer von vornherein mit einer Verzögerung des Bauvorhabens rechnen und sich hierauf auch einrichten konnte (z.B. angekündigte Auftragserweiterung).[161] Dies setzt jedoch voraus, dass die Umstände, die zu einer zeitlichen Verzögerung geführt haben, **zeitlich überhaupt einzuordnen** sind, sodass die entsprechenden Zeiten ausgeklammert werden können. Ist dies nicht möglich, **entfällt der Vertragsstrafenanspruch ganz.** Bleibt dagegen die **Vertragsstrafe** unter dem vorerwähnten Gesichtspunkt (keine erhebliche, sondern überschaubare Verschiebung des Zeitplanes) **bestehen,** kommt der Auftragnehmer nach BGH[162] allerdings **nicht schon** mit Ablauf des vertraglich vereinbarten Fertigstellungstermines in **Verzug,** sondern **erst bei einer entsprechenden Mahnung** durch den Auftraggeber.[163]

2592 Im Übrigen wird man bei einer Unterbrechung des Bauvorhabens vom Bauherrn verlangen müssen, dass er nach Wegfall der für die Unterbrechung verantwortlichen Umstände dem Unternehmer förmlich mitteilt, dass nunmehr wieder weitergearbeitet werden kann. Nur so ist gewährleistet, dass der Unternehmer auch Kenntnis vom Ende der Behinderung erlangt und erneut an die vereinbarte Ausführungsfrist gebunden wird.[164] Darüber hinaus ist dem Bauunternehmer ein angemessener **Zeitzuschlag** für die **Wiederaufnahme der Arbeiten** einzuräumen (entsprechend § 6 Abs. 4 und § 5 Abs. 2 VOB/B).[165] Die für die Vertragsstrafe maßgeblichen Ausführungsfristen verlängern sich also nicht nur um die tatsächliche Dauer der Behinderung **(Ausfallzeit),** sondern um eine weitere Frist, in der sich der Unternehmer auf den Neubeginn einstellen kann **(Vorbereitungszeit).**

2593 **Vereinbaren** die Parteien eine Vertragsstrafe unter Berücksichtigung einer bestimmten **Ausführungsfrist** und **verändern** sie später einvernehmlich diese **Ausführungsfristen** ohne erneute Abrede einer Vertragsstrafe, hängt es von den Umständen des Einzelfalles[166] ab, ob die Parteien die Vertragsstrafe – nun im Hinblick

---

159) BGH, MDR 1969, 655; BGH, BauR 1974, 206, 207. OLG Celle, IBR 2017, 16 – *Schulz.*
160) OLG Düsseldorf, BauR 1997, 1041 = NJW-RR 1997, 1516; OLG Köln, BauR 2001, 1105 = OLGR 2001, 143.
161) BGH, BauR 1973, 48.
162) BauR 1999, 645, 648 = NJW 1999, 1108 = MDR 1999, 540 = ZfBR 1999, 188.
163) So auch OLG Brandenburg, IBR 2013, 607 – *Bräuer* und OLG Celle – *Schulz.*
164) Vgl. hierzu OLG Hamm, OLGR 1997, 16, 18.
165) Ebenso: OLG Düsseldorf, NJW-RR 1997, 1516.
166) OLG Naumburg, NZBau 2013, 580; OLG Düsseldorf, IBR 2017, 17 – *Oberhauser*; BauR 2012, 1418, 1420 („Je gewichtiger die Terminsverschiebung ist, um so weniger ist davon aus-

auf die neuen Termine – aufrecht erhalten wollen; davon wird man dann nicht ausgehen können, wenn die alten Ausführungstermine bereits verstrichen waren, als die Vereinbarung erfolgte.[167] Nach Auffassung des OLG Düsseldorf[168], OLG Celle[169], des OLG Dresden[170] und des OLG Zweibrücken[171] ist im Zweifel davon auszugehen, dass die ursprünglich vereinbarte Vertragsstrafe nicht aufrecht erhalten werden soll, wenn die Parteien eines Bauvertrages ohne eine Bezugnahme oder Wiederholung der im Bauvertrag vereinbarten Vertragsstrafe die vertraglichen Ausführungsfristen verlängern. Etwas anderes kann gelten, wenn die Parteien zwar einerseits neue Termine vereinbaren, andererseits aber vertraglich festlegen, dass im Übrigen alle Bestimmungen des Vertrages weiterhin gelten sollen, weil in diesem Fall klargestellt ist, dass es bei der vereinbarten Vertragsstrafe verbleiben soll. Davon kann im Einzelfall auch ausgegangen werden, wenn die Parteien die Vertragsstrafenregelung terminneutral formuliert haben.[172] **Für eine Fortgeltung** der vereinbarten Vertragsstrafe trotz Absprache eines neuen Fertigstellungstermins (z.B. wegen verzögerter Zuschlagserteilung im Vergabeverfahren) spricht es nach einer Entscheidung des OLG Naumburg,[173] wenn die **Regelung selbst terminneutral** formuliert ist, die **Notwendigkeit** der zuletzt getroffenen Vereinbarung eines neuen Fertigstellungstermins allein in den **Verantwortungsbereich der Auftragnehmerin** fällt und die **Auftragnehmerin** zur Zeit der Vereinbarung des neuen Fertigstellungstermins **alle Umstände kennt**, die den **Grund für die Terminüberschreitung** bilden.

Entsprechendes gilt für eine Verschiebung des Baubeginns. Auch insoweit ist jeweils zu prüfen, ob die Vertragsparteien trotz verändertem Baubeginn den übrigen Vertragsinhalt und damit insbesondere die Vertragsstrafenvereinbarung unverändert lassen wollten.[174] Bei der vorerwähnten Fallkonstellation empfiehlt sich daher stets eine vertragliche Erneuerung oder eine Bezugnahme auf die alte Vertragsstrafenvereinbarung. Soweit in einer vom Auftraggeber gestellten Klausel die Vertragsstrafenvereinbarung auch für möglicherweise später zwischen den Parteien veränderte Ausführungsfristen gelten soll, ergeben sich im Hinblick auf § 307 BGB rechtliche Bedenken.[175]

2594 Die Verletzung der Pflicht zur Anzeige einer Behinderung hat zur Folge, dass die Ausführungsfrist nicht verlängert und eine vereinbarte Strafe verwirkt wird.[176]

---

zugehen, dass die frühere Vereinbarung einer Vertragsstrafe gleichwohl Bestand behalten soll."). Vgl. ferner *Hafkesbrink/Schoofs*, BauR 2010, 133, 138.
167) Ebenso OLG Celle, BauR 2004, 1307 = IBR 2004, 236 – *Schwenker* = OLGR 2004, 292; KG, IBR 2005, 470 – *Bormann*.
168) BauR 2012, 141.
169) BauR 2006, 1478 = OLGR 2006, 360 = IBR 2006, 245 – *Schwenker*. Ebenso *Hafkesbrink/Schoofs*, BauR 2010, 133, 141.
170) IBR 2009, 574 – *Karczewski*.
171) BauR 2009, 996.
172) BGH, BauR 2006, 1128 m. krit. Anm. *Hildebrandt*, IBR 2006, 387; OLG Düsseldorf, IBR 2017, 17 – *Oberhauser*. Vgl. hierzu auch *Schwenker*, BauR 2008, 175, 177 sowie *Hafkesbrink/Schoofs*, BauR 2010, 133, 136.
173) NZBau 2012, 580. Ebenso OLG Düsseldorf, IBR 2017, 17 – *Oberhauser*.
174) Vgl. hierzu OLG Köln, BauR 2001, 1105 = OLGR 2001, 143 (Aufrechterhaltung der vereinbarten Vertragsstrafen bei einer nach Monaten bemessenen Fertigstellungsfrist).
175) *Kemper*, BauR 2001, 1015, 1019.
176) OLG Rostock, IBR 2006, 15 – *Oberhauser*.

Beim **VOB-Bauvertrag** kann eine wegen Verzugs verwirkte, nach Zeit bemessene Vertragsstrafe nur für die Zeit bis zum Tag der **Kündigung** des Vertrages gefordert werden (§ 8 Abs. 7 VOB/B). Dies gilt **auch für den BGB-Bauvertrag.**

Die Parteien eines Bauvertrages können zwar die Herabsetzung einer vereinbarten Vertragsstrafe durch das Gericht gemäß § 343 BGB verlangen; sie können aber nicht von vornherein die Festsetzung der Vertragsstrafe dem Gericht übertragen.[177]

5. Prozessuales

2595 Der Vorbehalt des Vertragsstrafenanspruches gehört zum schlüssigen Vortrag des Bauherrn (vgl. hierzu Rdn. 2570 u. 2588). Es ist daher vom Gericht nicht erst auf den Einwand des Unternehmers zu prüfen, ob ein rechtswirksamer Vorbehalt vorliegt.

Die **Beweislast** für die **Voraussetzungen** des Vertragsstrafenanspruches (Vereinbarung, Höhe, Fälligkeit) trägt der **Bauherr,** insbesondere ist er für den rechtzeitigen Vorbehalt des Vertragsstrafenanspruches beweispflichtig.[178] Dagegen hat der Bauunternehmer die Beweislast für die vertragsmäßige Erfüllung, wenn er die Verwirkung der Vertragsstrafe mit dem Hinweis bestreitet, dass er seine Verpflichtung aus dem Bauvertrag erfüllt habe (§ 345 BGB).[179] Verlangt der Auftragnehmer nach § 343 BGB eine **Herabsetzung** der Vertragsstrafe, ist er bezüglich der Unverhältnismäßigkeit der Höhe der Vertragsstrafe **darlegungs-** und **beweispflichtig.**

6. Weitere Rechtsprechung

2596 * Eine Vertragsstrafenvereinbarung „0,25 % der Bruttoabrechnungssumme, jedoch maximal 5 % der Auftragssumme" mit dem Zusatz „der Auftragnehmer verzichtet auf Einrede, soweit sie nicht auf höhere Gewalt zurückzuführen ist. Fehlende Arbeitskräfte, verspätete oder ausgefallene Materiallieferungen, normale Witterungsverhältnisse zählen nicht als höhere Gewalt", die vom Architekten des Auftraggebers gestellt worden ist, verstößt gegen § 307 Abs. 2 Nr. 1 BGB und ist daher unwirksam (OLG Celle, BauR 2009, 111).

* Ist in einem Bauvertrag vereinbart, dass der Werkunternehmer die von ihm geschuldete Leistung innerhalb von 35 Tagen zu erbringen hat, ist er aber bei seiner Arbeit von anderen Gewerken ebenso abhängig wie diese Gewerke von seiner Leistung, ist im Zweifel nicht anzunehmen, dass er die Leistungen innerhalb von 35 Tagen in einem Stück zu erbringen hat, um den Anfall einer vereinbarten Vertragsstrafe zu verhindern. Dies gilt jedenfalls dann, wenn außerdem ein Fertigstellungstermin vereinbart worden ist, den der Werkunternehmer eingehalten hat (KG, BauR 2007, 1752).

* Eine Klausel in Allgemeinen Geschäftsbedingungen des AG, die im Anschluss an die Vereinbarung einer kalendermäßig bestimmten Fertigstellungsfrist folgende Regelungen enthält: „Die Frist gilt als verbindlich und verlängert sich auch nicht durch witterungsbedingte Beeinträchtigungen. Bei Überschreitung der

---

177) BAG, BB 1981, 302.
178) BGH, NJW 1977, 897 = BauR 1977, 280; LG Köln, BauR 1972, 57.
179) OLG Hamm, OLGR 1995, 52, 53.

Ausführungsfrist hat der AN eine Vertragsstrafe von 0,3 % der Auftragssumme pro Werktag des Verzugs zu zahlen, höchstens jedoch 10 % der Schlussrechnungssumme", ist wegen unangemessener Benachteiligung des AN unwirksam (BGH, BauR 2008, 508 = NZBau 2008, 376 = IBR 2008, 143 – *Vogel*).
* Unwirksamkeit einer Vertragsstrafenklausel für **ungenehmigten Nachunternehmereinsatz** in Höhe von 3 % des Auftragswertes (KG, BauR 2001, 1101 – unwirksam nach § 307 BGB/§ 9 AGBG, weil unangemessen hoch und verschuldens- sowie verzugsunabhängig).
* Ein **öffentlicher Auftraggeber** kann sich auf ein Vertragsstrafeversprechen nicht berufen, wenn ihm durch die Fristüberschreitung **kein erheblicher Nachteil** entstanden ist (OLG Jena, BauR 1998, 639 [LS]; LG Lüneburg, IBR 2001, 106).
* Das **Fehlen einer Behinderungsanzeige** im Zusammenhang mit einem geltend gemachten Anspruch auf Vertragsstrafe ist unerheblich (BGH, BauR 1999, 645).
* Ein fehlender Plan eines Architekten ist nicht ursächlich für eine Verzögerung, wenn der Auftragnehmer selbst in Verzug ist (OLG Rostock, IBR 2006, 15 – *Oberhauser*).
* Unwirksamkeit einer Klausel eines Auftraggebers, wonach die Vertragsstrafe auch dann aufrechterhalten bleibt, wenn sich die ursprünglich vorgesehenen **Ausführungsfristen wesentlich ändern** und ein **völlig neuer Zeitplan** aufgestellt wird (LG München, Urteil v. 10.8.1989, A.Z. 7 O 7763/89).
* Eine **Vertragsstrafe** ist auch dann **verwirkt,** wenn einem öffentlichen Auftraggeber durch die Überschreitung der Vertragsfrist keine erheblichen Nachteile i.S. des § 12 VOB/A a.F. (jetzt § 9 Abs. 5) entstanden sind (KG, KGR 2003, 263; **a.A.:** OLG Jena, BauR 2001, 1446 – vgl. hierzu Kapellmann/Messerschmidt/Langen, § 11/B, Rn. 64 f.).

Die folgende Vertragsstrafenregelung hält einer Inhaltskontrolle nach § 307 Abs. 1 BGB nicht stand und ist daher in allgemeinen Geschäftsbedingungen unwirksam:

> „Überschreitet der AN die Vertragstermine (Zwischen- und Endtermine) schuldhaft, ist eine Vertragsstrafe von 0,3 % der Nettoabrechnungssumme jedoch mindestens 520,- € je Werktag und nicht fertig gestellter WE vereinbart, höchstens jedoch 5 % der Nettoauftragssumme."

Die Regelung stellt nicht sicher, dass der Tagessatz der Vertragsstrafe nicht die in der Rechtsprechung anerkannte Höchstgrenze von 0,3 % der Nettoabrechnungssumme überschreitet.[180]

---

180) KG, BauR 2017, 1539 = IBR 2017, 364 – *Oberhauser*.

V. Die Nachbarklage

Übersicht

	Rdn.		Rdn.
1. Zum zivilrechtlichen Nachbarschutz	2597	3. § 909 BGB – Vertiefung und Baugrundrisiko	2613
2. § 906 BGB – Bau- und immissionsschutzrechtliche Probleme	2602	4. §§ 912 ff. BGB – Überbau	2632

Literatur

Englert/Grauvogl/Maurer, Handbuch des Baugrund- und Tiefbaurechts, 5. Auflage 2016; *Grziwotz/Lüke/Saller*, Praxishandbuch Nachbarrecht, 2. Auflage 2013; *Boiserée/Fuchs*, Handbuch Baunachbarrecht, 2006.

Wiethaupt, Die Rechtsprechung zum Baustellen-, Betriebs- und Fabriklärm, BB 1969, 333; *Mühl*, Die Ausgestaltung des Nachbarrechtsverhältnisses in privatrechtlicher und öffentlich-rechtlicher Hinsicht, Festschrift Raiser (1974), 159; *Bindhardt*, Zur Haftung des Bauherrn gegenüber seinem Nachbar, VersR 1974, 530; *Weyreuther*, Das baurechtliche Gebot der Rücksichtnahme und seine Bedeutung für den Nachbarschutz, BauR 1975, 1; *Weimar*, Muss der Nachbar die Aufstellung von Gerüsten auf seinem Grundstück dulden? BauR 1975, 26; *Glaser*, Die gemeinschaftliche Giebelmauer, JR 1976, 495; *Bindhardt*, Pflichten und Verantwortung des Architekten gegenüber den Nachbarn seines Bauherrn, BauR 1983, 422; *Pechstein*, Der einstweilige Rechtsschutz des Nachbarn im Baurechtsstreit, JuS 1989, 194; *Weber/Weber*, Zu den Abwehransprüchen des Nachbarn, VersR 1993, 22; *Vieweg*, Nachbarrecht und Naturschutz, NJW 1993, 2570; *Fritzsche*, Die Durchsetzung nachbarschützender Auflagen über zivilrechtliche Abwehransprüche, NJW 1995, 1121; *Meier*, Das nachbarrechtliche Gemeinschaftsverhältnis – ein gesetzliches Schuldverhältnis, JABl. 1995, 978; *Lorenz*, Zu den privatrechtlichen Folgen der nachbarrelevanten Baulast, NJW 1996, 2612; *Birk*, Sportanlagen im Bebauungsplanverfahren, VBlBW 2000, 97; *Hök*, Zum nachbarrechtlichen Ausgleichsanspruch bei Bauschäden durch Baumaßnahmen und dem Regress gegenüber dem Unternehmer, ZfBR 2000, 376; *Elshorst*, Ersatzansprüche benachbarter Grundstücksbesitzer gegen Bauherren bei Beeinträchtigungen durch Baumaßnahmen, NJW 2001, 3222; *v.u.z. Franckenstein*, Die richtige Nachbarschaftsvereinbarung, BauR 2002, 1041; *Armbrüster*, Eigentumsschutz durch den Beseitigungsanspruch nach § 1004 I 1 BGB und durch Deliktsrecht, NJW 2003, 3087; *Otto*, Finanzielle Sicherheit für den Nachbarn beim Bauen an der Grenze, BauR 2004, 927; *Hüting/Hopp*, Absicherung der Nebeneinanders konfligierender baurechtlicher Nutzungen, BauR 2004, 931; *Seidel/Fries*, Nachbarrecht – Untersagung einer Kranaufstellung durch den Grundstücksnachbarn im Wege der einstweiligen Verfügung, BauRB 2004, 217; *Otto*, Ausdehnung des Nachbarrechtsschutzes durch Berufung auf Gemeinschaftsrecht, ZfBR 2005, 21; *Lange*, Beschädigung von Nachbargrundstücken durch Tiefbauarbeiten, BauRB 2005, 92; *Schidlowski/Duikers*, Mobilfunk und Gesundheitsschutz – zur bauplanungsrechtlichen Zulässigkeit von Mobilfunksendeanlagen, BauR 2007, 1503; *Maaß*, Nachbarrechtliche Probleme bei der Baudurchführung, BauR 2007, 1650; *Sturmberg/Schmitz*, Baukran und Nachbar – der Baufortschritt am „seidenen Faden" – Untersuchungen zur „Überschwenkgenehmigung", Jahrbuch Baurecht 2008, 157; *Schroer*, Inanspruchnahme des Nachbargrundstücks zur Gebäudedämmung, NZBau 2008, 706; *Waechter*, Abstandsklage, nachbarliches Gemeinschaftsverhältnis und planungsrechtliche Schicksalsgemeinschaft, BauR 2009, 1237; *Deutsch/Tusch*, Lärmprobleme bei der Modernisierung von Sportanlagen, BauR 2009, 1840; *Horst*, Grenzüberbau durch Wärmedämmung, NJW 2010, 122; *Gröhn/Hellmann-Sieg*, Der Wohnungseigentümer als Nachbar im Sinne des öffentlichen Baurechts, BauR 2010, 400; *Neskamp/Dahmen*, Probleme bei nachträglichen Dämmmaßnahmen, BauR 2010, 1129; *Helm*, Anforderungen an die Formulierung des selbstständigen Beweisantrags zur Hemmung der Verjährung, NZBau 2011, 328; *Dziallas/Kullik*, Bauen ohne Lärm?, NZBau 2011, 544; *Seibel*, Das Rücksichtnahmegebot im öffentlichen Baurecht, BauR 2011, 1831; *Otto*, Rechtsschutz gegen genehmigungsfreie Bauvorhaben, ZfBR 2012, 15; *Kirchhof*, Durchsetzung und Abwehr nachbarrechtlicher Ansprüche und Duldung von Baumaßnahmen am fremden Grundstück, NZBau 2012, 206; *Spennemann*, Drittschutz im Denkmalrecht: OVG Münster contra BVerwG?, BauR 2012, 1872; *Neuenfeld*, Die Judikatur zum Denkmalrecht in den Jahren 2010 und 2011, Teil I, BauR 2012, 889; Teil II (2011 und 2012), BauR 2013, 397; *Fricke/Wolter*, Zum öffentlich-rechtlichen Nachbarschutz in Wohnungseigentümergemeinschaften, ZfBR 2013, 218; *Raschke*, Abstände zu Windenergieanlagen – pauschaler Schutz der Anwohner?, ZfBR 2013, 632; *Schroer/Kullick*, Aktuelle Rechtsprechung zu nachbarlichen (Abwehr-)Rechten, NZBau 2013, 218; *Schroer/Kullick*, Windkraftanlagen in der jüngeren Rechtsprechung der Verwaltungsgerichtsbarkeit, NZBau 2013, 563; *Hönes*, Über die Zumutbarkeit der Erhaltung von Baudenkmälern in Bayern, BauR 2013, 1055; *Fischer*, Geltungsdauer der Baugenehmigung, BauR 2014, 2022; *Gebhardt/Lang*, Verhältnismäßigkeit von Baustopps nach AVV-Baulärm – zugleich Besprechung von VGH Mannheim, Beschluss v. 05.02.2015 (– 10 S 2471/14 –), BauR 2015, 1426; *Dahmen/Linz*, Reichweite und Grenzen des nachbarrechtlichen Ausgleichsanspruchs gemäß § 906 Abs. 2 Satz 2 BGB analog, BauR 2016, 185; *Zepf/Aschmann*, Baulasten als Flexibilisierungsreserve des Öffentlichen Rechts, BauR 2016, 2005; *Charnitzky/Rung*, Die Wirkung nachbarrechtlicher Abwehrrechte im Öffentlichen Baurecht, Teil 1: BauR 2016, 1254; Teil 2: BauR 2016, 1406; *Bruns*, Die 3 Fallgruppen des nachbarrechtlichen Ausgleichsanspruchs, ZMR 2016, 344.

1. Zum zivilrechtlichen Nachbarschutz

Bauvorhaben greifen nicht selten mittelbar oder unmittelbar in die Interessensphäre des Nachbarn ein. Die öffentlich-rechtliche Baugenehmigung gibt dem Bauherrn noch nicht das Recht, auf das Eigentum des Nachbarn einzuwirken. Vielmehr kann der Baunachbar trotz Baugenehmigung seine Rechte im **Zivilrechtsweg** uneingeschränkt geltend machen, soweit diese vom Bauherrn oder anderen Baubeteiligten verletzt werden.[1] Dabei kommt den nachbarrechtlichen Vorschriften der §§ 906 ff. BGB[2] sowie den **Nachbarrechtsgesetzen** der **Länder**[3] besonderes Gewicht zu. Das Landesrecht kann im Einzelfall weitere Beschränkungen des Eigentümers oder Miteigentümers vorsehen,[4] es kann aber nicht das BGB ändern.[5]

2597

Nachbarrechtlichen Vorschriften ist gemeinsam, dass jedem Eigentümer bestimmte **Rücksichtspflichten**[6] gegenüber seinem Nachbarn aufgebürdet werden.

2598

---

1) Siehe z.B. OLG Brandenburg, IBR 2006, 115 (Beseitigungsanspruch bei Verletzung des **Abstandsrechts**); zum wechselseitigen Abstandsflächenverstoß: *Kuchler*, BauR 2015, 1580; zur Klagebefugnis des **Wohnungseigentümers**: OVG NRW, BauR 2014, 252. Zu den **Auswirkungen** eines Nachbarwiderspruchs oder einer Nachbarklage auf die **Geltungsdauer** der Baugenehmigung siehe *Fischer*, BauR 2014, 2022, 2027; zum **Nachbarschutz** in einem **vereinfachten** Genehmigungsverfahren: OVG NRW, BauR 2015, 1975.
2) Die Vorschrift gewinnt durch ihre **analoge Anwendung** auf vergleichbare Tatbestände immer größere Bedeutung; vgl. BGH, BauR 2001, 1587 (**Besitzstörung** eines **Mieters** und Ausgleichsanspruch aus § 906 Abs. 2 Satz 2 BGB analog); OLG Jena, IBR 2016, 642 – *Behrend/Scholz* (zur **Beweislast** des Nachbarn); KG, IBR 2015, 195 – *Rodemann* (**verschuldensunabhängiger** Entschädigungsanspruch); OLG Brandenburg, IBR 2011, 640 – *Michalczyk* (verschuldensabhängige Haftung der Gemeinde).
3) Siehe die Übersichten bei *Palandt/Bassenge*, EGBGB § 124, Rn. 2; *Boisserée/Fuchs*, Anhang II, S. 369 ff.; *Englert/Bauer*, Rechtsfragen zum Baugrund, 2. Aufl., S. 25 ff.
4) Vgl. z.B. LG Kassel, BauR 1996, 565 m.Anm. *Lindner* (Einbau von **Dachschrägfenstern** in Altbauten); BVerwG, BauR 2012, 1788 (zur Beeinträchtigung eines **Baudenkmals**).
5) *Palandt/Bassenge*, a.a.O., Rn. 1.
6) Zum **Gebot** der **Rücksichtnahme** als allgemeines Rechtsprinzip im öffentlichen Nachbarrecht siehe *Stühler*, BauR 2009, 1076; *Gaentzsch*, ZfBR 2009, 321 m.w.Nachw. Zu den **Grenzen** des Gebots der Rücksichtnahme: OVG Bremen, IBR 2017, 100 – *Klepper* (zum Nachbarrechtsschutz gegen ein **genehmigungsfreies** Bauvorhaben; OVG Sachsen-Anhalt, IBR 2017, 99 (unzureichende **Stellplatzzahl** als Verletzung von Nachbarrechten; OVG Sachsen, IBR 2013, 709 – *Thiel* (Lärmrichtwerte bei sog. **Gemengelage**); BVerwG, BauR 2013, 563 = ZfBR 2013, 261 = IBR 2013, 239 – *Kirchhoff* (Rücksichtnahmegebot und passiver **Lärmschutz**); OVG NRW, BauR

Nach ständiger Rechtsprechung ergeben sich sogar drittbezogene **Amtspflichten**.[7] Darüber hinaus hat die Rechtsprechung im Laufe der Jahrzehnte aus dem allgemeinen Grundsatz von Treu und Glauben (§ 242 BGB) das so genannte **nachbarliche Gemeinschaftsverhältnis**[8] entwickelt und aus ihm zahlreiche gegenseitige Rücksichtspflichten abgeleitet. Für das **öffentliche** Nachbarrecht[9] gilt jedoch wie für das **private,** dass es nicht nur unter dem Gesichtspunkt der Verjährung[10] oder der Verwirkung[11] scheitern, sondern vor allem auch aus anderen Gründen gegen Treu und Glauben verstoßen kann. Wer sich zu seinem früheren Verhalten treuwidrig in Widerspruch setzt, verdient keinen Rechtsschutz im Nachbarrecht.[12] Abwehransprüche, insbesondere Unterlassungsansprüche gegen Immissionen, können darüber hinaus im Einzelfall in begrenztem Umfang durch eine **Verzichtserklärung** des Nachbarn ausgeschlossen sein.[13]

2013, 1640 (nachbarrechtliche Ausprägung des Bestimmtheitsgebots); OVG NRW, BauR 2013, 1644 (Berücksichtigung des Zuschlagsystems der TA Lärm). Zur Inanspruchnahme desjenigen, der nach außen hin „als Bauherr auftritt" (sog. **Anscheinsstörer**): OVG NRW, BauR 2014, 2074.

7) Siehe hierzu im Einzelnen: *Palandt/Bassenge*, § 903 BGB, Rn. 16 ff.; *Englert/Grauvogl/Maurer*, Rn. 259 ff.; *Otto*, ZfBR 2012, 15, 16 f.m.w.Nachw. Zum Anspruch des Nachbarn auf **Einschreiten** („Abriss") eines **Schwarzbaus**: OVG Hamburg, IBR 2010, 181 – *Fackler*; zum **Sichtschutz** an der Grenze: VG Neustadt, IBR 2011, 547 – *Gallois*; bei Missachtung einer Baulast: OVG NRW, IBR 2011, 546 – *Zabel*; zum Anspruch des Nachbarn auf **Einschreiten** gegen **Baulärm**: VGH Hessen, IBR 2014, 173 – *Pützenbacher*; zum Einschreiten bei einem **Abstandsflächenverstoß**: OVG Saarland, IBR 2012, 479 – *Redeker*.
8) Siehe BGH, NZBau 2010, 751 (zur Haftung des Bauunternehmers nach §§ 906 Abs. 2, 823 Abs. 1, 1004 BGB); BGH, MDR 2004, 30, 31; MDR 2003, 624 = NJW 2003, 1392. Es hat nur **subsidiäre Bedeutung**, sofern die wechselseitigen Rechte und Pflichten in den Nachbarrechtsgesetzen **abschließend** geregelt sind; es begründet auch kein Schuldverhältnis i.S. der §§ 280, 278 BGB (**str.**; *Palandt/Bassenge*, § 903 BGB, Rn. 13; *Grziwotz/Lüke/Saller*, 1. Teil, Rn. 66 ff.). Zum nachbarlichen **Gemeinschaftsverhältnis** siehe umfassend: *Waechter*, BauR 2009, 1237 ff.; *Maaß*, BauR 2007, 1650 ff. m.w.Nachw.
9) Zum **Nachbarbegriff** im **öffentlichen** Baurecht: BVerwG, NJW 1983, 1507; Saarländisches OVG, BauR 2004, 821; *Boisserée/Fuchs*, Darmstädter Baurechtshandbuch, XVII, Rn. 26 ff.
10) Zur Verjährung eines Anspruchs gegen den hoheitlichen Störer, die zur Beseitigung der Störung notwendigen Maßnahmen zu **dulden**, siehe BVerwG, BauR 2014, 97.
11) OVG Sachsen, IBR 2013, 568 – *Thiel* u. OVG Rheinland-Pfalz, IBR 2013, 569 – *Redeker* (zum Nachbarwiderspruch); OVG NRW, BauR 2013, 507 Nr. 9 (LS) (Verletzung nachbarrechtlicher Vorschriften des Brandschutzes); OVG Niedersachsen, IBR 2012, 111 – *Emmer* (Verwirkung schon vor Erteilung einer Baugenehmigung möglich); s. auch: OVG Niedersachsen, IBR 2013, 773 – *Redeker*; OVG NRW, BauR 2005, 1766 = OLGR 2005, 636 – *Maser*; BGH, U.v. 21.10.2005 – V ZR 169/04 (§ 906 BGB).
12) Instruktiv: OVG Mecklenburg-Vorpommern, IBR 2013, 567 – *Gallois* (**Rücksichtnahmegebot** gilt nicht gegenüber Nachbar, dessen Bauvorhaben baurechtlich **illegal** ist); OLG Nürnberg, BauR 2003, 732; OVG NRW, BauR 2004, 62.
13) Zum „Verzicht" im Rahmen einer **Nachbarschaftsvereinbarung**: *Hüting/Hopp*, BauR 2004, 930, 936 ff.; *v.u.z. Franckenstein*, BauR 2002, 1041 ff.

Die Nachbarklage   Rdn. 2598

Neben den §§ 906 ff. BGB können Ansprüche des **Nachbarn** bei einem Bauvorhaben aus § 328 BGB[14], §§ 823 Abs. 1 und 2, 1004 BGB[15] sowie aus §§ 861 ff. BGB in Betracht kommen. Dabei ist im Einzelnen zwischen

* dem **nachbarlichen Abwehranspruch** (§§ 862, 823, 905, 906, 907, 908, 909, 912, 917, 922 in Verbindung mit § 1004 BGB)[16]
* dem **Schadensersatzanspruch** (§§ 226, 823 Abs. 1 und 2, § 831, 826 BGB)[17]
* dem **Schadensersatzanspruch** aus §§ 280, 241 Abs. 2 BGB[18] in Verbindung mit § 328 BGB
* einem **Duldungsanspruch**[19] sowie
* dem **Ausgleichsanspruch** aufgrund einer nachbarrechtlichen Duldungspflicht (§ 906 Abs. 2 Satz 2 BGB analog). Dahmen/Linz[20] weisen zutreffend darauf hin,

---

14) Vgl. OLG Jena, IBR 2012, 148 – *Feldmann* (**Nachbarn** sind in den Schutzbereich des Bauvertrags einbezogen); OLG Koblenz, NJW-RR 2000, 544 = OLGR 1999, 459; KG, BrBp 2004, 80 – *Bereska* (Schäden am Nachbargrundstück; Anspruch aus dem Gesichtspunkt des **Vertrages mit Schutzwirkung zu Gunsten Dritter**). Zur **Einbeziehung** des Nachbarn in den **Schutzbereich** eines Vertrages s. ferner *Boisserée/Fuchs*, a.a.O., Rn. 296 ff. sowie Rdn. **1747**.

15) Die Verletzung des **Abstandsrechts** ist auch ohne Überbau eine Eigentumsverletzung i.S. des § 823 BGB (OLG Brandenburg, IBR 2006, 115 – *Fuchs*). Zum Abwehranspruch gegen **genehmigungsfreie** Vorhaben: *Otto*, ZfBR 2012, 15, 16.

16) Zu den **Voraussetzungen** eines **Abwehrrechts**: BGH, NZBau 2010, 751, 752 (Rn. 19 f.); s. ferner: LG Hamburg, ZMR 2016, 501 (Anspruch auf Maßnahmen zur Gewährleistung der **Verkehrssicherheit**; Beseitigung von bruchgefährdeten Bäumen); VGH Bayern, IBR 2013, 310 – *Pützenbacher* (zum Abwehrrecht des **Denkmaleigentümers** gegen eine Nachbarbebauung); VGH Hessen, IBR 2013, 492 – *Pützenbacher* (Behörde untersagt **Photovoltaikanlage** auf denkmalgeschützter **Klosterscheune**; s. auch Nieders.OVG, ZfBR 2013, 173 (Denkmalschutz verhindert eine 544 m entfernt gelegene **Windenergieanlage**; s. auch VGH Bayern, BauR 2014, 258); OVG Nordrhein-Westfalen, BauR 2012, 1781 (Abwehranspruch des Denkmaleigentümers gegen Aufstockung eines viergeschossigen Wohnhauses). Ob eine Beeinträchtigung des Baudenkmals vorliegt, beurteilt sich nach dem jeweiligen **Landesrecht** (BVerwG, BauR 2012, 1788); OLG Köln, NJW-RR 2003, 376 = NZM 2003, 296 (**Überbau** durch Aufbringung einer **Wärmedämmung**; dazu *Horst*, NJW 2010, 122 ff.; *Neskamp/Dahmen*, BauR 2010, 1129 ff. m.w.Nachw.); BGH, NJW 2010, 1533; OLG Köln, NJW 2009, 1827 (Abwehransprüche gegen **Videokamera** auf dem Nachbargrundstück; siehe auch LG Bielefeld, NJW-RR 2008, 327 und *Horst*, NJW 2009, 1787); OLG Celle, NJW 2005, 1653 (zum Störungsbeseitigungsanspruch aus §§ 1004 Abs. 1, 906; **Erschütterungsimmissionen** durch Stadtbahnbetrieb); BGH, BauR 2009, 1468 = NZBau 2009, 652 (KLage auf Unterlassung einer **Vertiefung**; §§ 1004, 909 BGB); OLG Nürnberg, BauR 2003, 732 = IBR 2004, 623 – *Fuchs*; OLG Frankfurt, BauR 2004, 1796; OLG Frankfurt, OLGR 2004, 397 (zur Schutzpflicht bei **Abbruch** einer Doppelhaushälfte); OLG Jena, BauR 2017, 304 (Beschädigung einer Stützmauer durch Arbeiten am Nachbargrundstück; zum **verschuldensunabhängigen** nachbarrechtlichen **Ausgleichsanspruch** siehe auch: KG, IBR 2015, 195 – *Rodemann*; OLG Brandenburg, IBR 2011, 640 – *Michalczyk*; OLG Dresden, OLGR 2009, 937 (Verpflichtung zur **Abdichtung** des Nachbarhauses nach Abriß; §§ 922, 1004 BGB).

17) Zur Haftung aus §§ 831, 823 Abs. 1 BGB für Schäden am Nachbargrundstück durch Errichtung einer **Grenzmauer**: LG Tübingen, BauR 2009, 663 (Haftung aus Verkehrspflichtverletzung). Zur Haftung bei **Abbrucharbeiten** (Einhaltung der **DIN 4150-3**): OLG Hamburg, IBR 2010, 85 – *Aschke*; OLG München, IBR 2012, 585 – *Motzke* (**Risse** am Nachbargebäude durch Ausschachtungsarbeiten).

18) Da es im Nachbarrecht vornehmlich um die Verletzung von **Schutzpflichten** geht, ist der Schadensersatzanspruch im Zweifelsfall aus §§ 280, 241 Abs. 2 BGB abzuleiten (s. OLG Koblenz, IBR 2010, 86 – *Stritter*; OLG Jena, IBR 2012, 128 – *Feldmann*).

19) *Kirchhof*, NZBau 2012, 206 ff.

20) BauR 2016, 185, 189.

dass dem Ausgleichsanspruch eine wachsende Bedeutung zukommt. Das Prozessrisiko für einen auf Entschädigung klagenden Nachbar verringert sich jedenfalls deutlich, wenn ein **Anscheinsbeweis** zu seinen Gunsten streitet[21])
zu **unterscheiden**. Daneben sind aber auch **Ersatzansprüche** nach §§ 683, 684 BGB oder § 812 Abs. 1 Satz 1 2. Alt. BGB denkbar, wenn der (geschädigte) Nachbar die Beeinträchtigung selbst beseitigt.[22]) Neben diesen zivilrechtlichen Ansprüchen wird der Nachbar jedoch ein **behördliches Einschreiten** im Einzelfall prüfen müssen. Für diesen (öffentlich-rechtlichen) Rechtsschutz ist von entscheidender Bedeutung, dass gegen **drittschützende Normen** verstoßen wird. Das Gebot der **Rücksichtnahme** ist drittschützend; dementsprechend werden Nachbarn auch vor **unzumutbaren Einwirkungen** geschützt, die von einem Vorhaben ausgehen können.[23])

2599 Der **Abwehr("Unterlassungs")anspruch** nach § 1004 BGB geht auf **Beseitigung** der vorhandenen Beeinträchtigung und/oder **Unterlassung** von künftigen Beeinträchtigungen.[24]) Eine bestimmte Art der Beseitigung kann dabei in aller Re-

---

21) OLG Düsseldorf, ZMR 2015, 495, 496; KG, IBR 2015, 194 – *Rodemann*.
22) Vgl. BGH, IBR 2005, 711 – *Müggenborg*.
23) *Otto*, ZfBR 2012, 15, 18 m.w.Nachw. Zum Anspruch auf bauaufsichtliches Einschreiten: gegen Baulärm (VGH Baden-Württemberg, BauR 2015, 1474 = IBR 2015, 224 – *Kemper*); gegen Grenzgarage (VGH Baden-Württemberg, IBR 2014, 576 – *Thiel*); gegen ein rechtswidriges Bauvorhaben (VG Lüneburg, IBR 2015, 99 – *Klepper*); gegen eine **Mobilfunkantenne**: Bayr. VGH, BauR 2012, 790; VG München, BauR 2012, 791.
24) Zur **Unzumutbarkeit** (§ 275 Abs. 2 BGB) des **Beseitigungsanspruchs** aus § 1004 Abs. 1 BGB: BGH, BauR 2010, 457; zur **vorbeugenden** Klage auf **Unterlassung** einer Vertiefung siehe BGH, NJW 2009, 2528 = BauR 2009, 1468 (die **Angabe der Bodenfestigkeit** des bedrohten Grundstücks ist **nicht** erforderlich); zum Anspruch des Nachbarn auf **Beseitigung** oder **Veränderung** eines **Gebäudes** siehe: LG Gießen, BauR 1995, 405 (**Stützmauer**); OLG Brandenburg, IBR 2006, 115; OVG Niedersachsen, IBR 2017, 403 – *Pützenbacher*; OVG Nordrhein-Westfalen, BauR 2015, 1467, 1469 u. 1470 (Verletzung der **Abstandsfläche**); OLG Hamm, BauR 1994, 782 (**Dachüberstand**); LG Gießen, NJW-RR 2000, 1255 (**Anpflanzung**); OLG Koblenz, OLGR 1999, 302 (Brennholzstapel); OLG München, BauR 1993, 620 (**überhöhte Grenzgarage**); OLG Köln, DWW 1994, 184 = ZMR 1994, 115 (Einbau von **Fenstern**); zum Beseitigungsanspruch des Eigentümers auf Beseitigung von **Kabeln** der Post: BGH, BauR 1994, 383; zum Anspruch des Eigentümers auf Erstattung von **Kosten** der Beseitigung: BGH, BauR 1995, 120; zum **Beseitigungsanspruch** nach § 922 S. 3, § 1004 Abs. 1 BGB: OLG Köln, OLGR 1996, 259 (**Zustandsstörung** an einer **Kommunmauer** nach **Abriss** eines Gebäudes); zu den Ansprüchen der Wohnungseigentümergemeinschaft bei fehlerhafter **Grenzbebauung**: OLG Köln, ZMR 2011, 404; zum Beseitigungsanspruch bei einer **Bodenkontamination**: BGH, NJW 1996, 845; zum Beseitigungsanspruch nach § 905 BGB bezüglich eines **die Grenze** überragenden **Flachdachabschlusses**: OLG Celle, OLGR 1998, 32; zum Wiederherstellungsanspruch nach §§ 922 S. 3, 823, 249 betreffend eine **Grenzeinrichtung**: LG Aachen, MDR 1998, 591; zum Beseitigungsanspruch hinsichtlich von **Wurzeln**: BGHZ 135, 235 = NJW 1997, 2234 sowie *Vollkommer*, NJW 1999, 3539 (analoge Anwendung von § 867 Satz 2 BGB); zum Ersatzanspruch bei Zerstörung einer Grenzeinrichtung (**Abholzen**): BGH, MDR 2000, 150. Zur **Verjährung** des Beseitigungsanspruchs: BGH, BauR 2011, 996, 997; zur **Begrenzung** des Beseitigungsanspruchs durch Anwendung des § 275 Abs. 2 BGB siehe BGH, BauR 2009, 101 = NJW-RR 2009, 24 = NJW 2008, 3122 und *Kolbe*, NJW 2008, 3618 ff. Zum verschuldensunabhängigen Beseitigungsanspruch nach § 1004 Abs. 1 Satz 1 siehe *Armbrüster*, NJW 2003, 3087 ff.
Zur **Reichweite** eines nachbarrechtlichen **Unterlassungsanspruchs**: BVerwG, BauR 2014, 79 (vorläufiger Rechtsschutz gegen eine **Höchstspannungs-Freileitung**); OLG Rostock, OLGR 2009, 686 (Emissionen durch sog. **Infraschall**); OVG NRW, BauR 2014, 78 (**Biergar-

gel nicht verlangt werden, weil der Störer als Schuldner unter mehreren möglichen Beseitigungsmaßnahmen selbst wählen kann.[25] **Anspruchsgegner** des Abwehranspruches nach § 1004 BGB ist nicht nur der **unmittelbare** Störer, sondern auch derjenige, der die Entwicklung **mittelbar** verursacht; es reicht aus, dass die Störung auf seinem Willen beruht und er zur Beseitigung der Einwirkung in der Lage ist.[26] Der Beseitigungsanspruch aus § 1004 BGB kann im Einzelfall auf einen Rechtsnachfolger übergehen.[27] Wird ein Hausgrundstück nach Rechtshängigkeit übertragen, hat dies auf die Rechtsstellung des (bisherigen) Störers keinen Einfluss (§ 265 Abs. 2 Satz 1 ZPO).[28] Der Beseitigungsanspruch unterlag nach altem Recht einer 30-jährigen **Verjährungsfrist;**[29] nunmehr gilt die Regelverjährung der §§ 195, 199 BGB.[30]

Das **Rechtsschutzinteresse** für die Klage auf Beseitigung eines baurechtswidrigen Zustandes entfällt nicht deshalb, weil bereits eine bestandskräftige **Abrissverfügung** ergangen ist.[31] Zu beachten ist, dass auf den (nachbarrechtlichen) **Beseitigungsanspruch,** der die Wiederherstellung des ursprünglichen Zustandes umfasst, die Vorschrift des § 254 BGB entsprechend anzuwenden ist mit der Folge, dass sich der beeinträchtigte Eigentümer in Höhe seiner Haftungsquote an den Kosten der Beseitigung beteiligen muss.[32]

---

tenlärm); Saarländisches OLG, MDR 2000, 152 (**Geräuschimmissionen**); BGH, BauR 2001, 1587 (Besitzstörung; Abwehranspruch des Mieters); OLG Frankfurt, NJW-RR 2000, 1542 (Errichtung einer **Windkraftanlage**; VGH Bayern, IBR 2014, 633 – *Zabel*: zur „optischen Bedrängung"); BGH, NJW 2004, 1317; OLG Düsseldorf, MDR 2002, 755; BVerfG, NJW 2002, 1638; BGH, BauR 2005, 74 u. 104; OVG Sachsen, IBR 2012, 48 – *Haentjens*; OLG Frankfurt, OLGR 2006, 183 (Nachbarrechte gegen eine **Mobilfunksendeanlage**); *Sturmberg/Schmitz*, Jahrbuch BauR 2008, 157 ff.; *Seidel/Fries*, BauRB 2004, 217 ff. (zur Untersagung einer **Kranaufstellung**); zum vorläufigen (öffentlich-rechtlichen) Rechtsschutz gegen den **Baulärm** siehe OVG Rheinland-Pfalz, BauR 2010, 747 ff.; zum Nachbarschutz gegen die **Blendwirkung** eines Daches: VGH Baden-Württemberg, BauR 2007, 1865 ff.; zur Beeinträchtigung des Nachbarn infolge **Lichtimissionen** von Videowerbeanlagen: VGH Baden-Württemberg, IBR 2012, 606 – *Kirchhoff*; zur **Blendwirkung** von Photovoltaik-Anlagen: OLG Stuttgart, BauR 2013, 1463 = ZMR 2013, 1005; zur störenden Häufung von **Werbeanlagen**: OVG NRW, BauR 2014, 537.
25) BGH, NJW 2004, 1035, 1037; BGHZ 120, 239, 248 = NJW 1993, 925; NJW 1977, 146; OLG Rostock, OLGR 2009, 686, 687; OLG Nürnberg, BauR 2003, 732, 735. Die Verurteilung zu einer **konkreten** Maßnahme steht dann nichts im Wege, wenn nur sie den Nichteintritt der drohenden Beeinträchtigung gewährleistet (BGH, NJW 2004, 1035, 1037).
26) BGH, IBR 2006, 298 – *Schmid*; BGH, WM 1973, 358 u. 846; AG Arnsberg, MDR 1980, 879; LG Kiel, BauR 1991, 380 (Eigentumsstörung durch **Baukran**). Siehe ferner: BGH, MDR 2001, 25 zur Störereigenschaft eines späteren Eigentümers.
27) BGH, IBR 2006, 173 – *Baden* (Rechtsübergang auf den Erwerber auf Grund eines früheren Vergleichs; der Titel kann gemäß § 727 ZPO umgeschrieben werden).
28) BGH BGHZ 175, 253 = NJW 2008, 1810 = BauR 2008, 990, 991, dort auch zu der Frage, ob § 266 Abs. 1 ZPO auch Streitigkeiten über nachbarrechtliche Rechte und Pflichten, wie sich z.B. aus § 906 BGB ergeben, erfasst, was bejaht wird (Rn. 8).
29) BGH, BauR 1994, 383; OLG Köln, ZMR 1994, 115.
30) AnwKomm-BGB/*Mansel*, § 197, Rn. 32 ff.; *Grziwotz/Lüke/Saller*, 5. Teil, Rn. 55. Bei einem **Unterlassungsanspruch** wird jede (erneute) Zuwiderhandlung eine **neue** Verjährungsfrist in Gang setzen (*Zimmermann/Leenen/Mansel/Ernst*, JZ 2001, 684, 688).
31) OLG Köln, ZfBR 1995, 90.
32) BGH, NJW 1997, 2234 = ZIP 1997, 1196 (später gebaute Tennisplätze werden durch Wurzeln einer vorhandenen Pappelreihe eines Nachbargrundstücks beschädigt).

2600 Ein **Schadensersatzanspruch** des Nachbarn nach § 823 Abs. 1 BGB kommt in aller Regel nur in Betracht, wenn eine schuldhafte Verletzung des Eigentums oder der Gesundheit des Nachbarn durch einen Baubeteiligten (z.B. durch **Immissionen**[33]) oder durch **Einwirkung** auf die Grundstückssubstanz im Verlauf von baulichen Veränderungen) vorliegt.[34] Im Einzelfall kann ein nachbarrechtlicher Anspruch auch auf Verletzung der allgemeinen **Verkehrssicherungspflicht** gestützt werden.[35] Aus § 823 Abs. 2 BGB kann ein Ersatzanspruch des Nachbarn nur hergeleitet werden, wenn **Schutzgesetze** zugunsten des Nachbarn verletzt worden sind. Im Privatrecht sind dies insbesondere die §§ 858 ff. und §§ 906, 909 BGB.

Ob **öffentlich-rechtliche Baunormen** als Schutzgesetze zugunsten des Nachbarn anzusehen sind, ist in jedem Einzelfall zu prüfen.[36] Dies kann z.B. für Bestimmungen über den **Grenzabstand**,[37] die Anordnung von Stellplätzen und Garagen[38] sowie für Vorschriften, die der Verhütung von Bränden sowie von Schall- und Geruchsbelästigungen dienen,[39] gelten. Kann der Schutzgesetzcharakter solcher Normen bejaht werden, so ist bei Verletzung der Nachbarn u.U. auch berechtigt, die **Beseitigung** des Bauwerks zu verlangen, wobei § 251 Abs. 2 BGB dem nicht entgegensteht.[40] Bei einer Nachbarklage sind die für den Bauherrn günstigen Rechtsänderungen zu berücksichtigen, die seit der Erteilung der Baugenehmigung ergangen sind.[41]

Neben dem Schadensersatzanspruch aus § 823 BGB, der Verschulden voraussetzt, kommen heute aber vermehrt auch Ansprüche auf Schadensersatz im Rahmen der **Gefährdungshaftung**, also ohne Verschulden, in Betracht.[42]

---

33) Vgl. BGH, BauR 1983, 177 = ZfBR 1983, 87 [Rüttelarbeiten auf der Grundstücksgrenze zum Nachbarn bei Errichtung der die Baugrube abstützenden Stahlspundwand]; OLG Düsseldorf, OLGR 2002, 90 [**Mobilfunksendeanlage**]; OLG Rostock, NJW 2006, 3650 [Immissionen von **Herbiziden** auf Bio-Anbauflächen].

34) BGH, BauR 2016, 1038 (zur Haftung bei einer Grenzwandbeschädigung durch Abriss des Nachbarbauwerks); BGH, IBR 2010, 629 – *Feldmann* (zu Haftung des Bauunternehmers für Rissbildungen am Nachbarhaus). Im Einzelfall können Ansprüche aus § 823 Abs. 1 und §§ 823 Abs. 2, 906 BGB nebeneinander bestehen; vgl. OLG Düsseldorf, OLGR 2002, 90; *Roth*, JuS 2001, 1161 ff. Zu den Voraussetzungen der Inanspruchnahme eines Baubeteiligten nach **§ 830 Abs. 1 Satz 2 BGB**: OLG Düsseldorf, OLGR 2000, 30.

35) Vgl. LG Tübingen, BauR 2009, 663; *Bindhardt*, VersR 1974, 530.

36) Vgl. auch *Uechtritz*, BauR 1992, 1 ff. (zum vorläufigen Rechtsschutz); *Werner/Pastor/Müller*, Baurecht von A–Z, 7. Aufl. 2000, Stichwort „Nachbarrecht". Zu den Voraussetzungen eines **Schadensersatzanspruchs** aus §§ 823 Abs. 2, 1004 BGB analog: OLG Frankfurt, BauR 2004, 1796, 1797.

37) Vgl. für das Hessische Baurecht: BGH, WM 1970, 793; siehe ferner: *Palandt/Bassenge*, § 903 BGB, Rn. 17 m.w.Nachw.

38) **Str.**; OVG Lüneburg, BauR 1979, 489 (bejahend), BaWüVGH, DÖV 1981, 293 (verneinend).

39) BayObLG, NJW-RR 1994, 781; *Fritzsche*, NJW 1995, 1121, 1123; *Palandt/Bassenge*, § 903 BGB, Rn. 17.

40) Vgl. BGH, NJW 1970, 1180; BGH, DB 1974, 673.

41) Vgl. BVerwG, NVwZ-RR 1996, 628.

42) Siehe hierzu *Grziwotz/Lüke/Saller*, 5. Teil, Rn. 102 ff.

2601 Der nachbarrechtliche Ausgleichsanspruch[43] kommt in Betracht, wenn der betroffene Nachbar gehindert war, von unmittelbaren rechtlichen Abwehrmöglichkeiten Gebrauch zu machen (z.B. Beeinträchtigungsklage nach § 1004 BGB oder einstweilige Verfügung).[44]

Neben den vorerwähnten Anspruchsgrundlagen können sich auch aus dem jeweiligen **Nachbarrecht** der einzelnen **Bundesländer** Ansprüche des Nachbarn oder gegen den Nachbarn ergeben (z.B. zur Duldung von Bauarbeiten auf dem Nachbargrundstück – Stützkonstruktion).[45] Nach der Rechtsprechung des BGH[46] kann die Verurteilung **zur Duldung**, die nach § 890 ZPO vollstreckbare Verpflichtung zu einem **positiven Tun** enthalten, auch wenn dies in einem Urteil nicht ausdrücklich ausgesprochen worden ist.

2. § 906 BGB – Bau- und immissionsschutzrechtliche Probleme

Literatur

Schack, Bürgerlich-rechtlicher und öffentlich-rechtlicher Entschädigungsanspruch bei Immissionen, NJW 1968, 1914; *Döbereiner*, Der enteignende Eingriff bei Immissionen, NJW 1968, 1916; *Wagner*, Ortsüblichkeit bei Immissionen, insbesondere bei Bauarbeiten, NJW 1971, 595; *Brähmer*, Schadensersatz oder Duldungspflicht bei negativen Einwirkungen auf ein Grundstück, BauR 1973, 77; *Mittenzwei*, Umweltverträglichkeit statt Ortsüblichkeit als Tatbestandsvoraussetzung des privatrechtlichen Immissionsschutzes, MDR 1977, 99; *Deutsch*, Nachbarrecht und Sportstätte, VersR 1984, 1001; *Johlen*, Bauplanungsrecht und privatrechtlicher Immissionsschutz, BauR 1984, 134; *Gelzer*, Zivilrechtliche und öffentlich-rechtliche Probleme bei der Nutzung von Spiel- und Sportanlagen in Wohngebieten, Festschrift für Korbion (1986), 117; *Vieweg*, Sportanlagen und Nachbarrecht, JZ 1987, 1104; *Gaentzsch*, Sport im Bauplanungs- und Immissionsschutzrecht, Festschrift für Gelzer (1991), 29; *Wagner*, Wesentlichkeit = Erheblichkeit?, NJW 1991, 3247; *Schmitz*, Privat- und öffentlich-rechtliche Abwehransprüche gegen Sportlärm, NVwZ 1991, 1126; *Stange*, Bau- und immissionsschutzrechtliche Probleme beim Sportstättenbau in Wohngebieten,

---

43) Siehe BGH, NZBau 2010, 751 (zur **Haftung** eines Bauunternehmers), BGH, NJW 1990, 3195; VersR 1984, 655; VersR 1985, 740; s. ferner: *Hök*, ZfBR 2000, 376 ff. Zum **öffentlich-rechtlichen** Ausgleichsanspruch: OLG Koblenz, OLGR 2000, 182, 183 (**Wassereinbruch**); ferner: *Kreft*, WM 1977, Sonderbeilage 2; BGH, WM 1970, 1486; *Mattern*, WM 1979, 34, 35; *Palandt/Bassenge*, § 906 BGB, Rn. 37 ff.; *Grziwotz/Lüke/Saller*, 3. Teil, Rn. 93 ff.

44) Vgl. BGH, IBR 2005, 54 – *Fuchs* (§ 29 BNatSchG); BGH, BauR 2000, 1766 (Behinderung des Zugangs zum Nachbargrundstück durch die Drogenszene); BGH, NJW 2001, 1865 (bei **Besitzstörung**); BGH, NJW 1990, 3195; NJW 1992, 2884; NJW 1979, 164 = BauR 1979, 80, 82 = ZfBR 1979, 70; BGH, VersR 1985, 740 (Bruch einer Wasserleitung); OLG Zweibrücken, BauRB 2004, 264 (**Kanalbauarbeiten**); OLG Koblenz, OLGR 2000, 107 = IBR 2000, 277 – *Maurer* (Nachbarschäden durch öffentliche **Kanalbauarbeiten**); OLG Koblenz, OLGR 2000, 182 (**Wassereinbruch** durch Erschließungsstraße).

45) Vgl. OLG Schleswig, BauR 1984, 83; OLG Hamm, BauR 2003, 1743 (zur **Unterfangung** einer Giebelwand und zur **Sicherheitsleistung** nach § 17 NachbG NW; hierzu: *Kirchhof*, NZBau 2012, 206 ff.; *Otto*, BauR 2004, 927 ff.; s. ferner: BGH, ZMR 2013, 396 zum sog. **Hammerschlags-** und **Leiterrecht** (§ 24 Abs. 1 NachbG NRW; konkret: Antrag auf **Duldung**, dass auf dem Nachbargrundstück ein Gerüst zur Durchführung von Sanierungsarbeiten errichtet wird); BGH, NJW 2004, 1037, 1038 (Kürzen von Kiefern; §§ 53, 54 NdsNachbG).

46) NZBau 2007, 303, Rn. 18 = IBR 2008, 128 – *Seibel*: „Die Verurteilung des Schuldners zu dulden, dass vom Innenhof seines Anwesens aus an der Außenwand des Anwesens der Gläubiger Reparaturarbeiten vorgenommen werden, beinhaltet seine Verpflichtung, den Durchgang durch sein Haus in den Innenhof durch Öffnen der Tür zu ermöglichen. Anders kann der Schuldner seiner Duldungspflicht nicht nachkommen.".

NWVBl. 1992, 154; *Ketteler*, Die Bedeutung der Sportanlagenlärmschutzverordnung im Spannungsfeld zwischen Sport und Wohnen, BauR 1992, 459; *Schink*, Bau- und immissionsschutzrechtliche Probleme beim Sportstättenbau in Wohngebieten, DVBl. 1992, 515; *Berkemann*, Sportstättenbau in Wohngebieten – Alte und neue bau- und immissionsschutzrechtliche Probleme, NVwZ 1992, 817; *Vieweg*, Nachbarrecht und Naturschutz, NJW 1993, 2570; *Dury*, Zur Anwendbarkeit der Sportanlagen-Lärmschutz-Verordnung im zivilrechtlichen Nachbarstreit, NJW 1994, 302; *Fritzsche*, Die Durchsetzung nachbarschützender Auflagen über zivilrechtliche Abwehransprüche, NJW 1995, 1121; *Dury*, Von Sportanlagen ausgehender Lärm, SpuRt 1995, 102; *Fritz*, Das Verhältnis von privatem und öffentlichem Immissionsschutzrecht nach der Ergänzung des § 906 I BGB, NJW 1996, 573; *Herrmann*, Natureinflüsse und Nachbarrecht (§§ 1004, 906 BGB – drei Entscheidungen), NJW 1997, 153; *Ketteler*, Die Anwendbarkeit der 18. BImSchV (Sportanlagenlärmschutz-VO) und der BauNVO auf Bolzplätze und vergleichbare Anlagen zur sportlich-spielerischen Betätigung, BauR 1997, 959; *Hinz*, Ideelle und negative Einwirkungen im Nachbarrecht, JR 1997, 137; *Klindt*, Die behördliche Anordnung lärmmindernder Baumaßnahmen und ihre Behandlung als Preisfaktor nach VOB/B, BauR 1998, 1185; *Hagen*, Immissionsrechtlicher Nachbarschutz vor den Zivilgerichten, ZfIR 1999, 413; *Sparwasser/von Komorowski*, Die neue TA Lärm in der Anwendung, VBlBW 2000, 348; *Roth*, Zur Bedeutung des § 906 BGB für deliktische Schadensersatzansprüche – BGH, NJW-RR 2001, 1208, JuS 2001, 1161; *Bitzer*, Die Bedeutung der Grenz- und Richtwerte im privaten Immissionsschutzrecht, BauR 2002, 1019; *Stüer/Middelbeck*, Sportlärm bei Planung und Vorhabenzulassung, BauR 2003, 38; *Berger*, Lärmsanierung an Schienenwegen: Privatrechtliche Sanierungsansprüche und das Lärmsanierungsprogramm der Bundesregierung, ZfBR 2003, 11; *Armbrüster*, Eigentumsschutz durch den Beseitigungsanspruch nach § 1004 I 1 BGB und durch Deliktsrecht, NJW 2003, 3087; *Wenzel*, Der Störer und seine verschuldensunabhängige Haftung im Nachbarrecht, NJW 2005, 241; *Seibel*, Die Harmonisierung von öffentlichem und privatem Nachbarrecht – dargestellt am Beispiel des § 906 BGB, BauR 2005, 1409; *Stühler*, Zur Änderung der Sportanlagenlärmschutzverordnung, BauR 2006, 1671; *Eichenschöfer*, Licht und Recht, NJW 2008, 2828; *Deutsch/Tusch* Lärmprobleme bei der Modernisierung von Sportanlagen, BauR 2009, 1840; *Otto*, Rechtsschutz gegen genehmigungsfreie Bauvorhaben, ZfBR 2012, 15; *Dziallas*, Uneingeschränkte Anwendbarkeit und Verbindlichkeit der AVV Baulärm, NZBau 2012, 693; *Fricke*, Passiver Schallschutz im Anwendungsbereich der TA Lärm – Anmerkung zum Urteil des BVerwG vom 29. November 2012, 4 C 8.11, ZfBR 2013, 627; *Raschke*, Abstände zu Windenergieanlagen – pauschaler Schutz der Anwohner?, ZfBR 2013, 632; *Oerder/Beutling*, Bewältigung des Gewerbelärmkonflikts in der Vorhabenzulassung und Bauleitplanung, BauR 2013, 1196; *Boeddinghaus*, Notwendige Änderungen im Abstandsflächenrecht nach der MBO 2012, ZfBR 2014, 731; *Petz*, Aktuelle Rechtsprechung des Bundesverwaltungsgerichts zum Rücksichtnahmegebot, ZfBR 2015, 644; *Gebhard/Lang*, Verhältnismäßigkeit von Baustopps nach AVV Baulärm – zugleich Besprechung von VGH Mannheim, Beschluss v. 05.02.2015 (– 10 S 2471/14 –), BauR 2015, 1426; *Kuchler*, Der wechselseitige Abstandsflächenverstoß, BauR 2015, 1580; *Dahmen/Linz*, Reichweite und Grenzen des nachbarrechtlichen Ausgleichsanspruchs gemäß § 906 Abs. 2 Satz 2 BGB analog, BauR 2016, 185; *Fricke*, Aktuelles zur Allgemeinen Verwaltungsvorschrift zum Schutz gegen Baulärm (AVV Baulärm), BauR 2016, 444; *Englert*, Baugrundrisiko: Schimäre oder Realität beim (Tief-)Bauen?, NZBau 2016, 131.

2602 Bei Bauarbeiten ist meist unvermeidlich, dass es zu **Immissionen** (Lärm,[47] Erschütterungen,[48] Staubentwicklung, Gerüche[49], Verschattung[50] usw.) i.S. des § 906 BGB kommt. Diese wird der Nachbar – zumindest für eine gewisse Zeit – in der Regel hinnehmen.[51] Anders ist dies jedoch zunehmend mit **Sportanlagen** (wie z.B. **Tennisplätzen**), die mit erheblichen Lärmbeeinträchtigungen verbunden sein können, wenn sie **in Wohngebieten** betrieben werden.[52] Es gilt: Bei einer Baugenehmigung muss stets sichergestellt sein, dass für die Nachbarn keine unzumutbaren Lärmbeeinträchtigungen entstehen;[53] andernfalls ist die Baugenehmigung rechtswidrig.[54] Zu beachten ist, dass der Anspruch auf immissionsschutzrechtliche Anordnungen zum Schutz vor Lärm im Einzelfall der **Verwirkung** unterliegen kann.[55]

2603 **Sportlärm** wird besonders deshalb als „Störung" empfunden, weil er häufig auffällige Pegeländerungen bzw. Impulse enthält (z.B. Aufprallgeräusch von Bällen). Zur Lösung dieses Spannungsverhältnisses soll vor allem die 18. BImSchV („**Sportanlagenlärmschutzverordnung**")[56] beitragen.[57] Diese Verordnung hat sich zum

---

47) Es können die „**TA Lärm**" von 1998 u. die **VDI-Richtlinie 2058** [„Beurteilung von Arbeitslärm in der Nachbarschaft"] als **Orientierungshilfe** herangezogen werden [zum Anwendungsbereich der TA Lärm s. BVerwG, ZfBR 2013, 261 u. hierzu *Fricke*, ZfBR 2013, 627; s. ferner: LG Aachen, NJW-RR 1986, 818; OVG NRW, BauR 2011, 500 – Lärmimmissionen durch Tierpension]; zur Anwendung der **AVV Baulärm** 1970: BVerwG, NVwZ 2012, 1393 = BauR 2012, 1908 = IBR 2013, 238 – *Zabel*; *Fricke*, BauR 2016, 444, 446 f. [zur **Aktualität** der AVV Baulärm] s. *Dziallas*, NZBau 2012, 693. Zur Einordnung der TA Lärm 1998 als „normkonkretisierende Verwaltungsvorschrift" siehe OVG NW, BauR 2004, 472 u. BauR 2003, 517 [**Windkraftanlagen**; zum **Lärmschutz** der anliegenden Nachbarn s. ferner: OVG Berlin-Brandenburg, IBR 2012, 354 – *Zabel*; OVG Saarland, IBR 2013, 307 – *Zabel*].
48) Vgl. BGH, NZBau 2010, 751 [Einsatz einer **Rüttelplatte** zur Verdichtung des Bodens]; BGH, NJW 1999, 1029 = MDR 1999, 351 [**sprengungsbedingte** Erschütterungen]; OLG Düsseldorf, BauR 2000, 147 [LS] = IBR 2000, 80 – *Oblinger-Grauvogel* [Rammarbeiten]; OLG Düsseldorf, Urt. vom 13.6.1997 – 22 U 259/96, NJWE-MietR 1997, 271 [zur DIN 4150]; OLG Celle, OLGR 1995, 244 [**Rammarbeiten**] sowie *Bodanowitz*, NJW 1997, 2351 ff.
49) Vgl. Niedersächsisches OVG, BauR 2011, 502 [**Biogasanlage**]; BGH, NJW 1999, 356 [**Schweinemästerei**; VDI-Richtlinie 3471 – Emissionsminderung Tierhaltung/Schweine]; OLG Köln, OLGR 1996, 56 [Einfriedung aus gebrauchten **Bahnschwellen**, von denen gesundheitsgefährdende **Ausdünstungen** ausgehen].
50) OVG Nordrhein-Westfalen, IBR 2013, 109 – *Emmer*; s. ferner *Grziwotz/Lüke/Saller*, 3. Teil, Rn. 105 ff. m.w.Nachw. [Alphabet der Immissionen].
51) Zu den Nachbarrechten gegen eine **Mobilfunksendeanlage**: Bayer.VGH, ZfBR 2012, 168 (zum Nachbaranspruch auf Erlass einer **Beseitigungsanordnung**); BGH, BauR 2005, 74 u. 104; OLG Frankfurt, OLGR 2006, 183, 184; BGH, NJW 2004, 1317 m. Nachw. Zum Ausgleichsanspruch bei berechtigter **Mietminderung** durch den Mieter: LG Hamburg, NJW-RR 1999, 378 = NZM 1999, 169. Zur **zeitlichen Priorität** bei vorhandener Immissionsquelle: BGH, NJW 2001, 3119 = BauR 2001, 789; s. hierzu auch *Bitzer*, BauR 2002, 1019.
52) Vgl. BVerwG, BauR 2000, 234 = ZfBR 2000, 128; OVG NW, BauR 2004, 304 (Lärmimmissionen eines **Freibades**); *Deutsch/Tusch*, BauR 2009, 1840 ff.; *Ketteler*, BauR 1997, 959 ff. u. 1992, 459 ff.; *Palandt/Bassenge*, § 906 BGB, Rn. 18 sowie die vor Rdn. **2602** genannte **Literatur**.
53) Zum Rücksichtnahmegebot: *Petz*, ZfBR 2015, 644.
54) VGH Hessen, IBR 2012, 229 – *Hirsch*.
55) Instruktiv: Bayerischer VGH, BauR 2016, 661.
56) Vom 18. Juli 1991, BGBl. I 1991, S. 1588; zur Änderungsverordnung vom 9.2.2006 (BGBl. 2006, Teil I, S. 324 ff.) s. *Stühler*, BauR 2006, 1671 ff. Zur Zulässigkeit von Schallimmissionen eines Fußballstadions: VG Minden, IBR 2010, 301 – *Klepper*.
57) Siehe *Deutsch/Tusch*, BauR 2009, 1840, 1841 f.; *Stüer/Middelbeck*, BauR 2003, 38 ff.; *Werner/Pastor/Müller*, Baurecht von A–Z, 7. Aufl., Stichwort: Sportanlagen, S. 714 ff.

Ziel gesetzt, im Spannungsfeld zwischen Sport und Umwelt im Interesse der Rechtssicherheit und der Gleichbehandlung Maßstäbe für die Beurteilung der von Sportanlagen ausgehenden schädlichen Umwelteinwirkungen durch Geräusche zu setzen.[58] Die **Zulässigkeit** von Sportanlagen in **allgemeinen Wohngebieten** ist nach der Novellierung der Baunutzungsverordnung nunmehr erheblich erweitert worden. Diese sind in allgemeinen Wohngebieten jetzt generell zulässig.

> Zu beachten ist, dass nach § 5 Abs. 4 SportanlagenlärmschutzVO bei vorhandenen Sportanlagen von „einer Festsetzung von Betriebszeiten abgesehen werden (soll), wenn die Immissionsrichtwerte um jeweils weniger als 5 dB (A) überschritten werden". Diese Regelung verbessert den Bestandsschutz bei bestehenden Sportanlagen, denn vielfach würden (behördliche) Festlegungen von Spielzeiten faktisch zu einer Einstellung des Sportbetriebes führen.[59]

2604 Es war umstritten, ob die Sportanlagenlärmschutzverordnung nur für den Bereich des öffentlichen Rechts galt oder auch zivilrechtliche Unterlassungsansprüche aus §§ 1004, 906 BGB einschränkte.[60] Diese Frage ist durch die Neufassung des § 906 Abs. 1 BGB geklärt; nach § 906 Abs. 1 Satz 2 und 3 ist eine Harmonisierung von öffentlichem und privatem Immissionsschutzrecht bewirkt worden, an die der Zivilrichter gebunden ist. Private **„Umweltstandards"** (also z.B. DIN-, VDI-Richtlinie[61]), die nicht in Verwaltungsvorschriften im Sinne des § 48 BImSchG enthalten sind, begründen keine Regelfälle, die Einhaltung hat aber **Indizwirkung**.[62] Im Übrigen hat die Einhaltung der festgelegten Grenz- und Richtwerte Einfluss auf die **Darlegungs-** und **Beweislast**. Da die Einhaltung der in § 906 Abs. 1 Satz 2 und 3 BGB genannten Grenzwerte die **„Unwesentlichkeit"** einer Beeinträchtigung indiziert,[63] muss derjenige, der die Indizwirkung erschüttern will, dies darlegen und ggf. beweisen.[64] Dies wird jedoch in den wenigsten Fällen gelingen; spricht z.B. der aktuelle Forschungsstand gegen eine wesentliche Beeinträchtigung, wird das Gericht nicht verpflichtet sein, den aktuellen wissenschaftlichen Erkenntnisstand durch Sachverständigengutachten zu überprüfen.[65] Vorbeugende Unterlassungsklagen sind deshalb auch ohne Beweisaufnahme abzuweisen.[66]

Für die Bewertung von Sportlärm muss auf die in der **Sportanlagenlärmschutz-VO** vorgegebenen Richtwerte und Bewertungsmethoden zurückgegriffen werden. Hierbei werden aber auch jeweils die Besonderheiten des Einzelfalles zu berück-

---

58) *Ketteler*, BauR 1997, 959 u. BauR 1992, 459, 461; VGH Baden-Württemberg, VBl. BW 1996, 105 = IBR 1996, 387 – *Lauer*.
59) Einen „Abschlag" von 5 dB (A) zugunsten des Sportstättenbetreibers hat z.B. das OLG Zweibrücken, NJW 1992, 1242, 1243, nicht vorgenommen.
60) Verneinend: OLG Koblenz, NVwZ 1993, 301; *Ketteler*, a.a.O.; bejahend: OLG Zweibrücken, NJW 1992, 1242; OLG Celle, OLGR 1994, 220 = *SFH*, Nr. 6 zu § 906 BGB; OLG Frankfurt, SpuRt 1995, 127; OLG Saarbrücken, SpuRt 1995, 129; *Dury*, NJW 1994, 2599.
61) Zur [neuen] **VDI-Richtlinie 3770** und deren Berücksichtigung: Niedersächsisches OVG, BauR 2004, 469, 470.
62) Siehe BGH, NJW 2005, 660; OLG Düsseldorf, NJW-RR 1997, 272; LG München II, NJW-RR 1997, 465; *Palandt/Bassenge*, § 906 BGB, Rn. 19, 20; s. ferner: *Hagen*, ZfBR 1995, 61 ff.
63) Umgekehrt indiziert das **Überschreiten** der Werte die Wesentlichkeit; BGH, NJW 2004, 1317.
64) BGH, MDR 2005, 328; NJW 2004, 1317, 1318; OLG Frankfurt, OLGR 2006, 183, 185; *Palandt/Bassenge*, § 906 BGB, Rn. 15.
65) BVerfG, NJW 2002, 1638, 1639.
66) OLG Frankfurt, OLGR 2006, 233 (LS); OLGR 2006, 183, 185.

sichtigen sein, was sich aus der Formulierung „in der Regel" ergibt.[67] Bei der Beurteilung einer Beeinträchtigung als „wesentlich" wird deshalb immer die „realistische" Nutzung der Sportanlage im Vordergrund stehen müssen.[68]

Nur bei übermäßiger, nicht ortsüblicher[69] Einwirkung hat der Nachbar deshalb in der Regel einen **Beseitigungs- bzw. Unterlassungsanspruch** aus § 1004 BGB.[70] Ob eine Beeinträchtigung „**wesentlich**" ist, hängt nach der ständigen Rechtsprechung des BGH[71] von dem Empfinden eines verständigen Durchschnittsmenschen und davon ab, was diesem auch unter Würdigung anderer öffentlicher und privater Belange billigerweise nicht mehr zuzumuten ist. Dies ist immer eine Frage des Einzelfalles, die das Gericht nach eigenem pflichtgemäßen Ermessen und Empfinden zu entscheiden hat.[72] Beruht die Störung auf Ausübung hoheitlicher Gewalt, oder erfolgt die Bautätigkeit zwar auf privatwirtschaftlicher Grundlage, dient sie aber einer im allgemeinen Interesse liegenden öffentlichen Aufgabe, ist auch hier ein Abwehranspruch ausgeschlossen.[73]

2605

---

67) *Palandt/Bassenge*, § 906 BGB, Rn. 20; *Kregel*, NJW 1994, 2599, 2600.

68) Bei einer **Tennisanlage** darf daher z.B. nicht nur auf schlagstarke Spieler oder reines „Frauentennis" abgestellt werden; ein Sachverständiger muss bei der Begutachtung immer eine der **üblichen Nutzung angenäherte Situation** zugrunde legen. Zur unzulässigen Lärmbelästigung durch Tennisplatz s. BGH, NJW 1983, 751 = BauR 1983, 181; OLG Köln, VersR 1988, 805; SchlHOLG, NJW-RR 1991, 715; OLG Celle, NJW 1988, 424 (Nachbarschutz durch Spielzeiteinschränkung); *Palandt/Bassenge*, § 906 BGB, Rn. 9.

69) Zur Frage der **Ortsüblichkeit** von erheblichen **Lärm** verursachenden **Bauarbeiten** vgl. BGH, MDR 1967, 913; s. auch: OLG Rostock, OLGR 2009, 686 (niederfrequenter Schall, sog. **Infraschall**); OLG München, IBR 2009, 29 – **Baden** (ICE-Hochgeschwindigkeitstrasse); LG Konstanz, BauR 1990, 754 = NJW-RR 1991, 916; LG Bielefeld, MDR 1974, 670; BGH, NJW 1971, 94, 96 (Ortsüblichkeit beim **Straßenbau**); BGH, WM 1976, 1116 („Porta Nigra" – Ortsüblichkeit bei **Restaurierungsarbeiten**); BGH, BB 1969, 333 (Ortsüblichkeit bei **Abbrucharbeiten**); OLG München, NJW-RR 1991, 1492 (**Radiogeräusche**); OLG Karlsruhe, NJW-RR 1991, 1491 (**Wasserinstallation**); *Michalski*, DB 1991, 1365 (**kontaminierter Boden**); LG Bochum, BauR 1992, 100 (**Mülltonne**); BGH, BauR 2001, 1859 (**Industrielärm** einer Hammerschmiede; s. auch *Bitzer*, BauR 2002, 1019).

70) Vgl. OLG Rostock, OLGR 2009, 686 (Emissionen durch **Infraschall**); OLG Frankfurt, OLGR 2006, 183, 184 (zur Beeinträchtigung durch elektromagnetische Felder – **Mobilfunksendeanlage**); BGH, MDR 1999, 351 u. NJW 1996, 845 (**Bodenkontamination**); BGH, NJW 1964, 396; BGH, NZM 2001, 1046 = BauR 2002, 134 (LS) zum Unterlassungsanspruch bei **späterer Wohnbebauung**; zum **öffentlich-rechtlichen** Unterlassungsanspruch: VGH Kassel, NJW 1993, 3088 (Fußballplatz); VGH Mannheim, NJW 1985, 2354 (LS); NJW 1985, 2352; OVG Münster, NJW 1985, 2350; VGH München, NVwZ 1987, 986 = NJW 1988, 278 u. NVwZ 1993, 1006 = ZMR 1993, 298 (Geräuschbelästigung von Bolzplatz); OVG Hamburg, BauR 1986, 73.

71) BGH, NJW 2004, 1317 = MDR 2004, 742; OLG Rostock, OLGR 2009, 686, 687. OLG Frankfurt, OLGR 2006, 183, 184; OLG Celle, BauR 2005, 1653, 1654; *Boisserée/Fuchs*, Rn. 133.

72) BGH, NJW 1968, 1133; BGH, NJW 1967, 1907; zum nachbarrechtlichen **Ausgleichsanspruch** bei Ramm- u. Verdichtungsarbeiten an öffentlichen Straßen: BGH, NJW 1979, 164 = BauR 1979, 80, 81 = ZfBR 1979, 70. Zum Ausgleichsanspruchs eines Hoteliers für **Ertragsverluste** durch Bauarbeiten: BGH, NJW-RR 1988, 1291; zur Höhe der Entschädigung bei Geruchsimmissionen (Klärwerk): OLG Celle, NJW-RR 1988, 1040; zum Ausgleichsanspruch für berechtigte **Mietminderungen**: LG Hamburg, NJW-RR 1999, 378 = NZM 1999, 169; zum Entschädigungsanspruch bei **Baulärm**: OLG Celle, OLGR 2000, 83.

73) Vgl. BGH, VersR 1970, 57.

Darüber hinaus ist einem möglichen **Widerstreit** von privatrechtlichem Nachbarschutz und öffentlichem Recht besondere Beachtung zu schenken; so kann nicht nur der **Naturschutz**[74] im Einzelfall in die Überlegungen einzubeziehen sein, sondern auch das allgemeine **Bauordnungs-** sowie das **Städtebaurecht** (Bauplanungsrecht).[75] Nach der Rechtsprechung des BGH[76] tritt der zivilrechtliche Entschädigungs-/Ausgleichsanspruch aus § 906 Abs. 6 Satz 2 BGB wegen einer Lärmbelästigung auch dann gegenüber den in einem Planfeststellungsverfahren gegebenen Rechtsbehelfen zurück, wenn von dem Vorhabenträger nachbarschützende Planvorgaben nicht eingehalten worden sind.

2606 Unter Umständen besteht aber ein **Entschädigungs-/Ausgleichsanspruch**.[77] Einen solchen Anspruch hat der Nachbar bei einer von ihm zu duldenden übermäßigen, aber ortsüblichen Einwirkung (§ 906 Abs. 2 Satz 2 BGB), wenn es dem Störer in diesem Fall wirtschaftlich unzumutbar ist, technisch mögliche Maßnahmen zur Verhinderung der Störung zu treffen. Der nachbarrechtliche Ausgleichsanspruch setzt stets voraus, dass der Anspruchsgegner auch als **Störer** zu qualifizieren ist.[78] Im Rahmen des § 906 BGB kommt es auf die zeitliche Priorität nicht an; sind Bauarbeiten zu einem Zeitpunkt bereits im Gange, zu dem der Nachbar sein Grundstück erst erwirbt, ist er dennoch nach § 906 BGB vor Beeinträchtigungen geschützt.[79] § 906 Abs. 2 Satz 2 verlangt für den Ausgleichsanspruch Störungen bestimmter Art, die in der Vorschrift beispielhaft aufgezählt sind.

2607 Die Bestimmung wird von der Rechtsprechung aber analog auch auf andere Fälle nachhaltiger Einwirkungen und Behinderungen angewandt.[80] Danach erfasst

---

74) BGH, NJW 2004, 3701 = IBR 2005, 54 (naturgeschützter **Baum**; § 906 Abs. 2 Satz 2; Abgrenzung zu NJW 1993, 925 **Frösche**); LG Hechingen, NJW 1995, 971 (Schwalbenkunstnester); *Vieweg*, NJW 1993, 2570.

75) BGH, BauR 2010, 451 (**Lärmbelästigung** auf Grund eines Planfeststellungsbeschlusses; „City-Tunnel-Leipzig"); BGHZ 121, 248 = NJW 1993, 1656 (Jugendzeltplatz) u. BGH, NJW 1993, 1580 (Ballettschule); OVG Rheinland-Pfalz, BauR 2012, 1373 (§ 22 Abs. 1a BImSchG – Nachbarschutz gegen **Spielplatzlärm**); *Fritzsche*, NJW 1995, 1121 ff.

76) BauR 2009, 451, 452 m.w.Nachw.

77) *Palandt/Bassenge*, § 906 BGB, Rn. 40; s. ferner: BGH, MDR 1999, 1132 = VersR 1999, 1139 (**Brandschaden** durch Nachbargrundstück); BGH, WM 1978, 1414 (Beeinträchtigung der **Standfestigkeit** eines Hauses); BGH, NJW 1987, 2810, 2811; BGH, NJW 1967, 1858; BGH, ZMR 1977, 19 („Porta Nigra"); BGH, WM 1978, 92 = DB 1978, 294 (Beeinträchtigung durch eine Großbaustelle) u. BauR 1979, 80; *Roth*, Der bürgerlich-rechtliche Aufopferungsanspruch, 2001, S. 7 ff.; *Schack*, NJW 1968, 1914; *Döbereiner*, NJW 1968, 1960; zum **öffentlich-rechtlichen** Entschädigungsanspruch (Wasseransammlung auf Erschließungsstraße): OLG Koblenz, OLGR 2000, 182, 183.

78) BGH, IBR 2006, 298 – *Schmid* (keine Haftung des Eigentümers/Vermieters für seinen Mieter).

79) BGH, VersR 1970, 57; WM 1976, 571.

80) BGH, BauR 2001, 1587, 1590 = ZfIR 2001, 1002 (Besitzstörung des Mieters und vermögenswerte Nachteile des Gewerbebetriebs); BGH, WM 1974, 901 (**Baustellenverkehr** zum Nachbargrundstück vor Ladengeschäft); siehe ferner: OLG Düsseldorf, BauR 2012, 1979 = IBR 2012, 517 – *Fuchs* (Haftung des **vertiefenden** Eigentümers gegenüber einem entfernteren Nachbarn); dass., NZBau 2010, 440 (Hausbeschädigung bei Kanalbauarbeiten; **Haftungsminderung** wegen einer schadensanfälligen Bausubstanz); OLG Zweibrücken, OLGR 2004, 395 (Rissschäden am Nachbargrundstück durch Kanalbauarbeiten); BGH, WM 1976, 538 (**Rissschäden** durch Sprengungen auf benachbarten Grundstücken); OLG Hamm, NZBau 2010, 442 (**Rissbildungen** durch Umbauarbeiten auf dem Nachbargrundstück); BGH, NJW

§ 906 Abs. 2 Satz 2 BGB als nachbarrechtlicher Ausgleichsanspruch nicht nur Immissionen, sondern „alle von einem Grundstück auf ein benachbartes Grundstück ausgehenden Einwirkungen, die das zumutbare Maß einer entschädigungslos hinzunehmenden Beeinträchtigung übersteigen", sofern der davon betroffene Eigentümer aus besonderen Gründen gehindert war, diese Einwirkungen gem. § 1004 Abs. 1 BGB rechtzeitig zu verhindern; der BGH zieht daher § 906 Abs. 2 Satz 2 auch für Ansprüche wegen Schäden aus Ausschachtungsarbeiten („**Vertiefungen**" i.S. des **§ 909 BGB**) heran.[81] Wird auf Schadensersatz gemäß §§ 823 Abs. 2, 909 BGB geklagt und ist ein **Verschulden** des Anspruchsgegners (Bauherrn/Unternehmers/Architekten oder Sonderfachmanns) im Rechtsstreit nicht festgestellt, muss der geltend gemachte Ersatzanspruch – ohne dass sich der Kläger hierauf beziehen muss – auch unter dem Gesichtspunkt des verschuldensunabhängigen nachbarrechtlichen Ausgleichsanspruchs aus § 906 Abs. 2 Satz 2 BGB analog geprüft werden.[82] Der Ausgleichsanspruch bestimmt sich nach den Grundsätzen der **Enteignungsentschädigung** und ist auf Beseitigung der durch die unzumutbare Beeinträchtigung hervorgerufenen Vermögenseinbuße gerichtet;[83] er kann im Einzelfall aber auch auf den „vollen Schadensersatz gehen".[84] In diesem Fall können die zur **Schadensbeseitigung** erforderlichen Beträge einschließlich der **Planungskosten** sowie der Ersatz eines verbleibenden **Minderwertes** verlangt werden;[85] allerdings sind die Gesichtspunkte der **überholenden Kausalität** und der **Vorteilsausgleichung** zu beachten.[86] Der **schadensanfällige Zustand** des betroffenen Grundstückes wie auch ein schuldhafter oder schuldloser Mitverursachungsbeitrag des Eigentümers des geschädigten Grundstücks sind ebenfalls anspruchsmindernd zu berücksichtigen.[87] Es ist deshalb im Einzelfall stets zu prüfen, ob der geschädigte Nachbar aus tatsächlichen

---

1984, 2207 sowie BGH, Urt. v. 18.11.1994 – V ZR 98/93 (**Rußimmissionen** eine Brauerei); AG Darmstadt, MDR 1998, 647, 648 (Schäden auf Nachbargrundstück durch **Einstürzen der Giebelwand** infolge eines **Brandes**); BGH, VersR 1985, 740 (Bruch einer Wasserleitung). Der reine **Wasserzufluss** ist dagegen keine Immission i.S. des § 906 BGB: BGHZ 90, 255, 258; OLG Koblenz, BauR 2000, 907, 908; OLG Hamm, BauR 2008, 1478, 1479; s. aber OLG Düsseldorf, OLGR 2000, 320 für Übertritt von wild abfließendem Niederschlagswasser auf Nachbargrundstück. Keine Haftung bei Übergreifen eines **Brandstiftungsfeuers** auf Nachbarhaus: OLG Hamm, NJW-RR 1987, 1315; BGH, NZBau 2010, 751 (keine Haftung des Bauunternehmers analog § 906 Abs. 2 Satz 2 BGB).

81) BGH, ZfBR 1997, 299, 300 = BauR 1997, 1058, 1059 = MDR 1997, 1021; BGH, NJW-RR 1988, 136 (Zur Anwendung von § 254 BGB); BGH, BauR 1983, 177 = ZfBR 1983, 87; OLG Koblenz, BauR 2004, 107, 108 = NJW-RR 2003, 1457 = BauRB 2003, 194; OLG Köln, OLGR 2004, 263; OLG Zweibrücken, OLGR 2004, 395; OLG Düsseldorf, NJW-RR 1997, 146 u. OLGR 1995, 133, 134 für den „**Berliner Verbau**".
82) BGH, IBR 2005, 54 – **Fuchs**; BGH, BauR 1997, 1058 = ZfBR 1997, 299; OLG Düsseldorf, BauR 2012, 1979 (Der „billige Ausgleich" gemäß § 906 Abs. 2 S. 2 BGB entspricht dem vollen Schadensersatz); OLG Koblenz, BauR 2004, 107, 108.
83) Vgl. BGHZ 85, 375, 384 = MDR 1983, 567; BGH, NJW 2001, 1865, 1867; OLG Zweibrücken, OLGR 2004, 395, 398.
84) BGH, BauR 1997, 1058 mit Hinweis auf BGHZ 28, 255; 57, 359, 368; 58, 149, 160; BGH, NJW 1990, 3195, 3197; OLG Zweibrücken, OLGR 2004, 395, 398; OLG Düsseldorf, NJW-RR 1997, 146.
85) BGH, NJW 1992, 2884; BGH, ZfBR 1997, 299, 300 = BauR 1997, 1058, 1059.
86) Zutreffend: OLG Zweibrücken, OLGR 2004, 395, 398 m. Nachw.
87) BGH, NJW 1988, 136 = NJW-RR 1988, 136, 138; BGH, NJW 1992, 2884, 2885; OLG Düsseldorf, NZBau 2010, 440, 442; OLG Hamm, NZBau 2010, 442, 443.

und/oder rechtlichen Gründen gehindert war, die Arbeiten auf dem Nachbargrundstück rechtzeitig durch eine **Klage** oder einen Antrag auf Erlass einer **einstweiligen Verfügung** zu unterbinden[88]) oder er von der Ergreifung solcher Maßnahmen abgehalten oder (z.B. auf Grund einer Nachbarschaftsvereinbarung) entbunden war.[89])

2608 So genannte **ideelle Einwirkungen** fallen im Übrigen aber nicht unter § 906 BGB; dazu zählt insbesondere der Anblick, der das ästhetische Empfinden des Nachbarn verletzt, wie z.B. der Lagerplatz für Baumaterialien und Baugeräte in einer Wohngegend.[90]) Ferner ist auch die Entziehung von Licht und Luft durch ein Bauwerk auf dem Nachbargrundstück von § 906 BGB nicht umfasst.[91])

2609 **Anspruchsberechtigter** ist der, der in der Nutzung des Grundstücks beeinträchtigt ist;[92]) dies ist in aller Regel der Eigentümer, kann im Einzelfall aber auch der Besitzer sein.[93])

2610 **Anspruchsgegner** des Baunachbarn ist der die Störung verursachende Baubeteiligte. Als solcher kommt z.B. der **Bauherr**,[94]) sein **Architekt** oder der **Unternehmer** in Betracht. Gegen sie ist der Abwehranspruch aus § 1004 BGB bzw. (bei Verschulden) der **Schadensersatzanspruch** aus § 823 Abs. 1 oder Abs. 2 BGB i.V.m. § 906 BGB zu richten.[95]) Der **Ausgleichsanspruch** nach § 906 Abs. 2 Satz 2 BGB kann dagegen nur gegen den **Bauherrn**, nicht aber gegen den **Unternehmer** erhoben werden, „denn nicht der Umstand, dass ein Unternehmer tätig wird, zwingt den Baunachbarn zum Nachgeben, sondern lediglich der ortsübliche Charakter der vom Bauherrn in seinem eigenen Interesse durchgeführten Grundstücksbebauung".[96]) Maßgebend ist, wer die Bauarbeiten, die zu Immissionen geführt haben, veranlasst hat.[97]) Das kann also auch der nur **mittelbar Einwirkende** sein, soweit die Beeinträchtigung auf seinem maßgeblichen Willen beruht.[98])

2611 Der Ausgleichsanspruch geht auf eine „angemessene" Entschädigung. Für die Bewertung des nach § 906 Abs. 2 Satz 2 BGB zu zahlenden Ausgleichs besteht kein Unterschied zur Enteignungsentschädigung.[99]) Der nachbarrechtliche Ausgleichsanspruch **verjährt** nach der Schuldrechtsreform in der Regelfrist des § 195 BGB.

Bei der Bemessung des Ausgleichs ist vor allem zu berücksichtigen, „wenn das beeinträchtigte Grundstück sich in einem mangelhaften Zustand befunden hat, oh-

---

88) BGH, ZfBR 1997, 299, 300 = BauR 1997, 1058, 1059; OLG Köln, OLGR 2004, 263; OLG Düsseldorf, NJW-RR 1997, 146, 147 mit w. Nachw.
89) OLG Köln, OLGR 2004, 263.
90) BGHZ 51, 396 = NJW 1969, 1208; BGH, NJW 1975, 168 m.Anm. *Loewenheim*, NJW 1975, 826; anders: OLG Hamm, NJW 1975, 1035 für das Landesrecht.
91) OLG Celle, *Schäfer/Finnern*, Z 4.14 Bl. 1; OLG Düsseldorf, MDR 1991, 57 = OLGZ 1991, 106 (Blendwirkung durch Anstrich); OLG Köln, OLGR 1992, 173; OLG Frankfurt, BauR 2004, 1796 = IBR 2005, 55 – *Fuchs* = BauRB 2005, 8 (**Schattenwurf**).
92) *Mattern*, WM 1979, 34, 38.
93) BGH, WM 1976, 1116; LG Kempten, NJW 1995, 970 (**Mieter**).
94) Vgl. BGH, *Schäfer/Finnern*, Z 4.141 Bl. 30; OLG Rostock, BauR 2001, 1127 (Einrütteln metallener **Spunddielenwände**).
95) Vgl. dazu auch BGH, NJW 1984, 2207.
96) BGH, NZBau 2010, 751; BGH, 1966, 42; vgl. auch BGH, WM 1968, 1106, der mehr auf die Person des Störers abstellt.
97) BGH, NJW 1979, 164 = BauR 1979, 80, 84 = ZfBR 1979, 70.
98) BGH, IBR 2006, 298 – *Schmid*; *Mattern*, WM 1979, 34, 39.
99) BGH, NJW 1992, 2884.

ne den der Schaden nicht oder nicht in dem tatsächlich erlittenen Umfang eingetreten wäre".[100] Deshalb ist auch ein Abzug **„neu für alt"** nicht ausgeschlossen.

Der Nachbar ist für sein Eigentum (bzw. seinen Besitz) und dessen Störung durch den Beklagten **beweispflichtig**.[101] Hierzu gehört auch die Ursächlichkeit des Vorgehens des Beklagten für die eingetretene Beeinträchtigung.[102] Dass die Immissionswirkung die Benutzung des Grundstückes nur unwesentlich beeinträchtigt, ist dagegen vom Störer darzulegen und zu beweisen;[103] dasselbe gilt hinsichtlich der Ortsüblichkeit und der Unvermeidbarkeit.[104]

Ein Grundstückseigentümer, dessen Eigentum durch Baumaßnahmen seines Nachbarn beschädigt wird, ist in aller Regel nicht in der Lage, die **technischen Ursachen** ohne sachverständige Hilfe zu klären; er wird regelmäßig den eingetretenen Schaden allein auf den **räumlich-zeitlichen Zusammenhang** mit den Baumaßnahmen auf dem Nachbargrundstück in Verbindung bringen.[105] Schon allein aus Verjährungsgründen wird der geschädigte Nachbar daher durch ein selbstständiges Beweisverfahren klären müssen, ob die tatsächlichen Voraussetzungen einer Haftung belegt werden können.[106]

3. § 909 BGB – Vertiefung und Baugrundrisiko

Literatur

Englert/Bauer, Rechtsfragen zum Baugrund, 2. Auflage 1991; *Englert/Grauvogl/Maurer*, Handbuch des Baugrund- und Tiefbaurechts, 4. Auflage 2011; *Rybicki*, Bauausführung und Bauüberwachung, 2. Auflage 1995; *Lange*, Baugrundhaftung und Baugrundrisiko, Baurechtl. Schriften, Bd. 35, 1997; *Boisserée*, Die Haftung der Baubeteiligten für Schäden an Nachbargebäuden, Baurechtliche Schriften, Bd. 55, 2002.

Bindhardt, Wer trägt die Verantwortung hinsichtlich des Baugrundes, der Architekt oder der Statiker oder beide?, DAB 1976, 276; *Bindhardt*, Untersuchung der Baugrundverhältnisse – zur Abgrenzung der Verantwortung von Architekt und Statiker, BauR 1974, 376; *Wiegand*, Bauvertragliche Bodenrisikoverteilung im Rechtsvergleich, ZfBR 1990, 2; *v. Caushaar*, Die Rechtsprechung zu Problemen des Baugrundes, Festschrift für Locher (1990), 9; *Quack*, Baugrundrisiken in der Rechtsprechung des Bundesgerichtshofes, BB 1991, Beil. 20, 9; *Heuchemer*, Das Baugrundrisiko in der internationalen Vertragspraxis, BB 1991, Beil. 20, 12; *Englert*, Das Baugrundrisiko – ein normierungsbedürftiger Rechtsbegriff?, BauR 1991, 537; *Englert*, AGB Spezialtiefbau, BauR 1992, 170; *Schottke*, Das Baugrundrisiko bei dem VOB-Vertrag, BauR 1993, 407 u. 565; *Englert*, „Systemrisiko" – terra incognita des Baurechts?, Zur Abgrenzung von Erfolgs-, Baugrund- und Systemrisiko, BauR 1996, 763; *Englert*, Das „Systemrisiko" bei der Ausführung von Tiefbauarbeiten, Festschrift v. Craushaar (1997), 203; *Englert/Grauvogl*, Die Anwendung der VOB/C im Bauvertrag ATV DIN 18 301 – Bohrarbeiten, Jahrbuch Baurecht 2000, 174; *Lange*, Das Baugrundrisiko – Begriff und Pflichten der am Bau Beteiligten, BauRB 2003, 118; *Lange*, Beschädigung von Nachbargrundstücken durch Tiefbauarbeiten, BauRB 2005, 92; *Maaß*, Nachbarrechtliche Probleme bei der Baudurchführung, BauR 2007, 1650; *Englert/Fuchs*, Die neue Baugrundbeschreibung nach DIN EN 1997-2, BauR 2011, 1725; *Kohlhammer*, Wer trägt das Baugrundrisiko?, BauR

---

100) BGH, NJW 1992, 2884, 2885; NJW 1971, 750; NJW-RR 1988, 136.
101) BGH, WM 1970, 1460.
102) BGH, WM 1970, 492.
103) BGH, DB 1970, 2264 = WM 1970, 1460.
104) *Mattern*, WM 1972, 1414.
105) *Helm*, NZBau 2011, 328, 333.
106) *Helm*. a.a.O., S. 334 (auch zum **Antrag** und seiner Begründung).

2012, 845 (s. hierzu: *Rosse*, IBR 2012, 373); *Holzapfel/Dahmen*, Abschied vom Baugrundrisiko?, BauR 2012, 1015 (s. hierzu: *Bolz*, IBR 2012, 433); *Deckers*, Zum Stand der Diskussion über das Baugrundrisiko – Zugleich eine Besprechung von: Vogelheim, Die Lehre vom „Baugrundrisiko" (2013), ZfBR 2016, 3; *Englert*, Baugrundrisiko: Schimäre oder Realität beim (Tief-)Bauen?, NZBau 2016, 131.

2613 Die Vorschrift des § **909 BGB** hatte in der Baupraxis schon immer große Bedeutung; so sind bei vielen Bauvorhaben größere **Ausschachtungen** erforderlich, die häufig bis an die Grenze des Nachbargrundstücks heranreichen.[107] Werden die Ausschachtungs- und damit verbundene Unterfangungsarbeiten nicht fachgerecht ausgeführt, drohen erhebliche Schäden und schwierige Prozesse.[108]

2614 Nach § 909 BGB darf ein Grundstück nicht in der Weise vertieft werden, dass der Boden des Nachbargrundstücks die erforderliche Stütze verliert, es sei denn, dass für eine genügende anderweitige Befestigung gesorgt ist.[109] Der **Schutzzweck** des § 909 BGB umfasst die Festigkeit des Bodens des **Nachbargrundstücks**; indes fallen unter den Begriff des „Nachbargrundstücks" alle im **Einwirkungsbereich** der Vertiefung liegenden Grundstücke, auch wenn sie nicht unmittelbar aneinander grenzen.[110] Dies bedeutet: Wird zwar dem Boden eines Nachbargrundstücks die erforderliche Stütze durch Vertiefung genommen, hierdurch das auf dem Nachbargrundstück aufstehende Gebäude nur verkantet und als weitere Folge einer solchen Verkantung ein Gebäude auf einem anderen Grundstück beschädigt, so ist dieser letztere Schaden nicht von dem durch § 909 BGB bezweckten Schutz umfasst.[111]

2615 § 909 BGB wird von der Rechtsprechung entsprechend **extensiv ausgelegt.**[112] Entscheidend ist in erster Linie, dass das Nachbargrundstück die erforderliche Stütze verliert; Erderschütterungen allein reichen nicht aus.[113] Wesentlich ist dabei, ob auf das Nachbargrundstück so eingewirkt wird, dass hierdurch der Boden des Nachbargrundstückes in den Senkrechten den Halt verliert oder die unteren Bodenschichten in ihrem waagerechten Verlauf beeinträchtigt werden.[114] Nicht notwendig ist dagegen, dass die Vertiefung des Baugrundstücks durch Entnahme von Bodenbestandteilen erfolgt. Es reicht eine durch den **Druck** des Neubaus be-

---

107) Zu den **technischen** Problemen (Baugruben mit und ohne **Verbau, Verpressanker**, Gebäudesicherung und **Unterfangung**; chemische Verfestigung) siehe vor allem *Rybicki*, 2. Aufl. 1995, S. 164 ff.; zu den rechtlichen Problemen s. auch *Grziwotz/Lüke/Saller*, 3. Teil, Rn. 209 ff.
108) Zur **(vorbeugenden)** Klage auf Unterlassung einer Vertiefung des Nachbargrundstücks siehe BGH, BauR 2009, 1468. Zur **Beweislast**, wenn mehrere mögliche Schadensursachen in Betracht zu ziehen sind: OLG München, IBR 2012, 585 – *Motzke*.
109) Zum Begriff der (früheren) Festigkeit des Grundstücks: *Englert/Grauvogl/Maurer*, Rn. 3213 ff. m.w.Nachw.
110) *Grziwotz/Lüke/Saller*, 3. Teil, Rn. 217 unter Hinweis auf BGHZ 12, 75, 78 = NJW 1954, 593; BGH, NJW 1971, 750.
111) BGH, BauR 1979, 355 = WM 1979, 469 = VersR 1979, 442.
112) Vgl. hierzu *Wussow*, Haftung, S. 24 ff.; *Englert/Bauer*, Rn. 24 ff.
113) OLG Rostock, BauR 2001, 1127.
114) BGH, NJW 1983, 872 = BauR 1983, 177 = ZfBR 1983, 87; BGHZ 44, 130; 63, 176; BGH, NJW 1978, 1051; BGH, BauR 1980, 89, 90; BGH, NJW 1987, 2810; OLG Hamm, BauR 2009, 830, 831 (Stützverlust durch fehlerhafte Aushebung der Baugrube; **fehlerhafter Verbau**); OLG Brandenburg, BauR 2001, 1129 (Soilcrete-Verfahren); LG Freiburg, NJW-RR 1987, 141; OLG Köln, BauR 1987, 472.

wirkte Vertiefung aus.[115] Ferner wird nach der Rechtsprechung des BGH ein Grundstück dann i.S. des § 909 BGB vertieft, wenn sich sein Niveau ohne Entnahme von Bodenbestandteilen infolge von **Auflagerung** gewichtiger Stoffe (z.B. Auskippen von Bauschutt und Erdaushub) senkt, der dabei auf das tiefer liegende Erdreich ausgeübte Druck seitlich in den Boden des Nachbargrundstücks hinüberwirkt und dieses dadurch seinen Halt verliert.[116] § 909 BGB findet bei dem Abbruch **unterirdischer** Gebäudeteile Anwendung, sofern durch das Entfernen dem benachbarten Boden die Befestigung entzogen wird.[117] Den Abbruch **oberirdischer** Gebäudeteile sowie die Enttrümmerung von Grundstücken erfasst § 909 BGB nicht.[118]

2616 Ebenso ist § 909 BGB nicht auf **Bodenerhöhungen** anwendbar.[119] Andererseits schützt § 909 BGB nicht nur die Festigkeit des oberen Erdreichs, sondern auch die der unteren Bodenschichten, wobei zur Stütze auch **Grund-** oder **Regenwasser** gehören kann; ein Absinken des Grundwasserstandes oder sonstige Austrocknung des Nachbargrundstücks (z.B. durch Tiefbauarbeiten, Dränagearbeiten) wird daher auch von § 909 BGB erfasst.[120] Auch eine Grundwasserabsenkung, die zu einer ungleichmäßigen Setzung („Bodendrehung") führt, reicht aus.[121]

2617 **Rechtswidrig** ist eine Vertiefung i.S. des § 909 BGB auch dann, wenn sie zu einer Beeinträchtigung der Standfestigkeit des Nachbarhauses nur deshalb führt, weil das Haus schon durch **Alter** oder Kriegseinwirkung **schadensanfällig** und damit in besonderem Maße gefährdet ist.[122] Eine Berufung auf eine vorhandene Schadensanlage kommt daher grundsätzlich nicht in Betracht.[123]

2618 Wird das Baugrundstück im Einzelfall und in unzulässiger Weise vertieft, hat der Eigentümer des Nachbargrundstücks einen Anspruch nach § 1004 BGB auf **Unterlassung**, wenn die Vertiefung noch nicht ausgeführt worden ist; ein **Beseitigungsanspruch** besteht, wenn die unzulässige Vertiefung bereits durchgeführt worden ist.[124] Daneben kann u.U. bei Verschulden ein **Schadensersatzanspruch** nach § 823 Abs. 1 (aus Eigentumsverletzung) oder Abs. 2 i.V.m. § 909 BGB (Verletzung eines Schutzgesetzes) geltend gemacht werden;[125] so stellt das Einbringen von Beton zum

---

115) Vgl. BGHZ 44, 130 = NJW 1965, 2099.
116) Vgl. BGH, NJW 1971, 935; ferner: BGH, BauR 2005, 577, 578 = NZBau 2005, 227; BGH, WM 1972, 388.
117) BGH, VersR 1980, 48 u. NJW 1980, 224.
118) BGH, ZfBR 2012, 663, 664 = IBR 2012, 546 – *Kohlhammer*; Englert/Grauvogl/Maurer, Rn. 1102; s. aber: BGH, BauR 1980, 89 = WM 1979, 1312 (Abbruch eines **Kellers** kann eine Grundstücksvertiefung sein).
119) BGH, NJW 1976, 1840, 1841 u. NJW 1971, 53, 54; LG Gießen, BauR 1995, 405, 406.
120) BGH, NJW 1977, 763; BGH, NJW 1978, 420 = VersR 1978, 420 (Austrocknung des Nachbargrundstücks); BGH, WM 1978, 645; BGH, ZfBR 1979, 208; BGHZ 57, 375 = WM 1972, 257; Englert/Bauer, Rn. 31.
121) OLG München, OLGR 1999, 183, 184; BayObLG, ZfBR 2000, 185.
122) BGH, NJW 1983, 872 = BauR 1983, 177 = ZfBR 1983, 87; BGH, NJW 1987, 2810, 2811; OLG Düsseldorf, NJW-RR 1997, 146; OLG Koblenz, BauR 1989, 637, 638.
123) *MünchKomm-Säcker*, § 909 BGB, Rn. 18; Englert/Grauvogl/Maurer, Rn. 2629.
124) Siehe LG Passau, IBR 2004, 508 – *Englert*; Englert/Grauvogl/Maurer, Rn. 2629. Zum Beseitigungsanspruch und seinem **Untergang**: OLG Hamm, BauR 1998, 159 (**Veräußerung** des geschädigten Grundstückes). Zum Klageantrag s. *Boisserée/Fuchs*, 4. Kap. D, Rn. 52 ff.
125) BGH, BauR 2005, 577 = NZBau 2005, 227 = IBR 2005, 29 – *Hildebrandt*; BGH, NJW 1969, 2140; BGH, NJW 1970, 608; OLG Hamm, BauR 2009, 830, 832. Es wird allerdings die Auffassung vertreten, dass § 823 Abs. 1 BGB neben §§ 823 Abs. 2, 909 BGB keine selbstständige

Unterfangen von Fundamenten des auf dem Nachbargrundstück stehenden Gebäudes eine widerrechtliche Eigentumsverletzung i.S. des § 823 Abs. 1 BGB dar, sofern eine Einwilligung des Nachbarn nicht vorliegt und von einer landesrechtlichen Duldungspflicht nicht ausgegangen werden kann.[126]

Im Übrigen umfasst der Schadensersatzanspruch aus §§ 909, 823 Abs. 2 BGB den Ersatz aller Schäden, die durch die **unzulässige Vertiefung** verursacht worden sind, wie z.B. Sicherungskosten, Befestigungskosten, Aufräumkosten, Wiederaufbaukosten usw.[127] Muss ein Gebäude aufgrund der Vertiefungsschäden **neu errichtet** werden,[128] so ist auch bei **völliger Neuherstellung** von einer „Wiederherstellung" i.S. des § 249 S. 2 BGB auszugehen, sofern „das neue Gebäude dem früheren Bauwerk baulich-technisch und wirtschaftlich-funktionell gleichwertig ist".[129] Dieser Ersatzanspruch ist kein **Vorschussanspruch**, also auch nicht abzurechnen; demgegenüber sind die Grundsätze der **Vorteilsausgleichung** zu berücksichtigen (Rdn. 2946). Ein Mitverschulden des Nachbarn an der unzulässigen Vertiefung kommt nur in Ausnahmefällen in Betracht.[130]

2619 Hat ein Grundstückseigentümer sein Grundstück so abgeschachtet, dass der Boden des Nachbargrundstückes die erforderliche Stütze verliert, muss die Klage, mit der die Herstellung einer genügenden anderweitigen Befestigung verlangt wird, die Angabe der vor der Abschachtung vorhandenen Festigkeit des beeinträchtigten Grundstücks enthalten, wenn sie den Anforderungen des § 253 Abs. 2 Nr. 2 ZPO entsprechen will.[131] Dagegen ist der Kläger nicht verpflichtet, eine bestimmte zur Erfüllung der Befestigung geeignete Maßnahme anzuregen.[132] Im Übrigen hat der Beklagte bezüglich des Beseitigungsanspruches ein **Wahlrecht**, ob er den früheren

---

Bedeutung zukomme, vgl. BayObLG, ZfBR 2000, 185; OLG Hamm, BauR 1998, 159, 161; LG Köln, VersR 1970, 644, 676. Aus der vom LG Köln herangezogenen Entscheidung des BGH, NJW 1965, 2099, 2100 = VersR 1965, 1050, kann dies jedoch nicht herausgelesen werden. Vgl. hierzu auch OLG Stuttgart, OLGR 1998, 198, 199; OLG Köln, ZfBR 1994, 22 = NJW-RR 1994, 89; OLG Düsseldorf, BauR 1993, 351; *Hagen*, WM 1984, 677, 687 u. *Brox*, JA 1984, 182, 184. Zur Haftung des **planenden** Architekten nach § 823 Abs. 1 BGB: OLG Rostock, BauR 2004, 1026, 1027. Zur Pflicht des Bauträgers, einen Spezialunternehmer darauf hinzuweisen, dass in Bezug auf das Nachbargrundstück **Rücksichtnahme** (Erhaltung der für den Boden erforderlichen Stütze) geboten ist: BGH, BauR 1979, 768.

126) BGH, NJW 1997, 2595, 2596 = BauR 1997, 860 = *SFH*, Nr. 14 zu § 909 BGB (Ersatz der eingetretenen **Wertminderung**); vgl. aber OLG Braunschweig, OLGR 1995, 207, 208 (Anwendung des § 904 Satz 1 BGB, sofern „Einsturzgefahr" für das Nachbarhaus besteht); *Boisserée/Fuchs*, 5. Kap. C, Rn. 19.
127) Zum Beseitigungsanspruch des Nachbarn bei Abbruch des Nachbarhauses (**Feuchtigkeitsschäden** infolge der [nunmehr] unverputzten Giebelwand): OLG Köln, NJW-RR 1987, 529 u. OLGR 1993, 76 = VersR 1993, 1241; ferner: OLG Hamm, NJW-RR 1991, 851 (für Bereich der Kellerisolierung). Für Schäden durch **unzulässige Bodenerschütterungen** kommt nur § 823 Abs. 1 BGB in Betracht. Voraussetzung dafür wäre u.a. die – nach § 906 BGB zu beurteilende – Rechtswidrigkeit dieser Immissionen (BGHZ 90, 225 = NJW 1984, 2207; BGH, NJW 1987, 2810, 2811; siehe ferner: OLG Hamm, NJW-RR 1991, 601 für Einsatz einer **Vibrationswalze**).
128) Zum Beispiel infolge eines erheblichen Hangabrutsches.
129) BGH, BauR 1997, 324, 325. Zur Anwendung des § 251 Abs. 2 BGB: OLG Frankfurt, IBR 2005, 594 – *Moufang*.
130) *MünchKomm-Säcker*, § 909 BGB, Rn. 27.
131) BGH, BauR 1978, 502 = WM 1978, 734.
132) *MünchKomm-Säcker*, § 909 BGB, Rn. 19.

Zustand wieder herstellen oder für eine andere ausreichende Befestigung sorgen will.¹³³⁾

Anspruchsberechtigter ist der Beeinträchtigte, u.U. also auch der Besitzer des Nachbargrundstücks¹³⁴⁾ sowie der Käufer nach Eintragung einer Auflassungsvormerkung.¹³⁵⁾ **Passivlegitimierter** ist der **Störer;**¹³⁶⁾ das Verbot des § 909 BGB, dem Nachbargrundstück die Stütze zu entziehen, richtet sich gegen jeden, der an der Vertiefung mitwirkt.¹³⁷⁾ Bei einem Bauvorhaben kommt deshalb vor allem der Eigentümer/Besitzer,¹³⁸⁾ der **Bauherr,**¹³⁹⁾ der **Architekt,**¹⁴⁰⁾ der **Bauunternehmer**¹⁴¹⁾ oder der **Tragwerkplaner** (Statiker)¹⁴²⁾ als „Anspruchsgegner" in Betracht. Jeden trifft eine eigene Prüfungspflicht. Auch der Rechtsnachfolger des Störers kann in Anspruch genommen werden.¹⁴³⁾ Sind mögliche Ursachen der Beeinträchtigung eines Grundstückes die Vertiefung mehrerer Nachbargrundstücke oder von diesen ausgehende Bodenerschütterungen, so greift die Risikoverteilung (Verursachungsvermittlung) nach **§ 830 Abs. 1 Satz 2 BGB** auch dann ein, wenn einer der möglichen Schadensverursacher aus unerlaubter Handlung (§ 823 BGB) haftet, ein anderer aufgrund eines nachbarrechtlichen Ausgleichsanspruchs angemessenen Ausgleich schuldet (§ 906 Abs. 2 Satz 2 BGB).¹⁴⁴⁾

---

133) *MünchKomm-Säcker*, a.a.O.
134) BGH, BauR 2001, 1587 (Mieter); OLG Düsseldorf, IBR 2012, 517 – Fuchs (entfernter Nachbar).
135) BGH, NJW 1991, 2019; *Jagenburg*, NJW 1991, 3006, 3017; *Englert/Grauvogl/Maurer*, Rn. 1087. Wird das Eigentum an dem beschädigten Grundstück verkauft, so erlischt der auf §§ 909, 823, 249 S. 2 BGB gestützte Anspruch dann nicht, wenn er spätestens mit Wirksamwerden der Eigentumsübertragung an den Erwerber **abgetreten** wird (BGH, MDR 2001, 986).
136) Siehe hierzu: *Grziwotz/Lüke/Saller*, 3. Teil, 230 f.
137) BGH, BauR 2005, 577 = NZBau 2005, 227; BGH, BauR 2008, 1016, 1017; BGH, BauR 1996, 877 = NJW 1996, 3205 = ZfBR 1996, 320 = *SFH*, Nr. 13 zu § 909 BGB (für Unternehmer, der **nur** mit den Sicherungsmaßnahmen betraut wird); OLG Stuttgart, OLGR 1998, 198, 199 (Errichtung einer **Spundwand**).
138) BGHZ 85, 375 = NJW 1983, 872 = BauR 1983, 177 = ZfBR 1983, 87 = *SFH*, Nr. 2 zu § 906 BGB; OLG Hamm, BauR 1998, 159; OLG Düsseldorf, OLGR 1995, 133; *Englert/Bauer*, Rn. 138 ff.
139) *Englert/Bauer*, Rn. 168 ff.; *Englert/Grauvogl/Maurer*, Rn. 1120.
140) BGHZ 85, 375, 378 = BauR 1983, 177; BGH, BauR 2008, 1016; BGH, BauR 2005, 577 = NZBau 2005, 227 = IBR 2005, 29 – *Hildebrandt*; BGH, BauR 1996, 404 = ZfBR 1996, 198 = NJW-RR 1996, 852; BGH, NJW 1993, 872; OLG Hamm, BauR 2009, 830, 833 (Verletzung der Hinweispflicht in Bezug auf die Ungeeignetheit der eingesetzten Bauaufsicht); OLG Rostock, BauR 2004, 1026, 1027; OLG Düsseldorf, BauR 1998, 1271; OLG Köln, ZfBR 1994, 22 = NJW-RR 1994, 89 (insbesondere zu den **Anforderungen** an die **Planungs-** und **Aufsichtspflichten** des Architekten bei Grundstücksvertiefungen; ferner: BGH, NJW 1987, 2808; BGH, *Schäfer/Finnern*, Z 4.142 Bl. 8; BGH, *Schäfer/Finnern*, Z 4.142 Bl. 37; BGH, *Schäfer/Finnern*, Z 4.142 Bl. 40; BGH, BauR 1970, 123.
141) BGH, BauR 1996, 877 = NJW 1996, 3205; BGH, ZfBR 1980, 290; BGH, LM § 909 BGB Nr. 4a; OLG Dresden, IBR 2004, 18; OLG München, BauRB 2003, 226 = IBR 2003, 602; OLG Rostock, BauR 2001, 1127; LG Köln, VersR 1970, 644; OLG Koblenz, BauR 1989, 637; OLG Düsseldorf, BauR 1993, 351 **(Subunternehmer);** OLG Celle, OLGR 1995, 244, 245 **(Arge);** OLG Stuttgart, OLGR 1998, 198, 199 **(Spundwand).**
142) BGH, BauR 1996, 877, 878; OLG Düsseldorf, BauR 1975, 71; OLG Köln, BauR 1987, 472.
143) Vgl. BGH, NJW 1968, 1237.
144) BGH, NJW 1987, 2810.

2621 Die Schadensersatzansprüche können vom Nachbarn nur geltend gemacht werden, wenn er nachweist, dass die Einwirkung auf sein Grundstück z.B. von dem Bauherrn und/oder einem **Baubeteiligten** „ausgegangen" ist;[145] dessen „**Beitrag an der Vertiefung**" muss „**pflichtwidrig und schuldhaft**" sein.[146]

Wer die Gefahr einer Schädigung nicht bedenkt, hat die im Verkehr erforderliche Sorgfalt, die sich jeweils an den berufsspezifischen Kenntnissen und Erfahrungen des Anspruchsgegners (z.B. des Architekten oder Statikers) ausrichtet, vorwerfbar außer Acht gelassen (§ 276 Abs. 1 Satz 2 BGB). Hierbei ist unerheblich, ob sich die bauausführenden Beteiligten, insbesondere also Architekten oder Unternehmer, gegenüber ihrem Vertragspartner vertragswidrig verhalten haben; denn bei der Haftung nach §§ 823 Abs. 2, 909 BGB geht es um die Verletzung einer allgemeinen, gegenüber jedermann bestehende Verhaltenspflicht, „die durch § 909 BGB oder sonst vielfach durch allgemeine Verkehrssicherungspflichten bestimmt und konkretisiert werden".[147] Bestehende **Problemlagen** müssen daher erkannt und notfalls durch Einschaltung von **Sonderfachleuten** gelöst werden. Wird ein Verschuldensnachweis geführt, hat sich der in Anspruch Genommene hinsichtlich seines **Verschuldens**[148] zu entlasten.[149]

Der **Eigentümer/Besitzer** kommt als Passivlegitimierter in Betracht, wenn er trotz Kenntnis eine unzulässige Vertiefung **duldet**, da er für eine genügende Befestigung verantwortlich ist. Eine **verschuldensunabhängige** Haftung des Eigentümers kann sich im Einzelfall aus § **906 Abs. 2 Satz 2 BGB** ergeben (vgl. Rdn. 2607).[150] Hat der Eigentümer des beeinträchtigten Grundstücks das benachbarte Grundstück selbst abgegraben und eine Stützmauer gebaut, kann grundsätzlich auch sein Rechtsnachfolger gegen den Eigentümer des vertieften Grundstückes keine Ansprüche auf der Grundlage des § **909 BGB** erheben.[151]

2622 Der **Architekt**, der **Statiker** und der **Unternehmer** müssen in gleicher Weise wie ein Bauherr die Erd- und Bauarbeiten immer so einrichten, dass die nachbar-

---

145) BGH, NJW 1977, 763; *Englert/Grauvogl/Maurer*, Rn. 2630; OLG Köln, ZfBR 1994, 22.
146) Zum **Verschulden**: *Grziwotz/Lüke/Saller*, 3. Teil, Rn. 240 ff. Aus der Rechtsprechung: BGH, BauR 2005, 577, 579 (**Architektenverschulden**); BauR 1996, 877, 878 = ZfBR 1996, 320; OLG Düsseldorf, BauR 1975, 71; BGH, NJW 1996, 3205 (**Statiker**). Zum Verschulden bei einer **Grundwasserabsenkung**: BGH, *Schäfer/Finnern*, Z 2.210 Bl. 21 = NJW 1977, 763; BGH, VersR 1979, 768 = BauR 1979, 768 u. ZfBR 1980, 290, 291.
147) BGH, BauR 2005, 577, 579; BGH, BauR 1996, 404, 405 = ZfBR 1996, 198.
148) Vgl. dazu vor allem BGH, a.a.O.; BGH, NJW 1977, 763 = *Schäfer/Finnern*, Z 2.210 Bl. 21; BGH, ZfBR 1980, 290; OLG Köln, ZfBR 1994, 22 = NJW-RR 1994, 89; OLG Düsseldorf, NJW-RR 1997, 146 u. BauR 1993, 351 (Grundstücksvertiefung neben einem **alten** Gebäude).
149) Vgl. OLG Hamm, BauR 1998, 159, 161; OLG Düsseldorf, NJW-RR 1997, 146; BGH, NJW 1973, 2207, 2208.
150) Vgl. BGH, NJW 1987, 2810, 2811: Sind die Einwirkungen i.S. des § 909 BGB „rechtmäßig oder rechtswidrig-schuldlos, aber aus rechtlichen oder tatsächlichen Gründen nicht zu verhindern gewesen, so (kann) ein Anspruch auf angemessenen Ausgleich in Geld (nachbarrechtlicher Ausgleichsanspruch) nach § 906 Abs. 2 Satz 2 BGB oder analog Vorschrift gegeben sein". Siehe hierzu *Grziwotz/Lüke/Saller*, 3. Teil, Rn. 250 f.; ferner: OLG Koblenz, BauR 2004, 107, 108; NJW-RR 2003, 1457 = IBR 2003, 479; OLG Zweibrücken, OLGR 2004, 395 (Kanalbauarbeiten); OLG München, OLGR 1999, 183, 185.
151) BGH, NJW 1984, 2643 (kein Anspruch auf Herstellung einer genügenden anderweitigen Befestigung nach Einsturz der alten Stützmauer).

rechtlichen Interessen nicht verletzt werden.[152] Dabei ist zu berücksichtigen, dass derjenige, der an einem Grundstück Veränderungen vornimmt, mit einem schlechten Fundament des bereits vorhandenen Nachbarhauses wie auch mit der Möglichkeit späterer Erweiterung der Nutzung des Nachbargrundstücks rechnen muss.[153] Es muss deshalb nicht nur **vor,** sondern vor allem auch **während der Bauausführung** stets sorgfältig geprüft werden, welche Schutzmaßnahmen (gegebenenfalls durch Anker oder Stützen) notwendig sind.[154] In der Baupraxis werden vor allem **Architekten** und Unternehmer im Hinblick auf die erheblichen Gefahren, die von Vertiefungsarbeiten ausgehen, auf die **Einholung** eines **Boden- und Gründungsgutachtens** durch den Auftraggeber (Bauherrn) bestehen. Wird ihnen ein solches Gutachten **vorgelegt** und enthält es (detaillierte) **Vorgaben** für den Aushub und die Absicherung der Baugrube, wird einem Unternehmer und/oder planenden und bauleitenden Architekten kein Vorwurf zu machen sein, wenn er den gutachterlichen Ausführungen folgt.[155] Er muss jedoch, um einem Schuldvorwurf zu entgehen, die **Feststellungen** und **Schlussfolgerungen** des Gutachtens stets selbst überprüfen; denn er ist nur entlastet, sofern er aufgrund der ihm möglichen und zumutbaren Überprüfung keinen Anlass hatte, diesem Gutachten zu misstrauen.[156] Lehnt der Auftraggeber (Bauherr) die Einholung eines Boden- und Gründungsgutachtens ab, wird sich ein Architekt und/oder Unternehmer, der sich gleichwohl auf die Vertiefungsarbeiten einlässt, nicht entlasten können. In gleicher Weise wird man dem **Eigentümer/Bauherrn** einen Schuldvorwurf machen können.[157] Werden Sonderfachleute von dem **Auftraggeber** mit der statischen Absicherung eines Nachbargebäudes und mit der Erstellung eines Bodengutachtens beauftragt und dienen diese Vorsichtsmaßnahmen ausschließlich der Standsicherheit des Nachbargrundstücks, unterliegen **Ersatzansprüche** des Auftraggebers der regelmäßigen fünfjährigen Verjährungsfrist.[158]

Anerkannt ist allerdings, dass der „Vertiefende" nach § 909 BGB auch dann haftet, **2623** wenn die Baumaßnahmen selbst, die eine Vertiefung bewirken, etwa entsprechend den **Regeln der Baukunst** vorgenommen worden sind. Hat der Vertiefende im Augenblick der Vornahme seiner Baumaßnahmen vorausgesehen, dass das Nachbargrundstück seine **Stütze verlieren** kann, so darf er entweder nicht bauen oder aber

---

[152] BGH, BauR 2005, 577 = NZBau 2005, 227; OLG Hamm, BauR 2009, 830; OLG Brandenburg, BauR 2001, 1129, 1131; OLG Köln, ZfBR 1994, 89 u. BauR 1987, 472; OLG Düsseldorf, BauR 1993, 351; OLG Koblenz, BauR 1989, 637; *Mattern*, WM 1972, 1415, 1416; *von Craushaar*, Festschrift für Locher, S. 9, 21.
[153] BGHZ 63, 167 = WM 1975, 82; BGH, BauR 1996, 877 = ZfBR 1996, 320 = NJW 1996, 3205; OLG Düsseldorf, BauR 1993, 351 (für ein im Jahre 1880 errichtetes Wohnhaus).
[154] OLG Düsseldorf, BauR 1993, 351, 352.
[155] Siehe hierzu: OLG München, BauRB 2003, 226 = IBR 2003, 602 (Ein Unternehmer kann sich auf den Gründungsvorschlag des von dem Bauherrn bestellten **Sachverständigen** verlassen); s. aber OLG Dresden, IBR 2004, 18 (Haftung des Unternehmers, auch wenn der **Bauherr** ihm die Sicherungsmaßnahmen **vorenthält,** die der Statiker vorgeschlagen hat).
[156] Vgl. vor allem BGH, BauR 1996, 404 = ZfBR 1996, 198 = NJW-RR 1996, 852 = WM 1996, 1093 m.w.Nachw.
[157] Zutreffend: OLG Brandenburg, BauR 2001, 1129, 1132; OLG Düsseldorf, BauR 1996, 881.
[158] Sieh hierzu: OLG Hamm, IBR 2013, 291 – *Heiliger*.

er muss den eingetretenen Schaden tragen.[159] Dabei wird der Vorwurf der fahrlässigen Unkenntnis (Regelfall) dann erhoben werden können, wenn es für den Handelnden bei Anwendung der im Verkehr erforderlichen Sorgfalt erkennbar war, dass das benachbarte Grundstück seinen Halt verlieren konnte, dieses mithin vorhersehbar war.[160] Im Einzelfall wird deshalb zu fragen sein, ob die Handelnden bei Anwendung der im Verkehr erforderlichen Sorgfalt (§ 276 Abs. 1 Satz 2 BGB) erkennen konnten, die Baumaßnahmen würden auch den **Stützverbund** im Grundstück des Nachbarn so verändern, dass dieses davon Nachteile zu erwarten hatte.[161] Das ist jeweils ausschließlich nach Umständen des Einzelfalles zu beurteilen.[162] Man kann jedoch sagen, dass die Handelnden im Rahmen der allgemeinen technischen Erfahrung stets die Kenntnisse anwenden müssen, die die **sichere Bewältigung** der gestellten Aufgabe erfordert; sie dürfen keine Baumaßnahmen ausführen, deren Auswirkungen auf benachbarte Erdmassen sich nicht nach allgemeiner Erfahrung beurteilen lassen.

2624 Eine besondere Fallkonstellation kann sich bei Arbeiten stellen, die gemäß **DIN 4123** bzw. **4150**[163] durchgeführt werden.[164] Die DIN 4123 befasst sich mit Gebäudesicherungen im Bereich von Ausschachtungen, Gründungen und Unterfangungen. In Ziff. 2 der DIN-Norm wird darauf hingewiesen, dass Maßnahmen nach dieser Norm geringfügige Bewegungen der bestehenden Gebäudeteile im Allgemeinen nicht verhindern, sodass je nach dem Zustand der Bauten Risse auftreten können.

Die vorerwähnte DIN-Norm geht damit davon aus, dass selbst bei Anwendung der entsprechenden DIN-Vorschriften **Setzrisse** vor allem an der bestehenden Nachbargiebelwand nicht ausgeschlossen werden können. Treten solche Risse bei ordnungsgemäßer Durchführung der Bauarbeiten nach DIN 4123 auf, besteht also die Gefahr, dass den am Bau Beteiligten entgegengehalten wird, sie hätten das Auftreten der Setzrisse voraussehen können, da die DIN-Norm ja gerade auf entsprechende Gefahren und Risiken hinweist. Zieht man diesen Schluss, führt das dazu, dass die am Bau Beteiligten, die z.B. Unterfangungsarbeiten nach DIN 4123 durchführen bzw. durchführen lassen, für dabei auftretende Setzrisse an Nachbarhäusern in jedem Fall haften, obwohl es hinsichtlich der in der DIN-Norm beschriebenen Art der Unterfangung keine gleichwertige und wirtschaftlich vertretbare Ersatzlösung gibt und es sich im Übrigen um eine althergebrachte Bauweise handelt. Damit haben die Baubeteiligten nur die Wahl, entweder die Risiken bewusst in Kauf zu nehmen oder die Baumaßnahmen nicht unter Anwendung der DIN 4123 durchzuführen, sondern zusätzliche, u.U. völlig unwirtschaftliche Maßnahmen zu ergreifen oder aber sich vorher einer Zustimmung der Nachbarn zu versichern.[165]

---

159) RG, JW 1910, 330; BGH, *SFH*, Nr. 5 zu § 823 BGB; OLG Düsseldorf, NJW-RR 1997, 146, 147.
160) **Herrschende Meinung:** RGZ 144, 170, 172; 145, 107, 115 ff.; BGH, *Schäfer/Finnern*, Z 4.142 Bl. 74; BGH, NJW 1977, 763, 764; BGH, *SFH*, Nr. 5 zu § 823 BGB; BGH, WM 1979, 469, 470; OLG Koblenz, NJW 1989, 637, 638; OLG Köln, ZfBR 1994, 22 = NJW-RR 1994, 89.
161) BGH, NJW 1977, 763.
162) RGZ 132, 58.
163) Siehe: *Grziwotz/Lüke/Saller*, 3. Teil, Rn. 108 m.w.Nachw.
164) Zu den Anforderungen an die Einhaltung der DIN 4123 durch den bauplanenden und ausführenden Architekten: OLG Stuttgart, OLGR 2006, 463; OLG Düsseldorf, BauR 1998, 1271; *Englert/Grauvogl/Maurer*, Rn. 2631.
165) Vgl. hierzu: OLG Koblenz, BauR 1989, 637; OLG Köln, BauR 1987, 472 sowie BGH, NJW 1983, 872 = ZfBR 1983, 88; s. ferner *Englert/Grauvogl/Maurer*, Rn. 2696. Zu dem DIN-Normenwerk „Baugrund" siehe im Einzelnen: *Englert/Bauer*, Rn. 76 ff.

Ein **Bauherr** wird deshalb zum Schadensersatz herangezogen werden können, **2625** wenn er die Vertiefung in **eigener Regie** vorgenommen hat.[166] Zieht er einen **Bauunternehmer** und/oder einen **Architekten** hinzu, so haftet er grundsätzlich nur für ein **Auswahlverschulden**,[167] weil sich ein Bauherr zur Lösung bautechnischer Aufgaben und ihrer sachgemäßen technischen Durchführung im Allgemeinen sorgfältig ausgewählter Bauunternehmer und Architekten bedienen darf.[168] Für schadensbegründende Nachlässigkeit der Architekten oder des Unternehmers braucht der Bauherr auch nicht über § 278 BGB oder § 831 BGB zu haften; denn durch das nachbarliche Verhältnis allein wird noch keine quasi-vertragliche Beziehung begründet, die eine Haftungszurechnung nach § 278 BGB ermöglicht. Die Anwendung des § 831 BGB scheidet aus, weil Architekten oder Unternehmer keine Verrichtungsgehilfen des Bauherrn sind (Rdn. 2627).

Die sorgfältige Auswahl der mit den Bauarbeiten befassten Fachkräfte reicht nach der Rechtsprechung des BGH[169] allerdings nicht aus, „wenn erkennbar eine **erhöhte Gefahrenlage** gegeben war" (BGH). Dementsprechend können dem Bauherrn auch **Überprüfungspflichten** erwachsen, wenn Anlass zu Zweifeln besteht, ob die Fachkräfte den besonderen Gefahren und Sicherungserfordernissen ausreichend Rechnung tragen.[170] Diese Überprüfung hat aber in einem für den Bauherrn zumutbaren Rahmen zu erfolgen; die Anforderungen dürfen insoweit nicht überspannt werden.[171] Hat der Bauherr mit der Durchführung des Bauvorhabens **anerkannte Fachleute** beauftragt, und bestehen keine begründeten Bedenken hinsichtlich der mangelnden Sorgfaltspflicht, kann der Nachbar keine Ersatzansprüche aus § 823 Abs. 1 BGB wegen Verletzung der Verkehrssicherungspflicht geltend machen.[172] Es ist Sache des **Bauherrn**, darzulegen und zu beweisen, dass er seiner Auswahl- und Überprüfungspflicht hinreichend nachgekommen ist.[173]

Wer als Bauherr, Unternehmer oder Architekt das Gebäude des Nachbargrundstücks unterfängt, handelt grundsätzlich schuldhaft, wenn er sich nicht zuvor des Einverständnisses des Nachbarn vergewissert.[174] Wird ein Haus **abgebrochen**, kann sich die Ersatzpflicht des Baubeteiligten unter dem Gesichtspunkt der Verletzung der **allgemeinen Verkehrssicherungspflichten** gemäß § 823 Abs. 1 BGB er- **2626**

---

166) Vgl. OLG Düsseldorf, OLGR 1996, 203, 204 (LS) für **Koordinierung** der Arbeiten durch den Bauherrn.
167) Vgl. BGH, BauR 1997, 1058 = ZfBR 1997, 299 = NJW-RR 1997, 1374 m. Nachw.; OLG Hamm, IBR 2009, 271 – *Averhaus*; OLG Celle, BauR 2004, 105, 106 (im Verhältnis von General- zu Subunternehmer); OLG Düsseldorf, OLGR 1995, 133; *Brox*, JA 1984, 182, 185.
168) BGHZ 147, 45 = BauR 2001, 1587, 1588; BGH, 1979, 208, 209; OLG Koblenz, BauR 2004, 107 = NJW-RR 2003, 1457.
169) BGH, BauR 1997, 1058, 1059; BGH, NJW 1969, 2140, 2141 u. BauR 1987, 712; OLG Hamm, IBR 2009, 271 – *Averhaus*; OLG Köln, OLGR 2004, 263.
170) BGH, BauR 2001, 1587, 1588; OLG Düsseldorf, BauR 1996, 881, 882; OLG Hamm, BauR 1998, 159, 161; BGH, BauR 1997, 1058, 1059.
171) BGH, a.a.O.; OLG Bamberg, VersR 1984, 338; *Brox*, JA 1984, 182, 185; *MünchKomm-Säcker*, § 909 BGB, Rn. 26 m.w.Nachw.
172) BGH, *Schäfer/Finnern*, Z 5.0 Bl. 36; OLG Düsseldorf, OLGR 1995, 133, 134.
173) OLG Hamm, BauR 1998, 159, 162.
174) BGH, *Schäfer/Finnern*, Z 4.142 Bl. 70; zum Nachweis der Erlaubnis s. OLG Köln, JMBl. NRW 1975, 112.

geben; in Sonderfällen ist dann auch eine Schadenshaftung des Bauherrn denkbar.[175)]

2627 Der Bauherr haftet insoweit nicht gemäß § 278 BGB für das Verschulden von Architekt, Unternehmer oder Statiker. Das entspricht h.A.[176)] Auch eine Haftung des Bauherrn für Verschulden des Unternehmers nach § 831 Abs. 1 Satz 2 BGB kommt in der Regel nicht in Betracht; denn § 831 BGB ist auf den selbstständigen Bauunternehmer nicht anzuwenden.[177)] Ausnahmen gelten nur für den Fall, dass der Bauunternehmer bei der technischen Ausführung der Arbeiten den Anweisungen des Bauherrn zu folgen hat.[178)]

Allerdings kommt die Rechtsprechung teilweise doch zu einer Anwendung des § 831 BGB,[179)] weil sie dem Bauherrn die Pflicht auferlegt, den bauaufsichtsführenden Architekten oder sogar den Unternehmer zu **überwachen**. Insoweit hat vor allem das OLG Düsseldorf[180)] sehr strenge Anforderungen gestellt. Der BGH[181)] hat ausgeführt, dass der Bauherr nicht einfach alles seinem Architekten oder Unternehmer überlassen dürfe. Liege etwa in den Gründungsverhältnissen des nahe gelegenen Nachbargebäudes eine **besondere Gefahrenlage** vor, auf die der Bauherr zuvor (durch den Nachbarn, einen Statiker oder durch Hinweise und Anordnungen der Baupolizei) aufmerksam gemacht worden sei, und könne die Gefahr auch von einem Nichtfachmann unter den gegebenen Umständen erkannt und abgestellt werden, so bleibe der Bauherr im Hinblick auf diese Gefahrenlage zur Aufsicht und notfalls **zum Eingreifen** verpflichtet.[182)] Der Bauherr muss also dann im Einzelfall sogar auf eine Untersuchung der Bodenverhältnisse bestehen; eine gleiche Pflicht trifft u.a. auch den Architekten und Statiker.[183)]

2628 Der **BGH** hat diese Rechtsprechung sogar für den Fall der Beauftragung einer **Spezialfirma** bestätigt: „Bei Vertiefung einer Baugrube bis etwa 4,5 m mit Grundwasserabsenkung musste sich der Beklagte jedoch auch bei der Beauftragung eines Unternehmers für Spezialtiefbau und Grundwasserabsenkung vergewissern, dass die ihr obliegende Pflicht aus § 909 BGB durch dieses Unternehmen berücksichtigt und wirklich erfüllt werde."[184)] Der **Bauherr** hat ggf. **darzulegen** und zu **beweisen**, dass er diesen hohen Anforderungen der Rechtsprechung an seine Aufsichts-

---

175) BGH, *Schäfer/Finnern*, Z 4.14 Bl. 9; BGH, NJW 1987, 2810; OLG Köln, NJW-RR 1987, 529.
176) OLG Koblenz, BauR 2004, 107, 108; *Schäfer/Finnern*, Z 5.0 Bl. 36; OLG Düsseldorf, OLGR 1995, 133; *Brox*, JA 1984, 185, 186 m.w.Nachw.
177) RG, JW 1910, 747, Nr. 4; OLG Düsseldorf, NZBau 2017, 415, 416; BGH, BauR 2001, 1587, 1588; BGH, NJW 1994, 2756, 2757; OLG Koblenz, BauR 2004, 107, 108; OLG Brandenburg, BauR 2002, 1553, 1554; OLG Rostock, BauR 2001, 1127; OLG Düsseldorf, OLGR 1995, 133.
178) RG, HRR 33, Nr. 371; BGH, VersR 1956, 504; BGH, VersR 1964, 46, 47; anders nur bei erkennbar falscher Anweisung.
179) Vgl. z.B. OLG Bremen, MDR 1960, 405.
180) BauR 1973, 395; ebenso: OLG Köln, OLGR 2004, 263; kritisch: *Bindhardt*, VersR 1974, 530.
181) NJW 1969, 2140 = BB 1969, 1457.
182) Vgl. auch BGH, VersR 1954, 364, 365.
183) Vgl. BGH, BauR 1971, 265; OLG Brandenburg, BauR 2001, 1129, 1131.
184) BGH, BauR 1979, 533 = ZfBR 1979, 208, 210.

pflicht durch eigenes Eingreifen entsprochen hat.[185] Die Anforderungen an den Bauherrn sollten allerdings nicht überspannt werden.

Es ist ggf. Aufgabe desjenigen, an den sich das Verbot des § 909 BGB richtet, im Einzelnen Tatsachen zu behaupten und zu beweisen, aus denen sich eine genügende anderweitige Abstützung ergibt.[186] Der **Unternehmer** oder **Architekt** haftet für seine Gehilfen i.R. des § 831 BGB.[187] Bei einem schuldhaften Verhalten mehrerer am Bau Beteiligter können diese als Gesamtschuldner in Anspruch genommen werden.[188] Sind **Eigentümer/Bauherr** einerseits und **Architekt, Statiker, Unternehmer** usw. andererseits für ein und dieselbe Schadensursache **verantwortlich**, haften sie auch dann als **Gesamtschuldner** (§ 840 BGB), wenn den Eigentümer/Bauherrn eine nachbarrechtliche (verschuldensunabhängige) Ausgleichspflicht und nur den Architekten usw. eine Haftung aus unerlaubter Handlung trifft.[189] Ob und inwieweit die **Gesamtschuldner** einander zum Ausgleich verpflichtet sind (§ 426 BGB), ist jeweils nach der Vertragsgestaltung[190] und den Umständen des Einzelfalles zu beurteilen. Zu beachten ist, dass der Ausgleichsanspruch aus § 426 BGB nicht mehr in 30 Jahren verjährt, sondern nach dem SchRModG in der **Regelfrist** des § 195 BGB; die Frist beginnt für den eigenständigen Ausgleichsanspruch nach § 426 Abs. 1 BGB daher entsprechend § 199 Abs. 1 Nr. 1 und 2 BGB nach Entstehen und Kenntnis bzw. grob fahrlässiger Unkenntnis des Ausgleichsberechtigten von den den Anspruch begründenden Umständen und der Person des ausgleichspflichtigen Gesamtschuldners.[191]

2629

Im Übrigen ist auch die Vorschrift des **§ 830 Abs. 1 Satz 2** BGB anwendbar, was vor allem bei so genannten **Anteilszweifeln** von Bedeutung sein kann.[192] Das Gericht ist jedoch nicht der Prüfung entzogen, ob der einzelne „Tatbeitrag" überhaupt für den Vertiefungsschaden ursächlich werden konnte und in welchem Umfang. Ist ein Unternehmer z.B. nur mit der **Baugrubensicherung** betraut und kann nicht ausgeschlossen werden, dass die Vertiefung selbst bei bestmöglicher Grubensicherung den Schaden herbeigeführt hatte, ist § 830 Abs. 1 Satz 2 BGB nicht anwendbar.[193] In gleicher Weise scheidet eine Anwendung von § 830 Abs. 1 Satz 2

2630

---

185) OLG Köln, OLGR 2004, 263; OLG Düsseldorf, BauR 1996, 881, 833.
186) Vgl. LG Köln, VersR 1970, 644, 676. Zur Anwendung des § 830 Abs. 1, 2 BGB bei Beeinträchtigungen durch Vertiefung **mehrerer** Nachbargrundstücke: BGH, NJW 1987, 2810, 2812.
187) Vgl. OLG Düsseldorf, IBR 2009, 271 – Averhaus (**Berliner Verbau**) u. OLG Düsseldorf, *Schäfer/Finnern*, Z 4.10 Bl. 18 (Stemmarbeiten am Giebel); BGH, BauR 1996, 877, 879 = ZfBR 1996, 320 = NJW 1996, 3205; BGH, *Schäfer/Finnern*, Z 4.142 Bl. 13 bei **Vertiefung** eines Grundstücks.
188) BGH, WM 1971, 897; LG Itzehoe, *Schäfer/Finnern*, Z 4.142 Bl. 28.
189) BGH, NJW 1983, 872 = BauR 1983, 177 = ZfBR 1983, 87; OLG Brandenburg, BauR 2001, 1129, 1132; OLG Düsseldorf, BauR 1993, 351, 352.
190) So kann sich bei einem **VOB-Vertrag** eine andere Haftungsverteilung aus § 10 Abs. 2 und 3 ergeben; hierzu ausführlich: OLG Brandenburg, BauR 2001, 1129, 1132.
191) So zutreffend: *Henssler/Graf von Westphalen/Beresa*, Teil 2, § 199 BGB, Rn. 63 ff.; **a.A.:** *AnwKom-BGB/Mansel*, § 195, Rn. 17, der ersichtlich auf die Zahlung an den Gläubiger abstellt.
192) BGH, BauR 1996, 877, 880 = ZfBR 1996, 320 = NJW 1996, 3205.
193) BGH, a.a.O.

BGB aus, wenn der Verursachungsanteil einem Beteiligten zu 100 % zuzurechnen ist.[194]

2631 * **Weitere Rechtsprechung:**
Zum **Beweis** des ersten Anscheins für **Risse** durch Abbrucharbeiten: OLG Frankfurt, BauR 2010, 474; zum nachbarrechtlichen **Ausgleichsanspruch** gegen den Fiskus bei Ausschachtung an öffentlicher Straße: BGH, NJW 1979, 164 = BauR 1979, 80 (s. auch OLG Zweibrücken, OLGR 2004, 395 u. OLG Köln, OLGR 2004, 263); **Abbruch** eines Kellers als Grundstücksvertiefung: BGH, BauR 1980, 89; vom Bauherrn vorgeschriebenes Füllmaterial, das zu Setzrissen führt: BGH, ZfBR 1980, 290; Beeinträchtigung der Standfestigkeit eines Hauses durch **Austrocknung** des Nachbargrundstückes: BGH, VersR 1978, 420; **Minderung** des Ersatzanspruchs bei schadensanfälligem Zustand des Grundstückes/Bauwerkes: BGH, BauR 1988, 11 u. NJW 1992, 2884; zur **Bemessung** des nachbarrechtlichen Entschädigungsanspruchs: OLG Frankfurt, IBR 2005, 594 – Moufang.

4. §§ 912 ff. BGB – Überbau

Literatur

Scherer, Die Rechtsprechung des Bundesgerichtshofs zum Überbau, DRiZ 1962, 314; *Eichler*, Der unentschuldigte Überbau, JuS 1965, 479; *Neumann-Duesberg*, Das Eigentümer-Besitzer-Verhältnis bei unentschuldigtem Überbau, BlGWB 1965, 101; *Klempt*, Eigentumsverhältnisse bei nichtentschuldigtem Überbau, JZ 1969, 223; *Schmalzl*, Zum Tatbestand des Bauens über die Grenze (§§ 912 ff. BGB), BauR 1981, 328; *Weitnauer*, Die Tiefgarage auf dem Nachbargrundstück, ZfBR 1982, 97; *Röll*, Grenzüberbau, Grunddienstbarkeiten und Wohneigentum, ZfBR 1983, 201; *Demharter*, Wohnungseigentum und Überbau, Rpfleger 1983, 133; *Ludwig*, Überbaurente und Parteivereinbarung, DNotZ 1984, 541; *Glaser*, Der Grenzüberbau, ZMR 1985, 145; *Horst*, Grenzüberbau – Anspruch des belasteten Grundstückseigentümers, MDR 2000, 557; *Schroer*, Inanspruchnahme des Nachbargrundstücks zur Gebäudedämmung, NZBau 2008, 706; *Horst*, Grenzüberbau durch Wärmedämmung, NJW 2010, 122; *Nelskamp/Dahmen*, Probleme bei nachträglichen Dämmmaßnahmen, BauR 2010, 1129.

2632 Bei einem **Überbau**,[195] also einem Bauen über die Grenze zum Nachbargrundstück, richtet sich der Anspruch des Nachbarn gem. § 912 BGB danach, ob ihn eine Pflicht zur Duldung des Überbaus trifft. Die **Duldungspflicht** des Nachbarn hängt wiederum davon ab, ob ein entschuldigter, rechtmäßiger oder unentschuldigter Überbau vorliegt und ggf. ein Widerspruch gegen den Überbau rechtzeitig erfolgte.

Im Einzelnen gilt:

* Der Nachbar hat einen **Beseitigungsanspruch** und einen Anspruch auf Ersatz des darüberhinaus gehenden Schadens gem. § 823 BGB, wenn der Eigentümer

---

194) Zutreffend: OLG Celle, OLGR 1995, 244, 245.
195) Zu den Problemen des Überbaus: *Grziwotz/Lüke/Saller*, 2. Teil, Rn. 231 ff.; s. aus der Rechtsprechung zum **Eigengrenzüberbau**: s. BGH, BauR 2002, 318 = NZBau 2002, 27; NJW 1988, 1078 = MDR 1988, 394; BauR 1990, 373; OLG Frankfurt, OLGR 2006, 860 (historischer Gebäudeteil); OLG Hamm, BauR 1997, 862; OLG Frankfurt, MDR 1980, 229 (Die Rechte und Pflichten aus § 912 BGB **ruhen**, solange das Eigentum in einer Hand **vereinigt** bleibt; nach einer **Trennung** fallen sie dem jeweiligen Eigentümer zu). Zur Anwendung des § 912 BGB auf Grundstücke, die in **Wohnungseigentum** aufgeteilt sind: OLG Stuttgart, BauR 2012, 656, 659.

eines Grundstückes rechtswidrig mit Vorsatz oder grober Fahrlässigkeit (**unentschuldigter Überbau**) über die Grenze baut.[196]

* Der Nachbar hat lediglich einen finanziellen **Ausgleichsanspruch** bei gleichzeitiger Verpflichtung zur Duldung des Überbaus, wenn der Eigentümer eines Grundstückes ohne Verschulden im vorerwähnten Sinne (**entschuldigter Überbau**) über die Grenze baut. Dasselbe gilt grundsätzlich, wenn der Nachbar seine Zustimmung zum Überbau (**rechtmäßiger Überbau**) gegeben hat. Der Entschädigungsanspruch richtet sich gegen den **Eigentümer** des Nachbargrundstückes oder seinen Rechtsnachfolger, **nicht** jedoch gegen den **Unternehmer** oder seinen **Subunternehmer**.[197]

* Einen **Beseitigungsanspruch** hat der Nachbar auch, wenn er bei einem entschuldigten Überbau vor oder sofort nach der Grenzüberschreitung **Widerspruch** erhoben hat.

* Handelt es sich bei dem „Nachbar" um **Wohnungseigentümer**, sind die Ansprüche auf Beseitigung des Überbaus und Herausgabe der Grundstücksfläche **gemeinschaftsbezogen** i.S. des § 10 Abs. 6 Satz 3 WEG. Der einzelne Wohnungseigentümer hat dementsprechend einen Anspruch darauf, dass die Wohnungseigentümergemeinschaft über eine Geltendmachung entscheidet.[198]

Die **Beweislast** für den Überbau und einen rechtzeitigen Widerspruch trägt der Nachbar, der vom Überbau beeinträchtigt worden ist.[199] Dagegen trifft ihn nicht die Beweislast für einen Vorsatz oder eine grobe Fahrlässigkeit des Überbauenden. Vielmehr obliegt dem Überbauenden die negative Beweislast, dass er weder vorsätzlich noch grob fahrlässig überbaut hat; dieser hat sich also zu entlasten.[200] **2633**

Ein **Überbau** liegt tatbestandlich immer vor, wenn ein auf einem Grundstück errichtetes Gebäude in den **Boden** (z.B. durch Fundamente) oder **Luftraum** (z.B. durch Balkone) des nachbarlichen Grundstückes hinübergreift.[201] Ein Überbau ist besonders häufig bei der Errichtung von **Giebelmauern**.[202] Die Verlegung einer Rohrleitung oder die Errichtung einer bloßen Mauer zur Einfriedigung fallen nicht **2634**

---

196) Zum Ersatz des **Verzugsschadens** gemäß § 990 Abs. 2 in Verb. mit § 286 Abs. 1 BGB a.F.: BGH, BauR 2004, 344, 345 = NJW 2003, 3621.
197) OLG Koblenz, BauR 1996, 410, 412.
198) OLG München, ZMR 2011, 316, 317. Zu den Ansprüchen bei einer fehlerhaften **Grenzbebauung** (Verursachung von Feuchtigkeitsschäden) s. OLG Köln, ZMR 2011, 404, 405.
199) Dies kann im Einzelfall schwierig sein; vgl. OLG Frankfurt, OLGR 2006, 860 (LS) zur Beurteilung eines historischen Gebäudeteils.
200) **Herrschende Meinung**; BGHZ 39, 5, 14 u. 42, 63, 68; BGH, *SFH*, Nr. 1 zu § 912 BGB; *Schmalzl*, BauR 1981, 328, 330.
201) Vgl. näher *MünchKomm-Säcker*, § 912 BGB, Rn. 8; *Weitnauer*, ZfBR 1982, 97 ff.; aus der Rechtsprechung: OLG Koblenz, OLGR 2006, 713 (zur eigentumsrechtlichen Zuordnung von über die Grundstücksgrenzen hinweg genutzten Geschossflächen; **Fachwerkhaus**); OLG Celle, OLGR 1998, 32, 33 (verneinend für einen die Grenze überragenden **Flachdachabschluss**). Die Vorschriften der §§ 912 ff. sind **entsprechend anzuwenden**, wenn sich z.B. die Grenzmauer eines Gebäudes erst **nach** der Errichtung über die Grenze neigt (BGH, DB 1986, 1669).
202) Zum Miteigentum zweier Giebelmauern bei **fehlender Standfestigkeit** einer der beiden Mauern: BGH, BauR 2001, 1733 = NJW-RR 2001, 1528 (Vorinstanz: OLG Köln, OLGR 2000, 329).

unter § 912 BGB.[203] Ein einfundamentierter **Palisadenzaun**[204] ist ebenso wenig ein „Überbau" wie ein **Carport**.[205]

Eine Duldungspflicht gem. § 912 BGB kommt bis zum Abschluss des **Errichtungsvorganges** in Betracht. Darauf beschränkt sich der Anwendungsbereich des § 912 BGB aber nicht. Nach der Rechtsprechung des BGH[206] ist eine **entsprechende** Anwendung des § 912 BGB auf **nachträgliche Baumaßnahmen** denkbar, was jedoch wesentlich vom Einzelfall abhängt. So kann von einem „Überbau" im Rechtssinne nicht ausgegangen werden, wenn es sich um nachträglich angefügte Gebäudeteile, wie Fensterläden und Markisen handelt. Entscheidend ist vielmehr, „ob sich eine Beseitigung des Überbaus nicht auf diesen beschränken lässt, sondern **die Gebäudeeinheit beeinträchtigt** und auf diese Weise zwangsläufig zu einem Wertverlust der innerhalb der Grundstücksgrenzen befindlichen Gebäudeteile führt" (BGH). Dies kann angenommen werden, wenn es durch Anbringung einer **Wärmedämmung** zu einem Grenzüberbau im Rechtssinne kommt.[207] Voraussetzung einer Duldungspflicht ist aber grundsätzlich, dass die grenzüberschreitenden Baumaßnahmen sach- und fachgerecht durchgeführt wurden; andernfalls entfällt eine Duldungspflicht des Nachbarn.

Bestritten ist, ob § 912 BGB anwendbar und eine mit dieser Vorschrift ggf. verbundene Duldungspflicht zu bejahen ist, wenn nicht (entsprechend dem Wortlaut dieser Vorschrift) der Eigentümer des Nachbargrundstückes, sondern ein **Besitzer** den Überbau errichtet.[208] Im Übrigen ist nicht maßgeblich, wer rein handwerklich den Überbau vornimmt, sondern wer der Bauherr, also der eigentliche Veranlasser, ist.[209]

2635 Der **Widerspruch** hat vor oder sofort nach der Grenzüberschreitung zu erfolgen. Einer Form bedarf er nicht. Der Widerspruch muss so rechtzeitig vorgetragen werden, dass der Überbau ohne größere technische und wirtschaftliche Schwierigkeiten beseitigt werden kann.[210] Ob dem Nachbarn die Grenzüberschreitung bekannt war oder nicht, ist unerheblich, da es auf ein schuldhaftes Zögern des widerspruchsberechtigten Nachbarn nicht ankommt.[211]

2636 Das **Verschulden** des Überbauenden ist Tatfrage.[212] Grundsätzlich hat jeder Bauherr vor Festlegung der Außenmauern eines Gebäudes mit Sorgfalt die vorhan-

---

203) *Schmalzl*, BauR 1981, 328, 330.
204) OLG Koblenz, a.a.O.
205) OLG Karlsruhe, NJW-RR 1993, 665.
206) BGH, BauR 2009, 101, 102.
207) BGH, a.a.O.; OLG Köln, NJW-RR 2003, 376; siehe hierzu *Nelskamp/Dahmen*, BauR 2010, 1129, 1130; *Horst*, NJW 2010, 122 ff.; *Schroer*, NZBau 2008, 706 ff. m.w.Nachw.
208) Zum Meinungsstand: *Boiserée/Fuchs*, 3. Kap. C, Rn. 191; *Grziwotz/Lüke/Saller*, 2. Teil, Rn. 250; *Schmalzl*, BauR 1981, 328, 330 u. *MünchKomm-Säcker*, § 912 BGB, Rn. 10, der im Hinblick auf die Werterhaltungsfunktion von § 912 BGB die analoge Anwendbarkeit bejaht.
209) BGH, NJW 1974, 794 = MDR 1974, 572.
210) NJW 1972, 1750.
211) *MünchKomm-Säcker*, § 912 BGB, Rn. 25; *Horst*, MDR 2000, 494, 496.
212) **Vorsätzlich** handelt, wer weiß, dass er die Grenze ohne Befugnis überbaut (*Grziwotz/Lüke/Saller*, 2. Teil, Rn. 255). **Grobe** Fahrlässigkeit liegt vor, wenn der Überbauende ein besonders unsorgfältiges Verhalten an den Tag legt, das in irgendeiner Weise für die Überschreitung der Grenze kausal war (*Boiserée/Fuchs*, a.a.O., Rn. 192).

denen Grundstücksgrenzen zu überprüfen und ggf. einen Vermessungsingenieur hinzuzuziehen.[213] Die irrige Annahme, der Nachbar gestatte einen Überbau, kann dann nicht vom Vorwurf grober Fahrlässigkeit entlasten, wenn der Irrtum die Folge einer besonders schweren Verletzung der im Verkehr erforderlichen Sorgfalt ist.[214] Der **Überbauende** muss sich im Übrigen das **Verschulden** des **Architekten, nicht** aber das des **Bauunternehmers** oder **anderer Hilfspersonen zurechnen** lassen.[215] Bei der Frage, ob den Überbauenden ein Verschulden trifft, ist auf den Zeitpunkt der Grenzüberschreitung abzustellen;[216] spätere positive Kenntnis des Überbaus ist unerheblich.

Ein **Beseitigungsanspruch** entfällt, wenn der Nachbar seine Zustimmung zum Überbau gegeben hat, da dann ein rechtmäßiger Überbau vorliegt.[217] Ob ein entsprechendes Einverständnis gegeben ist, muss stets im Einzelfall geprüft werden.[218] Die widerspruchslose Unterzeichnung der Niederschrift über die Grenzverhandlung kann, sie muss aber nicht eine Gestattung des Überbaus darstellen.[219] Ist der Nachbar mit dem Überbau einverstanden, so liegt auch hier ein Überbauverhältnis mit der grundsätzlichen Folge eines Anspruchs auf eine Überbaurente vor.[220] Etwas anderes gilt nur, wenn sich aus dem Einverständnis, z.B. im Rahmen einer Vereinbarung, gleichzeitig ein Verzicht auf eine Rente ergibt.[221] Dies ist im Einzelfall aber gesondert zu prüfen und meist eine Auslegungsfrage.

2637

Ein Beseitigungsanspruch kann im Einzelfall **verwirkt** sein.[222] Darüber hinaus kann der Anspruch auf Beseitigung u.U. immer dann nicht in Betracht kommen, wenn die Beseitigung mit einem unverhältnismäßig hohen Aufwand verbunden ist oder auch sonst unbillig wäre.[223] Dann kann ein entsprechendes Verlangen des Nachbarn ausnahmsweise **rechtsmissbräuchlich** sein.

2638

Der entschuldigte sowie der rechtmäßige Überbau fällt in das **Eigentum** des überbauenden Grundstückseigentümers.[224] Die Grundsätze über das Eigentum an einem Überbau greifen jedoch nur ein, wenn ein **einheitliches Gebäude** über die Grundstücksgrenze gebaut worden ist; entscheidend wird dabei auf die einheitliche

2639

---

213) Siehe BGH, BauR 2004, 344, 345 = NJW 2003, 3621 = ZfIR 2004, 19.
214) BGH, *SFH*, Nr. 1 zu § 912 BGB.
215) BGH, a.a.O., *Mattern*, WM 1979, 34, 44; *Schmalzl*, BauR 1981, 328, 331; *Boisserée/Fuchs*, 3. Kap. C, Rn. 193; *Grziwotz/Lüke/Saller*, 2. Teil, Rn. 258; **a.A.:** *MünchKomm-Säcker*, § 912 BGB, Rn. 18 ff. (mit einem Überblick über den Meinungsstand), der mit einem Teil der Literatur den überbauenden Nachbarn gem. § 278 BB auch für – von ihm – eingeschaltete Hilfspersonen haften lassen will.
216) BGH, NJW-RR 1989, 1039, 1040; OLG Karlsruhe, NJW-RR 1988, 524, 525; OLG Düsseldorf, OLGR 1998, 95, 97.
217) OLG Düsseldorf, OLGR 1998, 95, 97.
218) BGH, WM 1974, 540 u. 1976, 213.
219) BGH, *SFH*, Nr. 1 zu § 912 BGB.
220) OLG Frankfurt, MDR 1980, 229; *Horst*, MDR 2000, 494, 496.
221) Siehe hierzu: BGHZ 62, 141 = MDR 1974, 572; WM 1983, 451; OLG Frankfurt, MDR 1980, 229; *MünchKomm-Säcker*, § 912 BGB, Rn. 47 m. Nachw.
222) BGH, *SFH*, Nr. 1 zu § 912 BGB.
223) BGH, a.a.O., u. WM 1974, 780; OLG Koblenz, BauR 1996, 410, 412; OLG Frankfurt, OLGR 1998, 189.
224) BGH, NJW 1982, 756; BGHZ 41, 179; BGH, BauR 1990, 373 = NJW 1990, 1791 = *SFH*, Nr. 7 zu § 912 BGB; OLG Düsseldorf, OLGR 1998, 95, 97; *Mattern*, WM 1979, 34, 43 m. Nachw.

Konstruktion, die Gestaltung des Gebäudes und die funktionale Einheit (z.B. Bürogebäude) abzustellen sein.[225] Ein entschuldigter Überbau auf einem zur Bebauung gekauften Grundstück stellt keinen Rechtsmangel dar, er kann aber ein Sachmangel sein.[226]

2640 Der **Rentenanspruch** nach § 912 Abs. 2 BGB ist ein Wertausgleich für den Verlust der Bodennutzung, er schließt im Übrigen Ansprüche auf Schadensersatz nach anderen Anspruchsgrundlagen aus.[227] Schadensersatzansprüche gegen Drittschädiger bleiben dagegen erhalten.[228] Ist der Überbau von dem benachbarten Grundstückseigentümer **gestattet** worden, sind die §§ 912 ff. und deren Rechtsfolgen – die Entschädigungspflicht nach § 912 Abs. 2 BGB und das Recht, die Abnahme der überbauten Fläche zu verlangen (§ 915 BGB) – nicht unmittelbar anwendbar; ob dem Eigentümer eine Entschädigung (Rente) zusteht, ist vielmehr nach dem Inhalt der zwischen den Nachbarn getroffenen **Vereinbarung** zu bestimmen.[229]

2641 Die Höhe der **Überbaurente** richtet sich nach dem **Verkehrswert** der überbauten Bodenfläche zur Zeit der Grenzüberschreitung.[230] Ein höherer Ausgleichsanspruch kann nur im Ausnahmefall in Betracht kommen, wenn z.B. der betroffene Nachbar bereits konkrete Bebauungspläne hatte und diese nunmehr beeinträchtigt werden.[231] Weitere Einzelheiten der Überbaurente regeln die §§ 913 ff. BGB.[232]

---

225) BGH, NJW-RR 1988, 458; BGH, BauR 1989, 631 = NJW-RR 1989, 1039 = *SFH*, Nr. 6 zu § 912 BGB; OLG Düsseldorf, OLGR 1998, 95, 97 **(Tiefgarage)**. Zum Überbau durch **Aufteilung** des bebauten Grundstücks: BGH, MDR 1988, 394.
226) BGH, *SFH*, Nr. 2 zu § 912 BGB = ZfBR 1981, 124.
227) BGH, NJW 1972, 201 = BGHZ 57, 304, 408.
228) BGH, NJW 1958, 1288.
229) BGH, MDR 1974, 794; OLG Düsseldorf, OLGR 1998, 95, 98; OLG Frankfurt, MDR 1980, 229.
230) BGHZ 65, 395 = NJW 1976, 699; BGH, DB 1986, 1669.
231) BGH, a.a.O.
232) Zum Verhältnis von § 912 BGB zu den landesrechtlichen Regelungen vgl. *MünchKomm-Säcker*, § 912 BGB, Rn. 56.

VI. Die Duldungsklage des Bauherrn gegen den Mieter

Literatur

Weimar, Erhaltungs- und Modernisierungsarbeiten bei Mietshäusern, ZMR 1976, 33; *Weimar*, Wohnungsmodernisierung und Duldungspflicht des Mieters, DB 1977, 619; *Schulz*, Zur Frage der Zumutbarkeit von Modernisierungsmaßnahmen – § 541a Abs. 2 BGB – § 20 Abs. 1 ModEnG, BlGBW 1979, 193; *Kahlen*, Duldungspflichten des Mieters bei Verbesserungs- und Erhaltungsmaßnahmen nach altem und neuem Recht, ZMR 1983, 82; *Marscholleck*, Keine Mitwirkungspflicht aus § 541a BGB, ZMR 1985, 1 (dazu Stellungnahme *Schläger*, ZMR 1985, 193; *Marscholleck*, ZMR 1986, 346; *Schläger*, ZMR 1986, 348); *Horst*, Modernisierung – Durchsetzung, Abwehr und Rechtsfolgen, NZM 1999, 193; *Harsch*, Mietermodernisierung – Rechte und Pflichten bei der Durchführung, MDR 2001, 67; *Schepers*, Die Vermietermodernisierung im Spannungsfeld zwischen Klima- und Mieterschutz: Eine Bestandsaufnahme, BTR 2007, 158; *Hinz*, Energieeinsparung als Modernisierungsmaßnahme – insbesondere durch Einsatz erneuerbarer Energien, ZMR 2011, 685; *Neuhaus*, Mietrechtsänderungsgesetz 2013 und Gewerberaummiete, ZMR 2013, 686; ZMR Sonderheft 7/2013, Seiten 1–32 mit Beiträgen von *Elzer* und *Rieke*; *Abramenko*, Modernisierungsankündigung und Duldungspflicht, ZMR 2014, 343; *Klimesch*, Ungeklärte Rechtsfragen bei Umgestaltung, Erhaltung und Verbesserung der Mietsache, ZMR 2014, 346; *Feldmann*, Schadensersatz und Mietausfallschaden nach unberechtigtem Baustopp, NZBau 2017, 79.

2642 Mancher Bauherr ist gezwungen, seine **Baumaßnahmen** gegen den Willen dritter Personen durchzusetzen. Soweit der Bauherr zu dem Dritten in keinem Vertragsverhältnis steht, kommen nur die Grundsätze des Baunachbarrechts zur Anwendung (vgl. Rdn. 2597 ff.). Steht der Bauherr dagegen zu dem **Dritten** in einem Vertragsverhältnis, so können sich für diesen **Duldungspflichten** ergeben. § 554 BGB sah solche Duldungspflichten für den **Mieter** vor; § 554 ist durch das Mietrechtsänderungsgesetz vom 11.3.2013 (BGBl. I 434) aufgehoben worden. Die Duldung von **Erhaltungs-** und **Modernisierungsmaßnahmen** wurde in den §§ **555a–555 f.** BGB neu geregelt.

2643 § 555a BGB ersetzt den bisherigen § 554 Abs. 1, 4 und 5 BGB. Nach § 555a Abs. 1 BGB hat der Mieter „Maßnahmen zu dulden, die zur Instandhaltung oder Instandsetzung erforderlich sind (**Erhaltungsmaßnahmen**)". Damit will der Gesetzgeber dem Vermieter ermöglichen, das Mietobjekt in seiner Substanz zu erhalten und seine Pflicht zur Gewährleistung zu erfüllen.[1] Zu beachten ist, dass eine bestehende Mängelbeseitigungspflicht des Unternehmers nicht ohne weiteres entfällt, wenn sich der Mieter des Auftraggebers weigert, seine Wohnung innerhalb einer bestimmten Zeit zur Verfügung zu stellen.[2]

2644 Unter § 555a Abs. 1 BGB fallen nur „**Maßnahmen**",[3] die zur **Erhaltung** des Raumes oder des Gebäudes, in dem der Mietraum liegt, **erforderlich** sind. Ist dies der Fall, muss der Mieter alle Eingriffe und Handlungen dulden, die der Vermieter nach verständiger Würdigung unter Berücksichtigung aller Umstände zur Erhaltung des Hauses oder des Mietraumes für gerechtfertigt halten kann. Dazu zählen

---

[1] *Elzer*, in: Prütting/Wegen/Weinreich, § 555a BGB, Rn. 1; *Palandt/Weidenkaff*, § 555a BGB, Rn. 1.
[2] OLG Düsseldorf, BauR 2016, 693, 694.
[3] Zum **Begriff** der Maßnahme s. *Elzer*, ZMR-Sonderheft 7/2013, S. 5 u. Prütting/Wegen/Weinreich, § 555a BGB, Rn. 3. Zur „**Wohnwertverbesserung**": LG Itzehoe, ZMR 2012, 872, 873 (Vergrößerung des Badezimmers und der Kinderzimmer); AG Hamburg-St.Georg, ZMR 2012, 964 (Austausch von Nachtspeicheröfen gegen Heizkörper).

auch **Besichtigungen** der Wohnung durch Architekten, Bauunternehmer, Handwerker, um die notwendigen Baumaßnahmen festzulegen, zu kontrollieren oder auch abzunehmen. Daneben sind Einwirkungen auch solche nach § 906 BGB: Geräusche, Gerüche, Schmutz, Staub, Erschütterungen, das Aufstellen eines Gerüstes sowie die damit verbundenen Unannehmlichkeiten und Gefahren.[4] Insoweit obliegt dem Mieter eine unbedingte, sofortige Duldungspflicht bei dringend notwendigen Arbeiten.[5] Der Mieter darf die Vornahme der Arbeiten nicht davon abhängig machen, dass der Eigentümer (Vermieter) erklärt, er werde für mögliche Schäden aufkommen und die Kosten der Wiederherstellung übernehmen.[6] Ist abzusehen, dass der Mieter einer notwendigen Duldung der ihm angekündigten Maßnahmen nicht nachkommen wird, muss der **Vermieter** auf **Duldung** klagen.[7] Den Erlass einer **einstweiligen Verfügung** wird er nur in dringenden Notfällen erreichen können.[8] Demgegenüber kann der **Mieter** bei entsprechender Eilbedürftigkeit nach §§ 935 ff. ZPO vorgehen und einen **vorübergehenden Baustopp** erzwingen.[9] Das ist allerdings für ihn durchaus ein Risiko; denn der BGH[10] hat klargestellt, dass der Hauseigentümer seinen Mieter unter Umständen gemäß § 945 ZPO auf Schadensersatz in Anspruch nehmen kann.

2645 Von der „Erhaltung" i.S. des § 555a BGB sind „**Modernisierungsmaßnahmen**" zu unterscheiden, die der Vermieter zur Verbesserung seines Mietobjekts durchführen will. Die Vorschrift des § 555b BGB **definiert** den **Begriff** der Modernisierungsmaßnahmen in einem abschließenden Katalog und gilt über § 578 Abs. 2 BGB auch für Gewerberaummietverhältnisse;[11] und über § 22 Abs. 2 WEG gilt § 555b Nr. 1 – Nr. 5 entsprechend auch im Wohnungseigentumsrecht. Modernisierungsmaßnahmen sind nach § 555b „bauliche Veränderungen", wobei die bauliche Substanz nicht (immer) verändert werden muss.[12] Modernisierungsmaßnahmen sind von dem Vermieter entsprechend § 555c BGB anzukündigen, was dem Schutz des Mieters dient: Er soll sich auf die baulichen Veränderungen einstellen oder in Anbetracht einer Mieterhöhung eine rechtzeitige Kündigung in Erwägung ziehen können (§ 555e).[13]

2646 Die **Duldungspflicht** des Mieters gegenüber Modernisierungsmaßnahmen nach § 555b BGB soll dem Vermieter und Bauherrn auch gegen den Willen des Mieters die Modernisierung seines Hausbesitzes und eine Anpassung an die Anforderungen der Zeit ermöglichen. Solche Verbesserungen müssen nach § 555b Abs. 2 Satz 1 BGB von dem Mieter indes nicht geduldet werden, wenn sie für ihn, seine Familie

---

4) So zutreffend: *MünchKomm-Voelskow*, § 541a BGB, Rn. 16; *Palandt/Weidenkaff*, § 555a BGB, Rn. 3. **Baulärm** im Umfeld des Mietobjekts rechtfertigt keine Minderung der Miete (LG Berlin, ZMR 2013, 717).
5) LG Frankfurt, MDR 1968, 328.
6) AG Neuss, NJW-RR 1986, 891.
7) LG Frankfurt, MDR 1968, 328.
8) *Elzer*, in: Prütting/Wegen/Weinreich, § 555a BGB, Rn. 10.
9) *Elzer*, a.a.O., unter Hinweis auf LG Berlin, ZMR 2014, 791, 792 u. *Hau*, NZM 2014, 809, 812.
10) BGH, NZBau 2017, 40; siehe hierzu auch *Feldmann*, NZBau 2017, 79, 81.
11) Zur **Duldungspflicht**: BGH, ZMR 2013, 261; *Neuhaus*, ZMR 2013, 686, 687.
12) *Palandt/Weidenkaff*, § 555b BGB, Rn. 1.
13) BGH, NJW 2011, 1220 Rn. 14.

Duldungsklage des Bauherrn gegen den Mieter

oder einen Angehörigen seines Haushalts „eine Härte bedeuten würde, die auch unter Würdigung der berechtigten Interessen sowohl des Vermieters als auch anderer Mieter in dem Gebäude sowie von Belangen der Energieeinsparung und des Klimaschutzes nicht zu rechtfertigen ist."[14] Bauliche Maßnahmen, die ein Vermieter auf Grund einer behördlichen Anordnung oder gesetzlichen Verpflichtung durchführen muss, sind von dem Mieter grundsätzlich zu dulden.[15]

2647 Der Bauherr (Vermieter) kann demnach gegen seinen Mieter einen gesetzlichen **Duldungsanspruch** geltend machen. In der Duldungsklage ist im Einzelnen aufzuführen, welche Baumaßnahmen der Mieter dulden soll; der BGH[16] sieht den Antrag auf Duldung einer Modernisierung einer Mietwohnung als hinreichend bestimmt an, wenn der erstrebte Duldungserfolg sowie der Umfang der zu duldenden Arbeiten in seinen wesentlichen Umrissen und Schritten im Antrag umschrieben werden. Das **Rechtsschutzinteresse** für eine solche Klage ist in aller Regel gegeben, wenn der Mieter den vom Vermieter vorgesehenen Arbeiten **widersprochen** hat[17] oder sich nicht dazu äußert.[18]

2648 * Rechtsprechung:
LG Hamburg, ZMR 2015, 380 (einstweilige Verfügung auf Räumung von Gewerberäumen wegen geplanter **Abrissmaßnahmen**); BGH, NJW 2008, 3630 (Fernwärmenetzanschluss statt vorhandener Gasheizung als Modernisierungsmaßnahme); BGH, NJW 2008, 1218 (zur Duldungspflicht einer Umbaumaßnahme, die zu einer Grundrissänderung führt); RG, HRR 1926, Nr. 561 (Erneuerung eines **Fensters** durch Einsetzen eines neuen); OLG Oldenburg, NiedersRpfl. 1953, 202 (Erneuerung des **Dachstuhls**); LG Saarbrücken, NJW 1956, 637 (Einziehung einer **Kellerdecke** und Erneuerung der damit verbundenen Verputz- und Umbauarbeiten); LG Frankenthal, MDR 1957, 42 (**Ausbau** des Dachgeschosses mit Mansardenwohnungen); LG Braunschweig, ZMR 1962, 10 (Einbau von **Toilette** und **Badezimmer**); AG Münster, WM 1969, 57, 111 (**Zentralheizung**); LG Düsseldorf, MDR 1970, 848 (**Aufstockung** eines Hauses); LG Düsseldorf, MDR 1970, 931 (Einbau einer **Nachtstromspeicheranlage**); AG Köln, BlGBW 1975, 777 (Einbau neuer **Fenster**); LG Hamburg, DWW 1976, 214 (Einbau eines **Duschbades** und Verlegung der Toilettenanlage); LG Berlin, MDR 1983, 580 (Einbau **isolierverglaster** Fenster); LG Hamburg, MDR 1983, 1026 (**Heizungsradiatoren**); LG Berlin, MDR 1984, 669 (Arbeiten an der **Brandmauer**); AG Berlin-Schöneberg, NJW 1986, 2059 (**Türschließanlage**); LG Tübingen, NJW-RR 1986, 694; BGH, NJW 1991, 1750; KG, NJW 1985, 2001 (**Breitbandkabelnetz**); LG Fulda, ZMR 1992, 393 (Einbau von **Toiletten** und Badezimmer sowie **Zentralheizung**); LG Berlin, WuM 1996, 93 (Einbau von **Schallschutz-/Isolierglasfenstern**); LG Berlin, NJW-RR 1997, 520 (Errichtung eines **Anbaus** für einen **Fahrstuhl**); LG Berlin, NJW-RR 1998, 300 = NZW 1998, 189 (**Umbau** eines Balkons in einen **Wintergarten**); LG Hamburg, WuM 2002, 375 (Einbau einer **Fernheizung** statt der Gasetagenheizung); LG Berlin, ZMR 2004, 193 (**Anbau** eines Balkons); BGH, NJW 2005, 2995 (**Breitbandkabelnetz**); AG Köpenik, WuM 2008, 25 (Einbau von **Isolierglasfenstern**); LG Berlin, ZMR 2012, 704 (Duldungspflicht bei Umstellung der vom Mieter eingebauten Gasetagenheizung auf **Zentralheizung**); AG Hamburg-Barmbeck, ZMR 2012, 780 (Einbau von **Rauchwarnmelder**); LG Bremen, ZMR 2013, 346 (Austausch der Wohnungseingangstür gegen eine sichere DIN-

---

14) Zum **Häfteeinwand**: *Palandt/Weidenkaff*, § 555d BGB, Rn. 13 ff.
15) Für das alte Recht: Anwendung von § 242 BGB (BGH, NJW 2009, 1736 = BeckRS 2009, 11149 (behördliche Anordnung, Wohnungen im Erdgeschoss und im zweiten Obergeschoss an die Zentralheizung anzuschließen, weil vorhandene Gaseinzelöfen die Abgasgrenzwerte nicht einhielten). Für das **neue** Recht folgt dies aus § 555b Nr. 6 BGB (*Palandt/Weidenkaff*, § 555b BGB, Rn. 1).
16) BGH, NJW 2012, 63 = ZMR 2012, 94 ff. m.w.Nachw.
17) LG Berlin, NJW-RR 1997, 520.
18) KG, NJW-RR 2010, 442.

gerechte Tür); OVG Berlin-Brandenburg, ZMR 2013, 583 (Einbau eines Wärmedämmverbundsystems).

2649 Die **Verurteilung** zur Duldung muss einen hinreichend bestimmten Anspruch enthalten. Der Vermieter kann den Duldungsanspruch selbst **nicht** mittels **einstweiliger Verfügung** geltend machen.[19] Der Bauherr (Vermieter) kann allerdings einen **Unterlassungstitel** erwirken, durch den dem Mieter aufgegeben wird, bestimmte Behinderungen zu unterlassen. Wird dem Mieter z.B. durch einstweilige Verfügung untersagt, die Bauhandwerker an dem Betreten der Mietwohnung zu hindern,[20] so mag dies im Einzelfall für die Durchsetzung der Erhaltungs- oder Verbesserungsmaßnahmen des Vermieters ausreichend sein. Es ist jedoch für den Vermieter sinnvoller, wenn er sich einen Duldungstitel verschafft, soweit bestimmte Baumaßnahmen vorgenommen werden sollen. Die Verurteilung zur Duldung kann die nach § 890 ZPO zu vollstreckende Verpflichtung zu einem positiven Tun enthalten, wenn ohne dieses ein rechtmäßiger Zustand nicht zu erreichen ist.[21]

2650 Bei der Duldungsklage ist nicht erforderlich, dass der Mieter den Eingriff in die Mietsache zu verhindern sucht. Der Vermieter kann also insoweit seine Klage einfacher begründen als bei der Unterlassungsklage. Eine Kombination von Unterlassungs- und Duldungsklage scheidet im Zweifel aus. Sie wird nur dort in Betracht kommen, wo die Unterlassung **bestimmter** Behinderungen über das hinausgeht, was von dem Duldungsanspruch erfasst wird.

Der **Mieter** kann, wenn der Vermieter **ohne** Ankündigung mit der Durchführung von Erhaltungs- und/oder Modernisierungsmaßnahmen beginnt, diese mittels einer **einstweiligen Verfügung** unterbinden; dabei steht es im Ermessen des Gerichts, welche Anordnungen im Einzelfall zum Erreichen des begehrten Rechtsschutzziels erforderlich sind.[22] Ein Leistungsverweigerungsrecht gemäß § 320 BGB steht einem Mieter wegen Beeinträchtigungen aus einer von ihm zu duldenden Baumaßnahme dagegen nicht zu.[23]

---

19) Siehe Rdn. 2644 sowie *Horst*, NZM 1999, 193, 195; AG Görlitz, WuM 1993, 390.
20) Vgl. LG Mannheim, BlGBW 1975, 73.
21) BGH, NZBau 2007, 303 = IBR 2008, 128 – *Seibel*.
22) LG Berlin, ZMR 2012, 719, 720 m.w.Nachw.; zur Geltendmachung eines **Vorschussanspruchs** für Übernachtungskosten des Mieters: AG München, ZMR 2013, 364.
23) KG, ZMR 2013, 529.

KAPITEL 12
Die Einwendungen der Baubeteiligten im Bauprozess

Übersicht

		Rdn.			Rdn.
I.	Vertragliche Haftungsfreizeichnungen	2651	VII.	Die Vorteilsausgleichung	2946
II.	Der unterlassene Vorbehalt	2736	VIII.	Störung (Wegfall) der Geschäftsgrundlage (§ 313 BGB)	2956
III.	Die Verwirkung	2784	IX.	Das Zurückbehaltungs- und Leistungsverweigerungsrecht	2978
IV.	Anfechtung und Organisationsverschulden	2791	X.	Die Aufrechnung	3022
V.	Die Verjährung	2815	XI.	Der Einwand der aufgedrängten Bereicherung	3052
VI.	Einwand des mitwirkenden Verschuldens (§ 254 BGB)	2922			

I. Vertragliche Haftungsfreizeichnungen

Übersicht

	Rdn.		Rdn.
1. Einleitung	2651	b) Haftungsausschluss bei gleichzeitiger Abtretung der Mängelansprüche	2705
2. Haftungsfreizeichnungen in AGB/Formularverträgen	2654	c) Beschränkung auf Nacherfüllung	2711
a) Abgrenzung der Individualverträge von AGB/Formularverträgen in der Baupraxis	2655	d) Beschränkung der Höhe nach	2721
		e) Zeitliche Begrenzung	2727
b) Beweislast	2685	f) Haftung nur bei Verschulden	2729
c) Kollision von AGB	2689	g) Abänderung der Beweislast	2730
d) Anwendung der §§ 305 ff. BGB auf Unternehmer/öffentlich-rechtliche Kunden in der Baupraxis	2690	h) Beschränkung auf unmittelbaren Schaden	2732
		i) Subsidiaritätsklausel	2733
3. Einzelfälle	2693		
a) Vollständiger Haftungsausschluss	2694		

Literatur

Markus/Kaiser/Kapellmann, AGB-Handbuch Bauvertragsklauseln, 4. Auflage 2014; *Hofmann/Frikell/Schwamb,* Unwirksame Bauvertragsklauseln, 12. Aufl. 2015; *Korbion/Locher/Sienz,* AGB-Gesetz und Bauerrichtungsverträge, 4. Auflage 2006; *Kienmoser,* Unzulässige Vertragsklauseln geprüft von A–Z, 2. Auflage 1999.

Wagner, Die Anwendung des AGB-Gesetzes im Bauherrenmodell, BB 1984, 1757; *Erkelenz,* Bauvertragsklauseln in Allgemeinen Geschäftsbedingungen, ZfBR 1985, 201; ZfBR 1986, 7; *Brych,* VOB-Gewährleistung im Bauträgervertrag, NJW 1986, 302; *Grziwotz,* Vertragliche Gewährleistungsregelungen im Bauträgervertrag, NJW 1989, 193; *Englert,* AGB Spezialtiefbau, BauR 1992, 170; *Frieling,* Die EG-Richtlinie über missbräuchliche Klauseln in Verbraucherverträgen und ihr Einfluss auf das private Bau- und Architektenrecht, BauR 1994, 154; *Ramming,* Überlegungen zur Ausgestaltung von Nachunternehmerverträgen durch AGB, BB 1994, 518; *Schlünder,* Gestaltung von Nachunternehmerverträgen in der Praxis, NJW 1995, 1057; *Lerch,* Die richterliche Inhaltskontrolle von notariell beurkundeten Bauverträgen, BauR 1996, 155; *Peters,* Die Wirksamkeit vertraglicher Regelungen zum Baugrundrisiko, BauR 1998, 215; *Schuhmann,* Die AGB-rechtliche Beurteilung von Anlagenverträgen, ZfBR 1999, 246; *Barth,* Partnerschaftsgesellschaft und Haftungsbeschränkung: Eine Haftungsfalle für Architekten?, NZBau 2003, 409; *Schulze-Hagen,* Übermäßige AGB-Klauseln: Kassation oder Reduktion?, BauR 2003, 785; *Wolter,* Neue Obergrenze für Vertragsstrafe in AGB, BauR 2003, 1274; *Langenecker*, Die Kontrolle von Musterbauarbeitsverträgen nach AGB-rechtlichen Gesichtspunkten, NZBau 2004, 121; *Deger*, Die Gestaltung des Bauvertrages durch den Auftraggeber unter insolvenzrechtlichen Gesichtspunkten, BrBp 2004, 141; *Lange*, Auslegung, Unklarheitenregel und Transparenzklausel, ZGS 2004, 208; *Thode*, Transparenzgebot und Bauträgervertrag – Baubeschreibung und Vergütung, ZNotP 2004, 131; *Schuhmann*, Neuere Entwicklungen im Vertragsrecht des Anlagenbaus, BauR 2005, 293; *Wirth/Müller*, Mehrfachverwendung von Allgemeinen Geschäftsbedingungen, Festschrift für Werner, 2005, 87; *Korbion*, Klauseln in Subplanerverträgen, ebenda, 111; *Schonebeck*, Die Abtretung von Gewährleistungsansprüchen gegen die am Bau beteiligten Unternehmer im Vertrag des Bauträgers mit dem Erwerber von Wohnungseigentum, BauR 2006, 1394; *Zirkel*, Sind Ausschlussfristen für erkennbare Mängel in AGB für werkvertragliche Leistungen passé?, NZBau 2006, 412; *Kaufmann*, Die Unwirksamkeit der Nachtragsklauseln der VOB/B nach §§ 305 ff. BGB, Jahrbuch Baurecht 2006, 35; *Hofmann*, Allgemeine Geschäftsbedingungen zu § 648a und Abwicklungsfragen in der Insolvenz, BauR 2006, 763; *Graf v. Westphalen*, AGB-Recht im Jahr 2005, NJW 2006, 2228; *Zeitler*, § 12 VOB/B „in Ordnung"? – Inhaltskontrolle der Mängelvorbehaltsklausel des § 12 Nr. 5 Abs. 3 VOB/B, Jahrbuch Baurecht 2007, 115; *Berger/Kleine*, AGB-Gestaltung und Transparenzgebot, NJW 2007, 3526; *Graf von Westphalen*, AGB-Recht im Jahr 2006, NJW 2007, 2228; *Graf von Westphalen*, AGB-Recht im Jahr 2007, NJW 2008, 2234; *Bröker*, Haftungsbeschränkung – Möglichkeiten und Grenzen der Haftungsfreizeichnung für Architekten und Ingenieure, Der Bausachverständige 6/2008, 69; *Geck*, Die Transparenz der VOB/B für den Verbraucher, ZfBR 2008, 436; *Kuffer*, Hat die Privilegierung der VOB/B weiter Bestand, NZBau 2009, 73; *Sienz*, Das Transparenzgebot beim Bauträgervertrag, BauR 2009, 361; *Acker/Bopp*, Führt eine zu enge Anwendung des AGB-Rechtes zu Nachteilen unserer Rechtsordnung im internationalen Rechtsverkehr?, BauR 2009, 1040; *Graf von Westphalen*, Wider einen Reformbedarf beim AGB-Recht im Unternehmerverkehr?, NJW 2009, 2977; *Motzke*, Der Geltungsverlust der VOB/B – Überlegungen zur Einschränkung einer isolierten Klauselkontrolle bei Abweichungen von der VOB/B, NZBau 2009, 579; *Knütel/Rieger*, Pönalen wegen Verzugs oder Minderleistungen in Individualvereinbarungen und AGB, NZBau 2010, 285; *Rodemann/Schwenker*, Vor einer Neubewertung des „Stellen" i.S.d. § 305 Abs. 1 Satz 1 BGB? – zugleich Anm. zu BGH, Urt. v. 17.02.2010 – VIII ZR 67/09, ZfBR 2010, 419; *Schenke*, Kann der Verwender sich auf die unwirksame Einbeziehung der VOB/B berufen?, BauR 2011, 26; *Hürter/Leidig*, Pauschalvergütung nach freier Kündigung eines Ausbauhausvertrags durch den Besteller, NZBau 2011, 731; *Graf von Westphalen*, Vertragsgestaltung am Bau mit Allgemeinen Geschäftsbedingungen, BauR 2012, 699 (s. hierzu: *Bolz*, IBR 2012, 309); *Niebling*, Die VOB/B-Einbeziehung durch kaufmännische Bestätigungsschreiben, NZBau 2012, 410; *Busch/Ruthemeyer*, Mängelhaftung und Garantien bei Photovoltaik-Anlagen im Lichte der AGB-Kontrolle, NZBau 2012, 743; *Wagner*, Bauverträge mit Verbrauchern – Neues zum Europäischen Verbraucherrechtsschutz, BauR 2013, 393; *Dammann/Ruzik*, Vereinbarung der VOB/B ohne inhaltliche Abweichungen i.S. des § 310 I 3 BGB, NZBau 2013, 265 (hierzu: *Bolz*, IBR 2013, 326); *Schweiger*, Die Obergrenze von Malusregelungen in FM-Verträgen, NZBau 2013, 548; *Mayr*, Welche Termine können in AGB des Bestellers noch wirksam vertragsstrafenbewehrt werden und wenn ja, wie?, BauR 2013, 1192; *Wellensiek*, Komplettheitsklauseln im Architektenvertrag über Gebäudeplanung – AGB-rechtliche Wirksamkeit und Rechtsfolgen bei der Anwendbarkeit der HOAI, BauR 2014, 340 (hierzu: *Bolz*, IBR 2014, 127); *Pfeiffer*, Die Bedeutung der AGB-Kontrolle für die Durchführung von Bauverträgen, BauR 2014, 402; *Glöckner*, Die Folgen der Verbraucherrechterichtlinie und ihrer Umsetzung für Bauverträge, BauR 2014, 411; *Cloppenburg/Mahnken*, Haftungsbeschränkungen im Anlagenbau und AGB-Recht, NZBau 2014, 743; *Kaufhold*, AGB-Anschein trotz Verhandlungsbestätigung – Ist der Individualvertrag im Unternehmerverkehr noch zu retten?, NJW 2014, 3488; *Gothe*, Aufrechnungsverbote in Bezug auf Mangelbeseitigungskosten und Mangelfolgeschäden – AGB-rechtliche Wirksamkeit in Werkvertrag und Kauf- bzw. Werklieferungsvertrag, NZBau 2015, 144; *Chrisiansen*, 60-30-15 – zur neuen „Inhaltskontrolle" von bauvertraglichen Leistungszeitbestimmungen, ZfBR 2015, 211; *Schulz-Hagen*, Allgemeine Geschäftsbedingungen im unternehmerischen Geschäftsverkehr mit Fokus auf den Bau- und Anlagenbau, NZBau 2016, 395; *Pfeiffer*, Entwicklungen und aktuelle Fragestellungen des AGB-Rechts, NJW 2017, 913.

Haftungsfreizeichnungen

Rdn. 2651–2653

1. Einleitung

Die Schadensanfälligkeit in der Baubranche führt dazu, dass die Baubeteiligten ihre **Haftung** in aller Regel beschränken und vom Gesetz oder von der VOB abweichende Regelungen treffen wollen.[1] Die Vielfalt der Möglichkeiten einer Haftungsfreizeichnung hat zur Folge, dass häufig unklare und rechtlich zweifelhafte **Haftungsausschlüsse** bzw. -**beschränkungen** zwischen den Vertragsparteien getroffen werden. Beruft sich in diesen Fällen eine der Vertragsparteien auf eine „Freizeichnungsklausel", so obliegt es nunmehr im Prozess dem Gericht, im Wege der **Auslegung** und **Wirksamkeitskontrolle** festzustellen, ob die Haftungsfreizeichnung durchgreift.[2] Die **Beweislast** für eine wirksam vereinbarte Haftungsfreizeichnung trifft denjenigen, der sich hierauf beruft. **2651**

Vertragliche Haftungsbeschränkungen sind grundsätzlich im Rahmen der bestehenden **Vertragsfreiheit** zulässig, soweit sie nicht gegen gesetzliche Vorschriften verstoßen; gesetzliche Grenzen finden sich u.a. in den §§ 138, 202, 242, 276 Abs. 3, 278 Satz 2, 444, 639 und 826 BGB. Haftungsbeschränkungen können stillschweigend[3] oder ausdrücklich in Individualvereinbarungen,[4] Formularverträgen oder Allgemeinen Geschäftsbedingungen (AGB) vereinbart werden.

Freizeichnungsklauseln sind nach allgemeiner Meinung als Ausnahmeregelungen eng und bei Unklarheiten gegen den auszulegen, der sie verfasst hat oder zu dessen Gunsten die Haftung beschränkt werden soll.[5] Handelt es sich dagegen um eine eindeutig vereinbarte, wenn auch weitreichende, aber zulässige Freizeichnungsklausel, darf diese nicht einschränkend ausgelegt werden.[6] Freizeichnungsklauseln können Drittwirkungen haben.[7] **2652**

Auch **formularmäßige Haftungsbeschränkungen** können, wenn auch nur in engen Grenzen, wirksam sein; sie finden sich vielfach in **Erwerberverträgen,** in den „Allgemeinen" oder „Besonderen" **Geschäftsbedingungen** (AGB) der **Unternehmer,**[8] aber auch in **Architektenformularverträgen.**[9] **2653**

---

1) Zu den AGB-rechtlichen Auswirkungen der **Wirtschaftskrise** auf die Vertragsgestaltung der Bauträger s. *Lucenti,* NZBau 2010, 469 ff.
2) Die **Prüfung** der Unwirksamkeit einer AGB-Klausel hat nach EuGH, IBR 2013, 378 – *Rodemann* **von Amts wegen** zu erfolgen.
3) BGH, *Schäfer/Finnern,* Z 2.413.3 Bl. 8.
4) BGHZ 164, 225 = BauR 2006, 99 = NZBau 2006, 113 (Erwerb eines sanierten **Altbaus;** Ausschluss der Sachmängelhaftung).
5) BGH, IBR 2015, 282 – *Rodemann;* BGH, BauR 1972, 185, 186; NJW 1970, 386.
6) BGH, NJW 1967, 32.
7) Vgl. hierzu *Schmidt-Salzer,* NJW 1969, 289, 292.
8) Zur AGB-Klausel eines **Fertighausanbieters:** BGH, NZBau 2010, 495 = IBR 2010, 451, 452 – *Schmitz* (**100 % Zahlungsbürgschaft,** spätestens acht Wochen vor Baubeginn vom Besteller zu stellen, wirksam); zu (unwirksamen) Klauseln in **Fertighausverträgen:** OLG Düsseldorf, BauR 2014, 110.
9) LG Bayreuth, BauR 2006, 139 (**Quotenhaftungsklausel**); OLG Celle, NZBau 2006, 651 = IBR 2006, 403 (individuell vereinbarte Haftungsbeschränkung für erbrachte **Eigenleistungen** des Bauherrn). **Unwirksam** ist dagegen die oftmals versuchte Beschränkung der **Gesamtschuldnerhaftung** des Architekten; s. OLG Oldenburg, IBR 1009, 221 – *Schwenker.* Die Haftungsbegrenzung auf „**versicherbare Schäden**" i.R. eines Einheitsarchitektenvertrags verstößt gegen das Transparenzverbot (OLG Braunschweig, BauR 2009, 122 = IBR 2009, 98 – *Schrammel*). Zu

2. Haftungsfreizeichnungen in AGB/Formularverträgen

2654 Der zulässige Rahmen für Haftungsfreizeichnungen in Allgemeinen Geschäftsbedingungen oder Formularverträgen wird – neben den allgemeinen Vorschriften des BGB – durch die §§ 305 ff. BGB abgesteckt. Wann Allgemeine Geschäftsbedingungen vorliegen, richtet sich nach der Begriffsbestimmung des § 305 Abs. 1 Satz 1 BGB. Danach sind **AGB**

* alle für eine **Vielzahl von Verträgen vorformulierten Vertragsbedingungen**
* **Vertragsbedingungen, die eine Vertragspartei (Verwender) der anderen Vertragspartei** bei Abschluss eines Vertrages stellt.

Dabei ist für die Charakterisierung von AGB nach § 305 Abs. 1 Satz 2 BGB unerheblich,

* ob die Bestimmungen einen äußerlich gesonderten Bestandteil des Vertrages bilden oder in die Vertragsurkunde selbst **aufgenommen** werden
* welchen Umfang sie haben
* in welcher Schriftart sie verfasst sind und
* welche Form der Vertrag hat.

§ 305 Abs. 1 Satz 3 BGB stellt noch einmal klar, dass Allgemeine Geschäftsbedingungen nicht vorliegen, wenn die Vertragsbedingungen zwischen den Vertragsparteien **im Einzelnen ausgehandelt** sind. § 305 Abs. 2 BGB bestimmt, wann Allgemeine Geschäftsbedingungen **Bestandteil** eines Vertrages werden. Zur Einbeziehung der VOB siehe Rdn. 1239 ff.

a) Abgrenzung der Individualverträge von AGB/Formularverträgen in der Baupraxis

Literatur

Graf von Westphalen, Grenzziehung zwischen Allgemeinen Geschäftsbedingungen und Individualverträgen, DB 1977, 943; *Löwe*, Voraussetzung für ein Aushandeln von AGB, NJW 1977, 1328; *Petev*, Inhaltskontrolle und Individualabrede nach dem AGB-Gesetz, JR 1978, 4; *Garrn*, Zur Abgrenzung von Aushandlungsvereinbarungen im Sinne des § 1 II AGBG, JZ 1978, 302; *Jaeger*, „Stellen" und „Aushandeln" vorformulierter Vertragsbedingungen, NJW 1979, 2235; *Brambring/Schippel*, Vertragsmuster des Notars und Allgemeine Geschäftsbedingungen, NJW 1979, 1802; *Locher*, AGB-Gesetz und Subunternehmerverträge, NJW 1979, 2235; *Garrn*, Zur richterlichen Inhaltskontrolle notarieller Verträge, NJW 1980, 2782; *Ulmer*, Notarielle Vertragsmuster und AGB-Inhaltskontrolle, DNotZ 1981, 84; *Kramer*, Nichtausgehandelter Individualvertrag, notariell beurkundeter Vertrag und AGBG, ZHR 146 (1982) 105; *Bunte*, Zur Teilunwirksamkeit von AGB-Klauseln, NJW 1982, 2298; *Ulmer*, Auf dem Wege zur Inhaltskontrolle notarieller Einzelverträge?, DNotZ 1982, 587; *Lindacher*, Reduktion oder Kassation übermäßiger AGB-Klauseln?, BB 1983, 154; *Bunte*, Inhaltskontrolle notariell beurkundeter Verträge, ZIP 1984, 1313; *Rieder*, Zur richterlichen Inhaltskontrolle notarieller Einzelverträge im Rahmen des AGB-Gesetzes bzw. des § 242 BGB, DNotZ 1984, 226; *Bartsch*, Der Begriff des „Stellens" Allgemeiner Geschäftsbedingungen, NJW 1986, 28; *Roth*, Die Inhaltskontrolle nichtausgehandelter Individualverträge im Privatrechtssystem, BB 1987, 977; *Graf von Westphalen*, Subunternehmerverträge bei internationalen Bauverträgen – Unangemessenheitskriterium nach § 9 AGB-Gesetz?, Festschrift für Locher (1990), 375; *Leverenz*, Inhaltskontrolle von Freizeichnungen in notariell beurkundeten Ver-

den Möglichkeiten und **Grenzen** der Haftungsfreizeichnung durch Architekten und Ingenieure: *Bröker*, Der Bausachverständige 6/2008, 69 ff.

trägen, Jura 1993, 266; *Wellkamp,* Der Gewährleistungsausschluss in notariellen Verträgen, DB 1995, 813; *Lerch,* Die richterliche Inhaltskontrolle von notariell beurkundeten Bauverträgen, BauR 1996, 155; *Wackerbarth,* Unternehmer, Verbraucher und die Rechtfertigung der Inhaltskontrolle vorformulierter Verträge, AcP 2000 (Bd. 200), 45; *Pfeiffer,* Die stillschweigende Unterlegung von AGB durch Individualabreden, ZGS 2003, 378; *Reinelt,* AGB-Klausel oder Individualvereinbarung? Zum Begriff „Aushandeln", BrBp 2004, 90; *Volmer,* Klauselkontrolle am Beispiel der MaBV-Bürgschaft, ZfIR 2004, 460; *Moufang/Bischofberger,* AGB-Klauseln über Gewährleistungssicherheiten im Bauvertrag, BauRB 2005, 341; *Acker/Bopp,* Führt eine zu enge Anwendung des AGB-Rechtes zu Nachteilen unserer Rechtsordnung im internationalen Rechtsverkehr?, BauR 2009, 1040; *Knütel/Rieger,* Pönalen wegen Verzugs oder Minderleistungen in Individualvereinbarungen und AGB, NZBau 2010, 285; *Weingart,* Die AGB-rechtliche Überprüfung einer sog. „Bring-or-Pay"-Klausel, BauR 2016, 1083; *Schulze-Hagen,* Allgemeine Geschäftsbedingungen im unternehmerischen Geschäftsverkehr mit Fokus auf den Bau- und Anlagenbau, NZBau 2016, 395.

2655 Die Vorschrift des § 305 BGB ist für die **Abgrenzung** von **AGB** und **Individualvereinbarungen** von zentraler Bedeutung. Die **EG-Richtlinie** 93/13/EWG des Rates vom 5. April 1993 über missbräuchliche Klauseln in Verbraucherverträgen stimmt insoweit mit dem geltenden deutschen Recht überein, da sie in Art. 3 Abs. 1 ebenfalls von Vertragsklauseln spricht, **„die nicht im Einzelnen ausgehandelt"** wurden.[10] EG-Recht wie deutsches Recht gehen deshalb übereinstimmend davon aus, dass es darauf ankommt, dass der Verbraucher keinen Einfluss auf den Inhalt einer Klausel nehmen konnte.[11] Für die **Baupraxis** wird es deshalb auch weiterhin von Bedeutung sein, dass nicht nur „Allgemeine Vertragsbedingungen", „Besondere" oder „Zusätzliche Vertragsbedingungen" **AGB** i.S. der §§ 305 ff. BGB sind, sondern auch **Formularverträge,** soweit sie die Merkmale des § 305 BGB erfüllen.[12]

2656 Formularverträge unterscheiden sich von **AGB** dadurch, dass Standardbedingungen in ihnen selbst enthalten sind und deshalb nicht erst durch eine Einbeziehungsabrede Vertragsinhalt werden. Mit den AGB haben sie in aller Regel gemeinsam, dass sie für eine bestimmte Vielzahl von Verträgen vorformuliert sind und dass die Vertragspartei, die das Formular gebrauchte, die vertragliche Leistung zu erbringen nur bereit ist, wenn der Vertrag unter Verwendung des Formulars abgeschlossen wird.

2657 In der **Baubranche** werden **Formularverträge** insbesondere in der Form von Architektenverträgen, Betreuungsverträgen, aber auch Eigenheim-Erwerberverträgen, Generalunternehmerverträgen, Generalübernehmerverträgen, Subunternehmerverträgen usw. sehr häufig abgeschlossen. Dabei werden einem Vertragspartner vorformulierte, meist gedruckte oder sonst vervielfältigte Formulare mit standardisierten Bestimmungen vorgelegt. Sie haben damit das nach Entstehung und Inhalt

---

10) Zur Verbraucherrechte-RL 2011/83/EU (**VerbR-RL**) vom 25.10.2011, die Verträge über den **Bau** von neuen Gebäuden und **Verträge** über erhebliche Umbauarbeiten an bestehenden Gebäuden **nicht** erfasst, siehe *Wagner,* BauR 2013, 393 ff.; zum **Gesetz zur Umsetzung der VerbR-RL** u. zur Änderung des Gesetzes zur Regelung der Wohnraumvermittlung vom 20.9.2013 (BGBl. 2013 I, 3642 s. ausführlich *Glöckner,* BauR 2014, 411, 413 f. m.w.Nachw.
11) Zur **Entscheidungskompetenz** über missbräuchliche Klauseln in Verbraucherfragen (Sache des nationalen Gerichts): EuGH, BauR 2004, 1139 = NZBau 2004, 321 = ZfIR 2004, 463; s. hierzu: *Volmer,* ZfIR 2004, 460 ff.
12) BGH, BauR 2014, 1145 = NZBau 2014, 348 = IBR 2014, 325 – *Vogel* (**Unternehmerverträge**). NJW 1977, 624.

sowie nach dem äußeren Erscheinungsbild typische Gepräge von AGB.[13] Hier ist vor allem auf die **Architekten-Formularverträge** hinzuweisen, die von verschiedenen Verlagen herausgegeben und vom Architekten dem Bauherrn zum Abschluss des Architektenvertrages unterbreitet werden.[14] Dasselbe gilt bei dem Erwerb von Eigenheimen oder Eigentumswohnungen von **Bauträgern:** Insoweit werden von Bauträgern bzw. Verkäufern für das einzelne Bauprojekt umfangreiche Vertragswerke gleichlautend vorformuliert und dann den zahlreichen Erwerbern zur Unterschrift vorgelegt, wobei sich die Erwerber in aller Regel ohne größere Erörterungen dem meist umfangreichen Klauselwerk unterwerfen.[15]

2658 Ähnliches gilt auch für die **Bauverträge zwischen Bauunternehmern und öffentlichen Auftraggebern.** Hier legen Letztere ihren Vertragspartnern vielfach umfangreiche, sehr detailliert vorformulierte Vertragsbedingungen im Rahmen von Formularverträgen vor, denen sich der Bauunternehmer meist nicht widersetzen kann; eine echte Verhandlungschance, Änderungen des Vertrages entsprechend seinen Vorstellungen durchzusetzen, hat er in der Regel nicht. Dazu ist die Position des öffentlichen Auftraggebers zu stark; indes bleibt in diesen Fällen der öffentliche Auftraggeber **Verwender** der in sein Angebot aufgenommen Vertragsbedingungen. Eine Inhaltskontrolle der Klauseln zu seinen Gunsten kommt dann nicht in Betracht.[16]

2659 Ein **wirtschaftliches Abhängigkeitsverhältnis** ist in allen Bereichen des Bauwesens vorhanden, wenn auf der Auftraggeber- oder Auftragnehmerseite die stärkere wirtschaftliche Macht steht und daher die Verträge auch „diktiert" werden können. Dabei ist z.B. an die vielfach vorhandene Abhängigkeit vieler kleiner **Subunternehmer** von Generalunternehmern oder Generalübernehmern zu denken, aber auch an die Abhängigkeit vieler Auftragnehmer von starken privaten Auftraggebern mit großer Bautätigkeit (z.B. Versicherungen, Banken usw.). Eine Einwirkung auf die Vertragsgestaltung ist dem wirtschaftlich Abhängigen und damit Schwächeren meist nicht – insbesondere in Zeiten schwieriger Konjunktur – möglich; die bereits von der anderen Seite vorformulierten Vertragstexte werden bedingungslos unterzeichnet. Daraus folgt, dass in der Baubranche der Verwender von AGB/Formularverträgen u.U. einmal auf der Auftraggeber- und einmal auf der Auftragnehmerseite stehen kann. Vielfach wird der Verwender in der Bauwirtschaft sogar – im Gegensatz zu den übrigen Wirtschaftsbereichen – der Auftraggeber sein.[17]

2660 Merkmal Allgemeiner Geschäftsbedingungen oder Formularverträge ist, dass die Vertragsbedingungen für eine **Vielzahl von Verträgen vorformuliert** sind (§ 305 Abs. 1 Satz 1 BGB).[18] Dabei wird eine unbestimmte Vielzahl (im Sinne eines Mas-

---

13) BGH, a.a.O.
14) Zum **Wandel** der inhaltlichen Ausgestaltung von Architektenverträgen s. instruktiv: *Wellensiek*, BauR 2014, 340 ff.
15) Zu beachten ist, dass Vertragsklauseln, die auf Standardformulierungen eines **Notars** beruhen, allein deshalb noch keine AGB darstellen (BGH, BauR 2001, 1895, 1896; BGH, NJW 1991, 843).
16) BGH, BauR 2006, 1012, 1013 = NZBau 2006, 383, 384 = IBR 2006, 204 – *Schwenker*; BGH, NJW 1997, 2043; s. auch OLG Jena, IBR 2005, 478 – *Kammerbauer* (unwirksame Einbeziehung der VOB/B).
17) *Heiermann/Linke*, S. 60.
18) BGH, BauR 2006, 106 = ZfBR 2005, 678; BauR 1997, 123.

sengeschäftes) nicht gefordert. Es reicht aus, dass die Bedingungen für eine bestimmte Mehrzahl von Anwendungsfällen vorformuliert worden sind. Das ist vor allem der Fall, wenn die beanstandeten Klauseln in „**Besonderen**" oder „**Weiteren** besonderen Vertragsbedingungen" enthalten sind.[19]

Wann von einer „Vielzahl" von Verträgen gesprochen werden kann, ist im Einzelfall unter Berücksichtigung aller Umstände zu prüfen.[20] Die h.M. bejaht den Begriff der „Vielzahl von Verträgen", wenn **mindestens drei Vertragsabschlüsse** erfolgt sind[21] oder (auch nur) die **Absicht der Mehrfachverwendung** vorliegt.[22] Unerheblich ist daher, ob die vorformulierten Bedingungen tatsächlich schon in einer (solchen) Vielzahl von Verträgen Eingang gefunden haben. Die entsprechende **Zweckbestimmung** reicht aus, sodass die Bedingungen ggf. auch schon im ersten Anwendungsfall als AGB gelten, es sei denn, die Vertragsbedingungen für einen **Einzelvertrag** sind ohne die Absicht der Mehrfachverwendung vorformuliert.[23] Dagegen liegen Allgemeine Geschäftsbedingungen auch dann vor, wenn sie von einem **Dritten** für eine **Vielzahl** von Verträgen **vorformuliert** sind, „selbst wenn die Vertragspartei, die die Klauseln stellt, sie nur in einem einzigen Vertrag verwenden will".[24] Im Übrigen sind nach der Rechtsprechung des BGH[25] im Einzelfall immer alle „**Begleitumstände**" zu würdigen: „Zu ihnen gehört eine gewisse Planmäßigkeit im Vorgehen des Verwenders in dem Sinne, dass er seine Geschäftspraxis erkennbar an der Absicht wiederholter Verwendung ausrichtet. Wird eine Klausel dagegen allein für einen konkreten Einzelvertrag vorformuliert, sodass von AGB zunächst nicht die Rede sein kann, dann bleibt es bei dieser Beurteilung, selbst wenn später die Vertragsbedingung in weitere Verträge Eingang findet und dort als AGB einzustufen ist." **2661**

In diesem Zusammenhang ist allerdings § 310 Abs. 3 BGB, der für Verträge zwischen einem Unternehmer und einem Verbraucher gilt, zu berücksichtigen. Diese Vorschrift bringt eine wichtige **Ausnahme** für **Verbraucherverträge:** Danach sind die wichtigsten Bestimmungen der Gestaltung rechtsgeschäftlicher Schuldverhältnisse durch Allgemeine Geschäftsbedingungen (§§ 305c, 306 und 307 bis 309 BGB) auf vorformulierte Vertragsbedingungen auch dann anzuwenden, „wenn diese nur **2662**

---

19) OLG Stuttgart, NJW-RR 1998, 312. Zum **AGB-Charakter** von **Leistungsverzeichnissen** s. BGH, NZBau 2005, 453, 454 = IBR 2005, 357 – *Schwenker*; zu den in einer Ausschreibung enthaltenen „**Vorbemerkungen**/Baustelleneinrichtung" s. BGH, BauR 2006, 514 = NZBau 2006, 390 = ZfBR 2006, 232 = IBR 2006, 30 – *Schwenker*; s. ferner unten Rdn. **2682**.
20) BGH, BauR 2001, 1895; BauR 1997, 123 = NJW 1997, 135 = MDR 1997, 140; OLG Hamm, BauR 2013, 96, 97 = NZBau 2012, 698, 699.
21) BGH, BauR 2002, 83 = NJW-RR 2002, 13 = NZBau 2002, 25 = ZfBR 2002, 63; BGH, BauR 2001, 1895 u. BauR 1985, 93, 94 = ZfBR 1985, 40; *Graf von Westphalen*, ZfBR 1985, 252, 254.
22) Vgl. BGH, NZBau 2004, 215 = BauR 2004, 674, 675 = ZfBR 2004, 267 = NJW 2004, 1454; BGH, BauR 2002, 83 = ZfBR 2002, 63; BGH, ZfBR 2002, 56, 57. Zur **Absicht** wiederholter Verwendung s. auch *Schulz*, NZBau 2000, 317.
23) BGH, NJW 1988, 410 u. BB 1988, 13 = ZfBR 1988, 29; s. auch OLG Koblenz, IBR 2012, 19 – *Bolz*. Zur **Widerlegung** des Anscheins der Mehrfachverwendungsabsicht: Hans. OLG Hamburg, BauR 2010, 1227, 1229.
24) BGH, BauR 2006, 106 = ZfBR 2005, 678 = NZBau 2005, 590 (LS) = ZIP 2005, 1604; BauR 1997, 123 = NJW 1997, 135 = MDR 1997, 140 = ZfBR 1997, 33.
25) A.a.O.; OLG Koblenz, IBR 2012, 19 – *Bolz* (es reicht aus, wenn ein weiterer, in etwa gleichlautender Vertrag vorgelegt wird).

2663 Werden **Muster-Formularverträge,** wie z.B. die im Handel erhältlichen Architekten-Formularverträge oder andere standardisierte Musterverträge/-bedingungen, verwandt, so ist das **Merkmal „Vielzahl" bereits erfüllt,** ohne dass weitere Anwendungsfälle des Verwenders vorliegen müssen bzw. die Absicht der mehrfachen Verwendung nachgewiesen ist, weil hier schon vom **äußeren Erscheinungsbild** der Charakter von AGB anzunehmen ist.[26] Verwendet eine Vertragspartei Formularverträge oder AGB, die von einem **Dritten** erstellt worden sind, gilt dasselbe.[27] Für **Bauträgerverträge** war der BGH[28] sogar noch einen Schritt weiter gegangen: Hier soll der **erste Anschein** (sog. Mehrfachverwendungsanschein) dafür sprechen, dass ein vom Bauträger verwendeter Vertrag einen Formularvertrag darstellt, wenn dieser „nach seiner inhaltlichen Gestaltung aller Lebenserfahrung nach für eine mehrfache Verwendung entworfen wurde und vom Bauträger gestellt worden ist". Dies gilt im Regelfall[29], Ausnahmen sind gleichwohl denkbar.[30]

zur einmaligen Verwendung bestimmt sind und soweit der Verbraucher nur aufgrund der Vorformulierung auf ihren Inhalt keinen Einfluss nehmen konnte" (sog. **Einzelvertragsklauseln**); Letzteres muss der Verbraucher gegebenenfalls darlegen und beweisen.

Ob ein Vertragswerk AGB-Charakter hat, entscheidet sich im Übrigen nicht an dem Vertragswerk insgesamt; vielmehr können auch **einzelne** Klauseln, die in einem Individualvertrag enthalten sind, als AGB angesehen werden;[31] und der Bewertung, dass Allgemeine Geschäftsbedingungen vorliegen, steht nicht entgegen, wenn der Vertrag in Teilen individuelle, auf das konkrete Bauvorhaben bezogene Vereinbarungen enthält.[32]

2664 Die eigentliche Problematik bei der Abgrenzung von Individualabsprachen einerseits und AGB oder Formularverträgen andererseits stellt sich im Rahmen der Frage, ob die Vertragsbestimmungen von der einen Partei der anderen im Sinne des § 305 Abs. 1 Satz 1 BGB **gestellt**[33] **(dann AGB)** oder im Sinne des § 305 Abs. 1 Satz 3 BGB zwischen den Parteien **ausgehandelt** worden sind **(dann Individual-**

---

26) *Heinrichs,* NJW 1977, 1506; *Palandt/Grüneberg,* § 305 BGB, Rn. 9; *Heiermann/Linke,* S. 64.
27) BGH, BauR 2006, 106; NJW 1991, 843; BauR 1992, 622, 625 = ZfBR 1992, 219.
28) BauR 2004, 488 = NZBau 2004, 146 = NJW 2004, 502; BauR 2002, 1544 = ZfBR 2002, 782 = NZBau 2002, 561; BGHZ 118, 229, 238 = BauR 1992, 622, 625 = ZfBR 1992, 219 m.w.Nachw.
29) Vgl. BGH, BauR 2006, 514, 516 = NZBau 2006, 390, 391 = ZfBR 2006, 232, 233 (für „Vorbemerkungen/Baustelleneinrichtung"); BGH, BauR 2006, 106 (für eine vorformulierte Sicherungsabrede in einem von einem **Anwalt** entworfenen Vertrag); s. ferner: OLG Hamm, BauR 2013, 96, 97 = NZBau 2012, 698, 699 m.w.Nachw.
30) Siehe OLG Hamburg, BauR 2010, 1227 = IBR 2010, 254 – *Bröker* (**Anlagenbauvertrag**; keine Mehrfachverwendungsabsicht, wenn der Vertrag **mit zum Teil individuellen Regelungen** auf ein konkretes Projekt abgestimmt ist).
31) BGH, BauR 1997, 123 = NJW 1997, 135 = MDR 1997, 140; OLG Celle, BauR 2003, 1040 (**VOB/C**-Abrechnungsbestimmungen als AGB); BGH, NZBau 2004, 384 = IBR 2004, 365 u. OLG Celle, BauR 2003, 1050 = IBR 2003, 239 (**ZTV-Asphalt-StB 94;** unwirksame Klausel über Abzüge vom Werklohn).
32) BGHZ 157, 102, 106 = NZBau 2004, 146, 147; BGH, BauR 2006, 514 = NZBau 2006, 390, 391.
33) Zum Begriff des **Stellens** BGH (VIII.ZS), ZfBR 2010, 453 (hierzu *Rodemann/Schwenker,* ZfBR 2010, 419 ff.); OLG Köln, BauR 2016, 1780, 1781.

absprache). Hier liegt nach wie vor viel „Zündstoff", zumal der BGH die Voraussetzungen eines unwirksamen **„Aushandelns"** zwischenzeitlich weiter erhöht hat.[34]

Nach Auffassung des **BGH**[35] ist eine **individualvertragliche Abrede** jedenfalls dann anzunehmen, „wenn und soweit die eine **Vertragspartei zur Abänderung der Bedingungen bereit und dies dem Geschäftspartner bei Vertragsabschluss bewusst gewesen ist"**, die einzelnen Vertragsbestimmungen also „ausgehandelt" wurden. „Aushandeln" bedeutet dabei stets mehr als (nur) ein „Verhandeln". Deshalb **genügt** für die Feststellung, der Vertrag oder einzelne Klauseln seien „ausgehandelt", **nicht,** dass das gestellte Formular dem Vertragspartner **bekannt** war und **nicht auf Bedenken gestoßen** ist oder dass der Inhalt **erläutert** oder **erörtert**[36] wurde und den Vorstellungen des Partners entsprach.[37]

2665

Von einem **„Aushandeln"** kann nur gesprochen werden,[38] „wenn der Verwender den in seinen Allgemeinen Geschäftsbedingungen enthaltenen ‚gesetzesfremden' Kerngehalt, also die den wesentlichen Inhalt der gesetzlichen Regelung ändernden oder ergänzenden **Bestimmungen** inhaltlich ernsthaft **zur Disposition stellt** und dem Verhandlungspartner Gestaltungsfreiheit zur Wahrung eigener Interessen einräumt mit zumindest der realen Möglichkeit, die inhaltliche Ausgestaltung der Vertragsbedingungen zu beeinflussen. Er muss sich also deutlich und ernsthaft zur gewünschten Änderung einzelner Klauseln bereit erklären."

Damit wird nicht verlangt, dass im Einzelfall tatsächlich eine Abänderung der jeweiligen Vertragsklauseln oder des Vertragsformulars durch **aktive Einflussnahme** des anderen Vertragspartners erfolgt.[39] Auch wenn ein vielfach verwendeter Formularvertrag nicht an irgendeiner Stelle äußerlich sichtbar abgeändert oder ergänzt worden ist, kann somit **im Einzelfall** ein Individualvertrag gegeben sein. Allerdings

2666

---

34) BGH, NJW 2005, 2543; *Graf von Westphalen,* NJW 2006, 2228; s. auch OLG Oldenburg, IBR 2005, 305 – *Vogel* (für den kaufmännischen Rechtsverkehr).
35) BGH, NJW 1988, 410; NJW-RR 1986, 54 = WM 1985, 1208 = DB 1986, 1666; NJW 1977, 624 unter Berufung auf die Begründung der Bundesregierung zum Entwurf des AGB-Gesetzes, Bundestags-Drucks. 7/3919, S. 17; ferner: NJW 1979, 367 = WM 1978, 1384; BGH, NJW 1982, 2309 = BauR 1982, 486; NJW 1988, 410; NJW 1994, 2825; *Heinrichs,* NJW 1995, 1395, 1396; ebenso: *Brambring,* NJW 1978, 777, 783; *Falkenhausen,* BB 1977, 1127; *Jaeger,* NJW 1979, 1569.
36) „Erörtern" ist kein Aushandeln (OLG Celle, IBR 2014, 591 – *Rodemann*); **„Abschwächen"** im Einzelfall ebenfalls nicht (BGH, NZBau 2016, 213 = IBR 2016, 48 – *Rodemann*).
37) BGH, NJW 2000, 1110, 1111; OLG Celle, IBR 2004, 1 – *Schmitz;* OLG Dresden, BauR 2003, 255, 257, unzutreffend: OLG Köln, BauR 2001, 1105, wonach bei bewusstem Akzeptieren einer (hier Vertragsstrafen-)Klausel die AGB-Eigenschaften entfallen sollen, wenn der Vertragspartner des Verwenders die rechtliche Relevanz der vorformulierten Vertragsstrafenklausel vor Abschluss des Bauvertrages erkannt hat (s. kritisch hierzu auch: *Oberhauser,* BauR 2002, 15 ff.). Kritisch auch: *Reinelt,* BrBp 2004, 90 ff.
38) BGH, NJW-RR 1996, 783, 787 im Anschluss an BGH, NJW 1992, 1107; s. ferner: BGH, BauR 2005, 1154, 1155 = NZBau 2005, 460 = IBR 2005, 460 – *Kaufmann;* BGH, BauR 2003, 870; OLG Düsseldorf, BauR 2016, 506 = IBR 2016, 367 – *Moufang;* KG, OLGR 2005, 729 = IBR 2005, 319; OLG Stuttgart, IBR 2005, 320 – *Schmitz;* OLG Celle, NZBau 2010, 118; OLG Celle, BauR 2005, 1944; OLG Köln, IBR 2006, 247 – *Kimmich* u. OLGR 2002, 267, 269; OLG Düsseldorf, BauR 1994, 128 sowie NJW-RR 1997, 659; *Palandt/Grüneberg,* § 305, Rn. 20; *Markus/Kaiser/Kapellmann,* Rn. 18, 137 ff. m.w.Nachw.
39) BGH, NJW-RR 1988, 57; s. ferner: LG Frankfurt, NZBau 2004, 44; *MünchKomm-Kötz,* § 1 AGB-Gesetz, Rn. 19; *Korbion/Locher,* Rn. 11; *Pause,* Rn. 150.

kann dies nur **ausnahmsweise** gelten,[40] da sich eine Änderungsbereitschaft des Verwenders in aller Regel in **Änderungen** des vorformulierten Textes **niederschlägt.** Schon der erste Anschein (keine Ergänzungen, keine Veränderungen sowie das äußere Erscheinungsbild) spricht bei einem völlig unverändert gebliebenen Formularvertrag gegen eine Individualabsprache. Davon geht auch der BGH aus: Er stellt maßgeblich darauf ab, ob der andere Vertragspartner eine **echte Verhandlungschance** hatte, die Vertragsbedingungen also wirklich (ernsthaft) zur Disposition gestellt wurden,[41] auch wenn es letztendlich bei der „gestellten Klausel" verbleibt,[42] also eine tatsächliche Abänderung der jeweiligen Vertragsklauseln oder des Vertragsformulars durch aktive Einflussnahme des anderen Vertragspartners im Einzelfall nicht erfolgt ist.[43] Der Verwender trägt die **Beweislast,** dass die Vertragsklauseln tatsächlich zur Disposition standen.

2667 Nach allgemeiner Meinung **reicht für die Annahme von Individualvereinbarungen** im Übrigen **nicht aus,** dass die Vertragsklauseln dem anderen Vertragspartner (u.U. auch von einem Dritten: **Notar**) **verlesen** werden oder dieser lediglich über Bedeutung und Tragweite der vorformulierten Vertragsbedingungen **belehrt** worden ist, ohne dass ein Aushandeln[44] oder die Abzeichnung jeder einzelnen Seite eines Formularvertrages erfolgte.[45] Es genügt auch nicht, dass der andere Vertragspartner **nur die Wahl zwischen mehreren vorformulierten Klauseln** hatte.[46] Unzureichend ist, wenn der andere Vertragspartner eine **Erklärung unterschreibt,** die **Vertragsklauseln seien ausgehandelt,** ohne dass dies der Fall war,[47] oder wenn der Formulartext lediglich die Aufforderung enthält, nichtgewollte Teile zu streichen.[48] Dasselbe gilt, wenn dem Vertragspartner lediglich die **Möglichkeit** eingeräumt wird, einige **Lücken** im Formular individuell auszufüllen.[49]

2668 Dagegen ist ein Individualvertrag anzunehmen, wenn ein Dritter (z.B. Notar) den Vertrag nach einem von ihm erarbeiteten Muster (u.U. mit vielen Standard-

---

40) OLG Düsseldorf, BauR 1985, 341, 344; OLG Köln, IBR 2015, 43 – *Rodemann* („**unverhandelbare" Klausel** als Individualvereinbarung); *Jagenburg*, BauR-Sonderheft 1/1977, S. 7.
41) BGH, NJW 2000, 1010; NJW-RR 1987, 144 (Zum „Aushandeln" einzelner Bestimmungen eines Architektenvertrages); BGH, BauR 1992, 794 = NJW 1992, 2759; OLG Brandenburg, BauR 2013, 105 (Streichung und handschriftlicher Neueintrag des identischen Textes); OLG Köln, IBR 2006, 247 – *Kimmich*; OLG Koblenz, BB 1993, 2183.
42) BGH, NJW 1991, 1107 u. 1678.
43) BGH, NJW-RR 1988, 57; NJW-RR 1987, 144.
44) BGH, BauR 1986, 54 = WM 1985, 1208 = DB 1986, 166; NJW 1977, 624, 625.
45) OLG Bremen, NJW-RR 1987, 468.
46) *Wolf*, NJW 1977, 1937, 1941; *Heinrichs*, NJW 1977, 1505.
47) BGH, NJW 1977, 624, 625; BauR 1987, 308 = NJW 1987, 1634; zum freiwilligen Einverständnis (Zustimmung) des anderen Vertragspartners mit den gestellten AGB: *Wolf*, NJW 1977, 1937, 1940.
48) BGH, NJW 1987, 2011.
49) BGH, BauR 1999, 1290, 1291 = NJW 1999, 3260; BauR 1987, 113 = NJW-RR 1987, 144 (Lücke im Architekten-Formularvertrag); OLG Köln, NJW-RR 1988, 654; OLG Stuttgart, WM 1987, 114; ferner: OLG Frankfurt, BauR 1999, 51 (Lückenausfüllung für Prozentsatz der Vertragsstrafe je angefangene Woche); OLG Hamm, BauR 2000, 728 (Eintragung des Prozentsatzes für eine Umlageklausel als notwendige, aber unselbstständige Ergänzung einer Klausel); OLG Dresden, OLGR 1998, 427; OLG Nürnberg, BB 1983, 1307 (offengelassene Lücke in AGB für die Höhe der Vertragsstrafe); OLG Köln, BB 1984, 1388 (offengelassene Lücke für die Dauer des Kündigungsrechts und Vertragsdauer).

bestimmungen) entworfen und den Vertragspartnern als Vorschlag unterbreitet; denn hier werden die Vertragsbestimmungen nicht von einer Partei der anderen Partei „gestellt".[50]

2669 Dabei ist jedoch die Rechtsprechung des **BGH** zur **Inhaltskontrolle von notariellen Formularbedingungen** zu beachten. Haben zwei Vertragsparteien zunächst eine Individualabsprache getroffen, so reicht es für das Zustandekommen einer solchen Individualvereinbarung bei einem weiteren Vertragsabschluss unter denselben Vertragsparteien grundsätzlich nicht aus, wenn der Verwender den gleichen Text erneut benutzt, ohne ihn zur Verhandlung zu stellen.[51]

2670 Allerdings ist nach § 310 Abs. 3 Nr. 1 BGB für Verträge zwischen einem **Unternehmer** und einem **Verbraucher** insoweit eine wichtige **Ausnahme** zu beachten: Nach dieser Vorschrift **gelten** Allgemeine Geschäftsbedingungen **als vom Unternehmer gestellt**; deshalb sind die Bestimmungen der §§ 305 ff. BGB auch dann anzuwenden, wenn Vertragsklauseln auf Vorschlag eines Dritten (z.B. Notar, Makler) zum Inhalt des Vertrages gemacht werden (sog. **Drittklauseln**).[52] § 310 Abs. 3 BGB ist grundsätzlich auf Verbraucherverträge nur anwendbar, wenn die Vertragsklauseln für eine Vielzahl von Verträgen vorformuliert worden sind, wobei allerdings die Ausnahmeregelung des § 310 Abs. 3 Nr. 2 BGB zu berücksichtigen ist. Die Fiktion des § 310 Abs. 3 BGB greift nicht ein, wenn die vorformulierten Klauseln durch den Verbraucher **selbst** in den Vertrag eingeführt werden.

2671 **Unerheblich** ist im Übrigen bei der Differenzierung von Individualabsprachen einerseits und Formularvertrag oder AGB andererseits, **wer** die Vertragsbedingungen **formuliert** hat,[53] ob eine **wirtschaftliche oder/und intellektuelle Unterlegenheit** zwischen Verwender und der anderen Vertragspartei vorhanden ist, welchen **Umfang die Formularverträge** haben, welche persönlichen Eigenschaften die Vertragsparteien haben (Behörde, Kaufmann, Wirtschaftsunternehmen usw.) sowie **welches Ergebnis das Aushandeln gebracht hat**.[54] Auch **einzelne Klauseln** können in sonst individuell gestalteten Verträgen als AGB anzusehen sein.[55]

2672 Die §§ 305 ff. BGB finden keine Anwendung, wenn **beide Vertragsparteien die Einbeziehung** bestimmter Vertragsbedingungen (z.B. der VOB) **wünschen**; diese Bedingungen sind dann nicht im Sinne des § 305 Abs. 1 Satz 1 BGB von einer Vertragspartei gestellt.[56] Werden einzelne Klauseln eines Vertragswerkes ausgehandelt, so können die übrigen Bedingungen u.U. den Charakter von AGB haben; dies folgt aus dem Wortlaut („soweit") des § 305 Abs. 1 Satz 3 BGB. Werden einer Vertragspartei in einem Formularvertrag lediglich Wahlmöglichkeiten eingeräumt, kann hierzu noch nicht auf eine Individualvereinbarung geschlossen werden.

2673 Bei **Bauherrenmodellen** kann im Einzelfall zweifelhaft sein, **wer** als **Verwender** der zahlreichen Vertragswerke anzusehen ist. Dies gilt insbesondere für den Fall, dass der Treuhänder selbst – u.U. vor Abschluss des Treuhandvertrages mit dem

---

50) BGH, NJW 1991, 843; *Markus/Kaiser/Kapellmann*, Rn. 13; s. auch unten Rdn. **2674** ff.
51) BGH, NJW 1979, 367 = DB 1979, 159.
52) Siehe hierzu auch: BGH, IBR 2010, 253 – *Müller-Stoye* (**einvernehmliche** Einbeziehung eines Formularvertrags; Verkauf eines gebrauchten PKW); *Markus/Kaiser/Kapellmann*, Rn. 15; zum **Bauträgerrecht:** *Pause*, Rn. 157 m. Nachw.
53) BGH, BauR 2006, 106 (**Anwalt**); LG Bayreuth, BauR 2006, 139 = IBR 2006, 629 – *Moufang*.
54) *Heinrichs*, NJW 1977, 1507.
55) BGH, BauR 1997, 123 = NJW-RR 1997, 135 = MDR 1997, 140.
56) LG Bayreuth, BauR 2006, 139; *Locher*, NJW 1977, 1801.

Bauherrn – für den späteren Vertragspartner des Bauherrn Vertragswerke (z.B. den Finanzierungsvermittlungsvertrag) ausgearbeitet hat.[57]

2674 Da die Form der Vertragsbedingungen für die Abgrenzung unerheblich ist, können auch **notariell beurkundete Verträge** unter die Bestimmungen der §§ 305 ff. BGB fallen (vgl. Rdn. 2667), wenn sie die Merkmale des § 305 Abs. 1 BGB aufweisen, also „nach Entstehung und Inhalt das typische Gepräge Allgemeiner Geschäftsbedingungen haben".[58] Dabei ist unerheblich, dass diese als notariell beurkundeten Verträge unter die besondere Prüfungs- und Belehrungspflicht des Notars fallen.[59] So hat der BGH[60] zu Recht als Abgrenzungskriterium auch für notariell beurkundete Verträge angesehen, dass der Vertrag „nicht als Ergebnis freien gegenseitigen Aushandelns beider Vertragsparteien erscheint, sondern einseitig vom Veräußerer allein nach seinem Interesse und in erheblicher Abweichung von der gesetzlichen Regelung festgelegt" ist. Dies wird bei den formularmäßigen Kaufverträgen von Baugesellschaften (Eigenheim- und Betreuerverträgen) in der Regel der Fall sein. Insbesondere eine Vertragsbestimmung mit einschneidenden Rechtsfolgen bedarf nach Auffassung des BGH „der eingehenden vorherigen Erörterung zwischen den Vertragsparteien und sich daran anschließender eindeutiger Niederlegung im Vertrag, wenn sie als Individualvereinbarung gelten soll".[61]

2675 Viele **Baugesellschaften** stellen den Notaren **selbstentworfene Vertragsmuster** zur Rationalisierung des Vertragsabschlusses zur Verfügung. Sie sind damit die Urheber der Vertragsmuster. Diese Verträge werden dann den Erwerbern eines Eigenheimes oder einer Eigentumswohnung vorgelegt und meist unverändert beurkundet; auch solche Verträge sind an den Vorschriften der §§ 305 ff. BGB zu messen.[62] Dasselbe gilt, wenn **Notare** z.B. als Rechtsbetreuer des Bauträgers gemäß § 24 BNotO oder als Berater der Bauträger (sog. „Hausnotar") die entsprechenden Musterformular-Verträge für die Baugesellschaften oder andere Verwender entwerfen, die sodann ihren Vertragsparteien die entsprechenden Verträge „stellen"; auch in diesen Fällen werden die Formularverträge über den Notar als Abschlussgehilfen verwendet und den Käufern (Erwerbern) einseitig auferlegt.[63] Als AGB sind daher stets solche Vertragsformulare anzusehen, die einem Notar für den Vertragsabschluss **von einer Partei** zur Verfügung gestellt werden[64] oder die er **im Auftrag einer Partei** entwickelt hat.[65] Darüber besteht kein Meinungsstreit. Ob dies anders zu beurteilen ist, wenn der Notar die streitigen Klauseln selbst – etwa aufgrund eines von ihm (intern) als Vorlage herangezogenen Vertragsmusters – in den notariellen Vertrag einstellt, ist umstritten.[66]

---

57) Vgl. hierzu BGH, NJW 1985, 2477 = DB 1985, 1525 = MDR 1985, 653; WM 1984, 240 = BB 1984, 564 sowie *Bartsch*, NJW 1986, 28 ff.
58) BGH, NJW 1979, 1406 = BauR 1979, 337 = DNotZ 1979, 741; BGH, DB 1975, 682 = BB 1975, 441 u. NJW 1974, 1135 = BauR 1974, 278; OLG Celle, IBR 2004, 374 – *Hildebrandt*.
59) So BGH, a.a.O.; *Jagenburg*, NJW 1972, 1222; *Wabnitz*, NJW 1972, 1397, 1398; *Garrn*, NJW 1980, 2782; **a.A.:** OLG München, BauR 1973, 387 m. abl. Anm. von *Groß*.
60) BGH, DB 1975, 682, 683.
61) NJW 1979, 1406 = BauR 1979, 337 = DNotZ 1979, 741.
62) BGH, NJW 1979, 1406 = BauR 1979, 337; vgl. auch BGH, BauR 1994, 776 = ZfBR 1994, 273 = NJW 1994, 2825 m. Nachw.; OLG Düsseldorf, NJW-RR 1997, 659.
63) BGH, BauR 1994, 776 = NJW 1994, 2825; OLG Frankfurt, OLGR 1994, 61; OLG Köln, NJW 1994, 59; OLG München, NJW 1981, 2472 = BauR 1982, 64.
64) BGH, NJW 1982, 1035; vgl. auch BGH, NJW 1984, 2094.
65) BGH, BauR 1992, 622, 625 = ZfBR 1992, 219; NJW 1991, 843; BauR 1985, 93, 94.
66) Verneinend: OLG Düsseldorf, NJW-RR 1997, 659; bejahend: OLG Köln, OLGR 1998, 193; siehe dazu auch *Heinrichs*, NJW 1998, 1447, 1449 m.w.Nachw.

AGB/Formularverträge

2676 Zweifelhaft kann im Einzelfall sein, ob Verträge AGB-Charakter haben, wenn es sich um **Vertragsmuster des Notars** handelt, die dieser **beiden Vertragsparteien** vorlegt, da nach dem Wortlaut des Gesetzes die Vertragsbedingungen von einer Vertragspartei „gestellt" werden müssen. Legt der Notar von sich aus das Vertragsmuster oder entsprechende Klauseln der Parteien vor, so werden diese nicht von einer Partei einseitig in den Vertrag eingeführt; die Parteien einigen sich vielmehr auf den Vertragsentwurf des Notars, also eines „Dritten".[67]

2677 Nach der Rechtsprechung des BGH[68] erhält eine Individualvereinbarung, die nach einem in der Praxis eines Notars gebräuchlichen Muster entworfen wird, dadurch noch nicht die „Qualität einer AGB": „Denn dann ,stellt' die Vertragspartei nicht im Sinne von § 1 Abs. 1 AGB-Gesetz eine formularmäßige Vertragsbedingung, sondern sie macht sich bei dem Abschluss des Vertrages nur den vom Notar für diesen Einzelfall vorgeschlagenen Regelungswortlaut zu eigen."[69]

2678 In ständiger Rechtsprechung vertritt der BGH[70] allerdings die Auffassung, dass auch die **auf Vorschlag des Notars** in einen Vertrag übernommenen formularmäßigen Klauseln einer **auf § 242 BGB gestützten Inhaltskontrolle** unterliegen können, selbst wenn sie noch keine AGB im Sinne des § 305 Abs. 1 BGB sind.

2679 Diese Rechtsprechung ist zu den häufig in Notarverträgen vorkommenden **formelhaften Freizeichnungsklauseln** ergangen und soll nach der Meinung des BGH auch hierauf beschränkt bleiben.[71] Der gleichförmige Wortlaut in der notariellen Praxis hat danach grundsätzlich keine rechtlichen Auswirkungen: Es wäre „sachwidrig, die Wirksamkeit einer Klausel, welche rechtlich eindeutig ist und unmissverständlich dem entspricht, was die Beteiligten vereinbaren wollen, allein deswegen in Frage zu stellen, weil es sich um eine Standardformulierung des Notars handelt".

2680 Entspricht eine **Formularklausel** nicht den Vorschriften der §§ 305 ff. BGB, so ist sie **unwirksam,** der **übrige Formularvertrag** aber wirksam (§ 306 Abs. 1 BGB). Die im Vertrag entstandene Lücke ist durch die entsprechenden **gesetzlichen** Vorschriften zu schließen (§ 306 Abs. 2 BGB). Bestritten ist dagegen, ob bei einem nur **teilweisen Verstoß einer Formularklausel** gegen die Vorschriften der §§ 305 ff. BGB grundsätzlich die ganze Klausel oder nur im Umfang des Verstoßes unwirksam ist, also auf einen angemessenen Umfang nach Lage des Einzelfalles zurückzuführen ist (sog. **geltungserhaltende Reduktion**).[72]

2681 Der BGH[73] ist der Auffassung, eine geltungserhaltende Reduktion sei **unzulässig,** wenn sie dazu führe, dass Teile einer an sich nach den §§ 305 ff. BGB bzw. dem AGB-Gesetz unwirksamen Klausel rechtsverbindlich blieben („noch zulässiger Kern"). Dabei weist der BGH darauf hin, es laufe dem Zweck des Gesetzes zuwider, „wenn es zugelassen würde, dass der Verwender bei der Aufstellung seiner Konditionen unbedenklich über die Grenzen des Zulässigen

---

67) OLG Köln, OLGR 1998, 193.
68) BGH, NJW-RR 1991, 843; BGH, NJW-RR 1989, 1038.
69) BGH, NJW-RR 1991, 843.
70) BGH, BauR 1987, 686 = NJW 1988, 135; BauR 1988, 464 = NJW 1988, 1972; BGH, BauR 1987, 552 = NJW-RR 1987, 1035; OLG Düsseldorf, BauR 1994, 128.
71) BGH, NJW-RR 1991, 843.
72) Zum Meinungsstand: *Schulze-Hagen*, BauR 2003, 785 ff.; *Bunte*, NJW 1987, 921, 927.
73) NJW 1989, 1796, 1798; NJW 1989, 831, 833; NJW 1986, 1610 = DB 1986, 480; NJW 1985, 319 = DB 1985, 225; NJW 1984, 48; NJW 1984, 2687; BGH, NJW-RR 1996, 783, 788 u. NJW 1996, 1407, 1408.

hinausgehen dürfte, ohne mehr befürchten zu müssen, als dass das Gericht die Benachteiligung seines Geschäftspartners auf ein gerade noch zulässiges Maß zurückführen wird".

Allerdings versucht der BGH[74)] im Einzelfall über den Weg der **ergänzenden Vertragsauslegung** (§§ 157, 133 BGB), die Lücke in einem Vertrag, der durch die Unwirksamkeit einer Klausel in Allgemeinen Geschäftsbedingungen entsteht, zu schließen und einen gerechten Ausgleich zu finden, wenn konkrete gesetzliche Regelungen zur Ausfüllung der Lücke nicht zur Verfügung stehen und die ersatzlose Streichung der unwirksamen Klausel nicht zu einer angemessenen, den Interessen der beiden Vertragsparteien Rechnung tragenden Lösung führt. Dies hat nicht nur Zustimmung gefunden.[75)] Sogenannte **salvatorische Klauseln,** wonach anstelle der unwirksamen Vorschrift eine Bestimmung tritt, die unter Berücksichtigung des übrigen Vertragsinhalts der ursprünglich beabsichtigten Regelung am nächsten kommt, sind unter den vorerwähnten Gesichtspunkten bedenklich, wenn sie in Formularverträgen angewandt werden. Allgemein werden sie insoweit für unwirksam gehalten.[76)]

Darüber hinaus gilt:[77)] Geltungserhaltende Reduktion ist denkbar, wenn „**inhaltlich voneinander trennbare, einzeln aus sich heraus verständliche Regelungen** in AGB einer **gesonderten Wirksamkeitsprüfung zugänglich** (sind), und zwar auch dann, wenn sie einem äußeren sprachlichen Zusammenhang mit anderen – unwirksamen – Klauseln stehen. Nur wenn der als wirksam anzusehende Rest im Gesamtgefüge des Vertrages nicht mehr sinnvoll, insbesondere der als unwirksam beanstandete Klauselteil von so einschneidender Bedeutung ist, dass von einer gänzlich neuen, von der bisherigen völlig abweichenden Vertragsgestaltung gesprochen werden muss, ergreift die Unwirksamkeit der Teilklausel die Gesamtklausel."

2682 Die Parteien können im Rahmen der Vertragsfreiheit Art und Umfang der (gegenseitigen) **vertraglichen Leistungspflichten** grundsätzlich frei regeln. Daher unterliegt die **Leistungsbeschreibung** innerhalb eines Werkvertrages **nicht der Kontrolle** durch die §§ 305 ff. BGB.[78)] Das gilt auch für vertragliche Preisabreden, die in aller Regel individualrechtlich vereinbart werden. Dagegen sind so genannte **Preisnebenabreden,** die nur eine mittelbare Auswirkung auf den Preis sowie die Leistung haben, der **Inhaltskontrolle** durch die §§ 305 ff. BGB unterworfen; liegt ein entsprechender Verstoß vor, tritt an ihre Stelle dispositives Gesetzesrecht, was bei reinen Preisabreden nicht möglich ist.[79)] Stets ist daher zu prüfen, ob die entsprechende Klausel innerhalb eines Werkvertrages unmittelbar ein Teil der Leistungsbeschreibung oder der eigentlichen Preisabrede ist. Im Einzelfall sind daher

* die „kontrollfreien" preis- und leistungsbestimmenden AGB-Bestandteile des Vertrages von
* den „kontrollierbaren" Nebenabreden

---

74) BGH, NJW 1996, 2092, 2093; NJW 1986, 1610. Zur **ergänzenden Vertragsauslegung** bei einer unwirksamen Abrede über eine **Gewährleistungssicherheit**: BGH, BauR 2005, 539 = NZBau 2005, 219 u. BauR 2005, 1154 = NZBau 2005, 460 = IBR 2005, 423 – *Kaufmann* m.w.Nachw.
75) Vgl. hierzu *Bunte*, NJW 1984, 1145 ff.; *Trinkner*, BB 1984, 490; *Löwe*, BB 1984, 492; *Hager*, JuS 1985, 264.
76) Vgl. hierzu: BGH, NJW-RR 1996, 783, 788.
77) BGH, NJW 1997, 394, 395 = BauR 1997, 302 = BB 1997, 176 = MDR 1997, 238 unter Hinweis auf NJW 1993, 1133, 1135.
78) BGH, BauR 1997, 123 = NJW 1997, 135 = MDR 1997, 140 = ZfBR 1997, 33; s. ferner: BGH, NZBau 2005, 453, 454 = IBR 2005, 357 – *Schwenker*; KG, IBR 2006, 434 – *Schwenker*; *Markus/Kaiser/Kapellmann*, Rn. 30 ff. Zur Beurteilung von **Leistungs(Bau)beschreibungen** unter dem Transparenzgebot des § 307 Abs. 3 S. 2 BGB: *Lucenti*, NZBau 2010, 469, 470.
79) BGH, BauR 1999, 1290 = NJW 1999, 3260 = MDR 1999, 1379 = ZfBR 2000, 27; s. ferner: OLG Celle, BauR 2004, 1955.

abzugrenzen. Das kann auf Schwierigkeiten stoßen. Darüber hinaus wird vielfach Anlass zu der Prüfung bestehen, ob Verstöße gegen das **Transparenzgebot** (§ 307 Abs. 3 Satz 2 BGB) vorliegen.[80]

Der BGH[81] hat der „kontrollfreien" **Leistungsbeschreibung** – im Rahmen eines Vertrages über die schlüsselfertige Erstellung eines umfangreichen Bauvorhabens – z.B. folgende **Klauselabreden** zugeordnet: die Übernahme aller Erschließungs- und Baunebenkosten i.S. der DIN 276 und gegebenenfalls deren Bezahlung an Dritte (z.B. Anschlussgebühren, Brief- und Abnahmegebühren) sowie alle Kosten und Gebühren, die durch die Erfüllung der gesamten Leistung notwendig werden. Nicht kontrollfähig sind damit alle Regelungen, die die Hauptleistung und den Preis unmittelbar bestimmen. Als Teil einer „kontrollfreien" Preisabrede hat der BGH[82] auch folgende **„Bauwasser-Klausel"** angesehen, weil mit der dort genannten Preispauschale nur das Entgelt für die Lieferung von Bauwasser geregelt wird: „In der Schlussrechnung werden die Verbrauchskosten und etwaige Kosten für Messer und Zähler in Höhe von 1,2 % des Endbetrages der Schlussrechnung ... abgesetzt". Eine AGB-Klausel, wonach der Auftraggeber eine **Bauwesenversicherung** abschließt und die anteilige Prämie mit einem bestimmten Promillesatz von der Schlusssumme in Abzug gebracht wird, stellt nach der Auffassung des BGH[83] ebenfalls keine Preisnebenabrede dar. **2683**

Dagegen sind z.B. der Kontrolle durch die §§ 305 ff. BGB unterworfen: **Klauseln** über Änderungen und Erhöhungen des vereinbarten Preises sowie die Zahlungsbedingungen, Regelungen über Liefertermine und den Lieferort, über Mengen-, Gewichts- und Qualitätstoleranzen, Fahrtkostenklauseln,[84] Baureinigungsklauseln,[85] Klauseln über Zuschläge oder Abschläge, Skonti und Fahrtkosten, soweit sie nicht zur unmittelbaren Preisabsprache gehören. **2684**

b) Beweislast

Nach allgemeiner Auffassung[86] trifft denjenigen, der sich auf den Schutz des AGB-Rechts beruft, die **Darlegungs- und Beweislast,** dass **im Einzelfall AGB** im Sinne des § 305 Abs. 1 BGB vorliegen; es gelten aber **Beweiserleichterungen** im Hinblick auf die **äußere Form** der Vertragsbestimmungen: Bei Vertragsmustern, standardisierten Bedingungen, gedruckten oder in anderer Weise vervielfältigten Formularverträgen (z.B. Architektenverträgen) spricht eine **Vermutung**/Anschein **2685**

---

80) Siehe hierzu: *Thode*, ZNotP 2004, 131 ff.; *Schwenker*, IBR 2005, 21; *Korbion/Locher/Sienz*, M Rn. 63 ff.; *Berger*, in: Prütting/Wegen/Weinreich, § 307, Rn. 14 ff.
81) BGH, BauR 1997, 123 = NJW 1997, 135 = MDR 1997, 140 = ZfBR 1997, 33.
82) BauR 1999, 1290 = NJW 1999, 3260 = MDR 1999, 1379 = ZfBR 2000, 27. Ebenso: OLG Hamm, BauR 2000, 728 für eine Umlageklausel für Baustrom, Bauwasser, Baureinigung sowie Bauwesenversicherung.
83) BauR 2000, 1756 = NJW 2000, 3348 = NZBau 2000, 466 = ZfBR 2000, 546 = MDR 2000, 1312.
84) BGH, NJW 1984, 2160.
85) BGH, BauR 2000, 1756 = NJW 2000, 3348 = NZBau 2000, 466 = ZfBR 2000, 546.
86) BGH, BauR 2004, 488 = ZfBR 2004, 258 = NZBau 2004, 146 = NJW 2004, 502; BGHZ 118, 229, 238 = BauR 1992, 622; OLG Koblenz, IBR 2012, 19 – *Bolz*; OLG München, BauR 2003, 553; *Markus/Kaiser/Kapellmann*, Rn. 43; *Korbion/Locher/Sienz*, A Rn. 15.

für die Annahme von AGB.[87)] Den Beweis, dass der Vertrag AGB-Charakter hat, kann der Vertragspartner des Verwenders insbesondere dadurch führen, dass er gleichlautende Verträge vorlegt, die der Verwender mit anderen Parteien abgeschlossen hat.[88)]

2686 Behauptet der Bauunternehmer, Architekt oder Bauherr **als Verwender** eines Klauselwerks, dass die Vertragsbedingungen **ausgehandelt** worden sind, trägt er hierfür die Darlegungs- und Beweislast, weil § 305 Abs. 1 Satz 3 BGB den Ausnahmetatbestand darstellt.[89)] Der BGH[90)] hat darauf hingewiesen, dass „der Vertragsteil, der sein Angebot unter Verwendung von AGB oder eines Vertragsformulars angibt oder sonst das von ihm vielfach verwendete Klauselwerk in die Vertragsverhandlungen einführt, damit – vorbehaltlich anderslautender Erklärungen – nach allgemeiner Verkehrsanschauung zu verstehen gibt, er sei nicht bereit, von seinen vorgedruckten, abschließend formulierten Konditionen abzuweichen und sie eventuell den gegenläufigen Interessen des Partners anzupassen oder sie zu ergänzen".

2687 Bei der Beweisführung hinsichtlich des **Aushandelns** von Klauseln reicht die Vorlage einer Bestätigung, wonach die Vertragsbedingungen ausgehandelt sind, nicht aus. Aber auch hier können **Beweiserleichterungen** in Betracht kommen: hand- oder maschinenschriftliche Eintragungen, Ergänzungen oder Änderungen von Vertragsbedingungen sowie auch notariell beurkundete Verträge, soweit solche nicht die Form eines Musterformular-Vertrages aufweisen[91)] (vgl. Rdn. 2672 ff.), sprechen dafür, dass die Klauseln ausgehandelt wurden.[92)] Dies kann aber nicht ohne weiteres für vorformulierte **Besondere Vertragsbedingungen** zu einem Bauvertrag gelten, es sei denn, die äußere Form spricht für einen Aushandlungsprozess.[93)]

2688 Für **Verbraucherverträge** gilt Folgendes: Der **Unternehmer** trägt aufgrund der Fiktion des § 310 Abs. 3 Nr. 1 BGB die **Beweislast,** dass die Vertragsbedingungen im Einzelnen ausgehandelt worden sind und/oder dass es sich um eine vom Verbraucher eingeführte Klausel handelt. Im Falle von Vertragsklauseln, die zur Verwendung in einem **einzelnen** Verbrauchervertrag bestimmt sind, trägt dagegen der **Verbraucher** die Darlegungs- und Beweislast dafür, dass die Vertragsklauseln vorformuliert worden sind und er infolge der Vorformulierung keinen Einfluss auf ihren Inhalt nehmen konnte.[94)] Heinrichs[95)] verweist zu Recht darauf, dass sich der Verbraucher dabei meist auf die Grundsätze des Beweises des ersten Anscheins – insbesondere bei umfangreichen und komplizierten Texten – berufen kann.

---

87) OLG München, BauR 2003, 553, 554; *Markus/Kaiser/Kapellmann*, Rn. 42.
88) *Locher/Koeble*, Rn. 102.
89) BGH, NJW-RR 1987, 144; OLG Celle, IBR 2004, 1 – *Schmitz*.
90) NJW 1977, 624, 625; s. ferner: BGH, IBR 2002, 46; BGH, NJW 2000, 1110.
91) LG Nürnberg-Fürth, DNotZ 1984, 590.
92) *Schippel/Brambring*, DNotZ 1977, 131, 159.
93) Wie hier: *Heiermann*, DB 1977, 1733; **a.A.:** *Korbion*, VersR 1977, 681.
94) BGH (X.ZS), ZfBR 2008, 663, 664.
95) NJW 1996, 2190, 2193.

c) Kollision von AGB

Literatur

Ebel, Die Kollision Allgemeiner Geschäftsbedingungen, NJW 1978, 1033; *Niebling*, Übereinstimmende und kollidierende Vertragsbedingungen, BauR 1981, 227.

Das Problem des Zusammentreffens kollidierender AGB ist weder im AGB-Gesetz noch in den §§ 305 ff. BGB besonders geregelt worden. Bisher sind für diese Fälle verschiedene Lösungsmöglichkeiten angeboten worden. Der BGH[96)] hat nach den allgemeinen Vorschriften des BGB (§§ 150 II, 151, 154, 155 BGB) entschieden, ob und mit welchem Inhalt ein Vertrag zustande gekommen ist. Daran ist auch durch § 305 Abs. 2 BGB nichts geändert worden; vielmehr sollen die beim Zusammentreffen sich widersprechender AGB entstandenen Fragen weiterhin nach den Vorschriften des BGB in einer den Besonderheiten des Einzelfalles gerecht werdenden Weise beurteilt werden.[97)] AGB, die sich widersprechen, werden insbesondere dann häufig gestellt, wenn sich zwei Unternehmer (z.B. Generalunternehmer und Subunternehmer) gegenüberstehen. Sind sich die Vertragsparteien über die wesentlichen Bedingungen des Vertrags einig, ist von einem wirksamen Vertragsabschluss auszugehen (§§ 154, 155 BGB). In erster Linie gelten dann die individualvertraglichen Absprachen. Entsprechen sich die AGB ganz oder teilweise, gelten diese;[98)] soweit sie sich widersprechen, gilt das Gesetz.[99)] Im Übrigen kommt es stets auf den Einzelfall an. Dabei spielt es auch eine Rolle, ob in den jeweiligen AGB so genannte Ausschließlichkeitsklauseln oder Abwehrklauseln[100)] enthalten sind.

2689

d) Anwendung der §§ 305 ff. BGB auf Unternehmer/öffentlich-rechtliche Kunden in der Baupraxis

Literatur

Schmitz, Die Vereinbarung der VOB/B in Verträgen mit Nichtkaufleuten, ZfBR 1979, 184; *Ebenroth/Autenrieth*, Der Kaufmann im Baugewerbe, BauR 1980, 211; *Alisch*, Zur Kontrolle von Allgemeinen Geschäftsbedingungen bei Verwendung im rein kaufmännischen Geschäftsverkehr, JZ 1982, 706; *Rabe*, Die Auswirkungen des AGB-Gesetzes auf den kaufmännischen Verkehr, NJW 1987, 1978; *Hensen*, Die Auswirkungen des AGB-Gesetzes auf den kaufmännischen Verkehr, NJW 1987, 1986; *Paulusch*, Haftung und Haftungsbegrenzung im kaufmännischen Geschäftsverkehr, DWiR 1992, 182; *Hommelhoff/Wiedenmann*, AGB gegenüber Kaufleuten und unausgehandelte Klauseln in Verbraucherverträgen, ZIP 1993, 562; *Fischer*, Praktische Probleme der Einbeziehung von AGB unter Kaufleuten, insbesondere bei laufenden Geschäftsverbindungen, BB 1995, 2491; *Graf von Westphalen*, Die Nutzlosigkeit von Haftungsfreizeichnungen und Haftungsbegrenzungsklauseln im kaufmännischen Verkehr, DB 1997, 1805; *Schuhmann*, Waisenkind des AGB-Gesetzes: Der Mustervertrag im kaufmännischen Individualgeschäft, JZ 1998, 127; *Acker/Bopp*, Führt eine zu enge Anwendung des AGB-Rechtes zu Nachteilen unserer Rechtsordnung

---

96) BB 1974, 1136; ferner: BGH, WM 1977, 451.
97) Saarländisches OLG, OLGR 1998, 73 mit dem Hinweis, dass in diesem Fall auch „ein den Klauseln zu entnehmender Minimalkonsens maßgeblich" sein soll.
98) BGH, NJW 1985, 1838.
99) BGH, DB 1982, 1001; vgl. *Niebling*, BauR 1981, 227, 230; OLG Köln, DB 1980, 924; OLG Koblenz, WuW 1984, 1005.
100) Vgl. BGH, NJW-RR 1986, 984 u. NJW 1985, 1838, 1839.

im internationalen Rechtsverkehr?, BauR 2009, 1040; *Niebling*, Die VOB/B-Einbeziehung durch kaufmännisches Bestätigungsschreiben, NZBau 2012, 410.

2690 § 310 BGB entspricht mit seinen Ausnahmeregelungen fast wörtlich dem bisherigen §§ 23 und 24 AGB-Gesetz. § 310 Abs. 1 BGB bestimmt unter Berücksichtigung der Neuregelung des Handelsrechtsreformgesetzes, dass die beiden Klauselkataloge der §§ 308 und 309 BGB auf Allgemeine Geschäftsbedingungen

1. die gegenüber einer Person verwendet werden, die bei Abschluss des Vertrages in Ausübung ihrer gewerblichen oder selbstständigen beruflichen Tätigkeiten handelt **(Unternehmer)**,
2. die gegenüber einer **juristischen Person des öffentlichen Rechts** oder einem öffentlich-rechtlichen **Sondervermögen** verwendet werden,

keine Anwendung finden;[101] das gilt auch – neben § 305 Abs. 3 BGB – insbesondere für die **Hinweis-** und **Kenntnisverschaffungspflicht** gemäß § 305 Abs. 2 BGB. § 310 Abs. 1 BGB stellt (wie vormals § 24 Satz 1 Abs. 1 AGB-Gesetz) nunmehr auf den Begriff des **Unternehmers** einschließlich des Freiberuflers (anstelle des Begriffs des Kaufmanns) ab. Das hat für die Baubranche weitreichende Bedeutung, weil damit von § 310 Abs. 1 BGB grundsätzlich alle Bauunternehmen, Handwerksbetriebe, aber auch alle Freiberufler (wie z.B. Architekten, Sonderfachleute) erfasst werden.

2691 Wer behauptet, dass sein Gewerbebetrieb in nichtkaufmännischer Weise betrieben wird, trägt die entsprechende Darlegungs- und Beweislast. Mit § 2 HGB wurde gleichzeitig der „**Kannkaufmann**" geschaffen; danach gilt ein Gewerbebetrieb, der nicht schon nach § 1 Abs. 2 Handelsgewerbe ist, als Handelsgewerbe im Sinne des HGB, wenn die Firma des Unternehmens in das Handelsgewerbe eingetragen ist.

2692 Da § 310 Abs. 1 Satz 2 BGB die Generalklauseln des § 307 Abs. 1 und 2 BGB „insoweit" für anwendbar erklärt, „als dies zur Unwirksamkeit der in den §§ 308 und 309 BGB genannten Vertragsbestimmungen führt", sind rechtliche Schwierigkeiten im Einzelfall vorprogrammiert: So stellt sich nicht nur die Frage, ob der Begriff der „**unangemessenen Benachteiligung**" i.S. des § 307 BGB im **unternehmerischen** Rechtsverkehr restriktiver auszulegen ist, sondern auch, ob die Klauselkataloge der §§ 308 und 309 BGB über § 307 BGB auf den **unternehmerischen Rechtsverkehr** ohne weiteres „übertragen" werden können.[102] Zu beachten ist ferner, dass § 305 Abs. 2 und 3 BGB nicht anzuwenden ist; jedoch bedarf es auch im kaufmännischen Rechtsverkehr stets einer **rechtsgeschäftlichen Einbeziehung** der Allgemeinen Geschäftsbedingungen nach den allgemeinen bürgerlich-rechtlichen Grundsätzen.[103] Nach OLG Düsseldorf[104] soll es ausreichen, wenn der Verwender auf seine AGB verweist und sich bereit erklärt, seine AGB auf Wunsch zu übersenden. Damit ist für den Kreis der Unternehmer die **Generalklausel des § 307 BGB** die **entscheidende Vorschrift** für die Frage der Wirksamkeit von AGB oder Formularverträgen.

---

101) Zur Frage, ob privatrechtliche städtebauliche Verträge, soweit sie Allgemeine Geschäftsbedingungen enthalten, einer Inhaltskontrolle nach §§ 307 bis 309 BGB unterliegen, siehe: BGH, BauR 2003, 703, 705. Zur Inhaltskontrolle eines **VOB/B-Vertrages** eines öffentlichen Auftraggebers (kein Sonderrecht): BGH, BauR 2007, 1404 = IBR 2007, 412 – *Schulze-Hagen*.
102) Siehe hierzu vor allem *Paulusch*, DRiW 1992, 182 ff.
103) Vgl. OLG München, NJW 1995, 733, 734.
104) VersR 1996, 1394. Bei einer **Ausschreibung** kann auf den AGB-Abdruck im Ministerialblatt verwiesen werden (SchlHOLG, NJW 1995, 2858; OLG Celle, BauR 1996, 711; *Markus/Kaiser/Kapellmann*, Rn. 24.

3. Einzelfälle

Literatur

Gnad, Auswirkungen des AGB-Gesetzes auf die künftige Gestaltung von Architektenverträgen, Schriftenreihe der Deutschen Gesellschaft für Baurecht, Bd. 11, 5; *Graf von Westphalen*, Bauvertrag und AGB-Gesetz, Schriftenreihe der Deutschen Gesellschaft für Baurecht, Bd. 11, 45.

Heiermann, Auswirkungen des Gesetzes zur Regelung des Rechts der Allgemeinen Geschäftsbedingungen auf das Bauvertragswesen, DB 1977, 1733; *Kaiser*, Die Bedeutung des AGB-Gesetzes für vorformulierte vertragliche Haftungs- und Verjährungsbedingungen im Architektenvertrag, BauR 1977, 313; *Beise*, Gewährleistungsvereinbarung und AGB-Gesetz, DB 1978, 286; *Brambring*, AGB-Gesetz und Gewährleistungsregelung im Bauträgervertrag, NJW 1978, 777; *Brych*, Die vertragliche Gestaltung der Gewährleistung des Bauträgers bei der Veräußerung von Eigentumswohnungen, MDR 1978, 180; *Recken*, Streitfragen zur Einwirkung des AGBG auf das Bauvertragsrecht, BauR 1978, 417; *Schlechtriem*, Summenmäßige Haftungsbeschränkungen in Allgemeinen Geschäftsbedingungen, BB 1984, 1177; *Wagner*, Die Anwendung des AGB-Gesetzes im Bauherrenmodell, BB 1984, 1757; *Brych*, Inhaltskontrolle von Bauherrenmodell-Verträgen, BB 1985, 158; *Erkelenz*, Bauvertragsklauseln in Allgemeinen Geschäftsbedingungen, ZfBR 1985, 201, ZfBR 1986, 7; *Walchshöfer*, Annahmefristen in Allgemeinen Geschäftsbedingungen, WM 1986, 1041; *Brambring*, Sachmängelhaftung beim Bauträgervertrag und bei ähnlichen Verträgen, NJW 1987, 97; *Grziwotz*, Vertragliche Gewährleistungsregelungen im Bauträgervertrag, NJW 1989, 193; *Wellkamp*, Der Gewährleistungsausschluss in notariellen Verträgen, DB 1995, 813; *Derleder*, Der Bauträgervertrag nach der Schuldrechtsmodernisierung, NZBau 2004, 237.

Die inhaltliche Bestimmung der Grenzen von **formularmäßigen Haftungsfreizeichnungsklauseln** kann grundsätzlich nicht allgemeingültig festgelegt werden. Stets wird es auf eine sachgerechte, richterliche Wertung der Freizeichnungsklauseln im **Einzelfall** unter Abwägung aller Umstände ankommen, wobei darauf abzustellen ist, ob die Haftungsbegrenzung unter Berücksichtigung des konkreten Sachverhalts unbillig ist und berechtigten Belangen des anderen Vertragspartners widerspricht. Die **Darlegungs-** und **Beweislast** hinsichtlich der Voraussetzungen eines Gewährleistungsausschlusses trägt der Auftragnehmer.[105]

Haftungsbegrenzungen sind im Baurecht unter verschiedenen Gesichtspunkten denkbar:

a) Vollständiger Haftungsausschluss

Literatur

Klumpp, AGB-Gewährleistungsausschluss für „alte" Neubauten, NJW 1993, 372; *Schlünder/Scholz*, Notarielle Verträge über neue Häuser nach der AGBG-Novelle, ZfBR 1997, 55.

In der Baubranche wird immer wieder der **Versuch** unternommen, die Haftung **ganz** oder **doch überwiegend** auszuschließen.[106] Im Rahmen einer **Individualvereinbarung** ist ein (vollständiger) Haftungsausschluss des Auftragnehmers (Unter-

---

105) *Baumgärtel*, ZfBR 1988, 112.
106) Vgl. z.B. BGH, BauR 2002, 315 u. OLG München, BauR 2003, 553 (zum Haftungsausschluss bei einem **Ingenieurvertrag** über Mängelerfassung); OLG Hamm, BauR 2009, 1320 = IBR 2009, 275 – *Leidig* (Erwerb **mehrerer Altbauten** mit Herstellungsverpflichtung des Veräußerers); OLG Koblenz, IBR 2004, 144 **(Generalübernehmermodell);** BGHZ 164, 225 = BauR 2006, 99 = NZBau 2006, 113; BGH, BauR 2007, 111 = NZBau 2006, 781 (Wohnungseigentum; formularmäßiger Wandelungsausschluss); OLG Hamm, NJW-RR 2002,

nehmers, Architekten, Bauträgers) oder Auftraggebers (Hauptunternehmers, Bauherrn) grundsätzlich möglich. Diese Fallgestaltungen sind jedoch in der Baupraxis selten, weil sich im Zweifel kein Vertragspartner auf eine solche Regelung einlässt. Zudem wird ein individuell vereinbarter Haftungsausschluss bedenklich, wenn hierdurch die Erreichung des Vertragszweckes **gefährdet** und/oder wesentliche Rechte oder Pflichten, die sich aus der Natur des Vertrages ergeben, **eingeschränkt** werden.[107] Darüber hinaus kann auch ein individuell vereinbarter Haftungsausschluss im Einzelfall unwirksam sein, wenn eine notwendige **Aufklärung** über die Rechtsfolgen des Gewährleistungsausschlusses **unterblieben** ist. Nach der Rechtsprechung des BGH[108] ist ein „**formelhafter Ausschluss** der Gewährleistung für Sachmängel beim Erwerb **neu errichteter** oder **noch zu errichtender** Eigentumswohnungen und Häuser auch in einem **notariellen Individualvertrag** gemäß § 242 BGB unwirksam, wenn die Freizeichnung nicht mit dem Erwerber unter **ausführlicher** Belehrung über die einschneidenden Rechtsfolgen eingehend erörtert worden ist". Das gilt nicht bei einer Altbausanierung für die **unberührt** gebliebene Altbausubstanz, weil insoweit kein Unterschied zu einem Vertrag über den Verkauf eines Altbaus ohne jede Herstellungsverpflichtung besteht.

2695 Die Folgen eines arglistigen Verhaltens behandelt § 639 BGB. Danach kann sich ein Unternehmer auf eine **Vereinbarung** über eine Haftungsbegrenzung nicht berufen, soweit der Unternehmer den **Mangel arglistig verschwiegen** oder „eine **Garantie für die Beschaffenheit des Werkes** übernommen hat". Für die entsprechende Garantieübernahme bestätigt damit § 639 BGB nur das allgemeingültige Verbot widersprüchlichen Verhaltens. Im Gegensatz zu § 637 BGB a.F. ordnet der Gesetzgeber für die beiden vorerwähnten Fallgestaltungen nicht die Nichtigkeit der Vereinbarung an; vielmehr wird als Rechtsfolge lediglich geklärt, dass sich der Unternehmer auf eine derartige Vereinbarung **nicht berufen** kann. Damit will der Gesetzgeber verhindern, dass eine etwaige Unwirksamkeit der Vereinbarung über den Gewährleistungsausschluss auch zur Unwirksamkeit des gesamten Werkvertrages führt. Diese Vorschrift kann für den **Anlagenbau** von großer Bedeutung sein und zu erheblichen Konsequenzen führen, weil die Übernahme von Garantien sowie deren Beschränkung der Höhe nach in diesem Baubereich nicht nur üblich, sondern vielmehr die Regel ist.[109]

2696 Es muss im **Einzelfall** sorgfältig geprüft werden, ob eine „Garantie" für die Beschaffenheit des Werkes übernommen worden ist; denn insoweit ist eine Freizeichnung oder Begrenzung der Haftung auch in einem Individualvertrag nicht möglich. Gleichwohl obliegt es der **Parteifreiheit**, den **Umfang** der Garantie und damit die

---

415 (**Altbausanierung**); BGH, BauR 1982, 493 = ZfBR 1982, 152 (Erwerb eines **Musterhauses**).
107) OLG Celle, IBR 2006, 403 – *Quack*; OLG München, BauR 2003, 553, 555.
108) BGHZ 164, 225 = BauR 2006, 99 = NZBau 2006, 113 – ständig; nichts anderes gilt für ein neu errichtetes Ausbauhaus (OLG Koblenz, IBR 2006, 449 – *Vogel*); s. auch OLG Köln, BauR 2011, 1010 = IBR 2011, 525 – *Vogel*; OLG Oldenburg, IBR 2008, 519 – *Vogel* (für den Erwerb durch einen **Investor**).
109) Siehe hierzu grundlegend: *Schuhmann*, BauR 2005, 293, 295 u. NZBau 2003, 602 ff.; *Lotz*, ZfBR 2003, 424 ff.

Einstandspflicht des Verantwortlichen, die über den gesetzlichen Rahmen hinausgeht, selbstständig zu bestimmen.[110]

Der Gesetzgeber hat im Regierungsentwurf[111] klargestellt, dass die Übernahme einer **Garantie** für das Vorhandensein einer Eigenschaft das **Versprechen** darstellt, für alle Folgen ihres Fehlens (ohne weiteres Verschulden) **einzustehen**. Eine Eigenschaftszusicherung in Form einer Garantie (z.B. für die **Kapazität** einer Industrieanlage) kann nunmehr stets zu einer verschuldensunabhängigen Haftung des zusichernden Unternehmers gemäß §§ 280, 281 BGB führen.

Nicht jede Zusicherung einer Eigenschaft muss aber eine vom Verschulden unabhängige Garantieübernahme bedeuten. Stets ist die **Reichweite** der jeweiligen Zusicherung **festzustellen** und zu **klären,** ob wirklich ein entsprechender **unbedingter Einstandswille** des Unternehmers im Sinne einer Garantie gegeben ist. Bei bloßen Leistungsbeschreibungen sind nach wie vor Haftungsbeschränkungen möglich.

2697

Im **Einzelfall** ist zu prüfen,

* ob der Unternehmer nur die Gewähr im Sinne einer schlichten Eigenschaftsvereinbarung/Beschaffenheitsvereinbarung übernehmen wollte (**zugesicherte Eigenschaft**)[112]

oder

* ob der Unternehmer das Vorhandensein einer bestimmten Eigenschaft in dem Sinne versprochen hat, dass er für alle Folgen auch ohne Verschulden einstehen werde (**unselbstständige Garantie**)

oder

* ob darüber hinaus eine Garantie übernommen wird, die einen über die Vertragsmäßigkeit der Werkleistung hinausgehenden Erfolg (unabhängig von Mangelhaftigkeit und Verschulden) beinhaltet (**selbstständige Garantie**).

Der BGH unterzieht **Individualverträge** der **gerichtlichen Inhaltskontrolle,** wenn es zum **Schutz** eines Beteiligten erforderlich ist. Nach dieser nunmehr ständigen Rechtsprechung,[113] die im Schrifttum[114] Zustimmung, aber auch Kritik gefunden hat, gilt Folgendes:

2698

Der **formelhafte Ausschluss** der Gewährleistung für Sachmängel beim Erwerb **neu errichteter** oder **noch zu errichtender Eigentumswohnungen** und **Häuser** ist in einem **Individualvertrag** – auch in einem notariellen Individualvertrag – gemäß **§ 242 BGB unwirksam,** wenn die Freizeichnung nicht mit dem Erwerber unter ausführlicher Belehrung[115] über die einschneidenden Rechtsfolgen eingehend erörtert

---

110) *Palandt/Sprau*, § 639 BGB, Rn. 5. Zur Auslegung einer „**Eigenschaftszusicherung**" beim Hauskauf: OLG Hamm, BauR 2005, 1643.
111) BT-Drucks. 14/6040, S. 132.
112) Der Begriff der Garantie i.S. des § 639 BGB ist sachlich „mehr" als der frühere Begriff der „zugesicherten Eigenschaft"; zutreffend: *Fuchs*, in: Englert/Motzke/Wirth, § 639 BGB, Rn. 5.
113) Vgl. BGH, BauR 1987, 552 = NJW-RR 1987, 1035; BauR 1987, 686 = NJW 1988, 135; BauR 1988, 464 = NJW 1988, 1972; OLG Frankfurt, *SFH*, Nr. 50 zu § 635 BGB.
114) Vgl. hierzu die Zusammenstellung in BGH, BauR 1987, 686 = NJW-RR 1987, 1035.
115) BGH, BGHZ 164, 225 = BauR 2006, 99 = NZBau 2006, 113; BauR 1990, 466, 467; NJW 1989, 2748 (mit Anm. *Lüke*, JR 1990, 239) = BauR 1989, 597 = ZfBR 1989, 245; zur be-

worden ist. Das gilt auch für den Erwerb einer **Eigentumswohnung,** die durch Umwandlung eines Altbaus, sowie für den Erwerb einer Eigentumswohnung, die durch Umwandlung eines Bungalows in ein Haus mit zwei Eigentumswohnungen geschaffen worden ist.[116]

2699 Dabei liegt eine **formelhafte Klausel** nach Auffassung des BGH immer dann vor, wenn diese üblicherweise in Formularverträgen zu finden und nicht auf den Individualvertrag zugeschnitten ist.[117] Eine solche formelhafte Freizeichnung stellt z.B. die Vereinbarung dar, dass „für alle **erkennbaren** Mängel" jegliche Gewährleistung ausgeschlossen ist.[118] Eine entsprechende Klausel ist auch „die Freizeichnung für **sichtbare** Sachmängel".[119] Die besondere Schutzbedürftigkeit des Erwerbers sieht der BGH darin, „dass solche in einem Individualvertrag aufgenommenen Klauseln den Anschein der Rechtmäßigkeit, Vollständigkeit und Ausgewogenheit verbreiten, deren Sinn und Rechtsfolgen sich die Beteiligten jedoch nicht ausreichend bewusst machen"; in diesen Fällen soll die „Richtigkeitsgewähr des Vertrages" typischerweise beeinträchtigt sein.[120]

2700 Die Grenzen für Haftungsausschlussklauseln in **AGB oder Formularverträgen** ziehen nunmehr die Vorschriften der §§ 305 ff. BGB. § 309 Nr. 8b bb BGB enthält Verbote, die vor der Beschneidung oder Aushöhlung gesetzlicher oder vertraglicher Gewährleistungsansprüche schützen sollen.[121] Dabei wird der **völlige Ausschluss** von Gewährleistungsrechten – etwaige Nacherfüllungsansprüche inbegriffen – als **unangemessen** angesehen. Dem Kunden soll als **Mindestrechtsschutz** wenigstens ein **Recht auf Nacherfüllung, Minderung, Rücktritt, Selbstvornahme oder Schadensersatz** verbleiben. Zulässig ist allerdings die Beschränkung auf **ein** Gewährleistungsrecht (z.B. Minderung).[122] Läuft das eingeräumte Recht wegen der Besonderheit der Fallgestaltung oder des Vertragsverhältnisses „leer", ist die Beschränkung unwirksam; dies gilt insbesondere für die Einräumung des Nacherfüllungsrechts (vgl. Rdn. 2713 ff.).[123]

2701 § 309 Nr. 8b BGB bezieht sich allerdings nur auf „**neu** hergestellte Sachen". Wird eine Eigentumswohnung oder ein Einfamilienhaus von einem Bauträger zu-

---

schränkten Haftung bei Bauträgerverträgen s. OLG Koblenz, OLGR 2004, 311 (LS). Hinsichtlich der **Beweislast** für die ordnungsgemäße Aufklärung über die Rechtsfragen der Freizeichnung: *Baumgärtel,* ZfBR 1988, 101.
116) BGH, BauR 1989, 597 = NJW 1989, 2748 = ZfBR 1989, 245; BauR 1988, 464 = NJW 1988, 1972.
117) BGH, BauR 2006, 99; BGHZ 101, 350 = BauR 1987, 686 = NJW 1988, 135; OLG Düsseldorf, OLGR 1998, 337; vgl. die weiteren Beispiele bei *Schlünder/Scholz,* ZfBR 1997, 55, 57.
118) BGH, BauR 1987, 345 = NJW-RR 1986, 1026 = ZfBR 1986, 120.
119) BGH, BauR 1987, 686 = NJW 1988, 135.
120) BGH, a.a.O.
121) Begründung des Reg.-Entwurfs zum AGB-Gesetz, BT-Drucks. 7/3919, S. 33; vgl. auch BGH, BauR 2002, 315 = NJW 2002, 749 = ZfBR 2002, 243 = MDR 2002, 214 = ZfIR 2002, 133 m.Anm. *Siegburg* (Unwirksamkeit eines vollständigen Haftungsausschlusses zu Gunsten des Ingenieurs bei der Übernahme „nur stichprobenartiger Kontrollen des Bauvorhabens" und einer entsprechenden gutachterlichen Erfassung von Mängeln).
122) OLG Karlsruhe, ZIP 1983, 1091.
123) BGH, DB 1980, 153; siehe auch BGH, NJW 1998, 677 u. NJW 1998, 679.

nächst kurzfristig genutzt oder vermietet und dann erst verkauft, handelt es sich nach der Rechtsprechung weiterhin um eine **„neue Sache"**.[124] Der Umstand, dass Eigentumswohnungen oder Einfamilienhäuser längere Zeit leer stehen und erst dann verkauft werden können, ändert also nichts an der Tatsache, dass sie „neu hergestellt" wurden.[125]

2702 Ein vollständiger formularmäßiger Haftungsausschluss verstößt auch gegen § 309 Nr. 7 BGB. Danach kann die Haftung insbesondere für **vorsätzliche** und **grob schuldhafte** Vertragsverletzungen des Verwenders, seines gesetzlichen Vertreters oder Erfüllungsgehilfen nicht ausgeschlossen oder eingeschränkt werden, § 309 Nr. 7b BGB. Für vorsätzliche und grob schuldhafte Vertragsverletzung wird für jede Art des Schadens und der Höhe nach unbegrenzt gehaftet. Die Gewährleistung kann auch nicht für das **arglistige Verschweigen** von Mängeln bzw. das arglistige Vorspiegeln von Eigenschaften oder vom Nichtvorhandensein bestimmter Mängel ausgeschlossen werden. Ein entsprechender Ausschluss ist nicht aus einer Klausel „unter Ausschluss jeder Gewährleistung" zu folgern.

2703 Unzulässig ist der völlige oder teilweise Ausschluss der Gewährleistung nicht nur hinsichtlich der Bauleistung insgesamt, sondern auch hinsichtlich **einzelner Teile**, § 309 Nr. 8b aa BGB. Dabei ist zu berücksichtigen, dass ein Ausschluss der Gewährleistung bezüglich einzelner Teile der Bauleistung nicht nur dann vorliegt, wenn die Gewährleistung auf einzelne reale Teile der Bauleistung beschränkt wird, sondern auch, wenn sie nur für **bestimmte Arten** oder **bestimmte Ursachen von Mängeln** (bestimmte Fehlerkategorien, z.B. Konstruktionsfehler) gewährt wird.[126] Wird in den AGB eines Vertrages, der „nur stichprobenartige Kontrollen des Bauvorhabens und die gutachterliche Erfassung von Mängeln" beinhaltet, ein völliger Haftungsausschluss für „Schadensersatzanforderungen jedweder Art in Folge nicht erkannter, verdeckter oder sonstiger Mängel" vereinbart, ist eine solche Abrede nach BGH[127] unwirksam gemäß § 307 BGB.

2704 Eine Klausel in Allgemeinen Geschäftsbedingungen, wonach die Gewährleistung eines Werkunternehmers für den Fall von **Nacharbeiten durch Dritthandwerker** ausgeschlossen ist, wird ebenfalls von § 309 Nr. 8b aa BGB erfasst und ist daher unwirksam, weil mit dieser Klausel dem Auftraggeber der Nachweis, dass dem Werk ein Mangel von vornherein anhaftete und nicht Folge der späteren Arbeiten war, abgeschnitten wird.[128] Unzulässig ist ein Gewährleistungsausschluss ferner, wenn eine Beschränkung auf **„verschuldete Mängel"** erfolgt, da das Gewährleistungsrecht grundsätzlich verschuldensunabhängig ausgestaltet ist und die Klausel daher in der Regel zum vollen Gewährleistungsausschluss führt. Dasselbe gilt für die Beschränkung auf die **bei der Übergabe/Abnahme** festgestellten bzw. im Abnahmeprotokoll enthaltenen **Mängel** sowie auf die vom Auftragnehmer **„anerkannten" Mängel**. In all diesen Fällen ist der Verwender hinsichtlich der später

---

124) Vgl. BGH, ZfBR 1995, 202; BGH, BauR 1982, 58; *Schlünder/Scholz*, ZfBR 1997, 55, 56; s. ferner: *Derleder*, NZBau 2004, 237, 243 ff.
125) *Palandt/Grüneberg*, § 309 BGB, Rn. 55.
126) OLG Karlsruhe, ZIP 1983, 1091.
127) BGH, BauR 2002, 315 = ZfBR 2002, 243 = NZBau 2002, 150 = NJW 2002, 749; s. auch OLG München, BauR 2003, 553.
128) OLG Karlsruhe, ZIP 1983, 1091 unter Hinweis auf BGH, BB 1980, 388 ff.

auftretenden bzw. nicht anerkannten Mängel aus der Gewährleistung entlassen, sodass hier ein Gewährleistungsausschluss vorliegt.[129] Ein vollständiger Haftungsausschluss kann in AGB auch nicht für den Fall wirksam vereinbart werden, dass eine **unverzügliche Mängelanzeige** unterbleibt.[130] Auch gegenüber **Unternehmern** ist der völlige Ausschluss von Gewährleistungsansprüchen einschließlich von Nachbesserungsrechten gemäß § 307 BGB nach allgemeiner Meinung nicht zulässig.[131]

* **Weitere Haftungsbegrenzungsklauseln**

Die sog. „**Unmittelbarkeitsklausel**" – die Haftung beschränkt sich auf die am Bauwerk durch vorwerfbare Pflichtverletzung entstandenen Mängel – ist unwirksam (§ 309 Nr. 7a BGB; *Motzke*, in: Motzke/Preussner/Kehrberg/Kesselring, S. 740 m.w.Nachw.), weil damit die Haftung für Schäden aus der Verletzung des Lebens, des Körpers oder der Gesundheit ausgeschlossen wird. Mit der „**Quotenhaftungsklausel**" soll der wesentliche Grundgedanke des gesetzlichen Gesamtschuldverhältnisses unterlaufen werden (*Lauer/Wurm*, Rn. 854). Die Klauseln lauten in der Regel: „Wird der Architekt für einen Schaden in Anspruch genommen, für den auch ein Dritter einzustehen hat, so haftet er nur in dem Umfang, in dem er in dem Verhältnis zum Dritten haftbar ist". Die vermehrt auftretenden „**Komplettheitsklauseln**" sehen in der Regel eine Pauschalsumme vor, die als unabänderlicher Festpreis deklariert wird (s. hierzu: *Wellensiek*, BauR 2014, 340 ff. u. *Bolz*, IBR 2014, 127; *Markus/Kaiser/Kapellmann*, Rn. 200 ff. m.w.Nachw.).

b) Haftungsausschluss bei gleichzeitiger Abtretung der Mängelansprüche

Literatur

Brych, Abtretung von Gewährleistungsansprüchen an Bauwerken und Einrede nach § 320 BGB, NJW 1972, 896; *Groß*, Die Abtretung von Sachmängelgewährleistungsansprüchen durch Wohnungsunternehmen an Erwerber von Eigenwohnraum, BauR 1972, 325; *Jagenburg*, Haftungsbeschränkungen durch Abtretung von Gewährleistungsansprüchen, NJW 1972, 1222; *Ludewig*, Abtretung von Gewährleistungsansprüchen an Bauwerken und Einrede nach § 320 BGB, NJW 1972, 516; *Brambring*, AGB-Gesetz und Gewährleistungsregelung im Bauträgervertrag, NJW 1978, 777; *Hahn*, Abtretung von Gewährleistungsansprüchen, BauR 1978, 80; *Doerry*, Die Rechtsprechung des Bundesgerichtshofs zur Gewährleistung beim Haus- und Wohnungsbau unter besonderer Berücksichtigung von Bauträgerschaft und Baubetreuung, ZfBR 1982, 189; *Schonebeck*, Die Abtretung von Mängelansprüchen, BauR 2005, 934; *Graßnack*, Die Abtretung von Gewährleistungsansprüchen gegen die am Bau beteiligten Unternehmer im Vertrag des Bauträgers mit dem Erwerber von Wohnungseigentum, BauR 2006, 1394; *Blank*, Zur Wirksamkeit von Abtretungsklauseln in Bauträgerverträgen, wenn sie mit Klauseln verbunden sind, die die Gewährleistung des Bauträgers einschränken, Festschrift für Ganten (2007), 97.

2705 Vielfach schließen Veräußerer (z.B. Baugesellschaften oder Bauträger) eines neu errichteten oder noch zu errichtenden Bauwerks oder einer Eigentumswohnung

---

129) BGH, NJW 1974, 1322.
130) Siehe hierzu: BGH, BauR 2005, 383 = NZBau 2005, 149 (**Ausschlussfristen** für erkennbare Mängel bei Abnahme bzw. nach Erkennbarkeit; siehe hierzu *Zirkel*, NZBau 2006, 412 ff.); BGH, NJW 1999, 1031, 1032; NJW-RR 2000, 648.
131) BGH, NZBau 2002, 150; BGH, IBR 2008, 22 – *Schwenker* (Kaufvertrag „unter Ausschluss jeder Gewährleistung"); OLG Hamm, BauR 2009, 1320 = IBR 2009, 275 – *Leidig* (kein wirksamer Gewährleistungsausschluss **ohne detaillierte Belehrung** durch den Notar); siehe auch BGH, BauR 1985, 317 = ZfBR 1985, 173; OLG Saarbrücken, NJW-RR 1995, 117.

ihre Gewährleistungspflicht gegenüber dem Erwerber aus; gleichzeitig werden – um die Erwerber nicht schutzlos zu stellen – die **Mängelrechte** des Veräußerers gegenüber den Baubeteiligten (Architekt, Unternehmer, Lieferant usw.) **an den Erwerber abgetreten**.[132] Die Haftungsfreizeichnung des Veräußerers durch Abtretung ist dabei in aller Regel auf die nach der Abnahme auftretenden Mängel oder auf die im Abnahmeprotokoll nicht enthaltenen Mängel beschränkt.[133]

2706 Zweifel an der rechtlichen Wirksamkeit solcher Vertragsbestimmungen ergeben sich immer dann, wenn die Mängelansprüche gegenüber den Baubeteiligten nicht durchgesetzt werden können, das Risiko der **Schadloshaltung** also **fehlschlägt**. Dann stellt sich die Frage, ob die Wirkung der Freizeichnung durch den Veräußerer entfällt.

2707 Für den Bereich der **Individualverträge** hat der BGH[134] entschieden, dass die Wirkung der Freizeichnung (zugunsten des Veräußerers) nicht ohne weiteres entfällt, wenn die Gewährleistungsansprüche gegen die Baubeteiligten nicht durchgesetzt werden können, da ein Verkäufer seine Gewährleistungspflicht auch gänzlich ausschließen dürfe, ohne irgendwelche Ansprüche gegen Dritte an den Käufer abzutreten. Dann könne sich aber ein Verkäufer auch freizeichnen und Ansprüche gegen Dritte an den Erwerber abtreten, ohne auch das Risiko des Fehlschlagens übernehmen zu müssen. Es werden jedoch unter dem Gesichtspunkt von Treu und Glauben (§ 242 BGB) **Einschränkungen** vorgenommen werden müssen: Hat der Veräußerer ihm bekannte Mängel **arglistig** verschwiegen, ist eine Freizeichnung unwirksam, wenn sich der Erwerber bei den betreffenden Mängelverursachern nicht schadlos halten kann.

2708 Rechtsprechung und Literatur haben sich seit **vielen Jahren** mit der **Wirksamkeit des formularmäßigen Haftungsausschlusses unter gleichzeitiger Abtretung der Gewährleistungsansprüche** auseinandergesetzt.[135] Der BGH hat sodann durch das Urteil vom 21. März 2002[136] seine bisherige Rechtsprechung ausdrücklich aufgegeben. Danach sind **Subsidiaritätsklauseln** zur Haftungsprivilegierung (z.B. eines Bauträgers) gemäß § 307 Abs. 2 Nr. 2 BGB unwirksam.[137] Die Abkehr von seiner bisherigen Rechtsprechung begründet der BGH wie folgt:

---

132) Zu den Voraussetzungen einer wirksamen **Abtretung**: *Schonebeck*, BauR 2005, 934, 935; *Graßnack*, BauR 2006, 1394, 1397; *Blank*, Festschrift für Ganten, S. 98 ff.; *Kniffka/Krause-Allenstein*, § 639 BGB, Rn. 16; Zur Wirksamkeit eines Gewährleistungsausschlusses mit einer Abtretungsvereinbarung, wenn die **Erwerber** bei Abschluss des Vertrages **nicht als Verbraucher** gehandelt haben: OLG Dresden, BauR 2008, 369.
133) Vgl. BGH, BauR 2002, 1385; OLG Düsseldorf, NJW-RR 1997, 659.
134) NJW 1976, 1975 = BauR 1976, 432.
135) Vgl. BGH, NJW 1971, 838 = BauR 1971, 126; BGHZ 62, 251 = DB 1974, 964; BGHZ 67, 101, 103 = DB 1976, 1862; BGH, NJW 1976, 1975; BGH, BauR 1975, 133; BGH, DB 1975, 632 = BauR 1975, 206; BGH, DB 1978, 439 = WM 1978, 163; BGH, DB 1978, 1073; s. ferner OLG München, BauR 1973, 387; OLG Köln, MDR 1974, 930; *Jagenburg*, NJW 1972, 1222; *Löwe*, NJW 1974, 1108; *Brych*, NJW 1972, 1397; *Ludewig*, NJW 1972, 516; *Locher/Koeble*, Rn. 312 ff.
136) BauR 2002, 1385 = NZBau 2002, 495 = ZfBR 2002, 661 = MDR 2002, 1060 = NJW 2002, 2470 = IBR 2002, 418 – *Schwenker*.
137) Zu der **Subsidiaritätsklausel** in Architektenverträgen s. *Lauer/Wurm*, Rn. 855; *Motzke*, in: Motzke/Preussner/Kehrberg/Kesselring, S. 742.

„(1) Nach der bisherigen Rechtsprechung des *BGH* kann eine Subsidiaritätsklausel in einem Bauträgervertrag wirksam sein, wenn sie weder von dem Erwerber die gerichtliche Verfolgung der abgetretenen Ansprüche verlangt, noch ihm auf Grund ihrer sprachlichen Fassung den Eindruck vermittelt, er müsse die anderen am Bau Beteiligten gerichtlich ohne Erfolg in Anspruch genommen haben, bevor der Bauträger haftet (*BGH*, NJW 1995, 1675 = LM H. 8/1995 § 11 Ziff. 10a AGBG Nr. 3 = BauR 1995, 542 = ZfBR 1995, 202; NJW 1998, 904 = NZM 1998, 201 = LM H. 9/1998 § 11 Ziff. 10a AGBG = BauR 1998, 335 = ZfBR 1998, 143). Daran gemessen wäre eine Klausel, welche den Erwerber auf zumutbare Bemühungen um eine außergerichtliche Durchsetzung der abgetretenen Ansprüche gegen die Bauhandwerker verweist, nicht zu beanstanden.

(2) An dieser Rechtsprechung hält der *BGH* nicht fest. Die Subsidiaritätsklausel benachteiligt den Erwerber entgegen Treu und Glauben nach § 9 II Nr. 2 AGBG unangemessen. Nach dieser Regelung sind Vertragsklauseln unwirksam, wenn sie wesentliche Rechte und Pflichten des Klauselgegners, die sich aus der Natur des Vertrags ergeben, so einschränken, dass die Erreichung des Vertragszwecks gefährdet ist. Die Subsidiaritätsklausel erfüllt diese Voraussetzungen.

Der Vertrag über den Erwerb vom Bauträger wird im Unterschied zu einer Bauerrichtung auf Grund mehrerer Verträge mit am Bau Beteiligten dadurch bestimmt, dass der Erwerber einen Vertrag mit einem Generalunternehmer abschließt. Damit soll die Durchführung und Abwicklung des Vertrags durch einen Vertragspartner des Erwerbers gewährleistet sein. Diese Vertragsgestaltung und die damit verbundenen Vorteile werden durch die Subsidiaritätsklausel für den Zeitraum, in dem der Erwerber sich um die Durchsetzung gegenüber den anderen am Bau Beteiligten bemühen muss, zu seinen Lasten weit gehend aufgehoben. Die Klausel begründet für den Erwerber die Unsicherheit, in welchem Umfang er sich darum bemühen muss, etwaige Ansprüche gegen andere am Bau Beteiligte geltend zu machen. Ihm obliegt es, auf Grund der Verträge des Bauträgers mit den einzelnen Unternehmern zu prüfen, welche Ansprüche gegen sie bestehen und wann sie verjähren. Für den Erwerber besteht das Risiko, dass er in Auseinandersetzungen mit dem Bauträger über die Frage verwickelt wird, ob er sich angemessen um die außergerichtliche Durchsetzung von Gewährleistungsansprüchen gegenüber den anderen am Bau Beteiligten bemüht hat.

Der Erwerber wird gezwungen, etwaige Mangelerscheinungen konkreten Mangelursachen zuzuordnen, damit er den Unternehmer in Anspruch nehmen kann, der für die Mängel verantwortlich ist. Unter Umständen wird er erst mit Hilfe eines Sachverständigengutachtens in der Lage sein, die Verantwortlichkeit eines bestimmten Unternehmers zu klären. Das widerspräche dem Sinn und Zweck des vom *BGH* entwickelten Grundsatzes, dass der Besteller sich gegenüber seinem Vertragspartner darauf beschränken kann, die Symptome eines Mangels zu rügen und vorzutragen, und dass er nicht verpflichtet ist, die Mängelursachen durch ein Sachverständigengutachten klären zu lassen. Diese Grundsätze zum notwendigen und hinreichenden Sachvortrag sollen dem Besteller die Durchsetzung seiner Gewährleistungsansprüche außergerichtlich und im Prozess erleichtern (st. Rspr., vgl. etwa *BGH*, NJW-RR 2002, 743 = NZBau 2002, 335 = LM H. 6/2002 § 633 BGB Nr. 123; NJW-RR 2001, 1102 = NZBau 2001, 495 = LM H. 1/2002 § 631 BGB Nr. 99 = GE 2001, 1128 = BauR 2001, 1414 = ZfBR 2001, 457; NJW-RR 2000, 309 = NZBau 2000, 73 = BauR 2000, 261 = ZfBR 2000, 116; NJW 1999, 1330 = GE 1999, 313 = LM H. 6/1999 § 633 BGB Nr. 110 = BauR 1999, 391 = ZfBR 1999, 135). Lassen sich die Symptome nicht zweifelsfrei zuordnen, besteht für den Erwerber die Gefahr, dass er sich mit erheblichem Zeitaufwand vergeblich bemüht, seine Ansprüche durchzusetzen, weil die Unternehmer jeweils ihre Verantwortlichkeit bestreiten und auf andere Unternehmer verweisen. Der dafür erforderliche Zeitaufwand verschlechtert die Beweislage des Erwerbers und begründet für ihn das Risiko, dass der Bauträger zahlungsunfähig oder insolvent wird."

2709 Zweifelhaft ist, ob die Unwirksamkeit der Subsidiaritäts- und Freizeichnungsklauseln auch die **Abtretung selbst** erfasst. Da der BGH[138)] anerkennt, dass durch die Abtretung von Mängelansprüchen (auch) vor dem Insolvenzrisiko geschützt

---

138) BGH, BauR 2007, 1221, 1225 = IBR 2007, 374 – *Schulze-Hagen*.

werden soll, spricht vieles dafür, dass die Abtretung selbst von der Unwirksamkeit der Klausel nicht erfasst wird.[139] Dies wird über eine interessengerechte Auslegung des § 306 Abs. 3 BGB begründet. Die Stellung des Erwerbers wird indes bei dieser Konstellation nicht wesentlich verbessert.[140]

Ob ein Bauträger dem Erwerber durch **Abtretung** oder vor allem durch eine „**Sicherungsabtretung**" eine gestärkte Rechtsposition verschaffen kann, ist zweifelhaft. Tritt der Bauträger seine (eigenen) Mängelrechte an den Erwerber ab, verliert er seine Verfügungsbefugnis über die abgetretenen Ansprüche, was sich im Fall einer Insolvenz des Bauträgers für den Erwerber nachteilig auswirken kann;[141] auch bei einer Sicherungsabtretung ist die Nützlichkeit einer solchen Vertragsgestaltung zweifelhaft.[142]

c) Beschränkung auf Nacherfüllung

In **Individualvereinbarungen** ist eine Beschränkung der Gewährleistungsrechte auf **das Recht der Nacherfüllung uneingeschränkt möglich**.

In **AGB** ist eine Beschränkung der Gewährleistungsrechte auf das Recht der Nacherfüllung gemäß § 635 BGB (Mängelbeseitigung oder Neuherstellung nach Wahl des Unternehmers) nach den §§ 305 ff. BGB grundsätzlich zulässig. Der BGH[143] hatte schon vor Inkrafttreten des AGB-Gesetzes das Problem der Beschränkung der Gewährleistungsrechte auf Nachbesserung beschrieben und dabei die Grundsätze zusammengefasst, die für die §§ 305 ff. BGB beachtlich bleiben. Danach halten

> „Allgemeine Geschäftsbedingungen, durch die ein Werkunternehmer seine Gewährleistung für Sachmängel auf Nachbesserung oder Ersatzlieferung unter Ausschluss von Wandelung, Minderung und Schadensersatz beschränkt, der nach § 242 BGB vorzunehmenden Inhaltskontrolle nur stand, wenn der Besteller nicht praktisch rechtlos gestellt ist, falls die Nachbesserung möglich ist, verweigert wird oder scheitert. Denn es wäre unerträglich und daher mit Treu und Glauben nicht zu vereinbaren, wenn der Besteller das mangelhafte Werk behalten und dafür auch noch die volle Vergütung zahlen müsste."

Werden deshalb im Rahmen eines Bauvertrages der **Rücktritt**, die **Selbstvornahme**, die **Minderung** und der **Schadensersatz** für Baumängel ausgeschlossen, muss dem Auftraggeber zumindest der **Nacherfüllungsanspruch** eingeräumt sein. Allerdings ist diese Beschränkung nach § 309 Nr. 8b bb BGB nur wirksam, wenn **für den Fall des Fehlschlagens der Nacherfüllung das Minderungsrecht** (als subsidiäres Mängelrecht) **bestehen bleibt**. Bauvertragliche Gewährleistungsklauseln, in denen das **Minderungsrecht** für den Fall des Fehlschlagens schlechterdings (**endgültig**) ausgeschlossen wird, sind unwirksam.[144] Die Gewährung eines Rück-

---

139) Ebenso: *Schonebeck*, BauR 2005, 934, 935; *Graßnack*, BauR 2006, 1394; *Kniffka/Krause-Allenstein*, § 639 BGB, Rn. 16; *Blank*, Festschrift für Ganten, S. 97, 98 ff.
140) Siehe hierzu: *Blank*, a.a.O. S. 97, 107 m. Nachw.
141) *Schonebeck*, BauR 2005, 940, 941.
142) *Basty*, Rn. 970 m.w.Nachw.
143) BauR 1978, 224 = BB 1978, 325; vgl. hierzu auch BGH, NJW 1990, 1141 = WM 1990, 1339.
144) BGH, NJW 1985, 623; NJW 1990, 1141 = WM 1990, 1339; NJW 1994, 1004.

trittsrechtes gleicht diesen Nachteil nach Auffassung des BGH[145] nicht aus. Diese Grundsätze gelten auch im **unternehmerischen** Geschäftsverkehr.[146]

2713 Deshalb kann der Unternehmer bei einer Beschränkung der Gewährleistungsansprüche auf die Nacherfüllung den Folgen des § 309 Nr. 8b bb BGB nur entgehen, wenn er dem Auftraggeber (Bauherrn) für den Fall des Fehlschlagens der Nacherfüllung das Recht auf Herabsetzung der Vergütung ausdrücklich einräumt.

2714 Wird in AGB die Gewährleistungspflicht des Unternehmers auf Nacherfüllung beschränkt, und werden allgemein **weitere Ansprüche,** insbesondere solche auf **Schadensersatz, ausgeschlossen,** so erfasst eine solche Klausel nicht ohne weiteres die Schadensfolgen, die sich aus einer schuldhaften Verletzung der Nacherfüllungspflicht ergeben.[147] Grundsätzlich können aber auch entsprechende Schadensersatzansprüche ausgeschlossen werden, da der Anspruch auf Schadensersatz durch § 309 Nr. 8b aa und bb BGB nicht geschützt wird; ein solcher Ausschluss kann aber gegen § 309 Nr. 7 BGB sowie § 307 BGB verstoßen.[148]

2715 Will der Unternehmer in seinen AGB die Mängelrechte des Auftraggebers auf die Nacherfüllung beschränken, so müssen seine AGB genau **dem Inhalt des § 309 Nr. 8b bb BGB entsprechen,** d.h., dem Auftraggeber muss **in verständlicher Form und ausdrücklich gesagt** werden, **welche Rechte** ihm bei einem Fehlschlagen der Nachbesserung zustehen.[149] Die haftungseinschränkende Klausel muss ausdrücklich klarstellen, dass der Erwerber nach Fehlschlagen der Nacherfüllung eine Herabsetzung der Vergütung verlangen kann; dazu gehört auch, dass der Inhalt der in § 309 Nr. 8b bb BGB festgelegten subsidiären Rechte des Kunden vollständig, richtig und für den Kunden verständlich wiedergegeben wird, sodass dieser auch ohne Inanspruchnahme einer Rechtsauskunft seine Ansprüche erkennen und verfolgen kann. Das OLG Hamm[150] hat deshalb die Verwendung des früheren Begriffs der „Wandelung" und des Begriffs der „Minderung" im AGB als einen Verstoß gegen § 11 Nr. 10b AGB-Gesetz angesehen, es sei denn, dass diese Begriffe zusätzlich mit den Worten des Gesetzes (Rückgängigmachung des Vertrages, Herabsetzung der Vergütung) erläutert werden.

2716 Erfüllen die AGB diese Voraussetzung des Gesetzes nicht, ist die Beschränkung auf Nacherfüllung (Mängelbeseitigung oder Neuherstellung) unwirksam, und sämtliche Gewährleistungsansprüche sind dann wahlweise gegeben. Eine geltungserhaltende Reduktion kommt nicht in Betracht. Daher sind Klauseln für unwirksam erklärt worden, in denen das Recht auf Minderung ausdrücklich ausgeschlossen und der Verkäufer lediglich auf Nacherfüllung verwiesen wird, „bei deren ordnungs-

---

145) BGH, NJW 1991, 2630 = ZfBR 1991, 262.
146) BGH, a.a.O.; OLG Saarbrücken, NJW-RR 1995, 117.
147) BGHZ 48, 263, 267; BGH, NJW 1976, 234; BGH, WM 1978, 324 = BB 1978, 325 = BauR 1978, 224.
148) Vgl. zum Ausschluss von Schadensersatzansprüchen insbesondere BGH, NJW 1991, 2630 = ZfBR 1991, 262.
149) BGH, NJW 1981, 867/868; NJW 1981, 1501 = BB 1981, 815 = DB 1981, 1515; NJW-RR 1990, 1141 = WM 1990, 1339 sowie BGH, NJW 1998, 679.
150) NJW 1982, 187; vgl. auch BGH, NJW 1982, 331 = WM 1982, 9 und BGH, DB 1982, 2028; **a.A.:** OLG Saarbrücken, BB 1979, 1064 u. OLG Frankfurt, BB 1980, 1550.

gemäßen Ausführungen alle weiteren Ansprüche des Käufers entfallen".[151] Ebenso soll nach Auffassung des LG München I eine Klausel unwirksam sein, wonach der Unternehmer berechtigt ist, „den Anspruch des Bauherrn nach Wahl durch Nachbesserung oder durch eine angemessene Wertminderung zu befriedigen".[152] Dasselbe soll hinsichtlich einer Klausel gelten, wonach „die Erfüllung von Gewährleistungspflichten bei Mängeln und Fehlen zugesicherter Eigenschaften ausschließlich durch Ersatzlieferung erfolgt. Für den Fall der Unmöglichkeit dieser Nacherfüllung ihres Fehlschlagens oder Unterbleibens steht dem Kunden nur ein Rücktrittsrecht zu. Schadensersatzansprüche im Zusammenhang mit dem Gewährleistungsrecht sind ausgeschlossen."[153] Das OLG Stuttgart[154] hat eine Klausel für unzulässig erklärt, wonach die Gewährleistungsansprüche für den Fall wieder aufleben, dass die Nacherfüllung oder Ersatzlieferung fehlschlägt. Ebenso ist eine Klausel unwirksam, die eine Nacherfüllung davon abhängig macht, dass zunächst ein Sachverständiger verbindlich feststellt, ob überhaupt ein Mangel vorliegt. Eine unzulässige Beschränkung und damit unwirksame Klausel ist auch dann anzunehmen, wenn die Minderung nicht bei allen Fallgestaltungen des Fehlschlagens der Nachbesserung zugelassen wird, sondern nur bei einigen von ihnen.[155]

2717 Ein **Fehlschlagen der Nacherfüllung** i.S.d. § 309 Nr. 8b bb BGB liegt vor, wenn die Nacherfüllung **scheitert** („misslingt") oder wenn sie **unmöglich**,[156] **unzumutbar** bzw. **unzumutbar verzögert**[157] oder **unberechtigt, aber auch berechtigt** (§§ 275 Abs. 2 und 3, 635 Abs. 3 BGB) **verweigert** wird,[158] „kurzum, wenn sie nicht realisiert werden kann".[159] Eine unzumutbare Verzögerung liegt insbesondere vor, wenn der Auftragnehmer (Verwender) trotz Aufforderung nicht in angemessener Frist nacherfüllt hat. **Wie viele Nacherfüllungsversuche** der Bauherr (Besteller) hinzunehmen hat, richtet sich nach dem jeweiligen **Einzelfall**; entscheidend ist auf den Gesichtspunkt der **Zumutbarkeit** weiterer Nachbesserungsversuche **abzustellen**.[160] Wird insoweit in AGB des Unternehmers eine Regelung vorgesehen, so sind **Auswüchse** nach § 307 BGB zu korrigieren. Als **Regel** gilt, dass mindestens **zwei Nachbesserungsversuche** hingenommen werden müssen.[161] Auf eine aussichtslose Nachbesserung braucht sich der Bauherr (Kunde, Erwerber) niemals einzulassen.

2718 Für das „Wiederaufleben der Gewährleistungsansprüche" bedarf es im Falle der nicht fristgerechten Erfüllung der Nacherfüllung einer **angemessenen Fristsetzung**. Die Mängelansprüche leben daher erst auf, wenn der Unternehmer (AGB-Verwender) die Frist versäumt hat. Einer Fristsetzung bedarf es nicht, wenn dies

---

151) Vgl. die Rspr.-Nachweise nach dem AGB-Register bei *Creutzig*, DB 1979, 151, 154, Anm. 77.
152) LG München I, zitiert bei *Creutzig*, a.a.O., Anm. 78.
153) LG München I, zitiert bei *Creutzig*, a.a.O., Anm. 79.
154) OLG Stuttgart, WRP 1980, 444.
155) BGH, NJW 1998, 677.
156) Vgl. BGH, NJW 1994, 1005; WM 1973, 219, 220; WM 1974, 843.
157) Vgl. BGHZ 22, 90, 96; NJW 1963, 1148; OLG Hamm, NJW 1974, 909; OLG Köln, NJW-RR 1992, 1147.
158) BGH, WM 1974, 843.
159) Vgl. den Bericht des Rechtsausschusses, Bundestags-Drucks. 7/5422, S. 9.
160) Vgl. BGH, NJW 1960, 667, 669.
161) BGH, BauR 1982, 493, 495 m.w.Nachw.

nur eine reine Förmlichkeit bedeuten würde. Daher kann der Verwender (Bauträger) in seinen AGB für die Nachbesserung bestimmte **Form- und Fristerfordernisse** aufstellen. Nach dem Fehlschlagen kann der Bauherr (Besteller) grundsätzlich zwischen den gesetzlichen Mängelansprüchen wählen, sofern nicht eine zulässige Beschränkung vorliegt. Dem **kaufmännischen Besteller (Unternehmer)** muss für den Fall des Fehlschlagens der Nacherfüllung in den AGB ebenfalls mindestens das Recht auf Minderung gewährt werden;[162] der endgültige Ausschluss des Minderungsrechtes ist auch gegenüber einem kaufmännischen Vertragspartner gemäß § 307 BGB unwirksam.[163]

2719 Nach § 309 Nr. 8b cc BGB kann die Verpflichtung des gewährleistungspflichtigen Verwenders, die Aufwendungen zu tragen, die zum Zwecke der Nacherfüllung erforderlich werden,[164] **weder ausgeschlossen noch beschränkt** werden. Damit ist die Bestimmung des § 635 Abs. 2 BGB jeder Einschränkung in AGB entzogen. Das Gesetz erwähnt beispielhaft Transport-, Wege-, Arbeits- und Materialkosten. Der Rechtsgedanke des § 309 Nr. 8b cc BGB gilt über § 307 BGB auch im **unternehmerischen** Handelsverkehr.[165] § 309 Nr. 8b dd BGB regelt schließlich, dass ein Klauselverwender die Mängelbeseitigung nicht von der vorherigen Zahlung des Entgelts oder eines unter Berücksichtigung des Mangels unverhältnismäßig hohen Teils des Entgelts abhängig machen darf. Eine **Zug-um-Zug-Regelung** wird dadurch jedoch nicht ausgeschlossen.[166] Im Übrigen sind auf der Auftraggeberseite die Grundsätze zum Leistungsverweigerungsrecht zu beachten.

2720 Soweit in manchen Formularverträgen dem Architekten ein **Selbstbeseitigungsrecht** für Schäden einräumt, werden damit Schadensersatzansprüche gemäß §§ 634, 280, 281 BGB nicht ausgeschlossen; vielmehr wird dem Architekten ein Recht zur Naturalrestitution eingeräumt.[167] Gegen eine solche Klausel bestehen daher keine Bedenken.[168]

d) Beschränkung der Höhe nach

Literatur

Schmidt-Salzer, Formularmäßige Haftungsfreizeichnungen und Anspruchspauschalierungen, NJW 1969, 289; *Hensen*, Zur Darlegungslast bei der Schadenspauschalierung in AGB, DB 1977, 1689; *Frank/Werner*, Die Pauschalierung von Schadensersatzansprüchen nach dem AGBG, DB 1977, 2171; *Reich*, Zur Pauschalierung von Schadensersatzansprüchen bei Werkverträgen, NJW 1978, 1570; *Graf von Westphalen*, Die Wirksamkeitsgrenzen von Haftungsfreizeichnungs- und Haftungsbegrenzungsklauseln bei leichter Fahrlässigkeit gem. § 9 AGB-Gesetz, WM 1983, 974; *Schlechtriem*, Summenmäßige Haftungsbeschränkungen in Allgemeinen Geschäftsbedingungen, BB 1984, 1177; *Hartmann*, Gewährleistung und Haftung nach den Architektenvertragsmustern der Bundesarchitektenkammer im Spiegel des AGB-Rechts, Festschrift für Locher (1990), 337;

---

162) BGH, NJW 1981, 1501 = BB 1981, 815 = DB 1981, 1515.
163) Für § 9 AGB-Gesetz: BGH, NJW 1991, 2630 = ZfBR 1991, 262.
164) BGH, NJW 1981, 1510 = BauR 1981, 378 = DB 1981, 1719 = ZfBR 1981, 272.
165) BGH, NJW 1981, 1510 = BauR 1981, 378.
166) *Heiermann/Linke*, S. 149.
167) OLG Hamm, NJW-RR 1992, 467 m.w.Nachw.
168) *Knychalla*, S. 82; **a.A.:** *Hartmann*, Festschrift für Locher, 1990, S. 337, 343; vgl. hierzu auch OLG Celle (BauR 1999, 676), das insoweit zumindest in der Auslegung keine Bedenken hat, dass der Architekt berechtigt ist, die Mängelbeseitigungsarbeiten Dritter zu überwachen.

Locher, AGBG-rechtliche Aspekte der Versicherbarkeit von Bauverträgen, Festschrift für Soergel, 1993, 181; *Kohlndorfer*, Pauschalierter Schadensersatz als prozentuale Quote des Bruttokaufpreises zulässig?, ZfS 1994, 37. *Knütel/Rieger*, Pönalen wegen Verzugs oder Minderleistungen in Individualvereinbarungen und AGB, NZBau 2010, 285.

In **Individualverträgen** ist eine Haftungsbegrenzung der Höhe nach **unbedenklich**, soweit die Grenzen, die durch das BGB gezogen sind, eingehalten werden. Dabei ist insbesondere § 639 BGB zu berücksichtigen.

Formularmäßige Haftungsbegrenzungen auf eine bestimmte Summe[169] sind dagegen nur in beschränktem Rahmen möglich; dies gilt auch für Klauseln, die die Haftung auf eine nicht bestimmte, aber berechenbare Summe beschränken.[170] Die **Grenzen** für Haftungsbegrenzungsklauseln in AGB oder Formularverträgen werden vor allem durch § 309 Nr. 5 BGB (**Pauschalierung** von Schadensersatzansprüchen) und § 309 Nr. 7 BGB (**Haftung** bei grobem Verschulden) gezogen.

Danach ist eine formularmäßige Begrenzung der Höhe nach zunächst nur für die Haftung wegen **leichter Fahrlässigkeit** zulässig, da anderenfalls ein Verstoß gegen § 309 Nr. 7 BGB vorliegt. Nach dieser Vorschrift haftet der Verwender bei grober Fahrlässigkeit und Vorsatz in vollem Umfang und für jede Art des Schadens, ohne dass eine Haftungsbegrenzung möglich ist. Damit ist eine **generelle betragsmäßige Haftungsbeschränkung** in AGB oder Formularverträgen **unwirksam**.[171] Da eine geltungserhaltende Reduktion nicht in Betracht kommt, haftet der Verwender in diesem Fall in vollem Umfang und für jede Art des Verschuldens. Im Übrigen stellt nunmehr § 309 Nr. 7a BGB klar, dass die Haftung für Körperschäden auch bei leichter Fahrlässigkeit nicht eingeschränkt werden kann.

Ob eine Haftungsbegrenzungsklausel für **leichte** Fahrlässigkeit im Einzelfall wirksam ist, richtet sich nach der Generalklausel des § 307 BGB. Unwirksam sind derartige Klauseln vor allem, wenn sie nicht ausreichend eindeutig und verständlich sind;[172] dasselbe gilt, wenn durch die Festlegung einer völlig **unzureichenden Haftungssumme** der Geschädigte praktisch schutzlos gestellt ist oder die Haftungsbegrenzung der Höhe nach auf einen Haftungsausschluss hinausläuft. Die **Haftungshöchstsumme** muss daher dem Umfang des Bauvorhabens **angemessen** sein und einem voraussehbaren Schaden entsprechen.[173]

Die (frühere) Fassung der Allgemeinen Vertragsbestimmungen (AVA) zum **Einheits-Architektenvertrag (1992)**[174] enthielt erhebliche Haftungsbeschränkungen der Höhe nach. So sah § 5 Abs. 3 der AVA für **versicherbare Schäden** eine Beschränkung in **Fällen leichter Fahrlässigkeit** auf die zwischen den Vertragsparteien vereinbarte **Deckungssumme,** bei fehlender Vereinbarung auf die in § 5 Abs. 3

---

169) Zu einer **Quotenhaftungsklausel** (Architekt) s. LG Bayreuth, BauR 2006, 139 = IBR 2006, 629 – *Moufang*; *Locher/Koeble/Frik*, Einl. Rn. 238 m.w.Nachw.
170) BGH, WM 1993, 24 = MDR 1993, 212; BGHZ 89, 363 = WM 1984, 477; BGH, NJW 1985, 3016; OLG Düsseldorf, MDR 1954, 170, 171.
171) Vgl. hierzu OLG Stuttgart, VersR 1984, 450.
172) Vgl. *Graf von Westphalen*, WM 1983, 974 ff.; *Beigel*, BauR 1986, 34, 36, 37 für § 5.2 u. 3 AVA (1985) u. *Locher*, Festschrift für Soergel, S. 181 ff.
173) *Korbion/Locher*, Teil II, Rn. 23 ff.
174) Zwischenzeitlich von der Bundesarchitektenkammer **zurückgezogen**; gleichwohl wird er im Einzelfall noch benutzt (OLG Celle, BauR 2013, 1289 = IBR 2013, 357 – *Eix*).

Satz 2 der AVA genannten Deckungssummen vor. Diese Haftungsbeschränkung wird in der Literatur für wirksam angesehen, weil insbesondere auch die Vertragsmuster der öffentlichen Hand eine solche Begrenzung der Haftung vorsehen.[175] Für **nicht versicherbare Schäden** (also insbesondere im Rahmen des Kostenbereichs), die nicht Personenschäden darstellen, wird in § 5 Abs. 4 der AVA (bei Fällen leichter Fahrlässigkeit) eine entsprechende Begrenzung vorgenommen, „jedoch nicht über das vertragliche Honorar hinaus". Allgemein wird diese Bestimmung gemäß § 307 BGB (Transparenzgebot) zu Recht für **unwirksam** gehalten, weil keine Aufzählung der nicht versicherbaren Schäden erfolgt und die Beschränkung auf die Honorarhöhe völlig unangemessen ist.[176]

2725 In zahlreichen Bauverträgen, insbesondere in Verträgen von **Bauträgern** und **Fertighausherstellern**,[177] finden sich Bestimmungen, in denen etwaige **Vergütungs-** und/oder **Schadensersatzansprüche** mit **Pauschalen** abgegolten werden. Solche pauschalen Ersatzansprüche sind grundsätzlich sowohl in Individual- wie auch in Formularverträgen oder AGB wirksam.[178] Vergütungs- und/oder Ersatzansprüche in AGB oder Formularverträgen zugunsten der Verwender müssen sich jedoch in den **Grenzen** halten, die ihnen durch §§ 308 Nr. 7, 309 Nr. 5 BGB gezogen sind. Im Übrigen ist nach dem Sinngehalt der Klausel zu ermitteln, ob es sich um eine (pauschale) **Vergütungsregelung** handelt oder um eine Pauschalierung von Schadensersatzansprüchen. Handelt es sich um eine Regelung für den Fall der **Kündigung** oder des Rücktritts, wird trotz der Wortwahl „Schadensersatz" im Zweifel eine pauschalierte Vergütung abzüglich ersparter Aufwendungen anzunehmen sein.[179]

---

175) Vgl. *Budnick*, S. 38 ff.; *Beigel*, BauR 1986, 34, 36, 37; *Knychalla*, S. 48; *Hartmann*, Festschrift für Locher, 1990, S. 337, 339; **a.A.:** OLG Celle, BauR 2014, 134, 138; OLG Braunschweig, BauR 2009, 122, 123 = IBR 2009, 98 – *Schrammel*; OLG Stuttgart, U.v. 10.10.1991 – 13 U 190/90 – zitiert und besprochen von *Morlock* in DAB 1992, 732: Das OLG Stuttgart hält die Klausel für unwirksam, weil aus ihr nicht deutlich wird, was versicherbar (und nicht versicherbar) ist. Zur formularmäßigen Haftungsbeschränkung für fahrlässig herbeigeführte Nichtpersonenschäden auf insgesamt 150.000 DM in einem Architektenvertrag siehe auch BGH, *SFH*, Nr. 46 zu § 635 BGB mit Hinweis auf BGH, WM 1984, 1224 unter III 2.
176) OLG Stuttgart, a.a.O.; *Knychalla*, S. 51 (Verstoß auch gegen die Überraschungsklausel des § 3 AGB-Gesetz). Zu Ausschlussklauseln in der **Architektenhaftpflichtversicherung** (AHaftpflichtVB – AHB – § 4 I Nr. 6 Abs. 3): BGH, BauR 2009, 527.
177) Vgl. BGH, BauR 2011, 1328 = NZBau 2011, 481 = ZfBR 2011, 664 = IBR 2011, 571 – *Schmitz* (Pauschalierungsabrede bei einem **Ausbauhausvertrag**); BGH, BauR 2006, 1031 m.Anm. *Wellensiek* = NZBau 2006, 435 = ZfBR 2006, 557 = IBR 2006, 382 – *Wolff* u. BauR 1995, 199 = BauR 1995, 546 für einen **Fertighausvertrag;** OLG München, IBR 2010, 75 – *Wenkebach* (**pauschalierter Schadensersatz** von 10 % bei Kündigung ist wirksam); OLG Rostock, NJW-RR 1998, 310; OLG Brandenburg, OLGR 1995, 18 („**pauschale Entschädigung**"); OLG München, NJW 1995, 733 = OLGR 1995, 13 (**pauschalierter Schadensersatz** – 3 % der Auftragssumme – bei einer unzulässigen **Submissionsabrede**); OLG Koblenz, BauR 2000, 419 = NJW-RR 2000, 872 (Pauschale von 5 % bei Kündigung eines Fertighausvertrages – verbunden mit der Klausel des Fertighausherstellers, „sofern er oder der Bauherr nicht im Einzelfall andere Nachweise erbringen").
178) BGHZ 87, 112, 120; BGH, ZfBR 1995, 199; BGH, BauR 1996, 384 = MDR 1996, 792 = ZIP 1996, 508; OLG Rostock, NJW-RR 1998, 310, 311.
179) BGH, BauR 2006, 1131, 1132 (**10 %** des zur Zeit der freien Kündigung vereinbarten Gesamtpreises sind **angemessen;** s. auch Vorinstanz: OLG Düsseldorf, BauR 2005, 1636); s. ferner BGH, BauR 1985, 79 = NJW 1995, 632 (**18 % sind unangemessen**). Zur Unwirksam-

Einzelfälle

Nach § 309 Nr. 5 BGB ist die Vereinbarung eines pauschalierten Anspruchs des Verwenders auf **Schadensersatz** oder Ersatz einer **Wertminderung** unwirksam, wenn die Pauschale den in den geregelten Fällen nach dem gewöhnlichen Lauf der Dinge zu erwartenden Schaden oder die gewöhnlich eintretende Wertminderung übersteigt oder dem anderen Vertragsteil nicht ausdrücklich **der Nachweis gestattet** wird, ein Schaden oder eine Wertminderung sei überhaupt nicht entstanden oder wesentlich niedriger als die Pauschale. § 309 Nr. 5 BGB bringt damit eine Veränderung zu der früheren Rechtslage nach § 11 Nr. 5 AGB-Gesetz: Eine Klausel ist nunmehr nur dann wirksam, wenn sie den **Nachweis** eines geringeren Schadens **ausdrücklich zulässt**. Der damit stets mögliche **Gegenbeweis** führt dazu, dass der zunächst vom Verwender abstrakt berechnete Schadensbetrag in dem Maße verringert werden kann, wie die Reduzierung dem anderen Vertragspartner gegenbeweislich gelingt.[180] Dem Verwender bleibt es im Einzelfall unbenommen, trotz der Unwirksamkeit der Klausel seinen Schaden konkret **darzulegen** und zu beweisen.[181]

Eine **Pauschale** muss immer so **festgesetzt** sein, dass sie den „nach dem gewöhnlichen Lauf der Dinge" zu erwartenden Durchschnittsschaden (durchschnittliche Wertminderung) **nicht übersteigt**. Andernfalls ist – bei einem Missverhältnis – die Klausel unwirksam. Die Schadenspauschale kann eine branchenübliche Gewinnspanne gemäß § 252 Satz 2 BGB einbeziehen.[182] Das Gericht kann eine neue, zulässige Pauschale festsetzen, die den Anforderungen des § 309 Nr. 5 BGB genügt.[183]

2726

Die **Beweislast** für die **Angemessenheit der Pauschale** trägt der **Verwender**.[184] Hieran sind aber nicht zu hohe Anforderungen zu stellen, da andernfalls der Sinn der Pauschalierungsabrede verlorenginge.[185] Es reicht der Nachweis des branchenüblichen Gewinns aus; im Einzelfall kann es jedoch erforderlich sein, dass der Verwender seine **Kalkulation** offenlegt.[186]

Für den **unternehmerischen Verkehr** gelten die vorgenannten Grundsätze über § 307 BGB entsprechend.[187] Schadenspauschalen für den Fall des **Rücktritts** oder der **Kündigung** vom Vertrag durch den Vertragspartner des Verwenders richten sich ebenfalls nach § 309 Nr. 5 BGB.

---

keit einer **Vertragsstrafenklausel** bei Überschreitung einer „Fertigstellungsfrist": BGH, BauR 2008, 508 = NZBau 2008, 376 = IBR 2008, 143 – *Vogel*.
180) Vgl. hierzu BGH, NJW 1982, 2316 mit Anm. *Fischer*, JR 1983, 65.
181) BGH, NJW 2006, 1056, 1059.
182) *Palandt/Grüneberg*, § 309 BGB, Rn. 26; *Heiermann/Linke*, S. 132.
183) *MünchKomm-Kötz*, § 11 AGB-Gesetz, Rn. 39.
184) BGH, WM 1977, 55, 57; s. ferner *Reich*, NJW 1978, 1570, 1571; *Hensen*, DB 1977, 1689; *Kniffka/Krause-Allenstein*, § 639 BGB, Rn. 27.
185) Vgl. LG München, AGBE IV (1983), § 10 Nr. 41 (Pauschale von 40 % des Gesamtbetrages bei Kündigung wirksam).
186) OLG Rostock, NJW-RR 1998, 310, 311.
187) OLG München, NJW 1995, 733 für eine pauschalierte Schadensersatzabrede zum Schutz gegen **Submissionsbetrug**; siehe dazu (einschränkend) auch OLG Frankfurt, BauR 1993, 101; siehe ferner: BGH, NJW-RR 1993, 335; BGH, BauR 1996, 384 = MDR 1996, 792 = ZIP 1996, 508 **(Submissionsabsprache)**.

e) Zeitliche Begrenzung

2727 In **Individualverträgen** kann die Gewährleistungsfrist grundsätzlich gegenüber den gesetzlichen Vorschriften des BGB zeitlich eingeschränkt werden.[188]

Die nach dem BGB im Werkvertragsrecht geltenden **Gewährleistungsfristen** können dagegen nach § 309 Nr. 8b ff nicht mehr in **AGB oder formularmäßig** verkürzt werden. Die früher (vor Inkrafttreten des AGB-Gesetzes) übliche formularmäßige Abkürzung der Verjährungsfrist für die Gewährleistungsansprüche des Bauherrn gegen den Architekten auf zwei Jahre[189] ist nicht mehr möglich. Es bleibt also grundsätzlich bei der **fünfjährigen** Verjährungsfrist des § 634a Abs. 1 Nr. 2 BGB.[190]

Unzulässig ist nicht nur die unmittelbare formularmäßige Verkürzung der jeweiligen Verjährungsfrist, sondern auch jede **mittelbare Verschlechterung** im Hinblick auf den Verjährungsablauf.[191] Unzulässig ist daher die formularmäßige Festlegung eines von den gesetzlichen Vorschriften abweichenden früheren **Verjährungsbeginns** (z.B. **vor** Abnahme).[192] Unter diesem Gesichtspunkt sind Klauseln in Architekten-Formularverträgen unzulässig, in denen der Verjährungsbeginn zu dem Zeitpunkt festgesetzt wird, in dem der Bauherr das Bauwerk des **Unternehmers** abnimmt, obwohl der Architekt damit noch nicht seine eigenen Leistungen abschließend erfüllt hat und daher auch noch keine Abnahme seiner Leistungen erfolgt ist.[193] Eine unzulässige Verkürzung der Verjährungsfrist kann auch in der Weise erfolgen, dass sachwidrig ein anderer **Vertragstyp** mit kürzerer Verjährung vereinbart wird.[194] Eine Klausel in einem Architekten-Formularvertrag, wonach Ansprüche des Bauherrn gegen den Architekten „zwei Jahre nach Bezugsfertigkeit des Gebäudes" verjähren, verstößt ebenfalls gegen § 309 Nr. 8b ff BGB und ist damit unwirksam.[195]

2728 Enthalten Formularverträge Klauseln, nach denen Verjährungsfristen nicht durch eine Nachbesserung oder Mangelprüfung ebenso wenig wie durch Garantieleistungen verlängert werden, können diese ebenfalls unwirksam sein, weil sie gegen den

---

[188] Verjährungsverlängerungen durch AGB sind an der Generalklausel des § 307 BGB zu messen; s. auch BGH, IBR 2006, 204 – *Schwenker*.

[189] Vgl. z.B. OLG Hamm, NJW 1974, 2290; OLG Braunschweig, BauR 1973, 195; LG Nürnberg-Fürth, BauR 1974, 426.

[190] Deshalb sind die von kommunalen Auftraggebern oftmals benutzten Allgemeinen Vertragsbedingungen für Architekten-Ingenieurleistungen (AVB), die eine 5jährige Verjährungsfrist vorsehen, die an die Bauwerksübergabe anknüpft, wirksam (BGH, NZBau 2006, 383, 384 = BauR 2006, 1012, 1013 unzutreffend daher OLG Rostock, IBR 2006, 284 – *Biebelheimer*).

[191] Vgl. BGH, BauR 1995, 234 = NJW 1995, 526 für **Abnahmeklausel** im Subunternehmervertrag; siehe auch OLG Düsseldorf, BauR 1995, 111 = OLGR 1994, 266 = NJW-RR 1994, 1298 für eine Klausel, wonach die Gewährleistungsfrist in dem VOB-(Subunternehmer-)Vertrag 2 Jahre und 4 Wochen beträgt und mit der **Gesamtabnahme** des Bauwerks durch den Bauherrn beginnt.

[192] BGH, BauR 1987, 113 = NJW-RR 1987, 144, 146.

[193] BGH, BauR 1987, 113 = NJW-RR 1987, 144, 146; OLG Düsseldorf, NJW-RR 1992, 1174 = OLGR 1992, 285.

[194] BGH, NJW-RR 1987, 144, 146.

[195] BGH, NJW 1992, 2759 = ZfBR 1992, 275 = BauR 1992, 794.

Grundgedanken der §§ 203 BGB (Verhandlungen über den Anspruch) sowie § 212 Abs. 1 Nr. 1 BGB (Anerkenntnis des Anspruchs) verstoßen.[196]

f) Haftung nur bei Verschulden

Wird die Haftung in **Individualverträgen** auf einen schuldhaft verursachten Schaden begrenzt, so ist dies zwar bedenklich, aber **zulässig.** Bedenken bestehen deshalb, weil das Gewährleistungsrecht grundsätzlich von einem Verschulden unabhängig ist, sodass die Wirksamkeit solcher Vertragsbestimmungen besonders unter dem Gesichtspunkt von Treu und Glauben (§ 242 BGB) zu prüfen bleibt. Da aber eine völlige Haftungsfreizeichnung in Individualverträgen möglich ist, wird man auch solche Klauseln als zulässig ansehen können,[197] allerdings ist dabei § 276 BGB (keine Freizeichnung bei Vorsatz und Übernahme einer Garantie oder eines Beschaffungsrisikos) zu beachten.

Für **AGB oder Formularverträge** ist in diesem Zusammenhang § 309 Nr. 8b aa BGB zu berücksichtigen. Danach ist ein **völliger oder partieller Gewährleistungsausschluss** in AGB oder Formularverträgen **unwirksam.**[198] Werden Ansprüche des Bauherrn gegenüber dem Bauunternehmer/Sonderfachmann/Architekten von einem Verschulden abhängig gemacht, so sind Mängelansprüche, die verschuldensunabhängig sind (wie z.B. die Ansprüche auf Nacherfüllung, Minderung), ausgeschlossen. Darin liegt aber ein Verstoß gegen die vorerwähnte Bestimmung des § 309 BGB.[199] Ist lediglich der Schadensersatzanspruch (nicht dagegen der Nacherfüllungs- oder Minderungsanspruch) von einem Verschulden abhängig gemacht worden, bestehen hingegen grundsätzlich keine Bedenken, da dies mit §§ 634, 280 BGB in Einklang steht.[200]

Unter § 309 Nr. 8b aa BGB fällt auch die Klausel in Architekten-Formularverträgen, wonach der Architekt nur für „nachweislich schuldhaft verursachte Schäden" haftet; diese Klausel ist unwirksam, weil der Architekt damit seine Haftung für alle von einem Verschulden unabhängigen Ansprüche wegen mangelhafter Leistung ausschließen will.[201]

Da die Haftungsbegrenzung eines Werkunternehmers auf schuldhaft mangelhafte Leistung auch den in § 307 BGB genannten Grundsätzen widerspricht, sind entsprechende verschuldensabhängige Haftungsklauseln auch gegenüber **Unternehmern unwirksam**.

---

196) Zu der Regelung des § 639 Abs. 2 BGB a.F. (Hemmung der Verjährung bei einvernehmlicher Prüfung des Vorhandenseins des Mangels oder der Beseitigung des Mangels): BGH, NJW 1981, 867, dazu kritisch: *Kornmeier*, NJW 1982, 793 ff.
197) *Locher/Koeble*, Rn. 276.
198) *Kaiser*, BauR 1977, 319; *Jagenburg*, BauR-Sonderheft 1/1977, S. 28; *Gnad*, a.a.O., S. 10.
199) OLG München, NJW-RR 1990, 1358 = BauR 1990, 471.
200) Vgl. hierzu aber OLG München, NJW-RR 1990, 1358 = BauR 1990, 471 (Beschränkung auf Vorsatz und grobe Fahrlässigkeit unwirksam; s. auch BGH, NJW-RR 1993, 560, 561).
201) BGH, NJW-RR 1990, 856 = BauR 1990, 488 = ZfBR 1990, 192 = WM 1990, 1421; siehe auch *Knychalla*, S. 5 ff. und 17 ff.

g) Abänderung der Beweislast

Literatur

Thamm, Umformulierung von Haftungsbegrenzungen in AGB wegen beweislastverändernden Klauseln, BB 1996, 653.

2730 Die Beweislast kann unter den Vertragsparteien eines Bau- oder Architektenvertrages grundsätzlich **frei vereinbart** werden. Dies gilt jedoch nur für **Individualverträge.** Hier ist die Grenze für die Abänderung der Beweislast allein der Grundsatz von Treu und Glauben nach § 242 BGB.

Formularmäßige oder **in AGB enthaltene Beweislastregelungen** sind dagegen nach § 309 Nr. 12 BGB zu bewerten. Danach ist eine Bestimmung in Formularverträgen oder AGB **unwirksam,** durch die der Verwender die Beweislast zum Nachteil des anderen Vertragsteils ändert, insbesondere indem er diesem **die Beweislast für Umstände auferlegt, die im Verantwortungsbereich des Verwenders liegen,** oder den anderen Vertragsteil bestimmte Tatsachen bestätigen lässt. § 309 Nr. 12 BGB entspricht im Wesentlichen der **bisherigen Rechtsprechung des BGH,**[202] wonach eine Beweislastveränderung nach den Grundsätzen von Treu und Glauben unwirksam ist, wenn einem Vertragspartner die Beweislast für Umstände auferlegt wird, die in der Sphäre und dem Verantwortungsbereich des anderen Vertragspartners liegen. Ein Verstoß gegen § 309 Nr. 12 BGB liegt nicht nur bei einer Beweislastumkehr vor, sondern bereits dann, wenn der Verwender versucht, die Beweisposition seines Vertragspartners zu verschlechtern.[203]

2731 Entsprechendes gilt für den Schadensersatzanspruch. Der Bauherr trägt gemäß § 280 BGB die **Beweislast** für die objektive Pflichtverletzung und die Ursächlichkeit, während den Architekten die Beweislast für sein Nichtverschulden trifft. Soweit die Haftung mit der vorgenannten Klausel überdies von einem Verschulden abhängig gemacht wird, ist sie nach § 309 Nr. 8b aa BGB unwirksam.

Die vorgenannten Ausführungen gelten auch für die Verwendung von AGB oder Formularverträgen gegenüber **Unternehmern.**

h) Beschränkung auf unmittelbaren Schaden

2732 Erfolgt in **Architekten- oder Bau-Formularverträgen** eine Haftungsbegrenzung auf den unmittelbaren Schaden, verstößt diese Klausel gegen § 309 Nr. 7b BGB und ist damit nichtig, soweit sie **auch bei grober Fahrlässigkeit** die Haftung beschränkt.[204] Für Schäden, die ein Unternehmer, Handwerker, Bauträger, Architekt oder Sonderfachmann grob fahrlässig bzw. vorsätzlich oder die ein gesetzlicher Vertreter oder Erfüllungsgehilfe (z.B. Subunternehmer) des vorgenannten Kreises vorsätzlich oder grob fahrlässig verursacht, ist ein Ausschluss oder eine Begrenzung der Haftung nicht möglich. Bei grob fahrlässiger bzw. vorsätzlich schuldhafter Ver-

---

202) BGH, NJW 1973, 1173; NJW 1964, 1123; VersR 1967, 402; *Hesse,* BauR 1970, 196.
203) OLG Düsseldorf, BauR 1996, 112 = BB 1996, 658 = OLGR 1995, 221; siehe ferner: OLG Brandenburg, IBR 2006, 89 – *Seibel.*
204) *Kaiser,* BauR 1977, 313, 317; *Jagenburg,* BauR-Sonderheft 1/1977, S. 28; *Gnad,* a.a.O., S. 19, 20; *Kniffka/Krause-Allenstein,* § 639 BGB, Rn. 16.

tragsverletzung (auch unter dem Gesichtspunkt des Verschuldens bei Vertragsabschluss) haftet der vorgenannte Personenkreis als Verwender von AGB oder Formularverträgen daher für jede Art des Schadens, gleich ob mittelbarer oder unmittelbarer Schaden.[205] Nimmt der Verwender als **Spezialfirma** das Vertrauen seines Kunden besonders in Anspruch, indem er sich für die Durchführung der vertraglich übernommenen Arbeiten als „besonders geeignet" bezeichnet, kann er die Haftung für **entferntere Mängelfolgeschäden** nicht formularmäßig oder in AGB ausschließen.[206]

Die vorgenannten **Ausführungen** gelten nach § 307 BGB auch für den **unternehmerischen Verkehr**.

i) Subsidiaritätsklausel

Literatur

Winter, Subsidiaritätsklauseln und AGB-Gesetz, VersR 1991, 527.

In Architektenverträgen war vielfach die Klausel zu finden, dass der Architekt **2733** im Hinblick auf nachweislich ungenügende Aufsicht und Prüfung für fehlerhafte Bauausführung des Unternehmers nur im Falle dessen **Unvermögens** in Anspruch genommen werden kann (sog. Subsidiaritätsklausel). Eine solche Bestimmung ist in **Individualverträgen rechtswirksam**.[207] Die Klausel gilt jedoch nur für Fehler des Architekten in der Bauaufsicht und Überwachungspflicht, nicht dagegen für reine Planungsfehler oder andere Pflichtverletzungen.[208]

Das **Unvermögen** des Unternehmers ist im Sinne dieser Klausel rechtlich als eine **aufschiebende Bedingung** anzusehen; die Bedingung tritt ein, wenn das Unvermögen feststeht.[209] Das Unvermögen ist wirtschaftlich und nicht technisch zu werten.[210] Es liegt vor bei festgestellter Mittellosigkeit des Unternehmers, insbesondere also bei Konkurs (Insolvenz), fruchtloser Pfändung oder längerem Auslandsaufenthalt des Unternehmers. Ein Unvermögen liegt dagegen nicht vor, wenn der Unternehmer fachlich nicht in der Lage ist, die Werkleistung ordnungsgemäß zu erbringen. Eine Klage und Zwangsvollstreckung gegen den Unternehmer ist nicht Voraussetzung für den Nachweis des Unvermögens; der Nachweis kann auch auf andere Weise erbracht werden.[211]

Ist der Anspruch gegen den Unternehmer verjährt, so greift die Subsidiaritätsklausel ein, wenn den Bauherrn ein Verschulden bezüglich des Verjährungseintritts

---

205) *Knychalla*, S. 37 ff.
206) BGH, BauR 1985, 317.
207) BGH, BauR 1971, 270; BauR 1971, 131; *Hesse*, BauR 1970, 193, 196, 202. Nach OLG Schleswig (IBR 2007, 203 – *Esch*) kann auch in AGB-Verträgen die Subsidiarität der Haftung eines Architekten für Ausführungsmängel vereinbart werden, wenn diese auf einfache Fahrlässigkeit beschränkt ist.
208) BGH, BauR 1981, 479, 481; BGH, BauR 1970, 244; OLG Celle, MDR 1969, 391.
209) BGH, BauR 1971, 270, 273; *Kaiser*, BlGBW 1974, 221, 226; s. auch OLG Köln, NZBau 2011, 430, 431 m.w.Nachw.
210) OLG Köln, VersR 1968, 653, 654; *Hesse*, BauR 1970, 193, 197.
211) Vgl. *Hesse*, BauR 1970, 193, 197; OLG Düsseldorf, *Schäfer/Finnern*, Z 3.01 Bl. 136.

trifft.²¹²⁾ Droht der Anspruch des Bauherrn gegen den Architekten zu verjähren, so kann der Bauherr eine Feststellungsklage erheben; Inhalt dieser Feststellungsklage ist, dass der Architekt im Falle des Eintritts der Bedingung schadensersatzpflichtig ist.²¹³⁾ Der Architekt kann sich nicht auf die Subsidiaritätsklausel berufen, wenn die Inanspruchnahme des Unternehmers im Einzelfall ein unzumutbares Risiko darstellt oder aus anderen Gründen unzumutbar ist.²¹⁴⁾ Hieran sind jedoch strenge Maßstäbe anzulegen. Die **Beweislast** für das Unvermögen des Unternehmers trägt im Übrigen der Bauherr.

2734 Soweit Subsidiaritätsklauseln heute noch in **Architekten-Formularverträgen** (wie früher üblich) verwandt werden, ist § 309 Nr. 8b aa BGB zu berücksichtigen: Danach ist es **unzulässig**, die Haftung des Architekten von einer **vorherigen gerichtlichen Inanspruchnahme eines Dritten** (meist Bauunternehmers) **abhängig** zu machen. Eine solche Klausel in Architekten-Formularverträgen wäre **unwirksam**.²¹⁵⁾

2735 Dagegen kann der Bauherr auch heute noch in Architekten-Musterverträgen verpflichtet werden, seine Forderungen zunächst **außergerichtlich** gegenüber dem mithaftenden Dritten geltend zu machen. Dem Architekten wird daher bei Verwendung von Formularverträgen nur die Möglichkeit eingeräumt, den Bauherrn auf die Inanspruchnahme des leistungsfähigen und leistungsbereiten Bauunternehmers zu verweisen.

Hat der Architekt seine Haftung wirksam eingeschränkt, ist dem Bauherrn gegenüber der Honorarforderung des Architekten die **Einrede des nichterfüllten Vertrages** zunächst versagt.²¹⁶⁾ Im Übrigen ist der Architekt verpflichtet, seinen Vertragspartner (Bauherrn) rechtzeitig auf die Geltendmachung von Gewährleistungsansprüchen und einen etwaigen Ablauf von Verjährungsfristen aufmerksam zu machen; andernfalls kann er sich auf eine sonst wirksame Subsidiaritätsklausel nicht berufen.²¹⁷⁾

Ist eine **subsidiäre Haftung** des Architekten wirksam vereinbart, **beginnt die Verjährungsfrist** für etwaige Mängelansprüche des Bauherrn gegen den Architekten mit dem **Zeitpunkt des Fehlschlagens der Schadloshaltung,** da der Anspruch (subsidiäre Haftung des Architekten) insoweit aufschiebend bedingt ist und die Bedingung eintritt, wenn das Unvermögen des ausführenden Unternehmers feststeht.²¹⁸⁾

Gegenüber **Unternehmern** wird man auch in Formularverträgen eine **Subsidiaritätsklausel** – entsprechend der bisherigen Rechtsprechung – **zulassen** können.²¹⁹⁾

---

212) *Schmalzl*, Haftung, 4. Aufl. 1980, Rn. 247. Zum Verjährungsbeginn beim Vorliegen einer Subsidiaritätsklausel; *Locher/Koeble/Frik*, Einl., Rn. 206.
213) BGH, BauR 1971, 270, 273.
214) *Hesse*, BauR 1970, 193, 197; BGH, VersR 1965, 45.
215) BGH, *SFH*, Nr. 24 zu § 675 BGB (für einen Treuhandvertrag); *Knychalla*, S. 22 ff.; *Kaiser*, BauR 1977, 313, 318; *Gnad*, Schriftenreihe d. Dt. Gesellschaft f. Baurecht, Bd. 11, S. 14, 15; *Budnick*, S. 81, Anm. 302. Vgl. zur subsidiären Gewährleistungshaftung in einem Bauträgervertrag OLG Celle, BauR 2000, 1212.
216) Eine wirksam geregelte **vorrangige** Inanspruchnahme des (Mit-)Haftenden ist dem Bauherren zumutbar und sachgerecht (OLG Schleswig, IBR 2007, 203 – *Esch*).
217) BGH, NJW 1967, 2011; 1973, 1458; 1978, 1311; *Fritz*, Rn. 142.
218) BGH, BauR 1987, 343 = NJW 1987, 274 = ZfBR 1987, 135; OLG Köln, *SFH*, Nr. 2 zu § 198 BGB; BGH, NJW 1981, 2342 = BauR 1981, 469.
219) *Gnad*, a.a.O., S. 16.

II. Der unterlassene Vorbehalt

Übersicht

	Rdn.		Rdn.
1. Der unterlassene Vorbehalt bei der Abnahme trotz Mängelkenntnis. . . .	2737	b) Voraussetzungen der Ausschlusswirkung	2759
2. Der unterlassene Vorbehalt einer Vertragsstrafe bei der Abnahme	2743	aa) Schlussrechnung	2760
		bb) Schlusszahlung	2763
3. Der unterlassene Vorbehalt bei der Schlusszahlung	2750	cc) Schriftlicher Hinweis	2770
a) Bedeutung der Schlusszahlungseinrede	2751	dd) Vorbehalt	2772
		ee) Frist.	2777
		ff) Adressat	2780

2736 In Bauprozessen wird vielfach der Einwand erhoben, dass sich einer der Baubeteiligten einen bestimmten Rechtsanspruch im Rahmen der Abwicklung des Bauvorhabens nicht vorbehalten habe und daher dieses Anspruches verlustig gegangen sei. Diese Einwendung des „vergessenen" Vorbehalts kann in drei Fallgestaltungen von Bedeutung sein: bei der Abnahme trotz **Mängelkenntnis,** bei der Geltendmachung einer **Vertragsstrafe** sowie bei der **Schlusszahlung** des Bauherrn (Auftraggebers).

1. Der unterlassene Vorbehalt bei der Abnahme trotz Mängelkenntnis

Literatur

Jagenburg, Geldersatz für Mängel trotz vorbehaltloser Abnahme?, BauR 1974, 361; *Hochstein*, Die „vergessene" förmliche Abnahmevereinbarung und ihre Rechtsfolgen im Bauprozess, BauR 1975, 221; *Peters*, Schadensersatz wegen Nichterfüllung bei vorbehaltloser Abnahme einer als mangelhaft erkannten Werkleistung, NJW 1980, 750; *Festge*, Führt die vorbehaltlose Abnahme einer als mangelhaft erkannten Werkleistung doch zum Verlust von Schadensersatzansprüchen wegen der Mängel?, BauR 1980, 432; *Zeitler*, § 12 VOB/B „in Ordnung"? – Inhaltskontrolle der Mängelvorbehaltsklausel des § 12 Nr. 5 Abs. 3 VOB/B, Jahrbuch Baurecht 2007, 115; *Putzier*, Welche rechtliche Qualität haben die bei der Abnahme erklärten Vorbehalte? Festschrift für Ganten (2007), 203.

2737 Die Rechte auf Nacherfüllung, Selbstvornahme (und Ersatz der erforderlichen Aufwendungen), Rücktritt und Minderung gemäß § 634 Nr. 1 bis 3 BGB/§ 13 Abs. 5 und 6 VOB/B verliert der Auftraggeber, wenn er die Bauleistung des Unternehmers oder Architekten trotz Kenntnis[1] der vorhandenen Mängel abnimmt, § 640 Abs. 2 BGB. Dies gilt auch für den VOB-Bauvertrag, da die VOB/B in § 12 Abs. 5 Abs. 3[2] den Vorbehalt wegen bekannter Mängel erwähnt und im Übrigen zu § 640 Abs. 2 BGB keine abweichende Regelung trifft.[3] In gleicher Weise wird der im Einzelfall gegebene **Neuherstellungsanspruch** (vgl. Rdn. 2079, 2085–2087) durch § 640 Abs. 2 BGB ausgeschlossen, sofern die Abnahme in Kenntnis des Mangels erfolgt.

---

[1] Vgl. hierzu auch OLG Karlsruhe, IBR 2012, 195 – *Manteufel* („Kennen müssen reicht nicht aus"); ebenso OLG Jena, IBR 2014, 412 – *Ludgen*.
[2] Zur Wirksamkeit des § 12 Nr. 5 Abs. 3 VOB/B vgl. *Zeitler*, Jahrbuch Baurecht 2007, 115.
[3] BGH, NJW 1980, 1952 = BauR 1980, 460 = ZfBR 1980, 191; *Kaiser*, Rn. 137 m. Nachw.

2738 Von dem **Rechtsverlust** werden **nicht Schadensersatzansprüche** nach § 634 Nr. 4 BGB/§ 13 Abs. 7 VOB/B **erfasst,** auch soweit es sich um die Mängelbeseitigungskosten handelt.[4] Dabei ist zu berücksichtigen, dass auch die eigentlichen Nachbesserungskosten von § 634 Nr. 4 BGB und von § 13 Abs. 7 VOB/B erfasst werden (vgl. Rdn. 2244). Der auch ohne Vorbehalt verbleibende Schadensersatzanspruch besteht jedoch nur noch in einem Geldanspruch.[5]

2739 Erklärt der Auftraggeber nach Durchführung von Mängelbeseitigungsarbeiten, diese „seien ordnungsgemäß", schließt das die Geltendmachung weiterer Gewährleistungsansprüche nicht aus. § 640 Abs. 2 BGB ist auf die Mängelbeseitigung selbst nicht anwendbar.[6]

2740 Der Vorbehalt muss grundsätzlich bei der **Abnahme** erfolgen, nicht früher und nicht später.[7] Das gilt auch für die **konkludente** Abnahme, z.B. durch die bestimmungsgemäße Ingebrauchnahme (Benutzung/Bezug); als Zeitraum für den Vorbehalt ist hier die entsprechende Prüfungsfrist anzusetzen (vgl. hierzu Rdn. 1820). Wird der Vorbehalt vor der Abnahme erklärt, bleiben Mängelansprüche nur erhalten, wenn der bereits erklärte Vorbehalt bei der Abnahme erkennbar aufrechterhalten wird.[8] Bei einer **förmlichen Abnahme** im Rahmen eines VOB-Bauvertrages ist der Vorbehalt gemäß § 12 Abs. 4 Nr. 1 Satz 4 VOB/B in das **Protokoll** aufzunehmen.[9] Die schriftliche Niederlegung des Abnahmebefundes stellt regelmäßig eine Wirksamkeitsvoraussetzung der förmlichen Abnahme dar.[10] Nicht die Begehung allein, sondern erst die Abfassung der Niederschrift und deren Unterzeichnung durch die Beteiligten beenden die förmliche Abnahme; die **Unterschriftsleistung** ist ein Teil der Abnahme.[11] Darin liegt begründet, dass jedenfalls **bis zur Unterzeichnung** des Abnahmeprotokolls noch Vorbehalte aufgenommen oder erklärt werden können.[12]

2741 Ein Vorbehalt muss auch bei der **fiktiven Abnahme** gemäß § 640 Abs. 1 Satz 3 BGB/§ 12 Abs. 5 VOB erklärt werden;[13] unter Umständen kann es aber auch hier genügen, wenn eine kurz zuvor geäußerte Mängelrüge in dem entsprechenden Zeitraum erkennbar aufrecht erhalten wird.[14] Bei der Abnahme durch eine **Fertigstellungsbescheinigung** (§ 641a BGB) ist § 640 Abs. 2 BGB nicht anwendbar, § 641a Abs. 1 Satz 3 BGB.

---

4) BGH, a.a.O.; BGH, NJW 1974, 143 = BauR 1974, 59 OLG Köln, NJW-RR 1993, 211; KG, BauR 1973, 244; OLG Düsseldorf, BauR 1974, 346; *Vygen*, Rn. 462; *Festge*, BauR 1980, 432; **a.A.:** *Jagenburg*, BauR 1974, 361; *Peters*, NJW 1980, 750; *Kaiser*, Rn. 136b.
5) **Herrschende Meinung**; vgl. OLG Köln, *Schäfer/Finnern*, Z 2.414.1 Bl. 17; *Kaiser*, Rn. 136b, Anm. 13.
6) Vgl. insoweit zutreffend: OLG Düsseldorf, MDR 1984, 141.
7) *Nicklisch/Weick*, § 12 VOB/B, Rn. 27 m. Nachw.
8) BGH, NJW 1975, 1701 = BauR 1975, 344.
9) Vgl. hierzu BGH, BauR 1973, 192, 193 (Vorbehalt der Vertragsstrafe bei **förmlicher** Abnahme); wie hier: *Kuffer*, in: Heiermann/Riedl/Rusam, § 11 Rn. 66; *Siegburg*, Gewährleistung, Rn. 619; *Nicklisch/Weick*, § 12/B, Rn. 71.
10) *Nicklisch/Weick*, § 12/B, Rn. 66.
11) BGH, BauR 1974, 206, 207.
12) Im Ergebnis ebenso: *Oppler*, in: Ingenstau/Korbion, § 12 Abs. 4/B, Rn. 16.
13) Vgl. BGH, NJW 1975, 1701 = BauR 1975, 344; OLG Köln, NJW-RR 1993, 211; *Hochstein*, BauR 1975, 221 ff.; **a.A.:** *Palandt/Sprau*, § 640 BGB, Rn. 13.
14) BGH, a.a.O.

Unterlassener Vorbehalt

Im Rahmen der Gewährleistungsklage trägt der Unternehmer die **Darlegungs- und Beweislast** für die Mängelkenntnis des Auftraggebers, während dieser für den erfolgten Vorbehalt beweispflichtig ist.[15] Eines Vorbehalts bei der Abnahme der Leistung bedarf es **nicht,** wenn in diesem Zeitpunkt der Mängelbeseitigungs- oder Minderungsanspruch im Prozessweg verfolgt wird.[16] Das gilt auch, wenn die Mängel zum Zeitpunkt der Abnahme Gegenstand eines **selbstständigen Beweisverfahrens** sind, an dem die Parteien als Antragsteller und Antragsgegner beteiligt sind.[17]

Ob ein Vorbehalt gemacht wurde, ist **von Amts wegen** zu prüfen.

2. Der unterlassene Vorbehalt einer Vertragsstrafe bei der Abnahme

Literatur

Jansen, Schadensersatz trotz vorbehaltlicher Abnahme in Kenntnis des Mangels, NZBau 2016, 688; *Weyer*, Kein Vorbehalt der Vertragsstrafe bei Aufrechnung vor Abnahme, NJW 2016, 609; *Franz*, Vertragsstrafenvorbehalt nach einer durch den Auftraggeber erklärten Aufrechnung mit dem Vertragsstrafenanspruch, NZBau 2016, 210.

Ist zwischen den Parteien eine **Vertragsstrafe** für den Fall einer nicht ordnungsgemäßen Bauleistung (z.B. einer nicht fristgerechten Erfüllung) vereinbart, kann der Bauherr die Vertragsstrafe nur verlangen, wenn er sich diese **bei der Abnahme vorbehält,** § 640 Abs. 2 BGB/§ 11 Abs. 4 in Verbindung mit § 12 Abs. 5 Nr. 3 VOB/B (vgl. hierzu auch Rdn. 2570 ff.). Beim VOB-Bauvertrag sind insoweit alle in § 12 VOB/B genannten Abnahmezeitpunkte zu beachten (vgl. Rdn. 1847 ff.). Deshalb ist **der Vorbehalt** der Vertragsstrafe **auch bei der fiktiven Abnahme** (§ 12 Abs. 5 VOB/B) notwendig.[18] Ein vor oder nach der Abnahme erfolgter Vorbehalt ist wirkungslos.[19] Keine Wirkungen hat auch eine vor der Abnahme erklärte **Aufrechnung** mit dem Vertragsstrafenanspruch; sie macht einen späteren Vorbehalt bei der Abnahme nicht entbehrlich.[20] Eines Vorbehalts bei der Abnahme der Leistung bedarf es nicht, wenn der Anspruch bereits im Prozesswege verfolgt wird[21] oder der Schuldner der Vertragsstrafe gegenüber dem Gläubiger erklärt hat, dass er die bereits verwirkte Vertragsstrafe im Rahmen der Abrechnung gegen sich gelten lassen will.[22] Zum Vorbehalt bei einer **förmlichen Abnahme** vgl. Rdn. 2573.[23] Bei

---

15) *Palandt/Sprau*, § 640 BGB, Rn. 6; *Kaiser*, Rn. 137d.
16) BGH, BauR 1975, 55; *Kaiser*, Rn. 137c.
17) OLG Köln, BauR 1983, 463, 464.
18) Vgl. dazu OLG Düsseldorf, NJW-RR 1994, 408 u. BauR 1985, 327; bei vereinbarter **förmlicher** Abnahme: KG, BauR 1988, 230; OLG Düsseldorf, BauR 1986, 457; LG Mannheim, BauR 1992, 233. Zum Vorbehalt bei „Abnahme" durch einen **Sachverständigen**: BGH, BauR 1992, 232.
19) BGH, NJW 1977, 897 = BauR 1977, 280; BGHZ 85, 309 = NJW 1983, 385; OLG Düsseldorf, BauR 1977, 281 m.w.Nachw.
20) So zu Recht: OLG Celle, BauR 2000, 278 u. MDR 1972, 142; BGHZ 85, 240 = NJW 1983, 384 = BauR 1973, 77 = ZfBR 1983, 75 = WM 1983, 90; s. auch BGH, NJW 1983, 385.
21) BGH, BauR 1975, 55.
22) OLG Celle, BauR 2000, 278.
23) Zum Vorbehalt der Vertragsstrafe bei einer fehlenden oder vergessenen förmlichen Abnahme: KG, BauR 1979, 256; s. auch OLG Frankfurt, *SFH*, Nr. 9 zu § 11 VOB/B (1973); bei einer **Teilabnahme:** OLG Düsseldorf, *SFH*, Nr. 6 zu § 11 VOB/B (1973).

der **konkludenten** Abnahme durch bestimmungsgemäße Ingebrauchnahme (Benutzung/Bezug) kommt für den Zeitraum, in dem der Vorbehalt erklärt werden muss, die Prüfungszeit in Betracht, die dem Auftragnehmer insoweit eingeräumt wird.[24]

Der Auftraggeber muss den Vorbehalt der Vertragsstrafe auch im Rahmen der Abnahmefiktion des § 12 Abs. 5 VOB/B. Das gilt auch für die weitere Abnahmefiktion des § 640 Abs. 1 Satz 3 BGB **(Abnahme durch Fristablauf)**.

Nach bisheriger Auffassung des BGH[25] reichte es bisher auch nicht aus, dass der Bauherr mit seinem Vertragsstrafenanspruch zunächst aufrechnet, sich aber dann bei der Abnahme später seinen entsprechenden Anspruch wegen der verwirkten Vertragsstrafe nicht vorbehält. Mit seiner Entscheidung vom 5.11.2015[26] hat der BGH nunmehr eine Kehrtwendung gemacht. Er gibt seine bisherige Rechtsprechung, die in der Literatur immer wieder auf Widerspruch gestoßen war,[27] ausdrücklich auf. Danach ist der Vorbehalt der Vertragsstrafe bei Abnahme gem. § 341 Abs. 3 BGB jedenfalls dann nicht erforderlich, wenn der Auftraggeber bereits vor Abnahme die Aufrechnung mit der Vertragsstrafe erklärt hat und der Anspruch auf Vertragsstrafe in Folge dessen bereits vollständig erloschen ist.

2744 Die **originäre Vollmacht** eines **Architekten** umfasst nicht die rechtsgeschäftliche Abnahme einer Werkleistung eines Unternehmers (vgl. auch Rdn. 1346). Der BGH[28] hat jedoch entschieden, dass jeder zur Durchführung der förmlichen Abnahme **bevollmächtigte Vertreter** befugt ist, eine **Vorbehaltserklärung abzugeben** oder sie für den Vertragspartner entgegenzunehmen. Ist dem Architekten allerdings die Vereinbarung einer Vertragsstrafe bekannt oder müsste sie ihm bekannt sein, gehört es zu seinen **Beratungs- und Betreuungspflichten,** „durch nachdrückliche Hinweise an den Bauherrn sicherzustellen, dass bei einer förmlichen Abnahme oder bis zum Ablauf der Fristen aus § 12 Abs. 5 Nr. 1 und 2 VOB/B oder sonstiger für die Abnahme vereinbarter Fristen der erforderliche Vertragsstrafenvorbehalt nicht etwa versehentlich unterbleibt".[29] **Empfangsbevollmächtigter** einer Vorbehaltserklärung ist – neben dem Auftragnehmer oder dessen Vertreter – auch derjenige, der vom Auftragnehmer zu einem mit dem Auftraggeber vereinbarten Abnahmetermin entsandt wird.[30]

2745 Ein Vorbehalt ist immer nur erforderlich, wenn der Auftraggeber die Leistung abnimmt (§ 11 Abs. 4 VOB/B; § 341 Abs. 3 BGB). Deshalb ist ein Vorbehalt bei einer **Kündigung** des Bauvertrages grundsätzlich nicht erforderlich, wenn nicht gleichzeitig eine Abnahme erfolgt. Hat daher nach Kündigung des Auftraggebers ein anderer Unternehmer das Werk fertig gestellt und ist dieses dann durch Benutzung abgenommen worden, so bedarf es zur Erhaltung einer vom ersten Auftragnehmer geschuldeten Vertragsstrafe keines Vorbehalts bei dieser Abnahme; ein

---

24) OLG Hamm, BauR 2008, 1643, 1645; Beck'scher VOB-Komm/*I. Jagenburg*, B Vor § 12, Rn. 125.
25) BauR 1994, 640 = NJW 1997, 112.
26) BauR 2016, 499 = NZBau 2016, 93 = IBR 2016, 74.
27) Vgl. hierzu *Weyer*, NJW 2016, 609 sowie *Franz*, NZBau 2016, 210.
28) Vgl. BGH, NJW 1987, 380 = BauR 1987, 92.
29) BGH, BauR 1979, 345 = NJW 1979, m.Anm. *Ganten; Nicklisch/Weick*, § 11 VOB/B, Rn. 23; einschränkend: Kaiser, Rn. 406.
30) BGH, NJW 1987, 380, BauR 1987, 92.

Unterlassener Vorbehalt

Vorbehalt ist aber erforderlich bei einer vom Auftragnehmer nach § 8 Abs. 6 VOB/B erwirkten Abnahme.[31] Wird die Abnahme vom Auftraggeber zu Recht oder zu Unrecht **verweigert,** bedarf es nicht eines entsprechenden Vorbehaltes; das gilt auch für den Fall einer Ersatzvornahme nach § 637 BGB.[32] Ein Vorbehalt der Vertragsstrafe bei Abnahme ist gemäß § 341 Abs. 3 BGB auch dann nicht erforderlich, wenn der Auftraggeber bereits vor Abnahme die Aufrechnung mit der Vertragsstrafe erklärt hat und der Anspruch auf Vertragsstrafe in Folge dessen bereits vollständig erloschen ist.[33] Ist eine Vertragsstrafe für den Fall einer nicht fristgerechten Fertigstellung der Leistung vereinbart, muss zwar der Gläubiger bei der Abnahme/Annahme der Leistung den Vorbehalt erklären; dies setzt aber voraus, dass die nicht gehörige Erfüllung dabei schon festgestellt werden kann.[34]

Wird ein Vorbehalt **ohne** wirksame Vollmacht erklärt, kann diese Erklärung als einseitiges Rechtsgeschäft durch nachträgliche Genehmigung gemäß §§ 180 Satz 2, 177 Abs. 1 BGB nur geheilt werden, wenn die Vertretungsmacht bei Erklärung des Vorbehalts nicht beanstandet wird oder der Empfänger der Erklärung damit einverstanden war, dass der Vertreter ohne Vertretungsmacht handelte.[35] Das Gleiche gilt, wenn die Erklärung des Vorbehalts gegenüber einem hierzu nicht Bevollmächtigten – aber mit dessen Einverständnis – erfolgte (§ 180 Satz 3 BGB).

2746

Die **Darlegungs-** und **Beweislast** für den Vorbehalt der Vertragsstrafe trägt der **Auftraggeber.**[36] Der Vorbehalt ist **von Amts wegen zu prüfen.**

2747

Ein Schadensersatzanspruch wegen verspäteter Fertigstellung wird im Übrigen nicht dadurch ausgeschlossen, dass eine dafür ausbedungene Vertragsstrafe mangels Vorbehalts bei der Abnahme nicht mehr gefordert werden kann.

2748

Die Verpflichtung zum Vorbehalt einer Vertragsstrafe bei Abnahme der Bauleistung ist in **Individualvereinbarungen abdingbar.**[37] In **AGB oder Formularverträgen** kann der nach § 341 Abs. 3 BGB erforderliche Vorbehalt einer Vertragsstrafe dagegen **nicht vollständig** abbedungen werden.[38] Durch § 341 Abs. 3 BGB sollen unbillige Härten für den Schuldner vermieden werden; deshalb soll der Gläubiger nach dem Sinn des Gesetzes grundsätzlich im Zeitpunkt der Abnahme und unter dem Eindruck der abgenommenen Leistung die Entscheidung treffen, ob er die Vertragsstrafe verlangt oder nicht. Allerdings ist eine Bestimmung zulässig, wonach der Gläubiger sich eine Vertragsstrafe nicht schon bei der Abnahme vorbehalten muss, sondern sie noch bis zur Schlusszahlung geltend machen darf (vgl. Rdn. 2575).[39] Als „Schlusszahlung" in diesem Sinne ist nach KG[40] allerdings die Fälligkeit der Schlusszahlung anzunehmen, da andernfalls es der Auftraggeber

2749

---

31) BGH, BauR 1981, 373 = DB 1981, 1878 = ZfBR 1981, 180 = WM 1981, 775.
32) BGH, BauR 1997, 640 = NJW 1997, 1982.
33) BauR 2016, 499 – NZBau 2016, 93 = IBR 2016, 75 – *Berger*.
34) OLG Köln, BauR 1995, 708.
35) So auch LG Leipzig, NJW-RR 1999, 1183. Vgl. hierzu *Vogel*, ZfIR 2005, 373, 384.
36) BGH, NJW 1977, 897 = BauR 1977, 280.
37) BGH, NJW 1971, 883 = BauR 1971, 122; BGH, WM 1983, 87 = BauR 1983, 80 = NJW 1983, 385; OLG Köln, *Schäfer/Finnern*, Z 2.414.1 Bl. 22.
38) BGH, BauR 1984, 643; KG, BauR 1988, 230; *Nicklisch/Weick*, § 11 VOB/B, Rn. 25; *Korbion/Locher*, Teil I, Rn. 160.
39) BGH, NJW 1979, 212 = BauR 1979, 56 = DB 1979, 1740 = BB 1979, 69.
40) BauR 2000, 575 = KGR 2000, 190.

in der Hand hätte, den Auftragnehmer lange Zeit im Ungewissen zu lassen, ob eine Vertragsstrafe geltend gemacht wird (vgl. hierzu Rdn. 2575).

Bei alledem ist zu beachten, dass bei vorbehaltloser Abnahme der verschuldensabhängige Anspruch auf Schadensersatz gemäß § 634 Nr. 4 BGB bestehen bleibt; dies ergibt sich aus § 640 Abs. 2 BGB.[41]

Zum Vorbehalt der Vertragsstrafe vgl. auch Rdn. 2570 ff.

3. Der unterlassene Vorbehalt bei der Schlusszahlung

Übersicht

	Rdn.			Rdn.
a) Bedeutung der Schlusszahlungseinrede	2751	bb)	Schlusszahlung	2763
b) Voraussetzungen der Ausschlusswirkung	2759	cc)	Schriftlicher Hinweis	2770
		dd)	Vorbehalt	2772
aa) Schlussrechnung	2760	ee)	Frist	2777
		ff)	Adressat	2780

Literatur

Kaiser, Bedeutung und Wirkung der vorbehaltlosen Abnahme der Schlusszahlung des Bauherrn durch den Bauunternehmer, NJW 1973, 884; *Kaiser*, Rechtsfragen der vorbehaltlosen Abnahme der Schlusszahlung (§ 16 Nr. 3 Abs. 2 VOB/B), BauR 1976, 232; *Trapp*, Die Aufrechnung mit ausgeschlossenen Gegenforderungen nach vorbehaltloser Annahme der Schlusszahlung (§ 390 Satz 2 BGB), BauR 1979, 271; *Lineweber*, Die Grenzen der Ausschlusswirkung des § 16 Nr. 3 Abs. 2 VOB/B im Hinblick auf das Bestimmtheitserfordernis der Schlusszahlung und des Vorbehalts, BauR 1980, 303; *Schmitz*, Abnahme, Schlussrechnung und Schlusszahlung nach der VOB, DB 1980, 1009; *Lenzen*, Die ‚vorbehaltlose' Erteilung der Schlussrechnung, BauR 1982, 23; *Raudszus*, Rückwirkung der Zustellung beim Schlusszahlungsvorbehalt durch Klage oder Mahnbescheid?, NJW 1983, 667; *Peters*, Die vorbehaltlose Annahme der Schlusszahlung und das AGB-Gesetz, NJW 1983, 798; *Weyer*, Die gefährdete Einrede aus § 16 Nr. 3 Abs. 2 Satz 1 VOB/B, BauR 1984, 553; *Hundertmark*, Fälligkeit und Verjährung des Anspruchs auf die Schlusszahlung (§ 16 Nr. 3 VOB/B), BlGBW 1984, 81; *Friehe*, Schlusszahlungserklärung gegen den Konkursverwalter?, BauR 1984, 562; *Heiermann*, Die vorbehaltlose Annahme der Schlusszahlung im VOB-Bauvertrag, NJW 1984, 562; *Heiermann*, Die vorbehaltlose Annahme der Schlusszahlung im VOB-Bauvertrag, NJW 1984, 2489; *Usinger*, Schlusszahlung gemäß § 16 Nr. 3 II VOB/B im Bauträgervertrag, NJW 1985, 32; *Berkenbrock*, Vorbehaltserklärung nach § 16 Nr. 3 Abs. 2 VOB/B durch gerichtliche Geltendmachung der Mehrforderung und Folgen der Klagerücknahme, BauR 1985, 633; *Losert*, Der Adressat der Schlusszahlungserklärung nach § 16 Nr. 3 VOB/B bei einer abgetretenen Werklohnforderung, ZfBR 1988, 65; *Losert*, Die Ausschlusswirkung einer vorbehaltlosen Annahme der Schlusszahlung und ihr Umfang (§ 16 Nr. 3 Abs. 2 VOB/B), ZfBR 1990, 51; *Unterluggauer*, Zur Frage der Schlusszahlungs- und Vorbehaltserklärung im Falle einer abgetretenen Baulohnforderung, BauR 1990, 412; *Losert*, Die Änderungen der VOB/B in der Ausgabe Juli 1990, ZfBR 1991, 7; *Langen*, Verstößt § 16 Nr. 3 Abs. 2–6 VOB/B a.F. gegen das AGB-Gesetz?, BauR 1991, 151; *Bergmann*, Grundlagen der Vergütungsregelung nach BGB und § 16 VOB/B, ZfBR 1998, 59; *Groß*, Vorbehaltsbegründung bei Schlusszahlungen, BauR 2000, 342; *Stellmann/Schinköth*, Schlussrechnung und Schlusszahlung nach der VOB/B – Eine Orientierung für die Praxis, ZfBR 2005, 3.

2750 Für die Schlusszahlung sieht die VOB in § 16 Abs. 3 Nr. 2 Regelungen vor, die für den Bauherrn und den Unternehmer von Bedeutung werden können; das beweist die Vielzahl der höchstrichterlichen Entscheidungen, die **bisher** zum Schlusszahlungseinwand des Auftraggebers ergangen sind. Allerdings spielt der Schluss-

---

41) Vgl. hierzu *Jansen*, NZBau 2016, 688.

Schlusszahlung

zahlungseinwand keine **große Rolle** in der Baupraxis mehr: denn nach der ab Juli 1990 geltenden Neufassung des § 16 Abs. 3 Nr. 2 setzt dieser Einwand die **schriftliche Unterrichtung** des Auftragnehmers „über die Schlusszahlung" und gleichzeitig den **Hinweis** „auf die Ausschlusswirkung" dieser Schlusszahlung voraus. Diese Annahme hat sich zwischenzeitlich bestätigt, da es kaum noch neuere Entscheidungen zum unterlassenen Vorbehalt bei der Schlusszahlung gibt.

a) Bedeutung der Schlusszahlungseinrede

Nimmt der **Unternehmer** eine **Schlusszahlung des Auftraggebers** im Rahmen eines VOB-Bauvertrages **vorbehaltlos** an, so kann der Unternehmer grundsätzlich keine Nachforderungen mehr geltend machen (§ 16 Abs. 3 Nr. 2 VOB/B). Die **Ausschlusswirkung** dieser Vorschrift erfasst **alle Ansprüche** des Unternehmers **aus dem Bauvertrag**.[42] Entscheidend ist dabei allein, ob die Forderungen im Bauvertrag ihre Grundlage haben. Ausgeschlossen werden deshalb alle **Zusatz-**[43] **und Nachtragsaufträge**[44] sowie Forderungen aus Pflichtverletzungen und Verzug,[45] selbst wenn sie getrennt abgerechnet werden.[46] Auch **früher gestellte**, aber **unerledigte Forderungen** werden ausgeschlossen, wenn sie nicht nochmals vorbehalten werden (§ 16 Abs. 3 Nr. 4 VOB/B). Das gilt auch für Ansprüche aus § 649 BGB nach einer Kündigung. Die Ausschlussfristen gelten „nicht für ein Verlangen nach Richtigstellung der Schlussrechnung und -zahlung wegen Aufmaß-, Rechen- und Übertragungsfehlern" (§ 16 Abs. 3 Nr. 6 VOB/B).[47]

Wegen der Bedeutung der Schlusszahlungseinrede halten nach Auffassung des BGH[48] die Bestimmungen in § 16 Abs. 3 Nr. 2 und 5 VOB/B einer isolierten Inhaltskontrolle zugunsten des Auftragnehmers nach § 307 Abs. 1 Nr. 1 BGB nicht stand, also für den Fall, dass die VOB/B für den Verwender in den Vertrag eingebracht worden ist und die VOB/B nicht als Ganzes vereinbart worden ist.

Der Vorbehalt muss nach der VOB/B 2012 innerhalb von 28 Tagen (früher 24 Werktagen) nach Zugang der Mitteilung gemäß § 16 Abs. 3 Nr. 2 und 3 VOB/B über die Schlusszahlung erklärt, und innerhalb weiterer 28 Tage muss eine prüfbare Rechnung über die vorbehaltenen Forderungen eingereicht oder, wenn das nicht möglich ist, der Vorbehalt eingehend begründet werden (§ 16 Abs. 3 Nr. 5 VOB/B). Allerdings ist insoweit **großzügig zu verfahren**. Ist die vorbehaltene Forderung z.B. aus der **prüfbaren Rechnung erkennbar** oder ist der Bauherr sonst über die streitige

---

42) OLG Oldenburg, NZBau 2015, 769; OLG Frankfurt, BauR 1994, 251; OLG Köln, BauR 1994, 634 = ZfBR 1994, 224; OLG Celle, *Schäfer/Finnern*, Z 2.330.2 Bl. 12; vgl. aber BGH, NJW-RR 1987, 978 für die auf eine bestimmte Rechnung bezogene Schlusszahlungserklärung.
43) Vgl. hierzu OLG München, NJW-RR 1987, 598; OLG Hamm, *SFH*, Nr. 43 zu § 16 Nr. 3 VOB/B (1973) = NJW-RR 1987, 599.
44) OLG Düsseldorf, BauR 1973, 396 u. NJW 1977, 1298; OLG Hamm, NJW-RR 1987, 599.
45) *Locher*, in: Ingenstau/Korbion, § 16 Abs. 5/B, Rn. 85; *Kaiser*, NJW 1973, 884; s. auch BGH, BauR 1974, 132, 133; OLG München, OLGZ 76, 464 für Verzugszinsen.
46) OLG Oldenburg, NZBau 2014, 769.
47) Siehe hierzu vor allem *Losert*, ZfBR 1991, 7, 8.
48) NZBau 2016, 551; ebenso OLG Frankfurt, IBR 2016, 445 – *Bolz*.

Forderung informiert, bedarf es keiner weiteren Aufklärung.[49)] Will der Unternehmer – im Gegensatz zu dem Auftraggeber – lediglich bei den in die prüfungsfähige Schlussrechnung eingestellten Positionen verbleiben, bedarf es ebenfalls keiner weiteren Begründung des Vorbehalts.[50)] Dies ist anders, wenn der **Auftraggeber** die Schlussrechnung gemäß § 14 Abs. 4 VOB/B **selbst** erstellt hat.[51)]

2753 Der durch § 16 Abs. 3 Nr. 2 VOB/B statuierte Verlust ist so gravierend, dass er nur bei uneingeschränkter Geltung der VOB/B zu rechtfertigen ist, auch wenn der Auftragnehmer durch das Schriftformerfordernis, die Hinweispflicht und die Verlängerung der Vorbehaltsfrist erheblich geschützt ist.[52)]

2754 Durch die vorbehaltlose Annahme der Schlusszahlung gemäß § 16 Abs. 3 Nr. 2 VOB/B geht der verspätet geltend gemachte Anspruch nicht unter, vielmehr schließt sie nur dessen **Durchsetzbarkeit** aus.[53)] Bei dem Einwand der vorbehaltlosen Annahme der Schlusszahlung handelt es sich daher um eine **Einrede** mit der Folge, dass sich der **Auftraggeber** im Prozess **ausdrücklich** auf die mangelnde Durchsetzbarkeit des Anspruchs **berufen** muss.[54)] Die Einrede kann im Rahmen eines Prozesses noch **bis zum Schluss der mündlichen Verhandlung** in der **Tatsacheninstanz** geltend gemacht werden.[55)] Sie kann deshalb in der Revisionsinstanz nicht nachgeholt werden.[56)]

2755 Das auf eine Restforderung trotz mangelnden Vorbehalts vom Auftraggeber Geleistete, kann dieser nicht aus ungerechtfertigter Bereicherung (entsprechend § 813 Abs. 1 Satz 2) zurückfordern.[57)] Hat der Unternehmer die Schlusszahlung vorbehaltlos angenommen, kann er dennoch analog § 215 BGB mit seiner Einrede behafteten Forderung gegenüber etwaigen Ansprüchen des Auftraggebers **aufrechnen.**[58)] Das folgt aus dem oben erwähnten Umstand, dass die vorbehaltlose Annahme der Schlusszahlung nicht unmittelbar zum Wegfall der Mehrforderung führt, sondern – wie bei einer verjährten Forderung – nur dazu, dass der Unternehmer die Zahlung der Restforderung nicht mehr durchsetzen kann.

---

49) BGH, BauR 1985, 576 = ZfBR 1985, 216; NJW 1965, 536; BGH, BauR 1980, 178 = ZfBR 1980, 33; OLG Düsseldorf, BauR 1984, 184; *Locher*, in: Ingenstau/Korbion, § 16 Abs. 5/B, Rn. 141.
50) BGH, BauR 1984, 645 = ZfBR 1984, 286 sowie OLG München, WM 1984, 541, 542.
51) OLG Oldenburg, BauR 1992, 83.
52) BGH, BauR 1998, 614, 615 = MDR 1998, 710 = ZfBR 1998, 193; ebenso: OLG München, BauR 1996, 871, 872 = NJW-RR 1996, 1235 = OLGR 1996, 210; OLG Koblenz, OLGR 1997, 192, 193; *Langen*, BauR 1991, 151, 156; *Losert*, ZfBR 1990, 7, 8; *Nicklisch/Weick*, § 16 VOB/B, Rn. 42; *Bergmann*, ZfBR 1998, 59, 62/63.
53) BGH, NJW 1981, 1784 = WM 1981, 774, BauR 1974, 132 = NJW 1974, 236; OLG Frankfurt, BauR 1994, 251, 253; OLG Celle, BauR 1973, 249; *Schmidt*, MDR 1965, 621, 624; *Schmidt*, Die Vergütung für Bauleistungen, 1969, S. 76; OLG Hamm, NJW 1976, 1268 (LS); BGH, BauR 1978, 312, 313.
54) BGHZ 62, 15, 18; BGHZ 75, 307, 314; OLG Düsseldorf, BauR 1979, 436; OLG Celle, BauR 1973, 249; *Kaiser*, BauR 1976, 232, 238.
55) *Locher*, in: Ingenstau/Korbion, § 16 Abs. 3/B, Rn. 68.
56) BGH, *SFH*, Nr. 3 zu § 9 AGB-Gesetz.
57) BGH, BauR 1974, 132 = NJW 1974, 236; s. ferner *Trapp*, BauR 1979, 271.
58) BGH, NJW 1982, 2250 = BauR 1982, 499 = ZfBR 1982, 202 m.Anm. *Dähne*, BauR 1983, 478 ff.; OLG Hamm, BauR 1976, 434; *Dähne*, BauR 1974, 163, 167; **a.A.:** OLG Düsseldorf, BauR 1977, 360.

Die gegenteiligen Ausführungen des OLG Düsseldorf[59] überzeugen nicht. Das OLG Düsseldorf meint, Ziel und Zweck der Regelung des § 16 Abs. 3 Nr. 2 VOB/B bestehe nach der Rechtsprechung des Bundesgerichtshofes gerade darin, „durch eine vertraglich verschärfte Regelung hinsichtlich der Durchsetzbarkeit der Vergütungsforderung umgehend Rechtsklarheit und Rechtsfrieden zu schaffen". Dieses angestrebte Ziel werde nicht erreicht, wenn die Aufrechnung wie bei einer verjährten Forderung trotz vorbehaltloser Annahme der Schlusszahlung für zulässig erachtet werde. Auch § 214 BGB (Verjährungseinrede) hat das erklärte Ziel, Rechtsklarheit und Rechtsfrieden nach Ablauf der Verjährungsfrist herbeizuführen; gleichwohl eröffnet § 215 BGB die Aufrechnung mit der verjährten Forderung. Beide Tatbestände sind daher gleichwertig, sodass nicht einzusehen ist, warum sie verschiedenartig behandelt werden sollen. Die Analogie zu § 215 BGB ist daher angebracht.

2756 Der Auftraggeber ist für die Tatsache einer Schlusszahlung, der Unternehmer für einen etwaigen fristgerechten und ordnungsgemäßen Vorbehalt entsprechend § 363 BGB **darlegungs-** und **beweispflichtig**.[60] Der unterlassene Vorbehalt ist grundsätzlich wegen Irrtums nicht anfechtbar, da das Unterlassen einer Willenserklärung nicht angefochten werden kann.[61]

2757 Die Ausschlusswirkung des § 16 Abs. 3 Nr. 2 VOB/B ist auch auf die Fälle entsprechend anzuwenden, in denen es zu einer Schlusszahlung des Auftraggebers nicht kommt, sondern wegen **Überzahlung** eine sog. Schlussrückzahlung des Unternehmers aufgrund des Abrechnungsergebnisses erfolgt.[62]

2758 Bei der **Abtretung der Werklohnforderung** ist Folgendes zu berücksichtigen: Die Schlusszahlung wirkt – sofern sie unwidersprochen bleibt – wie ein Gestaltungsrecht, das erst durch die Erklärung begründet wird. Gestaltungsrechte dieser Art können deshalb nach § 404 BGB nur dann entgegengehalten werden, wenn sie vor der Abtretung erklärt worden sind.[63] Nach der Abtretung ist die Schlusszahlungserklärung gegenüber dem jeweiligen **Zessionar** abzugeben.[64] Eine andere Frage ist, wer **nach** der Abtretung der Werklohnforderung gegenüber dem Schlusszahlungseinwand einen wirksamen Vorbehalt erklären kann. Nach Auffassung des OLG Frankfurt[65] kann auch der **Zessionar** den Vorbehalt wirksam erklären, weil es sich bei seiner Geltendmachung nicht um ein einseitiges Gestaltungsrecht handelt, das einer besonderen Abtretung bedarf.

Wird ein **Architekt** als **vollmachtloser Vertreter** gemäß § 179 Abs. 1 BGB von dem Unternehmer auf Erfüllung in Anspruch genommen, stehen ihm sämtliche Rechte aus dem Vertrag zu; dazu gehört neben dem Leistungsverweigerungsrecht wegen bestehender Mängel auch die Einrede der vorbehaltlosen Annahme der Schlusszahlung.[66] Da die vorbehaltlose Annahme der Schlusszahlung erhebliche

---

59) BauR 1977, 360, 361 für den Fall der prozessualen **Hilfsaufrechnungen** mit einer gem. § 16 Nr. 3 Abs. 2 VOB/B einredebehafteten Vergütungsforderung.
60) BGH, NJW 1972, 2267 = BauR 1972, 382 = MDR 1973, 130.
61) OLG Hamm, *Schäfer/Finnern*, Z 2.330.2 Bl. 32; **a.A.:** *Losert*, ZfBR 1990, 51, 53.
62) BGH, NJW 1977, 1293 = BauR 1977, 287.
63) LG Köln, BauR 1978, 493.
64) Wie hier: OLG Frankfurt, BauR 1994, 251, 253 = NJW-RR 1994, 1241; *Unterluggauer*, BauR 1990, 412, 415; Beck'scher VOB-Komm/*Kandel*, B § 16 Nr. 3, Rn. 79; **a.A.:** *Losert*, ZfBR 1988, 65, der Abgabe gegenüber Zedenten und Zessionar fordert.
65) BauR 1994, 251 = NJW-RR 1994, 1241; ebenso: *Unterluggauer*, a.a.O.; **a.A.:** LG Frankfurt, NJW-RR 1989, 1181.
66) OLG Düsseldorf, *SFH*, Nr. 32 zu § 16 Nr. 3 VOB/B (1973).

wirtschaftliche Folgen für den Auftragnehmer haben kann, ist die Regelung des § 16 Abs. 3 Nr. 2 VOB/B „mit Zurückhaltung auszulegen und anzuwenden".[67]

b) Voraussetzungen der Ausschlusswirkung

2759   Wenn auch die **Neufassung** der VOB/B eine wesentliche Verbesserung für den Auftragnehmer gebracht hat, so bleibt doch nach wie vor – für den **Unternehmer** und **seinen Anwalt** – Vorsicht geboten: Sehr schnell kann der Unternehmer berechtigte Ansprüche verlieren, wenn er nicht die wichtigen Grundsätze beachtet, die die Rechtsprechung zum Einwand der vorbehaltlosen Annahme der Schlusszahlung erarbeitet hat. Der **erfolgreiche** Schlusszahlungseinwand des Auftraggebers ist an folgende **Voraussetzungen** gebunden:

* an das Vorliegen einer **Schlussrechnung**
* an eine **Schlusszahlung** des **Auftraggebers** und an eine **schriftliche Unterrichtung** hiervon
* an einen schriftlichen **Hinweis auf die Ausschlusswirkung** sowie
* an den **unterlassenen** oder **verspäteten Vorbehalt** des Unternehmers.

Zu beachten ist, dass die **Abnahme** in jedem Fall **Fälligkeitsvoraussetzung** für die Schlussrechnung (Restwerklohn) bleibt.[68]

aa) Schlussrechnung

2760   Eine mit der **Ausschlusswirkung** des § 16 Abs. 3 Nr. 2 VOB/B verbundene Schlusszahlung setzt die **Erteilung einer Schlussrechnung voraus**;[69] diese muss von dem Unternehmer nicht handschriftlich unterzeichnet sein.[70] Ohne Schlussrechnung gibt es keinen Schlusszahlungseinwand; denn erst durch die Schlussrechnung gibt der Unternehmer dem Auftraggeber zu erkennen, welchen Werklohn er insgesamt für seine Leistungen fordert. Legt der Unternehmer keine Schlussrechnung vor, so kann der Auftraggeber diese unter den in § 14 Abs. 4 VOB/B geregelten Voraussetzungen ersetzen und sodann die Schlusszahlung leisten.[71] In diesem Falle muss der Auftraggeber die selbst aufgestellte Schlussrechnung dem Unternehmer mitteilen, um bei dessen Schweigen auf die Schlusszahlung die Wirkung der vorbehaltlosen Annahme herbeizuführen.[72] In diesem Fall löst eine Schlussrechnung, die der Auftraggeber selbst erstellt hat, die Wirkungen des § 16 Abs. 3 VOB/B aus.[73] Allerdings reicht die Erstellung einer Schlussrechnung mit einem Überschusserge-

---

67) BGH, BauR 1999, 396 = NJW 1999, 944 = MDR 1999, 416.
68) BGHZ 79, 180 = BauR 1981, 201 = ZfBR 1981, 82; Beck'scher VOB-Komm/*Motzke*, B § 16 Nr. 3, Rn. 32, 41.
69) BGH, NJW 1975, 1833 = BauR 1975, 349; BauR 1979, 342 = ZfBR 1979, 159 = WM 1979, 727; BGH, BauR 1979, 525 = DB 1979, 2369; *Nicklisch/Weick*, § 16 VOB/B, Rn. 32; Beck'scher VOB-Komm/*Langen*, B § 16 Nr. 3, Rn. 19 ff. Zur Schlussabrechnung durch **mehrere Teilrechnungen:** OLG Köln, MDR 1985, 496.
70) OLG Karlsruhe, OLGR 1998, 17, 18.
71) OLG Schleswig, BauR 1980, 477; *Dähne*, BauR 1981, 233, 237; Beck'scher VOB-Komm/*Motzke*, B § 16 Nr. 3, Rn. 13.
72) So schon für die frühere Fassung der VOB: *Kaiser*, BauR 1976, 232.
73) OLG Celle, IBR 2005, 523 – *Schwenker*.

nis allein nicht aus, wenn der entsprechende Hinweis auf die Ausschlusswirkung nicht schriftlich erfolgt.[74]

Eine **vor** Erteilung der Schlussrechnung erklärte Zahlungsverweigerung des Auftraggebers kann niemals eine Schlusszahlung i.S. des § 16 Abs. 3 Nr. 2 VOB/B bewirken.[75]

An die Schlussrechnung können, soweit es um den **Schlusszahlungseinwand** geht, indes keine zu großen Anforderungen gestellt werden: Schlussrechnung stellt insoweit jede abschließende Abrechnung des Unternehmers gegenüber dem Auftraggeber dar. Es reicht aus, wenn der Unternehmer dem Auftraggeber mitteilt, welche restlichen Forderungen er aus dem Bauvertrag noch geltend macht.[76] Die Schlussrechnung bedarf auch **keiner näheren Begründung;** es braucht also dem Empfänger nicht der Grund für vorgenommene Kürzungen mitgeteilt zu werden.[77]

2761

Erteilt der Unternehmer (nur) eine **nicht prüfbare** Schlussrechnung, so kann der Bauherr/Auftraggeber gleichwohl mit den sich aus § 16 Abs. 3 Nr. 2 VOB/B ergebenden Folgen eine Schlusszahlung leisten oder endgültig weitere Zahlungen ablehnen. Der Meinung, die das Vorliegen einer prüfbaren Schlussrechnung verlangt,[78] ist der BGH nicht gefolgt.[79]

2762

bb) Schlusszahlung

Die nach Einreichung der Schlussrechnung vorgenommene Schlusszahlung des Auftraggebers hat für den Unternehmer weitreichende Folgen, wenn er sie vorbehaltlos annimmt. Stets muss es sich aber bei der Zahlung des Auftraggebers um eine **Schlusszahlung** und nicht bloß um eine Abschlagszahlung handeln.

2763

Eine **Schlusszahlung** liegt vor, wenn der Auftraggeber entweder ausdrücklich oder den Umständen nach zu erkennen gibt, dass er die nach seiner Meinung noch bestehende Restverbindlichkeit befriedigen und keine weiteren **Zahlungen** mehr leisten will.[80] Die Schlusszahlung ist somit die **abschließende Bezahlung** des Unternehmers aus dem Bauvertrag[81] durch den Auftraggeber. Ob eine Zahlung als Schlusszahlung gelten soll, bestimmt der **Auftraggeber,** der dies dem Unternehmer gegenüber klar zum Ausdruck bringen muss.[82] Es ist allerdings nicht erforderlich,

2764

---

74) Zutreffend: Beck'scher VOB-Komm/*Kandel*, B § 16 Nr. 3, Rn. 77 ff.
75) BGH, BauR 1979, 342, 343 = WM 1979, 727.
76) Vgl. auch LG Hamburg, BauR 1995, 399.
77) OLG Frankfurt, NJW 1983, 459; s. auch LG Freiburg, NJW-RR 1989, 1297.
78) OLG Düsseldorf, BauR 1982, 383 = MDR 1982, 407; OLG Celle, BauR 1979, 433; OLG Köln, *SFH*, Nr. 11 zu § 16 Nr. 3 VOB/B (1973).
79) BGH, BauR 1999, 396, 397 = NJW 1999, 944 = MDR 1999, 416; NJW 1987, 2582 = ZfBR 1987, 146 = BauR 1987, 329; OLG Frankfurt, BauR 1988, 615.
80) BGH, NJW 1970, 1185 = BauR 1970, 240 = MDR 1970, 670; zur Annahme einer Schlusszahlung bei Fehlbuchungen mittels elektronischer Datenverarbeitung: BGH, DB 1978, 837 = BauR 1978, 227; zur **irrtümlich** gut geschriebenen Abschlagszahlung: BGH, WM 1985, 894 = BauR 1985, 458; zur Schlusszahlung bei **Divergenz** zwischen Überweisungsträger („a conto") und Begleitschreiben („Schlusszahlung"): OLG Stuttgart, NJW-RR 1987, 83.
81) Zur Frage, wann sich die Schlusszahlung auf einen **konkreten** Bauvertrag **bezieht:** OLG Hamburg, BauR 1979, 163.
82) BGH, NJW 1972, 51; BGHZ 68, 38, 39 = BauR 1977, 135.

dass dabei das Wort „Schlusszahlung" gebraucht wird;[83] jedoch ist die Schlusszahlung **eindeutig** und **zweifelsfrei als solche** zu **kennzeichnen**.[84] So liegt z.B. eine hinreichende Kennzeichnung vor, wenn der Auftraggeber (oder sein Architekt) die Schlussrechnung mit seinem Vermerk über die von ihm anerkannten Positionen und Beträge versieht, den danach zu zahlenden Betrag berechnet, gegen diese Forderung mit einer Gegenforderung teilweise aufrechnet, den dann verbleibenden Restbetrag überweist und seine Abrechnung dem Unternehmer gleichzeitig mitteilt.[85]

Die Erklärung, nichts mehr zu zahlen, reicht aus; sie braucht auch nicht weiter begründet zu werden,[86] sie muss nur **eindeutig** sein.[87] Wegen der „einschneidenden Folgen" der vorbehaltlosen Annahme der Schlusszahlung verlangt der BGH[88] zu Recht hohe Anforderungen an die „Klarheit und Eindeutigkeit" der Schlusszahlungserklärung (aber auch einer schlusszahlungsgleichen Erklärung).[89] Unerheblich ist, ob eine gegebene Begründung zutreffend ist oder nicht.[90] Eine Schlusszahlung liegt auch vor, wenn der Auftraggeber auf die Schlussrechnung einen durch Kürzung verschiedener Rechnungsposten ermittelten Restbetrag zahlt und zusätzlich erklärt, über eine außerdem einbehaltene Summe werde er später gesondert abrechnen.[91]

2765 Von den **Unternehmern** wurde früher schon **übersehen**, das nicht nur eine echte (Teil)zahlung, Geldüberweisung oder Scheckhingabe die Bedeutung einer „Schlusszahlung" haben konnte, sondern dass auch in dem **sonstigen Verhalten des Auftraggebers eine Schlusszahlungsanzeige** gesehen werden konnte, die die Ausschlusswirkung des § 16 Abs. 3 Nr. 2 VOB/B nach sich zog. § 16 Abs. 3 Nr. 3 VOB/B weist **jetzt** ausdrücklich darauf hin, dass es „einer Schlusszahlung gleich(steht), wenn der Auftraggeber unter Hinweis auf geleistete Zahlungen weitere Zahlungen endgültig und schriftlich ablehnt." Die **mündliche** Ablehnung reicht auch in diesem Falle nicht.

2766 Der Schlusszahlung steht nach § 16 Abs. 3 Nr. 3 VOB/B gleich, wenn der Auftraggeber (Bauherr) schriftlich **Rückzahlungsansprüche** wegen einer Überzahlung geltend macht oder wenn er gegenüber der Vergütungsforderung die **Aufrechnung mit Gegenansprüchen** (z.B. mit einer Vertragsstrafe oder mit Mängelansprüchen) erklärt.[92] Die Gegenforderung muss nicht aus demselben rechtlichen Verhältnis

---

83) BGH, BauR 1979, 527, 528 = WM 1979, 1045 = NJW 1979, 2310 = ZfBR 1979, 206.
84) BGH, ZfBR 1982, 123, 124; BGHZ 68, 38, 39.
85) BGH, ZfBR 1982, 123; s. auch OLG Karlsruhe, BauR 1989, 208, 209.
86) BGH, BauR 1998, 614, 616 = MDR 1998, 710, 711 = ZfBR 1998, 199; OLG München, BauR 1996, 871, 872; OLG München, *SFH*, Nr. 7 zu § 16 Nr. 3 VOB/B (1952); OLG Frankfurt, NJW 1983, 459 = ZfBR 1983, 187; **a.A.**, aber abzulehnen: *Hochstein* in Anm. zu BGH, BauR 1980, 178.
87) OLG Köln, NJW-RR 1997, 213 = BauR 1997, 320 = OLGR 1996, 186; OLG München, BauR 1996, 871, 872 = OLGR 1996, 210.
88) BGH, BauR 1999, 396 = NJW 1999, 944 = MDR 1999, 416.
89) Vgl. hierzu auch *Nicklisch/Weick*, § 16 VOB/B, Rn. 44.
90) Ebenso: OLG Frankfurt, BauR 1988, 615, 617.
91) BGH, BauR 1979, 525.
92) BGH, NJW 1977, 1294 = BauR 1977, 282 (vgl. hierzu aber für den Fall der Insolvenz BGH, IBR 2007, 486); OLG Koblenz, OLGR 1997, 192; OLG Düsseldorf, NJW-RR 1995, 532.

stammen.⁹³⁾ Im Falle der Aufrechnung muss der Unternehmer dieser widersprechen.⁹⁴⁾ Erstellt der Auftraggeber gemäß § 14 Abs. 4 VOB/B die Schlussrechnung selbst und übersendet er diese dem Auftragnehmer mit dem Bemerken, es liege eine „Überzahlung" vor, so liegt darin ebenfalls eine Schlusszahlung.⁹⁵⁾ Der Schlusszahlung steht weiterhin nach § 16 Abs. 3 Nr. 3 VOB/B gleich, wenn der Auftraggeber von dem an sich anerkannten Restwerklohn einen Teilbetrag wegen eines Schadensersatzanspruchs einbehält und dies schriftlich anzeigt.⁹⁶⁾

2767 Von einer Schlusszahlung kann dagegen nicht gesprochen werden, wenn der Bauherr im Rahmen einer Abrechnung **nur von einem Zurückbehaltungsrecht** Gebrauch macht. Auch die Berufung auf ein Zurückbehaltungsrecht wegen eines **in der Entwicklung befindlichen** und daher noch nicht bezifferbaren **Vermögensschadens** reicht als Schlusszahlungsersatz nicht aus.⁹⁷⁾

2768 Die nach geprüfter Schlussrechnung schriftlich erfolgte Ankündigung des Auftraggebers, dass ein vereinbarter **Sicherheitseinbehalt** erst nach Vorlage einer Bankbürgschaft ausbezahlt werde, steht der Annahme einer endgültigen Zahlungsverweigerung durch den Auftraggeber indes nicht entgegen.⁹⁸⁾ Aber auch insoweit wird es Sache des Einzelfalles sein, ob wirklich eine Schlusszahlung vorliegt. Der Unternehmer muss jedenfalls den **Gesamtumständen** eindeutig entnehmen müssen, dass der Auftraggeber eine nach seiner Vorstellung noch bestehende Restschuld tilgen und weitere Zahlungen nicht mehr leisten werde.⁹⁹⁾ Hierzu ist die Erklärung des Auftraggebers nach Treu und Glauben (§ 242 BGB) **auszulegen.** Ein deutlicher Vermerk auf einem **Überweisungsträger** kann jedenfalls ausreichend sein.¹⁰⁰⁾

2769 Nach BGH¹⁰¹⁾ liegt bei einem gerichtlichen **Mahnverfahren** in dem Widerspruch des Auftraggebers noch keine der Schlusszahlung gleichstehende Zahlungsablehnung, wenn der **Widerspruch** mit dem Antrag auf Klageabweisung und dem Zusatz verbunden ist, dieser Antrag werde begründet werden, sobald die geltend gemachte Forderung begründet worden sei; insoweit fehlt es an einer endgültigen Aussage des Auftraggebers über seine weitere Zahlungsbereitschaft.¹⁰²⁾

Die an eine vorbehaltlose Annahme der Schlusszahlung geknüpfte Rechtsfolge, nämlich der Ausschluss von Nachforderungen, entfällt nicht deshalb, weil sich ein **öffentlicher Auftraggeber** schriftlich Rückzahlungsansprüche für den Fall vorbehalten hat, dass sich bei einer späteren Nachprüfung eine Überzahlung herausstellen sollte.¹⁰³⁾

---

93) OLG Stuttgart, BauR 1976, 60; OLG Hamburg, BauR 1979, 163, 164; KG, NJW-RR 1988, 582.
94) BGH, NJW 1977, 1294 = DB 1977, 1457; BGH, NJW 1980, 455 = DB 1980, 443; s. auch *Schmidt*, DB 1980, 1009, 1012.
95) OLG Düsseldorf, BauR 1995, 258 = NJW-RR 1995, 535.
96) BGH, NJW 1970, 706 = BauR 1970, 117; vgl. ferner BGH, BauR 1979, 525; OLG Stuttgart, BauR 1976, 60 u. *Kaiser*, BauR 1976, 232, 234 (zum Mängeleinbehalt).
97) So zutreffend: KG, NJW-RR 1988, 582 u. BGH, BauR 1991, 84 = NJW-RR 1991, 275.
98) OLG München, WM 1984, 1450.
99) Vgl. BGH, BauR 1983, 476; LG Mainz, *SFH*, Nr. 35 zu § 16 Nr. 3 VOB/B (1973); *Heiermann*, NJW 1984, 2489, 2491, Anm. 32 m. Nachw.
100) OLG Frankfurt, NJW 1983, 828; anders: OLG Frankfurt (5. Senat), NJW 1983, 459.
101) BauR 1980, 177 = ZfBR 1980, 76.
102) Zum Schlusszahlungseinwand im **Beklagtenschriftsatz:** OLG Köln, *SFH*, Nr. 4 zu § 13 Nr. 7 VOB/B; OLG Düsseldorf, NJW 1978, 1387; *Nicklisch/Weick*, § 16 VOB/B, Rn. 46.
103) OLG Hamm, *Schäfer/Finnern*, Z 2.330 Bl. 32; **a.A.:** OLG Düsseldorf, *Schäfer/Finnern*, Z 2.330 Bl. 21.

Zu beachten ist, dass eine Schlusszahlung selbst nicht innerhalb der in § 16 Abs. 3 Nr. 1 bestimmten Frist erfolgen muss, um die Schlusszahlungswirkung herbeizuführen.[104]

cc) Schriftlicher Hinweis

2770 Nach der Neufassung der VOB/B muss der Auftraggeber **schriftlich** auf die **Ausschlusswirkung** seiner Schlusszahlung hinweisen. Diese schriftliche Unterrichtung des Unternehmers ist **Wirksamkeitsvoraussetzung** für einen Schlusszahlungseinwand.[105] Inhaltlich muss der Auftraggeber auf die Schlusszahlung sowie darauf hinweisen, dass eine vorbehaltlose Annahme dieser Schlusszahlung den Ausschluss der Forderung bewirken kann; dabei ist der Hinweis auch auf die Rechtsfolgen aus § 16 Abs. 3 Nr. 4 und 5 zu erstrecken:[106] Der schriftliche Hinweis auf die **Ausschlusswirkung** reicht nicht aus; er muss sich auch auf die **Fristen** und **Maßnahmen erstrecken,** die der Unternehmer ergreifen muss, um seine Rechte zu wahren.[107] Die enge textliche Anlehnung an § 16 Abs. 3 Nr. 2, 4 und 5 VOB/B oder ein entsprechender sinngemäßer Hinweis auf die Ausschlusswirkung bei vorbehaltloser Annahme der Schlusszahlung[108] wird aber ausreichen. Der **schriftliche Hinweis** auf die Ausschlusswirkung muss auch im Falle einer schlusszahlungsgleichen Erklärung erfolgen.[109]

2771 Der **Hinweis** auf die Schlusszahlung und die Rechtsfolgen einer vorbehaltlosen Annahme muss **nicht** in **einem Schreiben** erfolgen; das ist jedoch streitig[110] § 16 Abs. 3 Nr. 5 VOB/B geht zwar ersichtlich von einem Schreiben aus, Wirksamkeitsvoraussetzung ist das aber nicht. Für den **Fristbeginn** nach Abs. 5 ist allerdings erst der Zugang der **letzten** Erklärung maßgebend.[111]

---

104) **Herrschende Ansicht;** OLG Hamburg, BauR 1979, 163, 164; OLG München, BauR 1979, 436, 438; OLG München, *SFH,* Nr. 7 zu § 16 Nr. 3 VOB/B (1952); **a.A.:** offensichtlich: OLG Köln, *Schäfer/Finnern,* Z 2.330.2 Bl. 32.
105) BGH, BauR 1999, 396 = NJW 1999, 944 = MDR 1999, 416; OLG Naumburg, NZBau 2001, 139; OLG München, BauR 1996, 871, 874 = OLGR 1996, 210; OLG Celle, OLGR 1995, 82 = NJW-RR 1995, 915.
106) Vgl. *Nicklisch/Weick,* § 16 VOB/B, Rn. 49; vgl. hierzu OLG Oldenburg, IBR 2014, 398 – *Rodemann.*
107) Ebenso: *Locher,* in: Ingenstau/Korbion, § 16 Abs. 3/B, Rn. 94; Beck'scher VOB-Komm/ *Kandel,* B § 16 Nr. 3, Rn. 77.
108) KG, BauR 2000, 575 = KGR 2000, 190.
109) BGH, BauR 1999, 396 = NJW 1999, 944 = MDR 1999, 416.
110) *Locher,* in: Ingenstau/Korbion, § 16 Abs. 3/B, Rn. 103 mit weiteren Nachweisen; *Kleine-Möller/Merl,* § 12, Rn. 307; **a.A.:** *Messerschmidt,* in: Kapellmann/Messerschmidt, § 16 VOB/B, Rn. 219; *Losert,* ZfBR 1991, 7; OLG Köln, BauR 1994, 634 = ZfBR 1994, 224 = OLGR 1994, 183 = NJW-RR 1994, 1501 sowie OLG Dresden, BauR 2000, 279 = NJW-RR 1999, 1399 = MDR 1999, 479 und wohl auch *Stellmann/Schinköth,* ZfBR 2005, 3, 5; jetzt auch Beck'scher VOB-Komm/*Kandel,* B § 16 Nr. 3, Rn. 79; vgl. hierzu auch OLG Stuttgart, NZBau 2014, 772.
111) *Nicklisch/Weick,* § 16 VOB/B, Rn. 49; *Kleine-Möller/Merl,* § 12, Rn. 307.

dd) Vorbehalt

Nimmt der Unternehmer die Schlusszahlung oder eine gleichstehende Erklärung des Auftraggebers **vorbehaltlos** an, so werden dadurch sämtliche Nachforderungen ausgeschlossen, die mit dem Bauvertrag in engem Zusammenhang stehen.[112] Eines „Vorbehalts" bedarf es aber **nur,** wenn eine Schlusszahlung oder eine ihr gleichstehende eindeutige Erklärung des Auftraggebers **tatsächlich vorliegt;** nimmt der Unternehmer irrtümlich an, der Auftraggeber habe eine „Schlusszahlung" vorgenommen, handelt es sich bei einem von ihm erklärten „Widerspruch" hiergegen nicht um einen Vorbehalt, „sondern um eine sonstige Erklärung, für welche keine Begründungspflicht nach § 16 Abs. 3 Nr. 5 Satz 2 VOB/B besteht."[113]

2772

An die nach § 16 Abs. 3 Nr. 5 VOB/B erforderliche Vorbehaltserklärung des Unternehmers dürfen im Hinblick auf den drohenden Rechtsverlust im Übrigen **keine allzu strengen Anforderungen** gestellt werden.[114] So bedarf der Vorbehalt schon keiner besonderen Form; er kann **mündlich** oder **fernmündlich** erklärt werden.[115] Es genügt eine Erklärung des Unternehmers, mit der er zu erkennen gibt, dass er mit dem vom Auftraggeber als Schlusszahlung gedachten Betrag seine Forderungen aus dem Bauvertrag nicht als getilgt ansieht. So reicht z.B. als Vorbehalt die Erklärung aus, „auf voller Bezahlung der Rechnung zu bestehen"[116] oder „er halte vorbehaltlich einer näheren Prüfung an der Forderung fest".[117] Der bei der Hinnahme eines Schecks erfolgte Hinweis des Unternehmers oder seiner Frau, der Scheckbetrag stimme nicht mit dem vom Architekten errechneten restlichen Werklohn überein, stellt ebenfalls einen ausreichenden Vorbehalt dar.

Im Übrigen genügt **ein** ordnungsgemäßer Vorbehalt; weitere von dem Auftraggeber als „Schlusszahlungen" gekennzeichnete Zahlungen können nicht mehr den Ausschluss der nicht beglichenen, vorbehaltenen Forderungen bewirken.[118]

Früher gestellte, aber unerledigte Forderungen sind dagegen ausgeschlossen, wenn sie nicht nochmals in der **28 Tagefrist** vorbehalten werden.[119] **Früher erklärte Vorbehalte** müssen also erneuert werden.[120] Die vor der Annahme der Schlusszahlung erfolgte **Streitverkündung** des Unternehmers an den Auftraggeber macht einen Vorbehalt bei Annahme der Schlusszahlung ebenfalls nicht entbehrlich.[121] Lässt der Unternehmer durch **Anwaltsschreiben** mit Fristsetzung und **Klageandrohung** eine bis dahin im Wesentlichen unbestrittene Restforderung geltend ma-

2773

---

112) OLG Düsseldorf, NJW 1977, 1298; *Schmitz*, DB 1980, 1009, 1013. Vgl. hierzu KG, BauR 2001, 108.
113) So zutreffend: OLG München, BauR 1996, 871, 873 = OLGR 1996, 210.
114) BGH, BauR 2002, 1253 = MDR 2002, 1188; NJW 1970, 706 = BauR 1970, 117; BGH, ZfBR 1982, 123, 124 = BauR 1982, 282; BauR 1983, 476; OLG Oldenburg, NZBau 2014, 769 = IBR 2014, 399 – *Rodemann*; OLG Hamburg, BauR 1983, 371; OLG Karlsruhe, BauR 1989, 208, 209; OLG Frankfurt, NJW-RR 1988, 601; *Stellmann/Schinköth*, ZfBR 2005, 3, 6.
115) BGH, BB 1977, 1020; Beck'scher VOB-Komm/*Kandel*, B § 16 Nr. 3, Rn. 88.
116) BGH, ZfBR 1982, 123, 124.
117) BGH, BauR 2002, 1253 = MDR 2002, 1188.
118) BGH, a.a.O.
119) Zum **Fristbeginn** bei einer Überweisung auf Bankkonto: BGH, NJW 1984, 368 u. NJW 1987, 493; LG Hanau, *SFH*, Nr. 46 zu § 16 Nr. 3 VOB/B (1973).
120) Einen **Ausnahmefall** behandelt BGH, BauR 1970, 240.
121) BGH, NJW 1977, 1293 = BauR 1977, 287.

chen und nimmt der Auftraggeber daraufhin zu dieser erstmals substantiiert in dem Sinne Stellung, dass unter Berücksichtigung seiner Kürzungen und Gegenansprüche der Unternehmer bereits überzahlt sei, so muss der Unternehmer bzw. sein Anwalt dem unverzüglich widersprechen, andernfalls er mit seiner Forderung ausgeschlossen ist.[122] Durch die Erhebung einer **Zahlungsklage** oder die **Einleitung des Mahnverfahrens** bringt der Unternehmer aber im Übrigen ausreichend zum Ausdruck, dass er auf seiner Restforderung besteht; der Einwand der Schlusszahlung kann dann nicht durchgreifen.[123] Der mit Erhebung der Klage oder Zustellung eines Mahnbescheides rechtzeitig erklärte Vorbehalt verliert nicht seine Wirkung, wenn die Klage später (wieder) zurückgenommen wird.[124]

2774 Die Vorbehaltserklärung ist eine **empfangsbedürftige Willenserklärung**, die mit dem Zugang wirksam wird.[125] Erfolgt die Vorbehaltserklärung durch Klageerhebung, so muss die Klage nicht nur rechtzeitig innerhalb der 28 Tagefrist des § 16 Abs. 3 Nr. 5 eingereicht, sondern auch „demnächst" (§ 270 Abs. 3 ZPO) dem Auftraggeber zugestellt werden, um die Durchsetzbarkeit der Vergütungsansprüche zu erhalten.[126] Zwischen der Annahme der Schlusszahlung und der Erklärung des Vorbehalts muss demnach ein enger zeitlicher Zusammenhang vorliegen. Der Unternehmer muss **beweisen,** dass er diesen nach § 16 Abs. 3 Nr. 5 VOB/B erforderlichen Vorbehalt bei Annahme der Schlusszahlung **rechtzeitig erklärt hat.**[127]

2775 Nur in **Ausnahmefällen** ist ein **Vorbehalt entbehrlich.**[128] So wird der vertraglich vorgesehene **Sicherheitseinbehalt** von der Schlusszahlungseinrede nicht betroffen;[129] eines Vorbehaltes bedarf es nicht. Vielmehr ist es Sache des Auftraggebers, bei Eintritt der Fälligkeit des Sicherheitsbetrages die etwaigen Gegenansprüche im Einzelnen darzulegen und zu beweisen. Ein **Vergleich** oder eine Vereinbarung über den Zahlungsmodus geht immer der Schlusszahlungseinrede vor.[130] Dagegen liegt ein Verzicht auf die Geltendmachung der Ausschlusswirkung noch nicht in **späteren Vergleichsverhandlungen.**[131] Jedoch kann ein Verzicht auf die Einrede der Verjährung auch den Verzicht auf die Einrede des § 16 Abs. 3 Nr. 2 VOB/B mitumfassen.[132] Insgesamt gilt der **Grundsatz,** dass ein Vorbehalt entbehrlich ist, wenn der Auftragnehmer (Unternehmer) in engem zeitlichem Zusammenhang mit dem Eingang der Zahlung erklärt, er bestehe auf der Bezahlung der vollen Werklohnforderung, sodass dem Auftraggeber bei der Schlusszahlung klar erkennbar war, dass der Auftragnehmer seine Forderung voll aufrechterhalten wolle.[133]

---

122) OLG Köln, *Schäfer/Finnern,* Z 2.330 Bl. 7; OLG München, *SFH,* Nr. 7 zu § 16 Nr. 3 VOB/B (1952); KG, BauR 1978, 56, 57; *Jagenburg,* BauR 1975, 356.
123) So auch: BGH, NJW 1977, 531 = BauR 1977, 135 = DB 1978, 493; vgl. aber auch OLG Frankfurt, BauR 1983, 372.
124) BGH, BauR 1987, 329 = NJW 1987, 2582 = ZfBR 1987, 146.
125) Siehe BGH, NJW 1978, 1631.
126) BGHZ 75, 307 = NJW 1980, 455 = DB 1980, 443 = BauR 1980, 174.
127) BGH, DB 1972, 2156 = NJW 1972, 2267.
128) Vgl. dazu BGH, *SFH,* Nr. 1 zu § 16 Nr. 3 VOB/B (1973).
129) Vgl. BGH, BauR 1979, 525; OLG Düsseldorf, ZIP 1983, 342.
130) BGH, BauR 1981, 204 = WM 1981, 246 = NJW 1981, 1040.
131) OLG Hamburg, BauR 1979, 163, 165.
132) Vgl. BGH, BauR 1978, 312, 313 = NJW 1978, 1485 = MDR 1978, 745.
133) Vgl. BGH, NJW 1970, 1185 = BauR 1970, 240 = MDR 1970, 670; BGH, NJW 1979, 2310; OLG Hamburg, BauR 1979, 163, 165.

2776 Ein Vorbehalt wird **hinfällig**, wenn der Unternehmer nicht innerhalb von weiteren **28 Tagen** eine prüfbare Rechnung über die vorbehaltenen Forderungen eingereicht oder, wenn das nicht möglich ist, der Vorbehalt eingehend **begründet** wird (§ 16 Abs. 3 Nr. 5 VOB/B).[134] Die VOB geht hier nur auf den Fall ein, dass die Forderungen des Unternehmers nicht in der bereits eingereichten prüffähigen Schlussrechnung enthalten waren. In diesem Fall muss also eine prüfbare Rechnung bezüglich der vorbehaltenen Ansprüche nachgereicht werden oder eine eingehende Begründung des Vorbehalts erfolgen. Ist der Auftraggeber dagegen aufgrund der bereits **eingereichten prüfbaren Schlussrechnung umfassend** über sämtliche Forderungen des Unternehmers **informiert**, kürzt er aber diese Schlussrechnung, so genügt die Erklärung des Vorbehalts, **ohne dass nun nochmals eine prüfbare Rechnung** über die vorbehaltenen Vergütungsansprüche oder eine eingehende Begründung des Vorbehalts erforderlich wird.[135] Nachforderungen, die nicht in der bereits überreichten Schlussrechnung enthalten sind, können weiterhin geltend gemacht werden.[136]

Hat der Unternehmer die von dem Auftraggeber gemäß § 14 Abs. 4 VOB/B ermittelte Schlusszahlung erhalten, so läuft von da ab für ihn die Einspruchsfrist.

ee) Frist

Literatur

Mohns, Der Beginn der Vorbehaltsfrist bei der Schlusszahlung, NJW 1978, 2543; *Kainz*, Hat der Auftragnehmer stets 36 Werktage Zeit, um seinen Vorbehalt nach § 16 Nr. 3 Abs. 2 VOB/B zu begründen?, BauR 1981, 239.

2777 Die Vorbehaltserklärung des Unternehmers muss nach der VOB/B 2012 innerhalb der Frist von **28 Tagen (früher 24 Werktage) nach Zugang der schriftlichen Mitteilung** gemäß § 16 Abs. 3 Nr. 5 VOB/B dem Auftraggeber zugehen; für die Berechnung der Frist sind die §§ 186 ff. BGB maßgebend. Bei einem Vorbehalt durch Einreichung einer Klage muss die Vorschrift des § 270 Abs. 3 ZPO beachtet werden.[137] Im Übrigen beginnt die Vorbehaltsfrist erst nach Ablauf des Tages, an dem der Unternehmer von der Schlusszahlung und dem schriftlichen Hinweis auf die Rechtsfolgen einer vorbehaltlosen Annahme Kenntnis erlangt hat.

2778 Bestätigt ein Unternehmer den Eingang einer als **Restbetrag** aus mehreren Teilrechnungen bezeichneten Zahlung und legt er dabei „Einspruch" gegen diese Zahlung ein, den er noch begründen werde, so fehlt es an einem wirksamen Vorbehalt, wenn diese Begründung ausbleibt.[138]

---

134) Vgl. hierzu im Einzelnen insbesondere *Groß*, BauR 2000, 342. Zur **Begründungspflicht** s. auch OLG Hamm, MDR 1985, 845.
135) Vgl. BGH, BauR 1998, 613, 614; BGH, BauR 1977, 135; BGH, BauR 1985, 576 = NJW 1986, 2049; BGH, BauR 1980, 178; OLG Düsseldorf, BauR 2016, 518; OLG München, BauR 1996, 871, 873 = OLGR 1996, 210; OLG Karlsruhe, BauR 1989, 208; *Leinemann*, Die Bezahlung der Bauleistung, S. 79; zu den Anforderungen an die Begründung des Vorbehalts im Falle des § 14 Nr. 4s. *Dähne*, BauR 1981, 233, 238.
136) BGH, IBR 2016, 328 – *Schmitz*.
137) Vgl. BGHZ 75, 307 = BGH, ZfBR 1980, 34; **a.A.:** *Raudszus*, NJW 1983, 667.
138) OLG Hamm, MDR 1985, 845.

2779 Die Frist von **28 Tagen** (§ 16 Abs. 3 Nr. 5 Satz 2 VOB/B) für die Vorbehaltsbegründung schließt sich nach dem Wortlaut dieser Vorschrift an die Erklärungsfrist von 28 Tagen an.

ff) Adressat

2780 Der Vorbehalt ist als empfangsbedürftige Willenserklärung grundsätzlich vom Bauunternehmer gegenüber dem **Auftraggeber** selbst zu erklären. Ob der vom Auftraggeber bestellte **Architekt** zur Entgegennahme des Vorbehalts befugt ist, wird von den Umständen des Einzelfalles abhängen.[139] In der Regel ist jedoch davon auszugehen, dass er zur Entgegennahme des Vorbehalts bevollmächtigt ist.[140]

2781 Nach Auffassung des BGH[141] ist der vom Auftraggeber bestellte Architekt jedenfalls dann der richtige Empfänger für die Vorbehaltserklärung, „wenn er mit der Bauabrechnung befasst ist und mit Wissen und Wollen des Bauherrn oder zumindest unter dessen Duldung **unmittelbar** mit den Bauhandwerkern die Auseinandersetzung über deren Werklohnforderung führt". Der Architekt bleibt so lange die maßgebliche Stelle für die Vorbehaltserklärung, bis der Auftraggeber unmissverständlich klar stellt, dass er dem Architekten diese Aufgabe für die weitere Abrechnung entzieht.[142]

2782 Zu beachten ist, dass auch der Anwalt des Unternehmers **Adressat der Schlusszahlungserklärung** des Auftraggebers sein kann. Leitet z.B. ein Anwalt des Unternehmers die Schlussrechnung für diesen dem Auftraggeber zu und verlangt er die Zahlung „auf unser Anderkonto", so muss er auch für den Unternehmer rechtzeitig bei einer Schlusszahlungsanzeige des Auftraggebers der Schlusszahlung widersprechen und den Vorbehalt erklären.[143] Allerdings ist der Schlusszahlungsvermerk auch dann wirksam wenn er nur dem Vertragspartner und nicht auch den ihn vertretenden Anwälten übersandt wird.[144]

2783 Hat der für den Unternehmer bestellte **Sequester** die Schlussrechnung erstellt und dem Auftraggeber zugeleitet, so ist er als **Sequester** und späterer **Konkurs-(Insolvenz-)Verwalter** der richtige Empfänger für eine Schlusszahlung und der richtige Adressat für eine Schlusszahlungsanzeige.[145]

---

139) Vgl. dazu OLG Düsseldorf, BauR 1975, 429 u. 431; LG Tübingen, Bau 1976, 282, 283.
140) Vgl. vor allem BGH, NJW 1987, 380 = BauR 1987, 92; auch *Kaiser*, BauR 1976, 235.
141) BGH, NJW 1977, 1634 = BauR 1977, 356 sowie BGH, *SFH*, Nr. 5 zu § 16 Ziff. 2 VOB/B (1952).
142) BGH, BauR 1978, 314 = NJW 1978, 1631.
143) Siehe OLG Hamburg, BauR 1980, 163, 164; OLG München, BauR 1980, 476, 477; OLG Köln *Schäfer/Finnern*, Z 2.330.2 Bl. 7.
144) Vgl. OLG Hamm, NJW-RR 1991, 792.
145) OLG Düsseldorf, ZIP 1983, 342; BGH, ZfBR 1987, 146 = BauR 1987, 329 = NJW 1987, 2582.

III. Die Verwirkung

Literatur

Hahn, Rückforderungen im Bauvertragsrecht, 1986.

Dähne, Die Verwirkung von Rückzahlungsforderungen im Bauauftrag der öffentlichen Hand, BauR 1974, 163; *Hahn*, Verwirkung von Rückzahlungsansprüchen der öffentlichen Hand, ZfBR 1982, 139; *Dähne*, Der Rückforderungsanspruch des öffentlichen Bauherrn, Festschrift für Korbion (1986), 39; *de Vivie/Barsuhn*, Die verwaltungsgerichtliche Rechtsprechung zur Verwirkung nachbarlicher Abwehrrechte im Baurecht, BauR 1995, 492; *Welte*, Verwirkung von Einwendungen gegen die Schlussrechnung nach Ablauf der Prüfungszeit von 2 Monaten oder beweisrechtliche Konsequenzen?, BauR 1998, 384; *Horschitz*, Verwirkung des VOB-Werklohnanspruchs – Die Verjährung des Mangelrechts als Maßstab, Festschrift für Ganten (2007), 169.

Die Ansprüche oder Rechte (vor allem Gestaltungsrechte) eines Baubeteiligten können im Einzelfall verwirken. Der Einwand der Verwirkung ist keine Einrede im Sinne des bürgerlichen Rechts, die der Geltendmachung durch den Einredeberechtigten bedarf; er ist vielmehr, wenn er mit dem zugrundeliegenden Sachverhalt ordnungsgemäß vorgetragen ist, wie jeder Einwand aus § 242 BGB **von Amts wegen** im Bauprozess zu berücksichtigen.[1] Beruft sich deshalb ein Beklagter z.B. auf Verjährung, so kann im Einzelfalle die Frage der Verjährung des Klageanspruchs offen bleiben, wenn dieser ohnehin verwirkt ist.[2] Der Einwand der Verwirkung ist insoweit logisch vorrangig.

1. Grundsätze

Die Verwirkung ist ein Fall der **unzulässigen Rechtsausübung**.[3] Ein baurechtlicher Anspruch oder ein Recht eines Baubeteiligten ist verwirkt,

* wenn seit der Möglichkeit seiner Geltendmachung längere Zeit verstrichen ist **(Zeitmoment)** und
* wenn besondere Umstände hinzutreten, aufgrund derer die verspätete Geltendmachung gegen Treu und Glauben verstößt **(Vertrauenstatbestand)**.[4]

Das Zeitmoment der Verwirkung ist stets vom Einzelfall abhängig; nach der Rechtsprechung des BGH[5] gilt jedoch der Grundsatz, „das um so seltener Raum für eine Verwirkung sein wird, je kürzer die Verjährungsfrist ist". Eine Verwirkung **vor Ablauf der Verjährungsfrist** ist nur unter besonderen Umständen anzunehmen.[6] Insoweit hat der BGH[7] jedoch darauf hingewiesen, dass die Geltendmachung von Schadensersatzansprüchen aus § 635 BGB a.F., deren Verjährung mangels

---

1) BGH, LM Nr. 2 zu § 164 BGB; BGH, NJW 1966, 343, 345; KG, NJW-RR 1986, 598, 600.
2) Vgl. BGH, *Schäfer/Finnern*, Z 2.320 Bl. 1.
3) **Herrschende Meinung;** RGZ 155, 151, 152; BGH, WM 1965, 799, 800 u. WM 1984, 818.
4) BGH, BauR 2004, 316, 322; RGZ 131, 228; 155, 151, 152; BGHZ 43, 289, 290, 292; BGH, NJW 1980, 880 = BauR 1980, 180; BGH, BauR 1982, 283, 284; OLG Hamm, BauR 2015, 696; OLG Dresden, IBR 2014, 674 – *Wellensiek*; LG München, I, NJW-RR 1989, 852.
5) BauR 2003, 379 = NJW 2003, 824 = NZBau 2003, 213; NJW-RR 1989, 818; vgl. hierzu auch *Dähne*, Festschrift für Korbion, S. 39, 47 u. *Schubert*, JR 1989, 280.
6) OLG Düsseldorf, IBR 2015, 653 – *Luz*.
7) IBR 2011, 590 – *Schulze-Hagen*.

Abnahme oder mangels „Abnahmeersatzes" noch nicht zu laufen begonnen hat, nach 14 Jahren verwirkt ist. Nach Auffassung des OLG Hamm[8)] soll das Zeitmoment einer Verwirkung von Honorarforderungen eines Architekten vor einem Ablauf von 5 bis 7 Jahren nach Abschluss der Baumaßnahme unter Stellung der Schlussrechnung kaum erfüllt sein.

2786 Neben dem reinen Zeitablauf hat damit die Verwirkung zur Voraussetzung, „dass der Schuldner sich infolge der Untätigkeit des Gläubigers darauf einrichten durfte und eingerichtet hat, dieser werde seinen Anspruch nicht mehr geltend machen, und dass deswegen die spätere Geltendmachung des Anspruchs gegen Treu und Glauben verstößt".[9)] Der Verstoß liegt also in einer **illoyalen Verspätung der Geltendmachung eines Rechts**.[10)] Die bloße Untätigkeit des Bauberechtigten während eines längeren, zur Verjährung nicht ausreichenden Zeitraums kann allein niemals zum Erlöschen eines Anspruchs führen. Handelt es sich demnach z.B. um die Geltendmachung von **Gewährleistungsansprüchen** durch einen Baubeteiligten, kommt es für die Frage der Verwirkung unter anderem darauf an, ob bei einer objektiven Beurteilung der Unternehmer dem Verhalten des Bauherrn entnehmen durfte, dieser wolle sein Recht nicht mehr geltend machen.[11)] Die Verwirkung setzt überdies voraus, dass der Verpflichtete (Schuldner) nicht selbst gegen Treu und Glauben verstoßen und dadurch eine frühere Geltendmachung des Rechts verhindert hat.[12)]

2787 Ein Auftraggeber verliert bei einem VOB-Bauvertrag nicht sein Recht, **Einwendungen** gegen das **Abrechnungsverfahren** des Auftragnehmers zu erheben, wenn er diese nicht innerhalb der Prüfungsfrist von zwei Monaten geltend gemacht hat (vgl. hierzu Rdn. 1882 ff.).[13)] Das OLG Düsseldorf[14)] hatte insoweit angenommen, dass der Auftraggeber sein „Einwendungsrecht" verwirkt habe. Dem hat sich der BGH nicht angeschlossen und darauf hingewiesen, dass der Einwand der Verwirkung nur dann begründet ist, „wenn der Auftragnehmer aufgrund des Zeitablaufs und weiterer auf dem Verhalten des Auftraggebers beruhender Umstände darauf vertraut hat und darauf vertrauen durfte, dass der Auftraggeber seine Recht nicht mehr geltend machen wird".[15)]

2788 Die Verwirkung ist im Bauwesen für alle Ansprüche und Rechte denkbar, sie wird wegen der strengen Voraussetzungen jedoch nur selten durchgreifen.

Der BGH hatte Gelegenheit, sich mit der **Verwirkung einer nicht prüffähigen Schlussrechnung** zu beschäftigen. In diesem Zusammenhang hat der BGH darauf hingewiesen, dass eine Architektenforderung dann verwirkt ist, „wenn sich der

---

8) BauR 2015, 696.
9) BGH, NZBau 2014, 237 = IBR 2014, 217; BGH, BauR 1975, 424, 426; ferner BGH, BauR 2003, 379 = NJW 2003, 824 sowie BauR 2004, 316, 322; OLG Dresden, IBR 2014, 674 – *Wellensiek*; OLG Naumburg, NZBau 2014, 439 m. Anm. *Fuchs*.
10) Vgl. BGHZ 25, 47, 51 = DB 1957, 746; BGH, WM 1968, 916, 918; BGH, DB 1969, 302; OLG Frankfurt, BauR 1989, 210.
11) Vgl. BGHZ 25, 47, 52; BGH, DB 1963, 1707 = WM 1963, 1029, 1032.
12) BGH, *Schäfer/Finnern*, Z 2.411 Bl. 76.
13) BGH, BauR 2001, 784 = NZBau 2001, 314 = ZfBR 2001, 313 = NJW-RR 2001, 805 = NJW 2001, 1649 = MDR 2001, 746; OLG Celle, NZBau 2002, 675.
14) BauR 1990, 609 = NJW-RR 1991, 278 u. BauR 1997, 1052 = NJW-RR 1998, 376; dazu *Welte*, BauR 1998, 384 ff.; ebenso: OLG Bremen, OLGR 2001, 79.
15) BGH, a.a.O.

Grundsätze

Auftraggeber nach Erteilung einer nicht prüffähigen Schlussrechnung nach einem gewissen Zeitraum bei objektiver Betrachtung darauf einrichten durfte und eingerichtet hat, dieser werde sein Recht nicht mehr geltend machen".[16] Dabei bestätigt der BGH nochmals, dass zu dem **Zeitablauf** noch besondere, auf dem **Verhalten des Architekten beruhende Umstände hinzutreten müssen**, die das Vertrauen des Auftraggebers rechtfertigen, der Architekt werde seinen Anspruch nicht mehr geltend machen.[17] Als Beispiel für Letzteres nennt der BGH[18] eine (erfolglose) Fristsetzung durch den Auftraggeber gegenüber dem Architekten, eine prüffähige Rechnung zu erstellen.

Beispiele aus der Rechtsprechung zur **Verwirkung** eines   2789

* **Beseitigungsanspruchs** beim Überbau (BGH, SFH, Nr. 1 zu § 912 BGB)
* **Gewährleistungsrechts** (BGH, NJW 1969, 1108)
* **Rücktrittsrechts** des Baubetreuers (BGH, BGB 1969, 384)
* **Rückzahlungsanspruchs** eines **öffentlichen Auftraggebers** wegen überzahlten Werklohns (vgl. hierzu BGH, BauR 1982, 283 = ZfBR 1982, 113; BGH, BauR 1980, 180 = ZfBR 1980, 22; BGH, SFH, Nr. 1 zu § 779 BGB; BGH, Schäfer/Finnern, Z 2.212 Bl. 17; LG Düsseldorf, BauR 1998, 1106 = NJW-RR 1999, 315; OLG Köln, Schäfer/Finnern, Z 3.022 Bl. 6 u. BauR 1979, 252; OLG Celle, BauR 1974, 418; LG Landshut, BauR 2002, 966 = NJW RR 2002, 744; LG München I, NJW-RR 1989, 852; LG Köln, SFH, Nr. 4 zu § 242 BGB; Hahn, S. 79 ff.; Dähne, BauR 1974, 163 u. Festschrift für Korbion, S. 39; Peters, NJW 1977, 552, 556; Hahn, ZfBR 1982, 139, 142 ff.

Der Rückzahlungsanspruch des öffentlichen Auftraggebers ist dann nicht verwirkt, wenn die Planungsleistungen für eine Sporthalle in einem engen Sachzusammenhang mit dem Gesamtbauvorhaben eines Gymnasiums stehen, der Architekt daran beteiligt war und deshalb damit rechnen musste, dass die Rechnungsprüfung für das Gesamtbauvorhaben einheitlich erfolgen würde (OLG Naumburg, BauR 2008, 124).

Bei der **Berechnung** der Zeitspanne ist auf den Eingang der Schlusszahlung abzustellen (BGH, BauR 1982, 282, 284; AG Hamburg, SFH, Nr. 16 zu § 242 BGB); von da ab beginnt die Verwirkungsfrist zu laufen. Von einem „Vertrauenstatbestand" kann nicht die Rede sein, wenn der öffentliche Auftraggeber „immer wieder deutlich macht, dass er an seinem Rückforderungsverlangen festhält" (BGH, BauR 1980, 180 = NJW 1980, 880 = ZfBR 1980, 22). Wegen der Praxis der Rechnungshöfe kommt eine Verwirkung deshalb immer nur **nach Ablauf längerer Fristen** in Betracht. Verwirkung nehmen LG Düsseldorf, BauR 1998, 1106 = NJW-RR 1999, 315), OLG Köln (Schäfer/Finnern, Z 3.022 Bl. 6) und LG Köln (SFH, Nr. 4 zu § 242 BGB) **nach 4, 6** bzw. **7 Jahren** an (a.A.: BGH, BauR 1990, 880 für **6 ¼ Jahre** u. OLG München, BauR 1982, 603 für **7 Jahre**; Bedenken hiergegen bei Palandt/Grüneberg, § 242 BGB, Rn. 99, weil von der öffentlichen Hand eine zügige Rechnungsprüfung erwartet werden müsse). Zur Rückforde-

---

16) BauR 2004, 316, 322.
17) BauR 2003, 379 = NZBau 2003, 313 = ZfBR 2003, 147 = IBR 2003, 61. Ebenso OLG München, BauR 2016, 139.
18) BauR 2004, 316, 322 m. Hinw. auf BGH, BauR 2000, 589 = NZBau 2000, 202 = ZfBR 2000, 172 = IBR 2000, 125.

rung von Umsatzsteuer durch den öffentlichen Auftraggeber s. OLG München, BauR 1982, 603.
* Zur Verwirkung **urheberrechtlicher Unterlassungsansprüche** (LG Stuttgart, IBR-online, Werkstattbeitrag 01.06.2010 – Knipp).
* **Vergütungsanspruchs** (BGH, BauR 2004, 316, 322 = NZBau 2004, 216 = NJWRR 2004, 445; KG, BauR 1971, 264; vgl. dazu auch BGH, BauR 1984, 182, 185)
* Besonders strenger Maßstab an den Vertrauenstatbestand, wenn eine Anspruchsverwirkung vor Ablauf einer besonders kurzen Verjährungsfrist (zwei Jahre) geltend gemacht wird (HansOLG Hamburg, OLGR 1999, 167).
* Einen **Anspruch auf Preisanpassung wegen einer Mengenüberschreitung** beim Einheitspreisvertrag (§ 2 Abs. 3 Nr. 2 VOB/B) kann der Auftraggeber nur bis zu Bezahlung der Schlussrechnung des Auftragnehmers geltend machen. Gleicht er diese vorbehaltlos aus, ohne eine Preisanpassung zu verlangen, hat er sein Änderungsrecht verwirkt und ist mit einem Änderungsverlangen für die Zukunft ausgeschlossen (OLG Düsseldorf, IBR 2015, 243 – *Bolz*). Die Entscheidung ist bedenklich, weil die VOB/B grundsätzlich für das Preisanpassungsverlangen keine zeitliche Begrenzung kennt (vgl. hierzu Rdn. 1502).
* **Werklohnanspruches** vor Ablauf der Verjährungsfrist (OLG Hamm, NJW-RR 2003, 81 = OLGR 2003, 56)
* **Architektenhonoraranspruches** (BGH, BauR 2004, 316, 322 = NZBau 2004, 216 = NJW-RR 2004, 445); ferner BauR 2003, 379 = NZBau 2003, 213 = ZfBR 2003, 147 = IBR 2003, 61; BauR 2000, 589 = NZBau 2000, 202 = ZfBR 2000, 172 = IBR 2000, 125).
* **Keine Verwirkung** vor Ablauf von **fünf bis sieben Jahren** bezüglich einer **Honorarforderung** ohne erstellte Schlussrechnung (OLG Hamm, IBR 2011, 92 – *A. Eich*).
* Ein Architekt **verwirkt** seinen **Honoraranspruch**, wenn er den Architektenvertrag aus gesundheitlichen Gründen beendet und die Zusendung einer Schlussrechnung ankündigt, dann aber erst **nach 11 Jahren** seine **Rechnung** erteilt (OLG Köln, IBR 2013, 754 – *Wessel*).
* Beruft sich der Käufer eines **Koppelungsgeschäftes** (vgl. hierzu Rdn. 696 ff.) mehr als acht Jahre nach Vertragsschluss auf die Unwirksamkeit des Geschäfts, liegt in der Regel ein Verstoß gegen das Gebot von Treu und Glauben (§ 242 BGB) vor (LG Oldenburg, IBR 2004, 323 – *Jasper*).
* Das **Recht auf Preisanpassung** gemäß § 2 Abs. 3 VOB/B kann nach den allgemeinen Grundsätzen verwirkt werden (BGH, BauR 2005, 1152).
* Das **Recht auf Preisanpassung verwirkt nicht nach 3 ½ Jahren** (OLG Brandenburg, IBR 2012, 71 – Fuchs).
* Nach mehr als 17 Jahren ist der **Anspruch** des Auftraggebers auf **Auflistung der Gewährleistungsfristen**, der systematischen **Zusammenstellung der Ergebnisse** des Bauobjekts und der **Schlussabrechnung** des Bauvorhabens verwirkt (OLG Hamm, BauR 2007, 737).
* Verweigert der Auftraggeber einer Bauleistung (zu Unrecht) schon die Aufklärung der Frage, ob überhaupt Mängel vorliegen, so verwirkt er zwar seinen evtl. Mängelbeseitigungsanspruch materiell-rechtlich nicht, wohl aber im Prozess des Unternehmers auf Werklohnzahlung sein Zurückbehaltungsrecht im Sinne einer Verwirkung (OLG Celle, OLGR 2004, 521)

- **Nachbesserungsanspruch:** Ein nach einer Kündigung des Bauvertrages ausgesprochenes **Baustellenverbot** begründet allein keine Verwirkung des Nachbesserungsanspruches, sondern allenfalls einen Annahmeverzug des Auftraggebers (BGH, BauR 2004, 1616 = IBR 2004, 494 – Hildebrandt).
- Für die Verwirkung eines Honoraranspruchs des Architeken genügt als **Umstandsmoment** nicht, dass sich der Bauherr einseitig auf die **Nichtdurchführung des Architektenvertrages und die Nichtgeltendmachung eines Honoraranspruchs eingerichtet** hat. Vielmehr müssen Umstände aus der Sphäre des Architekten hinzutreten. Solche Umstände liegen nicht im schlichten Stillschweigen des Architekten (OLG München, BauR 2016, 139).
- Wird die **Leistungserbringung** eines Architekten einvernehmlich **zurückgestellt** und gerät der **Planervertrag** sodann beiderseits in **Vergessenheit**, hat der Architekt seine Honoraransprüche allein durch schlichtes Stillschweigen **auch nach 15 Jahren noch nicht verwirkt** (OLG München, IBR 2016, 224 – Bolz).
- Unterliegt ein Anspruch der (kurzen) **regelmäßigen Verjährung von drei Jahren**, kann eine **weitere Abkürzung** dieser Verjährungsfrist durch Verwirkung **nur unter ganz besonderen Umständen** (z.B. bei einem Verhalten des Berechtigten, das einem stillschweigenden Verzicht nahe kommt) angenommen werden (OLG Düsseldorf, BauR 2016, 1324).
- Zwischen dem sog. **Zeitmoment** und dem sog. **Umstandsmoment** besteht insofern eine **Wechselwirkung**, als der Zeitablauf (im Rahmen des Zeitmoments) umso kürzer sein kann, je gravierender die sonstigen Umstände (im Rahmen des Umstandsmoments) sind (OLG Düsseldorf, BauR 2016, 1324).
- Ein **Kündigungsrecht** kann verwirkt werden, wenn sich der Auftraggeber zu Gründen, zu denen er **eine Frist gesetzt** hatte, **ernsthaft auf Verhandlungen einlässt** oder sonst zu erkennen gibt, dass er trotz Kündigungsandrohung an einer danach einmal geäußerten Kündigungsabsicht nicht mehr festhalten will. Allerdings muss aus der weiteren Annahme der Arbeit auch tatsächlich ein entsprechender **Verzichtswille des Auftraggebers erkennbar** sein (OLG Zweibrücken, NZBau 2017, 149).

2. Beweislast

Grundsätzlich trägt derjenige die Beweislast für die Verwirkung, der sich auf sie beruft.[19] Es ist jedoch Folgendes zu beachten:[20] **2790**

Dem Schuldner obliegt die Behauptungs- und Beweislast dafür, dass der Gläubiger längere Zeit mit der Geltendmachung seiner Forderung oder Rechte zugewartet hat. Gegenüber einer solchen Behauptung des Schuldners ist es die Aufgabe des Gläubigers, substantiiert zu bestreiten und darzulegen, wann und ggf. unter welchen Umständen er die Forderung oder sein Recht in der zurückliegenden Zeit geltend gemacht hat. Für die weitaus meisten Fälle bedeutet dies, dass bei einem nicht aufklärbaren Widerstreit der beiderseitigen Parteibehauptungen in erster Linie die

---

[19] *Siebert*, Verwirkung und Unzulässigkeit der Rechtsausübung, 1934, S. 150; *Baumgärtel/Strieder*, Beweislast, § 242 BGB, Rn. 10; *Dähne*, Festschrift für Korbion, S. 39, 54.
[20] Vgl. BGH, NJW 1958, 1188, 1189 = MDR 1958, 584 = WM 1958, 777; *Baumgärtel/Strieder*, a.a.O., m.w.Nachw. in Anm. 24.

Parteivernehmung des Gläubigers und nicht die des Schuldners in Betracht kommt. Bei widerstreitenden Zeugenaussagen geht das Non-liquet hinsichtlich eines bestimmten Vorgangs zu Lasten des Schuldners.[21]

---

21) BGH, a.a.O.

IV. Anfechtung und Organisationsverschulden

1. Arglistige Täuschung/widerrechtliche Drohung eines Baubeteiligten

Literatur

Hoffmann, Arglist des Unternehmers aus der Sicht für ihn tätiger Personen, JR 1969, 372; *Otto*, Gewährleistungsansprüche bei arglistigem Verschweigen von Mängeln durch den Bauunternehmer, ZSW 1981, 194; *Schelle*, Anfechtungstatbestände nach §§ 119, 120 BGB im Bauvertragswesen, BauR 1985, 511; *Gassner*, Die Verjährung baurechtlicher Gewährleistungsansprüche bei arglistigem Verschweigen, BauR 1990, 312; *Waltermann*, Arglistiges Verschweigen eines Fehlers bei der Einschaltung von Hilfskräften, NJW 1993, 889; *Moufang/Kupjetz*, Zur rechtlichen Bindungswirkung von abgeschlossenen Nachtragsvereinbarungen, BauR 2002, 1629; *Derleder*, Sachmängel- und Arglisthaftung nach neuem Schuldrecht, NJW 2004, 969; *Gutzeit*, Der arglistig täuschende Verkäufer, NJW 2008, 1359.

In Bauprozessen gehört es mittlerweile, so scheint es, zum Standardprogramm der Auftraggeber, ihren Vertragspartnern, die bei der Bauausführung oder Planung eingebunden waren, **„arglistiges Verhalten"** vorzuwerfen, wenn sich nach vielen Jahren Mängel am Bauwerk zeigen und Mängelrechte auf ersten Blick verjährt sind. Und auch im Zusammenhang mit **Gewährleistungsausschlüssen**[1] spielen diese Vorwürfe häufig eine prozessentscheidende Rolle. Konnte ein Baubeteiligter erfolgreich einwenden, arglistig getäuscht worden zu sein, galt nach altem Recht die 30jährige Verjährungsfrist. Die Schuldrechtsreform hat indes eine grundlegende Neugestaltung des Verjährungsrechts gebracht.[2] So gilt die **Regelfrist** von drei Jahren auch, wenn Mängel **arglistig verschwiegen** werden (§§ 634a Abs. 3 Satz 1, 195, 199 BGB).[3] § 634a Abs. 3 Satz 2 BGB sieht allerdings eine besondere **Ablaufhemmung** vor, die verhindert, dass der arglistige Unternehmer, Architekt oder Sonderfachmann kürzer haftet als der nicht arglistige.[4] Bei einem **Bauwerksmangel** tritt die Verjährung deshalb nicht vor Ablauf der fünfjährigen Verjährungsfrist, beginnend mit der Abnahme, ein[5] (wg. der Einzelheiten vgl. Rdn. 2852).

2791

Wer sich auf eine arglistige Täuschung durch seinen Vertragspartner beruft, muss diese **darlegen und beweisen.**[6] Auf einen **Anscheinsbeweis** kann sich der Geschädigte in der Regel **nicht** berufen; denn der Beweis auf erste Sicht setzt voraus, dass

2792

---

1) Arglistiges Verhalten führt zur **Unwirksamkeit:** BGH, NJW-RR 1996, 1332; BGH, WM 1987, 1285, 1286.
2) Es ist vor allem auch die **Übergangsregelung** des Art. 229 § 6 Abs. 1 Satz 1 EGBGB, die zur Verschärfung des Problems beigetragen hat. Mit dem 1.1.2002 wandelte sich die 30-jährige Verjährungsfrist gemäß § 638 BGB a.F. in eine 3-jährige um, die aber erst beginnt mit der **Kenntniserlangung** des Geschädigten (BGH, NZBau 2008, 113, 115 = IBR 2008, 21 – *Weyer*; OLG Celle, BauR 2009, 667 – für einen arglistig bei der Abnahme verschwiegenen Mangel durch den Bauträger).
3) OLG Karlsruhe, NZBau 2014, 290 = IBR 2014, 210 – *Fuchs*.
4) *Mansel*, in: Dauner-Lieb u.a., Das Neue Schuldrecht, § 1, Rn. 176.
5) *Leitzke*, in: Thode/Wirth/Kuffer, § 29, Rn. 22.
6) BGH, NJW 2001, 64; BGH, ZfBR 1992, 168 mit Hinweis auf BGH, BauR 1975, 419 = WM 1975, 525; OLG Düsseldorf, OLGR 2004, 294, 296; OLG Hamm, BauR 2002, 1706, 1707 (hinsichtlich einer unzureichenden Bauaufsicht des Architekten); zur **Substantiierung** der Behauptung des arglistigen Verschweigens eines Mangels: BGH, NJW 1996, 1826; kein arglistiges Verschweigen ohne die Kenntnis von einem Mangel: BGH, IBR 2016, 692 – *Parbs-Neumann*).

es sich stets um einen **typischen** Geschehensablauf handelt. Ob aber jemand durch arglistige Täuschung z.B. zum Abschluss eines Bauvertrags bestimmt worden ist, hängt von den Umständen des **Einzelfalles** ab.[7] Da Arglist ein vorsätzliches Handeln voraussetzt, ist der Nachweis an sich nur schwer zu erbringen; gleichwohl hat die Rechtsprechung Grundsätze entwickelt, die diese Beweisführung erleichtern. Wer z.B. bei Abschluss eines Vertrages einen **Mangel** des Gebäudes **kennt** oder ihn zumindest **für möglich hält und billigend in Kauf nimmt,** dass seinem Vertragspartner dieser Fehler/Mangel nicht bekannt ist und dieser bei Offenlegung den Vertrag nicht oder nicht mit dem vereinbarten Inhalt geschlossen hätte, handelt arglistig.[8] Erklärungen „**ins Blaue hinein**" deuten ebenso auf arglistiges Fehlverhalten hin. So liegt bei einer „ins Blaue hinein" abgegebenen objektiv unrichtigen Erklärung auch bei gutem Glauben des Erklärenden Arglist vor, „wenn der Handelnde **das Fehlen** einer zuverlässigen **Beurteilungsgrundlage** nicht offenlegt. Die Arglist liegt dann gerade darin, dass dem Erklärenden, was ihm auch bewusst ist, jegliche zur sachgemäßen Erklärung erforderliche Kenntnis fehlt und er gleichwohl diesen Umstand, die fehlende Sachkenntnis, dem anderen Teil verschweigt".[9] Dem Geschädigten kann in solchen Fällen nicht entgegengehalten werden, er habe seinen „Irrtum" bei größerer Aufmerksamkeit „vermeiden" können.[10]

2793 Klassischer Anwendungsbereich der arglistigen Täuschung in Bausachen sind zunächst die Fälle, in denen **das Vorhandensein** von (vertraglich geforderten) **Eigenschaften**[11] oder die **Mangelfreiheit** (arglistig) **behauptet** wird (Täuschung durch ein **aktives Tun**); daneben hat vor allem aber das „**Verschweigen**" eines Fehlers **bei der Abnahme von Bauwerken** eine wichtige Rolle gespielt, nachdem der **BGH** durch seine Entscheidung vom 12. März 1992[12] für **Erleichterungen** bei der **Darlegungs-** und **Beweislast** gesorgt hat (s. Rdn. 2800).

---

7) Vgl. BGH, NJW 1968, 2139; auch BGH, NJW 1958, 177 m. Nachw.
8) BGH, BauR 1986, 215 = ZfBR 1986, 69 = NJW-RR 1996, 1332; BGH, WM 1983, 990; BGH, NJW 1986, 980; OLG Düsseldorf, BauR 2017, 117, 120 (zur Arglist eines **Verkäufers**, der Sanierungsarbeiten an einer Immobilie verschweigt); OLG Zweibrücken, IBR 2014, 28 – *Schwarz* (zum arglistigen Verschweigen eines **Bauüberwachungsfehlers**); OLG Celle, BauR 2009, 667 = OLGR 2009, 281 = IBR 2009, 142 – *Knychalla* (Abweichung von der Baubeschreibung; Herstellung normaler Mauerwerksisolierung statt einer vorgesehenen „weißen Wanne"); OLG München, BauR 2005, 1493 = OLGR 2005, 320 = IBR 2005, 316 – *Vogel* (zur **Abgrenzung** von Arglist und Fahrlässigkeit; mangelhafte Abdichtung eines Kellers gegen Grundwasser); OLG Düsseldorf, NZBau 2005, 402 (**Planungsfehler**; unzureichende Abdichtung gegen **drückendes Wasser**); OLG Koblenz, OLGR 2006, 527 (§ 444 BGB); zur **Beweislast** hinsichtlich der **Ursächlichkeit** für den Vertragsabschluss: BGH, NJW 1990, 42 m. Nachw.
9) So OLG Hamm, BauR 2008, 1468, 1470 m.w.Nachw. (Fehlen einer notwendigen Baugenehmigung für Wohnungsnutzung); siehe hierzu auch: BGH, NJW 2001, 2326 = NZBau 2001, 494 = BauR 2001, 1431; OLG München, BauR 1998, 129; BGH, NJW 1981, 864.
10) BGH, NJW 1997, 1845.
11) Vgl. BGH, JZ 1963, 596; BGH, BauR 1970, 244 (Täuschung durch **Architekt**); OLG Köln, NJW-RR 1995, 881 (Vortäuschung einer „Verklinkerung").
12) BGHZ 117, 318 = BauR 1992, 500 = ZfBR 1992, 168 = ZIP 1992, 773.

Arglistige Täuschung

Ein **arglistiges Verschweigen** eines Mangels liegt vor, wenn der Unternehmer, **2794** Architekt[13] oder Sonderfachmann den Mangel **kennt**,[14] ihn für erheblich bezüglich des Bestandes und der Benutzung des Bauwerks hält, den Mangel aber dennoch **nicht** mitteilt oder ihn beseitigt,[15] obwohl er nach Treu und Glauben, insbesondere im Hinblick auf die Bedeutung des Mangels, zur **Offenbarung verpflichtet** gewesen wäre.[16] Unerheblich ist in diesen Fällen auch, ob er darauf vertraut hat, dass der **Unternehmer** mangelfrei gearbeitet hat.[17] Arglist setzt aber immer **Kenntnis** vom Mangel voraus; bloße Nachlässigkeiten reichen zum Vorwurf einer arglistigen Täuschung daher nicht aus.[18] Nach ständiger Rechtsprechung des BGH[19] setzt Arglist voraus, dass der an der Bauausführung Beteiligte (z.B. der Architekt) die ihm obliegenden Pflichten **bewusst** nicht vertragsgerecht wahrgenommen hat; indes reicht im Einzelfall **Eventualvorsatz** aus.[20]

Sehr oft werden bekannte Schäden zwar erwähnt, in ihrer Bedeutung aber **verharmlost**; auch dies kann Arglist bedeuten.[21] Eine **Schädigungsabsicht** oder **Vorteilserlangung** ist **nicht** erforderlich. Arglistig kann aber auch derjenige täuschen, dem – wie er weiß – jegliche zur sachgemäßen Beurteilung des Erklärungsgegenstan-

---

13) Siehe OLG Naumburg, IBR 2013, 634 – *Berger* u. OLG Stuttgart, BauR 2008, 1658 für arglistiges Verschweigen einer unterbliebenen, aber erforderlichen Bauüberwachung; OLG München, BauR 2008, 1334 (fehlende Detailplanung).
14) BGH, ZfBR 2012, 444, 445; BGH, BauR 2007, 114, 115 = NZBau 2007, 96 = ZfBR 2007, 47 = IBR 2006, 667 – *Vogel*; BGH, BauR 2005, 1624 = NZBau 2005, 684 = ZfBR 2005, 787 = IBR 2005, 526 – *Vogel*; BGH (X.ZS), BauR 2005, 550 = IBR 2005, 80 – *Vogel*; KG, IBR 2010, 332 – *Heiliger*; OLG Hamburg, IBR 2012, 451 – *Weyer*; OLG Stuttgart, NZBau 2008, 513 (unterlassene Bauüberwachung); OLG Celle, IBR 2007, 549 – *Knychalla*; OLG München, BauR 2005, 1493, 1494; OLG Rostock, IBR 2006, 276 – *Biebelheimer*.
15) OLG Hamm, BauR 2011, 130 = IBR 2011, 207 – *Joussen*; OLG Karlsruhe, BauR 1979, 335; OLG Stuttgart, BauR 1972, 315.
16) BGH, BauR 1970, 244 = WM 1970, 964; BB 1986, 351 = DB 1986, 533; BGH, BauR 2004, 1476 (arglistiges Verschweigen vertraglich geschuldeter, aber **unterlassener Bauüberwachung** durch Architekten; BGH, Beschluss vom 5.8.2010 – VII ZR 46/09 [Teile der Bauausführung werden **bewusst** vertragswidrig nicht von dem Architekten überwacht]; BGH, NZBau 2012, 359 m.Anm. *Pützenbacher* = NJW 2012, 1653 m.Anm. *Englert*, NJW 2012, 1656 [zum arglistigen Verschweigen eines **Gründungsmangels**]; s. ferner OLG Rostock, IBR 2006, 276 – *Biebelheimer*; KG, IBR 2006, 277 – *Preussner*; LG Berlin, BauR 2005, 746); *Neuhaus*, MDR 2002, 131, 133.
17) BGH, BauR 2010, 1966 = NZBau 2010, 771 = NJW-RR 2010, 1604, Rn. 8.
18) OLG Karlsruhe, IBR 2012, 385 – *Helm*; OLG Celle, BauR 2007, 2074, 2075; ebenso: OLG Koblenz, IBR 2010, 511 – *Heiliger* (**Planungsfehler**); OLG Dresden, IBR 2010, 512 – *Fuchs* (**Bauüberwachung**); OLG Naumburg, BauR 2008, 708 (**Organisationsverschulden**).
19) BGH, BauR 2012, 942 = IBR 2012, 256 – *Oppler* = NZBau 2012, 359 m.Anm. *Pützenbacher* (gezielt vertragswidrige Ausführung durch unterlassene Bodenuntersuchung); BGH, BauR 2010, 1966 = NZBau 2010, 771 = ZfBR 2010, 780 = NJW-RR 2010, 1604 (Rn. 7); BGH, BauR 2010, 1959 = NZBau 2010, 763 = ZfBR 2010, 622 = BeckRS 2010, 19576 = NJW Spezial 2010, 557 (Bestätigung von BGHZ 174, 32 = BauR 2008, 87 = NZBau 2008, 60 = IBR 2009, 91); KG, IBR 2010, 332 – *Heiliger*; OLG Dresden, BauR 2010, 1785; OLG München, BauR 2008, 1334 = IBR 2009, 39 – *Averhaus* (fehlende **Detailplanung**); OLG Celle, IBR 2010, 565 – *Parbs-Neumann* (Arglist nur bei bewusst vertragswidriger Leistungserbringung und sicherer Mangelkenntnis); OLG Saarbrücken, IBR 2009, 222 – *Weyer*; OLG Düsseldorf, BauR 2008, 1917.
20) BGH, BauR 2013, 1273, 1275; s. auch OLG Koblenz, NZBau 2013, 434, 435.
21) OLG Koblenz, IBR 2003, 226 – *Müggenborg*; BGH, NJW 2001, 96. Zum Vorwurf der Arglist bei **beiderseitiger Mangelkenntnis**: OLG Naumburg, BauR 2008, 111, 112.

des **erforderliche Kenntnis fehlt** und **dies** verschweigt; der gute Glaube an die Richtigkeit des Erklärten schließt in einem solchen Fall die Arglist nicht aus.[22] Darüber hinaus handelt ein Unternehmer arglistig, wenn er **bei Auftragserteilung** nicht auf seine fehlende **Sach-** und **Fachkunde** hinweist; wer entgegen der eindeutig erkennbaren Erwartung des Bauherrn/Auftraggebers nicht die für die ordnungsgemäße Erbringung der in Auftrag gegebenen Bauleistung die notwendige Kenntnis hat und das verschweigt, setzt sich dem Vorwurf der Arglist aus.[23]

Verwendet der Unternehmer **planwidriges** oder **untaugliches Material**, so genügt er seiner Mitteilungspflicht gegenüber dem Besteller/Erwerber nach Auffassung des BGH[24] nicht allein dadurch, dass er ihm die Verwendung dieses Baustoffes durch Hinweis oder Besichtigung bekannt werden lässt: „Er muss dann auch auf den schon in der Verwendung dieses Baustoffes liegenden Mangel und das damit verbundene erhebliche Risiko hinweisen, um dem Vorwurf arglistigen Verschweigens zu entgehen. Dass in Fällen vorliegender Art ein solches Risiko für die Entschließung des Vertragspartners erheblich ist, liegt auf der Hand."

Diese Grundsätze gelten uneingeschränkt auch beim VOB-Bauvertrag.

2795 **Problematisch** ist, ob eine Anfechtung wegen arglistiger Täuschung auch dann in Betracht kommt, wenn nicht der Unternehmer selbst, sondern seine **Erfüllungsgehilfen** die Baumängel oder vorhandenen Eigenschaften **arglistig verschweigen** oder vorspiegeln. Mit diesem Problem hatte sich u.a. das KG[25] beschäftigt. Der BGH stellt in ständiger Rechtsprechung entscheidend darauf ab, ob die Mitarbeiter des Unternehmers bei der **Erfüllung der Offenbarungspflicht** gegenüber dem Bauherrn/Auftraggeber **tätig geworden** sind.[26] Liegen die Voraussetzungen eines „arglistigen Verschweigens" des Mangels bei einer Hilfsperson vor, muss sich der Unternehmer (aber auch ein Verkäufer) im Übrigen deren Kenntnis nur dann **zurechnen** lassen, wenn er sich des Gehilfen gerade **zur Erfüllung** seiner Offenbarungspflicht gegenüber dem Vertragspartner bedient hat.[27] Der Erfüllungsgehilfe muss also von dem Baubeteiligten gerade für ein Aufgabengebiet eingesetzt worden sein, zu dem es auch gehört, dem Besteller derartige Mängel zu offenbaren.[28] Das trifft nach Ansicht des KG[29] für eine Putzerkolonne, die dem Außenputz Gips beigemengt hat, nicht zu. Dem ist der BGH gefolgt.[30] Der BGH verlangt im Einzelfall „einen Er-

---

22) BGH, *SFH*, Nr. 2 zu § 123 BGB; *Neuhaus*, MDR 2002, 131, 133.
23) OLG Köln, BauR 2001, 1271 = ZfBR 2001, 327 = OLGR 2001, 185.
24) BGH, BauR 1986, 215 = ZfBR 1986, 69 = BB 1986, 351 = DB 1986, 533; s. ferner: BGH, BauR 2002, 1401 (**nicht erprobter Baustoff**); LG Hamburg, IBR 2004, 309 – *Tafelsky* (Einbau anderer als vereinbarter **Baustoffe**); unzutreffend: LG Verden, IBR 2007, 25 – *Hufer*.
25) MDR 1970, 1010 = BauR 1970, 242.
26) BGHZ 62, 63 = BauR 1974, 130 = MDR 1974, 482; BGHZ 66, 43 = MDR 1976, 485; BGH, BauR 2004, 1476 (für freien Mitarbeiter des Architekten); *Neuhaus*, MDR 2002, 131, 133.
27) BGH, BauR 2005, 1624 = NZBau 2005, 684 = IBR 2005, 526 – *Vogel*; BGH (X.ZS), BauR 2005, 550 = IBR 2005, 80 – *Vogel*; OLG Stuttgart, BauR 2008, 1658, 1660; OLG Hamm, IBR 2011, 207 – *Joussen*; *Walther*, BauR 1996, 455, 457.
28) BGH, ZfBR 1992, 168 = NJW 1992, 1754 = BauR 1992, 500; siehe ferner: OLG Köln, OLGR 2001, 357 u. BauR 1984, 525 = *SFH*, Nr. 4 zu § 278 BGB m.Anm. *Hochstein*; KG, MDR 1970, 1010, 1011; kritisch: *Jagenburg*, NJW 1971, 1425, 1426; **a.A.**: auch *Hoffmann*, JR 1969, 372.
29) MDR 1970, 1010.
30) Vgl. BGHZ 62, 63 = NJW 1974, 553 = BauR 1974, 130; BGH, NJW 1976, 516 = BauR 1976, 131.

Arglistige Täuschung

füllungsgehilfen des Unternehmers bei der Offenbarungspflicht". Ein **Polier** scheidet nach Ansicht des BGH deshalb aus.[31]

Demgegenüber ist der **„örtliche Bauleiter"** des Unternehmers grundsätzlich als **2796** der auf der Baustelle oberste verantwortliche Mann des Unternehmers anzusehen; sein arglistiges Schweigen über Mängel muss sich der Unternehmer daher in der Regel zurechnen lassen.[32] Dies gilt auch dann, wenn der Unternehmer nur durch das Wissen und die Mitteilung seines Erfüllungsgehilfen in der Lage ist, seiner Offenbarungspflicht gegenüber dem Bauherrn nachzukommen. Das gilt namentlich für einen **Subunternehmer,** der die Arbeiten eigenverantwortlich für den Hauptunternehmer ausführt.[33] Der Hauptunternehmer wird nämlich nur durch die Kenntnis und die Mitteilungen des Subunternehmers in den Stand versetzt, seiner Offenbarungspflicht gegenüber dem Bauherrn nachzukommen. Aus diesem Grunde gebieten nach Ansicht des BGH[34] Treu und Glauben, dass sich der Hauptunternehmer das arglistige Verschweigen eines verborgenen Werkmangels durch den Subunternehmer als eigenes Verhalten zurechnen lassen muss, „wie er seinerseits den Subunternehmer deswegen in Anspruch nehmen kann". Im Einzelfall muss daher immer geprüft werden, ob trotz einer **„einwandfreien Organisation der Bauüberwachung"** durch den (unmittelbaren) Vertragspartner gleichwohl „die Kenntnis seines Subunternehmers oder seiner bzw. dessen für die Prüfung der Leistung verantwortlichen Mitarbeiter zuzurechnen ist" (BGH).

Handelt es sich **nicht** um einen Erfüllungsgehilfen, sondern wird die arglistige **2797** Täuschung von einem **Vertreter** des Unternehmers oder Architekten oder sonstigen Baubeteiligten verübt, gelten folgende Grundsätze:[35]

Wird die arglistige Täuschung nicht von der Vertragspartei selbst, sondern von dem **Vertreter bei Vertragsabschluss** verübt, haftet dafür die vertretene Vertragspartei nach den Grundsätzen des **Verschuldens bei Vertragsschluss** (§§ 280, 241 Abs. 2, 311 Abs. 2, 278 BGB[36]) oder wegen einer unerlaubten Handlung mit der Entlastungsmöglichkeit nach § 831 BGB.[37]

Tritt die Person des **Vertreters** in besonderem Maße in den **Vordergrund** und die des Vertretenen zurück, so kann das eine Mithaftung des Vertreters begründen, etwa wenn er wirtschaftlich in eigener Sache handelt und aus dem Geschäftsabschluss persönlichen Nutzen erstrebt.[38] Dies trifft vor allem für **Architekten** und Baubetreuungsgesellschaften zu, die im Namen eines Bauherrn auftreten; dieser Tatbestand

---

31) Ebenso: OLG Köln, BauR 1984, 525.
32) BGH, BauR 2007, 114, 116; BauR 1974, 130; OLG Karlsruhe, BauR 1979, 335 u. OLG Köln, BauR 1984, 525.
33) BGH, BauR 2007, 1140; NZBau 2007, 96 = ZfBR 2007, 47 = IBR 2007, 667 – *Vogel*.
34) BGH, BauR 2007, 114, 116; NZBau 2007, 96, 97; BGHZ 62, 63, 69 = BauR 1974, 130; BGHZ 66, 43, 45 = NJW 1976, 516 = BauR 1976, 131; dazu auch *Otto*, ZSW 1981, 194 ff.; OLG Celle, IBR 2007, 19 – *Kimmich*; LG Karlsruhe, BauR 2007, 565, 566 u. OLG Köln, OLGR 2001, 357.
35) Vgl. BGH, NJW 1974, 1505.
36) Vgl. auch AnwKom-BGB/*Krebs*, § 311 BGB, Rn. 37.
37) Vgl. dazu BGHZ 45, 311, 313 = NJW 1966, 1807.
38) BGH, LM Nr. 49 zu § 278 BGB.

der **Dritthaftung** ist nunmehr ausdrücklich in §§ 280 Abs. 1, 311 Abs. 2 Nr. 1, Abs. 3, 241 Abs. 2 BGB geregelt.[39]

2798 Eine arglistige Täuschung liegt häufig darin, dass sich ein Planer als „**Architekt**" bezeichnet, obwohl er nach den betreffenden landesrechtlichen Vorschriften **zur Führung** der Berufsbezeichnung „Architekt" überhaupt nicht berechtigt ist.[40] Übernimmt aber ein Architekt besondere Planungsarbeiten, ohne hierzu die notwendige Erfahrung zu besitzen, trifft ihn u.U. eine **Offenbarungspflicht** gegenüber dem Bauherrn; entzieht er sich dieser Pflicht, kann eine arglistige Täuschung vorliegen.[41] Nach einer wirksamen Anfechtung durch den Bauherrn/Auftraggeber sind die entsprechenden Verträge über § 812 BGB abzuwickeln (vgl. Rdn. 2420 ff.). Verschweigt der Vertragspartner des Bauherrn bei Abschluss eines „Architektenvertrages" seine fehlende **Architekteneigenschaft**, ist diese Fallgestaltung auch wiederholt über das Rechtsinstitut des **Verschuldens bei Vertragsabschluss** gelöst worden.[42] Allerdings wurden z.T. auch Ersatzansprüche verneint, sofern schützenswerte Interessen des Auftraggebers nicht betroffen waren.[43]

2799 Ist ein **Handwerker** unter Verletzung der Handwerksordnung **nicht in die Handwerksrolle eingetragen**, ist der Werkvertrag gleichwohl wirksam;[44] u.U. kommt aber in diesen Fällen eine Anfechtung wegen arglistiger Täuschung („Meisterbetrieb") oder eine Anfechtung nach § 119 BGB in Betracht.[45] Dabei ist jedoch im Einzelfall zu prüfen, ob der Auftraggeber gerade davon ausgegangen ist, dass der Auftragnehmer die berufsrechtlichen Voraussetzungen für die handwerkliche Tätigkeit besitzt, oder es ihm in erster Linie darauf ankam, dass der Auftragnehmer die nötige Sachkunde und Zuverlässigkeit aufweist.[46]

2. Das Organisationsverschulden

Literatur

Siegburg, Dreißigjährige Haftung des Bauunternehmers aufgrund Organisationsverschuldens, Baurechtliche Schriften, Band 32, 1995; *Dellen/Uhlmann*, Qualitätsmanagement für Bauunternehmer und Planer, 1996; *Vogel*, Arglistiges Verschweigen des Bauunternehmers aufgrund Organisationsverschuldens, Baurechtliche Schriften, Band 43, 1998.

---

39) Vgl. dazu *Canaris*, JZ 2001, 499, 520; *Lieb*, in: Dauner-Lieb u.a., Das Neue Schuldrecht, § 3, Rn. 42 ff.
40) OLG Naumburg, IBR 2005, 457 – *Götte* (Bauingenieur); OLG Nürnberg, BauR 1998, 1273, 1274 = NJW-RR 1998, 1713; OLG Düsseldorf, NJW-RR 1993, 1173 = BauR 1993, 630; s. aber OLG Düsseldorf, BauR 1982, 86 (keine arglistige Täuschung, wenn die berufliche Qualifikation für das Bauobjekt vorhanden ist); *Weyer*, BauR 1984, 324, 329 m.w.Nachw.
41) OLG Stuttgart, BauR 1979, 259.
42) OLG Köln, BauR 1980, 372; OLG Düsseldorf, BauR 1970, 119 u. 1973, 329.
43) Vgl. OLG Naumburg, IBR 2006, 457 – *Götte*; OLG Hamburg, OLGR 1996, 305 = IBR 1996, 517 – *Beigel*; OLG Hamm, BauR 1987, 583; OLG Düsseldorf, BauR 1982, 86.
44) BGH, NZBau 2002, 149; BGHZ 88, 240 = NJW 1984, 230 = BauR 1984, 58 = DB 1984, 767.
45) BGH, a.a.O., sowie KG, BauR 2007, BauR 2007, 1419 = IBR 2007, 182; OLG Nürnberg, BauR 1985, 322 u. OLGR 2001, 47. Zur Möglichkeit eines **vergaberechtlichen** Ausschlusses nach § 25 Nr. 2 Abs. 1 VOB/A: OLG Celle, NZBau 2002, 518, 519.
46) So richtig: BGH, a.a.O.; s. ferner: OLG Nürnberg, a.a.O.; OLG Hamm, NJW-RR 1990, 523 (auch zur Unverzüglichkeit einer Anfechtung).

Rutkowsky, Organisationsverschulden des Bauunternehmers als Arglist i.S. von § 638 BGB?, NJW 1993, 1748; *Kniffka*, Dreißigjährige Gewährleistung des Bauunternehmers bei pflichtwidriger Organisation der Überwachung und Prüfung eines Werkes nach dem Urteil des Bundesgerichtshofes VII 5/91 vom 12.3.1992, ZfBR 1993, 255; *Wirth*, Dreißigjährige Gewährleistungshaftung des Unternehmers – Wird der Bundesgerichtshof unzutreffend interpretiert?, BauR 1994, 33; *Rutkowsky*, Zum Organisationsverschulden des Bauunternehmers als Arglist i.S. von § 638 BGB, ZfBR 1994, 201; *Kniffka*, Aufklärungspflicht des Bauunternehmers nach der Abnahme – Zur Sekundärhaftung des Unternehmers, Festschrift für Soergel (1995), 201; *Portz*, Qualitätssicherung für Freie Berufe am Beispiel des Architekten – Überlegungen zu Möglichkeiten und Grenzen, Festschrift für Heiermann (1995), 251; *Schlechtriem*, Organisationsverschulden als zentrale Zurechnungskategorie, Festschrift für Heiermann, 281; *Anker/Sinz*, Die rechtliche Bedeutung der Normenreihe DIN EN ISO 9000–9004 unter besonderer Berücksichtigung der 30-jährigen Gewährleistungshaftung wegen arglistig verschwiegener Mängel, BauR 1995, 629; *Walther*, Zur Arglist des Inhabers eines Großbetriebs im Werkvertragsrecht, BauR 1996, 455; *Meyer*, Die tatsächlichen und rechtlichen Folgerungen aus der Entscheidung des Bundesgerichtshofes zum Organisationsverschulden vom 12.3.1992, BauR 1996, 461; *Glatzel*, Bedeutung eines Qualitätssicherungssystems nach DIN EN ISO 9000 ff. beim Auftragnehmer eines Bauvertrages für seine Gewährleistungs- und Nebenpflichten, Festschrift von Craushaar (1997), 335; *Anker/Adler*, Die 30-jährige Gewährleistungshaftung des Werkunternehmers und ihre Bewältigung in der Praxis, ZfBR 1997, 110; *Holzberger/Puhle*, Das Organisationsverschulden des Bauunternehmers in der Rechtsprechung der Instanzgerichte, BauR 1999, 106; *Jansen*, Die dreißigjährige Gewährleistung des Werkunternehmers wegen Organisationsverschuldens, OLGReport Kommentar, 14/1999, K 5; *Jagenburg*, Organisationsverschulden für Jack Mantscheff (2000), 107; *Brößkamp*, Organisationsanforderungen an den Generalunternehmer und deren vertragliche Regelung, Jahrbuch Baurecht 2000, 137; *Neuhaus*, 30 Jahre Gewährleistungshaftung im Baurecht – Vor und nach der Schuldrechtsmodernisierung, MDR 2002, 131; *Acker/Bechtold*, Organisationsverschulden nach der Schuldrechtsreform, NZBau 2002, 529; *Kainz*, Verjährung von arglistigem Verschweigen und Organisationsverschulden nach neuem Recht, Festschrift für Kraus (2003), 85; *Thiessen*, Endet die Flucht in die Arglist? – Schuldrechtsreform und Wissenszurechnung (in: Dauner-Lieb u.a., Das neue Schuldrecht in der Praxis, 2003), 253; *Ganten*, Arglist und Organisationsverschulden beim Unternehmer und beim Architekten; Zurechnung des Architektenverschuldens, BrBp 2005, 31; *Knipp*, Organisationsverschulden und Arglisthaftung – eine Bestandsaufnahme, BauR 2007, 944; *Schwenker/Wessel*, Organisierte Arglistverhinderung und Verjährung (zugleich Besprechung von BGH, Urt. v. 12.10.2006 – VII ZR 272/05, ZfBR 2007, 47 und BGH, Urt. v. 11.10.2007 – VII ZR 99/06, ZfBR 2008, 158), ZfBR 2008, 222; *Schwenker/Wessel*, 30, 10, 5 oder 3 Jahre? Welche Verjährungsfristen gelten bei arglistigem Verhalten und bei Organisationsverschulden?, Deutsches Architektenblatt 5/2008, 59; *Becker*, Organisationsverschulden des Architekten: Aktuelles – Grundsätzliches – Zukünftiges, unter Berücksichtigung des Glasfassadenurteils des BGH vom 27. November 2008, Jahrbuch Baurecht 2010, 345; *Bergmann-Streyl*, Ziviles Baurecht – Aktuelle Rechtsentwicklungen, PiG Bd. 89 (2011), 76.

2800 Einen für die Baupraxis äußerst wichtigen Rechtsgrundsatz hat der BGH mit dem sog. **Organisationsverschulden** entwickelt. In seiner Entscheidung vom 12. März 1992[47] führte der BGH erstmals aus, „dass sich der Unternehmer seiner vertragli-

---

47) BGHZ 117, 318 = BauR 1992, 500 = ZfBR 1992, 168 = NJW 1992, 1754 = MDR 1992, 675. Die obergerichtliche Rechtsprechung ist dem gefolgt: OLG Düsseldorf, BauR 2014, 722, 724; OLG Hamm, BauR 2013, 1897 (kein Abzug „**neu für alt**"); OLG Köln, BauR 2013, 1303 (zur Organisationsobliegenheit eines **Generalübernehmers** im Verhältnis zu den von ihr beauftragten Unternehmer); KG, BauR 2010, 477; OLG Düsseldorf, NZBau 2011, 492 = IBR 2011, 635 – *Miernik* (**Bauträger**); BauR 2008, 392; OLG München, IBR 2009, 39; Thüringer OLG, BauR 2001, 1124; OLG Brandenburg, BauR 1999, 1191; OLG Frankfurt, BauR 1999, 283 (LS) = NJW-RR 1999, 24; OLG Düsseldorf, BauR 1998, 1021 u. BauR 2008, 1917; OLG München, BauR 1998, 129; OLG Celle, NJWRR 1995, 1486 (**mangelhafte Aufsicht durch Architekt**); OLG Köln, BauR 1995, 107 = NJW-RR 1995, 180 (**Ausführungsmangel durch Unternehmer**); OLG Oldenburg, BauR 1995, 105; OLG Stuttgart, BauR 1997, 317

chen Offenbarungspflicht bei Ablieferung des fertigen Werkes nicht dadurch entziehen (kann), dass **er sich unwissend hält oder sich keiner Gehilfen bei der Pflicht bedient,** Mängel zu offenbaren". Nach diesem Urteil muss der **Unternehmer** immer **die organisatorischen Voraussetzungen** dafür schaffen, dass sachgerecht überprüft werden kann, „**ob das Bauwerk bei Ablieferung mangelfrei ist**". Nimmt er diese Überprüfung nicht selbst vor, so muss jedenfalls der von ihm eingesetzte Erfüllungsgehilfe etwaige Mängel „erkennen können".[48] Dies führt im Ergebnis dazu, dass **der Unternehmer** den **Herstellungsprozess selbst oder durch seine Erfüllungsgehilfen angemessen überwachen** und das Werk **vor** Abnahme überprüfen muss. Nichts anderes gilt im Prinzip für einen **arbeitsteilig organisierten Architekten**[49]. Beauftragt ein **Bauträger** einen Generalunternehmer, scheidet eine Haftung wegen einer Verletzung der Organisationspflicht aus.[50]

2801 Von dem Organisationsverschulden ist zunächst die sog. **Sekundärhaftung** des Architekten zu unterscheiden; dieser schuldet als Sachwalter des Bauherrn die unverzügliche und umfassende **Aufklärung** der Ursache sichtbar gewordener Baumängel sowie die sachkundige **Unterrichtung** des Bauherrn vom Ergebnis der Untersuchung und von der daraus sich ergebenden Rechtslage.[51] Der Schadensersatzanspruch des Bestellers bewirkt im Einzelfall, dass sich der Architekt im Ergebnis **nicht** auf den Eintritt der Verjährung **berufen** kann.[52] Dies hat mit „Orga-

---

(**Überwachungsfehler**); anders: OLG München, BauR 1998, 129 = NJW-RR 1998, 529, wenn der Unternehmer durch eine neutrale Stelle (**Prüfinstitut**) sein Werk **untersuchen** lässt und dies geeignet war, vorhandene Mängel aufzudecken; ebenso: OLG Celle, NZBau 2000, 145 (**Subunternehmer**; s. auch OLG Hamburg, NJW 2011, 2663 = NZBau 2011, 621 LS); OLG Frankfurt, NJW-RR 1999, 171; LG Verden, IBR 1996, 57 – *Schilling* (kritisch), sofern der Auftraggeber während der Bauphase die Möglichkeit besaß, die Ausführungsmängel festzustellen und auf deren Beseitigung hinzuwirken; siehe ferner: OLG Hamm, *SFH*, Nr. 65 zu § 638 BGB; OLG Oldenburg, OLGR 1997, 213 (**Sanierungsarbeiten**) u. OLGR 2002, 26 (**Generalunternehmer**); LG Aurich, BauR 2003, 743 (**gravierende Mängel**); OLG Düsseldorf, BauR 2003, 913 = IBR 2003, 129 – *Hunger* (Bausatzvertrag); OLG Naumburg, IBR 2004, 563 (mangelhafte Kellerabdichtung im **Hochwassergebiet**); AG Fürstenfeldbruck, NJW-RR 2004, 96 (fehlerhafte Aufbringung des Oberputzes). Nach OLG Hamm (BauR 2001, 1126 ff.) sind die Grundsätze dagegen **nicht** auf einen **Kaufvertrag** über eine Eigentumswohnung mit Gewährleistungsausschluss anwendbar. Das KG (IBR 2008, 36 – *Heiliger*) **verneint** Organisationsverschulden bei nicht arbeitsteilig tätigen Architekten; anders das OLG Düsseldorf, IBR 2008, 37 – *Knychalla*.

48) BGH, BauR 2007, 114, 116.
49) BGH, BauR 2009, 515 = NZBau 2009, 185 = IBR 2009, 90 – *Knychalla*; KG, IBR 2008, 36 – *Heiliger*; OLG Düsseldorf, IBR 2007, 35 – *Vogel*; OLG Naumburg, NZBau 2007, 522 (Architekten GmbH) = IBR 2007, 146; OLG Hamm, BauR 2002, 1706, 1708; OLG Celle, NJW-RR 1995, 1486 = OLGR 1995, 170; LG Verden, IBR 2002, 153 – *Vogel;* OLG Celle, OLGR 1999, 284; **unzutreffend**: LG Mönchengladbach, NZBau 2006, 52; OLG Düsseldorf, IBR 2006, 155 u. OLGR 2004, 294, 296, die die Grundsätze des Organisationsverschuldens auch dann anwenden, wenn der Architekt die Bauüberwachung nicht arbeitsteilig organisiert, „sondern selbst wahrnahm". Zur Haftung eines **Baubetreuers**: LG Frankfurt, BauR 2002, 1558 m. Anm. *Moufang*.
50) KG, IBR 2014, 419 – *Weyer*.
51) BGH, BauR 2007, 423 = NZBau 2007, 108 = ZfBR 2007, 250; BauR 2002, 1718 = NJW-RR 2002, 1531; OLG Düsseldorf, BauR 2004, 1331 = OLGR 2004, 294, 297; s. hierzu auch *Reinelt/Pasker*, BauR 2010, 983 ff.; *Nossek/Klaft*, BauR 2010, 152 ff.
52) Vgl. u.a. BGH, BauR 2007, 423 = NZBau 2007, 108; BauR 2000, 128 = ZfBR 2009, 97; OLG Hamm, BauR 2008, 1480 m.w.Nachw.

nisationsverschulden" nichts zu tun. Darüber hinaus ist zwischen der Haftung wegen „**Arglist**" und einem **Organisationsverschulden** streng zu trennen. Das wird von den Instanzgerichten im Einzelfall nicht beachtet, was zur Aufhebung eines Urteils führen kann.[53]

Die **Bedeutung** der BGH-Entscheidung zum „Organisationsverschulden" liegt darin, dass der **Alleinunternehmer** haftungsmäßig nicht schlechter gestellt werden soll als der „arbeitsteilig organisierte" Unternehmer;[54] zugunsten des **Auftraggebers** wird dadurch auch eine Gleichstellung erreicht: Der arbeitsteilig operierende Unternehmer muss in jedem Falle für die fehlende oder unzureichende **Organisation** seines Betriebs einstehen, die bewirkt, dass ein (besonders) gravierender Mangel nicht entdeckt wird. Niemand soll oder darf sich bewusst unwissend halten.[55] Das geschieht aber, wenn er z.B. die Organisation der Bauüberwachung schon so gestaltet, dass es dem insoweit Verantwortlichen **unmöglich** ist, die ihm obliegende Verantwortung sachgerecht zu erfüllen.[56]

Der BGH[57] hat die Rechtsfigur des „Organisationsverschuldens" in zwei weiteren Entscheidungen präzisiert und abgegrenzt. Der BGH betont nunmehr, dass das Organisationsverschulden haftungsrechtlich der Haftung wegen „Arglist" gleichgestellt ist und deshalb auch so behandelt werden muss. Damit kann aber schon nicht ein schwerer Mangel allein ein Indiz für ein „Organisationsverschulden" sein. Die Schwere eines Mangels ist unerheblich, wenn der Unternehmer oder arbeitsteilig arbeitende Architekt seiner Obliegenheit hinreichend nachgekommen ist, dass durch richtige Organisation Mängel bei der Abnahme entdeckt werden können und auch dem Besteller/Auftraggeber zur Kenntnis gelangen. Zu beachten ist auch, dass einem Unternehmer eine Obliegenheitsverletzung nicht allein deshalb angelastet werden kann, weil sein **Nachunternehmer** die Herstellung des ihm übertragenen Werks seinerseits nicht richtig organisiert; eine Haftung über **§ 278 BGB** lehnt der BGH somit ab.[58]

2802

Die **Auswirkungen** der Entscheidung vom 12. März 1992 sind z.T. überbewertet worden.[59] Ob es z.B. notwendig sein wird, dass der Unternehmer oder ein Architekt, der mehrere Mitarbeiter in seinem Büro beschäftigt, ein „**dokumentiertes**

2803

---

53) Vgl. BGH, Urteil vom 22.7.2010 – VII ZR 77/08, BeckRS 2010, 19576, Rn. 8: Den „Ausführungen (des Berufungsgerichts) hierzu ist nicht eindeutig zu entnehmen, ob es dem Beklagten zu 1) **Arglist** i.S. des § 638 Abs. 1 Satz 1, 195 BGB a.F. oder eine solcher Arglist **gleichstehende Verletzung von Organisationsobliegenheiten** anlasten will.".
54) *Kniffka*, ZfBR 1993, 255, 256; *Wirth*, BauR 1994, 33, 35.
55) OLG München, BauR 2005, 1493, 1495; OLG Celle, BauR 2007, 563 = OLGR 2006, 900 = IBR 2006, 669 – *Büschner*.
56) BGH, BauR 2007, 114, 116.
57) BGHZ 179, 55 BauR 2009, 515 = NZBau 2009, 185 = NJW 2009, 582 = IBR 2009, 91 – *Knychalla*; BGHZ 174, 32 = BauR 2008, 87 = NZBau 2008, 60 = MDR 2008, 78 = NJW 2008, 145; siehe hierzu *Becker*, Jahrbuch Baurecht 2010, 345 ff.; s. auch OLG Hamm, IBR 2010, 205; OLG Naumburg, IBR 2008, 19 – *Weyer*.
58) BGH, BauR 2008, 87, 89 = IBR 2008, 17 – *Steiner*.
59) Vgl. *Rutkowsky*, NJW 1993, 1748 u. ZfBR 1994, 201; *Derleder*, JZ 1992, 1021; siehe hierzu: *Koeble*, LM § 638 BGB Nr. 77 Bl. 4; *Wirth*, BauR 1994, 33 ff.; *Kniffka*, ZfBR 1993, 255; *Schlechtriem*, Festschrift für Heiermann, S. 281 ff.; *Siegburg*, S. 23 ff.; *Meyer*, BauR 1996, 461 ff.

Qualitätssicherungssystem" nachweist, ist doch sehr zweifelhaft.[60] Zu Recht spricht Kniffka[61] davon, dass den Bauwerkunternehmer „**keine materielle Dokumentationspflicht**" trifft. Nicht abwegig ist es jedoch, dem Bauwerkunternehmer, also auch dem Architekten oder Sonderfachmann, bei **schwierigen** und/oder **schadensträchtigen** Bauarbeiten eine **umfassende** und **sorgfältige Dokumentation der Planungs- und Herstellungsphasen anzuraten,** um eventuellen Beweisschwierigkeiten vorzubeugen.[62] Es **kann** ausreichend sein, wenn der Bauwerkunternehmer die Maßstäbe beachtet, die in den **DIN-EN-ISO-Normen 9000 ff.** niedergelegt sind und den aktuellen Stand der Technik in Bezug auf Qualitätssicherung und Qualitätsmanagement widerspiegeln.[63] Keineswegs lässt sich aber sagen, dass „de facto" ein Qualitätsmanagement verlangt wird, wenn der Auftragnehmer sich auf die Regelverjährung berufen will.[64]

2804 Zu beachten ist, dass die Entscheidung des BGH vom 12. März 1992 für den Bauherrn zunächst gewisse **Erleichterungen** hinsichtlich seiner **Darlegungs-** und **Beweislast** gebracht hat:

Der Auftraggeber sollte nämlich seiner **Darlegungslast** bereits genügen, „wenn er Tatsachen vorträgt, nach denen entweder der Unternehmer selbst oder die von diesem zur Erfüllung seiner Offenbarungspflicht eingesetzten Gehilfen den Mangel erkannt, aber nicht offenbart haben" (BGH). War die **Art** des Mangels ein so **überzeugendes Indiz** für eine fehlende oder nicht richtige Organisation, so bedurfte es deshalb zunächst keiner weiteren Darlegung vonseiten des Auftraggebers. In diesen Fällen war vielmehr nach der Rechtsprechung der **Unternehmer** gehalten vorzutragen, **wie** er seinen im Betrieb im Einzelnen organisiert hatte, um den Herstellungsprozess zu überwachen und das Werk vor Ablieferung zu überprüfen.[65]

2805 Die **Instanzgerichte** haben sich in der Vergangenheit dann auch schwer getan, diese Vorgaben des BGH sachgerecht in die Praxis umzusetzen. Hatten zu Beginn Klagen der Auftraggeber durchaus im Einzelfall Erfolg, ist die Rechtsprechung jedoch schnell bestrebt gewesen, **die Haftung** wegen „Organisationsverschuldens" **einzuschränken.** So ist nach OLG Hamm[66] derjenige Unternehmer, der einen **Bauleiter** zur Leitung und Überwachung der Bauarbeiten einsetzt, nicht verantwortlich, weil „darüber hinaus" organisatorische Maßnahmen „nicht geboten" seien.

---

60) *Portz*, Festschrift für Heiermann, S. 262 spricht von einem „absoluten Muss".
61) ZfBR 1993, 255, 257; ebenso: *Siegburg*, S. 37.
62) Zutreffend: *Kniffka*, a.a.O.; *Meyer*, BauR 1996, 461, 465.
63) Siehe dazu *Portz*, NJW 1993, 2145, 2151; Festschrift für Soergel, S. 260; *Kniffka*, ZfBR 1993, 255, 358; *Siegburg*, S. 44 ff.; *Anker/Sinz*, BauR 1995, 629 ff.; *Glatzel*, Festschrift für v. Craushaar, S. 335 ff.
64) So aber *Portz*, NJW 1993, 2145, 2152.
65) OLG Oldenburg, OLGR 2002, 26; OLG Frankfurt, NJW-RR 1999, 24 = MDR 1999, 90; OLG Brandenburg, BauR 1999, 1194.
66) BauR 1999, 767 = IBR 2000, 166 m. kritischer Anm. *Kamphausen*; s. auch OLG Hamburg, BauR 2011, 1017, 1021 = IBR 2011, 634 – *Weyer* (kein Organisationsverschulden bei Beauftragung eines **Ingenieurbüros** mit der Bauleitung); OLG Naumburg, IBR 2007, 478 – *Knychalla* (zur **Darlegungslast** des Auftraggebers); KG, IBR 2005, 615 – *Bolz* (kein Organisationsverschulden bei Einschaltung eines Fachüberwachers); OLG Hamm, NJW-RR 1999, 171 = IBR 1999, 53 – *Vogel*; OLG Düsseldorf, BauR 1998, 1021 = NJW 1998, 1315; OLG Celle, NZBau 2000, 145.

Organisationsverschulden

2806 Im Übrigen scheitern die meisten Klagen aber heute bereits an der fehlenden Darlegung eines Organisationsverschuldens. Gelingt es dem Auftraggeber/Bauherrn nicht, bereits einen besonders **„krassen"**[67] bzw. **„gravierenden"** Mangel oder einen besonders „auffälligen" Mangel[68] vorzutragen, spricht von vornherein schon nicht viel für ein Organisationsverschulden. Eine **Beweiserleichterung** in Form eines **Anscheinsbeweises** für die Verletzung einer Organisationspflicht besteht nicht.[69] Darüber hinaus ist nach der neueren Rechtsprechung die **Schwere** eines Mangels allein noch keine Rechtfertigung („Indiz"), voreilig von einer unzugänglichen Organisation auszugehen.[70] Hinzu kommt, dass von einem Organisationsverschulden nur ausgegangen werden kann, wenn der Mangel bei **richtiger** Organisation **entdeckt** worden wäre.[71] Erkennt der Auftraggeber während der **normalen** Gewährleistungsfrist den Mangel, **wartet** er dann aber mehrere Jahre zu, scheidet ein Ersatzanspruch aus.[72] In gleicher Weise scheidet der Gesichtspunkt des Organisationsverschuldens aus, wenn die Parteien nach der Abnahme über Mängel verhandeln und einen umfassenden Vergleich mit einer Ausgleichsklausel schließen.[73]

2807 Zusammenfassend ist festzuhalten, dass der **BGH** das sog. **Organisationsverschulden** dem Bereich des arglistigen Verschweigens **gleichstellt**[74]. Hieran hat sich für das neue Recht nichts geändert.[75]

2808
* **Weitere Rechtsprechung**
* **Verschweigen** der Ausführung schwächerer Fundamente gegenüber Entwurf durch **Architekt** (BGH, Schäfer/Finnern, Z 3.01 Bl. 230)
* Arglistig verschwiegener Mangel bei **Verkauf** einer Eigentumswohnung durch einen Architekten (OLG Stuttgart, BauR 2003, 110)
* Arglistige Täuschung des **Unternehmers** bei **Angebot** zu wesentlich überhöhten Preisen – Verzicht des Bauherrn auf Einholung von Konkurrenzangeboten wegen längerer Geschäftsbeziehungen und dem Versprechen eines „ordentlichen Preises" (OLG Saarbrücken, OLGZ 1981, 248)
* Täuschung eines **Bieters** (OLG Bamberg, BauR 2007, 538)
* Zur Zusicherung der in der Ausschreibung geforderten Eigenschaften (BGH, NJW 1981, 222)
* Zur Anfechtung eines Baubetreuungsvertrages wegen Verschweigens **steuerrechtlicher Bedenken** der Finanzbehörde (OLG Düsseldorf, NJW-RR 1996, 320)

---

67) OLG Hamm, NJW-RR 1999, 767.
68) OLG Naumburg, NZBau 2007, 522, 523 = BauR 2007, 1888.
69) OLG Dresden, BauR 2010, 1785, 1789 unter Hinweis auf BGH, BauR 2009, 515 = NZBau 2009, 185 = NJW 2009, 582 (Rn. 23).
70) BGHZ 179, 55 = BauR 2009, 515 = NZBau 2009, 185; BGH, BauR 2010, 1059 = NZBau 2010, 763 = IBR 2010, 574 – *Fuchs*; OLG München, IBR 2009, 39 – *Averhaus*; OLG Dresden, IBR 2010, 101 – *von Rintelen*; OLG Hamm, IBR 2010, 205 – *Wenkebach*; LG Frankfurt, IBR 2011, 224 – *Parbs-Neumann*.
71) OLG München, BauR 2011, 1177, 1179; OLG Düsseldorf, BauR 1998, 1021, 1022 u. BauR 2003, 913, 914; LG Düsseldorf, BauR 2010, 1606; *Jansen*, OLGReport Kommentar, 14/1999, K 5.
72) OLG Hamm, NJW-RR 1999, 171; *Neuhaus*, MDR 2002, 131, 135.
73) Vgl. OLG Köln, OLGR 2001, 108 = ZfBR 2001, 187.
74) OLG Düsseldorf, BauR 2007, 1748; OLG Hamm, BauR 1999, 767, 768.
75) Zutreffend: *Acker/Bechtold*, NZBau 2002, 529, 531; **a.A.:** *Schudnagies*, NJW 2002, 400.

* Arglist bei einer ohne tatsächliche Grundlagen **ins Blaue hinein** gemachten Zusicherung – **steuerliche Abschreibungsvorteile** (BGH, NJW-RR 1986, 700)
* Verkauft eine **Gemeinde** ein Grundstück, das mit einem Fehler behaftet ist, so ist für die Frage des arglistigen Verschweigens das Wissen eines **Sachbearbeiters** des mit dem Verkauf nicht befassten **Bauaufsichtsamtes** nicht zuzurechnen (BGH, BB 1992, 456 = BauR 1992, 412 LS)

Keine Aufklärungspflicht, dass Baumaßnahmen **in Selbsthilfe** durch den Einsatz von **Schwarzarbeitern** durchgeführt worden sind, es sei denn, dass sie in besonders schwerwiegender Weise fehlerhaft sind (OLG Köln, BauR 1988, 223 mit Hinweis auf BGH, NJW 1979, 2243 u. OLG Schleswig, MDR 1980, 399)

Verschweigen wiederholter **Wassereinbrüche** während der Bauzeit (OLG Celle, MDR 1987, 407 u. BGH, NJW 1990, 42 – Eindringen von Grundwasser)

Kein Maklerlohn bei Wandelung infolge eines arglistig verschwiegenen Mangels (BGH, NZBau 2001, 260)

Zur Haftung eines Verkäufers: Zum arglistigen Verschweigen einer fehlenden **Baugenehmigung** (BGH, BauR 2013, 1273; s. auch OLG Hamm, BauR 2008, 1468); zur Anwendung von § 166 BGB (OLG München, BauR 2013, 1276); zur arglistigen Vorspiegelung einer **größeren Wohnfläche** bei Veräußerung einer Eigentumswohnung (LG Koblenz, ZMR 2012, 895 – Vorinstanz zu OLG Koblenz, ZMR 2013, 649); zur Arglist beim Verkauf eines alten Gebäudes – Befall von holzzerstörenden Pilzen und Insekten (OLG Brandenburg, BauR 2012, 1810); Aufklärungspflicht des Verkäufers über behördliche Untersagungen (BGH, DB 1988, 2401); Aufklärung des Verkäufers nach einer Sanierung; Schimmelpilzbefall (LG Mönchengladbach, BauR 2011, 127, 129); Aufklärung über massive **Fundamentreste** OLG Köln, NJW-RR 2000, 1264); **Fäulnisbefall** (DB 1978, 2262 = MDR 1978, 1009); **Altlastenverdacht** (OLG Düsseldorf, NJW 1996, 3284); Aufklärungspflicht über das Vorhandensein von **Asbest** (BGH, BauR 2011, 520 = NJW 2011, 1279; BGH, BauR 2009, 1015 = NZBau 2009, 510 = IBR 2009, 320 – *Klose*); Auftreten von **Feuchtigkeitsschäden** infolge von Mängeln der Fassadenelemente (BGH, NJW-RR 1995, 1332); Durchführung von **genehmigungsbedürftigen Arbeiten** ohne eine solche Genehmigung (BGH, BauR 1979, 447); Veräußerung eines Hauses mit ohne Baugenehmigung ausgebauten Wohnungen (OLG Hamm, NJW-RR 1997, 47); verschwiegener **Denkmalschutz** (OLG Saarbrücken, NJW-RR 1996, 692); Verschweigen **mangelhafter Reparaturen** (OLG Schleswig, MDR 1980, 399); **Verwendungsmöglichkeit** (BGH, NJW-RR 1988, 394 – Anbaurecht für einen Kamin); **Schadstoffbelastung** eines Grundstückes (BGH, NJW 1994, 293); **Lärmbelastungen** durch Lebensmittelgeschäft (OLG Frankfurt, OLGR 1994, 61); defekte Abflussleitungen (OLG Koblenz, DB 1990, 38); Fehler des Gemeinschaftseigentums (BGH, NJW 1989, 2534 = BauR 1990, 221); Verkauf von Frischbeton (OLG Brandenburg, NJW-RR 1996, 624); Villengrundstück im **Landschaftsschutzgebiet** (OLG Karlsruhe, BauR 1994, 378); Mängel, die einer Besichtigung zugänglich bzw. **erkennbar** sind (BGH, NJW-RR 1994, 907); Mängel nach Fassadenrenovierung (BGH, BauR 1993, 373); arglistige Täuschung über einen geringwertgen Mangel und Kausalität für den Kaufentschluss (OLG Celle, OLGR 1998, 69); Mangel einer Kaminanlage (OLG Hamm, BauR 2000, 736); zur Vorteilsausgleichung bei **mehreren Schadensursachen** (BGH, BauR 2004, 1772).

Eine Anfechtung wegen **widerrechtlicher Drohung** (§ 123 BGB) wird nur ausnahmsweise in Betracht kommen. Der BGH hat sich in zwei Entscheidungen mit einer solchen Fallgestaltung auseinandergesetzt. Im ersten Fall wurde eine widerrechtliche Drohung bejaht:[76] Der Erwerber hatte die angeforderten Beträge „unter Vorbehalt" bezahlt, die Übergabe des Hauses wurde im Weiteren davon abhängig gemacht, dass „alle bisherigen Rechnungen und Zahlungsanforderungen (durch den Veräußerer) dem Grund und der Höhe nach als berechtigt" anerkannt wurden. Hierzu war der Veräußerer nicht befugt, weil auch die Zahlung „unter Vorbehalt" bereits eine wirksame Erfüllung darstellte. Im zweiten Fall wurde eine widerrechtliche Drohung aus tatsächlichen Gründen verneint.[77]

3. Anfechtung nach § 119 BGB

Literatur

Loewenheim Irrtumsanfechtung bei Allgemeinen Geschäftsbedingungen, AcP 80, 433; *Locher*, Zur Anfechtung wegen Irrtums über die Einbeziehungsvoraussetzungen und über den Inhalt einzelner Klauseln in AGB, BB 1981, 818; *John*, Auslegung, Anfechtung, Verschulden beim Kalkulationsirrtum, JuS 1983, 176; *Heiermann*, Der Kalkulationsirrrtum des Bieters beim Bauvertrag, BB 1984, 1836; *Schelle*, Anfechtungstatbestände nach §§ 119, 120 BGB im Bauvertragswesen, BauR 1985, 511; *Pawlowski*, Die Kalkulationsirrtümer: Fehler zwischen Motiv und Erklärung, JZ 1997, 741; *Brandhofer*, Nachträgliche Kaufpreisanpassung wegen gemeinschaftlichen Irrtums über den Ertragswert einer vom Bauträger erworbenen Immobilie in den neuen Bundesländern, NZBau 2002, 78; *Moufang/Kupjetz*, Zur rechtlichen Bindungswirkung von abgeschlossenen Nachtragsvereinbarungen, BauR 2002, 1629.

Die Irrtumsanfechtung nach § 119 BGB kommt in Bausachen vor allem in Betracht, soweit **wesentliche Eigenschaften** einer Person infrage stehen: Dazu zählen in Bausachen vor allem die **Sachkunde, Vertrauenswürdigkeit** und **Zuverlässigkeit** eines Baubeteiligten.[78] Bedeutsam können auch Erklärungsirrtümer nach § 119 BGB sein.[79]

Allerdings können bestimmte Vorgänge in Bausachen **nicht** angefochten werden. So scheidet z.B. die technische **Abnahme** einer Werkleistung selbst aus, während die rechtsgeschäftliche Abnahmeerklärung in einem Übergabeprotokoll durchaus angefochten werden kann.[80] Ebenso ist die vorbehaltlose **Annahme einer Schlusszahlung** nicht anfechtbar.[81] Auch die **Rechnungserteilung** kann im Falle des Verrechnens oder der Unvollständigkeit nicht wegen Irrtums angefochten werden, da eine Abrechnung keine Willenserklärung im rechtsgeschäftlichen Sinne ist. Dem-

---

76) BGH, *SFH*, Nr. 3 zu § 123 BGB. Zu Drohung mit einem „**Baustopp**" und dem Einwand des **Mitverschuldens** des Auftraggebers siehe BGH, BauR 2002, 89.
77) BGH, BauR 1983, 77 = ZfBR 1983, 75 (Anfechtung eines **Abnahmeprotokolls**).
78) Vgl. etwa BGH, WM 1970, 906 (Baubetreuungsvertrag); ferner: OLG Nürnberg BauR 1985, 322 („**Fachbetrieb**"); OLG Hamm, NJW-RR 1990, 523 („**Meisterbetrieb**").
79) Zu einem Erklärungsirrtum im **Angebot**: OLG Brandenburg, IBR 2005, 300 – *Müller-Stoy* (auch zur Unverzüglichkeit einer hierauf gestützten Anfechtung); OLG Frankfurt, BauR 1980, 578; *Schelle*, BauR 1985, 511 ff. Zur Anfechtung einer **Auftragserteilung**: LG Lüneburg, BauR 1999, 936.
80) BGH, BauR 1983, 77 = ZfBR 1983, 75.
81) Vgl. OLG Hamm, *Schäfer/Finnern*, Z 2.330 Bl. 32.

gegenüber soll das **Aufmaß** anfechtbar sein, insbesondere wenn nicht erkannte Mess- oder Berechnungsfehler vorliegen.[82]

2811 Eine **Anfechtung** nach § 119 BGB scheidet aus, wenn der Unternehmer nur einen sog. reinen (verdeckten oder **internen**) **Kalkulationsirrtum** (Motivirrtum) geltend macht, da hier nur ein Fehler in der Willensbildung, nicht aber ein Irrtum bei der Willenserklärung vorliegt.[83] Grundsätzlich trägt nämlich derjenige, der „aufgrund einer für richtig gehaltenen, in Wirklichkeit aber unzutreffenden Berechnungsgrundlage einen bestimmten Preis oder eine Vergütungsforderung ermittelt und seinem Angebot zugrunde legt, auch das Risiko dafür, dass seine Kalkulation zutrifft".[84] Der Kalkulationsirrtum berechtigt den Unternehmer selbst dann **nicht** zur Anfechtung, wenn der **Auftraggeber** diesen **erkannt** oder die Kenntnisnahme **treuwidrig vereitelt** hat; dem Auftraggeber obliegt in diesem Fall aber eine **Hinweispflicht**.[85]

2812 Etwas anderes gilt, wenn die **Kalkulation** (gemeinsame) **Geschäftsgrundlage** des Vertrages geworden ist (**externer** Kalkulationsirrtum).[86] Bei einem **Pauschalpreisvertrag** ist dies, wie der BGH betont, allerdings selten der Fall. In **Ausnahmefällen** ist mit den Grundsätzen der **Störung der Geschäftsgrundlage** (§ 313 BGB) zu helfen.[87] In den Fällen des externen Kalkulationsirrtums muss aber die dem Preisangebot zu Grunde liegende Kalkulation immer in einer für den jeweiligen Vertragspartner erkennbaren Weise zum Gegenstand des Vertrages bzw. der Vertragsverhandlungen gemacht werden.[88] Zum Problem der unvollständigen Ausschreibungsunterlagen vgl. Rdn. 2395 ff.

2813 Im Übrigen hat der BGH[89] zu Recht darauf hingewiesen, dass dem Auftragnehmer, der einem Preis- oder Kalkulationsirrtum unterliegt, die Möglichkeit bleibt, im Wege der Anfechtung den „auf einem **Verschreiben** oder **Versprechen** beruhenden Irrtum zu korrigieren und den Vertrag, der ihn aufgrund des Irrtums unter Umständen stark belastet, wieder rückgängig zu machen. Ebenso kann er sich von dem Vertrag dann wieder lösen, wenn der Vertragspartner einen erkannten Kalkulationsirrtum bewusst ausnutzt oder wenn – wie im Fall der gemeinsamen Berechnungsgrundlage – auch der Vertragspartner sich geirrt hat", also ein **mitveranlasster** Kalkulationsirrtum vorliegt. Das bewusste Ausnutzen eines – im Übrigen rechtlich

---

82) Vgl. BGH, *Schäfer/Finnern*, Z 2.302 Bl. 22; OLG Stuttgart, BauR 1972, 318; OLG Karlsruhe, BauR 1972, 381.
83) Vgl. dazu vor allem BGH, NJW 1983, 1671 = BauR 1983, 368; OLG Nürnberg, NJW-RR 1998, 595 (Kalkulationsirrtum eines Bieters bei einer öffentlichen Ausschreibung); OLG Köln, BauR 1995, 98; *Heiermann*, BB 1984, 1836; *John* JuS 1983, 176; *Jagenburg*, NJW 1971, 1425, Anm. 3.
84) BGH, BauR 1986, 334 = NJW-RR 1986, 569 = ZfBR 1986, 128.
85) BGHZ 139, 177 = BauR 1998, 1089 = NJW 1998, 3192 = ZfBR 1998, 302.
86) *Heiermann*, a.a.O.; *Wieser*, NJW 1972, 708; *Schelle*, BauR 1985, 511, 514.
87) Vgl. BGH, BauR 1995, 842, 843 = ZfBR 1995, 302 = NJW-RR 1995, 1360 = *SFH*, Nr. 17 zu § 157 BGB; SchlHOLG, BauR 2005, 1186; OLG Jena, IBR 2002, 62; *Brandhofer*, NZBau 2002, 78, 79.
88) BGH, BauR 1986, 334 = NJW-RR 1986, 569 = ZfBR 1986, 128; *Heiermann*, BGB 1984, 1836, 1837. Zur Preisanpassung im Einzelfall: OLG Celle, BauR 1998, 1265.
89) BGH, BauR 1983, 368 = NJW 1983, 1671; OLG Brandenburg, IBR 2005, 300 – *Müller-Stoy* (**Übertragungsfehler**).

Anfechtung nach § 119 BGB

grundsätzlichen unbeachtlichen – Kalkulationsirrtums wäre unzulässige Rechtsausübung, also treuwidrig.[90]

Ob bei einem „**Doppelirrtum**" eine Anfechtung des Vertrages in Betracht kommt, war bereits vor der **Schuldrechtsreform** umstritten.[91] Die Vorschrift des § 313 Abs. 2 BGB n.F. sieht es nunmehr als Störung der Geschäftsgrundlage an, „wenn wesentliche Vorstellungen, die zur Grundlage des Vertrags geworden sind, sich als falsch herausstellen". Damit soll klargestellt werden, dass die Fälle des **Doppelirrtums** einen **Anwendungsfall** der Störung der Geschäftsgrundlage (§ 313 BGB) darstellen.[92]

In **AGB oder Formularverträgen** kann im Übrigen nicht wirksam vereinbart werden, dass der Einwand eines Preis- oder Kalkulationsirrtums auf Seiten des Auftragnehmers ausgeschlossen ist; denn damit wäre dem Auftragnehmer verwehrt, auch einen von dem Vertragspartner erkannten Kalkulationsirrtum geltend zu machen und sich auf eine unzulässige Rechtsausübung zu berufen. Das aber wäre unangemessen.[93]

2814

---

90) BGH, NJW 1980, 180 u. NJW-RR 1986, 569 = BauR 1986, 334 = ZfBR 1986, 128; OLG Frankfurt, OLGR 1998, 38.
91) Vgl. BGH, NJW 1983, 1671 = BauR 1983, 368; *Heiermann*, BGB 1984, 1836, 1837; *John*, JuS 1983 176, 178.
92) *Arnold* in: Dauner-Lieb u.a., Das Neue Schuldrecht, § 3 Rn. 67, der es deshalb als zweifelhaft ansieht, ob eine Anfechtung nach § 119 Abs. 2 noch möglich ist; **a.A.:** AnwKom-BGB/*Krebs*, § 313 BGB, Rn. 11, der – entgegen BT-Drucks. 14/6040, S. 176 – die Anfechtungsbestimmungen weiterhin für anwendbar hält. Siehe ferner: *Langenecker*, in: *Wirth/Sienz/Englert*, § 313 BGB, Rn. 8.
93) BGH, a.a.O., **a.A.:** OLG Düsseldorf, VersR 1982, 1147.

V. Die Verjährung

Übersicht

	Rdn.
1. Allgemeine Grundsätze im Verjährungsrecht	2815
a) Die regelmäßige Verjährungsfrist	2816
b) Einrede der Verjährung	2817
c) Vereinbarungen über die Verjährung	2821
aa) Verzicht auf die Einrede der Verjährung	2822
bb) Abkürzung der Verjährungsfristen	2823
cc) Verlängerung der Verjährungsfristen	2827
2. Die Verjährung von Vergütungsansprüche	2832
a) Werklohnansprüche des Bauunternehmers	2832
aa) Beim BGB-Bauvertrag	2834
bb) Beim VOB-Bauvertrag	2836
b) Honoraransprüche des Architekten, des Ingenieurs und des Sonderfachmannes	2841
c) Vergütungsanspruch des Bauträgers	2846
3. Die Verjährung von Gewährleistungsansprüchen des Bauherrn (Auftraggeber)	2847
a) Grundsätze	2847
b) Ansprüche des Bauherrn (Auftraggeber) gegen den Bauunternehmer beim BGB-Bauvertrag	2848
c) Ansprüche des Bauherrn (Auftraggeber) gegen den Bauunternehmer beim VOB-Bauvertrag	2856
d) Ansprüche des Bauherrn (Auftraggeber) gegen den Architekten und Sonderfachmann	2865
e) Ansprüche des Bauherrn (Auftraggeber) gegen den Bauträger	2876
4. Die Verjährung sonstiger Ansprüche	2880
a) Anspruch aus Bürgschaftsvertrag	2880
b) Ausgleichsanspruch unter Gesamtschuldnern	2884
c) weitere sonstige Ansprüche	2885
5. Hemmung und Neubeginn der Verjährung	2887
a) Hemmung der Verjährung	2888
b) Neubeginn der Verjährung	2908
c) Mängelanzeige nach § 13 Abs. 5 VOB/B	2914

Literatur

Zimmermann/Leenen/Mansel/Ernst, Finis litium? Zum Verjährungsrecht nach dem Regierungsentwurf eines Schuldrechtsmodernisierungsgesetzes, JZ 2001, 684; *Leenen*, Die Neuregelung der Verjährung, JZ 2001, 552; *Eidenmüller*, Zur Effizienz der Verjährungsregeln im geplanten Schuldrechtsmodernisierungsgesetz, JZ 2001, 283; *Mansel*, Die Neuregelung des Verjährungsrechts, NJW 2002, 89; *Lenkeit*, Das modernisierte Verjährungsrecht, BauR 2002, 196; *Heß*, Das neue Schuldrecht – In-Kraft-Treten und Übergangsregelungen, NJW 2002, 253; *Schudnagies*, Das Werkvertragsrecht nach der Schuldrechtsreform, NJW 2002, 396; *Witt*, Schuldrechtsmodernisierung 2001/2002 – Das neue Verjährungsrecht, JuS 2002, 105; *Gsell*, Schuldrechtsreform: Die Übergangsregelungen für die Verjährungsfristen, NJW 2002, 1297; *Wagner*, Mangel- und Mangelfolgeschäden im neuen Schuldrecht, JZ 2002, 475; *Weyer*, § 639 II BGB a.F. durch § 203 BGB n.F. ersetzt, nicht ersatzlos weggefallen, NZBau 2002, 366; *Ott*, Das neue Schuldrecht – Überleitungsvorschriften und Verjährung, MDR, Sonderheft, 1 ff.; *Werner*, Das Neue Verjährungsrecht aus dem Blickwinkel des Baurechts, Festschrift für Jagenburg (2002), 1097; *Grams*, Zur neuen Regelverjährung des Erfüllungsanspruchs auf die Bauleistung, BauR 2002, 1461; *Niemöller*, Verjährungsrecht nach der Schuldrechtsreform, Festschrift für Kraus (2003), 137; *Kainz*, Verjährung von arglistigem Verschweigen und Organisationsverschulden nach neuem Recht, Festschrift für Kraus (2003), 85; *Sohn*, Einrede der Verjährung erstmals in der Berufungsinstanz, BauR 2003, 1933; *Vogel*, ‚Verjährung und Insolvenzverfahren' – am Beispiel der Insolvenz des Auftraggebers, BauR 2004, 1365; *Gay*, Der Beginn der Verjährungsfrist bei Bürgschaftsforderungen, NJW 2005, 2585; *Schulte-Nölke/Hawxwell*, Zur Verjährung von vor der Schuldrechtsreform entstandenen Ansprüchen, NJW 2005, 2117; *Rohlfing*, Grob fahrlässige Unkenntnis und Beginn der Regelverjährung bei Alt- bzw. Überleitungsfällen, MDR 2006, 721;

Tomic, Verjährung des Kostenerstattungsanspruchs (§§ 4 Nr. 7, 8 Nr. 3 VOB/B), BauR 2006, 441; *Ludwig*, Die Verjährung werkvertraglicher Gewährleistungsansprüche im neuen Schuldrecht, 2009; *Klein/Moufang/Koos*, Ausgewählte Fragen zur Verjährung, BauR 2009, 333; *Sonntag*, Die Verjährung im Baurecht (Teil 1 bis 3), NJW 2009, 3496, 3634, 3770; *Bitter/Alles*, Die Rechtsprechung zum Aufschub des Verjährungsbeginns bei unklarer Rechtslage, NJW 2011, 2081; *Elzer*, Gewillkürte Prozessstandschaft des WEG – Verwalters für die Wohnungseigentümergemeinschaft, DNotZ 2011, 486; *Koppmann*, Der Nachunternehmer- und Lieferantenvertrag am Bau, IBR 2011, 1018; *Lauer/Wurm*, Haftung des Architekten und Bauunternehmers, 6. Auflage, 2012; *Peters*, Die Verjährung in Fällen unbekannter Anschrift des Schuldners, NJW 2012, 2556; *Schmal/Trapp*, Der Beginn der Verjährungsfrist bei EUGH-induzierten Rechtsprechungsänderungen, NJW 2015, 6; *Schulze-Hagen*, Zur Regelverjährung baurechtlicher Ansprüche, BauR 2016, 384; *Moufang*, Verjährungsrecht: Haftungsfallen und Gebot des sichersten Weges, NZBau 2017, 121; *Lindner*, Wann verjähren Rückforderungsansprüche des Auftraggebers wegen Überzahlung des Bauunternehmers?, BauR 2017, 806.

1. Allgemeine Grundsätze im Verjährungsrecht

Die **Verjährung dient** auch im Bauwesen vornehmlich dem **Rechtsfrieden** und der **Sicherheit des Rechtsverkehrs**; sie begründet eine Einrede (Leistungsverweigerungsrecht, § 214 Abs. 1 BGB). Das Verjährungsrecht, das bereits vor der Schuldrechtsmodernisierung in besonderer Weise als reformbedürftig galt, wurde durch das **Schuldrechtsmodernisierungsgesetz (SchRModG)** erheblich verändert. Schwerpunkte der Neugestaltung des Verjährungsrechts waren dabei insbesondere die grundsätzliche **Neuordnung der Verjährungsfristen**, die **Vereinheitlichung der Fristen** und die **Einführung des sog. Kenntnis- oder Erkennbarkeitskriteriums** im Rahmen des Beginns der regelmäßigen Verjährung. Eng verbunden damit war die gleichzeitige **Neuordnung der Unterbrechungs- sowie Hemmungstatbestände.**[1]

a) Die regelmäßige Verjährungsfrist

Unter diesen Vorzeichen wurde mit dem SchRModG zunächst eine **neue (kürzere) regelmäßige Verjährungsfrist** von **drei Jahren** (anstatt 30 Jahren) eingeführt (§ 195 BGB). Gemäß § 199 Abs. 1 BGB **beginnt die regelmäßige Verjährungsfrist** mit dem Schluss des Jahres, in dem

1. der Anspruch entstanden ist
und
2. der Gläubiger von den den **Anspruch begründenden Umständen** und der **Person des Schuldners Kenntnis** erlangt oder ohne grobe Fahrlässigkeit erlangen müsste.

Die Entstehung des Anspruches i.S. des § 199 Abs. 1 Nr. 1 BGB ist – entsprechend der früheren allgemeinen Rechtsauffassung – grundsätzlich mit der Fälligkeit

---

[1] Zur Begründung der Neuregelung vgl. BT-Drucksache 14/6040, S. 90; ausführlich zur Regelverjährung: *Schulze-Hagen*, BauR 2016, 384; zu den heute noch offenen Problemen siehe eine Übersicht bei *Moufang*, NZBau 2017, 121.

gleichzusetzen.²⁾ Bei genehmigungspflichtigen Rechtsgeschäften setzt dies das Vorliegen der Genehmigung voraus.³⁾

Das aus § 852 Abs. 1 BGB a.F. entwickelte Merkmal der Kenntniserlangung ist im Rahmen des § 199 BGB um die grob fahrlässige Unkenntnis erweitert worden.⁴⁾ In der Begründung zum Regierungsentwurf⁵⁾ wird darauf hingewiesen, dass nach herrschender Rechtsauffassung die grobe Fahrlässigkeit dann vorliegt, „wenn die im Verkehr erforderliche Sorgfalt in ungewöhnlich großem Maße verletzt worden ist, ganz nahe liegende Überlegungen nicht angestellt oder beiseite geschoben wurden und dasjenige unbeachtet geblieben ist, was im gegebenen Fall jedem hätte einleuchten müssen". Dem hat sich die Rechtsprechung angeschlossen.⁶⁾ Der Gläubiger ist vor allem nicht gehalten, im Interesse des Schuldners an einem möglichst frühzeitigen Beginn der Verjährungsfrist Nachforschungen zu betreiben, wenn das Unterlassen von Ermittlungen im Einzelfall nicht gerade unverständlich erscheint und deshalb grobe Fahrlässigkeit gegeben sein kann.⁷⁾

Der positiven Kenntnis ist auch die rechtsmissbräuchliche Unkenntnis gleichzusetzen.⁸⁾ Das sind nach der Begründung zum Regierungsentwurf⁹⁾ die Fälle, „in denen der Gläubiger es versäumt, eine gleichsam auf der Hand liegende Erkenntnismöglichkeit wahrzunehmen und deshalb letztlich das Sichberufen auf Unkenntnis als Förmelei erscheint, weil jeder andere in der Lage des Gläubigers unter denselben konkreten Umständen die Kenntnis gehabt hätte". Hat der Gläubiger z.B. Probleme mit der Anschrift des Schuldners, kann er sich hierauf nicht berufen, wenn er nicht zumindest beim Einwohnermeldeamt eine entsprechende Auskunft zur Feststellung der Anschrift des Schuldners einholt.¹⁰⁾ Aber zur Kenntnis von der Person des Schuldners gehört auch die Kenntnis von dessen Aufenthaltsort bzw. Anschrift. Das Wissen um die Nichtermittelbarkeit der Anschrift steht dem nicht etwa deshalb gleich, weil der Gläubiger eine Klage öffentlich zustellen lassen kann.¹¹⁾ Lagen aber Kenntnis von den anspruchsbegründenden Umständen und von der Person des Schuldners einschließlich seiner Anschrift einmal vor, so bleibt die Verjährung in

---

2) BGH, BauR 1990, 95 = MDR 1990, 323; *Mansel*, NJW 2002, 89, 91; *Lenkeit*, BauR 2002, 196 ff., 199; *Bereska*, in: Henssler/Graf v. Westphalen, § 199, Rn. 3; *Dahns*, BRAK-Mitt. 2001, 272, 274; zu Ausnahmen vgl. *Palandt/Ellenberger*, § 199, Rn. 3.
3) *Palandt/Ellenberger*, a.a.O.
4) Vgl. auch Rdn. 2835.
5) BT-Drucksache 14/6040, S. 108 m. Hinw. auf BGHZ 10, 14, 16; 89, 153, 161; NJW-RR 1994, 1469, 1471; NJW 1992, 3235, 3236.
6) BGH NJW-RR 2011, 1188; BGHZ 186, 152; BGH, IBR 2010, 138 – *Schulze-Hagen*; BGH, NJW-RR 2010, 681 BGH, NJW-RR 2009, 544; BGH, WM 2008, 2165; OLG Schleswig, BeckRS 2011, 29345; OLG München, BeckRS 2011, 25161.
7) BGH, ZfBR 2013, 39 (Überzahlung durch Höchstsatzüberschreitung nach Zeithonorarabrechnung durch den Architekten); BGH, GRUR 2012, 1248 (Kenntnis von Urheberrechtsverletzung); BGH, IBR 2011, 1389 – *Schwenker*; BGH, NJW 2010,1195 (Rückzahlungsanspruch wegen nicht verbrauchtem Vorschuss); OLG München, a.a.O.; siehe auch *Schulze-Hagen*, BauR 2016, 384, 388.
8) BGH, NJW 2001, 1721, 1722; NJW 2000, 99, 423, 953.
9) A.a.O.; m. Hinw. auf BGHZ 133, 192, 199; BGH, NJW 2000, 953; NJW 1999, 423, 425; NJW 1994, 3092, 3094. Vgl. hierzu: *Mansel*, NJW 2002, 89, 91 sowie BGH, IBR 2002, 9 – *Schwenker*.
10) So zutreffend *Bereska*, a.a.O., 61.
11) BGH, NJW 2012,1645.

Allgemeine Grundsätze im Verjährungsrecht — Rdn. 2816

Lauf gesetzt, auch wenn der Gläubiger die Kenntnis wieder verliert, etwa, weil der Schuldner zwischenzeitlich unbekannt verzogen ist. Dann bleibt nur der Weg über die öffentliche Zustellung einer verjährungshemmenden Maßnahme nach § 204 BGB.[12]

Kenntnis bedeutet Kenntnis von den anspruchsbegründenden Tatsachen. Sie liegt im Allgemeinen vor, wenn dem Gläubiger die Erhebung einer Klage, sei es auch in Form einer Feststellungsklage, erfolgversprechend, wenn auch nicht risikolos möglich ist. Weder ist es notwendig, dass der Gläubiger alle Einzelumstände kennt, die für die Beurteilung möglicherweise Bedeutung haben, noch muss er bereits hinreichend sichere Beweismittel in der Hand haben, um einen Rechtsstreit im Wesentlichen risikolos führen zu können.[13] Für die Kenntnis ist es grundsätzlich auch nicht maßgeblich, ob aus den bekannten Tatsachen die rechtlich zutreffenden Schlüsse gezogen werden. Das kann jedoch bei zweifelhafter Rechtslage ausnahmsweise anders und die zutreffende rechtliche Würdigung für das Vorliegen der Kenntnis erforderlich sein.[14] Für eine solche Ausnahme ist ein ernsthafter Meinungsstreit in Rechtsprechung und Schrifttum erforderlich. Das Fehlen einer höchstrichterlichen Entscheidung zu einer Frage reicht für die Annahme einer unsicheren und zweifelhaften Rechtslage nicht aus.[15] Erst recht steht ein noch nicht abgeschlossener Rechtsstreit zwischen Gläubiger und Schuldner, dessen Ausgang Rückschlüsse auf das Bestehen oder Nichtbestehen eines (noch nicht rechtshängigen) Anspruchs gegen den Schuldner erlaubt, der Annahme nicht entgegen, dass der Gläubiger Kenntnis von den anspruchsbegründenden Umständen hat.[16]

Stehen Ansprüche aus mehreren Pflichtverletzungen zur Diskussion (z.B. mehrere Aufklärungs- oder Beratungsfehler), so ist für jeden einzelnen gesondert zu prüfen, wann Kenntnis oder grob fahrlässige Unkenntnis vorlag, ohne dass es darauf ankommt, ob die einzelnen Pflichtverletzungen eigenständige oder zusätzliche Schadensfolgen nach sich gezogen haben. Es ist vielmehr hinreichend, dass mehrere voneinander abgrenzbare Pflichtverletzungen zum Gesamtschaden beigetragen haben und ein Schadensersatzanspruch auf mehrere voneinander abgrenzbare Fehler gestützt wird.[17]

Liegt eine Pflichtverletzung in einem Unterlassen, so beginnt die Verjährung im Falle der Nachholbarkeit der unterlassenen Handlung nicht schon dann, wenn die Handlung spätestens hätte erfolgen sollen, sondern erst dann, wenn die Nachholbarkeit endet.[18]

---

[12] *Peters*, NJW 2012, 2556, der auch eine Hemmung wegen höherer Gewalt gem. § 206 BGB in Erwägung zieht.
[13] BGH, NJW-RR 2011, 1188 m.w.N.; BGH, IMR 2011, 310 – *Riecke*.
[14] BGH, IMR 2009, 1000 – *Schwenker*; OLG Brandenburg, BeckRS 2011,14322; zu EUGH-induzierten Rechtsprechungsänderungen: *Schmal/Trapp*, NJW 2015, 6.
[15] BGH, IBR 2013, 77 – *Schmitz*; BGH, NJW 2011, 1278; KG, IBR 2013, 76 – *Weyer*; LG Stuttgart, BeckRS 2013, 18225; wohl **a.A.**: LG Limburg, IMR 2010, 516 – *Sommer*; kritisch zur Ausnahmerechtsprechung *Bitter/Alles*, NJW 2011, 2081, die eine Ausnahme nur für den Fall der Unklarheit über den richtigen Anspruchsgegner im Amts – oder Notarhaftungsprozess zulassen wollen.
[16] BGH, NJW 2015, 1007.
[17] BGH, BeckRS 2011, 24118; BGH, BeckRS 2011, 19375; BGH, BeckRS 2011, 17987.
[18] LG München, BeckRS 2014, 01998.

Die Kenntnis oder die grob fahrlässige Unkenntnis muss grundsätzlich in der Person des Gläubigers vorliegen. Bei Gesamtgläubigern und Mitgläubigern hat die Kenntnis nur Einzelwirkung.[19] Bezüglich der Person des Schuldners ist die Kenntnis für jeden Gesamtschuldner getrennt zu ermitteln.[20] Nach dem Rechtsgedanken des § 166 Abs. 1 BGB genügt aber auch die Kenntnis eines Wissensvertreters.[21] So muss sich die Wohnungseigentümergemeinschaft das Wissen ihres Verwalters zurechnen lassen.[22] Das Wissen ihres Geschäftsführers vermittelt einer GmbH allerdings nicht die Kenntnis gem. § 199 Abs. 1 Nr. 2 BGB, wenn dieser selbst als Schuldner von der GmbH in Anspruch genommen wird.[23] Bei der Anfechtung durch den Insolvenzverwalter nach den §§ 130 ff. InsO kommt es auf die Kenntnis des Insolvenzverwalters und nicht auf die des Insolvenzschuldners an.[24] Bei Behörden und Körperschaften des öffentlichen Rechts beginnt die Verjährungsfrist für zivilrechtliche Schadensersatzansprüche nach § 199 Abs. 1 BGB zu laufen, wenn der zuständige Bedienstete der verfügungsberechtigten Behörde Kenntnis von Schaden und der Person des Ersatzpflichtigen erlangt.[25] Bei Rückforderungsansprüchen einer Gemeinde aus Überzahlung ist auf die Kenntnis des mit der ersten Prüfung der Rechnung befassten Mitarbeiters abzustellen und nicht auf den Erkenntnisgewinn durch eine spätere Prüfung der Rechnungsprüfungsanstalt.[26] Die Kenntnis der Überzahlung liegt dabei dann vor, wenn das Leistungsverzeichnis, die Aufmaße und die Schlussrechnung bekannt sind und aus diesen eine vertragswidrige Abrechnung und Massenermittlung ohne weiteres ersichtlich sind.[27]

Es dürfte daher unter AGB – rechtlichen Gesichtspunkten außerordentlich bedenklich sein, wenn wie in den RBBau (§ 11.2 AVB) der Beginn der Verjährungsfrist für einen Anspruch aus § 812 BGB von der Kenntnis des Auftraggebers vom Ergebnis der Prüfung durch den Rechnungshof abhängig gemacht wird, wobei die Prüfung u.U. erst nach mehreren Jahren erfolgen könne. Das dürfte eine unangemessene Benachteiligung darstellen (§ 307 BGB). Für den Auftragnehmer ist der Zeitraum unberechenbar. Die Maximalfrist des § 199 Abs. 4 BGB ist nicht berücksichtigt. Insoweit weicht die Regelung auch vom gesetzlichen Leitbild ab (§ 307 Abs. 2 Nr. 1 BGB). Die Darlegungs- und Beweislast für das Vorliegen der subjektiven Voraussetzungen des § 199 Abs. 1 Nr. 2 BGB zu einem bestimmten Zeitpunkt trägt der Schuldner.[28]

Die bei der regelmäßigen Verjährung geltende **Ultimoverjährung** (§ 199 BGB) soll den Nachweis für den Beginn der Verjährung erleichtern.

---

19) *Palandt/Ellenberger*, § 199 BGB, Rn. 24.
20) BGH, NJW 2001, 964.
21) BGH, BeckRS 2011, 23921; NJW 2008, 2427 (mit der Rechnungsprüfung betrautes Ingenieurbüro).
22) KG, IMR 2013, 30 – *Weyer*; *Elzer*, DNotZ 2011, 486.
23) BGH, IBR 2011, 329 – *Schwenker*.
24) OLG Koblenz, Beschl. v. 27.5.2011, AZ: 2 W 179/11, ibr-online.
25) BGH, NJW 2012, 1789; BGH, IBR 2009, 512.
26) BGH, NJW 2008, 2427, dazu kritisch *Lindner*, BauR 2017, 806; OLG Karlsruhe, IBR 2013, 552 – *Wronna*.
27) BGH, a.a.O.
28) BGHZ 186, 152 m.w.N.

Allgemeine Grundsätze im Verjährungsrecht

Durch das sog. **Kenntnis- oder Erkennbarkeitskriteriums** war es notwendig, für Schadensersatzansprüche eine zeitliche Begrenzung in das Gesetz einzubauen. Das ist durch § 199 Abs. 3 und 4 BGB geschehen. Danach verjähren **Schadensersatzansprüche** grundsätzlich

1. **ohne Rücksicht auf die Kenntnis oder grobfahrlässige Unkenntnis** in **zehn Jahren** von ihrer Entstehung
und
2. ohne Rücksicht auf ihre Entstehung und die Kenntnis oder grobfahrlässige Unkenntnis in **30 Jahren** von der **Begehung der Handlung**, der **Pflichtverletzung** oder dem sonstigen, den Schaden **auslösenden Ereignis** an.

Maßgeblich ist dabei die früher endende Frist.

Nach § 199 Abs. 4 BGB verjähren andere Ansprüche als Schadensersatzansprüche ohne Rücksicht auf die Kenntnis oder grobfahrlässige Unkenntnis in zehn Jahren von ihrer Entstehung an. Das ist nun seit dem Ablauf von mehr als zehn Jahren nach Inkrafttreten des SchRModG von erheblicher praktischer Bedeutung.

Eine Ausnahme von den vorgenannten Regeln gilt zunächst bei Verletzung absoluter Rechtsgüter, wie bei Verletzung des Lebens, des Körpers, der Gesundheit und der Freiheit: Hier gilt als Grenze die 30-Jahres-Frist von der Begehung der Handlung, der Pflichtverletzung oder dem sonstigen, den Schaden auslösenden Ereignis an (ohne Berücksichtigung des Kenntnis- bzw. Erkennbarkeitskriteriums). Die 30-jährige Verjährungsfrist gibt es ferner nur bei den in § 197 BGB genannten Ausnahmetatbeständen.

Der Lauf der vorerwähnten Maximalfristen des § 199 Abs. 2 bis 4 BGB beginnt mit der Entstehung des Anspruches bzw. mit dem Schaden auslösenden Ereignis; hier gilt also nicht die vorerwähnte Ultimo-Verjährung.[29]

Die mit dem SchRModG eingeführte kurze Regelverjährung verkürzt insbesondere die Verjährungsfrist für alle **Erfüllungsansprüche**, die früher der 30-jährigen Verjährung unterlagen. Damit verjährt insbesondere auch der Anspruch des Auftraggebers auf die Erfüllung der Bauleistung in der Frist der §§ 195, 199 BGB. Wie stets setzt aber auch hier der Beginn der Verjährung die Fälligkeit des Anspruchs voraus. Ist vertraglich ein Fertigstellungstermin vereinbart, so markiert dieser die Fälligkeit (§ 271 Abs. 2 BGB, § 5 Abs. 1 VOB/B).[30] Fehlt es an einer solchen Vereinbarung, so bestimmt sich die Leistungszeit nach den Umständen (§ 271 Abs. 1 BGB). Der Auftragnehmer hat alsbald mit der Ausführung zu beginnen, nicht aber vor Erteilung einer erforderlichen Baugenehmigung[31] und sie in angemessener Zeit zu Ende zu führen.[32]

Die Rechtsinstitute des Verschuldens bei Vertragsschluss und der Änderung bzw. des Wegfalls der Geschäftsgrundlage wurden als gefestigtes Richterrecht mit dem SchRModG in § 311 Abs. 2 BGB und § 313 BGB kodifiziert. Für die entsprechen-

---

[29] BGH, NJW 2010, 1956.
[30] BGH, NJW 2000, 1403; *Döring*, in: Ingenstau/Korbion, § 5 Abs. 1–3/B, Rn. 23.
[31] BGH, NJW 1974, 1080.
[32] BGH, NJW-RR 2001, 806; *Döring* a.a.O. Rn. 24; OLG Düsseldorf, IBRRS 2017, 0952; *Palandt/Grüneberg*, § 271 BGB, Rn. 9.

den Ansprüche gilt damit nun ebenfalls die regelmäßige Verjährungsfrist von drei Jahren, § 195 BGB.

Durch die Einführung der **Pflichtverletzung als zentralen Haftungsbegriff** im Rahmen der §§ 280 ff. BGB und die damit verbundene grundsätzliche **Aufgabe einer Differenzierung nach Art der verletzten Pflicht (Hauptpflicht/Nebenpflicht)** wurde für eine erfreuliche Klärung insbesondere im Verjährungsrecht gesorgt. Die **frühere positive Vertragsverletzung** hat, soweit es die Berücksichtigung von Nebenpflichtverletzungen betrifft, Eingang in das BGB durch die Einführung des § 241 Abs. 2 BGB gefunden. Ansprüche aus einer entsprechenden Pflichtverletzung unterfallen seit Geltung des SchRModG – wie bei Ansprüchen aus Verletzung von Hauptpflichten – der regelmäßigen Verjährung von drei Jahren gemäß § 195 BGB, wenn die Verletzung der entsprechenden Nebenpflicht **nicht zu einem Werkmangel,** sondern zu sonstigen Schäden geführt hat; ist dagegen der **Mangel eine Folge einer verletzten Nebenpflicht,** gelten die Verjährungsfristen des § 634a BGB. Auch die Abgrenzung zwischen Mangelfolgeschäden, die mit einem Werkmangel eng zusammenhängen, und solche, die mit ihm nur entfernt etwas zu tun haben, ist seit Inkrafttreten des SchRModG nicht mehr erforderlich, da beide Schadensfolgen unter die vorerwähnten Vorschriften zu subsumieren sind.[33]

Wegen aller Einzelheiten zum alten Recht wird im Übrigen auf die 12. Auflage Rn. 2343 ff. verwiesen. Zu den Übergangsregelungen vgl. die 13. Auflage Rn. 2816.

b) Einrede der Verjährung

2817 Die Verjährung eines Anspruches begründet eine **Einrede** und damit ein **Leistungsverweigerungsrecht**[34], § 214 Abs. 1 BGB. Die Verjährung bezieht sich auf den Anspruch, nicht auf einzelne unselbstständige Rechnungsposten, sodass besondere Verjährungsvorschriften nicht auf solche einzelnen Rechnungsposten angewandt werden dürfen.[35] Eine Partei, die sich auf Verjährung berufen will, muss deren Voraussetzungen darlegen und beweisen. Das gilt auch für den Zeitpunkt, zu dem die Verjährung eingetreten sein soll.[36] Die Verjährungseinrede muss im Prozess nur einmal erhoben werden; einer ausdrücklichen Wiederholung der Einrede in der nächsten Instanz bedarf es nicht.[37] Wird die Einrede der Verjährung im Laufe des Rechtsstreits erstmals erhoben, so stellt sie ein erledigendes Ereignis dar, auch dann, wenn die Verjährung bereits vor Rechtshängigkeit eingetreten ist.[38] Allerdings ist zu beachten, dass die erstmals in der **Berufungsinstanz erhobene Verjährungseinrede** nach den Bestimmungen der §§ 529 Abs. 1 Nr. 2 und 531 Abs. 2 ZPO vom Be-

---

33) Kritisch hierzu: *Wagner*, JZ 2002, 475, 480 f.; siehe auch *Ludwig*, der zwischen dem Anwendungsbereich des § 634a BGB und § 195 BGB nach der „Leistungsebene" und der „Rücksichtsebene" differenziert.
34) Ausnahme in den Fällen der §§ 901 BGB und 1028 BGB, in denen die Verjährung rechtsvernichtend ist.
35) BGH, IBR 2008, 455 – *Rodemann*.
36) BGHZ 186, 152 m.w.N.
37) BGH, NJW 1990, 326.
38) BGH, MDR 2010, 650; zur Kostenentscheidung nach § 91a ZPO in diesem Fall: KG, NJW-RR 2012, 1215.

Allgemeine Grundsätze im Verjährungsrecht

rufungsgericht **nur zu berücksichtigen** ist, wenn sie auf unstreitigem Sachverhalt basiert. Dieses selbst beim BGH zunächst kontrovers diskutierte Thema ist durch den Beschluss des Großen Senats des BGH für Zivilsachen vom 23.6.2008[39] entschieden. Dabei hat der Senat die Frage offen gelassen, ob dies auch gilt, wenn als mittelbare Folge der Berücksichtigung unstreitigen Vorbringens nun eine bis dahin nicht erforderliche Beweisaufnahme notwendig wird. Dies bejaht der IX. Zivilsenat.[40]

Die Freiheit des Schuldners, sich auf die Einrede der Verjährung zu berufen oder nicht, hat durch die Rechtsprechung[41] allerdings eine praktische Einschränkung erfahren: Der in einer Vertragskette den Nachunternehmer wegen Mängeln auf Schadensersatz oder Vorschuss in Anspruch nehmende Generalunternehmer ist nach den Grundsätzen der Vorteilsausgleichung gehindert, seinen Anspruch durchzusetzen, wenn er von seinem Auftraggeber wegen Verjährung nicht mehr in Anspruch genommen werden kann. Er ist also gehalten, sich gegenüber seinem Auftraggeber auf die Einrede der Verjährung zu berufen, wenn er nicht selbst und ohne Rückgriffsmöglichkeit einstehen will. Entsprechendes soll aber für den ausgleichsberechtigten Gesamtschuldner gegenüber dem Ausgleichspflichtigen nicht gelten.[42] Das ist wenig einleuchtend, denn die Wertungen, die die Rechtsprechung im Rahmen der Vertragskette vornimmt, lassen sich durchaus auf den Ausgleichsanspruch unter den Gesamtschuldnern nach § 426 Abs. 1 Satz 1 BGB übertragen. Allerdings folgt für den Nachunternehmer aus dieser Rechtsprechung nicht ein Anspruch auf Schadensersatz in Höhe einer wegen der Mängel zunächst verweigerten Werklohnzahlung, wenn später der Hauptauftraggeber wegen Verjährung keine Ansprüche mehr erheben kann.[43] Der BGH bestätigt ausdrücklich, dass das Leistungsverweigerungsrecht des Hauptunternehmers wegen Mängeln der Werkleistung des Nachunternehmers unabhängig davon besteht, ob der Auftraggeber des Hauptunternehmers noch Ansprüche erhebt und durchsetzen kann.[44] Auch soll es im Rahmen eines Kostenerstattungsanspruchs nicht die Pflicht des Gläubigers sein, sich Dritten gegenüber auf die Einrede der Verjährung zu berufen, um die Kosten gering zu halten.[45]

2818

---

39) BGH, NJW 2008, 3434; BGH, BauR 2008, 666; *Kroppenberg*, NJW 2009, 642; zu vorangegangenem Streit: BGH, NJW-RR 2006, 630; BGH, NJW 2005, 291 = IBR 2005, 180 – *Schwenker*; KG, BauR 2007, 1896; OLG Köln, IBR 2007, 165 – *von Berg*; OLG Celle, NJW-RR 2006, 1530; OLG Naumburg, IBR 2005, 650 – *Moufang*; OLG Karlsruhe, MDR 2005, 412; OLG Nürnberg, MDR 2003, 1133; *Noethen*, MDR 2006, 1024; *Sohn*, BauR 2003, 1933; **a.A.:** BGH, MDR 2006, 766; OLG Frankfurt, BauR 2004, 560; OLG München, BauR 2004, 1982; OLG Brandenburg, BauR 2003, 1256; KG, KGR 2003, 392; *Siegburg*, BauR 2003, 766.
40) BGH, NJW 2009, 685; BGH, NJW 2005, 291; OLG Jena, IBR 2016, 498 – Spirk (Werkstattbeitrag); **a.A.:** *Kroppenberg* a.a.O.
41) BGH, BauR 2007, 1564; auch OLG Stuttgart für Architekt und Subplaner, BauR 2015, 1705; OLG Frankfurt, IBR 2010, 90 – *Schwenker*; einschränkend aber bei Rückforderung von Vorschuss: BGH, IBR 2008, 640 – *Ulbrich*; *Koppmann*, IBR 2011, 1018 Rn. 52.
42) BGH, IBR 2010, 79 – *Schwenker*; siehe auch OLG Frankfurt, Beschl. v. 03.08.2010, AZ: 15 W 18/10, ibr-online – *Schmidt* (Werkstattbeitrag).
43) BGH, IBR 2011, 618 – *Liebheit*.
44) BGH, NJW 2013, 3297.
45) OLG Düsseldorf, BauR 2016, 1044; OLG Frankfurt, NJW-RR 2011, 499.

2819 Die Ausübung der Verjährungseinrede kann im Einzelfall unzulässig sein, wenn sie gegen Treu und Glauben (§ 242 BGB) verstößt.[46] Das ist, ganz im Sinne der vorstehend erörterten Rechtsprechung, dann der Fall, wenn der Auftraggeber den Werklohn mindern will, obwohl sein eigener Auftraggeber in der Vertragskette das Werk billigt und feststeht, dass er wegen Verjährung keine Ansprüche auf Grund der Mängel mehr geltend machen wird.[47]

Der Einwand der **unzulässigen Rechtsausübung** ist im Übrigen begründet, wenn der Gläubiger aus dem gesamten, sei es auch unbeabsichtigten Verhalten des Schuldners das Vertrauen schöpfte und auch schöpfen durfte, dieser werde die Einrede der Verjährung nicht geltend machen und sich vielmehr nur auf sachliche Einwendungen berufen. Hier gilt jedoch ein strenger Maßstab.[48] Ein Verstoß gegen § 242 BGB liegt vor allem vor, wenn der Schuldner dem Berechtigten Anlass gegeben hat, von einer Unterbrechung oder Hemmung der Verjährung abzusehen.[49] Das kann unabsichtlich geschehen, wenngleich bloßes Schweigen eines Schuldners allein nicht ausreicht.[50] Ein Fall der unzulässigen Rechtsausübung kann auch dann vorliegen, wenn der Schuldner entgegen seiner vertraglich übernommenen Verpflichtung einen Wohnsitzwechsel nicht mitteilt und dadurch die Zustellung einer Klage vereitelt.[51] Auch bei einer gegen die Wohnungseigentümer gerichteten Klage, bei der nach Änderung der Rechtsprechung zur Teilrechtsfähigkeit der WEG ein Parteiwechsel notwendig wird, kann sich die dann in Anspruch genommene Wohnungseigentümergemeinschaft gem. § 242 BGB nicht auf eine zwischenzeitlich eingetretenen Verjährung berufen.[52] Ebenso kann es dem Auftraggeber, der vormals in Person Geschäftsführer der Auftragnehmerin war und den gegen sich gerichteten Werklohnanspruch nicht verfolgt hat, verwehrt sein, sich gegenüber dem Liquidator auf Verjährung zu berufen.[53]

Ebenso führt ein **Stillhalteabkommen** zwischen den Parteien zu einem Ausschluss der Einrede der Verjährung gem. § 242 BGB beispielsweise dann, wenn ein gerichtliches Verfahren auf Anregung des Gerichts vereinbarungsgemäß nicht betrieben wird, um den Ausgang eines beim BGH anhängigen Parallelverfahrens mit fast identischem Sachverhalt abzuwarten.[54]

Dem Schuldner ist die Erhebung der Verjährungseinrede nur so lange versagt, wie die Berufung auf die Verjährung gegen Treu und Glauben verstoßen würde. **Fallen** die den Einwand der unzulässigen Rechtsausübung begründeten Tatsachen

---

46) Vgl. dazu BGH, NJW 2002, 3110; BGH, BauR 1990, 86, 87 = NJW-RR 1991, 1033, 1034 = NJW 1990, 1231; BGH, BauR 1991, 215, 216; BGH, BauR 1977, 346; BGH, DB 1977, 2443; BGH, VersR 1982, 444; BGH, NJW 1988, 265; KG Berlin, OLGR 27/2010 Anm. 1; OLG Köln, BauR 2000, 134; OLG Hamm, OLGR 1995, 160, 161; OLG Celle, NJW 1975, 1603; BAG, DB 1975, 1464; OLG Köln, VersR 1976, 71; *Palandt/Ellenberger*, Überbl. vor § 194, Rn. 17; *Schalhorn*, JurBüro 1975, 584 m. Nachw.
47) BGH, NJW-RR 2011, 377.
48) BGH, NJW-RR 2013, 569; OLG Düsseldorf, BauR 2010, 799.
49) OLG Köln, SFH, Nr. 69 zu § 242 BGB (der Schuldner hält den Gläubiger von der rechtzeitigen Klageerhebung ab).
50) BGH, BauR 1990, 86, 87; BGH, NJW 1988, 265, 266; KG, IBR 2007, 123 – *Waldmann*.
51) BGH, NJW-RR 2005, 415.
52) BGH, NJW 2011, 1453.
53) OLG Jena, IBR 2012, 636 – *Sacher*.
54) KG, IBR 2011, 740 – *Schliemann*.

Allgemeine Grundsätze im Verjährungsrecht

für den Gläubiger erkennbar **fort, so beginnt die Verjährung,** die nicht gehemmt war, **nicht von neuem zu laufen.** Vielmehr muss der **Gläubiger** in diesem Fall „**innerhalb einer angemessenen, nach Treu und Glauben zu bestimmenden Frist seinen Anspruch gerichtlich geltend machen.**"[55] In der Regel wird die dem Gläubiger einzuräumende „**Überlegungsfrist**" nur wenige Wochen betragen.[56]

2820 Nach Eintritt der Verjährung ist gemäß § 215 BGB die Aufrechnung und die Geltendmachung eines Zurückbehaltungsrechtes nicht ausgeschlossen, wenn der Anspruch in dem Zeitpunkt noch nicht verjährt war, in dem erstmals aufgerechnet oder die Leistung verweigert werden konnte.[57] Sind Gewährleistungsansprüche verjährt, verbleibt dem Auftraggeber ein Zurückbehaltungsrecht an der ihm übergebenen Gewährleistungsbürgschaft, wenn er die Mängel vor Eintritt der Verjährung gerügt hat.[58] Das gilt allerdings nicht, soweit dem Vertragsverhältnis die VOB/B 2002 und deren § 17 Nr. 8 Abs. 2 zugrunde liegt.[59]

Für Mängelansprüche, die nach Erfüllungsverweigerung des Insolvenzverwalters nur noch Rechnungsposten bei Ermittlung des dem Auftraggeber insgesamt entstandenen Schadens bilden, läuft keine selbstständige Verjährungsfrist. Lehnt es daher der Insolvenzverwalter ab, einen vom Gemeinschuldner und vom Auftraggeber bei Insolvenzeröffnung nicht vollständig erfüllten Bauvertrag zu erfüllen, kann sich der Auftraggeber innerhalb des an die Stelle des Vertrages getretenen Abrechnungsverhältnisses grundsätzlich auf Mängel der Teilleistungen ohne Rücksicht auf die sonst für Gewährleistungsansprüche maßgebende Verjährung berufen.[60]

c) Vereinbarungen über die Verjährung

Literatur

Kainz, Verjährungsvereinbarungen auf dem Prüfstand, BauR 2004, 1696; *Virneburg*, Die Verlängerung der Verjährungsfrist für Werkmängelansprüche durch Auftraggeber-AGB – die Rechtslage nach altem und neuem Recht, Festschrift für Thode (2005), 201; *Windorfer*, Der Verjährungsverzicht, NJW 20015, 3329; *Moufang*, Rechtsgeschäftliche Vereinbarungen im Abnahmeprotokoll, BauR 2017, 1253.

2821 Für den Bereich der Verjährung sind zunächst die Vertragsabsprachen der Parteien von besonderer Bedeutung.[61] Die Verjährungsfristen sowie der Beginn der Verjährung können grundsätzlich individuell bestimmt werden. Das hat auch – wie stets bei Individualabreden – Vorrang gegenüber Allgemeinen Geschäftsbedingun-

---

55) BGH, NJW-RR 2013, 569; BGH, BauR 1991, 215, 216.
56) BGH, NJW-RR 2013, 569 TZ 22 (ein Monat), OLG Köln, BauR 1991, 618, 620 m.w.Nachw.
57) BGH, NZBau 2016, 28; BGH, BeckRS 2011, 28300.
58) So die noch h.M.: BGH, IBR 1993, 139; IBR 1993, 189; KG, BauR 2007, 547; OLG Köln, BauR 2005, 1368; OLG Köln, BB 1993, 1831 = BauR 1993, 746 = NJW-RR 1994, 16; *Ripke*, IBR 2006, 2; Einschränkend *Maxem*, NZBau, 2007, 72, der nicht nur eine Mängelrüge, sondern auch eine erfolglose Fristsetzung für erforderlich hält; **a.A.**: bei isolierter Inhaltskontrolle von § 17 Nr. 8 Satz 2 VOB/B a.F. OLG Dresden, IBR 2008, 94 – *Ripke*; vgl. auch LG Essen, IBR 2009, 712 – *Ripke*; vgl. auch Rdn. 2883).
59) BGH, IBR 2015, 485 – *Vogel*.
60) BGH, DB 1986, 1012.
61) Für die Vereinbarung einer subsidiären Haftung des Architekten siehe Rdn. 2873.

gen.⁶²⁾ Eine Vereinbarung über den Beginn und das Ende der Gewährleistungsfrist kann auch in einem Abnahmeprotokoll erfolgen.⁶³⁾ Hier ist allerdings sorgfältig zu prüfen, ob tatsächlich entsprechende Willenserklärungen abgegeben wurden. Ein fehlerhafter Eintrag in einem Formular zur Erstellung eines Abnahmeprotokolls im Feld „Ende der Gewährleistung" genügt dafür nicht, wenn die Frage nach der Gewährleistungsfrist gar nicht Gegenstand der Erörterung im Rahmen der Abnahme war. Es kann daher nicht ohne Weiteres davon ausgegangen werden, die Parteien wollten die vertraglichen Verjährungsregeln hier modifizieren und das Ende der Gewährleistung, das differenziert geregelt war, auf einen bestimmten Tag festlegen, ganz gleich um welche Ansprüche es geht. Weder ist anzunehmen, dass etwa der Auftragnehmer die kürzere Frist aus § 13 Abs. 4 Nr.2 VOB/B verlängern, noch dass der Auftraggeber auf die längere Frist des § 13 Abs.7 Nr.4 VOB/B verzichten wollte. Das gilt erst recht, wenn der Vordruck eine differenzierte Angabe gar nicht vorsah.⁶⁴⁾

Vereinbarungen zur Verjährung müssen folgende Beschränkungen berücksichtigen:

aa) Verzicht auf die Einrede der Verjährung

2822   Das vor dem Inkrafttreten des SchRModG geltende starre Verbot einer rechtsgeschäftlichen Verjährungserschwernis hatte sich als wenig praktikabel erwiesen.⁶⁵⁾ In der Begründung zum Regierungsentwurf⁶⁶⁾ wird zutreffend darauf hingewiesen, dass es im Interesse beider Vertragsparteien liegen kann, die Verjährungsfristen zu verlängern oder den Eintritt der Verjährung zu erschweren bzw. hinauszuschieben. Das gilt insbesondere für kurze Gewährleistungsfristen. Daher sind nunmehr **Verjährungserschwernisse** und damit insbesondere **verjährungsverlängernde Abreden** grundsätzlich **wirksam**. Die Vertragsfreiheit wird allerdings dadurch eingeschränkt, dass die Verjährung durch Rechtsgeschäft **nicht über eine Verjährungsfrist von 30 Jahren** ab dem gesetzlichen Verjährungsbeginn **hinaus erschwert werden** kann (§ 202 Abs. 2 BGB). Ein rechtgeschäftlicher Verzicht auf die Einrede der Verjährung ist daher innerhalb der vorgenannten Frist von 30 Jahren möglich. Ein **zeitlich unbegrenzt ausgesprochener Verzicht** soll nach früherer Rechtsprechung nur so lange andauern, wie der Gläubiger gemäß § 242 BGB erwarten kann, dass der Schuldner aufgrund der Umstände des Einzelfalles die Verjährungseinrede nicht erheben wird.⁶⁷⁾ Erklärt der Schuldner, sich an einen erklärten Verzicht nicht mehr halten zu wollen, muss der Gläubiger in angemessener Frist

---

62) Vgl. BGH, BauR 1990, 231 = NJW-RR 1990, 371; BGH, BauR 1991, 458 = NJW-RR 1991, 980 = ZfBR 1991, 200; OLG Braunschweig, BauR 2013, 970.
63) OLG Düsseldorf, IBRRS 2017, 0701; OLG Braunschweig a.a.O., OLG München, NJW-RR 2010, 824.
64) **A.A.:** OLG Düsseldorf a.a.O.; OLG Braunschweig a.a.O.; OLG München a.a.O.; *Moufang*, BauR 2017, 1253.
65) Begründung zum Regierungsentwurf, BT-Drucksache 14/6040, S. 110.
66) A.a.O.
67) BGH, BauR 1991, 215 = NJW 1991, 974; NJW 1998, 1259; OLG Oldenburg, IBR 2007, 68 – *Müller-Stoy*.

Allgemeine Grundsätze im Verjährungsrecht

seinen Anspruch gerichtlich verfolgen.[68] Nach neuerer Rechtsprechung[69] ist ein zeitlich unbegrenzt ausgesprochener Verzicht regelmäßig dahin zu verstehen, dass er auf die 30 – jährige Maximalfrist des § 202 Abs. 2 BGB begrenzt ist, soweit sich nicht aus der Auslegung der Erklärung etwas Abweichendes ergibt.

Die **Erklärung des Verzichts ist formfrei** und kann auch noch in der Revisionsinstanz abgegeben werden[70], ganz gleich, ob Verjährung schon eingetreten ist oder nicht. Die Verzichtserklärung kann auch **konkludent** erfolgen.[71] Dafür reicht aber nicht ohne Weiteres schon der Abschluss eines Schiedsgutachtervertrags.[72] Ein Anerkenntnis, das nicht in der Form des § 781 BGB abgegeben wurde, kann unter Umständen als Verzicht auf die Einrede der Verjährung ausgelegt werden.[73] Das gilt aber nur, wenn der Schuldner vom Eintritt der Verjährung weiß oder mit ihr rechnet.[74] Bei einer solchen Umdeutung ist große Zurückhaltung geboten. Von einem Verzicht ist nur auszugehen, wenn das Verhalten des Schuldners als eindeutige Aufgabe einer für ihn vorteilhaften Rechtsposition anzusehen ist.[75] Die Zusage der Mageluntersuchung oder kostenloser Mangelbeseitigung reicht dazu nicht aus.[76] Aber auch ein ausdrücklicher Verjährungseinredeverzicht ist nach der Rechtsprechung des BGH nur wirksam, wenn der Schuldner bei Abgabe seiner Erklärung wusste oder zumindest für möglich hielt, dass die Verjährungsfrist schon abgelaufen und die Verjährung deshalb eingetreten war.[77] Daran ist auch für das seit Einführung des SchRModG geltende Recht festzuhalten. Geht der Schuldner erkennbar davon aus, dass die Verjährungsfrist noch nicht abgelaufen ist, so kann seine Verzichtserklärung nicht dahin verstanden werden, er wolle auch für den Fall der bereits eingetretenen Verjährung auf die Einrede verzichten.

Der Verzicht ist nicht frei widerruflich.[78]

Erfolgt der Verzicht zeitlich begrenzt, gilt die vereinbarte oder vom Schuldner bestimmte Frist. Mit Ablauf der Frist ist der Schuldner wieder frei, sich auf die Einrede der Verjährung zu berufen; allerdings sind insoweit die Bestimmungen der §§ 693 Abs. 2, 270 Abs. 3 ZPO entsprechend anwendbar.[79] Erklärt eine Partei in erster Instanz den Verzicht auf die Verjährungseinrede, widerspricht es nach OLG Koblenz[80] Treu und Glauben, wenn sich die Partei dann im Berufungsverfahren bezüglich desselben Anspruches auf die Einrede der Verjährung beruft.

---

68) BGH, BauR 2007, 429.
69) BGH, IBR 2008, 25 – *Schulze-Hagen*; OLG Koblenz, NJW-RR 2015, 950; zum Meinungsstand insoweit: *Windorfer*, NJW 2015, 3329.
70) BGH, NJW 2013, 525.
71) BGH, BauR 1997, 510, 513.
72) OLG Dresden, IBR 2008, 484 – *Heiliger*.
73) BGH, DB 1974, 2005. *Palandt/Ellenberger*, § 202 BGB, Rn. 7.
74) BGH, NJW 1997, 516 (518); OLG Celle, BauR 2010, 2165.
75) OLG Stuttgart, IBR 2011, 517 – *Berding*.
76) OLG Stuttgart a.a.O.
77) BGH, NJW 1982, 1815 (1816); **a.A.:** OLG Celle a.a.O.; *Palandt/Ellenberger* § 202, Rn. 7; *Windorfer* a.a.O.
78) BGH, NJW 1957, 383; *Windorfer*, NJW 2015, 3329.
79) BGH, BauR 1986, 351 – auch zum Einwand der Arglist, wenn der Schuldner befristet auf die Verjährungseinrede verzichtet und nach Ablauf der Frist diese erhebt; hierzu auch: OLG Köln, BauR 1991, 618.
80) NJW-RR 2000, 467.

Der Verjährungsverzicht berührt den Ablauf der Verjährungsfrist nicht, sondern hindert den Schuldner nur, sich auf den Ablauf der Verjährungsfrist zu berufen.[81]

Problematisch ist daher der wiederholte, befristete Verjährungsverzicht verbunden mit der gebräuchlichen Einschränkung „soweit Verjährung bis heute nicht eingetreten ist". Wenn nicht im Einzelfall ein zur Verjährungshemmung führender Tatbestand erfüllt ist (§§ 203 ff. BGB) läuft die Verjährungsfrist ungeachtet der ersten oder der folgenden Verzichtserklärungen weiter (der Schuldner ist gemäß § 242 BGB nur gehindert, die Einrede zu erheben)[82], sodass die Verjährungsfrist oft bei Abgabe der zweiten Verzichtserklärung tatsächlich bereits abgelaufen ist. Die genannte Einschränkung führt in diesem Fall zur Wirkungslosigkeit der Verzichtserklärung. Es ist dann im Einzelfall zu prüfen, ob nicht der Wille der Parteien auf die Vereinbarung einer Verjährungsfristverlängerung gerichtet war. Um dieser Problematik zu entgehen, sollte die Einschränkung dahin formuliert werden, dass **auf die Verjährung verzichtet wird, soweit nicht bereits bei Abgabe der ersten Verzichtserklärung Verjährung eingetreten war.**

Der Umstand, dass ein Verzicht auf die Einrede der Verjährung den weiteren Ablauf der Verjährungsfrist nicht hindert, sondern nur die Erhebung der Einrede trotz Verzichtserklärung treuwidrig macht, hat eine weitere in der Praxis vielfach übersehene Folge: Ein befristeter Verzicht des Schuldners auf die Erhebung der Verjährungseinrede soll dem Gläubiger im Zweifel nur **die gerichtliche Geltendmachung des Anspruchs vor Ablauf der Verzichtsfrist** ermöglichen. Eine Auslegungsregel, der Verzicht solle den Gläubiger im Zweifel so stellen, dass sämtliche während der Verzichtsfrist auftretende Tatbestände für eine Hemmung oder einen Neubeginn der Verjährung sich auch auf den Lauf der Verzichtsfrist auswirken, entbehrt der Grundlage.[83] Der Gläubiger muss den Anspruch vor Ablauf der Frist **rechtshängig** machen. Weder hilft ihm die Einleitung eines Selbständigen Beweisverfahrens noch eine Streitverkündung oder andere verjährungshemmende Maßnahme, die nicht die Rechtshängigkeit bewirkt, wenn die Verjährungsfrist ungeachtet der Verzichtserklärung abgelaufen ist. Soll die Rechtshängigkeit durch Einleitung eines Mahnverfahrens herbeigeführt werden, so muss das Verfahren zügig betrieben werden, weil die Rechtshängigkeit erst mit Eingang der Akten beim Streitgericht bewirkt wird.[84] Auch im weiteren Prozessverlauf ist eine Verzögerung zu vermeiden, denn die Frist von 6 Monaten bei Nichtbetreiben des Rechtsstreits gemäß § 204 Abs. 2 BGB ist auch auf den Verjährungsverzicht anzuwenden.[85]

Zu beachten ist schließlich, dass Verjährungsverzichtserklärungen, die der Schuldner nur im Verhältnis zum Rechtsvorgänger abgegeben hat, grundsätzlich nicht zugunsten des Rechtsnachfolgers wirken[86].

---

81) BGH, NJW 2009, 1598; BGH, NJW 2014, 2267; *Windorfer* a.a.O.
82) BGH, NJW 2015, 772; NJW 2014, 2267; NJW 2004, 1654.
83) BGH, NJW 2014, 2267.
84) BGH, NJW-RR 2013, 569 TZ 24.
85) BGH, NJW 2014, 2267 TZ 24.
86) BGH Beck RS 14, 17219 = VersR 2014, 226; **a.A.:** *Windorfer* a.a.O.

Allgemeine Grundsätze im Verjährungsrecht

bb) Abkürzung der Verjährungsfristen

In der Regel sind Unternehmer, Architekten oder Baugesellschaften an einer vertraglichen Abkürzung der Verjährungsfristen bezüglich der Mängelansprüche interessiert. Das ist gemäß § 202 Satz 1 BGB zulässig, soweit es durch **Individualvereinbarung** geschieht, allerdings mit der Einschränkung, dass verjährungserleichternde Vereinbarungen, also insbesondere Verkürzungen von Verjährungsfristen, bei **Haftung wegen Vorsatzes** im Voraus durch Rechtsgeschäft **nicht zulässig** sind. Das ist eine Konsequenz, die sich aus der Vorschrift des § 276 Abs. 3 BGB ergibt, wonach die Haftung wegen Vorsatzes dem Schuldner nicht im Voraus erlassen werden kann, weil so verhindert wird, dass die zuletzt genannte Vorschrift ausgehöhlt und damit bedeutungslos wird. Eine Grenze setzt auch für Individualvereinbarungen jedoch § 242 BGB: Die Vereinbarung eines zurückliegenden Verjährungsbeginns (und damit eine Verkürzung der Verjährungsfrist) für Mängelansprüche in einem Bauträgervertrag über eine schon länger fertiggestellte Wohnung ist auch bei einem notariellen Vertrag ohne ausgiebige Belehrung durch den Notar unzulässig.[87]

Es ist stets sorgfältig zu prüfen, ob es sich bei der in Rede stehenden Vertragsbestimmung um eine Verkürzung der Verjährungsfrist oder um eine die gesetzlichen Bestimmungen zur Einstandspflicht für Mängel ergänzende Regelung handelt. Beispielsweise hat das OLG Naumburg[88] zutreffend in einer Bestimmung, wonach der Auftragnehmer „für handwerkliche Arbeiten ab Rechnungsdatum 2 Jahre Garantie übernahm", keine Verkürzung der gesetzlichen Verjährungsfrist, sondern eine unselbstständige Garantie auf eine verschuldensunabhängige Haftung gesehen, die die zeitlich darüber hinausgehende gesetzliche Gewährleistungshaftung unberührt lässt.

In **AGB** besteht dagegen für eine formularmäßige Abkürzung der gesetzlichen Gewährleistungsfristen **keine Möglichkeit,** § 309 Nr. 8b Doppelbuchstabe ff BGB[89] (vgl. auch Rdn. 2727 f.).[90] Daher ist z.B. eine (durch AGB des Unternehmers erfolgte) Verkürzung der Verjährungsfrist für Gewährleistungsansprüche bei Arbeiten an Bauwerken, die gemäß § 634a BGB fünf Jahre beträgt, auf sechs Monate als unwirksam anzusehen, selbst wenn der Auftraggeber Unternehmer ist.[91] Im letztgenannten Fall folgt dies aus §§ 307 Abs. 2 Nr. 1, 310 Abs. 1 Satz 2, 1. Halbsatz BGB.[92] Dasselbe gilt für die Verkürzung der Gewährleistungsfrist in einem Architekten- oder Ingenieurvertrag über die Planung von Bauwerksleistungen auf sechs Monate[93] oder zwei Jahre.[94]

---

87) OLG Schleswig, IBR 2009, 655 – *Groß*.
88) BauR 2011, 1655.
89) *Lenkeit*, BauR 2002, 196 ff., 222, hält diese Vorschrift wegen Verstoßes gegen das Verfassungsrecht (Art. 80 GG) und wegen des Verstoßes gegen höherrangiges europäisches Recht für unwirksam.
90) BGH, BauR 2000, 1330 = NJW 2000, 2991 = NZBau 2000, 433 = ZfBR 2000, 484 = MDR 2000, 1243.
91) OLG Düsseldorf, NJW-RR 1987, 563.
92) OLG Stuttgart, BauR 2011, 1861; OLG Naumburg, Urt. v. 21.5.2010, Az: 10 U 60/08, ibr-online – *Schwenker* (Werkstattbeitrag).
93) BGH, BauR 1999, 670 = MDR 1999, 737 = ZfBR 1999, 187 = NJW 1999, 2434; vgl. hierzu auch OLG Stuttgart, NJW-RR 2000, 1551 (Verkürzung bei „Mängelfolgeschaden") = NZBau 2000, 573 = MDR 2000, 1424.
94) BGH, BauR 2014, 127 = IBR 2013, 751; OLG Celle, BauR 2000, 759.

§ 309 Nr. 8b Doppelbuchstabe ff BGB betrifft nur die Gewährleistungsfristen für Ansprüche aus § 438 Abs. 1 Nr. 2 BGB und § 634a Abs. 1 Nr. 2 BGB, nicht die Verjährung solcher Ansprüche, die mit den Gewährleistungsansprüchen in Anspruchskonkurrenz stehen. Soweit danach Verjährungsverkürzungen zulässig sind, muss aber eine Ausnahme für Ansprüche für Verletzung von Leben, Körper und Gesundheit sowie bei vorsätzlicher oder grob fahrlässiger Pflichtverletzung vorgesehen sein (§ 309 Nr. 7 BGB).[95] Das Verbot dieser Vorschrift erfasst auch nicht Ansprüche des Auftragnehmers gegen den Bauherrn, wie z.B. Werklohnansprüche, deren Verjährungsfrist daher grundsätzlich verkürzt werden kann, wobei jedoch die Schranken des § 307 BGB gelten. Das OLG Düsseldorf[96] hält in diesem Zusammenhang eine Klausel, nach deren Inhalt Ansprüche gegen den Auftraggeber, insbesondere Ansprüche auf Vergütung, in 6 Monaten verjähren, wegen eines Verstoßes gegen § 307 BGB – auch unter Kaufleuten – jedenfalls dann für unzulässig, wenn der Auftraggeber es für seine eigenen Ansprüche bei der Verjährungsregelung des BGB belässt. Der BGH spricht nun eine deutlichere Sprache und erklärt ohne Einschränkung eine Verkürzung der Verjährungsfrist für Werklohnansprüche in Allgemeinen Geschäftsbedingungen des Auftraggebers auf zwei Jahre für unwirksam, weil sie den Auftragnehmer unangemessen benachteiligt.[97]

Eine unzulässige **Abkürzung der Gewährleistungsfrist** in Allgemeinen Geschäftsbedingungen oder durch Formularvertrag kann dadurch vorgenommen werden, dass der **Beginn** der Verjährungsfrist in Abweichung der gesetzlichen Regelung **vorverlagert** wird (z.B. vor Abnahme),[98] dies ist gelegentlich bei Bauträgerverträgen vorgesehen (vgl. Rdn. 2727), aber auch in Architektenverträgen zu finden.[99] Soll die Verjährungsfrist für Schadensersatzansprüche gegen den Architekten wegen Planungsfehlern nach dem Vertrag spätestens mit der Übergabe an die Nutzer beginnen, so ist dies dahin zu verstehen, dass das Bauwerk für den Verjährungsbeginn vollständig an alle Nutzer übergeben sein muss.[100]

Grundsätzlich kann eine AGB-Klausel den **Verjährungsbeginn** ohne genaue zeitliche Begrenzung nicht in die Zukunft verschieben, da sie andernfalls von der Vorschrift des § 199 BGB abweicht (§ 307 Abs.2 Nr.1 BGB), die den Verjährungsbeginn unter anderem auf den Zeitpunkt der Entstehung des Anspruchs festschreibt.[101]

2825 Die in den früheren Allgemeinen Vertragsbestimmungen (AVA) zum Einheitsarchitektenvertrag enthaltene Klausel, nach der „die Verjährung mit der Abnahme des Bauwerks" begann und die Abnahme mit der Ingebrauchnahme als „erfolgt" galt, war eine unzulässige Verkürzung der gesetzlichen Gewährleistungsfrist aus § 638 BGB a.F.;[102] in dem Einheits-Architektenvertrag 1994[103] heißt es: „Die Verjährung beginnt mit der Abnahme der nach diesem Ver-

---

95) BGH, BeckRS 2012, 01206, [45]; BGH, IBR 2009, 321 – *Schwenker*.
96) BauR 1988, 222 = NJW-RR 1988, 147 (zu § 9 AGBG).
97) BGH, NJW 2013, 525.
98) Zutreffend: OLG Düsseldorf, OLGR 1994, 74; LG Aachen, BauR 1989, 225 u. OLG Düsseldorf, OLGR 1992, 285 (für den **Architektenvertrag**); OLG Frankfurt, NJW-RR 1990, 281 (für ein **Erwerbermodell**); siehe auch OLG München, IBR 2009, 1033 – *Vogel* (Klausel, nach der das Gemeinschaftseigentum durch einen Sachverständigen im Auftrag des Bauträgers abgenommen wird); zum Verjährungsbeginn bei Teilabnahmen OLG Nürnberg, IBR 2009, 585 – *Vogel*.
99) BGH, IBRRS 2016, 2574.
100) OLG Dresden, BauR 2008, 369.
101) LG Hanau, NJW-RR 1987, 1104; OLG Karlsruhe, BGB 1983, 728.
102) BGH, NJW 1985, 731 = BauR 1985, 200; *Gnad*, Schriftenreihe der Deutschen Gesellschaft für Baurecht, Bd. 11, S. 5, 28.
103) Abgedruckt im DAB 1994, 1635; später von der Bundesarchitektenkammer „zurückgezogen".

Allgemeine Grundsätze im Verjährungsrecht

trag zu erbringenden Leistung, spätestens mit Abnahme der in Leistungsphase 8 (Objektüberwachung) zu erbringenden Leistung (Teilabnahme). Für Leistungen, die danach noch zu erbringen sind, beginnt die Verjährung mit Abnahme der letzten Leistung" (vgl. dazu Rdn. 2870).

Wird die **VOB** vereinbart, enthält § 13 Abs. 4 eine zulässige Abkürzung der **gesetzlichen Verjährungsfrist von 5 Jahren** bei Bauwerken, Holzerkrankungen und wartungsbedürftigen Anlagen sowie Feuerungsanlagen. Dies gilt jedoch nur (§ 310 Abs. 1 Satz 3 BGB), wenn die **VOB als Ganzes** und gegenüber einem Unternehmer oder der öffentlichen Hand **vereinbart** ist (vgl. Rdn. 1260 ff.); die Privilegierung der VOB/B (vor Inkrafttreten des Forderungssicherungsgesetzes § 13 Abs. 4 VOB/B durch § 309 Nr. 8b Doppelbuchstabe ff BGB) greift nicht ein, wenn **nur** eine „**isolierte**" Vereinbarung der Gewährleistungsregelung nach § 13 VOB/B vertraglich vorgesehen wird.[104]

Eine **isolierte Vereinbarung** des § 13 oder § 13 Abs. 4 („Gewährleistung nach VOB/B") ist danach grundsätzlich unwirksam (vgl. Rdn. 2858).[105] Etwas anderes gilt nur, wenn der **Bauherr** selbst die „isolierte" Vereinbarung der Gewährleistungsregelung der VOB/B wünscht, weil hier kein Anlass zum Schutz vor den von ihm selbst in den Vertrag eingeführten Bestimmungen besteht, er ist dann selbst Verwender der AGB i.S.d. § 305 Abs. 1 BGB.[106] Zulässig ist auch eine Klausel, in der zwar für die Gewährleistung § 13 VOB/B gilt, jedoch die Verjährungsfrist 5 Jahre beträgt, weil eine solche Klausel keine für den Auftraggeber ungünstige Regelung darstellt.[107] Dagegen ist eine formularmäßige Klausel, wonach die Gewährleistungsfrist nach § 634a Abs. 1 Nr. 2 BGB 5 Jahre beträgt, gleichzeitig aber die Unterbrechung (Neubeginn) der Verjährung durch Mängelanzeige nach § 13 Abs. 5 VOB/B möglich sein soll und zudem der Beginn der Verjährungsfrist auf die bauaufsichtliche Gebrauchsabnahme oder „auf die Gesamtabnahme des Bauwerks durch den Bauherrn" im Rahmen von Subunternehmerverträgen hinausgeschoben wird, wegen Verstoßes gegen § 307 BGB unwirksam.[108] Gegen das Transparenzgebot des § 307 BGB verstößt auch eine AGB-Regelung, wonach sich die Gewährleistungsfrist nach der VOB und darüber hinaus auch nach dem BGB richten soll; sie ist daher unwirksam mit der Folge, dass für die Mängelverjährung ausschließlich das BGB gilt.[109]

2826

cc) Verlängerung der Verjährungsfristen

Nach § 202 Abs. 2 BGB, der sich auf alle Verjährungsfristen bezieht, ist die Verlängerung werkvertraglicher Gewährleistungsfristen ebenfalls grundsätzlich möglich: Sie ist aber durch das Verbot, die Verjährungsfristen über einen Zeitraum von

2827

---

104) BGH, NJW-RR 1991, 342; BGH, BauR 1986, 89 = NJW 1986, 315; BauR 1986, 98 = NJW 1986, 713; BauR 1987, 205 = NJW 1987, 837; BauR 1987, 438 = NJW 1987, 2373 = DB 1987, 1988; BGH, BauR 1987, 439 = NJW-RR 1987, 1046; BGH, MDR 1989, 154; OLG Nürnberg, BB 1985, 1881 m. Anm. *Reithmann*, und NJW-RR 1986, 1346; OLG Bamberg, NJW-RR 1988, 1049; ferner: *Grziwotz*, NJW 1989, 193.
105) OLG Koblenz, NJW-RR 1997, 1179.
106) BGH, NJW 1987, 837 = BauR 1987, 205 = MDR 1987, 397 = ZfBR 1987, 73.
107) BGH, BauR 1989, 322; OLG Hamm, OLGR 1996, 28.
108) LG Frankfurt, NJW-RR 1988, 917; OLG Düsseldorf, NJW-RR 1994, 1298.
109) OLG Celle, NJW-RR 1997, 82.

mehr als 30 Jahren (ab dem gesetzlichen Verjährungsbeginn) zu verlängern, eingeschränkt.[110] Diese Einschränkung betrifft aber nicht Ansprüche aus einem selbstständigen Garantievertrag.[111]

2828 Einigen sich die Parteien eines Werkvertrags in einem Vergleich über die vom Auftragnehmer geschuldete Nachbesserung, hat dies in der Regel keine „schuldumschaffende" Wirkung mit der Folge einer Verjährungsverlängerung.[112]

2829 Ist zwischen den Vertragsparteien eine **„Garantiefrist"** vereinbart worden (vgl. hierzu Rdn. 1941), die länger als die (jeweilige) Verjährungsfrist ist, gelten folgende Grundsätze:[113] Die Verjährung beginnt mit der Entdeckung des Mangels, wenn diese innerhalb der Garantiefrist erfolgt, sodass die Verjährungsfrist über das Ende der Garantiefrist hinauslaufen kann; wird der Mangel schon kurz nach Ablieferung der Sache/Abnahme des Werks entdeckt, können die Garantieansprüche für diesen Mangel – je nach Verjährungsdauer – schon vor Ablauf der Garantiefrist verjährt sein.

Gegenstand einer Verjährungsvereinbarung können nicht nur die Länge der Verjährungsfrist, sondern auch der Beginn, die Hemmung, die Ablaufhemmung sowie der Neubeginn und der Verjährungsverzicht sein.[114] Auch eine bereits abgelaufene Verjährungsfrist können die Parteien verlängern.[115]

2830 Eine Verlängerung von Gewährleistungsfristen kann auch in AGB oder Formularverträgen erfolgen, da § 309 Nr. 8b Doppelbuchstabe ff BGB ein Klauselverbot nur für die Verkürzung vorsieht.[116] Eine Verlängerung der Gewährleistungsfrist kann ferner in der Weise erfolgen, dass der **Beginn** der Verjährungsfrist **hinausgeschoben** wird (z.B. auf die bauaufsichtliche Gebrauchsabnahme);[117] insoweit ist jedoch stets § 307 BGB zu berücksichtigen.[118] Der BGH hält die formularmäßige Vereinbarung einer Verjährungsfrist von **10 Jahren** und 1 Monat für **Flachdacharbeiten** mit § 307 BGB für vereinbar, weil für den Auftraggeber ein erhöhtes Bedürfnis an einer ausreichenden Verjährungsfrist besteht.[119] Das gilt auch insbesondere bei Nachunternehmerverträgen, da der Hauptunternehmer die Abnahme erst später erlangt, als sein Auftragnehmer.[120] Zulässig ist nach der Rechtsprechung des BGH[121] auch die Verlängerung der Verjährungsfrist einer Bürgschaftsforderung

---

110) OLG Köln, IBR 2016, 639.
111) BGH, IBR 2008, 655 – *Schwenker*.
112) BGH, BauR 1987, 692 = NJW-RR 1987, 1426.
113) Vgl. hierzu OLG Hamm, BauR 2006, 1006; OLG Köln, NJW-RR 1994, 120; OLG Saarbrücken, NJW-RR 1997, 1423.
114) *Mansel*, NJW 2002, 89, 96; *Palandt/Ellenberger*, § 202 BGB, Rn. 4.
115) OLG Brandenburg, NJW-RR 2005, 871.
116) OLG Hamm, OLGR 1996, 28.
117) Vgl. hierzu LG Frankfurt, NJW-RR 1988, 917; ferner: OLG Celle, BauR 1996 = NJW-RR 1997, 82.
118) Vgl. hierzu *Korbion/Locher/Sienz*, K. III., Rn. 98 ff.; OLG Düsseldorf, BauR 1987, 451 („Verjährungsbeginn ab **mängelfreier Abnahme**"); LG Frankfurt, NJW-RR 1988, 917 (Hinausschieben des Zeitpunktes der Abnahme auf die bauaufsichtliche Gebrauchsabnahme); OLG Düsseldorf, NJW-RR 1994, 1298.
119) BGH, BauR 1996, 707 = NJW 1996, 2155 = MDR 1996, 791 (zu § 9 AGBG); ebenso OLG Köln für Fassadenarbeiten, NZBau 2017, 82.
120) OLG Köln, a.a.O.
121) BGH, BauR 2015, 1485 = IBR 2015, 423.

Allgemeine Grundsätze im Verjährungsrecht   Rdn. 2831

von drei auf fünf Jahre, jedenfalls in einer AGB-Klausel, die dem Bürgen hinsichtlich der Verjährung auch Vorteile verschafft.

Nach Auffassung des LG Hanau[122] verstößt die Vereinbarung einer Gewährleistungsfrist von **30 Jahren** für Innenputzarbeiten in AGB des Auftraggebers nicht gegen § 307 BGB, wenn sich die gegenüber § 634a Abs. 1 BGB verlängerte Frist auf **verdeckte Mängel** beschränkt; die Regelung wird als angemessen angesehen, „weil ein solcher Verputz – im Gegensatz etwa zu Malerarbeiten an der Außenfassade oder an der Außenseite von Tür- und Fensterrahmen – üblicherweise eine Lebensdauer von mindestens 30 Jahren hat". Eine so weit reichende Fristverlängerung erscheint jedoch bedenklich, auch wenn es richtig ist, dass bei der Frage, ob eine unangemessene Benachteiligung des Auftragnehmers vorliegt, stets die Eigenart des jeweiligen Gewerks zu berücksichtigen ist.[123] Nach OLG Celle[124] verstößt eine Klausel in einem Generalübernehmervertrag, wonach die Gewährleistungsfrist erst beginnt, wenn alle Mängel ordnungsgemäß beseitigt sind, gegen § 307 BGB, da sie den Auftragnehmer unangemessen benachteiligt. Eine solche Regelung widerspricht dem Grundgedanken des § 640 BGB: Danach ist der Auftraggeber zur Abnahme bereits dann verpflichtet, wenn die Bauleistung im Wesentlichen mangelfrei erstellt ist. Nach Ansicht von Virneburg[125] sind Regelungen zur Verlängerung der Gewährleistungsfrist einer Prüfung nach den AGB-Bestimmungen entzogen, da es sich um eine Bestimmung des Leistungssolls handele.

Häufig wird in Verträgen die Verlängerung des Gewährleistungszeitraums von dem Abschluss eines **Wartungsvertrages** abhängig gemacht. Dagegen bestehen keine Bedenken.[126] Wird dann der Wartungsvertrag vorzeitig beendet, kann sich nach einer Entscheidung des OLG Düsseldorf[127] die Gewährleistungsfrist im Wege der ergänzenden Vertragsauslegung wieder verkürzen.

In einem VOB-Bauvertrag kann eine **von der Regelfrist abweichende längere Verjährungsfrist ebenfalls vereinbart** werden. In § 13 Abs. 4 Satz 1 VOB/B ist dies ausdrücklich vorgesehen. Eine solche Abrede kann auch in AGB oder Formularverträgen erfolgen.[128] Ob eine Verlängerung der Verjährungsfrist zur Inhaltskontrolle nach §§ 305 ff. BGB führt,[129] ist umstritten.[130] Da der Wortlaut des § 13   **2831**

---

122) NJW-RR 1987, 1104 (zum alten Recht).
123) Insoweit zutreffend: LG Hanau, a.a.O.; ebenso: *Korbion/Locher/Sienz*, K. III:, Rn. 115; vgl. auch BGH, BauR 1996, 707 = NJW 1996, 2155 = MDR 1996, 791.
124) BauR 2001, 259 (zu § 9 AGBG).
125) Festschrift für Thode, S. 201.
126) OLG Düsseldorf, BauR 2004, 97.
127) A.a.O.
128) BGH, BauR 1989, 322 = NJW 1989, 1602; BauR 1987, 84 = NJW 1987, 381 = DB 1987, 379 u. BauR 1987, 445; OLG Düsseldorf, NJW-RR 1994, 1298; *Siegburg*, 84 u. 605 ff.; **a.A.:** OLG München, NJW-RR 1986, 382 = MDR 1986, 408 = DB 1986, 739 (für eine **Klausel:** „Die Art der Gewährleistung bestimmt sich nach VOB/B, die Verjährungsfrist für diese Ansprüche beträgt jedoch 5 Jahre"); ferner: OLG München, BauR 1988, 596 = NJW-RR 1988, 786 u. NJWRR 1987, 661, 663 (dazu *Beigel*, BauR 1988, 142) sowie *Kaiser*, BauR 1987, 617; OLG Köln, BauR 1989, 376 = ZfBR 1989, 141 (**Verlängerung** der Gewährleistungsfrist für Dachdeckerarbeiten auf 7 Jahre).
129) Vgl. BGH, BauR 2004, 668.
130) Einen Eingriff in die VOB nehmen an: OLG Dresden, IBR 2008, 94; OLG Hamm, IBR 2008, 732; OLG Naumburg, IBR 2006, 550; OLG München, IBR 1996, 4; LG Halle, BauR

Abs. 4 Nr. 1 VOB/B ausdrücklich die Vereinbarung einer anderen Verjährungsfrist vorsieht, kann nach zutreffender Ansicht eine solche, andere im Vertrag vereinbarte Frist nicht „VOB – widrig" sein und einen Eingriff darstellen, der zur Inhaltskontrolle führt.

Die schriftliche Mängelanzeige des § 13 Abs. 5 VOB/B hat eine verjährungsverlängernde Wirkung, führt aber nur zu einer einmaligen Verlängerung der Verjährungsfrist des § 13 Abs. 4 VOB/B (vgl. näher Rdn. 2914 ff.). Das OLG Düsseldorf[131] hat eine Klausel in den AGB des Auftraggebers für unwirksam erklärt (Verstoß gegen § 307 BGB), wonach eine auf fünf Jahre und einen Monat vereinbarte Verjährungsfrist durch vor ihrem Ablauf erhobene Mängelrüge immer wieder neu in Lauf gesetzt wird.

Aber auch außerhalb des Gewährleistungsrechtes finden sich in AGB verjährungsverlängernde Regelungen, die nicht zu beanstanden sind. So hat das OLG München[132] entschieden, dass eine Verlängerung der Verjährungsfrist für Bürgschaftsforderungen auf fünf Jahre in AGB zulässig ist.

2. Die Verjährung von Vergütungsansprüchen

a) Werklohnansprüche des Bauunternehmers

Literatur

Otto, Zur Frage der Verjährung von Abschlagsforderungen des Architekten und des Werkunternehmers, BauR 2000, 350; *Neuhaus*, Dreißig Jahre Gewährleistungshaftung im Baurecht – Vor und nach der Schuldrechtsmodernisierung, MDR 2002, 131; *Werner*, Das neue Verjährungsrecht aus dem Blickwinkel des Baurechts, Festschrift für Jagenburg (2002), 1097; *Motzke*, Fälligkeit, Verjährungsbeginn und Abnahme beim gekündigten Bauvertrag, BTR 2007, 2; *Eydner*, Die prüffähige Schlussrechnung als Fälligkeitsvoraussetzung der Vergütung im BGB – Bauvertrag?, BauR 2007, 1806; *Meier*, Die konkludent erklärte Abnahme, BauR 2016, 565; *Regenfus*, Ungeschriebene Voraussetzungen der Verjährungshemmung durch Rechtsverfolgung, NJW 2016, 2977.

2832 Voraussetzung für den Lauf der Verjährung des Werklohnanspruchs ist seine Fälligkeit.

Fällig i.S. des Verjährungsrechts wird der Vergütungsanspruch grundsätzlich sowohl beim BGB – wie beim VOB-Bauvertrag – mit der **Abnahme,** die der Auftraggeber auch bei unvollständiger oder mangelhafter Leistung erklären kann[133] (vgl. Rdn. 1798 ff.); Abnahmereife reicht nicht aus.[134] Jedoch tritt Fälligkeit ein, wenn der Auftraggeber die Abnahme zu Unrecht verweigert, § 640 Abs.1 S.3 BGB.[135]

2006, 128; Beck'scher VOB-Komm/*Motzke/Eichberger*, B, § 13 Nr. 4, Rn. 113; **a.A.:** OLG Brandenburg, IBR 2008, 320; OLG Hamm, OLGR 1997, 62; OLG Düsseldorf, MDR 1984, 315; *Weyer*, in: Kapellmann/Messerschmidt, § 13/B, Rn. 199; *Wirth*, in: Ingenstau/Korbion, § 13 Abs. 4/B, Rn. 25.

131) OLG Düsseldorf, BauR 1998, 199 (LS) (zu § 9 AGBG).
132) OLG München, NJW-Spezial 2012, 526.
133) OLG Stuttgart, BeckRS 2013, 09968.
134) Saarländisches OLG, BauR 2004, 867.
135) BGH, BauR 2010, 1778; OLG Düsseldorf, BauR 2010, 1795; OLG Koblenz, BauR 2010, 1278.

Verjährung von Vergütungsansprüchen Rdn. 2832

Die Abnahme kann stillschweigend oder konkludent erfolgen[136], etwa dann, wenn das Werk ohne weitere Erklärung einem Nachfolgeunternehmer übergeben wird, damit dieser darauf aufbauend seine Leistung erbringen kann.[137] Im Verhältnis von Hauptunternehmer zum Nachunternehmer wird der Werklohn fällig, wenn das Werk vom Auftraggeber des Hauptunternehmers abgenommen ist oder als abgenommen gilt (§ 641 Abs.2 Nr. 2 BGB).[138] Ferner dann, wenn der Auftraggeber die Leistung an den Hauptunternehmer vergütet hat (§ 641 Abs.2 Nr.1 BGB) oder der Nachunternehmer den Hauptunternehmer erfolglos zur Auskunft über das Vorliegen der Voraussetzungen der Vorschriften des § 641 Abs.2 Nr.1 oder 2 BGB aufgefordert hat (§ 641 Abs.2 Nr.3 BGB).

Der Anspruch auf Abnahme selbst unterliegt der regelmäßigen Verjährungsfrist des § 195 BGB. Eine Thematik, die bisher wenig Beachtung gefunden hat. Ist dieser Anspruch verjährt, so kann auch eine Klage des Auftragnehmers auf Werklohn keinen Erfolg mehr haben.[139] Das betrifft den Werklohnanspruch im VOB-Vertrag, den Honoraranspruch des Architekten und künftig auch den Werklohnanspruch im BGB-Vertrag (§ 650g Abs.4 BGB nach dem neuen Werkvertragsrecht 2018) gleichermaßen, weil neben der Abnahme eine prüffähige Rechnung zur Fälligkeit erforderlich ist, die vielleicht erst nach Verjährung des Anspruchs auf Abnahme gestellt wird. In diesen Fällen wird man dem Gläubiger der Vergütungsforderung auch nicht durch den Hinweis helfen können, dass sich der Auftraggeber, der die Abnahme zu Unrecht verweigert hat, so behandeln lassen müsse, als habe er die Abnahme erklärt. Das entspricht ständiger Rechtsprechung bei der Frage, wann die Verjährung von Mängelansprüchen beginnt[140], denn Auftraggeber kann es nicht in der Hand haben, den Verjährungsbeginn seiner Mängelansprüche durch unberechtigte Abnahmeverweigerung hinauszuschieben.

Die Fallgestaltung ist hier aber eine ganz andere, denn es ist für die Frage der Eintritts der Verjährung nicht von Bedeutung, ob der Schuldner seine Leistung (hier die Abnahme) zu Recht oder zu Unrecht, schuldhaft oder schuldlos nicht erbracht hat. Darüber soll nach Ablauf der Verjährungsfrist um des Rechtsfriedenswillen nicht mehr gestritten werden.

Das **neue Werkvertragsrecht 2018** erleichtert es dem Auftragnehmer, die **Abnahmewirkung** herbeizuführen. Gemäß § 640 Abs.2 BGB n.F. gilt das Werk als abgenommen, wenn der Auftragnehmer dem Auftraggeber eine Frist zur Abnahme setzt und der Auftraggeber nicht innerhalb dieser Frist wenigstens einen Mangel benennt, der ihn zur Verweigerung der Abnahme berechtigen soll. Für den Verbraucher bedarf es dazu allerdings eines ausdrücklichen Hinweises auf diese Rechtsfolge.

Der Erteilung einer **Rechnung** durch den Unternehmer bedurfte es nach Auffassung des BGH beim BGB-Bauvertrag **nach bisherigem Recht nicht** (vgl. näher Rdn. 1836);[141] die Verjährung beginnt hier auch **unabhängig** davon, ob der

---
136) Dazu ausführlich *Meier*, BauR 2016, 565.
137) OLG Celle, BauR 2016, 850.
138) OLG Brandenburg, Beck RS 2016, 18135.
139) *Schulze-Hagen*, BauR 2016, 384 (390).
140) *Kniffka*, § 634a BGB, Rn. 41 m.w.N.
141) BGHZ 79, 176 = NJW 1981, 814 = WM 1981, 245 = BauR 1981, 199 m. Anm. *Weyer*, S. 288; OLG Stuttgart, BauR 1994, 121, 122; OLG Celle, NJW 1986, 327; s. ferner: BGH, BauR

Werklohnanspruch **bezifferbar** ist und mit einer Leistungsklage geltend gemacht werden kann.[142] Dagegen ist beim **VOB-Bauvertrag** neben der Abnahme weitere Fälligkeitsvoraussetzung die **Vorlage einer prüffähigen Schlussrechnung** (vgl. Rdn. 1861) durch den Auftragnehmer; nach § 16 Abs. 3 Nr.1 VOB/B wird der Anspruch auf die Schlusszahlung alsbald nach Prüfung und Feststellung der vorgelegten Rechnung fällig, **spätestens** jedoch innerhalb von 30 (im Ausnahmefall 60) Tagen **nach Zugang** (vgl. Rdn. 2836).

Ohne eine Abnahme ist eine Werklohnforderung fällig, wenn der Auftraggeber zwar einerseits behauptet, die Bauleistungen des Auftragnehmers seien noch nicht mangelfrei fertig gestellt und deshalb von ihm auch nicht abgenommen worden, er aber andererseits ausdrücklich weder Fertigstellung noch Mängelbeseitigung, sondern ausschließlich **Schadensersatz und/oder Minderung verlangt**.[143] Die Verjährungsfrist beginnt in diesem Fall zu dem Zeitpunkt zu laufen, zu dem der Auftraggeber erstmals ausschließlich die vorgenannten Mängelansprüche geltend macht. Entgegen OLG Koblenz[144] reicht allerdings nicht schon die Prüfung und Kürzung der Schlussrechnung durch den Auftraggeber. Vielmehr muss ein Abrechnungsverhältnis vorliegen (siehe näher **Rdn. 2847**). Eine Abnahme ist auch dann entbehrlich, wenn der Auftraggeber die Mangelbeseitigung durch Ersatzvornahme unmöglich gemacht hat.[145] Das gilt auch, wenn in einer Vertragskette die Nacherfüllung durch einen Nachunternehmer nicht durch dessen unmittelbaren Auftraggeber sondern den Bauherrn vereitelt wird.[146] Ist ein **Anspruch** aufschiebend **bedingt,** treten die Fälligkeit und damit der Beginn der Verjährungsfrist erst mit **Eintritt der Bedingung** ein.[147]

Wird das Vertragsverhältnis **vorzeitig**, also vor Fertigstellung der geschuldeten Bauleistung **aufgelöst oder gekündigt,** stellt sich die Frage, ob eine **Abnahme** des unvollendet gebliebenen Teilwerkes für die Fälligkeit des Werklohnanspruches grundsätzlich **erforderlich** ist. Das ist lange von der herrschenden Rechtsauffassung verneint worden.[148] Zwischenzeitlich hat der BGH[149] jedoch entschieden, dass nach der Kündigung eines Bauvertrages der Auftragnehmer einen Anspruch gegen den Auftraggeber auf Abnahme hat, wenn die von ihm bis zur Kündigung erbrachte Leistung die Voraussetzung für die Abnahmepflicht des Auftraggebers erfüllt. Diese Entscheidung war zunächst für die Verjährungsfristen für Mängel-

---

1979, 62; OLG Jena, Urt. v. 15.5.2012 AZ: 4 U 661/11, ibr-online – *Schwarz* (Werkstattbeitrag) auch für den Fall, dass der Schuldner einen Anspruch auf Rechnungserteilung hat; OLG Düsseldorf, BauR 1980, 366 u. JurBüro 1983, 1901; *Eydner*, BauR 2007, 1806.
142) BGH BauR 1979, 62.
143) OLG Düsseldorf, Beck RS 2015, 10247; OLG Naumburg, IBR 2014, 256 – *Jahn*; OLG Dresden, IBR 2013, 206; OLG Düsseldorf, BauR 1999, 494; für den Fall der Insolvenz vgl. OLG Frankfurt, IBR 2012, 141 – *Hickl*.
144) IBR 2014, 331 – *Eimler*.
145) OLG Bamberg, IBR 2015, 410 – *Eimler*; OLG Brandenburg, NZBau 2013, 166.
146) OLG Bamberg a.a.O.
147) OLG Hamm, OLGR 1998, 37.
148) BGH, BauR 1993, 469 = ZfBR 1993, 189; OLG Oldenburg, OLGR 2003, 440; OLG Hamm, BauR 1981, 376; **a.A.:** *Kniffka*, Festschrift für v. Craushaar, S. 359 ff.
149) BauR 2003, 689 = NJW 2003, 1450 = NZBau 2003, 265 (Abnahme beendet erst das Erfüllungsstadium des gekündigten Vertrages); BauR 2003, 1208; vgl. hierzu *Brügmann/Kenter*, NJW 2003, 2121; ferner: *Acker/Roskosny*, BauR 2003, 1279.

Verjährung von Vergütungsansprüchen

ansprüche nach § 13 Abs. 4 VOB/B oder nach § 13 Abs. 7 Nr. 3 VOB/B ergangen. Nunmehr hat der BGH seine frühere Rechtsprechung aufgegeben und verlangt auch nach Kündigung eines Werkvertrages die Abnahme der bis dahin erbrachten Leistungen als Fälligkeitsvoraussetzung für den Werklohn.[150] Der Auftraggeber, der für die Voraussetzungen der Verjährung darlegungs- und beweispflichtig ist, muss die Tatsachen vortragen, aus denen sich die Voraussetzungen für die behauptete Abnahme ergeben sollen. Die reine Behauptung, die Abnahme habe zu einem bestimmten Zeitpunkt stattgefunden, ist insoweit nicht hinreichend.[151]

Die Parteien können die Fälligkeit des Vergütungsanspruchs vertraglich beim BGB-Bauvertrag **abweichend** von § 641 Abs. 1 Satz 1 BGB regeln.[152] So kann die Fälligkeit des Werklohns von der Vorlage einer (prüfbaren) **Schlussrechnung** oder eines **Aufmaßes**[153] abhängig gemacht werden. Das wird vielfach stillschweigend geschehen.[154] In AGB oder Formularverträgen ist insoweit jedoch § 307 BGB zu beachten. Nach der Auffassung des OLG Hamm[155] ist das **Hinausschieben** der Fälligkeit eines Vergütungsteils (z.B. des Sicherheitseinbehaltes in Höhe von 5 % des Werklohns) auf 5 Jahre ab Fertigstellung gemäß §§ 305 ff. BGB unwirksam, weil damit dem Auftragnehmer ein erheblicher Zinsverlust entgegen § 641 Abs. 2 BGB und § 17 Nr. 6 Abs. 1 Satz 4 i.V.m. Nr. 5 Satz 2 VOB/B aufgebürdet wird.

Der Anspruch des Auftragnehmers für **Nachforderungen,** die in der Schlussrechnung nicht erfasst sind, verjährt **einheitlich** mit der berechneten Hauptforderung; das gilt insbesondere für den Anspruch aus § 649 BGB/§ 8 VOB/B und für den Mehrvergütungsanspruch bei Leistungsänderungen oder zusätzlichen Leistungen (vgl. hierzu Rdn. 2839).

Abschlagsforderungen können selbstständig verjähren.[156] Fordert der Unternehmer nach erbrachten Teilleistungen Abschlagszahlungen, so laufen für die jeweiligen angeforderten Teilbeträge mehrere Verjährungsfristen, die er beobachten muss. Allerdings ist der Unternehmer nicht gehindert, verjährte **Abschlagsforderungen als Rechnungsposten in die Schlussrechnung einzustellen** und damit weiterhin geltend zu machen.[157] Für den spiegelbildlichen Fall, dass der Auftraggeber wegen Überzahlung durch zu hohe Abschläge Rückzahlung verlangt, gilt, dass die Verjährung dieses Anspruchs am Ende des Jahres beginnt, in dem die Schlussrechnung dem Auftraggeber zugeht.[158]

2833

---

150) BGH, BauR 2006, 1294 = NJW 2006, 2475 = NZBau 2006, 569; kritisch *Motzke*, BTR 2007, 2, der ein Vergütungsverlangen des Auftragnehmers für die Fälligkeit als ausreichend erachtet.
151) So für die Verjährung von Gewährleistungsansprüchen OLG Düsseldorf, BauR 2001, 638, 642.
152) BGH, OLG Düsseldorf, BauR 1982, 168.
153) Vgl. aber BGH, BauR 1979, 62.
154) BGH, BauR 1989, 90 = NJW-RR 1990, 148; OLG Düsseldorf, NJW 2011, 2593.
155) BauR 1988, 731 = MDR 1988, 583 (zum Recht vor der Schuldrechtsreform).
156) BGH, BauR 1999, 267 = NJW 1999, 713 = MDR 1999, 221 – Kritisch hierzu *Otto*, BauR 2000, 250. Die Entscheidung des BGH betrifft Abschlagsrechnungen nach § 8 Abs. 2 HOAI; es ist aber davon auszugehen, dass der BGH für Abschlagsforderungen des Unternehmers dieselbe Auffassung vertritt; siehe auch Rdn. 2839.
157) BGH, a.a.O.; vgl. hierzu *v. Rintelen*, Jahrbuch Baurecht 2001, 25 ff., 35.
158) OLG Bremen, IBR 2014, 133.

aa) Beim BGB-Bauvertrag

2834 Der Vergütungsanspruch des Unternehmers verjährt beim BGB-Bauvertrag in der **regelmäßigen Verjährungsfrist von drei Jahren**, § 195 BGB. Der **Beginn der Verjährung** des Vergütungsanspruches richtet sich nach § 199 Abs. 1 BGB. Danach beginnt die regelmäßige Verjährungsfrist von drei Jahren mit dem Schluss des Jahres in dem

1. der Anspruch **entstanden** ist
und
2. der Unternehmer (Gläubiger) von den den Anspruch begründenden Umständen und der Person seines Schuldners **Kenntnis** erlangt oder **ohne grobe Fahrlässigkeit** erlangen müsste.

Die Entstehung des Anspruches i.S. des § 199 Abs. 1 Nr. 1 BGB ist mit der Fälligkeit gleichzusetzen.[159] Die Vergütung wird gemäß § 641 Abs. 1 BGB mit der Abnahme fällig (vgl. Rdn. 1798 ff.).

Das neue **Werkvertragsrecht 2018** stellt nun auch für den BGB-Bauvertrag neben der Abnahme oder den Voraussetzungen ihrer Entbehrlichkeit gemäß § 641 Abs.2 BGB für die Fälligkeit und damit für das Entstehen des Werklohnanspruchs das Erfordernis einer prüffähigen Schlussrechnung auf (§ 650g Abs.4 BGB). Die **fehlende Prüfbarkeit** ist aber nur dann ein **Fälligkeitshindernis**, wenn der Auftraggeber sie binnen 30 Tagen nach Zugang der Rechnung begründet rügt. Der Gesetzgeber hat davon abgesehen, eine dem § 14 Abs.4 VOB/B entsprechende Vorschrift aufzunehmen, um dem Auftraggeber die Möglichkeit einzuräumen, bei ausbleibender Rechnung diese selbst zu erstellen, um die Fälligkeit herbeizuführen und die Verjährung in Gang zu setzen. Dennoch wird man dem Auftragnehmer nicht gestatten können, den Beginn der Verjährung durch Verweigerung einer Rechnungsstellung hinaus zu schieben. Das Schuldnerinteresse, dem Gläubiger nicht ein Hinauszögern des Verjährungsbeginns zu ermöglichen, ist durchaus schutzwürdig.[160] Wie schon für das Architektenhonorar entschieden, kann der Auftraggeber dem Auftragnehmer eine angemessene Frist setzen, die Rechnung vorzulegen. Kommt der Auftragnehmer dem nicht nach, so muss er sich im Hinblick auf die Verjährung seines Anspruchs gemäß §§ 162 Abs.1, 242 BGB so behandeln lassen, als habe er die Schlussrechnung in angemessener Frist erteilt.[161]

Im Übrigen gilt die **Ultimo-Verjährung,** sodass die Verjährung der Werklohnforderung des Unternehmers am Schluss des Jahres beginnt, in dem die Werklohnforderung fällig wird, § 199 Abs. 1 BGB (vgl. hierzu Rdn. 1783 ff.).[162]

2835 Das mit § 199 Abs. 1 Nr. 2 BGB eingeführte sog. **Kenntnis- bzw. Erkennbarkeitskriterium** (vgl. Rdn. 2815) wird beim Werklohnanspruch des Unternehmers kaum Bedeutung erlangen, da ein Auftragnehmer (als Gläubiger) seinen Auftraggeber (als Schuldner) in der Regel aufgrund des Vertragsabschlusses kennt und die

---

[159] BGH, BauR 1990, 95 = MDR 1990, 323; *Mansel*, NJW 2002, 89, 91; *Lenkeit*, BauR 2002, 196 ff., Rn. 199; *Bereska*, in: Henssler/Graf v. Westphalen, § 199, Rn. 3; *Dahns*, BRAK-Mitt. 2001, 272, 274.
[160] Siehe dazu *Regenfus*, NJW 2016, 2977.
[161] Siehe Rdn. 2842 m.w.N.
[162] Ebenso: *Lenkeit*, BauR 2002, 196, 202.

Verjährung von Vergütungsansprüchen Rdn. 2836

Fertigstellung sowie die Abnahme der Leistung ihm ebenfalls nicht unbekannt bleiben kann. Dabei ist auch zu beachten, dass nach allgemeiner Auffassung grundsätzlich nur auf die **Kenntnis der Anspruch begründenden Tatsachen**, nicht aber auf die zutreffende rechtliche Würdigung abzustellen ist.[163] Das Wissen des rechtlichen Vertreters muss sich der Auftragnehmer zurechnen lassen.[164]

Der positiven Kenntnis wird in § 199 Abs. 1 Nr. 2 BGB die **grob fahrlässige Unkenntnis** gleichgestellt[165].

Im Falle des § 641 Abs. 2 BGB (**Durchgriffsfälligkeit**) beginnt die Verjährungsfrist mit Ablauf des Jahres, in welchem die Voraussetzungen der vorerwähnten Vorschrift gegeben sind, also insbesondere Kenntnis des Auftragnehmers von der Zahlung an seinen Auftraggeber vorliegt oder grob fahrlässige Unkenntnis anzunehmen ist.

Bei einem Grundstückskaufvertrag mit Bauverpflichtung des Verkäufers greift abweichend von der regelmäßigen Verjährungsfrist § 196 BGB ein, der auch für die Gegenleistung bei der Übertragung eines Grundstücks eine Verjährungsfrist von zehn Jahren bestimmt, wenn nicht eine Aufgliederung in Kaufpreis und Werklohn vereinbart worden ist.[166]

bb) Beim VOB-Bauvertrag

Literatur

Schmalzl, Zur Verjährung des Vergütungsanspruchs des Bauhandwerkers nach der VOB, NJW 1971, 2015; *Kahlke*, Die Abnahme ist Fälligkeitsvoraussetzung auch beim VOB-Werkvertrag, BauR 1982, 27; *Wacke*, Verjährungsbeginn nicht vor Rechnungserteilung?, Festschrift für Jagenburg (2002), 949.

Der Vergütungsanspruch des Unternehmers verjährt beim VOB-Bauvertrag ebenfalls gemäß § 195 BGB in **drei** Jahren. **2836**

Der Unternehmer ist auch im VOB-Bauvertrag grundsätzlich vorleistungspflichtig, sein Werklohn kann also auch nur **nach** einer **Abnahme** der Bauleistung (vgl. Rdn. 1798 ff. und 1846 ff.) fällig werden.[167] Im Gegensatz zum BGB-Bauvertrag (nach dem bis zum 1.1.2018 geltenden Recht) setzt die VOB/B neben der Abnahme die Vorlage einer prüffähigen Rechnung (vgl. im Einzelnen Rdn. 1861 ff.) voraus. Ist die Werklohnforderung abgetreten, so erwirbt der Zessionar das Recht zur Rechnungsstellung.[168]

Die endgültige Begleichung der Werklohnforderung (sog. Schlusszahlung) ist innerhalb von grundsätzlich 30 Tagen, im Einzelfall 60 Tagen (so seit VOB/B 2012)

---

163) BGH, NJW 1996, 117, 118 m.w.N.; *Bereska*, a.a.O., 49; zu einer Ausnahme von diesem Grundsatz vgl. BGH, IMR 2009, 1000 – *Schwenker*; vgl. weiter Rdn. 2816.
164) BGH, BeckRS 2011, 23921; BGH, NJW 1989, 2323; NJW 1976, 2344; NJW-RR 1994, 806, 807; vgl. Rdn. 2816.
165) Vgl. Rdn. 2816.
166) Streitig, wie hier: OLG Saarbrücken, IBR 2009, 33 – *Müller-Stoy*; *Palandt/Ellenberger*, § 196, BGB, Rn. 4; siehe auch Rdn. 2846.
167) BGH, BauR 1982, 201 = NJW 1981, 822.
168) OLG München, IBR 2012, 73 – *Manteufel*.

nach Einreichung der **prüfbaren,** den Anforderungen des § 14 Abs. 1 VOB/B entsprechenden **Schlussrechnung** zu leisten (§ 16 Abs. 3 VOB/B).[169] Spätestens **mit dem Ablauf dieser Frist** ist der gesamte Werklohn in voller Höhe **fällig.**[170] Macht der Auftraggeber von der Möglichkeit des § 14 Abs. 4 VOB/B Gebrauch und erstellt er eine eigene Schlussrechnung (vgl. Rdn. 1884), tritt Fälligkeit der vom Auftraggeber abgerechneten Forderung nach der Rechtsprechung des BGH[171] in dem Zeitpunkt ein, in dem die Rechnung dem Auftragnehmer zugeht. Die vom Auftraggeber gefertigte Schlussrechnung muss grundsätzlich den Anforderungen einer prüffähigen Schlussrechnung (vgl. Rdn. 1861 ff.), wie sie der Auftragnehmer zu erstellen hat, genügen. Ein Aufmaß ist beim Einheitspreisvertrag aber entbehrlich, wenn der Auftraggeber die vom Auftragnehmer in der letzten Abschlagsrechnung genannten Massen übernimmt und zwischenzeitlich keine weiteren Arbeiten ausgeführt wurden.[172] Soweit weitere vereinbarte Anforderungen an die Gestaltung der Schlussrechnung oder beizufügende Unterlagen nicht ohnehin nur Ordnungsvorschriften sind, die den Maßstab für die Prüffähigkeit der Rechnung nicht verschieben[173], muss der Auftraggeber auch nicht solche Unterlagen dem Auftragnehmer beifügen, die diesem vorliegen und für sein Informationsbedürfnis nicht von Bedeutung sind.[174]

Der Auftraggeber kann sich auf eine fehlende Prüffähigkeit der Schlussrechnung und somit auf die fehlende Fälligkeit der Werklohnforderung nur berufen, wenn er innerhalb der Prüfungsfrist zum einen die fehlende Prüffähigkeit gerügt und zum anderen mitgeteilt hat, weshalb die Rechnung für ihn nicht prüfbar ist (§ 16 Abs. 3 Nr. 1 Satz 3 VOB/B)[175]. Daraus folgt, dass die Verjährung des Werklohnanspruchs (die Abnahme vorausgesetzt) am Ende des Jahres beginnt, in dem die Prüfungsfrist ohne Rüge der mangelnden Prüffähigkeit verstrichen ist und zwar auch dann, wenn die Rechnung den Anforderungen des § 14 Abs. 1 VOB/B nicht entsprach. Rügt der Auftraggeber erst nach Ablauf der Prüfungsfrist die mangelnde Prüffähigkeit und erteilt daraufhin der Auftragnehmer eine neue prüffähige Rechnung, bleibt die bereits laufende Verjährungsfrist davon unberührt.[176] Erstellt der Auftragnehmer eine nicht prüffähige Rechnung und rechnet nach fristgerechter Rüge der mangelnden Prüffähigkeit der Auftraggeber sodann selbst, aber wiederum nicht prüffähig ab, so kann sich der Auftragnehmer aber hilfsweise auf die Abrechnung des Auftraggebers berufen und in diesem Umfang die Fälligkeit herbeiführen.[177]

---

169) BGH, BauR 1984, 182; BGH, BauR 1990, 605 = NJW-RR 1990, 1170; OLG Köln, NJW-RR 1990, 1171 für **Pauschalpreisvertrag.**
170) Vgl. OLG Frankfurt, NJW-RR 1988, 983 **(Festpreisvertrag)**; BGH, BauR 1989, 87 = NJW 1989, 836 = BB 1989, 22; LG Stuttgart, NJW 1988, 1036 u. OLG Köln; NJW-RR 1991, 89 (zum **Pauschalvertrag).**
171) BauR 2002, 313 = NZBau 2002, 91 = ZfBR 2002, 245 = MDR 2002, 273.
172) OLG Stuttgart, BeckRS 2013, 09968.
173) OLG Stuttgart a.a.O.
174) LG Köln, BeckRS 2013, 21770.
175) BGH, NJW 2011, 918; BGH; BauR 2006, 678 = NJW-RR 2006, 455; BGH, BauR 2006, 17; BauR 2004, 1937.
176) BGH NJW 2011, 918.
177) OLG Jena, IBR 2013, 265 – *Böhm.*

Verjährung von Vergütungsansprüchen

Wird der Bauvertrag durch **Kündigung** vorzeitig beendet, ist die Fälligkeit der Vergütung gleichwohl von der Erteilung einer prüfbaren Schlussrechnung abhängig.[178] Das ist nach Ansicht des OLG Köln[179] jedoch nicht der Fall, wenn die von dem Unternehmer erstellten **Teilrechnungen sämtliche ausgeführten Arbeiten** enthalten.

2837 Die Fälligkeit der Schlusszahlung, mit der der Verjährungsbeginn verknüpft ist, kann aber auch schon **vor** Ablauf der Prüfungsfrist von grundsätzlich 30 Tagen eintreten.[180] So tritt die den Verjährungsbeginn bestimmende Fälligkeit der Schlusszahlung ein, wenn der Bauherr die Schlussrechnung abschließend prüft, den aus seiner Sicht berechtigten Rechnungsbetrag feststellt und dem Unternehmer mitteilt. Die Verjährung beginnt dann mit dem Schluss des Jahres, in dem die **Mitteilung dem Auftragnehmer** zugeht.[181]

2838 Die Verjährungsfrist **beginnt** auch beim VOB-Bauvertrag erst mit **dem Ende des Jahres** zu laufen, in dem der **Fälligkeitszeitpunkt** liegt,[182] § 199 BGB, vgl. Rdn. 1783 ff.; dies gilt auch dann, wenn der Auftragnehmer die Schlussrechnung nicht innerhalb der Frist der VOB/B oder anderer, vertraglich vereinbarter abweichender Fristen vorlegt.[183] Die in der **Schlussrechnung enthaltenen** und die in ihr **nicht aufgeführten Forderungen** (vgl. Rdn. 2839) des Unternehmers für die Ausführung der Bauleistung **verjähren einheitlich**.[184] Der Bauherr kann daher bei einer vom Unternehmer vertragswidrig nicht oder verspätet eingereichten Schlussrechnung nur dann eine Vorverlegung der Verjährung bewirken, wenn er von der Befugnis des § 14 Abs. 4 VOB/B Gebrauch macht,[185] also selbst eine Schlussrechnung aufstellt.

* **Berechnungsbeispiele** für die Verjährung von Werklohnansprüchen:
    (a) **Rechnung vom 28.1.2009;** Zugang beim Auftraggeber am 1.3.2009. Vergütung spätestens fällig am 31.3.2009. Verjährungsbeginn am 31.12.2009; Verjährung tritt ein am 31.12.2012.
    (b) **Rechnung vom 1.12.2008;** Zugang beim Auftraggeber am 3.12.2008. Vergütung spätestens fällig am 3.1.2009. Verjährungsbeginn am 31.12.2009; Verjährung tritt ein am 31.12.2012.
    (c) **Rechnung vom 15.1.2009;** Zugang beim Auftraggeber am 18.1.2009. Mitteilung der Rechnungsprüfung durch den Auftraggeber am 28.1.2009. Vergütung fällig am 29.1.2009. Verjährungsbeginn am 31.12.2009; Verjährung tritt ein am 31.12.2012.

---

178) BGH, NJW 1987, 382 = BauR 1987, 95.
179) ZfBR 1993, 27 = NJW-RR 1992, 1375.
180) BGH, BauR 1982, 377 = ZfBR 1982, 154 = NJW 1982, 1815 = WM 1982, 827; BauR 1984, 182 = ZfBR 1984, 74 = NJW 1984, 1757.
181) BGH, a.a.O.
182) **H.M.;** BGH, ZfBR 1982, 154, 156; **a.A.:** Wacke, Festschrift für Jagenburg, S. 953.
183) Vgl. BGH, BauR 1984, 182 = ZfBR 1984, 74 = NJW 1984, 1757; BauR 1977, 354 = NJW 1977, 2075 = WM 1977, 1053.
184) BGH, BauR 1982, 377, 379 = NJW 1982, 1815; BGH, BauR 1970, 113; OLG Hamm, BeckRS 2012, 05605; OLG Bamberg, OLGR 2003, 267; Stellmann/Schinköth, ZfBR 2005, 3, 4.
185) Vgl. BGH, BauR 1984, 182 = ZfBR 1984, 74 = NJW 1984, 1757.

2839 Nach Auffassung des BGH[186)] können **Abschlagsforderungen selbstständig verjähren;** allerdings ist der Unternehmer nicht gehindert, **verjährte Abschlagsforderungen** als **Rechnungsposten in die Schlussrechnung einzustellen** und damit weiterhin geltend zu machen. Der BGH hat allerdings diese Meinung für Abschlagsforderungen des Architekten vertreten. Da es jedoch keinen Unterschied zu Abschlagsforderungen des Unternehmers gibt, ist davon auszugehen, dass der BGH entsprechend entscheiden wird. Etwas anderes kann für **Vorauszahlungen** gemäß § 16 Abs. 2 VOB/B gelten, weil es sich insoweit nicht um Abrechnung erbrachter Leistungen, sondern lediglich um Vorschüsse für noch nicht erbrachte Leistungen handelt.[187)]

Im Einzelfall kann sich aber eine Abschlagsrechnung aus der Sicht des Auftraggebers als abschließend darstellen oder in eine Schlussrechnung umzudeuten sein. In diesem Fall ist die Abschlagsrechnung als Schlussrechnung anzusehen und nicht eine später gestellte Rechnung, auch wenn diese ausdrücklich als Schlussrechnung bezeichnete ist, für die Verjährungsberechnung maßgebend.[188)]

Eine **Zusatzforderung** (für Änderungsleistungen, zusätzliche Leistungen, entgangenen Gewinn usw.), oder **sonstige „vergessene" Forderungen,** die in der Schlussrechnung nicht berechnet wurden, aber hätten berechnet werden können, verjähren ebenfalls mit der berechneten Hauptforderung[189)], weil die Vergütung der mit der Hauptleistung verbundenen Zusatzaufträge mit der Schlussrechnung einheitlich fällig wird. Bei der Erstellung einer Schlussrechnung ist deshalb Vorsicht geboten, soweit es insbesondere um Ansprüche des Auftragnehmers aus § 2 Abs. 3, 5 und 6 VOB/B geht.

2840 Der Anspruch auf Auszahlung eines einbehaltenen **Sicherheitsbetrages** verjährt, wenn die Sicherheitsleistung ganz oder teilweise nicht in Anspruch genommen worden ist, nach den für die Verjährung des Vergütungsanspruches maßgebenden Vorschriften. Die Verjährungsfrist beginnt jedoch erst mit dem Schluss des Jahres, in dem die Sicherheitsleistung zurückzugewähren ist. Gemäß § 17 Abs. 8 VOB/B hat dies nach 2 Jahren zu geschehen, wenn zwischen den Parteien kein anderer Zeitpunkt vereinbart wurde. Macht der Auftragnehmer von seinem Recht Gebrauch, den Sicherheitseinbehalt durch Stellung einer Gewährleistungsbürgschaft abzulösen, wird der Vergütungsanspruch auch in Höhe des Sicherheitseinbehalts fällig und die Verjährung beginnt am Ende des Jahres, in dem die Austauschsicherheit gestellt wurde.[190)]

---

186) BGH, BauR 1999, 267 = NJW 1999, 713 = MDR 1999, 221 (für Abschlagsforderungen des Architekten); *Kniffka/Koeble*, 5. Teil, Rn. 291. Vgl. hierzu vor allem *Otto*, BauR 2000, 350 ff.; *Heiermann/Mansfeld*, in: Heiermann/Riedl/Rusam, § 16/B, Rn. 50; *Messerschmidt*, in: Kapellmann/Messerschmidt, § 16/B Rn. 93; Beck'scher VOB-Komm/*Kandel*, § 16 Nr. 1/B, Rn. 63; **a.A.:** *Locher*, in: Ingenstau/Korbion, § 16 Abs. 1/B, Rn. 55; *Siegburg*, 42 ff.
187) *Otto*, BauR 2000, 350, 352.
188) OLG Dresden; IBR 2005, 304 – *Uterwedde*; OLG Köln, IBR 2001, 264 – *Baden*.
189) BGH, BauR 1982, 377, 379 = NJW 1982, 1815; BauR 1970, 113 = NJW 1970, 938; OLG Hamm, IBR 2012, 253 – *Bolz*; OLG Düsseldorf, IBR, 2008, 714 – *Karczewski*; OLG Bamberg, IBR 2003, 525 – *Putzier* = MDR 2003, 1350; OLG Celle, OLGR 1996, 267; ebenso: *Locher*, in: Ingenstau/Korbion, § 16 Abs. 3/B, Rn. 13; Beck'scher VOB-Komm/*Kandel*, B § 16 Nr. 3, Rn. 15; *Stellmann/Schinköth*, ZfBR 2005, 3, 4.
190) OLG Frankfurt; OLGR 2006, 7.

b) Honoraransprüche des Architekten, des Ingenieurs und des Sonderfachmannes

Literatur*

Schwartmann, Neue Verjährung nicht abgenommener Architektenleistungen, NZBau 2000, 60; *Otto*, Zur Frage der Verjährung von Abschlagsforderungen des Architekten und des Werkunternehmers, BauR 2000, 350; *Rath*, Fälligkeit und Verjährung der Architektenhonorarforderung, Festschrift für Vygen (1999), S. 55; *Wacke*, Verjährungsbeginn nicht vor Rechnungserteilung, Festschrift für Jagenburg (2002), 953; *Hartung*, Prüffähigkeit der Architektenschlussrechnung, Fälligkeit und Verjährung, NZBau 2004, 249; *Herchen*, Wann beginnt die Verjährung von Honorarschlussrechnungen des Architekten?, NZBau 2007, 473; *Stoll*, Die Verjährung der Erwerbspreisansprüche des Bauträgers, Langaufsatz ibr-online, 28.8.2008; *Leupertz*, Die Teilabnahme von Architektenleistungen, BauR 2009, 393; *Folnovic/Pliquett*, § 15 Abs. 1 HOAI – Willkommene Vereinfachung oder trügerische Sicherheit für den Architekten?, BauR 2011, 1871; *Werner/Siegburg*, Die neue HOAI 2013, BauR 2013, 1499; *Messerschmidt*, Die Abnahme von Architekten – und Ingenieurleistungen nach § 15 I HOAI 2013, NZBau 2015, 331.

* Literatur vor 2000 siehe 15. Auflage.

2841 Gemäß § 15 HOAI gehören zur Fälligkeit einer Architektenhonorarforderung und damit zum Verjährungsbeginn

* die **vertragsgemäße Erbringung** der **Architektenleistung** (Rdn. 1165 ff.)
* die Erstellung einer **prüffähigen Honorarschlussrechnung** (Rdn. 1173 ff.) sowie
* die **Überreichung** dieser Rechnung (Rdn. 1207).

Zusatzforderungen des Architekten (z.B. für Besondere Leistungen, zusätzliche Leistungen, Zuschläge, entgangenen Gewinn usw.) verjähren einheitlich mit der Hauptforderung[191] (vgl. Rdn. 2832 f., 2839).

Die Architektenleistungen mussten bislang nur **vertragsgemäß erbracht,** also „abnahmefähig" sein; das reichte zur Fälligkeit nach § 15 HOAI 2009 und damit zum Verjährungsbeginn aus (Rdn. 1165). Dazu bedarf es im Rahmen der Leistungsphase 8 des § 33 HOAI (2009 – jetzt § 34 HOAI 2013) (Objektüberwachung) der Übergabe einer geprüften Schlussrechnung der am Bau beteiligten Firmen an den Auftraggeber.[192] Die **Abnahme** der Architektenleistung war daher für den Verjährungsbeginn **nicht** erforderlich.[193] Das hat sich mit Einführung der **HOAI 2013** geändert. Nunmehr bedarf es nach **§ 15 HOAI n.F. auch der Abnahme**[194], damit das Architektenhonorar fällig wird und die Verjährung am Jahresende beginnen kann.[195] Zum Zeitpunkt der vertragsgemäßen Leistungserbringung, wenn der Architekt sich auch verpflichtet hat, die Leistungsphase 9 des § 34 HOAI (Objektbetreuung und Dokumentation) zu übernehmen vgl. Rdn. 1169.

2842 Mit der Erteilung der prüffähigen Schlussrechnung hat es der Architekt daher in der Hand, den Eintritt der Fälligkeit und damit auch den Beginn der Verjährung

---

191) Für den **Bauunternehmervertrag**: BGH, BauR 1982, 377 = NJW 1982, 1815; BauR 1970, 113 = NJW 1970, 938; OLG Celle, OLGR 1996, 267.
192) OLG Oldenburg, BauR 2010, 810.
193) BGH, BauR 1986, 596, 597 = NJW-RR 1986, 1297; BGH, BauR 1991, 489; das bedauern *Flonovic/Pliquett*, BauR 2011, 1871.
194) *Messerschmidt*, NZBau 2015, 331.
195) Siehe im Einzelnen: *Werner/Siegburg*, BauR 2013, 1515.

hinauszuschieben.[196] Der BGH[197] hat jedoch auf folgende Möglichkeit für den Auftraggeber hingewiesen, auch ohne Rechnungserstellung die Verjährung des Honoraranspruchs des Architekten beginnen zu lassen: Er kann dem säumigen Architekten eine angemessene Frist zur Rechnungserteilung setzen; lässt dieser die Frist fruchtlos verstreichen, so muss sich der Architekt im Hinblick auf die Verjährung seines Anspruchs gemäß §§ 162 Abs. 1, 242 BGB so behandeln lassen, als habe er die Schlussrechnung binnen angemessener Frist erteilt.[198] Selbstverständlich beginnt keine neue Verjährungsfrist zu laufen, wenn der Architekt eine inhaltsgleiche **zweite Schlussrechnung** erteilt.[199] Nach einer Entscheidung des KG[200] soll auch in der Übersendung einer Honorarschlussrechnung, die als **Vorschlag** bezeichnet wird, die Überreichung der Honorarschlussrechnung mit der Folge zu sehen sein, dass mit dem Zugang die Verjährung zu laufen beginnt. Eine Schlussrechnung setzt im Übrigen nicht voraus, dass sie als solche ausdrücklich so bezeichnet wird. Es ist hinreichend, wenn ersichtlich ist, dass der Architekt abschließend abrechnen wollte.[201]

Das Hinausschieben der Fälligkeit durch Nichterteilen einer Schlussrechnung birgt aber für den Architekten auch Gefahren. Fehlt es nämlich nicht nur an der Schlussrechnung, sondern auch an der Abnahme, so kann der Anspruch auf Abnahme (die der Architekt zur Fälligkeit seines Honorars benötigt) verjährt sein. Dann lässt sich der Honoraranspruch nicht mehr durchsetzen.[202]

2843 Nach § 15 Abs. 2 HOAI ist der Architekt berechtigt, **Abschlagszahlungen** zu verlangen. Nach erbrachter Teilleistung beginnt daher mit der Anforderung des Teilbetrages für die jeweilige Abschlagszahlung am Schluss des Jahres der Anforderung die Verjährungsfrist zu laufen[203] (vgl. hierzu näher Rdn. 1212 ff.). Der Architekt ist jedoch nicht gehindert, die **verjährte Abschlagsforderung** als Rechnungsposten **in die Schlussrechnung einzustellen** und insoweit geltend zu machen.[204] Abschlagsrechnungen sind aber von Teilschlussrechnungen zu unterscheiden. Eine solche, auf einen abgeschlossenen Leistungskomplex bezogene Rechnung (zum Beispiel bei stufenweiser Beauftragung) verjährt selbstständig und kann später nicht als Rechnungsposten mit neuer Fälligkeit gefordert werden.[205] Soweit das OLG Frankfurt[206] meint, Teilschlussrechnungen seien als Abschlagsrechnungen zu behandeln, weil die

---

196) **A.A.:** LG Karlsruhe, BauR 2006, 1014; dazu *Leitmeier*, NZBau 2009, 345.
197) BGH, BauR 1986, 596 = NJW-RR 1986, 1279 = ZfBR 1986, 232; BGH, BauR 2000, 589, 591 = NJW-RR 2000, 386 = NZBau 2000, 202 = ZfBR 2000, 172 = MDR 2000, 206 sowie *Koeble*, in: *Locher/Koeble/Frik*, § 15 HOAI, Rn. 62.
198) Ebenso: KG, BauR 1988, 624, 629 = NJW-RR 1988, 21; OLG Oldenburg, OLGR 2004, 4.
199) OLG Celle, OLGR 2004, 51; LG Darmstadt, IBR 2008, 1186 – *Glaser-Lüß*.
200) IBR 2005, 603 – *Schill*.
201) OLG Celle, BauR 2009, 532.
202) *Schulze-Hagen*, BauR 2016, 384, 390; siehe auch Rdn. **2832**.
203) So jetzt auch BGH, BauR 1999, 267 = NJW 1999, 713 = MDR 1999, 221; hierzu kritisch *Otto*, BauR 2000, 350.
204) BGH, BauR 1999, 267 = NJW 1999, 713 = MDR 1999, 221 – Kritisch hierzu *Otto*, BauR 2000, 350.
205) OLG Köln, BauR 2016, 1973; OLG Hamm, IBR 2015, 551; OLG Stuttgart, IBR 2009, 36 – *Götte*; OLG Jena, IBR 2008, 225 – *Schrammel*; OLG Schleswig, IBR 2003, 484 – *Groß*; *Leupertz*, BauR 2009, 393, 396.
206) OLG Frankfurt, BauR 2012, 123.

HOAI Teilschlussrechnungen nicht kenne, kann dem nicht gefolgt werden. Es ist etwas substanziell anderes, ob der Architekt Abschlagszahlungen gemäß § 15 Abs. 2 HOAI geltend macht oder entsprechend den getroffenen vertraglichen Vereinbarungen in sich abgeschlossene Leistungskomplexe endgültig abrechnet. Dem steht keine Vorschrift der HOAI entgegen. Der Zugang einer prüffähigen Honorarschlussrechnung bleibt auch dann für die Fälligkeit und damit für die Verjährung maßgeblich, wenn zuvor ein Restbetrag einer Zwischenrechnung per Mahnbescheid geltend gemacht wurde.[207]

Der BGH[208] vertritt die Auffassung, dass die **Prüfbarkeit der Schlussrechnung** Voraussetzung der Fälligkeit und damit auch des **Verjährungsbeginns** ist; bei nur teilweise prüffähiger Honorarrechnung beginnt die Verjährung der Honorarforderung grundsätzlich erst mit der Erteilung einer insgesamt prüffähigen Schlussrechnung.[209] Nichts anderes soll nach BGH auch unter dem Gesichtspunkt von Treu und Glauben gelten, weil weder die Vorlage einer nicht prüfbaren Rechnung noch die späte Vorlage einer prüfbaren Rechnung für sich alleine ein treuwidriges Verhalten des Architekten bedeuten. Etwas anderes soll nur gelten, wenn zusätzliche Umstände gegeben sind, die geeignet sind, aus Gründen von Treu und Glauben rechtliche Folgen der Fälligkeit für einen Zeitpunkt anzunehmen, in dem eine prüfbare Honorarschlussrechnung noch nicht vorgelegen hat.

2844

Die Literatur vertritt demgegenüber überwiegend die Meinung, dass die Verjährung auch dann zu laufen beginnt, wenn der Architekt/Sonderfachmann eine nicht prüfbare Schlussrechnung erstellt.[210] Dem ist zuzustimmen, da sich das Verhalten des Architekten als rechtsmissbräuchlich darstellt (§ 242 BGB), wenn er eine Schlussrechnung erteilt, gleichwohl aber im Prozess den Rechtsstandpunkt vertritt, sein Honorar sei „mangels Prüffähigkeit" nicht fällig geworden und deshalb auch nicht verjährt.

Ob eine Schlussrechnung eines Architekten prüffähig ist oder nicht, hängt insbesondere nach der neueren Rechtsprechung des BGH von objektiven (HOAI-Bestimmungen), aber auch von subjektiven (Empfängerhorizont) Kriterien ab (vgl. näher Rdn. 1174 ff.). Damit besteht bei der Beantwortung dieser Frage, wie die umfangreiche Rechtsprechung hierzu zeigt, sehr häufig Unsicherheit. Auch der Gesichtspunkt der Rechtssicherheit rechtfertigt daher eine Gleichbehandlung einer prüffähigen mit einer nicht prüffähigen Schlussrechnung, weil nur so eine verlässliche Bestimmung des Beginns der Verjährung des Honoraranspruchs möglich ist.

---

207) KG, BauR 2008, 699.
208) BauR 2004, 316 = NZBau 2004, 216 = NJW-RR 2004, 445 = IBR 2004, 79, 80 – *Ulbrich*; BauR 2001, 1610 = NZBau 2001, 574 = NJW-RR 2001, 1383 = ZfBR 2001, 461; BauR 2000, 589 = NJW-RR 2000, 386 = ZfBR 2000, 172 = MDR 2000, 206 = NZBau 2000, 202; ebenso OLG Düsseldorf, OLGR 1994, 176; BauR 1996, 422, 424; so auch *Herchen*, NZBau 2007, 473.
209) BGH, BauR 2004, 316 = NZBau 2004, 216 = NJW-RR 2004, 445 = IBR 2004, 79, 80 – *Ulbrich*; ebenso OLG Hamm, BauR 2007, 1773.
210) *Koeble*, in: Locher/Koeble/Frik, § 15 HOAI, Rn. 64; *Jagenburg*, BauR 1988, 155, 162; *Lauer*, BauR 1989, 665 ff.; *Kniffka/Koeble*, 12. Teil, Rn. 610; vgl. auch LG Dortmund, BauR 1996, 744 (für den Fall, dass der Architekt die Erstellung einer prüffähigen Schlussrechnung ablehnt und sich auf die Prüffähigkeit der von ihm vorgelegten Rechnung stützt). Vgl. zur BGH-Rechtsprechung auch *Rath*, Festschrift für Vygen, S. 54 ff.

Prüffähig ist die Rechnung jedenfalls dann, wenn die vom Architekten vorgelegten Unterlagen zusammen mit der Rechnung alle Angaben enthalten, die der Auftraggeber zur Beurteilung der Frage benötigt, ob das geltend gemachte Honorar den vertraglichen Vereinbarungen entsprechend abgerechnet worden ist. Setzt sich der Auftraggeber mit der sachlichen und rechnerischen Richtigkeit der Rechnung auseinander, so zeigt er damit, dass er in der Lage ist, die Rechnung zu prüfen.[211]

Allerdings hat der BGH[212] seine Auffassung eingeschränkt: Danach kann der Auftraggeber den **Einwand der fehlenden Prüffähigkeit** nur dann erheben, wenn dieser **binnen einer angemessenen Frist** erfolgt. Geschieht dies nicht, ist er mit dem Einwand fehlender Prüffähigkeit ausgeschlossen – mit der Folge, dass die Fälligkeit der Honorarforderung eintritt. Den Zeitpunkt des Fälligkeitseintritts beschreibt der BGH als den Zeitpunkt, „zu dem der Auftraggeber das Recht verliert, sich auf die fehlende Prüffähigkeit zu berufen". Als angemessene Frist für die Erhebung des Einwandes fehlender Prüffähigkeit gibt der BGH einen Zeitraum von zwei Monaten seit Zugang der Schlussrechnung an. Danach beginnt die Verjährung einer nicht prüffähigen Rechnung nach dieser Rechtsprechung des BGH, wenn die Frist von zwei Monaten ohne Rüge der fehlenden Prüffähigkeit durch den Auftraggeber abgelaufen ist.[213] Das gilt auch dann, wenn die Forderung fehlerhaft (zu niedrig) berechnet worden ist.[214]

> Der BGH weist in dieser überraschenden Entscheidung ferner darauf hin, dass für den Einwand der fehlenden Prüffähigkeit nicht allein die Rüge ausreicht, die Rechnung sei nicht prüffähig: „Vielmehr muss die Rüge den Auftragnehmer in die Lage versetzen, die fehlenden Anforderungen an die Prüffähigkeit nachzuholen. Erforderlich ist deshalb eine Rüge, mit der die Teile der Rechnung und die Gründe bezeichnet werden, die nach Auffassung des Auftraggebers zu dem Mangel der fehlenden Prüffähigkeit führen." Der BGH betont, dass die Prüffähigkeit kein **Selbstzweck** sei. Darüber hinaus soll es nach Meinung des BGH nicht darauf ankommen, ob den Auftraggeber bezüglich eines nicht erfolgten oder verspäteten Einwandes der fehlenden Prüffähigkeit ein Verschulden trifft: „Der Einwand geht also sowohl in den Fällen verloren, in denen der Auftraggeber die fehlende Prüffähigkeit erkennt und nicht reagiert, als auch in den Fällen, in denen er, häufig ebenso wie der Auftragnehmer, von der Prüffähigkeit ausgeht."

> Hat damit der Auftraggeber innerhalb der vom BGH nunmehr genannten Frist von zwei Monaten substantiiert den Einwand gegen die Prüffähigkeit der Honorarrechnung erhoben, beginnt damit die Verjährung nicht, „wenn die Rechnung materiell nicht prüffähig ist und der Auftraggeber nicht ausnahmsweise nach Treu und Glauben gehindert ist, sich auf die fehlende Prüffähigkeit zu berufen. In den Fällen, in denen der Auftraggeber ausnahmsweise gehindert ist, sich nach Treu und Glauben auf die fehlende Prüffähigkeit zu berufen, er sich aber gleichwohl innerhalb der Frist von zwei Monaten auf die fehlende Prüffähigkeit berufen hat, beginnt die Verjährung, wenn die Umstände, die den Verstoß gegen Treu und Glauben begründen, nach außen treten, sodass auch für den Architekten erkennbar ist, dass er die Forderung durchsetzen kann und deshalb die Verjährung beginnt."

> Die Rechtsprechung des BGH zur Fälligkeit und damit zum Verjährungsbeginn einer nicht prüffähig abgerechneten Honorarforderung ist grundsätzlich zu begrüßen. Sie ist sicherlich nicht zuletzt auf die vorgenannte Kritik in der Literatur zurückzuführen. Der Zeitraum von

---

211) OLG Brandenburg, BeckRS 2014, 06647.
212) NJW-RR 2010, 1176; BauR 2004, 316, 320 = NZBau 2004, 216 = NJW-RR 2004, 445 = IBR 2004, 79, 80 – *Ulbrich*.
213) So auch OLG Hamm, IBR 2009, 89 – *Götte*; OLG Bremen, OLGR 2009, 202; OLG Dresden, BauR 2005, 1500.
214) OLG Naumburg, IBR 2013, 158 – *Fuchs*.

Verjährung von Vergütungsansprüchen

zwei Monaten, den der BGH für den Einwand der fehlenden Prüffähigkeit einer Rechnung fordert, ist zwar einerseits willkürlich[215] angesetzt, andererseits aber durchaus hinreichend.

Im Hinblick darauf, dass die VOB/B in § 16 Abs.3 nun im Regelfall nur noch eine Prüfungsfrist von 30 Tagen vorsieht und **das neue Werkvertragsrecht 2018** die Prüfungsfrist auch für Architektenhonorarrechnungen auf 30 Tage festlegt (§ 650q BGB i.V.m. § 650g Abs.4 BGB), sollten sich die Beteiligten auf eine Maximalfrist von 30 Tagen einstellen.[216]

Haben die Parteien ein **unter den Mindestsätzen** liegendes Honorar (z.B. Pauschalhonorar) vereinbart, muss der Architekt für die Prüffähigkeit der Rechnung keine Schlussrechnung nach den Mindestsätzen erteilen, wenn er nur das vereinbarte Honorar verlangt, sodass die Übergabe der entsprechenden Honorarrechnung den Verjährungsbeginn zum Jahresende auslöst.[217]

Bei **Kündigung** oder einvernehmlicher vorzeitiger Beendigung des Vertragsverhältnisses ist für den Verjährungsbeginn ebenfalls die Erteilung einer prüffähigen Schlussrechnung maßgebend[218] (vgl. hierzu Rdn. 1202). Das gilt insbesondere für Ansprüche gemäß § 649 BGB.[219]

Die HOAI gilt nur für die dort genannten Leistungen eines Architekten (vgl. Rdn. 608 ff.). Damit gilt die HOAI und insbesondere § 15 HOAI auch für die in der HOAI erwähnten Architektenleistungen, bei denen eine **freie Honorarvereinbarung** möglich ist.[220] Werden dagegen von einem Architekten andere, **in der HOAI nicht genannte Leistungen** erbracht, war bisher für die Frage der Verjährung zu beachten, dass diese unabhängig von einer Rechnungserteilung am Ende des Jahres, in dem die Abnahme des Architektenwerkes erfolgt, beginnt, weil die Vorschrift des § 15 HOAI insoweit nicht anwendbar ist.[221] Anders ist die Rechtslage nach dem **neuen Werkvertragsrecht 2018**: Gemäß § 650q Abs.1 BGB gilt § 650g Abs.4 BGB, nachdem zur Fälligkeit stets eine prüffähige Rechnung erforderlich ist, auch für den Architektenvertrag. Insoweit kommt es also nicht mehr auf die Reichweite des § 15 HOAI an. Der Anspruch auf **Rückzahlung überzahlter Honorarvorschüsse** ist vertraglicher Natur und verjährt in der Frist des § 195 BGB, ohne dass eine prüffähige Honorarschlussrechnung erteilt ist.[222] Dabei ist dem im Architektenhonorarrecht unerfahrenen Auftraggeber, der bei einer Zeithonorarvereinbarung nicht erkennt, dass der Höchstsatz überschritten wird und die Vereinbarung deshalb unwirksam ist, keine grobfahrlässige Unkenntnis anzulasten. Er ist ohne konkreten Hinweis nicht gehalten, bei der Zahlung der Rechnungen Ermittlungen zur Zulässigkeit des verlangten Honorars anzustellen.[223]

---

215) Der BGH verweist dabei auf den in § 16 Abs. 3 Nr. 1 VOB/B bestimmten Zeitraum.
216) *Kniffka/Koeble*, 12.Teil Rn. 542.
217) Zutreffend: OLG Düsseldorf, BauR 1997, 163 = NJW-RR 1996, 1421; OLG München, BauR 1997, 882.
218) BGH, BauR 1986, 596 = NJW-RR 1986, 1279 = ZfBR 1986, 232; OLG Stuttgart, BauR 1991, 491, 492; **a.A.:** *Koeble*, in: *Locher/Koeble/Frik*, § 15 Rn. 68.
219) OLG Naumburg, BeckRS 2014, 05592.
220) BGH, BauR 2007, 724; **a.A.:** OLG Schleswig, BauR 2000, 1886; wie hier *Koeble*, in: *Locher/Koeble/Frik*, § 15, Rn. 3.
221) *Koeble*, in: *Locher/Koeble/Frik*, § 15, Rn. 4.
222) BGH, IBR 2012, 714 – *Preussner*; OLG Saarbrücken, NZBau 2010, 772.
223) BGH a.a.O.

Die vorerwähnten Ausführungen gelten entsprechend für den Honoraranspruch des Ingenieurs und des **Sonderfachmannes.**

Der Honoraranspruch des **Projektsteuerers** verjährt ebenso nach den allgemeinen Vorschriften (§§ 195, 199 BGB). Zur Rechtsnatur des Projektsteuerungsvertrages und zur Fälligkeit des Honoraranspruchs vgl. Rdn. 1935.

2845 Der Honoraranspruch des Architekten verjährt in der **regelmäßigen Verjährungsfrist von drei Jahren,** § 195 BGB. Der **Beginn** der Verjährung des Honoraranspruches richtet sich nach § 199 Abs. 1 BGB. Danach beginnt die regelmäßige Verjährungsfrist von drei Jahren mit dem Schluss des Jahres in dem

1. der Anspruch **entstanden** ist und
2. der Architekt (Gläubiger) von den den **Anspruch begründenden Umständen** und der Person seines Schuldners **Kenntnis erlangt** oder **ohne grobe Fahrlässigkeit erlangen müsste.**

Die Entstehung des Anspruches i.S. des § 199 Abs. 1 Nr. 1 ist – entsprechend der früheren allgemeinen Rechtsauffassung – mit der **Fälligkeit** gleichzusetzen.[224] Es gilt die sog. **Ultimo-Verjährung**, sodass die Frist für den Honoraranspruch des Architekten am Schluss des Jahres beginnt, in dem die Honorarforderung fällig wird, § 199 Abs. 1 BGB.

Zu dem mit § 199 Abs. 1 Nr. 2 BGB eingeführten sog. **Kenntnis- bzw. Erkennbarkeitskriterium** wird auf Rdn. 2815 verwiesen; die Ausführungen gelten entsprechend. Im Übrigen verbleibt es bei den unter Rdn. 2841 ff. genannten allgemeinen Grundsätzen zur Verjährung des Honoraranspruchs des Architekten, insbesondere hinsichtlich der Prüffähigkeit der Honorarschlussrechnung, der Abschlagszahlungen und der Kündigung des Architektenvertrages.

c) Vergütungsanspruch des Bauträgers

2846 Die Verjährung beginnt auch hier erst mit dem Schluss des Jahres, in dem die Fälligkeit der Vergütungsforderung eintritt; die Fälligkeit wird dabei an die Abnahme der Leistung des Bauträgers geknüpft. Die Baufortschrittsraten sollen aber einer selbstständigen Verjährung unterliegen. Die Abschlagsforderungen gehen nicht – wie beim Architektenhonorar – in einer abschließenden Gesamtforderung auf, mit der sie dann (erneut) fällig würden.[225] Der Bauträger kann aber auch nach Eintritt der Verjährung seines Vergütungsanspruchs die Einrede des nicht erfüllten Vertrages gegenüber dem Anspruch auf Eigentumsverschaffung erheben.[226]

---

[224] BGH, BauR 1990, 95 = MDR 1990, 323; *Palandt/Ellenberger*, § 199 BGB, Rn. 3; *Lenkeit*, BauR Sonderheft 1a, 2002, 196 ff., 199.
[225] OLG Frankfurt, BauR 2005, 1491; OLG Saarbrücken, NZM 2000, 923; **a.A.:** *Stoll*, Langaufsatz ibr-online, 28.8.2008; Pauly, ZfIR 2006, 47.
[226] BGH, IBR 2006, 447 – *Schwenker*; OLG Karlsruhe, IBR 2007, 1039 – *Röder*; **a. A.:** OLG Frankfurt, IBR 2005, 595 – *Basty*.

In der Literatur ist die Verjährungsfrist für den Vergütungsanspruch des Bauträgers streitig. Die wohl h.M.[227] geht von einem einheitlichen Vergütungsanspruch des Bauträgers als Gegenleistung für die Bauleistung und die Übertragung des Eigentums am Grundstück aus, sodass eine 10-jährige Verjährungsfrist angenommen wird (§ 196 BGB). Eine Mindermeinung[228] trennt diese Leistungen des Bauträgers mit der Folge, dass die regelmäßige Verjährungsfrist von drei Jahren (§ 195 BGB) für den Vergütungsanspruch des Bauträgers bezüglich seiner Bauleistung gilt. Wieder andere sehen den Vergütungsanspruch als einheitlichen Anspruch, der insgesamt der dreijährigen Frist des § 195 BGB unterliegt.[229] Zutreffend stellt sich der Vergütungsanspruch des Bauträgers grundsätzlich als einheitlicher Anspruch dar, der im Hinblick auf die Pflicht, als Gegenleistung (auch) das Eigentum am Grundstück zu verschaffen, der 10-jährigen Verjährung des § 196 BGB unterliegt. Anders verhält es sich jedoch im Falle der Insolvenz des Bauträgers, die zu einem Zerfall des einheitlichen Vertrages führt.[230]

3. Die Verjährung von Gewährleistungsansprüchen des Bauherrn (Auftraggeber)

*Literatur**

Siegburg, Dreißigjährige Haftung des Bauunternehmers aufgrund Organisationsverschulden, Baurechtl. Schriften, Band 32, 1995; *Vogel*, Arglistiges Verschweigen des Bauunternehmers aufgrund Organisationsverschuldens, Baurechtl. Schriften, Band 42, 1998; *Mansel/Budzikiewicz*, Das neue Verjährungsrecht, 2002.

Danker/John, Dauer der Gewährleistung für Fahrbahnmarkierungen, BauR 2001, 718; *Weyer*, Selbstständiges Beweisverfahren und Verjährung von Baumängelansprüchen nach künftigem Recht, BauR 2001, 1807; *Mansel*, Die Neuregelungen des Verjährungsrechts, NJW 2002, 89; *Grams*, Zur neuen Regelverjährung des Erfüllungsanspruches auf die Bauleistung, BauR 2002, 1461; *Brügmann/Kenter*, Abnahmeanspruch nach Kündigung von Bauverträgen, NJW 2003, 2121; *Lauer*, Verjährung des Mängelanspruches und Sekundärhaftung im Architektenrecht, BauR 2003, 1639; *Fischer*, Verjährung der werkvertraglichen Mängelansprüche bei Gebäudearbeiten, BauR 2005, 1073; *Voit*, Die Bedeutung des § 651 BGB im Baurecht nach der Schuldrechtsmodernisierung, BauR 2009, 369; *Schwenker/Wessel*, Organisierte Arglistverhinderung und Verjährung, ZfBR 2008, 222; *Leitmeier*, Teleologische Reduktion der Abnahme, ibr-online Langaufsatz 23.9.2009; *Joussen*, Mängelansprüche vor Abnahme, BauR 2009, 319; *Vogel*, Die gesetzlichen Kündigungstatbestände – Ausübung, Voraussetzung und Rechtsfolgen –, BauR 2011, 313; *Koppmann*, Der Nachunternehmer- und Lieferantenvertrag am Bau, IBR 2011, 1018 (nur online); *Voit*, Die Rechte des Bestellers bei Mängeln vor Abnahme, BauR 2011, 1063; *Koeble*, Abnahmesurrogate, BauR 2012, 1153; *Kuhn*, Die Verjährung des Selbstvornahmerechtes, ZfBR 2013, 523; *Werner*, Rechtsfolgen einer unwirksamen förmlichen Abnahme des Gemeinschaftseigentums im Rahmen eines Bauträgervertrages, NZBau 2014, 80; *Messerschmidt/Leidig*, Rechtsfolgen unwirksamer Abnahmeklauseln zum Gemeinschaftseigentum in notariellen Bauträgerverträgen, BauR 2014, 1; *Pause/Vogel*, Die Folgen einer unwirksamen Abnahmeklausel im Bauträgervertrag, BauR 2014, 764; *Lakkis*, Photo-

---

[227] OLG Saarbrücken, IBR 2009, 33 – *Müller-Stoy*; *Palandt/Ellenberger*, § 196 BGB, Rn. 4; *Blank*, 5; *Brambring*, DNotZ 2001, 904, 905; *Hertel*, DNotZ 2002, 6 (10, 22); *Pause*, NZBau 2002, 648, 650.
[228] OLG München, IBR RS 2015, 2190 – ablehnend *Röder* IBR 2016, 16 = BauR 2015, 1194; **a. A.:** LG München, IBRRS 2016, 2881; *Wagner*, ZfIR 2002, 257, 260; *Mansel/Budzikiewicz*, 32 ff.
[229] *Stoll* a.a.O.; *Blank*, Bauträgervertrag Rn. 6.
[230] OLG Koblenz, NJW-RR 2007, 964; LG Gießen, IMR 2010, 1036.

voltaikanlagen – die tickenden Verjährungszeitbomben auf dem Dach, NJW 2014, 829; T. *Müller*, Verjährung von Ansprüchen wegen Mängeln beim Werkvertrag ohne Abnahme, NZBau 2015, 337; *Kleefisch*, Die Gewährleistungsfrist bei Aufdach – Photovoltaikanlagen als Gebäude oder Gebäudeteil, NZBau 2016, 340; *Kleefisch/Meyer*, Klare Verhältnisse für Aufdach – Photovoltaikanlagen?, NZBau 2016, 684; *Jacoby*, Der Begriff des Bauwerks am Beispiel einer Photovoltaikanlage, NJW 2016, 2848; *Dubovitskaya*, Lange Verjährungsfrist bei Mängeln einer Photovoltaikanlage, NJOZ 2016, 1513; *Retzlaff*, Bauverträge ohne Abnahme, BauR 2016, 733; *Voit*, Mängelrechte vor der Abnahme nach den Grundsatzentscheidungen des BGH, NZBau 2017, 521.

* Literatur vor 2000 siehe 15. Auflage.

a) Grundsätze

2847 Die **Verjährungsfrist** für Gewährleistungsansprüche des Bauherrn **beginnt** grundsätzlich mit der **Abnahme** des Werkes, § 634a Abs. 2 BGB[231] (zu den verschiedenen Abnahmeformen und -fiktionen vgl. im Einzelnen Rdn. 1815 ff. sowie Rdn. 1846 ff.) oder der endgültigen Abnahmeverweigerung. Das gilt auch dann, wenn die Abnahme trotz Mängeln oder ausstehender Restwerkleistungen erklärt wird oder „vorbehaltlich" bei der Abnahme gerügter Mängel.[232] Allerdings stellt entgegen OLG Brandenburg[233] der Ablauf einer mit Ersatzvornahmeandrohung gesetzten Frist zur Mangelbeseitigung bei fruchtlosem Fristablauf keine endgültige Ablehnung der Abnahme dar. Eine Anfechtung wegen Irrtums kommt nicht in Betracht.[234] Mit der Abnahme beginnt die Verjährung unstreitig auch für solche Mängel, die vor der Abnahme bereits gerügt worden sind.[235] Die Verjährung erstreckt sich auch auf nahe Mangelfolgeschäden.[236]

Diese Regelung führt allerdings zu dem systemfremden Ergebnis, dass das Selbstvornahmerecht des Auftraggebers (§ 637 Abs. 1 BGB) verjähren kann, bevor es überhaupt entstanden ist, weil noch keine Frist zur Mängelbeseitigung fruchtlos verstrichen ist.[237]

Für Fälle, die dem bis zum 31.12.2001 geltenden Recht unterliegen, hat der BGH seine Rechtsprechung geändert. Werkvertragliche Gewährleistungsansprüche unterfallen danach auch dann der Verjährungsregelung des § 638 Abs. 1 BGB a.F., wenn sie vor der Abnahme entstanden sind. Die Verjährungsfrist beginnt aber erst zu laufen, wenn die Abnahme erfolgt oder endgültig verweigert wird[238]. Demgegenüber hatte der BGH in seiner früheren Rechtsprechung[239] solche Gewährleistungsansprüche noch der regelmäßigen Verjährung unterworfen.

---

231) Zum Verjährungsbeginn bei einer Herstellungsgarantie: BGH, MDR 1979, 1013 = BauR 1979, 427 = NJW 1979, 645.
232) OLG Hamm, IBR 2014, 72 – *Sterner*.
233) IBR 2014, 82 – *Weyer*.
234) OLG München, Urt. v. 13.12.2011 ibr-online – *Wagner* (Werkstattbeitrag).
235) *Schulze-Hagen*, in: Kniffka, 634a Rn. 209.
236) OLG Karlsruhe, BeckRS 2014, 02453.
237) BGH, NJW 2013, 1228 mit Anmerkung *Thode*; dazu *Kuhn*, ZfBR 2013, 523.
238) Grundlegend BGH, NJW 2010, 3573; BGH; BauR IBR 2011, 590; BGH IBR 2011, 280; BGH BauR 2011, 1032; für den VOB-Vertrag BGH, BauR 2012, 643 = IBR 2012,140 – *Schulze-Hagen*; OLG Karlsruhe IBR 2011, 641; s. auch *Koeble*, BauR 2012, 1153.
239) BGH BauR 2000, 128.

Verjährung von Gewährleistungsansprüchen d. Bauherrn

Völlig ungeklärt ist unter Geltung des SchRModG demgegenüber die Frage der Verjährung von **Mängelansprüchen** die **vor Abnahme** erhoben werden, ohne dass es später zur Abnahme oder Abnahmeverweigerung kommt. Die Gewährleistungsansprüche des Auftraggebers nach § 634 BGB a.F. galten nach dem Wortlaut des Gesetzes auch schon für vor der Abnahme erkannte Mängel. Eine solche Bestimmung findet sich im Werkvertragsrecht nach Einführung des SchRModG nicht mehr. Die Verjährungsfristen des § 634a BGB beginnen ausdrücklich erst mit der Abnahme, setzen eine solche also voraus.

Es ist schon fraglich und war hoch umstritten, ob und welche Mängelrechte dem Auftraggeber ohne Abnahme/vor der Abnahme zustehen können[240]. Der BGH hat die Frage nun in drei Entscheidungen beantwortet.[241] Der Auftraggeber kann Mängelrechte gemäß § 634 BGB grundsätzlich erst nach Abnahme des Werks mit Erfolg geltend machen. Die Rechte aus § 634 Nr.2 bis 4 BGB können ihm aber zustehen, wenn er keine Erfüllung mehr verlangen kann und das Vertragsverhältnis in ein Abrechnungsverhältnis übergegangen ist. Das ist der Fall, wenn der Auftragnehmer das Werk fertiggestellt zur Abnahme angeboten hat und der Auftraggeber nur noch Schadensersatz oder Minderung begehrt. Gleiches gilt auch dann, wenn der Auftraggeber ausdrücklich oder konkludent zum Ausdruck bringt, unter keinen Umständen mit dem Auftragnehmer mehr zusammenarbeiten zu wollen. Allerdings reicht alleine das Verlangen nach Vorschuss für die Beseitigung von Mängeln im Wege der Selbstvornahme nicht für die Annahme, der Vertrag sei in ein Abrechnungsverhältnis übergegangen. Liegt ein Übergang in ein Abrechnungsverhältnis nicht vor, so ist ein Rückgriff auf das allgemeine Leistungsstörungsrecht notwendig[242]. Das Erfüllungsstadium endet eben erst dann, wenn das Werk abgenommen ist oder die Abnahme endgültig verweigert wurde. Allerdings soll sich der Auftragnehmer auf die Fortdauer des Erfüllungsstadiums nicht berufen können, wenn die Abnahme wegen einer von ihm selbst gestellten unwirksamen Abnahmeklausel nicht wirksam erfolgt ist (siehe dazu im Einzelnen **Rdn. 2878**).[243]

Der BGH hat die Frage nach der **Verjährung von Mängelansprüchen vor der Abnahme** unter Geltung des SchRModG ausdrücklich offen gelassen[244]. Die obergerichtliche Rechtsprechung ist uneinheitlich. Zum Teil wird die Auffassung vertreten, dass auf solche Ansprüche die regelmäßige Verjährungsfrist der §§ 195, 199 BGB Anwendung finde[245]. Nach Ansicht des OLG Stuttgart[246] soll die 5-jäh-

---

240) Vgl. dazu ausführlich *Voit* Baurecht 2011, 1063.
241) BGH, IBR RS 2017, 0624; BeckRS 2017, 103136; BeckRS 2017,102864; jeweils m. zahlreichen weiteren Nachweisen zum Meinungsstreit; auch OLG Celle, NJW 2016, 2754; OLG Hamm, NJW 2015, 2970; ähnlich OLG Schleswig bei offensichtlich untauglichem Angebot zur Mängelbeseitigung, IBR 2015, 596; *Voit*, NZBau 2017, 521; vgl. auch *Retzlaff*, BauR 2016, 733, der dogmatisch zur Problemlösung an die Fortdauer der Kooperation der Vertragsparteien anknüpft.
242) BGH, a.a.O.; OLG Köln, IBR 2013, 75 – *Fuchs*; *Voit* a.a.O.; *Palandt/Ellenberger*, § 195 BGB, Rn. 10; **a.A.**: offenbar: OLG Brandenburg BeckRS 2013, 12027.
243) BGH, BauR 2016, 1013; NJW 2016, 2878; NJW-RR 2016, 1143.
244) BGH NJW 2010, 3573; BGH NZM 2012, 92.
245) OLG Hamm IBR 2008, 284; OLG Karlsruhe IBR 2010, 282.
246) IBR 2010, 283.

rige Mängelverjährungsfrist des § 634a Abs. 1 Nr. 2 BGB einschlägig sein[247]. Zutreffend dürfte sein, dass Ansprüche wegen Mängeln vor einer Abnahme oder endgültigen Abnahmeverweigerung der Regelverjährungsfrist des § 195 BGB unterfallen. Die gegenteilige Auffassung ist dogmatisch kaum zu begründen und mit dem Wortlaut des Gesetzes nicht in Einklang zu bringen. Soweit *Müller*[248] darauf verweist, dass § 634 Nr. 4 BGB die Ansprüche aus §§ 280 ff. umfasse, ist mit dieser Feststellung nicht viel gewonnen, denn § 634a BGB setzt für den Verjährungsbeginn die Abnahme voraus und vorliegend geht es gerade um die Frage der Verjährung von Ansprüchen vor und ohne Abnahme (oder Abnahmesurrogat). Allerdings bedarf es eines Korrektivs insoweit, als die Verjährung nicht vor dem Zeitpunkt beginnen kann, vor dem der Auftragnehmer nach den vertraglichen Vereinbarungen sein Werk hätte mangelfrei abliefern müssen[249] (siehe Rdn. 2816). Vor diesem Zeitpunkt nämlich ist ein Anspruch auf „Verschaffung" des Werkes frei von Sach- und Rechtsmängel im Sinne von § 633 Abs. 1 BGB nicht fällig (§ 271 BGB).[250] Soweit für die Zeit nach Ablauf der vereinbarten oder sich aus den Umständen ergebenden notwendigen Fertigstellungsfrist die Auffassung vertreten wird, die Verjährung der Erfüllungsansprüche sei gehemmt, solange der Auftragnehmer die Bauarbeiten noch vornimmt, weil dies der Hemmungswirkung von Nachbesserungsarbeiten oder Mangelprüfungen gleich komme, kann dem in dieser Allgemeinheit nicht gefolgt werden.[251] Die Vorschrift, aus der sich eine solche Hemmung ergab (§ 639 Abs. 2 BGB a.F.) ist mit dem SchRModG aufgehoben worden.[252] Ein besonderer Schutz des Auftraggebers etwa durch Anwendung der 5-Jahresfrist erscheint in den hier diskutierten Fällen aber auch nicht erforderlich. Kennt der Auftraggeber den Mangel, weil vielleicht gerade dieser der Grund für die nicht erfolgte Abnahme ist, so kann er seine Rechte innerhalb der regelmäßigen Verjährungsfrist geltend machen. Der Grund, der den Gesetzgeber veranlasst hat, bei Bauwerken eine Frist von 5 Jahren zu bestimmen, nämlich der Umstand, dass sich Mängel an Bauwerken oft erst später zeigen[253], ist hier nicht von Bedeutung. Kennt der Auftraggeber den Mangel nicht, so schützt ihn das Kenntnis- bzw. Erkennbarkeitserfordernis für den Verjährungsbeginn aus § 199 BGB bis zu 10 Jahre.

Die Konsequenz der hier vertretenen Auffassung ist allerdings, dass der Auftraggeber sich nach Ablauf der Regelverjährungsfrist entschließen könnte, das Werk trotz der Mängel abzunehmen, um die Verjährungsfrist des § 634a BGB beginnen zu lassen. Dem wird aber jedenfalls der Einwand der Treuwidrigkeit entgegenstehen können.[254] Unabhängig davon gilt, wenn das Werk mangelhaft ist, dass der Anspruch des Auftragnehmers auf Abnahme jedenfalls bei nicht unwesentlichen

---

247) So auch *Leupertz/Halfmeier*, in: Prütting/Wegen/Weinreich § 634 BGB, Rn. 13; *Kniffka/Koeble*, 12. Teil, Rn. 821, **a.A.:** *Kniffka*, in: Kniffka, § 634a, Rn. 209; *Leitmeier*, ibr-online-Aufsatz, Rn. 53; *Vogel*, BauR 2011, 313; *Joussen*, BauR 2009, 319.
248) *Müller*, NZBau 2015, 337.
249) *Leupertz/Halfmeier*, in: Prütting/Wegen/Weinreich, § 633 BGB, Rn. 7.
250) So auch *Kniffka/Koeble*, 6. Teil Rn. 105.
251) So aber *Kniffka/Koeble* a.a.O.
252) Siehe näher **Rdn. 2889b**.
253) BGH, NJW 2013, 601 TZ 17, 20.
254) So *Messerschmidt/Leidig*, BauR 2014, 1, 9 für den Fall einer unwirksamen Abnahmeklausel im Bauträgervertrag.

Mängeln nicht fällig ist. Vor Fälligkeit kann der Schuldner (Auftraggeber) aber nur leisten (abnehmen), wenn dies für den Gläubiger (Auftragnehmer) ohne Nachteil ist.[255] Durch die Abnahme nach Verjährung des Erfüllungsanspruchs verlöre der Auftragnehmer seine Einrede gegenüber der Verpflichtung zur Beseitigung des Mangels, sodass der Auftragnehmer sich die nachträgliche Abnahme nicht aufdrängen lassen muss.[256]

Eine Klausel in AGB des Auftraggebers, wonach die Verjährung mit der Übergabe des Bauwerks an den Erwerber bzw. nach Bezugsfertigkeit (statt der Abnahme) beginnt, ist nach der Rechtsprechung des BGH[257] unwirksam.

Die Verpflichtung des Auftraggebers zur Abnahme setzt voraus, dass die Bauleistung bis auf unwesentliche Mängel erbracht ist; die endgültige, unberechtigte Abnahmeverweigerung steht für den Verjährungsbeginn der Abnahme gleich.[258] Entsprechendes gilt auch bei **Kündigung eines Bauvertrages:** Auch hier beginnen die Verjährungsfristen grundsätzlich erst dann, wenn die bis zur Kündigung erbrachte Leistung abgenommen worden ist, wobei die Unvollständigkeit des Werkes außer Betracht bleibt.[259] Daher hat der Auftragnehmer nach der Kündigung einen Anspruch gegen den Auftraggeber auf Abnahme, wenn die von ihm bis zur Kündigung erbrachte Leistung die Voraussetzung für die Abnahmepflicht des Auftraggebers erfüllt.[260] Nach Auffassung des OLG Frankfurt[261] beginnt die Verjährung jedenfalls, wenn schon nicht mit der Kündigung, dann, wenn infolge der Selbstvornahme des Auftraggebers der Nachbesserungsanspruch erlischt. Eine fiktive Abnahme nach § 12 Abs. 5 VOB/B kommt allerdings bei einem gekündigten VOB-Bauvertrag nicht in Betracht.[262] Dagegen sind die Abnahmefiktionen gemäß §§ 640 Abs. 1 Satz 3 und 641a BGB auf gekündigte VOB- bzw. BGB-Bauverträge anwendbar.[263] Nach diesen Grundsätzen, die der BGH aufgestellt hat, beendet die bloße Kündigung (ohne Abnahme) das Erfüllungsstadium nicht; dies wird erst durch die Abnahme erreicht. **Teilabnahmen** lösen den Verjährungsbeginn für den abgenommenen Teil aus, es sei denn, die Parteien haben eine andere Regelung getroffen.

Der Auftragnehmer, der sich auf die Verjährung beruft, kommt seiner **Darlegungslast** für den Verjährungsbeginn nicht dadurch nach, dass er behauptet, die Abnahme sei erfolgt; er muss vielmehr Tatsachen vortragen, welche den Rechtsbegriff „Abnahme" ausfüllen.[264] Die Verjährung eines anlässlich der Insolvenzeröffnung entstandenen Anspruch auf Schadensersatz wegen Nichterfüllung von Gewährleis-

---

255) *Palandt/Grüneberg*, § 271 BGB, Rn. 11; *Werner*, NZBau 2014, 80.
256) *Werner*, a.a.O.; **a.A.:** *Pause/Vogel*, BauR 2014, 764; siehe auch Rdn. 2878.
257) BauR 2004, 1148 = ZfBR 2004, 557 = EWiR § 635 BGB a.F. 2/04, 747 – *Vogel* und BauR 2004, 1171 = NZBau 2004, 396 = IBR 2004, 376 – *Weyer*.
258) BGH, NJW-RR 1998, 1027; OLG Köln, BauR 2000, 134.
259) BGH, BauR 2003, 689 = NJW 2003, 1450 = NZBau 2003, 265; vgl. hierzu *Brügmann/Kenter*, NJW 2003, 2121; OLG Köln, BauR 2000, 134; *Siegburg*, 1811.
260) BGH, a.a.O.
261) IBR 2009, 324.
262) BGH, a.a.O.
263) So auch *Brügmann/Kenter*, NJW 2003, 2121, 2124.
264) OLG Düsseldorf, NZBau 2001, 401.

tungspflichten beginnt gemäß § 634a Abs. 2 BGB bzw. § 13 Abs. 4 VOB/B ebenfalls mit der Abnahme.[265]

b) Ansprüche des Bauherrn (Auftraggeber) gegen den Bauunternehmer beim BGB-Bauvertrag

2848 Die Verjährung der Gewährleistungsansprüche des Bauherrn (Auftraggebers) ist in § 634a BGB geregelt. Danach beträgt die Verjährungsfrist für die in § 634 Nr. 1, 2 und 4 BGB genannten Ansprüche **fünf Jahre „bei einem Bauwerk"**. Das betrifft folgende Ansprüche:

* den **Nacherfüllungsanspruch (§ 635 BGB)**
* den Anspruch auf **Selbstvornahme** und auf **Ersatz der erforderlichen Aufwendungen (§ 637 BGB)**[266]
* den **Schadensersatzanspruch** (§§ 636, 280, 281, 283, 311a BGB) bzw. der Anspruch nach § 284 BGB auf Ersatz vergeblicher Aufwendungen.

Da das **Minderungsrecht** gemäß § 638 BGB (wie das Rücktrittsrecht) gemäß §§ 636, 323 und 326 Abs. 5 als Gestaltungsrecht anzusehen ist, kommt insoweit eine **Verjährung nicht in Betracht.**[267] Bei beiden Rechten des Auftraggebers ist aber § 218 BGB gemäß § 634a Abs. 3 und 5 BGB zu beachten. Daraus folgt, dass sowohl die Minderung wie auch der Rücktritt ausgeschlossen sind, wenn der Erfüllungsanspruch oder der Nacherfüllungsanspruch verjährt ist und der Auftragnehmer sich hierauf beruft. Das gilt auch, wenn der Auftragnehmer aufgrund der allgemeinen Bestimmungen über den Ausschluss der Leistungspflicht (§ 275 Abs. 2 und 3 BGB) oder wegen unverhältnismäßiger Kosten (§ 635 Abs. 3 BGB) nicht zu leisten braucht und den Anspruch auf die Leistung oder Nacherfüllung verjährt wäre, § 218 Abs. 2 BGB. Allerdings ist der Auftraggeber **trotz der Unwirksamkeit der Minderung** (aus den vorerwähnten Gründen) berechtigt, die **Zahlung** der Vergütung insoweit zu **verweigern,** als er hierzu bei einem wirksamen Minderungsrecht berechtigt gewesen wäre, § 634a Abs. 5 i.V.m. Abs. 3 BGB. Ihm steht also grundsätzlich ein **Leistungsverweigerungsrecht** zu.[268] Einer Anzeige des Mangels in unverjährter Zeit bedarf es hierzu nicht mehr. Ist der Rücktritt erklärt oder Minderung geltend gemacht, so entsteht ein eigener Anspruch auf Rückzahlung zuviel gezahlten Werklohns, der der regelmäßigen Verjährung gem. §§ 195, 199 BGB unterliegt. Diese Frist kann also unter Umständen vor oder nach Ablauf der Frist des § 634a BGB enden.[269]

2849 Was unter Leistungen bei einem „Bauwerk" zu verstehen ist, war früher insbesondere für (die meist unbefriedigende) **Abgrenzung zwischen „Arbeiten an einem Grundstück" und „Arbeiten an einem Bauwerk"** im Rahmen des § 638 BGB a.F. von erheblicher Bedeutung. Die Frage hat zwar unter diesem Gesichtspunkt kein Gewicht mehr, weil es eine besondere Verjährungsfrist für Arbeiten an

---

[265] BGH, ZfBR 1986, 28, 29 = NJW 1986, 310.
[266] OLG Naumburg, BauR 2011, 1655.
[267] Begründung zum Regierungsentwurf, BT-Drucksache 14/6040, S. 266.
[268] *Mansel/Budzikiewicz*, § 5, Rn. 35.
[269] BGH, NJW 2007, 674; *Sonntag*, NJW 2009, 3634; *Klein/Moufang/Koos*, BauR 2009, 333, 335; *Schwenker*, IBR 2008, 20; dies übersieht OLG Koblenz, IBR 2008, 449 – *Vogel*.

einem Grundstück nicht mehr gibt, kann aber hinsichtlich der Abgrenzung zur Verjährungsfrist nach § 634a Abs. 1 Nr. 1 BGB bedeutsam sein. So stellt beispielsweise ein „Berliner Verbau" kein Bauwerk dar und es gilt die 2-Jahresfrist des § 634a Abs.1 Nr.1 BGB.[270] Die Beantwortung der Frage, was Arbeiten an einem Bauwerk sind, hängt davon ab, ob grundsätzlich **alle Arbeiten an einem Bauwerk** unter die fünfjährige Verjährungsfrist fallen[271] oder entsprechend der bisherigen Rechtsprechung **nur die Arbeiten** in Betracht kommen, die für die **Erneuerung und den Bestand** des Bauwerkes von **wesentlicher Bedeutung** sind.

Geht man von der Begründung des **Regierungsentwurfs** zum SchRModG[272] aus, wird man sich mit der h.M.[273] für die letzte Alternative entscheiden müssen, sodass es bei der bisherigen von der Rechtsprechung erarbeiteten Unterscheidung verbleibt. In der **Begründung** heißt es hierzu:

„Danach ist ein Bauwerk eine unbewegliche, durch Verwendung von Arbeit und Material in Verbindung mit dem Erdboden hergestellte Sache. Erfasst sind nicht nur Neuerrichtungen, sondern auch Erneuerungs- und Umbauarbeiten an einem bereits errichteten Bauwerk, wenn sie für Konstruktion, Bestand, Erhaltung oder Benutzbarkeit des Gebäudes von wesentlicher Bedeutung sind und wenn die eingebauten Teile mit dem Gebäude fest verbunden werden."

Das entsprach schon seinerzeit der ständigen Rechtsprechung des BGH,[274] sodass auf die insoweit entwickelten Kriterien zurückgegriffen werden kann.[275]

Danach fallen z.B. Anstricharbeiten zum Zwecke der Verschönerung der Fassade und ähnliche Arbeiten nicht unter die Verjährungsfrist von fünf Jahren gemäß § 634a Abs. 1 Nr. 2 BGB. Sie verjähren in der Zwei-Jahres-Frist des Abs. 1 Nr. 1 dieser Vorschrift, wonach die Zwei-Jahres-Frist für die Gewährleistungsansprüche bei einem Werk gilt, „dessen Erfolg in der Herstellung, Wartung oder Veränderung einer Sache oder in der Erbringung von Planungs- oder Überwachungsleistungen hierfür besteht". Hierunter fallen auch reine **Abbrucharbeiten**.[276]

Unter die Zwei-Jahres-Verjährungsfrist dieser Vorschrift fallen insbesondere auch alle Arbeiten an einem **Grundstück,** für die früher eine einjährige Verjährung galt:

* Der **Neuanstrich** von Fenstern eines bestehenden Hauses (BGH, Schäfer/Finnern, Z 2.414 Bl. 106; s. auch BGH, Schäfer/Finnern, Z 2.414 Bl. 150)
* **Erdarbeiten** (Arbeiten an Grund und Boden ohne Bauwerkserrichtung; Baggerarbeiten, Planierungsarbeiten, Erdaushub); bloße Ausbesserungs- und Instandsetzungsarbeiten (Anstricherneuerung; s. auch LG München, NJW 1970, 942)

---

270) OLG Hamm, BauR 2015, 1676.
271) So wohl *Quack*, IBR 2001, 706, der allerdings zu Unrecht auf die Begründung zum Regierungsentwurf verweist; s. auch *Fischer*, BauR 2005, 1073, der auf die Frage abstellt, ob ein „bauspezifisches Risiko" vorliegt.
272) Begründung zum Regierungsentwurf, a.a.O., S. 227; vgl. hierzu auch *Werner*, Festschrift für Jagenburg, S. 1097 ff.
273) *Palandt/Sprau*, § 634a BGB, Rn. 17; *Leupertz/Halfmeier*, in: Prütting/Wegen/Weinreich, § 634a BGB, Rn. 6.
274) NJW 1993, 3195 = BauR 1994, 101; siehe auch OLG Hamm, Urteil v. 20.10.2009, AZ: 19 U 143/05, ibr – online, für eine Nahwärmeheizung (Blockheizkraftwerk).
275) So auch AnwKom-BGB/*Raab*, § 634a, Rn. 23.
276) Vgl. hierzu BGH, BauR 2004, 1798 = IBR 2004, 562 – *Weyer* zu § 638 BGB a.F.

- **Gartenbrunnen** (OLG Düsseldorf, BauR 2000, 734 = NJW-RR 1999, 1182)
- Lieferung und Montage einer an die Räumlichkeiten nicht besonders angepassten **Einbauküche**[277]
- **Fehlerhafte Pläne,** die Arbeiten am Grundstück dienen; dabei ist nicht erforderlich, dass Grundstücksarbeiten als solche Gegenstand der Planung waren (BGH, NJW 1993, 723 = BauR 1993, 219 = ZfBR 1993, 118)
- **Beleuchtungsanlage** (BGH, BauR 1971, 128); anders ist dies bei Erneuerungsarbeiten, die an die Substanz des Bauwerks gehen (vgl. von Craushaar, NJW 1975, 993, 998, 999 m. Nachw.)
- der **Hausanstrich** zum Zwecke der **Verschönerung** der Fassade (OLG Köln, NJW-RR 1989, 1181)
- nachträglicher Einbau einer **Alarmanlage** durch Mieter (BGH, NJW-RR 1991, 1367)
- **Dachgarten** (OLG München, NJW-RR 1990, 917; **a.A.:** OLG Hamm, BauR 1992, 413 [LS] = OLGR 1992, 43)
- **Mängelnachbesserung an Parkettboden** (OLG Hamm, BauR 1999, 766 = NJW-RR 1999, 462)
- bloße **Schotterung von Waldwegen** (OLG Köln, OLGR 2000, 288)
- Einbau einer **2. Förderanlage** in eine bestehende, mit dem Boden fest verbundenen Pulverbeschichtungsanlage eines Metallverarbeitungsbetriebes (OLG Düsseldorf, NJW-RR 2001, 1530)
- Fehler von **Plänen,** die Arbeiten am Grundstück dienen sollen (BGH, BauR 1993, 219 = NJW 1993, 723)
- **Erdauffüllungs- und Bodenverdichtungsarbeiten** in den Außenanlagen eines Neubaus (OLG Hamm, OLGR 1996, 28)
- Reparaturarbeiten an einem **Kanal** eines Hausgrundstücks – Beseitigung einer Verstopfung des **Abwasserrohres** (OLG Köln, NJW-RR 2002, 1238)
- Vermessungsarbeiten zur Bestandsaufnahme eines Leitungsnetzes (OLG Köln, IBR 2010, 216 – Schwenker)
- Abbrucharbeiten vor Neubau (BGH, BauR 2004, 1798 = NZBau 2004, 434 = NJW-RR 2004, 1163)

An dieser Rechtsprechung wird unter Geltung des **neuen Werkvertragsrechts 2018** nicht mehr festzuhalten sein, denn § 650a Abs. 1 BGB bestimmt nun, dass **auch ein Vertrag über die Beseitigung** eines Bauwerks ein Bauvertrag ist.

Der Schuldner, der sich auf den Ablauf einer kürzeren (zweijährigen) Verjährungsfrist beruft, trägt die primäre Darlegungslast und die Beweislast dafür, dass kein Verjährungstatbestand vorliegt, der eine längere Verjährungsfrist vorsieht.[278]

2850 Die **Abgrenzung** ist nicht immer leicht; sie muss nach den Gegebenheiten des Einzelfalles entschieden werden (vgl. hierzu auch Rdn. 203 ff.). So hat beispielsweise die Mangelhaftigkeit von **Photovoltaikanlagen** die Rechtsprechung mit unterschiedlichen Ergebnissen beschäftigt: Der VIII. Zivilsenat des BGH[279] ordnet die Komponenten, welche ein Landwirt zur Errichtung einer Photovoltaikanlage auf seinem Scheunendach erwarb, als „nicht für ein Bauwerk verwendet" ein und ge-

---

[277] AG Minden, NJW-RR 2013, 856.
[278] BGH, IBR 2016, 313.
[279] ZfBR 2014, 137 = IBR 2014, 110 – *Reichert;* kritisch *Kleefisch,* NZBau 2016, 340.

langt zu einer zweijährigen Verjährungsfrist gem. § 438 Abs. 1 Nr. 3 BGB und nicht zu einer fünfjährigen Verjährungsfrist gem. § 438 Abs. 1 Nr. 2b BGB. Die Anlage sei selbst kein Bauwerk und diene auch nicht der Konstruktion, dem Erhalt oder der Benutzbarkeit der Scheune, sondern der Stromerzeugung zur gewinnbringenden Einspeisung in das Stromnetz. Dem folgte auch das OLG München.[280] Das OLG Oldenburg[281] gelangt zu dem gleichen Ergebnis mit dem Hinweis, die Mängel der Anlage führten nicht zu einem Mangel des Bauwerks, wie dies § 438 Abs. 1 Nr. 2b BGB voraussetze. Ebenso verneinte das OLG Köln[282] einen Anspruch auf Bauhandwerkersicherung gemäß § 648a BGB für eine Photovoltaikanlage, weil diese kein Bauwerk sei. Anders entschied das OLG Bamberg[283] für eine Freiland-Photovoltaikanlage und das OLG München[284] im Hinblick auf die bautechnische Verbundenheit der Anlage mit dem Gebäude. Der VII. Zivilsenat des BGH[285] gab schließlich der letztgenannten Auffassung Recht und widersprach ausdrücklich und in seltener Offenheit der Ansicht des VIII. Zivilsenates.[286] So sorgen Photovoltaikanlagen auch unter den Juristen für Spannung. Die Ansicht des VII. Zivilsenates hat in der Literatur zurecht Zustimmung gefunden.[287] Letztlich entscheidendes Kriterium ist, dass in Anbetracht der Komplexität der Bauleistung, die mit der Errichtung einer solchen Anlage verbunden ist, die Gründe vorliegen, die den Gesetzgeber veranlasst haben, für Bauwerke eine 5-jährige Gewährleistungsfrist zu bestimmen: Mängel an Bauwerken sind oft erst nach längerer Zeit erkennbar (Motive II 489). Im Übrigen erfüllt die Anlage sämtliche von der Rechtsprechung entwickelte Anforderungen, als Bauwerk qualifiziert zu werden. Der Senat weist sogar darauf hin, dass die Photovoltaikanlage selbst Bauwerk sein könne. Von besonderer Bedeutung erscheint der Umstand, dass die der Entscheidung des VII. Zivilsenates zugrundeliegende Anlage in technischer Hinsicht nicht etwa ungewöhnlich groß oder aufwändig gewesen wäre. Die Art der Anlage und ihrer Installation auf dem Gebäude dürften auf die allermeisten Anlagen zutreffen und damit auch die Argumentation der Entscheidung.[288] Bedauerlich ist, dass der VII. Zivilsenat sich nicht veranlasst sah, die Sache dem Großen Senat für Zivilsachen vorzulegen. So bleibt der Rechtsanwender doch mit erheblicher Verunsicherung zurück.

Es ist zu berücksichtigen, dass nicht jede Reparatur an einem Gebäude (Ausbesserung einzelner Schäden) als „Arbeit an einem Bauwerk" angesehen werden kann.[289] **Instandsetzungs- und Umbauarbeiten** sind jedenfalls dann Arbeiten bei Bauwerken, „wenn entsprechende Leistungen bei Neuerrichtung ‚Arbeiten bei Bau-

---

280) OLG München, IBR 2015, 692.
281) BauR 2013, 1900.
282) OLG Köln, IBR 2015, 15; ebenso OLG Schleswig, NJW-RR 2016, 266.
283) IBR 2012, 390 – *Ritterhoff*.
284) BauR 2014, 720; zustimmend *Lakkis*, NJW 2014, 829.
285) BGH, NJW 2016, 2876.
286) ZfBR 2014, 137 = IBR 2014, 110 – *Reichert*.
287) *Kleefisch/Meyer*, NZBau 2016, 684; *Jacoby*, NJW 2016, 2848; im Ergebnis zustimmend *Dubovitskaya*, NJOZ 2016, 1513.
288) *Kleefisch/Meyer* a.a.O.
289) BGHZ 19, 319, 322; OLG Köln, BauR 1995, 284 (LS); LG Berlin, BauR 2008, 1640 = IBR 2008, 386 – *Heiliger*.

werken' wären und wenn sie nach Umfang und Bedeutung solcher **Neubauarbeiten vergleichbar**" sind[290] (vgl. Rdn. 208 ff.).

Im Übrigen ist davon auszugehen, dass der BGH bei der Abwägung, ob Arbeiten an Bauwerken oder Arbeiten an einem Grundstück vorliegen, großzügig verfährt, weil allgemein bei Bauwerksarbeiten die Gefahr besteht, dass Mängel erst nach Jahren erkannt werden.[291] So hat der BGH[292] „Arbeiten bei Bauwerken" in einem Fall angenommen, in dem ein Bauhandwerker Gegenstände, die für ein bestimmtes Bauwerk verwendet werden sollten, von einem anderen Unternehmer zuvor bearbeiten ließ, obwohl diese Arbeiten nicht auf der Baustelle ausgeführt wurden; der BGH hat in seinem Urteil vom 26. April 1990[293] an dieser Rechtsprechung festgehalten und betont, dass zur Anwendung der 5-jährigen Gewährleistungsfrist ausreicht, wenn der Subunternehmer „die Zweckbestimmung seiner Leistung kennt".

Auch in anderen Fällen hat die Rechtsprechung bestimmte Arbeiten am Grundstück im Hinblick auf die Nähe zur Bauwerkserrichtung oder zum vorhandenen Gebäude als Arbeiten am Bauwerk angesehen. Das gilt z.B. für:

* die ölfeste **Versiegelung eines Fußbodens** (BGH, NJW 1970, 419 = BauR 1970, 45); die Umdeckung eines Hauses (BGH, NJW 1956, 1195)
* die **Verlegung eines Steinholzfußbodens** (BGH, LM Nr. 2 zu § 633 BGB)
* der Einbau von **Spannbeton-Fertigdecken** (BGH, Schäfer/Finnern, Z 2.331 Bl. 56)
* die **Fassadenschutzbehandlung** (BGH, VersR 1970, 225 = BauR 1970, 47)
* **Förderanlage** für eine Automobilproduktion (BGH, BauR 1999, 670 = MDR 1999, 737 = ZfBR 1999, 187)
* ein in die Erde eingebrachtes **Schutzrohr** für eine **Feuerlöschringleitung** (BGH, BauR 2001, 621 = NZBau 2001, 201 = NJW-RR 2001, 519 = ZfBR 2001, 267)
* die **Hängebahn** (nebst **Steuerungsanlage**) einer Werkhalle (BGH, BauR 1997, 640 = NJW 1997, 1982 = ZIP 1997, 1034 = OLGR 1998, 127)
* die über die bloße Instandsetzung hinaus gehenden **Arbeiten an** einem in das Erdreich eingebetteten **Heizöltank** (OLG Hamm, NJW-RR 1996, 919)
* die **Beschichtung** von großen und schweren **Behältern** (OLG Stuttgart, BauR 2011, 1861)
* die in ein Bauwerk integrierte **Technische Anlage,** die selber kein Bauwerk ist (BGH, BauR 1997, 1018 = NJW-RR 1998, 89)
* der Einbau einer **Klimaanlage** (BGH, BauR 1974, 57; **a.A.:** *von Craushaar,* NJW 1975, 993, 1000)
* die teilweise erneuerte **Schieferlage eines Daches** (BGH, Schäfer/Finnern Z 2.414 Bl. 16)
* die **Umstellung von Koks- auf Ölfeuerung** im Anschluss an andere Installationsarbeiten zur Wiederherstellung des Hauses (BGH, BauR 1973, 246)
* der **Einbau** einer **Heizungsanlage** (LG Frankfurt, NJW-RR 2011, 1244)
* die Erneuerung eines **Hausanstrichs** (*bestr.*; vgl. LG Bielefeld, Schäfer/Finnern, Z 2.414 Bl. 1; BGH, Schäfer/Finnern, Z 2.414 Bl. 16; OLG Stuttgart, NJW 1957,

---

290) BGH, NJW 1984, 168 = BauR 1984, 64; OLG Düsseldorf, OLGR 1993, 17.
291) Siehe auch *Lang*, NJW 1995, 2063, 2069, 2070.
292) BGHZ 72, 206 = BauR 1979, 54.
293) BauR 1990, 603 = WM 1990, 1625 = JZ 1991, 258.

1679; a.A.: OLG Düsseldorf, Schäfer/Finnern, Z 2.414 Bl. 3) oder sonstige **umfangreiche Malerarbeiten** (BGH, NJW 1993, 3195)
* **Küchenzeile** nach Maß angepasst (KG, NJW-RR 1996, 1010) sowie **Einbauküche** nach Einbauplan (BGH, NJW-RR 1990, 787; OLG Koblenz, OLGR 1998, 257; a.A. für **Mietereinbauküche**: OLG Düsseldorf, NJW-RR 2002, 200)
* der Austausch sämtlicher Fensterscheiben durch **Isolierglasscheiben** (LG Düsseldorf, NJW-RR 1990, 916)
* Verlegen eines **Teppichbodens** (BGH, NJW 1991, 2486 = BauR 1991, 603; OLG Köln, BauR 1986, 441)
* **Projektierungsarbeiten** eines Ingenieurs für Sanitär-, Heizungs- und Elektroarbeiten (OLG München, MDR 1974, 753; s. auch OLG Koblenz, Schäfer/Finnern, Z 3.01 Bl. 186 für statische Berechnung und Konstruktionszeichnungen eines Ingenieurs)
* der Einbau einer **Alarmanlage** (OLG Hamm, MDR 1976, 578 = NJW 1976, 1269; s. aber Rdn. 2849)
* **Gasrohrnetz, Gleisanlage, Rohrbrunnen, Straßenbauwerk** (BGH, NJW 1993, 723 m.w.Nachw.)
* Errichtung einer **Tankanlage** als Bestandteil eines aus mehreren Bauwerken bestehenden Betriebshofs (OLG Zweibrücken, NJW-RR 2003, 1022 = NZBau 2003, 439)
* **Elektroinstallationen** (BGH, NJW 1978, 1522 = 1978, 683; OLG Karlsruhe, BauR 1996, 556 für **Um-** und **Erweiterungsbauten**)
* Bearbeitung von für einen bestimmten Bau vorgesehenen Gegenständen durch einen anderen Unternehmer (BGH, BB 1978, 1640 = NJW 1979, 158; BGH, BauR 1980, 355)
* **Löschwasserteich** in Verbindung mit der Errichtung eines Bauvorhabens (OLG Oldenburg, BauR 2000, 731 = NJW-RR 2000, 545 = OLGR 2000, 67 = NZBau 2000, 337)
* **Betonsteinpflaster** (OLG Köln, OLGR 2002, 24)
* die Erstellung eines aus genormten Fertigteilen zusammengesetzten, ins Erdreich eingelassenen **Schwimmbeckens,** dessen Stahlblechwand mit einem Magerbetonkranz umgeben wird (BGH, NJW 1983, 567 = BauR 1983, 64 = ZfBR 1983, 82)
* **Neuisolierung** der Kelleraußenwände eines bestehenden Gebäudes und Verlegung von Dränagerohren zur Beseitigung von Kellernässe (BGH, NJW 1984, 168 = BauR 1984, 64)
* **Sichtschutzzaun** (LG Hannover, NJW-RR 1987, 208)
* nachträglich im Hotelballsaal eingebaute **Beschallungsanlage** (OLG Hamburg, NJW-RR 1988, 1106)
* nicht tragende **Decke** (OLG Köln, NJW-RR 1989, 209)
* **Hoftoranlage** (OLG Koblenz, NJW-RR 1989, 336)
* Einbau einer **Ballenpresse** zur Errichtung eine Papierentsorgungsanlage in einem Verwaltungsgebäude nach besonderer Zeichnung (BGH, NJW 1987, 837)
* Einbau von **Fütterungsanlagen** und Buchtenabtrennungen in einem Schweinestall aus genormten (demontierbaren und austauschbaren) Bauteilen (OLG Hamm, NJW-RR 1989, 1048)
* Einbau von **Schrankwänden** (OLG Köln, NJW-RR 1991, 1077) oder einer **Einbauküche** (BGH, BauR 1990, 351 = ZfBR 1990, 182; s. Rdn. 199 m. w. N.)

* Anbringung einer **Leuchtreklame** (OLG Hamm, NJW-RR 1995, 213 = BauR 1995, 240)
* Lieferung von **Leuchten für eine Ladenpassage** (LG Arnsberg, NJW-RR 1993, 341)
* Erneuerung des **Terrassenbelages** (OLG Hamburg, BauR 1995, 242)
* Mängel eines **Software-Programms zur Heizungssteuerung** (OLG Düsseldorf, OLGR 2004, 67)
* Errichtung eines **Wintergartens** auf einem Flachdach (OLG Hamm, BauR 1992, 413 LS = OLGR 1992, 43; **a.A.:** OLG München, MDR 1990, 629)
* **Ladengeschäft** in Form einer Containerkombination (BGH, BauR 1992, 369 = NJW 1992, 1445)
* Lieferung und Montage von **Spritzkabinen im Neubau einer Werkshalle** (OLG Düsseldorf, NJW-RR 2001, 1531 = BauR 2002, 103)
* Einbau oder Umbau einer **Zentralheizung** (OLG Köln, NJW-RR 1995, 337)
* Einbau einer **Müllpresse** (BGH, NJW-RR 2002, 664)
* die Ausschachtung einer **Baugrube** (BGHZ 68, 208 = NJW 1977, 1146 = BauR 1977, 203)
* die **Erd- und Entwässerungsarbeiten** (OLG Düsseldorf, Schäfer/Finnern, Z 2.321, Bl. 54)
* die Errichtung eines Sichtschutzzauns (LG Hannover, NJW-RR 1987, 208)
* den Einbau eines **Kachelofens** mit entsprechender Planung (OLG Düsseldorf, NJW-RR 1999, 814 = OLGR 1999, 308; OLG Hamm, BauR 1991, 260 [LS]; OLG Koblenz, BauR 1995, 395)
* die Lieferung und Montage eines **Specksteinofens** (OLG Koblenz, IBR 2012, 646 – *Waldmann*)
* die **Hofpflasterungen** (im Mörtelbett) (BGH, NJW-RR 1993, 592 = ZfBR 1993, 76 = BauR 1993, 217 u. ZfBR 1992, 161 = BauR 1992, 501; OLG Köln, BauR 1993, 218; **a.A.:** OLG Stuttgart, BauR 1991, 462)
* die **Verfüllung, auch der Arbeitsräume** nach Fertigstellung der Rohbauarbeiten an einem Wohngebäude (OLG Köln, IBR 2009, 708 – *Weyer*; OLG Düsseldorf, BauR 1995, 244 = NJW-RR 1994, 214)
* die Erneuerung eines **Sportplatzes** mit Rollrasen, Rasentragschicht, Bewässerungsanlage, Rasenheizung und Kunstfaserverstärkung (BGH, BauR 2013, 569)
* die Herstellung einer Indoor und Outdoor **Kunststoffrasenspielfläche** (OLG Düsseldorf, BeckRS 2013, 10034)
* die Erneuerung eines **Terrassenbelages** (OLG Hamburg, BauR 1995, 242)
* die **Pflasterung der Terrasse,** der Garagenzufahrt und des Weges zwischen Haus und Garage, die Herstellung einer Hofentwässerung und die Anlage des Gartens, die bei der Errichtung eines Einfamilienhauses aufgrund eines einheitlichen Vertrages übernommen werden (OLG Düsseldorf, BauR 2001, 648 = NJW-RR 2000, 1336 = OLGR 2000, 445 = NZBau 2000, 573)
* die Errichtung eines **Maschendrahtzauns,** der an einbetonierten Metallpfosten angebracht ist (LG Weiden, NJW-RR 1997, 1108)
* die Errichtung einer Freiland-Photovoltaikanlage (OLG Bamberg, IBR 2012, 390 – *Ritterhof*).

2851 Die **regelmäßige Verjährungsfrist von drei Jahren** gemäß § 634a Abs. 1 Nr. 3 BGB stellt einen **Auffangtatbestand** für die Fälle dar, die nicht unter die Nr. 1 und 2 dieser Vorschrift zu subsumieren sind. Hierunter fallen insbesondere erfolgsbezogene **Beraterverträge, gutachterliche Arbeiten von Sachverständigen** usw.[294]

Die Verjährung **beginnt** für die Fallgestaltungen nach § 634a Abs. 1 Nr. 1 und 2 BGB **mit der Abnahme** (zur Abnahme im Einzelnen vgl. Rdn. 1810 ff.). Im Übrigen beginnt die (regelmäßige) Verjährung für die Fälle des § 634a Abs. 1 Nr. 3 BGB gemäß § 199 BGB (vgl. hierzu Rdn. 2816).

Hat der Unternehmer einen **Mangel arglistig verschwiegen,**[295] gilt gemäß § 634a Abs. 3 BGB ebenfalls die regelmäßige Verjährungsfrist von grundsätzlich **drei Jahren** (§ 195 BGB). Dabei ist das sog. **Kenntnis- bzw. Erkennbarkeitskriterium** (vgl. Rdn. 2816) im Rahmen des subjektiven Verjährungssystems für den Beginn der Verjährung gemäß § 199 Abs. 1 BGB und die grundsätzliche Begrenzung auf zehn Jahre nach § 199 Abs. 3 BGB zu berücksichtigen.[296] Auch die zehnjährige Verjährungsfrist beginnt mit der Abnahme des Bauwerks. Auf das Erfordernis einer Nacherfüllungsfrist kommt es für den Verjährungsbeginn nicht an.[297] Aufgrund der deutlichen Verkürzung der Verjährungsfrist bei arglistigem Verhalten (von 30 auf 3 Jahre) ist in § 634a Abs. 3 S. 2 BGB ausdrücklich geregelt, dass in diesem Fall für die im Baurecht bedeutsamsten Fallgestaltungen des § 634a Abs. 1 Nr. 2 BGB die Verjährung nicht vor Ablauf der Fünf-Jahres-Frist eintritt.[298]

Bei der Haftung wegen Arglist muss sich der Auftragnehmer die Arglist von Hilfspersonen unter Umständen zurechnen lassen.[299] Arglistig handelt ein Unternehmer – mit der vorerwähnten Konsequenz – nach Auffassung des OLG Köln[300] auch dann, wenn er nicht die nötige Sach- und Fachkunde für die ordnungsgemäße Erbringung der in Auftrag gegebenen Leistungen hat und dies dennoch dem Auftraggeber verschweigt. Entsprechendes gilt nach einer Entscheidung des OLG Koblenz,[301] wenn ein Unternehmer neue Bautechniken anwendet und damit von den anerkannten Regeln der Technik abweicht, ohne hierüber seinen Auftraggeber zu unterrichten. Arglistig handelt grundsätzlich nur der, der bewusst einen offenbarungspflichtigen Mangel verschweigt. Ein solches Bewusstsein fehlt, wenn der

---

294) OLG Köln, IBR RS 2017, 0175.
295) Zum Begriff der **Arglist** und des arglistig verschwiegenen Mangels: BGH, ZfBR 2012, 444; BGH, ZfBR, 2008, 158; ZfBR 2007, 47; NJW-RR 1996, 1332; NJW 1992, 1754 = ZfBR 1992, 168; NJW 1986, 980; BauR 1970, 244; BauR 1976, 131 = NJW 1976, 516; OLG München, IBR 2016, 141 – *J.Schmidt*; OLG Hamm, OLGR 28/2010 Anm. 1; OLG Braunschweig, BauR 2000, 109; BauR 1991, 635; OLG Hamm, NJW-RR 1999, 171 = OLGR 1998, 386; BauR 2000, 736 = NJW-RR 2000, 651; OLG Celle, OLGR 1999, 284 = NZBau 2000, 145; OLG Schleswig, MDR 1980, 399; OLG Frankfurt, OLGR 1998, 39 u. 111; OLG München, NJW-RR 1998, 529; OLG Karlsruhe, BauR 1979, 335; OLG Köln, BauR 1995, 107; BauR 1988, 223, 226; BauR 1984, 525; OLG Oldenburg, BauR 1995, 105; OLG Stuttgart, BauR 1997, 317; OLG Koblenz, NJW-RR 1997, 1179 (arglistiges Abweichen von der **Bauauflage**); OLG Oldenburg, OLGR 1997, 213.
296) BGH, NJW-RR 2008, 258; BGH NJW 2007, 1584; OLG Köln, BauR 2008, 526.
297) OLG Karlsruhe, BeckRS 2014, 02453.
298) OLG München, IBR 2016, 141 – *J.Schmidt*.
299) BGH, BauR 1974, 130 = NJW 1974, 553; OLG München, BauR 1998, 129 = NJW-RR 1998, 529; OLG Celle, NJW-RR 1995, 1486; *Schwenker/Wessel*, ZfBR 2008, 222.
300) BauR 2001, 1271.
301) OLGR 2001, 336.

Mangel von seinem Verursacher als solcher nicht wahrgenommen wird.[302)] Dabei ist die Kenntnis des Bauleiters oder Poliers hinreichend.[303)] Unter Umständen kann Arglist aber schon gegeben sein, wenn zwar nicht Kenntnis vom Mangel vorliegt, aber sich dem Täuschenden aufdrängen musste, was er hätte offenbaren müssen, er aber davor die Augen verschließt.[304)]

2853 Fraglich ist, welche Verjährungsfrist seit Inkrafttreten des SchRModG für das von der Rechtsprechung entwickelte sog. **Organisationsverschulden des Unternehmers bei Baumängeln** (vgl. Rdn. 2800 ff.) gilt.[305)] In Betracht kommen die Verjährungsfristen nach § 634a Abs. 1 Nr. 2 BGB (5 Jahre) oder die regelmäßige Verjährungsfrist des §§ 195, 199 BGB (3 Jahre, maximal 10 Jahre) über § 634a Abs. 3 BGB. Da die Rechtsprechung das Organisationsverschulden in der Nähe eines arglistigen Verhaltens des Unternehmers bzw. seiner Erfüllungsgehilfen sieht[306)] (vgl. Rdn. 2807) und deshalb in der Vergangenheit hierfür ebenfalls die 30-jährige Verjährungsfrist herangezogen hat,[307)] kommt nur die entsprechende Anwendung des § 634a Abs. 3 BGB in Betracht mit der Folge, dass die **regelmäßige Verjährungsfrist** gemäß §§ 195, 199 BGB insoweit gilt,[308)] allerdings mit der Einschränkung des § 634a Abs. 3 Satz 2 BGB (nicht vor Ablauf von 5 Jahren). Die erforderliche Kenntnis von den anspruchsbegründenden Umständen hat der Auftraggeber in diesen Fällen dann, wenn er von der Mangelhaftigkeit der Leistung weiß und von den Tatsachen, aus denen sich die Verantwortlichkeit des Unternehmers ergibt.[309)]

2854 Gemäß § 651 BGB sind auf einen Vertrag, **„der die Lieferung herzustellender oder zu erzeugender beweglicher Sachen zum Gegenstand hat"**, die Vorschriften über den Kauf anzuwenden.[310)] Dabei ist grundsätzlich unerheblich, ob es sich um eine vertretbare oder eine nicht vertretbare Sache handelt; bei einer nicht vertretbaren Sache ist allerdings § 651 Satz 3 BGB zu berücksichtigen. Hintergrund der gesetzlichen Regelung war seinerzeit vor allem die Angleichung kaufrechtlicher

---

302) BGH, BauR 2010, 1959 = NJW-RR 2010, 1604; OLG Hamm, IBR 2014, 413 – *Parbs-Neumann*; OLG München, IBR 2014, 139 – *Weyer*; OLG München, IBR 2011, 328 – *Schulze-Hagen*; OLG Karlsruhe, Urt. v. 27.10.2010, AZ: 7 U 170/08, ibr-online-*Helm* (Werkstattbeitrag); OLG Celle, IBR 2010, 565.
303) OLG Karlsruhe, IBR 2015, 421 – *Kau*.
304) BGH, a.a.O.; OLG Rostock, Urt. v. 8.12.2011, AZ: 3 U 16/11 ibr-online – *Heiliger* (für einen Kaufvertrag).
305) Vgl. hierzu auch *Kainz*, Festschrift für Kraus, S. 85.
306) OLG München, IBR 2014, 140; OLG Hamm, BeckRS 2013, 08951; zur beschränkten Organisationspflicht des Generalübernehmers vgl. OLG Köln, BeckRS 2013.
307) BGH, BauR 2008, 87 = MDR 2008, 78 = IBR 2008, 17, 18 – *Steiner*.
308) OLG Düsseldorf, IBR RS 2016, 2134; *Wagner*, in: Henssler/Graf v. Westphalen, § 634a, Rn. 22; *Palandt/Sprau*, § 634a BGB, Rn. 21; *Mansel*, NJW 2002, 89, 96; *Mansel/Budzikiewicz*, § 5, Rn. 252 ff.; *Lenkeit*, BauR 2002, 196, 209; *Sienz*, in: Wirth/Sienz/Englert, S. 99, Rn. 365; *Neuhaus*, MDR 2002, 131, 134.
309) KG, IBR 2013, 76 – *Weyer*.
310) § 651 BGB gilt nur für bewegliche Sachen: *Sienz*, BauR 2002, 181 ff., 190 weist zu Recht darauf hin, dass der Gesetzgeber offensichtlich die Sonderregelung des § 95 BGB (Scheinbestandteile) übersehen hat. Wird daher ein Bauwerk in Ausübung eines dinglichen Rechts oder zu einem vorübergehenden Zweck (z.B. **Tennishalle, Behelfsheim**) errichtet, handelt es sich im Rechtssinn um eine bewegliche Sache mit der Folge, dass auch insoweit über § 651 BGB n.F. die kaufrechtlichen Verjährungsregeln gelten.

und werkvertraglicher Gewährleistungsansprüche.[311] Die Abgrenzung im Rahmen des Verjährungsrechts bei der Lieferung herzustellender oder zu erzeugender beweglicher Sachen für ein Bauwerk gemäß § 651 BGB einerseits und der erfolgsbezogenen Herstellung einer Sache gemäß § 634a Abs. 1 Nr. 1 BGB andererseits ist nicht unproblematisch.[312] Das hat insbesondere Gewicht für den **unterschiedlichen Verjährungsbeginn** und die unterschiedliche Regelung hinsichtlich des **Wahlrechts des Käufers/Bestellers** bei der Alternativität der Mängelbeseitigung oder Neulieferung/Neuherstellung. Während im Werkvertragsrecht der Verjährungsbeginn an die Abnahme anknüpft (§ 634a Abs. 2 BGB) ist im Kaufrecht die Ablieferung der Sache maßgeblich (§ 438 Abs. 2 BGB). Die in Betracht kommenden Zeitpunkte können damit deutlich divergieren. Im Anwendungsbereich des § 651 BGB ist zudem unter Kaufleuten die kaufmännische Untersuchungs- und Rügepflicht gem. §§ 381, 377 f. HGB zu beachten. Einige Streitfragen zu § 651 BGB hat der BGH zwischenzeitlich entschieden.[313] Bei der Abgrenzung wird man in erster Linie auf die Frage der Eigentumsübertragung abzustellen haben: Werkvertragsrecht ist grundsätzlich anzunehmen, wenn die Sache im Wesentlichen aus Stoffen des Auftraggebers hergestellt wird und damit die Lieferung einer Sache im Sinne einer rechtsgeschäftlichen Eigentumsübertragung nicht geschuldet wird (vgl. Rdn. 1951).[314]

2855 Nach § 438 Abs. 1 Nr. 2a BGB gilt für die **Haftung des Veräußerers eines Bauwerkes** nunmehr die **fünfjährige Verjährung.** Dabei ist es nach dem Wortlaut der Bestimmung unerheblich, ob es sich dabei um ein **neu errichtetes** Haus (oder Eigentumswohnung) oder um ein **älteres** (länger genutztes) **Gebäude** handelt. Damit sind insbesondere die Konsequenzen aus der bisherigen Rechtsprechung des BGH (vgl. Rdn. 1953 ff.) gezogen worden, der beim Verkauf neu errichteter Häuser grundsätzlich Werkvertragsrecht annahm, um eine als willkürlich angesehene und daher unbefriedigende Differenzierung bei der rechtlichen Behandlung des Erwerbs eines neuen Gebäudes (vor, während oder nach Errichtung) zu vermeiden.[315] Die gesetzgeberische Entscheidung fiel nach langer Diskussion[316] zugunsten des Kaufrechts (allerdings mit der nunmehr verlängerten Verjährungsfrist von fünf Jahren) aus. Für die Abgrenzung von Kaufrecht und Werkvertragsrecht ist stets die Frage maßgeblich, ob bei Vertragsschluss noch eine zu erfüllende Herstellpflicht bestand oder das Bauwerk bereits fertig gestellt ist.[317] Dabei wird man als **Maßstab für die Fertigstellung** ansetzen können, dass das Bauwerk im **Wesentlichen** bis auf geringfügige Restarbeiten, die nicht ins Gewicht fallen, als **hergestellt** anzusehen ist. Im

---

311) Dazu ausführlich *Koppmann*, IBR 2011, 1018 (Langaufsatz, nur online).
312) Vgl. hierzu AnwKom-BGB-*Raab*, § 651, Rn. 31; *Voit*, BauR 2009, 369; *Sienz*, BauR 2002, 181 ff., 191; *Voit*, BauR 2002, 145 ff., 146.
313) BGH, NJW 2009, 2877.
314) *Voit*, BauR 2002, 145, 147; **a.A.:** *Lenkeit*, BauR 2002, 196, 208, der grundsätzlich Kaufrecht bei der Neuherstellung beweglicher Sachen über § 651 Satz 1 BGB n.F. annehmen will und die Meinung vertritt, dass aus diesem Grunde „die Nennung der Herstellung einer Sache in § 634a Abs. 1 Nr. 1 BGB n.F. ins Leere geht".
315) Vgl. insbesondere BGH, BauR 1987, 438 = NJW 1987, 2373; BauR 1987, 686; BauR 1982, 493 = ZfBR 1982, 152; *Vygen*, 109a.
316) Vgl. hierzu AnwKom-BGB-*Büdenbender*, § 438, Rn. 12.
317) *Ott*, NZBau 2003, 233; *Hildebrandt*, ZfIR 2003, 489; vgl. hierzu auch *Rüfner*, ZfIR 2001, 16; **a.A.:** *Pauly*, MDR 2004, 16; *Dören*, ZfIR 2003, 497.

Übrigen hat die vorgenannte Abgrenzung an Tragweite verloren: Sie spielt im Wesentlichen nur noch eine Rolle für den Verjährungsbeginn (Werkvertragsrecht: Abnahme – Kaufrecht: Übergabe des Bauwerks), die nur werkvertraglichen Rechte auf Selbstvornahme und Vorschuss gemäß § 637 BGB sowie das Wahlrecht zwischen Mängelbeseitigung und Neulieferung/Neuherstellung andererseits (Werkvertragsrecht: Wahlrecht des Unternehmers – Kaufrecht: Wahlrecht des Käufers).

Hinsichtlich der Verjährung der Gewährleistungsansprüche des Erwerbers im Rahmen eines **Bauträgervertrages** gilt jedoch: Da es sich insoweit (nach wie vor) um einen typengemischten Vertrag handelt, verjährt der Gewährleistungsanspruch hinsichtlich des Bauwerks nach § 634a Abs. 1 Nr. 2 BGB (fünf Jahre) unabhängig vom Grad der Fertigstellung beim Vertragsschluss, der Gewährleistungsanspruch hinsichtlich etwaiger Mängel des Grundstückes nach § 438 Abs. 1 Nr. 3 BGB (zwei Jahre).[318]

Ist ein Schaden nicht mangelbedingt, sondern durch Verletzung einer Nebenpflicht aus § 241 Abs. 2 BGB verursacht, gilt insoweit die regelmäßige Verjährung (§ 195 BGB). Daher ist auch in Zukunft eine Abgrenzung zwischen der Verletzung von Hauptpflichten und Nebenpflichten im Rahmen der Klärung der Verjährungsfrist erforderlich.[319] Zur Verjährung bei Verletzung von **Nebenpflichten** (früher positive Vertragsverletzung) vgl. Rdn. 2816.

Sind die Gewährleistungsansprüche des Auftraggebers gegen den Unternehmer **verjährt, bleiben** dem Auftraggeber nach wie vor das **Leistungsverweigerungsrecht** und das **Recht zur Aufrechnung,** § 215 BGB und zwar ohne, dass er den Mangel in unverjährter Zeit hätte rügen müssen.[320] Für die Fälle eines Rücktritts oder einer Minderung wurde dies im Rahmen des SchRModG in § 634a Abs. 4 und 5 BGB geregelt. Das Zurückbehaltungsrecht erfasst auch die dem Auftraggeber übergebene Gewährleistungsbürgschaft. Der Gesetzgeber des SchRModG hat – im Gegensatz zu §§ 639, 478, 479 BGB a.F. – ausdrücklich **darauf verzichtet,** die vorerwähnten Rechte des Auftraggebers davon abhängig zu machen, dass der **Mangel in unverjährter Zeit** dem Unternehmer **angezeigt** worden war.

c) Ansprüche des Bauherrn (Auftraggeber) gegen den Bauunternehmer beim VOB-Bauvertrag

Literatur*

Quack, Gilt die kurze VOB/B-Verjährung noch für Verbraucherverträge?, BauR 1997, 24; *Kaiser*, Gilt § 13 Nr. 4 Abs. 1 VOB/B auch für Verbraucher-Bauverträge?, BauR 1998, 203; *Kraus*, Das Ende der AGB-rechtlichen Privilegierung der VOB?, NJW 1998, 1126; *Tomic*, § 13 Nr. 4 Abs. 2 VOB/B – Eine „tickende Zeitbombe", BauR 2001, 14; *Tomic*, Verjährung des Kostenerstattungsanspruchs (§§ 4 Nr. 7, 8 Nr. 3 VOB/B), BauR 2006, 441; *Matthies*, Die Auswirkungen von Kündigung oder Insolvenz auf den Wartungsvertrag und die Verjährungsfristen nach § 13 IV Nr. 2 VOB/B, NZBau 2011, 267.

* Literatur vor 2000 siehe 15. Auflage.

---

[318] Vgl. hierzu *Mansel/Budzikiewicz*, § 5, Rn. 62 ff.; *Teichmann*, ZfBR 2002, 13, 19; Vgl. auch Rdn. 1954.
[319] *Sienz*, BauR 2002, 181, 193; *Voit*, BauR 2002, 145, 159.
[320] BGH, IBR 2016, 4 – Vogel; **a.A.:** OLG Schleswig, BauR 2012, 815, 821 f.

2856 Liegt ein **VOB-Bauvertrag** vor, so sind (seit der VOB/B 2002 bzw. 2006) folgende Verjährungsfristen maßgebend:

* Gewährleistungsansprüche verjähren nach § 13 Abs. 4 Nr. 1 VOB/B, der für **alle Gewährleistungsansprüche** (§ 13 Abs. 5, 6, 7 VOB/B) gilt,[321] **in vier Jahren** (zuvor in zwei Jahren), soweit es sich um Mängel an Bauwerken handelt. Ausgenommen hiervon ist lediglich der Fall des § 13 Abs. 7 Nr. 4 bei bestehendem, möglichem oder vereinbartem Versicherungsschutz. Hier gelten die gesetzlichen Verjährungsfristen.
* Für andere Werke, deren Erfolg in der Herstellung, Wartung oder Veränderung einer Sache besteht (so seit der **VOB 2006**), einschließlich der Arbeiten an einem **Grundstück** und für die vom Feuer berührten Teile von **Feuerungsanlagen** gilt eine **Zwei-Jahres-Frist**. Die Verjährungsfrist für feuerberührte und abgasdämmende Teile von **industriellen** Feuerungsanlagen beträgt ein Jahr. Bei maschinellen und elektrotechnischen/elektronischen Anlagen oder Teilen davon, bei denen die **Wartung** Einfluss auf die Sicherheit und Funktionsfähigkeit hat, beträgt die Verjährungsfrist nach § 13 Abs. 4 Nr. 2 VOB/B für Mängelansprüche zwei Jahre (früher ein Jahr), wenn der Auftraggeber sich dafür entschieden hat, dem Auftragnehmer die Wartung für die Dauer der Verjährungsfrist nicht zu übertragen.[322] Abweichende Vereinbarungen von § 13 Abs. 4 VOB/B hat derjenige zu beweisen, der sich hierauf beruft. § 13 Abs. 4 VOB/B gilt auch für den Kostenerstattungsanspruch sowie den Vorschussanspruch.[323]

Quack[324] hatte grundsätzliche Bedenken gegen die frühere kurze Verjährungsfrist von zwei Jahren für Verbraucherverträge (i.S. des früheren § 24a AGB-Gesetzes) erhoben, wobei es nach seiner Auffassung unerheblich sein soll, ob die VOB/B „als Ganzes" vereinbart ist.[325] Die Diskussion ist seit dem 1.1.2009 durch das FoSiG überholt. Die Privilegierung der VOB ist bei Anwendung gegenüber Verbrauchern entfallen (§ 310 Abs. 1 Satz 1 BGB) und die Verkürzung der gesetzlichen Verjährungsfrist mithin gem. § 309 Nr. 8b Doppelbuchstabe ff BGB unwirksam.

2857 Die Verjährungsfrist beginnt auch beim VOB-Vertrag mit der Abnahme. Insoweit gelten keine Besonderheiten gegenüber dem BGB-Werkvertrag.[326]

* Zweifelhaft ist aber auch hier, welche Verjährungsfrist für Mängel gilt, wenn es an einer Abnahme fehlt und die Ansprüche auf § 8 Abs. 3 VOB/B i.V.m. § 4 Abs. 7 VOB/B gestützt sind. Während der BGH früher diese Ansprüche der regelmäßigen Verjährung unterwarf (in drei Jahren, § 195 BGB, früher 30 Jahre)[327], hat er seine Rechtsprechung nicht nur für den BGB – Werkvertrag insoweit geändert und für Verträge, die dem bis zum 31.12.2001 geltenden Recht unterfielen die

---

321) Vgl. BGH, DB 1971, 669; MDR 1973, 42; BGH, MDR 1981, 219; BauR 1981, 69.
322) Vgl. hierzu kritisch: *Kraus*, NJW 1998, 1126.
323) Vgl. BGH, NJW 1976, 956, 957; NJW 1970, 421, 423; *Kaiser*, NJW 1973, 176.
324) BauR 1997, 24, 26; hierzu auch *Kaiser*, BauR 1998, 230.
325) *Kraus* (Beilage zu BauR Heft 4/1997, S. 8 ff.) hält eine allgemeine Verjährungsfrist von fünf Jahren für Bauwerke allein für angemessen.
326) Vgl. Rdn. 2847 (auch zu den Abnahmesurrogaten).
327) Vgl. *Jagenburg*, NJW 1970, 1426; NJW 1975, 2041, 2042; BGH, NJW 1974, 1707; BGH, MDR 1972, 410.

werkvertragliche Verjährungsfrist für einschlägig erklärt[328], sondern dies auch für den VOB-Bauvertrag bestätigt.[329] Allerdings galt auch für diesen vom BGH entschiedenen Fall, dass der Vertrag noch dem Recht vor der Schuldrechtreform unterfiel. Der BGH sah keine Veranlassung, anders als für die Fälle des § 638 BGB a.F. zu entscheiden, nur, weil die VOB mit § 8 Abs. 3 i.V.m. § 4 Abs. 7 einerseits und § 13 Abs. 5 andererseits unterschiedliche Anspruchsgrundlagen für Mängel vor und nach der Abnahme biete. Anders als im früheren Recht durch § 638 BGB a.F. ist aber nun mit § 634a BGB die Verjährung von Mängelansprüchen nicht insgesamt der Regelverjährung entzogen. Vielmehr gilt die Vorschrift ausdrücklich nur für Ansprüche nach Abnahme (§ 634a Abs. 2 BGB). Im Hinblick darauf dürfte sich die Verjährung für Ansprüche aus § 8 Abs. 3 i.V.m. § 4 Abs. 7 VOB/B nach § 195 BGB richten, wenn das Vertragsverhältnis dem neuen Schuldrecht unterfällt.[330]

* Nach der Abnahme verjähren gemäß § 13 Abs. 4 VOB/B die Mängelansprüche grundsätzlich in vier Jahren.[331] Ansprüche wegen Verstoßes gegen § 4 Abs. 8 VOB/B verjähren ebenfalls in der Frist des § 13 Abs. 4 VOB/B, wenn die Mängel darauf beruhen, dass der Auftragnehmer gegen das Subunternehmerverbot verstoßen hat und der Nachunternehmer mangelhaft gearbeitet hat.[332] Der Anspruch aus § 8 Abs. 3 Nr. 2 VOB/B verjährt grundsätzlich in 3 Jahren, § 195 BGB (früher 30 Jahre).[333] Soweit er dagegen auf § 4 Abs. 7 VOB/B beruht, verjährt er nach der Abnahme allerdings in der Frist des § 13 Abs. 4.[334] Dies hat der BGH noch einmal im Zusammenhang mit einer **Kündigung des Bauvertrages** klargestellt: Die Verjährungsfrist nach § 13 Abs. 4 VOB/B oder nach § 13 Abs. 7 Nr. 3 VOB/B sind nach einer Kündigung oder Teilkündigung eines Bauvertrages auf Ansprüche aus § 4 Abs. 7 VOB/B, die nach der Kündigung erhalten bleiben, anwendbar, wenn die bis zur Kündigung erbrachte Leistung **abgenommen** worden ist.[335]

Für Teile von maschinellen und elektrotechnischen/elektronischen Anlagen, bei denen die Wartung Einfluss auf die Sicherheit und Funktionsfähigkeit hat, gilt nun ausdrücklich, soweit **nichts anderes vereinbart** ist, für diese Anlagenteile eine Verjährungsfrist von 2 Jahren, wenn der Auftraggeber sich nicht entschlossen hat, dem Auftragnehmer die Wartung für die Dauer der Gewährleistung zu übertragen.[336] Dies gilt auch dann, wenn für weitere Leistungen eine andere Verjährungsfrist vereinbart ist. Damit wird zum einen zum Ausdruck gebracht, dass hier abweichende Regelungen für die Verjährung bei maschinellen und elektrotechnischen/elektronischen Anlagen möglich sind. Zum anderen stellt die Regelung klar, dass die be-

---

328) Vgl. Rdn. 2847.
329) BGH, BauR 2012, 643 = IBR 2012, 140 – *Schulze-Hagen*.
330) Siehe im Einzelnen Rdn. 2847.
331) BGH, NJW 1971, 99 = BauR 1971, 51 m. krit. Anm. *Korbion;* BGH, MDR 1972, 410. Das folgt ferner aus BGH, BauR 1982, 277 = DB 1982, 1003.
332) OLG Düsseldorf, BauR 1972, 111; BGH, BauR 1973, 38 = BauR 1973, 46.
333) OLG Frankfurt, NJW-RR 2011, 1655.
334) BGHZ 54, 352 = BauR 1971, 51; BGH, NJW 1974, 1707; anders: OLG Hamm, BauR 1982, 280 = MDR 1982, 52.
335) BGH, BauR 2003, 689 = NJW 2003, 1450 = NZBau 2003, 265; *Tomic*, BauR 2006, 441.
336) Siehe z.B.: OLG Koblenz, IBR 2014, 209 – *Manteufel*.

sondere Frist für solche Anlagen – mangels abweichender Vereinbarung im Einzelfall – auch gilt, wenn für die übrigen Leistungen eine andere Frist vereinbart wurde.[337] Die Regelung ist allerdings nicht unproblematisch, denn sie lässt offen, was im Falle einer Kündigung des Wartungsvertrages oder der Insolvenz des Auftragnehmers bezüglich der Verjährungsfrist gelten soll. Hier wird sich eine Lösung nur einzelfallbezogen durch ergänzende Vertragsauslegung ermitteln lassen.[338]

2858 Eine **isolierte Vereinbarung** des § 13 VOB/B oder § 13 Abs. 4 VOB/B („Gewährleistung nach VOB/B") ist grundsätzlich unwirksam, weil die Privilegierung (soweit sie noch besteht) der VOB/B nur eingreift, wenn die **VOB als Ganzes vereinbart** ist (Rdn. 1259 ff.).[339] Dies gilt nicht nur, wenn eine isolierte Vereinbarung der Gewährleistungsregelung in AGB oder Formularverträgen erfolgt, sondern auch in einem individuellen Bau- oder Bauträgervertrag.[340] Die isolierte Vereinbarung des § 13 VOB/B ist allerdings wirksam, wenn der **Vertragspartner** des Unternehmers/Bauträgers **selbst** die „isolierte" Vereinbarung der Gewährleistungsregelung der VOB/B **wünscht,** weil dann kein Anlass mehr zum Schutz vor den von ihm selbst in den Vertrag eingeführten Bestimmungen besteht, er ist dann selbst Verwender der AGB.[341] Ist zwar § 13 VOB/B im Bauvertrag isoliert vereinbart, die **Verjährungsfrist aber auf 5 Jahre verlängert,** hält eine solche Vereinbarung der Inhaltskontrolle gemäß §§ 305 ff. BGB stand, weil damit keine für den Auftraggeber ungünstige Regelung getroffen wird.[342] Dies gilt umso mehr, als der Wortlaut des § 13 Abs. 4 VOB/B ausdrücklich die Möglichkeit der vertraglichen Abrede einer längeren Verjährungsfrist zulässt (Öffnungsklausel).[343]

2859 Häufig werden in Unternehmerverträgen **unterschiedliche Verjährungsfristen** (5-Jahres-Frist und 2-Jahres-Frist) für **bestimmte Bauwerksbereiche** vereinbart. Das ist, wenn die Fristen der VOB nicht unterschritten werden, grundsätzlich nicht zu beanstanden.[344]

2860 Da die **VOB** grundsätzlich nur für die vom Unternehmer geschuldeten Bauleistungen, **nicht** aber für die von ihm z.B. in Bauträgerverträgen, Totalunternehmerverträgen oder Generalunternehmerverträgen daneben übernommenen selbststän-

---

337) OLG München, Beschl. v. 23.2.2010, AZ: 28 U 5512/09, ibr-online – *Stoll* (Werkstattbeitrag).
338) Ebenso *Matthies*, NZBau 2011, 267 m.w.N. zum Diskussionsstand.
339) Vgl. hierzu auch *Heinrich*, S. 95 ff.
340) BGH, BauR 1986, 89 = NJW 1986, 315; BauR 1986, 98 = NJW 1986, 713; BauR 1987, 205 = NJW 1987, 837; BauR 1987, 438 = NJW 1987, 2373 = DB 1987, 1988; BGH, BauR 1987, 439 = NJW-RR 1987, 1046; BGH, MDR 1989, 154; OLG Nürnberg, BB 1985, 1881 m.Anm. *Reithmann* und NJW-RR 1986, 1346; OLG Bamberg, NJW-RR 1988, 1049; *Grziwotz,* NJW 1989, 193; *Kaiser,* BauR 1987, 617, 622; *Siegburg,* 598 ff.
341) BGH, BauR 1987, 205 = NJW 1987, 837; *Riedl/Mansfeld*, in: Heiermann/Riedl/Rusam, § 13/B, Rn. 51.
342) BGH, 1989, 322, 324; **a.A.:** OLG München, NJW-RR 1995, 1301; BauR 1986, 579 u. NJW-RR 1987, 661, 663 sowie *Siegburg*, 605.
343) BGH, BauR 1987, 84; *Siegburg*, 84 ff.; OLG Brandenburg, IBR 2011, 455 – *Völkel*; **a.A.:** LG Halle, BauR 2006, 128.
344) Vgl. hierzu OLG Düsseldorf, BauR 1999, 410 = NJW-RR 1999, 667 (Vereinbarung einer 5-jährigen Gewährleistungsfrist für die Konstruktion einer Stahlbetonfertiggarage nach BGB und eine 2-jährige Gewährleistungsfrist für alle anderen Arbeiten wie Anstrich, Dacheindeckung und bewegliche Teile).

digen **Architekten- und Ingenieurleistungen** gilt, findet jedenfalls für diese zuletzt genannten Leistungen auch die 4-jährige Verjährungsfrist des § 13 Abs. 4 VOB/B **keine Anwendung**.[345]

2861 Soweit der Unternehmer **Nebenpflichten** verletzt, die **nicht zu einem Werkmangel** führen (§ 241 Abs. 2 BGB), gilt allerdings nach Inkrafttreten des SchRModG die Verjährungsfrist des § 195 BGB und damit die **regelmäßige Verjährungsfrist von drei Jahren**[346] (früher: Anspruch aus positiver Vertragsverletzung mit einer 30-jährigen Verjährungsfrist). Zum Anspruch wegen eines **arglistig verschwiegenen Mangels** und eines **Organisationsverschuldens** vgl. Rdn. 2791 ff., 2852; die Ausführungen gelten entsprechend.

2862 Die Verjährung in den Fällen des § 13 Abs. 5 VOB/B (Nachbesserungsanspruch) erst mit dem Zugang des schriftlichen Nachbesserungsverlangens, jedoch nicht vor Ablauf der vereinbarten Frist (vgl. Rdn. 2914).

2863 Nach Abnahme der **Mängelbeseitigungsleistung** beginnt für diese Leistung eine Verjährungsfrist von 2 Jahren neu,[347] die aber nicht vor Ablauf der Regelfristen nach § 13 Abs. 4 VOB/B oder der an ihrer Stelle vereinbarten Frist endet. Insoweit reicht also nicht die bloße Erklärung der erfolgten Mängelbeseitigung durch den Auftragnehmer gegenüber dem Auftraggeber; vielmehr setzt die VOB zunächst eine **Abnahme** der Mängelbeseitigungsleistung durch den Auftraggeber voraus.[348] Zur Tragweite der neuen Verjährungsfrist nach der Mängelbeseitigungsleistung hat der BGH[349] in konsequenter Fortsetzung seiner Rechtsprechung[350] entschieden: Erbringt der Auftragnehmer eine **unvollständige** und **fehlerhafte Nachbesserungsleistung,** indem er lediglich einige Mangelerscheinungen beseitigt, nicht aber den Mangel selbst behebt, so beschränkt sich die neue Verjährungsfrist nicht auf die vom Auftraggeber aufgezeigten und vom Auftragnehmer beseitigten Mangelerscheinungen, sondern erfasst **alle** Mängel, die für diese Mangelerscheinungen ursächlich sind (sog. **Symptomtheorie**).[351] Im Übrigen ist § 13 Abs. 5 Nr. 1 Satz 3 VOB/B auch auf Mängelbeseitigungsleistungen anzuwenden, die der Auftragnehmer erbracht hat, obwohl die Gewährleistungsansprüche des Auftraggebers bereits verjährt waren.[352]

Verweigert der Bauherr die **Abnahme** (vgl. Rdn. 1833), so beginnt die Verjährung in dem Zeitpunkt, in dem er die Bauleistung und deren Abnahme endgültig abgelehnt hat.[353]

---

345) BGH, BauR 1987, 702 = DB 1988, 41; *Kaiser*, BauR 1987, 617, 621; differenzierend: *Korbion*, Festschrift für Locher, S. 127 ff.; vgl. auch Rdn. 1017.
346) OLG Zweibrücken, IBR 2009, 138 – *Reichert*.
347) BGH, BauR 2008, 2039 = IBR 2008, 719 – *Schulze-Hagen*; bei Vereinbarung der VOB/B für diesen Fall: OLG Frankfurt, IBR 2014, 343.
348) BGH, BauR 2013, 1439 = IBR 2013, 466 – *Manteufel*; BGH, NJW-RR 1986, 98.
349) ZfBR 1989, 215.
350) Vgl. BGH, BauR 1989, 79 = ZfBR 1989, 27; BauR 1989, 81 = ZfBR 1989, 54 u. NJW 1987, 381.
351) Vgl. *Weise*, BauR 1991, 19 ff.; *Quack*, BauR 1991, 278 ff. sowie Rdn. 101 u. 1472.
352) BGH, ZfBR 1989, 215.
353) RGZ 165, 41, 54; BGH, JZ 1963, 596, 597; BGH, WM 1970, 228 = NJW 1970, 421, 422, BauR 1974, 205.

2864 Für die **Berechnung** des Verjährungsbeginns gilt § 187 Abs. 1 BGB. Im Rahmen des § 12 Abs. 5 VOB/B ist der Kalendertag maßgebend, der auf die Frist von 12 bzw. 6 Werktagen folgt.354) Auf den Ablauf der Frist hat die Kenntnis oder das Kennen müssen von dem Leistungsmangel keinen Einfluss.

d) Ansprüche des Bauherrn (Auftraggeber) gegen den Architekten und Sonderfachmann

Literatur*

Weise, Die Sekundärhaftung der Architekten und Ingenieure, Baurechtl. Schriften, Band 38, 1997; *Schwartmann*, Neues zur Verjährung nicht abgenommener Architektenleistungen, NZBau 2000, 60; *Thode*, Werkleistung und Erfüllung im Bau- und Architektenvertrag, ZfBR 1999, 116; *Fuchs*, Gewährleistungsfristen für Planungsleistungen nach dem geplanten Schuldrechtsmodernisierungsgesetz, NZBau 2001, 465; *Knacke*, Teilabnahme von Architektenleistungen und Verjährungsprobleme, Festschrift für Jagenburg (2002), 341; *Göpfert*, Der Beginn der Bauplanerhaftung nach dem Schuldrechtsmodernisierungsgesetz, NZBau 2003, 139; *Lauer*, Verjährung des Mängelanspruchs und Sekundärhaftung im Architektenrecht, BauR 2003, 1639; *Putzier*, Wann beginnt die fünfjährige Gewährleistungsfrist für den Architekten?, NZBau 2004, 177; *Maifeld*, Die Sekundärhaftung des Architekten, BrBp 2004, 323; *Scholtissek*, Die Schwierigkeiten der Teilabnahme beim Architektenwerk, NZBau 2006, 623; *Schulze-Hagen/Fuchs*, Die Verjährung des Anspruchs auf Schadensersatz beim hängen gebliebenen Architektenvertrag, Festschrift für Motzke (2006), 383; *v. Rintelen*, Die Sekundärhaftung des Architekten – Bestandsaufnahme, Grenzen und Kritik, NZBau 2008, 209; *Leupertz*, Die Teilabnahme von Architektenleistungen, BauR 2009, 393; *Weber*, Die Haftung des Architekten für Verletzungen der vertraglichen Bauaufsichtspflicht, ZfBR 2010, 107; *Reinelt/Pasker*, Gilt die Sekundärhaftung des Architekten auch nach der Schuldrechtsmodernisierung?, BauR 2010, 983; *Peters*, Zu den Strukturen des Architektenvertrages, BauR 2011,1553; *Lichtenberg*, Objektüberwachung und Objektbetreuung: Vollendung statt Abnahme?, IBR 2011, 682; *Jochem*, Die Sachwalterhaftung von Architekten und Ingenieuren – Eine Darstellung der Grundsätze der Rechtsprechung in der praktischen Anwendung, BauR 2012,16; *Meier*, Die konkludent erklärte Abnahme, BauR 2016, 565; *Zahn*, Verjährungsbeginn des Ausgleichsanspruchs bei Gesamtschuld zwischen Architekt und Bauunternehmer – auch bei § 650t BGB n.F. –, BauR 2017, 1262.

* Literatur vor 2000 siehe 15. Auflage.

2865 Werden zwischen Auftraggeber und dem Architekten keine besonderen Absprachen über die Verjährung von Ansprüchen getroffen (vgl. Rdn. 2821), verjähren die Gewährleistungsansprüche des Auftraggebers gegen den Architekten gemäß § 634a Abs. 1 Nr. 2 BGB grundsätzlich **in fünf Jahren,** soweit es sich um **Planungs- oder Überwachungsleistungen des Architekten für ein Bauwerk** handelt.355) Es muss sich um Planungs- oder Überwachungsleistungen handeln, die sich in einem Gebäude verkörpern sollen.356) Das ist nicht der Fall, wenn nur eine Bestandsaufnahme erfolgt, beispielsweise die Erfassung eines Leitungsnetzes für künftige Erhaltungsmaßnahmen. Dann gilt die zweijährige Frist des § 634a Abs. 1 Nr. 1 BGB.357) Bei der Verletzung reiner Nebenpflichten gilt jedoch die regelmäßige Verjährung des § 195

---

354) *Wirth*, in: Ingenstau/Korbion, § 13 Abs. 4/B, Rn. 177; BGH, NJW 1975, 1701.
355) Das gilt auch für eine reine Entwässerungsplanung als „Arbeit an einem Bauwerk", OLG Düsseldorf, BauR 2003, 127 = NJW-RR 2003, 14.
356) BGH, NJW 199, 2434.
357) OLG Köln, BauR 2010, 1089.

BGB.[358] Das Gleiche gilt für Beratungsfehler außerhalb übernommener Planungs- oder Überwachungsaufgaben (§ 634a Abs. 1 Nr. 3 BGB).[359]

Ungeklärt ist die Frage, in welcher Frist Ansprüche wegen Bausummenüberschreitung verjähren. Z.T. wird die Haftung auf positive Forderungsverletzung (§§ 280, 241 Abs. 2 BGB) gestützt und damit der Anspruch der regelmäßigen Verjährung unterworfen[360], überwiegend werden diese Ansprüche aber zutreffend als Mängelansprüche gesehen und damit ist § 634a BGB einschlägig.[361]

Soweit Lenkeit[362] und Mansel/Budzikiewicz[363] die Auffassung vertreten, dass Planungsleistungen eines Architekten dann nicht der (langen) Verjährung des § 634a Abs. 1 Nr. 2 BGB unterfallen, wenn das (geplante) Bauwerk nicht errichtet wird, kann dem nicht gefolgt werden. Der Lauf der Verjährung von abgeschlossenen Planungsleistungen kann nicht von einem zukünftigen Ereignis (tatsächliche Errichtung des Bauwerks) abhängig gemacht werden, das der Planer nicht beeinflussen kann und das im Übrigen stets ungewiss ist, weil Bauherren nicht selten von geplanten und häufig sogar weit fortgeschrittenen Bauvorhaben Abstand nehmen. Gerade das Verjährungsrecht steht unter den allgemeinen Gedanken der Rechtssicherheit. Dazu gehört auch, dass ein Unternehmer oder Architekt nach Abnahme seiner Leistung wissen muss, welche Verjährungsfristen im Rahmen der Gewährleistung für seine abgenommenen Leistungen gelten. Würde man der gegenteiligen Auffassung folgen, könnte im Übrigen folgende, für den Bauherrn unbefriedigende Fallkonstellation auftreten:

> Ein Architekt wird (nur) mit den Leistungsphasen 1 bis 4 des § 33 HOAI beauftragt. Der Bauherr kann sich zur Errichtung des Bauwerks zunächst nicht entschließen; es vergehen drei Jahre. Dann wären nach der vorerwähnten gegenteiligen Auffassung die Ansprüche des Bauherrn wegen Planungsfehlern des Architekten verjährt. Durch die einseitige Handlung des Bauherrn (Errichtung des Gebäudes) kann der Gewährleistungsanspruch nicht „wieder aufleben".

Es reicht daher aus, dass die Planung für die zukünftige Errichtung eines Bauwerks bestimmt ist und sich hierauf bezieht.[364] Nichts anderes kann auch dem Wortlaut und der Begründung des Regierungsentwurfes zu § 634a BGB entnommen werden. Das gilt auch für die Rechtsprechung des BGH, der die planerische Tätigkeit als geistige Werkleistung des Architekten für ein Bauwerk ansieht.[365] Handelt es sich allerdings um Mängel von Plänen, die ausschließlich Arbeiten am Grundstück dienen sollen, gilt die zweijährige Verjährungsfrist des § 634a Abs. 1 Nr. 1 BGB (früher ein Jahr gemäß § 638 BGB a.F.).[366]

---

358) Vgl. Rdn. 2874.
359) Unzutreffend daher OLG Koblenz, NJW-RR 2011, 1037, denn hier lag eine falsche Materialauswahl und damit ein Fehler im Rahmen der Grundleistung eines Planungsvertrages (Anlage 11 Leistungsphase 2 f) zu § 33 HOAI) und kein sonstiger Beratungsfehler vor.
360) Vgl. OLG Stuttgart, BauR 2000, 1893.
361) Vgl. Rdn. 2866 sowie Rdn. 2279; *Koeble*, in: *Locher/Koeble/Frik*, Einl. Rn. 201.
362) BauR 2002, 196.
363) § 5, Rn. 227.
364) Ebenso: *Schmidt-Räntsch*, Rn. 1006.
365) So schon NJW 1960, 1198 (Planung ist ein „nicht wegzudenkender Bestandteil der Gesamtleistung" für die Herstellung des Baues).
366) BGH, BauR 1993, 219.

Die VOB kann in einem Architekten- oder Ingenieurvertrag nicht mit Wirksamkeit vereinbart werden, weil in der VOB Planungs- und Überwachungsleistungen von Architekten oder Ingenieuren nicht geregelt sind.[367]

2866 Da die sorgfältige Kostenermittlung und die Einhaltung der Baukosten grundsätzlich dem Kernbereich architektonischer Tätigkeit zugeordnet werden (vgl. Rdn. 2280), kommt heute als Haftungsgrundlage für eine schuldhafte Bausummenüberschreitung des Architekten nur § 634 BGB mit der Folge in Betracht, dass die fünfjährige Verjährungsfrist auch insoweit gilt.[368]

2867 Problematisch ist die Frage, wann die Verjährungsfrist der Ansprüche des Bauherrn gegen den Architekten zu laufen **beginnt**.[369] Maßgebender Zeitpunkt ist auch hier die **Abnahme** (vgl. Rdn. 2847) oder ein Abnahmesurrogat, wie die endgültige Abnahmeverweigerung oder die Geltendmachung von Sekundäransprüchen.[370] Die Verjährung beginnt daher jedenfalls dann, wenn feststeht, dass der Architektenvertrag nicht mehr erfüllt werden wird.[371] Das ist z.B. der Fall, wenn die Gewährleistungsfristen der Bauhandwerker verstrichen sind, deren Mängelbeseitigungsarbeiten der Architekt hätte überwachen müssen.[372] Dabei hat der Architekt darzulegen, wann die Verjährungsfristen abgelaufen sind.[373] Da eine körperliche Abnahme (Entgegennahme) des Architektenwerks grundsätzlich nicht in Betracht kommt, setzt die Abnahme nach h.M. jedenfalls **die Vollendung der Architektenleistungen** voraus (vgl. Rdn. 1165 ff.).[374] Das erfordert bei Beauftragung mit der Vollarchitektur (einschließlich Leistungsphase 9 des § 34 Abs.3 HOAI), dass alle Teilleistungen der Leistungsphase 9 erbracht sein müssen,[375] Soweit dem gegenüber danach differenziert wird[376], ob Leistungen einer Planungsphase in Rede stehen – diese Leistung sei abnahmefähig – oder die Objektüberwachung oder Betreuung – diese könnten nur i.S.d. § 646 BGB vollendet werden – überzeugt das nicht. Jedenfalls dann, wenn der Auftrag über die reine Planungsphase hinausgeht und die Objektüberwachung Teil des Auftrages ist, handelt es sich um ein einheitliches Vertragsverhältnis, das Teilabnahmen ohne besondere Vereinbarungen nicht kennt (siehe Rdn. 2870) und dessen Abnahmefähigkeit daher nicht aufgespalten werden kann.[377] Über die Vollendung hinaus ist ein vom Auftraggeber zum Aus-

---

367) BGH, BauR 1987, 702 = DB 1988, 41.
368) Vgl. OLG Düsseldorf, BauR 2006, 547.
369) BGH, BauR 1971, 60; BauR 1972, 251 = VersR 1972, 640; OLG Celle, BauR 2016, 291; LG Köln, BauR 1972, 250; OLG Köln, VersR 1971, 378; OLG Stuttgart, BB 1976, 1434 = VersR 1977, 89; s. ferner: *Bindhardt*, Der Architekt, 1968, 174; *Glaser*, DB 1968, 967, 970 ff.; *Locher*, Rn. 248; *Koeble*, Festschrift für Locher, S. 117 ff.
370) OLG Dresden, IBR 2015, 500; *Koeble*, in: *Locher/Koeble/Frik*, Einl. Rn. 144.
371) OLG Celle, BauR 2016, 539; BauR 2016, 291.
372) OLG Hamm, IBR 2016, 405 – *Heiliger*; OLG München, IBR 2012, 590 – *Stein*; OLG Brandenburg, NZBau 2012, 507.
373) OLG Brandenburg, BauR 2015, 699.
374) BGH, BauR 1999, 934 = NJW 1999, 2112 = ZfBR 1999, 202 = MDR 1999, 800; OLG Köln, SFH, Nr. 19 zu § 640 BGB = ZfBR 1992, 130 = NJW-RR 1992, 1173; *MünchKomm-Busche*, § 640 BGB, Rn. 62 ff.; vgl. aber OLG Celle, NJW 1962, 494 – „bereits mit tatsächlicher Abnahme des Bauwerks"; dagegen: OLG Hamm, MDR 1974, 313.
375) OLG Hamm, IBR 2016, 405 – *Heiliger*; OLG Celle, BauR 2015, 539.
376) *Peters*, BauR 2011, 1563.
377) Vgl.: *Lichtenberg*, IBR 2011, 682.

druck gebrachter Wille notwendig, die vom Architekten erbrachte Leistung als vertragsgemäß anzuerkennen.[378] Das ist immer eine Frage des Einzelfalles.

In der vorbehaltlosen Zahlung des Honorars wird regelmäßig eine schlüssige Abnahme liegen.[379] Das gilt vor allem dann, wenn die Planungsleistung weiter verwendet worden ist.[380] Das Architektenwerk kann, wenn der Auftrag auf Leistungen bis zu Leistungsphase 8 des § 33 HOAI (2009 – jetzt § 34 HOAI 2013) beschränkt ist, als abgenommen gelten, wenn das Bauwerk errichtet, der Bauherr die Rechnungsprüfung und die endgültige Kostenfeststellung des Architekten sowie dessen Schlussabrechnung entgegengenommen und bezahlt hat.[381] Die für den Beginn der Verjährungsfrist bedeutsame Abnahme des Architektenwerks kann aber noch nicht ohne weiteres in dem Bezug des errichteten Hauses gesehen werden;[382] sie stellt auch noch keine Teilabnahme des Architektenwerks dar.[383] Allerdings kann im Bezug oder in der Inbenutzungnahme des Bauwerks nach Fertigstellung der Architektenleistung und Ablauf einer angemessenen Prüfungsfrist ohne Beanstandungen eine konkludente Abnahme liegen.[384] Den Willen des Bauherrn, das fertige Bauwerk schon vor der Erledigung aller vom Architekten geschuldeten Leistungen abzunehmen, muss der Architekt nachweisen.

Eine konkludente Abnahme[385] des Architektenwerks liegt auch nicht darin, dass der Auftraggeber innerhalb einer mit den Unternehmern tatsächlich vereinbarten 2-Jahresfrist für die Gewährleistung das Architektenwerk unbeanstandet lässt. Dies gilt jedenfalls dann, wenn die Parteien des Architektenvertrages für das Ende der Objektbetreuung von der Vereinbarung 5-jähriger Verjährungsfristen mit den Unternehmern ausgegangen sind.[386]

Ist der Architekt (nur) mit den Leistungsphasen 1 bis 4 des § 34 HOAI, beauftragt, stellt sich die Frage des Abnahmezeitpunkts des Architektenwerkes in besonderer Weise. In Betracht kommen insoweit die Unterschrift des Auftraggebers unter den Bauantrag, die Einreichung bei der Baugenehmigungsbehörde oder schließlich der Zeitpunkt der Erteilung der Baugenehmigung. Dabei ist zu beachten, dass der

---

378) BGH, BauR 2014, 1023; OLG Celle, BauR 2016, 291; OLG Hamm, Urt. v. 14.2.2008, AZ: 23 U 4/05, ibr-online; OLG München, BauR 2003, 124 (konkludente Abnahme der Tragwerksplanung durch vorbehaltslose Bezahlung der Schlussrechnung: Die Gewährleistungsfrist für Mängel der Tragwerksplanung beginnt nicht mit der Abnahme des Rohbaus oder mit der bloßen Abnahmefähigkeit der Tragwerksplanung).
379) BGH, BauR 1970, 48; OLG Celle, BeckRS 2013, 16489; OLG Saarbrücken, IBR 2012, 716 – *Heiliger*; OLG Köln, BauR 1992, 514.
380) OLG München, BauR 2016, 874 (für Leistungen eines Tragwerksplaners).
381) BGH, BauR 1972, 251; OLG Dresden, BauR 2010, 1785 = IBR 2010, 512.
382) OLG Hamm, MDR 1974, 313; *Koeble*, in: *Locher/Koeble/Frik*, Einl. Rn. 133.
383) BGH, BauR 2006, 1332 = NZBau 2006, 519 = IBR 2006, 450 – *Christiansen-Geiss*; OLG Stuttgart, BB 1976, 1434 = VersR 1977, 89.
384) BGH, BauR 2013, 2031 = IBR 2013, 749 – *Fuchs*; BGH, IBR 2010, 279 – *Preussner* (für Statikerleistung); OLG Brandenburg, NZBau 2016, 699; OLG Zweibrücken, BeckRS 2014, 01940.
385) Dazu ausführlich Meier, BauR 2016, 565.
386) BGH, IBR 2006, 99 – *Krause-Allenstein*; Beispiel für eine konkludente Abnahme: BGH, BauR 2010, 795.

Architekt eine dauerhaft genehmigungsfähige Planung schuldet[387] (vgl. näher Rdn. 1990 ff.). Im Zeitpunkt der Unterschrift unter den Bauantrag und der Vorlage bei der Gemeinde kann aber der Auftraggeber noch nicht feststellen, ob die Planung seines Architekten überhaupt genehmigungsfähig ist. Deshalb wird dem Auftraggeber zu diesem Zeitpunkt in der Regel auch der Abnahmewillen fehlen.[388] Als Abnahmezeitpunkt kommt hier nur die Genehmigung des Bauantrages durch die zuständige Behörde und die sich daran anschließende Verwertung der Genehmigungsplanung durch den Auftraggeber in Betracht.

Hatte der Architekt Leistungen bis einschließlich Leistungsphase 5 des § 34 HOAI (Ausführungsplanung) zu erbringen kann die Abnahme nicht im Beginn der Bauarbeiten gesehen werden, sondern ist erst nach Vollendung und Abnahme derselben denkbar, denn vor Fertigstellung des Bauwerks kann sich ein Mangel in der Planung des Architekten nicht verwirklichen.[389] Unabhängig davon schuldet der Architekt im Rahmen der Leistungsphase 5 nach § 34 HOAI i.V.m. Anlage 10.1 als letzte Grundleistung dieser Leistungsphase das „Fortschreiben der Ausführungsplanung während der Objektausführung". Die Leistungsphase 5 ist bei Baubeginn also noch keineswegs vollendet, sodass schon deshalb nicht von einer (konkludenten) Abnahme ausgegangen werden kann.

In den AVB eines Architektenvertrages mit Bauherrn der öffentlichen Hand ist häufig zum Verjährungsbeginn zu finden, dass die Verjährung der Ansprüche des Auftraggebers gegen den Architekten „mit der letzten nach dem Vertrag zu erbringenden Leistung, spätestens jedoch bei Übergabe der baulichen Anlage an die nutzende Verwaltung" beginnt. Der BGH[390] hat hierzu entschieden, dass insoweit die tatsächliche Ingebrauchnahme des Bauwerks durch den am Vertrag nicht beteiligten Hauseigentümer unerheblich ist, weil es sich insoweit um einen Dritten handelt, mit dem die Erfüllung der werkvertraglichen Leistung nicht vereinbart war. Die genannte Übergabe sei ein innerdienstlicher Vorgang, durch den die Betreuung durch die Bauverwaltung abgeschlossen werde. Da die Bauverwaltung das Bauvorhaben in technischer Hinsicht bis zum Abschluss, im Ergebnis bis zur Abnahme betreue, sei darunter die Abnahme gegenüber dem Bauunternehmer zu verstehen.[391]

Das OLG Dresden[392] ist der Ansicht, dass bei einer stufenweisen Beauftragung die Verjährung nicht einheitlich, sondern getrennt mit der Abnahme der in der jeweiligen Stufe zu erbringenden Leistung beginnt, in der Praxis mit der Abrechnung und Bezahlung dieser (Teil-)Leistung. Dem ist zu folgen, wenn in der stufenweisen Beauftragung mehrere selbstständige Verträge liegen.[393] Stellt sich die Vereinbarung zu einer stufenweisen Beauftragung als ein einheitliches Vertragsverhältnis im Sinne eines „Abrufvertrages" dar, das mit der „Beauftragung" der nächsten Stufe nur seine Fortsetzung findet, kommt mangels anderer Vereinbarung eine Abnahme auch nur nach Vollendung der letzten Stufe in Betracht.[394]

---

387) BGH, BauR 1999, 1195 = NJW-RR 1999, 1105 = NJW 1999, 355 = ZfBR 1999, 315 = MDR 1999, 1062.
388) So auch BGH, BauR 1999, 934 = NJW 1999, 2112 = ZfBR 1999, 202 = MDR 1999, 800; OLG Naumburg, IBR 2008, 658 – *Baden*.
389) OLG Brandenburg, IBR 2007, 315 – *Löffelmann*.
390) BauR 1999, 1472 = NJW-RR 2000, 164 = ZfBR 2000, 26.
391) BGH, IBR 2007, 316 – *Schulze-Hagen*.
392) IBR 2011, 475 – *Schulze-Hagen*.
393) OLG Brandenburg, NZBau 2017, 102; LG Koblenz, IBR 2013, 293 – *Weller*; vgl. zur Vertragsauslegung auch BGH, NZBau 2015, 70.
394) So *Schulze-Hagen* a.a.O.

Wurde die Leistung des Architekten **nicht abgenommen** und hat der Auftraggeber die Abnahme der Architektenleistung **nicht endgültig verweigert,** unterliegt ein Schadensersatzanspruch aus § 634 Nr. 4 BGB nach der früheren Rechtsprechung des BGH[395] der **regelmäßigen Verjährungsfrist;** die Regelverjährung beträgt gemäß § 195 BGB drei Jahre. Allerdings treten Schulze-Hagen/Fuchs und nun auch das OLG Stuttgart mit beachtlichen Argumenten für eine analoge Anwendung des § 634a Abs. 3 Satz 2 BGB ein. Danach tritt die Verjährung nicht vor Ablauf von 5 Jahren ein.[396] Der BGH hat sodann seine bisherige Rechtsprechung aufgegeben und – weiterhin nur für das alte Recht – entschieden, dass die werkvertraglichen Gewährleistungsansprüche auch dann der werkvertraglichen Verjährungsregelung (§ 638 Abs. 1 S. 1 BGB a.F.) unterliegen, wenn weder eine Abnahme erfolgt ist noch diese endgültig verweigert wurde. Die Verjährungsfrist beginne erst zu laufen, wenn die Abnahme erfolgt oder endgültig verweigert werde.[397] Die Frage, ob dies auch unter Geltung des SchRModG zutrifft, hat der Senat dabei ausdrücklich offen gelassen mit dem Hinweis darauf, dass noch nicht entschieden sei, ob dem Besteller auch nach neuem Schuldrecht schon vor Abnahme Mängelansprüche nach § 634 BGB n.F. zustehen. Das hat der BGH nun verneint (siehe **Rdn. 2847**). Nach der hier vertretenen Auffassung gilt für den Architektenvertrag insoweit aber nichts anderes als für den Vertrag mit einem Unternehmer. Bis zur Abnahme oder endgültigen Abnahmeverweigerung befindet sich das Vertragsverhältnis im Erfüllungsstadium und für die Ansprüche des Auftraggebers gilt die regelmäßige Verjährungsfrist des § 195 BGB, denn seit Einführung des SchRModG fehlt es im Werkvertragsrecht an einer Bestimmung, die Mängelansprüche vor der Abnahme erfasst.[398] Auch im Rahmen der Architektenhaftung gilt dabei, dass die Verjährung nicht vor dem Zeitpunkt beginnen kann, vor dem der Auftragnehmer nach den vertraglichen Vereinbarungen sein Werk hätte mangelfrei abliefern müssen. Vor diesem Zeitpunkt nämlich ist ein Anspruch auf „Verschaffung" des Werkes frei von Sach- und Rechtsmängel im Sinne von § 633 Abs. 1 BGB nicht fällig. Für den Vertrag über eine Vollarchitektur (einschließlich Leistungsphase 9) bedeutet das, dass die Verjährung erst nach Ablauf der Gewährleistungsfrist der ausführenden Unternehmer beginnt.

2868 Im Übrigen ist zu beachten, dass der Architekt nach der Rechtsprechung des BGH[399] verpflichtet ist, nach dem Auftauchen von Baumängeln „den Ursachen entschieden und ohne Rücksicht auf mögliche eigene Haftung nachzugehen" und dem Bauherrn „rechtzeitig ein zutreffendes Bild der tatsächlichen und rechtlichen Möglichkeiten der Schadensbehebung zu verschaffen". Dabei hat der Architekt sei-

---

[395] BauR 2000, 128 = NJW 2000, 133 = NZBau 2000, 22 = MDR 1999, 1499 = ZfBR 2000, 97 (zum alten Recht); OLG Karlsruhe, Urt. v. 9.3.2010, AZ: 19 U 100/09, ibr-online – *Wellensiek* (Werkstattbeitrag); OLG Hamm, IBR 2008, 284 – *Kieserling;* vgl. hierzu auch *Schwartmann,* NZBau 2000, 60 sowie *Neuenfeld,* NZBau 2002, 13, 16.
[396] OLG Stuttgart, Urt. v. 30.3.2010, AZ: 10 U 87/09, ibr-online; *Schulze-Hagen/Fuchs,* Festschrift für Motzke, S. 383.
[397] BGH, BauR 2011, 1032; BGH, BauR 2010, 1778 = NJW 2010, 3573.
[398] **A.A.:** *Koeble,* in: *Locher/Koeble/Frik,* Einl. Rn. 162; siehe auch *Müller,* NZBau 2015, 337 zum „hängengebliebenen Architektenvertrag".
[399] BGH, BauR 1985, 232; BauR 1985, 97; BauR 1978, 235 = NJW 1978, 1311; BGH, NJW 1964, 1022; OLG Düsseldorf, BauR 2001, 672 = NZBau 2001, 449; *Weise,* Baurechtl. Schriften, Band 38, 1997.

nen Auftraggeber gegebenenfalls auf die **Möglichkeit eines Anspruchs gegen ihn** selbst ausdrücklich **hinzuweisen**.[400] Die Verletzung dieser Vertragspflicht begründet im Einzelfall einen Schadensersatzanspruch „dahin, dass die Verjährung der gegen den Architekten gerichteten Gewährleistungs- und Schadensersatzansprüche als nicht eingetreten gilt" (vgl. auch Rdn. 2874).

Bei einer **Vollarchitektur** nach der **HOAI** ist das Architektenwerk erst vollendet, wenn alle nach dem Leistungsbild des Architekten zu erbringenden Leistungen vorliegen; dazu gehört vor allem auch die **Leistungsphase 9** des § 33 HOAI (2009 – jetzt § 34 HOAI 2013).[401] In der Praxis bedeutet die Übertragung der Leistungsphase 9 somit, dass der Architekt die ihm obliegenden Leistungen noch nicht (vollständig) erbracht hat, wenn nur die Leistungsphase 8 abgeschlossen worden ist. Das entspricht der **herrschenden Auffassung**,[402] die damit die **für den Architekten verbundenen Nachteile** – seine Gewährleistung ist möglicherweise noch Jahre in der Schwebe – ausdrücklich **hinnimmt**; so weist das OLG Köln[403] in diesem Zusammenhang darauf hin, dass es der Architekt selbst in der Hand habe, „durch Vereinbarung einer **Teilabnahmeverpflichtung** des Bauherrn nach Baufertigstellung oder durch Abschluss eines gesonderten **Objektbetreuungsvertrages** die Verlängerung der Gewährleistungspflicht zu umgehen". Im Einzelfall ist also stets zu prüfen, ob dem Architekten die Leistungen gemäß Leistungsphasen 1 bis 8 oder gemäß Leistungsphasen 1 bis 9 in Auftrag gegeben worden sind. Nach Auffassung des OLG Düsseldorf[404] muss der Architekt, der zur Abwehr von Schadensersatzansprüchen die Einrede der Verjährung mit der Begründung erhebt, er habe nur die Leistungen gemäß Leistungsphasen 1 bis 8 in Auftrag gehabt, dies darlegen und beweisen.

Putzier[405] weist zu der vorerwähnten Problematik darauf hin, dass mit den letzten Leistungsschritten der Phase 8 (Objektüberwachung) das Architektenwerk fertig gestellt ist: Daher sei es abnahmefähig und abnahmepflichtig, da der werkvertragliche Erfolg erzielt sei. Demgegenüber sei die Objektbetreuung eine reine Dienstleistung und scheide daher „als Teil des vom Architekten geschuldeten Werkes" aus. Auch *Motzke*[406] vertritt die Auffassung, dass die Werkleistung des Architekten bei Übertragung der Vollarchitektur längstens mit Beendigung der Phase 8 erbracht ist, weil die Phase 9 nicht mehr die „bauwerksorientierte Sachwalteraufgabe zum

---

400) BGH, IBR 2013, 750 – *Fuchs*; BGH, IBR 2007, 85 – *Laux*; BGH, BauR 1996, 418 = NJW 1996, 1287 = MDR 1996, 687 (Hinweispflicht des Architekten unabhängig vom Auftragsumfang).
401) OLG Dresden, IBRRS 2014, 1695; OLG Celle, Urt. v. 26.5.2011, Az.: 5 U 87/10, ibr-online – *Knipp*.
402) BGH, ZfBR 1994, 131 = BauR 1994, 392 = NJW 1994, 1276; OLG Celle, a.a.O.; OLG Brandenburg, NZBau 2012, 507; IBR 2009, 342 – *Steiger*; KG, NZBau 2004, 337 = IBR 2004, 436 – *Baden*; ZfBR 1992, 130 = BauR 1992, 803 = NJW-RR 1992, 1173; OLG Düsseldorf, OLGR 1992, 285, 287; OLG Hamm, OLGR 1995, 171, 172 u. NJW-RR 1992, 1049; *MünchKomm-Busche*, § 640 BGB, Rn. 64; *Jagenburg*, BauR 1980, 406, 426 ff.; *Hartung*, NJW 2007, 1099, 1103; **a.A.:** *Koeble*, Festschrift für Locher, S. 117 ff., der in der Erfüllung der Leistungsphase 9 – jedoch zu Unrecht – nur eine nachvertragliche Pflicht des Architekten sieht. Vgl. hierzu auch *Meißner*, Festschrift für Soergel, S. 205, 215.
403) BauR 1992, 803 = ZfBR 1992, 130. Vgl. hierzu auch OLG Düsseldorf, IBR 2005, 554 – *Wolff*.
404) BauR 2005, 1660.
405) Festschrift für Jagenburg, S. 745, 754; ähnlich schon *Jagenburg*, BauR 1980, 406, 431.
406) Festschrift für Jagenburg, S. 639, 653.

Gegenstand" hat; er räumt dem Architekten daher einen Anspruch auf Abnahme des Architektenwerkes ein, wenn die Leistungsphasen 1 bis 8 abgeschlossen sind.

2870 Verschiedene Architekten-Formularverträge[407] sehen eine formularmäßige **Teilabnahme** nach Leistungsphase 8 des § 34 HOAI bei Übertragung der Vollarchitektur vor.[408] Da § 33 Abs. 2 Nr. 9 HOAI (Objektbetreuung und Dokumentation) (HOAI 2009) bzw.-§ 34 (HOAI 2013) (nur noch Objektbetreuung) eine wesentliche Architektenleistung im Rahmen der Vollarchitektur darstellt,[409] ist bestritten, ob die vorgenannte Absprache gegen § 309 Nr. 8b Doppelbuchstabe ff BGB verstößt, weil grundsätzlich die Abnahme der Architektenleistungen erst nach Vollendung sämtlicher nach dem Vertrag geschuldeter Leistungen erfolgen kann.[410]

Ein Anspruch auf eine Teilabnahme nach erbrachter Leistungsphase 8 § 34 HOAI besteht grundsätzlich nicht.[411] Daran dürfte sich auch angesichts der durch die HOAI 2013 reduzierten Grundleistungen der Leistungsphase 9 nichts geändert haben. Vielmehr bedarf es hierzu einer ausdrücklichen Absprache.[412] Die Vereinbarung über eine Teilabnahme kann nach Auffassung des BGH auch formularmäßig wirksam vereinbart werden.[413] Eine solche Vereinbarung muss aber klar und unmissverständlich einen Anspruch auf Teilabnahme begründen.[414] Eine entsprechende vertragliche Klausel könnte wie folgt lauten:

> „Die Ansprüche des Auftraggebers aus dem Vertrag verjähren in 5 Jahren. Der Auftraggeber ist zur Teilabnahme der Architektenleistungen der Leistungsphasen 1 bis 8 des § 34 HOAI verpflichtet, die bis zur Abnahme des letzten Ausführungsgewerks erbracht sind. Die Verjährung beginnt für diese Leistungen mit deren Teilabnahme. Für die übrigen Leistungen der Leistungsphasen 8 und 9 des § 34 HOAI beginnt die Verjährung mit Erfüllung der Leistungen der Leistungsphase 9."[415]

Allerdings ist nicht zu verkennen, dass eine Teilabnahme des Architektenwerkes nach Abnahme des letzten Ausführungsgewerks u.U. dazu führt, dass zu diesem Zeitpunkt jedenfalls im Sinne der Leistungsphasen des § 34 HOAI keine abgeschlossene Teilleistung (der Leistungsphase 8) vorliegt. So wird vielfach die Rechnungsprüfung, vor allem für die zuletzt abgenommenen Gewerke noch nicht abgeschlossen sein, wenn das letzte Ausführungsgewerk abgenommen wird. Der BGH[416] hat jedoch die Auffassung vertreten, dass eine Teilleistung nur abgenommen werden könne, wenn sie in sich funktionsfähig ist. Andere sprechen von „in sich abgeschlos-

---

407) So z.B. § 7.5 des von der Bundesarchitektenkammer zurückgezogenen Einheits-Architektenvertrages (1994).
408) Vgl. hierzu *Knacke*, Festschrift für Jagenburg, S. 341, 347 ff.
409) BGH, BauR 1994, 392 = NJW 1994, 1276; **a.A.:** *Bindhardt/Jagenburg*, § 3, Rn. 43, 73 ff.
410) Vgl. hierzu *Scholtissek*, NZBau 2006, 623, 624 m.w.N.
411) OLG München, BauR 2015,1697.
412) Das folgt auch aus § 641 Abs. 1 S. 2 BGB.
413) BGH, BauR 2001, 1928 = IBR 2001, 679 – *Preussner;* KG, NZBau 2004, 337 = IBR 2004, 436 – *Weyer; Wirth/Heinlein*, 1. Buch, X. Teil, Rn. 501; *Scholtissek*, NZBau 2006, 623; *Schotten*, BauR 2001, 1519; *Knacke*, Festschrift für Jagenburg, S. 341, 348, 349; *Motzke*, Festschrift für Jagenburg, S. 639, 653; **a.A.:** OLG Schleswig, BauR 2001, 1286 (Revision vom BGH nicht angenommen!) = IBR 2001, 70 – *Lauer;* OLG Düsseldorf, OLGR 1992, 285, 267 und die 12. Auflage; OLG Naumburg, BauR 2001, 1615.
414) BGH, BauR 2014, 127 = IBR, 2013, 751 – *Preussner.*
415) In diesem Sinne *Leupertz*, BauR 2009, 393, 400.
416) BauR 1979, 159 = NJW 1979, 650.

senen" Teilleistungen als Voraussetzung einer Teilabnahmefähigkeit.[417] Dass die funktionale Selbstständigkeit einer Teilleistung kein geeignetes Kriterium zur Erfassung bzw. Abgrenzung abnahmefähiger Teilleistungen ist, hat Thode[418] zutreffend herausgearbeitet. Ob überhaupt irgendeine Art von Abgeschlossenheit der Leistung zu fordern ist, erscheint fraglich. Nach einer Kündigung verlangt die neuere Rechtsprechung stets eine Abnahme ohne Beschränkung auf abgeschlossene Teile.[419] Deshalb ist erst Recht aber kein Grund ersichtlich, eine Architektenteilleistung nur dann als abnahmefähig anzusehen, wenn ein vollständig abgearbeitetes Leistungsbild des § 34 HOAI vorliegt.

Die oben vorgeschlagene Regelung erscheint auch nicht unangemessen gegenüber dem Bauherrn oder intransparent, sodass sie auch als AGB zulässig sein dürfte. An einer höchstrichterlichen Entscheidung zu diesem Problemkreis fehlt es allerdings bisher.

Bei der Teilabnahme ist unbedingt zu dokumentieren, welche Leistungen (insbesondere der Leistungsphase 8) erbracht sind. Es kann im Einzelfall auch sinnvoll sein, den Anspruch auf Teilabnahme erst geltend zu machen, wenn die Leistungen der Leistungsphase 8 vollständig erbracht sind, oder für die Restleistungen der Leistungsphase 8 eine weitere Teilabnahme zu vereinbaren.

Das **neue Werkvertragsrecht 2018** gibt dem Architekten in **§ 650s BGB einen Anspruch auf Teilabnahme**. Nach Abnahme der letzten Leistung des bauausführenden Unternehmens bzw. der bauausführenden Unternehmen kann der Architekt verlangen, dass die von ihm bis dahin erbrachten Leistungen abgenommen werden. Diese Regelung wird zukünftig viele der oben behandelten Probleme erledigen. Mit der Teilabnahme beginnt die Verjährungsfrist für die bis dahin erbrachten Leistungen und verkürzt sie bei Vollarchitektur gegenüber der bisherigen Rechtslage erheblich.

Zur Erfüllung der Leistungsphase 9 ist eine Objektbegehung kurz vor Ablauf der Verjährungsfristen der Gewährleistung der ausführenden Unternehmen erforderlich.[420]

Soweit in Allgemeinen Vertragsbestimmungen in den entsprechenden Verjährungsregelungen eine Klausel enthalten ist, dass die Verjährung mit der Abnahme der letzten nach dem Vertrag zu erbringenden Leistung, spätestens mit Abnahme der in Leistungsphase 8 (Objektüberwachung) zu erbringenden Leistung (Teilabnahme) beginnt, ist damit noch keine ausdrückliche Vereinbarung über eine Teilabnahme enthalten. Vielmehr muss in dem Architektenvertrag eine die Parteien verpflichtende Teilabnahme ausdrücklich vereinbart sein.[421]

Hat **keine Abnahme** der Architektenleistung stattgefunden, beginnt die Verjährung von dem Zeitpunkt an zu laufen, in dem der Bauherr das Werk des Architekten

---

417) *Leupertz*, a.a.O. S 397.
418) ZfBR 1999, 116.
419) BGH, BauR 2003, 689; BauR 2006, 1294.
420) OLG Jena, IBR 2008, 166 – *Schrammel*.
421) BGH, IBR RS 2016, 2574; BauR 2006, 1332 = IBR 2006, 450 – *Christiansen-Geiss* = NZBau 2006, 519; OLG Jena, IBR 2008, 225 – *Schrammel*.

und seine Abnahme **endgültig** ablehnt.[422] Ob das stets der Fall ist, wenn der Bauherr den Architektenvertrag aufkündigt, erscheint heute zweifelhaft. Seit den Entscheidungen des BGH vom 19.12.2002[423] und insbesondere vom 11.5.2006[424] steht fest, dass der Auftragnehmer im Werkvertragsrecht nach Kündigung einen Anspruch auf Abnahme des Werkes hat. Davon wird auch ausdrücklich die Fälligkeit des Werklohns abhängig gemacht und mit der Abnahme wird das Erfüllungsstadium beendet.[425] Es ist danach nicht hinreichend, dass mit der Kündigung dem Architekten klar wird, dass sein Werk künftig endgültig in dem Zustand verbleibt, den es im Zeitpunkt der Kündigung erreicht hatte, und dass das Architektenwerk von da an abschließend beurteilt werden kann.[426] Die Sachlage ist entsprechend zu beurteilen, wenn der Architekt selbst die Arbeiten endgültig einstellt. Eine endgültige Abnahmeverweigerung hat das OLG Saarbrücken in der Stellung eines Antrags auf Prozesskostenhilfe für einen Schadensersatzanspruch gegen den Architekten wegen dessen nicht genehmigungsfähiger Planung gesehen.[427]

2872 Die Gewährleistungsansprüche des Auftraggebers gegen den **Sonderfachmann** und **Projektsteuerer** verjähren ebenfalls in den Fristen des § 634a BGB.[428] Soweit diese also **Planungs- oder Überwachungsleistungen** bei einem Bauwerk erbringen, beträgt gemäß § 634a Abs. 1 Nr. 2 BGB die Verjährungsfrist **fünf Jahre;** soweit sie allerdings **Arbeiten auf gutachterlicher Basis** durchführen, gilt die **dreijährige Verjährungsfrist** des § 634a Abs. 1 Nr. 3 BGB.[429] Ist neben der gutachterlichen Tätigkeit aber auch die Überwachung von Nachbesserungsarbeiten geschuldet, so gilt wieder die fünfjährige Verjährungsfrist.[430] Entsprechendes gilt für die Leistungen von **Qualitätscontrollern,** die in der Regel auch reine Überwachungsleistungen darstellen, sodass auch insoweit die 5-Jahres-Frist des § 634a Abs. 1 Nr. 2 BGB gilt;[431] etwas anderes kommt nur dann in Betracht, wenn Qualitätscontroller die Bauleistungen auf Gutachterbasis stichprobenartig überprüfen.[432] Soweit Sonderfachleute und Projektsteuerer reine **Beratungsleistungen** außerhalb der Leistungsbilder der HOAI ausführen, verjähren etwaige Gewährleistungsansprüche gegen sie in der

---

422) JZ 1963, 596; BGH, IBR 2009, 277 – *Löffelmann*; NJW 1971, 1840, 1841; OLG Düsseldorf, Urt. v. 18.12.2009, AZ: 23 U 187/08, ibr-online; OLG Hamm, IBR 1991, 442 – *Schulze-Hagen*; OLG Düsseldorf, IBR 2010, 98 – *Schmitz*; BauR 2010, 799 = IBR 2010, 156 – *Krause-Allenstein*.
423) IBR 2003, 190.
424) IBR 2006, 432.
425) Vgl. BGH, IBR 2009, 277 – *Löffelmann*; a.A.: OLG Hamm, IBR 2008, 284 – *Kieserling*.
426) So noch BGH, NJW 1971, 1840.
427) OLG Saarbrücken, IBR 2009, 282 – *Weyer*.
428) Vgl. BGH, BauR 1979, 76 = ZfBR 1979, 29; BGH, NJW 1967, 2259; BauR 1974, 67; OLG Köln, BauR 1991, 649; BGHZ 58, 225; OLG Düsseldorf, BauR 1975, 68 für Ansprüche gegen einen **Vermessungsingenieur**; sowie OLG München, MDR 1974, 753; vgl. auch zur Abnahme einer Tragwerksplanung BGH, IBR 2010, 279 – *Preussner*; OLG Hamm, IBR 2011, 147; LG München I, BauR 2009, 270.
429) *Motzke/Wolff*, Seite 487, wollen demgegenüber sämtliche Projektsteuerungsleistungen der regelmäßigen Verjährungsfrist von drei Jahren unterwerfen, da sie nach ihrer Ansicht keine Leistungen für ein Bauwerk darstellen; dazu ablehnend *Eschenbruch*, Rn. 1128.
430) OLG Düsseldorf, NJW-RR 2012, 914.
431) KG, BeckRS 2013, 18463; LG Hamburg, NJW-RR 2013, 594.
432) BGH, BauR 2002, 315 = NJW 2002, 749 = ZfBR 2002, 243 = MDR 2002, 214.

Frist des § 634a Abs. 1 Nr. 3 BGB, also in der regelmäßigen Verjährungsfrist von drei Jahren.[433)]

Eine Sekundärhaftung[434)] trifft den Sonderfachmann grundsätzlich nicht[435)] sondern nur bei der Übernahme besonderer Betreuungs- und Aufklärungspflichten. Dazu reicht beim Tragwerksplaner nicht die Bewehrungskontrolle.[436)]

In Architektenverträgen ist gelegentlich noch (wenn auch selten) die Klausel zu finden, dass der Architekt „bei ungenügender Aufsicht und Prüfung für fehlerhafte Bauausführung nur **im Falle des Unvermögens des Unternehmers**" haftet. Das Unvermögen des Unternehmers ist im Sinne dieser Klausel rechtlich als aufschiebende Bedingung anzusehen; die Bedingung tritt ein, wenn das Unvermögen feststeht. Damit beginnt die Verjährung eines etwaigen Schadensersatzanspruches gegen den Architekten nicht bevor das Unvermögen des Unternehmers feststeht (vgl. Rdn. 2733 ff.).[437)] **Anderes** gilt jedoch, **wenn vereinbart** ist, dass der Architekt, der wegen eines Schadens, den auch ein Dritter zu vertreten hat, verlangen kann, dass der Bauherr sich zunächst außergerichtlich ernsthaft um die Durchsetzung seiner Ansprüche auf Nachbesserung oder Gewährleistung bemüht. Hier liegt keine Subsidiaritätsklausel vor, die automatisch die Haftung des Architekten unter eine aufschiebende Bedingung stellt, sondern ein **Verweisungsrecht**, das erst mit seiner Ausübung die Verjährung hemmt.[438)]

2873

Der Gesetzgeber hat durch Einführung des § 650t BGB im **neuen Werkvertragsrecht 2018** ein solches **Verweisungsrecht als gesetzliches Verweisungsrecht** geschaffen (vgl. näher **Rdn. 2474**): Der Architekt, der wegen eines Überwachungsfehlers, der zu einem Mangel der Bauleistung geführt hat, in Anspruch genommen wird, kann die Leistung (Schadensersatz) verweigern, wenn der neben ihm haftende Bauunternehmer vom Auftraggeber noch nicht erfolglos unter angemessener Fristsetzung zur Nacherfüllung aufgefordert worden ist. Da es sich hier, anders als in dem vorstehend behandelten Fall, nicht um ein vertragliches Leistungsverweigerungsrecht, sondern ein gesetzliches handelt, ist der Lauf der Verjährung der Ansprüche gegen den Architekten von der Existenz oder der Ausübung des Leistungsverweigerungsrechts unberührt. § 205 BGB, der eine Hemmung bei vertraglichen Leistungsverweigerungsrechten vorsieht, ist auf gesetzliche Leistungsverweigerungsrechte nicht anwendbar.[439)]

Nach ständiger Rechtsprechung des BGH gebietet es die dem Architekten vom Auftraggeber eingeräumte Vertrauensstellung, dem Bauherrn im Laufe der Mängelursachenprüfung auch Mängel des **eigenen** Architektenwerkes **zu offenbaren**, sodass der Bauherr seine Rechte auch gegen den Architekten rechtzeitig vor Eintritt der Verjährung wahrnehmen kann. Geschieht dies nicht, kann der Architekt sich

2874

---

433) Beispiel für reine Beratungsleistung: OLG Nürnberg, IBR 2002, 81.
434) Vgl. Rdn. 2874.
435) BGH, IBR 2011, 589 – *Wronna*.
436) BGH, BauR 2002, 108 = ZfBR 2002, 61 = IBR 2002, 28 – *Löffelmann*; OLG Brandenburg, IBR 2009, 1040 (nur online) – *Heiliger*; **a.A.:** OLG Bamberg, BauR 2005, 1792.
437) BGH, BauR 1987, 343 = NJW 1987, 2743 = ZfBR 1987, 135.
438) OLG Köln, BauR 2011,1844.
439) BGH, NJW 2015, 1007; *Palandt/Ellenberger*, § 205 BGB, Rn. 1; s. auch *Zahn*, BauR 2017, 1262.

nicht auf den Eintritt der Verjährung hinsichtlich seines mangelhaften Architektenwerkes berufen (sog. **Sekundärhaftung**, vgl. Rdn. 2024).[440] Diese aus der Stellung des Architekten als Sachwalter des Bauherrn abgeleitete Pflicht setzt aber voraus, dass der Architekt umfassend, d.h. mindestens mit der Objektüberwachung beauftragt ist.[441] Sie gilt nicht für den Bauunternehmer.[442] Mit dem Hinweis auf die eigene Bauerfahrung seines Auftraggebers kann der Architekt sich nicht entlasten.[443] Umstritten ist, ob für die Ansprüche des Bauherrn wegen Verletzung der vorgenannten Offenbarungspflicht durch den Architekten die werkvertragliche Verjährungsfrist von fünf Jahren gem. § 634a Abs. 1 Nr. 2 BGB oder die regelmäßige Verjährungsfrist gem. §§ 195, 199 BGB gilt. Der BGH hat bislang (allerdings zum alten Recht) stets die Verletzung der Offenbarungspflicht als Nebenpflichtverletzung (PVV, jetzt § 241 Abs. 2 BGB) angesehen, mit der Konsequenz, dass die Ansprüche hieraus der regelmäßigen Verjährung unterliegen.[444]

Bei der hier in Rede stehenden Offenbarungs- oder Hinweispflicht handelt es sich nach zutreffender Auffassung um eine vertragliche Hauptpflicht. Im Rahmen der Leistungsphase 9 des § 33 HOAI 2009 war die Verfolgung von Mängelansprüchen zentraler Inhalt des Architektenwerks.[445] Zur Verfolgung von Mängelansprüchen gehört die Information an den Bauherrn, welcher der am Bau Beteiligten (einschließlich des Architekten selbst) Verantwortung für den Mangel trägt und wann Ansprüche gegen den oder die Verantwortlichen verjähren. Diese Pflichten bestehen auch nach den reduzierten Grundleistungen der Leistungsphase 9 der HOAI 2013 weiter fort. Es ist nicht zutreffend, wenn der BGH[446] ausführt, Beratungspflichten beträfen nicht die Herstellung des geschuldeten Architektenwerks. Aber auch innerhalb der Leistungsphasen 1 bis 8 des § 33 HOAI 2009 (jetzt § 34 HOAI 2013) gehört die Beratung des Bauherrn mit dem Ziel, ein mangelfreies Bauwerk zu erstellen, zu den (Haupt-)Pflichten des Architekten, ohne deren Erfüllung die Werkleistung nicht erbracht werden kann. Der Architekt ist auch in diesen Phasen Sachwalter des Bauherrn. Selbst wenn die Leistungsphase 9 nicht beauftragt ist, bedarf es nicht eines Rückgriffs auf nachvertragliche Nebenpflichten: Der Architekt, der seiner Hinweispflicht nicht nachgekommen ist, ist insoweit zur Nacherfüllung verpflichtet. Mithin gilt auch für die Aufklärungspflicht gegen sich selbst die Ver-

---

440) BGH, IBR 2013, 750 – *Fuchs*; BGH, IBR 2007, 85 – *Laux*; BGH, NJW-RR 1986, 182; OLG Brandenburg, NJW 2015, 1888; OLG Celle, BauR 2007, 423; OLG Düsseldorf, BauR 2001, 672; OLG Frankfurt, BauR 1987, 574, 575 u. 579, 580 sowie *Weise*, Baurechtl. Schriften, Band 38; **a.A.:** *Reinelt/Pasker*, BauR 2010, 983; *v. Rintelen*, NZBau 2008, 209, der für eine Aufgabe des Instituts der Sekundärhaftung plädiert; *Koeble*, Festschrift für Locher, S. 117, 122 ff. u. OLG Köln, BauR 1991, 649, 650 für den sachkundigen Bauherrn.
441) BGH, BauR 2009, 1607 = IBR 2009, 589 – *Schulze-Hagen*; *Jochem*, BauR 2012, 16; *Locher*, in: Locher/Koeble/Frik, Einl. Rn. 232; die Leistungsphase 9 des § 33 HOAI muss nicht zwingend beauftragt sein: OLG München, BauR 2008, 1929.
442) OLG Düsseldorf, BauR 2016, 140.
443) OLG Hamburg, IBR 2009, 341 – *Theissen*.
444) BGH, NZBau 2007, 168 = NJW 2007, 365; BauR 2004, 1476; OLG Celle, IBR 2015, 612; **a.A.:** OLG Düsseldorf, BauR 2004, 1199; BauR 2004, 1331; LG Deggendorf, BauR 2002, 339; *v. Rintelen*, NZBau 2008, 209; wohl auch *Lauer*, BauR 2003, 1639; *Weise*, S. 34 ff.
445) BGH, NJW 1994, 1276; *v. Rintelen*, a.a.O. (216), der außerhalb der Leistungsphase 9 eine Nebenpflicht und innerhalb der Leistungsphase 9 eine Hauptpflicht annimmt.
446) BGH, NZBau 2007, 168.

jährungsfrist des § 634a Abs.1 Nr.2 BGB. Eine Verjährungsverlängerung entsprechend der Sekundärhaftung kann sich auch ergeben, wenn der Architekt eine Frage des Auftraggebers zur Mangelfreiheit schuldhaft falsch beantwortet.[447]

Soweit der Architekt **Nebenpflichten** verletzt (§ 241 Abs. 2 BGB), die nicht zu einem Werkmangel führen oder die nicht eng mit der Hauptleistungspflicht verknüpft sind[448], gilt allerdings nach Inkrafttreten des SchRModG die Verjährungsfrist des § 195 BGB und damit die **regelmäßige Verjährungsfrist** von drei Jahren (früher Anspruch aus positiver Vertragsverletzung **mit einer 30-jährigen Verjährungsfrist**).[449]

Zum Anspruch wegen eines **arglistig verschwiegenen Mangels** und eines **Organisationsverschuldens** vgl. Rdn. 2791 ff., 2852; die Ausführungen gelten entsprechend[450]. Arglist setzt auch beim Architekten oder Sonderfachmann voraus, dass bewusst ein offenbarungspflichtiger Mangel verschwiegen wird.[451] Das Bewusstsein fehlt, wenn der Verursacher den Mangel als solchen nicht erkennt.[452] Arglistig handelt aber, wer bewusst von Vorgaben eines Brandschutzgutachters abweicht, das Erfordernis der Abstimmung einer abweichenden Lösung mit einem Brandschutzgutachter erkennt, diese Abstimmung dann nicht durchführt und den Auftraggeber darüber nicht informiert.[453] Die fehlende Sachkunde des Architekten oder Sonderfachmanns, die einer wirkungsvollen Überwachung der von ihm eingesetzten Mitarbeiter entgegen steht, begründet nicht den Vorwurf des Organisationsverschuldens[454]. Selbst wenn Art und Umfang der vorgefundenen Bauwerksmängel dem ersten Anschein nach auf eine Bauüberwachungspflichtverletzung durch den Architekten schließen lassen, so kann von der vermuteten Pflichtverletzung im Regelfall nicht auch auf den Anschein einer fehlerhaften Organisation der Bauüberwachung geschlossen werden. Die Verletzung der Obliegenheit zur ordnungsgemäßen Organisation der Bauüberwachung ist ein Ausnahmetatbestand und damit eng anzuwenden. Den Architekten muss der Vorwurf treffen, er habe mit seiner Organisation die Arglisthaftung vermeiden wollen.[455] Allerdings kommt Arglist in Betracht, wenn der Architekt weiß, dass er unzureichend überwacht hat und deshalb damit rechnen muss, gravierende Ausführungsfehler übersehen zu haben, ohne das Risiko seinem Bauherren gegenüber zu offenbaren.[456] Organisationsverschulden kommt

---

447) OLG Karlsruhe, NZBau 2016, 643.
448) Vgl. OLG Düsseldorf, Urt. v. 18.12.2009, AZ: 23 U187/08, ibr-online.
449) OLG Bremen, BeckRS 2013, 00652 (unterlassener Hinweis auf Erfordernis eines Vertragsstrafenvorbehalts); OLG Hamm, IBR 2013, 291 – *Heiliger*; OLG Zweibrücken, NZBau 2009, 389; vgl. hierzu *Maifeld* bezüglich der Verjährungsfrist im Rahmen der Sekundärhaftung des Architekten, BrBp 2004, 323 sowie *Lauer*, BauR 2003, 1639, 1645.
450) Vgl. OLG Düsseldorf OLGR 2007, 269; *Weber*, ZfBR 2010,107.
451) OLG Brandenburg, NZBau 2016, 699.
452) BGH, BauR 2010, 1959; OLG Zweibrücken, IBR 2014, 28 – *Schwarz*; OLG Celle, BeckRS 2013, 16489.
453) OLG Celle, a.a.O.
454) OLG München, IBR 2009, 39 – *Averhaus*; OLG Düsseldorf a.a.O.; vgl. auch OLG Naumburg NZBau 2007, 522 = NJW-RR 2007, 815.
455) BGH, Urt. v. 22.7.2010, AZ: VII ZR 77/08, ibr-online – *Fuchs* (Werkstattbeitrag); OLG Dresden, Urt. v. 25.6.2009, AZ: 10 U 1559/07, ibr-online – *Fuchs* (Werkstattbeitrag).
456) BGH, BauR 2010,1966; OLG Brandenburg, NZBau 2016, 699; OLG Naumburg, IBR 2013, 634 – *Berger*; OLG Stuttgart, IBR 2008, 398 – *Weyer*.

im Übrigen nur bei arbeitsteiliger Herstellung des Architektenwerkes in Betracht, nicht beim Einzelarchitekten.[457]

Zur **Verkürzung** der Verjährungsfrist für die Gewährleistungsansprüche des Bauherrn gegen den Architekten vgl. Rdn. 2727 und 2823.

e) Ansprüche des Bauherrn (Auftraggeber) gegen den Bauträger

*Literatur**

Hertel, Werkvertrag und Bauträgervertrag nach der Schuldrechtsreform, DNotZ 2002, 6; *Heinemann*, Mängelhaftung im Bauträgervertrag nach der Schuldrechtsreform, ZfIR 2002, 167; *Thode*, Die wichtigsten Änderungen im BGB-Werkvertragsrecht: Schuldrechtsmodernisierungsgesetz und erste Probleme – Teil 1, NZBau 2002, 297; *Teichmann*, Kauf- und Werkvertrag in der Schuldrechtsreform, ZfBR 2002, 13; *Hildebrandt*, Die rechtliche Einordnung des Bauträgervertrages nach der Schuldrechtsmodernisierung: Kaufvertrag, ZfIR 2003, 489; *Dören*, Die rechtliche Einordnung des Bauträgervertrages nach der Schuldrechtsmodernisierung: Werkvertrag, ZfIR 2003, 497; *Ott*, Die Auswirkung der Schuldrechtsreform auf Bauträgerverträge und andere aktuelle Fragen des Bauträgerrechts, NZBau 2003, 233; *Hofmann/Joneleit*, Veräußerung bebauter Grundstücke: Rückkehr zu dogmatischen Abgrenzungskriterien, NZBau 2003, 641; *Fuchs*, Die Mängelhaftung des Bauträgers bei der Altbausanierung, BauR 2007, 264; *Vogel*, Verkauf von Wohneigentum nach Abnahme des Gemeinschaftseigentums – Nachzügler, BauR 2010, 1992; *Basty*, Die Nachzüglerproblematik beim Bauträgervertrag, BauR 2012, 316; *Werner*, Rechtsfolgen einer unwirksamen förmlichen Abnahme des Gemeinschaftseigentums im Rahmen eines Bauträgervertrages, NZBau 2014, 80; *Messerschmidt/Leidig*, Rechtsfolgen unwirksamer Abnahmeklauseln zum Gemeinschaftseigentum in notariellen Bauträgerverträgen, BauR 2014, 1; *Pause/Vogel*, Die Folgen einer unwirksamen Abnahmeklausel im Bauträgervertrag, BauR 2014, 764.

* Literatur vor 2000 siehe 15. Auflage.

2876 Zur Bestimmung der Verjährung von **Gewährleistungsansprüchen** des **Erwerbers** gegen den **Bauträger** ist zunächst entscheidend, welche Rechtsnatur man dem Bauträgervertrag beimisst. Der Bauträgervertrag enthält mit der Verpflichtung zur Eigentumsverschaffung am Grundstück eine typisch kaufrechtliche Verpflichtung. Die Bauleistung und die dazu erforderlichen Architekten- und Ingenieurleistungen hingegen sind werkvertraglicher Natur. Es handelt sich also um einen typengemischten Vertrag, der entweder den Gewährleistungsvorschriften und damit den Verjährungsfristen des Kauf- oder Werkvertragsrechts unterfällt. Bis zum Inkrafttreten des SchRModG galt in ständiger Rechtsprechung,[458] dass der Bauträger für die Bauleistungen bei neu errichteten Gebäuden, auch wenn sie bei Vertragsschluss schon fertiggestellt waren, nach den Gewährleistungsregeln des Werkvertragsrechts haftet. Soweit nicht eine mangelhafte Herstellung in Rede stand, wurde Kaufrecht angewandt.[459]

Der Gesetzgeber hat in der Begründung für die Änderungen im Kaufrecht durch das SchRModG (Nacherfüllungsanspruch des Käufers, Verlängerung der Gewährleistung für Bauwerke auf 5 Jahre gem. § 438 Abs. 1 Nr. 2a) BGB) ausgeführt, die Rechtsprechung könne nun den Bauträgervertrag dem Kaufrecht unterstellen. Daraus entwickelte sich in der Literatur eine

---

457) BGH, IBR 2009, 90 – *Knychalla*; KG, IBR 2008, 36; OLG Köln IBR 2007, 627; OLG Düsseldorf, IBR 2007, 35; IBR 2006, 155; OLG Naumburg, BauR 2008, 708; unzutreffend, allenfalls ein Fall von Arglist: OLG Düsseldorf, IBR 2008, 37 – *Knychalla*.
458) Zuletzt z.B.: BGH, NJW 2006, 214.
459) BGH a.a.O.

neue Diskussion über die Einordnung des Bauträgervertrages.[460] Die Stimmen mehrten sich, die vor diesem Hintergrund eine Abkehr von der bisherigen Rechtsprechung befürworteten.[461] Die Angleichung der Gewährleistung von Kauf- und Werkvertragsrecht durch das SchRModG ist nicht umfassend erfolgt. Die verbliebenen Unterschiede lassen das Werkvertragsrecht, bezogen auf die Herstellungsverpflichtung des Bauträgers, als das sachgerechtere Instrumentarium erscheinen (vgl. Rdn. 1954). Die h.M. hält daher an der früheren Auffassung fest.[462] Für die Bauleistung beträgt daher die Verjährungsfrist gem. § 634a Abs.1 Nr.2 BGB 5 Jahre nach Abnahme, gleichgültig inwieweit das Bauvorhaben zum Zeitpunkt des Vertragsschlusses schon vollendet war. Die Frist gilt auch für Verbrauchs- bzw. Verschleißteile wie Leuchtmittel, Bodenbeläge, Dichtungen etc., ohne dass sie in AGB abgekürzt werden könnte (§ 309 Nr. 8b Doppelbuchstabe ff BGB).[463] Als neu errichtet gelten Gebäude u.U. auch dann noch, wenn beim Verkauf die Fertigstellung schon zwei Jahre zurückliegt.[464] Nicht mehr neu errichtet ist aber eine Eigentumswohnung, die erst drei Jahre nach Fertigstellung veräußert wird und die zuvor vermietet war. Hier richten sich die Ansprüche insgesamt nach Kaufrecht.[465]

Für den **Grundstückserwerb** gilt hingegen Kaufrecht.[466] Die Verjährung bestimmt sich also nach § 438 BGB. Besteht der Mangel in einem nach dem Vertrag nicht zu übernehmenden dinglichen Recht, so beträgt die Verjährungsfrist 30 Jahre gem. § 438 Abs. 1 Nr. 2 BGB Für sonstige Mängel des Grundstücks wie Mindergröße (nicht aber Minderwohnfläche),[467] Altlasten, schuldrechtliche Nutzungsrechte Dritter, gilt die Frist von 2 Jahren gem. § 438 Abs. 1 Nr. 3 BGB. Die Frist beginnt, soweit Kaufrecht Anwendung findet, mit der **Übergabe** des **Grundstücks** (§ 438 Abs. 2 BGB). Dieser Zeitpunkt muss nicht mit dem Zeitpunkt der werkvertraglichen Abnahme übereinstimmen.

Diese Einordnung des Bauträgervertrages als **typengemischten Vertrag** mit der Konsequenz, dass auf die Bauleistung Werkvertragsrecht und auf die Übertragung des Eigentums am Grundstück (oder Erbbaurecht) Kaufrecht Anwendung findet, hat der Gesetzgeber im **neuen Werkvertragsrecht 2018** nun in § 650u Abs.1 BGB festgeschrieben, womit sich für die Zukunft die Streitfrage erledigt hat.

Ein Sonderproblem bildet der Bauträgervertrag über (teil-)sanierten Altbau. Hier findet Werkvertragsrecht Anwendung, wenn die Bauleistungen nach Umfang und Bedeutung mit Neubauarbeiten vergleichbar sind (st. Rspr.), sonst Kaufrecht.[468]

Wenn man die Vereinbarung der VOB im Bauträgervertrag für möglich hält, beträgt die Frist seit der Änderung der **VOB 2006** grundsätzlich vier Jahre gemäß § 13 Abs. 4 Nr. 1 VOB/B (vgl. zum Werkvertragsrecht beim Bauträgervertrag Rdn. 1953 ff.).

---

460) Vgl. Rdn. 1953 ff.
461) *Hofmann/Joneleit*, NZBau 2003, 641; *Ott*, NZBau 2003, 233; *Hertel*, DNotZ 2002, 6, 18; *Heinemann*, ZfIR 2002, 167, 168; dagegen *Thode*, NZBau 2002, 297, 299; *Dören*, ZfIR 2003, 497; siehe auch *Hildebrandt*, ZfIR 2003, 489; *Teichmann*, ZfBR 2002, 13, 19.
462) BGH, NJW 2016, 1572 TZ 26; NJW 2016, 2878; *Palandt/Sprau*, Vorb v § 633 BGB, Rn. 3; *D.Schmidt*, in: Prütting/Wegen/Weinreich, vor § 433 ff., Rn. 2; *Kniffka*, in: *Kniffka*, Stand 18.9.2016, Einf. vor § 631 BGB, Rn. 90 ff.; *Korbion*, in: *Ingenstau/Korbion*, Anhang 2 Rn. 144; *Glöckner*, in: Kleine-Möller/Merl, § 4 Rn. 109, 113; *Blank*, Bauträgervertrag, Rn. 7; *Basty*, Bauträgervertrag, Rn. 8 f.
463) *Blank*, a.a.O., Rn. 385 ff. m.w.Nachw.; **a.A.:** *Grziwotz*, NJW 1989, 193.
464) BGH, BauR 2003, 535.
465) BGH, NZBau 2016, 353.
466) *D. Schmidt*, a.a.O.; *Glöckner*, a.a.O.; *Korbion*, a.a.O.; *Basty*, a.a.O., Rn. 4; **a.A.:** *Leupertz/Halfmeier*, in: Prütting/Wegen/Weinreich, vor §§ 631 ff. BGB, Rn. 15.
467) OLG Karlsruhe, IBR 2007, 489 – *Locher*.
468) Ausführlich dazu *Fuchs*, BauR 2007, 264 ff.; siehe im Übrigen Rdn. 1446.

2877 Gegen die Einbeziehung der VOB/B in den Werkvertrag zwischen dem Bauträger und dem Erwerber sprechen gewichtige Gründe, auch wenn die VOB als Ganzes dem Vertragswerk zugrunde gelegt wird.[469] Der Streit hat aber weitgehend an Bedeutung verloren, da mit Inkrafttreten des FoSiG am 1.1.2009 die Privilegierung der VOB gegenüber Verbrauchern entfallen ist (§ 310 Abs. 1 Satz 1 BGB), die so gebotene Inhaltskontrolle der VOB deren Einbeziehung in den Vertrag für den Bauträger unattraktiv macht und die Mehrzahl der Erwerber sicher Verbraucher sind.

Da Gegenstand des Bauträgervertrages nicht nur **reine** Bauleistungen sind, sondern eine schlüsselfertige Erstellung, die Grundstücksverschaffung, die architekten- und ingenieurmäßige Bauplanung und Bauüberwachung sowie die sonstigen technischen und wirtschaftlichen Betreuungen beinhaltet,[470] ist zweifelhaft, ob bei Geltung der VOB/B nur die reinen Bauleistungen der Verjährungsfrist des § 13 Abs. 4 VOB/B zu unterstellen sind[471] oder ob dies auch bez. der **Haftung für Planungsleistungen** zu gelten hat. Der BGH[472] hat diese Frage dahin entschieden, dass bei Einbeziehung der VOB in einen Generalunternehmervertrag bzw. Bauträgervertrag dieser „gleichwohl nur für die vom Unternehmer geschuldeten Bauleistungen, nicht aber für die von ihm daneben übernommenen selbstständigen Architekten- und Ingenieurleistungen gilt". Die Ansprüche wegen Baumängeln, die auf eine fehlerhafte Planung des mit der Planung und Bauausführung beauftragten Generalunternehmers zurückzuführen sind, verjähren deshalb auch ungeachtet der Vereinbarung der VOB in fünf Jahren.[473]

2878 Gelegentlich ist in Bauträgerverträgen vorgesehen, dass die **Verjährungsfrist ab einem bestimmten Datum,** das in der Regel **vor** der Abnahme des Bauwerks liegt, **beginnen** soll. Damit wird im Ergebnis die bauvertragliche Gewährleistungsfrist verkürzt. Solche Klauseln sind unwirksam, weil sie dem Sinn der normalen werkvertraglichen Verjährung widersprechen (vgl. auch Rdn. 2824). Das Risiko des Bauherrn, dass versteckte Mängel erst nach Fristablauf erkennbar werden, würde unerträglich und einseitig zugunsten des Bauträgers vergrößert. Dies gilt umso mehr, wenn die Verjährung unabhängig von einer Abnahme laufen soll. Gerade bei Mängeln am Gemeinschaftseigentum ist der Erwerber – anders als bei Mängeln am Sondereigentum, die ihm eher auffallen – kaum in der Lage, solche Mängel rechtzeitig festzustellen. Insoweit bedarf es stets einer besonderen Abnahme, zweckmäßigerweise in Form einer gemeinsamen **Begehung** des Objekts durch die Vertragsparteien, unter sachkundiger Beratung, wobei die Eigentümer/Erwerber meistens durch den Verwalter vertreten werden.[474] Eine solche Begehung findet in aller Regel

---

469) Str., vgl. *Brych*, NJW 1986, 302 m.w.N. und Rdn. 1017.
470) Vgl. *Jagenburg*, NJW 1979, 793, 800; *Jagenburg/Sturmberg*, BauR 1982, 321, 323; *Schotten*, in: *Grziwotz/Koeble*, 4. Teil Rn. 241.
471) Vgl. zum Meinungsstand: *Korbion*, Festschrift für Locher, S. 127 f.; BGH, BauR 1987, 702 = DB 1988, 41 = NJW 1988, 142 u. OLG Frankfurt, BauR 1990, 104.
472) BGH, a.a.O., **a.A.:** OLG Hamm, NJW 1987, 2092 = BauR 1987, 560 (für schlüsselfertige Erstellung).
473) OLG Düsseldorf, NJW-RR 1991, 219; OLG Koblenz, NJW-RR 1997, 1179.
474) Vgl. zu einer Abnahmeklausel „durch drei Beauftragte" OLG Nürnberg, IMR 2009, 358 – *Vogel*; „durch Sachverständigen auf Kosten des Verkäufers" OLG München, IMR 2009, 1033 – *Vogel*.

aber erst geraume Zeit nach Fertigstellung des Gesamtprojektes statt. Klauseln, die den Verjährungsbeginn deshalb **vor** diesen Zeitpunkt legen, sind unwirksam, weil sie das materielle Gewährleistungsrecht des Erwerbers unbillig aushöhlen. Hier dürfte regelmäßig ein Verstoß gegen § 309 Nr. 8b Doppelbuchstabe ff BGB vorliegen. Das gilt gemäß § 242 BGB auch beim Verkauf lange nach Fertigstellung und ohne ausgiebige hinreichende Belehrung durch den Notar selbst bei einer Individualvereinbarung.[475]

Unwirksam ist auch eine Abnahmeklausel in einem Bauträgervertrag, wonach der Erwerber unwiderruflich eine bestimmte Person, etwa den Erstverwalter, zur Abnahme bevollmächtigt (vgl. **Rdn 1821 ff.**). Nur eine die Widerruflichkeit der Vollmacht ausdrücklich klarstellende Formulierung kann den Anforderungen an das Transparenzgebot des § 307 Abs. 1 Satz 2 BGB genügen. In Allgemeinen Geschäftsbedingungen kann jedenfalls keine Person mit der Abnahme betraut werden, die im Lager des Bauträgers steht.[476] Ist die Abnahme in solchen Fällen nicht auf andere Weise erfolgt, was für den Fall, dass die Parteien die Unwirksamkeit der Klausel nicht erkannt haben kaum konkludent geschehen sein dürfte[477], befindet sich das Vertragsverhältnis hinsichtlich der Werkleistung im Erfüllungsstadium. Der Anspruch auf Herstellung unterliegt, wenn nichts anderes vereinbart ist, ebenso wie die darauf fußenden Ansprüche aus §§ 280, 281 BGB der dreijährigen Regelverjährung des § 195 BGB.[478] **Diese Konsequenz will der BGH nicht gelten lassen**. Er hat in drei kurz aufeinanderfolgenden Entscheidungen geurteilt, dass der Bauträger sich nicht darauf berufen könne, das Vertragsverhältnis befinde sich noch im Erfüllungsstadium.[479] Die Inhaltskontrolle von Formularklauseln diene ausschließlich dem Schutz des Vertragspartners des Verwenders, der sich selbst auf die Unwirksamkeit einer von ihm gestellten Klausel nicht nur nicht berufen könne, sondern aus der Unwirksamkeit auch keine Vorteile ziehen dürfe. Der Bauträger habe durch Verwendung der unwirksamen Abnahmeklausel den Eindruck erweckt, die Abnahme sei erfolgt und der Vertrag aus dem Erfüllungsstadium herausgetreten. Deshalb müsse sich der Bauträger nach § 242 BGB auch so behandeln lassen, als sei das Erfüllungsstadium eingetreten und dem Erwerber stünden folglich die Mängelrechte nach den Vorschriften der §§ 634, 635 BGB auch ohne Abnahme zu. Die Verjährung dieser Ansprüche beginne aber gemäß §§ 634a Abs. 2 BGB erst mit der Abnahme, sodass Verjährung nicht eingetreten sei.

Das trifft den Bauträger ungerechtfertigt hart.

Die Rechtsfolge der Unwirksamkeit einer AGB-Klausel führt gemäß § 306 Abs. 2 BGB zunächst einmal dazu, dass der Inhalt des Vertrages sich nach den gesetzlichen Vorschriften richtet. Die Rechtsprechung des BGH führt zum Gegenteil: Entgegen dem Gesetz soll der Erwerber nun ohne Abnahme oder Abnahme-

---

475) OLG Schleswig, IBR 2009, 655 – *Groß*.
476) BGH, NJW-RR 2016, 1143; IBR 2013, 686 – *Vogel*; OLG Frankfurt, IMR 2013, 513 – *Vogel*; OLG Düsseldorf, IBR 2013, 280 – *Karczewski*; OLG Karlsruhe, IBR 2011, 641, 642 – *Basty*; OLG München, IMR 2009, 1033; OLG Koblenz, IBR 2003, 25; LG Hamburg, IBR 2010, 458; *Messerschmidt/Leidig*, BauR 2014, 1; **a.A.:** OLG Dresden, IBR 2013, 82 – *Vogel*.
477) BGH, NJW 2016, 2878 TZ 56; anders für den Fall, dass eine förmliche Abnahme vorgesehen war, die aber nie stattgefunden hat: OLG Bamberg, BauR 2016, 688.
478) *Werner*, NZBau 2014, 80.
479) BGH, BauR 2016, 1013 = NJW 2016, 1572; NJW 2016, 2878; NJW-RR 2016, 1143.

surrogat die Mängelrechte geltend machen können, die ihm aber eigentlich erst nach Abnahme zustehen.[480] Die Folge aus § 306 Abs.2 BGB wäre gewesen, dass dem Erwerber die Rechte aus dem allgemeinen Schuldrecht zustehen. Das Gegenteil ergibt sich auch nicht aus dem Grundsatz, dass sich der Verwender von unwirksamen AGB nicht auf die Unwirksamkeit berufen kann. Er hat die Rechtsfolge „Erfüllungsstadium" hinzunehmen, auch dann, wenn sie zu einer unerwartet langen Haftung für Mängel führen kann, weil der Verjährungsbeginn für Erfüllungsansprüche die **Kenntnis vom Mangel** voraussetzt. Im Übrigen lautet der vorerwähnte Grundsatz genaugenommen, dass sich der Verwender auf die Unwirksamkeit nicht berufen kann, wenn eine Regelung der unwirksamen Klausel den Vertragspartner im Einzelfall begünstigt.[481] Wenn aber nicht die Klausel sondern das Gesetz dem Vertragspartner des Verwenders Gutes aber auch weniger Gutes beschert, so gilt nicht nur das Gute. Dass sich das vom BGH gewünschte Ergebnis nicht mit dem Hinweis auf diese Regel begründen lässt, hat der BGH auch gesehen und deshalb § 242 BGB bemüht. Wenn man aber schon der Auffassung ist, dass sich der Bauträger nicht auf die nach § 306 Abs. 2 BGB ergebende Rechtsfolge (Geltung der gesetzlichen Vorschriften) berufen dürfe (obwohl sich das aus dem Gesetz ergibt), so müsste man aber konsequenterweise dann auch den Verjährungsvorschriften mit einem fingierten Verjährungsbeginn zur Wirksamkeit verhelfen und nicht auf den Hinweis beschränken, dass es ja für den Beginn der Verjährung an der Abnahme fehle. Daran fehlte es ja schon im Hinblick auf die dem Erwerber dennoch zugestandenen Mängelrechte. Wollte man bei frühzeitiger Kenntnis vom Mangel gleichwohl sicherstellen, dass die Verjährung nicht vor Ablauf der vom Erwerber angenommenen 5 Jahresfrist endet, so wäre in Betracht gekommen, eine Verjährung vor Ablauf von 5 Jahren seit der unwirksamen Abnahme auszuschließen. § 306 Abs. 2 BGB lautet ja nicht, dass die gesetzlichen Vorschriften gelten, soweit sie für den Verwender nachteilig sind. Darauf aber läuft die Rechtsprechung des BGH hier hinaus.

Nach der hier vertretenen Ansicht kann der Erwerber seine Ansprüche nicht durch eine nach Verjährung des Erfüllungsanspruchs erklärte Abnahme retten.[482] Da das Werk mangelhaft ist, ist der Anspruch des Bauträgers auf Abnahme jedenfalls bei nicht unwesentlichen Mängeln nicht fällig. Vor Fälligkeit kann der Schuldner (Erwerber) aber nur leisten (abnehmen), wenn dies für den Gläubiger ohne Nachteil ist.[483] Durch die Abnahme nach Verjährung des Erfüllungsanspruchs verlöre der Bauträger seine Einrede gegenüber der Verpflichtung zur Beseitigung des Mangels. Dem kann man nicht entgegenhalten, dass der Bauträger die Situation ja selbst verschuldet habe, indem er eine unwirksame Abnahmeklausel verwendet hat.[484] Die Bestimmungen der §§ 305 ff. BGB dienen über die gesetzlich geregelten Rechtsfolgen hinaus nicht der Bestrafung des Klauselverwenders.

Zieht eine Wohnungseigentümergemeinschaft Mängelrechte wegen Mängeln am Gemeinschaftseigentum an sich, so ist für die Verjährung maßgeblich, ob wenigs-

---

480) BGH, IBR RS 2017, 0624; BGH, BeckRS 2017, 103136; BGH, BeckRS 2017,102864.
481) BGH, NJW-RR 1998, 594; *Palandt/Grüneberg*, § 306 BGB, Rn. 5.
482) *Messerschmidt/Leidig*, BauR 2014, 1, die solches Vorgehen für treuwidrig halten.
483) *Palandt/Grüneberg*, § 271 BGB, Rn. 11; *Werner*, a.a.O.
484) So *Pause/Vogel*, a.a.O.

tens ein Wohnungseigentümer noch über unverjährte Ansprüche wegen der Mängel verfügt (vgl. Rdn. 507). Daraus resultiert die sogenannte **Nachzüglerproblematik** beim Bauträgervertrag.[485] Wird eine letzte Einheit einer WEG lange nach Abnahme des Gemeinschaftseigentums durch die übrigen Erwerber vom Bauträger veräußert, so beginnt die Verjährung erst mit der Abnahme des Gemeinschaftseigentums durch diesen letzten Erwerber.[486] Die Ansprüche des Bauträgers gegen die von ihm eingesetzten Bauunternehmen können dann lange verjährt und Rückgriffsmöglichkeiten damit verschlossen sein. Versuche dem mit speziellen vertraglichen Gestaltungen gegenüber dem Nachzügler zu begegnen, sind mit Blick auf die dargestellten Schranken des AGB-Rechts enge Grenzen gesetzt.[487] So kommt eine Bindung des Nachzüglers an bereits abgegebene Abnahmeerklärungen früherer Erwerber, des Verwalters oder eines Sachverständigen entgegen OLG Koblenz[488] nicht in Betracht, wie der BGH klargestellt hat.[489] Das gilt auch dann, wenn ergänzend ein Beschluss der Eigentümergemeinschaft vor Beitritt eines späteren Erwerbers die Regelung bestätigend beschließt.[490]

2879 Zu beachten ist, dass im Falle der **Abtretung von Gewährleistungsansprüchen gegen am Bau beteiligte Dritte** die Verjährung gegenüber dem **Bauträger** erst zu laufen beginnt, wenn die Inanspruchnahme Dritter aus **abgetretenen** Gewährleistungsansprüchen fehlgeschlagen ist (vgl. auch Rdn. 2710). Unmittelbare Folge der Abtretung der Gewährleistungsansprüche ist nämlich, dass – da der Bauträger bis zum Wiederaufleben der Gewährleistungsansprüche zur Mängelbeseitigung/Gewährleistung nicht verpflichtet ist – ihm gegenüber auch keine Gewährleistungsfristen ablaufen können. Das folgt aus dem Wesen der subsidiären Haftung des Bauträgers: Ihm gegenüber müssen die Fristen zwangsläufig länger laufen als gegenüber den anderen Baubeteiligten, da ansonsten das Risiko der Schadloshaltung nicht bei dem Bauträger verbliebe.[491] Das hat auch der BGH[492] so entschieden. Die subsidiäre Haftung des Bauträgers lebt allerdings **nicht** wieder auf, wenn die Inanspruchnahme des Dritten (also des Architekten oder Unternehmers) aus Gründen scheitert, die der **Erwerber** zu **vertreten** hat. Lässt der Erwerber die Gewährleistungsansprüche (schuldhaft) verjähren, kann der Bauträger nicht mehr erfolgreich in Anspruch genommen werden.[493] Der Erwerber kann bei drohender Verjährung der ihm abgetretenen Ansprüche verpflichtet sein, dem Bauträger Möglichkeiten zu eröffnen, die Verjährung zu verhindern.[494]

---

485) Vgl. *Vogel*, BauR 2010, 1992.
486) OLG München, Urt. v. 3.7.2012, Az.: 13 U 2506/11, ibr-online – *Dötsch* (Werkstattbeitrag) auch zu den Voraussetzungen der „Vergemeinschaftung" des Anspruchs = ZMR 2013, 53.
487) Die in Betracht kommenden Möglichkeiten zeigt *Basty*, BauR 2012, 316 auf.
488) IBR 2014, 150 – *Karczewski*.
489) BGH, NJW 2016, 2878; BauR 2016, 1013 = NJW 2016, 1572; OLG Frankfurt, a.a.O.
490) BGH, NJW 2016, 2878.
491) Vgl. OLG Köln, VersR 1979, 87; ausführlich: *Fritz*, Rn. 174 ff.
492) BGH, BauR 1984, 634 = NJW 1984, 2573 = ZfBR 1984, 220; BGH, NJW 1981, 2343.
493) BGH, NJW-RR 1991, 342 = BauR 1991, 85 = ZfBR 1991, 12; s. ferner: OLG Düsseldorf, BauR 1991, 362, 366 u. BauR 1992, 775.
494) BGH, BauR 2007, 1221.

Wegen der Verjährung bei Arglist des Bauträgers kann auf die Ausführungen unter Rdn. 2852 verwiesen werden. Sie gelten für den Bauträger entsprechend.[495] Eine Sekundärhaftung wie beim sachwaltenden Architekten des Bauherrn trifft den Bauträger nicht.[496]

Eine nicht unbedeutende Fallgestaltung ergibt sich, wenn der Bauträger von der Baugenehmigung abweicht und sich so ein Anspruch aus § 823 Abs. 2 BGB i.V.m. Vorschriften der Bauordnung ergibt. Hier greift die regelmäßige Verjährungsfrist nach §§ 195, 199 BGB, mit der Folge einer u.U. zehnjährigen Verjährungsfrist.[497]

4. Die Verjährung sonstiger Ansprüche

Literatur

Mansel – Die Neuregelung des Verjährungsrechts NJW 2002, 89; *Tomic*, Verjährung des Kostenerstattungsanspruchs (§§ 4 Nr. 7, 8 Nr. 3 VOB/B), BauR 2006, 441; *Peters*, Die zeitlichen Dimensionen des Ausgleichs zwischen mehreren für einen Baumangel verantwortlichen Personen, NZBau 2007, 337; *Schulze-Hagen*, Verjährung von Gewährleistungsbürgschaften, Vom Bau-Soll zum Bau-Ist, Festschrift für Kapellmann, S. 411; *Zimmermann*, Verjährungsbeginn von Rückzahlungsansprüchen der öffentlichen Auftraggeber, BauR 2007, 1798; *Forster*, Die Verjährung der Mängelansprüche beim Kauf von Baumaterialien NZBau 2007, 479; *Feldhahn*, Bürgschaftsverwertung nach Verjährungseintritt gemäß § 17 Nr. 8 VOB/B?, ZfBR 2009, 3; *Ripke*, Eine kritische Diskussion der Rechtsprechung des BGH aus dem Jahre 1993 zu § 17 Nr. 8 VOB/B – VII ZR 127/91 und VII ZR 221/91, ibr-online 2006, 2 (Langaufsatz); *Pfeiffer*, Gesamtschuldnerausgleich und Verjährung, NJW 2010, 23; *Kniffka*, Gesamtschuldnerausgleich im Baurecht, BauR 2005, 274; *Stamm*, Die Bewältigung der „gestörten Gesamtschuld", NJW 2004, 811; *Dollmann*, Haftung gemäß § 43 GmbHG: Verjährung von Regressansprüchen im Innenverhältnis, GmbHR 2004, 1330; *Heiland*, Forderungssicherungsgesetz: Als Anspruch ist § 648a BGB ein scharfes Schwert, Kurzaufsatz IBR 2008, 493; *Funke*, Bei und nach Eingehung des Bauvertrages zu beachtende Anforderungen an die spätere Durchsetzbarkeit von Forderungen aus Vertragserfüllungs- und Gewährleistungsbürgschaften, BauR 2010, 969; *Sohn/Holtmann*, Die neue Rechtsprechung des BGH zur Gesamtschuld, BauR 2010, 1480; *Gay*, Die Mängelhaftung des Baustoffhändlers, BauR 2010, 1827; *Weise/Hänsel*, Gesamtschuld und Verjährung, NJW-Spezial 2011, 108; *Reimann*, Verjährungsfallen im Baurecht, BauR 2011, 14; *Fuchs*, Der „neue" § 648a BGB – Verbesserung der Zahlungsmoral oder viel Lärm um Nichts?, BauR 2011, 326; *Koppmann*, Der Nachunternehmer- und Lieferantenvertrag am Bau, IBR 2011, 1018, Langaufsatz (nur online); *Ganten*, Erlass und Vergleich durch und mit Gesamtschuldnern, BauR 2011, 404; *Schreiner/Pisal*, Zum Regress des Werkunternehmers bei Materialmengen, BauR 2011, 571; *Kainz*, Zur Problematik des Verjährungsbeginns bei Ansprüchen aus Bauhandwerkersicherung, Bürgschaft und Gesamtschuld BauR 2012, 420; *Bräuer*, Verjährung von Ansprüchen aus einer Gewährleistungsbürgschaft, NZBau 2013, 148; *Lenkeit*, Das neue Widerrufsrecht für Verbraucher bei Verträgen am Bau – Teil II, BauR 2017, 615; *Lindner*, Wann verjähren Rückforderungsansprüche des Auftraggebers wegen Überzahlung des Bauunternehmers?, BauR 2017, 806; *Zahn*, Verjährungsbeginn des Ausgleichsanspruchs bei Gesamtschuld zwischen Architekt und Bauunternehmer – auch bei § 650t BGB n.F. –, BauR 2017, 1262.

---

495) Vgl. auch BGH, IBR 2008, 21 – *Weyer*; OLG Koblenz, IBR 2013, 348 – *Vogel*; OLG Celle, IBR 2009, 142 – *Knychalla*.
496) OLG Schleswig, IBR 2009, 656 – *Karczewski*.
497) OLG Köln, IBR 2013, 151 – *Bolz*.

Die Verjährung sonstiger Ansprüche

a) Anspruch aus Bürgschaftsvertrag

2880 Die Ansprüche aus einer Bürgschaft unterliegen einem eigenen verjährungsrechtlichen Schicksal, losgelöst von der Frage, wann der Hauptanspruch, den sie sichern sollen, verjährt.[498] Dem entsprechend wird der Lauf **dieser** Verjährung beispielsweise auch nicht wie die Verjährung der Hauptforderung durch ein selbstständiges Beweisverfahren zwischen Auftraggeber und Auftragnehmer gehemmt.[499]

Diese Selbstständigkeit der Verjährung des Bürgschaftsanspruchs war nach den Bestimmungen des BGB in der bis zum 1.1.2002 geltenden Fassung von geringer praktischer Bedeutung, da mangels spezieller gesetzlicher Regelung der Anspruch aus der Bürgschaft der 30-jährigen Verjährung des § 195 BGB a.F. unterlag. Seit dem 1.1.2002 gilt für den Anspruch aus der Bürgschaft die Regelverjährung von 3 Jahren gemäß § 195 BGB. Damit ist die Frist bei Gewährleistungsbürgschaften sogar kürzer als die Verjährungsfrist für Mängelansprüche selbst, also für den gesicherten Hauptanspruch nach § 634a Abs. 1 Nr. 2 BGB bzw. § 13 Abs. 4 VOB/B.

2881 Vor diesem Hintergrund hat sich in Rechtsprechung und Literatur ein heftiger Meinungsstreit dazu entzündet, wann der Bürgschaftsanspruch fällig wird und mithin die Verjährungsfrist zu laufen beginnt. Einigkeit besteht noch darin, dass der Beginn der Verjährung Kenntnis bzw. Erkennbarkeit i.S.d. § 199 Abs. 1 Nr. 2 BGB voraussetzt und dass der Sicherungsfall eingetreten sein muss.[500]

Wann die Bürgschaft in Anspruch genommen werden kann, ist also durch Auslegung der Sicherungsabrede zu ermitteln.[501] Damit setzt die Fälligkeit der Bürgschaft in jedem Fall voraus, dass ein Zahlungsanspruch gegen den Bürgen, der regelmäßig nur Zahlung verspricht, gegeben sein muss. Bei einem Hauptanspruch (insbesondere bei Mängelrechten) muss der Anspruch gegen den Hauptschuldner sich folglich zunächst in einen Geldanspruch gewandelt haben (erfolglose Fristsetzung zur Nachbesserung[502], bei vorzeitiger Arbeitseinstellung mit Erfüllungsverweigerung oder mit Beauftragung von Nachfolgeunternehmen).[503]

Darüber hinaus wird aber z.T. als weitere Fälligkeitsvoraussetzung gefordert, dass der Gläubiger den Bürgen auch tatsächlich in Anspruch nimmt.[504] Nach der Gegen-

---

498) BGH, IBR 2008, 266 – *Schmitz*; OLG Celle, IBR 2008, 1282 – *Schmitz*; OLG Koblenz, IBR 2008, 449 – *Vogel*; LG Itzehoe, IBR 2009, 1044 (nur online); vgl. auch *Reimann*, BauR 2011, 14; zum Verhältnis von **Regel- und Ausfallbürgschaft** siehe BGH, IBR 2012, 1306 (nur online) – *Söhnlein* = NJW 2012, 1946.
499) LG Itzehoe, a.a.O.
500) Für die Erfüllungsbürgschaft ist dies der Zeitpunkt der Abnahme oder eines anderen, das Erfüllungsstadium verlassenden Verhaltens, OLG Karlsruhe, IBR 2010, 26 – *Trapp*.
501) BGH, BauR 2001, 109 = NJW-RR 2001, 307.
502) BGH, a.a.O.; KG, BauR 2007, 1058.
503) OLG Stuttgart, NZBau 2010, 761.
504) OLG München, IBR 2007, 265 – *Vogel* – (für MaBV-Bürgschaft); offengelassen: OLG Köln, ZfIR 2006, 548; LG Coburg, BauR 2006, 692; OLG Bamberg, IBR 2007, 553 – *Groß*; OLG München BauR 2006, 2076 (bei einer Bürgschaft nach der Bürge „nach Aufforderung" zu leisten hat); OLG Bamberg, BauR 2006, 2072 (für Bürgschaft auf erstes Anfordern); *Schulze*-Hagen, Festschrift für Kapellmann, S. 411; *ders.*, IBR 2007, 77; *Gay*, NJW 2005, 2585.

auffassung hängt die Fälligkeit nur von der Fälligkeit der Hauptschuld ab.[505] Nach richtiger Auffassung handelt es sich bei Bürgschaftsansprüchen nicht um sogenannte „verhaltene Ansprüche", bei denen der Schuldner nicht von sich aus leisten darf, der Gläubiger aber die Leistung jederzeit fordern kann.[506] Der Bürge wäre nicht gehindert, auch ohne Anforderung mit befreiender Wirkung zu leisten. Dem steht das Interesse des Gläubigers, die Sicherheit vielleicht erst später und für andere Sicherungsfälle verwerten zu wollen, nicht entgegen. Dagegen widerspricht es dem schutzwürdigen Interesse des Bürgen, wenn der Gläubiger alleine durch seine Entscheidung, die Bürgschaft in Anspruch zu nehmen oder nicht, den Verjährungsbeginn bestimmen könnte.[507] Die Streitfrage ist zwischenzeitlich in diesem Sinne durch die Rechtsprechung des BGH weitgehend geklärt. Zunächst hat der BGH mit seiner Entscheidung vom 29.1.2008[508] für die **selbstschuldnerische Bürgschaft** (hier Bürgschaft nach § 7 MaBV) entschieden, dass, wenn die Parteien nichts anderes vereinbart haben, die Bürgschaftsforderung mit der Hauptforderung fällig wird und es hierzu keiner Leistungsanforderung des Gläubigers bedarf.

Mit einer weiteren Entscheidung vom 8.7.2008[509] hat er diese Rechtsprechung für eine **Bürgschaft auf erstes Anfordern** bestätigt. In der Abrede „auf erstes Anfordern" sei keine Fälligkeitsbestimmung zu sehen, sondern nur eine Regelung zur Möglichkeit, Einwendungen im Zahlungsprozess geltend zu machen.

Schließlich hat der BGH seine Auffassung auch auf die **Gewährleistungsbürgschaft** erstreckt.[510] Der Sicherungsfall tritt schon mit Ablauf der gesetzten Nachbesserungsfrist ein. Es bedarf dazu nicht der Entscheidung des Auftraggebers, einen Zahlungsanspruch geltend zu machen.[511] Z.T. wurde (jedenfalls für den Kostenvorschussanspruch) die Auffassung vertreten, der Sicherungsfall trete erst ein, wenn der Auftraggeber einen bezifferten und dadurch konkretisierten Geldanspruch erhebe.[512] Dem soll es gleichstehen, wenn der Unternehmer die Mängelbeseitigung endgültig ablehnt.[513] Letzteres kann jedenfalls solange nicht gelten, wie der Auftraggeber nicht seinerseits die Verweigerung des Unternehmers hingenommen und daraus Zahlungsansprüche geltend gemacht hat. Der Unternehmer, der unberechtigt die Erfüllung seiner Nachbesserungspflicht ablehnt, hätte es sonst in der Hand, den Auftraggeber, der auf Erfüllung besteht, in den Zahlungsanspruch zu zwingen und die Verjährungsfrist gegen den Bürgen in Gang zu setzen. Nach h.M. ist der Zahlungsanspruch schon gegeben, auch wenn der Gläubiger noch zum Nacherfül-

---

505) OLG Stuttgart, NJW-RR 2010, 895; OLG Karlsruhe, IBR 2008, 150 – *Vogel*; OLG Frankfurt, IBR 2008, 149 – *Alfes*; KG, Urt. v. 26.1.2007, AZ: 6 U 128/06, ibr-online – *Vogel* = BauR 2007, 1896; KG, BauR 2007, 547; OLG Hamm, BauR 2007, 1265; LG Regensburg, IBR 2007, 78 – *Vogel*; *May*, IBR 2007, 115; *Hohmann*, WM 2004, 757; *Palandt/Sprau* § 765 Rn. 25 f.; *Bräuer*, NZBau 2007, 477.
506) *Palandt/Grüneberg* § 271 Rn. 1; *Palandt/Ellenberger* § 199 Rn. 3.
507) Vgl. *Lauer/Wurm*, Rn. 999 ff.
508) BauR 2008, 986 = IBR 2008, 266 – *C. Schmitz*.
509) IBR 2008, 575 – *Vogel*.
510) BGH, NJW 2013, 1228 = IBR 2013, 23, 24 – *C.Schmitz* = ZfBR 2013, 28; KG, IBR 2015, 2390 – *Groß*; zuvor schon OLG Schleswig, IBR 2009, 453 – *Groß*.
511) BGH, a.a.O.
512) OLG Karlsruhe, IBR 2010, 84 – *Heiliger*; KG, IBR 2007, 76 – *Miernik*; OLG Köln, BauR 2006, 719 = IBR 2006, 93 – *Wolff*; LG Konstanz, IBR 2009, 455 – *Heiliger*.
513) LG Konstanz a.a.O.

Die Verjährung sonstiger Ansprüche

lungsverlangen zurückkehren kann.[514] Unter dem bis zum 31.12.2001 geltenden Recht soll, wenn keine Ablehnungsandrohung ausgesprochen wurde, der Anspruch fällig geworden sein, wenn der Hauptschuldner auf Zahlung in Anspruch genommen wurde.[515] Im Übrigen ist aber auch in diesem Zusammenhang nach zutreffender Auffassung nicht die Geltendmachung einer Zahlungsforderung an den Bürgen zur Fälligkeit und damit zum Eintritt des Sicherungsfalles erforderlich. Das gilt aber nicht, wenn ausnahmsweise mit dem Bürgen vereinbart ist, dass sich der Gläubiger an den Bürgen wenden kann, wenn der Hauptschuldner nicht zahlt und der Bürge nach Aufforderung zu leisten hat. Eine solche Abrede stellt eine vertragliche Fälligkeitsvoraussetzung dar und bestimmt eine vom Gesetz abweichende Fälligkeit.[516] Für die Entstehung des Anspruchs ist es hinreichend, dass der Gläubiger seine Forderung wenigstens mit einer Feststellungsklage verfolgen kann.[517] Dabei ist aber stets die Subsidiarität der Feststellungsklage gegenüber der Leistungsklage zu beachten. Die Feststellungsklage wird nicht dadurch zulässig, dass noch Streit mit dem Hauptschuldner über die Höhe der Forderung besteht.[518] Das ist dem Auftraggeber nach Fristablauf möglich. Ob er sich dafür entscheidet, oder weitere Fristen setzt, ist für den Beginn der Verjährung gegenüber dem Bürgen unerheblich.[519]

2882 Die Parteien des Bürgschaftsvertrages haben es in der Hand, eine allzu frühe Verjährung zu verhindern, wenn sie den Eintritt der Verjährung durch entsprechende Individualabrede an die Verjährung der Hautforderung knüpfen.[520] Dabei ist die Höchstgrenze von 30 Jahren gemäß § 202 Abs. 2 BGB zu beachten.[521] Der BGH selbst hat ausdrücklich auf die Möglichkeit hingewiesen, dass die Parteien des Bürgschaftsvertrags vereinbaren, dass die Forderung aus der Bürgschaft erst mit Zahlungsaufforderung fällig werden soll.[522] Inwieweit solche Vereinbarungen auch als AGB zulässig sind, ist streitig.[523] Dass derartige Vereinbarungen vom gesetzlichen Leitbild abweichen, ist nicht zweifelhaft. Sie dürften aber gleichwohl nicht zu einer unangemessenen Benachteiligung des Bürgen führen.[524] Sicher ist eine solche Regelung aber in Anbetracht der bauvertraglichen Praxis nicht überraschend i.S.d. § 315c BGB.[525] Zulässig ist nach der Rechtsprechung des BGH auch die Verlängerung der Verjährungsfrist einer Bürgschaftsforderung von drei

---

514) OLG Stuttgart, NZBau 2010, 172; *Funke*, BauR 2010, 969; **a.A.:** *Schulze-Hagen*, BauR 2007, 170 (185).
515) OLG Frankfurt, IBR 2011, 83 – *Schellenberg;* OLG Karlsruhe, BauR 2010, 664.
516) OLG Dresden, IBR 2011, 84 – *Scheel.*
517) *Palandt/Ellenberger,* § 199 BGB, Rn. 3.
518) LG Gießen, IBR 2011, 1229 – *Dietrich* (nur online).
519) *Klein/Moufang/Koos,* BauR 2009, 333, 339.
520) OLG Bamberg, IBR 2007, 553 – *Groß*; dies kann jedoch auch zu einer Verkürzung der Frist führen: vgl. OLG Hamm, NJW 2010, 2737.
521) Vgl. *Koppmann,* IBR 2005, 489.
522) BGH, NJW 2013, 1803; BGH, IBR 2013, 77 – *C. Schmitz*; BGH, IBR 2008. 266 (Tz. 25); siehe auch BGH, NZBau 2010, 426.
523) Ablehnend: OLG Frankfurt, IBR, 2007 483 – *Wellensiek*; *Heiliger*, IBR 2009, 455;*C. Schmitz,* IBR 2008, 266; *C. Schmitz,* Sicherheiten für die Bauvertragsparteien, ibr-online, Stand 10.8.2015, Rn. 247; siehe auch *Althaus/Heindel,* Stand 18.9.2013, Teil 7 Rn. 9.
524) OLG München, Urt. v. 19.6.2012, AZ: 5 U 3445/11, ibr-online – *C. Schmitz* (Werkstattbeitrag); so auch *Klein/Moufang/Koos,* a.a.O.
525) So aber OLG Frankfurt, a.a.O.

auf fünf Jahre, jedenfalls in einer AGB-Klausel, die dem Bürgen hinsichtlich der Verjährung auch Vorteile verschafft.[526)] Unwirksam ist dagegen eine in AGB des Auftraggebers enthaltene Klausel, wonach der Bürge auf die Einrede der Verjährung hinsichtlich der Hauptforderung verzichtet.[527)]

2883 Grundsätzlich kann sich der Bürge gem. § 768 BGB auf die Verjährung der Hauptforderung berufen. Eine Klage gegen den Bürgen hemmt auch die Verjährung der Hauptforderung in der Regel nicht,[528)] sodass selbst nach rechtskräftiger Verurteilung des Bürgen sich dieser gegen die Vollstreckung mit der Einrede der Verjährung der Hauptschuld zur Wehr setzen kann.[529)] Das ist jedoch anders, wenn der Hauptschuldner als Rechtsperson untergegangen ist.[530)] In diesem Fall ist bei der Prüfung der für die Berechnung des Beginns der Verjährungsfrist erforderlichen subjektiven Voraussetzungen des § 199 Abs. 1 BGB auf die Person des Bürgen abzustellen.[531)] Der BGH hat aber nun klargestellt, dass sich der Bürge nicht auf die Einrede der Verjährung der Hauptschuld berufen kann, wenn aufgrund eines gegen den Hauptschuldner ergangenen rechtskräftigen Urteils gegen diesen eine neue 30-jährige Verjährungsfrist in Lauf gesetzt wurde und sich der Hauptschuldner erfolglos auf die Einrede der Verjährung berufen hatte.[532)] Einen Verzicht des Hauptschuldners auf die Einrede der Verjährung muss der Bürge nicht gegen sich gelten lassen.[533)] Allerdings hemmen ernsthafte Verhandlungen des Hauptschuldners mit dem Gläubiger die Verjährung auch zu Lasten des Bürgen.[534)] Die Hemmung beschränkt sich aber auf die Verjährung der Hauptschuld und erfasst nicht den Lauf der Verjährung des Bürgschaftsanspruchs.[535)]

Der Bürge soll sich im Übrigen auf die Verjährung der Hauptschuld aber nicht berufen können, wenn der haftungsbegründende Mangel in unverjährter Zeit gerügt wurde.[536)] Diese Auffassung geht zurück auf zwei Entscheidungen des BGH[537)] zu § 17 Nr. 8 VOB/B a.F. Ob diese Ansicht zutreffend ist, wurde mehr und mehr bezweifelt.[538)] Die Inanspruchnahme des Bürgen ließ die Rechtsprechung meist daran scheitern, dass § 17 Nr. 8 VOB/B a.F. einer im konkreten Fall vorzunehmenden In-

---

526) BGH, BauR 2015, 1485; OLG München, BeckRS 2012, 13146.
527) OLG München, IBR 2015, 486 – *Kohlhammer*.
528) OLG Koblenz, IBR 2008, 26 – *Vogel*.
529) KG, IBR 2014, 85 – *Michalczyk*.
530) BGH, BauR 2009, 1747.
531) BGH, BeckRS 2012, 07799.
532) BGH, BauR 2016, 2083.
533) BGH, IBR 2008, 25 – *Schulze-Hagen*.
534) BGH, Urt. v. 26.1.2010, AZ: XI ZR 12/09, ibr-online – *Schwenker* (Werkstattbeitrag); BauR 2009, 1747 = IBR 2009, 582 – *C. Schmitz*.
535) BGH, NJW 2009, 587; OLG Stuttgart, NJW-RR 2010, 895.
536) BGH, IBR 1993, 139; IBR 1993, 189; OLG Koblenz, BeckRS 2013, 17355; KG, BauR 2007, 547; OLG Köln, BauR 2005, 1368; OLG Köln, BB 1993, 1831 = BauR 1993, 746 = NJW-RR 1994, 16; LG Ravensburg, BeckRS 2013, 19150; *Ripke*, IBR 2006, 2; einschränkend *Maxem*, NZBau, 2007, 72, der für das neue Recht nicht nur eine Mängelrüge, sondern eine erfolglose Fristsetzung für erforderlich hält; **a.A.:** bei isolierter Inhaltskontrolle von § 17 Nr. 8 Satz 2 VOB/B a.F. OLG Dresden, IBR 2008, 94 – *Ripke*; vgl. auch LG Essen, IBR 2009, 712 – *Ripke*; OLG München, IBR 2009, 25 – *C. Schmitz*; KG, BauR 2007, 1058.
537) NJW 1993, 1131; NJW 1993, 1132.
538) OLG Dresden, IBR 2008, 94 – *Ripke*; LG Halle, BauR 2006, 128; LG Hannover, IBR 2009, 1171 – *Ripke*; *Ripke*, IBR 2006, 2; *Feldhahn*, ZfBR 2009, 3 m.w.N.

Die Verjährung sonstiger Ansprüche   Rdn. 2883

haltskontrolle nicht standhielt. Der **BGH hat dann für § 17 Nr. 8 Abs. 2 VOB/B 2002 entschieden**, dass der Auftraggeber eine als Sicherheit für Mängelansprüche erhaltene Bürgschaft nach Ablauf der zweijährigen Sicherungszeit nicht (mehr) zurückhalten darf, wenn diese Mängelansprüche verjährt sind und der Auftragnehmer die Einrede der Verjährung erhebt.[539] Danach dürfte die Rechtsprechung des BGH aus den beiden oben erwähnten Entscheidungen für die Neufassung der VOB/B nicht mehr gelten.

Wenn empfohlen wird, dem Bürgen im Rechtsstreit mit dem Unternehmer den Streit zu verkünden, um die Verjährung des Anspruchs gegen den Bürgen zu hemmen (§ 204 Abs. 1 Nr. 6 BGB),[540] ist davon dringend abzuraten. Eine solche Streitverkündung wäre unzulässig und damit nicht verjährungshemmend, denn es fehlt an der für die Streitverkündung gemäß § 72 ZPO erforderlichen Alternativität der Haftung von Bürgen und Hauptschuldner.[541]

Ist der Anspruch aus der Bürgschaft verjährt, so ist diese herauszugeben. Dieser Anspruch wiederum unterliegt der Verjährung gem. §§ 195, 199 BGB.[542] Nach Auffassung des OLG Dresden soll der Herausgabeanspruch des Auftragnehmers gegen den Auftraggeber wegen Verjährung der Bürgschaftsschuld aber voraussetzen, dass sich der Bürge auf die Einrede der Verjährung beruft.[543]

Erfüllt der Bürge zulässigerweise die Forderung durch Hinterlegung bei der Hinterlegungsstelle des Amtsgerichts, kann der bisherige Bürgschaftsgläubiger nunmehr als Pfandgläubiger die Forderung bei der Hinterlegungsstelle einziehen, ohne dass es auf die Verjährung der gesicherten Hauptforderung oder der vormaligen Bürgschaftsforderung ankommt.[544]

Schließlich ist für den auf den Bürgen nach § 774 Abs. 1 BGB übergehenden Anspruch zu beachten, dass dieser nach den für den übergegangenen Anspruch geltenden Regeln verjährt. Der Rückgriff aus dem Innenverhältnis, also aus dem Anspruch gemäß §§ 675, 670 BGB entsteht erst mit Zahlung und nicht schon mit einer Kostenübernahmeerklärung des Bürgen, so dass die Verjährung erst nach der Zahlung zu laufen beginnt.[545]

Die Forderung aus einer zur Abwendung der Sicherungsvollstreckung geleisteten Prozessbürgschaft wird mit Rechtskraft des Urteils, dessen Vollstreckung abgewendet werden sollte, fällig, ohne dass[546] es einer Leistungsaufforderung bedarf. Der Anspruch verjährt in der Regelverjährungsfrist gemäß §§ 195, 199 BGB.

---

539) BGH, IBR 2015, 485 – *Vogel*.
540) *Kainz*, BauR 2012, 420 (427).
541) *Schwenker*, IBR 2010, 1315 (nur online); *Ulrich*, IBR 2009, 556; Kniffka/Koeble, 16. Teil Rn. 19; *Kniffka*, in: Kniffka, Stand 18.9.2016, § 634a Rn. 127.
542) Vgl. OLG Karlsruhe IBR 2010, 26 – *Trapp*; OLG Schleswig, IBR 2009, 453 – *Groß*; OLG Dresden, IBR 2008, 651 – *Roscher* (allerdings unzutreffend zur Verjährung des Anspruchs auf Unterlassung der Inanspruchnahme der Bürgschaft), *Roscher* a.a.O.
543) IBR 2013, 540 – *Zebisch*.
544) BGH, IBR 2014, 21 – *C. Schmitz*.
545) OLG Karlsruhe, IBR 2015, 428 – *Ripke*.
546) BGH, NJW 2015, 351.

b) Ausgleichsanspruch unter Gesamtschuldnern

2884 Zu den im Baurecht seit Einführung des SchRModG intensiv diskutierten Problemstellungen gehört der Gesamtschuldnerausgleich nach § 426 BGB.[547] Das hat seinen Grund zum einen in der erheblichen Verkürzung der Regelverjährungsfrist und zum Zweiten darin, dass für den Verjährungsbeginn das Kenntniselement[548] Einzug in die Verjährungsproblematik gehalten hat.

Der Anspruch aus § 426 Abs. 1 BGB (gesetzlicher Ausgleichsanspruch) verjährt in der regelmäßigen Frist der §§ 195, 199 BGB, also in drei, maximal 10 Jahren[549]. Die Höchstfrist hat nun nach Ablauf von mehr als zehn Jahren seit Inkrafttreten des SchRModG gerade in diesem Zusammenhang erhebliche praktische Bedeutung erlangt. Der Anspruch entsteht bereits mit der Begründung der Gesamtschuld.[550] Das gilt unabhängig von seiner Ausprägung als Mitwirkungs-, Befreiungs- oder Zahlungsanspruch. Wann der Ausgleichsberechtigte Zahlung an den Gläubiger geleistet hat, ist also für den Verjährungsbeginn des Ausgleichsanspruchs unerheblich.[551] Für die Kenntnis aller Umstände, die einen Ausgleichsanspruch nach § 426 Abs. 1 BGB begründen, ist es erforderlich, dass der Ausgleichsberechtigte

* Kenntnisse von den Umständen hat, die zu einem Anspruch des Gläubigers gegen den Ausgleichsverpflichteten führen,
* von denjenigen, die einen Anspruch des Gläubigers gegen ihn selbst bewirken,
* und schließlich von den Umständen, die im Innenverhältnis eine Ausgleichspflicht begründen.[552]

Nach Auffassung des OLG Karlsruhe[553] ist dazu nicht hinreichend, dass der Ausgleichsberechtigte eine Mangelerscheinung im Sinne der Symptomtheorie kennt. Er muss vielmehr die unterschiedlichen haftungsbegründenden Beiträge der Beteiligten in Grundzügen kennen. Dazu muss die Mangelursache bekannt sein. Die Kenntnis bzw. grob fahrlässige Unkenntnis kann aber schon zu einem frühen Zeitpunkt und u.U. schon vor einer Mängelrüge gegeben sein. Das ist beispielsweise der Fall, wenn der Architekt weiß, dass er seine Überwachungspflichten massiv verletzt hat.[554] Grob fahrlässige Unkenntnis aller Umstände, die einen Ausgleichsanspruch nach § 426 Abs.1 BGB begründen, liegt jedenfalls bereits dann vor, wenn der Anspruchsberechtigte sich die Kenntnis in zumutbarer Weise ohne nennenswerte Mühe beschaffen kann, die auf der Hand liegenden Erkenntnismöglichkeiten jedoch nicht nutzt.[555] Die Verjährung des Ausgleichsanspruchs wird durch das Leistungsver-

---

547) Vgl. Rdn. 2507 ff.; *Pfeiffer*, NJW 2010, 23; *Sohn/Holtmann*, BauR 2010, 1480; *Ganten*, BauR 2011, 404.
548) Vgl. Rdn. 2815.
549) Vgl. hierzu: *Peters*, NZBau 2007, 337; *Reichelt/Staab*, BTR 2006, 11; *Lauer/Wurm*, Rn. 988; *Lenkeit*, BauR 2002, 196, 228.
550) BGH, IBR 2017, 104; BGH NJW 2010, 60; OLG Frankfurt, NJW-Spezial 2011, 142; *Weise/Hänsel*, NJW-Spezial 2011, 108.
551) **A.A.:** *Peters*, NZBau 2007, 337 (341); *Dollmann*, GmbHR 2004, 1330.
552) BGH, a.a.O.; OLG München, NJW-RR 2011, 530; OLG Frankfurt, BeckRS 2011, 06689; *Kainz*, BauR 2012, 420.
553) IBR 2013, 635 – *Bröker*.
554) OLG Frankfurt, IBR 2013, 159 – *Sacher*.
555) OLG Düsseldorf, BauR 2016, 140.

Die Verjährung sonstiger Ansprüche   Rdn. 2884

weigerungsrecht gem. § 650t BGB des neuen Werkvertragsrechts 2018 nicht berührt (s. Rdn. 2873).[556]

Der Anspruch aus § 426 Abs. 2 BGB (übergegangener Anspruch) verjährt in der Frist, die für den übergegangenen Anspruch gilt, also bei Mängelansprüchen in der Regel gemäß § 634a BGB in fünf Jahren, es sei denn, dass vertraglich eine andere Regelung getroffen worden ist (Siehe im Einzelnen Rdn. 2507 ff.).

Der BGH hat stets betont, dass der Ausgleichsanspruch gem. § 426 Abs.1 BGB einer eigenständigen Verjährung unterliege, die nicht mit Blick auf die Verjährungsfrist des Anspruchs gegen die Gesamtschuldner zu korrigieren sei.[557] Vor dem Inkrafttreten des SchRModG unterlag der Ausgleichsanspruch der regelmäßigen Verjährung von 30 Jahren, sodass der Ausgleichspflichtige Gesamtschuldner noch lange nachdem der Anspruch des Gläubigers gegen ihn verjährt war, mit seiner Inanspruchnahme rechnen musste. Die Verkürzung der regelmäßigen Verjährungsfrist auf 3 bzw. maximal 10 Jahre gem. §§ 195, 199 BGB hat dieses Problem entschärft. Gleichwohl wird z.T. die Auffassung vertreten, dass das Ergebnis einer Korrektur bedarf, jedenfalls dann, wenn der Anspruch des Gläubigers im Zeitpunkt der Leistung des ausgleichsberechtigten Gesamtschuldners bereits verjährt war.[558] In diesem Falle sei der Anspruch gegen den ausgleichsberechtigten Gesamtschuldner von vornherein reduziert. Zahle dieser dennoch die volle Schuld, so könne er keinen Ausgleich verlangen, da er auf eine Nichtschuld gezahlt habe.

Der BGH[559] hat diesen Überlegungen eine Absage erteilt. Der Gläubiger sei gem. § 421 S. 1 BGB frei, die Leistung nur von einem der Schuldner ganz oder teilweise zu verlangen. Wenn dann die Forderung gegen den nicht in Anspruch genommenen Schuldner verjähre, so könne ihm das nicht zum Nachteil gereichen. Der Gläubiger behält also seinen Anspruch ungeschmälert, kann den anderen Gesamtschuldner in vollem Umfang in Anspruch nehmen und dieser bleibt zum Regress berechtigt. Allenfalls dann, wenn sich das Verhalten des Gläubigers als rechtsmissbräuchlich darstellt, kommt danach eine Wirkung gegenüber dem in Anspruch genommenen Gesamtschuldner in Betracht. Ob diese Ergebnis allerdings mit der Wertung des BGH[560] für den insoweit vergleichbaren Fall der Verjährung in der Vertragskette in Einklang steht, darf bezweifelt werden. Hier verlangt die Rechtsprechung, dass sich der Generalunternehmer gegenüber seinem Auftraggeber auf die Einrede der Verjährung beruft und verweigert mit dem Hinweis auf diese Möglichkeit Ansprüche gegen den verantwortlichen Nachunternehmer.[561] Konsequenterweise muss sich ein in Anspruch genommener Gesamtschuldner ebenfalls auf die Einrede der Verjährung berufen. Tut er dies nicht, so sollte ihm der Ausgleichsanspruch versagt werden.

---

556) *Zahn*, BauR 2017, 1262.
557) BGH, NJW 1972, 942.
558) OLG Koblenz, OLGR 2008, 495; *Stamm*, NJW 2004, 811; zum Meinungsstreit siehe auch *Pfeiffer*, NJW 2010, 23.
559) NJW 2010, 62 = NZBau 2010, 45; vgl. auch *Pfeiffer*, a.a.O.; *Kniffka*, BauR 2005, 274.
560) IBR 2008, 640 – *Ulbrich*.
561) Anmerkung *Schwenker*, IBR. 2010, 79.

c) weitere sonstige Ansprüche

2885
- **Abstraktes Schuldanerkenntnis**
Der Anspruch verjährt in der regelmäßigen Verjährungsfrist des § 195 BGB, also in drei Jahren. Wird das Anerkenntnis in vollstreckbarer notarieller Urkunde abgegeben, so beträgt die Verjährungsfrist gem. § 197 Abs. 1 Nr. 4 BGB 30 Jahre. § 216 Abs. 2 BGB ist analog anzuwenden, sodass sich der Schuldner nicht auf die Verjährung der durch das abstrakte Schuldanerkenntnis gesicherten Anspruch berufen kann.[562]

- **Abtransport und Entsorgung**
Ein Vertrag über **Abtransport und Entsorgung von Abrissmaterial** unterfällt nicht dem Frachtrecht und der dafür geltenden kurzen Verjährung des § 439 Abs. 1 HGB.
Der Anspruch unterliegt der werkvertraglichen Verjährungsregelung.[563]

- **Anspruch aus Vertragskündigung/VOB**
Der Schadensersatzanspruch des Auftraggebers gegen den Auftragnehmer aus § 8 Abs. 3 Nr. 2 VOB/B (Auftragsentzug) verjährt grundsätzlich in 3 Jahren, § 195 BGB; soweit er auf § 4 Abs. 7 VOB/B beruht, verjährt er nach der Abnahme allerdings in der Frist des § 13 Abs. 4 VOB/B.[564]

- **Anspruch aus Vertragskündigung/BGB**
Kündigt der Auftraggeber den Werkvertrag, weil der Unternehmer den Vertragszweck schuldhaft in erheblichem Maße gefährdet hat, so verjährt der aus dem Verhalten des Unternehmers hergeleitete Schadensersatzanspruch des Auftraggebers (etwa auf Erstattung unvermeidlicher Mehraufwendungen zur Fertigstellung des Werkes) nicht nach § 634a BGB, sondern in 3 Jahren, § 195 BGB.[565]

- **Akzessorische Haftung des BGB-Gesellschafters**
Seit Anerkennung der Rechtsfähigkeit der BGB-Gesellschaft richtet sich die Haftung ihrer Gesellschafter nach § 128 HGB analog. Die für die Gesellschaftsschuld maßgebliche Verjährung gilt auch für diesen Anspruch.[566]

- **Auskunftsanspruch**
Die Verjährung eines Auskunftsanspruches richtet sich nach der Verjährung des Hauptanspruches.[567] Der Auskunftsanspruch nach § 666 BGB ist ein verhaltener Anspruch, der das Auskunftsverlangen voraussetzt.[568]

- **Auskunfts- oder Beratungsvertrag**
Schadensersatzansprüche aus der Schlechterfüllung eines selbstständigen, unentgeltlichen Auskunfts- oder Beratungsvertrages verjähren gemäß § 195 BGB in 3 Jahren.

---

562) BGH, MDR 2010, 333.
563) KG, IBR 2011, 405 – *Krause-Allenstein*.
564) BGH, NJW 1974, 1707.
565) BGH, NJW 1983, 2439 = BauR 1983, 359 = DB 1983, 2459.
566) BGH, MDR 2010, 331.
567) BGH, BeckRS 2011, 28853; BGH, IMR 2012, 10 – *Fodor*; BGH, NJW 1961, 602; OLG Düsseldorf, BauR 1997, 510.
568) BGH, BeckRS 2011, 28853.

Die Verjährung sonstiger Ansprüche   Rdn. 2885

* **Beseitigung einer Beeinträchtigung der Grunddienstbarkeit**
  Der Anspruch auf Beseitigung einer Beeinträchtigung der Grunddienstbarkeit, die durch eine Anlage auf dem dienenden Grundstück verursacht wird, verjährt in entsprechender Anwendung von § 197 Nr. 2 BGB in dreißig Jahren, wenn es um die Verwirklichung des Rechts selbst und nicht nur um eine Störung in der Ausübung geht.[569]
* **Verletzung von Beratungs-, Aufklärungs- und Informationspflichten**
  Diese Ansprüche unterliegen grundsätzlich der Regelverjährung, § 195 BGB. Soweit allerdings die Pflichtverletzung zu einem Mangel der Bauleistung des Unternehmers geführt hat, kommt auch ein Anspruch gemäß § 634a BGB in Betracht.
* **Auszahlungsanspruch aus Sicherheitsleistung**
  Erfolgt die Sicherheitsleistung gemäß § 17 Abs. 6 VOB/B durch Einbehalt eines Teils des Werklohns, ist dieser Werklohn gestundet.[570] Der Anspruch des Auftragnehmers auf Auszahlung gemäß § 17 Abs. 8 VOB/B (Fälligkeit nach Vereinbarung, ohne abweichende Vereinbarung 2 Jahre) verjährt dann in den Verjährungsfristen des § 195 BGB, die für den Werklohnanspruch gelten (vgl. Rdn. 2834 ff.).[571] Die Verjährungsfrist beginnt auch hier mit dem Schluss des Jahres, in dem der Auszahlungsanspruch fällig geworden ist. Macht der Auftragnehmer von seinem Recht Gebrauch, den Sicherheitseinbehalt durch Stellung einer Gewährleistungsbürgschaft abzulösen, wird der Vergütungsanspruch insoweit sofort fällig und die Verjährungsfrist beginnt am Schluss des Jahres, in dem die Ersatzsicherheit gestellt wurde.[572]
* **Befreiungsanspruch aus § 257 BGB**
  Der Befreiungsanspruch aus § 257 BGB unterliegt der regelmäßigen Verjährung gem. § 195 BGB und wird sofort mit der Eingehung der Verbindlichkeit fällig, von der freizustellen ist, selbst wenn diese Verbindlichkeit ihrerseits noch nicht fällig ist. Das führt zu dem eigentümlichen Ergebnis, dass der Beauftragte oder Geschäftsbesorger seinen Befreiungsanspruch u.U. schon verliert, bevor die Drittforderung, von der freizustellen wäre, selbst fällig ist. Er behielte aber seine Anspruch auf Aufwendungsersatz. Dieser Widerspruch kann aufgelöst werden, wenn man für die Verjährung nicht auf die Fälligkeit des Befreiungsanspruchs, sondern die Fälligkeit der Drittforderung abstellt.[573]
* **Behinderungsanspruch gemäß § 6 Abs. 6 VOB/B**
  Der vergütungsgleiche Ersatzanspruch des Auftragnehmers gemäß § 6 Abs. 6 VOB/B verjährt in der regelmäßigen Frist von drei Jahren, § 195 BGB.[574] Wann die Verjährung beginnt, ist umstritten.[575] In Betracht kommt insoweit der Zeitpunkt, in dem der Anspruch entstanden ist, also sich infolge der Behinderung

---

569) BGH, ZfIR 2015, 111 mit Anm. *Kesseler.*
570) KG, BauR 1981, 265.
571) *Lenkeit*, BauR 2002, 196, 200; *Heiermann/Mansfeld*, in: Heiermann/Riedl/Rusam, § 17/B, Rn. 97.
572) OLG Frankfurt, OLGR 2006, 7.
573) So die neuere Rechtsprechung des BGH: BGH, NJW 2011, 2351; BGH, NJW 2010, 2197; BGH, NJW-RR, 2010, 333; auch OLG Hamm, BeckRS 2011, 04893.
574) BGHZ 50, 25 = BGH, NJW 1968, 1234; OLG Zweibrücken, BauR 2002, 1857.
575) Vgl. hierzu *Kapellmann*, BauR 1985, 123 ff.

erstmals ein Schaden realisiert hat, oder der Zeitpunkt, in dem dem Auftraggeber eine prüfbare Abrechnung vorgelegt wird. Die Entscheidung hängt im Wesentlichen davon ab, wie der Anspruch aus § 6 Abs. 6 VOB/B eingeordnet wird. Sieht man diesen Anspruch als reinen Schadensersatzanspruch[576] an, gilt der Zeitpunkt der Entstehung des Schadensersatzanspruches; geht man von einem vergütungsgleichen oder vergütungsähnlichen Anspruch aus, ist eine **prüfbare Abrechnung** gemäß § 14 Abs. 1 VOB/B zu verlangen, sodass die Verjährung erst mit dem Ende des Jahres beginnt, in dem eine prüfbare Abrechnung gemäß § 14 Abs. 1 VOB/B vorgelegt wird.[577]

Die Ansprüche des Auftraggebers nach § 6 Abs. 6 VOB/B sollen wegen ihrer inhaltlichen Nähe zu den Ansprüchen aus § 4 Abs. 7 bzw. § 13 Abs. 7 VOB/B nach den Regeln des § 13 Abs. 4 VOB/B verjähren.[578] Der Auffassung kann nicht gefolgt werden, denn Anknüpfungspunkt für die Regelungen des § 13 VOB/B ist der Sachmangel der Leistung, nicht aber jede Schlechtleistung. Da die Bestimmungen der VOB/B als Vertragsrecht einer Analogie nicht zugänglich sind, bildet der Wortlaut auch die Grenzen der Anwendungsmöglichkeit. Einschlägig ist also auch hier die Regelverjährung nach § 195 BGB.

* **Beseitigungsanspruch aus § 1004 BGB**
Der Anspruch verjährt in der regelmäßigen Verjährungsfrist von 3 Jahren, § 195 BGB.[579] Er wird nicht fällig, solange die Störung zu dulden ist.[580]
* **Bodenschutzrechtlicher Ausgleichsanspruch nach § 24 Abs. 2 BBodSchG**
Die Verjährungsfrist beträgt nach § 24 Abs. 2 BBodSchG grundsätzlich drei Jahre. Sie setzt die Beendigung der gesamten im Einzelfall erforderlichen bzw. angeordneten Maßnahmen voraus.[581]
* **Deklaratorisches Schuldanerkenntnis**
Ansprüche aus einem deklaratorischen Schuldanerkenntnis verjähren in der für das zugrunde liegende Schuldverhältnis geltenden Frist.[582]
* **Deliktischer Bereicherungsanspruch gemäß § 852 Satz 1 BGB**
Der Anspruch verjährt in 10 Jahren nach dessen Entstehung, ohne Rücksicht auf die Entstehung in 30 Jahren von der Begehung der Verletzungshandlung oder dem sonstigen Schaden stiftenden Ereignis an (§ 852 S. 2 BGB).
* **Deliktischer Schadensersatzanspruch gemäß § 823 BGB aus nicht mit Baumangelunwert stoffgleichem Schaden.**[583]
Der Anspruch verjährt in der regelmäßigen Verjährungsfrist gemäß §§ 195, 199 BGB.

---

576) OLG Frankfurt, BauR 1980, 570 = MDR 1980, 754; *Kapellmann*, BauR 1985, 123 ff.
577) *Joussen*, in Vygen/Joussen/Schubert/Lang, Teil A, Rn. 668 f.; *Kuffer*, in: Heiermann/Riedl/Rusam, § 6/B, Rn. 79; so wohl auch: BGH, BauR 1987, 95 = NJW 1987, 382 = ZfBR 1987, 38; a.A.: *Döring*, in: Ingenstau/Korbion, § 6 Abs. 6/B, Rn. 51.
578) *Kuffer*, in: Heiermann/Riedl/Rusam, § 6/B, Rn. 81.
579) BGH, IBR 2011, 204 – *Brinkmann* = NJW *2011, 1068*; BGH, BauR 1994, 383; OLG Koblenz, BeckRS 2013, 18673; OLG Stuttgart, BeckRS 2012, 00798; OLG Brandenburg, BeckRS 2011, 07497; OLG Köln, ZMR 1994, 115; LG Hamburg, IMR 2011, 507 – *Fleßner*.
580) BGH, NJW-RR 2013, 652.
581) BGH, NJW 2012, 3737 = BauR 2013, 449.
582) OLG Frankfurt, MDR 1984, 400.
583) OLG Köln, IBR 2013, 151; zu solchen Ansprüchen nach der Schuldrechtsreform vgl. OLG Jena, IBR 2013, 20 – *Schulz*.

Die Verjährung sonstiger Ansprüche

* **Entschädigungsanspruch gemäß § 642 BGB**
  (unterlassene Mitwirkung des Auftraggebers)
  Der Anspruch verjährt in der regelmäßigen Verjährungsfrist von drei Jahren, § 195 BGB.[584]
* **Anspruch aus Garantievertrag**
  Es gilt die regelmäßige Verjährungsfrist von drei Jahren, § 195 BGB.[585]
  Bei Vereinbarung einer **Beschaffenheitsgarantie** ohne Fristbestimmung ist im Zweifel davon auszugehen, dass die Parteien die gesetzliche Frist für Mängelansprüche als Garantiefrist vereinbart haben.[586]
* **Anspruch aus Gerüstbauvertrag**
  Ansprüche wegen Beschädigung eines Gerüstes unterliegen der mietvertraglichen Verjährungsfrist von 6 Monaten gemäß § 548 Abs. 1 BGB.[587]
* **Geschäftsführung ohne Auftrag**
  Der Anspruch verjährt in drei Jahren, § 195 BGB.[588]
* **Erstmalige Herstellung des Sondereigentums**
  Der Anspruch auf erstmalige **Herstellung des Sondereigentums** verjährt in der Regelfrist des § 195 BGB. Es bleibt aber ein unverjährbarer dinglicher Anspruch auf Duldung gegen die übrigen Miteigentümer.[589]
* **Anspruch aus Hinterlegung**
  Vertragspartner können mit der Hinterlegung beim Notar ein eigenständiges Recht des Gläubigers begründen, sich aus dem hinterlegten Betrag bei Bestehen des gesicherten Anspruchs unabhängig von dessen Verjährung zu befriedigen.[590]
* **Anspruch gegen Lieferanten**
  Die Vorschrift des § 438 Abs. 1 Nr. 2b BGB bestimmt, dass die Gewährleistungsansprüche des § 437 Nr. 1 und 3 BGB bei einer Sache, „die entsprechend ihrer üblichen Verwendungsweise für ein Bauwerk verwendet worden ist und dessen Mangelhaftigkeit verursacht hat", in fünf Jahren verjähren. Soweit diese Voraussetzungen erfüllt sind, gilt daher die fünfjährige Verjährungsfrist für Ansprüche der Bauhandwerker gegen ihre Lieferanten oder Hersteller von Baumaterialien. Aufgrund der allgemeinen Formulierung erfasst die Regelung des § 438 Abs. 1 Nr. 2b BGB auch die Ansprüche der Zwischenhändler (gegenüber einem anderen Zwischenhändler oder einem Hersteller), weil diese in einer entsprechend schutzwürdigen Lage wie die Bauhandwerker tätig werden;[591] schließlich gilt die Fünf-Jahres-Frist auch dann, wenn der Auftraggeber (Bauherr) selbst die Sachen erworben hat, also das Regressproblem im Verhältnis Bauhandwerker/Lieferant nicht zum Tragen kommt, weil auch in solchen Fällen der Bauherr die Mängel häufig erst nach dem Einbau erkennen wird.[592]

---

[584] Vgl. hierzu *Kapellmann*, BauR 1985, 123 ff.
[585] BGH, WM 1977, 365, 366.
[586] OLG Stuttgart, IMR 2011, 35 – *Bolz* (für einen Grundstückskauf).
[587] KG, IBR 2010, 673; OLG Celle, IBR 2007, 298; OLG Hamm, NJW-RR 1994, 1297; LG Deggendorf, IBR 2011, 1231 – *Hinkel* (nur online).
[588] *Palandt/Ellenberger*, § 195 BGB, Rn. 5; vgl. aber hierzu BGH, BauR 1995, 699, 700 = NJW 1995, 2547 = ZfBR 1995, 261; **a.A.:** OLG Jena, OLG-NL 1998, 2.
[589] LG Köln, BeckRS 2011, 24571.
[590] BGH, BauR 2000, 885.
[591] Zu AGB eines Baumarktbetreibers gegenüber seinen Lieferanten: BGH, NJW 2006, 47.
[592] Begründung zum Regierungsentwurf, BT-Drucksache, 14/6040, S. 227.

Voraussetzungen der Fünf-Jahres-Frist sind allerdings nach der Regelung des § 438 Abs. 1 Nr. 2b BGB:
- Die Sache muss entsprechend ihrer **üblichen Verwendungsweise** für ein Bauwerk verwendet worden sein und dessen Mangelhaftigkeit verursacht haben.[593] Damit ist allein eine **objektive Betrachtungsweise** maßgebend: Es kommt also nicht darauf an, ob der Hersteller oder Lieferant im Einzelfall von der konkreten Verwendung Kenntnis hat.[594]
- Die Verwendung muss **üblicherweise für ein Bauwerk** erfolgen: Ungewöhnliche, z.B. „künstlerisch extravagante Sachen" fallen nach der Begründung des Regierungsentwurfes[595] insoweit nicht unter diese Regelung.
- Die **Sache muss für den Bauwerksmangel auch ursächlich** gewesen sein. Damit werden Fallgestaltungen nicht erfasst, bei denen der Mangel in der Einbauleistung als solcher liegt.

Mit dieser Regelung des § 438 Abs. 1 Nr. 2b BGB wurde eine deutlich bessere Rechtsposition des Bauhandwerkers gegenüber dem Lieferanten/Hersteller von Baumaterialien durch die Aufgabe der Sechs-Monats-Frist gemäß § 477 BGB a.F. erreicht. Allerdings wurde eine (wünschenswerte) völlige Gleichstellung nicht erzielt[596] und konnte aufgrund der verbleibenden unterschiedlichen Regelungen im Kaufrecht und Werkvertragsrecht auch nicht erzielt werden. Das gilt insbesondere hinsichtlich des Verjährungsbeginns: Nach Kaufrecht beginnt die Verjährung mit der Übergabe bzw. der Ablieferung der Sache, im Werkvertragsrecht mit der Abnahme der Werkleistung. Darüber hinaus weist die Begründung zum Regierungsentwurf[597] entsprechend der Ausführungen der Schuldrechtskommission[598] zutreffend darauf hin, dass „ein effektiver Gleichlauf der Fristen" nicht erreicht werden kann, weil der Bauhandwerker die Baumaterialien (nach Einkauf) häufig zwischenlagert, sodass sich auch dadurch eine größere Fristenlücke bei beiden Vertragsverhältnissen (Bauhandwerker – Lieferant, Bauhandwerker-Bauherr) ergeben kann: Dieses „verbleibende Restrisiko des Bauhandwerkers" hat dieser zu tragen, „da die tatsächliche Verwendung der Baumaterialien in seinem Verantwortungsbereich liegt und nur er das Risiko eines nicht sofort nach Lieferung erfolgenden Einbaus des Baumaterials überschauen kann".[599] Schließlich kommt eine angenäherte Gleichstellung auch dann nicht in Betracht, wenn das Baumaterial nicht „für ein Bauwerk verwendet worden ist", weil z.B. der Bauhandwerker nach einer Zwischenlagerung, die über die allgemeine kaufrechtliche Zwei-Jahres-Frist des § 438 Abs. 1 Nr. 3 BGB hinausgeht, die Mangelhaftigkeit des Baumaterials feststellt und dieses sodann (natürlich) nicht in ein Bauwerk einbaut. Das kann zu unbefriedigenden Ergebnissen führen, ist aber vom Gesetzgeber er-

---

593) OLG Oldenburg, BeckRS 2013, 12866.
594) So die Begründung zum Regierungsentwurf, a.a.O. Zur Neuregelung des § 438 Abs. 1 Nr. 2b vgl. *Werner*, Festschrift für Jagenburg, S. 1097 ff.
595) A.a.O.
596) Vgl. *Schreiner/Pisal*, BauR 2011, 571, die sich für einen verschuldensunabhängigen Regressanspruch analog § 478 Abs. 2 BGB einsetzen.
597) A.a.O., S. 227.
598) Bericht, S. 52.
599) So die Begründung zum Regierungsentwurf, a.a.O., S. 227.

kannt und so hingenommen worden. In der Begründung zum Regierungsentwurf[600] wird hierzu erläutert, dass in solchen Fällen „eine lange Verjährungsfrist nicht gerechtfertigt sei", weil die Mangelhaftigkeit nicht zu einem Mangel am Bauwerk geführt hat, sodass die allgemeine Frist von zwei Jahren „ausreicht". Auch in diesen Fällen wird damit das „Restrisiko" dem Verantwortungsbereich des Bauhandwerkers zugeordnet.

Streitig wird die Frage des „untoten Mängelanspruchs" diskutiert. Die als herrschend zu bezeichnende Meinung[601] vertritt hier die zutreffende Auffassung, das die Fünf-Jahres-Frist des § 438 Abs. 1 Nr. 2b BGB überhaupt nur dann eröffnet ist, wenn die mangelhaften Baumaterialien innerhalb von zwei Jahren ab Lieferung eingebaut werden, da andernfalls ein bereits verjährter Anspruch durch bloßen Einbau in ein Bauwerk wieder auflebt. Eine Verkürzung der nunmehr verlängerten Rückgriffsfrist in AGB dürfte unwirksam (auch unter Unternehmern) sein, weil dann von einem (neuen) gesetzgeberischen Leitgedanken abgewichen würde, § 307 BGB.

Soweit § 438 Abs. 1 Nr. 2b BGB fordert, dass die Sache für ein Bauwerk verwendet werden muss, kann auf die von der Rechtsprechung zu § 638 Abs. 1 S. 1 BGB a.F. entwickelten Kriterien zurückgegriffen werden (vgl. hierzu Rdn. 2850). Davon geht auch die Begründung des Regierungsentwurfes aus.[602] Dort wird ergänzend darauf hingewiesen, dass der „bloße Austausch einer Badezimmerarmatur" nicht die Verwendung „für ein Bauwerk" darstellt. Das wird insgesamt für alle Auswechslungen kleinerer Ersatzteile gelten, für die dann die zweijährige Verjährungsfrist nach § 438 Abs. 1 Nr. 3 BGB gilt (z.B. Erneuerung von Elektroschaltern oder sonstige Reparaturarbeiten).

Zweifelhaft ist, ob für Teillieferungen aus einem Gesamtauftrag die Verjährung erst mit der letzten Teillieferung zu laufen beginnt[603] oder für jeden Teil gesondert mit seiner Lieferung[604]. Letzteres dürfte zutreffend sein, denn die Verjährung beginnt gemäß § 438 Abs. 1 Nr. 3 BGB mit der Ablieferung der Sache. Auf Teilabnahmen, wie das OLG Dresden[605] meint, kommt es daher nicht an.

* **Aufwendungsersatzanspruch gegen den Lieferanten**

Der Aufwendungsersatzanspruch **gegen den Lieferanten** gemäß **§ 478 Abs. 2 BGB** verjährt in 2 Jahren ab Ablieferung der Kaufsache an den jeweiligen Käufer in der Lieferkette. Zu beachten ist aber die Ablaufhemmung von zwei Monaten bis maximal fünf Jahre (§ 479 Abs. 2 BGB).[606] Bei neuem **Kaufrecht 2018** siehe §§ 439 Abs.2, 445b BGB.

---

600) A.a.O., S. 228.
601) *Mansel*, NJW 2002, 89, 94; *D. Schmidt*, in: Prütting/Wegen/Weinreich § 438 BGB, Rn. 17; a.A.: z.B. *Faust*, in: Bamberger/Roth § 438 BGB, Rn. 26; *Gay*, BauR 2010,1827 (1835); *Forster*, NZBau 2007, 479 m.w.N.
602) BT-Drucksache 14/6040, S. 227.
603) So OLG Dresden, BauR 2010, 1096 = IBR 2010, 1071 – *Schmidt*.
604) So OLG Naumburg, IBR 1995, 56.
605) A.a.O.
606) *Koppmann*, IBR, 2011, 1018, Langaufsatz (nur online).

* **Anspruch der WEG gegen einen Mieter**
  Ein **Anspruch** der **WEG gegen einen Mieter** wegen Beschädigung von Gemeinschaftseigentum verjährt in der Regelfrist des § 195 BGB und nicht in der kurzen **Frist** des § 548 Abs. 1 BGB.[607]
* **Anspruch auf Minderung der Vergütung**
  Die Minderung unterliegt als Gestaltungsrecht selbst nicht der Verjährung. Gem. §§ 634a Abs. 5, 218 BGB ist die Geltendmachung jedoch beschränkt. Der Anspruch auf Rückzahlung von Werklohn infolge der Minderung unterliegt der Verjährung gem. § 195 BGB. Vgl. Rdn. 2848.
* **Nachbarrechtlicher Ausgleichsanspruch (§ 906 BGB)**
  Der **Nachbarrechtliche Ausgleichsanspruch (§ 906 BGB)** verjährt in der Regelfrist gemäß § 195 BGB.[608]
* **Anspruch auf Nebenleistungen** (z.B. Zinsen, Nutzungen, Kosten)
  Nach § 217 BGB verjährt mit dem Hauptanspruch auch der Anspruch auf die von ihm abhängenden Nebenleistungen, auch wenn die für diesen Anspruch geltende besondere Verjährung noch nicht eingetreten ist. Ist die Hauptforderung jedoch vor Verjährung erfüllt, dann wird die Nebenforderung zur Hauptforderung und unterliegt einer eigenständigen Verjährung gemäß den §§ 195, 199 Abs. 1 BGB.[609]
* Anspruch aus **Verletzung einer Nebenpflicht, § 241 Abs. 2 BGB**
  Nach Aufgabe des Instituts der positiven Vertragsverletzung durch das SchRModG ist wie folgt zu unterscheiden: Führt die Verletzung einer Nebenpflicht (z.B. Beratungsfehler) zu einem Werkmangel, gilt die Gewährleistungsfrist des § 634a BGB. Ist ein Schaden nicht mangelbedingt, sondern durch Verletzung einer Nebenpflicht verursacht, gelten die Regeln des allgemeinen Schuldrechts: Es läuft dann die regelmäßige Verjährungsfrist von drei Jahren, § 195 BGB.
* **Kosten eines Privatgutachtens**
  Der Anspruch auf Erstattung der **Kosten** eines **Privatgutachtens** verjährt wie der Gewährleistungsanspruch selbst.[610] Die Kosten können für den Beklagten, der sich gegen die Werklohnklage verteidigt, auch dann erstattungsfähig sein, wenn die Klage wegen Verjährung abgewiesen wird.[611]
* **Schadensersatz wegen entgangener Gebrauchsvorteile**
  Der Anspruch auf **Schadensersatz** wegen **entgangener Gebrauchsvorteile** verjährt wie der Verzögerungsschaden, der in einer fortdauernden Mietzahlungsbelastung liegt. Er bildet mit ihm einen einheitlichen Streitgegenstand soweit die gleiche Bauverzögerung und der identische Zeitraum betroffen sind. Die Geltendmachung des einen hemmt daher auch die Verjährung des anderen.[612]
* **Pfandgläubiger**

---

607) BGH, IMR 2011, 368 – *Blank*.
608) OLG Frankfurt, BeckRS 2012, 03285.
609) OLG Jena, BeckRS 2011, 22823.
610) OLG Düsseldorf, BauR 2010, 1248 = NZBau 2010, 501.
611) OLG Koblenz, NZBau 2010, 503.
612) OLG Stuttgart, BauR 2010, 1240.

Die Verjährung sonstiger Ansprüche   Rdn. 2885

Der Anspruch des Pfandgläubigers auf (erneute) Zahlung an sich wegen einer fälschlich an den Verpfänder geleisteten Zahlung verjährt wie der Auszahlungsanspruch des Verpfänders.[613]

* **Preisanpassungsanspruch**
Der Anspruch auf eine „Anpassung" einer Preisvereinbarung (z.B. nach § 2 Abs. 3 Nr. 2, 3 und 4, Abs. 5, Abs. 6 VOB/B) verjährt in der Frist des vertraglichen Hauptanspruches;[614] dabei beginnt die Frist am Schluss des Kalenderjahres, in dem der Anspruch fällig wird.

* **Prospekthaftungsanspruch beim Bauherrenmodell/Bauträgermodell**
Der Anspruch verjährt in der regelmäßigen Verjährungsfrist von 3 Jahren, § 195 BGB.[615]

* **Anspruch auf Rechnungserteilung**
Der Anspruch auf Erteilung einer Rechnung mit gesondert ausgewiesener Mehrwertsteuer (§ 14 Abs. 1 Satz 1 UStG) verjährt in der regelmäßigen Verjährungsfrist des § 195 BGB, also in 3 Jahren.[616]

* **Anspruch auf Rückzahlung von Vorschuss zur Mangelbeseitigung**
Der Anspruch des Unternehmers auf Rückzahlung des Vorschusses auf Mängelbeseitigungskosten verjährt in der regelmäßigen Verjährungsfrist von 3 Jahren. Der Anspruch entsteht, wenn der Auftraggeber den Vorschuss nicht innerhalb einer angemessenen Frist zur Mängelbeseitigung verwendet, seinen Mängelbeseitigungswillen aufgibt oder über die Verwendung des Vorschusses Rechnung legt.[617]

* **Anspruch auf Rückzahlung von Überzahlungen**
Der Anspruch auf Rückzahlung überzahlten Honorars oder Werklohns richtet sich nach Bereicherungsrecht, wenn es um die Überzahlung einer Schlussrechnung geht[618]. Ist die Überzahlung durch Abschlagszahlungen erfolgt, besteht ein vertraglicher Rückzahlungsanspruch.[619] Der Anspruch verjährt in beiden Fällen in der regelmäßigen Verjährungsfrist nach §§ 195, 199 BGB. Bei einer Überzahlung auf Abschlagsrechnungen eines Bauunternehmers entsteht der Anspruch erst mit Zugang der Schlussrechnung beim Auftraggeber.[620] Das gilt beim Architektenhonorar nach Auffassung des LG Hannover[621] nicht. Hier bedarf es keiner prüfbaren Rechnung für die Geltendmachung der Überzahlung.

---

613) BGH, BeckRS 2011, 28298.
614) So richtig: *Groß*, Festschrift für Soergel, S. 59, 67.
615) BGH, BauR 2004, 330 = NJW 2004, 288 = NZBau 2004, 98; NJW 1994, 2226; OLG Frankfurt, Urt. v. 28.5.2008, AZ: 23 U 63/07, ibr-online.
616) BGH, BauR 1993, 253 (LS).
617) BGH, BauR 2010, 618 = NZBau 2010, 236 = IBR 2010, 137 – *Schulze-Hagen*; derselbe zu Kenntnis bzw. grob fahrlässiger Unkenntnis in diesem Zusammenhang IBR 2010, 138; OLG Oldenburg, IBR 2008, 648 – *Heiland*.
618) OLG München, BeckRS 2013, 03621.
619) BGH, BauR 2008 540; OLG Bremen, IBR 2014, 133 – *Luz*.
620) OLG Bremen, IBR 2014, 133 – *Luz*.
621) IBR 2013, 1224 (nur online) – *Schwenker*.

Ohne konkrete Hinweise auf das Vorliegen einer Überzahlung bei Abrechnung des Architektenhonorars nach Zeitaufwand fällt dem bauunerfahrenen Auftraggeber keine grobe Fahrlässigkeit zur Last, wenn er keine Ermittlungen zu einer möglichen Überschreitung der Höchstsätze vornimmt.[622]

* **Rückforderungsanspruch der öffentlichen Hand**
Der Rückforderungsanspruch der öffentlichen Hand verjährt in 3 Jahren, § 195 BGB.[623] Die Kenntnis soll erst mit Zugang der Mitteilung der Rechnungsprüfungsbehörde beginnen, dass eine Überzahlung vorliegt.[624] Dem scheint der BGH[625] nicht zu folgen und stellt fest, dass auch bei einer GmbH, an der mehrere Gemeinden beteiligt sind, die Kenntnis i.S.d. § 199 Abs. 1 Nr. 2 BGB vorliegt, wenn sich aus Leistungsverzeichnis, Aufmaß und Schlussrechnung die vertragswidrige Abrechnung ergibt. Bei Übertragung der Wahrnehmung der Interessen auf einen Dritten (Architekt) ist dessen Kenntnis maßgebend.[626] Das gilt auch, wenn der öffentliche Auftraggeber eine Prüfbehörde einschaltet. Deren unangemessen zögerliche Bearbeitung muss er sich zurechnen lassen.[627]

* **Schadensersatz wegen Pflichtverletzung gemäß § 280 BGB**
Der Anspruch unterliegt der dreijährigen Verjährungsfrist, § 195 BGB.

* **Schadensersatz statt der Leistung gemäß § 281 BGB**
Der Anspruch verjährt selbstständig. Die Verjährung beginnt mit Ablauf der für den Primäranspruch gesetzten Frist, wenn der Primäranspruch bei Ablauf der Frist noch nicht verjährt ist.[628]

* **Wertersatzersatzanspruch nach Widerruf gemäß §§ 355, 650l, 357d BGB n.F. bei Verbraucherbauverträgen nach neuem Werkvertragsrecht 2018**
Der Anspruch unterliegt der dreijährigen regelmäßigen Verjährungsfrist des § 195 BGB. Da die empfangenen Leistungen gemäß § 355 Abs.3 BGB unverzüglich zurückzugewähren sind, ist der Anspruch fällig und damit entstanden. Die Verjährungsfrist beginnt daher mit dem Ende des Jahres, in dem der Widerruf ausgeübt wurde, § 199 Abs.1 BGB.[629] Die erforderliche Kenntnis von der Person des Schuldners dürfte dann stets vorliegen. Aber auch die Kenntnis vom Anspruch kann nicht zweifelhaft sein: Sowohl der Auftraggeber, als auch der Auftragnehmer wissen, was sie geleistet haben. Insbesondere kann aber der Auftragnehmer berechnen, wie hoch sein Wertersatzanspruch ist. Dieser wird nicht erst fällig, wenn der Auftragnehmer dem Auftraggeber auch eine Abrechnung erteilt hat. Auf die Möglichkeit einer Feststellungsklage kommt es insoweit nicht an. Der Auftragnehmer kann und muss (wegen der Subsidiarität der Feststellungsklage) Leistungsklage erheben. Es liegt also kein Ausnahmefall vor, in dem die Verjährung des Anspruchs vor seiner Fälligkeit eintreten könnte.[630]

---

622) BGH, IBR 2012, 714 – *Preussner*.
623) BGH, IBR 2008, 373 – *Ulbrich*.
624) OLG Dresden, BauR 2007, 400 = IBR 2006, 485 – *Müller*.
625) BGH, a.a.O.; i.d.S. auch OLG Frankfurt, BauR 2015, 254; OLG Karlsruhe, IBR 2013, 552 – *Wronna*; Zimmermann, BauR 2007, 1798; **a.A.**: *Lindner*, BauR 2017, 806.
626) OLG Düsseldorf, BauR 2007, 1753.
627) OLG Koblenz, IBR 2016, 508 – *Bolz*.
628) OLG Düsseldorf, Urt. vom 28.7.2011, AZ: 5 U 114/10, ibr-online m.w.N.
629) *Lenkeit*, BauR 2017, 615.
630) So aber *Lenkeit* a.a.O.

Die Verjährung sonstiger Ansprüche

* **Anspruch auf Sicherheitsleistung gemäß § 648a BGB**
  Es gilt die Regelverjährungsfrist des § 195 BGB. Da das Verlangen nach Sicherheit sofort nach Abschluss des Bauvertrages gestellt werden kann, liegt es nahe, den Beginn der Verjährungsfrist am Ende des gleichen Jahres zu sehen. Indes dürfte es sich nach richtiger Ansicht um einen verhaltenen Anspruch handeln, der erst mit der Forderung nach Sicherheit fällig wird.[631)] Mit Rücksicht auf die Pflicht des Unternehmers zur Kostentragung (§ 648a Abs. 3 BGB) ist es dem Auftraggeber vorher auch verwehrt, die Sicherheit zu leisten.[632)]
* **Haftung des Privatsachverständigen**
  Die Mängelhaftung des mit der Ursachenermittlung, der Überprüfung eines Sanierungskonzepts und der Überwachung der Nachbesserung beauftragten Privatsachverständigen beträgt gemäß § 634a BGB fünf Jahre ab Abnahme.[633)]
* **Anspruch aus unerlaubter Handlung**
  Der Anspruch verjährt in 3 Jahren, § 195 BGB.[634)]
* **Anspruch wegen fehlerhafter Grundstückswertermittlung**
  Der Anspruch gegen den Sachverständigen wegen fehlerhafter Gutachtenerstattung zu einem Grundstückswert verjährt gemäß §§ 634a Abs.1 Nr.3, 199, 195 BGB in drei Jahren.[635)]
* **Ungerechtfertigte Bereicherung**
  Der Anspruch verjährt in der regelmäßigen Verjährungsfrist des § 195 BGB, also in drei Jahren. Ist jedoch Gegenstand der Rückforderung ein Anspruch aus einem nichtigen Vertrag über die Verschaffung eines Rechts an einem Grundstück, so gilt die Frist des § 196 BGB (10 Jahre) auch für diesen Rückforderungsanspruch.[636)]
  Auch im Bereicherungsrecht gilt grundsätzlich, dass die Kenntnis bzw. grobfahrlässige Unkenntnis i.S.d. § 199 Abs. 1 Nr. 2 BGB nur die anspruchsbegründenden Umstände und die Person des Schuldners betrifft und nicht eine zutreffende rechtliche Würdigung umfasst.[637)] Dies kann bei unsicherer und zweifelhafter Rechtslage ausnahmsweise anders sein.[638)] Zahlt der Schuldner zur Abwendung der Zwangsvollstreckung auf ein vorläufig vollstreckbares Urteil und wird dieses aufgehoben, so beginnt die Verjährung des Rückforderungsanspruchs mit der Rechtskraft der aufhebenden Entscheidung.[639)]
* **Unterlassungsansprüche** (z.B. § 1004 Abs. 1 S. 2 BGB)
  Die Ansprüche unterfallen der regelmäßigen Verjährung des § 195 BGB. An die Stelle der Entstehung des Anspruchs tritt jedoch die Zuwiderhandlung, § 199 Abs. 5 BGB. Solange die Störung andauert, kann keine Verjährung eintreten. Bei

---

631) OLG Hamm, IBR 2016, 216 – *Gunkel*.
632) So zutreffend *Kainz*, BauR 2012, 420 m.w.N. zum Meinungsstreit; *Fuchs*, BauR 2011, 326,330.
633) OLG Düsseldorf, IBR 2012, 299 – *Schilling*.
634) Siehe für den Fall der Insolvenzverschleppung: BGH, IBR 2011, 523 – *Schmitz*.
635) OLG Köln, IBR RS 2017, 0175.
636) BGH, NJW-RR 2008, 824 = IBR 2008, 1062 – *Schwenker*; vgl. aber für angeblichen Aufwendungsersatz/Abstandszahlung in Rückabwicklungsvereinbarung: BGH, NJW, 2010, 297 = NZBau 2010, 170.
637) BGH, ZfIR 2008, 332.
638) BGH, IMR 2009, 1000.
639) BGH, BeckRS 2011, 26454.

* **Verletzung des Urheberrechts**
  Der Anspruch auf Schadensersatz aus Verletzung des Urheberrechts verjährt gemäß § 102 Abs. 1 UrhG nach den Vorschriften des BGB §§ 194 ff., d.h. in der regelmäßigen Verjährungsfrist der §§ 195, 199 BGB.[641]
* **Verschulden bei Vertragsschluss**
  Der Anspruch aus Verschulden bei Vertragsschluss, der durch das SchRModG in § 311 Abs. 2 BGB kodifiziert wurde, verjährt in der regelmäßigen Verjährungsfrist von drei Jahren, § 195 BGB.[642]
* **Vertragsstrafe**
  Der Anspruch verjährt nach regelmäßiger Frist des § 195 BGB in 3 Jahren (früher 30 Jahre, § 195 BGB a.F.).[643] In der Literatur wird jedoch insoweit für eine Ausnahme plädiert:[644] Verjährt der Hauptanspruch, der Gegenstand der Vertragsstrafe ist, ausnahmsweise nicht in der regelmäßigen Frist von drei Jahren, soll die entsprechende Verjährungsfrist auch für die Vertragsstrafe im Hinblick auf die Akzessorietät der Vertragsstrafe gelten.
* **Anspruch gegen einen Vertreter ohne Vertretungsmacht**
  Der Anspruch aus § 179 BGB verjährt in der Frist des § 195 BGB, also in drei Jahren. Gilt für den Vertrag, der mangels Vollmacht des Vertreters und Genehmigung durch den Vertretenen nicht wirksam geworden ist, eine andere Frist, so ist diese maßgeblich.[645] Im Übrigen beginnt die Verjährung mit der Weigerung des Vertretenen, den Vertrag zu genehmigen.

2886 * **Weitere Rechtsprechung**
Schadensersatzansprüche aus **Fehlern** eines zur Beseitigung von Bauwerksmängeln erstatteten **Sanierungsgutachtens** verjähren nach § 634a Abs. 1 Nr. 2 BGB in 5 Jahren seit Abnahme bzw. Vollendung der von dem Gutachter zu erbringenden Leistungen (BGH, NJW-RR 1987, 853 [zum alten Recht § 638 BGB]). Ein Anspruch gegen einen **Bausachverständigen** wegen **fehlerhafter Beratung** über die zweckmäßige Beseitigung von Mängeln eines Bauwerks unterliegt der Verjährung nach den Regeln des Werkvertragsrechts (OLG Stuttgart, NJW-RR 1986, 1281). Die **Befristung in einer Gewährleistungsbürgschaft** dient in der Regel einer gegenständlichen Begrenzung des Bürgschaftsumfangs auf Gewährleistungsrechte, die bis zum genannten Endzeitpunkt entstehen (OLG Köln, NJW-RR 1986, 510). Die Klausel in einem von dem Treuhänder eines Bauherrenmodells verwendeten formularmäßigen „**Treuhandauftrag**", wonach Ansprüche gegen ihn „nur **binnen Jahresfrist** nach Entstehung und Kenntnisnahme, spätestens jedoch ein Jahr nach Beendigung des Treuhandauftrags geltend gemacht werden können", benachteiligt den einen Auftrag erteilenden Bauherrn

---

[640] OLG Karlsruhe, IMR 2008, 277 – *Becker*; daher so nicht zutreffend: OLG Hamm, IMR 2009, 128 – *Weber*.
[641] OLG Celle, BeckRS 2011, 05589.
[642] OLG Hamm, IMR 2008, 66 – *Becker*.
[643] *MünchKomm-Grothe*, § 195 BGB, Rn. 8.
[644] Vgl. hierzu *Langen*, in: Kapellmann/Messerschmidt, § 11/B, Rn. 130 m.w.N.
[645] BGHZ 73, 271; *Palandt/Ellenberger*, § 179 BGB, Rn. 8.

entgegen den Geboten von Treu und Glauben unangemessen und ist daher unwirksam (BGH, NJW 1986, 1171). Hält ein OLG eine in AGB eines Baubetreuers enthaltene **Musterprozessvereinbarung** für wirksam, die der BGH später für unwirksam erklärt, so wird dadurch die Verjährung des Werklohnanspruches eines Unternehmers gegen nicht rechtzeitig verklagte Bauherren nicht gehemmt (BGH, NJW 1988, 197 = BauR 1988, 97). 5 Ein Vertrag, in dem ein **Architekt** es übernimmt, einen Bauherrn wegen etwaiger Mängelansprüche gegen einen Bauunternehmer zu **beraten,** ist ein Dienstvertrag, sodass der Architekt für eine Verletzung von Pflichten aus diesem Dienstvertrag nach § 280 BGB haftet. Es gilt die regelmäßige Verjährungsfrist des § 195 BGB (zum alten Recht: OLG Hamm, NJW-RR 1995, 400 = BauR 1995, 579).

Verjährungsbeginn bei **Verkehrssicherungspflichtverletzung,** OLG München, BauR 1999, 1040 = OLGR 1998, 347. Verjährungsunterbrechung (heute Hemmung) durch Einleitung eines Beweisverfahrens vor Abtretung von Gewährleistungsansprüchen wirkt zugunsten des **Zessionars** (OLG Köln, BauR 1999, 259). Verjährung des Honoraranspruches, wenn in der von ihm nach Rechnungsstellung erhobenen **Stufenklage** zwischen Auskunftserteilung und Erhebung der bezifferten Leistungsklage ein Zeitraum von mehr als zwei Jahren liegt (LG Neubrandenburg, NZBau 2001, 147). Ansprüche eines **Preisträger-Architekten** auf entgangenen Gewinn, weil Planung und Ausführung des Projekts in stark vereinfachter Form anderen Architekten übertragen wurde, verjähren in drei Jahren (OLG Hamm, NJW-RR 2000, 1038 = NZBau 2000, 345 = OLGR 2000, 165). Zur Verjährung von Schadensersatzansprüchen gegen den **Verkäufer eines Bausatzes** für eine Einfamilienhaus, der neben der Lieferung der Bausatzteile auch Architekten- und Ingenieurleistungen erbringt (OLG Düsseldorf, BauR 2003, 913).

5. Hemmung und Neubeginn der Verjährung

Literatur

Saerback, Zur Hemmung der Verjährung durch Rechtsverfolgung, Festschrift für Thode (2005), 139; *Fischinger*, Sind die §§ 203 ff. BGB auf die Höchstfristen des § 199 Abs. 2–4 BGB anwendbar?, VersR 2006, 1475; *Schlößer*, Die Hemmung der Verjährung des Bürgschaftsanspruchs nach neuem Schuldrecht, NJW 2006, 645; *Sterner/Hildebrandt*, Hemmung und Unterbrechung der Verjährung von Mängelansprüchen nach neuem Recht und neuester Rechtsprechung, ZfIR 2006, 349; *Weyer*, § 13 Nr. 5 Abs. 1 Satz 2 VOB/B: Entstehungsgeschichte, Wirkung und rechtliche Einordnung sowie deren Bedeutung für die isolierte Inhaltskontrolle, Jahrbuch Baurecht 2007, 177.

Durch das SchRModG sind die **Tatbestände von Hemmung und Neubeginn** (früher Unterbrechung) der Verjährung **völlig neu geordnet** worden. Hier kann man von einem Systemwandel innerhalb des Verjährungsrechtes sprechen, dem insbesondere im Baurecht große Bedeutung zukommt, weil die meisten Fälle der früheren Verjährungsunterbrechung nunmehr (nur noch) als Hemmungstatbestände ausgebildet sind.

a) Hemmung der Verjährung

Literatur

Reinking, Die Geltendmachung von Sachmängelrechten und ihre Auswirkung auf die Verjährung, ZGS 2002, 140; *Weyer*, § 633 II BGB a.F. durch § 203 BGB n.F. ersetzt, nicht ersatzlos weggefallen, NZBau 2002, 366; *Mankowski/Höpker*, Die Hemmung der Verjährung bei Verhandlungen gem. § 203 BGB, MDR 2004, 721; *Vogel*, „Verjährung und Insolvenzverfahren" – am Beispiel der Insolvenz des Auftragnehmers –, BauR 2004, 1365; *Seibel*, Die Verjährungshemmung im selbstständigen Beweisverfahren nach § 204 Abs. 1 Nr. 7 BGB, ZfBR 2008, 9; *Dingler*, Hemmt die Verhandlung gemäß § 203 BGB die Verjährung der Hauptschuld auch gegenüber dem Bürgen?, BauR 2008, 1379; *Weyer*, Keine Verjährungshemmung ohne förmliche Zustellung des Beweissicherungsantrags, NZBau 2008, 228; *Faber/Werner*, Hemmung der Verjährung durch werkvertragliche Nacherfüllung, NJW 2008, 1910; *C.Schmitz/Vogel*, Verjährungsfragen des auf eine Vielzahl von Mängelsymptomen gerichteten selbstständigen Beweisverfahrens, Festschrift für Koeble (2010), 635; *Kainz*, Klärungsbedarf zur Verjährungshemmung im selbstständigen Beweisverfahren, Festschrift für Koeble (2010), 625; *Gartz*, Verjährungsprobleme bei selbstständigen Beweisverfahren, NZBau 2010, 676; Helm, Anforderungen an die Formulierung des selbstständigen Beweisantrags zur Hemmung der Verjährung, NZBau 2011, 328; *Dingler/Schnitzenbaumer*, Bürgschaft, Hauptschuld, Verhandlung – was wird wie gehemmt?, BauR 2012, 1720; *Schlösser/Köbler*, Der Eintritt der Verjährungshemmung beim selbstständigen Beweisverfahren, NZBau 2012, 669; *Ulrich*, Zur Reichweite der Streitverkündung, BauR 2013, 9; *Ries/Strauch*, Verhandlungen – nur innerhalb des Rahmens von § 203 BGB oder auch über dessen Grenzen?, BauR 2014, 450; *Duchstein*, Die Bestimmtheit des Güteantrags zur Verjährungshemmung, NJW 2014, 342; *Grothe*, Verjährungshemmung durch Mahnbescheid bei mehreren Mängeln, NJW 2015, 17; *Symosek*, Verjährungshemmung, aber richtig, NJW 2016, 1142; *Regenfus*, Ungeschriebene Voraussetzungen der Verjährungshemmung durch Rechtsverfolgung, NJW 2016, 2977; *Riehm*, Alternative Streitbeilegung und Verjährungshemmung, NJW 2017, 113.

2888 Eine Vielzahl von Unterbrechungstatbeständen ist seinerzeit durch das SchRModG zu Hemmungstatbeständen „herabgestuft" worden. Das war eine ganz wesentliche Änderung im Verjährungsrecht: Während es nur noch zwei Fallgestaltungen für den Neubeginn (ehemals Unterbrechung) der Verjährung gibt (vgl. Rdn. 2908), hat der Gesetzgeber im Rahmen des SchRModG für die Verjährungshemmung insgesamt **15 Tatbestände in § 203 und § 204 BGB** kodifiziert. Daneben gibt es noch in den §§ 205 bis 208 BGB Sondertatbestände für die Verjährungshemmung. Hier ist vor allem **§ 205 BGB** zu nennen, der die Hemmung der Verjährung für den Fall bestimmt, dass der Schuldner auf Grund einer **Vereinbarung mit dem Gläubiger** vorübergehend zur **Verweigerung der Leistung** berechtigt ist.[647] Auf gesetzliche Leistungsverweigerungsrechte ist die Vorschrift nicht anwendbar.[648] Die Vorschriften der §§ 203 ff. BGB sind auch auf die Höchstfristen des § 199 Abs. 2–4 BGB anwendbar.[649] Die Hemmung der Verjährung bewirkt, dass der

---

646) BGH, ZIP 1999, 1216; ZfBR 1990, 71 = BauR 1990, 212 = NJW 1990, 826; BGH, NJW 1988, 254.
647) Vgl. OLG Brandenburg, BeckRS 2013, 17117.
648) BGH, NJW 2015, 1007; *Palandt/Ellenberger*, § 205 BGB, Rn. 1.
649) *Fischinger*, VersR 2006, 1475.

Zeitraum, während dessen die Verjährung gehemmt ist, in die Verjährungsfrist nicht eingerechnet wird (§ 209 BGB).

Die **Reichweite** der Hemmung ergibt sich aus § 213 BGB; danach gilt die Hemmung auch für Ansprüche, die aus demselben Grund wahlweise neben dem Anspruch oder an seiner Stelle gegeben sind, wobei die konkurrierenden Ansprüche auf das gleiche Interesse und zur Wahl, also nicht nebeneinander, stehen müssen.[650] Die in § 213 Alt.1 BGB angeordnete Wirkungserstreckung gilt auch dann, wenn die wahlweise bestehenden Ansprüche in ihrem Umfang über den mit der Klage geltend gemachten Anspruch hinausgehen.[651]

Für eine Verjährungshemmung und deren Dauer ist der beweispflichtig, der damit die nach dem äußeren Ablauf durchgreifende Verjährungseinrede entkräften will.[652]

Mit § 203 BGB ist durch das SchModG ein **Rechtsgrundsatz** in das Gesetz übernommen worden, der für die Baurechtspraxis von großer Bedeutung ist: Danach ist die **Verjährung gehemmt,** wenn zwischen dem Schuldner und dem Gläubiger **Verhandlungen** über den Anspruch oder die den Anspruch begründenden Umstände schweben[653]; das gilt so lange, bis der eine oder andere Teil die **Fortsetzung der Verhandlung verweigert.**[654] Erforderlich ist insoweit eine Absage des Schuldners zum Anspruch selbst und zur Fortsetzung der Verhandlungen (doppeltes Nein).[655] Bei Mängelansprüchen soll die Hemmung jedoch bereits dann enden, wenn der Unternehmer das Prüfergebnis mitteilt, den Mangel für beseitigt erklärt oder die Fortsetzung der Beseitigung verweigert.[656] Bei Verhandlungen über Mängel ist der Auftragnehmer darlegungs- und beweispflichtig für das Ende der Verhandlungen.[657] Zu beachten ist, dass solche Verhandlungen über eine Mängelbeseitigung nicht ohne Weiteres zu einer Hemmung der Verjährung über Vergütungsansprüche des Auftragnehmers führen, denn insoweit ist die Zielrichtung unterschiedlich und es sind andere Gläubigerinteressen betroffen.[658] Verhandlungen über den Anspruch aus primärer Pflichtverletzung hemmen auch die Verjährung des Sekundäranspruchs.[659] **Verhandlungsberechtigt** ist nur der Inhaber des Anspruchs.[660] Das hat besondere praktische Bedeutung bei Verhandlungen über Mängel am Gemeinschaftseigentum, wenn und soweit die Eigentümergemeinschaft die Ansprüche an sich gezogen hat.[661] Umgekehrt führen Verhandlungen

---

650) OLG Rostock, IBR 2011, 275 – *Amelsberg*.
651) BGH, NJW 2015, 2106.
652) OLG Koblenz, BeckRS 2012, 24678.
653) Zur Abdingbarkeit von § 203 BGB: *Beyer*, BauR 2016, 404 m. w. N.
654) OLG Oldenburg, IBR 2007, 674; *Mankowski/Höpker*, MDR 2004, 721, 725 weisen zutreffend darauf hin, dass die Verweigerung von Verhandlungen klar und eindeutig von einer Partei ausgesprochen werden muss, wobei ein solches Verhalten noch nicht in der bloßen Ablehnung der Ansprüche gesehen werden kann.
655) OLG Düsseldorf, BauR 2016, 1044; OLG Oldenburg, BauR 2010, 810; IBR 2007, 674.
656) OLG Naumburg, NZBau 2015, 32.
657) OLG Düsseldorf, NJW-RR 2011, 597.
658) OLG Stuttgart, IBR 2013, 673 – *Junk*.
659) BGH, NJW 2015, 3447.
660) KG, IMR 2011, 461 – *Pause*.
661) BGH, IBR 2010, 632 – *Schulze-Hagen* = ZfBR 2010, 763; zur Aktivlegitimation des einzelnen Erwerbers bei Mängeln am Gemeinschaftseigentum OLG München, IBR 2016, 701.

aber auch nur zur Hemmung, wenn auf der Schuldnerseite ein dazu Berechtigter teilnimmt.[662] Verhandlungen mit einem Gesellschafter einer Bau-ARGE hemmen grundsätzlich nur die gegen diesen gerichteten Ansprüche. Eine Hemmung der Ansprüche gegen die ARGE setzt Verhandlungen mit ihrem Geschäftsführer voraus.[663]

Der Haftpflichtversicherer hat nach Ziffer 5.2 AHB Regulierungsvollmacht. Verhandlungen, die der Versicherer führt, hemmen daher die Verjährung selbst dann, wenn der Versicherungsnehmer darüber nicht unterrichtet wurde.[664] Will der Versicherer von dieser Vollmacht nur eingeschränkt Gebrauch machen, muss dies dem Verhandlungspartner deutlich erkennbar gemacht werden.[665]

Die Verjährung tritt frühestens drei Monate nach dem Ende der Hemmung ein.[666] Die Vorschrift des § 203 BGB ist an die bisherigen §§ 852 Abs. 2 und 639 Abs. 2 BGB a.F. angelehnt worden, entspricht aber insbesondere nicht den Fallgestaltungen des § 639 Abs. 2 BGB a.F. Die **Hemmungswirkung tritt** grundsätzlich im Zeitpunkt der **ersten Erklärung** einer Partei ein. Bei schwebenden Verhandlungen wirkt die Hemmung auf den Zeitpunkt zurück, in dem der Gläubiger seinen Anspruch gegenüber dem Schuldner geltend gemacht hat.[667] Für die Konkretisierung der Mangelbeschreibung reicht auch in diesem Zusammenhang die Angabe der Mangelerscheinung (Symptomtheorie). Die Mangelursache braucht der Auftraggeber nicht zu erforschen.[668] Die Hemmung erfasst den Anspruch über, den oder über dessen Grundlagen zwischen den Parteien verhandelt wird.[669] Zu den Grundlagen gehört der gesamte Lebenssachverhalt, aus dem der Gläubiger Ansprüche herleiten kann.[670] Daher erfasst die Hemmung durch Verhandlungen über eine Vertragsfortführung nach Kündigung auch einen Anspruch aus § 649 S. 2 BGB.[671] Ob eine Verhandlung i.S. des § 203 BGB zu bejahen ist, ist stets eine Frage des Einzelfalls. Dabei können die Grundsätze herangezogen werden, die die Rechtsprechung zu § 852 Abs. 2 BGB a.F. aufgestellt hat. Aber auch die zu § 639 Abs. 2 BGB a.F. ergangene Rechtsprechung ist heranzuziehen.[672] Danach ist unter einer Verhandlung jeder Meinungsaustausch zu verstehen, auf Grund dessen ein Vertragspartner davon ausgehen kann, dass seine Forderung von dem anderen Vertragspartner noch nicht endgültig abgelehnt wird[673]; insbesondere ist es nicht erforderlich, dass der Verhandlungspartner seine Vergleichsbereitschaft ausdrücklich

---

662) OLG München, IBR 2015, 484 – *Kohlhammer*.
663) OLG München, a.a.O.
664) BGH, BauR 2005, 705; *Lauer/Wurm*, Rn. 1006.
665) OLG Düsseldorf, BauR 2010, 799.
666) Zur Abdingbarkeit des § 203 BGB und dem Verhältnis zum Verjährungsverzicht siehe *Ries/Strauch*, BauR 2014, 450.
667) BGH, BauR 2014, 699; LG München I, BeckRS 2014, 01998.
668) BGH, BauR 2008, 514.
669) BGH, BeckRS 2011, 19490.
670) *Symosek*, NJW 2016, 1142.
671) BGH, BauR 2014, 1771 = IBR 2014, 470 – *C. Schmitz*.
672) BGH, IBR 2009, 66 – *Schwenker*; BGH NJW 2007, 587 = NZBau 2007, 184.
673) BGH, IBR 2011, 136 – *Schulze-Hagen*.

geäußert hat.⁶⁷⁴⁾ Es ist hinreichend, wenn es zu einem Meinungsaustausch kommt, auf Grund dessen der Gläubiger davon ausgehen darf, dass sein Begehren noch nicht endgültig abgelehnt wird, ohne dass es eines besonderen Entgegenkommens bedarf.⁶⁷⁵⁾ Unzureichend ist aber die bloße Teilnahme an Besprechungen zwischen anderen Baubeteiligten und dem Auftraggeber.⁶⁷⁶⁾ Verhandlungen sind auch dann zu bejahen, wenn mit der Erörterung in der Sache noch nicht begonnen wird, aber ein Termin zur sachlichen Erörterung vereinbart wird.⁶⁷⁷⁾ Unerheblich ist im Übrigen, ob eine Partei ausdrücklich „ohne Anerkennung einer Rechtspflicht" tätig wird.⁶⁷⁸⁾ Der BGH bejaht auch den Beginn von Verhandlungen, wenn der Schuldner lediglich anfragt, ob Ansprüche geltend gemacht werden.⁶⁷⁹⁾ Hinreichend ist jede Erklärung des in Anspruch genommenen, die dem Anspruchsteller die Annahme gestattet, der Verpflichtete lasse sich auf Erörterungen über die Berechtigung des Anspruchs ein.⁶⁸⁰⁾ Verhandlungen sind ferner auch dann anzunehmen, wenn der Gläubiger seine Ansprüche noch nicht beziffert oder konkretisiert hat. Es ist auch nicht zwingend erforderlich, dass mit den Verhandlungen das Ziel verfolgt wird, die Ansprüche zu realisieren. Im Einzelfall kann es hinreichend sein, dass der Gläubiger sich der Ansprüche berühmt, um seine Verhandlungsposition in Bezug auf ein anderes Interesse zu stärken.⁶⁸¹⁾

Der Begriff der Verhandlung ist nach der Rechtsprechung weit auszulegen.⁶⁸²⁾ Daher ist z.B. die erneute Überprüfung nach Ablehnung des Anspruches des anderen Vertragspartners als Verhandlung angesehen worden.⁶⁸³⁾ Die Verjährungshemmung wird durch die Erklärung, bis zu einem bestimmten Zeitpunkt auf die Einrede der Verjährung zu verzichten, grundsätzlich nicht berührt.⁶⁸⁴⁾

---

674) BGH, IBR 2012, 177 – *Schulz*; BGH, NJW 2004, 1654 = IBR 2004, 240 – *Schliemann*; BGH, VersR 2001, 1255, 1256; OLG Oldenburg, BauR 2006, 1314; OLG Düsseldorf, IBR 2006, 672 – *Schwenker*; OLG Düsseldorf, IBR 2004, 200 – *Schwenker*.
675) BGH, IBR 2012, 177 – *Schulz*; für Verhandlungen durch WEG: BGH, Urt. v. 19.08.2010, AZ: VII ZR 113/09, ibr-online; OLG Oldenburg, BauR 2010, 810; OLG Düsseldorf, BauR 2010, 799.
676) KG, IBR 2017, 28 – *Kau*.
677) KG, IBR 2013, 682 – *C. Schmitz* (Vereinbarung über Begehung des Bauvorhabens); *Mankowski/Höpker*, MDR 2004, 721, 722.
678) *Mankowski/Höpker*, a.a.O.
679) NJW 2001, 1723 = MDR 2001, 688.
680) BGH, NJW 2007, 587; OLG Naumburg, Urt. v. 13.11.2008, AZ: 6U 80/08, ibr-online; vgl. auch OLG Oldenburg, BauR 2008, 2051.
681) OLG Saarbrücken, BeckRS 2014, 01746.
682) BGH, NJW 2004, 1654 = IBR 2004, 240 – *Schliemann*; NJW 1983, 2075. Ebenso *Mankowski/Höpker*, MDR 2004, 721, 722 m.w.N. und dem Hinweis, dass der Begriff der Verhandlungen wegen der förderungswürdigen und eingängigen Ratio des § 203 BGB (Förderung von Verhandlungslösungen und Vermeidung von unnötigen Konfrontationen) weit zu verstehen ist.
683) OLG Frankfurt, IBR 2010, 178 – *Krause-Allenstein*; OLG Hamm, NJW-RR 1998, 101.
684) BGH, IBR 2004, 240 – *Schliemann*.

Verhandlungen über den Hauptanspruch führen von Gesetzes wegen zur Hemmung der Verjährung, sodass sich auch der Bürge bezüglich der Hauptforderung diese Hemmung entgegenhalten lassen muss.[685]

Verhandeln setzt ein **zweiseitiges Verhalten** der Vertragsparteien (oder ihrer Bevollmächtigten) voraus. Daran fehlt es, wenn der Auftragnehmer auf entsprechende Mängelrügeschreiben nicht reagiert.[686] Man wird daher grundsätzlich in folgenden Fällen **nicht von einem Verhandeln** sprechen können:
* bei einer Rechnungsprüfung
* bei Ablehnung einer Werklohnforderung
* bei Mitteilung des Schadens an den Versicherer der anderen Vertragspartei
* bei Verhandlungen mit einem anderen Gesamtschuldner
* bei einer einseitigen Erklärung der Verhandlungsbereitschaft (z.B. über die Schlussrechnungssumme oder über die Höhe des Schadensersatzes)
* die bloße Geltendmachung von Ansprüchen oder die reine Aufforderung zur Nacherfüllung

Die die Verjährung hemmende Wirkung von Verhandlungen dauert aber nicht zwingend fort, bis eine Partei erklärt, zu ihrer Fortsetzung nicht mehr bereit zu sein. Bei einem **„Einschlafen" der Verhandlungen** ist ein zeitliches Ende dann anzusetzen, wenn der nächste Schritt nach Treu und Glauben von einer Partei zu erwarten gewesen wäre.[687] Auch die insoweit von der Rechtsprechung zu § 852 Abs. 2 BGB a.F. entwickelten Grundsätze sind auf § 203 BGB n.F. zu übertragen.[688] Die Festlegung dieses Zeitpunkts wird nicht immer einfach sein und bringt eine nicht unerhebliche Rechtsunsicherheit mit sich. Nach verbreiteter Ansicht soll eine Frist von einem Monat Stillstand das Ende der Verhandlungen bedeuten.[689] Im Einzelfall kann ein Schweigen von zwei Wochen schon Stillstand bedeuten.[690] Schweigt der Verhandlungspartner über den zu erwartenden Zeitraum hinaus, verlängert ein erneutes Nachfragen den Hemmungszeitraum nicht.[691] Es kann auch bei längeren Unterbrechungen des Kontaktes ein fortgesetztes Verhandeln vorliegen, wenn beispielsweise der Bauträger den Erwerber über einen mit dem Nachunternehmer geführten Prozess unterrichtet hält und keinen Zweifel an seiner Einstandsbereitschaft für einen Mangel aufkommen lässt.[692] Eine Verklammerung zu einem auch die Zwischenräume zwischen unterbrochenen Verhandlungen umfas-

---

685) BGH, Urt. v. 26.1.2010, AZ: XI ZR 12/09, ibr-online – *Schwenker* (Werkstattbeitrag); BauR 2009, 1747 = IBR 2009, 582 – *C. Schmitz*; *Dingler/Schnitzenbaumer*, BauR 2012, 1720; *Dingler*, BauR 2008, 1379.
686) OLG Düsseldorf, BauR 2008, 1466.
687) Vgl. Begründung zum Regierungsentwurf, BT-Drucksache 14/6040, S. 112; BGH, NJW-RR 2001, 1168, 1169; NJW 1986, 1337, 1338; OLG Koblenz, IBR 2016, 310; OLG Naumburg, NZBau 2015, 32; OLG Hamm, BauR 2015, 1676; *Mansel*, NJW 2002, 89, 98.
688) BGH, IBR, 2009, 66 – *Schwenker*.
689) OLG Stuttgart, IBR 2014, 69 – *Mayr*; OLG Dresden, IBR 2011, 18; OLG Zweibrücken, IBR 2007, 548 – *Heiliger*; KG, OLGR 2008, 368; siehe auch OLG Naumburg, OLGR 2009, 191.
690) OLG Köln, BauR 2011, 1844.
691) OLG Hamm, a.a.O.
692) BGH, IBR 2011, 136 – *Schulze-Hagen*.

senden Hemmungstatbestand durch wiederholt gezeigte Gesprächsbereitschaft erfolgt nicht.[693]

Einen besonderen **Hemmungstatbestand** enthält § 15 VVG (2008).[694] Ist ein **Anspruch aus** dem **Versicherungsvertrag** beim Versicherer angemeldet worden, so ist die Verjährung bis zu dem Zeitpunkt gehemmt, zu dem die Entscheidung des Versicherers dem Anspruchsteller in Textform zugeht. Lässt sich der Versicherer nach einer endgültigen Leistungsablehnung wieder auf Verhandlungen ein, so ist die Verjährung nach § 203 BGB i.V.m. § 15 VVG so lange gehemmt, bis der Versicherer erneut schriftlich entschieden hat.[695] Das setzt jedoch voraus, dass der Versicherer gegenüber dem Versicherungsnehmer zu erkennen gibt, dass er die vorausgegangene Entscheidung nicht aufrechterhalten will oder wenigstens die Berechtigung der angemeldeten Ansprüche wieder als offen ansieht.[696]

2889a

Der besondere, **werkvertragliche Hemmungstatbestand des § 639 Abs. 2 BGB a.F.** (vgl. näher die 12. Auflage Rn. 2413) findet sich in den §§ 203 ff. BGB nicht mehr, obwohl diese Vorschrift in der baurechtlichen Praxis vielfach Anwendung fand.[697] Die Fallgestaltungen, die im Rahmen des § 639 Abs. 2 BGB a.F. zur Verjährungshemmung führen, können grundsätzlich nicht unter die Vorschrift des § 203 BGB subsumiert werden. Das kann nur in Betracht kommen, wenn die in § 639 Abs. 2 BGB a.F. genannten Tatbestände (Prüfung des Vorhandenseins des Mangels oder die Beseitigung des Mangels) im Einzelnen mit den Verhandlungen gemäß § 203 BGB verbunden oder gleichzusetzen sind.[698] Ob das „regelmäßig" der Fall ist, wie der BGH[699] meint, erscheint zweifelhaft und entbindet nicht von der Notwendigkeit, im Einzelfall festzustellen, ob dem Verhalten des Auftragnehmers Erklärungen im Sinne einer Meinungsäußerung zu entnehmen sind.[700] Sonst liegt eben kein Meinungsaustausch vor. Wer auf die Mängelrüge des Auftraggebers sein Werk prüft, dann aber schweigt, hat sich nicht in einen Meinungsaustausch begeben und dadurch alleine erst Recht keine Überprüfungsvereinbarung[701] getroffen.

2889b

Auch Mansel[702] weist darauf hin, dass § 203 BGB die Lücke nicht schließen kann, die der Wegfall des Hemmungsgrundes der Mängelprüfung/Nachbesserung gemäß § 639 Abs. 2 BGB a.F. mit sich bringt, weil Verhandlungen i.S. des § 203 BGB in diesen Fällen kaum vorliegen werden.

---

693) BGH, BauR 2017, 723; OLG Hamm, IBR 2013, 55 – *Fuchs;* anders, wenn bei wertender Betrachtung die späteren Verhandlungen sich als Fortsetzung der früheren darstellen: OLG Köln, IBR RS 2013, 5589; **a. A.:** OLG Koblenz, IBR 2016, 310.
694) Vgl. § 12 in der bis 31.12.2007 geltenden Fassung des VVG.
695) OLG Frankfurt, BeckRS 2010, 01592.
696) OLG Hamm, IBR 2011, 1290 – *Meier.*
697) So auch *Lenkeit*, BauR 2002, 196, 219, der darauf verweist, dass die (ohne nachvollziehbare Gründe erfolgte) Streichung eine Lücke hinterlässt, die nicht von § 203 geschlossen wird; **a.A.:** *Weyer*, NZBau 2002, 366 (mit einem Überblick über den Meinungsstand), der aus der Entstehungsgeschichte und dem Wortlaut des § 203 BGB n.F. folgert, dass § 203 BGB n.F. auch die Fallgestaltungen umfasst, die in § 639 Abs. 2 BGB a.F. geregelt waren; ähnlich *Mankowski/Höpker*, MDR 2004, 721, 723.
698) BGH, NJW 2007, 587; OLG Oldenburg, BauR 2009, 260; für eine analoge Anwendung von § 203 BGB *Faber/Werner*, NJW 2008, 1910.
699) BGH a.a.O.
700) *Beyer*, BauR 2016, 404.
701) So aber BGH a.a.O.
702) A.a.O.; anders *Mansel/Budzikiewicz*, § 8, Rn. 21 ff.

Er schlägt vor, eine ‚stillschweigende Hemmungsabrede i.S. von § 202 Abs. 2 BGB für die Zeit der Nachbesserung anzunehmen'. Daran könnte auch bei der Mangelprüfung gedacht werden.

Ein Ende von Verhandlungen in diesem Sinne ist jedenfalls erreicht, wenn der Auftragnehmer die (weitere) Mängelbeseitigung endgültig ablehnt.[703]

Soweit mit der Beseitigung des Mangels ein Anerkenntnis verbunden ist, kommt ein Neubeginn der Verjährung in Betracht (vgl. näher Rdn. 2908 ff.). Die Hemmung durch Verhandlung kann neben der Hemmung gemäß § 204 BGB (dazu nachstehend) bestehen.[704]

2890 In § 204 BGB werden insgesamt 14 Tatbestände aufgezählt, die zur **Hemmung der Verjährung** (durch Rechtsverfolgung) führen. Das gilt vor allem für folgende im Baurecht **wichtige Fallgestaltungen**:

* die Erhebung der **Klage** auf Leistung oder auf Feststellung des Anspruchs, auf Erteilung der Vollstreckungsklausel oder auf Erlass des Vollstreckungsurteils
* die **Zustellung des Mahnbescheids** im Mahnverfahren
* die Geltendmachung der **Aufrechnung** des Anspruchs im Prozess
* die **Zustellung der Streitverkündung**
* die **Zustellung des Antrags** auf Durchführung eines selbstständigen **Beweisverfahrens sowie** der Beginn eines vereinbarten **Begutachtungsverfahrens**
* die Zustellung des Antrags auf Erlass eines **Arrestes,** einer **einstweiligen Verfügung** oder einer **einstweiligen Anordnung**
* die Anmeldung des Anspruchs im **Insolvenzverfahren**
* der Beginn des **schiedsrichterlichen Verfahrens.**

Die Hemmung der Verjährung kommt dabei ausschließlich der das Verfahren betreibenden, antragstellenden Partei zugute. Wer nur eine Werklohnklage oder ein selbstständiges Beweisverfahren gegen sich führen lässt, dessen Gewährleistungsansprüche werden davon verjährungsrechtlich nicht berührt.[705] Auch die Geltendmachung eines Zurückbehaltungsrechts im Prozess führt nicht zu einer Hemmung der Verjährung des Gegenanspruchs.[706]

Im Falle der **Prozessstandschaft** tritt die Verjährungshemmung erst von dem Zeitpunkt an ein, in dem die Prozessstandschaft prozessual offen gelegt wurde oder offensichtlich ist.[707] Das gilt allerdings nicht bei der stillen Zession (Sicherungszession).[708]

Es ist grundsätzlich nicht rechtsmissbräuchlich, die Rechtsverfolgungsmaßnahmen alleine zum Zweck der Verjährungshemmung zu unternehmen.[709]

Bei verschiedenen Hemmungstatbeständen fordert § 204 BGB ausdrücklich eine **Zustellung** des Antrages oder der Erklärung. Das ist vor allem bei dem Antrag auf Einleitung eines selbstständigen Beweisverfahrens und der Streitverkündung zu be-

---

703) BGH BauR 2013, 1439.
704) OLG Brandenburg, BeckRS 2011, 00404.
705) OLG Koblenz, BeckRS 2014, 02339.
706) BGH, NJW 2015, 1007.
707) BGH, BeckRS 2014, 00033.
708) BGH, NJW 1978, 698; OLG Dresden IBR RS 2015, 2089.
709) BGH, NJW 2016, 233; NJW 2016, 236; zu den Grenzen: *Regenfus*, NJW 2016, 2977.

achten.⁷¹⁰⁾ Die Zustellung i.S. des § 204 BGB hat von Amts wegen zu erfolgen (§ 167 ZPO). Hier ist anwaltliche Vorsicht⁷¹¹⁾ geboten: Die Zustellung (förmliche Zustellung gem. § 166 ZPO) durch das Gericht ist zu überwachen, weil nach § 167 ZPO die Hemmungswirkung des § 204 BGB mit der Einreichung oder Anbringung des Antrages oder der Erklärung (nur) eintritt, wenn die Zustellung demnächst erfolgt.⁷¹²⁾ Als „demnächst erfolgt" gilt die Zustellung, ohne starre Zeitgrenze, wenn die Verzögerung auf dem gerichtlichen Geschäftsbetrieb beruht und auch bei gewissenhafter Prozessführung von der Partei bzw. ihrem Prozessbevollmächtigten nicht zu vermeiden war. Dabei erfasst § 167 ZPO auch die erst durch eine – insgesamt noch „demnächst" erfolgende- Heilung wirksam gewordene Zustellung.⁷¹³⁾ Geringfügige Verzögerungen von bis zu 14 Tagen sind unbeachtlich⁷¹⁴⁾, jedoch nach Auffassung des OLG Frankfurt schädlich, wenn schuldhaft eine falsche Anschrift der Beklagtenpartei angegeben und die Klage zur Wahrung einer Ausschlussfrist erhoben wurde.⁷¹⁵⁾ Bei der 14-Tage – Frist kommt es bei der Berechnung der noch hinzunehmenden Verzögerung nicht auf die Zeitspanne an zwischen der Aufforderung zur Einzahlung des Gerichtskostenvorschusses und deren Eingang bei der Gerichtskasse, sondern auf die Frage, um wie viele Tage sich der für die Zustellung der Klage ohnehin erforderliche Zeitraum in Folge der Nachlässigkeit des Klägers verzögert hat.⁷¹⁶⁾ Im Mahnverfahren ist eine Verzögerung von einem Monat noch als geringfügig und unerheblich anzusehen.⁷¹⁷⁾ Die Anforderung des Gerichtskostenvorschusses darf abgewartet werden, wenn sodann die Einzahlung binnen zwei Wochen oder geringfügig mehr erfolgt.⁷¹⁸⁾ Ein Nachfragen nach dem Verbleib der Gerichtskostenanforderung ist aber jedenfalls entbehrlich, wenn eine unbedingt zu erhebende Klage zusammen mit einem Prozesskostenhilfeantrag eingereicht wurde.⁷¹⁹⁾ Im Übrigen gilt, dass wenn das Gericht keinen Gerichtskostenvorschuss anfordert und der Kläger untätig bleibt, der im Rahmen der Prüfung der Voraussetzungen des § 167 ZPO (demnächst) zuzurechnende Zeitraum einer Zustellungsverzögerung frühestens drei Wochen nach Einreichung der Klage bzw. drei Wochen nach Ablauf der durch die Klage zu wahrenden Frist beginnt.⁷²⁰⁾

Ist die Zustellung „demnächst" erfolgt, so beginnt die Hemmung auch dann mit der Einreichung des Schriftsatzes bei Gericht, wenn im Zeitpunkt der Zustellung

---

710) Vgl. *Sterner/Hildebrandt*, ZfIR 2006, 349.
711) Vgl. hierzu *Weyer*, BauR 2001, 1807; *Lenkeit*, a.a.O. 215, 216.
712) Vgl. dazu BGH, BauR 1999, 1216; zum Mahnbescheid: BGH, BauR 2002, 1430; OLG Dresden, BauR 2007, 1085; zur öffentlichen Zustellung siehe BGH, WM 2017, 170.
713) BGH, NJW 2015, 1760.
714) BGH, AnwBl 2015, 897 („geplatzte Prozessfinanzierung und PKH-Antrag innerhalb von 14 Tagen); BGH, BauR 2011, 885; BGH, BauR 2000, 1225; OLG Frankfurt, BauR 2015, 297.
715) OLG Frankfurt, BeckRS 2010, 30171.
716) BGH, AnwBl 2015, 898.
717) BGH, NJW 2002, 2794; OLG Köln, BeckRS 2011, 02987.
718) St. Rspr., vgl. BGH, IBR 2011, 204 – *Poetzsch-Heffter*; BGH, BauR 2010, 2100 = IBR 2010, 728 – *Schulze-Hagen*.
719) BGH, NJW-RR 2015, 125.
720) BGH, AnwBl 2016, 172.

der Anspruch noch nicht verjährt war.⁷²¹⁾ Dies kann beispielsweise bei der Berechnung der Hemmungszeit durch eine Streitverkündung von entscheidender Bedeutung sein.

Soweit (jedenfalls für das selbstständige Beweisverfahren) vertreten wird, die Hemmung setze nach § 204 Abs. 1 Nr. 7 BGB nicht notwendig eine **förmliche Zustellung** voraus⁷²²⁾ kann dem nicht gefolgt werden.⁷²³⁾ Was unter „Zustellung" zu verstehen ist, ergibt sich aus § 166 Abs. 1 ZPO, nämlich eine förmliche Zustellung und nicht lediglich eine irgendwie geartete Bekanntgabe. Die h.M., vor allem in der Literatur, hält daher eben diese förmliche Zustellung auch beim selbstständigen Beweisverfahren für erforderlich.⁷²⁴⁾ Diskutabel, aber bislang ungeklärt, erscheint jedoch die Frage, ob und unter welchen Umständen der Mangel der förmlichen Zustellung geheilt sein kann (295 ZPO).⁷²⁵⁾ Dies hat der BGH⁷²⁶⁾ zunächst bei der unwirksamen Zustellung eines Mahnbescheids angenommen, bei der der Anspruchsinhaber für die wirksame Zustellung alles aus seiner Sicht Erforderliche getan hatte, der Anspruchsgegner in unverjährter Zeit vom Erlass des Mahnbescheids Kenntnis erlangt hatte und die Wirksamkeit der Zustellung ebenfalls in unverjährter Zeit in einem Rechtsstreit überprüft wurde. Unter diesen Voraussetzungen sei Sinn und Zweck des § 204 Abs. 1 Nr. 3 BGB gewahrt. Der BGH lässt aber nun auch eine Heilung gemäß § 189 ZPO zu, wenn der Antrag zur Durchführung des selbstständigen Beweisverfahrens dem Antragsgegner lediglich aufgrund einer formlosen Übersendung durch das Gericht zugeht.⁷²⁷⁾ Dabei ist unerheblich, ob dem Gericht bei der Übersendung der Wille zur förmlichen Zustellung fehlte. Die gleichen Grundsätze wendet das OLG Düsseldorf⁷²⁸⁾ auf einen klageerweiternden Schriftsatz an, der zwar zugegangen, aber nicht förmlich zugestellt wurde.

2891 Für die 14 in § 204 BGB genannten Hemmungstatbestände stellt Abs. 2 dieser Vorschrift fest, dass die Hemmung **sechs Monate nach der rechtskräftigen Entscheidung** oder **anderweitigen Beendigung** des eingeleiteten Verfahrens **endet**. Da der Lauf der Sechsmonatsfrist mit einer formell rechtskräftigen Entscheidung beginnt, wird durch eine Anhörungsrüge nach § 321a ZPO der Verjährungseintritt nicht weiter hinausgeschoben, denn sie kann erst erhoben werden, wenn ein Rechtsmittel oder anderer Rechtsbehelf gegen die gerügte Entscheidung nicht mehr gegeben ist.⁷²⁹⁾ Eine anderweitige Beendigung liegt auch im Falle der Antragsrücknahme

---

721) BGH, NJW 2010, 856.
722) OLG Frankfurt, NJW-RR 2010, 535; OLG Naumburg, Urt. v. 13.11.2008, AZ: 6 U 80/08, ibr-online; OLG Karlsruhe, NJW-RR 2008, 402; *Seibel*, BauR 2010, 1668 sowie ZfBR 2008, 9.
723) BGH, BauR, 2011, 669.
724) BGH, a.a.O.; OLG Dresden, IBR 2010, 506-*Vogel*; LG Gießen, IBR 2008, 251 – *Heisiep*; Klein/Moufang/Koos, BauR 2009, 333, 350 m.w.Nachw.; *Weyer*, NZBau 2008, 228.
725) Offen gelassen in BGH, BauR 2011, 669; OLG Dresden, a.a.O.; OLG Karlsruhe IBR 2007, 661 – *Seibel*; LG Marburg, IBR 2006, 372 – *Turner*.
726) BGH, MDR 2010, 646.
727) BGH, NJW-RR 2013, 1169; BGH, BauR 2011, 669 = IBR 2011, 263 – *Schulze-Hagen*; bestätigt im Beschl. v. 10.3.2011, BeckRS 2011, 068558; dazu *Schlösser/Köbler*, NZBau 2012, 669.
728) OLG Düsseldorf, NJW-RR, 2011, 1530.
729) BGH, NJW 2012, 3087.

Hemmung und Neubeginn der Verjährung

vor.[730] Allerdings wird vertreten, dass die Antragstellung und kurzfristige Rücknahme nur zum Zweck der Verjährungsverlängerung rechtsmissbräuchlich sei.[731]

Eine besondere Regelung findet sich für den Fall des **Stillstands**[732] des Verfahrens: Wenn die Parteien das Verfahren nicht betreiben, tritt an die Stelle der Beendigung des Verfahrens die letzte Verfahrenshandlung der Parteien, des Gerichts oder der sonst mit dem Verfahren befassten Stelle; die Hemmung beginnt erneut, wenn eine der Parteien das Verfahren weiter betreibt. Dazu reicht es aber nicht aus, im Mahnverfahren die Abgabe an das Streitgericht zu beantragen, wenn nicht auch der nach § 12 Abs. 3 GKG erforderliche Gerichtskostenvorschuss geleistet wird, von dessen Zahlung das Mahngericht die Abgabe bereits in der Widerspruchsmitteilung abhängig gemacht hat.[733] Auch die Nichtzahlung des angeforderten Kostenvorschusses im selbstständigen Beweisverfahren stellt ein Nichtbetreiben des Verfahrens i.S.v. § 204 Abs. 2 Satz 2 BGB dar.[734] Nach der Rechtsprechung des BGH[735] liegt ein Fall des Stillstands des Verfahrens auch vor, wenn das Verfahren mit Einverständnis des Klägers lediglich wegen außergerichtlicher Vergleichsverhandlungen mit dem Beklagten nicht weiterbetrieben wird. Auch das Ruhen des Verfahrens durch das Gericht ist ein dem Kläger zurechenbarer Stillstand und führt zur Beendigung der Hemmung.[736] § 204 Abs. 2 S. 2 BGB findet jedoch dann keine Anwendung, wenn für das Untätigbleiben des anspruchsberechtigten Klägers ein triftiger und für den Beklagten erkennbarer Grund besteht, denn dann darf der Beklagte nicht annehmen, der Kläger wolle seinen Anspruch nicht weiter verfolgen.[737] Ein triftiger Grund ist nicht nur ein rechtlich zwingender Grund, vielmehr kann ein solcher Grund auch vorliegen, wenn eine Verzögerung in der Erledigung des Rechtsstreits prozesswirtschaftlich vernünftig erscheint. Das ist dann der Fall, wenn das Abwarten des Ausgangs eines anderen Verfahrens, insbesondere eines Parallelverfahrens, in dem die gleichen Fragen streitentscheidend sind, zwar nicht rechtlich geboten, aber prozesswirtschaftlich vernünftig erscheint.[738] Der Stillstand des Verfahrens tritt aber nicht ein, soweit die Leitung des Verfahrens Sache des Gerichts ist und es für den Fortgang des Prozesses Sorge zu tragen hat.[739]

2892 **Die Erhebung der Klage** ist das Instrument der Rechtsverfolgung schlechthin. Sie steht im Katalog der Hemmungstatbestände durch Rechtsverfolgung an erster Stelle. Ihr Ziel ist die Titulierung des Anspruchs, der sodann der 30-jährigen Verjährung des § 197 Abs. 1 Nr. 3 BGB unterliegt, soweit es sich nicht um wiederkeh-

---

730) BGH, NJW 2004, 3772.
731) *Palandt/Ellenberger*, § 204 BGB, Rn. 33.
732) Dazu im Einzelnen: *Saerbeck*, Festschrift für Thode, S. 139.
733) OLG Saarbrücken, NJW-RR 2011, 1004.
734) OLG Düsseldorf, NJW-RR 13, 346; OLG Schleswig, IBR 2011, 1261 – *Orthmann* (nur online); LG Kiel, IBR 2011, 1336 – *Lehmann*.
735) IBR 2009, 1210 – *Schwenker*.
736) LG Karlsruhe, IBR 2009, 304 – *Illies*.
737) BGH, NJW 2000, 132; NJW 2001, 218; OLG Frankfurt, Urt. v. 21.4.2010 AZ: 4 U 93/03, ibr-online – *Siebert* (Werkstattbeitrag).
738) KG, IBR 2012, 27; mit dem gleichen Ergebnis aber aus § 242 BGB (Stillhalteabkommen): KG, IBR 2011, 740 – *Schliemann*.
739) BGH, NJW 2013, 1666; BGH, BeckRS 2013, 02242.

rende Leistungen handelt (§ 197 Abs. 2 BGB, 3 Jahre). Aber auch die Fortsetzungsfeststellungsklage nach § 113 Abs. 1 VwGO führt zur Hemmung.[740]

Die Erhebung der Klage erfolgt durch Zustellung der Klageschrift (§ 253 ZPO). Die Hemmungswirkung tritt aber rückwirkend (siehe oben) zum Zeitpunkt des Eingangs der Klage bei Gericht ein, wenn die Zustellung demnächst erfolgt (§ 167 ZPO).[741] Die Rückwirkung setzt nicht voraus, dass die Verjährung zum Zeitpunkt der Zustellung ohne die Rückwirkung eingetreten wäre.[742] Eine wirksame Klageerhebung hemmt die Verjährung auch dann, wenn zum Zeitpunkt der Klageerhebung – von der Sachbefugnis abgesehen – noch nicht alle Anspruchsvoraussetzungen vorliegen, etwa eine für einen Schadensersatzanspruch erforderliche Fristsetzung noch fehlt.[743] Die Hemmung umfasst alle streitgegenständlichen Forderungen.[744] Bei einer Änderung des Sachvortrages ist also zu prüfen, ob sich der Streitgegenstand ändert oder erweitert oder ob lediglich eine Konkretisierung erfolgt. Für neu hinzutretende Streitgegenstände beginnt die Hemmung erst mit ihrer Rechtshängigkeit.[745] Jedoch kann die verjährungshemmende Wirkung der Klage auch über den Streitgegenstand hinausgehen, wenn sie mit dem Klageanspruch materiell wesensgleiche Ansprüche erfasst. Entscheidend ist insoweit, ob der später geltend gemachte Anspruch demselben Ziel wie der zunächst erhobene Anspruch dient und sich nach Grund und Rechtsnatur als Ausprägung des geltend gemachten Anspruchs darstellt. In diesem Fall muss der Schuldner damit rechnen, dass der Gläubiger die gesetzlichen Möglichkeiten zur Durchsetzung des mit der Klage verfolgten Interesses ausschöpft. Die Hemmung der Verjährung auch des später geltend gemachten Anspruchs ist in diesem Fall vom Zweck der Hemmung der Verjährung des zunächst geltend gemachten Anspruchs gedeckt und tritt mit der Hemmung der Verjährung des zunächst erhobenen Anspruchs ein.[746] Ist die Klage auf die primäre Pflichtverletzung (beispielsweise des Architekten) gestützt, so erfasst die Verjährungshemmung auch die Haftung aus dem Sekundäranspruch (Verletzung der Aufklärungspflicht, vgl. Rdn. 2874).[747]

Die Klage muss wirksam erhoben sein, d.h. insbesondere den Anforderungen der ZPO genügen.[748] Die Einreichung einer Ausfertigung der Klageschrift per Fax ist grundsätzlich geeignet, die Verjährungshemmung zu bewirken.[749] Es ist nicht erforderlich, dass die Klage zulässig ist.[750] Voraussetzung für die Hemmung ist aber, dass die Klage vom Berechtigten erhoben wird. Das kann ggf. auch der Pro-

---

740) BGH, BeckRS 2013, 08445.
741) Vgl. im Einzelnen: *Palandt/Ellenberger*, § 204 BGB, Rn. 7.
742) BGH, IBR 2008, 368 – *Vogel*.
743) BGH, BeckRS 2014, 03035.
744) Vgl. BGH, NJW 2009, 1950; OLG Hamm, IBR 2012, 1010 – *Rodemann* (nur online).
745) OLG Brandenburg, BeckRS 2010, 31098.
746) BGH, NJW-RR 2013, 363.
747) BGH, NJW 2015, 3447.
748) Für die Klageschrift selbst § 253 ZPO, BGH NJW-RR 89, 508.
749) OLG Düsseldorf, NZBau 2013, 768.
750) Ausdrücklich **auch** für die Fälle des § 204 Abs. 1 Nr. 2, 3, 5, 9 und 13 BGB: BGH, NJW 2008, 519, 521.

zessstandschafter sein.⁷⁵¹⁾ Die Prozessstandschaft muss aber offengelegt oder offensichtlich sein.⁷⁵²⁾ Das gilt jedoch nicht für den Fall der Sicherungsabtretung.⁷⁵³⁾ Die Abtretung der Klageforderung nach Eintritt der Hemmungswirkung gemäß § 204 Abs. 1 Nr. 1 BGB, § 167 ZPO, aber vor Zustellung der Klage an den Beklagten, führt nicht zur Beendigung der Hemmung des Laufs der Verjährungsfrist.⁷⁵⁴⁾ Da der **Vermögensschaden** des Auftraggebers, der noch keine Mängelbeseitigung durchgeführt hat, zunächst die später dafür aufzuwendende **Umsatzsteuer** nach der neueren Rechtsprechung des BGH⁷⁵⁵⁾ nicht umfasst,⁷⁵⁶⁾ wird in solchen Fällen nun regelmäßig eine **Feststellungsklage** erforderlich werden, um der sonst drohenden Verjährung des Umsatzsteuerbetrages zu begegnen, wenn nicht Vorschuss verlangt wird.⁷⁵⁷⁾ Soweit das OLG Frankfurt⁷⁵⁸⁾ die Auffassung vertritt, dass ein gegen den Architekten gerichteter Schadensersatzanspruch wegen eines im Bauwerk verwirklichten Baumangels die Umsatzsteuer auf die Beseitigungskosten nur umfasse, wenn der Mangel tatsächlich schon beseitigt worden ist und der Auftraggeber bis dahin die Umsatzsteuer im Rahmen eines Vorschussanspruchs geltend machen könne, kann dem nicht gefolgt werden. Der Architekt haftet nämlich nach ganz herrschender Ansicht nicht auf Vorschuss bei einem Baumangel, der sich im Bauwerk verwirklicht hat, denn insoweit ist der Architekt nicht zur Nacherfüllung verpflichtet (vgl. Rdn. 1983 und 2164). Das OLG stützt sich daher zu Unrecht auf die entsprechende Entscheidung des BGH⁷⁵⁹⁾ für den Anspruch gegen den Unternehmer. Hier besteht ein Vorschussanspruch und der Auftraggeber kann – worauf der BGH ausdrücklich verwiesen hat – diesen Anspruch wählen, wenn er vermeiden will, in Höhe der Umsatzsteuer in Vorleistung gehen zu müssen und das Insolvenzrisiko zu tragen. Ist dem Auftraggeber aber der Weg über die Vorschussklage verwehrt, kann er nicht auf die Möglichkeit einer Verjährungshemmung durch eine Feststellungsklage beschränkt werden, welche ihm keinen Zahlungstitel verschafft. Das thematisiert der BGH⁷⁶⁰⁾ in einer weiteren Entscheidung, in der es gerade um Schadensersatzansprüche gegen einen Architekten ging, allerdings gar nicht mehr, sondern erklärt, dass seine Rechtsprechung zum Ausschluss der Umsatzsteuer auch auf solche Ansprüche anzuwenden sei, die sich noch auf § 635 BGB a.F. stützen. Das ist außerordentlich bedenklich, denn dem Auftraggeber wird hier nicht mehr der verfassungsrechtlich geschützte Anspruch auf effektiven Rechtsschutz gewährt. Nur, wenn der Auftraggeber wirtschaftlich in der Lage ist, die Umsatzsteuer von immerhin 19 % vorzufinanzieren und dann der Auftragnehmer noch solvent ist,

---

751) BGH, NJW 2010, 2270; vgl. auch 2901; zur Klage einer WEG mit unvollständigem Beschluss zum „an sich Ziehen" von Mängelansprüchen vgl. OLG München, BauR 2010, 1278.
752) BGH, NVwZ 2011, 1150.
753) OLG Dresden, IBR RS 2015, 2089.
754) BGH, NJW 2013, 1730; **a.A.:** OLG München, IBR 2005, 11.
755) BGH, NJW 2015, 1875; BauR 2010,1752.
756) Anders bei fiktiver Berechnung des Schadens: OLG München, BauR 2014, 859.
757) OLG München, IBR 2011, 511 – *Karczewski*.
758) NZBau 2013, 232.
759) NJW 2010, 3085 = BauR 2010, 1752.
760) BGH, NJW 2015, 1875; ebenfalls ohne Beschränkung auf die Fälle, in denen ein Vorschussanspruch möglich ist *Palandt/Grüneberg*, § 249 BGB, Rn. 29.

erhält der Auftraggeber also den Schaden vollständig ersetzt, ohne, dass er die Möglichkeit hätte, den Weg über die Vorschussklage zu gehen.

Im Übrigen wird aber die **Feststellungsklage** nicht selten das geeignete Mittel sein, der drohenden Verjährung zu begegnen. Das notwendige Feststellungsinteresse i.S.d. § 256 Abs. 1 ZPO ist stets gegeben, wenn die Gefahr besteht, dass der geltend gemachte Anspruch sonst (alsbald) verjährt. Dabei bedeutet „alsbaldige Verjährung" nicht, dass die Verjährung unmittelbar bevorsteht. Es ist hinreichend, wenn absehbar ist, dass es der klagenden Partei nicht möglich sein wird, vor dem Eintritt der Verjährung eine umfassende Leistungsklage zu erheben.[761]

Die Erhebung der **negativen Feststellungsklage** und die Verteidigung gegen sie durch Klagabweisungsantrag führt noch keine Hemmung nach § 204 BGB herbei.[762] Das gleiche gilt für den Antrag auf Erlass einer einstweiligen Verfügung und deren Zustellung.[763] Dagegen kann die **Freistellungsklage** hemmende Wirkung haben.[764]

Bei einer Feststellungsklage zur Tabelle (§ 179 InsO) kommt der Klage keine verjährungshemmende Wirkung zu, wenn dies aufgrund mangelnder Individualisierung für die Forderungsanmeldung selbst galt.[765]

Zu beachten ist, dass immer der **Berechtigte klagen** muss; die Klage eines Nichtberechtigten hemmt die Verjährung nicht.[766] Tritt z.B. der Bauträger seine Gewährleistungsansprüche gegen die Unternehmer an die Erwerber ab, so hemmen deren Prozesshandlungen nicht die Verjährung von Ansprüchen gegen den Architekten.[767] Wird aber eine rechtshängige Forderung abgetreten und macht der Zessionar den Anspruch noch während des Vorprozesses erneut rechtshängig, hemmt auch die neue Klage die Verjährung.[768] Auch eine Klage des Auftraggebers gegen den Bürgen des Hauptschuldners hemmt nicht die Verjährung der Hauptschuld.[769] Das ist ausnahmsweise anders, wenn der Hauptschuldner später als Rechtsperson untergeht.[770]

Die Verjährung von Gewährleistungsansprüchen, die **Ehegatten** aus der gemeinsamen Errichtung eines Hauses oder einer Eigentumswohnung zustehen, wird re-

---

761) OLG Hamm, BeckRS 2013, 19025.
762) BGH, NJW 2012, 3633; BGH, NJW 1972, 1043 = MDR 1972, 591; WM 1978, 1018 = ZfBR 1978, 70 = BauR 1978, 488; s. aber OLG Schleswig, NJW 1976, 970.
763) OLG Düsseldorf, WRP 1973, 481; zur Verjährungsunterbrechung durch Vollzug einer einstweiligen Verfügung: OLG Düsseldorf, BauR 1980, 475.
764) BGH, ZfBR 1995, 202, 203 = BB 1995, 999 = NJW 1995, 1675 (für Freistellungsklage eines **Bauträgers**).
765) BGH, NJW-RR 2013, 992.
766) BGH, Urt. v. 29.10.2009, AZ: I ZR 191/07, ibr-online – *Schwenker* (Werkstattbeitrag); BGH, NJW 1993, 1916; OLG Köln, BauR 1995, 702, 703; zur Unrichtigkeit einer Parteibezeichnung im Hinblick auf die Änderung der Rechtsprechung des BGH zur Teilrechtsfähigkeit der WEG siehe OLG Karlsruhe, IMR 2011, 238 – *Briesemeister*.
767) OLG Hamm, NJW-RR 1991, 1044 = MDR 1991, 1065.
768) BGH, NJW 2011, 2193.
769) Saarländisches OLG, BauR 2001, 266.
770) BGH, IBR 2009, 710 – *C. Schmitz*.

gelmäßig auch durch eine Klage gehemmt, die nur einer der Ehegatten erhebt und mit der er die Leistung allein an sich verlangt.[771]

Auf der **Passivseite** hat die Verjährungshemmung **grundsätzlich nur Einzelwirkung** (§ 425 Abs. 2 BGB), d.h. nur gegen den beklagten Gesamtschuldner. Für die **GbR** ist allerdings anerkannt, dass wegen der **akzessorischen Haftung der Gesellschafter** die Klage gegen die Gesellschaft auch die Verjährung der Ansprüche gegen die Gesellschafter hemmt und ferner der in Anspruch genommene Gesellschafter sich nicht auf die gegenüber der Gesellschaft eingetretene Verjährung berufen kann.[772]

Eine im Baurecht bedeutsame **Ausnahme** bildet aber die **Bauherrengemeinschaft**. Hier haften die Mitglieder der Gemeinschaft nur anteilig für die Schulden der GbR.[773] Mangels akzessorischer Haftung gelten hier die Grundsätze zur Verjährungshemmung bei der GbR und ihren Gesellschaftern nicht.

Für den **Erwerber eines Handelsgeschäfts** (§ 25 HGB) gilt, dass er für die Verbindlichkeiten in dem Maße einzustehen hat, wie sie bei Übertragung des Handelsgeschäfts bestanden. Er kann sich also auf eine eingetretene Verjährung berufen, muss aber auch eine Verjährungshemmung gegen sich gelten lassen, welche gegenüber dem Veräußerer eingetreten ist.[774]

2893 Eine **Teilklage** hemmt grundsätzlich nur bis zur **Höhe** des **eingeklagten Teils** die Verjährung; liegt zunächst ein nicht aufgegliederter Antrag wegen verschiedener **Teilansprüche** vor, wird die Verjährung für jeden Teilanspruch in Höhe der Gesamtsumme gehemmt, nicht aber hinsichtlich des weiteren die Gesamtsumme übersteigenden Teils der Einzelansprüche.[775] Das gilt auch dann, wenn der Kläger den Anspruch insgesamt begründet und selbst dann, wenn er sich die Geltendmachung des Rests vorbehält[776]; ebenso, wenn es sich um eine verdeckte Teilklage handelt, bei der der Kläger nicht weiß, dass sein Anspruch höher als die bezifferte Forderung ist.[777]

2894 Die Klage auf Ersatz von Kosten, die der Bauherr für eine erfolgreiche **Teilnachbesserung** aufgewendet hat, hemmt daher auch nicht – über den eingeklagten Betrag hinaus – die Verjährung eines Anspruchs auf Ersatz von Aufwendungen für weitere Maßnahmen zur Beseitigung desselben Mangels.[778]

2895 Demgegenüber enthält ein Urteil auf Zahlung eines bestimmten Betrages als **Vorschuss** zur Behebung eines Mangels regelmäßig die Feststellung, dass der Auftragnehmer verpflichtet ist, die gesamten Mängelbeseitigungskosten zu tragen, ggf. auch die den gezahlten Vorschuss übersteigenden Selbstvornahmekosten.[779] Die **Vorschussklage** deckt daher – entsprechend einem unbezifferten Leistungsantrag – hin-

---

771) BGH, BauR 1985, 445 = ZfBR 1985, 169 = DB 1985, 1631 = NJW 1985, 1826.
772) BGH, NJW 1988, 1976; siehe aber für Verhandlungen: OLG München, IBR 2015, 484 – *Kohlhammer*; LG Dessau, BeckRS 2011, 12642; *Palandt/Ellenberger*, § 204 Rn. 12.
773) BGH, NJW 2002, 1642.
774) *MünchKomm/HGB-Thiesen*, § 25 HGB, Rn. 70.
775) BGH, Urt. v. 6.5.2014, AZ: II ZR 217/13, ibr-online; BGH, NJW 2000, 3492; BGH, NJW-RR 1988, 692; für den Mahnbescheid BGH, NJW 2001, 305.
776) Vgl. OLG Brandenburg, BeckRS 2011,19873.
777) BGH, NJW 1997, 1990; OLG Naumburg, IBR 2013, 158 – *Fuchs*; OLG Brandenburg, BeckRS 2011, 08107; OLG Bamberg, Urt. v. 14.7.2009, AZ: 11 U 145/07, ibr-online.
778) BGH, BauR 1976, 202 = MDR 1976, 655.
779) BGH, BauR 2008, 2041; BauR 1976, 205 = MDR 1976, 655 = NJW 1976, 956; OLG München, BauR 2014, 859; **a.A.**: OLG Nürnberg, IBR 2007, 673.

sichtlich dieser Wirkung auch spätere **Erhöhungen,** gleichviel worauf sie zurückzuführen sind, sofern sie nur denselben Mangel betreffen.[780] Insoweit bedarf es also nicht einer Feststellungsklage zur Verjährungsunterbrechung. Diese kommt aber in Betracht, wenn der Auftraggeber die Feststellung verfolgt, dass der Auftragnehmer auch die **weiteren,** von der bisherigen Leistungsklage auf Vorschuss nicht erfassten Mängelbeseitigungskosten, zu tragen hat und er nicht überschauen kann, ob der bisher verlangte Vorschuss insoweit ausreicht.[781]

Höchstrichterlich noch nicht geklärt ist die Frage, ob die Klage auf **Kostenvorschuss** zur Mängelbeseitigung auch die Verjährung von Ansprüchen auf Ersatz von **Mangelfolgeschäden** hemmt. Das wird z.T. unter Hinweis auf § 213 BGB verneint, weil diese Ansprüche nicht wahlweise bestehen und nicht auf das gleiche wirtschaftliche Interesse gerichtet seien,[782] was zutreffend ist. Aus § 213 BGB lässt sich zunächst einmal nicht herleiten, dass der Anspruch auf Ersatz von Mangelfolgeschäden durch eine Vorschussklage gehemmt wird. Jedoch hat der BGH[783] (noch zum alten Recht) ausgeführt, dass die „Unterbrechungswirkung der Vorschussklage" ähnlich einem unbezifferten Leistungsantrag auch spätere Erhöhungen deckt, sofern sie nur denselben Mangel betreffen. Dies gelte unabhängig davon, worauf die Erhöhung zurückzuführen sei. Es sei unerheblich, ob der Erhöhungsbetrag von vornherein in die Vorschussforderung hätte mit einbezogen werden können oder ob sich zwischenzeitliche Kostensteigerungen ergaben oder neue Erkenntnisse zu einem größeren Schadensumfang führen. Das deutet auf ein sehr weites Verständnis der Wirkung der Vorschussklage hin.

> In dem vom BGH entschiedenen Fall hatte der Kläger zunächst nur die Kosten für den Austausch von 12600 mangelhaften Bremsrollen einer Palettenregalanlage geltend gemacht. Später (nach vermeintlichem Ablauf der Verjährungsfrist) hat er die Klage erhöht und auch die Kosten für das Aus- und wieder Einlagern der Paletten verlangt. Die Kosten für das Wiedereinräumen waren aber jedenfalls keine Kosten, die zur Mangelbeseitigung erforderlich waren, sondern solche, die als Folge der Mangelhaftigkeit und der notwendigen Nachbesserung entstanden.

Die Frage, nach dem Umfang der Hemmung einer Vorschussklage beantwortet sich zutreffend aus dem Verständnis der der Vorschussklage und der ihr stattgebenden Entscheidung immanenten Feststellung der Haftung. Bei dem vorstehend aufgezeigten weiten Verständnis der Rechtsprechung vom Wirkungsumfang eines Vorschussurteils dahin, dass die Feststellung der Haftung auch neue Erkenntnisse zu einem größeren Schadensumfang umfasst, ist es konsequent, sie auch auf Mangelfolgeschäden zu erstrecken. Der in Anspruch genommene Schuldner bedarf hier keines weiteren Schutzes. Er ist gewarnt. Solange die Frage aber nicht abschließend geklärt ist, sollte, wenn Mangelfolgeschäden in Betracht kommen, vorsorglich eine entsprechende Feststellungsklage erhoben werden.

> Bei der Klage auf Vorschuss für Nachbesserungskosten richtet sich im Übrigen die Tragweite der Feststellung nicht nach den jeweils näher bezeichneten Mängelerscheinungen, sondern

---

[780] BGH, BauR 2005, 1070 = NJW-RR 2005, 1037; BauR 1989, 81 = NJW-RR 1989, 208; OLG Düsseldorf, BeckRS 2015, 00228; vgl. auch oben Rdn. **453**.
[781] BGH, BauR 1986, 345 = NJW-RR 1986, 1026 = ZfBR 1986, 120; OLG Koblenz, BeckRS 2013, 20380; **a.A.:** OLG Celle, NJW-RR 1986, 99.
[782] *Kniffka,* in: *Kniffka,* Stand 18.9.2016, § 634a BGB, Rn. 166.
[783] NJW-RR 2005, 1037 = NZBau 2005, 514.

nach den der Werkleistung **anhaftenden Mängeln selbst,** soweit sie Ursachen der genannten Mängelerscheinungen sind **(Symptomtheorie)**.[784]

Wird mit einer **Schadensersatzklage** der **gesamte Schaden** begehrt, so wirkt die Verjährungshemmung auch für eine auf nachträglicher Baukostensteigerung beruhenden Erhöhung des Klageanspruches.[785] Das gilt auch, wenn eine zunächst als Vorschussklage erhobene, in eine Schadensersatzklage umzudeutende Forderung gegen den Architekten erkennbar auf einer Schätzung der Mangelbeseitigungskosten beruht und sich im Prozessverlauf höhere Kosten herausstellen.[786] Hat der Kläger **Nachbesserung** verlangt, ist zugleich auch die Verjährung für den später hilfsweise geltend gemachten Anspruch auf **Schadensersatz** in Geld gehemmt.[787] Ein Schadensersatzanspruch wegen Nichterfüllung und ein Werklohnanspruch nach § 649 BGB sind nach der Rechtsprechung des BGH[788] „verjährungsrechtlich selbstständig", sodass die Verjährungshemmung des einen Anspruchs nach § 204 BGB keine Hemmungswirkung für den anderen entfalten kann. **2896**

Der Klageerhebung steht hinsichtlich der Hemmung der Verjährung die Zustellung eines **Mahnbescheids** im Mahnverfahren nach den §§ 688 ff. ZPO gleich.[789] **2897**

Besondere Sorgfalt ist zunächst auf die richtige Bezeichnung des Antragsgegners zu legen. Kann die richtige Partei erst im streitigen Verfahren durch Auslegung ermittelt werden, so wirkt die an den Mahnbescheid anknüpfende Wirkung der Verjährungshemmung bei der Rubrumsberichtigung nicht zurück, wenn sich aus dem Mahnbescheidsantrag nicht die richtige Partei durch Auslegung ermitteln ließ.[790]

Der Antrag auf Erlass eines Mahnbescheides hemmt die Verjährung jedoch nur, wenn der geltend gemachte Anspruch „in der Weise bezeichnet ist, dass er Grundlage eines Vollstreckungstitels sein kann und dass der Schuldner erkennen kann, welcher Anspruch gegen ihn geltend gemacht wird".[791] Bezieht sich der Gläubiger zur Individualisierung des Anspruchs auf ein vorgerichtliches Schreiben, so muss dieses dem Schuldner in unmittelbarem zeitlichen Zusammenhang mit dem Mahnbescheid zugehen.[792] Wird ein einheitlicher Anspruch aus mehreren Rechnungspositionen geltend gemacht und bezieht sich der Mahnbescheid hierauf, so kann die Substantiierung der Rechnungsposten im streitigen Verfahren nachgeholt werden. Ein einheitlicher Anspruch in diesem Sinne liegt vor, wenn der aus mehreren Rechnungsposten bestehende Werklohnanspruch Leistungen betrifft, die mit dem zu Beginn der Zusammenarbeit von Auftraggeber und Auftragnehmer bestimmten

---

784) Vgl. hierzu: BGH, BauR 1992, 503; BauR 1989, 81 = NJW-RR 1989, 208.
785) BGH, ZfBR 1982, 128 = BauR 1982, 398.
786) OLG Celle, BauR 2014, 134.
787) BGH, VRS 79, 3.
788) *SFH*, Nr. 14 zu § 209 BGB; vgl. jedoch Rdn. 2913.
789) BGH, NJW-RR 1996, 885 (nicht näher aufgegliederter Geldbetrag); NJW 1995, 3380; NJW 1996, 2152 (Umfang der Bezeichnung des Anspruchs im Mahnbescheid). Zur Unterbrechung bei **stiller Zession:** BGH, WM 1978, 140; bei **Abtretung:** BGH, NJW 1972, 1580 = WM 1972, 1062; bei **Pfändung:** BGH, NJW 1986, 423.
790) OLG Brandenburg, IBR 2013, 1359 (nur online) – *Schwenker*.
791) BGH, BeckRS 2011, 16929; BGH, IMR 2007, 195 = IBR 2007, 318 – *Schulze-Hagen*; BGH, ZfIR 2007, 454; BGH, ZfBR 1995, 262 = NJW 1995, 2230 = BauR 1995, 694; BGH, BauR 1993, 225 und ZfBR 1992, 125 = BauR 1992, 229 = NJW 1992, 1111; OLG Naumburg, IBR 2008, 303 – *Vogel*; LG Bremen, NJW-RR 1991, 58; AG Hannover, Urt. v. 11.6.2009, AZ: 514 C 7957/08, ibr-online.).
792) AG Heinsberg, IMR 2011, 1008 – *Hülsmann*.

Leistungsziel in Zusammenhang stehen.[793)] Macht der Antragsteller eine Mehrzahl von Einzelforderungen geltend, dann muss er den angegebenen Gesamtbetrag derart aufschlüsseln, dass der Antragsgegner dessen Zusammensetzung aus für ihn unterscheidbaren Ansprüchen erkennen kann.[794)] Werden daher Gewährleistungsansprüche wegen verschiedener Mängel geltend gemacht, muss deutlich werden, in welcher Höhe die Ansprüche wegen der einzelnen Mängel jeweils erhoben werden.[795)]

Nimmt der Gläubiger in einem **Mahnantrag auf Rechnungen Bezug**, die dem Mahngegner weder zugegangen noch dem Mahnbescheid als Anlage beigefügt sind, so sind die Ansprüche nicht hinreichend bezeichnet, soweit sich ihre Individualisierung nicht aus anderen Umständen ergibt.[796)] Auch wenn zwischen den Parteien Vertragsbeziehungen zu diversen Bauvorhaben bestehen, reicht die Angabe der Rechnungsnummer zur Individualisierung aus, wenn die Zuordnung zum Bauvorhaben für den Mahngegner möglich ist.[797)] Maßgeblich ist nicht, ob für einen außenstehenden Dritten aus dem Mahnbescheid ersichtlich ist, welche Forderung erhoben wird. Es ist hinreichend, wenn das für den Antragsgegner erkennbar ist.[798)] Die Zustellung eines Mahnbescheids, mit dem ein Teilbetrag aus mehreren Einzelforderungen geltend gemacht wird, hemmt die Verjährung nicht, wenn eine genaue Aufschlüsselung der Einzelforderungen unterblieben ist und die Individualisierung erst nach Ablauf der Verjährungsfrist im anschließenden Streitverfahren nachgeholt wird.[799)] Ein triftiger Grund, der die gesetzlichen Folgen des Verfahrensstillstandes gemäß § 204 Abs.2 Satz 2 BGB ausschließt, liegt nicht vor, wenn der Gläubiger nach einer Bezifferung seiner Schadensersatzansprüche im Mahnverfahren zur Reduzierung seines Prozessrisikos diese Ansprüche im Streitverfahren nicht in voller Höhe weiterverfolgt um das Ergebnis eines Sachverständigengutachtens abzuwarten.[800)]

Ein Mahnbescheid mit der Anspruchsbezeichnung „Schadensersatz wegen Beratungsverschulden" hemmt nicht die Verjährung wegen eines Bereicherungsanspruchs aus § 812 Abs. 1 S. 1 BGB.[801)] Das Mahnverfahren hemmt die Verjährung auch nur bezüglich des geltend gemachten Betrags und nicht im Hinblick auf später erstmals geltend gemachte Mehrforderungen.[802)] Nach Ansicht des OLG Dresden[803)] soll ein lediglich auf Abschlagsrechnungen bezogener Mahnbescheid jedoch die Verjährung der Schlussrechnungsforderung hemmen. Ob das dann, wenn im Zeitpunkt des Mahnantrags die Schlussrechnung schon gestellt ist

---

793) BGH, NZBau 2013, 758.
794) OLG Celle, IBRRS 2014, 1129; OLG Frankfurt, IBR 2014, 123 – *Siebert*.
795) OLG Celle, NJW 2015, 90; *Grothe*, NJW 2015, 17.
796) BGH, IMR 2011, 51 – *Schwenker*; BGH, IBR 2008, 777 – *Schwenker*; siehe auch LG Frankfurt/Main, IBR 2012, 432 – *Geheeb*.
797) OLG Frankfurt, IBR 2012, 449 – *Geheeb*.
798) St. Rspr.; vgl. BGH, NJW 2011, 2423.
799) BGH, BeckRS 2014, 03762; BGH, IBR 2009, 58 – *Schwenker* = NJW 2009, 56.
800) BGH, BauR 2015, 1161.
801) BGH, IBR 2009, 59 – *Schwenker*.
802) OLG Stuttgart, IBR 2009, 36 – *Götte*.
803) IBR 2008, 716 – *Müller-Stoy*.

(so im Fall des OLG Dresden), richtig ist, wird bezweifelt.[804] Die Auffassung des OLG Dresden dürfte jedoch zutreffend sein, denn es ist für die Verjährungshemmung gem. § 204 BGB unerheblich, ob der Anspruch aus Abschlagsrechnungen nicht mehr begründet war, nachdem die Schlussrechnung gestellt war.[805] Das Gesetz verlangt für eine Hemmung der Verjährung durch Rechtsverfolgung nicht, dass der Anspruchsteller eine ihm günstige Entscheidung erreichen kann.[806]

Die Berufung auf eine durch Erlass eines Mahnbescheids eingetretene Hemmung der Verjährung kann **rechtsmissbräuchlich** sein, wenn der Mahnbescheidsantrag die **bewusst wahrheitswidrige** Erklärung enthält, dass die **Gegenleistung bereits erbracht** sei oder **nicht von einer Gegenleistung abhängig** sei.[807]

2898 Die Veranlassung der **Bekanntgabe eines Güteantrags** hemmt gem. § 204 Abs. 1 Nr. 4 BGB gleichfalls die Verjährung. Es muss sich um einen Antrag handeln, der entweder bei einer von einer Landesjustizverwaltung eingerichteten oder anerkannten Stelle oder einer Gütestelle, auf die sich die Parteien verständigt haben, eingereicht wurde. Die Zustellung des Antrages ist nicht erforderlich. Die Bekanntgabe reicht aus. Erfolgt sie demnächst, so wirkt die Verjährungshemmung rückwirkend auf den Tag der Einreichung wie bei der Klage. Verzögerungen bei der Bekanntgabe des Güteantrags, die auf einer Arbeitsüberlastung der Gütestelle beruhen, sind dem Antragsteller grundsätzlich nicht zuzurechnen.[808] Anders aber, wenn eine „Ein-Mann-Gütestelle" durch eine Unzahl von Anträgen bewusst überlastet wird.[809] Auf die hinreichende Bestimmtheit des Güteantrags und der ausreichenden Individualisierung ist zu achten.[810] Besondere Beachtung muss bei der Antragstellung der einschlägigen Verfahrensordnung geschenkt werden. Das gilt beispielsweise für die Einhaltung einer vorgeschriebenen Schriftform, die durch Übermittlung per E-Mail nicht erfüllt wird.[811] Endet ein Güteverfahren im Sinne von § 204 Abs. 1 Nr. 4 BGB dadurch, dass der Schuldner erklärt, am Verfahren nicht teilzunehmen, so endet die Hemmung der Verjährung sechs Monate nach dem Zeitpunkt, in dem die Gütestelle die Bekanntgabe dieser Mitteilung an den Gläubiger veranlasst.[812] Bei einvernehmlichen Schlichtungsverfahren bestimmt die Verfahrensordnung auch häufig den Umfang der Hemmung.[813]

2899 Die **Aufrechnung** hemmt die Verjährung nur hinsichtlich des zur Aufrechnung verwendbaren Teils der Aufrechnungsforderung.[814] Daher kann die Verjährung immer nur gehemmt werden, soweit eine Aufrechnung erklärt wird, d.h. nie über die Klageforderung hinaus.[815] Eine weitergehende Verjährungshemmung kann nur durch Erhebung einer Widerklage oder Hilfswiderklage erreicht werden. Das gilt

---

804) Vgl.: *Müller-Stoy*, a.a.O.
805) BGH, IBR 1999, 68.
806) BGH, NJW 2008, 519, 521.
807) BGH, BauR 2015, 1661; NJW 2012, 995.
808) BGH, IBR 2010, 22 – *Schwenker*.
809) OLG Celle, WM 2016, 205.
810) BGH, NJW 2015, 2407; *Duchstein*, NJW 2014, 342; *Riehm*, NJW 2017, 113.
811) BGH, IBR 2008,194 – *Schwenker*.
812) BGH, NJW 2016, 236.
813) *Palandt/Ellenberger*, § 204 BGB, Rn. 19.
814) OLG Düsseldorf, BauR 1985, 341, 342.
815) BGH, NJW-RR 2009, 1169.

auch für die Aufrechnung mit einem **Kostenvorschuss** zur Mängelbeseitigung: Rechnet der Auftraggeber im Werklohnprozess mit einem Anspruch auf Kostenvorschuss zur Mängelbeseitigung erfolgreich auf, wird dadurch die Verjährung der die Werklohnforderung etwa übersteigenden Gewährleistungsansprüche nicht berührt.[816] Erklärt der Kläger im Prozess hilfsweise die Aufrechnung gegenüber einer Forderung des Beklagten, die dieser primär zur Aufrechnung gegen die Klageforderung gestellt hat, kann dies die Verjährung der Gegenforderung des Klägers hemmen.[817] Macht der Schuldner einer abgetretenen Forderung gegenüber dem Zessionar die Aufrechnung mit einer ihm gegen den Zedenten zustehenden Forderung prozessual geltend, tritt die Hemmung der Verjährung gegenüber dem Zedenten ein.[818] Im Übrigen dürfte auch bezüglich der Aufrechnung die frühere Rechtsprechung zu § 209 Abs. 2 Nr. 3 BGB a.F. nach wie vor heranzuziehen sein, mit der Maßgabe, dass anstelle der Unterbrechung die Hemmung der Verjährung tritt.[819]

2900 Zur Verjährungshemmung durch **Zustellung einer Streitverkündung** ist zunächst eine ordnungsgemäße Streitverkündungsschrift, die den Anforderungen des § 73 ZPO entspricht, erforderlich. Darin ist der Grund der Streitverkündung und die Lage, in der der Rechtsstreit sich befindet, anzugeben.[820] Sie entfaltet verjährungshemmende Wirkung nur, wenn sie vom Berechtigten in dem Prozess, von dessen Ausgang der Anspruch abhängig ist (§§ 72 ff. ZPO), ausgesprochen wird.[821] Eine Sicherungsabtretung muss aber nicht offengelegt werden.[822] Die Verjährungshemmung beschränkt sich auf die Ansprüche, die in der Streitverkündungsschrift angeführt und hinreichend bezeichnet werden.[823] Die Streitverkündungsschrift muss z.B. klar erkennen lassen, wegen welcher Pflichtverletzungen und bezüglich welcher Mängel Ansprüche erhoben werden.[824] Der Grund des im Folgeprozess geltend zu machenden Anspruchs ist zu bezeichnen, nicht aber dessen Höhe.[825] Ob in dem Rechtsstreit, in dem der Streit verkündet wurde, nur ein Teil des Schadens eingeklagt wurde, der der Streitverkündungsschrift zugrunde liegt, ist unerheblich.[826]

---

816) BGH, BauR 1986, 576 = NJW-RR 1986, 1079; BGH, BauR 1989, 603, 605.
817) BGH, IBR 2008, 1259 – *Schwenker*.
818) BGH IBR 2008, 1260 – *Schwenker*.
819) Zur Verjährungsunterbrechung durch **Eventualaufrechnung**: OLG Brandenburg, BauR 1999, 1191; BayObLG, MDR 1967, 301; BGH, WM 1980, 1172 = NJW 1980, 2303; BGH, NJW 1990, 2680. Zur Aufrechnung mit **Gesellschaftsforderung**: BGH, BauR 1981, 385 = DB 1981, 1276; zur Unterbrechung bei **unzulässiger** Aufrechnung: BGH, NJW 1982, 1516.
820) BGH, IBR 2008, 87 – *Schwenker* = BauR 2008, 711; OLG Düsseldorf, Urt. v. 24.6.2008, AZ: 21 U 91/07, ibr-online; LG Düsseldorf, BauR 2007, 1776.
821) Vgl. dazu BGH, NJW 1962, 387; NJW 1964, 1022; BGH, BauR 1974, 66 = VersR 1974, 107; KG, IBR 2009, 437 – *Heiliger*; OLG Hamm, NJW-RR 1986, 1505 (eine unzulässige Streitverkündung unterbricht nicht die Verjährung; **a.A.**: KG, MDR 1988, 680 = BauR 1989, 241; vgl. Rdn. 564).
822) OLG Dresden, IBR RS 2015, 2089.
823) BGH, BauR 2010, 460; OLG München, IBR 2015, 463 – *Koppmann*; OLG Bremen, BeckRS 2013, 00652; OLG Düsseldorf, BauR 1996, 869.
824) OLG Hamm, IBR 2011, 147 – *Schwenker*; großzügiger OLG Jena, IBR 2016, 498; ausführlich zu den Anforderungen an die Streitverkündungsschrift *Ulrich*, BauR 2013, 9.
825) BGH, BauR 2012, 675 = NZBau 2012, 159; OLG Jena, IBR 2016, 498.
826) BGH, a.a.O.

Hemmung und Neubeginn der Verjährung   Rdn. 2901

Eine im Rahmen der Einlegung einer Nichtzulassungsbeschwerde erklärte Streitverkündung soll nach OLG Düsseldorf[827)] jedenfalls dann keine Verjährungshemmung bewirken, wenn die Nichtzulassungsbeschwerde als Zulassungsgrund der Revision die Sicherung einer einheitlichen Rechtsprechung i.S.v. § 543 Abs. 2 Nr. 2 ZPO geltend macht. Eine unzulässige Streitverkündung hemmt die Verjährung nicht.[828)] In Bauprozessen ist insoweit vor allem zu prüfen, ob nicht eine gesamtschuldnerische Haftung in Betracht kommt (vgl. Rdn. 553).[829)] Der Kläger muss dann alle Gesamtschuldner als Beklagte in Anspruch nehmen. Eine Streitverkündung gegenüber einem der Gesamtschuldner ist mangels alternativer Schuldnerschaft unzulässig. Die Streitverkündung eines klageweise in Anspruch genommenen Gesamtschuldners gegenüber einem nicht in Anspruch genommenen Gesamtschuldner im Hinblick auf Ausgleichsansprüche gemäß § 426 BGB ist hingegen zulässig und hemmt die Verjährung.[830)] Auch gegenüber einem vorrangig Haftenden ist die Streitverkündung im Prozess mit dem subsidiär Haftenden unzulässig.[831)]

Wird die Streitverkündungsschrift demnächst zugestellt (§ 167 ZPO), wirkt die Verjährungshemmung auf den Zeitpunkt der Einreichung der Streitverkündungsschrift zurück, auch wenn zum Zeitpunkt der Zustellung der Anspruch noch nicht verjährt war.[832)] Schließlich bedarf es u.U. einer wiederholten Streitverkündung, wenn der Streitgegenstand sich im Verlaufe des Verfahrens ändert oder erweitert. Dies gilt jedenfalls solange der Streitverkündungsempfänger nicht beigetreten ist. Ebenso soll eine erneute Streitverkündung notwendig werden, wenn ein zunächst abgeschlossenes selbstständiges Beweisverfahren weiter betrieben wird.[833)]

2901 Einen im Baurecht besonders praxisrelevanten Hemmungstatbestand bildet die Durchführung eines **selbstständigen Beweisverfahrens** (vgl. im Einzelnen Rdn. 1 ff.). Die hemmende Wirkung des Beweisverfahrens bezieht sich auf solche Ansprüche, für deren Nachweis die Behauptung, die den Gegenstand des Beweisverfahrens bildet, von Bedeutung sein kann.[834)] Das Verfahren muss vom **Inhaber der Ansprüche oder in zulässiger Prozessstandschaft** beantragt werden[835)] und sich gegen den **Verantwortlichen** richten[836)]. Aus der Stellung eines WEG-Verwalters alleine kann das für eine gewillkürte Prozessstandschaft erforderliche schutzwürdi-

---

827) BGH, a.a.O.; einschränkend OLG Düsseldorf, Urt. v. 24.6.2008 a.a.O.
828) BGH, NJW 2008, 519.
829) OLG Celle, Urt. v. 23.6.2011, AZ: 16 U 26/11, ibr-online – *Schwenker* (Werkstattbeitrag).
830) BGH, ZfBR 2015, 564.
831) BGH, a.a.O. für Streitverkündung im Prozess gegen den nachrangig haftenden Notar gegenüber dem vorrangig haftenden Schädiger.
832) BGH, IBR 2010, 187 – *Vogel*.
833) OLG Dresden, IBR 2010, 329; OLG München, BauR 2008, 1929.
834) BGH, NJW 2008, 1729; OLG Düsseldorf, BeckRS 2011, 21341; *Palandt/Ellenberger*, § 204 BGB, Rn. 22; zu den Voraussetzungen eines selbstständigen Beweisverfahrens zu anderen als Mängelansprüchen siehe *Helm*, NZBau 2011, 328.
835) OLG Düsseldorf, BauR 1992, 767, 768 u. NJW-RR 1994, 1046; OLG Köln, BauR 1995, 702; zur Berechtigung des einzelnen Erwerbers von Wohnungseigentum wegen Mängeln am Gemeinschaftseigentum siehe OLG München, IBR 2016, 701; zur Auslegung eines Antrages einer WEG vor Änderung der Rechtsprechung zur Rechtsfähigkeit: BGH, NJW-RR 2013, 1169.
836) BGH, BauR 1980, 364 = NJW 1980, 1458 = BB 1980, 703; OLG Düsseldorf, OLGR 1992, 335; s. auch HansOLG Hamburg, MDR 1978, 845; OLG Köln, VersR 1971, 378.

ge Eigeninteresse nicht hergeleitet werden.[837] Wird der Antragsteller des selbstständigen Beweisverfahrens erst im Laufe des Verfahrens Berechtigter (z.B. aufgrund einer Abtretung), wird die Verjährung erst von diesem Zeitpunkt an gehemmt, ohne dass der Erwerb der Berechtigung offen gelegt werden müsste.[838] Ist der Vertrag von einem früheren Einzelunternehmen geschlossen worden, hemmt der Antrag einer GmbH als Nachfolgerin die Verjährung nicht, wenn die Ansprüche nicht übertragen worden sind.[839] Einem bloßen **Beweisantrag** im Rahmen eines Hauptprozesses kommt demgegenüber keine verjährungshemmende Wirkung zu.[840] Die **Unzulässigkeit des Beweisverfahrens** ist für die Hemmungswirkung nur dann von Bedeutung, wenn der Antrag als **unstatthaft** zurückgewiesen wird.[841] Für die Hemmungswirkung ist auch unerheblich, ob der Sachverständige den vom Antragsteller konkret bezeichneten Mangel bestätigt oder nicht.[842] Die Hemmungswirkung des selbstständigen Beweisverfahrens beschränkt sich auf die Ansprüche aus den Mängeln, die Gegenstand des Verfahrens sind. Nicht gehemmt werden daher Ansprüche etwa aus ungerechtfertigter Bereicherung wegen Nichtigkeit des Vertrages.[843] Es ist auch unerheblich, ob der Antragsteller ein bestimmtes Mangelsymptom in seinem Antrag unter einer unzutreffenden Überschrift genannt und so einen nicht zutreffenden Ursachenzusammenhang hergestellt hat. Die Mangelursachen muss der Antragsteller nicht mitteilen und ein Irrtum dazu schadet nicht.[844]

Nach einer zutreffenden Entscheidung des OLG Saarbrücken[845] bewirkt ein Antrag des Unternehmers auf Durchführung des selbstständigen Beweisverfahrens mit dem Ziel der Feststellung der Abwesenheit von Mängeln keine Hemmung der Verjährung des Werklohnanspruches nach § 204 Abs. 1 Nr. 7 BGB. Das gilt aber nur dann, wenn die Abnahme erfolgt und damit das Erfüllungsstadium beendet ist. Verweigert dagegen der Auftraggeber unter Hinweis auf (angebliche) Mängel die Abnahme, so kann der Auftragnehmer das selbstständige Beweisverfahren einleiten, um nachzuweisen, dass der Auftraggeber hätte abnehmen müssen und die Voraussetzungen des § 640 Abs. 1 Satz 3 BGB vorliegen. In diesem Fall hemmt das Verfahren die Verjährung des Werklohnanspruchs.[846]

Soll das selbstständige Beweisverfahren nur noch der Verjährungshemmung dienen und sind die Mängel als solche ebenso unstreitig, wie die Wirksamkeit einer Schiedsgutachterabrede und die daraufhin getroffenen Feststellungen, ist der An-

---

837) LG Duisburg, BeckRS 2013, 21069.
838) BGH, BauR 1993, 473; **a.A.:** für den Fall der Prozessstandschaft OLG Dresden, IBR 2010, 329.
839) OLG Naumburg, BauR 2009, 133.
840) Vgl. BGHZ 59, 323 = NJW 1973, 38 = BauR 1973, 46 = WM 1972, 1401.
841) BGH, BauR 1998, 390 = MDR 1998, 530.
842) BGH, BauR 1998, 826 = ZfBR 1998, 246.
843) BGH, IBR 2008, 367 – *C.Schmitz*.
844) OLG München, Urt. v. 16.11.2010, AZ: 9 U 2342/10, ibr-online – *Bröker* (Werkstattbeitrag); zu den Anforderungen an die Individualisierung: *Gartz*, NZBau 2010, 676.
845) OLGR 2005, 849 = NZBau 2006, 714 = NJW-RR 2006, 163 m.w.N. aus der Literatur; **a.A.:** *Klein/Moufang/Koos*, BauR 2009, 333, 349.
846) BGH, NJW 2012, 1140; vorangehend OLG Hamm, IBR 2011, 498 – *Ulrich; Kniffka*, in: Kniffka, Stand 18.9.2016, § 634a Rn. 136.

trag auf Durchführung des selbstständigen Beweisverfahrens nach Ansicht des LG München[847] unzulässig.

Gemäß § 485 Abs. 3 ZPO ist es – außer in den Fällen des § 412 ZPO – nicht zulässig, die Fragen, zu denen bereits auf Antrag des Gegners eine Beweiserhebung angeordnet ist, zum Gegenstand eines neuen Verfahrens zu machen. Das gilt auch nach einer Abtretung für den Zessionar.[848]

Das selbstständige Beweisverfahren zu mehreren Mängeln hemmt die Verjährung nur solange, wie die Untersuchung des konkreten Mangels betrieben wird und dauert nicht etwa fort, bis Ergänzungsgutachten zu anderen Mängelkomplexen vorgelegt sind.[849] Schließt aber ein Beweisverfahren wegen einer Vielzahl von Mängeln den Vorwurf eines grundlegenden Planungsfehlers mit ein, so erfasst die Verjährungshemmung nicht nur die benannten Einzelmängel, sondern das gesamte Werk.[850]

Das **selbstständige Beweisverfahren endet**, ohne dass es eines förmlichen Aktes (Beschluss) bedarf, der im Gesetz auch nicht vorgesehen ist[851], mit seiner **sachlichen Erledigung**.[852] Erfolgt die Beweiserhebung durch Einholung eines schriftlichen Sachverständigengutachtens, so ist das Verfahren beendet, wenn das Gutachten zugestellt wurde und in angemessener Zeit (in der Regel nicht mehr als drei Monate) oder gesetzter Frist keine Ergänzungen oder Einwendungen erhoben worden sind. Auf die Übermittlung des Streitwertbeschlusses kommt es nicht an.[853] Trotz erhobener Einwendungen ist das Verfahren aber gleichwohl beendet, wenn der mit der Beweisaufnahme befasste Richter zum Ausdruck bringt, dass eine weitere Beweisaufnahme nicht stattfindet und dagegen in angemessener Frist keine Einwände erhoben werden.[854] Stellt das Gericht durch Beschluss die Beendigung des selbstständigen Beweisverfahrens fest und wird dagegen sofortige Beschwerde eingelegt, die abgewiesen wird, so verschiebt sich der Zeitpunkt der Verfahrensbeendigung nicht auf den Zeitpunkt der Beschwerdeentscheidung.[855] Es kommt nicht darauf an, ob eine Partei weitere Anträge ankündigt (vgl. zum Ende des selbstständigen Beweisverfahrens auch Rdn. 111).[856] Bei einer mündlichen Anhörung des Sachverständigen tritt die sachliche Erledigung mit dem Verlesen oder der Vorlage des Protokolls zur Durchsicht ein und nicht erst mit der Übermittlung

---

847) IBR 2008, 486 – *Vogel*.
848) BGH, IBR 2012, 56 – *Illies*.
849) BGH, BauR 1993, 221; OLG Koblenz, BeckRS 2013, 14853; OLG Hamm, IBR 2009, 188 – *Knipp*; OLG Dresden, IBR 2009, 61 – *Alfes*; OLG München, OLGR 2007, 335 = Urteil vom 13.2.2007, AZ: 9 U 4100/06, ibr-online – *Karcewski*; LG Nürnberg, IBR 2012, 623 – *Sturmberg*; kritisch OLG Frankfurt, NZBau 2013, 304.
850) OLG München, Urt. v. 20.10.2009, AZ: 9 U 3804/08, ibr-online – *Seibel* (Werkstattbeitrag); *C. Schmitz/Vogel*, Festschrift für Koeble, S. 635 ff.; **a.A.:** *Kainz*, Festschrift für Koeble, S. 625.
851) Aber zulässigerweise ergehen kann: OLG Düsseldorf, NJW – Spezial 2013, 141.
852) BGH, NJW 2011, 594 = IBR, 2011, 58 – *Zarth*.
853) OLG Düsseldorf, BauR 2014, 283.
854) BGH, a.a.O.
855) BGH, a.a.O.
856) OLG Saarbrücken, Beschl. v. 26.2.2010, AZ: 4 W 29/10, ibr-online – *Bolz* (Werkstattbeitrag); OLG Düsseldorf, IBR 2009,1106; vgl. auch *Lenkeit*, a.a.O., 216.

des Protokolls.[857] Schließt der Antragsteller mit einem von zwei Antragsgegnern einen außergerichtlichen Vergleich, so endet das Verfahren erst, wenn auch der zweite Antragsgegner zu erkennen gibt, dass kein Interesse an der Fortführung besteht[858] Nach Beendigung des selbstständigen Beweisverfahrens sind Ergänzungsanträge unzulässig.[859]

2902 Unter § 204 Abs. 1 Nr. 8 BGB ist der Beginn eines **vereinbarten Begutachtungsverfahrens** als Hemmungstatbestand normiert. Bis zum Inkrafttreten des FoSiG umfasste dieser Tatbestand auch das Verfahren gem. § 641a BGB. Mit dessen Abschaffung wurde auch der Hemmungstatbestand gegenstandslos.

Die Hemmung der Verjährung durch **Anmeldung** der Forderung **im Insolvenzverfahren** endet 6 Monate nach dem Ende des Insolvenzverfahrens und nicht schon nach dem Bestreiten durch den Verwalter.[860]

Wenn § 204 Abs. 1 Ziffer 11 BGB darauf abstellt, dass mit dem **Beginn des schiedsrichterlichen Verfahrens** die Hemmung der Verjährung eintritt, ist dies der Tag, an dem der Beklagte den Antrag empfangen hat, die Streitigkeit einem Schiedsgericht vorzulegen (§ 1044 Satz 1 ZPO), soweit das Schiedsgerichtsverfahren der ZPO unterliegt.

2903 Gem. § 205 BGB ist die Verjährung auch gehemmt, solange der Schuldner auf Grund einer Vereinbarung mit dem Gläubiger vorübergehend zur Verweigerung der Leistung berechtigt ist. Wichtigster Anwendungsfall des hier angesprochenen vertraglichen Leistungsverweigerungsrechts ist das sogenannte Stillhalteabkommen. In Bausachen kann dies beispielsweise die Abrede sein, während einer Prozessführung gegen einen Dritten die Frage der Mangelverantwortung des Unternehmers auf sich beruhen zu lassen.[861] Die Vorschrift ist auf gesetzliche Leistungsverweigerungsrechte nicht entsprechend anwendbar.[862]

§ 213 BGB erstreckt die Hemmung auch auf Ansprüche, „die aus demselben Grunde wahlweise neben dem Anspruch oder an seiner Stelle gegeben sind". Dieses Verhältnis ist beispielsweise nicht zwischen dem Erfüllungsanspruch und dem Anspruch auf Ersatz des Verzögerungsschadens gegeben, weil sie nicht auf das gleiche Interesse gerichtet sind.

2904 Gemäß Art. 229, § 6 Abs. 1 Satz 1 EGBGB finden zwar die **neuen Vorschriften des BGB** über die Verjährung in der seit dem 1.1.2002 geltenden Fassung auf die an diesem Tag **bestehenden und noch nicht verjährten Ansprüche** Anwendung. Der Beginn, die Hemmung, die Ablaufhemmung und der Neubeginn der Verjährung bestimmen sich jedoch für den Zeitraum vor dem 1.1.2002 nach altem Verjährungsrecht, § 6 Abs. 1 S. 2 EGBGB.

Da zahlreiche frühere Unterbrechungstatbestände nach Inkrafttreten des SchRModG (nur noch) Hemmungstatbestände darstellen, regelt § 6 Abs. 2 EGBGB den Übergang von der Verjährungsunterbrechung (jetzt Neubeginn der Verjährung) nach früherem Recht zu der Verjäh-

---

857) BGH, NZBau 2009, 598.
858) OLG Stuttgart, Beschl. v. 20.4.2010, AZ: 10 W 45/09, ibr-online – *Seibel* (Werkstattbeitrag).
859) OLG Frankfurt, Beschl. v. 16.12.2009, AZ: 19 W 87/09, ibr-online – *Schwenker*.
860) BGH, NZBau 2010, 426 = IBR 2010, 144 – *Vogel*; KG, IBR 2007, 310 – *Vogel*; *Vogel*, BauR 2004, 1365, 1367.
861) BGH, BauR 1979, 59, 61; OLG Oldenburg, BauR 2008, 2051; KG, IBR 2009, 1202 – *C. Schmitz*; vgl. auch *Palandt/Ellenberger*, § 205 BGB, Rn. 2.
862) BGH, NJW 2015, 1007; *Palandt/Ellenberger*, § 205 BGB, Rn. 1.

rungshemmung nach neuem Recht. Insoweit ist anwaltliche Vorsicht geboten: Soweit das neue Verjährungsrecht anstelle der bisherigen Unterbrechung der Verjährung deren Hemmung vorsieht, gilt nach dieser Vorschrift eine Unterbrechung der Verjährung, die nach altem Recht vor dem 1.1.2002 eintritt und mit Ablauf des 31.12.2001 noch nicht beendet ist, (dennoch) als mit Ablauf des 31.12.2001 beendet; die neue Verjährung ist dann mit Beginn des 1.1.2002 gehemmt. Endet ein vor dem 1.1.2002 eingeleitetes selbstständiges Beweisverfahren über Mängel erst nach dem 1.1.2002, so beginnt an diesem Tag statt der Unterbrechung zwar die Hemmung der Verjährung. Im Anschluss an das Ende der Hemmung beginnt aber dann die neue Verjährungsfrist nach neuem Recht.[863] Die Hemmung tritt aber nicht ein, wenn die Unterbrechung aufgrund eines nach Ablauf des 31.12.2001 eingetretenen Umstands nach dem gemäß Art. 229 § 6 Abs. 1 Satz 3 EGBGB anzuwendenden Bürgerlichen Gesetzbuch in der vor dem 1.1.2002 geltenden Fassung als nicht erfolgt gilt.[864]

In dem Bericht des Rechtsausschusses des Bundestages[865] hierzu heißt es: „Der neue Abs. 2 trifft eine klarstellende Regelung für den Übergang von der Verjährungsunterbrechung nach bisherigem Recht zu der Verjährungshemmung nach neuem Recht. Abs. 2 betrifft den Fall, dass vor dem 1.1.2002 eine Unterbrechung der Verjährung beispielsweise durch Klageerhebung herbeigeführt worden ist und die Unterbrechung mit Ablauf des 31.12.2001 noch nicht beendet ist. Nach Abs. 1 soll ab dem 1.1.2002 das neue Verjährungsrecht Anwendung finden. Das bedeutet, und das will der neue Abs. 2 klarstellen, dass eine solche Unterbrechung der Verjährung als mit dem Ablauf des 31.12.2001 beendet gilt und die neue Verjährung mit Beginn des 1.1.2002 gehemmt ist."

Fraglich ist, ob auch im Rahmen von **§ 13 Abs. 5 VOB/B eine Hemmung** der Verjährung eintritt. Nach dieser Vorschrift beginnt für eine Mängelbeseitigungsleistung eine neue, zweijährige Verjährungsfrist nach Abnahme dieser Leistung. Der BGH[866] hat noch unter Geltung des § 639 Abs. 2 BGB a.F. entschieden, dass dann, wenn der Auftragnehmer im VOB-Vertrag seine Leistung nachgebessert hat, die Gewährleistungsfrist bis zur Abnahme der Nachbesserungsleistung gehemmt ist. Diese Hemmung ende nicht schon durch eine Mittteilung des Unternehmers, er habe den Mangel beseitigt. Die Entscheidung stützt sich aber auf die Hemmung gem. § 639 Abs. 2 BGB a.F. Da eine mit dieser Vorschrift deckungsgleiche Bestimmung heute fehlt, müssten im Einzelfall schon die Voraussetzungen des § 203 BGB vorliegen, um zum gleichen Ergebnis zu gelangen. **2905**

Bei einem **VOB-Bauvertrag** ist nunmehr durch die **VOB 2002** in § 18 Nr. 2 Abs. 2 VOB/B klargestellt worden, dass mit dem Eingang des schriftlichen Antrags auf Durchführung des **Schlichtungsverfahrens** nach § 18 Nr. 2 Abs. 1 VOB/B die Verjährung des in diesem Antrag geltend gemachten Anspruchs gehemmt ist.[867] Die Hemmung endet drei Monate nach Zugang des schriftlichen Bescheides oder der Mitteilung der Parteien, dass sie das Verfahren nicht weiter betreiben wollen. **2906**

Streitig ist, ob das Verfahren nach § 18 Abs. 4 VOB/B die Verjährung hemmt. Das wird z.T. unter Hinweis auf § 204 Abs. 1 Nr. 8 BGB angenommen.[868] Der Auffassung ist nicht zuzustimmen, denn zum einen setzt § 204 Abs. 1 Nr. 8 BGB voraus, dass es sich um ein vereinbartes Begutachtungsverfahren handeln muss,

---

863) So zutreffend: OLG Düsseldorf, BauR 2006, 996; OLG Oldenburg, ZfBR 2007, 343 mit Anmerkung *C. Schmitz*, ZfBR 2007, 314.
864) OLG Köln, BauR 2007, 1044.
865) BT-Drucksache 14/7052 zu Art. 229, § 6 Abs. 2 EGBGB.
866) IBR 2008, 719 – *Schulze-Hagen* = NJW 2009, 985 = BauR 2008, 2039.
867) Vgl. hierzu BGH, NJW 2002, 1488.
868) *Joussen*, in: Ingenstau/Korbion, § 18 Abs. 4/B Rn. 14.

wohingegen § 18 Abs. 4 VOB/B den Vertragspartnern das Recht einräumt, einseitig und ohne Zustimmung des anderen Vertragspartners das Verfahren einzuleiten. Zum anderen ergibt sich auch aus dem Umstand, dass in § 18 Abs. 2 Nr. 2 VOB/B die Hemmung geregelt ist, im Umkehrschluss, dass dies für § 18 Abs. 4 gerade nicht gelten soll.[869]

2907 Einen weiteren Hemmungstatbestand hat das SchRModG in § 771 Satz 2 BGB eingeführt. Danach ist die Verjährung des Anspruchs gegen den Bürgen gehemmt, wenn dieser die Einrede der Vorausklage erhebt bis der Gläubiger eine Zwangsvollstreckung gegen den Hauptschuldner ohne Erfolg versucht hat. Wegen der Verkürzung der Regelverjährungsfrist sah sich der Gesetzgeber dazu veranlasst, den Gläubiger davor zu bewahren, vorzeitig verjährungshemmende Maßnahmen gegenüber dem Bürgen ergreifen zu müssen. Voraussetzung ist aber, dass der Bürge die Einrede der Vorausklage tatsächlich erhebt.[870]

b) Neubeginn der Verjährung

Literatur*

Reimann, Verjährungsfallen im Baurecht, BauR 2011, 14; *Klas/Kleesiek*, Die Problematik der „Kettengewährleistung", NJW 2010, 3339; *Derleder/Kähler*, Die Kombination von Hemmung und Neubeginn der Verjährung, NJW 2014, 161.

* Literatur vor 2000 siehe 15. Auflage.

2908 Der Neubeginn der Verjährung (vor dem SchRModG Unterbrechung der Verjährung) kommt gemäß § 212 BGB nur in zwei Fällen in Betracht, nämlich, wenn

* der Schuldner dem Gläubiger gegenüber den Anspruch durch Abschlagszahlung, Zinszahlung, Sicherheitsleistung oder in anderer Weise **anerkennt**

    oder

* eine **gerichtliche oder behördliche Vollstreckungshandlung** vorgenommen oder beantragt wird.

Die Verjährung beginnt neu, wenn der Verpflichtete dem Berechtigten gegenüber den **Anspruch** durch Abschlagszahlung, Zinszahlung, Sicherheitsleistung oder in anderer Weise **anerkennt** (§ 212 Abs. 1 BGB).[871] Der Neubeginn setzt aber voraus, dass die Verjährung überhaupt schon in Gang gesetzt war.[872] Das Anerkenntnis muss gegenüber dem Gläubiger erklärt werden.[873] Es handelt sich bei dem Anerkenntnis i.S.d. § 212 Abs. 1 Nr. 1 BGB nicht um ein Rechtsgeschäft, sondern um eine geschäftsähnliche Handlung, sodass es für die materielle Wirksamkeit nicht auf die Einhaltung einer Form (hier unwirksame Protokollierung eines Prozessvergleichs) ankommt. Die Rechtsfolgen des Anerkenntnisses treten auch unabhängig vom Willen des Schuldners ein.[874] Gegenüber dem Bürgen wirkt das An-

---

869) Wie hier: *Mertens*, in: Kapellmann/Messerschmidt, § 18/B 38.
870) Eingehend dazu: *Schlößer*, NJW 2006, 745.
871) Vgl. für Saldo: BGH IBR 2007, 1311 – *Schwenker* (nur online); BGH, NJW 2002, 2872; OLG Schleswig, BauR 1995, 101, 102.
872) BGH, NJW 2013, 1430.
873) OLG Koblenz, IBRRS 2013, 0375.
874) BGH, NJW 2014, 394.

Hemmung und Neubeginn der Verjährung

erkenntnis des Schuldners nicht (§ 768 Abs. 2 BGB)[875]. Bei Gesamtschuldnern kommt ihm in der Regel nur Einzelwirkung zu.[876] Für das deklaratorische Anerkenntnis selbst gilt dieselbe Verjährungsfrist, wie für das dadurch bestätigte Rechtsverhältnis.[877] Nach der ständigen Rechtsprechung des BGH[878] liegt ein **Anerkenntnis** i.S. des § 212 BGB (entsprechend §§ 208, 217 BGB a.F.) immer dann vor, „wenn sich aus dem tatsächlichen Verhalten des Schuldners gegenüber dem Gläubiger klar und unzweideutig ergibt, dass dem Schuldner das Bestehen der Schuld bewusst ist und angesichts dessen der Berechtigte darauf vertrauen darf, dass sich der Schuldner nicht nach Ablauf der Verjährung alsbald auf Verjährung berufen wird". Daher ist es nicht hinreichend, wenn der Auftragnehmer Mängelbeseitigungsarbeiten durchführt und dabei zum Ausdruck bringt, er leiste die Arbeiten nur aus Kulanz und ohne Anerkennung einer Rechtspflicht.[879] Der Verpflichtete muss damit sein Wissen, zu etwas verpflichtet zu sein, klar zum Ausdruck bringen. Insoweit reicht ein schlüssiges Verhalten, sofern die Umstände des Einzelfalls über dessen Bedeutung keine Zweifel lassen.[880] Das Anerkenntnis im verjährungsrechtlichen Sinn gemäß § 212 Abs. 1 Nr.1 BGB ist begrifflich von einem deklaratorischen oder abstrakten Schuldanerkenntnis im Sinne von § 781 BGB zu unterscheiden.[881]

Treffen Hemmung und Neubeginn der Verjährung zusammen, so beginnt die neue Verjährungsfrist erst mit dem Ende der Hemmung.[882]

Als **Anerkenntnis** i.S. des § 212 Abs. 1 Nr. 1 BGB ist im Baurecht insbesondere anzusehen: **2909**

* Anerkenntnis durch **Stillschweigen** (BGH, DB 1965, 888)
* **Zahlung** des Restwerklohns nach Beseitigung erhobener Beanstandungen (BGH, NJW 1969, 1108 = MDR 1969, 473)
* **Auskunftserteilung** (BGH, FamRZ 1990, 1107)
* Im Einzelfall die **Aufrechnung** mit einer bestrittenen Forderung gegen eine unbestrittene Forderung (BGH, NJW 1989, 2469 – zugleich zur Eingrenzung von BGHZ 58, 103 = NJW 1972, 525 = BauR 1972, 179)

Interessant ist in diesem Zusammenhang, dass das SchRModG einem Vorschlag nicht gefolgt ist, wonach die **Aufrechnung** als Unterfall des Anerkenntnisses in § 212 BGB behandelt werden sollte. Der Gesetzgeber war insoweit der Auffassung, dass derjenige, der gegen einen ihm gegenüber geltend gemachten Anspruch aufrechnet, grundsätzlich diesen Anspruch gerade nicht anerkennt, sondern be-

---

875) BGH, ZfBR 2008, 152 (für Verzicht); *Palandt/Ellenberger*, § 212 BGB, Rn. 8.
876) *Palandt/Grüneberg*, § 425 BGB, Rn. 6.
877) OLG Oldenburg, IBR 2007, 68 – *Müller-Stoy*.
878) BGH, IBR 2012, 637; BGH, IBR RS 2005, 0593; BGH, BauR 1988, 465 = NJW-RR 1988, 684; auch OLG München IBR RS 2017, 0957.
879) BGH, NZBau 2014, 621; siehe auch Rdn. 2911.
880) BGH, a.a.O.; LG Freiburg, BeckRS 2013, 21375 zur Anwendbarkeit von § 278 BGB bei Nachbesserungsarbeiten eines Nachunternehmers im Rahmen von § 212 Abs. 1 Nr. 1 BGB.
881) OLG Koblenz, IBR RS 2015, 1856.
882) BGH, BauR 1990, 212; **a.A.:** *Derleder/Kähler*, NJW 2014, 1617.

streitet. Die Frage, ob im Ausnahmefall eine Aufrechnung als Anerkenntnis anzusehen ist, soll der Rechtsprechung überlassen werden.[883]

* **Weigerung,** nicht mehr als einen bestimmten Betrag zu zahlen (BGH, VersR 1974, 571)
* **Abschlagszahlungen** (BGH, VersR 1972, 398; vgl. aber BGH, NJW 1997, 516, 517)
  Soweit ein Neubeginn der Verjährung gemäß § 212 BGB auch bei einem Anerkenntnis **durch Abschlagszahlung** anzunehmen ist, muss insoweit die seit dem RG bestehende Rechtsprechung und allgemeine Meinung in der Literatur berücksichtigt werden (vgl. Rdn. 1602 u. 2550). Danach stellen Abschlagszahlungen grundsätzlich **kein Anerkenntnis des Gesamtwerklohns** dar; insoweit bedarf es weiterer Anhaltspunkte, die über die Abschlagszahlung hinaus vorhanden sein müssen. Das gilt aber **auch für die Abschlagszahlung selbst,** die stets nur vorläufigen Charakter hat, weil sie unter dem Vorbehalt der Überprüfung im Rahmen der endgültigen Abrechnung steht.
* Durchführung von **Nachbesserungsarbeiten** (vgl. im Einzelnen Rdn. 2911)
* **Erklärung,** berechtigte **Forderungen zu begleichen,** falls sie belegt und bewiesen werden (BGH, Schäfer/Finnern, Z 2.415.2 Bl. 5)
* **Drittschuldnererklärung** gemäß § 840 Abs. 1 Nr. 1 ZPO (BGH, SFH, Nr. 3 zu § 208 BGB). Vgl. auch Rdn. 2552.
* **Saldenbestätigung** des Auftragnehmers vier Jahre nach Rechnungserteilung (OLG Düsseldorf, BauR 1999, 176 = NJW-RR 1999, 858 = OLGR 1999, 132)
* **Deklaratorisches Schuldanerkenntnis** (OLG Zweibrücken, OLGZ 66, 20)

2910 Kein Anerkenntnis i.S. des § 212 BGB ist:

* ein höchst **provisorischer** Nachbesserungsversuch (OLG-Schleswig, BauR 1995, 101)
* Erklärung des Schuldners, er werde den restlichen Werklohn bezahlen, falls bzw. sobald die erhobenen Beanstandungen beseitigt seien (BGH, NJW 1969, 1108)
* Angebot einer vergleichsweisen Erledigung (OLG Düsseldorf, Schäfer/Finnern, Z 2.414 Bl. 163)
* Zahlung von **Vorschüssen** (OLG Oldenburg, NJW-RR 1998, 1283)
* der **Prüfvermerk** des Architekten (LG Düsseldorf, Schäfer/Finnern, Z 2.331 Bl. 12)
* die **Aufforderung** zur Erteilung der **Schlussrechnung** (OLG Braunschweig, Schäfer/Finnern, Z 2.331 Bl. 31)
* die Erklärung, der Bestand der **Forderung** werde von **Gegenansprüchen abhängig** gemacht (OLG Köln, Schäfer/Finnern, Z 7.25 Bl. 1); vgl. auch Rdn. 2552
* die Werklohnzahlung auf eine geprüfte Rechnung (BGH, BauR 2007, 700).

2911 Zu beachten ist, dass nicht jede auf Verlangen des Bauherrn vorgenommene **Nachbesserung** zugleich ein Anerkenntnis i.S. des § 212 BGB bedeutet, das zum Neubeginn der Verjährung führt. Es ist deshalb stets Frage des **Einzelfalles,** ob Nachbesserungsversuche ein Anerkenntnis i.S. des § 212 BGB bedeuten (vgl. auch

---

883) Begründung zum Regierungsentwurf, BT-Drucksache 14/6040, S. 120.

Hemmung und Neubeginn der Verjährung

Rdn. 2531).[884] Solange Umfang und Kosten der Nachbesserung nicht feststehen, wird ein Anerkenntnis im Zweifel nicht vorliegen; das gilt auch, wenn die **Nachbesserung** nur aus „**Kulanz**" oder „**zur gütlichen Beilegung eines Streits**" erfolgt.[885] Ein Anerkenntnis i.S. des § 212 BGB wird demgegenüber gegeben sein, wenn der Unternehmer die beanstandeten **Arbeiten überprüft**, den **Fehler einräumt** und die **Beseitigung** des Mangels zusagt.[886] Der Unternehmer muss den Anspruch also dem Grunde nach außer Frage stellen.[887] Das ist insbesondere dann der Fall, wenn aus der Sicht des Auftraggebers das Verhalten des Auftragnehmers dahingehend zu werten ist, dass dieser sich zur Nachbesserung verpflichtet fühlt;[888] dabei sind vor allem der Umfang, die Dauer und die Kosten der Mängelbeseitigungsarbeiten[889] sowie die Zahl etwaiger Nachbesserungsversuche[890] zu berücksichtigen. Die nur provisorische Beseitigung von Mängeln an einem Bauwerk kann dagegen nicht als Anerkenntnis aufgefasst werden.[891]

Einigen sich die Vertragsparteien auf die durchzuführende Nachbesserung, tritt u.U. gem. § 203 BGB eine Hemmung der Verjährung mit der entsprechenden Vereinbarung der Parteien ein; allerdings tritt diese Hemmung der Verjährung nur hinsichtlich der Mängel ein, die Gegenstand der Nachbesserungsvereinbarung sind.[892]

Auch durch ein **vertragsmäßiges Anerkenntnis** kann die Verjährung neu beginnen; ein solches Anerkenntnis setzt jedoch anders als die tatsächliche Anerkennung gemäß § 212 BGB den Willen des Verpflichteten voraus, eine neue, gegenüber dem früheren Schuldgrund selbstständige Verpflichtung zu schaffen.[893]

Der vorerwähnte Neubeginn durch Anerkenntnis gilt auch im VOB-Werkvertrag: Wird daher ein Nachbesserungsanspruch im Lauf einer nach § 13 Abs. 4 Nr. 1 VOB/B vereinbarten und gemäß § 13 Abs. 5 Nr. 1 Satz 2 VOB/B verlängerten Verjährungsfrist anerkannt, so wird die vereinbarte Frist erneut in Gang gesetzt.[894]

---

884) Vgl. BGH, ZIP 1999, 1216, 1217; BauR 1994, 103 = NJW-RR 1994, 373; NJW 1988, 254; OLG München, IBR RS 2017, 0957; OLG Frankfurt, IBR 2009, 143 – *Penzkofer*; OLG Schleswig, BauR 1995, 101, 103 mit Anm. *Haß*; OLG Düsseldorf, OLGR 1995, 194 = BauR 1996, 114 = NJW-RR 1995, 1232 (für **aufwändigen** Nachbesserungsversuch); OLG Köln, NJW-RR 1995, 1457, 1458; vgl. auch *Klas/Kleesiek*, NJW 2010, 3339 zur parallelen Problematik im Kaufrecht.
885) BGH, NZBau 2014, 621; IBR 2012, 637 – *Manteufel*; BGH, WM 1987, 1200, 1202; NJW 1988, 254, 255 = MDR 1988, 138; OLG München, IBR RS 2017, 0957; OLG Jena, IBR 2010, 23 – *Heiland*; OLG Nürnberg, IBR 2008, 384 – *Stangl*; OLG Düsseldorf, NJW-RR 1995, 1232, 1233; *Thamm*, BB 1988, 1477.
886) BGH, BauR 1978, 303, 304; OLG Celle, BauR 2003, 403; OLG Hamm, MDR 1990, 243 (mehrfache Nachbesserungsversuche); **a.A.:** OLG München, IBR 2011, 458 – *Amelsberg*; OLG Naumburg, BauR 2011, 1656.
887) BGH, WM 1974, 929; WM 1969, 594; zum Umfang der Unterbrechung der Verjährung: BGH, BauR 1989, 603 = NJW-RR 1989, 979 = ZfBR 1989, 202; BGH, NJW 1990, 1472 = BauR 1990, 356 = ZfBR 1990, 172; **a.A.:** offensichtlich OLG Düsseldorf, BauR 1999, 497 = OLGR 1999, 74, wonach die Erklärung des Auftragnehmers, dass die Mängel beseitigt worden sind, noch kein Anerkenntnis darstelle, weil der Unternehmer damit lediglich seine ohnehin bestehende Gewährleistungsverpflichtung zum Ausdruck bringe.
888) OLG Düsseldorf, NJW-RR 2010, 1244.
889) BGH, ZIP 1999, 1216, 1217; OLG Düsseldorf, NJW-RR 1995, 1232, 1233.
890) BGH, BauR 1994, 103.
891) OLG Schleswig, BauR 1995, 101.
892) BGH, BauR 1997, 355 (LS) = BB 1997, 280, allerdings noch zu § 639 Abs. 2 BGB a.F.
893) BGH, NJW-RR 1986, 649.
894) BGH, BauR 2008, 2039; 2005, 710.

2912 Ist ein Anspruch **verjährt,** so kann durch ein Anerkenntnis kein Neubeginn mehr eintreten und die Verjährung nicht dadurch hinfällig werden;[895] wohl aber kann in einem Anerkenntnis nach Eintritt der Verjährung ein **Verzicht** auf die Verjährungseinrede liegen.[896] Das ist **Tatfrage.**

> Nach Auffassung des LG Aachen[897] ist eine Vertragsklausel in einem Architektenvertrag, wonach der Lauf der Verjährung durch schriftliche Aufforderung zur Mängelbeseitigung unterbrochen wird, ohne die Dauer der Unterbrechung zu begrenzen, sowohl in Allgemeinen Geschäftsbedingungen (§ 307 BGB) als auch als Individualabrede (Verstoß gegen Treu und Glauben gemäß § 242 BGB) unwirksam, weil „eine mit wesentlichen Grundgedanken der gesetzlichen Regelung über die Gewährleistung im Werkvertragsrecht nicht zu vereinbarende unangemessene Benachteiligung" des Architekten vorliegt.

Weitere Rechtsprechung

* Der Neubeginn (und Hemmung) der Verjährung der **Gewährleistungsansprüche** wegen Mängeln betrifft nur die bestimmten, geltend gemachten Mängel, dabei jedoch alle Mängel, die auf dasselbe Erscheinungsbild zurückzuführen sind (OLG Köln, NJW-RR 1995, 1457).
* Die zu Neubeginn der Verjährung führende Wirkung der Mangelvorschussklage ist nicht auf den eingeklagten **Vorschussbetrag** beschränkt (OLG Koblenz, OLGR 2004, 154).

Wenn nicht im Einzelfall ein Anerkenntnis vorliegt (siehe **Rdn. 2911**), führt ein (fehlgeschlagener) Nachbesserungsversuch außerhalb von § 13 Abs. 5 VOB/B nicht zu einem Neubeginn der Verjährung.[898] Das gleiche gilt bei einer Vertragsklausel, wonach der Auftragnehmer alle innerhalb der Gewährleistungsfrist hervortretenden und schriftlich angezeigten Mängel beseitigt.[899]

2913 Eine wichtige Regelung ist in § 213 BGB kodifiziert worden. Danach gelten die Vorschriften über die Hemmung, die Ablaufhemmung und den erneuten Beginn der Verjährung auch für Ansprüche, die **aus demselben Grund wahlweise** neben dem Anspruch oder an seine Stelle gegeben sind. Das Verjährungsrecht gilt daher insoweit auch für Ansprüche, die nach Wahl des Gläubigers alternativ statt des geltend gemachten Streitgegenstandes bestehen oder bei denen die Möglichkeit besteht, – bei Verfolgung des gleichen wirtschaftlichen Interesses – von einem zum anderen Anspruch überzugehen. In der Begründung zum Regierungsentwurf (Seite 122) heißt es insoweit:

> „Durch die gewählte Formulierung kommt zum Ausdruck, dass es sich um einen anderen Anspruch gegen den gleichen Schuldner handeln muss, dass der Anspruch auf das gleiche Interesse gehen muss und dass es sich um einen der Fälle handeln muss, in denen das Gesetz von vorne herein mehrere Ansprüche dem Gläubiger zur Wahl stellt oder es ihm ermöglicht, in Verfolgung des gleichen wirtschaftlichen Interesses von einem zum anderen Anspruch überzugehen. Dieses Verhältnis ist beispielsweise nicht gegeben zwischen dem Erfüllungsanspruch und

---

895) BGH, NJW 2015, 351; NJW 1997, 516, 517; OLG Koblenz, BeckRS 2012, 24678; OLG Frankfurt, BeckRS 2011, 20285; OLG Celle, IBR 2010, 680 – *Spirk*.
896) Vgl. BGH, WM 1974, 929.
897) BauR 1989, 225 (zu § 9 AGBG).
898) OLG Celle, IBR 2006, 492 – *Schwenker*.
899) OLG Saarbrücken OLGR 2007, 268.

dem Anspruch auf Ersatz des Verzögerungsschadens, denn es handelt sich um Ansprüche, die von vorne herein nebeneinander und nicht wahlweise gegeben sind".

Der Gesetzgeber räumt dann gleichzeitig ein, dass es insoweit gewisse Abgrenzungsschwierigkeiten geben wird. Diese seien „mit vertretbarem Regelungsaufwand nicht zu beheben".

Zu den **Übergangsregelungen** nach Inkrafttreten des **SchRModG** vgl. Rdn. 2904.

c) Mängelanzeige nach § 13 Abs. 5 VOB/B

Eine **verjährungsverlängernde Wirkung** hat die schriftliche **Mängelanzeige** 2914 des § 13 Abs. 5 Nr. 1 Satz 2 VOB/B. Diese Bestimmung ist durch die **VOB 2002** neu gefasst worden. Die Mängelanzeige führt zu einer **einmaligen Verlängerung der Verjährungsfrist** des § 13 Abs. 4 VOB/B um **weitere zwei Jahre,** gerechnet vom Zugang des schriftlichen Verlangens an, jedoch nicht vor Ablauf der Regelfrist nach Nr. 4 oder der an ihrer Stelle vereinbarten Frist.[900] Die verjährungsverlängernde Wirkung erfasst dabei nicht nur den Nachbesserungsanspruch, sondern auch die übrigen Mängelrechte, also Kostenvorschuss-, Kostenerstattungs- und Schadensersatzansprüche.[901] Obwohl die Verjährungsfrist für Bauwerke nach der VOB 2002 auf vier Jahre verlängert wurde, wurde die Länge der Verjährungsfrist nach Neubeginn der Verjährung durch Mängelanzeige auf zwei Jahre begrenzt, wenn nicht durch die Regelfrist des § 13 Abs. 4 VOB/B oder die vereinbarte Verjährungsfrist die Verjährung später endet. Diese (durch die VOB 2002 neu eingeführten) unterschiedlichen Verjährungsfristen sind also stets zu beachten. Umstritten ist die Frage, ob diese so genannte Quasiunterbrechung oder in neuer Terminologie der Quasi-Neubeginn einer Inhaltskontrolle standhält, die vorzunehmen ist, wenn die VOB/B nicht als Ganzes vereinbart oder die Regelung überhaupt nur isoliert vereinbart wurde. Die h.M. in der Rechtsprechung scheint die Wirksamkeit zu bejahen.[902]

Von einer echten Unterbrechung der Verjährung kann allerdings insoweit nicht 2915 ausgegangen werden, weil nur das Ende der Verjährungsfrist durch die Mängelrüge hinausgeschoben wird.[903] Man kann daher von einer „Quasi-Unterbrechung" oder einem Quasi-Neubeginn sprechen.

---

900) Vgl. zur früheren Fassung des § 13 Nr. 5 VOB/B: BGH, BauR 1990, 723 = ZfBR 1990, 274; OLG Schleswig, BauR 1995, 101, 102 = NJW-RR 1995, 1171; OLG Düsseldorf, BauR 1998, 549 = OLGR 1998, 217 = NJW-RR 1998, 1028 (Unwirksamkeit einer Klausel in AGB des Auftraggebers, wonach sich eine Verjährungsfrist von fünf Jahren und einem Monat durch vor ihrem Ablauf erhobene Mängelrüge immer wieder verlängert).
901) OLG Brandenburg, IBR 2008, 1192 – *Steiger*.
902) OLG Hamm, IBR 2008, 737 – *Schwenker*; OLG Celle IBR 2007, 610 – *Schwenker*; OLG Naumburg, BauR 2007, 551; **a.A.:** LG Halle, IBR 2006, 252 – *Stemmer*; IBR 2006, 1512 – *Moufang*; zweifelnd *Reimann*, BauR 2011, 14; *Klein/Moufang/Koos*, BauR 2009, 333, 350; vgl. auch *Weyer*, Jahrbuch Baurecht 2007, 177 ff.
903) So zutreffend: OLG Oldenburg, VersR 1975, 289; zur Diskussion über die Rechtsnatur der Regelung in § 13 Abs. 5 Nr. 1 S. 2 VOB/B vgl. *Weyer*, a.a.O.; *Klein/Moufang/Koos*, a.a.O.

Haben die Parteien, was grundsätzlich möglich ist,[904] vertraglich eine längere Verjährungsfrist als die in § 13 Abs. 4 VOB/B vorgesehene Frist vereinbart, führt eine schriftliche Mängelbeseitigungsaufforderung (Mängelanzeige) nicht zu einer „Abkürzung" der vereinbarten Verjährungsfrist, weil § 13 Abs. 5 Nr. 1 Satz 2 VOB/B bestimmt, dass der Anspruch auf Beseitigung der gerügten Mängel nicht vor Ablauf der anstelle der Regelfristen nach Nr. 4 vereinbarten Frist verjährt.

2916 Allerdings wird durch das schriftliche Mängelbeseitigungsverlangen immer nur die 2-Jahresfrist ausgelöst, nicht dagegen die (volle) vertraglich vereinbarte (längere) Frist.[905] **Läuft** die durch die schriftliche Aufforderung zur Mängelbeseitigung in Lauf gesetzte Verjährungsfrist **vor** der **vertraglich vereinbarten** (z.B. fünfjährigen) **Gewährleistungsfrist** ab, so kann die Verjährungsfrist nicht durch eine **nochmalige** Aufforderung nach § 13 Abs. 5 Nr. 1 Satz 2 VOB verlängert werden.[906] Beginnt allerdings der Lauf einer nach § 13 Abs. 4 Nr. 1 VOB/B vereinbarten, gemäß § 13 Abs. 5 Nr. 1 Satz 2 VOB/B verlängerten Verjährungsfrist neu (durch Anerkenntnis), wird die vereinbarte und nicht die Regelfrist des § 13 Abs. 4 Nr. 1 VOB/B erneut in Gang gesetzt.[907] Die schriftliche Mängelrüge hat die so genannte Quasi-Unterbrechung auch dann zur Folge, wenn diese zwar nach Ablauf der in § 13 Abs. 4 VOB/B genannten Verjährungsfrist (4 Jahre), aber zeitlich noch vor Ablauf einer vertraglich vereinbarten, längeren Frist (z.B. 5 Jahre) erfolgt. Das ergibt sich aus dem Wortlaut des § 13 Abs. 5 Nr. 1 Satz 2 VOB/B.[908] Darüber herrscht jedoch Streit.[909]

2917 Die verjährungsverlängernde Wirkung tritt nur ein, soweit in der schriftlichen Mängelanzeige der einzelne **Baumangel** nach Art und Umfang genau **bezeichnet** ist.[910] Welche Anforderungen insoweit zu stellen sind, hat der BGH[911] wiederholt hervorgehoben. Nach der **Rechtsprechung** des BGH kann der Bauherr jedoch auch mit hinreichend **genauer Beschreibung von zutage getretenen Erscheinungen** den Fehler, der der Werkleistung insgesamt anhaftet und der die aufgetretenen Mangelerscheinungen verursacht hat, zum Gegenstand des betreffenden vertraglichen oder prozessualen Verfahrens (Mängelbeseitigungsverlangen, selbstständiges Beweisverfahren, Vorschussklage) machen. Ergibt sich die Mangelbeschreibung nur aus einem der Mängelrüge beigefügten Gutachten, so obliegt dem Auftraggeber (selbstverständlich) auch der Nachweis, dass die Anlage dem Auftragnehmer auch zugegangen ist.[912] Eine Beschränkung auf die vom Bauherrn (Auftraggeber)

---

904) BGH, BauR 1989, 322 = BGHZ 66, 142 = BauR 1976, 202; BauR 1987, 84 = NJW 1987, 381; MDR 1976, 655, 656; *Keldungs/Brück*, Rn. 576.
905) Vgl. BGH, BauR 1989, 322 = NJW 1989, 1602; BauR 1987, 84 = NJW 1987, 381; BGH, BauR 1976, 202; OLG Düsseldorf, NJW-RR 1998, 1028; OLG Hamm, OLGR 1996, 28; OLG Schleswig, BauR 1995, 101, 102; KG, OLGR 1994, 5; OLG Zweibrücken, BauR 1992, 770, 774; *Jagenburg*, NJW 1992, 3203, 3208; OLG Celle, BauR 2004, 1460 (auch bei Anerkenntnis nach Mangelbeseitigungsverlangen).
906) BGH, NJW-RR 1990, 1240 = ZfBR 1990, 274 = BauR 1990, 723; OLG Karlsruhe, NZBau 2012, 495.
907) BGH, BauR 2008, 2039; 2005, 710 = NJW-RR 2005. 605.
908) OLG Naumburg, BauR 2007, 551; *Moufang*, BauR 2005, 1645.
909) **A.A.:** OLG Koblenz, BauR 2005, 1644.
910) BGH, NJW 1974, 1188; vgl. auch *Hickl*, BauR 1986, 282, 285.
911) BauR 1982, 66, 67; BauR 1988, 474.
912) OLG München, BauR 2016, 846.

angegebenen Stellen oder die von ihm bezeichneten oder vermuteten Ursachen ist damit nicht verbunden. Vielmehr sind die **Ursachen der bezeichneten Erscheinungen in vollem Umfang erfasst.**[913] Nach Auffassung des OLG Karlsruhe[914] muss die Mängelrüge nicht ausdrücklich Mängelbeseitigung und Nachbesserung verlangen. Es sei hinreichend, wenn der Auftragnehmer dem Schreiben entnehmen könne, was ihm vorgeworfen werde und das Abhilfe verlangt werde.

Eine Mängelrüge des Auftraggebers gegenüber dem Bürgen reicht für eine Unterbrechung der Gewährleistungsansprüche i.S. des § 13 Abs. 5 VOB/B nicht aus.[915] Eine **Streitverkündung** ersetzt die Mängelrüge nicht.[916]

Die **Schriftform** ist Wirksamkeitsvoraussetzung für die Verlängerung der Verjährungsfrist. Dafür genügt eine E-Mail auch ohne eine qualifizierte elektronische Signatur. Die sich verbreitende Gegenansicht[917] übersieht, dass es sich bei der Bestimmung der Schriftlichkeit in der VOB/B um eine **vereinbarte Schriftform** und nicht um eine **vereinbarte elektronische Form** handelt. Nur für letztere gilt § 127 Abs. 3 BGB, den die Gegenansicht heranzieht. Für die vereinbarte Schriftform bestimmt § 127 Abs. 2 BGB, dass, wenn kein anderer Parteiwille anzunehmen ist, die telekommunikative Übermittlung einer Erklärung für die Wahrung der gewillkürten Schriftform ausreichend ist. Ein einfaches E-Mail-Schreiben ist eine telekommunikative Übermittlung auch ohne elektronische Signatur.[918]

2918

Für einen Neubeginn der Verjährung gemäß § 13 Abs. 5 Nr. 1 VOB/B kommen jedoch nur solche schriftliche Aufforderungen in Betracht, die dem **Unternehmer nach der Abnahme** innerhalb der Verjährungsfrist zugehen.[919]

Nach der Entscheidung des LG Wiesbaden[920] soll der Geltendmachung eines **Minderungsanspruchs** eine verjährungsverlängernde Wirkung nicht zukommen, wenn eine Nachbesserung unmöglich sei; in diesem Falle könne der Zahlungsanspruch nur durch Klageerhebung von einem Verjährungseintritt bewahrt werden.

Die nach § 13 Abs. 5 Nr. 1 VOB/B laufende weitere (verlängerte) Verjährungsfrist (von zwei Jahren) beginnt nach Abnahme der Mängelbeseitigungsarbeiten;[921] es müssen also sämtliche zugesagten Arbeiten erbracht sein.[922] Die neue Verjährungsfrist endet jedoch nach § 13 Abs. 5 Nr. 1 Satz 3 VOB/B nicht vor Ablauf der Regelfristen nach Abs. 4 des § 13 VOB/B oder der an ihrer Stelle vereinbarten

2919

---

913) BGH, BauR 1989, 79 = ZfBR 1989, 27; BauR 1989, 81 = ZfBR 1989, 54; BGH, BauR 1989, 470 (**Symptomtheorie**; vgl. auch *Weise*, BauR 1991, 19 ff.; OLG Naumburg, IBR 2017, 22; *Quack*, BauR 1991, 278, 281) sowie Rdn. **1625**.
914) IBR 2012, 199 – *Hickl*.
915) OLG Celle, BauR 2001, 259.
916) OLG Oldenburg, OLGR 2004, 322, 324.
917) OLG Frankfurt, NJW 2012, 2206 = NZBau 2012, 503; OLG Jena, IBR 2016, 144; LG Frankfurt, IBR 2015, 132.
918) So zutreffend OLG Frankfurt, IBR, 2016, 223; OLG Köln, IBR RS 2017, 0718; *Weyer*, IBR 2012, 386.
919) BGH, BauR 1977, 346, 347; BGH, NJW 1986, 310 = ZfBR 1986, 28 (Mängelrüge gegenüber einem **Bürgen** der Gewährleistungsverpflichtung reicht nicht).
920) NJW 1986, 329.
921) BGH, BauR 2008, 2039.
922) BGH, NJW-RR 1986, 98.

Frist. Nach Auffassung des OLG Hamm[923)] soll die **Rüge** einer vom Unternehmer durchgeführten **Nachbesserungsleistung** erneut die Regelfrist für die Verjährung gemäß § 13 Abs. 5 Nr. 1 Satz 2 VOB/B unterbrechen; dies ist jedoch bedenklich, weil die Mängelanzeige grundsätzlich nur zu einer **einmaligen Verlängerung** der Verjährungsfrist führt.[924)]

2920 Die neue Verjährungsfrist beschränkt sich auf die **ausgeführten Mängelbeseitigungsarbeiten.**[925)] Indes ist der **Umfang** der von der neuen Verjährungsfrist erfassten Gewährleistungsansprüche des Bauherrn nach denselben Grundsätzen zu beurteilen, die der BGH für die Bezeichnung von Mängeln beim Mängelbeseitigungsverlangen nach § 13 Abs. 5 Nr. 1 Satz 2 VOB/B, bei der Vorschussklage, im selbstständigen Beweisverfahren, für die Mängelanzeige gemäß §§ 639 Abs. 1, 478, 479 BGB a.F. und die Hemmung der Verjährung durch Prüfung und Beseitigung von Mängeln nach § 639 Abs. 2 BGB a.F. entwickelt hat.[926)] Erbringt der Unternehmer deshalb eine **unvollständige** und **fehlerhafte Nachbesserungsleistung** (er beseitigt z.B. lediglich einige Mangelerscheinungen), so beschränkt sich die neue Verjährungsfrist nicht auf die von dem Bauherrn aufgezeigten und von dem Unternehmer beseitigten Mangelerscheinungen, sie erfasst vielmehr **alle** Mängel, die für diese Mangelerscheinungen **ursächlich** waren.[927)]

2921 § 13 Abs. 5 Nr. 1 Satz 3 VOB/B ist auch auf Mängelbeseitigungsarbeiten anzuwenden, die der Unternehmer **erbracht** hat, **obwohl die Gewährleistungsansprüche** des Bauherrn bereits **verjährt** waren.[928)]

---

923) NJW-RR 1993, 287 = BauR 1993, 86.
924) BGH, BauR 1990, 723 = ZfBR 1990, 274.
925) BGH, BauR 1989, 606, 607.
926) Vgl. statt vieler: BGH, BauR 1989, 603 m. N.
927) BGH, BauR 1989, 606, 607 = NJW 1989, 2753 = MDR 1989, 1094; OLG Schleswig, OLGR 1997, 254.
928) BGH, a.a.O.; OLG Schleswig, a.a.O.

VI. Einwand des mitwirkenden Verschuldens (§ 254 BGB)

Literatur:[1]

Ziegler, Zu den Pflichten des Bauherrn und seinem Mitverschulden bei der Planung des Bauvorhabens und der Überwachung der bauausführenden Unternehmer, ZfBR 2003, 523; *Boldt*, Reduzierte Haftung des bauaufsichtsführenden Architekten durch Mitverschulden des Bauherrn bei Fehlern des planenden Architekten, NZBau 2009, 494; *Leupertz*, Mitwirkung und Obliegenheit im Bauvertragsrecht, BauR 2010, 1999 ff.; *Engbers*, Das Mitverschulden des Bauherrn im Verhältnis zu seinem Architekten und sonstigen Sonderfachleuten, NZBau 2013, 618 ff.; *Hammacher*, Obliegenheitsverletzung und Mitverschulden des Auftraggebers, wenn er die Werkstattpläne des Auftragnehmers nicht prüft?, BauR 2013, 1592 ff.

Ein mitwirkendes Verschulden stellt nach h.M. ein Verschulden in eigener Angelegenheit dar, nämlich ein Außerachtlassen derjenigen Aufmerksamkeit und Sorgfalt, die nach Lage der Sache zur Wahrnehmung eigener Angelegenheiten jeder ordentliche und verständige Mensch ausübt, um sich selbst vor Schaden zu bewahren.[2] Ein Mitverschulden des Geschädigten kann weiterhin auch darin liegen, dass dieser seiner **Schadensminderungspflicht** i.S. des § 254 Abs. 2 BGB nicht nachgekommen ist.[3] Ein entsprechender Verstoß des Bauherrn gegen seine Schadensminderungspflicht kann – in Ausnahmefällen – vorliegen, wenn der Bauherr dem Architekten keine Gelegenheit gibt, den infolge eines Mangels seiner Planungs- oder Überwachungsleistung verursachten Mangel am Bauwerk zu beseitigen.[4] Insoweit kann es ausreichen, dass die Art der Mängelbeseitigung oder die Tatsache, dass der Architekt die Mängelbeseitigung veranlasst, zu geringeren Kosten führt.[5] Ein Verstoß gegen die Schadensminderungspflicht gemäß § 254 Abs. 2 BGB scheidet allerdings aus, wenn es zweifelhaft ist, ob die alternative Mangelbeseitigung zum Erfolg führt. Denn der Bauherr muss nur außer Zweifel stehende, Erfolg versprechende Maßnahmen hinnehmen[6] und sich nicht etwa auf ein erst noch zu erstellendes Sanierungskonzept einlassen, dessen Inhalt ihm nicht bekannt ist.[7]

2922

Wann ein Mitverschulden des Geschädigten vorliegt, ist Tatfrage (zum Mitverschulden des sachkundigen Bauherrn s. Rdn. 2003).

Bauschäden haben im Regelfall nicht nur viele Ursachen, sondern auch mehrere Verursacher. In diesen Fällen wird zwischen den für den Schaden Verantwortlichen in aller Regel ein **Gesamtschuldverhältnis** vorliegen mit der Folge, dass neben § 426 Abs. 1 BGB unter Umständen auch § 254 BGB als Maßstab für die Ausgleichspflicht unter den Gesamtschuldnern heranzuziehen ist.[8]

2923

§ 254 BGB ist unmittelbar – sofern nicht Sondervorschriften bestehen – nur auf **Schadensersatzansprüche** anwendbar. Soweit der Bauherr **Ansprüche auf Nacherfüllung** geltend macht, gilt § 254 BGB daher nicht; vielmehr kann hier ein Aus-

2924

---

[1] Literatur vor 2000 siehe 15. Auflage.
[2] BGH, NJW 2001, 149 f.; BGH, NJW 1998, 1137; OLG Düsseldorf, BauR 2001, 1468, 1470; OLG Braunschweig, NZBau 2004, 550, 552.
[3] Vgl. Rdn. 1642 ff.
[4] BGH IBRRS 2017, 0878 ff.; BauR 1996, 735, 737; BauR 1978, 498; WM 1971, 1372.
[5] BGH, IBRRS 2017, 0878 ff.; BauR 1978, 498.
[6] BGH WM 1971, 1372.
[7] BGH, IBRRS 2017, 0878 ff. = IBR 2017, 204 – *Vogel*.
[8] Vgl. näher Rdn. 2484 ff.

gleich nur über § 242 BGB erfolgen, z.B. im Rahmen einer **Zuschussleistung** des Auftraggebers zur Nachbesserung durch den Unternehmer.[9]

2925 * Soweit in diesem Fall der Auftraggeber **außerprozessual** Mängelbeseitigung geltend macht, kann allerdings nach Auffassung des BGH[10] der nachbesserungsbereite Unternehmer nach Treu und Glauben vorweg weder Zahlung noch Zusage eines Kostenzuschusses (in Höhe der Mitverursachungsquote) verlangen; der Unternehmer kann die Mängelbeseitigung auch nicht von einem betrags- oder quotenmäßigen Anerkenntnis der Beteiligungspflicht des Auftraggebers, also einer endgültigen Festlegung des Zuschusses, abhängig machen. Vielmehr hat der Unternehmer nur einen Anspruch auf **Sicherheitsleistung** in angemessener Höhe.[11] Kommt der Bauherr einer entsprechenden Aufforderung nicht nach, kann der Unternehmer die Nacherfüllung verweigern.

Der BGH begründet seine Auffassung mit dem Hinweis, dass in aller Regel die Kostenbeteiligungspflicht des Auftraggebers nach Grund und Höhe umstritten ist und dieser die ihn treffende Beteiligungsquote „im Voraus nur schwer zuverlässig bemessen" kann. Soweit der Unternehmer vor Nachbesserung eine Sicherheitsleistung verlangt, hat er dem Bauherrn den voraussichtlichen Instandsetzungsaufwand, etwa darin enthaltene „Sowieso-Kosten" und die geltend gemachte Mitverschuldensquote, substantiiert darzulegen, ggf. durch ein Sachverständigengutachten:[12]

„Findet er sich dazu nicht bereit, so verweigert er die Nachbesserung unberechtigt. Der Besteller kann dann ohne weitere Fristsetzung auf Kosten des Unternehmers zur Fremdnachbesserung übergehen. Das gilt umso mehr, wenn der Unternehmer von vornherein nicht nur Sicherheitsleistung, sondern Zuschusszahlung oder ein entsprechendes Anerkenntnis verlangt.

Lehnt dagegen der Besteller die Sicherheitsleistung ab, weil er seine Beteiligungspflicht aus unzutreffenden Gründen verneint, so trägt er das damit verbundene Risiko (Wegfall des Aufwendungsersatzanspruchs, Fälligkeit des Restwerklohns). Das erscheint nicht unbillig, da er durch die notwendigen Angaben des Auftragnehmers bereits weitgehend von der Sachlage unterrichtet ist und bei verbleibenden Zweifeln durch bloße Sicherheitsleistung nicht unzumutbar belastet wird.

Erbringt der Besteller eine geringere als die vom Unternehmer zu Recht geforderte Sicherheit, so berechtigt eine verhältnismäßig unbedeutende Differenz (§ 242 BGB) den Unternehmer freilich nicht, die Nachbesserung weiterhin zu verweigern. Ebenso wie bei Überschreitung der zunächst veranschlagten Mängelbeseitigungskosten muss er sich in einem solchen Fall auf den Weg der Nachforderung verweisen lassen. Der Besteller gerät in Annahmeverzug allein durch eine erheblich zu niedrige Sicherheitsbereitschaft.

Welche Rechtsfolgen schließlich eintreten, wenn sich im Nachhinein weder die verlangte noch die angebotene Sicherheit als annähernd zutreffend erweisen, hängt von den Besonderheiten des Einzelfalls ab. Dabei können Art und Umfang der Mängel sowie das Verhalten der Parteien von Bedeutung sein. Im Zweifel trifft das Risiko einer überhöhten Forderung auch hier den Unternehmer, da er in erster Linie zur Nachbesserung verpflichtet ist und deshalb die Ermittlung des richtigen Beteiligungsverhältnisses, das seine Mängelbeseitigungspflicht letztlich nur einschränkt, auch seine Sache ist. Der Besteller ist nach Treu und Glauben lediglich gehalten, dem Unternehmer seinen Standpunkt darzulegen und ihm Gelegenheit zur Überprüfung des

---

9) Vgl. BGH, BauR 1972, 112; DB 1971, 1764; *Siegburg*, Gewährleistung, Rn. 424 ff.
10) BGH, NJW 1984, 1676 = BauR 1984, 395 = ZfBR 1984, 173 = DB 1984, 1720.
11) BGH, a.a.O.
12) BGH, BauR 1984, 1676.

Einwand des mitwirkenden Verschuldens (§ 254 BGB)   Rdn. 2926–2930

erhobenen Anspruchs auf Kostenbeteiligung zu geben. Dagegen braucht er die Sicherheit nicht ohne weiteres in der vom Unternehmer für richtig gehaltenen Höhe zu leisten."

Wenn hingegen der Nachbesserungsanspruch **prozessual** geltend gemacht wird, ist in Höhe der vom Auftraggeber mitverursachten Mängelbeseitigungskosten eine **Zug-um-Zug-Verurteilung** vorzunehmen.[13] Da in einem gerichtlichen Verfahren der Umfang des geschuldeten Kostenzuschusses regelmäßig konkret ermittelt werden kann, kommt hier (nur) eine Sicherheitsleistung des Auftraggebers nicht in Betracht. Im Werklohnprozess ist entsprechend § 274 BGB eine **doppelte „Zug-um-Zug-Verurteilung"** auszusprechen.[14] Dadurch wird festgelegt, dass der Unternehmer seine (restliche) Vergütung zwar nur Zug um Zug gegen Mängelbeseitigung erhält, er aber seinerseits die Nachbesserung nur Zug um Zug gegen Zuschusszahlung durchzuführen braucht. **2926**

Bei der Bemessung eines **Minderungsanspruchs** gemäß §§ 634, 638 BGB bzw. § 13 Abs. 6 VOB/B ist ebenfalls ein mitwirkendes Verschulden mit der Folge einer Haftungsverteilung zu berücksichtigen.[15] **2927**

Der Vortrag des mitwirkenden Verschuldens stellt eine **Einwendung** und keine Einrede des beklagten Schädigers dar, sodass er von Amts wegen zu berücksichtigen ist; dabei genügt ein allgemeiner Hinweis des Schädigers, dass er aus dem Verhalten des Geschädigten einen Einwand herleiten will.[16] **2928**

Die **Beweislast** für das mitwirkende Verschulden des Geschädigten und dessen Ursächlichkeit trägt der **Schädiger**.[17] Allerdings muss der Geschädigte, sofern es um Umstände geht, die aus seiner Sphäre herrühren, zur Aufklärung des Sachverhalts beitragen; er hat vorzutragen, was er zur Schadensminderung unternommen hat.[18] Stehen ein Verschulden des Schädigers und ein Mitverschulden des Geschädigten fest, so muss für die zu erfolgende Haftungsabwägung gemäß § 254 BGB jede Partei die Umstände beweisen, die zu ihren Gunsten sprechen.[19] Bei Abwägung der beiderseitigen Verursachungsanteile sind nur solche Umstände zu Lasten des Geschädigten anspruchsmindernd zu berücksichtigen, von denen feststeht, dass sie eingetreten und für die Entstehung des Schadens (mit-)ursächlich geworden sind.[20] Es gelten im Übrigen die §§ 286, 287 ZPO. **2929**

Die Entscheidung über das mitwirkende Verschulden hat grundsätzlich bereits im **Grundurteil** zu erfolgen, da zum Grund des Anspruchs auch die den Anspruch leugnenden Einwendungen gehören.[21] Wenn feststeht, dass ein Anspruch des Ge- **2930**

---

[13] BGH, NJW 1984, 1679 = BauR 1984, 401 = DB 1984, 1824.
[14] BGH, a.a.O.
[15] BGH, *Schäfer/Finnern*, Z 2.401 Bl. 21; DB 1961, 569; *Schäfer/Finnern*, Z 2.400 Bl. 41 u. Z 2.414 Bl. 146; OLG Saarbrücken, MDR 1970, 760.
[16] BGH, NJW 2016, 497; NJW 1991, 167; *Palandt/Grüneberg*, § 254 BGB, Rn. 72.
[17] BGH, NJW 2014, 217; 2013, 2018; 2007, 1063.
[18] BGH, NJW 1998, 3706: 1984, 2216.
[19] *Wussow*, Haftung, S. 297; *Baumgärtel/Strieder*, Beweislast, § 254 BGB, Rn. 2, 12.
[20] BGH, NZBau 2013, 492 ff. = BauR 2013, 1131 ff.; BGH, NJW 2012, 225 = VersR 2012, 865.
[21] Vgl. auch *Zöller/Vollkommer*, § 304, Rn. 8.

schädigten verbleibt, kann das mitwirkende Verschulden ausnahmsweise dem Nachverfahren vorbehalten bleiben.[22]

Auch bei einem Feststellungsurteil über das Bestehen einer Schadensersatzpflicht muss grundsätzlich das Mitverschulden des Geschädigten berücksichtigt werden, da ansonsten dem Einwand des schon zum letzten Zeitpunkt der mündlichen Verhandlung vorliegenden Mitverschuldens die Rechtskraftwirkung des Feststellungsurteils entgegenstehen würde.[23] Nach dem OLG Hamm[24] gilt das Erfordernis der entsprechenden Berücksichtigung des Mitverschuldens auch dann, wenn das Mitverschulden im Feststellungsverfahren noch nicht abschließend bewertet werden kann, weil der anspruchsbegründende Sachverhalt bzw. die Schadensentwicklung noch nicht abgeschlossen ist. Nachträgliche Sachverhalte, die ein Mitverschulden begründen, könne der Schädiger, so das OLG Hamm, noch im späteren Leistungsklageverfahren vorbringen, ohne durch die Rechtskraftwirkung des Feststellungsurteils präkludiert zu sein.

Ein **Teilurteil** kann bei einem mitwirkenden Verschulden des Geschädigten nur dann ergehen, wenn alle rechtlichen und tatsächlichen Gesichtspunkte aufgeklärt sind.[25]

1. Maß der Mitverantwortung

2931 Gemäß § 254 Abs. 1 BGB hängt für den Fall, dass bei der Entstehung des Schadens ein Verschulden des Geschädigten mitgewirkt hat, die Verpflichtung zum Ersatz und der Umfang des zu leistenden Ersatzes von den Umständen, insbesondere davon ab, inwieweit der Schaden vorwiegend von dem einen oder dem anderen Teil verursacht worden ist.[26] Den Geschädigten trifft dann ein Mitverschulden, wenn er diejenige Sorgfalt außer Acht lässt, die jedem ordentlichen und verständigen Menschen obliegt, um sich vor Schaden zu bewahren („Verschulden gegen sich selbst").[27] Im Rahmen des § 254 BGB geht es nicht um die rechtswidrige Verletzung einer gegenüber einem anderen oder gegenüber der Allgemeinheit bestehenden Rechtspflicht.[28]

Die Verteilung und das Maß der Mitverantwortung für den Schaden im Rahmen des § 254 BGB gehören **dem Gebiet der tatrichterlichen Würdigung** an. Dabei ist nach dem Gesetzeswortlaut vorrangig auf das Maß der beiderseitigen Verursachung abzustellen und in zweiter Linie das Maß des beiderseitigen Verschuldens abzuwägen.[29]

---

22) BGH, NJW 2005, 1935; 1999, 2441; 1997, 3177; OLG Naumburg, IBR 2014, 1176 – *Miernik*.
23) BGH, NJW 2003, 2986; NJW 1997, 3176 f.; OLG Düsseldorf, BauR 2014, 601; vgl. auch *Zöller/Vollkommer*, § 256, Rn. 4a.
24) IBR 2014, 1050 – *Miernik*.
25) RGZ 139, 304; vgl. auch OLG München, NJW 1970, 1924.
26) Vgl. auch BGH NJW 1997, 2234.
27) BGH NJW 2001, 149; NJW 2014, 2493.
28) BGH IBR 2014, 1334 – *Hammacher*.
29) Siehe insoweit auch BGH, NJW 2006, 696 f.; 2003, 1931; 1998, 1137; OLG Braunschweig, IBR 2016, 185 – *Waldmann*; OLG Düsseldorf, BauR 2012, 1117 ff.

Andere Gesichtspunkte, wie wirtschaftliche Folgen, Vermögensverhältnisse oder bestehender Versicherungsschutz, sind grundsätzlich nicht zu berücksichtigen.[30] Auch ist bei der erforderlichen Abwägung nicht zu berücksichtigen, ob der Schädiger unter mehreren rechtlichen Gesichtspunkten (z.B. unerlaubte Handlung, Verschulden bei Vertragsabschluss usw.) haftet.[31] Allerdings kommt dem Verstoß gegen eine Rechtspflicht ein höheres Gewicht zu, als einer bloßen Sorgfaltspflichtverletzung.[32] Bei der Abwägung beiderseitiger grob fahrlässiger Verschuldensanteile wiegt die grob fahrlässige Verletzung einer Vertragspflicht (im Sinne einer Rechtspflicht) grundsätzlich schwerer als die grob fahrlässige Verletzung einer Obliegenheit.[33]

Die abwägende Prüfung, ob und in welchem Umfang ein mitwirkendes Verschulden des geschädigten Bauherrn vorliegt, kann zu verschiedenen Ergebnissen führen: Oftmals wird eine **prozentuale Schadensteilung** zwischen Schädiger (Unternehmer, Architekt, Ingenieur usw.) und Geschädigtem (Bauherrn) in Betracht kommen; in Einzelfällen kann die Folge der Abwägung aber auch einerseits ein Wegfall der Ersatzpflicht oder andererseits die volle Haftungsübernahme des Schädigers sein. So kann ein Mitverschulden des Bauherrn vollständig ausscheiden, wenn der Unternehmer seine Leistungen ohne vorherige Bedenkenmitteilung ausführt, obwohl keine (Ausführungs-)Planung vorliegt[34] bzw. ein offenkundiger Planungsfehler zu verzeichnen ist.[35]

Ein nur geringfügiges Mitverschulden (10 bis 20 %) wird häufig von der Rechtsprechung nicht anspruchsmindernd berücksichtigt.[36] Auch ein nur fahrlässiges Mitverschulden des Geschädigten wird in aller Regel gegenüber einer vorsätzlichen Handlung des Schädigers nicht ins Gewicht fallen.[37]

Ein Mitverschulden des Bauherrn im Verhältnis zum (objektüberwachenden) Architekten/Ingenieur kommt unter anderem auch dann in Betracht, wenn der mit dem Unternehmer abgeschlossene Bauvertrag **wegen Verstoßes gegen das Verbot gemäß § 1 Abs. 2 Nr. 2 SchwarzArbG** als nichtig anzusehen ist[38] und dem Architekten/Ingenieur deshalb von vornherein jeglicher Gesamtschuldnerausgleich verwehrt ist (vgl. hierzu auch Rdn. 2522 a.E.).

2. Mitverschulden Dritter

Literatur:[39]

Boldt, Reduzierte Haftung des bauaufsichtsführenden Architekten durch Mitverschulden des Bauherrn bei Fehlern des planenden Architekten, NZBau 2009, 494 ff.; *Gartz*, Obliegenheitsver-

---

30) BGH, NJW 1978, 422.
31) BGH, VersR 1969, 850; *Wussow*, Haftung, S. 288.
32) BGH, NJW 1998, 1137; OLG Düsseldorf, BauR 2012, 1117 ff.; vgl. auch *Palandt/Grüneberg*, § 254 BGB, Rn. 61 f.
33) Vgl. OLG Düsseldorf, BauR 2012, 1117 ff.
34) OLG Düsseldorf, BauR 2016, 525 ff.; OLG Brandenburg, IBR 2013, 731 – *Boisserée*.
35) KG, IBR 2017, 194 – *Luig*.
36) Vgl. OLG Hamm, VersR 1971, 914.
37) Vgl. näher *Palandt/Grüneberg*, § 254 BGB, Rn. 65 m.w.N.
38) Vgl. BGH NZBau 2013, 627 ff. = IBR 2013, 609 – *Peters*.
39) Literatur vor 2000 siehe 15. Auflage.

letzungen des Bauherrn nach dem „Glasfassadenurteil" des Bundesgerichtshofes, BauR 2010, 703 ff.; *Weyer*, Mängelhaftung: Vorunternehmer ist Erfüllungsgehilfe des Auftraggebers, IBR 2010, 603; *Liebheit*, Vorunternehmer als Erfüllungsgehilfe des Auftraggebers? Besser nein!, IBR 2010, 604 f.; *Sohn/Holtmann*, Die neue Rechtsprechung des BGH zur Gesamtschuld, BauR 2010, 1480 ff.; *Leupertz*, Mitwirkung und Obliegenheit im Bauvertragsrecht, BauR 2010, 1999 ff.; *Liebheit*, Die Konsequenzen aus dem Glasfassadenurteil des BGH: Ende der gesamtschuldnerischen Haftung bei mangelhaften Vorunternehmerleistungen?, IBR 2011, 1006 ff.

2933 Nach §§ 254 Abs. 2 Satz 2, 278 BGB muss sich der Geschädigte ein Mitverschulden und eine Verletzung der Schadensminderungspflicht seines gesetzlichen Vertreters oder Erfüllungsgehilfen wie ein eigenes Mitverschulden anrechnen lassen, soweit er sich dieser zur Wahrnehmung seiner Interessen bedient hat. Diese Tatsache gewinnt im Baurecht dadurch besondere Bedeutung, dass vor allem der planende **Architekt** oder ein **Sonderfachmann** Erfüllungsgehilfe des Bauherrn i.S. des § 278 BGB sein kann, soweit es insbesondere das Rechtsverhältnis des Bauherrn gegenüber dem Unternehmer oder anderen Baubeteiligten betrifft.[40]

2934 Als Erfüllungsgehilfe ist in diesem Zusammenhang jede Person anzusehen, die der geschädigte Bauherr mit der Wahrnehmung derjenigen Sorgfaltspflichten betraut hat, die ihm im eigenen Interesse bei der Abwicklung des Vertragsverhältnisses oblagen.[41] Es genügt jedoch, wenn der Erfüllungsgehilfe damit betraut wird, in dem **Pflichtenkreis des Bauherrn** tätig zu werden; allerdings darf das zum Schadensersatz verpflichtende Verhalten des Dritten nicht so weit außerhalb seines Aufgabengebiets liegen, dass der innere Zusammenhang mit den ihm übertragenen Geschäften nicht mehr zu erkennen ist.[42]

2935 Ein dem **Bauherrn** anzurechnendes Mitverschulden seines Erfüllungsgehilfen setzt bereits vorhandene vertragliche Beziehungen zwischen Schädiger und Geschädigtem voraus. Etwas anderes gilt bei der Verletzung der Schadensminderungspflicht gemäß § 254 Abs. 2 BGB, die dem Geschädigten nach Eintritt des Schadensereignisses und damit dem Vorliegen eines gesetzlichen Schuldverhältnisses zwischen Schädiger und Geschädigtem obliegt. Auch der **Architekt** haftet für seine Erfüllungsgehilfen in gleicher Weise wie für seine eigenen Leistungen. Erfüllungsgehilfen des Architekten sind in erster Linie seine eigenen Subunternehmer; **keine** Erfüllungsgehilfen des Architekten sind im Zweifel der vom Bauherrn beauftragte **Statiker,** sonstige vom Bauherrn beauftragte **Sonderfachleute** sowie der **Bauunternehmer.**[43]

---

40) BGH IBR 2016, 527 – *Preussner*; BGH, IBR 2013, 476 = NZBau 2013, 519 f.= BauR 2013, 1468 ff.; BGH, BauR 2009, 515; BGH, BauR 1991, 79 m.w.N.; OLG Karlsruhe, IBRRS 2017, 1405 ff.; OLG München, NZBau 2017, 295; OLG Hamm, IBR 2016, 466 – *Kneip*; OLG Brandenburg, IBR 2014, 289 – *Boisserée*; OLG Hamm, IBR 2013, 681; OLG München, NZBau 2012, 573; OLG Frankfurt, IBR 2012, 701; OLG Köln, NJW 1986, 71; s. auch *Stötter*, BauR 1978, 18 ff.

41) BGHZ 3, 46; BGHZ 13, 111 = NJW 1954, 1193; BGH, *SFH*, Nr. 2 zu § 278 BGB; OLG Karlsruhe, NJW-RR 1997, 1240 m. Anm. *Swoboda*, WiB 1997, 1046 (Vorlieferant/**Fertigbeton**).

42) BGH, NJW 1963, 2166 (für **Bauführer,** den der Architekt bestellt hatte); BGH, NJW 1967, 1903 (für den Bearbeiter der Ware); BGH, *SFH*, Nr. 2 zu § 278 BGB (für den **Lieferanten/Monteur** eines Ersatzteiles); s. auch: LG Berlin, NJW-RR 1997, 1176 (Subunternehmer); OLG Hamm, BauR 1998, 1019, 1020 (Lieferant von Kerndämmmaterial).

43) *Pott/Frieling*, Rn. 414; *Groß*, Haftungsrisiken, S. 131.

2936 Ein dem **Bauherrn** anspruchsvermindernd zuzurechnendes Verschulden des Architekten gegenüber dem Bauunternehmer liegt dann vor, wenn der Architekt **Pflichten oder Obliegenheiten** verletzt, die einerseits zu den Leistungen des Architekten und damit in seinen Verantwortungsbereich gehören und andererseits den Bauherrn gegenüber dem Bauunternehmer treffen.[44] Als **Erfüllungsgehilfe des Bauherrn ist der Architekt daher nur im Rahmen seiner Bauplanung und seiner Koordinierungspflicht** anzusehen (vgl. näher Rdn. 2484).[45]

Nach ständiger Rechtsprechung gehört es zu den Aufgaben des Bauherrn gegenüber dem Bauunternehmer, „diesem einwandfreie Pläne und Unterlagen zur Verfügung zu stellen sowie die Entscheidung zu treffen, die für die reibungslose Ausführung des Baus unentbehrlich sind, wozu auch die Abstimmung der Leistungen der einzelnen Unternehmer während der Bauausführung (Koordinierungspflicht) gehört".[46] Fertigt allerdings der Architekt für die Ausführung der Bauarbeiten überhaupt keinen Plan und gibt er auch sonst keine notwendigen Weisungen, so ist diese „**Nicht-Planung**" grundsätzlich einem „Planungsfehler" gleichzusetzen; es stellt sich jedoch die Frage, ob der Bauherr sich deshalb auch ein solches Verhalten seines Architekten als Mitverschulden anrechnen lassen muss.[47] Voraussetzung hierfür ist jedenfalls, dass die den Bauherrn treffende originäre Planungsverantwortung bei ihm verblieben ist und nicht wirksam vertraglich auf den Unternehmer delegiert wurde.

In zwei neueren Entscheidungen hat das OLG Düsseldorf[48] ausgesprochen, dass sich der Unternehmer, der in Kenntnis des Umstandes, dass der Bauherr keine bzw. nur eine unzureichende Planung zur Verfügung gestellt hat, Werkleistungen übernimmt, entsprechendes rechtzeitig im Rahmen seiner Prüfungs- und Bedenkenhinweispflichten dem Bauherrn aber nicht anzeigt, „nicht ohne weiteres" auf ein Mitverschulden des Bauherrn berufen kann.

Nach Auffassung des KG[49] scheidet ein Mitverschulden des Bauherrn aus, wenn der Unternehmer, ohne zuvor Bedenken angemeldet zu haben, seine Leistungen trotz eines offenkundigen Planungsmangels ausführt. Das OLG Stuttgart[50] verneint ein Mitverschulden des Bauherrn für den Fall, dass der Unternehmer einen Planungsmangel erkannt hat und diesen – was der Unternehmer im konkreten Fall aber nicht beweisen kann – nur mündlich beim Architekten und nicht beim Bauherrn angemeldet hat.

---

44) BGH, BauR 2009, 515 = NZBau 2009, 185, 188 = IBR 2009, 92 – *Schulze-Hagen*; BauR 1972, 112; BIGBW 1972, 119; VersR 1970, 281; ferner: OLG Frankfurt, NZBau 2009, 599 = IBR 2009, 402 – *Glaser-Lüß* = OLGR 2009, 728; OLG Stuttgart, VersR 1970, 531 m.Anm. *Ganten*, VersR 1970, 823.
45) Vgl. BGH, BauR 1970, 57 = WM 1970, 354; BGH, BauR 1972, 112; OLG Köln, *SFH*, Nr. 9 zu § 635 BGB; s. ferner: *Stötter*, BauR 1978, 18 ff. mit weiteren Beispielen aus der Rechtsprechung, sowie *Schmalzl*, Festschrift für Locher, S. 225.
46) BGH, BauR 2009, 515 = NZBau 2009, 185, 188 = IBR 2009, 92 – *Schulze-Hagen*; BauR 1972, 112; BauR 1970, 57, 59; VersR 1970, 280; OLG Frankfurt, NJW 1974, 62; *Leupertz*, BauR 2010, 1999 ff., 2006.
47) Bejahend: BGH, BauR 1974, 125; OLG Düsseldorf, BauR 1994, 281 (LS).
48) IBR 2014, 78 – *Fuchs*; BauR 2016, 525 ff.
49) IBR 2017, 194 – *Luig*.
50) IBR 2014, 475 f.-*Fuchs* = BauR 2014, 1792 ff.

Der BGH[51] ist in älterer Rechtsprechung davon ausgegangen, dass der Statiker (und auch andere Sonderfachleute) nicht als Erfüllungsgehilfen des Bauherrn gegenüber dem Architekten anzusehen sind.

Beginnend mit dem sogenannten **Glasfassadenurteil** hat der BGH[52] seine Rechtsprechung im Hinblick auf die Frage der Zurechnung von Drittbeteiligten geändert. Ausweislich der o.g. Entscheidung hat der BGH den bauplanenden Architekten im Verhältnis zum bauleitenden Architekten als Erfüllungsgehilfen des Bauherrn im Sinne des § 278 BGB angesehen, soweit es um die Obliegenheit des Bauherrn geht, dem objektüberwachenden Architekten mangelfreie Pläne zur Verfügung zu stellen.[53]

Diese Rechtsprechung betreffend die Zurechnung von Drittbeteiligten hat der BGH in jüngerer Vergangenheit konsequent weiter fortgesetzt.

So geht der BGH gleichfalls davon aus, dass – soweit es um die Obliegenheit des Bauherrn geht, ordnungsgemäße Informationen zur Verfügung zu stellen – der planende Architekt auch im Verhältnis zum Tragwerksplaner als Erfüllungsgehilfe des Bauherrn anzusehen ist.[54] Gleiches in einem Fall, in dem der mit der Gebäudeplanung beauftragte Architekt dem Außenanlagenplaner Pläne zur Verfügung zu stellen hatte.[55]

In allen derartigen Konstellationen trifft den Bauherrn eine Mitwirkungsobliegenheit, den anderen fachlich Beteiligten die jeweils erforderlichen ordnungsgemäßen Planungen der anderen Beteiligten zur Verfügung zu stellen. Soweit es infolge der Verletzung einer entsprechenden Mitwirkungsobliegenheit des Bauherrn zu einer mangelhaften Werkleistung des „Nachfolgeplaners" kommt, ist das dementsprechende Planungsverschulden dem Bauherrn anspruchsvermindernd gemäß §§ 254, 278 BGB anzurechnen.

Hingegen kann der **Unternehmer** dem Bauherrn bei eigener mangelhafter Bauausführung **nicht den Einwand** entgegenhalten, der vom Bauherrn beauftragte **Architekt habe seine Pflicht zur Objektüberwachung verletzt**.[56] Denn insoweit ist der Architekt nicht Erfüllungsgehilfe des Bauherrn, sodass dem Bauherrn auch kein mitwirkendes Verschulden des Architekten angelastet werden kann.[57] Der Bauherr schuldet dem Unternehmer zwar eine ausführungsreife Planung, aber keine Objektüberwachung.[58] Ein Mitverschulden kann der Unternehmer ferner nicht auf die Verletzung einer Mitwirkungsobliegenheit des Bauherrn stützen, da eine solche im gegebenen Zusammenhang nicht den zielgerichteten Zweck verfolgt, dem Unternehmer die Erbringung seiner Leistungen zu ermöglichen bzw. zu er-

---

51) BGH, BauR 2002, 1719 = NJW-RR 2002, 1531 = NZBau 2002, 616 = MDR 2002, 1432; OLG Hamm, BauR 2011, 1687.
52) BauR 2009, 515 ff.
53) BGH, BauR 2009, 515 ff. = NZBau 2009, 185 ff. = IBR 2009, 92.
54) BGH NJW 2013, 2268 ff.= BauR 2013, 1468 ff.
55) BGH BauR 2016, 1943 ff.
56) Vgl. insoweit auch OLG München, IBR 2012, 1014 – *Leidig*; OLG Celle, IBR 2010, 678 – *Schwenker*.
57) BGH, NJW-RR 2002, 1175; BauR 1972, 112; BauR 1973, 190; BauR 1974, 205; OLG Celle, IBR 2010, 678 – *Schwenker*; OLG Köln, BauR 1996, 548; OLG Düsseldorf, BauR 1974, 357, 358; LG Stuttgart, BauR 1997, 137, 139. Vgl. hierzu *Leupertz*, BauR 2010, 1999 ff., 2007.
58) BGH NZBau 2002, 514.

leichtern. Leupertz[59] stellt in diesem Zusammenhang zutreffend maßgeblich auf den Schutzzweck der Obliegenheit „fehlerfreie Bauüberwachung" ab, der eben nicht dahin geht, den Unternehmer vor einer schädigenden Handlung durch mangelhafte Bauausführung zu schützen. Der Unternehmer ist vielmehr zur mangelfreien Erbringung seiner Werkleistungen auf die Objektüberwachung des Bauherrn nicht angewiesen.

Auch der **nachfolgende Unternehmer** ist bei Verletzung von Hinweis- bzw. Prüfungspflichten betreffend das Verhältnis Bauherr/Unternehmer **kein Erfüllungsgehilfe des Bauherrn** gemäß § 278 BGB. Ein dem Bauherrn zuzurechnendes Mitverschulden kommt deshalb beim Vorliegen von Fehlleistungen des Nachfolgeunternehmens nicht in Betracht. Entsprechendes hat das OLG Celle[60] kürzlich zutreffend bekräftigt.

In der Rechtsprechung ist hingegen die Frage nicht abschließend geklärt, ob sich unter Berücksichtigung der Ausführungen des BGH im Glasfassadenurteil[61] und der darauf aufbauenden weiteren o.g. BGH-Rechtsprechung der Bauherr im Verhältnis zum Unternehmer auch **Fehler des Vorunternehmers** gemäß § 278 BGB anspruchsvermindernd zurechnen lassen muss.

Nach bisheriger Rechtsprechung wurde dies verneint.[62] Seit dem Glasfassadenurteil des BGH sind über diese Frage in der Literatur[63] kontroverse Diskussionen entstanden. Die Vorunternehmerleistung stellt jedenfalls eine Mitwirkung des Bauherrn bei der Errichtung des Bauwerks dar. Maßgeblich für die Beantwortung der o.g. Frage ist, **ob sich eben diese Mitwirkung als bauvertragliche Mitwirkungsobliegenheit des Bauherrn gegenüber dem Nachfolgeunternehmer qualifizieren lässt.** Bejahend hat sich insoweit Weyer[64] geäußert. Liebheit[65] und Gartz[66] gehen hingegen nicht davon aus, dass den Bauherrn eine generelle Obliegenheit trifft, dem Nachfolgeunternehmer eine mangelfreie Leistung des Vorunternehmers zur Verfügung zu stellen. Liebheit[67] macht eine Mithaftung des Bauherrn im Ergebnis davon abhängig, ob der Nachfolgeunternehmer mit dem Bauherrn eine entsprechende, von der Mängelhaftung abweichende, vertragliche Vereinbarung getroffen hat.

Entscheidend dürfte sein, ob die entsprechende Mitwirkung des Bauherrn die wesentliche Zielrichtung verfolgt, eine mangelfreie Leistung des Nachfolgeunternehmers sicherzustellen und dieser sich auf eine entsprechende ordnungsgemäße Mitwirkung des Bauherrn verlassen durfte. Leupertz[68] stellt in Bezug auf die Frage einer möglichen Zurechnung darauf ab, „ob der Schutzzweck der Obliegenheit" betroffen ist.

---

59) BauR 2010, 1999, 2007.
60) BauR 2017, 299 ff. = IBR 2016, 514 – *Ohler*.
61) IBR 2009, 92= BGH, BauR 2009, 515 ff. = NZBau 2009, 185 ff.
62) BGH BauR, 1985, 561, 563; BauR 2006, 377, 379.
63) *Boldt*, NZBau 2009, 494 ff.; *Gartz*, BauR 2010, 703 ff., *Leupertz*, BauR 2010, 1999 ff.; *Weyer*, IBR 2010, 604 f.; *Liebheit*, IBR 2010, 604 und IBR 2011, 1006 ff.; *Weyer*, IBR 2010, 603.
64) IBR 2010, 603.
65) IBR 2010, 604 und IBR 2011, 1006 ff.
66) BauR 2010, 703, 711.
67) IBR 2011, 1006 ff.
68) BauR 2010, 1999, 2008.

Nach der hier vertretenen Auffassung besteht kein Anlass, die gegebene Konstellation anders zu bewerten als die Konstellationen, die dem Glasfassadenurteil und den Folgeentscheidungen des BGH[69] zugrundegelegen haben. Denn den jeweiligen Konstellationen ist gemein, dass die betroffenen Baubeteiligten auf ordnungsgemäße Vorleistungen vom Bauherrn beauftragter dritter Personen in gleicher Weise angewiesen sind, um ihre eigenen Werkleistungen mangelfrei erbringen zu können. Hier liegt auch der wesentliche Unterschied zu der Fallgestaltung der ausführenden Firma, die dem Bauherrn eben kein Mitverschulden mit der Begründung entgegenhalten kann, der vom Bauherrn beauftragte Architekt habe einen Objektüberwachungsfehler begangen, weil die Objektüberwachung eben keine Leistung ist, auf die der Unternehmer seinerseits zur mangelfreien Erbringung seiner eigenen Leistung angewiesen ist.

Bedient sich der Bauherr im Verhältnis zum Bauunternehmer eines Sonderfachmannes, hat sich der Bauherr ein entsprechendes Verschulden des Sonderfachmannes als seines Erfüllungsgehilfen anrechnen zu lassen.[70]

2937 Nichts anderes gilt, wenn es um das Planungsverschulden des Architekten bei **Einschaltung eines Subunternehmers** geht; der Hauptunternehmer muss sich hier regelmäßig das Planungsverschulden des Architekten **seines** Auftraggebers gegenüber seinem Subunternehmer anrechnen lassen.[71]

2938 Für die Anwendung der §§ 254, 278 BGB ist es in diesem Zusammenhang unerheblich, dass der Unternehmer und der Architekt dem Bauherrn als Gesamtschuldner haften können (vgl. Rdn. 2481 ff.); der Unternehmer braucht sich nicht auf seinen Ausgleichsanspruch gegenüber dem Architekten verweisen zu lassen, sondern kann gegenüber den Bauherrn dessen Mitverschulden am Baumangel geltend machen.[72] Im Übrigen steht es dem Bauherrn auf Basis der bisherigen Rechtslage frei, wen er in Anspruch nimmt, wenn Architekt und Unternehmer als Gesamtschuldner ersatzpflichtig sind; er verstößt grundsätzlich nicht gegen die Schadensminderungspflicht aus § 254 BGB, wenn er sogleich den Architekten haftbar macht.[73] Eine derartige Inanspruchnahme kann aber dann ausnahmsweise rechtsmissbräuchlich sein und gegen den Grundsatz von Treu und Glauben verstoßen, wenn der Unternehmer ohne Einschränkung zur gebotenen Mängelbeseitigung bereit ist.[74]

Für den Fall der gesamtschuldnerischen Haftung des objektüberwachenden Architekten/Ingenieurs mit dem ausführenden Unternehmen hat der Gesetzgeber mit dem am 1.1.2018 in Kraft tretenden Gesetz zur Reform des Bauvertragsrechts[75] insoweit allerdings eine relevante Änderung vorgenommen. Denn gemäß **des neuen**

---

69) BGH NZBau, 519 ff. = BauR 2013, 1468 ff.; BGH BauR 2016, 1943 ff.
70) OLG Brandenburg, IBR 2014, 2591 (Werkstattbeitrag) – *Boisserée; Schmalzl*, Festschrift für Locher, S. 225.
71) BGH, BauR 1987, 88.
72) BGH, BauR 1970, 57, 59; *Schäfer/Finnern*, Z. 2.222 Bl. 18.
73) BGH, BauR 2007, 1875 ff.; BGH, BauR 1971, 60.
74) BGH, NJW 1963, 1401; BGH, BauR 2007, 1875 ff.; IBR, 2016, 712 – *Käseberg* = BauR 2017, 899 ff. BauR 2016, 1792 ff. = IBR 2016, 299 f.-*Preussner*.
75) Mit den per 1.1.2018 in Kraft tretenden Regelungen gemäß § 650p – § 650t BGB (n.F.) enthält das BGB erstmals einen eigenen Untertitel für den Architekten- und Ingenieurvertrag.

§ 650t BGB kann der objektüberwachende Architekt/Ingenieur gegenüber dem Bauherrn die Leistung dann verweigern, wenn auch der Unternehmer für den Mangel haftet und der Bauherr diesem noch nicht erfolglos eine angemessene Frist zur Nacherfüllung bestimmt hat.

Muss sich der Bauherr. ein Planungsverschulden des Architekten als seines Erfüllungsgehilfen anrechnen lassen, haftet der Unternehmer nur zu einer **Quote**.[76)] Im Rahmen der Abwägung der beiderseitigen Verursachung gelten allerdings insoweit die von der Rechtsprechung erarbeiteten Grundsätze über die Haftungsverteilung, wenn Bauschäden durch ein Zusammentreffen von **Planungsfehler und Ausführungsfehler** sowohl vom Architekten oder Sonderfachmann als auch vom Unternehmer zu verantworten sind (vgl. im Einzelnen Rdn. 2481 ff.).

Lässt ein Unternehmer entgegen den anerkannten Regeln der Technik z.B. eine Dehnungsfuge in der Dachhaut auf ausdrückliche Anweisung des Architekten weg, so stellt dies nach §§ 254 Abs. 1, 278 BGB ein dem Bauherrn anzurechnendes mitwirkendes Verschulden des Architekten als Erfüllungsgehilfe des Bauherrn dar und führt damit zu einer Minderung der Schadensersatzpflicht des Unternehmers.[77)] Führt allerdings ein Unternehmer den fehlerhaften Plan eines Architekten aus, obwohl er genau erkennt, dass der Planungsfehler mit Sicherheit zu einem Mangel des Bauwerks führen muss und ohne den Bauherrn selbst vorher darauf hingewiesen zu haben, so kann er sich nach Treu und Glauben gegenüber dem Bauherrn auf ein mitwirkendes Verschulden des Architekten als Erfüllungsgehilfe des Auftraggebers nicht berufen.[78)]

Übernimmt der Architekt die Anfertigung der Statik nicht selbst (oder durch einen als Subunternehmer beauftragten Statiker), gehört es zu den Pflichten des Bauherrn, dem Architekten eine einwandfreie Statik zur Verfügung zu stellen.

Vom Architekten sind im Übrigen die zur Überprüfung einer statischen Berechnung erforderlichen **Spezialkenntnisse grundsätzlich nicht zu erwarten.** Aus diesem Grunde ist er auch nicht verpflichtet, die statischen Unterlagen auf ihre rechnerische Richtigkeit zu überprüfen.[79)] Allerdings ist der Architekt im Rahmen seiner allgemeinen Prüfungs- und Hinweispflicht verpflichtet, die statischen Berechnungen einzusehen und sich zu vergewissern, ob der Statiker von den richtigen tatsächlichen Voraussetzungen ausgegangen ist.[80)] Überdies muss der Architekt dem Statiker die für die Berechnung der Statik erforderlichen Angaben (z.B. über die Bodenverhältnisse, den Grundwasserstand usw.) zur Verfügung stellen.[81)] Andererseits muss der Statiker die entsprechenden Erkundigungen einziehen, wenn ihm be-

---

76) BGH, BauR 1971, 265, 269/270; BauR 1970, 57, 59; OLG Saarbrücken, IBR 2016, 452 – *Berding;* OLG Düsseldorf, BauR 2013, 2043 ff.; OLG Frankfurt, NZBau 2013, 232 = IBR 2013, 212 – *Dietrich;* OLG Hamm, IBR 2013, 681 – *Lichtenberg;* OLG München, NZBau 2012, 573 f.; OLG Düsseldorf, BauR 1994, 281 (LS).
77) BGH, BauR 1972, 62, 64; LG Stuttgart, BauR 1997, 137, 138.
78) BGH, BauR 1973, 190 = NJW 1973, 518 = MDR 1973, 403; KG, IBR 2017, 194 – *Luig.* OLG Frankfurt, IBR 2013, 15 – *Hammacher.*
79) BGH, BauR 1971, 265; BauR 1970, 62; OLG Hamm, BauR 2000, 293 = NJW-RR 1999, 1545; OLG Düsseldorf, BauR 1973, 252.
80) OLG Düsseldorf, BauR 2016, 1946 ff.; OLG Köln, IBR 2011, 704 – *Eich;* Zum Beispiel vorhandene Bodenverhältnisse: BGH, BauR 1971, 265.
81) OLG Düsseldorf, BauR 2001, 277, 279.

stimmte Angaben, die für eine ordnungsgemäße Statik erforderlich sind, fehlen. Erkennt der Architekt aufgrund eigenen Fachwissens Mängel in der Statik oder hätte er diese erkennen müssen,[82] muss er diese beanstanden[83] (vgl. Rdn. 2501).

Im Einzelfall ist entscheidend darauf abzustellen, ob dem Architekten eine Überprüfung der Leistungen des Sonderfachmannes überhaupt möglich und zumutbar ist und ob sich ihm dabei Bedenken aufdrängen mussten. Grundsätzlich kann sich daher der Architekt z.B. auf das Sonderwissen des Statikers verlassen: Nur bei groben oder offensichtlichen, für ihn erkennbaren Mängeln der Statik haftet der Architekt als Gesamtschuldner neben dem Statiker.[84] Nach Auffassung des OLG Jena[85] sind für einen Architekten Mängel der Statik im Regelfall nicht erkennbar, wenn sie nicht einmal vom besser ausgebildeten Prüfstatiker erkannt werden.

2943 Die vorangegangenen Ausführungen sind entsprechend auf die Tätigkeit **anderer Sonderfachleute** anzuwenden. So kann eine Mitprüfung eines Architekten bei der Einschaltung eines Sonderfachmannes durch den Bauherrn nur dann erwartet werden, wenn der Architekt die bautechnischen Fachkenntnisse des entsprechend fachspezifischen Bereiches hatte oder haben musste; andernfalls haftet der Sonderfachmann allein.[86]

2944 Der **Unternehmer** ist grundsätzlich **nicht Erfüllungsgehilfe des Bauherrn im Verhältnis zum Architekten oder Sonderfachmann.** Daher ist es z.B. dem Architekten verwehrt, sich dem Bauherrn gegenüber auf eine unterlassene Beanstandung seiner mangelhaften Planung durch den Unternehmer zu berufen.[87] Soweit Dritte, die in den Schutzkreis eines Bauvertrages oder sonstigen Vertrages mit einbezogen sind, vertragliche Schadensersatzansprüche z.B. gegen den Unternehmer geltend machen können, müssen sich auch diese ein Verschulden des Bauherrn oder seiner Erfüllungsgehilfen (Architekt) wie eigenes Verschulden anrechnen lassen.[88]

3. Einzelfälle aus der Rechtsprechung

a) Mitverschulden des Bauherrn/Auftraggebers bejaht

2945 * Bei einer gesonderten Beauftragung der Architektenleistungen der Leistungsphasen 1–5 einerseits und der Leistungsphasen ab 6 andererseits, obliegt es beiden Architekten, für die nötigen Brandschutzvorkehrungen Sorge zu tragen ... (). Wenn der planende Architekt einen Hinweis auf nötige Brandschutzvorkehrungen unterlassen hat, **muss sich der Auftraggeber dies gegenüber dem aus-**

---

82) OLG Hamm, BauR 2011, 1687; OLG Düsseldorf, BauR 2007, 1914 (fehlende Dehnungsfugen bei Balkonbrüstung); OLG Jena, IBR 2008, 341 – *Käseberg* (grobe oder offensichtliche, für den Architekten erkennbare Mängel der Statik).
83) LG Stuttgart, BauR 1997, 137, 138 m. Hinweis auf BGH, BauR 1971, 265, 267 (fehlende Dehnungfugen).
84) OLG Jena, IBR 2008, 341 – *Käseberg*.
85) A.a.O.
86) OLG Köln, NJW-RR 1994, 1110.
87) OLG Düsseldorf, BauR 1974, 357, 358.
88) Vgl. BGH, NJW 1961, 211 = MDR 1961, 34 = JZ 1961, 169; *Wussow*, Haftung, S. 291.

schreibenden und die Aufsicht führenden Architekten als Mitverschulden anrechnen lassen (OLG München, NZBau 2017, 295 ff.).

* Beauftragt der Besteller einen Architekten mit der Objektplanung für ein Gebäude und einen weiteren Architekten mit der Planung der Außenanlagen zu diesem Objekt, trifft ihn grundsätzlich **die Obliegenheit**, dem mit der Planung der Außenanlagen beauftragten Architekten **die für die mangelfreie Erstellung seiner Planung erforderlichen Pläne und Unterlagen zur Verfügung zu stellen**. Hat der mit der Objektplanung beauftragte Architekt diese fehlerhaft erstellt, muss sich der Besteller dessen Verschulden gem. §§ 254 II 2, 278 BGB im Verhältnis zu dem mit der Planung der Außenanlagen beauftragten Architekten zurechnen lassen (BGH, NZBau 2017, 164 ff. = IBR 2016, 527 – Preussner).

* Der Besteller muss sich ein Mitverschulden entgegenhalten lassen, weil er dem – nur bauaufsichtsführenden – Architekten **einen mangelhaften Plan zur Verfügung gestellt** hat. Er muss sich die Mitverursachung des Schadens durch den von ihm beauftragten planenden Architekten zurechnen lassen. Nichts anderes gilt, wenn den fehlerhaften Plan nicht ein (eingetragener) Architekt, sondern eine sonstige vom Besteller beauftragte planende Person (hier: der Lieferant der Produktionsstraße) gefertigt hat (OLG Karlsruhe, IBRRS 2017, 1405 ff. = IBR 2017, 385 – Eich = NZBau 2017, 483 ff.).

* Stellt der Auftraggeber dem bauüberwachenden Architekten **mangelhafte Planungsunterlagen** zur Verfügung, muss er sich das Verschulden des planenden Architekten zurechnen lassen (OLG München, IBR 2017, 266 – Schwarz).

* Meldet der Auftragnehmer Bedenken wegen der **nicht geplanten Abdichtungen des Randbereichs der Garage** an, muss sich der Auftraggeber daraufhin mit den einschlägigen technischen Regeln für die Abdichtung des übrigen Tiefgaragenbodens auseinandersetzen. Tut er dies nicht, trifft ihn bei mangelhafter Ausführung des Tiefgaragenbodens ein Mitverschulden (OLG Köln, IBR 2017, 69 – Jürgens).

* Die Planungsverantwortung trifft originär den Bauherrn selbst. Das **Fehlen einer Ausführungsplanung** führt deshalb nicht dazu, dass der Unternehmer die Ausführungsplanung übernehmen muss. Soweit der Bauherr durch **Verletzung von Pflichten und Obliegenheiten** aus seinem Verantwortungsbereich (hier: keine Ausführungsplanung erstellt und keine Bauleitung beauftragt) Mängel mitverursacht hat, muss er sich in entsprechender Anwendung des § 254 BGB an den Mängelbeseitigungskosten beteiligen (hier: Kürzung um 25 %; OLG Celle, IBR 2016, 513 – Ohler).

* Wird ein Tragwerksplaner mit Ingenieurleistungen der **Tragwerksplanung für die „Renovierung und Wiederaufbau" eines Fachwerkhauses** beauftragt, ist seine Leistung mangelhaft, wenn es zu einer „Kopfauslenkung" (Wegkippen) einer Außenwand kommt, weil die Vorgaben der DIN 1052 (Holzbau) zur Holzfeuchte bei der Planung nicht ausreichend beachtet wurden. Ist ein wesentlicher Anteil der „Kopfauslenkung" auf nicht zu erwartende Setzungen der vom Auftraggeber in Eigenleistung ausgeführten Fundamente zurückzuführen, muss sich der Auftraggeber ein Mitverschulden – hier in Höhe von 40 % – anrechnen lassen (OLG Celle, BauR 2016, 2124 ff.).

* Planungsfehler eines Sonderfachmanns können im Verhältnis Bauherr/Architekt das Mitverschulden des Bauherrn begründen. Der Bauherr muss dem Architek-

ten die **außerhalb seiner fachspezifischen Fachkenntnisse** liegenden Informationen stellen (OLG Hamm, IBR 2016, 466 – Kneip).

* Wenn der Bauträger die **Koordinierung** dem ausführenden Bauhandwerker überlässt, muss er sich dessen schuldhafte Versäumnisse nach § 278 BGB zurechnen lassen (NZBau 2016, 492).

* Übersehen Architekt und Zimmermann **Hausbockbefall**, können die Haftungsquoten mit zwei Dritteln für das Planungsverschulden und einem Drittel für die mangelhafte Werkleistung bemessen werden (OLG Saarbrücken, IBR 2016, 452 – Berding).

* Darf der Auftragnehmer nur nach **Prüfung und Freigabe seiner Werkpläne** bauen, so muss sich der Auftraggeber gegenüber dem in Anspruch genommenen Auftragnehmer das Verschulden der von ihm mit der Prüfung und Freigabe eingesetzten Fachleute zurechnen lassen (OLG Karlsruhe, IBR 2016, 389 – Jenssen = NJW 2016, 2961 ff.).

* Im Rahmen des Schadensersatzanspruches wegen mangelhafter Werkleistung ist auch ein Mitverschulden des Auftraggebers zu berücksichtigen. So trifft ihn ein Mitverschulden, **wenn er Mängel erst nach längerer Zeit zu dann gestiegenen Kosten beseitigen lässt** (OLG Hamburg, IBR 2016, 386 – Kau).

* Beauftragt der Besteller einen Unternehmer mit der misslingenden Sanierung der **vom Besteller selbst hergestellten Sichtbetonelemente**, sind die Kosten der Selbstvornahme durch Beauftragung eines weiteren Unternehmens mit der letztlich auch erfolglos bleibenden (Nach-)Sanierung wegen der Nähe des Bestellers zur Schadensursache unter dem Gesichtspunkt des Mitverschuldens auf den an den nacherfüllungspflichtigen Erstbeauftragten gezahlten Werklohn beschränkt, wenn der Besteller den zweiten Sanierungsversuch in Auftrag gab, ohne zuvor die Ursachen der mangelhaften Sanierung festgestellt zu haben (OLG Naumburg, IBR 2016, 145 – Müller = NJW-RR 2016, 397 ff.).

* Den **Besteller** kann eine Mitverantwortung an der Schadensentstehung nach § 254 BGB treffen, wenn er **auf dem Gewerk des Unternehmers aufbaut und selbst weitere Bauleistungen erbringt** (OLG Hamm, BauR 2015, 1349 ff.).

* Selbst bei Unterstellung einer Bedenkenanmeldungspflicht wäre jedenfalls bei einem **finanziellen Planungsmangel** das Mitverschulden des Planers als Erfüllungsgehilfe des Auftraggebers derart weit überwiegend, dass eine Mithaftung des Auftragnehmers ausgeschlossen wäre (OLG Dresden, IBR 2015, 591 f. – Pfau).

* Ist ein Mangel auf **falsche Planungsvorgaben** des Auftraggebers zurückzuführen und hat der Auftragnehmer seine Prüfungs- und Hinweispflichten verletzt, sind die Mängelbeseitigungskosten grundsätzlich hälftig zu teilen (OLG Braunschweig, IBR 2015, 414 – Boisserée).

* Dem Auftraggeber ist ein Mitverschulden gemäß §§ 254, 278 BGB zuzurechnen, wenn er aufgrund seiner Fachkenntnis als Bauunternehmer einen Fehler der Statik und die daraus resultierende Gefahr einer **nicht ausreichenden Abdichtung des Kellers** erkennen konnte (OLG Düsseldorf, IBR 2015, 151 – Preussner).

* Gibt der Planer ein **ungeeignetes Herstellungsverfahren** vor und muss der erfahrene Auftragnehmer um die Bedeutung dieses Herstellungsverfahrens für die Mangelfreiheit wissen, haften der Unternehmer mit 75 % und der Auftraggeber bzw. dessen Planer mit 25 % (OLG Brandenburg, IBR 2014, 2591 – Boisserée).

Einzelfälle aus der Rechtsprechung   Rdn. 2945

* Der Besteller muss sich ein schuldhaftes Verhalten des mit der Planung beauftragten Architekten gemäß § 254 Abs. 2 Satz 2, § 278 Abs. 1 BGB zurechnen lassen, wenn der Architekt zwar **nicht einseitig eine Planungsänderung** vorgibt, eine solche jedoch auf sein Betreiben hin einvernehmlich zwischen Besteller und Unternehmer vereinbart wird und der Architekt hinsichtlich dieser Änderung die Planungsverantwortung übernimmt (BGH, IBR 2014, 740 f. – Preussner = BauR 2015, 523 ff.).
* Dem Auftraggeber fällt ein Mitverschulden zur Last, wenn er den Auftragnehmer auf dessen Nachfrage zu antreffenden Radlasten an einen früheren Planer vergleichbarer Bauwerke verweist und dieser dem Auftragnehmer **eine falsche Information** übermittelt (OLG Hamm, IBR 2014, 733 – Götze).
* Der Auftraggeber muss sich einen Mitverschuldensanteil von 30 % anspruchsmindernd anrechnen lassen, wenn der Auftragnehmer **mündlich Bedenken gegen die vorgesehene Art der Ausführung** äußert, der Auftraggeber jedoch auf der geplanten Ausführungsart besteht und der Auftragnehmer die fehlerhafte Planung falsch umsetzt und ausführt (OLG Düsseldorf, IBR 2014, 410 – Weyer).
* Der Tragwerksplaner ist – ebenso wie der planende Architekt – im Verhältnis zum Bauunternehmer Erfüllungsgehilfe des Bauherrn. Denn dieser schuldet dem Unternehmer eine zur Ausführung des Bauvorhabens geeignete und fehlerfreie Planung. Beruht die Fehlerhaftigkeit des Unternehmerwerks auf einem Fehlverhalten eines Erfüllungsgehilfen des Auftraggebers, muss sich der Auftraggeber dies als Mitverschulden anspruchsmindernd zurechnen lassen. Gibt der Planer ein **ungeeignetes Herstellungsverfahren (hier: als Schwarzanstrich auf Bitumenbasis ausgeführte Weichschicht)** vor und muss der erfahrene Auftragnehmer um die Bedeutung dieses Herstellungsverfahrens für die Mangelfreiheit wissen, haften der Unternehmer mit 75 % und der Auftraggeber bzw. dessen Planer mit 25 % (OLG Brandenburg, IBR 2014, 289 – Boisserée).
* Eine Mitverantwortung der Auftraggeberin wegen eines Planungsverschuldens kommt auch dann in Betracht, wenn **Teilbereiche vertragswidrig überhaupt nicht geplant** worden sind und der Mangel auf die unterlassene Planung zurückzuführen ist. Voraussetzung für die Anrechnung eines Mitverschuldens ist aber, dass die Planungsverantwortung, welche originär die Auftraggeberin selbst trifft, auch bei ihr verblieben, das heißt von ihr nicht wirksam auf die Auftragnehmerin delegiert worden ist. Übernimmt die Auftragnehmerin Werkleistungen in Kenntnis des Umstands, dass die Auftraggeberin keine oder nur eine unzureichende Planung zur Verfügung gestellt hat, so kann sie sich nicht ohne weiteres auf ein Mitverschulden der Auftraggeberin berufen (OLG Düsseldorf, IBR 2014, 78 – Fuchs = BauR 2014, 601).
* Wenn ein Planungsverschulden des Architekten und ein Fehler des Auftragnehmers, der als Fachmann den **fehlerhaften Untergrund** hätte erkennen und darauf hinweisen müssen, zusammenkommen, haftet der Auftragnehmer nur zu einer Quote. Das Planungsverschulden des Architekten ist in der Regel höher zu bewerten als die Verletzung der Prüfungs- und Hinweispflicht des Auftragnehmers (OLG Düsseldorf, BauR 2013, 2043 ff.).
* Den Auftraggeber trifft grundsätzlich die Obliegenheit, dem Tragwerksplaner die für die mangelfreie Erstellung der Statik erforderlichen **Angaben zu den Boden- und Grundwasserverhältnissen** zu machen. Hat er unzutreffende Anga-

ben gemacht und ist deshalb die Statik mangelhaft, trifft den Auftraggeber für einen daraus entstehenden Schaden eine Mithaftung wegen Verschuldens gegen sich selbst. Hat der vom Auftraggeber beauftragte planende Architekt die unzutreffenden Angaben gemacht, muss sich der Auftraggeber dessen Verschulden gemäß §§ 254, 278 BGB zurechnen lassen (BGH, BauR 2013, 1468 ff. = NZBau 2013, 519 ff. = IBR 2013, 476 – Preussner).

* Ein jeweils hälftiges Mitverschulden ist anzunehmen, wenn der Architekt durch die fehlerhafte Planung/Ausschreibung schuldhaft einen maßgeblichen Ursachenfaktor dafür gesetzt hat, dass der Werkerfolg nicht bzw. nicht vollständig bzw. mangelfrei erreicht worden ist und der Werkunternehmer den Planungsfehler nach seinem Vorbringen – zumindest ansatzweise – erkannt und trotzdem **ohne hinreichenden Bedenkenhinweis** der Bauausführung zugrunde gelegt hat. Die Gewichtung des Anteils der Mithaftung des Auftraggebers ist – unter Berücksichtigung der Prüfungs- und Bedenkenhinweispflicht des Auftragnehmers einerseits und der Planungsverantwortung des Auftraggebers andererseits – von den Umständen des Einzelfalls abhängig (OLG Düsseldorf, BauR 2013, 1283 ff.).

* Planungsfehler reduzieren den Haftungsanteil des ausführenden Unternehmens, da das Mitverschulden des Architekten dem Auftraggeber zuzurechnen ist. Ein Planungsverschulden des Architekten geht nicht vollständig zu Lasten des Auftraggebers, wenn es **an einem wirksamen Bedenkenhinweis fehlt**. Insoweit kann ein Planungsfehler mit zwei Dritteln und der fehlende Bedenkenhinweis mit einem Drittel bewertet werden (OLG Hamm, IBR 2013, 681 – Lichtenberg; Nichtzulassungsbeschwerde verworfen).

* Muss sich dem Auftraggeber aufgrund eigener Kenntnis tatsächlicher Umstände aufdrängen, dass die Planung des Architekten sowie die Statik des Tragwerkplaners eine bestimmte Gefahrenlage in Kauf nehmen, verstößt der Auftraggeber regelmäßig gegen die in seinem eigenen Interesse bestehende Obliegenheit, sich selbst vor Schaden zu bewahren, wenn er die Augen vor der Gefahrenlage verschließt und das Bauvorhaben durchführt (BGH, NZBau 2013, 515 ff. = IBR 2013, 546 – Preussner = BauR 2013, 1472 ff.).

* Die Planung eines Architekten für einen Bauträger ist ungeachtet der mit diesem getroffenen Vereinbarung, Trennwände einschalig zu planen, mangelhaft, wenn sie den von den Vertragsparteien vorausgesetzten Zweck nicht erfüllt, eine mangelfreie Veräußerung des so errichteten Bauwerks an die Erwerber zu ermöglichen, weil diesen eine zweischalige Ausführung der Trennwände geschuldet wird. Den Bauträger trifft ein erhebliches Mitverschulden an dem durch Inanspruchnahme des Erwerbers wegen **unzureichenden Schallschutzes** entstandenen Schaden, wenn er blind auf die rechtliche Annahme des Architekten vertraut hat, Reihenhäuser müssten keine doppelschalige Ausführung haben, wenn sie als „senkrecht geteilte Wohneinheiten" verkauft würden (BGH BauR 2013, 624 ff. = IBR 2013, 154 – Ebersbach).

* Im Rahmen der in erster Linie vorzunehmenden Abwägung der Verursachungsanteile gemäß § 254 BGB ist auf Seiten des Architekten zu berücksichtigen, dass er in seiner Funktion als Sachwalter des Bauherrn und als geistiger Urheber des Baugenehmigungsantrages nebst Plänen für ein Bauvorhaben in der Abstandsfläche mit unzureichender Nachbarzustimmung den wesentlichen und überwiegenden Verursachungsanteil an der rechtswidrig erteilten Baugenehmigung gesetzt. hat. Im Rahmen der in zweiter Linie vorzunehmenden Abwägung der **beidersei-**

tigen grob fahrlässigen Verschuldensanteile wiegt die grob fahrlässige Verletzung einer Vertragspflicht (i.S. einer Rechtspflicht) durch den Architekten grundsätzlich schwerer als die grob fahrlässige Verletzung einer Obliegenheit (i.S. einer bloßen Sorgfaltsanforderung in eigenen Dingen bzw. „gegen sich selbst") durch den Bauherrn (OLG Düsseldorf, BauR 2012, 1117 ff.).

* Übernimmt ein Unternehmer über die Werkleistung hinaus auch Planungsleistungen, ist er bei dieser Planung zu einer **eigenverantwortlichen Prüfung** verpflichtet und hat die ihm zur Verfügung gestellte (Entwurfs-)Planung zu überprüfen. Fehler der Entwurfsplanung muss sich der Auftraggeber als Mitverschulden aber auch dann entgegenhalten lassen, wenn der Auftragnehmer diese Fehler bei pflichtgemäßer Überprüfung der Entwurfsplanung hätte feststellen können und auf sie hätte reagieren müssen (OLG Frankfurt, IBR 2012, 701 – Berger).
* Kommt es aufgrund der **unterlassenen Dichtigkeitsprüfung** zu einem Wasserschaden, ist der Unternehmer dem Besteller zum Ersatz des dadurch entstandenen Schadens verpflichtet. Der Besteller muss sich jedoch ein Mitverschulden anrechnen lassen, wenn er den Unternehmer vor der Inbetriebnahme der Leitungen nicht darauf hingewiesen hat, dass eine Druckprüfung bisher nicht stattgefunden hat (OLG Köln, IBR 2012, 325 – Heiliger).
* Die Haftung des mit der **Erstellung eines Wärmedämmverbundsystems** beauftragten Bauunternehmers für einen nicht fachgerechten Anschluss der Wärmedämmung an eine dahinter verlegte Abdichtung kann wegen der überwiegenden Verantwortung des vom Besteller beauftragten planenden Architekten ausgeschlossen sein (OLG München, NZBau 2012, 573 ff.).
* Bei **falscher Planungsvorgabe durch den Auftraggeber** und unterlassenem Hinweis des Auftragnehmers nach § 4 Abs. 3 VOB/B sind die Nachbesserungskosten grundsätzlich zu teilen (OLG München, BauR 2011, 1832).
* Sind dem **Auftraggeber** Umstände bekannt, aufgrund derer sich die **Fehlerhaftigkeit einer Genehmigungsplanung des Architekten** aufdrängt, und macht er von der erteilten Baugenehmigung dennoch Gebrauch, verstößt er regelmäßig gegen die im eigenen Interesse bestehende Obliegenheit, sich selbst vor Schäden zu bewahren – § 254 Abs. 1 BGB (BGH, BauR 2011, 869).
* Die Anwendung des § 10 Nr. 2 Abs. 2 VOB/B als **Haftungsprivileg** zugunsten des Auftraggebers scheidet auch im Falle beiderseitiger grober Fahrlässigkeit aus (OLG Düsseldorf, IBR 2011, 467 – Wolber).
* Den Bauherrn trifft jedenfalls **die Obliegenheit, dem bauaufsichtsführenden Architekten mangelfreie Pläne zur Verfügung zu stellen.** Nimmt er den bauaufsichtsführenden Architekten wegen eines übersehenen Planungsmangels in Anspruch, muss er sich das Verschulden des von ihm eingesetzten Planers zurechnen lassen (BGH, IBR 2009, 92 – Schulze-Hagen = BauR 2009, 515 ff.- „Glasfassadenurteil").
* Weist sowohl die vom Auftraggeber geschuldete **Entwurfsplanung** als auch die vom Auftragnehmer geschuldete **Ausführungsplanung** den **identischen Mangel** auf und manifestiert sich dieser Mangel später im Bauwerk, haftet für die daraus resultierenden Mangelbeseitigungskosten nicht lediglich der Auftragnehmer, sondern zur Hälfte auch der Auftraggeber (KG, NJW-Spezial 2009, 365).
* Werden **Architekt und Statiker** jeweils damit beauftragt, eine **Spezialkonstruktion** zu ersinnen bzw. statisch zu berechnen (hier Befestigung einer Mobilfunk-

sendeanlage), müssen beide in der Weise zusammenwirken, dass der geschuldete Erfolg auch tatsächlich eintreten kann: Gelingt dies nicht, haften sie unter Umständen als Gesamtschuldner. Ist die Auftraggeberin selbst ein Spezialunternehmen, weist aber bei der Auftragserteilung gleichwohl nicht auf eine besondere konstruktive und statische Problematik hin, weil sie diese verkannt hat, kommt eine anteilige Eigenhaftung wegen Mitverschuldens in Betracht (BauR 2010, 487 = OLG Celle, OLGR 2009, 938).

* Ein Bauherr, der von seinem Architekten Schadensersatz wegen mangelhafter Architektenleistung verlangt und selbst für die Schadensentstehung mitverantwortlich ist, **verletzt seine Schadensminderungspflicht**, wenn er **nur ein Angebot zur Mängelbeseitigung** einholt (OLG Dresden, IBR 2005, 1216).
* Gibt der Auftraggeber ein **Brandgutachten** in Auftrag und hätte er die **Ergänzungsbedürftigkeit** dieses Gutachtens bei einfachem Lesen erkennen können, muss er sich bei dem gegen seinen Architekten gerichteten Schadensersatzanspruch ein eigenes Mitverschulden (von hier 25 %) anrechnen lassen (OLG Dresden, IBR 2005, 384 – Schill; vom BGH Bedenken im Rahmen der Zurückweisung der Nichtzulassungsbeschwerde angemeldet).
* Der Auftraggeber muss sich trotz unzureichender Hinweise des Architekten ein Mitverschulden anrechnen lassen, wenn er **erkennbar risikobehaftete, wirtschaftlich ungünstige Entscheidungen trifft** und sich dadurch die Baukosten erhöhen (OLG Düsseldorf, IBR 2004, 435 – Franz).
* Mitverantwortlichkeit des Bauherrn bei der **Ablaufplanung des Hochwasserschutzes** (BGH, BauR 2003, 1382 = IBR 2003, 467 – Quack).
* Ein Auftraggeber, der **selbst auf dem Gewerk seines Auftragnehmers aufbaut** und weitere Bauleistungen erbringt, verletzt die ihm in eigenen Angelegenheiten obliegende Sorgfaltspflicht, wenn er die Leistungen dieses Auftragnehmers ungeprüft übernimmt – mit der Folge, dass ihn ein Mitverschulden trifft (BGH, BauR 2003, 1213 = NJW-RR 2003, 1238 = NZBau 2003, 495).
* Zum Mitverschulden des Bauherrn, der – um Kosten zu sparen – auf eine **umfassende Bauüberwachung** durch den Architekten verzichtet (OLG Hamm, NJW-RR 2002, 1669).
* Auftraggeber- und Auftragnehmerhaftung nach **Kontrollversagen bei Großbauvorhaben** – „Schürmann-Bau" (OLG Köln, NJW-RR 2002, 15 = OLGR 2001, 268).
* Zum Mitverschulden des Bauherrn für den **Planungsfehler** seines Architekten (mangelnde Tragfähigkeit der Pflasterung) und der **Verletzung der Prüfungs- und Hinweispflicht** des Unternehmers (OLG Düsseldorf, BauR 2001, 638, 642).
* Mitverschulden des Bauherrn (wegen **mangelnder Planungsvorgaben** seines Architekten) bei **unzureichender Dachabdeckung** bei Umbau (BGH, NJW-RR 1999, 893).
* Mitverschulden des Bauherrn bei **Beschädigung der Fußbodenheizung** durch Dehnungsfugenschnitte wegen **unterlassener Koordinierung** dieser Arbeiten durch den Architekten (OLG Köln, BauR 1999, 768).
* Mitverschulden des Bauherrn (wegen **Planungsfehler** des von ihm beauftragten Architekten) bei **nachträglichem Drainageeinbau** (OLG Frankfurt, NJW-RR 1999, 461).
* Mitwirkendes Verschulden des Planers, das sich der Bauherr zurechnen lassen muss, wenn der Planer den Statiker nicht auf die **Bodenverhältnisse** und die sich

Einzelfälle aus der Rechtsprechung   **Rdn. 2945a**

daraus ergebenden Anforderungen an eine „**weiße Wanne**" hinweist (OLG Düsseldorf, OLGR 1998, 262).

* Zur Mitverantwortung des Auftraggebers wegen mangelhafter Planung und Koordination, aufgrund dessen es zum Einfrieren einer **neu installierten Heizung** kommt (OLG Koblenz, BauR 1997, 482).
* Zur Mithaftung des Auftraggebers, wenn dieser dem Auftragnehmer – nach dessen fachlicher Beratung – **Baumaterial** (Ökokleber) zur Verfügung stellt, das sich als **mangelhaft** erweist (OLG Koblenz, BauR 1996, 868).
* Zum Mitverschulden des Auftraggebers bei **erkennbar mangelnder Kompetenz des Werkunternehmers** (BGH, NJW 1993, 1191).
* Zum Mitverschulden des Bauherrn, wenn er für die **Bauleitung keinen Architekten** einschaltet (OLG Köln, BauR 1990, 729, 730).

b) Mitverschulden des Bauherrn/Auftraggebers verneint

* Der mit der Planung beauftragte **Architekt trägt allein das Risiko der Auswahl der Konstruktion** (hier: Fußbodenaufbau einer Großküche). Dieses Risiko kann er nicht auf seinen Auftraggeber verlagern, indem er diesen vor der Ausführung in seine Planungsüberlegungen einbezieht und seine Zustimmung einholt. Denn diese Zustimmung steht – zumindest stillschweigend – unter der Bedingung des Gelingens (OLG Celle, IBR 2017, 444 – Fischer).   **2945a**
* Eine Mitverantwortung des Auftraggebers einer Werkleistung kann auch dann gegeben sein, wenn Teilbereiche vertragswidrig überhaupt nicht geplant worden sind und der Mangel auf eine solche vertragswidrig vollständig unterlassene Planung zurückzuführen ist. **Voraussetzung eines diesbezüglichen Mitverschuldens des Auftraggebers ist indes immer, dass diesen eine Planungsverantwortung trifft.** Verzichtet der Auftraggeber auf eine Ausführungsplanung durch einen Architekten, bedeutet dies nicht ohne weiteres, dass der Auftragnehmer die Aufgabe der Erstellung einer Ausführungsplanung zu übernehmen hat. Übernimmt indes ein Werkunternehmer vertraglich die Ausführung von Werkleistungen in Kenntnis des Umstandes, dass der Auftraggeber keine Ausführungsplanung zur Verfügung stellt, so kann er sich nicht mit Erfolg auf ein Mitverschulden des Auftraggebers wegen fehlender Ausführungsplanung berufen (OLG Düsseldorf, IBR 2017, 314 – Lichtenberg).
* Der Auftragnehmer hat grundsätzlich Pläne und sonstige Ausführungsunterlagen fachlich zu überprüfen und gegebenenfalls Bedenken mitzuteilen. Zu prüfen ist u.a., ob die Planung zur Verwirklichung des geschuldeten Werkerfolgs geeignet ist. Für eine unterlassene Prüfung und Mitteilung ist der Auftragnehmer verantwortlich, wenn er Mängel mit den bei einem Fachmann seines Gebiets zu erwartenden Kenntnissen hätte erkennen können. Kommt er seinen hiernach bestehenden Verpflichtungen nicht nach und wird dadurch das Gesamtwerk beeinträchtigt, ist seine Werkleistung mangelhaft. Der Auftraggeber muss sich **kein Mitverschulden** seines Architekten anrechnen lassen, **wenn der Auftragnehmer die Leistung trotz eines offenkundigen Planungsmangels ausführt**, ohne zuvor Bedenken angemeldet zu haben (KG, IBR 2017, 194 – Luig).
* Der Bauherr muss sich in den Fällen, in denen er den bauaufsichtsführenden Architekten wegen eines Bauwerkmangels in Anspruch nimmt, der darauf zurückzuführen ist, dass die gelieferten Pläne mangelhaft sind und der bauaufsichtsfüh-

rende Architekt dies pflichtwidrig nicht bemerkt hat, gemäß §§ 254 Abs. 1, 278 BGB das mitwirkende Verschulden des planenden Architekten als das seines Erfüllungsgehilfen zurechnen lassen. Diese Grundsätze greifen nicht, wenn es nicht um ein Planungsverschulden des planenden Architekten geht, sondern um den **gegen den bauaufsichtsführenden Architekten gerichteten Vorwurf, die Fehlerhaftigkeit der Bauausführung durch den Werkunternehmer und damit den Werkmangel deshalb nicht erkannt und verhindert zu haben,** weil er die von dem Werkunternehmer nach den einschlägigen Regeln der Technik zu erstellende, tatsächlich aber nicht gelieferte Ausführungsplanung nicht angefordert und insbesondere nicht darauf gedrungen zu haben, dass diese Ausführungsplanung auch einer statischen Nachprüfung unterzogen wird (OLG Düsseldorf, BeckRS 2016, 115265).

* Ist der **Projektsteuerer** mit der „Koordinierung des gesamten Bauablaufs" beauftragt, muss sich der Auftraggeber bei einem Ausführungsmangel kein Mitverschulden anrechnen lassen. Denn die Überwachung der Ausführung gehört nicht zu den Aufgaben eines Projektsteuerers (OLG Naumburg, IBR 2016, 635 – Fuchs).
* Ist die fehlende **Neigung des Unterbodens** unschwer mit bloßem Auge und ohne größere Messungen erkennbar, haftet der Auftragnehmer für Mängel seiner Leistung allein. Ein Mitverschulden des Auftraggebers scheidet in einem solchen Fall aus (OLG Dresden, IBR 2016, 634 – Weyer).
* Ein Verstoß des Nachfolgeunternehmers (hier: des Fliesenlegers) gegen seine **Prüfungs- und Hinweispflicht bezüglich des Vorgewerks** (hier: der Vorschalenbeplanung) ist dem Bauherrn nicht als Mitverschulden anzurechnen. Denn der nachfolgende Unternehmer ist im Verhältnis zu dem ersten Handwerker kein Erfüllungsgehilfe des Bauherrn (OLG Celle, BauR 2017, 299 ff. = IBR 2016, 514 – Ohler).
* Der auf der **Falschangabe des Tragwerksplaners** beruhende Planungsfehler des Architekten begründet kein die Haftung des Tragwerksplaners minderndes Mitverschulden des Auftraggebers (OLG Köln, NZBau 2016, 646 ff.)
* Übernimmt ein Fachunternehmer Leistungen aus seinem Fachgebiet in Kenntnis des Umstandes, dass der Auftraggeber **keine Planung zur Verfügung** stellt, kann er sich nicht mit Erfolg auf eine Enthaftung bzw. ein Mitverschulden des Auftraggebers berufen, solange er die Notwendigkeit der Planung der Werkleistung durch einen Dritten (insbesondere einen Architekten oder Fachingenieur) nicht rechtzeitig im Rahmen seiner Prüfungs- und Bedenkenhinweispflichten geltend macht (OLG Düsseldorf, BauR 2016, 525 ff.).
* Der Statiker, der mit der statischen Überprüfung von Details einer vom Auftraggeber geplanten Fassadenkonstruktion beauftragt wird, kann sich nicht darauf verlassen, dass die Details fehlerfrei sind, weil der Auftraggeber fachkundig ist (OLG Köln, IBR 2016, 294 – Klein).
* Der Architekt muss Leistungen des Sonderfachmanns – hier: Statiker – überprüfen, soweit konkrete fachspezifische Fragen zu seinem Wissensbereich gehören. Abweichungen von der DIN 4123 in der Planung des Statikers muss der Architekt feststellen. Der Architekt kann **kein Mitverschulden des Auftraggebers wegen falscher Statikpläne** einwenden, wenn der Auftraggeber diese nicht als Verpflichtung oder Obliegenheit zu überlassen hatte (OLG Düsseldorf, IBR 2016, 157 – Klein).

Einzelfälle aus der Rechtsprechung — Rdn. 2945a

* Zwar ist der planende Architekt stets Erfüllungsgehilfe des Bauherrn gegenüber dem Unternehmer und dieser kann dem Bauherrn gegebenenfalls mitwirkendes Verschulden gemäß § 254 BGB entgegenhalten, wenn die Planung fehlerhaft ist. Etwas anderes gilt aber, wenn Ursache des Baumangels neben der fehlerhaften Bauplanung auch der Umstand ist, dass der Unternehmer **den Planungsfehler fahrlässig nicht erkannt hat oder zwar erkennt, aber keine Bedenken anmeldet** oder beide hinsichtlich der mangelbehafteten Leistung als Planer anzusehen sind (OLG Celle, BauR 2015, 1196 ff.).
* Dem Auftraggeber ist nicht gemäß §§ 254, 278 BGB ein **Fehler des Statikers** zuzurechnen, wenn der Architekt auf der Grundlage einer für ihn erkennbar fehlerhaften Statik plant und die Planung deshalb fehlerhaft wird. Der planende Architekt und der Statiker haften hier als Gesamtschuldner aufgrund ihrer jeweiligen Verpflichtung gegenüber dem Auftraggeber, die Grundlage für die Ausführung des Bauwerks zu schaffen (OLG Düsseldorf, BauR 2015, 856 ff.)
* Beauftragt der Bauherr **verschiedene Architekten** mit der Planung unterschiedlicher Bereiche und sind die Pläne des einen für die Planung des anderen von Bedeutung, muss der Bauherr sich etwaige Fehler in den Plänen des einen Architekten gegenüber dem anderen Architekten dann nicht im Sinne eines Verschuldens gegen sich selbst nach § 254 Abs. 2 Satz 2, § 278 BGB als Mitverschulden zurechnen lassen, wenn die Planungsfehler den Bereich betreffen, mit dessen Planung der andere Architekt selbst beauftragt war (OLG Celle, IBR 2014, 616 – Rodemann).
* Eine **lückenhafte Planung** begründet dann kein die Mängelhaftung des Bauunternehmers minderndes Mitverschulden des Bestellers, wenn der Bauunternehmer die Planung nach eigenem Gutdünken ergänzt (OLG Naumburg, NZBau 2014, 708 ff. = NJW-RR 2014, 1299 ff.).
* Zur Frage des Mitverschuldens wegen **unterlassenen Hinweisen** des Geschädigten auf eine besondere Brandgefahr (BGH, BauR 2014, 694 ff. = IBR 2014, 87 – Wolber).
* Gibt der vom Auftraggeber beauftragte **Prüfsachverständige** eine **mangelhafte Werkstattzeichnung** des Auftragnehmers frei, kann der Auftragnehmer kein Mitverschulden geltend machen, wenn ein Schaden entsteht (OLG Hamm, IBR 2014, 1021 f. – Hammacher).[89]
* Auch nach beweiskräftiger Feststellung der Mängel und Mängelursachen besteht eine Schadensminderungspflicht durch Eigenbeseitigung des Mangels nicht, wenn der Auftraggeber **nicht über die finanziellen Mittel verfügt**, um die Mängelbeseitigung durchzuführen (OLG Düsseldorf, IBR 2015, 418 – Weyer).
* Ein Mitverschulden des Auftraggebers an einem Werkmangel wegen eines ihm zuzurechnenden Planungsfehlers ist bei der Geltendmachung eines Vorschusses auf die Selbstvornahmekosten zu berücksichtigen und führt zu dessen Kürzung. Hat der Unternehmer nach seinem eigenen Vortrag einen Planungsmangel erkannt und kann er seine **Behauptung, er habe Bedenken angemeldet, nicht beweisen**, kann er sich nach Treu und Glauben gegenüber dem Bauherrn auf ein mitwirkendes Verschulden des Architekten als Erfüllungsgehilfe des Bauherrn nicht berufen (OLG Stuttgart, IBR 2014, 475 – Fuchs = BauR 2014, 1792 ff.).

---

[89] Vgl. hierzu weiterhin auch *Hammacher*, BauR 2013, 1592 ff.

- Wenn Risse auch auf die **Bausubstanz** zurückgehen, begründet dies kein Mitverschulden des Bauherrn (OLG Celle, BauR 2014, 1169 ff.)
- Für den werkvertraglich geschuldeten Erfolg ist der Auftragnehmer und nicht der Auftraggeber verantwortlich. Der wegen eines **mangelhaft errichteten Kellers** in Anspruch genommene Auftragnehmer kann deshalb nicht einwenden, den Auftraggeber treffe an der Entstehung des Mangels ein „Mitverschulden", weil dieser als Baumaschinenführer für Tiefbauarbeiten mit Druckverhältnissen an Erdhängen vertraut gewesen sei (OLG Frankfurt, IBR 2014, 407 – Schumacher).
- Verzichtet der Auftraggeber auf eine Ausführungsplanung durch einen Architekten, bedeutet das nicht, dass der Auftragnehmer die Aufgabe der Erstellung einer Ausführungsplanung zu übernehmen hat. Ist dem Auftragnehmer allerdings bekannt, dass er **ohne Ausführungsplanung bauen** soll, kann er dem Auftraggeber die fehlende Planung nicht zur Last legen (OLG Brandenburg, IBR 2013, 731 – Boisserée).
- Die Planung der Bauleistungen obliegt im VOB-Vertrag grundsätzlich dem Auftraggeber. Schlägt der Auftragnehmer die Ausführung einer geänderten Leistung vor, muss er die hierzu erforderlichen Planungsleistungen erbringen. Den mit der Bauüberwachung beauftragten Bauleiter des Auftraggebers treffen **keine Prüf- und Hinweispflichten** in Bezug auf die Planung des Auftragnehmers (OLG Brandenburg, IBR 2013, 679 – Boisserée).
- Unterlassen es Architekt und Tragwerksplaner des Auftraggebers, **Werkstattpläne des Auftragnehmers** zu überprüfen, und entsteht daraufhin ein Schaden, so kann der Auftragnehmer kein Mitverschulden einwenden (OLG Hamm, BauR 2013, 1688 ff. = IBR 2013, 412 – Hammacher).
- Unterlässt der bauplanende Ingenieur eine von ihm selbst vorgesehene Überprüfung seiner Planung (hier: Gleitsicherheitsnachweise auf der Grundlage von Laborversuchen) und wird das Werk deshalb mangelhaft erstellt, haftet der bauüberwachende Ingenieur, der auf die **Durchführung der Laborversuche** hätte drängen müssen, gegenüber dem Bauherrn voll; der Bauherr muss sich kein Mitverschulden des bauplanenden Ingenieurs anrechnen lassen, da die Pflichtverletzung des bauüberwachenden Ingenieurs parallel zur Pflichtverletzung des bauplanenden Ingenieurs läuft (OLG Celle, BauR 2013, 809 ff. = IBR 2013, 162 – Rodemann).
- Eine Planung, deren Umsetzung erhebliche Anforderungen an den ausführenden Bauunternehmer stellt, ist nicht allein deshalb fehlerhaft; sie begründet deshalb keine Kürzung des dem Auftraggeber gegen den bauüberwachenden Architekten zustehenden Schadensersatzanspruchs unter dem Gesichtspunkt eines Mitverschuldens (Abgrenzung zu BGH, NZBau 2009,185 = NJW 2009, 582 = NZM 2009, 167 – „Glasfassade"). Ein Mitverschulden des Auftraggebers kann auch nicht daraus hergeleitet werden, dass er den bauüberwachenden Architekten **nicht auf die Schwierigkeit der zu beaufsichtigenden Arbeiten hingewiesen** hat (OLG Köln, NZBau 2013, 375 ff.).
- Schaltet der Bauherr wegen eines nach Abnahme entdeckten Mangels des Bauwerks einen Fachplaner ein, der die Mängelbeseitigung betreut, muss der bauüberwachende Architekt die **vom Fachplaner geplanten Mängelbeseitigungsmaßnahmen** überprüfen. Durch die Beauftragung des Fachplaners wird er nicht von der Haftung freigestellt. Die fehlerhafte Planung des Fachplaners ist dem Bauherrn nicht als anspruchsverminderndes Mitverschulden entgegenzuhalten

Einzelfälle aus der Rechtsprechung
Rdn. 2945a

(OLG Celle, IBR 2013, 161 – Rodemann; Nichtzulassungsbeschwerde vom BGH am 20.2.2014 zurückgewiesen).
* Ein Mitverschulden des Auftraggebers für das Planungsverschulden des Architekten kommt nicht in Betracht, wenn der Auftragnehmer **erkannte Planungsmängel nicht mitteilt**. In einem solchen Fall ist der Auftragnehmer allein für den Schaden verantwortlich (OLG Frankfurt, IBR 2013, 15 – Hammacher).
* Stellt der Unternehmer bei der Durchführung des vorbereitenden Aufmaßes **eklatante Abweichungen zwischen der Örtlichkeit und den** Angaben in den ihm zur Verfügung stehenden **Plänen** fest, darf er mit dem Bau nicht beginnen, bevor er geklärt hat, ob die Pläne der Baugenehmigung entsprechen (OLG Düsseldorf, IBR 2012, 1405 – Weyer).
* Weiß der Auftragnehmer, dass er eine Werkleistung nur ausführen kann, wenn er vom Auftraggeber Unterlagen (hier: Bruch- und Verformungsnachweis) erhalten hat, darf er mit der Ausführung der Werkleistung nicht beginnen, bis er die Unterlagen erhalten hat. Stellt der Auftraggeber – aus welchen Gründen auch immer – die **Unterlagen nicht zur Verfügung**, trifft ihn kein Mitverschulden an der Schadensentstehung, da der Unternehmer ohne den Erhalt der Unterlagen mit der Ausführung nicht hätte beginnen dürfen (OLG Düsseldorf, BauR 2012, 1244 ff.).
* Ein Bauunternehmer hat gegen den Besteller keinen Anspruch darauf, dass dieser ihn bei den Bauarbeiten überwacht und dadurch mangelhafte Leistungen verhindert (OLG München, IBR 2012, 1014 – Leidig).
* Der Auftraggeber schuldet dem Auftragnehmer keine Überwachung oder Aufsicht hinsichtlich der von ihm zu erbringenden Leistungen. Das kann anders zu beurteilen sein, wenn im Rahmen der Bauleitung gleichzeitig Planungsanordnungen erteilt werden, die zu einem Mangel führen (OLG Bremen, IBR 2012, 384 – Söns).
* Der planende Architekt, der wegen eines Planungsfehlers haftet, kann dem Bauherrn kein Mitverschulden im Hinblick darauf entgegenhalten, dass weder der Bauherr noch der ausführende Unternehmer den Fehler in der Planung bemerkt haben (OLG München, IBR 2011, 474 – Hummel).
* Wenn ein **Projektsteuerer** im Rahmen der Kontroll- und Steuerungstätigkeit auch die **Überprüfung von Architektenplänen übernommen** hat, haftet er, wenn bei sachgerechter Ausübung der Kontrolle ein auf dem Planungsfehler beruhender Schadenseintritt vermieden worden wäre (OLG Düsseldorf, IBR 2009, 530 – Eschenbruch).
* Ein Unternehmer kann sich nicht auf ein Mitverschulden des Auftraggebers berufen, wenn der Architekt Regeldetails falsch oder gar nicht dargestellt hat, deren fachgerechte Ausführung sich aus den allgemeinen anerkannten Regeln der Technik ergibt, die der Unternehmer ohnehin beachten muss (OLG Köln, IBR 2005, 476 – Metzger).
* Ein Handwerker, der das ihm übertragene Gewerk (hier: Einbau einer Warmluftheizung in ein Fitnessstudio) in Kenntnis dessen übernimmt, dass es eine Fachplanung des Bauherrn oder seiner Architekten nicht gibt, kann sich im Falle einer mangelhaften Ausführung der Werkleistung nicht auf ein Mitverschulden wegen fehlender Planung berufen (OLG Celle, BauR 2005, 397).
* Inwieweit ein Auftraggeber gegen die Schadensminderungspflicht verstößt, wenn er einen **Baumangel** erst **nach vielen Jahren** mit zwischenzeitlich gestiegenen Baukosten **beseitigen lässt,** hängt von den Umständen des Einzelfalles ab;

allein der Umstand, dass die Baukosten gestiegen sind, begründet ein Mitverschulden nicht (BGH, NZBau 2004, 336).
* Den Bauherrn trifft nicht deshalb ein Mitverschulden an dem durch die **fehlerhafte Tragwerksplanung** entstandenen Schaden, weil er mit der Herstellung der Außenwände beginnt, bevor die **Prüfstatik** für die Außenfassade vorliegt; denn die Prüfstatik ist zum Schutz der Allgemeinheit einzuholen: das Prüferfordernis führt nicht zu einer auch nur teilweisen Verlagerung des Risikos einer falschen Statik auf den Bauherrn (OLG Düsseldorf, BauR 2002, 506).
* Kein mitwirkendes Verschulden des Auftraggebers bei besonders grober Pflichtverletzung des Nachunternehmers aus § 4 Nr. 3 VOB/B – keinerlei Überprüfung der Vorleistung eines anderen Unternehmers (OLG Düsseldorf, BauR 2000, 421 = NZBau 2000, 331 = OLGR 2000, 101).
* Mitverschulden bei **unrichtigem Bodengutachten** (OLG Köln, BauR 1998, 1276 = NJW-RR 1998, 1320 = OLGR 1998, 227).
* Bei **fehlerhafter Wohnflächenberechnung** des Architekten (LG Stuttgart, BauR 1990, 496; vgl. hierzu auch OLG Köln, NJW-RR 1993, 1493 – Bauherr ist Fachanwalt für Steuerrecht).
* Zur Abwägung des Verschuldens bei **Mängel der Ausschreibung** und **Verletzung der Hinweispflicht** (BGH, NJW-RR 1991, 276 = BauR 1991, 79 = ZfBR 1991, 61; vgl. hierzu im Einzelnen Rdn. 1421 ff.; ferner: OLG Düsseldorf, Schäfer/Finnern, Z 2.0 Bl. 11).

c) Sonstige Fallkonstellationen

2945b
* Treffen im Rahmen des § 254 BGB die Verletzung einer **nachvertraglichen Hinweispflicht des Vorunternehmers** mit der Verletzung einer vertraglichen Prüf- und Hinweispflicht des Nachfolgeunternehmers zusammen, ist der Verletzung der vertraglichen Prüf- und Hinweispflicht ein deutlich höheres Gewicht beizumessen (OLG Düsseldorf, BauR 2016, 1495 ff.).
* Es begründet kein Mitverschulden des Nachbarn, wenn er selbst Vorschläge zur Sicherung seines Gebäudes gegen Rissbildungen durch die Bauarbeiten vorgeschlagen hat KG, IBR 2015, 194 – Rodemann).
* Bei einer Baustelle auf einem privaten Anwesen – hier im Garten zum Bau eines Swimmingpools – bestehen für den Bauunternehmer **Verkehrssicherungspflichten** nur in beschränktem Umfang, wenn der Verkehr nur für einen beschränkten Personenkreis zugänglich ist, der mit den Gegebenheiten und den üblichen Gefahren der Baustelle vertraut ist (hier der Bauherr selbst; OLG Stuttgart, IBR 2013, 745 – Feldmann).
* Beginnt der Auftragnehmer in Kenntnis des Fehlens der Genehmigung mit einer Ausführung, kann ihn – jedenfalls bei seinen Ansprüchen, die über den reinen Vergütungsanspruch für die geleistete Arbeit hinausgehen – ein Mitverschulden in Bezug auf § 4 Abs. 2 Nr. 1 Satz 1 und 2 VOB/B treffen. Ein Mitverschulden scheidet aber aus, wenn er annehmen durfte, dass einer Genehmigung etwaig entgegenstehende Hindernisse beseitigt sind (OLG Düsseldorf, IBR 2012, 446 – Karczewski).
* Ist der Auftragnehmer nach einer **unzulässigen Teilkündigung** des Auftraggebers seinerseits zu einer außerordentlichen Kündigung berechtigt, kann der Auftraggeber dem sich hieraus ergebenen Schadensersatzanspruch des Auftrag-

Einzelfälle aus der Rechtsprechung Rdn. 2945b

nehmers gem. § 254 Abs. 1 BGB den Einwand des Mitverschuldens entgegen halten, wenn der Auftragnehmer durch sein vertragswidriges Verhalten Anlass für die Teilkündigung gegeben hat (BGH BauR 2009, 1736 = NZBau 2010, 47 = NJW 2009, 3717 – IBR 2009, 566 – Schulze-Hagen).

* Bei der Bemessung des **Vergütungsanspruches gemäß §§ 642, 643 BGB** ist ein Mitverschulden des Unternehmers zu berücksichtigen, wenn der Bauherr einerseits eine Baugenehmigung für einen Nachtrag nicht beibringt, andererseits der Unternehmer trotz Kenntnis der fehlenden Baugenehmigung mit der Bauausführung beginnt (OLG Hamm, BauR 2003, 1042).
* Mitwirkendes Verschulden eines **Subunternehmers,** wenn er nach den Vorgaben seines Auftraggebers eine Werkleistung erbringt, aber keine Bedenken gegen die fehlerhaften Vorgaben anmeldet (OLG Dresden, BauR 2001, 424).
* Zum Mitverschulden des Bauherrn, der **einen anderen** als den ihm vom Architekten benannten **(Fach-)Unternehmer** beauftragt, wenn dem Architekten neben einem Planungsverschulden auch ein Fehler im Rahmen der Objektüberwachung anzulasten ist (BGH, BauR 1999, 680 = NJW-RR 1999, 893 = ZfBR 1999, 212).
* Mitverschulden eines Bauunternehmers, der die Rohbauarbeiten und die Entwässerungsarbeiten übernommen hat und den Bauherrn nicht auf die **Notwendigkeit des Einbaus einer** in Bauplänen nicht vorgesehenen **Drainage** hingewiesen hat; Mitverschuldens-Quote von 50 % bezüglich der Kosten für den nachträglichen Einbau der Drainage (OLG Frankfurt, NJW-RR 1999, 461).
* Zum Mitverschulden des Geschädigten beim **Sturz** auf einem ungesicherten, von Baumaßnahmen betroffenen und mit Schnee bedeckten **Gehweg** (BGH, BauR 1997, 864).
* Bei **Hausschwammbefall** infolge verlorener Schalung im Kriechkeller (OLG Düsseldorf, NJW-RR 1994, 1240).
* Zur Haftungsverteilung nach § 254 BGB bei **Verwendung fehlerhaften Materials** und mangelhafter Leistung des Unternehmers (BGH, Schäfer/Finnern, Z 2.414 Bl. 202; ferner: OLG Saarbrücken, Schäfer/Finnern, Z 2.400 Bl. 50; BGH, VersR 1962, 1062 – Betongüte; BGH, BauR 1994, 367 = NJW-RR 1994, 534 – Verwendung feuerpolizeilich verbotener Materialien).
* Wenn Auftragnehmer und Auftraggeber **Verzögerungsursachen** gesetzt haben und der Auftragnehmer einen Anspruch nach § 6 Nr. 6 VOB/B gelten macht (BGH, BauR 1993, 600).
* Soweit ein Schaden aufgrund mangelhafter Statik auch darauf beruht, dass der Bauherr die Prüfstatik nicht abgewartet hat (OLG Hamm, OLGR 1992, 3).
* Zum Mitverschulden des Benutzers eines **erkennbar (teils) verkehrsunsicheren Baugerüsts** (OLG Stuttgart, BauR 1990, 112).
* Zum Mitverschulden eines **Facharbeiters** für Dacharbeiten an einem Schaden, der durch unsachgemäße Aufstellung und Ausstattung eines Lastenaufzuges mitverursacht wurde (OLG München, VersR 1984, 342).
* Zum Mitverschulden des geschädigten **Mieters,** der den Unternehmer nicht auf ihm bekannte Gefahren bei Durchführung der Arbeiten (Schweißarbeiten) hinweist (OLG Stuttgart, VersR 1983, 891).
* Zum Mitverschulden bei mangelhafter **Abwässeranlage** einer Gemeinde und fehlender Rückstausicherung (BGH, NJW 1983, 622).

VII. Die Vorteilsausgleichung

Literatur

Früh, Die „Sowieso-Kosten", 1991; *Thesling*, Die Vorteilsausgleichung, Diss. (Bonn), 1994; *Haerendel*, Sowieso-Kosten und weitere zusätzliche Kosten infolge Fehlplanung, Baurechtliche Schriften, Bd. 47, 1999; *A. Werner*, Vorteilsausgleichung, Kausalität und das Wesen der Schadensersatzpflicht, NJW 1955, 769; *Cantzler*, Die Vorteilsausgleichung beim Schadensersatzanspruch, AcP 156, 29; *Esser*, Zur Entwicklung der Lehre von der Vorteilsausgleichung, MDR 1957, 522; *Thiele*, Gedanken zur Vorteilsausgleichung, AcP 167, 193; *Lange*, Die Vorteilsausgleichung, JuS 1978, 649; *Brandt*, Zum Leistungsumfang bei schlüsselfertigen Bauen nach Baubeschreibung in Bezug auf technisch notwendige, aber nicht ausdrücklich vereinbarte Teilleistungen, insbesondere bei der Nachbesserung, BauR 1982, 524; *Bühl*, Der Kostenzuschussanspruch des Auftragnehmers, BauR 1985, 502; *Groß*, Vorteilsausgleichung im Gewährleistungsrecht, Festschrift für Korbion (1986), 123; *Früh*, Die Kostenbeteiligungspflicht des Bauherrn bei der Mängelbeseitigung unter besonderer Berücksichtigung der sogenannten „echten Vorteilsausgleichung" (Abzug „neu für alt"), BauR 1992, 160; *Büdenbender*, Wechselwirkungen zwischen Vorteilsausgleichung und Drittschadensliquidation, JZ 1995, 920; *Anker/Adler*, Die echte Bausummenüberschreitung als ein Problem des Schadensrechtes, BauR 1998, 465; *Schiemann*, Vorteilsanrechnung beim werkvertraglichen Schadensersatz NJW 2007, 3037. *Weyer*, Schadensberechnung und Vorteilsausgleich beim Schadensersatz wegen Mängeln in der werkvertraglichen Leistungskette, NZBau 2007, 695; *Aengenvoort*, Der Mangel als Vorteil? – Vorteilsausgleichung in der Nachunternehmerkette, BauR 2008, 16; *Reichert*, Kann der bezahlte Hauptunternehmer gegenüber dem Subunternehmer die Zahlung wegen Mängeln verweigern? BauR 2008, 749; *Hebel*, Berücksichtigung von Sowieso-Kosten im Gesamtschuldnerausgleich, Festschrift für Koeble (2010), 93; *Miernik*, Wirkt sich eine Änderung der anerkannten Regeln der Technik auf die Vergütung des Werkunternehmers aus?, BauR 2012, 151; *Berger*, Vorteilsausgleichung nach der Rechtsprechung des BGH, Abzug neu-für-alt, Sowieso-Kosten – Wem gebührt die „Habenseite der Schadensbilanz"?, BauR 2013, 325; *Rodemann*, Abstrakter Schadensersatz – Anwendungsprobleme in der Praxis, ZfBR 2015, 634; *Retzlaff*, Die Haftung des Architekten bei der Überschreitung von Kostengrenzen – zugleich Anmerkung zu BGH, Urteil v. 21.05.2015 – VII ZR 190/14, BauR 2015, 1729; *Steffen/Lüders*, Geltung der BGH-Rechtsprechung zu Mängelrechten in der Leistungskette auch im Dreiecksverhältnis, NZBau 2016, 484; *Zahn*, Schadensersatz in der Leistungskette – Vorteilsausgleichung?, BauR 2016, 1232; *Sohn*, Vorteilsausgleich in der Planerkette, NJW 2016, 1996; *Oberhauser*, Vorteilsausgleich in der Leistungskette – Geltung auch beim Planervertrag?, NZBau 2016, 626; *Weingart*, Zur Sekundärhaftung beim Vorteilsausgleich in der planerischen Leistungskette – Die Erfindung der Nachteilszufügung durch den BGH, BauR 2017, 6.

2946 In Bausachen kommt dem Problem, ob sich der Besteller im Rahmen der Gewährleistung an den Kosten der Mängelbeseitigung „beteiligen" muss, erhebliche Bedeutung zu; Begriffe wie **„Vorteilsausgleichung"**, **„Sowiesokosten"** und **„Abzug neu für alt"** tauchen in diesem Zusammenhang immer wieder auf.[1]

2947 Das Prinzip der Vorteilsausgleichung besagt, dass ein durch das schadensstiftende Ereignis verursachter Vorteil oder eine messbare Vermögensmehrung mit dem Schadensersatzanspruch auszugleichen ist. Ein Geschädigter soll nicht besser gestellt werden, als es ohne das schädigende Ereignis der Fall gewesen wäre. Deshalb muss in jedem Einzelfall immer die **geschuldete Leistung** konkret ermittelt und aus den vertraglichen Absprachen heraus festgestellt werden. Hat der Unternehmer die versprochene Leistung **pauschal** ohne jede Leistungsbeschreibung oder Leistungsverzeichnis versprochen, werden Sowiesokosten nur in dem Umfang anre-

---

1) Zur dogmatischen Begründung s. *Berger*, BauR 2013, 325, 326 f.; *Haerendel*, S. 25 ff.; BGH, BauR 2004, 1772, 1775.

chenbar sein, in dem die Pauschalierung überschritten worden ist.[2] Vorteilsausgleichung stellt damit einen Faktor der **Schadensberechnung** dar.[3] Allerdings ist die Anwendung nicht auf Schadensersatzansprüche beschränkt;[4] auf **Nachbesserungs-** bzw. **Nacherfüllungs-** sowie **Minderungs-**[5], **Kostenvorschuss-**[6] und **Kostenerstattungsansprüche** sind die Grundsätze der Vorteilsausgleichung **entsprechend** anzuwenden.[7] Die Grundsätze der Vorteilsausgleichung kommen auch in Betracht, wenn es um wechselseitige Ansprüche aus einem **Architektenvertrag** geht. Keine Anwendung können die Grundsätze der Vorteilsausgleichung auf einen **Ausgleichsanspruch** nach § 426 Abs. 1 BGB finden.[8]

Große **Diskussion** hat die Entscheidung des BGH[9] zur Anwendung der Grundsätze eines Vorteilsausgleichs auf die Leistungskette im **Planervertrag** ausgelöst: Wenn in einer werkvertraglichen Leistungskette der Nachunternehmer (z.B. wegen Verjährung) von seinem Auftraggeber nicht mehr für Werkmängel in Anspruch genommen werden kann, soll er nach dem „Rechtsgedanken der Vorteilsausgleichung" unter Umständen auch seinerseits nicht mehr gegen seinen Auftragnehmer vorgehen können.

Zu beachten ist, dass Schaden und Vorteil aus mehreren – der äußeren Erscheinung nach – selbstständigen Ereignissen fließen können, sofern nur nach dem na-

---

2) OLG Braunschweig, BauR 2008, 1323, 1324; s. auch LG Potsdam, IBR 2010, 9 – *Randhahn* u. OLG Karlsruhe, IBR 2008, 586 – *Lichtenberg* (zur Vorteilsausgleichung bei einer Baukostenüberschreitung des Architekten bei einer Bauträgermaßnahme); OLG Stuttgart, BauR 2010, 1599, 1603.
3) Siehe hierzu grundlegend: BGHZ 173 = BauR 2007, 1564 = NZBau 2007, 578 = NJW 2007, 2695; BauR 2007, 1567 = NZBau 2007, 580 = NJW 2007, 2697 (hierzu: *Aengenvoort*, BauR 2008, 16 ff.; *Weyer*, NZBau 2007, 695 ff.; *Schiemann*, BauR 2007, 3037 ff.); s. ferner: OLG Hamm, BauR 2011, 269 (wenn keine Belastung des Auftraggebers; Veräußerung des Objekts); BGH, BauR 2008, 1877, 1878; BGH, BauR 1997, 335 = ZfBR 1997, 145; BGH, NZBau 2002, 31 = ZfBR 2002, 57 = BauR 2002, 86 u. BGH, BauR 1979, 74 (für falsche Kostenermittlung bzw. für Überschreitung eines Kostenvoranschlages durch einen **Architekten** und eingetretene Wertsteigerung des Baugrundstücks; siehe dazu *Anker/Adler*, BauR 1998, 465, 467); BGH, BauR 2008, 823 (Anrechnung von **Steuervorteilen**); BGH, NZBau 2010, 165 = BauR 2010, 225 (für die frühere **Eigenheimzulage**); BGH, BauR 2006, 828 = NZBau 2006, 312 = ZfBR 456 (**Mieteinnahmen**). Siehe auch OLG Koblenz, BauR 1997, 1054 (für Mängelabgeltung durch einen **Subunternehmer,** die sich der Generalunternehmer im Wege der Vorteilsausgleichung anrechnen lassen muss).
4) Einhellige Auffassung (Beck'scher VOB-Kommentar/*Zahn*, Vor § 13, Rn. 47). Zur Anwendung der Vorteilsanrechnung bei einem großen Schadensersatzanspruch: BGH, BauR 2012, 648 = ZfBR 2012, 356 = IBR 2012, 204 – *Vogel*.
5) OLG Zweibrücken, IBR 2008, 263 – *Fuchs*.
6) OLG Dresden, BauR 2008, 693 (Anrechnung des durch eine **längere Lebensdauer** der Bauleistung erlangten Vorteils); OLG Düsseldorf, BauR 2002, 802. Zur Vorteilsausgleichung bei einem Anspruch des **Bauträgers** auf Vorschussrückzahlung durch den Erwerber und die Auswirkungen auf den Schadensersatzanspruch gegenüber dem **Subunternehmer** siehe BGH, BauR 2008, 1877 = NJW 2008, 3359; OLG Saarbrücken, BeckRS 2010, 17127 = NJW-Spezial 2010, 494 = IBR 2010, 497 – *Bolz*).
7) BGHZ 91, 206 = BauR 1984, 510 = ZfBR 1984, 222; OLG Karlsruhe, NJW-RR 1999, 1694 (**Kostenvorschussanspruch**); OLG Nürnberg, BauR 2001, 961 (**Nachbesserung** durch Unternehmer); OLG Karlsruhe, BauR 2006, 2066.
8) BGH, NJW 1995, 652; KG, IBR 2012, 335 – *Boisserée*.
9) BGHZ 173, 83 Rn. 15 ff. = NZBau 2016, 301 = ZfBR 2016, 356 = NJW 2016, 2032 = DS 2017, 127.

türlichen Ablauf der Dinge das schädigende Ereignis allgemein geeignet war, derartige Vorteile mit sich zu bringen. Der **Zusammenhang** darf allerdings nicht so lose sein, dass er nach vernünftiger Lebensauffassung keine Berücksichtigung mehr verdient.[10] Das Problem der Vorteilsausgleichung ist deshalb „**differenzierend zu beurteilen**".[11] Im Anschluss an Thiele[12] hat die neuere **BGH**-Rechtsprechung[13] als Einschränkung für die Vorteilsausgleichung den Gedanken entwickelt, dass nur solche Vorteile als anrechenbar in Betracht zu ziehen sind, die gerade mit dem geltend gemachten Nachteil in einem **qualifizierten Zusammenhang** stehen; hierbei spielen vor allem der **zeitliche** Zusammenhang sowie der Gesichtspunkt einer **Wertung nach Risikosphäre** eine entscheidungserhebliche Rolle.

2948 Die Vorteilsausgleichung hat damit grundsätzlich folgende **Voraussetzungen**:

* Das schädigende Ereignis muss den Vorteil **adäquat** verursacht haben.[14] Das Kriterium der Adäquanz wird jedoch zunehmend, auch vom BGH, als sachfremd und ungeeignet angesehen.[15]

* Die Anrechnung des Vorteils muss aus der Sicht der Geschädigten **zumutbar** sein;[16] die Vorteilsausgleichung muss also dem Zweck des Schadensersatzes entsprechen und darf den Schädiger nicht unbillig entlasten.[17] Eine in diesem Sinne unbillige Entlastung kann es vor allem sein, wenn die Vorteilsausgleichung zugunsten eines trotz ständiger Mängelrügen seinen werkvertraglichen Gewährleistungspflichten nicht nachkommenden Unternehmers Berücksichtigung fände.[18] Der Auftragnehmer darf dadurch, dass der Vertragszweck nicht sogleich, sondern erst später im Rahmen der Gewährleistung erreicht wird, keine Besserstellung erfahren.[19]

* Zwischen allen nachteiligen und allen vorteilhaften Vermögensänderungen muss ein innerer (**„qualifizierter"**) Zusammenhang bestehen, der beide – Vorteil und Nachteil – „gewissermaßen **zu einer Rechtseinheit** verbindet".[20]

---

10) RGZ 133, 221, 223; RGZ 146, 275, 278; BGHZ 8, 325, 329; BGHZ 10, 107 = NJW 1953, 1346; BGH, NJW 1959, 1078; LG Bonn, *Schäfer/Finnern*, Z 4.142 Bl. 86.
11) BGHZ 77, 151 = BB 1980, 1347 = NJW 1980, 2187 = WM 1980, 1033; BGH, BauR 1984, 510, 511.
12) AcP 167, 193, 202.
13) Vgl. BGHZ 77, 151 = NJW 1980, 2187; BGH, ZfBR 1982, 63, 64 für Vorteilsausgleichung einer Wertsteigerung des Grundstücks bei Vertragsrückabwicklung.
14) Vgl. BGHZ 8, 325, 329; BGHZ 49, 61; 81, 275; OLG Hamm, BauR 2004, 528, 529.
15) **Herrschende Meinung**; s. *Cantzler*, AcP 156, 29 ff., 48 ff.; BGH, NJW 1979, 760.
16) Vgl. z.B. BGH, NJW 2006, 499 u. BGH, BauR 1994, 776, 779 = NJW 1994, 2825 (für behauptete **Steuerersparnis** des Geschädigten); dazu auch OLG Köln, NJW-RR 1993, 1493 = VersR 1993, 1230 sowie BGH, BauR 1997, 335 = ZfBR 1997, 145 (für kostengünstige Herstellung und erhebliche Wertsteigerung des Gebäudes); OLG Dresden, BauR 2008, 693, 694
17) BGHZ 8, 325; 91, 206, 210 = BauR 1984, 510; BGH, BauR 1997, 335 = ZfBR 1997, 145 = NJWRR 1997, 402; KG, BauR 1978, 410; BayObLG, MDR 1980, 494; OLG Dresden, BauR 2008, 693; OLG Hamm, BauR 1998, 345, 347.
18) Vgl. OLG Düsseldorf, BauR 1974, 413; KG, BauR 1978, 410; *Kaiser*, Rn. 205a.
19) BGH, BauR 1984, 510, 513 = ZfBR 1984, 222.
20) BGHZ 77, 151 = WM 1980, 1033 = NJW 1980, 2187.

Vorteilsausgleichung

2949 Der geschädigte Baubeteiligte muss vor allen Dingen **ersparte Aufwendungen** in Abzug bringen;[21] dabei ist auch der Gesichtspunkt **„Abzug neu für alt"** zu beachten:[22] Leistet der Schädiger Schadensersatz für eine **ältere Sache**,[23] so ist im Zweifel ein Abzug „neu für alt" gerechtfertigt,[24] der nicht nur die **Material-**, sondern auch die **Lohnkosten umfasst**.[25] Allerdings ist dabei zweifelhaft, ob der Abzug mit dem Grundsatz der Vorteilsausgleichung begründet werden kann[26] oder ob darin vielmehr ein Problem der Bemessung des Schadensersatzes nach § 251 Abs. 1 zu erblicken ist.[27] Es entspricht jedoch der allgemeinen Meinung, dass Vorteile aus eigener Tätigkeit des Geschädigten nicht anzurechnen sind, soweit diese über die Schadensminderungspflicht des § 254 Abs. 2 Satz 1 BGB hinausgeht.[28] Der Abzug „neu für alt" wird um so weniger in Betracht kommen, je mehr die Mängelhaftung durch den Unternehmer/Architekten **hinausgezögert** wird.[29] Ein Abzug „neu für alt" scheidet aus, wenn eine Werterhöhung durch den Austausch nicht bewirkt wird.[30]

2950 Besteht – was die Regel ist – der Schadensersatzanspruch in einer Geldforderung, ist der auszugleichende Vorteil ebenfalls in einem Geldwert zu berücksichtigen. In diesen Fällen findet eine einfache **Abrechnung** statt.[31] Ist der Schadensersatzanspruch dagegen auf **Naturalherstellung** gerichtet, ist der Vorteil „irgendwie" bei der Ersatzleistung auszugleichen, z.B. durch Zug-um-Zug-**Herausgabe** des Vor-

---

21) Vgl. BGH, NJW 1969, 879; BGH, DB 1973, 1343; BGH, BauR 1971, 60, 62; Saarländisches OLG, NZBau 2002, 98, 100.
22) Zur Vorteilsanrechnung im Wege des Abzugs **„neu für alt"** siehe: BGH, NJW 1997, 2879, 2880; BGHZ 30, 29, 30 = NJW 1959, 1078; BGHZ 102, 322, 331 = NJW 1988, 1835; BGH, NJW 1997, 520; BGH, BauR 2004, 869, 871 (**Schadensminderungspflicht** und Abzug neu für alt); OLG Koblenz, OLGR 2009, 634; OLG Jena, IBR 2008, 146 – *Schrammel*. OLG Düsseldorf, BauR 2002, 802, 805 (fehlerhafter Anstrich; Kostenvorschussanspruch); *Kniffka/Krause-Allenstein*, § 634 BGB, Rn. 76, 77.
23) Vgl. z.B. BGH, BauR 1971, 60, 62 (Erneuerung fehlerhafter Glaserarbeiten); OLG Düsseldorf, BauR 1974, 413 (Renovierung einer Wohnung); OLG Koblenz, OLGR 2009, 634 (Estricharbeiten).
24) Siehe BGH, NJW 1992, 2884; *Kaiser*, Rn. 205b; Beck'scher VOB-Kommentar/*Zahn*, Vor § 13, Rn. 49 f.
25) OLG Hamburg, NZV 1999, 513.
26) So BGHZ 30, 34 = NJW 1959, 1078; BGH, BauR 1971, 61; s. aber BGH, BauR 2004, 1772, 1775 („eigenständiger rechtlicher Gesichtspunkt").
27) Vgl. *Staudinger/Weber*, Vorb. vor § 249 BGB, Anm. 103; offengelassen von OLG Düsseldorf, BauR 1974, 413; siehe ferner: *Früh*, S. 67, 86.
28) BGH, VersR 1969, 469; BGH, Urt. v. 16.2.1971 – VI ZR 147/69; **a.A.:** *Thiele*, AcP 167, 193, 236.
29) Siehe: OLG Oldenburg, BauR 2013, 1459, 1461 = IBR 2013, 413 – *Parbs-Neumann*; OLG Stuttgart, BauR 2010, 1599, 1602; OLG Bamberg, IBR 2006, 197; OLG Brandenburg, BauR 2001, 283, 287; OLG Oldenburg, OLGR 2000, 114, 116; OLG Karlsruhe, ZfBR 2001, 547 = BauR 2002, 93; OLG Celle, OLGR 2000, 114, 116; OLG Düsseldorf, BauR 2002, 802, 805; OLG Koblenz, OLGR 2009, 634; OLG Hamm, NJW-RR 1996, 272; OLG Köln, NJW-RR 1993, 533; KG, BauR 1978, 410, 411. Zur Anrechnung von Ersparnissen, die durch eine **höhere Lebensdauer** entstehen, weil sich der Mangel erst spät auswirkt und vorher **keine Gebrauchsnachteile** vorhanden waren: BGHZ 91, 206 = BauR 1984, 510; BGH, NJW 1989, 2753; BGH, NZBau 2002, 31 = BauR 2002, 86.
30) OLG Jena, IBR 2008, 146 – *Schrammel* (Einbau neuer Wendeltreppen; kein Abzug, weil eine **messbare** Vermögensmehrung nicht eingetreten ist).
31) RGZ 54, 137, 140; BGH, NJW 1962, 1909.

teils,[32] durch Stellung einer **Sicherheitsleistung** durch den Besteller[33] bzw. durch eine **doppelte Zug-um-Zug-Verteilung** im Prozess.[34] In Bausachen wird ein durch Herstellung erzielter Mehrwert im Zweifel in **Geld** auszugleichen sein.

2951 Zweifelhaft ist, ob die Grundsätze der Vorteilsausgleichung auch dann herangezogen werden können, wenn ein Baubeteiligter eine Garantiehaftung („**Festpreisgarantie**") übernommen hat. Soweit Erfüllungsansprüche begründet sind, können die Grundsätze der Vorteilsausgleichung nicht herangezogen werden, was die Rechtsprechung allerdings gleichwohl tut.[35] Dem wird man nur in Ausnahmefällen (§ 242 BGB) zustimmen können, allerdings mit folgenden Einschränkungen: Ist z.B. mit dem **Veräußerer** von Eigentum ein **Festpreis** vereinbart worden, kann der **Erwerber** bei dem Auftreten von Mängeln die Kosten beanspruchen, die für eine **mangelfreie Herstellung** der Sache erforderlich sind. Fallen dabei Kosten an, die infolge der fehlerhaften Bauleistung nicht berücksichtigt worden sind, können diese Kosten nicht nachträglich dem Erwerber aus dem Gesichtspunkt der Vorteilsausgleichung aufgebürdet werden;[36] selbst durch einen Planungsfehler könnte in diesem Fall der Erwerber keinen anrechenbaren Vorteil erlangen.[37]

Die Anrechnung von Vorteilen ist bei einer **Pauschal-** oder einer **Festpreisabrede** denkbar, wenn das ursprünglich geplante Bauobjekt durch **Sonderwünsche** des Bauherrn verändert wird oder wenn Umstände hinzutreten, die von den Parteien nicht vorausehbar und nicht zu vertreten sind (z.B., eine umfangreiche Tiefergründung wird erforderlich).[38] Ein gesonderter Vergütungsanspruch scheidet aus, wenn sich die Bezahlung auf Arbeiten/Leistungen bezieht, die nach dem objektiven Empfängerhorizont in dem Auftrag bereits enthalten sind.[39] Aus diesem Grund kommt es im Einzelfall entscheidend darauf an, die geschuldete Leistung genau zu bestimmen.

2952 Im Übrigen ist ein Aufwendungs- oder Schadensersatzanspruch des Bauherrn stets um die **(Mehr)kosten**, um die die Bauleistung bei einer **ordnungsgemäßen Ausführung** von vornherein **teurer** gewesen wäre, zu **kürzen** (Sowiesokosten).[40]

---

32) Vgl. BGHZ 27, 248; *Bühl*, BauR 1985, 502 ff.
33) BGH, BauR 1984, 395 = ZfBR 1984, 173; OLG Hamm, BauR 1991, 756; kritisch: *Bühl*, BauR 1985, 502 ff.
34) BGH, BauR 1984, 401 = ZfBR 1984, 176 = WM 1984, 839; OLG Celle, BauR 2003, 730, 732.
35) Vgl. *Locher*, NJW 1965, 1696, 1697 m. zutr. Hinweis auf RGZ 137, 85 u. BGH, *Schäfer/Finnern*, Z 3.01 Bl. 128.
36) Ebenso: BGH, BauR 1984, 510, 512 u. BauR 1990, 84, 85 = NJW 1990, 89 = ZfBR 1990, 16; BGH, BauR 1990, 360 = ZfBR 1990, 171; BGH, BauR 1994, 776, 779 = NJW 1994, 2825; OLG Celle, BauR 1999, 801, 802; KG, OLGR 1993, 5, 6 (**Dränage**); *Freund/Barthelmess*, NJW 1975, 281, 285; *Kaiser*, Rn. 203, Anm. 8; unzutreffend: *Brand*, BauR 1982, 524, 534.
37) BGH, BauR 1990, 84, 85; *Kaiser*, Rn. 203.
38) Siehe auch OLG Braunschweig, BauR 2009, 1323 = IBR 2008, 264 – *Leitzke*; OLG Schleswig, BauR 2000, 1201 für Pauschalpreisvertrag.
39) Zutreffend: OLG Celle, BauR 2003, 550, 552 für **Pauschalvertrag**.
40) Zu den **Sowiesokosten** grundlegend: BGH, BauR 2007, 700, 702; BGH, BauR 1984, 510 = ZfBR 1984, 222; BGH, BauR 1990, 84 = ZfBR 1990, 16 = NJW-RR 1990, 89 (zum Schadensersatzanspruch des Generalunternehmers und zur Anrechnung von Sowiesokosten); BGH, BauR 1990, 360; BGH, BauR 2002, 86, 88 = NZBau 2002, 31; BauR 1989, 462; BauR 1993, 722; BauR 1994, 776 = NJW 1994, 2825; OLG Rostock, BauR 2013, 1459, 1461 = IBR 2012, 644 – *Müller*); OLG Dresden, IBR 2012, 337 – *Meier* (**Global-Pauschalvertrag**); OLG Mün-

Vorteilsausgleichung

Dabei ist bei der **Ermittlung** der Sowiesokosten von der **zur Bauzeit üblichen,** aus damaliger Sicht **sicher zum Erfolg führenden Arbeitsweise** auszugehen.[41] Muss der **Auftraggeber** im Rahmen einer Mängelbeseitigung **Zusatzarbeiten** vergüten, so sind diese Zusatzvergütungen im Rahmen der Gewährleistung als Sowiesokosten zu berücksichtigen.[42] Nach der Rechtsprechung des BGH[43] richtet sich die Anrechnung der Sowiesokosten nach den Grundsätzen der Vorteilsausgleichung.

2953 Der Abzug von Sowiesokosten kommt vor allem in Betracht bei **Kostenüberschreitungen** durch den **Architekten** oder **fehlerhaften Werkleistungen** infolge unsachgemäßer Bestelleranweisung.[44] Hat der Architekt Kosten außer acht gelassen, die zur Erstellung des Bauvorhabens in jedem Falle notwendig waren, und ergeben sich hieraus Mehrkosten, liegt ein Schaden des Bauherrn nicht vor.[45] In gleicher Weise braucht ein Unternehmer bei **mangelhafter** Werkleistung nicht auch solche Kosten zu tragen, die entstanden wären, wenn das Werk von vornherein mangelfrei hergestellt worden wäre und die zu tragen der Unternehmer nach dem abgeschlossenen Bauvertrag nicht verpflichtet ist,[46] etwa weil es sich um planerische Anordnungen des Bauherrn oder seines Architekten handelt. Verlangt der Bauherr von dem Unternehmer dementsprechend eine andere („bessere", „stärkere") Ausführung, als der Unternehmer nach dem Vertrag schuldete, so kann dieser eine nach Einheitspreisen des Leistungsverzeichnisses zu ermittelnde **Mehrvergütung** (Sowiesokosten) beanspruchen (§ 2 Abs. 6 VOB/B).[47]

2954 Bei der **Berechnung** der Sowiesokosten ist darauf zu achten, dass diese Kosten nicht mit dem Schaden, der zu ersetzen ist, „verwechselt" werden: Muss z.B. das fehlerhafte Werk neu hergestellt werden, so können zwar die Neuherstellungskosten als Sowiesokosten in die Abrechnung „eingestellt" werden; bei einer solchen Abrechnung müssen dann aber z.B. nutzlos gewordene Planungs- und Baukosten

---

chen, IBR 2013, 630 – *Schwarz* u. OLG Karlsruhe, IBR 2006, 575 – *Knipp* (**Planungsfehler**); OLG Stuttgart, BauR 2010, 1599; OLG Koblenz, IBR 2006, 439 – *Seibel* (**Subunternehmerhaftung** und Sowiesokosten); OLG Düsseldorf, BauR 2002, 802, 804 (fehlerhafter Anstrich; Kostenvorschuss); BauR 1993, 241 (fehlerhafte Bauaufsicht); OLG Karlsruhe NJW-RR 1999, 1694 (**Kostenvorschussanspruch**); OLG Nürnberg, BauR 2001, 961 u. BauR 2000, 273; OLG Düsseldorf BauR 1991, 747 = NJW-RR 1992, 23: OLG Hamm, BauR 1991, 756, 758; OLG Celle, BauR 1988, 613; OLG Hamm, NJW-RR 1996, 273, 274 (**Berechnung** der Sowiesokosten) und oben Rdn. **1563**.

41) OLG Nürnberg, BauR 2001, 961, 962. Es ist **streitig**, ob der gewährleistungspflichtige **Unternehmer** Mehrkosten tragen muss, die durch eine zwischenzeitliche **Änderung** der anerkannten Regeln der Technik notwendig werden (**bejahend**: OLG Stuttgart, NZBau 2012, 42 = IBR 2011, 697 – *Weyer*; zutreffend **verneinend**: OLG Hamm, BauR 2009, 861 = IBR 2009, 266 – *Metzger*; *Miernik*, BauR 2012, 151 ff.).
42) BGH, NZBau 2000, 74, 75 = NJW-RR 2000, 465; BauR 1999, 37, 39; s. ferner: OLG Celle, BauR 2003, 730 u. BauR 1998, 801, 802; OLG Braunschweig, BauR 2008, 1323; SchlHOLG, BauR 2000, 1201 (für Pauschalpreisvertrag).
43) BGHZ 91, 206, 211 = BauR 1984, 510; BGH, BauR 1989, 361, 365; *Lauer/Wurm*, Rn. 169.
44) Zur Berücksichtigung des sog. Vorteilsausgleich bei einer **Baukostenüberschreitung** des Architekten: LG Potsdam, IBR 2010, 91 – *Randhahn*; OLG Karlsruhe, IBR 2008, 596 – *Lichtenberg*.
45) *Groß*, Haftungsrisiken, S. 249.
46) Vgl. OLG Celle, BauR 2003, 730, 731 (auch zur doppelten Zug-um-Zug-Verurteilung); OLG Hamm, BauR 1991, 756; *MünchKomm-Soergel*, § 635 BGB, Rn. 13.
47) BGH, BauR 1976, 430; BGH, BauR 1984, 395 ff. (für den **Pauschalpreisvertrag**). Zur Anwendung des § 2 Nr. 5 bzw. Nr. 6 VOB/B siehe (kritisch): *Haerendel*, S. 29 ff.; 43 ff.

sowie Kosten für die Beseitigung des fehlerhaften Baukörpers (zuvor) als Schaden berücksichtigt werden.[48] Darüber hinaus ist für die Beurteilung des **Schadens** stets der Zeitpunkt der letzten mündlichen Verhandlung maßgebend,[49] während bei der Ermittlung der **Sowiesokosten** der Preisstand maßgebend ist, zu dem die Bauleistung „ordnungsgemäß hätte errichtet werden müssen".[50]

Zu den anrechenbaren Vorteilen gehören im Einzelfall auch **Steuervorteile** (des Geschädigten). Indes ist dieser Gesichtspunkt überhaupt nur zu berücksichtigen, wenn zum Zeitpunkt der letzten mündlichen Verhandlung „eine Steuerersparnis des Geschädigten in bestimmter Höhe festgestellt werden kann. Dem Geschädigten ist nicht zuzumuten, sich auf etwaige Berechnungsunsicherheiten einzulassen".[51]

2955 Die **Beweislast** dafür, dass das schadensstiftende Ereignis dem Geschädigten Vorteile gebracht hat, trifft den Schädiger,[52] und zwar auch dann, wenn behauptet wird, dass infolge der Vorteilsausgleichung im Ergebnis kein Schaden entstanden ist. Dies kann aber nur gelten, wenn der Schädiger den geltend gemachten Schaden grundsätzlich nicht bestreitet, sein Vorbringen jedoch dahin geht, dass die aus dem Schadensereignis verursachten Vorteile den Schadensersatzanspruch ausgleichen. Bestreitet dagegen der Schädiger von vornherein überhaupt die Entstehung eines Schadens, stellt er also nur sekundär auf die Vorteilsausgleichung ab, trägt der Geschädigte die volle Beweislast für die Entstehung des Schadens; denn ist von vornherein ein Schaden nicht entstanden, so ist für eine Vorteilsausgleichung kein Raum, da ohnehin nichts zu ersetzen ist.[53] Der Gesichtspunkt der Vorteilsausgleichung bewirkt insoweit keine Umkehr der Beweislast.

---

[48] BGH, BauR 1993, 722, 723.
[49] BGH, BauR 1997, 335 = ZfBR 1997, 145 = NJW-RR 1997, 402 (fehlerhafte Kostenermittlung durch einen Architekten).
[50] BGH, BauR 1993, 722, 723; s. ferner: OLG Köln, IBR 2012, 645 *Mayr* (bei der Berechnung ist auf den Zeitpunkt der schädigenden Handlung abzustellen).
[51] BGH, BauR 1994, 776, 779 = NJW 1994, 2825; OLG Celle, OLGR 2000, 114, 116.
[52] BGH, BauR 1992, 758; BGH, NJW 1983, 1053; BGH, BauR 1989, 361, 365. Zur **Darlegungs-** und **Beweislast** siehe im Übrigen: OLG Düsseldorf, BauR 2001, 277, 280 = OLG 2000, 398.
[53] So richtig: *A. Werner*, NJW 1955, 769, 770.

VIII. Störung (Wegfall) der Geschäftsgrundlage (§ 313 BGB)

Übersicht

	Rdn.		Rdn.
1. Rechtliche Grundlagen	2957	b) Preis- und Lohnsteigerungen bei einem Pauschalpreis-(Festpreis-)Vertrag	2975
2. Anwendungsfälle	2964	c) Mengenabweichung beim Einheitspreisvertrag	2976
a) Mengenabweichungen und Mehraufwand bei einem Pauschalpreis-(Festpreis-)Vertrag	2964	d) Einzelfälle (Fallübersicht)	2977

Literatur

Kapellmann/Schiffers, Vergütung, Nachträge und Behinderungsfolgen beim Bauvertrag, Bd. 2, Pauschalvertrag, 5. Auflage 2011; *Fikentscher*, Die Geschäftsgrundlage als Frage des Vertragsrisikos, dargestellt unter besonderer Berücksichtigung des Bauvertrages, 1971.

Heiermann, Das Problem des Wegfalls der Geschäftsgrundlage im Bauvertrag, BauR 1971, 221; *Stahl*, Wegfall der Geschäftsgrundlage im Architekten- und Bauvertrag bei vereinbartem Pauschalhonorar und Festpreis, BauR 1973, 279; *Brandhofer*, Nachträgliche Kaufpreisanpassung wegen gemeinschaftlichen Irrtums über den Ertragswert einer vom Bauträger erworbenen Immobilie in den neuen Bundesländern, NZBau 2002, 78; *Schmidt-Kessel/Baldus*, Prozessuale Behandlung des Wegfalls der Geschäftsgrundlage nach neuem Recht, NJW 2002, 2076; *Mittenzwei*, Geschäftsgrundlage und Vertragsrisiko beim Pauschalvertrag, Festschrift für Jagenburg (2002), 621; *Deckenbrock/Dötsch*, Fünf neue prozessuale Probleme beim Wegfall der Geschäftsgrundlage (§ 313 BGB), ProzRB 2004, 76; *Leupertz*, Der Anspruch des Unternehmers auf Bezahlung unbestellter Bauleistungen beim BGB-Bauvertrag, BauR 2005, 775; *Oberhauser*, Ansprüche des Auftragnehmers auf Bezahlung nicht „bestellter" Leistungen beim Bauvertrag auf der Basis der VOB/B, BauR 2005, 919; *Leupertz*, Rechtsgeschäftslehre vs. §§ 1 Nr. 4, 2 Nr. 6 VOB/B, BauR 2008, 577; *Pauly*, Zu Wesen und Umfang der Mehrvergütungsansprüche des Auftragnehmers im Falle eines nach verlängerter Zuschlagsfrist erteilten Zuschlags, BauR 2009, 560; *Orthmann*, Anwendungsbereich von § 2 Nr. 8 Abs. 1 VOB/B bei notwendigen Zusatzarbeiten?, BauR 2009, 1059; *Oberhauser*, Störungen des Leistungsgefüges – durch Einwirkung der Vertragsparteien und durch sonstiges Baugeschehen, BauR 2010, 308; *Bolz*, Zur Risikoübernahme beim sog. Detail-Pauschalvertrag, BauR 2010, 374; *ders.*, Das Verhältnis von § 2 Abs. 7 Nr. 1 Satz 2 VOB/B zu den allgemeinen Grundsätzen über die Störung der Geschäftsgrundlage gemäß § 313 Abs. 1 BGB, ZfBR 2010, 731; *Steffen/Hofmann*, Vertragsgegenstand vs. Geschäftsgrundlage – Preisanpassungsanspruch bei unerwarteten Umständen, BauR 2012, 1; *Miernik*, Wirkt sich eine Änderung der anerkannten Regeln der Technik auf die Vergütung des Werkunternehmers aus?, BauR 2012, 151; *Kapellmann*, Vertragsinhalt oder Geschäftsgrundlage? – Mengenangaben im Einheitspreis- oder Pauschalvertrag, NZBau 2012, 275; *Mischok/Hirsch*, Änderung der anerkannten Regeln der Technik im Planungsprozess – Zusatzhonorar für den Planer?, NZBau 2012, 480; *Keldungs*, Basis für die Nachtragsvergütung: Vertragspreis oder Marktpreis?, Jahrbuch Baurecht 2012, 59; *Popescu*, Mehrvergütungsansprüche beim BGB-Werkvertrag trotz geschuldetem Werkerfolg, BauR 2013, 838 (s. hierzu: *Bolz*, IBR 2013, 393); *Leupertz*, Die Beschaffenheit des Baugrundes als Rechtsproblem bei der Abwicklung von Bauverträgen, Jahrbuch Baurecht 2013, 1; *Ludgen*, Unvereinbare Beschaffenheitsvereinbarungen – Voraussetzungen und Rechtsfolgen, ebenda, 23; *Fuchs*, Planungssoll und Honorarnachträge, ebenda, 177; *Bolz*, Führen andere Baugrundverhältnisse zu einer Störung der Geschäftsgrundlage, ZfBR 2014, 419; *Pauly*, Entschädigungsansprüche des Werkunternehmers im Falle des Auftretens witterungsbedingter Stillliegezeiten?, BauR 2014, 1213.

2956 Bauverträge stehen wie alle anderen Vertragsvereinbarungen unter dem Grundsatz von **Treu und Glauben** (§ 242 BGB). Sie können deshalb auch unter diesem Gesichtspunkt abgeändert oder aufgehoben werden, wenn die Grundsätze der Störung der Geschäftsgrundlage (§ 313 BGB) dies erfordern. Zudem **beeinflussen** die Grundsätze der Störung der Geschäftsgrundlage auch die **Auslegung** werkvertraglicher Bestimmungen, wie etwa § 650 Abs. 1 BGB (nach der Reform unverändert:

§ 649 Abs. 1 BGB) mit seinem besonderen Kündigungsrecht[1] oder die Regelungen des § 2 Abs. 3, Abs. 5, Abs. 7 VOB/B.[2]

1. Rechtliche Grundlagen

2957 Nach allgemeiner Auffassung sind **Geschäftsgrundlage** die bei Vertragsschluss zutage getretenen, dem anderen Vertragspartner erkennbar gewordenen und von ihm nicht beanstandeten Vorstellungen der einen Vertragspartei oder die gemeinsame Vorstellung beider Vertragsparteien von dem Vorhandensein oder dem künftigen Eintritt bestimmter Umstände, soweit der Geschäftswille **beider** Vertragsparteien auf diesen Vorstellungen aufbaut.[3] Die **Geschäftsgrundlage** ist somit nach **zwei Seiten abzugrenzen;** einmal von dem einseitig gebliebenen **Beweggrund** einer Vertragspartei und zum anderen vom **Vertragsinhalt**.[4] Aus diesem Grund sind Kalkulationsgrundlagen grundsätzlich keine Geschäftsgrundlage des später abgeschlossenen Vertrages.[5] Unbeachtlich ist ferner ein Motiv **einer** Vertragspartei zum Geschäftsabschluss, wenn die andere Partei diese Vorstellungen nicht erkannt hat (s. Rdn. 2970).

2958 Enthält die (vereinbarte) **VOB/B** oder der **Vertrag** selbst Vorschriften für das **Fehlen**, den **Wegfall** oder die **Änderung bestimmter Umstände**, gehen diese, soweit sie nicht unwirksam sind, den Grundsätzen über die Störung der Geschäftsgrundlage vor.[6] Zu beachten ist deshalb, dass durch die 7. HOAI-Novelle mit **§ 10 HOAI** eine neue Regelung für Änderungen von Honorarvereinbarungen aufgenommen wurde;[7] im Rahmen ihres Anwendungsbereichs verdrängt sie daher auch die

---

1) *Leupertz/Halfmeier*, § 650 BGB, Rn. 1; *Staudinger/Peters/Jacoby* (2014), § 650 BGB, Rn. 18, 25 u. § 632 BGB, Rn. 66, 73 f.; *Steffen/Hofmann*, BauR 2012, 1 ff. m.w.Nachw.
2) Siehe u.a.: BGH, BauR 2011, 1162; BGH, BauR 2011, 1646; *Staudinger/Peters/Jacobi*, § 632 BGB, Rn. 80 f. m.w.Nachw.
3) BGHZ 121, 378, 391; BGHZ 190, 212 = BauR 2013, 1116, 1118 = NZBau 2013, 366 = ZfBR 2013, 456 = IBR 2013, 332 = *Jansen*; BGH, WM 1973, 752 = BB 1973, 960; OLG Brandenburg, BauR 2007, 404, 405; OLG Celle, BauR 1998, 1265.
4) *Leupertz*, BauR 2005, 775, 787 u. *Oberhauser*, BauR 2005, 919, 931 (zur Störung der gemeinsamen **Äquivalenzerwartung**); BGH, BauR 2009, 1724 (**Vereinbarung** bestimmter Bodenklassen; siehe auch BGH, BauR 2013, 1718, 1721); OLG Hamburg, BauR 2006, 680, 681 (unauskömmliche Stahlpreiskalkulation); AnwKom-BGB/*Krebs*, § 313, Rn. 10 m. Nachw.
5) BGHZ 182, 218 = BauR 2009, 1896, 1899.
6) BGH, BauR 2011, 1162, 1163 (zu § 2 Abs. 3 VOB/B; s. hierzu *Steffen/Hofmann*, BauR 2012, 1 ff.); ferner: *Glöckner*, in: Glöckner/v. Berg, § 313 BGB, Rn. 9 ff.; BGH, BauR 2012, 640, 641 (zu § 2 Nr. 3 VOB/B); BGHZ 160, 267 = BauR 2005, 118 = NZBau 2005, 46 = ZfBR 2005, 169 (Mehrvergütungsanspruch des Architekten für Bauzeitverlängerung; siehe ferner: OLG Düsseldorf, NZBau 2007, 109, 110); BGH, WPM 1973, 870; OLG Köln, *SFH*, Nr. 1 zu § 659 BGB; *Putzier*, BauR 2002, 546, 549; LG Heidelberg, BauR 1994, 802 (LS), das eine nachträgliche Anpassung des Architektenhonorars wegen einer dreifachen Verlängerung der Bauzeit ablehnt, da andernfalls die zwingenden Regelungen des § 4 HOAI a.F. umgangen würden. Ferner: OLG München, DB 1983, 2619 (**Festpreiszusage**; kein Wegfall der Geschäftsgrundlage wegen erheblich steigender Materialpreise); OLG Celle, BauR 1995, 552 (§ 6 VOB/B steht einer Vertragsanpassung nach § 242 BGB entgegen); OLG Köln, NJW-RR 1995, 274 (Preisanpassungsklausel für Mengenabweichungen von mehr als 5 %).
7) Siehe hierzu: *Werner/Siegburg*, BuR 2013, 1499, 1513; *Locher/Koeble/Frik*, § 10 HOAI, Rn. 9 ff. m.w.Nachw.

Rechtliche Grundlagen

Vorschrift des § 313 BGB, dessen Grundsätze im Übrigen aber weiterhin zu berücksichtigen sind.[8]

Nach der ständigen Rechtsprechung des BGH[9] kommt eine Anpassung vertraglicher Pflichten „an die gegebenen tatsächlichen Umstände dann nicht in Betracht, wenn der Vertrag, dessen Inhalt gegebenenfalls **durch Auslegung** oder **ergänzende Vertragsauslegung** zu ermitteln ist, Regeln für die eingetretene Leistungsstörung enthält";[10] ferner kann auf die Grundsätze der Störung der Geschäftsgrundlage nicht zurückgegriffen werden, wenn die gesetzlichen Gewährleistungsregeln nach altem und neuem Recht anzuwenden sind.[11] Nichts anderes gilt für **gesetzliche Sonderregelungen;** so sind u.a. das Anfechtungsrecht (§§ 119 ff. BGB), das Leistungsstörungsrecht und das bei Dauerschuldverhältnissen gegebene **Kündigungsrecht** stets vorrangig.[12]

2959 An die Voraussetzungen, unter denen ein Vertrag an die geänderte Geschäftsgrundlage angepasst werden kann, waren schon immer sehr strenge Anforderungen zu stellen;[13] nach ständiger Rechtsprechung des BGH[14] kommt die Anwendung der Grundsätze des „Wegfalls der Geschäftsgrundlage überhaupt nur in Betracht, wenn es sich um eine derart einschneidende Änderung handelt, dass ein Festhalten an der ursprünglichen Regelung zu einem untragbaren, mit Recht und Gerechtigkeit schlechthin nicht mehr zu vereinbarenden Ergebnis führen würde und das Festhalten an der ursprünglichen Regelung für die betroffene Partei deshalb unzumutbar wäre." Das Gleichgewicht von Leistung und Gegenleistung muss deshalb erheblich gestört sein.

2960 Das SchRModG hat die Grundsätze des „Wegfalls" der Geschäftsgrundlage in § 313 BGB kodifiziert. Die Vorschrift gewährt in Abs. 1 Satz 1 einen **Anspruch auf Anpassung,** sodass die behauptete „Störung" der Geschäftsgrundlage geltend gemacht werden muss.[15] Allerdings geht der Gesetzgeber davon aus, dass die Parteien zunächst selbst über die Anpassung „verhandeln (sollen)".[16] Hieraus wird der Schluss gezogen, dass eine „Pflicht" zur Nach- oder Neuverhandlung nicht besteht;[17] gegen ein „überraschend geltend gemachtes" Anspruchsverlangen sei der

---

8) *Locher/Koeble/Frik*, § 7 HOAI, Rn. 41.
9) BGH, NJW-RR 1990, 601 = BauR 1990, 379 = ZfBR 1990, 176; BGH, BauR 1989, 219 = ZfBR 1989, 58.
10) Dies gilt vor allem auch für den Anspruch auf **Mehrvergütung** nach einem **verzögerten Vergabeverfahren** (BGH, BauR 2009, 1131 = NJW 2009, 2443: **ergänzende Vertragsauslegung** in Anlehnung an die Grundsätze zu § 2 Abs. 5 VOB/B); s. auch: OLG Karlsruhe,
11) BGH, DB 1977, 91 = WM 1977, 118; AnwKom-BGB/*Krebs*, a.a.O., Rn. 17 m. Nachw.
12) *Rösler*, ZGS 2003, 383, 387; *Putzier*, Der Pauschalpreisvertrag, Rn. 492; zum **Vorrang** der **VOB/B**-Regelungen siehe *Kapellmann/Messerschmidt*, § 2 VOB/B, Rn. 278.
13) BGH, MDR 1969, 655; BGH, WM 1964, 1253; ferner: *Schmidt*, Sonderbeilage WM 1972, Nr. 4, S. 19.
14) BGH, BauR 1993, 458, 464 = ZfBR 1993, 171; BGH, DB 1969, 1058 = MDR 1969, 655; BGH, NJW 1993, 1685; KG, OLGR 2007, 528; OLG Hamm, BauR 1993, 764.
15) *Schmidt-Kessel/Baldus*, NJW 2002, 2076; AnwKom-BGB/*Krebs*, § 313, Rn. 53; *Deckenbrock/Dötsch*, ProzRB 2004, 76 ff.; *Yushkova/Stolz*, JA 2003, 70, 74; *Rösler*, ZGS 2003, 383, 386; **a.A.:** *Langenecker*, in: Wirtz/Sienz/Englert, § 313, Rn. 9.
16) BT-Drucks. 14/6040, S. 176.
17) *Teichmann*, BB 2001, 1491; AnwKom-BGB/*Krebs*, § 313, Rn. 54.

Gegner durch § 93 ZPO hinreichend geschützt.[18)] Dem ist indes für das gesamte private Baurecht[19)] entgegen zu halten, dass die den Baubeteiligten nach der Rechtsprechung des BGH[20)] obliegende **Kooperations- und Kommunikationspflicht** ein solches „**Verhandeln**" im Einzelfall erfordert. Der Verstoß gegen die Kooperationspflicht wird daher u.U. auch dann Auswirkungen auf die in § 313 Abs. 3 BGB erwähnten Gestaltungsrechte (**Rücktritt/Kündigung**) haben, wenn in ihm nur eine Obliegenheitsverletzung gesehen wird.[21)]

Wer aus einer Störung der Geschäftsgrundlage Vorteile ziehen will, trägt für das Vorhandensein der maßgeblichen Umstände die **Beweislast**.[22)] Das schließt im Einzelfall den Nachweis ein, dass die Parteien eine Störung der Geschäftsgrundlage nicht in den Kreis der Erwägungen einbezogen haben.[23)] Ist die Störung der Geschäftsgrundlage unstreitig, muss der Anspruchsteller die Voraussetzungen für den **Fortbestand** seines Rechtes beweisen.[24)]

2961 Ob eine Störung erheblich ist, ist dabei u.a. unter dem Gesichtspunkt der (vertraglichen) **Risikoverteilung** zu prüfen; so kann sich eine Vertragspartei nach der Rechtsprechung nicht auf das Fehlen und den Wegfall der Geschäftsgrundlage berufen, wenn die Umstände, die eingetreten sind, gerade in den **Risikobereich** dieser Vertragspartei fallen.[25)] Nichts anderes gilt für den Fall der beiderseitigen **Kalkulationsirrtums** (vgl. Rdn. 2869).[26)]

2962 Bei einer Störung der Geschäftsgrundlage wird im Einzelfall eine Anpassung an die veränderten Umstände erfolgen; hierbei sind stets **die Interessen beider Vertragsparteien angemessen** zu berücksichtigen.[27)] Eine vollständige Loslösung vom (Bau- oder Architekten)vertrag wird deshalb nur in **Ausnahmefällen** in Betracht zu ziehen sein.[28)] Weigert sich allerdings ein Baubeteiligter, dem berechtigten Verlangen seines Vertragspartners nach Anpassung des Vertrages zu entsprechen, so darf sich dieser vom Vertrag lösen. Dies geschieht z.B. bei einem VOB-Bauvertrag durch

---

18) So AnwKom-BGB/*Krebs*, a.a.O., unter Hinweis auf *Köhler*, Festgabe 50 Jahre BGH, Bd. I, S. 295, 324 ff.
19) Zur **Neuverhandlungsobliegenheit** bzw. **-pflicht** siehe im Übrigen: *Rösler*, ZGS 2003, 383, 388; Palandt/*Grüneberg*, § 313 BGB, Rn. 41 m.w.Nachw.
20) BGHZ 143, 89 = BauR 2000, 409 = ZfBR 2000, 393 = NJW 2000, 807 = NZBau 2000, 130; BGHZ 133, 44, 47; siehe hierzu auch: *Kniffka*, Jahrbuch Baurecht 2001, 1 ff.; *Meurer*, MDR 2001, 848 ff.; *Grieger*, BauR 2000, 969.
21) Siehe auch BGH, IBR 2006, 666 – *Schrammel* (Unternehmer verlangt berechtigt Fristverlängerung und Werklohnerhöhung für Weiterarbeit); KG, IBR 2008 – *Kirch* (Verpflichtung des Auftraggebers, ggf. einer Preisanpassung zuzustimmen); OLG Düsseldorf, NZBau 2000, 427.
22) OLG Stuttgart, BauR 1973, 385; BGH, WM 1969, 529.
23) BGH, WM 1969, 529.
24) BGH, WM 1973, 1176.
25) BGH, NJW 1979, 1818; NJW 1976, 566; KG, BauR 2006, 836, 840 = OLGR 2006, 376; OLG Hamburg, BauR 2006, 680 = BauR 2007, 537 (LS) = IBR 2006, 80 – *Schliemann* (**Stahlpreiserhöhung**); OLG Nürnberg, BB 1995, 1924 = BauR 1995, 890 (LS) für den beiderseitigen Irrtum über die **Umsatzsteuerpflichtigkeit** der Vergütung; *Stemmer*, BauR 1997, 417, 421. Zum **Risikobereich** von Auftragnehmer und Auftraggeber: *Kuffer*, in: Heiermann/Riedl/Rusam, § 2 VOB/B, Rn. 28 ff.; *Oberhauser*, BauR 2010, 308, 309.
26) BGH, *Schäfer/Finnern*, Z 2.311 Bl. 20 m. Nachw.
27) Ständige Rechtsprechung; BGH, BB 1975, 582.
28) BGH, NJW 1972, 778; NJW 1966, 105; NJW 1951, 837.

Kündigung (§§ 8, 9 VOB/B),[29] für den BGB-Vertrag gilt ab 1.1.2002 die Regelung des § 313 Abs. 3 BGB (**Rücktritt** bzw. **Kündigung** bei einem Dauerschuldverhältnis). Beides muss durch eine **rechtsgestaltende Erklärung** erfolgen.[30]

In der Baupraxis sind ein Hauptanwendungsbereich des Rechtsinstituts der Störung der Geschäftsgrundlage die **Vergütungsvereinbarungen** der Parteien; jedoch ist auch hier eine **Abänderung** des **vereinbarten Preises** nur möglich, wenn die sog. **Opfergrenze** für eine Partei so deutlich überschritten ist, dass die Vergütung unter Berücksichtigung der veränderten Umstände in keinem vertretbaren Verhältnis zur Gegenleistung mehr steht. Das ist eine Frage des Einzelfalls; dabei hat das Gericht stets „eine interessengerechte Verteilung des verwirklichten Risikos bei möglichst geringem Eingriff in die ursprüngliche Regelung herzustellen."[31] Deshalb kann nicht unberücksichtigt bleiben, ob eine Änderung der bei Vertragsabschluss gegebenen Umstände **voraussehbar** war und in welchem Maße die Parteien bei Vertragsabschluss zu erkennen gegeben haben, an der vereinbarten Vergütung festzuhalten.[32] Sind die im Bauvertrag vereinbarten Preise an die veränderten Umstände anzupassen, tritt **an die Stelle der bisherigen Preisabsprache eine neue angemessene Preisregelung,** wobei als Grundlage zu berücksichtigen ist, was die beiden Vertragsparteien bei Kenntnis der neuen Umstände vereinbart hätten.

2963

Bei einem **Architekten-** oder **Ingenieurvertrag** kommen die Grundsätze über die Störung der Geschäftsgrundlage ebenfalls nur in (seltenen) Ausnahmefällen in Betracht.[33]

2. Anwendungsfälle

Literatur

Brandt, Zum Leistungsumfang beim schlüsselfertigen Bauen nach Baubeschreibung in Bezug auf technisch notwendige, aber nicht ausdrücklich vereinbarte Teilleistungen, insbesondere bei der Nachbesserung, BauR 1982, 524; *Heyers,* Die rechtlich spezifische und individuelle Repräsentanz im Pauschalvertrag, besonders in Bausachen, BauR 1983, 297; *Maser,* Leistungsänderungen beim Pauschalvertrag, BauR 1990, 319; *Vygen,* Leistungsänderungen und Zusatzleistungen beim Pauschalvertrag, Festschrift für Locher (1990), 263; *Kapellmann,* Zur Struktur des Pauschalvertrages, Festschrift für Soergel (1993), 99; *Zielemann,* Detaillierte Leistungsbeschreibung, Risikoübernahmen und deren Grenzen beim Pauschalvertrag, Festschrift für Soergel, 301; *Stemmer,* Bindung des Auftragnehmers an einen Preis „unter Wert" bei Mengenmehrungen?, BauR 1997, 417; *Pauly,* Preisänderung beim baurechtlichen Pauschalpreisvertrag, MDR 1999, 1104; *Roquette,* Vollständigkeitsklauseln: Abwälzung des Risikos unvollständiger oder unrichtiger Leistungsbeschreibungen auf den Auftragnehmer, NZBau 2001, 57; *Putzier,* Anpassung des Pauschalpreises bei Leistungsänderung, BauR 2002, 546; *Blatt/Gewaltig,* Stoffpreisgleitklauseln vor dem Hintergrund massiver Stahlpreiserhöhungen, BauRB 2004, 275; *Poetzsch-Heffter,* Global- und Detailpauschalvertrag in Rechtsprechung und Literatur, ZfBR 2005, 324; *Pauly,* Warum die Verzögerung eines Vergabeverfahrens nur in Ausnahmefällen zu einer Mehrvergütungsforderung führen kann, BauR

---

29) BGH, NJW 1969, 233; OLG Schleswig, NZBau 2011, 756.
30) *Arnold,* in: Dauner-Lieb u.a., Das Neue Schuldrecht, § 3, Rn. 59; AnwKom-BGB/*Krebs,* a.a.O., Rn. 56 m. Nachw. aus der bisherigen Rspr.
31) BGH, BauR 1996, 107, 111 = ZfBR 1996, 27.
32) BGH, BB 1964, 1397 = WM 1964, 1253; LG Mainz, NJW 1971, 51; OLG München, DB 1983, 2619.
33) Vgl. OLG Frankfurt, BauR 1985, 585; OLG Düsseldorf, BauR 1986, 719; BGH, NJW-RR 1990, 601 = BauR 1990, 379 (Änderung von **Förderungsrichtlinien**).

2008, 591; *Hormann*, Die durch ein Nachprüfungsverfahren gestörte Geschäftsgrundlage, BauR 2008, 1071; *Pauly*, Zu Wesen und Umfang der Mehrvergütungsansprüche des Auftragnehmers im Falle eines nach verlängerter Zuschlagsfrist erteilten Zuschlags, BauR 2009, 560; *Oberhauser*, Störungen des Leistungsgefüges – durch Einwirkung der Vertragsparteien und durch sonstiges Baugeschehen, BauR 2010, 308; *Bolz*, Zur Risikoübernahme beim sog. Detail-Pauschalvertrag, BauR 2010, 374; *ders.*, Das Verhältnis von § 2 Abs. 7 Nr. 1 Satz 2 VOB/B zu den allgemeinen Grundsätzen über die Störung der Geschäftsgrundlage gemäß § 313 Abs. 1 BGB, ZfBR 2010, 731; *Leinemann*, Die neue Rechtsprechung des BGH zum Vergabeverfahrensrisiko, NJW 2010, 471; *Kimmich*, Die Behandlung entfallener Leistungen beim VOB/B-Vertrag, BauR 2011, 171; *Kapellmann*, Vertragsinhalt oder Geschäftsgrundlage? – Mengenangaben im Einheits- oder Pauschalvertrag, NZBau 2012, 275.

a) Mengenabweichungen und Mehraufwand bei einem Pauschalpreis-(Festpreis-)Vertrag

2964 Bei Abschluss eines Pauschalpreis-(Festpreis-)Vertrages (vgl. im Einzelnen Rdn. 1514 ff.) trägt der **Unternehmer** (bzw. Bauträger oder Architekt[34]) grundsätzlich das Risiko von Mehrleistungen, da er durch eine solche Preisvereinbarung die damit verbundenen Risiken (etwaige Fehlberechnungen im Leistungsverzeichnis) bewusst in Kauf nimmt; gleichzeitig hat der Auftraggeber keinen Rückforderungsanspruch wegen überhöhter Vergütung bei geringeren Mengen.[35] Die vertraglich vorgesehene und im Einzelnen festgelegte **Bauleistung** soll einvernehmlich zu einem bestimmten pauschalen Festpreis abgerechnet werden, wobei es gleichgültig ist, welcher tatsächliche Aufwand notwendig ist. Sinn des Pauschalpreisvertrages ist also die Erreichung des vereinbarten, konkreten Leistungszieles, unabhängig von dem anfallenden Arbeitsumfang und sonstigen Aufwand. Die Kalkulation, die der Unternehmer seinem Angebot zugrunde legt, ist nicht Geschäftsgrundlage, selbst wenn sie im Einzelfall dem Besteller offengelegt wird.[36]

Allerdings ist Voraussetzung, dass der Inhalt der Bauleistung (das Ziel), der zur Grundlage des Pauschalpreises gemacht wurde, von den Vertragsparteien hinreichend bestimmt worden ist, z.B. durch Leistungsverzeichnis, Angebot, Baubeschreibung, Zeichnung, Vergabeprotokoll usw.[37] *Heyers*[38] weist zu Recht darauf hin, dass grundsätzlich stets zu prüfen ist, „was für was im Leistungsausgleich stehen soll". Ist so der Leistungsinhalt klar umrissen, können auch größere oder geringere Leistungsmengen (bei unverändertem Leistungsziel) den einmal vereinbarten Pauschalpreis nicht mehr ändern (vgl. näher Rdn. 1524 ff.).

2965 Entscheidend für den geschuldeten Leistungsumfang sind stets die **vertraglichen Absprachen:** Alle Einzelleistungen, die bei Vertragsabschluss für das geschuldete Leistungsziel anhand der Vertragsunterlagen erkennbar waren, sind von der Pauschale erfasst. Andererseits werden alle nicht vorher vertraglich festgelegten Leis-

---

34) Zur Anpassung einer **Honorarvereinbarung** wegen einer Baukostensteigerung: OLG Düsseldorf, BauR 1986, 719; zur Abgeltung erkennbarer Risiken aus einem **Baugrundgutachten**: OLG München, IBR 2009, 313 – *Schalk*; zur Stahlpreiserhöhung bei Vereinbarung eines Festpreises: OLG Düsseldorf, IBR 2009, 256 – *Reichert*.
35) BGH, BauR 1972, 118; *Vygen*, BauR 1979, 375, 376.
36) BGH, BauR 2009, 1901, 1906, Rn. 36 m.w.Nachw.
37) KG, BauR 2006, 836, 837; Thüringer OLG, IBR 2004, 410 – *Schulze-Hagen*.
38) BauR 1983, 297, 302; s. ferner: *Putzier*, BauR 2002, 546 ff.

Anwendungsfälle

tungen im Zweifelsfall nicht mit dem Pauschalpreis abgegolten sein.[39] Für Leistungen, die zwar für den Vertragszweck erforderlich sind, im vereinbarten Leistungsumfang jedoch nicht enthalten sind, entsteht daher ein Anspruch auf zusätzliche Vergütung.[40]

2966 Etwas anderes gilt, wenn **beide Parteien irrtümlich von falschen Mengen** bei Festlegung des Pauschalpreises ausgegangen sind und das **Gleichgewicht zwischen Leistung und Gegenleistung** durch die entsprechenden Mehr- oder Mindermengen schwerwiegend **gestört** worden ist. In diesem Fall kann unter dem rechtlichen Gesichtspunkt der Störung der Geschäftsgrundlage (§ 313 BGB) eine Anpassung des Pauschalpreises in Betracht kommen.[41] Dies wird auch in der VOB/B in § 2 Abs. 7 Nr. 1 ausdrücklich festgehalten.[42]

2967 Bei der Bemessung der Höhe eines etwaigen Ausgleichsanspruches des Unternehmers bei erheblichen **Mehrleistungen** ist zu berücksichtigen, dass der Unternehmer regelmäßig nicht besser gestellt sein darf als der Partner eines Vertrages, hinsichtlich dessen eine nicht zum Ausgleich ausreichende Störung des Gleichgewichts eingetreten ist.[43] Ein **Ausgleichsanspruch** besteht also erst, wenn der **Risikorahmen überschritten** ist, und auch dann nur hinsichtlich der Mehrleistung, die über den Risikorahmen hinausgeht. Wann der Risikorahmen überschritten ist, muss im Einzelfall entschieden werden.[44] Eine **starre Risikogrenze in Gestalt eines bestimmten Prozentsatzes gibt es nicht.**[45] Eine **20 %-Grenze** ist nicht anzuerkennen.[46]

2968 Nicht anderes gilt bei erheblichen **Minderleistungen** zugunsten des Auftraggebers. Das OLG Köln[47] hat bei einem Mehraufwand von 17 % gegenüber dem Pauschalpreisvertrag noch eine unzumutbare Äquivalenzstörung und damit einen Wegfall der Geschäftsgrundlage verneint; nichts anderes hat der BGH[48] für **Mehrkosten** von 20 % entschieden.

2969 Die Rechtsgrundsätze der Störung der Geschäftsgrundlage sind im Einzelfall auch auf **Einzelposten** innerhalb eines Pauschalvertrages anzuwenden.[49] Irren sich

---

39) BGH, BauR 2004, 78, 81; BauR 1971, 124.
40) BGH, BauR 2002, 787, 790 (für erhebliche **Zusatzleistungen** auf Veranlassung des Bestellers).
41) Beck'scher VOB-Kommentar/*Jansen*, § 2 Abs. 7 VOB, Rn. 71 ff.; *Kniffka/Jansen/von Rintelen*, § 631 BGB, Rn. 454; *Kapellmann/Schiffers*, Bd. 2, Rn. 1515 ff.; *Leinemann/Jakob/Franz*, Rn. 146 f.; *Bolz*, ZfBR 2010, 731 ff.; *Steffen/Hofmann*, BauR 2012, 1, 6 f.
42) BGH, NZBau 2011, 553 = ZfBR 2011, 747 = BauR 2011, 1646, 1649 (Rn. 18 f.).
43) BGH, NJW 1961, 1859, 1860; vgl. *Heyers*, BauR 1983, 297, 309.
44) Vgl. hierzu *Vygen*, BauR 1979, 375, 385; *Kapellmann/Schiffers*, Bd. 2, Rn. 1532 ff.; OLG Celle, BauR 2014, 1305, 1307; OLG Stuttgart, BauR 1992, 639; OLG Zweibrücken, BauR 1989, 746, 747; OLG München, BauR 1987, 479 = NJW-RR 1987, 598; OLG Nürnberg, ZfBR 1987, 155 m. abl. Anm. *Bühl;* OLG Hamm, BauR 1998, 132.
45) BGH, BauR 2013, 1116, 1119, Rn. 18; BGH, BauR 1996, 250 = NJW-RR 1996, 401 = MDR 1996, 145; *Stemmer*, BauR 1997, 417, 421.
46) BGH, BauR 1996, 250 = ZfBR 1996, 82 = NJW-RR 1996, 145; OLG Celle, BauR 2014, 1305, 1307; *Kniffka/Jansen/von Rintelen*, § 631 BGB, Rn. 454.
47) 14 U 197/69, zitiert bei *Jagenburg/Mohns/Böcking*, Rn. 1034, Anm. 8; ähnlich OLG Hamburg, BB 1970, 688.
48) *Schäfer/Finnern*, Z 2.311 Bl. 5. Siehe ferner die Zusammenstellung bei *Vygen*, BauR 1979, 375, 385.
49) Vgl. hierzu: *Nicklisch/Weick*, § 2 VOB/B, Rn. 80 ff.

beide Parteien über die Mengen in zwei Positionen bei einem Pauschalvertrag oder verändern sich diese Mengen in ganz ungewöhnlichem Umfang, ist auch hier eine Anpassung möglich, weil die Toleranzbreite innerhalb von Einzelpositionen bei einem Pauschalpreis nicht unbegrenzt ist.[50] Dies setzt jedoch stets voraus, dass die wesentliche Veränderung der Einzelposition zu einem unerträglichen Missverhältnis zwischen Pauschalpreis und Gesamtgegenleistung des Vertrages führt.[51]

2970 Hat sich der Unternehmer bei der **Kalkulation** geirrt, kommt eine Irrtumsanfechtung nach § 119 BGB oder die Anwendung der Grundsätze über die Störung der Geschäftsgrundlage in aller Regel nicht in Betracht, weil die Kalkulation meist nicht zum Vertragsinhalt geworden ist.[52] Demgegenüber sieht § 313 Abs. 2 BGB es als Fortfall der Geschäftsgrundlage an, „wenn wesentliche Vorstellungen, die zur Grundlage des Vertrages geworden sind, sich als falsch herausstellen." Damit soll der „**Doppelirrtum**" nach der Vorstellung des Gesetzgebers jedenfalls einen Anwendungsfall des Fortfalls der Geschäftsgrundlage werden.[53] Eine andere Beurteilung ist angezeigt, soweit es um die **einseitige** Motivation und/oder Interesse einer Vertragspartei geht;[54] der nur einseitige „Motivirrtum" ist auch weiterhin kein Fall des Fortfalls der Geschäftsgrundlage.

2971 Die Grundsätze über die Störung der Geschäftsgrundlage werden allerdings nur eingeschränkt in Betracht kommen, wenn nicht nur für die Vergütung (bei Festlegung des Leistungszieles im Einzelnen) eine Pauschale vereinbart, sondern auch der **Leistungsinhalt selbst pauschaliert** wurde. Haben die Vertragsparteien den Leistungsinhalt durch einen großen Rahmen abgesteckt, ist das Risiko von Mehr- und Mindermengen bewusst in erhöhtem Umfang in Kauf genommen worden, sodass auch der **Toleranzrahmen erheblich ausgeweitet** wird. So ist es z.B. denkbar, dass die Vertragsparteien eine volle Pauschalierung aller erforderlichen Arbeiten zur Erreichung des nur allgemein abgegrenzten Leistungszieles vereinbart haben – unabhängig vom Umfang der Arbeitsleistung, insbesondere der anfallenden Mengen (z.B. bei der Verpflichtung zur schlüsselfertigen Erstellung eines Bauvorhabens unter Verwendung einer sehr allgemein gehaltenen Baubeschreibung).[55] Ein pauschalierter Vertragsumfang im Sinne einer Funktionsgarantie wird aber nur **ausnahmsweise** von den Parteien gewollt sein.[56] **Pauschalpreisverträge** können nach alledem durchaus **verschiedenartig** sein. Daher ist im Einzelfall stets zu prüfen, welche Form der Pauschalabsprache die Vertragsparteien vereinbaren wollten (vgl. Rdn. 1188 ff.).

---

50) OLG Düsseldorf, BauR 1976, 363; vgl. auch BGH, VersR 1965, 803, 804; *Heiermann*, BB 1975, 991, 994.
51) So richtig: *Vygen*, BauR 1979, 375, 385.
52) LG München, BauR 2007, 2115 (LS). Zum Kalkulationsirrtum beim Grundstückskaufvertrag: BGH, WM 1981, 655.
53) *Arnold*, in: Dauner-Lieb u.a., Das Neue Schuldrecht, § 3, Rn. 67; siehe auch *Deckenbrock/Dötsch*, ProzRB 2004, 76, 77; *Yushkova/Stolz*, JA 2003, 70, 73 u. Rdn. **2341**.
54) Siehe hierzu: AnwKom-BGB/*Krebs*, a.a.O., Rn. 40; *Langenecker*, in: Wirth/Sienz/Englert, § 313 Rn. 8.
55) Vgl. hierzu *Heyers*, BauR 1983, 297, 305 mit Hinweis auf BGH, BauR 1971, 124; ferner: *Brandt*, BauR 1982, 524 ff.
56) So richtig: *Brandt*, a.a.O.; **a.A.:** offensichtlich: *Heyers*, a.a.O.

Anwendungsfälle

Eine **Änderung der Bauausführung** nach Vertragsabschluss hat nicht zur Folge, dass eine einmal getroffene Pauschalpreisvereinbarung mit im Einzelnen abgestecktem Leistungsziel nicht mehr anwendbar ist. Wird der geplante Bau jedoch **anders** als ursprünglich vorgesehen errichtet und kommt es daher zu Änderungen des Leistungsinhalts, so rühren diese an die Grundlagen der Preisvereinbarung und können nicht ohne Auswirkung auf die ausgemachte Pauschale bleiben.[57] Dies gilt nicht nur für den Fall, dass zunächst **nicht vorgesehene Leistungen** vereinbarungsgemäß **entfallen** oder durch andere Leistungen ersetzt werden. In diesen Fällen sind die **Rechtsfolgen** der Änderungsvereinbarung **durch Auslegung** zu bestimmen, wobei insbesondere auf die Umstände abzustellen ist, die zur Aufhebung oder Änderung des Leistungsbildes geführt haben.[58] Im Zweifel wird bei einer geänderten oder zusätzlichen Leistung ein gesonderter Vergütungsanspruch entstehen. Diese Grundsätze gelten für den BGB- wie für den VOB-Bauvertrag.

2972

Bei einem **VOB-Bauvertrag** ist nach den ausdrücklichen Vorschriften des § 2 Abs. 7 Nr. 1 Satz 2 und 3 VOB/B der Pauschalpreis stets dann anzupassen, wenn die ausgeführte Leistung **von der vertraglich vorgesehenen Leistung** so erheblich abweicht, dass ein Festhalten an der Pauschalsumme nicht zumutbar ist (§ 313 BGB). Ein typischer Anwendungsfall dieser Regelung ist eine Abweichung von den vertraglich zugrunde gelegten **Mengen**. Ist die Abweichung derart, dass der dadurch benachteiligten Partei ein Festhalten an dem Pauschalpreis nicht zumutbar ist, so kann sie den Ausgleich verlangen.[59] Darüber hinaus erfolgt die Anpassung, wenn der **Auftraggeber** vertraglich ausbedungene Leistungen **selbst übernimmt** (§ 2 Abs. 4 VOB/B), wenn die Grundlagen des Preises für eine im Vertrag vorgesehene Leistung **durch Änderung des Bauentwurfs** oder andere **Anordnungen** des Auftraggebers **geändert** werden (§ 2 Abs. 5 VOB/B)[60] oder wenn zusätzliche, nicht vorgesehene Leistungen vom Auftragnehmer erbracht werden (§ 2 Abs. 6 VOB/B).

2973

Eine Störung der Geschäftsgrundlage kann es auch bedeuten, wenn **Schwierigkeiten bei der Bauausführung** im Rahmen eines Pauschalpreisvertrages auftreten, mit denen nicht gerechnet worden ist, mit denen auch **nicht zu rechnen war**, und die auch nicht dem Risikobereich einer Partei vertraglich zugewiesen sind. Dabei muss es sich aber stets um **einschneidende Änderungen** handeln. Eine Erhöhung der vertraglich vereinbarten Vergütung kann deshalb nur zugestanden werden, wenn die bei der Bauausführung auftretenden Schwierigkeiten[61] jedes bei Vertragsabschluss voraussehbare Maß übersteigen und der Unternehmer bei Einhaltung seiner

2974

---

[57] BGH, BauR 2000, 1754; BauR 1999, 1021 = ZfBR 1999, 310; BauR 1974, 416 = NJW 1974, 1864 = BB 1974, 1225; OLG Karlsruhe, IBR 2006, 664 – *Asam*.
[58] BGH, BauR 2000, 1754, 1755.
[59] Vgl. BGH, BauR 2004, 78, 81; OLG Naumburg, IBR 2007, 10 – *Frank* (Mengenänderungen bei einem Globalpauschalpreisvertrag); OLG Brandenburg BauR 2007, 1107 (LS). Zur Auslegung einer sog. **Komplettheitsklausel**: BGH, BauR 2004, 994 = NZBau 2004, 324; zur Wirksamkeit: OLG Düsseldorf, BauR 2004, 506 = IBR 2004, 61 – *Bolz*.
[60] Siehe hierzu: OLG Karlsruhe, IBR 2006, 81 – *Kimmich* (zum Begriff der „Anordnung"); SchlHOLG, IBR 2007, 12 – *Schulze-Hagen* (zur „Leistungsänderung"); ob diese Vorschrift nur bei **erheblichen** Veränderungen zur Anwendung kommt, ist streitig; vgl. *Putzier*, BauR 2002, 546, 548.
[61] Zum Beispiel: Erfordernis einer Bohrpfahl- statt einer Flachgründung (OLG Düsseldorf, IBR 2007, 65 – *Putzier*); unerwartete Mengen von Grundwasser (BGH, NJW 1969, 233); zum Problem abweichender **Baugrundverhältnisse**; *Bolz*, ZfBR 2014, 419 m.w.Nachw.

vertraglichen Verpflichtungen zu Aufwendungen gezwungen wäre, die zu der ihm eingeräumten Vergütung in keinem vertretbaren Verhältnis stehen.[62]

Die Grundsätze der Störung der Geschäftsgrundlage sind auf den **Architektenvertrag** uneingeschränkt anwendbar; deshalb kommt eine Anpassung der Geschäftsgrundlage sowohl bei einer Honorarvereinbarung nach den Sätzen der HOAI wie einem **Pauschalhonorar** in Betracht.[63]

b) Preis- und Lohnsteigerungen bei einem Pauschalpreis-(Festpreis-)Vertrag

2975 Die Vereinbarung eines Pauschalpreises (**Festpreises**) schließt in aller Regel eine Erhöhung der Vergütung auch im Falle allgemeiner Kosten- und Lohnerhöhungen aus, es sei denn, die Parteien haben in diesem Fall ausdrücklich etwas anderes vereinbart.[64] Das Risiko von Preis- und Lohnsteigerungen während der Bauzeit trägt also in diesen Fällen der Unternehmer, da er bei einer entsprechenden Preisvereinbarung das Risiko der künftigen Preisentwicklung bewusst eingeht. Etwas anderes kann z.B. gelten, wenn die veränderte Lage auf ein Verhalten des Bestellers zurückzuführen ist, wie z.B. eine unvorhergesehene wesentliche Verlängerung der Bauzeit durch **Planänderungen** des Bauherrn oder durch Verzögerungen des Vergabeverfahrens, die zu Mehrkosten bei dem bietenden Unternehmer führen.[65]

Das OLG Düsseldorf[66] lehnt die Anpassung eines Festpreises bei Verteuerung der Baukosten von **weniger als 20 %** ab, da es gerade Sinn und Zweck einer Festpreisvereinbarung sei, dass die Ungewissheit der Preisentwicklung auf den Vertrag grundsätzlich keinen Einfluss haben soll; nach seiner Auffassung soll nur „eine umstürzende Erhöhung der Baukosten" zu einem Ausgleichsanspruch des Unternehmers führen, soweit die eingetretene Veränderung des Preisgefüges nicht vorhersehbar war. Dem ist zuzustimmen.

Das OLG München[67] ist der Auffassung, dass die Grundsätze des Wegfalls der Geschäftsgrundlage nicht in Betracht kommen, wenn der Bauunternehmer trotz Kenntnis erheblich steigender Materialpreise eine Festpreiszusage für die gesamte Bauzeit abgibt, um den Auftrag zu erhalten.

---

62) BGH, *Schäfer/Finnern*, Z 2.311 Bl. 31; *Putzier*, BauR 2002, 546, 549; *Hök*, ZfBR 2007, 3, 10 m.w.Nachw.
63) Vgl. BGHZ 160, 267 = BauR 2005, 118 = NZBau 2005, 46; ZfBR 2005, 169 = IBR 2005, 95 – *Preussner* (**Bauzeitverlängerung**); OLG Hamm BauR 1986, 718; OLG Düsseldorf, BauR 1986, 719, 721.
64) BGH, *Schäfer/Finnern*, Z 2.301 Bl. 22 und 29; BGH, NJW 1965, 82; OLG Karlsruhe, IBR 2012, 633 – *Heiliger*; LG Mainz, NJW 1971, 51; OLG Bremen, BB 1971, 1384; OLG Stuttgart, BauR 1973, 385, 386.
65) Zum **Mehrvergütungsanspruch** des Unternehmers (**Bieters**) siehe u.a.: BGH, BauR 2012, 1941 = NZBau 2012, 694 = ZfBR 2012, 761; BGH, NJW 2010, 527; BauR 2009, 1896 = NJW 2010, 519; BauR 2009, 1901; OLG Dresden, IBR 2013, 263 – *Meschnig* (zum Nachweis von Mehrkosten); KG, BauR 2009, 650; OLG Celle, BauR 2009, 1308; OLG Naumburg, BauR 2009, 980; KG, BauR 2008, 838 = NZBau 2008, 180; OLG Hamm, BauR 2008, 1622 m.Anm. *Leinemann*.
66) BauR 1974, 348 = MDR 1974, 489; OLG Stuttgart, BauR 1973, 385, 386 (verneinend für 20 bis 25 %).
67) BauR 1985, 330.

Anwendungsfälle   Rdn. 2976–2977

c) Mengenabweichung beim Einheitspreisvertrag

§ 2 Abs. 3 VOB/B enthält hierfür eine **abschließende** Regelung für den **VOB**- 2976
Bauvertrag.[68] Die Regelung ist nicht auf eine bestimmte prozentuale Überschreitung oder Unterschreitung beschränkt. Auf die Grundsätze über die Störung der Geschäftsgrundlage kann insoweit nicht zurückgegriffen werden.[69]

Dagegen kann der Fall der Überschreitung oder Unterschreitung von Mengen beim **BGB**-Einheits-Bauvertrag nur über das Rechtsinstitut der Änderung der Geschäftsgrundlage geregelt werden.[70] Als gewisser Anhaltspunkt für eine etwaige Abänderung des Einheitspreises können die in § 2 Abs. 3 VOB/B genannten Prozentzahlen herangezogen werden, da die in der VOB gefundene Regelung das zum Ausdruck bringt, was im Baugewerbe als verkehrsüblich gilt.[71]

d) Einzelfälle (Fallübersicht)

* Fortfall der Geschäftsgrundlage wegen **Nichtbebaubarkeit** eines Grundstücks 2977
  (BGHZ 60, 315 ff.; BGH, DB 1977, 91 = WM 1977, 118).
* Zum Risiko einer künftigen Bebaubarkeit beim Kauf von Bauerwartungsland
  (BGH, NJW 1979, 1808 = DB 1979, 1600).
* Zur Störung der Geschäftsgrundlage wegen **Nichtgenehmigung** der Planung
  (OLG München, BauR 1980, 274).
* Anwendung der Grundsätze beim sog. **Grenzfeststellungsvertrag** (BGH, DB 1972, 1082 – **grober Vermessungsfehler).**
* Die Grundsätze der Störung der Geschäftsgrundlage greifen nicht ein, wenn eine Partei ihre vertraglichen Pflichten falsch einschätzt und ihr dadurch erhebliche Mehrkosten entstehen (BGH, Schäfer/Finnern, Z 2.11 Bl. 8).
* Allein der Umstand, dass das Bauvorhaben vom Bauherrn **nicht mehr finanziert** werden kann, ermöglicht es dem Hauptunternehmer nicht, sich ohne weiteres von den Verträgen mit seinen Subunternehmern zu lösen (BGH, Schäfer/Finnern, Z 2.510 Bl. 60).
* Hat der Auftraggeber jegliche Vergütung für witterungsbedingte Stillliegezeiten im Vertrag ausgeschlossen, so kann bei Eintreten ungewöhnlich starker **Niederschläge** eine Störung der Geschäftsgrundlage nicht angenommen werden (BGH, Schäfer/Finnern, Z 2.311 Bl. 27).
* Zur Kündigung des **Architektenvertrages** wegen Störung der Geschäftsgrundlage: OLG Düsseldorf, Schäfer/Finnern, Z 3.01 Bl. 34.
* Bezieht sich die gemeinsame Vorstellung der Vertragsparteien darauf, dass eine bestimmte Voraussetzung in Zukunft eintreten werden (nämlich die **Erlangung der bauaufsichtlichen Genehmigung** zur Aufstellung eines **Fertighauses** auf einem eigens dafür gepachteten Grundstück), so ist diese Voraussetzung Grundlage des abgeschlossenen Kaufvertrages (BGH, BB 1966, 426 = DB 1966, 575 = JZ 1966, 409 m. abl. Anm. *Stötter*, JZ 1967, 147).

---

[68] Siehe AG Brandenburg, BauR 2002, 478.
[69] BGH, *Schäfer/Finnern*, Z 2.311 Bl. 31; *Jagenburg*, BauR 1970, 19.
[70] Vgl. BGH, BauR 1993, 723 = NJW 1993, 2738; AG Brandenburg, BauR 2002, 478.
[71] BGH, *Schäfer/Finnern*, Z 2.0 Bl. 3.

* Anpassung eines **Architektenhonorars** nach den Grundsätzen über die Störung der Geschäftsgrundlage (OLG Hamm, BauR 1986, 718 und OLG Düsseldorf, BauR 1986, 719).
* Störung der Geschäftsgrundlage bei einem 1963 geschlossenen gerichtlichen Vergleich (KG, OLGR 2007, 528); zur Anwendung von § 779 Abs. 1 BGB bei einem **Vergleich** über die Abrechnung eines Bauvorhabens (BGH, NZBau 2007, 172).
* Pauschalpreisanpassung bei funktionaler Beschreibung einer Bistroentlüftung (OLG Brandenburg, NZBau 2010, 51).

IX. Das Zurückbehaltungs- und Leistungsverweigerungsrecht

Übersicht

	Rdn.		Rdn.
1. Zurückbehaltungsrecht (§ 273 BGB)	2978	3. Das Leistungsverweigerungsrecht bei abgetretenen Mängelrechten	3018
2. Leistungsverweigerungsrecht (§ 320 BGB)	2999	4. Die Unsicherheitseinrede (§ 321 BGB)	3021

Literatur

Schneider, Die Einrede aus §§ 274, 322 BGB im Prozess, MDR 1964, 732; *Schneider*, Die Rechtswirkungen der Einrede des nichterfüllten Vertrages im Werkvertragsrecht, DB 1969, 115; *Groß*, Der Einfluss der Abtretung von Mängelansprüchen an Dritte im Rahmen von Werkverträgen, NJW 1971, 648; *Groß*, Die Abtretung von Gewährleistungsansprüchen durch Wohnungsunternehmen an Erwerber von Eigenwohnraum, BauR 1972, 325; *Ludewig*, Abtretung von Gewährleistungsansprüchen an Bauwerken und Einrede nach § 320 BGB, NJW 1972, 516; *Brych*, Abtretung von Gewährleistungsansprüchen an Bauwerken und Einrede nach § 320 BGB, NJW 1972, 896; *Jagenburg*, Haftungsbeschränkungen durch Abtretung von Gewährleistungsansprüchen, NJW 1972, 1222; *Hahn*, Abtretung von Gewährleistungsansprüchen, BauR 1978, 80; *Brügmann*, Die Einrede des nichterfüllten Vertrages bei Baumängeln, BauR 1981, 128; *Weyer*, Umfang der Einrede des nichterfüllten Vertrages und Kostenentscheidung, BauR 1981, 426; *Kaiser*, Rechtsfragen bei Anwendung der §§ 320, 322 BGB im gesetzlichen Werkvertragsrecht und in der VOB/B, BauR 1982, 205; *Trapp*, Das Leistungsverweigerungsrecht des Bestellers nach §§ 320 ff. BGB als Druckmittel zur Leistungserbringung und Mängelbeseitigung, BauR 1983, 318; *Kohler*, Kostenvorschuss und Aufrechnung oder Zurückbehaltungsrecht als Verteidigung gegen Werkvergütungsansprüche, BauR 1992, 22; *Siegburg*, Zug-um-Zug-Verurteilung und Hilfswiderklage wegen Baumängeln bei der Werklohnklage, BauR 1992, 419; *Seidel*, Die vom Besteller verweigerte Nachbesserung, JZ 1994, 383; *Kleine-Möller*, Die Leistungsverweigerungsrechte des Bauunternehmers vor der Abnahme, Festschrift für Heiermann (1995), 193; *Reithmann*, Erwerber, Bauträger, Bank – Interessenausgleich im Bauträgervertrag, NJW 1997, 1816; *Kniffka*, Die Durchstellung von Schadensersatzansprüchen des Auftraggebers gegen den auf Werklohn klagenden Subunternehmer – Überlegungen zum Schaden des Generalunternehmers und zum Zurückbehaltungsrecht aus einem Freistellungsanspruch, BauR 1998, 55; *Leinemann*, VOB-Bauvertrag: Leistungsverweigerungsrecht des Bauunternehmers wegen fehlender Nachtragsbeauftragung?, NJW 1998, 3672; *Bruns*, Das Zurückbehaltungsrecht des Architekten an den von ihm gefertigten Plänen, BauR 1999, 529; *Lauer*, Herausgabe der für den Weiterbau erforderlichen Pläne und Zurückbehaltungsrecht des Architekten, BauR 2000, 812; *Adler/Everts*, Kündigungsrechte des Auftragnehmers trotz mangelhafter Werkleistung, BauR 2000, 1111; *Horsch/Eichberger*, § 641 Abs. 3 BGB n.F.: Einladung zum Missbrauch?, BauR 2001, 1024; *Böckmann/Kluth*, Die Behandlung des Zurückbehaltungsrechts im Falle vorläufiger Zwangsvollstreckung, MDR 2002, 1042; *von Minckwitz/ Hahn*, Aufrechnung und Leistungsverweigerungsrecht gegen den Anspruch auf Auszahlung eines Sicherheitseinbehaltes, BrBp 2003, 213; *Kohler*, Zurückbehaltungsrecht bei mangelhafter Werkleistung, BauR 2003, 1804; *Peters*, Verbesserung der Zahlungsmoral im Baugewerbe, NZBau 2004, 1; *Kuffer*, Leistungsverweigerungsrecht bei verweigerten Nachtragsverhandlungen, ZfBR 2004, 110; *Swonke*, Leistungsverweigerungsrecht und Arbeitseinstellung des Auftragnehmers bei „Nachtragsstreitigkeiten", BrBp 2004, 232; *Bibelheimer*, Die Darlegungs- und Beweislast bei Anwendung des § 641 III BGB, NZBau 2004, 124; *Virneburg*, Wann kann der Auftragnehmer die Arbeit wegen verweigerter Nachträge einstellen? – Risiken einer Verweigerungsstrategie, ZfBR 2004, 419; *Christiansen*, Bauvertrag – Vorleistung und vorzeitige Leistung – unter Einbeziehung des Entwurfs zum Forderungssicherungsgesetz BR-Dr. 458/04, ZfBR 2004, 736; *Weise*, Arbeitseinstellung bei erfolgloser Nachtragsverhandlung?, NJW-Spezial 2004, 261; *Schmitz*, Handlungsmöglichkeiten von Auftragnehmer und Auftraggeber in der wirtschaftlichen Krise des Vertragspartners, BauR 2005, 169; *Vygen*, Leistungsverweigerungsrecht des Auftragnehmers bei Änderungen des Bauentwurfs gemäß § 1 Nr. 3 VOB/B oder Anordnung von zusätzlichen Leistungen gemäß § 1 Nr. 4 VOB/B?, BauR 2005, 431; *Oberhauser*, Die Einrede des nicht erfüllten Vertrages – „ganz oder gar nicht"?, BauR 2008, 421; *Reichert*, Kann der bezahlte Hauptunternehmer gegenüber dem Subunternehmer die Zahlung wegen Mängeln verweigern?, BauR 2008, 749; *Kues/Kaminsky*, Druck auf den Auftraggeber: Leistungsverweigerungsrechte des Auftragnehmers bei Streitigkeiten im Zusammenhang mit Nachträgen, BauR 2008, 1368; *Biederer*, Das Zurückbehaltungsrecht nach § 641 Abs. 3 BGB bei Mängeln der Werkleistung, BauR 2009, 1050; *Kimmich*, Leistungsverweigerungsrecht bei streitigen Nachträgen, BauR 2009, 1495; *Stammkötter*, Das Leistungsverweigerungsrecht des Auftragnehmers – Alte und neue Wege, Festschrift für Koeble (2010), 205; *Preussner*, Das Aufrechnungsverbot in vorformulierten Architektenverträgen, NZBau 2011, 599; *Pauly*, Zum Leistungsverweigerungsrecht des Werkunternehmers im Falle des Scheiterns von Nachtragsverhandlungen, BauR 2012, 851; *Diehr*, Die Arbeitseinstellung wegen nicht rechtzeitiger Zahlung im VOB-Vertrag im Licht der vertraglichen Kooperation, ZfBR 2013, 107.

1. Zurückbehaltungsrecht (§ 273 BGB)

2978 Das Zurückbehaltungsrecht des § 273 ist wie die Einrede des nichterfüllten Vertrages nach § 320 BGB eine echte **Einrede** und muss von der Partei ausgeübt werden.[1] Sämtliche Voraussetzungen hat der Schuldner zu beweisen. Da im Übrigen, insbesondere nach der **VOB**, mehrere „Einwendungen" des Schuldners in Betracht kommen können, muss er im Prozess genau erklären, welche „Einwendungen" er nun im Einzelfall geltend machen will, ob er sich also auf ein Zurückbehaltungs- oder Leistungsverweigerungsrecht berufen will oder ob er **Nacherfüllung** (§ 635 Abs. 1 BGB), Minderung (§§ 634 Nr. 3, 638 BGB) oder gar Schadensersatz (§§ 634 Nr. 4, 280 Abs. 1, 3, 281 BGB) verlangt.[2] Macht der Beklagte ein **Zurückbehaltungsrecht** geltend, so braucht er keinen (formellen) Antrag zu stellen.[3] Er hat nur vorzutragen, dass er von einem Zurückbehaltungsrecht aufgrund eines bestimmten Sachverhaltes Gebrauch machen will.[4] Das **Unterlassen** der Leistung allein ist indes noch kein Geltendmachen der nach § 273 BGB etwa möglichen Einrede.[5] Ein **Klageabweisungsantrag** ist anhand seiner **Begründung auszulegen**; es reicht aus, wenn der Beklagte einen uneingeschränkten Klageabweisungsantrag stellt, und der Wille, die eigene Leistung im Hinblick auf das Ausbleiben der Gegenleistung zurückzubehalten, eindeutig erkennbar ist.[6] Die Erklärung, der Kläger „könne und wolle die ihm obliegende Gegenleistung nicht erbringen", genügt (BGH). Dem Vorbringen wird im Zweifel nachzugehen sein, es sei denn, es liegen Umstände vor, die seine Ausübung im Einzelfall als treuwidrig erscheinen lassen. Einen Ausschluss wegen einer „schwierigen Sachverhaltsklärung" gibt es nicht.[7]

2979 Das Vorbringen einer Partei ist deshalb darauf zu untersuchen, ob ein Zurückbehaltungsrecht geltend gemacht wird. So kann unter Umständen ein **Aufrechnungseinwand** in ein Zurückbehaltungsrecht **umgedeutet** werden.[8] Umgekehrt wird die Geltendmachung eines Zurückbehaltungsrechts bei beiderseitig fälligen Forderungen regelmäßig als Aufrechnung anzusehen sein, weil es sinnwidrig wäre,

---

1) BGH, BauR 1999, 69 = ZfBR 1999, 35, 36 für § 320 BGB; RG, JW 1911, 536.
2) Zutreffend: *Brügmann*, Prozessleitung, S. 23; s. auch KG, ZfBR 2013, 146, 148 = IBR 2013, 205 – *Rodemann* m.w.Nachw.
3) OLG Düsseldorf, BauR 1998, 126, 128; BGH, ZfBR 1999, 35, 36 = BauR 1999, 69.
4) Vgl. *Schneider*, MDR 1964, 732.
5) Vgl. BGH, WM 1971, 215, 216; BGH, WM 1971, 1020.
6) BGH, ZfBR 1999, 35, 36 = BauR 1999, 69.
7) BGH, BauR 2005, 1012 = NZBau 2005, 391.
8) Vgl. BGHZ 29, 337, 342; s. auch BGH, NJW 2000, 278; BGH, BauR 1999, 782.

Zurückbehaltungsrecht (§ 273 BGB)

wenn der Schuldner nur seine Leistung zurückhalten wollte, ohne aufzurechnen.[9] Zulässig ist es, die Einrede des Zurückbehaltungsrechts nur **hilfsweise** zu erheben. Bestehende Unklarheiten muss das Gericht gemäß § 139 ZPO klären, zumal hiervon entscheidend die **Beschwer** einer Partei abhängen kann.[10] Zu beachten ist immer, dass im Einzelfall kein **unzulässiges Teilurteil** ergeht.[11]

Beim Zurückbehaltungsrecht muss der Gegenanspruch „**aus demselben rechtlichen Verhältnis**" stammen. Dieser Begriff der **Konnexität** ist im weitesten Sinne zu verstehen.[12] Deshalb genügt grundsätzlich ein „**innerlich zusammengehöriges einheitliches Lebensverhältnis**".[13] Bei **mehrerer** Bauvorhaben der Parteien kommt es insoweit auf den **Einzelfall** an, ob dieses Tatbestandsmerkmal gegeben ist.[14]

2980

Das Zurückbehaltungsrecht des § 273 BGB setzt ferner einen **fälligen Gegenanspruch** des Schuldners gegen den Gläubiger voraus. Ein Zurückbehaltungsrecht ist daher bei einem bedingten oder nur künftigen Gegenanspruch nicht gegeben.[15] **Tritt** der Schuldner seinen Gegenanspruch **ab**, entfällt die Gegenseitigkeit der beiderseitigen Ansprüche.[16] Fällt ein Werkunternehmer, dessen Leistungen bereits abgenommen sind in Konkurs (Insolvenz), kann der Auftraggeber hinsichtlich des Restwerklohnanspruchs kein Zurückbehaltungsrecht wegen „**potenzieller**" Gewährleistungsansprüche geltend machen.[17] Gleichartigkeit des Anspruches und des Gegenanspruches wird bei § 273 BGB im Gegensatz zum Rechtsinstitut der Aufrechnung nicht verlangt. **Verjährte Ansprüche** des Schuldners ermöglichen ein Zurückbehaltungsrecht jedenfalls dann, wenn die Verjährung noch nicht eingetreten war, als der Anspruch des Gläubigers entstand, die Leistung also **erstmals verweigert** werden konnte (§ 215 BGB). Es ist nicht erforderlich, dass das Zurückbehaltungsrecht vor Eintritt der Verjährung geltend gemacht oder der Mangel angezeigt wurde.[18] Die Rechtsprechung, die § 390 Satz 2 BGB a.F. insoweit analog

2981

---

9) Vgl. BGH, DB 1956, 592; RGZ 85, 108; 83, 138; zur **Auslegung** eines Zurückbehaltungsrechts als Geltendmachung von **Schadensersatz** und/oder **Minderung**: BGH, BGHR BGB § 273 Abs. 1, Auslegung 1.
10) BGH, ZfBR 1994, 180.
11) Vgl. hierzu: KG, BauR 2003, 728, 729; BGH, NJW 1992, 1632 (Zurückbehaltungsrecht).
12) Siehe hierzu: OLG München, BauR 2009, 259, 260 = IBR 2008, 572 – *Waldmann*; OLG Naumburg, BauR 1997, 1049 (keine Konnexität, wenn es sich um verschiedene Bauvorhaben handelt und **keine** laufende Geschäftsbeziehung besteht, s. ferner: OLG München, IBR 2008, 572 – *Waldmann*); BGH, NJW-RR 1989, 201 (Leistungsaustausch bei **fehlgeschlagenem Grundstückskauf**); BGH, NJW-RR 1990, 847 (Anspruch auf **Löschung** einer Vormerkung; **Schadensersatzanspruch** wegen arglistiger Täuschung im Zusammenhang mit dem Grundstückskauf).
13) Vgl. RGZ 72, 61, 65; BGHZ 92, 196; 115, 103; OLG Düsseldorf, BauR 2009, 259 u. MDR 1978, 225 (bei **ständiger Geschäftsbeziehung** der Parteien).
14) Vgl. BGHZ 54, 244, 250 = BauR 1970, 237; OLG Düsseldorf, BauR 2006, 120; BauR 1996, 905 = OLGR 1996, 227; OLG Schleswig, BauR 1991, 463, 465; AG Danneberg, BauR 2001, 997 (LS).
15) BGH, NJW-RR 1986, 543 = BauR 1986, 232; OLG Köln, DB 1974, 2301.
16) BGH, NJW 2000, 278 (Der Schuldner ist aber zur Zurückbehaltung berechtigt, wenn er auf Leistung an den neuen Gläubiger klagen kann).
17) OLG Hamm, NJW-RR 1997, 1242.
18) *Palandt/Ellenberger*, § 215 BGB, Rn. 2 m.w.Nachw.

heranzog,[19]) kann weiterhin bei der **Auslegung** des § 215 BGB nutzbar gemacht werden.[20])

2982 Behauptet ein Baubeteiligter im Rechtsstreit, ihm drohten hohe Schadensersatzansprüche eines Dritten, kann er auf dieses Vorbringen allein nicht wirksam die Einrede des Zurückbehaltungsrechtes stützen, weil drohende, aber nicht bezifferte Forderungen keine fälligen Ansprüche i.S. des § 273 Abs. 1 BGB darstellen.[21]) Dagegen kann auch ein auf **Befreiung** von Drittschulden gerichteter Anspruch Gegenstand eines Zurückbehaltungsrechts nach § 273 BGB sein.[22])

Im Übrigen besteht **kein Zurückbehaltungsrecht** aus § 273 BGB, wenn der Schuldner für seine Gegenansprüche bereits eine ausreichende **Sicherheit** besitzt. Hat der Bauherr eine „**Erfüllungsbürgschaft**" in Händen, kann er **nach der Abnahme** der Werkleistung in Bezug auf vorhandene Gewährleistungsansprüche kein Zurückbehaltungsrecht an der **Bürgschaftsurkunde** geltend machen.[23]) In gleicher Weise steht ihm als Gläubiger einer **Bürgschaft auf erstes Anfordern** kein Zurückbehaltungsrecht aus dem Hauptvertrag zu, wenn die der Bürgschaft zugrunde liegende **Sicherheitsabrede unwirksam** ist und der Hauptschuldner (Unternehmer) deshalb die Herausgabe der Bürgschaft der Bürgschaftsurkunde verlangt.[24])

2983 Beruft sich der Bauherr auf ein **Zurückbehaltungsrecht**, wird die Fälligkeit des Vergütungs- oder Honoraranspruchs dadurch noch nicht beseitigt, der Schuldner kann bei Geltendmachung jedoch nicht in Schuldnerverzug geraten; ein Anspruch auf Zahlung von Prozesszinsen besteht nicht.[25]) Wird das Zurückbehaltungsrecht des Bestellers im Prozess nicht als berechtigt anerkannt, sind Mängelrechte damit noch nicht rechtskräftig abgewiesen.[26])

2984 Nach § 273 Abs. 2 BGB ist das Zurückbehaltungsrecht **ausgeschlossen**, wenn der die Leistung Verweigernde den Gegenstand durch eine vorsätzliche begangene unerlaubte Handlung erlangt hat. Unerlaubte Handlungen sind nur solche im Sinne des § 823 BGB; der Ausschluss des Zurückbehaltungsrechts nach vorsätzlich begangener unerlaubter Handlung beruht auf der Erwägung, dass der Schädiger den zurückgehaltenen Gegenstand nicht als Druckmittel für die Durchsetzung von etwaigen Ersatzansprüchen nutzen soll. Demgegenüber ist § 273 Abs. 2 letzter Halbsatz BGB nicht auf vorsätzliche Vertragsverletzungen entsprechend anwendbar.[27])

2985 Macht der Schuldner ein ihm gemäß § 273 BGB zustehendes Zurückbehaltungsrecht erst **nach** Einritt des Leistungsverzuges geltend, wird damit der Verzug nicht beseitigt. Der Schuldner muss dann wenigstens seine eigene Leistung Zug um Zug gegen Bewirkung der Leistung des anderen Teils anbieten.[28]) Das bloße Bestehen einer Zurückhaltungsmöglichkeit schließt den Leistungsverzug nicht aus. Anders

---

19) Vgl. KG, OLG 28, 50; BGH, DB 1967, 1260; BGH, BauR 1970, 54; BGHZ 53, 122.
20) AnwKom-BGB/*Mansel*, § 215, Rn. 2.
21) OLG Köln, BB 1974, 1272 = DB 1974, 2301; OLG Düsseldorf, BauR 1992, 765, 766.
22) OLG Brandenburg, IBR 2006, 13 – *Biebelheimer*.
23) OLG Karlsruhe, MDR 1998, 770, 771.
24) BGH, BauR 2001, 1093, 1096.
25) BGH, NJW 1971, 615 = BauR 1971, 124 = MDR 1971, 385.
26) OLG Rostock, IBR 2008, 58 – *Weyer*.
27) *Palandt/Grüneberg*, § 273 BGB, Rn. 24; **a.A.:** OLG Schleswig, WM 1972, 1476.
28) Vgl. RGZ 93, 301; 120, 193, 197.

Zurückbehaltungsrecht (§ 273 BGB)

ist es, wenn die beiderseitigen Leistungsverpflichtungen auf einem gegenseitigen Vertrag beruhen, was beim Bauvertrag die Regel ist.[29]

Der **Ausschluss** des Zurückbehaltungsrechts durch eine **Individualvereinbarung** ist grundsätzlich wirksam, auch wenn der Gläubiger Vertragsverletzungen begeht.[30] Sinn und Zweck eines Verbotes ist es dann sicherzustellen, dass das Recht des Gläubigers auf Vergütung der von ihm erbrachten Leistung ohne Rücksicht auf die angeblichen Gegenansprüche des Schuldners durchgesetzt werden kann.

2986

Der einzelvertragliche oder gesetzliche Ausschluss der **Aufrechnung** hat nicht automatisch den Ausschluss der Geltendmachung eines Zurückbehaltungsrechts gemäß § 273 BGB zur Folge. Dies gilt nur dann, wenn die Ausübung des Zurückbehaltungsrechts im Ergebnis einer Aufrechnung gleichsteht, z.B. also bei beiderseitig fälligen Geldforderungen.[31]

Ein **Ausschluss** des Zurückbehaltungsrechts ist aber als **treuwidrig** anzusehen, wenn das Bauwerk mit so erheblichen Mängeln behaftet ist, dass es keinen echten Gegenwert zu dem von dem Käufer zu zahlenden Kaufpreis darstellt. Das Verbot, Zahlungen mit Rücksicht auf Gewährleistungsansprüche zurückzuhalten, ist ferner unbeachtlich, wenn im Rechtsstreit z.B. das Wandelungsbegehren (nach altem Recht) des Käufers **entscheidungsreif** und **unbegründet** ist.[32] Gleiches gilt, wenn die **Mängelrechte** des Erwerbers **feststehen**. Muss über die Gegenansprüche dagegen noch Beweis erhoben werden, bleibt der Ausschluss des Zurückbehaltungsrechts wirksam.[33]

2987

In Formular-Bauverträgen oder **Allgemeinen Geschäftsbedingungen** finden sich immer wieder Klauseln, in denen das **Zurückbehaltungsrecht ausgeschlossen** wird.[34] Nach § 309 Nr. 2b BGB ist der Ausschluss oder die Einschränkung des Zurückbehaltungsrechts in Allgemeinen Geschäftsbedingungen grundsätzlich eine unangemessene und damit unwirksame Regelung, soweit dieses auf „**demselben Vertragsverhältnis beruht**".[35] Die in der Praxis weithin übliche Klausel, dass nur „wegen anerkannter Mängel" die Leistung zurückbehalten werden darf, ist als wichtiger Unterfall der Einschränkung in § 309 Nr. 2b BGB noch einmal ausdrücklich erwähnt und damit ebenfalls unwirksam.

2988

Wenn § 309 Nr. 2b BGB den Ausschuss bzw. die Einschränkung des Zurückbehaltungsrechts auf Ansprüche aus „demselben Vertragsverhältnis" begrenzt, so wird damit begrifflich zum Zurückbehaltungsrecht des § 273 BGB unterschieden: Nach § 273 BGB hat der Schuldner ein Zurückbehaltungsrecht, wenn ihm ein Anspruch „aus **demselben rechtlichen Verhältnis**" gegen den Gläubiger zusteht, während das Verbot, das Zurückbehaltungsrecht auszuschließen

2989

---

29) BGH, WM 1971, 1020.
30) Vgl. BGH, WM 1972, 685.
31) BGH, NJW 1984, 128, 129; BGH, NJW 1974, 367, 368; OLG Nürnberg, MDR 1977, 231.
32) BGH, NJW 1960, 859; 1970, 383, 386; WM 1976, 1016, 1019; BGH, *SFH*, Nr. 1 zu § 273 BGB.
33) Siehe auch BGH, BauR 1985, 319; *Markus/Kaiser/Kapellmann*, Rn. 856.
34) Zur **Auslegung** der Klausel: „Die Geltendmachung von Aufrechnungen mit nicht rechtskräftig festgestellten Gegenansprüchen sowie von Zurückbehaltungsrechten ist ausgeschlossen" siehe BGH, BauR 2005, 1010 = NZBau 2005, 392 = NJW-RR 2005, 919 = IBR 2005, 310 – *Hildebrandt*.
35) BGH, BauR 1985, 319; BGH, *SFH*, Nr. 1 zu § 273 BGB; s. ferner: *Markus/Kaiser/Kapellmann*, Rn. 854, 856, 859 m.w.Nachw.

oder einzuschränken, gemäß § 309 Nr. 2b BGB auf solche Gegenansprüche beschränkt wird, die **dem gleichen Vertrag** entstammen. Das hat folgende Konsequenz: Ein Zurückbehaltungsrecht kann in Allgemeinen Geschäftsbedingungen ausgeschlossen oder eingeschränkt werden, wenn es sich um Gegenansprüche aus demselben Lebensverhältnis im Sinne des § 273 BGB (also unter Umständen aus früheren oder anderen Geschäften oder laufenden Geschäftsbeziehungen) handelt, nicht aber bei Gegenansprüchen aus demselben Vertragsverhältnis.[36]

2990 Vielfach wird auch von der Unternehmerseite versucht, das dem Auftraggeber zustehende **Zurückbehaltungs- und Leistungsverweigerungsrecht** durch Klauseln in Bauverträgen **zu umgehen.** So dient z.B. eine formularmäßige **Bankgarantie** für Abschlagszahlungen privater Bauherren nach Baufortschritt, deren Inanspruchnahme lediglich einen Bautenstandsbericht des Bauunternehmers voraussetzt, der Umgehung des Verbots des formularmäßigen Ausschlusses des Zurückbehaltungsrechts sowie des Leistungsverweigerungsrechts und ist deshalb unwirksam.[37] Dasselbe gilt, wenn in einem Formularvertrag über die Errichtung und Veräußerung eines Bauwerks eine Klausel vorhanden ist, nach der der Veräußerer verlangen kann, dass der Erwerber ohne Rücksicht auf vorhandene Mängel vor Übergabe des bezugsfertigen Bauwerkes noch nicht fällige Teile des Erwerbspreises von insgesamt 14 % nach Anweisung des Veräußerers hinterlegt.[38]

2991 Die **unterschiedliche Behandlung** der Rechtsinstitute des **Zurückbehaltungsrechts** (§ 309 Nr. 2b BGB) und der **Aufrechnung** (§ 309 Nr. 3 BGB) wirft ein besonderes Problem auf. Während nämlich das Zurückbehaltungsrecht in Allgemeinen Geschäftsbedingungen grundsätzlich nicht ausgeschlossen oder beschränkt werden darf, ist ein Aufrechnungsverbot zulässig, soweit es sich nicht um unbestrittene oder rechtskräftig festgestellte Forderungen handelt (vgl. näher Rdn. 2547). Aufgrund dieser gesetzlichen Diskrepanz erhebt sich die Frage, ob sich ein Schuldner bei einem (nach dem Recht der Allgemeinen Geschäftsbedingungen) zulässigen Aufrechnungsverbot nunmehr bezüglich seiner Gegenforderung auf ein Zurückbehaltungsrecht stützen kann. Die Problematik ergibt sich bei beiderseitig fälligen Geldforderungen, da hier Aufrechnungsverbot und Ausübung des Zurückbehaltungsrechts den gleichen wirtschaftlichen Erfolg haben.

2992 **Vor** Inkrafttreten des **AGB-Gesetzes** war es allgemeine Meinung, dass ein **wirksames** Aufrechnungsverbot durch die Geltendmachung eines Zurückbehaltungsrechts nicht ausgehöhlt werden dürfe; die Ausübung des Zurückbehaltungsrechts wurde daher bei gegenseitigen Geldforderungen für unzulässig erklärt, wenn ein wirksames Aufrechnungsverbot vereinbart war.[39] Davon ist auch für Allgemeine Geschäftsbedingungen **nach Inkrafttreten des AGB-Gesetzes** (§§ 305 ff. BGB) auszugehen.[40] Der Gesetzgeber hat ausdrücklich in § 309 Nr. 3 BGB Aufrechnungsverbote in einem bestimmten Rahmen für zulässig erklärt. Wenn damit dem Schuldner nach dem Willen des Gesetzgebers das Recht genommen werden kann, eine Schuld mit einem Gegenanspruch im Wege der Aufrechnung zu tilgen, muss dies um so mehr für das reine **Sicherungsmittel** des Zurückbehaltungsrechts gelten. Mit der Ausübung des Zurückbehaltungsrechts würde – bei beiderseitigen fälligen Geldforderungen – allenfalls ein gesetzlich wirksames Aufrechnungsverbot umgangen, obwohl die Erklärung eines Zurückbehaltungsrechts bei gegenseitigen Geldforderungen einer Aufrechnung gleichkommt.[41] Eine Einschrän-

---

36) *Ulmer/Brandner/Hensen*, § 11 Nr. 2 AGB-Gesetz, Rn. 7.
37) BGH, BauR 1986, 455 = NJW-RR 1986, 959; *Korbion/Locher/Sienz*, Rn. 111.
38) BGH, BauR 1985, 93 = NJW 1985, 852 = DB 1985, 590; vgl. auch BGH, BauR 1986, 694 = NJW 1986, 3199 = ZfBR 1986, 224 **(Zahlungsplan bei finanziertem Fertighausvertrag)**.
39) BGH, DB 1974, 379 = NJW 1974, 367; OLG Nürnberg, MDR 1977, 231.
40) Vgl. BGH, NJW-RR 1986, 543.
41) Siehe aber *Palandt/Grüneberg*, § 309 BGB, Rn. 20 m. Nachw. Dort wird die Meinung vertreten, dass ein zulässiges Aufrechnungsverbot bei konnexen Geldforderungen aufgrund der in § 309 Nr. 2 BGB zum Ausdruck kommenden Wertung zumindest dann zurückzutreten hat,

Zurückbehaltungsrecht (§ 273 BGB)

kung des Zurückbehaltungsrechts ist daher bei gegenseitigen Ansprüchen, die auf Zahlung von Geld gerichtet sind, als zulässig anzusehen, wenn ein wirksames Aufrechnungsverbot besteht; der Schuldner kann sich dann nicht auf ein Zurückbehaltungsrecht stützen.

Im Verkehr mit Unternehmern[42] ist der formularmäßige Ausschluss des Zurückbehaltungsrechts zwar möglich, gleichwohl aber als **einschränkungsloser** Ausschluss des Zurückbehaltungsrechts **unangemessen**.[43]

Die Vorschrift des § 309 Nr. 2 BGB steht in einem engen Verbund zu § 309 Nr. 8b dd BGB (Vorenthalten der Nacherfüllung). Macht der Bauherr einen **Anspruch auf Nacherfüllung** gemäß § 635 Abs. 1 BGB geltend, gilt für ihn § 309 Nr. 8b dd BGB, wenn der Unternehmer/Architekt die Mängelbeseitigung von der vorherigen **(vollständigen)** Zahlung des Entgelts abhängig macht. Fordert der Unternehmer den vertraglich vereinbarten Werklohn, kann sich der Bauherr auf § 309 Nr. 2b BGB stützen, wenn ihm ein Zurückbehaltungsrecht zur Seite steht. Klauseln, die eine verhältnismäßige Vorleistung bestimmen, sind weiterhin zulässig, wobei Obergrenze der Wert der mangelhaften Leistung ist.[44]

In einer Klausel über die Erweiterung der verzögerlichen Einrede entsprechend § 273 BGB kann noch keine unangemessene Bevorzugung des Gläubigers gesehen werden, wie dies das OLG Köln[45] angenommen hat. Vielmehr muss auch eine Vertragsklausel als zulässig angesehen werden, nach der der Auftraggeber berechtigt sein soll, gegen fällige Forderungen des Auftragnehmers mit fälligen Gegenforderungen jeder Art, auch bei anderen Bauvorhaben, aufzurechnen.[46]

Wird die Einrede des Zurückbehaltungsrechts gemäß § 273 BGB erhoben, hat dies nicht zur Folge, dass die Klage abgewiesen wird; vielmehr erfolgt eine **Zug-um-Zug-Verurteilung.** Dabei ist unerheblich, ob der Kläger (unter Umständen hilfsweise) eine Zug-um-Zug-Verurteilung oder eine uneingeschränkte Verurteilung beantragt hat.[47]

Die **Vollstreckung** eines Urteils, in dem eine Zug-um-Zug-Verurteilung erfolgt ist, stößt nicht selten auf Schwierigkeiten, insbesondere wenn der Bauherr zur Zahlung von Werklohn an den Unternehmer/Architekten Zug um Zug gegen Nachbesserung/Nacherfüllung verurteilt worden ist. Vielfach verweigert der Bauherr auch nach einer erfolgten Nachbesserung/Nacherfüllung die Zahlung mit der Begründung, dass diese fehlgeschlagen sei.

Ein Bauunternehmer oder Architekt kann wegen einer Restforderung aus einem entsprechenden Zug-um-Zug-Urteil nur vollstrecken, wenn er durch öffentliche

---

wenn es sich um Gegenansprüche handelt, die aus einer zur Leistungsverweigerung berechtigten Sachleistungsforderung hervorgegangen sind (Anspruch aus § 637 BGB oder sonstige Geldforderungen, die an die Stelle des Anspruchs auf Nacherfüllung getreten sind); ebenso: *Gnad*, Schriftenreihe d. Dt. Gesellsch. f. BauR, Bd. 11 S. 32.
42) Der **Unternehmerbegriff** (§ 14 BGB) entspricht der früheren Definition des § 24 Satz 1 Nr. 1 AGB-Gesetz und ersetzt im Verbraucherrecht den Begriff des **Kaufmanns**; AnwKom-BGB/*Ring*, § 14 BGB, Rn. 23.
43) BGH, BauR 2005, 1010 = NZBau 2005, 392; *Gnad*, a.a.O., S. 33; *Schlünder*, AGB, Rn. 150 ff.; BGHZ 92, 312 = NJW 1985, 319; OLG Hamm, NJW-RR 1989, 274, 275.
44) AnwKom-BGB/*Hennrichs*, § 309 BGB, Rn. 29.
45) BauR 1973, 53.
46) Vgl. *Heyers*, BauR 1973, 56.
47) BGH, NJW 1951, 517.

oder öffentlich beglaubigte Urkunden nachweist, dass er die ihm nach dem Urteil obliegende Nachbesserung ausgeführt hat oder der Bauherr sich im Verzuge der Annahme befindet (§ 756 ZPO). Die Prüfung, ob ordnungsgemäß nachgebessert worden ist, verlagert sich damit in das Zwangsvollstreckungsverfahren (vgl. Rdn. 3177 ff.). Andererseits kann der zur Nachbesserung/Nacherfüllung verpflichtete Unternehmer/Architekt **negative Feststellungsklage** erheben, wenn **Zweifel über den Umfang der Nachbesserungs-(Nacherfüllungs)pflicht** bestehen, er also insbesondere die Auffassung vertritt, dass er zu weiterer Nachbesserung/Nacherfüllung nicht verpflichtet ist.[48]

2998 Besondere Bedeutung kann das Zurückbehaltungsrecht für den Bauherrn erlangen, wenn seine **Mängelrechte** (in Bezug auf die rechtzeitig gerügten Mängel) **verjährt** sind, er aber eine **Gewährleistungsbürgschaft** des Unternehmers in Händen hat. Für diesen Fall gewährt das OLG Köln[49] dem Bauherrn ein **Zurückbehaltungsrecht an der Bürgschaftsurkunde,** sodass er diese auch nur Zug um Zug gegen Zahlung der (notwendigen) Mängelbeseitigungskosten herausgeben muss (§ 274 Abs. 1 BGB).

2. Leistungsverweigerungsrecht (§ 320 BGB)

2999 Die Einrede aus § 320 BGB, die insolvenzfest ist,[50] soll vor allem als **Druckmittel** auf den Unternehmer wirken, seiner Pflicht zur Herstellung eines **mangelfreien Werkes** nachzukommen;[51] das gilt auch für den **gekündigten** Bau- oder Architektenvertrag.[52] Zu beachten ist, dass ein Auftraggeber wegen eines Mangels ein Leistungsverweigerungsrecht auch nach Eintritt der **Verjährung** der Mängelansprüche gemäß § 215 BGB geltend machen kann, sofern der Mangel in Erscheinung getreten war und in nicht verjährter Zeit hätte geltend gemacht werden können.[53] Daneben kommt dem Leistungsverweigerungsrecht des **Unternehmers** gemäß **§ 648a Abs. 1 Satz 1 BGB** zunehmend größere Bedeutung zu (Rdn. 334 ff.). Auch die Fra-

---

48) BGH, BauR 1976, 430; BGH, NJW 1972, 2268; vgl. auch BGHZ 61, 42, 46.
49) BauR 1993, 746 = ZfBR 1993, 285.
50) OLG Köln, IBR 2013, 279 – *Schmitz*.
51) Zum Leistungsverweigerungsrecht des Unternehmers aus **§ 410 BGB**: BGH, BauR 2012, 1791 = NZBau 2012, 764 = ZfBR 2012, 756 = IBR 2012, 638 – *von Rintelen* u. 698 – *Koppmann*; zum Leistungsverweigerungsrecht des Darlehensgebers bei einem **dreiseitigen** Vertrag: BGH, BauR 2013, 236 = ZfBR 2013, 228 = IBR 2013, 71 – *Manteufel*; zum Leistungsverweigerungsrecht des **Unternehmers** nach einer **Bedenkenanmeldung** (§ 4 Nr. 3 VOB/B): OLG Karlsruhe, BauR 2005, 729; zum Leistungsverweigerungsrecht bei einer **Durchgriffsfälligkeit** (§ 641 Abs. 2 BGB): OLG Nürnberg, BauR 2004, 516. Zum Leistungsverweigerungsrecht bei Streit über einen **Nachtrag**: OLG Bremen, IBR 2010, 434 – *Heiliger*; zum Leistungsverweigerungsrecht wegen unvollständiger Revisionsunterlagen: OLG Brandenburg, NZBau 2012, 570 m.Anm. *Lotz*.
52) BGH, BauR 2004, 1616 (Baustellenverbot **nach** Kündigung hindert nicht die Mängeleinrede); s. aber: OLG Naumburg, IBR 2014, 81 – *Jenssen*; danach besteht kein Leistungsverweigerungsrecht mehr, wenn der Besteller gerade im Hinblick auf die mangelhaften Leistungen das Vertragsverhältnis durch Kündigung beendet. Nach BGH (VIII. ZS., ZfBR 2013, 769 = IBR 2013, 647 – *Berding*) **entfällt** die Einrede des § 320 BGB bei einer fehlenden eigenen **Erfüllungsbereitschaft**.
53) BGH, BauR 2016, 258, 259; *Deppenkemper*, in: Prütting/Wegen/Weinreich, § 215 BGB, Rn. 1.

Leistungsverweigerungsrecht (§ 320 BGB)

ge, ob und inwieweit ein Unternehmer berechtigt ist, von einem Leistungsverweigerungsrecht Gebrauch zu machen und die Arbeiten einzustellen, wenn eine **Vereinbarung** über sog. „**Nachträge**" zwischen den Vertragspartnern **streitig** bleibt, wird wieder aktuell diskutiert (siehe auch Rdn. 1454 ff.).[54] Die Rechtsprechung ist geteilter Ansicht.[55] Unzweifelhaft ist allerdings, dass der Unternehmer die Arbeiten einstellen kann, wenn er einen Anspruch wegen nachtragsfähiger Leistungen gegen den Auftraggeber hat und dies im Streitfall auch **beweisen** kann; dann ist das Recht zur Leistungsverweigerung (nach Abnahme) unmittelbar aus § 320 BGB abzuleiten,[56] während das Recht zur Leistungsverweigerung innerhalb der Herstellungsphase aus § 242 BGB folgt.[57]

3000 Es entspricht anerkannten Rechtsgrundsätzen, dass die Einrede aus § 320 BGB gleich dem auf eine teilweise Nichterfüllung gestützten Zurückbehaltungsrecht zu behandeln ist und dass sie ungeachtet einer bereits erfolgten Abnahme und unabhängig von Gewährleistungsrechten erhoben werden kann.[58] Das gilt uneingeschränkt auch für den VOB-Vertrag.[59]

Dem Bauherrn steht daher im Werkvertragsrecht neben der Mängelbeseitigung weiterhin hinsichtlich des Zahlungsanspruchs des Unternehmers – auch wenn die Abnahme des Werkes schon erfolgt ist – nach § 320 BGB ein **Leistungsverweigerungsrecht** zu.[60] Mit der Abnahme hat sich der Anspruch auf das abgenommene konkrete Werk in der Weise beschränkt, dass der Unternehmer dessen Mängel abzustellen hat. Dahin geht nunmehr der **Nacherfüllungsanspruch** (§ 635 Abs. 1 BGB) des Bauherrn; deshalb darf er, bis diesem Anspruch Genüge getan, der Mangel also beseitigt ist, nach § 320 BGB seinerseits die Zahlung des Werklohns verweigern. Dem kann auch das Gericht nicht etwa mit der Begründung begegnen, die **Aufklärung** des dem Leistungsverweigerungsrecht zugrunde liegenden Sachverhalts sei „schwierig und zeitraubend".[61]

3001 In gleicher Weise kann auch der Erwerber einer **Eigentumswohnung** vom Bauträger die Zahlung einer nach **Baufortschritt** fälligen Rate des Erwerbspreises we-

---

54) Siehe hierzu: *Pauly*, BauR 2012, 851; *Kimmich*, BauR 2009, 1494; *Kues/Kaminsky*, BauR 2008, 1368; *Vygen*, BauR 2005, 431; *Weise*, NJW-Spezial 2004, 261; *Swonke*, BrBp 2004, 232 ff.; *Kuffer*, ZfBR 2004, 110 ff.; *Quack*, ZfBR 2004, 107 ff. Zur **Verletzung** der bauvertraglichen **Kooperationspflicht** als wichtigen Kündigungsgrund: OLG Frankfurt, BauR 2012, 262, 263 = NZBau 2012, 110, 111 m.w.Nachw.
55) **Bejahend:** OLG Düsseldorf, BauR 2002, 484 = NZBau 2002, 276; OLG Celle, BauR 2003, 890; BauR 1999, 262 = IBR 1999, 203; **verneinend:** OLG Brandenburg, BauR 2006, 529 u. BauR 2003, 1734 (Verletzung der Kooperationspflicht); OLG Düsseldorf BauR 2006, 531.
56) BGH, BauR 2004, 1613 = ZfBR 2004, 886 = NZBau 2004, 612 = IBR 2004, 486 – *Irl*; OLG Frankfurt, BauR 2012, 262, 263; *Kuffer*, ZfBR 2004, 110, 114 ff.; *Weise*, NJW-Spezial 2004, 261; s. auch OLG Düsseldorf, BauR 2003, 892, 893 für Pauschalpreisvertrag.
57) BGHZ 50, 175; 88, 240; *Schwenker*, IBR 2004, 234. Zum **Leistungsverweigerungsrecht** des Unternehmers wegen eines **Mehrvergütungsanspruchs** infolge eines vergabenachprüfungsbedingten verzögerten **Zuschlags**: Thüringer OLG, BauR 2005, 1161 = NZBau 2005, 341 (Berufungsurteil zu LG Erfurt, BauR 2005, 564); s. hierzu *Behrendt*, BauR 2007, 784 ff.; *Gröning*, BauR 2004, 199 ff.; *Schlösser*, ZfBR 2005, 733, 741.
58) Vgl. u.a. BGHZ 26, 337.
59) OLG Nürnberg, BauR 2000, 273, 274.
60) Vgl. BGH, *Schäfer/Finnern*, Z 2.414 Bl. 60.
61) BGH, BauR 2005, 1012 = NZBau 2005, 391.

gen aufgetretener Baumängel in angemessenem Verhältnis zum voraussichtlichen Beseitigungsaufwand gemäß § 320 BGB verweigern.[62] Dies betrifft nicht nur Mängel am **Sondereigentum,** sondern auch solche des **Gemeinschaftseigentums** (vgl. näher Rdn. 481 ff.). Das Leistungsverweigerungsrecht kann von dem Erwerber auch im Rahmen einer **Vollstreckungsgegenklage** (Rdn. 3179) geltend gemacht werden; es führt dazu, „dass die Zwangsvollstreckung aus der notariellen Urkunde nur Zug um Zug gegen Beseitigung der gerügten Mängel zulässig ist".[63]

3002 In der Baupraxis entstehen oftmals **Meinungsverschiedenheiten** zwischen **Bauherr** und **Architekt,** wenn dieser – nach Beendigung des Vertragsverhältnisses – **Bauunterlagen** (z.B. Ausführungspläne, Detailpläne, Leistungsverzeichnisse) mit der Begründung **zurückhält,** das ihm zustehende Architektenhonorar[64] sei noch nicht gezahlt. Hierauf kann der Architekt ein Leistungsverweigerungsrecht indes nicht stützen; zum einen ist der Architekt hinsichtlich seiner Leistungen **vorleistungspflichtig.** Er kann deshalb auch die Herausgabe der Pläne und sonstiger wichtiger Bauunterlagen nicht von der vorherigen Begleichung seiner Honorarforderung abhängig machen.[65] Zum anderen rechtfertigen auch **urheberrechtliche Gesichtspunkte** keine andere Beurteilung: Mit dem Abschluss des Architektenvertrages überträgt der Architekt nämlich in aller Regel die urheberrechtliche Nutzungsbefugnis auf den Bauherrn (vgl. Rdn. 899 ff. und 1946 ff.); dies gilt auch, wenn die vertragliche Beziehung durch Kündigung beendet wird.[66] Der Architekt muss deshalb in diesen Fällen grundsätzlich darauf verwiesen werden, seine Gebührenansprüche gegebenenfalls nach §§ 648, 648a BGB abzusichern.[67]

3003 Durch die Neuregelung des § 641 BGB durch das Forderungssicherungsgesetz ist mit § 641 Abs. 3 Halbs. 2 BGB weiterhin eine Vorschrift in Kraft, die auf die von der Rechtsprechung zu § 320 BGB entwickelten Grundsätze des Leistungsverweigerungsrecht Bezug nimmt und diese gesetzlich fortschreibt.[68] Die Vorschrift verdrängt § 320 BGB für den Zeitraum **nach** der rechtsgeschäftlichen Abnahme, soweit es jedenfalls um die **Höhe** des Druckzuschlags geht.[69] Nach § 641 Abs. 3 BGB kann der Besteller (nunmehr) „nach der Fälligkeit die Zahlung eines angemessenen Teils der Vergütung verweigern; angemessen ist in der Regel das **Doppelte** der für die Beseitigung des Mangels erforderlichen Kosten." Damit reduziert die Vorschrift die vielfach exzessiv von den Bestellern praktizierte Zahlungsverwei-

---

62) BGH, BauR 2012, 241 = IBR 2012, 25 – *Vogel* (Fortführung von BGH, ZfBR 1984, 35 = BauR 1984, 166 = NJW 1984, 725 = NJW 1984, 725; s. auch *Deckert,* ZfBR 1984, 161, 166). Zur Wirksamkeit der Vorleistungspflicht des **Erwerbers** in AGB des Bauträgers: BGH, BauR 2002, 81 = NZBau 2002, 26 = ZfBR 2002, 147.
63) BGH, BauR 1992, 622, 626 u. BGH, NJW-RR 1997, 1272.
64) Vgl. dazu LG Darmstadt, BauR 1997, 162.
65) Vgl. OLG Frankfurt, BauR 1982, 295; OLG Köln, BauR 1999, 189 = ZfBR 1999, 38; OLG Hamm, BauR 2000, 295 = NJW-RR 2000, 867; s. ferner: *Bruns,* BauR 1999, 529; *Lauer,* BauR 2000, 812.
66) OLG Frankfurt, a.a.O.; BGH, BauR 1975, 363.
67) OLG Köln, BauR 1999, 189 = OLGR 1998, 138, 139 = NJW-RR 1998, 1097.
68) *Horsch/Eichberger,* BauR 2001, 1024; *Kniffka,* ZfBR 2000, 227, 232; *Palandt/Sprau,* § 641 BGB, Rn. 12.
69) *Motzke,* in: Englert/Motzke/Wirth, § 641 BGB, Rn. 88 (zur **Darlegungs-** und **Beweislast**).

Leistungsverweigerungsrecht (§ 320 BGB)

gerung auf ein erträgliches Normalmaß.[70] Zu beachten ist, dass eine berechtigte Mängeleinrede in jedem Fall einen Verzugseintritt auch nach Abnahme der Werkleistung hindert oder einen bestehenden Zahlungsverzug wieder beseitigt.[71] Soll der Auftraggeber in **Annahmeverzug** geraten, so muss der Unternehmer die Leistung so, wie sie zu bewirken ist, tatsächlich angeboten haben; in der **Praxis** wird der Unternehmer demnach „mit entsprechendem Werkzeug, Materialien und Fachpersonal" bei dem Auftraggeber erscheinen müssen.[72]

Die Einbehaltung des **zweifachen Betrages** der voraussichtlichen Mängelbeseitigungskosten[73] wird allerdings in der Regel **ausreichend** sein. Das gilt aber nicht, wenn der „Nachbesserungswert" nicht mehr als geringfügig anzusehen ist oder schon Nachbesserungsversuche (mehrfach) gescheitert sind.[74] Insoweit ist dem OLG Saarbrücken[75] uneingeschränkt zuzustimmen, dass bei Mängelbeseitigungskosten, die etwa einem Drittel der Gesamtvergütung entsprechen, der nicht vertragsmäßige Teil des Werkes nicht als geringfügig i.S. des § 320 Abs. 2 BGB angesehen werden kann. In diesem Falle ist der Besteller weiterhin berechtigt, die Zahlung der **gesamten** noch ausstehenden Vergütung bis zur Mängelbeseitigung zu verweigern. Andererseits ist zu beachten, dass der Bauherr als Auftraggeber auf Kosten des Bauunternehmers **nicht übersichert** wird.[76]

3004

Macht der Unternehmer lediglich einen **Teil seines Werklohnanspruches** geltend, kann ebenfalls die Einrede des § 320 BGB erhoben werden, wobei allerdings § 320 Abs. 2 BGB zu berücksichtigen ist. Reicht der noch nicht geforderte rechtliche Teil des unbestrittenen Vergütungsanspruchs zur Beseitigung der Mängel aus, kann grundsätzlich ein Leistungsverweigerungsrecht nicht mit Erfolg geltend gemacht werden.

3005

Das Leistungsverweigerungsrecht gemäß § 320 BGB darf als **rechtmissbräuchlich** nicht ausgeübt werden, wenn die beiderseitigen Leistungen in einem auffälligen Missverhältnis stehen, wenn die Art des Gegenstandes eine Zurückbehaltung verbietet oder wenn die Leitungsverweigerung den Anspruch des Gläubigers endgültig vereitelt oder beseitigt.[77] So verstößt die Verweigerung der Gegenleistung gemäß § 320 Abs. 2 BGB gegen Treu und Glauben, wenn der Einrede des nicht gehörig erfüllten Vertrages die Einrede der **Unverhältnismäßigkeit** wirksam ent-

3006

---

70) Leinemann, NJW 2008, 3745, 3748; zu den **Auswirkungen** der Änderungen durch das Forderungssicherungsgesetz s. ausführlich *Biederer*, BauR 2009, 1050, 1055 f.
71) Vgl. BGH, IBR 2006, 489 – *Sienz* (für § 478 BGB a.F.); BGH, BauR 2003, 1561; BauR 1999, 1025, 1026 = ZfBR 1999, 313.
72) OLG Düsseldorf, BauR 2002, 482, 484.
73) Zu den Anforderungen an eine gerichtliche **Schätzung** gemäß § 287 ZPO: BGH, NZBau 2004, 389 = BauR 2004, 1290.
74) Zutreffend: OLG Oldenburg, NJW-RR 1996, 817.
75) MDR 1967, 670.
76) *Horsch/Eichberger*, BauR 2001, 1024 ff.
77) BGH, WM 1974, 369. Zum Auflassungsanspruch eines Erwerbers, wenn sich der Bauträger mit der Beseitigung der Mängel in Verzug befindet, er aber den Erwerbspreis deshalb noch nicht vollständig gezahlt hat: LG Heilbronn, BauR 2002, 107.

gegengehalten werden kann,[78] was der Unternehmer darzulegen hat.[79] Bei geringfügigen Mängeln kann im Einzelfall das Leistungsverweigerungsrecht ebenfalls ganz oder teilweise ausgeschlossen sein.[80] **Rechtsmissbräuchlich** handelt der Bauherr auch, wenn er **nach** Abnahme des Werkes die Einrede des nichterfüllten Vertrages erhebt, obwohl ihm die Nachbesserung angeboten worden ist und er sie endgültig abgelehnt hat.[81] Darüber hinaus soll nach OLG Naumburg[82] die Ausübung des Leistungsverweigerungsrechtes gegen Treu und Glauben verstoßen, wenn der Auftraggeber in Vermögensverfall geraten ist und Vollstreckungsversuche erfolglos blieben.

3007 Die Vereinbarung über einen **Sicherheitseinbehalt** hindert den Bauherrn allerdings noch nicht, wegen Werkmängel eine an sich fällige Zahlung zu verweigern.[83] Der Unternehmer kann in diesem Falle nicht einwenden, der Bauherr dürfte das Leistungsverweigerungsrecht nur wegen eines den Sicherheitseinbehalt wertmäßig übersteigenden Mängelbeseitigungsanspruchs geltend machen.[84] Indes ist die Sicherheit bei der **Bemessung** der Höhe einer berechtigten Leistungsverweigerung mit einzubeziehen. In der Praxis wird in aller Regel vorgesehen, dass der Auftragnehmer berechtigt ist, den **Sicherheitseinbehalt** durch eine **andere** Sicherheit – vor allem durch eine Bürgschaft – **abzulösen**; treten Mängel auf, die der Unternehmer nicht beseitigt, wollen die Auftraggeber in aller Regel von einem Leistungsverweigerungsrecht Gebrauch machen und zahlen z.B. den Sicherheitseinbehalt nicht aus. Da das Austauschrecht jedoch ein vertragliches Austauschrecht des Auftragnehmers ist, scheidet ein Zurückbehaltungsrecht wegen etwaiger Mängel aus.[85] Dies folgt aus der getroffenen Sicherungsabrede. Liegt im Zeitpunkt des Austauschbegehrens des Auftragnehmers bereits der **Sicherungsfall** vor, so hat der Auftraggeber allerdings ein Wahlrecht: Er kann z.B. die angebotene Austauschbürgschaft annehmen oder aber den vorhandenen Sicherheitseinbehalt verwerten. Das muss gegenüber dem Auftragnehmer allerdings unverzüglich erklärt werden, weil es andernfalls bei dem Austauschrecht verbleibt.[86]

3008 Das Leistungsverweigerungsrecht kann **nicht mehr geltend gemacht** werden, wenn ordnungsgemäß nachgebessert worden ist, dem **Unternehmer** nicht ausrei-

---

78) Vgl. § 633 Abs. 2 Satz 3 BGB a.F. (OLG Nürnberg, *Schäfer/Finnern*, Z 2.414 Bl. 97). Dem entspricht § 635 Abs. 3 BGB n.F. (s. hierzu: *Henssler/Graf von Westphalen*, § 635 BGB, Rn. 10; *Grauvogl*, in: Wirth/Sienz/Englert, § 635 BGB, Rn. 6 ff.; AnwKom-BGB/*Raab*, § 635, Rn. 17 ff.).
79) BGH, BauR 1997, 133, 134 = ZfBR 1997, 31 = NJW-RR 1997, 18; s. auch *Biebelheimer*, NZBau 2004, 124, 127.
80) S. hierzu auch OLG Karlsruhe, IBR 2013, 74 – *Heiliger*.
81) OLG Köln, BauR 1977, 275.
82) BauR 2003, 896.
83) *v. Minckwitz/Hahn*, BrBp 2003, 213, 215 ff.
84) BGH, BauR 1982, 579 = ZfBR 1982, 253 = NJW 1982, 2494; BGH, WM 1981, 1108 = NJW 1981, 2801 (für **Abschlagszahlung**); NJW 1967, 34; anders: OLG Düsseldorf, BauR 1975, 348.
85) BGH, BauR 2002, 1543, 1544; **streitig** bei Verstoß gegen § 17 Nr. 6 Abs. 3 VOB/B: KG, BauR 2003, 728, 729; OLG Dresden, BauR 2001, 1918, 1919 (Leistungsverweigerungsrecht); OLG Celle, IBR 2003, 196 (kein Leistungsverweigerungsrecht, aber Aufrechnung mit Gegenansprüchen möglich).
86) BGH, BauR 2001, 1893, 1894.

Leistungsverweigerungsrecht (§ 320 BGB)

chend **Gelegenheit zur Nachbesserung/Nacherfüllung** gegeben oder sogar die **Nacherfüllung verweigert** wurde[87] oder schließlich vom Auftraggeber nicht mehr Mängelbeseitigung, sondern Schadensersatz verlangt wird.[88] Streitig ist, ob dem **Bauherrn** (Auftraggeber) ein **Leistungsverweigerungsrecht** auch dann noch zustehen kann, wenn er selbst mit der Annahme der angebotenen Mängelbeseitigung wirksam in **Annahmeverzug** geraten ist. Das wird von der wohl überwiegenden Ansicht bejaht,[89] **sofern nicht** von einer **endgültigen Leistungsverweigerung** des Auftraggebers auszugehen ist. Nach dieser Auffassung ist aber das Leistungsverweigerungsrecht wertmäßig in aller Regel auf den **einfachen Betrag** der notwendigen Mängelbeseitigungskosten begrenzt.[90] Zu **beachten** ist, dass bei einem **Annahmeverzug** des Auftraggebers **vor** Abnahme der Werkleistung nach der Rechtsprechung des BGH[91] (nur) eine Verurteilung des Auftraggebers „**nach Empfang der Gegenleistung**" (§ 322 Abs. 2 BGB) erfolgen kann, während **nach** einer Abnahme die Zug-um-Zug-Verurteilung erfolgt.

Das Leistungsverweigerungsrecht des § 320 BGB kann in **Individualverträgen** grundsätzlich **abgedungen** werden. Dagegen kann es **nicht** mehr wirksam in **Allgemeinen Geschäftsbedingungen oder Formularverträgen ausgeschlossen oder eingeschränkt** werden (§ 309 Nr. 2a BGB). Sinn dieser Regelung ist es, dem Gläubiger den Schutz zu bewahren, den der Gesetzgeber mit der Zug-um-Zug-Regelung des § 320 BGB erreichen wollte. Dementsprechend sind auch formularmäßige Klauseln unwirksam, die im Ergebnis auf eine Ausschaltung des Leistungsverweigerungsrechts hinauslaufen; so hat der BGH[92] eine **Hinterlegungsklausel** für unwirksam erklärt, nach der der Erwerber eines Einfamilienhauses verpflichtet war, vor Übergabe des bezugsfertigen Hauses ohne Rücksicht auf vorhandene Baumängel den Restpreis auf Anweisung des Veräußerers zu hinterlegen. Ferner hat er eine Klausel für unzulässig erklärt, nach der ein Leistungsverweigerungsrecht nur wegen anerkannter oder rechtskräftig festgestellter Forderungen geltend gemacht werden kann.[93]

3009

---

87) BGH, DB 1970, 1375; LG Köln, BauR 1972, 314.
88) Vgl. BGH, NJW 1979, 549, 550; OLG Köln, OLGR 2003, 97, 99.
89) **Bejahend**: OLG Celle, BauR 2006, 1316, 1317; BauR 2004, 884 = OLGR 2004, 437; OLG Hamm, BauR 1996, 123, 126 = NJW-RR 1996, 86; OLG Köln (19. Senat), NJW-RR 1996, 499; OLG Köln (13. Senat), NJW-RR 1995, 1393 („neigt" zu dieser Auffassung); OLG Naumburg, OLGR 1997, 303; SchlHOLG, BauR 2001, 115, 116; OLG Düsseldorf, IBR 2004, 307 – *Groß*; **verneinend**: SchHOLG, IBR 2001, 183; OLG Hamm, OLGR 1994, 194, 195; LG Köln, BauR 1972, 314; *Siegburg*, BauR 1992, 419 ff.
90) BGH, BauR 2002, 1403 = NZBau 2002, 383 (Nichtannahmebeschluss zu OLG München, IBR 2002, 361); OLG Celle, BauR 2006, 1316; BauR 2004, 884 = NZBau 2004, 328, 329; SchlHOLG, BauR 2001, 115, 116; **a.A.:** OLG Düsseldorf, IBR 2004, 307, das den Druckzuschlag zubilligt und den Unternehmer auf das Vollstreckungsverfahren verweist (§§ 274 Abs. 2, 322 Abs. 3 BGB, § 756 ZPO); s. aber OLG Celle (13. Senat), BauR 2003, 106; SchlHOLG, BauR 2001, 115, 116.
91) BGH, BauR 2002, 794 = NZBau 2002, 266 = ZfBR 2002, 463; OLG Celle, NZBau 2004, 328, 329.
92) BGH, BauR 1985, 93 = ZfBR 1985, 40; siehe ferner: BGH, ZfBR 1985, 134 = NJW 1985, 855 für Verkaufs- und Lieferungsbedingungen eines Fensterherstellers („Bei Anlieferung sind 90 % der Rechnungssumme fällig") u. OLG Köln, NJW-RR 1992, 1047 (für eine Anzahlung in Höhe von **95 %**); s. ferner: *Christiansen*, ZfBR 2004, 736, 742.
93) BGH, BauR 1992, 622, 626 = NJW 1992, 1260.

3010 Im Geschäftsverkehr zwischen **Unternehmern** wird man allerdings die Möglichkeit des formularmäßigen Ausschlusses eines Leistungsverweigerungsrechts zu bejahen haben. Allerdings kann auch hier der Ausschluss des Leistungsverweigerungsrechts **unangemessen** sein, insbesondere **bei groben Vertragsverletzungen** des Vertragspartners sowie bei einem **entscheidungsreifen** Gegenanspruch.[94]

3011 Bestritten ist, welche **Wirkung** die Einrede des § 320 BGB für den Vergütungsanspruch hat. Einmal könnte der Unternehmer nur berechtigt sein (§ 322 Abs. 1 BGB), die Zahlung des Werklohns Zug um Zug gegen Herstellung eines fehlerfreien Werkes bzw. Beseitigung des Mangels fordern.[95] Es könnte aber auch die weitere Folge in Betracht kommen, dass der Unternehmer zur Zeit keine Forderung verlangen kann, sodass die Klage abzuweisen wäre; dies wiederum könnte damit begründet werden, dass § 322 Abs. 1 BGB wegen der Vorleistungspflicht des Unternehmers (vgl. § 322 Abs. 2 BGB) nicht anwendbar ist.[96]

Die **herrschende Auffassung** unterscheidet wie folgt:

3012 ∗ Ist die **Abnahme** noch **nicht** erfolgt, ist die **Klage** abzuweisen.[97]

3013 ∗ Kann der Auftraggeber **nach** der Abnahme des Werkes die Beseitigung eines Baumangels verlangen, und erhebt er deshalb die Einrede nach § 320 BGB, so ist er zur Zahlung der Vergütung **Zug um Zug** gegen Beseitigung des Mangels zu verurteilen.[98] Danach hat auch der Auftraggeber seinen Prozessantrag auszurichten; will er Kostenanteile verhindern, darf er nicht Klageabweisung, sondern muss eine Zug-um-Zug-Verurteilung beantragen.[99]

3014 ∗ Wird der Werkvertrag vorzeitig von dem Bauherrn **aufgekündigt**, kann sich dieser nicht auf „fehlende" Abnahme berufen;[100] solange die Werkleistungen aber **mangelhaft** und für den Bauherrn **nicht brauchbar** sind, scheidet ein Vergütungsanspruch für den Unternehmer aus. Die auf Zahlung gerichtete **Klage** des **Unternehmers** ist **abzuweisen,** wenn die Leistung (insgesamt) **unbrauchbar** ist. Hat der Unternehmer sein Recht auf **Nachbesserung** bzw. **Nacherfüllung** (§ 635 Abs. 1 BGB) noch nicht verloren,[101] so führt ein von dem Bauherrn geltend ge-

---

94) *Palandt/Grüneberg*, § 309 BGB, Rn. 16; *Siegburg*, Rn. 843; *Frieling*, Rn. 18.
95) Vgl. beiläufig ohne nähere Begründung: BGHZ 26, 337, 339; OLG Karlsruhe, MDR 1967, 669, 670.
96) Vgl. *Schneider*, DB 1969, 115; OLG Nürnberg, OLGZ 67, 405, 406.
97) Vgl. BGHZ 26, 337, 339; BGH, *Schäfer/Finnern*, Z 2.414 Bl. 140; BGHZ 61, 42 = BauR 1973, 313 = JR 1974, 66 m.Anm. *Fenge*, JR 1974, 68; OLG Köln, *SFH*, Nr. 17 zu § 320 BGB; *Siegburg*, BauR 1992, 419, 421. Entsprechendes gilt beim **VOB**-Bauvertrag; BGHZ 55, 334, 357, 358; **a.A.:** *Fischer*, BauR 1973, 210.
98) Vgl. BGHZ 26, 337, 339 = NJW 1958, 706; BGHZ 55, 354, 358 = NJW 1971, 838; BGHZ 73, 140, 145 = BauR 1979, 159; BauR 1980, 357; ebenso: BGH, NJW 1979, 650 bei einer Klage auf **Abschlagszahlung** (s. aber OLG Schleswig, OLGR 2007, 351 = BauR 2007, 1579). Zum **Ausschluss** der Einrede aus dem Rechtsgedanken des § 321 BGB: OLG Naumburg, BauR 2003, 896, 899 = IBR 2003, 133 – *Schmitz*.
99) *Siegburg*, BauR 1992, 419, 422. Zur **Kostenentscheidung:** OLG Düsseldorf, NJW-RR 1996, 146.
100) BGH, BauR 1987, 95; BGH, ZfBR 1993, 189; OLG Hamm, BauR 1995, 397.
101) Durch die **Kündigung** allein wird das Recht auf Nacherfüllung (§ 635 Abs. 1 Satz 1 BGB) des Unternehmers oder Architekten noch nicht beseitigt; vgl. OLG Hamm, BauR 1995, 397 = OLGR 1995, 88 für **Unternehmer**; OLG Hamm, OLGR 1995, 87 für **Architekten**.

Leistungsverweigerungsrecht (§ 320 BGB) Rdn. 3015–3017

machtes **Leistungsverweigerungsrecht** nicht zur Klageabweisung, sondern zur **Verurteilung Zug-um-Zug gegen Mängelbeseitigung.** Mit Recht weist das OLG Hamm[102] darauf hin, dass der Unternehmer „seine Vorleistungspflicht erfüllt, wenn er das im Zeitpunkt der Kündigung vorhandene Werk brauchbar hergestellt hat. Auf dieses Werk beschränkt sich infolge der Kündigung seine Leistungsverpflichtung". Eine Zug-um-Zug-Verurteilung wird dieser Sachlage ausreichend gerecht. Bei einer **Verurteilung** des Bauherrn zur Zahlung Zug um Zug gegen die Beseitigung von Mängeln richtet sich die **Beschwer** (seiner Verurteilung) nach dem **Wert** der nichtberücksichtigten Mängelbeseitigungskosten und nicht nach dem sog. Druckzuschlag.[103]

Klagt der Unternehmer eine **Abschlagszahlung** ein (§ 632a BGB, § 16 Nr. 1 VOB/B), so kann das auf Mängel gestützte Leistungsverweigerungsrecht des Bauherrn nur zu einer **Zug-um-Zug**-Verurteilung und nicht zu einer Klageabweisung „als zur Zeit unbegründet" führen; das hat der BGH mehrfach betont.[104] Im Übrigen ist zu beachten, dass einem Unternehmer ein Leistungsverweigerungsrecht wegen nicht rechtzeitig oder nicht vollständig beglichener Abschlagszahlungen nur zustehen kann, wenn seine Abschlagsberechnungen prüfbar sind.[105] **3015**

Dies gilt auch für Verträge, die der **VOB** unterliegen.[106] Damit verlagert sich allerdings die Prüfung, ob ordnungsgemäß nachgebessert ist, ins **Zwangsvollstreckungsverfahren**. Das ist aber eine zwangsläufige Folge der vom Gesetzgeber in § 322 Abs. 1 BGB bewusst getroffenen gesetzlichen Regelung.[107] Der Besteller wird auch gezwungen, sein gesamtes Verteidigungsvorbringen zu konzentrieren, weil er später Einwendungen gegen den Anspruch des Unternehmers auf Zahlung der Vergütung nur noch unter den strengeren Voraussetzungen des § 767 Abs. 2 ZPO geltend machen kann.[108] **3016**

Zu beachten ist, dass der BGH[109] klargestellt hat, welche Rechte dem Unternehmer bei der **außerprozessualen und prozessualen Geltendmachung** eines **Kostenbeteiligungsanspruchs gegen den Bauherrn** zustehen. Hat der Unternehmer einen Anspruch auf Werklohn Zug um Zug gegen Beseitigung eines Baumangels, muss sich aber der **Bauherr** bei der Mängelbeseitigung (wegen einer **Mitverursachungsquote**, wegen **Vorteilsausgleichung,** insbesondere wegen **Sowiesokosten**) **mit einem Kostenzuschussanspruch beteiligen,** so steht dem Unternehmer **außerprozessual** ein Anspruch auf **Sicherheitsleistung** gegen den Besteller zu. Im **3017**

---

102) BauR 1995, 397 = NJW-RR 1995, 657 = OLGR 1995, 88.
103) BGH, NJW-RR 1997, 148.
104) BGH, BauR 1991, 81, 83 = NJW 1991, 565; BGHZ 73, 144 = BauR 1979, 159; BGH, BauR 1988, 474.
105) Vgl. OLG Düsseldorf, BauR 1997, 1041, 1042 = NJW-RR 1997, 1516 = OLGR 1998, 4 (LS).
106) Vgl. BGHZ 55, 354, 358 = NJW 1971, 383; BGH, NJW 1973, 1792 = BauR 1973, 313; *Kaiser*, Rn. 193; **a.A.:** *Schneider*, DB 1969, 115; OLG Breslau, SeuffArch. 59, Nr. 22; *Fischer*, BauR 1973, 210.
107) BGHZ 61, 42 = MDR 1973, 842.
108) BGH, a.a.O.
109) BGH, BauR 1984, 395 = ZfBR 1984, 173 = *SFH*, Nr. 5 zu § 13 Nr. 5 VOB/B (1973); BGH, BauR 1984, 401 = ZfBR 1984, 176; s. auch *Bühl*, BauR 1985, 502 ff.

Werklohnprozess führt die Geltendmachung des Zuschussanspruchs dagegen zu einer **doppelten Zug-um-Zug-Verurteilung** (vgl. Rdn. 3209).

Der Bauherr, der dem Unternehmer den Mangel rechtzeitig vor **Verjährungseintritt** angezeigt hat, kann die Zahlung des Werklohns auch **nach Verjährungseintritt** bis zur Mängelbeseitigung einredeweise verweigern (vgl. § 215 BGB).[110]

3. Das Leistungsverweigerungsrecht bei abgetretenen Mängelrechten

Literatur

Diedrich, Das Leistungsverweigerungsrecht des Erwerbers von Wohnraum nach § 320 BGB gegenüber dem sich von der Sachmängelhaftung freizeichnenden Bauträger (zugleich Entscheidungsrezension BGH, Urteil vom 22.12.1977 = BauR 1978, 136), BauR 1978, 344; *Graßnack*, Die Abtretung von Gewährleistungsansprüchen gegen die am Bau beteiligten Unternehmer im Vertrag des Bauträgers mit dem Erwerber von Wohnungseigentum, BauR 2006, 1394.

3018 Zuweilen treten **Bauträgergesellschaften** immer noch ihre „**sämtlichen Gewährleistungsansprüche**" gegenüber dem Architekten, dem Unternehmer und anderen an der Erstellung des Eigenheims beteiligten Dritten an den Käufer (Erwerber) **ab** (vgl. dazu näher Rdn. 2705).[111] Ist diese **Abtretung** (ausnahmsweise)[112] **wirksam,** so kann der **Bauträger** die Gewährleistungsansprüche nicht mehr im Wege einer (Wider)klage geltend machen. Nach h.M. kann dieser jedoch z.B. gegenüber dem **Unternehmer,** der für einen Baumangel verantwortlich ist, noch weiterhin die Einrede des § 320 erheben.[113] Damit haben die Trägergesellschaften durch ihr „Abwehrrecht" über § 320 BGB die **Möglichkeit,** gegenüber dem Unternehmer **einen Preisnachlass wegen Mängeln zu erlangen**.[114]

3019 Der **Erwerber** (Käufer) kann bei einer (ausnahmsweise) wirksamen Abtretung den Bauträger nach der bisherigen Rechtsprechung des BGH dann nur „**subsidiär**" in Anspruch nehmen. Allerdings kann sich der Veräußerer nur insoweit freizeichnen, als sich der Erwerber aus den abgetretenen Ansprüchen gegen die Baubeteiligten (Architekt, Unternehmer) tatsächlich schadlos halten konnte. Das Risiko, dass die Schadloshaltung fehlschlägt, bleibt nach der Rechtsprechung also beim Veräußerer.[115] Im Übrigen tritt die subsidiäre Eigenhaftung des Bauträgers schon

---

110) BGH, BauR 2006, 1464 zum alten Recht (entsprechende Anwendung von § 390 Satz 2 BGB a.F.); s. ferner: BGH, BauR 1970, 54 = NJW 1970, 561; kritisch: *Heyers*, BauR 1970, 135 (Anwendung von § 320 BGB); OLG Köln, BauR 1993, 746 = ZfBR 1993, 285 für Bürgschaftskunde.
111) Vgl. z.B. BGH, BauR 1975, 133; BGH, BauR 1984, 172 = ZfBR 1984, 69; OLG Koblenz, NJW-RR 1999, 603; OLG Düsseldorf, BauR 2000, 131.
112) Siehe hierzu: BGH, BauR 2002, 1385 = BGH, NJW 2002, 2470 = IBR 2002, 418 – *Schwenker;* BGHZ 164, 225 = BauR 2006, 99 = NZBau 2006, 113. Zur Abtretung der einzelnen Mängelrechte siehe *Lauer/Wurm*, Rn. 148 ff. m. Nachw.
113) BGH BauR 2007, 1727, 1729 = NZBau 2007, 639; BGHZ 55, 354; OLG München, BauR 1973, 387; *Brych*, NJW 1972, 896; *Fritz*, Rn. 109 m.w.Nachw. in Anm. 437; *Kapellmann/Messerschmidt/Weyer*, § 13 VOB/B, Rn. 244; **a.A.:** *Ludewig*, NJW 1972, 516.
114) Diesen kann allerdings der Erwerber herausverlangen: *Jagenburg*, NJW 1972, 1223.
115) Vgl. u.a. BGHZ, 62, 251 = BauR 1974, 278 = NJW 1974, 1135; BGH, BauR 1975, 133; BauR 1978, 136 = NJW 1978, 634; *Löwe*, NJW 1974, 1108; *Locher*, NJW 1974, 1544 u. JZ 1974, 614; *Ohmen*, DNotZ 1975, 344.

dann ein, wenn dieser den Erwerber bei der Durchsetzung der Ansprüche nicht hinreichend unterstützt.[116]

In der Regel handelt es sich jedoch um **formularmäßige Subsidiaritätsklauseln**, die nach der neueren Rechtsprechung des BGH wegen Verstoßes gegen § 307 Abs. 2 Nr. 2 BGB **unwirksam** sind.[117] Damit entfällt aber auch die Subsidiärhaftung des Bauträgers; und Mängelansprüche des Erwerbers können bei einem finanziellen Zusammenbruch des Bauträgers in der Regel nicht mehr durchzusetzen sein.[118] Ob deshalb eine Art „**Sicherungsabtretung**" durch den Bauträger sinnvoll erscheint, ist mit Basty allerdings sehr zu bezweifeln. **3020**

4. Die Unsicherheitseinrede (§ 321 BGB)

Literatur

Schmitz, Handlungsmöglichkeiten von Auftragnehmer und Auftraggeber in der wirtschaftlichen Krise des Vertragspartners, BauR 2005, 169.

Wer als Werkunternehmer oder aufgrund einer Vereinbarung zur **Vorleistung** verpflichtet ist, vertraut immer (auch) auf die Zahlungsfähigkeit seines Vertragspartners. Neben den im Gesetz vorgesehenen Sicherheiten (§§ 648, 648a BGB) und den im Einzelfall vereinbarten (z.B. Stellung einer Bürgschaft auf erstes Anfordern) wird § 321 BGB zukünftig eine größere Bedeutung als „Sicherheit" für einen vorleistungspflichtigen Unternehmer oder auch Architekten haben;[119] so kann z.B. ein Handwerker künftig „die ihm obliegende Leistung **verweigern, wenn** nach Abschluss des Vertrages **erkennbar wird,** dass sein Anspruch auf die Gegenleistung **durch mangelnde Leistungsfähigkeit** des anderen Teils **gefährdet** wird" (§ 321 Abs. 1 Satz 1 BGB). Voraussetzung für die Anwendung des § 321 BGB ist, dass sich die Vorleistungspflicht aus einem **gegenseitigen** Vertrag ergibt und es sich um eine Hauptpflicht handelt, die im **Synallagma** steht.[120] Die Vorschrift des § 321 BGB ist **abdingbar**; Einschränkungen durch AGB sind unwirksam. **Erweiterungen** können vor allem gegen § 308 Nr. 3 BGB verstoßen.[121] **3021**

Im Gegensatz zur früheren Regelung kann der Unternehmer nunmehr nach einer erfolglosen Fristsetzung sogar vom **Vertrag zurücktreten** (§§ 321 Abs. 2, 323 BGB). Da es nach der Neuregelung zudem unerheblich ist, ob die mangelnde Leistungsfähigkeit bereits **vor** oder erst **nach** Vertragsschluss eintritt,[122] wird in der Praxis das Druckmittel des § 321 BGB vor allem effektiv sein, wenn (vorübergehende) Zahlungseinstellungen, etwa aufgrund von Vollstreckungsmaßnahmen, drohen, für

---

116) BGH, BauR 1991, 85, 87 m.w.Nachw.
117) BGH, BauR 2002, 1385 = NJW 2002, 2470 = IBR 2002, 418 – *Schwenker*; *Graßnack*, BauR 2006, 1394; *Basty*, Rn. 967.
118) *Basty*, Rn. 970.
119) Zum **Ausschluss** des Leistungsverweigerungsrechts des Auftraggebers wegen Mängeln aus dem Rechtsgedanken des § 321 BGB: OLG Naumburg, BauR 2003, 896, 899 = IBR 2003, 133 – *Schmitz*.
120) *Medicus/Stürner*, in: Prütting/Wegen/Weinreich, § 321 BGB, Rd. 2; *Erman/Westermann*, § 321 BGB, Rn. 3.
121) *Palandt/Grüneberg*, § 321 BGB, Rn. 2 m.w.Nachw.
122) *Erman/Westermann*, a.a.O., Rn. 2.

den Unternehmer aber nicht absehbar ist, welche weitergehenden Folgen (Kündigung von Bankkrediten; Insolvenzantrag) damit verbunden sind. Das **Leistungsverweigerungsrecht** kann deshalb auch als gute **Vorstufe** für ein Sicherungsverlangen nach §§ 648, 648a BGB angesehen werden. Darüber hinaus schließt es eine (zu § 648a BGB) bestehende **Lücke:** Ist diese Vorschrift **nicht** anwendbar (Einfamilienhaus der natürlichen Person, § 648a Abs. 6 Nr. 2 BGB), so hat der Unternehmer zukünftig zumindest das Druckmittel des § 321 BGB.[123] Voraussetzung für ein Leistungsverweigerungsrecht ist allerdings, dass die mangelnde Leistungsfähigkeit erst **nach** Abschluss des Vertrages „erkennbar wird". Das schließt ein, dass der vorleistungspflichtige Unternehmer bei Abschluss des Vertrages die Augen nicht verschließen darf; vielmehr ist er gehalten, bei hinreichenden Anhaltspunkte **Nachprüfungen** anzustellen. Wer deshalb gebotene Überprüfungen der Leistungsfähigkeit seines Partners (z.B. durch Einholung einer Auskunft) unterlässt, läuft Gefahr, sich nicht auf § 321 BGB berufen zu können.[124] Es reicht auch **nicht** aus, wenn der Vertragspartner nur in zurechenbarer Weise den **Anschein** einer Gefährdung gesetzt hat.[125] Wer als Vorleistungspflichtiger gebotene Sorgfaltspflichten verletzt, kann sich im Einzelfall daher auch gegenüber seinem Vertragspartner schadensersatzpflichtig machen.[126]

---

123) Siehe auch *Peters*, NZBau 2002, 113, 116.
124) *Schmitz*, BauR 2005, 169, 179; *Erman/Westermann*, a.a.O., Rn. 5, jeweils unter Hinweis auf die BT-Drucks. 14/6040 S. 179.
125) AnwKom-BGB/*Dauner-Lieb*, § 321 BGB, Rn. 4.
126) *Henssler/Graf von Westphalen/Muthers*, § 321 BGB, Rn. 13.

X. Die Aufrechnung

Übersicht

	Rdn.		Rdn.
1. Die Prozesssituation	3022	3. Die materiellen Voraussetzungen (§§ 387 ff. BGB)	3036
2. Die Eventualaufrechnung	3034	4. Aufrechnungsverbote	3044

Literatur

Grunsky, Die unzulässige Prozessaufrechnung, JZ 1965, 391; *Henckel*, Materiell-rechtliche Folgen der unzulässigen Prozessaufrechnung, ZZP 74, 165; *Habscheid*, Über die Rechtsfolgen der fehlgeschlagenen Prozessaufrechnung, ZZP 76, 371; *Blomeyer*, Außerprozessuale Aufrechnung und Prozessaufrechnung, ZZP 75, 439; *Trapp*, Die einseitige Aufrechnungserklärung mit Schadensersatzansprüchen gegen Honoraransprüche des Architekten, BauR 1977, 29; *Trapp*, Die Aufrechnung mit ausgeschlossenen Gegenforderungen nach vorbehaltloser Annahme der Schlusszahlung (§ 390 Satz 2 BGB), BauR 1979, 271; *Reinicke/Tiedtke*, Rechtskraft und Aufrechnung, NJW 1984, 2790; *Kohler*, Kostenvorschuss und Aufrechung oder Zurückbehaltungsrecht als Verteidigung gegen Werkvergütungsansprüche, BauR 1992, 22; *Foerste*, Lücken der Rechtskraft zivilgerichtlicher Entscheidungen über Aufrechnung, NJW 1993, 1183; *Bydlinski*, Die Aufrechnung mit verjährten Forderungen: Wirklich kein Änderungsbedarf?, AcP 1996, Bd. 196, 276; *Koeble*, Die Verrechnung beim Werkvertrag, Festschrift von Craushaar (1997), 259; *Haase*, Kann ein Auftraggeber mit seinem Anspruch auf Zahlung eines Kostenvorschusses zur Mängelbeseitigung gegen den Werklohnanspruch seines Auftragnehmers aufrechnen?, ZfBR 1998, 173; *Timmermanns*, Die Aufrechnung in der Insolvenz beim VOB-Vertrag, BauR 2000, 1117; *Greiner*, Mängel am Gemeinschaftseigentum und Aufrechnung einzelner Erwerber gegen Restforderungen des Bauträgers, ZfBR 2001, 439; *von Olshausen*, Einrede- und Aufrechnungsbefugnisse bei verjährten Sachmängelansprüchen, JZ 2002, 385; *Buscher*, Das Vorbehaltsurteil gemäß § 302 ZPO im Werklohnprozess des Unternehmers, BauR 2002, 870; *Putzier*, Verrechnung oder Aufrechnung – was gilt?, BauR 2002, 1632; *Dören*, Verrechnung oder Aufrechnung bei teilweiser und vollständiger Zurückweisung des Werks, BauRB 2004, 212; *Kessen*, Das Ende der Verrechnung im Werkvertragsrecht und seine Folgen, BauR 2005, 1691; *Lauer*, Mängelansprüche und Verrechnung im Bauvertrag, Festschrift für Werner (2005), 195; *Grams*, Das Aufrechnungsverbot als Folge der „immanenten Verfügungsbeschränkung" bei vergemeinschafteten Mängelansprüchen gegen den Bauträger?, BTR 2007, 147; *Ziegler*, Zur Frage der Unzulässigkeit einer Aufrechnung gegen Baugeldforderungen, ZfBR 2010, 533.

1. Die Prozesssituation

Zum Verteidigungsvorbringen eines Baubeteiligten gehört in Bauprozessen in aller Regel auch die Aufrechnung mit Gegenansprüchen.[1)] Die Vielfalt der Ansprü- **3022**

---

1) Zur Behandlung der **Aufrechnung** im Fall der **Insolvenz** (§§ 95 Abs. 1 Satz 3, 96 Abs. 1 Nr. 3, §§ 130, 131 InsO): OLG Dresden, BauR 2011, 703; OLG Schleswig, IBR 2016, 643 – *Schmitz* (keine Aufrechnung mit einer Insolvenzforderung; hier: **Mietansprüche** aus der Zeit **vor** Eröffnung des Insolvenzverfahrens gegenüber dem Werklohnanspruch des Unternehmers, der erst **nach** Eröffnung des Insolvenzverfahrens entstanden ist); OLG Celle, BauR 2016, 1965 (Aufrechnung gegenüber einer im **Kostenfestsetzungsbeschluss** titulierten Forderung); BGH, BauR 2016, 499 (zur Wirksamkeit einer Aufrechnung mit einer **Vertragsstrafe** durch den Besteller **vor** Abnahme der Werkleistung); BGH, IBR 2011, 464 – *Schwenker* (Aufrechnung mit einer nach dem **Insolvenzplan** als **erlassen** geltenden Forderung); BGH, NZBau 2005, 582 = IBR 2005, 485 – *Schmitz* (Aufrechnung mit **Schadensersatzanspruch** in Höhe der Mehrkosten der Fertigstellung); BGH, NZBau 2005, 685 = IBR 2006, 27 – *Schmitz* (Aufrechnung des Insolvenzgläubigers mit **Mängelbeseitigungskosten**; s. auch OLG Celle, BauR 2009, 659 [zur Aufrechnung trotz **Insolvenzplans**]; OLG Dresden, IBR 2011, 465 – *Wellensiek* [zur Aufrechnung eines **Schadensersatzanspruchs**, der erst nach Insolvenzeröffnung fällig wird]; OLG Karlsruhe,

che der einzelnen Baubeteiligten eröffnet naturgemäß ein weites Feld. Der Aufrechnung wird vielfach der Einwand entgegengestellt, sie sei „vertraglich ausgeschlossen" (vgl. Rdn. 3044), oder sie verletze jedenfalls **Verfahrensrecht**. (Stichwort: Vorbehaltsurteil).

3023 Die Aufrechnung ist typisches **Verteidigungsmittel;** sie unterscheidet sich von der **Widerklage** dadurch, dass diese dem (Wider)kläger einen Titel verschafft, was die Aufrechnung nicht bewirken kann. In Bauprozessen kann die Aufrechnung – wie allgemein – in zwei Formen in Erscheinung treten. Der Beklagte (oder auch der Kläger) erklärt unter Berufung auf die vorgelegte Korrespondenz, er habe bereits **vor Prozessbeginn** mit eigenen Ansprüchen aufgerechnet. Hierauf wolle er sich berufen. In diesem Falle wird also im Prozessverfahren auf eine bereits erfolgte Aufrechnung „verwiesen". Hat der Baubeteiligte dagegen vor Prozessbeginn eine Aufrechnung mit Gegenansprüchen noch nicht vorgenommen, sondern erklärt er sie vielmehr erstmals **im Prozess** (Prozessaufrechnung), so hat seine „Erklärung" nach h.M. einen **Doppelcharakter:** Es liegt eine Prozesshandlung und zugleich ein materiell-rechtliches Rechtsgeschäft (Aufrechnung) vor. Ein Wesensunterschied zwischen der Aufrechnung innerhalb und außerhalb des Prozesses besteht nicht.[2]

3024 Wurde die Aufrechnung vor Prozessbeginn oder während des Prozesses außerhalb der mündlichen Verhandlung erklärt, beruft sich aber der Beklagte im Prozess hierauf, so macht er eine prozessuale Einwendung geltend, deren Zulässigkeit sich ausschließlich nach den Regeln des Prozessrechts bestimmt. Es handelt sich in diesen Fällen also nur um das Vorbringen eines **Verteidigungsmittels**, das anderen materiell-rechtlichen Einwendungen oder Einreden (z.B. Stundung, Erlass, Verjährung) vergleichbar ist.[3]

3025 Die materiell-rechtliche **Rechtsänderung** tritt im Zeitpunkt ihrer Abgabe im Prozess ein;[4] als Rechtsgeschäft wirkt sie jedoch schon mit der Erklärung im vorbereitenden Schriftsatz, und zwar mit dessen Zugehen. Die Erklärung der Aufrechnung kann nicht nur in der mündlichen Verhandlung, sondern stets auch durch Zustellung eines Schriftsatzes erfolgen.[5] Ob eine Aufrechnung in einem vorberei-

---

BauR 2008, 114 [**Sicherheitseinbehalt** und Aufrechnung bei Insolvenz]; OLG München, IBR 2010, 29 – *Schmitz* [Aufrechnung durch **Auftraggeber** bei Leistungserbringung des insolventen Auftragnehmers während der letzten drei Monate vor dem Insolvenzantrag; Leistungserbringung als kongruente Deckung]; OLG Hamm, IBR 2005, 593 – *Schmitz*); OLG Karlsruhe, NZBau 2007, 645 (**Vorschussanspruch**); BGH, NZBau 2007, 238 = IBR 2007, 135 – *Schultze* (zur **Verrechnung** von Leistungen eines insolventen **ARGE-Partners** in der Auseinandersetzungsbilanz; s. auch OLG Frankfurt, BauR 2006, 846 für Leistungen der Gesellschafter zwischen Antrag und Eröffnung des Insolvenzverfahrens); BGH, IBR 2004, 421 – *Schmitz*; OLG Hamm, BauR 2004, 89; OLG Celle, BauR 2004, 404; s. ferner: *Timmermanns*, BauR 2000, 1117.

2) *Lüke/Huppert*, JuS 1971, 165, 169.
3) BGH, NJW 1984, 1964 = MDR 1984, 837.
4) Zur **Urteilsergänzung** wegen nicht berücksichtigter Prozessaufrechnung: AG Paderborn, MDR 2000, 1272 m.Anm. *E. Schneider*, MDR 2000, 1453.
5) RGZ 53, 148; 57, 358; 58, 227; 63, 413.

tenden Schriftsatz schon erklärt ist, bleibt stets Auslegungsfrage.[6] Zur Abgabe und Entgegennahme der Aufrechnung ermächtigt jedenfalls die Prozessvollmacht.[7]

Die **Doppelwirkung** der Prozessaufrechnung hat besondere Bedeutung für die Frage, ob eine prozessuale unzulässige Aufrechnung gleichwohl materiell-rechtliche Wirkung entfalten kann. Diese Frage ist vor allem in den Fällen aktuell, in denen die Aufrechnung aus bestimmten prozessualen Gründen nicht zum Tragen kommt, z.B., wenn der Aufrechnungseinwand als verspätet zurückgewiesen oder in der Berufungsinstanz nicht zugelassen wird (§ 533 ZPO).[8] In diesen Fällen ist die Aufrechnung prozessual erfolglos, sodass die Gegenforderung erhalten bleibt. **3026**

Das Problem des Auseinanderfallens der prozessualen Zulässigkeit und der materiellen Wirksamkeit der Aufrechnung löst die h.A. dahin, dass die prozessuale Unbeachtlichkeit der Prozessaufrechnung über den Rechtsgedanken des § 139 BGB auch zur materiellen Unwirksamkeit der Aufrechnungserklärung führt.[9] Damit wird dem Gläubiger der Aufrechnungsforderung die Möglichkeit offengehalten, seinen Anspruch in einem späteren Verfahren selbstständig einzuklagen, ohne Gefahr zu laufen, mit seiner Klage abgewiesen zu werden, weil die Forderung nicht besteht.[10] **3027**

Wird mit **mehreren Gegenforderungen** aufgerechnet, wobei jede Gegenforderung höher ist als die Klageforderung selbst, muss der Aufrechnende eine Rangfolge angeben, in der das Gericht die einzelnen Forderungen prüfen soll.[11] Wird mit einer dem Schuldner **abgetretenen Forderung** aufgerechnet, so ist die ohne Vorlegung einer Abtretungsurkunde erfolgende Aufrechnung des neuen Gläubigers nur dann unwirksam, wenn der Schuldner sie aus diesem Grunde unverzüglich zurückweist.[12] **3028**

Haben die Vertragsparteien für bestimmte Forderungen einen **Schiedsvertrag** geschlossen, kann mit diesen Forderungen im Prozess nicht aufgerechnet werden.[13] Eine **schiedsgebundene Forderung** soll nach dem Willen der Parteien der Entscheidung durch ein ordentliches Gericht entzogen werden, sodass auch ohne ausdrückliche Vereinbarung die **Aufrechnung** im Wege der Vertragsauslegung als **unzulässig** **3029**

---

6) RGZ 53, 148.
7) Vgl. RGZ 53, 212; *Zöller/Greger*, § 145 ZPO, Rn. 11.
8) Weiteres Beispiel: Der Kläger stützt seine **Vollstreckungsabwehrklage** auf eine Aufrechnung, obwohl die Aufrechnungslage bereits zur Zeit der letzten mündlichen Verhandlung bestand (BGHZ 34, 274; BGH, NJW 1964, 1797 u. MDR 1994, 942). Zum **Vorbehaltsurteil** gemäß § 302 Abs. 1 BGB in der ab 1.5.2000 gültigen Fassung: OLG Düsseldorf, NJW-RR 2001, 882 = BauR 2001, 290.
9) Vgl. *Schwab*, Bemerkungen zur Prozessaufrechnung, Festschrift für H.C. Nipperdey, 1965, Bd. I, S. 939 ff.; *Rosenberg/Schwab/Gottwald*, § 105 III 2; *Lüke*, AcP 162, 537; *Zöller/Greger*, § 145 ZPO, Rn. 15.
10) Vgl. BGHZ 16, 140; 17, 126; zu den Einzelheiten s. *Grunsky*, JZ 1965, 391; **a.A.:** KG, Rpfleger 1973, 264 = ZP 86, 441 m. zust. Anm. *Grunsky*, das dem Gläubiger der Gegenforderung nur den Weg über § 767 ZPO eröffnet.
11) OLG Schleswig, MDR 1976, 50; *Grunsky*, Grundlagen des Verfahrensrechts, § 15 I Anm. 7 m. Nachw.; **a.A.:** OLG Köln, LZ 1923, 232.
12) BGH, NJW 1958, 666; vgl. auch OLG Frankfurt, BauR 1989, 210 (unzulässige Rechtsausübung).
13) BGHZ 38, 254 ff.; OLG Bamberg, IBR 2017, 291 – *Bolz*; OLG Zweibrücken, IBR 2014, 54 – *Schwenker*; *Lachmann*, Handbuch für die Schiedsgerichtspraxis, 1998, Rn. 190; *Banse*, BauR 1977, 86; anders bei Treuwidrigkeit: OLG Düsseldorf, MDR 1981, 766.

angesehen ist;[14] andernfalls würde durch die Prozessaufrechnung eine schiedsgebundene Forderung doch noch dem ordentlichen Gericht zur Entscheidung unterbreitet werden können. Dasselbe gilt für den umgekehrten Fall: Ein **Schiedsgericht** ist nicht befugt, über die Aufrechnung einer Forderung zu entscheiden, über die die Parteien **keine Schiedsvereinbarung** getroffen haben, da sonst das Schiedsgericht entgegen dem Parteiwillen über eine in den Zuständigkeitsbereich der staatlichen Gerichtsbarkeit fallende Forderung befinden würde.[15]

Diese Grundsätze gelten auch für eine **Widerklage.** Ein ordentliches Gericht kann nicht über eine **Widerklage** entscheiden, wenn die Parteien hinsichtlich der der Widerklage zugrundeliegenden Forderung eine Schiedsgerichtsvereinbarung getroffen haben und eine Partei auf diese verweist.[16] Ein Schiedsgericht kann wiederum nicht über die Widerklage urteilen, wenn sich die Schiedsgerichtsvereinbarung nicht auch auf die entsprechende Gegenforderung bezieht.

3030 Im Einzelfall muss das Vorbringen entsprechend §§ 133, 157 BGB dahin ausgelegt werden, ob in einer **prozessualen** Erklärung einer Partei eine Aufrechnung zu sehen ist. Dabei kommt es auf den Aufrechnungs**willen** an.[17] Als ausreichend wurde angesehen: die Erklärung, dass man dem anderen Teil nichts mehr schulde, vielmehr noch etwas von ihm verlange,[18] oder die Geltendmachung einer Restforderung;[19] im Übrigen wird auch in der Geltendmachung eines **Zurückbehaltungsrechts** wegen eines fälligen Gegenanspruchs auf Zahlung (z.B. Schadensersatzforderung wegen Baumängeln) und sogar in einer **Hilfswiderklage** eine Aufrechnungserklärung gesehen.[20] Gehen in diesen Fällen die gegenseitigen Ansprüche beide auf Geld, so soll sich das Zurückbehaltungsrecht „von selbst zur Aufrechnung gestalten".[21] Behauptet der Beklagte (auch unsubstantiiert), er habe bereits vorprozessual aufgerechnet, liegt hierin im Zweifel eine konkludente Wiederholung der Aufrechnungserklärung.[22]

3031 Die **Beweisbarkeit** der Gegenforderung, mit der aufgerechnet wird, ist nicht Voraussetzung für eine Aufrechnung;[23] denn Gewährleistungsansprüche können z.B. in Bausachen typischerweise erst während des Prozesses im Wege oft langwieriger Beweisaufnahmen geklärt werden.

3032 In Bauprozessen versuchen die Baubeteiligten am Schluss immer wieder, mittels Aufrechnung eine Klage zu Fall zu bringen, wenn sie sehen, dass ihr übriges Verteidigungsvorbringen keine hinreichende Aussicht auf Erfolg bietet.

In diesen Fällen stellt sich häufig die Frage nach einer **„Verspätung";** hierzu hat der BGH[24] bemerkt:

---

14) *Lachmann* (a.a.O., Rn. 189) hält aber einen **Rügeverzicht** nach § 1040 Abs. 2 ZPO für denkbar.
15) *Lachmann*, a.a.O., Rn. 190; *Habscheid*, ZZP 76, 371, 373; **a.A.:** *Banse*, BauR 1977, 86, 87.
16) *Banse*, BauR 1977, 86, 89 m.w.Nachw.
17) Vgl. RGZ 52, 303; 59, 211.
18) RGZ 59, 211.
19) OLG Köln, LZ 1923, 232.
20) OLG Köln, OLGR 2001, 71 ff.
21) RGZ 85, 108; BGH, LM Nr. 12 zu § 355 HGB.
22) BGH, NJW-RR 1994, 1203 = ZIP 1994, 1391.
23) BGHZ 16, 124, 129; BGH, BauR 1970, 237, 238.
24) NJW 1984, 1964, 1967; siehe ferner: BGH, BauR 2004, 1807 = NZBau 2004, 389 = IBR 2004, 469 – *Hildebrandt* (zur Sachdienlichkeit einer erstmals im **Berufungsverfahren** erklärten

"Die Aufrechnung ist ein **Verteidigungsmittel** i.S. der ZPO. Mit ihr wird – wie mit anderen der Rechtsverteidigung dienenden Einwendungen – bezweckt, den vom Kläger geltend gemachten Klageanspruch zu Fall zu bringen. Sie ist daher wie sonstiges Verteidigungsvorbringen zusammen mit den ihrer Rechtfertigung dienenden Tatsachen in der **Klageerwiderung** geltend zu machen, wenn für diese eine Frist gesetzt worden ist und das Vorbringen nach der Prozesslage zum Zwecke einer sorgfältigen und auf Förderung des Verfahrens bedachten Prozessführung erforderlich ist. In der Klageerwiderung ist alles mitzuteilen, was zur Zeit notwendig ist, damit der Kläger sich auf die Verteidigung des Beklagten einrichten und notfalls noch einmal umfassend antworten kann und demgemäß das Prozessgericht in die Lage versetzt wird, den Verhandlungstermin ebenfalls umfassend vorzubereiten.

Dem **genügt** die Partei **nicht**, wenn sie in der Klageerwiderung **fristgerecht** zwar **die prozessuale Erklärung** der Aufrechnung abgibt, die zur Aufrechnung gestellte **Gegenanforderung aber nicht substantiiert.**"

Erklärt deshalb der Beklagte im Bauprozess **rechtzeitig** die Aufrechnung mit einer Gegenforderung, so muss er "auch die zu ihrer Rechtfertigung dienenden **Tatsachen** und **Beweismittel** bei Meidung der Nichtzulassung oder Zurückweisung **ebenso rechtzeitig** vortragen" (BGH). Nach der ZPO-Reform ist die Einführung einer in erster Instanz nicht erklärten Aufrechnung schwieriger (§ 533 ZPO); denn neben der Überprüfung auf Sachdienlichkeit oder Einwilligung des Prozessgegners ist sie an die nach § 529 ZPO vorzunehmende Prüfung gekoppelt. Fehlt deshalb eine der nach § 533 Nr. 1 und 2 ZPO erforderlichen Voraussetzungen, ist die Aufrechnung **unzulässig**.[25]

Hat die Aufrechnung Erfolg und führt sie zur Abweisung der Klage, so ist diese Entscheidung im doppelten Sinne der **Rechtskraft** fähig (§ 322 Abs. 1 und 2 ZPO).[26]

3033

Dies hat das OLG Düsseldorf[27] für die Abweisung einer Klage infolge der Aufrechnung mit einem **Vorschussanspruch** des Bauherrn nochmals besonders hervorgehoben: Mit der rechtskräftigen Entscheidung wird dem Bauherrn der Werklohn aberkannt, zugleich wird aber der Untergang des Vorschussanspruches bezüglich der Mängelbeseitigung in Höhe der Klageforderung mit Rechtskraftwirkung ausgesprochen. Stellt sich heraus, dass der Vorschuss zu hoch angesetzt ist, bedarf es zum Ausgleich nicht des Wiederauflebens des Werklohnanspruches. In diesen Fällen entsteht dann ein Rückgewähranspruch des Unternehmers auf den nicht verbrauchten Teil des Vorschusses, der sich nach der Abrechnung ergibt. Umgekehrt schließt aber die Rechtskraft der Entscheidung über den durch die Aufrechnung getilgten Vorschussanspruch nicht aus, dass der Bauherr noch einen weiteren Vorschuss verlangen kann. Mit der Rechtskraftwirkung ist nur über den Teil des Anspruches entschieden, der sich auf die zu seiner Begründung vorgebrachten Tatsachen stützt. Die Berücksichtigung neuer Umstände in einem neuen Rechtsstreit ist deshalb durch die Rechtskraftwirkung des Vorprozesses nicht ausgeschlossen.

Aufrechnung); NJW-RR 1990, 1470. Zur **Sachdienlichkeit** bei mehreren hintereinander hilfsweise zur Aufrechnung gestellten Forderungen: BGH, NJW 2000, 143.

25) *Zöller/Heßler*, § 533 ZPO, Rn. 1.
26) Zur **Rechtskraft** s. im Übrigen: BGHZ 89, 349 = NJW 1984, 1356 m.Anm. *Haase*, JR 1984, 331; *Reinicke/Tiedtke*, NJW 1984, 2790; *Zeuner*, JuS 1987, 354; OLG Hamm, NJW-RR 1989, 827; BGH, NJW 1992, 982; SchlHOLG, JurBüro 1984, 257.
27) BauR 1970, 61, 62; s. auch BGH, BauR 1976, 205 = MDR 1976, 655.

2. Die Eventualaufrechnung

3034 Die prozessual sicherste Methode für den Beklagten[28] sich gegen einen baurechtlichen Anspruch zu wehren, besteht darin, mit eigenen Ansprüchen gegen die Klageforderung hilfsweise und vorsorglich die Aufrechnung zu erklären (sog. **Hilfs-** oder **Eventualaufrechnung**).[29] Auch die Eventualaufrechnung ist zumindest eine **Prozesshandlung** und als solche widerrufbar.[30] Rechnet der Beklagte deshalb **hilfsweise** mit einer Gegenforderung auf, tritt er diese dann ab und zieht später seine Hilfsaufrechnung zurück, so kann der Abtretungsempfänger diese Gegenforderung nunmehr für eine eigene Hilfsaufrechnung verwenden, wenn er vom gleichen Kläger verklagt worden ist.[31] Das Hauptverteidigungsvorbringen des Beklagten besteht bei der Eventualaufrechnung in dem Bestreiten der Klageforderung oder in dem Geltendmachen sonstiger materieller oder prozessueller Einreden.

3035 Die Hilfsaufrechnung ist in **Bauprozessen allgemein üblich**; sie ist nach h.M. auch mit mehreren Gegenansprüchen unbedenklich zulässig. Wenn der Beklagte im Prozess die Aufrechnung für den Fall erklärt, dass die Forderung des Klägers besteht, so liegt darin keine unzulässige Bedingung im Sinne des § 388 Satz 2 BGB, sondern nur eine Rechtsbedingung.[32]

Bei der Hilfsaufrechnung ist nach h.A. immer dann **Beweis** zur Klageforderung zu erheben, wenn die Klageforderung streitig, die Gegenforderung, mit der aufgerechnet wird, dagegen unstreitig ist. Nach der **Beweiserhebungstheorie**, die heute allgemein vertreten wird,[33] darf also eine zwischen den Parteien streitige Klageforderung nicht ohne vorherige Prüfung ihres Bestandes mit der Begründung abgewiesen werden, jedenfalls sei die Forderung durch Aufrechnung erloschen. Dies gilt auch dann, wenn der Beklagte „in erster Linie aufrechnen will".[34] Will der Beklagte sofort eine Entscheidung über die Klage erreichen, darf er die Klageforderung nicht bestreiten; dann handelt es sich jedoch nicht mehr um eine Hilfsaufrechnung.

Der Beweiserhebungstheorie ist zu folgen, weil andernfalls unklar bliebe, ob und inwieweit die Aufrechnungsforderung verbraucht ist. Dies könnte im Einzelfalle zu einem neuen Prozess führen. Die Nichtbeachtung dieser Grundsätze stellt einen wesentlichen Verfahrensfehler dar und kann zur Aufhebung des Urteils führen (§ 538 Abs. 2 Nr. 1 ZPO).[35]

---

[28] Zur Zulässigkeit einer Hilfsaufrechnung in der **Klageschrift:** OLG Frankfurt, NJW-RR 1997, 526, 527 = BauR 1997, 323; zur **Beschwer** bei Zurückweisung einer hilfsweise aufgerechneten Gegenforderung als unzulässig: BGH, NJW 2001, 3616.
[29] Zur **Hemmung** der Verjährung durch eine **Hilfsaufrechnung** durch den Kläger siehe BGH, ZfBR 2008, 568 = BauR 2008, 1142.
[30] OLG Hamburg, MDR 1973, 57.
[31] OLG Hamburg, MDR 1973, 57.
[32] Vgl. RGZ 79, 24; *Soergel/Siebert*, § 388 BGB, Rn. 3.
[33] Vgl. RGZ 42, 320; 52, 27; 80, 164, 166; 167, 257; BGH, LM § 322 ZPO, Nr. 21; BAG, NJW 1962, 173; OLG Köln, NJW-RR 1992, 260.
[34] RGZ 167, 257; zustimmend: *Herschel*, DR 1941, 2402.
[35] BGHZ 31, 358, 363; OLG Celle, OLGZ 70, 5.

3. Die materiellen Voraussetzungen (§§ 387 ff. BGB)

Materielle Voraussetzungen einer wirksamen Aufrechnung ist stets – neben der Gegenseitigkeit der Forderungen[36] – die **Gleichartigkeit** der Leistungen. Ein Bauherr kann also nur mit einer **Geldforderung** im Rahmen eines Mangelanspruchs aufrechnen. Macht er einen Anspruch auf **Nacherfüllung** (§§ 634 Nr. 1, 635 BGB) gegen seinen Auftragnehmer geltend, besteht wegen der Ungleichartigkeit der gegenseitigen Ansprüche keine Aufrechnungslage. In diesem Fall ist der Auftraggeber auf sein Zurückbehaltungs-/Leistungsverweigerungsrecht beschränkt. Demgegenüber kann der Bauherr mit einem Anspruch auf Zahlung eines **Vorschusses** zur Behebung von Mängeln (vgl. § 13 Abs. 5 Nr. 2 VOB/B, § 637 Abs. 3 BGB) gegenüber der Werklohnforderung des Auftragnehmers aufrechnen.[37] Nichts anderes gilt für einen **Kostenerstattungsanspruch**[38] sowie für **Schadensersatzansprüche** des Auftraggebers. Macht z.B. der Auftraggeber nach einer Kündigung Ersatzansprüche in Höhe der Mehrkosten der Fertigstellung geltend, so stehen sich der Werklohnanspruch des Auftragnehmers für die erbrachten Leistungen und der Schadensersatzanspruch aufrechenbar gegenüber und unterliegen den Regeln der Aufrechnung.[39] Wird demgegenüber der sog. **große** Schadensersatzanspruch (§ 281 BGB: Schadensersatz statt der ganzen Leistung) beansprucht, ist für eine Aufrechnung dann kein Raum, wenn die Gegenleistung noch nicht erbracht ist. Das Vertragsverhältnis wandelt sich nämlich mit der Geltendmachung in einen **einseitigen** Anspruch des Gläubigers auf Schadensersatz um.[40]

3036

Mit einem **Freistellungsanspruch** kann nicht aufgerechnet werden, da es insoweit an der Gleichartigkeit der Leistungen fehlt. Gegenüber einem Anspruch auf **Freigabe** (z.B. eines auf einem gemeinschaftlichen Konto hinterlegten Betrages) ist jedoch eine Aufrechnung mit einem Zahlungsanspruch möglich.[41]

3037

Die für die Aufrechnung erforderliche **Gegenseitigkeit** ist gewahrt, wenn der Bauherr gegenüber einer Forderung des Unternehmers aus einem **Arge-Vertrag** mit seiner Gegenforderung als Bauherr aus einem zweiten Arge-Vertrag aufrechnet. Da die Arge eine Gesellschaft des bürgerlichen Rechts ist,[42] haften die Gesellschafter

---

36) Gegenüber dem **Sicherheitseinbehalt** kann keine Aufrechnung mit Ansprüchen aus einem **anderen** Bauvorhaben erfolgen (OLG Saarbrücken, IBR 2009, 517 – *Schulz*; s. auch OLG Düsseldorf, IBR 2009, 518 – *Rodemann*; zulässig bei Konnexität).
37) BGHZ 54, 244 = NJW 1970, 2019 = BauR 1970, 237 = WM 1970, 1195; BGH, BauR 1989, 199, 200; OLG Rostock, OLGR 2006, 1017; OLG Düsseldorf, MDR 1969, 1007.
38) OLG Düsseldorf, IBR 2006, 525 – *Moufang*. Zur Aufrechnung mit einem prozessualen **Kostenerstattungsanspruch**, der rechtskräftig festgesetzt worden ist: BGH, BauR 2013, 1723; siehe ferner: OLG Celle, BauR 2016, 1965. Zur **Wirksamkeit** einer **vorprozessual** erklärten **Aufrechnung** mit der gemäß § 339 Satz 1 BGB verwirkten Vertragsstrafe: BGH, BauR 2016, 499, 501 (Aufgabe von BGHZ 85, 240 und Bestätigung von OLG Zweibrücken, BauR 2015, 1681).
39) BGHZ 163, 274 = BauR 2005, 1477 = NZBau 2005, 582 = ZfBR 2005, 673 = NJW 2005, 2771; BGHZ 165, 134 = BauR 2006, 411 = NZBau 2006, 169 = ZfBR 2006, 231 = NJW 2006, 698 (Aufrechnung mit Mängelbeseitigungskosten).
40) *Lauer*, Festschrift für Werner, S. 195, 207; OLG Koblenz, BauR 2002, 1124 = NZBau 2002, 453; OLG Düsseldorf, NJW-RR 2001, 882.
41) OLG Schleswig, BauR 1991, 463.
42) Zur **Rechtsfähigkeit** der ARGE im Einzelnen: *Hickl*, in: Burchardt/Pfülb, Einführung, Rn. 36 ff. m. Nachw.

für die Verbindlichkeiten der Gesellschaft nicht nur mit dem Gesellschaftsvermögen, sondern persönlich.

3038 Weitere Voraussetzungen der Aufrechnung ist die **Fälligkeit** der Forderung, mit der der Schuldner aufrechnet; die Forderung, gegen die der Schuldner aufrechnet, muss nicht voll wirksam sein.[43] Der Unternehmer kann daher grundsätzlich gegenüber etwaigen Mängelansprüchen des Bauherrn nur dann aufrechnen, wenn seine Werklohnforderung fällig ist.

3039 Klagt der Unternehmer/Architekt nur einen **Teil** des Honorars ein, ist dabei Folgendes zu berücksichtigen: Rechnet der Bauherr mit einer Gegenforderung auf, muss es der Unternehmer/Architekt hinnehmen, dass der Bauherr seine Gegenforderung gerade gegen diesen Teilbetrag der Gesamtlohnforderung zur Aufrechnung stellt; er kann den Bauherrn nicht auf den nicht eingeklagten Teil des Gesamtanspruchs verweisen.[44] Die rechtliche Konsequenz hat erhebliche praktische Bedeutung für den Fall, dass der nicht eingeklagte Teilbetrag zwischenzeitlich verjährt. Der Bauherr kann seine Schadensersatzforderung im Wege der Aufrechnung gezielt auf den rechtzeitig eingeklagten Teilbetrag der Werklohnforderung in Anrechnung bringen, während er gegen den nicht eingeklagten Teilbetrag die Einrede der Verjährung erheben kann.

3040 Für eine Aufrechnung im Rechtsstreit über eine **Teilforderung** ist nur dann kein Raum, wenn eine Partei sie bereits vorher erklärt hat oder wenn der Kläger in der Klageschrift sie dadurch vornimmt, dass er die Gegenforderung von seinem Gesamtanspruch absetzt und diesen Teil nicht mehr einklagt. Dann ist die zur Aufrechnung benutzte Gegenforderung verbraucht und kann von dem Beklagten nicht seinerseits zur Aufrechnung im Rechtsstreit verwandt werden.[45]

3041 Macht der Unternehmer seinen Werklohn mit Ausnahme des **Sicherheitsbetrages** geltend und erklärt er in der Klageschrift, dass er nur den Teil seiner Werklohnforderung einklage, der den vom Bauherrn vertragsgemäß einbehaltenen Sicherheitsbetrag übersteigt, kann der Bauherr gegenüber der eingeklagten Teilforderung dennoch mit einem Schadensersatzanspruch aufrechnen, der den Sicherheitsbetrag überschreitet. Das hat der BGH klargestellt.[46]

3042 Macht der Bauherr gegenüber der Werklohnforderung des Unternehmers **Minderungsansprüche** und Zurückbehaltungsrechte wegen noch offener Mängelbeseitigungsansprüche geltend, liegt ein Fall einer Aufrechnung **nicht** vor. Durch die Minderung wird die Werklohnforderung auf einen niedrigeren Betrag herabgesetzt (§§ 634 Nr. 3, 638 Abs. 3 BGB).[47] Die Minderung betrifft also die gesamte Werklohnforderung mit der Folge, dass der Minderungsbetrag vor dem letztrangigen Teil der Werklohnforderung abzurechnen ist.[48] Der Bauherr kann danach nicht

---

43) BGH, NJW 2006, 3631 = ZIP 2006, 1740, 1742; *Palandt/Grüneberg*, § 387 BGB, Rn. 12.
44) BGH, NJW 1967, 34; BauR 1971, 260, 261 = NJW 1971, 1800; ferner: OLG Düsseldorf, BauR 1974, 203 für § 635 BGB.
45) Vgl. RGZ 66, 266, 275; 129, 63, 65; BGH, LM Nr. 25 zu § 18 Abs. 1 Ziff. 3 UmstG; BGH, NJW 1967, 34; BGH, BauR 1971, 260, 261.
46) BGH, *SFH*, Nr. 6 zu § 17 VOB/B (1973); s. ferner: BGH, NJW 1967, 34; BGH, BauR 1971, 260, 261 = NJW 1971, 1800.
47) Zur Berechnung des Minderungsbetrages nach § 638 Abs. 3 BGB siehe *Grauvogl*, in: Wirth/Sienz/Englert, § 634 BGB, Rn. 11, 12; *Henssler/Graf von Westphalen*, § 634 BGB, Rn. 7 ff.
48) BGH, BauR 1971, 260, 262.

verlangen, dass eine Minderung gerade auf den eingeklagten Teil der Werklohnforderung einwirkt. Auch die Einrede des nichterfüllten Vertrages erstreckt sich auf den gesamten noch offenen Anspruch.

Nach **Eintritt** der **Verjährung** ist eine Aufrechnung grundsätzlich möglich. Das SchRModG hat mit § 215 BGB eine **allgemeine** Vorschrift für die **Aufrechnung** und die Geltendmachung eines **Zurückbehaltungsrechts** geschaffen; danach kann entsprechend der Regelung des alten § 390 S. 2 BGB a.F. die Aufrechnung auch noch auf eine **verjährte** Forderung gestützt werden, soweit die Aufrechnungslage bereits zu einem Zeitpunkt bestanden hat, als die zur Aufrechnung gestellte Forderung noch nicht verjährt war.[49] **3043**

4. Aufrechnungsverbote

Literatur

Kohler, Kostenvorschuss und Aufrechnung oder Zurückbehaltungsrecht als Verteidigung gegen Werkvergütungsansprüche, BauR 1992, 22; *Kessen*, Das Ende der Verrechnung im Werkvertragsrecht und seine Folgen, BauR 2005, 1691; *Grams*, Das Aufrechnungsverbot als Folge der „immanenten Verfügungsbeschränkung" bei vergemeinschafteten Mängelansprüchen gegen Bauträger?, BTR 2007, 147; *Preussner*, Das Aufrechnungsverbot in vorformulierten Architektenverträgen, NZBau 2011, 599; *Schwenker*, Unwirksames Aufrechnungsverbot in Architekten- und Ingenieurverträgen – Anmerkung zum BGH-Urteil vom 7.4.2011 – VII ZR 209/07, ZfBR 2011, 425.

In Bauunternehmer-, Architekten-,[50] Baubetreuungs- sowie Fertighausverträgen finden sich – wie überhaupt im gesamten Bauwesen – immer wieder **Aufrechnungsverbote,** besonders in Zeiten konjunktureller Tiefs. Neben ausdrücklichen Verboten, mit Gegenforderungen aufzurechnen, gibt es auch indirekte Ausschlüsse, etwa in Form der **Barzahlungsklauseln.**[51] Aufrechnungsverbote können sich auch aus dem **Sinn einer Vertragsvereinbarung** ergeben,[52] insbesondere dort, wo eine Aufrechnung die Erreichung eines gemeinsamen Vertragszweckes gefährden oder ausschließen würde. Durch das Aufrechnungsverbot will der Vertragspartner erreichen, dass er unabhängig von Gegenforderungen zunächst seine eigenen Forderungen realisieren kann, sodass dieser gezwungen ist, seine Gegenforderungen gesondert geltend zu machen. Ein Auftraggeber wird damit stets vorleistungspflichtig, was bei mangelhaften Werkleistungen sehr oft zu Unbilligkeiten führen kann. Die **3044**

---

49) OLG Bamberg, IBR 2006, 200 – *Frank*.
50) Siehe BGH, BauR 2011, 1185 = NZBau 2011, 428 = ZfBR 2011, 472 = NJW 2011, 1729 = IBR 2011, 340 – *Krause-Allenstein* (s. hierzu auch: *Preussner*, NZBau 2011, 599 ff.). Zur Regelung in Ziff. 6 der Allgemeinen Vertragsbedingungen zum Architektenvertrag (**AVA**): OLG Hamm, BauR 2004, 1643, 1645 = IBR 2004, 520 = BauRB 2004, 329; OLG Düsseldorf, NJW-RR 1999, 244 = BauR 1999, 73 (LS); zu § 4 Nr. 4.5 AVA zum Einheitspreis-Architektenvertrag: SchlOLG, BauR 2001, 1615 m.Anm. *Groß*, LG Oldenburg, BauR 2000, 764; OLG Hamm, BauR 2004, 1031, 1032 = NJW-RR 2004, 820; *Koeble*, in: Münchener Prozessformularbuch, A.II.6 Nr. 4 f.
51) OLG Braunschweig, OLGR 2009, 716, 717; OLG Hamburg, MDR 1953, 240.
52) BGH, MDR 1966, 319; BGH, BauR 1970, 237, 238; BGH, *SFH*, Nr. 3 zu § 157 BGB = ZfBR 1980, 139 = BauR 1980, 277; OLG Köln, OLGR 1998, 145 (Befriedigung aus der Bürgschaft außerhalb der Sicherungsabrede; keine Aufrechnung mit Gegenansprüchen gegenüber dem fälligen Schadensersatzanspruch aus positiver Vertragsverletzung).

h.A. lässt das **einzelvertragliche** Aufrechnungsverbot zu.[53] Die Verhinderung einer Prozessverschleppung durch möglicherweise zweifelhafte Gegenforderungen bildet den berechtigten Kern des Aufrechnungsverbots.[54] Daran hat auch das AGB-Gesetz (§§ 305 ff. BGB) nichts geändert.

3045 Unternehmer oder Architekten können durchaus ein schutzwürdiges Interesse daran haben, dass durch ein vertragliches Aufrechnungsverbot sichergestellt wird, dass ihnen der Werklohn oder das Honorar unbeschadet etwaiger Gegenrechte des Bauherrn zunächst einmal geleistet wird.[55] Dies gilt um so mehr, als Bauprozesse sich oft über Jahre hinziehen; durch einen zur Aufrechnung gestellten, möglicherweise zweifelhaften Gewährleistungsanspruch des Bauherrn kann der berechtigte Werklohn des Bauunternehmers oder das berechtigte Honorar des Architekten über einen längeren Zeitraum blockiert werden.[56] Ist die Aufrechnung **wirksam** ausgeschlossen, so ist das hilfsweise geltend gemachte **Zurückbehaltungsrecht** (Leistungsverweigerungsrecht) wegen solcher Gegenforderungen ebenfalls ausgeschlossen, da seine Ausübung im Ergebnis dem Erfolg der – unzulässigen – Aufrechnung gleichkäme.[57] Dies gilt insbesondere für gegenseitige Geldforderungen.

3046 Aufrechnungsverbote finden ihre **Grenze** jedoch in dem Grundsatz von Treu und Glauben (§ 242 BGB).[58] Im Einzelfall kann die Berufung auf ein (einzelvertragliches) Aufrechnungsverbot eine **unzulässige Rechtsausübung** darstellen. Aufrechnungsverbote sind z.B. unwirksam, wenn

* der Gegenanspruch **rechtskräftig festgestellt** oder schlüssig und begründet, also **entscheidungsreif** ist und der Rechtsstreit dadurch nicht (z.B. durch eine Beweisaufnahme) verzögert wird[59]
* die Durchsetzbarkeit der Gegenforderung in einem gesonderten Verfahren gefährdet oder ausgeschlossen erscheint, z.B., wenn ein Vermögensverfall oder Insolvenz des Gegners droht oder eingetreten ist.[60]
* zum Aufrechnungsverbot bei erst nach Eröffnung des Insolvenzverfahrens eingetretener Fälligkeit des Werklohns.[61]

---

53) Vgl. BGH, NJW 1966, 1452; BGHZ 12, 136, 142; RGZ 124, 8, 9; siehe aber einschränkend: *Kniffka/Jansen/von Rintelen*, § 631 BGB, Rn. 589 ff.
54) *Fenge*, JZ 1971, 118, 122.
55) OLG Frankfurt, BauR 2000, 435, 437 zu § 4 Nr. 5 AVA zum Einheitsarchitektenvertrag.
56) LG Köln, BauR 1971, 280.
57) Vgl. RGZ 83, 138, 140; 85, 109 u. 123, 6, 8; KG, BauR 1972, 121, 122; OLG Nürnberg, MDR 1977, 231.
58) Zur einschränkenden **Auslegung** eines Aufrechnungsverbots: KG, IBR 2012, 147 – *Vogel*; s. ferner *Kessen*, BauR 2005, 1691, 1694 ff.; OLG Celle, BauR 2004, 1794, 1796 (Aufrechnung mit Gewährleistungsansprüchen gegenüber Rückforderungsanspruch nach Inanspruchnahme einer Bürgschaft auf erstes Anfordern).
59) BGH, BauR 2011, 1185 = NZBau 2011, 428; BGH, NJW 1960, 859 = LM Nr. 10 zu AGB; BGH, VersR 1969, 733; BGH, BauR 1981, 479, 481 (für **Einheits-Architektenvertrag**); BGH, VersR 1978, 522 (für Aufrechnungsverbot gegenüber Schadensersatzforderungen, die mit der Werklohnforderung nach Grund und Höhe in untrennbarem Zusammenhang stehen); OLG Düsseldorf, DB 1966, 458.
60) RGZ 124, 9; BGH, BB 1975, 297; BGHZ 23, 26; OLG Brandenburg, BauR 2001, 1111, 1113; LG Köln, BauR 1971, 280, 281; OLG Hamm, MDR 1976, 577; *Dempewolf*, DB 1976, 1753.
61) Siehe: OLG Schleswig, BauR 2017, 573.

Aufrechnungsverbote

3047 Viele **Allgemeine Geschäftsbedingungen** in Bauverträgen sowie **Architekten-Formularverträgen** weisen **Aufrechnungsverbote** auf. Nach Inkrafttreten des AGB-Gesetzes (§§ 305 ff. BGB) ist entsprechend der bisherigen Rechtslage der **Ausschluss** der Aufrechnung mit **unbestrittenen oder rechtskräftig festgestellten Forderungen** in AGB oder Formularverträgen grundsätzlich unzulässig (§ 309 Nr. 3 BGB). Dasselbe gilt, wenn die Gegenforderung bestritten, jedoch zur Endentscheidung reif ist. Das gilt auch unter **Kaufleuten**.[62]

Ein Aufrechnungsverbot, das § 309 Nr. 3 BGB standhält, kann im Einzelfall aber gegen § 307 BGB verstoßen.[63] So ist nach § 307 BGB ein formularmäßiges Aufrechnungsverbot unwirksam, wenn z.B. **Insolvenz** oder **Vermögensverfall** eintritt.[64] Gleiches gilt nach OLG Hamm,[65] wenn der Unternehmer zwar noch „imstande ist, die zur Aufrechnung gestellte Forderung zu erfüllen, die Leistung jedoch **wegen der eingetretenen Verjährung** verweigert."

Ein zulässiges **Aufrechnungsverbot** kann **nicht dadurch umgangen** werden, dass sich der **Schuldner** bei gegenseitigen fälligen Geldforderungen nunmehr **auf ein Zurückbehaltungsrecht** stützt.[66]

3048 Der BGH[67] hat des Weiteren klargestellt, „dass eine Aufrechnung mit einem Anspruch, der dem Werklohnanspruch aufrechenbar gegenübersteht, nicht mit der Folge einer **Verrechnung** behandelt werden kann, dass die gesetzlichen oder vertraglichen Regelungen zur Aufrechnung umgangen werden können". Der bis dahin herkömmlichen Unterscheidung zwischen Aufrechnung und Verrechnung, die auf der früheren BGH-Rechtsprechung beruhte, ist damit für die Zukunft eine Absage erteilt. Die Kernaussage des BGH im Urteil vom 23.6.2005 lautet:

> „Die Verrechnung ist kein gesetzlich vorgesehenes Rechtsinstitut in den Fällen, in denen sich nach der Gesetzeslage Werklohn und Anspruch wegen Nichterfüllung oder andere Ansprüche wegen Schlechterfüllung des Vertrages aufrechenbar gegenüber stehen. In diesen Fällen sind die vertraglichen oder gesetzliche Regelungen zur Aufrechnung und zu etwaigen Aufrechnungsverboten anwendbar. Es ist unzulässig, Aufrechnungsverbote dadurch zu umgehen, dass diese Ansprüche einer vom Gesetz nicht anerkannten Verrechnung unterstellt werden. Allerdings ist stets sorgfältig zu prüfen, inwieweit Aufrechnungsverbote den zur Entscheidung stehenden Fall erfassen, einschränkend nach Sinn und Zweck der jeweils getroffenen Regelung ausgelegt werden müssen oder, z.B. mit Rücksicht auf § 11 Nr. 3 AGBG, § 309 Nr. 3 BGB n.F. oder auf § 9 Abs. 1 AGBG, 307 Abs. 1 BGB n.F., wirksam vereinbart sind."

3049 Ob mit dieser Rechtsprechung des BGH das **Vorbehaltsurteil** in Bausachen eine größere Bedeutung gewinnen wird, ist zweifelhaft.[68] Dem steht schon entscheidend das Urteil des BGH vom 24.11.2005[69] entgegen. Danach sind die Wirkungen

---

62) Siehe OLG Koblenz, IBR 2008, 322 – *Wolber*; OLG Hamm, BauR 1989, 751; DB 1983, 102; BGH, NJW 1985, 319.
63) BGH, NJW 1985, 319; s. auch KG, NZBau 2012, 233.
64) Vgl. BGH, NJW 1984, 357; OLG Brandenburg, BauR 2001, 1111, 1113.
65) OLGR 1993, 205 = ZfBR 1993, 226 = NJW-RR 1993, 1082.
66) BGH, NJW-RR 1986, 543; Beck'scher VOB-Komm/*Kohler*, B § 13 Nr. 5, Rn. 178.
67) BauR 2005, 1477 = ZfBR 2005, 673 = NZBau 2006, 582; BGHZ 165, 134 = BauR 2006, 411 = ZfBR 2006, 231 = NZBau 2006, 169; siehe dazu *Kessen*, BauR 2005, 1691 ff.; *Lauer/Wurm*, Rn. 302.
68) *Lauer/Wurm*, a.a.O., Rn. 303; **a.A.:** *Schäfer*, NZBau 2006, 206 ff.; und vor allem: OLG Düsseldorf, NZBau 2015, 373.
69) BGHZ 165, 134 = BauR 2006, 411 = NZBau 2006, 169; s. ferner: OLG Oldenburg, IBR 2008, 552 – *Schwenker* (Vorbehaltsurteil im Regelfall unzulässig).

eines Vorbehaltsurteils nach § 302 Abs. 1 ZPO „grundsätzlich nicht gerechtfertigt, wenn der Besteller gegenüber einer Werklohnforderung mit Ansprüchen aufrechnet, die dazu dienen, das durch den Vertrag geschaffene Äquivalenzverhältnis von Leistung und Gegenleistung herzustellen". Dem Unternehmer darf deshalb im Einzelfall grundsätzlich nicht die Möglichkeit gegeben werden, seine Werklohnforderung ohne die Erbringung der geschuldeten Gegenleistung durchzusetzen.[70]

3050 Besteht im Einzelfall ein (wirksames) Aufrechnungsverbot, ist der hiervon Betroffene in keiner Weise rechtlos gestellt, weil auch die zur Aufrechnung gestellten Forderungen im Rahmen einer **Widerklage** geltend gemacht werden können.[71] Ein zusätzlich vereinbartes Verbot der Widerklage ist gemäß § 242 BGB rechtsunwirksam.[72]

3051 Vor allem bietet sich für einen Beklagten die Möglichkeit einer **Hilfswiderklage** an. Nach der Rechtsprechung des BGH ist eine Hilfswiderklage jedenfalls dann zulässig, wenn der Hauptantrag des Beklagten auf Abweisung der Klage und sein Hilfsantrag auf Verurteilung des Klägers nach der Widerklage in einem wirklichen Eventualverhältnis steht, wenn also der mit der Widerklage geltend gemachte Anspruch nur begründet sein kann, sofern auch das Klagebegehren begründet ist.[73] Bei der **Eventualwiderklage** handelt es sich nicht um eine eigentliche Klage (wie bei der Widerklage), sondern wie bei dem hilfsweise geltend gemachten Klageanspruch um ein in einem bereits anhängigen Streit gestelltes Verfahren, bei dem der Hilfsanspruch zwar sogleich rechtshängig wird, die Rechtshängigkeit jedoch wieder entfällt, wenn die Entscheidung über den Hauptanspruch es zu keiner Entscheidung über den Hilfsanspruch mehr kommen lässt. Dementsprechend kann der Beklagte mit der Hilfswiderklage eine Forderung geltend machen, die er in erster Linie gegen die Klageforderung zur Aufrechnung stellt, die aber deshalb nicht zum Zuge kommen kann, weil die Aufrechnung gegen die Klageforderung vertraglich ausgeschlossen ist.

Das Eventualverhältnis zwischen Klageforderung und Widerklageforderung, das der BGH voraussetzt, ergibt sich aus dem Streit über die Zulässigkeit der Aufrechnung.[74]

---

[70] Zum Vorbehaltsurteil im **Architektenhonorarprozess**: OLG Düsseldorf, IBR 2009, 750 – *Schwenker* (Erlass nach § 302 ZPO nicht ermessensfehlerhaft, wenn der Auftraggeber mit einem Schadensersatzanspruch wegen **Bauzeitverzögerung** aufrechnet).
[71] Vgl. BGH, NJW 1958, 419; *Schäfer/Finnern*, Z 2.10 Bl. 48; OLG Düsseldorf, *Schäfer/Finnern*, Z 2.10 Bl. 15; *Fenge*, JR 1971, 118, 122.
[72] LG Mosbach, MDR 1972, 514.
[73] BGHZ 21, 13 = NJW 1956, 1478.
[74] Vgl. BGH, NJW 1965, 440; BGH, NJW 1961, 1862 (LS) = MDR 1961, 932; auch BGHZ 57, 242 = NJW 1972, 450.

XI. Der Einwand der aufgedrängten Bereicherung

Literatur

Klauser, Aufwendungsersatz bei Neubauten und werterhöhenden Verwendungen auf fremdem Grund und Boden, NJW 1965, 513; *Koller*, Aufgedrängte Bereicherung und Wertersatz bei der Wandlung im Werkvertrags- sowie Kaufrecht, DB 1974, 2385, 2458; *Ehlke*, Zum Stellenwert der Vermögensdisposition – auch eine Lösungsmöglichkeit für die aufgedrängte Bereicherung?, VersR 1980, 595.

Das Problem der „aufgedrängten Bereicherung" tritt im Bauwesen vor allem in Fällen auf, in denen Vermögensverschiebungen nach §§ 951, 812 BGB ausgeglichen werden müssen;[1] dabei kann z.B. die bei dem Besteller (Bauherrn) eingetretene **(nutzlose) Werterhöhung** so erheblich sein, dass sie ohne eine Veräußerung des Bauwerks selbst nicht von dem Bauherrn ausgeglichen werden kann. Ein weiterer Anwendungsfall ist bei der **Baukostenüberschreitung** durch einen Architekten denkbar.[2] Ferner stellt sich das Problem bei Überschreitung eines Kostenvoranschlags;[3] und schließlich sind die von Kohler[4] herausgestellten Fälle zu nennen, in denen ein Handwerker schuldlos und ohne entsprechenden Auftrag teurere Werkleistungen erbringt, die der Bauherr nicht haben will. Schließlich stellt sich das Problem der aufgedrängten Bereicherung aufgrund des SchRModG im Fall des wirksamen **Rücktritts** (§§ 634 Nr. 3, 636, 323, 347, Abs. 2 Satz 2 BGB) „in aller Schärfe".[5] Nach § 347 Abs. 2 Satz 2 BGB sind zukünftig nämlich „andere" als notwendige Aufwendungen zu ersetzen, soweit der andere Teil durch diese bereichert wird.[6]

3052

Der Grundsatz der aufgedrängten Bereicherung besagt, dass dann, wenn die objektive Werterhöhung nach den §§ 946–950 BGB für den „Bereicherten" ohne Interesse ist, ihm die Bereicherung also aufgedrängt ist, er **Abwehrmittel** gegen die Ansprüche aus §§ 951 Abs. 1 Satz 1, 812 BGB hat. Grundsätzlich ist zu beachten: Von aufgedrängter Bereicherung kann nicht ausgegangen werden, wenn die Beseitigung der aufgedrängten Bauleistung problemlos entfernt werden kann, der Bauherr hiervon jedoch keinen Gebrauch macht und das Bauwerk nutzt.[7]

3053

Die theoretischen Grundlagen der sog. aufgedrängten Bereicherung und die Ausgestaltung dieses „Abwehrrechts" sind im Einzelnen umstritten.[8] Grundsätzlich kann gesagt werden, dass der Empfänger „unerwünschter Vermögensmehrun-

---

1) *Prütting*, in: Prütting/Wegen/Weinreich, § 812 BGB, Rn. 72 ff. u. § 818 BGB, Rn. 13 ff.; Palandt/Bassenge, § 951 BGB, Rn. 18.
2) Vgl. dazu vor allem *Locher*, NJW 1965, 1696 ff. und Rdn. **1802**.
3) S. hierzu: *Schenk*, NZBau 2001, 470, 473.
4) Beispiel von *Koller*, DB 1974, 2385, 2458: Eine Eigentumswohnung wird mit einer besonders teuren Installation versehen, die dem Wohnungsinhaber nicht gefällt.
5) AnwKomm-BGB/*Hager*, § 347, Rn. 10; *ders.* in: Ernst/Zimmermann, S. 452.
6) Vgl. hierzu die BT-Drucks. 14/6040 S. 197: „Diese im Gesetz fehlende Ausgleichsregelung ist sachgerecht. Absatz 2 ist als abschließende Regelung zu verstehen. Auch soweit der Schuldner statt der Rückgewähr nach § 346 Abs. 2 RE Wertersatz schuldet, darf er andere Aufwendungen nicht in Abzug bringen.".
7) *Kniffka/Jansen/von Rintelen*, § 631 BGB, Rn. 823.
8) Vgl. dazu vor allem *Koller*, DB 1974, 2385 ff., 2458 ff. m. Nachw.; *Koppensteiner*, NJW 1971, 1769, 1771; *Prütting*, in: Prütting/Wegen/Weinreich, § 812 BGB, Rn. 73.

gen" davor geschützt werden muss, „dass er für etwas bezahlen soll, was er gar nicht haben wollte" (Koppensteiner).

3054 Es ist heute zunehmend die Theorie im Vordringen, die in den Fällen der aufgedrängten Bereicherung die bereicherungsrechtlichen Begriffe wie „**Wert**" i.S. des § 818 Abs. 2 BGB und „**bereichert**" i.S. des § 818 Abs. 3 BGB **subjektiv** verstehen will.[9] Dieser Auffassung ist zuzustimmen; sie ist insbesondere geeignet, die nach § 347 Abs. 2 Satz 2 BGB erstattungsfähigen „nützlichen" Verwendungen sinnvoll zu beschränken. Demgegenüber hat der BGH[10] bisher für die **notwendigen** Verwendungen auf **objektive** Gesichtspunke abgestellt, also auf den Wert der betreffenden Leistung, die diese nach ihrer tatsächlichen Beschaffenheit für jedermann hat, obwohl es gerade Fälle gibt, in denen der von dem BGH herangezogene Rechtsgedanke aus §§ 1004, 823, 1001 Satz 2, 996 und 814 BGB versagt.

3055 Das **Abwehrrecht** des Bereicherten kommt vor allem in den Fällen in Betracht, in denen ein **Bauwerk widerrechtlich** errichtet worden ist.[11] Der BGH[12] verneint einen Wertausgleich aus §§ 951 Abs. 1 Satz 1, 812 BGB, wenn derjenige, der gebaut hat, aufgrund seiner Verpflichtung das Gebäude wieder abgebrochen hat; dann ist der Eigentümer des Grund und Bodens nicht mehr bereichert.[13] Unterlässt der Schuldner seine Verpflichtung zum Abbruch, so hat er keinen Anspruch, wenn der Eigentümer den Abbruch verlangt.[14] Das Verlangen einer Vergütung wäre in diesen Fällen rechtsmissbräuchlich.[15] War der Erbauer jedoch redlicher, unverklagter, unrechtmäßiger Eigenbesitzer, trifft ihn nach der Wertung der §§ 989 ff., die eine Schadensersatzpflicht ausschließen, auch keine Pflicht zur Beseitigung.[16]

3056 Der Eigentümer kann sich von einem Vergütungsanspruch befreien, wenn er dem Anspruchsberechtigten gemäß § 1001 Satz 1 BGB die Wegnahme eines ihm aufgedrängten und nur mit erheblichem Kostenaufwand verwertbaren Bauwerks gestattet.[17] Kommt ein Abbruch aus öffentlich-rechtlichen Vorschriften nicht in Betracht, richtet sich der Ausgleichsanspruch nach § 242 BGB.[18]

3057 Einen wichtigen Gesichtspunkt enthält die Entscheidung des OLG Stuttgart:[19]

Wird die Beseitigung nicht verlangt oder ist sie praktisch undurchführbar, dann soll der Begünstigte in jedem Falle zum **Wertausgleich** verpflichtet sein, es sei denn, derjenige, der die Wertsteigerung herbeigeführt hat, handelte unter Verlet-

---

9) Vgl. die Nachweise bei *Koller*, a.a.O., Anm. 49, 50; *Leupertz*, in: Prütting/Wegen/Weinreich, § 812 BGB, Rn. 73.
10) BGHZ 5, 197 = NJW 1952, 697; BGH, NJW 1962, 2293; BGH, *SFH*, Nr. 3 zu § 249 BGB.
11) Vgl. *Huber*, JuS 1970, 518; *Palandt/Bassenge*, § 951 BGB, Rn. 20 m.w.Nachw.
12) NJW 1965, 816.
13) § 818 Abs. 3 BGB.
14) Vgl. BGH (VIII. ZS), NJW 1965, 816; OLG Celle, MDR 1964, 294. Zu beachten ist, dass nach der Rechtsprechung des V. ZS (BGHZ 41, 157 = NJW 1964, 1125) dem Erbauer eines Hauses auf fremdem Grundstück weder ein Anspruch auf Ersatz von Verwendungen (§ 994 BGB) noch ein Bereicherungsanspruch über § 951 Abs. 1 BGB zusteht; vgl. dazu die (kritischen) Literaturnachweise bei *Palandt/Bassenge*, § 951 BGB, Rn. 23.
15) **Herrschende Meinung;** BGH, NJW 1965, 816.
16) *Baur*, AcP 160, 491 ff.
17) BGHZ 23, 61 = NJW 1957, 460; *Palandt/Bassenge*, § 951 BGB, Rn. 19.
18) Vgl. z.B. BGHZ 41, 157 = NJW 1964, 1125.
19) BauR 1972, 388.

Der Einwand der aufgedrängten Bereicherung

zung der erforderlichen Sorgfalt. Damit wird vor allem für die Fälle eine gerechte Lösung angeboten, in denen ein Unternehmer den Auftrag von dem Architekten erhalten hat und nicht damit rechnen konnte, dass der **Architekt** nicht berechtigt war, **bestimmte** Bauleistungen in Auftrag zu geben. Im konkreten Falle handelte es sich um eine **Vollunterkellerung** des Hauses. Das OLG Stuttgart hat den Beklagten nur zur Zahlung des Betrages verurteilt, um den sich der **Verkehrswert** des Gebäudes erhöht hat.

3058 Diesen Gedanken wird man **verallgemeinern** können: Hat ein Architekt teurere oder andere Bauleistungen bei dem Unternehmer in Auftrag gegeben, ohne hierzu bevollmächtigt zu sein,[20] so kann der Bauherr den nach §§ 951, 812 BGB gegebenen Bereicherungsanspruch nicht ohne weiteres abwehren. Dies kann er nur, wenn der Unternehmer die fehlende Vertretungsmacht des Architekten bei sorgfältiger Prüfung hätte erkennen können oder wenn die Wegnahme der Bauleistung ohne Substanzverlust möglich ist.[21] Ist beides nicht der Fall, will der Bauherr aber gleichwohl den Bereicherungsanspruch abwehren, so ist sein Verlangen rechtsmissbräuchlich.

3059 Wird die Leistung von dem Bauherrn nicht zurückgewiesen oder ist das entsprechende Verlangen des Bauherrn rechtsmissbräuchlich, besteht der Bereicherungsanspruch des Unternehmers in dem Betrag, der der **angemessenen Vergütung** entspricht.[22]

3060 Wird der Bauherr wirksam über seinen Architekten gegenüber dem Unternehmer verpflichtet, obwohl die Bestellungen eigentlich nicht seinem Willen entsprechen, fragt sich, ob der Bauherr nicht wenigstens von dem Architekten verlangen kann, dass der „aufgedrängte Vermögenszuwachs" ausgeglichen wird. Zu denken ist dabei vor allem an einen Lastenausgleich von Seiten des Architekten durch Tragung von Finanzierungsbelastungen, die dem Bauherrn (zusätzlich) entstehen, wobei dann andererseits wiederum zugunsten des Architekten die Steuervergünstigungen des Bauherrn zu berücksichtigen sein werden.[23] Die Lösung dieser Fragen kann letztlich nur über § 242 BGB erfolgen.[24]

---

[20] Vgl. dazu OLG Hamm, MDR 1975, 488; BGH, MDR 1975, 834.
[21] So könnten verlegte Platten z.B. nicht ohne Substanzverlust weggenommen werden.
[22] BGHZ 55, 128, 130; auch BGH, *SFH*, Nr. 3 zu § 249 BGB.
[23] Vgl. *Locher*, NJW 1965, 1696, 1698; *Locher*, Rn. 283.
[24] Siehe ferner: *Locher*, NJW 1965, 1696, 1698.

KAPITEL 13
Der Beweis

Übersicht

		Rdn.			Rdn.
I.	Beweisaufnahme in Bausachen	3061	V.	Der Beweisbeschluss	3134
II.	Beweiserleichterungen in Bausachen	3067	VI.	Die Durchführung der Beweisaufnahme	3144
III.	Der Beweisantrag	3092	VII.	Die Beweiswürdigung	3146
IV.	Die Beweismittel des Bauprozesses	3094	VIII.	Die Beweislast	3158

I. Beweisaufnahme in Bausachen

Literatur

Bender, Bauprozesse in der Praxis, DRiZ 1969, 105; *Ganten*, Kriterien der Beweislast im Bauprozess, BauR 1977, 162; *Baumgärtel*, Die Beweislastverteilung für die Haftung des Unternehmers und des Architekten, Festschrift für Fritz Baur (1981), 207 = ZfBR 1982, 1 (Nachdruck); *Franzki*, Der Sachverständige – Diener oder Herr des Richters?, DRiZ 1991, 314; *Meyer*, Übermacht des Sachverständigen – aus der Sicht des Richters, DRiZ 1992, 125; *Störmer*, Beweiserhebung, Ablehnung von Beweisanträgen und Beweisverwertungsverbote im Zivilprozess, JuS 1994, 238; *Huster*, Beweislastverteilung und Verfassungsrecht, NJW 1995, 112; *Englert*, Beweisführung im Tiefbau – keine Glaubensfrage mehr mit der „5-M-Methode"! Ein Beitrag zum Verständnis der Baugrundprobleme, Festschrift für Jagenburg (2002), 163; *Leupertz*, Zwischen Scylla und Charybdis: Die Rechtsfindung in Bausachen. Aus dem Innenleben der Justiz, Festschrift für Motzke, 2006, 201; *Kniffka*, Die Bedeutung des Sachverständigen im Zivilgerichtsverfahren mit besonderem Bezug zum Bauprozess, DS 2007, 125; *Sass*, Die Symptomtheorie und der Beweis durch Sachverständige, Jahrbuch Baurecht 2010, 217; *Seibel*, Selbstständiges Beweisverfahren kontra Privatgutachten, BauR 2010, 1668; *Volze*, Die Haftung des gerichtlichen Sachverständigen nach § 839a BGB, DS 2011, 201; *Liebheit*, Zusammenarbeit von Gericht und Bausachverständigen, Der Bausachverständige 2012, 66; *Seibel*, Die Leitung des Bausachverständigen durch das Gericht, BauR 2013, 536; *Walter*, Verzögerung durch Sachverständigengutachten (Ursachen, Bedeutung und Möglichkeiten der Abhilfe im Zivilverfahren), DS 2013, 385; *Grossam*, Aktuelle Fallstricke bei der Durchführung von gerichtlichen Gutachtenaufträgen im Zivilprozess, DS 2015, 46; *Sadler-Berg*, Das Bild vom Sachverständigen, DS 3/2005, Editorial, 33; *Volze*, Verschärfte, überflüssige Gesetze für den Sachverständigen, DS 2016, 21; *Bleutge*, Neues Sachverständigenrecht in der ZPO-Erweiterung des Pflichtenkatalogs verbunden mit „Strafmaßnahmen", Der Bausachverständige 2016, 48; *Kontusch*, Zusammenarbeit von Gericht und Sachverständigen, Der Bausachverständige 2016, 52; *Volze*, Unzulässigkeit der Streitverkündung gegenüber dem gerichtlichen Sachverständigen auch in einem Folgeprozess, DS 2016, 320.

Die Kunst der Rechtsfindung setzt die Fähigkeit voraus, den Sachverhalt des zur Entscheidung stehenden Falles bis ins Letzte auszuschöpfen.[1)] Die Beweisaufnahme wird damit für jeden Prozess zur Station, in der sich das Schicksal von Klage und Widerklage entscheidet. Das gilt vor allem für den Bauprozess, der in der Praxis ohne eine Beweisaufnahme kaum denkbar ist, obwohl doch die „beste Beweisaufnahme die gesparte" ist.[2)] Dieser Umstand hängt entscheidend damit zusam- **3061**

---
1) *Bull*, Prozesshilfen, 4. Auflage 1981, S. 132.
2) *Bull*, Prozesshilfen, a.a.O.

men, dass die **Aufklärung von technischen Fragen** in der Regel erst den Ausgang eines Bauprozesses wesentlich beeinflusst.

Gerade Bauprozesse zeigen durchweg eine beachtliche Schwerfälligkeit; der Grund liegt meist in der falschen Anlage des Prozesses, vor allem aber in einer unzulänglichen Beweisermittlung. Es stellt sich damit die grundsätzliche Frage, wie die durch die umfangreichen Beweisaufnahmen bedingten Verzögerungen in Bauprozessen ausgeschaltet werden können. Insoweit sind verschiedene Wege beschritten oder vorgeschlagen worden, das Problem der Beweisaufnahme in Bausachen in den Griff zu bekommen und dadurch zu einer Beschleunigung des Verfahrens zu gelangen.[3]

3062 Zunächst sind die Versuche zu erwähnen, die darauf hinausliefen, durch eine weitere **Spezialisierung** eine Beschleunigung des Verfahrens zu erreichen. Dies betrifft einmal die Frage der Notwendigkeit der Einrichtung von **Baukammern** bzw. **-senaten** bei den Land- und Oberlandesgerichten (vgl. Rdn. 405 ff.), im weiteren damit aber auch das Problem, ob z.B. diese Baukammern zusätzlich, wie etwa die Handelskammern bei den Landgerichten, mit Spezialisten, insbesondere aber **Sachverständigen**, besetzt werden sollen. Solche Forderungen sind wiederholt gestellt worden.[4]

3063 Franzki[5] hat in seinem Aufsatz „Sachverständig auf die Richterbank?" folgende Bedenken angemeldet:

* Der Fachbeisitzer (Sachverständige) würde sich als „Allround-Sachverständiger" verstehen und sich die Beurteilung von Spezialfragen zutrauen, für die er im Grunde doch keine Spezialkenntnisse hat. Das Gericht kann aber auf die Hinzuziehung von Spezial-Sachverständigen in der Mehrzahl der Fälle nicht verzichten.
* Es kann möglicherweise zu unerwünschten Rivalitäten zwischen den Fachbeisitzern und dem Spezial-Sachverständigen kommen.
* Es bestehen Bedenken wegen des Grundsatzes des rechtlichen Gehörs. Fachfragen, die erst im Beratungszimmer zur Sprache kommen, können leicht der Kontrolle der Parteien entzogen sein.

Diese Bedenken sind berechtigt; aus wohlverstandenem Interesse sollte der Sachverständige weiterhin **vor** dem Richtertisch seine wichtigen Funktionen erfüllen; eine weitere organisatorische Änderung des bisherigen Systems bringt keine Vorteile.[6] Nur durch eine Begrenzung und Straffung des Prozessstoffes ist eine Beschleunigung des Beweisaufnahmeverfahrens zu erreichen. Dazu gehört vor allem, dass der **Richter** den **Sachverständigen an den Sach-** und **Streitstand heranführt**, wie dies die Vorschrift des § 404a ZPO auch von ihm erwartet.[7]

---

3) Vgl. dazu *Bender*, DRiZ 1969, 105; auch DRiZ 1968, 168 u. 274.
4) *Bleutge*, Der Bausachverständige 2011, 46, 50; s. ferner: *Schmidt*, JZ 1961, 585; *Rudolph*, JZ 1975, 316.
5) Mitteilungen der Industrie- und Handelskammer zu Köln, 1974, S. 766; siehe ferner: DRiZ 1991, 314 ff. und 1976, 97 ff.
6) **Anderer Ansicht:** *Probst*, DRiZ 1975, 362; s. dazu *Franzki*, DRiZ 1976, 97 ff.
7) *Seibel*, BauR 2013, 536 ff.; Der Bausachverständige 2010, 49; *Liebheit*, Der Bausachverständige 2012, 66 ff.; *Leupertz*, Festschrift für Motzke, S. 201, 207; *Bender*, DRiZ 1969, 105 ff.; *Franzki*, DRiZ 1974, 305 ff. u. DRiZ 1991, 314 ff.

Beweisaufnahme in Bausachen

3064 Das Gericht, das eine Bausache nicht vor Erlass eines Beweisbeschlusses sorgfältig bearbeitet, legt deshalb immer den Grundstein für eine unangemessene Dauer des Prozesses. Die **mündliche Verhandlung** und deren Vorbereitung ist der entscheidende **Ausgangspunkt für die Beweisaufnahme.** Das Gericht hat daher vor Eintritt in die Beweisermittlungen den Fall stets nach allen Seiten hin in tatsächlicher und rechtlicher Hinsicht zu überprüfen; dabei sind bestehende Unklarheiten durch **Hinweis- und Auflagenbeschlüsse** offenzulegen. Von der Möglichkeit der Aufklärungsbeschlüsse ist so früh und sooft wie möglich Gebrauch zu machen; denn auf diese Weise kann es dem sachkundigen Richter im Zusammenwirken mit den Anwälten gelingen, den erforderlichen Prozessstoff bereits so weit abzuklären und zu vervollständigen, dass sich manches Beweisthema von vornherein erledigt.

Die Notwendigkeit, die streitentscheidenden Punkte vorab herauszuarbeiten, war im Grunde schon immer anerkannt und gefordert, um die mit dem Bauprozess verbundenen „besonderen" Risiken gering zu halten;[8] seit der Zivilprozessreform 2002 kann hieran überhaupt kein Zweifel mehr bestehen, denn § 139 Abs. 1 ZPO verpflichtet das Gericht, das Sach- und Streitverhältnis mit den Parteien nach der tatsächlichen und rechtlichen Seite zu erörtern und Fragen zu stellen (Rdn. 583 ff.). Die erste Instanz ist hier besonders gefordert, weil die sachliche Prüfung durch das Berufungsgericht erheblich reduziert wurde (Rdn. 593 ff.).

3065 Viele Beteiligte geraten in echte **Beweisnotstände,** wenn sie ihre Rechte nicht von vornherein sachgerecht gewahrt haben. Insbesondere in Fällen, in denen bei dem Auftreten von Baumängeln nicht der Weg des **selbstständigen Beweisverfahrens** beschritten wurde, ist schon mancher in große Beweisschwierigkeiten gekommen. Die entscheidende Ursache für den ungewissen Verlauf des Prozesses lag somit schon in der unzulänglichen **Prozessvorbereitung**, wofür ein Anwalt im Einzelfall haftet. Jeder Baubeteiligte bzw. sein Rechtsvertreter ist daher gehalten, möglichst im Rahmen seiner Prozessvorbereitung schon **gutachterlich abklären** zu lassen, ob und welche **Baumängel** vorhanden sind oder welche **Vergütung** im Einzelfall zu zahlen ist; hierfür ist das **selbstständige Beweisverfahren** ein besonders geeignetes Mittel (vgl. Rdn. 1 ff.). Es hat auch nach seiner **Neugestaltung** einen ganz wesentlichen Einfluss auf den Verlauf des **Hauptprozesses** gewonnen (§§ 493, 412 ZPO; s. auch Rdn. 117 ff.).

3066 Dies kann im Einzelfall auch für ein **Privatgutachten** gelten, das ein Prozessbeteiligter zum Gegenstand seines Sachvortrags macht (Rdn. 148 ff.). In der Praxis war allerdings oftmals die Neigung der Gerichte und dementsprechend auch der Prozessbeteiligten zu beobachten, dem Privatgutachten nicht den gleichen Stellenwert zukommen zu lassen wie etwa dem gerichtlichen Sachverständigengutachten. Das mag im Einzelfall berechtigt sein; einem Privatgutachten, das von einem bekannten und öffentlich bestellten Sachverständigen erstattet wird, der strenge Objektivität wahrt, verdient jedoch größere Beachtung, als dies manchmal in er Praxis der Fall ist.[9] Hierauf hat der BGH zu Recht wiederholt hingewiesen.[10]

---

[8] Vgl. *Heyers*, ZfBR 1979, 46 ff.; *Soergel*, DAB 1981, 909, 910.
[9] Zutreffend weist *Soergel*, DAB 1981, 909 darauf hin, dass das Privatgutachten im Bauprozess unverzichtbar ist. Zur **Erforderlichkeit** eines (gerichtlichen) Sachverständigengutachtens trotz Vorliegens eines Privatgutachtens: BGH, VersR 1981, 576.
[10] BGH, NJW 1996, 1597; NJW 1988, 2735.

II. Beweiserleichterungen in Bausachen

Übersicht

	Rdn.		Rdn.
1. Der Anscheinsbeweis	3067	d) Beweiserleichterung durch sekundäre Darlegungslast	3083
2. Die Umkehr der Beweislast	3078	e) § 830 Abs. 1 Satz 2 BGB	3084
a) § 363 BGB	3079	f) Beweisvereitelung	3090
b) § 280 Abs. 1 Satz 2 BGB	3080		
c) Die Verletzung von Aufklärungs- und Beratungspflichten	3082		

1. Der Anscheinsbeweis

Literatur

Rommé, Der Anscheinsbeweis im Gefüge von Beweiswürdigung, Beweismaß und Beweislast, 1989; *Baumgärtel/Laumen/Prütting*, Handbuch der Beweislast (Grundlagen, § 12).

Walter, Der Anwendungsbereich des Anscheinsbeweises, ZZP 77 (Bd. 90), 270; *Ganten*, Kriterien der Beweislast im Bauprozess, BauR 1977, 162; *Greger*, Praxis und Dogmatik des Anscheinsbeweises, VersR 1980, 1091; *Kroitzsch*, Sicherheits-DIN-Normen und Anscheinsbeweis, BauR 1994, 673; *Stück*, Der Anscheinsbeweis, JuS 1996, 153; *Oberheim*, Beweiserleichterungen im Zivilprozess, JuS 1996, 636; 1111; JuS 1997, 61; 358; *Kuffer*, Erleichterung der Beweisführung im Bauprozess durch den Beweis des ersten Anscheins, ZfBR 1998, 277; *Englert*, „Land unter!" bei der Herstellung großer Baugruben, NZBau 2000, 113; *Huber*, Modernisierung der Justiz?, ZRP 2003, 268; *Vogel*, Neue Tendenzen in der Rechtsprechung zur Haftung des Architekten – Nachweis der Verletzung der Bauaufsichtspflicht des Architekten durch Anscheinsbeweis?, ZfBR 2004, 424; *Zahn*, Darlegungs- und Beweislast bei der Geltendmachung von Mängelrechten, BauR 2006, 1823; *Weber*, Die Haftung des Architekten für Verletzungen der vertraglichen Bauaufsichtspflicht – Eine Übersicht unter besonderer Berücksichtigung der Rechtsprechung des Bundesgerichtshofs und der Obergerichte, ZfBR 2010, 107.

3067 Vor Erlass eines Beweisbeschlusses sind zunächst Überlegungen hinsichtlich etwaiger **Beweiserleichterungen** anzustellen, die von Rechtsprechung und Lehre entwickelt wurden und die gerade für den weiten Bereich des Bauprozesses von großer Bedeutung sind. Damit ist der Gesichtspunkt der **Beweisbedürftigkeit** angesprochen. Allerdings ist die Rechtsprechung nicht ohne Kritik geblieben.[1)] Man konnte, wie dies Locher für die Anwendung der Grundsätze über die Anscheinsbeweisführung tat, diese Entwicklung kritisieren; indes muss auch das Prozessrecht von den Parteien beachtet und einkalkuliert werden. So kann bereits der **Anscheinsbeweis** die **Darlegungslast** der Parteien wesentlich **verkürzen,** was für den Ausgang eines Bauprozesses von Bedeutung sein kann.[2)] Der Richter muss nämlich **Erfahrungs-**

---

1) Vgl. *Locher*, BauR 1974, 293 ff., der ausführt, dass der Grundsatz des deutschen Zivilprozesses, wonach jede Partei die Behauptungs- und Beweislast dafür trage, dass der Tatbestand der ihr günstigen Rechtsnorm erfüllt sei, im **Bauprozess** häufig „bis zur Unkenntlichkeit zurückgedrängt" werden. Zur Rechtsnatur des Anscheinsbeweises: *Laumen*, in: Prütting/Gehrlein, § 286 ZPO, Rn. 28.
2) Siehe BGH (VI. ZS), BauR 2014, 694 = NZBau 2014, 162 (**Brandverursachung**); BGH, BauR 2002, 1423 = ZfBR 2002, 675 = NZBau 2002, 574 = IBR 2002, 494; BGH, BauR 2005, 1613, 1614 (Verletzung der **Straßenverkehrssicherungspflicht**); OLG Düsseldorf, NZBau 2017, 415 (Anscheinsbeweis für Hausbeschädigung durch nachbarliches **Bauvorhaben**); OLG Köln, NZBau 2014, 302 (zu den **Grenzen** des Anscheinsbeweises; Aufsichtsfehler des Architekten; s. ferner: OLG Köln, NZBau 2013, 375, 377); OLG Düsseldorf, BauR 2012, 1295 (Verstoß gegen **DIN-Normen**); OLG Celle, BauR 2012, 517, 518 (grobe Fahrlässigkeit bei der Verlegung von Wasser-

sätze von sich aus berücksichtigen; keine Partei muss sich darauf berufen oder Beweis dafür antreten.³⁾ Jeder Richter kann aus eigener Sachkunde über das Bestehen von Erfahrungsgrundsätzen entscheiden.⁴⁾

3068 Die entscheidende Schwierigkeit wird in der Praxis indes darin bestehen, solche Erfahrungsgrundsätze für den Baubereich zu formulieren; denn Voraussetzung für einen „Erfahrungssatz" ist immer, dass er eindeutig und überprüfbar formuliert werden kann, er dem neuesten Stand von Wissenschaft und Praxis entspricht und seine „Richtigkeit" nach der Lebenserfahrung hinreichend feststeht.⁵⁾ Greift ein Erfahrungssatz ein, liegt also ein „**Anscheinsbeweis**" vor, braucht die entsprechende Partei insoweit nichts vorzutragen. Es ist dann Sache des **Gegners, den Anscheinsbeweis durch substantiiertes Vorbringen zu entkräftigen.** Gelingt dies durch sein Vorbringen nicht, bedarf es keiner Beweisaufnahme, es fehlt insoweit an der Beweisbedürftigkeit.

3069 Bestreitet dagegen der Beklagte z.B. das Bestehen eines Erfahrungssatzes überhaupt, wird ihm dies nicht viel nützen: Der Richter, der von dem Erfahrungssatz ausgeht und diesen begründet, wird ihn verurteilen müssen. Das Bestreiten des Erfahrungssatzes wäre nämlich nur eine falsche Rechtsansicht. Bestreitet ein Beklagter aber die **Voraussetzungen** des Erfahrungssatzes, ergibt sich, dass über die **Voraussetzungen** Beweis zu erheben ist.⁶⁾ Insoweit verschiebt sich also das Beweisthema. Bestreitet der Beklagte schließlich den Erfahrungssatz nicht, legt er aber Umstände dar, die auf einen atypischen Geschehensablauf schließen lassen, muss hierüber Beweis erhoben werden; auch insoweit wird also die ursprüngliche und eigentliche Beweisfrage verlagert.

Das macht deutlich, wie wichtig es ist, dass der Richter vor Erlass des Beweisbeschlusses den Sachverhalt sorgfältig dahin überprüft, ob den Parteien **Beweiserleichterungen** zur Verfügung stehen, die die Beweisaufnahme beeinflussen, d.h. die Beweisfragen vereinfachen oder sogar überflüssig machen.

3070 Für das **zivile Baurecht** ist der **Anscheinsbeweis** von erheblicher Bedeutung. Im Hinblick auf die Abfassung von **Beweisbeschlüssen** und die Fragestellung an den Bausachverständigen kann es z.B. prozessentscheidend sein, den Sachverständigen zu befragen, „ob ein typischer Geschehensablauf zu einer objektiven Pflichtverletzung, zur Ursächlichkeit oder zur Bejahung des Verschuldens führt und ob ein anderer vom gewöhnlichen Verlauf abweichender Gang des Geschehens ernsthaft möglich ist".⁷⁾

---

rohrleitungen; s. auch OLG Schleswig, BauR 2011, 150 LS); OLG Rostock, IBR 2011, 521 – *Amelsberg* (Anscheinsbeweis für **Ursächlichkeit** eines Verstoßes gegen die Unfallverhütungsvorschriften); OLG Hamm, IBR 2011, 143 – *Bröker* (fehlerhafte Errichtung/Unterhaltung, **Ablösen** von Gebäudeteilen); OLG Jena, IBR 2010, 462 – *Fuchs* (Anscheinsbeweis für mangelhafte **Bauüberwachung**); OLG Saarbrücken, BauR 2007, 1918, 1922 (Bauaufsichtsmängel bei **sichtbaren** Baumängeln) u. 2004, 329 – *Preussner;* OLG Rostock, IBR 2003, 147; OLG München, NJW-RR 1998, 336, 337 sowie *Weber,* ZfBR 2010, 107, 110 u. *Schwenker,* IBR 2004, 517 für **Bauaufsichtsfehler** eines Architekten; *Kuffer,* ZfBR 1998, 277 ff.; *Englert/Grauvogl/Maurer,* Rn. 3339 ff. (für **Baugrund-** und **Tiefbaurecht;** s. auch OLG Frankfurt, MDR 2010, 22).
3) RG, JW 1914, 36 Nr. 6; OLG Schleswig, IBR 2012, 85 – *Wolber.*
4) RGZ 99, 72.
5) *Vogel,* ZfBR 2004, 424, 426.
6) Siehe auch BGH, ZfBR 1997, 77 = BauR 1997, 326.
7) So zutreffend: *Locher,* BauR 1974, 293, 295.

3071 Der Anscheinsbeweis bedeutet neben der Verkürzung der Darlegungslast weiterhin eine **Erleichterung der Beweisführung**.[8] Der Anscheinsbeweis führt **nicht** zu einer Umkehr der Beweislast.[9]

3072 Der **Anscheinsbeweis** ist nur auf einen Sachverhalt **anwendbar**, der – einem typischen Geschehensablauf entsprechend – nach der Erfahrung des Lebens auf eine bestimmte Ursache hinweist und in einer bestimmten Richtung zu verlaufen pflegt, bei dem also aus dem regelmäßigen und üblichen Ablauf der Dinge ohne weiteres auf den Hergang im Einzelfall geschlossen werden kann[10] (vgl. zum Anscheinsbeweis bei mangelhafter Objektüberwachung Rdn. 2025). In solchen Fällen hat, **wer einen vom gewöhnlichen Verlauf abweichenden Gang des Geschehens behauptet, Tatsachen nachzuweisen,** aus denen sich die ernsthafte Möglichkeit für einen anderen als den typischen Hergang ergibt. Besteht diese Möglichkeit, so ist für einen Anscheinsbeweis kein Raum mehr; dann gelten die allgemeinen Beweisregeln.[11] Der Anscheinsbeweis ist also immer dann **geführt,** wenn der **Beweispflichtige** einen Sachverhalt **dartut** und ihn bei Bestreiten **beweist,**[12] der nach der Lebenserfahrung typisch auf eine Verursachung oder ein Verschulden des Schädigers hinweist.

> So entspricht es einem typischen Geschehensablauf, dass eine Decke einstürzt, wenn der Beton schlecht ist oder wenn sie vorzeitig belastet bzw. zu früh oder unsachgemäß geschalt wird. Wird eine viel geringere Betondichte und Betonhärte erreicht, so spricht ein typischer Geschehensablauf dafür, dass die Überwachung durch den Architekten mangelhaft war. Bei einer solchen Sachlage braucht der Bauherr nicht anzugeben, inwieweit es der Architekt im Einzelnen an der erforderlichen Überwachung hat fehlen lassen. Es ist vielmehr Sache des Architekten, den Beweis des ersten Anscheins dadurch auszuräumen, dass er seinerseits darlegt, was er oder sein Erfüllungsgehilfe an Überwachungsmaßnahmen geleistet hat. Dazu reicht nicht die bloße Behauptung, er habe die Betonarbeiten durch seinen Bauführer überwachen lassen.[13] Es lässt

---

[8] Vgl. BGH, NJW 1998, 79, 81; BGH, BauR 1997, 326 = ZfBR 1997, 77 für nachgewiesenen **Montagefehler** (sorgfaltswidrige Aufstellung eines Heizgerätes und **Brandverursachung**); BGH, BauR 1997, 673 = ZfBR 1997, 241 (fehlerhafte Gerüsterstellung); BGH, BauR 2005, 1613, 1614 (Verletzung der Straßenverkehrssicherungspflicht).

[9] **Herrschende Meinung;** statt vieler: *Baumgärtel/Laumen/Prütting*, § 3, Rn. 54 m.w.Nachw.

[10] BGH, BauR 2014, 694 = NZBau 2014, 162 = ZfBR 2014, 241; BGH, ZfBR 2014, 554 = NZBau 2014, 496 = IBR 2014, 473 – *Schwenker* (Parkettverlegearbeiten); BGH, BauR 1994, 524; BGH, ZfBR 1987, 245; BGH, NJW-RR 1986, 1350; OLG Nürnberg, IBR 2016, 512 – *Karczewski* (Kellerüberflutung; Durchspülen einer Abwasserleitung); OLG Frankfurt, BauR 2014, 281 (zum engen zeitlichen Zusammenhang zwischen erbrachter Werkleistung und dem Auftreten von Mängeln); OLG Schleswig, IBR 2012, 85 – *Wolber*; OLG Düsseldorf, BauR 2012, 1259, 1260; OLG Bremen, MDR 2002, 699, 700 u. OLG Hamm, NZBau 2000, 80 (Brandursache); s. aber OLG Düsseldorf, NJW 1982, 1541 (**kein** Anscheinsbeweis, dass ein Bauherr dem Architekten bei Auftragserteilung bereits die gesamten 9 Leistungsphasen des § 15 Abs. 1 HOAI überträgt); OLG Oldenburg, BauR 1993, 100 (**kein** Anscheinsbeweis, wenn ein Brand durch Lötarbeiten **oder** vorsätzliche Brandstiftung verursacht sein kann); OLG Bremen, OLGR 1996, 49 (zum Anscheinsbeweis für eine objektive Pflichtwidrigkeit und zur Schadensursächlichkeit „bei der Abwicklung des Vertrages"); BGH, *Schäfer/Finnern*, Z 414 Bl. 150 (**kein** Anscheinsbeweis für ein arglistiges Verschweigen).

[11] BGH, NZBau 2014, 162, 163 m.Hinw. auf BGH, VersR 1974, 750; OLG Celle, BeckRS 2009, 06911 = VersR 2009, 254.

[12] BGHZ 8, 239; BGH, LM § 286 (C) Nr. 62a.

[13] BGH, BauR 1973, 255; vgl. im Übrigen: BGH, VersR 1974, 972 zum Prima-facie-Beweis gegen den Bauunternehmer bei Baustellenunfall; LG Berlin, *Schäfer/Finnern*, Z 2.302 Bl. 1 für Verbindlichkeiten des gemeinsamen Aufmaßes.

sich aber nicht etwa generell sagen, dass jeder Ausführungsfehler des Unternehmers automatisch auch auf einen Aufsichtsfehler des Architekten hinweist.[14] Im Übrigen spricht dafür, dass ein Handwerker einen bestimmten Fehler gemacht hat, nur dann ein Anspruchsbeweis, wenn es sich dabei um einen Fehler handelt, der typischerweise bei der von ihm ausgeführten Tätigkeit vorkommt, sich also häufig einschleicht. Wenn der Fehler erst einige Zeit nach der Ausführung entdeckt wird, spricht dies nicht gegen einen Anscheinsbeweis, solange keine ernsthaften Anhaltspunkte ersichtlich sind, dass in der Zwischenzeit ein anderer Handwerker in dem Bereich, in dem der Fehler begangen wurde, tätig war.[15]

3073 Locher[16] hat darauf hingewiesen, dass nicht eindeutig geklärt sei, inwieweit der Beweis des ersten Anscheins eingreifen könne. Unzweifelhaft ist dies nach h.A. für den Bereich der **Kausalität**, der (objektiven) **Pflichtwidrigkeit** und des **Verschuldens**.[17] Man wird den Anscheinsbeweis jedoch darüber hinaus ganz allgemein auf alle **anspruchsbegründenden Tatsachen** anwenden können.[18]

3074 Damit unterliegt vor allem der weite Bereich der „**objektiven Pflichtverletzung**" der Anwendung der Anscheinsbeweislehre. Es obliegt dem Bauherrn nach dem allgemeinen Grundsatz der Darlegungs- und Beweislast, **vor** Abnahme den „**Mangel**" bzw. **nach** einer Abnahme das zu einer fehlerhaften Bauleistung führende **Fehlverhalten** des in Anspruch genommenen Architekten, Unternehmers oder Sonderfachmannes darzulegen und zu beweisen:[19] Mit Hilfe des **Anscheinsbeweises** kann dies im Einzelfall auch für den Zeitraum nach einer Abnahme durchaus leicht geschehen. Der BGH und die Instanzgerichte haben insoweit wiederholt hinsichtlich der **objektiven Pflichtverletzung** den Anscheinsbeweis herangezogen:[20]

3075 ※ Rechtsprechungsübersicht

BGH, Schäfer/Finnern, Z 2.414 Bl. 150 (Anscheinsbeweis für **arglistiges Verschweigen** des fehlerhaften Voranstrichs); OLG Hamm, IBR 2014, 287 – *Schönlau* u. Saarländisches OLG, BauR 2007, 1918 (Anscheinsbeweis für **Bauaufsichtsmangel**); BGH, Schäfer/Finnern, Z 2.414 Bl. 255 (Wasserdurchlässigkeit der Isolierung schon bei der Abnahme); BGH, VersR 1958, 107 (fehlerhafte Deckenerrichtung);

---

14) *Glöckner*, in: Glöckner/v. Berg, § 280 BGB, Rn. 63, s. aber OLG Köln, MDR 1975, 401.
15) BGH, VersR 1979, 822; BGH, VersR 1974, 263.
16) BauR 1974, 293, 296; zur Bedeutung und Entwicklung der gewohnheitsrechtlich anerkannten Beweisregel siehe *Laumen*, in: Prütting/Gehrlein, § 286 ZPO, Rn. 26 ff.
17) BGH, ZfBR 1997, 77 = BauR 1997, 326; BGH, NJW 1991, 230, 231; BGH, BauR 1984, 80 u. VersR 1980, 532 (Ursächlichkeit von Schweißarbeiten); BGH, VersR 1979, 822 (Anscheinsbeweis zu Lasten eines an einem **Gerät** arbeitenden Handwerkers); OLG Celle, BauR 2012, 517, 518 (grob fahrlässiger Verstoß gegen die anerkannten Regeln der Technik; OLG Köln, VersR 1992, 115; OLG Düsseldorf, BauR 1993, 233; s. auch: *Kuffer*, ZfBR 1998, 277, 278; *Kroitzsch*, BauR 1994, 673 (Sicherheits-DIN-Normen).
18) Vgl. *Locher*, BauR 1974, 293, 296 m. Nachw.
19) BGH, ZfBR 1997, 88 = NJW 1997, 338 = BauR 1997, 306.
20) BGH, BauR 2002, 1423 = ZfBR 2002, 675 = MDR 2002, 1367 = NZBau 2002, 574 (**Bauaufsichtsfehler**); BGH, Schäfer/Finnern, Z 3.01 Bl. 86; Bl. 156 = VersR 1961, 751; Z 3.00 Bl. 250 = BB 1973, 1191; Z 3.01 Bl. 441; s. ferner: OLG Saarbrücken, BauR 2007, 1918 (Haftung des Architekten wegen Bauaufsichtsfehlern); Thüringer OLG, BauR 2006, 1902 (Beweislastverteilung nach **DIN-Verstoß**); OLG Düsseldorf, Schäfer/Finnern, Z 3.01 Bl. 218 u. NZBau 2002, 45 = BauR 2001, 1780; OLG Rostock, IBR 2003, 147 – *Knipp*; LG Krefeld, IBR 2004, 152 (Deckeneinsturz). Die Verletzung der **Dokumentationspflicht** (§ 15 Abs. 2 Nr. 8 HOAI a.F.) durch den Architekten bewirkt noch keine Umkehr der Beweislast (zutreffend: *Vogel*, ZfBR 2004, 424, 429).

BGH, VersR 1965, 812 = Schäfer/Finnern, Z 3.01 Bl. 322 (unrichtige statische Berechnung; **Planungsfehler**); OLG Frankfurt, BauR 2010, 474 = MDR 2010, 22 u. OLG Neustadt, VersR 1959, 77 (**Rissebildung** im Gebäude); OLG Köln, VersR 1954, 295 (Hinunterfallen eines Reklameschildes); BGH, Schäfer/Finnern, Z 3.00 Bl. 249 = BauR 1973, 255 = BB 1973, 1191 (**fehlerhafte Überwachung** durch den Architekten – zu geringe Betondichte); BGH, VersR 1974, 972; OLG Rostock, IBR 2011, 521 – Amelsberg (**Baustellenunfall**); OLG Köln, MDR 1975, 401 (Vernachlässigung der **Verkehrspflicht** durch den Architekten; s. auch BGH, NJW 1994, 945); BGH, VersR 1979, 822 („**Groteskfehler**"); BGH, VersR 1980, 532 = BauR 1980, 381 = ZfBR 1980, 142 = SFH, Nr. 2 zu § 286 ZPO; BGH, VersR 1984, 63 = BauR 1984, 80 = SFH, Nr. 3 zu § 286 ZPO; BGH, NJW 1993, 1117; BGH, VersR 1984, 270 u. DB 1986, 1815 (Anscheinsbeweis für fahrlässige **Verletzung eines Schutzgesetzes**); BGH, BauR 2014, 694 = NZBau 2014, 162 = ZfBR 2014, 241; BGH, BauR 1997, 326 = ZfBR 1997, 77 = NJW 1997, 528; BGH, VersR 1984, 63; OLG Schleswig, IBR 2012, 85 – Wolber; OLG Düsseldorf, BauR 2012, 1970 = IBR 2013, 149 – Luig; OLG Hamm, NZBau 2000, 80; OLG Stuttgart, r + s 1996, 308; OLG Hamm, OLGR 1997, 45; OLG Düsseldorf, BauR 1993, 233 u. OLG Oldenburg, BauR 1993, 100 (**Brandschaden**); BGH, DB 1986, 1815 (Anscheinsbeweis für **Kausalität** zwischen Unfall und bauordnungswidrig fehlendem Handlauf); OLG Koblenz, NJW-RR 1988, 532 (Anscheinsbeweis bei Wasserrohrbruch); OLG Karlsruhe, BauR 1988, 116 (Verletzung von **Unfallverhütungsvorschriften** bei Erstellung eines Stahlgerüstes); KG, VersR 1988, 1127 (Anscheinsbeweis für das Vorliegen eines **Montagefehlers;** Wasserzählanlage; s. aber OLG Frankfurt, VersR 2002, 330 = BauR 2002, 1446 [LS]); OLG Koblenz, NJW-RR 1988, 1486 = BauR 1988, 757 (Anscheinsbeweis für Schadhaftigkeit einer Leiter); BGH, NJW 1991, 2021 = BauR 1991, 514 (**Verletzung von DIN-Normen;** widerlegliche Vermutung für Kausalität von Schäden auf einem Nachbargrundstück; s. auch: OLG Düsseldorf, BauR 2012, 1259; Thüringer OLG, BauR 2006, 1902; Englert, NZBau 2000, 113, 117); OLG München, OLGR 1993, 270 (Anscheinsbeweis bei **verkratzten** Fensterscheiben); OLG Köln, VersR 1992, 115 (Verletzung von **Brandverhütungsvorschriften**); OLG Brandenburg, NJW-RR 2004, 97 u. OLG Düsseldorf, BauR 1993, 233 (Anscheinsbeweis für die Ursächlichkeit der gegen Unfallverhütungsvorschriften vorgenommenen **Schweißarbeiten;** Merkblatt der Bau-Berufsgenossenschaft „Brandschutz bei Bauarbeiten"); LG Amberg, NJW-RR 1997, 668 (für fahrlässig fehlerhaft durchgeführte **Sprengung** und Hausschaden); OLG Koblenz, VersR 1997, 338 (Sturz im **Treppenhaus;** s. ferner OLG Düsseldorf, Urt. v. 20.9.1996 – 22 U 53/96, NJWE-VHR 1997, 70 u. NJW-RR 1997, 1313); BGH, VersR 1974, 972 (Sturz auf ungesicherter **Kellertreppe**); BGH, BauR 1997, 673 (für fehlerhafte **Gerüsterstellung**).

3076 Locher[21] bemerkt zu Recht, dass **die Anwendung des Prima-facie-Beweises vor allem dann problematisch ist, wenn mehrere Schadensursachen in Betracht kommen.** Korbion[22] hält ebenfalls die Regeln des Anscheinsbeweises dann nicht für anwendbar, „wenn für die verschiedenen nach dem konkreten Sachverhalt gegebenen Ursachenmöglichkeiten teils der Auftragnehmer und teils der Auftraggeber verantwortlich wäre". Das soll vor allem zutreffen, wenn eine Haftung zwi-

---
21) BauR 1974, 293, 299; s. ferner: *Kuffer*, ZfBR 1998, 277, 279.
22) 13. Aufl. 1996, § 10/B, Rn. 35.

schen **Nach-** und **Hauptunternehmer** in Betracht komme.[23] Dem entspricht die Rechtsprechung des BGH,[24] der ausführt: „Ein Anscheinsbeweis kommt **nicht** schon in Betracht, wenn **zwei verschiedene Möglichkeiten** in Betracht zu ziehen sind, von denen eine von der Klägerin, die andere vom Beklagten zu vertreten ist, auch wenn die eine etwa wahrscheinlicher ist als die andere (BGHZ 24, 308, 312, 313; LM § 286 [C] ZPO Nr. 54; BGH VII ZR 218/61 v. 25.3.1963 u. VII ZR 154/62 v. 23.4.1964)." In gleicher Weise hat das OLG Düsseldorf[25] einen Beweis auf erste Sicht nicht angenommen, wenn **mehrere Sachverständige** darüber streiten, ob der angeblich typische Geschehensablauf naturwissenschaftlich überhaupt möglich ist oder nicht.

Zusammenfassend ergibt sich: 3077

* Der Bauherr, der einen Architekten oder Unternehmer in Anspruch nehmen will, muss grundsätzlich stichhaltig dartun, dass ein Baumangel vorliegt. Der Bauherr muss also den Beweis für den objektiven Tatbestand der Vertragsverletzung, den Baumangel und den Kausalzusammenhang zwischen dem objektiven Tatbestand und dem Schaden führen.[26] Dabei hilft ihm allerdings der Beweis auf erste Sicht **(Anscheinsbeweis):** Der Baumangel (Schaden) deutet nach den Umständen in typischer Weise auf eine Verletzung von Architekten- oder Unternehmerpflichten hin.[27] Dies gilt im Grundsatz **vor** und **nach** einer **Abnahme.** Das bedeutet keine Umkehr der Beweislast, nur obliegt es dem in Anspruch genommenen Architekten oder Unternehmer, den gegen ihn sprechenden Anscheinsbeweis zu erschüttern. Gelingt ihnen dies, muss der Bauherr wieder seiner vollen Beweisführungspflicht nachkommen.

* Die auf einen **Anscheinsbeweis** gestützte richterliche Überzeugung kann dadurch **erschüttert** werden, dass wegen nicht berücksichtigter **atypischer Umstände** der Erfahrungsgrundsatz nicht anwendbar, also ein **anderer Geschehensablauf möglich** ist.[28] Zur **Erschütterung** des Anscheinsbeweises genügen allerdings nicht **bloße Vermutungen.**[29] Vielmehr muss im Einzelnen dargetan werden, dass die (behauptete) Ursache „ernsthaft in Betracht" kommt;[30] nur dann entfällt der

---

[23] *Korbion,* a.a.O., m. Hinweis auf BGH, VersR 1964, 1063. Anders ist dies, wenn eine Schadensursache nur einem einzigen Unternehmer zuzuordnen ist (OLG Bremen, BauR 2005, 1679 LS; *Zahn,* BauR 2006, 1823, 1830).
[24] *Schäfer/Finnern,* Z 4.10 Bl. 11; OLG Oldenburg, BauR 1993, 100 u. OLG Hamm, OLGR 1997, 45, 46 für Verursachung eines Brandes.
[25] MDR 1972, 876.
[26] BGHZ 23, 288, 290; NJW 1964, 1791; VersR 1969, 479; BGHZ 42, 16; 48, 310; VersR 1974, 261, 262; BGH, BauR 1997, 326 = ZfBR 1997, 77 **(Montagefehler);** BGH, BauR 1997, 673 = ZfBR 1997, 241.
[27] Vgl. BGH, VersR 1991, 195; BGH, BauR 1997, 326 u. 673; KG, BauR 1996, 884; OLG Düsseldorf, BauR 2001, 1780, 1781 = OLGR 2001, 527 = NZBau 2002, 45; BauR 1993, 233 u. OLG Hamm, OLGR 1997, 45, 46 **(Brandursache).**
[28] Vgl. BGHZ 2, 1; BGH, BauR 1997, 673, 674 = ZfBR 1997, 241, 242; RGZ 159, 283, 290; 134, 234, 237; s. auch OLG Hamm, BauR 2013, 113 = IBR 2012, 394 – *Amelsberg* (Verletzung der Verkehrssicherungspflicht; Möglichkeit eines anderen Geschehensablaufs).
[29] BGH, NJW 1978, 2032, 233 („nicht auszuschließende **Denkmöglichkeit");** OLG Brandenburg, NJW-RR 2004, 97, 99 („Blitzeinschlag").
[30] BGH, NJW 1978, 2032 = VersR 1978, 945; OLG Düsseldorf, BauR 1993, 233.

Anscheinsbeweis.[31] Nicht ausreichend ist z.B. bei den Unfallverhütungsvorschriften widersprechenden Schweißarbeiten die Behauptung, der Brand sei möglicherweise „durch ein weggeworfenes Zündholz oder durch eine Zigarettenkippe" verursacht worden.[32] Derjenige, der den Anscheinsbeweis zu Fall bringen will, muss den „anderen Geschehensablauf" bei Bestreiten seinerseits voll beweisen.[33]

2. Die Umkehr der Beweislast

Literatur

Reinhardt, Die Umkehr der Beweislast aus verfassungsrechtlicher Sicht, NJW 1994, 93; *Belling/Riesenhuber*, Beweislastumkehr und Mitverschulden, ZZP 1995, Bd. 108, 453; *Grauvogl*, § 4 Nr. 10 VOB/B – Zustandsfeststellung und Umkehr der Beweislast bei „unsichtbaren" Tiefbauleistungen, BauR 2003, 1481.

3078 Wesentliche Bedeutung für den Bauprozess hat die Umkehr der Beweislast; sie führt – ebenso wie der Anscheinsbeweis – für den an sich beweispflichtigen Kläger zu einer wesentlichen Beweiserleichterung.[34] Die große praktische Bedeutung für Bausachen hebt auch Locher[35] hervor.

a) § 363 BGB

3079 Wichtig ist zunächst der **gesetzliche Fall** der Umkehr der Beweislast gemäß § 363 BGB.[36] Eine Umkehr der Beweislast gemäß § 363 BGB tritt jedoch nur ein, wenn der Bauherr die ihm vom Baubeteiligten angebotene Werkleistung als „Erfüllung angenommen" hat. Diese Erfüllung soll nach OLG Hamburg[37] ein **tatsächlicher Vorgang** und kein Rechtsgeschäft sein. Zu der tatsächlichen Entgegennahme der Werkleistung muss allerdings der Wille des Gläubigers hinzukommen, diese Leistung der Hauptsache nach als vertragsgemäße Erfüllung gelten zu lassen.[38] Diesen Bewilligungswillen muss der Gläubiger dabei, sei es ausdrücklich, sei es stillschweigend, durch sein Verhalten bei und nach der Hinnahme zu erkennen gegeben haben; insoweit entspricht „die Annahme als Erfüllung" in ihren tatsächlichen Voraussetzungen der Abnahme (§ 640 BGB).[39] Mit der Beweislastumkehr beschränkt sich allerdings auch die Wirkung des § 363 BGB; ein sachlich-recht-

---

31) BGHZ 8, 239, 240 = NJW 1953, 584.
32) OLG Düsseldorf, BauR 1993, 232, 233.
33) Vgl. BGHZ 8, 239 = NJW 1953, 584; BGHZ 6, 169; RGZ 95, 103, 104; s. ferner: BGH, NJW 1978, 2032; BauR 1997, 673, 674.
34) Zur Beweislastumkehr infolge der **Rechnungsprüfung**: OLG Köln, NZBau 2013, 169, 170; zur Umkehr der Beweislast infolge einer Abnahmeaufforderung des Unternehmers: *Wirth*, in: Ingenstau/Korbion, § 13 Abs. 4 VOB/B, Rn. 162.
35) BauR 1974, 293, 295; zur Umkehr der Beweislast s. *Prütting*, in: Baumgärtel/Laumen/Prütting, Grundlagen, § 19, S. 398 ff.
36) Zu den Anforderungen einer Schlussrechnung als „Quittung": OLG Koblenz, BauR 2006, 1315.
37) *Schäfer/Finnern*, Z 3.01 Bl. 57 betr. die Annahme der **Architektenleistung** „als Erfüllung".
38) RGZ 109, 296.
39) BGH, BauR 2009, 237 = NZBau, 117, 119, Rn. 15; BGHZ 33, 238.

Die Umkehr der Beweislast

licher Rechtsverlust tritt im Allgemeinen nicht ein. Anders ist dies jedoch beim Werkvertrag, bei dem durch die Abnahme (§ 640 BGB) unter anderem auch das Recht des Gläubigers, ihm bereits bekannte Mängel zu rügen, eingeschränkt wird, sofern er sich bei der Abnahme nicht seine Rechte wegen der Mängel vorbehält (vgl. Rdn. 2737). Eine in der Praxis öfters vorzufindende Fallgestaltung behandelt das LG Duisburg:[40] Der Auftraggeber kündigt den Bauvertrag, ignoriert dann aber die Aufforderung des Unternehmers, ein gemeinsames Aufmaß vorzunehmen. Lässt sich der Umfang der von dem Unternehmer erbrachten Leistung infolge der Fertigstellung durch Drittunternehmen nicht mehr feststellen, kehrt sich die **Beweislast** zu Lasten des Auftraggebers um.

b) § 280 Abs. 1 Satz 2 BGB

Literatur

Musielak, Beweislastverteilung nach Gefahrenbereichen. Eine kritische Betrachtung der Gefahrentheorie des Bundesgerichtshofs, ACP 176, 465; *Larenz*, Zur Beweislastverteilung nach Gefahrenbereichen, Festschrift Hauß, 1978, 225; *Fuchs-Wissemann*, Erfüllungsgehilfenschaft und Beweislast, VersR 1996, 686.

3080 Eine Umkehr der Beweislast hat die Rechtsprechung im Baurecht bisher für die **Verschuldensfrage** angenommen; so war bis zum SchRModG die objektive Pflichtwidrigkeit von dem **Anspruchsteller** zu beweisen. Damit musste er z.B. den Mangel oder den objektiven Tatbestand der Pflichtwidrigkeit und einen dadurch verursachten Schaden beweisen. Erst wenn dieser Beweis geführt war, griff zugunsten des Anspruchstellers eine Umkehr der Beweislast ein: Der Inanspruchgenommene hatte die Beweislast für sein **Nichtvertretenmüssen** (§ 282 BGB).[41] Voraussetzung für die entsprechend § 282 BGB eintretende Umkehrung der Beweislast war, dass die **Schadensursache aus einem Gefahrenbereich** hervorgegangen war, für den der in Anspruch Genommene die Verantwortung trug.[42] Nunmehr ist das Nichtvertretenmüssen nach § 280 Abs. 1 Satz 2 BGB (ebenfalls) kein materiellrechtlicher Einwendungstatbestand, sondern eine die **Beweislastverteilung** regelnde Norm;[43] die Vorschrift macht die nach altem Recht für die Unmöglichkeit (§ 282 BGB a.F.) und den Verzug (§ 285 BGB a.F.) geltende Regelung zu einem **für alle Pflichtverletzungen** geltenden Rechtsprinzip.[44] Dies bedeutet, dass auch die von der Rechtsprechung zum alten Recht entwickelten Grundsätze einer Beweislastverteilung

---

40) LG Duisburg, IBR 2010, 672 – *Schliemann*.
41) **Beispiel:** KG, BauR 1996, 884 (Haftung für umgestürztes Baugerüst; zu den **Anforderungen** an den Entlastungsbeweis des **Gerüstaufstellers**); OLG Hamm, OLGR 1997, 45, 47 (Brandschaden; Bitumenschweißarbeiten durch **Dachdecker**).
42) Vgl. BGHZ 23, 288, 290 = NJW 1957, 746; *Schäfer/Finnern*, Z 2.414 Bl. 6 (**Gebäudeeinsturz**); RGZ 148, 150; 134, 139; OLG Bremen, OLGR 1996, 49 (**Heizungsinstallation**); OLG Frankfurt, MDR 1977, 927 (**Rostfraß** von Heizkörpern); OLG München, NJW-RR 1992, 1523 (**Abweichung von DIN-Normen**).
43) BGH, NJW 2009, 2298; *Palandt/Grüneberg*, § 280, Rn. 34.
44) *Palandt/Grüneberg*, § 280 BGB, Rn. 34.

nach **Gefahren-** und **Verantwortungsbereichen** in Bezug auf den Beweis einer Pflichtverletzung weiterhin heranzuziehen sind.[45]

3081 Im Übrigen zieht der BGH[46] bei **zwei möglichen Ursachen** auch den in § 830 Abs. 1 Satz 2 BGB zum Ausdruck kommenden Rechtsgedanken heran: Hat der Schuldner durch ein objektiv pflichtwidriges Verhalten eine positive Forderungsverletzung (Pflichtverletzung) begangen, so geht das Risiko der Unaufklärbarkeit zu lasten desjenigen, in dessen Gefahren- und Einflussbereich die beiden (möglichen) Ursachen liegen.

c) Die Verletzung von Aufklärungs- und Beratungspflichten

Literatur

Stodolkowitz, Beweislast und Beweiserleichterungen bei der Schadensursächlichkeit von Aufklärungspflichtverletzungen, VersR 1994, 11.

3082 Einen weiteren Anwendungsfall einer echten Beweislastumkehr bringt die Rechtsprechung des BGH:[47] Hier hatte es der beklagte Architekt unterlassen, einen **Plan** für eine Wannenisolierung zu erstellen. In der Nichterstellung des Planes für die Isolierung sah der BGH eine Vertragsverletzung, die einen **Beweisnotstand** bewirkte. Aus diesem Grunde hat der BGH zutreffend dem Architekten die Beweislast für die fehlende Schadensursächlichkeit aufgebürdet. Mit dieser Entscheidung hat der BGH seine Rechtsprechung, die er mit dem Urteil vom 5. Juli 1973[48] eingeleitet hatte, weiterentwickelt.

Der Zweck von **Aufklärungs-, Hinweis-** oder **Beratungspflichten** kann nach dem BGH darin bestehen, Klarheit darüber zu schaffen, ob der Vertragsgegner, wenn ihm das jeweilige Risiko in seiner gesamten Tragweite bewusst gemacht wird, trotzdem an der ins Auge gefassten Maßnahme festhalten oder ob er von ihr Abstand nehmen will. Die **Aufklärung** soll gerade in Fällen dieser Art häufig auftretende **Beweisnot beseitigen,** die darin besteht, dass sich nachträglich nur schwer mit der erforderlichen Zuverlässigkeit beurteilen lässt, wie der Betroffene bei rechtzeitiger Kenntnis von etwaigen schadensdrohenden Umständen gehandelt hätte. Wer demnach eine Aufklärungspflicht oder Beratungspflicht verletzt, die den Zweck hat, dem Vertragspartner das ganze Risiko einer von ihm zu treffenden Entscheidung bewusst zu machen, hat nach Ansicht des BGH die Folgen der Unaufklärbarkeit insoweit zu tragen, als in Frage steht, wie der andere Teil gehandelt hätte, wenn er von ihm pflichtgemäß ins Bild gesetzt worden wäre.[49]

---

45) *Palandt/Grüneberg*, a.a.O., Rn. 37; *Schmidt-Kessel*, in: Prütting/Wegen/Weinreich, § 280 BGB, Rn. 25.
46) BGH, NJW 1980, 2186 = MDR 1981, 39; s. auch BGH, NZBau 2014, 162, 164, Rn. 25; dagegen: *Baumgärtel*, JZ 1981, 274.
47) VersR 1974, 261; ebenso: BGH, NJW 1978, 41 = MDR 1977, 734. Siehe hierzu *Prütting*, a.a.O., S. 424 ff. (Rn. 37 ff.).
48) BGHZ 61, 118 = NJW 1973, 1688; dazu: *Hoffmann*, NJW 1974, 1641 ff.; siehe auch BGH, NJW-RR 1997, 144; BGH, NJW 1994, 512, 513.
49) So zusammenfassend: *Hoffmann*, NJW 1974, 1641 ff., der mit guten Gründen in diesen Fällen den Grundsatz des „venire contra factum proprium" anwenden will.

Die Umkehr der Beweislast

Rdn. 3083

Diese Rechtsprechung des BGH ist für das Baurecht von größter Bedeutung; dies unterstreicht der BGH durch seinen Hinweis auf die frühere Entscheidung vom 5. Juli 1971.[50] Dort hatte der BGH ausgeführt, es sei Sache des **Architekten,** zu behaupten und zu beweisen, dass der Bauherr auch bei der Belehrung über die Nachteile der von ihm gewünschten Dachkonstruktion an diesem Dach festgehalten hätte. Im Hinblick auf den sehr weiten Bereich der vertraglichen oder vorvertraglichen **Aufklärungs-** und **Beratungspflichten im Baurecht** werden Richter und auch Anwälte diese Grundsätze des BGH zur Beweislastverteilung weiterhin beachten müssen.[51] Durch das SchRModG ist eine Änderung dieser Sachlage nicht eingetreten.[52]

d) Beweiserleichterung durch sekundäre Darlegungslast

3083 Eine Beweiserleichterung gewinnt die primär darlegungs- und beweisbelastete Partei, wenn den Gegner im Rahmen der ihm nach § 138 Abs. 2 ZPO obliegenden Erklärungspflicht eine sekundäre **Darlegungslast** trifft. Das ist der Fall, wenn die beweisbelastete Partei „außerhalb des von ihr darzulegenden Geschehensablaufs steht und keine nähere Kenntnis der maßgebenden Tatsachen besitzt, während der Prozessgegner sie hat und ihm nähere Angaben zumutbar sind".[53] In der Praxis muss daher die eigentlich darlegungs- und beweisbelastete Partei in diesem Fall nur **allgemeine Behauptungen** aufstellen; es ist dann Sache des Prozessgegners, wenn er sie bestreiten will, durch den Vortrag entgegenstehender Tatsachen den gegnerischen Vortrag zu widerlegen.[54]

Von dieser Fallgestaltung zu unterscheiden ist die sog. **Sekundärhaftung** des Architekten, der auch **ungefragt** über **eigene Fehler** Auskunft erteilen muss;[55] hier steht nicht eine Beweiserleichterung in Rede, sondern ein **materieller Schadens-**

---

50) WM 1971, 1271.
51) Vgl. *Schmidt*, WM 1974, 294, 296, der ebenfalls darauf hinweist, dass diese Grundsätze des BGH auch für Schadensersatzansprüche gegen den **Unternehmer** und den **Architekten** gelten; s. auch den Fall des LG Mönchengladbach, NJW 1973, 191; OLG Stuttgart, VersR 1975, 69, 70 sowie OLG Celle, BauR 1987, 231 (grober Verstoß gegen Berufspflichten durch Gasinstallateur). Für Schadensersatzansprüche gegen Architekten wegen einer **Baukostenüberschreitung** kann dagegen auf diese Rechtsprechung nicht zugreifen, wenn die vom Architekten „geschuldete Aufklärung nur der Information zur selbstständigen Entscheidung (des Bauherrn) dienen" sollte und konnte (BGH, NJW-RR 1997, 850, 852 = BauR 494, 497).
52) Vgl. AnwKom-BGB/*Dauner-Lieb*, § 280 BGB, Rn. 60.
53) BGH, BauR 2002, 1396, 1398 = ZfBR 2002, 681. Zur Aussagekraft von Stundenlohnzetteln; sekundäre Darlegungslast des Auftragnehmers s. Schleswig-Holsteinisches OLG, BauR 2001, 1661, 1664; s. ferner: BGHZ 180, 235 = BauR 2009, 1162 = ZfBR 2009, 566 = IBR 2009, 337 – Schwenker; BGH (V. ZS), BauR 2011, 520 (Beweislast für arglistiges Verschweigen); zur Beweiserleichterung bei einer **Bautenstandsfeststellung** durch einen Bauleiter: OLG Brandenburg, BauR 2003, 542; zur sekundären Behauptungslast s. *Laumen*, in: Baumgärtel/Laumen/Prütting, Grundlagen, § 3, Rn. 61 ff. (S. 60 ff.).
54) Vgl. *Vogel*, ZfBR 2004, 424, 428; OLG Naumburg, NZBau 2003, 389, 390 m.w.Nachw.
55) BGH, BauR 2009, 1607; BGH, BauR 2007, 423 = NZBau 2007, 108 = ZfBR 2007, 250; BauR 2002, 1718 = NJW-RR 2002, 1531; ZfBR 2004, 559, 560 = NZBau 2004, 396 = BauR 2004, 1171, 1172; OLG Hamm, NZBau 2006, 324; OLG Düsseldorf, BauR 2004, 1331, 1334; BGH, ZfBR 2012, 23 (keine Sekundärhaftung von Sonderfachleuten).

ersatzanspruch aus einer Aufklärungspflichtverletzung, die der Einrede der Verjährung erfolgreich entgegen gehalten werden kann.

e) § 830 Abs. 1 Satz 2 BGB

Literatur

Heinze, Zur dogmatischen Struktur des § 830 I S. 2 BGB, VersR 1973, 1081; *Brehm*, Zur Haftung bei alternativer Kausalität, JZ 1980, 585; *Schantl*, Zum Anwendungsbereich des § 830 Abs. 1 S. 2 BGB, VersR 1981, 105; *Langen*, Mehrfachkausalität bei Mängeln und Bauzeitverzögerungen, BauR 2011, 381.

3084 Eine weitere Beweiserleichterung besteht bei der Teilnahme mehrerer Baubeteiligter an einer unerlaubten Handlung:

§ 830 Abs. 1 Satz 2 BGB ermöglicht es einem Geschädigten, die **Beweisschwierigkeiten hinsichtlich des Ursachenzusammenhangs** zwischen seinem Schaden und einer unerlaubten, d.h. rechtswidrigen und – soweit das Gesetz dies für eine Haftung voraussetzt – schuldhaften Handlung **mehrerer Täter ("Nebentäterschaft") zu überwinden**, die entstehen, wenn nicht zu ermitteln ist, wer von ihnen der Urheber des Schadens war, oder wenn zwar feststeht, dass jeder von ihnen an der Verursachung des Schadens beteiligt ist, aber nicht zu ermitteln ist, welcher Anteil des Schadens auf sie entfällt. Der Ersatzanspruch des Geschädigten soll, wenn immerhin bewiesen ist, dass entweder der eine oder der andere ihm haftet, nicht daran scheitern, dass er nicht auch zu beweisen vermag, wer von ihnen den Schaden ganz oder mit einem unklar gebliebenen Anteil verursacht hat.

3085 § 830 Abs. 1 Satz 2 BGB hat als „besondere und ungewöhnliche Anspruchsgrundlage" (BGHZ 72, 355 = NJW 1979, 544) folgende **tatbestandliche Voraussetzungen:**

* Bei jedem Beteiligten war ein anspruchsbegründendes Verhalten gegeben, wenn man vom Nachweis der Ursächlichkeit absieht.[56]
* Einer der unter dem Begriff „Beteiligung" zusammengefassten Personen **muss** den Schaden verursacht haben.
* Es ist nicht feststellbar, welcher von ihnen den Schaden tatsächlich (ganz oder teilweise) verursacht hat.[57]

3086 Damit ist für § 830 Abs. 1 Satz 2 BGB kein Raum, wenn einer der Beteiligten aus erwiesener Verursachung haftet.[58] Die Beweiserleichterung aus § 830 Abs. 1 Satz 2 BGB kommt auch nicht in Betracht, wenn zweifelhaft ist, ob der in Anspruch Genommene überhaupt am Schadenseintritt „beteiligt" war.[59]

3087 § 830 Abs. 1 Satz 2 BGB setzt die schuldhafte Beteiligung an einem **gefährlichen Verhalten** voraus, das in seiner weiteren Entwicklung zu der den Schaden unmittelbar bewirkenden Handlung geführt hat. Die Haftenden („Alternativtäter") bil-

---

56) OLG Düsseldorf, NJW-RR 2010, 1106; *Palandt/Sprau*, § 830 BGB, Rn. 7.
57) BGH, NJW 1979, 544 = VersR 1979, 226 m. Hinweis auf RGZ 58, 357, 360; BGHZ 33, 286, 292 = NJW 1961, 263; BGHZ 67, 14 = NJW 1976, 1934; BGH, NJW 1987, 2810, 2812; OLG Celle, IBR 2014, 342 – *Weyer*; OLG Hamm, BauR 2009, 510 = NZBau 2009, 315 (**Baumängelhaftung** bei Urheberzweifel).
58) BGHZ 67, 14 = NJW 1976, 1934; BGH, NJW 1999, 2895; *Palandt/Sprau*, § 830 BGB, Rn. 8.
59) BGH, *Schäfer/Finnern*, Z 4.13 Bl. 85 = BB 1960, 1181 sowie BGH, VersR 1975, 714 u. NJW 1984, 1226, 1230; OLG München, BauR 2009, 1926; OLG Oldenburg, OLGR 1997, 103, 105 (für **Subunternehmer**); OLG Düsseldorf, VersR 1987, 568.

Beweisvereitelung   Rdn. 3088–3090

den nicht notwendig eine Haftungseinheit, sodass sich für sie im Einzelfall keine unterschiedliche Abwägung ergeben kann.

Eine Handlung i.S. des § 830 Abs. 1 Satz 2 ist nicht nur ein positives Tun, sondern ebenso ein Unterlassen, z.B. die mangelhafte Absicherung einer Baustelle gegenüber dem Straßenverkehr. Aus der **Rechtsprechung** sind folgende Entscheidungen zu § 830 Abs. 1 Satz 2 BGB zu nennen: **3088**

Haftung **zweier** Grundstückseigentümer (BGHZ 25, 271 = NJW 1957, 1834); Haftung eines Bauunternehmers für das **Herabfallen** eines **Steins** (BGH, *Schäfer/Finnern*, Z 4.13 Bl. 85); Haftung eines Lieferanten von Fertigteilen und des Unternehmers bei **Einsturz eines Hauses** (BGH *Schäfer/Finnern*, Z 2.413 Bl. 5); Haftung von Maurer und Verputzer für **Bauschutt** auf einem Flachdach (BGH, VersR 1968, 493); Haftung eines Architekten für das **Herabstürzen einer Decke** (OLG Stuttgart, VersR 1975, 69); Haftung mehrerer selbstständiger Unternehmer für **Verschmutzung der Fassaden durch Fahrbahnschmutz** (OLG Düsseldorf, MDR 1984, 400); Risikoverteilung bei **Vertiefung** mehrerer Nachbargrundstücke; Haftung aus unerlaubter Handlung und aufgrund eines nachbarrechtlichen Ausgleichsanspruchs (BGH, NJW 1987, 2810); BGH, BauR 1998, 144 (Blockade von Baumaschinen); bei einem Entschädigungsanspruch nach § 906 Abs. 2 Satz 2 BGB (BGHZ 101, 106).

Es ist fraglich, ob die Vorschrift des § 830 Abs. 1 Satz 2 BGB **analog** anwendbar ist, wenn feststeht, dass ein **Mangel** durch mehrere Baubeteiligte verursacht sein kann, der Verantwortungsanteil unklar bleibt.[60] **3089**

f) Beweisvereitelung

Literatur

Krapoth, Die Rechtsfolgen der Beweisvereitelung im Zivilprozess (1996).

Michalski, „Beweisvereitelung" durch beweisbelastete Partei und Nachholbarkeit in der Berufungsinstanz, NJW, 1991, 2069; *Paulus*, Die Beweisvereitelung in der Struktur des deutschen Zivilprozesses, AcP 97, Bd. 197, 136; *Grams*, Beweisvereitelung durch Baumängelbeseitigung?, BTR 2008, 7.

Eine weitere Beweiserleichterung bringt der Grundsatz der Vereitelung der Beweisführung durch den Gegner:[61] **3090**

Macht ein Baubeteiligter die **Beweisführung** seines Prozessgegners vorsätzlich oder fahrlässig **unmöglich**,[62] ist dies nach h.A. **im Rahmen der freien Beweis-**

---

60) Verneinend: BGH, BauR 1975, 130 = *Schäfer/Finnern*, Z 2.414.3 Bl. 11 (für **Gewährleistungsansprüche**); *Zahn*, BauR 2006, 1823, 1830 (für **Mängelrechte**); **a.A.:** BGH, NJW 2001, 2538, 2539 (Beteiligungshaftung bei einem **Handwerkerfehler**); OLG Hamm, BauR 2009, 510, 511 = NZBau 2009, 315, 317.
61) Zur **vorprozessualen** Beweisvereitelung s. *Laumen*, in: Prütting/Gehrlein, § 286 ZPO, Rn. 87 m.w.Nachw.
62) BGH, BauR 2009, 237, 239 = NZBau 2009, 117 (Rn. 19) = IBR 2009, 16 – *Horschitz*. Die beweisbelastete Partei muss immer „in eine Beweisnot, d.h. in eine **ausweglose Lage** gebracht" werden (BSG, NJW 1994, 1303); s. auch OLG Stuttgart, OLGR 2005, 223, 224 (die Möglichkeit, einen bauausführenden Subunternehmer als Zeugen zu benennen, kann „Beweisvereitelung" durch Gegner ausschließen).

würdigung zu berücksichtigen;⁶³⁾ da nach der Lebenserfahrung einer Partei nur dann geneigt sein wird, eine Beweiserhebung zu vereiteln, wenn sie ihr Ergebnis fürchtet, wird eine Beweisvereitelung immer zu ihren Lasten gehen.⁶⁴⁾ In der **Baupraxis** sind solche Fälle allerdings relativ selten. Das Problem stellt sich vor allem, wenn ein **Bauherr** (Auftraggeber) die **Begutachtung** des Baukörpers dadurch unterläuft, dass er die **Teile, deren Mängel im Streit sind, beseitigt** oder **neu ausführen** lässt, obwohl ihm bekannt ist oder nach den Umständen bekannt sein muss, dass es noch (weiterer) sachverständiger Feststellungen bedarf.⁶⁵⁾ Liegt in diesen Fällen eine „Beweisvereitelung" durch den Auftraggeber vor, weil er dem Unternehmer nicht ermöglicht hat, sich an einer Schadensfeststellung zu beteiligen, wird dieser sich im Ergebnis auf eine Mängelfreiheit „seiner Werkleistung" berufen können – mit der Folge, dass dem Auftraggeber/Bauherrn „keinerlei Gewährleistungsansprüche erwachsen sind" (OLG Düsseldorf). Eine Beweisvereitelung liegt nicht vor, wenn dem Geschädigten ein weiteres Zuwarten mit der Mängelbeseitigung (z.B. aus Gründen einer **Gefahrenabwehr**) unzumutbar ist.⁶⁶⁾

3091 Nichts anderes ergibt sich, wenn einer Partei oder ihrem sachkundigen Vertreter die **Anwesenheit bei dem Ortstermin des Sachverständigen verwehrt** wird;⁶⁷⁾ die erst in dem Berufungsverfahren erklärte Bereitschaft, den Zutritt „nunmehr" zu gewähren, ist u.U. gemäß § 531 Abs. 2 ZPO als verspätet zurückzuweisen.⁶⁸⁾ Nach § 371 Abs. 3 ZPO können die Behauptungen des Gegners über die „Beschaffenheit" des Gegenstandes im Übrigen als bewiesen angesehen werden, wenn eine Partei „die ihr zumutbare Einnahme des Augenscheins" vereitelt. Eine Beweisvereitelung kommt im Einzelfall auch in Betracht, wenn der Auftraggeber sich weigert, in die Bausubstanz eingreifende **Untersuchungen** zur Mängelfeststellung zu dulden.⁶⁹⁾ Dieses Problem stellt sich vor allem, wenn die Werkleistung noch nicht abgenommen worden ist. Eine Beweisvereitelung kann im Ergebnis nicht angenommen werden, wenn durch zerstörende Untersuchungen dem Auftraggeber oder einem Nachbarn erhebliche **Schäden** drohen, für die der beweisbelastete Unternehmer selbst keine Sicherheitsleistung erbringen kann oder will.⁷⁰⁾

---

63) BGH, NJW 1998, 79, 80; zu den Rechtsfolgen einer Beweisvereitelung s. *Laumen*, in: Prütting/Gehrlein, § 286 ZPO, Rn. 90.
64) Vgl. BGH, BauR 2003, 1207 = ZfBR 2003, 567 u. OLG Celle, BauR 2003, 1863 = IBR 2003, 64 – *Schulze-Hagen*, für Verweigerung eines (gemeinsamen) **Aufmaßes** durch den Auftraggeber und Fortsetzung der Bauarbeiten; zu den Beweisfolgen einer **Zustandsfeststellung** nach § 4 Nr. 10 VOB/B: *Grauvogl*, BauR 2003, 1481, 1485 ff.
65) BGH, BauR 2009, 237 = NZBau 2009, 117 (**Ersatzvornahme** ohne vorherige **Mängeldokumentation**); OLG Düsseldorf, BauR 1980, 289; OLG Köln, MDR 1974, 227.
66) OLG Düsseldorf, BauR 2012, 1274, 1277 = NZBau 2012, 372; ebenso: OLG Stuttgart, IBR 2012, 251 – *Manteufel* (für die berechtigte Ersatzvornahme).
67) OLG Koblenz, NZBau 2013, 436, 437 m.w.Nachw.
68) OLG München, NJW 1984, 807 = DB 1984, 1615 = BauR 1985, 209.
69) Vgl. OLG Düsseldorf, NJW-RR 993, 1433 u. OLG Braunschweig, NZBau 2004, 550 = OLGR 2004, 474 – *Groß*.
70) Zutreffend: OLG Braunschweig, a.a.O.

III. Der Beweisantrag

Literatur

E. Schneider, Beweisrechtsverstöße in der Praxis, MDR 1998, 997; *Kiethe*, Zulässigkeit von Beweisantritten bei Behauptungen auf Grundlage einer zivilrechtlichen Vermutungsbasis, MDR 2003, 1325; *Gottschalk*, Der Zeuge N.N., NJW 2004, 2939; *Berding/Deckenbrock*, Der Streithelfer als Kosten- und Vorschussschuldner bei Beweisanträgen, NZBau 2006, 337.

Der Beweisführer muss alle beweiserheblichen Tatsachen durch einen **ordentlichen Beweisantrag** unter Beweis stellen (§ 403 ZPO)[1]. Ist dies der Fall, darf ein Beweisantrag, soweit es auf ihn ankommt, nicht abgelehnt werden. Die Ablehnung oder Übergehung eines zulässigen Beweisantritts verletzt den **Grundsatz** des **rechtlichen Gehörs**[2] und kann, wenn eine erforderliche Sachverhaltsaufklärung unterblieben ist, zur Aufhebung eines erstinstanzlichen Urteils führen (§ 538 Abs. 2 Nr. 1 ZPO).[3] Beweisantritte können indes unberücksichtigt bleiben, wenn sie nicht auf eine bestimmt genug bezeichnete erhebliche Behauptung bezogen sind;[4] denn Gegenstand des Beweises sind immer nur Tatsachen, nämlich konkrete, nach Zeit und Raum bestimmte, der Vergangenheit oder Gegenwart angehörige Geschehnisse oder Zustände der Außenwelt und des menschlichen Seelenlebens.[5]

Beweisantritte müssen deshalb **unberücksichtigt** bleiben, wenn:

* nur der Gegner der beweisbelasteten Partei Beweis anbietet.
* Beweishindernisse von ungewisser Dauer bestehen. Es stellt jedoch ein Verfahrensfehler dar, wenn ein Beweisangebot mangels ladungsfähiger Anschrift des benannten Zeugen abgelehnt wird, ohne dass zuvor die Frist zur Beibringung der Anschrift gesetzt worden ist (vgl. § 356 ZPO).[6]
* Beweishindernisse von ungewisser Dauer bestehen und von der Vorschrift des § 356 ZPO Gebrauch gemacht worden ist.[7] Zu beachten ist, dass sich der Ausschluss des Beweismittels nicht auf die höhere Instanz bezieht; ist das Hindernis beseitigt, wird dem Beweisantritt daher im Zweifel stattzugeben sein.[8]
* von vornherein der „Unwert eines Beweismittels" ersichtlich ist.[9]

---

1) Zum **Beweisantritt** „Sachverständigenbeweis": OLG Saarbrücken, IBR 2014, 703 – *Schwenker*.
2) BVerG, NJW-RR 1996, 183; BGH, BauR 2013, 1726, 1727.
3) Vgl. BGH, NJW-RR 1996, 56 u. NJW-RR 1991, 254 = BauR 1990, 773; OLG Köln, MDR 1974, 498. § 538 Abs. 2 Nr. 1 ZPO setzt den **Antrag** auf Zurückverweisung durch eine **Partei** voraus.
4) Siehe hierzu: BGH, NJW-RR 1996, 56 u. NJW-RR 1996, 1212; OLG München, MDR 2000, 1096 m.Anm. *E. Schneider*, MDR 2000, 1395.
5) Vgl. BGH, NJW-RR 1993, 1116 = BauR 1994, 131 (Ablehnung eines Zeugenbeweises); BGH, DRiZ 1974, 27; BGH, NJW 1987, 1469; OLG Celle, NJW-RR 1992, 703.
6) Vgl. hierzu: BGH, BauR 1989, 116 u. BGH, BGHR ZPO, § 356 Satz 1; BGH, MDR 1998, 855 = NJW 1998, 2368 („NN"); OLG Düsseldorf, NZBau 2004, 553; OLG Köln, NJW-RR 1998, 1143; *Gottschalk*, NJW 2004, 2939 ff.
7) BGH, NJW 1974, 118; BGH, NJW 1976, 1975.
8) OLG Karlsruhe, NJW-RR 1994, 512.
9) BGH, NJW 1951, 481 u. NJW 1956, 1480; BVerfG, NJW 1993, 254 („völlig ungeeignet").

* es sich nur um einen Ausforschungsbeweis handelt.[10] Es stellt keinen unzulässigen Ausforschungsbeweis dar, wenn z.B. der Auftragnehmer für den Umfang der von ihm erbrachten Arbeiten die Rechnung des Subunternehmers vorlegt und sich insoweit auf Zeugenbeweis beruft.[11]
* wenn die unter Beweis gestellte Tatsache so ungenau bezeichnet ist, dass ihre Erheblichkeit nicht beurteilt werden kann.[12]

Wird ein in erster Instanz gestellter Beweisantrag im Berufungsverfahren nicht wiederholt, obwohl es auf ihn ankommt, muss das Gericht nach § 139 ZPO nachfragen, ob der Beweisantrag wiederholt wird.[13] Indes kann die Partei eines Bauprozesses mit einem Beweisangebot durchaus **präkludiert** werden (§§ 296, 379 Abs. 2, 402 ZPO).[14]

---

10) Vgl. BGH, NJW-RR 1988, 1529, BGH, NJW 1991, 2707 u. NJW 1992, 1967; *Gamp*, DRiZ 1982, 165 ff.
11) BGH, BauR 2006, 2040, 2042 = ZfBR 2007, 36, 38 = IBR 2006, 662 – *Schmitz*.
12) BGH, BauR 1999, 1329; NJW 1991, 2707, 2709; zu den Anforderungen an den **Sachverständigenbeweis:** BGH, ZfBR 1995, 24, 26 = NJW 1995, 130.
13) BGH, NJW 1998, 155.
14) KG, IBR 2017, 297 – *Miernik* (unterbliebene Einzahlung eines Sachverständigenvorschlusses, stattdessen Antrag auf Prozesskostenhilfe erstmals im Verhandlungstermin).

IV. Die Beweismittel des Bauprozesses

Übersicht

	Rdn.		Rdn.
1. Der sachverständige Zeuge	3095	c) Aufgabe des Sachverständigen ..	3112
2. Der Augenscheinsbeweis und die Ortsbesichtigung durch Sachverständige	3098	d) Das Gutachten .... e) Die Ablehnung des Sachverständigen (Besorgnis der	3116
3. Der Urkundenbeweis	3102	Befangenheit)	3118
4. Der Sachverständige	3106	f) Die Verwertung des Gutachtens .	3123
a) Begriff	3106		
b) Die Auswahl des Sachverständigen	3108		

Literatur

Peters, Die Verwendbarkeit rechtswidrig erlangter Beweise und Beweismittel im Zivilprozess, ZZP 76, 145; *Gamp*, Die Ablehnung von rechtswidrig erlangten Beweismitteln im Zivilprozess, DRiZ 1981, 41; *Schöpflin*, Die Parteianhörung als Beweismittel, NJW 1996, 2134; *Werner*, Verwertung rechtswidrig erlangter Beweismittel, NJW 1988, 993; *Jankowski*, Der Ortstermin im Zivilprozessrecht und der Eingriff in die Unverletzlichkeit der Wohnung, NJW 1997, 3347; *Lange*, Parteianhörung und Parteivernehmung, NJW 2002, 476; *Kluth/Böckmann*, Beweisrecht – Die zivilprozessuale Partei im Zeugenmantel, MDR 2002, 616; *Luckey*, Die Widerklage gegen Dritte – Zeugen zum Abschuss freigegeben?, MDR 2002, 743; *Keldungs*, Der Richter vor Ort, Festschrift für Motzke (2006), 191; *Seibel*, Die Leitung der Tätigkeit des Bausachverständigen durch das Gericht (Vorschläge zur Verbesserung der Zusammenarbeit), BauR 2013, 536; *Sass*, Der Beweis durch Sachverständige im Mangelprozess und die Rechtsfrage, BauR 2014, 181; *Motzke*, Der Zeugenbeweis und der Sachverständigenbeweis – Über die Grenzen des Beweises durch sachverständige Zeugen, DS 2014, 142; *Bischoff*, Gesetze muss man einhalten. Müssen Sachverständige Gesetze einhalten, DS 2014, 257; *Seibel*, Müssen Sachverständige die Aktualität technischer Regelwerke bei der Gutachtenerstattung im (Bau-)Prozess von Amts wegen beachten?, BauR 2016, 1085.

Beweismittel des Bauprozesses sind wie in jedem anderen Verfahren: die Augenscheinseinnahme,[1] der Urkunden-, der Zeugen- und Sachverständigenbeweis[2] sowie die Parteivernehmung. **3094**

1. Der sachverständige Zeuge

Der **Beweiswert** der einzelnen Beweismittel ist auch hier durchaus von **unterschiedlicher Qualität**. Jedoch muss man sich davor hüten, einzelne Beweismittel von vornherein aus allgemeinen Erwägungen abzuwerten. Das gilt namentlich für das Beweismittel des **sachverständigen Zeugen** sowie für den Urkundenbeweis, vor allem hier für **Privatgutachten**, das in den letzten Jahren eine immer größere Bedeutung in der Praxis gewonnen hat. Mag auch der Zeuge grundsätzlich der schlechteste Beweis sein, so wird man dies für den **sachverständigen Zeugen** im Bauprozess nicht ohne weiteres sagen können; denn meistens handelt es sich hier um erfahrene Baubeteiligte (Architekten, Bauunternehmer, Bauingenieure) oder **3095**

---

[1] Siehe hierzu: *Keldungs*, Festschrift für Motzke, S. 191 ff.; *ders.*, Leitfaden für Bausachverständige, S. 47 ff.; *Liebheit*, S. 18 ff. sowie Rdn. **3098** ff.
[2] Eine **amtliche Auskunft** (§ 273 Abs. 2 Nr. 2 ZPO) kann einen Sachverständigenbeweis ersetzen; schließt sie ein **Gutachten** ein, ist es als Sachverständigengutachten zu behandeln (OLG Bremen, OLGR 2006, 105, 106 m.w.Nachw.).

sogar um öffentlich-bestellte **Sachverständige**, die vor Prozessbeginn ein Privatgutachten erstattet haben. Die Vorlage solcher Privatgutachten ist zwar nur Parteivorbringen,[3)] das Gericht muss nach der Rechtsprechung des BGH Privatgutachten jedoch respektieren und sich mit ihnen gründlich auseinandersetzen.[4)]

3096 Zudem bietet das Privatgutachten dem Auftraggeber immer die Möglichkeit, den **Privatgutachter** als „**sachverständigen Zeugen**" in den Bauprozess einzuführen.[5)] Damit hat der Beweisführer die Möglichkeit, den Privatgutachter auch über den Rahmen des im Gutachten niedergelegten Tatsachenstoffes hinaus zu befragen und damit bestehende Lücken in der Beweisführung zu schließen. Da der sachverständige Zeuge seiner Rechtsnatur nach **nur Zeuge** ist, kann er allerdings nur zu einem Beweisthema gehört werden, das zulässiger Gegenstand des Zeugenbeweises ist.[6)] So ist es **nicht Aufgabe** eines sachverständigen Zeugen, sondern des Sachverständigen, dem Richter allgemeine Erfahrungssätze oder besondere Kenntnisse des jeweiligen Wissensgebietes zu vermitteln bzw. auf Grund von Erfahrungssätzen oder besonderen Fachkenntnissen Schlussfolgerungen aus einem feststehenden Sachverhalt zu ziehen.[7)] Die Abgrenzung ist auch in Bausachen im Einzelfall schwierig. Bezieht sich das Beweisthema ausschließlich auf eine fachwissenschaftliche **Wertung**, handelt es sich auch dann um **die Erhebung eines Sachverständigenbeweises**, wenn das Gericht die Vernehmung einer Person als „Zeuge" anordnet.[8)] Vernimmt das Gericht den „sachverständigen Zeugen" **als „Sachverständigen"**, so hat es „**damit** (diesen früheren Privatgutachter) **zum gerichtlichen Sachverständigen bestellt**".[9)] Über seine Aussage kann sich das Gericht daher auch nicht mehr „einfach hinwegsetzen" (BGH).

3097 Handelt es sich bei dem Privatgutachter um einen gerichtsbekannten, gewissenhaften Gutachter, wird es dem Gericht unbenommen sein, allein schon auf Grund des vorgelegten Privatgutachtens oder jedenfalls nach einer Vernehmung dieses Privatgutachters bereits von der Richtigkeit einer behaupteten Tatsache auszugehen. Das sind allerdings in der Praxis die **Ausnahmefälle**: Das Privatgutachten kann prozessual die Einholung einer weiteren sachverständigen Beratung durch einen Gerichtsgutachter in der Regel nicht entbehrlich machen, wenn der Tatrichter nicht über die ausreichende eigene Sachkunde, insbesondere bei schwierigen technischen

---

3) Vgl. BGH, NJW 1997, 3096, 3097; BGH, VersR 1963, 1188; BGH, ZSW 1980, 164 m.Anm. *Müller*.
4) BGH, BauR 2010, 931 = ZfBR 2010, 367 = IBR 2010, 308 – *Deitschun*; BGH, IBR 2011, 248 – *Ulrich*; s. auch Rdn. 148.
5) Vgl. *Soergel*, BlGBW 1970, 14, 15; BGH, NJW-RR 1991, 254 = BauR 1990, 773 (Vernehmung des im Beweissicherungsverfahren tätig gewordenen **Sachverständigen** als sachverständiger Zeuge) sowie oben Rdn. **151**.
6) *Müller*, ZSW 1980, 170 sowie Der Sachverständige, Rn. 502 ff.
7) BGH, WM 1974, 239.
8) OLG Celle, ZSW 1980, 167; OLG Bamberg, JurBüro 1984, 260 m.Anm. *Kamphausen* (Qualität der Bekundung ist maßgebend); OLG München, JurBüro 1988, 1242; zur **Abgrenzung** auch BVerwG, NJW 1986, 2268 u. OVG Koblenz, NVwZ-RR 1992, 592.
9) BGH, BauR 1994, 524, 525. Zur Ablehnung wegen der Besorgnis der Befangenheit: OLG Düsseldorf, OLGR 2000, 271 (LS).

Fragen, verfügt.[10] Darüber hinaus hat der BGH[11] zu Recht darauf hingewiesen, dass Privatgutachten in der Regel die Vernehmung eines gerichtlichen Sachverständigen, die von der Gegenpartei beantragt wird, nicht ersetzen kann.

Ein sachverständiger Zeuge kann vom Gericht nur auf **Antrag** einer Partei vernommen werden; dagegen kann ein Sachverständiger auch ohne Beweisantrag einer Partei von Amts wegen hinzugezogen werden.[12]

2. Der Augenscheinsbeweis und die Ortsbesichtigung durch Sachverständige

Literatur

Bleutge, Die Ortsbesichtigung durch Sachverständige, 8. Auflage 2016.

Keldungs, Der Richter „vor Ort", Festschrift für Motzke, 2006, 191; *Ulrich/Zielbauer*, Tatsachenfeststellung durch den Sachverständigen – Ortstermin des Sachverständigen, Substanzeingriffe, DS 2008, 12; *Bleutge*, Sachverständiger – Schlichter in Gerichtsverfahren?, DS 2011, 342; *Grossam*, Aktuelle Fallstricke für gerichtliche Sachverständige beim Ortstermin, DS 2013, 214; *Hille*, Zulässigkeit und Grenzen der Anordnung einer Begutachtung von Amts wegen, DS 2015, 181.

Die Anordnung des Augenscheins geschieht entweder durch den Richter von Amts wegen (§ 144 ZPO[13], aber auch vorbereitend zum Termin) oder auf Grund des Beweisantritts einer Partei (§ 371 ZPO).

Der förmliche Beweisantritt nach § 371 ZPO muss die zu beweisenden streitigen Tatsachen und den Gegenstand des Augenscheins genau bezeichnen.[14] Ist dies der Fall, darf dieser Beweisantritt nicht abgewendet werden.[15] Die Einvernahme des Augenscheins geschieht in der Regel durch den beauftragten Richter (vgl. § 372 Abs. 2 ZPO); das Ergebnis ist im Protokoll aufzunehmen, dem zweckmäßigerweise dann oftmals in Bauprozessen Zeichnungen, Pläne und Risse usw. beigegeben zu werden pflegen. In großen und schwierigen Bausachen ist eine Ortsbesichtigung durch den/die **Richter** zwingend geboten.[16] Der „Richter vor Ort" (Keldungs) wird sich nicht nur ein nachhaltiges Bild von den tatsächlichen Verhältnissen machen können; er wird vor allem vor Ort im Zusammenwirken mit einem Sachverständigen leichter eine gütliche Einigung herbeiführen können.[17] Für den **Sachverständigen** wiederum bedeutet dies, dass eine angeordnete Ortsbesichtigung **sorgfältig vorbereitet** wird; denn der Sachverständige ist der „Herr des Verfahrens" und bestimmt somit entscheidend den Termin und dessen Ablauf.[18]

---

10) Vgl. BGH, VersR 1981, 576.
11) NJW 1962, 1569, 1570; ob dies auch für Gutachten von **Fachbehörden** gilt (vgl. RG, *Gruchot* 67, 82), hat der BGH, a.a.O., als zweifelhaft bezeichnet.
12) OLG Celle, ZSW 1980, 167.
13) Zum **zulässigen Anwendungsbereich** siehe die umfängliche Darstellung von *Hille*, DS 2015, 181 ff.
14) *Zöller/Greger*, § 371 ZPO, Rn. 3.
15) Vgl. *Schneider*, Beweis und Beweiswürdigung, 5. Aufl., Rn. 855; BGH, BauR 2002, 613, 616.
16) Zur Notwendigkeit eines Augenscheines zur Feststellung eines optischen Mangels: OLG Stuttgart, BauR 2011, 1824.
17) *Liebheit*, S. 18; *Keldungs/Arbeiter*, S. 47 ff.; *Bleutge*, DS 2011, 342, 343.
18) *Bleutge*, Ortsbesichtigung, S. 11; zur Durchführung der Ortsbesichtigung durch den Sachverständigen S. 28 ff. sowie S. 75 f. (**Checkliste**).

3099 Schwierigkeiten bestehen, wenn eine **Partei** sich weigert, das Augenscheinsobjekt, also das Bauwerk, besichtigen zu lassen. Ein **Recht auf Besichtigung** hat das Gericht in aller Regel nicht; es konnte bisher auch keinen Zwang auf Duldung des Augenscheins ausüben. Wohl konnte aber das Gericht Schlüsse aus der Verweigerung selbst ziehen.[19] Weigerte sich der **Bauherr** zum Beispiel, einen Ortstermin auf seinem Grund und Boden durchführen zu lassen und war er **an diesem Verfahren nicht beteiligt**, blieb den Prozessparteien (z.B. dem Unternehmer oder Architekten) nichts anderes übrig, als zunächst gegen den Bauherrn auf Duldung der Durchführung einer Ortsbesichtigung zu klagen. Einen solchen Anspruch auf Duldung einer Ortsbesichtigung durch den Bauherrn (wenn er selbst am Verfahren nicht beteiligt ist) konnte der Prozesspartei aus ihrem eigenen Vertragsverhältnis zu dem Bauherrn erwachsen („Nachwirkung" des Werkvertrages).

3100 Die ZPO-Reform 2001 hat zu einer gewissen Verbesserung geführt: Befindet sich das Augenscheinsobjekt im Besitz eines **Dritten**, kann der Beweisführer nunmehr aufgrund des § 371 Abs. 2 Satz 1 ZPO den Beweis antreten, indem er entweder das Gericht um die Bestimmung einer **Frist** „zur Herbeischaffung des Gegenstandes" ersucht[20] oder eine gerichtliche Anordnung nach § 144 ZPO beantragt. Indes ist der Dritte zur Duldung des Augenscheins nicht verpflichtet, wenn ihm diese „nicht zumutbar" ist;[21] und das Gericht kann die Duldung auch nicht erzwingen, sondern allenfalls ein Ordnungsmittel verhängen (§§ 144 Abs. 2 Satz 2, 390 ZPO).

3101 Wird die **Ortsbesichtigung** von einem **gerichtlich bestellten Sachverständigen** durchgeführt,[22] haben die **Prozessparteien ein Recht**, an dieser Ortsbesichtigung selbst teilzunehmen; das folgt bereits aus dem Grundsatz der **Parteiöffentlichkeit** einer Ortsbesichtigung.[23] Jede Partei ist daher berechtigt, einen **eigenen Sachkundigen** ihrer Wahl zu diesem Ortstermin hinzuzuziehen.[24] Wenn eine Partei dem von der Gegenpartei ausgewählten sachkundigen Vertreter bei dem Ortstermin des Sachverständigen den **Zutritt** zu seinem zu begutachtenden Anwesen **verweigert**, so ist sie als **beweisfällig** zu behandeln; soweit der **Gegenpartei** die Beweislast obliegt, ist von einer **Beweisvereitelung** auszugehen (s. § 371 Abs. 3 ZPO).[25]

---

19) Vgl. BGH, NJW 1960, 821; BGH, NJW 1963, 389, 390.
20) In diesem Fall wird der Beweisführer durch eine **einstweilige Verfügung** versuchen, ein Zutrittsrecht gegen den Dritten (seinen Vertragspartner) zu erwirken.
21) Siehe hierzu auch: *E. Schneider*, MDR 2004, 1 ff.
22) Siehe hierzu: *Grossam*, DS 2013, 214, 215 f.; *Bleutge*, Ortsbesichtigung, S. 28 ff.; *Liebheit*, S. 18; *Jessnitzer*, BauR 1975, 73.
23) BVerwG, IBR 2006, 424 – *Ganten*. Zur **Befangenheit** eines Sachverständigen bei Durchführung eines Ortstermins trotz des **Zutrittsverbots** der Gegenpartei: OLG Saarbrücken, DS 2013, 367 m.w.Nachw.
24) Vgl. OLG Düsseldorf, BauR 1974, 72; OLG München, NJW 1984, 807 = DB 1984, 1615 = BauR 1985, 209; *Jessnitzer*, BauR 1975, 73, 76.
25) OLG München, NJW 1984, 807 = BauR 1985, 209; siehe Rdn. **2619**, **2643**.

3. Der Urkundenbeweis

Literatur

E. *Schneider*, Die Zumutbarkeit der Urkundenvorlage durch Dritte, MDR 2004, 1; *Fritzsche-Brandt*, Das Sachverständigengutachten im Urkundenprozess, DS 2008, 87; *Pauly*, Durchsetzung von Werklohnansprüchen und Sicherheiten im Urkundenprozess, NZBau 2014, 145.

Als Urkunde im weitesten Sinne ist jede Verkörperung eines Gedankens zu verstehen.[26] Andere **gerichtliche Verfahren** oder auch **Bauakten**, die bei den Baugenehmigungsbehörden geführt werden und alle ein Bauvorhaben betreffenden Vorgänge und Eingaben umfassen, werden in Bauprozessen oftmals zu Beweiszwecken beigezogen.[27] Daneben kommt aber vor allem auch die Gesamtheit des **privaten Schriftwechsels** zwischen den am Bau beteiligten Privatpersonen als Urkundenbeweis in Betracht. So bilden der Bauvertrag, die amtliche Baugenehmigung, Dispense, Zeichnungen, statische Berechnungen, Mengenberechnungen, Stundenlohnzettel und vor allem auch Übergabeprotokolle, die von den Baubeteiligten bei Übergabe eines Bauwerks angefertigt werden, wesentliche Urkunden, die bei der Beweisführung entscheidendes Gewicht gewinnen können.[28] Es ist anerkannt, dass vor allem auch das **Bautagebuch** als Beweisurkunde bei der Beweiswürdigung Berücksichtigung finden kann.[29] Ferner ist die Niederschrift der Wohnungseigentümer eine Privaturkunde im Sinne des § 416 ZPO.[30]

3102

Das OLG Hamm[31] behandelt demgegenüber die Vorlage von **Bauzeichnungen** und **Lichtbildern** nicht als Urkundenbeweis, sondern **als Augenscheinseinnahme**:

„Bei Bauzeichnungen, Lichtbildern u. dgl. handelt es sich nicht um Urkunden, deren gedanklicher Inhalt Gegenstand der Beweisaufnahme ist; hier vermittelt vielmehr die eigene Wahrnehmung des Gerichts auf Grund der Betrachtung die Feststellung über die Richtigkeit oder Unrichtigkeit streitiger Tatsachen. Die Einsicht in Baupläne, Zeichnungen, Lichtbilder u. dgl. ist deshalb als Augenscheinseinnahme anzusehen …"

Keine Partei ist gezwungen, den Urkundenbeweis schlechthin statt eines Zeugenbeweises gelten zu lassen; vielmehr kann jeder Baubeteiligte jederzeit die Vernehmung des zum Beispiel in einem anderen Verfahren vernommenen **Zeugen** oder **Sachverständigen** über eine beweiserhebliche Behauptung dadurch erzwingen, dass er dessen Vernehmung nach § 373 ZPO beantragt, was jedoch durch einen eindeutigen Beweisantrag zu geschehen hat. In einem solchen Falle kann die **Vernehmung** auch nicht mit der Begründung abgelehnt werden, dass bereits das Protokoll über die Vernehmung in dem anderen Verfahren vorliege.[32] Dem Beweisantrag muss viel-

3103

---

26) Zur Auslegung einer dem Bauleiter ausgestellten **Vollmachtsurkunde**: OLG Köln, NZBau 2014, 169.
27) Die Gewährung von **Akteneinsicht** steht im Ermessen der Baugenehmigungsbehörde (OVG NRW, BauR 1989, 74).
28) Deshalb müssen bei einer **Abtretung von Gewährleistungsansprüchen** vorhandene Beweisurkunden gemäß § 402 BGB herausgegeben werden; BGH, NJW 1974, 1135, 1136; BGH, BauR 1975, 206, 208.
29) Vgl. z.B. OLG Düsseldorf, *Schäfer/Finnern*, Z 2.300 Bl. 14.
30) BayObLG, NJW-RR 1990, 210.
31) JurBüro 1984, 401.
32) BGH, ZfBR 2013, 766; BGH, NJW 1997, 3096; BGH, NJW-RR 1992, 1214 = VersR 1992, 1028; BGH, VersR 1970, 322.

mehr stattgegeben werden.³³⁾ Auch ist eine Umgehung des Grundsatzes der Unmittelbarkeit der Beweisaufnahme durch Beibringung eidesstattlicher Versicherungen von Zeugen grundsätzlich unzulässig. Nur wenn die Beweisaufnahme auf solche Schwierigkeiten stößt, dass damit der Zeugenbeweis überhaupt ausscheidet, bleibt dem Beweisführer die Möglichkeit offen, einen entsprechenden Urkundenbeweis zu führen.³⁴⁾

3104 Zieht das Gericht **(andere) Verfahrensakten** bei, so muss es, wenn es deren Inhalt **verwerten** will, den Grundsatz des rechtlichen Gehörs beachten; die Verwertung der Akten **ohne Kenntnis** des (nachteilig) Betroffenen und **ohne** einen entsprechenden **Beweisantrag** ist Verfahrens- und verfassungswidrig.³⁵⁾ Die Vorlage einer Urkunde kann nunmehr auch einem **Dritten** aufgegeben werden (vgl. §§ 273 Abs. 2 Nr. 5, 142 Abs. 1, 2 ZPO), sofern ihm dies **zumutbar** ist; so kann z.B. eine juristische Person die Herausgabe verweigern, wenn ihr dadurch ein (eigener) vermögensrechtlicher Schaden entstehen würde, wobei eine schon erleichterte Durchsetzung von Ansprüchen gegen sie genügt.³⁶⁾ Die Vorlage kann das Gericht allerdings nicht erzwingen.³⁷⁾

3105 Das von einer Partei vorgelegte **Privatgutachten** ist **als Parteivorbringen anzusehen**; es handelt sich nicht um einen Urkundenbeweis.³⁸⁾ Das in einem selbstständigen Beweisverfahren eingeholte Sachverständigengutachten stellt kein zulässiges Beweismittel im Urkundenprozess dar, wenn insoweit der Beweis durch Sachverständige ersetzt werden soll.³⁹⁾

4. Der Sachverständige

Literatur

Röhrich, Das Gutachten des Bausachverständigen, 4. Auflage 2016; *Vogt*, Die statistische Realität des Sachverständigenbeweises im Bauprozess, 2016; *Bayerlein*, Praxishandbuch Sachverständigenrecht, 5. Auflage 2015; *Leupertz/Hettler*, Der Bausachverständige vor Gericht, 2. Auflage 2013; *Staudt/Seibel*, Handbuch für den Bausachverständigen, 3. Auflage 2013; *Koenen*, Sachverständigenbeweis im Bauprozess, 2012; *Keldungs/Arbeiter*, Leitfaden für Bausachverständige, 3. Auf-

---

33) *E. Schneider*, MDR 1975, 444, 445 m. Nachw.
34) Vgl. BGH, MDR 1970, 135.
35) BVerfG, NJW 1994, 1210.
36) BGH, BauR 2007, 749. Zum **Anwendungsbereich** des § 142 Abs. 1 ZPO s. auch BGH, BauR 2007, 1577, 1578 (Die Regelung dient nicht dazu, einer Partei die Darlegungslast zu erleichtern; das Gericht darf **keine Ausforschung** betreiben).
37) BT-Drucks. 14/4722 S. 92. Ordnet das **Gericht** auf Antrag einer Partei die **Herausgabe** von Unterlagen durch einen **Sachverständigen** an (hier: Werkstattzeichnungen), soll nach OLG Karlsruhe (OLGR 2006, 907, 908) der hiergegen gerichtete **Widerspruch** des **Antragsgegners** nicht der sofortigen Beschwerde unterliegen.
38) Vgl. BGH, NJW 1982, 2874; OLG Oldenburg, OLGR 1997, 134; BGH, ZSW 1980, 164 m.Anm. Müller; *Müller*, Der Sachverständige, Rn. 55 m. Nachw. in Anm. 66 u. 67. Die **Verwertung** des Gutachtens ist allerdings auch gegen den Widerspruch einer Partei zulässig, sofern die **beweisbelastete** Partei nach § 278 Abs. 3 ZPO über das Erfordernis eines Gegenbeweisantritts **hingewiesen** wird (OLG Oldenburg, OLGR 1997, 134, 135). Das **Recht** beider Parteien, **die Vernehmung** des Sachverständigen **zu verlangen**, wird dadurch aber nicht eingeschränkt; vgl. RG, DR 1942, 905; BGH, LM Nr. 7 zu § 286 (E); VersR 1962, 450; **a.A.:** BAG, DB 1961, 1104; *Friedrichs*, ZZP 52, 394.
39) BGH, NJW 2008, 523 mit Anm. *Fritzsche-Brandt*.

lage 2011; *Bleutge*, Die Ortsbesichtigung durch Sachverständige, 7. Auflage 2011; *Liebheit*, Pflichten eines Bausachverständigen, 2009; *Ulrich*, Der gerichtliche Sachverständige, 12. Auflage 2007; *Müller*, Der Sachverständige im gerichtlichen Verfahren, 3. Auflage 1988; *Thole*, Die Haftung des gerichtlichen Sachverständigen nach § 839a BGB, 2004.

Literatur bis 2009

Varrentrapp, Die Stellung der gerichtlichen Sachverständigen, DRiZ 1969, 351; *Müller*, Die Pflichten des öffentlich bestellten und vereidigten Sachverständigen, DB 1972, 1809; *Jessnitzer*, Richter und Sachverständiger, DB 1973, 2497; *Franzki*, Über den Umgang mit Sachverständigen, DRiZ 1974, 305; *Jessnitzer*, Sachverständigenbeweis bei der Auswertung technischer Aufzeichnungen, DRiZ 1974, 98; *Jessnitzer*, Ortsbesichtigungen und Untersuchungen durch Bausachverständige und ihre gerichtliche Verwertung, BauR 1975, 73; *Glossner*, Technisches Sachverständigen-Gutachten, BB 1977, 678; *Döbereiner*, Die Haftung des gerichtlichen und außergerichtlichen Sachverständigen nach der neueren Rechtsprechung des BVerfG und des BGH, BauR 1979, 282; *Olzen*, Das Verhältnis von Richtern und Sachverständigen im Zivilprozess unter besonderer Berücksichtigung des Grundsatzes der freien Beweiswürdigung, ZZP 80 (Bd. 93), 66; *v. Keyserlingk*, Die Schweigepflicht des Sachverständigen: Umfang, Strafbarkeit und zivilrechtliche Haftung, BB 1980, 233; *Pieper*, Rechtsstellung des Sachverständigen und Haftung für fehlerhafte Gutachten, Gedächtnisschrift für Rudolf Bruns, 1980; *Hinze*, Der Sachverständige und die Untersuchungsmaxime, ZSW 1980, 14; *Hinze*, Begutachtung in Grenzbereichen, ZSW 1980, 28; *Schima*, Die Bindung des Sachverständigen an seinen Auftrag, ZSW 1980, 159; *Klocke*, Der Sachverständige im Bauwesen, DAB 1981, 205; *Döbereiner*, Die vertragliche Haftung der Bau- und Bewertungssachverständigen für private Gutachten und Empfehlungen, BauR 1982, 11; *Tropf*, Die erweiterte Tatsachenfeststellung durch den Sachverständigen, DRiZ 1985, 87; *Bleutge*, Die Hilfskräfte des Sachverständigen – Mitarbeiter ohne Verantwortung?, NJW 1985, 1185; *Klocke*, Erstattung von Gutachten, BauR 1986, 294; *Keilbolz*, Zur Haftung des Sachverständigen in (schieds-)gerichtlichen Bausachen, insbesondere bei von ihm veranlassten Sanierungsmaßnahmen gelegentlich einer (schieds-)gerichtlichen Begutachtung, BauR 1986, 377; *Sendler*, Richter und Sachverständige, NJW 1986, 2907; *Rudolph*, Die Zusammenarbeit des Richters und des Sachverständigen, WuV 1988, 33; *Pantle*, Die Anhörung des Sachverständigen, MDR 1989, 312; *Bayerlein*, Der Sachverständige im Bauprozess, BauR 1989, 397; *Franzki*, Der Sachverständige – Diener oder Herr des Richters, DRiZ 1991, 314; *Meyer*, Übermacht des Sachverständigen – aus der Sicht des Richters, DRiZ 1992, 125; *Volze*, Die Haftung des Sachverständigen, ZfS 1993, 217; *Quack*, Zur Problematik der stillschweigenden Rechtsanwendung durch Sachverständige, BauR 1993, 161; *Werner/Reuber*, Der staatlich anerkannte Sachverständige nach den neuen Bauordnungen der Länder, BauR 1996, 796; *Kappertz*, Die Schwierigkeiten des Sachverständigen bei der Anwendung des Begriffs der allgemein anerkannten Regeln der Technik, Festschrift für Mantscheff, 241; *Leineweber*, Zur Feststellung einer „technischen Verursachungsquote" durch den Sachverständigen, Festschrift für Mantscheff, 249; *Jacobs*, Die Haftung des gerichtlichen Sachverständigen, ZRP 2001, 489; *Schikora*, Einsichtnahme in die Handakten von Sachverständigen durch Gericht und Parteien, MDR 2002, 1033; *Volze*, Die Grundlagen der Haftung des Sachverständigen, DS 2004, 48; *Kilian*, Zweifelsfragen der deliktsrechtlichen Sachverständigenhaftung nach § 839a BGB, ZGS 2004, 220; *Schwab*, Das unrichtige Gutachten des gerichtlichen Sachverständigen, DS 2005, 132; *Schwab*, Zur Haftung des vom Schiedsgericht hinzugezogenen Sachverständigen, DS 2006, 66; *Weise*, Streitverkündung gegen den Gerichtssachverständigen, NJW-Spezial 2006, 165; *Jankowski*, Das Rechtsverhältnis zwischen den Prozessbeteiligten, dem Gericht und dem gerichtlich bestellten Sachverständigen, NZBau 2006, 96; *Dageförde/Fastabend/Kindereit*, Sachverständige und Eingriffe in die Bausubstanz, BauR 2006, 1202; *Kniffka*, Die Bedeutung des Sachverständigen im Zivilgerichtsverfahren mit besonderem Bezug zum Bauprozess, DS 2007, 125; *Kaiser*, Das Ende der Streitverkündung gegen den gerichtlichen Sachverständigen, NJW 2007, 123; *Heinlein*, Zur Zusammenarbeit von Gerichten und Sachverständigen in Bausachen, Festschrift für Ganten (2007), 335; *Sass*, Der Sachverständige – weiterhin ein prozessuales Problemfeld, DS 2007, 256; *Zimmermann*, Sachverständigenhaftung für Mangelfolgeschäden einer falsch durchgeführten Begutachtung, DS 2008, 8; *Fritzsche-Brandt*, Das Sachverständigengutachten im Urkundenprozess, DS 2008, 87; *Liebheit*, Bauteilöffnungen, BauR 2008, 1790; *Kamphausen*, Die Tat- und Rechtsfrage in der Praxis der Sachverständigen, Jahrbuch Baurecht

2009, 191; *Troidl*, Sachverstand ohne Rücksicht auf Verluste? Die Hinweispflicht Sachverständiger aus § 407a Abs. 3 ZPO und die Folgen ihrer Verletzung, Jahrbuch Baurecht 2009, 241.

Literatur ab 2010

Seibel, Die Anleitung des Sachverständigen durch das Gericht (§ 404a ZPO), Der Bausachverständige 2010, 49; *Bleutge*, Öffentliche Bestellung für Sachverständige aus der EU möglich, Der Bausachverständige 2010, 50; *Sass*, Die Symptomtheorie und der Beweis durch Sachverständige, Jahrbuch Baurecht 2010, 217; *Bleutge*, Öffentlich bestellte und vereidigte Sachverständige – Sachverstand für Justiz, Wirtschaft und Verbraucher, Der Bausachverständige 2011, 46; *Ulrich*, Ab wann hat der gerichtliche Sachverständige das als „Vergütung" an ihn geflossene Geld eigentlich sicher?, DS 2011, 15; *Roeßner*, 15 Gebote für Sachverständige, DS 2011, 191; *Volze*, Die Haftung des gerichtlichen Sachverständigen nach § 839a BGB, DS 2011, 201; *Ulrich*, Urheberrecht für Sachverständige, Teil 1, DS 2011, 308; Teil 2, DS 2011, 352; *Mohr*, Altlasten im Boden: Haftungsrisiken, DS 2011, 240; *Bleutge*, Sachverständiger – Schlichter in Gerichtsverfahren?, DS 2011, 342; *Kinski*, Verzögerte Bearbeitung gerichtlicher Gutachtenaufträge, DS 2012, 13; *Volze*, Neue Entwicklungen im Sachverständigenrecht, DS 2012, 96; *ders.*, Neue Rechtsprechung aus dem Sachverständigenrecht, DS 2012, 226; *Tödtmann/Schwab*, 10 Jahre Sachverständigenhaftung gem. § 839a BGB, DS 2012, 302; *Wortmann*, Quotelung der Sachverständigenkosten im Falle des Mitverschuldens, DS 2012, 142; *ders.*, Urheberrechte des Sachverständigen an den Lichtbildern im Gutachten, DS 2013, 46; *Seibel*, Zur Aufgabenverteilung zwischen Gericht und Sachverständigem, Der Bausachverständige 2012, 59; *Liebheit*, Zusammenarbeit von Gericht und Bausachverständigen, Der Bausachverständige 2012, 66; *Lehmann*, Mediation – Aktuelle DVDs für Sachverständige, DS 2012, 385; *Motzke*, Sachverständigenbeweis: Bauteilöffnung – Befugnis des Sachverständigen und anschließende Rechtsprobleme, BauR 2013, 304; *Mayr*, Gestaltung von Sachverständigengutachten, DS 2013, 128; *Walter*, Verzögerung durch Sachverständigengutachten (Ursachen, Bedeutung und Möglichkeiten der Abhilfe im Zivilverfahren), DS 2013, 385; *Praun*, Bauteilöffnung durch gerichtlichen Sachverständigen: Befugnis, Anweisung und Haftung, BauR 2013, 1938; *Vuia*, Die Rolle des Sachverständigen bei der Ermittlung des merkantilen Minderwerts, DS 2014, 25; *Motzke*, Begutachtung von Bodenproben – Bodengutachten – Laborleistungen – Verjährungsfragen bei Mängeln sog. „feststellender Gutachten", BauR 2014, 25; *Sass*, Der Beweis durch Sachverständige im Mangelprozess und die Rechtsfrage, BauR 2014, 181; *Kern*, Vorbereitende Bauteilöffnung: Das Gericht darf den Sachverständigen nach § 404a Abs. 1 ZPO anweisen, BauR 2014, 603; *Kramarz*, Der gerichtliche Sachverständige: Gehilfe oder Berater? – Wie weit sollte sich der Sachverständige an Weisungen halten?, DS 2014, 170; *Motzke*, Der Zeugenbeweis und der Sachverständigenbeweis – Über die Grenzen des Beweises durch sachverständigen Zeugen, DS 2014, 142; *ders.*, Mangel – Mangelbeseitigung – Aufwand – Minderung (Schnittstellen zwischen Technik und Recht beim Sachverständigenbeweis), DS 2014, 201; *Bischoff*, Gesetze muss man einhalten! Müssen Sachverständige Gesetze einhalten?, DS 2014, 257; *Koenen*, Sachverständigenbeweis im Bauprozess: Quo vadis?, Der Bausachverständige, Sonderheft 2015, 5; *Schmidbauer*, Das Internet der Dinge: Die Anforderungen an die Sachverständigen ändern sich, DS 2016, 10; *Regenfus*, Rechtliche Voraussetzungen für den Einsatz von Kameradrohnen bei Sachverständigengutachten, DS 2016, 14; *Kontusch*, Zusammenarbeit von Gericht und Sachverständigen – Gedanken zum Sachverständigenbeweis im Zivilprozess, Der Bausachverständige 2016, 48, 52, 56; *Garchow*, Auslegung von DIN-Vorschriften durch den SV, Der Bausachverständige 206, 59; *Seibel*, Müssen Sachverständige die Aktualität technischer Regelwerke bei der Gutachtenerstattung im (Bau-)Prozess von Amts wegen beachten?, BauR 2016, 1085; *Volze*, Der Sachverständige und das schiedsgerichtliche Verfahren, DS 2016, 226; *Popescu*, Haftung staatlich anerkannter Sachverständiger und Prüfer, Der Bausachverständige 2017, 46; *Ulrich*, Die Arbeitszeit des Gerichtssachverständigen: Jede Minute zählt!, DS 2017, 18; *Luz*, Der Sachverständigenbeweis: Die größte Problembaustelle des Baurechts – Ein Weckruf, BauR 2017, 14; *Garchow*, Hinweise des gerichtlich bestellten Sachverständigen an eine Partei zur Gefahrenabwehr, Der Bausachverständige 2017, 49; *Haltstenberg*, Die Haftung der Prüfingenieure und der Prüfsachverständigen, DS 2017, 86; *Piper*, Auswahl eines Sachverständigen durch Losentscheid, DS 2017, 96.

Literatur zur Reform des Sachverständigenrechts

Koenen, Sachverständigenbeweis im Bauprozess: Quo Vadis?, Der Bausachverständige, Sonderheft 2015, 5; *Bleutge*, Sachverständigenrecht: Themenfelder gestern, heute und morgen, ebenda,

10; *Schärtl*, Verbraucherschutz bei Gutachteraufträgen, DS 2015, 140; *Bleutge*, Das Kurzgutachten: ein unbekanntes Wesen – Praxis und Theorie im Widerstreit, DS 2015, 172; *Volze*, Verschärfte, überflüssige Gesetze für den Sachverständigen, DS 2016, 21; *Bleutge*, Neues Sachverständigenrecht in der ZPO – Erweiterung des Pflichtenkatalogs verbunden mit „Strafmaßnahmen", der Bausachverständige 2016, 48; *ders.*, Erweiterter Pflichtenkatalog für Gerichtssachverständige, ebenda, 51; *Jacobs*, Expertenkritik an Reform des Sachverständigenrechts, DS 2016, 67; *Jandt*, Elektronische Gerichtsakten – Neue Herausforderungen für die Tätigkeit des Sachverständigen, DS 2016, 248; *Lübinghoff*, Das Gesetz zur Änderung des Sachverständigenrechts, NJW 2016, 3329; *Seifert*, Schwarze Pädagogik im Sachverständigenrecht?, NZBau 2017, Editorial Heft 5; *Halstenberg*, Die Haftung der Prüfingenieure und der Prüfsachverständigen, DS 2017, 86; *Bleutge*, Kein Auftrag ohne Haftungsrisiko – Möglichkeiten zum Haftungsausschluss und zur Haftungsbeschränkung, Der Bausachverständige 2017, 51; *Boldt*, Quellenverwendung in privaten und gerichtlichen Gutachten, Der Bausachverständige 2017, 56.

a) Begriff

Das entscheidende Gewicht kommt im Bauprozess ohne Zweifel dem (gerichtlichen) **Sachverständigen** zu.[40] Der Bausachverständige ist und bleibt nun einmal die „Schlüsselfigur des Bauprozesses";[41] es gilt: „**Verlorene Gutachten sind verlorene Prozesse.**"[42] Ein Gericht ist nur befugt, einen angebotenen Sachverständigenbeweis nicht zu erheben, wenn es für die Streitfrage über eine hinreichende eigene Sachkunde verfügt, was in aller Regel nicht der Fall sein wird.[43]

3106

Sachverständiger ist, wer auf einem bestimmten Fachgebiet auf Grund seiner Ausbildung und seiner praktischen Erfahrung **besondere Kenntnisse** vorweist.[44] **Bau**-Sachverständige sind Fachleute des Fachbereichs „Bau", wobei weitere fachliche Spezialisierungen für die einzelnen Baugewerke üblich sind. Die Sachverständigen, insbesondere die gerichtlichen Sachverständigen, sind streng von den **Sonderfachleuten** zu trennen. Der Sonderfachmann, der in den letzten Jahren eine besondere Bedeutung im Bauwesen erlangt hat, kann allerdings für seinen Fachbereich wiederum als Sachverständiger tätig werden; denn er besitzt auf bestimmten Gebieten, auf denen er von dem Architekten oder von anderen herangezogen wird, besondere Fachkenntnisse. Wichtig für die Abgrenzung von Sachverständigen und Sonderfachleuten ist, dass der Sonderfachmann, der für den Entwurf und die Durchführung eines Baus herangezogen wird, eine Vergütung nach der HOAI

---

[40] Zur Festsetzung einer **Höchstaltersgrenze** für öffentlich bestellte und vereidigte Sachverständige: BVerwG, DS 2011, 160 (hierzu: *Dilewski*, DS 2012, 51). Zu beachten ist aber, dass die Höchstaltersgrenze von 68 Jahren in den **Bereichen** Standsicherheit, baulicher Brandschutz sowie Erd- und Grundbau **rechtmäßig** ist; dies gilt ebenso für Prüfsachverständige für die Prüfung **technischer Anlagen** und **Einrichtungen**, bei denen die **Gewährleistung** der **Bausicherheit** eine große Bedeutung hat (BVerwG, DS 2016, 292; NZBau 2015, 498 = DS 2015, 223 = IBR 2015, 334 – *Bleutge*).
[41] *Brügmann*, Prozessleitung, S. 30. Zum Sachverständigen im **Schiedsgerichtsverfahren**: OLG Düsseldorf, BauR 2014, 878.
[42] So zutreffend: *Quack*, BauR 1993, 161.
[43] Zu den Voraussetzungen für das „**Absehen**" einer Beweisaufnahme mangels eines geeigneten Sachverständigen: BGH, NZBau 2017, 475 = BauR 2017, 1404; siehe auch BGH, BauR 2000, 1762 = ZfBR 2000, 548; zur **Vernehmung** eines Privatgutachters als Sachverständigen des Gerichts: OLG Frankfurt, NZBau 2017, 480.
[44] Eine **Zertifizierung** ersetzt noch nicht den erforderlichen Nachweis einer hinreichenden Sachkunde (siehe hierzu: OVG Sachsen, IBR 2013, 714 u. 715 – *Fahrenbruch*).

beanspruchen kann. Der Sachverständige wird dagegen für seinen Fachbereich als **Gutachter** tätig, sei es für Gerichte oder Behörden, sei es für Privatpersonen („Privatgutachten", s. Rdn. 148 ff.).

3107 Ferner ist zwischen Sachverständigen, Zeugen und sachverständigen Zeugen zu unterscheiden (s. Rdn. 3095 ff.). Während der Sachverständige – in der Regel – über seine Untersuchungen berichtet, bekundet der **Zeuge** über seine Wahrnehmungen.[45] Die Wahrnehmung des Zeugen beruht dabei auf seinen besonderen Beziehungen zum konkreten Einzelfall; seine Aussage ist unvertretbar und in der Regel unersetzlich.[46] Der **sachverständige Zeuge** wiederum ist eine Person, die vergangene Tatsachen oder Zustände auf Grund einer besonderen Sach- und Fachkunde wahrgenommen hat. Vom Sachverständigen unterscheidet sich der sachverständige Zeuge dadurch, dass er unersetzbar ist, vom Zeugen dadurch, dass er seine Wahrnehmung auf Grund seiner Fachkunde machen konnte.[47] Wer im Auftrag einer Partei ein Gutachten erstattet, ist sachverständiger Zeuge und nicht Sachverständiger, wenn er im Rechtsstreit nur darüber vernommen wird, welche Feststellungen er bei der Besichtigung des Streitobjekts auf Grund seiner besonderen Sachkunde getroffen hat.[48] Beweisrechtlich ist der sachverständige Zeuge echter Zeuge;[49] er kann also grundsätzlich nicht wegen Besorgnis der Befangenheit abgelehnt werden.[50] Allerdings kann der sachverständige Zeuge zum „Sachverständigen" werden, wenn das Gericht ihn als **„Sachverständigen" vernimmt und dadurch** (konkludent) **zum gerichtlichen Sachverständigen bestellt**;[51] dann kann er auch wegen Besorgnis der Befangenheit abgelehnt werden.[52]

Als **gerichtliche Sachverständige** sind die Personen anzusehen, die im Einzelfall als Beweismittel und als **Helfer des Richters** zur Entscheidung eines gerichtlichen Bauprozesses **herangezogen** werden.[53] Dies kann im gerichtlichen Beweissicherungsverfahren sowie im streitigen Hauptverfahren geschehen. Der Bausachverständige wird in diesem Fall durch die gerichtliche Beauftragung nicht zum „Beamten" im Sinne des § 839 BGB;[54] er steht auch nicht zu den Verfahrensbeteiligten in einer vertraglichen Beziehung.[55] Die öffentlich bestellten und vereidigten Bausachverständigen sind wie alle Sachverständige zur Erstattung von Gutachten verpflichtet, wenn nicht im Einzelfall ein Hinderungsgrund zur Verfügung steht. Mit dem seit

---

45) Zur Abgrenzung des Sachverständigen vom Zeugen vgl. im Einzelnen: *Hegler*, AcP 104, 151; *Lent*, ZZP 60, 9; *Schmidheuser*, ZZP 72, 365.
46) *Rosenberg/Schwab*, ZPR, § 124 II m. Nachw.
47) Siehe hierzu auch BVerwG, DS 2011, 294, 295; OLG Düsseldorf, OLGR 2001, 374 = BauR 2001, 1631 (LS).
48) BGH, MDR 1974, 382 = WM 1974, 239.
49) *E. Schneider*, MDR 1975, 539.
50) Vgl. *Soergel*, BlGBW 1970, 14, 15; *E. Schneider*, a.a.O., 539.
51) BGH, BauR 1994, 524, 525.
52) OLG Düsseldorf, OLGR 2000, 271 (LS) = IBR 2000, 294 – *Kamphausen*.
53) BGHZ 59, 310, 312; BGH, DS 2014, 250 (sachkundiger Gehilfe des Gerichts).
54) BGH, BauR 2003, 1599, 1600; OLG Celle, IBR 2004, 333 – *Schwenker*. Etwas anderes gilt, wenn die Erstattung von gerichtlichen Sachverständigengutachten (wie etwa beim Gutachterausschuss) im Rahmen einer normalen Amtstätigkeit erfolgt (BGH, BauR 2003, 860 = ZfIR 2003, 260; BauR 2003, 1599, 1600). Zur **Abgrenzung** zwischen hoheitlichem und privatrechtlichem Handeln im Rahmen des § 839 BGB: BGH, DS 2017, 100.
55) OLG Celle, BauR 2004, 1481 = IBR 2004, 333 – *Schwenker*.

dem 1.8.2002 in Kraft getretenen § 839a BGB ist im Übrigen eine eigenständige, systematisch im Umfeld der Amtshaftung angesiedelte Anspruchsgrundlage für die **Haftung des gerichtlichen Sachverständigen** geschaffen worden.[56] Zu beachten ist: Der Sachverständige muss gemäß § 404a ZPO die Vorgaben und Weisungen des Gerichts befolgen, wobei es in der Sache „um die **Anleitung** seiner Tätigkeit durch das Gericht" geht. Folgt er ihr, „so kann sich für ihn hieraus im Allgemeinen auch keine Haftung nach § 839a BGB ergeben".[57] Der Sachverständige muss unabhängig und unparteiisch sein. Sein Gutachten hat er nach bestem Wissen und Gewissen und auch in angemessener Zeit zu erstatten.[58]

b) Die Auswahl des Sachverständigen

Literatur

Volland, Zur Problematik der Sachverständigenauswahl, ZRP 1999, 491; *Roeßner*, 15 Gebote für Sachverständige, DS 2011, 191; *Hille*, Zulässigkeit und Grenzen der Anordnung einer Begutachtung von Amts wegen, DS 2015, 181.

Die **Qualifikation** und damit die **Auswahl** des Sachverständigen entscheidet vielfach schon über den Erfolg oder Misserfolg der Tatsachenaufklärung und damit über das Prozessergebnis.[59] Wenn die Parteien keinen gemeinsamen Vorschlag machen,[60] ist es Sache des **Richters**, den Sachverständigen auszuwählen (§ 404 Abs. 1 ZPO).[61] Die öffentliche Bestellung eines Sachverständigen ist keine Voraussetzung für seine Heranziehung durch das Gericht.[62] Diese geschieht allerdings in Bauprozessen in der Regel nach einer entsprechenden **Anfrage** des Gerichts bei der Industrie- und Handelskammer **(IHK)**, der **Handwerkskammer**, bei dem Institut für Sachverständigenwesen oder sofort durch Auswahl eines in den Sachverständigen-

3108

---

[56] Zu den formalen **Voraussetzungen** der Sachverständigenhaftung aus § 839a BGB: BGH, BauR 2007, 1774, 1775; BGH, ZfBR 2014, 133 und OLG Celle, BauR 2016, 136 (unrichtiges Verkehrswertgutachten im Zwangsversteigerungsverfahren); OLG Köln, DS 2013, 105; OLG Jena, DS 2013, 107 (Haftung wegen **Nichtbeachtung** von DIN-Vorgaben; LG Wiesbaden, IBR 2014, 115 – *Ulrich*); OLG Celle, IBR 2010, 63 – *Schwenker*; zur **Haftung** s. ferner: OLG Celle, BauR 2014, 731 (**grob fahrlässiges Verhalten** des Sachverständigen; Verkehrswertermittlung); OLG Stuttgart, BauR 2006, 712 m.Anm. *Klöters* (Verkehrswertermittlung im Zwangsversteigerungsverfahren); BGH, BauR 2006, 1281 (Haftung gegenüber Ersteigerer); OLG Rostock, BauR 2006, 1337 (zum **Verschulden**); *Schwab*, DS 2005, 132, 135 m.w.Nachw.

[57] BGH, DS 2014, 250.

[58] Zu den Folgen einer **verzögerten** Bearbeitung s. VG Lüneburg, DS 2012, 46 (Bedenken gegen die Eignung zur öffentlichen Bestellung; hierzu auch *Kinski*, DS 2012, 13 ff.); OLG Saarbrücken, DS 2010, 244; OLG Bamberg, DS 2004 (Verhängung eines **Ordnungsgeldes**).

[59] So zutreffend: *Rudolph*, ZSW 1981, 219; siehe ferner kritisch zur Sachverständigenauswahl: *Volland*, ZRP 1999, 491; *Oehlers*, ZRP 1998, 285. Zu den **zeitlichen** Verzögerungen bei der **Auswahl** der Sachverständigen: *Walter*, DS 2013, 385, 387/388.

[60] § 404 ZPO sieht keine Pflicht des Gerichts vor, die Parteien anzuhören, wer als Sachverständiger gewählt werden soll; **Anregungen** der Parteien ist aber nachzugehen (BGH, ZfBR 1996, 40, 41 = BauR 1996, 147 = NJW 1996, 196).

[61] Vgl. dazu grundlegend *Müller*, Der Sachverständige, Rn. 159 ff.; *Grossam*, DS 2015, 46 (zu den aktuellen **Fallstricken** bei der praktischen Durchführung); *Bayerlein*, BauR 1989, 397, 400 ff.

[62] OLG Düsseldorf, OLGR 2001, 331 = BauR 2001, 1479 (LS).

listen aufgeführten Gutachters. Die Prozessbeteiligten streiten vielfach jedoch darüber, welche Stelle (IHK oder Handwerkskammer) angegangen oder wessen Sachverständigenliste herangezogen werden soll. So werden die Gutachter der Handwerkskammer meistens von den Bauherren abgelehnt, weil diese Befangenheit befürchten, aber oftmals auch von den Unternehmern, weil diese ihren „Kollegen" keinen Einblick in ihre Arbeit und Preisgestaltung geben wollen. Gegen die Gutachter der IHK werden vielfach Einwendungen von den bauausführenden Unternehmern vorgebracht, weil sie diese „für zu theoretisch" ansehen und ihnen die notwendige handwerkliche Kenntnis absprechen. Der Richter wird bei Streitfällen dieser Art gut tun, sich nicht auf einen solchen Parteienstreit einzulassen, sondern nach bestem Wissen den Sachverständigen auszusuchen, der „irgendwie die Gewähr bietet, dass das Gutachten seine prozessuale Funktion als Beweismittel optimal erfüllt."[63]

3109 Die Auswahl des Sachverständigen darf nicht ohne weiteres einer **anderen** Stelle überlassen werden; auch bei der Heranziehung eines sog. **Auswahlsachverständigen** muss sich der Richter seiner eigenen Verantwortung für die Auswahl des Sachverständigen bewusst bleiben.[64] Vorsicht ist auch geboten, wenn der bestellte Gutachter von sich aus **Zusatzgutachten** einholt oder wenn ihm eine solche Befugnis von dem Gericht eingeräumt werden soll. Rudolph[65] bemerkt insoweit zutreffend:

> „Auch muss dem Sachverständigen bei der Ausführung des Auftrags eine gewisse Selbstständigkeit bleiben; dazu gehört grundsätzlich auch die Befugnis, ergänzende und abstützende Befunde im Wege eines Zusatzgutachtens einzuholen. Natürlich muss der Sachverständige sich dabei im Rahmen seines Auftrags und der vom Richter erteilten Weisungen halten, und natürlich muss der Richter das kontrollieren. Dieser Rahmen kann aber nicht nach formalen juristischen Kriterien abgesteckt werden: Er wird zwingend durch die Notwendigkeiten, Gegebenheiten und Methoden des in Frage stehenden Sachgebiets mitbestimmt. Der gerichtliche Sachverständige soll keine schlechtere Arbeit leisten als der außergerichtliche; er muss daher grundsätzlich auch in der Lage sein, abstützende oder ergänzende Zusatzgutachten dort einzuholen, wo er sie als außergerichtlicher Gutachter einholen würde. Eine reine juristische Frage ist es dann, ob das Zusatzgutachten im Rahmen des Sachverständigengutachtens oder des Urkundenbeweises mitverwendet werden kann oder ob sich das Gericht dazu entschließen muss, auch den Zusatzgutachter als gerichtlichen Sachverständigen zu hören."

3110 Hat statt des **im Beweisbeschluss namentlich bestimmten Sachverständigen** ein **anderer Sachverständiger** das schriftliche Gutachten erstattet und will das Gericht in Abweichung von dem Beweisbeschluss dieses Gutachten verwerten, so muss es dies den Parteien rechtzeitig vor Schluss der mündlichen Verhandlung zu erkennen geben; die Parteien müssen noch Gelegenheit zur Stellungnahme haben.[66]

3111 Ob und inwieweit der bestellte Sachverständige sich sog. **Hilfskräfte** bei der Erstattung des Gutachtens bedienen darf, kann im Einzelfall zweifelhaft sein.[67] Grundsätzlich hat der Bausachverständige sein Gutachten selbst („persönlich") zu

---

[63] So *Müller*, ZSW 1980, 197, 198.
[64] Zur Zulässigkeit des Verfahrens: *Rudolph*, ZSW 1981, 219.
[65] *Rudolph*, ZSW 1981, 219, 220.
[66] BGH, WM 1978, 1418 = VersR 1978, 1105 = NJW 1978, 2602 (LS); BGH, NJW 1985, 1399, 400.
[67] Vgl. dazu *Bleutge*, NJW 1985, 1185 ff.; OLG Frankfurt, BauR 1985, 240; OLG Celle, NdsRpfl. 1985, 172 (zum Verlust des Vergütungsanspruchs); BVerwG, NVwZ 1993, 771.

erstellen (§ 407a Abs. 2 ZPO);⁶⁸⁾ gleichwohl können für **notwendige Vorbereitungsarbeiten** (z.B. **Vermessungen, Zeichnungen,** Anfertigung von **Fotografien; vorbereitende** Ortsbesichtigungen) Hilfskräfte aus dem jeweiligen Fachbereich herangezogen werden, die unter entsprechender Anleitung und Kontrolle des Sachverständigen diesem zuarbeiten.⁶⁹⁾ Feststellungen, Ergebnisse und (Teil)entwürfe der Hilfskräfte dürfen nicht ungeprüft ins Gutachten übernommen werden.⁷⁰⁾ **Ortsbesichtigungen,** die der Feststellung von **Baumängeln** dienen, können deshalb nur von dem bestellten **Sachverständigen** selbst und nicht etwa von einer Hilfskraft vorgenommen werden.⁷¹⁾

c) Aufgabe des Sachverständigen

Literatur

Motzke, Die Sachverständigen- und die Rechtsfrage – Konsequenzen für den Honorarsachverständigen und die Rechtsfindung, Festschrift für Vygen (1999), 416; *Leineweber,* Zur Feststellung einer „technischen Verursachungsquote" durch den Sachverständigen, Festschrift für Mantscheff (2000), 249; *Deckers,* Prozessuale Probleme der Architektenhonorarklage, BauR 2001, 1832; *Seibel,* Müssen Sachverständige die Aktualität technischer Regelwerke bei der Gutachtenerstattung im (Bau-)Prozess von Amts wegen beachten?, BauR 2016, 1085.

Die **Aufgabe eines Bausachverständigen** kann verschiedener Natur sein. Jessnitzer⁷²⁾ unterscheidet zutreffend: **3112**

* Der Sachverständige hat dem Gericht die Kenntnis von technischen oder wissenschaftlichen **Erfahrungen** zu übermitteln.

  Beispiel: Erläuterungen über den technischen Unterschied zweier Bauweisen, verschiedener Isolierungsmöglichkeiten oder Dachabdeckungen.⁷³⁾

* Er hat dem Gericht die von ihm festgestellten **Tatsachen**⁷⁴⁾ **mitzuteilen**.

  Beispiel: Feststellung von Mengen an einem Bauvorhaben, der Höhenlage eines Hauses zur Straße usw.

* Er hat bestimmte **Tatsachen** auf Grund vorhandener Erfahrungssätze **zu beurteilen**.

  Beispiel: Beurteilung, ob eine bestimmte Betongüte vorhanden und ausreichend ist, ob die angewandte Schallisolierung genügt usw.⁷⁵⁾

---

68) Zu den Voraussetzungen einer „höchstpersönlichen" Erledigung: OLG Nürnberg, IBR 2006, 526 – *Bleutge.*
69) *Bleutge,* a.a.O., 1186.
70) *Bleutge,* a.a.O., 1189.
71) OLG Frankfurt, ZSW 1983, 239 = MDR 1983, 849; *Bleutge,* a.a.O., 1189.
72) BauR 1975, 73; ferner: DRiZ 1974, 98; BGH, NJW 1951, 771; s. auch: *Motzke,* Festschrift für Vygen, S. 416, 424; *Bayerlein,* BauR 1989, 397, 399.
73) Hierzu kann auch die Mitteilung von „**Üblichkeiten**" am Bau gerechnet werden, wenn sie sich zu einer Verkehrssitte i.S. von § 157 BGB verdichtet haben (vgl. BGH, BauR 1995, 538, 539 = ZfBR 1995, 191).
74) Zum Begriff der „**Tatsache**": *Motzke,* Festschrift für Vygen, S. 416, 418 ff.
75) Ob die **Haftungsquotierung** unter den Baubeteiligten eine **Rechts-** oder (auch) eine **Sachverständigenfrage** darstellt, ist **streitig**; s. hierzu: LG Stuttgart, BauR 1997, 137 u. *Leineweber,* Festschrift für Vygen, S. 249 ff. (Rechtsfrage); *Kamphausen,* BauR 1996, 174; OLG Frankfurt,

Die erste Alternative, bei der der Bausachverständige auf Grund seines Sachwissens berichtet, ist in der Prozesspraxis selten. Meist – insbesondere in Baumängelprozessen – kommen die beiden anderen Fallgestaltungen (gemeinsam) in Betracht: Nach eigener Feststellung von Tatsachen am Bau zieht der Sachverständige mit Hilfe seiner Sachkunde die erforderlichen Schlussfolgerungen. Werden dem Sachverständigen die Tatsachen (z.B. nach einer Ortsbesichtigung des Gerichts oder einer Zeugenvernehmung) vom Gericht zur Begutachtung mitgeteilt, so kommt nur die letzte Alternative als Aufgabenstellung für den Sachverständigen zum Zuge; auch dieser Fall ist seltener.

3113 Der Bausachverständige hat sich streng an seinen **Auftrag** entsprechend der aufgezeigten Fallgestaltungen zu halten. Leider geschieht das nicht immer; vor allem ist dem Sachverständigen nicht die eigenständige „**Rechtsanwendung**" gestattet.[76] Spricht der Sachverständige im Zusammenhang mit der Auslegung des Beweisthemas auch rechtliche Fragen an, so rechtfertigt dies allerdings allein noch nicht die Besorgnis der Befangenheit.[77] Das Gericht muss stets prüfen, ob dem „Gutachten fehlerhafte juristische Vorstellungen zu Grunde liegen".[78] Kommt es für die sachgerechte Gutachtenerstattung auf die richtige rechtliche „Handhabung" von juristischen Begriffen und/oder Tatbeständen an, so muss der Sachverständige darauf hinweisen und um eine richterliche Einweisung nachsuchen (vgl. § 407a Abs. 3 Satz 1 ZPO).[79]

In Zweifelsfällen ist es Sache des **Richters, von sich aus** dem Sachverständigen bei der Beauftragung die „von diesem benötigten **Anknüpfungstatsachen** vorzugeben."[80] Dies bietet sich vor allem an, wenn das Gericht von (bestimmten) Zeugenaussagen nicht ausgehen will, sie vielmehr für falsch hält. In diesem Fall muss das Gericht dem Sachverständigen sagen, welche Tatsachen es für **bewiesen** oder **als widerlegt** ansieht, wenn es hierauf (als Anknüpfungstatsache) für die sachverständige Beurteilung ankommt.

Hält sich der Sachverständige nicht an den ihm im Rahmen des Beweisbeschlusses erteilten Auftrag, kann er u.U. seinen Entschädigungsanspruch verlieren. Soweit Spezialfragen zu lösen sind, die nicht in das Wissensgebiet des Sachverständigen fallen, kann der Bausachverständige einen anderen Sachverständigen mit der Erstattung eines **Zusatzgutachtens** beauftragen.[81] Sind auf Grund des gerichtlichen Auftrages

---

BauR 2000, 1370 (Sachverständigenfrage; s. auch Rdn. **31**). Zur **Honorarklage** des Architekten (Fragen nach den erbrachten Grundleistungen, nach der richtigen Honorarzone oder den anrechenbaren Kosten): *Deckers*, BauR 2001, 1832, 1835 ff.; *Rath*, BauR 2002, 557, 559 ff. Zum Sachverständigenbeweis über die „**Prüfbarkeit**" einer Rechnung s. OLG Stuttgart, NZBau 2005, 640, 641 = IBR 2005, 436 – *Böhme* (in Abgrenzung zu OLG Stuttgart, IBR 1999, 390). Zur **Sollbeschaffenheit** beim Fehlerbegriff: OLG Köln, BauR 2002, 1120, 1122 (**Rechtsbegriff**). Zur Rechtsnatur und Auslegung der **VOB/C** (DIN 18299 Abschnitt 5 u. DIN 18332 Abschnitt 5): BGH, ZfBR 2004, 778 = BauR 2004, 1438.

76) Siehe hierzu: *Motzke*, Festschrift für Vygen, S. 416 ff.; *Quack*, BauR 1993, 161, 162 (unter Hinweis auf BGH, Urt. vom 30.9.1992 – IV ZR 227/91); *Kamphausen*, Festschrift für Soergel, S. 327, 335 ff. mit zahlreichen Beispielen.
77) OLG Nürnberg, BauR 2002, 129; s. auch OLG Hamburg, OLGR 2000, 18.
78) BGH, BauR 1995, 538, 539.
79) Siehe auch OLG München, NJW-RR 2001, 1652 (Auswertung eines Videofilms).
80) BGH, NJW 1997, 1446, 1447.
81) Vgl. näher *Jessnitzer*, BauR 1975, 73, 75.

an Ort und Stelle oder im Labor Untersuchungen, z.B. über die Betongüte, vorzunehmen, so gehört diese **Untersuchungspflicht** auch zur Aufgabe des Sachverständigen, soweit ihm dies zumutbar ist.

Die Frage, ob die Parteien eines Prozesses einen Anspruch darauf haben, an einer vom Sachverständigen durchgeführten **Ortsbesichtigung teilzunehmen**, war lange umstritten. Rechtsprechung und Literatur bejahen jedoch uneingeschränkt ein Recht der Parteien auf Teilnahme an der Augenscheinseinnahme durch den Sachverständigen.[82] Der Bausachverständige ist daher auch verpflichtet, die Prozessbevollmächtigten der Parteien, u.U. auch die Parteien des Prozesses, zur Ortsbesichtigung zu laden. Die Parteien sind im Übrigen berechtigt, einen **sachkundigen Berater** (auch Sachverständigen) bei der Ortsbesichtigung des gerichtlichen Sachverständigen hinzuzuziehen, um dadurch die Tatsachenfeststellung des gerichtlichen Sachverständigen überprüfen zu lassen.[83] Der hinzugezogene Privatsachverständige hat dabei aber nicht weiter gehende Rechte als die Parteien; er darf also nicht die Ermittlung der Tatsachen behindern oder erschweren; vielmehr hat sich der Privatsachverständige darauf zu beschränken, tatsächliche Angaben zu den vom gerichtlich bestellten Sachverständigen zu begutachtenden Themen zu machen.

3114

Eine nicht ordnungsgemäße **Benachrichtigung vom Ortstermin** kann dazu führen, dass das Gutachten u.U. vom Gericht nicht verwertet wird, der Sachverständige wegen Besorgnis der Befangenheit abzulehnen ist[84] und dem Sachverständigen möglicherweise die Entschädigung versagt wird.[85] Jessnitzer weist mit Recht darauf hin, dass in gegebenen Fällen **ausnahmsweise** die Benachrichtigung der Prozessbevollmächtigten und der Parteien von einer beabsichtigten Ortsbesichtigung **unterbleiben** kann, wenn hierdurch das Ergebnis der Besichtigung **beeinträchtigt** werden kann; in diesen Fällen ist jedoch das Gericht zuvor zu benachrichtigen. Das OLG München[86] verneint eine Benachrichtigungspflicht, wenn die Ortsbesichtigung des Sachverständigen zunächst nur zur gründlichen **Gutachtenvorbereitung** dient; der Sachverständige hatte bei dem Ortstermin weder das Grundstück betreten noch mit den Parteien oder Zeugen Verbindung aufgenommen.

3115

d) Das Gutachten

Literatur

Röhrich, Das Gutachten des Bausachverständigen, 4. Auflage 2014.

Klocke, Der Sachverständige und seine Auftraggeber, 1981; *Zimmermann*, Sachverständigengutachten bei streitigen Bauschäden, DAB 1981, 366; *Kretschmer*, Die Erstellung eines Gerichtsgutachtens, ZSW 1981, 103; *Klocke*, Grundsätze zur Sachverständigentätigkeit in der Bundesrepublik

---

82) BGH, ZZP 67, 297; BVerwG, IBR 2006, 424 – *Ganten*; BAG, AP § 402 ZPO Nr. 1 und Nr. 2; OLG Köln, DB 1974, 1111 = MDR 1974, 589; OLG Düsseldorf, BauR 1974, 72; MDR 1979, 409; OLG München, ZSW 1983, 213 m.Anm. *Müller*, BauR 1985, 209; *Jessnitzer*, BauR 1975, 73, 76.
83) OLG Düsseldorf, BauR 1974, 72 u. MDR 1979, 409; OLG München, NJW 1984, 807.
84) Zum Beispiel, wenn nur **eine** Partei geladen worden ist; vgl. auch BGH, NJW 1975, 1363; anders für langfristige Reihenuntersuchungen: OLG Koblenz, OLGZ 77, 109; vgl. unten Rdn. **3119**.
85) *Jessnitzer*, BauR 1975, 73, 76.
86) ZSW 1983, 213 ff.

Deutschland, ZSW 1983, 149; *Aurnhammer*, Der Wert des Sachverständigengutachtens, BauR 1983, 97; *Schild*, Inhalt und Form des Sachverständigengutachtens, Aachener Bausachverständigentage 1985, 30; *Kamphausen*, Alternativbegutachtungen durch Sachverständige – Rechtliche Grundlagen und Besonderheiten bei Wertminderungsproblemen, BauR 1986, 151; *Klocke*, Erstattung von Gutachten, BauR 1986, 294; *Voth*, 30 Jahre Gerichtsgutachter – ein Erfahrungsbericht, BauR 1988, 666; *Ulrich*, Gerichtliche Anforderung weiteren Vorschusses für zusätzliche Tätigkeit des Sachverständigen – anfechtbar?, BauR 2009, 1217; *Bahlmann*, Die Verletzung von Urheberrechten an Lichtbildern aus Schadensgutachten, DS 2011, 92; *Ulrich*, Urheberrecht für Sachverständige, Teil 1, DS 2011, 308; Teil 2, DS 2011, 352; *Imhof/Wortmann*, Die Erforderlichkeit von Sachverständigenkosten i.S. des § 249 BGB und die Beweislastverteilung, DS 2011, 149; *Imhof*, Die Sachverständigenkosten im Lichte der BGH-Rechtsprechung, DS 2012, 305; *Wortmann*, Urheberrechte des Sachverständigen an den Lichtbildern im Gutachten, DS 2013, 46; *Bleutge*, Das Kurzgutachten: ein unbekanntes Wesen – Praxis und Theorie im Widerstreit, DS 2015, 172; *Walter*, Das mündliche Gutachten im Zivilprozess – ein Kurzgutachten?, DS 2015, 252 (zu *Bleutge*, DS, 2015, 172).

3116 Das **Gutachten** des Sachverständigen muss für die Parteien und das Gericht im Gedankengang **nachvollziehbar** sein. Mit Hilfe eines Fachmannes muss es auch in allen Schlussfolgerungen nachprüfbar sein. Daher ist es Pflicht des Sachverständigen, das Gutachten in einer allgemein **verständlichen Form** zu halten. Der Sachverständige hat auch – was selten geschieht – seine **Arbeitsmethode** zu erläutern und die Quellen anzugeben, auf die er seine Schlussfolgerungen stützt. Dabei hat er insbesondere zum Ausdruck zu bringen, ob die Ergebnisse auf Grund eigener Sachkunde oder anderer Erkenntnisquellen gefunden wurden.[87]

3117 Der **Deutsche Industrie- und Handelstag** hat ein „**Merkblatt** der Industrie- und Handelskammern für den gerichtlichen Sachverständigen" herausgegeben. Hierin sind Regeln für den gerichtlichen Sachverständigen aufgestellt, die „den Bedürfnissen der gerichtlichen Praxis und der besonderen Stellung des Sachverständigen als Helfer des Richters" entsprechen.

Da diese Regeln insbesondere auf den Bausachverständigen zutreffen und sich im Übrigen mit der herrschenden Rechtsauffassung decken, sollen sie **auszugsweise** wiedergegeben werden.

Eingang des Gutachtenauftrages

* Der Eingang des Auftrages und der Empfang der Akten sind dem Gericht unverzüglich zu bestätigen. Regelmäßig mit der Empfangsbestätigung, spätestens jedoch innerhalb von zwei Wochen, soll dem Gericht mitgeteilt werden, wann das Gutachten erstattet werden kann.

* Der Sachverständige kann die Erstattung des Gutachtens aus den Gründen verweigern, aus denen ein Zeuge von seinem Zeugnisverweigerungsrecht Gebrauch machen darf (§§ 408, 383, 384 ZPO). Es empfiehlt sich, insbesondere bei verwandtschaftlichen Beziehungen zu einer Partei, hiervon Gebrauch zu machen.

* Der Sachverständige kann beantragen, von der Verpflichtung zur Erstattung des Gutachtens befreit zu werden, wenn Tatsachen vorliegen, die geeignet sind, berechtigte Zweifel gegen seine Unparteilichkeit aufkommen zu lassen. Dies gilt insbesondere bei früherer gutachtlicher Tätigkeit in derselben Sache für eine Partei, bei nahen persönlichen oder geschäftlichen Beziehungen einer Partei. In jedem Falle hat er das Gericht auf solche Tatsachen hinzuweisen.

---

[87] *Jessnitzer*, BauR 1975, 73, 77.

Der Sachverständige

* Das gleiche gilt, wenn für die Erstattung des Gutachtens Spezialkenntnisse erforderlich sind, über die der Sachverständige nicht verfügt oder die Beweisfrage nicht in das Sachgebiet des Sachverständigen fällt.

Die Arbeit am Gutachten

* Die Ermittlung des Sachverhalts obliegt grundsätzlich dem Gericht. Der Sachverständige hat sich streng an den Beweisbeschluss zu halten und unter Berücksichtigung des Akteninhalts Klarheit über den ihm gestellten Auftrag zu verschaffen.
* Erscheint ihm der Gutachtenauftrag aus fachlicher Sicht unklar oder ergänzungsbedürftig, so ist diese Frage mit dem Gericht zu klären.
* Das gleiche gilt, wenn der Sachverständige nicht eindeutig erkennen kann, von welchen Tatsachen er bei der Gutachtenerstellung auszugehen hat.
* Hält der Sachverständige für die Beantwortung der Beweisfragen eine weitere Aufklärung des Sachverhalts (z.B. durch Zeugenvernehmung oder Vorlage von Urkunden) für erforderlich, so hat er das Gericht hiervon zu unterrichten. Selbst wenn der Sachverständige lediglich Unterlagen irgendwelcher Art von einer Partei benötigt, soll die Anforderung und Übersendung über das Gericht erfolgen.
* Eigene Feststellungen kann er nur treffen, wenn sich die Befugnis hierzu aus dem Beweisbeschluss oder dem Zweck des Gutachtenauftrags ergibt. Dabei hat er jeden Anschein der Einseitigkeit gegenüber den Parteien zu vermeiden. Ist der Sachverständige im Zweifel, ob er eigene Feststellungen zum Sachverhalt treffen darf, so muss er sich beim Gericht Gewissheit hierüber verschaffen.
* Sollten von einer Partei Urkunden oder sonstige Beweisstücke übermittelt werden, so können diese im Gutachten nur verwertet werden, wenn die Gegenpartei sich ausdrücklich damit einverstanden erklärt. Das Einverständnis ist im Gutachten zu vermerken; die Unterlagen sind dem Gutachten beizufügen. Erklärt die Gegenpartei sich mit der Verwertung nicht einverstanden, so sollen die Urkunden oder sonstige Beweisstücke unverzüglich dem Gericht übermittelt werden. Von Rücksprachen mit einer Partei oder deren Vertreter ohne Beisein der anderen Partei soll der Sachverständige grundsätzlich absehen.
* Von etwaigen Orts- und Objektbesichtigungen hat der Sachverständige die Parteien und deren Prozessvertreter zu verständigen und ihnen Gelegenheit zur Teilnahme zu geben. Bei der Mitteilung des Termins hat er auf eine angemessene Frist zu achten, die ihnen eine Teilnahme möglich macht. Außerdem hat er das Gericht von der Orts- oder Objektbesichtigung zu unterrichten.
* Bei der Durchführung der Vorarbeiten hat der Sachverständige auch jeden Anschein der Beeinflussung durch die Parteien zu vermeiden (z.B. Fahrt mit dem Wagen einer Partei zu einer Ortsbesichtigung; einseitiges Gespräch mit einer Partei, ohne der anderen Partei Gelegenheit zur Teilnahme zu geben).

Inhalt und Aufbau des Gutachtens

* Der Sachverständige hat für die seinem Gutachten zu Grunde liegenden Tatsachen die Quellen anzugeben. Dies gilt sowohl für Feststellungen, die er auf Grund von Ortsbesichtigungen oder im Rahmen seiner vorbereitenden Tätigkeit trifft, als auch für Tatsachen, die er den Akten entnimmt.
* Hat ein Ortstermin stattgefunden, ist im Gutachten ein Hinweis über die Unterrichtung und die Anwesenheit der Parteien und ihrer Vertreter notwendig.

* Soweit der Sachverständige Hilfskräfte hinzugezogen hat oder sich zum Teil auf Untersuchungen Dritter stützt (z.B. labortechnische Untersuchungen), hat er dies kenntlich zu machen.
* Das Gutachten muss im Gedankengang für den Richter nachvollziehbar und für den Fachmann in allen Schlussfolgerungen nachprüfbar sein. Unvermeidbare, nicht allgemein verständliche Fachausdrücke sind im Rahmen des Möglichen zu erläutern.
* Wissenschaftliche Auseinandersetzungen mit unterschiedlichen Lehrmeinungen sind im Gutachten nur insoweit notwendig, als sie zur Lösung der Beweisfrage beitragen. Auf abweichende fachliche Auffassungen ist jedoch hinzuweisen.
* Kommen für die Beantwortung der Beweisfrage mehrere Lösungen ernsthaft in Betracht, so hat der Sachverständige diese darzulegen und den Grad der Wahrscheinlichkeit gegeneinander abzuwägen.

e) Die Ablehnung des Sachverständigen (Besorgnis der Befangenheit)

Literatur

Böckermann, „Ablehnung" eines Sachverständigen oder Richters durch Streitverkündung oder Klageerhebung, MDR 2002, 1348; *Heinrich*, Die Ablehnung des Sachverständigen wegen Befangenheit im Beweisverfahren, BrBp 2004, 268; *Böckermann*, Pflichten der Partei bei Verdacht der Befangenheit eines Sachverständigen, BauRB 2005, 177; *Pleines*, Ablehnung des gerichtlich bestellten Sachverständigen wegen Befangenheit, DS 2007, 298; *Morgenroth*, Die Ablehnung des gerichtlich bestellten Sachverständigen wegen Befangenheit und deren Folgen – Ein Überblick über die aktuelle Rechtsprechung, DS 2011, 26; *Lehmann*, Rechtsprechung von 2009/2010 zur Befangenheit des Sachverständigen, Der Bausachverständige 2011, 62; *K. Bleutge*, Die Unparteilichkeit von Gerichtssachverständigen – Nicht nur eine Frage der Ehre, SV 2012, 338; *Volze*, Die Befangenheit des Sachverständigen und der Verlust seines Vergütungsanspruchs, DS 2013, 126; *Lehmann*, Ablehnung des Gerichtssachverständigen wegen Besorgnis der Befangenheit, Der Bausachverständige 2014, 66 sowie 2015, 64; *Hirschfelder*, Die Ablehnung des Sachverständigen wegen Befangenheit (Rechtsprechungsübersicht, Der Bausachverständige 2016, 65; *Garchow*, Hinweise des gerichtlich bestellten Sachverständigen an eine Partei zur Gefahrenabwehr, Der Bausachverständige 2017, 49.

3118 Eine **Ablehnung** des Sachverständigen kommt nur in besonderen Einzelfällen in Betracht.[88] Die größte praktische Bedeutung hat dabei der Ablehnungsgrund der **„Besorgnis der Befangenheit"**. Diese Ablehnung findet statt, wenn ein Grund vorliegt, der geeignet ist, **Misstrauen gegen die Unparteilichkeit** des Sachverständigen zu rechtfertigen. Jeder Grund reicht hier aus, der bei verständiger Würdigung vom Standpunkt des Ablehnenden aus gesehen ein Misstrauen gegen den Sachverständigen berechtigt erscheinen lässt.[89] Dabei ist im Einzelfall die **Gesamtschau** maßgebend;[90] es kommt nicht darauf an, ob sich der Sachverständige selbst für befangen hält;[91] er muss indes immer alle Umstände offenlegen, die unter Umständen be-

---

[88] Vgl. dazu Zöller/Greger, § 406, Rn. 7 ff.; Koenen, Rn. 394 ff.; Kniffka/Koeble, 2. Teil, Rn. 117; E. Schneider, MDR 1975, 353 sowie die Nachw. in Rdn. **61**.
[89] OLG Köln, BauR 1992, 408; OLG Frankfurt, JW 1931, 2042; BGH, DB 1975, 1698 = NJW 1975, 1363. Die Ablehnung von **Hilfspersonen** des Sachverständigen ist unzulässig (OLG Bremen, IBR 2010, 302 – Schwenker).
[90] OLG München, OLGR 2006, 120.
[91] BGH, MDR 1952, 409.

Der Sachverständige Rdn. 3119

rechtigte Zweifel an seiner Unabhängigkeit wecken könnten.[92] Ein Sachverständiger, der erfolgreich wegen Besorgnis der Befangenheit abgelehnt wird, verliert u.U. seinen **Entschädigungsanspruch**.[93] Das Ablehnungsrecht steht grundsätzlich den Parteien und auch dem Streithelfer[94] zu; der Befangenheitsantrag eines **Streithelfers** ist unzulässig, wenn er sich damit **in Widerspruch** zu den Handlungen des Streitverkündeten (Hauptpartei) setzt.[95]

Rechtsprechungsübersicht 3119

Als **Ablehnungsgrund** ist **anerkannt**:
* Freundschaft, Feindschaft, wirtschaftliche Konkurrenz
* laufende Geschäftsbeziehungen zu einem Prozessbeteiligten[96]
* enge wissenschaftliche Zusammenarbeit über Jahre mit einer Partei[97]
* wenn der Sachverständige bereits in der Sache ein entgeltliches Privatgutachten erstattet hat[98]
* die eigenmächtige Erweiterung der Beweisfragen[99]
* keine Offenlegung einer Internet-Recherche[100]
* wenn sich der Sachverständige nicht an den Beweisbeschluss hält[101] und/oder gerichtliche Vorgaben nicht seinem Gutachten zugrunde legt[102]
* wenn der Sachverständige zu Lasten einer Partei zu Aussagen gelangt, nach denen das Gericht nicht gefragt hat[103]

---

92) BGH, IBR 2017, 472 – *Bolz*.
93) Siehe hierzu instruktiv: OLG Frankfurt, IBR 2017, 469 – *Geheeb*; OLG Rostock, DS 2013, 366; OLG Düsseldorf, OLGR 2001, 331 = BauR 2001, 1479 (LS); OLG München, OLGR 1999, 49.
94) OLG München, IBR 2007, 110 – *Bleutge*.
95) Vgl. LG Hannover, IBR 2005, 652; OLG Bremen, IBR 2004, 468. Ist einem Streithelfer im **selbstständigen Beweisverfahren** aus diesem Grund eine Ablehnung versagt worden, so kann er diese allerdings im Hauptsacheprozess nachholen (BGH, BauR 2006, 1500 = NZBau 2006, 648 = IBR 2006, 525 – *Wolf*).
96) OLG Nürnberg, WRP 1978, 231; siehe auch OLG München, IBR 2007, 110 – *Bleutge*; OLG Köln, MDR 1959, 1017 u. OLG München, MDR 1998, 858. Zur Befangenheit eines Mitarbeiters des Sachverständigen und zur Unverwertbarkeit des Gutachtens: OLG Celle, BauR 2008, 134 u. 135. Zur „mittelbaren" Parteinähe: BGH, DS 2012, 393.
97) OLG Stuttgart, DS 2012, 44, 45 („wirtschaftliches Näheverhältnis" auf Grund einer vertraglichen Beziehung); OLG Köln, BauR 1992, 408); OLG Hamm, IBR 2013, 114 – *Eix* (enge fachliche Zusammenarbeit mit einem Berufskollegen).
98) BGH, DS 2017, 63 (Ablehnung nach Gutachtertätigkeit für einen Dritten); OLG Oldenburg, IBR 2012, 616 – *Schwenker*; OLG Frankfurt, BauR 2006, 147 = BauRB 2005, 271 = OLGR 2005, 435 (identisches Gebäude); OLG Düsseldorf, NJW-RR 1997, 1428 (Privatgutachten für **anderen** Erwerber des Bauträgers); OLG Nürnberg, JurBüro 1981, 776; OLG Karlsruhe, BauR 1987, 599; OLG Schleswig, BauR 1993, 117 (Erstattung eines Privatgutachtens nach einem Beweissicherungsgutachten); nicht notwendig in jedem Falle: BGH, VersR 1962, 450.
99) OLG Dresden, IBR 2015, 458 – *Seibel*.
100) OLG Karlsruhe, DS 2015, 189.
101) KG, BauR 2012, 536 (z.B., wenn er „abseits des Beweisbeschlusses entweder verdeckte Mängel zutage fördert, die für die Parteien nicht sichtbar waren, oder aber einen fachlichen Bezug und damit eine Kausalität zwischen den Ausführungen des Gewerkes und einem Schaden oder Mangel herstellt, der bzw. die ohne entsprechende Fachkenntnis von den Parteien nicht hätten hergestellt werden können"); s. auch OLG Rostock, IBR 2011, 179 – *Rohrmüller*.
102) OLG Nürnberg, OLGR 2006, 800, 801.
103) OLG Bremen, BauR 2015, 300, 301.

* die einseitige Beschaffung von Untersuchungsmaterial von einer Partei, ohne den Gegner zu beteiligen[104]
* Einholung von Informationen bei einer Partei[105]
* Abhaltung eines Ortstermins mit nur einer Partei, wenn die andere Partei nicht ordnungsgemäß geladen ist[106] oder dieser die Teilnahme am Ortstermin durch den Gegner verweigert wird, der Termin aber gleichwohl stattfindet[107]
* falsche Angaben des Sachverständigen über die Grundlagen des Gutachtens (z.B. über Anzahl der geführten Gespräche)[108]
* (längere) Mitnahme einer Partei im Pkw zum Ortstermin[109]
* wenn der Sachverständige es ablehnt, in Gegenwart eines technischen Beraters einer Partei den Ortstermin durchzuführen[110]
* wenn der Gutachter bei einem Telefongespräch mit einer Partei in eine Sacherörterung eintritt[111]
* wenn der (hinzugezogene) Gehilfe einen Befangenheitsgrund gibt[112]
* wenn er ein zum Zwecke der Kritik angekündigtes Privatgutachten „unbesehen als Gefälligkeitsgutachten" bezeichnet[113]
* wenn durch verbale Entgleisungen eine Aversion gegen eine ihn kritisierende Prozesspartei zum Ausdruck kommt[114]

---

[104] OLG Koblenz, MDR 1978, 148; OLG Saarbrücken, JurBüro 1978, 1094; OLG Hamm, MDR 1973, 144.
[105] OLG Stuttgart, BauR 2014, 876, 878 = IBR 2014, 876 – *Schwenker* (Verwertung von Plänen); LG Mainz, BauR 1991, 510; OLG Düsseldorf, BB 1972, 1248; BB 1975, 627 u. NJW-RR 1986, 740; OLG Koblenz, ZSW 1980, 215; siehe aber OLG München, NJW-RR 1989, 1088 für Einblick in Kalkulationsunterlagen einer Prozesspartei.
[106] BGH, NJW 1975, 1363; OLG Karlsruhe, DS 2011, 39; OLG Köln, JMBl. NRW 1968, 213 u. JMBl. NRW 1974, 137; OLG Saarbrücken, IBR 2013, 186 – *Seibel* (Ortstermin zur Vorbereitung des Gutachtens in Anwesenheit nur einer Partei); s. ferner: OLG Saarbrücken, DS 2011, 363 = IBR 2011, 674 – *Käseberg* (einschränkend, wenn dies wegen Dringlichkeit angekündigt „und auch von beiden Parteien abgenickt" wurde); OLG Celle, OLGR 2009, 448; OLG Saarbrücken, IBR 2003, 517 (Streithelfer); Thüringer OLG, MDR 2000, 169; OLG Dresden, OLGR 1997, 188 = NJW-RR 1997, 1354; OLG München, AnwBl. 1999, 356 = IBR 1999, 554 – *Schwerin;* LG Nürnberg-Fürth, ZSW 1981, 246; OLG Frankfurt, FamRZ 1986, 1021; KG, OLGR 1996, 191; bedenklich: OLG Hamburg, IBR 2004, 443. Werden **beide** Parteien nicht zum Ortstermin geladen, so rechtfertigt dies nicht ohne weiteres eine Ablehnung (zutr.: OLG Nürnberg, MDR 2007, 237 = OLGR 2006, 873, 874).
[107] OLG Koblenz, NZBau 2013, 436; OLG Saarbrücken, IBR 2013, 713 – *Reichelt*.
[108] OLG Frankfurt, FamRZ 1980, 931; KG, OLGR 1995, 93 („Verwechselungen" in den Feststellungen des Gutachtens, die abgestritten werden).
[109] OLG Karlsruhe, ZSW 1980, 100; OLG Frankfurt, NJW 1960, 1622.
[110] OLG Düsseldorf, MDR 1979, 409.
[111] OLG Frankfurt, FamRZ 1989, 410; LG Mainz, BauR 1991, 510.
[112] OLG Bremen, IBR 2010, 302 – *Schwenker*; OLG Karlsruhe, Justiz 1980, 79; s. auch OLG Düsseldorf, BauR 2007, 2108; **a.A.:** OLG Zweibrücken, MDR 1986, 417.
[113] OLG Zweibrücken, NJW 1998, 912; s. ferner: OLG Hamm, IBR 2007, 50 – *Bleutge*.
[114] OLG Köln, IBR 2013, 187 – *Meyer-Postelt* (der Vorwurf fehlender Bauwpraxis gegenüber einer Anwältin); OLG Nürnberg, IBR 2013, 498 – *Diekmann* (die Äußerung: „Ihre Fragerei geht mir auf die Nerven"); OLG Rostock, DS 2013, 366 (Wertende Randbemerkungen in der Gerichtsakte, wie: „stimmt nicht", „völliger Blödsinn"); OLG Düsseldorf, BauR 2011, 2009 u. IBR 2013, 382 – *Renz*; OLG Hamm, IBR 2010, 303 – *Schwenker* (abwertende Äußerungen über die Prozessbevollmächtigten); OLG Frankfurt, OLGR 2004, 161 = IBR 2004, 444 – *Kamphausen;* s. ferner: OLG Köln, MDR 2002, 53; OLG Oldenburg, NJW-RR 2000, 1166; SchLHOLG, IBR 2002, 585 (Bezeichnung des Prozessvortrags als „Märchenstunde");

Der Sachverständige Rdn. 3120

* wenn der Sachverständige seine gutachterlichen Äußerungen in einer Weise gestaltet, dass sie als Ausdruck einer unsachlichen Grundhaltung gegenüber einer Partei gewertet werden können[115]
* wenn der Sachverständige sich unsachlich mit einem Privatgutachten auseinandersetzt[116]

Kein Ablehnungsgrund ist/sind: 3120

* Lücken oder Unzulänglichkeiten im schriftlichen Gutachten;[117] die Weigerung, hypothetische Fragen zu beantworten.[118]
* eigene Ermittlungen des Sachverständigen.[119]
* Fachveröffentlichungen.[120]
* der Umstand, dass der Sachverständige bereits für eine andere selbstständige Konzerngesellschaft privatgutachterlich tätig war.[121]
* die unzutreffende Erfassung des Beweisthemas.[122]
* Ein Kollegialitätsverhältnis zum Privatgutachter eines Verfahrensbeteiligten.[123]
* Ortstermin mit Dritten ohne Ladung der Parteien.[124]
* wenn der Sachverständige in einem anderen Rechtsstreit bereits ein (für die Partei negatives) Gutachten erstattet hat.[125]
* der Umstand, dass der vom Gericht beauftragte Gutachter kein öffentlich bestellter und vereidigter Sachverständige ist[126]
* der Hinweis des Sachverständigen auf einen gefährlichen Mangel (hier: Mangelhaftigkeit von Kranbahnen in einem Presswerk)[127]
* die Tatsache, dass der von der Handwerkskammer bestellte Sachverständige ein Unternehmen gleicher oder ähnlicher Art betreibt wie die Prozesspartei[128]

OLG Brandenburg, BauR 2009, 690, 691 (Bezeichnung des Ablehnungsgesuchs als „Unterstellung und abstrakte Lüge").
115) BGH, MDR 2005, 1007; zur Befangenheit aufgrund **unbedachter Äußerungen** des Sachverständigen: OLG Hamm, IBR 2016, 51 – *Linz*.
116) OLG Düsseldorf, IBR 2007, 455 – *Bleutge*.
117) BGH, BauR 2012, 132 = DS 2011, 399; OLG Brandenburg, IBR 2014, 242 – *Sturmberg*; OLG Saarbrücken, IBR 2008, 55 – *Bolz*.
118) OLG Brandenburg, IBR 2013, 499 – *Krull*.
119) OLG Naumburg, DS 2011, 40.
120) OLG München, IBR 2012, 54 – *Mandelkow*; OLG Hamm, IBR 2016, 52 – *Linz*.
121) OLG Naumburg, IBR 2013, 778 – *Sturmberg*.
122) OLG Köln, DS 2012, 128.
123) OLG Frankfurt, IBR 2008, 420 – *Schwenker*.
124) OLG Karlsruhe, IBR 2009, 176 – *Gentner*; s. ferner: OLG Bremen, DS 2012, 129 u. OLG Stuttgart, BauR 2013, 271 = DS 2012, 397 (Ortstermin ohne Benachrichtigung der Parteien). Kann der Sachverständige davon ausgehen, dass eine Partei die Ladung zum Ortstermin erhalten hat, stellt die einseitige Durchführung des Termins keinen Befangenheitsgrund dar (OLG Hamburg, IBR 2013, 779 – *Schwenker*).
125) OLG Schleswig, IBR 2009, 613 – *Lehmann*.
126) OVG NRW, IBR 2005, 434 – *Kamphausen*.
127) OLG Stuttgart, DS 2016, 205, 206 = IBR 2016, 554 – *Seibel*.
128) OLG München, NJW-RR 1989, 1088 = BauR 1990, 117; vgl. auch OLG Frankfurt, BauR 1998, 829.

* wenn der Sachverständige um die Erlaubnis bittet, bei der Ermittlung einer Lärmbeeinträchtigung die schalltechnischen Messungen ohne eine vorherige Information des Beklagten durchführen zu dürfen[129]
* wenn er im Zusammenhang mit der Auslegung des Beweisthemas auch rechtliche Fragen anspricht[130]
* wenn der Sachverständige unter Verstoß gegen § 407a Abs. 2 ZPO[131] das Gutachten im Wesentlichen durch einen Mitarbeiter erstellen lässt[132]
* wenn sich der Gutachter selbst für befangen hält[133]
* wenn er eine objektiv vorhandene Mangelerscheinung im Ortstermin als unstreitig bezeichnet („Von den Teilnehmern wurden die Fassadenmängel bestätigt")[134]
* der Umstand, dass der Sachverständige ein Bauvorhaben des Prozessbevollmächtigten des Klägers mit seiner Sachkunde „begleitend betreut"[135]
* die mangelhafte Qualifikation allein[136]
* eine überhöhte Gebührenrechnung[137]
* die verzögerte Abwicklung der Beweiserhebung[138]
* die Überschreitung des Gutachterauftrages, was jedoch jeweils aufgrund des Einzelfalles beurteilt werden muss[139]
* wenn der Sachverständige eine andere wissenschaftliche Auffassung vertritt[140] oder an einer größeren wissenschaftlichen Publikation mitarbeitet[141]
* die scharfe Erwiderung auf einen ungerechtfertigten und ehrenrührigen Angriff einer Partei[142] oder die Bemerkung: Man sollte meine Gutachten durchlesen[143]
* die Benennung als Sachverständiger im (vormaligen) Beweissicherungsverfahren[144]

---

129) Saarländisches OLG, BauR 1998, 641 (LS) = MDR 1998, 492.
130) OLG Celle, BauR 2006, 559 = IBR 2006, 64 – *Hunger*; OLG Nürnberg, BauR 2002, 129, 130. Siehe auch OLG Naumburg, IBR 2013, 56 – *Schwenker* (kein Befangenheitsgrund, wenn ein Sachverständiger bei der Überprüfung der Honorarrechnung eines Architekten aufgrund der Vorgaben der HOAI in Einzelfragen eine **rechtliche Bewertung** zur Kenntnis bringt).
131) Zu den Voraussetzungen einer „höchstpersönlichen" Erledigung s. OLG Nürnberg, IBR 2006, 526 – *Bleutge*.
132) OLG Jena, OLGR 2006, 190 – der **Ersteller** des Gutachtens ist ggf. zum (neuen) Sachverständigen zu bestellen.
133) OLG München, BauR 2007, 766 (LS).
134) OLG Dresden, BauR 2004, 1337 m.Anm. *Handschumacher*.
135) OLG Düsseldorf, OLGR 1996, 53 (LS).
136) OLG München, ZSW 1980, 217; JurBüro 1977, 1782.
137) OLG München, ZSW 1981, 97.
138) OLG Köln, ZSW 1981, 200.
139) BGH, BauR 2013, 1308 = NZBau 2013, 569 = ZfBR 2013, 470 (Rechtsbeschwerde zu OLG Stuttgart, BauR 2013, 271 = DS 2012, 397).
140) OLG Hamm, NJW 1966, 1880.
141) OLG München, OLGR 2006, 164.
142) OLG Düsseldorf, Der Sachverständige 1975, 175 u. NJW-RR 1997, 1353; OLG Zweibrücken, IBR 2013, 712 – *Schwenker*; **a.A.:** OLG Frankfurt (OLGR 1997, 103, 104), wenn sich der Sachverständige aus Verärgerung über das Ablehnungsgesuch in seiner Stellungnahme hierzu „in der Wortwahl vergreift"; s. ferner: LG Erfurt, BauR 1999, 1331.
143) OLG Schleswig, IBR 2014, 512 – *Schliemann*).
144) OLG Köln, *SFH*, Nr. 1 zu § 406 ZPO.

* das einer Partei ungünstige Ergebnis des Gutachtens[145]
* wenn der Sachverständige einen Ortstermin in den Schulferien ansetzt.[146]

Nach § 406 Abs. 2 Satz 1 ZPO ist der Ablehnungsantrag **vor** der Vernehmung des Sachverständigen zu stellen, „spätestens jedoch **binnen zwei Wochen** nach Verkündung oder Zustellung des Beschlusses über die Ernennung" des Sachverständigen. Zu einem späteren Zeitpunkt ist die Ablehnung „nur zulässig, wenn der Antragsteller glaubhaft macht, dass er ohne sein Verschulden verhindert war, den Ablehnungsgrund früher geltend zu machen" (§ 406 Abs. 2 Satz 2 ZPO). Entsteht der Ablehnungsgrund erst **nach der Ernennung** des Sachverständigen, ist das Ablehnungsgesuch **unverzüglich** nach Erlangung der Kenntnis vom Ablehnungsgrund beim Gericht anzubringen;[147] die angemessene Bedenkzeit ist überschritten, wenn die Partei „nahezu acht Wochen verstreichen" lässt.[148] Zu beachten ist jedoch, dass die Frist zur Ablehnung des Sachverständigen **nicht vor** der vom Gericht gesetzten Frist zur Stellungnahme zum Gutachten ablaufen kann, sofern sich die ablehnende Partei zur Begründung ihres Ablehnungsgesuchs mit dem Inhalt des Gutachtens auseinander setzen muss.[149] **Verhandelt** eine Partei **in Kenntnis des Ablehnungsgrundes sachlich zur Sache**, so schließt dies die spätere Ablehnung des Sachverständigen wegen Besorgnis der Befangenheit aus.[150]

3121

Zur Ablehnung des Sachverständigen im selbstständigen Beweisverfahren vgl. Rdn. 103 ff. Unterlässt eine Partei die Ablehnung eines **Richters** in dem selbstständigen Beweisverfahren, verliert sie nach OLG Zweibrücken[151] hierdurch noch nicht das Recht, dies in dem nachfolgenden Hauptsacheverfahren nachzuholen.

Die Ablehnung eines Sachverständigen wegen Befangenheit setzt ein **eigenes Verfahren** in Gang.[152] Über das Ablehnungsgesuch **muss durch Beschluss** entschieden werden (§ 406 Abs. 4 ZPO); hiergegen findet die **sofortige** Beschwerde statt, wenn das Ablehnungsgesuch für unbegründet erklärt wird (§ 406 Abs. 5 ZPO). Solange über das Ablehnungsgesuch nicht entschieden ist, besteht für das Gericht ein **Verbot**, das Gutachten zu **verwerten**.[153] Ein Endurteil darf erst ergehen, wenn das Ablehnungsverfahren abgeschlossen ist.[154] Bei einer Entscheidung über das Ablehnungsgesuch im Urteil selbst wird der ablehnenden Partei praktisch der Beschwerderechtszug abgeschnitten. Es bleibt unklar, ob das beanstandete Gutachten verwertet werden darf oder nicht. Damit bleibt zugleich zweifelhaft, ob das Endurteil auf

3122

---

145) OLG München, Rpfleger 1980, 303.
146) OLG München, OLGR 1997, 178.
147) Siehe hierzu: OLG Celle, IBR 2017, 468 – *Sturmberg*; OLG Köln, BauR 2013, 498, 499; OLG Naumburg, OLGR 2007, 702; KG, OLGR 2005, 880; OLG Schleswig, OLGR 2006, 920; OLG Celle, IBR 2005, 296 u. BauR 2004, 1186.
148) OLG Celle, NJW-RR 1995, 128; s. ferner: OLG Düsseldorf, BauR 2001, 835 u. OLGR 2001, 469; OLG Koblenz, NJW-RR 1999, 72 = BauR 1999, 283 (LS); KG, BauR 2001, 1479 (LS); OLG Brandenburg, NJW-RR 2001, 1433.
149) BGH, BauR 2005, 1205 = NJW 2005, 1869, 1870 = MDR 2005, 1007 = NJW-Spezial 2005, 406 = BauRB 2005, 295; s. ferner: OLG Saarbrücken, IBR 2008, 118 – *Bolz*.
150) OLG Düsseldorf, MDR 1994, 620.
151) DS 2013, 116 = IBR 2013, 1171 – *Schwenker* (Volltext unter www.ibr-online.de).
152) BGHZ 28, 306.
153) Vgl. OLG Schleswig, MDR 2001, 711; RGZ 60, 110.
154) OLG Düsseldorf, JMBl. NRW 1970, 235; BayObLG, Rpfleger 1982, 433.

einer prozessual ordnungsgemäß gewonnenen Entscheidungsgrundlage beruht oder nicht. Die fehlerhafte Behandlung des Ablehnungsgesuchs kann deshalb auf Antrag einer Partei nach § 538 Abs. 2 Nr. 1 ZPO zur **Aufhebung** und **Zurückverweisung** der Sache an die Vorinstanz führen,[155)] nach OLG Koblenz[156)] insbesondere dann, wenn dem **Sachverständigen** nicht entsprechend §§ 406, 44 Abs. 3 ZPO Gelegenheit gegeben worden ist, sich zu dem Ablehnungsgesuch der Partei zu äußern.[157)] Lehnt eine Partei einen Sachverständigen ab, dessen Bestellung das Gericht „beabsichtigt", so liegt in der nachfolgenden Beauftragung des Sachverständigen noch keine Entscheidung über ein Ablehnungsgesuch.[158)] Das Verfahren betreffend eine Sachverständigenablehnung ist grundsätzlich kein kontradiktorisches Verfahren, sodass außergerichtliche Kosten auch nicht erstattet werden.[159)]

f) Die Verwertung des Gutachtens

Literatur

Gehle, Die Anhörung des Gutachters im Zivilprozess, DRiZ 1984, 101; *Schrader*, Die Ladung des Sachverständigen nach § 411 III ZPO, NJW 1984, 2806; *Ankermann*, Das Recht auf mündliche Befragung des Sachverständigen: Keine Wende, NJW 1985, 1204; *Bayerlein*, Der Sachverständige im Bauprozess, BauR 1989, 397.

3123 Der **Richter** muss alle tatsächlichen Feststellungen **eigenverantwortlich** treffen; auch in schwierigen bautechnischen Fachfragen muss er sich immer ein eigenes Urteil bilden. Das von einem gerichtlichen Sachverständigen erstellte Gutachten ist deshalb vom Richter im Rahmen der Beweiswürdigung (§ 286 ZPO) darauf zu überprüfen, ob es **widerspruchsfrei** und **überzeugend** ist.[160)] Dies bedeutet, dass das Gericht nicht nur das Ergebnis seiner Beweiswürdigung, sondern auch die **Argumente**, die zu dem Ergebnis führen, im Urteil niederlegen muss.[161)] Fehlerhafte Tatsachenfeststellungen, die auf einem Sachverständigengutachten beruhen, sind von dem Berufungsgericht von Amts wegen zu prüfen und gegebenenfalls durch ein weiteres Gutachten zu korrigieren.[162)]

---

155) OLG Köln, MDR 1974, 761; SchlHOLG, SchlHA 1982, 30; BayObLG, Rpfleger 1982, 433.
156) NJW 1977, 395; s. aber OLG München, WRP 1976, 396.
157) Die Frage, ob eine Anhörung des Sachverständigen **zwingend** geboten ist, wird unterschiedlich beantwortet. In der **Praxis** wird dem Sachverständigen immer dann Gelegenheit zur Stellungnahme gegeben, wenn das Ablehnungsgesuch nicht von vornherein als offensichtlich unbegründet zurückgewiesen werden muss.
158) OLG Frankfurt, OLGR 1997, 251.
159) OLG Brandenburg, MDR 2002, 1092. Zum **Streitwert** der Sachverständigenablehnung siehe OLG Naumburg, OLGR 1998, 323 (Wert der Hauptsache); OLG Nürnberg, BauR 2002, 129, 130; OLG Bamberg, BauR 2000, 773, 774 (**1/3** des Hauptsachewertes); OLG Dresden, JurBüro 1998, 318 (1/10); OLG Köln, ZSW 1981, 44 m.Anm. *Müller* (§ 12 GKG); OLG Düsseldorf, BauR 2001, 835, 837 (Kosten für einen neuen Gutachter).
160) Vgl. *Soergel*, DAB 1981, 909, 910. Zum notwendigen **Untersuchungsaufwand** durch Gutachter s. (Dipl.-Ing.) *Zöller*, IBR 2013, 513, 514.
161) Vgl. BGH, ZfBR 1995, 191 = BauR 1995, 538; BGH, NJW 1961, 2061; *Müller*, ZSW 1981, 20. Zur Verwertung zweier einander widersprechender Gutachten s. BGH, ZSW 1981, 18 = VersR 1980, 533 u. NJW 1992, 2291.
162) BGHZ 159, 254 = NJW 2004, 2828.

3124 Ein Sachverständigengutachten unterliegt ebenso wie jedes andere Beweismittel der freien Beweiswürdigung; der Tatrichter ist daher nicht gehindert, von einem Gutachten abzuweichen. Da der Sachverständige aber dem Richter gerade die Sachkunde vermitteln soll, die ihm selbst auf einem Spezialgebiet fehlt, muss der Richter prüfen, ob er vorhandene **Zweifel** an einem Gutachten ohne jede weitere sachverständige Hilfe zur Grundlage des Urteils machen kann. Das wiederum ist eine Ermessensentscheidung; sie ist jedoch revisionsrechtlich dahin überprüfbar, ob das Berufungsgericht seine eigene Sachkunde ausreichend begründet und sich mit dem Gutachten hinlänglich auseinander gesetzt hat.[163]

3125 Soweit sich ein Gericht – wie in Bausachen – bei der Entscheidung im Wesentlichen auf ein Gutachten stützen muss, ist auf die Beweiserhebung in besonderem Maße kritische Sorgfalt anzuwenden.[164] In schwierigen bautechnischen Fragen wird der Richter jedoch vielfach überfordert sein; dann besteht die Gefahr, dass eine **Beweiswürdigung** praktisch vollkommen unterbleibt.[165] Hier wird es die Aufgabe der Prozesspartei sein, frühzeitig das eingeholte Sachverständigengutachten einer kritischen Prüfung zu unterziehen, um Unrichtigkeiten, die der Richter vielleicht nicht erkennen kann, aufzudecken. Wer als Prozesspartei dazu mangels eigener Sachkunde nicht in der Lage ist, wird sich eines **Privatgutachters** bedienen.[166] Sachkundige Einwendungen einer Partei geben dem Gericht jedenfalls Veranlassung, die Schlussfolgerungen des gerichtlich bestellten Sachverständigen zu überprüfen und den Sachverhalt erforderlichenfalls weiter aufzuklären.[167]

3126 Das Gericht wird aus einem Gutachten die Erkenntnisse entnehmen, von deren Richtigkeit es überzeugt ist;[168] es kann auch nur partielle Erkenntnisse des Gutachtens in seinem Urteil verwerten, wenn es nur von diesem Teil des Gutachtens überzeugt ist.[169] Zweifel an der Unvoreingenommenheit eines Gutachters sind im Rahmen der Beweiswürdigung des Gutachtens zu berücksichtigen.[170]

3127 Sind Gutachten **unklar, unverständlich, zweideutig** oder **lückenhaft**, hat der Sachverständige auf Grund von **Rückfragen** des Gerichts sein Gutachten zu **erläutern** oder zu **ergänzen**;[171] dies kann schriftlich oder mündlich in der nächsten mündlichen Verhandlung geschehen. Zunächst sollte jedoch grundsätzlich der Weg der **ergänzenden schriftlichen Stellungnahme** gewählt werden; durch kurzfristige Rückfragen beim Sachverständigen kann das Gericht vielfach offensichtliche Lücken im Gutachten schließen oder Unklarheiten beseitigen lassen. In der Praxis kommt es (leider) vor der letzten mündlichen Verhandlung relativ selten zu solchen Rückfragen des Gerichts. Selbst bei unbrauchbaren Gutachten, die in keiner Weise

---

163) Vgl. BGH, NJW 1997, 1446 u. BGH, NJW-RR 1997, 1108 = MDR 1997, 779 = BauR 1997, 692 = ZfBR 1997, 240 **(gerichtliche Sachkunde)**; BGH, NJW 1981, 2578.
164) BGH, ZSW 1981, 36; BGH, NJW 1995, 779 (für Arztrecht).
165) *Soergel*, DAB 1981, 909, 910; *Müller*, ZSW 1981, 272, 273; ZSW 1983, 87.
166) Siehe BGH, BauR 2007, 585 = NZBau 2007, 245; s. auch oben Rdn. **148** ff.
167) BGH, NJW-RR 2000, 44 u. NJW-RR 1988, 763; auch VersR 1987, 1007.
168) Vgl. dazu *Müller*, Der Sachverständige, Rn. 683 ff.
169) *Müller*, ZSW 1981, 272, 273.
170) BGH, NJW 1981, 2009 = ZSW 1981, 270 m. zust. Anm. *Müller*.
171) Vgl. BGH, NJW 2001, 1787; BGH, 1994, 2419; BGH, BauR 1993, 500 = NJW-RR 1993, 1022 = ZfBR 1993, 188; BGH, BauR 1994, 367 (Widersprüche zwischen **mehreren** Gutachten); zur **Pflicht** des Gerichts, ggf. Zeugen ergänzend zu hören: BGH, NJW-RR 1996, 185.

zur Lösung des anstehenden Rechtsfalles beitragen, werden die Gutachten oftmals – ungelesen – an die Parteien zur Stellungnahme übersandt, und erst kurz vor oder erst in der mündlichen Verhandlung wird dann die Unvollständigkeit oder die Mangelhaftigkeit des Gutachtens festgestellt. Eine Rückfrage unmittelbar nach Eingang des Gutachtens hätte demgegenüber zur Prozessbeschleunigung beigetragen. Die Prozessparteien selbst sollten daher gegebenenfalls ihre eigenen **Einwände** gegen das Gutachten oder **Ergänzungswünsche** frühzeitig dem Gericht mitteilen, damit eine erforderliche schriftliche Stellungnahme des Sachverständigen rechtzeitig vor der letzten mündlichen Verhandlung angefordert werden kann. Hierzu kann ihnen das Gericht eine Frist setzen (vgl. § 411 Abs. 4 ZPO).[172]

3128 Das Gericht kann auch – von Amts wegen oder auf Antrag der Parteien – das **Erscheinen des Sachverständigen** vor Gericht anordnen, damit dieser etwaige Zweifelsfragen durch eine **mündliche Äußerung** abklären kann (**§ 411 Abs. 3 ZPO**). Der Antrag der Parteien auf **Ladung** des Sachverständigen zur Erläuterung seines schriftlichen Gutachtens muss spätestens in dem Termin gestellt werden, in dem das Gutachten vorgetragen und darüber verhandelt wird.[173] Das verpflichtet die Parteien, den Antrag auf Anhörung des Sachverständigen in dem **vorbereitenden Schriftsatz** so zeitig anzukündigen, dass der Sachverständige noch nach § 273 Abs. 2 Nr. 4 ZPO zum Verhandlungstermin geladen werden kann; geschieht das nicht, können die Voraussetzungen der **Verspätung** (§ 296 ZPO) gegeben sein.[174] Entsprechendes gilt, wenn den Parteien nach Eingang des Gutachtens eine Frist zur Stellungnahme zum Gutachten (§ 411 Abs. 4 ZPO) gesetzt worden ist.

3129 Einem Antrag auf Anhörung des Sachverständigen ist im Übrigen **grundsätzlich** zu entsprechen,[175] sofern er nicht offensichtlich zum Zwecke der **Prozessverschleppung** oder in anderer **missbräuchlicher Absicht** gestellt wird.[176] Das Gericht ist allerdings nicht gehindert, anstelle der mündlichen Anhörung (zunächst) eine ergänzende schriftliche Stellungnahme des Sachverständigen einzuholen.[177]

3130 Die Ladung des Sachverständigen kann aber von der Einzahlung eines kostendeckenden Vorschusses abhängig gemacht werden;[178] wird die Anhörung von beiden Parteien beantragt, ist diejenige Partei Schuldner des **Vorschusses**, die die

---

172) Zur durchschnittlichen Dauer der Erstellung eines Gutachtens und zu den zeitlichen Auswirkungen von Fristsetzungen gemäß § 411 ZPO: *Walter*, DS 2013, 385, 389 f.
173) Vgl. BGH, MDR 1964, 998 u. NJW-RR 1989, 1275; BVerwG, MDR 1973, 339.
174) OLG Hamm, BauR 2007, 1610, 1612; OLG Düsseldorf, BauR 1975, 220; BauR 1978, 412; ferner: BGH, VersR 1972, 927; *Thomas/Putzo/Reichold*, § 411 ZPO, Rn. 7; *Rixecker*, NJW 1984, 2135, 2136 m. Nachw.
175) Vgl. BGHZ 6, 398, 401; BGHZ 24, 9, 14; BGH, NZBau 2006, 650 = IBR 2006, 423 – *Ulrich*; BGH, NZBau 2007, 641 = 2007, 533 u. IBR 2006, 706 – *Schwenker*; BGH, NJW 1997, 802; BGH, NJW-RR 1997, 1487; BGH, NZBau 2000, 249; BGH, NJW-RR 2003, 208, 209; BGH, NJW 1996, 788; s. aber KG, IBR 2007, 591 – *Kemper* (Antrag ohne Begründung reicht nicht).
176) BGH, VersR 2002, 126 = NJW-RR 2001, 1431 = MDR 2001, 1130 = BauR 2002, 536 (LS); NJWRR 1986, 1470; ZSW 1980, 195, 196; OLG Düsseldorf, NJW-RR 1986, 224; BGHZ 24, 14. Zum Verzicht auf mündliche Anhörung vgl. AG München, ZSW 1982, 140 m.Anm. *Müller*.
177) Vgl. OLG Düsseldorf, BauR 1999, 512.
178) BGH, MDR 1964, 502.

Beweislast trägt.[179] Im Übrigen – ohne Antrag der Parteien – steht es im pflichtgemäßen Ermessen des Gerichts, ob es einen Bausachverständigen zur mündlichen Erläuterung seines Gutachtens veranlassen will.[180] Dieses **Ermessen** unterliegt jedoch der revisionsrechtlichen Überprüfung dahin, ob das Gericht sein Ermessen rechtsfehlerfrei gebraucht hat. Die mündliche Erläuterung ist jedenfalls dann geboten, wenn sie zur Klärung von Zweifeln oder zur Beseitigung von Unklarheiten unumgänglich ist.[181] Es ist prozessual unzulässig, dass der Sachverständige sich bei der mündlichen Erläuterung des Gutachtens vertreten lässt.[182]

Die Parteien haben in Ausnahmefällen einen Anspruch auf ein **Gegen- oder Obergutachten**.[183] Die Pflicht zur Einholung eines Gegen- oder Obergutachtens besteht, wenn besonders **schwierige Fragen** zu klären sind oder besonders **grobe Mängel** des erstatteten Gutachtens vorliegen, die durch eine ergänzende Stellungnahme nicht beseitigt werden konnten oder können.[184] So ist ein Gutachten mangelhaft, wenn es z.B. von **anderen Tatsachen** ausgeht, als sie vom Gericht dem Beweisbeschluss zu Grunde gelegt worden sind.[185] Ebenso ist ein weiteres Gutachten einzuholen, wenn der Gutachter erkennbar nur über **ungenügende Sachkunde** verfügt. Auch innere **Widersprüche** oder die Möglichkeit, bessere Erkenntnisse auf Grund **zusätzlicher Forschungsmittel** zu gewinnen, können im Einzelfall die Einholung eines weiteren Gutachtens rechtfertigen.[186]

3131

Hat das erstinstanzliche Gericht **verfahrensfehlerhaft** bestehende Zweifel und Unklarheiten nicht durch Anhörung des Sachverständigen oder durch Einholung eines neuen Gutachtens (§ 412 Abs. 1 ZPO) ausgeräumt, und beantragen die Parteien im **Berufungsverfahren** aus Kostengründen nicht die an sich gemäß § 538 Abs. 2 Nr. 1 ZPO gebotene Aufhebung und Zurückverweisung der Sache, so muss das **Berufungsgericht** die versäumten Maßnahmen **nachholen**. Beanstandet allerdings eine Partei in der **Berufungsbegründung** ein im ersten Rechtszug eingeholtes Sachverständigengutachten, um das Berufungsgericht zur Einholung eines weiteren Gutachtens zu veranlassen, so ist ihr Vorbringen nicht ohne weiteres als „verspätet" zurückzuweisen; wird unter Vorlage eines **Privatgutachtens** erstinstanzliches **(schlüssiges)** Vorbringen durch weiteren sachverständig untermauerten Sachvortrag zusätzlich **konkretisiert, verdeutlicht** oder **erläutert**, so stellt dies kein neues Vorbringen i.S. der §§ 529 Abs. 1 Nr. 2, 531 Abs. 2 ZPO dar.[187] **Neues** Vorbringen ist nach der Rechtsprechung des BGH deshalb nur gegeben, wenn der „sehr allgemein gehaltene Vortrag der ersten Instanz konkretisiert und erstmals substanziiert" wird. Im Übrigen hat das Berufungsgericht im Rahmen seiner **Pro-**

3132

---

179) Vgl. BGH, NJW 1999, 2823.
180) BGH, *Schäfer/Finnern*, Z 8.0 Bl. 3; BGHZ 35, 370 für das Berufungsverfahren.
181) BGH, VersR 1977, 733, 734; BGH, ZSW 1981, 270, 271; BGH, NJW-RR 1989, 1275; OLG Zweibrücken, OLGR 2004, 395, 397.
182) OLG Köln, ZSW 1981, 42.
183) Siehe u.a. BGH, MDR 1953, 605; BGH, NJW 1986, 1928; OLG Celle, IBR 2013, 388 – *Seibel*.
184) Vgl. auch BGH, ZSW 1982, 64 u. VersR 1989, 758 m. Nachw.
185) BGH, NJW 1981, 2009 = ZSW 1981, 270 = VersR 1981, 546.
186) Vgl. BGH, ZfBR 1996, 88; KG, VersR 1974, 346; OLG Köln, BauR 2006, 536; *E. Schneider*, MDR 1975, 540 m. Nachw. in Anm. 122.
187) BGH, BauR 2007, 585 = NZBau 2007, 245; BauR 2003, 1559 = NZBau 2003, 560.

zessförderungspflicht immer darauf zu achten, dass in der (bis zum Termin) zur Verfügung stehenden Zeit dem Vorbringen der Parteien Rechnung getragen werden kann.[188] Will das **Berufungsgericht** von dem Gutachten eines in erster Instanz gehörten Sachverständigen **abweichen**, so muss es, falls es keine eigene Sachkunde darlegen kann, erneut Sachverständigenrat einholen.[189]

3133 Die in Bauprozessen üblichen Vorlagen von **Privatgutachten**, mit denen meist versucht wird, den gerichtlich bestellten Gutachter fachlich zu widerlegen, sollten den Richter zunächst nur veranlassen, eine **ergänzende** schriftliche Stellungnahme einzuholen oder aber den Sachverständigen von Amts wegen anzuhören, damit vorhandene Unklarheiten gegebenenfalls auch durch eine Gegenüberstellung mit dem Privatgutachter ausgeräumt werden können.[190] Die Anordnung einer schriftlichen Begutachtung nach § 411 ZPO ändert nichts daran, dass für das weitere Verfahren der Grundsatz der Unmittelbarkeit und Mündlichkeit gilt. Gemäß § 285 Abs. 2 ZPO wird das schriftliche Gutachten erst durch Vortrag in der mündlichen Verhandlung zum Gegenstand des Rechtsstreits. Die Parteien können daher noch in dieser mündlichen Verhandlung Einwendungen gegen das Gutachten vorbringen, um ihren Antrag auf Einholung eines Gegengutachtens zu unterstützen, ohne dass diese Einwendungen als verspätet zurückgewiesen werden dürfen.

---

188) BGH, BauR 1999, 198.
189) BGH, NJW-RR 1988, 1235; BGH, NJW 1994, 803 (erneute mündliche Anhörung); BGH, NJW 1993, 2380.
190) Zum Erfordernis eines Sachverständigengutachtens trotz Vorliegens eines Privatgutachtens: BGH, VersR 1981, 576.

V. Der Beweisbeschluss

Literatur

Krawatt, Der Beweisbeschluss in Bauprozessen aus der Sicht des Sachverständigen, DRiZ 1972, 203; *Erdlenbruch*, Wie kann die Zusammenarbeit zwischen Gericht und Sachverständigen verbessert werden?, DRiZ 1973, 77; *Franzki*, Über den Umgang mit Sachverständigen, DRiZ 1974, 305; *Tempel*, Der Bauprozess, JuS 1980, 42; *Rudolph*, Die Formulierung der Beweisfrage beim richterlichen Sachverständigenbeweis, ZSW 1980, 208; *Voth*, 30 Jahre Gerichtsgutachter – ein Erfahrungsbericht, BauR 1988, 666, *Reinecke*, Die Information des Zeugen über das Beweisthema, MDR 1990, 1061; *Soergel*, Die Grenzen gerichtlicher Weisungsbefugnis dem Sachverständigen gegenüber, Festschrift für Karlmann Geiß (2000), 179; *Mertens*, Förmlicher Beweisbeschluss – Abänderbarkeit ohne erneute mündliche Verhandlung, MDR 2001, 666; *Siegburg*, Zum Beweisthema des Beweisbeschlusses beim Sachverständigenbeweis über Baumängel, BauR 2001, 875; *Deckers*, Prozessuale Probleme der Architektenhonorarklage, BauR 2001, 1832; *Moll*, Formulierung bauakustischer Sachverhalte in Beweisbeschlüssen, BauR 2005, 470; *Vogel*, Beweisbeschlüsse in Bausachen – eine unendliche Geschichte?!, Festschrift für Thode (2005), 325; *Dageförde/Fastabend/Kindereit*, Sachverständige und Eingriffe in die Bausubstanz, BauR 2006, 1202; *Ulrich/Zielbauer*, Tatsachenfeststellung durch den gerichtlichen Sachverständigen. Ortstermin des Sachverständigen – Substanzeingriffe, DS 2008, 12; *Dötsch*, Richterliche Weisungen an Sachverständige zur Vornahme von Bauteilöffnungen?, DS 2008, 20; *Volze*, Der fehlende Versicherungsschutz bei Bauteilöffnungen, DS 2008, 24; *Liebheit*, Bauteilöffnungen – Teil 1: Die Haftung des gerichtlichen Sachverständigen, BauR 2008, 1510; *ders.*, Bauteilöffnungen – Befugnis des Gerichts zur Anweisung des Sachverständigen gemäß § 404a ZPO eine Bauteilöffnung zu veranlassen?, BauR 2008, 1790; *Greger*, Substanzverletzende Eingriffe des gerichtlichen Sachverständigen, Festschrift für Dieter Leipold (2009), 47; *Keldungs*, Probleme im Zusammenhang mit Bauteilöffnungen durch den Sachverständigen, Jahrbuch Baurecht 2009, 217; *Jagenburg/Baldringer*, Haftungsprobleme und Haftungsausschluss bei der Bauteilöffnung durch Sachverständige, ZfBR 2009, 413; *Moebus*, Bauteilöffnungen durch gerichtliche Sachverständige aus anwaltlicher und richterlicher Perspektive, Der Bausachverständige 2010, 56; *Seibel*, Die Anleitung des Sachverständigen durch das Gericht (§ 404a ZPO), Der Bausachverständige 3/2010, 49; *Sass*, Die Symptomtheorie und der Beweis durch Sachverständige, Jahrbuch Baurecht 2010, 217; *Seibel*, Warum der Begriff „Mangel" im gerichtlichen Beweisbeschluss grundsätzlich zu vermeiden ist, ZfBR 2011, 731; *Liebheit*, Zusammenarbeit von Gericht und Bausachverständigen, Der Bausachverständige 2012, 66; *Seibel*, Die Leitung der Tätigkeit des Sachverständigen durch das Gericht, BauR 2013, 536; *Sass*, Der Beweis durch Sachverständige im Mangelprozess und die Rechtsfrage, BauR 2014, 181; *Regenfus*, Rechtliche Voraussetzungen für den Einsatz von Kameradrohnen bei Sachverständigengutachten, DS 2016, 14; *Luz*, Der Sachverständigenbeweis: Die größte Problembaustelle des Baurechts – Ein Weckruf, BauR 2017, 12.

Der **Beweisbeschluss** ist Ausgangspunkt für die Durchführung der Beweisaufnahme, deren Dauer wesentlich von der geschickten Fassung des Beweisbeschlusses abhängig ist.[1] Der Beweisbeschluss hat in Bausachen eine besondere **Ordnungs- und Aufklärungsfunktion**: 3134

Er sagt den Parteien, wie das Gericht über **Beweislast** und **Beweisbedürftigkeit** denkt, welche Behauptungen wichtig erscheinen und welche nicht.[2] Der Beweisbeschluss kann seine Ordnungs- und Aufklärungsfunktion im Bauprozess jedoch nur haben, wenn er von vornherein allen Parteien sowie den Zeugen und Sachverständigen, die auf Grund des Beweisbeschlusses angehört werden sollen, hinreichend den Sach- und Streitstand in seinen entscheidungserheblichen Teilen klar 3135

---

1) *Bull*, AcP 146, 73, 74, hat zutreffend bemerkt, dass „ein guter Beweisbeschluss bereits das halbe Urteil" sei.
2) Vgl. *Bull*, Prozesskunst, S. 143.

macht. Die **Formulierung der Beweisthemen** im Beweisbeschluss ist deshalb von großer Wichtigkeit.[3] Hieran kranken aber vor allem die Beweisbeschlüsse in Bausachen; das bewirkt, dass bei den Zeugenvernehmungen nicht das Optimalste herauskommt, weil sich die Zeugen nicht ausreichend auf die Vernehmung gedanklich vorbereiten konnten. Die Sachverständigengutachten wiederum gehen an den entscheidungserheblichen Punkten vorbei, weil dem Sachverständigen das entscheidende Beweisthema nicht hinreichend herausgestellt wurde, im Einzelfall also eine gebotene sachgerechte **Anleitung** des Gutachters unterblieb.

3136 Der Beweisbeschluss darf zunächst **keine Rechtsfragen** enthalten.[4] Aufgabe des Richters ist es in diesen Fällen, einen entscheidungserheblichen Rechtsbegriff in dem Beweisbeschluss tatbestandsmäßig so zu umschreiben, dass der Zeuge oder Sachverständige die dem Rechtsbegriff zu Grunde liegenden Tatsachen, über die er Aussagen machen kann, erkennt. Unrichtig[5] wäre es, z.B. ein Beweisthema wie folgt zu fassen:

Hatte der Bauunternehmer die Pflicht, auf Bedenken hinzuweisen?

Richtig wäre es, das Beweisthema wie folgt zu fassen:

Konnte der Bauunternehmer im Rahmen seines Aufgabenbereichs die Fehler der Planung, des Materials oder der Vorarbeit anderer Handwerker erkennen? Gegebenenfalls inwiefern?

3137 Wir halten allerdings nichts von einer Aufsplitterung der Beweisthemen in viele Einzelfragen. Zwar mag es notwendig sein,[6] dass sich der Zeuge anhand konkreter Fragen mittels seiner schriftlichen Aufzeichnungen (z.B. Bautagebücher, Stundenlohnzettel, Zeichnungen pp.) auf seine Vernehmung vorbereiten kann. Eine zu enge Fassung des Beweisthemas, was oftmals durch „präzise Fragen" erreicht wird, birgt jedoch die Gefahr in sich, dass der Zeuge sich nur einseitig auf diese Fragen konzentriert und einen größeren Gesamtkomplex, dem die Frage zuzuordnen ist, außer Betracht lässt. Unseres Erachtens sollten Einzelfragen möglichst vermieden werden.[7] Vielmehr sollte versucht werden, das Beweisthema jeweils so zu fassen, dass zwar die Thematik konkret und unzweifelhaft aus der jeweils gestellten Frage hervorgeht, dass aber die Fassung des Beweisthemas den Zeugen bei seiner Vorbereitung jeweils zwingt, diese Frage nur im Rahmen eines größeren Gesamtkomplexes zu sehen. Das gibt dem Gericht die Möglichkeit, eine konkrete Frage in einer größeren Breite zu erfassen.

---

3) Hierzu ausführlich: *Siegburg*, BauR 2001, 875.
4) Vgl. z.B. BGH, BauR 2005, 735 = NZBau 2005, 285 = ZfBR 2005, 355 = IBR 2005, 271 – *Schwenker* (kein Gutachten zu der Frage, welche Kosten i.S. des § 10 Abs. 2-6 HOAI anrechenbar und wie erbrachte Leistungen zu bewerten sind); OLG Stuttgart, NZBau 2005, 640 = IBR 2005, 436 – *Böhme* (kein Gutachten zum inländischen Recht); OLG Stuttgart, BauR 1999, 514 = IBR 1999, 390 – *Seifert* (Einholung eines Gutachtens zur Frage der „**Prüffähigkeit**" einer Architektenhonorarrechnung). Die **Bestimmung** des Inhalts einer **ATV** der VOB/C ist dagegen weitgehend eine Sachverständigenfrage (vgl. BGH, ZfBR 2004, 778, 779; KG, OLGR 1998, 409 = IBR 1999, 183 – *Kamphausen*). Siehe ferner: *Deckers*, BauR 2001, 1832, 1835 ff. zur **Honorarklage** des Architekten.
5) Vgl. *Brügmann*, Prozessleitung, S. 28; *Vogel*, Festschrift für Thode, S. 325, 330.
6) Wie *Brügmann*, Prozessleitung, S. 29, betont.
7) *Bender* (DRiZ 1972, 15) hält allerdings den Beweisbeschluss nur für vorschriftsmäßig, wenn er „minuziös" formuliert sei.

Der Beweisbeschluss

3138 Größere Schwierigkeiten macht die Fassung des Beweisbeschlusses im Hinblick auf die Einholung von **Sachverständigengutachten**. Sehr oft wird dem Sachverständigen in Form eines knappen und unverständlichen Beweisbeschlusses die Aufgabe gestellt, „ein Gutachten zu erstatten". Der Sachverständige muss sich dann erst mühsam aus den Akten die tatsächlichen Grundlagen erarbeiten, auf denen das Gutachten basieren soll.[8] Die Bausachverständigen müssen sich in den Grundsätzen des Baurechts auskennen, sie sind aber keine Juristen. Dem Sachverständigen ist auch die sog. Dispositionsmaxime des Zivilprozessrechts oft nicht vertraut. Er kann dann leicht geneigt sein, über das Parteivorbringen hinaus den wahren Sachverhalt zu ermitteln.

3139 Dem Sachverständigen wird es in aller Regel Schwierigkeiten bereiten, zwischen den streitigen und unstreitigen, den bewiesenen und unbewiesenen Tatsachen zu unterscheiden, sodass er sich selbst nur unzureichend aus der Akte ein richtiges, tatsächliches Bild von dem Sach- und Streitstand machen kann. Aus diesem Grunde verlangten schon Franzki[9] und Krawatt,[10] dass dem **Bausachverständigen eine besondere Anleitung** – insbesondere in komplizierten Fällen – durch das Gericht gegeben wird. Eine solche Anleitung sieht § 404a ZPO ausdrücklich vor; die Einweisung wird sich im Einzelfall vor allem auch auf die Erläuterung von **Rechtsbegriffen** zu erstrecken haben.[11]

3140 Die **Anleitung** des Sachverständigen kann darin bestehen, dass der Richter in dem Beweisbeschluss, in dem Übersendungsschreiben oder in einer speziellen Anlage in gedrängter Form den Sachverständigen in den Sachverhalt einführt und auf die besonders zu beachtenden Aktenteile hinweist. In ungewöhnlich schwierigen Fällen wird das Gericht den Sachverständigen schon **vor** Erlass des Beweisbeschlusses zur mündlichen Verhandlung hinzuziehen, ihm unter Mitwirkung der Parteien dann eine kurze Einführung in den Sach- und Streitstand geben und ihn vor der Abfassung der Beweisfragen anhören, um so zu erfahren, was der Sachverständige mit seiner Fachkunde überhaupt leisten kann, um dann, gegebenenfalls sogar unter dessen Mitwirkung, die Beweisfragen zu formulieren.

3141 In der Praxis wird in den meisten Fällen die Hinzuziehung des Sachverständigen in der ersten mündlichen Verhandlung wegen der Überlastung der Gerichte und der Sachverständigen aber kaum zu erreichen sein. Aus diesem Grunde wird die schriftliche Anleitung des Sachverständigen in dem Beweisbeschluss selbst oder in einem besonderen Anschreiben der in der Praxis einzig gangbare Weg sein, um zu einer fruchtbaren Zusammenarbeit zwischen Gericht und Sachverständigem bei der Bewältigung schwieriger Bauprozesse zu gelangen. Anleitungen des Sachverständigen sind in jedem Falle den Prozessbevollmächtigten der Parteien zuzuleiten, damit sie ersehen können, von welcher Grundlage der Sachverständige bei seiner Gutachtenerstattung ausgehen soll (§ 404a Abs. 5 ZPO). Damit ist auch der Gefahr begegnet, dass eine Partei nach der Gutachtenerstattung gegen die von dem Gericht

---

[8] *Franzki*, DRiZ 1974, 305.
[9] DRiZ 1974, 305, 306; s. auch DRiZ 1976, 97, 99.
[10] DRiZ 1972, 203, 204; zustimmend auch *Bayerlein*, BauR 1989, 397, 401.
[11] BGH, Urt. vom 30.9.1992 – IV ZR 227/91; siehe hierzu *Luz*, BauR 2017, 14, 19 ff.; *Quack*, BauR 1993, 163 ff.

vorgenommene Anleitung Einwendungen erhebt, die das Gericht in einer Beweiswürdigung ausräumen müsste.

3142 Bei schwierigen und streitigen Sachverhalten kann die Anleitung auch in der Weise erfolgen, dass bei einander widersprechenden Zeugenaussagen das Gericht dem Sachverständigen mitteilt, auf welche Aussagen er das Gutachten gründen soll. Denn andernfalls besteht die große Gefahr, dass der Sachverständige in eine ihm nicht zustehende Beweiswürdigung eintritt, die sich später nicht mit der des Gerichts deckt und die das Gutachten wertlos machen kann.[12] Will das Gericht eine entsprechende Beweiswürdigung noch nicht vorwegnehmen, bleibt nichts anderes übrig, als dem Sachverständigen eine **Alternativ-Begutachtung** anzutragen.[13]

3143 Eine besondere Bedeutung bei der richterlichen „Einweisung" hat § 404a Abs. 4 ZPO; danach kann das Gericht, soweit dies erforderlich ist, bestimmen, „in welchem Umfang der Sachverständige zur Aufklärung der Beweisfrage befugt ist, inwieweit er mit den Parteien in Verbindung treten darf und wann er ihnen die Teilnahme an seinen Ermittlungen zu gestatten hat". In Bauprozessen, vor allem aber in selbstständigen Beweisverfahren, kommt es immer wieder vor, dass ein Sachverständiger auf **Bauunterlagen** angewiesen ist, wie z.B. **Grundrisse** und **Schnitte**, **Baubeschreibung** und **Leistungsverzeichnis**, **Baugenehmigung** oder Unterlagen über **Bodenuntersuchungen** bzw. den **Grundwasserstand**. Sind die Parteien nicht im Besitz dieser Unterlagen oder kann der Antragsteller im selbstständigen Beweisverfahren die Unterlagen nicht zur Verfügung stellen, weil sie der Antragsgegner hat, ist das Gericht befugt, den Sachverständigen zu ermächtigen, die benötigten Unterlagen z.B. bei dem zuständigen **Bauamt** anzufordern oder einzusehen. Eine solche Ermächtigung ist durch § 404a Abs. 4 ZPO gedeckt.[14]

Streitig ist, ob das Gericht **den Sachverständigen** gemäß § 404a ZPO **anweisen** kann, zur Ermittlung der Ursachen eines Baumangels (**zerstörende**) Konstruktionsuntersuchungen (**„Bauteilöffnungen"**) auf eigene Verantwortung durchzuführen.[15] Diese Frage ist höchstrichterlich noch nicht entschieden. Das OLG Düsseldorf bejaht eine solche Verpflichtung.[16] Nach zutreffender Ansicht[17] ist der **Sachverständige** jedoch **nicht** verpflichtet, die insoweit notwendigen Baumaßnahmen **selbst** zu veranlassen, insbesondere ist er nicht gehalten, die hierfür notwendigen Werkver-

---

12) So richtig *Franzki*, DRiZ 1974, 305, 306.
13) *Franzki*, DRiZ 1974, 305, 306; vgl. hierzu insbesondere auch *Kamphausen*, BauR 1986, 151 ff.
14) Zutreffend: OLG München, BauR 1993, 768.
15) **Beispiel** für Bauteilöffnungen: Feststellung der Ursachen von Feuchtigkeit im „Gäste-WC"; Öffnen der Bade- und/oder Duschwanne (OLG Celle, BauR 2005, 1358 = OLGR 2005, 154).
16) BauR 1997, 697, 698 = NJW-RR 1997, 1360 = MDR 1997, 886 = IBR 1997, 306 – *Kamphausen*; ebenso: OLG Jena, IBR 2007, 159 – *Kamphausen*; OLG Celle, BauR 2005, 1338 = OLGR 2005, 154 = BauRB 2005, 272 = IBR 2005, 272 – *Schwenker* u. OLGR 1998, 71, 72 = BauR 1998, 1281; OLG Frankfurt, BauR 1998, 1052 m.Anm. *Nittner* = NJW 1998, 2834 = IBR 1998, 361 m.Anm. *Vogel*.
17) Vgl. OLG Hamm, IBR 2007, 160 – *Ulrich*; OLG Frankfurt, BauRB 2004, 176 = OLGR 2004, 145 = IBR 2004, 442 – *Vogel*, OLG Rostock, BauR 2003, 757 m.Anm. *Kamphausen*; OLG Brandenburg, ZfBR 1996, 98, 100 = BauR 1996, 432; LG Limburg, BauR 2005, 1670; *Soergel*, Festschrift für Karlmann Geiß, S. 179, 184; *Kamphausen*, BauR 1998, 505, 506.

Der Beweisbeschluss Rdn. 3143

träge im eigenen Namen abzuschließen. Vielmehr können sich das Gericht und/oder der Sachverständige darauf beschränken, den **Beweispflichtigen** zur Vornahme der erforderlichen Vorarbeiten unter Fristsetzung **anzuhalten** (siehe hierzu Rdn. 91).

VI. Die Durchführung der Beweisaufnahme

Literatur

Balzer, Beweisaufnahme und Beweiswürdigung im Zivilprozess, 2001.

Jessnitzer, Abschriften gerichtlicher Entscheidungen für Sachverständige, Rpfleger 1974, 423; *Jessnitzer*, Ortsbesichtigungen und Untersuchungen durch Bausachverständige und ihre gerichtliche Verwertung, BauR 1975, 73.

3144 Die richtige Anordnung der Beweisaufnahme dient ganz besonders der Förderung des Prozesszwecks und der Beschleunigung des Verfahrens.[1] Es sind in der Vergangenheit viele Vorschläge gemacht worden, um gerade in Bausachen zu einer schnelleren Abwicklung der erforderlichen Beweisaufnahme zu gelangen.[2] Hierbei ist vor allem auch das sog. **Stuttgarter Modell,** das einterminliche Verfahren, in dem Verhandlung, Beweisaufnahme und Rechtsfindung zusammengefasst werden, als ein Mittel der Beschleunigung angepriesen worden.[3]

3145 Folgende Grundsätze sollten bei der Durchführung der Beweisaufnahme beachtet werden:

* Erforderliche **Urkunden** und **Beiakten** müssen stets vor der eigentlichen Durchführung der Beweisaufnahme bei den Akten sein. Hierzu zählt, dass Leistungsverzeichnisse, Vertragsurkunden, besondere Vertragsbedingungen von den Parteien frühzeitig vorgelegt werden. Dazu gehören aber auch Zeichnungen, statische Berechnungen, Mengenberechnungen und Stundenlohnzettel. Diese Urkunden wird nämlich im Zweifel der Gutachter bei der Erstattung seines Sachverständigengutachtens benötigen. Werden diese Urkunden nicht vor der eigentlichen Durchführung der Beweisaufnahme zu den Akten genommen, entstehen spätestens nach der Übersendung der Akten an den Sachverständigen Verzögerungen, wenn dieser sie zunächst über das Gericht anfordert. Außerdem läuft man Gefahr, dass sich eine Partei gegen die Zusendung von Urkunden an den Sachverständigen ausspricht, weil sie diese Urkunden bisher im Prozess noch nicht gesehen hat. Dies kann dazu führen, dass das Gericht die Akte von dem Sachverständigen zurückfordern muss, damit es zunächst in einer weiteren mündlichen Verhandlung die Urkunden in den Prozess einbeziehen kann.

* Erforderliche **Augenscheinseinnahmen** sollten sofort und unter Hinzuziehung der Parteien erfolgen; jede Partei darf sich dabei von ihrem Privatgutachter fachkundig beraten lassen.[4] Augenscheinseinnahmen in einem früheren Stadium des Prozesses ermöglichen in vielen Fällen einen Vergleich.

* **Zeugen** sollen nur in der gebotenen Kürze vernommen werden. Das erfordert eine genaue Herausarbeitung der beweiserheblichen Themen. Gutachter sind nur ausnahmsweise zu den Zeugenvernehmungen hinzuzuziehen. Zeugen sind grundsätzlich zuerst zu hören, dann erst soll ein Gutachten eingeholt werden.

* In Baurechtsfällen sollte verstärkt von der Vorschrift des § 273 ZPO Gebrauch gemacht werden.

---

[1] *Rosenberg/Schwab*, ZPR, § 119 III 3.
[2] Vgl. dazu vor allem *Brügmann*, Prozessleitung, S. 32 ff.
[3] Vgl. *Bull/Bender*, DRiZ 1971, 268, 269.
[4] OLG München, NJW-RR 1988, 1534.

Beweisaufnahme

* **Sachverständigengutachten** sollten in Bausachen nur schriftlich erstattet werden. Nach dem Eingang des Gutachtens sollen die Parteien zunächst ihre Kritik am Gutachten einbringen, das Gericht muss dann über eine etwaige Ergänzung des Gutachtens entscheiden. Mündliche Anhörungen von Sachverständigen können und müssen im Rahmen des § 411 Abs. 3 ZPO vorgenommen werden.[5] Sie bergen allerdings die Gefahr in sich, dass bei solchen mündlichen Anhörungen nichts herauskommt, weil technische Fragen sich kaum „durch kurze Antworten auf kurze Fragen hinreichend klären" lassen. Dieser Gefahr kann man indes begegnen, wenn dem Sachverständigen nach der Erstattung des Gutachtens die eingehenden Schriftsätze der Parteien, die sich mit dem Gutachten auseinander setzen, vor der Anhörung zugeleitet werden, damit sich der Sachverständige mit den Einwendungen der Parteien beschäftigen kann.
* **Obergutachten** sind nur ausnahmsweise einzuholen (Rdn. 3131).
* Kleinere Streitpunkte (z.B. unbedeutende Mängelansprüche pp.) sollten aus Kostenersparnisgründen verglichen werden.

---

[5] Das **Übergehen** des Antrags auf Anhörung des Sachverständigen ist ein **Verstoß** gegen das Gebot des rechtlichen Gehörs (BGH, BauR 2009, 1773, 1774 – ständig); zur Gehörsverletzung durch eine „vorschnelle" Übernahme des Gutachtens: BGH, BauR 2009, 681.

VII. Die Beweiswürdigung

Literatur

Balzer, Beweisaufnahme und Beweiswürdigung im Zivilprozess, 2001; *Schneider*, Beweis und Beweiswürdigung, 5. Auflage 1994; *Greger*, Beweis und Wahrscheinlichkeit, 1978; *Gottwald*, Schadenszurechnung und Schadensschätzung, 1979; *Walter*, Freie Beweiswürdigung, 1979.

Klauser, Möglichkeit und Grenze richterlicher Schadensschätzung, JZ 1968, 167; *Arens*, Dogmatik und Praxis der Schadensschätzung, ZZP 75, 1; *Schneider*, Der Beweiszwang über den Grund des Anspruchs, MDR 1976, 361; *Zeiss*, Die Verwertung rechtswidrig erlangter Beweismittel, ZZP 76 (Bd. 89), 377; *Stoll*, Haftungsverlagerung durch beweisrechtliche Mittel, AcP 76 (Bd. 176), 145; *Stimpfig*, Prüfkriterien für den Aussagewert beim Zeugenbeweis, MDR 1995, 451; *E. Schneider*, Beweisrechtsverstöße in der Praxis, MDR 1998, 997; *Dauster/Braun*, Verwendung fremder Daten im Zivilprozess und zivilprozessuale Beweisverbote, NJW 2000, 313; *E. Schneider*, Erfahrungssätze und Beweisregeln, MDR 2001, 246; *Schnauder*, Rechtsmittelrecht nach dem ZPO-Reformgesetz, OLGReport Kommentar, 4/2002, K 9; *Roquette/Laumann*, Dichter Nebel bei Bauzeitclaims, BauR 2005, 1829; *Drittler*, Gestörter Bauablauf: Anforderungen an die Kausalitätsnachweise zu den Behinderungsfolgen Bauzeitverlängerung und Produktivitätsverlust als Schätzungsgrundlage nach § 287 ZPO in der bauablaufbezogenen Nachweisführung, Jahrbuch Baurecht 2006, 237; *Seibel*, Einwendungsmöglichkeiten gegen Sachverständigengutachten im Berufungsverfahren, BauR 2009, 574; *Heilfort*, Nachweis der haftungsbegründenden und haftungsausfüllenden terminlichen Kausalität von Bauablaufstörungen mit dem Bauablauf-Differenzverfahren – ein Bericht aus der Praxis, BauR 2010, 25; *Drittler*, Zuschlagsverzögerung, Anpassung von Ausführungszeit und Preis: Anspruchsausfüllende Nachweise der Kausalität und der Höhe (1), BauR 2010, 143; *Havers*, Bauzeitnachträge: Produktionsverluste aus rechtlicher Sicht, Jahrbuch Baurecht 2011, 21; *Ziegler*, Wahrheit oder Methode – Zum rechtlichen Gehör in Bausachen – Anmerkung zu BGH Urteil v. 26. Jan. 2012 – VII ZR 128/11 – ZfBR 4/2012, S. 358, ZfBR 2012, 528.

3146 Der **Tatsacheninstanz** obliegt die Feststellung der beweiserheblichen Tatsachen. Sie muss alle für die Entscheidung erheblichen Tatumstände mittels der angebotenen und verfügbaren Beweismittel **erschöpfend** aufklären.[1] Diese Feststellung der entscheidungserheblichen Tatsachen erfolgt durch richterliche Beweiswürdigung, die der Nachprüfung durch die höhere Instanz unterliegt. Nach der ZPO-Reform kommt der **ersten** Instanz die Aufgabe zu, alle entscheidungserheblichen Tatsachen zusammenzutragen und das Beweisergebnis umfassend zu würdigen. Es ist wiederholt ausgeführt worden, dass gerade die Ermittlung der entscheidungserheblichen Tatsachen in der Baupraxis wegen der Kompliziertheit der Vorgänge in der Regel schwierig ist. Hinzu kommt, dass diese, der eigentlichen Beweiswürdigung vorausgehende Prüfung der Beurteilungsmaßstäbe, ebenfalls erhebliche Anforderungen an den Richter und Anwalt stellt. Es ist deshalb nicht verwunderlich, wenn hier die meisten Fehler begangen werden.[2]

3147 Viele tatrichterliche Beweiswürdigungen müssen in der Rechtsmittelinstanz allein deshalb nachgeprüft werden, weil die Vorinstanz von unrichtigen rechtlichen Grundlagen ausgegangen ist. Unbestritten ist, dass die tatrichterliche Beweiswürdigung[3] stets darauf überprüft werden muss, ob sie

---

1) Die nur **lückenhafte** Verwertung eines eingeholten Sachverständigengutachtens ist deshalb immer eine fehlerhafte Beweiswürdigung (OLG Brandenburg, IBR 2005, 720 – *Büchner*).
2) Vgl. z.B. BGH, NJW 1973, 2207.
3) Dies gilt auch für eine solche nach § 287 ZPO (BGH, U.v. 19.4.2005 – VI ZR 175/04).

* von **unrichtigen rechtlichen Grundlagen** ausgeht
* gegen **Denkgesetze verstößt** oder
* Schlüsse gezogen werden, die entweder mit einer feststehenden **Auslegungsregel** oder der **allgemeinen Lebenserfahrung unvereinbar** sind.[4]

Das Gericht hat nach § 286 ZPO unter Berücksichtigung des gesamten Inhalts der Verhandlungen und des Ergebnisses einer Beweisaufnahme nach freier Überzeugung zu entscheiden, ob eine tatsächliche Behauptung für wahr oder unwahr zu erachten ist. In dem Urteil sind die Gründe anzugeben, die für die richterliche Überzeugung leitend gewesen sind. Es muss deshalb darlegen, warum es z.B. einer Zeugenaussage folgt, einer anderen aber nicht, oder warum es sich einem Privatgutachten nicht anschließen will, sondern vielmehr sich der Auffassung eines gerichtlich bestellten Sachverständigen anschließt.[5] Die Gründe müssen stets objektiv und logisch nachprüfbar sein. Grundlage der Beweiswürdigung ist der gesamte Inhalt der Verhandlungen. **3148**

Bei der Bildung seiner Überzeugung unterliegt das Gericht – außer in dem Falle von gesetzlichen Vermutungen oder Beweisregeln – jedoch keinerlei Bindung. Es beurteilt den Wert der einzelnen Beweismittel völlig frei. Vor allem kann das Gericht, was gerade für den Bauprozess von großer Wichtigkeit ist, beweisbedürftige Tatsachen ohne weitere Beweisaufnahme auf Grund von **Erfahrungsregeln** in Verbindung mit anderen Beweismitteln oder auf Grund der Würdigung des gesamten im Prozess vorgetragenen Tatsachenstoffes bereits als bewiesen annehmen.[6] **3149**

Zu beachten ist, dass **keine zu strengen Anforderungen** an die Überzeugungsbildung des Gerichts gestellt werden dürfen. Es kommt immer auf die „**freie Überzeugung**" des Richters an; hierzu bemerkt der **BGH**:[7]

„Diese Überzeugung von der Wahrheit erfordert keine absolute oder unumstößliche Gewissheit, da eine solche nicht zu erreichen ist (BGHZ 53, 245, 255 ff.). Das Gericht darf also nicht darauf abstellen, ob jeder Zweifel und jede Möglichkeit des Gegenteils ausgeschlossen ist. Es genügt vielmehr ein für das praktische Leben brauchbarer Grad von Gewissheit, der den Zweifeln Schweigen gebietet, ohne sie völlig auszuschließen" (BGHZ 53, 245, 256; BGH, Urteil vom 18.4.1977 – VIII ZR 286/75 –, VersR 1977, 721).

Insoweit kommt dem **Anscheinsbeweis** nach richtiger Ansicht seine eigentliche Bedeutung bei der **Beweiswürdigung** zu. Dem Tatrichter ist es nicht mehr überlassen, ob er einen **typischen Geschehensablauf** annimmt und hieraus die entsprechenden Konsequenzen zieht. Vielmehr ist er hierzu verpflichtet. Fehlerhafte Anwendung der Grundsätze über den **Anscheinsbeweis** sind deshalb stets über § 286 ZPO mit dem Rechtsmittel angreifbar.[8] Für die richterliche Überzeugungsbildung hat **3150**

---

[4] Vgl. z.B. BGH, ZfBR 2005, 243; NZBau 2000, 523 = NJW-RR 2000, 1547 = BauR 2000, 1762; *E. Schneider*, MDR 2001, 246; *Oelrich*, NJW 1954, 532, 533 m. Nachw.
[5] Siehe BGH (II. ZS), ZfBR 2012, 547 = IBR 2012, 487 – *Elzer* (Beweisaufnahme auch bei einer **Widersprüchlichkeit** des Sachvortrags); BGH, NJW-RR 1994, 219; BGH, NZBau 2000, 248 **(Zeugenbeweis)**.
[6] OLG Köln, VersR 1975, 352; s. ferner OLG Hamm, OLGR 2005, 596, 597 (zur beweismäßigen Bewertung von „**Stichproben**" durch Sachverständigen).
[7] BGH, BauR 1994, 524, 525.
[8] Zur Nachprüfbarkeit der Voraussetzungen des Anscheinsbeweises im Einzelnen: BGH, NJW 1969, 277 = MDR 1969, 208.

der **Anscheinsbeweis** heute im Baurecht eine **besondere Bedeutung** erlangt.[9] Es ist unverkennbar, dass der Mut der Gerichte zu Entscheidungen in Bausachen ohne weitere große Beweisaufnahme zunehmend wächst. Das kommt auch hinreichend in der Entscheidung des OLG Köln[10] zum Ausdruck, wenn es in dem Leitsatz heißt:

> „Ist ein Bauwerk (hier: Kellerrohbau) unstreitig mit zahlreichen schweren Mängeln behaftet, so kann allein daraus der Schluss gezogen werden, dass der beauftragte Architekt seine Vertragspflichten schuldhaft vernachlässigt hat, ohne dass noch Beweis und Gegenbeweis erhoben zu werden brauchen. Das gilt insbesondere dann, wenn der Architekt ausdrücklich einwandfreie Herstellung zugesichert hat."

3151 Dem ist auch der **BGH**[11] im Ergebnis gefolgt. Allerdings weist er auf eine zu beachtende **Grenze** hin: Zwar ist es einem Richter nicht verwehrt, eine Parteibehauptung ohne Beweisaufnahme als wahr anzusehen. Handelt es sich jedoch um **Spezialfragen**, für deren Beurteilung er nicht ohne weiteres ausreichend sachkundig ist, ist es nicht sachgerecht, den einseitigen, wenn auch substantiierten Sachvortrag der tatsachenkundigen Partei ohne jede Beweiserhebung (etwa durch Gutachten) als glaubhaft zu Grunde zu legen, auch wenn der Gegner, dem Tatsachenkenntnis und Sachkunde fehlen, nur unsubstantiiert bestreitet.

3152 Will ein Richter sein Wissen aus **Erfahrungssätzen** außerhalb des Bereichs der allgemeinen Lebenserfahrung zur Grundlage seiner Entscheidung machen, muss er sein Wissen zuvor den Parteien mitgeteilt haben. Insoweit besteht eine **Aufklärungspflicht** gegenüber den Parteien.[12] Hat ein **Tatrichter keine eigene Sachkunde**, ist er **gehalten**, einen **Sachverständigen heranzuziehen**, auch wenn dieses Beweismittel von dem Beweispflichtigen nicht angeboten worden ist.[13] Das hat der BGH oftmals betont.[14]

3153 Will das **Berufungsgericht** die im ersten Rechtszug bejahte Glaubwürdigkeit eines **Zeugen** in Zweifel ziehen, so muss es den Zeugen erneut vernehmen, auch wenn der Zeuge dem Verhandlungstermin infolge von Krankheit oder anderer in seiner Person liegender Umstände fernbleiben muss (§ 398 ZPO).[15] Das Gleiche gilt z.B., wenn das Berufungsgericht die protokollierte Aussage eines Zeugen anders verste-

---

[9] BGH, NZBau 2014, 162; kritisch: *Locher*, BauR 1974, 293 ff.; siehe Rdn. **3067** ff.
[10] VersR 1975, 352 = MDR 1975, 401.
[11] NJW 1974, 1248.
[12] Vgl. BGH, DB 1967, 902; BGH, BauR 2000, 1762 = ZfBR 2000, 548; BauR 1997, 692 = ZfBR 1997, 240 = NJW-RR 1997, 1108; BGH, NJW 1997, 1446 („beanspruchte Sachkunde" eines Bausenats).
[13] BGH, VersR 1969, 615; BGH, *Schäfer/Finnern*, Z 4.142 Bl. 83; BGH, *Schäfer/Finnern*, Z 2.303 Bl. 16; BGH, NJW 1993, 2382 u. NJW 1997, 1446. Zur **Schadensabrechnung** aufgrund sachverständiger Schätzung, wenn der Mangel zu **geringeren** Kosten beseitigt wurde: OLG Düsseldorf, BauR 2012, 516.
[14] BGH, BauR 1997, 692; NJW 1997, 1456; NJW 1981, 2578; VersR 1971, 129.
[15] Zur **nochmaligen** Vernehmung gemäß § 398 ZPO: BGH, NJW 2000, 2024; BGH, NJW 1998, 385 u. 2222, BGH, BauR 1999, 254, 255; BGH, NJW 1968, 1138 (bei **doppeldeutiger** Niederschrift); BGH, NJW 1974, 56 (**erneute Parteivernehmung**); BGH, NJW 1976, 1742 (**unglaubwürdiger Zeuge**); BGH, MDR 1979, 481 (**bei Unklarheiten und Zweifeln**); BGH, NJW 1985, 3078; NJW 1984, 582; VersR 1985, 183 = NJW 1985, 3078; NJW 1991, 3285.

Beweiswürdigung

hen will als der Richter der Vorinstanz;[16] nichts anderes gilt, wenn das Berufungsgericht die Ausführungen eines Sachverständigen anders würdigen will als der Erstrichter.[17] Die Möglichkeit, die Akten eines anderen Rechtsstreits als Beweisurkunde heranzuziehen, erschöpft sich nicht in der Verwertung von Beweisprotokollen aus dem früheren Verfahren; vielmehr können in gleicher Weise tatsächliche Feststellungen des dortigen Urteils verwertet werden.[18] Will das Berufungsgericht von einem (erstinstanzlich eingeholten) Gutachten abweichen, so muss es, falls es keine eigene Sachkunde darlegen kann, erneut Sachverständigenrat einholen.[19]

Für die Anwendung des § 287 ZPO ist in Bauprozessen großer Raum, sofern es sich um **Schadensersatzansprüche** handelt.[20] § 287 Abs. 1 ZPO kann **keine Anwendung** finden auf **Minderungsansprüche**,[21] auf **Bereicherungsansprüche**[22] sowie auf **Vertragsstrafenansprüche**. Demgegenüber ist § 287 Abs. 2 ZPO anwendbar, wenn zwischen den Parteien über die **Höhe einer Forderung** gestritten wird[23] und die Schwierigkeiten einer vollständigen Aufklärung in keinem Verhältnis zu der Bedeutung der gesamten Forderung oder eines Teils von ihr steht. Damit ist aber vor allem bei der Höhe einer Vertragsstrafe (§ 343 BGB), bei der Höhe einer **Minderung** (vgl. § 638 Abs. 3 Satz 2 BGB)[24] sowie vor allem bei der Höhe von Mängelschäden eine Anwendung des § 287 Abs. 2 ZPO möglich. In Bausachen kann es im Interesse des Baugläubigers angezeigt sein, von einem „Beweisverfahren nach § 286 ZPO"[25] abzusehen, um diesem bald eine Realisierung seiner Bauforderung zu ermöglichen, „sei es auch um den Preis minuziös abgesicherter Bezifferungen". Dies hat auch das OLG Köln[26] betont. § 287 Abs. 2 ZPO kann im Baurecht deshalb auch herangezogen werden, wenn eine vollständige Aufklärung unmöglich ist.[27]

3154

---

16) BGH, NJW 1999, 2972; BGH, BauR 1985, 593 für Würdigung einer protokollierten Augenscheinseinnahme; BGH, NJW-RR 2001, 1430 für abweichende Wertung einer in der Vorinstanz protokollierten Aussage.
17) BGH, BauR 2010, 1095 m.w.Nachw.
18) BGH, WM 1973, 560.
19) BGH, NJW-RR 1988, 1235.
20) BGH, BauR 2003, 1211 = NZBau 2003, 375 (für Schadensersatzanspruch nach § 635 BGB a.F.); zur Anwendung auf Ansprüche aus § 6 Nr. 6 VOB/B: OLG Düsseldorf, NZBau 2007, 109, 111 ff.; *Clemm*, DB 1985, 2597, 2600; zur Anwendbarkeit der §§ 286, 287 ZPO bei Wasserschäden am Sondereigentum, die vom gemeinschaftlichen Eigentum ausgehen: OLG Frankfurt, OLGZ 1987, 23.
21) BGH, WM 1971, 1382; *Laumen*, in: Prütting/Gehrlein, § 287 ZPO, Rn. 3.
22) BGH, GRUR 1962, 281.
23) BGH, NZBau 2006, 637, 638 = BauR 2006, 1753, 1754 (Schätzung des berechtigten Werklohns nach Kündigung eines Pauschalpreisvertrages); BGH, NZBau 2006, 179, 180 (Schätzung auf Grund eines Aufmaßes, das selbst auf Schätzungen beruht); zur Schätzung einer **Auslagenpauschale** für Aufwendungen des Geschädigten: BGH (VI. ZS), NZBau 2012, 484 = IBR 2012, 393 – *Rodemann*.
24) BGH, NZBau 2013, 159 = NJW 2013, 525 = IBR 2013, 70 – *Vogel*; KG, *Schäfer/Finnern*, Z 2.414 Bl. 167 sowie *Oblinger-Grauvogl*, in: Wirth/Sienz/Englert, § 638 BGB, Rn. 20 unter Hinweis auf BT-Drucks. 14/7052.
25) *E. Schneider*, MDR 1975, 444, 447.
26) BB 1973, 1512 = DB 1973, 2343 = MDR 1974, 321.
27) Vgl. RGZ 139, 172, 174; BGH, JR 1961, 500; BGH, *Schäfer/Finnern*, Z 3.00 Bl. 191, jedoch nicht, wenn der Kläger mit der ordnungsgemäßen Substantiierung seines Anspruchs hartnäckig zurückgehalten hat (vgl. BGH, NJW 1981, 1454). Zur Schätzung bei Einstufung einer

3155 Zu beachten bleibt jedoch, dass der sog. **konkrete Haftungsgrund** stets nur nach den strengeren Grundsätzen des § 286 ZPO festzustellen ist und nur die Höhe des aus diesem Haftungsgrund erwachsenen Schadens nach § 287 ZPO geschätzt werden darf.[28] Die haftungsbegründende Kausalität ist also immer nach § 286, die haftungsausfüllende nach § 287 ZPO zu beurteilen.[29]

3156 Steht eine Forderung **dem Grunde** nach fest, kann **die Höhe jedoch nicht sicher ermittelt** werden, darf der Richter eine Klage nicht mangels Beweises abweisen, sondern muss zur Schätzung nach § 287 ZPO greifen.[30] Dabei müssen allerdings gewisse **tatsächliche Grundlagen für die Schätzung vorhanden** sein und vom Tatrichter sachgerecht und erschöpfend ausgewertet werden.[31] Das gilt auch für die Schätzung einer Minderung gemäß § 638 Abs. 3 Satz 2 BGB.[32] Die Vorschrift des § 287 ZPO **erleichtert** somit dem Geschädigten nicht nur die Beweisführung, sondern auch die **Darlegung** seines Schadens.[33] Eine Schadensschätzung scheidet nach der Rechtsprechung des BGH nur aus, „wenn deren Ergebnis **mangels greifbarer Anhaltspunkte** völlig in der Luft hängen würde."[34]

3157 Bei der Schadensermittlung nach § 287 ZPO finden die Regeln über die Beweislast keine Anwendung.[35] Die Beweislast wirkt sich erst dann zum Nachteil der beweispflichtigen Partei aus, wenn der Beweis nicht erbracht ist; über § 287 ZPO kann aber ein Beweis geführt werden. Eine Anwendung des § 287 ZPO ist auch in Fällen verschuldeter Beweisnot nicht grundsätzlich ausgeschlossen.[36]

Architektenplanung in eine bestimmte Honorarzone: OLG Frankfurt, *SFH*, Nr. 1 zu § 287 ZPO.

28) Vgl. BGHZ 29, 393, 398; BGHZ 4, 192, 196; BGH, BauR 2007, 429 = NZBau 2007, 167 = ZfBR 2007, 252; BGH, MDR 1968, 1001; NJW 1969, 1708; *Schäfer/Finnern*, Z 4.10 Bl. 23.
29) Vgl. BGH, BauR 2005, 861 = ZfBR 2005, 454 = NZBau 2005, 335 u. BauR 2005, 857 = ZfBR 2005, 450 (**Behinderung** eines Unternehmens); BGH, NJW-RR 1987, 1019.
30) BGH, NJW 1994, 663, 664; BGHZ 54, 45, 55 = NJW 1970, 1411; BGH, NJW-RR 1992, 202; BGH, MDR 1964, 302. Zur gerichtlichen Schätzung der Vergütung (§ 2 Nr. 5 VOB/B): OLG Naumburg; NZBau 2001, 144.
31) BGHZ 39, 198, 219; BGHZ 29, 393, 400; BGH, BauR 2003, 1211 = NZBau 2003, 375; BauR 2004, 1290 = ZfBR 2004, 550 = NZBau 2004, 389.
32) Zutreffend: *Henssler/Graf von Westphalen*, § 638 BGB, Rn. 11 m. Nachw.
33) BGH, NJW 1994, 663, 664 mit Hinweis auf BGH, NJW-RR 1987, 210 = LM § 287 ZPO Nr. 74 u. NJW-RR 1992, 202.
34) BGHZ 91, 243 = NJW 1984, 2216; s. ferner: BGH, NZBau 2012, 494; BGH, NJW 1994, 663, 665; BauR 2004, 1290 = ZfBR 2004, 550 (Schätzung von Mängelbeseitigungskosten).
35) **Bestr.**; vgl. *Rosenberg/Schwab*, ZPR, § 115, 1 m. Nachw.
36) BGH, *Schäfer/Finnern*, Z 2.412 Bl. 10.

VIII. Die Beweislast

Literatur

Stoll, Die Beweislastverteilung bei positiven Vertragsverletzungen, Festschrift für Fritz von Hippel (1967), 517; *Neumann-Duesberg*, Zur Beweislast im Werkmängelprozess, BlGBW 1967, 125; *Thamm*, Beweislastregelungen in AGB, BB 1971, 292; *von Mettenheim*, Beweislast beim Vergütungsanspruch des Werkunternehmers, NJW 1971, 20; *Schumann*, Zur Beweislast beim Vergütungsanspruch des Werkunternehmers, NJW 1971, 495; *Locher*, Zur Beweislast des Architekten, BauR 1974, 293; *Musielak*, Beweislastverteilung nach Gefahrenbereichen. Eine kritische Betrachtung der Gefahrenkreistheorie des Bundesgerichtshofs, AcP 76 (Bd. 176), 465; *Ganten*, Kriterien der Beweislast im Bauprozess, BauR 1977, 162; *Larenz*, Zur Beweislastverteilung nach Gefahrenbereichen, Festschrift Hauß (1978), 225; *Alberts*, Zur Frage der Beweislast für die Höhe des Architektenhonorars, DAB 1980, 523; *Baumgärtel*, Die Beweislastverteilung für die Haftung des Unternehmers und des Architekten, Festschrift für Fritz Baur (1981), 207 = ZfBR 1982, 1 (Nachdruck); *Baumgärtel*, Die Beweislastverteilung bei einem Gewährleistungsausschluss im Rahmen eines Bauträgervertrages, ZfBR 1988, 101; *Baumgärtel*, Grundlegende Probleme der Beweislast im Baurecht, ZfBR 1989, 231; *Groß*, Beweislast bei in der Abnahme vorbehaltenen Mängeln, BauR 1995, 456; *Marbach/Wolter*, Die Auswirkung bei der förmlichen Abnahme erklärter Mängelvorbehalte auf die Beweislast, BauR 1998, 36; *Mühlberger*, Verstöße gegen die Beweislast – Möglichkeiten der Zurückverweisung nach § 539 ZPO, MDR 2001, 735; *Leitzke*, Keine Gewährleistung bei ungeklärter Mangelursache?, BauR 2002, 394; *Biebelheimer*, Die Darlegungs- und Beweislast bei Anwendung des § 641 III BGB, NZBau 2004, 124; *Putzier*, Symptomrechtsprechung und die Frage nach der Ursache eines Mangels – die Dreistufigkeit der Anspruchsvoraussetzungen für den Mängelbeseitigungsanspruch, BauR 2004, 1060; *Poetzsch-Heffter*, Global- und Detailpauschalvertrag in Rechtsprechung und Literatur, ZfBR 2005, 324; *Roquette/Laumann*, Dichter Nebel bei Bauzeitclaims, BauR 2005, 1829; *Zahn*, Darlegungs- und Beweislast bei Geltendmachung von Mängelrechten, BauR 2006, 1823; *Meckler*, Zur Beweislast bei Mischkalkulation, NJW-Spezial 2006, 213; *Fuchs*, Die Darlegungs- und Beweislast für erbrachte Leistungen im Architektenhonorarprozess, BauR 2006, 1978; *Keldungs*, Beweislast bei behauptetem Pauschalvertrag: Anleitung zu falschem Sachvortrag?, BauR 2008, 1201; *Peters*, Die Beweislast für Mangelhaftigkeit oder Mangelfreiheit, NZBau 2009, 209; *Digel/Knickenberg*, Die Darlegungs- und Beweislast beim Stundenlohn, BauR 2010, 21; *Hammacher*, Beweislastverteilung bei Mangel der Funktionstauglichkeit, NZBau 2010, 91; *Fahrenbruch*, Beweislast für Vereinbarung einer Baukostenobergrenze, NJW 2017, 362.

3158 Die Frage nach der **Beweislast** stellt sich nur, wenn eine beweisbedürftige Tatsache, von der die Entscheidung in der Sache abhängt, nicht bewiesen worden ist.[1] Die Beweislast gewinnt also lediglich dann praktische Bedeutung, wenn der **Sachverhalt**, aus dem eine Partei Rechte herleiten möchte, oder wenn einzelne für die Entscheidung erhebliche Tatumstände trotz Erschöpfung aller angebotenen und verfügbaren Beweismittel nicht aufgeklärt werden können (**„non liquet"**). Der **Mangel** der **Aufklärbarkeit** wirkt sich in einem solchen Falle zum Nachteil derjenigen Partei aus, die für den betreffenden Umstand die Beweislast trägt.[2] Der Anwendungsbereich der Beweislastregelung beschränkt sich auf das rein Tatsächliche. Geht es um Fragen der rechtlichen Beurteilung, insbesondere um die Ermittlung von Rechtsfolgen, die sich aus der Anwendung gesetzlicher Normen auf tatsächliche Verhältnisse ergeben, ist für Beweislastgesichtspunkte kein Raum.[3] Dement-

---

[1] Auch wenn die beweisbelastete Partei keinen ordnungsgemäßen Beweis angetreten hat.
[2] Nach der Rechtsprechung hat grundsätzlich „derjenige, der an einen bestimmten Sachverhalt eine für ihn günstige Rechtsfolge anknüpft, dessen tatsächlichen Voraussetzungen zu beweisen" (BGH, ZfBR 1995, 27; BGHZ 113, 222, 225).
[3] BGH, NJW 1973, 2207 = MDR 1974, 33.

sprechend kann es auf die Beweislast niemals ankommen, wenn das Gericht z.B. den Inhalt eines Vertrages festgestellt hat.[4)] Locher hat mit Recht darauf hingewiesen, dass die Frage der Beweislast bei der Schwierigkeit, z.B. nachträglich **Ursachen** von **Baumängeln** zu erkennen, für den Bauprozess von ganz erheblicher praktischer Bedeutung ist. Nicht zuletzt deshalb betreffen viele Entscheidungen die **Beweislastverteilung**.

Nach § 309 Nr. 12a BGB sind formularmäßige **Beweislastklauseln** unwirksam, „durch die der Verwender die Beweislast zum Nachteil des anderen Vertragsteils ändert, insbesondere indem er diesem die Beweislast für Umstände auferlegt, die im Verantwortungsbereich des Verwenders liegen". Das entspricht der bisherigen Rechtslage.[5)]

Im Folgenden sind aus der Vielzahl der veröffentlichten Entscheidungen einige wichtige für den in der Baupraxis häufigen Fall eines **Non liquet** zusammengestellt.

3159   Es hat die **Beweislast**:

der Unternehmer/Auftragnehmer

* für die Vereinbarung und für die Voraussetzungen von **Abschlagszahlungen** beim BGB-Bauvertrag (Rdn. 1599)
* hinsichtlich der Zahl der für die Leistungserbringung aufgewendeten **Stunden** (BGH, IBR 2009, 443 – Müller-Stoy)
* für eine **Beschaffenheitsvereinbarung** „nach unten" (OLG Brandenburg, BauR 2011, 1341)
* für die Voraussetzungen einer **Behinderung** (BGH, NZBau 2002, 381 = ZfBR 2002, 562 – auch zur Darlegungslast) und des **Verzögerungsschadens** (§ 6 Abs. 6 VOB/B, § 642 BGB; OLG Hamm, BauR 2004, 1304)
* für den Grund und die Höhe seiner Vergütung, auch nach der Abnahme der Werkleistung (BGH, ZfBR 1995, 33 = BauR 1995, 91) sowie für den **Umfang** der **erbrachten** Leistungen (BGH, BauR 2006, 678, 680; BauR 2006, 517, 519)
* zum Inhalt einer Einigung über den Restwerklohn (OLG Köln, OLGR 2002, 96)
* für die **Höhe** seines Vergütungsanspruches, wenn der Auftraggeber nach einer Kündigung oder Abrechnung des Bauvertrages **Abschlagszahlungen** oder einen **Überschuss** zurückfordert (BGH, BauR 1999, 63 = NJW 1999, 1867; NZBau 2002, 329; OLG Düsseldorf, BauR 2003, 1587; OLG Oldenburg, BauRB 2004, 4; OLG Celle, BauR 2003, 1244)
* für die Behauptung, dass ein **Festpreis** nicht vereinbart ist, wenn der Bauherr eine solche Vereinbarung behauptet (OLG Koblenz, MDR 2004, 386; BGH, Schäfer/Finnern, Z 2.300 Bl. 1; BGH, BauR 1975, 281 und Rdn. 1433 ff.)
* dass nach Einheitspreisen abzurechnen ist, wenn der Auftraggeber eine Pauschalpreisvereinbarung behauptet (BGH, BauR 1981, 388; OLG Brandenburg, IBR 2008, 255; OLG Naumburg, IBR 2007, 63; s. hierzu Keldungs, BauR 2008, 1201)

---

4) BGHZ 20, 111 m.Anm. *Fischer*, LM § 282 ZPO Nr. 3; BGH, *Schäfer/Finnern*, Z 2.301 Bl. 35; Z 2.301 Bl. 50.

5) Zur Unwirksamkeit von **Unterwerfungsklauseln** bei ausgeschlossener Beweislastumkehr siehe Rdn. **3179**.

Beweislast

* dafür, dass eine getroffene Bestimmung der **Billigkeit entspricht** (§ 315 Abs. 3 Satz 1; vgl. BGH, NJW 1969, 1809)
* für Abweichungen vom Einheitspreis sowie für Preisnachlässe (BGH, Urteil vom 12. Januar 1967 – VII ZR 238/64)
* für Umstände, nach denen seine Leistung nur gegen eine Vergütung zu erwarten ist (OLG Hamm, NJW-RR 1996, 83)
* bei einem Werkvertrag mit **Höchstpreisgarantie** für Forderung einer zusätzlichen Vergütung (BGH, NJW-RR 1996, 952)
* für die Zahl der aufgewendeten **Stunden** bei einem Stundenlohnauftrag; der **Auftraggeber** muss darlegen und beweisen, dass die Stundenzahl einer wirtschaftlichen Betriebsführung nicht entspricht (BGH, IBR 2011, 316 – Müller-Stoy)
* für die **Abrechnung** nach Einheitspreisen, wenn der Bauherr eine andere (niedrigere) Vergütungsvereinbarung behauptet (bestr.; vgl. Rdn. 1392; BGH, ZfBR 1981, 170 = NJW 1981, 1442; OLG Bamberg, IBR 2004, 302 – Roos; Baumgärtel, Beweislast, § 632 BGB, Rn. 16 und ZfBR 1989, 231, 232, 233)
* für den Inhalt einer **Einigung** über den Restwerklohn (OLG Köln, OLGR 2002, 94)
* bei Leistungen, die ohne Auftrag erfolgt sind
* für die vertragliche Vereinbarung, dass **Vorarbeiten** vergütungspflichtig sein sollen (vgl. Rdn. 1382)
* dass er – beim VOB-Bauvertrag – dem Bauherrn seinen Vergütungsanspruch für nicht vorgesehene Leistungen **angekündigt** hat (BGH, DB 1969, 1058)
* für einen **bestimmten** vertraglich vereinbarten **Einheitspreis** und die entsprechende Bauleistung (siehe OLG Naumburg, IBR 2007, 63 – Karczewski; Rdn. 1391)
* dass die Mehrwertsteuer zusätzlich vom Bauherrn zu zahlen ist (Rdn. 1678)
* für die **Mängelfreiheit** seiner Bauleistung **vor Abnahme** (s. BGHZ 61, 42, 47 = NJW 1973, 1792, 1793; BGH, BauR 2009, 237; BauR 1997, 129 = ZfBR 1997, 75; OLG Hamm, IBR 2004, 127; dies gilt auch bei **Kündigung/Auftragsentziehung**: BGH, BauR 1993, 469, 472; OLG Zweibrücken, IBR 2007, 124 – Thode; OLG Celle, BauR 1995, 394)
* dass die vom Auftraggeber erklärte Kündigung wegen Mängeln unberechtigt ist, wenn er keine aussagekräftigen **Protokolle** über die geschuldete Leistung (Zementinjektion) vorlegen kann (OLG Zweibrücken, BauR 2007, 1249)
* für die Unangemessenheit der Ersatzvornahmekosten (§ 887 ZPO; OLG Nürnberg, BauR 1993, 89, 90)
* dass der Bauherr im Einvernehmen mit ihm auf eine **förmliche Abnahme** verzichtet hat (Rdn. 1824)
* bei einem **vorzeitig beendeten Pauschalvertrag**, dass seine Leistungen den behaupteten Umfang haben (OLG Hamm, BauR 2002, 631, 632)
* dass der abgerechnete Pauschalpreis kein größeres **Leistungsvolumen** beinhaltete, was der Auftraggeber behauptet (OLG Nürnberg, NZBau 2002, 669, 670; differenzierend: SchlHOLG, MDR 2003, 214, 215)
* dafür, welche Leistungen vor Eröffnung eines Insolvenzverfahrens erbracht worden sind, wenn diese auf Grund einer Sicherungsabtretung geltend gemacht werden (BGH, BauR 2002, 1264, 1267 = NZBau 2002, 439)

* dass es sich bei einer streitigen Leistung um eine vom **Pauschalpreis** nicht umfasste, sondern gesondert zu vergütende Bauleistung handelt (Rdn. 1539); Baumgärtel, ZfBR 1989, 231, 234 m.w.Nachw.
* für die **Mängelkenntnis** des Bauherrn i.S. des § 640 Abs. 2 BGB
* dass er einen **Mangel nach Fristsetzung** des Bauherrn ordnungsgemäß und fristgerecht **beseitigt** hat (vgl. Rdn. 2184)
* nach einem **Anerkenntnis** zur Mängelbeseitigung, dass der Bauschaden nicht auf einer mangelhaften Werkleistung beruht (vgl. Rdn. 2531)
* für die Behauptung, eine **Leistungsbeschreibung** entspreche nicht den anerkannten Regeln der Bautechnik
* dass die **angemessene Herstellungsfrist** noch nicht abgelaufen ist (BGH, BauR 2004, 331 = IBR 2004, 62 – Leitzke)
* für die Behauptung, der tatsächlich **notwendige Mängelbeseitigungsaufwand** sei geringer (Thüringer OLG; BauRB 2004, 33)
* für die Gründe, die zu einer **Verweigerung** der Nacherfüllung (§ 635 Abs. 3 BGB) berechtigten
* dafür, dass ein Gewährleistungsanspruch des Bauherrn nicht besteht, wenn er nicht zur Gewährleistung verpflichtet ist, gleichwohl aber eine solche „Verpflichtung bestätigend anerkennt" (BGH, Schäfer/Finnern, Z 2.414 Bl. 198)
* für die **Erfüllung** der in § 4 Abs. 3 umschriebenen Pflichten (BGH, LM § 4 VOB/B Nr. 2; BGH, NJW 1973, 1792 = BauR 1973, 313; BGH, NJW 1974, 188 = BauR 1974, 128)
* für den Einwand, dass der Mangel oder Schaden auch bei gehöriger Erfüllung der Pflicht aus § 4 Abs. 3 VOB/B entstanden wäre (BGH, BauR 1973, 379)
* für die Behauptung, der Bauherr habe sich trotz pflichtgemäßen Verhaltens i.S. des § 4 Abs. 3 VOB/B über den **Hinweis hinweggesetzt** (vgl. BGH, NJW 1973, 1688)
* dass der Mangel auf einer fehlerhaften **Anweisung** des Bestellers beruht (vgl. § 13 Abs. 3 und § 4 Abs. 3 VOB/B; dazu Baumgärtel, ZfBR 1989, 231, 236)
* dass der Baumangel **nicht** von ihm i.S.d. § 635 BGB a.F./§ 634 Nr. 4, 280 Abs. 1 Satz 2 BGB **zu vertreten** ist (h.M.; BGHZ 48, 310; BGH, BauR 2000, 1762, 1764 = ZfBR 2000, 548, 550)
* bei Bauarbeiten für das Nichtvertretenmüssens eines Verstoßes gegen anerkannte Regeln der Technik (Jagenburg, NJW 1975, 2042)
* für die Behauptung, der mit Nachbesserungskosten aufrechnende Auftraggeber habe überdurchschnittliche Leistungen ausführen lassen (BGH, NJW-RR 1992, 1300 = ZfBR 1992, 270 – auch zur Darlegungslast –)
* für den Umfang der erforderlichen Leistung, wenn die Parteien vereinbart haben, dass nach dem Aufwand abzurechnen ist, der notwendig ist, um einen bestimmten Erfolg herbeizuführen (BGH, ZfBR 1990, 129)
* für den Ausschluss der **Vergütungsgefahr** vor Abnahme (OLG Düsseldorf, BauR 2003, 1587, 1588)
* für die Behauptung, eine **Vertragsstrafe** sei nicht verwirkt, weil er die Fristüberschreitung nicht zu vertreten habe (BGH, BauR 1999, 645 = ZfBR 1999, 188)
* für eine **fristgerechte Vorbehaltserklärung** bei der Schlussabrechnung (vgl. BGH, NJW 1972, 2267 = BauR 1972, 382)
* im Falle des § 639 Abs. 2 BGB a.F., dass und wann die **Hemmung** der Verjährung beendet worden ist (BGH, BauR 1994, 103, 104; das SchRModG hat § 639

Abs. 2 BGB a.F. gestrichen, § 203 BGB erfasst aber diesen alten Hemmungstatbestand ebenfalls (Weyer, NZBau 2002, 366 ff.)
* für die Behauptung, der vom Bauherrn **einbehaltene Betrag (§ 320 BGB)** sei auch bei Berücksichtigung eines anzuerkennenden Druckzuschlags unverhältnismäßig hoch (BGH, BauR 1997, 133, 134)
* für die Behauptung, der **Bauvertrag** sei während der Bauphase **geändert** worden, wenn eine bestimmte Art der Bauausführung vereinbart war (BGH, NZBau 2003, 433 = ZfBR 2003, 681 = BauR 2003, 1382)

der Architekt

* für die (endgültige) **Höhe** seines Honorars, wenn der Bauherr nach Vertragsbeendigung auf **Rückzahlung erbrachter Abschlagszahlungen** klagt (OLG Düsseldorf, BauR 1994, 272, 273; BGH, NJW 1989, 161; s. auch OLG Celle, NJW-Spezial 2010, 269 = BeckRS 2010, 09168)
* für das **Zustandekommen** des Vertrages (OLG München, BauR 2009, 1461; OLG Celle, MDR 2007, 86 = IBR 2006, 399 – Schwenker; s. auch OLG Frankfurt, BauR 2004, 112) und den **Umfang** der erbrachten Leistungen (vgl. Rdn. 846 ff.; BGH, ZfBR 1980, 24 = WM 1979, 1311; OLG Düsseldorf, BauR 1979, 262; OLG Hamm, MDR 1990, 244 sowie Fuchs, BauR 2006, 1978 ff.), **auch nach vorzeitiger Beendigung des Vertrags** (BGH, BauR 1994, 655, 656) und bei **fehlender schriftlicher** Vereinbarung (Baumgärtel, ZfBR 1989, 231, 236), für die Vereinbarung einer Vergütung (OLG München, IBR 2009, 394 – Bröker)
* für Art und Umfang eines **Vorbehalts** im Rahmen der Schlussrechnung hinsichtlich etwaiger Nachforderungen (BGH, NJW 1990, 725 = BauR 1990, 382 = ZfBR 1990, 189; Weyer, Festschrift für Korbion, S. 481, 486)
* für **zusätzliche** Planungsarbeiten bei Änderungswünschen des Bauherrn (BGH, NJW-RR 1991, 981)
* für Voraussetzung der Abrechenbarkeit Besonderer Leistungen (BGH, NJW-RR 1989, 786 = BauR 1989, 222, 223)
* für die Richtigkeit seiner **Kostenermittlungen** (OLG Düsseldorf, BauR 2002, 1726 = OLGR 2002, 119)
* für die Behauptung, dass ihm eine **finanzielle Grenze** bezüglich des finanziellen Bauvolumens **nicht gesetzt** worden ist (vgl. OLG Hamm, MDR 1966, 758)
* für die Behauptung, dass eine **feste Vereinbarung** bezüglich seines Honorars nicht getroffen worden ist (OLG Köln, MDR 1973, 932; BGH, LM Nr. 3 zu § 632 BGB; OLG Saarbrücken, OLGZ 1966, 14; KG, NJW-RR 1999, 242, 243 – bei vom Auftraggeber behaupteter mündlicher Pauschalregelung)
* dass ihn ein **Verschulden** an der **Bausummenüberschreitung** nicht trifft (BGH, Schäfer/Finnern, Z 3.01 Bl. 472; dies folgt aus § 280 Abs. 1 Satz 2 BGB)
* für den Willen des Bauherrn, das Architektenwerk in Teilen abzunehmen (BGH, NJW 1964, 647; DB 1974, 674)
* für die **Erfüllung** der von ihm geschuldeten **Überwachungsleistung** (OLG München, Urt. v. 14.7.1993 – 27 U 629/92; BauR 1994, 145 – LS)
* dass bei einem Vollarchitekturvertrag auch die Leistungen der Leistungsphase 9 vereinbart wurden (OLG Celle, IBR 2009, 524 – Schwenker)

3161 der Bauherr/Auftraggeber

* für die Behauptung, **nach** Beginn der Arbeiten sei ein **Festpreis** vereinbart worden (OLG Hamm, MDR 1985, 672, 673 sowie OLGR 1995, 14, wenn Arbeiten „bereits weitgehend ausgeführt" sind)
* für den **Auftragsumfang** bei Abschluss eines **mündlichen** Architektenvertrags (OLG Jena, IBR 2010, 462 – Heiland)
* für die eingebauten Mengen, wenn der bevollmächtigte Bauleiter die von dem Unternehmer einseitig ermittelten **Massen** durch Prüfvermerk bestätigt, die nachfolgenden Arbeiten eine **Überprüfung** indes nicht mehr ermöglichen (OLG Köln, NZBau 2013, 169, 170 m.w.Nachw.)
* für die **Ermäßigung** eines vereinbarten Pauschalhonorars (vgl. Rdn. 1100)
* für eine **nachträgliche** Pauschalpreisvereinbarung (OLG Köln, IBR 2012, 571 – Heiliger; OLG Frankfurt, NJW-RR 1997, 276)
* für die Voraussetzung des **wichtigen Grundes** für eine Kündigung (BGH, NJW 1990, 1109 = BauR 1990, 632 = ZfBR 1990, 227; OLG Düsseldorf, BauR 1995, 247)
* für **ersparte Aufwendungen**, anderweitige Verwendung der Arbeitskraft oder deren böswilliges Unterlassen gemäß § 649 Satz 2 BGB (BGH, BauR 2001, 667 = NZBau 2001, 202)
* für die Behauptung, bei rechtzeitiger Ankündigung des Unternehmers nach § 2 Abs. 6 Abs. 1 Satz 2 VOB/B hätten ihm (Bauherrn) **preisgünstigere Alternativen** zur Verfügung gestanden (BGH, BauR 2002, 312)
* bei der **fiktiven Abnahme** gemäß § 12 Abs. 5 VOB/B, dass eine Abnahme nicht verlangt worden ist (OLG Stuttgart, NJW-RR 1986, 898)
* für den Vortrag, dass der **Bezug des Hauses** „unter Druck" erfolgte und daher eine konkludente Abnahme ausscheidet (OLG Düsseldorf, BauR 1992, 72)
* für die Behauptung, dass nach der Abnahme der Einsturz eines Bauteils von dem Bauunternehmer zu vertreten ist (BGH, Schäfer/Finnern, Z 2.414 Bl. 6)
* für eine **Bausummenüberschreitung** (Vereinbarung einer Höchstsumme; Behauptung, unterlassene Kostenermittlungen seien schadensursächlich gewesen; OLG Stuttgart, BauR 2010, 1260, 1263; Saarländisches OLG, BauR 2005, 1957, 1958)
* für den **Mangel** und den eingetretenen **Schaden**, wenn er nach § 13 Abs. 7 VOB/B Schadensersatz verlangt (BGH, NJW 1964, 1791; nichts Anderes gilt für §§ 634 Nr. 4, 280, 281 bis 283 BGB)
* für einen entgangenen Gewinn (**Mietausfall**); Nachweis der **groben Fahrlässigkeit** (OLG Schleswig, IBR 2007, 69 – Wolber)
* für die Fehlerhaftigkeit der unwidersprochen gelassenen **Stundenlohnzettel** und für die frühere Unkenntnis von dieser Unrichtigkeit (BGH, Schäfer/Finnern, Z 2.303 Bl. 4)
* für den gegen den Unternehmer erhobenen Vorwurf **arglistigen** Verschweigens eines Werkmangels (BGH, BauR 1975, 419)
* für den Einwand, der Architekt habe **unentgeltlich** arbeiten sollen (vgl. Rdn. 625, 1432; BGH, BauR 1987, 454; OLG Hamm, NJW-RR 1990, 91; Baumgärtel, ZfBR 1989, 231, 232 für Vorarbeiten)

Beweislast   Rdn. 3162

* für die Behauptung, es sei mit dem Architekten eine Pauschalhonorarvereinbarung **unterhalb** der Mindestsätze getroffen worden (OLG Hamm, BauR 2002, 1877; BGH, NZBau 2002, 618)
* für die Behauptung, bei einem Pauschalvertrag sei infolge einer angeordneten Leistungsänderung eine Mindervergütung angefallen (KG, IBR 2007, 64 – Putzier)
* bei einer **Abrechnung nach Stundenlohn** für die Behauptung, der angegebene und **abgezeichnete Stundenaufwand** sei dem erzielten Leistungserfolg **nicht** angemessen (OLG Karlsruhe, OLGR 2003, 266, 269 = BauR 2003, 737)
* wenn er sich von den in einem gemeinsamen **Aufmaß** getroffenen Feststellungen lösen will (OLG Hamm, BauR 1992, 242) oder er die **einseitig** ermittelten Massen des Auftragnehmers **bestätigt** und später, wenn durch nachfolgende Arbeiten eine Überprüfung nicht mehr möglich ist, die angesetzten Massen als unzutreffend bezeichnet (BGH, BauR 2003, 1892 = ZfBR 2004, 37; BGH, BauR 2004, 1443 = NZBau 2004, 503; OLG Celle, BauR 2003, 1863)
* für die **Mangelhaftigkeit** der Werkleistung des Unternehmers oder Architekten **nach** der Abnahme (BGHZ 61, 42, 47; BGH, BauR 1994, 242, 243; ZfBR 1981, 218)
* für die **Soll-Beschaffenheit** einer Sache, auch wenn sich der Unternehmer darauf beruft, dass eine Unterschreitung des gewöhnlichen Standards verabredet worden sei (OLG Saarbrücken, NZBau 2001, 329, 330)
* dass eine von dem Architekten behauptete **Aufklärung nicht** erfolgt ist (OLG Hamm, OLGR 1992, 354)
* dass der **Unternehmer** einen erforderlichen **Hinweis** auf eine kostengünstigere Sanierung unterlassen hat (OLG Hamm, OLGR 1994, 256)
* für den Ausschluss einer **Reserveursache**, wenn der Erstschädiger den Eintritt einer ihn entlastenden Reserveursache bewiesen hat (OLG Düsseldorf, NJW-RR 1999, 312, 313 – für Lagerhalleneinsturz)
* dass ihm der geltend gemachte Schaden von einem **Verrichtungsgehilfen** des Unternehmers (§ 831 BGB) zugefügt worden ist (BGH, BauR 1994, 780)
* für die Behauptung, er habe (nach der Mängelbeseitigung) einen **Kostenvorschuss** noch nicht **abrechnen** können (BGH, NJW 1990, 1475 = BauR 1990, 358)
* für die Unmöglichkeit oder **Unzumutbarkeit der Mängelbeseitigung** gemäß § 13 Abs. 6 VOB/B (vgl. Rdn. 2239 ff.)
* für das **Unvermögen** des Unternehmers im Falle einer Subsidiaritätsklausel bei Architektenverträgen
* für die Unentgeltlichkeit der Architektenleistungen bzw. den Honorarverzicht des Architekten (OLG Saarbrücken, OLGR 2003, 100)

Im Übrigen trägt die Beweislast: 3162

* der Schädiger für den **Einwand** des **rechtmäßigen Alternativverhaltens** (OLG Karlsruhe, BauR 1997, 675, 676; OLG Köln, BB 1996, 898)
* der Schadensersatzpflichtige, soweit das schadensstiftende Ereignis dem Geschädigten einen **Vorteil** gebracht hat (Rdn. 2955)
* wer sich auf die Grundsätze des Wegfalls der Geschäftsgrundlage beruft (Rdn. 2961)

* der Verwender für die ordnungsgemäße Einbeziehung der VOB/B in das Vertragsverhältnis (OLG Hamm, OLGR 1998, 90)
* der Kläger, soweit er sich auf das Erlöschen eines **Schiedsvertrags** beruft
* derjenige, der sich im Streitfalle auf eine **Vollmacht** des Architekten gegenüber dem Bauherrn stützt und daraus Rechte herleitet (BGH, NJW 1960, 859, 860)
* wer sich auf die **Unwirksamkeit** eines Architektenvertrages wegen Verstoßes gegen das Koppelungsverbot stützt (vgl. Rdn. 723) oder aus einem behaupteten Verstoß gegen das Preisrecht der HOAI Rechtsvorteile ableitet (BGH, BauR 2001, 1926)
* wer aus einem Rechtsgeschäft Rechte herleitet dafür, dass das Rechtsgeschäft **ohne** aufschiebende Bedingung vorgenommen wurde (OLG Düsseldorf, BauR 2001, 423)
* der Rechtsanwalt, wenn im **Regressprozess** Streit über die Höhe der Leistungen besteht, die der gekündigte Unternehmer hätte abrechnen können (BGH, BauR 2004, 1445)
* wer behauptet, ein **Schiedsgutachten** sei **offenbar unrichtig** (BGH, NJW 1984, 43, 54; OLG Düsseldorf, BauR 1984, 179; vgl. Rdn. 531)
* wer aus einer Haftungsfreizeichnung einen Nutzen ziehen will (Baumgärtel, ZfBR 1989, 231, 234)
* wer aus einer behaupteten **Vertragsänderung** Rechte herleiten will (BGH, ZfBR 1995, 27 = BauR 1995, 92 = NJW 1995, 49, auch für den Streit, ob eine weiter gehende Änderung vereinbart wurde); für die **Unentgeltlichkeit** zusätzlicher Leistungen (OLG Saarbrücken, IBR 2007, 542 – Bolz).

KAPITEL 14
Kosten und Streitwerte

Übersicht

	Rdn.		Rdn.
I. Zeugen- und Sachverständigenentschädigung	3163	II. Streitwerte (Fallübersicht)	3175

I. Zeugen- und Sachverständigenentschädigung

Literatur (Auswahl)

Meyer/Höver/Bach/Overlack, JVEG – Die Vergütung und Entschädigung von Sachverständigen, Zeugen, Dritten und von ehrenamtlichen Richtern, 26. Auflage 2014; *Bleutge*, Gebühren für Sachverständige. Das novellierte JVEG vom 23.7.2013, 6. Auflage 2013.

Müller, Das Verfahren zur Geltendmachung des Entschädigungsanspruches für den gerichtlichen Sachverständigen, ZSW 1980, 2; *Klocke*, Die Vergütung des gerichtlichen Sachverständigen zu den Gebühren und Honoraren anderer Institutionen, DAB 1980, 1347; *Müller*, Die Entschädigung des gerichtlichen Sachverständigen nach seiner erfolgreichen Ablehnung, JR 1981, 52; *Kamphausen*, Verfassungsrechtliche Aspekte bei der Entschädigung gerichtlicher Sachverständiger, MDR 1984, 97; *Bleutge*, Erstattung der Schreibkosten des Sachverständigen, Rpfleger 1988, 131; *Killmann*, Der Aufwendungsersatz für die Erstellung des schriftlichen Gutachtens nach dem JVEG, DS 2006, 14; *Kamphausen*, Gute Bausachverständige kosten Geld. Eben!, BauR 2007, 1115; *Ulrich*, Digitalfotos zum Gutachten, Der Bausachverständige 2008, 56; *ders.*, Ab wann hat der gerichtliche Sachverständige das als „Vergütung" an ihn geflossene Geld eigentlich sicher?, DS 2011, 15; *Roeßner*, Ersatz für das Gutachten vorbereitende digitale Lichtbilder, DS 2011, 90; *Kinski*, Verzögerte Bearbeitung gerichtlicher Gutachtenaufträge, DS 2012, 13; *Ulrich*, Besichtigungssachverständiger im Verfahren der einstweiligen Verfügung: Von wem bekommt er sein Geld?, DS 2012, 271; *Volze*, Die Befangenheit des Sachverständigen und der Verlust seines Vergütungsanspruchs, DS 2013, 126; *K. Bleutge*, Die Vergütung von Sachverständigen in Europa: Ein Einblick in die Honorarpraxis im gerichtlichen Bereich, DS 2013, 222; *Volze*, Neues aus der Sachverständigenrechtsprechung, DS 2014, 83; *Ulrich*, Zum Umfang der „Kostenwarnpflicht" des gerichtlichen Sachverständigen, DS 2014, 139 (zu OLG Köln, DS 2014, 159 = BeckRS 2014, 02438); *Malzahn*, Welcher Stundensatz ist für Bausachverständige erforderlich?, DS 2014, 185.

Literatur zum neuen JVEG

Bleutge, Novellierung des JVEG (Referentenentwurf – Übersicht und erste kritische Stellungnahme, DS 2012, 16; *Jacobs*, Bundesrat widerspricht Regierungsentwurf zum JVEG, DS 2012, 371; *Bleutge*, Zur Novellierung des JVEG, Der Bausachverständige 2012, 52; *Vogel*, Rückschritt zur Entschädigung, DS 2012, 329; *Jacobs*, Nach der JVEG-Erhöhung ist vor der JVEG-Erhöhung, DS 2013, 210; *Bleutge*, Die Novelle zum JVEG – Änderungen, Verbesserungen, Mängel, Praxistipps, DS 2013, 256; *Ulrich*, JVEG: Vorher – Nachher, DS 2013, 264; *Vogel*, Zur Änderung des § 13 II JVEG – Besondere Vergütung: Eine Mogelpackung?, DS 2014, 16; *Jacobs*, Brauchen wir eine Gebrauchsanweisung für das JVEG?, DS 2014, 65; *Guggolz*, Zur Änderung des § 13 II JVEG – Besondere Vergütung: Eine Mogelpackung?, DS 2014, 86; *Lehmann*, Geltendmachung und Erlöschen des Vergütungsanspruchs des Sachverständigen nach § 2 JVEG, Der Bausachverständige 2015, 60; *Seggewiße/Weber*, Die Vergütung gerichtlicher Sachverständiger: Verfahrensrechtliche Besonderheiten, DS 2015, 264; *Bleutge*, Unverwertbarkeit des Gutachtens – dennoch Vergütung, Der Bausachverständige 2016, 55; *Koenen/Neumann*, Hinweispflicht ernst nehmen! Zur Kostenüberschreitung des Sachverständigen, Der Bausachverständige 2016, 69; *Ulrich*, Die Arbeitszeit des Gerichtssachverständigen: Jede Minute zählt!, DS 2017, 18; *Schneider*, Die besondere Vergütung des gerichtlichen Sachverständigen nach § 13 JVEG, DS 2017, 52.

3163 Die Entschädigung von Zeugen und gerichtlichen Sachverständigen (§ 413 ZPO) hat in Bausachen stets Ärger bereitet.[1] Die leidige Entschädigungsfrage von Sachverständigen hat schon oft dazu beigetragen, dass das Klima zwischen den Parteien, dem Gericht und den Sachverständigen wesentlich gelitten hat. Es ist auch nicht zu übersehen, dass schon besonders qualifizierte **Sachverständige** auf ihre öffentliche Bestellung und Vereidigung verzichtet haben, weil sie nicht gewillt waren, für einen Stundensatz zu arbeiten, der z.B. unter dem eines Handwerksgesellen lag. Die Frage nach einer **angemessenen Entschädigung** war für manche Sachverständige auch nach der **Erhöhung** der Stundensätze des § 3 ZuSEG manchmal noch von so erheblicher Bedeutung, dass sie vor der Erstattung des Gutachtens zunächst die Höhe ihres Stundensatzes verbindlich abklären wollten. An der Gesamtsituation hatte sich nach Inkrafttreten des **Justizvergütungs- und -entschädigungsgesetzes** (JVEG)[2] nichts geändert hat. Die gebotene Novellierung des JVEG sollte nunmehr eine gerechtere Anpassung der Gebühren, Vergütungen und Entschädigungen an die wirtschaftliche Entwicklung bringen. Indes wurde der Entwurf der Novelle schon zum Teil heftig kritisiert;[3] und auch das nunmehr seit dem 1.8.2013 in Kraft getretene „neue" **JVEG** wird nicht als „großer Wurf" bezeichnet.[4] So wird zu Recht u.a. beanstandet, dass die neuen Stundensätze und Auslagenpauschalen auf der Basis des Jahres 2009 festgesetzt werden, die Novellierung aber erst am 1.8.2013 in Kraft trat.[5] Besondere Bedeutung wird in der Praxis § 8a JVEG haben, der unter Bezugnahme auf den Pflichtenkatalog des § 407a ZPO **neue Regeln** über den **Wegfall** oder die **Beschränkung** des Vergütungsanspruchs des Sachverständigen enthält.[6]

3164 Die Sachverständigen waren schon immer bemüht, vor einer endgültigen Übernahme des Gutachtenauftrages das **Einverständnis** von Partei und Gericht mit einem bestimmten (weit höheren) Stundensatz zu erreichen. Diese Möglichkeit eröffnete altrechtlich § 7 ZSEG; die Bestimmung des § 13 Abs. 1 und 2 JVEG a.F. hat im Wesentlichen die Regelung des § 7 ZSEG übernommen. Die Novellierung hat erneut einige **Änderungen** in § 13 JVEG gebracht; so wird die Möglichkeit, zu einer höheren Entschädigung zu gelangen, auf weitere Gerichtsverfahren ausgedehnt. Die bisherige Begrenzung der richterlichen Zustimmung ist nunmehr auf das Doppelte der gesetzlichen Vergütung hochgesetzt worden. Bleutge[7] empfiehlt den Sachverständigen, zukünftig vermehrt von den Möglichkeiten des § 13 JVEG Gebrauch zu machen; indes besteht weiterhin die Gefahr, dass Sachverständige durch eine Bezugnahme auf § 13 im Einzelfall einen Druck auf die Parteien und das Gericht ausüben wollen, um höhere Stundensätze zu erlangen. Diese Gefahr ist umso größer, wenn für einen Fachbereich nur wenige **Spezialsachverständige** zur Verfügung stehen.

---

1) Siehe hierzu *Vygen*, DS 1996, 2 ff.: *Ulrich*, BauR 2007, 1634, 1642 (selbstständiges Beweisverfahren).
2) Vom 5.5.2004 (BGBl. I S. 718), geändert durch Gesetz vom 22.12.2006 (BGBl. I S. 3416).
3) *Bleutge*, DS 2012, 16 ff.
4) *Bleutge*, DS 2013, 256, 263; *Jacobs*, DS 2013, 210.
5) *Bleutge*, DS 2013, 256, 264.
6) Siehe hierzu kritisch: *Ulrich*, DS 2013, 264, 273.
7) A.a.O., S. 259; kritisch zu der Neufassung: *Vogel*, DS 2014, 16, 20 f.

Zeugen- und Sachverständigenentschädigung

Keine Partei oder Beteiligter ist aber verpflichtet, dem Verlangen nach einer Honorarvereinbarung nachzugeben.[8]

Die (besondere) Vergütung kann nach § 13 JVEG dem Sachverständigen gewährt werden, wenn die Verfahrensbeteiligten sich mit dessen Vergütungsforderung **einverstanden** erklären.[9] Die Zustimmung des Nebenintervenienten ist dagegen nicht notwendig.[10] Die Zustimmung hat gegenüber dem **Gericht** zu erfolgen und ist als Prozesshandlung auch **nicht widerruflich**. Erklären die Parteien ihre Zustimmung nur gegenüber dem Sachverständigen, wird die Staatskasse nicht zur Zahlung der besonderen Vergütung verpflichtet.[11] Im Übrigen muss die vereinbarte besondere Vergütung der Höhe nach bestimmt oder genau bestimmbar sein.[12] Dies ist schon im Hinblick auf den einzuzahlenden **Kostenvorschuss** von Bedeutung.[13]

3165

Macht der Sachverständige von der Vorschrift des § 13 Gebrauch, trägt er das **Risiko** für eine **Fehleinschätzung** des erforderlichen (Kosten)aufwandes; hat er sich z.B. auf eine pauschale Entschädigung für die Gutachtenerstattung eingelassen, so kann er nicht später geltend machen, er habe hier nicht mit (erheblichen) Schwierigkeiten bei der Sachaufklärung zu rechnen brauchen.[14]

3166

Ein Sachverständiger, der mit Erfolg wegen **Besorgnis der Befangenheit** abgelehnt wurde (vgl. Rdn. 2647 ff.), verlor seinen Anspruch auf eine Entschädigung nach altem Kostenrecht nur, wenn er die Ablehnung **vorsätzlich** oder **grob fahrlässig** herbeigeführt hat.[15] Sollte die Sachverständigenentschädigung wegen schwerer

3167

---

[8] *Meyer/Höver/Bach*, Rn. 13.7; OLG Düsseldorf, OLGR 1998, 56.
[9] Vereinbarungen über die Entschädigungshöhe eines Sachverständigen können nur unter den besonderen Voraussetzungen des § 13 JVEG mit **bindender** Wirkung getroffen werden (OLG Jena, Der Bausachverständige 2016, 74; OLG Düsseldorf, BauR 2000, 1235; OLG Koblenz, JurBüro 1995, 153). Zu beachten ist, dass auch nach § 13 Abs. 2 Satz 1 JVEG 2013 die Erklärung nur einer Partei oder eines Beteiligten genügt, wenn auch das Gericht zustimmt.
[10] *Ulrich*, Rn. 953; **a.A.:** *Meyer/Höver/Bach*, Rn. 13.6 unter Hinweis auf *Tschischgale*, JVBl. 1963, 65.
[11] *Meyer/Höver/Bach*, a.a.O.
[12] *Meyer/Höver/Bach*, Rn. 13.9.
[13] Siehe OLG Koblenz, IBR 2005, 500 – *Moufang* (erhebliche Überschreitung des Kostenvorschusses; **kein Vertrauensschutz** für Sachverständigen); OLG Naumburg, OLGR 2006, 123 (nach Beendigung des Rechtsstreits ist die Anforderung eines weiteren Vorschusses gegenüber einer Partei, die nicht zahlen will, nicht durchsetzbar).
[14] OLG Köln, BauR 1993, 770, 771 = *SFH*, Nr. 2 zu § 7 ZuSEG; zum Anspruch aus § 7 ZSEG aus dem Gesichtspunkt des Vertrauensschutzes: OLG Frankfurt, OLGR 2004, 32.
[15] Siehe hierzu: *Volze*, DS 2013, 126; OLG Koblenz, DS 2013, 399; LG Köln, BauR 2013, 1906; OLG Köln, IBR 2012, 234 – *Orlowski*; OLG Bremen, IBR 2009, 614 – *Lehmann* u. OLG Koblenz, IBR 2010, 117 – *Glaser-Lüß* (Durchführung eines Ortstermins nur mit einer Partei); OLGR 2006, 223; OLG Oldenburg, BauR 2004, 1817; OLG Düsseldorf, IBR 2003, 584 – *Ulrich*; OLGR 2001, 331; OLG München, OLGR 1999, 49 = AnwBl. 1999, 356 = IBR 1999, 554 – *Schwerin*; OLG Koblenz, IBR 2004, 445 – *Baur*; KG, MDR 1973, 325 – „grobe Pflichtverletzung"; OLG Hamburg, MDR 1978, 237 = JurBüro 1978, 898 – „grobe Fahrlässigkeit"; OLG Hamburg, MDR 1978, 237; LG Düsseldorf, ZSW 1981, 22; OLG Koblenz, BB 1993, 1975; ZWS 1981, 116 m.Anm. *Müller*; OLG Frankfurt, JurBüro 1979, 575 – auch wenn das Gutachten, die Ablehnung hinweggedacht, wegen verschuldeter inhaltlicher Mängel **unverwertbar** ist; ebenso: LG Freiburg, BauR 2000, 929; OLG Hamm, JurBüro 1979, 1687 – grober Verstoß gegen die Verpflichtung zur Unparteilichkeit; OLG Düsseldorf, OLGR 2001, 354 u. NJW-RR 1996, 189 = MDR 1995, 1267; LAG Köln, NZA 1996, 560; OLG Nürnberg, BauR 1982, 92 u. AG Bad Homburg, ZfS 1987, 41 – **unbrauchbares Gutachten;** BayObLG, ZSW

inhaltlicher Mängel des Gutachtens entfallen, so musste berücksichtigt werden, ob der Sachverständige zur Erläuterung und Ergänzung seines Gutachtens mündlich oder schriftlich angehört wurde.[16]

Fehlt es einem Sachverständigen überhaupt an der notwendigen **Fachkenntnis** zur Beantwortung der Beweisfragen, verliert er seinen Entschädigungsanspruch.[17] An den **Verfahren** über die Aberkennung der Sachverständigenentschädigung waren die Prozessparteien nicht beteiligt.[18] Umstritten ist, ob dem Sachverständigen für **die Stellungnahme** zu einem Ablehnungsgesuch eine **Vergütung** zusteht.[19]

Die Novellierung hat mit der Einführung des § 8a JVEG nunmehr einen Katalog von **Pflichtverstößen**, die zum Verlust der Sachverständigenvergütung führen können. Hierunter fallen u.a.: unterlassener Hinweis auf **Befangenheitsgründe** gegen den Gutachter, vor allem Verstöße gegen die Pflicht zur persönlichen Gutachtererstattung, das Erbringen einer **mangelhaften Leistung**. Die Neuregelung hat für den Sachverständigen durchaus erhebliche Nachteile; so verliert der Gutachter bei Erbringung einer mangelhaften Leistung seine Vergütung ohne Nachweis von Verschulden.[20]

3168 Die Entschädigung des Sachverständigen war nach dem altrechtlichen ZSEG vor allem nach dem Grad der erforderlichen **Fachkenntnis**, der **Schwierigkeit** der Leistung sowie nach den **besonderen Umständen**, unter denen das Gutachten zu erarbeiten war, **zu bemessen** (§ 3 Abs. 2 ZuSEG). Anerkannt war, dass der Höchstsatz von 52 Euro/vormals 100 DM nur bei **Spitzenleistungen** gewährt werden konnte; es musste deshalb ein **hochqualifizierter Sachverständiger eine sehr schwierige Leistung unter besonderen Umständen** erbringen.[21]

1982, 42 – unterbliebener Hinweis auf erkannte fehlende Fachkompetenz; OLG Nürnberg, OLGR 2006, 770 – das Gutachten ist **unverwertbar**, weil die Ausarbeitung durch Dritte in unvertretbarem Maß erfolgte; ebenso: KG, IBR 2005,612 – *Kamphausen*. **Leichte Fahrlässigkeit** reicht somit **nicht** aus: OLG Düsseldorf, NJWRR 1997, 1353 = OLGR 1996, 275; OLG München, Rpfleger 1981, 208; LG Krefeld, JurBüro 1985, 262; VGH Mannheim, Justiz 1985, 149; OLG Hamburg, JurBüro 1989, 1019.

16) OLG Karlsruhe, BauRB 2004, 233; s. auch VGH Baden-Württemberg, BauR 2013, 816 = DS 2013, 38.
17) Thüringer OLG, BauR 2007, 918 = OLGR 2007, 918 m.w.Nachw. Zum Verlust wegen **verspäteter Rechnungsstellung**: OLG Schleswig, IBR 2013, 440 – *Schwenker*; OLG Bremen, IBR 2013, 441 – *Renz*; OLG Nürnberg, IBR 2013, 576 – *Noack* (keine Vergütung für erbrachte Teilleistungen).
18) KG, MDR 1973, 325.
19) **Verneinend**: BGH (X.ZS), DS 2011, 33, 34 (für eine Vergütung bestehe „keine gesetzliche Grundlage, §§ 7, 8, 12 JVEG"); ebenso: OLG Celle, BauR 2012, 1685 = IBR 2012, 485 – *Schwenker*; OLG Dresden, DS 2011, 34; OLG Koblenz, MDR 2000, 416; **bejahend**: OLG Köln, DS 2011, 35; OLG Frankfurt, MDR 1993, 484 = OLGR 1993, 187.
20) *Bleutge*, a.a.O., S. 261; s. auch *Ulrich*, DS 2013, 264, 273: „Soll künftig schon der Kostenbeamte über die Mangelhaftigkeit entscheiden können?".
21) Vgl. OLG Düsseldorf, BauR 1995, 431 u. 1993, 508 (LS); OLG Hamm, OLGR 1996, 251; OLG München, JurBüro 1988, 1245; LG Koblenz, NJW 1971, 259; OLG Stuttgart, JurBüro 1983, 1354, NJW 1977, 1502 = JurBüro 1977, 1612; OLG München, JurBüro 1979, 880; OLG Koblenz, NStZ-RR 1996, 95 u. 160 sowie ZSW 1982, 12 m.Anm. *Müller*; OLG Düsseldorf, JurBüro 1982, 1054 (Grad der erforderlichen Fachkenntnisse ist für Bemessung des Stundensatzes maßgebend).

Mit dem **JVEG** wurden **Feststundenbeträge** eingeführt. Die Vergütung des **3169** Sachverständigen bestimmt sich nunmehr nach § 9 Abs. 1 Satz 1 JVEG i.V. mit der **Anlage 1**, und zwar unabhängig von dem Schwierigkeitsgrad des zu erstattenden Gutachtens nur nach der jeweiligen **Honorargruppe** und dem ihr zugeordneten **Stundenhonorar**.[22] Die Vorschrift des § 9 Abs. 1 Satz 5 JVEG sieht durch den Verweis auf § 4 JVEG die Möglichkeit vor, dass der Sachverständige eine **Vorabentscheidung** über die **Einordnung** seiner Tätigkeit in eine bestimmte Honorargruppe herbeiführen kann;[23] das Recht zur Beschwerde gegen die **gerichtliche Festsetzung** der Vergütung nach § 4 Abs. 3 JVEG wird dadurch nicht berührt. Ob die für die „Bausachverständigen" in § 9 Abs. 1 Satz 1 JVEG vorgesehene Feststundenbeträge nach der Reform 2013 auskömmlich sind, muss bezweifelt werden, weil der Ersatz für besondere Aufwendungen (§ 12 JVEG) erhebliche Einschränkungen mit sich bringt.[24]

Nach § 9 Abs. 1 Satz 1 JVEG 2013 erhält der „**Bausachverständige**" für jede **3170** Stunde ein **Honorar**

in der Honorargruppe	in Höhe von Euro
1	65
2	70
3	75
4	80
5	85
6	90
7	95
8	100
9	105
10	110
11	115
12	120
13	125
M 1	65
M 2	75
M 3	100

---

22) OLG Naumburg, OLGR 2006, 233. Für die Zuordnung ist die **Tätigkeit**, nicht die Ausbildung des Sachverständigen maßgebend (OLG Düsseldorf, IBR 2009, 682 – *Bleutge*).
23) OLG Celle, BauR 2008, 562 = DS 2008, 75.
24) Siehe hierzu: *Ulrich*, Rn. 883 ff.; zum Aufwendungsersatz für die Erstellung des Gutachtens (Entschädigung für Schreibarbeiten): *Killmann*, DS 2006, 14, 15.

3171 Nach § 9 Abs. 1 **JVEG 2013** bestimmt sich die **Zuordnung** der **Leistungen** zu einer Honorargruppe nach der **Anlage 1**:

* **Anlage 1 (zu § 9 Abs. 1)**

Nr.	Sachgebietsbezeichnung	Honorargruppe
1	Abfallstoffe – soweit nicht Sachgebiet 3 oder 18 – einschließlich Altfahrzeuge und -geräte	11
2	Akustik, Lärmschutz – soweit nicht Sachgebiet 4	4
3	Altlasten und Bodenschutz	4
4	*Bauwesen – soweit nicht Sachgebiet 13 – einschließlich technische Gebäudesanierung*	
4.1	Planung	4
4.2	handwerklich-technische Ausführung	2
4.3	Schadensfeststellung, -ursachenermittlung und -bewertung – soweit nicht Sachgebiet 4.1 oder 4.2 –, Bauvertragswesen, Baubetrieb und Abrechnung von Bauleistungen	5
4.4	Baustoffe	6
5	Berufskunde und Tätigkeitsanalyse	10
6	*Betriebswirtschaft*	
6.1	Unternehmensbewertung, Betriebsunterbrechungs- und -verlagerungsschäden	11
6.2	Kapitalanlagen und private Finanzplanung	13
6.3	Besteuerung	3
7	Bewertung von Immobilien	6
8	Brandursachenermittlung	4
9	Briefmarken und Münzen	2
10	*Datenverarbeitung, Elektronik und Telekommunikation*	
10.1	Datenverarbeitung, (Hardware und Software)	8
10.2	Elektronik – soweit nicht Sachgebiet 38 – (insbesondere Mess-, Steuerungs- und Regeltechnik)	9
10.3	Telekommunikation (insbesondere Telefonanlagen, Mobilfunk, Übertragungstechnik)	8
11	Elektrotechnische Anlagen und Geräte – soweit nicht Sachgebiet 4 oder 10	4
12	Fahrzeugbau	3
13	*Garten- und Landschaftsbau einschließlich Sportanlagenbau*	
13.1	Planung	3
13.2	handwerklich-technische Ausführung	3
13.3	Schadensfeststellung, -ursachenermittlung und -bewertung – soweit nicht Sachgebiet 13.1 oder 13.2	4
14	Gesundheitshandwerk	2
15	Grafisches Gewerbe	6
16	Hausrat und Inneneinrichtung	3

Zeugen- und Sachverständigenentschädigung Rdn. 3172

Nr.	Sachgebietsbezeichnung	Honorar-gruppe
17	Honorarabrechnungen von Architekten und Ingenieuren	9
18	Immissionen	2
19	Kältetechnik – soweit nicht Sachgebiet 4	5
20	Kraftfahrzeugschäden und -bewertung	8
21	Kunst und Antiquitäten	3
22	Lebensmittelchemie und -technologie	6
23	Maschinen und Anlagen – soweit nicht Sachgebiet 4, 10 oder 11	6
24	Medizintechnik	7
25	Mieten und Pachten	10
26	Möbel – soweit nicht Sachgebiet 21	2
27	Musikinstrumente	2
28	Rundfunk- und Fernsehgeräte	2
29	Schiffe, Wassersportfahrzeuge	4
30	Schmuck, Juwelen, Perlen, Gold- und Silberwaren	2
31	Schrift- und Urkundenuntersuchung	8
32	Schweißtechnik	5
33	Spedition, Transport, Lagerwirtschaft	5
34	Sprengtechnik	2
35	Textilien, Leder und Pelze	2
36	Tiere	2
37	Ursachenermittlung und Rekonstruktion bei Fahrzeugunfällen	12
38	Verkehrsregelungs- und -überwachungstechnik	5
39	*Vermessungs- und Katasterwesen*	
39.1	Vermessungstechnik	1
39.2	Vermessungs- und Katasterwesen im Übrigen	9
40	Versicherungsmathematik	10

Ist bei der Beauftragung eines Gutachters zweifelhaft, welchem Fachbereich **3172** das Beweisthema (insbesondere bei fachübergreifenden Beurteilungen) zuzuordnen ist, so wird eine **Benennung** des Sachverständigen durch die **Handwerkskammer** oder die **Industrie- und Handelskammer** zu erwägen sein; andernfalls besteht die Gefahr, dass bei der Bewertung des richtigen Stundensatzes Abgrenzungsschwierigkeiten entstehen.[25] Es wird allgemein die Ansicht vertreten, „dass

---

[25] Vgl. OLG Naumburg, OLGR 2006, 233: „Aus der Stellungnahme der Industrie- u. Handelskammer ergibt sich, dass die Beweisfrage ganz überwiegend bautechnische Abrechnungsfragen (Berechnung von Aushubmassen) zum Gegenstand hat, die auf der Grundlage des Sachgebiets ‚Abrechnung im Hoch- und Ingenieurbau' vorzunehmen sind, und nicht um Fragen der Baugrundverformung und ihre Auswirkung auf bauliche Anlagen oder der Bodenmechanik, die dem Sachgebiet ‚Erd- und Grundbau' unterfallen." Siehe auch OLG Düsseldorf,

die **Zuordnung** bestimmter Gebiete im Verhältnis zu anderen wenig stimmig erscheint".[26]

3173 Bei der Liquidation ist darauf zu achten, dass der Sachverständige nur einen Anspruch auf Vergütung für den **erforderlichen Zeitaufwand**, nicht für den tatsächlichen Zeitaufwand hat.[27] Das ist immer die Zeit, die ein mit der Materie vertrauter Sachverständiger von durchschnittlichen Fähigkeiten und Kenntnissen bei sachgemäßer Auftragserledigung mit durchschnittlicher Arbeitsintensität zur Beantwortung der Beweisfragen benötigt.[28] Ein Sachverständiger ist nach § 407a Abs. 3 Satz 2 ZPO gehalten, **rechtzeitig** einen Hinweis zu geben, wenn die voraussichtlichen Kosten einen vom Gericht angeforderten **Kostenvorschuss** erheblich übersteigen; hierbei ist bei höheren Kosten von 20–25 % auszugehen.[29] Verletzt er diese Pflicht, muss er im Einzelfall mit erheblichen **Kürzungen** rechnen.[30] Eine **Kürzung** der Sachverständigenvergütung soll allerdings **unterbleiben**, „wenn bei verständiger Würdigung aller Umstände unter Anlegung eines objektiven Maßstabs davon auszugehen ist, dass auch bei pflichtgemäßer **Anzeige** die Tätigkeit des Sachverständigen weder eingeschränkt noch ihre Fortsetzung unterbunden worden wäre."[31] Es handelt sich um eine **Prognoseentscheidung**, bei der der Sachverständige das **Risiko** der Unaufklärbarkeit trägt.[32] Gegenüber dem Anspruch des Staates auf etwaige Rückzahlung zu viel gezahlter Entschädigung kann sich der Sachverständige nicht auf den Wegfall der Bereicherung nach § 818 Abs. 3 BGB berufen.[33]

3174 Nach § 414 ZPO kommen auf den **sachverständigen Zeugen** die Vorschriften über den Zeugenbeweis zur Anwendung. Dies gilt auch hinsichtlich der **Zeugenentschädigung**.[34] Eine Entschädigung als Sachverständiger ist nur möglich, wenn der sachverständige Zeuge daneben, wenn auch nur beiläufig, als Sachverständiger im Termin herangezogen worden ist. Dies ist aber nicht der Fall, wenn er nur zu frü-

---

IBR 2009, 682 – *Bleutge* (Freilegung von Grenzsteinen und Anfertigung einer Lageskizze; Einstufung nach Honorarstufe 1: „Vermessungstechnik").

26) So zutreffend: *Ulrich*, Rn. 868 m.w.Nachw.
27) § 8 Abs. 2 Satz 1 JVEG; BGH, IBR 2009, 428 – *Ulrich* (Abgerechneter Zeitaufwand muss plausibel sein); OLG Brandenburg, IBR 2007, 161 – *Bleutge*; OLG München, NJW-RR 1999, 73 = BauR 1999, 282 (LS) für Einschaltung qualifizierter Mitarbeiter. Zur Kürzung der Sachverständigenvergütung auf den erforderlichen Aufwand: LG Bielefeld, BauR 2010, 823, 824.
28) BGH, BauR 2004, 1184 = IBR 2004, 212 – *Ulrich*; BGH, NJW-RR 1987, 1470; OLG Zweibrücken, JurBüro 1988, 116. Eine Kürzung der vom Sachverständigen angegebenen Stundenzahl durch **Schätzung** des Gerichts ist unzulässig (BVerfG, IBR 2008, 186 – *Bleutge*).
29) OLG Düsseldorf, IBR 2017, 169 – *Ulrich*; OLG Hamm, BeckRS 2015, 01013; OLG Dresden, IBR 2015, 335 – *Renz*; OLG Jena, BauR 2015, 301; OLG Stuttgart, DS 2008, 78 = MDR 2008, 652 m.w.Nachw.
30) Vgl. hierzu: KG, IBR 2012, 179 – *Lehmann*; OLG Nürnberg, BauR 2006, 2096 = OLGR 2006, 842 u. NJW-RR 2003, 791 = BauRB 2003, 17 (nicht mehr als 120 % des Vorschusses); OLG Düsseldorf, BauRB 2003, 83 (Kürzung von 370.000 DM auf 35.790,43 DM).
31) OLG Celle, BauR 2008, 718, 719 m.w.Nachw.
32) Zum Risikobereich gehört auch die insolvenzbedingte Zahlungsunfähigkeit einer Partei: LG Gießen, BauR 2009, 1010, 1011.
33) OLG Hamm, NJW 1973, 574; OLG Frankfurt, MDR 1974, 1041 = NJW 1975, 705; **a.A.**: OLG Koblenz, MDR 1974, 1040. Zur **Verjährung** des Erstattungsanspruchs: OLG Hamm, NZBau 2012, 239.
34) OLG Hamm, JurBüro 1972, 645; OLG Düsseldorf, MDR 1975, 326. Zur Entschädigung des **sachverständigen Zeugen** s. *Ulrich*, Rn. 1034 ff.; *Meyer/Höver/Bach*, Rn. 8.3 m.w.Nachw.

heren Geschehnissen Stellung nimmt. Allerdings sollte sich auch hier eine großzügigere Handhabung einbürgern; denn es ist nicht einzusehen, dass ein **Privatgutachter**, der von der Partei als sachverständiger Zeuge benannt wird, nur mit dem üblichen Zeugengeld entschädigt wird, wenn er „zu früheren Geschehnissen" Stellung nimmt. Der Privatgutachter, der als sachverständiger Zeuge gehört wird, hat im Zweifel auch immer „Sachverständigenfragen" zu beantworten, sodass ihm in Bausachen in der Regel eine Sachverständigenentschädigung zu gewähren sein wird. Dem entspricht auch die neuere Rechtsprechung.[35]

---

[35] Vgl. OLG Stuttgart, JurBüro 1978, 1727: Wird ein sachverständiger Zeuge im Termin zugleich als Sachverständiger vernommen, so stehen ihm einheitlich Gebühren als Sachverständiger zu; OLG Hamm, ZfS 1980, 271: Es ist auf die Art seiner tatsächlichen Heranziehung, also auf den Inhalt der von ihm gemachten Aussage, abzustellen. Siehe ferner: OLG Bamberg, JurBüro 1980, 1221; JurBüro 1984, 260; OLG Stuttgart, JurBüro 1983, 1356 m.Anm. *Mümmler;* HansOLG Hamburg, JurBüro 1985, 1218; OLG Düsseldorf, JurBüro 1986, 1686.

II. Streitwerte (Fallübersicht)

3175 **Ablehnung des Sachverständigen:** Die Meinungen sind sehr kontrovers (Zöller-Herget, § 3 ZPO, Rn. 16 – „Ablehnung"): OLG Koblenz, NJW-RR 1998, 1222; OLG München, JurBüro 1980, 1055 (Wert der **Hauptsache**); OLG Bremen, JurBüro 1976, 1357 (**Interesse** des Antragstellers an der Ablehnung); OLG Düsseldorf, BauR 2004, 1816 = NZBau 2004, 557 = BauRB 2004, 302; OLG Nürnberg, BauR 2002, 129, 130 ($1/3$ des Hauptsachestreitwertes); OLG Düsseldorf, BauR 2001, 835, 837 (Kosten eines neuen Sachverständigengutachtens)

Ankaufsrecht: BayObLG, JurBüro 1976, 498

Anzahlung: OLG Nürnberg, JurBüro 1983, 105 (Klage auf Rückzahlung)

Auflassung: Der Streitwert bemisst sich nach überwiegender Auffassung gemäß § 6 ZPO nach dem Verkehrswert ohne Schuldenabzug (Zöller-Herget, a.a.O., „Auflassung"; OLG Hamm, BauR 2003, 132; **a.A.:** OLG Düsseldorf, BauR 2003, 1760 – Anwendung des „flexibleren" § 3 ZPO). Verlangt der Kläger die **Zustimmung** zum Vollzug der Auflassung, die wegen einer umstrittenen restlichen Gegenforderung verweigert wird, ist der Gebührenstreitwert nicht nach § 6 ZPO, sondern gemäß § 3 ZPO nach dem Wert der streitigen Gegenforderung zu schätzen (BGH, BauR 2002, 520 = ZfBR 2002, 255; siehe auch OLG Hamm, BauR 2013, 995; OLG Stuttgart, NJW-Spezial 2009, 755 = BeckRS 2009, 27265; OLG Düsseldorf, BauR 2003, 1760). Siehe ferner für den Bauträgervertrag: OLG Frankfurt, IBR 2005, 458 – Brüning (Anwendung von § 3 ZPO, wenn der Besitz bereits verschafft und nur Streit über die noch nicht erfolgte Auflassung besteht); ferner: BGH, BauR 2008, 400; Zöller-Herget, a.a.O.).

Auflassungsvormerkung: OLG Bamberg, JurBüro 1976, 1094 (unter Orientierung am Verkehrswert nach dem Interesse des Klägers zu schätzen). Siehe auch OLG Köln, MDR 1983, 495 und Schneider, MDR 1983, 638.

Auskunft: Für die Berechnung des Beschwerdewerts ist das Interesse der Partei maßgebend, „die Auskunft nicht erteilen zu müssen" (BGH, BauR 1999, 1329 = ZfBR 1999, 341; BauR 1994, 404, 405 = NJW-RR 1994, 660 für Verurteilung eines Architekten zur Auskunft. Siehe aber OLG Hamm, JurBüro 1994, 494 – Interesse des Klägers [Architekt] an der Erteilung; $1/10$ des Leistungsanspruchs). Literatur: Schulte, MDR 2000, 805 ff.

Baubetreuungsvertrag: OLG Düsseldorf, DNotZ 1982, 774 (Geschäftswert)

Bauhandwerkersicherungshypothek:

– Klage auf Verurteilung zur Bewilligung einer Sicherungshypothek: KG, Rpfleger 1962, 156
– Einstweiliges Verfügungsverfahren auf Eintragung einer Vorbemerkung: Anwendung von § 3 ZPO (Das Interesse ist im Regelfall mit $1/3$ der Bauforderung zu bewerten; s. Rdn. 312)
– Klage auf Löschung einer Vorbemerkung: OLG Bamberg, JurBüro 1975, 940 ($1/4$ bis $1/3$ der erstrebten Sicherungshypothek)
– zum Streitwert bei gleichzeitiger Geltendmachung von Zahlungs- und Sicherungsanspruch: Es ist umstritten, ob eine Addition stattfinden muss; verneinend u.a. OLG Köln DB 1974, 429; OLG Koblenz, BeckRS 2008, 13354; OLG Nürn-

berg, MDR 2003, 256; bejahend: u.a. OLG Düsseldorf, BauR 2009, 1009. Siehe hierzu auch Rdn. 313

Bauschutt: Schmidt, JurBüro 1961, 379 (**Beseitigung** von Bauschutt)

Bauverpflichtung: LG Wuppertal, JurBüro 1979, 1692

Befreiung von Verbindlichkeit: BGH, NJW 1974, 2128; Schneider/Herget, Streitwertkommentar, Rn. 658 ff. (nach § 3 ZPO zu schätzen)

Bürgschaft: Für Feststellung des Bestehens oder Nichtbestehen gilt § 6 ZPO (Zöller/Herget, a.a.O. – „Bürgschaft"). Das Interesse des Klägers an der **Herausgabe** einer Bürgschaftsurkunde ist wesentlich nach dem Risiko der missbräuchlichen Inanspruchnahme zu bemessen, also im Zweifel nach der (vollen) Höhe des Bürgschaftsbetrages, wenn eine Inanspruchnahme **verhindert** werden soll (Trapp/Hagen, BauR 2008, 1209, 1216; s. auch KG, BauR 2000, 1380; OLG München, BauR 2000, 607; s. auch OLG Köln, MDR 1994, 101); im anderen Fall liegt der Streitwert bei 20–30 % (OLG Oldenburg, BauR 2002, 328, 329; Trapp/Hagen, a.a.O. m.w.Nachw. in Anm. 49)

Duldungsklage eines Vermieters nach § 554 BGB: 12facher Monatsbetrag der voraussichtlichen Mieterhöhung nach Durchführung der Baumaßnahmen (LG Mannheim, ZMR 1977, 89). Nach § 41 Abs. 5 GKG ist „bei Ansprüchen des Vermieters auf Duldung von Modernisierungs- oder Erhaltungsmaßnahmen der Jahresbetrag einer möglichen Mieterhöhung, in Ermangelung dessen einer sonst möglichen Mietminderung durch den Mieter maßgebend. Endet das Mietverhältnis vor Ablauf eines Jahres, ist ein entsprechend niedriger Betrag maßgebend."

Haupt- und Hilfsanspruch: OLG Frankfurt, MDR 1979, 411; OLG Bremen, JurBüro 1979, 731; OLG Düsseldorf, JurBüro 1982, 582. Nach § 45 Abs. 1 Satz 3 GKG ist nur der Wert des höheren Anspruchs maßgebend, wenn Haupt- und Hilfsanspruch **denselben Gegenstand** betreffen; entscheidend für die Anwendung der Vorschrift ist, „ob die Ansprüche einander ausschließen und damit notwendigerweise die Zuerkennung des einen Anspruchs mit der Aberkennung des anderen verbunden ist" (BGH, NJW-RR 2003, 713; BGHZ 43, 31, 33 = NJW 1965, 444).

3176

Herausgabe eines **Eigenheims** nach Rücktritt vom Bewerbervertrag: OLG Köln, MDR 1974, 323 und JurBüro 1978, 1054 (einjähriger Nutzungsbetrag, nicht Verkehrswert des Eigenheims; s. aber LG Köln, NJW 1977, 255 für Klage auf Herausgabe eines Grundstücks: Verkehrswert abzüglich dingliche Belastungen sowie LG Bayreuth, JurBüro 1978, 553 für Klage auf Einräumung des Besitzes an einem Wohnhaus: Verkehrswert ohne Abzug dinglicher Belastungen); OLG Frankfurt, JurBüro 1981, 759 = MDR 1981, 589 (Abzug der dinglichen Belastungen bei Herausgabeklage gegen einen Störer)

Hilfsaufrechnung: Nach richtiger Ansicht kommt es im Falle einer **Primäraufrechnung** nicht zu einer Streitwertkumulation im Sinne des § 45 Abs. 3 GKG (LG Bayreuth, JurBüro 1980, 1374); nur wenn über die **Hilfsaufrechnung mit Rechtskraftwirkung** gemäß § 322 Abs. 2 ZPO entschieden wird, findet eine Streitwerterhöhung statt (vgl. BGH, NJW 2009, 231; BauR 1994, 403, 404; OLG Koblenz, BauR 2003, 584; OLG Nürnberg, BauR 2000, 608 – Aufrechnung mit Vertragsstrafenanspruch). Wird die Hilfsaufrechnung als **unzulässig** zurückgewiesen, bleibt sie bei der Streitwertbemessung unberücksichtigt (BGH, BauR 1994, 403,

404). Wird gegen eine Klageforderung hilfsweise mit **mehreren Gegenforderungen** aufgerechnet, ist der Streitwert bei Klagezusprechung und Zurückweisung der Gegenforderungen nach der Summe des Klageanspruchs und der Gegenforderungen festzusetzen, wobei der Betrag der einzelnen Gegenforderung jeweils durch den Umfang der Klageforderung begrenzt ist (OLG Düsseldorf, Rpfleger 1994, 129). Macht der Bauherr gegenüber der Vergütungsklage des Unternehmers **Schadensersatzansprüche** aus § 635 BGB a.F./§§ 634 Nr. 4, 280 Abs. 1, 3, 281 BGB geltend, liegt nach der neueren Rechtsprechung keine Verrechnung, sondern eine (u.U. streitwerterhöhende) **Aufrechnung** vor (BGH, BauR 2005, 1477; BauR 2006, 411; s. Rdn. 3048). Gleichwohl soll ein hilfsweise gegenüber dem Vergütungsanspruch zur Aufrechnung gestellter **Mangelanspruch** nicht streitwerterhöhend wirken, weil dieser wertmäßig bereits in dem Werklohnanspruch enthalten sei (OLG Hamm, IBR 2006, 426 – Schwenker; anders OLG Hamm, NZBau 2005, 642 bei hilfsweiser Aufrechnung mit einem Schadensersatzanspruch wegen **Verzugs** mit der Bauausführung).

Hilfswiderklage: Die Hilfswiderklage ist zulässig; auf sie ist § 45 Abs. 1 GKG anzuwenden (vgl. Schneider/Herget, Streitwertkommentar, Rn. 2965 m. Nachw.)

Kostenerstattungsanspruch (materiell-rechtlicher): Schneider, NJW 2008, 3317 ff.

Miteigentumsanteil: OLG Stuttgart, JurBüro 1976, 370 (Übertragung des Miteigentumsanteils an einer Eigentumswohnung)

Nebenintervention: OLG München, BauR 2012, 681 u. BauR 2010, 942 (Streitwert bestimmt sich nach dem Interesse des Nebenintervenienten am Obsiegen der von ihm unterstützten Partei; s. auch OLG Celle, BauR 2011, 1208 zur gesonderten Festsetzung nach § 33 Abs. 1 RVG)

Negative (leugnende) Feststellungsklage: OLG Rostock, OLGR 2004, 43

Notweg: Schneider, ZMR 1976, 193 (Klagen auf Einräumung eines Notwegs)

Selbstständiges Beweisverfahren: Der Streitwert ist nach § 3 ZPO zu schätzen (vgl. Rdn. 144 ff.)

Streithilfe: OLG Stuttgart, BauR 2014, 1351 (Streitwertbestimmung nach dem denkbaren **Regressanspruch**); OLG Brandenburg, BauR 2013, 817 (Es ist für die Kosten der Streithilfe ein **gesonderter Streitwert** festzusetzen, wenn sie sich nur auf einen **abgrenzbaren Teil** des Rechtsstreits in der Hauptsache bezieht).

Stufenklage: LG Bayreuth, JurBüro 1979, 1869 (Wert zu schätzen; Auskunftsanspruch ⅕ des Zahlungsanspruchs; OLG Bamberg, JurBüro 1987, 747 – ¼ bis ¹⁄₁₀ des Wertes der Leistungsklage)

Überbau (Beseitigung): LG Bayreuth, JurBüro 1979, 438; JurBüro 1985, 441; BGH, NJW-RR 1986, 737

Unbezifferter Klageantrag: OLG Hamm, VersR 1977, 935; OLG Celle, VersR 1977, 59; BGH, MDR 1979, 748

Vorschussklage: OLG Brandenburg, BauR 2000, 1774 (Mängelbeseitigungskosten zuzüglich der aufgewandten Gutachterkosten)

Wohnungseigentum (Entziehung): OLG Karlsruhe, AnwBl. 1980, 255

Zug-um-Zug-Leistung: OLG Frankfurt, OLGR 1996, 58 = NJW-RR 1996, 636; OLG Saarbrücken, AnwBl. 1979, 153; LG Köln, JR 1980, 245 m.Anm. Schmidt; OLG Koblenz, JurBüro 1983, 916 m.Anm. Mümmler; BGH, JurBüro 1985, 1177 sowie Bachmann, BauR 1995, 642 ff.

KAPITEL 15
Die Zwangsvollstreckung in Bausachen

Übersicht

	Rdn.		Rdn.
I. Einleitung/Fallgruppen	3177	III. Die Vollstreckung zur Erwirkung von Baumaßnahmen	3215
II. Die Zwangsvollstreckung wegen einer Geldforderung aus einem Werkvertrag	3182		

I. Einleitung/Fallgruppen

Literatur

Zimmermann, Fälligkeitsklausel mit Nachweisverzicht im Bauträgervertrag, ZfBR 1997, 60; *Cuypers*, Unterwerfungserklärungen in Bauverträgen, ZfBR 1998, 4; *Vogel*, Probleme der Vollstreckungsunterwerfungserklärung beim Bauträgervertrag, BauR 1998, 925; *Drasdo*, Vollstreckungsunterwerfung mit Nachweisverzicht im notariellen Bauträgervertrag, NZM 1998, 256; *Pause*, Unwirksamkeit von Vollstreckungsunterwerfungsklauseln in Bauträgerverträgen und damit zusammenhängende Rechtsfragen, NJW 2000, 769; *Greilich*; Rechtsmittel und Vollstreckungsschutz bei unwirksamer Unterwerfungserklärung im Bauträgervertrag, BauR 2001, 12; *Pott*, Prozessuale Präklusion von Baumängelrechten, NZBau 2006, 680; *Habersack*, Die Vollstreckungsunterwerfung des Kreditnehmers im Lichte des Risikobegrenzungsgesetzes, NJW 2008, 3173; *Zimmer*, Zwangsvollstreckungsunterwerfung ohne Sicherungsabrede?, NJW 2008, 3185; *Walker*, Wegweisende BGH-Entscheidungen zum Zwangsvollstreckungsrecht seit Einführung der Rechtsbeschwerde, JZ 2011, 401; 453.

Zu dem besonderen „**Risikobereich**" des Bauprozesses zählte schon immer das **Vollstreckungsverfahren**. Es war zunehmend zu beobachten, dass die sich an ein Erkenntnisverfahren anschließenden Vollstreckungsversuche eines Baugläubigers oftmals von erheblichen tatsächlichen und rechtlichen Schwierigkeiten begleitet sind. Zu diesen Schwierigkeiten kann beigetragen haben, dass der BGH[1] diesen Fragen des **materiellen Baurechts** und seiner Realisierung z.T. in das Zwangsvollstreckungsverfahren verlagert hat. Spätestens in einem Verfahren nach § 887 Abs. 1 ZPO offenbart sich jedenfalls, welchen Wert der Titel (Urteil oder Vergleich) für den **Baugläubiger** hat. Nirgendwo anders werden die **Wechselwirkungen** zwischen dem Vollstreckungsrecht und dem materiellen (Bau)recht so deutlich wie gerade im Vollstreckungsverfahren wegen baurechtlicher Ansprüche.

3177

In der Praxis sind folgende **Fallgruppen** zu unterscheiden:

3178

* Ein **Auftragnehmer/Unternehmer** (Bauhandwerker, Architekt, Sonderfachmann oder Bauträger) **vollstreckt** wegen einer **Werklohn-** oder **Honorarforderung** gegen den Auftraggeber/Erwerber. Die Vollstreckung der Bauforderung ist aber davon abhängig, dass – zuvor – berechtigte Mängelansprüche des Auftraggebers ausgeglichen werden (Vollstreckung aus einem Zug-um-Zug-Urteil; vgl. dazu im Einzelnen Rdn. 3183 ff.).

---

1) BGHZ 61, 42, 46; s. auch OLG Hamm, BauR 2004, 102, 104; AG Pirmasens, MDR 1975, 62.

* Zahlenmäßig eine geringe Rolle spielt die **Zwangsvollstreckung** des **Auftraggebers**/Erwerbers gegen den Bauwerk**unternehmer** (Unternehmer, Architekt, Bauträgergesellschaft) **wegen Mängelbeseitigungsarbeiten**. Es erweist sich immer wieder, dass die Auftraggeber trotz eines obsiegenden Urteils die Unternehmer selbst nicht mehr (zwangsweise) auf Nacherfüllung in Anspruch nehmen, sondern sehr schnell den Weg des § 887 Abs. 1 ZPO beschreiten, um die Nacherfüllung durch **Ersatzvornahme** erledigen zu lassen (vgl. dazu Rdn. 3215 ff.).
* Vollstreckungsmaßnahmen nach § 890 ZPO gegen Dritte sind geboten, wenn diese z.B. zur **Duldung** von Mängelbeseitigungsmaßnahmen angehalten werden müssen; dabei kann die Verurteilung zu einer „Duldung" zugleich die Verpflichtung zu einem aktiven Tun enthalten, wenn der Duldungspflicht nicht anders gerecht werden kann.[2]

3179 Einen weiteren Bereich stellen die **Vollstreckungsabwehrklagen** der Erwerber gegen Bauträgergesellschaften dar **(§ 767 ZPO)**.[3] Die Zunahme dieser Klagen geht einher mit der Entwicklung des Bauherren- und Bauträgermodells. Die **Baugesellschaften** haben sich in der Vergangenheit durchweg in den **notariellen Verträgen** die Möglichkeit eingeräumt, wegen der vereinbarten Bauraten (meistens nach der **MaBV**) gegen den Erwerber Zwangsvollstreckungsmaßnahmen einzuleiten, **ohne dass es eines besonderen Fälligkeitsnachweises** bedarf.[4] Die üblichen Vertragsklauseln sahen vor, dass sich der Erwerber[5] „der sofortigen Zwangsvollstreckung aus der notariellen Urkunde in sein gesamtes Vermögen unterwirft" (vgl. § 794 Abs. 1 Nr. 5 ZPO); gleichzeitig wurde der Notar ermächtigt, „jederzeit vollstreckbare Ausfertigung der Urkunde ohne besonderen Fälligkeitsnachweis" zu erteilen.[6] In vielen

---

2) BGH, NZBau 2007, 303 = NJW-RR 2007, 863 = IBR 2008, 128 – *Seibel*; LG Hamburg, ZMR 2012, 574 (Verurteilung, das Betreten einer Sondernutzungsrechtsfläche zur **Durchführung** von Arbeiten zu dulden).
3) Vgl. z.B. BGH, NZBau 2004, 210. Zur Vollstreckungsabwehrklage des **Generalunternehmers** gegen seinen Subunternehmer nach Erhebung von Mängelansprüchen durch den **Bauherrn**: OLG Braunschweig, BauR 2005, 136 = IBR 2004, 172 – *Weyer*. Zur **Präklusion** der **Aufrechnung** mit Mängelbeseitigungskosten (§ 767 Abs. 2 ZPO) s. BGH, BauR 2005, 1664 = NZBau 2005, 584 = ZfBR 2005, 786 – Revisionsurteil zu OLG Braunschweig, BauR 2005, 136 (**Fortsetzung** der Vollstreckungsabwehrklage nach Beendigung der Zwangsvollstreckung in der **materiell-rechtlichen Bereicherungsklage**; sog. verlängerte Vollstreckungsabwehrklage). Zur Zulässigkeit einer Vollstreckungsabwehrklage eines **Unternehmers** gegen ein Urteil auf **Vorschusszahlung**: OLG Nürnberg, NZBau 2006, 514. Zur **Präklusion** des Verzichts auf die Klageforderung: OLG München, BauR 2009, 683.
4) Siehe hierzu: *Basty*, Rn. 703 ff.; *Pause*, Rn. 405 ff. u. NJW 2000, 769 ff. m.w.Nachw. Zu notariellen Zwangsvollstreckungsunterwerfungen in **Grundschuldbestellungsurkunden**: *Habersack*, NJW 2008, 3173 ff.; *Wagner*, ZfBR 2004, 317, 325 ff.
5) Vollstreckungsunterwerfungen des **Bauträgers** wegen der geschuldeten Errichtung des Bauwerks sind nach § 794 Abs. 1 Nr. 5 ZPO denkbar und nach § 887 ZPO zu vollstrecken; rechtliche Bedenken hiergegen bestehen nicht. In der Praxis werden die Parteien die an sich gegebene **30-jährige** Verjährungsfrist (§ 197 Abs. 1 Nr. 4 BGB) ausschließen, indem sie vereinbaren, dass sich durch die Vollstreckungsunterwerfung an der Verjährungsfrist des § 634a BGB nichts ändert (siehe hierzu *Basty*, Rn. 697 m.w.Nachw.). Die Folgen des § 197 Abs. 1 Nr. 4 BGB setzen im Übrigen eine **wirksame** Vollstreckungsunterwerfung voraus (BGH, NJW 1999, 52 = IBR 1999, 11; OLG Karlsruhe, IBR 2009, 520 – *Schwenker*; s. ferner: OLG Zweibrücken, BauR 2000, 1209 für die Verjährung des **Vergütungsanspruchs** des Bauträgers).
6) Zum **Grundstückskaufvertrag** mit Planungsverpflichtung sowie Unterwerfungsklausel: LG Mainz, NJW-RR 2000, 167 m. abl. Anm. *Vogel* (IBR 2000, 175). Zur Unwirksamkeit von

Einleitung/Fallgruppen Rdn. 3180

Fällen wurden zudem die **Aufrechnung** und die Geltendmachung von **Zurückbehaltungsrechten** „nur mit anerkannten oder rechtskräftig festgestellten Gegenforderungen" zugelassen.

Traten bei einer solchen Vertragsgestaltung während der Bauphase oder vor Abnahme **Mängel** auf, zahlten viele Erwerber die ausstehenden **Raten**[7] nicht.

Werden dann auf Veranlassung des Generalunternehmers oder Bauträgers vollstreckbare Ausfertigungen erteilt und zugestellt, erheben Erwerber in der Regel eine **Vollstreckungsabwehrklage** mit dem Ziel, „die Zwangsvollstreckung aus der notariellen Urkunde ... für unzulässig zu erklären".[8] Ob eine **(AGB)klausel**, durch die z.B. der Bauträger berechtigt wird, sich von dem Notar „**ohne Nachweis der Fälligkeit**" eine vollstreckbare Ausfertigung wegen seiner Forderung erteilen zu lassen, **wirksam** ist, war lange **umstritten**;[9] der **BGH**[10] hat zunächst offen gelassen, „ob eine Unterwerfungserklärung in einem notariellen Bauträgervertrag, die ohne Nachweis der Kaufpreisfälligkeit mit der Vollstreckungsklausel versehen darf", wirksam ist; er ließ jedoch **Vollstreckungsabwehrklagen** von Erwerbern, mit der Mängelansprüche während der Errichtungsphase geltend gemacht werden, zu.[11] Durch Urteil vom 22.10.1998 hat der BGH[12] schließlich klargestellt, dass eine **Unterwerfungsklausel mit Nachweisverzicht** in einem **Bauträgervertrag** wegen Verstoßes gegen §§ 3, 12 MaBV i.V. mit § 134 BGB (insgesamt) unwirksam ist. Sie verstößt auch gegen § 307 BGB.[13] Versuche, die Unterwerfungsklauseln durch einen „**eingeschränkten Nachweisverzicht**" aufzufangen, sind durchweg gescheitert.[14] Zweifelhaft ist, ob die Unterwerfung unter die sofortige Zwangsvollstreckung **mit**

3180

Unterwerfungsklauseln bei ausgeschlossener **Beweislastumkehr**: OLG Frankfurt, BauR 2000, 739 = IBR 2000, 375 – *Vogel*. Zur Unterwerfungsklausel in einem **Generalübernehmervertrag**: OLG München, BauR 2000, 1760 = MDR 2000, 1188.

7) In der Regel handelt es sich um die beiden letzten Raten.
8) Ergibt sich allerdings nach dem Klagevorbringen, dass sich die **Restforderung** des Bauträgers durch die geltend gemachten Gewährleistungsansprüche **nur zum Teil verringert,** ist der **Antrag** der Vollstreckungsgegenklage entsprechend **zu beschränken,** worauf gegebenenfalls gemäß § 139 ZPO das Gericht hinzuwirken hätte.
9) **Bejahend:** OLG Celle, BauR 1998, 802 u. NJW-RR 1991, 667; OLG Düsseldorf, IBR 1996, 15 – *Kniffka*; OLG München, BauR 1991, 665. **Verneinend:** OLG Hamm, BauR 1996, 141 = ZfBR 1996, 95 (Nichtigkeit gemäß § 134 BGB i.V. mit §§ 3, 12 MaBV; OLG Düsseldorf, BauR 1996, 143 (Verstoß gegen §§ 9 u. 11 Nr. 15 AGB-Gesetz).
10) NJW 1992, 2160 = BauR 1992, 622 = ZfBR 1992, 219; ebenso: OLG Köln, OLGR 1998, 193.
11) Ebenso: OLG München, BauR 1991, 655; OLG Hamm, BauR 1996, 141 u. BauR 1992, 116; s. hierzu auch *Pause*, Rn. 412.
12) BGHZ 139, 387 = BauR 1999, 53 = ZfBR 1999, 93 = NJW 1999, 51 = MDR 1999, 32; ferner: OLG Düsseldorf, BauR 2002, 515 = OLGR 2002, 28; OLG Hamm, IBR 2002, 21 – *Horschitz* u. BauR 2000, 1509; OLG Köln, NJW-RR 1999, 22; s. hierzu auch: *Markus/Kaiser/Kapellmann*, Rn. 970 ff.; *Pause*, Rn. 406; *Basty*, Rn. 703; *Zöller/Herbst*, § 794 ZPO, Rn. 36 m.w.Nachw. Zu den **Verjährungsfolgen:** OLG Celle, BauR 2000, 588; OLG Zweibrücken, BauR 2000, 1209; AG Dortmund, NZBau 2000, 251; *Basty*, Rn. 701 u. 254.
13) BGH, BauR 2002, 83 = NZBau 2002, 25 = ZfBR 2002, 63 (für **AGB** im **notariellen** Vertrag).
14) Vgl. OLG Jena, OLGR 1999, 940 = IBR 2000, 25 – *Vogel*; OLG München, IBR 2009, 584 – *Vogel*; AG Hamburg, IBR 1999, 126 – *Karczewski* (für Bautenstandnachweis durch Architekten des Bauträgers); LG Lübeck, IBR 1999, 263 – *Groß* (behördliche Schlussabnahme kein Nachweis über die vertraglich geschuldete Errichtung des Bauvorhabens); LG Nürnberg-Fürth, IBR 1998, 11 (für Schiedsgutachten bei Widerspruch des Erwerbers gegenüber Notar); s. hierzu auch *Basty*, Rn. 708; *Pause*, Rn. 407.

Fälligkeitsnachweis in einem Bauträgervertrag wirksam ist; das ist jedenfalls zu verneinen, wenn die Voraussetzungen des § 3 MaBV nachteilig **unterlaufen** werden.[15] Das ist der Fall, wenn in dem notariellen Bauvertrag vorgesehen ist, dass der Nachweis „des jeweiligen Baufortschritts durch den bauleitenden Architekten oder den Bauleiter" erfolgen kann.[16] **Umstritten** ist weiterhin, **welches Rechtsmittel** bei unwirksamer Unterwerfungserklärung einzulegen ist; nach der Rechtsprechung des BGH ist von der Möglichkeit der **prozessualen Gestaltungsklage analog § 767 ZPO** auszugehen.[17] Im Rahmen eines **Klauselerinnerungsverfahrens** nach § 732 ZPO kann sich ein Schuldner nicht darauf berufen, dass eine Unterwerfungserklärung unwirksam sei.[18]

3181 Die Vollstreckungsgegenklagen des Erwerbers werden in der Regel mit einem **Einstellungsantrag** gemäß § 769 ZPO verbunden.[19] Das OLG Hamm[20] hat sich mit den Voraussetzungen, unter denen eine Einstellung der Vollstreckung erfolgen kann, ausführlich beschäftigt; nach seiner Ansicht ist die Zwangsvollstreckung nach § 769 Abs. 1 ZPO nur gegen eine **Sicherheit des Bauträgers fortzusetzen**, sofern (bereits) über die **Fälligkeit** der Forderung des Bauträgers gestritten wird. Lägen nämlich die Fälligkeitsvoraussetzungen (nach der MaBV) nicht vor, so habe der Erwerber „regelmäßig noch keinen gesicherten Gegenwert erhalten. Das gilt insbesondere für den häufigen Fall, dass das Bauwerk **grobe Mängel** hat." Dem Sicherungsbedürfnis des Erwerbers könne „in solchen Fällen grundsätzlich nur angemessen Rechnung getragen werden, wenn die **Fortsetzung** der Zwangsvollstreckung gegen Sicherheitsleistung des **Bauträgers** angeordnet wird". Deshalb muss nach Auffassung des OLG Hamm der **Bauträger** im Verfahren über die einstweilige Einstellung der Zwangsvollstreckung „die anspruchsbegründenden Tatsachen, zu denen die Fälligkeit des Kaufpreises gehört, glaubhaft machen".

Sind die Fälligkeitsvoraussetzungen nach der MaBV und/oder die Abnahme der Werkleistungen zwischen den Parteien außer Streit, **geht es** also **nur um Gewährleistungsansprüche**, muss nach der Entscheidung des OLG Hamm der Erwerber die Sicherheit erbringen.

---

15) Zutreffend: *Kniffka/Koeble*, 16. Teil, Rn. 10.
16) OLG München, BauR 2009, 1760 u. BauR 2009, 988 = IBR 2009, 212 – *Vogel*; siehe ferner: *Basty*, Rn. 702. Zur **Haftung** eines Sachverständigen bei falsch testiertem Fertigstellungsnachweis: LG Berlin, BauR 2010, 108 m.Anm. *Buscher*.
17) Siehe hierzu: *Pause*, Rn. 412 ff.; *Greilich*, BauR 2001, 12 ff. (**analoge Anwendung** der §§ 767, 769 ZPO; BGH, BauR 2002, 83 = NZBau 2002, 25; OLG Köln, MDR 1998, 1089 = BauR 1998, 1119 [LS] u. NJW-RR 1999, 22; OLG Düsseldorf, BauR 2002, 515 = OLGR 2002, 28; OLG Hamm, BauR 1996, 141). Mit der prozessualen **Gestaltungsklage** analog § 767 Abs. 1 ZPO kann auch geltend gemacht werden, dass ein Urteil infolge eines Vergleichs wirkungslos geworden ist (BGH, BauR 2007, 1934 = NZBau 2007, 706).
18) BGH, BauR 2009, 1330, 1331; **a.A.:** OLG Braunschweig, BauR 2000, 1228, das sich zu Unrecht auf BGH, NJW 1992, 2160 = BauR 1992, 622 bezieht. Das OLG München (BauR 2000, 1760) hält auch die Erhebung einer Klage auf **Feststellung** der Unzulässigkeit der Zwangsvollstreckung gemäß § 256 ZPO i.V. mit § 767 ZPO analog für zulässig.
19) Eine Einstellung der Zwangsvollstreckung gemäß § 769 ZPO **ohne** gleichzeitige Klageerhebung ist nicht möglich (OLG Hamm, OLGR 1996, 27, 28).
20) JurBüro 1994, 308 = BauR 1993, 362.

Einleitung/Fallgruppen

Hat der Bauträger seine (titulierte) Forderung abgetreten, so kann eine Vollstreckungsgegenklage auch gegen den **Dritten** gerichtet werden, sofern von ihm die Vollstreckung droht.[21] Bei einem der Vollstreckungsgegenklage stattgebenden Urteil wird lediglich die Vollstreckbarkeit des titulierten Anspruchs beseitigt.[22]

---

21) BGH, NJW 1993, 1396; OLG Karlsruhe, BauR 2009, 134, 135.
22) BGH, NJW-RR 1990, 48.

II. Die Zwangsvollstreckung wegen einer Geldforderung aus einem Werkvertrag

Übersicht

	Rdn.		Rdn.
1. „Einfache" Bauforderungen	3182	c) Die Vollstreckung durch den Gerichtsvollzieher	3198
2. Die Vollstreckung aus Zug-um-Zug-Urteilen	3183	d) Die Überprüfung der Gegenleistung durch den Gerichtsvollzieher	3205
a) Gesetzliche Regelung	3183	3. Die doppelte Zug-um-Zug-Verurteilung	3209
b) Tenorierungsprobleme	3188		
aa) Die Klauselerteilung (§ 726 ZPO)	3189		
bb) Die Bezeichnung der Gegenleistung	3192	4. Die Vollstreckung auf Leistung nach Empfang der Gegenleistung	3214

1. „Einfache" Bauforderungen

3182 Hat ein Bauwerkunternehmer, Architekt, Sonderfachmann oder eine Trägergesellschaft restlichen Werklohn/Honorar oder eine Baurate zu bekommen und wird ein entsprechender Zahlungstitel erstritten, richtet sich die Vollstreckung dieser titulierten Forderung nach den Vorschriften über die Vollstreckung einer Geldforderung; da hierbei keine spezifischen bau- und/oder vollstreckungsrechtlichen Fragen auftauchen, kann auf die einschlägigen ZPO-Kommentierungen verwiesen werden.

2. Die Vollstreckung aus Zug-um-Zug-Urteilen

Literatur

Garbe, Vollstreckung von Ansprüchen auf Leistung Zug um Zug, DGVZ 1951, 5; *Sebode*, Einzelfragen der Zug-um-Zug-Vollstreckung, DGVZ 1958, 34; *Schneider*, Beanstandung der Gegenleistung bei der Zwangsvollstreckung Zug um Zug, JurBüro 1965, 178; *Schneider*, Hinweise für die Prozesspraxis (Beweis des Annahmeverzuges in §§ 756, 765 ZPO durch Urteil des Prozessgerichts), JurBüro 1966, 911; *Blunck*, Die Bezeichnung der Gegenleistung bei der Verurteilung zur Leistung Zug um Zug, NJW 1967, 1598; *Kirn*, Leistungspflichten im gegenseitigen Vertrag, JZ 1969, 325; *Schneider*, Prüfung der Gegenleistung durch den Gerichtsvollzieher, DGVZ 1978, 65; *Schilken*, Wechselwirkungen zwischen Vollstreckungsrecht und materiellem Recht bei Zug-um-Zug-Leistungen, AcP 181 (1981), 355; *Schneider*, Vollstreckung von Zahlungstiteln Zug um Zug gegen Ausführung handwerklicher Leistungen, DGVZ 1982, 37; *Bank*, Vollstreckung eines Urteils auf Zahlung Zug um Zug gegen Herausgabe einer eingebauten Tür, JurBüro 1982, 806; *Doms*, Eine Möglichkeit zur Vereinfachung der Zwangsvollstreckung bei Zug-um-Zug-Leistung, NJW 1984, 1340; *Schibel*, Eine Möglichkeit zur Vereinfachung der Zwangsvollstreckung bei Zug-um-Zug-Leistung, NJW 1984, 1945; *Scheffler*, Muss der Gläubiger aus einem Zug-um-Zug-Titel vollstrecken?, NJW 1989, 1848; *Christmann*, Die Tenorierung des Annahmeverzuges bei der Zug-um-Zug-Verurteilung des Schuldners, DGVZ 1990, 1; *Münzberg*, Zum Nachweis der erbrachten Gegenleistung gem. §§ 756, 765 ZPO durch Nichtbestreiten des Empfangsberechtigten, DGVZ 1991, 88; *Siegburg*, Zug-um-Zug-Verurteilung und Hilfswiderklage wegen Baumängel bei der Werklohnklage, BauR 1992, 419; *Bachmann*, Streitwert, Beschwer und Kostenverteilung bei Zug-um-Zug zu erbringenden Leistungen, insbesondere im Werkvertragsrecht, BauR 1995, 642; *Hensen*, Die Kostenlast beim Zug-um-Zug-Urteil, NJW 1999, 395; *Steder*, Änderungen im Zwangsvollstreckungsrecht durch das Zivilprozessreformgesetz, MDR 2001, 1333; *Seibel*, Die Prüfungskompetenz des Gerichtsvollziehers bei Zug um Zug zu erbringenden Mängelbeseitigungsmaßnahmen, ZfBR 2008, 330; *Dorndörfer*, Reform der Geldvollstreckung zum 1.1.2013 (Schwerpunkt ZwVollStrÄndG), JurBüro 2012, 617; *Hesterberg*, Der Vollstreckungsauftrag im Verfahren der Reform der Sachaufklärung (Schwerpunkt ZwVollStrÄndG), JurBüro 2012, 621; *Enders*, Die Auswirkungen der Reform der Sachaufklärung auf die Anwaltsvergütung in der Zwangsvollstreckung (Schwerpunkt ZwVollStrÄndG), JurBüro 2012, 633.

a) Gesetzliche Regelung

Erwirkt ein Bauwerkunternehmer (**Unternehmer, Architekt** oder **Sonderfachmann**) einen vollstreckbaren Titel gegen den Bauherrn/Auftraggeber auf Zahlung[1] von Werklohn/Vergütung oder Honorar **„Zug um Zug gegen Nacherfüllung"**,[2] so liegt der in der Baupraxis typische Fall des § 756 ZPO vor: Der Unternehmer kann seinen Werklohn nur vollstrecken, wenn er – **zuvor** – seiner werkvertraglichen Verpflichtung in vollem Umfang nachgekommen ist.[3] Das entspricht der materiellen Rechtslage; denn er schuldet dem Bauherrn eine mangelfreie, dem Stand der Technik entsprechende Leistung. Wird sie nicht erbracht, braucht der Bauherr auch in der Vollstreckung nur zu zahlen, wenn er zuvor eine vertragsgemäße Leistung erhält.

Obwohl dieser werkvertragliche Grundsatz im materiellen Recht verankert ist (§§ 320, 273 BGB), treten bei diesem im Grunde einfach gelagerten Tatbestand praktische und rechtliche Zweifelsfragen auf. Die Zug-um-Zug-Verurteilung soll erkennbar die **Gleichzeitigkeit** der **beiderseitigen Leistungen** garantieren, nur eben dies ist bei handwerklichen Leistungen nicht oder kaum möglich.[4] Der Handwerker ist und bleibt bei einer Zug-um-Zug-Verurteilung stets im Hintertreffen; denn er hat praktisch – wie nach dem materiellen Baurecht – auch in der Vollstreckung zunächst in Vorlage zu treten: Er muss zunächst handeln, um an sein Geld zu kommen; er kann noch **nicht einmal verlangen**, dass der Auftraggeber (Bauherr) den titulierten Werklohn **während der Durchführung der Nachbesserungs-/Nacherfüllungsarbeiten** bei dem Gerichtsvollzieher **hinterlegt**.[5]

Damit ist in vielen Fällen der **Interessenkonflikt** vorgezeichnet: Der Gläubiger/Unternehmer will nicht nachbessern, bevor er sein Geld sieht. Der Bauherr/Schuldner will erst auf den Titel zahlen, wenn er die Gewissheit hat, dass seinem berechtigten Nachbesserungsverlangen auch hinreichend Genüge getan ist. Es ist zwingend, dass bei dieser Sachlage die Person des **Vollstreckungsorgans** – also der **Gerichtsvollzieher** – eine besondere Bedeutung gewinnt. Er wird gleichsam zum Schiedsgutachter, wenn er die Frage, ob die Vollstreckungsvoraussetzungen (ordnungsgemäße Nachbesserung) erfüllt sind, beantworten muss.[6]

---

1) Der „Zahlungsanspruch" muss hinreichend bestimmt sein; das ist z.B. nicht der Fall, wenn die **Höhe** der Zahlungsverpflichtung sich erst aus einem einzuholenden **Gutachten** ergeben soll; OLG Hamm, BauR 2011, 298, 299.
2) Das heißt also Beseitigung einzelner im Tenor aufgeführter Baumängel. Eine **Zug-um-Zug-Verurteilung** kommt im Übrigen nur bei einem sog. „großen" Schadenersatzanspruch in Betracht (OLG Celle, BauR 2012, 509, 511).
3) LG Stuttgart, DGVZ 1990, 92.
4) Zutreffend: *E. Schneider*, DGVZ 1982, 37, 38; LG Stuttgart, DGVZ 1990, 92; OLG Stuttgart, DGVZ 1989, 11; LG Arnsberg, DGVZ 1983, 151.
5) LG Stuttgart, DGVZ 1990, 92; *E. Schneider* a.a.O.
6) Vgl. *E. Schneider*, DGVZ 1982, 37.

3186 Der BGH[7] hat die Verlagerung dieser im Grunde materiellen Baurechtsprobleme in das Vollstreckungsverfahren ausdrücklich gebilligt. Die Verzahnung von materiellem Recht und Verfahrensrecht wird bei der Vollstreckung bauvertraglicher Ansprüche besonders deutlich. Diese Verlagerung der Austauschabwicklung in das Vollstreckungsrecht führt zur **besonderen Belastung** der Vollstreckungsorgane; denn ihnen obliegt die im Einzelfall tatsächlich und rechtlich schwierige Prüfung, ob der Vollstreckungsgläubiger (Unternehmer, Architekt oder Sonderfachmann bzw. Bauträgergesellschaft) seine werkvertraglichen Leistungen in einer den Annahmeverzug begründenden Weise angeboten oder diese ordnungsgemäß erbracht hat.[8] Es lässt sich bei dieser Ausgangslage denken, dass es höchst **umstritten** ist, wie weit der Gerichtsvollzieher bei seiner Prüfung überhaupt gehen darf (vgl. dazu Rdn. 3205 ff.). Der Grundsatz der formalisierten Zwangsvollstreckung beinhaltet eigentlich, dass dem Vollstreckungsorgan im Allgemeinen die Prüfung materiellrechtlicher Fragen und Einwendungen versagt ist; davon machen die §§ 756, 765 ZPO eine Ausnahme.

3187 Zu einer **Zug-um-Zug-Verurteilung** kann es im Baurecht nur kommen, wenn der Bauherr die werkvertraglichen Leistungen eines Baubeteiligten **abgenommen** hat. Ist das im Einzelfall streitig oder nicht feststellbar, kann gleichwohl eine Zug-um-Zug-Verurteilung erfolgen, wenn der **in Anspruch genommene Bauherr** eine entsprechende Verurteilung **beantragt**.[9] Ist eine Werkleistung dagegen noch **nicht** abgenommen, so ist die Werkforderung überhaupt noch nicht fällig, und Mängelrügen führen zur Klageabweisung.[10] Erst nach der vom Bauherrn vorgenommenen Abnahme kann es dann zu einer Zug-um-Zug-Verurteilung kommen. Hat der Bauherr die Bauleistung abgenommen, zeigen sich danach Mängel und verlangt der Bauherr deswegen Nacherfüllung (§ 635 Abs. 1 BGB), so lautet das Urteil auf Zahlung Zug um Zug gegen Nacherfüllung. Eine Abweisung wegen fehlender Fälligkeit ist nicht mehr möglich. Das gilt so uneingeschränkt auch beim **VOB-Vertrag**.[11]

b) Tenorierungsprobleme

3188 In der Praxis ist immer wieder zu beobachten, dass es an einer hinreichend klaren Entscheidung hinsichtlich der Zug um Zug zu erbringenden Leistung fehlt. Das führt zwangsläufig zu **Meinungsverschiedenheiten** bei der **Auslegung des Titels** und bei der Klauselerteilung (§ 726 ZPO). Das hat vor allem aber Auswirkungen auf die Vollstreckung des Titels selbst, z.B., wenn sich der Gerichtsvollzieher weigert, den Titel zu vollstrecken, weil ihm nicht klar ist, wie er und was er vollstrecken soll. Ohne ausreichend klare **Tenorierung** kann eine ordnungsgemäße Vollstreckung nicht stattfinden. Dieser Grundsatz ist für den baurechtlichen Bereich besonders zu beachten, weil es vor allem dem Gerichtsvollzieher ohne eine hinreichend spezifizierte Anleitung nicht möglich sein wird, die Erfüllung des Titelanspruchs festzustellen.

---

7) BGHZ 61, 42, 46; ebenso: OLG Stuttgart, DGVZ 1989, 11, 12.
8) *Schilken*, AcP 181, 355, 358.
9) Vgl. OLG Hamm, NZBau 2006, 580, 581 = BauR 2006, 1151.
10) Herrschende Meinung; vgl. oben Rdn. **3012** m.w.Nachw.
11) Herrschende Meinung; BGHZ 55, 354, 357/358 = BauR 1971, 126 = NJW 1971, 838.

aa) Die Klauselerteilung (§ 726 ZPO)

Literatur

Saenger, Die Klausel als Voraussetzung der Zwangsvollstreckung, JuS 1992, 861.

Die Zwangsvollstreckung findet grundsätzlich nur wegen bestehender Forderungen statt. Daher muss der nach § 724 Abs. 2 ZPO zuständige Urkundsbeamte der Geschäftsstelle vor der Klauselerteilung zunächst prüfen, ob die Entstehung der Forderung des Gläubigers nach dem Inhalt des Titels von einer weiteren Voraussetzung abhängig ist, sodass sie dem Rechtspfleger in der vorgeschriebenen Form des § 726 Abs. 1 ZPO nachgewiesen werden muss.[12]

3189

Im Einzelfall ist es also zunächst die Aufgabe des Rechtspflegers (§§ 3 Nr. 3a, 20 Nr. 12 RpflG), zu entscheiden, ob ein Fall des § 726 Abs. 1 oder 2 ZPO vorliegt. Bei einer **Zug-um-Zug-Verurteilung** bestehen für das Klauselverfahren keine Besonderheiten.[13] Wenn die Leistung des Schuldners nicht ausnahmsweise in der Abgabe einer Willenserklärung besteht (§ 726 Abs. 2 ZPO), wird die Klausel ohne weiteres von dem Urkundsbeamten der Geschäftsstelle erteilt (§ 724 ZPO).[14]

Für den **baurechtlichen Bereich** ergeben sich nun drei **Fallgruppen**:

3190

* Jeder Baubeteiligte (Unternehmer und Bauherr) hat seine Leistung ohne Rücksicht auf die Gegenleistung zu erbringen.

  Beispiel:

  Der Unternehmer verpflichtet sich in einem Vergleich, bestimmte (in einem Sachverständigengutachten aufgeführte) Baumängel zu beseitigen. Nach der Mängelbeseitigung soll der Bauherr den Restwerklohn an den Unternehmer zahlen.

  Bei dieser Fallgestaltung **kann** es sich um einen Anwendungsbereich des § 726 Abs. 1 ZPO handeln.[15] Diese Fallgruppen sind in der Praxis allerdings sehr selten.

* Es liegt eine **ausdrückliche Zug-um-Zug-Verurteilung** vor.

  Ergibt sich aus dem Urteilstenor zweifelsfrei, dass der Bauherr verpflichtet ist, an den Unternehmer den restlichen Werklohn „Zug um Zug" gegen Vornahme bestimmter Mängelbeseitigungsarbeiten zu zahlen, so liegt eine echte Zug-um-Zug-Verurteilung vor, bei der die vollstreckbare Urteilsausfertigung nach § 726 Abs. 2 ZPO zu erteilen ist.

* Schwieriger sind die Fälle, in denen nicht klar wird, ob eine Zug-um-Zug-Verurteilung gemeint ist oder nicht.

  Beispiel:

  In einem Prozessvergleich wird bestimmt, dass der Unternehmer die Mängel beseitigt „und" der Bauherr noch einen bestimmten Betrag entrichtet.

Ob eine Zug-um-Zug-Verurteilung im Einzelfall vorliegt, kann im Zweifel allein aus dem Tenor und den Entscheidungsgründen herausgelesen werden. Fehlt eine entsprechende Formulierung im Urteilstenor oder im Vergleich, werden vielmehr **Redewendungen** wie „nachdem der Unternehmer die Mängel beseitigt hat", „zu-

3191

---

[12] OLG Nürnberg, MDR 1960, 318.
[13] OLG Hamm, BauR 2011, 298, 299.
[14] Vgl. *Zöller/Stöber*, § 726 ZPO, Rn. 8.
[15] Vgl. AG Bielefeld, MDR 1977, 500.

erst" und „zwar sofort" benutzt, die auf eine weitere Vorleistungspflicht des Unternehmers hindeuten, wird im Zweifel gemäß §§ 133, 157, 242 BGB davon auszugehen sein, dass die Parteien und das Gericht auch für das Vollstreckungsverfahren einen entsprechenden Leistungsaustausch und damit keine von der materiellen Rechtslage abweichende Regelung treffen wollten, es sei denn, es liegen dafür ausnahmsweise überzeugende Gründe vor.

bb) Die Bezeichnung der Gegenleistung

Literatur

Blunck, Die Bezeichnung der Gegenleistung bei der Verurteilung zur Leistung Zug um Zug, NJW 1967, 1598.

3192 Das Problem der Ausdeutung des Vollstreckungstitels ist bei der Zug-um-Zug-Verurteilung noch aus anderer Sicht von großer Bedeutung: Es geht im Einzelfall oftmals nicht nur darum, ob die Leistung des Bauherrn von einer (zuvor) zu erbringenden Zug-um-Zug-Leistung des Unternehmers abhängig ist, sondern gerade die **exakte Bestimmung** eben dieser **Zug-um-Zug-Leistung** des Unternehmers macht im Vollstreckungsverfahren sehr oft erhebliche Schwierigkeiten, die im Erkenntnisverfahren hätten bedacht werden müssen.

Es ist an anderer Stelle (Rdn. 1979 ff.) dargelegt worden, dass der Bauherr den behaupteten Mangel hinreichend bezeichnen muss; er braucht aber nicht die eigentlichen Mängelursachen anzugeben.[16] Er muss sogar dem zur Nacherfüllung (§ 635 Abs. 1 BGB) verpflichteten Unternehmer überlassen, welche Beseitigungsmaßnahme er im Einzelfall ergreifen will.[17] Nach § 635 Abs. 1 BGB steht dem Unternehmer insoweit ausdrücklich ein **Wahlrecht** zu; dies wird ihm auch im Vollstreckungsverfahren nicht genommen.

3193 Der **Urteilstenor** muss dem entsprechen: Das Gericht muss – gegebenenfalls durch Auswertung von Privatgutachten oder gerichtlichen Gutachten – feststellen, welche Mängel zu beseitigen sind. Es wird immer wieder übersehen, dass die **Gegenleistung des Unternehmers/Architekten** oder **Sonderfachmanns**, die im Rahmen der Gewährleistungspflicht dem Bauherrn geschuldet wird, bei der Zug-um-Zug-Verurteilung **hinreichend genau beschrieben** sein muss. Andernfalls ist der Titel für den Unternehmer überhaupt nicht vollstreckbar.[18] Der **Bauherr** selbst kann allerdings aus einem Zug-um-Zug-Urteil, das der **Unternehmer** erstritten hat, nicht vollstrecken.[19] Kommt der Unternehmer also seiner Nachbesserungspflicht nicht

---

16) OLG Hamm, NZBau 2006, 580, 581 (Anwendung der **Symptomrechtsprechung**).
17) BGH, BauR 1985, 355, 357, BauR 1973, 313, 316 = NJW 1973, 1792; BGH, BauR 1976, 430, 431; OLG Celle, MDR 2001, 686; *Quadbeck*, MDR 2000, 570, 571; *Heyers*, ZfBR 1979, 49, 50.
18) Vgl. BGH, NJW 1993, 3206, 3207; BGH, NJW 1994, 586, 587; OLG Düsseldorf, NJW-RR 1999, 793 = BauR 1999, 73 – LS („Herstellung eines lotgerechten Mauerwerkes in dem Gebäude …"); KG, BauR 1999, 438 (Freistellungsanspruch); *Schilken*, AcP 181, 355, 360; *Blunck*, NJW 1967, 1598; *Sebode*, DGVZ 1958, 34, 35; einschränkend: KG, WM 1974, 1145, 1146.
19) Keine Vollstreckung „in umgekehrter Richtung" (AG Wuppertal, DGVZ 1991, 43).

Vollstreckung aus Zug-um-Zug-Urteilen

nach, kann der Bauherr nicht etwa selbst den Weg des § 887 Abs. 1 ZPO beschreiten.[20] Das wird oftmals von den Bauherren verkannt.

Unzulässig wäre es, die Tragweite des Tenors nur mit Hilfe von im Titel nicht näher beschriebenen Umständen, wie z.B. durch Bezugnahme auf ein Sachverständigengutachten, zu umschreiben.[21] **3194**

Das Erfordernis der hinreichenden Bestimmtheit der Gegenleistung des Unternehmers hat seine innere Rechtfertigung auch in dem Umstand, dass es dem **Vollstreckungsorgan**, also dem Gerichtsvollzieher, möglich sein muss, die von dem Vollstreckungsgläubiger/Unternehmer zu erbringende **Gegenleistung** auf ihre ordnungsgemäße Erbringung zu **überprüfen**; denn der Gerichtsvollzieher muss bei der Vollstreckung nach Maßgabe des § 756 ZPO grundsätzlich untersuchen, ob die angebotene Gegenleistung der nach dem Urteil von dem Gläubiger/Unternehmer geschuldeten entspricht, ob sie also richtig und vollständig ist.[22] Das kann der Gerichtsvollzieher aber nur, wenn die Gegenleistung in dem Titel genau bezeichnet ist. Es müssen demnach im **Einzelfall** im **Tenor** durchaus **Angaben über das Material**, **über die Merkmale** der Herkunft, über **Größe** und dgl. mehr gemacht werden.[23] Eine **ungenaue** Bezeichnung der Gegenleistung hindert allerdings eine Vollstreckung nicht, wenn durch ein **weiteres Urteil** der Nachweis erbracht wird, dass der Schuldner zwischenzeitlich **befriedigt** worden ist.[24] Demgemäß ist **zu beachten**: **3195**

* Nach **h.A.** muss bei Zug-um-Zug-Urteilen die Gegenleistung – wie die Leistung des Beklagten – hinreichend in der Urteilsformel beschrieben werden. Ist das nicht der Fall, fehlt dem Urteil die Vollstreckungsfähigkeit.[25] **3196**

* Das gilt auch, wenn es darum geht, etwaige **Mitwirkungspflichten des Bauherrn** bei der Nachbesserung im Urteil festzuhalten. Hat der Bauherr z.B. einen Beitrag zur Mängelbeseitigung, etwa durch Vorarbeiten bei anderen Gewerken, oder einen Kostenzuschuss[26] zu leisten, muss auch dies hinreichend in dem Urteilstenor zum Ausdruck gebracht werden. **3197**

* *Beispiel* für einen zu **unbestimmten** Titel:
* Der Beklagte/Bauherr wird verurteilt, an den Kläger/Unternehmer 5000 M zu zahlen, Zug um Zug gegen Beseitigung der von dem Sachverständigen Schmitz festgestellten Mängel.
* Der Inhalt dieses Urteilstenors lässt nicht erkennen, was im Einzelnen an Mängeln beseitigt werden muss. Es reicht nicht aus, wenn die Parteien – vom Erkenntnisverfahren her – wissen, was gemacht werden soll.[27]
* *Beispiel* für einen hinreichend **bestimmten** Titel:

---

20) Vgl. auch BGH, ZfBR 1984, 176, 182.
21) OLG Hamm, JMBl. NRW 1973, 284.
22) Vgl. BGH, MDR 1977, 133; OLG Köln, JurBüro 1986, 1581; OLG Celle, NJW-RR 2000, 828.
23) OLG Frankfurt, JurBüro 1979, 1389; s. auch OLG Celle, MDR 2001, 686.
24) KG, WM 1974, 1145, 1146.
25) Vgl. OLG Frankfurt, a.a.O.; BGHZ 45, 287 = NJW 1966, 1755 = MDR 1966, 836; BGH, WM 1966, 1207, 1210; KG, WM 1974, 1145; LG Kleve, NJW-RR 1991, 704.
26) Vgl. dazu unten Rdn. **3209** u. BGH, NJW 1984, 1679 = BauR 1984, 401 = ZfBR 1984, 176.
27) OLG Hamm, MDR 1974, 239.

* Der Beklagte/Bauherr wird verurteilt, an den Kläger 20.000 M zu zahlen Zug um Zug gegen Herausgabe der geprüften Statik für das Bauvorhaben XY und der dafür gefertigten Ausschreibungsunterlagen.[28]

c) Die Vollstreckung durch den Gerichtsvollzieher

Literatur

Gilleßen/Jakobs, Das wörtliche Angebot bei der Zug-um-Zug-Vollstreckung in der Praxis des Gerichtsvollziehers, DGVZ 1981, 49; *Holch*, Zum Vollstreckungsprotokoll für mehrere Gläubiger, DGVZ 1988, 177; *Christmann*, Die Tenorierung des Annahmeverzuges bei der Zug-um-Zug-Verurteilung des Schuldners, DGVZ 1990, 1; *Münzberg*, Zum Nachweis der erbrachten Gegenleistung gemäß §§ 756, 765 ZPO durch Nichtbestreiten des Empfangsberechtigten, DGVZ 1991, 88; *Vallender*, Neue Tätigkeitsfelder für den Gerichtsvollzieher im künftigen Insolvenzverfahren?, DGVZ 1997, 53; *Seibel*, Die Prüfungskompetenz des Gerichtsvollziehers bei Zug um Zug zu erbringenden Mängelbeseitigungsmaßnahmen, ZfBR 2008, 330.

3198 Hängt die beizutreibende Leistung nach dem Inhalt des Titels von einer Zug um Zug zu bewirkenden Gegenleistung des Gläubigers/Unternehmers ab, so wird ohne Rücksicht darauf die **Vollstreckungsklausel** erteilt, es sei denn, die Gegenleistung besteht in der Abgabe einer Willenserklärung. Die Vollstreckung ist aber erst zulässig, wenn dem Gerichtsvollzieher **durch öffentliche oder öffentlich beglaubigte Urkunden nachgewiesen** wird, dass der Schuldner wegen der Gegenleistung **befriedigt** ist oder sich im **Annahmeverzug** befindet (§ 756 ZPO). Allerdings kann der Gläubiger/Unternehmer den Gerichtsvollzieher beauftragen, dem Schuldner/Auftraggeber die Gegenleistung anzubieten, ihn gegebenenfalls in Annahmeverzug zu setzen und sodann die Vollstreckung vorzunehmen (§ 84 Nr. 2 GVGA).

Der Gerichtsvollzieher kann allerdings ohne weiteres aus einem Zug-um-Zug-Titel vollstrecken, wenn eine der zu erbringenden Leistungen **unstreitig erbracht** worden ist.[29]

3199 Von den in der Baupraxis weniger bedeutsamen Fällen der vorherigen Befriedigung – und auch des Annahmeverzuges[30] – abgesehen, kann der **Unternehmer** als Baugläubiger bei einem Zug-um-Zug-Urteil **in aller Regel** nur vollstrecken, wenn er seine **(Gegen-)Leistung** – z.B. Nacherfüllung der im Tenor aufgeführten Mängel – **erbracht hat**.[31]

Er kann **nicht verlangen**, dass der Bauherr/Schuldner zunächst den geschuldeten Werklohn bei dem Gerichtsvollzieher **hinterlegt**.[32] Hat der Unternehmer al-

---

28) KG, WM 1974, 1145.
29) LG Düsseldorf, DGVZ 1991, 39 = mit Anm. *Münzberg*, DGVZ 1991, 88 ff.; AG Fürstenfeldbruck, DGVZ 1981, 90; LG Hannover, DGVZ 1985, 171; vgl. auch KG, WM 1974, 1145, 1146: Nachweis durch ein **zweites** Urteil – „zwischenzeitlich befriedigt".
30) Zum **Nachweis** des Annahmeverzugs siehe LG Augsburg, JurBüro 1994, 307; *Schuschke/Walker*, § 756 ZPO, Rn. 14 ff.; *Christmann*, DGVZ 1990, 1 ff.
31) Wie hier: OLG Stuttgart, DGVZ 1989, 11; LG Stuttgart, DGVZ 1990, 92; LG Arnsberg, DGVZ 1983, 151. Eine **Teilvollstreckung** nach **teilweise** erfolgter Gegenleistung ist nicht zulässig (AG Schönau, DGVZ 1990, 45).
32) LG Stuttgart, DGVZ 1990, 92.

lerdings seine Gegenleistung **erbracht**, so kann die Vollstreckung nicht deshalb verweigert werden, weil der Bauherr **weitere** Mängel geltend macht.[33]

Es sind aber auch Fälle denkbar, in denen der Unternehmer seine Gegenleistung nur **anbieten** muss, um vollstrecken zu können.

Die gesetzliche Regelung geht davon aus, dass der Gerichtsvollzieher die Gegenleistung des Unternehmers (Mängelbeseitigung) **tatsächlich** anbieten muss, d.h. also: **3200**

* ohne Mängel[34]
* vollständig (§ 266 BGB)
* am rechten Ort (§ 269 BGB)
* zur rechten Zeit (§ 271 BGB)[35]

Der Bauherr/Schuldner braucht also nur „zuzugreifen".[36]

Indes ist das Angebot, auf das § 756 ZPO abstellt, ein **tatsächlicher Vorgang**. Die bloß wörtlich erklärte Bereitschaft zur Leistung genügt grundsätzlich nicht.[37] Daraus ergibt sich, dass in Bausachen jedenfalls die Verurteilung zur Zahlung Zug um Zug gegen Nacherfüllung praktisch nichts anderes ist als eine Verurteilung auf Leistung nach Empfang der Gegenleistung (vgl. Rdn. 2748); ein Unterschied im Vollstreckungsablauf besteht nicht.[38] Der Unternehmer muss daher nacherfüllen, bevor er den Werklohn erhält. Es obliegt dem **Gerichtsvollzieher**, vor Beginn der Zwangsvollstreckung in eigener Sachkompetenz zu prüfen, ob ordnungsgemäß nacherfüllt wurde (vgl. Rdn. 2738 ff.); diese Prüfung muss sich auch auf alle mit der Nacherfüllung verbundenen Nebenarbeiten erstrecken.[39] **3201**

Ein **wörtliches Angebot** des Gerichtsvollziehers reicht aus, wenn der Schuldner/Bauherr **erklärt**, er nehme die Leistung nicht an (§ 756 Abs. 2 ZPO).[40] Dem steht es gleich, wenn der Bauherr/Schuldner zwar eine Annahmebereitschaft erklärt, die ihm obliegende Leistung jedoch verweigern will.[41] Ob der Bauherr als Vollstreckungsschuldner das Recht dazu hat, nach Erlass des Zug-um-Zug-Urteils die Nacherfüllung wegen **Unzumutbarkeit** zu verweigern, hat der Gerichtsvollzieher allerdings nicht zu prüfen. Das muss der Bauherr gegebenenfalls im Wege der Vollstreckungsgegenklage nach § 767 ZPO geltend machen.[42] **3202**

Zu beachten ist, dass eine Nacherfüllung letztlich ohne die Mitwirkung des Bauherrn, des Vollstreckungsschuldners, nicht erfolgen kann. **Weigert** sich der Bauherr **3203**

---

33) LG Bonn, DGVZ 1989, 12.
34) RGZ 111, 89.
35) RGZ 17, 367; LG Arnsberg, DGVZ 1983, 151 – Nachbesserung in einem Hotel.
36) RGZ 109, 328; OLG München, NJW-RR 1997, 944, 945.
37) Vgl. OLG Stuttgart, DGVZ 1989, 11; LG Dortmund, DGVZ 1977, 10; LG Aachen, DGVZ 1977, 88; LG Berlin, DGVZ 1978, 25; LG Bochum, DGVZ 1979, 123; AG Sinzig, NJW-RR 1987, 704; LG Ravensburg, DGVZ 1986, 88.
38) *E. Schneider*, DGVZ 1982, 37, 39.
39) So zutreffend: *Schuschke/Walker*, § 756 ZPO, Rn. 9 mit Hinweis auf AG Gütersloh, DGVZ 1983, 78.
40) Sinn der Vorschrift ist, dem Gläubiger ein aufwendiges und bei **Annahmeverweigerung** nutzloses **tatsächliches** Angebot zu ersparen; *Schuschke/Walker*, § 756 ZPO, Rn. 6.
41) *Schuschke/Walker*, § 756 ZPO, Rn. 6; BGH, RPfleger 1997, 221.
42) Vgl. OLG Stuttgart, Die Justiz 1982, 129.

trotz entsprechender Aufforderung durch den Unternehmer, einen ihm genehmen Termin für die Nacherfüllung zu nennen, so wird der Bauherr bereits durch die erfolglose Aufforderung zur Mitwirkung bei der Mängelbeseitigung in Verzug gesetzt (§ 295 BGB).[43] Dieser **Annahmeverzug** muss aber auch durch **öffentliche Urkunde nachgewiesen** werden (§ 756 ZPO). Der Nachweis bezieht sich dabei auf den Zugang der entsprechenden Aufforderung durch den Unternehmer. Das heißt, es muss nachgewiesen werden, dass der Bauherr in der Lage war, das mündliche oder schriftliche Angebot zur Mängelbeseitigung zur Kenntnis zu nehmen. Es **empfiehlt** sich für den Unternehmer daher, stets die Aufforderung, einen Nachbesserungstermin zu nennen, durch den Gerichtsvollzieher zustellen zu lassen.[44] Falsch wäre es jedenfalls, diese Aufforderung an den erstinstanzlichen Prozessbevollmächtigten des Bauherrn selbst zu richten. Reagiert der Bauherr, was allerdings selten vorkommt, nicht auf die erbetenen Terminsvorschläge, ist nach KG[45] eine Klage auf **Feststellung** des Annahmeverzugs auch nachträglich zulässig.

3204 Der Bauherr braucht die Nachbesserung/Nacherfüllung nicht hinzunehmen, wenn der Unternehmer nicht zugleich die erforderlichen – mit der Mängelbeseitigung verbundenen – **Nebenarbeiten** anbietet. Solche Nebenarbeiten kommen vor allem in Betracht, wenn in einem bereits bezogenen Haus Nachbesserungsarbeiten durchgeführt werden müssen. Der Unternehmer ist dann gegebenenfalls gehalten, in Bezug auf die Einrichtung des Bauherrn Vorsichtsmaßnahmen (Abdecken von Fußböden, Ausräumen von Räumen, Abdecken von Möbeln und dgl.) zu ergreifen. Macht der Bauherr Einwände gegenüber dem Angebot des Unternehmers, weil diese Nebenarbeiten nicht hinreichend in Aussicht gestellt sind, so darf der **Gerichtsvollzieher** solche **Einwände des Bauherrn nicht unbeachtet** lassen. Solange sich der Unternehmer zu den erforderlichen Nebenarbeiten nicht klar äußert, kann der Bauherr nicht in Annahmeverzug geraten und die Vollstreckung nicht betrieben werden.[46] Nichts Anderes gilt für die in § 635 Abs. 2 BGB n.F. angesprochenen, zum Zweck der Nacherfüllung erforderlichen „Aufwendungen, insbesondere Transport-, Wege-, Arbeits- und Materialkosten", die der Unternehmer zu tragen hat.

d) Die Überprüfung der Gegenleistung durch den Gerichtsvollzieher

Literatur

Stojek, Beweisaufnahme durch den Gerichtsvollzieher, MDR 1977, 456; *E. Schneider*, Prüfung der Gegenleistung durch den Gerichtsvollzieher, DGVZ 1978. 65; *Seibel*, Die Prüfungskompetenz des Gerichtsvollziehers bei Zug um Zug zu erbringenden Mängelbeseitigungsmaßnahmen, ZfBR 2008, 330.

3205 In der Baupraxis kommt es immer wieder vor, dass der Vollstreckungsschuldner/ **Bauherr** erklärt, die von dem Unternehmer nach dem Urteil oder Vergleich vorgenommene Mängelbeseitigung sei **nicht erfolgt**, nicht **durch ihn** erfolgt,[47] nur

---

43) KG, NZBau 2009, 385, 386 (s. hierzu auch *Weise/Hänsel*, NJW-Spezial 2008, 653); LG Hamburg, DGVZ 1984, 115.
44) Vgl. LG Köln, DGVZ 1981, 41, 42.
45) KG, NZBau 2009, 385, 386 = IBR 2009, 1107 – *Schwenker* (nur online).
46) So zutreffend: AG Gütersloh, DGVZ 1983, 78, 79.
47) Vgl. OLG Brandenburg, BauR 2006, 1507, 1509.

teilweise erfolgt oder **ganz und gar unsachgemäß**. Der Streit besteht somit – was sich dann aus dem Einstellungsbescheid des Gerichtsvollziehers ergibt – darüber, ob die Mängelbeseitigung **vollständig und richtig** erfolgt ist. Da die Feststellung des Gerichtsvollziehers sich immer nur auf eine Befriedigung des Bauherrn/Schuldners durch eine **Leistung** des **Unternehmers**/Gläubigers bezieht, stellt die Leistung eines durch den Bauherrn/Schuldner (inzwischen) eingeschalteten **Drittunternehmers** keine Befriedigung i.S. des § 756 ZPO dar.[48]

3206 Es war umstritten, ob bei Zug um Zug zu erbringenden Leistungen die Prüfung, ob von dem Unternehmer die Mängel ordnungsgemäß beseitigt worden sind, in das Zwangsvollstreckungsverfahren gehört. Es entspricht heute herrschender Auffassung, dass der **Gerichtsvollzieher selbstständig nachprüfen** muss, ob die **Nacherfüllung** nach Wahl des Unternehmers (§ 635 Abs. 1 BGB) gemäß dem zu vollstreckenden Titel ordnungsgemäß erbracht ist.[49] Über seine diesbezüglichen Feststellungen hat er eine **Niederschrift anzufertigen** (§§ 762, 763 ZPO). Kann der Gerichtsvollzieher aus eigener Sachkunde diese notwendige Feststellung nicht treffen, so muss er **einen Sachverständigen beiziehen**, um sich durch diesen das Tatsachenwissen vermitteln zu lassen, das zur Entscheidung der Rechtsfrage notwendig ist, ob die gemäß Vollstreckungstitel zu erbringende Gegenleistung ordnungsgemäß erbracht ist.[50] Der Sachverständige wird in diesem Falle als **Gehilfe des Gerichtsvollziehers** tätig. Stellt der Gerichtsvollzieher fest, dass die Nacherfüllung (ordnungsgemäß) erfolgt ist, kann die Zwangsvollstreckung nicht deshalb verweigert werden, weil der Vollstreckungsschuldner weitere Mängel geltend macht.[51]

3207 **Weigert** sich der Gerichtsvollzieher, einen Sachverständigen hinzuzuziehen, kann sich der vollstreckende Gläubiger/Unternehmer hiergegen mit der **Erinnerung** wehren (§ 766 ZPO).[52] Daneben wird man aber auch die **Feststellungsklage** des

---

[48] OLG Brandenburg, a.a.O.
[49] In der ab 1. Januar 1983 gültigen Fassung der **Geschäftsanweisung** für **Gerichtsvollzieher** (GVGA) heißt es in § 84 u.a.:
„2. Weist der Gläubiger dem Gerichtsvollzieher nicht durch öffentliche oder öffentlich beglaubigte Urkunden nach, dass er den Schuldner wegen der Gegenleistung befriedigt oder in Annahmeverzug gesetzt hat, so muss der Gerichtsvollzieher selbst dem Schuldner die Gegenleistung in einer den Annahmeverzug begründenden Weise anbieten, bevor er mit der Vollstreckung beginnen darf. Er müsste also in dem zu Nr. 1 erwähnten Beispiel das Pferd zum Schuldner bringen oder diesen zur Abholung auffordern, falls der Schuldner nach dem Schuldtitel zur Abholung verpflichtet ist.
Der Gerichtsvollzieher überprüft dabei, ob die angebotene Gegenleistung richtig und vollständig ist. In dem angegebenen Beispiel überzeugt er sich also davon, dass das Pferd das im Schuldtitel bezeichnete ist.
Das Angebot und die Erklärung des Schuldners beurkundet der Gerichtsvollzieher in dem Pfändungsprotokoll oder in einem besonderen Protokoll (§§ 756, 762, 763 ZPO)."
[50] OLG Brandenburg, BauR 2006, 1507, 1509; OLG Celle, MDR 2001, 686 u. NJW-RR 2000, 828; AG Mainz, DGVZ 1997, 172; OLG Hamm, DGVZ 1995, 183; KG, NJW-RR 1989, 638; OLG Köln, JurBüro 1986, 1581; OLG Stuttgart, Die Justiz 1982, 129; AG Wuppertal, DGVZ 1985, 77; *Schilken*, AcP 181, 355, 363 m.w.Nachw.; *Schneider*, DGVZ 1978, 65; **a.A.**: *Stojek*, MDR 1977, 456 (nur Feststellungsklage sei zulässig).
[51] LG Bonn, DGVZ 1989, 12; *Zöller/Stöber*, § 756 ZPO, Rn. 8.
[52] Vgl. KG, DGVZ 1989, 70; LG Hannover, DGVZ 1984, 152; *Schneider*, DGVZ 1978, 65, 66; AG Pirmasens, MDR 1975, 62, hält deshalb eine klärende Feststellungsklage sogar für unzulässig.

Unternehmers für zulässig halten müssen, und zwar dahin, dass er ordnungsgemäß nachgebessert hat[53] oder dass die Zug-um-Zug-Leistung aus Gründen, die der Bauherr/Schuldner zu vertreten hat, nicht mehr erfolgen kann.[54] Hängt die Zwangsvollstreckung von einer Zug um Zug zu erbringenden Nachbesserungsleistung des Gläubigers ab, ist eine mit der Begründung erhobene **Vollstreckungsgegenklage** (§ 767 ZPO) des **Schuldners**, der Gläubiger habe die Zug-um-Zug-Leistung entgegen der Bestätigung eines Sachverständigen **nicht** erbracht, **unzulässig**; als Rechtsbehelf steht dem Kläger in einem solchen Falle die **Erinnerung** nach § 766 ZPO zur Verfügung.[55]

3208 Ob der **Gerichtsvollzieher** befugt ist, die Zwangsvollstreckung **einstweilen einzustellen**, wenn über die Ordnungsmäßigkeit der Mängelbeseitigung bzw. Nacherfüllung durch den Bauherrn ein **selbstständiges Beweisverfahren** eingeleitet worden ist, dürfte vom Einzelfall abhängig sein. Das LG Oldenburg[56] hat eine solche einstweilige Einstellung gebilligt:

> „Die Prüfungspflicht des Gerichtsvollziehers findet aber da Grenzen, wo, wie hier, bereits ein Beweissicherungsverfahren unter Hinzuziehung eines Sachverständigen läuft. Das Gutachten des Sachverständigen, das sich gerade auf die Frage erstreckt, ob die Rollläden ordnungsgemäß montiert sind, steht noch aus. Wenn der Gerichtsvollzieher unter diesen Umständen die Zwangsvollstreckung einstweilen eingestellt hat, ist dies sachgerecht und kann nicht beanstandet werden."

Zu beachten ist, dass der **Bauherr/Auftraggeber,** der rechtskräftig zur Zahlung restlichen Werklohns Zug-um-Zug gegen Mängelbeseitigung verurteilt worden ist, die (weitere) Vollstreckung aus dem Urteil **verhindern** kann, wenn die Mängelbeseitigung (Nacherfüllung) durch den Unternehmer im Zwangsvollstreckungsverfahren misslingt. Eine solche Fallkonstellation liegt der Entscheidung des OLG Naumburg[57] zu Grunde: Im Vollstreckungsverfahren stellt der **Gerichtsvollzieher** auf Grund eines eingeholten Sachverständigengutachtens (zweimal) fest, dass der Unternehmer die Mängel nicht ordnungsgemäß beseitigt hat. Das OLG Naumburg geht zutreffend davon aus, dass der Bauherr/Auftraggeber nach materiellem Werkvertragsrecht berechtigt ist, nunmehr **Minderungs-** oder **Schadensersatzansprüche** der titulierten Forderung entgegenzusetzen mit der Folge, dass die **Vollstreckung** nur noch in Höhe des um die Minderung oder den Schadensersatzanspruch ermäßigten Werklohns zulässig ist. Zu einer weiteren Nacherfüllung ist der Unternehmer dann nicht mehr berechtigt bzw. verpflichtet.

---

53) *Schneider,* DGVZ 1978, 65, 67 mit Hinweis auf BGH, *Warneyer* 1976, Nr. 179; **a.A.:** AG Pirmasens, a.a.O.
54) In diesem Sinne: OLG Brandenburg, BauR 2006, 1507, 1511. **Gegenstand** einer solchen Klage auf Feststellung der unbedingten Zwangsvollstreckung ist allein „die Frage, ob der Vollstreckungsgläubiger weiterhin zur Erbringung der Gegenleistung, d.h. konkret zur Beseitigung der im Urteil aufgeführten Mängel, verpflichtet ist." Im Rahmen der Feststellungsklage können daher auch keine **neuen** Einwendungen von dem Bauherr/Schuldner erhoben werden, sondern nur über den Weg einer Vollstreckungsgegenklage.
55) So KG, NJW-RR 1989, 638 = DGVZ 1989, 70.
56) DGVZ 1974, 43; s. auch AG Varel, DGVZ 1974, 43.
57) BauR 2002, 347.

3. Die doppelte Zug-um-Zug-Verurteilung

Klagt der Unternehmer oder Architekt seinen Werklohn bzw. seine Vergütung ein und hat der Bauherr als Auftraggeber noch Mängelbeseitigungsansprüche, führt dies, wie dargelegt, zu einer normalen Zug-um-Zug-Verurteilung. Zweifelhaft war, wie zu entscheiden ist, wenn der **Bauherr** als Auftraggeber **seinerseits zu den Nachbesserungsarbeiten etwas beitragen** muss, sei es durch entsprechende **Vorarbeiten**, sei es durch **Ausgleichszahlung**. Eine solche materielle Beteiligung des Bauherrn an den Nachbesserungskosten ist vor allem in Betracht zu ziehen, wenn dem Bauherrn ein **Mitverschulden** für Planungsmängel des Architekten (§§ 254, 278, 242 BGB) anzurechnen ist oder wenn er im Wege der **Vorteilsausgleichung** (vgl. Rdn. 2946 ff.) eine Zuschusspflicht hat.[58]   **3209**

Muss der **Bauherr** als Auftraggeber, z.B. weil er für die Entstehung des Baumangels **mitverantwortlich** ist, zu den Instandsetzungskosten beitragen, ist seine Beteiligungspflicht bei seinem Anspruch auf Nacherfüllung durch Zahlung eines entsprechenden **Zuschusses** an den Auftragnehmer/Unternehmer auszugleichen. Dem Unternehmer steht wegen dieses Zuschussanspruchs jedenfalls ein **Zurückbehaltungsrecht** (§ 273 BGB) zu, was sich **außerprozessual** dahin auswirkt, dass der Unternehmer eine ausreichende Sicherheitsleistung von dem Bauherrn verlangen kann.[59]   **3210**

Für das gerichtliche Verfahren **(Werklohnprozess)** ist eine solche einschränkende Behandlung nicht angezeigt: Hier führt die Kostenbeteiligungspflicht des Bauherrn zu einer sog. **„doppelten Zug-um-Zug-Verurteilung"**.[60] Dadurch wird festgelegt, dass der Unternehmer seine (restliche) Vergütung zwar nur Zug um Zug gegen Nacherfüllung erhält, dass er seinerseits aber die Nacherfüllung nur Zug um Zug gegen **Zuschusszahlung** durchzuführen braucht.[61]   **3211**

Daraus ergibt sich für das Vollstreckungsverfahren nach BGH folgende **Konsequenz**:   **3212**

„Indessen ist der Auftraggeber auch auf Grund der Doppeleinrede nicht gehalten, seinen Beitrag zu den Nachbesserungskosten schon vor Ausführung der Mängelbeseitigung dem Auftragnehmer auszuhändigen. Nach den für die Vollstreckung von Zug-um-Zug-Urteilen einschlägigen Bestimmungen (§§ 756, 765 ZPO) reicht es vielmehr aus, wenn dem Schuldner die ihm gebührende Leistung in einer den Verzug der Annahme begründenden Weise angeboten wird. Die Zug um Zug geschuldete Leistung muss lediglich so bereitgestellt werden, dass der Schuldner nur noch zuzugreifen braucht (§ 294 BGB). Die wirkliche Leistung des Gläubigers findet dagegen statt, wenn der Schuldner seine Pflichten vollständig erfüllt hat. Ist er dazu nicht bereit, so gerät er als Gläubiger der Gegenleistung gemäß § 298 BGB auch dann in Annahmeverzug, wenn er die Gegenleistung als solche annehmen will. Während des Annahmeverzugs muss er nach § 274 Abs. 2 BGB die Vollstreckung dulden, ohne die Gegenleistung zu erhalten."

Daraus folgt für die Kostenbeteiligungspflicht des Auftraggebers:

Hat er einen Titel auf Mängelbeseitigung Zug um Zug gegen Zuschusszahlung erstritten, so braucht er nicht vorzuleisten, sondern muss den Zuschussbetrag nur tatsächlich anbieten. Als-

---

58) Stichwort „**Sowiesokosten**", vgl. BGH, NJW 1981, 1448, 1449; BGH; *Schäfer/Finnern*, Z 2.400 Bl. 41, 42 R; BGH, WM 1984, 395 = ZfBR 1984, 173; BGH, BauR 1984, 401 = ZfBR 1984, 176 = WM 1984, 839 = NJW 1984, 1679.
59) BGH, BauR 1984, 395 = ZfBR 1984, 173 = WM 1984, 774.
60) BGH, NJW 1984, 1679.
61) BGH, a.a.O.

dann hat der Auftragnehmer die Nachbesserungsarbeiten zu erbringen und erhält daraufhin den Zuschuss ausbezahlt. Im Falle seiner Weigerung hat er uneingeschränkt die Zwangsvollstreckung gemäß § 887 ZPO zu dulden. Im Rahmen der Entscheidung über den von ihm zu leistenden Kostenvorschuss (§ 887 Abs. 2 ZPO), also den voraussichtlichen Mangelbeseitigungsaufwand, ist die Zuschusspflicht des Auftraggebers zu berücksichtigen.

Handelt es sich dagegen um einen Restwerklohntitel mit doppeltem Zug-um-Zug-Vorbehalt, so muss umgekehrt der Auftragnehmer ordnungsgemäß die Nachbesserung anbieten. Da er nur Zug um Zug gegen Kostenbeteiligung zu leisten braucht, hat er nur zunächst den Auftraggeber zur Zuschusszahlung aufzufordern (entsprechend § 295 Satz 2 BGB). Lehnt dieser ab, kann der Vergütungstitel vollstreckt werden. Bietet der Auftraggeber den Kostenbeitrag tatsächlich an – mehr hat er gemäß § 294, 298 BGB nicht zu tun, insbesondere also den Zuschuss noch nicht auszuzahlen –, so muss der Auftragnehmer sein Nachbesserungsangebot in die Tat umsetzen. Das kann er nur, indem er die Mängel abnehmbar beseitigt. Darin liegt zwar eine gewisse Benachteiligung gegenüber dem Auftraggeber, doch ist diese im unterschiedlichen Inhalt der beiderseitigen Leistungspflichten begründet. § 294 BGB verlangt, dass die Leistung tatsächlich, nicht nur wörtlich, so angeboten wird, wie sie zu bewirken ist. Dazu ist der Werkunternehmer erst in der Lage, nachdem er die ihm obliegenden Nachbesserungsmaßnahmen vollständig ausgeführt hat, sodass sie abgenommen werden können.

Im Ergebnis ist der Auftragnehmer also auch bei der ‚doppelten Zug-um-Zug-Verurteilung' praktisch vorleistungspflichtig. Er muss den Nachweis der erfolgten Mängelbeseitigung führen, bevor ihm der Zuschuss ausgehändigt wird und er seinen Restwerklohnanspruch vollstrecken kann. Mangels Vorwegzahlung bleibt für ihn auch der wirtschaftliche Anreiz zur alsbaldigen Nachbesserung bestehen."

3213 Auch bei der doppelten Zug-um-Zug-Verurteilung behält der **Auftragnehmer/ Unternehmer** die Möglichkeit, den Restwerklohn ohne Mängelbeseitigung beizutreiben, wenn der Bauherr seinen Kostenbeitrag nicht in gehöriger Form anbietet. Der Bauherr ist auch verpflichtet, den **Kostenbeitrag** nach Abgabe seines tatsächlichen Angebots zu Gunsten des nachbesserungsbereiten Auftragnehmers/Unternehmers zu **hinterlegen**.[62] Dadurch wird er nach Ansicht des BGH auch nicht unangemessen belastet, weil es nicht gerechtfertigt sei, ihn über diese Mittel bis zur endgültigen Mängelbeseitigung frei verfügen zu lassen; vielmehr sei sein Kostenbeitrag bereits zu Beginn der Mängelbeseitigung bereitzustellen, wenn auch noch nicht auszuzahlen.

Hinterlegt der Auftraggeber/Bauherr seinen Kostenzuschuss, **beseitigt der Unternehmer** aber die **Mängel nicht**, hat der Bauherr die Möglichkeit, die Freigabe des bereitgestellten Zuschusses zu verlangen. Außerdem hat er die Möglichkeit, nunmehr selbst den Auftragnehmer auf Mängelbeseitigung zu verklagen oder einen Drittunternehmer einzuschalten (§ 634 Nr. 2, 637 Abs. 1 BGB, § 13 Abs. 5 VOB/B) und die dabei anfallenden Kosten mit dem Restwerklohn und der Eigenbeteiligungsquote zu verrechnen.[63]

4. Die Vollstreckung auf Leistung nach Empfang der Gegenleistung

Literatur

Gabius, Die Vollstreckung von Urteilen auf Leistung nach Empfang der Gegenleistung, NJW 1971, 866; *Schilken*, Wechselbeziehungen bei Zug-um-Zug-Leistungen, AcP 181, 355.

---

62) BGH, BauR 1984, 395.
63) BGH, BauR 1984, 395.

Vollstreckung aus Zug-um-Zug-Urteilen

Eine Verpflichtung zur Leistung nach Empfang der Gegenleistung kann nur ausgesprochen werden, wenn sich der Schuldner **bereits im Zeitpunkt des Titelerlasses in Annahmeverzug** befunden hat.[64] Der Annahmeverzug muss sich dabei direkt aus dem Vollstreckungstitel ergeben.[65] Ein solches Urteil wird praktisch in gleicher Weise vollstreckt wie die Verurteilung zur Leistung Zug um Zug gegen die Gegenleistung. Dementsprechend ist auch die **Vollstreckungsklausel** sofort zu erteilen.[66]

Der Gerichtsvollzieher darf mit der Vollstreckung einer Verurteilung zur Zahlung „nach Empfang der Gegenleistung" aber erst beginnen, wenn er dem Schuldner die diesem gebührende Leistung in einer den Verzug der Annahme begründenden Weise angeboten hat oder der Nachweis, dass der Schuldner befriedigt oder im Annahmeverzug ist, durch öffentliche oder öffentlich beglaubigte Urkunden geführt wird und eine Abschrift dieser Urkunden bereits zugestellt ist oder gleichzeitig zugestellt wird.

---

64) Vgl. BGH, BauR 2002, 794 = ZfBR 2002, 463 = NZBau 2002, 266 = MDR 2002, 512 (für verweigerte Nachbesserung durch den Besteller); OLG Celle, NZBau 2004, 328, 329; *Gabius*, NJW 1971, 866; OLG Dresden, SeuffArch. 64, 170.
65) *Schilken*, AcP 181, 382; vgl. auch OLG Köln, JurBüro 1989, 870 = DGVZ 1989, 151 (Entscheidungsgründe).
66) OLG Karlsruhe, MDR 1975, 938 m. Nachw.

III. Die Vollstreckung zur Erwirkung von Baumaßnahmen

Übersicht

	Rdn.		Rdn.
1. Tenorierungsprobleme	3216	d) Der Erfüllungseinwand des Unternehmers	3238
2. Das Verfahren nach § 887 Abs. 1 ZPO	3221	3. Der Ermächtigungsbeschluss	3246
a) Vertretbare Handlungen	3222	4. Der Kostenvorschussanspruch (§ 887 Abs. 2 ZPO)	3247
b) Die Verweigerung der Handlung	3225	5. Kosten der Zwangsvollstreckung (§ 788 ZPO)	3252
c) Die Mitwirkungspflicht des Bauherrn nach § 887 Abs. 1 ZPO	3229		

3215 Es ist in der Praxis zu beobachten, dass sich nach einem Erkenntnisverfahren, das eine Verurteilung des Bauunternehmers/Architekten zur Mängelbeseitigung zum Ziele hatte, öfter das Beschlussverfahren nach **§ 887 ZPO** anschließt;[1] gerade dieses Verfahren wirft bei Bausachen erhebliche Zweifelsfragen auf.

1. Tenorierungsprobleme

3216 Einem Unternehmer kann nicht vorgeschrieben werden, auf welche Art und Weise er den Mangel zu beseitigen hat (§ 635 Abs. 1 BGB). Beifügungen von Anordnungen, wie die Beseitigung technisch zu bewerkstelligen ist, haben deshalb grundsätzlich zu unterbleiben, es sei denn, der Unternehmer ist mit der Beseitigung auf diese Weise ausdrücklich einverstanden oder er hat sie sogar ausdrücklich im **Erkenntnisverfahren** empfohlen.[2] Indes muss jeder **Vollstreckungstitel**, also auch derjenige auf **Vornahme von Baumaßnahmen**, inhaltlich bestimmt sein. Dieser Voraussetzung genügt ein Titel nur dann, wenn er aus sich heraus verständlich ist und auch für jeden Dritten erkennen lässt, was der Gläubiger/Bauherr von dem Schuldner/Unternehmer verlangen kann.[3] Die zu **vollstreckende Handlung** (Baumaßnahme) muss deshalb allein aus dem **Vollstreckungstitel erkennbar** sein. Ist dieses Ziel der Vollstreckung nicht aus dem Titel selbst, sondern nur aus sonstigen Umständen **bestimmbar**, ist der **Vollstreckungstitel** nicht vollstreckungsfähig.[4] Nicht aus dem Titel zu klärende Unbestimmtheiten sind nicht in dem Vollstreckungsverfahren aufzuklären, sondern gehören in ein Erkenntnisverfahren.[5]

---

1) Das Verfahren nach § 887 ZPO wird nicht durch die **Eröffnung** eines **Insolvenzverfahrens** gemäß § 240 ZPO unterbrochen, wenn der zu vollstreckende Anspruch eine Insolvenzforderung darstellt; die Zwangsvollstreckung wird vielmehr nach **§ 89 InsO unzulässig** (OLG Stuttgart, NZBau 2012, 42 m.w.Nachw.).
2) Vgl. oben Rdn. **1980**; BGH, BauR 1973, 313, 317 = NJW 1973, 1792; OLG Hamm, NZBau 2004, 393, 394 = BauR 2004, 102, 104 = NJW 2003, 3568; OLG Zweibrücken, MDR 1983, 500; OLG Düsseldorf, OLGR 1995, 36, 37; OLG Stuttgart, NJWRR 1999, 792.
3) BGH, BauR 1993, 111, 115 = ZfBR 1993, 61; OLG Saarbrücken, NZBau 2010, 249 (Vergleich); OLG Dresden, OLGR 2009, 851, 852; OLG Koblenz, BauR 1999, 942, 943 u. BauR 1998, 1050; OLG Stuttgart, NJW-RR 1999, 792.
4) OLG Saarbrücken, NZBau 2010, 249, 250; OLG Hamm, IBR 2010, 542 u. JMBl. NRW 1960, 229; MDR 1959, 767; OLG Saarbrücken, OLGZ 1967, 34; OLG Dresden, JW 1938, 1468; OLG Hamm, MDR 1974, 239.
5) OLG Hamm, MDR 1974, 238, 239 m. Hinweis auf BGH, NJW 1962, 110.

Tenorierungsprobleme

3217 Nach richtiger Ansicht bleibt der Unternehmer auch im Vollstreckungsverfahren nach § 887 Abs. 1 ZPO befugt, von seinem **Wahlrecht**, wie er den Mangel beseitigen will, weiterhin Gebrauch zu machen, sodass auch die von ihm selbst bezeichnete Art der Mängelbeseitigung zu gestatten ist, sofern sie nur geeignet ist, den Mangel zu beheben.[6]

3218 Indes darf nicht übersehen werden, dass eine **mangelnde Bestimmtheit** des Vollstreckungstitels **ausnahmsweise** in dem Vollstreckungsverfahren nach § 887 ZPO noch **behoben** werden kann und muss: Kann z.B. durch die **Entscheidungsgründe** genau ermittelt werden, was von dem Unternehmer an Mängelbeseitigung verlangt wird, wird das Prozessgericht im Rahmen eines Antrages nach § 887 Abs. 1 ZPO den Bauherrn/Gläubiger aufzufordern haben (§ 139 ZPO), gegebenenfalls einen „entsprechend den Ausführungen der Entscheidungsgründe formulierten genauen Antrag des Klägers auf Ersatzvornahme" zu stellen.[7] Es ist dann Sache des Bauherrn/Gläubigers, konkret darzutun, welchen Mangel er auf Kosten des Unternehmers/Schuldners beseitigen will; eine allgemeine Ermächtigung zur Mängelbeseitigung (§ 635 Abs. 1 BGB) ist im Rahmen des § 887 ZPO **nicht** statthaft, weil sie den durch den Vollstreckungstitel vorgegebenen Rahmen sprengen könnte.[8] Über einen – gegebenenfalls nach richterlichem Hinweis – angepassten Antrag wird das Prozessgericht sodann nach § 887 ZPO zu befinden haben. Entscheidet sich der Gläubiger in seinem Antrag **für eine bestimmte Art** der Durchführung („Mängelbeseitigung"), so hindert dies den Schuldner allerdings nicht „an der Erfüllung in einer anderen Art und Weise, als es der Gläubiger mit der Zwangsvollstreckung erreichen will".[9]

3219 Das OLG Hamm[10] meint in Übereinstimmung mit dem OLG Düsseldorf[11] – in Abweichung von der in Rechtsprechung und Lehre überwiegend vertretenen Ansicht,[12] wonach eine genaue Bezeichnung auch für das Verfahren nach § 887 ZPO verlangt wird –, der Gläubiger/Bauherr brauche seinen Antrag nach § 887 Abs. 1

---

6) BGH, NJW 1995, 3189, 3190; OLG Zweibrücken, JurBüro 1982, 939; vgl. auch OLG Köln, NJW-RR 1990, 1087. Unzutreffend daher: OLG Düsseldorf (OLGR 1995, 74 = BauR 1995, 423), das in der urteilsmäßigen Verpflichtung, „das Kellergeschoss des Hauses der Gläubiger gegen von außen eindringende Nässe abzudichten", eine nach § 888 ZPO unvertretbare Handlung sieht; zutreffend dagegen: OLG Düsseldorf (OLGR 1995, 36) für Verpflichtung des Schuldners, „Feuchtigkeit" an bestimmten Außenwänden des Hauses zu beseitigen sowie „geeignete Isolierungsmaßnahmen zu treffen, die das erneute Auftreten von Feuchtigkeit" an diesen Wänden „verhindern".
7) OLG Köln, JMBl. NRW 1984, 103; OLG Koblenz, BauR 1999, 942, 943 = NJW-RR 1998, 1770; s. auch OLG Frankfurt, NJW 1996, 1219, 1220, das den Vollstreckungstitel nach § 242 BGB auslegt.
8) So zutreffend: OLG Koblenz, BauR 1998, 1050, 1051 = NJW-RR 1998, 1770 = OLGR 1998, 334.
9) BGH, NJW 1995, 3189, 3190 für das **alte** Recht.
10) BauR 1984, 547 = JurBüro 1984, 1260 = MDR 1984, 591 = OLGZ 1984, 254.
11) OLGZ 1976, 376; ebenso: OLG Düsseldorf, OLGR 1995, 36, 37; s. auch OLG Hamm, MDR 1983, 850; OLG Stuttgart, BauR 1986, 490; OLG München, NJW-RR 1988, 22 = BauR 1988, 377.
12) Vgl. u.a. OLG Zweibrücken, MDR 1974, 409; JurBüro 1982, 939; OLG Köln, NJW 1985, 274 = OLGZ 1984, 238 u. NJW-RR 1990, 1087; OLG Koblenz, BauR 1999, 942; OLG Bamberg, NJW-RR 2000, 358 u. OLG Stuttgart, NJW-RR 1999, 792: Der **Antrag** nach § 887 Abs. 1 ZPO muss die zur Herbeiführung des geschuldeten Erfolgs durchzuführenden Maß-

nicht genauer zu fassen als seinen Klageantrag nach § 633 Abs. 3 BGB a.F. Würde nämlich der Gläubiger/Bauherr auf **bestimmte Einzelmaßnahmen** festgelegt, so sei nicht auszuschließen, dass sie sich an Ort und Stelle als ungeeignet und unvollständig erwiesen oder dass der zugezogene Architekt bzw. Drittunternehmer für die vorgeschriebene Sanierungsart keine Gewähr übernehmen wolle. Dem Gläubiger sei es aber nicht zuzumuten, einen erneuten Antrag nach § 887 ZPO zu stellen.

3220 Im **Ergebnis** ist festzustellen, dass der Antrag nach § 887 ZPO zumindest die einem Urteilstenor entsprechende genaue inhaltliche Bestimmtheit haben muss. Ist der Urteilsausspruch ungenau und kann er auch im Verfahren nach § 887 ZPO nicht korrigiert werden, ist – gegebenenfalls nach einem **richterlichen Hinweis**[13] – ein Antrag nach § 887 Abs. 1 ZPO zurückzuweisen.

2. Das Verfahren nach § 887 Abs. 1 ZPO

Literatur

Burkhardt, Die Zwangsvollstreckung wegen Vornahme vertretbarer Handlungen, JurBüro 1959, 319; *Bauer*, Die Zwangsvollstreckung wegen vertretbarer und nicht vertretbarer Handlungen, JurBüro 1964, 399, 461; *E. Schneider*, Probleme der Handlungsvollstreckung nach § 887 ZPO, MDR 1975, 279; *Pentz*, Weitere Beschwerde in den Verfahren nach §§ 887 ff. ZPO, NJW 1997, 442; *Quadbeck*, Vollstreckung in Bausachen – Durchsetzung von Nachbesserungsansprüchen, MDR 2000, 570.

3221 Wird der Unternehmer/Architekt oder Sonderfachmann zu einer Bau-**Erfüllungs**- oder -**Nacherfüllungs**maßnahme verurteilt, richtet sich die Vollstreckung, wenn er untätig bleibt, nach §§ 887, 888 ZPO. In diesem Verfahren spielt die Frage der **materiellen Richtigkeit** des Titels keine Rolle.[14]

Für den baurechtlichen Bereich ist nur die Vorschrift des **§ 887 Abs. 1 ZPO** in Betracht zu ziehen, da Baumaßnahmen in aller Regel **vertretbare Handlungen** sind.[15] Geht es um „komplexe Baumaßnahmen mit Ungewissem Ausgang", bei denen mehrere zusammenwirken müssen, soll nach OLG München[16] allerdings eine unvertretbare Handlung im Sinne des **§ 888 ZPO** vorliegen. Kommt es entscheidend auf die unersetzbaren Fähigkeiten des Bauschuldners an, wird man von einer unvertretbaren Handlung ausgehen müssen.[17] Dies darzutun ist Sache des Gläubigers.

---

nahmen **genau bezeichnen**, wenn streitig ist, welche Maßnahmen für eine fachgerechte Beseitigung des Mangels erforderlich sind.
13) OLG Frankfurt, NJW-RR 1996, 1219, 1220.
14) OLG Bamberg, NJW-RR 1998, 716.
15) BGH, BauR 1993, 111, 112 = ZfBR 1993, 61 u. BGHZ 90, 354, 360 = BauR 1984, 401; zur Vollstreckung und Rechtskraftwirkung eines Urteils auf Erklärung rechtsgeschäftlicher **Abnahme**: OLG Stuttgart, NZBau 2011, 619; zur Vollstreckung eines Urteils auf Stellung einer **Sicherheit** gemäß § 648a ZPO: LG Hagen, IBR 2011, 20 – *Hesse*.
16) NJW-RR 1992, 768; siehe ferner LG Bonn, BauR 1994, 138 für die Verpflichtung, „sämtliche tatsächlich angefallenen Baukosten mitzuteilen" (§ 888 ZPO).
17) Siehe *MünchKomm-Schilken*, § 887 ZPO, Rn. 7.

Das Verfahren nach § 887 Abs. 1 ZPO

a) Vertretbare Handlungen

3222 Vertretbare Handlungen i.S. des § 887 Abs. 1 ZPO sind immer solche, deren Vornahme auch durch einen Dritten an Stelle des Schuldners erfolgen kann. Bei ihnen ist es rechtlich und wirtschaftlich für den Bauherrn (den Gläubiger) unwichtig, ob sie der Schuldner (Unternehmer) selbst erfüllt oder etwa ein Dritter, der sog. **Drittunternehmer**.[18] Der Drittunternehmer muss also die Handlung, die vollstreckt werden soll, selbstständig – ohne **Mitwirkung** des verurteilten Unternehmers – vornehmen können.[19] Ist zur Vornahme der Handlung die **Zustimmung eines Dritten**, z.B. Baunachbarn, erforderlich, dann muss diese Zustimmung schon bei Erlass des Ermächtigungsbeschlusses nach § 887 Abs. 1 ZPO vorliegen.[20] **Behördliche** („öffentlich-rechtliche") **Genehmigungen**, die erforderlich sind und fehlen, hindern einen Ermächtigungsbeschluss nach § 887 Abs. 1 ZPO allerdings noch nicht.[21] Ist die Leistung zur Zeit des Verfahrens nach § 887 ZPO **unmöglich**, ist der Antrag zurückzuweisen. Die Beweislast für die Unmöglichkeit trägt der Schuldner. Die Ermächtigung nach § 887 ZPO berechtigt im Übrigen den Gläubiger auch, an Stelle des Schuldners unter Vorlage des Gerichtsbeschlusses um eine **Baugenehmigung** für die vorzunehmenden Arbeiten nachzusuchen.

3223 Sind begleitende Einzelmaßnahmen erforderlich, um eine „Handlung" i.S. des § 887 Abs. 1 ZPO durchzuführen, so ändert dies an der Vollstreckbarkeit nach § 887 ZPO so lange nichts, als die notwendigen **zusammenhängenden Einzelmaßnahmen** ebenfalls als „Handlungen" i.S. des § 887 Abs. 1 ZPO zu qualifizieren sind. Diese Voraussetzung wird bei Bausachen ebenfalls immer gegeben sein.[22] Auch sog. **Mischfälle, Lieferung und Einbau von Baumaterialien**, sind einheitlich nach § 887 Abs. 1 ZPO zu behandeln; denn im Baurecht wird die von dem Unternehmer zu erbringende **Bauleistung** gegenüber seiner Lieferverpflichtung immer im Vordergrund stehen. Sie ist nach der Verkehrsauffassung das Entscheidende und prägt sein Leistungsbild. Hat deshalb ein Unternehmer nach dem Urteil z. B „neue Fensterbänke zu liefern und zu montieren", handelt es sich um eine **einheitliche Bauleistung**, die als vertretbare Handlung nach § 887 Abs. 1 ZPO vollstreckt wird. Selbst wenn die Bauleistung mit der Abgabe einer Willenserklärung verbunden ist, kann sie noch unter § 887 Abs. 1 fallen.[23] Demgegenüber liegt nach OLG Köln[24] eine **unvertretbare** Handlung i.S. des § 888 ZPO vor, wenn der Unternehmer zur Erstellung einer **prüfbaren Schlussrechnung** verurteilt wird, der Umfang der erbrachten Leistungen für einen **Dritten** aber nicht mehr feststellbar sind.

---

[18] OLG Hamm, OLGZ 1967, 250; *Schneider*, MDR 1975, 279.
[19] OLG Schleswig, DGVZ 1966, 106.
[20] OLG Frankfurt, MDR 1983, 141 = JurBüro 1983, 143 für die Vornahme von Schallschutzarbeiten von einem Nachbargrundstück aus.
[21] Vgl. OLG Koblenz, BauR 1999, 942, 944; LG Köln, ZMR 1960, 317, 318; OLG Celle, MDR 1961, 859.
[22] Vgl. auch *Schneider*, MDR 1979, 279, 280 mit Hinweis auf OLG Köln, JurBüro 1969, 363; KG, JW 1924, 2038 für den Fall eines Überbaues, wenn dazu ein Umbau nötig ist.
[23] OLG Köln, ZMR 1973, 253 = DB 1972, 1030 für die Errichtung eines schlüsselfertigen Hauses durch einen Architekten; OLG Stuttgart, Die Justiz 1970, 49 für die Übereignung eines Grundstücks.
[24] BauR 2001, 1788.

3224 * **Weitere Beispiele:**

OLG Hamm, OLGZ 1966, 443 für **Abschluss** eines **Vertrages** zwischen dem Schuldner und einem **Architekten** seiner Wahl über die Planung und Durchführung eines Bauvorhabens; OLG Zweibrücken, MDR 1974, 409 für **Maßnahmen** zur **Stützung** des **Nachbargrundstücks** (Absicherung eines Steilhangs); OLG Zweibrücken, OLGZ 1974, 318; JurBüro 1982, 939 für **Mängelbeseitigungspflichten** (gegen OLG Düsseldorf, OLGZ 1976, 376); OLG Frankfurt, JW 1925, 2346 – Änderung der Heizungsanlage; KG, JW 1924, 2038 – **Instandsetzung** der Beleuchtungsanlage; OLG Celle, NJW 1962, 595; OLG Hamm, NJW 1965, 2207 – **Beseitigung eines Bauwerkes** von einem zwangsgeräumten Grundstück, KG, JW 1927, 1945 – Instandsetzung von Fahrstuhl und Sammelheizung; OLG Köln, DB 1974, 2002 – Verpflichtung, einen Baukran oder Baugeräte nach seiner Wahl aus dem Sortiment zum Listenpreis zu kaufen; OLG Düsseldorf, JZ 1961, 293; OLG Celle, NJW 1962, 595 – **Abbruch** eines Gebäudes; OLG Hamm, NJW 1985, 274 = OLGZ 1984, 184 – für Maßnahmen, dass der Verkehr auf ein Grundstück ausschließlich von einer bestimmten Straße aus erfolgt; OLG Düsseldorf, MDR 1998, 734 u. OLGR 1995, 36 – Verurteilung, „die Feuchtigkeit" an bestimmten Außenwänden „zu beseitigen" sowie „geeignete Isolierungsmaßnahmen zu treffen, die das erneute Auftreten von Feuchtigkeit verhindern" (anders: OLG Düsseldorf, OLGR 1995, 74 = BauR 1995, 423 für urteilsmäßige Verpflichtung, „das Kellergeschoss des Hauses des Gläubigers gegen von außen eindringende Nässe abzudichten"; Anwendung von § 888); OLG Köln, JurBüro 1995, 1405 für **Auskunft** und **Rechnungslegung**, wenn die Erfüllung des titulierten Anspruchs durch Einholung eines Sachverständigengutachtens möglich ist, ohne dass es der Mitwirkung des Schuldners bedarf (z.B. Mitteilung persönlichen Wissens); KG, NJW-RR 1999, 793 = BauR 1999, 438 zur Vollstreckung des Anspruchs auf „Freistellung von Gewährleistungsansprüchen"; OLG Koblenz, BauR 1999, 942 zum Antrag, „das Sondernutzungsrecht an dem Pkw-Einstellplatz in der offenen Doppelparkeranlage zu verschaffen, das im Aufteilungsplan gemäß Urkunde vom … mit Nummer … gekennzeichnet ist".

b) Die Verweigerung der Handlung

3225 In Bausachen stellt sich immer wieder die Frage, **ab wann frühestens** der Gläubiger/Bauherr[25] einen Antrag aus § 887 Abs. 1 ZPO stellen kann. § 887 Abs. 1 ZPO spricht von „**Verweigerung der Handlung**". Damit sind Fälle gemeint, in denen der **Bauwerkunternehmer**, aus welchen Gründen auch immer, **selbst** nichts tut. Allerdings ist dem Bauwerkunternehmer zur Erfüllung seiner urteilsmäßigen Nachbesserungspflicht immer eine gewisse „**Ausführungsfrist**" zuzubilligen; denn im Verfahren nach § 887 ZPO hat das Gericht jedenfalls auch zu prüfen, ob der Unternehmer seiner Verpflichtung, die Nachbesserung vorzunehmen, seit dem Eintritt der Vollstreckbarkeit des Schuldtitels hätte nachkommen können.[26] Die Ausführungsfrist, die dem Schuldner nach den Umständen des Einzelfalles zu belassen ist,

---

[25] Nach erfolgreicher Klage eines **Erwerbers**/einzelnen Wohnungseigentümers kann dieser gemäß § 887 Abs. 1 und 2 ZPO ermächtigt werden, auf Kosten des Bauträgers die Mängel am **Gemeinschaftseigentum** zu beseitigen (OLG München, BauR 2006, 2098).

[26] OLG München, MDR 1962, 487.

kann von dem Gläubiger nicht mit der Aufforderung unterlaufen werden, der Schuldner möge sich kurzfristig zu seinem Sanierungskonzept äußern.[27]

Das ist eine Frage des Einzelfalles:

So wird es einem Unternehmer bei einem größeren Bauvorhaben mit umfangreichen Nachbesserungsarbeiten nicht möglich sein, unmittelbar nach Erlass des vorläufig vollstreckbaren Titels mit den Arbeiten zu beginnen. Er wird möglicherweise die Baustelle neu einrichten müssen, möglicherweise wird er auch noch einen Architekten oder Fachmann hinzuziehen müssen, um seine Nachbesserungspflichten erfüllen zu können; insbesondere muss dem Unternehmer aber auch zukünftig die Zeit bleiben zu prüfen, ob er die von ihm geschuldete Nacherfüllung etwa durch eine **Neuherstellung** bewirken will. Das braucht seine Zeit.

Deshalb ist es anerkannt, dass dem **Unternehmer** nach dem Eintritt der Vollstreckbarkeit des Titels jedenfalls **genügend Zeit** gelassen werden muss, um den Mangel zu beseitigen oder eine Neuherstellung vorzunehmen.[28] **3226**

Der Bauherr braucht bei seinem Antrag nach § 887 Abs. 1 ZPO allerdings nur zu behaupten, dem Schuldner/Unternehmer sei angemessene Zeit gewährt worden. Wird das von dem Unternehmer bestritten, so ist nach der Entscheidung des OLG Zweibrücken[29] darüber gegebenenfalls Beweis zu erheben.

In der Praxis sind vor allem aber diejenigen Fälle bedeutsam, in denen der **Unternehmer** das **Recht zur Nacherfüllung nach Urteilserlass verloren** hat. Das ist der Fall, wenn er sich weigert, die Mängelbeseitigung in Angriff zu nehmen, oder wenn er – nach angemessener Fristsetzung – nicht beginnt. Ob das Nachbesserungsrecht des Unternehmers analog § 634 Abs. 1 Satz 3 BGB a.F. bereits mit Ablauf einer in einem Vergleich **vereinbarten Nachbesserungsfrist** („Mängel werden bis zum 15. Januar 1999 beseitigt") unterging, war zweifelhaft.[30] Jedenfalls ging in Anlehnung an § 634 Abs. 2 BGB a.F. das Nachbesserungsrecht des Unternehmers unter, wenn dem Bauherrn eine Mängelbeseitigung wegen Vertrauensverlustes nicht mehr zuzumuten war.[31] Nichts Anderes gilt für den **Nacherfüllungsanspruch**. Es ist dem Schuldner/Unternehmer also verwehrt, den Bauherrn hinzuhalten oder irrezuführen.[32] **3227**

Unzumutbar ist dem Bauherrn das weitere Zuwarten, wenn der Unternehmer es vorzieht, nach Erlass des Urteils **andere Aufträge** auszuführen; denn dann kann der Bauherr im Zweifel den Eindruck haben, dass der Unternehmer auch in der Folgezeit den Nachbesserungsverpflichtungen aus dem Urteil nicht die Aufmerksamkeit und Sorgfalt widmen wird, wie dies der Bauherr erwarten darf.[33] In diesem Falle kann der Bauherr weitere Nachbesserungen durch den Unternehmer ablehnen, **3228**

---

27) OLG Köln, Beschluss vom 18.2.1997 – 15 W 146/96.
28) Vgl. OLG Zweibrücken, JurBüro 1982, 939, 941 m. Nachw.
29) Vgl. OLG Zweibrücken, a.a.O.
30) Vgl. OLG Düsseldorf, MDR 1982, 61, 62.
31) So zutreffend: OLG Düsseldorf, a.a.O.; siehe auch OLG Koblenz, BauR 1998, 1050, 1051; OLG Hamm, MDR 1951, 47 im Anschluss an RGZ 104, 17.
32) *E. Schneider*, MDR 1975, 279, 281.
33) So OLG Düsseldorf, BauR 1978, 503, 504.

was in der Stellung eines Antrages nach § 887 Abs. 1 ZPO bereits hinreichend zum Ausdruck gebracht wird.[34]

c) Die Mitwirkungspflicht des Bauherrn nach § 887 Abs. 1 ZPO

3229 Ein besonderes Problem ist, wie eine **Mitwirkungspflicht des Bauherrn** bei einer Antragstellung nach § 887 Abs. 1 ZPO zu berücksichtigen ist.

Mitwirkungspflichten sind in vielfältiger Form denkbar. Der Unternehmer wird seiner Nachbesserungsverpflichtung aus dem Urteil im Zweifel ohne Mitwirkung des Bauherrn kaum nachkommen können. Oftmals scheitert gerade nach einem Urteil die Mängelbeseitigung an der erforderlichen Bereitschaft des Bauherrn, die Nachbesserung zu ermöglichen.

3230 Mitwirkungspflichten können sich für den Bauherrn bereits aus dem Urteil ergeben. Mitwirkungspflichten sind, unabhängig von ihrer rechtlichen Einordnung,[35] in jedem Falle im Rahmen des § 887 Abs. 1 ZPO zu **beachten:**

3231 * **Terminabsprachen**

Ist eine Frist nicht bereits vereinbart oder gesetzt worden (z.B. im Vergleich), ist zu prüfen, ob der Unternehmer die Mängelbeseitigung in Angriff nehmen müsste. Ist das zu verneinen, kommt ein Beschluss nach § 887 Abs. 1 nicht in Betracht. Verweigert der Bauherr **grundlos** die angebotene Nachbesserung/Nacherfüllung, ist sein gleichwohl gestellter Antrag nach § 887 Abs. 1 ZPO wegen Rechtsmissbrauchs zurückzuweisen.[36]

3232 * **Bereitstellen von Plänen** und sonstigen für die Ausführung **erforderlichen Unterlagen**

Eine solche Mitwirkungspflicht kann sich ebenfalls bereits aus dem Urteil ergeben, muss es aber nicht. So kann sich erst nach Erlass des Urteils auf Grund neuer Erkenntnis zeigen, dass neue Pläne für die Mängelbeseitigung erforderlich werden. Insbesondere ist an den Fall zu denken, dass sich bei der Inangriffnahme der Nachbesserung/Nacherfüllung ergibt, dass der Mangel auch auf einem **Planungsverschulden des Architekten** des Bauherrn beruht. Oder aber, der Planungsmangel des Architekten macht die Einholung eines weiteren Sachverständigengutachtens notwendig, weil das Gutachten aus dem Erkenntnisverfahren eine notwendige Detailplanung (für die Mängelbeseitigung) nicht enthält.

3233 * **Behördliche Genehmigungen,** insbesondere Erlangung einer **neuen erweiterten Baugenehmigung bzw. Bauanzeige**

Solange eine erforderliche Baugenehmigung nicht von dem Bauherrn beigebracht wird, braucht der Unternehmer auch seiner urteilsmäßigen Verpflichtung nicht nachzukommen.

---

34) Vgl. auch BGH, LM § 634 Nr. 1 sowie RGZ, 104, 15, 17.
35) Vgl. dazu *Nicklisch*, BB 1979, 533 ff.; *Kaiser*, Rn. 19; *Müller-Foell*, Die Mitwirkung des Bestellers beim Werkvertrag, 1982.
36) OLG Zweibrücken, JurBüro 1982, 939, 941.

Das Verfahren nach § 887 Abs. 1 ZPO   Rdn. 3234–3237

∗ Erbringung von notwendigen Vorarbeiten durch den Bauherrn   **3234**

Wird ein Unternehmer verurteilt, seine Bauleistungen zu erfüllen oder nachzubessern, hat er nicht auch **fehlerhafte Vorarbeiten** eines anderen Unternehmers nachzubessern.[37] Solange der Bauherr dieser ihm obliegenden Verpflichtung nicht nachgekommen ist, hat auch der verurteilte Unternehmer nicht tätig zu werden. Ein Antrag des Bauherrn aus § 887 Abs. 1 wäre wegen Rechtsmissbrauchs zurückzuweisen.

∗ Doppelte Zug-um-Zug-Verurteilung   **3235**

Schwieriger ist die Frage, wie zu verfahren ist, wenn eine doppelte Zug-um-Zug-Verurteilung vorliegt.

Beispiel

Der Bauherr wird verurteilt, 20.000 M an den Unternehmer zu zahlen, Zug um Zug gegen Nachbesserung bestimmter Mängel. Da der Bauherr für Baumängel mitverantwortlich ist (z.B. Planungsmängel seines Architekten), wird er weiterhin verurteilt, 5000 M zu den Mängelbeseitigungskosten beizutragen.[38]

Nach der Entscheidung des **BGH** muss dies nunmehr auch in dem Urteilstenor selbst zum Ausdruck gebracht werden. Der **Tenor** kann deshalb z.B. lauten: **3236**

„Der Beklagte (Bauherr) wird verurteilt, an den Kläger (Unternehmer) 20.000 M zu zahlen, Zug um Zug gegen Beseitigung folgender Mängel …; die Mängelbeseitigung hat Zug um Zug gegen Zuschusszahlung durch den Beklagten in Höhe von 5000 M zu erfolgen."

Durch diesen Titel wird festgelegt, dass der Unternehmer seine (restliche) Vergütung zwar nur Zug um Zug gegen Mängelbeseitigung erhält, dass er seinerseits aber die Nachbesserung **nur Zug um Zug gegen Zuschusszahlung** durchzuführen braucht (vgl. Rdn. 3212). Daraus folgt für die Kostenbeteiligungspflicht des Auftraggebers: „Hat er (der Auftraggeber)" einen **Titel** auf Mängelbeseitigung gegen Zuschusszahlung erstritten, so braucht er nicht vorzuleisten, sondern muss den Zuschussbetrag nur tatsächlich anbieten. Alsdann hat der Auftragnehmer die Nachbesserungsarbeiten zu erbringen und erhält daraufhin den Zuschuss ausbezahlt. Im Falle seiner Weigerung hat er unbeschränkt die Zwangsvollstreckung gemäß § 887 ZPO zu dulden. Im Rahmen der Entscheidung über den von ihm zu leistenden Kostenvorschuss (§ 887 Abs. 2 ZPO), also den voraussichtlichen Mangelbeseitigungsaufwand, ist die Zuschusspflicht des Auftraggebers zu berücksichtigen.[39]   **3237**

d) Der Erfüllungseinwand des Unternehmers

Literatur

E. Schneider, Erfüllungseinwand bei der Handlungsvollstreckung nach § 887, JurBüro 1979, 335; *Bischoff*, Der Erfüllungseinwand in der Zwangsvollstreckung gemäß §§ 887 bis 890 ZPO, NJW

---

[37] BGH, WM 1972, 800, 801; vgl. Rdn. 2048.
[38] Vgl. BGH, NJW 1981, 1448, 1449 = *SFH*, Nr. 6 zu § 12 VOB/B (1973); BGHZ 90, 354 = BauR 1984, 401 = ZfBR 1984, 176.
[39] Handelt es sich dagegen um einen **Restwerklohntitel** mit doppelter **Zug-um-Zug-Verurteilung** (vgl. oben Rdn. 2742), so muss der Auftragnehmer ordnungsgemäß die Nachbesserung anbieten. Da er nur Zug um Zug gegen Kostenbeteiligung zu arbeiten braucht, hat er zunächst den Bauherrn zur Zuschusszahlung aufzufordern (entsprechend § 295 Satz 2 BGB). Lehnt dieser ab, kann der Vergütungstitel ohne Weiteres vollstreckt werden.

1988, 1957; *Huber*, Der Erfüllungseinwand des Schuldners in der Zwangsvollstreckung für Erwirkung von Handlungen und Unterlassungen, Festschrift für Merz (1992), 229.

3238 Trotz eines Ermächtigungsbeschlusses nach § 887 Abs. 1 ZPO ist und bleibt der Unternehmer nach wie vor **berechtigt**, der ihm obliegenden Pflicht zur Nachbesserung bzw. Nacherfüllung (§ 635 Abs. 1 BGB n.F.) **selbst nachzukommen**.[40] Dieses Recht besteht, solange der Bauherr die von dem Unternehmer geschuldete Leistung nicht durch einen Dritten – Ersatzvornahme – hat ausführen lassen[41] oder der Gläubiger (ausnahmsweise) **berechtigte Zweifel** an der **Ernstlichkeit** des Erfüllungswillens des Unternehmers haben kann.[42] Deshalb muss ein Unternehmer schnell tätig werden, wenn er von seinem Recht Gebrauch machen will. Die bloße Erklärung, zur Erfüllung bereit zu sein, ist unbeachtlich, wenn er hätte erfüllen können.[43] In diesem Zusammenhang ist aber zu **beachten**, dass es Sache des Unternehmers ist (und bleibt), **wie er einen Mangel beseitigen will**; dieses Wahlrecht (§ 635 Abs. 1 BGB) kann auch noch **im** Vollstreckungsverfahren **ausgeübt** werden. Im Zweifel wird ihm daher auch von dem Gläubiger zu gestatten sein, die von ihm bezeichnete Art der Mängelbeseitigung durchzuführen. Zur **Prüfung** dieser Frage ist dem Schuldner (Unternehmer) eine **Ausführungs-(Überprüfungs-)Pflicht** einzuräumen (Rdn. 3225). Erklärt deshalb ein Unternehmer, er müsse für die Nachbesserung bzw. Nacherfüllung zunächst ein „**Sanierungskonzept erarbeiten**" und hierfür bedürfe er einer **sachverständigen Beratung**, kann in diesem Vorgehen noch keine Erfüllungsverweigerung gesehen werden. Macht ein **Schuldner** – nach Ersatzvornahme durch den Gläubiger – im Wege der Zwangsvollstreckungsgegenklage geltend, dieser habe die Erfüllung durch ihn treuwidrig „verhindert", so trägt er die Darlegungs- und Beweislast dafür, den Gläubiger vor Durchführung des Ermächtigungsbeschlusses **in Annahmeverzug** gesetzt zu haben.[44] Gelingt ihm dies, ist der Gläubiger auf Rückerstattung des gemäß § 887 Abs. 2 ZPO empfangenen Vorschusses oder auf Schadensersatz zu verurteilen.[45]

3239 Das „Erfüllungsrecht" des Unternehmers nach Erlass eines Beschlusses gemäß § 887 ZPO und vor Ersatzvornahme ist indes in der **Praxis meist jedoch von untergeordneter Bedeutung**; denn in aller Regel hat der Bauherr als betreibender Gläubiger spätestens im Zeitpunkt des Beschlusses nach § 887 Abs. 1 ZPO das Recht erlangt, weitere Nachbesserungs-/Nacherfüllungshandlungen des Unternehmers zurückzuweisen (vgl. Rdn. 3227).[46] In der Regel wird zwischen Eintritt der Vollstreckbarkeit und Erlass eines Ermächtigungsbeschlusses nach § 887 so viel Zeit

---

40) Vgl. BGH, NJW 1995, 3189; BGH, NJW 1993, 1394, 1395; RGZ 104, 15, 16; OLG Düsseldorf, BauR 1978, 503, 504; OLG Hamm, MDR 1951, 47; *Quadbeck*, MDR 2000, 570, 573.
41) Das Recht des Schuldners **endet** mit dem **Beginn** der **Umsetzung** des Beschlusses (SchlHOLG, OLGR 1998, 58).
42) BGH, NJW 1995, 3189, 3190; OLG Hamm, MDR 1951, 47; OLG Düsseldorf, MDR 1982, 61.
43) OLG Düsseldorf, BauR 1978, 503, 504.
44) SchlHOLG, OLGR 1998, 58, 59.
45) Sog. **verlängerte Vollstreckungsabwehrklage**; s. hierzu: BGH, BauR 2005, 1664 = ZfBR 2005, 786 = NZBau 2005, 584; OLG Braunschweig, BauR 2005, 136; SchlHOLG, OLGR 1998, 58, 59, m.w.Nachw.
46) Vgl. insoweit vor allem OLG Frankfurt, NJW-RR 1989, 59.

liegen, dass von einer „Unzumutbarkeit" der Nachbesserung/Nacherfüllung auszugehen ist.

In der Praxis sind die Fälle häufiger, in denen der Unternehmer mit der Nachbesserung/Nacherfüllung **beginnt, sie aber nicht zu Ende führt**. Zumindest beim Antrag nach § 887 ZPO will der Unternehmer dann (zumindest teilweise) „**Erfüllung**" geltend machen, um so einen Teil des Kostenvorschusses nach § 887 Abs. 2 ZPO zu vermeiden. Es ist **umstritten**, ob der Schuldner/Unternehmer mit einem solchen **Erfüllungseinwand** im Rahmen des § 887 Abs. 1, 2 ZPO überhaupt gehört werden darf oder ob er auf eine **Vollstreckungsgegenklage** (§ 767 ZPO) zu verweisen ist.

3240

Für die **Teilerfüllung** kann nicht angenommen werden, dass der Unternehmer sich hierauf berufen kann. Für eine Vollstreckung eines Teils der titulierten Forderung/Verpflichtung ist im Rahmen des Verfahrens nach § 887 grundsätzlich kein Raum. Eine solche Beschränkung sieht das Gesetz im Übrigen auch nicht vor. Der Unternehmer muss deshalb bei einer **teilweisen** Nachbesserung oder Neuherstellung (§ 635 Abs. 1 BGB) gegebenenfalls nach § 767 ZPO vorgehen.[47] Die Zwangsvollstreckung ist in diesem Fall „für unzulässig zu erklären, soweit sie wegen eines Anspruchs auf Nachbesserung solcher Mängel erfolgt, die bereits ordnungsgemäß beseitigt sind" (BGH).

3241

Darüber hinaus konnte bisher nach **weit verbreiteter Ansicht** der Unternehmer auch bei **vollständiger** Nachbesserung oder Neuherstellung grundsätzlich **nicht** damit gehört werden, er habe bereits erfüllt. Ein solcher Einwand wurde als **unzulässig** bezeichnet.[48] Diese Meinung verwies also den Unternehmer ausschließlich auf den Weg des § 767 ZPO (**Zwangsvollstreckungsgegenklage**).

3242

Nach **anderer Ansicht**[49] war der **Erfüllungseinwand** im Rahmen des § 887 ZPO zu prüfen. Dabei wurde sogar die Ansicht vertreten, dass eine Begutachtung – etwa durch den schon vor Urteilserlass beauftragten und mit der Sache vertrauten Sachverständigen – zulässig und geboten sei.[50] Zutreffend war es, den Einwand dann zu berücksichtigen, wenn die Nachbesserungen oder die Neuherstellung unstreitig und zur Zufriedenheit des Bauherrn erfolgt waren[51] oder mit **präsenten Beweismitteln** von dem Unternehmer bewiesen werden konnten.[52] Erhob z.B. ein **Landgericht** über die Ordnungsmäßigkeit der erfolgten Nachbesserung oder Neuherstellung im Verfahren nach § 887 ZPO Beweis durch Einholung eines (schriftlichen) Sachverständigengutachtens, so war das **Oberlandesgericht** im Beschwerde-

---

[47] Siehe BGH, BauR 1993, 111, 114 = ZfBR 1993, 61 sowie OLG Hamm, JMBl. NRW 1984, 45, 46; OLG Düsseldorf, BauR 1978, 503, 504 u. OLGR 1995, 36, 38.

[48] So u.a.: OLG München, MDR 2000, 907; OLG Hamm, BauR 1996, 900; BauR 1994, 799; SchlHOLG, OLGR 1996, 284; OLG Düsseldorf MDR 1996, 309; OLG Köln, NJW-RR 1988, 1212 u. MDR 1993, 579.

[49] OLG Frankfurt, JurBüro 1984, 304; MDR 1973, 323; OLG Köln, JMBl. NRW 1982, 153; OLG München, MDR 1991, 971.

[50] OLG München, Rpfleger 1978, 388.

[51] Vgl. OLG Frankfurt, MDR 1973, 323 – tatsächlich erfüllt.

[52] In diesem Sinne: OLG Rostock, OLGR 2004, 23; OLG München, OLGR 2002, 240 = NJWRR 2002, 1034; OLG Köln, OLGR 2002, 61; OLG Hamm, BauR 1996, 900 = OLGR 1996, 220; OLG Koblenz, MDR 1991, 547.

verfahren nicht gehindert, dieses Gutachten zu verwerten und die Erfüllung festzustellen.[53]

3243 Der **BGH**[54] hat sich in dem Beschluss vom 5.11.2005 für eine generelle Zulässigkeit des Erfüllungseinwandes ausgesprochen:

> „Der Schuldner ist nicht nur im Verfahren der Vollstreckungsgegenklage, sondern auch im Zwangsvollstreckungsverfahren mit seinem Einwand zu hören, der vollstreckbare Anspruch sei erfüllt. Schon der Wortlaut des § 887 ZPO spricht dafür, dass die Nichterfüllung der geschuldeten Handlung eine tatbestandliche Voraussetzung für den Erlass des Ermächtigungsbeschlusses ist. Die anders lautende Formulierung des § 888 ZPO steht dem nicht entgegen. Im Zusammenhang mit § 887 ZPO gelesen, lässt sich ihr Wortlaut unschwer dahin verstehen, dass an das Merkmal der Nichterfüllung in § 887 ZPO angeknüpft und nur der unterschiedliche Anwendungsbereich deutlich hervorgehoben wird. Die Erheblichkeit des Erfüllungseinwands im Verfahren nach § 887 ZPO entspricht auch der Annahme des Gesetzgebers, der die Kostenvorschrift des § 891 Satz 3 ZPO mit der 2. Zwangsvollstreckungsnovelle vom 17.12.1997 [5] neu gefasst hat ...
>
> Die Prüfung des Erfüllungseinwands im Ermächtigungsverfahren nach § 887 ZPO statt erst bei der Vollstreckungsgegenklage kann prozessökonomisch sinnvoll sein. Eine Beweiserhebung über die Einwendungen des Schuldners ist, soweit nötig, in beiden Verfahren möglich und liegt stets in den Händen des Prozessgerichts. Das Vollstreckungsgericht ist im Verfahren nach § 887 ZPO ohnehin grundsätzlich verpflichtet, Beweis zu erheben, beispielsweise durch Einholung eines Sachverständigengutachtens zu der Höhe des notwendigen Kostenvorschusses nach § 887 Abs. 2 ZPO (vgl. BGH, Urteil vom 8.10.1992 – VII ZR 272/90 –, NJW 1993, 1394, 1395). Das Vollstreckungsverfahren würde auch nicht beschleunigt, wenn man den Schuldner auf den Weg der Vollstreckungsgegenklage verweisen würde. Nähmen die Gläubiger im vorliegenden Fall mit dem von der Schuldnerin zu leistenden Kostenvorschuss eine (erneute) Verlegung der Waschbetonplatten vor, wäre die Arbeit der Schuldnerin beseitigt und sie verlöre die Möglichkeit, für die Erfüllung Beweis zu erbringen. Bei Erhebung der Vollstreckungsgegenklage müsste der Schuldnerin mithin Vollstreckungsaufschub nach § 769 ZPO gewährt werden. Durch die Erhebung einer Vollstreckungsgegenklage würde das Verfahren angesichts der im Verfahren einzuhaltenden Fristen somit letztlich verzögert. Im Übrigen wäre im vorliegenden Fall auch nach der vom Reichsgericht (RGZ 167, 328, 334) vertretenen Meinung das Vollstreckungsgericht zur Entscheidung über den Einwand zuständig, weil es darum geht, ob die von der Schuldnerin unstreitig vorgenommenen Handlungen das sind, was der Titel ihr gebietet. Diese Frage kann das Prozessgericht als Vollstreckungsgericht auf Grund seiner Kenntnis vom Inhalt des Rechtsstreits am ehesten entscheiden."

3244 Es ist deshalb dem Erfüllungseinwand auch dann nachzugehen, wenn **unstreitig** eine Erfüllungshandlung (z.B. Nachbesserung oder Neuherstellung) vorgenommen worden ist, der **Gläubiger** (Bauherr/Auftraggeber) **aber behauptet**, die Erfüllungshandlung habe **nicht den gewünschten Erfolg** gehabt.[55] Auch in diesem Fall wird das Vollstreckungsgericht durch das Gutachten eines Bausachverständigen zu klären haben, ob die Mängel behoben sind oder nicht.

3245 Der Unternehmer kann demgegenüber nicht den **Einwand** der unzulässigen Rechtsausübung (§ 242 BGB) oder der **Unverhältnismäßigkeit** der Kosten einer **weiteren** Nachbesserung erheben.[56] Er kann sich auch nicht darauf berufen, „die Vornahme der titulierten Handlung belaste ihn **unzumutbar** oder könne **nicht**

---

53) OLG Hamm, BauR 1996, 900, 902; SchlHOLG, OLGR 1996, 284.
54) BauR 2005, 426 = NJW 2005, 367; ablehnend: *Schuschke*, BGHReport 2005, 197.
55) OLG Köln (7. Senat), MDR 1993, 579 = OLGR 1993, 95; ebenso: OLG Stuttgart, Justiz 1994, 241; s. aber OLG Köln (19. Senat), MDR 1993, 579 = JurBüro 1993, 242.
56) OLG Düsseldorf, OLGR 1995, 74, 75.

zum Erfolg führen."⁵⁷⁾ Der Schuldner muss insoweit eine Vollstreckungsgegenklage erheben und dabei die Voraussetzungen des § 767 Abs. 2 ZPO dartun und beweisen.

3. Der Ermächtigungsbeschluss

Über den Antrag nach § 887 ZPO entscheidet das Prozessgericht durch Beschluss. Der Bauherr ist zu ermächtigen, die nach dem vollstreckbaren Titel geschuldeten Baumaßnahmen⁵⁸⁾ auf Kosten des Schuldners vornehmen zu lassen. Es braucht in dem Beschlusstenor nicht aufgenommen zu werden, wer mit der Bauleistung beauftragt werden kann. Für die **Kostenentscheidung** gelten nach § 891 S. 2 ZPO die §§ 91 bis 93, 95 bis 100, 106 und 107 ZPO entsprechend.⁵⁹⁾

3246

Entscheidet das Landgericht als Prozessgericht des ersten Rechtszuges über den Antrag nach § 887 ZPO, so unterliegt die sofortige Beschwerde hiergegen dem Anwaltszwang.⁶⁰⁾

4. Der Kostenvorschussanspruch (§ 887 Abs. 2 ZPO)

Auf Antrag des Bauherrn ist der Unternehmer zu einer **Kostenvorschusszahlung** zu verurteilen (§ 887 Abs. 2 ZPO). Der Unternehmer muss dem Bauherrn die **voraussichtlichen**, für die **Mängelbeseitigung** anfallenden Kosten vorschießen. Auch nach dem **SchRModG** bleibt es bei den Kosten für eine **Mängelbeseitigung**; die Kosten einer **Neuherstellung** sind wegen des **Wahlrechts** des Unternehmers nach § 635 Abs. 1 BGB n.F. allenfalls zu berücksichtigen, wenn der Bauherr von vornherein hinreichend darlegen (und ggf. beweisen) kann, dass nur eine Neuherstellung in Betracht kommt. Ein vorsteuerabzugsberechtigter Bauherr kann die auf den Sanierungsbetrag entfallende Mehrwertsteuer nicht verlangen.⁶¹⁾ Über den Vorschuss ist nach Mängelbeseitigung **abzurechnen**.

3247

Die **Höhe** des Vorschusses richtet sich ausschließlich nach den voraussichtlichen Kosten, die durch das Gericht nach billigem Ermessen auf Grund einer Schätzung festzulegen sind. Aufgabe des Vollstreckungsgerichts wird es im Einzelfall sein, „durch Auslegung des Titels Inhalt und Umfang der Nachbesserungspflicht zu klären"; andernfalls wird es kaum in der Lage sein, sachgerecht über den Antrag des Gläubigers nach § 887 Abs. 2 ZPO zu entscheiden.⁶²⁾ Der Gläubiger ist deshalb auch nicht davon entbunden, „in seinen Antrag entweder die notwendigen Tatsachen-

3248

---

57) BGH, BauR 2005, 1666, 1667 = NJW-RR 2006, 202.
58) Es ist **streitig**, ob in dem **Antrag** und/oder **Beschluss** nach § 887 Abs. 1 ZPO **die Art** und **Weise** der geschuldeten Handlung **offen bleiben** darf (bejahend: OLG Hamm, MDR 1983, 850 u. OLGR 1984, 254; OLG München, MDR 1987, 945; OLG Hamm, BauR 1996, 900, 902; verneinend: OLG Bamberg, NJW-RR 2000, 358; OLG Stuttgart, NJW-RR 1999, 792; OLG Frankfurt, JurBüro 1988, 259; OLG Köln, NJW-RR 1990, 1087).
59) Zur Kostengrundentscheidung nach Erledigung eines Antrages nach § 887 ZPO: KG Berlin, OLGR 2006, 828.
60) OLG Koblenz, JurBüro 2001, 437.
61) OLG Hamm, a.a.O.
62) So BGH, BauR 1993, 111, 114 = ZfBR 1993, 61 = NJW 1993, 1394 = MDR 1993, 272; OLG Köln, OLGR 1996, 271.

grundlagen für eine Schätzung oder aber hinreichende Anknüpfungstatsachen für eine sachverständige Beurteilung" zu liefern.⁶³⁾

Der Antragsteller/Bauherr wird deshalb zweckmäßigerweise, um dem Gericht eine ausreichende Beurteilungsgrundlage zu geben, **detaillierte Kostenanschläge** vorlegen oder wiederum ein **Gutachten** über die **Mängelbeseitigungskosten** einholen; solche Gutachterkosten sind notwendige **Kosten der Zwangsvollstreckung** (§ 788 ZPO) und daher erstattungsfähig.⁶⁴⁾ Fehlen hinsichtlich der notwendigen Kosten jegliche Anhaltspunkte, ist insbesondere mit einem erheblichen Mangelbeseitigungsaufwand zu rechnen, so ist gegebenenfalls durch **Einholung eines (gerichtlichen) Sachverständigengutachtens** abzuklären, mit welchen Kosten im Einzelnen zu rechnen ist.⁶⁵⁾

3249 Da der Einwand der (teilweisen) Erfüllung auch im Rahmen des § 887 Abs. 2 keine Berücksichtigung finden kann, ist er auch bei einem **Vorschuss** nicht zu berücksichtigen. Der Unternehmer muss deshalb, sofern er nicht den Weg des § 767 ZPO (Vollstreckungsgegenklage) beschreiten will,⁶⁶⁾ die **Abrechnung** des Bauherrn über den gezahlten Vorschuss abwarten und einen wegen bereits vorgenommener Teilleistung nicht verbrauchten Vorschuss entsprechend zurückfordern. Beides, Abrechnung und gegebenenfalls Zurückzahlung, schuldet der Bauherr/Gläubiger in einem angemessenen Zeitraum.⁶⁷⁾ Über die Angemessenheit der notwendigen (Vollstreckungs)Kosten ist ausschließlich im Festsetzungsverfahren nach § 788 ZPO zu befinden.⁶⁸⁾ Wird im Rahmen dieses Verfahrens – **rechtskräftig** – festgestellt, dass der Schuldner einen zu hohen Vorschuss entrichtet hat, besteht (erstmals) der Rückforderungsanspruch.⁶⁹⁾

Erhebt der Unternehmer eine **Vollstreckungsgegenklage** (§ 767 ZPO) gegen den Ermächtigungsbeschluss nach § 887 Abs. 2 ZPO, sind die Einwendungen sorgfältig auf ihre Zulässigkeit hin zu überprüfen: So kann die Einrede der **Verjährung** oder **Verwirkung** im Rahmen einer Vollstreckungsgegenklage geprüft werden, während Einwendungen gegen die **Höhe** des zuerkannten Kostenvorschusses nicht zulässig sind.⁷⁰⁾

3250 Im Rahmen des § 887 ZPO besteht für den Bauherrn auch die Möglichkeit, einen **weiteren Zuschuss** zu fordern, wenn der zunächst bewilligte Betrag nicht ausreicht (**Nachschussverpflichtung** des Unternehmers). Im Rahmen des § 887 Abs. 2 ZPO geht es nicht um eine endgültige, in Rechtskraft erwachsene Feststellung, sondern nur um eine kursorische Ermittlung der **voraussichtlichen Kosten**. Eine nachträgliche Verurteilung des Unternehmers zur Zahlung eines **weiteren** Betrages ist somit

---

63) So OLG Köln, OLGR 1996, 271.
64) OLG Frankfurt, MDR 1983, 140 = DB 1983, 495.
65) BGH, BauR 1993, 111, 114 = NJW 1993, 1394 = MDR 1993, 272; OLG Köln, OLGR 1996, 271; OLG Hamm, OLGZ 1984, 254, 255; OLG Düsseldorf, BauR 1984, 547, 548; auch BauR 1985, 602.
66) Zum Ausschluss der Vollstreckungsgegenklage nach Zahlung eines Kostenvorschussanspruchs siehe OLG Nürnberg, IBR 2007, 87 – *Karczewski*.
67) Zur **Angemessenheit** des Zeitraumes, in dem der Kostenvorschuss verwendet und abgerechnet sein muss, siehe OLG Düsseldorf, BauR 2010, 110, 111 m.w.Nachw.
68) SchlHOLG, OLGR 1998, 58, 59.
69) SchlHOLG, a.a.O.; OLG Köln, OLGR 1996, 271, 272.
70) Vgl. BGH, BauR 1993, 111, 112 = ZfBR 1993, 61 = NJW 1993, 1394 = MDR 1993, 272.

zulässig, sofern sich nur herausstellt, dass der dem Bauherrn zunächst zugesprochene Betrag nicht ausreicht.[71] Allerdings muss das **Gericht** bei der Verurteilung zur Nachschusszahlung **selbstständig prüfen und begründen**, warum der Unternehmer als Vollstreckungsschuldner **weiteren** Vorschuss zahlen soll.[72]

In **Ausnahmefällen** kann auch eine **weitere Leistungsklage** für den Bauherrn angezeigt sein, wenn trotz eines Ermächtigungsbeschlusses Streit über Umfang und Notwendigkeit des Sanierungsaufwandes besteht, der Unternehmer insbesondere nach der Mängelbeseitigung Wertverbesserungen geltend macht und deshalb keinen Ausgleich vom Bauherrn verlangt.[73] Zahlt der Schuldner die festgesetzten Kosten der Ersatzvornahme nicht oder reichte dies nicht aus, um den geschuldeten Erfolg zu erreichen, kann der Gläubiger die Festsetzung der notwendigen Kosten noch im **Kostenfestsetzungsverfahren** beantragen.[74]

Zu beachten ist, dass der Vorschuss oder Nachschussanspruch des Bauherrn nicht mit der Begründung zurückgewiesen werden kann, der Bauherr könne sich ja aus einer (zurückgehaltenen) Bauforderung des Unternehmers befriedigen. Die durch den Erkenntnistitel geschaffene materielle Lage (Vorleistungspflicht des Unternehmers) darf dem Gläubiger nicht durch das Vollstreckungsverfahren nach § 887 ZPO genommen werden.[75] Aus einem auf Nachbesserung gerichteten Vornahmetitel kann nach § 887 Abs. 2 ZPO allerdings keine Vorauszahlung mehr beansprucht werden, wenn der Gläubiger nach § 283 Abs. 1 Satz 2 BGB Schadensersatz wegen Nichterfüllung verlangt hat.[76]

3251

5. Kosten der Zwangsvollstreckung (§ 788 ZPO)

Literatur

Bauer, Notwendige und nicht notwendige Kosten der Zwangsvollstreckung, JurBüro 1966, 989; *Fäustle*, Vollstreckungskosten gemäß § 788 ZPO, MDR 1970, 115; *Schimpf*, Zur Haftung mehrerer Vollstreckungsschuldner für die Vollstreckungskosten, MDR 1985, 102.

Nach § 788 Abs. 1 ZPO fallen die Kosten der Zwangsvollstreckung,[77] soweit sie notwendig waren (§ 91 ZPO), dem Unternehmer/Schuldner zur Last, und sie sind zugleich mit dem zur Zwangsvollstreckung stehenden Anspruch beizutreiben. Zu diesen Kosten gehören auch **Finanzierungskosten**, die der betreibende Bauherr/Gläubiger aufwenden muss, um die Ersatzvornahmekosten, die über den durch den Unternehmer gezahlten Vorschuss hinausgehen, zu finanzieren.[78] Allerdings wird eine Erstattung nicht in Betracht zu ziehen sein, wenn der Unternehmer in der La-

3252

---

[71] OLG Hamm, OLGZ 1972, 311, 312; OLG Frankfurt, JurBüro 1976, 398; KG, OLGR 1993, 82.
[72] OLG Frankfurt, JurBüro 1976, 398.
[73] OLG Düsseldorf, BauR 1985, 602.
[74] OLG München, JurBüro 1992, 270; KG, OLGR 1993, 82, 83; OLG Düsseldorf, a.a.O.
[75] So zutreffend: OLG Hamm, BauR 1984, 547, 548 = JurBüro 1984, 1260 = MDR 1984, 591 = OLGZ 1984, 254.
[76] OLG Düsseldorf, BauR 1986, 217.
[77] Zu den notwendigen Kosten (Vorbereitung und Durchführung) der Zwangsvollstreckung: *Schuschke/Walker*, § 788 ZPO, Rn. 10 ff.
[78] So OLG Düsseldorf, BauR 1984, 298 = MDR 1984, 323.

ge war, einen entsprechenden Vorschuss zu zahlen. Denn der Schuldner darf auch im Rahmen des § 788 ZPO nicht mit unnötigen Kosten belastet werden (z.B. Finanzierungskosten), die über einen entsprechenden Nachschussanspruch hätten hereingeholt werden können. Zu den notwendigen Kosten einer Vollstreckung gehören bei **umfangreichen** Bauarbeiten in der Regel auch **Architektenhonorare**, soweit sie der Architekt nach der HOAI beanspruchen kann. Der Gläubiger ist berechtigt, sich bei solchen Arbeiten der sachkundigen Hilfe eines Architekten zu bedienen.[79] Unter die nach § 788 ZPO notwendigen Kosten der Zwangsvollstreckung können nach den Umständen des Einzelfalles auch die Kosten eines **Privatgutachtens** fallen.[80] Wird die **Angemessenheit** von Ersatzvornahmekosten gemäß § 887 ZPO im Rahmen des Kostenfestsetzungsverfahrens geprüft, so ist deren Notwendigkeit daran zu messen, was eine verständig abwägende Partei in der konkreten Situation für notwendig halten durfte.[81] Eine **Schätzung** gemäß § 287 ZPO ist möglich.[82]

---

79) OLG Düsseldorf, JurBüro 1985, 471; siehe auch OLG Nürnberg, BauR 1993, 89, 90 für „Regiearbeiten".
80) OLG Zweibrücken, JurBüro 1986, 467. Das OLG München (JurBüro 1998, 266) bezieht sogar die **Ersatzvornahmekosten** in das Kostenfestsetzungsverfahren ein, die bereits Gegenstand eines Vorschusstitels sind.
81) Vgl. OLG Nürnberg, BauR 1993, 89, 90; KG, OLGR 1993, 82, 83.
82) OLG München, JurBüro 1992, 270.

Anhang: Synopse Werk- und Bauvertragsrecht alt/neu

Das neue Werk- und Bauvertragsrecht nach dem Gesetz zur Reform des Bauvertragsrechts und zur Änderung der kaufrechtlichen Mängelhaftung, des Einführungsgesetzes zum Bürgerlichen Gesetzbuche (EGBGB) und des Gerichtsverfassungsgesetzes (GVG) im Änderungen-Verfolgen-Modus*

* Änderungen grau hinterlegt

Inhaltsübersicht   Rdn.

		Rdn.			Rdn.
Änderungen des Bürgerlichen Gesetzbuchs		1	§ 640	Abnahme	29
			§ 641	Fälligkeit der Vergütung	30
§ 218	Unwirksamkeit des Rücktritts	1	§ 642	Mitwirkung des Bestellers	31
§ 309	Klauselverbote ohne Wertungsmöglichkeit	2	§ 643	Kündigung bei unterlassener Mitwirkung	32
§ 312	Anwendungsbereich	3	§ 644	Gefahrtragung	33
§ 356e	Widerrufsrecht bei Verbraucherbauverträgen	4	§ 645	Verantwortlichkeit des Bestellers	34
§ 357d	Rechtsfolgen des Widerrufs bei Verbraucherbauverträgen	5	§ 646	Vollendung statt Abnahme	35
§ 439	Nacherfüllung	6	§ 647	Unternehmerpfandrecht	36
§ 440	Besondere Bestimmungen für Rücktritt und Schadensersatz	7	§ 647a	Sicherungshypothek des Inhabers einer Schiffswerft (gleichlautend mit § 648 Absatz 2 a.F.)	37
§ 445a	Rückgriff des Verkäufers	8	§ 648	Kündigungsrecht des Bestellers (gleichlautend mit § 649 a.F.)	38
§ 445b	Verjährung von Rückgriffsansprüchen	9	§ 648a	Kündigung aus wichtigem Grund	39
§ 474	Begriff des Verbrauchsgüterkaufs; anwendbare Vorschriften	10	§ 649	Kostenanschlag (gleichlautend mit § 650 a.F.)	40
§ 475	Anwendbare Vorschriften	11	§ 650	Anwendung des Kaufrechts (gleichlautend mit § 651 a.F.)	41
§ 476	Abweichende Vereinbarungen	12	§ 650a	Bauvertrag	42
§ 477	Beweislastumkehr (gleichlautend mit § 476 a.F.)	14	§ 650b	Änderung des Vertrags; Anordnungsrecht des Bestellers	43
§ 478	Sonderbestimmungen für den Rückgriff des Unternehmers	15	§ 650c	Vergütungsanpassung bei Anordnungen nach § 650b Absatz 2	44
§ 479	Sonderbestimmungen für Garantien (gleichlautend mit § 477 a.F.)	16	§ 650d	Einstweilige Verfügung	45
§ 631	Vertragstypische Pflichten beim Werkvertrag	18	§ 650e	Sicherungshypothek des Bauunternehmers (gleichlautend mit § 648 a.F.)	46
§ 632	Vergütung	19	§ 650f	Bauhandwerkersicherung (Abs. 1 – 5 gleichlautend mit § 648a a.F.)	47
§ 632a	Abschlagszahlungen	20			
§ 633	Sach- und Rechtsmangel	21	§ 650g	Zustandsfeststellung bei Verweigerung der Abnahme; Schlussrechnung	48
§ 634	Rechte des Bestellers bei Mängeln	22	§ 650h	Schriftform der Kündigung	49
§ 634a	Verjährung der Mängelansprüche	23	§ 650i	Verbraucherbauvertrag	50
§ 635	Nacherfüllung	24	§ 650j	Baubeschreibung	51
§ 636	Besondere Bestimmungen für Rücktritt und Schadensersatz	25	§ 650k	Inhalt des Vertrages	52
§ 637	Selbstvornahme	26	§ 650l	Widerrufsrecht	53
§ 638	Minderung	27			
§ 639	Haftungsausschluss	28			

		Rdn.			Rdn.
§ 650m	Abschlagszahlungen; Absicherung des Vergütungsanspruchs	54		Mängelhaftung, zur Stärkung des zivilprozessualen Rechtsschutzes und zum maschinellen Siegel im Grundbuch und Schiffsregisterverfahren	64
§ 650n	Erstellung und Herausgabe von Unterlagen	55			
§ 650o	Abweichende Vereinbarungen	56			
§ 650p	Vertragstypische Pflichten aus Architekten- und Ingenieurverträgen	57	Art. 244	Abschlagszahlungen beim Hausbau	65
§ 650q	Anwendbare Vorschriften	58	Art. 249	Informationspflichten bei Verbraucherbauverträgen	66
§ 650r	Sonderkündigungsrecht	59			
§ 650s	Teilabnahme	60	§ 1	Informationspflichten bei Verbraucherbauverträgen	66
§ 650t	Gesamtschuldnerische Haftung mit dem bauausführenden Unternehmer	61	§ 2	Inhalt der Baubeschreibung	67
§ 650u	Bauträgervertrag; anwendbare Vorschriften	62	§ 3	Widerrufsbelehrung	68
§ 650v	Abschlagszahlungen	63	Anlage 10	(zu Artikel 249 § 3): Muster für die Widerrufsbelehrung bei Verbraucherbauverträgen	69
Änderungen des Einführungsgesetzes zum Bürgerlichen Gesetzbuch		64			
Art. 229	Weitere Überleitungsvorschriften	64	**Änderungen des Gerichtsverfassungsgesetzes**		70
	§ 39 Übergangsvorschrift zum Gesetz zur Reform des Bauvertragsrechts, zur Änderung der kaufrechtlichen		§ 71		70
			§ 72		71
			§ 72a		72
			§ 119a		73

Änderungen des Bürgerlichen Gesetzbuchs

§ 218 Unwirksamkeit des Rücktritts

1 (1) ¹Der Rücktritt wegen nicht oder nicht vertragsgemäß erbrachter Leistung ist unwirksam, wenn der Anspruch auf die Leistung oder der Nacherfüllungsanspruch verjährt ist und der Schuldner sich hierauf beruft. ²Dies gilt auch, wenn der Schuldner nach § 275 Absatz 1 bis 3, § 439 Absatz 4 oder § 635 Absatz 3 nicht zu leisten braucht und der Anspruch auf die Leistung oder der Nacherfüllungsanspruch verjährt wäre. ³§ 216 Abs. 2 Satz 2 bleibt unberührt.

(2) § 214 Abs. 2 findet entsprechende Anwendung.

§ 309 Klauselverbote ohne Wertungsmöglichkeit

2 Auch soweit eine Abweichung von den gesetzlichen Vorschriften zulässig ist, ist in Allgemeinen Geschäftsbedingungen unwirksam

1. (Kurzfristige Preiserhöhungen)
eine Bestimmung, welche die Erhöhung des Entgelts für Waren oder Leistungen vorsieht, die innerhalb von vier Monaten nach Vertragsschluss geliefert oder erbracht werden sollen; dies gilt nicht bei Waren oder Leistungen, die im Rahmen von Dauerschuldverhältnissen geliefert oder erbracht werden;

2. (Leistungsverweigerungsrechte)
   eine Bestimmung, durch die
   a) das Leistungsverweigerungsrecht, das dem Vertragspartner des Verwenders nach § 320 zusteht, ausgeschlossen oder eingeschränkt wird oder
   b) ein dem Vertragspartner des Verwenders zustehendes Zurückbehaltungsrecht, soweit es auf demselben Vertragsverhältnis beruht, ausgeschlossen oder eingeschränkt, insbesondere von der Anerkennung von Mängeln durch den Verwender abhängig gemacht wird;
3. (Aufrechnungsverbot)
   eine Bestimmung, durch die dem Vertragspartner des Verwenders die Befugnis genommen wird, mit einer unbestrittenen oder rechtskräftig festgestellten Forderung aufzurechnen;
4. (Mahnung, Fristsetzung)
   eine Bestimmung, durch die der Verwender von der gesetzlichen Obliegenheit freigestellt wird, den anderen Vertragsteil zu mahnen oder ihm eine Frist für die Leistung oder Nacherfüllung zu setzen;
5. (Pauschalierung von Schadensersatzansprüchen)
   die Vereinbarung eines pauschalierten Anspruchs des Verwenders auf Schadensersatz oder Ersatz einer Wertminderung, wenn
   a) die Pauschale den in den geregelten Fällen nach dem gewöhnlichen Lauf der Dinge zu erwartenden Schaden oder die gewöhnlich eintretende Wertminderung übersteigt oder
   b) dem anderen Vertragsteil nicht ausdrücklich der Nachweis gestattet wird, ein Schaden oder eine Wertminderung sei überhaupt nicht entstanden oder wesentlich niedriger als die Pauschale;
6. (Vertragsstrafe)
   eine Bestimmung, durch die dem Verwender für den Fall der Nichtabnahme oder verspäteten Abnahme der Leistung, des Zahlungsverzugs oder für den Fall, dass der andere Vertragsteil sich vom Vertrag löst, Zahlung einer Vertragsstrafe versprochen wird;
7. (Haftungsausschluss bei Verletzung von Leben, Körper, Gesundheit und bei grobem Verschulden)
   a) (Verletzung von Leben, Körper, Gesundheit)
      ein Ausschluss oder eine Begrenzung der Haftung für Schäden aus der Verletzung des Lebens, des Körpers oder der Gesundheit, die auf einer fahrlässigen Pflichtverletzung des Verwenders oder einer vorsätzlichen oder fahrlässigen Pflichtverletzung eines gesetzlichen Vertreters oder Erfüllungsgehilfen des Verwenders beruhen;
   b) (Grobes Verschulden)
      ein Ausschluss oder eine Begrenzung der Haftung für sonstige Schäden, die auf einer grob fahrlässigen Pflichtverletzung des Verwenders oder auf einer vorsätzlichen oder grob fahrlässigen Pflichtverletzung eines gesetzlichen Vertreters oder Erfüllungsgehilfen des Verwenders beruhen;
      die Buchstaben a und b gelten nicht für Haftungsbeschränkungen in den nach Maßgabe des Personenbeförderungsgesetzes genehmigten Beförderungsbedingungen und Tarifvorschriften der Straßenbahnen, Obusse und Kraftfahrzeuge im Linienverkehr, soweit sie nicht zum Nachteil des Fahrgasts von der Verordnung über die Allgemeinen Beförderungsbedingungen

für den Straßenbahn- und Obusverkehr sowie den Linienverkehr mit Kraftfahrzeugen vom 27. Februar 1970 abweichen; Buchstabe b gilt nicht für Haftungsbeschränkungen für staatlich genehmigte Lotterie- oder Ausspielverträge;

8. (Sonstige Haftungsausschlüsse bei Pflichtverletzung)
   a) (Ausschluss des Rechts, sich vom Vertrag zu lösen)
      eine Bestimmung, die bei einer vom Verwender zu vertretenden, nicht in einem Mangel der Kaufsache oder des Werkes bestehenden Pflichtverletzung das Recht des anderen Vertragsteils, sich vom Vertrag zu lösen, ausschließt oder einschränkt; dies gilt nicht für die in der Nummer 7 bezeichneten Beförderungsbedingungen und Tarifvorschriften unter den dort genannten Voraussetzungen;
   b) (Mängel)
      eine Bestimmung, durch die bei Verträgen über Lieferungen neu hergestellter Sachen und über Werkleistungen
      aa) (Ausschluss und Verweisung auf Dritte)
          die Ansprüche gegen den Verwender wegen eines Mangels insgesamt oder bezüglich einzelner Teile ausgeschlossen, auf die Einräumung von Ansprüchen gegen Dritte beschränkt oder von der vorherigen gerichtlichen Inanspruchnahme Dritter abhängig gemacht werden;
      bb) (Beschränkung auf Nacherfüllung)
          die Ansprüche gegen den Verwender insgesamt oder bezüglich einzelner Teile auf ein Recht auf Nacherfüllung beschränkt werden, sofern dem anderen Vertragsteil nicht ausdrücklich das Recht vorbehalten wird, bei Fehlschlagen der Nacherfüllung zu mindern oder, wenn nicht eine Bauleistung Gegenstand der Mängelhaftung ist, nach seiner Wahl vom Vertrag zurückzutreten;
      cc) (Aufwendungen bei Nacherfüllung)
          die Verpflichtung des Verwenders ausgeschlossen oder beschränkt wird, die zum Zwecke der Nacherfüllung erforderlichen Aufwendungen, ~~insbesondere Transport-, Wege-, Arbeits- und Materialkosten, zu tragen;~~ nach § 439 Absatz 2 und 3 oder § 635 Absatz 2 zu tragen oder zu ersetzen;
      dd) (Vorenthalten der Nacherfüllung)
          der Verwender die Nacherfüllung von der vorherigen Zahlung des vollständigen Entgelts oder eines unter Berücksichtigung des Mangels unverhältnismäßig hohen Teils des Entgelts abhängig macht;
      ee) (Ausschlussfrist für Mängelanzeige)
          der Verwender dem anderen Vertragsteil für die Anzeige nicht offensichtlicher Mängel eine Ausschlussfrist setzt, die kürzer ist als die nach dem Doppelbuchstaben ff zulässige Frist;
      ff) (Erleichterung der Verjährung)
          die Verjährung von Ansprüchen gegen den Verwender wegen eines Mangels in den Fällen des § 438 Abs. 1 Nr. 2 und des § 634a Abs. 1 Nr. 2 erleichtert oder in den sonstigen Fällen eine weniger als ein Jahr betragende Verjährungsfrist ab dem gesetzlichen Verjährungsbeginn erreicht wird;

9. (Laufzeit bei Dauerschuldverhältnissen)
bei einem Vertragsverhältnis, das die regelmäßige Lieferung von Waren oder die regelmäßige Erbringung von Dienst- oder Werkleistungen durch den Verwender zum Gegenstand hat,
   a) eine den anderen Vertragsteil länger als zwei Jahre bindende Laufzeit des Vertrags,
   b) eine den anderen Vertragsteil bindende stillschweigende Verlängerung des Vertragsverhältnisses um jeweils mehr als ein Jahr oder
   c) zu Lasten des anderen Vertragsteils eine längere Kündigungsfrist als drei Monate vor Ablauf der zunächst vorgesehenen oder stillschweigend verlängerten Vertragsdauer;
dies gilt nicht für Verträge über die Lieferung als zusammengehörig verkaufter Sachen sowie für Versicherungsverträge;

10. (Wechsel des Vertragspartners)
eine Bestimmung, wonach bei Kauf-, Darlehens-, Dienst- oder Werkverträgen ein Dritter anstelle des Verwenders in die sich aus dem Vertrag ergebenden Rechte und Pflichten eintritt oder eintreten kann, es sei denn, in der Bestimmung wird
   a) der Dritte namentlich bezeichnet oder
   b) dem anderen Vertragsteil das Recht eingeräumt, sich vom Vertrag zu lösen;

11. (Haftung des Abschlussvertreters)
eine Bestimmung, durch die der Verwender einem Vertreter, der den Vertrag für den anderen Vertragsteil abschließt,
   a) ohne hierauf gerichtete ausdrückliche und gesonderte Erklärung eine eigene Haftung oder Einstandspflicht oder
   b) im Falle vollmachtsloser Vertretung eine über § 179 hinausgehende Haftung
auferlegt;

12. (Beweislast)
eine Bestimmung, durch die der Verwender die Beweislast zum Nachteil des anderen Vertragsteils ändert, insbesondere indem er
   a) diesem die Beweislast für Umstände auferlegt, die im Verantwortungsbereich des Verwenders liegen, oder
   b) den anderen Vertragsteil bestimmte Tatsachen bestätigen lässt;
Buchstabe b gilt nicht für Empfangsbekenntnisse, die gesondert unterschrieben oder mit einer gesonderten qualifizierten elektronischen Signatur versehen sind;

13. (Form von Anzeigen und Erklärungen)
eine Bestimmung, durch die Anzeigen oder Erklärungen, die dem Verwender oder einem Dritten gegenüber abzugeben sind, gebunden werden
   a) an eine strengere Form als die schriftliche Form in einem Vertrag, für den durch Gesetz notarielle Beurkundung vorgeschrieben ist oder
   b) an eine strengere Form als die Textform in anderen als den in Buchstabe a genannten Verträgen oder
   c) an besondere Zugangserfordernisse;

14. (Klageverzicht)
eine Bestimmung, wonach der andere Vertragsteil seine Ansprüche gegen den Verwender gerichtlich nur geltend machen darf, nachdem er eine gütliche Einigung in einem Verfahren zur außergerichtlichen Streitbeilegung versucht hat;
15. (Abschlagszahlungen und Sicherheitsleistung)
Eine Bestimmung, nach der Verwender bei einem Werkvertrag
   a) für Teilleistungen Abschlagszahlungen vom anderen Vertragsteil verlangen kann, die wesentlich höher sind als die nach § 632a Absatz 1 und 650m Absatz 1 zu leistenden Abschlagszahlungen, oder
   b) die Sicherheitsleistung nach § 650m Absatz 2 nicht oder nur in geringerer Höhe leisten muss.

§ 312 Anwendungsbereich

(1) Die Vorschriften der Kapitel 1 und 2 dieses Untertitels sind nur auf Verbraucherverträge im Sinne des § 310 Absatz 3 anzuwenden, die eine entgeltliche Leistung des Unternehmers zum Gegenstand haben.

(2) Von den Vorschriften der Kapitel 1 und 2 dieses Untertitels ist nur § 312a Absatz 1, 3, 4 und 6 auf folgende Verträge anzuwenden:
1. notariell beurkundete Verträge
   a) über Finanzdienstleistungen, die außerhalb von Geschäftsräumen geschlossen werden,
   b) die keine Verträge über Finanzdienstleistungen sind; für Verträge, für die das Gesetz die notarielle Beurkundung des Vertrags oder einer Vertragserklärung nicht vorschreibt, gilt dies nur, wenn der Notar darüber belehrt, dass die Informationspflichten nach § 312d Absatz 1 und das Widerrufsrecht nach § 312g Absatz 1 entfallen,
2. Verträge über die Begründung, den Erwerb oder die Übertragung von Eigentum oder anderen Rechten an Grundstücken,
3. ~~Verträge über den Bau von neuen Gebäuden oder erhebliche Umbaumaßnahmen an bestehenden Gebäuden~~ Verbraucherbauverträge nach § 650i Absatz 1,
4. Verträge über Reiseleistungen nach § 651a, wenn diese
   a) im Fernabsatz geschlossen werden oder
   b) außerhalb von Geschäftsräumen geschlossen werden, wenn die mündlichen Verhandlungen, auf denen der Vertragsschluss beruht, auf vorhergehende Bestellung des Verbrauchers geführt worden sind,
5. Verträge über die Beförderung von Personen,
6. Verträge über Teilzeit-Wohnrechte, langfristige Urlaubsprodukte, Vermittlungen und Tauschsysteme nach den §§ 481 bis 481b,
7. Behandlungsverträge nach § 630a,
8. Verträge über die Lieferung von Lebensmitteln, Getränken oder sonstigen Haushaltsgegenständen des täglichen Bedarfs, die am Wohnsitz, am Aufenthaltsort oder am Arbeitsplatz eines Verbrauchers von einem Unternehmer im Rahmen häufiger und regelmäßiger Fahrten geliefert werden,
9. Verträge, die unter Verwendung von Warenautomaten und automatisierten Geschäftsräumen geschlossen werden,

10. Verträge, die mit Betreibern von Telekommunikationsmitteln mit Hilfe öffentlicher Münz- und Kartentelefone zu deren Nutzung geschlossen werden,
11. Verträge zur Nutzung einer einzelnen von einem Verbraucher hergestellten Telefon-, Internet- oder Telefaxverbindung,
12. außerhalb von Geschäftsräumen geschlossene Verträge, bei denen die Leistung bei Abschluss der Verhandlungen sofort erbracht und bezahlt wird und das vom Verbraucher zu zahlende Entgelt 40 Euro nicht überschreitet, und
13. Verträge über den Verkauf beweglicher Sachen auf Grund von Zwangsvollstreckungsmaßnahmen oder anderen gerichtlichen Maßnahmen.

(3) Auf Verträge über soziale Dienstleistungen, wie Kinderbetreuung oder Unterstützung von dauerhaft oder vorübergehend hilfsbedürftigen Familien oder Personen, einschließlich Langzeitpflege, sind von den Vorschriften der Kapitel 1 und 2 dieses Untertitels nur folgende anzuwenden:
1. die Definitionen der außerhalb von Geschäftsräumen geschlossenen Verträge und der Fernabsatzverträge nach den §§ 312b und 312c,
2. § 312a Absatz 1 über die Pflicht zur Offenlegung bei Telefonanrufen,
3. § 312a Absatz 3 über die Wirksamkeit der Vereinbarung, die auf eine über das vereinbarte Entgelt für die Hauptleistung hinausgehende Zahlung gerichtet ist,
4. § 312a Absatz 4 über die Wirksamkeit der Vereinbarung eines Entgelts für die Nutzung von Zahlungsmitteln,
5. § 312a Absatz 6,
6. § 312d Absatz 1 in Verbindung mit Artikel 246a § 1 Absatz 2 und 3 des Einführungsgesetzes zum Bürgerlichen Gesetzbuche über die Pflicht zur Information über das Widerrufsrecht und
7. § 312g über das Widerrufsrecht.

(4) ¹Auf Verträge über die Vermietung von Wohnraum sind von den Vorschriften der Kapitel 1 und 2 dieses Untertitels nur die in Absatz 3 Nummer 1 bis 7 genannten Bestimmungen anzuwenden. ²Die in Absatz 3 Nummer 1, 6 und 7 genannten Bestimmungen sind jedoch nicht auf die Begründung eines Mietverhältnisses über Wohnraum anzuwenden, wenn der Mieter die Wohnung zuvor besichtigt hat.

(5) ¹Bei Vertragsverhältnissen über Bankdienstleistungen sowie Dienstleistungen im Zusammenhang mit einer Kreditgewährung, Versicherung, Altersversorgung von Einzelpersonen, Geldanlage oder Zahlung (Finanzdienstleistungen), die eine erstmalige Vereinbarung mit daran anschließenden aufeinanderfolgenden Vorgängen oder eine daran anschließende Reihe getrennter, in einem zeitlichen Zusammenhang stehender Vorgänge gleicher Art umfassen, sind die Vorschriften der Kapitel 1 und 2 dieses Untertitels nur auf die erste Vereinbarung anzuwenden. ²§ 312a Absatz 1, 3, 4 und 6 ist daneben auf jeden Vorgang anzuwenden. ³Wenn die in Satz 1 genannten Vorgänge ohne eine solche Vereinbarung aufeinanderfolgen, gelten die Vorschriften über Informationspflichten des Unternehmers nur für den ersten Vorgang. Findet jedoch länger als ein Jahr kein Vorgang der gleichen Art mehr statt, so gilt der nächste Vorgang als der erste Vorgang einer neuen Reihe im Sinne von Satz 3.

(6) Von den Vorschriften der Kapitel 1 und 2 dieses Untertitels ist auf Verträge über Versicherungen sowie auf Verträge über deren Vermittlung nur § 312a Absatz 3, 4 und 6 anzuwenden.

§ 356e Widerrufsrecht bei Verbraucherbauverträgen

4 ¹Bei einem Verbraucherbauvertrag (§ 650i Absatz 1) beginnt die Widerrufsfrist nicht, bevor der Unternehmer den Verbraucher gemäß Artikel 249 § 3 des Einführungsgesetzes zum Bürgerlichen Gesetzbuche über sein Widerrufsrecht belehrt hat. ²Das Widerrufsrecht erlischt spätestens zwölf Monate und 14 Tage nach dem in § 355 Absatz 2 Satz 2 genannten Zeitpunkt.

§ 357d Rechtsfolgen des Widerrufs bei Verbraucherbauverträgen

5 ¹Ist die Rückgewähr der bis zum Widerruf erbrachten Leistung ihrer Natur nach ausgeschlossen, schuldet der Verbraucher dem Unternehmer Wertersatz. ²Bei der Berechnung des Wertersatzes ist die vereinbarte Vergütung zugrunde zu legen. ³Ist die vereinbarte Vergütung unverhältnismäßig hoch, ist der Wertersatz auf der Grundlage des Marktwertes der erbrachten Leistung zu berechnen.

§ 439 Nacherfüllung

6 (1) Der Käufer kann als Nacherfüllung nach seiner Wahl die Beseitigung des Mangels oder die Lieferung einer mangelfreien Sache verlangen.

(2) Der Verkäufer hat die zum Zwecke der Nacherfüllung erforderlichen Aufwendungen, insbesondere Transport-, Wege-, Arbeits- und Materialkosten zu tragen.

(3) ¹Hat der Käufer die mangelhafte Sache gemäß ihrer Art und ihrem Verwendungszweck in eine andere Sache eingebaut oder an eine andere Sache angebracht, ist der Verkäufer im Rahmen der Nacherfüllung verpflichtet, dem Käufer die erforderlichen Aufwendungen für das Entfernen der mangelhaften und den Einbau oder das Anbringen der nachgebesserten oder gelieferten mangelfreien Sache zu ersetzen. ²§ 442 Absatz 1 ist mit der Maßgabe anzuwenden, dass für die Kenntnis des Käufers an die Stelle des Vertragsschlusses der Einbau oder das Anbringen der mangelhaften Sache durch den Käufer tritt.

(4) ¹Der Verkäufer kann die vom Käufer gewählte Art der Nacherfüllung unbeschadet des § 275 Abs. 2 und 3 verweigern, wenn sie nur mit unverhältnismäßigen Kosten möglich ist. ²Dabei sind insbesondere der Wert der Sache in mangelfreiem Zustand, die Bedeutung des Mangels und die Frage zu berücksichtigen, ob auf die andere Art der Nacherfüllung ohne erhebliche Nachteile für den Käufer zurückgegriffen werden könnte. ³Der Anspruch des Käufers beschränkt sich in diesem Fall auf die andere Art der Nacherfüllung; das Recht des Verkäufers, auch diese unter den Voraussetzungen des Satzes 1 zu verweigern, bleibt unberührt.

(5) Liefert der Verkäufer zum Zwecke der Nacherfüllung eine mangelfreie Sache, so kann er vom Käufer Rückgewähr der mangelhaften Sache nach Maßgabe der §§ 346 bis 348 verlangen.

§ 440 Besondere Bestimmungen für Rücktritt und Schadensersatz

¹Außer in den Fällen des § 281 Absatz 2 und des § 323 Absatz 2 bedarf es der Fristsetzung auch dann nicht, wenn der Verkäufer beide Arten der Nacherfüllung gemäß § 439 Absatz 4 verweigert oder wenn die dem Käufer zustehende Art der Nacherfüllung fehlgeschlagen oder ihm unzumutbar ist. ²Eine Nachbesserung gilt nach dem erfolglosen zweiten Versuch als fehlgeschlagen, wenn sich nicht insbesondere aus der Art der Sache oder des Mangels oder den sonstigen Umständen etwas anderes ergibt.

§ 445a Rückgriff des Verkäufers

(1) Der Verkäufer kann beim Verkauf einer neu hergestellten Sache von dem Verkäufer, der ihm die Sache verkauft hatte (Lieferant), Ersatz der Aufwendungen verlangen, die er im Verhältnis zum Käufer nach § 439 Absatz 2 und 3 sowie § 475 Absatz 4 und 6 zu tragen hatte, wenn der vom Käufer geltend gemachte Mangel bereits beim Übergang der Gefahr auf den Verkäufer vorhanden war.

(2) Für die in § 437 bezeichneten Rechte des Verkäufers gegen seinen Lieferanten bedarf es wegen des vom Käufer geltend gemachten Mangels der sonst erforderlichen Fristsetzung nicht, wenn der Verkäufer die verkaufte neu hergestellte Sache als Folge ihrer Mangelhaftigkeit zurücknehmen musste oder der Käufer den Kaufpreis gemindert hat.

(3) Die Absätze 1 und 2 finden auf die Ansprüche des Lieferanten und der übrigen Käufer in der Lieferkette gegen die jeweiligen Verkäufer entsprechende Anwendung, wenn die Schuldner Unternehmer sind.

(4) § 377 des Handelsgesetzbuchs bleibt unberührt.

§ 445b Verjährung von Rückgriffsansprüchen

(1) Die in § 445a Absatz 1 bestimmten Aufwendungsersatzansprüche verjähren in zwei Jahren ab Ablieferung der Sache.

(2) ¹Die Verjährung der in den §§ 437 und 445a Absatz 1 bestimmten Ansprüche des Verkäufers gegen seinen Lieferanten wegen des Mangels einer verkauften neu hergestellten Sache tritt frühestens zwei Monate nach dem Zeitpunkt ein, in dem der Verkäufer die Ansprüche des Käufers erfüllt hat. ²Diese Ablaufhemmung endet spätestens fünf Jahre nach dem Zeitpunkt, in dem der Lieferant die Sache dem Verkäufer abgeliefert hat.

(3) Die Absätze 1 und 2 finden auf die Ansprüche des Lieferanten und der übrigen Käufer in der Lieferkette gegen die jeweiligen Verkäufer entsprechende Anwendung, wenn die Schuldner Unternehmer sind.

§ 474 Begriff des Verbrauchsgüterkaufs; anwendbare Vorschriften

(1) ¹Verbrauchsgüterkäufe sind Verträge, durch die ein Verbraucher von einem Unternehmer eine bewegliche Sache kauft. ²Um einen Verbrauchsgüterkauf handelt es sich auch bei einem Vertrag, der neben dem Verkauf einer beweglichen Sa-

che die Erbringung einer Dienstleistung durch den Unternehmer zum Gegenstand hat.

(2) ¹Für den Verbrauchsgüterkauf gelten ergänzend die folgenden Vorschriften dieses Untertitels. ²Dies gilt nicht für gebrauchte Sachen, die in einer öffentlich zugänglichen Versteigerung verkauft werden, an der der Verbraucher persönlich teilnehmen kann.

~~(3) Ist eine Zeit für die nach § 433 zu erbringenden Leistungen weder bestimmt noch aus den Umständen zu entnehmen, so kann der Gläubiger diese Leistungen abweichend von § 271 Absatz 1 nur unverzüglich verlangen. Der Unternehmer muss die Sache in diesem Fall spätestens 30 Tage nach Vertragsschluss übergeben. Die Vertragsparteien können die Leistungen sofort bewirken.~~

~~(4) § 447 Absatz 1 gilt mit der Maßgabe, dass die Gefahr des zufälligen Untergangs und der zufälligen Verschlechterung nur dann auf den Käufer übergeht, wenn der Käufer den Spediteur, den Frachtführer oder die sonst zur Ausführung der Versendung bestimmte Person oder Anstalt mit der Ausführung beauftragt hat und der Unternehmer dem Käufer diese Person oder Anstalt nicht zuvor benannt hat.~~

~~(5) Auf die in diesem Untertitel geregelten Kaufverträge ist § 439 Absatz 4 mit der Maßgabe anzuwenden, dass Nutzungen nicht herauszugeben oder durch ihren Wert zu ersetzen sind. Die §§ 445 und 447 Absatz 2 sind nicht anzuwenden.~~

§ 475 Anwendbare Vorschriften

11 (1) ¹Ist eine Zeit für die nach § 433 zu erbringenden Leistungen weder bestimmt noch aus den Umständen zu entnehmen, so kann der Gläubiger diese Leistungen abweichend von § 271 Absatz 1 nur unverzüglich verlangen. ²Der Unternehmer muss die Sache in diesem Fall spätestens 30 Tage nach Vertragsschluss übergeben. ³Die Vertragsparteien können die Leistungen sofort bewirken.

(2) § 447 Absatz 1 gilt mit der Maßgabe, dass die Gefahr des zufälligen Untergangs und der zufälligen Verschlechterung nur dann auf den Käufer übergeht, wenn der Käufer den Spediteur, den Frachtführer oder die sonst zur Ausführung der Versendung bestimmte Person oder Anstalt mit der Ausführung beauftragt hat und der Unternehmer dem Käufer diese Person oder Anstalt nicht zuvor benannt hat.

(3) § 439 Absatz 5 ist mit der Maßgabe anzuwenden, dass Nutzungen nicht herauszugeben oder durch ihren Wert zu ersetzen sind. Die §§ 445 und 447 Absatz 2 sind nicht anzuwenden.

(4) ¹Ist die eine Art der Nacherfüllung nach § 275 Absatz 1 ausgeschlossen oder kann der Unternehmer diese nach § 275 Absatz 2 oder 3 oder § 439 Absatz 4 Satz 1 verweigern, kann er die andere Art der Nacherfüllung nicht wegen Unverhältnismäßigkeit der Kosten nach § 439 Absatz 4 Satz 1 verweigern. ²Ist die andere Art der Nacherfüllung wegen der Höhe der Aufwendungen nach § 439 Absatz 2 oder Absatz 3 Satz 1 unverhältnismäßig, kann der Unternehmer den Aufwendungsersatz auf einen angemessenen Betrag beschränken. ³Bei der Bemessung dieses Betrages sind insbesondere der Wert der Sache in mangelfreiem Zustand und die Bedeutung des Mangels zu berücksichtigen.

(5) § 440 Satz 1 ist auch in den Fällen anzuwenden, in denen der Verkäufer die Nacherfüllung gemäß Absatz 4 Satz 2 beschränkt.

(6) Der Verbraucher kann von dem Unternehmer für Aufwendungen, die ihm im Rahmen der Nacherfüllung gemäß § 439 Absatz 2 und 3 entstehen und die vom Unternehmer zu tragen sind, Vorschuss verlangen.

§ 476 Abweichende Vereinbarungen

(1) ¹Auf eine vor Mitteilung eines Mangels an den Unternehmer getroffene Vereinbarung, die zum Nachteil des Verbrauchers von den §§ 433 bis 435, 437, 439 bis 443 sowie von den Vorschriften dieses Untertitels abweicht, kann der Unternehmer sich nicht berufen. ²Die in Satz 1 bezeichneten Vorschriften finden auch Anwendung, wenn sie durch anderweitige Gestaltungen umgangen werden.

(2) Die Verjährung der in § 437 bezeichneten Ansprüche kann vor Mitteilung eines Mangels an den Unternehmer nicht durch Rechtsgeschäft erleichtert werden, wenn die Vereinbarung zu einer Verjährungsfrist ab dem gesetzlichen Verjährungsbeginn von weniger als zwei Jahren, bei gebrauchten Sachen von weniger als einem Jahr führt.

(3) Die Absätze 1 und 2 gelten unbeschadet der §§ 307 bis 309 nicht für den Ausschluss oder die Beschränkung des Anspruchs auf Schadensersatz.

§ 477 Sonderbestimmungen für Garantien

(1) Eine Garantieerklärung (§ 443) muss einfach und verständlich abgefasst sein. Sie muss enthalten

1. den Hinweis auf die gesetzlichen Rechte des Verbrauchers sowie darauf, dass sie durch die Garantie nicht eingeschränkt werden und
2. den Inhalt der Garantie und alle wesentlichen Angaben, die für die Geltendmachung der Garantie erforderlich sind, insbesondere die Dauer und den räumlichen Geltungsbereich des Garantieschutzes sowie Namen und Anschrift des Garantiegebers.

(2) Der Verbraucher kann verlangen, dass ihm die Garantieerklärung in Textform mitgeteilt wird.

(3) Die Wirksamkeit der Garantieverpflichtung wird nicht dadurch berührt, dass eine der vorstehenden Anforderungen nicht erfüllt wird.

§ 477 Beweislastumkehr (gleichlautend mit § 476 a.F.)

Zeigt sich innerhalb von sechs Monaten seit Gefahrübergang ein Sachmangel, so wird vermutet, dass die Sache bereits bei Gefahrübergang mangelhaft war, es sei denn, diese Vermutung ist mit der Art der Sache oder des Mangels unvereinbar.

§ 478 Sonderbestimmungen für den Rückgriff des Unternehmers

15 (1) ~~Wenn der Unternehmer die verkaufte neu hergestellte Sache als Folge ihrer Mangelhaftigkeit zurücknehmen musste oder der Verbraucher den Kaufpreis gemindert hat, bedarf es für die in § 437 bezeichneten Rechte des Unternehmers gegen den Unternehmer, der ihm die Sache verkauft hatte (Lieferant), wegen des vom Verbraucher geltend gemachten Mangels einer sonst erforderlichen Fristsetzung nicht.~~ Ist der letzte Vertrag in der Lieferkette ein Verbrauchsgüterkauf (§ 474), findet § 477 in den Fällen des § 445a Absatz 1 und 2 mit der Maßgabe Anwendung, dass die Frist mit dem Übergang der Gefahr auf den Verbraucher beginnt.

~~(2) Der Unternehmer kann beim Verkauf einer neu hergestellten Sache von seinem Lieferanten Ersatz der Aufwendungen verlangen, die der Unternehmer im Verhältnis zum Verbraucher nach § 439 Abs. 2 zu tragen hatte, wenn der vom Verbraucher geltend gemachte Mangel bereits beim Übergang der Gefahr auf den Unternehmer vorhanden war.~~

~~(3) In den Fällen der Absätze 1 und 2 findet § 476 mit der Maßgabe Anwendung, dass die Frist mit dem Übergang der Gefahr auf den Verbraucher beginnt.~~

(2) ¹Auf eine vor Mitteilung eines Mangels an den Lieferanten getroffene Vereinbarung, die zum Nachteil des Unternehmers ~~von den §§ 433 bis 435, 437, 439 bis 443 sowie von den Absätzen 1 bis 3 und von § 479~~ von Absatz 1 sowie von den §§ 433 bis 435, 437, 439 bis 443, 445a Absatz 1 und 2 sowie von § 445b abweicht, kann sich der Lieferant nicht berufen, wenn dem Rückgriffsgläubiger kein gleichwertiger Ausgleich eingeräumt wird. ²Satz 1 gilt unbeschadet des § 307 nicht für den Ausschluss oder die Beschränkung des Anspruchs auf Schadensersatz. ³Die in Satz 1 bezeichneten Vorschriften finden auch Anwendung, wenn sie durch anderweitige Gestaltungen umgangen werden.

(3) Die Absätze 1 und 2 finden auf die Ansprüche des Lieferanten und der übrigen Käufer in der Lieferkette gegen die jeweiligen Verkäufer entsprechende Anwendung, wenn die Schuldner Unternehmer sind.

~~(6) § 377 des Handelsgesetzbuchs bleibt unberührt.~~

~~§ 479 Verjährung von Rückgriffsansprüchen~~

16 ~~(1) Die in § 478 Abs. 2 bestimmten Aufwendungsersatzansprüche verjähren in zwei Jahren ab Ablieferung der Sache.~~

~~(2) Die Verjährung der in den §§ 437 und 478 Abs. 2 bestimmten Ansprüche des Unternehmers gegen seinen Lieferanten wegen des Mangels einer an einen Verbraucher verkauften neu hergestellten Sache tritt frühestens zwei Monate nach dem Zeitpunkt ein, in dem der Unternehmer die Ansprüche des Verbrauchers erfüllt hat. Diese Ablaufhemmung endet spätestens fünf Jahre nach dem Zeitpunkt, in dem der Lieferant die Sache dem Unternehmer abgeliefert hat.~~

~~(2) Die vorstehenden Absätze finden auf die Ansprüche des Lieferanten und der übrigen Käufer in der Lieferkette gegen die jeweiligen Verkäufer entsprechende Anwendung, wenn die Schuldner Unternehmer sind.~~

Synopse Werk- und Bauvertragsrecht alt/neu   Anhang

§ 479 Sonderbestimmungen für Garantien (gleichlautend mit § 477 a.F.)

(1) ¹Eine Garantieerklärung (§ 443) muss einfach und verständlich abgefasst sein. ²Sie muss enthalten:
1. den Hinweis auf die gesetzlichen Rechte des Verbrauchers sowie darauf, dass sie durch die Garantie nicht eingeschränkt werden, und
2. den Inhalt der Garantie und alle wesentlichen Angaben, die für die Geltendmachung der Garantie erforderlich sind, insbesondere die Dauer und den räumlichen Geltungsbereich des Garantieschutzes sowie Namen und Anschrift des Garantiegebers.

(1) Der Verbraucher kann verlangen, dass ihm die Garantieerklärung in Textform mitgeteilt wird.

(3) Die Wirksamkeit der Garantieverpflichtung wird nicht dadurch berührt, dass eine der vorstehenden Anforderungen nicht erfüllt wird.

17

Untertitel 1 – Werkvertrag

Kapitel 1 – Allgemeine Vorschriften

§ 631 Vertragstypische Pflichten beim Werkvertrag

(1) Durch den Werkvertrag wird der Unternehmer zur Herstellung des versprochenen Werkes, der Besteller zur Entrichtung der vereinbarten Vergütung verpflichtet.

(2) Gegenstand des Werkvertrags kann sowohl die Herstellung oder Veränderung einer Sache als auch ein anderer durch Arbeit oder Dienstleistung herbeizuführender Erfolg sein.

18

§ 632 Vergütung

(1) Eine Vergütung gilt als stillschweigend vereinbart, wenn die Herstellung des Werkes den Umständen nach nur gegen eine Vergütung zu erwarten ist.

(2) Ist die Höhe der Vergütung nicht bestimmt, so ist bei dem Bestehen einer Taxe die taxmäßige Vergütung, in Ermangelung einer Taxe die übliche Vergütung als vereinbart anzusehen.

(2) Ein Kostenanschlag ist im Zweifel nicht zu vergüten.

19

§ 632a Abschlagszahlungen

(1) ~~Der Unternehmer kann von dem Besteller für eine vertragsgemäß erbrachte Leistung eine Abschlagzahlung in der Höhe verlangen, in der der Besteller durch die Leistungen einen Wertzuwachs erlangt hat. Wegen unwesentlicher Mängel kann die Abschlagzahlung nicht verweigert werden.~~ ¹Der Unternehmer kann von dem Besteller eine Abschlagszahlung in Höhe des Wertes der von ihm erbrachten und nach dem Vertrag geschuldeten Leistungen verlangen. ²Sind die erbrachten Leistungen nicht vertragsgemäß, kann der Besteller die Zahlung eines angemessen

20

2015

Teils des Abschlags verweigern. ³Die Beweislast für die vertragsgemäße Leistung verbleibt bis zur Abnahme beim Unternehmer. ⁴§ 641 Abs. 3 gilt entsprechend. ⁵Die Leistungen sind durch eine Aufstellung nachzuweisen, die eine rasche und sichere Beurteilung der Leistungen ermöglichen muss. ⁶Die Sätze 1 bis 5 gelten auch für erforderliche Stoffe oder Bauteile, die angeliefert oder eigens angefertigt und bereitgestellt sind, wenn dem Besteller nach seiner Wahl Eigentum an den Stoffen oder Bauteilen übertragen oder entsprechende Sicherheit hierfür geleistet wird.

~~(2) Wenn der Vertrag die Errichtung oder den Umbau eines Hauses oder eines vergleichbaren Bauwerks zum Gegenstand hat und zugleich die Verpflichtung des Unternehmers enthält, dem Besteller das Eigentum an dem Grundstück zu übertragen oder ein Erbbaurecht zu bestellen oder zu übertragen, können Abschlagzahlungen nur verlangt werden, soweit sie gemäß einer Verordnung auf Grund von Artikel 244 des Einführungsgesetzes zum Bürgerlichen Gesetzbuche vereinbart sind.~~

~~(3) Ist der Besteller ein Verbraucher und hat der Vertrag die Errichtung oder den Umbau eines Hauses oder eines vergleichbaren Bauwerks zum Gegenstand, ist dem Besteller bei der ersten Abschlagszahlung eine Sicherheit für die rechtzeitige Herstellung des Werkes ohne wesentliche Mängel in Höhe von 5 vom Hundert des Vergütungsanspruchs zu leisten. Erhöht sich der Vergütungsanspruch infolge von Änderungen oder Ergänzungen des Vertrages um mehr als 10 vom Hundert, ist dem Besteller bei der nächsten Abschlagzahlung eine weitere Sicherheit in Höhe vom 5 Hundert des zusätzlichen Vergütungsanspruchs zu leisten. Auf Verlangen des Unternehmers ist die Sicherheitsleistung durch Einbehalt dergestalt zu erbringen, dass der Besteller die Abschlagszahlungen bis zu dem Gesamtbetrag der geschuldeten Sicherheit zurückhält.~~

(2) Die Sicherheit nach Absatz 1 Satz 6 kann durch eine Garantie oder ein sonstiges Zahlungsversprechen eines im Geltungsbereich dieses Gesetzes zum Geschäftsbetrieb befugten Kreditinstituts oder Kreditversicherers geleistet werden.

§ 633 Sach- und Rechtsmangel

21 (1) Der Unternehmer hat dem Besteller das Werk frei von Sach- und Rechtsmängeln zu verschaffen.

(2) ¹Das Werk ist frei von Sachmängeln, wenn es die vereinbarte Beschaffenheit hat. ²Soweit die Beschaffenheit nicht vereinbart ist, ist das Werk frei von Sachmängeln,
1. wenn es sich für die nach dem Vertrag vorausgesetzte, sonst
2. für die gewöhnliche Verwendung eignet und eine Beschaffenheit aufweist, die bei Werken der gleichen Art üblich ist und die der Besteller nach der Art des Werkes erwarten kann.

³Einem Sachmangel steht es gleich, wenn der Unternehmer ein anderes als das bestellte Werk oder das Werk in zu geringer Menge herstellt.

(3) Das Werk ist frei von Rechtsmängeln, wenn Dritte in Bezug auf das Werk keine oder nur die im Vertrag übernommenen Rechte gegen den Besteller geltend machen können.

§ 634 Rechte des Bestellers bei Mängeln

Ist das Werk mangelhaft, kann der Besteller, wenn die Voraussetzungen der folgenden Vorschriften vorliegen und soweit nicht ein anderes bestimmt ist,
1. nach § 635 Nacherfüllung verlangen,
2. nach § 637 den Mangel selbst beseitigen und Ersatz der erforderlichen Aufwendungen verlangen,
3. nach den §§ 636, 323 und 326 Abs. 5 von dem Vertrag zurücktreten oder nach § 638 die Vergütung mindern und
4. nach den §§ 636, 280, 281, 283 und 311a Schadensersatz oder nach § 284 Ersatz vergeblicher Aufwendungen verlangen.

§ 634a Verjährung der Mängelansprüche

(1) Die in § 634 Nr. 1, 2 und 4 bezeichneten Ansprüche verjähren
1. vorbehaltlich der Nummer 2 in zwei Jahren bei einem Werk, dessen Erfolg in der Herstellung, Wartung oder Veränderung einer Sache oder in der Erbringung von Planungs- oder Überwachungsleistungen hierfür besteht,
2. in fünf Jahren bei einem Bauwerk und einem Werk, dessen Erfolg in der Erbringung von Planungs- oder Überwachungsleistungen hierfür besteht, und
3. im Übrigen in der regelmäßigen Verjährungsfrist.

(1) Die Verjährung beginnt in den Fällen des Absatzes 1 Nr. 1 und 2 mit der Abnahme.

(3) ¹Abweichend von Absatz 1 Nr. 1 und 2 und Absatz 2 verjähren die Ansprüche in der regelmäßigen Verjährungsfrist, wenn der Unternehmer den Mangel arglistig verschwiegen hat. ²Im Fall des Absatzes 1 Nr. 2 tritt die Verjährung jedoch nicht vor Ablauf der dort bestimmten Frist ein.

(4) ¹Für das in § 634 bezeichnete Rücktrittsrecht gilt § 218. ²Der Besteller kann trotz einer Unwirksamkeit des Rücktritts nach § 218 Abs. 1 die Zahlung der Vergütung insoweit verweigern, als er auf Grund des Rücktritts dazu berechtigt sein würde. ³Macht er von diesem Recht Gebrauch, kann der Unternehmer vom Vertrag zurücktreten.

(5) Auf das in § 634 bezeichnete Minderungsrecht finden § 218 und Absatz 4 Satz 2 entsprechende Anwendung.

§ 635 Nacherfüllung

(1) Verlangt der Besteller Nacherfüllung, so kann der Unternehmer nach seiner Wahl den Mangel beseitigen oder ein neues Werk herstellen.

(2) Der Unternehmer hat die zum Zwecke der Nacherfüllung erforderlichen Aufwendungen, insbesondere Transport-, Wege-, Arbeits- und Materialkosten zu tragen.

(3) Der Unternehmer kann die Nacherfüllung unbeschadet des § 275 Abs. 2 und 3 verweigern, wenn sie nur mit unverhältnismäßigen Kosten möglich ist.

(4) Stellt der Unternehmer ein neues Werk her, so kann er vom Besteller Rückgewähr des mangelhaften Werkes nach Maßgabe der §§ 346 bis 348 verlangen.

§ 636 Besondere Bestimmungen für Rücktritt und Schadensersatz

25 Außer in den Fällen der § 281 Abs. 2 und 323 Abs. 2 bedarf es der Fristsetzung auch dann nicht, wenn der Unternehmer die Nacherfüllung gemäß § 635 Abs. 3 verweigert oder wenn die Nacherfüllung fehlgeschlagen oder dem Besteller unzumutbar ist.

§ 637 Selbstvornahme

26 (1) Der Besteller kann wegen eines Mangels des Werkes nach erfolglosem Ablauf einer von ihm zur Nacherfüllung bestimmten angemessenen Frist den Mangel selbst beseitigen und Ersatz der erforderlichen Aufwendungen verlangen, wenn nicht der Unternehmer die Nacherfüllung zu Recht verweigert.

(2) § 323 Abs. 2 findet entsprechende Anwendung. Der Bestimmung einer Frist bedarf es auch dann nicht, wenn die Nacherfüllung fehlgeschlagen oder dem Besteller unzumutbar ist.

(3) Der Besteller kann von dem Unternehmer für die zur Beseitigung des Mangels erforderlichen Aufwendungen Vorschuss verlangen.

§ 638 Minderung

27 (1) ¹Statt zurückzutreten, kann der Besteller die Vergütung durch Erklärung gegenüber dem Unternehmer mindern. ²Der Ausschlussgrund des § 323 Abs. 5 Satz 2 findet keine Anwendung.

(2) Sind auf der Seite des Bestellers oder auf der Seite des Unternehmers mehrere beteiligt, so kann die Minderung nur von allen oder gegen alle erklärt werden.

(3) ¹Bei der Minderung ist die Vergütung in dem Verhältnis herabzusetzen, in welchem zur Zeit des Vertragsschlusses der Wert des Werkes in mangelfreiem Zustand zu dem wirklichen Wert gestanden haben würde. ²Die Minderung ist, soweit erforderlich, durch Schätzung zu ermitteln.

(4) ¹Hat der Besteller mehr als die geminderte Vergütung gezahlt, so ist der Mehrbetrag vom Unternehmer zu erstatten. ²§ 346 Abs. 1 und § 347 Abs. 1 finden entsprechende Anwendung.

§ 639 Haftungsausschluss

28 Auf eine Vereinbarung, durch welche die Rechte des Bestellers wegen eines Mangels ausgeschlossen oder beschränkt werden, kann sich der Unternehmer nicht berufen, soweit er den Mangel arglistig verschwiegen oder eine Garantie für die Beschaffenheit des Werkes übernommen hat.

§ 640 Abnahme

(1) ¹Der Besteller ist verpflichtet, das vertragsmäßig hergestellte Werk abzunehmen, sofern nicht nach der Beschaffenheit des Werkes die Abnahme ausgeschlossen ist. ²Wegen unwesentlicher Mängel kann die Abnahme nicht verweigert werden. ~~Der Abnahme steht es gleich, wenn der Besteller das Werk nicht innerhalb einer ihm vom Unternehmer bestimmten angemessenen Frist abnimmt, obwohl er dazu verpflichtet ist.~~

(2) ¹Als abgenommen gilt ein Werk auch, wenn der Unternehmer dem Besteller nach Fertigstellung des Werks eine angemessene Frist zur Abnahme gesetzt hat und der Besteller die Abnahme nicht innerhalb dieser Frist unter Angabe mindestens eines Mangels verweigert hat. ²Ist der Besteller ein Verbraucher, so treten die Rechtsfolgen des Satzes 1 nur dann ein, wenn der Unternehmer den Besteller zusammen mit der Aufforderung zur Abnahme auf die Folgen einer nicht erklärten oder ohne Angabe von Mängeln verweigerten Abnahme hingewiesen hat; der Hinweis muss in Textform erfolgen.

(3) Nimmt der Besteller ein mangelhaftes Werk gemäß Absatz 1 Satz 1 ab, obschon er den Mangel kennt, so stehen ihm die in § 634 Nr. 1 bis 3 bezeichneten Rechte nur zu, wenn er sich seine Rechte wegen des Mangels bei der Abnahme vorbehält.

§ 641 Fälligkeit der Vergütung

(1) ¹Die Vergütung ist bei der Abnahme des Werkes zu entrichten. ²Ist das Werk in Teilen abzunehmen und die Vergütung für die einzelnen Teile bestimmt, so ist die Vergütung für jeden Teil bei dessen Abnahme zu entrichten.

(2) ¹Die Vergütung des Unternehmers für ein Werk, dessen Herstellung der Besteller einem Dritten versprochen hat, wird spätestens fällig,
1. soweit der Besteller von dem Dritten für das versprochene Werk wegen dessen Herstellung seine Vergütung oder Teile davon erhalten hat,
2. soweit das Werk des Bestellers von dem Dritten abgenommen worden ist oder als abgenommen gilt oder
3. wenn der Unternehmer dem Besteller erfolglos eine angemessene Frist zur Auskunft über die in den Nummern 1 und 2 bezeichneten Umstände bestimmt hat.

²Hat der Besteller dem Dritten wegen möglicher Mängel des Werks Sicherheit geleistet, gilt Satz 1 nur, wenn der Unternehmer dem Besteller entsprechende Sicherheit leistet.

(3) Kann der Besteller die Beseitigung eines Mangels verlangen, so kann er nach der Fälligkeit die Zahlung eines angemessenen Teils der Vergütung verweigern; angemessen ist in der Regel das Doppelte der für die Beseitigung des Mangels erforderlichen Kosten.

(4) Eine in Geld festgesetzte Vergütung hat der Besteller von der Abnahme des Werkes an zu verzinsen, sofern nicht die Vergütung gestundet ist.

§ 642 Mitwirkung des Bestellers

31 (1) Ist bei der Herstellung des Werkes eine Handlung des Bestellers erforderlich, so kann der Unternehmer, wenn der Besteller durch das Unterlassen der Handlung in Verzug der Annahme kommt, eine angemessene Entschädigung verlangen.

(2) Die Höhe der Entschädigung bestimmt sich einerseits nach der Dauer des Verzugs und der Höhe der vereinbarten Vergütung, andererseits nach demjenigen, was der Unternehmer infolge des Verzugs an Aufwendungen erspart oder durch anderweitige Verwendung seiner Arbeitskraft erwerben kann.

§ 643 Kündigung bei unterlassener Mitwirkung

32 ¹Der Unternehmer ist im Falle des § 642 berechtigt, dem Besteller zur Nachholung der Handlung eine angemessene Frist mit der Erklärung zu bestimmen, dass er den Vertrag kündige, wenn die Handlung nicht bis zum Ablauf der Frist vorgenommen werde. ²Der Vertrag gilt als aufgehoben, wenn nicht die Nachholung bis zum Ablauf der Frist erfolgt.

§ 644 Gefahrtragung

33 (1) ¹Der Unternehmer trägt die Gefahr bis zur Abnahme des Werkes. ²Kommt der Besteller in Verzug der Annahme, so geht die Gefahr auf ihn über. ³Für den zufälligen Untergang und eine zufällige Verschlechterung des von dem Besteller gelieferten Stoffes ist der Unternehmer nicht verantwortlich.

(2) Versendet der Unternehmer das Werk auf Verlangen des Bestellers nach einem anderen Ort als dem Erfüllungsort, so finden die für den Kauf geltenden Vorschriften des § 447 entsprechende Anwendung.

§ 645 Verantwortlichkeit des Bestellers

34 (1) ¹Ist das Werk vor der Abnahme infolge eines Mangels des von dem Besteller gelieferten Stoffes oder infolge einer von dem Besteller für die Ausführung erteilten Anweisung untergegangen, verschlechtert oder unausführbar geworden, ohne dass ein Umstand mitgewirkt hat, den der Unternehmer zu vertreten hat, so kann der Unternehmer einen der geleisteten Arbeit entsprechenden Teil der Vergütung und Ersatz der in der Vergütung nicht inbegriffenen Auslagen verlangen. ²Das Gleiche gilt, wenn der Vertrag in Gemäßheit des § 643 aufgehoben wird.

(2) Eine weitergehende Haftung des Bestellers wegen Verschuldens bleibt unberührt.

§ 646 Vollendung statt Abnahme

35 Ist nach der Beschaffenheit des Werkes die Abnahme ausgeschlossen, so tritt in den Fällen des § 634a Abs. 2 und der §§ 641, 644 und 645 an die Stelle der Abnahme die Vollendung des Werkes.

Synopse Werk- und Bauvertragsrecht alt/neu   Anhang

§ 647 Unternehmerpfandrecht

Der Unternehmer hat für seine Forderungen aus dem Vertrag ein Pfandrecht an den von ihm hergestellten oder ausgebesserten beweglichen Sachen des Bestellers, wenn sie bei der Herstellung oder zum Zwecke der Ausbesserung in seinen Besitz gelangt sind.

§ 647a Sicherungshypothek des Inhabers einer Schiffswerft (gleichlautend mit § 648 Absatz 2 a.F.)

¹Der Inhaber einer Schiffswerft kann für seine Forderungen aus dem Bau oder der Ausbesserung eines Schiffes die Einräumung einer Schiffshypothek an dem Schiffsbauwerk oder dem Schiff des Bestellers verlangen. ²Ist das Werk noch nicht vollendet, so kann er die Einräumung der Schiffshypothek für einen der geleisteten Arbeit entsprechenden Teil der Vergütung und für die in der Vergütung nicht inbegriffenen Auslagen verlangen. ³§ 647 findet keine Anwendung.

~~§ 648 Sicherungshypothek des Bauunternehmers~~ (siehe jetzt § 650e)

~~§ 648a Bauhandwerkersicherung~~ (siehe jetzt § 650f)

§ 648 Kündigungsrecht des Bestellers (gleichlautend mit § 649 a.F.)

¹Der Besteller kann bis zur Vollendung des Werkes jederzeit den Vertrag kündigen. Kündigt der Besteller, so ist der Unternehmer berechtigt, die vereinbarte Vergütung zu verlangen; er muss sich jedoch dasjenige anrechnen lassen, was er infolge der Aufhebung des Vertrags an Aufwendungen erspart oder durch anderweitige Verwendung seiner Arbeitskraft erwirbt oder zu erwerben böswillig unterlässt. ²Es wird vermutet, dass danach dem Unternehmer 5 vom Hundert der auf den noch nicht erbrachten Teil der Werkleistung entfallenden vereinbarten Vergütung zustehen.

§ 648a Kündigung aus wichtigem Grund

(1) ¹Beide Vertragsparteien können den Vertrag aus wichtigem Grund ohne Einhaltung einer Kündigungsfrist kündigen. ²Ein wichtiger Grund liegt vor, wenn dem kündigenden Teil unter Berücksichtigung aller Umstände des Einzelfalls und unter Abwägung der beiderseitigen Interessen die Fortsetzung des Vertragsverhältnisses bis zur Fertigstellung des Werks nicht zugemutet werden kann.

(2) Eine Teilkündigung ist möglich; sie muss sich auf einen abgrenzbaren Teil des geschuldeten Werks beziehen.

(3) § 314 Absatz 2 und 3 gilt entsprechend.

(4) ¹Nach der Kündigung kann jede Vertragspartei von der anderen verlangen, dass sie an einer gemeinsamen Feststellung des Leistungsstandes mitwirkt. ²Verweigert eine Vertragspartei die Mitwirkung oder bleibt sie einem vereinbarten oder einem von der anderen Vertragspartei innerhalb einer angemessenen Frist bestimm-

ten Termin zur Leistungsstandfeststellung fern, trifft sie die Beweislast für den Leistungsstand zum Zeitpunkt der Kündigung. ³Dies gilt nicht, wenn die Vertragspartei infolge eines Umstands fernbleibt, den sie nicht zu vertreten hat und den sie der anderen Vertragspartei unverzüglich mitgeteilt hat.

(5) Kündigt eine Vertragspartei aus wichtigem Grund, ist der Unternehmer nur berechtigt, die Vergütung zu verlangen, die auf den bis zur Kündigung erbrachten Teil des Werks entfällt.

(6) Die Berechtigung, Schadensersatz zu verlangen, wird durch die Kündigung nicht ausgeschlossen.

§ 649 Kostenanschlag *(gleichlautend mit § 650 a.F.)*

40 (1) Ist dem Vertrag ein Kostenanschlag zugrunde gelegt worden, ohne dass der Unternehmer die Gewähr für die Richtigkeit des Anschlags übernommen hat, und ergibt sich, dass das Werk nicht ohne eine wesentliche Überschreitung des Anschlags ausführbar ist, so steht dem Unternehmer, wenn der Besteller den Vertrag aus diesem Grund kündigt, nur der im § 645 Abs. 1 bestimmte Anspruch zu.

(2) Ist eine solche Überschreitung des Anschlags zu erwarten, so hat der Unternehmer dem Besteller unverzüglich Anzeige zu machen.

§ 650 Anwendung des Kaufrechts *(gleichlautend mit § 651 a.F.)*

41 ¹Auf einen Vertrag, der die Lieferung herzustellender oder zu erzeugender beweglicher Sachen zum Gegenstand hat, finden die Vorschriften über den Kauf Anwendung. ²§ 442 Abs. 1 Satz 1 findet bei diesen Verträgen auch Anwendung, wenn der Mangel auf den vom Besteller gelieferten Stoff zurückzuführen ist. ³Soweit es sich bei den herzustellenden oder zu erzeugenden beweglichen Sachen um nicht vertretbare Sachen handelt, sind auch die §§ 642, 643, 645, 648 und 649 mit der Maßgabe anzuwenden, dass an die Stelle der Abnahme der nach den §§ 446 und 447 maßgebliche Zeitpunkt tritt.

Kapitel 2 – Bauvertrag

§ 650a Bauvertrag

42 (1) Ein Bauvertrag ist ein Vertrag über die Herstellung, die Wiederherstellung, die Beseitigung oder den Umbau eines Bauwerks, einer Außenanlage oder eines Teils davon. Für den Bauvertrag gelten ergänzend die folgenden Vorschriften dieses Kapitels.

(2) Ein Vertrag über die Instandhaltung eines Bauwerks ist ein Bauvertrag, wenn das Werk für die Konstruktion, den Bestand oder den bestimmungsgemäßen Gebrauch von wesentlicher Bedeutung ist.

Synopse Werk- und Bauvertragsrecht alt/neu   Anhang

§ 650b Änderung des Vertrags; Anordnungsrecht des Bestellers

(1) ¹Begehrt der Besteller
1. eine Änderung des vereinbarten Werkerfolgs (§ 631 Absatz 2) oder
2. eine Änderung, die zur Erreichung des vereinbarten Werkerfolgs notwendig ist,

streben die Vertragsparteien Einvernehmen über die Änderung und die infolge der Änderung zu leistende Mehr- oder Mindervergütung an. ²Der Unternehmer ist verpflichtet, ein Angebot über die Mehr- oder Mindervergütung zu erstellen, im Falle einer Änderung nach Satz 1 Nummer 1 jedoch nur, wenn ihm die Ausführung der Änderung zumutbar ist. ³Macht der Unternehmer betriebsinterne Vorgänge für die Unzumutbarkeit einer Anordnung nach Absatz 1 Satz 1 Nummer 1 geltend, trifft ihn die Beweislast hierfür. ⁴Trägt der Besteller die Verantwortung für die Planung des Bauwerks oder der Außenanlage, ist der Unternehmer nur dann zur Erstellung eines Angebots über die Mehr- oder Mindervergütung verpflichtet, wenn der Besteller die für die Änderung erforderliche Planung vorgenommen und dem Unternehmer zur Verfügung gestellt hat. ⁵Begehrt der Besteller eine Änderung, für die dem Unternehmer nach § 650c Absatz 1 Satz 2 kein Anspruch auf Vergütung für vermehrten Aufwand zusteht, streben die Parteien nur Einvernehmen über die Änderung an; Satz 2 findet in diesem Fall keine Anwendung.

(2) ¹Erzielen die Parteien binnen 30 Tagen nach Zugang des Änderungsbegehrens beim Unternehmer keine Einigung nach Absatz 1, kann der Besteller die Änderung in Textform anordnen. ²Der Unternehmer ist verpflichtet, der Anordnung des Bestellers nachzukommen, einer Anordnung nach Absatz 1 Satz 1 Nummer 1 jedoch nur, wenn ihm die Ausführung zumutbar ist. ³Absatz 1 Satz 3 gilt entsprechend.

§ 650c Vergütungsanpassung bei Anordnungen nach § 650b Absatz 2

(1) ¹Die Höhe des Vergütungsanspruchs für den infolge einer Anordnung des Bestellers nach § 650b Absatz 2 vermehrten oder verminderten Aufwand ist nach den tatsächlich erforderlichen Kosten mit angemessenen Zuschlägen für allgemeine Geschäftskosten, Wagnis und Gewinn zu ermitteln. ²Umfasst die Leistungspflicht des Unternehmers auch die Planung des Bauwerks oder der Außenanlage, steht diesem im Fall des § 650b Absatz 1 Satz 1 Nummer 2 kein Anspruch auf Vergütung für vermehrten Aufwand zu.

(2) ¹Der Unternehmer kann zur Berechnung der Vergütung für den Nachtrag auf die Ansätze in einer vereinbarungsgemäß hinterlegten Urkalkulation zurückgreifen. ²Es wird vermutet, dass die auf Basis der Urkalkulation fortgeschriebene Vergütung der Vergütung nach Absatz 1 entspricht.

(3) ¹Bei der Berechnung von vereinbarten oder gemäß § 632a geschuldeten Abschlagszahlungen kann der Unternehmer 80 Prozent einer in einem Angebot nach § 650b Absatz 1 Satz 2 genannten Mehrvergütung ansetzen, wenn sich die Parteien nicht über die Höhe geeinigt haben oder keine anderslautende gerichtliche Entscheidung ergeht. ²Wählt der Unternehmer diesen Weg und ergeht keine anderslautende gerichtliche Entscheidung, wird die nach den Absätzen 1 und 2 geschuldete Mehrvergütung erst nach der Abnahme des Werkes fällig. ³Zahlungen nach

Satz 1, die die nach den Absätzen 1 und 2 geschuldete Mehrvergütung übersteigen, sind dem Besteller zurückzugewähren und ab ihrem Eingang beim Unternehmer zu verzinsen. ⁴§ 288 Absatz 1 Satz 2, Absatz 2 und § 289 Satz 1 gelten entsprechend.

§ 650d Einstweilige Verfügung

45 Zum Erlass einer einstweiligen Verfügung in Streitigkeiten über das Anordnungsrecht gemäß § 650b oder die Vergütungsanpassung gem. § 650c ist es nach Beginn der Bauausführung nicht erforderlich, dass der Verfügungsgrund glaubhaft gemacht wird.

§ 650e Sicherungshypothek des Bauunternehmers *(gleichlautend mit § 648 a.F.)*

46 ¹Der Unternehmer kann für seine Forderungen aus dem Vertrag die Einräumung einer Sicherungshypothek an dem Baugrundstück des Bestellers verlangen. ²Ist das Werk noch nicht vollendet, so kann er die Einräumung der Sicherungshypothek für einen der geleisteten Arbeit entsprechenden Teil der Vergütung und für die in der Vergütung nicht inbegriffenen Auslagen verlangen.

§ 650f Bauhandwerkersicherung *(Abs. 1 – 5 gleichlautend mit § 648a a.F.)*

47 (1) ¹Der Unternehmer kann vom Besteller Sicherheit für die auch in Zusatzaufträgen vereinbarte und noch nicht gezahlte Vergütung einschließlich dazugehöriger Nebenforderungen, die mit 10 Prozent des zu sichernden Vergütungsanspruchs anzusetzen sind, verlangen. ²Satz 1 gilt in demselben Umfang auch für Ansprüche, die an die Stelle der Vergütung treten. ³Der Anspruch des Unternehmers auf Sicherheit wird nicht dadurch ausgeschlossen, dass der Besteller Erfüllung verlangen kann oder das Werk abgenommen hat. ⁴Ansprüche, mit denen der Besteller gegen den Anspruch des Unternehmers auf Vergütung aufrechnen kann, bleiben bei der Berechnung der Vergütung unberücksichtigt, es sei denn, sie sind unstreitig oder rechtskräftig festgestellt. ⁵Die Sicherheit ist auch dann als ausreichend anzusehen, wenn sich der Sicherungsgeber das Recht vorbehält, sein Versprechen im Falle einer wesentlichen Verschlechterung der Vermögensverhältnisse des Bestellers mit Wirkung für Vergütungsansprüche aus Bauleistungen zu widerrufen, die der Unternehmer bei Zugang der Widerrufserklärung noch nicht erbracht hat.

(2) ¹Die Sicherheit kann auch durch eine Garantie oder ein sonstiges Zahlungsversprechen eines im Geltungsbereich dieses Gesetzes zum Geschäftsbetrieb befugten Kreditinstituts oder Kreditversicherers geleistet werden. ²Das Kreditinstitut oder der Kreditversicherer darf Zahlungen an den Unternehmer nur leisten, soweit der Besteller den Vergütungsanspruch des Unternehmers anerkennt oder durch vorläufig vollstreckbares Urteil zur Zahlung der Vergütung verurteilt worden ist und die Voraussetzungen vorliegen, unter denen die Zwangsvollstreckung begonnen werden darf.

(3) ¹Der Unternehmer hat dem Besteller die üblichen Kosten der Sicherheitsleistung bis zu einem Höchstsatz von 2 Prozent für das Jahr zu erstatten. ²Dies gilt nicht, soweit eine Sicherheit wegen Einwendungen des Bestellers gegen den Vergütungsanspruch des Unternehmers aufrechterhalten werden muss und die Einwendungen sich als unbegründet erweisen.

(4) Soweit der Unternehmer für seinen Vergütungsanspruch eine Sicherheit nach Absatz 1 oder 2 erlangt hat, ist der Anspruch auf Einräumung einer Sicherungshypothek nach § 650e ausgeschlossen.

(5) ¹Hat der Unternehmer dem Besteller erfolglos eine angemessene Frist zur Leistung der Sicherheit nach Absatz 1 bestimmt, so kann der Unternehmer die Leistung verweigern oder den Vertrag kündigen. ²Kündigt er den Vertrag, ist der Unternehmer berechtigt, die vereinbarte Vergütung zu verlangen; er muss sich jedoch dasjenige anrechnen lassen, was er infolge der Aufhebung des Vertrages an Aufwendungen erspart oder durch anderweitige Verwendung seiner Arbeitskraft erwirbt oder böswillig zu erwerben unterlässt. ³Es wird vermutet, dass danach dem Unternehmer 5 Prozent der auf den noch nicht erbrachten Teil der Werkleistung entfallenden vereinbarten Vergütung zustehen.

(6) ¹Die Absätze 1 bis 5 finden keine Anwendung, wenn der Besteller
1. eine juristische Person des öffentlichen Rechts oder ein öffentlich-rechtliches Sondervermögen ist, über deren Vermögen ein Insolvenzverfahren unzulässig ist, oder,
2. ~~eine natürliche Person ist und die Bauarbeiten zur Herstellung oder Instandsetzung eines Einfamilienhauses mit oder ohne Einliegerwohnung ausführen lässt.~~
2. Verbraucher ist und es sich um einen Verbraucherbauvertrag nach § 650i oder um einen Bauträgervertrag nach § 650u handelt.

²Satz 1 Nummer 2 gilt nicht bei Betreuung des Bauvorhabens durch einen zur Verfügung über die Finanzierungsmittel des Bestellers ermächtigten Baubetreuer.

(7) Eine von den Absätzen 1 bis 5 abweichende Vereinbarung ist unwirksam.

§ 650g Zustandsfeststellung bei Verweigerung der Abnahme; Schlussrechnung

(1) ¹Verweigert der Besteller die Abnahme unter Angabe von Mängeln, hat er auf Verlangen des Unternehmers an einer gemeinsamen Feststellung des Zustands des Werks mitzuwirken. ²Die gemeinsame Zustandsfeststellung soll mit der Angabe des Tages der Anfertigung versehen werden und ist von beiden Vertragsparteien zu unterschreiben.

(2) ¹Bleibt der Besteller einem vereinbarten oder einem von dem Unternehmer innerhalb einer angemessenen Frist bestimmten Termin zur Zustandsfeststellung fern, so kann der Unternehmer die Zustandsfeststellung auch einseitig vornehmen. ²Dies gilt nicht, wenn der Besteller infolge eines Umstands fernbleibt, den er nicht zu vertreten hat und den er dem Unternehmer unverzüglich mitgeteilt hat. ³Der Unternehmer hat die einseitige Zustandsfeststellung mit der Angabe des Tages der Anfertigung zu versehen und sie zu unterschreiben sowie dem Besteller eine Abschrift der einseitigen Zustandsfeststellung zur Verfügung zu stellen.

(3) ¹Ist das Werk dem Besteller verschafft worden und ist in der Zustandsfeststellung nach Absatz 1 oder 2 ein offenkundiger Mangel nicht angegeben, wird vermutet, dass dieser nach der Zustandsfeststellung entstanden und vom Besteller zu vertreten ist. ²Die Vermutung gilt nicht, wenn der Mangel nach seiner Art nicht vom Besteller verursacht worden sein kann.

(4) ¹Die Vergütung ist zu entrichten, wenn

1. der Besteller das Werk abgenommen hat oder die Abnahme nach § 641 Absatz 2 entbehrlich ist, und
2. der Unternehmer dem Besteller eine prüffähige Schlussrechnung erteilt hat.

²Die Schlussrechnung ist prüffähig, wenn sie eine übersichtliche Aufstellung der erbrachten Leistungen enthält und für den Besteller nachvollziehbar ist. ³Sie gilt als prüffähig, wenn der Besteller nicht innerhalb von 30 Tagen nach Zugang der Schlussrechnung begründete Einwendungen gegen ihre Prüffähigkeit erhoben hat.

§ 650h Schriftform der Kündigung

49   Die Kündigung des Bauvertrags bedarf der schriftlichen Form.

Kapitel 3 – Verbraucherbauvertrag

§ 650i Verbraucherbauvertrag

50   (1) Verbraucherbauverträge sind Verträge, durch die der Unternehmer von einem Verbraucher zum Bau eines neuen Gebäudes oder zu erheblichen Umbaumaßnahmen an einem bestehenden Gebäude verpflichtet wird.

(2) Der Verbraucherbauvertrag bedarf der Textform.

(3) Für Verbraucherbauverträge gelten ergänzend die folgenden Vorschriften dieses Kapitels.

§ 650j Baubeschreibung

51   Der Unternehmer hat den Verbraucher über die sich aus Artikel 249 des Einführungsgesetzes zum Bürgerlichen Gesetzbuche ergebenden Einzelheiten in der dort vorgesehenen Form zu unterrichten, es sei denn, der Verbraucher oder ein von ihm Beauftragter macht die wesentlichen Planungsvorgaben.

§ 650k Inhalt des Vertrages

52   (1) Die Angaben der vorvertraglich zur Verfügung gestellten Baubeschreibung in Bezug auf die Bauausführung werden Inhalt des Vertrags, es sei denn, die Vertragsparteien haben ausdrücklich etwas anderes vereinbart.

(2) ¹Soweit die Baubeschreibung unvollständig oder unklar ist, ist der Vertrag unter Berücksichtigung sämtlicher vertragsbegleitender Umstände, insbesondere des Komfort- und Qualitätsstandards nach der übrigen Leistungsbeschreibung,

auszulegen. ²Zweifel bei der Auslegung des Vertrages bezüglich der vom Unternehmer geschuldeten Leistung gehen zu dessen Lasten.

(3) ¹Der Bauvertrag muss verbindliche Angaben zum Zeitpunkt der Fertigstellung des Werks oder, wenn dieser Zeitpunkt zum Zeitpunkt des Abschlusses des Bauvertrags nicht angegeben werden kann, zur Dauer der Bauausführung enthalten. ²Enthält der Vertrag diese Angaben nicht, werden die vorvertraglich in der Baubeschreibung übermittelten Angaben zum Zeitpunkt der Fertigstellung des Werks oder zur Dauer der Bauausführung Inhalt des Vertrags.

§ 650l Widerrufsrecht

Dem Verbraucher steht ein Widerrufsrecht gemäß § 355 zu, es sei denn, der Vertrag wurde notariell beurkundet. Der Unternehmer ist verpflichtet, den Verbraucher nach Maßgabe des Artikels 249 § 3 des Einführungsgesetzes zum Bürgerlichen Gesetzbuche über sein Widerrufsrecht zu belehren.

§ 650m Abschlagszahlungen; Absicherung des Vergütungsanspruchs

(1) Verlangt der Unternehmer Abschlagszahlungen nach § 632a, darf der Gesamtbetrag der Abschlagszahlungen 90 Prozent der vereinbarten Gesamtvergütung einschließlich der Vergütung für Nachtragsleistungen nach § 650c nicht übersteigen.

(2) ¹Dem Verbraucher ist bei der ersten Abschlagszahlung eine Sicherheit für die rechtzeitige Herstellung des Werks ohne wesentliche Mängel in Höhe von 5 Prozent der vereinbarten Gesamtvergütung zu leisten. ²Erhöht sich der Vergütungsanspruch infolge einer Anordnung des Verbrauchers nach den §§ 650b und 650c oder infolge sonstiger Änderungen oder Ergänzungen des Vertrags um mehr als 10 Prozent, ist dem Verbraucher bei der nächsten Abschlagszahlung eine weitere Sicherheit in Höhe von 5 Prozent des zusätzlichen Vergütungsanspruchs zu leisten. ³Auf Verlangen des Unternehmers ist die Sicherheitsleistung durch Einbehalt dergestalt zu erbringen, dass der Verbraucher die Abschlagszahlungen bis zu dem Gesamtbetrag der geschuldeten Sicherheit zurückhält.

(3) Sicherheiten nach Absatz 2 können auch durch eine Garantie oder ein sonstiges Zahlungsversprechen eines im Geltungsbereich dieses Gesetzes zum Geschäftsbetrieb befugten Kreditinstituts oder Kreditversicherers geleistet werden.

(4) ¹Verlangt der Unternehmer Abschlagszahlungen nach § 632a, ist eine Vereinbarung unwirksam, die den Verbraucher zu einer Sicherheitsleistung für die vereinbarte Vergütung verpflichtet, die die nächste Abschlagszahlung oder 20 Prozent der vereinbarten Vergütung übersteigt. ²Gleiches gilt, wenn die Parteien Abschlagszahlungen vereinbart haben.

§ 650n Erstellung und Herausgabe von Unterlagen

(1) ¹Rechtzeitig vor Beginn der Ausführung einer geschuldeten Leistung hat der Unternehmer diejenigen Planungsunterlagen zu erstellen und dem Verbraucher herauszugeben, die dieser benötigt, um gegenüber Behörden den Nachweis führen zu

können, dass die Leistung unter Einhaltung der einschlägigen öffentlich-rechtlichen Vorschriften ausgeführt werden wird. ²Die Pflicht besteht nicht, soweit der Verbraucher oder ein von ihm Beauftragter die wesentlichen Planungsvorgaben erstellt.

(2) Spätestens mit der Fertigstellung des Werks hat der Unternehmer diejenigen Unterlagen zu erstellen und dem Verbraucher herauszugeben, die dieser benötigt, um gegenüber Behörden den Nachweis führen zu können, dass die Leistung unter Einhaltung der einschlägigen öffentlich-rechtlichen Vorschriften ausgeführt worden ist.

(3) Die Absätze 1 und 2 gelten entsprechend, wenn ein Dritter, etwa ein Darlehensgeber, Nachweise für die Einhaltung bestimmter Bedingungen verlangt und wenn der Unternehmer die berechtigte Erwartung des Verbrauchers geweckt hat, diese Bedingungen einzuhalten.

Kapitel 4 – Unabdingbarkeit

§ 650o Abweichende Vereinbarungen

56 ¹Von § 640 Absatz 2 Satz 2, den §§ 650i bis 650l und 650n kann nicht zum Nachteil des Verbrauchers abgewichen werden. ²Diese Vorschriften finden auch Anwendung, wenn sie durch anderweitige Gestaltungen umgangen werden.

Untertitel 2 – Architektenvertrag und Ingenieurvertrag

§ 650p Vertragstypische Pflichten aus Architekten- und Ingenieurverträgen

57 (1) Durch einen Architekten- oder Ingenieurvertrag wird der Unternehmer verpflichtet, die Leistungen zu erbringen, die nach dem jeweiligen Stand der Planung und Ausführung des Bauwerks oder der Außenanlage erforderlich sind, um die zwischen den Parteien vereinbarten Planungs- und Überwachungsziele zu erreichen.

(2) ¹Soweit wesentliche Planungs- und Überwachungsziele noch nicht vereinbart sind, hat der Unternehmer zunächst eine Planungsgrundlage zur Ermittlung dieser Ziele zu erstellen. ²Er legt dem Besteller die Planungsgrundlage zusammen mit einer Kosteneinschätzung für das Vorhaben zur Zustimmung vor.

§ 650q Anwendbare Vorschriften

58 (1) Für Architekten- und Ingenieurverträge gelten die Vorschriften des Kapitels 1 des Untertitels 1 sowie die §§ 650b, 650e bis 650h entsprechend, soweit sich aus diesem Untertitel nichts anderes ergibt.

(2) ¹Für die Vergütungsanpassung im Fall von Anordnungen nach § 650b Absatz 2 gelten die Entgeltberechnungsregeln der Honorarordnung für Architekten und Ingenieure in der jeweils geltenden Fassung, soweit infolge der Anordnung zu erbringende oder entfallende Leistungen vom Anwendungsbereich der Honorarordnung erfasst werden. ²Im Übrigen ist die Vergütungsanpassung für den ver-

mehrten oder verminderten Aufwand auf Grund der angeordneten Leistung frei vereinbar. ³Soweit die Vertragsparteien keine Vereinbarung treffen, gilt § 650c entsprechend.

§ 650r Sonderkündigungsrecht

(1) ¹Nach Vorlage von Unterlagen gemäß § 650p Absatz 2 kann der Besteller den Vertrag kündigen. ²Das Kündigungsrecht erlischt zwei Wochen nach Vorlage der Unterlagen, bei einem Verbraucher jedoch nur dann, wenn der Unternehmer ihn bei der Vorlage der Unterlagen in Textform über das Kündigungsrecht, die Frist, in der es ausgeübt werden kann, und die Rechtsfolgen der Kündigung unterrichtet hat.

(2) ¹Der Unternehmer kann dem Besteller eine angemessene Frist für die Zustimmung nach § 650p Absatz 2 Satz 2 setzen. ²Er kann den Vertrag kündigen, wenn der Besteller die Zustimmung verweigert oder innerhalb der Frist nach Satz 1 keine Erklärung zu den Unterlagen abgibt.

(3) Wird der Vertrag nach Absatz 1 oder 2 gekündigt, ist der Unternehmer nur berechtigt, die Vergütung zu verlangen, die auf die bis zur Kündigung erbrachten Leistungen entfällt.

§ 650s Teilabnahme

Der Unternehmer kann ab der Abnahme der letzten Leistung des bauausführenden Unternehmers oder der bauausführenden Unternehmer eine Teilabnahme der von ihm bis dahin erbrachten Leistungen verlangen.

§ 650t Gesamtschuldnerische Haftung mit dem bauausführenden Unternehmer

Nimmt der Besteller den Unternehmer wegen eines Überwachungsfehlers in Anspruch, der zu einem Mangel an dem Bauwerk oder an der Außenanlage geführt hat, kann der Unternehmer die Leistung verweigern, wenn auch der ausführende Bauunternehmer für den Mangel haftet und der Besteller dem bauausführenden Unternehmer noch nicht erfolglos eine angemessene Frist zur Nacherfüllung bestimmt hat.

Untertitel 3 – Bauträgervertrag

§ 650u Bauträgervertrag; anwendbare Vorschriften

(1) ¹Ein Bauträgervertrag ist ein Vertrag, der die Errichtung oder den Umbau eines Hauses oder eines vergleichbaren Bauwerks zum Gegenstand hat und der zugleich die Verpflichtung des Unternehmers enthält, dem Besteller das Eigentum an dem Grundstück zu übertragen oder ein Erbbaurecht zu bestellen oder zu übertragen. ²Hinsichtlich der Errichtung oder des Umbaus finden die Vorschriften des Untertitels 1 Anwendung, soweit sich aus den nachfolgenden Vorschriften nichts

anderes ergibt. ³Hinsichtlich des Anspruchs auf Übertragung des Eigentums an dem Grundstück oder auf Übertragung oder Bestellung des Erbbaurechts finden die Vorschriften über den Kauf Anwendung.

(2) Keine Anwendung finden die §§ 648, 648a, 650b bis 650e, 650k Absatz 1 sowie die §§ 650l und 650m Absatz 1.

§ 650v Abschlagszahlungen

63 Der Unternehmer kann vom dem Besteller Abschlagszahlungen nur verlangen, soweit sie gemäß einer Verordnung auf Grund von Artikel 244 des Einführungsgesetzes zum Bürgerlichen Gesetzbuche vereinbart sind.

Änderungen des Einführungsgesetzes zum Bürgerlichen Gesetzbuch

Art. 229 Weitere Überleitungsvorschriften

§ 39 Übergangsvorschrift zum Gesetz zur Reform des Bauvertragsrechts, zur Änderung der kaufrechtlichen Mängelhaftung, zur Stärkung des zivilprozessualen Rechtsschutzes und zum maschinellen Siegel im Grundbuch und Schiffsregisterverfahren

64 Auf ein Schuldverhältnis, das vor dem 1. Januar 2018 entstanden ist, finden die Vorschriften dieses Gesetzes, des Bürgerlichen Gesetzbuchs und der Verordnung über Abschlagszahlungen bei Bauträgerverträgen in der bis zu diesem Tag geltenden Fassung Anwendung.

Art. 244 Abschlagszahlungen beim Hausbau

65 Das Bundesministerium der Justiz und für Verbraucherschutz wird ermächtigt, im Einvernehmen mit dem Bundesministerium für Wirtschaft und Energie durch Rechtsverordnung ohne Zustimmung des Bundesrates auch unter Abweichung von § 632a oder § 650m des Bürgerlichen Gesetzbuchs zu regeln, welche Abschlagszahlungen bei Werkverträgen verlangt werden können, die die Errichtung oder den Umbau eines Hauses oder eines vergleichbaren Bauwerks zum Gegenstand haben, insbesondere wie viele Abschläge vereinbart werden können, welche erbrachten Gewerke hierbei mit welchen Prozentsätzen der Gesamtbausumme angesetzt werden können, welcher Abschlag für eine in dem Vertrag enthaltene Verpflichtung zur Verschaffung des Eigentums angesetzt werden kann und welche Sicherheit dem Besteller hierfür zu leisten ist.

Art. 249 Informationspflichten bei Verbraucherbauverträgen

§ 1 Informationspflichten bei Verbraucherbauverträgen

Der Unternehmer ist nach § 650j des Bürgerlichen Gesetzbuches verpflichtet, dem Verbraucher rechtzeitig vor Abgabe von dessen Vertragserklärung eine Baubeschreibung in Textform zur Verfügung zu stellen.

§ 2 Inhalt der Baubeschreibung

(1) ¹In der Baubeschreibung sind die wesentlichen Eigenschaften des angebotenen Werks in klarer Weise darzustellen. ²Sie muss mindestens folgende Informationen enthalten:
1. allgemeine Beschreibung des herzustellenden Gebäudes oder der vorzunehmenden Umbauten, gegebenenfalls Haustyp und Bauweise,
2. Art und Umfang der angebotenen Leistungen, gegebenenfalls der Planung und der Bauleitung, der Arbeiten am Grundstück und der Baustelleneinrichtung sowie der Ausbaustufe,
3. Gebäudedaten, Pläne mit Raum- und Flächenangaben sowie Ansichten, Grundrisse und Schnitte,
4. gegebenenfalls Angaben zum Energie-, zum Brandschutz- und zum Schallschutzstandard sowie zur Bauphysik,
5. Angaben zur Beschreibung der Baukonstruktionen aller wesentlichen Gewerke,
6. gegebenenfalls Beschreibung des Innenausbaus,
7. gegebenenfalls Beschreibung der gebäudetechnischen Anlagen,
8. Angaben zu Qualitätsmerkmalen, denen das Gebäude oder der Umbau genügen muss,
9. gegebenenfalls Beschreibung der Sanitärobjekte, der Armaturen, der Elektroanlage, der Installationen, der Informationstechnologie und der Außenanlagen.

(2) ¹Die Baubeschreibung hat verbindliche Angaben zum Zeitpunkt der Fertigstellung des Werks zu enthalten. ²Steht der Beginn der Baumaßnahme noch nicht fest, ist ihre Dauer anzugeben.

§ 3 Widerrufsbelehrung

(1) ¹Steht dem Verbraucher ein Widerrufsrecht nach § 650l Satz 1 des Bürgerlichen Gesetzbuchs zu, ist der Unternehmer verpflichtet, den Verbraucher vor Abgabe von dessen Vertragserklärung in Textform über sein Widerrufsrecht zu belehren. Die Widerrufsbelehrung muss deutlich gestaltet sein und dem Verbraucher seine wesentlichen Rechte in einer an das benutzte Kommunikationsmittel angepassten Weise deutlich machen. Sie muss Folgendes enthalten:
1. einen Hinweis auf das Recht zum Widerruf,
2. einen Hinweis darauf, dass der Widerruf durch Erklärung gegenüber dem Unternehmer erfolgt und keiner Begründung bedarf,

3. den Namen, die ladungsfähige Anschrift und die Telefonnummer desjenigen, gegenüber dem der Widerruf zu erklären ist, gegebenenfalls seine Telefaxnummer und E-Mail-Adresse,
4. einen Hinweis auf die Dauer und den Beginn der Widerrufsfrist sowie darauf, dass zur Fristwahrung die rechtzeitige Absendung der Widerrufserklärung genügt, und
5. einen Hinweis darauf, dass der Verbraucher dem Unternehmer Wertersatz nach § 357d des Bürgerlichen Gesetzbuchs schuldet, wenn die Rückgewähr der bis zum Widerruf erbrachten Leistung ihrer Natur nach ausgeschlossen ist.

(2) Der Unternehmer kann seine Belehrungspflicht dadurch erfüllen, dass er dem Verbraucher das in Anlage 10 vorgesehene Muster für die Widerrufsbelehrung zutreffend ausgefüllt in Textform übermittelt.

Anlage 10, die die aus der Anlage zu diesem Gesetz ersichtliche Fassung erhält, wird angefügt.

Anlage 10 (zu Artikel 249 § 3): Muster für die Widerrufsbelehrung bei Verbraucherbauverträgen

69

> **Widerrufsbelehrung**
>
> **Widerrufsrecht**
>
> Sie haben das Recht, binnen 14 Tagen ohne Angabe von Gründen diesen Vertrag zu widerrufen. Die Widerrufsfrist beträgt 14 Tage ab dem Tag des Vertragsabschlusses. Sie beginnt nicht zu laufen, bevor Sie diese Belehrung in Textform erhalten haben.
> Um Ihr Widerrufsrecht auszuüben, müssen Sie uns (*) mittels einer eindeutigen Erklärung (z.B. Brief, Telefax oder E-Mail) über Ihren Entschluss, diesen Vertrag zu widerrufen, informieren. Zur Wahrung der Widerrufsfrist reicht es aus, dass Sie die Erklärung über die Ausübung des Widerrufsrechts vor Ablauf der Widerrufsfrist absenden.
>
> **Folgen des Widerrufs**
>
> Wenn Sie diesen Vertrag widerrufen, haben wir Ihnen alle Zahlungen, die wir von Ihnen erhalten haben, unverzüglich zurückzuzahlen. Sie müssen uns im Falle des Widerrufs alle Leistungen zurückgeben, die Sie bis zum Widerruf von uns erhalten haben. Ist die Rückgewähr einer Leistung ihrer Natur nach ausgeschlossen, lassen sich etwa verwendete Baumaterialien nicht ohne Zerstörung entfernen, müssen Sie Wertersatz dafür bezahlen.

Gestaltungshinweis: * Fügen Sie Ihren Namen oder den Namen Ihres Unternehmens, Ihre Anschrift und Ihre Telefonnummer ein. Sofern verfügbar sind zusätzlich anzugeben: Ihre Telefaxnummer und E-Mail-Adresse.

Änderungen des Gerichtsverfassungsgesetzes

§ 71

70

(1) Vor die Zivilkammern, einschließlich der Kammern für Handelssachen, gehören alle bürgerlichen Rechtsstreitigkeiten, die nicht den Amtsgerichten zugewiesen sind.

(2) Die Landgerichte sind ohne Rücksicht auf den Wert des Streitgegenstandes ausschließlich zuständig

1. für die Ansprüche, die auf Grund der Beamtengesetze gegen den Fiskus erhoben werden;
2. für die Ansprüche gegen Richter und Beamte wegen Überschreitung ihrer amtlichen Befugnisse oder wegen pflichtwidriger Unterlassung von Amtshandlungen;
3. für Ansprüche, die auf eine falsche, irreführende oder unterlassene öffentliche Kapitalmarktinformation, auf die Verwendung einer falschen oder irreführenden öffentlichen Kapitalmarktinformation oder auf die Unterlassung der gebotenen Aufklärung darüber, dass eine öffentliche Kapitalmarktinformation falsch oder irreführend ist, gestützt werden;
4. für Verfahren nach
   a) (weggefallen)
   b) den §§ 98, 99, 132, 142, 145, 258, 260, 293c und 315 des Aktiengesetzes,
   c) § 26 des SE-Ausführungsgesetzes,
   d) § 10 des Umwandlungsgesetzes,
   e) dem Spruchverfahrensgesetz,
   f) den §§ 39a und 39b des Wertpapiererwerbs- und Übernahmegesetzes.
5. in Streitigkeiten
   a) über das Anordnungsrecht des Bestellers gemäß § 650b des Bürgerlichen Gesetzbuchs,
   b) über die Höhe des Vergütungsanspruchs infolge einer Anordnung des Bestellers (§ 650c des Bürgerlichen Gesetzbuchs).

(3) Der Landesgesetzgebung bleibt überlassen, Ansprüche gegen den Staat oder eine Körperschaft des öffentlichen Rechts wegen Verfügungen der Verwaltungsbehörden sowie Ansprüche wegen öffentlicher Abgaben ohne Rücksicht auf den Wert des Streitgegenstandes den Landgerichten ausschließlich zuzuweisen.

(4) ¹Die Landesregierungen werden ermächtigt, durch Rechtsverordnung die Entscheidungen in Verfahren nach Absatz 2 Nr. 4 Buchstabe a bis e und Nummer 5 einem Landgericht für die Bezirke mehrerer Landgerichte zu übertragen. ²In Verfahren nach Absatz 2 Nummer 4 Buchstabe a bis e darf die Übertragung nur erfolgen, wenn dies der Sicherung einer einheitlichen Rechtsprechung dient. ³Die Landesregierungen können die Ermächtigung auf die Landesjustizverwaltungen übertragen.

§ 72

(1) ¹Die Zivilkammern, einschließlich der Kammern für Handelssachen und der in § 72a genannten Kammern, sind die Berufungs- und Beschwerdegerichte in den vor den Amtsgerichten verhandelten bürgerlichen Rechtsstreitigkeiten, soweit nicht die Zuständigkeit der Oberlandesgerichte begründet ist. ²Die Landgerichte sind ferner die Beschwerdegerichte in Freiheitsentziehungssachen und in den von den Betreuungsgerichten entschiedenen Sachen.

(2) ¹In Streitigkeiten nach § 43 Nr. 1 bis 4 und 6 des Wohnungseigentumsgesetzes ist das für den Sitz des Oberlandesgerichts zuständige Landgericht gemeinsames Berufungs- und Beschwerdegericht für den Bezirk des Oberlandesgerichts, in dem das Amtsgericht seinen Sitz hat. ²Die Landesregierungen werden ermächtigt, durch Rechtsverordnung anstelle dieses Gerichts ein anderes Landgericht im

Bezirk des Oberlandesgerichts zu bestimmen. ³Sie können die Ermächtigung auf die Landesjustizverwaltungen übertragen.

§ 72a

72 ¹Bei den Landgerichten werden eine Zivilkammer oder mehrere Zivilkammern für folgende Sachgebiete gebildet:
1. Streitigkeiten aus Bank- und Finanzgeschäften,
2. Streitigkeiten aus Bau- und Architektenverträgen sowie aus Ingenieurverträgen, soweit sie im Zusammenhang mit Bauleistungen stehen,
3. Streitigkeiten über Ansprüche aus Heilbehandlungen und
4. Streitigkeiten aus Versicherungsvertragsverhältnissen.

²Den Zivilkammern nach Satz 1 können neben den Streitigkeiten aus den in Satz 1 Nummer 1 bis 4 genannten Sachgebieten auch Streitigkeiten nach den §§ 71 und 72 zugewiesen werden.

§ 119a

73 ¹Bei den Oberlandesgerichten werden ein Zivilsenat oder mehrere Zivilsenate für die folgenden Streitigkeiten gebildet:
1. Streitigkeiten aus Bank- und Finanzgeschäften,
2. Streitigkeiten aus Bau- und Architektenverträgen sowie aus Ingenieursverträgen, soweit sie im Zusammenhang mit Bauleistungen stehen,
3. Streitigkeiten über Ansprüche aus Heilbehandlungen und
4. Streitigkeiten aus Versicherungsvertragsverhältnissen.

²Den Zivilsenaten nach Satz 1 können neben den Streitigkeiten aus den in Satz 1 Nummer 1 bis 4 genannten Sachgebieten auch Streitigkeiten nach § 119 Absatz 1 zugewiesen werden.

Stichwortverzeichnis

Die angeführten Zahlen bezeichnen die Randnummer, unter der die Erörterung zu dem betreffenden Stichwort zu finden ist.

Folgende Abkürzungen werden verwendet:
A = Architekt
BH = Bauherr
BU = Bauunternehmer
SF = Sonderfachmann
SV = Sachverständiger

Abbrucharbeiten
– Sicherheitseinbehalt 1656
– Verjährung 2849
Abbruchkosten 2195
Abkürzungen
– Verjährungsfristen 2727
Ablehnung des Vertragsabschlusses 2403
Ablehnung des Sachverständigen wegen Befangenheit 3118 ff.
– durch Streithelfer 67
– im selbstst. Beweisverfahren 60 ff.
– Kostenentscheidung 67
– Rechtsprechungsübersicht 3119 ff.
– Zeitpunkt für die Ablehnung 62 ff.
Abmahnung
– Bauhandwerkersicherungshypothek 304
– Kündigung 1754
Abnahme
– Abrechnungsverhältnis 1787
– Abschlagszahlungen 1788
– als Hauptpflicht 1798
– Anfechtung 1800
– der Architektenleistung 1164 ff., 1172a ff., 2867 ff.
– der Unternehmerleistung 1798 ff.
– durch Fertigstellungsbescheinigung 1829
– durch Fristablauf 1830
– durch schlüssiges Verhalten 1824 ff.
– durch Wohnungseigentümer 504 ff.
– Erlöschen des Erfüllungsanspruchs 1810, 2070, 2138
– fiktive Abnahme 1854 ff.
– förmliche Abnahme 1815 ff., 1853
– Gemeinschafts- und Sondereigentum 504 ff.
– konkludente Abnahme 1823 ff.
– Kosten 1802
– bei Kündigung 1734
– Mängelbeseitigungsleistungen 2085–2087
– Mängelfreiheitsbescheinigung 1783
– Nachbesserungsklage nach Abnahme 2085–2087
– Nachbesserungsklage nach Abnahme (VOB/B) 2150

– Nachbesserungsklage vor Abnahme 2077, 2137 ff.
– selbstständige Klage 1802
– Teilabnahme 1832
– und Abrechnungsverhältnis 1787
– und Aufmaß 1801
– und Beweislast 1810
– und Einrede gemäß § 320 BGB 2999 ff.
– und Subunternehmervertrag 1808
– „vergessene" förmliche Abnahme 1820
– Vergütungsgefahr 1810 ff.
– Verweigerung 1833, 1852
– Vollmacht des A 1346
– Vorabnahme 1817
– Vorbehalt der Vertragsstrafe 2743 ff.
– Vorbehalt von Gewährleistungsansprüchen 2737 ff.
– Zeitpunkt 1803 f.
Abnahmeklauseln 1808
– Gemeinschaftseigentum 509
Abnahmeniederschrift 1818
Abnahmeprotokoll 1818
Abnahmereife 1802
Abnutzung 2031
Abrechnung des Vorschusses 2132 ff.
Abrechnung nach Aufwand 1395
Abrechnung nach Kündigung
– Pauschalvertrag 1553
Abrechnungsaufwand
– beim Pauschalvertrag 1561
Abrechnungsverhältnis
– bei Kündigung 1787
Abrechungsvertrag 1223
Abriss eines Gebäudes
– Urheberrecht 2465
„Abrufen" von Leistungen
– beim Architektenvertrag 802
Abrufvertrag 802
Abschlagsrechnung
– Verjährung 2839
Abschlagsrechnung (Architekt)
– Verjährung 2843
Abschlagszahlungen 1585 ff.
– Abnahme 1600, 1788

2035

Abschlagszahlungsbürgschaft

- AGB-Regelungen 1620
- als A 1208 ff.
- als Anerkenntnis 1602, 2524, 2550
- an BU 1585 ff.
- Ausgleichung von Überzahlungen 1216, 1603, 2427
- Baufortschritt 1611, 1621
- Fertighausvertrag 1622
- gerichtliche Geltendmachung 1215, 1607
- Leistungsverweigerungsrecht 1605
- Makler- und Bauträgerverordnung 1611 ff.
- Mehrwertsteuer 1598, 1682
- prüfbare Rechnung 1596
- Rückzahlungsanspruch 1216
- Schlussrechnung 1607
- Verbraucherbauvertrag 1226b ff.
- Verjährung 2839
- vertragsgemäße Leistung 1587
- VOB-Vertrag 1596

Abschlagszahlungsbürgschaft
- Überzahlung 1623

Abstimmung der Leistungsphasen 880

Abtretung
- Architektenhonorar 602
- Scheingeschäft 602

Abtretung von Gewährleistungsansprüchen
- BGH-Rechtsprechung 2708
- Feststellungsklage 429
- Haftungsausschluss 2705 ff.
- im Individualvertrag 2707
- Leistungsverweigerungsrecht 3018 ff.
- Sicherungsabtretung 2710
- Vorschussanspruch 2119

Abtretung von Werklohnforderungen
- Abtretungsverbote 1287
- Honorarforderung des A 602
- und Bauhandwerkersicherungshypothek 232
- und § 354a HGB 1288

Abtretungsanzeige
- Vollmacht des A 1346

Abtretungsverbote 1287 ff.

Abwehranspruch 400, 2599

Abweichungen vom Bauvertrag 1489

Abzahlungsgesetz 1296, 1956

„**Abzug neu für alt**" 2949

Adjudikation 528

AGB-Recht (§§ 305 ff. BGB), s. auch Allg. Geschäftsbedingungen
- Abänderung der Beweislast 2685 ff.
- Abschlagszahlungen 1620
- Aufrechnungsverbot 3047 ff.
- Beschränkung auf Nacherfüllung 2711 ff.
- Beweislast 2685 ff., 2730 ff.
- EG-Richtlinie 93/13 EWG 2655
- geltungserhaltende Reduktion 1272, 2681 ff.
- Gerichtsstands Vereinbarung 414 ff.
- Haftungsfreizeichnungen 2694 ff.
- Kaufleute 2690 ff.
- Leistungsverweigerungsrecht 3009
- notarieller Vertrag 2674 ff.
- Umsatzsteuer 1683
- unmittelbarer Schaden 2732
- Verjährung 2727 ff.
- Verwender 2656 ff.
- VOB 1242 ff.
- widersprechende AGB 2689
- zeitliche Begrenzung 2727 ff.
- Zurückbehaltungsrecht 2988

Akontorechnungen
- und Mehrwertsteuer 1680

Akquisitionstätigkeit
- des A 624 ff.

Aktivlegitimation
- bei Mängeln am Gemeinschaftseigentum 471 ff.
- Gemeinschaftseigentum 471 ff.
- und Prozessführungsbefugnis 473 ff.
- Werklohnklage 1287 ff.

Alleinunternehmer 1314a

Allgemein anerkannte Regeln der Baukunst/ Technik 1966 ff.
- Änderung nach Abnahme 1975
- Anerkennung in Theorie und Praxis 1966
- Begriff 1966
- Beispiele 1967
- Beweislastregeln 1969
- DIN-Norm 1967 ff.
- Hinweispflicht 1974
- maßgebender Zeitpunkt der Beurteilung 1975 ff.
- Planungsfehler 1994
- Sachverständigengutachten 1977
- Sowiesokosten 1975
- und Aufklärungspflicht 1974
- und Baumangel 1964
- und Schallschutz 1972
- und Wärmeschutz 1973
- Veränderung 1970 ff.
- Zusatzarbeiten 1975

Allgemeine Geschäftsbedingungen, s. auch AGB-Recht
- Abgrenzung von Formularvertrag 2655 ff.
- Abgrenzung von Individualabrede 2655 ff.
- Abtretung von Mängelansprüchen 2705 ff.
- Altbausanierung (Haftungsausschluss) 2698
- arglistiges Verschweigen 2702
- Aufrechnungsverbot 3047
- Aushandeln 2664 ff.
- Bauträger 2725
- Bauwasser 2683
- Beschränkung auf Nachbesserung 2711 ff.
- Beweislast 2685, 2730 ff.

- EG-Richtlinie 93/13 EWG 2655
- Eigentumswohnung (Haftungsausschluss) 2698
- Einheitsarchitektenvertrag 2724
- Einzelfälle 2694 ff.
- Fertighausvertrag 2725
- Formularbedingungen 2669
- Garantie 2696
- geltungserhaltende Reduktion 2681 ff.
- Gerichtsstand 414 ff.
- Gestellung 2659 ff.
- Haftungsbegrenzungsklauseln 2704
- Haftungsfreizeichnungen 2654 ff.
- Hinweis auf Rechte 2715 ff.
- Individualvereinbarung 2664 ff.
- Inhaltskontrolle notarieller Verträge 2678 ff.
- Kaufleute 2691, 2732, 2735
- Kollision von AGB 2689
- Leistungsbeschreibung 2682 ff.
- Leistungsverweigerungsrecht 3009
- Mehrfachverwendungsanschein 2663
- Nacherfüllung 2713
- notarieller Vertrag 2667, 2674 ff.
- öffentlicher Auftraggeber 2658
- öffentlich-rechtliche Kunden 2690 ff.
- Pauschalierung von Ersatzansprüchen 2721 ff.
- selbstentworfenes Vertragsmuster 2675
- „sichtbare" Mängel 2699
- Subsidiaritätsklausel 2708, 2733 ff.
- und Bauhandwerkersicherungshypothek 193
- unmittelbarer Schaden 2732
- Verschulden 2729
- Vertragsstrafe 2562 ff.
- Vielzahl von Verträgen 2660 ff.
- VOB 1242 ff.
- vollständiger Haftungsausschluss 2694 ff.
- von Dritten formuliert 2661
- widersprechende AGB 1280, 2689
- wirtschaftliches Abhängigkeitsverhältnis 2659
- zeitliche Begrenzung 2727 ff.
- zugesicherte Eigenschaft 2223 ff., 2697
- Zurückbehaltungsrecht 2988 ff.

Allgemeine Geschäftskosten 1126, 1731, 2343

Allgemeine Technische Vertragsbedingungen für Bauleistungen (ATV) DIN 18 299 1445

Allgemeines Leistungsstörungsrecht
- und Mängelrechte 2069
- vor Abnahme 2068 ff.

Altbausanierung 1955, 2698

Alternative Schuldnerschaft 548, 1947

Alternativleistungen 1014

Alternativposition 1503

An- und Abfahrtskosten 1580
- als Nebenleistung 1446

Änderung
- der Bauzeit/Honorar des A 1030 ff.
- der Leistungen des A 1014 ff.
- der Leistungen des BU 1454 ff.
- der Preisermittlungsgrundlage 1463
- des Bauentwurfs/Werklohn 1454, 1521
- durch Anordnungen des AG/Werklohn 1454

Änderung des Architektenauftrags
- Honorarvereinbarung 814

Änderung des Bauentwurfs
- und Werklohn 1454 ff., 1521

Änderung Leistungsumfang
- HOAI 999 ff.

Änderungsleistungen des A 1014 ff.

Änderungsvorschlag
- Werklohn 1452

Anerkannte Regeln der Technik 1964, 1966, 2030 ff.
- Hinweispflicht des U 1976, 2030
- zusätzliche Vergütung bei Änderung 1472, 1994

Anerkenntnis 2523 ff.
- Abschlagszahlungen 1602, 2524, 2550
- Anerkenntnisvermerk des BH 2537
- bei Bauhandwerkersicherungshypothek 303
- deklaratorisches 2528, 2535, 2547
- Formen 2524 ff.
- gemeinsames Aufmaß 2542 ff.
- konstitutives 2527
- Nachbesserungsversuche 2531
- öffentlicher Auftraggeber 2545
- Prüfvermerk auf Schlussrechnung des BU 2539 ff.
- Rechtsprechungsübersicht 2552 ff., 2909 ff.
- Sicherheitsleistungen 2524
- Stundungsabreden 2524
- Verjährungsunterbrechung 2524, 2632 ff.
- Vermerk des BH unter Honorarrechnung des A 2537
- von Rechnungen durch den A 1346
- von Stundenlohnarbeiten 2532 ff.
- zur Mängelbeseitigung 2531

Anfechtung 2791 ff.
- Ablaufhemmung 2791
- Anfechtung nach § 119 BGB 2810 ff.
- arglistige Täuschung 2791 ff.
- bei Mängeln 2794
- bei Stundenlohnvertrag 1582
- Darlegungslast 2804
- der Abnahme 1800, 2810
- des Architektenvertrages 619
- Doppelirrtum 2813

Angebot

- Erfüllungsgehilfe 2795
- Erklärungen „ins Blaue" 2792
- Hinweispflicht des BU 2794
- Irrtumsanfechtung 2810 ff.
- Kalkulationsirrtum 2811 ff.
- Organisationsverschulden 2800 ff.
- Rechnung 1888
- Subunternehmer 2795
- und Anscheinsbeweis 2792
- Verjährungsfrist 2791

Angebot
- freibleibend 1303, 1407

Angestellter Architekt 616

Anhörung des Sachverständigen 85, 112, 3127 ff.

Anhörungsantrag (§ 411 Abs. 3 ZPO)
- des Schiedsgutachters 545
- durch Streithelfer 566
- und Verspätung 592

Anlagenbau
- u. Werkvertragsrecht 1951

Annahmeverzug
- Nachweis 3198
- und Vollstreckung 3198

Anordnung durch den BH 2035

Anordnungen des AG (§ 2 Nr. 5 VOB/B) 1456 ff.

Anordnungsrecht des AG
- Architektenvertrag 1012
- BGB-Bauvertrag 1453a
- VOB-Bauvertrag 1453

Anrechenbare Kosten 915 ff.
- Auskunftsklage 980
- DIN 276, 976 ff.
- Formblatt nach DIN 276, 979
- Fehleinschätzung 981
- Kostenanschlag 974
- Kostenberechnung 974 ff.
- Kostenfeststellung 980a
- Kostenschätzung 976
- Kostenprognose 978
- Kostenrisiken 978
- Kündigung 982a
- Provisionen 982b
- Rabatte 982b
- Skonto 982b
- und Baukostengarantie 980b
- und Pauschalhonorar 980c
- übliche Vergünstigungen 982b
- Verlängerung der Bauzeit 1030
- vorhandene Bausubstanz 984

Anscheinsbeweis 3067 ff.
- Architektenbindung 720
- Auftragsumfang bei Architektenvertrag 834 ff.
- Bauaufsichtsverletzung 3077
- bei Mängelbeseitigung 2098
- bei Mängeln 2084, 2151
- bei Pflichtverletzung 3074
- Beweiswürdigung 3150
- DIN-Norm 1969
- Erleichterung der Beweisführung 3071
- Erschütterung 3077
- Grundsätze 3077
- Rechtsprechungsübersicht 3075
- typischer Geschehensablauf 3072 ff.
- und Darlegungslast 3068
- Verkürzung der Darlegungslast 3067

Anscheinsvermutung
- für bestimmten Auftragsumfang beim A 834 ff.

Anscheinsvollmacht
- des A 1339, 1354 ff.
- Vertragsverhandlungen 1356
- Zusatzaufträge 1356

Anschlussauftrag 1477

Anteilige Haftung
- bei Bauherrengemeinschaften 1294

Antizipiertes Sachverständigengutachten 1977

Antrag
- Beweissicherungsverfahren 36
- einstweiliges Verfügungsverfahren 378
- Feststellungsklage 446
- Schutzschrift 339
- unbezifferter 449

Anwaltshaftung 571

Anwaltszwang
- Schutzschrift 341
- Nebenintervention 51

Anweisung des BH 2035

Anweisung des Gerichts
- Bauteilöffnung 91

Anzeigenverfahren
- Baugenehmigung 1167

Anzeigepflicht
- des BU 2037 ff.
- gegenüber der Vorleistung 2047
- Grenze 2043
- Nachfolgeunternehmer 2050 ff.
- Rechtsprechungsübersicht 2054
- Sachkunde des BH 2040
- und mitwirkendes Verschulden 2045

Arbeiten
- an einem Bauwerk 2849
- an einem Grundstück 2849

Arbeitnehmerüberlassungen 1331

Architekt
- Anerkennung von Rechnungen 1346
- Anscheinsvollmacht 1354 ff.
- Auftragserteilung durch A 1332 ff.
- ausdrückliche Vollmacht 1348
- Duldungsvollmacht 1353
- Gesamtschuldner 2481 ff.

- Honorarklage 600 ff.
- Mängel des Architektenwerkes 1983 ff.
- Mitwirkung bei Nachbesserung 2173
- Mitwirkung bei Nacherfüllung 2099
- Nacherfüllungsrecht des A 2169 ff.
- originäre Vollmacht 1341
- Privatgutachten 148
- Sekundärhaftung 2024 ff.
- Subunternehmer 617
- Verkehrssicherungspflicht 2369

Architektenbindung 696 ff.
- Abstandszahlung 709
- Abwicklung 725
- Architektenwettbewerb 711
- Baubetreuungsvertrag 713
- Bauträger 712
- bei wirtschaftlicher Verflechtung 710
- Beweislast 723
- Erbbaurecht 706
- Festpreisgarantie 725
- Generalübernehmervertrag 712
- Honorar 725
- Kenntnis 704
- ungerechtfertigte Bereicherung 2420 ff.
- unzulässige Rechtsausübung 726
- Vorvertrag 705
- Wohnungsbauunternehmen 713
- Wohnungseigentum 716

Architekteneigenschaft
- fehlende 619

Architekten-Formularvertrag
- Ausgleichsansprüche 2506 ff.
- Haftungsbegrenzung 2723
- Subsidiaritätsklausel 2733 ff.

Architektengesetze 612

Architektenhonorar s. HOAI und Honorarklage des A

Architektenleistungen 1000 ff.

Architektenvertrag
- Architektenbindung 696 ff.
- Auftragsumfang 834 ff.
- Baugenehmigung 684 ff.
- Bedingung 684
- Bestätigungsschreiben 647, 788
- Darlegungslast für Abschluss 600, 626 ff.
- internationaler 621
- Koppelungsverbot 696 ff.
- Kündigung 1120 ff.
- Rahmenvertrag 801
- Rechtsnatur 212, 672 ff.
- stufenweise Beauftragung 694
- unverbindlicher Auftrag 624 ff.
- Vertragsparteien 692
- Vorarbeiten 652 ff.
- Vorvertrag 654, 801
- Wirksamkeit 681 ff.

Architektenwerk
- Koordinierungsmängel 2008 ff.
- Mängel 1938 ff.
- mangelhafte Objektüberwachung/Bauüberwachung 2011 ff.
- Planungsfehler 1985 ff.

Architektenwettbewerb 648, 661 ff.
- Koppelungsverbot 711

ARGE
- Erfüllungsort 420
- Kammer für Handelssachen 413
- Parteifähigkeit 413
- Passivprozesse 417
- Rechtsfähigkeit 1330
- Vertrag 1329

Arglistig verschwiegener Mangel 2791 ff.

Arglistige Täuschung 2791 ff.
- Beweiserleichterungen 2806
- durch Architekt/Unternehmer 2800 ff.
- durch Erfüllungsgehilfen 2795
- durch Vertreter 2797
- Organisationsmangel 2800 ff.
- Rechtsprechungsübersicht 2808

Arrest
- Anwendungsbereich 388
- Arrestgrund 391
- Gefährdung 391
- Grund 391
- Rechtsbeschwerde 395
- Sicherheitsleistung 394
- Sicherungsvollstreckung 393
- Straftat als Arrestgrund 392
- und Bauhandwerkersicherungshypothek 393
- Veräußerung 391
- vertragswidriges Verhalten als Arrestgrund 392
- Vollziehungsfrist 395
- Widerspruch 395

Aufgedrängte Bereicherung 3052 ff.
- Abwehrrecht 3055
- Baukostenüberschreitung 3052
- Bausummenüberschreitung 2313
- Grundsätze 3054 ff.
- nützliche Verwendungen 3054
- und SchRModG 3052
- und Wegnahmerecht 3056 ff.

Aufklärungspflichten
- des A über Honorarhöhe 645, 821
- Honorar 645
- zum Formerfordernis 766

Auflassungsvormerkung 247

Aufmaß
- beim Einheitspreisvertrag 1495 ff.
- beim Pauschalpreisvertrag 1515
- gemeinsames Aufmaß als Anerkenntnis 2542 ff.

Aufrechnung
- Vereitelung 1498, 1556
- Vollmacht des A 1347

Aufrechnung 3021 ff.
- Aufrechnungsverbote 3044 ff.
- bei vorbehaltloser Annahme der Schlusszahlung 2755
- Beweiserhebungstheorie 3035
- Doppelwirkung der Prozessaufrechnung 3026
- Eventualaufrechnung 3034 ff.
- Fälligkeit 3038
- Feststellungsklage 461
- Freigabeanspruch 3037
- Hilfswiderklage 3051
- Kostenerstattungsanspruch 3036
- materielle Voraussetzungen 3036 ff.
- Minderung 3042
- mit Freistellungsanspruch 3037
- Prozesssituation 3022
- Rechtskraft 3033
- schiedsgebundene Forderung 3029
- Sicherheitsbetrag 3041
- Teilforderung 3040
- Verjährung 3043
- Verrechnung 3048
- Verspätung 3032
- Vertragsstrafe 2570 ff.
- Vorbehaltsurteil 3049
- Widerklage 3023, 3050 ff.
- Zurückbehaltungsrecht 2991

Aufrechnungsverbot 3044 ff.
- Grundsatz von Treu und Glauben 3046
- Hilfswiderklage 3051
- Widerklage 3050
- Zurückbehaltungsrecht 2991

Auftragsentziehung
- und Mängelbeseitigung 2145

Auftragserteilung an den Architekten
- HOAI als Grundlage 731
- Honorarvereinbarung 795
- Schriftform 788
- vertragliche Bindung 624
- Vorarbeiten 652
- Vorvertrag 655

Auftragsumfang
- Anscheinsvermutung 834

Auftragsvergabe durch den A 1332 ff.

Aufwandsabrechnung 1395

Aufwandsentschädigung
- Architektenwettbewerb 661, 760 ff.
- ohne Auftrag 731

Aufwendungen, s. Ersparte Aufwendungen
- eigene 2111

Augenschein 111, 3098, 3168

Außergewöhnliche Leistung 780

Ausforschung
- selbstständiges Beweisverfahren 25, 56

Ausführungsbürgschaft 1643 ff.

Ausführungsfrist
- und Zwangsvollstreckung 3225

Ausführungsplanung 677, 880

Ausführungsunterlagen
- Genehmigung durch den A 1347

Ausgleichsanspruch
- Ehegatten nach der Scheidung 2432 ff.
- Gemeinschaftseigentum 515
- Nachbar 2601
- Verjährung 2507

Ausgleichsklage (§ 426 BGB)
- Anspruchsgrundlage 2498 ff.
- Architekt und Sonderfachmann 2492
- Architekt und Unternehmer 2481 ff.
- des Bürgen eines Gesamtschuldners 2507
- die Vorschrift des § 636 RVO 2521
- Haftung der Baubeteiligten 2474 ff.
- Haftungsbegünstigung eines Baubeteiligten 2513 ff.
- haftungserleichternde Abreden 2514
- Haftungsverteilung 2498 ff.
- Haupt- und Nachunternehmer 2480
- Planungsfehler 2486 ff.
- Quote 2499 ff.
- Rechtsprechungsübersicht 2511
- Subsidiaritätsklausel 2522
- Verantwortlichkeit des Statikers 2507
- Verjährung 2498, 2517
- Vor- und Nachunternehmer 2479
- Zweckgemeinschaft 2484

Auskunft
- anrechenbare Kosten 980

Auskunftsanspruch
- bei GMP-Vertrag 1568

Auskunftsklage
- anrechenbare Kosten 980

Auslagenvorschuss
- Bauhandwerkersicherungshypothek 280
- selbstständiges Beweisverfahren 82

Ausländischer Architekt
- HOAI 622

Auslandsberührung
- HOAI 621 ff.

Auslobung
- Architektenwettbewerb 661

Ausnahmefall
- Architektenhonorar 755

Ausschachtungsarbeiten 2614

Ausschachtungsunternehmer
- Sicherungshypothek 207

Ausschluss des Rechtsweges
- Bauschlichtungsstelle 526

Ausschreibung
- fehlerhafte 1417, 2391

Außenanlagen 674

Austausch
– des Sachverständigen 60
– Sicherheitsleistung 1629
– von Sicherheiten 1641
Auswahl des Sachverständigen
– Beweissicherungsverfahren 59 ff.
Auswahlrecht
– hinsichtlich Sachverständigen im selbstständigen Beweisverfahren 59

Bagatellklausel 1404
Balkone aus Stahl 2032
Bankgarantie
– auf erstes Anfordern 1657 ff.
– einstweiliger Rechtsschutz 367 ff.
Bareinbehalt 1661
Barzahlungsklausel 1412
– Skonto 1687
Basistreuhänder 1957
Basiszinssatz 1116, 1703
Bauabzugsbesteuerung 1442
Bauaufsicht
– Umfang 2013 ff.
Baubeschreibung 1417
– Verbraucherbauvertrag 1226c
Baubetreuung
– Bauhandwerkersicherungshypothek 219 ff.
– Begriffe 1227
– Festpreis im Vertrag 1293
– Leistungsverweigerungsrecht 2999 ff.
– Rechtsnatur der Verträge 1952 ff.
– Vollmacht 1360 ff.
Baucontroller 2029
– Sicherungshypothek 215
Baudispensvertrag 399
Bauerkundigungspflicht des A
– beim Bauen im Bestand 1986
Bauforderungssicherungsgesetz (BauFordSiG) 2375 ff.
– Änderungen 2376 ff.
– Außenanlagen 2378
– Bank 2380
– Baugeld 2376 ff.
– Baugeldempfänger 2379
– Empfänger von Baugeld 2376
– Generalunternehmer 2379
– Haftung des Geschäftsführers 2379 ff.
– Kreditingabe 2376
– Schadensersatzanspruch 2383
– Substantiierungslast 2381
– Subunternehmer 2379
– und Insolvenz 2375
– vorsätzlicher Verstoß 2383
Baufortschritt
– Ermittlung der Baukosten 915 ff., 2280
– Zahlungsweise nach MaBV 1611

Baugenehmigung 685, 1297
– Bedingung im Architektenvertrag 685
– Haftung des A 1991
– Honorar 880
– nicht genehmigungsfähige Planung 1991 ff.
– Nichtigkeit des Bauvertrags 1297
– unberechtigte Bereicherung 2421
– verzögerte Bauausführung 2322
– Wirksamkeit des Bauvertrages 1297
Baugerüst 204
– auf Nachbargrundstück 354
Baugrundrisiko 1420, 1461, 1986, 2613 ff.
Baugrundstück 243
Bauhandwerkersicherung (§ 650f, früher § 648a BGB) 314 ff.
– Abbruchunternehmer 320
– Abgrenzung zu § 648 BGB 317
– Abrechnung 334
– Abschlagszahlungen 318, 328, 329
– u. AGB 314
– Anwendungsbereich 314, 325
– Architekt 323
– Aufrechnung 330
– Außenanlage 322
– Begriff der Vorleistung 326
– bei Mängeln 330
– Beseitigung von Altlasten 322
– Besteller 324 ff.
– Darlegungslast (Höhe) 329
– der Berechtigte 320 ff.
– der Verpflichtete 324 ff.
– die Neuregelung 314 ff.
– Ersatzansprüche 328
– Forderungssicherungsgesetz 314, 314 ff.
– Garten- u. Landschaftsbauer 322
– Gerüstbauer 320
– u. Insolvenz 327
– Kündigung 331, 333
– Leistungsverweigerungsrecht 332 ff.
– nach Abnahme 330, 333 ff.
– Nachfrist 334
– Nebenforderungen 327
– öffentliche Auftraggeber 325
– Pattsituation 334
– Rechtsfolgen 332 ff.
– Rechtsmissbrauch 319
– Sanierungsträger 325
– Sicherheitsleistung 326 ff.
– Sonderfachleute 323
– u. Teilurteil 327
– überhöhtes Sicherheitsverlangen 329
– ungerechtfertigte Bereicherung 328
– Unsicherheitseinrede (§ 321 BGB n.F.) 3021
– Vergütungsanspruch 337
– Verjährung 332 ff.
– Vertragsauflösung 332 ff.

Bauhandwerkersicherungshypothek

- Vertragsstrafe 330
- Vertrauensschaden 337
- Vorleistungspflicht 333
- Werterhöhung 323
- zusätzliche Leistungen 329

Bauhandwerkersicherungshypothek (§ 650d, früher: § 648 BGB) 182 ff.
- Abbrucharbeiten 206
- Abmahnung 304
- Abschlagsrechnung 225, 279
- Abtretung der Forderung 232
- AGB 193
- Alarmanlage 209
- Altbau 208 ff.
- Anerkenntnis 303
- Anspruchsberechtigte 195 ff.
- Anstrich 219
- Anwendungsbereich 182
- Architekt 211 ff.
- u. ARGE 195
- Aufhebungsverfahren 286
- Aufschüttung 206
- Ausschachtung 207
- Ausschluss 192 ff.
- Bauaufsicht 212
- Baubetreuer 219 ff.
- Baucontroller 215
- Baugerüst 204
- Baugrube 207
- Baugrundstück 243 ff.
- Bauhandwerkersicherungsgesetz 189
- Bauleistungen 200
- Baureinigungsarbeiten 204
- Bauschutt 204
- Baustofflieferant 197
- Baustraße 238
- Bauträger 221
- Bauunternehmer (Begriff) 196 ff.
- Bauwerk 203
- Bauzaun 238
- Bedeutung 182 ff.
- Beginn der Sicherbarkeit 237
- Beleuchtung 209
- Berufungsurteil 283
- Bewilligung 261
- dingliche Haftung 260
- Dränage 207
- Dringlichkeit 277
- Eigentümer 249 ff.
- Einbauküchen 199
- einstweilige Verfügung auf Eintragung eine Vormerkung 268 ff.
  - Aufhebung und Rücknahme 286 ff.
  - bei mangelhafter Werkleistung 274
  - Dringlichkeit 277
  - Eintragung der Vormerkung 281
  - Sicherheitsleistung 287
- Vermögensverschlechterung 278
- Verwirklichung der Vormerkung 281 ff.
- Vollziehungsfristen 283
- Entschädigungsanspruch 228
- Erbbaurecht 246
- Erdarbeiten 206
- Erneuerungs- und Umbauarbeiten 208 ff.
- Erweiterungsarbeiten 210
- Fertighäuser 205
- Finanzberatung 213
- finanzwirtschaftliche Baubetreuung 220
- Forderung aus Bauvertrag 222 ff.
  - Fälligkeit 225
  - mangelhafte Werkleistung 234 ff.
  - Mehrwertsteuer 230
  - nicht erbrachte Leistungen 228
  - Schadensersatzansprüche 228
  - Sicherheitseinbehalt 226
  - Teilvollendung 224
  - Vertragsstrafe 229
- Freianlagen 215
- Garantieeinbehalt 229
- Generalunternehmer 201
- Gesamtsicherungshypothek 243 ff.
- Glaubhaftmachung 271 ff.
- Grundstücksteilung 243
- Hauptklage 292
- Hinterlegung 288
- Hypothekenklage 291
- Identität von Grundstückseigentümer u. Besteller 253 ff.
- Innenarchitekt 214
- Insolvenzverfahren 184
- Instandsetzungsarbeiten 210
- Klage auf Eintragung einer Sicherungshypothek 291 ff.
- Klimaanlagen 209
- Kosten 302 ff.
  - Abmahnung 304
  - Anerkenntnis 303 ff.
  - Anwaltsgebühren 313
  - Pauschquantum 229
  - Rechtsverfolgung 231
  - Streitwert 312
- Kündigung des Werkvertrages 241 ff.
- Leistungsänderungen 329
- Löschungsanspruch 265
- Malerarbeiten 209
- mangelhafte Werkleistung 234 ff., 274 ff.
  - nach Eintragung der Hypothek 236
- Mehrwertsteuer 230
- Mehrwerttheorie 228
- Montageverpflichtung 197
- Muster 280, 296
- Nacherfüllungsanspruch 234
- Nebenkosten 229
- Neuanstrich 209

- Pfändung der Forderung 232
- Photovoltaikanlage 200
- planender Architekt 212
- Projektsteuerung 215
- Rangstelle (Antrag) 293
- Rechtsbehelfe 297
- Rechtskraft 270
- Rechtsschein 255
- nach der Reform 183
- Reduzierung des Sicherungsanspruchs 183
- Rechtsschutzinteresse 269 ff.
- Revision 299
- Rodungsarbeiten 206
- Rückschlagsperre 184
- Schadensersatzanspruch 228
- Schlusszahlungseinwand 233
- Sicherheitseinbehalt 226
- Sicherungsabtretung 232
- Sicherungsgegenstand 243
  - Identität zwischen BH und Eigentümer 253 ff.
  - Rechtsschein 255
- Sonderfachmann 216 ff.
- Statiker 216
- Streitwert 312 ff.
- Subunternehmer 201, 253
- Teilung 243
- Übergang bei Pfändung 232
- Umbauarbeiten 208 ff.
- und Durchgriffsansprüche 222, 254 ff.
- und Schlussrechnung des A 271
- Veräußerung 251
- Verfahrensfragen 261 ff.
- verjährte Forderung 233
- Vermessungsingenieur 218
- Vermögensübernahme 251
- Vertragsstrafe 229
- Verzicht 192
- Vollstreckungsgegenklage 236
- Vollziehung 283
- Voraussetzungen 194 ff.
- vorbereitende Baumaßnahme 238
- Vormerkung 268 f.
- Warmluftofen 200
- Werklieferungsvertrag 197, 199
- werkvertragliche Forderung 222 ff.
- wirtschaftliche Betreuung 220
- wirtschaftliche Identität 253 ff.
- Wohnungseigentum 247 f.
- Zurückbehaltungsrecht 223
- Zwischenunternehmer 201

Bauherr
- Verkehrssicherungspflicht 2362 ff.

Bauherrengemeinschaft
- Architektenhonorar 750
- Haftung für Werklohn 1294, 1371

Bauherrenmodell
- Architektenhonorar 750
- Innengesellschaft 1372
- Haftung des Treuhänders 1957
- und Hinweispflicht des BU 2040
- Vertretung 1370

Baukammern 405 ff.

Baukostenobergrenze
- Architektenhonorar 980b
- Wirksamkeit des Architektenvertrages 684

Baukostenüberschreitung 2278 ff.
- Änderungswünsche des BH 2279 f., 2304
- aufgedrängte Bereicherung 2313
- Ausbaustandards 2290
- Bausummengarantie, Abgrenzung 2281 ff., 2298
- Bausummenüberschreitung
  - Pflichtverletzung des A 2289
  - Vorgabe eines bestimmten Baukostenbetrags 2285 ff.
- Ertragswert 2311
- HOAI 2280
- Kosten der Finanzierung 2312
- Kostenbasis 2285
- Kostenermittlung 2280
  - nach DIN 276, 2289
- Kostenkontrolle 2290
- Kostenlimit 2285, 2295
- Kostenprognose 2299
- Kostenrahmen 2286
- Kündigung 2316
- Nachbesserungsrecht des A 2301
- Obergrenze 2286
- Pflichtverletzung des A 2289 ff.
- realistische Kosten 2287
- Schaden des BH 2305 ff.
- „Schwere" des Verstoßes 2300
- Steigerung des Verkehrswerts 2309
- Toleranzrahmen 2298 ff.
- Umbaumaßnahmen 2311
- Verschulden des A 2303 ff.
- Vorteilsausgleichung 2308, 2946 ff.
- Wertsteigerung 2309 ff.
- Zeitpunkt der Schadensberechnung 2314
- Zusatzaufträge 2289

Baukostenvereinbarung
- HOAI 2009, 991 ff.

Baulärm
- einstw. Vfg. 364

Baulast 399

Bauleiter
- und Verkehrssicherungspflicht 2358

Baumangel 1960 ff., 2030 ff.
- als Eigentumsverletzung 2349 ff.
- als Pflichtverletzung 1963
- anerkannte Regeln der Technik 1966 ff.
- Begriff nach altem Recht 1960

Bauphysik

- Begriff nach neuem Recht 1960 ff., 1984
- Beschaffenheitsvereinbarung 1962 ff.
- DIN-Normen 1967 ff.
- Funktionstauglichkeit 1964 ff.
- Haftungsbefreiung (§ 13 Abs. 3 VOB/B) 2035
- Mängel der Leistungen von SF 2055 ff.
- Mängel des Architektenwerks 1938 ff.
- Mängel des Projektsteuerers 2062 ff.
- Mängel des Treuhänderwerks 2060 ff.
- Mängel des Unternehmerwerks 2030 ff.
- Rechtsmängel 1961
- Rechtsprechungsübersicht 2032, 2059
- Risikoverlagerung 2035
- Schönheitsfehler 2031
- Sicherungshypothek 234 ff.
- Sowiesokosten 2089, 2946 ff.
- Substantiierungspflicht 1979 ff.
- Symptomtheorie 1980, 2153
- und Anordnung des BH 2035
- und Anscheinsbeweis 2084, 2098
- und Hinweispflicht des BU 2035, 2037 ff.
- vereinbarte Beschaffenheit 1960
- VOB/B 2139
- Zeitpunkt 1975
  - und Zuschusspflicht 2088 ff.
  - zugesicherte Eigenschaft 1960

Bauphysik 1898
Bauproduktenrichtlinie 1978
Bauprozess
- Anhörungsantrag (411 Abs. 4 ZPO) 598
- Baukammern 405
- Berufung 593 ff.
- Darlegungslast 572
- einstweiliges Verfügungsverfahren 349 ff.
- Hinweis- u. Auflagenbeschluss 584
- Nichtzulassungsbeschwerde 599
- richterliche Maßnahmen 577 ff.
- strukturierter EDV-Einsatz 570
- Überraschungsurteil 568
- Verletzung des rechtlichen Gehörs 599
- Verfahrensdauer 568 ff.
- Verjährungseinrede 598
- verspätetes Vorbringen 588 ff.
- Verstoß gegen Anspruch auf rechtliches Gehör 599
- Vorbereitung 571 ff.
- zum Gebot der Mitarbeit 568

Bauregievertrag 608
Baureinigungsarbeiten
- als Nebenleistung 1449
- Bauhandwerkersicherungshypothek 204

Bausachen 405 ff.
- Bauarbeiten i.S. des Geschäftsverteilungsplanes 408 ff.
- geschäftsplanmäßige Zuteilung 407 ff.

- Privatgutachten 148 ff.
- Sonderzuständigkeiten von Spezialkammern 408 ff.

Bausatzverträge 1230, 1956
Bauschild
- Anscheinsvollmacht 1354

Bauschlichtung 526 ff.
Bauschutt 204
- Nebenleistung 1448
- und AGB 1449

Baustelleneinrichtung
- Einheitspreis 1500

Baustellensicherheitsrichtlinie 2352
Baustellenverbot 2071
Baustellenverordnung 608, 852
Baustoffe
- Belehrungspflicht bei neuartigen B. 2000
- und Hinweispflicht des BU 2041

Baustofflieferanten 1951
Baustopp
- einstw. Vfg. 362

Bausubstanz
- anrechenbare Kosten 984

Bausummengarantie 2281 ff.
Bautagebuch 879
Bauteilöffnung
- zur Anwendung der §§ 142, 144 ZPO 90
- Bebringungsgrundsatz 91
- durch Sachverständigen 91
- Meinungsstreit zum gerichtlichen Anweisungsrecht 91
- Kosten 173
- Wiederverschließen von Öffnungen 91

Bautenstandsbericht
- Haftung 2270

Bauträger 1953 f.
Bauträgerrecht 464 ff.
Bauträgerverordnung 1373
Bauträgervertrag
- Abnahme 1821a
- Begriff 1227
- Rechtsnatur 1953 ff.
- und Vollmacht 1368

Bauüberwachung
- mangelhafte 2011 ff.
- Stichproben 2015

Bauunterlagen
- Herausgabe 2027
- Leistungsverweigerungsrecht 2449, 3002
- Zurückbehaltungsrecht 2449

Bauunternehmer
- Baumängel 1960 ff., 2030 ff.
- Gesamtschuldner 2474 ff.
- Verkehrssicherungspflicht 2355 ff.
- Werklohnklage 1219 ff.

Bauvertrag
- Aktiv- und Passivlegitimation 1287 ff.
- Insolvenzeintritt 1308 ff.
- Nichtigkeit 1296 ff.
- Rechtsnatur 1224
- Schwarzarbeit 1299 ff.
- übliche Vergütung 1431 ff.
- und notarielle Beurkundung 1231
- und VerbrKG (§§ 491 ff. BGB) 1229 ff.
- Unternehmereinsatzformen 1314aff.
- vereinbarte Vergütung 1390 ff.
- Vereinbarung der VOB 1239 ff.
- Vollmacht des A 1332 ff.
- Widersprüche 1278 ff.
- Wirksamkeit 1296 ff.

Bauvoranfrage 841, 880

Bauwerkunternehmer
- Anspruch auf Einräumung einer Sicherheitsleistungshypothek 196
- Erfüllungsgehilfe 2944

Bauzeichnung 1283

Bauzeitverlängerung
- Ansprüche des A 1030 ff.
- Behinderung 2331
- Regelbauzeit 1034
- Zeitpuffer 2331

Beamteter Architekt 616

Bearbeitungsfristen im Prozess 589 ff.

Bearbeitungsgebühr
- für Kostenvoranschlag 1386

Bearbeitungshonorar (A) 760

Bearbeitungskosten
- Leistungsänderungen 1470
- zusätzliche Leistungen 1471

Bebauungsvorschlag 643 ff.

Bedarfsposition 1503

Bedenken gegen Ausführung 2035 ff.

Bedingung
- Architektenvertrag 684
- Bauvertrag 1296

Beendigung (selbst. Beweisverfahren) 110 ff.
- mündliche Anhörung 112
- schriftliche Begutachtung 111 ff.
- Streitwertfestsetzung 116

Befangenheit des Sachverständigen
- Ablehnung 3118 ff.

Behinderung
- Bauzeitverlängerung 2331
- Erfüllungsgehilfe 2338
- Honorar des A 1024
- Offenkundigkeit 2335
- Schadensersatz 2332 ff.
- Vergütungsanpassung 2349
- Vorunternehmer 2338

Bemusterung 1285, 1288

Beratervertrag
- Verjährung 2851

Beratung 654

Beratung des Architekten
- vertragliche Bindung 654

Beratungsgerechtes Verhalten
- Baukostenüberschreitung 2294, 2306

Beratungsleistung
- außerhalb der HOAI 608
- HOAI 2009, 605

Beratungspflichten 2274
- des A 2000 ff.
- des Treuhänders 2060 ff.
- Rechtsprechungsübersicht 2274

Bereicherung *s. ungerechtfertigte Bereicherung*

Bereicherungsanspruch
- Einbau von Materialien 2417
- Verjährung 2415

Berufsfremde
- Anwendung der HOAI 612

Berufung 593 ff.
- Aufrechnung, Klageänderung, Widerklage 599
- neue Angriffs- und Verteidigungsmittel 594 ff.
- richterliche Hinweispflicht u. Tatbestandsberichtigung 595
- Verfahrensfehler 595

Beschaffenheit
- Sachmangelbegriff 1965

Beschleunigung des Verfahrens
- und Beweisaufnahme 3061 ff., 3144

Beschleunigungskosten 2343

Beschluss
- selbstständiges Beweisverfahren 76 ff.

Beschreibungspflicht
- im Leistungsverzeichnis 1418

Beschwerde (selbst. Beweisverfahren) 95 ff.
- außerordentliche 97
- Zurückverweisung 97

Beseitigung von Bauwerken 400

Beseitigungsanspruch 400 ff.
- Beseitigungsverfügung 401
- Nachbarrecht 2599, 2605, 2618, 2632
- Überbau 2626

Besondere Leistungen 1070 ff.

Besorgnis der Befangenheit
- Ablehnung eines Schiedsrichters 537
- Schiedsgutachter 540

Bestandszeichnungen
- prüfbare Abrechnung 1866

Bestätigungsschreiben 647, 788

Bestätigungsvermerk
- Abnahme 1828

Bestimmtheit des Vollstreckungstitels 3218 ff.

Betreten des Baugrundstücks 86, 353

Beweis

Beweis 3061 ff.
- anerkannte Regeln in der Technik 1977
- Anscheinsbeweis 3067 ff.
- Beweisantrag 3092 ff.
- Beweisaufnahme in Bausachen 3144 ff.
- Beweisbeschluss 3134 ff.
- Beweiserleichterungen 3067 ff.
- Beweislast 3158 ff.
- Beweismittel 3094 ff.
- Beweisvereitelung 3090 ff.
- Beweiswürdigung 3146 ff.
- der Sachverständige 3106 ff.
- Privatgutachten 3066
- sekundäre Darlegungslast 3083
- Sekundärhaftung 3083
- selbstständiges Beweisverfahren 3065
- Umkehr der Beweislast 3078 ff.
- Urkundenbeweis 3102

Beweisantrag 3092 ff.
- Präklusion 3093

Beweisaufnahme 3144 ff.
- Grundsätze 3145
- selbstständiges Beweisverfahren 76 ff.
- Urkunden/Beiakten 3145

Beweisbeschluss 3134 ff.
- Anleitung des Sachverständigen 3113, 3139 ff.
- Fassung 3136
- selbstständiges Beweisverfahren 76 ff.
- und Aufklärungsfunktion 3134
- vorterminlicher B. 582

Beweiserhebungstheorie 3035

Beweiserleichterungen 3067 ff.
- durch Anscheinsbeweislehre 3068 ff.
- durch sekundäre Darlegungslast 3083
- durch Umkehr der Beweislast 3078 ff.
- durch § 830 I Satz 2, 3084 ff.

Beweislast 3158 ff.
- Abänderung in AGB 2730 ff.
- Abschlagszahlungen 2427
- AGB-Gesetz 2730 ff.
- Architekt 3160
- Architektenvertrag 626 ff.
- Ausgleichsanspruch (§ 426 BGB) 2498
- Bauherr 3161
- Bauunternehmer 3159
- bei Schiedsvertrag 534
- besondere Preisvereinbarung 1433
- für Baumangel 2033, 2254, 2259
- für Fristsetzung 2184
- für Unentgeltlichkeit der Bauleistung 1432
- für Unmöglichkeit der Mängelbeseitigung 2239
- für Vorbehalt 2742, 2747, 2756
- für Vorteilsausgleichung 2955
- Härteklausel 1105
- mitwirkendes Verschulden 2929

- Rechtsprechungsübersicht 3159 ff.
- Überschreitung der Höchstsätze 785
- Umkehr der Beweislast 3078 ff.
- und § 287 ZPO 3157
- Vertragserfüllung 2142
- Verwirkung 2790
- Wegfall der Geschäftsgrundlage 2960

Beweismittel 3094 ff.
- Allgemeines 3095
- Augenscheinsbeweis 3098
- Ausforschung 56
- im Beweissicherungsverfahren 57
- Privatgutachter 148, 3096
- Sachverständiger 3106 ff.
- sachverständiger Zeuge 3095
- Urkundenbeweis 3102

Beweissicherungsverfahren 1 ff., s. selbstständiges Beweisverfahren

Beweistatsachen
- Bezeichnung in Beweissicherungsverfahren 54

Beweisvereitelung 3090 ff.
- im selbstständigen Beweisverfahren 86

Beweiswürdigung 3146 ff.
- Anscheinsbeweis 3150
- eigene Sachkunde des Richters 3152
- erneute Zeugenvernehmung durch Berufungsgericht 3153
- Schätzung von Schäden 3154 ff.
- tatrichterliche Beweiswürdigung 3146
- Verwertung eines Gutachtens 3123 ff.

Bewertungsmaßstäbe
- Honorarvereinbarung 732

Bewertungsmerkmal
- Ermittlung der Honorarzone 906

Bewertungsschema
- Honorarzone 908

Bezeichnung der Gegenleistung
- bei Zug-um-Zug-Verurteilung 3192 ff.
- Mitwirkungspflichten des BH 3197

Bezifferbares Honorar 745

Bezifferung (Klageantrag) 449 ff.

Bezugsfertigkeit
- Zeitpunkt 1619

Bieter
- Ersatzanspruch 2399 ff.

Bieterschutz
- einstw. Verfügungsverfahren 349

BIM 860

Bindung
- an Honorarschlussrechnung des A 885 ff.
- an Schlussrechnung des BU 1843
- an Tatsachenfeststellung durch Schiedsgutachtervertrag 539

Bindungswille
- Architektenvertrag 626 ff.

Bitumendickbeschichtung 1996, 2032

Bodenerhöhung 2616
Bodenverhältnisse
- Bodenuntersuchung 1996
- Leistungsbeschreibung 1420
Bodenvertiefung 2613 ff.
Bonus-Malus-Regelung
- Honorar des Architekten 741, 742
- Honorar des Projektsteuerers 1937
Bonusregelung 741
Brandschutz 610
Buchhandelshinweis
- auf VOB 1250
Bürgenhaftung
- und Abgrenzung zum Schuldbeitritt 1291
Bürgschaft
- Erfüllungsbürgschaft 1643 ff.
- Gewährleistungsbürgschaft 1643 ff.
- und Vertragsstrafe 2564
Bürgschaft auf erstes Anfordern
- Begriff 367 ff., 1657 ff.
- Darlegungslast 373, 1661
- einstweiliger Rechtsschutz 367 ff.
- gemäß Muster 1653
- liquide Beweismittel 374
- Pflichtverstoß 1657
- Rechtsmissbrauch 369 ff.
- Rückforderungsprozess 376, 1659 ff.
- Sicherungsabrede 1657
- Urkundenprozess 1661
- Zeitbürgschaft 1671

Ca.-Preis 1406
CAD-Programm 1072
Carport 2634
culpa in contrahendo s. Verschulden bei Vertragsschluss

Darlegungslast
- Abschlagszahlungen 2427
- anrechenbare Kosten 1000
- Architektenvertrag 600 ff.
- Mängel 1979 ff.
- Minderung 2194
- Pauschalvertrag 1415
- Rückforderungsprozess (Bürgschaft) 1661
- übliche Vergütung 820 ff.
- Umfang des Auftrages 834
- Vergütungsklage (BU) 1220
- Vertragserfüllung 2142
- Vorarbeiten 1381 ff.
Deckungsausschlussstatbestände
- Haftpflichtversicherung des A 2029c
Deckungseinschränkungen
- Haftpflichtversicherung des A 2029d
de-facto-Vergabe 1296
Deliktsrecht (§§ 823 ff. BGB) 2350 ff.
Designertätigkeit (HOAI) 608

Detailpauschalvertrag 1528
Detailplanung
- unterlassene D. 2001
Digitalisierte Form
- Planungsunterlagen 1072
DIN-Normen 1967 ff.
- Anscheinsbeweis 1969
- DIN 276 ff.
- Rechtsnatur 1968
- und Qualitätsstandards 1968
- und Verkehrssicherungspflicht 2357
Direktzahlungen des AG
- aus Subunternehmen des AN 1295, 1317
Dissens 1296, 1426
- Werklohn 1399
Doppelabrechnung
- bei Nachträgen 1396
Doppelbeauftragung
- BU 1396
- durch Nachtrag 1396
Doppelte Zug-um-Zug-Verteilung 3209 ff.
Dränage 207
Dringlichkeit 277
Drittgaftung (§ 311 Abs. 3 BGB) 2406, 2797
Dritthaftungs-(Subsidiaritäts-)klauseln
- AGB-Gesetz 2705 ff.
- BGH-Rechtsprechung 2708
Drittschadensliquidation 2221 ff.
Drittwiderklage
- Honorarprozess 602
Drohung 2809
Druckzuschlag
- Erfüllungsbürgschaft 1648
Duldungsklage gegen den Mieter 2642 ff.
- einstweilige Verfügung 2644, 2650
- Mietrechtsänderungsgesetz von 2013, 2642
- Rechtsprechungsbeispiele 2648
Duldungspflicht
- im Beweissicherungsverfahren 86
- Mieter 2648
Duldungsvollmacht 1353
Durchgriffsfälligkeit 1789
- Verjährung 2835

EDV-mäßige Überarbeitung
- Grundleistung 1072
Ehegatten
- Ausgleichsansprüche 2432 ff.
Eigenaufwand
- Schadensersatz 2111
Eigenes Risiko
- Architektenleistung 628, 639
Eigenleistungen des BH
- Überwachung durch A 2022
Eigennachbesserung 2156
Eigentumsverletzung
- durch mangelhafte Werkleistung 2350 ff.

2047

Einbauküchen

Einbauküchen
- und Sicherungshypothek 199

Einbeziehung der VOB 1246 ff.

Einheits-Architektenvertrag 624, s. auch Architekten-Formularvertrag
- Aufrechnungsverbot 3047
- Ausgleichsansprüche 2506
- Haftungsbegrenzung 2723
- Selbstbeseitigungsrecht des A 2720
- Subsidiaritätsklausel 2565 ff.
- Vollmacht des A 1350

Einheitspreisvertrag 1492 ff.
- Festpreis 1500
- gemeinsames Aufmaß 1496
- Höchstpreisklausel 1512
- Lohn- und Materialpreisgleitklauseln 1510
- Mengenabweichungen 1501

Einrede
- des nichterfüllten Vertrages 2999 ff.
- Zurückbehaltungsrecht 2978 ff.

Einstellung der Zwangsvollstreckung 386

Einstweilige Verfügung 349 ff.
- Abgrenzung der Verfügungsarten 360
- Antragstellung 378
- Architektenwettbewerb 358
- auf Eintragung einer Vormerkung (Bauhandwerkersicherungshypothek) 268 ff.
- Bankgarantie u. Bürgschaft 367 ff.
- Baulärm 364
- Baustopp 361 ff.
- bei unterbliebener Eintragung in Architektenliste 358
- bei Vergabeverfahren 357
- bei Wettbewerbsverstoß 357
- Berufsbezeichnung 357
- Beweislast 383
- Beweiswürdigung 383 ff.
- Bieterschutz 349
- Bodenvertiefungen 365
- Bürgschaft auf erstes Anfordern 367 ff.
- eines Dritten 355 ff.
- Einrede des Schiedsvertrages 349
- Einstellung der Zwangsvollstreckung 386
- Fallgestaltungen 351 ff.
- Glaubhaftmachung 379 ff.
- Herausgabe von Bauunterlagen 354
- in Bausachen 349 ff.
  - des BH gegen Nachbarn 354
  - durch BU 351
  - eines Dritten gegen einen Baubeteiligten 355
  - Fallgestaltungen 351 ff.
  - gegen BH auf Vornahme von Handlungen 352
  - Mitwirkungspflichten 352 ff.
- Leistungsverfügung 360
- liquide Beweismittel 376
- Mitwirkungspflichten 352
- Privatgutachten 379
- Rechtshängigkeit 379
- Rechtsmissbrauch 369 ff.
- Rechtsschutz bei Bankgarantie und Bürgschaft auf erstes Anfordern 367 ff.
- Regelungsbedürfnis 359 ff.
- Regelungsverfügung 360
- selbstständiges Beweisverfahren 10, 353
- Sicherheitsleistung 387
- Sorgfalts- und Rücksichtspflichten 357
- und Vorschuss 2117
- Urteil 384 ff.
- Verfügungsgrund 376
- Verhältnismäßigkeit 360
- Verkehrssicherungspflicht 365
- vorbeugender Rechtsschutz 357
- Werbung als „Bausachverständiger" 358
- Zahlung von Vorschüssen 354
- Zuständigkeit 377
- Zweckmäßigkeitsprüfung 349

Einvernehmliche Vertragsauflösung 1781 ff.

Einwilligung
- in Erstellung 2465

elektronische Planunterlagen
- Herausgabepflicht 1011a

Empfehlungen
- in Leistungsbeschreibung 1421

Entferntere Mängelfolgeschäden 2273 ff.

Entgangener Gewinn
- bei verzögerter Bauausführung 2341
- Urheberrechtsverletzung 2473

Entschädigung
- von Sachverständigen 3169 ff.
- von sachverständigen Zeugen 3176
- Für Aquisitionsleistungen des Architekten 648

Entschädigungsanspruch
- des Nachbarn 2602

Entstellung
- Urheberrecht 2459

Entwurfsplanung 677, 814, 844, 880, 1046

Erbbaurecht
- Haftung des Veräußerers 1957

Erdarbeiten
- Beginn der Bauleistungen 1619

Erfahrungssatz 3068 ff.
- Beweiswürdigung 3152

Erfolgshonorar 740

Erfüllungsanspruch
- Abgrenzung zur Mängelbeseitigung 2068 ff.
- auf Mitwirkung 2173
- Erlöschen des Anspruchs 2070, 2085–2087
- Erlöschen des E. 2140
- Herstellung 2066

Feststellungsklage

- nach neuem Recht 2069
- nach VOB 2138
- Nachbesserung 2077

Erfüllungsbürgschaft 1643 ff.

Erfüllungseinwand
- im Verfahren nach § 887 Abs. 1 ZPO 3238 ff.
- Kostenvorschussanspruch 3249
- Teilerfüllung 3241
- Vollstreckungsgegenklage 3242
- Zwangsvollstreckung 3238 ff.

Erfüllungsgehilfe
- Architekt 2936
- arglistige Täuschung 2795 ff.
- Mitverschulden des E. 2933 ff.
- Subunternehmer 1318 ff.
- Vorunternehmer 2048, 2338

Erfüllungsort 418
- bei Nachbesserungsklage 420
- Gerichtsstand 418 ff.
- Gewährleistungsrecht 420
- Rechtswahl 424
- Vereinbarung 424

Erhöhung der Schlussrechnung
- durch den A 885 ff.
- durch den BU 1843

Erörterungstermin 586

Ersatzvornahme (Selbstvornahme, § 637 Abs. 1 BGB) 2106 ff.
- angemessene Frist zur Mängelbeseitigung 2108
- doppelte Fristsetzung 2110
- eigene Aufwendungen 2111
- eigenmächtige Selbstvornahme 2106
- entgangener Gewinn 2111
- erforderliche Aufwendungen 2111
- Kostenerstattungsanspruch 2111 ff., 2156 ff.
- Selbstvornahmerecht 2106
- Verzug 2106 ff.
- Vornahmefrist 2109

Erschließungskosten 1533

Ersparte Aufwendungen
- beim Architektenvertrag 1120 ff.
- beim Bauvertrag 1721 ff.

Erster Anschein
- Bauüberwachung 2022

Ertragswert 2311

Erweiterungsbau
- Urheberrecht des A 2451
- Umbauzuschlag 984 ff.

Erwerbervertrag, s. *Bauträgervertrag*
- EU-Bauproduktenverordnung 2388

EuGVO 424

Europäische Baunormung 1978

Eventualaufrechnung 3034 ff.

Eventualposition 1504

Extrapolation 826

Fachkundiger Bauherr 2003

Fahrtkosten
- Vergütung bei Stundenlohnvertrag 1581

Faktische Objektüberwachung 2029

Faktischer Wohnungseigentümer 464, 472

Fälligkeit
- bei Kündigung 1120 ff.
- der werkvertraglichen Forderung bei Sicherungshypothek 225
- des Architektenhonorars 1163 ff.
- des Honorars des SF 1923
- des Werklohns (BU) 1783 ff.
- Prüfbarkeit der Schlussrechnung 1861 ff.

Fassadenplanung 610

Fax 655
- Schriftform 1766

Fehlkalkulation 1415

Fehlschlagen der Nacherfüllung 2717 ff.

Fertighaus
- Bauhandwerkersicherungshypothek 205
- pauschalierte Vergütung bei Kündigung 1740
- Rechtsnatur des Fertighausvertrages 1229, 1956
- ungerechtfertigte Bereicherung 2418

Fertigstellung 1619

Fertigstellungsbescheinigung
- Privatgutachten 149

Fertigteilbau 1229

Festpreis
- Architektenvollmacht 1351
- bis zum ... 1409
- Einheitspreis als Festpreis 1500
- im Baubetreuungsvertrag 1293
- Mengenabweichungen im Pauschalpreisvertrag 2964
- Pauschalpreis als Festpreis 1514 ff.
- Preis- und Lohnsteigerungen 1400, 2975

Festpreisvertrag 1440

Feststellungsinteresse 433 ff.

Feststellungsklage
- Antrag 446
- Antragsfassung 446
- Anwendungsbereich 426
- Behandlung von Einwendungen 461
- bei Schadensentwicklung 440
- bestimmter Antrag 446
- Beweissicherung 10, 435
- Drittbeziehungen 429
- Feststellungsinteresse 433 ff.
- Freistellungsanspruch 428
- Gegenstand in Bausachen 426
- Kostenerstattungsansprüche 455
- Kostenvoranschläge 437

2049

Fiktive Abnahme

- Mängelfolgen 2126
- negative Feststellungsklage 457
- Planungs- und Ausführungsfehler 440
- positive Feststellungsklage 426, 444
- rechtliches Interesse 431
- Rechtskraft 460 ff.
- Schiedsvereinbarung 427
- Symptomtheorie 446
- Tatfragen 430
- Teilleistungsklage 437, 439
- Teilurteil 448
- Übergang zur Leistungsklage 444
- unbezifferte Leistungsklage 449 ff.
- und Anerkenntnis 436
- und Baumängelprozess 436
- und Hilfsantrag auf Leistung 445
- und Leistungsklage 434 ff., 444 ff.
- und Schiedsgutachten 542
- Verjährung 433, 441, 451
- Vorfragen 431
- Vorschussanspruch 441, 452, 2126
- Widerklage 425
- zukünftiger Schaden 440
- Zurückbehaltungsrecht 457
- Zwischenfeststellungsklage 428

Fiktive Abnahme
- Gemeinschaftseigentum 506

Finanzierungskosten 2312

Folgeschaden 2273 ff.

Forderungssicherungsgesetz (FoSiG), s. auch *Bauforderungssicherungsgesetz*
- Abschlagszahlungen 1587
- Bauhandwerkersicherung 314 ff.
- Druckzuschlag 3003
- Durchgriffsfälligkeit 1789

Förmliche Abnahme 505, 2740

Formularvertrag, s. auch *AGB-Recht*
- Abgrenzung von AGB 2655 ff.
- des A 1350 ff.
- und Bauhandwerkersicherungshypothek 192
- Verjährung 2824

Freianlagen
- Sicherungshypothek 215
- Umbauzuschlag 985

Freibleibendes Angebot 1407

Freistellungsanspruch 428

Freistellungsklage 2476
- Gesamtschuldner 2476

Fremdnachbesserungskosten 2146

Fristsetzung
- bei Gewährleistung 2182
- bei Mängelbeseitigung 2172, 2182
- Entbehrlichkeit 2182
- Minderungsklage 2233

Füllauftrag 1723

Funktionalausschreibung 1418, 1526

Funktionale Leistungsbeschreibung 1526, 1527

funktionaler Mangelbegriff 1964

Funktionelle Zuständigkeit 404

Garantie 1941, 2696
- Bausummengarantie 2281
- selbstständige Garantieübernahme 1943
- und Gewährleistung 1941 ff.
- Unterbrechung der Verjährung nach altem Recht 1941

Garantie auf erstes Anfordern 1657 ff.

Gebührenordnung
- des SF 1897 ff.

Gebührensätze
- von Privatgutachten 154 ff.
- von Sachverständigen 3170 ff.

Gefahrenbereich
- Umkehr der Beweislast 3081

Gefälligkeit
- Tätigkeit des Architekten 2001, 2029
- Tätigkeit des Unternehmers 1396

Gegenantrag
- selbstständiges Beweisverfahren 94

Geltungserhaltende Reduktion 2681

Gemeinkosten
- Mengenunterschreitung 1502

gemeinsames Aufmaß 2542 ff.

Gemeinschaftseigentum 464 ff.
- Abnahme 504 ff.
- Abnahmeklauseln 509
- Abtretung von Gewährleistungsansprüchen 471, 503
- Aktivlegitimation 471 ff.
- Änderungsvorbehalte 464
- Aufrechnung 472, 485
- Auswirkungen des Gemeinschaftsbeschlusses 496 ff.
- Baubeschreibung (§ 650i BGB) 464
- Bauunterlagen 464
- Begriff des Wohnungseigentums 466
- behebbarer Mangel 489
- Beschlussersetzung 465
- Beschlusskompetenz 474
- Dritthaftungs-(Subsidiaritäts-)-klauseln 503
- Erfüllungsansprüche 476 ff.
- Ermächtigung 472, 478, 512
- Erstellung einer Baubeschreibung 464
- faktischer Wohnungseigentümer 472
- Fristsetzung durch Eigentümer 492 ff.
- Gemeinschaftsbezogenheit 474, 488, 496
- Gemeinschaftseigentum (Beispiele) 468 ff.
- gerichtliche Geltendmachung 510 ff.
- Gesamtgläubiger 492 ff.
- gesetzliches Schuldverhältnis 465
- Gewährleistung 473 ff.

Gewährleistungsanspruch

- gewillkürte Prozessstandschaft 479
- großer Schadensersatzanspruch 491
- Herausgabe von Bauunterlagen 464
- Insolvenz 515
- Instandhaltungspflicht 465
- kleiner Schadensersatzanspruch 487
- Leistungsverweigerungsrecht 472, 481 ff.
- Mängel 464 ff.
- Mehrheitsbeschluss 495 ff.
- Minderung 487 ff.
- Mittelverwendung 489
- Nachbesserung/Nacherfüllung 476 ff.
- u. Nachzüglerproblematik 507
- Prozessführungsbefugnis 473 ff.
- Rechtsnatur des Bauträgervertrages 464
- Rechtsprechungsübersicht 468
- Rücktritt 475, 486
- Schadensersatz 487 ff., 491
- Schiedsgerichtsklausel 525
- selbstständiges Beweisverfahren 480
- Sondereigentum (Beispiele) 466, 470
- Sonderwünsche 464, 466
- steuerliche Vorteile 491
- und Quote 515
- Verjährung 508
- Verwalter 464, 471, 490, 513
- VOB 464, 506
- Vorschussanspruch 472
- Vorteilsausgleichung 491
- Wahlrecht 488, 489, 496 ff.
- Wandelung/Rücktritt 486
- WEG-Novelle (2007) 464, 466, 488
- werdender Wohnungseigentümer 464
- Wohnungseigentümergemeinschaft (Teilrechtsfähigkeit) 466, 510 ff.
- Zuständigkeit 495
- Zustellungen 518
- Zweiterwerber 478

Genehmigungsfähigkeit der Planung
- Bauvoranfrage 881
- Genehmigungsplanung 677

Generalplaner
- Zuschlag 857

Generalunternehmer 1313 ff.
- eingeklemmter BU 1324
- und Rückgriffsansprüche 1323
- Vollmacht 1323

Geotechnik 1998

Gerichtsstand 414 ff.
- ausschließlicher G. 416
- Bestimmung (§ 36 Nr. 3 ZPO) 422
- die Vorschrift des § 18 Nr. 1 VOB/B 416
- Erfüllungsort 418 ff.
- Gewährleistungsrechte 420
- Honoraransprüche 420
- internationale Zuständigkeit 424
- Kaufleute 414 ff.

Gerichtsstandsbestimmung 419, 422
Gerichtsstandsvereinbarungen 414 ff.
- Vollmacht des A 1346

Gerichtsverfassungsgesetz 408

Gerichtsvollzieher
- Anbietung der Gegenleistung 3198 ff.
- Beiziehung eines Sachverständigen 3206
- einstweilige Einstellung der Zwangsvollstreckung 3208
- Überprüfung der Gegenleistung 3205 ff.

Gerüstbauvertrag 204

Gerüststellung
- als Nebenleistung 1448

Gesamtarchitektur
- Vermutung für Auftragserteilung der G. 838

Gesamtplanungsvertrag 1120

Gesamtschuld
- Bauherrengesellschaft 1294

Gesamtschuldverhältnis 2477 ff.
- Ausgleichsklage 2474 ff.
- Haftungsbegünstigung 2513 ff.
- prozessuales Vorgehen 1946

Gesamtsicherungshypothek 243

Geschäftsführung ohne Auftrag 2409 ff.
- die Sonderregelung des § 2 Abs. 8 VOB/B 2412 ff.
- Nichtigkeit des Bau- und Architektenvertrages 2411
- Rechtsprechungsübersicht 2414

Geschäftsgrundlage, siehe Wegfall der G.

Geschäftspläne 408 ff., 569

Gewährleistung (Mängelrechte)
- vor Abnahme 2069
- Arten der Gewährleistungsansprüche 2175 ff.
- Drittschadensliquidation 2221
- Entbehrlichkeit der Fristsetzung 2182
- Haupt- und Hilfsantrag 2180
- ius variandi 2177 ff.
- Mängelrechte nach VOB/B 2225 ff.
- Minderung 2192 ff.
  - nach VOB/B 2233 ff.
- notwendiger Vortrag 1979 ff., 2181 ff.
- prozessuale Geltendmachung 2180
- Rücktritt 2185 ff.
- Schadensersatz nach VOB/B 2242 ff.
- Verhältnis der Gewährleistungsansprüche zueinander 1940, 2177 ff.
- Verhältnis der Mängelrechte zueinander 2227 ff.
- vor Abnahme (VOB/B) 2137 ff.
- Wandelung (§ 634 BGB a.F.) 2185 ff.

Gewährleistungsanspruch
- Gemeinschaftsbezogenheit 474, 488
- Schwarzarbeit 1958 ff.

Gewährleistungsbürgschaft

Gewährleistungsbürgschaft 1643 ff.
– und konkrete Mängelrüge 1661
– Verjährung 1653
Gewillkürte Prozessstandschaft
– bei Gemeinschaftseigentum 513
– des Subunternehmers 1314
Giebelmauer 2634
Glaubhaftmachung
– Arrest 390
– bei Beweissicherungsverfahren 68 ff.
– bei einstweiligen Verfügungen 379 ff.
– bei einstweiliger Verfügung auf Eintragung einer Vormerkung (BSH) 271 ff.
Gleitklausel
– Umsatzsteuer 1683
Globalpauschalvertrag 1525
GMP-Vertrag 1562
Grenzüberschreitende Bautätigkeit 424
Grobschätzung
– der Baukosten durch A 628, 982 a
Grundlagenermittlung 677
Grundleistungen
– als Einzelleistungen 1047
Grundwasserverhältnisse 1996
GRW 1995, 661
Güteverfahren 2898
Gutachten
– Aufwendungen einer Partei 180
– Erläuterungen des Gutachtens 85, 3127 ff.
– gerichtliches Sachverständigengutachten 3106 ff.
– mündliche Anhörung des Gutachters 3127 ff.
– Obergutachten 3131
– Privatgutachten 148 ff.
– Regeln für den Aufbau 3116 ff.
– schriftliche Gutachten im selbstständigen Beweisverfahren 84
– Verwertung des Gutachtens 3123 ff.
Gutachtenverfahren 762
Gutachterkosten, *s. auch Entschädigung*
– bei Nachbesserungsanspruch 2096
– Kostenvorschuss 2114
Gütestelle 526

Haftpflichtversicherung des A
– Deckungsausschlusstatbestände 2029d
– Deckungseinschränkungen 2029c
Haftungsausschluss
– gesamtschuldnerische Haftung 2513 ff.
– Verkehrssicherungspflicht 2360
Haftungsbegünstigung
– und Gesamtschuldnerausgleich 2513 ff.
Haftungsbeschränkungen 2651 ff.
– Abänderung der Beweislast 2730 ff.
– bei Verschulden 2729
– Beschränkung auf Nacherfüllung 2713 ff.
– Beschränkung auf unmittelbaren Schaden 2732
– der Höhe nach 2721 ff.
– Subsidiaritätsklausel 2730 ff.
– vollständiger Haftungsausschluss 2694 ff.
– zeitliche Begrenzung 2727 ff.
Haftungsfreizeichnungen 2651 ff., *s. auch Haftungsbeschränkungen*
Handelsbrauch
– Mehrwertsteuer 1679
– Sicherheitsleistung 1624
– Skontoabzug 1681
– VOB-Geltung 1239
Handelsgeschäft
– und Abtretungsverbot 1287
– Zuständigkeit 412 ff.
Handelsrechtsreformgesetz 414
Handwerkerliste
– Dritthaftungsklausel 2611
Handwerkliche Selbstständigkeiten
– Objektüberwachung des A 2015
Handwerksrolle 1302, 2799
Hartlöten 2032
Hauptunternehmer 1314
Hausanschlusskosten 1533
Hausbausatzvertrag 1230, 1956
Hausbauverordnung 1614
Haustürgeschäft 415
Hausverwalter
– Vertretungsmacht 1289
Hemmung der Verjährung 2887 ff.
– Anlageschäden 103
– bei Abtretung 106
– bei Wohnungseigentum 107
– durch Güteverfahren 526
– durch selbstständiges Beweisverfahren 100 ff.
– neue Mängel 102
– Symptomtheorie 54, 101
– unzulässiger Antrag 104
Herausgabepflicht von Planunterlagen
– Leistungsverweigerungsrecht 3002
– Urheberrecht 2449
Herstellerrichtlinien
– Missachtung 2030, 2248
Herstellungsanspruch 2066 ff.
Hilfswiderklage 3051
Hinterlegung
– des Werklohns bei Zwangsvollstreckung 3199
– des Zuschusses 3203
Hinterlegungsvorbehalt
– Bankbürgschaft 1641
Hinweis (richterlicher) 580 ff.
– Baumangel 1981
Hinweisbeschluss 584, 3064

Hinweispflichten 2274
- des A 766, 1990
- des BU 1421, 2037 ff.
- des Nachunternehmers 2047
- des Treuhänders 2061 ff.
- Rechtsprechungsübersicht 2054, 2274
- und SchRModG 2037

HOAI
- anrechenbare Kosten 915
- Anwendungsbereich 603 ff.
- Ausführungsplanung 677
- Bewertungsschema 908
- bezifferbares Honorar 745
- billiges Ermessen 829
- Entwurfsplanung 687, 880
- Genehmigungsplanung 677, 880
- Grundlagenermittlung 677, 880
- Höchstsätze 727, 775
- Honorarvereinbarung „bei Auftragserteilung" 795
- Honorarzone 906 ff.
- Kostenberechnung 974 ff.
- Kostenermittlungsarten 975 ff.
- Kostenschätzung 976
- Leistungsphasen 838 ff.
- Mindestsätze 727, 735, 739, 751
- Objektbetreuung 2869 f.
- Objektüberwachung 1925 f.
- Schriftform 788 ff.
- Splittingtabellen 878
- Teilleistungen 1044 ff.
- Überschreitung der Höchstsätze 775
- unbestimmtes Honorar 745
- Unterschreitung der Mindestsätze 727
- Vorplanung 677, 841
- Zeithonorar 1081

Höchstpreischarakter
- der HOAI 775

Höchstsätze 775 ff.
- Abänderung der Vereinbarung 809, 813
- Beweislast bei Überschreitung 785

Honorareinzugsstelle 602
- Abtretung der Honorarforderung 602

Honorarklage des A 600 ff.
- Abrechnung nach HOAI 905 ff.
- Abschlagszahlung 1208
- Abstimmung mit BH 880
- anrechenbare Kosten 915 ff.
- Architektenbindung 696
- Architektenvertrag, Rechtsnatur 674 ff.
- Auftragsumfang 834 ff.
- Bedingung 811
- bei Kündigung 1120 ff.
- bei Kündigung aus wichtigem Grund 1142 ff.
- Besondere Leistungen 1070
- Bindung an die Schlussrechnung 885 ff.
- Boni 982b
- Eigenleistungen des BH 982b
- Fälligkeit des Honorars 1164 ff.
- Gerichtsstand 420
- Grundlagen 600 ff.
- HOAI als „übliche" Vergütung 820 ff.
- Höchstbetrag 819
- Höchstsätze 775 ff.
- Kostenschätzung 976
- Mehrwertsteuer 1110 ff.
- Mengenrabatte 982b
- Mindestsätze 734 ff.
- Nebenkosten 1106
- Pauschalhonorar 1087 ff.
- prüffähige Schlussrechnung 1173 ff.
- Schlüssigkeit 600
- Schriftform 788 ff.
- Steinfort-Tabelle 865
- Teilklage und Aufrechnung 3039
- Teilleistungen 1044 ff.
- Teilzahlung 1208 ff.
- übliche Vergütung 820 ff.
- Umfang des Honorars 831 ff.
- unverbindliche Vorschläge 643
- unvollständig erbrachte Teilleistungen 861 ff.
- Urheberrecht 1072
- Vertragsabschluss 624 ff.
- Vorarbeiten 652
- Wirksamkeit des Vertrages 681
- Zeithonorar 819, 1081
- zeitliche Abstimmung der Leistungsphasen 880 ff.
- Zeitpunkt 1143
- Zinsen 1116 ff.

Honorarklage des Projektsteuerers 1924 ff.
- HOAI 1897 ff.
- Honorar 1935 ff.
- Leistungen 1925 ff.

Honorarklage des SF 1890 ff.
- Akquisitionstätigkeit 1894
- Fälligkeit des Honorars 1923
- Grundlagen 1891 ff.
- Herstellungssumme 1910 ff.
- Teilklage und Aufrechnung 3039
- Teilleistungen 1897
- Tragwerksplaner 1910 ff.
- Umfang des Honorars 1904

Honorarschlussrechnung
- Bindung 885 ff.
- Prüffähigkeit 1174

Honorarvereinbarung des A, *s. auch Honorarklage des A* 701 ff. und des SF 1402 ff.
- Schriftform 788
- stufenweise Beauftragung 802
- Zeitpunkt 795 ff.

Honorarverzicht 812

Honorarzone

Honorarzone 906 ff.
Hypothekenklage 291

Ideenwettbewerb 661, 760
Identität
– von Auftraggeber und Grundstückseigentümer bei BSH 257 ff.
Individualvereinbarung
– Abtretung von Gewährleistungsansprüchen 2705 ff.
– Begriff 2655 ff.
Ingebrauchnahme
– Abnahme 1823 ff., 1826
Ingenieurvermessung 1999
Inhaltskontrolle
– isolierte I. der VOB-Vorschriften 1242, 1263 ff.
– Notarverträge 2571, 2588
Innenarchitekt
– Sicherungshypothek 214
Innengesellschaft
– Bauherrenmodell 1372
Insolvenz, s. *Konkurs*
– Anspruch des BH 1308 ff.
– Bauhandwerkersicherungshypothek 184
– Schadensersatzanspruch 1311
– und Bauvertrag 1308
Internationale Architektenverträge 621
Internationale Zuständigkeit 424
– Rom I-VO; Rom II-VO 424
Investorenwettbewerb
– Akquisition des Architekten 628
Irrtum
– Eintragung in Handwerksrolle 2799
– über Architekteneigenschaft 2798
Istbeschaffenheit 1960

Jus variandi 2177
Justizmodernisierungsgesetz 569
Justizvergütungs- und -entschädigungsgesetz (JVEG) 155, 3169 ff.

Kalkulationsgrundsätze 1415
Kalkulationsirrtum 1415, 1541, 2812
– Anfechtung 2811
– beim Pauschalpreisvertrag 1541 ff.
– Doppelirrtum 2813
– fehlerhaftes Leistungsverzeichnis 1415
– Hinweispflicht 1416
– Störung der Geschäftsgrundlage 2812 ff.
Kammer für Handelssachen 412 ff.
Kaufleute
– Abänderung der Beweislast 2731
– AGB-Gesetz 2690 ff.
– Beschränkung auf Nacherfüllung 2718
– Bestätigungsschreiben 788
– Gerichtsstand 414 ff.
– Subsidiaritätsklausel 2735
– unmittelbarer Schaden 2732
Kerndämmung 1973
Kippgebühren
– Nebenleistung 1448
Klage auf Mängelbeseitigung 1940 ff.
– gegen Betreuungsunternehmen 1952 ff.
– Substantiierung 1979 ff.
Klageänderung
– bei Übergang von einem zum anderen Gewährleistungsrecht 2178, 2231 ff.
Klagebefugnis
– Eigentümergemeinschaft 473 ff.
Kommunikationspflicht 2960
Kompensationsabrede
– HOAI 618
Komplettheitsklausel 1011, 1520 ff., 1536
Konfusion
– Gesamtschuldverhältnis 2508
Konkludente Abnahme 1823, 1857
Konstruktionsfehler
– als Planungsfehler 1994
Kontaminationsrisiko 1420, 2031
Kooperationspflicht der Baubeteiligten 2189, 2960
Koordinierungs- und Einarbeitungsaufwand
– Honorar des A 1047
Koordinierungsmängel 2008 ff., 2051
Koppelungsverbot 696 ff., s. *Architektenbindung*
Kosten
– Abnahme 1802
– der Nachbesserung 2155, 2421 ff.
– der Nacherfüllung
– der Zwangsvollstreckung 3252
  – Architektenhonorare 3252
  – Finanzierungskosten 3252
  – Kostenvorschussanspruch (§ 887 Abs. 2 ZPO) 3247
– Kostenvorschuss 2114
– Mängelbeseitigung 2195
– Privatgutachten 154, 158
– Schiedsgutachten 546
– Schutzschrift 346
– selbstständiges Beweisverfahren 123 ff.
– Sicherungshypothek 302
– Teilnachbesserung 440
– Überschreitung 2295 ff.
– und Kündigung 1743
Kostenanschlag
– Bauvertrag 1743 ff.
Kostenberechnung
– HOAI 2009, 974 ff.
Kosteneinschätzung des A 1159b
Kostenentscheidung
– Bauhandwerkersicherungshypothek 302

2054

Leistungsverweigerungsrecht

- Schutzschrift 346
- selbstständiges Beweisverfahren 123 ff.

Kostenermittlung des A 915 ff., 2280

Kostenermittlungsverfahren 975 ff.

Kostenerstattung (selbst. Beweisverfahren)
- bei Klageabweisung 124
- Gerichts- und Anwaltskosten 140 ff.
- Identität 123, 125, 133
- isolierte Kostenentscheidung 134 ff.
- Kostenfestsetzungsverfahren 124
- Kostenquote im Urteil 126
- materiell-rechtlicher Erstattungsanspruch 136 ff.
- Streithelfer 138 ff.

Kostenerstattung (Privatgutachten) 158 ff.

Kostenerstattungsanspruch (§ 637 Abs. 1 BGB)
- u. Vorteilsausgleichung 2111

Kostenfestsetzungsverfahren 166
- Privatgutachten 166
- selbstständiges Beweisverfahren 124

Kostenfeststellung 978 a

Kostenfreie Architektentätigkeit 642

Kostenhöchstgrenze 2295 ff.

Kostenkontrolle 2290

Kostenobergrenze 2297

Kostenpauschalquantum 229

Kostenprognose
- anrechenbare Kosten 978

Kostenrisiko
- anrechenbare Kosten 978

Kostenschätzung 976

Kostenvoranschlag
- als Vorarbeiten des BU 1381 ff.
- Überschreitung, Kündigung 1743 ff.

Kostenvorschussanspruch (Mängel), s. Vorschussanspruch

Kostenvorschussanspruch (§ 887 Abs. 2 ZPO) 2114
- Einwand der Erfüllung 3249
- Gutachten 3248
- Höhe 3248
- Kostenanschläge 3248
- Sachverständigengutachten 3248

Kostenwiderspruch 301 ff.

Kostenzuschuss
- bei Nacherfüllung/Mitverschulden 2924

Kulanz
- u. Haftung 2076

Kumulierungsverbot
- Vertragsstrafe 2583

Kündigung
- Abnahme 1734
- Abrechnung des Pauschalvertrages 1559
- anderweitiger Erwerb des A 1120 ff.
- anderweitiger Erwerb des BU 1724
- Auftragsentziehung (VOB/B) 2144 ff.
- außerordentliches Kündigungsrecht 1752
- besonderes Kündigungsrecht (§ 650 BGB) 1743
- des Architektenvertrages 1120 ff.
- des Bauvertrages 1720 ff.
- Ersatzauftrag 1121
- ersparte Aufwendungen des A 1122 ff.
- ersparte Aufwendungen des BU 1724 ff.
- freies Kündigungsrecht 1720
- pauschalierte Vergütung 1740
- Schiedsvertrag 533
- Teilkündigung
  - beim Architektenvertrag 1119
  - beim Bauvertrag 1717
- Umsatzsteuer bei nicht erbrachten Architektenleistungen 1161
- verzögerte Bauausführung 2327
- wichtiger Grund zur Kündigung
- Architektenvertrag 1150 ff.
- Unternehmervertrag 1757, 1774

künstlerische Oberleitung 1008, 2027
- HOAI 2009, 1008

Lebensgemeinschaft
- und Ausgleichsansprüche 2415

Leiharbeitsverhältnis 1331

Leistung nach Empfang der Gegenleistung 3214

Leistungen ohne Auftrag 1490

Leistungsänderungen 1456 ff.

Leistungsbeschreibung
- funktionale 1527
- unvollständige 1417, 1525, 2391

Leistungsgefahr 1810

Leistungsklage
- im Verhältnis zur Feststellungsklage 433 ff.
- unbezifferte Leistungsklage 449 ff.

Leistungsphasen 861 ff.
- zeitliche Abwicklung 880 ff.

Leistungsverweigerungsrecht 2999 ff.
- Abschlagszahlungen 1605, 3015
- AGB-Recht (§ 309 Nr. 2a BGB) 3009
- bei abgetretenen Mängelrechten 3018 ff.
- bei Annahmeverzug 3008
- bei Vorschuss 2135
- des Architekten an Bauunterlagen/Plänen 3002
- Dritthaftungsklausel 2018 ff.
- Druckzuschlag 3003 ff.
- Einschränkung bei Gemeinschaftseigentum 480
- Gemeinschaftseigentum 481 ff., 3001
- Miteigentumsquote 482
- Mithaftungsquote 482
- Nachträge 2999
- Rechtsmissbrauch 3006
- Sicherheitseinbehalt 3007

Leistungsverzeichnis

- Sondereigentum 480
- Sowiesokosten 3017
- Subsidiaritätsklauseln 3020
- Umfang 3003 ff.
- und Sicherheitsleistung 1633
- Unsicherheitseinrede (§ 321 BGB n.F.) 3021
- u. Verjährung 2999
- Wirkungen des Leistungsverweigerungsrechts 3011 ff.
- Zug-um-Zug-Verurteilung 3014
- Zurückbehaltungsrecht 2978 ff.

Leistungsverzeichnis
- als Vorarbeit 1381
- fehlerhaft 1417 ff.
- Widerspruch zur Bauzeichnung 1283 ff.

Lieferanten
- Bauhandwerkersicherungshypothek 19

Lizenzgebühr
- Urheberrecht des A 2473

Lohn- und Stoffpreisgleitklauseln 1400, 1510, 1523

Löschung der Vormerkung 292

Lücken
- Ausfüllung in Formularverträgen 2667

Lückenhaftes Leistungsverzeichnis 1417

Luftschallschutz 1972

§ 7-MaBV-Bürgschaft 1651
Machbarkeitsstudie 841
Makler- und Bauträgerverordnung 1373
- Zahlungsweise 1615

Malusregelung
- Honorar des Architekten 742

Mangel, s. Baumangel

Mängel der Sonderfachleute 2055 ff.
- Abgrenzung von Haftung des A 2055 ff.
- Prüfungspflichten 2058
- Rechtsprechungsübersicht 2058

Mängel des Architektenwerks 1938 ff.
- Koordinierungsmangel 2008 ff., 2018
- mangelhafte Objektüberwachung/Bauüberwachung 2011 ff.
- Planungsfehler 1985 ff.
- Rechnungsprüfung 2026
- Rechtsprechungsübersichten 1996, 1998, 2017, 2019
- Risikoübernahme 1991
- und SchRModG 1938 ff.

Mängel des Projektsteuerers 2062 ff.
Mängel des Treuhänderwerks 2060 ff.
Mängel des Unternehmerwerks 2030 ff.
- Anordnungen des BH 2035
- Beweislast 2033
- Hinweispflicht 2035, 2037 ff.
- Mangelbegriff 2030 ff.
- Nachtragsangebot 2038
- Prüfungs- u. Anzeigepflicht 2037 ff.
- Rechtsprechungsübersicht 2032, 2054

Mängelansprüche
- Anlagenbau 1951
- Baubetreuungsunternehmen 1952
- Bauträger 464, 1953 ff.
- gegen Baustofflieferanten 1951

Mängelanzeige 2176
- und vertraglich vereinbarte Verjährungsfrist 2916

Mängelbeseitigung
- Kostentragung 1046
- nach Auftragsentziehung 2148
- und Kulanz 2076
- und Vergleich 2081

Mängelbeseitigungsanspruch
- Verlust 2070

Mängelbeseitigungsklage 1940 ff., 2065 ff.
- alternative Schuldnerschaft 1947
- Baustellenverbot 2071
- Begriffsbestimmungen 2066 ff.
- Ersatzvornahmerecht 2071
- bei Schwarzarbeit 1958 ff.
- gegen den A 2162 ff.
- Gewährleistungsverpflichtete; Rechtsnatur der Verträge 1951 ff.
- Kosten 2095
- Kulanzangebot des U 2074
- Mängelbeseitigungsrecht des U 2072
- Mitverschulden/Sowiesokosten 2088 ff.
- Nachbesserungsklage 2077 ff., 2137 ff.
- Sachmangel 1960
- Sanierungsvereinbarung 2075
- Schadensberechnung u. § 635 Abs. 3 BGB 2104
- und Abnahme 2077
- und allgemeines Leistungsstörungsrecht 2069
- verweigerte Nacherfüllung 2100 ff.

Mängelbeseitigungskosten
- Beweissicherungsverfahren 23 ff.
- Kostentragungspflicht 1306, 1398
- Kosten von Vor- u. Nebenarbeiten 2095
- Leistungsverweigerungsrecht 1605
- und entgeltlicher Reparaturauftrag 2074

Mängelfolgeschäden 2252 ff., 2273 ff.
- bei VOB-Vertrag 2256

Mängelkenntnis
- Vorbehalt bei Abnahme 2737

Mängelrechte 2175 ff., 2225 ff., s. Gewährleistung
- Arten der Gewährleistungsansprüche (VOB/B) 2225 ff.
- vor Abnahme 2069

Materialpreisgleitklausel 1510
Mediation 528
Mehrere Gebäude 1002

Mehrfachbeauftragung
– Gutachtenverfahren 762
Mehrfachleistungen des A 1024
Mehrleistungen
– Architekt, allgemein 999, 1012 ff.
– beim Einheitspreisvertrag 1450 ff., 1501 ff., 2976
– beim Pauschalhonorar 1095
– beim Pauschalpreisvertrag 1521 ff., 2964
– des A bei verlängerter Bauzeit 1030
– Leistungsänderungen 1450
– Planungsänderung 1014
Mehrwertsteuer, *s. Umsatzsteuer*
Mengenabweichungen
– beim Einheitspreisvertrag 1501, 2976
– beim Pauschalpreisvertrag 1521, 2964
Mengenberechnungen
– als Vorarbeit 1381
Mengenrabatt 982b
Merkantiler Minderwert 2194, 2249
Mietausfall 2253
– bei VOB-Vertrag 2258
Mieter 2642 ff.
– Duldungsklage des BH 2642 ff., 2650
– Klageantrag 2647
– Rechtsprechungsbeispiele 2648
Mietverhältnis 2415
Minderflächen 2192
Minderleistungen
– beim Einheitspreisvertrag 1501 ff.
– beim Pauschalpreisvertrag 1521 ff.
– und Werklohn 1450
Minderung 2192 ff., 2233 ff.
– Bauhandwerkersicherungshypothek 234
– bei mangelhaftem Architektenwerk 2196 ff.
– bei teilweiser Behebung des Mangels 2233 ff.
– bei zu geringer Wohnfläche 2192, 2241
– beim Architektenwerk 2197
– Berechnung 2193, 2195, 2241
– Gemeinschaftseigentum 487
– Höhe der Minderung 2194
– Minderungsklage 2192 ff., 2233 ff.
– Schätzung (§ 287 ZPO) 2197, 3154
– SchRModG 2233 ff.
– und Mängelbeseitigungskosten 2194 ff.
– Unmöglichkeit (VOB) 2233 ff.
– Unterschied zur Aufrechnung 2198
– Unverhältnismäßigkeit 2237
– VOB (§ 13 Abs. 6) 2233 ff.
– Vorteilsausgleichung 2200, 2946
– Zeitpunkt der Berechnung 2193
Minderwert
– technischer und merkantiler 2194, 2249
Mindestsätze 734 ff.
– Verstoß gegen Mindestsätze 727

Mindestschaden
– Haftungsbeschränkung 2725
Miturheber 2443, 2468
Mitverschulden 2922 ff.
– bei Ausgleichsklage 2475, 2500
– bei Vertrag mit Schutzwirkungen zu Gunsten Dritter 2263
– Beweislast 2929
– des Bauherrn 2088
– Dritter 2933 ff.
– Einzelfälle 2945
– Erfüllungsgehilfe 2936
– Grundurteil 2930
– Haftung des BU 2940
– Nacherfüllung 2924
– Rechtsprechungsübersicht 2945
– Statiker 2941
– Subunternehmer 2937
– Verschulden des A 2936
– Zug-um-Zug-Verurteilung 2926
Mitwirkungshandlungen des Auftraggebers
– Kündigung 1769 ff.
Mitwirkungspflicht
– des A bei Nachbesserung 2173 ff.
– des A bei Nacherfüllung 2099
– des BH 1769, 2329
  – behördliche Genehmigungen 3233
  – Bereitstellen von Bauplänen 3232
  – doppelte Zug-um-Zug-Verurteilung 3235
  – Terminabsprachen 3231
  – und Verfahren nach § 887 Abs. 1 ZPO 3229 ff.
  – Vorarbeiten 3234
– Entschädigungsanspruch des BU 2329
– im selbstständigen Beweisverfahren 86 ff., 353
– Kündigung 1769, 2329
– Schiedsgutachtenvertrag 541
Modernisierung 2645
Montagebau 1229
Mündliche Verhandlung 568 ff.
– Anwendung des § 273 ZPO 580 ff.
– Auflagen an Parteien 578 ff.
– Beiakten 578
– Berufung 593 ff.
– Darlegungslast 572
– Dokumentation 583
– Einwendungen 572 ff.
– Erörterungstermin 586
– Güteverhandlung 570, 577, 585
– Herausgabe von Urkunden durch Dritte 575
– Hinweis an Parteien 578
– Hinweisbeschluss 580
– Prozessverschleppung 588 ff.
– richterliche Maßnahmen 577 ff.

Muster

- Sinn und Ziel nach ZPO-Reform 2002, 568 ff.
- Vergleichsgespräch 586
- verspätetes Vorbringen 588 ff.
- Vorbereitung durch die Parteien 571 ff.
  - Darstellung der Einwendungen 574
  - Ortsbesichtigung durch Rechtsanwalt 576
  - Vorlage von Urkunden 575
- Vorterminlicher Beweisbeschluss 570

Muster
- Beweissicherungsverfahren 70, 78

Musterprozessklausel 1372

Musterstücke
- als Nebenleistung 1448

Nachahmungsfreiheit
- Urheberrecht 2435 ff.

Nachbarklage 2597 ff.
- Abwehransprüche 2598
- Anscheinsbeweis 2598
- Anspruchsgegner 2610
- Anspruchsgrundlagen 2598
- Ausgleichanspruch 2598, 2601
- Baugrundrisiko 2613 ff.
- behördliches Einschreiten 2598
- Beseitigungsanspruch 2599, 2605, 2618, 2637
- Bodenerhöhung 2616
- die Vorschrift des § 830 Abs. 1 Satz 2, 2629
- DIN 4123 2624
- Entschädigungsanspruch (§ 906 Abs. 2 Satz 2 BGB) 2606 ff., 2621
- Grenz- und Richtwerte 2603
- Immissionen (§ 906 BGB) 2602 ff.
- öffentlich-rechtlicher Abwehranspruch 401
- Schadensersatzanspruch aus § 823 BGB 2600
- Schutzgesetz 2600, 2606, 2618
- Sportlärm 2602 ff.
- Störer 2599, 2606, 2620
- Überbau (§§ 912 ff. BGB) 2632 ff.
- Überprüfungspflichten 2625
- Unterlassungsanspruch (§ 1004 BGB) 2599
- Verjährung 2598
- Verkehrssicherungspflicht 2600, 2626
- Verschulden 2621 ff.
- Vertiefung (§ 909 BGB) 2607, 2613 ff.
- Verwirkung 2598, 2602
- Zurechnung (§§ 278, 831 BGB) 2625

Nachbarschaftshilfe
- und Werklohn 1379

Nachbau
- Urheberrecht und Honorar 2452

Nacherfüllung
- Anspruch auf Sanierungsplanung 2072
- Art der Nachbesserung 2077 ff.
- nach BGB 2077 ff.
- Fehlschlagen der N. 2717 ff.
- Gemeinschaftseigentum 478 ff.
- Kosten , 2095 ff.
- Nacherfüllungsklage (VOB) 2137 ff.
- Neuherstellung 2079 ff.
- Prima-facie-Beweis 2084
- Rücktrittsrecht 2104
- Sowieso-Kosten 2089
- Umfang 2091 ff.
- Unmöglichkeit (§ 275 Abs. 1 BGB) 2082
- untaugliche 2091
- unverhältnismäßiger Aufwand 2082, 2085–2087, 2100 ff.
- Unzumutbarkeit 2080, 2240
- Verlust des Anspruchs 2070
- Vorteilsausgleichung 2946
- Wahlrecht des BU 2072
- Zahl der Nacherfüllungsversuche 2104

Nacherfüllung (Klage) 2137 ff.
- des BH gegen den A 2162 ff.
- des BH gegen den BU 2137 ff., 2150 ff.
- Eigennachbesserung 2154
- Ersatzvornahme 2106 ff.
- u. Grundstücksveräußerung 2074
- Kosten 2095 ff.
- Kostenerstattungsanspruch 2106, 2154
- Mitverschulden (Zuschusspflicht) 2088 ff.
- Mitwirkung des A bei Nachbesserung 2173 ff.
- nach VOB/B 2137 ff.
- Nacherfüllungsrecht des A 2169 ff.
- Nacherfüllungsrecht des BU 2100
- Neuherstellung 2085–2087, 2138
- Prima-facie-Beweis 2084
- Tenor des Urteils 2094
- Umfang 2091 ff.
- u. Schadensersatz wegen Nichterfüllung 2229
- Unmöglichkeit (§ 275 Abs. 1 BGB) 2082
- Verdienstausfall 2096
- Vergütungen 2096 ff.
- verweigerte Nacherfüllung („unverhältnismäßiger Aufwand") 2100 ff.
- Vorschussanspruch 2114 ff.
- vorweggenommener Mängelbeseitigungsanspruch (VOB) 2137
- Wahlrecht des BU 2085–2087

Nacherfüllungsrecht des A 2169 ff.
- Erlöschen des Anspruchs 2172

Nachfolgearbeiten 2050 ff.

Nachfristsetzung
- Entbehrlichkeit 2182

Nachkalkulation 1555

Nachlass
- Architektenhonorar 898
- bei Nachträgen 1411

– Werklohn 1480, 1504
Nachprüfungsverfahren
– Verzögerung/Mehrvergütung 2329
Nachschusspflicht (§ 887 Abs. 2 ZPO) 3249
Nachträge 1411
– Architektenhonorar 1010
– Bearbeitungskosten 1471
– Doppelbeauftragung 1396
– Preisnachlass 1471
Nachtragsangebot
– Prüfung durch A 1010
Nachtragsbearbeitung
– Kosten 1471, 2339
Nachunternehmer
– und Gesamtschuld 2048
– und Hinweispflicht 2047 ff.
Naturschutz 2605
Nebenangebot 1452
Nebenarbeiten
– Erbringung bei Vollstreckung 3204
Nebenkosten des A 1106 ff., 1218
Nebenleistungen des BU 1444 ff.
Nebenpflichtverletzungen i.S. von §§ 280 Abs. 1, 241 Abs. 2 BGB 2273 ff.
– und Anspruch aus § 4 Abs. 7 Satz 2 VOB/B 2230
– aufgedrängte Bereicherung 3052 ff.
– Bausummenüberschreitung 2278 ff.
– Schutz- u. Rücksichtnahmepflicht 2274 ff.
Nebenunternehmer 1328
Negative Feststellungsklage 457
– Feststellungsinteresse 458
– Rechtskraft 460 ff.
Negatives Vertrauensinteresse 2406
Neuerrichtetes Bauwerk 1954
Neuherstellung
– Anspruch des BH gegen den A 2165 ff.
– Anspruch des BH gegen den BU 2066
– bis zur Abnahme 2079
– nach Abnahme 2085–2087, 2155
– und Vorbehalt bei Abnahme 2737
– und Vorschuss 2118
– VOB-Vertrag 2067
Nichteheliche Lebensgemeinschaft
– Ausgleichsansprüche
– bei Trennung 2433
Nichtigkeit
– Architektenvertrag 681
– Bauvertrag 1296 ff.
– und Treu und Glauben 1301
Nicht-Planung
– Planungsfehler 2936
Non Liquet 563, 3158
Notarielle Verträge
– Inhaltskontrolle 2674 ff., 2676 ff.
– und AGB-Gesetz 2672

Notwendige Streitgenossenschaft
– Schiedsvertrag 524
Null-Mengen
– Werklohn 1502
Nutzungsausfall 2219
Nutzungsausfallentschädigung 2186
Nutzungsrecht des Bauherrn
– Urheberrecht 2446

Obergrenze
– Baukosten 2286
– Honorar des A 980b
Obergutachten 3131
Oberleitung (künstlerische) 1008, 2027
Objekt
– i.S.d. HOAI 915
Objektüberwachung 2011 ff.
– Erfüllungsgehilfe 2013
– Rechtsprechungsübersicht 2015, 2017, 2019
– Umfang 1013 ff., 2023
– und Sonderfachmann 2020 ff.
Obliegenheitsverletzung (siehe auch Mitwirkungspflicht)
– durch AG 2329, 2498
Offenkundigkeit
– Behinderung 2335
Öffentliche Auftraggeber
– Gerichtsstand 416
Öffentlich-rechtlicher Vertrag 398 ff.
Öffnung von Bauteilen 91, 3143
Öffnungsklausel 1264
„Ohne-Rechnung-Abrede" 683
– Architektenvertrag 683
– Bauvertrag 1300
– u. Treu und Glauben 1959
„Open books"-Regelung
– GMP-Vertrag 1563
Optionsvertrag 650, 803
Optischer Mangel 2031
Organisationsverschulden 2800 ff.
– Darlegungs- u. Beweislast 2804
– Dokumentation 2803
– Indizwirkung des Mangels 2804
– Instanzgerichte (Rechtsprechung) 2805
– Qualitätssicherung 2803
– Rechtsprechungsübersicht 2808
– Sekundärhaftung des A 2801
Örtliche Zuständigkeit 414 ff.
– allgemeiner Gerichtsstand 417
– Gerichtsstandsvereinbarungen 414 ff.
– Gewährleistungsansprüche 418 ff.
– Honorarklage des A 420
Ortsbesichtigung 3098 ff.
– selbstständiges Beweisverfahren 83, 93, 120
– und Privatgutachter 3100
– der Richter vor Ort 3098

Ortstermin

Ortstermin 85, 585
- Teilnahmerecht 3101, 3114

Paketanbieter 618
Parteifähigkeit
- der ARGE 413
- Eigentümergemeinschaft 471, 518

Passivlegitimation 1289 ff.
- und Sonderwünsche beim Bauträgererwerb 1295
- unternehmensbezogene Geschäfte 1289
- Werklohnanspruch 1289

Pauschalbetrag
- Schlüsselfertigkeit 1533
- Teilkündigung 1528

Pauschalhonorar
- des A 1087 ff.
- Erfolgshonorar 1104
- Überschreitungen 1088 ff.
- und Schlussrechnung 1201

Pauschalierter Schadensersatz 1740
- und Vertragsstrafe 2555

Pauschalierte Vergütung 1740
Pauschalpreisvertrag 1514 ff.
- Detail-Pauschalvertrag 1528
- Global-Pauschalvertrag 1525
- Mengenabweichungen 1521 ff.
- Mischformen 1530
- Preis- und Lohnsteigerungen 2975

Pay-when-paid-Klausel 1413
Pflichtverletzung 2215 ff., 2275 ff.
- Beweislast 3080
- Nebenpflichten 2275 ff.
- Obhuts- und Fürsorgepflichten 2277
- Schutzpflichten 2277

Photovoltaikanlage
- Bauhandwerkersicherungshypothek 200

Planung
- auf eigenes Risiko des Bauherrn 628, 1993
- Ermessen des Architekten 1487

Planungsermessen 1487
- Architekt 1999

Planungsmängel 1985 ff.
- Aufklärungs- und Hinweispflichten 1992
- Bauvoranfrage 1991
- Begriff 1989
- bei stufenweiser Beauftragung des A 2002
- Beispiele 1996
- Brauchbarkeit von Plänen 2001
- Detailplanung 1990, 2001
- DIN-Normen 2000
- Einschaltung eines SF 2004
- fehlerhafte Konstruktion 1994
- genehmigungsfähige Planung 1991
- Gesamtschuldverhältnis 2486 ff.
- Koordinierungsmängel 2008 ff.

- Rechtsprechungsübersichten 1996, 1998, 2019
- Risikoübernahme 1991
- und Abtretung von Gewährleistungsansprüchen 2705
- und Hinweispflicht 1990
- Unterlassung einer Planung 2004
- Versagung der Baugenehmigung 1991, 2000

Planungsrisiko 1991
Planungsüberlegungen
- als Architektenleistungen 665

Planungsunterlagen
- Herausgabepflicht bei Verbraucherbauvertrag 1226e

Preisabsprache 1379
Preisanpassungsklausel 1400
- Festpreis 1440

Preisausschreiben
- Architektenwettbewerb 661, 760

Preisklauseln 1400
Preisnachlass
- bei Nachträgen 1484

Preisnebenabreden 1400
Preisrecht
- HOAI 600

Preisträger
- Architektenwettbewerb 661 ff., 760

Prima-facie-Beweis
- bei Kosten der Nacherfüllung 2098
- bei Vorhandensein eines Mangels 2084, 2151

Privates Baurecht 397 ff.
Privatgutachten 148 ff.
- als Beweismittel 3066, 3105, 3133
- (gestiegene) Bedeutung 148
- als Sachvortrag 151
- Anwendungsbereich 148 ff.
- Aufgabenstellung 153
- Aufwendungen der Partei 181
- Erstattung durch A 157
- Fertigstellungsbescheinigung 149
- Gefälligkeitsgutachten 153
- Honorierung des Architekten 157
- im einstweiligen Verfügungsverfahren 379
- Kostenerstattung 158 ff.
  - als Parteivorbringen 150 ff.
  - innerprozessuales Gutachten 174
  - und Haftpflichtversicherung 166
  - Kostenfestsetzungsverfahren 166 ff.
  - Leistungsklage 165
  - materiell-rechtlicher Kostenerstattungsanspruch 159 ff.
  - u. Rechtsschutzbedürfnis 165
  - Schadensminderungspflicht 162
  - und selbständiges Beweisverfahren 162
  - vorprozessuale Privatgutachten 167 ff.
- Qualifikation u. Lebensalter des SV 152

- Einholung eines Obergutachtens 150
- Rechtsberatung 148
- sachverständiger Zeuge 151
- Stellung des Sachverständigen 152
- Substantiierungsgutachten 172
- u. Schadensschätzung 150
- und Architekt 148
- und Waffengleichheit 169 ff., 174, 177
- Verbraucherschutz 148
- Vergütung des Gutachters 154 ff.
  - Gebührensätze des JVEG 155
- Verletzung rechtlichen Gehörs 148, 150
- Verwertung 167, 173

Privatgutachter
- Teilnahme am Ortstermin 3101

Produkthaftung 2385 ff.
- EU-Bauproduktenverordnung 2388

Projektentwicklungsgemeinschaft
- Akquisition des Architekten 628

Projektierungsunterlagen
- als Vorarbeit 1381 ff.

Projektsteuerung 1924 ff.
- Aufgabenbereich 1925
- Bauhandwerkersicherungshypothek 215
- Bonus-/Malusregelungen 1937
- Honorar 1935 ff.
- Leistungen 1925 ff.
- Mangelbegriff 2062 ff.
- Rechtsnatur des Vertrages 1929 ff.

Prorogation 414 ff.
Prozessförderungspflicht 595
Prozessführungsbefugnis
- Aktivlegitimation 471
- bei Gemeinschaftseigentum 473 ff.
- bei Mängeln am Gemeinschaftseigentum 464 ff.
- des einzelnen Miteigentümers 478 ff.
- des Verwalters 513
- Gewährleistungsansprüche 476
- Mehrheitsbeschluss 495
- Nachbesserungsansprüche 485
- und Wandelung 486

Prozessgebühr
- Schutzschrift 347

Prozesskosten, *s. auch Kosten*
- Schutzschrift 346 ff.

Prozesskostenhilfe
- selbstständiges Beweisverfahren 82, 140

Prozessstandschaft, gewillkürte 513
Prozessvergleich
- Kosten des Beweissicherungsverfahrens 127
- Kosten für ein Privatgutachten 179

Prozesszinsen 1117, 1705
- bei Vorschussanspruch 2136

Prüfbare Rechnung
- A 1173 ff.

- BH 1861 ff.

Prüfbarkeit
- Abschlagszahlung 1597
- Schlussrechnung 1861 ff.

Prüffähige Honorarschlussrechnung 1173 ff.

Prüfstatiker
- Verwaltungsrechtsweg für Honoraransprüche 403

Prüfungs- und Hinweispflicht des BU 2037 ff.
- Adressat 2047
- Anforderungen 2038 ff.
- Architekten- u. Statikerpläne 2043
- Baustoffe/Bauteile 2041
- Befreiungstatbestand 2037
- Gesamtschuldverhältnis 2048
- Grenzen 2040, 2043
- Koordinierung 2051
- Mängelbeseitigung 2049
- mitwirkendes Verschulden des BH 2046
- Nachunternehmer 2048 ff.
- Rechtsprechungsübersicht 2054
- Risikoübernahme 2042
- Schadensersatzanspruch des Auftraggebers 2049
- Überprüfung der Planungs- u. Ausführungsunterlagen 2043
- Umfang 2040 ff.
- Vorleistungen 2045

Prüfungszeit
- Abnahme 1172a, 1826
- Einwand der Prüffähigkeit der Rechnung 1874
  - Honorar des A 1183
  - Vergütung des Unternehmers 1874

Prüfvermerk
- Schlussrechnung des BU 2539 ff.
- Stundenlohn 2539

Puffer
- Zeitpuffer 2331

Qualitätscontrolling 2029
Qualitätssicherungssystem 2797
- DIN-ISO-Normen 9000 2803

Quotenmäßige Haftung 2503 ff.

Rahmenverträge mit A 611, 649, 801
Ratenzahlungsplan (MaBV) 1615 ff.
Raum- und Funktionsprogramm 2292
Raumbildender Ausbau 1002
Realisierungswettbewerb 661, 760
Rechenfehler
- Verschulden bei Vertragsabschluss 2395

Rechnung 1836
Rechnungsprüfung
- durch den A 2026

Rechtliches Gehör

Rechtliches Gehör 76
- Schiedsgericht 532
Rechtsanwaltsvergütungsgesetz (RVG)
- Selbstständiges Beweisverfahren 140 ff.
Rechtsbehelfe 95 ff.
- außerordentliche Beschwerde 97
- Gegenvorstellung 97
Rechtsberatungsmissbrauchsgesetz 681, 1296, 2420
Rechtsdienstleistungsgesetz (RDG)
- Architekt 148, 681
- Privatgutachter 148
Rechtskraft
- Feststellungsurteile 460 ff.
- negative Feststellungsklage 463
- Vorschussurteil 2128 ff.
Rechtsmangel 1962 ff.
Rechtsmissbrauch
- Bürgschaft auf erstes Anfordern 373 ff., 1660 ff.
- selbstständiges Beweisverfahren 21
Rechtsprechungsübersichten
- Anscheinsbeweis 3075
- zu Ablehnung des SV 3119 ff.
- zum arglistigen Verschweigen 2808
- Bereicherungsrecht (§ 812 ff. BGB) 2415
- c.i.c. (Fallgestaltungen) 2395
- Gemeinschaftseigentum 468
- Mängel des U 2032
- merkantiler/technischer Minderwert 2249
- Modernisierungsmaßnahmen (§ 555a ff. BGB) 2648
- Prüfungs- und Hinweispflichten 2054
- Rechtsweg 399, 403
- Schutzbereich des Werkvertrags 2270
- Sicherheitsleistungen 1656
- Sonderfachleute (Mängelhaftung) 2059
- Störung der Geschäftsgrundlage (Fallübersicht) 2977
- Treuhänder (Pflichtenkatalog) 2061
- Verkehrssicherungspflichten
  - des A 2374
  - des BH 2367
  - des U 2361
Rechtsschutzbedürfnis
- Bauhandwerkersicherungshypothek 269
Rechtsschutzinteresse
- bei Zahlungstitel für Sicherungshypothek 269 ff.
Rechtsschutzziel
- einstweilige Verfügung 378
Rechtsweg 396 ff.
- Abgrenzungsfragen 396
- internationale Zuständigkeit 424
- juristische Person des öffentlichen Rechts 397
- öffentlich-rechtliche Verträge 398 ff.

- Vermessungsingenieur 403
- Wohnungseigentum 404
Referenzobjekt 1284
Regelbauzeit
- Ansprüche des A 783, 1034 ff., 1041
- Architektenhonorar 783, 1096
- Architektenvertrag 783, 1034
- Mehraufwand 1035
- Mehraufwand Ohnehinkosten 1037
Regeln der Technik 1966 ff.
- Architektenplan 1994, 1994 ff.
- Baumangel 2030
- Baumangel nach neuem Recht 1964 ff.
- Entwurfsplanung 1994
- Zeitpunkt 1975, 2030
Regiekosten 1436, 2114
Rentenanspruch
- bei Überbau 2640
Reparaturarbeiten
- Vertrag 1304, 2075
Richterlicher Hinweis 584 ff.
Rift-Tabelle 826
Risikoübernahme 1964
Risikozuschlag 1731
Riskante Planung 1993
Rohbau
- Zeitpunkt der Fertigstellung 1619
Rohinstallation
- Zeitpunkt der Fertigstellung 1619
ROM I u. ROM II-VO 424
Rückforderung
- Vorbehalt 2429
Rückforderungsprozess
- Bürgschaft/Garantie auf erstes Anfordern 1659
- des öffentlichen Auftraggebers 2429
Rückforderungsanspruch des AG
- gegenüber Architekten 747, 784, 1206, 1216, 2425
Rückgriffsklage
- Gesamtschuldner 2476
Rücktritt, s. auch Kündigung
- als Mängelrecht 2177, 2188 ff.
- Ausschluss 2189
- bei verzögerter Bauausführung 2317 ff.
- Druckmittel 2188
- u. Kooperationspflicht 2189
- Wahlrecht des BH 2188
- Wirkungen 2190 ff.
Rückzahlungsanspruch
- bei Abschlagszahlungen 1216
- des BH gegen A/BU 1216, 1594 f.
- des öffentlichen Auftraggebers 2429
- Verjährung 2885
- Verwirkung 2788
- Vorschuss 2134

Rüstzeiten
– Vergütung 1581

Sachkundiger Bauherr 2003
Sachverständigenentschädigung 3169 ff.
– sachverständige Zeugen 3176
Sachverständigengutachten
– antizipiertes 1977
– Urkundenprozess 1
Sachverständiger 3106 ff.
– Ablehnung 60 ff., 3118 ff.
– Anhörung 85, 112, 3127 ff.
– Anweisung durch Richter (§ 404a ZPO) 3107, 3113, 3139 ff.
– auf der Richterbank 3063
– Aufgabe 3112 ff.
– Auswahl 3108 ff.
– bei Privatgutachten 148 ff.
– das Gutachten 3116 ff.
– gerichtlicher Sachverständiger 3106 ff.
– Haftung 3107
– Hilfskräfte 3111
– im selbstständigen Beweisverfahren 59 ff., 84 ff.
– Kosten bei Privatgutachten 158 ff.
– lückenhaftes Gutachten 3127
– Ortsbesichtigung 3101, 3114 ff.
– Rechtsprechungsübersicht 3119, 3120
– Sachverständigenentschädigung 3163
– und Beweisbeschluss 3138 ff.
– und Zeuge 151, 3096
– Verwertung des Gutachtens 3123 ff.
Sachverständiger Zeuge 151, 3107
Salvatorische Klausel 2678 ff.
Sanierungsmaßnahmen
– selbstständiges Beweisverfahren 23
Sanierungsplanung 1992
Sanierungsvereinbarung 2075
Scannen
– Grundleistung 1072
Schadensbeseitigungsrecht
– des A 2169 ff.
– Mitwirkungspflicht des A 2173 ff.
– Schadensersatz (BGB) 2215 ff.
Schadensersatz (VOB-Vertrag) 2242 ff.
– Beweislast 2254
– Entschädigung in Geld 2245
– großer Schadensersatz 2255 ff.
– kleiner Schadensersatz 2242, 2244, 2247
– merkantiler u. technischer Minderwert 2249
– Rechtsnatur des Schadensersatzanspruchs aus § 13 Abs. 7 VOB/B 2245
– Umfang 2247 ff.
– und Abnahme 2260
– Verhältnis von § 4 Abs. 7 und § 13 Abs. 7 VOB/B 2242 ff.

Schadensersatz aus § 4 abs. 7 Nr. 2 VOB/B 2260 ff.
Schadensersatz aus § 13 Abs. 7 VOB/B
– notwendiger Vortrag bei Klage 2242
Schadensersatz statt der ganzen Leistung (§ 281 Abs. 1 Satz 2, 3 BGB)
– Bedeutung 2223
– großer Schadensersatz 2223
– Schadensberechnung 2224
Schadensersatz statt der Leistung (§§ 634 Nr. 4, 636, 280, 281 BGB) 2215 ff.
– Drittschadensliquidation 2221
– Freistellungsanspruch 2220
– kleiner Schadensersatz 2218
– mangelhafte Architektenleistung 2216
– Mangelfolgeschaden 2215
– Nutzungsausfall 2218 ff.
– Pflichtverletzung 2215 ff.
– Umsatzsteuer 2222
– Verzögerungsschaden 2217
Schadensersatzanspruch
– und Bauhandwerkersicherungshypothek 228
Schadensminderungspflicht 2922
Schadenspauschale 1740
Schadensschätzung 3154 ff.
– Behinderung 2340
Schallschutz 1972
– Mängel 2032
– Minderwert 2192
Schätzung
– anrechenbare Kosten 1911
– des Schadens 3154 ff.
Schautafeln
– als Architektenleistung 608
Scheidung
– Ausgleichsansprüche 2432 ff.
– Schwiegereltern 2434
– Besorgnis der Befangenheit 537
– und Allgemeine Geschäftsbedingungen 531
Scheingeschäft
– Abtretung 602
Schiedsgericht 519 ff., 529 ff.
– einstweiliges Verfügungsverfahren 349
– internationales Verfahren 529
– ordre public 532
– Prozesseinrede 529
– rechtliches Gehör 532
– Rechtsprechungsübersicht 537
– Rücktritt 533
– Schiedsgerichtsordnungen 520
– Schiedsvertrag 529 ff.
– Streitgenossen 524
– Streitverkündung 521
– und selbstständiges Beweisverfahren 522, 523
– und unwirksamer Bauvertrag 535

Schiedsgutachten

- Vollstreckungsgegenklage 529
Schiedsgutachten
- AGB 543
- Aufgabenstellung 538
- Behinderung des Gutachters 541
- Besorgnis der Befangenheit 540, 544
- Feststellungsklage 542
- Hemmung der Verjährung 538
- Kostenerstattung 546
- Mitwirkungspflicht 541
- obligatorische Schiedsgutachterklausel 543
- offenbare Unrichtigkeit 544 ff.
- Rechtsfragen 538
- Überprüfung durch Gericht 545
- und Urkundenprozess 538
- Verfahrensfehler 544
- Verweigerung der Mitwirkung durch eine Partei 541
Schiedsgutachtervertrag 538 ff.
Schiedsvertrag 529 ff.
- Bedeutung 519
- internationales Schiedsverfahren 529
- Kündigung aus wichtigem Grund 533
- Rechtsfolgen für den Bauprozess 529 ff.
- Rechtsprechung 537
- selbstständiges Beweisverfahren 522
- und Aufrechnung 3029
- und „Verbraucher" 530
Schlichtungsklausel 71, 527
Schlichtungsstellen 526
Schlüsselfertige Erstellung 1533 ff.
Schlüsselgewalt (§ 1357 BGB) 1289
Schlussrechnung
- Anerkenntnisvermerk des BH 2537
- beim BGB-Werkvertrag 1836
- Bindung 885 ff., 1843
- des A und Erhöhung 886
- prüffähige Honorarschlussrechnung 1176
- Prüfvermerk des A 2539
Schlusszahlung 2763 ff.
- Adressat 2782 ff.
- Aufrechnung bei vorbehaltloser Annahme 2755
- Bedeutung 2751 ff.
- bei Abtretung 2758
- Frist 2777 ff.
- Grundsätze 2764 ff.
- prüffähige Schlussrechnung 2760 ff.
- schriftlicher Hinweis 2770
- Sicherheitseinbehalt 2768
- unterlassener Vorbehalt 2750 ff.
- Vorbehalt 2772 ff.
Schlusszahlungseinrede 2750
Schmiergeldzahlung 1296, 1307
Schönheitsfehler 1575, 2031, 2238
- und unverhältnismäßiger Aufwand 2102, 2238

Schreiner- und Glaserarbeiten
- Zeitpunkt der Fertigstellung 1619
Schriftformerfordernis
- Architektenvertrag 787 ff.
- HOAI 788 ff.
- Pauschalhonorar 1092
- Schiedsvertrag 530
- und Mindestsätze 792
- unzulässige Rechtausübung 794
- Zeitpunkt 795 ff.
- zusätzliche Leistungen (BU) 1486
Schriftliches Vorverfahren 570
Schuldanerkenntnis, s. Anerkenntnis
Schuldbeitritt 1291
Schuttbeseitigungsklausel 1449
Schutzbereich des Werkvertrages 2263 ff.
Schutzschrift 339 ff.
- Abrechnung nach RVG 348
- Antrag auf einstweilige Verfügung 340
- Anwaltszwang 341
- Form und Inhalt 341 ff.
- Gebühren (RVG) 348
- Kostenerstattung 346 ff.
- Muster 343
- Prozessrechtsverhältnis 346
- selbstständiges Beweisverfahren 340
- und Gerichtsstände 339
- Verfahren 344 ff.
- Verfahrensgebühr 348
- Zweck 339
Schwarzarbeit
- einseitiger Verstoß 1959
- Eintragung in die Handwerksrolle 1302
- Gewährleistungsansprüche 1299 ff.; 1958
- Nichtigkeit des Vertrages 1299 ff., 1958
- ungerechtfertigte Bereicherung 2430 ff.
Sekundäre Darlegungslast 3083
Sekundärhaftung
- des Architekten 2024 ff.
- u. Bauträger 464
- des Tragwerkplaners 2057
- Verjährung 2874
Selbstbeseitigungsrecht des A 2720
Selbsteintrittsrecht des A 1984a
Selbstkostenerstattungsvertrag 1584
Selbstständiges Beweisverfahren 1 ff.
- Ablaufhemmung 116
- Ablehnung des Sachverständigen 60 ff.
- Abtretung von Ansprüchen 106
- Allgemeine Verfahrensgrundsätze 6 ff.
- Anhörung des SV 85, 112
- Anlageschäden 103
- Antrag 36 ff.
- Antragsgegner 43 ff.
- Antragsteller 40 ff.
- Anwaltsgebühren 140 ff.
- Anwaltszwang 51

Selbstständiges Beweisverfahren

- Anwesenheitsrecht der Partei 93
- Aufwendungen 87
- Ausforschung 25, 56
- Auslagenvorschuss 82
- Ausland 75
- Aussetzung 6
- Auswahl des Sachverständigen 59
- Bauruine 16
- Bauteilöffnung 90
- Bauzeitenplan 5
- Beachtung der aktuellen technischen Regelwerke 29
- Beendigung 66, 110 ff.
- Beispiel für Antragstellung 70
- Besondere Zulässigkeitsvoraussetzungen 7 ff.
- Bestellung des Sachverständigen 59
- Bestimmung des Gerichtsstandes (§ 36 Nr. 3 ZPO) 72
- Betreten des Baugrundstücks/der Wohnung 86
- Beweisantrag 36 ff.
- Beweisaufnahme 76 ff.
- Beweisbeschluss 77 ff.
- Beweisergebnis 117
- Beweismittelerhaltung 19
- Beweistatsachen 8
- Beweisvereitelung 86
- Beweisverwertungsverbot 119
- Bezeichnung der Beweismittel 58
- Bezeichnung der Beweistatsachen 54 ff.
- Bindungswirkung im Hauptverfahren 121
- Duldungs- und Mitwirkungspflichten 86 ff.
- Durchführung der Beweisaufnahme 83 ff.
- e.V. 353
- Eingriff in den Baukörper 29, 86, 91, 3143
- einstweilige Verfügung 10, 88
- Einwendungen 92 ff., 118
- ergänzende Beweisantritte 52, 94
- Erhebung der Hauptsacheklage 131 ff.
- Erledigungserklärung 37
- Feststellung des gegenwärtigen Zustandes 27 ff.
- Feststellung von Mängelursachen 22
- Feststellungsinteresse 33
- Gebühren des Anwalts 142 ff.
- Gegenantrag 52, 93 ff.
- Gegenstand 1 ff.
- Gegenvorstellung 97
- gegnerloses Verfahren 12, 108
- Gemeinschaftseigentum 480
- Gerichtskosten 127
- Gerichtsstand 72 ff.
- Glaubhaftmachung 68 ff.
- Hemmung der Verjährung 1, 42, 45, 51, 53, 99 ff.
- Herausgabe von Unterlagen 89
- hypothetische Begutachtung 28
- Identität der Beweisthemen 94
- Identität der Streitwerte 125
- Identität des Streitgegenstandes 125
- isolierte Kostenentscheidung 134 ff.
- Insolvenzverfahren 6, 128
- internationale gerichtliche Zuständigkeit 1
- Kausalzusammenhang (technisch-wissenschaftlich) 31
- Kosten 123 ff.
- Kosten des Streithelfers 138 ff.
- Kostenerstattung nach § 494a ZPO 128 ff.
- Kostenfestsetzungsverfahren 124, 124 ff.
- Ladung zur Beweisaufnahme 83
- Mängelbeschreibung 54 ff.
- Mängelbeseitigungskosten 22
- Mängelbeseitigungsmaßnahmen 22
- Mängelursachen 22
- Materialprobe 91
- materiell-rechtlicher Kostenerstattungsanspruch 136 ff.
- Mitwirkung Dritter 90
- mündliche Anhörung des SV 85, 93, 112
- Muster 70, 78
- Öffnung von Bauteilen 90 ff., 3143
- Ortstermin 93
- Präklusion nicht vorgetragener Einwendungen 121 ff.
- Privatgutachten 162
- Prozesskostenhilfe 6, 52, 140
- rechtliches Gehör 7
- rechtliches Interesse 34 ff.
- Rechte des Streithelfers 92 ff.
- Rechtsbehelfe 79, 95 ff.
- Rechtsfragen 35
- Rechtsmissbrauch 21, 93
- Rechtsschutzinteresse 35
- Rückgriffshaftung 35
- Rücknahme des Antrages 6, 37, 135
- Rüge des Gegners hinsichtlich Zulässigkeit 92
- Ruhen des Verfahrens 6
- RVG 143
- Sachverständigenbeweis (§ 485 Abs. 2) 27 ff.
- Sachverständiger 58 ff.
  - Ablehnung 60 ff.
  - Ablehnungsgründe 61 ff.
  - Anweisung durch das Gericht 29
  - Auswahl 59
  - Ortsbesichtigung 83, 93, 120
  - schriftliche Begutachtung 84
  - Vernehmung 85, 112
- Sanierungsmaßnahmen 22 ff.
- Schieds- und Schiedsgerichtsverfahren 10, 71, 522 ff., 523
- Schiedsgutachterabrede 34 f., 71

Selbstvornahme

- Schlichtungsvereinbarung 71
- schriftliches Sachverständigengutachten 84
- selbstständiger Sachverständigenbeweis (§ 485 Abs. 2) 27 ff.
- sofortige Beschwerde 95 ff.
- Streitgegenstand 124
- Streitverkündung 46 ff., 92 ff., 116, 561 ff.
- Streitverkündung; Kosten 138
- Streitwert 144 ff.
- Symptomtheorie (Verjährung) 54, 101
- Übergang des Verfahrens auf das Gericht der Hauptsache 112
- und Insolvenzverfahren 6
- und Bauprozess 117 ff.
- und Einstellung der Zwangsvollstreckung 3208
- und Feststellungsklage 10, 435
- und Hauptverfahren 117 ff., 131
- und Verzicht auf Gewährleistungsansprüche 35
- Unterbrechung des Verfahrens 6
- Untersuchung eine Sache 29, 86
- Unzulässigkeit 9, 21, 25
- Unzuständigkeit des Gerichts 119
- unzutreffende Tatsachenfeststellungen 122
- Veränderungsgefahr 15, 24
- Vergleich 127
- Verjährung 16
- Vernehmung des Sachverständigen 85, 112
- Verursachungsquote 31
- Verwalter 40, 107
- Verwertung im Hauptprozess 117 ff.
- VOB 3
- Vorgewerke, Mängel 15
- weitere Beschwerde 97
- Wertminderung 26, 30
- Wirkungen 98
- Wohnungseigentümer 40, 107, 485
- Zulässigkeitsvoraussetzungen 6 ff.
- Zumutbarkeit 19 ff.
- Zustand einer Sache 28 ff.
- Zuständigkeit 71 ff.
- Zustellung des Antrags 99
- Zustimmung des Gegners 11
- Zwischenurteil 52
- Zwischenverfahren 90

Selbstvornahme (§ 637 Abs. 1 BGB) 2106 ff.
- durch Dritte 2113
- Kostenersatzanspruch 2111
- Nacherfüllungsfrist 2106
  - Entbehrlichkeit 2107
- Voraussetzungen 2106 ff.
- voreilige Selbstvornahme 2106

Sicherheits- und Gesundheitsschutz-Koordinator 608, 853, 2352

Sicherheitseinbehalt 1633

Sicherheitsleistung 1624 ff.
- AGB 1626
- Arten 1640 ff.
- Aufrechnung 1632, 3041
- bei Arrest 394
- Bruttoauftragssumme 1668
- Bürgschaft auf erstes Anfordern 1656
- Bürgschaften 1643 ff.
- Darlegungslast 1624
- Erfüllungsbürgschaft 1644, 1648
- geltungserhaltende Reduktion 1663
- Gewährleistungsbürgschaft 1652, 1661
- Handelsbrauch 1624
- Höhe der Sicherheitsleistung 1677 ff.
- Obergrenze 1650
- Rechtsprechungsübersicht 1656, 1666
- Schlusszahlungseinrede 2775
- Überzahlung 1648
- Umfang 1667 ff.
- und Abschlagszahlungen 1605
- und AGB 1626, 1669
- und Austauschrecht 1629
- und Bauhandwerkersicherungshypothek 287, 1635
- und Kündigung des Bauvertrags 1624, 1672
- und Leistungsverweigerungsrecht 1633 ff.
- und Mitverschulden 2925
- und Rückgabepflicht 1682
- und Sperrkonto 1641, 1674
- Umfang der Sicherheitsleistung 1640
- Urkundenprozess 1661
- Vertragserfüllungsbürgschaft 1650
- Verjährung 1653, 2840
- VOB-Vertrag 1673 ff.
- Vorauszahlungsbürgschaft 1655
- Zeitraum 1670 ff.
- Zuschusspflicht 2088
- § 7-MaBV-Bürgschaft 1651

Sicherungsfall 1645

Sicherungshypothek, s. Bauhandwerkersicherungshypothek

Sittenwidrigkeit
- überhöhter Einheitspreis 1502

Skizzen des Architekten
- als Architektenleistung 626, 632, 643
- sofortige Beschwerde 95 ff.
- vertragliche Bindung 626, 643, 654

Sklavischer Nachbau
- Urheberrecht 2436

Skonto
- Architektenhonorar 982b
- Werklohn 1685 ff.

Sollbeschaffenheit 1963

Sondereigentum
- Abnahme 504

Sonderfachleute
- Haftung 2055 ff.

- Honorarklage 1890 ff.
- mangelhafte Werkleistung 2055 ff.
- Mitverschulden 2941 ff.
- Rechtsprechungsübersicht 2059
- Statiker 2056, 2057, 2941

Sonderkündigungsrecht 1159a ff.
Sonderwünsche
- Vertragspartner 1295

Sorgfaltspflichten
- Verschulden bei Vertragsabschluss 2391

Sowiesokosten 2952 ff.
- Baumangel nach altem Recht 1961
- Bereicherung 2953
- Leistungsverweigerungsrecht 3017
- Minderung 2200
- Rechtskraft 460
- und Zuschusspflicht des BH 2089
- Vorschussanspruch 2121

Sperrkonto 1641, 1674
Splittingtabellen HOAI 878
Spontanbrüche
- von ESG-Scheiben 2032

Sportanlagen 2602 ff.
Sportanlagenlärmschutzverordnung 2602 ff.
Staffelverweisung 1244
Standesunwürdiges Verhalten (A) 358, 759
Statiker (Tragwerkplaner)
- Beauftragung durch A 1335
- Gesamtschuld 2508
- Honorarklage 1890 ff.
- und Fehler der Architektenplanung 2057
- und Nacherfüllungsrecht 2167

Steinfort-Tabelle 876
Stillhalteabkommen
- Verjährung 2819

Stilllegungsverfügung
- Bauvertrag 1297

Stillstandskosten 2343
Stoffgleichheit 2350
Stoffpreisgleitklauseln 1400
Störung der Geschäftsgrundlage 2956 ff., s. *Wegfall der Geschäftsgrundlage*
Streitgegenstand
- Honorarklage 1215
- mehrere Schlussrechnungen 1608, 1888
- Übergang von Abschlagszahlung auf Schlussrechnung 1217, 1608
- Vorschussklage 2125

Streithelfer
- Kostenvorschusspflicht 94

Streithelfer (selbst. Beweisverfahren)
- ergänzender Beweisantrag 94
- mündliche Anhörung des Sachverständigen 93
- Rechtsbehelf 96

Streitverkündung
- Alternative Schuldnerschaft 548, 1946 ff., 1947
- Anhörungsrecht 93
- Anwaltszwang 51
- Arrestverfahren 556
- bei Ausgleichsklage 549, 2511
- bei Gesamtschuldnerschaft 553
- einstweilige Verfügung 555
- Feststellungsklage 433
- Form der Streitverkündung 560
- Hemmung der Verjährung 51, 564
- Interventionswirkung 562, 565 ff.
- Regressprozess 549, 563
- Reihenfolge 562
- Schiedsgerichtsverfahren 521, 555
- selbstständiges Beweisverfahren 46 ff., 92 ff.
- Verwertung des Beweisergebnisses eines selbstständigen Beweisverfahrens 117 ff.
  - Bindungswirkung 121
  - Einwendungen 118 ff.
  - Urkundenbeweis 119
  - weiteres Sachverständigengutachten 121
- weitere Streitverkündung 52, 559
- Wirkungen 561 ff.
- Zulässigkeit 551 ff.
- Zwischenurteil 52

Streitwert 3175 ff.
- Änderungsfrist 147
- Auflassung 3175
- bei Bauhandwerkersicherungshypothek 312, 3175
- Hilfsaufrechnung 3176
- Rechtsprechungsübersicht 3175 ff.
- selbstständiges Beweisverfahren 144, 144 ff.

Stufenweise Beauftragung des A 611, 694, 802, 805, 2002
- Verjährung 2867

Stundenabrechung, *s. auch Zeithonorar*
Stundenlohnarbeiten
- Anerkenntnis 2532
- Stundenlohnzettel 1578 ff., 2532 ff.

Stundenlohnrechnungen 1845
Stundenlohnvertrag 1570
Stundenlohnzettel 1578 ff.
- Anerkenntnis 2532
- Vollmacht des A 1346 ff.

Subplaner
- Honorar 858

Subplanervertrag
- „Pay-when-paid"-Klausel 1413

Subsidiaritätsklausel
- Haftungsbeschränkung 2708, 2733 ff.
- Sicherungsabtretung 2515
- und Haftungsbegünstigung (Ausgleichsklage) 2522

Substantiierung von Baumängeln

– Unwirksamkeit/Folgen 2708 ff.
Substantiierung von Baumängeln 1979 ff.
Subunternehmer 1315 ff.
– Bauhandwerkersicherungshypothek 201
Subunternehmervertrag
– „Pay-when-paid"-Klausel 1413
Symptomtheorie
– Hemmung der Verjährung 101, 2895
– Substantiierung des Mangels 1980, 2141, 2153
– Unterbrechung der Verjährung 2127, 2863

Tatrichterliche Würdigung
– bei Mitverschulden 2501, 2931
– Garantieerklärung 1942
Tatsachenfeststellung
– Schiedsgutachtervertrag 538
Taxe 1434
– Architektenhonorar 820, 830
Technischer Minderwert 2194, 2249
Teilabnahme
– Architektenwerk 1172 f., 2867, 2870
– Unternehmerwerk 1851
Teilbetreuung 1952
Teilklage 439
Teilkündigung
– Architektenvertrag 1119
– Bauvertrag 1717, 1754 ff.
Teilleistung
– des A 1044 ff.
– und Mangelbegriff 1988
Teilleistungsklage 437
Teilschlussrechnung
– Bindung des A 885
– des A 1202
– des AN 1870
Teilschlusszahlung, s. *Abschlagszahlungen*
Telefax 788
– Schriftform 1766
Terminierung, mündliche Verhandlung 578
Terminplanung des A 1000c
Terminverschiebungen
– Vertragsstrafe 2588 ff.
– verzögerte Bauausführung 2317 ff.
Textübergabe
– VOB 1246 ff.
Toleranzgrenze
– bei Bausummenüberschreitung 2298
– beim Pauschalpreisvertrag 1546
Totalpauschalvertrag 1525
Totalübernehmer 1313
Tragwerkplaner, s. *Statiker*
Transportkosten 1446
Treu und Glauben
– Aufrechnungsverbot 3046
– Schriftformerfordernis (HOAI) 788, 794
– Schwarzarbeit 1301 ff.

Treuhänder
– Beratungs-, Aufklärungs- und Hinweispflichten 2061
– Mängel 2060 ff.
– Rechtsprechungsübersicht 2061
– Vertrag 1957
Trittschallschutz 1972

Überbau 2632 ff.
– Beseitigungsanspruch 2634
– Dränage 2634
– nachträgliche Baumaßnahmen 2634
– Giebelmauer 2634
– Rentenanspruch 2640
– Verwirkung 2627
Übergabeprotokoll
– Gemeinschaftseigentum 505
– schriftliche Niederlegung 505
– Unterzeichnung 505
– Vorbehalte 505
Überraschungsentscheidung 584
Überschreitung
– von Baukosten durch den A 2278 ff.
– von Kostenvoranschlägen durch den BU 1743 ff.
– der Höchstsatz der HOAI 775 ff.
Übertragung der Nutzungsrechte 2446 ff.
Überzahlung
– Ausgleich 2427
– durch Abschlagszahlungen 1216, 1559, 1603
– Vorbehalt bei der Schlusszahlung 2757
Überzahlungsrisiko
– Erfüllungsbürgschaft 1648
Übliche Vergütung
– des A 820 ff.
– des A für Privatgutachten 157
– des BU 1431
Umbauarbeiten
– Bauhandwerkersicherungshypothek 208
Umbauzuschlag
– HOAI 984 ff.
– Mindestzuschlag 985
Umdeutung
– unwirksame Honorarvereinbarung (A) 786
Umkehr der Beweislast 3078 ff.
– Aufklärungs- und Beratungspflichten 3082 ff.
– die Vorschrift des § 282 BGB 3081
– DIN-Normen 1969
– Gefahrenbereich 3080
– Stundenlohnzettel 2536
Umlageklausel 1449
Umsatzsteuer
– Abschlagszahlungen 1598
– Akontozahlungen 1680

Unzulässige Rechtsausübung

- Anwendung von § 249 Abs. 2 Satz 2 BGB 2222
- bei Architektenhonorar 1110 ff.
- bei Honorar des SF 1902
- bei Kündigung für nicht erbrachte Architektenleistungen 1161
- bei Werklohn des BU 1678 ff.
- Mängelbeseitigungskosten 2222

Umschreibung
- Vormerkung 282

Umweltstandards 2603

Umweltverträglichkeitsstudie 1998

unberechtigte Mängelrügen
- Vergütung 1306 f., 1398

Unbestimmte Honorarabrede 745

Unbezifferte Leistungsklage 449 ff.
- und Feststellungsklage 449
- Vorschussanspruch 2120

Unentgeltlicher Auftrag
- Beweislast 1386, 1432
- mit A 652
- mit BU 1381

Unentgeltlichkeit
- beim Architektenvertrag 624 ff., 2001, 2029
- Beweislast beim Bauvertrag 1432 ff.
- Negativbeweis 1434

Unerlaubte Handlung (§ 823 BGB) 2350
- Beweiserleichterung durch § 830 Abs. 1 Satz 2 BGB 3084 ff.
- durch mangelhafte Werkleistung 2350 ff.
- Eigentumsverletzung 2350
- Richtlinie 89/391 EWG 2352
- Verletzung der Verkehrssicherungspflicht 2352 ff.

Unfallverhütungsvorschriften
- Verkehrssicherungspflicht 2357, 2362

Ungerechtfertigte Bereicherung 2415 ff.
- Abschlagszahlung 2428
- Architektenleistung 2418, 2420 ff.
- Architektenvertrag 2420 ff.
- aufgedrängte Bereicherung 3052 ff.
- Ausgleichsansprüche nach Scheidung 2432 ff.
- Ausschluss der §§ 812 ff. BGB 2419
- Bau auf fremdem Grund und Boden 2415, 2417 ff.
- Beispiele im Baurecht 2415
- Bereicherung des BH 2421
- Darlegungslast 2427 ff.
- die Vorschrift des § 817 Satz 2 BGB 2425
- Eingriffskondiktion 2417
- Fallgestaltungen/Übersicht 2415
- Familienwohnheim 2432 ff.
- gemeinsames Aufmaß 2429
- Gemeinschaftseigentum 2415
- Koppelungsverbot 2426
- Leistungskondiktion 2417

- Mängelbeseitigungskosten 2416
- Mindestsätze (§ 7 Abs. 6 Satz 1 HOAI 2009) 2422 ff.
- öffentlicher Auftraggeber (Rückzahlungsanspruch) 2429 ff.
- prüfbare Schlussrechnung 2427
- Rechtsprechungsübersicht 2415
- Saldotheorie 2420
- Schwarzarbeit 1958 ff., 2430 ff.
- Überzahlungen 2427 ff.
- Verjährungsfrist 2428
- und Verwirkung 2429
- Vermögensausgleich nach Scheidung 2432
- vertraglicher Rückzahlungsanspruch 2427
- Vorarbeiten 1389

Ungewöhnlich lange dauernde Leistung 780

Unklare Leistungsbeschreibung 1417 ff.

Unmittelbarer Schaden
- Beschränkung auf unmittelbaren Schaden 2252, 2732

Unmöglichkeit (§ 275 Abs. 1 BGB)
- u. Schadensersatzpflicht (§ 311a Abs. 2 BGB) 2082

Unsicherheitseinrede (§ 321 BGB) 3021

Unterbrechung der Verjährung
- durch Vorschussklage 2125

Unterlassener Vorbehalt 2736 ff.
- bei Abnahme trotz Mängelkenntnis 2737 ff.
- bei Schlusszahlung 2750 ff.
- einer Vertragsstrafe bei Abnahme 2743 ff.

Unterlassungsanspruch
- bei Bürgschaft auf erstes Anfordern 370 ff.
- Nachbarrecht 354 ff., 2599, 2605, 2618
- Urheberrecht 2435, 2471
- Wettbewerbsverstoß 358

Unterlassungstitel 2649

Unternehmer, *s. Bauunternehmer*

Unternehmereinsatzformen 1314aff.
- Arge 1329
- Generalunternehmer 1314
- Subunternehmer 1315

Unternehmerwerk 2030 ff.

Unterwerfungsklausel
- und Vollstreckungsgegenklage 3178 ff.

„Unverbindlicher" Auftrag 643

Unverhältnismäßiger Kostenaufwand 2082, 2100 ff., 2237 ff.

Unvollständigkeit der Teilleistung des A 863

Unwirksamer Bauvertrag
- ungerechtfertigte Bereicherung 2415, 2430

Unzulässige Rechtsausübung, *s. Treu und Glauben*
- Aufrechnungsverbot 3046
- Leistungsverweigerungsrecht 3006
- Unterschreitung der Mindestsätze 773

Urheberrecht des Architekten

- Verjährung 2819
- Verwirkung 2785

Urheberrecht des Architekten
- Änderung der Planung und des Bauwerks 2457 ff.
- Ansprüche aus Verletzungen 2471 ff.
- Baupläne 2438
- Beseitigungsanspruch 2471
- Einheits-Architektenvertrag 2446 ff.
- Entstellung 2457 ff.
- Erweiterungsbau 2451
- Funktionalität 2443
- Gestaltungsfreiheit 2463 ff.
- Grundsätze 2435 ff.
- Herausgabe von Plänen 2449
- Herausgabeanspruch 2471
- Honorar für Übertragung 2446 ff.
- Instandsetzungen 2461
- Kunstwerk 2441 ff.
- Leistungsverweigerungsrecht an Originalunterlagen 2449
- Leistungsverzeichnis 2438
- Lizenzgebühr 2473
- originelle eigenschöpferische Darstellung 2438 ff.
- Rechtsprechungsübersicht 2445
- Reparaturen 2462
- Schadensersatz 2471 ff.
- Schutzfähigkeit 2435
- Übertragung des Nutzungsrechts 2446 ff.
- Unterlassungsanspruch 2471
- Urheberbezeichnung 2453
- Verfälschung der Wesenzüge eines Werks 2458
- Veröffentlichungsrecht 2453
- Verwertungsrecht des BH 2446 ff.
- Wiederherstellungsbefugnis 2456
- Zugangsrecht 2455
- Zweckbauten 2439 ff.
- Zweckübertragungstheorie 2451

Urkalkulation 1464, 1480

Urkundenbeweis 3102
- Bauzeichnungen/Lichtbilder 3102
- Herausgabepflicht eines Dritten 3104
- Privatgutachten 3105

Urkundenprozess
- Bürgschaft auf erstes Anfordern 1661

Urteil
- einstweilige Verfügungsverfahren 384 ff.

Urteilstenor
- Zug-um-Zug-Verurteilung 3193 ff.

Veränderungsgefahr 15
- Bauruine 16
- Mängel 15, 17
- selbstständiges Beweisverfahren 15
- Verjährungseintritt 15

Verantwortlicher Bauleiter 2012
Verbindlicher Richtpreis 1406
Verbraucherbauvertrag 1226b
Verbraucherkreditgesetz (§§ 491 ff. BGB n.F.) 1229 ff., 1296, 1956
Verbraucherverträge 1226b
- und AGB-Gesetz 2670
- und VOB 1266

Verdeckte Mängel 2830
Verdienstausfall 2096
Vereinbarte Vergütung
- des A 730
- des BU 1377 ff.

Vereinbarung der VOB
- Architektenvertrag 691
- Werkvertrag 1243

Vereinfachtes Genehmigungsverfahren 1167

Verfahrensfehler
- Schiedsgutachten 544
- Überraschungsentscheidung 584

Verfahrensfragen
- Bauhandwerkersicherungshypothek 261 ff.
- einstweiliges Verfügungsverfahren 349 ff.
- Schutzvorschrift 343
- selbstständiges Beweisverfahren 36 ff.

Verfahrenskosten
- bei einstweiliger Verfügung auf Eintragung einer Vormerkung (Sicherungshypothek) 302 ff.
- Schiedsgutachten 546
- Schutzschrift 304
- selbstständiges Beweisverfahren 123 ff.

Verflechtung
- Bauhandwerkersicherungshypothek 253 ff.

Verfügungsformulare 408, 529

Vergabe
- und einstweiliges Verfügungsverfahren 358
- Vergabenachprüfungsverfahren/Verzögerung 2329, 2330
- Vergabeverstöße 2395, 2397 ff.
- Verschulden bei Vertragsschluss 2397 ff.

Vergabeverfahren
- einstweilige Verfügung 358
- Aufhebung 399
- Unterschreitung der Mindestsätze der HOAI 759
- Verzögerung/Mehrvergütung 2329

Vergabeverordnung
- Wirksamkeit Bauvertrag 1296
- Vergabeverzögerung 2329, 2330

Vergleich
- über Architektenhonorar 812

Vergleichsgespräch 585 ff.
Vergütungsgefahr 1810, 1811
Vergütungsklage
- Abrechnungsbetrag 1223

Verrechnung

- Darlegungslast 1220
- Klagevortrag 1219, 1220 ff.
- Vorlage von Plänen 1222

Verjährung 2815 ff.
- Abgrenzung: Arbeiten am Bauwerk und Arbeiten am Grundstück 2849 ff.
- Abkürzung 2823
- Abnahme 2832
- Abschlagsforderungen des A 2843
- Abschlagsforderungen des BU 2833, 2839
- AGB 2824 ff.
- Anerkenntnis 2909 ff.
- Aufrechnung 2899
- Ausgleichsanspruch (§ 426 BGB) 2498, 2507, 2884
- Auskunftsanspruch 2885
- Baubetreuer 2846
- Baumaterialien 2854
- Bauträger 2846, 2876 ff.
- einer nicht prüfbaren Rechnung des A 2844
- Einfluss bei Gemeinschaftseigentum 507
- Einrede 2817
- Einwand der unzulässigen Rechtsausübung 2819
- Feststellungsklage 451
- Garantiefrist 2829
- Gemeinschaftseigentum 507
- Gesamtschuldnerausgleich 2517, 2884
- Gewährleistungsansprüche 2847 ff.
- Gewährleistungsansprüche gegen den A/SF 2865 ff.
- Hemmung 99, 104, 2887 ff.
- Hinweispflicht des A 2024 ff.
- Honoraransprüche 2841 ff.
- Instandsetzungsarbeiten 2850
- isolierte Vereinbarung von § 13 Nr. 4 VOB/B 2826, 2856 ff.
- Kenntnis- bzw. Erkennbarkeitskriterium 2815
- Lieferant von Baumaterialien 2854
- Mängelanzeige VOB 2914 ff.
- Nebenpflichten 2861
- Neubeginn 2908 ff.
- Neuregelung 2815
- Objektüberwachung durch A 2825, 2869 ff.
- Rechtsprechungsübersichten 2849 ff., 2850, 2885, 2909 ff.
- Rückforderungsanspruch der öffentlichen Hand 2885
- schriftliche Mängelanzeige 2914, 3017
- Sekundärhaftung des Architekten 2874
- selbstständiges Beweisverfahren 15, 99 ff., 2901
- Sicherheitsbetrag, Auszahlung 2840
- Symptomtheorie 2863, 2895, 2917
- Teilklage 2893
- Übergangsregelungen, SchRModG 2816

- Überlegungsfrist 2819
- Ultimoverjährung 2834
- ungerechtfertigte Bereicherung 2885
- Vereinbarungen 2821 ff.
- Verkürzung 2727
- Verlängerung 2827 ff.
- Verzicht 2822
- Vorschussklage 453, 2125, 2895
- Werklohnansprüche 2832 ff.
- Zusatzforderungen des A 2841
- Zusatzforderungen des BU 2839
- Zwischenhändler von Baumaterialien 2854

Verjährungsfristen 2832 ff.
- Anspruch des A/SF 2841 ff.
- Anspruch des Baubetreuers/Bauträgers 2846
- Ansprüche gegen den A und SF 2865 ff.
- Ansprüche gegen den Bauträger 2876 ff.
- Gewährleistungsansprüche 2847 ff.
- Honoraransprüche 2841 ff.
- VOB 2386
- Werklohnansprüche des BU 2832

Verkehrssicherungspflichten 2352 ff.
- Baustellenverordnung 2352
- des A 2368 ff.
- des BH 2362 ff.
- des BU 2355 ff.
- DIN-Normen 2357
- Einsatz von Fachleuten 2362
- Entlastungsbeweis 2358
- Grenzen 2354
- Haftungsprivilegien 2357
- Rechtsprechungsübersichten 2361, 2367, 2374
- Richtlinie 92/57/EWG 2352
- und sekundäre, des A 2372
- und Verlassen der Baustelle 2359
- Unfallverhütungsvorschriften 2357, 2362

Verkehrswert 2311
- bei Überbau 2641

Verkürzung der Verjährungsfrist 2823 ff.

Verlängerte Bauzeit
- Honorar des A 1030 ff.

Verlängerung
- der Gewährleistungsfrist 2827 ff.

Verletzung des rechtlichen Gehörs 599

Verlust des Nachbesserungsrechts
- nach Urteilserlass 3227
- Unzumutbarkeit 3228

Vermessungsingenieur
- Bauhandwerkersicherungshypothek 218
- Rechtsweg 403

Vermutung beratungsgerechten Verhaltens 2294

Verpflichtungserklärung 655 ff.

Verpflichtungsklage 401

Verrechnung 3048 ff.

2071

Verrichtungsgehilfe

Verrichtungsgehilfe
- Haftung des BH 2627

Verschleiß 2031

Verschmutzungen
- Nebenleistung 1449

Verschulden bei Vertragsschluss (§ 311 Abs. 2, 3 BGB) 2391 ff.
- Ablehnung des Vertragsabschlusses 2403
- Dritthaftung (§ 311 Abs. 3 BGB) 2406
- Grundsätze im Baurecht 2391
- Haftung des A 2395
- Haftung des BU 2395
- Haftung für Erfüllungsgehilfen 2404 ff.
- Haftungstatbestand des § 126 S. 1 GWB 2401
- Obhuts- und Sorgfaltspflichten 2402
- rechtmäßiges Alternativverhalten 2400
- Rechtsprechungsübersicht 2395
- Schadensersatz (§ 126 S. 1 GWB) 2401
- u. fehlerhaftes Vergabeverfahren 2397 ff.
- u. Nachverhandlungspflicht 2960
- u. Rechtsfolgen 2407
- Vergaberecht 2397
- Verjährung 2408
- Verstoß gegen VOB/A 2398

Verschweigen eines Mangels 2794 ff.

Verspätetes Vorbringen 588 ff.
- Anhörungsantrag 598
- Beanstandung von Gutachten 597
- Benennung von Zeugen 597
- Berufung 596 ff.
- Verletzung der Prozessförderungspflicht 589
- zur Vorschrift des § 296 ZPO 591

Vertiefung (§ 909 BGB) 2613 ff.
- allgemein anerkannte Regeln der Baukunst 2623
- Anspruchsberechtigter 2620
- Anteilszweifel 2629
- Beseitigungsanspruch 2618
- Bodenerhöhungen 2616
- DIN 4123 2624
- Erfüllungsgehilfen 2627
- Grundwasserabsenkung 2616, 2628
- Neuherstellung 2618
- Schadensanfälligkeit 2617
- Schadensersatzanspruch 2618
- Statiker 2622
- Störer 2620 ff.
- Überprüfungspflicht 2625
- Verjährung (Ausgleichsanspruch) 2507
- Verrichtungsgehilfe 2629
- Verschulden 2621 ff.

Vertrag zu Gunsten Dritter 2262.

Vertrag mit Schutzwirkungen zu Gunsten Dritter 2263 ff.
- Anwendung von § 311 Abs. 3 BGB 2264
- ergänzende Vertragsauslegung 2268
- Rechtsprechungsübersicht 2270 ff.
- Schadensersatz 2272
- zum Anwendungsbereich des § 618 BGB 2266 ff.

Vertrag zu Gunsten Dritter 2262

Vertragsbeendigung
- Honorar des A 1120 ff.
- Werklohn des BU 1781

Vertragsstrafe 2554 ff.
- AGB-Gesetz 2560 ff., 2580 ff.
- Bauhandwerkersicherungshypothek 229
- Berechnung der Frist 2585 ff.
- für nicht ordnungsgemäße Bauleistungen 2569 ff.
- für nichterfüllte Bauleistungen 2565 ff.
- Höhe 2578 ff.
- Prozessuales 2592
- Schätzung (§ 287 ZPO) 3154
- Unangemessenheit 2580 ff.
- Verzug 2556, 2568
- Verzugsschaden 2559
- Vollmacht des A 1346
- Vorbehalt 2570 ff.
- zeitliche Begrenzung 2579
- Zwischenfristen 2583

Vertrauenshaftung 1292

Vertraulichkeitsvermerk
- Urheberrecht 2436

Vertretbare Handlungen 3222 ff.
- Beispiele 3224
- Verweigerung der Handlung 3226
- Zustimmung eines Dritten 3222

Vertreter ohne Vertretungsmacht
- A 1336
- aufgedrängte Bereicherung 3057
- Baubetreuer 1363

Vervielfältigung 2452

Verwalter
- Beweissicherungsverfahren 40, 106, 480
- gewillkürte Prozessstandschaft 489, 513

Verwaltungsangelegenheit 488

Verwaltungsbeirat
- gewillkürte Prozessstandschaft 513

Verweigerung
- der Abnahme 1831
- der Nachbesserung 1811 ff.

Verwender von AGB
- Bauherrenmodell 2673

Verwertung
- von Architektenleistungen 630

Verwertungsrecht
- des BH 2446 ff.

Verwirkung 2784 ff.
- Beweislast 2790
- Grundsätze 2785
- Rechtsprechungsübersicht 2788

- Überbau 2638
- ungerechtfertigte Bereicherung 2429

Verzicht
- auf Einrede der Verjährung 2822
- auf förmliche Abnahme 1820
- auf Gewährleistungsansprüche 2036, 2042, 2074
- auf Honorar A 812
- auf Sicherungshypothek 192
- und Nacherfüllung 2074
- und Sanierungsvereinbarung 2074

Verzichtsklausel 1843

Verzichtsvereinbarung
- HOAI 601, 812

Verzögerte Bauausführung 2317 ff.
- Ansprüche des BH 2318 ff.
- Ansprüche des BU 2329 ff.
- Bauzeitverlängerung 2331
- Behinderung 2329
- durch verzögerte Vergabe 2329, 2330
- entgangener Gewinn 2321, 2341
- Gerätestillstandschaden 2343
- Großbaustelle 2334
- Haftung für Erfüllungsgehilfen 2337, 2338
- Honorar des A 1030 ff.
- Kündigungsrecht 2328
- Offenkundigkeit einer Behinderung 2335 ff.
- Rücktrittsrecht des BH 2319 ff.
- Schadensersatz 2326, 2332, 2340
- Schadensposten (Beispiele) 2343
- Schadensschätzung 2342
- Substantiierung 2333, 2341
- und Baugenehmigung 2322, 2329
- unmittelbarer Schaden 2341
- Vergütungsanpassung 2349
- Vertragsstrafe 2337
- Verzug des A 2318
- VOB-Vertrag 2325 ff.

Verzögerte Nachbesserung 1574

Verzögerung
- durch vergaberechtliche Nachprüfungsverfahren 2329

Verzug
- der Bauausführung 2317 ff.
- Honorar des A 1110
- Werklohn des BU 1698

Verzugszinsen
- Bauhandwerkersicherungshypothek 229
- Honorar des A 1118
- Werklohn des BU 1696

VOB Teil A 1231 ff.

VOB Teil B 1239 ff.
- Auftragsentziehung 2145 ff.
- Bauträgerverträge 1258
- Bekanntheitsgrad 1247
- Buchhandelshinweis 1250
- Einbeziehung in Bauvertrag 1246 ff.
- Ersatz von Fremdnachbesserungskosten 2146
- geltungserhaltende Reduktion 1272
- ins Gewicht fallende Einschränkungen 1263 ff.
- isolierte Vereinbarung 2826, 2858
- Kenntnisverschaffung 1247 ff.
- Kostenvorschuss 2147
- Kündigung 2144, 2149
- Mangelbegriff 2139
- Mängelrechte 2225 ff.
- Nacherfüllungsklage 2137 ff.
- „neueste" Auflage 1241
- Schadensersatz 2242 ff.
- Textübergabe 1250
- und AGB-Gesetz 1242 ff.
- und Architektenvertrag 1256
- und Inhaltskontrolle 1259 ff.
- und Nachfolgeaufträge 1254
- und öffentliche Auftraggeber 1231 ff.
- Vereinbarung 1239 ff.
- Verjährung 2152

VOF 651, 671

Vollmacht
- Anscheinsvollmacht des A 1339, 1354 ff.
- ausdrückliche Vollmacht des A 1348 ff.
- Duldungsvollmacht des A 1353
- „originäre" Vollmacht des A 1341 ff.
- Schlüsselgewalt 1289
- und Vereinbarung der VOB/B durch A 1274
- Vollmacht der Betreuungsgesellschaften 1360 ff.
- Vollmachtserklärung 658

Vollmachtloser Vertreter
- Architekt 1336 ff.

Vollständige Fertigstellung
- und Protokollmängel 1619

Vollständigkeitsvermutung
- in Leistungsbeschreibung 1418

Vollstreckung
- aus Zug-um-Zug-Urteilen 3182
- und materielles Baurecht 3177

Vollstreckung durch den Gerichtsvollzieher 3198 ff.

Vollstreckung zur Erwirkung von Baumaßnahmen 3215 ff.
- Erfüllungseinwand des BU 3238
- Ermächtigungsbeschluss 3246
- Kosten der Zwangsvollstreckung 3252
- Kostenvorschussanspruch (§ 887 Abs. 2 ZPO) 3247
- Mitwirkungspflicht des BH 3229
- Verfahren nach § 887 Abs. 1 BGB 3221 ff.
- vertretbare Handlung 3222

Vollstreckungsgegenklage

Vollstreckungsgegenklage
– und Erfüllungseinwand des BU 3238 ff.
Vollstreckungsklausel 3198
Vollziehungsfristen 283 ff.
Vorabnahme 2570
Vorarbeiten
– des A: Vergütungspflicht 652 ff.
– des BU: Vergütungspflicht 1381 ff.
– Prüfungspflicht des BU 2039 ff.
Vorauszahlungen 1845
Vorauszahlungsbürgschaft 1655
Vorbehalt
– Abdingbarkeit 2741
– Abnahme unter V. 1798
– bei Schlusszahlung 2750 ff.
  – Adressat 2780
  – Form, Inhalt 2772 ff.
– der Rückforderung 2429
– der Vertragsstrafe 2570 ff.
– Frist 2777
– Honorarschlussrechnung des A 899
– Mängelbeseitigungskosten 2575
– Neuherstellungsansprüche 2574
– und selbstständiges Beweisverfahren 2742
– unterlassener Vorbehalt 2736 ff.
– Vollmacht des A 1346, 1347
– von Gewährleistungsansprüchen bei Abnahme 2737 ff.
Vorbehaltsurteil 3049
Vorbereitung der Vergabe 677
Vorbereitung des Bauprozesses
– durch Gericht 577 ff.
– durch Parteien 571 ff.
– Hinweise 580
– Ladung von Zeugen 582
Vorbereitungszeit
– Vertragsstrafe 2592
Vorbeugender Rechtsschutz
– bei Wettbewerbsverstoß (A) 358
Vorentwurf 626 ff.
Vorfragen
– Prüfung durch Feststellungsklage 431
Vorgabe
– Kostenobergrenze 2286
Vorgewerke
– selbstständiges Beweisverfahren 15
Vorhaltekosten für Geräte und Maschinen 2343
Vorhaltung: Gerüst 204
Vorhandene Bausubstanz
– HOAI 2009, 984
Vorläufige Vollstreckbarkeit 384 ff.
Vorleistung
– Gesamtschuld 2048
– mangelhafte 2043
Vorleistungspflicht 1397

Vormerkung
– auf Eintragung einer Bauhandwerkersicherungshypothek 268 ff.
Vorplanung 677, 1046 ff.
Vorplanungsvertrag 660
Vorschläge
– über Bebauung 636
– vertragliche Bindung 643
Vorschussanspruch (§ 637 Abs. 3 BGB) 2114 ff.
– Abrechnung 2132 ff.
– Abtretung 2119
– Aufrechnung 2117, 2134, 3033
– Auftragsentziehung 2144
– Feststellungsantrag 452, 2126
– Gemeinschaftseigentum 476, 478, 485
– Gewährleistungsbürgschaft 2119
– Hauptunternehmer 2114
– Klageänderung 2129
– Mangelfolgeschaden 2126
– Mängelbeseitigungskosten 2120
– u. Mehrwertsteuer 2114
– Nachforderung 2129
– Neuherstellungsanspruch 2118
– Neuherstellungskosten 2114
– Rechtskraft 2128 ff.
  – u. Rechtsgedanken des § 767 Abs. 2 ZPO 2131
– Regiekosten 2114
– Rückzahlungsanspruch 2124
– Sowiesokosten 2121, 2131
– und einstweilige Verfügung 2117
– und Fristsetzung 2115
– und Leistungsverweigerungsrecht des BH 2135
– und Leistungsverweigerungsrecht des BU 2122
– und Nacherfüllungsrecht des BU 2115
– und Schadensersatz 2178
– und Sicherheit 2116
– und Streitgegenstand 2128
– und Widerklage 2117
– Verjährung 2125
– Verlust des Vorschussanspruchs 2116
– VOB 2147
– Voraussetzung 2115
– vorbehaltlose Abnahme 2115
– Vorschussprozess 2120
– Zinsen 2136
– Zurückbeschaffungsrecht 2135
Vorpreschen
– mit Architektenleistungen 880
Vorteilsausgleichung 2946 ff.
– Abzug „neu für alt" 2949
– Baukostenüberschreitung 2953
– Berechnung 2954
– Beweislast 2955

– Festgarantie 2951
– Grundsätze 2947 ff.
– Kostenüberschreitung durch A 2953
– in der sog. Leistungskette 2947
– Nacherfüllungsansprüche 2947 ff.
– beim Planervertrag 2947
– Risikosphäre 2947
– Sowiesokosten 2952 ff.
– Steuervorteile 2954
– Voraussetzungen, der 2948
– Vorschuss 2114
– Zug-um-Zug-Verteilung 2950
Vorterminlicher Beweisbeschluss 570
Vorunternehmer 2047
– Gesamtschuld mit Nachunternehmer 2479
– Haftung des Auftraggebers 2338
Vorvertrag 655

Wahlposition 1504
Wahlrecht
– Gewährleistungsansprüche 2177
– Mängelbeseitigung 3217
Wandelung 2185 ff.
Wärmebrücken 1973, 1996
Wärmedämmverbundsystem 2032
Wartungsvertrag
– Verlängerung der Verjährung 2830
Wegfall (Störung) der Geschäftsgrundlage (§ 313 BGB) 2956 ff.
– Änderung der Bauausführung 2974
– Anwendungsfälle 2964 ff.
– bei Sanierungsvereinbarung 2075
– Beweislast 2960
– Einheitspreisvertrag 2976
– Fallübersicht 2964 ff., 2977
– Grundlage 2956 ff.
– 7. HOAI-Novelle 2958
– Kalkulationsirrtum 2961, 2970
– Mengenabweichungen 2964, 2976
– Minderleistungen 2968
– Opfergrenze 2963
– Pauschalhonorar des A 1094 ff.
– Pauschalpreisvertrag 1521 ff., 2964 ff.
– Preis- und Lohnsteigerungen 2975
– und Doppelirrtum 2970
– und Vertragsregelung 2958
WEG-Reform (2007) 464, 466, 488
Weiterfressender Mangel 2350
Werbung des A 549
Werklieferungsvertrag 197, 1951
– Abgrenzungskriterien 197
Werklohnklage
– Honorarklage des A 600 ff.
– Honorarklage des SF 1890 ff.
Werklohnklage des BU 1219 ff.
– Abschlagszahlungen 1585 ff.
– Anzeigepflicht 1578

– Auftragsvergabe durch Betreuungsgesellschaft 1360 ff.
– Auftragsvergabe durch den A 1332 ff.
– Bauvertrag 1225 ff.
– bei Kündigung 1720 ff.
– Bindung an Schlussrechnung 1843
– Einheitspreisvertrag 1492 ff.
– Fälligkeit des Werklohns 1783 ff.
– Fehlkalkulation 1415
– Grundlagen 1219 ff.
– lückenhaftes Leistungsverzeichnis 1417 ff.
– Nebenleistungen 1444
– Pauschalpreisvertrag 1514 ff.
– Richtpreis 1406
– Selbstkostenerstattungsvertrag 1584 ff.
– Sicherheitsleistung 1624 ff.
– Stundenlohnvertrag 1570 ff.
– Substantiierungspflicht 1219 ff.
– Teilklage und Aufrechnung 3040
– übliche Vergütungen 1431 ff.
– Umfang des Anspruchs 1439 ff.
– Unternehmereinsatzformen 1314a ff.
– vereinbarte Vergütung 1391 ff.
– Vertragsaufhebung 1781 ff.
Werkvertragsrecht
– beim Architektenvertrag 675 ff.
– beim Bauvertrag 1225
– beim Kauf vom Bauträger 1953 ff.
Wertsteigerung 2309 ff.
Wertzuwachs
– bei Baukostenüberschreitung 2309
– Vorteilsausgleichung 2947 ff.
Wesentliche Eigenschaft
– Anfechtung 2810
Wettbewerb
– Architektenwettbewerb 661
– und Aufwandsentschädigung 661, 760
– und Verschulden bei Vertragsschluss 2399
Wettbewerbsverstöße des BH 358
Wettbewerbswidrige Honoraranfrage 358, 759
Wichtiger Grund
– für Vertragskündigung des A 1142 ff.
Widerklage
– bei Aufrechnungsverbot 3050
– Hilfswiderklage 3051
– negative Feststellungsklage 457
Widerruf
– Gesetz über den Widerruf von Haustürgeschäften und ähnlichen Geschäften 1296
Widerrufsrecht
– bei Verbraucherbauvertrag 1226d
Widersprechende AGB 2689
Widerspruch
– Arrest 395
– Bauhandwerkersicherungshypothek 297
Widerspruch im Bauvertrag 1278 ff.

Wirksamkeit

Wirksamkeit
- Architektenvertrag 681
- Bauvertrag 1296

Wirtschaftliche Identität 257 ff.

Wirtschaftlichkeitsberechnung 640

Wohnfläche
- Fehlplanung des A 1998
- Minderung 2192
- Rechtsprechungsübersicht 1998, 2032

Wohnungseigentum, *s. Gemeinschaftseigentum*

Wohnungseigentümer, *s. Gemeinschaftseigentum*
- Abnahme 504 ff.
- Aktivlegitimation 471
- Erfüllungs- u. Nacherfüllungsansprüche 476
- faktische Gemeinschaft 465
- Minderung 487
- öffentlich-rechtl. Ansprüche 465
- Rechtsweg 404
- Rücktritt 486
- Schadensersatz 489, 491
- selbstständiges Beweisverfahren 41, 107, 480

Workshops
- Architektenplanung 2448

Wörtliches Angebot
- bei Vollstreckung 3202

Zahlungsaufschub
- in Subunternehmerverträgen 1413

Zahlungsplan 1618 ff.

Zahlungsweise, *s. auch Fälligkeit*
- Architektenhonorar 1164 ff.
- Werklohn des BU 1783 ff.

Zeichnungen
- als Vorarbeiten des A 654
- als Vorarbeiten des BU 1381 ff.
- Herausgabe 2027

Zeitbürgschaft 1671

Zeithonorar
- HOAI 1081 ff.

Zeitliche Abstimmung
- der Architektenplanung 880 ff.

Zeitliche Begrenzung 2727

Zeitplan
- Vertragsstrafe 2588 ff.

Zeitpuffer 2331

Zentrale Leistungen
- Architektenleistungen 865

Zeuge
- Entschädigung 3174
- sachverständige Zeugen 151, 3174

Zeugen- und Sachverständigenentschädigung (JVEG) 3163 ff.
- Änderungen des § 13 JVEG

- Anlage zu § 9 Abs. 1 JVEG 3171
- besondere Vergütung/Zustimmung 3165
- Besorgnis der Befangenheit u. Honorarverlust 3167
- Fehlen der Fachkenntnis 3167
- Honorargruppe 3171
- heftige Kritik an dem JVEG 2014, 3163 ff.
- § 8a JVEG (Katalog der Pflichtverstöße) 3167
- Schwierigkeitsgrad 3168
- Stundensatz 3170

Zielfindungsphase
- Sonderkündigungsrecht des AG 1159a ff.

Zinsen
- Honorarklage des A 1112 ff.
- Kostenvorschuss 2136
- Werklohnklage des BU 1695 ff.

ZPO
- Anscheinsbeweis 3099
- Aufrechnung 3032
- Augenscheinsbeweis 3099
- Beweisverfahren 3064
- Einzelrichter 407, 569
- Herausgabe von Urkunden 3104
- mündliche Verhandlung in Bausachen 568 ff.
- selbstständiges Beweisverfahren 1
- verspätetes Vorbringen 588 ff.

Zufällige Verschlechterung
- des Unternehmerwerks 1812

Zufälliger Untergang
- der Werkleistung 1812
- des Unternehmerwerks 1812

Zuführung
- unwägbarer Stoffe 2602 ff.

Zugangsrecht 2455

Zugesicherte Eigenschaft
- Begriff nach altem Recht 1960
- und Garantiebegriff nach neuem Recht 1943

Zug-um-Zug
- Anbieten der Leistung 3202
- bei Mängeln 1606
- Leistungsverweigerungsrecht 3011 ff.
- Verurteilung 2926
- Zurückbehaltungsrecht 2996

Zug-um-Zug-Urteil 3183 ff.
- Anbietung der Gegenleistung 3198 ff.
- bei Kostenbeteiligung (Sowiesokosten) 3017
- Bezeichnung der Gegenleistung 3192
- Klauselerteilung 3189
- Tenorierungsprobleme 3188

Zukünftiger Anspruch
- Feststellungsklage 432

Zulagen
– zum Werklohn 1447
Zulässigkeitsfragen im Bauprozess 396 ff.
– Abgrenzung von privatem und öffentlichem Baurecht 396 ff.
– Baukammern 405 ff.
– funktionelle Zuständigkeit 404
– Kammer für Handelssachen 412
– selbstständiges Beweisverfahren 6 ff.
Zurückbehaltungsrecht 2978 ff.
– AGB-Recht (§ 309 Nr. 2a und b BGB) 2988, 3009
– Aufrechnungsverbot 2992
– Auslegung des Vorbringens 2978 ff.
– Ausschluss des Zurückbehaltungsrechts 2986
– bei Vorschuss 2135
– Bürgschaft auf erstes Anfordern 2982
– einheitliches Lebensverhältnis 2980, 2989
– Feststellungsklage 457, 2997
– Gewährleistungsbürgschaft 2998
– richterliche Hinweispflicht 2979
– und Bauhandwerkersicherungshypothek 223
– und doppelte Zug-um-Zug-Verurteilung 3017, 3210 ff.
– und Fälligkeit der Vergütungsansprüche 2983
– und Sachantrag 2978
– Verzug 2983, 2985
Zusatzarbeiten
– Pauschalvertrag 1528
Zusatzaufträge
– VOB 1250
Zusätzliche Leistungen 1474 ff.
– Vollmacht des A 1341 ff., 1346
Zuschlag, *s. Umbauzuschlag*
Zuschlagserteilung
– Verspätet/Mehrvergütung 2329
Zuschussanspruch 2088, 2490
– Geltendmachung 2090
– Vorteilsausgleichung 2090
Zuschusspflicht des BH 2088 ff.
– Freigabeanspruch 3213
– Hinterlegung 3213
– Mitverschulden 2925
– Sicherheitsleistung 2090
– und doppelte Zug-um-Zug-Verurteilung 3209 ff.
– und quotaler Haftungsanteil 2090
Zuständigkeit des Gerichts 396 ff.
– Änderung des Gerichtsverfassungsgesetzes 408
– Bau-Arge 413
– Baukammern 405 ff.
– bauvertragliche Ansprüche 420
– einstweiliges Verfügungsverfahren 377

– Erfüllungsort 418 ff., 424
– EuGVÜ 424
– EuGVVO 424
– funktionelle 404
– Gerichtsstandsbestimmung 419, 422 ff.
– Gerichtsstandsvereinbarung 414
– Handelsreformgesetz 414
– Honorarforderung des A 420
– internationale Zuständigkeit 424
– Kammer für Handelssachen 412 ff.
– Kaufleute 414
– Luganer Übereinkommen 424
– Nichtkaufleute 415
– öffentlich-rechtliche Baustreitigkeiten 396 ff.
– örtliche Zuständigkeit 414 ff.
– Rechtsprechungsübersicht 399, 403
– selbstständiges Beweisverfahren 71 ff.
– Vergabe öffentlicher Aufträge 399
– Wohnungseigentümer 417
– § 18 Nr. 3 VOB/B 416
Zustandsfeststellung des Werks
– bei verweigerter Abnahme 1835a
Zwangsvollstreckungsgegenklage 3178 ff., 3242, 3249
– eingeschränkter Nachweisverzicht 3179
– Einstellungsantrag 3180
– Fälligkeitsnachweis 3178 ff.
– Präklusion 3178
– prozessuale Gestaltungsklage (§ 767 ZPO analog) 3179
– und Abtretung 3181
Zwangsvollstreckungsverfahren 3177 ff.
– Anbieten der Leistung 3200 ff.
– Auslegung des Vollstreckungstitels 3191, 3216, 3248
– Bezeichnung der Gegenleistung 3192 ff.
– doppelte Zug-um-Zug-Verurteilung 3209 ff.
– Einreden 3249
– Erfüllungseinwand 3238 ff.
– Ermächtigungsbeschluss 3246
– Fallgruppen 3177 ff.
– Kosten der Zwangsvollstreckung 3252
– Kostenvorschussanspruch 3247 ff.
– Misslingen der Nachbesserung/Nacherfüllung 3208
– Mitwirkungspflichten des BH 3229 ff.
– Sanierungskonzept des BU 3238
– SchRModG 3247
– Überprüfung der Gegenleistung durch den Gerichtsvollzieher 3205 ff.
– Vollstreckung auf Leistung nach Empfang der Gegenleistung 3214
– Vollstreckung durch den Gerichtsvollzieher 3198 ff.

Zwischenhändler

- Vollstreckung zur Erwirkung von Baumaß- nahmen 3215 ff.
- Vollstreckungskosten 3249, 3252
- Zwischenfeststellungsklage 428

Zwischenhändler
- Verjährung Baumaterialien 2854